=22(前日の午後10時)となる.

まえがき

＜ことばの総合参考図書を目指して＞　英語辞書史の中で辞書類は古くから「ことばの宝庫」と呼ばれている．『ルミナス英和辞典』は，現代版ことばの宝庫として英語の総合参考図書を目標にしてきた．書きことばについても話しことばについても，使用者の求める情報はもちろん，こんなことまで説明してあるのかと発見の喜びも感じられるよう欲張って編集している．単語のつづりや意味だけでなく，発音も，文法も，連語も，というように，語句に関わるいろいろな特質を多面的に取り扱っている．本書を活用していただければ，語句に絡む当面の問題解決に役立つだけでなく，ことばとしての英語の特徴を深く理解することになって，英語力の向上に大いに資するはずである．

『ルミナス英和辞典』は中型辞典として，現代英語の実態に焦点を当てながら，学習と実務の双方に有用な語句約10万を収録した．使用頻度に学習上の考慮を加味した収録語の重要度のランク付けには，コーパス研究の成果を活用した．こうして今日の英語を理解し，使用する上で欠かせない情報を積極的に収める一方，もはや不要とみなせる語句・語義は削除することによって，無駄なく必要な情報が得られるよう努めた．検索効率を高めるために，多義語の語義配列にも最新の資料を活かした．また引きやすさを徹底させるために，アルファベット順を乱す合成語・派生語などの追い込みを避けている．豊富な写真・挿絵・ジェスチャーの挿絵などのほかに図表や囲みを使って記載内容の種類や区分を明確にした．

＜伝統を継承しつつ時代に即した改善と新機軸を重ねて＞　『ルミナス英和辞典』は，『ライトハウス英和辞典』の上級版である．ということは，『ユニオン英和辞典』(1972, 2版 1978)『ライトハウス英和辞典』(1984, 2版 1990, 3版 1996, 4版 2002)『カレッジライトハウス英和辞典』(1995)と続く中で，たえず刷新し，新機軸を織り込んできた伝統の上に立っていることを意味する．この伝統の構築には長期にわたって支持してくださった多数の読者からの励ましや助言・提案が大きく関わっている．今回の『ルミナス英和』第2版は2001年に刊行された初版の改訂であるが，編集作業においては，次々に現れる新資料を参照しながら，全項目の見直しと新情報の吸収に全力を挙げた．コンピューターやインターネット・電子メールなどが日常生活に急速に浸透し，英語の使用にも大きな影響力を持つようになった現代社会の変化に対応するために，情報の積極的な追加と入れ替えを行うことになった．

「総合参考図書」としてのいっそうの充実のために新たに試みた特色の主なものを示すと以下のようになる．

(1) **新語・新語義の追加**

今回の改訂では英米の最新の辞典・電子コーパスなどを参照して最近の社会情勢や時代の変化を反映した blog, phishing などの IT 用語，NEET, SARS などの時事用語や科学用語を中心とした新語および新語義を豊富に収録した．

(2) **リスニング欄の大幅な拡大**

英語の音声面を重視する最近の傾向は TOEIC® テストやセンター入試の出題などでいっそう明確となった．このような情勢を考慮し，新版ではリスニング欄を大

幅に拡大し，一部は発音解説と CD（別売）とに収録している．これらは専門の英語音声学者が作成したもので，リスニングのいわばコツを分かりやすく極めて実際的に説明したものである．本辞典を使用される方は是非利用されたい．リスニングの能力が飛躍的に向上することは確実である．

(3) **TOEIC® テストによく出る 2000 語句に頻度表示**

今回英和辞典としては初めて TOEIC® テストに頻出する 2000 語句を 3 段階に分類して **T1**，**T2**，**T3** の表示をつけた．これは使用頻度に学習上の考慮を加味した従来の星印による重要度のランク付けとは異なり，両者は一致するとは限らない．例えば CEO は*なしでも **T1**，NGO は*なしでも **T2** である．巻末にリストも用意した．英語力検定テスト対策などに利用されることを望む．

(4) **ミニ語彙欄の新設**

語は孤立して存在しない．相性のよい他の語と結びつく．この特質が言語研究が進むにつれてますます明確になっている．従来コロケーション欄を随所に設けて，理解力だけでなく，表現力も身につくように図っていたが，今回その中の英語文化重要語に関連表現も含むミニ語彙欄を登場させ，内容を増強した．

(5) **コーパス・キーワード欄の新設**

コーパスの活用によって明らかになったことの一つに，多数の連語の中に現れる基本語の存在がある．早くから句動詞欄を設けて，こうした連結に特別の注意をはらってきたが，今回はそれに加えて多数の頻出表現の中核語となるものを動詞や副詞を中心にコーパス・キーワードとして取り上げた．

(6) **構文欄の新設**

英語の表現や理解にとって語やコロケーションが重要なのは明らかだが，それらを支える骨組みとなるのが構文で，近年いろいろな構文に伴う意味合いを探る研究が進んでいる．これまでも「〜型のいろいろ」といった形で一部提示していたが，これらを拡充して構文の名の下に囲みで示し，学習性を高めた．

(7) **文法解説の本文中への移動**

初版において巻末にまとめていた文法解説をそれぞれ該当する項目に組み込んだ．これによって本文との一体化が生まれ，参照が容易になるはずである．上記の囲み記事とともに活用していただきたい．

今般の編集に当たっては，別掲の編集委員，校閲者，執筆者，調査・校正協力者の方々のご協力をいただいた．特に TOEIC® テストの頻度表示については神田外語学院の小野聖次郎先生に大変世話になった．また，本文の用例や語義の訳語については SEG の木村哲也先生から度々貴重なご指摘をいただいた．厚くお礼を申し上げたい．また研究社編集部では改田宏氏，鈴木美和氏，國井典子氏に非常にお世話になった．研究社印刷の小酒井英一郎氏をはじめ製版や制作関係の方々のご尽力にも心から感謝の意を表する．

最後に今回の改訂版の完成を待たずして執筆者の島津千恵子氏を失ったことは我々にとって大きな損失であり痛恨事であった．氏の手になる記述が本辞典に含まれていることを慰めとしつつご冥福を祈る次第である．

利用者本位の辞書は，多くの人に活用されて初めて存在価値を持つ．本改訂版でも使用してくださる方々のご支援とご教示をぜひお願いしたい．

2005 年 8 月

編　者

目　　次

解説図 …………………………………… [12]	専門語表示その他略語一覧 …………… [25]
この辞書の使い方 ………………………… [15]	

ルミナス英和辞典 ………………………………………………………… 1-2085

発音記号表 ……………………………… 2087	TOEIC® テスト頻出語句 ……………… 2105
つづり字と発音解説 …………………… 2088	不規則動詞活用表 ……………………… 2113
動詞型・形容詞型・名詞型の解説 … 2098	

主な挿絵・図・表

America (米国の州・名前の由来) ………… 54-55	number (基数, 序数) …………………………… 1204
costume (英国の各時代の服装) …………… 384-85	party (米国と英国の主な政党) ………………… 1281
email (電子メールの書式) ………………………… 552	president (米国の歴代大統領) ………………… 1379
holiday (米国の法定祝日, 英国の公休日) ……… 836	school (初等および中等学校制度) ……………… 1564
month (月と季節・名前の由来) ………………… 1133	week (曜日・名前の由来) ……………………… 2010

リスニング

all	43	north	1192
an	58	nothing	1197
and	60	of	1215
another	65	off	1216
any	69	on	1225
are¹	82	one¹	1227
bring	211	one another	1229
can't	246	other	1246
castle	261	out	1248
center	269	over	1254
channel	277	people	1300
check¹	283	push	1419
circle	297	put	1421
does¹	498	puzzle	1424
each other	532	rifle¹	1506
'em	552	set	1602
enough	564	settle¹	1604
every	582	should	1627
example	587	single	1646
get	722	some	1683
give	732	table	1798
good	748	teach	1814
great	760	-teen	1817
have¹	798	than	1830
her	819	then	1837
him	828	turn	1913
his¹	830	twenty	1919
in¹	882	un-	1925
into	919	under	1930
introduce	920	unite	1940
it¹	930	up	1949
Japan	936	upon	1951
job	941	us	1954
keep	953	want	1988
large	978	week	2009
learn	991	when²	2023
life	1010	with	2049
meet¹	1092	within	2051
middle	1104	would	2065
much	1149	you¹	2080
need	1171		

文法解説

日本語	英語	ページ
アポストロフィ	apostrophe	74
意味上の主語	sense subject	1594
意味上の目的語	sense object	1594
一致	agreement	35
格	case¹	259
過去完了形	⇨ had²	778
過去完了進行形	⇨ been²	147
過去形	past form	1286
過去時制	past tense	1286
過去分詞	past participle	1286
可算名詞, 数えられる名詞	countable	388
活用	conjugation	357
仮定法	subjunctive mood	1763
仮定法過去	⇨ if¹	868
仮定法過去完了	⇨ if¹	869
仮定法現在	subjunctive present	1763
感嘆詞	interjection	915
感嘆符	exclamation point [mark]	589
感嘆文	exclamatory sentence	589
関係代名詞	relative pronoun	1474
関係副詞	relative adverb	1474
間接目的語	indirect object	892
完了形	perfect form	1303
完了進行形	perfect progressive form	1303
完了動名詞	⇨ having²	802
完了不定詞	⇨ to³	1872
完了分詞	⇨ having²	802
基数詞	cardinal number	252
規則活用	⇨ -ed¹	539
疑問詞	interrogative	917
疑問代名詞	interrogative pronoun	917
疑問文	interrogative sentence	917
強調	emphasis	555
句	phrase	1316
屈折	inflection	897
句動詞	phrasal verb	1316
句読点	punctuation mark	1415
群前置詞	group preposition	768
形式主語	⇨ it¹	931
形式目的語	⇨ it¹	932
形容詞	adjective	21
形容詞句	adjective phrase	21
形容詞節	adjective clause	21
形容詞類	adjectival	21
決定詞	determiner	461
原形	root¹	1522
原形不定詞	bare infinitive	128
現在完了形	⇨ have²	800
現在完了進行形	⇨ been²	147
現在形	present form	1377
現在時制	present tense	1378
現在分詞	⇨ -ing¹	899
限定用法	attributive use	105
合成語	compound¹	346
肯定文	affirmative sentence	29
呼応	concord	351
語形変化	declension	439
語順	word order	2057
固有名詞	proper noun [name]	1400
混合文	mixed sentence	1123
再帰代名詞	⇨ -self	1588
最上級	superlative degree	1777
三人称単数現在	⇨ -s²	1540
使役動詞	causative verb	266
指示代名詞	demonstrative pronoun	450
時制	tense²	1824
時制の一致	sequence of tenses	1597
自動詞	intransitive verb	920
従位接続詞	subordinating conjunction	1765
集合名詞	collective noun	324
修辞疑問	rhetorical question	1503
修飾語句	modifier	1126
従属節	subordinate clause	1765
重文	compound sentence	346
主格	subjective case	1763
主格補語	subject complement	1763
主節	principal clause	1387
述語動詞	predicate verb	1371
述語用法	predicative use	1371
述部	predicate¹	1371
受動態または受身	⇨ be²	138
主部	subject¹	1763
授与動詞	dative verb	428
準動詞	verbal	1965
条件節	conditional clause	353
状態動詞	stative verb	1729
省略	ellipsis	550
序数詞	ordinal number	1242
助動詞	auxiliary verb	109
所有	⇨ -'s¹	1540
所有代名詞	possessive pronoun	1359
進行形	⇨ be²	137
数 (すう)	number	1203
数詞	numeral	1204
性	gender	717
制限用法	restrictive use	1495
節	clause	304
接触節	contact clause	365
接続詞	conjunction	358
接頭辞	prefix¹	1373
接尾辞	suffix	1770
先行詞	antecedent	67
前置詞	preposition	1375
前置詞句	prepositional phrase	1375
相	aspect	94
総称的用法	generic use	719
挿入語句	parenthesis	1275
態	voice²	1978
代名詞	pronoun	1399
他動詞	transitive verb	1894
短縮形	contracted form	369
単数形	singular form	1647
単文	simple sentence	1644
知覚動詞	verb of perception	1965
中間構文	middle construction	1105
抽象名詞	abstract noun	7
直説法	indicative mood	891
直接目的語	direct object	475
つなぎ語	conjunct	358
定形	finite form	644
to 不定詞	⇨ to³	1871
等位接続詞	coordinating conjunction	376
同格	apposition	78
動作動詞	dynamic verb	531
動詞	verb	1965
同族目的語	cognate object	321
倒置	inversion	922
動名詞	⇨ -ing²	900

独立所有格 absolute possessive	7
独立分詞構文 absolute participial construction	7
二重否定 double negation [negative]	506
人称 person	1308
人称代名詞 personal pronoun	1309
能格動詞 ergative verb	572
能動態 active voice	18
ハイフン hyphen	863
派生 derivation	455
比較級 comparative degree	340
比較変化 comparison	341
非制限用法 nonrestrictive use	1190
否定 negation	1172
非定形 nonfinite form	1189
否定文 negative sentence	1173
非人称のit ⇨ it[1]	931
描出話法 represented speech	1486
ピリオド period	1304
品詞 part of speech	1281
付加疑問 tag question	1800
不可算名詞 uncountable	1929
不完全自動詞 incomplete intransitive verb	887
不完全他動詞 incomplete transitive verb	887
不規則活用 irregular conjugation	927
不規則複数形 irregular plural form	927
副詞 adverb	26
副詞句 adverb phrase	26
副詞節 adverb clause	26
副詞類 adverbial	26
複数形 ⇨ -s[1]	1540
複文 complex sentence	344
普通名詞 common noun	337
物質名詞 material noun	1080
不定詞 infinitive	897
不定代名詞 indefinite pronoun	889
部分否定 partial negation	1279
文 sentence	1596
文型 sentence pattern	1596
分詞 participle	1280
分詞構文 participial construction	1279
文修飾語 disjunct	483
文修飾副詞 sentence-modifying adverb	1596
文の要素 element of the sentence	549
文副詞 sentence adverb	1596
平叙文 declarative sentence	438
法 mood[2]	1134
法助動詞 modal auxiliary (verb)	1125
補語 complement[1]	344
未来完了形 ⇨ have[2]	801
未来完了進行形 ⇨ been[2]	147
未来時制 ⇨ will[1]	2039
名詞 noun	1199
名詞句 noun phrase	1199
名詞節 noun clause	1199
名詞類 nominal	1188
命令文 imperative sentence	877
命令法 imperative mood	877
目的格 objective case	1209
目的格補語 object complement	1208
目的語 object[1]	1208
連結詞 connective	359
連結動詞 copula	377
話法 narration	1163

単語の記憶

- access ≪CESS≫ (行程) ················· 9
- act ≪ACT≫ (行なう) ····················· 17
- attract ≪TRACT≫ (引く) ················ 104
- bankrupt ≪RUPT≫ (破れた) ··········· 126
- cap ≪CAP≫ (頭) ·························· 247
- cent ≪CENT≫ (100) ····················· 269
- circle ≪CIRC≫ (環) ······················ 298
- compose ≪POSE≫ (置く) ··············· 345
- concession ≪CESSION≫ (行くこと) ···· 350
- confer ≪FER≫ (運ぶ) ···················· 354
- confuse ≪FUSE≫ (注ぐ) ················ 356
- contain ≪TAIN≫ (保つ) ················· 366
- correct ≪RECT≫ (まっすぐな) ········· 381
- cure ≪CUR≫ (注意) ····················· 413
- current ≪CUR≫ (走る) ·················· 414
- depend ≪PEND≫ (ぶら下がる) ········ 452
- describe ≪SCRIBE≫ (書く) ············· 456
- dictionary ≪DICT≫ (言う) ············· 466
- distance ≪STANCE≫ (立っていること) · 488
- elect ≪LECT≫ (選ぶ) ···················· 547
- event ≪VENT≫ (来る) ··················· 581
- exist ≪SIST≫ (立つ) ····················· 593
- export¹ ≪PORT≫ (運ぶ) ················ 598
- fact ≪FACT≫ (作る, する) ············· 607
- final ≪FIN≫ (終わり) ···················· 639
- form ≪FORM≫ (形) ····················· 680
- generate ≪GEN≫ (生む) ················ 718
- graph ≪GRAPH≫ (書く) ················ 758
- happen ≪HAP≫ (偶然) ·················· 790
- include ≪CLUDE≫ (閉じる) ············ 886
- influence ≪FLU≫ (流れる) ············· 898
- introduce ≪DUC≫ (導く) ··············· 921
- jet¹ ≪JECT≫ (投げる) ··················· 939
- journey ≪JOURN≫ (日) ················ 944
- manual ≪MAN≫ (手) ···················· 1069
- medium ≪MEDI≫ (中間) ··············· 1092
- minute¹ ≪MIN≫ (小さい) ··············· 1116
- motion ≪MOT≫ (動かす) ··············· 1142
- mount ≪MOUNT≫ ((山に)登る) ······ 1144
- part ≪PART≫ (部分) ···················· 1278
- pass ≪PASS≫ (通る) ···················· 1283
- permit¹ ≪MIT≫ (送る) ·················· 1306
- press ≪PRESS≫ (押す) ················· 1380
- proceed ≪CEED≫ (行く) ··············· 1392
- program ≪GRAM≫ (書いたもの) ····· 1395
- prospect¹ ≪SPECT≫ (見る) ··········· 1403
- receive ≪CEIVE≫ (取る) ··············· 1457
- record² ≪CORD≫ (心) ·················· 1461
- reply ≪PLY≫ (折りたたむ) ············· 1484
- resume ≪SUME≫ (取る) ··············· 1496
- river ≪RIV≫ (川岸) ······················ 1513
- salt ≪SAL≫ (塩) ·························· 1547
- sense ≪SENT≫ (感じる) ················ 1594
- sign ≪SIGN≫ (印) ······················· 1639
- stand ≪STA≫ (立つ) ··················· 1722
- structure ≪STRUCT≫ (築く) ·········· 1758
- tend¹ ≪TEND≫ (広げる) ················ 1823
- term ≪TERM≫ (限界) ·················· 1826
- unite ≪UNI≫ (1つの) ··················· 1940
- visit ≪VIS≫ (見る) ······················· 1975

主な日英語義比較

- ashamed ························· 92
- big ································· 162
- boil¹ ······························· 185
- borrow ··························· 193
- bread ····························· 203
- break ····························· 204
- cake ······························ 236
- cattle ····························· 265
- chair ····························· 273
- chance ··························· 275
- choose ··························· 293
- city ································ 300
- common sense ················· 338
- complain ························ 343
- country ·························· 389
- cry ································· 409
- dish ······························· 482
- doubt ···························· 507
- draw ····························· 513
- drink ···························· 518
- earth ····························· 534
- event ····························· 581
- fast¹ ······························· 620
- finger ···························· 642
- garden ··························· 712
- grade ···························· 754
- have on ·························· 800
- hear ······························ 808
- heat ······························ 811
- hot ································ 848
- interesting ······················ 914
- judge ···························· 945
- key¹ ······························· 955
- lend ······························ 999
- magazine ······················· 1054
- map ······························ 1070
- monkey ························ 1131
- narrow ·························· 1164
- path ······························ 1288
- pile¹ ······························ 1323
- port¹ ····························· 1356
- purse ···························· 1418
- put on ··························· 1422
- quiet ···························· 1432
- refuse¹ ··························· 1469
- road ······························ 1514
- roast ····························· 1515
- satisfied ························ 1553
- shadow ························· 1608
- skin ······························· 1653
- sled ······························ 1657
- space ···························· 1693
- stare ····························· 1724
- stove¹ ···························· 1747
- take off ·························· 1804
- teach ···························· 1814
- that¹ ······························ 1831
- there² ···························· 1839
- thunder ························ 1856
- travel ···························· 1897
- university ······················ 1941
- visitor ··························· 1976
- waist ···························· 1983
- water ···························· 1996
- wear ····························· 2005
- wide ····························· 2036
- win ······························· 2041
- work ····························· 2059

主なコロケーション

accident	10
agreement	35
apartment	73
appointment	77
arm[1]	84
army	86
authority	107
ball[1]	123
beard	141
bottle	195
bread	203
budget	219
bus	226
call	239
chance	275
child	288
cigarette	297
class	303
company	340
complaint	343
contact	365
contract	368
conversation	372
cost	383
course	390
crisis	402
danger	424
data	427
debt	435
decision	437
demand	448
difficulty	469
discussion	481
distance	488
dog	498
door	503
doubt	507
dress	516
ear[1]	533
education	541
egg[1]	543
election	547
electricity	548
enthusiasm	567
evidence	584
excuse[2]	591
expense	595
eye	603
fact	607
fear	624
feeling	628
fight	636
film	639
fortune	682
fuel	699
garden	712
glass	735
government	753
gun	774
hair	779
hand	784
hat	796
head	804
health	807
hole	835
hope	844
horse	846
hospital	847
hotel	849
information	899
interest	914
issue	930
knowledge	968
lamp	975
land	975
leg	996
letter	1004
license	1007
life	1010
light[1]	1012
line	1019
loan	1030
map	1070
meat	1090
meeting	1093
message	1101
mouth[1]	1145
nail	1160
opinion	1236
opportunity	1237
order	1240
package	1263
paint	1266
parcel	1274
patience	1288
photograph	1315
place	1330
plan	1332
play	1337
policy[1]	1349
post[1]	1360
potato	1363
power	1366
pressure	1381
proposal	1402
race[1]	1435
rent[1]	1481
report	1484
reputation	1487
responsibility	1493
right[1]	1508
river	1513
rule	1531
salary	1546
schedule	1562
scholarship	1563
seat	1578
secret	1580
ship	1620
shoe	1622
skirt	1654
soup	1690
stamp	1719
standard	1722
story[1]	1746
strike	1755
target	1810
tax	1812
taxi	1813
test	1828
thanks	1831
thought[2]	1849
tooth	1879
train[1]	1891
umbrella	1925
voice[1]	1978
vote	1980
wage[1]	1982
watch[2]	1995
water	1996

自 他 の転換

advance	24
alter	50
back	116
bake	121
balance	122
begin	149
bend	154
blow[1]	179
boil[1]	185
bounce	196
break	204
burn[1]	224
burst	226
change	276
clean	304
close[1]	311
continue	368
cook	374
cool	375
crack	394
crash	397
decrease[1]	440
develop	462
divide	492
double	505
drain	512
drop	521
dry	524
ease	535
empty	557
end	560
expand	594
explode	597
fill	638
finish	643
flash	653
float	659
flood	659
flush[1]	663
fly[1]	664
form	679
freeze	690
gather	714
group	768
grow	769
halt	782
hang	788
heal	807
hurt	860
improve	881
increase[1]	888
keep	952
land	976
leak	990
lean[1]	991
lift	1011
mark[1]	1073
melt	1095
mix	1122
move	1146
narrow	1164
open	1233
operate	1235
play	1336
qualify	1427
rank[1]	1443
reduce	1464
reflect	1467
reform	1468
relax	1475
rest[2]	1493
reverse	1500
ring[2]	1510
roll	1518
sail	1544
separate[2]	1597
shake	1609
show	1629
shut	1633
sink	1647
smash	1666
sound[1]	1689
spin	1703
split	1706
spread	1710
start	1725
stick[1]	1735
stop	1743
strengthen	1752
stretch	1752
substitute	1766
swing	1792
tear[1]	1815
tire[2]	1868
trail	1890
turn	1913
twist	1920
vary	1962
wake[1]	1984
widen	2037

ミニ語彙欄

- book ·················· 189
- car ···················· 249
- clothes ················ 313
- club ··················· 314
- college ················ 324
- computer ··············· 347
- disease ················ 481
- exam ··················· 586
- game[1] ················ 709
- house[1] ··············· 850
- job ···················· 940
- mail[1] ················ 1056
- meal[1] ················ 1086
- money ·················· 1130
- pain ··················· 1265
- picture ················ 1319
- price ·················· 1384
- problem ················ 1391
- room ··················· 1521
- school[1] ·············· 1563
- song ··················· 1685
- store ·················· 1744
- telephone ·············· 1818
- television ············· 1820
- video ·················· 1970

コーパス・キーワード

- 「動詞+away」のいろいろ ·················· 111
- 「come into+Ⓤ(扱い)の名詞」のいろいろ ····· 331
- 「come to+名詞」のいろいろ ················ 332
- do²「目的語による意味の変化 1」 ············ 495
- do²「目的語による意味の変化 2」 ············ 495
- 「動詞+down 6」のいろいろ ················· 508
- 「動詞+down 7」のいろいろ ················· 508
- 「動詞+down 8, 9」のいろいろ ·············· 509
- 「get+動作名詞」のいろいろ ················ 723
- 「give(+名・代)+動作名詞」のいろいろ ······ 732
- 「go doing (1)」のいろいろ ················· 740
- 「go to+名詞」のいろいろ ·················· 743
- 「have+動作名詞」のいろいろ ··············· 799
- 「動詞+in」のいろいろ ····················· 882
- 「make 4+動作名詞」のいろいろ ············· 1060
- 成句「make+名+of…」のいろいろ ············ 1061
- 「動詞+off」のいろいろ ···················· 1216
- 「動詞+out」のいろいろ ···················· 1248
- 「take+動作名詞」のいろいろ ··············· 1802
- 「動詞+up」のいろいろ ····················· 1949
- 「動詞+one's way」のいろいろ ··············· 2000

コーパスとコーパス・キーワードについては 381 ページを参照

構文

- 「動詞+人+from+doing」をとる動詞 ········· 695
- 「動詞+人+into+doing」をとる動詞 ········· 919
- 「It+(天候の)動詞」をとる動詞・形容詞 ····· 931
- 「It is+形容詞+of+名詞・代名詞+to 不定詞」をとる形容詞 ······························ 1216
- 「out of+Ⓤ の名詞」をとる名詞 ············· 1251
- 「It is+形容詞+that 節」をとる形容詞 ······ 1833
- 「the [one's]+名詞+is+that 節」をとる名詞 ······································ 1833
- 「名詞+that 節」をとる名詞 ················· 1833
- 「be+形容詞+(that) 節」をとる形容詞 ······· 1833
- 「to one's+(感情を表す)名詞」をとる名詞 ··· 1870
- 「名詞+to 不定詞」をとる名詞 ··············· 1872

解 説 図

左ラベル	内容	右ラベル

1 見出し語

⁺en·tic·ing /ɪntáɪsɪŋ, en-/ 形 誘惑するような, 心を誘 — 2 発音
1.3 見出し語の略記 — う. **～・ly** 副 気を引くように, 魅惑的に.

1.6 発音・語源などの異なる見出し語

⁺moor¹ /múə | mɔ́ː/ 動 (**moor·ing** /múə(ə)rɪŋ/) 他 — 3 品詞
 1 〈船〉を停泊させる (to). **2** 〈…〉をしっかり繋める, 固定 — 5.13 頻出する副詞・前置詞
 する. ― 自 停泊する.
⁺moor² /múə | mɔ́ː/ 名 C [普通は複数形で]《主に英》 — 3.3 自動詞と他動詞の区別
 荒れ野[地]《heath の生えた高原地帯》.

2.9 アクセントの移動 **en·to·mo·log·i·cal** /èntəməládʒɪk(ə)l — 2.1 米音と英音
 -lɔ́dʒ-/ 形 昆虫学的な, 昆虫学上の. — 2.7 省略できる音

1.1 最も重要な見出し語 **⁺but** /(弱) bət; (強) bʌ́t/ 《同音 #butt¹⁻⁴; 類音 bat》 — 2.10 同音語・類義語
1.2 文中で弱く発音される語
2.1 1音節語のアクセント

基本的には「それとは反対に」の意.
① しかし   接 1
② …を除いて   前 1   — 5.2 類義の展開・要約
③ ほんの, ただ…だけ   副 1

5.5 大きい活字の重要語 **⁺check¹** /tʃék/ 《同音 Czech; 類音 chick》 T3 — 5.10 TOEIC® テストによく出る語句

――― リスニング ―――
check の後に母音で始まる語が続くと, その母音と
2.12 リスニング check の /k/ とが結合して「カ」行のように聞こえる.
 check in /tʃékɪn/ は「チェッキヌ」, check out /tʃék- — 2.13 別売 CD 収録文
 áut/ は「チェッカウト」のように聞こえる. 「チェック・イ
 ン」, 「チェック・アウト」とは発音しない《☞ ⊚ 69》.

⁺be·gin /bɪgín, bə-/ 動 (**be·gins** /~z/; 過去 **be-**
4 語形変化 **gan** /-gǽn/; 過分 **be·gun** /-gʌ́n/;
 -gin·ning)
        ――― 自 他 の転換 ―――
5.1 自 他 の転換 自 **1** 始まる (to start to happen or exist)
 他 **1** 始める (to make (something) start to hap-
 pen or exist)

 ― 自 **1** 始まる; 始める, 着手する; 言い出す 《反 end》:
8.1 用例中の見出し語 Work on the new station will ~ at once. 新しい駅
 の工事がまもなく始まる / Life **~s** *at* fifty. <V+前+ — 9.1 動詞型
 名> 人生は 50 から / Today we ~ *on* 《主に英》 *at*
 page 50, line 4. きょうは 50 ページの 4 行目からです《教 — 18.2 英文の言いかえ
 室などで》 / School **~s** *at* eight o'clock [*on* Monday, — 8.2 注意すべき用例
 on September 4, *in* April]. 学校は 8 時から[月曜か
 ら, 9 月 4 日から, 4 月から]始まる. 語法 (1) 前置詞 — 8.6 語法
 は普通は時刻なら at, 日なら on, 週・月・年では in を用
 いる; from を用いるのは誤り.

10 成句 **begin with ...** 動 他 …から始まる[始める]: In — 5.7 言いかえ
 England spring really ~s with May. イングランドでは
 春は実際には 5 月から始まる. — 3.1 つなぎ語
10.3 成句の機能表示 **to begin with** 副 (1) つなぎ語 [普通は文頭で] S
 語法 with のない形もある. まず第一に《理由を述べるとき
 などに用いる》 (☞ to³ B 7): *To ~ with, it is too*
3.1 文修飾語 *expensive.* まず第一にそれは高すぎる. (2) 文修飾語
 最初(のうち)は (at first). (3) 最初[もと]から. — 6.2 会話体と文章体
7 類義語 【類義語】begin 最も一般的な語で, ある動作・行為・経過が
 始まる(またはそれらを始める)こと): Let's *begin* the work...

1.1 重要な見出し語 **⁺etc.** /etsétərə, -trə/ 《ラテン語から》 略 W …など, その
 他: lions, tigers, leopards, *etc.* ライオン, とら, ひょう — 2.14 外来語
 など.

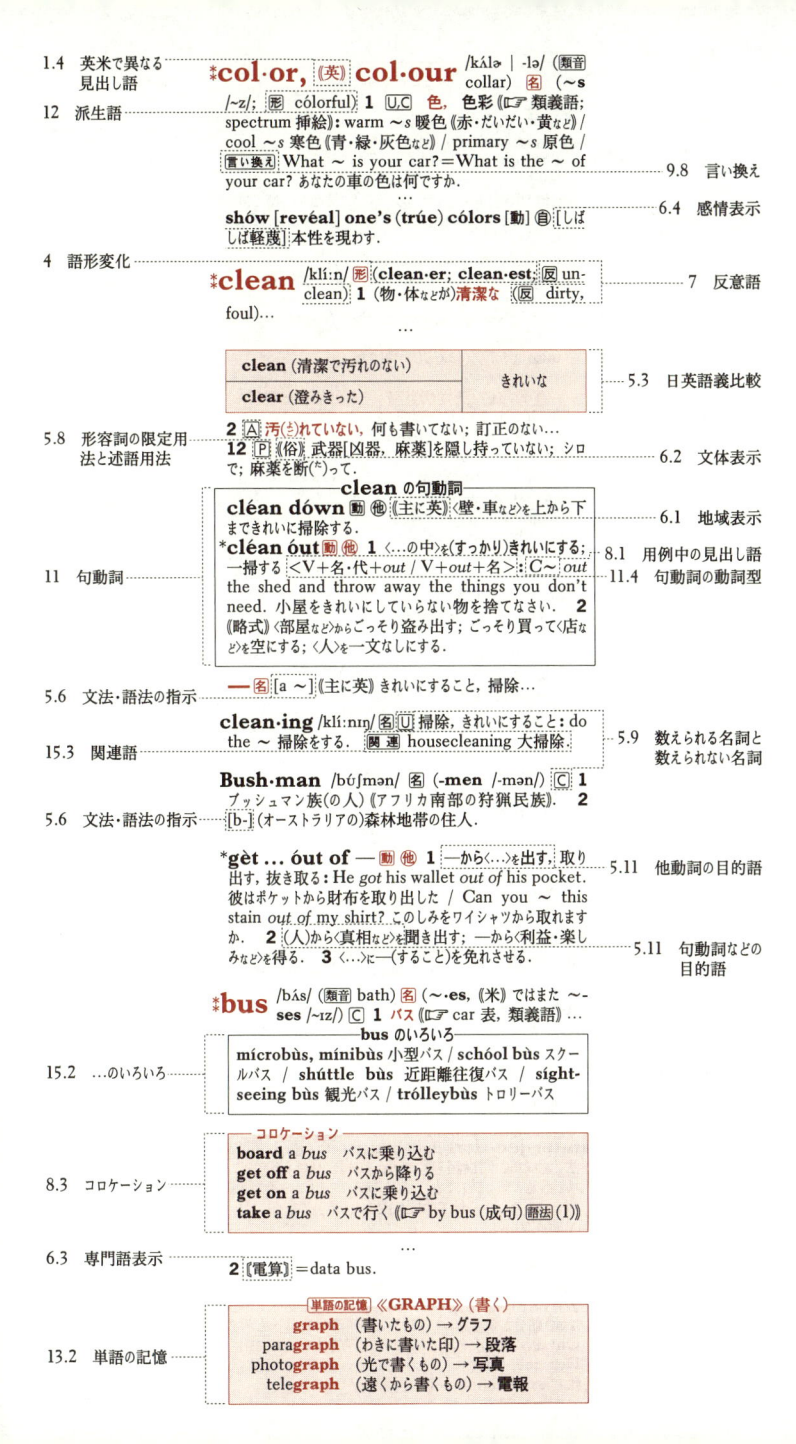

- 1.4 英米で異なる見出し語
- 12 派生語

*col·or, 〔英〕col·our /kʌ́lə, -lə/ 〔類音〕collar) 图 (~s /-z/; 厖 cólorful) **1** Ⓤ,Ⓒ **色**, 色彩 (☞ 類義語; spectrum 挿絵): warm ~s 暖色 《赤・だいだい・黄など》/ cool ~s 寒色 《青・緑・灰色など》/ primary ~s 原色 / 〔言い換え〕What ~ is your car? = What is the ~ of your car? あなたの車の色は何ですか.
...
show [reveal] one's (true) colors [動] 🅐 [しばしば軽蔑] 本性を現わす.

- 9.8 言い換え
- 6.4 感情表示
- 4 語形変化

*clean /klíːn/ 厖 (clean·er; clean·est) (反 un-clean) **1** (物・体などが)**清潔な** (反 dirty, foul)...
...

- 7 反意語

clean (清潔で汚れのない)	きれいな
clear (澄みきった)	

- 5.3 日英語義比較
- 5.8 形容詞の限定用法と述語用法

2 Ⓐ 汚(よご)れていない, 何も書いてない; 訂正のない...
12 Ⓟ 《俗》武器[凶器, 麻薬]を隠し持っていない; シロで; 麻薬を断(た)って.

- 6.2 文体表示

―― **clean** の句動詞 ――
cléan dówn 動 🅗 《主に英》〈壁・車など〉を上から下まできれいに掃除する.
*cléan óut 動 🅗 **1** 〈…の中〉を(すっかり)きれいにする; 一掃する ＜V＋名・代＋out / V＋out＋名＞; Ⓒ~ out the shed and throw away the things you don't need. 小屋をきれいにしていらない物を捨てなさい. **2** 《略式》〈部屋など〉からごっそり盗み出す; ごっそり買って〈店など〉を空にする; 〈人〉を一文なしにする.

- 6.1 地域表示
- 8.1 用例中の見出し語
- 11 句動詞
- 11.4 句動詞の動詞型

―― 图 [a ~] 《主に英》きれいにすること, 掃除...

clean·ing /klíːnɪŋ/ 图 Ⓤ 掃除, きれいにすること: do the ~ 掃除をする. 関連 housecleaning 大掃除

- 5.9 数えられる名詞と数えられない名詞
- 15.3 関連語

Bush·man /bʊ́ʃmən/ 图 (-men /-mən/) Ⓒ **1** ブッシュマン族(の人) 《アフリカ南部の狩猟民族》. **2** [b-] (オーストラリアの)森林地帯の住人.

- 5.6 文法・語法の指示

*gèt … óut of ―― 動 🅗 **1** ―から〈…〉を出す, 取り出す, 抜き取る: He got his wallet out of his pocket. 彼はポケットから財布を取り出した / Can you ~ this stain out of my shirt? このしみをワイシャツから取れますか. **2** 〈人〉から〈真相など〉を聞き出す; ―から〈利益・楽しみ〉などを得る. **3** 〈…〉に―(すること)を免れさせる.

- 5.11 他動詞の目的語
- 5.11 句動詞などの目的語

*bus /bʌ́s/ 〔類音〕bath) 图 (~·es, 《米》ではまた ~-ses /-ɪz/) Ⓒ **1** バス (☞ car 表, 類義語)...

―― **bus** のいろいろ ――
mícrobùs, mínibùs 小型バス / schóol bùs スクールバス / shúttle bùs 近距離往復バス / síght-seeing bùs 観光バス / trólleybùs トロリーバス

- 15.2 …のいろいろ

―― コロケーション ――
board a *bus* バスに乗り込む
get off a *bus* バスから降りる
get on a *bus* バスに乗り込む
take a *bus* バスで行く 《☞ by bus (成句) 語法 (1)》

- 8.3 コロケーション

...
2 《電算》= data bus.

- 6.3 専門語表示

―― 単語の記憶 《GRAPH》 (書く) ――
graph (書いたもの)→ グラフ
para**graph** (わきに書いた印)→ 段落
photo**graph** (光で書くもの)→ 写真
tele**graph** (遠くから書くもの)→ 電報

- 13.2 単語の記憶

ミニ語彙欄

コロケーション

動+job
- **apply for** a job 職を志望する
- **change** jobs 職を変わる (⇨ change 動 他 2)

語法
- **get [find]** a job (at ...) (...に)就職する[職を得る]
- **have (got) [hold]** a job (as ...) (...として)職に就いている
- **hold down** a job 仕事を続ける
- **look for [seek, hunt for]** a job 職を探す
- **lose** a job 職をなくす
- **quit [give up, leave, resign from]** a job 仕事を辞める
- **take** a job (与えられた)職に就く

構文「It+(天候の)動詞」をとる動詞・形容詞

[例] *It is raining.* 雨が降っている.
blow 風が吹く / **brighten up** 明るくなる / **drizzle** 霧雨が降る / **freeze** 氷点下になる / **hail** あられ[ひょう]が降る / **pour** 雨が激しく降る / **shower** にわか雨が降る / **sleet** みぞれが降る / **snow** 雪が降る / **sprinkle** 雨がぱらつく / **storm** あらしが吹く / **thaw** 氷が解ける / **thunder** 雷が鳴る

★「It+is+形容詞」型にも注意: *It is rainy [sunny, windy, chilly] today.* 今日は雨だ[快晴だ, 風が強い, 薄ら寒い].

gò dóing 動 (1) ...しに行く: *We went swimming in* the river. 私たちは川へ泳ぎに行った / *Let's go skating on* the pond. 池へスケートに行こう. 用法注意! doing の後の前置詞は方向を示す to ではなく場所を示す on, in などを用いる. 特に娯楽や趣味で出かけるときにこの言い方を用いる.

コーパス・キーワード

go doing (1) のいろいろ (⇨ corpus)
gò bóating ボートこぎに行く / gò clímbing 登山に行く / gò híking ハイキングに行く / gò húnting 狩猟に行く / gò jógging ジョギングに行く / gò sáiling ヨット乗りに行く / gò shópping 買い物に行く / gò skíing スキーに行く

‡broad /brɔ́:d/ 発音注意 **11** 形 (**broad·er** /-dɚ | -də/; **broad·est** /-dɪst/; 名 breadth, ...

*in·te·ri·or /ɪntí(ə)riɚ | -riə/ (反 exterior) 名 (~s /~z/) **1** C [普通は単数形で] 内部, 内側; 室内: ...
...
— 形 A **1** [比較なし] 内部の, 内側の, 内面の (略 int.): the ~ surface 内面. **2** 国内の; 内陸の: ~ trade 国内貿易. **3** 内面的な, 内心の.

in·ter·jec·tion /ɪntɚdʒékʃən | -tə-/ 名 **1** C 文法 感嘆詞, 間投詞 (略 interj.). **2** U,C (格式) ことばを不意に差し挟むこと; 差し挟んだことば, 不意の発声. 語源 ラテン語で「間に投げ入れる」の意; ⇨ jet¹ 単語の記憶.

文法 感嘆詞
8品詞の1つで, 喜び・驚き・悲しみ・苦しみなどの感情を表わすときに発する語で間投詞ともいう. 文法的には文のほかの部分から独立している. この辞書は 感 と示す: Oh! おお / Ah! ああ / Hurrah! 万歳 / Ouch! 痛い / Dear me! おやおや / Good Heavens! おやまあ(困った) (⇨ exclamation point 文法).

この辞書の使い方

1 見出し語

1.1 **収録語句** 約 10 万とした.このうち最重要基本語句約 2,000 に ‡印をつけ,大きい活字で示し色をつけて目立たせた.さらにそれに続く基本語句約 5,000 に * 印,次の 8,000 に ⁺ 印をつけた.

1.2 **収録範囲** 英語の普通の語句・派生語・合成語のほかに,固有名詞・接頭辞・接尾辞・短縮形・略語を収録した.

1.3 **配列** 配列は ABC 順とした.ハイフン (·) を用いて見出し語のつづりの一部を,スワングダッシュ (〜) を用いて見出し語と同じつづりの部分を省略して示した場合がある.

‡help·ful … 形 … **-ful·ly** … 副 … **〜·ness** 名 Ⓤ

1.4 **つづり字** 米国と英国とでつづりの異なるときは米国式つづりを優先させ,《英》として英国式つづりを併記した.

⁺**la·bor·er,**《英》**la·bour·er**

一方の語を改めて見出し語としたときには次のように示した.

la·bour·er /léɪb(ə)rə | -rə/ 名 Ⓒ 《英》=laborer.

1.5 2 種以上のつづり方があるときにはよく使われるつづりを先に併記した.またつづりが共通する部分はハイフン (·) で省略した場合がある.[ ],( ) はそれぞれ言いかえ,省略可能の部分を示す.

brim·ful, brim·full / *g**as·o·line, -o·lene** /
fócal lèngth [dìstance] / **dór·mer (window)**

1.6 つづりが同じでも語源の異なるもの,品詞によって発音が異なるものは別に見出し語として立て,肩番号をつけた.

*bow¹ /báʊ/ ★ bow³ との発音の違いに注意.(同音 bough) 動 (**bows** /~z/; **bowed** /~d/; **bow·ing**) 自 おじぎをする…
*bow² /báʊ/ ★ bow³ との発音の違いに注意.名 … Ⓒ 船首…
⁺bow³ /bóʊ/ ★ bow¹,² との発音の違いに注意.名 Ⓒ 1 弓…

1.7 **つづり字の切れ目** つづり字の切れ目は中点 (·) で示した.

*mon·u·ment

1.8 語頭・語末の 1 字または 2 字は,行の終わりなどでは切らないほうが望ましいので小さな点 (.) で示した (⇨ syllabication).ただし un-, -ly などの接辞には大きな点で区切ったものもある.

*a.ble² / *cher·ry / ⁺tu·lip / Al·ex·an·der

2 発音 (⇨ つづり字と発音解説 (巻末)),同音 類音,「リスニング」欄,外来語

2.1 発音は最新の資料により国際音声字母を用いて見出し語の直後に / / の中に入れて示した.米音と英音とが異なるときは /米音 | 英音/ のように示した (⇨ つづり字と発音解説 1).2 種以上の発音のしかたがある場合は,共通する部分はハイフン (-) で示した.1 音節語でもアクセントを示した (⇨ つづり字と発音解説 86).発音記号 /əː, ɪə, eə, ɑə, ɔə, ʊə, ə/ については ⇨ つづり字と発音解説 25–30, 38.

‡**half** /hæf | hάːf/ / ‡**al·ways** /ɔ́ːlweɪz, -wɪz/

2.2 母音字の上に / ´ / をつけて第一アクセントを示し,/ ` / をつけて第二アクセントを示した (⇨ つづり字と発音解説 86).

‡**cir·cum·stance** /sə́ːkəmstæns, -stəns | sə́ː-/

2.3 文中で比較的弱く発音する語は次のように示した (⇨ つづり字と発音解説 91).

‡**at** /(弱) ət; (強) ǽt/

2.4 基本語の変化形には原則としてすべて発音を示したが,動詞の現在分詞 (ただし ⇨ 4.12) および形容詞・副詞の規則変化は発音表記上特に問題がない限り省略した.

この辞書の使い方 [16]

2.5 不規則な変化形には発音を示した (☞ 4.3, 4.7, 4.11).
2.6 変化形の発音は，見出し語の発音と同じ部分をスワングダッシュ (~) で示し，一部が変わるときは同じ部分をハイフン (-) を用いて省略した (☞ 4).
2.7 省略できる音を示す記号を ( ) の中に入れて示した.

sea·son /sí:z(ə)n/＝/sí:zən, sí:zn/

2.8 合成語・一部の派生語については，各構成要素 (語・接辞など) が独立して見出しにある場合や規則的変化で発音が自明な場合は原則として発音は示さず，見出し語にアクセント記号だけを示した. まぎらわしいときなどは一部を示した.

bént·wòod 形 曲げ木製の.
en·á·bl·ing 形 A 〔法〕(特別な) 権能を与える…
fóam rúbber 名 U 気泡ゴム，フォームラバー.
córned béef /kɔ́:nd- | kɔ́:nd-/ 名 U 1 コ(-)ンビーフ.
léad péncil /léd-/ 名 U 鉛筆.

2.9 アクセントの移動 (☞ つづり字と発音解説 89) が起こることがあるものについては発音記号の後に ⤺ を用いて示した.

Jap·a·nese /dʒæpəní:z⤺/...

2.10 基本語の場合に限り，その語とつづり・意味が違うが同じ発音の見出し語を 同音 として発音の後に示した. また発音の似た聞き誤りやすい語を 類音 として示した. ＃は2つ以上の発音のしかたがあるとき，そのどれかの発音を表わす. また《米》は米国の発音，《英》は英国の発音を表わす.

few /fjú:/ (同音) ＃phew,《英》＃whew; 類音 hew, hue) 形 (féw·er; féw·est)

2.11 つづり字からその発音の類推が難しい語については 発音注意 として示した.
chi·hua·hua /tʃɪwá:wa:/ 発音注意 名 C チワワ (メキシコ原産のきわめて小型の犬).

2.12 会話の際に聞き取りにくい語・表現などのヒントを与える「リスニング」欄を設けた.

each oth·er /ʌ:tʃʌ́ðɚ | -ʌ́ðə/ 代 《不定代名詞》 1 互いを[に] (互いに相手…

――― リスニング ―――
each の前に子音で終わる音があると each の始めの /i:/ はその子音と結合する. また each の後に母音で始まる語が続くと語末の /tʃ/ はその母音といっしょになって「チャ」行のような音となる. 従って love each other /lʌ́vì:tʃʌ́ðɚ/ は「ラヴィーチャザー」のように聞こえ，「ラヴ・イーチ・アザー」とは発音しない.

2.13 別売 CD『つづり字と発音解説』に吹き込まれている例文には ⓓ と表示した.
2.14 英語に入った外来語のうち外来語としての意識のあるものを中心に，それが由来する原語名を発音表記の直後に示した.

en bloc /ɑ:mblɑ́k | -blɔ́k/ 《フランス語から》 副 《格式》 ひとまとめにして…

3 品 詞
3.1 品詞名は次のように略号を用いて示した (☞ 18).
名＝名詞, 代＝代名詞, 形＝形容詞, 副＝副詞, 助＝助動詞, 動＝動詞, 前＝前置詞, 接続＝接続詞, 感＝感嘆詞, 接頭＝接頭辞, 接尾＝接尾辞, 略＝略語

また下位分類は 自＝自動詞, 他＝他動詞, 固＝固有名詞, [複]＝複数名詞 のように示した.

副詞 (語句) については文中や文と文の間での役割を明示するために 文修飾語 と つなぎ語 の表示を加えると共に，重要なものについては用法を詳しく説明した (☞ disjunct 文法, conjunct 文法).

⁺**con·verse·ly** /.../ 副 《格式》 逆に; つなぎ語 [前言を受けて](また) それとは逆に (先に述べたのとは逆の状況を述べるときに用いる).

3.2 ある見出し語の中に2つ以上の品詞があるときには ― で示した.
éast-northéast 名[the ~]東北東 (略 ENE; ☞ compass 挿絵). ― 形 東北東の.

ただし発音が異なるときは別に見出し語とした (☞ 1.6).

3.3 自動詞, 他動詞の別を示すときは ― を用いた.
biff¹ /bíf/ 動 他 《古風》〈人〉をなぐる. ― 自 《略式》(自転車などに乗っていて)落ちる, ぶつかる.

4 語形変化

4.1 名詞・代名詞・形容詞・副詞・動詞・助動詞の語形変化を示した. 不規則な変化をするものは, 略号 (複・比・最・三単現・過去・過分・現分) とともに ( ) 内に示したが, 規則的な変化をするものは略号を省いた. 基本語は規則的な変化をするものについてもすべて示した. 一般語については不規則な変化をするもののみ示した. 見出し語と同じつづりの部分はスワングダッシュ (~) で示した.

2種以上の変化形はよく使われるほうを先に併記したが, 使われ方に差がないものは ( ) でまとめて示した場合がある. 下の例では cargos と cargoes が両方とも同じように用いられることを示す.

***car·go** /kάɚgou | káː-/ 名 (~(e)s /~z/)

4.2 **名詞** 基本語は複数形が用いられるものはすべて示した.
***buy·er** /báɪɚ | báɪə/ 名 (~s /~z/) C 買い手, バイヤー…

4.3 不規則変化をする複数形はすべて略号とともに示した.

***foot** /fút/ 名 (複 **feet** /fíːt/, 2ではときに《略式》で ~)

***sheep** /ʃíːp/ 名 (複 ~)

4.4 2語以上の見出しまたはハイフン (-) のついた合成語でも複数形になると第1要素が変わるときには次のように示した.

prínce cónsort 名 (複 **princ·es consort, prince consorts**)
lóoker-ón 名 (複 **lookers-**)

4.5 つづり字が -o, -f, 子音字+y で終わる語はすべて複数形を示した.

4.6 **形容詞・副詞** -er, -est をつけて比較級・最上級をつくるものはすべて示したが略号は省いた.

***keen** /kíːn/ 12 形 (**keen·er; keen·est**)

4.7 不規則な比較変化は略号とともに省略せずに示した.

***good** /gúd/ 形 (比 **bet·ter** /bétɚ | -tə/; 最 **best** /bést/)

4.8 単音節で more, most をつけて変化するものは示した.

***like**¹ … 形 (**more ~; most ~**)

4.9 比較変化をしない特に重要な語・語義には [比較なし] と示した.
***il·le·gal** … 形 (名 illegálity) [比較なし]

4.10 **動詞** 基本語は三単現・過去・過分・現分の順にすべて示したが規則変化については略号を省いた.

4.11 不規則動詞は略号とともにすべて示した (☞「不規則動詞活用表」(巻末)).

***go**¹ … (**goes** /~z/; 過去 **went** /wént/; 過分 **gone** /gɔ́ːn, gɑ́n | gɔ́n/; **go·ing**)

4.12 規則変化でも子音字を重ねるもの, 子音字+y または o で終わる語, -c で終わる語は基本語・一般語を問わず, すべて示した.

***pic·nic** /píknɪk/ … ― 動 (**pic·nics** /~s/; **pic·nicked** /~t/; **pic·nick·ing**)

また原形が米音で /ɚː/ または /ɚ/ で終わる動詞には現在分詞の発音も示した.

⁺**blare** /bléɚ | bléə/ 動 (**blar·ing** /blé(ə)rɪŋ/)
⁺**ca·per**² /kéɪpɚ | -pə/ 動 (**-per·ing** /-p(ə)rɪŋ/)

この辞書の使い方

5 🈑 🈩 の転換，語義の展開と要約，日英語義比較，語義，語法・文法上の指示，Ⓐ Ⓟ，Ⓒ Ⓤ，🆃🅻 🆃🄼 🆃🄽

5.1 重要な動詞のうち，意味内容を共有する自動詞用法と他動詞用法を併せ持つ，いわゆる能格動詞 (☞ ergative verb 文法) の基本語義に「🈑 🈩 の転換」として英語による語義を示す欄を設け，自動詞用法と他動詞用法の関係や語の基本的な意味を直接把握し，英語の語感・発想を理解する一助とした．

*fill /fíl/ [同音] Phil; [類音] hill, fell) 動 (**fills** /~z/; **filled** /~d/; **fill·ing**)

――――― 🈑 🈩 の転換 ―――――
🈩 **1** 満たす (to make (something) full)
🈑 **1** いっぱいになる (to become full)

― 🈩 **1** 〈入れ物など〉を満たす...

5.2 重要語の語義の前に語義の展開と要約を示す囲みを設けた．語義の展開は意味の発達と分化を図式的に示したもので，要約は語義を簡潔にまとめたもの (☞ 13.1)．

5.3 重要な語で，日本語と英語の対応が誤解を招きやすく，注意を必要とするものについては，日英語義比較として表の形で語義を示した．

draw (鉛筆・ペン・クレヨンなどで)	(絵を)描く
paint (絵の具で)	

5.4 語義の区分は **1**, **2**, ..., さらに細かく分けるときはセミコロン (;)，コンマ (,) を用い，また大きな区分には **A**, **B** を用いた．また成句の語義区分は (1), (2)... を用いた．

5.5 ＊印の語句(2,000)については，重要な見出し語が目立つように大きい活字で示し色をつけた．重要な語義にも色をつけた．

5.6 語法上および文法上の指示・注意は訳語の前に [ ] で示した．スワングダッシュ (〜) は見出し語と同じつづりの部分を表わし，ハイフン (-) は見出し語が一部変わるときの変わらない部分を表わす．

*nui·sance ... 🆃🄽 名 (**nui·sances** /~ɪz/) Ⓒ [普通は a 〜] **1** 迷惑な行為; 不法妨害;...

*bor·ough ... **1** [時に B-] (米) (New York City の)自治区...

5.7 一部の言いかえは [ ] を用いて示し，省略には ( ) を使用した (☞ 18.2)．

blów·òut 名 Ⓒ **1** パンク，バースト; (ヒューズが)飛ぶこと． **2** (制御不能な)石油[ガス]の噴出．

5.8 Ⓐ Ⓟ 形容詞の [限定的に] を Ⓐ，[述語的に] を Ⓟ で示した (☞ attributive use 文法, predicative use 文法)．

5.9 Ⓒ Ⓤ 数えられる名詞を Ⓒ，数えられない名詞を Ⓤ で，さらに両方に用いられる名詞は Ⓒ⎢Ⓤ または Ⓤ⎢Ⓒ で示した (☞ countable 文法, uncountable 文法)．

5.10 🆃🅻 🆃🄼 🆃🄽 英語によるコミュニケーション能力を測る学力テストとして有名な TOEIC® テストによく出る語，成句，言い回し約 2000 に 🆃🅻 🆃🄼 🆃🄽 の表示をつけた．🆃🅻 が最も頻度が高く，🆃🄼, 🆃🄽 が続く．巻末にリストをつけた．

*ad·mis·sion /ədmíʃən/ 🆃🄽 名 ... **1** Ⓤ⎢Ⓒ 入るのを許すこと...

5.11 動詞が他動詞の場合，目的語をとる必要があることを訳語においても明示するためにしばしば次の形式を用いた．

(1) 直接目的語では「〈...〉を」「〈...〉に」のように目的語(相当部分)を〈 〉の中に入れ，助詞(相当部分)を〈 〉の外に添えた小さい活字で示した．

(2) 直接目的語のほかに間接目的語がある場合は，「〈...に〉」のように間接目的語の助詞(相当部分)を〈 〉でくくって示した．

*bake ... 動 **1** 〈パン・菓子など〉を焼く; 〈人に〉〈パン・菓子〉を焼いてやる... *B*〜 a cake *for* me. ＜V+O+*for*+名・代＞＝*B*〜 me a cake. ＜V+O+O＞ 私にケーキを焼いてください．

動詞で始まる成句・句動詞においても，その動詞の目的語について上記の表示法を適用した．その際前置詞の目的語を「(人)に」のように示した場合がある．

bríng ... thróugh ― 動 🈩 **1** 〈場所〉を通して〈...〉を運び入れる[出す], ―から

〈...〉を連れて入る[出る]: Don't ~ that dirty dog *through* the kitchen. その汚い犬を台所から入れないで. **2** 〈...〉に(困難などを)切り抜けさせる, (病人など)を—から救う.
*gét ... óut of — [動] ⓖ **2** 〈...〉から〈真相など〉を聞き出す; ....

5.12 [次の成句] として訳語を示さない場合がある.
　　fro /fróu/ [副] [次の成句] **tó and fró** [副] あちらこちらへ, ...

5.13 動詞型などに(☞9)に準ずるものとして,見出し語と共によく用いられる前置詞・副詞を斜体で語義の後に示した. 下の例では enactment of ... (...の制定・上演) という形でよく用いられることを意味している.

　　⁺**en‧act‧ment** ... **1** Ⓤ Ⓒ [法] (法律の)制定; Ⓒ 法令, 規則 (*of*). **2** Ⓤ Ⓒ 《格式》 (劇の)上演 (*of*)...

6 文体・用法上の指示

語・成句(の意味)が地域, 時代, 文体, 専門分野などに関して限定されることがある. 主な用法上の指示は《 》, 〚 〛, [ ] で示す. 「普通は」「しばしば」「時に」「主に」などを指示レーベルに付加して指示の適用が部分的であることを示すことがある. 指示のないものは普通に用いられる一般の語句である.

6.1 地域によって用法・意味などが異なるときは,《米》,《英》,《主に米》,《主に英》,《方言》などのように, その用法上の指示を《 》で示した 《☞ 専門語その他略表示一覧, 2.10》. 同義語・反意語など(☞7.1)では「主に」などを省き簡略化したり省略してある.

　　⁺**crib** /kríb/ [Ⓒ] 《主に米》 ベビーベッド 《英》 cot¹; ...

6.2 どういう場面・文脈で使うかという文体上の差異は次のように示した.

《略式》 　…くだけた感じの語・句で, 特に友人・家族のような親しい人同士の会話や手紙に使う.
《格式》 　…格式ばった語・句で, 公式の改まった場面でのスピーチや公文書・商業文などに用いる.
《丁寧》 　…相手に対する敬意を表わした丁寧な語・句.
《俗》 　　…《略式》よりもさらにくだけた品位に欠ける語・句で, 普通限られた仲間うちで用いたり, 特殊な効果を狙って使う.
《卑》 　　…卑猥(ひわい)な, または差別的な品のない語・句で, 人前で使ってはいけないとされる.
《古風》 　…今ではあまり使われない古風な感じの語・句で, 年配の人の言葉に見られることがある.
《古語》 　…昔使われたが今は用いられない語・句で古い文献などに見られる.
《文》 　　…硬い文学作品や改まった文書に用いられそうな語・句.
《詩》 　　…主に詩や美文調の書き言葉の中で用いられる語.
《小児》 　…主に幼児や子供が使う語・句.

このほかに標準語とみなされない語句は《非標準》, 使用頻度がかなり限られるものは《まれ》と表示した. また主に会話で用いる語義・表現に Ⓢ (=spoken), 主に文章で用いる語義・表現に Ⓦ (=written) の表示をつけた.

6.3 分野別の専門語は〚 〛, 説明は《 》で示した《☞ 専門語表示その他略語一覧》. なお商品などの商標名は説明中に「商標」と記した.

　　⁺**tee** /tíː/ [Ⓒ] **1** 〚ゴルフ〛 ティー, 球座(打つときにボールをのせる台; ☞ golf 挿絵)...
　　Benz /bénz, bénts/ [Ⓒ] ベンツ(ドイツの高級乗用車; 正式には Mercedes-Benz; 商標).

6.4 どのような態度や感情含みでその語句を用いるかを示す必要があるときは, 次のように [ ] で示した.

[ほめて] 　…対象となる人・物に対して好感を持ってよい意味で用いる.
[けなして] …対象となる人・物に対して批判的で悪い意味で用いる.
[軽蔑] 　　…対象となる人・物に対して軽蔑の気持ちをこめて用いる.
[差別] 　　…特定の人種や女性などに関連して対象となる人・物に対して侮辱的で人の気を悪くさせる言い方.
[皮肉] 　　…対象となる人・物に対して皮肉をこめて用いる.
[滑稽] 　　…対象となる人・物に対して冗談半分に滑稽な意味合いで用いる.

この辞書の使い方　　　　　　[20]

　　[誇張]　　　…もったいぶった表現で聞き手におおげさに響く．
　　[婉曲]　　　…聞き手に不快感を与える内容をやわらげるために用いる間接的な言い方．
　　[比喩]　　　…語義が文字通りではなく比喩的・抽象的な意味あいで用いられる場合．

7　類義語・反意語

　7.1　その語と同じような意味の語は訳語の後に（ ）で示したが，微妙な違いがある語はまとめて【類義語】として示した．反意語は(反 …)で示した．派生語とまとめた場合もある((☞ 12))

8　用例・コロケーション・ミニ語彙欄・[コーパス・キーワード]・[語法]・[用法注意!]・[参考]・[日英比較]

　8.1　語義の後をコロン（:）で区切り，その後に用例を示した．用例中の見出し語は原則としてスワングダッシュ（〜）で示し，変化形などつづり字の変わるものや紛らわしい場合は斜体字で示した．つづり字に影響の無い規則変化語尾は 〜ed, 〜s, 〜er のように示した．また語頭の大文字と小文字が入れ替わる場合は A〜 のように示した．下の例でcherry tree の用例中の 〜s は cherry trees の意，congratulation の用例中の C〜s は Congratulations の意である．

>　＊**car·ry** /kǽri/ … **T1 動** … 他 **1**（身につけて）〈…〉を**持ち運ぶ**，持ち歩く；携帯する；〈ある気持ち〉を忘れずにいる：She is 〜*ing* a purse. 彼女はハンドバッグを持っている / … He *carries* all these figures *in* his head [mind]. 彼はこれらの数字をすべて頭の中に入れている…
>　**chérry trèe** 名 C 桜の木：The 〜*s* are in full bloom. 桜が満開だ．
>　＊**con·grat·u·la·tion** … **1** U 祝い, 祝賀：a speech of 〜 祝辞．… **Con·gratulátions on** …．…おめでとう：*C*〜*s on* your graduation. 卒業おめでとう…

　8.2　成句・句動詞に相当する部分や，注意すべき部分も斜体で示した．特に重要な語や語義の場合，注目すべき部分や文型などを太字の斜体にして注意を喚起した．

>　(**just**) **in cáse** [副] S 万一に備えて，まさかのときのために：I'll take an umbrella (*just*) *in* 〜. 念のため傘を持っていこう．
>　＊**fe·ver** /fíːvɚ | -və/ 名 形 féverish) **1** [U または a 〜]（病気の）**熱**, … / Tom is in bed with *a* 〜. トムは熱を出して寝ています．
>　＊**con·vic·tion** … **1** CU 確信, 信念；自覚：… We have a strong 〜 ***that*** our constitution needs no change. <N+*that* 節> 憲法は変える必要がないと我々は確信している…

　8.3　名詞については，それとよく結びつく動詞との連続に注目し，これをコロケーション（連語）として取り上げ，主要なものを見やすいように囲みで示した．用例と共に表現力を伸ばす一助とされたい．

>　――コロケーション――
>　**put on** a *cap*　帽子をかぶる
>　**take off** a *cap*　帽子を脱ぐ
>　**wear** a *cap*=**have** a *cap* **on**　帽子をかぶっている

　8.4　動詞と結びつく名詞のコロケーションに加えて形容詞と結びつくコロケーションや合成語の「…のいろいろ」，[関連表現]などをまとめてミニ語彙欄として囲みで示した．

>　――ミニ語彙欄――
>　[コロケーション]
>　動＋computer
>　**install** a *computer*　コンピューターを据え付ける
>　**log onto [off]** a *computer*　コンピューターに[から]ログオン[オフ]する
>　**program** a *computer*　コンピューターのプログラムを組む
>　[関連表現]
>　**be infected with [by]** a (*computer*) **virus**
>　ウィルスに感染する
>　**click [double-click, right-click] on an icon**
>　アイコンをクリック[ダブルクリック, 右クリック]する

8.5 各種コーパスを利用して come, do, get, make などの動詞・句動詞＋名詞，動詞＋副詞の結びつきを コーパス・キーワード として囲みで示した．

> ─ コーパス・キーワード ─
> 「come to＋名詞」のいろいろ 《☞ corpus》
> cóme to a conclúsion [decísion] 結論に達する / cóme to an énd 終わる / cóme to ˈa hált [a stóp, rést] 止まる / cóme to hánd 手に入る / cóme to lífe 活気づく / cóme to líght 明るみに出る / cóme to mínd 思い浮かぶ / cóme to nóthing むだになる / cóme to a stándstill 止まる，行き詰まる．

8.6 語義・用例などの注意すべきことがらは 語法 用法注意 などで説明した．なお説明の長いものについては囲みにして目立つようにした．中でも重要なものに関しては，高名な言語学者 Dwight Bolinger（米国），辞書学者 Robert F. Ilson（英国），英語学者 John Algeo（米国）の3氏に校閲をしていただいた．

8.7 参考 としてその語に関連する説明を加えた．

8.8 日本語と英語との意味や用法の違い，あるいは社会的・文化的な相違を 日英比較 で説明した．

9 動詞型《☞ 動詞型解説（巻末）》，形容詞型《☞ 形容詞型解説（巻末）》，名詞型《☞ 名詞型解説（巻末）》，構文，言い換え

9.1 五文型によって基本語の動詞の例文に動詞型を示した．ただし＜V＞，＜V＋O＞，＜V＋副＞の型は除いた《☞ 動詞型解説 II 1 および II 3》．目的語が名詞または代名詞のときは単に O とした．同じ動詞型の例文が続くときは初めの例文に動詞型を示し，後の例文の動詞型は省いた．また，die hard, cross oneself などのように慣用句になっているものは原則として成句とし，動詞型は示さなかった《☞ 10》．

9.2 特定の前置詞をとるものは in, on, to などをそのまま＜V＋O＋to＋名・代＞のように示した．＜V＋O＋前＋名・代＞の「前」はいろいろな前置詞が用いられることを示す．

9.3 文の要素（V, O, C）を明示しにくいときは，＜V＋前＋名・代＞，＜V＋to 不定詞＞のように具体的な形だけを示した．

9.4 [主に受身で] などのように動詞型が一定しているときにはその動詞型は示さなかったが，その他の受身の場合は＜V＋O の受身＞などと示した．

9.5 五文型で示せない動詞型については 語法，[ ] を用いて示した．

9.6 動詞型の説明に準じて，重要な形容詞には形容詞型を，また重要な名詞には名詞型を示した．

9.7 重要な構文について，そのパターンをとる動詞や形容詞，名詞をまとめて 構文 として囲みで示した．

> ─ 構文 「動詞＋人＋from＋doing」をとる動詞 ─
> [例] Business *prevented* me *from* attending the meeting. 用事で私はその会に出られなかった．
> **ban** 禁止する / **deter** やめさせる / **discourage** 思いとどまらせる / **inhibit** 禁じる / **keep** させない / **prohibit** 禁じる / **stop** やめさせる

9.8 重要語の基本構文間の相互関係を 言い換え として示し，英作文などのヒントとした．

> *****easy** /íːzi/ 形 … **1** 易しい，容易な；(人・ものが)…しやすい…： 言い換え This book is ～ (*for* me) *to* read. ＜A＋(*for*＋名・代)＋*to* 不定詞＞＝*It is* ～ (*for* me) *to* read this book. この本は(私には)読みやすい《☞ for 前 B 1》…

10 成句

10.1 原則として各品詞の語義・用例のあとに太字の活字を用いてまとめて示した．配列はアルファベット順で示した．また，原則として成句に動詞や前置詞の目的語となる名詞を含む場合はその成句は名詞で示す．したがって 10.4 の make up one's mind … の

この辞書の使い方　　　　　[22]

場合は動詞 make で示さず名詞 mind で示す.
　10.2　成句にはすべてアクセントをつけて「話す英語」の面も重視した.
　10.3　品詞名の略号に準じて成句の機能を [名], [形], [副], [動] のようにできるだけ示した (☞ 3.1). [動] はさらに 自 他 の区別をした.
　10.4　one, one's, oneself は主語に相当する代名詞が用いられることを表わす (☞ one² 代 3 語法 (4), one's¹ 語法 (2), oneself 2 語法 (2)). …, …'s では主語と異なる名詞・代名詞が用いられることを表わす. …の他に前置詞の目的語などを示す場合は ― を用いた (☞ 5.11).

　　màke úp one's mínd … (いろいろ考えた末に)**決心する**…: Liz has *made up her* ~ *to* be a doctor.…

　　slíp …'s mínd [動] Ⓢ (多忙などで)…に忘れられる, 思い出せない: Her name has *slipped my* ~. 彼女の名前は今ちょっと思い出せない.

ただし … や ― はしばしば他の語[句, 節]がそこに来ることをも示す.

　　(jùst) in cáse … [接] Ⓢ (1) 《米》もし…した場合は (if): *In* ~ you find the man, please let me know at once. もしその男を見つけたらすぐ知らせてください.

11　句動詞 (☞ phrasal verb 文法)

　11.1　動詞の成句と共に太字の活字を用いてまとめて示した. 配列はアルファベット順で示した. 数が多いものは「…の句動詞」として囲みで示した.
　11.2　囲みにまとめた句動詞は見出し語に準ずる扱いとし, 重要なものは星印をつけた.
　11.3　句動詞にはすべてアクセントをつけて「話す英語」の面も重視した.
　11.4　見出し語とした句動詞の中で ＜他動詞＋副＞ の型のうち, 副詞の位置が目的語の前または後に固定しているものは動詞型を示した (☞ 動詞型解説 (巻末) III).
　11.5　受身が可能なものについてはその形を (受身 …) として示したものもある.

12　派生語

　12.1　派生関係を示す語は品詞の後(変化形の表示がある場合はその最後)に ( ) で示した.

　　****héalth·y** /hélθi/ 形 (**héalth·i·er** /-θiə | -θiə/; **héalth·i·est** /-θiɪst/; 名 health; 反 unhealthy)…

13　語源・単語の記憶

　13.1　語の成り立ちが理解の助けになると思われるものは, 語源 として訳語・用例などの後に示した. 語義の展開の囲みで示した場合もある.

　　E·den /iːdn/ 名 1 ⓤ [聖] エデンの園… 語源 ヘブライ語で「喜び」の意.
　　****jet**¹ /dʒét/ 名 (**jets** /dʒéts/)

　　┌─────────────────────────────┐
　　│ ラテン語で「投げる」の意 → (噴き出す) → 「噴出」2 │
　　│ → (噴射推進式飛行機) → 「ジェット機」1 　　　　│
　　└─────────────────────────────┘

　13.2　単語記憶の一助とするため, 同じ語源を持ついくつかの語をその語源をキーワードとして一か所に集め, どのように現在の意味を持つにいたったかを 単語の記憶 として囲みで示した.

　　┌──── 単語の記憶 《**RIV**》(川岸) ────┐
　　│ **riv**er　　(川岸) → 川 　　　　　　　　　　　│
　　│ **riv**al　　(川の対岸に住む人 → 川をめぐる争いの │
　　│ 　　　　　　相手) → 競争相手 　　　　　　　　　　│
　　│ ar**riv**e　 (川岸に着く) → 到着する 　　　　　　│
　　│ de**riv**e　 (川から水を引く) → 引き出す 　　　　│
　　└──────────────────────────┘

14　他所参照

　14.1　見出し語を参照すれば便利なときは, (☞ …) を用いた.
　　****brake**¹ … 名 (~s /-s/) Ⓒ ブレーキ (☞ bicycle 挿絵)…

14.2 類義語については ☞ 7.
14.3 反意語は (反 …) で示した (☞ 7, 12).

15 表・挿絵,…のいろいろ,関連語
15.1 情報を1か所に集中させるため表・挿絵を採り入れた.写真も使用した.
15.2 重要な名詞の合成語を「…のいろいろ」という囲みにまとめて示した.

```
――― case 1, 3 のいろいろ ―――
attaché càse アタッシュケース / bóokcàse 本箱 /
bríefcàse ブリーフケース / jéwel càse 宝石箱 /
pácking càse 荷箱 / píllowcàse まくらカバー
```

15.3 意味が関連し,組にして覚えると便利な語を関連語として囲みで示し訳語を与えた.語義・用例の後に 関連 として示した場合もある.
  bránch òffice 名 C 支店, 支局. 関連 head office 本店, 本局.

16 文法用語
16.1 初版では巻末に設けた文法用語解説を,本文中に 文法 の囲みとして組み込み,辞書と文法書の合体をはかった (☞ 目次 文法解説).

17 地 図
17.1 この辞書で採録した米国・カナダ・英国・オーストラリア・ニュージーランドの地名については原則として見返しの地図を参照させてある.
  *San Fran·cis·co /sæ̀nfrənsískou↲/ 名 固 **1** サンフランシスコ (米国 California 州中部の都市; ☞ 表地図 D4) …

18 この辞書で使用している略号と記号の用法
18.1 略号

名 [名]	名詞	前 [前]	前置詞	最	最上級
固	固有名詞	感 [感]	感嘆詞	三単現	三人称単数現在形
代 [代]	代名詞	接頭	接頭辞		
動 [動]	動詞	接尾	接尾辞	過去	過去形
自	自動詞	略	略語	過分	過去分詞
他	他動詞			現分	現在分詞
助 [助]	助動詞	(米)	米国用法	動名	動名詞
形 [形]	形容詞	(英)	英国用法	複	複数形
副 [副]	副詞			単	単数形
接 [接]	接続詞	比	比較級	[複]	複数名詞

★動詞型・形容詞型・名詞型で示してある略号・略記については ☞ 動詞型・形容詞型・名詞型の解説 (巻末) 1 (2).
 A P については ☞ 5.8, C U については ☞ 5.9, **11 12 13** については ☞ 5.10, 文体・用法上の指示については ☞ 6 と専門語表示その他略語一覧. S W については ☞ 6.2. ◎ については ☞ 2.13.

18.2 記号の特別な用法
( ) … 省略 (☞ 1.5, 2.7, 4.1, 5.7).
(( )) … 用法上の指示 (☞ 6.1, 6.2, 専門語表示その他略語一覧), 説明 (☞ 6.3), 他所参照 (☞ 14.1).
〚 〛 … 分野別専門語 (☞ 専門語表示その他略語一覧, 6.3).
/ / … 発音 (☞ 2.1).
[ ] … 言いかえ (☞ 1.5, 5.7), 語法上・文法・文体上の指示・注意 (☞ 5.6, 6.4).
  なお英文で2語以上の語が置きかわる場合に限り,どの部分から置きかわるかを「によって示した.
  「put out [extinguish] a *cigarette* (put out a cigarette または extinguish a cigarette の意)
  réach「…'s éar [the éar of …] (reach …'s ear または reach the ear of … の意)
〈 〉 … 他動詞の目的語の表示 (☞ 5.11).

この辞書の使い方　　　　　　　　　[24]

記号	説明
< >	… 文型表示 (☞ 9).
《 》	… 外来語の原語表示 (☞ 2.14)
～, ~	… 見出し語と同じつづり，または発音を表わす (☞ 1.3, 2.6, 4.1, 5.6, 8.1).
-	… 見出し語の一部が変わるときの変わらない部分を表わす (☞ 5.6).
反	… 反意語を表わす (☞ 7).
←	… 派生関係を示すときに用いてある.

   -i·za·tion /ɪzéɪʃən | aɪz-/ [接尾] [名詞語尾] [動 -ize]「…にすること，…化」
   の意: nationalization 国有化 ← nationalize 国有化する.

記号	説明
←	… アクセントの移動を示す (☞ 2.9).
→, ↓	… 語義の変遷を示す (☞ 13.1).
;	… 2つ以上の発音のしかたがあるとき，そのどれかの発音 (☞ 2.10).
★	… 注意すべき説明.
☞	… 「参照せよ」 の意. 下の例に見られるようにしばしば実際の記述が参照先にあることを示す. たとえば as の成句で

   às for …. ☞ as for の項目.

とあれば, as for というつづりの語を引く要領で見ると次の記述が見つかる.

  ***as for** /ǽzfɚ, ǽs- | -fə/ [前] [主に Ⓢ] [文頭で] …に関する限りは, …
   について言えば: We have lots of bread, …

専門語表示その他略語一覧

【アメフト】	アメリカンフットボール	【数】	数学
【医】	医学,外科	【スポ】	競技
【遺】	遺伝学	【政】	政治(学)
【印】	印刷	【聖】	聖書
【韻】	韻律学	【生】	生物学
【映】	映画	【生化】	生化学
【泳】	水泳	【生理】	生理学
【英史】	英国史	【畜】	畜産
【園】	園芸	【通】	通信
【化】	化学	【哲】	哲学,倫理学
【絵】	絵画	【鉄】	鉄道
【解】	解剖学	【電】	電気
【海】	海洋学,航海,船舶	【伝】	伝説
【楽】	音楽	【天】	天文学
【カトリック】	ローマカトリック教会	【電工】	電子工学
【株】	株式	【電算】	コンピューター
【機】	機械	【土】	土木
【幾】	幾何学	【統】	統計学
【キ教】	キリスト教	【動】	動物学
【ギ神】	ギリシャ神話	【トラ】	トランプ
【ギ正教】	ギリシャ正教	【農】	農業
【ギ伝】	ギリシャ伝説	【バスケ】	バスケットボール
【球】	球技	【美】	美術
【空】	航空	【フェン】	フェンシング
【クリケ】	クリケット	【服】	服飾
【軍】	軍事,軍隊	【米史】	米国史
【経】	経済(学),金融	【米郵】	米国郵便
【芸】	芸術	【米陸】	米国陸軍
【劇】	演劇	【保】	保険,生命保険
【言】	言語学	【簿】	簿記
【建】	建築	【法】	法律
【光】	光学	【ボク】	ボクシング
【工】	工学	【紋】	紋章(学)
【古史】	古代史	【野】	野球
【古生】	古生物	【薬】	薬学
【昆】	昆虫	【郵】	郵便
【財】	財政(学)	【ラグ】	ラグビー
【歯】	歯学,歯科	【林】	林業
【紙】	製紙	【レス】	レスリング
【史】	歴史	【ロ史】	ローマ史
【車】	自動車	【ロ神】	ローマ神話
【社】	社会学	【論】	論理学
【写】	写真	《アイル》	アイルランド
【狩】	狩猟	《英》	イギリス
【宗】	宗教	《豪》	オーストラリア,ニュージーランド
【商】	商業	《スコ》	スコットランド
【織】	織物	《南ア》	南アフリカ
【植】	植物学	《西ア》	西アフリカ
【心】	心理学,精神分析	《米》	米国

*【アイル伝】のように地域名と専門語表示を組み合わせたものもある.

a A

a¹, A¹ /éɪ/ 图 (複 **a's, as, A's, As** /~z/) **1** [C|U] エイ (英語アルファベットの第1文字). **2** [U,C] [A] 〖楽〗イ音, イ調. **3** [C] [A] (成績の) A, 優 (⇨ grade 表): get straight A's 全優をとる / an A student 優秀な学生. **4** [U] [A] (英) A級幹線道路: the A1 A級1号線. **5** [形容詞的に] [A] (英) (紙の) A 判の: an A3 folder A3判書類挟み. **6** [U] [A] (血液の) A型. **7** [U] [A] 第1番目 (の人[もの]). **from Á to B̀** [副] ある所[地点]から別の所[地点]へ. **from Á to Ź** [副] 初めから終りまで; 完全に.

＊a² (弱) ə; (強) éɪ/ 冠 #of, #eh, (英) #are¹,², (英) #her, (英) #or; 〖腐音〗#s, éɪ/ のとき ache, aid, ate, eight; /ə/ のとき or /əɪ/ (不定冠詞).

基本的には「(ある) 1つの」の意.

① 1つの	1
② ある (1つの, 1人の)	2
③ どの…も	3
④ …につき	4

【語法】(1) 数えられる名詞の単数形につける. 名詞に形容詞などの修飾語がつくときには、さらにその前につける: *a* clever boy 利口な少年.
(2) ただし加算の限定語とともに用いる場合は例外: *half a* pound 半ポンド (米) ではまた *a half* pound ともいう) / *quite* [*rather*] *a* long speech かなり長い演説 / *such a* cold day そんなに寒い日 / *too long a* time 長すぎる期間 / What *a lovely* child! 何てかわいい子でしょう.
(3) a は子音 (⇨ つづり字と発音解説 42) で始まる語の前で用いる: *a* cow 雌牛 / *a* one-man /wʌnmæn/ show 個展 / *a* UFO /júːèfóu/ 未確認飛行物体.
(4) 母音で始まる語の前では an (⇨ an 【語法】).

【語源】a の形は子音で始まる語の前で an の n が落ちたもの. 古(期)英語では a と one とは同じ語だった.

1 (1) 1つの, 1人の (軽い one の意; ⇨ one¹ 形 1【語法】).

【語法】(1) one の弱くなったもので日本語に訳す必要のないこともある. これに相当する複数の場合は some や any を用いる (⇨ some 形 1 【語法】 (1)): I can see *an* old woman under the tree. 木陰に1人のおばあさんがいるのが見える / Please give me *a* pencil and some sheets of paper. 鉛筆1本と紙を何枚かください / He will be back in *a* day or two. 彼は1日か2日で帰ってくる.
(2) 名詞がひとつの人だけが占める地位や役割を表わし、それが補語に用いられる場合は普通冠詞をつけない: They appointed him *manager*. <V+O+C(名)> 彼らは彼を支配人に任命した / Ben was made *captain* of the team. ベンがこのチームの主将になった.
(3) 全体で一つのまとまった単位を表わすと考えられるとき複数名詞に a [an] がつくことがある: We'll need *an* extra ten dollars. 余分に10ドル必要にする.
(4) 2つの名詞が and で結ばれている場合の a [an] の用法については ⇨ and 1 【語法】 (1) (2).

(2) [否定語と共に] 1つの…も: I *never* said *a* word about it. 私はそれについてひと言も言わなかった.

2 ある (1つの, 1人の) (軽い *a certain* の意): in a sense ある意味では / Long, long ago, there lived an old king on *a* small island. 昔々ある小さな島に年老いた王さまが住んでいました.

3 [その種類一般を指して] どの…も, …というものは (軽い *any* の意): A dog is faithful to its master. 犬 (というもの) は主人に忠実だ / *An* automobile has four wheels. 自動車には車輪が4個ある.

【語法】(1) この意味を表わすときでも man と woman には a をつけないで用いることがある (⇨ man 1 【語法】, woman 1 【語法】).
(2) Dogs are faithful to their masters. のように無冠詞で複数形を使うほうが普通 (⇨ the¹ 7 【語法】 (1), generic use 【文法】(1)).

4 [単位を表わす語につけて] …につき, …ごとに (⇨ the¹ 4): drive at eighty kilometers *an* hour 時速80キロで運転する / We learn English five hours *a* week. 私たちは週5時間英語を習う / How much *a* pound is this beef? この牛肉は1ポンドいくらか. **5** [主に固有名詞につけて] …のような人[物]: I want you to be *an* Edison. 私は君にエジソンのような人になってもらいたい. **6** [固有名詞につけて] …とかいう (one); …家の人, …の一員; …の作品[製品]: A Mr. Hill has come to see you. ヒルさんという方がお見えです / He's bought *a* Honda [Ford]. 彼はホンダ[フォード]の車を買った / Is that painting *a* Rembrandt? あれはレンブラントの絵ですか. **7** [普通は [U] として用いる物質名詞につけて] …の1種類; …の1製品; 1杯の…: That's *an* excellent wine. それは上等のワインだ / Two teas and *a* coffee (=a cup of coffee), please. 紅茶2つとコーヒー1つください. **8** [普通は [U] として用いる抽象名詞や動名詞につけて] 一種の…; …の1例, …の行為; 1回の…; いくらかの…: Honesty is a virtue. 正直は1つの美徳である / He was awakened by *a* loud knocking at the door. 彼は戸を叩く大きな音に起こされた. **9** (まれ) 同一の (the same): Birds of *a* feather flock together. (ことわざ) 同じ羽の鳥は群れをなす (類は友をよぶ).

A² 略 **1** =ampere. **2** =angstrom. **3** =associate².

a-¹ /ə/ 接頭 [名詞につく]「…に, …へ, …の状態で」の意: *a*fire 燃えて / *a*shore 浜に / *a*sleep 眠って.

a-² /eɪ, æ, ə/ 接頭 [形容詞・副詞につく]「…でない, 非…, 無…」の意: *a*moral 道徳観念のない / *a*pathetic 無関心な / *a*sexual 無性の.

a. =about, acre(s), adjective, answer.
A. =alto, answer.
Å 略 =angstrom.
@ /ət, æt/ 〖電算〗アットマーク (E メールのアドレスでユーザー名とドメイン名の間に用いる); 〖商〗単価…で (at の略).

AA¹ ★ double A または two A と読む. (米) 〖野〗AAA の下のレベルのチームグループ.
AA² /éɪéɪ/ 略 **1** =Alcoholics Anonymous. **2** (米) =Associate of Arts 準学士. **3** =Automobile Association. **4** 〖電〗単3 (乾電池のサイズ).
AAA¹ ★ triple A または three A と読む. (米) 〖野〗minor league の最高位 (AA の上のレベル).
AAA² /éɪèɪéɪ/ 略 **1** (英) =Amateur Athletic Association アマチュア体育協会. **2** =American Automobile Association アメリカ自動車協会. **3** 〖電〗単4 (乾電池のサイズ).
aah /áː/ 間 =ah.
AAM /éɪèɪém/ 略 空対空ミサイル (⇨ air-to-air).
A & E /éɪəndíː/ 略 (英) =accident and emergency

A&P

((米)) ER, E.R.).

A&P /éɪəndpíː/ 图 A アンド P 《米国のスーパーマーケットのチェーン店》.

AAP /éɪeɪpíː/ 略 =Association of American Publishers 米国出版社協会.

aard·vark /άːdvɑːk | άːdvɑːk/ 图 C つちぶた《長い鼻をもち蟻を主食とする南アフリカ産の動物》.

aard·wolf /άːdwʊlf/ 图 C アードウルフ《hyena に似たアフリカ南部・東部産の動物》.

aargh /άːg, άː | άː(g)/ 間 《略式》 [しばしば滑稽] ああっ、うわーっ、ぎゃー 《憤慨・苦痛・落胆などを表わす》.

Aar·on /é(ə)rən/ 图 圇 **1** 《聖》アロン《Moses の兄; ユダヤ最初の祭司長》. **2** アーロン **Hank** /hǽŋk/ ~ (1934-)《米国の野球選手》.

AARP /éɪάːrpíː, άəp | άːpíː, άːpíː/ 略 =American Association of Retired Persons アメリカ退職者協会.

ab /ǽb/ 图 C [普通は複数形で] 《略式》腹筋.

AB /éɪbíː/ 图 **1** =Alberta. **2** 《血液》の AB 型. **3** 《米》 =Bachelor of Arts (☞ bachelor; BA ともいう).

ab- /æb, əb/ 接頭 「離れて; 逸脱して」の意: *ab*sent 不在の / *ab*normal 異常な.

ABA /éɪbíːéɪ/ 略 =American Bar Association.

abaci 图 abacus の複数形.

†**a·back** /əbǽk/ 圖 [次の成句で] **be tàken abáck** [動] ⊜(不意を打たれて)びっくりする.

ab·a·cus /ǽbəkəs/ 图 (複 ~·es, ab·a·ci /-saɪ/) C 《子供の学習用》計算器; そろばん.

ab·a·lo·ne /ӕbəlóʊni/ 图 C,U あわび.

*****a·ban·don** /əbǽndən/ (類語 abundant)
🔊 動 (a·ban·dons /~z/; a·ban·doned /~d/; -don·ing, abándonment) 他 **1** [しばしば受身で] ⟨…⟩を捨てる、見捨てる; ゆだねる (to) (☞ 類義語): ~ the sinking ship (沈みゆく)船を捨てて退去する / She ~*ed* her children. 彼女は自分の子供たちを置きざりにした / The village had long been ~*ed*. その村は人がいなくなってから長い間たっていた.
2 ⟨習慣など⟩をやめる, ⟨権利など⟩を放棄する; ⟨計画など⟩を中止する: Agatha ~*ed* all hope of becoming a doctor. アガサは医者になる望みを捨てた. **abándon onesèlf to ...** [動] ⟨文⟩ ⟨感情など⟩に身をまかせる, …にふける. ── 图 Ⓤ Ⓦ 勝手気まま. **with (gáy [réckless]) abándon** [副] 勝手気ままに, 自由奔放に.

【類義語】**abandon** 必要やむをえない措置として地位・場所などを放棄したり, 責任・権利などを完全に拒否する場合に用いる. **desert** と違って, 善悪の価値判断は必ずしも伴わない: They *abandoned* their country. 彼らは故国を捨てた[去った]. **desert** 当然守るべき義務・任務・妻子・友人・自分の所属する場所などを許可なく放棄したり無慈悲に見捨てることで, 法律上は道義上はとられるべき行為を意味する: Gauguin *deserted* his wife and children and went off to Tahiti. ゴーギャンは妻子を捨ててタヒチ島へ行ってしまった. **forsake** 愛情をもって大切にしていた人・信念などや以前からの習慣などを放棄すること, 感情的要素を伴う: He *forsook* his principles for a secure position and a little money. 彼は安定した地位とわずかな金のために自分の主義を捨てた. **give up** 人や物事をあきらめて見放すことを最も広く一般的な言い方: He *gave up* his job and set out to walk around the world. 彼は仕事を見限って世界中を歩く旅に出た.

*****a·ban·doned** /əbǽndənd/ 形 А **1** 捨て[見捨て]られた: an ~ village 廃村. **2** 《文》勝手気ままな.

†**a·ban·don·ment** /əbǽndənmənt/ 图 Ⓤ 《格式》 (abándon) U Ⓦ 放棄; 遺棄; 断念 (of).

a·base /əbéɪs/ 動 他 《格式》⟨…⟩の品位を落とす; 申しくだる. **abáse onesèlf** 卑下する, へりくだる (*before*); 自分の品位を落とす.

a·base·ment /əbéɪsmənt/ 图 Ⓤ 《格式》(地位・品位の)低下, 失墜; 屈辱.

a·bashed /əbǽʃt/ 形 (反 unabashed) Ⓟ Ⓦ 恥じ入った, きまり[ばつ]の悪い思いをした (*at*, *by*).

†**a·bate** /əbéɪt/ 動 《格式》⊜ (苦痛など)和らぐ, (感情・勢いなど)弱まる: The storm ~*d* during the night. 嵐は夜のうちに静まった. ── 他 ⟨…⟩を弱める.

a·bate·ment /əbéɪtmənt/ 图 Ⓤ 《格式》(害悪・不快さなどの)減少.

ab·at·toir /ǽbətwὰː | -twὰː/ 图 C 《英》 =slaughterhouse.

ab·bess /ǽbəs/ 图 C 女子修道院長 (☞ abbot).

†**ab·bey** /ǽbi/ 图 C [しばしば A- で固有名(の一部)として] (もと大修道院であった)大寺院, 教会: ☞ Westminster Abbey.

ab·bot /ǽbət/ 图 C 修道院長 (☞ abbess).

abbr., abbrev. 略 =abbreviation.

ab·bre·vi·ate /əbríːvièɪt/ 動 他 ⟨語など⟩を略して書く; 省略する; 短縮する: "United Nations" *is* ~*d to* "UN." United Nations は略して UN と書かれる.

ab·bre·vi·at·ed /əbríːvièɪtɪd/ 形 省略した.

ab·bre·vi·a·tion /əbrìːviéɪʃən/ 图 **1** C 省略した語形, 略語 abbr., abbrev.; (☞ acronym): "UK" is an ~ *for* [*of*] "United Kingdom." UK は United Kingdom の略語だ. **2** Ⓤ 省略; 短縮.

*****ABC**[1] /éɪbìːsíː/ 图 (複 ~·'s, ~s /-z/) **1** Ⓤ 《米》では普通は複数形で] [しばしば所有格の後で] エービーシー, アルファベット (alphabet): My son has learned *his* ~('s). 息子はアルファベットを覚えた.
2 [the ~('s) の形で] 初歩, 入門, いろは《☞ alphabet》: *the* ~('s) *of* economics 経済学入門.

ABC[2] /éɪbìːsíː/ 图 圇 **1** ABC《米国の 3 大放送会社の 1 つ; American Broadcasting Company の略; ☞ CBS, NBC》. **2** オーストラリア放送協会 (Australian Broadcasting Corporation の略).

ABD /éɪbìːdíː/ 略 論文大体修(了)者《必要単位を取得し論文だけが残っている博士課程の学生 (PhD candidate); *a*ll *b*ut *d*issertation の略》.

ab·di·cate /ǽbdɪkèɪt/ 動 他 《格式》⟨王位⟩を捨てる; ⟨格式⟩⟨責任など⟩を放棄する. ── ⊜ (王などが)退位する (*from*).

ab·di·ca·tion /ǽbdɪkéɪʃən/ 图 Ⓤ Ⓦ 退位; (高官の)辞任; 《格式》放棄, 棄権 (*of*).

ab·do·men /ǽbdəmən, æb-/ 图 C 《格式》 (人間などの)腹部, 腹 (☞ stomach 語法); 《解》(昆虫などの)腹部.

†**ab·dom·i·nal** /æbdάmən(ə)l, əb- | -dɔ́m-/ 形 А 《解》腹部の.

†**ab·duct** /əbdʌ́kt, æb-/ 動 他 ⟨…⟩を誘拐する (kidnap), 拉致する.

ab·duc·tee /ǽbdʌktíː, əbdʌk-/ 图 C 被誘拐者, 拉致被害者.

ab·duc·tion /əbdʌ́kʃən, æb-/ 图 Ⓤ,C 誘拐, 拉致.

ab·duc·tor /əbdʌ́ktə, æb- | -tə/ 图 **1** 誘拐者[犯], 拉致者. **2** 《解》外転筋.

Ab·dul-Jab·bar /ǽbdʊldʒəbάː | -bάː/ 图 圇 **Kareem** /kəríːm/ ~ アブドゥル＝ジャバー (1947-   )《米国のバスケットボール選手》.

Abe /éɪb/ 图 圇 エイブ《男性の名; Abraham の愛称》.

a·bed /əbéd/ 《古風》形 Ⓟ, Ⓦ 寝床について.

A·bel /éɪb(ə)l/ 图 圇 《聖》アベル《アダム (Adam) とイブ (Eve) の次男; 兄カイン (Cain) に殺された》.

Ab·e·lard /ǽbəlὰəd | -lὰːd/ 图 圇 **1** アベラード《男子名》. **2 Peter** ~ ピーター アベラール (1079-1142)《フランスの哲学者・神学者; 女弟子エロイーズとの恋愛で有名》.

a·bé·li·an gróup /əbíːliən-/ 图 C 《数》アベル群.

Ab·er·deen /ǽbdíːn/ /əbə-⌐/ 图 アバディーン《英国 Scotland 東北部の都市; 图 裏地図 E3》.

Áberdeen Ángus 图 C アバディーンアンガス種(の牛)《スコットランド原産の食肉用の無角の黒牛》.

ab·er·rant /əbérənt/ 圏《格式》常軌を逸した, 異常な; 《生》変種の, 異常な.

†**ab·er·ra·tion** /æbəréɪʃən/ 图 C,U (一時的)異常, 常軌を外れること; 逸脱; 欠陥.

a·bet /əbét/ 動 (a·bets; a·bet·ted; a·bet·ting) 他《格式》〈...〉をけしかける, 教唆(きょうさ)する; 幇助(ほうじょ)する: She *abetted* him *in* escaping from prison. 彼女は彼が刑務所から脱走する手助けをした. **áid and abét ...** 〈...〉の犯行を幇助する.

a·bet·tor, a·bet·ter /əbétə | -tə/ 图 C 扇動[教唆]者.

a·bey·ance /əbéɪəns/ 图 U《格式》(一時的)中止, 停止, 休止. **be in abéyance** [動] 自《格式》停止[未定]のままである. **fáll into abéyance** [動] 自《格式》(法律・計画など)一時中止[停止]になる.

ab·hor /æbhɔə, əb- | -hɔː/ 動 (ab·hors; ab·horred; -hor·ring /-hɔːrɪŋ/)《進行形なし》《格式》〈...〉を忌み嫌う, ひどく嫌う.

ab·hor·rence /æbhɔːrəns, əb- | -hɔr-/ 图 U《格式》憎しみ(の気持ち), 嫌悪(感).

ab·hor·rent /æbhɔːrənt, əb- | -hɔr-/ 圏《格式》嫌悪感を起こさせる; 大嫌いな, いやでたまらない, 相いれない: Compromise is ~ to me. 私は妥協が大嫌いだ.

†**a·bide** /əbáɪd/ 動 (a·bides; a·bid·ed; a·bid·ing) 他 [can, could とともに否定文・疑問文で]〈...〉を我慢する, 耐える: I *can't* ~ his manner. 彼の態度には我慢できない. ― 自 (過去・過分 a·bid·ed, a·bode /əbóʊd/) [副詞(句)を伴って]《古風》とどまる; 住む. **abíde by** 12 [動] 他 〈...〉に従う, 〈...〉を守る.

†**a·bid·ing** /əbáɪdɪŋ/ 圏 A 長続きする, 永続的な (☞ law-abiding): an ~ interest in things Japanese 日本の事物への永続的な関心.

※**a·bil·i·ty** /əbíləti/ 图 (-i·ties /~z/; 圏 áble²; 反 inability, disability) **1** U (何かをする)能力, できること; 有能さ (☞類義語): a person of great ~ 大変有能な人 / He showed [displayed] exceptional ~ *in* [*at*] music. 彼は音楽に優れた能力を示した / He has enough ~ *to* manage the business. <N+to 不定詞> 彼には事業を経営するのに十分な能力がある.

2 C,U 才能 (talent), 手腕 [言い換え] He is a man of artistic *abilities*. = He has artistic *abilities*. 彼は芸術の才能がある.

to the bést of ...'s ability [副] ...の力の(及ぶ)限り.

【類義語】ability 最も一般的な語で, 人間があることを成し遂げる知的・肉体的能力. **faculty** 先天的または後天的に備わっていて, それを行使するのに特別な努力のいらない特殊な知的能力: He has a *faculty* for mathematics. 彼は数学の才能がある. **capacity** 人間は物事を受け入れたり, 成し遂げたりするための潜在的な能力: He has no [a great] *capacity* for forgiveness. 彼は人を許す寛大さがない[大いにある] / The hall has a seating *capacity* of 5000. そのホールは 5 千人の収容力がある. **talent** 生来備わっているが努力によって身につく特定分野の高度の知的能力: He has a *talent* for music. 彼は音楽の才能がある. **capability** あることに応じることのできる力量: No one is questioning your *capability* to adapt to new customs. あなたが新しい慣習に適応する能力を持っていることを疑っている人はいない.

-a·bil·i·ty /əbíləti/ 接尾 [-able で終わる形容詞につく名詞語尾]「...しうる[されうる]こと・能力」の意: read*ability* おもしろく読めること.

※**ab·ject** /ǽbdʒekt/ 圏《格式》**1** A みじめな, ひどい, 全くの: live in ~ poverty 悲惨な貧乏暮らしをする. **2** 自尊心のない, 卑屈な: an ~ apology 卑屈な言い訳.

ab·jec·tion /æbdʒékʃən/ 图 U《格式》みじめさ.

ábject·ly 副《格式》みじめに, 情けなく.

ab·ju·ra·tion /æbdʒʊréɪʃən/ 图 U 宣誓をしてやめること; (国籍・信仰などの)放棄.

ab·jure /æbdʒʊ́ə | -dʒʊ́ə/ 動 (**ab·jur·ing** /-dʒʊ́(ə)rɪŋ/) 他《格式》〈国籍・信仰など〉を捨てると誓う.

ab·la·tion /æbléɪʃən/ 图 U **1** (手術による)切除. **2** (侵食・風化による)削摩. **3**《空》融除《宇宙船などが大気圏に突入する時の表面の溶融》.

ab·la·tive /ǽblətɪv/《文法》图 U 奪格; 奪格語(形). ― 圏 奪格の.

ab·laut /ǽblaʊt/ 图 C《言》母音交替, アブラウト《例: sing—sang—sung》.

†**a·blaze** /əbléɪz/ W 副, 圏 P **1** 燃え立って, 赤々と燃えて; 明るく輝いて: set a barn ~ 納屋に火をつけて燃やす / The whole house was ~ *with* lights. 家じゅうに電灯がついていて明るかった. **2** 激して, かっとなって: He was ~ *with* anger. 彼は怒ってかっとしていた.

※**a·ble**¹ /éɪbl/ 圏 [次の成句で] **be àble to dó** [動原形の前につけて助動詞のように用い] 〈...〉できる (can) (反 be unable to).

語法 be able to と can

(1) 助動詞の can を別の助動詞の後につけることはできない. 従って will, shall, may, must, have などの後では can の代わりに be able to を用いる《☞ have to 1 語法》: I'll *be* ~ *to* see you next week. 来週は会えるよ / No one has ever *been* ~ *to* enter the room. 今までだれもその部屋へ入ることはできなかった.

(2) 直説法過去時制では could より was [were] able to が普通 (☞ could A 最初の 語法 (2)).

(3) can が使えるときには be able to を用いることができる. ただし can よりは改まった感じになる: Nobody *is* ~ *to* (= can) succeed without endurance. 忍耐なくしてはだれも成功できない / He *was* not ~ *to* (= could not) understand such complicated things. 彼はそんな複雑な事は理解できなかった.

(4) be able to には普通は受身の不定詞は続かない.

(5) be able to を強めるには well を使う: He *is well* ~ *to* pay the bill. 彼は十分その料金を払える. この用法での比較級は普通は better [more] able, 最上級は best [most] able. 否定の場合は less able, least able (☞ able² 語法): Now we *are* better [*more*] ~ *to* understand their motives. 今では彼らの動機をよりよく理解できる.

※**a·ble**² /éɪbl/ 圏 (**a·bler**; **a·blest**; 图 ability, 動 enable) 有能な, 腕利きの, 巧みな (skillful); 立派な (☞類義語): an ~ manager 有能な経営者 / The winds and waves are always on the side of the ~*st* navigators. 風と波は常に最も有能な航海者たちの味方をする. 語法 最上級として most able の形もある: She is *the most* ~ in the class. 彼女はクラスの中で最もできる / A~ was I ere I saw Elba. エルバ島を見る前は私は強かった. 参考 Elba 島に流された Napoleon Bonaparte の境遇をもじった回文; ☞ palindrome.

【類義語】**able** は多才で幅広く, 将来性をも含めた有能さをいうのに対し, **capable** は実際的に, ある特定の仕事に対する訓練された有能さをいう: *able* students 有能で将来性をも生徒たち / *capable* lawyers 有能な弁護士. **competent** 特定の仕事に要求される能力を一応備えていることをいう, より積極的な評価は示さない: a *competent* pianist 能力のあるピアニスト.

-a·ble /əbl/ 接尾 **1** [他動詞につく形容詞語尾]「...されうる, ...されるに適する[足る]; ...する傾向のある」の意: eat*able* 食べられる / lov*able* 愛すべき / us*able* 使用可能な / perish*able* 腐りやすい. 語法 受身の意味

をもつ. **2** [名詞につく形容詞語尾]「…の性質をもつ」の意: fashion*able* 流行の / comfort*able* 快適な.

áble-bódied [形] 強壮な; 五体満足な.

áble séaman [名] [C] 〘英海軍〙 二等兵 (☞ ordinary seaman).

a·bloom /əblúːm/ [形] [P] 《文》 彩られて (*with*).

ab·lu·tion /əblúːʃən/ [名] [C,U] [普通は複数形で] 《格式》 (宗教的儀式のために体・手を)洗い清めること, 沐浴(もくよく); [滑稽] 体を洗うこと, 歯を磨くこと: perform one's ~*s* 体[手や顔]を洗う.

a·bly /éɪbli/ [副] 有能に, うまく, 巧みに, 立派に.

ABM /éɪbìːém/ [略] =antiballistic missile.

ab·ne·gate /ǽbnɪgèɪt/ [動] [他] 《格式》 〈快楽などを〉を絶つ; 〈権利など〉を放棄する.

ab·ne·ga·tion /æ̀bnɪgéɪʃən/ [名] [U] 《格式》 (欲望・快楽などの)放棄; 自制; 自己犠牲 (self-abnegation).

⁺**ab·nor·mal** /æbnɔ́ːəm(ə)l, əb- | -nɔ́ː-/ [形] ([反] normal) 異常な, 普通でない; 変則の, 変態の.

⁺**ab·nor·mal·i·ty** /æ̀bnɔəmǽləṭi | -nɔː-/ [名] (**-i·ties**) [C,U] (特に身体や行動上の)異常, 変態; 異常なもの, 奇形: mental *abnormalities* 精神異常.

ab·nor·mal·ly /æbnɔ́əməli, əb- | -nɔ́ː-/ [副] ([反] normally) 異常に; 例外的に, 変則的に: an ~ low blood sugar level 異常に低い血糖値.

Ab·o, ab·o /ǽbou/ [形], [名] (複 **~s**) [C] 《豪卑》 [差別] =aboriginal.

ABO /éɪbìːóu/ [形] (血液型が) ABO 式の.

***a·board** /əbɔ́əd | əbɔ́ːd/ [T1] [前] (旅客機・船)に乗って, (列車・バス)に乗って: They are now ~ the ship. 彼らは今は船に乗っている. **gò abóard …** [動] [他] (乗り物)に乗り込む, …に乗車[乗船, 搭乗]する: They *went* ~ the plane. 彼らは飛行機に乗り込んだ.
— [副] **1** 旅客機[船]に乗って, 列車[バス]に乗って: All the passengers ~ were killed in the crash. その墜落事故で乗客は全員死亡した. **2** (組織などに)新たに加入して: new members ~ 新加入のメンバー. [語源] on+board (☞ on board (board 成句)). **Áll abóard!** [感] Ⓢ 皆さんご乗車[ご乗船]願います; (乗務員に対して)発車オーライ. **gò abóard** [動] [自] 乗車[乗船]する, 搭乗する. **Wélcome abóard!** [感] ご乗車[ご乗船, ご搭乗]ありがとうございます (乗務員が乗客に対して).

a·bode¹ /əbóud/ [名] [単数形で] 《格式》 または [滑稽] 住居, 住まい; 居住: (the) right of ~ 〘法〙 居住権. **of [with] nó fíxed abóde** [形] 〘法〙 住所不定の.

a·bode² /əbóud/ [動] abide の過去形および過去分詞.

***a·bol·ish** /əbɑ́lɪʃ | əbɔ́l-/ [T3] [動] (**-ish·es** /~ɪz/; **a·bol·ished** /~t/; **-ish·ing**; [名] àbolítion) [他] 〈制度・法律などを〉を廃止する (do away with …): This evil custom must *be* ~*ed*. <V+O の受身> この悪習は廃止せねばならない.

⁺**ab·o·li·tion** /æ̀bəlíʃən/ [名] ([動] abólish) [U] 廃止, 全廃: the ~ *of* nuclear weapons 核兵器の廃絶.

ab·o·li·tion·ist /æ̀bəlíʃ(ə)nɪst/ [名] [C] (死刑[奴隷]制度)廃止論者.

A-bòmb [名] [C] 《古風》 原子爆弾 (atomic [atom] bomb の略; ☞ H-bomb).

a·bom·i·na·ble /əbɑ́m(ə)nəbl | əbɔ́m-/ [形] **1** いやな, ひどい. **2** 《格式》 いまわしい (*to*).

Abóminable Snówman [名] [C] 雪男 (Himalayas に住むといわれる人に似た動物) (yeti).

a·bom·i·na·bly /əbɑ́m(ə)nəbli | əbɔ́m-/ [副] ひどく, いやに.

a·bom·i·nate /əbɑ́mənèɪt | əbɔ́m-/ [動] [他] [進行形なし] 《格式》 〈…〉を忌み嫌う (abhor).

a·bom·i·na·tion /əbɑ̀mənéɪʃən | əbɔ̀m-/ [名] [C] [時に滑稽] いやな行為; 大嫌いな物[人].

⁺**ab·o·rig·i·nal** /æ̀bərídʒ(ə)n(ə)l⁻/ [形] [A] **1** 《格式》 先住民の; [A-] オーストラリアの先住民[アボリジニー]の. **2** 《格式》 (動植物が)土着の, もとからの, 自生の. — [名] [C] 先住民; [A-] オーストラリアの先住民.

ab·o·rig·i·ne /æ̀bərídʒəni/ [名] **1** [A-; 複数形で] (オーストラリアの)先住民, アボリジニー. **2** [C] 先住民; 土着の動物.

a·born·ing /əbɔ́ənɪŋ | əbɔ́ːn-/ [形] [P], [副] 《主に米》 生まれかけて, 生まれる途中で: The plan died ~. その計画は立ち消えになった.

⁺**a·bort** /əbɔ́ət | əbɔ́ːt/ [動] [他] **1** 〘医〙 〈胎児・妊婦〉を流産させる; 〈妊娠〉を中絶する. **2** 〈計画〉を打ち切る, 〈飛行・ロケット発射など〉を中止する: ~ a space mission 宇宙飛行を中止する. **3** 〘電算〙 〈プログラム〉を打ち切る. — [自] **1** 〘医〙 流産[中絶]する. **2** (計画などが)失敗する. **3** 〘電算〙 (プログラムが)打ち切りとなる.

a·bor·ti·fa·cient /əbɔ̀əṭəféɪʃənt | əbɔ̀ː-⁻/ 〘医〙 [形] (薬などが)流産を起こさせる. — [名] [C] 人工妊娠中絶薬.

***a·bor·tion** /əbɔ́əʃən | əbɔ́ː-/ [名] (**~s** /~z/) [U,C] 妊娠中絶(手術) (☞ pro-choice, pro-life, antiabortion): have [get] an ~ 妊娠中絶をする / perform an ~ *on* … …に妊娠中絶手術をする.

a·bor·tion·ist /əbɔ́əʃ(ə)nɪst | əbɔ́ː-/ [名] [C] **1** (違法の)妊娠中絶医, 堕胎医. **2** 妊娠中絶支持[賛成]者.

⁺**a·bor·tive** /əbɔ́əṭɪv | əbɔ́ː-/ [形] **1** 《格式》 (計画などが)失敗に終わった, 不成功の; 〘生〙 発育不全の: an ~ attempt to overthrow the government 未遂に終わった政府転覆の試み. **2** 〘医〙 流産を起こさせる.

Aboukir ☞ Abukir.

⁺**a·bound** /əbáund/ [動] ([形] abúndant) [自] 《格式》 **1** [しばしば副詞[句]を伴って] (物が)たくさんある: Fish ~ in this river. この川には魚が多い. **2** (場所が)(…に)富む: [言い換え] This lake ~*s in* [*with*] trout. = Trout ~ in this lake. この湖にはますが多い.

****a·bout** /əbáut/

> 基本的には「あたりに」の意.
>
> | | |
> |---|---|
> | ① およそ, 約… | [前] 1; [副] 1 |
> | ② …について | [前] 2 |
> | ③ (…の)あたりに | [前] 3; [副] 3 |
> | ④ (…の)あちこちに | [前] 4; [副] 2 |

— [前] /əbàut/ **1** およそ…, 約…, …ごろ (around) (略 a.; ☞ 類義語): walk (just) ~ five miles 5 マイルほど歩く / I got up (at) ~ six. 6 時ごろ起きた. [語法] この意味の about は [副] と考えることもできる (☞ [副] 1).

2 …について(の), …に関して[する]: a book ~ stars 星(について)の本 / Tell me all ~ it. そのことについて一部始終私に話してください / We must do something ~ the problem. その問題は何か手を打たなければならない / The students were worried ~ the results of the exam. 生徒たちは試験の結果が心配だった. [語法] この意味では about は最も普通の語. on は内容が高級で専門的であることを暗示する: a story ~ birds 鳥についての話 / a lecture *on* economics 経済学に関する講義.

3 《主に英》 …のあたりに, …の近くに; 《文》 …の周囲に (around): She was standing just ~ here. 彼女はほぼこのあたりに立っていた.

4 《主に英》 …のあちこちに, …の方々を; …の周(まわ)りを (around) (☞ round¹ [前] 3 [語法]): He walked ~ the streets. 彼は通りをあちこち歩き回った / Look ~ you. 周りを見てごらんなさい. **5** …の身辺[性格]に(は), …に付随して: There is something noble ~ her. 彼女にはどことなく気品がある. **6** 《主に英》 …に従事して: Go and post this letter and while you're ~ it, get me the book. Ⓢ この手紙を出してきて, それからついでにその

本を買ってきてくれ. **7** 《格式》…の身の回りに, …が持ち合わせて: Do you have a pen ～ you? (手もとに)ペンをお持ちですか.

be (àll) abòut … [動] [他](主題などが)…についてである, …を扱っている; (基本的に)…の問題だ: This book *is* ～ politics. これは政治を論じた本である / What *is* this commotion *all* ～? この騒動は(いったい)何ですか.

(it's) abòut … Ⓢ《略式》…についてですが, …のことですが《話を持ち出すときに使う》: Now, class, ～ last week's test. Most of you did very well but three of you failed. さてみなさん, 先週の試験のことですが, たいていの人はよくできましたが 3 人はだめでした.

― [副] /əbáʊt/ **1** およそ…, …ほど (☞ [前] 1); 《略式》ほとんど; まあ…だ; [皮肉に] およそ, いいかげん: This tree is ～ as tall as that one. この木はあの木と高さがほとんど同じだ / He is ～ my size. 彼は私くらいの大きさだ / I'm (just) ～ ready. ぼくは大体用意ができた.

2 《主に英》あちこちに[を], 方々に[へ] (around): There were some people sitting ～ on the grass. 人々が芝生の上のあちこちに腰を下ろしていた / The girl always carries her doll ～. その少女はいつも人形を持ち歩いている / He looked ～ in the house. 彼は家の中を見回した. [語法] He looked ～ the house. (彼は家の周りを見た《この about は [前]》) と比較せよ. **3** 《主に英》あたりに, 近くに; (病気が)はやって (around): There was no one ～. あたりにはだれもいなかった / There's a lot of flu ～. Ⓢ 今インフルエンザがはやっている. **4** ぐるりと回って, 反対[後ろ]向きに; 回り道をして: They came round ～. 彼らはぐるっと回り道をしてやって来た (☞ round about (round¹ [副] 成句)). **5** 《主に英》何もしないで, ぶらぶらと(して) (☞ wait about (wait 句動詞), stand about (stand 句動詞)). **Abòut fáce!** [感] 〘米軍〙 回れ右! **Abòut túrn!** [感] 〘英軍〙 回れ右!

― [形] [P] (あちこち)動き回って(いる), 活動して(いる).

[日英比較] 英語では「アバウトな」の意味はない.

be abóut [動] [自] (1) 《主に英》動いている, 起きている. (2) 行なわれている, 流行している.

be abòut to dó [助動詞のように用いる] まさに[今にも]…しようとしている: The plane *is* ～ *to* take off. 飛行機はまさに離陸しようとしている. [語法] be going to do よりも改まった言い方で, より近い未来を表わす.

be nót abòut to dó 《略式》…する気がしない, …するつもりはない: I'*m not* ～ *to* apologize! 謝るつもりなんてないよ.

【類義語】**about** [前] はある数・量・状態に達していない場合, あるいは超えている場合の両方に用い, その差があまり重要でないと感じられる場合に用いる: The population of the city is *about* 100,000. その市の人口は約 10 万である. **almost, nearly** [副] ともにもう少しである数・量・状態に達しそうなときに用いるが, *almost* のほうが *nearly* よりもいっそう接近していることを表わすことが多い: It was *nearly* [*almost*] noon. ほとんど正午近かった. また *nearly* は *almost* よりも驚き・不満・安心といった感情が含まれることがある: It's *nearly* time to go to bed. もう寝る時間だ.

abóut-fáce [名] [C] [普通は単数形で] 《主に米》回れ右; (主義・態度などの) 180 度の転換 (*on*): do an ～ 回れ右をする; (主義・主張などを)180 度変える. **―** [動] [自] [普通は命令文で] 回れ右をする; 方向転換をする.

abóut-túrn [名] [C], [動] 《英》=about-face.

****a·bove** /əbʌ́v/

① [場所が]	(…より)上に	[前] 1; [副] 1, 2
② [数量が]	…より上で	[前] 2
③ [地位が]	…より上で	[前] 3

― [前] /əbʌ̀v/ **1** (位置が)…より上に[へ], …の(真)上に[へ], …より高く ([反] below); …の上流に ([反] below); …の北方に: The moon rose ～ the hill. 月が丘の上に昇った / I flew ～ the clouds. 私は雲の上を飛んだ.

[語法] above と over の違いについては ☞ over [前] 1 [語法] (1).

X is above Y　　X is below Y

2 (年齢・数量などが)…より上で[に], …を越えて (over) ([反] below); (音が)…よりもっと高く[大きく]: His grades are well ～ average. 彼の成績は平均よりずっと上だ / Her cry was heard ～ the noise. 彼女の叫び声が騒音の中でも聞こえた. [語法] 数字とともに使う場合には more than や over のほうが普通: '*More than* [*Over*] five hundred people attended the meeting. 500 人を越す人たちが会に出席した.

3 (地位が)…より上で ([反] below) (☞ over [前] 4 [語法]); …よりも優先して[優れて]: He ranks ～ me at work. 彼は職場では私より地位が上だ / He is the type of man who values honor ～ life. 彼は命よりも名誉を重んじるタイプの人間だ. **4** (程度などが)…の(力の)及ばない; (非難・称賛など)を超越して: [言い換え] This book is ～ me. (=This book is beyond me.) この本は私の理解を超えている《beyond のほうが普通》/ His conduct is always (completely) ～ suspicion. 彼の行為は常に疑いなど差しはさむ余地は(全く)ない. **5** (人が高潔[高慢]で)…を潔しとしない, (悪行など)をしない; [否定文で] …するのを恥ずかしいと思わない: He is *not* ～ do*ing* the dishes. 彼は嫌がらずに皿洗いをする.

abòve áll (élse) [副] [つなぎ語] 何よりも(まず), なかでも(特に): A～ *all*, you must take good care of yourself. 何よりも体には十分注意しなさい. **abóve and beyónd …** [前] …に加えて; …より以上に. **gèt [be] abóve onesèlf** [動] [自] うぬぼれる.

― [副] **1** (位置が)(真)上に[へ](出て), 高く, 頭上に; 階上に ([反] below); 上級に; 上流に: The bird soared ～. 鳥は高く舞い上がった.

2 《格式》(記事・論文などで)前に, 先に; (同一ページ中で)上に ([反] below): as stated ～ 上記のとおり / See ～ (page 5). 前記(5 ページ)参照. **… and [or] abóve** (1) …および[または]それ以上. (2) (地位などが)…以上: The meeting is only for captains *and* ～. その会合は大尉以上の人だけのものだ. **from abóve** [副・形] 上方[上位の人]から(の): an order *from* ～ 上からの命令.

― [形] **1** (位置が)(真)上の[で]; [名詞の後につけて] 頭上の; 上流の[で]: Her room is just ～. 彼女の部屋はちょうどこの上だ / The sky ～ was a deep blue. 頭上の空は濃いブルーだった. **2** [A] 上記の, 以上の ([反] below): the ～ facts 以上の諸事実 / the sentence ～ [名詞の後につけて]前述の文. **the abóve** [名] [単数または複数扱い; ☞ the¹ 3] 《格式》上記の人[もの].

abóve·bòard [副], [形] [P] 公明に[の], 隠しだてがなく[のない].

abóve-méntioned [形] [A] 《格式》上述の (☞ under-mentioned). **the abóve-méntioned** [名] [単数または複数扱い] 《格式》上記の人[もの].

ab·ra·ca·dab·ra /æ̀brəkədǽbrə/ [感] アブラカダブラ《魔法をかけるときなどに唱える呪文》. **―** [名] [U] (アブラカダブラという)呪文; たわごと.

a·brade /əbréɪd/ [動] 《格式》[他] 〈…〉をすりむく; すり減らす. ― [自] すりむける; すり減る.

A·bra·ham /éɪbrəhæ̀m, -həm/ [名] [固] **1** エイブラハム《男性の名; 愛称は Abe》. **2** 〘聖〙 アブラハム《ユダヤ人の先祖》.

6 abrasion

a·bra·sion /əbréɪʒən/ 名 **1** 【医】 C すり傷, すりむけた所; U (皮膚の)すりむけ. **2** U 《格式》磨滅.

⁺a·bra·sive /əbréɪsɪv/ 形 **1** (人・言動が)(神経をいらだたせる)ぶしつけな, 不快な: her ~ manner 彼女の不快な態度. **2** A すり減らす(作用のある), 研磨用の. ――名 C 研磨材. **~·ly** 副 いらだたせるように. **~·ness** U いらだたせること; 摩耗性.

⁺a·breast /əbrést/ 副 肩を並べて, 並んで, 並行して (of): They were walking three ~. 彼らは3人横に並んで歩いていた. **keep [stay] abreast of ...** 動 他 ...についていく, (時勢など)に遅れない.

a·bridge /əbrídʒ/ 動 他 《本・話など》を要約する.

a·bridged /əbrídʒd/ 形 A 要約された; 短縮した: an ~ edition 縮約版, 簡約版.

a·bridg·ment, a·bridge- /əbrídʒmənt/ 名 **1** C 要約したもの, 縮約版. **2** U 要約; 短縮.

⁺a·broad /əbrɔ́ːd/ 副

> 「広く」**2** (☞ broad) の意味から, 「広く外へ」, 「外国へ」**1** の意味となった.

1 外国へ[に, で], 国外へ[に, で], 海外へ: go [travel] ~ 外国へ行く[海外旅行をする] / study ~ 留学する / Living ~ is the best way to learn a foreign language. 外国に住むのが外国語を習う最善の方法だ. **2** 《格式》 (うわさなどが)広まって: There are rumors ~ that he was murdered. 彼は殺されたといううわさが広まっている. **3** 《古風》 戸外へ[に] (outdoors). **from abroad** 副・形 外国から(の): My father has just returned *from* ~. 父は帰国したばかりだ.

ab·ro·gate /ǽbrəgèɪt/ 動 他 《格式》 《法律・習慣・条約》を廃止する, 撤廃する.

ab·ro·ga·tion /ǽbrəgéɪʃən/ 名 U,C 《格式》 廃止, 撤廃 (of).

⁺a·brupt /əbrʌ́pt/ 形 (**a·brupt·er, more ~; a·brupt·est, most ~**) **1** A (予期しない)突然の, 不意の; あわただしい (☞ bankrupt 単語の記憶) : an ~ change 急変 / an ~ drop in temperature 気温の急激な下降 / come to an ~ stop 突然止まる. **2** (人・態度などが)ぶっきらぼうな, 不作法な: have a very ~ manner 態度がとてもぶっきらぼうだ. **3** (坂などが)険しい, 急な. **~·ly** 副 (予期せず)突然に, 不意に; ぶっきらぼうに. **~·ness** U 突然, 不意; ぶっきらぼうさ.

ABS /éɪbìːés/ 略 =antilock braking system.

Ab·sa·lom /ǽbsələm/ 名 **1** アブサロム(男子名). **2** 【聖】 アブサロム(ユダヤ王 David の愛児; 父にそむいて戦死した).

ab·scess /ǽbses/ 名 C 【医】 膿瘍(ﾉｳﾖｳ).

ab·scis·sa /æbsísə/ 名 (複 **~s, ab·scis·sae** /-siː/) C 【数】 横座標 (☞ ordinate).

ab·scond /æbskánd, əb- | -skɔ́nd/ 動 (《格式》 逃亡する (from); (...を)(職場から)持ち逃げする (with).

ab·seil /ǽbseɪl, -saɪl/ 動 《英》 【登山】 懸垂下降する (down). ――名 C 懸垂下降(《米》 rappel).

⁺ab·sence /ǽb(ə)ns/ 名 ⦅ab·senc·es /-ɪz/; ǽbsənt/》 **1** U (ある場所に)いないこと, 不在, 欠席, 欠勤, 留守 (反 presence): ~ *from* school [work] 欠席[欠勤] / A~ makes the heart grow fonder. 《ことわざ》 離れているとかえって愛情が増すものだ. **2** C (1回の)不在, 欠席, 欠勤, 不在[欠席, 欠勤]の期間: Tom couldn't graduate because of his frequent ~s. トムはよく休んだので卒業できなかった / **After an ~ of** ten months he returned home. 10ヵ月ぶりで彼は帰国[帰郷]した. **3** U ないこと, 欠けていること, 欠乏 (lack): the ~ *of* clear standards 明確な規準がないこと. **ábsence of mínd** 名 放心(状態), うわの空. **dùring [in** **...'s ábsence** 副 ...の不在のとき, ...の留守中に(. 言い換え Meg called you *during* [*in*] *your* ~. (= Meg called you while you were absent.) 君の留守中にメグから電話があった. **in the ábsence of ...**=**in ...'s ábsence** 前 ...がいない[ない]ときに[は]; ...がないために: Mr. White is in charge of the business *in the* ~ *of* the manager. 支配人が不在のときはホワイト氏が業務を管理する / *In the* ~ *of* a better idea I had to choose this method. もっとよい考えがなかったので, 私はこの方法をとらざるをえなかった.

⁺ab·sent¹ /ǽbs(ə)nt/ 形 (名 ábsence, 動 absént¹) **1** [比較なし] (いるべき場所に)**不在の, 欠席の, 欠勤の**, 留守の (反 present¹) (☞ AWOL) / Henry has been ~ *from* school [work] for the past ten days. <A+*from*+名・代> ヘンリーはこの10日間学校[会社]を休んでいる. 語法 故意の欠席を意味することが多い // *The ~* are always in the wrong. 《ことわざ》 いない者がいつも悪者になる(欠席裁判) 《複数名詞のように扱われる; ☞ the¹ 3). **2** 《格式》 (あるべきものが)(...に)欠けている (from); (...に)ない (in). **3** A 放心状態の, ぼんやりした: He had an ~ look on his face. 彼はぼーっとした目をしていた. ――前 《米格式》 ...がなければ.

⁺ab·sent² /æbsént/ 動 (形 ábsent¹) 他 [~ oneself として]《格式》 欠席する, 欠勤する: Tom ~ed himself *from* the meeting. トムはその会合に欠席した. 語法 故意に欠席することを意味することが多い.

⁺ab·sen·tee /ǽbs(ə)ntíː/ 名 C 欠席者, 欠勤者, 不在者; 不在地主.

absentée bállot 名 C 《米》 不在者投票(制度).

ab·sen·tee·is·m /ǽbs(ə)ntíːɪzm/ 名 U 常習の欠勤[欠席].

absentée lándlord 名 C 不在地主.

absentée vóte 名 C 《米》 不在者投票 (《英》 postal vote).

ab·sen·ti·a /æbsénʃiə | -tiə/ 名 [次の成句で] **in absentia** 《格式》 (当事者が)欠席[不在]中に.

ábsent·ly 副 ぼんやりして, うわの空で.

ábsent-mínded 形 ぼんやりした, 放心状態の, (他のことに気をとられて)うわの空の. **~·ly** 副 ぼんやりして, うわの空で. **~·ness** 名 U 放心状態.

ab·sinthe, ab·sinth /ǽbsænθ, -sɪnθ/ 名 U アブサン(にがよもぎなどで味をつけた緑色のリキュール).

⁺ab·so·lute /ǽbsəlùːt, ǽbsəlùːt/ 形 **1** [比較なし] 絶対的に, 絶対の (反 relative): *the* ~ 【哲】 絶対(☞ the¹ 6) / The President has ~ trust in Mr. Brown. 大統領はブラウン氏の絶対的信頼をおいている.

2 A [比較なし] [主に S] 全くの, 完全な (perfect, complete, utter); 純然たる; 無条件の: an ~ fool 全くのばか / The witness spoke with ~ certainty in his voice. 証人は100パーセント確信した口調で語った. **3** 専制の, 独裁の: an ~ monarch 専制君主. **in ábsolute tèrms** 副 (他と比較しないで)それ自体としては: Her performance was better than anyone else's, but *in* ~ *terms* it was still rather poor. 彼女の演奏は他のだれよりも良かったが, 演奏自体としてはまだ物足りなかった.

――名 C 絶対的なもの[観念, 原理].

⁺ab·so·lute·ly /ǽbsəlùːtli, ǽbsəlùːtli/ 12 副 **1** [主に S] 全く, 完全に (☞ very¹ 囲み): You are ~ right. あなたは全く正しい / It's ~ impossible to do so. そうすることは全く不可能だ / I ate ~ nothing the whole day. 私は一日中全く何も食べなかった.

2 [質問に答えて] 《かなり略式》 全くそのとおり, そうですとも (Certainly!): 会話 "That test was the worst ever." "*A~!*" 「あの試験は最悪だったね」「全くだ」/ "You broke your promise, didn't you?" "*A~ nót*." 「約束を破ったね」「そんなこと絶対ない」(☞ not (5) (ii)). **3** 絶対的に (反 relatively); きっぱりと, 断

固として: I refused ~. 私はきっぱりと断わった. **4** [否定文で] 全然...というわけではない (部分否定を表わす).

ábsolute majórity 名 C [主に単数形で]《英》絶対多数 (《米》majority).

ábsolute particípial constrúction 名 U,C《文法》独立分詞構文.

文法 独立分詞構文
分詞構文の中で, 分詞の意味上の主語が主節の主語と一致しないものをいう. この構文は weather permitting のような慣用的な表現を除いては一般に《文語》的で, 普通は副詞節[句]を用いることが多い: *Dinner being over, we played a game.* (=After *dinner* was over [After dinner], *we* played ....) 食事が終わってから我々はゲームをした / *She read the letter over and over again, tears trickling down her cheeks.* (=..., with tears trickling down ....) 彼女はほおに涙を流しながら, その手紙を何度も何度も読み返した.

ábsolute pítch 名 U《楽》絶対音感.
ábsolute posséssive 名 C《文法》独立所有格.

文法 独立所有格
所有格の形だけで用いられ, それが修飾する名詞が省略されているものをいう (☞ -'s¹ 文法 (3) vii). 人称代名詞の場合文法 では特に独立所有代名詞と呼ばれる (☞ possessive pronoun 文法). この形は次のような場合に用いられる.
(1)《英》家・店・病院・寺院などを表わすとき: Meg is staying at *her uncle's.* メグはおじの家に滞在している / She bought it at *the chemist's* over there. 彼女はそれをあそこの薬屋で買った / I've got an appointment at *the dentist's* at 11:15. 11時15分に歯医者の予約がとってある / *St. Paul's* is one of the sights of London. セントポール大聖堂はロンドン名所の1つである.
(2) 前後の名詞の繰り返しを避けるため: Whose book is this?—It's *John's.* これはだれの本ですか—ジョンのです / This car is *Bill's,* not *Bob's.* この車はビルのでボブのではない.
(3) a, an, this, that などのつく名詞に <of+独立所有格> を続けて用いる場合 (☞ of 2; mine¹ 語法): A relative *of Mr. Smith's* died yesterday. スミスさんの親戚の方がきのう亡くなった. 語法 (1) A relative of Mr. Smith's と Mr. Smith's relative との違いは a friend of mine と my friend との違いと同じ (☞ ... of mine (mine¹ 成句) 語法). (2) a relative of *Mr. Smith* のように通格が用いられることもある.

ábsolute témperature 名 U《物理》絶対温度.
ábsolute válue 名 [the ~]《数》絶対値 (of).
ábsolute zéro 名 U《物理》絶対零度.
ab·so·lu·tion /ǽbsəlúːʃən/ 名 U《宗》(罪を告白して与えられる) 罪の許し, 免罪 (for).
ab·so·lut·ism /ǽbsəlùːtɪzm/ 名 U 専制政治; 絶対主義.
ab·so·lut·ist /ǽbsəlùːtɪst/ 名 C 専制[絶対]主義者. ─ 形 絶対主義の.
ab·solve /əbzálv, -sálv | -zɔ́lv, -sɔ́lv/ 動 他《格式》**1**〈人の責任などを〉免除する (from, of). **2** [しばしば受身で] 〈司祭が〉〈人〉に罪の許しを与える.
***ab·sorb** /əbsɔ́əb, -zɔ́əb | -sɔ́ːb, -zɔ́ːb/ 動 (**ab·sorbs** /~z/; **ab·sorbed** /-d/; **-sorb·ing**; 名 absórp·tion, 形 absórbent) 他 **1**〈液体・音・衝撃などを〉吸収する, 吸い込む: This cloth ~s water well. この布はよく水を吸収する. **2**〈思想・学問などを〉吸収する, 自分のものにする; 同化する: Japan ~ed Western ideas. 日本は西欧思想を吸収した. **3** [しばしば受身で]〈会社・自治体などを〉吸収する, 合併する, 併合する;〈移民などを〉受

abstract noun

け入れる: The neighboring villages *were ~ed into* [by] the city. 近隣の村々はその市に併合された. **4**〈人を〉夢中にさせる,〈...の〉心[関心]を奪う (☞ be absorbed in ... (absorbed 成句)). **5**〈困難・変化などに〉(他に悪影響のないよう) 対処する. **6**〈時間・精力などを〉奪い取る;〈金などを〉使い果たす.
†**ab·sorbed** /əbsɔ́əbd, -zɔ́əbd | -zɔ́ːbd, -sɔ́ːbd/ 形 夢中になった. **be absorbed in ...**動 他 ...に熱中している: The children *were ~ in* their game. 子供たちはゲームに夢中だった.
ab·sor·ben·cy /əbsɔ́əb(ə)nsi, -zɔ́ə- | -zɔ́ː-, -sɔ́ː-/ 名
ab·sor·bent /əbsɔ́əb(ə)nt, -zɔ́ə- | -zɔ́ː-, -sɔ́ː-/ 形 (動 absórb) 吸収性の, 吸い込む.
absórbent cótton 名 U《米》脱脂綿 (cotton, 《英》cotton wool).
ab·sorb·er /əbsɔ́əbə | -zɔ́ːbə/ 名 C 吸収装置; 緩衝器 (☞ shock absorber).
†**ab·sorb·ing** /əbsɔ́əbɪŋ, -zɔ́ə- | -zɔ́ːb-, -sɔ́ːb-/ 形 夢中にさせる: an ~ book とても面白い本.
†**ab·sorp·tion** /əbsɔ́əpʃən, -zɔ́əp- | -zɔ́ːp-, -sɔ́ːp-/ 名 (動 absórb) U **1** 吸収; 吸収作用: the ~ of water 水の吸収 / ~ spectrum《光》吸収スペクトル. **2** 併合, 編入 (into). **3** 夢中, 没頭 (in, with).
ab·stain /æbstéɪn, əb-/ 動 自 **1** 棄権する: ~ *from voting* [the vote] 投票を棄権する. **2**《格式》(努力して) 控える, 慎む, やめる (☞ contain 単語の記憶): He ~ed *from smoking.* 彼は禁煙した.
ab·stain·er /æbstéɪnə, əb- | -nə/ 名 C **1** 棄権者. **2** 節制家, 禁酒家.
ab·ste·mi·ous /æbstíːmiəs, əb-/ 形《格式》または《滑稽》(飲食を) 節制する, 控えめの. **~·ly** 副 節制して. **~·ness** 名 U 節制.
†**ab·sten·tion** /æbsténʃən, əb-/ 名 U,C **1** (投票の) 棄権 (from). **2** 控える[慎む]こと (from).
ab·sti·nence /ǽbstənəns/ 名 U (飲食などの) 節制; 禁欲; 禁酒: total ~ *from alcohol* 完全な禁酒.
ab·sti·nent /ǽbstənənt/ 形 節制する.
†**ab·stract¹** /ǽbstrækt←| ǽbstrækt/ 形 **1** 抽象的な (反 concrete²) (☞ attract 単語の記憶): an ~ idea 抽象的な考え. **2**《美》抽象的な: an ~ painting 抽象画 (反 figurative).
†**ab·stract²** /ǽbstrækt/ 名 C **1** 抽象芸術作品. **2** 要約, 摘要, (論文の) 要旨 (of). **in the ábstract** [副] 一般的に, 理論的に (反 in the concrete). **máke an ábstract of ...** 動 他 ...の要旨を作る. ─ /æbstrǽkt | əbstrǽkt/ 動 他 **1**〈...を〉抜粋する, 要約する. **2**《格式》取り出す, 抽出する (from).
ab·stract·ed /æbstrǽktɪd, -/ 形 W《格式》(考え事をしてぼんやりした, うわの空の. **~·ly** 副 ぼんやりと.
†**ab·strac·tion** /æbstrǽkʃən/ 名 **1** C,U 抽象概念: talk in (empty) ~ 抽象的な話し方をする. **2** U W《格式》放心 (状態). **3** U,C《化》抽出 (from).
ab·stract·ly /ǽbstrǽktli, əb-, æbstrǽkt- | ǽbstrækt-/ 副《格式》(concretely) 抽象的に.
ábstract nóun 名 C《文法》抽象名詞.

文法 抽象名詞
名詞の一種で, 動作・性質・状態など具体的な形のないものを表わす名詞をいう. 数えられない名詞であるから, 不定冠詞はつかず, 複数形にもならない: *Freedom is different from license.* 自由は放縦と異なる / *Health is better than wealth.* 〔ことわざ〕 健康は富に勝る.
抽象名詞は具体的な事物・行為などを表わす場合には普通名詞化して不定冠詞をとり, 複数形にもなる (☞ a² 8): He has done me 'a kindness [many kind-

8 abstruse

nesses]. 彼は私に親切に[いろいろと親切に]してくれた / We should give him *a hearing*. 彼の言い分も聞いてやるべきだ.

ab·struse /æbstrúːs/ 形 《格式》難解な, 複雑な, 深遠な. **～·ly** 難解に. **～·ness** 名 U 難解(さ).

*****ab·surd** /əbsə́ːd, -zə́ːd │ -sə́ːd, -zə́ːd/ 形 (absúrdity) **不合理な**, ばかげた; 途方もない; おかしい, こっけいな: the ~ 不合理なもの, ばかげたこと (☞ the¹ 6) / an ~ excuse ばかげた言いわけ / Don't be ~. ばかなことを言うな[するな] / It's *~ of* you *to* do that. 君がそんなことをするなんてばかげている (☞ of 12) / It is ~ to try to persuade him. 彼を説得しようとはばかげた話だ / It is totally ~ *that* we all have to stay here. 我々全員がここにいなければならないとは全くばかげている.

ab·sur·di·ty /əbsə́ːdəti, -zə́ːd- │ -sə́ːd-, -zə́ːd-/ 名 (-di·ties; 形 absúrd) **1** U 不合理, 矛盾. **2** C [しばしば複数形で] ばかげたこと.

ab·súrd·ly 副 不合理に, ばかげたことに; 途方もなく: ~ expensive 途方もなく高価な.

A·bu Dha·bi /ɑ̀ːbuːdɑ́ːbi/ 名 固 アブダビ (アラブ首長国連邦を構成する首長国; 同国および連邦の首都).

A·bu·ja /əbúːdʒə/ 名 固 アブジャ (ナイジェリアの首都).

Ab·u·kir, Ab·ou– /æ̀ːbuːkíə │ -kíə/ 名 固 アブキール (エジプト北部の湾; 1798年 Nelson の率いる英国艦隊がフランス軍を破った).

*****a·bun·dance** /əbʌ́ndəns/ 名 (形 abúndant) U 《格式》豊富, 多数, 多量: **an abúndance of ...** [形] 豊富な..., 多数[多量]の: There is *an ~ of* fruit. 果物は豊富にある. **in abúndance** [副] 豊富に, たくさん: We have food *in ~*. 食物は豊富にある.

*****a·bun·dant** /əbʌ́ndənt/ 形 (動 abóund, 名 abúndance)《格式》豊富な, (あり余るほど)豊かな: an ~ harvest 豊作 //言い換え This region is ~ *in* natural resources. =Natural resources are ~ in this region. この地域は天然資源が豊富だ.

a·bun·dant·ly 副 豊富に; 極めて: I've made my intentions ~ clear. 私は意図を十分に明らかにした.

*****a·buse¹** /əbjúːs/ ★動詞 abuse² との発音の違いに注意. 名 (~s /-ɪz/; 動 abúse²; 形 abúsive) **1** U.C (薬物などの)乱用; (権力・地位・信頼などの)乱用, 悪用, 誤用: drug ~ 麻薬の乱用 / an ~ *of* authority 権力の乱用 / be open to ~ 悪用される可能性がある // solvent abuse.

2 [U] または複数形で] (性的)虐待, 酷使; 粗末な扱い: child [sexual] ~ 児童[性的]虐待 / verbal ~ 言葉の暴力 / the ~ *of* human rights 人権侵害.

3 U 悪口, 悪態, 毒舌: a term of ~ 悪口 / a stream [torrent] of ~ 悪口の連発 / shout [scream, hurl] ~ at ...... を罵倒(ばとう)する. **4** C 悪習, 弊害.

*****a·buse²** /əbjúːz/ ★名詞 abuse¹ との発音の違いに注意. 動 (a·bus·es /-ɪz/; a·bused /-d/; a·bus·ing; 名 abúse¹) 他 **1** 〈...〉を虐待する, 酷使する; 性的に虐待する: The child was (sexually) ~*d*. その子は(性的)虐待を受けた.

2 〈薬物など〉を乱用する: He admitted (to) *abusing* drugs. 彼は薬物の乱用を認めた.

3 〈権利・地位・特権など〉を乱用する, 悪用する; 〈信頼など〉を裏切る: Don't ~ your privileges. 特権を乱用してはいけない. **4** 〈人〉をののしる, 〈...〉にがみがみ言う: He *was ~d for* be*ing* childish. <V+O+*for*+動名の受身> 彼は子供じみているとのののしられた.

語源 ab- (逸脱して)+use (使用する).

a·bus·er /əbjúːzɚ │ -zə/ 名 C 虐待者; 乱用者.

*****a·bu·sive** /əbjúːsɪv, -zɪv/ 形 (名 abúse¹) **1** 虐

[酷使]する. **2** 口汚い, ののしる: get [become] ~ 悪態をつき出す. **～·ly** 副 口汚く. **～·ness** 名 U 口汚さ.

a·but /əbʌ́t/ 動 (**a·buts; a·but·ted; a·but·ting**) 《格式》自 境を接する; 接触する (*on, onto*). — 他 〈...〉に隣接する.

a·but·ment /əbʌ́tmənt/ 名 C 【建】迫持(せりもち)受け (アーチの両端を受ける部分).

a·buzz /əbʌ́z/ 形 P 騒然として; 活気に満ちて (*with*).

a·bys·mal /əbízm(ə)l/ 形 どん底の, 全くひどい. **-mal·ly** /-məli/ 副 ひどく.

*****a·byss** /əbís/ 名 C **1** 《文》底の知れない深い穴; (悲しみなどの)どん底, 奈落(ならく): fall [fall] into the ~ 奈落(ならく)の底に落ちる. **2** (関係の)深い亀裂 (*between*).

Ab·ys·sin·i·a /æ̀bəsíniə/ 名 固 アビシニア (エチオピアの旧称).

⁺**AC¹** /éɪsíː/ 略 =alternating current.

AC² /éɪsíː/ =air conditioning.

a/c¹, A/C /əkáʊnt/ 名 《商》=account.

a/c² /éɪsíː/ =air conditioning.

a·ca·cia /əkéɪʃə/ 名 (複 ~s, ~) C アカシア; にせアカシア (false acacia).

ac·a·deme /ǽkədìːm/ 名 U 《格式》=academia: the groves of A~ 《滑稽》(浮世離れした)学問の世界.

ac·a·de·mi·a /æ̀kədíːmiə/ 名 U (大学の)学究的な世界, 学問の府.

*****ac·a·dem·ic** /æ̀kədémɪk←/ 13 形 (名 acádemy) **1** A **学問的な**, 学究的な; 理論的な: ~ achievements 学問的な業績[学業成績] / A~ freedom is guaranteed. 学問の自由は, これを保障する 《日本国憲法第23条》.

2 A 学園の, 大学の; 高等教育の: an ~ degree 学位. **3** (技術・職業教育に対して)一般教養の. **4** 学究肌の, 勉強の好きな[得意な]. **5** 非実用的な, 机上の. 関連 practical 現実的な. — 名 **1** C 大学教師. **2** [複数形で] 学業. **-i·cal·ly** /-kəli/ 副 [時に文修飾節] 学問的[に]して, 学究的に.

acadèmic fréedom 名 U 学問[研究]の自由; (学校での)教育の自由.

ac·a·de·mi·cian /æ̀kədəmíʃən, əkæ̀d-/ 名 C 学士[芸術]院会員; 学者.

acadèmic yéar 名 C 学年 (school year) 《英米では普通 9 月から 6 月まで》.

*****a·cad·e·my** /əkǽdəmi/ 名 (-e·mies /-z/; 形 àcadémic) C **1** 専門学校: an ~ of music 音楽学校 / a police ～ 警察学校.

2 [A-] (学術・文芸・美術の)協会, 学士院, 芸術院: the Royal A~ 英国王立美術院. **3** 《米》(私立の)高等学校; 《スコ》中学学校. 語源 プラトン (Plato) が教えた学園(近くの森の名 Akademeia から.

Acádemy Awárd 名 C **1** 《映》アカデミー賞 《毎年米国の最優秀映画および映画関係者に与えられる賞; ☞ Oscar 2》. **2** [the ~s] アカデミー授賞式.

Acádemy of Mótion Pícture Árts and Scíences 名 固 《米》映画芸術科学アカデミー.

A·ca·di·a /əkéɪdiə/ 名 固 アカディア (カナダ東部の旧フランス植民地).

a·can·thus /əkǽnθəs/ 名 C **1** アカンサス, はあざみ (地中海地方産). **2** 【建】アカンサス葉飾り.

a cap·pel·la /ɑ̀ːkəpélə/ 形 副【楽】(合唱)が伴奏なしの[で], アカペラの[で]; 教会音楽ふうの[に].

A·ca·pul·co /ɑ̀ːkəpúːlkoʊ, -pʊ́l-/ 名 固 アカプルコ (メキシコの太平洋岸の都市; 保養地).

ac·cede /æksíːd, æk-/ 動 自 《格式》 **1** (申し出・要求などにしばしば再考の後)同意する, 応ずる (*to*). **2** (高い地位に)就任する; (王位などを)継承する (*to*).

ac·ce·le·ran·do /æksèləránːdoʊ, ək- │ -ránː-/

副形【楽】アチェレランドで[の]《次第に速く(なる)》.
— 名 (~s) C アチェレランド(の楽章).

ac·cel·er·ant /əksélərənt, æk-/ 名 C 反応促進剤.

*__ac·cel·er·ate__ /əksélərèɪt, æk-/ 動 (**-er·ates** /-rèɪts/; **-er·at·ed** /-ṭɪd/; **-er·at·ing** /-ṭɪŋ/; 名 accelerátion; 反 decelerate) 他《過程・速度など》を速める, 加速する; 促進する: ~ research 研究を急ぐ.
— 自 1 《乗り物・運転手が》加速する: She ~d away (from the curb). <V+away (+from+名・代)> 彼女は(縁石から)速度を上げて行ってしまった. 2 《事が》速まる.

ac·cél·er·àt·ed depreciátion /-ṭɪd/ 名 U【会計】加速(減価)償却《節税などのため, 償却期間の初期に多額の減価償却引当金を残し, 後年度に減額していくこと》.

*__ac·cel·er·a·tion__ /əksèləréɪʃən, æk-/ 名 (動 ac·célerate; 反 deceleration) 1 U または C 増大, 促進: a sharp ~ in unemployment 失業者の急激な増大. 2 U 加速; 【物理】加速度: a car with good ~ 加速のよい車.

*__ac·cel·er·a·tor__ /əksélərèɪtə | -tə/ 名 C 1 《車の》アクセル《《米》gas pedal》: step on the ~ アクセルを踏む. 2【物理】加速装置.

accélerator bòard [càrd] 名 C【電算】増速ボード《マザーボード上の CPU や FPU に代わって動作する高速の CPU や FPU を搭載した拡張ボード》.

*__ac·cent__[1] /ǽksent | -s(ə)nt/ 名 (**ac·cents** /-sents | -s(ə)nts/; 動 áccent[2], accentuàte) 1 C なまり《ある地域や階層の人たちが話すときの》; 口調: She speaks English *with a strong London ~ [without an ~]*. 彼女は強いロンドンなまりで[なまりなしで]英語を話す.
2 C【音声】アクセント.

|参考| 英語では文中のある語や, 語の中のある音節 (syllable) を特に強めて発音すること. 強勢 (stress) とも言う《☞ つづり字と発音解説 86》: place [put] the primary ~ on the first syllable 第一音節に第一アクセントを置く / "Where is the ~ in 'idea'?" "It is [falls] on the second syllable."「idea のアクセントはどこか」「2 番目の音節だ」

3 C アクセント記号《/ ́ / や / ̀ /など》. 4【単数形で; しばしば the ~】強調, 引き立て; 特色 (on). 5 C【楽】アクセント, 強音.

+*__ac·cent__[2] /ǽksent, æksént | æksént/ 動 (名 áccent[1]) 他 1 《語・音節》にアクセントを置く, アクセント記号をつける: an ~ed syllable アクセントのある音節. 2 《…》を強調する, 引き立たせる.

ac·cent·ed /-ṭɪd/ 形 なまりのある: speak in heavily ~ English 強いなまりのある英語で話す.

*__ac·cen·tu·ate__ /əksént∫uèɪt, æk-/ 動 (名 áccent[1]) 他《…》を強調する, 引き立たせる.

ac·cen·tu·a·tion /əksèntʃuéɪʃən, æk-/ 名 1 U.C アクセントの置き[つけ]方. 2 U 強調, 目立たせること.

*__ac·cept__ /əksépt, æk-/ (類音 except) 動 名 (**accepts** /-sépts/; **-cept·ed** /-ɪd/; **-cept·ing**; 名 accéptance) 他 1 《…》を受け入れる, 《喜んで》受け取る, 引き受ける《☞ 類義語》《反 reject[1]》: Meg readily ~ed John's proposal [invitation, advice]. メグはジョンのプロポーズ[招待, 忠告]を喜んで受け入れた / She ~ed a gift *from* him. <V+O +from+名・代> 彼女は彼の贈り物を受け取った / The paper *was* ~ed for publication. <V+O+for+名・代の受身> その論文は(雑誌かの)掲載が決定となった / Robin applied and *was* ~ed *to* [*at*] Harvard. <V+O+to [at]+名・代の受身> ロビンはハーバード大学に出願し入学を許可された.
2 《…》を容認する, 認める, 信じる【言い換え】He could

not ~ the fact that his mother was dying.=He could not ~ *that* his mother was dying. <V+O (*that* 節)> 彼は母が死んでしまうとはとても信じられなかった / The theory *is* not yet widely ~ed. <V+O の受身> その理論はまだ広く認められてはいない / He was not ~ed *as* the doctor's assistant. <V+O+C (*as*+名)の受身> 彼は博士の助手として認められ(てい)なかった. 3 《人》を(仲間として)受け入れる (*into*): The team quickly ~ed the new member. チーム全員がすぐに新入部員とすぐに仲間になった. 4 《クレジットカードなど》を受け付ける; 【商】《手形》を引き受ける: Do you ~ travel's checks? トラベラーズチェックはここで使えますか. 5 《責任など》を引き受ける, 認める: ~ responsibility *for* the failure of the plan 計画の失敗の責任を認める.
— 自 《招待などに》応じる, 受け入れる.
【類義語】accept 贈り物・提案などを好意的に, または積極的に受け入れることを意味する. receive 特に望んでいるわけではない品物[行為, 申し出]を単に受動的に受けること: She *received* my advice coldly and wouldn't *accept* it. 彼女は私の忠告を冷淡に受け止めて受け入れようとはしなかった.

ac·cept·a·bil·i·ty /əksèptəbíləṭi, æk-/ 名 (形 accéptable) U 受け入れられること[程度], 容認度.

*__ac·cept·a·ble__ /əkséptəbl, æk-/ 形 (名 accèptability; 反 unacceptable) 1 好ましい, (一応)満足[納得]のいく; まずまず[まあまあ]の: This plan is ~ *to* all. <A+*to*+名・代> このプランはみんなに満足がいくものだ.
2 容認できる, 受け入れられる程度の: It isn't ~ for you to talk like that. あなたがそんな口のきき方をするのは頂けない / In a different culture, it is especially important to behave in a socially ~ way. 異文化においては社会的に認められるようにふるまうことが特に重要だ. 3《格式》歓迎すべき, 喜ばれる: an ~ gift to everyone だれにも喜ばれる贈り物. -**a·bly** /-təbli/ 副 1 認められるように. 2 受け入れられる程に; まずまず.

*__ac·cep·tance__ /əkséptəns, æk-/ 名 (**-cep·tanc·es** /-ɪz/; 動 accépt) 1 U.C 受け取ること, 受納《反 rejection》: his ~ *of* the bribes 彼がわいろを受け取ったこと. 2 U.C 受諾, 容認; (仲間として)受け入れること; (困難を)受け止めること: blind ~ *of* others' opinions 他人の意見を盲目的に受け入れること / a letter of ~ 受諾[採用]通知状 / an ~ speech 就任[指名受諾]演説 / The theory is gaining ~ among scientists. その理論は科学者に受け入れられてきている. 3 U 賛成, 好評: gain [find] widespread ~ 好評を博する.

*__ac·cept·ed__ /əkséptɪd, æk-/ 形 A 容認された: an ~ theory 定説.

ac·cep·tor /əkséptə, æk- | -tə/ 名 C 1【商】手形引受人. 2【化】受容体[器].

*__ac·cess__ /ǽkses/ (類音 *excess*[1], *excess*[2]) 名 U 1 接近, 近づき; 《ある場所への》交通の便, 交通手段: a town with easy [good] ~ *to* the sea 海に出入りしやすい町 / The tower was easy [difficult] of ~. その塔には近づきやすい[にくい]ため.
2 《…に》近づく方法; 《…に》近づく[面会する]機会[権利]; 《…を》利用する機会[権利] (*to*); 【電算】接続, アクセス: He was denied ~ *to* the president. 彼は社長との面会を拒否されていた. 3 《…へ》近づく道, 《…への》通路, 入り口: The only ~ *to* the village is from the river. その村へは川から入るしかない.

単語の記憶 《CESS》《行程》		
ac**cess**	(…への行程)	→ 近づく道
suc**cess**	(続いての行程)	→ 成功
re**cess**	(行程から退くこと)	→ 休息
pro**cess**	(前への行程)	→ 過程
ex**cess**	(外への行程)	→ 超過

gáin [gèt] áccess to ... 動 他 …に入る機会[権

10 accessary

利]を得る;…に近づく[会える];…を利用する機会[権利]を得る. **gíve (...) áccess to** — [動] 他 ⟨…に⟩入る[近づく]ことを許す;—を利用できるようにする. **háve áccess to ...** [動] 他 …に近づける;…と面会できる;…が手に入る,…を利用できる: Very few people have daily ~ to the President. 大統領に毎日会える者はごくわずかしかいない.
—[動] 他 **1** [電算] ⟨ファイル・データなど⟩にアクセスする, ⟨…⟩を呼び出す: ~ the Internet インターネットにアクセスする. **2** [格式] ⟨…⟩に接近する.

ac·ces·sa·ry /əksésəri, æk-/ [名] (-sa·ries) [C] [法]=accessory 3.

áccess còurse [名] [C] (英) アクセスコース《大学入学資格のない人に受講資格を与えるための教育課程》.

ac·ces·si·bil·i·ty /əksèsəbíləṭi, æk-/ [名] (反 inaccessibility) [U] 接近できること, 近づきやすさ; 手に入れやすさ; 理解しやすさ; (データに)アクセスできること.

*ac·ces·si·ble /əksésəbəl, æk-/ [形] (反 inaccessible) [普通は P] **1** ⟨場所・人など⟩が近づきやすい; 手に入れやすい; This airport is easily ~ by bus. この空港はバスで楽に行ける / The trouble is that some of these drugs are readily ~. 困ったことにこれらの麻薬のいくつかはすぐ手に入るのだ / Teachers should be ~ *to* their students. <A+*to*+名・代> 教師は生徒にとって近づきやすい存在であるべきだ. **2** 理解しやすい (*to*). **3** [電算] ⟨データ⟩がアクセスできる. **-si·bly** /-bli/ [副] 近づき[手に入れ, 理解し]やすく.

ac·ces·sion /əkséʃən, æk-/ [名] [格式] **1** [U] 即位, 就任 (*to*). **2** [U] (団体への)加盟, 加入 (*to*). **3** [U] (図書・収集品の)取得, 受け入れ (*to*); [C] 取得物, 受け入れた物. **4** [U] (要求に対する)同意, 承認 (*to*).

ac·ces·so·rize /əksésəràɪz, æk-/ [動] 他 [普通は受身で] ⟨…⟩にアクセサリーをつける, ⟨…⟩を飾る (*with*).

*ac·ces·so·ry /əksésəri, æk-/ [名] (-so·ries /-z/) [C] **1** [普通は複数形で] (服装の)アクセサリー; 小物類: women's *accessories* 女性用小物類.
2 [普通は複数形で] (機械・車などの)付属物[品], (オプションを含む)(装)備品: computer *accessories* コンピューターの付属品[周辺機器]. **3** [名] (犯罪の)共犯者 (*to*): an ~ before [after] the fact 事前[後]共犯者. 関連 principal 主犯. —[形] 補助的な, 付属の; 共犯の.

áccess ròad [名] [C] **1** 連絡路. **2** (主に米) (高速道路への)出入用道路 ((英) slip road).

áccess tìme [名] [U] [電算] 呼び出し時間.

ac·ci·dence /æksədəns, -dns/ [名] [U] [文法] 語形論, 形態論 (morphology).

***ac·ci·dent** /æksədənt, -dnt/ [名] (-ci·dents /-dənts, -dnts/; [形] àccidéntal) [C]

「出来事」の意から「偶然の出来事」**2**, 特に「(思わぬ)事故」**1** となった.

1 事故, 災難: a railroad [car] ~ 鉄道[自動車]事故 / There was a fatal ~ at that corner yesterday. きのうその角で死亡事故があった / Her son was killed *in* a traffic ~. 彼女の息子は交通事故で死んだ / A~s will happen. ((ことわざ)) 人生に不慮の事故はつきもの.

─── コロケーション ───
avoid an *accident*   事故を避ける
cause an *accident*   事故を引き起こす
have [**meet with**] an *accident*   事故にあう
prevent *accidents*   事故を防ぐ[防止する]
witness an *accident*   事故を目撃する

2 思いがけない出来事, 偶然: a happy ~ 幸運な偶然 / It is no ~ that he succeeded in the examination. 彼が試験に合格したのは決して偶然ではない.
an áccident of bírth [名] ある境遇に生まれること.
an áccident wáiting to háppen [名] **1** 事故が危惧(きぐ)されるもの[こと]. **2** 問題を起こしそうな人.
by áccident [副] **偶然に,** たまたま; うっかりして (反 on purpose, by design): I met her on the street *by* ~. 私は通りで偶然に彼女に会った.
by áccident of ... [前] …の巡り合わせで.
háve an áccident [動] 自 事故にあう, 事故を起こす. (S) (子供が)おもらしをする.
whéther by áccident or desígn [副] (格式) 偶然か故意かは不明だが.
withòut áccident [副] 無事に.

***ac·ci·den·tal** /æksədéntl̟←/ [形] (名 áccident) 思いがけない, 偶然の, 偶発の (反 intentional); 事故による, 不慮の: an ~ fire 失火 / ~ death 不慮の死.

àc·ci·dén·tal·ly /-təli/ [副] 偶然に, たまたま; うっかりして: He ~ shot himself in the foot. 彼は誤って自分の足を撃ってしまった. **accidéntally on púrpose** [副] (略式) 偶然を装ってわざと.

áccident and emérgency [名] [C] (英) 救急治療科棟[病室] ((米) emergency room) (略 A & E).

áccident insúrance [名] [U] 傷害保険.

áccident-pròne [形] [普通は P] (人が)事故にあいがちな, 事故を起こしがちな.

***ac·claim** /əkléɪm/ [名] [U] 歓呼; 称賛: His novel won international ~. 彼の小説は国際的に称賛された. —[動] (ac·claims /-z/; ac·claimed /-d/; -claim·ing) 他 (格式) ⟨…⟩を歓呼の声をあげて迎える, 歓迎する; 歓呼して…と認める; [普通は受身で] ⟨…⟩を絶賛[激賞]する: They ~*ed* her Queen. <V+O+C(名)> 彼らは歓呼して彼女を女王に迎えた / He has been ~*ed* (*as*) a hero. <V+O+C((*as*+)名)> [受身] 彼は英雄として称賛されている.

ac·claimed [形] 称賛されている: a critically ~ novel 批評家が称賛している小説.

ac·cla·ma·tion /ækləméɪʃən/ [名] (格式) **1** [U] かっさい(して迎えること); (賛成投票に代わる)挙手, 口頭表決. **2** [C] 歓呼. **by acclamátion** [副] (格式) 賛成の挙手[声]で.

ac·cli·mate /ækləmèɪt/ (米) 他 ⟨人・動植物⟩を新しい風土に慣らす, なじませる (*to*). — 自 新しい風土に慣れる, なじむ (*to*). **ácclimate onesélf to** ... [動] …に慣れる, なじむ.

ac·cli·ma·tion /ækləméɪʃən/ [名] (米) (新環境への)順応, (新風土への)順化 (*to*).

ac·cli·ma·ti·za·tion /əklàɪməṭɪzéɪʃən | -taɪz-/ [名] [U] =acclimation.

ac·cli·ma·tize /əkláɪməṭàɪz/ [動] =acclimate.

ac·cliv·i·ty /əklívəṭi/ [名] [C] (格式) 上り坂 (反 declivity).

***ac·co·lade** /ækəlèɪd/ [名] [C] (格式) 称賛; 名誉.

***ac·com·mo·date** /əkámədèɪt | -kɔ́m-/ 他 (-mo·dates /-dèɪts/; -mo·dat·ed /-ɪd/; -mo·dat·ing /-ṭɪŋ/; [名] accòmmodátion) 他 **1** ⟨人・物⟩を収容する; (ホテルなどが)⟨客⟩を宿泊させる; (乗り物が)⟨乗客⟩を乗せる: This classroom can ~ up to thirty students. この教室では学生が30人まで入れる / We were ~*d at* [*in*] the Park Hotel. <V+O+前+名・代の受身> 我々はパークホテルに泊まった. **2** (格式) ⟨人の意見⟩を受け入れる, ⟨要望など⟩に応じる; ⟨事態⟩に対応[配慮]する: ~ environmentalists' views 環境保護論者の意見を受け入れる. **3** (格式) ⟨人に便宜をはかる⟩; ⟨人⟩に(金などを)用立てる (*with*). **4** (格式) ⟨人⟩を(環境などに)適応させる: ~ oneself *to* ... …に順応する.
—自 (格式) (環境などに)順応する (*to*).

ac·com·mo·dat·ing /əkámədèɪṭɪŋ | əkɔ́m-/ [形] 親切な, 人のよい; 融通のきく; 順応性のある.

*ac·com·mo·da·tion /əkɑ̀mədéɪʃən | əkɔ̀m-/ 名 (~s /-z/; 動 accómmodàte) 1 [U または複数形で](ホテルなどの)宿泊設備(部屋・食事など); (英) 住む所, 家; (病院などの)収容設備; 宿泊; (乗り物・ホテルなどの)収容能力: We phoned the Prince Hotel *for* ~ (s). 私たちはプリンスホテルに電話で宿泊を申し込んだ / We are looking for cheap ~. 私たちは安い住まいをさがしている. 語法 (米)では複数形で用い, (英)では U として扱うのが普通. 2 [複数形で](米)(…のための)特別な計らい, 便宜: make ~ s *for* … のために便宜を図る. 3 U,C (格式)調停, 和解 (*with*); 調整, (目の水晶体の)(遠近)調節: reach an ~ 和解する.

accommodátion addréss 名 C (英)便宜的な宛先 《住所不定の人・住所を知られたくない人などが用いる; ☞ mail drop》.

ac·com·mo·da·tion·ist /əkɑ̀mədéɪʃ(ə)nɪst | əkɔ̀m-/ 名 (和解[融合]論者).

accommodátion làdder 名 C (船の)タラップ, 舷梯(げんてい).

*ac·com·pa·ni·ment /əkʌ́mp(ə)nimənt/ 名 (動 accómpany) 1 C,U (楽)伴奏部; 伴奏: sing *to* the ~ of the violin バイオリンの伴奏で歌う (☞ to¹ 14). 2 C (格式)随伴物, 産物, 付きもの; 添えもの: Destruction is an inevitable ~ of war. 戦争に破壊は付きものだ / Rice is [makes] a good ~ *to* spicy dishes. スパイスのきいた料理にはご飯が格好の添えものだ.

ac·com·pa·nist /əkʌ́mp(ə)nɪst/ 名 C (楽)伴奏者.

*ac·com·pa·ny /əkʌ́mp(ə)ni/ 動 (-pa·nies /-z/; -pa·nied /-d/, -ny·ing; 名 accómpaniment, cómpany) 1 W (格式)〈人〉について行く, 〈人〉といっしょに行く, 〈人に同行[同伴] する (go with …) (☞ 類義語): Tom *accompanied* Mary. トムがメアリーについて行った / Mr. Brown *was accompanied* by his wife. <V+O の受身> ブラウン氏は夫人を同伴していた / Meg *accompanied* me *to* the station. <V+O+to+名・代> メグは駅まで私について来た《駅に行く用事があるのは私のほう》.

2 (楽)〈…〉の伴奏をする: He *accompanied* the violinist *on* [*at*] the piano. <V+O+*on* [*at*]+名・代> 彼はピアノでバイオリン奏者の伴奏をした. 3 (動 [普通は受身で]〈…〉に伴う, 伴って起こる (*with*): The rain *was accompanied* by sleet. 雨にみぞれも加わった. 4 [しばしば受身で]〈…〉に〈─を〉伴わせる, 〈…〉に〈─を〉添える (*with*): The dictionary *was accompanied* by a booklet. その辞書には小冊子がついていた.

【類義語】 **accompany** 同等の関係で付き添うこと: He *accompanied* his wife to the theater. 彼は劇場に奥さんと連れだって行った. **attend** 主の者に従の者が付き添うこと: The President was *attended* by his bodyguards. 大統領にはボディーガードが随行した.

†ac·com·plice /əkɑ́mplɪs, əkʌ́m- | əkɔ́m-, əkʌ́m-/ 名 C 共犯者. 関連 complicity 共謀.

*ac·com·plish /əkɑ́mplɪʃ, əkʌ́m- | əkɔ́m-, əkʌ́m-/ 動 (-plish·es /-ɪz/, -com·plished /-t/, -plish·ing; 名 accómplishment) 他 〈目標など〉を達成する, (努力して)成し遂(と)げる, 完成する (☞ achieve 類義語): They ~ *ed* their mission [purpose]. 彼らは使命[目的]を果たした.

*ac·com·plished /əkɑ́mplɪʃt, əkʌ́m- | əkɔ́m-, əkʌ́m-/ 形 1 (ある技に)たんのうな, 熟練した (*at*, *in*), 《古風》たしなみのある: a very ~ pianist とても優れたピアニスト. 2 成し遂げた, 完了[成功]した: an ~ fact (格式)既成の事実.

*ac·com·plish·ment /əkɑ́mplɪʃmənt, əkʌ́m- | əkɔ́m-, əkʌ́m-/ 名 (動 accómplish) 1 U 業績, 功績, 成果: The creation of this dictionary is quite an ~. この辞書を作ったことは立派な事業である. 2 U (目標などの)達成, 仕上げ, 完成: a sense of ~ 達成

---

account 11

感 / The ~ of his goal took fifteen years. 彼の目標達成には 15 年を要した. 3 C [しばしば複数形で](古風)特技, たしなみ, 芸事: Embroidery is one of her many ~ s. ししゅうは彼女の多くのたしなみの一つだ. 4 U 技能, 熟練 (*in*).

*ac·cord /əkɔ́ːrd | əkɔ́ːd/ 12 名 (ac·cords /əkɔ́ːrdz | əkɔ́ːdz/) 1 C (国家・企業間の)協定 (*with*, *between*): reach [come to] a peace ~ 平和協定を結ぶ. 2 U 一致; 協調.

be in accórd [動] 自 (格式)一致している: I *am in* complete ~ *with* you. あなたと全く同意見だ.

be óut of accórd [動] 自 一致していない.

of [(米) **on**] **one's ówn accórd** [副] 自発的に; ひとりでに: Students came *of their own* ~ to help the villagers. 学生たちは自発的に村人の手伝いにきた.

with óne accórd [副] 《古風》一致して, いっせいに.
語源 元来はラテン語で「心を合わせる」の意 (☞ record² [単語の記憶]).

— 動 (ac·cords /-kɔ́ːdz/, -kɔ́ːdz/; -cord·ed /~ɪd/, -cord·ing) (格式) 他 〈…〉を〈─に〉与える. 許容する (grant): We ~ *ed* a warm welcome *to* her. <V+O+to+名・代>=We ~ *ed* her a warm welcome. <V+O+O> 我々は彼女を温かく迎えた (☞ to¹ 3 語法). — 自 一致[調和]する (agree): His actions do not ~ *with* his words. 彼は言行が一致しない.

†ac·cor·dance /əkɔ́ːrdəns, -dns | əkɔ́ː-/ 名 [次の成句で] **in accórdance with** ... 12 前 (格式)(規則・希望など)に従って, …に合わせて: I will do it *in* ~ *with* his instructions. 彼の指図通りにそれをします.

*ac·cord·ing /əkɔ́ːrdɪŋ | əkɔ́ːd-/ 副 [次の成句で] **accórding as** ... [接] ...(かどうか)に従って[応じて].

accórding to ... 11 前 (1) …**によれば**, …の言う[示す]ところに従えば[言い換え] A~ *to* today's newspaper, there was an earthquake in Alaska. (= Today's newspaper says that there was an earthquake in Alaska.) きょうの新聞によるとアラスカで地震があったそうだ. 語法「…の意見では」にあたる英語は according to …'s opinion [view] ではなく in …'s opinion [view], あるいは単に according to Jane などとする. (2) …**に従って**, …通りに; …に応じて[比例して]: You must act ~ *to* your principles. あなたは自分の主義に従った行動をとらねばならない / Everything went ~ *to* plan. すべて計画通りに進んだ.

*ac·cord·ing·ly /əkɔ́ːrdɪŋli | əkɔ́ːd-/ 副 1 それに応じて, 適宜に: Everyone understood the danger and acted ~. だれもがその危険を知っていてそれに応じて行動した. 語法 動詞の直後に置く. 2 つなぎ語 前の文を受けて]それゆえに, 従って (therefore): It is very difficult to master a foreign language; ~ you must study as hard as you can. 外国語を習得するのはとても難しい. ですから一生懸命勉強する必要がある. 語法 文頭かセミコロンや and の後に用いることが多い.

*ac·cor·di·on /əkɔ́ːrdiən | əkɔ́ː-/ 名 C アコーディオン; [形容詞的に] じゃばら式の: an ~ file アコーディオンファイル(じゃばら式のファイル).

ac·cor·di·on·ist /əkɔ́ːrdiənɪst | əkɔ́ː-/ 名 C アコーディオン奏者.

*ac·cost /əkɔ́ːst | əkɔ́st/ 動 他 W 〈知らない人〉に近寄って(ぶしつけに)話しかける, 〈…〉を呼び止める.

*ac·count /əkáʊnt/ 名 (accounts /əkáʊnts/)

基本的には「計算」の意 (☞ count¹).

(金銭に関する)「計算書」 3 →「銀行口座」 2
                                    →「報告」, 「説明」 1

accountability

1 C 説明, 報告, 話, 記事; 記述; 弁明; 解釈: The three people gave three different ~s of the accident. 3人の人はそれぞれ違った3通りの事故の説明をした / Please give us a detailed [full] ~ of your trip. どうぞ私たちに旅行の話を詳しく聞かせてください.

2 C 銀行預金口座 (bank account) (略 a/c, A/C, acct.); 預金残高; (店などの)掛け勘定, つけ: open [close] an ~ with ... に口座を開く[...の口座を閉じる] / 「pay money [deposit the check] into an ~ 口座に金[小切手]を振り込む / withdraw money from an ~ 口座から金を引き出す / Do you have an ~ 「with us [at our bank]? 私どもに口座をお持ちですか《銀行の窓口で》/ an ~ number [name] 口座番号[名] / a charge [《英》credit] ~ 掛け勘定 / They charged 100 dollars to my ~. 100ドルを私の勘定につけられた / [金語] "What kind of ~ would you like to open?" "A checking ~." 「どのような口座をお望みですか」「当座預金の口座です」

3 C 計算(書), 勘定(書き); 請求書 (略 a/c, A/C, acct.); [普通は複数形で] 会計[取引]記録, (収支の)明細書; [~s または A~s として単数扱い] 会計(課): the grocer's ~ for last month 先月の雑貨店の勘定 / send in an ~ for ... ...に勘定[請求]書を送る / Please pay your ~ in full. 勘定を全部払ってください / do [keep] (the) ~s 帳簿をつける / Hand in ~s of your expenditure. 支出の明細を提出しなさい. **4** C 得意先(の会社), 顧客. **5** C 取引契約. **6** U《格式》重要性, 価値: a person of no [little] ~ 全く[ほとんど]取るに足りない人. **7** C《電算》(Eメールなどの)アカウント《情報サービスにアクセスできる取り決め・資格》.

by [from] áll accóunts 副 文修飾語 だれの話でも, だれにも聞いても.

by ...'s ówn accóunt 副 文修飾語 ...自身の話によると.

cáll [bríng, hóld] ... to accóunt 動 他《格式》〈...〉に(-の)責任を問う, 〈...〉に(-の)弁明を求める; (-のことで)〈...〉を責める (for, over): She was called to ~ for her behavior. 彼女は行動の釈明を求められた.

gíve a góod [bád, póor] accóunt of onesélf 動 自《格式》(競争などで)みごと[ぶざま]なふるまいをする, いい[みっともない]ところを見せる.

kéep an accóunt of ... 動 他 ...の記録をつける.

léave ... óut of accóunt 動 他〈...〉を無視する.

on accóunt 副 (現金でなく)つけで; 内金として.

on accóunt of ... [前] ...の理由で, ...のために (because of): I was late for school on ~ of an accident. 私は事故で学校に遅れた.

「on nó [nót on ány] accóunt 副 どんなことがあっても[決して]...(し)ない; 言い換え You must not take it on any ~. = On no ~ must you take it. 決してそれを受け取ってはいけない (☞ inversion 文法 (1) (vi)).

on one's ówn accóunt 副 自分の(利益の)ために; 自分の責任で.

on ...'s accòunt 副 ...の望みだと思って, ...のために: I did it on your ~. 私はあなたのためにそれをした.

on thát [thís] accóunt 副 その[この]ために, そういう[こういう]理由で.

pút ... dówn to ~'s accóunt 動 他〈...〉を-の勘定につける.

séttle 「an accóunt [(one's) accóunt(s)] 動 自 (...との)勘定を清算する; (...に)恨みを晴らす (with).

táke ... into accóunt = take accóunt of ... 動 他〈...〉を考慮に入れる.

take nó accóunt of ... 動 他 ...を無視する.

túrn [pút] ... to góod accóunt 動 他《格式》〈金・才能など〉を有効に利用[活用]する.

—— 動 (ac·counts /-káunts/; -count·ed /-tɪd/; -count·ing /-tɪŋ/) 他《格式》〈...〉を-と思う, みなす: His friends ~ him (to be) honest. 彼の友人たちは彼を正直だと思っている.

accóunt for ... 動 他 (1) (人が)(行動など)について(筋道の通った)説明をする, ...の申し開きをする; (物が)...の説明[原因]となる (受身 be accounted for): She was asked to ~ for her conduct. 彼女は自分の行動の説明をするように求められた / That ~ed for his absence. それで彼の欠席[欠勤]の理由がわかった.
(2) (ある割合や部分)を占める: Computers ~ed for 15% of the total sales of electrical appliances last year. 昨年コンピューターは電化製品の総売上額の15%にも達した.
(3) (金の収支)を明細に説明[報告]する; (予算にある額)を含める: A~ to the president for all the money you spent. 社長に使った金全部の説明をしなさい. (4) [普通は受身で] (人・物)の行方を明らかにする: Five people could not be ~ed for after the landslide. 土砂崩れの後5人が行方不明になった. (5)《略式》(敵など)を殺す, しとめる.

ac·count·a·bil·i·ty /əkàʊntəbíləṭi/ 名 U 説明義務[責任] (to); 《会計》会計責任, アカウンタビリティー.

ac·count·a·ble /əkáʊntəbl/ 形 (反 unaccountable) P **1** (人が)責任がある (responsible); (人について)弁明する義務がある: He is ~ (to me) for the delay. その遅れについて彼は(私に対して)責任がある. **2** 説明できる. **-a·bly** /-təbli/ 副 責任をもって; 説明できるように.

ac·coun·tan·cy /əkáʊntənsi/ 名 U《主に英》会計士の職[事務], 経理.

ac·coun·tant /əkáʊntənt/ (名 (-coun·tants /-tənts/) C 会計士; 会計係 (略 acct.):《米》a certified public ~ = 《英》a chartered ~ 公認会計士.

accóunt bóok 名 会計簿, 出納簿.

ac·count·ing /əkáʊntɪŋ/ 名 U **1** 会計(学). **2**《米》会計の職, 経理 (《主に英》accountancy).

accóunts páyable 名 複《主に米》支払勘定, 未払金勘定; 支払勘定部門.

accóunts recéivable 名 複《主に米》受取勘定, 未収金勘定; 受取勘定部門.

ac·cou·ter·ments,《英》**-tre·ments** /əkúːtəmənts | -tə-/ 名 複《格式》または《滑稽》装身具, 持ち物, 小物, 携帯品; (人に備わる)特質.

Ac·cra /əkrάː/ 名 アクラ《ガーナの首都・海港》.

ac·cred·it /əkrédɪt/ 動 [普通は受身で] **1**〈学校など〉を認定する, 公認する. **2**〈大使など〉を特命を与えて派遣する (to); 信任する. **3**《格式》〈人に〉(事)を帰する (with); 〈事〉を〈人の〉せいとする, 〈美点など〉が〈人に〉あるとみる (to).

ac·cred·i·ta·tion /əkrèdətéɪʃən/ 名 U 認可, 認定; 信任: a letter of ~ 信任状.

ac·cred·it·ed /əkrédɪṭɪd/ 形 **1** (公式に)認可された, 公認の; 基準[品質]を保証された. **2** (外交官などが)信任状を与えられた.

ac·cre·tion /əkríːʃən/ 名《格式》C 増加物, 付着物, 堆積層 (to); U (付着による)増大, 堆積.

ac·cru·al /əkrúːəl/ 名 U,C《格式》(利子などの)発生, 付加, 蓄積(量).

ac·crue /əkrúː/ 動 自《格式》(利子などが)つく, たまる (to); (利益・権利などが自然に)生ずる (to, from). 他《利子など》をためる, 蓄積する.

ac·crúed bénefit 名 C [普通は複数形で] (退職)給付引当金.

acct. 1《商業文で》= account 2, 3. **2** = accountant.

ac·cul·tur·ate /əkʌ́ltʃərèɪt/ 動 自 (文化的に)適応する (into, to). 他〈子供など〉を適応させる.

ac·cul·tur·a·tion /əkʌ̀ltʃəréɪʃən/ 名 U 文化的

適応《成長期における社会への適応》.

*ac·cu·mu·late /əkjúːmjulèɪt/ 【発】【動】(-mu·lates /-lèɪts/; -mu·lat·ed /-tɪd/; -mu·lat·ing /-tɪŋ/; 名 accùmulátion, 形 accúmulative) 他 (長期にわたって少しずつ)…をためる, 蓄積する, 集める: He ~d his fortune by hard work. 彼は苦労して働いて財産をためた. — 自 蓄積する, たまる.

ac·cu·mu·lat·ed depreciation /-lèɪtɪd-/ 名 U 減価償却累計額.

accúmulated dívidend 名 C [普通は複数形で] 累計(未払い)配当金.

accúmulated prófit 名 C 留保利益金.

+ac·cu·mu·la·tion /əkjùːmjuléɪʃən/ 名 (動 ac·cúmulàte) 1 U 蓄積, ためること: the ~ of wealth 富の蓄積. 2 C 蓄積量: a heavy ~ of snow 大量にたまった雪.

ac·cu·mu·la·tive /əkjúːmjulèɪtɪv, -lət-/ 形 (動 accúmulàte) 《格式》蓄積する, 累積的な (cumulative). ~·ly 副 累積的に.

ac·cu·mu·la·tor /əkjúːmjulèɪtə | -tə/ 名 C 1 (電算機・レジなどの)累算器, アキュムレーター. 2 (英) 蓄電池. 3 (英)(特に競馬での)繰越式の賭け方《一連の勝負を一つ勝つと次々とその賞金を賭けていく方式》.

*ac·cu·ra·cy /ǽkjurəsi/ 名 (形 áccurate; 反 inaccuracy) U 正確さ, 精密さ, 的確さ; 正確に行なえる能力. for áccuracy's sàke [副] 正確を期するために. with áccuracy [副] 正確に (accurately).

ac·cu·rate /ǽkjurət/ 形 (副 áccurately; 反 inaccurate) 1 (情報・報告などが)正確な[で]; (計器などが)精密な《☞ correct 類義語》; cure 【単語の記憶】: a fairly ~ calculation かなり正確な計算 / John is ~ with figures. <A+with+名・代> ジョンは計算が正確です / My sister is always ~ in her statements. <A+in+名・代> 妹はいつも言うことが正確です / a clock ~ to (within) a millisecond 誤差が 1/1000 秒(以内)の正確な時計.

2 (仕事・人などが)綿密な, 周到な. 語源 ラテン語で「注意が払われた」の意.

to be áccurate [副] 文修飾 正確に言うと.

+ac·cu·rate·ly /ǽkjurətli/ 副 (反 inaccurately) 正確に, 正しく; 精密に: quote ~ 正確に引用する. mòre áccurately [副] 文修飾 もっと正確には[言えば].

ac·cursed /əkə́ːst, əkə́ːsɪd | əkə́ːsɪd, əkə́ːst/ 形 《古風》1 Ⓐ いやな, やっかいな. 2 のろわれた.

*ac·cu·sa·tion /ækjuzéɪʃən/ 名 (~s /-z/; 動 ac·cúse) C,U 非難; C 【法】告発, 告訴 (charge) (of): speak with an air of ~ 非難がましい口ぶりで話す / She denied the ~ that she had lied. <N+that 節> 彼女はうそをついたという非難を否定した. fáce [be ùnder] an accusátion [動] 自 非難を受けて(いる), 起訴されている. màke [lével, bríng, láy] an accusátion (of ...) agáinst — [動] 他 — (人)を(…のかどで)非難[告発]する.

ac·cu·sa·tive /əkjúːzətɪv/【文法】形 対格の《ギリシャ語・ラテン語・ドイツ語などで; ☞ dative》, 直接目的格の《英語で》: the ~ case 対格. — 名 C 対格, 直接目的格.

ac·cu·sa·to·ry /əkjúːzətɔ̀ːri | -təri, -tri/ 形 W 《格式》(表情・ことばなどが)非難するような, とがめるような: an ~ look 人をとがめるような目つき.

*ac·cuse /əkjúːz/ 【発】【動】(ac·cus·es /-ɪz/; ac·cused /-d/; ac·cus·ing; 名 àccusátion) 他 (人)を非難する, 〈…〉を(…のかどで)責める (blame) (反 defend): I'm not accusing you. あなたを非難しているのではありません / He was ~d of cowardice. <V+O+of+名·代の受身> 彼は臆病だと非難された.

2 〈人〉を訴える, 告発する, 告訴する: She ~d Tom of stealing [having stolen] her car. <V+O+of+動> 彼女はトムが車を盗んだと訴えた / They ~d him

acetylcholine 13

of theft. <V+O+of+名·代> 彼らは彼を窃盗罪で告発した. 語源 ラテン語で「答弁を要求する」の意.

*ac·cused /əkjúːzd/ 形 【法】(-刑事)被告人(たち)《被告人の数によって単数または複数扱い; ☞ the[1] 3 語法》. 関連 accuser 告発人. stànd accúsed [動] 自 (…のかどで)非難されている; 告訴[起訴]されている (of).

ac·cus·er /əkjúːzə | -zə/ 名 C 告発人, 原告; 非難者. 反 the accused 被告人.

ac·cus·ing /əkjúːzɪŋ/ 形 (表情・口調などが)非難する(ような), とがめる. ~·ly 副 非難するように.

*ac·cus·tom /əkʌ́stəm/ 【動】(名 cústom) 他 [しばしば受身で]《格式》〈人など〉を…に慣れさせる《☞ accustomed 成句》: I tried to ~ my dog to the cold. 私は犬を寒さに慣らすように努めた. accústom onesèlf to ... [動] 自 《格式》…に慣れる: A~ yourself to getting up early. 早起きの習慣をつけなさい.

+ac·cus·tomed /əkʌ́stəmd/ 【発】【形】(反 unaccustomed) 1 《格式》慣れた, いつもの, 例の: ...'s ~ seat …のいつもの席. be accústomed to ... [動] 自 …に慣れている: I am not ~ to city noises. 私は都会の騒音に慣れていない. gèt [bècome, grów] accústomed to ... [動] 自 …に慣れる: Have you got ~ to using this dictionary? この辞書は引き慣れましたか. ★ ⓢ では be [get] used to ... のほうが普通.

AC/DC /éɪsíːdíːsíː/ 形 1 【電】 交流·直流両用の. 2 P 《俗》[差別] 両性愛[両刀使い]の.

*ace /éɪs/ 名 (ac·es /-ɪz/) C 1 (トランプ)エース, 1 の札; (さいころの)1 の目《☞ deuce[1] 1》: the ~ of spades スペードのエース. 2 《略式》ぴか一の人, 優秀な人; 【軍】エース, 主力投手; 空の勇士, 撃墜王. 3 (テニス・バレーボールの)サービスエース《相手が取れないサーブまたはそれで得た得点》. 4 《米》【ゴルフ】ホールインワン. be ...'s áce in the hóle [動] 《米略式》(人)にとって決め手になる[もの[人]]である. cóme úp áces [動] 《米》とてもうまくやる. hàve an áce (in one's sléeve [(米) in the hóle)] [動] 自 最後の切り札を持っている, 取って置きの手がある. hóld [hàve] áll the áces [動] 自 決定権をにぎっている, 有利な状況にある. pláy one's áce [動] 自 最後の切り札を使う. with·in an áce of ... [前] あと少しで[危うく]…するところで: We came within an ~ of success. 私たちはもう少しで成功するところだった.

— 形 《略式》 1 Ⓐ (人が)一流の, 優秀な: an ~ pilot 一流のパイロット. 2 [普通は P] ⓢ (物事が)すばらしい.

— 動 他 1 ⓢ 《米略式》〈試験・レポート〉でAの評点を得る. 2 (テニス・バレーボールで)〈相手〉にサービスエースをきめる. 3 《米俗》〈…〉を負かす (out).

a·cerb /əsə́ːb, æ-| əsə́ːb/ 形 《米》 = acerbic.

a·cer·bic /əsə́ːbɪk | əsə́ː-/ 形 (人・ことばなどが)しんらつな. -cer·bi·cal·ly /-kəli/ 副 しんらつに.

a·cer·bi·ty /əsə́ːbəti | əsə́ː-/ 名 U (ことばなどの)厳しさ, しんらつさ.

ac·er·o·la /æsərólə/ 名 C アセロラ《西インド産の低木; ビタミンCが豊富な実をつける》.

ac·et·al·de·hyde /æsətǽldəhàɪd/ 名 U 【化】アセトアルデヒド.

ac·et·a·min·o·phen /əsìːtəmínəfən/ 名 U 【薬】アセトアミノフェン《解熱・鎮痛薬》.

ac·e·tate /ǽsətèɪt/ 名 1 U 【化】酢酸塩; アセテート(絹糸)《酢酸からできる人造布[絹糸]》. 2 C 《古風》OHP 用シート.

acétic ácid /əsíːṭɪk-/ 名 U 【化】酢酸.

ac·e·tone /ǽsətòʊn/ 名 U 【化】アセトン.

a·ce·tyl·cho·line /əsìːṭlkóʊliːn | æsɪtaɪl-/ 名 U 【生化】アセチルコリン《神経伝達物質・血圧降下剤》.

a·cet·y·lene /əsétəlìːn, -lìn/ 名 ⓤ アセチレン(ガス)《金属の切断・溶接に使う》.

a·cé·tyl·sal·i·cyl·ic ácid /əsìːtlsæləsílɪk-│-ésɪtəl-/ 名 ⓤ 〖薬〗アセチルサリチル酸《アスピリンの成分名》.

*__ache__ /éɪk/ 🔢 動 (aches /~s/; ached /~t/; ach·ing) 自 **1** 〈絶えずまたは鈍く体・心が〉**痛む**, うずく(*from*): My tooth ~s [is *aching*]. 歯が痛い / After gardening she ~*d all over*. <V+副> 彼女は庭仕事をして体中が痛んだ / My heart ~*s for* the poor orphan. <V+*for*+名・代> 《主に文》 そのかわいそうな孤児のことを思うと心が痛む.　**2** ⓦ 〈…を〉切望する, …したがる: ~ *for* a cup of tea とてもお茶を飲みたがる / I am *aching* to go abroad again. ぜひまた外国へ行きたい.

— 名 (~s /~s/; 形 achy) ⓒ **1** 〈長く続くまたは鈍い〉痛み, うずき(☞ pain 類義語); 心の痛み: I had [felt] a dull ~ in my side. 私は横腹に鈍い痛みがあった.

ache のいろいろ
báckàche 背中[腰]の痛み / béllyàche 腹痛 / éaràche 耳の痛み / héadàche 頭痛 / stómachàche 胃の痛み / tóothàche 歯の痛み

2 ⓦ 強く欲する気持ち, 熱望(*for*).

áches and páins 名 体のあちこちの痛み.

Ach·er·on /ǽkərən│-rɒ̀n/ 名 〖ギ神〗アケロン《冥界の川》.

a·chiev·a·ble /ətʃíːvəbl/ 形 (目的が)達成できる.

*__a·chieve__ /ətʃíːv/ 🔢 動 (a·chieves /~z/; a·chieved /~d/; a·chiev·ing) 他 **1** 〈困難な目的などを〉(努力して)**達成する**; 〈事を〉成し遂(と)げる, 成就する(☞ 類義語): She ~*d* her purpose. 彼女は目的を達した / You cannot ~ anything without effort. 努力なしには何事も成し遂げられない.　**2** 〈成功など〉をおさめる, 実現する, 〈成績〉をあげる: He ~*d* great success [fame]. 彼は大変な成功をおさめた[名声を得た].　— 自 業績[成績]をあげる(*in*).　語源 ラテン語で「*chief* (頭)へ達する」の意.

【類義語】achieve 困難を乗り越えて, 価値や意義のある事柄を成就[達成]することに重点が置かれる: They are trying to *achieve* a lasting peace. 彼らは永久平和の達成に努力している.　**accomplish** ある特定の計画・目的・使命・仕事などを成し遂げて〈事〉を完了するのに努力を要することを意味する: He *accomplished* his mission. 彼は使命を完遂した.　**attain** 努力の結果, 希望や目的なとに到達(reach)すること. 自動詞の場合は高い目標への到達・獲得を表わすことが多い: He *attained* his end [objective]. 彼は目的を果たした.

*__a·chieve·ment__ /ətʃíːvmənt/ 名 (a·chieve·ments /-mənts/; 動 achiéve) **1** ⓒ (努力して)達成したこと, 業績, 偉業: remarkable ~*s in* physics 物理学における優れた業績.

2 ⓤ 達成, 成し遂(と)げること: the ~ *of* our goals 我我の目的の達成 / a sense of ~ 達成感.　**3** ⓤ 〈学生・生徒の〉学力, 成績.

achíevement tèst 名 ⓒ 学力検査.

*__a·chiev·er__ /ətʃíːvə│-və/ 名 ⓒ 成し遂げた人, 達成者; 〔前に形容詞を伴って〕(学業・仕事の)達成度が…な人: low [high] ~s in the class クラスで成績が良くない[良い]生徒(☞ underachiever, overachiever).

A·chil·les /əkíliːz/ 名 アキレス《ホメロス(Homer)作の叙事詩「イリアッド」(*Iliad*) 中のギリシャの英雄》.

A·chil·les' héel /əkíliːz-/ 名 ⓒ 〔普通は one's ~ として〕(アキレスのかかとにあたる)弱点, 泣きどころ.

Achílles' téndon 名 ⓒ 〖解〗アキレス腱(ん).

ach·ing·ly /éɪkɪŋli/ 副 ⓦ 切ないほど.

a·choo /ətʃúː/ 間 =ahchoo.

ach·ro·mat·ic /ækrəmætɪk←/ 形 〖光〗(レンズが)収色性の, 色収差を補正した; 無色[白黒]の.

a·chro·ma·tism /eɪkróumətìzm/ 名 ⓤ 無色性; 〖光〗色消し, 〖医〗色盲.

ach·y /éɪki/ 形 (ach·i·er, -i·est; 名 ache)〔主に ⓢ〕(持続して)うずく: feel ~ all over あちこちが痛い.

*__ac·id__ /ǽsɪd/ 名 **1** ⓤⓒ 〖化〗酸.　関連 alkali アルカリ.　**2** ⓤ (俗) =LSD(幻覚剤).　— 形 (動 acídify, ② acídify) (非常に)酸っぱい, 酸味の強い (sour): ~ fruit 酸っぱい果物.　**2** 〖化〗(土壌などの)酸性の.　関連 alkaline アルカリ性の / neutral 中性の.　**3** ⓦ 〈ことばなどが〉しんらつな, 気難しい.

ácid hòuse 名 ⓤ アシッドハウス《単調なリズムのシンセサイザー音楽》.

*__a·cid·ic__ /əsídɪk/ 形 (非常に)酸っぱい; 酸(性)の.

a·cid·i·fi·ca·tion /əsìdəfɪkéɪʃən/ 名 ⓤ 酸性化.

a·cid·i·fy /əsídəfàɪ/ 動 (-i·fies, -i·fied, -fy·ing) 他 〈…を〉酸性にする.　— 自 酸性になる.

a·cid·i·ty /əsídəti/ 名 ⓤ (形 ácid) 酸味, 酸度; (特に)胃酸過多.

ácid jázz 名 ⓤ アシッドジャズ《ジャズ・ファンク・ソウルなどの要素を取り入れたジャズ》.

ac·id·ly /ǽsɪdli/ 副 ⓦ とげとげしく, しんらつに.

ac·i·doph·i·lus /æsɪdɑ́fɪləs│-dɔ́f-/ 名 ⓤ 乳酸菌.

ac·i·do·sis /æsɪdóʊsɪs/ 名 ⓤ 〖医〗酸(性)血症.

*__ácid ráin__ 名 ⓤ 酸性雨.

ácid róck 名 ⓤ =acid house.

ácid tèst 名 ⓒ 〔普通は the ~〕(人・物の価値などを)厳密に検査するもの[基準], 試金石 (litmus test); 吟味.

*__ac·knowl·edge__ /əknɑ́lɪdʒ, æk-│-nɔ́l-/ 🔢 動 (-knowl·edg·es /-ɪz/; -knowl·edged /-d/; -knowl·edg·ing; 名 acknówledg(e)ment) 他 **1** 〈事実・存在〉を認める, 〈…が〉(—であると)認める《☞ 類義語》; 〈…を〉(公式に)承認する: 〘言い換え〙 He ~*d* that it was true. <V+O (*that* 節)>=He ~*d* it to be true. <V+O+C (*to* 不定詞)>=He ~*d* the truth of it. 彼はそれを真実だと認めた / 〘言い換え〙 He did not ~ defeat. =He did not ~ *hav*ing been defeated. <V+O (動名)>=He did not ~ himself defeated. <V+O+C (過分)>=He did not ~ that he "had been [was] defeated. 彼は自分が負けたとは認めなかった / Mr. Smith ~*d how* silly his mistake was. <V+O (*wh* 節)> スミス氏は自分の間違いがとてもばかげたものだったことを認めた / He *was* ~*d as* an authority in this field. 彼はこの分野の権威者とされていた / She *is* generally ~*d* to be the finest writer in India. 彼女はインドの最もすぐれた作家であると一般に認められている.　**2** 〈手紙など〉を受け取ったことを知らせる: We ~*d* (receipt of) your letter. お手紙は確かに受け取りました.　**3** 〈文書などで〉〈好意など〉に感謝する, 礼を言う: Mr. Rich ~*d* her favor. リッチ氏は彼女の好意に感謝した / The pianist ~*d* her debt to her teacher. そのピアニストは先生にお世話になったことを感謝した.　**4** 〈(表情・身ぶりで)〈…〉にあいさつをする (*with*, *by*), 〈人〉がいるのに気づく: He ~*d* 'the cheers [his niece's presence] *with* a nod. 彼は歓呼にうなずいて答えた[めいがいるのに気づき会釈した].

【類義語】acknowledge 「(…が—であると)認める」の意味で, **acknowledge** は以前から知っていたが隠していたことを, しぶしぶ公に明らかにすること: She *acknowledged* that she had made a mistake. 彼女は自分が間違いをしたことをしぶしぶ認めた.　**admit** は否定していたことを外部からの圧力によってやむをえず認めることを意味する: He *admitted* his guilt. 彼は自分の罪をやむなく認めた.　**confess** 特に自分の不利になることを公に認めること.

*__ac·knowl·edg·ment, -edge-__ /əknɑ́lɪdʒmənt, æk-│-nɔ́l-/ 名 (動 acknówledge) **1** [ⓤ または an ~] 認めること, 承認 (*of*; *that*); 自認; 存在に気づく

こと: [言い換え] He gave smile of ～.＝He smiled in ～. 彼は気づいてにっこり笑った. **2** [U,C] 感謝(のことば), 謝礼, あいさつ; [C] 感謝の印, お返し, 礼状. **3** [複数形で] (著者の)謝辞. **4** [C,U] 受け取りの通知(状); 領収書: a letter of ～ 受け取り状. **in acknówledgment of ...** [前] …を認めて; …の返礼に.

ACLU /éɪsìːèljúː/ [略] [the ～] ＝American Civil Liberties Union アメリカ市民的自由連合《米国の公民権を守る団体》.

ac·me /ǽkmi/ [名] [the ～] 《格式》絶頂, 極致, 全盛期: *the* ～ *of* perfection 完ぺき.

+**ac·ne** /ǽkni/ [名] [U] にきび.

ac·o·lyte /ǽkəlàɪt/ [名] [C] **1** 《格式》(忠実な)助手, 信奉者. **2** (教会のミサの)侍祭.

A·con·ca·gua /àːkənkáːgwə | æ̀kɔŋkǽg-/ [名] [固] アコンカグア《Andes 山脈にある西半球の最高峰 (6960 m)》.

ac·o·nite /ǽkənàɪt/ [名] [C,U] とりかぶと《毒草》; [U] アコニット《鎮痛剤》.

a·corn /éɪkɔən | -kɔːn/ [名] [C] どんぐり《オーク (oak) の実; ☞ oak 挿絵》.

ácorn squàsh [名] [C] 《米》どんぐり形の小型かぼちゃ.

*__a·cous·tic__ /əkúːstɪk/ [形] **1** 音響上[学]の; 聴覚の: the ～ weaknesses of an auditorium 講堂の音響上の欠陥. **2** [普通は [A]] (楽器などが)電気的に増幅をしない, 生(なま)の: ☞ acoustic guitar. ― [名] [単数形で] ＝acoustics 1.

a·cous·ti·cal /əkúːstɪk(ə)l/ [形] ＝acoustic. **-cal·ly** /-kəli/ [副] 音響的に; 聴覚的に; 生(なま)で.

acóustic cóupler [名] [C] 〖電算〗音響カプラー《コンピューターなどで, 電話の回線を用いて通信するための装置; modem の一種》.

acóustic guitár [名] [C] アコースティックギター.

a·cous·tics /əkúːstɪks/ [名] **1** [複数扱い] (講堂などの)音響効果[状態]. **2** [U] 音響学.

+**ac·quaint** /əkwéɪnt/ [動] ([名] acquáintance) [他] **1** [普通は受身で] 〈人〉を(…と)知り合いにさせる《☞ be acquainted with ... (成句)》: Mrs. White and I have *been* ～*ed* for twenty years. ホワイトさんと私とは 20 年前からの知り合いです.
2 [しばしば受身で] 《格式》〈人〉に(物事を)知らせる, 伝える《☞ be acquainted with ... (成句)》: He ～*ed* her *with* her new duties. 彼は彼女に新しい仕事を教えた.
acquáint onesèlf with ... [動] [他] 《格式》…を知る(ように努める), 熟知する. **be acquáinted with ...** [動] [他] (1) (人)と知り合いである: Harry and I have *been* ～*ed with* each other for a long time. ハリーと私とは旧知の間柄だ. (2) 《格式》(物事)を知っている, …に通じている: We *were* already well ～*ed with* the new project. 我々はすでに新しい計画をよく知っていた. **gèt [becòme] acquáinted with ...** [動] [他] (1) (人)と知り合いになる: [言い換え] I *got* [*became*] ～*ed with* him last year. (＝I got [came] to know him last year.) 私は昨年彼と知り合いになった. (2) 《格式》(物事)を知るようになる.

*__ac·quain·tance__ /əkwéɪnṭəns, -tns/ [名] (-**quain·tanc·es** /~ɪz/; [動] acquáint) **1** [C] (主に仕事などを通じてのあまり親しくない)知人, 知り合い ([反] stranger)《☞ friend 類義語》: a mutual ～ お互いの知人 / Mr. White and I are not friends, only ～*s*. ホワイト氏と私とは友人ではありません. 単なる知り合いです.
2 [[U] または an ～] 《格式》(少し)知っていること, なじみ, 面識; (多少の)知識: I have some ～ *with* German. 私は多少ドイツ語を知っています.
hàve a ... acquáintance with ― [動] [他] ―とは…する程度の知り合い[間柄]である; ―を…の程度だけ知っている: I *have a* nodding [passing] ～ *with* Mr. Smith. スミスさんとは会えば会釈をする程度の間柄[単なる顔見知り]です. **màke ...'s acquáintance**＝**màke the acquáintance of ...** [動] 《格式》…と知り合いになる: I want to *make her* ～. 私は彼女と近づきになりたい. **of ...'s acquáintance** [形] 《格式》…の知人で(ある). **on clóser [fúrther] acquáintance** [副] [文修飾語] 《格式》もっとよく知ってみると. **on first acquáintance** [副] 《格式》初めて知り合ったときに.

acquáintance ràpe [名] [U,C] 《米》＝date rape.

ac·quáin·tance·shìp /-ṭən(s)-, -tn(s)-/ [名] [U,C] 《格式》知り合いの間柄, 面識; (多少の)知識.

ac·qui·esce /æ̀kwiés/ [動] [自] 《格式》(不本意ながら)黙認する, 黙って従う (*in, to*).

ac·qui·es·cence /æ̀kwiés(ə)ns/ [名] [U] 《格式》黙認, 黙って従うこと, 従順 (*in, to*).

ac·qui·es·cent /æ̀kwiés(ə)nt←/ [形] 《格式》黙認の, 黙って従う, 従順な. **～·ly** [副] 黙認して.

‡**ac·quire** /əkwáɪə | əkwáɪə/ [T1] [動] (**ac·quires** /~z/; **ac·quired** /~d/; **ac·quir·ing** /əkwáɪ(ə)rɪŋ/; [名] àcquisítion) [他] **1** 《格式》〈財産・物〉を手に入れる, 取得[購入, 買収]する《☞ get 類義語》: The museum has newly **～d** an original painting by Dali ***from*** the art dealer. <V+O+*from*+名・代> 美術館は最近ダリの原画をその画商から購入した. **2** 〈知識など〉を得る 《時間をかけて自分の力で》, 学ぶ; 〈習慣など〉を身につける; 〈評判など〉を得る: He ～*d* his knowledge of Russian when he was young. 彼は若いうちにロシア語の知識を身につけた / My son has ～*d* some bad habits. 私の息子は悪い癖を覚えてしまった / I'm beginning to ～ a taste for wine. ワインが好きになってきました. **3** 〈病気など〉に感染する, かかる.

ac·quired /əkwáɪəd | əkwáɪəd/ [形] **1** (努力して)習得した: an ～ taste 何度か試して[慣れて]初めて好きになるもの《酒・たばこ・コーヒーなど》. **2** 〖医・生理〗後天的な《☞ AIDS》: an ～ characteristic 獲得形質.

*__ac·qui·si·tion__ /æ̀kwəzíʃən/ [T3] [名] (～**s** /~z/; [動] acquíre) **1** [U,C] 取得, (企業などの)買収; 獲得, 習得: the ～ *of* knowledge 知識の習得. **2** [C] 《格式》(高価な)取得物, 入手した物[人]; 習い覚えたもの: the recent ～*s to* the museum 美術館の最近の新収蔵品 / a valuable ～ 貴重な新人[掘り出し物].

ac·quis·i·tive /əkwízəṭɪv/ [形] 《格式》[軽蔑] 取得[買収]に熱心な, 物を手に入れたがる, 欲ばりの. **～·ness** [名] [U] 欲ばりであること.

+**ac·quit** /əkwít/ [動] (**ac·quits**; **-quit·ted**; **-quit·ting**) [他] 〖法〗[普通は受身で] 〈人〉を無罪にする, (…から)放免する ([反] convict[1]): He was *acquitted of* (the charge of) bribery. 彼は贈[収]賄について無罪になった.
acquít onesèlf [動] [自] 《格式》[副詞(句)を伴って] (難しい場面で)ふるまう: He *acquitted himself well* [honorably, admirably] throughout the trial. 彼は裁判の間立派にふるまった.

+**ac·quit·tal** /əkwíṭl/ [名] ([反] conviction) [U,C] 〖法〗無罪放免, 釈放.

*__a·cre__ /éɪkə | -kə/ [名] (～**s** /~z/) **1** [C] エーカー《面積の単位, 約 4046.8 平方メートル; [略] a.》: The park covers [has] an area of about 100 ～*s*. その公園は面積が約 100 エーカーある. **2** [複数形で] 《英略式》 多量: ～*s of* space [room] 広い空間.

a·cre·age /éɪk(ə)rɪʤ/ [名] [U,C] (エーカーで測定した)土地, 農地; エーカー面積.

ac·rid /ǽkrɪd/ [形] **1** (におい・味が)鼻[のど]を刺すような, つんとくる, ぴりっとする. **2** 《格式》(態度・ことばが)しんらつな, とげとげしい.

+**ac·ri·mo·ni·ous** /æ̀krəmóʊniəs←/ [形] 《格式》(議論・会合などが)とげとげしい, 怒気を含んだ. **～·ly** [副] とげとげしく. **～·ness** [名] [U] とげとげしさ.

ac·ri·mo·ny /ǽkrəmòuni | -məni/ 名 U《格式》とげとげしさ, しんらつさ.

ac·ro·bat /ǽkrəbæt/ 名 C 綱渡り芸人, 軽業師, 曲芸師. 日英比較 日本語では「アクロバット」を曲芸の意味で用いるが, 英語の acrobat は「曲芸をする人」で, 「曲芸」は acrobatics.

ac·ro·bat·ic /ækrəbǽtɪk⁻/ 形 軽業の: ~ feats 軽業. **-bat·i·cal·ly** /-bǽtɪkəli/ 副 軽業的に.

ac·ro·bat·ics /ækrəbǽtɪks/ 名《複》《時に単数扱い》軽業の演技, アクロバット (☞ acrobat 日英比較);（難題をこなす技）: do [perform] ~ 曲芸をする.

†**ac·ro·nym** /ǽkrənɪm/ 名 C 頭字語《連語の各語の頭(かしら)文字または頭部分を組み合わせて作った語; AIDS, NATO など》.

ac·ro·pho·bi·a /ækrəfóubiə/ 名 U《心》高所恐怖症.

a·crop·o·lis /əkrɑ́pəlɪs, -rɔ́p-/ 名 1 C（古代ギリシャの都市の）城砦(じょうさい). 2 [the A-]（アテネの）アクロポリス (Parthenon 神殿の所在地).

*__a·cross__ /əkrɔ́ːs | əkrɔ́s/

基本的には「横切って」の意.
① (…を)横切って　　　　　　　前1, 副1
② (…の)向こう側に　　　　　　前2, 副1
③ …と交差して　　　　　　　　前3
④ 幅が(…で)　　　　　　　　　副2

— 前 /əkrɔ́ːs | əkrɔ́s/ **1 …を横切って**, …を横断して;（川など）に渡って (☞ along 前 語法 (2)): A little boy was walking ~ the street. 1人の小さな男の子が道を横切っていた. 語法 across the street が「通りを(平面に)横切って」という感じに対して, over the street は「通りを(立体的に)越して向こうに」の感じを含む.

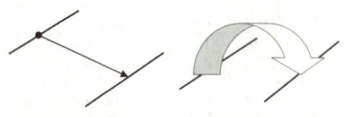

across のイメージ　　　　over のイメージ

// Cooperation ~ national borders is necessary. 国境を越えての協力が必要だ / The two bridges ~ the river were destroyed. その川に渡した2つの橋は破壊された / For a moment a shadow seemed to pass ~ her face. 一瞬彼女の顔にかげりが見えた.

2 …の向こう側に, …の反対側に: Our school is right ~ the river. 私たちの学校はちょうど川向こうにある / He lives ~ the road (*from* us). 彼は(私たちと反対の)道の向こう側に住んでいる / She waved at me from ~ the street. 彼女は通りの反対側から私に手を振った (☞ from 1 語法 (2)).

3 …と十文字に交差して, …と交差するように: These two lines cut ~ each other. この2本の線は互いに交差している.

4 (国・地域などの)至るところに[で, の] (throughout);（いくつかのグループ・タイプなど）にわたって(一律に): Violent protests occurred (all) ~ the nation. 激しい抗議が国中から起こった.

— 副 **1 横切って**, 渡して; 向こう側に[こちら側に][へ];（近くのある場所）へ: I helped the old woman ~. 私はそのおばあさんが渡るのを助けてあげた / Can you swim ~ *to* the other side of the river? 川の向こう岸まで泳げますか.

2 幅が(…), 直径が(…): The river is fifty yards ~. 川幅は50ヤードである. 語法 この用法は 形 とみることもできる (☞ wide 形 2). **3**（クロスワードパズルのかぎまたは答えについて）横に (反 down): I cannot do six ~. 横の6がわからない. **across from ...** [前] …の反対側に (opposite): The store is just ~ *from* my house. その店は私の家の真向かいです.

across-the-board 形 A 全面的な,（賃金などが）一律の (《米》（馬券が）複式の) — 副 一律に.

a·cros·tic /əkrɔ́ːstɪk | -rɔ́s-/ 名 C 折句《各行頭[行末]の文字をつなぐとある語となるような詩など》.

†**a·cryl·ic** /əkrɪ́lɪk/ 形 アクリルの. — 名 **1** U アクリル(の布[毛糸]). **2** [複数形で] アクリル絵の具.

acrýlic fíber 名 U.C アクリル繊維.

***act** /ǽkt/

「行ない, 行為」名1
→（議決機関の行為）→「法令」名2
→「行動する」動1→「動く」2
→「舞台で演じる」動3→（演技の区切り）→「幕」4

— 名 (acts /ǽkts/) C **1 行ない, 行為, しわざ**《☞類義語》: a kind ~ =an ~ *of* kindness 親切な行為 / an ~ *of* violence 暴力行為 / the sexual ~ 性行為 / The soldiers performed many cruel ~s. 兵士たちは多くの残虐行為を行なった.

2 [しばしば A-] **法令, 条例**《議案 (bill) が国会で可決されたもの》;（裁判所・議会などの）裁決, 決議: an ~ of Congress [《英》Parliament] 法令.

3 [普通は an ~] **見せかけ, ふり, 演技**: His anger was not real. It was just *an* ~. 彼は本当に怒っていたのではない, そう見せかけていただけ. **4** [しばしば A-]（劇の）**幕**: a comedy in three ~s 3幕の喜劇 / A~ I, Scene ii 第1幕第2場 (act one, scene two と読む).

5（ショー・サーカスなどの）出し物（の一つ）;（ショー・サーカスなどの）芸人: ☞ double act. **6** 離れ業, 芸当: ☞ juggling act.

a hárd [tóugh] áct to fóllow 名 後続がかなわないほど優れた人[もの], 太刀打ちできない人[もの].

an áct of Gód 名《法》天災, 不可抗力.

an áct of wórship 名（人々が一緒に行なう）礼拝(式).

be ín on the áct 動《略式》(自分も)加わっている.

cléan up one's áct 動《略式》行ないを正す.

dò a disappéaring [vánishing] áct ☞ disappear 成句, vanish 成句.

gèt in on the áct 動 自《略式》(同じ利益にあずかろうと)自分も加わる, ひと口乗る.

gèt one's áct togèther 動 自《略式》(事がうまく進むように)もっと力を発揮する, ちゃんとする.

in the (véry) áct of ... [前] …を現にやっている最中に: The thief was caught *in the* (*very*) ~ *of* steal*ing*. どろぼうは盗みの現場を押さえられた.

pùt ón an áct 動（みせかけの）芝居をする.

the Ácts of the Apóstles 名《聖》使徒言行録, 使徒行伝 (Acts)《新約聖書中の一書》.

— 動 (acts /ǽkts/; act·ed /-ɪd/; act·ing; 名 action, 形 active) 自 **1** [しばしば副詞(句)を伴って] **行動する, 実行する, 行なう, ふるまう; 職務を果たす**: We must ~ at once to prevent a war. 我々は戦争を防ぐために直(ただ)ちに行動しなければならない / It seems that she ~*ed out of* desperation. <V+*out of*+名> 彼女は絶望感からそうしたようだ / Don't ~ so silly. <V+C (形)> そんなばかなことをするな / John ~s *like* [*as if* he were] Helen's guardian. ジョンはヘレンの保護者のようにふるまっている.

2（機械が）動く, 作用する;（薬が）効く: My printer is ~*ing* strangely. 私のプリンターの調子がおかしい / This drug takes a long time to ~. この薬は効くまで時間が

かかる.
3 舞台で演じる, 出演する：I will ~ in a play tomorrow. 私は明日劇に出演します / The actress ~ed well. その女優は演技はうまかった. **4** 《みせかけの》芝居をする：He's not really angry, he is just ~ing. 彼は本当は怒っていません. そんなふりをしているだけです.
— 他 **1** 《役》を演じる；《劇》を上演する：He ~ed (the part [role] of) Nero. 彼はネロ(の役)を演じた / The play was well ~ed. その劇は好演だった. **2** 《…のようにふるまう, ふりをする》：~ the fool [child] ばかな[子供のような]まねをする. 語法 act like a fool [child], act foolishly [childishly]のほうが普通.

——— act の句動詞 ———

*act as ... 動 ⾃ …の役を務める；…の作用をする：Dr. White ~ed as our guide. ホワイト博士が我々の案内役をしてくださった / This door ~s as a fire barrier. この戸口は防火扉の役目をする.
act for [on behalf of] ... 動 他 《法廷・取り引きなどで》…の代理を務める；…のために尽くす：The eldest sister ~ed for her mother. いちばん上の姉が母の代わりをした.
*act on [upòn] ... 動 ⾃ **1** 《主義・忠告・情報など》に基づいて行動する, 従う：I'll ~ on your advice. ご忠告に従って行動します. **2** …に作用する. 効く：These pills ~ on the stomach. この錠剤は胃に効く.
act òut 動 他 《場面など》を実演する；《考え・感情》を行動[態度]で表わす. — ⾃ 《感情を表に出して》ふるまう：~ out violently 乱暴にふるまう.
act úp 動 ⾃ 《略式》**1** 《特に子どもが》いたずらをする, 行儀よくしない. **2** 《機械など》が調子が悪い；《症状などが》(また)悪化する, ぶりかえす (on).
act úp to ... 動 他 《主義など》を実践する, 守る, …にふさわしいふるまいをする；《期待など》にこたえる.

【類義語】act 短い一回の行為を指す. action ある行動の過程全体を指す. 例えば, 海難救助は a heroic action で, そのために救命ボートを投げ込むのは a brave act である. behavior 個人または集団での行動で, ある基準または典型と対比したときの行動・ふるまいをいう：children's behavior (大人のに対して) 子供のふるまい[行儀]. conduct 道徳的観点から見た行ない：Her conduct at school is good. 彼女は学校で品行方正だ.

単語の記憶	《ACT》《行なう》
act	(行なう)
actor	(劇を行なう人) → 俳優
actual	(行動を伴う) → 現実の
exact	(十分に行なう) → 正確な
react	(行動を返す) → 反応する

ACT /éɪsìːtíː/ 略 **1** [the ~] =American College Test 米大学入学学力テスト. **2** =Australian Capital Territory オーストラリア首都特別地域(首都 Canberra がある連邦直属の地域).
ACTH /éɪsìːtíːéɪtʃ/ ékθ/ 名 U 副腎皮質刺激ホルモン, アクス (adrenocorticotropic hormone の略).
ac·tin /æktɪn/ 名 UC 【生化】 アクチン《筋肉を構成し, その収縮に必要なたんぱく質》.
*act·ing /æktɪŋ/ 名 U 演技, 出演；俳優業：get into ~ 俳優になる. — 形 A 臨時の；代理の：the ~ chairman [director] 議長[指揮者]代理.

*ac·tion /ækʃ(ə)n/ 名 (~s /~z/；動 act；反 inaction) **1** U 活動, 働き；実行：a man of ~ 実行力のある人 活動家《男性》 / discuss a plan of ~ 行動計画を話し合う / We need ~ instead of debate. 我々には議論よりも実行が必要である.
2 C 行為, 行動, 行い；《体の》動作, 身のこなし；《馬の》足の運び 〔⇒ act 類義語〕：a kind ~ 親切な行為 / a prompt ~ 迅速な行動 / justify one's ~(s) 行動を正当化する / A~s speak louder than words. 《ことわざ》行動はことばより声高に語る(実行は百言に勝る) /

active 17

A~! 【映】 演技始め《監督の指示》.
3 U 《物の》作用, 影響《reaction》；《機械・器具などの》機能, 働き；《機械・ピアノなどの》機械装置：chemical ~ on metals 金属への化学作用 / the ~ of the heart 心臓の動き. **4** CU 【法】 訴訟：bring an ~ against ... 《人》に対して訴訟を起こす. **5** [the ~] 《小説・劇などの》事件, 筋；[形容詞的に] アクション映画の：The ~ of her latest novel takes place in Siberia. 彼女の小説の最新作はシベリアが舞台になっている. **6** [the ~] 《略式》 面白いこと, 興奮, 刺激. **7** U 戦闘, 合戦：military ~ 軍事行動 / see ~ 戦闘に参加する. **8** UC 《労働者の》示威行為 (⇒ job action). a pìece [slíce] of the áction [名] 《略式》(もうけ話への)かかわり, 利益の分け前. bríng [cáll] ... ìnto áction [動] 他 =put ... into action. gò ìnto áction [動] 《軍》行動を起こす, 戦闘を始める. in áction [形・副] (1) 活動[作動] していて); 交戦中で：the new computer system in ~ 作動中の新しいコンピューターシステム / be killed in ~ 戦死する. (2) 試合[競技]中で：players in ~ 試合中の選手たち. léap [spríng, swíng] ìnto áction [動] ⾃ すばやく行動を起こす, さっと対処する. òut of áction [形・副] 働かずに, 故障して. pút ... ìnto áction [動] 他 《考え・計画など》を実行に移す. pút ... òut of áction [動] 他 〈…〉を動かなくする, 活動できなくさせる；〈…〉を使えなくする；〈…〉の戦闘力を失わせる. táke áction [動] ⾃ 行動をとる；行動を起こす. whère (áll) the áction ìs [名] 《略式》一番活気［刺激, 興味］のある所, いい所；盛り場.
— 動 他 《格式》《計画など》を実施する；《要請など》に対処する.
ac·tion·a·ble /ækʃ(ə)nəbl/ 形 **1** P 【法】(暴言・名誉毀損が)損などが)起訴できる. **2** [普通は A] (計画・情報などが)実行可能[使用可能].
áction fìgure 名 C 《兵士・ヒーローなどの》手足の動く人形《男の子のおもちゃ》.
áction fìlm [mòvie] 名 C アクション映画.
áction gròup [commìttee] 名 C 《政治的な》行動団体[委員会].
áction màn 名 C 行動派[活動好み]の男性.
áction-pàcked 形 交戦[戦闘]ずくめの；《映画などが》はらはらする場面の多い：an ~ drama 活劇.
áction pàinting 名 C U アクションペインティング《絵具を無作為にかけたり散らしたりする抽象画》.
áction pòint 名 C (検討を経た)行動目標.
áction potèntial 名 C 【生】活動電位《神経細胞の興奮時に起きる一過性の電位変化》.
áction rèplay 名 C 《英》 **1** =instant replay. **2** (以前の経験の)繰り返し, 再現 (of).
áction stàtions 名 [複] 《英》 =battle stations.
*ac·ti·vate /æktəvèɪt/ 動 他 **1** 《機械など》を動かす, 作動させる；活動的にする. **2** 【化】〈…〉を活性化する. **3** 【物理】〈…〉に放射能を与える.
ác·ti·vàt·ed cárbon /æktəvèɪtɪd-/ 名 U 活性炭.
ac·ti·va·tion /æktəvéɪʃən/ 名 U 【化】 活性化.

*ac·tive /æktɪv/ 形 《動 act, 名 activity, 反 inactive》：an ~ child 活発な子供 / an ~ member of the club クラブの活動的なメンバー / play an ~ part 積極的な役割を果たす / be ~ in (conducting) the campaign 〈A+in(+動名)+名・代〉 その運動の展開に熱心である / He has an ~ brain. 彼は頭がよく働く / The police are now ~ on the case. 警察は今その件に関して積極的に動いている.
2 (現に)活動中の；現在働いている：an ~ volcano 活

18 active voice

火山 / be on ~ service=《米》be on ~ duty《軍》現役(勤務中(従軍中))である. **3** 《強意的に》《興味・嫌悪感などが》強い: take an ~ dislike to ... をひどく嫌う. **4** 〖電工〗作動して(いる): close the ~ window コンピューターの使用中のウインドウを閉じる. **5** 〖文法〗能動態の(⇨ active voice 文法). **6** 〖化〗活性な; 〖物理〗放射性の (radioactive). —— [the ~] 〖文法〗 =active voice. **~·ly** 副 活発に; 積極的に.

áctive vòice 名 [the ~] 〖文法〗能動態.

文法 能動態
態の1つで, 主語が動作を働きかける場合の動詞の形をいう: Tom *loves* Mary. トムはメアリーを愛している / Mr. Smith *wrote* the book. スミス氏はこの本を書いた. 以上2つの文はいずれも能動態で, これが文の基本的な形である. これに対して主語よりは目的のほうに話し手の関心があり, それに重点が置かれると, 次のように受動態の言い方となる (⇨ passive voice 文法): Mary *is loved* by Tom. / The book *was written* by Mr. Smith.

ac·tiv·ism /ǽktɪvìzm/ 名 Ⓤ (政治・社会的な)行動主義, 変革主義.

*ac·tiv·ist /ǽktɪvɪst/ 名 (-tiv·ists /-vɪsts/) Ⓒ 《時に軽蔑》(政治運動などの)活動家: a consumer [political] ~ 消費者[政治]運動家. —— 形 Ⓐ 行動主義の.

‡**ac·tiv·i·ty** /æktívəti/ 名 (-i·ties /-z/; 形 Ⓐ active, 反 inactivity) **1** Ⓤ 活動(的なこと), 活発さ; (人々の動き回る)多忙さ, 活気: This volcano shows no signs of ~. この火山は活動の徴候を示さない / Before the party the house was full of ~. その家はパーティーの準備で大にぎわいだった.

2 Ⓒ 《普通は複数形で》《目標達成や楽しみのための反復的な》活動, 活躍: artistic *activities* 芸術活動 / extracurricular [leisure, outdoor] *activities* 課外[余暇, 野外]活動 / the *activities* of radical groups 過激派グループの活動.

ac·tor /ǽktɚ | -tə/ 名 (~s /-z/) Ⓒ 俳優, 男優 (⇨ act 単語の記憶): a film [screen] ~ 映画俳優 / a character ~ 性格俳優. 語法 現在では女性でも actor と呼ぶのが普通.

Áctors' Équity Associàtion 名 固 [the ~] (英米の)俳優労働組合 (略して Equity ともいう).

*ac·tress /ǽktrəs/ 名 (~·es /-ɪz/) Ⓒ 女優 (⇨ actor 語法): a stage [screen] ~ 舞台[映画]女優.

ACTU /éɪsìː tìː júː/ 略 =Australian Council of Trade Unions オーストラリア労働組合協議会.

‡**ac·tu·al** /ǽktʃuəl, -tʃəl/ T1 形 (名 àctuálitv) 《比較なし》Ⓐ **1** 《理論上・想像上のことでなく》**現実の**, 実際の, 事実上の (《⇨ real 類義語》; act 単語の記憶): an ~ incident 実際の事件 / The ~ expense 実際にかかった費用 / The ~ capital of the Netherlands is The Hague. オランダの事実上の首都はハーグである (⇨ Amsterdam). **2** [the ~ として] (一連の過程などで重要でない事と対比しての)肝心の, 実際の: He has compiled a lot of data, but he hasn't started the ~ writing. 彼はたくさん資料は集めたがまだ実際の執筆は始めていない. —— 形 **your áctual ...** 《英略式》[強意的に] 正真正銘の...: a painting by *your* ~ Monet 正真正銘のモネの絵.

—— 名 [複数形で] 実際の数字.

†**ac·tu·al·i·ty** /æktʃuǽləti/ 名 (-i·ties; 形 áctual) Ⓤ《格式》現実(性), 実在; Ⓒ 《普通は複数形》実情, 現状. **in actuality** 副 《格式》実際上.

ac·tu·al·i·za·tion /æktʃuəlɪzéɪʃən, -tʃəl- | -laɪz-/ 名 Ⓤ 実現, 現実化.

ac·tu·al·ize /ǽktʃuəlàɪz/ 動 他 《格式》〈目標・夢など〉を実現する.

‡**ac·tu·al·ly** /ǽktʃuəli, -tʃəli/ 副 **1** 実際に, 本当に, 現実に (really, in fact): The money was ~ paid. 金は実際に支払われた / Do you think John can ~ hit [bat] .300? ジョンが本当に3割を打てると思う?《.300 は three hundred と読む》.

2 Ⓢ 文修飾詞 (ところが)本当は, 実は, 実際は.

語法 (1) 相手の予期[想像]とは違うことを言ったり, 相手の発言を否定[訂正]したり, 相手に指示したり, 相手をがっかり[立腹]させそうな返事をするときなどに使い, あたりをやわらげる働きをする. また, 話の中で新しい情報提供, 発言の修正, コメント, 話題の転換などのときに, 軽く相手の注意をひくために用いる. くだけた会話で多用される傾向がある.
(2) 文頭・文中・文尾に置かれる.

He not only ran in the election; he ~ won it! 彼はその選挙に立候補しただけでない, なんと当選してしまったのですよ / "I think Susie probably passed the test." "A~, she failed."「スージーはたぶん試験に受かったと思いますが」「それが実は落ちたのです」

ac·tu·ar·i·al /æktʃuéə(ə)riəl/ 形 Ⓐ 保険数理の.

ac·tu·ar·y /ǽktʃuèri | -tʃuəri/ 名 (-ar·ies) Ⓒ 保険数理士《保険数理の専門家》.

ac·tu·ate /ǽktʃuèɪt/ 動 他 **1** 《普通は受身で》《格式》〈感情・信念などで〉〈人〉を行動させる. **2** 〖機〗〈機械など〉を作動させる.

a·cu·i·ty /əkjúːəṭi/ 名 Ⓤ 《格式》(視力・聴力の)鋭さ; (才知の)鋭敏さ: visual ~ 視力.

a·cu·men /əkjúːmən | ǽkjʊmən/ 名 Ⓤ (才知・眼識などの)鋭さ, 明察力: business ~ 商才.

a·cu·pres·sure /ǽkjʊprèʃɚ | -ʃə/ 名 Ⓤ 指圧療法.

*ac·u·punc·ture /ǽkjʊpʌ̀ŋ(k)tʃɚ | -tʃə/ 名 Ⓤ 針療法, 鍼(はり)術.

ac·u·punc·tur·ist /ǽkjʊpʌ̀ŋ(k)tʃərɪst/ 名 Ⓒ 針療法士, 鍼術師.

*a·cute /əkjúːt/ 形 (a·cut·er, more ~; a·cut·est, most ~) **1** 《困難・問題・事態などが》深刻な, 重大な: an ~ shortage of oil 深刻な石油不足.

2 《痛みなどが》激しい, ひどい; 《病気が》急性の: an ~ pain in the stomach 胃の激痛 / ~ pneumonia 急性肺炎. 関連 chronic 慢性の.

3 《感覚・知性が》鋭い, 鋭敏な, 敏感な; 明敏な (⇨ cute 語法): an ~ sense of smell 鋭い嗅覚(きゅうかく) / an ~ analysis 鋭い分析 / an ~ observer 観察の鋭い人.

4 (先端が)鋭い, とがった; 〖数〗鋭角の (反 obtuse): an ~ angle 鋭角. **5** Ⓐ 鋭アクセント(´)のついた.

acúte áccent 名 Ⓒ 鋭アクセント(記号) (´).

acúte cáre 名 Ⓤ 急患治療.

*a·cute·ly /əkjúːtli/ 副 非常に(強く); 鋭く: ~ unpleasant ひどく不快な / I am ~ aware of the importance of the matter. 私は事の重要性を強く感じている.

a·cute·ness /əkjúːtnəs/ 名 Ⓤ (知性の)鋭さ.

ACV /éɪsìː vìː/ 略 =air-cushion vehicle.

-a·cy /əsi/ 接尾 "性質・状態; 職・地位・身分"を表わす (⇨ -cy): accuracy 正確さ.

*ad /ǽd/ (同音 add; 類音 odd) 名 (ads /ǽdz/) Ⓒ 《略式》広告, 宣伝; 宣伝ビラ[パンフ], 宣伝映画[放送] (advertisement の短縮形): put [place] an ~ in the newspaper 新聞に広告を載せる / ⇨ want ad.

*A.D., A.D. /éɪdíː/ 略 西暦..., キリスト紀元... 《anno Domini の略》: Augustus was born in 63 B.C. and died in 「A.D. 14 [14 A.D.]. アウグストゥス皇帝は紀元前63年に生まれ紀元14年に死んだ. 語法 (1) A.D. は紀元前 (B.C.) と対比して用いるときや, ごく古い年代の時に用い, 単に西暦...年という場合には用いない. (2) 正式には年号の数字の前に置くが, 《米》では後に置くこと

もある. ★ 年号の読み方については ☞ cardinal number [文法] (5). [関連] B.C. 紀元前….

ad·age /ǽdɪdʒ/ [名] [C] 金言, 格言, ことわざ.

a·da·gio /ədɑ́ːdʒoʊ/ [副] [形] 〘楽〙 アダージョで[の] 《遅く[い]》. ― [名] (～s) [C] アダージョの楽章[曲].

Ad·am /ǽdəm/ [名] [固] **1** 〘聖〙 アダム 《エホバ (Jehovah) の神が天地を造り, 6 日目に造った最初の男; ☞ Eden》: the sons of ～ アダムの子孫たち 《人類のこと》. [関連] Eve イブ. **2** アダム 《男性の名; ☞ Madam 1 (2)》.

dòn't knów ... from Ádam [動] [他] 《略式》 〈人〉を全然知らない.

Adam and Eve
(by Michelangelo)

⁺**ad·a·mant** /ǽdəmənt/ [形] 《格式》 (人・考え方・行動などが)非常に堅固な; 絶対に譲らない (*about*): He was ～ *in* his refusal. 彼は頑として拒否し続けた / She was ～ *that* he (should) go. 彼女は彼に絶対行けと言って譲らなかった. **～·ly** [副] 頑として.

Ad·ams /ǽdəmz/ [名] [固] アダムズ **1 John** ～ (1735–1826) 《米国の第 2 代大統領 (1797–1801); 独立戦争の指導者》. **2 John Quin·cy** /kwínsi/ ～ (1767–1848) 《米国の第 6 代大統領 (1825–29); 1 の子》. **3 William** ～ (1564–1620) 《英国の航海士; 日本に帰化し「三浦按針」と称した》.

Ádam's ápple [名] [C] のどぼとけ 《☞ neck 挿絵》. [参考] アダム (Adam) が禁断の木の実を食べたときのどにつかえたという言い伝えから 《☞ forbidden fruit》.

***a·dapt** /ədǽpt/ ([類音] adopt) [T2] [動] (**a·dapts** /ədǽpts/; **a·dapt·ed** /～ɪd/; **a·dapt·ing**; [名] àdaptátion) [自] **適応する**, 順応する: They soon **～ed to** the new surroundings. <V+*to*+名・代> 彼らは新しい環境にじきに適応した.

― [他] **1** 〈…〉を**適合させる**, 〈…〉を(―に)合うようにする, 順応させる: He **～ed** his plan **to** the new situation. <V+O+*to*+名・代> 彼は自分の計画を新しい事態に適合させた / This dictionary *is* **～ed for** high school students. <V+O+*for*+名・代の受身> この辞書は高校生向きに作られている / An old car engine *was* **～ed to** fit this boat. <V+O+C(*to*不定詞)の受身> 古い車のエンジンがこの船に合うように改造された / These plants *are* well **～ed to** the harsh winter climate here. <V+O+*to*+名・代の受身> これらの植物はここの厳しい冬の気候によく順応している.

2 〈…〉を**改造する**; 〈本・劇など〉を改作する, 翻案する: The farmer **～ed** the old automobile **for** use on his farm. <V+O+*for*+名・代> 農園主は古い自動車を農場用に改造した / The play *was* **～ed from** a novel. <V+O+*from*+名・代の受身> その劇は小説を改作したものだ.

adápt onesèlf to ... [動] [他] (変化など)に順応[適応]する: Tom soon ～*ed himself to* school life. じきにトムは学校生活に順応した.

a·dapt·a·bil·i·ty /ədæ̀ptəbíləti/ [名] [U] 適応性, 融通性.

⁺**a·dapt·a·ble** /ədǽptəbl/ [形] **1** [しばしばほめて] 適応できる, 融通のきく (*to*): ～ animals 順応力のある動物. **2** (物事が)改変[変更]できる, 合わせられる (*to*).

⁺**ad·ap·ta·tion** /æ̀dæptéɪʃən, æ̀dəp-/ [名] ([動] adápt) **1** [C] 改造物, 改作物: an ～ of a play by Shakespeare シェークスピア劇を書き直したもの. **2** [U] 改造, 翻案, 脚色 (*for*). **3** [U] 順応, 適応 (*to*).

a·dapt·ed /ədǽptɪd/ [形] 《格式》 適合した (*to, for*).

a·dapt·er, a·dap·tor /ədǽptə | -tə/ [名] [C] **1** 調整器, アダプター; 《英》 複数の機器を接続できるプラグ. **2** 改作者, 翻案者.

a·dap·tion /ədǽpʃən/ [名] [C,U] =adaptation.

a·dap·tive /ədǽptɪv/ [形] 《格式》 適応する[できる].

ADC /éɪdìːsíː/ [略] =aide-de-camp.

****add** /ǽd/ ([同音] ad; [類音] odd) [T1] [動] (**adds** /ǽdz/; **add·ed** /ǽdɪd/; **add·ing** /ǽdɪŋ/; [名] addítion) [他] **1** (あとから)〈…〉を**加える**, 付け足す; 〈数〉を足す, 足し算する; 〈雰囲気など〉を添える: A～ a little milk. 牛乳を少し加えなさい / ***A～*** these figures ***together***. <V+O+*together*> この数字の合計を出しなさい / [言い換え] ***A～*** six ***to*** five. <V+O+*to*+名・代>=***A～*** six ***and*** five (***together***). 5 に 6 を加えよ / Candlelight will ～ atmosphere *to* the meal. ろうそくの明かりがあると食事の雰囲気が高まる. [関連] take, subtract 引く / multiply 掛ける / divide 割る.

2 〈ことば〉を**付け加える**; 〈…〉を[と]言い足す: "I hope you'll get well soon," she ～*ed*. <V+O (引用節)> 「じきによくなりますよ」と彼女は付け加えて言った / He said good-bye and **～*ed that*** he had enjoyed himself very much. <V+O (*that* 節)> 彼は別れを告げてから大変楽しかったと言い足した / Do you have anything to **～ *to*** what I've said? <V+O+*to*+名・代> 私の言ったことに付け加えることがありますか.

― [自] **足し算をする**: He could not ～ correctly. 彼は正しく足し算ができなかった.

ádd [ádded] to thís [thát] ... [文の始めで] これ[それ]に加えて… 《前言を強める事実を追加する》: She had an accident recently, and now ～*ed to that* her mother's ill. 彼女は最近事故にあった, その上今母親が病気だ.

I mìght ádd [挿入語句として] Ⓢ その上.

Mày I ádd ...? 《格式》 …と申し添えたいのですが.

to ádd to ... [前] …に加えて, …のみならず.

add の句動詞

ádd ín [動] [他] 〈…〉を算入する; 入れる.

ádd ón [動] [他] **1** 〈…〉を付け加える; 加算する: A 10 percent service charge *is* ～*ed on to* the bill. 請求書には 10% のサービス料が加算されています. **2** 〈…〉を建て増す. ― [自] (…に)建て増しをする (*to*).

***ádd to ...** [動] [他] …を増す ([受身] be added to): This ～*s to* my troubles. これで私の悩みが増える.

***ádd úp** [動] [他] 〈…〉を**合計する** <V+名・代+*up* / V+*up*+名>: A～ *up* these figures. これらの数字を合計しなさい. ― [自] **1** 合計する. **2** [進行形なし] 《略式》 (量などが)徐々に増す: It all ～*s up*. 結局大きな額になる. **3** [進行形なし; 普通は否定文で] 合計が合う; (話などが)つじつまが合う.

***ádd úp to ...** [動] [他] [進行形なし] **1** 合計…となる: The bill ～*s up to* $90. 勘定は合計 90 ドルだ. **2** 結果的に…となる, 結局…を意味する: It'll ～ *up to* the same thing. 結局は同じことだろう.

ADD /éɪdìːdíː/ [略] =attention deficit disorder.

Ád·dams Fàmily /ǽdəmz-/ [名] [固] [the ～] アダムズ ファミリー 《米国のテレビに登場する妖怪(ようかい)一家》.

⁺**add·ed** /ǽdɪd/ [形] [A] (それに)付加される, 追加の; それ以上の, さらなる: ～ value 〘経〙 付加価値 / We had the ～ problem of not being able to speak English. それに加えて英語が話せないという問題があった.

ad·den·dum /ədéndəm/ [名] (複 **ad·den·da** /-də/) [C] 《格式》 追加物; [複数形で単数または複数扱い] (本の)補遺, 付録.

ad·der /ǽdə | ǽdə/ [名] [C] (北米産の)はなだかへび 《無毒》; (ヨーロッパ・北アジア産の)くさりへび 《有毒》.

***ad·dict** /ǽdɪkt/ [名] (**ad·dicts** /-dɪkts/) [C] (麻薬などの)常用[中毒]者; (物事の)熱中者: a work ～ 仕事中

addicted

毒の人 / a TV ~ テレビ狂 // ☞ drug addict.

ad·dict·ed /ədíktɪd/ 形 P (麻薬・アルコールなどの)中毒[依存症]になって; 《物事に熱中して, ふけって》: He was ~ *to* golf [drink*ing*]. 彼はゴルフに夢中だった[酒びたりだった].

ad·dict·ing /ədíktɪŋ/ 形 《略式》=addictive 2.

ad·dic·tion /ədíkʃən/ 名 (~s /-z/) U.C (麻薬などの)常用癖, 中毒 (依存症); (趣味などへの)熱中, 没頭 (*to*): drug ~ 麻薬の常用, 麻薬中毒.

ad·dic·tive /ədíktɪv/ 形 **1** (麻薬などが)習慣性の: Tobacco is highly ~. たばこは習慣性が強い. **2** (活動・食物などが)病みつきになる. **3** (性格などが)夢中になりやすい.

add-in 名 C, 形 A 【電算】アド・インの《(既存のシステムに組み込むハードウェアなど》☞ add-on).

Ad·dis A·ba·ba /ædɪsǽbəbə/ 名 固 アジスアベバ《エチオピア (Ethiopia) の首都》.

＊ad·di·tion /ədíʃən/ 《類音 edition》 T1 (~s /-z/; 動 add, 形 additional)

1 U 追加, 付け足すこと: the ~ *of* vitamins *to* food 食品へのビタミンの添加 / *With the* ~ *of* a little more salt, the soup soon tasted better. 塩を少し加えたらスープはすぐに味がよくなった.

2 C 付け加えたもの[人], 足したもの; 《米》建て増し: We are expecting an ~ *to* our family. わが家の家族がもう一人増えそうです《子供が生まれます》 / an ~ *to* a house 家の増築部分.

3 U 足し算, 加法: He is quick at ~. 彼は足し算が速い. 関連 subtraction 引き算 / multiplication 掛け算 / division 割り算.

in addition T1 [副] (1) つなぎ語 それに加えて, さらに, その上: It will cost too much. *In* ~, there are some technical problems. それにはお金がかかりすぎます. さらに技術的な問題もあります. (2) 加えて, その上に: I had to pay 10 dollars *in* ~. 私はさらに 10 ドルを払わねばならなかった.

in addition to ... T1 [前] ...に加えて, ...のほかに (besides): *In* ~ *to* rice, they grow vegetables. 彼らは米のほかに野菜も作っている.

＊ad·di·tion·al /ədíʃ(ə)nəl/ 形 《名 addition》 [比較なし; 普通は A]
追加の, 付加的な, それ以上の: an ~ charge 割り増し料金.

＋ad·di·tion·al·ly /ədíʃ(ə)nəli/ 副 W 《しばしば つなぎ語》加えて, さらに, その上に; 付加的に.

＊ad·di·tive /ǽdətɪv/ 名 C 添加剤, (食品)添加物.

ad·dled /ǽdld/ 形 (頭などが)混乱した; (卵が)腐った.

add-on 名 C (コンピューターなどの)周辺機器, 付属品 (☞ add-in); 付加される物 (*to*).

＊ad·dress[1] /ǽdres, ədrés/ | ədrés/ T2

「...に(ことば・手紙を)差し向ける (☞ direct 動 1, 6)」の意から

→「話しかける」 address[3] 動 **1** →「演説」 address[3] 名
→「...にあて名を書く」 address[2] **1** →「あて名」 address[1] 名 **1**

—名 (~·es /-ɪz/) C **1** あて名; 住所《相手の名前は含まない; ☞ letter》: one's home [business, forwarding] ~ 家(会社, 転居先)の住所 / an incomplete ~ 不完全なあて名 / a change of ~ 住所変更 / change one's ~ 住所を変更する / Write down your name and ~, please. お名前とご住所をお書きください《☞ name 名 **1** 日英比較》.

封筒のあて名の書き方《☞ letter 図》

(1) Mrs. Hamako Ikeda
(2) 5-22-1 Meguro
Meguro-ku, Tokyo 153-0063
Japan
                                                                stamp
                                                                (切手)
                                        AIRMAIL
(3) Mr. John Smith
(4) 636 2nd Ave.
New York, (5) NY (6) 10037
USA

(1) 差し出し人の氏名. 性別・既婚・未婚の別を示すために Mr., Mrs., Miss, Ms. をつけることがある. (2) 差し出し人の住所. 日英比較 住所は, 日本語とは反対に, 小さな地名から大きな地名へと書く. (3) 相手の氏名. (4) 相手の住所. (5) 米国は州の略語《☞ America 表》. (6) 郵便番号《☞ zip code》.

2 【電算】(ウェブサイト・Eメールなどの)アドレス: What's your (e-mail) ~? 君の(メール)アドレスは何ですか. **of nó fixed áddress** 形 【法】住所不定の.

＊ad·dress[2] /ədrés/ 動 (-dress·es /-ɪz/; -dressed /-t/; -dress·ing) 他 **1** 〈...〉にあて名を書く; 〈...にあてて〉郵便物を出す: I ~*ed* the envelopes *for* the invitations. 私は招待状の封筒のあて名書きをしました / The letter *was* wrongly ~*ed to* our old home. <V+O+*to*+名・代の受身> 手紙は誤って古い住所に出された. **2** 【電算】〈情報〉を(記憶・検索のため)アドレス指定する.

＊ad·dress[3] /ədrés/ 動 (-dress·es /-ɪz/; -dressed /-t/; -dress·ing) 他 **1** 〈聴衆〉に話をする; 《格式》〈人〉に話しかける: He ~*ed* the audience in a soft voice. 彼は聴衆に静かな口調で話しかけました / ~ the meeting [conference] 集会[会議]で演説する. **2** 〈人〉を(...の)肩書きで呼ぶ (*by*): They ~*ed* me as "Doctor." 彼らは私を「博士」という肩書きで呼んだ. **3** 《格式》〈ことばなど〉を向ける, (口頭・書面で)申し入れる: They ~*ed* their complaints to the mayor. 彼らは市長に苦情を持ち込んだ. **4** 《格式》〈問題など〉に取り組む: The government must ~ the problem of unemployment. 政府は失業問題に取り組まねばならない. **5** 【ゴルフ】〈球〉にねらいをつける[アドレスする]. **addréss oneself to ...** 動 他 《格式》〈問題など〉に取り組む.

—名 C **1** 演説, 講演《☞ speech 類義語》; あいさつのことば: !an opening [a closing] ~ 開会[閉会]の辞 / give [deliver] a welcoming ~ 歓迎のことばを述べる. **2** 《格式》(文面・口頭での)あいさつの文句, 呼びかけ方, 敬称.

a fórm [móde, stýle, térm] of addréss

address book 名 C **1** 住所録, アドレス帳. **2** 【電算】(Eメール用の)アドレス帳.

ad·dress·ee /ædresí:/ 名 C 《格式》受取人.

ad·duce /ədjú:s | ədjú:s/ 動 他 《格式》〈...〉を例[証拠]として挙げる (*for*).

ad·duct /ədʌkt/ 動 【生理】〈...〉を内転させる.

ad·duc·tor /ədʌktə | -tə/ 名 C 【解】内転筋.

-ade /eɪd/ 接尾 [可算名詞につけて飲料を表わすか不可算名詞をつくる名詞語尾]「果物から作られた甘い飲料」の意: orange*ade* オレンジエード.

Ad·e·laide /ǽdəlèɪd/ 名 固 アデレード《オーストラリア南部の都市》.

ad·e·nine /ǽdəniːn/ 名 U 【生化】アデニン《核酸の構成成分; 記号 A》.

ad·e·noi·dal /ædənɔ́ɪdl←/ 形 A アデノイド症状(特有)の; (声が)鼻にかかった.

ad·e·noids /ǽdənɔ̀ɪdz/ 名 [複] アデノイド, 腺(せん)様増殖(症)《鼻・咽頭のリンパ組織肥大》.

a·den·o·sine tri·phos·phate /ədénəsì:ntràıfásfert | -fɔ́s-/ 名 ⓊⒼ生化『アデノシン三燐酸《生物のエネルギー伝達体; 略 ATP》.

a·dept[1] /ədépt, ǽdept/ 形 (…に)熟達した, 精通した, (…に)上手である (at, in). **～·ly** 副 上手に.

ad·ept[2] /ǽdept/ 名 Ⓒ 達人, 名人, 熟達者 (expert).

ad·e·qua·cy /ǽdɪkwəsi/ 名 Ⓤ ádequate; 反 inadequacy) Ⓤ 適切さ, 適性; 十分 (for).

***ad·e·quate** /ǽdɪkwət/ 形 (名 ádequacy; 反 inadequate) **1** (ある目的のために)十分な: ～ supplies of food 十分な食糧の供給 / His salary was not ～ to support his family. ＜A+to 不定詞＞ 彼の給料は一家を支えるには十分ではなかった / The money is barely ～ for a family of four. ＜A+for+名·代＞ その金で4人家族がかろうじてやっていける.
2 適した, 適任の: He is ～ to [for] the task. ＜A+to [for]+名·代＞ 彼はその任にふさわしい. **3** まずまずの, やっと満足できる. **～·ly** 副 十分に; 適切に.

ADHD /éɪdìːeɪtʃdíː/ 略 =attention deficit hyperactivity disorder 注意欠陥多動性障害.

***ad·here** /ædhíər, əd-/ 自 (格式) **1** (規則などを)守る, (意見などに)固執する; (考えなどに)忠実である, 信奉する: He ～s stubbornly to his earlier testimony. 彼は頑として前の証言を変えない. **2** くっつく, 粘着する (stick): Mud ～d to his shoes. 泥が彼の靴にこびりついた.

***ad·her·ence** /ædhíərəns, əd-/ 名 Ⓤ (格式) (規則などの)遵守, 忠実; 信奉; 執着, 固執 (to).

ad·her·ent /ædhíərənt, əd-/ 名 (格式) 支持者; 信奉者.

ad·he·sion /ædhíːʒən, əd-/ 名 **1** Ⓤ 付着, 粘着(力) (to). **2** 医 Ⓤ 癒着(ゆちゃく); Ⓒ (癒着した)折出繊維素. **3** Ⓤ (格式) (主義などの)堅持, 支持 (to).

***ad·he·sive** /ædhíːsɪv, əd-/ 名 ⒸⓊ 接着剤. ━ 形 Ⓐ 粘着性の.

adhésive tàpe 名 Ⓤ,Ⓒ 接着テープ; ばんそうこう.

***ad hoc** /ǽdhɑ́k | -hɔ́k/《ラテン語から》形 [普通は Ⓐ] 特定の目的のための, その場限りの: an ～ committee 特別委員会 / on an ～ basis その場その場で, 臨機応変に. ━ 副 その場限りで; 臨機応変に.

ad·i·a·bat·ic /ædiəbǽtɪk⁻/ 形 断熱的な; 熱の出入りなしに起こる. ～ 断熱曲線.

A·di·das /ədíːdɑs, ɑ́ːdə- | ǽdɪdəs, ədíːdəs/ 名 Ⓤ アディダス《スポーツウェアメーカー》; Ⓒ その商品《商標》.

a·dieu /ədjúː | ədjúː/《フランス語から》間 さようなら. ━ 名 (複 ～s, a·dieux /ədjúːz | ədjúːz/) Ⓒ 別れ: bid ... ～ …に別れを告げる.

ad in·fi·ni·tum /ædìnfənáɪtəm/《ラテン語から》副 無限に.

a·di·os /àːdiːóus | ǽdiòs/《スペイン語から》間 さようなら.

ad·i·pose /ǽdəpòus/ 形 Ⓐ (動物性)脂肪の.

Ad·i·ron·dack Móuntains /ædərɑ̀ndæk- | -rɔ̀n-/ 名 [複] [the ～] アディロンダック山脈《米国 New York 州北東部の山脈》.

Ad·i·ron·dacks /ædərɑ́ndæks | -rɔ́n-/ 名 [複] [the ～] =Adirondack Mountains.

adj. 略 =adjective, adjustment, adjutant.

ad·ja·cen·cy /ədʒéɪsnsi/ 名 Ⓤ 隣接.

***ad·ja·cent** /ədʒéɪsnt/ 形 (格式) 隣接した, 近隣の: ～ angles 幾 隣接角 / Her room is ～ to yours. 彼女の部屋は君の隣です.

ad·jec·ti·val /ædʒɪktáɪv(ə)l⁻/ 形 (名 ádjective) 文法 形容詞の, 形容詞の働きをする, 形容詞的な. ━ 名 Ⓒ 文法 形容詞類.

文法 **形容詞類**
本来の形容詞だけでなく, それ以外の語·句·節で形容詞の働きをするものの総称. 本来の形容詞以外のものは形容詞相当語句と呼ぶこともある: a straw hat 麦わら帽子[名詞] / a sleeping child 眠っている子供[現在分詞] / stolen goods 盗品[過去分詞] / a high school student 高校生[合成語] / a friend of mine 私の友人[句] / the man standing in front of the gate 門の前に立っている人[現在分詞の句] / Please give me something to eat. 何か食べ物をください[to 不定詞] / That is the hotel (that) I told you about. あれがお話ししたホテルです[節].

-val·ly /-vəli/ 副 形容詞的に.

***ad·jec·tive** /ǽdʒɪktɪv/ 名 (形 ádjectival) Ⓒ 文法 形容詞 (略 a., adj.; ☞ jet¹《単語の記憶》); an equivalent 形容詞相当語句 (☞ adjectival 文法). 語源 ラテン語で「(名詞に)投げ添えられたもの」の意.

文法 **形容詞**
8品詞の1つで, 語形からいえばその大部分が -er, -est, または more, most をつけて比較級·最上級をつくる語をいい, 働きからいえば主として名詞を修飾する語をいう: a beautiful princess in a fine old castle ある立派な古いお城の美しいお姫さま / Tokyo is larger than New York. 東京はニューヨークより大きい / He was the most eloquent orator in the country. 彼がその国で最も雄弁な弁士だった.
形容詞には限定用法 (attributive use) と述語用法 (predicative use) とがあり, 語順についてはそれぞれの項目を参照. この辞書では限定用法にだけ使われるときは Ⓐ, 述語用法にだけ使われるときは Ⓟ と示す.
参考 この辞書の形容詞型の指示では形容詞は A で表される《☞ 形容詞型解説(巻末)》.

ádjective cláuse 名 Ⓒ 文法 形容詞節.

文法 **形容詞節**
文中で形容詞に相当する働きをする節をいう. 言い換えれば名詞·代名詞を修飾する従属節のことで, 形容詞的修飾語句の1つ. 関係代名詞や関係副詞などの関係詞に導かれるのが普通である (ただし ☞ contact clause): This is the picture which I took in Paris. これが私がパリでとった写真です / I know the girl who brought this box. 私はこの箱を持ってきた少女を知っている / Is there anything that I can do for you? 何か私にお手伝いできることがありますか[以上関係代名詞に導かれる] / This is the house where I was born. これが私の生まれた家です / The day will come when there will be no war on earth. 地上に戦争のない日がくるだろう[以上関係副詞に導かれる].

ádjective infínitive 名 Ⓒ 文法 形容詞的不定詞《形容詞の働きをする to 不定詞; ☞ to³ C》.

ádjective phráse 名 Ⓒ 文法 形容詞句.

文法 **形容詞句**
形容詞の働きをする句をいう. (1) 名詞·代名詞の後に置かれて, 直接にそれらを修飾する場合と, (2) 動詞の補語になって, 間接に文の主語または動詞の目的語を修飾する場合とがある.
(1) Miss Long is a teacher of English. ロング先生は英語の先生です / Can you see the picture on the wall? 壁にかかっている絵が見えますか[以上前置詞句] / I have something to tell you. ちょっとお話があります[不定詞句] // Do you know the man standing in front of the gate? 門の前に立っている人を知っていますか / She was an orphan brought up in a home. 彼女は施設で育てられた孤児だった[以上分詞句].
(2) The book is of no use. その本は役に立たない[主

格補語] / Try to keep your room *in order*. 部屋を整頓しておくようにしなさい[目的格補語].

†**ad·join** /ədʒɔ́ɪn/ 動 《格式》他 ⟨…⟩に隣接する: Canada ~s the United States. カナダは米国と国境を接している. ─ 自 隣り合っている.

ad·join·ing /ədʒɔ́ɪnɪŋ/ 形 A 隣接している, 隣の.

†**ad·journ** /ədʒə́ːn/ 動 《格式》他 1 《普通は受身で》⟨会議など⟩を延期する, 休会する (☞ journey 単語の記憶): The meeting *was* ~ed until the following week. 会は翌週まで延期となった. ─ 自 1 休会[散会]する, 延期となる: The committee ~ed for the summer. 委員会は夏休みをとった. 2 《格式》または《滑稽》⟨会合などの⟩場所を(…へ)移す: Let's ~ *to* the living room for tea. 居間へ席を移しお茶を飲もう.

ad·journ·ment /ədʒə́ːnmənt/ | ədʒə́ːn-/ 名 C,U 延期, 休会(期間).

ad·judge /ədʒʌ́dʒ/ 動 [普通は受身で]《格式》⟨人・物事⟩を(…と)判決する, 判定する; ⟨…⟩と宣告する: He *was* ~d guilty. 彼は有罪の判決を受けた.

ad·ju·di·cate /ədʒúːdɪkèɪt/ 動 他 ⟨事件・紛争など⟩を裁決[裁定]する; ⟨…⟩を(ーと)宣告する. ─ 自 (コンクールなどの)審査員を務める; 裁定する (*between, in, on, upon*).

ad·ju·di·ca·tion /ədʒùːdɪkéɪʃən/ 名 U,C 《格式》裁決, 裁定.

ad·ju·di·ca·tor /ədʒúːdɪkèɪtə | -tə/ 名 C 裁定者; (コンテストの)審査員.

ad·junct /ædʒʌŋ(k)t/ 名 C 1 《格式》付加物, 付属物 (*to, of*). 2 《文法》付加詞, 修飾語句. ─ 形 付属の; 《米》(医師などの)臨時雇いの.

ad·jure /ədʒúə | ədʒʊ́ə/ 動 (ad·jur·ing /ədʒú(ə)rɪŋ/) 他 《格式》⟨人⟩に厳命[懇願]する.

***ad·just** /ədʒʌ́st/ 動 (ad·justs /ədʒʌ́sts/; -just·ed /-ɪd/; -just·ing) 他 1 ⟨物⟩を調節[調整]する; ⟨…⟩を(ーに)適合させる (*fit*): He ~ed his tie before he went in. 入る前に彼はネクタイをちょっとなおした / He ~ed the telescope *to* his sight. <V+O+*to*+名·代> 彼は望遠鏡の焦点を目にあわせた / It took a while for his eyes to get ~ed *to* the gloom. 彼の目が暗さになれるのに少しかかった. 2 ⟨考え·計画など⟩を(部分的に)調整する, 修正する: You must ~ your approach *to* the problem. あなたはその問題への取り組み方を変える必要がある. 3 ⟨保険金額⟩を調整して決める. ─ 自 (新しい環境に)順応する: He soon ~ed *to* his new surroundings. <V+*to*+名·代> 彼はまもなく新しい環境に順応した.

adjúst oneself to ... 動 他 (環境など)に順応する.

†**ad·just·a·ble** /ədʒʌ́stəbl/ 形 (反 fixed) 調節[調整]できる, かげんできる.

adjústable spánner 名 C 《英》自在スパナ (monkey wrench).

adjústable wrénch 名 C 《米》自在スパナ.

ad·just·er /ədʒʌ́stə | -stə/ 名 C 1 《保》損害査定人 (loss adjuster). 2 調節装置.

***ad·just·ment** /ədʒʌ́s(t)mənt/ 名 (-just·ments /-mənts/; 動 adjúst) C,U 1 調節, 調整, 精算 (略 adj.): *make* slight [minor] ~s *to* a microscope 顕微鏡の微調整をする / a fare ~ 運賃の精算. 2 (考え方などの)修正, 変更; 適応, 順応.

ad·ju·tant /ædʒʊtənt, -tnt/ 名 C 《軍》(部隊付きの)副官 (adj.).

ad lib /ǽdlíb/ 副 1 アドリブで, ぶっつけ本番で, 即興的に. 2 無制限に, 自由に.

ad-lib /ǽdlíb/ 動 (ad-libs; ad-libbed; -lib·bing) 他 ⟨せりふ·音符など⟩をアドリブで入れる, 即興的に演じる. ─ 自 アドリブで言う[演奏する]. ─ C 即興の演奏[せりふ], アドリブ. ─ 形 /ædlíb←/ A 即興の.

Adm. = admiral.

ad·man /ǽdmæn/ 名 (-men /-mèn/) C 《略式》広告業者; 広告係.

ad·min /ǽdmɪn/ 名 U 《略式, 主に英》= administration 2.

***ad·min·is·ter** /ədmínɪstə | -tə/ 動 (-is·ters /~z/; -is·tered /~d/; -ter·ing /-tərɪŋ, -trɪŋ/; 名 administrátion, 形 administrátive) 他 1 ⟨会社など⟩を管理する, 運営する; ⟨国など⟩を治める: The U.N. ~ed the country until the elections. 選挙まで国連がその国を統治した. 2 《格式》⟨法律など⟩を執行する, 実施する; ⟨儀式など⟩を執り行なう; ⟨罰など⟩を科する; ⟨人に⟩宣誓をさせる: ~ justice 裁判を行なう / ~ baptism 洗礼を執り行なう / The judge ~ed the oath *to* the witness. 裁判官は証人に宣誓をさせた. 3 《格式》⟨手当て⟩を施す, ⟨薬⟩を投与する; ⟨打撃など⟩を与える (*to*). 語源 ラテン語で「仕える」の意; ☞ minister 囲み.

ad·min·is·trate /ədmínɪstrèɪt/ 動 = administer.

***ad·min·is·tra·tion** /ədmìnəstréɪʃən/ 名 (~s /~z/; 動 adminíster) 1 C [しばしば the A-] 《主に米》政府 (government); (政治家の)任期: the present ~ 現政府 / the Bush A— ブッシュ政権.

2 U 管理, 運営, 経営; [the ~] 管理者側, 経営陣 (management): the ~ *of* a library 図書館の運営 / a person with experience in ~ 経営の経験のある人 / the university ~ 大学の事務, 大学当局.

3 U 行政, 施政; [the ~] 行政機関, 行政当局.

4 U 《格式》(法律·儀式などの)執行, 実施; (薬の)投与.

***ad·min·is·tra·tive** /ədmínəstrèɪṭɪv, -strə-/ 形 (動 adminíster) 1 管理の, 経営の: ~ responsibilities 管理責任.

2 行政(上)の: ~ reforms 行政改革. 関連 executive 行政の / judicial 司法の / legislative 立法の. **~·ly** 副 管理上; 行政上.

admínistrative assístant 名 C 管理補佐(役員を補佐する管理·運営担当者).

***ad·min·is·tra·tor** /ədmínəstrèɪtə | -tə/ 名 (~s /~z/) C 1 管理者, 理事, 経営者; 行政官. 2 管理能力のある人.

***ad·mi·ra·ble** /ǽdm(ə)rəbl/ 形 称賛に値する, 見事な, 立派な: He did an ~ job. 彼は立派な仕事をした. **-ra·bly** /-rəbli/ 副 見事に.

***ad·mi·ral** /ǽdm(ə)rəl/ 名 (~s /~z/) C 海軍大将 (略 Adm.). (海軍の)司令官, 提督; 海軍将官. 参考 将官は次の4つを含む: 《米》a fleet ~ = 《英》an ~ of the fleet 海軍元帥 / an ~ 海軍大将 / a vice ~ 海軍中将 / a rear ~ 海軍少将. 関連 general 陸軍大将. 語源 アラビア語で「(海の)支配者」の意.

Ád·mi·ral's Cúp /ǽdm(ə)rəlz-/ 名 固 [the ~] アドミラルズカップ (英仏海峡で2年ごとに開催されるヨットレース).

Ad·mi·ral·ty /ǽdm(ə)rəlti/ 名 [the ~; 単数または複数扱い] 《英》(旧)海軍本部, 海軍省 (1964年より Admiralty Board となる).

Ádmiralty Bòard 名 [the ~; 単数または複数扱い]《英》海軍局 (海軍を司る国防省の部局).

***ad·mi·ra·tion** /ædməréɪʃən/ 名 (動 admíre) 1 U 感嘆, 称賛: They looked at the new building *in* [*with*] ~. 彼らはその新しい建物を感心して見た / We had [felt] great ~ *for* his ability. 私たちは彼の手腕に大いに感心した / We stood silent *in* ~ *of* the beautiful scenery. 私たちは美しい景色に見とれ無言で立っていた. 2 [the ~] 称賛の的: Mike is the ~ *of* his friends. マイクは友達のあこがれの的だ.

***ad·mire** /ədmáɪə | -máɪə/ 動 (ad·mires /~z/;

ad·mired /~d/; **ad·mir·ing** /-máɪ(ə)rɪŋ/; [名] àd-mirátion) [他] **1** 〈…〉に**感嘆する**，〈…〉を称賛する，〈…〉に感心する，敬服する: [言い換え] Everybody ~*d* his courage greatly. =Everybody **~*d*** him greatly ***for*** his courage. <V+O+*for*+名・代> だれもが彼の勇気にひどく感心した. **2** 〈…〉を感心して眺める，〈…〉に見とれる: I ~*d* the beautiful landscape for a while. 私はしばしの間美しい景色に見とれた. [語源] ラテン語で「…に驚く」の意. miracle, mirror と同語源.

+**ad·mir·er** /ədmáɪ(ə)rə | -rə/ [名] [C] 称賛者; (特に女性に対する男性の)崇拝者，ファン: an ~ *of* Beethoven's symphonies ベートーベンの交響曲のファン.

ad·mir·ing /ədmáɪ(ə)rɪŋ/ [形] [A] (表情などが)感嘆[感心]する，うっとりした: She gave him an ~ look. 彼女はうっとりした顔で彼を見た. **~·ly** [副] 感嘆して.

ad·mis·si·bil·i·ty /ədmìsəbíləṭi/ [名] [U] 《格式》許容[容認]できること.

ad·mis·si·ble /ədmísəbl/ [形] ([動] admít; [反] inadmissible) 《格式》(行為などが)容認できる，受け入れられる; 〘法〙(証拠が)認められる. **-si·bly** /-səbli/ [副] 許される程度に.

*__ad·mis·sion__ /ədmíʃən/ [T3] [名] (~**s** /~z/; [動] admít) **1** [U,C] **入るのを許すこと，入るのが許されること** (*into*); 入場，入会，入学; [複数形で] 入場[入会，入学，入院]者数: He applied for ~ ***to*** the school [society]. 彼は入学[入会]を申し込んだ / A~ is by ticket only. 切符のない方は入場できません / You cannot ***gain*** ~ ***to*** this club. 君はこのクラブには入れない / hospital ~*s* 入院者数 / the school's ~*s* policy その学校の入学者選抜方針 / ~*s* office (大学の)入学選考局，入試係 《AO 入試はこの略より》.
2 [U] **入場料，入会金**: ADMISSION FREE 入場無料 《掲示》/ ***A~ to*** the museum is $2. この美術館の入場料は 2 ドルです.
3 [C,U] **認めること，承認，是認; 告白**: His silence is an ~ ***of*** guilt. 彼が黙っているのは罪を認めたということだ / He made an **~ *that*** he had done wrong. <N+*that* 節> 彼は悪いことをしたと告白した.
by [on] …'s ówn admíssion [副] [文修飾語] …が自分でも認めているように.

admíssion fèe [名] [C] 入場料; 入会[入学]金 (*to*).

ad·mit /ədmít/ [動] (**ad·mits** /-míts/; **-mit·ted** /-ṭɪd/; **-mit·ting** /-ṭɪŋ/; [名] admíssion, 2 ではまた admíttance, [形] admíssible) [他]

「受け入れを認める」→「(場所に)入れる」**2** / →「認める」**1**

1 〈事実〉を**認める**，〈…である[した]こと〉を**認める**; 白状する 《☞ acknowledge 類義語，permit¹ [単語の記憶]》: He (openly [freely]) ***admitted*** his mistakes ***to*** us. <V+O+*to*+名・代> 彼は私たちに(率直に)自分の誤りを認めた / [言い換え] Agatha ***admitted*** (***that***) she had told a lie. <V+O((*that*) 節)> =Agatha ***admitted*** tell***ing*** [hav***ing*** told] a lie. <V+O (動名)> 《☞ -ing² [文法] (2) (iii)》 アガサはうそをついたことを認めた / ***I must*** ~ I don't really like sports. Ⓢ 実は私はスポーツは好きじゃないんですよ / The report *is* now ***admitted to*** have been wrong. <V+O+C (*to* 不定詞)の受身> その報告は誤りであったと今では認められている.
2 (場所などに)〈…〉を**入れる**，通す，〈人〉に(…への)入場[入会，入学，入院]を認める (*into*): This ticket ~*s* two persons. この切符で 2 名入場できる / Fifteen foreign students *were* ***admitted to*** the school. <V+O+*to*+名・代の受身> 15 名の留学生がその学校に入学を許された.
3 《格式》〈…〉を収容できる[する]: This theater ~*s* only 300 people. この劇場は 300 人しか収容できない. **4** 《格式》=admit of … 《☞ 成句》.

admít of … [動] [他] 《格式》(物事が)…の余地がある，…を許す: His conduct ~*s of* no excuse. 彼の行動には弁解の余地がない. **admít to …** [動] [他] …を認める，白状する: The suspect *admitted to* (commit*ting*) the crime. 容疑者は犯罪を認めた.

ad·mit·tance /ədmíṭəns, -tns/ [名] ([動] admít 2) [U] 《格式》入場; 入場許可 (*to, into*): NO ADMITTANCE 立入禁止 《掲示》.

ad·mit·ted /ədmíṭɪd/ [形] [A] 公認の; 自分で認めている: an ~ thief 自ら泥棒を認めた者.

+**ad·mít·ted·ly** [副] [文修飾語] 一般に認められている[自分で認めている]ように; 確かに，疑いもなく，明白に: A~, the report was false. =The report was ~ false. その報道が誤りであったことは疑いない.

ad·mix·ture /ædmíkstʃə | -tʃə/ [名] [C] [普通は単数形で] 《格式》混合(したもの)，添加物 (*of*).

ad·mon·ish /ədmánɪʃ, æd- | -mɔ́n-/ [動] [他] 《格式》〈人〉を(厳しく)戒(いまし)める，諭(さと)す，〈…〉に注意する 《☞ monitor [語源]》: The teacher ~*ed* his pupils *for* carelessness [be*ing* careless]. 先生は生徒たちに不注意を諭した / [言い換え] I ~*ed* the students *not to be* late. =I ~*ed* the students *against* be*ing* late. 私は生徒たちに遅れないように注意した.

ad·mon·ish·ment /ədmánɪʃmənt, æd- | -mɔ́n-/ [名] [C,U] 《格式》=admonition.

ad·mo·ni·tion /æ̀dməníʃən/ [名] [C,U] 《格式》戒(いまし)め，訓戒，注意.

ad·mon·i·to·ry /ədmánətɔ̀:ri, æd- | -mɔ́nɪtəri, -tri/ [形] 《格式》諭(さと)す(ような); 戒めの.

ad nau·se·am /ædnɔ́:ziəm, -ziæ̀m/ 《ラテン語から》 [副] いやになるほど，うんざりするほど.

a·do /ədú:/ [名] [U] (くだらない)騒ぎ; (無駄な)骨折り: much ~ about nothing 空(から)騒ぎ. **withòut fúrther [mórе] adó** [副] ぐずぐずしないで，ただちに.

a·do·be /ədóʊbi/ [名] **1** [U] アドーベ，日干しれんが(用の粘土); [形容詞的に] 日干しれんが造りの. **2** [C] 日干しれんが造りの家 《米国南西部および中南米に多い》.

+**ad·o·les·cence** /æ̀dəlés(ə)ns/ [名] [[U] または an ~] 青春期，未成年期，思春期 《12–18 歳くらい》.

*__ad·o·les·cent__ /æ̀dəlés(ə)nt←/ [形] **1 青春期(特有)の**，思春期の: ~ problems 青春期の諸問題. **2** [軽蔑] (大人のくせに)子供じみた，未熟な.
— [名] (**-les·cents** /-s(ə)nts/) [C] **1 青春期の男[女]** 《主に teenager》. **2** [軽蔑] 子供じみた大人.

A·don·is /ədánɪs, ədóʊ- | ədóʊ-/ [名] **1** [固] 〘ギ神〙アドニス 《女神 Aphrodite に愛された美少年》. **2** [C] 美青年.

a·dopt /ədápt | ədɔ́pt/ ([類音] adapt) [T1] [動] (**a·dopts** /ədápts | ədɔ́pts/; **a·dopt·ed** /-ɪd/; **a·dopt·ing**; [名] adóption, [形] adóptive) [他] **1** 〈計画・方針・意見・特定のことばづかいなど〉を**採用する**，(自分のものとして)取り入れる，〈移住先の国〉を選ぶ; 〈議案など〉を採択する，承認する: We will ~ your method at our school. 我々の学校ではあなたの方法を採用します / ~ a hard-line policy 強硬路線の政策を取る.
2 〈…〉を**養子[養女]にする**: They ~*ed* the little girl. 彼らはその幼女を養子にした 《☞ foster》. **3** 〈姿勢・態度・ポーズ〉をとる: ~ a firm attitude 厳しい態度をとる. **4** 《英》〈…〉を(候補者として)指名する，選ぶ (*as*). **5** 〈…〉を支援する. **—** [自] 養子をとる.

a·dopt·ed /ədáptɪd | ədɔ́pt-/ [形] **1** 養子[養女]になった: an ~ child 養子. **2** 採用された; (自分のものとして)選んだ: one's ~ country 第二の祖国.

a·dopt·ee /ədɑ̀ptí: | ədɔ̀p-/ [名] [C] 養子，養女.

a·dop·tion /ədápʃən | ədɔ́p-/ [名] ([動] adópt) **1** [C,U] 養子縁組. **2** [U] 採用，採択，取り入れること

adoption agency 24

(of). **3** ⓊⒺ(候補者の)指名.

adóption àgency 图C 養子縁組斡旋(*あっせん*)所.

a·dop·tive /ədáptɪv | ədɔ́p-/ 形 (adópt) A 養子関係の: an ~ mother 養母.

†**a·dor·a·ble** /ədɔ́ːrəbl/ 形 (adóre) **1** 〈子供・動物などが〉ほれぼれするような, 愛くるしい (charming), かわいらしい: What an ~ baby! なんてかわいい赤ちゃんなの. 語法 女性が多く使う. **2** 崇拝[敬愛]に値する.

ad·o·ra·tion /ædəréɪʃən/ 图Ⓤ (adóre) **1** 敬愛, 熱愛;《文》(神への)崇拝: a look of ~ 敬慕のまなざし.

*****a·dore** /ədɔ́ː/ 動 (**a·dor·ing** /ədɔ́ːrɪŋ/; **a·dor·ed, ed** /ədɔ́ːd/) 他 (進行形なし) **1** 〈…〉をしたう, 敬愛する; 熱愛する: The students really [simply] ~ Miss White! 生徒たちはホワイト先生を本当にしたっているんです. **2**《略式》〈…〉が大好きである: My mother just [simply] ~s (playing) tennis. 母はテニス(をするの)が大好きです. **3**〈神〉を崇拝する, あがめる.

†**a·dor·ing** /ədɔ́ːrɪŋ/ 形 A あこがれている, 敬愛している: an ~ smile 愛情のこもった笑顔. ~**·ly** 副 あこがれて, 敬愛して.

†**a·dorn** /ədɔ́ːn | ədɔ́ːn/ 他 (格式) 〈…〉を(-で)飾る, 装飾する (☞ decorate 類義語); 〈…〉を引き立たせる: Betty's hair *was* ~*ed with* violets. ベティーの髪はすみれの花で飾られていた / She ~*ed herself with* a pearl necklace. 彼女は真珠のネックレスで身を飾った.

a·dorn·ment /ədɔ́ːnmənt | ədɔ́ːn-/ 图 (格式) 装飾(品); Ⓤ 飾ること.

ADP /éɪdìː-píː/ 略 [電算] = automatic data processing 自動データ処理.

ad·re·nal /ədríːn(ə)l/ 形 腎臓(*じん*)付近の; 副腎(*ふく*).

adrénal glànd 图C [解] 副腎(*ふく*).

A·dren·a·lin /ədrénəlɪn/ 图《主に米》アドレナリン剤《商標》.

†**a·dren·a·lin(e)** /ədrénəlɪn/ 图 Ⓤ 〔生化〕アドレナリン《副腎から分泌されるホルモン》. **2** [the ~ または所有格の後で] 興奮させるもの: The sight got *her* ~ going [flowing]. その光景を見て彼女は興奮した.

A·dri·at·ic Séa /éɪdriǽtɪk-/ 图 [the ~] アドリア海《イタリアとバルカン半島との間の海域》.

†**a·drift** /ədríft/ 形 副 P **1**〈船などが〉漂って. **2**(人)がよるべのなくさまよって;《人生の》目標のない. **3**《略式》〈器具などが〉はずれて; 調子が狂って. **4**《英》《主にスポーツ》(…)にリードされて (*of*). **cást ... adríft** = set [turn] ... adrift. **còme adríft** 動 《英》はずれる, 取れる (*from*). **gò adríft** 動 《自》漂流する;《略式》〈計画など〉が予定通りいかなくなる. **sét ... adríft** 動 〈…〉を漂流させる. **túrn ... adríft** 動 他〈…〉を家から追い出す;〈…〉を路頭に迷わす.

a·droit /ədrɔ́ɪt/ 形 (反 maladroit) 巧みな, 器用な; 機敏な; 気のきいた (*at*). ~**·ly** 副 巧みに; 機敏に. ~**·ness** 图 Ⓤ 巧みさ, 器用さ.

ADSL /éɪdìː-èsél/ 略 = asymmetric digital subscriber line 非対称デジタル加入者回線《高速のデータ通信技術》.

ADT /éɪdìː-tíː/ 略 = Atlantic Daylight Time 大西洋夏時間.

a·du·ki bèan /ədúːki-/ 图 = adzuki bean.

ad·u·late /ǽdʒʊlèɪt/ 動 他 〈…〉にへつらう.

ad·u·la·tion /ædʒʊléɪʃən/ 图 Ⓤ お世辞, 追従(*ついしょう*)《flattery よりもさらに度の過ぎたもの》.

ad·u·la·to·ry /ǽdʒʊlətɔ̀ːri | ædʒʊléɪt(ə)ri, -tri←/ 形 お世辞の, 追従(*ついしょう*)的な.

*****a·dult** /ədʌ́lt, ǽdʌlt/ 图 (**a·dults** /ədʌ́lts, ǽdʌlts/) Ⓒ **1** 成人, 大人《反 child》: A~s are not wiser than children; they are simply more cunning. 大人は子供より賢いとはかぎらないのだ / ADULTS ONLY 成人向き《未成年者お断り》《掲示》. **2** 成長した動物, 成獣.
— 形 **1** [A] 成人の, 大人の《18歳ないし21歳以上》;〈動植物が〉成長した;〈知的・精神的に〉成熟した; 成人らしい態度の (*about*): an ~ man [woman] 成人男子[女子]. **2** A 大人向き; 成人向けの: ~ movies 成人向け映画. **3**〔法〕成年者の.

adúlt bóokstore 图 C《米》《婉曲》ポルノ雑誌・写真などを売るポルノショップ(《英》sex shop).

adúlt educátion 图 Ⓤ 成人教育.

a·dul·ter·ant /ədʌ́ltərənt, -trənt/ 图 C 混ぜ物《牛乳に混ぜた水など》. — 形 混ぜ物の.

a·dul·ter·ate /ədʌ́ltərèɪt/ 動 他〈食べ物など〉に〈…〉の品質を落とす (*with*).

a·dul·ter·a·tion /ədʌ̀ltəréɪʃən/ 图 Ⓤ 混ぜ物をすること.

a·dul·ter·er /ədʌ́ltərə, -trə | -tərə, -trə/ 图 C 《古風》姦通(*かんつう*)者, 姦夫(婦)《*かん*》.

a·dul·ter·ess /ədʌ́ltərəs, -trəs/ 图 C 《古風》女性の姦通者.

a·dul·ter·ous /ədʌ́ltərəs, -trəs/ 形 [普通は A] 不倫の, 姦通の.

*****a·dul·ter·y** /ədʌ́ltəri, -tri/ 图 (**-ter·ies**) ⓊⒸ 不倫, 不貞, 姦通: commit ~ 不倫をする.

†**adúlt·hòod** 图 Ⓤ 成年期; 成人であること.

adúlt protéctive sérvices 图 [複] [時に Ⓤ]《米》老人保護局《老人虐待を防ぐための公的機関》.

ad·um·brate /ǽdəmbrèɪt/ 動 他 (格式) **1**〈…〉を漠然と示す;〈…〉の輪郭を示す. **2**〈事〉を予示する.

ad·um·bra·tion /ædəmbréɪʃən/ 图 ⓊⒸ (格式) 漠然と示すこと; 予示, 前兆 (*of*).

adv. 略 = adverb.

*****ad·vance** /ədvǽns | -váːns/ 動 图 (**ad·vanc·es** /-ɪz/) **1** ⓊⒸ 進歩, 上達; 向上: (an) ~ *in* medicine 医学の進歩 / 言い換え Japanese industry has made great ~s since the war. (= Japanese industry has advanced greatly since the war.) 日本の産業は戦後大きな進歩を遂げた. **2** C [普通は単数形で] 前進, 進むこと, 進行 (progress): Stop the ~ of the enemy! 敵の前進を止めよ / We made an ~ *against* [*into*, *toward*, *on*] the enemy. 我々は敵に向かって前進した. **3** C [普通は an ~] 前払い(金), 前金; 貸付金: an ~ *on* [*against*] one's royalties 印税の前払い / ask for an ~ on one's salary 給料の前借りを頼む. **4** C (価格などの)上昇 (*in*): Any ~ *on* \$200? 200ドル以上出す人はいませんか《競売人のことば》. **5** [複数形で] 〈異性に対する〉くどき方: make ~s *to* a woman 女性に言い寄る.

in advánce 熟 [副] (1)《時間的にある事に》先立って, …前に: She arrived an hour *in* ~. 彼女は1時間前に到着した. (2) 前もって, あらかじめ: Is it possible to forecast the weather a month *in* ~? 1か月前に天気を予報することは可能か. (3) 前金で, 立て替えて: pay *in* ~ 前払いする.

in advánce of ... 熟 [前] (1) ...に先立って, ...より前に: They departed ten days *in* ~ *of* our party. 彼らは我々の一行より10日前に出発した. (2) ...よりも進んで: Is Japan *in* ~ *of* the other Asian countries? 日本はアジアの他の国々より進歩しているか.

— 動 (**ad·vanc·es** /-ɪz/; **ad·vanced** /-t/; **ad·vanc·ing**; 图 **advánce·ment**)

自 他 の転換

自 **1** 進む (to move forward)
他 **6** 進める (to make (something) move forward)

— *自* **1**〈ある目標へ向かって〉進む, 前進する《反 retreat》: The troops ~*d* twenty miles *across* [*through*, *over*] frozen fields. 軍隊は凍った原野を20

マイル前進した / We ~*d to* the finals. <V+*to*+名・代> 我々は決勝戦に進出した / The enemy ~*d against* [*to, toward, on*] us. <V+前+名・代> 敵は我々に向かって進んできた.
2 〈知識・技術などが〉**進歩する, 向上する**;〈時間・日時が〉進行する;〈仕事・計画などが〉進む, はかどる: Our plans are *advancing* well. <V+副> 我々の計画は順調に進んでいる. **3** 〈先の段階へ〉進む; 昇進する, 出世する: He wants to ~ *in* the world. 彼は出世を望んでいる. **4** 〈値段が〉上がる;〈物価が〉高くなる, 上がる.
— 他 **1** 〈運動など〉を**推進する**,〈利益など〉を助長する;〈仕事〉をはかどらせる: ~ the cause of world peace 世界平和運動を促進する.
2 〈格式〉〈時間・日程など〉を**早める**, 繰り上げる;〈時計・ビデオテープなど〉を進める (⇔postpone): Could you ~ your date of departure? 出発日を早められませんか.
3 〈金〉を〈...に〉前払いする, 立て替える;〈金〉を〈...に〉貸し付ける (*to*): Father ~*d* me a week's allowance. <V+O+O> お父さんは来週分のこづかいを前貸してくれた. **4** 〈...〉を昇進[昇格]させる: He was ~*d* to captain. 彼は〈陸軍〉大尉に昇進した. **5** 〈格式〉〈意見・計画など〉を提案する, 提出する: A proposal for a tax cut was ~*d*. 減税の提案がされた. **6** 〈...〉を進める, 前進させる, 前へ出す: A~ your left foot. 左足を前へ出しなさい. — 形 **A** 前もっての; 先発の: an ~ payment [booking] 前払い[予約] / an ~ ticket 前売券 / an ~ party 先発隊.

*ad·vanced /ədvǽnst | ədvɑ́:nst/ 形 **1** 〈文明などが〉進歩した, 高度な;〈考えなどが〉進歩的な: ~ countries [nations] 先進国 / Our country is ~ *in* technology. <V+*in*+名・代> わが国は科学技術が進歩している / He has ~ ideas. 彼は進歩的な考えをしている.
2 高等の, 上級の (⇔elementary);〈病気などが〉進行した, 進んだ: an ~ course 上級コース / an advanced 行した癌(ガン) / Your reading is very ~. 君は大変読書力がある. **3** 年を取った, 高齢の; 夜が更(ふ)けた.
advanced in years [age] 形 〈格式〉〈婉曲〉高齢で (old).
advanced credit 名 U.C 〈米〉〈転入先の大学が認定する, 他大学での〉既修単位.
advanced degrée 名 C 上級学位〈修士号・博士号〉.
advanced lèvel 名 C.U 〈英〉〈一般教育終了試験 (GCE) の〉上級課程 (A level).
Advanced Plácement 名 U アドバンストプレースメント〈高校在学中に大学レベルの授業を受け, 単位を取得できるコース; 略 AP; 商標〉.
advanced standing 名 U =advanced credit.
advance guárd 名 C 前衛部隊.
advance màn 名 C 〈米〉〈選挙運動の遊説地などへ先に行って必要な準備にあたる〉下(した)受け人.

*ad·vance·ment /ədvǽnsmənt | -vɑ́:ns-/ 名 (動 advance) C.U 〈格式〉**1** 進歩, 向上 (*of*); 促進, 助長. **2** 昇進, 昇級; 出世.
advance póll 名 C 〈カナダ〉不在者投票.
Advance Púrchase Excúrsion 名 U 〈航空運賃の〉事前購入割引制度 (略 Apex, APEX).
advancing /ədvǽnsɪŋ | ədvɑ́:nsɪŋ/ 形 A 前進する;〈年齢が〉進む: ~ years [age] 高齢〈化〉.

*ad·van·tage /ədvǽntɪdʒ | -vɑ́:n-/ 発音 名 (-tag·es /-ɪz/; 名 àd·van·tágeous) **1** C.U **有利な立場**, 〈人を他より〉優位に立たせるもの, 強み (*over*) (⇔disadvantage): Her powerful connections will be a great [big] ~ *to* us. 彼女の強力なコネは我々の大きな強みになろう.
2 C.U 〈...の〉**利点, メリット, 便宜** (*of*) (⇔disadvantage)《☞merit 英比較; profit 類義語》: Living in a large city has many ~*s*. 大都市に住むことには多くの利点がある. **3** U 〖テニス〗 アドバンテージ〈ジュース (deuce) の後の最初の得点〉: A~ Becker. アドバンテージベッカー選手《アドバンテージをとった時のアナウンス》.
be at an advántage 動 自 有利である.
be of gréat [nó] advántage to ... 動 他 ...に大いに有利である[少しも有利でない].
gáin [séek] (an) advántage òver ... 動 他 ...より有利な立場となる[を取ろうとする].
gíve ... an advántage òver — 動 他 〈...〉を—に対して有利な立場に立たせる.
hàve an advántage òver ... 動 他 ...に対して有利な立場にある: We *have* every ~ *over* them. 我々はあらゆる点で彼らより有利だ《☞every 4》.
hàve the advántage of ... 動 他 **(1)** ...という有利な点がある: She *has* the ~ *of* good looks. 彼女は美貌(ぼう)という利点を持っている. **(2)** 〈格式〉...より勝る;〈人〉の知らないことを知っている: You *have* the ~ *of* me, I'm afraid. 〈英〉どうやら私の知らないことをご存知のようですね; どちら様でしたかしら《未知の人から名前を呼ばれた時などに言う》.
préss (hóme) an [one's] advántage 動 自 有利な立場[好機]を大いに利用する.
táke advántage of ... 動 他 **(1)** 〈機会など〉を利用する, ...を活用する. 語法 ... is taken advantage of の形で受身にできる〈言い換え〉 She *took* full ~ *of* her stay in London to improve her English. = Full *advantage* of her stay in London *was taken* (by her) to improve her English. 彼女はロンドン滞在を活用して大いに英語の力を伸ばした. **(2)** 〈人の好意などに〉つけ込む; 〈人〉をだます; 〈婉曲〉〈女性〉を誘惑する: People will *take* ~ *of* you if you don't assert yourself. 自己主張しないとあなたは人につけ込まれます.
The gréat advántage of ... is that — ...の最大の利点[長所]は—である.
to advántage 副 有利に; 引き立って: That dress shows off her figure *to* good ~. その服を着ると彼女はよく引き立つ.
to ...'s advántage=**to the advántage of ...** [形・副] ...に有利に[に], ...に都合よく[よく]: It will be *to your* ~ to study abroad. 留学したほうがあなたにとって有利でしょう.
túrn ... to one's (ówn) advántage 動 他 〈...〉を〈自分に都合のよいように〉利用する.
— 動 他 〈格式〉〈...〉のためになる (profit).

ad·van·taged /ədvǽntɪdʒd | -vɑ́:n-/ 形 恵まれた: economically [socially] ~ 経済[社会]的に恵まれた.

†**ad·van·ta·geous** /ædvəntéɪdʒəs, -vən-ˈ/ 形 (名 advántage; 反 disadvantageous) 有利な, 都合のよい: The situation was ~ *to* our party. 情勢はわが党に有利であった. **~·ly** 副 有利に, 都合よく.

†**ad·vent** /ǽdvent/ 名 **1** [the ~]〈重要な人物・事件・物の〉出現, 到来 (*of*). **2** [A-] 降臨節, 待降節〈クリスマス前の約4週間〉; キリスト降臨.
Advent càlendar 名 C 待降節カレンダー〈Advent 期間用のカレンダー; クリスマスイヴまで毎日カレンダーの小窓を開けていくとクリスマス関連の絵が現れれる〉.
Ad·vent·ist /ǽdventɪst/ 名 C キリスト再臨論者.
ad·ven·ti·tious /ædventíʃəs, -ven-ˈ/ 形 〈格式〉偶然の; 偶発的な. **~·ly** 副 偶然に, 偶発的に.

*ad·ven·ture /ədvéntʃə | -tʃə/ 名 (~*s* /-z/; 形 adventurous) **1** C **冒険**, 〈面白くて〉危険な出来事, はらはら[ぞくぞく]するような経験《☞event 単語の記憶》: *The A~s of Sherlock Holmes*『シャーロックホームズの冒険』《Doyle の推理小説集》/ We had lots of ~*s* on our trip. 私たちは旅行中たくさんの危ない目にあった.
2 U **冒険(心)**, はらはら[ぞくぞく]すること: a story of ~ =an ~ story 冒険物語 / have no sense of ~ 冒険

26 adventure playground

心が全くない. 語源 ラテン語で「出来事,事件」の意; venture と同語源.
— 動 (-ven·tur·ing /-tʃ(ə)rɪŋ/) 自 =venture.

advénture pláyground 名 C 《英》冒険広場, がらくた遊園地《子供が自分で工夫して遊べるように木造物・ロープ・タイヤなどが置いてある》.

⁺**ad·ven·tur·er** /ədvéntʃ(ə)rə | -rə/ 名 C 冒険家; 《古風》《しばしば軽蔑》山師, 詐欺師.

ad·ven·ture·some /ədvéntʃəsəm | -tʃə-/ 形 = adventurous.

ad·ven·tur·ess /ədvéntʃ(ə)rəs/ 名 C 冒険家《女性》; 《古風》《しばしば軽蔑》女山師, 女詐欺師.

ad·ven·tur·is·m /ədvéntʃərɪzm/ 名 U 《軽蔑》《外交などでの》冒険主義.

ad·ven·tur·ist /ədvéntʃ(ə)rɪst/ [軽蔑] 形 冒険主義の. — 名 C 冒険主義者.

⁺**ad·ven·tur·ous** /ədvéntʃ(ə)rəs/ 形 (名 adventure) **1** 冒険好きな; 大胆な(ことをする). **2** 冒険的な, 危険を伴う. **3** 《物事が》新しい考え[方法]を採り入れた, 新味のある. **~·ly** 副 大胆に(も); 冒険的に.

ad·verb /ǽdvə:b | -və:b/ 名 (形 advérbial) C 《文法》副詞 《略 adv.》. 語源 ラテン語で「付け足した語」の意.

> 文法 **副詞**
>
> 8 品詞の 1 つで, 動詞・形容詞・他の副詞・文全体, 時には名詞を修飾する語. -ly で終わるものが多い: He spoke *slowly*. 彼はゆっくり話した / She ran *fast*. 彼女は速く走った[以上動詞を修飾] // He was a *wonderfully* good speaker. 彼は実に立派な話し手だった / The scenery is *very* beautiful. その景色はとても美しい[以上形容詞を修飾] // He spoke *wonderfully* well. 彼はすばらしく上手に話した / The car is going *very* fast. 自動車はとても速く走っている[以上副詞を修飾] // *Unfortunately*, he died a year later. 不幸にも彼は 1 年後に死んだ[文全体を修飾] // *sentence-modifying adverb* (文法) // She is *only* a child. 彼女はまだほんの子供だ[名詞を修飾].

ádverb cláuse 名 C 《文法》副詞節.

> 文法 **副詞節**
>
> 従位接続詞の when, where, than, if, though, because など, whatever, however などに導かれ, 動詞・形容詞・副詞・文全体などを修飾し, 時・場所・比較・譲歩・理由・条件・目的などを表わす: *When winter comes*, the birds fly away. 冬が来るとそれらの鳥は飛び去る[時] / Please write to me *as soon as you arrive in London*. ロンドンに着いたらすぐに手紙をください[時] / You can go *where you like*. 好きな所へ行ってよい[場所] / You will find the same thing *wherever you go*. どこに行っても同じことですよ[場所] / He speaks English better *than I do*. 彼は私より英語がうまい[比較] / I'll stay at home *if it rains*. 雨が降ったら家にいます[条件] / *Though you do your best*, you will not be able to catch up with him. あなたが全力を尽くしても彼には追いつけないでしょう[譲歩] / I don't like him, *because he is haughty*. 彼はいばっているから僕は好かない[理由] // The book was so interesting *that I read it over and over again*. その本は大変おもしろかったので私は何度も何度も読み直した[結果] / You must work hard *so that you can succeed in life*. 成功するように一生懸命働かなくてはなりません[目的].
> 条件や仮定を表わす副詞節を条件節と呼ぶ.

ad·ver·bi·al /ædvə́:biəl | -və:-/ 形 (名 ádverb) 《文法》副詞の, 副詞の働きをする, 副詞的な: an ~ phrase 副詞句. — 名 C 《文法》副詞類.

> 文法 **副詞類**
>
> 本来の副詞だけでなく, それ以外の語・句・節で副詞のような働きをするものの総称. 本来の副詞以外のものは副詞相当語句と呼ぶこともある: He went *home*. 彼は家に帰った[名詞] / It was *this* big. 彼はこのくらい大きかった[代名詞] / He was *dead* asleep. 彼はぐっすり眠っていた[形容詞] / He'll be here *tomorrow morning*. 彼は明朝ここに来る[名詞] // We eat *to live*, not live *to eat*. 我々は生きるために食べるのではなく生きるために食べるのである[to 不定詞] / I have not seen him *for a long time*. 彼に長いこと会っていない[前置詞句] / We will go on a picnic *if it is fine tomorrow*. もしあしたの天気ならピクニックに行くつもりだ[節]. to 不定詞については ⇨ to³ B.

-al·ly /-əli/ 副 《文法》副詞的に.
ádverb infinitive 名 C 《文法》副詞的不定詞《副詞の働きをする to 不定詞; ⇨ to³ B》.
ádverb phràse 名 C 《文法》副詞句.

> 文法 **副詞句**
>
> 副詞の働きをする句をいい, 場所・時・条件・様態・結果・目的などを表わす: There is a tall tree *in his garden*. 彼の家の庭には高い木がある[場所] / School begins *at eight in the morning*. 学校は午前 8 時に始まる[時][以上前置詞句] / *Turning (to the) left*, you will see a post office. 左へ曲がれば郵便局が見えます[条件][分詞句] / He sang the song *in a low voice*. 彼はその歌を低い声で歌った[様態][前置詞句] / I got up early *to catch the first train*. 私は一番列車に間に合うように早く起きた[目的] / He worked hard only *to fail*. 彼は一生懸命勉強したが, とうとう失敗した[結果][以上不定詞句]. ⇨ to³ B.

ad·ver·sar·i·al /ædvəsé(ə)riəl | -və-/ 形 《格式》対立する; 敵対する, 敵の.

⁺**ad·ver·sar·y** /ǽdvəsèri | -vəs(ə)ri/ 名 (-sar·ies) C 《格式》敵; 《競技・議論などの》相手, 対抗者.

⁺**ad·verse** /ædvə́:s, ǽdvə:s, ædvə́:s/ 形 《普通は A》 **1** 不利な, 都合の悪い; 有害な: ~ circumstances 逆境 / a judgment ~ *to* us 〈A+*to*+名・代〉我々にとって不利な判決 / have an ~ effect on …. …に悪影響がある. **2** 逆の, 反対の: ~ winds 逆風. **~·ly** 副 不利に; 逆に.

⁺**ad·ver·si·ty** /ædvə́:səti | -və:-/ 名 (-si·ties) **1** U 逆境, 不運. **2** C 災難, 不幸な出来事.

⁺**ad·vert¹** /ǽdvə:t | -və:t/ 名 C 《英略式》広告 (advertisement, 《略式》ad).

ad·vert² /ədvə́:t | -və:t/ 動 [次の成句で] **advért to …** 動 他 《格式》…に言及する.

⁺**ad·ver·tise** /ǽdvətàɪz, ædvətáɪz | ǽdvətàɪz/ 動 (-ver·tis·es /-ɪz/; -ver·tised /-d/; -ver·tis·ing) 他 **1** 〈…〉を広告する, 宣伝する, 〈…〉の広告を出す: He ~*d* his house *for* sale. 〈V+O+*for*+名・代〉彼は家を売る広告を出した / The sale is *on* the newspaper [*on* TV]. 〈V+O+*in*[*on*]+名・代の受身〉その特売は新聞[テレビ]に出ている / The company ~*d that* it was opening a new showroom. 〈V+O(*that* 節)〉その会社は新しいショールームの開設を宣伝した. **2** 〈…〉を公表[公示]する.
— 自 広告をする, 宣伝する; 広告で捜す: She ~*d for* a baby-sitter in the local paper. 〈V+*for*+名・代〉彼女は地元の新聞に子守を求める広告を出した. 語源 古(期)フランス語で「警告する, 注意を向ける」の意.

⁺**ad·ver·tise·ment** /ǽdvətáɪzmənt, ədvə́:tɪz- | ədvə́:tɪs-, -tɪz-/ T1 名 (-tise·ments /-mənts/;

ád·ver·tìse 1 [C,U] ⓦ 広告, 宣伝; 宣伝ビラ[パンフ], 宣伝映画[放送] (《略式》ad, 《英略式》advert) (略 advt.): a television ~ for beer テレビのビールの宣伝 / put an ~ in the paper 新聞に広告を出す ☞ PR¹ 日英比較. 2 [C] (…の)宣伝するもの, (…の)よさを示すもの: I haven't lost any weight, so I wouldn't be a good ~ for this diet. 体重がいっこうに減らないので私はこのダイエットの好い例にはなりません.

†ad·ver·tis·er /ǽdvətàɪzə | -vətàɪzə-/ 图 [C] 広告主.

*ad·ver·tis·ing /ǽdvətàɪzɪŋ, ǽdvətàɪzɪŋ | -vətàɪz-/ 图 [U] 広告; 広告業: Half of each page in this magazine is devoted to ~. この雑誌の各ページの半分は広告に当てられている.

ádvertising àgency 图 [C] 広告代理店.

ad·ver·to·ri·al /ǽdvətɔ́:riəl | -və-/ 图 [C] (新聞・雑誌の)記事形式の広告, PR 記事.

*ad·vice /ədváɪs/ 图 (ad·vic·es /~ɪz/; 動 ad·vise) 1 [U] **忠告**, 助言, 勧告 (☞ 類義語): He *followed* [*took, acted on*] his teacher's ~ ように先生の忠告に従った / His ~ to us was that we (should) play fair. 私たちの彼の助言は正々堂々と勝負せよ[ふるまえ]ということであった / You should ask your father's ~ *on* [*about*] it. それについてはお父さんの意見を伺ったほうがいい / *On* my doctor's ~ I took a complete rest. 医者の忠告に従って私は完全に休養した. 語法 「1つ, 2つ…」と数えるときには a piece [bit, word] of advice, two pieces of advice という: Let me give you *a piece* [*bit, word*] *of* ~. あなたにひと言忠告をしておきたい. 2 [U] (医師の)診察, (弁護士の意見): seek medical [legal] ~ 医師の診察[弁護士の意見]を求める. 3 [C] (特に商業上の)通知(書).

類義語 **advice** ある行為について, 経験・知識のある者が与える個人的な忠告・助言: If you want good *advice*, consult an old man. ためになる忠告は老人に聞きなさい. **counsel** しばしば公的に権威者や専門家が熟慮の末に重要な問題について与える忠告: A student counselor can offer wise *counsel* to people with problems. 学生相談係は問題をかかえている人に賢明な助言を与えることができる. **recommendation** 経験に基づいて, よいと思われることを推奨すること. *advice* が消極的な忠告を意味することもあるのに対して, *recommendation* は常に積極的な意味を持つ: I read the book on the *recommendation* of my teacher. 私は先生の薦めでその本を読んだ.

advíce còlumn 图 [C] (主に米) 身の上相談欄 (《英》agony column).

advíce còlumnist 图 [C] (主に米) 身の上相談欄の回答者 (《英》agony aunt).

ad·vis·a·bil·i·ty /ədvàɪzəbíləṭi/ 图 [U] 勧めること, 得策: I doubt the ~ of doing that. それをやるのは得策ではないと思う.

†ad·vis·a·ble /ədváɪzəbl/ 图 (反 inadvisable) [P] 《格式》当を得た, 賢明な (wise), 得策: It is ˈfor you to read [*that* you read] the book before you take the exam. 受験の前にその本を読んでおくといい (☞ advise 最初の 語法 (2)).

*ad·vise /ədváɪz/ 動 (ad·vis·es /~ɪz/; ad·vised /-d/; ad·vis·ing; 形 advisory) 他 1 〈人に〉**忠告する**, 助言する, (…に)…することを勧める; 〈事を〉勧める (☞ visit 単語の記憶): ~ a change of air 転地を勧める / ~ caution 用心するように言う / He ~d me *on* this problem. 彼はこの問題について私に忠告してくれた / 言い換え We ~d them *to* start early. <V+O+C (*to* 不定詞)> =We ~d (them) *that* they should start early. <V+O+O (*that* 節)> (☞ should A 8) =We ~d (them), "You should start early." <V+O+O (引用節)> =《格式》We ~d their start*ing* early. <V+O (動名)> 我々は彼らに早く出

発するよう勧めた.

語法 (1) *to* 不定詞のほうが動名詞よりも普通. (2) I advise you to … と言うと押しつけがましく響くことがあるので, I would advise you to … とか It is advisable to [that] … というほうが丁寧.

You *are* strongly ~d *to* have a medical checkup. <V+O+C (*to* 不定詞)の受身> 健康診断の受診をお勧めします / 言い換え She ~d me *which to* buy. <V+O+O (*wh* 句)> =She ~d me *which* I should buy. <V+O+O (*wh* 節)> 彼女はどっちを買ったらよいか私に助言してくれた / Please ~ me *whether* I should accept the offer. <V+O+O (*whether* 節)> その申し出を受け入れるべきかどうか助言してください.

語法 次のように穏やかな命令文を間接話法にするときの伝達動詞として用いる (☞ narration 文法 (3)): 言い換え The doctor said to me, "Drink more milk." (直接話法) =The doctor ~d me *to* drink more milk. (間接話法) 医者は私にもっと牛乳を飲むようにと勧めた.

2 《格式》《主に商》〈…に〉通知[通告]する: Please ~ us *of* the arrival of the goods. 品物が着きましたらご通知願います / Please keep me ~ *about* developments in the matter. その件の成り行きを引き続きお知らせください. — 自 1 忠告する, 助言を与える (*on*). 2 《米》相談する (*with*).

advíse ... agáinst — 動 他 〈人〉に—しないように忠告する: 言い換え Her mother ~d her *against* climbing the mountain. (=Her mother ~d her not to climb the mountain.) 母親は彼女にその山には登らないように忠告した. **would be wéll [íll] advísed to dó** [動] …するのは賢明[軽率]だ: You *would be well ~ to* consult a lawyer. 弁護士に相談なさったほうがいいでしょう (☞ well-advised, ill-advised).

ad·vis·ed·ly /ədváɪzɪdli/ 副 《格式》熟慮の上で.

ad·vis·ee /ədvàɪzí:/ 图 [C] 助言を受ける人; 《米》指導学生 (指導教師に対して).

ad·vise·ment /ədváɪzmənt/ 图 [次の成句で] **táke ... ùnder advísement** [動] 他 《米格式》 〈…〉を熟慮する.

*ad·vis·er, ad·vi·sor /ədváɪzə | -zə/ 图 (~s /~z/) [C] 1 助言者; 顧問, 相談役: a special ~ *to* the president *on* student problems 学生問題に関する学長の特別相談役. 2 《米》 (大学の)指導教師.

*ad·vi·so·ry /ədváɪz(ə)ri/ 图 (動 advise) [A] 勧告[忠告]の, 助言的な; 顧問の: an ~ committee 諮問委員会 / serve in an ~ capacity 顧問の資格で勤める. — 图 (-so·ries) [C] 《米》 (気象などの)警報; (勧告つきの)報告.

†ad·vo·ca·cy /ǽdvəkəsi/ 图 [U] 1 (主義・主張などの)擁護, 支持; 唱道 (*of*): an ~ group 《米》支援運動団体. 2 《法》弁護士 (advocate²) の職[仕事].

*ad·vo·cate¹ /ǽdvəkèɪt/ 動 (-vo·cates /-kèɪts/; -vo·cat·ed /-ṭɪd/; -vo·cat·ing /-ṭɪŋ/) 他 《格式》〈…を〉**擁護する**, 支持する; 唱道する, 先に立って主張する: ~ higher salaries 給料値上げを主張する / He ~s ban*ning* capital punishment. <V+O (動名)> 彼は死刑廃止を唱えている.

*ad·vo·cate² /ǽdvəkət/ 图 [C] (主義・改革などの)唱道[支持]者 (*of, for*); 代弁者; 《主にスコ》弁護士.

advt. (略) =advertisement.

adz, 《英》adze /ǽdz/ 图 [C] おの, 手斧 (ちょうな).

ad·zú·ki bèan /ædzúːki/ 图 [C] 小豆 (ぁずき).

Ae·gé·an Séa /ɪdʒíːən, iː-/ 图 圖 [the ~] エーゲ

28 aegis

海《ギリシャとトルコの間の地中海の一部》.

ae·gis /íːdʒis/ 名 [次の成句で] **ùnder the áegis of...** [前]《格式》《政府・公的機関など》の保護[支援]を受けて: The program was carried out *under the ~ of* the United Nations. その計画は国連の支援のもとに実施された.

Áegis shìp /íːdʒis-/ 名 C イージス艦《対空ミサイルを装備した艦隊護衛艦》.

Ae·ne·as /iníːəs/ 名 固《ギ神｜0神》アイネイアース《トロイアの勇士; *Aeneid* の主人公》.

Ae·ne·id /iːníːid, ɪníːɪd/ 名 固 [The ~] アイーネイス《Vergil 作の叙事詩 (c. 29–19 B.C.)》.

ae·ó·li·an hárp /ióʊliən-/ 名 C [時に A-] アイオロスの琴, 風鳴琴《風が吹くにつれて鳴る》.

ae·on /íːən/ 名《英》=eon.

aer·ate /é(ə)reɪt, eəréɪt/ 動 他 〈…〉に通気する; 〈飲料など〉に炭酸ガスを入れる; 〈血液など〉に酸素を供給する.

áer·at·ed /-tɪd/ 形 気泡を含んだ, 泡立った.

aer·a·tion /e(ə)réɪʃən/ 名 U 空気にさらすこと.

+**ae·ri·al** /é(ə)riəl/ 形 (名 air) A 空中の; 航空機からの; 空中にかかる: an ~ battle 空中戦 / an ~ photograph 航空写真 / ~ transport 空輸 / ~ spraying 空中散布. ― 名 1 C《英》アンテナ (《米》antenna). 2 [複数形で単数扱い] エアリアル《空中演技を競うフリースタイルスキー》.

ae·ri·al·ist /é(ə)riəlɪst/ 名 C 空中曲芸師.

áerial ráilway 名 C ロープウェー.

aer·ie /é(ə)ri, í(ə)ri/ 名 C 《主に米》高巣《わしなどが高いがけの上などにかける》; 高所の住居[要塞など].

aer·o- /é(ə)roʊ/ 接頭「空気, 空, 航空機」の意: *aero*dynamics 空気力学 / *aero*nautics 航空学.

aer·o·bat·ic /è(ə)rəbǽtik⁻/ 形 曲芸飛行の.

aer·o·bat·ics /è(ə)rəbǽtɪks/ 名 1 [複数扱い] 曲芸[アクロバット]飛行. 2 U 曲芸飛行術.

+**aer·o·bic** /e(ə)róʊbɪk/ 形 1 エアロビクスの, 有酸素運動の: ~ exercise 有酸素運動《心肺機能を高める》. 2 [生]《細菌など》好気性の.

+**aer·o·bics** /e(ə)róʊbɪks/ 名 U エアロビクス: do ~ エアロビクスをする.

aer·o·drome /é(ə)rədroʊm/ 名 C《古風, 英》= airfield.

aer·o·dy·nam·ic /è(ə)roʊdaɪnǽmɪk⁻/ 形 空気力学の; 空気力学を応用した. **-nam·i·cal·ly** /-kəli/ 副 空気力学上[的に].

aer·o·dy·nam·ics /è(ə)roʊdaɪnǽmɪks/ 名 1 U 空気力学, 航空力学. 2 [複数扱い] (車などの)空気力学上の特性.

aer·o·gram, ae·ro·gramme /é(ə)rəgrӕm/ 名 C 航空書簡, エアログラム (air letter).

aer·o·nau·ti·cal /è(ə)rənɔ́:ṭɪk(ə)l⁻/, **-nau·tic** /-nɔ́:ṭɪk⁻/ 形 航空(学)の.

aer·o·nau·tics /è(ə)rənɔ́:ṭɪks/ 名 U 航空学: the National A～ and Space Administration《米国の》国家航空宇宙局, ナサ《NASA》.

*****aer·o·plane** /é(ə)rəplèɪn/ 名 (~s /-z/) C《英》飛行機 (《米》airplane, 《略式》plane). ★用法・例文などについては ☞ airplane, plane[1].

+**aer·o·sol** /é(ə)rəsɑ̀:l, -sɔ̀ːl/ 名 C (エアゾル)噴霧器, スプレー: an ~ can [spray] エアゾル噴霧器.

+**aer·o·space** /é(ə)roʊspèɪs/ 名 U 1 航空宇宙産業[科学]; [形容詞的に] 航空宇宙に関する: the ~ industry 航空宇宙産業. 2 空気(空間).

Aes·chy·lus /éskələs, ɪ́s-/ 名 固 アイスキュロス (525–456 B.C.)《ギリシャの悲劇詩人》.

Ae·sop /íːsɑp, -səp | -sɔp/ 名 固 イソップ《紀元前6世紀ごろのギリシャの寓話(5)作家; ☞ fable 1》.

aes·thete /ésθiːt | íːs-/ 名 C《格式》[時に軽蔑] 審美家, 審美眼のある(と気取る)人.

+**aes·thet·ic** /esθétɪk | iːs-/, **-i·cal** /-k(ə)l/ 形 1 美(学)に関する, 審美的な. 2《格式》美的な, 趣味のよい, 芸術的な. ― 名 [単数形で] 美的原理[性質]. **-cal·ly** /-kəli/ 副 審美的に, 美的に.

aes·the·ti·cian, 《米》**es-** /èsθətíʃən | iːs-/ 名 C 1 美学者. 2《米》エステティシャン.

aes·thet·i·cism /esθéṭəsɪzm | iːs-/ 名 U 唯美至上主義; 芸術至上主義.

+**aes·thet·ics** /esθétɪks | iːs-/ 名 U 美学.

ae·ti·ol·o·gy /ì:ṭiɑ́ləʤi | -ɔ́l-/ 名 U《英》= etiology.

AFAIK, afaik 略 =as far as I know《私の知る限りは》《E メールなどで用いる》.

a·far /əfɑ́ɚ | əfɑ́ː/ 副《文》はるかに, 遠くに. **from afar** [副]《文》遠くから: admire [love] ... *from* ~ 《時に滑稽》ひそかに〈人〉に憧れる[愛する].

AFB /éɪefbí:/ 略 =《米》Air Force Base 空軍基地.

AFC /éɪefsí:/ 略 =American Football Conference アメリカンフットボールカンファレンス《NFL の2つの conference の1つ》.

AFDC /éɪefdíːsíː/ 略 =Aid to Families with Dependent Children 児童扶養世帯補助.

af·fa·bil·i·ty /ӕ̀fəbíləṭi/ 名 U 愛想[人当り]のよさ.

+**af·fa·ble** /ӕ́fəbl/ 形 愛想[人当り]のよい, 気さくな.

af·fa·bly /ӕ́fəbli/ 副 愛想よく, 気さくに.

*****af·fair** /əféɚ | əféə/ 名 12 名 (~s /-z/)

ラテン語で「なすこと」が元来の意味. それから「業務」2 →「（漠然と）事柄」→「事件」1 となった.

1 C [普通は単数形で] **事件**, 出来事 (event); (社交的)行事: It's a terrible ~. それは恐ろしい事件だ / the Watergate ～ ウォーターゲート事件 / The party was a very grand ~. そのパーティーはとても盛大だった.

2 [複数形で] **事務**, 業務; (生活などに関わる)事柄; (漠然とした)事情, 事態: *private* ~s 私事 / *public* ~s 公務 / *current* ~s 時事[時局]問題 / *financial* ~s 金銭問題 / ~s *of state* 国務 / *in the present state of* ~s 現状では. 関連 *home affairs* 内政 / *foreign affairs* 外務.

3 C 情事, 恋愛関係 (love affair): John's ~ *with* Paula ended long ago. ジョンのポーラとの情事はずっと前に終わった. **4** C [形容詞を伴って]《古風, 略式》物, 品物; (漠然とした)こと: The machine was a pretty *complicated, heavy* ~. その機械はかなり複雑で重いしろものだった. **5** [単数形で所有格とともに] (個人的な)関心事: That's *mý* [*mỳ ówn*] ~. それは私の問題だ(あなたの知ったことではない). **hàve an affáir with ...** [動] 他 ...と(性的な)関係をもつ. **pút one's affáirs in òrder** [動] 身辺の(金銭的な事柄を)整理する.

*****af·fect**[1] /əfékt/《類音》effect) 11 動 (**af·fects** /əfékts/; **-fect·ed** /-ɪd/; **-fect·ing** /-ṭɪŋ/; 他 (名 affection) 他 1 〈…〉に**影響を及ぼす[与える]**, 作用する (☞ influence 類義語): The weather ~s the growth of plants. 天候は植物の生長に影響を与える / The decision of the Government *was* ~*ed* by public opinion. <V+O の受身> 政府の決定は世論に影響された.

2 [しばしば受身で] 〈…〉の**心を動かす**, 〈…〉を深く悲しませる, 感動させる: They *were* deeply ~*ed* by the news of her death. <V+O の受身> 彼女の死の知らせに彼らはひどく悲しんだ. **3**《病気が》〈人・身体など〉を冒す: This disease ~s the joints. この病気は関節を冒す.

af·fect[2] /əfékt/ 動 他《格式》《軽蔑》**1**〈…〉を気取る, 〈…〉のふりをする (☞ pretend 類義語): ~ grief 悲しみをよそおう / She ~*ed* not to see me. 彼女は私が見えな

いふりをした. **2** ⟨…⟩を使いたがる, やたらと⟨…⟩を好む.

af·fect³ /əfékt/ 图 Ⓤ《心》(行動に影響する)情動.

af·fec·ta·tion /æfektéɪʃən/ 图 C,U 《軽蔑》ふりをすること; 気取り, てらい, きざ.

af·fect·ed /əféktɪd/ 形 (反 unaffected) 《軽蔑》気取った, きざな, 不自然な: an ~ smile 作り笑い. **~·ly** 副 気取って.

af·fect·ing /əféktɪŋ/ 形 《格式》人を感動させる, 感動的な; 哀れな, 痛ましい.

*__af·fec·tion__ /əfékʃən/ 图 (~s /-z/; 動 afféct¹, afféctionate) U,C 愛情, 情愛 (☞ love¹ 類語): Susie felt [showed] no ~ *for [toward]* Tom. スージーはトムに愛情を感じていなかった[示さなかった] / He has deep [great] ~ *for* his son. 彼は息子に深い愛情を抱いている / At last I gained [won] Laura's ~(s). とうとう私はローラの愛情を獲得した / Jill was the object of his ~(s). ジルには愛情を一身に集められた.

af·fec·tion·ate /əfékʃ(ə)nət/ 形 (图 afféction) 情愛の深い, 愛情のこもった, 優しい (*toward*). **~·ly** 愛情をこめて. **Affectionately yóurs**, = **Yóurs afféctionately**, 親愛なる…より《手紙の結びのあいさつ; ☞ complimentary close, yours》.

af·fec·tive /əféktɪv/ 形 《心》感情の, に影響する; 情緒的な: ~ disorders 情動[情緒]障害.

af·fer·ent /æfərənt/ 形 (反 efferent) 《生》(血管が)輸入[導入]性の; (神経が)求心性の.

af·fi·anced /əfáɪənst/ 形 《古語》婚約した (to).

af·fi·da·vit /æfɪdéɪvɪt/ 图 C 《法》(宣誓)供述書: swear [make, take] an ~ (証人が)供述書に偽りのないことを宣誓する.

*__af·fil·i·ate__¹ /əfíliət/ 图 (-**i·ates** /-əts/) C 子会社, 支社, 系列[関連]会社, 外郭団体; 支部; 会員: a foreign ~ 外資系企業.

†**af·fil·i·ate**² /əfílièrt/ 動 ⦅普通は受身で⦆⟨団体など⟩を(より大きな組織に)加入させる; 合併する (*to, with*). 一 @ 加入する; 提携する (*to, with*). 「**be affiliated [affiliate oneself] with [to]** ... 動 @ …に加入[加盟]している, …と提携している.

†**af·fil·i·at·ed** /əfílièrtɪd/ 形 A 支部の, 付属の; 合併[提携]した, 系列下の: an ~ company 子会社.

af·fil·i·a·tion /əfìliéɪʃən/ 图 C,U (大学・政党・団体・宗教などへの)所属(関係), 加入, 提携関係 (*to, with*); 合併: political ~s 所属政党.

affiliátion cárd C 《英法》(非嫡出子(ちゃくしゅつし)の父親に対する)扶養料支払い命令.

†**af·fin·i·ty** /əfínəti/ 图 (**-i·ties**) **1** [an ~] 好み, 相性, 親しみ (*with*): I always feel [have] *an* ~ *for* the losing side. 私はいつも敗者に親しみをもつ / There is a strong ~ *between* them. 彼らは互いに強く引かれ合っている. **2** U,C (2つのものの間の)類似(点), 密接な関係 (*between*, *with*). **3** C 姻戚(いんせき)関係 (*with*). **4** C,U 《化》親和力.

affínity cárd C アフィニティーカード《利用額の一定割合が特定団体へ寄付されるクレジットカード》.

*__af·firm__ /əfə́:m/ | əfə́:m/ 動 (**af·firms** /-z/; **af·firmed** /-d/; **-firm·ing**; 图 affirmátion, 形 affirmative) ⓗ **1** 《格式》(公に)⟨…⟩を**断言する**; 確認[確証]する: 言い換え He ~*ed* deny, negate); 確証[確認]する: 言い換え He ~*ed* the truth of her statement. = He ~*ed that* her statement was true. <V+O (*that* 節)> 彼女彼女の発言は本当だと断言した. **2** (法) (法廷で宣誓に代えて)⟨…⟩を確約する. 語源 ラテン語で「確実にする」の意; ☞ firm², confirm 語源.

af·fir·ma·tion /æfə:méɪʃən/ 图 affirm; 反 negation) U または an ~ 断言; 肯定, 確証; C 誓言[肯定]されたこと; 《法》確約(証言).

af·fir·ma·tive /əfə́:mətɪv/ | əfə́:-/ 《格式》形 (名, 反 negative) 肯定的[賛成]の: an ~ vote 賛成票. 反 negative) 肯定的[賛成]の: an ~ vote 賛成

---

affront 29

副 《米》(yes のかわりに使って)はい. **in the affirmative [副・形]** 《格式》肯定で[の]: 言い換え He answered *in the* ~. = His answer was *in the* ~. 彼はそうだと答えた. 語源 He said yes. というのが普通.

*__affirmative áction__ 图《主に米》差別撤廃措置《少数民族・女性などの雇用・教育を推進する活動》(《英》positive discrimination).

affirm·a·tive·ly 副 (反 negatively) 肯定的に.

affírmative séntence 图 C 《文法》肯定文.

<u>文法</u> **肯定文**
形の上からいえば, not, no などの否定語を含まない文をいい, 意味の上からは「…は～である」というように肯定的に断言する文をいう. 否定文 (negative sentence) と対照される文.

af·fix¹ /əfíks/ 動 ⓗ 《格式》⟨切手など⟩を**添付する**, 貼(は)る, 取り付ける (attach) (*to*); ⟨署名など⟩を添える.

af·fix² /æfíks/ 图 C 《文法》**接辞**《接頭辞と接尾辞の総称; ☞ prefix 文法, suffix 文法》.

af·fla·tus /əflértəs/ 图 U 《文》**霊感**, 神の啓示.

†**af·flict** /əflíkt/ 動 ⓗ [しばしば受身で] 《格式》⟨…⟩を(…で)**苦しめる**, 悩ます: a country often ~*ed* by flooding たびたび洪水に悩まされる国 / I am ~*ed* with headaches [remorse]. 頭痛[良心のかしゃく]に悩まされている / *the* ~*ed* 苦しんでいる人たち (☞ the¹ 3). 語源 ラテン語で「打ちのめす」の意.

af·flic·tion /əflíkʃən/ 图 U (心身の)苦痛, 難儀; C 悩み, 苦痛の種: people in ~ 困っている人.

af·flu·ence /æflu:əns | æfluəns/ 图 U 豊かさ, 裕福: live *in* ~ 裕福に暮らす.

†**af·flu·ent** /æflu:ənt | æfluənt/ 形 豊かな, 豊富な (abundant) (*in*); 裕福な: an ~ society 豊かな社会 / *the* ~ 裕福な人たち (☞ the¹ 3).

*__**af·ford**__ /əfɔ́əd/ | əfɔ́:d/ T1 動 (**af·fords** /əfɔ́ədz/ | əfɔ́:dz/; **-ford·ed** /-dɪd/; **-ford·ing** /-dɪŋ/) ⓗ **1** ⦅普通は否定文・疑問文で, can, be able to とともに⦆⟨…⟩に**要する金[暇, 力]がある**, ⟨…⟩をもつ[する]余裕がある; ⟨問題にならないことが⟩できる(立場にある): I want to see him off, but I can't ~ the time. 彼を見送ってやりたいが時間がない / Can you ~ three hundred dollars? 300ドル払えますか / 言い換え I can't ~ a new coat. = T1 I can't ~ *to* buy a new coat. <V+O (*to* 不定詞)> 私はとても新しいコートは買えない / We cannot ~ to ignore his warning. 彼の警告は無視するわけにはいかない. **2** 《格式》⟨物事が⟩⟨機会・便宜など⟩を(…に)与える (give); もたらす, 産出する (*to*): The big tree ~*ed* us pleasant shade. その大きな木は私たちに心地よい日陰を作ってくれた. **can íll affórd ... [to dó]** 動 …の[する]余裕がない; …する資格がない[立場にない]: I *can ill* ~ such mistakes. そんな間違いは許せない.

†**af·ford·a·ble** /əfɔ́ədəbl | əfɔ́:d-/ 形 値段が手頃な.

af·for·est /æfɔ́:rɪst, əf- | -fɔ́r-/ 動 ⓗ ⦅普通は受身で⦆⟨土地⟩を**植林[造林]する**, 森林にする.

af·for·es·ta·tion /æfɔ̀:rɪstéɪʃən, əf- | -fɔ̀r-/ 图 (反 deforestation) U **造林**, 植林.

af·fray /əfréɪ/ 图 C 《法》《普通は単数形で》(公の場所での)乱闘, 騒動, けんか, 小ぜりあい.

af·fri·cate /æfrɪkət/ 图 C 《音声》**破擦音** (/tʃ/, /dʒ/ など).

*__**af·front**__ /əfrʌ́nt/ 图 C ⦅普通は an ~⦆ (公然の)**侮辱**, 無礼: an ~ to human dignity 人間の尊厳に対する侮辱. 一 動 ⦅普通は受身で⦆《格式》(公然と)⟨…⟩を**侮辱する**: I felt ~*ed at [by]* his rude words. 彼の失礼なことばに侮辱を感じた.

Afghan

Af·ghan /ǽfgæn, -gən/ 形 アフガニスタン(人)の. ― 名 **1** C アフガニスタン人; U アフガニスタン語(パシュトウ語の旧称). **2** C [a-] アフガンコート(羊皮のコート); 《米》アフガン織り《毛布[肩掛け]の一種》. **3** C =Afghan hound.

Áfghan hóund 名 C アフガンハウンド《細長い頭と長い毛をもつ大型の猟犬; 現在は愛玩用》.

Af·gha·ni /æfgǽni, -gɑ́ː-/ 名 (~s) C アフガニ《アフガニスタンの通貨単位》.

Af·ghan·i·stan /æfgǽnəstæ̀n/ 名 固 アフガニスタン《アジア南西部の共和国》.

a·fi·ci·o·na·do /əfìʃiɑːnɑ́ːdou/ 《スペイン語から》名 (~s) C 愛好者; 熱狂的ファン.

†**a·field** /əfíːld/ 副 遠く離れて; 野へ. **fár [fárther, fúrther] afield** 副·形 (特に家から)遠くに[へ]; (話などが)逸脱して: from **far** ~ 遠くから.

a·fire /əfáiə | əfáiə/ 副, 形 P 《文》(炎をあげて)燃えて; (感情などで)燃え立って, 興奮して (with). **sét ... afire** 動 他 〈…〉に火をつける.

AFK /éièfkéi/ 略 =Away From Keyboard キーボードから離れて《インターネットで使う語》.

a·flame /əfléim/ 副, 形 P 《文》燃えて; 輝いて; (感情などで)燃え立って, 興奮して (with) (ablaze).

AFL-CIO /éièfélsí:àiòu/ 名 [the ~] 米国労働総同盟産業別会議《アメリカ最大の労働組合; American Federation of Labor and Congress of Industrial Organizations の略》.

†**a·float** /əflóut/ 副, 形 P **1** (水面や空中に)浮かんで, 漂って; 《文》海上に, 船上に; 浸水して, 水をかぶって (with). **2** (事業などが)借金しないで; 活動して: stay ~ 借金[破産]せずにいる. **3** (うわさなどが)広まって. **gét [sét] ... afloat** 動 他 (1) 〈…〉を浮かばせる. (2) 〈うわさ〉を広める; 〈事業など〉を始める. **kèep afloat** 動 自 (1) 浮いている. (2) 借金をせずにいる. **kéep ... afloat** 動 他 (1) 〈…〉を浮かばせておく. (2) 〈…〉に借金をさせないでおく.

a·flut·ter /əflʌ́tə | -tə/ 副, 形 P (旗·羽·炎などが)パタパタ[ひらめく]して; (人が)どきどきして (about).

AFN /éièfén/ 略 =American Forces Network 米軍放送網.

†**a·foot** /əfút/ 副, 形 P **1** (陰謀·計画などが)進行中で: I think something awful is ~. 何か恐ろしいことがたくらまれているような気がする. **2** 《古語》徒歩で.

a·fore·men·tioned /əfɔ̀əménʃənd | əfɔ̀ː-⎯/ 形 A 《格式》前述の, 前記の: the ~ [単数または複数扱い; ☞ **the**[1] 語法] 前述の事柄[人たち]《法律文書で》.

a·fore·said /əfɔ́əsèd | əfɔ́ː-⎯/ 形 =aforementioned.

a·fore·thought /əfɔ́əθɔ̀ːt | əfɔ́ː-⎯/ 形 《法》前もって考えたうえでの, 計画的な. **with málice áforethought** ☞ **malice** 成句.

a for·ti·o·ri /èifɔ̀əʃióː rai | -fɔ̀ː-/ 《ラテン語から》副 《格式》いっそう有力な理由をもって, なおさら.

a·foul /əfául/ 副 [次の成句] **rùn [fàll] afóul of ...** 動 他 《主に米》〈人·法律·規則など〉…と衝突する, ぶつかる, 〈法律〉に触れる; 〈海藻など〉とからまって.

Afr. 略 =Africa, African.

※**a·fraid** /əfréid/ 形 P 恐れて, 怖がって; いやがって, ためらって: There's nothing to be ~ of. 怖いものは何もない / 言い換え I am ~ of death. <A+of+名·代>=I am ~ of dy**ing**. <A+of+動名> 私は死ぬのが怖い / She was very ~ of hurting his feelings. 彼女は彼の感情を傷つけるのではないかととても恐れていた / He is not ~ of hard work. 彼はきつい仕事をいとわない / He was [felt] ~ **to** go there. 彼はそこへ行くのが怖かった(行く勇気がなかった).

語法 普通は afraid to do は「怖くて…できない」ことを, afraid of doing は「…ということになりはしないかと恐れている」ことを表わす. ただし, afraid of doing が afraid to do と同じ意味になることもある.

2 心配して, 気づかって: 言い換え She was ~ **of** wak**ing** her baby. <A+of+動名>=She was ~ (**that**) she might wake her baby. <A+(that)節> 彼女は赤ん坊が目を覚ますのが心配だった / We are ~ **for** our little boy. <A+for+名·代> 私たちは息子の安否が気がかりだ.

I'm afraid ... (S) 《丁寧》(残念ながら)…ではないかと思う, あいにく…かもしれない 《☞ hope 囲み》 語法 that は普通は省略する: I'm ~ it may rain tomorrow. あすは雨になるかもしれない / I'm ~ you'll have to rewrite this composition, Billy. It's terrible! ビリー, この作文は書き直さなくちゃだめだね. ひどすぎるから.

会話 "Are we lost?" "**I'm ~ sò.**" 「道に迷ったのかなあ」「どうもそのようです」《☞ **so**[1] 6》/ "Does he have any chance of winning?" "**I'm ~ nót.**" 「彼が勝てる見込みはありますか」「どうもなさそうですね」《☞ **not** (5)》.

語法 (1) 相手の意見に賛成できないときや, 誤りをやんわりと指摘するときなどに使われる: I'm ~ I can't agree with you about that. それについては(残念ながら)同意できません / I'm ~ you're mistaken. それは違うと思いますが / Excuse me, but I'm ~ this is a non-smoking area. すみません, ここは禁煙なのですが.
(2) 文の終わりで用いられることもある: It's going to rain, I'm ~. あいにく雨になりそうですね.

a·fresh /əfréʃ/ 副 《格式》新たに, 再び (again): start ~ 始めからやり直す.

※**Af·ri·ca** /ǽfrikə/ 名 固 (形 Áfrican) アフリカ《略 Afr.; ☞ continent[1] 参考》. 語源 元来は古代ローマ人が Carthage 一帯を指して用いた名.

※**Af·ri·can** /ǽfrik(ə)n/ 形 (名 África) アフリカ(人)の, アフリカ系[諸国]の; 黒人の《略 Afr.》: ~ languages アフリカの諸言語.
― 名 (~z/-z|) **1** C アフリカ人; [the ~s] アフリカ人《全体; ☞ **the**[1] 5》. **2** C アフリカ系の人; 黒人.

African-Américan 名 C, 形 (アフリカ系)米国黒人(の) (black の代わりに; ☞ Negro 語法).

African-Caribbéan 形 =Afro-Caribbean.

Áfrican Nátional Cóngress 名 [the ~] =ANC.

Áfrican víolet 名 C セントポーリア, アフリカすみれ《アフリカ原産の観賞用植物》.

Af·ri·kaans /æ̀frikɑ́ːns, -kɑ́ːnz/ 名 U アフリカーンス語《南アフリカ共和国の公用オランダ語》.

Af·ri·ka·ner /æ̀frikɑ́ːnə | -nə/ 名 C アフリカーナ《南アフリカ共和国のオランダ系白人; ☞ Boer》.

※**Af·ro** /ǽfrou/ 名 (~s) C アフロ(ヘア)《縮れた頭髪を丸くふくらませて刈った髪型》. ― 形 アフロの.

Af·ro- /ǽfrou/ 接頭 「アフリカ(人の)」, 「アフリカと…の」の意: Afro-Asian アフリカとアジアの.

Áfro-Américan 形 名 《古風》 =African-American.

Afro-Caribbéan 名 C, 形 アフリカ系カリブ人(の) 主義の.

Af·ro·cen·tric /æ̀frousέntrik⎯/ 形 アフリカ中心主義の.

AFS /éièfés/ 略 =American Field Service エイエフエス《高校生の交換留学を行なう団体》.

aft /ǽft | ɑ́ːft/ 形 A, 副 (反 fore) 《空》後部の[に], 尾翼の近くの[に]; 《海》船尾の方の[に].

AFT /éièfti:/ 略 =American Federation of Teachers アメリカ教員連盟.

*af・ter /ǽftə | ɑ́:ftə/

基本的には「後に」の意.
① [時間が] (…の)後で　　　　　前 1, 接 1, 副 1
② [位置・順序が] (…の)後(ろ)に　前 2, 副 2
③ …を求めて　　　　　　　　　　前 3

— 前 /ǽftə | ɑ́:ftə/ **1** (時間が)…**の後に**, …が終わってから, …が経ってから (反 before): the day ~ tomorrow あさって / the year ~ next 再来年 / a year ~ the fire 火災の1年後 / Soon [Shortly] ~ that he got ill. その後すぐ彼は病気になってしまった / It's ten (a quarter) ~ six. 《米》今は6時10分[15分過ぎだ (ɪ☞ past 前 2 語法 (1)) / 「A~ writing [A~ having written] a letter, I went out for a walk. 手紙を書いてから散歩に出かけた. 語法 after の後に動名詞を続けるときは, 単なる動名詞でも完了動名詞でもよいが, 前者を用いるほうが略式 (☞ 例 1 語法).
2 (位置が)…**の後ろに** (behind), (順序が)…**の次に**, …に続いて: Close the door ~ you when you leave the room. 部屋を出た後はドアを閉めなさい / A~ Wordsworth, Longfellow is my favorite poet. ワーズワースに次いでロングフェローが私の好きな詩人だ.
3 …**を求めて**, …を追って: The dog ran ~ the fox. 犬はそのきつねを追いかけた / The police are ~ the thief. 警察はそのどろぼうを追っている / He seems to be ~ my job. 《略式》彼は私の仕事をねらっているようだ. **4** …(の)**後なので**, …(の)[因果関係を表わす]: You must be very tired ~ your long trip. 長旅の後のでさぞお疲れのことでしょう / Life in the cottage was very quiet ~ all the noise of the town. 都会の騒音を抜け出した後なので別荘の生活はひときわ静かだった / A~ all [everything] I've done for him, is this the way he treats me? あれだけ彼のためにしてやったのに, こんな仕打ちをするのか (ɪ☞ all (成句)). **5**《英》…(の名)**にちなんで**: He was named George ~ his uncle. 彼はおじの名をとってジョージと名づけられた (ɪ☞ name (成句))—after … (name 動 成句)). **6**「格式」…**にならって**, …**風に[の]**, …**流に[の]**: This painting is ~ (the style of) van Gogh. この絵はゴッホばりである. **7** …**に関して**: She asked [inquired] ~ you. 彼女はあなたの健康の具合を尋ねていました. **8**[前後に同じ名詞を重ねて]**次々に**(名詞には冠詞がつかない; ɪ☞ on 前 17): time ~ time 何回も / It rained day ~ day. 来る日も来る日も雨だった.

àfter áll [副] (1) [つなぎ語][普通は文頭で]だって, 何といっても, そうはいっても [先行する文に関して, 理由や意見を述べるときに用いる]: We should let him decide. A~ all, it's his life, not ours. 彼に決めさせるべきだ. だって彼の人生であって, 私たちのではないのだから. (2) [文修飾語]「普通は文末で」(しかし)**結局, やっぱり**(ɪ☞ finally 類義語》): I wasn't planning to go to the party, but I changed my mind and went ~ all. パーティーに行く予定はなかったが, 気が変わって結局行った.

àfter áll ∴ [前] (いろいろと…したにも)**かかわらず**: A~ all my advice, are you still neglecting your work? あれほど忠告したのにお前はまだ勉強をさぼっているのか.

Àfter yóu. 《S》どうぞお先に(相手, 特に女性に順番を譲るときに使い, Go ahead. よりも丁寧).

Àfter yóu with … 《S》《英》あなたが済んだら…をお使わせてください: A~ you with the salt, please. 次はこちらへ塩を回してください.

— 接 /ǽftə | ɑ́:ftə/《従位接続詞》**1** (…した)**後に**, …してしまってから (反 before): I arrived ten minutes ~ he (had) left. 私は彼が出かけてしまった10分後に着いた. 語法 after が導く節の中では, after 自体が時間の前後関係をはっきりと表わすので, しばしば過去完了形の代わりに単なる過去時制が用いられる / He came home long [soon, shortly] ~ the party was over. 彼はパーティーが終わってからずっと後になって[まもなく]帰ってきた. **2** …(の)**後なので**(因果関係を表わす): A~ he has run so far, it is natural that he is thirsty. そんなに長距離走った後だから, 彼がのどが渇いているのも当然だ / Why did you do it, ~ I'd specifically told you not to? 私がわざわざするなと言ったのにどうしてしたのだ.

— 副 **1** (時間が)**後に**, 以後に (反 before): the day [week, month, year] ~ その翌日[翌週, 翌月, 翌年](the next [following] day [week, month, year] (ほうが普通) / soon [just, shortly, not long] ~ すぐ後に / The earthquake occurred long ~. 地震はずっと後に起こった (afterward のほうが普通).
2 (位置・順序が)**後から**(続いて): The doctor came in first and the nurses followed ~. 医者が最初に入り看護師が後から続いた: They lived happily ever ~. 彼らその後ずっと幸せに暮らしました(童話などによく使われる結びのことば). **èver áfter** [副] その後ずっと.

— [A] **1**(文)の**のち**の, 後の: in ~ days 後日 / in ~ years 後年になって. **2**(空)**後部**の; 《海》船尾に近い: the ~ cabins 後部船室.

áfter-bìrth 名 Ⓤ 〔普通は the ~〕後産 (のちざん).
áfter-bùrner 名 Ⓒ アフターバーナー(エンジンの再燃焼装置).
áfter-càre 名 Ⓤ **1** 病後〔退院後〕の養生〔手当て〕. **2**(刑期満了後などの)更正指導. **3**《英》(製品購入後の)アフターケア.
áfter-dèck 名 Ⓒ《海》後甲板.
áfter-dìnner spéech 名 Ⓒ 晩餐 (ばんさん) 会 (dinner) でのあいさつ, テーブルスピーチ(食後の簡単なあいさつ). 日英比較「テーブルスピーチ」は和製英語.
áfter-effèct 名 Ⓒ 〔普通は複数形で〕(事件などの)**余波**; 後遺症; (薬の後に)作用.
áfter-glòw 名 Ⓒ 〔普通は単数形で〕**1**(快い)後味 (あとあじ). **2** 夕焼け, 夕映え, 残光.
*áfter-hóurs 形 勤務〔営業〕時間外の; (法定の)閉店時刻後も営業する.
áfter-ìmage 名 Ⓒ《心》残像.
áfter-lìfe 名 〔単数形で〕来世, あの世; (人の)晩年.
áfter-màrket 名 Ⓒ **1** アフターマーケット(自動車などの修理部品・付属品などの市場). **2** 株式流通市場.
*af・ter・math /ǽftəmæθ | ɑ́:ftə-/ 名 (~s /~z/) Ⓒ 〔普通は the ~〕(の)(災害・事故・戦争などの)**余波**, 影響; (余波の残る)時期: the ~ of the earthquake 地震の余波 / in the ~ of the war 戦争の直後に.
áfter-mòst 形 最後部の.

*af・ter・noon /æftənú:n | ɑ́:ftə-↵/ 名 (~s /~z/) Ⓤ.Ⓒ **午後**, 昼過ぎ《正午から日の入りまたは夕食まで; ɪ☞ day 表》: early **in** the ~ 昼下がりに.

語法 afternoon と前置詞
(1)「午後」には前置詞は in を用いるが, 特定の「…日の午後」の場合には on を用いる (ɪ☞ day 語法, morning 語法, evening 語法; on 前 3 語法》): It happened on a rainy ~. それはある雨の日の午後に起こった / The baby was born (on) Monday ~. 赤ん坊は月曜の午後生まれた(《米略式》では on を省略することがある).
(2) 前置詞を使わずに this, every, next, tomorrow, yesterday などとともに副詞句を作る.

The fire broke out on the ~ of July 15. その火事は7月15日の午後に起こった(July 15 は July (the)

fifteenth と読む; ☞ ordinal number [文法] (2)) / She goes to market *every* ~. 彼女は毎日午後買い物に行く / They'll arrive late *this* ~. 彼らはきょうの午後遅く到着する / I work for the school four ~*s* a week. 私は週4回午後に学校の勤めがある.
2 [形容詞的に] **午後の, 午後に用いる, 午後に食べる[飲む]:** an ~ nap 昼寝 / an ~ performance 午後の公演. **gòod afternóon** ☞ good afternoon の項目. **the òther afternóon** [副] [特に Ⓢ] 先日[この間]の午後.

af·ter·noons /æftənúːnz | àːftə-/ [副] 《主に米》 (いつも)昼過ぎに, (いつも)午後に.

áfternoon téa [名] [U,C] 《英》 (午後の)お茶 《午後3–5時ごろに食べる紅茶付きの軽食》.

af·ters /ǽftəz | áːftəz/ [名] [複] 《英略式》 =dessert.

áfter-sàles [形] 《英》 販売後の: ~ service アフターサービス (☞ service 4 [日英比較]).

⁺**áfter-schòol** [形] [A] 放課後の.

áfter·shàve (lòtion) [名] [U,C] アフターシェーブローション 《ひげそり後に使うローション》.

áfter·shòck [名] [C] (地震の)余震; (事件の)余波.

áfter·tàste [名] [C] [普通は単数形で] (口に残る特に不快な)後口(あとくち), 後味(あとあじ); (不快感の)名残(なごり).

áfter·thòught [名] [C] [普通は an ~] 後での思いつき; 追加, 補足: as *an* ~ つけたして.

áfter·tòuch [名] [U] 電子ピアノの音の残響(機能).

***af·ter·ward** /ǽftəwəd | áːftəwəd/ [副] 《米》 **後で, 後に, その後は:** three days ~ 3日後に / At first the task was a little difficult, but ~ it got easier. 初めその仕事はちょっと難しかったが, 後になって楽になった.

af·ter·wards /ǽftəwədz | áːftəwədz/ [副] 《英》 = afterward.

áfter·wòrd [名] [C] (書物の)後書き.

ag /ǽg/ 《米略式》 [形] =agricultural. ── [名] =agriculture.

A·ga /áːgə/ [名] [C] アーガ 《鉄製の高級レンジ; 商標》.

⁑a·gain /əgén, əgéɪn/ [副] **1** (1) **再び, もう一度, また:** Try ~. もう一度やってごらん / Please say it ~. どうかもう一度言ってください / [言い換え] It won't happen ~. =I'll never do that ~. そんなことは二度としません. (2) [文修飾語] [特に疑問文の末尾に用いて] Ⓢ **もう一度聞くが:** What's your name ~? =What did you say your name was ~? お名前は何とおっしゃいましたっけ.
2 /əgèn/ **元の状態へ, 元の所へ, 元のように** (back): We are happy to have you back ~. あなたがまた戻ってきてくれてうれしい / He did not get well ~. 彼は健康が回復しなかった. **3** [つなぎ語] **その上に, さらにまた** (besides); **ここでもまた, またもや:** A~, there is another matter to consider. その上またもう1つ考えるべきことがある / A~, we find striking similarities. ここでもまた, 著しい類似点が見られる. **4** [つなぎ語] **しかし, しかしまた:** It might happen, and then ~ it might not. それは起こるかもしれないし, また起こらないかもしれない.
[語法] 直前で言ったことを否定したり, それと矛盾するような考えや意見を言うときに用いる. しばしば then, there, and then, but then などが前にくる. **5** 《古風》 応じて.
agáin and agáin [副] **何度も何度も, 再三:** He knocked at the door ~ *and* ~, but there was no answer. 彼は何度もドアをたたいたが答えはなかった.
(àll) óver agáin ☞ over [副] 成句.
as ... agáin (as —) [接] (—の) 2倍だけ.... [語法] again の前に many, much, large, long, heavy などの形容詞や副詞が来る. ただし twice as ... as — の方が普通: This house is *as large* ~ *as* that one. この家はあの家の倍の大きさだ.
(èvery) nów and agáin ☞ now [副] 成句.
hálf as màny [mùch] agáin as ... ☞ half [副] 成句.

⁑a·gainst /əgénst, əgéɪnst/ [前]

基本的には「逆らって」の意.

① ...に反対して	1, 4
② ...にぶつかって	2
③ ...に寄りかかって	3
④ ...を背景として	5
⑤ ...を防いで	6

1 ...**に反対して, ...を禁止して** ([反] for); ...**に対抗して, ...と対戦して; ...に不利に:** We are ~ war. 我々は戦争に反対だ / They are making a law ~ gambling. 賭博(とばく)を禁止する法律を制定しようとしている / They fought ~ terrorism. 彼らはテロと戦った / She is up ~ the defending champion in the next game. 彼女は次の試合で前回の優勝者と対戦する / The evidence was ~ us. 証拠は我々に不利だった.
2 ...**にぶつかって, ...にぶつけて, ...に突き当たって:** The rain beat ~ the window. 雨が激しく窓をたたいた / Mike often practices tennis by hitting the ball ~ a wall. マイクは壁打ちをしてよくテニスの練習をする.

3 ...**に寄りかかって, ...に立てかけて; ...に接して:** Place the ladder ~ the wall. はしごを塀に立てかけてください.
4 (流水・風向きなど)**に逆らって;** (規則・意向など)**に反して:** We were rowing ~ the current. 私たちは流れに逆らってボートをこいでいた / act ~ one's conscience [principles] 自分の良心[主義]に反して行動する. **5** ...**を背景として, ...と対照して:** The trees were black ~ the morning sky. 木立ちは朝の空を背景に黒く見えた. **6** ...**から守るために, ...を防ぐように:** She was wearing a thick coat ~ the chill. 彼女は寒気を防ぐために厚いコートを着ていた. **7** ...**と比較して, ...に対して:** The yen will rise [fall] ~ the dollar. ドルに対して円高[円安]になろう. **8** 《格式》 ...**に備えて:** You have to save some money ~ your old age. 年を取ったときのために貯金をしておく必要がある. **9** ...**と引き換えに. as agàinst ...** [前] ...**に比べて, ...に対して:** The team won only 72 games this year *as* ~ 84 last year. そのチームは, 昨年は84勝したのに対して今年は72勝しかしなかった.

A·ga Khan /áːgəkáːn/ [名] [固] アガハーン 《イスラム教イスマーイール派の指導者の世襲称号》.

Ag·a·mem·non /ægəmémnən/ [名] [固] 〖ギ神〗 アガメムノン 《トロイ戦争におけるギリシャ軍の総大将》.

a·gape[1] /əgéɪp/ [副], [形] [P] (人が)あんぐりと口をあけて, ぽかんとして 《驚き・夢中などの表情》 (*with*).

a·ga·pe[2] /ɑːgáːpeɪ | ǽgəpi/ [名] [C] 愛餐 《初期キリスト教徒による愛の会食》; [U] アガペー 《非エロス的な愛》.

a·gar /áːgə | éɪgə/ [名] [U] かんてん; てんぐさの類.

ag·ate /ǽgət/ [名] [U,C] めのう 《鉱物》.

Ag·a·tha /ǽgəθə/ [名] [固] アガサ 《女性の名; 愛称は Aggie および Aggy》.

a·ga·ve /əgáːvi | əgéɪ-/ [名] [C] 竜舌蘭(りゅうぜつらん) 《熱帯アメリカ産の植物; テキーラの原料となる》.

⁑age /éɪʤ/ [名] (**ag·es** /~ɪz/)

「期間」─┬→(人の)「年齢」, (物の)「存続期間」 **1**
　　　　│　└→「成年」 **2**
　　　　│　└→「老齢」 **3**
　　　　└→(歴史上の一期間) →「時代」 **4**

1 ⓤ **年齢**, 年; (人生の)一時期. 語法 個別の年齢を示すときは ⓒ. 人間以外の動植物または無生物にも用いる: middle ~ 中年 / old ~ 老年 / She married at an early ~. 彼女は若くして結婚した / He is just my ~. 彼はちょうど私と同じ年だ / 言い換え What ~ was she when she got married? (=How old was she when she got married?) 彼女は結婚したのは何歳だったか / He graduated from college ⌈at the ~ of 22 [at ~ 22]. 彼は22歳のとき大学を卒業した. 参考 子供・若者以外の人, 特に女性に年齢を聞くのは失礼とされる / What is the ~ of that building? あの建物はできてから何年になるか / Boys (of) his ~ should not be allowed to drive. 彼の年頃の少年たちには運転を認めてはならない. 語法 この of は省略するほうが普通.

2 ⓤ **成年** (majority); (権・義務などの)規定の年齢, 制限年齢: She is still *under* ~. 彼女はまだ未成年だ[規定の年齢に達していない] / He is *over* ~ for military service. 彼は年齢超過で兵役は無い.

3 ⓤ **老齢** (通例 65 歳以上); 古さ: His back is bent *with* ~. 彼の背中は老齢で曲がっている.

4 ⓒ [普通は単数形で, しばしば A-] **時代, 世代**《period 類義語》: the Elizabethan A~ エリザベス朝時代 (1558-1603) / the computer ~ コンピューター時代 // ☞ Middle Ages, golden age, Stone Age, Bronze Age, Iron Age, space age. **5** [an ~ または複数形で] (略式, 主に英) **長い間**: It's (been) ~*s* [an ~] since we last met. 久しぶりだね. **be áges before beauty.** 顔のよさより年先《年長者に道を譲るときのややくだけた言い方》. **be [áct] one's áge** 動 ⓐ [主に命令文で] 年齢相応のふるまいが[行動を]する. **be of an áge** 「**when** ... [**to do** ...]」 動 ⓐ …してよい年頃である: He *is of an* ~ *to* [*when he should*] *know better.* 彼はもっとわかっていい年頃だ. **be of an áge with ...** …と同年齢である. **be ... yéars of áge** 動 ⓐ (略式) 年齢が...歳である (be ... years old). **cóme [be] of áge** 動 ⓐ 成年に達する[達している]; (物事が)成熟する[している]. **féel [lóok, shów] one's áge** 動 ⓐ 年(相応)に感じる[に見える, であると感じさせる]: My grandchildren make me *feel my* ~. 孫と一緒にいると年を感じるよ. **for áges (and áges)** 副 (略式, 主に英) 長い間. **for one's áge** 年の割には (☞ for 前 A 9): My aunt looks young *for her* ~. おばは年の割には若く見える. **of áll áges** 形 あらゆる時代[年代]の: *people of all* ~*s* あらゆる年代の人々. **―動** (**ag·es; aged; ag·ing, age·ing**) ⓐ 1 年を取る, 老いる; 古くなる, 老朽化する: She has ~*d* quickly. 彼女は急に老け込んできた / ~ *well* 古くなり風格がある; 美しく老いる. **2** 《酒・チーズなど》熟成する. ─ ⓗ 1 《...》に年を取らせる, 《...》を老けさせる; 古くする. **2** 《酒・チーズなど》を熟成させる, ねかす.

-age /ɪdʒ/ 接尾 [名詞語尾] 「集合・状態・地位・動作・料金・場所・数量」などを示す: bagg*age* 手荷物 / peer*age* 貴族 / marri*age* 結婚 / post*age* 郵便料金 / orphan*age* 孤児院 / mile*age* 総マイル数.

áge bràcket 名 ⓒ =age-group.

*****aged**[1] /éɪdʒd/ 形 1 [P] ...歳の: girls ~ fourteen [between 10 and 15] 14 歳[10 歳から 15 歳までの]の少女. **2** 《酒・チーズなど》成熟した.

+a·ged[2] /éɪdʒɪd/ ★aged[1] との発音の違いに注意. Ⓐ (格式) 老齢の, 高齢の, ふけた; 古びた 語法: an ~ person [tree] 老人[老木] / welfare for *the* ~ 老人福祉 (☞ the[1] 3).

áge discriminàtion 名 ⓤ 年齢差別, 高齢者差別 (ag(e)ism).

áge gàp 名 ⓒ 年齢の差.

+áge-gròup 名 ⓒ (特定の)年齢層の人々.

age·ing /éɪdʒɪŋ/ 名 ⓤ, Ⓐ (英) =aging.

age·is·m /éɪdʒɪzm/ 名 ⓤ =age discrimination.

agglutination 33

age·ist /éɪdʒɪst/ 年齢[高齢者]差別の. ─ 名 ⓒ 年齢[高齢者]差別をする人.

áge·less 形 老いない, 不老の; 《文》 永久の. **~-ness** 名 ⓤ 不老; 永久.

áge lìmit 名 ⓒ 年齢制限; 定年.

áge·lòng 形 [普通は Ⓐ] 長年の; 永続する.

*****a·gen·cy** /éɪdʒənsi/ [13] 名 (**a·gen·cies** /~z/)
1 ⓒ (政府などの)**機関**, 庁《(de-partment, ministry) よりは規模の小さい独立行政機関》: the National Police A~ 警察庁.
2 ⓒ 〔商〕**代理店**, 取次所[業者].

agency 2 のいろいろ
ádvertising àgency 広告代理店 / emplóyment àgency 職業紹介所 / néws àgency 通信社 / tícket àgency (乗り物・劇場などの)切符取次販売所, プレイガイド / trável àgency 旅行代理店

thróugh [by] the ágency of .. 前 (格式) ...の媒介[作用]で; ...のあっせん[世話]で.

*****a·gen·da** /ədʒéndə/ [13] 名 (~**s** /~z/) ⓒ **1** (政治上の)**検討課題**, 予定, 方針: put an issue *high on the* ~ ある問題を優先課題とする / The problem of unemployment must be at the top of the ~. 失業問題を最優先課題としなければならない // ☞ hidden agenda.
2 協議事項, 議題; 議事(日程): We have three items *on the* ~ for this meeting. この会議の議事は 3 項目ある.

sét the agénda 動 ⓐ 議事日程を定める; 行動計画を決める[力となる].

*****a·gent** /éɪdʒənt/ 名 (**a·gents** /-dʒənts/) ⓒ **1** 〔商〕**代理人**, 取次人; 代理[あっせん]業者 (*for*); エージェント《俳優・作家・スポーツ選手などに代わり交渉を行なう》.

agent のいろいろ
estáte àgent (英) 不動産業者 / insúrance àgent 保険代理店 / néwsàgent (英) 新聞雑誌販売人 / sécret àgent (自国の)諜報部員 / shípping àgent 海運業者

2 手先, スパイ; (官庁の)役人. **3** 〔化〕 薬剤 (*for*); ⓦ (格式) 元になる力, 働き; 自然力; 作用を起こす物[人]: a chemical cleaning ~ 化学洗剤 / Sunlight and water are ~*s of* plant growth. 日光と水は植物を育てる元になる. **4** 《英》 (政党の)選挙運動出納責任者. **5** 〔文法〕 動作主.

Ágent Órange 名 ⓤ エージェントオレンジ, オレンジ剤《ヴェトナム戦争で米軍が用いた強力枯れ葉剤》.

a·gent pro·vo·ca·teur /áːʒɑːŋproʊvɑːkətɜ́ː | æʒɔŋprəvɒkətɜ́ː/ 《フランス語から》名 (複 **a·gents pro·vo·ca·teurs** /áːʒɑːŋproʊvɑːkətɜ́ː | æʒɔŋprəvɒkətɜ́ː/) ⓒ (文) (警察などの)おとり, 工作員.

áge of consént 名 [the ~] 承諾年令《結婚・セックスに関する承諾が法的に認められる年齢》.

+áge-óld 形 [普通は Ⓐ] (文) 大昔からの.

áge rànge 名 ⓒ (特定の)年齢層の人々.

Ag·gie /ǽɡi/ 名 **1** アギー《女性の名; Agatha, Agnes の愛称》. **2** ⓒ [a-] (米略式) 農学部の(学生).

ag·glom·er·ate[1] /əɡlɑ́mərèɪt | -lɔ́m-/ 動 (格式) ⓗ ⓐ を塊にする. ─ ⓐ 塊になる.

ag·glom·er·ate[2] /əɡlɑ́mərət | -lɔ́m-/ 名 ⓤ または an ~ 〔地質〕 集塊岩. ─ 形 (格式) 塊の, 集積した.

ag·glom·er·a·tion /əɡlɑ̀məréɪʃən | -lɔ̀m-/ 名 (格式) ⓤ 塊にする[なる]こと; ⓒ 塊, 集団, 寄せ集め.

ag·glu·ti·nate /əɡlúːtənèɪt/ 動 (格式) ⓐ 接合[凝集]する. ─ ⓗ 《...》を接合[凝集]させる.

ag·glu·ti·na·tion /əɡlùːtənéɪʃən/ 名 ⓤ **1** (格式) 接合, 凝集. **2** 〔言〕 膠着(法).

ag·glu·ti·na·tive /əglúːtənèɪtɪv, -nətɪv/ 形《格式》接合的な. 《言》膠着的な.

ag·gran·dize /əɡrǽndaɪz/ 他《格式》《軽蔑》〈…〉を拡大する. 〈地位・重要さなど〉を強化する.

ag·gran·dize·ment /əɡrǽndɪzmənt/ 名 U《格式》《軽蔑》〈権力などの〉拡大, 強化.

†**ag·gra·vate** /ǽɡrəvèɪt/ 動 他 1〈状況・病気など〉をますます悪化させる. 2〈主に (S)〉《略式》〈…〉を怒らす, 悩ます. 3《法》〈罪〉を重くする.

ag·gra·vat·ed /ǽɡrəvèɪtɪd/ 形 A《法》加重の《犯行の際, 婦女暴行をしたため通常より刑が重くなること》: ~ assault 加重暴行.

ag·gra·vat·ing /ǽɡrəvèɪtɪŋ/ 形 1〈主に (S)〉《略式》腹の立つ, 頭にくる. 2《法》〈罪など〉を重くした. ~·ly 副 頭にくるぐらいに.

ag·gra·va·tion /ǽɡrəvéɪʃən/ 名 1《略式》U いらだち. C,U 困った事. 2 U 悪化, 深刻化.

†**ag·gre·gate**¹ /ǽɡrɪɡət/ 名《格式》(体) 《経》総計 (total) (of). 2 U,C《土》(コンクリートの)骨材《砂・砂利など》. 3 C,U《英》《スポ》総得点. **in (the) ággregate** 副《格式》全体として; 合計で. **on ággregate** 副 文修飾副詞《英》《スポ》全体としては. — 形 A《経・スポ》集合的な: ~ income 総収入.

†**ag·gre·gate**² /ǽɡrɪɡèɪt/ 動《格式》他 1 総計〈…〉となる. 2 [普通は受身で]〈…〉を集める, まとめる (with). — 自 集まる, まとまる.

ag·gre·ga·tion /ǽɡrɪɡéɪʃən/ 名《格式》U 集合, 統合; C 集合体, 集団.

*ag·gres·sion** /əɡréʃən/ 名 (~s /-z/; 形 aggressive) U 1 侵略, 攻撃 (against): military ~ 軍事侵略. 2 攻撃性 (toward).

†**ag·gres·sive** /əɡrésɪv/ 形 (名 aggression) 1 攻撃[侵略]的な; 強引な; 〈がんの〉進行が早い (反 defensive): ~ action 攻撃的な行動 / ~ coverage 強引な取材. 2 〈人・計画などが〉積極的な, 活動[精力]的な: an ~ salesmen 積極的なセールスマン. ~·ly 副 攻撃[侵略]的に, 積極的に. ~·ness 名 U 攻撃[侵略]性; 積極性.

†**ag·gres·sor** /əɡrésə | -sə/ 名 C《格式》侵略者[国].

†**ag·grieved** /əɡríːvd/ 形 1 W (不当な扱いに)不満をいだいた, 感情を害した (at, by). 2《法》権利を侵害された: the ~ party 被害者.

ag·gro /ǽɡroʊ/ 名 U《英略式》1(若者のグループ間の)けんか, 挑発(的な態度). 2 面倒(な事).

Ag·gy /ǽɡi/ 名 固 アギー《女性の名; Agatha, Agnes の愛称》.

a·ghast /əɡǽst | əɡáːst/ 形 P W びっくりして (at).

†**ag·ile** /ǽʤəl | ǽʤaɪl/ 形 機敏な, 敏活な; 〈頭脳が〉鋭い: (as) ~ as a monkey 猿のように敏捷な / an ~ mind 鋭い頭脳.

a·gil·i·ty /əʤíləti/ 名 U 機敏, 敏活, 鋭敏.

†**ag·ing** /éɪʤɪŋ/ 形 A 老(齢)化している; 老朽化している. — 名 U 老化, 加齢(現象); 熟成.

ag·ism /éɪʤɪzm/ 名 =age discrimination.

ag·ist /éɪʤɪst/ 形 =ageist.

†**ag·i·tate** /ǽʤɪtèɪt/ 動 自 [主に新聞で](政治的に)運動する, 扇動する, アジる (for, against; to do). — 他《格式》1〈人・世間〉を不安にさせる, かき乱す. 2〈液体〉を(激しく)撹拌(かくはん)する, かき混ぜる; 波立たせる.

ag·i·tat·ed /ǽʤɪtèɪtɪd/ 形 動揺した, 興奮した.

ag·i·ta·tion /ǽʤɪtéɪʃən/ 名 1 U 人心の動揺, 興奮. 2 U,C [主に新聞で](賛成・反対のための)扇動[アジ](演説) (for, against). 3 U《格式》〈液体の〉撹拌(かくはん).

ag·i·ta·tor /ǽʤɪtèɪtə | -tə/ 名 C《軽蔑》扇動者, 政治運動家; 撹拌(かくはん)器.

ag·it·prop /ǽʤɪtpràp | -pròp/ 名 U アジプロ《芸術を通じての共産主義宣伝活動》.

a·gleam /əɡlíːm/ 副, 形 P (…で)光って[いる], 輝いて[いる] (with).

a·glit·ter /əɡlítə | -tə/ 副, 形 P (…で)ぴかぴか[ちかちか]きらめいて[いる] (with).

a·glow /əɡlóʊ/ 副, 形 P (燃えるように)輝いて[いる], 赤らんで[いる]; 興奮して[て] (with).

AGM /éɪʤìːém/ 名 C《英》(会社などの)年次総会 (Annual (General) Meeting の略).

Ag·nes /ǽɡnɪs/ 名 固 アグネス《女性の名; 愛称は Aggie および Aggy》.

ag·nos·tic /æɡnɑ́stɪk | -nɔ́s-/ 名 C 不可知論者. — 形 不可知論(者)の;《格式》懐疑的な.

ag·nos·ti·cis·m /æɡnɑ́stəsɪzm | -nɔ́s-/ 名 U 不可知論《神の存在は確認できないとする考え》.

*a·go** /əɡóʊ/ 副 (今から)…前に: He went out a minute [moment] ~. 彼は今し方出かけた / It was a week [year] ~ that they got married. 二人が結婚したのは1週間[1年]前のことだった / How long ~ was it? それはどのくらい前のことだったのですか.

語法 (1) ago は現在を基準として以前のことを示し, 常に期間を表わす名詞または long などの副詞を直前に伴い, 過去時制(小説では時に過去完了形)とともに用いられ, 現在完了形とは用いられない (☞ before 副 語法 (2), have² 1 語法 (3)).
(2) 間接話法では普通 ago が before に変わるが, 変わらないこともある (☞ narration 文法 (1) (v)).

語源 古(期)英語で「gone (過ぎ去った)」の意.

lóng agò =**a lóng tíme agò** 副 ずっと前に, 昔: I visited China long ~. 私はずっと前に中国を訪れた.

lóng, lóng agò 副 昔々: Long, long ~, there lived a king who had three daughters. 昔々3人の娘がいる王様がいました《物語の初めなどに使われることば》.

a·gog /əɡɑ́ɡ | əɡɔ́ɡ/ 形 P《文》(好奇心・期待などで)興奮して, 大騒ぎして; しきりに…したがって, 待ち望んで (at, over).

à go-go /ɑːɡóʊɡoʊ/ 形《略式》=galore.

ag·o·nize /ǽɡənàɪz/ 動 自 悩む; 苦しむ, もだえる (over, about).

ag·o·nized /ǽɡənàɪzd/ 形 A 苦痛に満ちた; 苦しんだ: an ~ look 苦悩の表情.

†**ag·o·niz·ing** /ǽɡənàɪzɪŋ/ 形 [普通は A] 苦しめる, 苦悩[苦悶]をもたらす; ひどく難しい: an ~ decision [choice] 苦しい決定[選択]. — 名 苦しみ, 苦悩. ~·ly 副 ひどく, とても.

*ag·o·ny** /ǽɡəni/ 名 (-o·nies /-z/;《耐えがたい》苦痛, 苦しみ, 苦悩, 苦悶(もん) (☞ pain 類語): scream *in* ~ 苦しんで叫び声をあげる / suffer *agonies of* guilt 罪の意識に苦しむ / It was ~ having my decayed tooth pulled. 虫歯を抜いてもらうときひどく痛かった. **píle ón the ágony** 動 自《英略式》[主に新聞] (1) 苦しさ[辛さ]を大げさに言う. (2) 事態をさらに悪化させる. **prolóng the ágony** 動 自《略式》(必要以上に)苦しみ[いやなこと]を長引かせる.

ágony àunt 名 C《英》身の上相談欄の(女性)回答者.

ágony còlumn 名 C《英》身の上相談欄 (《米》advice column).

ágony ùncle 名 C《英》身の上相談欄の(男性)回答者.

ag·o·ra·phobe /ǽɡərəfòʊb/ 名 C 広場恐怖症の人.

ag·o·ra·pho·bi·a /ǽɡərəfóʊbiə/ 名 U《医》広場恐怖症.

ag·o·ra·pho·bic /ǽɡərəfóʊbɪk‐/ 名 C 広場恐

怖症の人. ― 形 広場恐怖症の.

†**a‧grar‧i‧an** /əgré(ə)riən/ 形《普通はA》《格式》耕地の, 農地の;《社会・経済などの》農業依存の.

*a‧gree /əgríː/ 動 (**a‧grees** /-z/; **a‧greed** /-d/; **a‧gree‧ing**) 名 agréement; 反 disagree) 自

元来は「喜ばせる」の意.
→「喜んで受け入れる」→「応じる」**2** →「同意する, 一致する」**1**
→「喜ばしい」→「性に合う」**4**

[進行形なし] **1**《人が》《意見に》**一致する**, 賛成する; 合意に達する《⇨ 類義語》: I completely ~ *with* you. <V+*with*+名・代> あなたと全く同意見です / I can't ~ *with* capital punishment. 死刑には賛成できない / I cannot entirely ~ *with* Mr. Hill *about* [*on*] this.<V+*with*+名・代+*about* [*on*]+名・代> この点でヒル氏に完全には賛成し難い / We ~*d on* the immediate solution of the problem. <V+*on*+名・代> 私たちはその問題を直ちに解決することで合意した《⇨ 他 1 第 2 例文》 / They could not ~ (*on* [*about*]) *how* it should be done. <V+(前+)*wh*句・節> 彼らはそれをどのようにすればいいか意見の一致がみられなかった. 語法 *wh* 句・節の前の前置詞はしばしば省かれる; この場合 agree を 他 と考えることもできる《⇨ 動詞型解説 II. 1. 9 (巻末)》

2《申し出などに》**応じる**, 同意する: I suggested a vacation next month, and she ~*d* at once. 来月休暇をとろうと言ったら彼女はすぐに同意した / 他 He ~*d to* our proposal. <V+*to*+名・代> 彼は我々の提案に同意した / The president didn't ~ *to* the construction of a new plant. 社長は新工場を建設することに同意しなかった. 語法 agree with ...《⇨ 1》は人や物事に賛意を表わす意味で用いる. agree to ... は提案などに同意・承諾を与える意味で用い, 人には用いない.

3《物が》《...と》一致する: Your explanation does not ~ *with* the facts. あなたの説明は事実と合わない / These reports do not ~ (*with* each other). これらの報告は食い違っている. **4** 性に合う, うまが合う;《否定文で》《食べ物などが》《...の》体[健康]に合う: Your new job seems to ~ *with* you. 新しい仕事は君に合っているようだね / This food does not ~ *with* me. この食べ物は私の体に合わない. **5**《文法》《数・格・人称・性が》一致する《⇨ agreement 文法》(*with*).

― 他 [進行形なし] **1**《...することに》意見が一致する; 同意する, 承知する: They ~*d that* my plan was better. <V+O(*that* 節)> 彼らは私の計画のほうがよいということで意見が一致した. 語法 *that* 節の前に前置詞が省略されていると考え 自 と考えることもできる《⇨ 動詞型解説 II, 3.5 (巻末)》《言い換え》We ~*d to* solve the problem immediately. <V+O (*to* 不定詞)> ＝We ~*d that* we should solve the problem immediately. 私たちはその問題を直ちに解決することで合意した《⇨ 自 1 第 4 例文; should A 8》/ I begged her to come, and finally she ~*d to*. 彼女にさんざん頼んだあげく, とうとう来ることに同意してくれた《⇨ to³ A1 語法 (1)》. **2**《主に英》《提案などを》承諾する;《...について》合意する: We couldn't ~ a price. 価格について合意に達することができなかった. **agrée to disagree** [**differ**] [動] 自 互いに意見が違うことを認める《論争を友好的に打ち切る決まり文句》. **cóuldn't agrée** (**with ...**) **móre** [動]《S》(...に)大賛成だ:〘会話〙 "This design is better than that." "I *couldn't* ~ *more*." 「このデザインの方があれよりいいよ」「全くだね」**I quíte agrée.**《S》《英》全くだね.
【類義語】agree 議論の末に同意すること. assent 意見・事実に対する積極的でない同意を表わす. consent 権限のある人

---

agriculturalist 35

が同意を与えることで, 意志や感情を伴う: The voters *assented* to the program, but would not *consent* to pay higher taxes to fund it. 選挙民はその計画を了承したが, 資金に必要な増税にはどうしても同意しなかった.

†**a‧gree‧a‧ble** /əgríːəbl/ 形 (反 disagreeable)《格式》**1**《方針などが》受け入れられる, 好ましい;《W》《古風》感じのよい, 快い (pleasing); 楽しい: The deal was ~ *to* both sides. 取り引きは両方に好ましいものだった. **2**《P》《人が》乗り気になって, 賛成して《言い換え》I am entirely ~ *to* your proposal. (＝Your proposal is entirely ~ *to* me.) あなたのご提案には全く賛成です.

a‧gree‧a‧bly /əgríːəbli/ 副《格式》快く, 愉快に: I was ~ surprised. うれしい驚きを感じた.

†**a‧greed** /əgríːd/ 形A《条件などが》合意された: the ~ price 協定[同意]価格. **2**《P》《格式》意見が一致して:《言い換え》We are ~ *on* an early start. ＝「We are [have been] ~ *that* we (*should*) start early. 私たちは早く出発することに意見が一致している《⇨ should A 8》 / It is generally ~ *that* smoking seriously endangers health. 喫煙が健康に大変害があるということは意見の一致をみている. **3** [感嘆詞的に]《S》《格式》同感, 賛成; 承知した.

*a‧gree‧ment /əgríːmənt/ [T1] 名 (**a‧gree‧ments** /-mənts/; agrée; 反 disagreement) **1**《C》**協定**, 契約 (*on*); 契約書: a trade ~ *between* the two countries 二国間貿易協定 / an ~ *to* remove trade barriers <N+*to* 不定詞> 通商障壁を撤廃する協定 // ⇨ gentleman's agreement.

┌─ コロケーション ─────────────────┐
break [**violate**] an *agreement* 契約にそむく
「**carry out** [**implement**] an *agreement* 契約事項を実行する
reach [**come to, make,**《格式》**enter into, work out, conclude**] an *agreement* (with ...) (on ...) (...と)(...について)協定を結ぶ
sign an *agreement* 契約書に署名する
└────────────────────────────┘

2《U》《意見の》**一致**, 調和, 同意 (*of*): There was no ~ *about* whom to invite. だれを招くかについては意見の一致がなかった / There is ~ among them *that* nuclear tests of every type should be prohibited. <N+*that* 節> いかなる種類の核実験も禁止すべきだということで彼らは意見が一致している / The United States and China reached full ~ *on* that issue. その問題については米国と中国は完全に合意に達した. **3**《U》《文法》一致, 呼応 (*with*).

┌─ 文法 ─ 一致 ─────────────────┐
文中において密接な関係のある語が相互に形の上で一定の特徴を示すことをいい, 大きく分けて時制の一致《⇨ sequence of tenses 文法》と数・格・人称・性に関する一致の 2 つがある. 後者を呼応と呼ぶが, 一致と呼応を同意で用いることもある《⇨ concord 文法》.
└────────────────────────────┘

in agréement [形・副] 同意して, 一致して: We are *in* ~ *on* [*about*] this subject. 我々はこの問題については一致している / I am generally *in* ~ *with* your analysis.《格式》あなたの分析にだいたい賛成です.

ag‧ri- /ǽgri/ 接頭「農業の」の意.

ag‧ri‧busi‧ness /ǽgrɪbìznəs/ 名《U,C》《商》農業関連産業;《利潤追求の》大規模農業[組織].

*ag‧ri‧cul‧tur‧al /ægrɪkʌ́ltʃ(ə)rəl⁻/ 形 (agrículture) 農業の, 農芸の; 農学の; 農業依存の, 農耕の: ~ products 農産物 / ~ chemicals 農薬.

ag‧ri‧cul‧tur‧al‧ist /ægrɪkʌ́ltʃ(ə)rəlɪst/ 名《C》農学者.

*__ag·ri·cul·ture__ /ǽgrɪkʌ̀ltʃɚ | -tʃə/ [T2] [名] ([形] àgricúltural) [U] **農業, 農芸; 農学**: the Department [Secretary] of A～《米》農務省[長官]《☞ department 表》. [語源] ラテン語で「土地を耕すこと」の意《☞ culture 囲み》.

__ag·ri·cul·tur·ist__ /æ̀grɪkʌ́ltʃ(ə)rɪst/ [名] [C] 農学者.

__ag·ro-__ /ǽgroʊ/ [接頭]「土壌の, 農作の」の意.

__àgro·chémical__ [名] [C] 農薬.

__a·gron·o·mist__ /əgrɑ́nəmɪst | -rɔ́n-/ [名] [C] 農耕学者.

__a·gron·o·my__ /əgrɑ́nəmi | -rɔ́n-/ [名] [U] 農耕学《土壌管理と作物生産に関する学問》.

+__a·ground__ /əgráʊnd/ [副], [形] [P] 座礁(ざしょう)した[て], 浅瀬に乗り上げた[て]: run [go] ～ (船が)座礁する.

__a·gue__ /éɪgjuː/ [名] [C,U]《古風》マラリア熱; 寒気.

*__ah__ /ɑ́ː/ ([同音]《英》#are[1, 2], 《英》are[3]) [感] **ああ!**《喜び・怒り・驚き・苦しみ・満足・あわれみ・不同意・肯定などを表わす》: *Ah!* If only I had money. ああ, 金があったらなあ / *Ah,* yes—that's probably the reason. ああそうか—たぶんそういうわけだ / Say "*ah.*"「アー」と言ってごらん, あーんして《歯医者や耳鼻咽喉(いんこう)科で》.

__a·ha__ /ɑːhɑ́ː/ [感] はは, ははあん, なるほど《満足・納得・興奮の気持ちを表わす》: A～! I knew it all along. やっぱり. ずっとそんなことだろうと思っていた.

__ah·choo__ /ɑːtʃúː/ [感] はくしょん!《くしゃみの音》.

‡__a·head__ /əhéd/ [副] **1 前方に[へ]**: We saw another ship far ～. はるか前方に他の船を見た / The road ～ is very narrow. この先の道路はとても狭い / Straight ～! 真っすぐ進め / STOP *AHEAD* 前方一時停止《道路などの指示》/ Let me off up ～. 少し行ったところで降ろしてください.

2 (時間的に)**先に,** 前もって; 将来に向けて: plan ～ 前もって[将来に備えて]計画する / forecast the weather for two or three weeks ～ この先 2, 3 週間の天気予報をする / He phoned ～ for tickets. 彼は切符を電話で予約した / look [think] ～ 将来のことを考える / in the days [weeks, years] ～ 何日も[何週も, 何年も]先に. **3** (他より)進んで, 勝(まさ)って, 勝ち越して (*of*); もうけて: [言い換え] We are five points ～. =We are ～ *by* five points. 私たちは 5 点リードしている / well ～ 楽勝して, かなりすぐれて.

ahéad of ... [T2] [前] ([反] behind) (1) **…の前方に;** …の将来に: She walked ～ *of* him. 彼女は彼の前を歩いた / We have a lot of work ～ *of* us. これから先たくさん仕事がある. (2) (時間的に)…より進んで, …より前に; …に先立って: ～ *of* time 前もって / one hour ～ *of* schedule [time] 予定より 1 時間前 / Tokyo is 14 hours ～ *of* New York. 東京はニューヨークより 14 時間進んでいる《時差のこと》/ Four runners crossed the finish line ～ *of* me. 私より先に 4 人の走者がゴールインした.

be ahéad of ... [動] [他] …より進んでいる; …より勝(まさ)っている; 有利な立場にある: He *is* ～ *of* us in English. 彼は僕たちより英語がよくできる / Imports *are* ～ *of* exports. 輸入額が輸出額を上回っている.

gèt ahéad [動] [自] 出世する, 成功する: He *is getting* ～ in his business. 彼は商売がうまくいっている.

gèt [gò] ahéad of ... [動] [他] …より先に進む, …を追い越す, …に勝る: Jim ran so fast that he soon *got* ～ *of* the others. ジムはとても速く走ったので, すぐに先頭に立った.

gèt [kèep, stáy] ahéad (of the gáme [cúrve]) [動] [自]《米略式》有利な立場になる[を維持する].

gò ahéad [T3] [動] [自] (1) [命令文で] [S] **どうぞ始めて[続けて]ください;** (許可を与えて)さあ, どうぞ; (電話で)どうぞお話しください; どうぞお先へ《出入り口などで, または乗り物に乗るときなど》: [会話] "Can I use your phone?" "Sure, *go* ～." 「電話をお借りできますか」「ええどうぞ」/ *Go* ～ and say it. 思い切って言ってください. (2) **先へ進む; 進行する**: You *go* ～. I'll join you later. 先に行きなさい. 後でいっしょになるから. (3) (話・仕事を)**始める[進める],** 続ける: *Go* ～ *with* your story. 話を続けなさい. (4) (行事などが)行なわれる.

__a·hem__ /əhém/ [感] えへん!, うふん!《注意の喚起, 疑いの表明, ことばに詰まったときなど》. ★ /əhém/ は文字を読むときの発音で, 実際の発音は強く咳払いをするような音.

__a·hold__ /əhóʊld/ [名] [次の成句で] **gèt ahóld of ...** [動] [他] [S]《略式, 主に米》=get (a) hold of ...《☞ hold [名] 成句》. **gèt ahóld of onesèlf** [動] [自]《略式, 主に米》落ち着く, 冷静になる.

__-a·hol·ic__ /əhɔ́ːlɪk | əhɔ́l-/ [接尾] [名詞・形容詞につく名詞語尾]《略式》「…中毒の人」の意《alcoholic から》: a work*aholic* 仕事中毒の人 / a choc*aholic* チョコレートに目のない人.

__a·hoy__ /əhɔ́ɪ/ [感]〘海〙《古風》おーい!: A～ there! おーい! **Shíp ahóy!** [感]〘海〙おーい, 船が見えるぞ!.

__AI__ /éɪáɪ/ [略] =artificial intelligence, artificial insemination.

‡__aid__ /éɪd/ ([同音] aide) [T2] [名] (**aids** /éɪdz/) **1** [U] **援助,** **救援,** 助力; 対外援助 (*for*): financial ～ 財政的援助 / medical ～ programs 医療援助計画 / food ～ 食糧援助 / Advanced countries must give ～ to developing countries. 先進国は発展途上国を援助しなければならない // ☞ first aid.

2 [C,U] 助けになるもの, 補助器具 (*to*): mobility ～*s* for the disabled 身体障害者のための歩行補助器具 / We can save a lot of time ***with the*** ～ ***of*** a computer. コンピューターを使えば時間が大いに節約できる // ☞ audiovisual aids, hearing aid. **3** [C]《米》=aide 1. **cóme [gó, húrry, rúsh] to ...'s áid** [動]《格式》…を助けてくれる. **in áid of ...** [前]《英》…のために, …を援助して: collect money *in* ～ *of* disabled people 身体障害者のための募金をする. **Whát is ... in áid òf?** [S]《英略式》…は何のためか: *What's* all this running about *in* ～ *of?* なんでこんなに走り回っているんですか.

— [動] (**aids** /éɪdz/; **aid·ed** /-dɪd/; **aid·ing** /-dɪŋ/) [W]《格式》[他]〈人〉を助ける, 手伝う; (資金・食料などを提供して)〈国・団体〉を援助する, 支援する; 助成する《☞ help 類義語》: He ～***ed*** her ***in*** her business. <V+O+前+名・代> 彼は彼女の商売を手伝ってやった / He ～***ed*** me ***with*** my work. 彼は私の仕事を手伝ってくれた / These materials will ～ you ***in*** master***ing*** English. <V+O+*in*+動名> これらの教材は英語を習得する上で助けになるだろう. — [自] 助ける (*in*).

áid and abét ... [動] [他] ☞ abet 成句.

__AID__ /éɪàɪdíː/ [名] [U]〘医〙非配偶者間人工受精《*a*rtificial *i*nsemination by *d*onor の略》.

__áid àgency__ [名] [C] 援助[支援]機関.

*__aide__ /éɪd/ ([同音] aid) [名] (**aides** /éɪdz/) [C] **1**《主に米》**補佐官, 顧問;** 側近; 助手, 助力者: an ～ ***to*** the President 大統領補佐官. **2** =aide-de-camp.

__aide-de-camp__ /éɪddəkǽmp | -kɑ́ːmp/ ≪フランス語から≫ [名] (複 **aides-** /éɪdz-/) [C] 副官《[略] ADC》.

__aide-mé·moire__ /éɪdmemwɑ́ɚ | -wɑ́ː/ ≪フランス語から≫ [名] (複 **aides-** /éɪd-/) [C] 備忘録; 覚書.

‡__AIDS, Aids__ /éɪdz/ [名] [U]〘医〙**エイズ**《後天性免疫不全症候群; *A*c*q*uired *I*mmuno*d*eficiency [*I*mmune *D*eficiency] *S*yndrome の略; ☞ acronym》.

__ÁIDS-relàted còmplex__ [名] [U]〘医〙エイズ関連症候群《AIDS ウイルス感染者の示す前 AIDS 症状; リンパ腺腫脹・微熱など; [略] ARC》.

__ÁIDS vìrus__ [名] [C] =HIV.

__áid wòrker__ [名] [C] (国連などの)援助隊員.

ai·grette /eɪgrét, éɪgret/ 名 C 白さぎの羽毛飾り(☞ egret).

AIH /éɪeɪtʃ/ 名 U〘医〙配偶者間人工授精(*artificial insemination by husband*の略).

ai·ki·do /aɪkíːdou/《日本語から》名 U 合気道.

ail /eɪl/ 動 他《格式》〈人〉を苦しめる;《古風》〈人〉をわずらわす: What ~s you? どうかしましたか. ― 自《古風》病気をわずらう.

ai·le·ron /éɪləràn | -rɔ̀n/ 名 C〘空〙(飛行機の)補助翼(☞ airplane insert).

ail·ing /éɪlɪŋ/ 形 1《普通は A》《格式》《主に新聞で》(企業・経済などが)業績不振の, 落ち目[下り坂]の. 2 病気の, 病弱の.

ail·ment /éɪlmənt/ 名 C (軽い)病気.

***aim** /eɪm/ T2 動 (aims /~z/; aimed /~d/; aim·ing) 自 1 目ざす, 志す: What are you ~ing at? あなたは何を目ざしているのですか / He is ~ing for the job. 彼はその仕事を得ようとがんばっている / Henry ~s to win a scholarship. <V+to 不定詞> ヘンリーは奨学金をもらうつもりだ / We ~ at pleas*ing* everyone. <V+at+動名> 私達は皆さんに喜んでもらうことを目標にしています.

2 ねらう: He ~ed at [for] the lion. <V+at [for]+名・代> 彼はライオンをねらった.

― 他 1《普通は受身で》〈ことばなど〉を(...に)向ける; (...に)〈企画など〉のねらいを定める: The magazine *is* ~ed *at* teenagers. <V+O+at+名・代の受身> その雑誌は10代の若者向けだ / His speech *was* ~ed *at* reduc*ing* car accidents. <V+O+at+動名の受身> 彼の演説は交通事故の減少をねらったものだった. 2〈銃など〉を(...に)向ける: The soldier ~ed his gun *at* the man. <V+O+at+名・代> 兵士はその男に銃を向けた. **áim hígh** [動] 高い望みを抱く.

― 名 (~s /~z/) 1 C 目的, 目標 (goal); 志: *with the* ~ *of* prevent*ing* riots 暴動が起こるのを防ぐために / What is your ~ in life? あなたの人生における目的は何ですか / He achieved his ~. 彼は目的を達した.

2 U ねらい(を定めること), 射撃能力, 的(てき): His ~ was a little off. 彼のねらいは少しはずれた.

táke áim at ... [動] 他 (1) ...をねらう. (2)《米》...を批判する.

AIM /eɪm/ 略 =American Indian Movement アメリカインディアン運動《1968年結成の北米先住民の地位向上運動団体》.

⁺**áim·less** 形 A《主に軽蔑》目的[目当て]のない: lead an ~ life 目標のない人生を送る. **-·ly** 副 目的[目当て]もなく. **~·ness** 名 U 目的[目当て]のなさ.

***ain't** /eɪnt/《非標準》S または《滑稽》1 am¹,² not の短縮形 (☞ not (1) (i)). 普通は付加疑問において用いる; 改まった会話では..., am I not? を, また《略式》では..., aren't I? を用いる (☞ aren't 3): I'm late, ~ I? 遅れたかな.

2 are¹,² not, is¹,² not の短縮形: He ~ coming. あいつは来ないよ. 3 have² not, has² not の短縮形: They ~ got no money. あいつらお金は持ってないよ.

Ai·nu /áɪnuː/ 形 アイヌの; アイヌ人の; アイヌ語の.
― 名 (複 ~(s))Cアイヌ人; Uアイヌ語.

***air** /eə | éə/ (同音 e'er, ere, heir,《米》#are³,《米》#err, 類音 ear, error) 名 (~s /~z/; áerial, áiry) 1 U 空気, 空, 大気: We would die without ~. 空気がなければ我々は死ぬだろう / This tire needs some ~. このタイヤは空気を入れる必要がある.

― コロケーション ―
get [breathe (in)] some fresh *air* 新鮮な空気を吸う
let in some fresh *air* (部屋に)新鮮な空気を入れる
pollute the *air* 大気を汚染する

air base 37

2 [the ~] 空中, 空, 空間で: Several birds were flying in *the* ~. 数羽の鳥が空を飛んでいた / The witch disappeared into *the* ~. 魔女は空中に消えた. 3《形容詞的に》空気の; 航空機の; 空軍の: ~ pollution 大気汚染 / ~ crash 航空機の衝突[墜落事故] / ~ industry 航空産業. 4《単数形で》外見, 様子; 感じ, 雰囲気; 態度; 《複数形で》《軽蔑》気取った態度: with *an* ~ of 自信をもって, もったいぶった態度で / The building has *an* ~ of mystery about it. その建物には神秘的な雰囲気が漂っている / She assumed [put on] *an* ~ of indifference. 彼女は知らん顔をした. 5 U 空調. 6 C《古風》曲, 旋律: The Londonderry A~ ロンドンデリーの歌(アイルランド民謡).

áirs and gráces [名]《軽蔑》《英》お上品ぶり.

(as) líght as áir [形] (空気のように)非常に軽い.

by áir [副] (1) 飛行機で: They left for Europe *by* ~. 彼らは空路ヨーロッパへ向けて出発した. (2) 航空便で (by airmail).

cléar the áir [動] 自 (1) 疑惑[誤解]を晴らす. (2) (話し合うことで)緊張感[怒りなど]をやわらげる. (3) (部屋の)換気をする.

flóat on áir =walk on air.

gét [cátch] some áir《米俗》《バスケットボール・スキー・スケートボードなど》高く飛び上がる.

gíve oneself áirs [動] 自《軽蔑》気取る, いばる.

in the áir [副・形] (1) 空中に: There's a lot of dust *in the* ~ today. きょうは大気がほこりっぽい. (2) (うわさ・感情などが)人々に広まって; (事が)起こりそうで: There is a feeling of excitement *in the* ~. 興奮した空気がみなぎっている. (3) (計画などが)未決定で.

into thín áir [副] 影も形もなく: vanish [disappear] *into thin* ~ 跡形もなく消える.

òff (the) áir [副・形] 放送されない, 放送をやめて (反 on (the) air): go *off (the)* ~ 放送が終了する.

òn (the) áir [副・形] 放送されて, 放送中で (反 off (the) air): This drama will be [go] *on (the)* ~ tomorrow. この劇はあす放送される.

「óut of [fròm] thín áir [副] どこからともなく, 無から: appear *out of thin* ~ どこからともなく現われる.

pùt ón áirs [動] 自《軽蔑》気取る, もったいぶる.

táke the áir [動] 自《古風》散歩[ドライブ, 乗馬]に出る.

táke to the áir [動] 自 飛ぶ; 飛行機で旅をする.

ùp in the áir [副・形] (1) 空高く: An eagle was soaring high *up in the* ~. わしが1羽空高く舞っていた. (2) S 未決定で: Our plans are still *up in the* ~. 我々の計画はまだ固まっていない.

wálk [flóat] on áir [動] 自《進行形で》うきうきしている. (由来)うれしくて宙を歩くような感じから.

― 動 (airs /~z/; aired /~d/; air·ing /é(ə)rɪŋ/) 他 1 〈...〉を放送[放映]する: This program will be ~ed *on* CNN. <V+O+on+名の受身> この番組はCNNで放送される. 2〈意見など〉を公表する; 〈不平など〉をぶちまける: ~ one's grievances 不満をぶちまける / ~ one's views [opinions] 意見[考え]を吹聴する. 3〈衣服など〉を空気にさらす, 〈ブランケットなど〉《米》《out》毛布を日に干す. 4〈部屋〉に風を通す; 〈...〉を換気する: ~ 《米》《out》the stuffy room むしむしする部屋の空気を入れ換える. ― 自 1 放送される: The interview will ~ tomorrow morning. 会見の模様は明朝放送される. 2 空気にさらす, 虫干しをする. 3 換気をする.

áir àmbulance 名 C 救急飛行[ヘリ(コプター)].
áir bàg 名 C (自動車の)エアバッグ.
áir bàll 名 C〘バスケ〙エアボール《リングにもボードにも当たらないシュート》.
⁺**áir bàse** 名 C 空軍基地.

airbed

áir·bèd 名 C (英) =air mattress.
áir blàdder 名 C (魚の)うきぶくろ.
áir·bòrne 形 1 ▣ 離陸した, 飛行中の. 2 Ⓐ (部隊が)空輸された, 空挺(≧)の; (種子などが)空気で運ばれる.
áir brákes 名 (複) エアブレーキ, 空気制動機.
áir brídge 名 C (英) (空港の)搭乗橋 (☞ airport 挿絵).
áir·brúsh 名 C エアブラシ(塗料吹き付け用の噴霧器). ── 動 他 〈写真・絵などを〉エアブラシで塗る[仕上げる]; [普通は受身で]エアブラシで除去する (out).
Air·bús, àir·bús 名 C エアバス(短・中距離用の大型定期旅客機; 商標).
áir chìef márshal 名 C (英) 空軍大将.
áir cómmodore 名 C (英) 空軍准将.
áir-condítioned 形 エアコン付きの; エアコンがきいた: well ~ よく冷房がきいた.
áir condítioner 名 C エアコン, クーラー, 冷暖房装置; 空調装置. 参考 本来は温度・湿度の調整装置一般だが, 英米では普通冷房装置を指す: The ~ was on [running] in the room. 部屋には冷房が入っていた / 会話 "Will you turn down the ~? It's a little too cool." "Sure." 「冷房を弱くしてくれますか. 少し寒すぎます」「いいですよ」
áir condítioning 名 U 冷房; 空調(室内の空気の浄化や温度・湿度の調節など; 略 AC, a/c).
áir-cóoled 形 [普通は Ⓐ] (エンジンが)空冷式の. 関連 water-cooled 水冷式の.

áir còver 名 U 【軍】 (航空機による)上空援護; 上空援護飛行隊.

air·craft /éəkræft | éəkrɑːft/ 13 名 (複 ~) C 航空機 《飛行機・ヘリコプター・気球など》: The ~ was [were] unidentified. その航空機は国籍不明だった. 語法 普通は航空機全体を指すが, 1機1機についても用いる. 関連 vehicle 陸上の乗物 / craft 船舶. **by aircraft 副 航空機で: be carried by ~ 航空機で輸送される.
áircraft càrrier 名 C 航空母艦, 空母.
áir·craft·man /éəkræftmən | éəkrɑːft-/ 名 (複 -men /-mən/) C (英) (空軍の)二等兵(男性).
áir·craft·wom·an /éəkræftwùmən | éəkrɑːft- -wòm·en /-wìmən/) C (英) (空軍の)二等兵(女性).
áir·crèw 名 C (航空機の)乗務員(全体).
áir cùrrent 名 C 気流.
áir cùshion 名 C 【機】 空気クッション(ホバークラフトの噴射気流など).
áir-cùshion vèhicle 名 C ホバークラフト(hovercraft) (略 ACV).
áir·dròp 名 C (パラシュートによる)空中投下.
── 動 他 (air·drops; air·dropped; -drop·ping) 〈食料などを〉空中投下する.
áir-drý 動 自 他 (…を)空気乾燥する, 風乾する.
Aire·dale /éədeɪl | éə-/ 名 C エアデールテリア(大型のテリア犬).
áir·er /é(ə)rə | -rə/ 名 C (英) (室内用)干し物掛け.
áir·fàre 名 C 航空料金[運賃].
áir·fìeld 名 C (小規模で特に軍用の)飛行場.

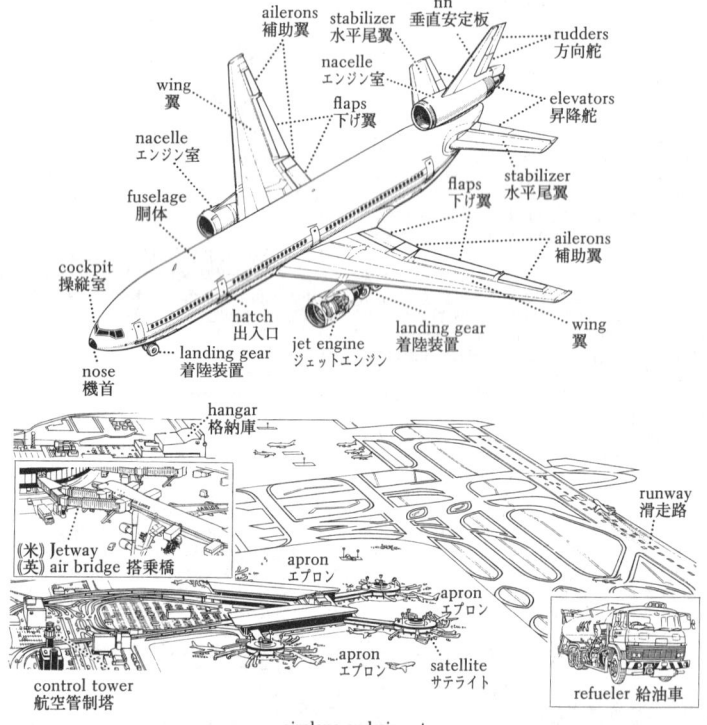

airplane and airport

air·flow 名 C 空気流; (飛行機などの受ける)気流.
air·foil 名 U.C (米)〖空〗翼(よく).
***air force** /éəfɔəs | éəfɔːs/ 名 (**air forc·es** /-ɪz/) C
〖英〗単数形でも時に複数扱い〗空軍 (☞ collective noun 文法): the United States Air Force 米国空軍 (略 USAF), the Royal Air Force 英国空軍 (略 RAF). 関連 army 陸軍 / navy 海軍.
Air Fòrce Óne 名 固 (米国の)大統領専用機.
Air France 名 固 エールフランス《フランスの航空会社》.
áir frèshener 名 C,U (部屋の)芳香剤, 臭い消し.
áir guitár 名 U (実際の音楽に合わせて演奏のまねをして弾く)空想ギター, エアギター.
áir gùn 名 C 空気銃 (air rifle).
áir·hèad 名 C (俗) 〖軽蔑〗ばか.
áir hòckey 名 U エアーホッケー, ハイパーホッケー《台上で空気で浮かむた円盤を打ち合うゲーム》.
áir hóstess 名 C (古風, 英) スチュワーデス.
air·i·ly /éərəli/ 副 (主に文) のんきに, 気楽に.
air·ing /éərɪŋ/ 名 1 (意見・新商品などの)公表, 発表; U 放送: give [get] *an* ~ 発表する[される].
2 [*an* ~] 空気の入れ換え; (衣服などの)虫干し.
áiring cùpboard 名 C (英)(衣類の)加熱乾燥用戸棚.
áir kíss 名 U (滑稽)(あいさつ代わりの)キスのまね.
áir-kìss 他 自 (人に)キスのまねをする.
áir kìssing 名 U キスのまねをすること.
áir làne 名 C 航空路.
air·less 形 1 空気のない; 〖W〗 (けなして) 風通しの悪い, むっとする. 2 風のない, 穏やか.
áir lètter 名 C 航空書簡 (aerogram(me)).
⁺**áir·lìft** 名 C (軍隊・物資などの)空輸. ── 他《人員・物資などを》空輸する (*to*).
＊**air·line** /éəlàɪn | éə-/ 名 (~s /-z/) C 〖時に複数形で単数扱い〗航空会社: Japan A~s 日本航空.
⁺**áir·lìn·er** 名 C (格式) [主に新聞で] (大型の)定期旅客機.
áir lòck 名 C 1 〖機〗エアロック, 気閘(きこう)《圧縮空気の中で工事する際に設ける出入り口》. 2 (宇宙船などの)気密式出入り口. 3 (パイプの中で液体の流れを阻止する)気泡, (気泡による)パイプのつまり.
＊**air·mail** /éəmèɪl | éə-/ 名 U 航空郵便: an ~ package 航空小包 / ~ letters 航空書簡 / surface mail 普通郵便. **by áirmail** 副 航空便で: send a package *by* ~ 小包を航空便で送る. ── 副 航空便で: send a letter ~ 手紙を航空便で送る. ── 他 〈…〉を航空便で送る.
⁺**air·man** /éəmən | éə-/ 名 (**-men** /-mən/) C 〖空軍〗航空兵. 語法 (英)では男性に, (米)では男女の別なく使う (☞ airwoman). 2 (空軍)パイロット.
áir márshal 名 C (英)空軍中将.
áir máss 名 C 〖気象〗気団 《気温や湿度が広範囲でほぼ等質な空気の塊》: a cold ~ 寒気団.
áir máttress 名 C 空気ベッド《寝室で使ったり水に浮かべる》(《英》air bed).
áir míle 名 C 航空マイル (1852 メートル).
Air Miles 名 〖複〗エアマイルズ《航空券や商品を買うともらえる英国の航空クーポン券; 商標》.
áir míss 名 C (航空機の)異常接近, ニアミス.
áir pàrk 名 C 小空港《特に商工業地帯の近くの》.
＊**air·plane** /éəplèɪn | éə-/ 名 (~s /-z/) C (主に米)飛行機 ((英) aeroplane, (略式) plane) (☞ 前頁挿絵): get on an ~ 飛行機に乗る / get on ... (get 句動詞)表) / get off an ~ 飛行機から降りる (get off ... (get 句動詞)表) / fly [take] an ~ 飛行機を操縦[利用]する / A~s 「take off [land] every ten minutes. 飛行機は 10 分おきに離陸[着陸]する.
by áirplane 副 飛行機で〖言い換え〗They went to America *by* ~. (=They went to America in an

~.) 彼らは飛行機でアメリカへ行った (☞ by 前 2 語法).
áir plànt 名 C (土のいらない)気生植物; セイロン弁慶.
áir plày 名 U (ラジオでの録音ずみの曲の)放送(回数[時間]).
áir pòcket 名 C 〖空〗エアポケット; 空気が入りこんだ空調部.

＊**air·port** /éəpɔət | éəpɔːt/ 名 (**air·ports** /-pɔəts | -pɔːts/) C 空港: at New Tokyo International A~ 新東京国際空港[成田空港]で. 関連 seaport 海港.
áirport fíction 名 U (機内で読むため空港で買う)軽い読み物.
áirport tàx 名 U.C 空港使用税.
⁺**áir·pòwer** 名 U (国家の)空軍力.
áir préssure 名 U 気圧.
áir pùmp 名 C 空気[排気]ポンプ.
áir púrifier 名 C 空気清浄機.
áir quòte 名 C 〖普通は複数形で〗空中の引用符《額面通りに受け取られたくないことばを示すために両手の指を用いて示す》.
áir ràge 名 U (航空機の乗客による)機内暴力[迷惑行為].
⁺**áir ràid** 名 C 空襲 (★普通は攻撃される側が使う; ☞ air strike).
áir-ràid 形 A 空襲の: an ~ shelter 防空壕(ごう).
áir rìfle 名 C 空気銃 (air gun).
áir sàc 名 C 〖動〗 (鳥や昆虫の)気嚢(のう).
áir-sèa réscue 名 U.C (ヘリコプターなどによる)海難救助(作業).
áir·shìp 名 C 飛行船.

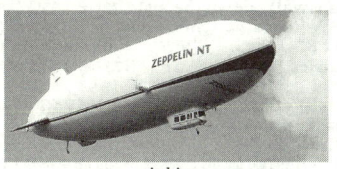

airship

áir shòw 名 C 航空ショー.
áir·sìck 形 飛行機に酔った, 航空病にかかった.
 ~**·ness** 名 U 飛行機酔い.
áir spàce 名 U 領空 (一国の).
áir spèed 名 U または *an* ~] (航空機の)対気速度 (☞ ground speed).
áir strèam 名 C 気流, (特に)高層気流.
Áir-strèam 名 C エアーストリーム《米国製のキャンピングカー; 銀色の流線形のボディーで有名; 商標》.
⁺**áir strìke** 名 C 空襲 (★普通は攻撃する側が使う; ☞ air raid).
⁺**áir·strìp** 名 C (草木などを除去した臨時の)滑走路, 離着陸場 (landing strip, landing field).
áir términal 名 C エアターミナル《空港内の旅客の出入り口となる建物, または市の中心にあって専用バスなどで空港と直結している所》.
áir tíght 形 1 気密の, 密閉された: an ~ container 密閉容器. 2 (議論・アリバイなどが)すきのない, 完ぺきな.
áir tìme 名 U (テレビ・ラジオでの)放送[放映]時間, (携帯電話の)通話時間.
áirtime provìder 名 C 携帯電話会社.
áir-to-áir 形 [普通は A] 〖軍〗(ロケット弾・ミサイルが)空対空の: an ~ missile 空対空ミサイル (略 AAM).
áir-to-gróund 形 A 〖軍〗(ロケット弾・ミサイルが)空対地の.

air-traffic control

áir-tràffic contról 名 ⓤ 航空(交通)管制; 航空管制官《全体》.

†**áir-tràffic contròller** 名 ⓒ 航空管制官.

áir vìce-márshal 名 ⓒ 《英》空軍少将《略 AVM》.

†**áir wàves** 名《複》放送電波; [the ~]《略式》《新聞で》(ラジオ・テレビの)放送(番組): on [over] *the* ~ ラジオ[テレビ]で.

air・way /éəwèɪ│éə-/ 名 **1** ⓒ 《解》気道. **2** [the ~s] 航空路; [複数形で] 航空会社: British *A*~*s* 英国航空. **3** ⓒ 通風口.

air・wom・an /éəwùmən│éə-/ 名《複 -wom・en /-wìmən/》ⓒ 《英》(空軍の)女性空軍兵《☞ airman》.

áir・wòrthiness 名 ⓤ 耐空性.

áir・wòrthy 形 (-wor・thi・er; -thi・est) 航空(飛行)に耐える; 飛行に適した.

†**air・y** /éəri│-/ 形 (air・i・er; -i・est) 名 air) **1** [ほめて] 風通しのよい, 広々とした: an ~ room 風通しのよい部屋. **2** 軽快な, 快活な; [普通は A]《主に文》のんきな, 気楽な. **3** Ⓦ《軽蔑》現実離れした; 空虚な. **4** 繊細で優美な. **5** 空気のような, 軽い; 空中の.

áiry-fáiry 形《英略式》《軽蔑》現実離れした, 非現実的な; 漠然とした.

†**aisle** /áɪl/ ★ ai は例外的に /aɪ/ と発音する, s は発音しない. ⓑ 名 ⓒ **1** 通路《乗り物・教室などの座席や商店の陳列棚の間の》: two on the ~《劇場の》正面通路側の2人連れの席《最良の席》/ 金語 "Where're the spices?" "They're in ~ three." 「スパイスはどこですか」「3番通路です」《スーパーなどで; ☞ supermarket 挿絵》.

2《教会堂の》側廊, (教会堂の座席列間の)通路.

gó [wálk] dòwn the áisle [動]《略式》結婚する. **óne sìde [bóth sídes] of the áisle** [名]《米》二大政党の一方[両方]. **róll [láugh] in the áisles** [動] [しばしば進行形で] (聴衆・観客が)笑い転げる. 由来「劇場の通路で転げまわる」の意.

áisle sèat 名 ⓒ (乗り物の)通路側の座席.
関連 window seat 窓側の座席.

aitch /éɪtʃ/ 名 ⓒ h の文字(の名). **dróp one's áitches** [動] 自 /h/ の音を落とす《head を /éd/ と発音するなど; ロンドンの Cockney なまりの特徴》.

a・jar /ədʒɑ́ː│ədʒɑ́ː-/ 副, 形《ドアが》半開きで.

A・jax /éɪdʒæks/ 名 ⓤ エージャックス《床・風呂用の洗剤; 商標》.

AK《米郵》=Alaska.

aka /éɪkèɪèɪ, éɪkə/ 略 別名...(also known as).

AKDT /éɪkèɪdìːtíː/ 略 =Alaska Daylight Time.

a・kim・bo /əkímboʊ/-/ 形 (次の成句で)《with》**árms akímbo** 副《古風》両手を腰に当てひじを張って《☞ with one's hands on one's hips (hip 成句)》. 参考 女性がこの構えをするときはしばしば挑戦的な気持ちの表われ.

†**a・kin** /əkín/ 形《格式》(...と)類似した, 同種の, 同類の: Pity is *akin* to love. あわれみと恋とは紙一重.

(with) arms akimbo

A・ki・ta /əkíːtə/《日本語から》名 ⓒ 秋田犬.

AK(S)T /éɪkèɪ(ès)tíː/ 略 =Alaska (Standard) Time.

Al /ǽl/ 名 固 アル《男性の名; Albert, Alexander および Alfred の愛称》.

AL[1]《米郵》=Alabama.

AL[2] 略《スポ》=American League.

-al /(ə)l/ 接尾 **1** [名詞につける形容詞語尾]「...に関する, ...の性質の」の意: form*al* 公式の / sensation*al* 大騒ぎを起こさせる / coast*al* 海岸(沿い)の. 語法 副詞語尾の -ly がついた -ally は /əli/. **2** [動詞につける名詞語尾]「...すること」の意: arriv*al* 到着 / tri*al* 試み.

Ala. 略 =Alabama.

à la /ɑ̀ːlɑː, ǽlə/《フランス語から》前 ...のような, ...式の.

Al・a・bam・a /ælabǽmə←/ 名 固 アラバマ《米国南部の州; 略 Ala., 《郵》では AL; 俗称 the Heart of Dixie, the Cotton State; ☞ America 表, 表地図 H4》.

Al・a・bam・an /ælabǽmən←/ 形 アラバマ州(人)の. ─名 ⓒ アラバマ州人.

al・a・bas・ter /ǽləbæstə│ǽləbàːstə/ 名 ⓤ 雪花石膏《花びんや装飾品の材料》. ─形 [普通は A] 雪花石こう製の;《文》白くなめらかな.

à la carte /ɑ̀ːləkɑ́ːt, ǽlə-│-kɑ́ːt/《フランス語から》形, 副《定食によらずメニューによる[よって]》, (一品ずつ選ぶ)お好み料理の[で]《アラカルトの[で]; ☞ *table d'hôte*》: an ~ menu アラカルトのメニュー.

a・lack /əlǽk/ 間《古語》《滑稽》ああ!《悲哀を表わす》.

a・lac・ri・ty /əlǽkrəti│əlǽk-/ 名 ⓤ《格式》機敏, 敏速; 積極性: with ~ 快く, 即座に; てきぱきと.

A・lad・din /əlǽdn│-dɪn/ 名 固 アラジン《『千夜一夜物語』(*The Arabian Nights' Entertainments*) に登場する若者; Aladdin's lamp と呼ぶ魔法のランプと指輪を手に入れ, 2人の魔神に命じて望みをかなえさせる》.

Aláddin's Cáve 名 ⓒ 莫大な財宝のある場所; [単数形で]《英》珍しい物のたくさんある場所[店].

à la king /ɑ̀ːləkíŋ, ǽlə-│/《米》[名詞につけて]《料理》(肉・魚などが)マッシュルームとピーマン[ピメント]入りのクリームソースで煮た.

Al・a・mo /ǽləmòʊ/ 名 固 [the ~] アラモ《米国 Texas 州 San Antonio 市のカトリック伝道所(跡); テキサス独立戦争中の 1836 年ここを砦(とりで)として戦った守備隊がメキシコ軍に包囲され全滅した》. **Remémber the Álamo.**《米》死に物ぐるいでがんばれ《困難なことをやっている人に対して》.

à la mode /ɑ̀ːləmóʊd, ǽlə-│/《フランス語から》形 **1**《米》[名詞の後について]《料理》アイスクリームをのせた[添えた]: (apple) pie ~ アイスクリームをのせた(アップル)パイ. **2** Ⓟ《古風》流行の. ─副《古風》流行に従って.

Al・a・mo・gor・do /ǽləməgóədoʊ│-gɔ́ː-/ 名 固 アラモゴード《New Mexico 州南部の市; 世界初の原爆実験地》.

Al・an /ǽlən/ 名 固 アラン《男性の名》.

Al-A・non /ǽlənɑ̀n│-nɔ̀n/ 名 固 アルアノン《アルコール中毒患者の家族・縁者の会》.

*‎**a・larm** /əlɑ́əm│əlɑ́ːm/ ⓑ 名 (~s /-z/) **1** ⓒ 警報器; 警報: The fire ~ rang. 火災警報が鳴った // ☞ burglar alarm, false alarm.

2 ⓒ 目覚まし時計 (alarm clock): Mary set the ~ for [to go off at] seven. メアリーは 7 時に鳴るように目覚ましをかけた.

3 ⓤ (突然の)恐怖, 心配《at》《☞ *fear* 類義語》: You have no cause for ~. 心配する理由はない. 語源 イタリア語で「武器をとれ!」の意. **sóund [ráise] the alárm** [動] 自 警報を発する《about》. **in alárm** [副] 驚き慌てて.

─動 (a・larms /-z/; a・larmed /-d/; a・larm・ing) 他 **1** (突然の危険などが)...を怖がらせる, 不安にさせる: The noise ~*ed* the wild birds. その音で野鳥たちはおびえた. **2** 〈...〉に警報器をつける.

alárm bèll 名 **1** ⓒ 警報ベル. **2** [複数形で] 警鐘, 警告: The ~ *bells* rang when she heard the name. その名前を聞くと彼女は不安を覚えた.

alárm clòck 名 ⓒ 目覚まし時計 (alarm)《☞

a·larmed /əlάːmd | əlάːmd/ 形 **1** P(…)を恐れて, (…に)不安を感じて (*at, by; to do*). **2** 警報装置がついていて.

***a·larm·ing** /əlάːmɪŋ | əlάːm-/ 形 **不安にさせる, 驚くべき**: at an ~ rate 驚くほど急速に. **~·ly** 副 不安にさせるほど, 驚くほど; [文修飾] 不安なことに(は).

a·larm·is·m /əlάːmɪzm | əlάːm-/ 名 U [軽蔑] 人騒がせ(なことをすること).

a·larm·ist /əlάːmɪst | əlάːm-/ [軽蔑] 形 人騒がせな. — 名 C 人騒がせな人.

⁺a·las /əlǽs/ 副 文修飾 (格式) 残念ながら. — 間 (文) [しばしば滑稽に] ああ《悲しみ・後悔・哀憐を表わす》.

Alas. 略 = Alaska.

A·las·ka /əlǽskə/ 名 固 アラスカ(北米北西部の地方; 米国の州の1つ; 都 Juneau, (郵) は AK; 俗称 the Last Frontier; ⇨ America 表, 表地図 S1).

Aláska Dáylight Tìme 名 U (米) アラスカ夏時間 (略 AKDT).

A·las·kan /əlǽsk(ə)n/ 形 アラスカ州の; アラスカ人の. — 名 C アラスカ州人.

Aláska (Stándard) Tìme 名 U (米) アラスカ標準時 (略 AK(S)T).

Al-A·teen /ǽlətìːn/ 名 固 アルアティン《若者のアルコール中毒患者の家族・縁者の会》.

Al·ba·ni·a /ælbéɪniə/ 名 固 アルバニア (Balkan 半島西部の共和国).

Al·ba·ni·an /ælbéɪniən/ 形 アルバニアの; アルバニア人[語]の. — 名 C アルバニア人; U アルバニア語.

Al·ba·ny /ɔ́ːlbəni/ 名 固 オールバニー(米国 New York 州の州都; ⇨ 表地図 I 3).

al·ba·tross /ǽlbətrɔ̀ːs | -trɔ̀s/ 名 **1** C あほうどり《この鳥を殺すと不幸を招くと信じられている》. **2** [単数形で] Ⓦ〖絶えず心にのしかかる〗心配のもと. **3** C (ゴルフ) アルバトロス(par¹ より 3 打少ないスコア). **an álbatross aròund one's nèck** 名 Ⓦ 一生ついてまわる心配のもと.

⁺al·be·it /ɔːlbíːɪt/ 接 (格式) たとえ…でも, …ではあるが ((al)though): It is an important, ~ small, difference. = It is an important difference, ~ a small one. 小さなものとはいえ, それは重要な違いである.

Al·bert /ǽlbət | -bət/ 名 固 アルバート《男性の名; 愛称は Albert または Bert》.

Al·ber·ta /ælbə́ːtə | -bə́ː-/ 名 固 アルバータ(カナダ西部の州; 略 AB; 表地図 E 2).

al·bi·nis·m /ǽlbənɪzm/ 名 U (生) 白化(現象)《色素を持たずに生まれること》.

al·bi·no /ælbáɪnou | -bíː-/ 名 (~**s**) C 白子(ιら)《皮膚などの色素が欠乏した人・動物》. — 形 A 白子の.

Al·bi·on /ǽlbiən/ 名 固 (詩) アルビオン (Britain 島または England の古名; 南部海岸白亜質の絶壁に由来).

⁺al·bum /ǽlbəm/ 名 (~**s** /~z/) C **1** (CD [カセット, レコード]の)アルバム, 名曲集《1 枚[本]の場合にも数枚[本]のセットの場合にもいう》: release an ~ of piano music ピアノ曲の CD [カセット, レコード]をリリースする / Have you heard her debut [latest] ~? 彼女のデビュー[最新の]アルバムを聞いたことがありますか. **2** アルバム(写真帳・切手帳・サイン帳など) (*of*): a photo ~ 写真帳 // ⇨ autograph album. [語源] 元来はラテン語で「白い(帳面)」の意.

al·bu·men /ælbjúːmən | ǽlbjuː-/ 名 U **1** (生) 卵白. **2** (植) 胚乳(はいにゅう).

al·bu·min /ælbjúːmɪn | ǽlbjuː-/ 名 U (生化) アルブミン(たんぱく質の一種).

Al·bu·quer·que /ǽlbəkə̀ːki | -kə̀ː-/ 名 固 アルバカーキ(米国 New Mexico 州最大の都市).

Al·ca·traz /ǽlkətræ̀z/ 名 固 アルカトラズ (San Francisco 湾の小島; 有名な連邦刑務所があった (1934-63); 現在は観光地).

---

alert 41

al·che·mist /ǽlkəmɪst/ 名 C 錬金術師(⇨ chemist 語源).

al·che·my /ǽlkəmi/ 名 U **1** 錬金術《普通の金属を金・銀などに変えようとした中世の化学技術で近代化学 (chemistry) のもととなった》. **2** (文) 魔法[術].

***al·co·hol** /ǽlkəhɔ̀ːl | -hɔ̀l/ 名 (形 álcohólic) **1** U アルコール飲料, 酒: drink ~ 酒類を飲む / He always reeks of ~. 彼はいつも酒のにおいをぷんぷんさせている / I am off ~. 私は今は酒をやめている / ⇨ abuse アルコール乱用, 暴飲. 関連 beer ビール / brandy ブランデー / gin ジン / liqueur リキュール / sake 日本酒 / vodka ウオッカ / whiskey ウイスキー / wine ワイン. **2** Ⓤ,Ⓒ アルコール: ethyl [methyl] ~ エチル[メチル]アルコール. **3** Ⓤ (化) アルコール類.

***al·co·hol·ic** /ǽlkəhɔ́ːlɪk, -hάl- | -hɔ́l-/ 名 C アルコール依存症の人. — 形 (名 álcohòl) **1** アルコール性の, アルコールを含む (反 nonalcoholic): ~ drinks アルコール飲料. **2** アルコールによる, アルコール依存の: ~ poisoning (急激な)アルコール中毒. **-hol·i·cal·ly** /-kəli/ 副 アルコールによって.

Alcohólics Anónymous 名 固 アルコール中毒者更生会, 断酒会 (略 AA).

⁺al·co·hol·is·m /ǽlkəhɔ̀ːlɪzm | -hɔ̀l-/ 名 Ⓤ アルコール依存症, アルコール中毒(症).

al·co·pop /ǽlkoʊpὰp | -pɔ̀p/ 名 C (英) アルコポップ《アルコールを清涼飲料でわったもの》.

Al·cott /ɔ́ːlkət/ 名 固 **Louisa May ~** オールコット (1832-88) (米国の女流作家).

⁺al·cove /ǽlkoʊv/ 名 C アルコーブ, 凹(おう)室; 凹所, 床の間《いす・テーブル・ベッドなどを置いた奥まった小部屋または壁面などを引っこませた小空間》.

al·de·hyde /ǽldəhàɪd/ 名 C (化) アルデヒド.

al den·te /ὰːldénteɪ/《イタリア語から》 形 [ほめて] (パスタ・野菜が)適度に歯ごたえのある(ように調理された), アルデンテの.

al·der /ɔ́ːldə | -də/ 名 Ⓒ,Ⓤ はんのき(湿地に生える落葉樹).

alcove

al·der·man /ɔ́ːldəmən | -də-/ 名 (-**men** /-mən/) C **1** (米国・カナダなどの)市会議員; 《イングランドなどの》長老参事会員《男性》. **2** C エアルドルマン《アングロサクソン時代のイングランドの州の長官》.

álder·wòman 名 C 市会議員; 長老参事会員《女性》.

***ale** /éɪl/ 名 **1** U エール; C エール 1 杯. 参考 ビールの一種で, 特に苦くてアルコール分が多いものを指す. **2** U (古風) ビール.

Al·ec /ǽlɪk/ 名 固 アレック《男性の名; Alexander の愛称》.

al·eck /ǽlɪk/ 名 = smart alec.

ále·hòuse 名 C (古風) 居酒屋.

***a·lert** /ələ́ːt | ələ́ːt/ 13 形 **1** 明敏な, 機敏な, (思考・理解などが)鋭い, 敏捷(びんしょう)な: stay [remain] mentally ~ 頭脳明晰であり続ける. **2** 油断のない, 注意を怠らない, 周囲に気を配っている: an ~ driver 注意深い運転手 / be constantly ~ *to* the danger その危険に対し常に注意を怠らない. 語源 イタリア語で「高い所(見張り台)に上って」の意. — 動 他 〖…に〗警報を出す; 《格式》警戒させる, 気づかせる: The mayor immediately ~ed the townspeople *to* the danger of an eruption. 町長は噴火の危険に対して直(ただ)ちに町民に警報を出した. — 名 Ⓤ または a ~] 警戒警報; 警戒警報発令期間]: issue a security ~ 安全のための警戒警報を発令する. 関連 all clear 警戒警報解除の合図. **be on fúll [hígh] alért** 動 @ 厳戒体制を

とっている. **on (the) alért** [形] 油断なく, 警戒[待機]して (for).　**~·ly** [副] 油断なく.　**~·ness** [名] 油断のなさ.

A·léu·tian Íslands /əlúːʃən/ [名] [複] [the ~] アリューシャン列島《米国 Alaska 州より南西に延びる諸島; ☞ 表地図 P2》.

A·leu·tians /əlúːʃənz/ [名] 固 [複] [the ~] = Aleutian Islands.

Á lèvel /éɪ-/ [名] C 《英》=advanced level.

ale·wife /éɪlwàɪf/ [名] (**-wives**) C エールワイフ《北米大西洋産のにしん》.

Al·ex /æleks, éliks/ [名] 固 アレックス《男性の名; Alexander の愛称》.

Al·ex·an·der /æligzǽndə | -záːndə/ [名] 固 **1** アレキサンダー《男性の名; 愛称は Al, Alec, Alex, Sandie または Sandy》.　**2** ~ the Great アレキサンドロス[アレキサンダー]大王 (356-323 B.C.)《Macedonia の王 (336-323 B.C.) で, ギリシャ・小アジア・エジプト・インドに至るまでを征服し, ギリシャ文明を広めた》.

Alexánder technìque [名] [the ~] アレクサンダー法《姿勢矯正健康法》.

Al·ex·an·dra /æligzǽndrə | -záːn-/ [名] 固 アレキサンドラ《女性の名; 愛称は Sandie, Sandy または Sandra》.

Al·ex·an·dri·a /æligzǽndriə | -záːn-/ [名] 固 アレキサンドリア《エジプト北部の海港; 古代エジプトの首都》.

al·ex·an·drite /æligzǽndraɪt | -záːn-/ [名] U C アレキサンドライト《6月の誕生石》.

a·lex·i·a /əléksiə/ [名] U 《医》失読(症).

al·fal·fa /ælfǽlfə/ [名] U むらさきうまごやし, アルファルファ (lucerne)《牧草・緑肥用》.

alfálfa spròut [名] C アルファルファもやし《主にサラダ用》.

Al·fred /ǽlfrəd/ [名] 固 **1** アルフレッド《男性の名; 愛称は Al, Fred または Freddy》.　**2** ~ the Great アルフレッド大王 (849-99) 《England 王 (871-99)》.

al·fres·co /ælfréskoʊ/ [副] [形] 戸外で[の].

al·gae /ǽldʒiː/ [名] [複] 藻類.

al·gal /ǽlgəl/ [形] 藻(類)の(ような).

al·ge·bra /ǽldʒəbrə/ [名] U 代数(学)《関連 mathematics 数学 / arithmetic 算数 / geometry 幾何学》.　語源 アラビア語で「(ばらばらのものを) 1 つにまとめる」の意; 方程式を組むことから.

al·ge·bra·ic /æ̀ldʒəbréɪɪk⁻/ [形] A 代数(学上)の.　**-bráically** /-kəli/ [副] 代数学的に, 代数を使って.

Al·ge·ri·a /ældʒí(ə)riə/ [名] 固 アルジェリア《アフリカ北西部の共和国》.

Al·ge·ri·an /ældʒí(ə)riən/ [形] アルジェリアの.
— [名] C アルジェリア人.

-al·gi·a /ǽldʒ(i)ə/ [接尾] [名詞語尾]「…痛」の意: neur*algia* 神経痛.

Al·giers /ældʒíəz | -dʒíəz/ [名] 固 アルジェ《アルジェリアの首都》.

ALGOL, Al·gol /ǽlgal, -gɔːl | -gɔl/ [名] U 《電算》アルゴル《プログラム言語の一種》.

Al·gon·qui·an /ælgɑ́ŋk(w)iən | -gɔ́ŋ-/ [名] U, 形 アルゴンキン(語)族(の)《北米先住民の部族・語族》.

al·go·rith·m /ǽlgərìðm/ [名] C 《主に電算》アルゴリズム《ある問題を解くための一連の手順》.

al·go·rith·mic /æ̀lgəríðmɪk⁻/ [形] 《主に電算》アルゴリズムによる.

Al·ham·bra /ælhǽmbrə/ [名] 固 [the ~] アランブラ[アルハンブラ]宮殿《スペインの Granada /grənáːdə/ にある 13-14 世紀ごろの Moor 人の建てた王宮・古城》.

A·li /ɑːliː/ [名] 固 アリ (1942-)《米国のボクサー, 世界ヘビー級チャンピオン》.

⁺a·li·as /éɪliəs/ [名] C **1** (特に犯罪者の)別名, 偽名: go under the ~ of ……という偽名で通す.　**2** 《電算》エイリアス《一連のコマンドやファイル・フォルダなどにつけた別名》.
— [前] [主に新聞で] 別名は…, または名は…《特に犯罪者, 俳優について》: Smith, ~ Johnson ジョンソンこと(本名)スミス.

A·li Ba·ba /ɑːliːbɑ́ːbə/ [名] 固 アリババ《『千夜一夜物語』(*The Arabian Nights' Entertainments*) の「アリババと40人の盗賊」の物語の主人公; ☞ open sesame (sesame 成句)》.

⁺**al·i·bi** /ǽləbaɪ/ [名] C **1** 《法》アリバイ, 現場不在証明 (for): have a cast-iron ~ 動かせないアリバイがある / prove an ~ アリバイを証明する / set up an ~ アリバイをでっちあげる / break an ~ アリバイをくつがえす.　**2** 言いわけ (for).

Al·ice /ǽlɪs/ [名] 固 アリス《女性の名》.

Álice-in-Wónderland [形] 空想的な, とても信じられない, 現実と逆の(☞ wonderland 1).

⁺**a·li·en** /éɪliən, -ljən/ [形] **1** [普通は A] [しばしば軽蔑] 外国の; 外国人の; なじみのない: ~ customs 外国の風習 / an ~ concept なじみのない考え.　**2** [軽蔑] 性質の違う, 相いれない: Such actions are ~ to our beliefs. そのような行動は我々の信条に反する.　**3** A 異星人の: ~ beings 宇宙人.
— [名] (~s /-z/) C **1** 《法》外国人, 居留外国人《☞ foreigner 類義語》. 語法 しばしば軽蔑的な意を伴う.　**2** 異星人《SF 小説などで地球人に対して》.

a·li·en·a·ble /éɪliənəbl, -ljə-/ [形] 《法》(財産などが)譲渡できる.

a·li·en·ate /éɪliənèɪt, -ljə-/ [動] (**-en·ates** /-nèɪts/; **-en·at·ed** /-t̬ɪd/; **-en·at·ing** /-t̬ɪŋ/) 他 **1** 疎外する, 遠ざける, 疎(うと)んずる (*from*): His eccentric behavior has ~d his friends. 彼の常軌を逸した行動が友人を遠ざけてしまった.　**2** 《法》(財産などを)譲渡する.

a·li·en·at·ed /éɪliənèɪt̬ɪd/ [形] 疎外された, 疎(うと)んじられた: She felt ~ *from* the group. 彼女はそのグループから疎んじられていると感じた.

a·li·en·a·tion /èɪliənéɪʃən, -ljə-/ [名] U 疎外感 (*from*); 疎外, 疎遠 (*of*); 《法》(財産権などの)譲渡.

⁺**a·light**¹ /əláɪt/ [形] P 燃えて, 火がともって, 明るく照らされて; (顔・目が)輝いて: a face ~ *with* joy 喜びに輝いている顔. **sèt ... alíght** [動] ⟨…⟩に火をつける; ⟨…⟩を興奮させる, 沸き立たせる.

a·light² /əláɪt/ [動] (**a·lights**; 過去・過分 **a·light·ed**, 《古風》**a·lit** /əlít/; **a·light·ing**) 自 《格式》 **1** (鳥などが)⟨…に⟩止まる, 舞い降りる (*on, upon*).　**2** (馬・車などから)降りる (*from*).　**alíght on [upòn]** [動] ⟨格式⟩ …に偶然出会う[気づく, 見つける].

⁺**a·lign** /əláɪn/ [動] (⟨…⟩を1列[並行]に並べる, 整列させる; ⟨機械各部などの⟩位置[向き]を調整する.　**2** ⟨…⟩を(…と)提携させる (*with*).　— 自 提携する (*with*).　**alígn onesèlf with …=be alígned with …** [動] 他 …と提携する, 手を結ぶ.

⁺**a·lign·ment** /əláɪnmənt/ [名] **1** U (1列の)整列; U C (機械の)調節, (車の)タイヤ調整.　**2** U C (国・団体の)同盟, 連合, 提携《反 nonalignment》: the ~ of Japan *with* the U.S. 日本のアメリカとの同盟関係.　**be in [òut of] alígnment (with …)** [動] 他 (…と)一直線になっている[いない].

＊**a·like** /əláɪk/ [12] [形] 同様に, よく似て《☞ like¹ [形] 語法》: (~ 2): The three sisters all look very much ~. その 3 人姉妹はみなよく似ている.
— [副] 同じように, 同様に, 等しく: Young and old ~ enjoyed the show. 若者も老人も(同様に)ショーを楽しんだ / The teacher treated all the students ~. 先生はどの生徒も同じように扱った.

al·i·ment /ǽləmənt/ [名] U C 滋養物; 心の糧(かて).

al·i·men·ta·ry /æ̀ləméntəri, -tri/ [形] 栄養の, 食物の.

aliméntary canál [名] 《解》消化管.

al·i·mo·ny /ǽləmòʊni | -mə-/ [名] U 離婚[別居]手

当《離婚[別居]した(元の)配偶者に払う生活費》.

a·line /əláɪn/ [動] =align.

Á-lìne /éɪ-/ [形] (スカートなどが)下が広がった.

a·line·ment /əláɪnmənt/ [名] =alignment.

Á-lìst /éɪ-/ [形] 一流の, A リストの.

a·lit /əlít/ [動] (古風) alight の過去形および過去分詞.

*__a·live__ /əláɪv/ (類音 arrive) [形] (名 life, 動 live[1]) **1** [P] [比較なし] **生きている** (⇒ live[2] [類義]) (反 dead): She was relieved to hear that her son was still ~. 彼女は息子がまだ生きていると聞いてほっとした / be buried ~ 生き埋めになる / He managed to stay ~ for a week on nothing but water. 彼は1週間水だけを飲んで生き続けた. 「生きている」の意味の [A] の形容詞は live /láɪv/: a *live* fish 生きている魚. なお living には [A] と [P] の両方の用法がある.

2 現存の, この世での《名詞の後に置いて, 強調するのに用いる》: He is the happiest man ~. 彼はこの世で最も幸福な男だ / No man ~ would believe it. この世のだれもそれを信じまい.

3 [P] **生き生きして**, **元気で**, **活発で**; **消滅しないで**: My grandfather is still very much ~. 祖父はまだとても元気だ / keep one's memory [hope] ~ 記憶[希望]が消えないようにする. **4** [P] (生き物で)いっぱいで, (人で)にぎわって: The streets were ~ *with* shoppers. 通りは買い物客でごった返していた. **5** [P] (英) 《...に》敏感で, 気づいて: Politicians must be ~ *to* the needs of the people. 政治家は国民の要求に敏感でなければならない. **alíve and kícking** [形] (略式) 元気いっぱいの, ぴんぴんして. **alíve and wéll** [形] (1) 元気でぴんぴんして. (2) 現存して. (3) (略式) [滑稽] もてはやされて. **bríng ... alíve** [動] ⟨話など⟩を面白くする, 生き生きさせる. **còme alíve** [動] ⓐ 活発になる, (町などが)活気づく, ⟨話などが⟩生き生きしたものとなる, 面白くなる / ⟨人が⟩生き生きとしてくる. **kéep ... alíve** [動] ⓗ (1) ⟨...⟩を生かしておく. (2) ⟨議論など⟩を活発にしておく (⇒ 3); ⟨関心・慣習など⟩を維持する.

al·ka·li /ǽlkəlàɪ/ [名] C,U [化] アルカリ.

†**al·ka·line** /ǽlkəlàɪn, -lɪn, -làɪn/ [形] [化] アルカリ性の; (高濃度の)アルカリを含んだ. 関連 acid 酸性の / neutral 中性の.

álkaline báttery [céll] [名] C アルカリ電池.

al·ka·lin·i·ty /ǽlkəlínəti/ [名] U [化] アルカリ度.

al·ka·loid /ǽlkəlɔ̀ɪd/ [名] C,U [化] アルカロイド, 植物塩基.

Al·ka-Selt·zer /ǽlkəsèltsə | ǽlkəséltsə/ [名] U アルカセルツァー《鎮痛・制酸発泡薬; 商標》.

al·kyd /ǽlkɪd/ [名] U [化] アルキド樹脂《接着剤用》.

*__all__ /ɔ́ːl/ (同音 awl)

① **全部の(もの)** [形] 1; [代] 1, 2
② **...全体** [形] 2
③ **全く** [副] 1

― リスニング ―
all の前に子音で終る語があると all の始めの /ɔː/ はその子音と結合して, in all では「イノーゥ」, at all /ət͡sːl/ は「アトーゥ」のように聞こえる.「イン・オール」,「アト・オール」のように発音しない.《語末の /l/ の発音については ⇒ つづり字と発音解説 63 参考》.

― [形] **1 全部の**, すべての, あらゆる.

[語法] (1) 数えられる名詞の複数形につける《⇒ every 1 [語法] (1), each [語法] (1)》. 定冠詞・指示名詞・人称代名詞の所有格などがあるときはその前に来る《⇒ both [形] 1 [語法] (2), whole [形] [語法]》: A~ men are equal before God. 神の前では人はみな平等である / A~ (the) ten students in the class passed the exam. クラスの学生 10 人は全員試験に合格した / A~ *these* books are Tom's. この本はみんなトムのものだ / He is kind to ~ *his* friends. 彼は友達みんなに優しい / A~ *the* angles of a square are 90 degrees. 正方形の角度はどれも 90 度である《all が「個々のものを合わせた全体の」の意味になる場合がある: A~ *the* angles of a square add up to 360 degrees. 正方形の内角の総和は 360 度である》.
(2) 数えられない名詞につける: A~ *the* food was gone. 食料はすべてなくなった / I have spent ~ *my* money. 金は全部使ってしまった《⇒ all of ... (代 成句) [語法] (2)》.
(3) 否定文の場合, 下降調のイントネーション《⇒ つづり字と発音解説 93》であれば全部否定, 下降上昇調のイントネーション《⇒ つづり字と発音解説 95》であれば部分否定《⇒ partial negation [文法]》となるのが普通《言い換え A~ men are *not* wise. ↘(=No men are wise.) 人はみな愚かだ / A~ men are *not* wise.↗ 人はみんな賢いというわけではない // 言い換え I don't like ~ these pictures. ↘ (=I dislike ~ these pictures.) この写真はどれも好きではない / I don't like ~ ↗ these pictures. ↘ この写真がみんな好きだというわけではない. ★ not all ... 《⇒ 成句》であれば部分否定であることがはっきりする.
(4) 指示代名詞を修飾することがある: I stopped believing in ~ *that* a long time ago. そんなことはすべてとっくの昔に信じなくなっている《*all of* that ともいう》.

番号の順序で数または量が少なくなる.	
数えられる名詞	数えられない名詞
1. all, every	all (全部の)
2. most	most (ほとんどの)
3. many, lots of, a lot of	much, lots of, a lot of (多くの)
4. some, several	some (いくらかの)
5. a few	a little (少し...(がある))
6. few	little (ほとんどない)
7. no	no (少しの...もない)

2 [単数名詞につけて] **全体**, **...全部** (whole): ~ Japan 全日本 / ~ day [night] 終日[終夜] / I stayed there「~ year [《英》 ~ the year]. 1 年中ずっとそこにいました / A~ the world wants peace. 世界中が平和を欲している. **3** [性質・程度を表わす抽象名詞につけて] 最大限の, できる限りの: with ~ (possible) speed 大急ぎで / in ~ likelihood 多分 / in ~ frankness [seriousness] 全く率直に[大まじめに]. **4** [否定的意味の動詞・前置詞の後に用いて] 一切の, なんらの (any): They lost ~ hope. 彼らは一切の望みをなくした / Her innocence is beyond ~ doubt. 彼女の無実はなんら疑いもない. **5** [主に be 動詞の後で, 身体の一部などを表わす複数名詞または性質を表わす抽象名詞につけて] (全身)...だらけになって: He was ~ ears. 彼は真剣に聞いていた / She was ~ kindness [politeness]. 彼女は丁寧[丁寧]そのものだった // ⇒ be all smiles (smile 名 成句).

áll the ... (that) ― ―する限り[唯一]の...: This is ~ the money I have. 私の有り金はこれだけだ.

... and áll thát = ... and áll that jázz [rúbbish, stúff] ⓢ ...などなど, ...などといったもの: My history class is so boring―dates and battles *and ~ that jazz*. 歴史の授業なんて本当につまらない. 年代だの戦争だのって.

nòt áll ... すべての...が―というわけではない《部分否定を表わす》: Not ~ the members were present. ↘ 会員が全員出席したわけではない.

nòt so [as] ... as áll thát 《略式》それほど…ではない: It's *not so* cold *as* ～ *that*. そんなに寒くない.
of áll ... Ⓢ …の中で, こともあろうに, よりによって: He came to see me on Sunday *of* ～ days. 彼はこともあろうに日曜日に訪ねてきた.
Of áll the ... (怒りを表わして)何という…: *Of* ～ *the* nerve! He borrowed my bike without asking! 何と厚かましい. 彼は黙って私の自転車に乗ったんだ.
― [代]《不定代名詞》**1** すべてのもの, すべての人, あらゆること; みんな.

> [語法] (1) 普通は関係詞節か about の句を伴って用いる《ただし ☞ all of ... (成句)》: I'll give you ～ you want. 欲しいものはすべてあげる / This is ～ (*that*) I can do for you. 私がしてあげられることはこれだけです / [言い換え] A～ you have to do is (to) press the button. (=You have only to press the button.) あなたはただボタンを押すだけでよい《☞ to³ A 5 [語法]》/ A～ I'm asking for is a little more patience. 私はただもう少し我慢してくれと言っているだけです / I know ～ *about* him. Ⓢ 彼のことは何でも知っている.
> (2) 事物を指す場合は単数扱いにし, 人を指す場合は複数扱いにする: A～ *is* quiet outside. 外は静まりかえっている / A～ else *was* OK. ほかはすべてオーケーだった // A～ *are* happy in our class. 我々のクラスではみんな楽しく過ごしています.
> (3) 人称代名詞の前に来るときは all of ... の形式をとる: A～ *of them* came to the party. 彼らはみんなそのパーティーに来た.
> (4) [形] と同様, 否定文の場合, 下降調のイントネーションであれば全部否定, 下降上昇調のイントネーションであれば部分否定となるのが普通《☞ not all (成句)》: [言い換え] I did*n't* eat ～ ↘ of them. (=I ate *none* of them.) それらを1つも食べなかった / I did*n't* eat ～ ↘↗ of them. それらを全部食べたわけではない / A～ are *not* ↘ thieves that dogs bark at. ↗《ことわざ》犬がほえる者がすべてどろぼうというわけではない.

2 [名詞・代名詞と同格に用いて] …は[を]全部, …は[を]みんな《☞ both [代] 2, each [代] 2》: *We* ～ succeeded. 我々はみな成功した. [語法] この文を A～ we succeeded. とするのは誤りだが, A～ *of us* succeeded. ならよい《☞ of 4 (1) [語法]》// [言い換え] The passengers were ～ drowned. (=A～ the passengers were drowned.) 乗客は全員がおぼれて死んだ / I've heard *it* ～. そのことなら全部聞いています / You may take *them* ～. それを全部とってもよい. [用法注意!] You may take the books *all*. のように目的語の名詞の後に置くことはできない.
áll but ... を除いては全部[みんな]: A～ *but* John like football. ジョンのほかは皆フットボールが好きだ.
áll in áll [副] [つなぎ語] [普通は文頭で] 全体として, 概して. [語法] 要約[総括]したり, 事実や理由に基づいて意見や結論を述べるときに用いる: A～ *in* ～, the campaign was a success. 総合的に見ると, この運動は成功でした.
áll of ... (1) …は全部, …はみんな: I want ～ *of* you to listen to me carefully. あなたがたみんなによく私の話を聞いてほしい.

> [語法] (1) of の後が数えられる名詞のときには of を用いないことがある: A～ (*of*) my friends are like that. 私の友人はそんな人ばかりだ.
> (2) 《米略式》では all の代わりに all of を数えられない名詞の前に用いることが多い: A～ *of* the cake is gone. ケーキは全部なくなっている.

(2) [数量を示す語句を伴って] Ⓢ [時に皮肉] 少なくとも…, 優に…; …しか: It takes ～ *of* thirty minutes to walk to the sea. 海までは歩いてたっぷり30分はかかる / It took me ～ *of* one second to recognize the trouble I was in. 私に起こった問題を理解するのに1秒しかかからなかった.
áll or nóthing [形] 全部か無か, (条件などが)妥協を許さない; 一か八(ばち)か, 全力を投入して.
àll togéther [副] みんないっしょに: Now, let's dance ～ *together*. さあ, みんないっしょに踊りましょう《☞ altogether [用法注意!]》.
... and àll (1) …など, その他いろいろ, …ごと: What with the weather turning cold *and* ～, we'll have to wear our coats. 天気が寒くなったりなどでコートを着なければならないでしょう / He jumped into the river, clothes *and* ～, to save the child. 彼はその子を救おうとして服も脱がずに川に飛び込んだ. (2) Ⓢ《略式》(驚いたことに)…もまた; 本当に…なんだ.
at áll [副] (1) [否定文で] 少しも, 全然(…ない): I am 「*not at* ～ cold [*not* cold *at* ～]. 私はちっとも寒くない / "Are you tired?" "*Not at* ～."「疲れましたか」「いいえ, 少しも」 (2) [疑問文で] 一体, そもそも: Why did you suggest it *at* ～? 一体どうしてそんなことを言い出したのですか. (3) [条件を表わす節で] いやしくも, どうせ: *If* you learn English *at* ～, learn it thoroughly. どうせ英語を習うなら, 徹底的に覚えなさい. (4) [肯定文で] とにかく, まさか…とは: I was surprised that Meg attended the party *at* ～. まさかメグがパーティーに出席したとは驚いた.
in áll [副] 全部で, 合計で: We have $200 *in* ～. 私達は全部で200ドル持っている.
it was áll ... could dó 「to [nòt to] dó《略式》…する[しない]のが精一杯だった: *It was* ～ I *could do not to* cry. 泣かないでいるのが精一杯だった.
nòt áll すべて[みんな]が…というわけではない《部分否定を表わす》: *Not* ～ ↘ were satisfied. ↗ 全員が満足したわけではなかった.
... of áll [最上級＋of all の形で] すべての中で最も….
Thát's áll. Ⓢ それがすべてです, それで終わりです.
Thàt's áll there ís to it. ただそれだけのことだ.
Thát's (just) abòut áll. まあそういったところです.
was áll, "... ." 《米》Ⓢ (人は)「…と」言っていたよ.
― [副] **1** 全く, すっかり (quite); ずっと; Ⓢ《略式》ひどく: ～ 「alone [by oneself] 全く1人で / ～ through the summer 夏の間ずっと / His bicycle was ～ covered with mud. 彼の自転車は泥まみれだった / The wall was painted ～ in white. 壁は白一色に塗られていた / Tom was ～ worn out. トムはひどく疲れていた.
2 [数詞の後に置いて] (ゲームで)双方とも: The score was three ～. 得点は3対3だった.
áll bùt [副] ほとんど, …同然である (almost)《☞ all but ... ([代] 成句)》: The game is ～ *but* over. 試合は終わったも同然だ.
àll ín [形, 副]《略式》疲れきって, へとへとで;《略式, 主に英》(諸費用・税金など)すべて込みで.
àll óut [副] 全力をあげて《☞ go all out to do》; 全部売り切れて, 品切れになって (*of*).
àll ríght ☞ all right の項目.
all the ＋比較級 (…なので)それだけますます―, …だけいっそう. [語法] しばしば for の句や because の節などを伴う: His speech was ～ *the more* effective 「*for* being funny [*because* it was funny]. 彼の演説はおもしろかったのでますます効果があった / I like her ～ *the better for* that. それだからいっそう彼女が好きだ.
all too ... [副] あまりにも…すぎる.
be áll abòut ... [動] [他] (ニュースなどが)…の事ばかりだ, …の話で持ちきりだ: The news *is* ～ *about* the upcoming royal wedding. ニュースは間近に迫った王室の結婚式の話題一色だ / What's this ～ *about*? 《略式》

これはいったいどういうことだ.
be áll for ... [動] 他 …に大賛成である: I am ~ for cutting taxes. 私は減税に大賛成である.
be áll in fávor of ... [動] =be all for ….
be àll óver ... [動] (1)(略式)…に夢中になる[愛想よくする], べたべたする: She is ~ over me when she wants something from me. 彼女は私に何かして欲しい時にはべたべた甘えてくる. (2)(ニュースなどが)…に広まっている, よく知られている. (3)(米俗)…に喜んで[興奮して]いる, 自分にとって, 全力を尽くしている.
be áll óne [動] 自 1つになっている.
be áll thát [動] 自 [しばしば否定文で] Ⓢ (米) すごく魅力的な, すばらしい.
be àll thére [動] Ⓢ (略式)(人が)抜けめがない, 利口である; [普通は否定文で] 正気である.
gò àll óut to dó [動] 全力を尽くして…する.
gò àll óut for ... [動] 全力を尽くして…を得ようとする: He is going ~ out for victory in the election. 彼は選挙の勝利を目ざして全力を尽くしている.
nòt (...) àll thát ... Ⓢ (略式)それほど…でない, 思っているほど…でない: We are not ~ that safe. 私達は思っているほど安全ではない / He doesn't swim ~ that well. 彼はそれほど泳ぎがうまくない.
—— 名 **1** [所有物の後で]《複》持ち物一切; 全財産; (人の)命: They gave [did] their ~ in the war. 彼らは戦争にすべてを捧げた. **2** Ⓤ [普通は主格補語として]最も大切なもの (ܐ everything 名): Strength is ~. 力こそがすべてである.
all- /ɔːl/ 接頭「全…」, 「…だから成る」, 「非常に」などの意: all-purpose すべての目的にかなう / all-wool 純毛の / all-important 非常に重要な.
+**Al·lah** /ɑ́ːlə, ǽlə | ǽlə/ 名 圄 アラー (イスラム教の神).
áll-Américan 形 **1** 全米の, 全米選抜の: an ~ swimming team 全米水泳チーム. **2** 純アメリカ的な, 典型的なアメリカ人の.
Al·lan /ǽlən/ 名 圄 アラン (男性の名).
àll-aróund 形 🅐 (米) **1** (スポーツなどが)万能の, 多芸の. **2** (教養・教育などが)全面的な, 多方面にわたる ((英) all-round).
al·lay /əléɪ/ 動 他 (格式) <怒りなどを>静める (calm); <苦痛などを>和らげる, 軽くする / His ~ that the election had been fixed proved true. 選挙で不正があったという彼の申し立ては真実であることが判明した.
Áll Bláck 名 圄 《複》 [the ~] オールブラックス (ニュージーランド国際ラグビーチーム; ユニフォームが黒).
áll cléar 名 [the ~] **1** (空襲の)警戒警報解除の合図[サイレン]: give [sound] the ~ 警戒警報解除の合図[サイレン]を出す[鳴らす]. 関連 alert 警戒警報. **2** 進行[前進]命令, 行動許可 (to do): get [give] the ~ 許可をもらう[与える].
all-com·ers /ɔ́ːlkʌməz | -məz/ 名 《複》 飛び入り参加者(全員).
áll-dáy 形 🅐 まる一日(がかり)の, 終日有効な.
+**al·le·ga·tion** /æləɡéɪʃən/ 名 (~s /-z/) Ⓒ,Ⓤ [しばしば複数形で] (格式) (十分な証拠のない)主張; (裁判などでの)申し立て, 陳述: make ~s of corruption 汚職があったと申し立てをする. <N+that 節> 選挙で不正があったという彼の申し立ては真実であることが判明した.
+**al·lege** /əlédʒ/ 動 (**al·leg·es** /-ɪz/; **al·leged** /~d/; **al·leg·ing**) 他 **1** (十分な証拠なしに)<…である>と主張する, 断言する: They ~d (that) Mr. West was guilty. 彼らはウェスト氏が有罪であると主張した. / 言い換え It is ~d that Maggy stole it. = Maggy is ~d to have stolen it. マギーがそれを盗んだといわれている. **2** 理由・口実を申し立てる.
+**al·leged** /əlédʒd/ 形 🅐 (十分な証拠なしに)(…と)される (人[物事], 伝えられる, (真偽が)…とされる: his ~ diary 彼の日記と称するもの / the ~ murderer 殺人容疑者.
+**al·leg·ed·ly** /əlédʒɪdli/ 🔟 副 文修飾語 申し立てによると; (真偽は)伝えられるところでは: 言い換え He ~ embezzled the company's money. (=It is alleged that he has embezzled the company's money.) 彼は会社の金を横領した容疑がかけられている.
Al·le·ghe·nies /æləɡéɪniz, -ɡén-/ 名 圄 《複》 [the ~] =Allegheny Mountains.
Àl·le·ghe·ny Móuntains /æləɡéɪni-, -ɡén-/ 名 圄 《複》 [the ~] アレゲニー山脈 (米国東部のアパラチア山脈の支脈; ☞ 表地図 H4).
+**al·le·giance** /əlíːdʒəns/ 名 Ⓤ,Ⓒ (格式) (国家に対する)忠誠 (loyalty), 忠義; (主義などに対する)信義, 忠実, 献身: pledge [swear] ~ to the country 国への忠誠を誓う / switch ~ 忠誠を他へ移し変える.
al·le·gor·i·cal /æləɡɔ́ːrɪk(ə)l | -ɡɔ́r-/ 形 たとえ話の, 寓話的な. **-cal·ly** /-kəli/ 副 たとえて, 寓話的に.
al·le·go·ry /æləɡɔ̀ːri | -ɡəri/ 名 (**-go·ries**) Ⓒ (教訓的な)たとえ話, 寓話 (ぐ ゜); Ⓤ 寓意(の使用).
al·le·gret·to /æləɡrétoʊ/ 形 副 《楽》 アレグレットの(や や急速に[な]; andante と allegro の中間).
—— 名 (~s) Ⓒ アレグレットの楽章[曲].
al·le·gro /əléɡroʊ, əléɪ-/ 形 副 《楽》 アレグロの(急速に[な]).
—— 名 (~s) Ⓒ アレグロの楽章[曲].
al·lele /əlíːl/ 名 Ⓒ 《発生》 対立遺伝子, 対立形質.
al·le·lu·ia /æləlúːjə/ 感, 名 Ⓒ =hallelujah.
all-em·brac·ing /ɔ́ːlɪmbréɪsɪŋ/ 形 包括(総括)的な.
Al·len /ǽlən/ 名 圄 アレン (男性の名).
Állen kèy 名 Ⓒ (英) =Allen wrench.
Állen scrèw 名 Ⓒ アレンボルト (頭に6角形の溝のついたボルト).
Állen wrènch 名 Ⓒ (米) アレンレンチ (6角形の鉄棒を直角に曲げたスパナ).
al·ler·gen /æləʤən, -ʤen | ǽlə-/ 名 Ⓒ 《生》 アレルゲン (アレルギーを起こす物質).
+**al·ler·gic** /ələ́ːdʒɪk | ələ́ː-/ 形 **1** 《医》 アレルギー(性の): an ~ reaction [rash] アレルギー反応[アレルギー性発疹] / Are you ~ to any drugs? 何か薬に対するアレルギーがありますか. **2** Ⓟ (略式) 大嫌いな: Tom is ~ to schoolwork. トムは学校の勉強が大嫌い.
al·ler·gist /æləʤɪst | ǽlə-/ 名 Ⓒ アレルギー専門医.
+**al·ler·gy** /æləʤi | ǽlə-/ 名 (**-ler·gies** /~z/) Ⓒ,Ⓤ **1** 《医》 アレルギー: Hay fever is caused by an ~ to pollen. 花粉症は花粉アレルギーによって起こる. **2** (略式) 反感, 毛嫌い: My son has an ~ to work. 私の息子は勉強[仕事]が嫌いです.
al·le·vi·ate /əlíːvièɪt/ 動 他 (格式) <苦痛>を一時的に軽くする, 楽にする.
al·le·vi·a·tion /əlìːviéɪʃən/ 名 Ⓤ 軽減, 緩和.
+**al·ley** /ǽli/ 名 Ⓒ **1** (狭い)裏通り; 路地 (ܐ blind alley). **2** (庭園・公園などの)小道, 遊歩道. **3** = bowling alley. **4** (米) (テニスコートの)アレー(側線). **(right) úp [dówn] one's álley** [形] (米) 好み[性(ௌ)]にぴったりのこと.
álley càt 名 Ⓒ (路地をうろつく)のら猫.
al·ley-oop /æliúːp/ 名 Ⓒ 《バスケ》 アリーウープ (空中でパスを受けて打ちシュート).
álley·wày 名 Ⓒ 横町, 路地.
áll-fired 形 副 Ⓢ (米) すごい[く], 大変な[に].
Áll Fóols' Dày 名 Ⓤ =April Fools' Day.
All·hal·lows /ɔ́ːlhælouz/, **Àll Hál·lows' Dày** /-hǽlouz-/ 名 Ⓤ =All Saints' Day.
+**al·li·ance** /əláɪəns/ 名 (**-li·anc·es** /-ɪz/; 動 ally²) **1** Ⓤ,Ⓒ 同盟, 連合; 協力, 協定 (between): break off a military ~ with a neighboring state 隣国との軍事

46 allied

同盟を破棄する / It was a sort of ~ to defend the town *against* the gang. それは暴力団から町を守るための一種の同盟だった. **2** Ⓒ [(英) 単数形でも時に複数扱い] 同盟国[者]. **3** Ⓒ [格式] 縁組み.
「énter into [fórge, fórm] an allíance with ... [動] 他 …と同盟を結ぶ[提携する]. in allíance with ... [前] …と手を組んで[力を合わせて].

*al·lied /əláɪd, ǽlaɪd/ 形 **1** 同盟した, 連合した; [the A-] 連合国側の《第一次・第二次世界大戦における; ☞ ally[1] 2). **2** 同類の, 類似の; (…と)同類の (to): the drug, vitamin, and ~ industries 薬やビタミンやそれに類する産業. **3** Ⓟ 関連して: ~ *with* [*to*] ... …と関連して; …とともに.

Al·lies /ǽlaɪz, əláɪz/ 名 ☞ ally[1] 2.

*al·li·ga·tor /ǽlɪɡèɪt̬ɚ | -tə/ 名 **1** Ⓒ (アメリカ・中国産の)わに 《☞ crocodile 表》. **2** Ⓤ わに皮. **Sée you láter, álligator.** さいなら, わに君 《子供同士でまたは子供に向かって言うおどけたことば; これは In [After] a while, crocodile. (またね, わに君)と答える; later と alligator, while と crocodile が韻を踏む》.

álligator clìp 名 Ⓒ わに口クリップ.

áll-impórtant 形 非常に重要な, なくてはならない.

áll-ín 形 Ⓐ (英) (費用などが)全部込みの.

áll-inclúsive 形 (値段などが)すべてを含んだ.

áll-in-óne 形 Ⓐ 必要なものがみな一つに, 一体になった. ── 名 Ⓒ 上下一体になった服 《レオタードなど》.

áll-in wréstling 名 Ⓤ フリースタイルレスリング.

al·lit·er·a·tion /əlìt̬əréɪʃən | -tə-/ 名 Ⓤ [修辞] 頭韻(法) 《同じ音で始まる語をいくつか続けること; 例 Love me little, love me long. 少し愛して, 長く愛して》.

al·lit·er·a·tive /əlít̬ərət̬ɪv, -rèɪt̬-/ 形 頭韻体の.

áll-néw 形 まったく新しい.

áll-níght 形 Ⓐ 終夜の, 徹夜の; 終夜営業の.

áll-níght·er 名 Ⓒ (米略式) 徹夜の勉強[仕事]: pull an ~ 徹夜で勉強する.

al·lo- /ǽloʊ/ 接頭 「他の, 異質の」の意: *allo*pathy 逆症療法.

*al·lo·cate /ǽləkèɪt/ 13 動 (-lo·cates /-kèɪts/; -lo·cat·ed /-t̬ɪd/; -lo·cat·ing /-t̬ɪŋ/) 他 〈…〉を(人に)割り当てる, 当てがう, (ある用途に)〈資金〉を充当する 言い換え The teacher ~d each of his students a task. <V+O+O>=The teacher ~d a task to each of his students. <V+O+前+名・代> 先生はそれぞれの生徒に仕事を割り当てた / ~ 3,000 dollars *for* the repair work 修理代に3000ドルを充当する.

*al·lo·ca·tion /ǽləkéɪʃən/ 13 名 **1** Ⓒ 割り当て額, 分け前 (to, for). **2** Ⓤ 割り当て, 配給; 充当.

al·lo·path·ic /ǽləpǽθɪk⁻/ 形 逆症療法の.

al·lop·a·thy /əlάpəθi | əlɔ́p-/ 名 Ⓤ 逆症療法 《病気とは逆の状態を積極的に生じさせて治す療法》.

al·lo·phone /ǽləfòʊn/ 名 Ⓒ [音] 異音 《同じ音素に属する類似の音》.

áll-or-nóthing 形 Ⓐ 全か無かの, いちかばちかの.

*al·lot /əlάt | əlɔ́t/ 動 (al·lots; -lot·ted; -lot·ting) 他 **1** 〈…〉を(人に)割り当てる, 当てがう: in the *allotted* time 割り当てられた時間内に / The chief *allotted* the most difficult task *to* John. =The chief *allotted* John the most difficult task. 主任はジョンに最も難しい仕事を割り当てた / Each of us was *allotted* a room for studying. 私達はそれぞれ勉強部屋を与えられた. **2** (ある用途に)〈…〉を当てる: The money *was allotted* for a new auditorium. その金は新しい講堂のために当てられた.

*al·lot·ment /əlάtmənt | əlɔ́t-/ 名 **1** Ⓤ 割り当て, 分配 (*of*); Ⓒ 分け前; 割り前. **2** Ⓒ (主に英) 分割貸与農園 《家庭菜園用》.

áll-óut 形 Ⓐ 全力をあげての, 全面的な, 徹底した: an ~ war 全面戦争. **màke an áll-out éffort to dó** [動] 全力を尽くして…する.

áll·òver 形 Ⓐ (模様などが)全面的な, 全面的な.

*al·low /əláʊ/ ⟨頭音⟩ aloud) 動 (al·lows /~z/; al·lowed /~d/; -low·ing) 他 (allow·ance) 他

「喜んで与える」→「割り当てを認める」
　　　　　　→「認める」4→「許す」1
　　　　　　→「割り当てる」3→「与える」2

1 〈行為などを〉許す, 〈…〉が—するのを許可する, 〈…〉にーさせておく 《☞ 類義語; forgive 表》; 〈…〉が—するのを可能にする; [普通は否定の受身で] 〈人などの〉出入り[立ち入り]を認める: I do not ~ sleep*ing* in class. <V+O (動名)> 授業中に居眠りすることは許しません / Smoking is ~ed here. <V+O の受身> ここでは喫煙してもかまいません / He ~ed me *to* take a week's vacation. <V+O+C (*to* 不定詞)> 彼は私が1週間の休暇をとることを認めてくれた / These shoes ~ us to climb mountains with ease. この靴をはくと楽に山に登れる / *Are* we ~*ed to* take pictures here? <V+O+C (*to* 不定詞)の受身> ここで写真をとってもいいですか / Now hikers are not ~ed access to the volcano. <V+O+O の受身> 今ハイカー達はその火山に近づくことが禁止されている / I don't ~ the children *out* at night. <V+O+副> 私は子供達が夜外出するのは許さない (☞ allow in (句動詞)) / NO PETS ALLOWED ペットの連れ込みお断わり 《店などで》.

2 〈一定の金〉を支給する, (定期的に)与える; 割り引いて[増して]与える: 言い換え The company ~s employees ¥20,000 a month for transportation. <V+O+O>=The company ~s ¥20,000 a month *to* employees for transportation. <V+O+前+名・代> 会社は従業員に交通費として月に2万円を支給する (☞ to[1] 3 語法) / The company ~s me twenty days of a year. 会社は年に20日の休暇を認めてくれる / He rarely ~s himself luxuries. 彼はめったにぜいたくをしない. **3** 〈…〉だけ余裕をみておく; 〈…〉を割り当てる: I ~ed a week *for* the tour. 私はその旅行に1週間を当てた. **4** 〈要求・主張など〉を(正当と)認める; (格式) 〈…〉であることを認める: The teacher ~ed my claim. 先生は私の主張を認めてくれた / I ~ *that* it is true. 私はそれが真実であることを認める. **Allów me to dó** (S) [丁寧] (失礼ですが)…させてください, …しましょう: A~ *me to* introduce Mr. Lee. リーさんを紹介しましょう. 語法 単に Allow me! と言ってすぐ発言したり手を貸したりすることもある.

─── **allow の句動詞** ───

allów for ... 動 他 …を考慮に入れる; …を見込む: A~*ing for* the roads being crowded, I started early. 道路が混んでいるのを見込んで, 私は早目に出た.

*allów ín 動 他 〈…〉が(中に)入ることを許す, 〈…〉を入れ(てや)る <V+O+名・代+*in*>: Children *are* not ~ed *in*. 子供は入場お断わりです.

allów of ... 動 他 [普通は否定文で] (格式) (物事が)…を許す, …の余地がある: Your conduct ~s of no excuse. あなたの行為は全く弁解の余地はない.

─────────────────────

al·low·a·ble /əláʊəbl/ 形 **1** 許される, 認められる; 正当な. **2** (税金の)控除される. **-a·bly** /-əbli/ 副 正当に.

*al·low·ance /əláʊəns/ 11 名 (-low·anc·es /-ɪz/; 動 allow) **1** Ⓒ (定期的に支給される)手当, 給与, (親が出す)仕送り金; 割り当て分; (主に米) (子供の毎週の)こづかい 《(英) pocket money》: a travel [family] ~ 通勤[家族]手当 / "What's your ~?" "Ten dollars a week." 「おこづかいはいくらの?」「週10ドルよ」

2 割引(額); (税の)控除(額). **3** 許容量[度]: (a) baggage ～ (機内に持ち込める)手荷物の重量制限 / recommended daily ～ of Vitamin C 一日の推奨ビタミンC摂取量.

màke allówance(s) for ... 〖動〗他 …を考慮に入れる, …を考えて大目にみる; …を見込む, …の余裕をみておく〖言い換え〗You should *make* ～ *s for* his age. (= You should allow for his age.) 彼の年を考えて(大目にみて)やらなければいけません / They *made* no ～ *for* his family background. 彼らは彼の家庭環境を考慮しなかった. 語法 [Allowances are [Allowance is] made for ....] の形で受身にできる.

+**al·loy**¹ /ǽlɔɪ/ 名 C,U 合金 (*of*), 混ぜ物.
al·loy² /əlɔ́ɪ/ 動 他 〈…〉を合金にする (*with*); 〖文〗〈…〉の価値をそぐ[減ずる], そこなう.

áll-párty 形 全政党(参加)の, 超党派の.
áll-póints búlletin 名 (米) =APB.
áll-pówerful 形 全権を有する; 全能の.
áll-púrpose 形 A すべての目的にかなう, 万能の.
áll-pùrpose flóur 名 U (米) 汎用(はんよう)小麦粉(ふくらし粉の入っていない小麦粉).

＊**all right** /ɔ́ːlráɪt/ 副 (☞ alright 用法注意)
〖比較なし〗S **1** 申し分なく, ちゃんと; まずまず: The new machine is working ～. 新しい機械はちゃんと動いている / 〖会話〗"How was your interview?" "Everything went ～." 「面接はどうでしたか」「すべてうまくいきました」/ She is doing ～ in her new job. 彼女は新しい仕事がうまくいっています / Don't worry. He is getting along ～ at school. 心配しないで. 彼は学校でちゃんとやっていますから.

2 よろしい, オーケー, いいよ〖承知・同意などの返事に〗; よーし, いいだろうよ〖おどしなどを伴って用いる〗: 〖会話〗"Please open the window." "A ～." 「窓を開けてください」「はい, いいですよ」/ A ～, I'll see you at five. よしわかった, 5時に会おう. 語法 同意が不承不承の場合も含み, それは声の調子・表情などに現れる: "May I borrow your car tomorrow?" "A ～, but don't make a habit of it." 「あした車を貸してくれますか」「いいけど, いつものは困るよ」

3 〖文末に用いて〗間違いなく, 確かに: I paid him ～. 確かに彼に払った / It was a flying saucer ～. それは間違いなく空飛ぶ円盤だった. 語法 しばしば次に but で始まる文が続く: He's a good student, ～, *but* he's not very good at making friends. 彼は確かによくできる学生だが, 人と親しくするのがあまり上手でない. **4** 〖文頭に用いて〗わかった(よ)〖議論の中途で相手の見解を認めるときなどに用いる〗: A ～, you do it your own way, but don't blame me if you fail. わかった, 君の好きなようにしろ, でも失敗しても私を悪く言うなよ. 語法 いらだちが強いとき all right を繰り返す: A ～, ～, I was mistaken. わかったわかった, 私が間違っていたんだ. **5** そろじゃ(今度は), さあ〖説明など次の話題・動作に移るときに用いる〗; それじゃあ聞くが〖おどしなどを伴って用いる〗: A ～, now let's move on to the next question. じゃあ次の問題に進もう / A ～, what have you been doing all this while? じゃあ聞くが, 今までずっと何をしていたんだ. **6** [all right?] と)わかりましたね, いいですね〖相手の理解の確認に用いる〗. **7** (俗) (うれしいことが起こって)やったぞ. **8** (英) (あいさつで)元気かね?
Àll ríght alréady! (古風)(しつこい依頼・質問に対して)もういいかげんにしてくれ.

——形 〖比較なし〗P S **1** (主に英) 無事で (safe), 大丈夫で; 元気で (well): 〖会話〗"Are you ～ now?" "Yes, thank you." 「もうお体はいいんですか」「ええ, おかげさまで」/ She is sick but she'll be ～ again soon. 彼女は病気だがじきによくなるだろう.

2 (略式)(まずまず)申し分のない (satisfactory), 結構で; 都合のよい, かまわない: That's quite ～. 結構です / Is it ～ to keep the window open? S 窓を開けておいて

---

ally 47

もいいですか? / I found his work ～. 彼の仕事は悪くないことがわかった / That's [It's] ～ *with* [*by*] me. 〈A＋前＋名・代〉私はそれで構わない / Will that be ～ *with* [*for*] you? それで(ご都合)はよいですか. **3** (英) いい人で.

It's àll ríght. S (怖がらなくて・心配しないで)大丈夫だ[ですよ]: *It's ～*, dear. Mom's here. 怖がらなくていいのよ, お母さんがついていますからね.

「**It's àll ríght [Àll ríght] for ...** S 〈幸運な人をうらやんで〉…はいいよね.

That's [It's] àll ríght. S いいんですよ, どういたしまして(お礼・おわびなどに対して): 〖会話〗"Excuse me." "That's ～." 「どうもすみません」「いいんですよ」(☞ Excuse me. (2) 語法 (excuse¹ 成句), sorry 1 語法).

「**Would it be [Is it] àll ríght if ...?** (丁寧) S …してよろしいでしょうか: 〖会話〗"*Would it be* [*Is it*] ～ *if* I borrowed [borrow] your dictionary?" "Yes, it's quite ～." 「辞書をお借りしてよろしいでしょうか」「ええ, どうぞ」

áll-róund 形 (英) =all-around. ——副 (英略式) 全体的に見て[考えて].

+**àll-róund·er** /ɔ́ːlráʊndə|-də/ 名 C (英) (スポーツなどが)万能な人, 何でも上手にこなす人.

All Sáints' Dày /-séɪnts-/ 名 U 〖キ教〗万聖節, 諸聖人の祝日 (11月1日; 諸聖人と殉教者の霊を祭る; ☞ Halloween).

áll-sèat·er stádium /ɔ́ːlsìːtə-|-tə-/ 名 C (英) 全席着席方式の競技場(暴動などを防ぐため).

àll-sínging, àll-dáncing 形 A (滑稽)(機械などが)多機能の, 万能の, 何でもできる.

All Sóuls' Dày /-sóʊlz-/ 名 U 〖キ教〗万聖節, 諸死者の日(11月2日; 信徒の霊を祭る)〖最高[低]記録.

áll-spìce 名 U オールスパイス(ピメント (pimento) の木の実から製した香辛料).

+**áll-stár** 形 A スター(選手)総出の, 名優ぞろいの: an ～ cast スター総出演 / an [the] *All-Star* Game (米) (野球などの)オールスター戦 / an [the] *All-Star* break (米) オールスター戦開催中の(ペナントレースの)中断.

áll-terràin bícycle 名 C =mountain bike.
áll-terràin véhicle 名 C 全地形万能車.

+**áll-tíme** 形 A 空前の, 前代未聞の: an ～ record 空前の記録 / an ～ high [low] 最高[低]記録.

+**al·lude** /əlúːd/ 動 (格式) (間接的に)言及する, ほのめかす: Be careful not to ～ *to* his recent loss. 彼の最近の不幸(家族の死)に触れないように注意しなさい. 関連 refer 直接に言及する.

+**al·lure** /əlʊ́ə|əl(j)ʊ́ə/ 名 U 魅力 (*of*).
al·lure·ment /əlʊ́əmənt|əl(j)ʊ́ə-/ 名 U 誘惑, 魅惑; C 誘惑する物.

+**al·lur·ing** /əlʊ́(ə)rɪŋ|əl(j)ʊ́ər-/ 形 魅力のある, うっとりさせるような. ～**·ly** 副 うっとりさせるように.

+**al·lu·sion** /əlúːʒən|-ʒən/ 名 U,C (間接的な)言及, ほのめかし, 当てつけ (*to*). 関連 reference 直接の言及.
in allúsion to ... 〖前〗…を暗に指して, …に当てつけて. **màke an allúsion to ...** 〖動〗他 …のことをそれとなく言う.

al·lu·sive /əlúːsɪv/ 形 ほのめかした, 当てこすりの.
～**·ly** 副 ほのめかすように.

alluvia 名 alluvium の複数形.

al·lu·vi·al /əlúːviəl/ 形 〖普通は A〗〖地質〗沖積の, 水に流されてできた: ～ soil [plains] 沖積土[平野].

al·lu·vi·um /əlúːviəm/ 名 (複 ～**s**, **al·lu·vi·a** /-viə/) U,C 〖地質〗沖積層, 沖積土.

áll-wéather 形 A 全天候(用)の.
áll-whèel drive 名 U,C =four-wheel drive.

+**al·ly**¹ /ǽlaɪ, əláɪ/ 名 (**al·lies** /-z/) **1** C 同盟国; 同盟者, 味方な: a faithful ～ 忠実な同盟者 / Britain and

48　ally

France were *allies* in [during] World War II. 第二次世界大戦時には英・仏は同盟国だった. 関連 enemy 敵(軍). **2** [the Allies として] 連合国 [第一[第二]次大戦でドイツ・オーストリア[ドイツ・イタリア・日本]に対して、同盟を結んで連合した諸国].

al·ly² /əlái, ǽlai/ 動 (**al·lies**; **al·lied**; **-ly·ing**) 名 alliance 他 〈…〉を結びつける; 同盟させる (⇒ allied 1).
— 自 **ally oneself with [to]** … 動 他 …と同盟する; …と組む: Japan *allied* herself *with* Britain in 1902. 日本は1902年に英国と同盟を結んだ.

áll-you-can-éat (主に米) 形 [普通は A] 食べ放題の (⇒ buffet 1). 名 [単数形で] 食べ放題 (店).

al·ma ma·ter /ǽlməmάːṭə, -tə/ 名 C (格式) **1** [普通は所有格に伴って] 母校, 出身校. **2** (米) 校歌.

al·ma·nac, al·ma·nack /ɔ́ːlmənæ̀k, ǽl-/ 名 C **1** 暦 (日の出・日没・潮の干満の時刻・月齢・記念日などが書き込まれたもの). 関連 calendar カレンダー, 暦. **2** 年鑑 (yearbook), アルマナック.

†al·might·y /ɔːlmáiṭi/ 形 **1** [しばしば A-] 全能の: A～ God＝God A～ 全能の神 / the ～ dollar (略式) 万能のドル, 絶大な力のある金. **2** A (略式) 大変な, 途方もない: an ～ row すごいけんか. **Gód [Chríst] Almíghty!** 感 (卑) 大変だ; 助けて; こんちくしょう 《驚き・恐怖・怒りなどを示すののしりのことば》. — 名 [the A-] 全能者, 神 (God).

†al·mond /άːmənd/ 名 C アーモンド《食用ナッツ (nut) の一種》; アーモンドの木.

álmond-èyed 形 アーモンド形の目をした《日本人・中国人などの特徴》.

almond

†al·most /ɔ́ːlmoust, ɔːlmóust/ 副 **1** ほとんど, たいてい (⇒ about 類義語)): ～ everybody ほぼ全員 / ～ certainly まず確実に / It is ～ ten o'clock. もう10時近い / A～ all the boys were in the room. ほとんど(すべて)の少年はその部屋にいました / I ～ always get up at six. 6時に起きる. **2** [否定語の前で] ほとんど(…ない): She said ～ *nothing*. 彼女はほとんど何も言わなかった.

> 語法 これは She said *hardly* [*scarcely*] *anything*. とも言える. 同様に, *almost never*＝*hardly ever* (⇒ never 副 成句), *almost no* money＝*hardly any* money, *almost nobody*＝*hardly anybody* のように言い換えが可能.

3 …くらいだ, …のほどだ: I ～ wish he were not here. あいつがここにいなければいいのにと思うくらいだ. **4** もう少しで…するところ: Mary was ～ drowned. メアリーはもう少しでおぼれ死ぬところだった.

alms /άːmz/ 名 [複] (古風) 施し物, 義援金.

álms·hòuse 名 C (昔の)救貧院, 老人養護施設.

al·oe /ǽlou/ 名 C アロエ(属) 《ゆり科の植物; 薬用・観賞用》; [～s として果物扱い] アロエ汁 《下剤》.

áloe vé·ra /-ví(ə)rə/ 名 C アロエベラ, 真蘆薈(しんろかい) 《葉の汁は薬用・化粧品にも加えられる》.

†a·loft /əlɔ́ːft/ 副 (文) 上に, 高く (high up); 空中に: flags flying ～ 空高くひるがえる旗.

a·lo·ha /əlóuhα:, -hə/ 《ハワイ語から》 感 ようこそ! さよなら! 《人を迎えたり, 送るときのあいさつ》.

alóha shìrt 名 C アロハシャツ.

Alóha Stàte 名 [the ～] アロハ州 《米国 Hawaii 州の俗称》.

＊a·lone /əlóun/ 《類音》 along) 形 **1** P ただ1人で, 単独で; ただ…だけで; 孤独な, 孤立して (⇒ lonely 類義語)): He was ～ in the house all afternoon. 彼は午後ずっと家に1人でいた / I like climbing mountains ～. 私は単独で登山するのが好きだ / I was left ～ *with* her. 私は彼女と2人きりになった / We were ～ together in the room. 部屋の中は私たちだけだった. 語法 The two girls were ～ when we got there. (我々がそこに着いたときにはその2人の少女だけだった) のように2人以上に用いることもある ∥ We are not ～ *in* believ*ing* that he is not guilty. ＜A＋*in*＋動名＞ 彼が無罪だと信じているのは私たちだけではない / Never in my life have I felt so ～. これまでこれほど孤独感におそわれたことはない.
2 [名詞・代名詞の直後につけて] ただ…だけ, …のみ (only); (他のものは別として). (他のものは別として): You ～ are my hope. あなただけが私の希望です / Man cannot live on [by] bread ～. 人はパンだけで生きるものではない 《新約聖書のことば》. 語法 (1) この用法は 副 とみてもよい. (2) 「…だけが」 という意味がかかる語が強く発音される (⇒ even¹ 語法 (2)). 語源 all (全く)＋one (1人); ⇒ lone 語源. **léave … alóne** ⇒ leave¹ 成句. **lèt … alóne** ⇒ let² 成句. **stánd alóne** 動 自 (1) (建物が) ぽつんとたっている. (2) 孤立している: He stood ～ *against* injustice. 彼は不正に立ち向かい孤軍奮闘した. (3) 抜きん出ている: He *stands* ～ among modern composers. 彼は現代作曲家の中でもきわだっている.
— 副 **1** 1人で, 単独で: He came ～. 彼は1人で来た. 語法 He ～ came. (彼だけが来た (形 2)) と比較 / Liz couldn't solve the problem ～. リズだけではその問題が解けなかった / The two boys returned home from school ～. 2人の少年は自分たち(2人)だけで学校から帰宅した (⇒ 形 1 語法). **2** 単に…だけ(でも) (⇒ 形 2 語法). **áll alóne** 副 たった1人で.

＊a·long /əlɔ́ːŋ, əlάŋ/ 《類音》 alone)

> 基本的には「…に沿って」の意.
> ① …を通って　前 **1**
> ② …に沿って　前 **2**
> ③ （先へ）どんどんと　副 **1**

— 前 /əlɔːŋ, əlάŋ/ **1** (通りなど)を通って; (通りなどの)ある地点で; (旅行などの)間に: We walked ～ the road. 私たちはその道をずっと歩いていきました / Go ～ this street a bit and you will find a church on your left. この通りを少し行くと左側に教会が見えます / Somewhere ～ the way she lost her key. 途中どこかで彼女は鍵(鈔)をなくした.
2 …に沿って, …伝いに: I walked ～ the river. 私は川沿いに歩いた / There are stores (all) ～ the street. 通りに沿って(ずっと)店がある.

> 語法 (1) along には 上の 1 のように細長いものの「上を通って」の意味のときと, 2 のようにその「外側に沿って」の意味のときとがある.
> (2) 細長いものの一方の端 (end) から他の端のほうまで動くのが along, 一方の側 (side) から他の側まで動くのが across.

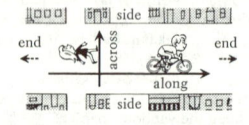

3 (方向・方針など)に沿って, ...に従って: proceed ~ the right lines 正しい方針に従って進む.
— 副 1 [止まらずに]先へ[前へ]どんどん, ずんずん; ここへ, (あ)そこへ, (近くの)ある場所へ《単に意味を強めるだけのことも多い》: Move ~, please! 立ち止まらないで(前へ進んでください) / How far ~ are they with their project? 彼らの計画はどのくらい進んでいますか / Come ~. さあ, おいで / The new printing machine helped us ~ enormously. その新しい印刷機のおかげで仕事が大いにはかどった. 2 《略式》(人と)いっしょに, (物を)持って: He took his dog ~. 彼は犬をいっしょに連れていった. **àll alóng** 副《略式》初めからずっと, いつも: I knew all ~ that he was not telling the truth. 彼がうそを言っていることは初めからわかっていた. **alóng about ...** 前《米略式》...ごろに. **alóng with ...** 13 前 ...といっしょに; ...に加えて, ...のほかに: May I come ~ with you? あなたといっしょに行ってもいいですか / He carried a camera with him ~ with food and water. 彼は食料や水といっしょにカメラを持っていった. **be alóng** 動 (1) いっしょに行く[来る, 来ている]. (2) 《略式》こちらへ来る, そちらへ行く: He'll [I'll] be ~ in five minutes. 彼は[私は]5分もすればやって来ます[行きます] / Will the bus for the airport be ~ soon? 空港行きのバスはすぐ来ますか.

*a·long·side /əlɔ́ːŋsáɪd | əlɔ̀ŋ-/ 前 ...のそばに, ...と並んで, ...と比較して, ...に横づけになって; ...と一緒に: He parked his car ~ mine. 彼は私の車と並べて駐車した / It was a good experience for me to work ~ disabled people. 障害をかかえている人といっしょに働くのは私にとって良い経験となった. — 副 そばに, 並んで, 横づけて. **alongsíde of ...** 前 =alongside 前.

*a·loof /əlúːf/ 形《普通は Ⓟ》よそよそしい, 関心のない, 超然としている. 2 (...から)離れて: remain ~ from the others 他人から離れている. **kéep (oneself) [hóld oneself, stánd] alóof from ...** 動 他 ...から遠ざかっている; ...と打ち解けないでいる. **~·ly** 副 よそよそしく. **~·ness** 名 U よそよそしさ, 超然としていること (from).

*a·loud /əláʊd/ 副 1 (普通の大きさの)声を出して: Tom was reading ~. トムは声を出して読んでいた // 🢂 think aloud (think 成句). 2 大声で (loudly); cry [laugh] ~ 大声で泣く[笑う].

alp /ælp/ 名 Ⓒ 1 高山. 2 (スイスの)山腹の牧草地.

al·pac·a /ælpǽkə/ 名 Ⓒ アルパカ《南米ペルー産のらくだ科の家畜》; U アルパカの毛, アルパカ毛織り.

al·pen·horn /ǽlp(ə)nhɔ̀ːn | -hɔ̀ːn/ 名 Ⓒ アルペンホルン《スイスの長い木の笛》.

al·pen·stock /ǽlp(ə)nstɒ̀k | -stɔ̀k/ 名 Ⓒ 登山づえ.

al·pha /ǽlfə/ 名 Ⓒ アルファ《ギリシャ語アルファベットの最初の文字 α, A; 🢂 Greek alphabet 表; alphabet 挿絵》. 日英比較「プラスアルファ」は和製英語. 2 《英》(宿題・論文・作文などの評価の)優, A, 第1級: ~ plus 秀《優の上で表わす》/ get an ~ 「優」を取る. **the álpha and omèga** [名]《文》初めと終わり; (...の)主要部分 (of).

*al·pha·bet /ǽlfəbèt/ 名 (-pha·bets /-bèts/; àlphabétical) 1 Ⓒ アルファベット: The English ~ has 26 letters. 英語のアルファベットは26文字です // 🢂 Greek alphabet 表. 2 [the ~] 初歩, 入門 (of) (🢂 ABC¹). 語源 alpha+beta がなまったもの.

al·pha·bet·i·cal /ǽlfəbétɪk(ə)l/⁻, **·bet·ic** /-bétɪk/⁻ 形 (àlphabétical) アルファベット(順)の: in ~ order ABC順で. **·cal·ly** /-kəli/ 副 ABC順に.

al·pha·bet·ize /ǽlfəbətàɪz/ 動 他 ⟨...⟩をアルファベット順にする.

álphabet sóup 名 U 1 アルファベットスープ《ローマ字形のパスタ入りスープ》. 2 《略式》略語が多いことば.

álpha mále 名 Ⓒ 1《普通は単数形で》群れの最高位の雄. 2《滑稽》(集団内の)実力者, ボス.

al·pha·nu·mer·ic /ǽlfən(j)uːmérɪk | -njuː-/⁻ 形【電算】英字と数字を組み合わせた.

álpha pàrticle 名 Ⓒ【物理】アルファ粒子《ヘリウムの原子核》.

álpha rày 名 Ⓒ【物理】アルファ線.

álpha tèst 名 Ⓒ【電算】アルファテスト《ソフトウェアとの開発元内部での動作試験》.

álpha vèrsion 名 Ⓒ【電算】(ソフトウェアの)アルファ版《製品として開発中の最初期のもの》.

álpha wàve [rhỳthm] 名 Ⓒ【生理】アルファ波[リズム]《安静時の脳波》.

*Al·pine /ǽlpaɪn/ 形 1 アルプスの. 2 [a-] 高山(性)の: alpine plants 高山植物. 3 《スキー》アルペン(種目)の (🢂 Nordic). — 名 [a-] 高山植物.

al·pin·ist /ǽlpənɪst/ 名 Ⓒ《古風》(アルプス)登山家.

Alps /ǽlps/ 名 [複] [the ~] アルプス《フランス・スイス・イタリア・オーストリアにまたがる山脈》. 語源 ケルト語 (Celtic) で「高い山」の意.

al-Qae·da, al-Qai·da /ǽlkéɪdə-, -káɪ-/ 名 固 アルカイダ《イスラム原理主義のグループの一つ》.

*al·read·y /ɔːlrédi/ 副 1 [肯定文で] すでに, もう. 今でにに; (現状の悪い状態を強調して)もういいかげん: Let's start at once; it's ~ late. すぐに出かけよう. もう遅いから / John has ~ done his homework. ジョンはもう宿題を終えた (🢂 have² 1 (1) 語法)). 語法 (1) When I called on him, he had ~ disappeared. 私が彼を訪ねたときは彼はもう姿を消していた / He ~ knew the news. 彼はすでにその知らせを知っていた / He is ~ giving us plenty of trouble. 彼にはもういいかげん手を焼いているんだ. 2 Ⓢ《米》すぐに, さっさと: Tell me, ~. さっさと言えよ.

---

already と yet

語法 (1) already は「予期したより早い事態の確定」を意味する: ~ in the eighteenth century 18世紀にはすでに / It's only 6 a.m. but he's ~ at work. まだ午前6時だが彼はもう仕事にかかっている.
(2) 疑問文・否定文では yet を用いる (🢂 yet 1, 2; still¹ 語法).
(3) 疑問文で already を用いると驚きの気持ちを表わす: Has he returned ~? (何だって)彼はもう戻ったのか / Are you leaving ~? もうお帰りになるのですか.

語源 all (すべて)+ready (準備のできた).

*al·right /ɔːlráɪt/⁻ 副 形 =all right. 用法注意 all right が正しいとする人が多い.

Al·sace /ǽlsæs, -zæs/ 名 固 アルザス《フランス北東部の地方》.

Al·sa·tian /ælséɪʃən/ 名 Ⓒ《主に英》=German shepherd.

*al·so /ɔːlsoʊ/ 副 1 [肯定文で] (...も)また, 同様に (too, as well): I wrote to Tom, and my sister ~ wrote to him. 私はトムに手紙を書き, 妹もまた彼に手紙を書いた / Mary is a good singer; she can ~ dance. メアリーは歌がうまいし, また踊りもできる / She has two dogs and ~ a cat. 彼女は犬を2匹と猫も1匹飼っている.

語法 (1) too は《やや略式》.
(2) also は普通は動詞の前(助動詞か be 動詞であればその後)に置く. 文末では as well や too を使うのが普通: I'm going to New York and my sister's coming ˈas well [too]. 僕はニューヨークへ行くつもりだが, 妹もついてくる.

also-ran

(3) also とともに「…もまた」の意味がかかる語が強く発音される（『 too! (2) 注意）．
(4) 否定文では次のように not … either または neither を用いる：Liz doesn't know German, 「and I don't, either [and neither do I]. リズはドイツ語を知らない．私もまた知らない．

2《つなぎ語》《略式》さらに，そのうえまた《前言に加えて自分の考えの論拠や関連する事を述べるときに用いる》: Your paper needs a better introduction. A~, several of the dates are wrong. あなたの論文は序文を書き直す必要がある．それに日付もいくつか間違っている．（語源 古(期)英語で all（全く）+so（そのように）の意（『 as 最初の囲み））．

ál·so-rán /ɔːlsoʊræn/ 图 [C] 《軽蔑》(競走で)等外馬; 等外になった人，落選者；落後者．

Alt /ɔːlt/ 略 = Alt key.

ALT /éɪèlˈtíː/ 图 [C] （日本の）外国語指導助手 (Assistant Language Teacher の略)．

Ál·tai Móuntains /ǽltaɪ- | áː-/ 图 固 [複] [the ~] アルタイ山脈 (モンゴル・中国・ロシアの境にある山脈)．

Al·tair /ǽltéə, -táɪə | ǽlteə, -táɪə/ 图 固 《天》アルタイル，牽牛(ぎゅう)星（わし座の主星）．関連 Vega 織女．

Al·ta·mi·ra /ǽltəmí(ə)rə/ 图 固 アルタミラ（スペイン北部の旧石器時代の洞窟の遺跡）．

+**al·tar** /ɔːltə | -tə/ 图 [C] [普通は the ~] 祭壇，聖餐(ばん)台（『 church 挿絵）．**sácrifice … on [at] the áltar of** ― 動 他《格式》〈…〉を―のために犠牲にする．

áltar bòy 图 [C]《カトリック》（ミサの）侍者．

áltar·piece 图 [C] 祭壇上部[背後]の飾り．

Al·ta·Vis·ta /ǽl-/ 图 固 アルタビスタ《インターネットの検索サイト；商標》．

*****al·ter** /ɔːltə | -tə/（同音 altar）13 動 (**al·ters** /~z/; **al·tered** /~d/; -**ter·ing** /-tərɪŋ, -trɪŋ/; 图 àlterátion)

┌─── 他 自 の転換 ───┐
│ 他 1 変える (to make (something) different) │
│ 自 変わる (to become different) │
└────────────────┘

― 他 **1** 〈…〉を(部分的に)変える，変更する（『 change 類義語）；作り変える；〈衣服の寸法を直す：He ~ed his plans. 彼は計画を変更した / I'd like to have these pants ~ed. このズボンの寸法を直してもらいたいのですが．**2** 《主に米》《婉曲》〈家畜〉を去勢する；〈…〉の卵巣を取る．― 自 変わる，改まる：A year later, her behavior had ~ed a great deal. 1年後彼女のふるまいはとても変わっていた．

al·ter·a·ble /ɔːlt(ə)rəbl, -trə-/ 形 変更できる．

+**al·ter·a·tion** /ɔːltəréɪʃən | ɔːltə-/ 图 U.C 変更，改造，手直し；寸法直し: make a few minor ~s to the plan 計画を少し手直しする．

al·ter·ca·tion /ɔːltəkéɪʃən | -tə-/ 图 [C]《格式》口論，論争，激論 (between, with).

al·ter e·go /ɔːltəɪˈiːgoʊ | ǽltə(r)-/《ラテン語から》(~s) [C] 分身，別の自分；《格式》無二の親友．

*****al·ter·nate[1]** /ɔːltənèɪt | -tənèɪt/ ★ 形容詞の alternate[2] との発音の違いに注意．動 (-**ter·nates** /-nèɪts/; -**ter·nat·ed** /-tɪd/; -**ter·nat·ing** /-tɪŋ/; 图 àlternátion, 形 áltern·ate[2]) 動 交互に現れる，互い違いになる．〔言い換え〕Hope and fear ~d in my mind. = Hope ~d **with** fear in my mind. <V+*with*+名・代> 私の心に希望と心配とが交互に浮かんだ / Her mood ~s *between* happiness and sadness. <V+*between*+名+*and*+名> 彼女は喜んだり悲しんだりしている．

― 他 〈…〉を交互にする；交替させる，互い違いにする: We should ~ work *and* play. 勉強と遊びは交互にすべきだ / He ~s whiskey *with* wine. <V+O+*with*+名・代> 彼はウイスキーを飲んだりワインを飲んだりする．

*****al·ter·nate[2]** /ɔːltənət | ɔːltáː-/ ★ 動詞の alternate[1] との発音の違いに注意．形 (動 álternate[1]) **1** 《比較なし》(2つのものが)交互の，代わる代わるの: It was a week of ~ rain and sunshine. 雨が降ったり日が差したりの週だった / Jim and Bob came on ~ days. ジムとボブとは交替で日を変えてやって来た．**2 1つおきの**，互い違いの: on ~ Sundays 1週間おきの日曜日に / Write on ~ lines. 1行おきに書きなさい．**3**《主に米》代わりの (alternative). **4**《植》(葉が)互生の．― 图《米》代理人；補欠．

álternate ángles 图[複]《幾》錯角．

al·ter·nate·ly /ɔːltənətli | ɔːltáː-/ 副 代わる代わる，交替に．

ál·ter·nat·ing cúrrent /ɔːltənèɪtɪŋ- | -tə-/ 图 U《電》交流（略 AC）．関連 direct current 直流．

al·ter·na·tion /ɔːltənéɪʃən | ɔːltə-/（áltern·ate[1]）U.C 交互，交替；1つおき: the ~ *of* night and day 夜と昼とが交互に来ること．

*****al·ter·na·tive** /ɔːltəːnətɪv, -tə-/ 13 图 (~s /~z/) [C] **1 代案**，代わりの手段[方法]，ほかにとる道: propose [suggest] an ~ 代案を提出する / There are several ~s *to* the President's plan. 大統領の計画に代わる計画がほかにいくつかあります / There were no other ~s. ほかに方法がなかった．

2 2つ(以上)の間の選択，二者択一: They had the ~ of surrendering or dying. 彼らが選べたのは降伏か死かのいずれかであった．

3（どれか1つを）**選ぶべき2つ(以上)のもの**，選択肢: You have three ~s for the journey—train, bus, or plane. そこへ行くには3通り—列車，バス，飛行機—の方法があります．**hàve nó altérnative but to** dó [動]…するしか方法がない: We had no ~ *but to* compromise. 妥協するしか方法がなかった．

― 形 [A] [比較なし] **1 代わりの**，代用の: an ~ route 代わりの経路 / We have no ~ method of treatment. 私には治療法はない / I can't come next Sunday. Please suggest an ~ day. 今度の日曜日は行けません．別の日にしてください．

2（2つ(以上)のうち）どちらか1つを選ぶべき，いずれか一方の: ~ courses 二者択一（例えば降伏か死かなど）．**3** 既存のものに代わる，代替の；(行動などが)慣例と違う，前衛的な: ~ (sources of) energy 代替エネルギー / an ~ lifestyle 新しい生活様式 / ~ theater 前衛劇．

altérnative cómedy 图 U オルターナティヴコメディー（型にはまらない，時に政治色のある喜劇）．

altérnative hypóthesis 图 [C]《統》対立仮説．

*****al·ter·na·tive·ly** /ɔːltəːnətɪvli, -tə-/ 副 その代わりに；《つなぎ語》あるいはまた，その代わりに: a fine of 30 dollars or ~ five weeks imprisonment 30ドルの罰金あるいは5週間の禁固 / A~, we could swim in an indoor pool. 代わりに，屋内プールで泳ぐこともできます．

altérnative médicine 图 U 代替治療《既存の薬などを用いない鍼などの治療》．

altérnative quéstion 图 [C]《文法》選択疑問（『 interrogative sentence 文法 (1) (iii)）．

altérnative socíety 图 [the ~] 別社会《既存の社会規範に従わずに生きる人々》．

al·ter·na·tor /ɔːltənèɪtə | -tənèɪtə/ 图 [C] 交流発電機．

al·tho /ɔːlðóʊ, ɔːlðòʊ/ 接《米式》= although．

alt·horn /ǽlthɔːn | -hɔːn/ 图 [C]《楽》アルトホルン．

*****al·though** /ɔːlðóʊ, ɔːlðòʊ/ 接 **1 …であるが**，…だけれども (though)（『 but 接 語法）: A~ she hurried to the station, she missed the last train. 駅へ急いで行ったけれども，彼女は終電車に間に合わなかった / A~ (he was) young, he knew that it was wrong. 彼は幼いながらもそれが悪いというこ

とを知っていた《☞ though [接] 1 [語法] (3)》/ They went out, ～ it was raining. 雨だったが，彼らは出かけた.

[語法] (1) though のほうが略式. また従属節が主節より前に来る場合は although のほうが多く使われる. なお ☞ though [接] 2 [語法]. (2) [形]＋, although＋[形], [副]＋, although＋[副] の場合の although は but や yet とほぼ同じ意味になる: She is very kind, ～ (=but) a bit nosy. 彼女はとても親切だが少しおせっかいだ / She held the baby firmly, ～ (=but) gently. 彼女はその赤ちゃんをしっかりと，だがやさしく抱いた.

2 たとえ…でも《(even) though のほうが普通》: *A*～ she didn't love him, she had to marry him. たとえ愛してなくとも彼女は彼と結婚しなければならなかった. **3** [追加・補足的に] とは言っても[もっとも]…ではあるが，しかし，でも (but)《☞ though [接] 3》: He said he would pass the exam, ～ it's unlikely. 彼は試験に受かると言った，もっともそんなことは考えられないが.

al·tim·e·ter /æltímət̬ə, ǽltəmì:- | -tə/ [名] [C] 〔空〕 高度計《☞ -meter¹》.

⁺**al·ti·tude** /ǽltət(j)ù:d | -tjù:d/ [名] **1** [U] [しばしば an ～] 高度，高さ (height); 標高，海抜; 〔天〕(天体の)高度《地平線からの角度》: fly *at an* ～ *of* two thousand feet 2 千フィートの高度で飛ぶ / The plane suddenly lost ～. その飛行機は高度が突然落ちた. **2** [U,C] [しばしば複数形で] 高所: All the peaks were covered with snow at high ～*s*. 高い峰はどこも雪におおわれていた. **3** [U,C] [しばしば an ～] 〔幾〕(三角形などの底辺からの)高さ.

áltitude sìckness [名] [U] 高山病.

Ált kéy /ɔ́:lt-/ [名] [C] 〔電算〕 オルト[オールタネート]キー《他のキーと同時に押してキーの機能を変える》.

al·to /ǽltou/ [名] (～s) [C] 〔楽〕 **1** アルト《女声の最低音域; [略] A.; ☞ register 表》. **2** アルト歌手，アルト楽器; (曲の)アルト声部. **3** ＝countertenor.
— [形] [A] アルトの.

àl·to·cúmulus /æltou-/ [名] [U] 〔気象〕 高積雲.

***al·to·geth·er** /ɔ̀:ltugéðə | -ðə/ [副] **1** 全く，全然; 完全に: His way of life is ～ different from ours. 彼の生活のしかたは全く私たちとは違う / This plant has vanished ～ from this area. この植物はこの地域から完全に消滅した / He seems to have forgotten his appointment ～. 彼はすっかり約束を忘れているようだ.
2 [否定文で] 全く…であるというわけではない，まんざら…ではない《部分否定を表わす; ☞ partial negation [文法]》: His speech was *not* ～ bad. 彼の演説はまんざら捨てたものではなかった.
3 全部で，全体で，合計で (in all): This morning I read twenty pages ～. けさは全部で 20 ページ読んだ / *A*～, there were fifteen people present. 全部で 15 人が出席した. [用法注意!] altogether と all together (みんないっしょに)との違いに注意: They sang *all together*. 彼らはみんないっしょに歌った. **4** [文修飾語] 全体から見て，概して言えば: *A*～ [*Taken* ～], the President's record isn't half bad. 全体として見れば大統領の業績は少しも悪くはない. — [名] [次の成句で] **in the altogéther** [形・副]《英略式》裸で.

àl·to·strátus /æltou-/ [名] [U] 〔気象〕 高層雲.

al·tru·is·m /ǽltruìzm/ [名] [U]《格式》利他主義. [関連] egoism 利己主義.

al·tru·ist /ǽltruɪst/ [名] [C]《格式》利他主義者.

al·tru·is·tic /æ̀ltruístɪk←/ [形]《格式》利他的な.
-is·ti·cal·ly /-kəli/ [副]《格式》利他的に.

al·um¹ /ǽləm/ [名] [U] 〔化〕 みょうばん.

a·lum² /əlʌ́m/ [名] [U] [S]《米略式》＝alumnus.

⁺**al·u·min·i·um** /æ̀ljumíniəm/ [名] [U]《英》＝aluminum.

⁺**a·lu·mi·num** /əlú:mənəm/ [名] [U]《米》アルミニウム《元素記号 Al》: ～ foil アルミホイル.

a·lum·na /əlʌ́mnə/ [名] (複 **a·lum·nae** /-ni:/) [C]《格式》卒業生《女性》.

a·lum·nus /əlʌ́mnəs/ [名] (複 **a·lum·ni** /-naɪ/) [C]《格式》卒業生《男性》，同窓生; 旧会員，旧社員，昔の仲間: an *alumni* association 同窓会《組織》. [語法] 複数形は男女両方の卒業生を指す.

al·ve·o·lar /ælví:ələ | æ̀lvióulə←/ [名] [C], [形] 〔音声〕 歯茎音(の)《/t/, /d/, /n/, /l/ など》.

alvéolar rídge [名] [C] 〔解〕 歯槽堤.

****al·ways** /ɔ́:lweɪz, -wɪz/ [副] **1** いつも，常に; [完了形を伴って] (前から)ずっと《☞ likely 表》: My mother is ～ busy. 私の母はいつも忙しい / She ～ has to get up at five. 彼女はいつも 5 時に起きなければならない / She (almost [nearly]) ～ goes to work by car. 彼女は(ほとんど)いつも車で会社へ行く / *A*～ turn on a light when you watch TV. テレビを見るときは必ず電灯をつけなさい / I have ～ wanted to buy this stamp. 以前からずっとこの切手を買いたかった / This was ～ going to be a tough job to do. この仕事が困難をともなうのはいつものことだった.

番号の順序で頻度が少なくなる.
1. always (いつも)
2. generally (普通(は)), normally (普通は), regularly (定期的に), usually (普通は)
3. frequently (しばしば), often (よく)
4. sometimes (時々，時には)
5. occasionally (時折)
6. rarely (まれにしか…しない), seldom (めったに…しない)
7. almost never, hardly [scarcely] ever (めったに…しない)
8. never (どんな時でも…でない，決して…しない)

2 [進行形とともに用いて] いつも…してばかりいる，しじゅう…している《しばしば非難の気持ちが含まれている; ☞ be² A 1 (3)》: You *are* ～ ask*ing* for money. 君は金をいつもせびってばかりいるね / I'*m* ～ los*ing* my keys. しょっちゅう鍵をなくすんだ.
3 [否定文で] いつも…である[する]わけではない，ときには…ではないこともある《部分否定を表わす; ☞ partial negation [文法]》: He is *not* ↘ ～ honest.↗ 彼がいつも正直だとは限らない(うそをつくときもある) / Clever people do *not* ↘ ～ succeed.↗ 利口な人がいつも成功するとは限らない. [語法] (1) 下降上昇調のイントネーションを用いる《☞ つづり字と発音解説 95》. (2) 全部否定を表わす次の文と比較せよ: He is ～ *dis*honest.↘ 彼はいつも不正直である / Lazy people will *never* succeed.↘ 怠け者は決して成功しない. **4** いつまでも，永遠に (forever): I'll ～ remember him. 私は決して彼のことは忘れません. **5** [普通は can, could とともに用いて] [S] いつでも，とにかく: If you fail, you *can* ～ ask for his help. もしだめでも，いつでも彼に援助を求めればよい《助言をするときに》/ You *could* ～ wash your shirt yourself. 自分のシャツぐらい自分で洗ったらどうですか. **6** [複数名詞とともに] みんな…する: *Boys* ～ want to play football after school. 男の子たちはみんな放課後フットボールをしたがる. [語源] all the way (途中ずっと)の意味から，「いつも」という意になった. **as álways** [副] いつものように: The same *as* ～. いつもと同じに《店で髪型の指定などの際に》/ He finally came home—drunk *as* ～. 彼はやっと家に帰ってきたがいつものように酔っ払っていた. **Thère is álways ....** いざとなれば…もある《他の可能性を示唆して》.

álways-ón [形] 〔電算〕 (インターネットが)常時接続の.

Alzheimer's (disease)

Álz·hei·mer's (disèase) /ɑ́ːltshaɪməz-|ǽltshaɪməz-/ 名 U アルツハイマー病.

＊am[1] /(弱) (ə)m; (強) ǽm/ (同音 [*]'em) 助 自 **be**[1] の一人称単数現在 (I とともに用いられる形) ★(1) 意味・用法について詳しくは ☞ be[1]. (2) 対応する過去形は was[1]. **1** (私は)…である: I ~ /(ə)m/「Mary Brown [American]. <V+C (名・代) [C (形)]> 私はメアリー・ブラウン[アメリカ人]です / **I'm** /aɪm/ in the wrong, ~ I *not*? (格式) <V+C (前+名・代)> 私が悪いのでしょう / "Are you hungry?" "Yes, I ~ /ǽm/." 「おなかがすいていますか」「ええ、I ~ /ǽm/.」(★ 文末では短縮しない) / "Are you American?" "No, I ~ not /aɪəmnɑ́t|-nɔ́t/." 「あなたはアメリカ人ですか」「いいえ、違います」

2 [存在を表わす] (私は…にいる; 私は)存在する: I ~ now *in* an old castle. <V+前+名・代> 私は今古い城にいます / "Where are you?" "**I'm** here." <V+副> どこにいるの」「ここです」/ I think, therefore I ~. 私は考える、ゆえに私という人間は存在する(《フランスの哲学者デカルト (Descartes) のことば》).

＊am[2] /(弱) (ə)m; (強) ǽm/ (同音 [*]'em) 助 **be**[2] の一人称単数現在形 (I とともに用いられる形) ★(1) 意味・用法について詳しくは ☞ be[2]. (2) 対応する過去形は was[2]. **1** [am+現在分詞で進行形を表わす] (私は)…しているところで、…している最中で; (もうすぐ)…するはずだ: "What are you doing?" "I'm feeding the goldfish."「何をしているの」「金魚にえさをやっているの」/ I'm leaving for L.A. next week. 私は来週ロスに行きます。

2 [am +他動詞の過去分詞で受身を表わす] (私は)…される; …されている: I ~ liked by Mr. Brown's children. 私はブラウンさんの子供たちに気に入られています / I ~ called Nellie. 私はネリーと呼ばれています.

3 [am+to 不定詞で] (格式) (私は)…することになっている; …すべきである(☞ be to): I ~ *to* call on Mr. Lee tomorrow. あすリーさんのお宅に伺います / What ~ I to tell them? 彼らに何と言えばいいのやら.

AM[1] /éɪém/ 名 U AM (放送), 振幅変調《放送》(amplitude modulation の略, ☞ FM).
AM[2] /éɪém/ 名 U =Master of Arts (☞ master).
Am. 略 =America, American.

＊a.m., A.M. /éɪém/ 名 副 午前の (before noon): 4:15 ~ 午前 4 時 15 分 (four fifteen a.m. と読む) / Business begins at 9 ~ 営業は午前 9 時開始です. 語法 a.m. は数字の後につける. a.m. は o'clock とともに用いない. 関連 p.m., P.M. 午後の. 語源 ラテン語の ante meridiem (正午より前)の略.

AMA /éɪéméɪ/ 名 固 [the ~] アメリカ医師会 (American Medical Association の略).

[+]**a·mal·gam** /əmǽlgəm/ 名 **1** C 〔普通は an ~〕《格式》混合物 (of). **2** C,U 《化》アマルガム《水銀と他の金属との合金; 特に歯の治療用》.

[+]**a·mal·ga·mate** /əmǽlgəmèɪt/ 動 自 合併[合同]する (with, into); 混合[融合]する (with). — 他 《会社など》を合同[合併]する (into), 混合させる.

a·mal·ga·ma·tion /əmælgəméɪʃən/ 名 U,C 合同, 合併; 融合 (with).

A·man·da /əmǽndə/ 名 固 アマンダ《女性の名》.

a·man·u·en·sis /əmænjuénsɪs|-sìːz/ 名 (複 **-en·ses** /-sìːz/) C (格式)(口述)筆記者.

am·a·ranth /ǽmərænθ/ 名 C **1** アマランス, はげいとう. **2** 《詩》(伝説上の)しぼまない花.

am·a·ret·to /æmərétoʊ/ 名 U アマレット《アーモンド風味のリキュール》.

am·a·ryl·lis /æmərílɪs/ 名 C アマリリス《草花》.

[+]**a·mass** /əmǽs/ 動 他 《多くの金・情報など》を(少しずつ)集める, ためる, 蓄積する.

[+]**am·a·teur** /ǽmətʃɚ, -tʃʊə|ǽmətə, -tə̀ː/ 名 (~s /-z/; 形 àmatéurish) (反 professional) C アマチュア; 愛好家; 未熟者, 素人(ｼﾛｳﾄ). 語源 ラテン語で「愛する人」の意.

— 形 (反 professional) **1** A [比較なし] アマチュアの, 素人(ｼﾛｳﾄ)の: an ~ golfer アマチュアのゴルファー / ~ dramatics (英) アマチュア演劇. **2** =amateurish.

am·a·teur·ish /ǽmətʃərɪʃ, -t(j)ʊ(ə)r-|ǽmətərɪʃ, -tə̀ːr-/ 形 名 ámateur 素人くさい, 素人臭い.
~·ly 副 素人くさく. **~·ness** 名 U 素人くささ.

am·a·teur·is·m /ǽmətʃərɪzm, -t(j)ʊ(ə)rɪzm| -tər-, -tə̀ːr-/ 名 U アマチュア主義; しろうと芸.

am·a·to·ry /ǽmətɔ̀ːri|-təri, -tri/ 形 《文》好色な, 恋愛の.

[+]**＊a·maze** /əméɪz/ 動 (**a·maz·es** /-ɪz/; **a·mazed** /-d/; **a·maz·ing**; 名 amázement) 他 [しばしば受身で](人)をひどく仰天させる, (ひどく)驚かす; 驚嘆させる (☞ surprise 類語語): His ignorance ~d me. 彼の無知には全く驚いた / *What* ~s me is *that* he never looks tired while climbing mountains. 私が驚くのは登山中に彼が疲れた様子を見せないことだ / The father *was* ~*d at* [*by*] his child's talent. <V+O の受身> 父親はわが子の才能に舌を巻いた / 「I *was* ~*d* [It ~*d* me] '*to* find him back so soon [*that* he was back so soon]. 彼がそんなに早く戻ったのでびっくりした / The crowded commuter trains in Japan *never cease to* ~ me. 日本の混んだ通勤電車には私はいつも驚く.

a·mazed /əméɪzd/ 形 びっくりした: an ~ look 驚いた顔.

[+]**a·maze·ment** /əméɪzmənt/ 名 (動 amáze) U (大きな)驚き, 驚嘆: They heard the news with ~. 彼らはそのニュースを聞いてびっくり仰天した. **in amázement** [副] びっくりして. **to …'s amázement** [副] 文修飾語 …がびっくりしたことには: *To* my ~, the box contained nothing but a stone. 驚いたことに箱には石しか入っていなかった.

[+]**＊a·maz·ing** /əméɪzɪŋ/ 形 [普通はほめて] びっくりするような, 驚嘆するほどの; 信じられないような; [主に S] びっくりするほどよい: an ~ amount of money びっくりするほどの大金 / His performance was ~. 彼の演奏は驚嘆すべきものだった.

Amázing Gráce 名 固 「アメイジング・グレイス」《驚くばかりの》めぐみ, の意; 賛美歌》.

[+]**a·máz·ing·ly** 副 **1** びっくりするほど, ひどく (☞ very! 同義): The solution was ~ simple. 解答は驚くほど簡単だった. **2** 文修飾語 驚いたことには.

Am·a·zon /ǽməzɑ̀n, -zə̀n|-zə̀n/ 名 **1** [the ~] アマゾン川《南アメリカの川; Andes 山脈に発して大西洋に注ぐ; 流域面積が世界で最大》. **2** C 《ギ神》アマゾン《昔 黒海 (Black Sea) 近くにいたという勇猛な女族》. **3** C [しばしば a-] 女傑, 勇ましい女性, 女闘士.

Am·a·zon.com /-zɑ̀ndɑ́tkɑ̀m, -zə̀n-|-zə̀n-dɔ̀tkɔ́m/ 名 固 アマゾンドットコム《米国のインターネット上の書籍・CD 通信販売会社》.

Am·a·zo·ni·an /æməzóʊniən-←/ 形 **1** アマゾン川(流域)の. **2** 《ギ伝》アマゾン女族の. **3** [a-] (女性が)たくましい.

[+]**am·bas·sa·dor** /æmbǽsədɚ|-də/ 名 (~s /-z/; 形 àmbàssadórial) C [A-] 大使 (☞ ambassadress); 使節: the Japanese ~ *to* the United States of America 駐米日本大使 / the British ~ *in* Tokyo 東京駐在の英国大使. 関連 embassy 大使館 / minister 公使 / consul 領事. **2** (組織などの)代表.

ambássador-at-lárge 名 (複 **ambassa·dors-**) C 《主に米》無任所大使, 特使.

am·bas·sa·do·ri·al /æmbæsədɔ́ːriəl-←/ 形 (形 ambássador) A 大使の; 使節の.

ambássador·ship 名 C,U 大使の職[身分].

am·bas·sa·dress /æmbǽsədrəs/ 名 C 大使, 節(女性); 《古風》大使夫人.

am·ber /ǽmbə | -bə/ 名 U こはく《樹脂が化石化したもの》; こはく色; 《英》《交通信号の》黄色《米》yellow》《☞ traffic light 参考》. —形 こはく(色)の.

am·ber·gris /ǽmbəgrìs, -grì:s | -bə-/ 名 U 竜涎香(りゅうぜんこう)《まっこうくじらからとる香料》.

am·bi- /ǽmbi/ 接頭「両…, 二…」の意.

am·bi·ance /ǽmbiəns/ 名 C =ambience.

am·bi·dex·trous /æ̀mbɪdékstrəs⁻/ 形 両手でかく. ~·**ly** 副 両手で; 器用に.

*****am·bi·ence** /ǽmbiəns/ 名 U または an ~] 《格式》環境, 雰囲気: have the ~ of a French bistro フランスのレストランのような雰囲気をもつ.

am·bi·ent /ǽmbiənt/ 形 A 《格式》周囲の: ~ temperature 周囲の温度; ~ music 環境音楽. —名 U 環境音楽《気分をリラックスさせる静かな曲》.

*****am·bi·gu·i·ty** /æ̀mbəgjú:əti/ 名 (**-ties**) 1 U,C あいまいさ, 2つ以上の意味にとれること; 不明確さ. **2** C あいまいな点, 2つ以上の意味にとれる表現.

*****am·big·u·ous** /æmbígjuəs/ 形 あいまいな, 《語や文などが》2つ以上の意味にとれる; 《態度などが》不明瞭な, 不確かな《☞ obscure 類義語》: an ~ sentence あいまいな文. ~·**ly** 副 あいまいに, 2つ以上の意味にとれて.

am·bit /ǽmbɪt/ 名 [単数形で]《格式》《勢力》範囲, 領域; 境界: within the ~ of the law 法律の範囲内の[で].

*****am·bi·tion** /æmbíʃən/ 名 T2 (~s /-z/; 形 ambitious) **1** U,C 大望, 野心, 野望, 抱負; a burning ~ 燃えるような野心 / The problem is that he lacks ~. 問題は彼が抱負を持っていないことだ / John's ~ to be a congressman was eventually realized [fulfilled]. <N+to 不定詞> 下院議員になろうというトムの大望はついに実現した. **2** C 野心の的. 語源 ラテン語で「歩き回ること」の意. 昔ローマでは官職に立候補した者は白い服を着て歩き回った. これから「(官職につく)野心」の意味になった《☞ candidate 語源》.

*****am·bi·tious** /æmbíʃəs/ 形 (名 ambition; 反 unambitious) **1** 大望を抱いている, 野心的な: He is an ~ young man. 彼は意欲[覇気]のある若者だ. **2** P …を熱望している, …したいという大望のある; 《人に》期待をかけている: She is ~ for success in business. <A+for+名·代> 彼女は事業で成功するという野心を抱いている / Tom is ~ to go to the moon. <A+to 不定詞> トムには月へ行くという大望がある / She is ~ for her children. 彼女は子供達に大きな期待をかけている. **3** 《仕事などが》野心的な, 大がかりな: an ~ project 大がかりな計画. ~·**ly** 副 野心的に.

am·biv·a·lence /æmbívələns/ 名 U 1 複雑な(好悪の入りまじった)感情, 迷い, どっちつかずの状態 (*about, toward*); 心》両面価値《同時に愛と憎しみのような相反する感情を持つこと》. **2** あいまいさ, 矛盾.

*****am·biv·a·lent** /æmbívələnt/ 形 《心》相反する(気持ちを持って), どっちつかずの状態の (*about*): his ~ feelings *toward* his father 父親に対する彼の相反する感情. ~·**ly** 副 相反する気持ちをもって.

am·ble /ǽmbl/ 動 自 (人が)ゆっくり[ぶらぶら]歩く (*about, around*); (馬が)アンブルで進む. —名 [an ~] ゆっくりした歩き[歩調]; アンブル《馬が前後足を片側ずつ同時に上げて進む緩やかな早足》.

am·bly·o·pi·a /æ̀mblióupiə/ 名 U 《医》弱視.

am·bro·sia /æmbróuʒ(i)ə | -ziə/ 名 U 1 《ギ神》神の食べ物《食べると不老不死になるという》; ☞ nectar》. **2** 《文》非常においしい《香りのよい》物.

*****am·bu·lance** /ǽmbjuləns/ 名 C (-**bu·lanc·es** /-ɪz/) C 救急車, 傷病者輸送機, 病院船[列車]: **call an** ~ 救急車を呼ぶ. 語源 「歩く(病院)」の意. **by [in an] ámbulance** 副 救急車で: The sick person was rushed to the hospital *by [in an] ~*. 病人は救急車で病院へ急いで運ばれた.

ámbulance chàser 名 C 《米略式》交通事故を商売にする(あくどい)弁護士.

am·bu·lance·man /ǽmbjuh̀nsmæ̀n/ 名 (**-men** /-mèn/) C 《英》救急車の運転手, 救急隊員.

am·bu·lance·wom·an /ǽmbjuh̀nswùmən/ 名 (**-wom·en** /-wìmɪn/) C 《英》救急車の運転手, 救急隊員《女性》.

am·bu·la·to·ry /ǽmbjulətò:ri | æmbjuléɪtəri, -tri⁻/ 形 《医》(患者が)歩行できる.

*****am·bush** /ǽmbʊʃ/ 動 (-**bush·es** /-ɪz/; **am·bushed** /-t/; -**bush·ing**) 他 《人を待ち伏せする, 待ち伏せして襲う》: The manager *was ~ed* and robbed on the shop's earnings to the bank. <V+O の受身> 店長は店の売り上げを銀行へ運ぶ途中で待ち伏せされ強奪された.

—名 (~**es** /-ɪz/) C,U 待ち伏せ(攻撃); C 待ち伏せ場所: The two journalists were killed in an ~. 2人のジャーナリストが待ち伏せされ殺害された. **fáll into an ámbush** 動 自 待ち伏せにあう. **lie [wáit] in ámbush** 動 自 (…を)待ち伏せする (*for*).

a·me·ba /əmí:bə/ 名 《米》=amoeba.

a·me·bic /əmí:bɪk/ 形 《米》=amoebic.

a·me·lio·rate /əmí:ljərèɪt, -liə-/ 動 《格式》《状態などを》よくする, 改善する.

a·me·lio·ra·tion /əmì:ljəréɪʃən, -liə-/ 名 (反 deterioration) 《格式》改善, 改良.

a·men /ɑ:mén, eɪmén/ 間 アーメン《祈り·賛美歌の最後に付けることば》. 語法 聖歌の場合は普通 /á:mén/; アーメンのことば. **Amén to thát!** その通りだ《同意を表わす》. 参考 原義は「かくあらせたまえ」(So be it!).

a·me·na·ble /əmí:nəbl, əmén-/ 形 [普通は P] 従順な, 快く従う; (…を)受け入れる; (法などの)適用が可能な: He is ~ to reason. 彼は道理のわかる人だ.

*****a·mend** /əménd/ 動 (**a·mends** /əméndz/; **a·mend·ed** /-ɪd/; **a·mend·ing** /əméndɪŋ/) 他 《法律などを》改正する, 《…の》字句を修正する《☞ mend 語源》: Some people want to ~ the constitution. 憲法を改正したいと考えている人たちがいる.

*****a·mend·ment** /əméndmənt/ 名 (**-mend·ments** /-mənts/; əménd-) 1 U,C 修正, 改正: ~ of the constitution 憲法の改正 / make ~*s to* an article 記事の修正をする / an ~ 修正案を上程する / move an ~ *to* a bill 《英》議案に対する修正案を出す / the First A~ 米国憲法修正第1条《宗教·言論などの自由の保障》.

a·mends /əméndz/ 名 [次の成句で] **máke améndsfs (to …) for** — 動 他 (…に)—の償い[賠償]をする.

*****a·men·i·ty** /əménəti, əmí:n-/ 名 (**-ties**) 1 C [普通は複数形で] 生活を快適にするもの; 《都市やホテルなどの》文化的·娯楽的な施設·設備: local *amenities* 地域の(便利な)公共施設. **2** U 《格式》《場所などの》快適さ; 《人柄などの》感じのよさ; [複数形で] 礼儀.

Amer. 略 =America, American.

Am·er·a·sian /æ̀məréɪʒən, -ʃən⁻/ 名, 形 アメレジアン(の)《アメリカ人とアジア人の混血児》.

*****A·mer·i·ca** /əmérɪkə/ 名 (形 **American** Am., Amer.; ☞ 54-55 ページの表). **1** アメリカ合衆国, 米国 《正式名は the United States of America. 米国人は普通 the United States か the States と呼ぶ》: Keep ~ beautiful. アメリカをきれいにしておこう《環境保護の標語》/ ~ is a country of young men. 米国は若者たちの国だ《Emerson のことばから》. ★語源については ☞ Vespucci 参考.

2 アメリカ(大陸), 米州《略 Am., Amer.; ☞

米国の州

州	州 都	名前の由来
Alabama	Montgomery /mɑn(t)gʌ́m(ə)ri ǀ mən(t)-/	現地の北米先住民の部族の名から
Alaska	Juneau /dʒúː.nou/	エスキモー語で「大いなる国」の意
Arizona	Phoenix /fíːnɪks/	現地の北米先住民のことばで「小さな泉」の意
Arkansas	Little Rock	現地の北米先住民の部族の名から
California	Sacramento	スペインの探検者たちが命名した架空の黄金の国の名から
Colorado	Denver	スペイン語で「赤い(川)」を意味する Colorado 川の名から. 土砂で赤茶に見えるので
*Connecticut	Hartford /hɑ́ətfəd ǀ hɑ́ːtfəd/	現地の北米先住民のことばで「長い川」の意
*Delaware	Dover /dóuvə ǀ -və/	Virginia 植民地の初代総督デラウェア (De La Warr /déləwèə ǀ -wèə/) (1577-1618) の名にちなむ
Florida	Tallahassee /tæləhǽsi/	スペイン語で「花の」の意
*Georgia	Atlanta /ətlǽntə/	ジョージ (George) 二世の名にちなむ
Hawaii	Honolulu	ポリネシア人の伝説の国の名から
Idaho	Boise /bɔ́ɪzi, -si/	現地の北米先住民の部族の名から
Illinois	Springfield /sprɪ́ŋfiːld/	現地の北米先住民のことばで「人」の意
Indiana	Indianapolis	ラテン語で「Indian の土地」の意
Iowa	Des Moines /dɪmɔ́ɪn/	現地の北米先住民の部族の名から
Kansas	Topeka /təpíːkə/	現地の北米先住民の部族の名から
Kentucky	Frankfort /frǽŋkfət ǀ -fət/	現地の北米先住民のことばで「平原」の意
Louisiana	Baton Rouge /bǽtnrúːʒ/	フランス領時代にルイ (Louis) 十四世の名にちなむ
Maine	Augusta /ɔːgʌ́stə/	New England の主要な (main) 部分を占めることから
*Maryland	Annapolis /ənǽp(ə)lɪs/	植民地時代の英国国王チャールズ (Charles) 一世のきさきの名マリア (Maria) (Mary のラテン語名) にちなむ
*Massachusetts	Boston	現地の北米先住民のことばで「大きな丘 (Boston 付近の丘のこと)」の意
Michigan	Lansing /lǽnsɪŋ ǀ -láːn/	現地の北米先住民のことばで「大きな湖」を意味する Michigan 湖の名から
Minnesota	St. Paul /sèɪn(t)pɔ́ːl ǀ s(ə)n(t)-/	現地の北米先住民のことばで「空色の川」の意; 同州を流れる川の名から
Mississippi	Jackson /dʒǽks(ə)n/	現地の北米先住民北のことばで「大きな川」を意味する Mississippi 川の名から
Missouri	Jefferson City	現地の北米先住民の Missouri 族(大きなカヌーを持った人たちの意)の名から
Montana	Helena /hélənə, həlíːnə/	ラテン語で「山の多い地方」の意
Nebraska	Lincoln /líŋkən/	現地の北米先住民のことばで「浅い川」を意味する川の名から
Nevada	Carson City	Sierra Nevada の名から
*New Hampshire	Concord /kɑ́ŋkəd ǀ kɔ́ŋkəd/	英国南部の州の名 Hampshire にちなむ
*New Jersey	Trenton	英国の Jersey 島の名にちなむ
New Mexico	Santa Fe /sæntəféɪ˺/	以前は Mexico 領であったので, その名にちなむ
*New York	Albany	英国の都市 York の名にちなむ
*North Carolina	Raleigh /rɔ́ːli/	☞ Carolina 語源
North Dakota	Bismarck /bízmɑək ǀ -mɑːk/	☞ Dakota 語源
Ohio	Columbus	現地の北米先住民のことばで「すばらしい(大きな)川」を意味する Ohio 川の名から
Oklahoma	Oklahóma Cíty	現地の北米先住民のことばで「赤い人々」の意の部族の名から
Oregon	Salem	現地の北米先住民の部族の名から
*Pennsylvania	Harrisburg /hǽrɪsbəːg ǀ -bəːg/	「Penn の開拓した森林地」の意; ☞ Penn, sylvan
*Rhode Island	Providence /prɑ́vədəns, -dns ǀ prɔ́v-/	オランダ語で「赤い島」の意とも, またロードス (Rhodes) 島の名からともいわれる
*South Carolina	Columbia /kəlʌ́mbiə/	☞ Carolina 語源
South Dakota	Pierre /píə ǀ píə/	☞ Dakota 語源
Tennessee	Nashville /nǽʃvɪl/	現地の北米先住民の村の名から
Texas	Austin	現地の北米先住民のことばで「(Apache 族に対抗する)同盟者たち」の意
Utah	Salt Lake City	現地の北米先住民のことばで「山の住民」の意; 部族の名から
Vermont	Montpelier /mɑntpíːljə ǀ mɔntpéliə/	フランス語で「緑の山」の意
*Virginia	Richmond /rítʃmənd/	Virgin Queen (処女王)と呼ばれたエリザベス (Elizabeth) 一世にちなむ
Washington	Olympia /əlímpiə, ou-/	米国の初代大統領ワシントン (Washington) の名にちなむ
West Virginia	Charleston	☞ Virginia
Wisconsin	Madison /mǽdəs(ə)n/	現地の川の名から
Wyoming	Cheyenne	「大平原」を意味する現地の渓谷の名から
District of Columbia	(Washington)	☞ Columbia 語源

*印は合衆国独立当時の13州. 参考 大文字2字の略語(ピリオドのないもの)は米国郵政省公認 (☞ GU, PR¹ 2)

人口は2002年統計. 加入年の( )内は加入順位.

略語, 郵便略語	人口 (万人)	合衆国 加入年
Ala., AL	448.6	1819 (22)
Alas., AK	64.3	1959 (49)
Ariz., AZ	545.6	1912 (48)
Ark., AR	271.0	1836 (25)
Calif., Cal., CA	3,511.6	1850 (31)
Colo., Col., CO	450.6	1876 (38)
Conn., CT	346.0	1788 (5)
Del., DE	80.7	1787 (1)
Fla., FL	1,671.3	1845 (27)
Ga., GA	856.0	1788 (4)
HI	124.4	1959 (50)
Ida., Id., ID	134.1	1890 (43)
Ill., IL	1,260.0	1818 (21)
Ind., IN	615.9	1816 (19)
Ia., IA	293.6	1846 (29)
Kan., Kans., KS	271.5	1861 (34)
Ky., Ken., KY	409.2	1792 (15)
La., LA	448.2	1812 (18)
Me., ME	129.4	1820 (23)
Md., MD	545.8	1788 (7)
Mass., MA	642.7	1788 (6)
Mich., MI	1,005.0	1837 (26)
Minn., MN	501.9	1858 (32)
Miss., MS	287.1	1817 (20)
Mo., MO	567.2	1821 (24)
Mont., MT	90.9	1889 (41)
Neb., Nebr., NE	172.9	1867 (37)
Nev., NV	217.3	1864 (36)
N.H., NH	127.5	1788 (9)
N.J., NJ	859.0	1787 (3)
N.Mex., N.M., NM	185.5	1912 (47)
N.Y., NY	1,915.7	1788 (11)
N.C., NC	832.0	1789 (12)
N.Dak., N.D., ND	63.4	1889 (39)
O., OH	1,142.1	1803 (17)
Okla., OK	349.3	1907 (46)
Oreg., Ore., OR	352.1	1859 (33)
Pa., Penn., PA	1,233.5	1787 (2)
R.I., RI	106.9	1790 (13)
SC	410.7	1788 (8)
S.Dak., SD	76.1	1889 (40)
Tenn., TN	579.7	1796 (16)
Tex., TX	2,177.9	1845 (28)
Ut., UT	231.6	1896 (45)
Vt., VT	61.6	1791 (14)
Va., VA	729.3	1788 (10)
Wash., WA	606.6	1889 (42)
W.Va., WV	180.1	1863 (35)
Wis., Wisc., WI	544.1	1848 (30)
Wyo., Wy., WY	49.8	1890 (44)
D.C., DC	57.0	

continent¹ (参考). 語法 North America と South America の2つ, または North America, South America および Central America の3つに分けられる; その3つをまとめて the Americas ともいう.

*A·mer·i·can /əmérɪkən/ 形 (名 América, 動 Américanize)

1 **アメリカ合衆国の, 米国の**; 米国風の; 米国製の; 米国人の (略 Am., Amer.): an ~ boy [girl] アメリカ人の少年[少女] / the ~ flag 米国国旗 / ~ civilization アメリカ文明 / She is ~. 彼女はアメリカ人です. 語法 国籍を示す場合は一般に形容詞を用いる. 関連 British 英国(人)の.

2 **アメリカ大陸の, 米州の** (略 Am., Amer.): ~ animals [plants] アメリカ大陸の動物[植物] / ~ countries アメリカ[米州]諸国.

― 名 (~s /-z/) 1 ⓒ **アメリカ人, 米国人**: There are many ~s who can speak Japanese. 日本語を話せるアメリカ人が大勢いる.

2 [the ~s] **アメリカ人** (全体), **米国民** (☞ he¹ 5): Generally the ~s are a kindly people. 概してアメリカ人は親切な国民だ. 3 Ⓤ =American English. 4 ⓒ アメリカ大陸の住民, 米州人: Native ~s 北米先住民(アメリカインディアンのこと).

A·mer·i·ca·na /əmèrɪkάːnə, -kǽnə | -kάː-/ 名 Ⓤ [時に複数扱い] アメリカの事物[風物]; アメリカに関する文献, アメリカ誌.

American Academy of Arts and Sciences 名 [the ~] アメリカ芸術科学アカデミー.

American Airlines 名 固 アメリカン航空《米国の航空会社》.

American Bar Association 名 固 [the ~] アメリカ法律家協会, アメリカ法曹協会 (略 ABA).

American Cancer Society 名 固 米国癌(がん)学会.

American cheese 名 Ⓤ アメリカンチーズ《米国産のチェダーから製造するプロセスチーズ》.

American Civil Liberties Union 名 固 [the ~] アメリカ市民的自由連合.

American Civil War 名 固 《米国の》南北戦争.

American Council for the Arts 名 固 [the ~] アメリカ芸術協議会.

American Dream 名 [the ~] アメリカの夢, アメリカンドリーム《米国社会の民主主義・自由・平等の理想, またはだれにも富と成功を得る機会があるという考え》.

American eagle 名 ⓒ =bald eagle.

***American English** 名 Ⓤ アメリカ英語, 米語. 関連 British English イギリス英語.

American Express 名 固 アメリカン エキスプレス《米国のクレジットカード; 略 Amex; 商標》.

American Falls 名 固 [the ~] アメリカ滝《Niagara Falls の一部分をなす》.

⁺**American football** 名 Ⓤ 《英》アメリカンフットボール《《米》football》《1チーム11人で競技する球技; 米国では最も人気のあるスポーツの1つ; ☞ football, eleven 名 4》; ⓒ 《英》アメリカンフットボール用のボール.

American Indian 名 ⓒ アメリカインディアン (Amerindian, Indian) (☞ Native American).

A·mer·i·can·is·m /əmérɪkənìzm/ 名 1 ⓒ アメリカ語法《アメリカ英語特有の語句・発音・表現・語義》. 参考 この辞書で《米》とあるのはアメリカ語法のこと. 関連 Briticism イギリス語法. 2 Ⓤ,ⓒ アメリカ風(のもの). 3 Ⓤ アメリカびいき.

A·mer·i·can·i·za·tion /əmèrɪkənɪzéɪʃən | -naɪz-/ 名 Ⓤ アメリカ化.

A·mer·i·can·ize /əmérɪkənàɪz/ 動 (形 Américan) 他 〈...〉をアメリカ風にする.

American League 名 固 [the ~]《米》アメリカンリーグ《プロ野球大リーグ (major leagues) の1つ; 略 AL²》. 関連 National League ナショナルリーグ.

American Légion 名 固 [the ~] アメリカ在郷軍人会.

a·mer·i·ca·no /əmèrikáːnou/ 名 C アメリカーノ《エスプレッソ (espresso) に湯を加えたコーヒー》.

American plán 名 固 [the ~]《米》アメリカ方式《ホテル代の中に食費も含める方式》; ☞ European plan》.

American Revolútion 名 固 [the ~]《米史》米国独立戦争, アメリカ革命.

> 参考 1775 年から 1783 年に及ぶ米国の独立戦争; この間 1776 年, 東部の 13 州より成るアメリカ合衆国 (the United States of America) が独立を宣言した (☞ America 表₌); the Revolutionary War ともいう; ☞ declaration 成句, Independence Day.

American Samóa 名 固 アメリカ領サモア《南太平洋 Samoa 諸島東部の島群》.

American Sign Lànguage 名 U アメリカサインランゲージ (Ameslan)《手話法》; ASL》.

Américan Wáy 名 [the ~] アメリカ流《勤勉・公平さ・物質欲などの価値観をさす》.

A·mér·i·ca's Cúp /əmérɪkəz-/ 名 [the ~] アメリカズカップ《レース》《国際ヨットレース》.

América the Béautiful 名 固「美しきアメリカ」《アメリカをたたえる歌》.

Am·er·in·di·an /ӕmərɪndiən⁺/, **Am·er·ind** /ӕmərɪnd/ 名 C =American Indian.

Am·es·lan /ӕməslӕn/ 名 U =American Sign Language.

am·e·thyst /ӕməθɪst/ 名 1 C,U 紫水晶, アメシスト《2月の誕生石》. 2 U 紫色, すみれ色. 3 [形容詞的に] アメシスト(製)の; 紫[すみれ]色の.

Am·ex /ӕmeks/ 名 固 アメックス (American Express の略; 商標》.

a·mi·a·bil·i·ty /èɪmiəbíləṭi/ 名 U W 人好きのすること, 愛想のよさ; 優しさ, 温和.

⁺a·mi·a·ble /éɪmiəbl/ 形 W 人好きのする, 愛想[感じ]のよい; 優しい: an ~ young person 好意的な人. **-bly** /-əbli/ 副 愛想よく.

am·i·ca·bil·i·ty /ӕmɪkəbíləṭi/ 名 U《格式》友好, 親和, 親善.

⁺am·i·ca·ble /ӕmɪkəbl/ 形《格式》好意のある, 友好的な; 平和的な: an ~ settlement 和解. **-ca·bly** /-kəbli/ 副《格式》友好的に.

⁺a·mid /əmíd, ӕmɪd/ 前《混乱など》の中で; 《主に文》... に囲まれて: ~ cries of disapproval 不満の声を浴びながら / He kept cool ~ the confusion. 混乱のさなかにあっても彼は冷静だった.

> 語法 amid の後には単数または複数の名詞が来て, 普通は「自分と関係ないもの, 異質のものに囲まれて」の意. これに対して among の後には名詞または集合名詞が来て,「自分と密接な関係にあるもの, 同質のものに囲まれて」の意: A~ all those strangers he was totally bewildered. 見知らぬ人たちにすっかり取り囲まれて彼は当惑しきっていた / Among his students he was supremely happy. 生徒たちに囲まれて彼は最高に幸福だった.

am·ide /ӕmaɪd/ 名 U《化》《金属》アミド.

a·mid·ship(s) /əmídʃɪp(s)/ 副《海》船の中央に.

⁺a·midst /əmídst/ 前《文》=amid.

a·mi·go /əmíːgou/ 名 《スペイン語から》(~s) C《略式, 主に米》友だち.

⁺a·mí·no ácid /əmíːnou-/ 名 C《化》アミノ酸《たんぱく質を構成する有機化合物》.

a·mir /əmíər/ 名 C =emir.

A·mish /áːmɪʃ/ 名 [the ~; 複数扱い] アーミッシュ派《の教徒たち》《Pennsylvania 州などに住む厳格なプロテスタントの一派; 電気などの現代文明を拒絶した生活で知られる》. ― 形 アーミッシュ派の.

a·miss /əmís/ 形 P, 副 誤った[て]; 具合の悪い[悪く]: Something is ~. 何か変だ / It would *not* be ~ to ask his views. 彼の意見を聞くのも悪くはないでしょう 語法 amiss を否定文で用いると, 「悪くない, 結構である」という意味になる. **gò** [《英》**còme**] **amíss** [動] 《普通は否定文で》不都合なことになる, まずいことになる: A word of apology would *not* go ~. ひとことおわびがあったほうがいいだろう. **táke ... amíss** [動] 《他》《特に誤解をして》《...》に腹を立てる, 気を悪くする.

am·i·ty /ӕməṭi/ 名 U《格式》友好《関係》, 親善 (friendship). **in ámity with ...** [前]《格式》...と仲よく.

Am·man /ɑːmɑ́ːn | ɑː-/ 名 固 アンマン《ヨルダンの首都》.

am·me·ter /ӕmìːṭər | -tə-/ 名 C 電流計.

am·mo /ӕmou/ 名 U《略式》=ammunition 1.

⁺am·mo·nia /əmóunjə, -niə/ 名 U《化》アンモニア《気体》; アンモニア水.

am·mo·nite /ӕmənàɪt/ 名 C アンモナイト, 菊石.

am·mo·ni·um /əmóuniəm/ 名 U《化》アンモニウム.

⁺am·mu·ni·tion /ӕmjuníʃən/ 名 U 1 弾薬: fire live ~ 実弾を撃つ. 2《批判などを行なうときの》攻撃材料, 論拠: ~ *against* the tobacco industry たばこ産業への攻撃材料 / ~ *for* environmentalists 環境保護運動家に有利な攻撃材料.

am·ne·sia /ӕmníːʒə | -ziə/ 名 U 記憶喪失(症).

am·ne·si·ac /ӕmníːziӕk/, **-ne·sic** /-níːzɪk, -níːsɪk/ 形, 名 C 記憶喪失症の(患者).

⁺am·nes·ty /ӕmnəsti/ 名 (**-nes·ties** /~z/) 1 C,U 恩赦, 特赦, 大赦《特に政治犯に対するもの》: declare an ~ 恩赦を発表する. 2 C 赦免[免責]期間. **ùnder an ámnesty** [副·形] 恩赦を受けて.

Ámnesty Internátional 名 固 国際アムネスティ《政治犯や思想犯の釈放を目的とする人権擁護組織》.

am·ni·o·cen·te·sis /ӕmniousentíːsɪs/, **am·ni·o** /ӕmniòu/ 名 (複 **am·ni·o·cen·te·ses** /-siːz/) U,C《医》羊水穿刺《性別・染色体異常などを調べる》.

am·ni·on /ӕmniɑn | -niən/ 名 (複 ~s, **am·ni·a** /-niə/) C《解》《胎児を包む》羊膜.

am·ni·ot·ic /ӕmniɑ́tɪk | -ɔ́t-⁺/ 形《解》羊膜の.

a·moe·ba, a·me·ba /əmíːbə/ 名 (複 ~s, **a·moe·bae, a·me·bae** /-biː/) C アメーバ.

a·moe·bic, a·me·bic /əmíːbɪk/ 形 アメーバ(性)の.

a·mok /əmʌ́k, əmɑ́k | əmɔ́k, əmʌ́k/ 副《次の成句で》**rùn amók** [動] 《自》暴れ狂う; 度を失う.

⁎a·mong /əmʌ́ŋ, əmʌ̀ŋ/ 前

> 基本的には「...の中に[で]」の意.
> ① ...に囲まれて 1
> ② ...の中に 2
> ③ (3者以上)の間で 3

1 ...に囲まれて[た], ...の真ん中に (☞ amid 語法); の間に[を(通って)]: a village ~ the mountains 山に囲まれた村 / She felt relaxed ~ friends. 彼女は友人に囲まれてほっとした / He hid himself ~ the trees. 彼は木立の中に隠れた / We walked ~ the bushes to the

cottage. 私たちは茂みの中を通りぬけて小屋に出た.
2 (3つ・3人以上)**の中に**[(加わって)[含まれて]]; (ある集団)の間で[に](見受けられて[広まって]); [普通は最上級を伴って]…の(中の)1つ[1人]で: Many children were ~ *the injured*. 負傷者の中には多くの子供が含まれていた (⇨ the¹ 3) / 言い換え Tokyo is ~ *the largest cities in the world*. (=Tokyo is one of the largest cities in the world.) 東京は世界有数の大都市である.
3 (3人以上)**の間で**(分配して), …のおのおのに; …の間で(所有[協力]して); …の中で争って: The money was divided ~ *them*. 金は彼らの間で分配された / Please discuss the matter ~ *yourselves*. その問題をみなさんで討議してください.

---

among と between
語法 (1) among の後には集合名詞か複数形の名詞・代名詞が来る(この場合の複数形は1つの「集合」と考えられる) (⇨ 挿絵 (A)).
(2) 集合と考えられず, 1つのものと周囲の多くのものとの個々の関係と考えられるときは3つ以上のものが並んでも between を使う (⇨ between 語法 (2)): Switzerland is situated *between* France, Italy, Austria, Liechtenstein and Germany. スイスはフランス, イタリア, オーストリア, リヒテンシュタイン, ドイツに囲まれている (⇨ 挿絵 (B)).
(3) 3つ[3人]以上のときでも, その中の2つ[2人]の間の互いの関係を個々に表わすときには between を用いる: a treaty *between* three powers 3国間の条約 (⇨ 挿絵 (C)).

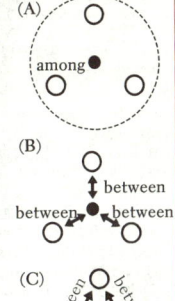

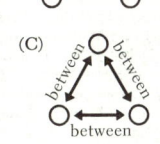

---

amòng óthers=amòng óther thìngs [副] なかでも, とりわけ: Picasso, ~ *others*, is one of my favorite painters. なかでもピカソは私の大好きな画家です. (=**s**)
amòng oursélves [副] ないしょで, ここだけの話だが: This is just ~ *ourselves*. これはここだけの話ですよ.
from amòng ... [前] …の間[中]から.

*a·mongst /əmʌ́ŋst, əmɑ́ŋst/ 前 (主に文) = among.

a·mon·til·la·do /əmɑ̀ntəlɑ́ːdou | əmɔ̀ntijɑ́ː-/ 图 (~s) © アモンティリャード(スペイン産のシェリー).

a·mor·al /eɪmɔ́ːrəl, æm- | -mɔ́r-/ 形 道徳観念[意識]のない; 道徳とは無関係の (⇨ immoral).

a·mor·al·i·ty /èɪmərǽləṭi, æm- | -mər-/ 图 Ⓤ 道徳意識のなさ; 道徳とは無関係なこと.

am·o·rous /ǽm(ə)rəs/ 形 (格式) 好色な; なまめかしい; 恋の: ~ *advances* (性的)誘惑. ~·ly 副 なまめかしく. ~·ness 图 Ⓤ 好色.

a·mor·phous /əmɔ́ːfəs | əmɔ́ː-/ 形 [普通は A] (格式) 無定形の; まとまりのない; [化] 非晶の. ~·ly 副 ~·ness 图 Ⓤ 無定形.

am·or·tiz·a·ble /ǽmɚtàɪzəbl | əmɔ́ːtaɪz-/ 形 [法] (負債が)少しずつ(割賦)弁済できる.

am·or·ti·za·tion /æ̀mɚṭɪzéɪʃən | əmɔ̀ːtaɪzéɪ-/ 图 Ⓤ,Ⓒ [法] (負債の)割賦弁済(額).

am·or·tize /ǽmɚtàɪz | əmɔ́ːtaɪz-/ 動 他 [法] (負債)を少しずつ(割賦)弁済する.

A·mos /eɪməs | -mɔs/ 图 圊 1 エイモス(男性名). 2 アモス(ヘブライの預言者). 3 『旧約』アモス書.

*a·mount /əmáunt/ 動 (a·mounts /əmáunts/) 1 Ⓒ 額 量 (quantity) (略 amt.; ⇨ mount 単語の記憶): How are you going to spend such a large [great] ~ *of money*? こんな多額のお金を何に使うつもりですか / pay the full ~ 全額を払う / The world has a limited ~ *of oil*. 世界の石油の量は限られている / No ~ *of reasoning* could convince him. どんなに説得しても彼は納得しなかった. 語法 (1) amount は量に用い, 数には number を用いる. しかし時に(略式)では「of+可算名詞」を伴うこともある: a fair ~ *of accidents* かなりの(数の)事故. (2) a large [small] amount of ... のほかに複数形の large [small] amounts of ... もあり, これは普通複数扱い: Large ~s *of money* are still needed for the project. その計画にはまだ多額の金が必要だ.
2 [the ~] 総額, 総数.
ány amóunt of ... [形] (1) どれだけの量[額]の…でも: Any ~ *of money* will do. いかほどの金額でも結構です. (2) (英)たくさんの…: any ~ *of letters* たくさんの手紙.

—— 動 (a·mounts /əmáunts/; a·mount·ed /-ṭɪd/; a·mount·ing /-ṭɪŋ/) 圓 [進行形なし] **1** 総計(…)になる, (…)に達する: His debts *~ed to* a thousand dollars. <V+*to*+名> 彼の借金は1千ドルに達した. **2** 結果として(…となる; (…)に等しい: His answer ~s *to* a refusal. 彼の返答は拒絶も同然だ / He won't ~ *to* much. 彼はたいした者にはなれないだろう.

a·mour /əmúɚ | əmúə/ 图 Ⓒ 〔文〕 情事(の相手).

a·mour pro·pre /ɑ̀ːmʊəprɔ́upr(ə) | ǽmʊəprɔ́p-/ 《フランス語から》 图 Ⓤ 〔文〕 自尊心.

amp /ǽmp/ 图 Ⓒ **1** =ampere. **2** (略式)=amplifier.

am·per·age /ǽmp(ə)rɪdʒ/ 图 Ⓤ または an ~ 〔電〕アンペア数.

am·pere /ǽmpɪɚ, -peɚ | -peə/ 图 Ⓒ 〔電〕アンペア (電流の強さの単位; 略 A). 関連 volt ボルト / watt ワット.

am·per·sand /ǽmpɚsænd | -pə-/ 图 Ⓒ アンパサンド(and を表わす記号 & の呼び名; & の形はラテン語 *et* (=and) の古い字体に由来する): Smith & Co. スミス商会(Smith and Company と読む). 語法 & は主に印刷物やくだけた手紙などに使われる.

am·phet·a·mine /æmfétəmìːn/ 图 Ⓤ,Ⓒ [普通は複数形で] 〔薬〕アンフェタミン(覚醒剤).

am·phi- /ǽmfɪ/ 接頭 「両…」「両様に…」「周囲に…」の意: *amphi*theater 円形演技場.

am·phib·i·an /æmfíbiən/ 图 Ⓒ **1** 両生動物 (⇨ *animal* 表). **2** 水陸両用飛行機, 水陸両用車.

†am·phib·i·ous /æmfíbiəs/ 形 **1** (水陸)両生の. **2** 水陸両用の: an ~ *vehicle* 水陸両用車. **3** [普通は A] 〔軍〕陸海軍共同の: an ~ *operation* 陸海軍共同作戦.

am·phi·the·a·ter, 《英》-a·tre /ǽmfəθìːəṭɚ | -θìəṭə/ 图 Ⓒ **1** (古代ギリシャ・ローマの)円形演技場(周囲にはひな壇式の観覧席があった). **2** (劇場の)半円形状の階段席; 階段教室. **3** すりばち状の地形.

am·pho·ra /ǽmfərə/ 图 (複 ~s, am·pho·rae /-riː/) Ⓒ アンフォラ(古代ギリシャ・ローマのつぼ).

*am·ple /ǽmpl/ 形 (am·pler, more ~; am·plest, most ~; 動 ámplify, 图 ámplitude) [普通は A] **1** (分量が)十分な, あり余るほどたっぷりした, 豊富な (abundant) (⇦ scanty) (⇨ *enough* 類義語): ~ *food* 十分な食料 / We had ~ *time* for a rest. 休憩時間は十分にありました. **2** 広い, 広大な: a house with an ~ *garden* 広い庭のある家. **3** 〔W〕豊満な, かっぷくのよい: an ~ *bosom* 豊かな胸.

am·pli·fi·ca·tion /æmpləfɪkéɪʃən/ 名 ① 1 拡大; 【電】増幅. 2 《格式》詳説, 敷衍(ふえん); 強調.

am·pli·fi·er /æmpləfàɪə | -fàɪə/ 名 ⓒ 【電】増幅器, アンプ (《略式》amp).

am·pli·fy /æmpləfàɪ/ 動 (-pli·fies; -pli·fied; -fy·ing) 【形】ample. 他 1 《格式》〈影響などを〉拡大[増大]する; 【電】増幅する. 2 《格式》〈...を〉詳説する, 敷衍(ふえん)する; ...の重要性を強調する.

am·pli·tude /æmplət(j)ù:d | -tjù:d/ 名 【形】ample. ① 1 【理】振幅. 2 《格式》広さ, 大きさ; 幅.

ámplitude modulátion 名 ① =AM¹.

am·ply /æmpli/ 副 十二分に, たっぷり; はっきりと.

am·poule, (米) am·pule /æmp(j)u:l | -pu:l/ 名 ⓒ 【医】(注射液などの)アンプル.

am·pu·tate /æmpjutèɪt/ 他 〈手術で〉〈手足などを〉切断する. ― 自 〈手術で〉手足などを切断する.

am·pu·ta·tion /æmpjutéɪʃən/ 名 ①ⓒ (手足などの)切断(手術).

am·pu·tee /æmpjutí:/ 名 ⓒ (手術で)手足などを失った人.

Am·ster·dam /æmstədæm | -stə-/ 名 ⑥ アムステルダム (オランダ (the Netherlands) 中部の都市; オランダの公式の首都; ☞ Hague).

amt. 略 =amount.

Am·trak /æmtræk/ 名 ⑥ アムトラック 《米国政府により設立された全米鉄道旅客輸送公社》.

a·muck /əmʌ́k/ 副 =amok.

a·mu·let /æmjulət/ 名 ⓒ (身につける)お守り.

A·mund·sen /á:mənsən | -sn/ 名 ⑥ Ro·ald /róvəl(d)/ 〜 アムンゼン (1872-1928) 《ノルウェーの探検家; 1911年南極点に到達》.

A·mur /a:múə/ 名 ⑥ [the 〜] アムール川 《アジア北東部の川; 中国名は黒竜江》.

*__a·muse__ /əmjú:z/ 動 (a·mus·es /〜ɪz/; a·mused /〜d/; a·mus·ing; 動名 amúsement) 他 [しばしば受身で]〈...を〉おもしろがらせる, 笑わせる, 楽しませる; 〈...に〉楽しく時間をすごさせる, 〈...の〉気を紛らわす (☞ amused): The parents tried to 〜 their baby with a toy. <V+O+with+名・代> 両親は赤ん坊をおもちゃであやそうとした / They were very (much) 〜d at [by] his jokes. <V+Oの受身> 彼らは彼の冗談をとてもおもしろがった (☞ very¹ 語法 (2)) / 言い換え You 〜 me! (=How absurd!) 笑わせるね. ― 自 人を楽しませる.

amúse onesèlf (by) dóing 動 ...して楽しむ: The boys and girls 〜d themselves (by) singing together. 少年少女たちはいっしょに歌を歌って楽しんだ.

amúse onesèlf with ... 動 他 ...でもおもしろがる: The children were amusing themselves with dolls. 子供たちは人形で楽しく遊んでいた.

*__a·mused__ /əmjú:zd/ 形 (人や表情などが)おもしろがった, 楽しんだ; おかしそうな: an 〜 look 楽しそうな顔 / Please keep the baby 〜. 赤ちゃんをあやしておいてください.

be nót (at àll) amúsed 動 自 《主に英》(とても)腹を立てている, 怒っている.

*__a·muse·ment__ /əmjú:zmənt/ 名 (a·muse·ments /-mənts/; 動 amúse) 1 ① おもしろさ, おかしさ; 楽しみ, 慰み: a place of 〜 娯楽場 / laugh in 〜 おかしそうに笑う / The child watched the animal with [in] 〜. 子供はその動物をおもしろがって眺めた. 2 ⓒ 楽しみごと, 娯楽, 遊び; [複数形で]《英》娯楽(遊技)施設, 遊具. 私としては遊びとしてはチェスはやらないね, an 〜. for amúsement [副] 気晴らしに, 面白半分に. to ...'s amúsement [副] 文修飾 ...にとっておもしろかったことには: To our (great) 〜, the curtain began to rise ahead of time. 定刻前に幕が上がり始めたのは(大変)おかしかった.

amúsement arcàde 名 ⓒ 《英》ゲームセンター.

amúsement pàrk 名 ⓒ 《主に米》遊園地.

*__a·mus·ing__ /əmjú:zɪŋ/ 形 おもしろい, 人を楽しませる, おかしい (☞ interesting 表): an 〜 story おもしろい話 / 言い換え The clown's stunts were very [highly] 〜 to the boys. (=The boys were very (much) amused by the clown's stunts.) <A+to+名・代> 道化の妙技は少年たちにとって楽しかった. **-ly** 副 おもしろく, 楽しく.

A·my /éɪmi/ 名 ⑥ エイミー《女性の名》.

a·myg·da·la /əmígdələ/ 名 (複 -lae /-lì:/) ⓒ 【解】(大脳の)扁桃核《嗅覚をつかさどる》.

am·y·lase /æməleɪs/ 名 ① 【生化】アミラーゼ《澱粉を加水分解する酵素》.

*__an__ (弱) ən; (強) æn/ (同音 #and, #Ann(e); 類音 ant, aunt) 冠 《不定冠詞》=a². ★ 意味・用法・語源などについては a²

――――リスニング――――
an egg, an hour は /ənég/「アネッグ」, /ənáuə | ənáuə/「アナワー」のように聞こえる. 「アン・エッグ」, 「アン・アワー」のように発音しない. an aim (目的)と a name (名前)も実際は両方とも /ənéɪm/「アネイム」のように同じに聞こえる.

――――an の使い方――――
語法 (1) 母音で始まる語の前で用いる: an apple /æpl/ りんご / an ox /áks | ɔ́ks/ 雄牛 / an umbrella /ʌmbrélə/ 傘.
(2) 次の語が子音字で始まる語であっても実際の発音が母音で始まるときには an を用いる: an hour /áuə | áuə/ 1 時間 / an honest /ánɪst | ɔ́n-/ man 正直な男 / an M.P. /émpí:/ 下院議員.
(3) 逆に次の語が母音字で始まっていても, 実際の発音が子音で始まるときには a を用いる: a European /jùərəpí:ən/ country ヨーロッパの国 / a unit /jú:nɪt/ 単位 / a one-way /wánwèɪ/ street 一方通行路.
(4) 文語では h 音で始まる語でも第 1 音節にアクセントがない場合 an を用いることがある: an hotél / an histórian.

an- /æn/ 接頭 「非..., 無...」の意 《★ a-² の異形で母音の前で用いる》: anarchy 無政府状態.

-an /ən/ 接尾 1 [名詞につく形容詞・名詞語尾] 「...の, ...に関係ある, ...風の; ...に属する[住む](人)」などの意: American 米国の, アメリカ人 / Shakespearean シェークスピア(風)の / republican 共和国の. 2 「...の専門家」の意: historian 歴史家.

-a·na /á:nə, ǽnə | á:nə/ 接尾 =-iana.

An·a·bap·tist /ænəbæptɪst/ 名 ⓒ 再洗礼派《16世紀の新教の1派》. ― 形 再洗礼派の.

án·a·bòl·ic stéroid /ænəbàlɪk- | -bɔ̀l-/ 名 ⓒ アナボリックステロイド《筋肉増強剤》.

a·nach·ro·nism /ənǽkrənɪzm/ 名 ⓒ 1 時代遅れの人[物, こと]. 2 (劇・映画・本などでの)時代考証の誤り; 時代錯誤の人[物, こと].

a·nach·ro·nis·tic /ənækrəníshtɪk/ 形 時代錯誤の. **-ti·cal·ly** /-kəli/ 副 時代錯誤的に.

an·a·con·da /ænəkándə | -kɔ́n-/ 名 ⓒ アナコンダ《南アメリカの密林に住む無毒の大蛇》.

a·nae·mi·a /əní:miə/ 名 ①《英》=anemia.

a·nae·mic /əní:mɪk/ 形《英》=anemic.

an·aer·o·bic /ænərəóʊbɪk/ 形 【生】(微生物などが)嫌気性の, 空気[酸素]なしで生きられる.

an·aes·the·sia /ænəsθí:ʒə | -ziə/ 名《英》=anesthesia.

an·aes·the·si·ol·o·gist /ænəsθi:ziáləʤɪst/

-sI-/ (英) =anesthesiologist.
an·aes·thet·ic /ænəsθétɪk⌐/ 形 名 (英) =anesthetic.
an·aes·the·tist /ænésθətɪst | əníːs-/ 名 (英) = anesthetist.
an·a·gram /ǽnəgræm/ 名 C つづり換え語(句) (of) (ある語のつづりを入れかえるとできる語; 例: now → won, dread → adder, listen → silent).
An·a·heim /ǽnəhàɪm/ 名 固 アナハイム (California 州南西部の市; Disneyland がある).
+**a·nal** /éɪnl/ 形 1 〘普通は A〙肛門 (anus) の. 2 (細かいことに)うるさい, 神経質な.
an·al·ge·si·a /æ̀nældʒíːʒiə | -ziə/ 名 U 〘医〙 1 無痛覚(症). 2 無痛法(治療).
an·al·ge·sic /æ̀nældʒíːzɪk⌐/ 〘医〙 名 C 鎮痛剤. ― 形 A 鎮痛作用のある.
+**an·a·log** /ǽnəlɔ̀ːg, -lɑ̀g | -lɔ̀g/ 形 (反 digital) A アナログ(式)の: an ~ watch [clock] (長針・短針のある)アナログ式の時計 / ~ recording アナログ録音. ― 名 C (米) =analogue.
ánalog compúter 名 C アナログコンピューター. 関連 digital computer デジタルコンピューター.
a·nal·o·gous /ənǽləgəs/ 形 P 〘格式〙類似している (similar), 似ている (to, with).
ánalog-to-dígital convérter 名 C 〘電子工〙アナログ−デジタル変換器 (アナログ信号をデジタル信号に変換する装置[回路]).
+**an·a·logue** /ǽnəlɔ̀ːg, -lɑ̀g | -lɔ̀g/ 形 =analog. ― 名 C 〘格式〙類似物, 相似物 (of, to).
+**a·nal·o·gy** /ənǽlədʒi/ 名 (-o·gies) 1 C (比較の可能な)類似(性) (to, with): There is a close ~ between these two events. この2つの事件の間には著しい類似性[点]がある. 2 C,U 比較, 類推, U 〘言〙類推(作用): a forced ~ こじつけ. **by análogy** 副 類推によって. **dráw [màke] an análogy** 動 自 比較をする, 類似性を指摘する (between).
ánal-reténtive 形 =anal 2.
a·nal·y·sand /ənǽləsænd/ 名 C 精神分析を受けている人.
an·a·lyse /ǽnəlaɪz/ 動 (英) =analyze.
*a·nal·y·ses /ǽnəlàɪsìːz/ 名 analysis の複数形.
*a·nal·y·sis /ənǽləsɪs/ 名 (複 a·nal·y·ses /-sìːz/; 形 ànalýtic, -lýtical, 動 ánalỳze) 1 U,C (情勢などの)分析 情勢などの分析, 解説; 解説; 分析結果: an ~ of the situation 情勢の分析 / make a close ~ of the cause of the accident 事故の原因を詳細に分析する / give [present] a detailed ~ 詳しい分析結果を出す[呈示する]. 2 U,C 〘化〙分析. 3 U =psychoanalysis. 語源 ギリシャ語で「ばらばらにすること」の意.
in the lást [fínal] análysis 副 つなぎ語 要するに.
+**an·a·lyst** /ǽnəlɪst/ 名 (-a·lysts /-lɪsts/) C 1 (情勢などの)分析者, 解説者; 評論家: an economic ~ 経済アナリスト / a political ~ 政治評論家. 2 精神分析医[学者] (psychoanalyst).
+**an·a·lyt·ic** /æ̀nəlítɪk⌐/, **-lyt·i·cal** /-tɪk(ə)l⌐/ 形 (名 análysis) 分析的な, 分解の. **-cal·ly** /-kəli/ 副 分析的に.
analýtical geómetry 名 U 解析幾何学.
*a·na·lyze, (英) -a·lyse /ǽnəlaɪz/ 動 (-a·lyz·es, (英) -a·lys·es /-ɪz/; -a·lyzed, (英) -a·lysed /-d/; -a·lyz·ing, (英) -a·lys·ing; 名 análysis) 他 〈情勢などを〉分析する, 検討する; 解説する: How would you ~ this situation? この情況をどう分析しますか. 2 =psychoanalyze.
an·a·lyz·er /ǽnəlàɪzɚ | -zə/ 名 C 分析器[装置].
an·a·pest, (英) **-a·paest** /ǽnəpèst/ 名 C 〘詩〙弱弱強格 (－－´).
an·a·pes·tic, (英) **-a·paes·tic** /æ̀nəpéstɪk/ 形

〘詩〙弱弱強格の.
a·naph·o·ra /ənǽfərə/ 名 U 〘文法〙(前方)照応.
an·a·phor·ic /æ̀nəfɔ́ːrɪk | -fɔ́r-/ 形 〘文法〙(前方)照応の.
an·a·phy·lac·tic /æ̀nəfəlǽktɪk⌐/ 形 〘医〙過敏症の: ~ shock アナフィラキシーショック (激しい過敏症の症状).
an·a·phy·lax·is /æ̀nəfəlǽksɪs/ 名 U 〘医〙過敏症.
+**an·ar·chic** /ænáːkɪk | ənáː-/, **-chi·cal** /-kɪk(ə)l/ 形 無政府(状態)の.
+**an·ar·chism** /ǽnəkɪ̀zm | ǽnə-/ 名 U 無政府主義.
+**an·ar·chist** /ǽnəkɪst | ǽnə-/ 名 C 無政府主義者; [けなして] 無法者. ― 形 無政府主義(者)の.
an·ar·chis·tic /æ̀nəkístɪk | æ̀nə-⌐/ 形 無政府主義(者)の(ような). **-chís·ti·cal·ly** /-kəli/ 副 無政府主義的に; [けなして] 無法者の.
+**an·ar·chy** /ǽnəki | ǽnə-/ 名 U 無政府(状態); 無秩序: in a state of political ~ 無政府状態にある.
+**a·nath·e·ma** /ənǽθəmə/ 名 1 [an ~ または U] 嫌われもの; 大嫌いなもの: The idea of majority rule was ~ to him. 多数決の原則を彼は嫌っていた. 2 C (キリスト教の)破門; のろわれた人[物].
an·a·tom·i·cal /æ̀nətɑ́mɪk(ə)l | -tɔ́m-⌐/, **-ic** /-ɪk⌐/ 形 解剖(学)の. **-cal·ly** /-kəli/ 副 解剖学的に.
a·nat·o·mist /ənǽtəmɪst/ 名 C 解剖学者.
a·nat·o·mize /ənǽtəmàɪz/ 動 他 〘格式〙 1 〈...を〉解剖する. 2 〈問題・状況などを〉厳密に分析する.
+**a·nat·o·my** /ənǽtəmi/ 名 (-o·mies) 1 U 解剖, 解剖学. 2 C 〘普通は単数形で〙(動植物・人体などの)組織, 構造. 3 C 〘略式〙[しばしば滑稽] 人体. 4 [the ~, an ~] 分析 (analysis) (of).
ANC /éɪɛnsíː/ 略 [the ~] =African National Congress アフリカ民族会議.
-ance /(ə)ns/ 接尾 [名詞語尾] (形 -ant) 1)「行動・状態・性質」などを示す: brilliance 光り輝くこと / assistance 援助.
+**an·ces·tor** /ǽnsestɚ, -səs- | -tə/ 名 (~s /-z/; 形 ancéstral) C 1 先祖, 祖先: the ~s of the Japanese 日本人の祖先. 2 前身, 原型, 先駆者: the ~ of the present-day computer 今日のコンピューターの原型. 関連 ancestress 先祖の女性 / descendant 子孫. 語源 ラテン語で「先に行く者」の意.
+**an·ces·tral** /ænséstrəl/ 形 (名 áncestor) A 先祖の, 先祖伝来の: the ~ home 先祖代々の家.
an·ces·tress /ǽnsestrəs/ 名 C 先祖 (女性). 関連 ancestor 先祖.
+**an·ces·try** /ǽnsestri/ 名 (-ces·tries) 1 U 先祖(全体), 祖先. 関連 posterity 子孫. 2 U,C [普通は単数形で] 家系, 家柄: She is of noble ~. 彼女は貴族の家柄です.
+**an·chor** /ǽŋkɚ | -kə/ 名 (~s /-z/) C 1 いかり. 2 (米) =anchorperson. 3 力になるもの, 頼り(になる人): Religion was her only ~. 宗教だけが彼女の支えだった. 4 アンカー店 (その地域のショッピングセンターの中核店). 5 (リレーの)最終走者 [泳者], アンカー. **be [líe, ríde] at ánchor** 動 自 (船が)停泊している. **cást [dróp, lèt gó, cóme to] ánchor**

anchor 1

anchorage

[動] (自) いかりを降ろす, 停泊する. **wéigh ánchor** [動] (自) いかりをあげる, 出帆する. —[動] (-chor·ing /-k(ə)rɪŋ/) (他) **1** 〈船〉を停泊させる: In 1853 Commodore Perry ~ed his four ships at Uraga. 1853年ペリー提督は4隻の船を浦賀に停泊させた / an ~ed vessel 錨泊(びょうはく)中の船舶 (★ an anchoring vessel は「いかりを入れようとしている[投錨(とうびょう)中の]船舶」という意). **2** [主に米] 〈ニュース番組など〉のキャスター[総合司会]をする. **3** [普通は受身で]〈物〉をつなぐ, 固定する (to). **4** 〈心など〉を支える. **be ánchored in [to] …**に根づいている: His latest novel is ~ed in his childhood experiences. 彼の最近の小説は子供の頃の体験に基づいている. —[自] 〈船〉が停泊する.

†**an·chor·age** /ǽŋk(ə)rɪdʒ/ [名] **1** [C] 停泊地, 錨地. **2** [U,C] 固定しておく所, 支え.

An·chor·age /ǽŋk(ə)rɪdʒ/ [名] アンカレッジ(米国 Alaska 州最大の都市; ☞ 表地図 T1).

an·cho·rite /ǽŋkəràɪt/ [名] (文)(信仰上の理由による)隠者, 世捨て人.

ánchor·màn [名] (-men /-mèn/) [C] (米) **1** (ニュース)キャスター, アンカーマン (newscaster), (ニュース番組の)総合司会者. **2** = anchor 3.

ánchor·pèrson [名] [C] (米) (ニュース)キャスター, (ニュース番組の)総合司会者 (newscaster) 〈性差別を避けた言い方; ☞ gender 文法 (用法)〉.

ánchor·wòman [名] (-wom·en /-wìmɪn/) [C] (米) (ニュース)キャスター[総合司会者](女性).

†**an·cho·vy** /ǽntʃoʊvi -tʃə-/ [名] (pl. **-cho·vies**, ~) [C,U] かたくちいわし類の小魚, アンチョビー.

an·cien ré·gime /ɑ̀ːnsjæ̀nreɪʒíːm/ 《フランス語から》[名] (pl. ~s) 古来の, 古き(からの): ~ civilization 古代文明. **2** [普通は [A] 古来の, 古くからの: ~ customs 昔ながらの慣習. **3** [普通は滑稽] 〈人が〉年寄りの; 古くさい: an ~ bag 古色蒼然(そうぜん)たるかばん. —[名] **1** [the ~s] 古代文明人(特に古代エジプト・ギリシャ・ローマ人). **2** (C] (古風) 老人.

áncient hístory [名] [U] 古代史(ギリシャ・ローマ文明の歴史); ☞ history [参考]; (成句), (S) (略式)(滑稽) 昔[周知]の事.

áncient mónument [名] [C] (英) (政府が保存指定した)古い建造物.

an·cil·lar·y /ǽnsəlèri ǽnsɪlə-/ [格式] [形] 補助的な; 付属的な: ~ workers [staff] in a hospital 病院の補助職員 / professions ~ to medicine 医学関連の職業. —[名] (-lar·ies) [C] 補助者, 助手; 付属品[品].

-an·cy /-ənsi/ [接尾] [名詞語尾] 「性質・状態」を示す: constancy 恒久性 / redundancy 余り.

※and /(弱) ən(d), n; (強) ǽnd/ (同音 #an; 無音 #end) [接] 《等位接続詞》

① [2つ以上を並べて] …と(一) 1
② [時間的な順序を示して] そして 2
③ [結果を示して] それで 3
④ [命令文の後で] そうすれば 4

──リスニング──

and は文中では普通は弱く発音され, また /d/ が脱落することが多い. 従って and は「アン」のように, come and see /kʌ̀mənsíː/, sing and dance /sɪ́ŋəndǽns/「カマンスィー」「スィンガンダンス」のように聞こえる.「カム・アンド・スィー」「スィング・アンド・ダンス」のように発音しないこと. 更に前の子音が /t/ と /d/ だと /n/ だけとなって「ン」となる. eat and drink /íːtndrɪ́ŋk/, hit and run /hɪ́tnrʌ́n/ は「イートゥンドゥリンク」「ヒットゥ

ンラン」, glad and happy /glǽdnhǽpi/, We played and won. /pléɪdnwʌ́n/ は「グラドゥンワン」「プレイドゥンワン」のように聞こえる. 「イート・アンド・ドリンク」,「ヒット・アンド・ラン」,「グラッド・アンド・ハッピー」,「プレイド・アンド・ワン」のように発音しないこと. また /ənd/ は前に息のとぎれがあるとき, comma や semicolon などがあるとき, または文の初めに来たときなどに発音される.

1 [特に同じ品詞の語, 文法上対等の句・節を結んで] **…と─, および; …したり─したり** (☞ ampersand): Jack ~ Dick are my brothers. ジャックとディックは私の兄弟です [名詞と名詞](2つ以上の単数の(代)名詞を結んだものは原則として複数扱いになる) / between you ~ me ここだけの話だが[代名詞と代名詞] / Two ~ two make(s) four. 2 足す 2 は 4 [数詞と数詞] / We sang ~ danced. 私たちは歌ったり踊ったりした[動詞と動詞] / They went up ~ down the hill. 彼らは丘を上ったり下ったりしていた[前置詞と前置詞] / People ran in ~ out. 人々は急いで出たり入ったりしていた[副詞と副詞] / They learned how to read ~ write. 彼らは読み書きを習った[不定詞と不定詞] / Early to bed ~ early to rise makes a man healthy, wealthy, ~ wise. (ことわざ) 早寝早起きは人を健康, 金持ちに, してまた賢明にする[句と句, および形容詞と形容詞](3つ以上の語句を結ぶ場合は普通 A, B(,) and C の型になる) / Tom played the piano ~ I played the violin. トムがピアノを弾き, 私がバイオリンを弾いた[節と節] / [会話] "What [Which] will you have for dessert, cake or ice cream?" "Cake ~ /ǽnd/ ice cream, please."「デザートに何を召し上がりますか, ケーキですかアイスクリームですか」「ケーキもアイスクリームもいただきます」(『両方とも』ということを強調する).

and に関する注意

語法 (1) 密接に関係して一体と考えられる 2 者を and で結ぶときは後の(時には前の)名詞に冠詞・人称代名詞の所有格・指示形容詞などをつけない: (a) knife ~ fork ナイフとフォーク(の1組) / (a) knife, fork, ~ spoon (1組の)ナイフとフォークとスプーン(この順序でいう) / a cup ~ saucer (セットになった)茶わんと受け皿 / my mother ~ father 私の父母 (=my parents) / man ~ wife 夫婦. ★次と比較: my father ~ my uncle 私の父とおじ / a knife ~ a spoon ナイフとスプーン.

(2) and で結ばれた名詞が同一の人[物]を示すときは普通後の名詞には冠詞をつけない (☞ concord (5)): He is a statesman ~ /ǽnd/ poet. 彼は政治家であり詩人でもある. ★次と比較: I met a statesman ~ a poet. 私は政治家と詩人に会った.

(3) 異なった人称を結ぶ場合は普通は二人称, 三人称, 一人称の順となる: You [He] ~ I are friends. あなた[彼]と私は友だちだ / You ~ John can stop work now. あなたとジョンはもう勉強をやめてよい / My wife ~ I are going to Spain. 妻と私はスペインへ行くところです.

2 [時間的な順序を示して] **そして, それから, その後で** (☞ and then (then 成句)): He found his key ~ (he) opened the door. 彼は鍵(かぎ)を見つけ, それから戸を開けた.

3 [結果を示して] **それで, すると, …だから** (☞ and so (so¹ 成句)): She fell down ~ broke her left leg. 彼女は倒れたために左脚を折った.

4 /ǽnd/ [命令文または must, have to, had better などを含む文の後で] **そうすれば** (☞ or 3) [言い換え] Work hard, ~ you will pass the examination. (=If you work hard, you will pass the examination.) 一生懸命勉強しなさい, そうすれば試験に合格するでしょう.

語法 命令文に相当する語句の後でも同じ: 言い換え One more step, ~ you are a dead man. (=If you take one more step, I will kill you.) もう1歩でも動いてみろ, 命はないぞ. **5** Ⓢ 《数詞などを結んで》: one hundred ~ twenty-three 123 (☞ hundred 語法 (1)) / two *and* a half 2½ / five dollars ~ fifty cents 5ドル50セント《$5.50と記すと, ~ $》. 語法 《米》で is five fifty というほうが普通. **6** /ən, n/ 《料理の名称に用いて》 …を添えた[塗った]~: ☞ ham and eggs (ham 成句), bread and butter (bread 成句). **7** 《同じ語を結んで反復・継続を示す》: for hours ~ hours 何時間も何時間も / We ran ~ ran. 私たちはひた走りに走った / It is getting warmer ~ warmer. ますます暖かくなってきています (☞ comparative degree 文法 (1)). **8** /ænd/ それなのに (yet): He promised to return, ~ didn't. 彼は帰ってくると約束した, それなのに帰ってこなかった. **9** 《略式, 米》《動詞+and+動詞の形で》: Run along ~ catch him. 走っていって彼をつかまえてきなさい. 語法 (1) and+動詞は目的を表わすで不定詞の働きをする. (2) and の前にくる動詞はほかに come, go, try, be sure, wait など (☞ come and do (come 成句), go and do (go 成句), try and do (try 成句). **10** /(ə)n/ 《nice and などの形で後続の形容詞を副詞的に修飾して》: nice ~ warm Ⓢ とても暖かい (☞ good and ... (good 形 成句), nice and ... (nice 成句), lovely 成句). **11** 《文頭に置き, 話を続けて》Ⓢ《略式》それに, それで; 《放送などで新しい話題を導入して》次に: I'm sorry I interrupted you. A~ I'm sorry I'm late. お話のじゃまをしてすみません. それに遅れてすみません. § "I am in the brass band at school." "A~ what do you play?" 「学校で吹奏楽団に入っているんです」「それで楽器は何をやってるの」 **12** 《自分の話を中断してコメントを加えるときに用いて》 Ⓢ 《略式》The second problem — ~ this is one of the greatest problems we are facing — is that of overpopulation. 第2の問題—そしてこれは私たちが直面している最も大きな問題の1つなのですが—は人口過密という問題です. **ánd?** ↗ 「で?」《相手の言葉を促す時に》. **and mé [hím, hér]** ... 《状況を示す語句を伴って》私[彼, 彼女]が…であるのに: Bob wants to marry me, ~ *me* only sixteen! 私がまだ16だというのにボブは私と結婚したがっている. **and sò** ☞ so¹ 成句. **and só fòrth [òn]** ☞ so¹ 成句. **and thèn** ☞ then 成句. **and yèt** ☞ yet 成句.

an·dan·te /ɑːndɑ́ːnteɪ, ændǽnti | -dén-/ 副 形 《楽》アンダンテ《ゆっくりと(した調子の)》; ☞ allegro). ── 名 (複 ~s [しばしば A-] アンダンテの楽章[曲]).

An·der·sen /ǽndəs(ə)n | -də-/ 名 固 **Hans Christian** ~ アンデルセン (1805-75) 《デンマークの童話作家》.

An·der·son /ǽndəs(ə)n | -də-/ 名 固 アンダーソン《英米人に多い姓; ☞ name 表》.

An·des /ǽndiːz/ 名 固 《複》 [the ~] アンデス山脈《南アメリカ大陸西部の大山脈》.

and·i·ron /ǽndàɪən | -dàɪən/ 名 C 《暖炉の》まきのせ台 (の一方) (firedog) 《2つひと組で用いる》.

and/or 《接》《略式》および (あるいは) または 《場合によって両方ともまたはいずれか一方の意; 主に学術・法律・商業文で用いる》: Money ~ clothes are welcome. 金と衣類またはそのどちらかでも結構です.

An·dor·ra /ændɔ́ːrə/ 名 固 アンドラ《フランスとスペインにはさまれたピレネー山脈中の国》.

An·dor·ran /ændɔ́ːrən/ 形, 名 C アンドラ(人).

An·drew /ǽndruː/ 名 固 **1** 《男性の名; 愛称は Andy》. **2** St. ~ ☞ St. Andrew.

An·dro·cles /ǽndrəkliːz/ 名 固 アンドロクレース《ローマの伝説的な奴隷; 競技場で闘わされる相手のライオンの足を抜いてやったライオンだったので助かったという》.

an·dro·gen /ǽndrədʒən, -dʒen/ 名 UC 《生化》アンドロゲン《男性ホルモン》.

an·drog·y·nous /ændrɑ́dʒənəs | -drɔ́dʒ-/ 形 **1** 男女両性具有の; 中性的な. **2** 《植》雌雄両花の.

an·drog·y·ny /ændrɑ́dʒəni | -drɔ́dʒ-/ 名 U 両性具有.

an·droid /ǽndrɔɪd/ 名 C アンドロイド, 人造人間.

An·drom·e·da /ændrɑ́mədə | -drɔ́m-/ 名 固 **1** 《ギリシャ神》アンドロメダ《ペルセウス (Perseus) が海の怪物から救った美しい王女; ☞ Perseus 写真》. **2** 《天》アンドロメダ座《大星雲がある》.

An·dy /ǽndi/ 名 固 アンディー《男性の名; Andrew の愛称》.

an·ec·dot·age /ǽnɪkdòʊtɪdʒ/ 名 U **1** 逸話 (全体). **2** 《滑稽》老いて昔話をしたがる年齢.

†**an·ec·dot·al** /ǽnɪkdóʊtl⌐/ 形 逸話の; 逸話に富む; 個人の体験《観察》に基づいた: ~ evidence 個人の体験に基づく証拠《有効とされない》.

†**an·ec·dote** /ǽnɪkdòʊt/ 名 C 逸話, こぼれ話: an ~ *about* Einstein アインシュタインについての逸話.

an·e·cho·ic /ǽnɪkóʊɪk⌐/ 形 《部屋の》無響の.

†**a·ne·mi·a**, 《英》 **a·nae·mi·a** /əníːmiə/ 名 U **1** 《医》貧血 (症). **2** 無気力, 脱力感.

a·ne·mic, 《英》 **a·nae·** /əníːmɪk/ 形 **1** 貧血 (症) の. **2** 無気力な, 弱々しい, 力強さに欠ける.

an·e·mom·e·ter /ǽnəmɑ́mətə | -mɔ́mətə/ 名 C 《気》風速計, 風力計.

a·nem·o·ne /ənéməni/ 名 C **1** アネモネ《観賞用植物》. **2** = sea anemone.

án·er·oid barómeter /ǽnərɔɪd-/ 名 C アネロイド気圧計.

an·es·the·sia, 《英》 **an·aes-** /ænəsθíːʒə | -ziə/ 名 U **1** 麻酔(状態): under general [local] ~ 全身[局部]麻酔をかけて. **2** 無感覚(症).

an·es·the·si·ol·o·gist, 《英》 **an·aes-** /ænəsθìːziɑ́lədʒɪst | -5l-/ 名 C 麻酔専門医.

†**an·es·thet·ic**, 《英》 **an·aes-** /ænəsθétɪk⌐/ 名 **1** CU 麻酔剤《薬》. **2** CU 麻酔: a local [general] ~ 局部[全身]麻酔 / be under (an) ~ 麻酔がきいている. ── 形 麻酔をひき起こす, 麻酔の.

an·es·the·tist, 《主に英》 **an·aes·the·tist** /ənésθətɪst | əníːs-/ 名 C 麻酔専門医《士, 看護師》.

†**an·es·the·tize** /ənésθətàɪz | əníːs-/ 他 《…》に麻酔をかける.

an·eu·rysm, an·eu·ris·m /ǽnjʊrɪzm/ 名 CU《医》動脈瘤(りゅう).

a·new /ən(j)úː | ənjúː/ 副 Ⓦ 再び, 新たに, 新規に, 改めて: start [begin] life ~ 新たに人生をやり直す.

†**an·gel** /éɪndʒəl/ 名 C (~s /-z/; 形 angélic) **1** 《特にキリスト教の》天使《普通は有翼で白衣の神の使者》: Men would be ~s; ~s would be gods. 人は天使になれればと思い, 天使は神になれればと思う《願望には限りがない》. **2** 《天使のように》清らかで愛らしい人, 美しい人, 優しい人: an ~ *of* a girl 天使のような乙女 (☞ of 19) / Thank you for helping me. You're an ~! Ⓢ 手伝ってくれてありがとう, あなたって優しいわ. **3** 《演劇などの》パトロン《資金面での後援者》. 語源 ギリシャ語で「《神の》使者」の意. **Bé an ángel and** ... Ⓢ お願いだから[いい子だから]…してよ《女性のことば》: *Be an* ~ *and* hold this a moment. お願いだからこれをちょっと持ってて. **be on the síde of the ángels** 〔動〕 正しい行ない[考え方]をしている. **where ángels fèar to trèad** 〔副〕 天使だってしりごみする(危険な)ところに.

An·ge·la /ǽndʒələ/ 名 固 アンジェラ《女性の名》.

ángel càke 名 UC angel food cake.

ángel dùst 名 U 《略式》合成ヘロイン (PCP).

An·ge·le·no /ǽndʒəlíːnoʊ/ 名 C (~s) ロサンゼル

62 Angel Falls

スに住む人, ロスっ子.

Ángel Fálls [名] アンヘル滝《ベネズエラの滝; 落差979 m は世界最高》.

ángel·fish [名] (複 ~·es, ~) [C] エンゼルフィッシュ.

ángel fòod càke [名] [C,U] (米) エンゼルケーキ《卵白を使ったスポンジケーキの一種》.

an·gel·ic /ændʒélɪk/ [形] [名] ángel) [普通は [A]] 天使の; 天使のような; 非常に美しい: ~ voices《天使のように美しい声》. **-gél·i·cal·ly** /-kəli/ [副] 天使のように.

an·gel·i·ca /ændʒélɪkə/ [名] [U] アンゼリカ《せり科の薬用・料理用植物》; アンゼリカの茎の砂糖漬け.

An·ge·li·co /ændʒélɪkòu/ [名] 固 Fra ~ フラアンジェリコ《1400 ごろ-55》《Florence の画家》.

an·ge·lus /ændʒələs/ [名] 1 [しばしば A-; the ~]《カトリック》お告げの祈り《キリスト降誕記念のため朝・昼・夕に行なう》. 2 [C] お告げの鐘, アンジェラスの鐘《朝・正午・夕に鳴らしてお告げの祈りの時刻を知らせる》.

*__an·ger__ /æŋgə/ [名] [動] (形 ángry) 怒り, 立腹《 anguish 類語), anxious 囲み》: feel no ~ *toward* an enemy 敵に怒りを感じない / Her voice trembled *with* ~. 彼女の声は怒りにふるえていた.

in ánger [副] 怒って: She tore up the letter *in* great ~. 彼女は大変怒ってその手紙を引き裂いた.

── [動] (**an·gers** /~z/; **an·gered** /~d/; **-ger·ing** /-g(ə)rɪŋ/) [他] [しばしば受身で] (格式) (人)を怒らせる, 立腹させる): He *was* ~*ed* by her selfishness. <V+O の受身> 彼は彼女が自己中心的なので腹を立てた.

an·gi·na /ændʒáɪnə/ [名] [U] [医] 狭心症.

angína pec·to·ris /-péktərɪs/ [名] [U] =angina.

an·gi·o·ma /ændʒióumə/ (複 ~**s**, **-ma·ta** /-tə/) [名] [C] [医] 血管腫, リンパ管腫.

an·gi·o·plas·ty /ændʒiəplæsti/ [名] [医] 血管形成(術).

an·gi·o·sperm /ændʒiəspə̀:m/ [-spə̀:m/ [名] [C] [植] 被子植物.

Ang·kor Wat /æŋkɔ:wát/ [-kɔ:wɔ́t/ [名] 固 アンコールワット《カンボジアの石造寺院の遺跡》.

*__an·gle__[1] /æŋgl/ [名] (~**s** /~z/; [形] ángular) [C] **1** 角, 角度(°); *(between)*: an acute [obtuse] ~ 鋭[鈍]角 / *at* an ~ *of* 10 degrees [with] ... と 10 度の角度で // right angle. **2** 角(°), 隅 (corner): *in* the ~ *of* the room 部屋の隅で. **3**《見る・撮る》角度, 位置; 立場, 見方 (viewpoint) (*to*): view the matter *from* different ~*s* その問題をいろいろ違った観点から考察する. **at an ángle** [副] 傾いて, 曲がって. ── [動] [他] **1** 〈...〉をある角度に曲げる; 〈ボール〉に角度をつける. **2** 〈...向きに〉〈話・番組など〉を特定の読者に向ける, 《努力などを〉向ける (*to, toward*). ── [自] 曲がる.

an·gle[2] /æŋgl/ [名] [自] **1** 魚釣りする. **2** ...しようと画策する (*to do*). **ángle for ...** [動] [他] (略式) (遠回しに)...を得ようとする. **gò ángling** [動] [自] 魚釣りに行く.

An·gle /æŋgl/ [名] [C] アングル人; [the ~**s**] アングル族《ゲルマン族の一派で, 5-6 世紀以降サクソン族 (Saxons)・ジュート族 (Jutes) とともに England に侵入; ☞ Anglo-Saxon》. [語源] 元来はドイツ北部地方の名; 鉤(°) (angle) のような地形をしていることから; ☞ England 語源》.

ángle bràcket [名] [C] [普通は複数形で] かぎかっこ《〈 〉の記号; ☞ parenthesis 表》.

ángle ìron [名] [U,C] 山形鋼《L 字形の補強用材》.

ángle-pàrking [名] [U] (道路わきの)斜め駐車.

*__an·gler__ /æŋglə/ [-glə/ [名] (~**s** /~z/) [C] (古風) (趣味の)釣り人, 釣り師.

ángler·fish [名] [C] 鮟鱇(°).

An·gli·can /æŋglɪk(ə)n/ [形] [名] 英国国教会の.

── [名] [C] 英国国教徒.

Ánglican Chúrch [名] [the ~] 英国国教会 (the Church of England); 聖公会連合《英国国教と同じ教義をもつ全世界の世界の組織》.

An·gli·can·ism /æŋglɪkənɪzm/ [名] [U] 英国国教会主義.

An·gli·cism /æŋglɪsɪzm/ [名] [時に a-] **1**《外国語に入っている》英語(的語法); イギリス語法. **2** [U] 英国風; 英国人気質, 英国びいき.

An·gli·cize /æŋglɪsàɪz/ [動] [他] [時に a-]〈...〉を英国風にする; 〈外国語〉を英語化する.

*__an·gling__ /æŋglɪŋ/ [名] [U] 魚釣り《☞ fishing 類義語》.

An·glo /æŋglou/ [名] (~**s**) [C], [形] **1** (米) 非ラテン系の白人米国人(の). **2**（カナダ）=anglophone.

An·glo- /æŋglou/ [接頭] [時に a-]「英国 [イングランド]の [と]」の意.

Ánglo-Américan [形] 英米(間)の. ── [名] [C] 英国系[アングロサクソン系]米国人.

Ánglo-Ásian [名] [C] アジア系英国人.

Ánglo-Cátholic [名] [C] 英国国教会カトリック派の. ── [名] [C] 英国国教会カトリック派の教徒.

Ánglo-Catholicism [名] [U] 英国国教会カトリック主義.

Ánglo-Frénch [形] 英仏の. ── [名] [U] アングロフランス語《ノルマン人の英国征服（1066 年）から中世の終わりまで英国で話されたフランス語の方言》.

Ánglo-Índian [名] **1** 英印混血(の人). **2**（古籍）インドに居住する[インド生まれの]英国人(の).

An·glo·phile /æŋgləfàɪl/ [名] [C], [形] 親英派(の人).

An·glo·phil·i·a /æŋgləfíliə/ [名] [U] 英国びいき.

An·glo·phobe /æŋgləfòub/ [名] [C] 英国嫌い.

An·glo·pho·bi·a /æŋgləfóubiə/ [名] [U] 英国嫌い.

an·glo·phone /æŋgləfòun/ [形], [名] [C] (複数の公用語が使われている国などで)英語を話す人.

*__Ánglo-Sáxon__ [名] **1** [C] アングロサクソン人《☞ WASP); (現代の)英国人, 英国系の白人; [the ~**s**] アングロサクソン民族《5-6 世紀に England に侵入したアングル族 (Angles) とサクソン族 (Saxons) の総称で, 今日の英国人の祖先に当たる》. **2** [U] アングロサクソン語, 古(期)英語 (Old English). ── [形] [普通は [A]] アングロサクソン人[語]の《 [略 **AS**]; (米国人が)英国系の.

An·go·la /æŋgóulə/ [名] 固 アンゴラ《アフリカ南西部の共和国》.

An·go·lan /æŋgóulən/ [名] [C], [形] アンゴラ人(の).

an·go·ra /æŋgɔ́:rə/ [名] [C] **1** [しばしば A-] =Angora cat [goat, rabbit]. **2** [U] アンゴラウール《アンゴラやぎ[うさぎ]の毛》, アンゴラウールの衣類.

Angóra cát [名] [C] アンゴラ猫.

Angóra góat [名] [C] アンゴラやぎ.

Angóra rábbit [名] [C] アンゴラうさぎ.

an·gos·tu·ra /æŋgəst(j)ú(ə)rə/ [-t(j)ʊ́ə-/ [名] [U] **1** アンゴスツラ皮《南米産《カンカ科樹木の樹皮》. **2** [A-] アンゴスツラ苦味剤《カクテルの香味用; 商標》.

Angostùra Bítters [名] 固 angostura 2.

an·gri·ly /æŋgrəli/ [副] 怒って, 立腹して.

*__an·gry__ /æŋgri/ [形] (**an·gri·er** /-griə/ [-griə/; **an·gri·est** /-griɪst/; [動] ánger) **1** 怒った, 腹を立てた, 立腹した; (言動などが)怒りの《類義語: anguish 語源》, anxious 囲み》: an ~ look 怒った顔つき / feel ~ 腹立たしく思う / He looked ~. 彼は怒った顔をしていた / She got [became] ~. 彼女は怒った / He was ~ *that* he was not invited. <A+*that*節> 彼は招待されなかったので腹を立てた《☞ that[2] B 3》.

語法「...に対して腹を立てている」という場合, 人に対しては with または at, 人の言動に対しては at, 物事に対しては with を用いるのが普通: He was ~ *with* [(主に米) *at*] himself. <A+前+名・代> 彼は自分に腹を立てていた / I got ~ *at* his answer. 私は彼の返事

に腹を立てた / What are you ~ *about*? あなたは何を怒っているのですか / He was ~ *at* be*ing* disturbed. ＜A+*at*+動名＞ 彼は邪魔されたことに怒っていた / She was ~ *with* [(主に米) *at*] Tom [*for* be*ing* rude [*for* his rudeness]. ＜A+*with*[*at*]+名・代+*for*+動名(名・代)＞ 彼はトムの無作法に腹を立てていた.

2 ((文))(空・海などが)荒れ模様の: The sea looked ~. 海は荒れ模様だった. **3** ((文))(傷が)炎症を起こした, 痛む: an ~ sore ただれた傷口. **an ángry yòung mán** [名] 怒れる若者((1950年代の英国で)反体制的な態度を示した若い作家・知識人)), 反体制的な若者.
【類義語】 **angry** 人・動物が怒り, それが表情・動作・ことばなどにも表われる状態をいう. **furious** 狂気のように激怒した状態. **mad** ((主に米))で *angry* と同じ意味. **indignant** *angry* よりも特に怒った様子で, 不正などに対して義憤を感じて怒ること.

angst /á:ŋ(k)st | ǽn(k)-/ ((ドイツ語から)) 图 U 不安(感).
ángst-rìdden 形 不安にさいなまれた.
ang·strom /ǽŋstrəm/ 图 C ((物理)) オングストローム((長さの単位; =10⁻¹⁰ m; 電磁波の波長などについて用いる; 記号 Å, A; スウェーデンの物理学者の名前から)).
⁺**an·guish** /ǽŋgwɪʃ/ 图 U ((格式))(心身の激しい)苦痛, 苦悩 ((☞ pain 類義語)): He was *in* deep ~ *over* his divorce. 彼は離婚のことでひどく苦しみ悩んでいた. 語源 ラテン語で「締めつけられた苦しみ」の意. **anger, angry, anxious** と同語源.
⁺**an·guished** /ǽŋgwɪʃt/ 形 (普通は A) W) 苦悩した, 苦悩に満ちた: a look of ~ 苦悩の表情.
⁺**an·gu·lar** /ǽŋgjʊlə | -lə/ 形 (❆ ángle¹) **1** 角(ぐら)のある, 角張った, とがった. **2** A 角(度)の; 角度で測った: ~ distance [momentum] 角距離[運動量]. **3** (人が)骨ばった, やせこけた. **4** ぎこちない.
an·gu·lar·i·ty /ǽŋgjʊlǽrəti/ 图 (-i·ties) **1** U 角張っていること. **2** C 角張った輪郭, 鋭い角.
An·gus /ǽŋgəs/ 图 圊 = Aberdeen Angus.
án·i·line dỳe /ǽnəlɪn-/ 图 アニリン染料.

****an·i·mal** /ǽnəm(ə)l/ 图 [C] **1** (人間以外の) 動物; (鳥・魚・虫に対して) け

	関連語
animal	人間以外の動物
mammal	哺乳類の動物
reptile	爬(は)虫類の動物
bird	鳥
amphibian	両生類の動物
fish	魚
insect	昆虫
worm	足のない虫

だもの, 獣(ヶゎ)哺乳(ヒゅぅ)動物((普通は四つ足のものを意味する; ☞ 類義語)): domestic ~s 家畜 / wild ~s 野獣 / No ~s live in this forest. この森には獣は住んでいない.

2 (植物に対して) 動物 ((☞ cry 表)): Men, horses, birds, and fish are all ~s. 人間, 馬, 鳥, 魚はみな動物である. 関連 plant 植物 / mineral 鉱物. **3** ((略式))けだものみたいな人, 人でなし. **4** [the ~] (人間の)獣性, 動物性. **5** [前に修飾語を伴って] ((略式))ある特定のタイプの人[組織, 問題, 事から], (...のしろもの): a social ~ 社交的なタイプ / The new election system is a very different ~ from the previous one. こんどの選挙制度は以前のものとは大変に違っている. 語源 ラテン語で「生きもの」の意.

── 形 A **1** 動物の, 動物性の: an ~ doctor 獣医 / ~ fats 動物性脂肪. 関連 vegetable 植物性の / human 人間の / mineral 鉱物性の. **2** 動物的な, 肉欲的な (⇔ human): ~ desires 動物的な欲望, 獣欲 / ~ instincts 動物的本能.
【類義語】 **animal**「動物」の意の最も一般的な語で, 植物に対する動物にも, 人間に対する動物にも用い, 動物を除く, 比較的大きい, 特に, 比較的大きい四つ足獣を指す. **brute** *beast* と同じような比較的大きい四つ足獣を指すが, *brute* は狂暴で野性的な

点を強調した「野獣」の意.
ánimal cràcker 图 C ((米)) アニマルクラッカー((いろいろな動物の形をした小さなクラッカー)).
an·i·mal·cule /ǽnəmǽlkju:l/ 图 C 極微動物.
ánimal húsbandry 图 U 畜産(学業).
ánimal kíngdom 图 [the ~] 動物界 ((☞ kingdom 3)).
Ánimal Liberátion Frònt 图 圊 [the ~] 動物解放戦線((動物虐待防止を訴え, 実験に動物を使用することに反対する運動を行っている英国の組織)).
ánimal mágnetism 图 U 人を引きつける魅力.
ánimal ríghts 图 U 動物保護(主義): an ~ group [activist] 動物保護団体[活動家].
an·i·mate¹ /ǽnəmèɪt/ 動 他 **1** ⟨...⟩を活気づける, 生き生きさせる; ⟨...⟩に生命を吹き込む. **2** ⟨...⟩を動画にする, アニメ化する.
an·i·mate² /ǽnəmət/ 形 (⇔ inanimate) ((格式)) (無生物に対して)生命のある, 生きた, 活気ある.
⁺**an·i·mat·ed** /ǽnəmèɪtɪd/ 形 **1** 生気のある (lively), 生き生きした; 活発な: an ~ debate 活発な討論. **2** A 生きているような, 動画[アニメ]の.
ánimated cartóon 图 C = cartoon 2.
án·imàt·ed·ly 副 生き生きと; 活発に.
⁺**an·i·ma·tion** /ǽnəméɪʃən/ 图 **1** U 動画[アニメーション]製作(技術); C 動画, アニメーション. **2** U 生気, 活気. **with animátion** [副] 活発に, 元気に.
an·i·ma·tor /ǽnəmèɪtə | -tə/ 图 C アニメ作家.
an·i·ma·tron·ics /ǽnəmətrɑ́nɪks | -trɔ́n-/ 图 アニマトロニクス((模型の動物などを本物のように見せる映像技術)).
an·i·me /ǽnəmeɪ/ 图 (日本の)アニメ.
an·i·mism /ǽnəmɪzm/ 图 U アニミズム, 精霊崇拝((自然物にはすべて霊魂が宿るという信仰)).
an·i·mist /ǽnəmɪst/ 图 C, 形 アニミズム信奉者(の).
⁺**an·i·mos·i·ty** /ǽnəmɑ́səti | -mɔ́s-/ 图 (-i·ties) U.C 敵意, 強い憎しみ, 恨み (*against*, *toward*, *between*).
an·i·mus /ǽnəməs/ 图 [an ~ または U] W ((格式)) 悪意, 憎悪 (animosity) (*against*, *toward*).
an·i·on /ǽnaɪən/ 图 C ((化)) 陰イオン (⇔ cation).
an·ise /ǽnɪs/ 图 U,C アニス(の実) ((せり科の植物)).
an·i·seed /ǽnɪsi:d/ 图 U アニス (anise) の実((アルコールや菓子の香料)).
an·i·sette /ǽnəsét, -zét/ 图 U アニゼット((アニスの実で風味をつけたリキュール)).
An·ka·ra /ǽŋkərə/ 图 圊 アンカラ((トルコの首都)).
ankh /ǽŋk/ 图 C アンク十字((上が輪になっている十字; 古代エジプトで生命の象徴とされた)).
***an·kle** /ǽŋkl/ (類音 uncle) 图 (~s /-z/) **1** C 足首, くるぶし ((☞ leg 挿絵; boot)): sprain [twist] one's ~ 足首をねんざする. **2** [形容詞的に] 足首までの: ~ socks [boots] 足首までの短いソックス[ブーツ]. **cróss one's ánkles** [動] 軽く足を組む((女性の行儀のよい座り方)).
an·klet /ǽŋklət/ 图 C **1** アンクレット((足首[くるぶし]の飾り輪)). **2** ((米)) (足首までの)短いソックス.
Ann /ǽn/ 图 圊 アン((女性の名; 愛称は Annie)).
An·na /ǽnə/ 图 圊 アンナ((女性の名; 愛称は Annie)).
An·na·bel /ǽnəbèl/ 图 圊 アナベル((女性の名)).
an·nal·ist /ǽnəlɪst/ 图 C 年代記編者.
an·nals /ǽn(ə)lz/ 图 圈 [普通は the ~] **1** 年代

cross one's ankles

Annan

記, 年代; (歴史の)記録: in the ~ of British politics 英国政治史の中で. **2** (学会などの)年報, 紀要 (of).

An·nan /ǽnən/ 名 圖 Kof·fi /kóufi/ ~ (1938–) アナン《ガーナ出身の国連事務総長 (1997–)》.

An·nap·o·lis /ənǽp(ə)lɪs/ 名 圖 アナポリス《米国 Maryland 州の州都; 米国海軍士官学校の所在地; ☞ 表地図 I4》.

An·na·pur·na /ɑ̀ːnəpúənə, -pɚ̀ː- | -pə́ː-, -púə-/ 名 圖 アンナプルナ《ネパール中部ヒマラヤ山脈中の山群》.

Anne /ǽn/ 名 圖 **1** =Ann. **2** Queen ~ アン女王 (1665–1714)《英国の女王 (1702–14)》.

an·neal /əníːl/ 動 他 《金属・ガラスなど》を焼き戻す, 焼きをして丈夫にする.

an·ne·lid /ǽnəlɪd/ 名 C 動 環形動物.

⁺**an·nex**¹ /ənéks, ǽneks | ənéks/ 動 他 **1** 《特に武力で》《領土など》を併合する (to). **2** 付加する, 添付する.

an·nex² /ǽneks/ 名 C **1** 建て増し部分, 別館 (to). **2** 《格式》付加物, 添付書類.

an·nex·a·tion /æ̀neksérʃən/ 名 C,U 併合; 付加.

an·nexe /ǽneks/ 名 C 《英》=annex².

An·nie /ǽni/ 名 圖 アニー《女性の名; Ann, Anna およびAnneの愛称》.

an·ni·hi·late /ənáɪəlèɪt/ 動 **1** 《…》を全滅[壊滅]させる; 絶滅させる: A full-scale nuclear war could ~ the human race. 全面的な核戦争をすれば人類は全滅するかもしれない. **2** 《相手》を完全に負かす.

an·ni·hi·la·tion /ənàɪəléɪʃən/ 名 U 全滅, 絶滅.

⁎**an·ni·ver·sa·ry** /æ̀nəvə́ːs(ə)ri | -vɚ́ː-/ 発音 名 (-sa·ries /~z/) C **1** (毎年の)記念日, 記念祭, …周年祭: our tenth wedding ~ 私たちの結婚10周年 / The ~ of my grandfather's death is on June 29. 祖父の命日は6月29日です. **2** [形容詞的に] 記念日の: an ~ dinner 記念日の(祝賀)晩餐(ばん)会.
[語源] ラテン語で「毎年巡ってくる」の意.

an·no Dom·i·ni /ǽnoudámənàɪ | -dɔ́mɪnàɪ/ 副 [しばしば A- D-]《格式》西暦で…, キリスト紀元で《略 A.D., A.D.》. ★用法については ☞ A.D.

an·no·tate /ǽnətèɪt/ 動 他 [普通は受身で]《…》を注解する, 《…》に注釈をする.

an·no·ta·tion /æ̀nətéɪʃən/ 名 C 注釈, 注解; U 注釈をつけること.

an·no·ta·tor /ǽnətèɪtɚ | -tə/ 名 C 注釈者.

⁎**an·nounce** /ənáuns/ 動 (an·nounc·es /~ɪz/; an·nounced /~t/; an·nounc·ing) 名 announcement 《(計画・決定)などを知らせる》. 発表する (to); 《…である》と公表する; (空港・駅などで)《…》を[と]アナウンスする: 言い換え The couple ~d their engagement *in* the paper. (=The couple made an announcement in the paper that they were engaged.) <V+O+in+名・代> 二人は新聞に婚約を発表した / It *was* ~*d that* a typhoon was approaching Kyushu. <V+O(*that* 節)の受身> 台風が九州に接近していると発表された / The government ~d (*to* the press) *when* the President would visit Japan. <V+O(*wh* 節)> 政府は(報道陣に)大統領の訪日がいつになるのか発表した / The delay of that flight has just been ~d. 今, その便が遅れるという放送があった. 日英比較 日本語でいう「アナウンス」のように announce を名詞として用いることはない. **2** 《番組などの》アナウンサーをする, 実況をする; 《ニュースなど》を読みあげる (*that*): ~ the news ニュースを読みあげる. **3** きっぱりと[大声で, 真剣に, 怒って]言う: 言い換え She suddenly ~d that she was going to quit her job. =She suddenly ~d, "I'm going to quit my job." 突然彼女は, 仕事をやめると言い放った. **4** 《客などの》名[到着]を告げる, 《食事など》が整ったことを告げる: ~ a guest 客の名前を告げる / The servant ~d Mr. and Mrs. Jones. 使用人はジョーンズ夫妻の来着を告げた / Dinner *was* ~*d*. 食事の準備ができたと知らされた. **5** (テレビ・ラジオなどで)(出演者などを)紹介する. **6** 《…》の知らせとなる, 到来を示す: Dark clouds ~*d* the approach of a shower. 黒雲はにわか雨の近づく前ぶれだった. ── 自 《他》(公職に)出馬表明する: ~ *for* mayor 市長への立候補を表明する. *to be announced* [形] (日時・場所などが)追って通知される.

⁎**an·nounce·ment** /ənáunsmənt/ 発音 名 **1** C 発表, 告知, 通知; アナウンス; 披露; 新聞の短い広告 (☞ announce 日英比較): an ~ *about* [*on*] tax increases 増税の発表 / a death ~ 死亡広告 / Listen to the flight departure ~s carefully. 出発便のアナウンスをよく聞いてください / I have an ~ to make. お知らせしたいことがございます / 言い換え The ~ *that* he is to resign will be in tomorrow's newspapers. <N+*that* 節>=The ~ *of* his resignation will be in tomorrow's newspapers. 彼の辞職の発表はあすの新聞に載るだろう. **2** C (結婚式などの)通知状.

⁎**an·nounc·er** /ənáunsɚ | -sə/ 名 C **1** アナウンサー. **2** 発表者[係].

⁎**an·noy** /ənɔ́ɪ/ 動 (an·noys /~z/; an·noyed /~d/; -noy·ing) 名 annóyance 《他》《人》をいやがらせる, いらいらさせる, 悩ます; 立腹させる, むっとさせる (☞ worry 類義語): The boy often ~*ed* his parents by asking the same questions over and over again. その子は繰り返し同じ質問をして両親をよく困らせた / 言い換え His constant chatter ~*ed* us. =*It* ~*ed* us *to* hear his constant chatter. (☞ it¹ A 4 文法). 彼がいつまでもしゃべりするのでいらいらした / *It* ~*s* me *that* my son won't listen to my advice. 息子が私の忠告を聞こうとしないので腹が立つ. ★it is *that* 以下を受ける形式主語; 動詞型は <V+O>.

⁎**an·noy·ance** /ənɔ́ɪəns/ 名 (動 annóy) **1** U いらだち; いらだたせること: He answered with a look of ~. 彼はいらだちげな表情で答えた. **2** C うるさい物[人, こと], 悩みの種: The noise of engines is a great ~ at night. エンジンの音は夜はとても迷惑だ. *to ...'s annóyance* [副] 文修飾語 …がいらだつ[困った]ことに: 言い換え He failed again, *to* my ~. (=I was annoyed (to find) that he had failed again.) 腹の立つことにあいつはまた失敗した. *with* [*in*] *annóyance* [副] 腹を立てて.

⁎**an·noyed** /ənɔ́ɪd/ 形 いらいらした, むっとした: He was ~ *with* [*at*] his drunken friend. 彼は酔った友人に腹が立った / She was ~ (to find) *that* her son didn't obey her. 彼女は息子が言うことを聞かないでいらいらした / I got ~ *with myself for* making such a silly mistake. 私はそんなつまらないまちがいをして自分に腹が立った.

⁎**an·noy·ing** /ənɔ́ɪɪŋ/ 形 うるさい, 迷惑な, 腹立たしい: an ~ habit 気にさわる癖 / It's ~ that he revealed my secret to them. 彼が私の秘密を人に漏らしたのはしゃくにさわる. **‑ly** 副 うるさげに, 腹が立つくらいに; 文修飾語 …のは腹が立つ.

⁎**an·nu·al** /ǽnjuəl/ 形 [比較なし] [普通は A] **1** 毎年の, 例年の, 年1回の (yearly): an ~ report 年報 / The ~ parade was canceled this year. 毎年行なわれるパレードは今年は中止となった. **2** 1年の, 1年分の: an ~ income 年収 / ~ expenditure(s) 歳出. **3** 《植》一年生の.
── 名 C **1** (特に子供向けに同じタイトルで)毎年刊行の本[雑誌]; 年鑑. **2** 一年生植物. 関連 biennial 二年生の植物 / perennial 多年生の植物.

ánnual accóunts 名 [複] 《商》年次会計報告書.

an·nu·al·ize /ǽnjuəlàɪz/ 動 他 《…》を年率に換算する: at an ~*d* rate of 5% 年率5%で.

an·nu·al·ly /ǽnjuəli/ 副 毎年に; 1年間に.

ánnual méeting 名 C (組織・企業などの)年次総会 (《英》AGM).

ánnual ríng 名 C (木の)年輪.

an·nu·i·tant /ən(j)úːətənt, -tnt | ənjúːtənt/ 名 C 《格式》年金受給者, 年金生活者.

†**an·nu·i·ty** /ən(j)úːəti | ənjúː-/ 名 (**-i·ties**) C 1 《終身》年金: receive a small ~ わずかな年金をもらう // ☞ life annuity. **2** 年金保険.

an·nul /ənʌ́l/ 動 (**an·nuls**; **an·nulled**; **-nul·ling**) 他 〔しばしば受身で〕〈法令・決議・婚約などを〉取り消す, 廃棄する, 無効にする.

an·nu·lar /ǽnjulə | -lə-/ 形 環状の, 輪状の: an ~ eclipse 金環食.

an·nul·ment /ənʌ́lmənt/ 名 C,U 取り消し, 廃棄, 無効.

annum ☞ per annum.

an·nun·ci·a·tion /ənʌ̀nsiéɪʃən, -ʃiéɪ-/ 名 [the A-]《キ教》お告げ, 受胎告知; お告げの祭り (Lady Day).

an·ode /ǽnoʊd/ 名 (反 cathode) C 《電》陽極.

an·o·dyne /ǽnədàɪn/ 形 1 《格式》〔しばしば軽蔑〕あたりさわりのない, 生ぬるい, おもしろみのない. **2** 痛み止めの. ── 名 C 1 鎮痛剤. **2** 《格式》(感情などを)和らげるもの.

a·noint /ənɔ́ɪnt/ 動 他 1 〈頭・体などに〉油を塗って[水を注いで]清める《儀式として洗礼などで行なわれる》(with). **2** (油注ぎによって)〈...〉を(一に)任命する; 選ぶ (as): ~ him king 彼に油を注ぎ王とする.

a·noint·ment /ənɔ́ɪntmənt/ 名 U,C 塗油.

a·nom·a·lous /ənɑ́mələs | ənɔ́m-/ 形 《格式》変則の, 異例の: ~ 変則的な, 異例に.

a·nom·a·ly /ənɑ́məli | ənɔ́m-/ 名 (**-a·lies**) 《格式》C,U 異例な物[こと], 異常: various recent *anomalies* in the weather 最近の気候の様々な異変.

a·non /ənɑ́n | ənɔ́n/ 副 《古風》または〔滑稽〕ほどなく, すぐに (soon). **éver and anón** ☞ ever 成句.

anon. 略 = anonymous.

an·o·nym·i·ty /ǽnənɪ́məti | -ɪ́n-/ 名 U 1 匿名(とくめい), 無名; 作者[筆者]不明: speak on condition of ~ 匿名を条件に話す. **2** 特徴のないこと.

*****an·on·y·mous** /ənɑ́nəməs | ənɔ́n-/ 形 1 匿名(とくめい)の; 作者[筆者]不明の《支援団体名でよく名前の後に来る; ☞ Alcoholics Anonymous, 略 anon.》: an ~ phone call 匿名の電話. **2** (顔・景色などが)特徴[個性]のない, ありふれた. **~·ly** 副 匿名で.

anónymous FTP 名 C 《電算》アノニマス FTP 《登録ユーザーでなくても利用できる FTP》.

a·noph·e·les /ənɑ́fəliːz | ənɔ́f-/ 名 (複 ~) はまだら蚊 《マラリアを媒介する》.

†**an·o·rak** /ǽnəræ̀k/ 名 C 1 《主に英》アノラック 《フード付き防寒服》(《米》parka). **2** 《英略式》つまらないことに熱中する人, マニア, おたく.

an·o·rec·tic /ǽnərɛ́ktɪk⁻/ 形 名 = anorexic.

†**an·o·rex·i·a** /ǽnərɛ́ksiə/ 名 U 《医》1 食欲不振, 無食欲. **2** = anorexia nervosa.

anoréxia ner·vó·sa /-nə·vóʊsə | -nə-/ 名 U 《医》神経性食欲不振, 拒食症.

an·o·rex·ic /ǽnərɛ́ksɪk⁻/ 形 名 C 拒食症の, 拒食症の患者.

*****an·oth·er** /ənʌ́ðə | -ðə-/

---

an+other で, 基本的には「もう 1 つ」の意.	
① もう1つ[1人](の)	形 1, 代 1
② 別の1つ[1人](の)	形 2, 代 2
③ 別のもの	代 3

── リスニング ──
another の前に子音で終わる語があると another の始めの /ə/ はその子音で結合する. また another の後に母音で始まる語が続くと, another の語末の /ə/ とその母音の間に /r/ が入る. 従って bite another apple /báɪtənʌ́ðəæpl/ は「バイタナラプー」(《米》では また「バイラナザ...」), ask another order /ǽskənʌ́ðəɔːdə/ は「アスカナザーローダー」(《米》ではまた「アスカナザーローラー」のように聞こえる.「バイト・アナザー・アップ」,「アスク・アナザー・オーダー」のようには発音しない.

── 形 語法 数えられる名詞の単数形につける. ⓐ 1 もう 1 つ[1 人]の (one more): How about ~ cup of tea? お茶をもう 1 杯いかがですか / Few countries will survive ~ world war. もう一度世界大戦があったらその後まで残る国は ほとんどあるまい / Our village will change in ~ ten years. もう 10 年もたてば私たちの村は変わるだろう. 語法 この文では ten years をひとまとまりの期間[単位]とみなして another を用いている.

2 (最初の[ほか]とは) **別の 1 つ[1 人]の**, ほかの 1 つ[1 人]の, 違った; いつか[何か, どこか]ほかの (⇔ other, one² 形 1): This coffee shop is too crowded. Let's find ~ one. この喫茶店は混みすぎだ. ほかのところをさがそう (★ この one は省略できる; ☞ 代 2) / That's quite ~ thing [matter]. それは全く別のことだ / She's been a ~ person since she won first prize. 彼女は 1 等賞を取ってから人が変わった. **3** 〔普通は固有名詞につけて〕...のような(人[物]), 第二の... (☞ aª 5): ~ Madame Curie 第二のキュリー夫人, キュリー夫人の再来. **(and) anóther thíng** (文句などをつけ加えたくて) それにもう 1 つある: *And* ~ *thing* — what about that twenty dollars I rent you? それにもう 1 つ貸した 20 ドルはどうなんだね. **anóther òne of ...** [形] = another of ... (☞ 代 成句). **anóther tíme** (S) (誘いなどに対して)また別の機会にね. **júst anóther** [形] S ありふれた, 通りいっぺんの: *just* ~ *film* ごくありふれた映画. **nót anóther ...** [形] S (うんざりすることに対して)また...か, いやになっちゃうな. **yèt anóther** [形] (その上)さらにもう 1 つ[1 人]の.

── 代 《不定代名詞》

語法 another は単数扱い. 元来は an+other なので, その前に冠詞 (an, the) や指示代名詞 (this, that), 人称代名詞の所有格 (my, your, his など)はつけない. 複数の場合は others を用いる (☞ other 代).

1 もう 1 つ, もう 1 人; 似た物[人], 同類[同等の]人]: He drank one cup of tea and then asked for ~. 彼はお茶を 1 杯飲むとまたもう 1 杯欲しいと言った / That man's a scoundrel, and you're ~. あの男は悪党だが, お前も同じだ / There will never be such ~. 《古風》二度とそういった物[人]は見られ[現われ]まい.

2 ほかの物[人]; 他人: I don't like this. Please show me ~. これは気に入らない. ほかの(を 1 つ)見せてください / No one understands the grief of ~. 《文》他人の悲しみは誰にもわからない.

3 〔しばしば one と対応して; ☞ one² 代 4, 形 1〕別の(こと): in *one* way or ~ 何らかの方法で / go from *one* store to ~ 店を次々と回る. **anóther of ...** [形] もう 1 つの; 別の: A~ *of* the letters came. 手紙がもう一通届いた. **for anóther** ☞ for one thing (thing 成句). **óne àfter anóther** ☞ one² 代 成句. **òne anóther** ☞ one another の項目.

ans. 略 = answer.

ANSI /ǽnsi/ 略 = American National Standards Institute 米国規格協会.

*****an·swer** /ǽnsə | áːnsə/ 名 (**~s** /-z/) **1** C,U **答え, 返事; 回答** 《圏 a., A., ans.》: What was his ~? 彼の返事はどうでしたか / Have you

answerable

received an ~ to your letter? 手紙への返事をもらいましたか / It's a problem we do not have any **~ for**. それは我々には答えられない問題だ / The ~ is yes [no]. 答えはイエス[ノー]だ / No ~ is also an ~. 《ことわざ》返事のないのもまた返事. ⇨ **no** 形 1(3) 語法, 2 語法.
2 C **解答**; 解決策《略 a., A., ans.》《反 question》: Your ~ to this question is not correct. その問題に対するあなたの解答は正確でない / There are no easy [simple] ~s to the garbage problems today. 今日のごみ問題には容易な解決策はない.
3 [単数形で; 普通は否定文で] **応答**: I knocked but I got no ~. ノックをしたが何の応答もなかった.
4 [所有格の後で単数形で; 特に新聞で] 同等の人[物], 対応[相当]する人[物] (equivalent): Chikamatsu is said to be Japan's ~ to Shakespeare. 近松(門左衛門)は日本のシェークスピアと言われている.

gíve an ánswer [動] 圓 (...に)答える, 回答する, 返事をする (*to*): If you can't give an ~ now, tomorrow would be fine. 今返事が無理ならあすでいいです.

in ánswer to ... [前] ...に答えて, ...に応じて: *In* ~ *to* your question, we are doing our best. ご質問(への回答)ですが, 私たちは最善を尽くしています.

knów [háve] áll the ánswers [動] 圓《略式》[しばしば軽蔑] 何でも知っている(つもりでいる).

— 動 (**an·swers** /~z/; **an·swered** /~d/; **-swer·ing** /-s(ə)rɪŋ/) 他 **1** 《人の》《質問などに》**答える**, 《人に》返事をする, 《手紙に》答える, 《(人に)》《...と》答える, 返事として言う 《反 ask》《類義語》: Your question is hard to ~. あなたの質問は答えるのが難しい《⇨ **to**[5] B 6 語法》 / A~ me this. <V+O+O> これに答えてみなさい / Please ~ my letter right away. すぐに手紙の返事をください / She ~ed (me) *that* she would come. <V(+O)+O (*that* 節)> 彼女は(私に)お伺いしますと返事した / He ~ed not a word *to* me. <V+O+O+名・代> 彼は私にはひと言も答えなかった / "I'm Japanese," ~ed the boy [the boy ~ed]. <V+O (引用節)>「僕は日本人です」とその少年は答えた《⇨ **inversion** 文法 (1) (iv)》.
2 〈問題・なぞ〉を解く, 解答する;〈問題など〉を解決する: Can you ~ this riddle? このなぞを解けますか / Please ~ this question *for* me. <V+O+*for*+名・代> 私にかわってこの問題を解いてください.
3 (応対するために)〈電話〉に出る, 〈ノックなど〉に応答する: Will you ~ the phone [bell, door]? ちょっと電話[玄関]に出てくれませんか. **4** 〈非難・攻撃など〉に応じる, 応酬する, 仕返しする: ~ the criticism その批判に答える / ~ blows *with* blows 打たれて打ち返す. **5** 〈希望・要求など〉にかなう, 〈要求など〉を満たす: ~ the description 人相書きに一致する / ~ the purpose 目的にかなう / Your prayer will be ~ed. あなたの祈りはかなえられるでしょう.

— 圓 **1 答える**, 返事をする(電話・ノックなどに)応答する; 解答する; 応対する: Please ~ in English. 英語で答えてください / I called, but no one ~ed. 私は呼んだが, だれも答えなかった / ~ *with* [a nod [by nodding]] うなずいて答える / Your number didn't ~. 先方[その番号]はお出になりません《電話口で交換手が言う》. **2** (...に)合致する, ぴったり合う: ~ *to* the description 人相書きに一致する. 語源 古(期)英語で an (...に対して) + swer (誓う)の意; 後半は **swear** と同語源. **ánswer to the náme of** ... [動] 他 [現在時制で][しばしば滑稽]〈人・ペットなど〉は...という名である.

—————— **answer** の句動詞 ——————
ánswer báck [動] 圓 (1) (特に子供が大人に対して)口答えをする. (2) (批判に対して)自己弁護する, 反論する. — 他 ~ 圓: Don't ~ your father *back*. お父さんに口答えしてはいけません.

ánswer for ... [動] 他 **1** ...に代わって答える: Bill ~ed *for* his sister. ビルは妹に代わって答えた.
2 〈事〉に対して**責任を持つ**[取る], 償う: You must ~ *for* your son's behavior. あなたは息子の行動に責任をもたないといけない / You've got a lot to ~ *for*. 《略式》君には大変[重大]な責任がある.
3 ...を保証する: I will ~ (*to* you) *for* his honesty. 彼が正直なことは私が(あなたに)保証します. **I cán't ánswer for** ... S (人)のことは何とも言えない, 代弁はできない.

ánswer to ... [動] 他 〈人〉に〈事態の〉責任を負う《⇨ 圓 2》: The director of the company has to ~ *to* the stockholders for the loss. 会社の取締役は株主に損失の責任をとらなければならない.

【類義語】 **answer** 最も一般的な語で, 質問・呼びかけ・要請などに対する答えをいう. **reply** answer よりやや改まった感じの語で, よく考えた上で質問に対してきちんとした形で正式に答えることをいう: He *replied* to our question by letter. 彼は我々の質問に手紙で回答した. **respond** これも格式ばった感じの語で, 与えられた質問や刺激に対する反応の形で答えが出されることをいう: She did not *respond* to my letter. 彼女は私の手紙には何の回答もしなかった.

an·swer·a·ble /ǽns(ə)rəbl | ɑ́ːn-/ 形 (unanswerable). **1** P (人に)説明する責任を負う (*to*); (行為などに対して)責任のある (*for*). **2** (質問に)答えられる.

ánswering machìne 名 C 留守番電話《⇨ **beep** 用例》.

ánswering sèrvice 名 U.C 電話(応対)代行サービス(会社).

ánswer·phòne 名 C 《英》留守番電話.

ant /ǽnt/ 名 C あり《昆虫》: white ~s 白あり.
hàve ánts in one's pánts [動] 圓《略式》いらいら[むずむず, そわそわ]している; 興奮している.

-ant /ənt/ 接尾 **1** [形容詞語尾]《-ance》「...性の」の意: brilliant 光り輝く / distant 遠い. **2** [名詞語尾]「...する人[物]」の意: assistant 助手 / stimulant 興奮剤《⇨ **-ent**》.

ant·ac·id /æntǽsɪd/ 名 C,U (胃の)酸中和剤, 制酸薬. — 形 (胃の)酸を中和する.

an·tag·o·nism /æntǽgənìzm/ 名 **1** U 敵意, 敵対, 反対 (*against, between, to, toward*). **2** C 敵対行為 (*to, toward*). **féel antágonism towárd** ... [動] ...に敵意を持つ.

an·tag·o·nist /æntǽgənɪst/ 名 C 《格式》敵対者, 反対者, 相手; (芝居などの)かたき役《反 protagonist》.

an·tag·o·nis·tic /æntǽgənístɪk⁻/ 形 敵対する, 反対する (*to, toward*). **2** 敵意のある, けんごしの. **-nís·ti·cal·ly** /-kəli/ 副 敵対して.

an·tag·o·nize /æntǽgənàɪz/ 動 他 〈...〉を敵にまわす, 〈...〉の反感を買う.

An·ta·na·na·ri·vo /æntənənəríːvou/ 名 固 アンタナナリボ《マダガスカルの首都》.

ant·arc·tic /æntɑ́ːrktɪk | -tɑ́ːk-/ 名 [the A-] 南極, 南極地方. 関連 the Arctic 北極. — 形 [しばしば A-] A 南極の, 南極地方の: an ~ expedition 南極探検(隊) / the A~ Pole 南極《⇨ **zone** 挿絵》. 語源 「北極 (Arctic)の反対」の意.

Ant·arc·ti·ca /æntɑ́ːrktɪkə | -tɑ́ːk-/ 名 固 南極大陸《⇨ **continent** 挿絵》.

Antárctic Círcle 名 固 [the ~] 南極圏《南緯 66°33´ の線; ⇨ **zone** 挿絵》.

Antárctic Ócean 名 固 [the ~] 南極海, 南氷洋《南極大陸を取り巻く海洋; ⇨ **ocean** 表》.

Antárctic Zòne 名 固 [the ~] 南極帯.

An·tar·es /æntéə(r)riːz/ 名 固 アンタレス《さそり座の α 星; ⇨ **Scorpio** 挿絵》.

ánt·bèar 名 C =aardvark.

an·te /ǽnti/ 名 **1** C [普通は単数形で]《トランプ》(ポー

カーでプレーの前に出す賭け金. **2** [the ~]《略式,主に米》支払額;価格. **úp [ráise] the ánte** [動] 自 要求[賭け金など]をつり上げる. — 動 (**an·tes; an·ted, an·teed; an·te·ing**) 他 **1**〈賭け金〉を出す. **2**《米略式》〈分担金〉を支払う, 出す (up). — 自 金を出す (up).

an·te- /ǽnti/ 接頭「前の」の意 (反 post-) (☞ antique [語源]).

ánt·èater 名 C ありくい《南米産の動物》.

an·te·bel·lum /æ̀ntibéləm/ 形 戦前の;《米》南北戦争前の.

an·te·ced·ence /æ̀ntəsíːdəns, -dns/ 名 U《格式》(時・関係的に)先であること, 先行; 優先.

an·te·ced·ent /æ̀ntəsíːdənt, -dnt/ 名 **1** C《格式》先立つもの, 先行者, 前例. **2** C《文法》(関係代名詞や関係副詞などの)先行詞.

> **文法 先行詞**
> (1) 代名詞の前に置かれてその代名詞が照応する語句をいう. ここではとくに関係代名詞または関係副詞の先行詞について述べる. 関係詞の先行詞は関係詞が導く関係詞節によって意味が限定される. 先行詞となるものは名詞・代名詞およびそれに相当する語句または節である. 以下の例文では先行詞を太字で示す.
> (i) 関係代名詞の先行詞: This is **the bird** that John caught yesterday. これがジョンがきのうつかまえた鳥です / Heaven helps **those** who help themselves.《ことわざ》天は自ら助くる者を助く / He said **he did not know the man**, which was a lie. 彼はその男を知らないと言ったが, それはうそだった.
> (ii) 関係副詞の先行詞: Do you remember **the day** when we first met? 私たちが最初に会った日を覚えていますか / There used to be **a pond** here where you could see many swans. たくさんの白鳥がいる池が以前はここにあった.
> (2) 一般に代名詞が指示する語句をいう. 先行詞となるものは (1) の場合と同じ: When **Jim** came to New York, he was penniless. ジムがニューヨークに来たときには一文なしだった.

3 [複数形で]《格式》祖先, 経歴, 履歴.
— 形《格式》先立つ, 先行する: an event ~ to this これに先立つ事件.

ánte·chàmber 名 C《古風》=anteroom.

an·te·date /ǽntidèit | æ̀ntidéit/ 動 (反 postdate) 他《格式》**1**〈手紙・小切手など〉を(実際よりも)前日付にする. **2**〈…の〉月日[時代]が前である《格式》.

an·te·di·lu·vi·an /æ̀ntidəlúːviən, -dai-/ 形《格式》(Noah の)大洪水以前の; [時に滑稽] 時代遅れの.

an·te·lope /ǽntəlòup/ 名 (複 ~(s)) C アンテロープ, かもしか, 羚羊.

an·te me·rid·i·em /æ̀ntɪmərídiəm/《ラテン語から》形《格式, まれ》= a.m., A.M.

an·te·na·tal /æ̀ntinéitl/《英》A《医》= prenatal: ~ classes 産前教室 / ~ clinic 妊産婦検診医[所].

†**an·ten·na** /ænténə/ 名 (1 では 複 ~s; 2 では 複 **an·ten·nae** /-niː/) C **1**《主に米》アンテナ《英》aerial》: put up an ~ on the roof 屋根の上にアンテナを立てる. **2**《動》触角, (かたつむりの)角.

an·te·pe·nult /æ̀ntipíːnʌlt | -pɪnʌ́lt/ 名 C = antepenultimate.

an·te·pe·nul·ti·mate /æ̀ntipɪnʌ́ltəmət/ 形 C 後ろから 3 番目の音節. — 形 後ろから 3 番目の(音節の).

an·te·ri·or /æntí(ə)riə | -riə/ 形 **1**《格式》(時間・順序などが)前の方の. **2** A《生》(体の)前部の (反 posterior).

ánte·ròom 名 C 次の間, 控えの間; 待合室.

ant·he·li·on /ænthíːliən, ænθíː-/ 名 (複 ~s, -li·a /-liə/) C《天》反対日(はんたいじつ)《太陽と正反対の位置の雲・霧に現れる光点》.

†**an·them** /ǽnθəm/ 名 C 聖歌; 祝歌, 賛歌; 大切な歌: the British national ~ 英国国歌 (☞ subjunctive present 文法(3)).

an·ther /ǽnθə | -θə/ 名 C《植》葯(やく).

ánt·hìll 名 C あり塚, ありの塔.

an·thol·o·gist /ænθɑ́lədʒɪst | -θɔ́l-/ 名 C 名詩選編者, 選集編者.

an·thol·o·gize /ænθɑ́lədʒàɪz, -θɔ́l-/ 動 他〈…〉を名詩選集[作品集]に入れる.

an·thol·o·gy /ænθɑ́lədʒi | -θɔ́l-/ 名 (**-o·gies**) C 名詩選集, 作品集, アンソロジー; 名曲集.

An·tho·ny /ǽnθəni, ǽntə-/ 名 固 アンソニー, アントニー《男性の名; 愛称は Tony》.

an·thra·cite /ǽnθrəsàɪt/ 名 U 無煙炭.

an·thrax /ǽnθræks/ 名 U 炭疽(たんそ)熱《家畜の伝染病; 人間に感染し, 死亡することがある》; 炭疽菌《生物兵器にも使われる》.

an·thro /ǽnθroʊ/ 名 U《米略式》= anthropology.

an·thro·po- /ǽnθrəpoʊ/ 接頭「人・人類」の意.

an·thro·po·cen·tric /æ̀nθrəpəséntrɪk/ 形《格式》人間中心の.

an·thro·po·gen·ic /æ̀nθrəpədʒénɪk/ 形 (汚染などが)人間の営みによる.

an·thro·poid /ǽnθrəpɔɪd/ 形 人間に似た; [軽蔑] (人が)猿のような. — 名 C 類人猿.

an·thro·po·log·i·cal /æ̀nθrəpəlɑ́dʒɪk(ə)l | -lɔ́dʒ-/ 形 人類学の, 人類学上の. **-cal·ly** /-kəli/ 副 人類学的に.

an·thro·pol·o·gist /æ̀nθrəpɑ́lədʒɪst | -pɔ́l-/ 名 C 人類学者.

†**an·thro·pol·o·gy** /æ̀nθrəpɑ́lədʒi | -pɔ́l-/ 名 U 人類学.

an·thro·po·mor·phic /æ̀nθrəpəmɔ́ːfɪk | -mɔ́ː-/ 形 擬人観の, (神・動物・事物)を人間のように扱う; 人の性質をもった.

an·thro·po·mor·phism /æ̀nθrəpəmɔ́ːfɪzm | -mɔ́ː-/ 名 U 擬人観.

an·ti /ǽntai, -ti | -ti/ 《略式》(反 pro) 名 C《英》反対[論]者. — 前 S …に反対で. — 形 反対の.

an·ti- /ǽnti, -tɪ, -taɪ | -tɪ, -ti/ 接頭 (反 pro-)「…に反対の, …嫌いの, …に対抗する, …の逆の」の意: *anti*social 反社会的な.

ànti·abórtion 形《妊娠》中絶反対の (pro-life).

ànti·abórtionist 名 C《妊娠》中絶反対者.

ànti·áircraft 形 A 《兵器が》対空(用)の.

ànti-Américan 形 反米の.

ànti-Américanism 名 U 反米主義.

ànti·bactérial 形 抗菌性の.

ànti·ballístic míssile 名 C 対弾道弾ミサイル (略 ABM).

*__an·ti·bi·ot·ic__ /æ̀ntibaɪɑ́tɪk | -ɔ́t-/ 名 C (~s /-s/) [普通は複数形で] 抗生物質. — 形 C 抗生の.

an·ti·bod·y /ǽntibɑ̀di | -bɔ̀di/ 名 (**-bod·ies**) C [普通は複数形で]《生理》抗体.

an·tic /ǽntɪk/ 形《文》風変わりな.

ànti·cáncer 形 抗癌の: an ~ drug 抗癌剤.

ànti·chóice 形 [軽蔑] = pro-life.

Ánti·christ 名 固 [普通は the ~] 反キリスト《キリス

anticipate

(ト再臨前に悪を広めるというキリストの敵).

*an・tic・i・pate /æntɪsəpèɪt/ 12 動 (-i・pates /-pèrts/, -i・pat・ed /-tɪd/, -i・pat・ing /-tɪŋ/ 名 anticipátion) 他

「先取りする」が元の意味.「先手を打つ」2
→「先んずる」→「先に行なう[言う]」3
→（先に考えておく）→「予期する」1

1 〈…〉を**予期する**, 予想する, 楽しみにして[不安な気持ちで]待つ (⇨ expect 類義語): the long-~d concert 待望久しいコンサート 言い換え They ~d trouble. = They **~d that** there would be trouble. <V+O (that 節)>=**It was ~d that** there would be trouble. <V+O (that 節)の受身> (⇨ it¹ A 4 文法). 面倒なことになると予想された / Anticipating a heavy snowfall, we came home early. 大雪を予想して私たちは早目に家に帰った / My sister eagerly ~d receiving her present from my uncle. <V+O (動名)> 妹はおじからプレゼントをもらうのを大変楽しみにしていた.
2 〈…〉に**先手を打つ**;〈相手の先を越す, 〈…〉を出し抜く;〈希望・要求など〉を言われる前にかなえる: I ~d his questions by having answers ready. 私は彼の質問を見越して答えを用意しておいた / The nurse ~d all his wishes. 看護師は彼の希望を察してかなえてくれた.
3《格式》〈…〉に**先んずる**: The Vikings are said to have ~d Columbus *in* reach*ing* America. バイキングのほうがコロンブスより先にアメリカに到達したといわれている. **4**《格式》（出費の際に）〈将来の収入など〉を当てにする, 見込む: We cannot ~ their contributions. 我々は彼らの寄付金を当てにして金を使うことはできない.

⁺an・tic・i・pa・tion /æntɪsəpéɪʃən/ 名 U (動 anticipàte, 形 anticipatòry) 予期, 予知; 期待: the government's ~ of inflation 政府のインフレの予期 / with eager ~ 大いに期待して. **in anticipátion of …** [前] …を予想[見越]して.

an・tic・i・pa・to・ry /æntísəpətɔ̀ːri | -təri, -tri/ 形 (名 antìcipátion)《格式》予期しての, 見越しての.

àn・ti・cléri・cal 形 (政治などへの)聖職者の介入に反対する. 反教権的な.

àn・ti・cléri・calism 名 U 反教権主義.

an・ti・cli・mac・tic /æntɪklaɪmæktɪk◂/ 形《格式》しりすぼみの, 竜頭蛇尾("")の.

àn・ti・clímax 名 CU 竜頭蛇尾, 拍子抜け.

àn・ti・clóckwise 形 副《英》=counterclockwise.

an・ti・co・ag・u・lant /æntɪkoʊǽɡjələnt◂/ 名 C 《医》抗凝血剤. — 形 血液凝固を防ぐ.

àn・ti・cómmunist 名 C, 形 反共主義者(の).

àn・ti・compétitive 形 (企業間の)競争を抑える.

an・ti・con・vul・sant /æntɪkənválsənt◂/《薬》形 抗痙攣(")性の. — 名 C 抗痙攣薬.

an・tics /æntɪks/ 名 [複] おどけ, ふざけ, きまぐれ.

àn・ti・cýclone 名 C 《気象》高気圧の勢力圏.

àn・ti・depréssant 名 CU 抗鬱(")剤. — 形 抗鬱剤の.

*an・ti・dote /æntɪdòʊt/ 名 C 解毒剤; 矯正手段, 対策 (to, for, against).

ánti・frèeze 名 U 不凍液.

an・ti・gen /æntɪʤən, -ʤèn/ 名 C 《生理》抗原.

an・ti・gen・ic /æntɪʤénɪk◂/ 形 《生理》抗原の.

àn・ti-G sùit /-ʤíː-/ 名 C 《空》耐加速度服.

ánti・hèro 名 (~es) C アンチヒーロー《主人公としての伝統的な資質を欠いたごく平凡な主人公》.

àn・ti・hístamine 名 UC 抗ヒスタミン剤《ぜんそく・じんましんなどの薬》.

an・ti-inflámmatory 《薬》抗炎症性の. — 名 C 抗炎症薬.

àn・ti・knóck 名 U アンチノック剤《内燃機関のノッキングを抑えるため燃料に加える》.

An・til・les /æntíliːz/ 名 複 [the ~] アンティル諸島《西インド諸島にあって大・小二つの諸島から成る》.

ánti・lòck brákes 名 [複] アンチロック式のブレーキ《急ブレーキをかけた時車輪ロックを防ぐ》.

ántilock bráking sỳstem 名 C アンチロックブレーキシステム (antilock brakes) (略 ABS).

an・ti・log /æntɪlɔːɡ, -lǽɡ | -lɔ́ɡ/, àn・ti・lógarithm 名 C 《数》真数.

an・ti・ma・cas・sar /æntɪməkǽsə | -sə-/ 名 C いすの背[ひじ]覆い.

ànti・màtter 名 U 《物理》反物質.

ànti・míssile 形 A ミサイル迎撃用の.

an・ti・mo・ny /æntɪmòʊni | -mə-/ 名 U 《化》アンチモン《元素記号 Sb》.

ànti・nòde 名 C 《物理》波腹《2つの波節の中間部で振幅が最大》.

an・tin・o・my /æntínəmi/ 名 C 《哲》二律背反.

ànti・núclear 形 A 反核の; 反原発の.

ànti・núke 形《略式》=antinuclear.

ànti・óxidant 名 C 《化》酸化防止剤.

ànti・pàrticle 名 C 《物理》反粒子.

an・ti・pas・to /æntɪpɑ́ːstoʊ | -pǽs-/ 名 (複 ~s, an・ti・pas・ti /-tiː/) C 《イタリア料理の》前菜.

an・ti・pa・thet・ic /æntɪpəθétɪk◂/ 形《格式》(…を)毛嫌いする, (…に)反感をもつ (to, toward).

⁺an・ti・pa・thy /æntípəθi/ 名 (-a・thies) UC《格式》(強い)反感, 毛嫌い (toward, for, against, between). **hàve [fèel] (an) antìpathy to …** [動] 他 …を嫌う.

ànti・pèrsonnél 形 A (兵器が)兵員殺傷用の, 対人用の.

an・ti・per・spi・rant /æntɪpə́ːspərənt | -pə́ː-/ 名 CU 発汗抑制剤. — 形 発汗抑制の.

an・ti・phon /æntɪfən/ 名 C **1** (かわるがわる歌う)合唱詩歌. **2**《カトリック》交唱《聖歌》.

an・tiph・o・nal /æntífənəl/ 形 かわるがわる歌う.

an・tiph・o・ny /æntífəni/ 名 C 応答斉唱, 交唱.

an・ti・po・dal /æntípədəl/ 形 **1** 対蹠(")の, 地球上の反対側の. **2** P 正反対の (to).

An・tip・o・de・an /æntípədíːən◂/ 名 C 形《主に新聞で》オーストラリア(とニュージーランド)(の人).

an・tip・o・des /æntípədìːz/ 名 [複] **1** [普通は the ~] 対蹠(")地《地球上の正反対の2つの地点, 例えば日本とアルゼンチン》. **2** [the A-]《英》《滑稽》《英国から見て》オーストラリアおよびニュージーランド.

ànti・pollútion 形 A 汚染防止の; 公害反対の. — 名 U 汚染防止[反対].

an・ti・quar・i・an /æntɪkwéəriən◂/ 形 A 古物研究[収集, 売買]の. — 名 C = antiquary.

an・ti・quar・y /æntɪkwèri | -kwəri/ 名 C (-quar・ies) 古物研究[収集]家; 骨董(")商.

⁺an・ti・quat・ed /æntɪkwèɪtɪd/ 形 [普通は軽蔑] 古風な, 旧式な; 《滑稽》年をとった.

*an・tique /æntíːk/ 名 C (~s /~s/) 骨董(")品《特に100年以上前のもの》; 古くて値打ちのある品. 語源 ラテン語の ante (以前の) (⇨ ante-) から.
— 形 (antiquity) **1** A 骨董(")品の, 古くて値打ちのある: an ~ vase 骨董品の花びん / an ~ shop 骨董店. **2** A 《格式》古代の《特に古代ギリシャ・ローマの》;《時に軽蔑》古い, 古風な.

⁺an・tiq・ui・ty /æntíkwəti/ 名 (-ui・ties; 形 àntíque) **1** U 大昔, 古代, 上古; 中世以前の《ギリシャ・ローマ》時代: in ~ 大昔には. **2** C [普通は複数形で] 古器物, 古代の遺物. **3** U《格式》古さ, 古色.

an・tir・rhi・num /æntəráɪnəm/ 名 C《英》金魚草 (snapdragon).

ànti-Sémite 名C 反ユダヤ主義者.

ànti-Semític 形 反ユダヤ人[主義]の.

an-ti-Sem-i-tism /ǽntɪsémətɪzm, -taɪ- | -tɪ-/ 名U 反ユダヤ主義[運動].

an-ti-sep-sis /æntəsépsɪs/ 名U〖医〗消毒(法).

an-ti-sep-tic /æntəséptɪk⁻/ 形〖医〗消毒剤, 防腐剤. ── 名 1 殺菌力のある, 防腐性の; 無菌(性)の; 清潔な. 2 味気ない, 冷淡な, 人間味のない.

ànti-sèrum 名C (~s, an·ti·se·ra) 抗血清.

ànti-sócial 形 1 非社交的な. 2 反社会的な, 他人への配慮が欠ける. 3 (勤務時間帯などの)交際に不便な.

ànti-státic 形 (繊維などが)静電気[帯電]防止の.

ànti-tánk 形 対戦車用の: an ~ gun 対戦車砲.

an-tith-e-sis /æntíθəsɪs/ 名 (**an·tith·e·ses** /-sìːz/) C,U 1 (格式) [普通は the ~] (…と)正反対のもの, (…の)対句(of, to). 2 対照, 対立 (between, to). 3 《修辞》対照法.

an-ti-thet-i-cal /æntəθétɪk(ə)l⁻/, **-thet·ic** /-θétɪk/ 形 W (格式) 正反対の, 相入れない (to).

ànti-tóxin 名 抗毒素, 抗毒素血清〖血液の中で毒素を中和する物質〗.

ànti-trúst 形 独占禁止の: ~ laws 独占禁止法.

ànti-víral 形〖医〗抗ウィルス(性)の.

ànti-vírus prógram 名C =antivirus software.

ànti-vírus sóftware 名U (コンピューターの)ウィルス対策ソフト.

ànti-wár 形 反戦の, 戦争反対の.

ant-ler /ǽntlə | -lə/ 名C (鹿(しか)の)枝角.
関連 horn 羊・やぎなどの角.

ánt lìon 名C 薄羽蜉蝣(うすばかげろう); 蟻地獄.

Antoinette /æntwənét/ 名 ☞ Marie Antoinette.

An-to-ny /ǽntəni/ 名 1 固 アントニー《男性の名; 愛称は Tony》. **2 Mark** ~ アントニウス (83?–30 B.C.) 《ローマの軍人・政治家》.

an-to-nym /ǽntənɪm/ 名C 反意語 (heavy (重い) に対して light (軽い) のように反対の意味の語; ☞ synonym). 参考 この辞書では old 1 の項の (反 young) のように反意語は 反 で示してある.

an-ton-y-mous /æntɑ́nəməs | -tɔ́n-/ 形 反意語の(関係にある).

ant-sy /ǽntsi/ 形 (**ant·si·er**; **ant·si·est**) P 《米略式》そわそわ[いらいら]して; 不安になって.

Ant-werp /ǽntwəːp | -wəːp/ 名固 アントワープ《ベルギー北部の州, その州都》.

a-nus /éɪnəs/ 名C 〖解〗肛門(こうもん).

an-vil /ǽnv(ə)l/ 名C 1 (かじ屋の)金床(かなとこ). 2 〖解〗=incus.

anx-i-e-ty /æŋ(g)záɪəti/ 13 名 (**-e·ties** /-z/; 形 **ánxious**) 1 U,C (特にこれから先の)**不安**, 心配, 懸念 (☞ care 類義語): She felt ~ about her future. 彼女は自分の将来について不安を感じた / She was full of ~ for [over] her son's safety. 彼女は息子の安全をとても気がかりだった.

2 C 心配事, 心配の種 (to): His illness is one of her chief anxieties. 彼の病気は彼女がとても心配していることの一つだ. 3 U 切望, 熱望 (for): He is full of ~ to please his family. 彼は家族を喜ばせたい気持ちでいっぱいだ. **with anxiety** [副] 心配して (anxiously): I have been waiting for the results with (great) ~. 私は(大変)はらはらしながら結果を待っていた.

anx-ious /ǽŋ(k)ʃəs/ 形 (名 anxiety)

anger, angry, anguish と同語源で「悩んでいる」の意.
┌→「心配して」**1**
└→(…しようと苦心して)→「切望して」**2**

any 69

1 **心配して, (…を)不安に思って** (☞ 類義語): an ~ look [expression] 心配そうな顔(つき) / I am ~ about your health. <A+about+名・代> 私はあなたの体が心配だ / People were ~ for news of missing relatives. <A+for+名・代> 人々は行方不明の肉親の知らせを気にかけていた / I was ~ that the boy might get lost on the way. <A+that 節> その子が途中で道に迷うのではないかと心配した.

2 P **切望して, …したがって** (☞ eager 類義語): They were ~ for help. <A+for+名・代> 彼らは援助を切望していた / She was ~ to meet you. <A+to 不定詞> 彼女はあなたに会いたがっていた / 言い換え We were all ~ that you (should) return. <A+that 節>=We were all ~ for you to return. <A+for+名・代+to 不定詞> 私たちはあなたに帰ってきてほしいと願っていた (☞ should A 8).

3 A 不安な: an ~ night 不安な一夜.

【類義語】 **anxious** 悪い事が起こる[起こった]のではないかと心配すること: She was anxious about her children's safety when they were out. 彼女は子供たちが外出中安全だろうかと心配した. **concerned** 特に他人のことについて現在の事態を心配すること: She is concerned about her child's bad cough. 彼女は子供のひどいせきを気づかっている. **nervous** 出来事の前や最中に不安になってそれが行動に出ること: She was nervous about going to the dentist. 彼女は歯医者に行くのでびくびくしていた.

anx·ious·ly /ǽŋ(k)ʃəsli/ 副 心配して, 不安そうに.

an·y

① いくらかの(人[物])	形 **1**; 代 **1**
② どの…でも, だれ[どれ]でも	形 **2**; 代 **2**
③ 何らかの	形 **3**
④ 少しは	副 **4**

── リスニング ──

any および any で始まる anybody, anything などの語の前に子音があると始めの /e/ は前の子音と結合して taller than any boys /ðəném/, ask anybody /ǽskənibàdi/, almost anything /ɔ́ːlmoʊsténɪθɪŋ/ などでは「ザネニボーイズ」,「アスケニバディー」((米))ではまた「アスケニバディー」,「オーウモウステニスィング」のように聞こえる. 「ザン・エニ・ボーイズ」,「アスク・エニバディー」,「オールモウスト・エニスィング」のように発音しないこと. (/d/ の発音については ☞ つづり字と発音解説 44 注意).

── 形 **1** /(強) éni; (弱) əni/ (数・量・程度が)**いくらかの, 多少の, 少しの**; [否定文で] **少しの…も** (―ない).

語法 (1) 疑問文・否定文, および if, whether の節で用い, 肯定文では some を用いる. 意味が弱く和訳する必要のないことが多い. 文中では弱く発音する. some と同じく数えられる名詞の複数形か数えられない名詞の前につける (☞ some 形 **1** 語法 (2)). なお否定文では not any=no となる (☞ no 形 **1** 語法 (1)): Do they have ~ children? あの人たちには子供がいるの? / Is there ~ water in the jar? かめに水は入ってる? / 言い換え I don't have ~ books. (=I have no books.) 本は(1冊も)持っていない / If there is ~ ink in the bottle, give me some. びんにインクがあったら少しくれ / I don't know if [whether] she has ~ jewelry. 彼女が宝石を持っているかどうか知らない.

(2) 否定的意味を示す語句を含む文でも any を用いる: He did it without ~ difficulty. 彼は楽々とそれをした / They avoided ~ such problems. 彼らはそんな問題は避けていた / I doubt that he wants ~

anybody

advice. 彼は忠告を求めていないと思う / *Few of us had* ~ *knowledge of classical music.* 私たちのほとんどはクラシック音楽をまったく知らなかった / *There was hardly* ~ *water.* 水はほとんどなかった.

2 /éni/ [主に肯定文で] (3人[3つ]以上のうちの)**どの[どんな]…でも**, (…なら)だれ[どれ]でも; 普通の, 任意の (☞ anybody 代 2, anything 代 2, anywhere 2): *A~ club member can use the room.* クラブの者ならだれでもその部屋を使える. / *A~ coat is better than none.* どんなコートでもないよりはましだ / 言い換え *Tom is taller than ~ other boy(s) in his class.* (=Not one of the boys in his class is taller than Tom.) トムはクラスのほかのだれよりも背が高い (☞ other 形 1 語法 (2)).

会話 "Which dictionary do you need?" "A~ dictionary will do."「どの辞書がいりますか」「どの辞書でもかまいません」

語法 (1) しばしば数えられる名詞の単数形か数えられない名詞の前に用いるが, 次のように複数形とともに使うことも可能: *Pick ~ two cards you like.* どれでも好きなトランプ札を2枚取りなさい.
(2) 「2人[2つ]のうちのだれ[どれ]でも」の意味には either を用いる (☞ either 形 1 語法).
(3) any を否定文に用いるとき, 下降調のイントネーション (☞ つづり字と発音解説 93) だと1の意味だが, 下降上昇調のイントネーション (☞ つづり字と発音解説 95) だと2の意味となり, 一種の部分否定となる: *Meg doesn't* ↘ *play with just ~ boys.* ╱ ✕ これを *Meg doesn't play with ~ boys.* ↘ (メグはどの男の子とも遊ばない)と比較. anybody, anyone, anything, anywhere の場合も同じ.

3 /(弱) əni/; (強) éni/ **何らかの**, だれか; [否定文で]**どんな…も**, だれも, 1つ[1人]の…も: *Is there* ~ *reason for his absence?* 彼の欠席には何かわけがありますか / *There isn't any scientist who would believe that.* 彼を信じるような科学者はいない. 語法 この文は *No scientist would believe that.* といえるが, 否定語の前に any を先行させて, *Any scientist would not believe that.* とはいわない // *If you find ~ Chinese newspapers, please buy one for me.* 何か中国の新聞が見つかったら私に1つ買ってください.

語法 (1) 疑問文・否定文, および条件を表わす節で, 主に数えられる名詞の単数形とともに用いる.
(2) 「私は車を持っていません」は, *I don't have a car.* といい, *I don't have any car.* とは普通はいわない.

4 /éni/ (数・量が)**どれほどの…でも**, すべての; 無制限の: *Bring me ~ pens [ink] you can find.* 見つけ出せる限りのペン[インク]を持ってきてください // ☞ any amount of … (amount 名 成句).

5 /éni/ [否定文で] 《略式》**ただの, 単なる, 並の**. 語法 特に not とともに用いる. また if, whether の節でも用いる: *We can't go to just* ~ *(old) restaurant.* そこいらの食堂に入るというわけにはいかない(高級なところへ行く必要がある).

ány óne¹ [代] だれでも1人, どれでも1つ: *Take ~ one (of them) you like.* どれでも好きなのを1つとって.

ány òne² [代] 《古風》 =anyone.
— [代] (不定代名詞)

1 /éni/ **いくらか, いくらかの人[物]**, (…の)どれ[だれ]か;

[否定文] **少しも**, どれ[だれ]も(…ない)《数えられる名詞を受けるときには複数または単数扱い; 数えられない名詞を受けるときは単数扱い》: *Did you see ~ of the girls?* 君は女の子たちのうちのだれかに会ったか / *I need some money—have you got ~?* 少し金がいるのだが, いくらか持ってるか / *Give me some if there are [is] ~.* しあれば少しください 《数えられる名詞が頭に浮かんでいるときには are, 数えられない名詞のときには is》 / 言い換え *We did not see ~ of the students.* (=We saw *none* of the students.) 私たちはその学生たちのうちのだれにも会わなかった / *I don't think ~ of us wants [want] to work tomorrow.* 明日は我々のだれも働きたくないと思う (★単数扱いのほうが格式ばった言い方).

語法 (1) この 代 の any は 形 1 または 3 の独立した用法と考えられるもので, 数えられる名詞の複数形または単数形, および数えられない名詞の代わりに用いる. 否定文では not any =none となる. any の用法についてはなお (☞ 形 1 語法).
(2) この意味で否定文に用いられた 代 の any とイントネーションとの関係は 形 の場合と同じ (☞ 形 2 語法).
(3)》: *I won't* ↘ *buy just ~ of them.* ╱ 私はどれでも買うというわけではない. *I won't buy ~ of them.* ↘ (私はどれも買わない)と比較.

2 /éni/ [主に肯定文で] (3人[3つ]以上のうちの)**だれでも, どれでも**; どれだけでも: *Choose ~ of these pens.* このペンのうちのどれでも選びなさい / *You can have ~ you want.* あなたの望むものは何でもあげる / *A~ of you could do it.* あなたがたのうちのだれにだってそれはできる. 語法 (1) この any は 形 2 の独立した用法. (2)「2人[2つ]のうちのだれ[どれ]でも」の意味には either を用いる (☞ either 形 1 語法).

if ány [副] (1) たとえあるとしても: 言い換え *There is little wine in the bottle, if ~.* =*There is little, if ~, wine in the bottle.* びんの中にワインがあるとしても, ごくわずかだ[ワインとも同然だろう]. (2) もしあれば: *Correct errors, if ~.* 誤りがあれば直せ.

— [副] (強) éni/; (弱) əni/ [普通は形容詞・副詞を修飾して] **少しは, 少しも, いくらか**.

語法 (1) 疑問文・否定文, および if, whether の節の中で, 比較級または good, different や too とともに用いる: *Is she ~ better today?* 彼女はきょうは少しは具合がいいですか / *He could not walk ~ further.* 彼はそれ以上は全く歩けなかった / *I don't think that his performance was ~ good.* 彼の演奏は少しもよくなかったと思う / *I'm afraid I didn't explain ~ too well.* どうも私の説明はちっともうまくなかったようだ.
(2) 《米略式》では次のように動詞を修飾する用法があるが, 標準語法としては at all のほうが一般に好まれる: *The stick didn't help (him) ~.* ↘ つえは(彼にとって)何の役にも立たなかった.

nòt ... àny lónger ☞ long¹ 副 成句

✱an·y·bod·y /énibàdi, -bədi | -bɔ̀di, bədi/ [代] (不定代名詞)

① [疑問文・否定文などで] だれか ... 1
② [肯定文で] だれでも ... 2

1 だれか, だれも (anyone).

語法 (1) 疑問文・否定文, および if, whether の節に用い, 単数扱い. 肯定文では somebody を用いる 《☞ somebody 語法, nobody 語法, everybody 1 語法》: *Can you see ~?* だれか見えますか / *Is there ~ else who can help me?* だれかほかに私の手伝いができる人はいませんか 《☞ else 形》 / *Do you have ~*

to confide in? 相談できる人がだれかいますか / She asked me *if* [*whether*] ~ had come. 彼女は私にだれかやって来たかと尋ねた.
(2) anybody, anyone を受ける代名詞は (略式) では複数の they にすることもある: If ~ calls, tell *them* I'm out. もしだれか来たら外出中だと言ってください.

⦅言い換え⦆ She didn't visit ~ (=She visited *nobody*) yesterday. 彼女はきのうだれも訪問しなかった / There「has *not* [*hasn't*] been ~ (=There has been *nobody*) in this room. この部屋にはだれもいなかった ⦅☞ any 形 3 最初の 語法; anything 代 1 語法 (3)⦆.

2 [主に肯定文で] **だれでも** ⦅☞ any 形 2⦆: I want somebody else. A~ will do. だれかほかの人が欲しい. だれでもいいのだ / A~ can read it. だれでもそれは読める / ~ would be better than nobody. どんな人でもいないよりはましだ // The president *doesn't* see just ~. ⤵ 社長はだれとでも会うというわけではない. ★これを The president doesn't see ~. ⤵ (社長はだれとも会わない) と比較 ⦅☞ any 形 2 語法 (3)⦆. **if ánybody** [副] もし(そのような)人がいるとすれば[いたとしても].

── 名 [U] [否定文・疑問文などで] ひとかどの人物, 偉い人 ⦅☞ somebody 名, nobody 名⦆: He wasn't ~ before he became the editor in chief. 彼は編集長になるまでたいした人物ではなかった. **ánybody who is ánybody** [名] =anyone who is anyone ⦅☞ anyone 成句⦆.

*an·y·how /énihàu/ 副 ⦅略式⦆ **1** Ⓢ つなぎ語 とにかく, それはそれとして, いずれにしても (anyway); その上 (besides). 語法 用法は anyway と同じ ⦅☞ anyway⦆ だが anyhow の方がよりくだけた表現. また (米) では anyway の方が好まれる: A~, let's begin. とにかく始めよう / It's too late, ~. とにかく遅すぎるよ. **2** [しばしば *all*, *just* とともに] いいかげんに, 雑に (any old) how ⦅☞ how¹ 名 成句⦆: He put the books back on the shelf *just* ~. 彼は適当に本を棚に戻した.

*an·y·more, (英) any more /ènimɔ́ː | -mɔ́ː/ 副 [疑問文・否定文で] 今はもう(…でない): He doesn't live here ~. 彼はもうここに住んでいない.

***an·y·one** /éniwʌ̀n, -wən | -wʌn/ 代 ⦅不定代名詞⦆

| ① [疑問文・否定文などで] だれか | 1 |
| ② [肯定文で] だれでも | 2 |

1 だれか, だれも (anybody). 語法 用法は anybody と同じだが anybody のほうが ⦅略式⦆ ⦅☞ anybody 語法⦆: Can ~ answer my question? だれか私の質問に答えられますか / ⦅言い換え⦆ I didn't meet ~ *else*. (=I met *no one else*.) ほかにはだれにも会わなかった ⦅☞ else 形⦆.

2 [主に肯定文で] **だれでも**: A~ can use this library. だれでもこの図書館を利用できる / Give it to ~ you like. それをだれでも好きな人にあげなさい / A~ foolish enough to believe that deserves to lose money. そんな話を信じるほどばかな人は損をしてもしようがない // I *don't* believe just ~. ⤵ 私はだれでも信じるというわけではない. ★これを I *don't* believe ~. ⤵ (私はだれも信じない)と比較 ⦅☞ any 形 2 語法 (3)⦆. **ányone who is ányone** [名] 有力者たち, おえらがた.

ány·plàce 副 ⦅米略式⦆ どこかに[へ], どこへでも, どこにも (anywhere): You can go ~ you like. どこでも好きなところへ行ってよい.

***an·y·thing** /éniθìŋ, -θɪŋ/ 代 ⦅不定代名詞⦆

| ① [疑問文・否定文などで] 何か | 1 |
| ② [肯定文で] 何でも | 2 |

1 何か, 何も.

語法 (1) **anything** の使い方
疑問文・否定文, および if, whether の節に用い, 単数扱い. 肯定文では *something* を用いる ⦅☞ something 代 1 語法 (1)⦆: Have you forgotten ~ *else*? 何かほかに忘れ物をしてませんか ⦅☞ else 形⦆ / Do you have ~ to say? 何か言いたい事がありますか / Is there ~ I can do for you? いらっしゃいませ, 何にいたしましょうか ⦅店員のことば⦆ / ⦅言い換え⦆ She didn't know ~ (=She knew *nothing*) about it. 彼女はそれについては何も知らなかった.

(2) **anything**＋形容詞
anything を修飾する形容詞はその後ろに置く ⦅☞ attributive use 文法⦆ (2) (i), something 代 1 語法 (2), nothing 代 最初の 語法 (2), everything 代 1 語法 (2)⦆: If you hear ~ *new* from him, please let me know. もし彼から何か新しい知らせがあったら私に教えてください / ⦅言い換え⦆ There isn't ~ *important* (= There is *nothing* important) in his report. 彼の報告には重要なことは何もない.

(3) 上のように否定文で anything を用いる場合は, 否定語を先行させる. 従って例えば「何事も起こらなかった」は *Anything* did *not* happen. ではなく *Nothing* happened. ⦅☞ any 形 3 の最初の 語法⦆.

2 [主に肯定文で] **何でも** ⦅☞ any 形 2⦆: He'll do ~ for money. 彼は金のためなら何でもするだろう / I want something to drink. A~ will do. 何か飲み物が欲しい. 何でも結構です / A~ is better than nothing. ⦅ことわざ⦆ どんなものでもないよりはましだ // The boy can*not* eat just ~. ⤵ その少年は何でも食べられるというわけではない. ★これを The boy can*not* eat ~. ⤵ (その少年は何も食べられない)と比較 ⦅☞ any 形 2 語法 (3)⦆.

ánything betwèen ⋯ and ─=**ánything from ⋯ to ─** 代 だいたい…から―の範囲).

Ánything bút! とんでもない, それどころではない: "Was the room tidy?" "A~ *but*!"「部屋はきちんとしていましたか」「とんでもない」

ánything but ⋯ (1) …のほかには何でも: Tom will do ~ *but* study. トムは勉強以外ならば何でもする. (2) [副詞的に用いて] 決して…でない (not at all): Mr. Green is ~ *but* a good teacher. グリーン先生は全くひどい先生だ / ⦅言い換え⦆ The room was ~ *but* tidy. (=The room was not at all tidy.=The room was far from tidy.=The room was not in the least tidy.) 部屋は全く整頓(訳)されていなかった.

Ánything for a quíet lífe. Ⓢ ⦅英⦆ 何でも受け入れます, お好きにどうぞ ⦅問題を避けるための発言⦆.

ánything of a ⋯ 少しは… ⦅☞ something of a … (something 代 成句)⦆: Is he ~ *of* a scholar? 彼は少しは学者と言えるのだろうか.

Ánything you sáy. Ⓢ 何でも言う通りにするよ.

as ⋯ as ánything Ⓢ ⦅略式⦆ 非常に…で: She was *as* happy *as* ~. 彼女はとても幸せだった.

be … much as ánything [動] 自 Ⓢ (ほかにも色々理由があるが)…のせいだ.

for ánything [副] [否定文で] Ⓢ ⦅略式⦆ どんなことがあっても: I wouldn't go with you *for* ~. どんなことがあっても私はあなたといっしょには行かない.

hàve [**be**] **ánything to dò with …** ⦅☞ have something to do with … (have¹ 名 成句)⦆.

if ánything [副] 文修飾語 (1) [普通は否定文の後に用いて] どちらかと言えば: He isn't better; *if* ~, he is getting worse. 彼はよくなっていません. むしろだんだん悪くなっています. (2) もしあるとしたら[しても].

if ánything háppens (to …) [副] もし(…に)何か

72 anytime

あった《婉曲に「死ぬ」の意味によく用いる》.
lìke ánything [副] ⓢ《略式》[動詞を強調して] 猛烈に, ものすごく.
màke ánything of ... ☞ make 成句.
... or ànything〘...〙とか何か(そういったこと)《他の可能性を暗示する》: ☞ ... or something (something 代 成句).
[語法] 普通は疑問文・否定文, および条件を表わす節に用いる: If you miss the train *or* ~, just give me a call. 電車に乗り遅れたとか何かあったら電話をしてください.
nót còme to ánything [動] 自 = come to nothing (☞ nothing 名 成句).
— 副〘次の成句で〙 **ánything líke ...** [否定文・疑問文で]《略式》(1) いくらかでも[多少とも]...のような: Is a panda ~ *like* a bear? パンダは熊のようですか / Jim isn't ~ *like* his father. ジムは父親と全然似ていない. (2) ⓢ = anywhere near [close to] ... (2) (☞ anywhere 成句). **ánything néar [clóse to] ...** ⓢ = anywhere near [close to] ... (☞ anywhere 成句). — 名 U[主に否定文・疑問文で]大したこと[人](でない)(☞ something 名): Don't worry—it isn't ~. 心配しないで, 大したことじゃないから / Is there ~ in [to] his story? 彼の話に耳を傾けるべき点もあるのか.

⁺ány·time,《英》**ány tìme** /–/ 1 いつでも (at any time): Just call me ~. いつでも電話して. 2 ⓢ《略式》いつでもどうぞ, どういたしまして. **ánytime sóon** [副] [否定文・疑問文で] 今すぐに(は).

＊an·y·way /éniwèɪ/ 副〘つなぎ語〙ⓢ《略式》**1 とにかく**, いずれにしても; どっちみち (in any case)《前述より重要な事柄や, 前言の説明・論拠を述べる》: A~, please come in. ともかくお入りください.

〘会話〙"I'm sorry I forgot to bring your book." "That's all right. I don't have time to read it ~."「君の本を持って来るのを忘れちゃってごめん」「いいんだよ. どっちみち読む時間がないんだから」

2 それにもかかわらず, それでもやはり (nevertheless): We objected, but she went out ~. 我々は反対したが, それでも彼女は出ていった / Thank you ~. とにかくありがとう《相手の好意が役に立たなかったときなどのお礼》. **3** [もとの話題へ戻ったり, 話題を変えたり, 話を打ち切るときなどに] さてそれはともかくとして, それはそうとして: You may be right about that. A~, she did not come home that night. あなたの言う通りかも知れない. それはともかく, その晩彼女は帰って来なかった. **4** [前言を訂正・修正したり] 少なくとも (at least): There's no evidence. None that we've been able to find, ~. 証拠がない. 少なくとも今のところは1つも. **5** [本当の理由や状況を尋ねようとして] 一体, 本当のところ: I know you are not telling the truth. Why are you lying to me, ~? うそをついているのはわかっている. 一体どうして私にうそをつくのですか. **6** [細かい点はとばして次に進むことを示して] ともかく: It was not an easy trip. A~, we got to the hotel before dark. 楽な旅ではなかった. がともかく, 私たちは暗くなる前にホテルに着いた.

an·y·ways /éniwèɪz/ 副 ⓢ《非標準》= anyway.

＊an·y·where /éni(h)wèər | -(h)wèə/ 副 **1 どこかに**, どこかへ; どこにも, どこへも.

[語法] 疑問文・否定文, if [whether] 節で用い, 肯定文では somewhere を用いる (☞ any, somewhere [語法]): The child didn't go ~ else. その子供はほかにはどこへも行かなかった (☞ else 形) / If you are

going ~, you had better tell me first. どこかへ出かけるのならば, まず私に言ってから行きなさい / Are we going ~ interesting? どこかおもしろい所へ行くのですか / They don't have ~ to what yet. 彼らにはまだ住む所がない. ★最後の2例のように修飾語を伴ったり, 目的語になったりして名詞的になることがある.

2 [主に肯定文で] **どこへでも**, どこ(に)でも (☞ any 形 2): You can go ~ you like. どこへでも好きな所に行ってよい / You can find the same thing ~. 同じ物などこでも見つかる // The book can*not* be bought just ~. その本はどこでも買えるというわけではない. ★これを The book can*not* be bought ~. (その本はどこでも買えない) と比較 (☞ any 形 2 [語法] (3)).

ánywhere betwèen ... and — = **ánywhere from ... to —**(数量・時間など)...から—ぐらい[あたり]. **ánywhere néar [clóse to] ...** [否定文・疑問文で] ⓢ《略式》(1) いくらかでも...に近い: Are we ~ *near* finishing? そろそろ終わるのだろうか? (2) [副詞的に用いて] いくらかでも; 少しも: It isn't ~ *near* as hot today as it was yesterday. きょうはきのうと違ってちっとも暑くない. **gét [gó] ànywhere** [動] 自 [否定文・疑問文で; 普通は進行形で]《略式》(多少とも) 成功する; 成果が上がる (*with, on*): The negotiations aren't ~ *getting* ~. その交渉はうまくいってない (☞ get somewhere (somewhere 成句), get nowhere (nowhere 成句)). **gét ... ànywhere** [動] 他 ⓢ《略式》〘...〙を成功させる. **... or ànywhere** ⓢ ...かどこかに[へ].

An·zac /ǽnzæk/ 名 C アンザック軍団員《第1次大戦のオーストラリア・ニュージーランド連合軍団の兵士》.

Ánzac Dày 名 U アンザックデー《4月25日; Anzac 軍団が, トルコのガリポリ半島に上陸した (1915) 記念日で, オーストラリア・ニュージーランドの休日》.

AOB /éɪòʊbíː/ 名《英》= any other business《議事項目末尾の》その他.

A-OK /éɪòʊkéɪ/ 形 P, 副 ⓢ《米略式》完ぺきで[に].

AOL /éɪòʊél/ 名 固 アメリカオンライン《米国のインターネットプロバイダー America Online 社の略称》.

a·or·ta /eɪɔ́ərtə/ -ɑ́ːr-/ 名 C〘解〙大動脈.

AP 1 = Associated Press. **2** = Advanced Placement.

Ap. [略] = April.

a·pace /əpéɪs/ 副《格式》たちまち(のうちに), 急速に.

A·pach·e /əpǽtʃi/ 名 (複 ~(s)) C アパッチ族(の人)《北米南西部の先住民》. — 形 アパッチ族の.

＊a·part /əpɑ́ːrt | əpɑ́ːt/ [B13] 副 **1** (場所的・時間的に) **離れて**, 別れて; (区別して) 別に ☞ part [単語の記憶]): They live ~. 彼らは別居している / He stood with his legs wide ~. 彼は脚(⸰)をいっぱいに開いて立った. **2** ばらばらに: tear a book ~ 本をばらばらに裂く. **3** (ある目的のために) 一方へ; 別にして. **4** [名詞・動名詞の後に用いて] (...は) 別として (aside): ☞ (all) joking *apart* (joke 動 成句). — 形 P **1** 離れて: The two buildings are 200 yards ~. その2つの建物は200ヤード離れている / The two events are exactly one month ~. その2つの行事はちょうど1か月間隔で行なわれている. **2** (意見などの) 異なって, 違う [名詞の後で]《格式》(他と) 別個の, 特異な: a class ~ 別個の階級; 独自な部類.

apàrt from ... [前] (1) ...から離れて; ...と区別して: He stood ~ *from* us. 彼は我々から離れて立っていた. (2) ...は別として, ...はさておき, ...を除いて (except for, 《米》aside from): It's a good paper, ~ *from* a few spelling mistakes. つづり字の間違いが少しあることを除いてはそれはよい論文だ. (3) ...とは別の, 別個の. (4) ...のほかに, ...だけでなく.

còme apárt [動] 自 ばらばらになる, 崩れる.
fàll apárt [動] 自 ばらばらに壊れる; (風習・関係などが)

崩壊する; 支離滅裂になる.

sét ... apárt [動] 他 (1) 〈…〉を際立(ﾀﾞ)たせる (*from*). (2) 〔普通は受身で〕〈…〉を取っておく (*for*).

táke ... apárt [動] 他 (1) 〈…〉をわきへ連れていく. (2) 〈機械など〉を分解する, ばらばらにする. (3) 〈…〉を打ち負かす[打ちのめす], やっつける; 酷評する; しかりつける.

téll ... apárt [動] 他 〔進行形なし; 普通は can(not) とともに〕〈人・物〉を見分ける. 語法 …は普通は複数名詞《☞ tell 動 他 5》.

†**a·part·heid** /əpáərteit, -tait | əpá:t(h)eit/ 名 U 1 アパルトヘイト《南アフリカ共和国における黒人および有色人種に対する人種差別政策; 1991 年廃止》. 2 差別(状態).

***a·part·ment** /əpáərtmənt | əpá:t-/ 名 (**a·part·ments** /-mənts/) C

1 《主に米》マンション, アパート《建物全体ではなく, そのなかで 1 世帯が住むひと組の部屋をいう; ⇒ apt.》《英 flat²》: a building with 25 ～s 25 戸入るマンション[アパート] / ⌈an ～ with two bedrooms and [a two-bedroom ～ with] a large kitchen 寝室が 2 つで広いキッチンのついたマンション / My uncle lives in an ～. 私のおじはマンション[アパート]に住んでいる ∥ ☞ mansion 日英比較.

コロケーション

furnish an *apartment* マンション[アパート]に家具を備えつける
look for an *apartment* マンション[アパート]を探す
rent an *apartment* (from ...) (人から)マンション[アパート]を賃借りする
rent (**out**) an *apartment* (**to** ...) (人に)マンション[アパート]を賃貸しする
sublease [**sublet**] an *apartment* (**from** [**to**] ...) (人から[に])マンション[アパート]をまた借り[貸し]する

2 《米》=apartment building [house]. 3 〔普通は複数形で〕(宮殿などの広い立派な)部屋; (保養地などの休暇滞在用の) 1 組の貸室.

apártment blòck 名 C 《英》=apartment building [house].

apártment bùilding [**hòuse**] 名 C 《米》マンション, (高級)アパート《☞ mansion 日英比較》《英》 block of flats, apartment block).

apártment còmplex 名 C 《米》(マンション[アパート]が立ち並ぶ)団地.

apártment hotél 名 C 《米》アパートメントホテル《長期滞在客用のキッチン付きの部屋があるホテル》.

ap·a·thet·ic /æpəθétɪk/ 形 冷淡な, 無関心な, 無感動の (*about, to*). **-i·cal·ly** /-kəli/ 副 冷淡に.

†**ap·a·thy** /ǽpəθi/ 名 U 冷淡, 無関心, しらけ (*toward*): be sunk in ～ 無気力になる.

ap·a·to·sau·rus /æpətousɔ́:rəs/ 名 C アパトサウルス《恐竜の一種; 首と尾が長く頭が小さい》.

APB /éɪpi:bí:/ 名 (～**s**, ～**'s**) C 《米》(警察の)全部署緊急通報, 全国指名手配書 (*all-points bulletin* の略).

†**ape** /eɪp/ 名 C 1 尾なし猿, 短尾の猿《特にチンパンジー・ゴリラなどの類人猿; ⇒ cry 表, monkey 表》. 2 《古風》粗野な奴, がさつ者. **gò ápe** [動] 自 《俗, 主に米》(1) 興奮する, 怒る. (2) 夢中になる (*over*). ─ 動 他 (からかって[下手に])〈…〉のまねをする.

APEC /éɪpek/ 名 固 エイペック, アジア太平洋経済協力会議 (*Asia-Pacific Economic Cooperation Conference* の略; ⇒ acronym).

ápe·màn 名 (**-men** /-mèn/) C 猿人.

Ap·en·nines /ǽpənàɪnz/ 名 [the ～] アペニン山脈《イタリア半島を縦に走る山脈》.

a·pe·ri·od·ic /èɪpɪ(ə)riádɪk | -ɔ́d-/ 形 非[無]周期的な, 不規則な.

a·pe·ri·tif /ɑ:pèrətí:f, əp-/ 名 C 《フランス語から》アペリティフ《食欲促進のため食前に飲む少量の酒》.

†**ap·er·ture** /ǽpətʃʊə, -tʃə | ǽpətʃə/ 名 C 1 《光》(カメラ・望遠鏡のレンズの)口径, 絞り. 2 《格式》(光などが漏れる)すき間, 穴.

áperture priórity 名 U 《写》絞り優先方式.

ape·shit /éɪpʃɪt/ 形 [次の成句で] **go apeshit** [動] 自 《俗, 主に米》興奮する, 怒る.

a·pex /éɪpeks/ 名 (複 ～**·es**, **a·pi·ces** /éɪpəsì:z, ǽp-/) C 〔普通は the ～〕(三角形・山などの)頂点; (組織などの)最高位; (人生の)絶頂 (*of*).

Apex, APEX /éɪpeks/ 形 《英》=Advance Purchase Excursion 事前購入の割引航空運賃.

a·pha·si·a /əféɪʒ(i)ə | -zɪə/ 名 U 《医》失語症. 関連 dyslexia 失読症.

a·pha·sic /əféɪzɪk/ 形 C 失語症の(患者).

a·phe·li·on /æfí:liən | ǽfɪ-/ 名 (複 **a·phe·li·a** /-liə/) C 《天》遠日点《惑星などが太陽から最も遠ざかる点》(反) perihelion).

†**a·phid** /éɪfɪd, ǽf-/ 名 C 《昆》ありまき, あぶらむし.

aph·o·ris·m /ǽfərìzm/ 名 C 警句; 格言.

aph·o·ris·tic /ǽfərístɪk/ 形 警句的な.

aph·ro·dis·i·ac /ǽfrədí:zɪæk/ 名 C 催淫(ｲﾝ)剤, 媚薬(ﾋﾞﾔｸ). ─ 形 催淫性の.

Aph·ro·di·te /ǽfrədáɪti/ 名 固 《ギ神》アフロディテ《愛と美の女神; ☞ goddess 表》.

API /éɪpi:áɪ/ 名 固 《電算》=application program interface アプリケーションプログラムインターフェース.

A·pi·a /ɑ́:pi:ɑ:/ 名 固 アピア《サモア (*Samoa*) の首都》.

a·pi·ar·y /éɪpièri | -əri/ 名 (**-ar·ies**) C みつばち飼育場, 養蜂場.

a·pi·cal /éɪpɪk(ə)l, ǽp-/ 形 1 《格式》頂点の, 頂上の. 2 《音声》舌尖(ｾﾝ)の, 舌先(ﾊﾞ)の.

apices 名 apex の複数形.

†**a·piece** /əpí:s/ 副 〔名詞または数字の後につけて〕個々に; 1 人[1 つ]につき: 10 dollars ～ 1 個 10 ドル.

ap·ish /éɪpɪʃ/ 形 1 猿のような. 2 猿まねの.

a·pla·si·a /əpléɪʒ(i)ə/ 名 U 《医》(臓器・組織の)形成[発育]不全(症), 無形成(症).

a·plen·ty /əplénti/ 《古語》形 〔名詞の後につけて〕たくさんの. ─ 副 たくさん.

a·plomb /əplám, əplʌ́m | əplɔ́m/ 名 U 《格式》(困難な状況での)沈着, 落ち着き: with ～ 落ち着き払って.

APO /éɪpi:óu/ 名 《米》=Army Post Office 軍事郵便局.

†**a·poc·a·lypse** /əpákəlɪps | əpɔ́k-/ 名 1 〔単数形で〕この世の終末, 大破局; (社会的)大事件. 2 C 黙示, 啓示; [the A-] ヨハネ黙示録 (the *Revelation*).

†**a·poc·a·lyp·tic** /əpàkəlɪ́ptɪk | əpɔ̀k-/ 形 〔普通は A〕1 黙示録的な; 大惨事の到来を予示する. 2 この世の終わりの(ような), ひどい.

A·poc·ry·pha /əpákrəfə | əpɔ́k-/ 名 1 [the ～] 聖書外典. 2 [a- として複数扱い] 典拠[真偽]の疑わしい文書.

a·poc·ry·phal /əpákrəf(ə)l | əpɔ́k-/ 形 1 (真偽の)疑わしい. 2 〔しばしば A-〕(聖書の)外典の.

ap·o·gee /ǽpədʒì:/ 名 C 1 《格式》最高点, 絶頂 (*of*). 2 《天》遠地点《衛星などがその軌道上で地球から最も遠ざかる点》(反) perigee).

a·po·lit·i·cal /èɪpəlítɪk(ə)l/ 形 1 政治に無関心な, ノンポリの. 2 政党に関係しない.

A·pol·lo /əpálou | əpɔ́l-/ 名 固 《ギ・ロ神》アポロ(ン)《詩歌・音楽・預言などを司る, 太陽の神ともされる; ☞ 次ページ写真, god 表》.

Apóllo prògram 名 [the ～] アポロ計画《人を月に送る米国の宇宙計画; 1969 年に成功》.

†**ap·o·log·et·ic** /əpàlədʒétɪk | əpɔ̀l-/ 形 (名 apology) 謝罪の, (言葉・態度などで)謝罪している (*for, about*): an ～ voice 申しわけなさそうな声. **-i·cal·**

ly /-kəli/ 副 謝って; 申しわけなさそうに.

ap·o·lo·gi·a /æpəlóudʒ(i)ə/ 名 C [普通は単数形で]《格式》(思想・信仰などの)弁明, 弁護 (for).

a·pol·o·gise /əpάlədʒàɪz | əpɔ́l-/ 動《英》=apologize.

a·pol·o·gist /əpάlədʒɪst | əpɔ́l-/ 名 C《格式》弁明者, 弁護者 (for).

*__a·pol·o·gize__ /əpάlədʒàɪz | əpɔ́l-/ 活用 動 (-o·giz·es /-ɪz/; -o·gized /-d/; -o·giz·ing /ə apology)自 謝る, わびる, (…に―の)謝罪をする; 言いわけする: I really must ~.《丁寧》本当に申しわけありません / I ~**d to** him **for** my carelessness. <V+to+名・代+for+名・代> 私は彼に自分の不注意をわびた / John ~**d** profusely **for** being late. <V+for+動名> ジョンは遅刻したことを十分にわびた.

*__a·pol·o·gy__ /əpάlədʒi | əpɔ́l-/ 名 (-o·gies /~z/; 形 apòlogétic, 動 apólogize) 1 C,U わび, 謝罪, 陳謝; C [しばしば複数形で] 弁解, 言いわけ; 欠席のおび: a letter of ~ おわびの手紙 / demand an ~ 謝罪を要求する / She offered me an ~ [made an ~ **to** me] **for** being late [her late arrival]. 彼女は私に遅くなったわびを言った / I owe you an ~. あなたにおわびしなければなりません / My *apologies* if I have got you wrong.《格式》誤解していたとしたらまことに申しわけありません / Please accept our (sincere) *apologies* for not filling your order sooner.《丁寧》ご注文への対応が遅れまして(まことに)申しわけございません. 2 C《文》弁明, 弁護. 3 [an ~]《格式》《滑稽》申しわけ程度のもの: A piece of toast is *a* poor ~ *for* a breakfast. トースト 1 枚じゃ朝食といっても名ばかりだ.

ap·o·plec·tic /æpəpléktɪk←/ 形 1《略式》激怒して(顔が赤くなって) (with). 2《古風》卒中の.

ap·o·plex·y /ǽpəplèksi/ 名 1 U《古風》卒中 (stroke). 2《略式》激怒.

a·pos·ta·sy /əpάstəsi | əpɔ́s-/ 名 U《格式》背教; 変節; 脱会.

a·pos·tate /əpάsteɪt, -tət | əpɔ́s-/ 名 C《格式》背教者; 変節者; 脱党者.

a pos·te·ri·o·ri /ὰː poʊstì(ə)riɔ́ːri, éɪpɑs- | éɪpɒstèrɪɔ́ːraɪ/《ラテン語から》副 A《格式》帰納的に[な] (⇨ a priori).

a·pos·tle /əpάsl | əpɔ́sl/ 名 C 1 [しばしば A-] 使徒《キリストの 12 人の弟子の 1 人》; [the Apostles] (キリストの)12 使徒(⇨ the Acts of the Apostles (act 名 成句)). 2《格式》提唱・主義者などの先駆者.

Apóstles' Créed 名 [the ~]《キ教》使徒信条(基本信条箇条を表わす祈禱(きとう)書中の一文).

ap·os·tol·ic /æpəstάlɪk | -tɔ́l-←/ 形 ローマ教皇の; 12 使徒の.

a·pos·tro·phe /əpάstrəfi | əpɔ́s-/ 名 C 1 アポストロフィ, 省略符号 (' の記号).

文法 アポストロフィ
次のような場合に用いられる.
(1) 's として名詞の所有格をつくる: boy's / people's. -s がついた複数形の場合には ' だけをつける: boys' / students'. (2) 's として文字・略字・数字・記号などの複数形をつくる: two a's a の文字が 2 つ / three 7's 7 の字が 3 つ / three R's [Rs] 読み, 書き, そろばん. くわしくは(⇨ -'s² 文法). (3) 短縮形の(⇨ -'s²) he's (=he

is, he has) / doesn't (=does not). (4) 文字や数字の省略: '90 (=1990)《年号》.

2 [修辞] 頓呼(とんこ)(法)《演説・詩などでその場にいない人や擬人化した物に対しての呼びかけ》.

a·poth·e·car·y /əpάθəkèri | əpɔ́θək(ə)ri/ 名 (-car·ies) C《古風》薬屋(人), 薬剤師.

ap·o·thegm /ǽpəθèm/ 名 C 警句, 格言.

a·poth·e·o·sis /əpὰθióusɪs | əpɔ̀θ-/ 名 (複 **a·poth·e·o·ses** /-siːz/) C [普通は the ~]《格式》1 理想(的な例), 極致; 最高の時, 最高の栄誉 (of). 2 (人や物を)神として祭ること, 神格化 (of).

app /ǽp/ 名 C《電算》=application 5.

ap·pal /əpɔ́ːl/ 動《英》=appall.

Ap·pa·la·chi·an Móun·tains /æpəléɪtʃ(i)ən-/, **Ap·pa·la·chi·ans** /æpəléɪtʃ(i)ənz/ 名 固 [複] [the ~] アパラチア山脈(Quebec 州南西部から Alabama 州に至る大山脈)(⇨ 表地図 H4).

*__ap·pall__,《英》**ap·pal** /əpɔ́ːl/ 動 (**ap·palls**,《英》**ap·pals** /~z/; **ap·palled** /~d/; **ap·pall·ing**) 他 をぞっとさせる, 愕(がく)然とさせる, 驚きあきれさせる: The mere thought of another war ~ed me. また戦争かと思うだけでぞっとした.

ap·palled /əpɔ́ːld/ 形 ぞっとした[て], ショックを受けた[て], 愕(がく)然とした[て]: ~ expressions ショックを受けた表情 / I was ~ **at** [**by**] the scene. 私はその光景にぞっとした / We were ~ *that* he had been arrested. 彼が逮捕されるなんて話がひどすぎて愕然とした.

*__ap·pall·ing__ /əpɔ́ːlɪŋ/ 形 1 ぞっとするような, 恐ろしい: The news was ~. そのニュースにはぞっとした. 2 ひどく悪い, ひどい. **~·ly** 副 ぞっとするくらい; ひどく.

Ap·pa·loo·sa /æpəlúːsə/ 名 C《米》アパルーサ(北米北部産の乗用馬).

ap·pa·rat·chik /ὰːpərάːtʃɪk | æpərǽtʃ-/ 名《ロシア語から》C《軽蔑または滑稽》(政党・組織の)機関員.

*__ap·pa·ra·tus__ /æpərǽtəs, -réɪt- | -rért-, -rǽt-/ 名 (複 ~·es, ~) U,C 1 器具, 装置(ある目的のために使われるひと組のもの); 体操器具: a piece of ~ 装置の一部 / a heating ~ 暖房装置 / an ~ *for* washing cars 洗車装置. 語法 複数形は普通用いない. 2 [普通は単数形で] (政治などの)機構, 組織. 3 [普通は単数形で] 《解》(体の)器官.

*__ap·par·el__ /əpǽrəl/ 名 U 1 [普通は修飾語を伴って]《主に米》衣服 (clothing): ready-made ladies' ~ 既製婦人服 / children's ~ 子供服. 2 (立派な)衣装, (特殊な)服装. ─ 動 (**ap·par·eled**,《英》**ap·par·elled**; -el·ing,《英》-el·ling) 他《古語》〈人〉に(特別な)服を着せる (in) [普通は受身].

*__ap·par·ent__ /əpǽrənt, əpé(ə)r-/ 形 1 [普通は P] (ひと目見て)明らかで, 明確で, はっきりして (from) [類義語 obvious 類義語]: for no ~ reason はっきりした理由もなく / The fact is ~ **to** everybody. <A+to+名・代> その事実はだれにも明白だ / *It became* ~ *that* he did not understand what I had said. 私が言ったことを彼が理解していなかったことが明らかになった. 2 [普通は A] 見せかけの, 外見だけの: the ~ size of the sun 太陽の見かけ上の大きさ / with ~ reluctance 表面はいやがるそぶりをしながら. 語源 ラテン語で「見えている」の意; appear と同語源.

*__ap·par·ent·ly__ /əpǽrəntli, əpé(ə)r-/ 活用 副 1 [文修飾語] (実際はともかく)見たところでは[聞いたところでは]…らしい (It appears that …); どうやら…のようだ: 言い換え A~ \, he is happy about it. = He is ~ happy about it. 見たところでは彼はそれに満足しているようだ.

2 外見上, 見たところ: an ~ healthy child 一見健康そうな子ども.

ap·pa·ri·tion /æpəríʃən/ 名 C《格式》幽霊; 幻影; 奇怪な人[もの].

ap·peal /əpíːl/ 🔲 名 (~s /-z/) 1 🅲🆄 懇請, 懇願, 訴え; アピール: an ~ *for* support 支援を求める訴え / launch an ~ *to* the outside world *to* help the refugees 他の国々への難民救済の訴えを始める / She stood with a look of silent ~ on her face. 彼女は無言で訴えるような表情を浮かべて立っていた.

2 🆄 魅力; 🅲 (心に)訴えること (*to*): the ~ of the sea [mountains] 海[山]の魅力 / have wide ~ 幅広い人気がある / Jazz has [holds] little ~ *for* me. ジャズには私はほとんど興味がない / Chopin was a genius of universal ~. ショパンは万人に訴える魅力を持った天才であった. ☞ sex appeal. **3** 🅲🆄 (法) 控訴, 上告 (*to*): an ~s court 《米》=《英》an ~ court 上告裁判所 / the right of ~ 上訴権 / file [《英》lodge] an ~ 控訴する. **4** 🅲 《スポ》アピール(審判に対する抗議) (*against*).

màke an appéal to ... (for —) [動] 他 ...に(—を)訴える, ...に(—を)呼びかける: [言い換え] The Pope made an ~ to the world *for* peace. (=The Pope appealed to the world for peace.) ローマ法王は世界に対して平和を訴えた. 語法 an appeal is made to ... の形で受身にできる.

— 動 (ap·peals /-z/; ap·pealed /-d/; -peal·ing) 自 1 (助け・同情などを)求める, 懇請する; (...にしてくれと)懇願する: The country ~*ed to* the United Nations *for* help. <V+*to*+名・代+*for*+名・代> その国は国連に援助を求めた. [言い換え] The statesman ~ed *to* the public *for* understanding. = The statesman ~*ed to* the public *to* be understanding. <V+*to*+名・代+*to* 不定詞> その政治家は大衆に理解を訴えた(後の understanding は 形).

2 [進行形なし] (人の心に)訴える, 気に入る, 受ける: The policy ~*ed to* the public. <V+*to*+名・代> その政策は大衆に受けた. **3** (法) 控訴する, 上告する; (スポ) (審判などに)アピールする: ~ *to* a higher court *against* ... ...を不服として上級裁判所に上告する. **4** (理性・良心・世論などに)訴える: I ~ed *to* his sense of justice. 私は彼の正義感に訴えた. 語法 appeal to force [violence] のように「力に訴える」の意味では使われなくなり, 代りに resort to ..., have recourse to ... などが使われる. — 他 《米》《法》《判決などに対して控訴[上告]する.

Appéal Còurt 名 [the ~] 《英》 控訴院 (☞ appeal 名 3).

ap·peal·ing /əpíːlɪŋ/ 形 1 魅力的な (attractive); 興味を引く (*to*): a dress with an ~ design すてきなデザインのドレス. **2** 🅰 訴えるような; 人の情に訴える: an ~ look. 訴えるような目つき. **~·ly** 副 1 魅力的に. **2** 訴えるように.

ap·pear /əpíə | əpíə/ 動 (ap·pears /-z/; ap·peared /-d/; -pear·ing /əpí(ə)rɪŋ/; 名 appéarance) 自

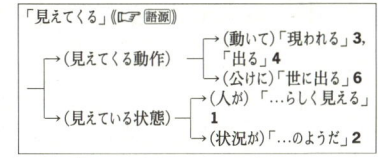

「見えてくる」(☞ 語源)
- (見えてくる動作) → (動いて)「現われる」3,「出る」4
- → (公けに)「世に出る」6
- (見えている状態) → (人が)「...らしく見える」1
- → (状況が)「...のようだ」2

1 [進行形なし] (外見が)...らしく見える, ...らしい (☞ seem 類義語): [言い換え] She ~s a rich woman <V+C (名)>=She ~s rich. <V+C (形)>=She ~*s to* be rich. <V+C(*to* 不定詞)>=(It ~s that she is rich.) 彼女は金持ちらしい, 彼女は金持ちだろう (☞ to² G 1) / They ~ed disappointed. <V+C(過分)> 彼ら

は失望したようだった / This ~s the best way. <V+C (名)> これが最上の方法のようだ.

2 [it を主語として; ☞ it¹ A 5] [進行形なし] ...のようだ, ...らしい (☞ seem 2); 明らかに...だ: [言い換え] It ~*s* [would ~] (*that*) the storm has calmed down. (=The storm ~*s to* have calmed down.) あらしはやんだようだ / It ~*s to* me (*that*) you are mistaken. <V+*to*+名・代> 私にはあなたが間違っているように思われる / It ~ed *as if* the work would not be finished in a year. <V+*as if* 節> その仕事は 1 年では終わりそうになかった / "They are completely wrong." "So it ~s." 「彼らは完全に間違っている」「そうですね」.

3 [普通は副詞(句)を伴って] 現われる, 出現する, 姿を現わす (*from*); (新しい物事が)生じる, 発生する (反 disappear): Stars began to ~ in the sky. 空に星が現われだした [言い換え] A ship ~ed on the horizon. (=A ship made an [its] appearance on the horizon.) 1 隻の船が水平線上に現われた.

4 [普通は副詞(句)を伴って] (会合・テレビなどに)出る, 顔を出す, 出演する, 出場する (*in*); 出廷[出頭]する (*before, in front of*) (反 disappear): ~ *on* television <V+前+名・代> テレビに出演する / ~ *for* [*on behalf of*] a defendant 被告の弁護人として出廷する / ~ *at* the party パーティーに顔を出す / He ~ed *as* a pinch hitter in the game. <V+C(*as*+名)> 彼はその試合に代打として出場した.

5 [普通は進行形なし] [普通は副詞(句)を伴って] (記事・新聞などが)(新聞・雑誌などに)掲載される, 載る: The results will ~ *in* the evening paper. <V+前+名・代> 結果は夕刊に載るだろう.

6 [普通は進行形なし] (著書・製品などが)世に出る, 出版される: His new book will ~ next month. 彼の新しい本は来月出版される. 語源 ラテン語で「見えてくる」の意; ☞ apparent 語源, transparent 語源.

ap·pear·ance /əpí(ə)rəns/ 名 (-pear·anc·es /-ɪz/; 動 appéar)

1 🆄🅲 外観, 外見, 見かけ, 体裁(ていさい); (人の)風采(ふうさい): The ~ of the building was magnificent. 建物の外観は堂々としていた / He didn't want to give the ~ *of* be*ing* afraid [*that* he was afraid]. <N+*of*+動名 [N+*that* 節]> 彼は怖がっている様子を見せたくなかった / Never judge by ~s. (ことわざ) 外見で判断するな / The house gave every ~ *of* be*ing* deserted. その家はどうも人の住んでいる形跡はなかった / A~s are [can be] deceiving [deceptive]. 《ことわざ》 外見は当てにならぬもの(人は見かけによらぬもの).

2 🅲🆄 [普通は the ~] 現われること, 出現; 🅲 [普通は単数形で] 出席, 出場; 出演; 出廷 (反 disappearance): The citizens of Edo were surprised by *the* ~ *of* American ships. 江戸の人たちはアメリカ船の出現に驚いた / His sudden ~ interrupted our conversation. 彼が突然現われたので私たちは話を中断した. **3** 🅲 [普通は単数形で] (新聞などに)出ること, 公刊; 放送. **cóntrary to [agáinst] (áll) appéarances** 見かけとは逆に. **for appéarances' sàke**=**for the sáke of appéarances** [副] 体裁(ていさい)上, 体面上. **in appéarance** [副] 外見は. **kèep ùp appéarances** [動] 自 体裁(ていさい)を繕(つくろ)う, 体面を保つ. **màke an appéarance** [動] 自=put in an appearance. **màke an [one's] appéarance** [動] 自 出席[出場]する, 出演する: *make one's first* ~ *on* the stage 初舞台を踏む. **pùt in an appéarance** [動] 自 (義理で)姿を見せる, (ちょっと)顔を出す. **to [by, from] áll appéarances** [副] 文修飾語 見たところ, どうても.

ap·pease /əpíːz/ 動 他 《格式》 [しばしば軽蔑] <...を

appeasement

なだめる, 静める; 〈…〉と(外交上)宥和(ゅぅゎ)する;《好奇心・渇きなど〉を満たす: Nothing ~d his anger. 何をしても彼の怒りはおさまらなかった.

ap·pease·ment /əpíːzmənt/ 图 U C 《格式》[しばしば軽蔑] **1** なだめること, 譲歩;《欲望などの》満足. **2**《外交上の》宥和(ゅぅゎ)政策.

ap·pel·lant /əpélənt/ 图 C 《法》控訴人, 上告人.

ap·pel·late /əpélət/ 形 A 《法》上訴を扱う: an ~ court 上訴裁判所.

ap·pel·la·tion /æpəléɪʃən/ 图 C 《文》名称; 称号.

ap·pel·la·tion con·trô·lée /æpəlɑ:sióːŋkɑ̀ntroʊléɪ | -kɔ̀n-/ 《フランス語から》图 C 原産地統制呼称《一定の条件を備えた国産の最上級ワインに使用が許可される原産地呼称》.

ap·pend /əpénd/ 動 他《格式》〈…〉を(文書の最後に)添える, 追加する;《署名など》を書き添える (to).

ap·pend·age /əpéndɪdʒ/ 图 **1** 《格式》付属物 (to, of). **2** 《生》付属器官《枝・尾・手・足など》.

ap·pen·dec·to·my /æpəndéktəmi/ 图 (-to-mies) C U 虫垂切除(手術)《盲腸の手術》.

appendices 图 appendix 2 の複数形.

ap·pen·di·ci·tis /əpèndəsáɪtɪs/ 图 U 虫垂炎, 盲腸炎: have ~ 盲腸炎になる.

ap·pen·dix /əpéndɪks/ 图 (1 は複 ~·es, 2 は複 ap·pen·di·ces /-dəsìːz/) C **1** 《解》虫垂 (vermiform appendix): have one's ~ out 盲腸を取り除く. **2** 《巻末》付録; 付加物 (to).

ap·per·tain /æpərtéɪn | æpə-/ 動 @《格式》《物・地位などに》属する; 関連する (to).

ap·pe·tite /æpətàɪt/ 图 U C (-pe·tites /-tàɪts/) [普通は単数形で] **1** 食欲: lack of ~ 食欲不振 / lose one's ~ 食欲をなくす / work up an ~ 食欲を増進させる / I have a poor [good, healthy] ~. 私は食欲が[ある] / It will increase [spoil, ruin] your ~ *for* dinner. その(運動[間食]などの)せいで夕食の時に食欲が増す[なくなる]だろう. **2** 欲望; 好み: sexual ~ 性欲 / satisfy one's ~ 欲望を満たす / an ~ *for* adventure 冒険欲. **whét …'s áppetite (for ⋯)** [動] …の(への)興味をそそる.

ap·pe·tiz·er /æpətàɪzə | -zə/ 图 C 前菜《食事の最初の軽い料理・飲み物》; 食欲を増進させるもの.

ap·pe·tiz·ing /æpətàɪzɪŋ/ 形 食欲をそそる, うまそうな. **-ly** 副 食欲をそそるように, うまそうに.

ap·plaud /əplɔ́ːd/ 動 (ap·plauds /-lɔ́ːdz/; -plaud·ed /-dɪd/; -plaud·ing /-dɪŋ/) 他 appláuse) 他 **1** 《劇・演技・出演者などに》拍手する: The audience ~ed the actress. 観客は女優にだけ拍手した. 関連 cheer かっさいする. **2** 《格式》〈…〉を称賛する, ほめそやす (for). — @ 拍手かっさいをする.

ap·plause /əplɔ́ːz/ 图 U 拍手; 称賛: loud [thunderous] ~ 大きな拍手 / get [win] a big round of ~ ひとしきり大きな拍手を浴びる / general ~ 世間の称賛. 関連 cheer かっさい.

✱ap·ple /æpl/ 图 (~s /~z/) C **1** ⇒ りんご; U りんごの果肉: a slice of ~ りんご 1 切れ / An ~ a day keeps the doctor away. 《ことわざ》 1 日 1 個のりんごは医者を遠ざける / The ~ doesn't fall far from the tree. りんごは木から遠くには落ちない(子は親に似る).

─ コロケーション ─
bake an *apple* (オーブンで)りんごを焼く
bite into an *apple* りんごをかじる
peel an *apple* りんごの皮をむく
slice an *apple* りんごを薄く切る

2 C りんごの木 (apple tree). **a bád [rótten] ápple** [名]《他に影響を及ぼす》悪いやつ[もの], 癌. **bób** [**díp, dúnk**] **for ápples** [動] @ 水に浮かんでいるりんごの早食い競争をする《Halloween などの遊び》. **compáre ápples and óranges** [動] @ 本来比べようがないものを無理に比べる. **the [an] ápple of discord** [名]《文》不和の種. 由来 ギリシャ神話から. **the ápple of …'s éye** [名] …の非常に大事な人[物], 掌中の玉.

Ap·ple /æpl/ 图 アップル《米国のコンピューターメーカー》.

ápple blòssom 图 C U りんごの花《米国 Arkansas 州・Michigan 州の州花》.

ápple bútter 图 U りんごジャム.

ápple càrt 图 C [次の成句で] **upsét the ápplecart** [動]《略式》計画を台無しにする. 由来 りんごのせた手押し車をひっくり返す, の意から.

ápple-chéeked 形《健康な》赤いほおをした.

ápple·jàck 图 U《米》りんごブランデー.

ápple júice 图 U りんごの果汁, りんごジュース (⇒ juice 英比較).

ápple píe 图 C U アップルパイ. **(as) Américan as ápple píe** [形] きわめてアメリカ的な. 由来 アメリカで母親が作る菓子の代表なので.

ápple-píe béd 图 C《英》足が伸ばせないようにいたずらでシーツを折りたたんだ寝床.

ápple-pie órder 图 C [次の成句で] **in ápple-pie órder** [形・副]《米式》きちんとして.

ápple-pòlish·ing /æplpɑ̀lɪʃɪŋ | -pɔ̀l-/ 图 U S《古風, 米》[軽蔑] ご機嫌取り (行為). 由来 磨いたりんごをプレゼントして, 子供が先生のご機嫌をとったことから.

ápple·sàuce 图 U **1** アップルソース《ローストポークなどの添えものまたはデザート・ベビーフード用》. **2**《米俗》くだらないこと, たわごと.

Appleseed ⇒ Johnny Appleseed.

ap·plet /æplət/ 图 C《電算》アプレット, 小アプリ.

ápple trèe 图 C りんごの木.

✱ap·pli·ance /əpláɪəns/ 图 (-pli·anc·es /~ɪz/) C 器具, (家庭用の)電気製品; 装置: domestic (electrical) ~s 家庭電気製品.

appliance garàge 图 C《米》(台所の)電気器具収納スペース[戸棚].

ap·pli·ca·bil·i·ty /æplɪkəbíləti/ 图 U 適用性.

✱ap·pli·ca·ble /æplɪkəbl, əplɪk-/ 形 (反 inapplicable) P 適用できる, 応用できる; 当てはまる: if ~ 該当する場合は / The rule is not ~ *to* [*in*] this case. その規則はこの場合には適用できない.

✱ap·pli·cant /æplɪkənt/ 图 C 応募者, 申込者, 出願者, 志願者: an ~ *for* a job 求職者 / The successful ~s all had computer skills. 合格者はみんなコンピューターの技能を持っていた.

✱ap·pli·ca·tion /æplɪkéɪʃən/ 图 (~s /~z/; ⇒ apply) **1** U C 出願, 申し込み, 志願: a job ~ 仕事の申し込み / 言い換え Her ~ *for* membership was rejected [approved].=Her ~ *to* gain membership was rejected [approved]. <N+to 不定詞> 彼女は会員の申請をしたがだめだった[として認められた].

2 C 申込書, 願書: fill out an ~ 申込書に記入する / Mail your ~ *for* admission directly to the school office. 入学願書は直接学校の事務局に送ってください.

3 U C 適用, 応用; U 適用性: the ~ *of* theory *to* practical situations 理論の実際の場面への応用 / This rule has no ~ *to* the case. この規則はその事件には当てはまらない / His invention had many ~s *in* the auto industry. 彼の発明は自動車産業で何度も応用された. **4** U《格式》心の集中, 勤勉 (to): The study demanded great ～. その研究は大きな集中力を必要とした. **5** ⓒ 〖電算〗アプリケーション《実務処理用のソフトウェア》. **6** ⓊⒸ (薬などを)塗ること, 塗布すること; ⓒ 外用薬, 塗り薬 (to). **máke (an) application for** ... [動] ㉓ (会社などに)...を申し込む, ...を出願する. **on [upòn] application** [副] (...に)申し込み次第, 申し込めば (to): Free catalog available *on* [*upon*] ～. お申し込みあり次第カタログ無料進呈.

applicátion fòrm 名 ⓒ 申込用紙, 願書.

ap·pli·ca·tor /ǽpləkèɪtɚ, -tə/ 名 ⓒ (薬・接着剤などを)塗る道具, 塗布器具.

ap·plied /əpláɪd/ 形 Ⓐ (実地に)適用された, 応用の: ～ science 応用科学 / ～ chemistry 応用化学 / ～ linguistics 応用言語学. 関連 pure 純粋の.

ap·pli·qué /ǽplɪkeɪ | əpliːkeɪ/ 名 ⓊⒸ アップリケ.
── 動 (-pli·qués; -pli·quéd; -qué·ing) ㉓ [普通は受身で]〈...〉にアップリケをつける;〈...〉のアップリケをつける.

*ap·ply /əpláɪ/ 動 (ap·plies /~z/; ap·plied /~d/; -ply·ing) 名 àpplication.

元の意味は「くっつける」→「当てる」㉓ **2**
┌(自分を当てる) →「申し込む」㉑ **1**
├(当たってみる) →「照会する」㉑ **3**
└(物事を当てはめる)→「適用する」㉓ **1**,「適用される」㉑ **2**

── ㉑ **1 申し込む**, 出願する: ⓣ [言い換え] She *applied to* a college. ＜Ｖ＋*to*＋名・代＞＝She *applied to* enter a college. ＜Ｖ＋*to* 不定詞＞ 彼女はある大学に願書を出した / I *applied for* a passport. ＜Ｖ＋*for*＋名・代＞ 私はパスポートの申請をした / She *applied to* her boss for a vacation. ＜Ｖ＋*to*＋名・代＋*for*＋名・代＞ 彼女は上司に休暇を申し出た.
2〘進行形なし〙〈法律・原理など〉適用される, 適合する, 当てはまる: This law *applies to* everybody. ＜Ｖ＋*to*＋名・代＞ この法律は万人に適用する / The fares do not ～ *to* children or old people. この料金は子供や老人には適用されない. **3** 〈人〉が(...に)照会する, 問い合わせる: For particulars, ～ *to* the college office. 詳しいことは大学の事務局に問い合わせてください.
── ㊉ 〘進行形なし〙〈法律・原理など〉適用する,〈...〉を(実地に)応用する,〈...〉を(ある目的に)当てる: ～ atomic energy *to* navigation ＜Ｖ＋Ｏ＋*to*＋名・代＞ 原子力を船の航行に応用する / The rule cannot *be applied to* diplomats. ＜Ｖ＋Ｏ＋*to*＋名・代の受身＞ その規則は外交官には当てはめられない.
2 〘格式〙〈...〉を(...に)当てる (put),〈熱など〉を加える; 作動させる;〈薬など〉を塗る〘普通は受身で〕〈名称など〉をつける: A～ a towel *to* your forehead. ＜Ｖ＋Ｏ＋名・代＞ 額にタオルを当てて / ～ heat [force, pressure] 熱[力, 圧力]を加える / ～ the brakes hard 強くブレーキをかける / The doctor *applied* a plaster *to* the wound. 医者は傷口にばんそうこうをはった.

applý onesèlf to ... = apply one's mínd to ... [動] ㊉ ...に精を入れる, ...に精を出す: Bob *applied* himself to learning Chinese. ボブは中国語の勉強に精を出した.

(★ ☞ reply [単語の記憶]; ply¹ [語源].)

*ap·point /əpɔ́ɪnt/ ⓣ 動 (ap·points /əpɔ́ɪnts/; -point·ed /-tɪd/; -point·ing /-tɪŋ/; 名 appóintment) ㊉ **1** 〈役職など〉に**任命する**, 指名する;〈委員会など〉を組織[設置]する: The prime minister ～*s* the members of his cabinet. 首相が閣僚を任命する / [言い換え] They ～*ed* Mr. Lee chairman. ＜Ｖ＋Ｏ＋Ｃ (名)＞＝They ～*ed* Mr. Lee *as* manager. ＜Ｖ＋Ｏ＋Ｃ (*as*＋名)＞＝They ～*ed* Mr. Lee *to* the post of manager. ＜Ｖ＋Ｏ＋*to*＋名＞ 彼らはリー氏を支配人に指名した. 語法 上記3つの文の中では一番最初の動詞型が最もよく使われる // Who ～*ed* you *to* investigate the matter? ＜Ｖ＋Ｏ＋Ｃ (*to* 不定詞)＞ だれがこの問題の調査にあなたを指名したのですか. **2** 〘格式〙(会合などのために)〈日時・場所〉を指定する, 定める, 決める (*for*). 語源「物事を一点(point)に絞る」の意.

ap·point·ed /əpɔ́ɪntɪd/ 形 **1** Ⓐ 〘格式〙定められた, 指定の: my ～ task 私の決められた仕事 / at the ～ time 指定の時間に. **2** Ⓐ 任命された: a newly ～ official 新任の職員. **3** Ⓐ 〘格式〙(...の)~備の: a well-[badly-]～ed hotel 設備のよい[悪い]ホテル.

*ap·poin·tee /əpɔ̀ɪntíː/ 名 ⓒ 〘格式〙被任命者 (to).

ap·point·ive /əpɔ́ɪntɪv/ 形 〘米〙〈職務が〉(選挙でなく)任命による; 任命の.

*ap·point·ment /əpɔ́ɪntmənt/ ⓣ 名 (-ments; 動 appóint)

「物事を一点に絞ること」の意から (☞ appoint 語源)
(定めること) ┬(相互に定めること)→「約束」**1**
             └(一方的な指令) →「任命」**2**

1 ⓒ (会合・面会などの)**約束**(日時・場所を指定したもの), 取り決め, (診察などの)**予約** (☞ 類義語); (約束をした)面会: a dental [hospital] ～ 歯医者[病院]の予約 / I'm sorry—I have an ～ (*to* see the boss). ＜Ｎ＋*to* 不定詞＞ 残念ですが, 私には(上司との)先約があります / I made a doctor's ～ *for* two. 2時に医者の予約をした / I made an ～ *with* Mr. White on the 20th. ホワイトさんと20日に面会することにした.

会話 "I'd like to make an ～ *for* a shampoo and a haircut." "When [What time] would be convenient for you?"「洗髪とカットの予約をしたいのですが」「いつがよろしいですか」(美容院の予約で).

─── コロケーション ───
break an *appointment* 約束をすっぽかす
cancel an *appointment* 約束[予約]を取り消す
keep an *appointment* 約束を守る
have an *appointment* 約束[予約]がある

2 ⓊⒸ 任命, 指名 (*to, of*): He got his position by presidential ～. 彼は社長の任命でその地位についた / He accepted his ～ *as* [*to* be] chairman. 彼は議長の職につくことを受諾した. **3** ⓒ 地位, (任命された)職(position); 任命[指名]された人. **4** [複数形で] (部屋などの)設備, 備品.

by appóintment [副] (時間・場所を)**約束[指定]した上で**, 打ち合わせの上で: You can see Dr. White *by* ～ only. ホワイト博士とは前もって約束した上でなければ面会できない. **by appointment to ...** [形・副] 〘格式〙...の御用達(たつ)の[で].

【類義語】**appointment** 時間と場所を決めて会うもので, 普通は仕事上や専門家との約束: He made an *appointment* with the doctor for Thursday. 彼は木曜日に医者に見てもらう予約をした. **engagement** 簡単には破られないにしても決まった取り決めで, しばしばパーティー・ディナー・観劇・コンサートなどの社交上の約束で: He has *engagements* every night this week. 彼は今週は毎晩会合の約束がある. **date** 人と会う約束: I have a lunch *date* with an old high school friend on Friday. 金曜日に高校時代の旧友と会って昼食をいっしょにする.

appóintment bòok [càlendar] 名 ⓒ 〘米〙(予定を書き入れる)手帳 (〘英〙diary).

Ap·po·mat·tox /ǽpəmǽtəks/ 名 ⓖ アポマトックス 《米国 Virginia 州にあった村; 1865年4月9日ここで南北戦争が終結》.

ap·por·tion /əpɔ́ɚʃən | əpɔ́ː-/ 動 〘格式〙〈...〉を

配分する，割り当てる (*among, between*): ~ blame to ... のせいにする.

ap·por·tion·ment /əpɔ́ərʃənmənt | əpɔ́ː-/ 名 U.C 配分，割り当て.

ap·po·site /ǽpəzɪt/ 形 《格式》適切な，ぴったりした (*to*). **~·ly** 副 適切に. **~·ness** 名 U 適切さ.

ap·po·si·tion /ǽpəzíʃən/ 名 U《文法》同格. **be in apposition to ...** [動] 他 ...と同格である.

文法 同格
名詞または名詞相当語句が文中の他の名詞または名詞相当語句と並べて置かれ，それを説明したり限定したりする場合これを同格という.
並べ方には次のような方法がある.
(i) 同格語[句，節]が前に来る場合(コンマで区切らないのが普通): *my friend Jim* 僕の友人のジム / *Lake Michigan* ミシガン湖 / *Queen Elizabeth* エリザベス女王.
(ii) 同格語[句，節]が後に来る場合(間にコンマを置く): Mr. Smith, *a friend of my father's*, is a history teacher. 父の友人のスミス氏は歴史の先生だ.
(iii) 同格語[句，節]が of, that または or などで導かれる場合: the City *of Osaka* 大阪市 / The news *that her son had been hospitalized* was a great shock to her. 息子が入院したという知らせは彼女には大きなショックだった. / He studies astronomy, *or the science of stars*. 彼は天文学, つまり星の学問を研究している.

ap·pos·i·tive /ǽpázətɪv | əpɔ́z-/ 名 C《文法》同格語[句，節].

†**ap·prais·al** /əpréɪz(ə)l/ 名 C,U 1 評価; 値踏み (*of*). 2《英》《経》業績評価(の面談).

†**ap·praise** /əpréɪz/ 動 他 1 〈...〉を評価する，査定する; 値踏みする, 見積もる (evaluate): ~ a watch *at* $200 時計を200ドルに査定する. 2《英》《経》〈人〉を(面談して)業績評価をする. 語法 この語を apprise (通知する)の意と誤って用いることがある.

ap·pre·cia·ble /əpríːʃəbl/ 形 (動 appréciate) 目に見えるほどの，感知できる; かなりの, 多少の: an ~ change in color 見てわかる程度の色の変化. **-bly** /-ʃəbli/ 副 認めるほどに; かなり.

***ap·pre·ci·ate** /əpríːʃièɪt/ 動 (**-ci·ates** /-èɪts/; **-ci·at·ed** /-tɪd/; **-ci·at·ing** /-tɪŋ/; 名 appréciation, appréciable, appréciative) 他 [進行形なし]

「評価する」(*語源*) → 「真価を認める」2
→ (人の好意を高く評価する)→「ありがたく思う」4
→ (物の価値がわかる)→「鑑賞する」3

1 〈...〉を認識する, 理解する, 識別する, 感知する: We ~ his difficulties. 彼が困っていることはよくわかる / I ~ **that** this is not an easy task for you. <V+O (*that* 節)> これがあなたにとって生易しい仕事でないことはよくわかっている / I don't think you ~ **how** difficult this was. <V+O (*wh-* 節)> これがどんなに困難だったかあなたはわかっていないようだ.

2 〈...〉の真価を認める, (正しく・高く)評価する: He cannot ~ friendship. 彼は友情のよさを理解できない.

3 〈芸術[文学]作品など〉を鑑賞する, 〈...〉のよさを味わう: ~ good music よい音楽を鑑賞する.

4 〈好意など〉をありがたく思う, ...に感謝する: 言い換え I ~ your kindness. = I ~ you being so kind. ご親切ありがとう存じます / Any comments would *be* greatly ~*d*. どんなご意見でもありがたく承ります / I deeply [greatly] ~ your com*ing* all this way. <V+O (動名)> こちらまではるばるおいでいただいて深く感謝します / We ~ your continued support. 引き続きご支援くださるようお願いします.

── 自 (不動産などが)値上がりする, (価値が)上がる (反 depreciate): I don't think the house will ~ *in* value. あの家が値上がりするとは思えない. 語源 ラテン語で「値段をつける」の意. *I would appréciate it if you would [could] dó* Ⓢ ...していただければありがたいのですが: I would ~ it greatly [very much] *if you would [could] attend* the party. パーティーにご出席いただけましたら大変ありがたいのですが (非常に丁寧な言い方; ☞ politeness 囲み).

***ap·pre·ci·a·tion** /əprìːʃiéɪʃən, -siéɪ-/ 名 (**~s** /-z/; əppréciàte) 1 U (...の)よさを味わうこと, 鑑賞, 理解: ~ *of* art and music 美術と音楽の鑑賞. 2 U 感謝: a letter of ~ 感謝の手紙 / I wish to express my deep ~ *for* your help. ご援助に深く感謝します / Let me show my ~ *for* all the work you have done. あなたのこれまでの努力に感謝の気持ちを表わしたいと思います. 3 [U または an ~] 正しい認識[理解], 察知: He has little ~ of our problem. 彼は私たちの問題をほとんど理解していない. 4 [U または an ~] 真価を認めること; 評価: *a proper* ~ of the French Revolution フランス革命の正しい評価. 5 [U または an ~] (不動産などの)値上がり (反 depreciation). 6 C (好意的な)批評, 感想文 (*of*).
in appreciation of ... [前] ...に感謝して; ...を評価して: He nodded *in* ~ of our efforts. 彼は我々の努力を認めてうなずいた.

†**ap·pre·cia·tive** /əpríːʃətɪv, -ʃɪə-/ 形 (動 appréciàte) 1 感謝している (*of*); 満足した様子の. 2 鑑賞的な, 鑑識眼のある, 目の高い: an ~ audience 耳の肥えた[話のわかる]聴衆. **-ly** 副 よく理解して.

†**ap·pre·hend** /ǽprɪhénd/ 動 他 1《格式》〈犯人〉を逮捕する (arrest). 2《古風》〈...〉を理解する.

†**ap·pre·hen·sion** /ǽprɪhénʃən/ 名 1 U,C 気がかり, 不安 (fear); I feel some ~ *for* his safety. 彼の安全が少々気がかりだ. 2 U《格式》逮捕: the ~ of a criminal 犯人の逮捕. 3 U《古風》理解(力).

†**ap·pre·hen·sive** /ǽprɪhénsɪv⁻/ 形 (...を)気づかっている, 心配している: I was ~ ⌜for her safety [about the result]⌝. 私は彼女の安全[結果]が気がかりだった / 言い換え They are ~ *of* some further disaster. = They are ~ *that* some further disaster might occur. 彼らはこれ以上の災害を心配している. **~·ly** 副 気づかって, 心配そうに.

†**ap·pren·tice** /əpréntɪs/ 名 (反 master) C 見習い(人); 年季奉公人, 徒弟 (*to*); [形容詞的に] 修行中の: an ~ carpenter 見習い大工. ── 動 他 [普通は受身で] 〈...〉を見習いに出す (*to*). ── 自 見習いになる.

†**ap·pren·tice·ship** /əpréntɪs(ʃ)ɪp/ 名 C,U 見習いの身分[期間]; 年季奉公; 下積みの経験: serve an [one's] ~ *as* a carpenter 大工の見習いを勤める.

ap·prise /əpráɪz/ 動 他 《格式》〈...〉に通告する (語法 appraise): The president hasn't been ~*d* of the situation. 大統領は状況を知らされていない.

*ap·proach /əpróʊtʃ/ 動 (-proach·es /-ɪz/; ap·proached /-t/; -proach·ing) 他 1 〈...〉に近づく, 接近する (☞ reproach 語源): Our train is ~*ing* London. 我々の列車はロンドンに近づいている / The island can *be* ~*ed* only by ferry. その島へは連絡船でしか行けない / She's ~*ing* 70. 彼女はもうすぐ70歳だ. 2 〈人〉に話をもちかける, 〈...〉と交渉を始める: She ~*ed* me *for* another loan. 彼女は私にまた借金の話を持ち込んだ / We ~*ed* the manager *about* (*giving us*) a raise. 我々は昇給について支配人と交渉を始めた / My boss is easy to ~. 私の上司は話がしやすい. 3 〈性質・程度など〉に近づく, 〈...〉に匹敵する: No other painter ~*es* Picasso. ピカソに迫るほどの画家はいない / We worked in temperatures ~*ing* 30°C. 私たちは30°Cに近い気温の中で働いた. 4 〈問題・困難など〉に取り組む: ~ the problem *from* diffe-

rent angles 問題にさまざまな角度から取りかかる.
— 圓 近づく, 接近する;(性質などの点で)似てくる: Spring is ～ing. 春が近づいている.
— 名 (～-es /~ɪz/) **1** Ⓒ (理解などに)達する方法;(問題などの)扱い方, 学習法, 研究法: take a new ～ *to* foreign language learning 外国語の新学習法を採り入れる.
2 [単数形で] 近づくこと, 接近; 近似 (*to*): I noticed the ～ of a car. 私は車が近づくのに気がついた / With the ～ of Christmas, the weather became colder. クリスマスが近づくにつれて寒くなった.
3 Ⓒ 近づく道, 入り口;《空》着陸進入: This road is the only ～ *to* the city. その市に入る道はこの道路しかない. **4** Ⓒ (人への)近づき;申し出,(異性に対する)言い寄り: make ～*es to* …に取り入ろう[言い寄ろう]とする. **5** Ⓒ《ゴルフ》アプローチ(グリーンに向けての接近).

ap·proach·a·ble /əpróʊtʃəbl/ 形 (反 unapproachable) **1** (人が)親しみやすい, 気さくな. **2** Ⓟ (場所が)接近できる.

ap·pro·ba·tion /æprəbéɪʃən/ 名 Ⓤ《格式》許可, 認可, 承認 (approval); 称賛.

ap·pro·pri·a·cy /əpróʊpriəsi/ 名 Ⓤ《言》(語・表現・語法の)適切さ, ふさわしさ.

*★**ap·pro·pri·ate**¹ /əpróʊpriət/ ★動詞の appropriate² との発音の違いに注意. T2 形 (反 inappropriate) 適当な, 適切な,(目的・条件などに)ふさわしい (☞ proper 類義語): an ～ measure 適切な処置 / at the ～ time 適当な時間に / dress ～ *to* the occasion <A+*to*+名・代>その場にふさわしい服装 / These clothes are not ～ *for* a cold winter day. <A+*for*+名・代> この服は寒い冬の日には向かない / *It* would be ～ *for* you *to* keep your speech short. スピーチは短くするのがいいでしょう / *It* seems ～ *that* the building (*should*) be named for him. そのビルには彼の名前をとって名づけるのがよいでしょう (☞ should A 8; that² A 2).

†**ap·pro·pri·ate**² /əpróʊprièɪt/ 動 他 w **1** <資金などを>(ある用途に)当てる, 充当する (*for*). **2**《格式》公共物を私物化する;着服する,<考えなどを>盗む.

ap·pro·pri·ate·ly /əpróʊpriətli/ 副 **1** 適当に, 適切に. **2**文修飾副 適切にも,(…に)ふさわしい: Chikamatsu is ～ called the Shakespeare of Japan. 近松は日本のシェークスピアと呼ばれるのにふさわしい.

ap·pro·pri·ate·ness /əpróʊpriətnəs/ 名 Ⓤ 適切さ.

†**ap·pro·pri·a·tion** /əpròʊpriéɪʃən/ 名 Ⓤ Ⓒ《格式》**1** 充当金, 歳出予算. **2** 充当; 流用. **3** 専有; 横領.

*★**ap·prov·al** /əprúːv(ə)l/ 名 (～s /~z/; 動 appróve; 反 disapproval) **1** Ⓤ 是認, 賛成: She indicated her ～ of the program. 彼女はその計画に賛意を示した / 言い換え He nodded *in* ～. =He gave a nod of ～. 彼は賛成してうなずいた. **2** Ⓤ Ⓒ (公式の)認可;許可: for ～ 認可を求めて / for [*of*] the new plan *from* the Government 新しい計画に対する政府の認可. **háve [wín, éarn]** …**'s appróval** [動] …に認められる, 称賛される: My plan had [won, earned] his full ～. 私の計画は彼の全面的な賛成を得た. **méet with** …**'s appróval** [動] …の賛成を得る. **on appróval** [副] 気に入れば買うという条件で. …**'s séal [stámp] of appróval** [名] …の正式認可.

*★**ap·prove** /əprúːv/ T1 動 (**ap·proves** /~z/; **ap·proved** /~d/; **ap·prov·ing**; 名 appróval; 反 disapprove) 圓 [進行形なし] よいと考える, 許す;(…が)気に入る: Mother will never ～ *of* my marriage. <V+*of*+名・代> 母は私の結婚に決してよい顔をするまい / My parents don't ～ *of* me [my] doing part-time jobs. <V+*of*+動名> 両親は私のバイトを快く思わない.
— 他《行為・計画などを》よいと認める, 是認する,(…に)賛成する; 認可[可決]する: ～ a plan 計画を認める / ～ the budget 予算を承認する.

ap·proved /əprúːvd/ 形 是認[承認]された, 公認の. **be approved for** … [動] 他 …を[が]認められている. 語法 物が主語になり, …には抽象名詞が続く.

appróved schóol 名 Ⓒ Ⓤ《英》少年院, 更生施設.

ap·prov·ing /əprúːvɪŋ/ 形 Ⓐ 賛成の, 満足げな. ～·**ly** 副 是認[賛成]して; よしよしと言って.

approx. 略 =approximate¹, approximately.

ap·prox·i·mant /əprɑ́ksəmənt | -rɔ́k-/ 名 Ⓒ《音声》接近音(調音器官が摩擦音を生じない程度に接近して出す /w, j, r, l/ などの音).

*★**ap·prox·i·mate**¹ /əprɑ́ksəmət | -rɔ́k-/ 形 (数・量などが)おおよその, 近似の,(…に)ごく近い(略 approx.): an ～ number およその数 / the ～ cost of building a house 家の建築費の概算[見積もり].

ap·prox·i·mate² /əprɑ́ksəmèɪt | -rɔ́k-/ 動 《格式》(数・量がほぼ…に)接近する, 近づく: His description ～*d* to the truth. 彼の話はほぼ真相に近かった. — 他 **1** <…に>ほぼ近い: The total ～*s* ten thousand dollars. 合計は 1 万ドルに近い. **2** 概算する.

*★**ap·prox·i·mate·ly** /əprɑ́ksəmətli | -rɔ́k-/ T1 副 おおよそ, ほぼ, 約…(略 approx.): The bridge is ～ a mile long. その橋の長さは約 1 マイルである.

ap·prox·i·ma·tion /əprɑ̀ksəméɪʃən | -rɔ̀k-/ 名 Ⓒ Ⓤ **1** 概算, 見積もり, 近似値: a rough ～ 大ざっぱな見積もり額. **2** 近似したもの (*of, to*).

ap·pur·te·nance /əpə́ːtənəns, -tn-/ 名 Ⓒ [普通は複数形で] **1**《格式》または《滑稽》付属品, 付属物. **2**《法》従物《財産に付属する権利》.

APR /éɪpiːɑ́ː | -áː/ 略 =annual percentage rate (利息・ローンなどの)年率.

*★**Apr.** 略 4 月 (April).

a·près-ski /ɑ̀ːpreɪskíː | æp-⎯/《フランス語から》形 Ⓐ アフタースキーの(レクリエーション).

*★**a·pri·cot** /éɪprəkɑ̀t, ǽ-| éɪprɪkɔ̀t/ 名 **1** Ⓒ あんず, あんずの木: a Japanese ～ 梅(の木). **2** Ⓤ あんず色, 黄赤色. — 形 あんずの; あんず色の.

apricot

*★**A·pril** /éɪprəl/ 名 (～s /~z/) Ⓤ Ⓒ **4 月**(略 Ap., Apr.,)《month 表および 金曜 囲み》: It often rains *in* ～ in England. 英国では 4 月にはよく雨が降る / I was born *on* ～ 11, 1991. 私は 1991 年 4 月 11 日に生まれた《April 11 is April (the) eleventh と読む; ordinal number 文法 (2)》/(March winds and) ～ showers bring (forth) May flowers.(ことわざ)(3 月の風と)4 月の雨が 5 月の花をもたらす《英国の春の気候を言う》.

Ápril fóol 名 Ⓒ 4 月ばか《かつがれた人に対し April fool! と言う》. 日英比較 日本語の「エイプリルフール」は 4 月 1 日つまり April Fools' Day を指すが, 英語は「April Fools' Day にかつがれた人」を指す.

Ápril Fóols' Dày /-fúːlz-/ 名 Ⓒ Ⓤ エイプリルフール, 4 月ばかの日, 万愚節 (All Fools' Day)《4 月 1 日; 罪のないうそを言うことが許されている》.

a pri·o·ri /ɑ̀ː priːɔ́ːri | èɪ praɪɔ́ːraɪ/《ラテン語から》副 形《格式》演繹(*えき*)的に[な]; 先天的に[な](☞ a posteriori).

*★**a·pron** /éɪprən/ 名 Ⓒ **1** エプロン;「put on [wear]

80 apron stage

an ~ エプロンをかける[かけている]. **2** エプロン状のもの; 【劇】=apron stage; (飛行場の)エプロン(格納庫前の舗装した作業広場や航空機の停留場所; ☞ airport 挿絵). 語源 古(期)フランス語で「小さなテーブル掛け」の意で, napkin と同語源.

ápron stàge 名 C 【劇】張り出し舞台.

ápron strìngs 名 [次の成句で] **be tíed to one's mother's [wife's] ápron strìngs** (動) 自 母[妻]の言いなりになる. **cút the ápron strìngs** 動 自(母)親離れする, 自立する.

ap·ro·pos /ˈæprəpóuˈ/ 前 (格式) …について(の)(成句). ― 副 つなぎ語 ところで, ついでながら. ― 形 P (その場に)適した, 折よい. **apropós of ...** 前 …に関しては. **apropós of nóthing** 副 (格式) 前の話題に関係なく, 唐突に.

apse /æps/ 名 C 後陣(教会の東端に張り出した奥室).

*__apt__ /æpt/ 類語 apt to と up to) 形 (**apt·er, more ~; apt·est, most ~; 名 áptitude**) **1** 適当な, 適切な: an ~ comparison 適切な比較. **2** P …しがちな, …する傾向がある(☞ likely 類義語): He is ~ *to* exaggerate. 彼は話を誇張しがちである. **3** (格式) 覚えが早い: an ~ pupil 覚えの早い生徒.

apt. 略 =apartment.

*__ap·ti·tude__ /ˈæptət(j)ùːd/-tjùːd/ 名 U,C (形 apt; 反 inaptitude) 適性; 素質, 才能. **hàve an áptitude for ...** (他) …の素質[適性]がある.

áptitude tèst 名 C 適性検査.

ápt·ly 副 適切に; うまく.

ápt·ness 名 U 適合性; 傾向; 素質, 才能.

*__a·qua__ /ˈɑːkwə, ˈæk-/; ˈækwiː/; ˈæk-wiː/, ~s/ 名 **1** U =aquamarine 2. **2** (格式) 水; 水溶液. ― 形 淡青緑色の.

a·qua·cul·ture /ˈɑːkwəkʌ̀ltʃə, ˈæk-/ˈækwəkʌ̀ltʃə/ 名 U 水産養殖.

A·qua-Lung /ˈɑːkwəlʌ̀ŋ, ˈæk-/ˈæk-/ 名 C アクアラング(潜水用の水中呼吸器; 商標).

a·qua·ma·rine /ɑ̀ːkwəməríːn, æ̀k-/ˈæk-ˈ/ 名 **1** C,U 藍玉(_{ぁぃだま}), アクアマリン(3月の誕生石). **2** U 藍玉色(淡青緑色または海水緑色). ― 形 藍玉色の.

a·qua·naut /ˈɑːkwənɔ̀ːt, ˈæk-/ˈæk-/ 名 C 潜水技術者.

a·qua·plane /ˈɑːkwəplèin, ˈæk-/ˈæk-/ 名 C 水上スキー(板). ― 動 自 水上スキーをする; (英) =hydroplane 1.

aquaria aquarium の複数形.

A·quar·i·an /əkwéə(ə)riən/ 名 C =Aquarius 2. ― 形 水がめ座の.

*__a·quar·i·um__ /əkwéə(ə)riəm/ 名 (複 ~s, a·quar·i·a /-riə/) C **1** (ガラスの)養魚水槽. **2** 水族館.

*__A·quar·i·us__ /əkwéə(ə)riəs/ 名 **1** 国 アクエリアス(星座); 宝船(_{たからぶね})宮 (the Water Bearer) (☞ zodiac 挿絵). **2** C 水がめ座生まれの人.

*__a·quat·ic__ /əkwætik, -kwát-/; əkwǽt-, əkwɔ́t-/ 形 [普通は A] (動植物が)水生の, 水中にすむ(☞ terrestrial); 水中[上]の: ~ plants 水生植物 / ~ sports 水上スポーツ. **a·quat·i·cal·ly** /-kəli/ 副 水中で.

a·qua·tint /ˈɑːkwətìnt, ˈæk-/ˈæk-ˈ/ 名 **1** U アクアティント(食刻銅版画法の一種). **2** C アクアティント版画.

aq·ue·duct /ˈækwədʌ̀kt/ 名 C 水道橋, 水道(☞ 右役写真).

a·que·ous /ˈéikwiəs/ 形 水の, 水のような; 【地質】水成(岩)の: an ~ solution 水溶液.

áqueous húmor 名 U 【解】(眼球の)水様液.

a·qui·fer /ˈækwəfə/-fə/ 名 C 【地質】帯水層.

aq·ui·line /ˈækwəlàin, -lìn//-làin/ 形 (格式) わしの(ような); (わしのくちばしのように)曲がった: an ~ nose わし[鈎]鼻(☞ nose 挿絵).

aqueduct

A·qui·nas /əkwáinəs/ 名 個 Saint Thomas ~ アクィナス (1225-74) (イタリアの神学者; スコラ哲学の完成者).

A·qui·no /əkíːnou/ 名 個 (**Maria**) **Co·ra·zon** /kɔ́ːrəzən/-zɔ̀n/ ~ ('**Cory**' /kɔ́ːri/ ~) アキノ (1933-) (フィリピンの政治家; 大統領 (1986-92)).

AR (米郵) =Arkansas.

-ar /ə//ə/ 接尾 **1** [名詞語尾] 「…する者」の意: a li*ar* うそつき(☞ -er). **2** [形容詞語尾] 「…の, …の性質」の意: famili*ar* よく知られている / pol*ar* 極の.

*__Ar·ab__ /ˈærəb/ 名 (~s /~z/) C **1** アラブ人, アラビア人(アラビア語を話す民族; ☞ Arabia, Arabian); [the ~s] アラブ民族. **2** (英) アラブ馬 ((米) Arabian). ― 形 アラブ人の, アラビアの: ~ countries アラブ諸国.

Arab. =Arabic.

ar·a·besque /æ̀rəbésk◂/ 名 C **1** 【バレエ】アラベスク(両手を前後にして, 片足で立つポーズ). **2** アラビア風模様, 唐草模様.

A·ra·bi·a /əréibiə/ 名 個 アラビア(紅海 (Red Sea) とペルシャ湾 (Persian Gulf) の間の半島; ☞ Arab).

*__A·ra·bi·an__ /əréibiən/ 名 C (米) アラブ馬 ((英) Arab). ― 形 アラビア(人)の; アラブ人 (Arab) の.

Arábian cámel 名 C =dromedary.

Arábian hórse 名 C (米) =Arab.

Arábian Níghts' Entertáinments /-náɪts-/ 名 個 [The ~] 『千夜一夜物語』, 『アラビアンナイト』 (The Arabian Nights, The Thousand and One Nights) (10世紀ごろからのペルシャやインドの伝説を集めた物語集).

Arábian Península 名 個 [the ~] アラビア半島 (Arabia).

Ar·a·bic /ˈærəbɪk/ 形 アラビア人の; アラビア語[文化, 文学]の(略 Arab.). ― 名 U アラビア語(略 Arab.).

a·rab·i·ca /əræbɪkə/ 名 C アラビアコーヒー(の木) (コーヒー豆をつける木); U コーヒー豆.

Árabic númeral 名 C アラビア[算用]数字(0, 1, 2, など; ☞ number 表).

Ar·ab·ist /ˈærəbɪst/ 名 C (アラブの文化・言語などを研究する)アラビア専門家[学者], アラブ学専攻生.

ar·a·ble /ˈærəbl/ 形 (土地が)耕作に適する; (作物が)耕地向きの; 耕作に関する: ~ land 耕地 / ~ farming 耕作農業. ― 名 U 耕地; 耕地向きの作物.

Árab Léague 名 個 [the ~] アラブ連盟(1945年成立).

a·rach·nid /əræknɪd/ 名 C 【動】蛛形(_{ちゅけい})[蜘蛛形]類の節足動物(さそり・だになども含む).

a·rach·noid /əræknɔɪd/ 名 C 【解】蜘蛛膜.

a·rach·no·pho·bi·a /əræknoufóubiə/ 名 U (格式) 蜘蛛(_{くも})恐怖症.

Ar·a·fat /ˈærəfæt/ 名 個 **Yas·ser** /ˈjɑːsə/ˈjæsə/ ~ アラファト (1929-2004) (PLO 議長 (1969-2004)).

ar·ak /ˈærək/ 名 U =arrack.

Áral Séa /ˈærəl-/ 名 [the ~] アラル海 (Kazakhstan と Uzbekistan にまたがる塩湖).

Ar·a·ma·ic /æ̀rəméiɪk◂/ 形 アラム語の. ― 名 U アラム語(キリストの母語であるセム系言語).

Ár·an Íslands /ˈærən-/ 名 [複] [the ~] アラン島(アイルランド西部沖の3島からなる諸島).

Áran júmper [swéater] 名 C アランセーター(アラン島独特の染色しない羊毛で編んだもの).

A·rap·a·ho, -hoe /ərǽpəhòu/ 图 (複 ~(s)) ⓒ アラパホー族《Great Plains 中央部にいた Algonquian 族の一部族》; Ⓤ アラパホー語.

Ar·a·rat /ǽrəræ̀t/ 图 圖 アララト山《トルコ東部の山; ノアの箱舟の上陸地とされる》.

*__ar·bi·ter__ /ɑ́ərbətə | ɑ́ː bətə/ 图 ⓒ Ⓦ 裁定者[機関]; 権威: an ~ of fashion 流行を生み出す人[物] / be the final ~ 最終的な決定をする.

ar·bi·trage /ɑ́ərbətrɑ̀ː ʒ | á:-/ 图 Ⓤ [商] さや取り売買, 裁定取引.

ar·bi·tra·geur /ɑ̀ərbətrɑːʒə́ː | ɑ̀ː bətrɑːʒə́ː/ 图 ⓒ [商] さや取り仲買人.

ar·bi·trar·i·ly /ɑ̀ərbətrérəli | ɑ̀ː bətrérəli/ 副 勝手に(気ままに), 独断的に.

ar·bi·trar·i·ness /ɑ̀ərbətrèrinəs | ɑ́ː bətəri-/ 图 Ⓤ 随意, 任意, 恣(''ᐟ)意性; 気ままさ; 独断.

*__ar·bi·trar·y__ /ɑ́ərbətrèri | ɑ́ː bətəri/ 形 **1** 随意の, 任意の, 恣(ʾ)意の; 勝手な: set an ~ age limit of thirty-seven 37 歳という恣意的な年齢制限を設ける. **2** 独断的な, 専横な: an ~ ruler 専制的な支配者 / make an ~ decision 独断的な決定をする.

ar·bi·trate /ɑ́ərbətrèit | ɑ́ː -/ 動 ⓐ 仲裁[調停]する (*between, in*). — ⓗ 〈争議など〉を仲裁する.

*__ar·bi·tra·tion__ /ɑ̀ərbətréiʃən | ɑ̀ː -/ 图 Ⓤ 仲裁, 調停, 裁定: independent ~ 第三者による裁定. **gò to arbitrátion** [動] ⓐ 〈争議が〉仲裁に付せられる; 〈両者が〉争議を仲裁[調停]に持ち込む.

ar·bi·tra·tor /ɑ́ərbətrèitə | ɑ́ː bətreitə/ 图 ⓒ 仲裁人, 裁定者.

ar·bor¹, (英) **ar·bour** /ɑ́ərbə | ɑ́ː bə/ 图 ⓒ あずまや《公園などにある, つたなどをからませた日よけ》.

ar·bor² /ɑ́ərbə | ɑ́ː bə/ 图 ⓒ [機] 軸, (旋盤の)心棒.

Árbor Dày 图 Ⓤ (米) 植樹祭(日)《特に4月下旬から5月上旬に米国各州で行なわれる》.

ar·bo·re·al /ɑːbɔ́ː riəl | ɑ̀ː -/ 形 (格式) 樹木の; 木に住む: ~ animals 樹上生活をする動物.

ar·bo·re·tum /ɑ̀ərbərí:təm | ɑ̀ː -/ 图 (複 ~s, ar·bo·re·ta /-tə/) ⓒ 樹木園.

ar·bo·ri·cul·ture /ɑ́ərbərikʌ̀ltʃə | ɑ́ː bərikʌ̀ltʃə/ 图 Ⓤ (美観用・用材用の)樹木栽培, 樹芸.

ar·bour /ɑ́ərbə | ɑ́ː bə/ 图 (英) = arbor¹.

*__arc__ /ɑ́ərk | ɑ́ː k/ 图 ⓒ **1** 弧, 円弧(☞ circle 挿絵); 弧形: fly in an ~ 弧を描いて飛ぶ. **2** [電] アーク, 弧光. — 動 (**arcs**; **arced, arcked**; **arc·ing, arck·ing**) ⓐ [電] 弧光を発する.

ARC = AIDS-related complex; American Red Cross 米国赤十字.

†__ar·cade__ /ɑːkéid | ɑ̀ː -/ 图 ⓒ **1** ゲームセンター (《英》 amusement arcade). **2** アーケード《屋根のある街路》. **3** [建] 拱廊(ᵏᵁᵍᵘ)《建物の側面の arch を連ねた通路》. **4** (英) ショッピングセンター ((米) mall).

arcáde gáme 图 ⓒ《ゲームセンターにあるような高速・高解像画面の》テレビゲーム, アーケードゲーム.

Ar·ca·di·a /ɑːkéidiə | ɑ̀ː -/ 图 **1** 圖 アルカディア《古代ギリシアの山間の理想郷》. **2** Ⓤ または an ~ 《文》理想的田園.

*__ar·cane__ /ɑːkéin | ɑ̀ː -/ 形 《文》 秘密の; 難解な.

árc cósine 图 [数] 逆余弦, アークコサイン.

*__arch__¹ /ɑ́ərtʃ | ɑ́ː tʃ/ 图 ⓒ **1** アーチ; 弓形門: a memorial ~ 記念のアーチ / a triumphal ~ 凱旋(ᵍᵃⁱ)門. **2** アーチ形のもの, 弓状[形]のもの; (足の裏の)土踏まず: the ~ of the heavens 大空. **3** = archway. 語源 ラテン語で「弓」の意. — 動 ⓐ アーチ形になる; 弓なりにかぶさる (*across, over*). — ⓗ 〈…〉をアーチ形にする; 〈…〉にアーチを渡す: ~ one's eyebrows まゆをつりあげる / The cat ~*ed* its back. 猫が背中を丸めた.

arch² /ɑ́ərtʃ | ɑ́ː tʃ/ 形 [普通は A] [しばしば軽蔑] いたずらそうな, ふざけた: an ~ smile いたずらっぽい笑い.

arch- /ɑ́ərtʃ | ɑ́ː tʃ/ 接頭 「主な, 第一の」の意; 「はなはだしい」の意: *arch*bishop 大司教 / *arch*enemy 大敵.

ar·chae·o·log·i·cal, ar·che·o· /ɑ̀ərkiəlɑ́dʒɪk(ə)l | ɑ̀ː kiəlɔ́dʒ-⁻/ 形 考古学の, 考古学的な. **-cal·ly** /-kəli/ 副 考古学的に, 考古学上.

ar·chae·ol·o·gist, ar·che·ol· /ɑ̀ərkiɑ́lədʒɪst | ɑ̀ː kiɔ́l-/ 图 ⓒ 考古学者.

*__ar·chae·ol·o·gy, ar·che·ol·__ /ɑ̀ərkiɑ́lədʒi | ɑ̀ː kiɔ́l-/ 图 Ⓤ 考古学.

Archaeozoic ☞ Archeozoic.

*__ar·cha·ic__ /ɑːkéɪik | ɑ̀ː -/ 形 **1** 古語の; 廃(ʰᵃⁱ)れた. **2** 古めかしい, 時代遅れの (old-fashioned). **3** 古代の. **-chá·i·cal·ly** /-kəli/ 副 古めかしく.

ar·cha·is·m /ɑ́ərkiìzm | ɑ̀ː kɪ́ɪzm, ɑ̀ː keɪɪzm/ 图 **1** ⓒ 古語. **2** Ⓤ 古文体, 擬古文.

arch·an·gel /ɑ́ərkèɪndʒəl | ɑ̀ː kéɪn-/ 图 ⓒ 大天使, 天使長.

arch·bish·op /ɑ́ərtʃbíʃəp | ɑ̀ː tʃ-/ 图 ⓒ 【英国国教会】(England には Canterbury と York に一人ずつしており, 主教 (bishop) を統率する); 【カトリック】大司教; 【ギ正教】大主教 (☞ bishop 表).

árch·bíshop·ric 图 ⓒ 大主教[大司教]の職[管区].

árch·déacon 图 ⓒ 【英国国教会】大執事.

árch·díocese 图 ⓒ 大主教[大司教]の管区.

árch·dúchess 图 ⓒ 大公妃.

árch·dúke 图 ⓒ 大公《特に Austria-Hungary 帝国の王子》.

arched /ɑ́ərtʃt | ɑ́ː tʃt/ 形 アーチ形の, 弓形の.

árch·énemy 图 ⓒ **1** 大敵. **2** [しばしば the A-] 《文》 魔王, サタン.

ar·che·o·log·i·cal /ɑ̀ərkiəlɑ́dʒɪk(ə)l | ɑ̀ː kiəlɔ́dʒ-⁻/ 形 = archaeological.

ar·che·ol·o·gist /ɑ̀ərkiɑ́lədʒɪst | ɑ̀ː kiɔ́l-/ 图 ⓒ = archaeologist.

ar·che·ol·o·gy /ɑ̀ərkiɑ́lədʒi | ɑ̀ː kiɔ́l-/ 图 Ⓤ = archaeology.

Ar·che·o·zo·ic, -chae·o- /ɑ̀ərkiəzóʊik | ɑ̀ː -⁻/ [地質] 形 始生代[界]の. — 图 [the ~] 始生代[界].

ar·cher /ɑ́ərtʃə | ɑ́ː tʃə/ 图 **1** ⓒ 弓の射手, 弓術家. **2** [the A-] 射手座《星座》 (Sagittarius).

Ar·cher /ɑ́ərtʃə | ɑ́ː tʃə/ 图 圖 **Jeffrey ~** アーチャー (1940-)《英国の作家・政治家》.

ar·cher·y /ɑ́ərtʃəri | ɑ́ː -/ 图 Ⓤ アーチェリー.

ar·che·typ·al /ɑ̀ərkitáɪp(ə)l | ɑ̀ː -⁻/ 形 A 原型の; 典型の. **-al·ly** /-pəli/ 副 典型的に.

*__ar·che·type__ /ɑ́ərkitàɪp | ɑ́ː kɪ-/ 图 ⓒ Ⓦ 原型; 典型, 模範 (*of*).

ar·che·typ·i·cal /ɑ̀ərkətípɪk(ə)l | ɑ̀ː -⁻/ 形 = archetypal.

Ar·chi·bald /ɑ́ərtʃəbɔ̀:ld | ɑ́ː tʃɪ-/ 图 圖 アーチボールド《男性の名; 愛称は Archie》.

Ar·chie /ɑ́ərtʃi | ɑ́ː -/ 图 圖 アーチー《男性の名; Archibald の愛称》.

Ar·chi·me·de·an /ɑ̀ərkəmí:diən | ɑ̀ː -⁻/ 形 アルキメデス(の原理応用)の.

Ar·chi·me·des /ɑ̀ərkəmí:di:z | ɑ̀ː -/ 图 圖 アルキメデス (287?-212 B.C.)《ギリシアの数学者・物理学者; ☞ eureka》.

Archimédes' príncple 图 [単数形で] 【物理】 アルキメデスの原理.

ar·chi·pel·a·go /ɑ̀ərkəpéləgòʊ | ɑ̀ː -/ 图 (複 ~(e)s) ⓒ 群島; 多島海: the Japanese A~ 日本列島.

*__ar·chi·tect__ /ɑ́ərkətèkt | ɑ́ː -/ 图 (**-chi·tects** /-tèkts/) ⓒ **1** 建築家, 建築技師: a naval ~ 造船技師. **2** (計画などの)立案者, 企画者, 創立者: Every

architectonics

man is the ~ of his own fortune. 《ことわざ》各人がめいめいの運命を築き上げるものだ. 語源 ギリシャ語で「大工のかしら」の意.

ar·chi·tec·ton·ics /ɑ̀ːkətektɑ́nɪks | ɑ̀ːkɪtektɔ́n-/ 名 U 建築学.

***ar·chi·tec·tur·al** /ɑ̀ːkətéktʃ(ə)rəl | ɑ̀ː-/ 形 árchitècture [A] 建築学の; 建築上の. **-al·ly** 副 建築(学)上, 建築学的に.

***ar·chi·tec·ture** /ɑ́ːkətektʃər | ɑ́ːkɪtektʃə/ 名 T2 (~s /-z/; àrchitéctural) 1 U 建築様式: a church with interesting ~ おもしろい建築様式の教会. 2 U 建築学, 建築技術: the ~ of modern Japan 近代日本の建築術. 3 U,C 【電算】アーキテクチャー(コンピューターのシステム構造). 4 U 構造, 構成.

ar·chi·trave /ɑ́ːkətrèɪv | ɑ́ː-/ 名 C 【建】アーキトレーブ, 台輪(だいわ).

ar·chi·val /ɑːkáɪv(ə)l | ɑː-/ 形 公文書(保存館)の.

***ar·chive** /ɑ́ːkaɪv | ɑ́ː-/ 名 1 C [しばしば複数形で] 保存記録, 公文書; 記録[公文書]保管所. 2 C 【電算】アーカイブ, 書庫. ── 形 古文書の. ── 動 他 <文書>を公文書保存館に保管[収容]する; 【電算】<ファイル>をアーカイブに入れる.

ar·chi·vist /ɑ́ːkəvɪst | ɑ́ː-/ 名 C 公文書保管係.

árch·ly 副 いたずらっぽく, ふざけて.

àrch·ríval 名 C 大好敵手, 宿命のライバル.

àrch·wáy 名 C アーチのある道; アーチ形の入り口.

-ar·chy /-əki | -əki/ 接尾 [名詞語尾]「…政治, …政体」の意: monarchy 君主政治.

árc làmp [líght] 名 C アーク灯.

árc síne 名 C 【数】逆正弦, アークサイン.

árc tángent 名 C 【数】逆正接, アークタンジェント.

***arc·tic** /ɑ́ːktɪk | ɑ́ː-/ 名 [the A-] 北極地方. 関連 the Antarctic 南極. ── 形 1 [普通は A-] 北極の, 北極地方の: an A~ expedition 北極探検(隊). 2 極寒の, 極寒用の: ~ weather 極寒 / ~ clothing 防寒服. 語源 ギリシャ語で「熊」の意.「大熊座や小熊座のある地域」のこと.

Árctic Círcle 名 固 [the ~] 北極圏《北緯66°33′の線; ロ zone 挿絵》.

Árctic Ócean 名 固 [the ~] 北極海, 北氷洋《北極周辺の海洋; ロ ocean 表》.

Árctic Póle 名 固 [the ~] 北極 (North Pole) 《ロ zone 挿絵》.

Árctic Zòne 名 固 [the ~] 北極帯《北極圏 (Arctic Circle) と北極との間の地帯》.

árc wèlding 名 U アーク溶接.

-ard /əd | əd/ 接尾 [名詞語尾] [普通はけなして]「大いに…する者」の意: drunkard 飲んだくれ.

Ar·dennes /ɑːdén | ɑː-/ 名 固 [the ~] アルデンヌ《フランス北東部・ルクセンブルク西部・ベルギー南東部にまたがる丘陵地帯; 第 1 次・第 2 次両大戦の激戦地》.

⁺**ar·dent** /ɑ́ːdənt, -dnt | ɑ́ː-/ 形 [普通は A] 1 熱心な, 熱烈な. 2 《文》(感情が)激しい, 燃えるような. ~·ly 副 熱烈に, 熱心に.

ar·dor, 《英》**ar·dour** /ɑ́ːdə | ɑ́ːdə/ 名 U 情熱, 熱情 (passion) (for); 《文》熱愛, 灼熱(しゃくねつ)の.

ar·du·ous /ɑ́ːdʒuəs | ɑ́ː-/ 形 (仕事などが)骨の折れる. ~·ly 副 骨を折って. ~·ness 名 U 困難さ.

***are**¹ /(弱) ə | ə; (強) ɑ́ə | ɑ́ː/ /(同音) #our, #or, #her, 《英》#a², 《英》#ah, 《英》#of; 類音 #art/ 助 **be**¹ の二人称単数現在形, および一・二・三人称複数現在形 (we, you, they および 名代 の複数形とともに用いられる形) ★ (1) 意味・用法について詳しくは ロ be¹. (2) 対応する過去形は were¹.

リスニング

are は文中では普通は弱く /ə | ə/ と発音されることが多く, その前に子音で終わる語がくるとその子音と結合する. Ten men are running. /ténmenərɑ́nɪŋ/, Birds are singing. /báːdzəsíŋɪŋ/ は「テンメンナラニング」, 「バーヅァスィンギング」のように聞こえる.「テン・メン・アー・ランニング」,「バーヅ・アー・スィンギング」とは発音しない.

1 …である: We ~ /ə | ə/ seven in all. <V+C(名代)> みんなで 7 人です / This flower is yellow, but all the others ~ blue. <V+C(形)> この花は黄色だが, ほかのはみな青い / "A~ /ɑ́ə | ɑ́ː/ you students at this school?" "Yes, we ~./ə | ə/"「あなたたちはこの学校の生徒ですか」「はいそうです」/ "A~ these shoes yours?" "No, they ~ not /ɑ́nɑ́t | ənɔ́t/."「この靴はあなたのですか」「いいえ違います」.

2 [存在を表わす] (物・事が…に)**ある**, (人・動物が…に)**いる**, **存在する** (ロ there¹): There ~ many birds in this park. この公園にはたくさんの鳥がいる.

***are²** /(弱) ə | ə; (強) ɑ́ə | ɑ́ː/ /(同音) #our, #or, #her, 《英》#a², 《英》#ah, 《英》#of; 類音 #art/ 助 **be²** の二人称単数現在形, および一・二・三人称複数現在形 ★ (1) 意味・用法について詳しくは ロ be². (2) 対応する過去形は were².

1 [are+現在分詞で現在進行形を表わす] **…しているところだ**, **…している**, **…するはずだ** (もうすぐ): "What ~ you doing?" "We're playing baseball."「何をしているの」「野球をしています」/ The birds ~ singing merrily. 小鳥たちは楽しそうにさえずっている / My cousins ~ coming in a few days. いとこたちは 2, 3 日中に来るはずだ.

2 [are+他動詞の過去分詞で受身を表わす] **…される**; **…されている**: Many people ~ killed in traffic accidents every day. 毎日交通事故で大勢の人が死ぬ / Artists ~ highly respected in France. フランスでは芸術家は大変尊敬されている.

3 [are+to 不定詞で] **…することになっている**; **…すべきである**; **…できる** (ロ be to の項目): When ~ you to submit your report? いつレポートを提出することになっていますか / You ~ to finish your work before noon. お昼前までに仕事をすませなさい / No animals ~ to be found on the island. その島では動物は全然見当たらない.

are³ /éə, ɑ́ə | éə, ɑ́ː/ 名 C アール《面積の単位, 100 平方メートル》.

***ar·e·a** /é(ə)riə/ 名 (~s /-z/) 1 C **範囲, 領域**: It is outside my ~ of study. それは私の研究分野外だ.

2 C **地域, 地方** (ロ region 類語語): a residential ~ 住宅地域 / the desert and the surrounding ~ 砂漠とその周辺地域 / There was heavy snow over a large ~. 広い地域にわたって大雪が降った // ロ disaster area.

3 C 区域, (ある目的のための)場所, 地区; (体の)局所, 一部分: a commercial ~ 商業地区 / the ~ around the stove レンジの周囲 / Can I use this ~ to raise vegetables? 野菜を作るのに使っていいですか.

4 U,C 面積; 建坪(数): 言い換え The room is 150 square feet in ~.=The ~ of the room is 150 square feet. 部屋の面積は 150 平方フィートだ / Massachusetts has an ~ of 21,386 square kilometers. マサチューセッツ州は面積が 21,386 km² だ.

5 C 《英》=areaway. **6** [the ~] =penalty area.

área còde 名 C 電話の地域番号《日本の市外局番に当たる 3 けたの数》《《英》dialling code》.

área rùg 名 C 《米》エリアラグ《部屋の一部に敷く敷物》.

área stùdies 名 [複] 地域研究《ある地域の地理・歴史・文化・言語などの総合的研究》.

área·wày 名 C 《米》地下勝手口《地下室への通行・採光のための地階の回りの空所》.

*a·re·na /ərí:nə/ 名 (~s /-z/) C **1** (一般に)試合場; (活動の)舞台: a boxing ~ ボクシングの試合場 / enter the political ~ 政界に入る. **2** (古代ローマの)闘技場, アリーナ.

aréna théater 名 © 円形劇場 (中央に舞台があり, その周りに観客席がある).

*aren't /áːrnt | áːnt/ (回音 (英) aunt) (略式) **1** *are*¹ *not* の短縮形: My parents ~ old yet. 私の両親はまだ年寄りではない / "Are you hungry?" "No, we ~." 「君たちおなかがすいていますか」「いいえ, すいていません」/ There ~ many deer in this park. 鹿(か)はこの公園にはあまりいない / Excuse me, but ~ you Dr. Lee? 失礼ですがリー博士ではありませんか / You are tired, ~ you? 疲れたろう(⇨ tag question 文法 (1)).

2 *are*² *not* の短縮形: These machines ~ working now. これらの機械は今は動いていない / They ~ hated by anybody. 彼らはだれからも憎まれていない / "A~ the boys staying with you?" "No, they ~." 「少年たちはあなたの所に泊まっていませんか」「はい, 泊まっていません」

3 am¹,² *not* の短縮形 (⇨ ain't, not (1) (i) 語法).
語法 普通は aren't I? として付加疑問において用いられる (⇨ tag question 文法 (1)). (英) では…, am I? よりも一般的で, (米)でも増えてきている. 改まった会話では…, am I not? を用いる: I'm your friend, ~ I? 私はあなたの友達でしょう.

Ar·es /é(ə)riːz/ 名 固 《ギ神》アレス (戦(か)の神; ⇨ god 表).

a·rête /əréit/ 名 C アレート (特にスイスの鋭い山稜), やせ尾根 (ridge).

arf /áːf | áːf/ 間 (英) ワン, ワウ, ウーッ (犬のほえ声).

ar·gent /áːrdʒənt | áː-/ 名 U, 形 (詩) 銀色(の).

Ar·gen·ti·na /àːrdʒəntíːnə | àː-/ 名 固 アルゼンチン (南米の共和国; 首都 Buenos Aires). 語源 ラテン語で「銀の国」の意.

Ar·gen·tine /áːrdʒəntàin, -tìːn | áː-/ 形 アルゼンチンの; アルゼンチン人の. ── 名 **1** C アルゼンチン人. **2** 固 [the ~] アルゼンチン (Argentina).

Ar·gen·tin·i·an /àːrdʒəntíniən | àː-/ 形 = Argentine. ── C = Argentine 1.

ar·gon /áːrɡɑn | áːɡɔn/ 名 U (化) アルゴン (元素記号 Ar).

Ar·go·naut /áːrɡənɔːt | áː-/ 名 C (ギ神) (Jason が率いた)アルゴ号の乗組員.

ar·go·sy /áːrɡəsi | áː-/ 名 (-go·sies) C (詩) 大きな船, 大商船.

ar·got /áːrɡou | áː-/ 名 U,C (特定集団の)隠語.

ar·gu·a·ble /áːrɡjuəbl | áː-/ 形 **1** 議論の余地のある, 疑わしい. **2** (格式) 主張できる, 論拠がある.

⁺**ar·gu·a·bly** /áːrɡjuəbli | áː-/ 副 (文修飾語) [しばしば比較級・最上級に先行して] 理由があることが; 恐らく, 多分: 「A~, this is [This is ~] *the best* beer in the world. ひょっとするとこれは世界一のビールかもしれない.

*ar·gue /áːrɡjuː | áː-/ 動 (ar·gues /-z/; ar·gued /-d/; ar·gu·ing; 名 árgument)

元来は「明らかにする」の意味から
↓
「立証する」
↓
「議論をする」自 2, 他 1 → 「口論する」自 1
→ 「説得する」他 2

── 自 **1** 口論する, 言い争う: Stop *arguing about* [*over*] money! お金のことで言い争うのはやめろ / It's no use *arguing with* him. <V+*with*+名・代> 彼と口論してもむだだ.
2 議論する, 論じる; 反論する: ~ for the sake of *arguing* 議論のための議論をする / The villagers ~*d against* [*for*, *in favor of*] a new road. <V+前+名・代> 村民たちは新道に反対[賛成]した / I ~*d with* him *about* [*over*] the new plan. <V+*with*+名・代+*about* [*over*]+名・代> 私は彼と新計画について議論した / Don't ~ *with* me! つべこべ言うな.

── 他 **1** 〈…〉を議論する, 論じる; 〈…〉と主張する: ~ politics 政治を論じる / Columbus ~*d that* the earth was [is] round. <V+O(*that*節)> コロンブスは地球は丸いと主張した. **2** 説得する, 説き伏せる (⇨ 句動詞). **3** (格式) (物事が)(事柄などを)示す, 立証する: His house ~*s* him *to be* poor, *that* he is poor]. 家を見ると彼が貧乏だとわかる.

── argue の句動詞 ──
árgue ... dówn 動 他 〈…〉を論破する, 言い負かす.
árgue ... ìnto ── 動 他 (主に英) 〈…〉を説得して ─ させる: I tried to ~ my father *into* buying a new car. 私は父を説得して新車を買わせようとした.
árgue ... óut 動 他 〈…〉を徹底的に話し合う: We ~*d* the whole thing *out* until we reached agreement. 我々は合意を見るまで一切を論じ尽くした.
***árgue ... òut of** ── 動 他 (主に英) 〈…〉を説得して ─ をやめさせる: I ~*d* her *out of* going skiing. 私は彼女にスキーに行くのを思いとどまらせた.

*ar·gu·ment /áːrɡjumənt | áː-/ 12 名 (-gu·ments /-mənts/; 動 árgue, 形 àrguméntative) **1** C 口論, 言い争い: I 「got into [started] a heated ~ *with* my sister *about* [*over*] who(m) to invite. だれを招待するかで私は妹と激しい口論となった.
2 U,C 議論, 論争 (類義語): win [lose] an ~ 議論に勝つ[負ける] / We accepted his suggestions without (an) ~. 私たちは異議なく彼の提案を受け入れた / They spent hours in ~ *about* [*over*] the future of Japan. 彼らは日本の将来についての議論に何時間も費した.
3 C 論拠, 論旨; 主張: There is a good ~ *for* that decision. その決定には十分な理由がある / He presented an ~ *for* [*against*] the war. 戦争に賛成[反対]する論拠を述べた / The ~ *that* cars cause air pollution is now generally accepted. <N+*that*節> 車が大気汚染を引きおこすという議論は今日一般に認められている. **4** C (文) 要旨 (summary). **for the sáke of árgument=for árgument's sàke** [副] (S) 議論を進めるために, 議論の糸口として.
【類義語】**argument** 事実や論理をもとにして自分の意見を主張したり, 自分と意見の違う人を説得しようとする議論. **dispute** やや格式ばった語で理性や論理よりも現実に根ざした感情的な議論で, ある主張をくつがえそうとするものをいう. **debate** 一定のルールのもとに行なわれる公式の討論. **discussion** 互いに理性的に意見を交換して, ある問題を円満に解決しようとする共通の意図で行なわれる討論. **controversy** 重要な問題についての長期にわたる論争.

ar·gu·men·ta·tion /àːrɡjumɛntéiʃən | àː-/ 名 U (格式) 立論, 論証; 論争, 討論.

ar·gu·men·ta·tive /àːrɡjuméntətɪv | àː-/ 形 (名 árgument) [軽蔑] 議論好きな, けんか腰の: Don't be so ~. そんなにけんか腰にならないで.

Ar·gus /áːrɡəs | áː-/ 名 固 (ギ神) アルゴス (100 の目を持つ巨人).

ar·gy-bar·gy /áːrdʒibáːrdʒi | áːdʒibáː-/ 名 U (S) (英略式) 言い争い, 口論.

ar·gyle /áːrɡaɪl | àːɡáɪl/ 名 C,U ダイヤ形色格子柄. ── 形 ダイヤ形色格子柄の.

***a·ri·a** /áːriə/ 名 C (楽) アリア, 詠唱.

-ar·i·an /é(ə)riən/ 接尾 [名詞・形容詞語尾] 「…に従

arid

事|関係}する(人), ...を実行する(人)」の意: veget*arian* 菜食主義者; 菜食主義の / human*itarian* 人道主義者; 人道主義の / libr*arian* 図書館員.

⁺ar·id /ǽrɪd/ 形 **1** (土地が)乾燥した, 乾ききった. **2** (思想・研究など)が)不毛な, 貧弱な, 無意味な.

a·rid·i·ty /ərídəṭi/ 名 ⓤ 乾燥(状態); 不毛さ.

ar·id·ly /ǽrɪdli/ 副 乾燥して; 無味乾燥に.

⁺Ar·ies /ɛ́əriːz, -rìiːz/ 名 **1** 牡羊(ﾂゐ)座(星座); 白羊宮 (the Ram) (⇨ zodiac 挿絵). **2** ⓒ 牡羊座生まれの人.

a·right /ərάɪt/ 副《動詞の後につけて》《古風》正しく: if I remember ~ 思い違いでなければ.

a·ri·o·so /ὰːriˈoʊsoʊ/ 名 (~s) ⓤⓒ 詠叙唱. ─【楽】副 詠叙唱風な[に], アリオーソの[で].

⁺a·rise /əráɪz/ 動 (a·ris·es /~ɪz/; 過去 a·rose /əróʊz/; 過分 a·ris·en /ərízn̩/; a·ris·ing) 自 **1** 起こる, 生じる; 現われる: A cry *arose from* the crowd. <V+*from*+名> 群衆の間から叫び声がおこった. / Use this money「*should the need* ~ [when [if] the need *~s*]. 必要があればこの金を使ってください (⇨ should A 5).
2 (結果など)...から)生じる, 生まれる: This problem *arose from* [*out of*] a mutual misunderstanding. <V+*from* [*out of*]+名・代> この問題はお互いの誤解から生じたものだ. **3** 《古風》起きる (get up), 立ち上がる (stand up); (人々が団結して)行動を起こす. **4** 《文》(近づくにつれて建物などが)見えてくる.

⁺a·ris·en /ərízn̩/ 動 arise の過去分詞.

a·ris·to /ərístoʊ/ 名 (~s) ⓒ 《略式》 =aristocrat.

⁺ar·is·toc·ra·cy /ˌærɪstάkrəsi | -tɔ́k-/ 名 (-cies) **1** [the ~] 《英》《動詞単数または複数扱い》貴族 (全体); 貴族社会, 特権階級. **2** ⓤ 貴族政治. **3** ⓒ 一流の人々 (全体). 語源 ギリシャ語で「最善の人々による支配」の意: ⇨ -cracy.

⁺a·ris·to·crat /ərístəkræt, ǽrɪs-/ 名 ⓒ (1 人の)貴族; 貴族政治主義者; 貴族的な人.

⁺a·ris·to·crat·ic /ərìstəkrǽṭɪk, ǽrɪs-⁺/ 形 貴族の, 貴族的な; 貴族らしい; 貴族政治の.

Ar·is·toph·a·nes /ˌærɪstάfəniːz | -tɔ́f-/ 名 アリストファネス (448?–380? B.C.) 《ギリシャの詩人・喜劇作家》.

Ar·is·to·te·lian /ˌærɪstətíːliən⁺/, **-le·an** /ˌærɪstətlíːən⁺/ 形 アリストテレス(哲学)の. ─ 名 ⓒ アリストテレス主義者, 経験論者《プラトンの理性論者と対比しても用いる》.

Ar·is·tot·le /ǽrɪstὰṭl̩ | -tɔ̀tl̩/ 名 アリストテレス (384–322 B.C.) 《ギリシャの哲学者; Plato の弟子; 論理学・修辞学など多数の著作を残し, 西洋思想に大きな影響を与えた》.

⁺a·rith·me·tic¹ /ərίθmətɪk/ 名 (形 àrithmétic², -métical) ⓤ **1** 算数, 算術 (⇨ R (成句)). 関連 mathematics 数学 / algebra 代数 / geometry 幾何学. **2** 計算, 勘定; 計算の結果. **3** 算術(的)の面.

ar·ith·met·ic² /ˌærɪθmétɪk⁺/, **-met·i·cal** /-ṭɪk(ə)l⁺/ 形 (名 árithmetic¹) 算数の, 算術に関する: ~ progression 等差数列. **-cal·ly** /-kəli/ 副 算数で, 算術上は.

arithmetic mean 名 ⓒ 【数】 (等差数列の)等中項; 相加【算術】平均.

Ariz. 略 =Arizona.

Ar·i·zo·na /ˌærəzóʊnə⁺/ 名 固 アリゾナ《米国南西部の州, 略 Ariz., 郵》では AZ; 俗称 Grand Canyon State; ⇨ America 表, 表地図 E 4》.

Ar·i·zo·nan /ˌærəzóʊnən⁺/, **-zo·ni·an** /-niən⁺/ 形 アリゾナ州(人)の. ─ 名 ⓒ アリゾナ州人.

ark /άːrk/ 名 ⓒ **1** 《聖》 箱舟 《Noah 参考》. **2** 大きな船. **the Árk of the Cóvenant** 名 《ユダヤ教》契約の箱 《Moses の十戒を刻んだ石を納めた箱》. **còme óut of the árk** = **gò óut with the árk** 《英式》古ぼけている, 古くさい.

Ark. 略 =Arkansas.

Ar·kan·san /ɑːrkǽnz(ə)n | ɑː-/ 形 アーカンソー州(人)の. ─ 名 ⓒ アーカンソー州人.

Ar·kan·sas /άːrkənsɔ̀ː | άː-/ 名 固 アーカンソー《米国中部の州; 略 Ark., 郵》では AR; 俗称 Land of Opportunity; ⇨ America 表, 表地図 G 4》.

Ark·wright /άːrkraɪt | άːk-/ 名 固 **Sir Richard ~** アークライト (1732–92) 《英国の紡績機械発明者》.

ARL /éɪάːél | -άː(r)/ 略 =Australian Rugby League オーストラリアラグビー連盟.

Ár·ling·ton Nátional Cémetery /άːrlɪŋtən | άː-/ 名 アーリントン国立墓地《米国 Washington, D.C. の郊外にあり, 無名戦士の墓や Kennedy 大統領の墓などがある》.

⁑arm¹ /άːrm | άːm/ 名 (~s /~z/) **1** ⓒ 腕.
日英比較 肩 (shoulder) から先, 特に肩から手首 (wrist) までを指す (⇨ leg). 従って arm が日本語の「手」に相当することもある: She held [took] her baby in her ~s. 彼女は赤ん坊を腕に抱いた / The man took me by the ~. その男は私の腕をつかんだ (⇨ the¹ 語法).

shoulder 肩
armpit わきの下
upper arm 上腕
elbow ひじ
forearm 前腕
wrist 手首
hand 手
crook of the arm 腕を曲げた内側の部分

arm¹ 1

─ コロケーション ─
cross [fold] one's *arms* 腕を組む
fold [take] ... in one's *arms* ⟨...⟩を抱きしめる.
give ... one's *arm* ⟨人⟩に腕を差し出す
stretch (out) one's *arms* 腕を伸ばす
throw one's *arms* around ... ⟨人⟩に抱きつく
wave one's *arms* (around) 腕を振り動かす

2 ⓒ 腕の形をした物; (衣服の)そで; 腕木; (たこなどの)足; (眼鏡の)つる (⇨ glasses 挿絵): the ~s of a chair コウヒじ掛け / an ~ of the sea 入江, 河口. **3** [複数形で] ~ arms. **4** ⓒ 部門, 部局 (*of*); [普通は単数形で] 《軍》 隊.

árm in árm 副 腕を組み合って: The couple was walking ~ *in* ~. 二人は腕を組んで歩いていた.

as lóng as your árm 形 《略式》《一覧表などが》非常に長い: a list of demands *as long as your* ~ 長々しい請求の一覧表.

at árm's léngth 副 (1) 腕を伸ばした距離に. (2) 少し距離をおいて, かかわり合いを避けて.

chánce one's árm 動 自 《英式》《失敗を覚悟で》思いきってやってみる.

cóst an árm and a lég 動 自 [主に S] 《略式》費用が高くつく.

háve a lóng árm 動 自 (勢力などが)広範囲に及ぶ.

kéep [hóld, pút] ... at árm's léngth 動 他 ⟨人など⟩を遠ざける, ⟨人⟩によそよそしくする.

línk árms 動 自 (人と)腕を組む (*with*).

on ...'s árm 副 《古風》...の腕によりかかって[つかまって]: She was walking *on his* ~. 彼女は彼の腕につかまって歩いていた.

the lóng árm of the láw 名 《誇張・滑稽》法の力, 遠くにまで及ぶ警察の追求. 由来 法の腕は長く, どこまでも追ってきて逃れられない, の意から.

ùnder one's árm 副 わきの下に: He carried a package *under his* ~. 彼は包みを小わきに抱えていた.

with one's árms fólded [cróssed] = with fólded [cróssed] árms [副] (1) 腕組みをして: He stood with his ~s folded. 彼は腕組みして立っていた. (2) 手をこまねいて, 傍観して.

with ópen árms [副] 両手を広げて; 大歓迎して.

*arm² /áəm | á:m/ 图 /arms /-z/; 動 /armed /-d/; arm·ing /arms; 反 disarm/ ⊕ 1 <…>を(—で)武装させる: They ~ed themselves with guns. <V+O+with+名・代> 彼らは銃で武装した / The carrier is ~ed with nuclear weapons. <V+O+with+名・代の受身> その空母は核を装備している. 2 <…>に(必要なものを)備えさせる, <…>の身につけさせる: He is ~ed with a good knowledge of finance. 彼は金融の知識をしっかり身につけている. 3 <爆弾など>を爆発できる状態にする. ─ ⊜ 武装する (against).

ar·ma·da /ɑəmá:də | ɑ:-/ 图 1 Ⓒ 艦隊. 2 [the A-] = Spanish Armada.

ar·ma·dil·lo /ɑ̀əmədílou | ɑ̀:-/ 图 (~s) Ⓒ アルマジロ《南米産の甲羅をもつ哺乳(ほにゅう)動物》.

Ar·ma·ged·don /ɑ̀əməgédn | ɑ̀:-/ 图 1 Ⓤ 『聖』ハルマゲドン《世界の終末における善と悪の決戦(の場)》. 2 [単数形で] [しばしば a-] 決戦(場); 大破局: the threat of a nuclear ~ 核戦争による破局の脅威.

Ar·ma·gnac /áəmənjæk | á:-/ 图 Ⓤ アルマニャック《南フランス産の辛口のブランデー; 商標》.

***ar·ma·ment** /áəməmənt | á:-/ 图 1 Ⓒ [普通は複数形で] (国の)軍隊; 軍事力; 武器, 兵器; 装備: the ~s industry 軍需産業 / nuclear ~s 核兵器. 2 Ⓤ (一国の)軍備, 武装 (反 disarmament).

Ar·ma·ni /ɑəmá:ni | ɑ:-/ 图 ⨁ Gior·gio /dʒɔ́ədʒou | dʒɔ́:-/ ~ アルマーニ(1934?-)《イタリアのファッションデザイナー》.

ar·ma·ture /áəmətʃʊə, -tʃə | á:mətʃə/ 图 Ⓒ 1 『電』(モーターなどの)電機子; 接極子. 2 『芸』(彫刻などの)土台[わく], 骨組み.

árm bànd 图 Ⓒ 1 腕章. 2 [普通は複数形で] (英)〖腕につける〗浮きぶくろ.

árm cándy 图 Ⓤ 《略式, 主に米》(パーティーなどに)連れて歩く美人, (男性の)お供役(女性).

árm chàir 图 Ⓒ 1 ひじ掛けいす[☞ living room 挿絵]: sit in an ~ ひじ掛けいすに座る [☞ in¹ 前 1 (1) 語法]. 2 [形容詞的に] 机上の空論的な, 実際に疎い: an ~ critic 観念的批評[評論]家 / an ~ traveler 旅行案内書を読んで旅行した気になる人.

*armed /áəmd | á:md/ 形 1 武装した, 軍備をした (with) (反 unarmed): ~ conflict 武力衝突 / ~ neutrality 武装中立 / The robber is ~ed. 強盗は銃をもっている. 2 (必要なものを)備えた (with) (☞ arm² 動 ⊕ 2). **ármed to the téeth** [形] 完全武装して.

-armed /áəmd | á:md⁻/ 『形容詞語尾』 1 …な腕をした: long-armed 腕の長い. 2 …の武装をした: a nuclear-armed submarine 核武装した潜水艦.

ármed fórc·es /áəmd | á:mdfɔ́əs-/ 图 [複] [普通は the ~] 軍隊《陸・海・空軍》.

ármed sérvices 图 [複] [普通は the ~] (平時の)陸海空軍, 軍事力.

Ar·me·ni·a /ɑəmí:niə | ɑ:-/ 图 ⨁ アルメニア《イランの北西にある共和国》.

Ar·me·ni·an /ɑəmí:niən | ɑ:-/ 形 アルメニア(人[語])の. ─ 图 Ⓒ アルメニア人; Ⓤ アルメニア語.

arm·ful /áəmfʊl | á:-/ 图 (複 ~s, arms·ful /áəmzfʊl | á:-/) Ⓒ 腕いっぱい(の量), ひと抱(かか)え: an ~ of cabbages ひとかかえのキャベツ.

árm hòle 图 Ⓒ そでぐり.

ar·mi·stice /áəmɪstɪs | á:-/ 图 Ⓒ [普通は単数形で] 休戦, 停戦; 休戦条約.

Ármistice Dày 图 Ⓤ (第一次大戦の)終戦記念日 《11月11日; 現在米国では Veterans Day, 英国では Remembrance Sunday と呼ばれる》.

arm·less 形 腕のない.

arm·let /áəmlət | á:m-/ Ⓒ = armband 1.

árm lòad 图 Ⓒ (主に米) = armful.

ar·moire /ɑəmwáə | ɑ:mwá:/ 《フランス語から》 Ⓒ 大型衣装だんす.

***ar·mor**, (英) **ar·mour** /áəmə | á:mə/ 图 Ⓤ 1 よろい, 甲冑(かっちゅう): a suit of ~ よろい1 着.

2 (軍艦・戦車などの)装甲; 装甲車部隊《全体》: heavy [light] ~ 重い[軽い]装甲. 3 (生物の)保護器官《うろこ・とげ・殻・甲羅など》. **a knight in shíning ármor** 《困っている女性や苦境にある者を救う勇敢な男性》; 正義の味方.

armor 1

***ar·mored**, (英) **ar·moured** /áəmed | á:məd/ 形 [普通は A] 1 装甲の, よろいをつけた: an ~ car (護送用の)装甲自動車. 〖軍〗装甲車. 2 装甲車両を持つ: an ~ division 機甲師団.

ar·mor·er, (英) **ar·mour·er** /áəmərə | á:mərə/ 图 Ⓒ 1 武器[兵器]製造[修理, 点検]者. 2 兵器整備員.

ar·mo·ri·al /ɑəmɔ́:riəl | ɑ:-/ 形 紋章の: ~ bearings 紋(章).

ármor pláte 图 (戦車などの)装甲(鋼)板.

ármor-pláted 形 装甲した.

ármor plàting 图 Ⓤ = armor plate.

***ar·mor·y**, (英) **ar·mour·y** /áəməri | á:-/ 图 (-mor·ies, (英) -mour·ies) Ⓒ 1 兵器庫, (米) 兵器工場; (国の貯蔵する)兵器. 2 (米)(州軍・予備役軍の)部隊本部; 軍事教練所. 3 資源[資料]の蓄積.

***ár·mour** /áəmə | á:mə/ 图 (英) = armor.

***árm·pit** 图 Ⓒ 1 わきの下 [☞ arm¹ 挿絵]. 2 [the ~] 《略式, 主に米》(町)きたない[不快な]場所 (of).

árm·rèst 图 Ⓒ ひじ掛け.

***arms** /áəmz | á:mz/ (同音 (英) alms) 图 [複] (動 arm²) 1 (戦争用の)武器, 兵器《類義語》: conventional [nuclear] ~ 通常[核]兵器. 2 武力, 戦争: resort to ~ 武力に訴える. 3 紋章[☞ coat 成句]. 語源 「腕にとるもの」の意. **be ùp in árms** [動] (…)に(ひどく)怒って[猛反対して]いる (about, over). **bèar árms** [動] ⊜ 武器を所有する; 《古語》兵士になる. **gróund árms** [動] ⊜ 《兵士が銃を地面に置く. **lày dówn (one's) árms** [動] ⊜ 武器を捨てる; 降服する. **tàke úp árms** [動] ⊜ (…に対して)武器をとる (against); 兵士になる. **To árms!** [感] 武器をとれ!, 戦闘準備!《号令》. **únder árms** [形・副] 〖格式〗武器を持って, 武装して.

〖類義語〗 arms 戦争用の兵器の総称. weapon 戦争だけでなく, 襲撃や防衛などに使われる武器.

árms contròl 图 Ⓤ 軍備制限, 軍縮.

árm's-léngth 形 A 距離を置いた, 親密でない; 〖商〗(取引などが)対等な, 公正な.

***árms ràce** 图 Ⓒ [普通は単数形で] 軍備拡張競争.

Arm·strong /áəmstrɔːŋ | á:mstrɔŋ/ 图 ⨁ アームストロング 1 **Lou·is** /lú:i/ ~ (1901-71) 《米国のジャズトランペッター・歌手・バンドリーダー; 愛称 Satchmo /sǽtʃmoʊ/》. 2 **Neil** ~ (1930-) 《人類として最初に月面に立った米国の宇宙飛行士》.

árm wrèstling 图 Ⓤ 腕ずもう.

***ar·my** /áəmi | á:mi/ 图 (ar·mies /~z/) Ⓒ [(英) 単数形でも時に複数扱い] 1 [普通は the ~] 陸軍; 軍: the United States A~ 米国陸軍《略

USA》/ retire from *the* ～ 陸軍を退役する / *The* ～ is [are] helping to clean up the coastal areas covered with heavy oil. 陸軍が重油におおわれた沿岸地域の清掃を援助している. [関連] navy 海軍 / air force 空軍.

コロケーション
be discharged from the *army* = **leave** the *army* 軍隊を除隊する[になる]
defeat an *army* 軍隊を負かす
join [**enter, go into**] the *army* 軍隊に入る
lead [**command**] an *army* 軍隊を指揮する
raise an *army* 軍隊を招集する
train an *army* 軍隊を訓練する

2 軍隊, 兵力, 軍勢: an ～ 50,000 strong 5万の軍隊 / He led a small ～ against the government. 彼はわずかな軍勢を率いて政府に反抗した. **3** 軍隊組織の団体: ☞ Salvation Army. **4** 大勢, 大群: an ～ *of* ants ありの大群 / an ～ *of* volunteers 大勢の有志の人. **be in the ármy** [動] [自] (陸軍)軍人である.

ármy ànt [名] [C] 軍隊あり《大群で移動する》.

ármy bràt [名] [C] 《米》[けなして] 軍人の子《各地を転々として子供時代を送る》.

Ar·no /ɑ́ənou | ɑ́:-/ [名] [固] [the ～] アルノ川《イタリア中部を流れる川》.

Ar·nold /ɑ́ənld | ɑ́:-/ [名] [固] アーノルド《男性の名》.

Ar·nold Pal·mer /ɑ́ənldpɑ́:mə | ɑ́:nldpɑ́:mə/ [名] [固] アーノルド パーマー《米国製ブランド衣料品》.

A-road /éɪròud/ [名] [C] 《英》 A 級幹線道路《英国の主要都市を結ぶ道路; ☞ B-road》.

+**a·ro·ma** /əróumə/ [名] [C] **1** 芳香 (*of*): give off a fragrant ～ 芳香を放つ. **2** 気品.

a·ro·ma·ther·a·pist /əròuməθérəpɪst/ [名] [C] 芳香療法士.

a·ro·ma·ther·a·py /əròuməθérəpi/ [名] [U] 芳香療法, アロマセラピー.

+**ar·o·mat·ic** /æ̀rəmǽtɪk←/ [形] [A] 芳香のある.

***a·rose** /əróuz/ [動] **arise** の過去形.

**a·round /əráund/

基本的には「周りに」の意.
① (…の周りを)ぐるっと回って [前] 1; [副] 1
② (…の)周りに[を] [前] 2; [副] 2
③ (…の)あちこちに [前] 3; [副] 3
④ …のあたりに[で] [前] 4; [副] 5
⑤ 周囲が(…で) [副] 4

[語法] [前], [副] とも《米》では around, 《英》では round を用いるのが一般的.

― [前] /əràund/ **1** …の周りをぐるっと回って, (角を曲がるように)…を回って; …を曲がった所[裏手]に: The moon goes [moves] ～ the earth. 月は地球の周りを回っている / They sailed ～ the world. 彼らは船で世界一周をした. [語法] around は右の挿絵のような動作を表わす. (A) は The dog ran ～ a tree. (犬は木の周りを走った), (B) は The yacht sailed ～ a buoy. (ヨットはブイを回った), (C) は The man walked ～ the corner. (男は角を曲がって歩いていった)に当たる.
2 …の周りに, …を囲んで; …を取り巻いて: sit ～ a table テーブルを囲んで座る / The cat had a ribbon ～ its neck. その猫は首にリボンを巻いていました.
3 …のあちこちに, …をあちこちと (《英》 about); …を次々に訪れて: travel ～ the country 国中を旅する / May's clothes were scattered ～ the room. メイの衣服が部屋に散らかっていた / The tourists wandered ～ the stores. 観光客は店を次々に見て回った.

(A)
(B)
(C)

4 …のあたりに[で], …の近く(のどこか)に: people living in and ～ a large city 大都市およびその周辺に住む人々 / Maybe they are somewhere ～ the pond. 彼らは池のあたりにいるかもしれない / There are few houses ～ here. このあたりは人家がほとんどない. [語法] この意味では《英》でも around を用いる人が多い.
5 およそ…, 約…, …ごろ (about): It cost ～ ten dollars. それは約10ドルした / I'll call you ～ five o'clock. 5時ごろ電話します. [語法] *around about* five o'clock Ⓢ という言い方もある. **6** …を遠回りして; (問題・困難など)を切り抜けて: They went ～ the forest. 彼らはその森を通り抜けないで迂(う)回した / There should be a way (to get) ～ this problem. この問題を克服する方法があるはずだ. **7** …を中心[基礎]として: a story ～ the writer's life その作家の一生をめぐる物語. **8** 《主に米》…に関して (concerning).

áll aróund … [前] (1) …をぐるりと回って《around の強調》: We have walked *all* ～ the lake. 私たちは歩いて湖をぐるりと回ってきた. (2) …の至る所を[に]; …のあたり一面に: He left his books *all* ～ the house. 彼は本を家中に散らかしっ放しにした.

aróund and aróund … [前] …(の周り)をぐるぐると回って: The dog ran ～ *and* ～ the tree. 犬は木の周りをぐるぐる走り回った.

― [副] **1** ぐるりと(回って); (時が)巡(めぐ)って; (回って[向きを変えて])向こう側に[へ], 反対方向へ: The top spun ～. こまはぐるぐる回った / She turned ～ and said, "Good-bye." 彼女は振り向いて, 「さようなら」と言った / He turned the boat ～. 彼はボートの向きを反対方向に変えた.
2 周りに, 周りを, 周囲に[を]: There were people standing ～ absent-mindedly. 人々が周りに放心状態で立っていた.
3 あたり一面に; あちこちに[と] (《英》 about); 四方に(向かって): He used to own all the land for miles ～. 彼は昔数マイル四方にもわたる土地をすべて持っていた / He walked ～ to see the town. 彼はあちこちを歩き回って町を見物した.
4 [数詞を伴った名詞の後で] 周囲が, 周りが: The tree is four feet ～. その木は周囲が4フィートある.
5 このあたりに, 近くに (《英》 about): Please wait ～ for a while. このあたりでちょっと待っていてください / He'll be ～ at five. 《略式》 彼は5時にやって来るだろう / I'll be ～ if you want me. 用事があれば(呼んでください)この辺にいますから. **6** [特定の動詞と共に用いて] 時間をむだにして, あてもなく, ぐずぐずと: fool ～ ぶらぶらする / sit ～ 何もしないでいる. **7** 回り道をして: go ～ by a bridge down the river 川下にある橋を渡って回り道をする. **8** (回って[近くの])ある場所へ, 出向いて: She came ～ *to* my house. 彼女は私の家にやって来た / They invited us ～ for a meal. 彼らは私たちを食事に招いてくれた. **9** [time に伴って] (ある時)に (☞ round [副] 7): this *time* ～ 今回は. **10** (グループの人々に)行き渡るように, 回して: Will you hand the papers ～? 書類を回してくれませんか.

áll aróund [副] (1) ぐるりと(回って): I looked *all* ～, but I could see nobody there. 私はあたりをぐるっと見渡したが, だれも見当たらなかった. (2) あたり一帯[一面]に, 至る所を[に]《around の強調》: A dense fog

lay all ~. 濃霧があたり一面に立ちこめていた. (3) みんなに[と], まんべんなく. (4)《略式》あらゆる点で.
aróund and aróund 《副》(何度も)ぐるぐると回って: The dog ran ~ and ~. 犬はぐるぐる走り回った.
from áll aróund 《副》あたり一帯から.
— 形 [P] **1** 動き回って(いる); 活動[活躍]して(いる): He has recovered and is able to be [get] ~. 彼は回復して動き回れる状態だ. **2** [しばしば最上級とともに] 現存している, 出回って(いる): She is one of the best singers. 彼女は現在最高の歌手の一人だ.
have bèen aróund 《動》自《略式》人生経験が豊富である; [滑稽] 性体験が豊富である.
aróund-the-clóck 《形》 A 24 時間ぶっ通しの, 休みなしの (round-the-clock).
aróund-the-wórld 《形》A《米》世界一周の.
*ᵃ**a·rous·al** /ərɑ́ʊz(ə)l/ 《名》U (特に性的な)興奮; 目ざめ, 覚醒《ᵏᵉᶦ》: sexual ~ 性的興奮.
*ᵃ**a·rouse** /ərɑ́ʊz/ 《類語》allows (allow の三単現) 《動》 (a·rous·es /~ɪz/; a·roused /~d/; a·rous·ing) 他
1 〈感情など〉を刺激する (stimulate), 奮起させる; 〈疑いなど〉を呼び起こす: ~ a debate 論争を巻き起こす / His speech ~d the people to revolt. <V+O+to+名・代> 彼の演説は人々を奮い立たせて暴動へと駆り立てた. **2** [普通は受身で] 〈...〉を性的に興奮させる **3** 《主に文》〈...〉を目ざめさせる: He was ~d from sleep by a knock on the door. 彼はドアのノックで目がさめた. 語法 この意味では wake up や awaken や rouse のほうが普通. **4** (無気力・無関心などから)〈...〉を目ざめさせる (from, out of).
ar·peg·gi·o /ɑɚpédʒioʊ | ɑː-/ 《名》 (~s) C 《楽》アルペッジョ《和音を速く滑らかに演奏すること》.
arr. 《略》=arranged (by) (☞ arrange 他 1, 3 用例), arrival, arrive(s).
ar·rack /ǽrək/ 《名》U アラック《近東[極東]地方で椰子の汁・糖蜜などで造るラムに似た強い酒》.
ar·raign /əréɪn/ 《動》他 [普通は受身で] 《法》〈被告〉を法廷に召喚する (for, on).
ar·raign·ment /əréɪnmənt/ 《名》U.C 《法》(被告の)罪状認否; 非難.

*ᵃ**ar·range** /əréɪndʒ/ 《動》(ar·rang·es /~ɪz/; ar·ranged /~d/; ar·rang·ing /~ɪŋ/; 《名》arrángement; 《反》disarrange) 他

range と同語源で「整列させる」→
「整える」2
→ (調整する)→「取り決める」1
→ (別の演奏形式にする)→「編曲する」3

1 〈...〉を**取り決める**; 〈...〉の手はずを整える, 〈...〉を手配する; 準備する; 調停する (settle): as ~d 打合わせ通りに / The meeting was ~d for next Sunday. <V+O+for+名・代の受身> 会は次の日曜日に(開くことに)決まった / Please ~ the details with your boss later. <V+O+with+名・代> 詳細は後で上司と相談して決めてください / Could you ~ to be here at five? <V+O(to 不定詞)> 5 時にここに来るようにしていただけませんか / We haven't ~d when to start. <V+O(wh 句)> 私たちはいつ出発するかはまだ決めていない / 言い換え We ~d that a car (should) meet you at the station. <V+O(that 節)>《☞ should A 8》(=We ~d for a car to meet you at the station.) 駅まであなたの車を出すように手配した / Seminars in English Lit. (Arr.) 英文学ゼミ《時間は相談のうえ決定》[Lit. is Literature, Arr. is Arranged の略].
2 〈...〉を**整える**, 整頓《ᵗᵉⁱ》する; きちんと並べる, 配列する: ~ one's hair neatly 髪をきちんと整える / learn how to ~ flowers 生け花を習う / He ~d the dishes on the table. 彼はテーブルに皿をきちんと並べた / The entry words are ~d alphabetically. <V+O の受身> 見

出し語はアルファベット順に並んでいる.
3 《楽》〈...〉を編曲する: music by Bach, arr. White バッハ作曲ホワイト編曲の音楽 (arr. is arranged by の略) / ~ piano music for the violin ピアノ曲をバイオリン向きに編曲する.

— 自 手はずを整える; 準備する; 打ち合わせる: I've ~d for a taxi. <V+for+名・代> タクシーを手配しました / 言い換え I'll ~ for someone to pick you up at your home. <V+for+名・代+to 不定詞> (=I'll ~ that someone (should) pick you up at your home.) だれかお宅へ迎えに行くように手配しましょう / I'm going to ~ with Tom about watering our plants. <V+with+名・代+about+動名> うちの植物に水をやる打ち合わせをトムとするつもりだ / I've ~d with him to meet at three. <V+with+名・代+to 不定詞> 彼と 3 時に会うことにした.

arránged márriage 《名》 C.U 親が決めた結婚, 見合い結婚.

*ᵃ**ar·range·ment** /əréɪndʒmənt/ T1 《名》 (-range·ments /-mənts/; 通例は複数形で) **準備**, 手はず; 予定, 計画 (plan): Have you made all the ~s for your trip? 旅行の準備はすみましたか / We have made ~s (for the group) to meet at 6 p.m. on Monday. <N+(for+名・代+)to 不定詞> 一行が月曜日の午後 6 時に会うように手配した.
2 U.C **協定**, 打ち合わせ, 取り決め; 調停 (settlement): an illegal ~ with the company その会社との不法な協定 / By (a) special ~ (with the manager) we were allowed to enter the building early. 我々は(管理人との)特別な取り決めで建物に早めに入るのを許された / I'm sure we can make [come to] an ~ with him about the rent. きっと借用[賃貸]料について彼と合意に達することができると思う.
3 U **整理**, 整頓《ᵗᵉⁱ》; 配列, 整列, 配置; C 整理[配列]した物: I changed the ~ of the furniture in my room. 私は部屋の家具の配置を変えた / a flower ~ 生け花. **4** 《楽》U 編曲; C 編曲された曲.

ar·rang·er /əréɪndʒɚ/ -dʒə/ 《名》C 編曲者; 手配する人; 花を生ける人.

ar·rant /ǽrənt/ 《形》A《格式》[けなして] 全くの, この上ない: ~ nonsense 全くのたわごと.

*ᵃ**ar·ray** /əréɪ/ 《名》(~s /~z/) **1** C [普通は単数形で] 《軍隊などの》整列, 勢ぞろい; 《物の》陣列《反》disarray): an impressive ~ of Japanese paintings ずらりと並んだすばらしい日本画. **2** C 《電算・数》配列. **3** U 《文》衣装, 美しい装い.
— 動 他 [普通は受身で] **1** 《格式》〈...〉を整列させる; 配列[陣列]する. **2** 《文》〈...〉を盛装させる (in).
ar·rayed /əréɪd/ 《形》**1** 《格式》争う[戦う]態勢を整えた (against). **2** P《文》盛装した (in).

⁺**ar·rears** /ərɪ́ɚz/ | ərɪ́əz/ 《名》[複] 未払金, 滞納金: rent ~ 部屋代の滞納分. **be páid in arréars** 《動》自《英》(賃金が)後払いである. **fáll into arréars** 《動》自 (支払い・仕事が)滞る (with). **in arréars** 《形》(支払い・仕事が)遅れて, 滞って (with).

*ᵃ**ar·rest** /ərést/ 《名》T3 《動》 (ar·rests /əréts/; -rest·ed /-ɪd/; -rest·ing) 他

「止める」が元の義.
「引き止める」2 → 「逮捕する」1
→ 「(注意などを)引く」3

1 〈...〉を**逮捕する**, 検挙する: The police ~ed the suspect. 警察は容疑者を逮捕した / He was ~ed for theft. <V+O+for+名・代の受身> 彼は窃盗の罪で

逮捕された. **2** 《格式》 〈進行などを〉止める: ～ the spread of AIDS エイズの蔓延をくい止める. **3** 《格式》 〈注意などを〉引く (attract): The bright colors ～*ed* our attention. 明るい色が私たちの注意を引いた. — [自] (人が)心拍が停止する.

cán't gèt arrésted [動] [自] [滑稽] (人が)(昔と違って)今では全く有名で[人気が]ない.

— [名] (**ar·rests** /əréstsˌ/) [C,U] **1** 逮捕, 検挙: an ～ warrant 逮捕状 / resist ～ 逮捕に抵抗する. **2** 停止, 阻止: a cardiac ～ 心拍停止.

be ùnder arrést [動] [自] 逮捕されている. **màke an arrést** [動] [自] 逮捕する. **pút [pláce] ... ùnder arrést** [動] [他] 〈...〉を逮捕する.

ar·rest·ing /əréstɪŋ/ [形] [W] 注意を引く, 目立つ.

ar·rhyth·mi·a /əríðmiə/ [名] [U] 〔医〕 不整脈.

*__ar·riv·al__ /əráɪv(ə)l/ ([類音] alive) [T1] [名] (～**s** /～z/; [動] arríve) **1** [U,C] 到着 (《略》 arr.) ([反] departure), 就[赴]任; [C] 到着便: ～ time 到着時刻 / ～*s* and departures of trains 列車の発着 / I've been looking forward to your ～. お着きになるのをお待ちしておりました. **2** [the ～] (新しい物の)出現, 登場; (赤ん坊の)誕生: *the* ～ *of* the computer コンピューターの登場 / celebrate *the* ～ *of* a baby 赤ん坊の誕生を祝う / Best wishes to *the* new ～. ご出産おめでとう (電報文). **3** [C] 到着した人[物]: a new ～ 新入生[社員]; 新着品; 新生児 / late ～*s* 遅刻した人たち; 最近入荷の品物.

on (...'s) arríval [副] (...が)到着次第: [言い換え] ***On*** (*his*) ～ ***at*** the airport he phoned his office. (= As soon as he arrived at the airport, he phoned his office.) 空港に着くとすぐ彼は会社に電話をした.

‡**ar·rive** /əráɪv/ ([類音] alive) [動] (**ar·rives** /～z/; **ar·rived** /～d/; **ar·riv·ing**; [名] arríval) [自] **1** 到着[到達]する, 着く, 就[赴]任する; (物などが)届く (《略》 arr.; ☞ 類義語; river [単語の記憶]) ([反] depart, leave[1]): We ～*d* here [home] in the evening. <V+副> 我々は夕方ここに[家に]着いた / Your letter ～*d* yesterday. 君の手紙は昨日届いた / You should ～ ***at*** the hotel before dark. <V+前+名・代> 暗くなる前にホテルに着いたほうがいいよ / The plane ～*d in* Tokyo on time. 飛行機は東京に定刻に到着した / The ship ～*d from* Dover. その船はドーバーから着いた.

> [語法] **arrive at [in] と arrive on の使い方**
> (1) arrive の後の前置詞 at は到着する場所が町・村や小さな地点と考えられるとき, in は国や大都市など広い地域と考えられるときに用いる. ただし旅行の途中で一時的に着くときは大都市でも at を用い, また小さな町や村でも今自分たちが住んでいる場所には in を用いる (なお ☞ at 1 [語法] 最初の囲み): We ～*d at* a village. 私たちはある村に着いた / What time are we *arriving in* New York? ニューヨークにはいつ着きますか / He ～*d at* Paris en route to London. 彼はロンドンに行く途中でパリに寄った / At last we have ～*d* ***in*** our village. やっと我々は自分たちの村にたどり着いた.
> (2) on, upon は continent, island, shore, scene などの前で用いる: We ～*d* ***on*** the island two days later. 我々は2日後に島に着いた.

2 (年齢・時期・結論・合意などに)達する: ～ *at* an agreement 合意に達する / He ～***d at*** the age of 40. <V+*at*+名・代> 彼は40歳になった / The committee has not yet ～*d at* a decision [conclusion]. 委員会はまだ決議[結論]には至っていない. **3** (時が)来る (come): At last the day has ～*d* for us to act. とうとう我々が行動を起こす日が来た. **4** (赤ん坊が)生まれる; (新しい物が)出現する. **5** [普通は完了形で] 《略式》 成功する, 名声を博する: He knew he *had* ～*d* when he read the rave reviews. 絶賛の批評を読んで彼はこれで名声を得たと思った. [語源] ラテン語で「岸に着く」の意 (☞ river [単語の記憶], [語源]).

【類義語】 **arrive** 自動詞なので at や in などとともに用いられ, 予定していた(特に遠方の)目的地に到着すること: The plane from Chicago *arrived at* the airport late at night. シカゴからの飛行機が夜遅く空港に到着した. **reach** 時間をかけたり努力したりして目的地に到達するという含みを持つことがある. この場合は arrive は使わない: Man *reached* the moon at last. 人類はついに月に到達した. **get to ...** reach や arrive at [in] の代りに使われるくだけた表現: Finally we *got to* the Mississippi. 私たちはとうとうミシシッピー川にたどり着いた.

ar·ri·viste /æriví:st/ [名] [C] 成り上がり[新参]者.

ar·ro·gance /ærəgəns/ [名] [U] 横柄, 傲慢(ごうまん).

*__ar·ro·gant__ /ærəgənt/ [形] 横柄な, 傲慢な: I found him very ～. (つき合ってみたら)彼はとても横柄な人だった. **～·ly** [副] 横柄に, 傲慢に.

ar·ro·gate /ærəgèɪt/ [動] [他] 《格式》 〈権利などを〉不当に主張する: He ～*d to himself* the right to appoint ministers. 彼は大臣任命の権限を一人占めした.

*__ar·row__ /ærou/ [名] (～**s** /～z/) [C] **1** 矢 (☞ bow[3] 挿絵): a poisoned ～ 毒矢 / shoot an ～ at ... ...をねらって矢を放つ. [関連] bow[3] /bóu/ 弓. **2** 矢印, 矢状の物 (→, ⇨ など): Follow the ～*s*. 矢印に従って進んでください. **(as) stráight as an árrow** [形・副] 矢のように真っすぐな[に]: (人が)とても正直な[に].

árrow·hèad [名] [C] 矢じり, 矢の根.

árrow·ròot [名] [U] くず粉; [C] くずうこん (植物).

ar·roy·o /ərɔ́ɪou/ [名] (～**s**) [C] 《米》 涸(か)れ谷.

⁺**arse** /áəs | á:s/ [名] [C] 《英卑》 **1** しり; しりの穴 (《米卑》 ass). **2** [普通は形容詞を伴って] [S] まぬけ野郎, ばか. **be rígh̀t ùp ...'s árse** [動] [S] 《英卑》 ...の車にぴたっとつけて運転する. **cóver one's árse** [動] [自] 《英卑》 (罰・責任逃れに)言いつくろう. **gèt óff one's árse** [動] [自] 《英卑》 (仕事などに)さっさととりかかる. **Kíss my árse!** [感] 《英卑》 (ふざけんな)そんなことするもんか. **líck ...'s árse** [動] 《英卑》 ...にぺこぺこする. **móve [shíft] one's árse** [動] [自] [S] 《英卑》 さっさとやる, 急ぐ. **Mỳ árse!** [感] [S] 《英卑》 まさか. **nót knòw one's árse from one's élbow** [動] [自] 《英卑》 どうしようもないばかだ. — [動] [次の成句で] **árse abóut [aróund]** [動] [自] [S] 《英卑》 ぶらぶらして時を過ごす, ちんたらする. **cán't [cóuldn't] be ársed** [動] [自] [S] 《英卑》 やる気がしない (*to* do).

árse·hòle [名] [C] [S] 《英卑》 =asshole.

⁺**ar·se·nal** /áəs(ə)n(ə)l | á:-/ [名] [C] **1** (兵器の)蓄え; 兵器庫[工場]. **2** (考え・物などの)蓄積, 宝庫 (*of*).

ar·se·nic[1] /áəs(ə)nɪk | á:-/ [名] [U] 〔化〕 砒(ひ)素 (元素記号 As); 砒素剤.

ar·sen·ic[2] /ɑəsénɪk | ɑ:-/ [形] 砒素の[を含む].

ar·son /áəs(ə)n | á:-/ [名] [U] 放火(罪).

ar·son·ist /áəs(ə)nɪst | á:-/ [名] [C] 放火犯人.

‡**art**[1] /áət | á:t/ [名] (**arts** /áəts | á:ts/; 1 では [形] artístic, 3 では [形] àrtifícial, ártful) **1** [U] 芸術; 美術; 芸術作品, 美術品 (全体); [the ～s] 芸術(分野)全般; 美術 (fine arts); [形容詞的に] 芸術[美術]の: modern ～ 現代[近代]芸術 / a work of ～ 芸術作品, 美術品 / A～ is long, life is short. (ことわざ) 芸術は長く, 人生は短い. [参考] 前半は元来は「技芸の修得には長い時間がかかる」の意であった.

> **art[1] 1 のいろいろ**
> **fíne árts** 美術 / **gráphic árts** グラフィックアート / **plástic árt** 造形美術 / **póp árt** ポップアート

2 [複数形で] (大学の)人文科学; 教養科目 (humanities): ☞ liberal arts. **3** [C,U] 技術, 技芸; こつ, 熟

練 (☞ technique 類義語): the ~ of building [cooking] 建築技術[料理法] / There is a special ~ **to** [**in**] making people feel at home. 人をくつろがせるには特別なこつがある / Getting him to be cooperative is quite an ~. 彼の協力を求めるのはまったく難しい ∥ ☞ industrial arts.　**árts and cráfts** [名] 美術工芸(品).

art[2] /(弱) ət; (強) ɑ́ːt | (弱) ət; (強) ɑ́ː t/ 《古語》 動 ① be[1] の二人称単数現在形. —— 動 be[2] の二人称単数現在形.

art. 略 =article 4.

art de·co /ɑ́ː(r)tdeɪkóʊ | ɑ́ː(t)dékoʊ/《フランス語から》名 U [しばしば A- D-] アールデコ《1920-30年代に流行した装飾様式》.

árt diréctor 名 C アートディレクター《劇場などの美術および印刷物のデザインなどを担当》.

ar·te·fact /ɑ́ːrtɪfækt | ɑ́ː-/ 名 C =artifact.

Ar·te·mis /ɑ́ːrtəmɪs | ɑ́ː-/ 名《ギ神》アルテミス《月と狩猟の女神; ☞ goddess 表》.

ar·te·ri·al /ɑːrtí(ə)riəl | ɑː-/ 形 1 動脈の; 動脈のような. 2 幹線の: an ~ road 幹線道路.

ar·te·ri·o·scle·ro·sis /ɑːrtì(ə)riouskləróusɪs | ɑː-/ 名 U 《医》 動脈硬化症.

***ar·ter·y** /ɑ́ːrtəri | ɑ́ː-/ 名 (**-ter·ies** /~z/) C 1 動脈: the main ~ 大動脈. [関連] vein 静脈. 2 幹線(道路), 主要河川; 中枢.

ar·té·sian wéll /ɑːrtíːʒən- | ɑː-/ 名 C 掘り抜き井戸(ポンプなしで水が出る); 深掘り井戸.

árt fílm 名 C 芸術映画.

árt fórm 名 C 芸術形式.

+art·ful /ɑ́ːrtfəl | ɑ́ː-/ 形 (比 art[1] 3) [普通は A] 1 狡猾(ずる)な, ずる賢い, 策略を用いる: an ~ dodger ごまかし[言い抜け]のうまい人. 2 (物・行為などが)巧みな, 技巧的な. **-ful·ly** /-fəli/ 副 狡猾(ずる)に, ずるく; 巧みに. ~·**ness** 名 U 狡猾さ; 巧みさ.

árt gállery 名 C 美術館, 画廊.

árt hóuse 名 C 芸術映画劇場《特に外国映画や前衛映画を上映する》.

ar·thrit·ic /ɑːrθríṭɪk | ɑː-/ 形 関節炎の[にかかっている]. —— 名 C 関節炎患者.

***ar·thri·tis** /ɑːrθráɪṭɪs | ɑː-/ 名 U《医》関節炎.

ar·thro·pod /ɑ́ːrθrəpɑ̀d | ɑː:θrəpɔ̀d/ 名 C 節足動物《昆虫・えび・くも・むかでなど》.

Ar·thur /ɑ́ːrθər | ɑ́ː-/ 名 1 アーサー《男性の名; 愛称は Artie》. 2 King ~ アーサー王《6世紀ごろブリトン人 (Britons) を率いて, 侵入するアングロサクソン人と戦ったとされる伝説的な王; ☞ round table 2》.

Ar·thu·ri·an /ɑːrθ(j)ú(ə)riən | ɑː-/ 形 アーサー王の騎士(の)の: the ~ legend アーサー王伝説《アーサー王と円卓の騎士たちをめぐる伝説; ☞ round table 2》.

+ar·ti·choke /ɑ́ːrtətʃòʊk | ɑ́ː-/ 名 C,U 1 アーティチョーク, ちょうせんあざみ (globe artichoke)《頭状花は高級な野菜として食用にする》. 2 = Jerusalem artichoke.

artichoke 1

‡ar·ti·cle /ɑ́ːrtɪkl | ɑ́ː-/ 〖T1〗 名 (~**s** /~z/) C

ラテン語で「小さな関節」の意. そこから「関節で分けられた個々のもの」
→ (文書の)「条項」3 →(個別の)「記事」1
→ (個々の)「物品」2
→ (他の品詞とは別のものの意で)「冠詞」4

1 (新聞・雑誌の)**記事**, 論説; 論文: an ~ **on** [**about**] China 中国に関する記事 / cut out interesting ~s 興味のある記事を切り抜く ∥ ☞ leading article.

2 物品, 品物; (同種の品目の)1つ (☞ piece 1 [語法] の囲み): an ~ **of** clothing 衣料品1点 / household ~s 家庭用品 ∥ ☞ genuine 成句.

3 条項, 個条; [複数形で] (年季)契約: ‘the ninth ~ [A~ 9] of the Constitution 憲法第9条 / in ~s 法律[会計]事務所で実務研修を受けて.

4 〖文法〗 冠詞《名詞の前に置いてその意味を限定する語. 不定冠詞 (indefinite article) の a, an と定冠詞 (definite article) の the とがある.

an árticle of fáith 名《格式》(1) 信仰箇条. (2) 固い信念, 信条: Opposition to nuclear weapons is an ~ of faith in Japan. 核兵器反対は日本の国是だ.　**the árticles of incorporátion [associátion]** 名 (会社)の定款.

—— 動 他 [普通は受身で] (英)〈人〉を年季契約で雇う (*to*, *with*): an ~d clerk 司法実務研修生.

ar·tic·u·la·cy /ɑːrtíkjuləsi | ɑː-/ 名 U 明晰(さ).

***ar·tic·u·late**[1] /ɑːrtíkjulət | ɑː-/ 形 (反 inarticulate) **1** (発音・ことばが)はっきりした, 明瞭(めいりょう)な; (人が思想などを)はっきり表現できる: an ~ debater ことば[論旨]がはっきりしている討論者. **2**〖生・解〗節のある, 関節のある (☞ article 囲み).

***ar·tic·u·late**[2] /ɑːrtíkjulèɪt | ɑː-/ 動 他 **1** はっきりと〖音声〗調音する. **2** (関節から)つながる (*with*). —— 自 1〈…〉をはっきりと[明瞭に]発音する; 《格式》〈思想など〉を明確に表現する. **2** [普通は受身で] 〈…〉を関節でつなぐ, 接合する (*with*).

ar·tic·u·lat·ed /ɑːrtíkjulèɪṭɪd | ɑː-/ 形 (英)(トラック・バスなどの)運転台が本体から分離した: an ~ lorry トレーラートラック / an ~ bus 連結式のバス.

ar·tic·u·late·ly /ɑːrtíkjulətli | ɑː-/ 副 明瞭に.

ar·tic·u·la·tion /ɑːrtìkjuléɪʃən | ɑː-/ 名 1 U (明確な)発音;《格式》(思想などの)明確な表現 (*of*). 2 U〖音声〗調音. 3 U,C〖生〗(関節の)接合.

Ar·tie /ɑ́ːrti | ɑ́ː-/ 名 アーティー《男性の名; Arthur の愛称》.

+ar·ti·fact /ɑ́ːrtɪfækt | ɑ́ː-/ 名 C 1 (考古学上の)人工(遺)物, 工芸品《特に道具・武器・装飾品》. 2〖科学〗人工物《自然現象とは無関係に実験過程や方法によって生じた結果やデータ》.

ar·ti·fice /ɑ́ːrtəfɪs | ɑ́ː-/ 名 U,C《格式》策略(の使用), 術策.　**by ártifice** 副 策略を用いて.

***ar·ti·fi·cial** /ɑ̀ːrtəfíʃəl | ɑ̀ː-/ 〖T3〗 形 (比 art[1] 3, àrtificially) **1** (普通は人為の, 人工の, 人造の (反 natural): an ~ flower 造花 / an ~ leg 義足 / A~ colors added. 合成着色料添加《表示》.

2 不自然な, うわべだけの: an ~ smile 作り笑い / ~ tears 空涙 / His gaiety seemed ~. 彼は陽気さをよそおっているように見えた.

artificial inseminátion 名 U 人工授精《略 AI》.

+artificial intélligence 名 U 人工知能《略 AI》.

ar·ti·fi·ci·al·i·ty /ɑ̀ːrtəfìʃiǽləṭi | ɑ̀ː-/ 名 (形 àrtificial) U 人工[人為]的なこと; 不自然.

artificial lánguage 名 C 人工言語《特に Esperanto のような国際語》.

ar·ti·fi·cial·ly /ɑ̀ːrtəfíʃəli | ɑ̀ː-/ 副 人工的に, 人為的に, 不自然に, わざとらしく.

artificial respirátion 名 U 人工呼吸.

***ar·til·ler·y** /ɑːrtíl(ə)ri | ɑː-/ 名 U 大砲《全体》: ~ fire 砲火. 2 [the ~] 砲兵(隊).

+ar·ti·san /ɑ́ːrtəzən | ɑ̀ːtɪzǽn/ 名 C《格式》職人.

***art·ist** /ɑ́ːrtɪst | ɑ́ː-/ 名 (**artists** /-tɪsts/) C 1 芸術家, 彫刻[美術, 音楽, 舞台芸術]家, 映画監督《特に》画家 (painter)《前に形容詞をつけて》…な絵を描く人:

one of the greatest ~s in Japan 日本屈指の芸術家[画家] / You are a very good ~. 絵がお上手ですね. 2 《略式》名人, 熟練家. 3 =artiste.

ar·tiste /ɑːtíːst | ɑː-/ 名 C 芸能人, アーチスト《俳優・歌手・ダンサーなど》.

*__ar·tis·tic__ /ɑːtístɪk | ɑː-/ 形 (名 art¹ 1; 反 inartistic)
1 芸術的な, 美術的な; 芸術のわかる, 芸術を好む: ~ beauty 芸術的な美しさ / My father is not very ~. 私の父にはあまり芸術の才がない. **2** 芸術の, 美術の; 芸術家の: an ~ temperament 芸術家肌. **3** 《芸術品などの》趣の, 風雅な: ~ designs 美しいデザイン. **-ti·cal·ly** /-tɪkəli/ 副 **1** 芸術的[美術的]に; 趣のあるように. **2** 《文修飾》芸術的に見れば[言えば].

ar·tis·try /ɑːtɪstri | ɑː-/ 名 U 芸術的技量, 芸術性; 《スポーツなどでの》高度の技術, 腕前.

árt·less 形 **1** ありのままの, 素朴な, 無邪気な. **2** へたな, 不器用な. **~·ly** 副 無邪気に; 自然のままに. **~·ness** 名 U 素朴, 率直.

árt mòvie 名 C =art film.

art nou·veau /áː(t)nuːvóʊ | áː(t)-/《フランス語から》 名 U アールヌーボー《19世紀末からヨーロッパに起こった, 曲線的植物模様を特色とする装飾美術の様式》.

árt pàper 名 U 《英》アート紙《写真集などに使用》.

art·sy /áːtsi | áː-/, **art·sy-craft·sy** /áːtsikrǽftsi | áːtsikráːf-/, **art·sy-fart·sy** /áːtsifáːtsi | áːtsifáː-/《米略式》芸術家ぶった, 芸術家気取りの.

†**árt·wòrk** 名 **1** U さし絵, 図版. **2** C 美術作品.

art·y /áːti | áː-/ 形 (**art·i·er**; **-i·est**)《英略式》《軽蔑》 =artsy.

art·y-craft·y /áːtikrǽfti | áːtikráːf-/, **art·y-fart·y** /áːtifáːti | áːtifáː-/ 形 《英略式》 =artsy.

a·ru·gu·la /ərúːg(j)ulə | áːr-/ 名 U 《米》きばなすずしろ《葉はサラダ用》《英》rocket.

árum lily /é(ə)rəm-/ 名 C, U 《植》カラー《さといも科の観葉植物》.

-ar·y /-èri, -(ə)ri | (ə)ri/ 接尾 **1** 《形容詞語尾》「…の, …に関する」の意: visionary 想像力のある / planetary 惑星の. **2** 《名詞語尾》「…するもの, …する所, …する人」の意: dictionary 辞書 / library 図書館 / secretary 秘書.

Ar·y·an /é(ə)riən, áːr-/ 名 C, 形 アーリア人[語](の).

*__as__ (弱) əz; (強) ǽz/ (同音 #has²)

基本的には「全くそのように」の意で also と同語源.
① …する[…の]ときに, …につれて 接 1
② …のように[な], (…と)同じく 接 2; 副 1; 代 1
③ …なので, …だから 接 3
④ …として 前 1

―― 接《従位接続詞》 **1** …するときに, …しながら (when) (☞ 前 2); …につれて: Just as he was going out, there was a great earthquake. ちょうど彼が出かけようというときに大地震があった / She was trembling as she listened to the news. その知らせを聞きながら彼女は震えていた / As we went up, the air grew colder. 登るにつれて空気は冷たくなった.

2 …(する)とおりに, …(する)限りでは; …と同じく, …ほど: Do as I told you (to). 私が言ったようにしなさい / Dance as you were taught to. 教わったとおりに踊りなさい / She left as she had promised (=as promised). 彼女は約束通りに出かけた (☞ 代 2 言換) / The boy behaved badly, (just) as I thought he would. (ちょうど)私が予想した通りに少年は行儀が悪かった. 語法 as 節が倒置されることがある: She should be punished, as should all the other girls in the class (=as all the other girls should be punished). 彼女はクラスの他の少女と同じく罰せられるべきなのだ.

3 …なので, …だから (☞ because 類語網): As I was late, I took a bus. 遅れたので私はバスに乗った / As he wasn't ready, we left without him. 彼の準備が間に合わないので私たちは彼を置いて出かけた. 語法 (1) 普通は文頭に用いる. (2) 理由を表わすときには because や since を用いるほうが普通. 上の文は特に《略式》では I was late, so I took a bus. / He wasn't ready, so we left without him. と言うほうが普通.

4 〔発言の根拠を示して〕(というのは)…だから, …なので言うが〔尋問分〕: It may rain, as the barometer is falling. 雨が降りそうだ. 気圧計が下がっているから / As you're in charge, you should know where the clerk is. あなたは主任だからその店員の所在をご存知でしょう. **5** 〔しばしば先行する名詞の意味内容を限定する節を導いて〕…する場合には[の], …する限りでは[での] (☞ 副 2): He told me a lot about Kyoto as he knew it ten years ago. 彼は私に10年前に見た京都のことをあれこれ話してくれました. **6** 〔対比・比例関係などの表現で〕…であるのと同じように (☞ as …, so ― (成句); A is to B what C is to D. (what² 成句) 語法: 言換 Two is to four as five is to ten. 2対4は5対10 (2:4=5:10). **7** 〔格式〕…ではあるが (though) (☞ (as) … as ―(3)(成句)) 言換 Rich as he is, he is not happy. (=Though he is rich, he is not happy.) 彼は金はあるが幸せではない / 言換 Try as he would, he could not jump over the fence. (=However hard he tried, he could not jump over the fence.) 一生懸命やってみたが彼にはその柵(さく)を跳び越えることはできなかった. 語法 as の位置に注意. as の前に来るのは普通は形容詞, 副詞か動詞の原形.

―― 副 **1** 同じくらいに, 同じように: I can run ~ fast. 私だって同じくらい速く走れる. 語法 比較の対象は文脈や言外に暗示されている. それを明示するには次のようになる: I can run as fast as he (can) [《略式》as him]. **2** 〔しばしば先行する名詞を修飾する〕形容詞・分詞などの前に置いて〕…である場合の(の), …なものとして(考えられた) (☞ 接 5): the earth as seen (=as it is seen) from a spacecraft 宇宙船から見た地球 / He explained American football 「as distinct from rugby football [as played in the US]. 米国で行なわれている]アメリカンフットボールを説明した. **3** 〔前置詞句・副詞の前に用いて; 特に文頭で〕…(の場合)と同じく: As in previous years, she took a vacation in May. これまでと同じように彼女は5月に休暇をとった.

―― 前 **1** …として; …のように: It can be used as a knife, too. それはナイフとしても使える / He acted as chairman. 彼は議長を務めた.

> 語法 (1) as の後の役職名の名詞には冠詞をつけないことが多い.
> (2) regard, think of, describe, see, speak of などの他動詞の後に用いる場合, as が形容詞・分詞を伴うこともある: We thought of him as (being) a genius. 私たちは彼を天才と思った / I regard him as (being) fit for promotion. 彼は昇進する資格があると思う.

2 …のときに: As a child (=When (he was) a child), Bob lived in Boston. 子供のころはボブはボストンに住んでいた / She showed me a picture of her mother as a schoolgirl. 彼女は学校時代のお母さんの写真を私に見せてくれた. 用法注意 この as は前置詞だから young のように形容詞を続けることはできない. **3** 〔such, the same の後につけて〕…のような―, …と同じ―

In 「*such* countries *as* [countries *such as*] Norway and Finland, they have lots of snow in winter. ノルウェーやフィンランドのような国では冬には雪が多い《☞ such (…) as — (such [形] 成句)》/ This is the *same* kind of camera *as* mine. これは私のカメラと同種のカメラだ《☞ the same (…) as — (same 成句)》. **4** …なので: *As* her father (=Since he is her father), he is in a position to advise her on such matters. 彼は父親なのでそのような問題で彼女にアドバイスできる. **5**《格式》(例えば)…のような (for example): Some animals, *as* lions, eat meat. 動物の中にはライオンのように肉を食べるものもある. [語法] as 単独よりも such as のほうが普通《☞ such 成句》.

— [代]《関係代名詞》**1** [such, the same の後につけて] …する(ような)—, …と同じ(—)《☞ [前] 3》: *Such* friends *as* he had were at the party. 彼の(つきあいのある限りの)友人たちがパーティーに来ていた / *Such* advice *as* she was given proved worthless. 彼女が受けた(わずかな)アドバイスも役に立たなかった / He looks just *the same as* he did ten years ago. 彼は10年前と全く変わらない. **2** [先行のまたは後続の節の内容を受けて] Ⓢ そのことは…であるが, …するように: He was a Frenchman, *as* I could tell from his accent. その男はフランス人だった. 彼のなまりからわかったことだが / *As* was (only) natural, he married her. 当然なことであるが, 彼は彼女と結婚した. [語法] as の後で節が省略された形になることがある《☞ [接] 2, [副] 3》: *As* expected (=*As* was [had been] expected), he married her. 予想通り, 彼は彼女と結婚した. **3** [先行する節の語句の内容を受けて]《格式》…も(また)そうであるように: Tom is tall, *as* are his brothers. トムは, 兄弟もそうだが, 背が高い. [語法] Tom is tall, and *so* are his brothers. のほうが普通 // I like classical music, *as* does my father. 父と同様に私もクラシック音楽が好きだ.

as álways [éver] [副] いつもと変わらずに.

ás and whén [接] [不確定な未来を表わして]《英》…する時 (when). — [副]《略式》いつかは.

(as) … as — (1) —と同じほど…, —くらい…: Her skin is (*as*) white *as* snow. 彼女の肌は雪のように白い / Bill works *as* hard *as* 「his sister (does) [《略式》her]. ビルは姉[彼女]と同じほどよく働く / She is *as* wise *as* (she is) beautiful. 彼女は美しくまた賢い. [語法] as+[形]+a [an]+[名]+as の語順に注意《☞ a² 最初の [語法] (2)》: She has *as good a* voice *as* you. 彼女はあなたと同じくらいよい声をしている. (2) [距離・時間などを示す語句を伴って] …ほども: This car can go *as* fast *as* 150 kilometers an hour. この車は時速150キロもの速さで走れる / I met her *as* recently *as* last week. 私は彼女につい先週会った. (3)《主に米》…ではあるが (though)《☞ [接] 7》: *As* rich *as* he is, he is not happy. 彼は金があれだけあるのに幸せではない.

as … as ány (—) どの—にも劣らず…, だれにも負けず…, 非常に: She works *as* hard *as anybody*. 彼女はだれにも負けずに熱心に勉強する / This sake is *as* good *as any*. この酒はどの酒にも劣らずよい. [語法] 必ずしも最上級と同じ意味ではないことに注意. 次の2例を比較せよ: She is *as* hard-working *as any* (other) student in the class. 彼女はクラスのだれにも引けをとらないほど勤勉な学生だ / She is *the most* hard-working student in the class. 彼女はクラスで一番勤勉な学生だ.

as … as — cán ☞ can¹ 成句.

as … as éver ☞ ever 成句.

as … as póssible ☞ possible 成句.

as fàr as … ☞ far 成句.

às for … ☞ as for の項目.

às from … [前] …以後《正式な日付に用いる》.

as if ☞ as if の項目.

às ís [副] (商品などを)そのままで, 手を加えずに《☞ as it is [was] (成句)》: He bought an old car *as is*. 彼は中古車を(修理などの)手を入れないままで買った.

às it ís [wás] [副] [つなぎ語] [文頭または文中に置いて] (しかし)実際は, 実のところは: *As it was*, he didn't love her. 実は彼は彼女を愛していなかったのだ / I thought she'd be useful, but *as it is*, we'd be better off without her. 彼女は役に立つと思っていたが, これじゃいないほうがよかったな.

as it ís [wás], as they áre [wére] [副・形] (1) そのままにして(も); そのままの: the world *as it is* 現状の世界 // ☞ leave … as it is (leave¹ 成句). (2) そのままでも, (今でも)すでに: The rules are strict enough *as* 「*it is* [*they are*]. その規則は今のままでも十分厳しい.

as it wére ☞ were¹ 成句.

as lòng as … ☞ long¹ [副] 成句.

as màny as … ☞ many 成句.

as múch ☞ much [代] 成句.

as mùch as … ☞ much [代] 成句.

as múch … as — ☞ much [代] 成句.

as néver befóre [副] かつてなかったほど: feel a thrill *as never before* 今までになかったほど興奮する.

às of … [前] (1) (何月何日)現在で: *As of* April 1, 1989, there were ten schools in this town. 1989年4月1日現在で, この町には10の学校があった. (2) =as from ….

às …, sò — [接]《格式》…であると同様に—《☞ [接] 6》: *As* you treat mé, *so* I will treat yóu. あなたが私に対してするように私もあなたに対してすることにします.

as sóon as … ☞ soon 成句.

as sùch ☞ such [代] 成句.

as they áre [wére] ☞ as it is [was].

as thòugh ☞ as if の項目.

às to … ☞ as to の項目.

As you wére. [感] (1)〔軍〕元へ《号令》. (2) (前言を撤回して)元へ.

… às wás 旧姓….

… as wéll ☞ well¹ 成句.

… as wèll as — ☞ well¹ 成句.

as (of) yèt ☞ yet 成句.

dóing as … dó 実際に…しているので. [語法] 分詞構文中に as … do を伴った形で強意的. do は文脈により does, did などになる: Know*ing* him *as* I *do* [*did*], I can [could] rely on him to help Bill. 私は実際に彼のことを知っている[いた]ので, 彼がビルを助けるだろうとあてにできる[できた].

jùst as …, sò — [接] =as …, so —.

(jùst) as you wísh [líke, prefér] [副]《しばしば丁寧》(どうぞ)希望通りに, おっしゃるように; お好きなように, ご勝手に《しばしば返答として用いる》.

nòt (…) so … as — = nòt (…) as … as — —ほど…ではない《as … as — の否定》. [語法] (1) 前者のほうが強い意味を表わし, 格式ばった文で使われることがあるが, 普通は後者を用いる. (2) not の代わりに他の否定語も用いられる: John is *not so* [*as*] clever *as* Tom. ジョンはトムほど利口ではない / Mary *cannot* speak French *as* well *as* Liz. メアリーはリズほどフランス語がうまく話せない.

sò … as — —と同じ程度…, —と同じくらい…; —ほどの…: Do you know any girl *so* charming *as* Emily? エミリーぐらいチャーミングな少女を知っていますか / It's hard to believe that *so* capable a man *as* Mr. White has failed in business. ホワイトさんほどの有能な人が事業に失敗したなんて信じられない.

sò (…) as to dó ☞ so¹ 成句.

sùch (…) as to dó ☞ such [形] 成句.

AS [略] =Anglo-Saxon.

ASAP, asap /éɪèsèɪpíː/ [略] =as soon as possible《☞ soon 成句》.

+**as·bes·tos** /æsbéstəs, æz-/ [名] [U] 石綿, アスベスト.

as·bes·to·sis /æ̀sbestóʊsɪs, æ̀z-/ [名] [U] 石綿症.

+**as·cend** /əsénd/ [動] [W] 《格式》 [自] **1** 登る, 上る (climb); (道などが)上りになる (*to*); (飛行機・煙などが)上昇する (*from*) ([反] descend). **2** (地位などが)高くなる; (物価が)上がる. — [他] 〈…〉に[を]登る, 上る (climb): ～ a slope 坂を上る. **in ascénding órder** [副] (大きさ・重要性などが)だんだん大きくなる順に.

as·cen·dan·cy, -cen·den·cy /əséndənsi/ [名] [U] 《格式》 日の出の勢い, 優勢, 優越, 支配: gain (the [an]) ～ *over* [*in*]... …を支配する.

+**as·cen·dant, -dent** /əséndənt/ 《格式》 [名] [U] 優位, 優勢. **in the ascéndant** [形] 《格式》 日の出の勢いで. — [形] 上昇している; 優勢な.

as·cen·sion /əsénʃən/ [名] **1** [U] [W] 上昇; (高位に)昇ること (*to*). **2** [the A-] 〘聖〙 キリストの昇天.

Ascénsion Dày [名] [U,C] キリスト昇天祭 《復活祭 (Easter) 後 40 日目の木曜日》.

+**as·cent** /əsént/ [名] ([反] descent) **1** [C,U] 登ること; 上昇. **2** [C] [普通は単数形で] 上り坂. **3** [U] 昇進; 向上. **màke an ascént of ...** [動] [他] …に登る.

+**as·cer·tain** /æ̀sətéɪn | æ̀sə-/ [動] 《格式》 [他] 〈…〉を確かめる, 突き止める: ～ the cause of death 死因を突き止める / We ～*ed that* the witness had been bribed. 私たちは証人が買収されていたことを確かめた / We can't ～ *whether* the news is true or not. 我々にはその知らせが真実かどうか確かめられない. — [自] 確かめる.

as·cer·tain·a·ble /æ̀sətéɪnəbl | æ̀sə-←/ [形] 確かめられる, 突き止められる.

as·cet·ic /əsétɪk, æ-/ [形] [普通は [A]] 苦行の; 禁欲的な. — [名] [C] 苦行者; 禁欲主義者. **-cét·i·cal·ly** /-kəli/ [副] 禁欲的に.

as·cet·i·cis·m /əsétəsìzm/ [名] [U] 禁欲(主義).

ASCII /ǽski:, -ki/ [名] [U] アスキー 《データ通信用の文字・記号の米国標準コード; American Standard Code for Information Interchange の略》.

a·scór·bic ácid /əskɔ́əbɪk- | -kɔ́:-/ [名] [U] アスコルビン酸 《ビタミン C のこと》.

as·cot /ǽskət/ [名] **1** [C] 《米》 アスコットタイ 《幅の広いネクタイ》 (cravat). **2** [A-] [固] アスコット 《英国南部の町; 競馬場で有名》.

ascot

as·crib·a·ble /əskráɪbəbl/ [形] [P] (…の)せいと考えられる (*to*).

+**as·cribe** /əskráɪb/ [動] 《格式》 [他] 〈成功・失敗など〉を(…の)せいにする; 〈作品など〉を(…の)作とする; 〈特徴など〉を(…に)属するとみなす; 〈…〉が(…に)あるとする (attribute) (☞ describe [単語の記憶]): ～ one's success *to* hard work 自分の成功を努力の結果だと言う. — [自](信条・意見などを)持つ (*to*).

as·crip·tion /əskrípʃən/ [名] [C,U] 《格式》 (物事の原因・起源などを)(…に)帰すること (*to*).

ASEAN /əsí:ən | ǽsiæ̀n/ [名] [固] アセアン, 東南アジア諸国連合 《Association of Southeast Asian Nations の略; ☞ acronym》: the ～ countries アセアン諸国.

a·sep·tic /eɪséptɪk, ə-/ [形] 〘医〙 (傷などが)無菌の; (器材が)消毒済みの.

a·sex·u·al /eɪsékʃuəl, -ʃəl/ [形] **1** 〘生〙 無性の: ～ reproduction 無性生殖. **2** 性に無関心[無関係]な: an ～ relationship 性交渉の無い関係.

a·sex·u·al·ly /eɪsékʃuəli/ [副] 無性生殖で.

*__as for__ /ǽzfə, ǽs- | -fə/ [前] [主に [S]] [文頭で] …に関する限りは, …について言えば: We have lots of bread, and ～ butter, we have more than enough. パンはたくさんある, またバターについては十分すぎるほどある / Most people like summer, but ～ me, I like winter much better. たいていの人は夏が好きだが, 私は冬のほうがずっと好きだ.

> [語法] (1) これはすでに話題になったこととの対比とか関連で用いることが多い. (2) as to と違い (☞ as to 1), 軽蔑的な含みを持つことがある: *As for* that doctor, I don't trust him at all. あの医者に関しては, 私は全然信頼していない.

*__ash__[1] /ǽʃ/ [名] (～·es /~ɪz/) **1** [U] 灰; [複数形で] 燃え殻, 灰殻: cigarette ～ たばこの灰 / remove the ～*es* 灰(殻)を取り除く / The house was burned to ～*es*. その家は全焼した. **2** [複数形で] 遺骨.

ríse from the áshes [動] [自] 荒廃[敗北]から立ち直る (☞ phoenix 成句).

ash[2] /ǽʃ/ [名] **1** [C] 〘植〙 とねりこ, せいようとねりこ 《落葉高木》. **2** [U] とねりこ材 《スキーやバットの材料》.

*__a·shamed__ /əʃéɪmd/ [形] [P] **1** (…を)恥じて, (…が)恥ずかしくて: I'm **～ *of*** my speech. <A+*of*+名・代> 私は自分の演説を恥ずかしく思う / He is thoroughly **～ *of*** hav*ing* behaved so badly. <A+*of*+動名> 彼はあんなに不作法にふるまったことに恥じ入っている (☞ having[2] 2 [文法]) / You ought to be ～ *of* yourself. [S] 恥を知りなさい / I feel **～ *that*** I didn't tell him the truth. <A+*that* 節> 彼に本当のことを言わなくて恥ずかしく思っています.

ashamed (よくない事をして恥じている)	恥ずかしい
embarrassed (きまりが悪い)	
shy (引っ込み思案ではにかんだ)	

2 [to 不定詞を伴って] …するのが恥ずかしい, 恥ずかしくて…したくない: I was too ～ *to* ask for help. 私は恥ずかしくて援助を求められなかった.

be ashámed to sáy [admít] (that)... [動] 恥ずかしいことですが…です: I *am* ～ *to say* I forgot his name. お恥ずかしい次第ですが彼の名前を忘れました.

... is nóthing to be ashámed òf. …は恥ずかしいことではない(元気を出しなさい).

ásh càn [名] [C] 《古風, 米》 =garbage can.

Ashe /ǽʃ/ [名] [固] **Arthur** ～ アッシュ (1943–93) 《米国のプロテニス選手; 黒人初の Wimbledon 優勝者》.

ash·en /ǽʃən/ [形] 灰色の; (顔が)蒼白(そうはく)の.

Ash·ke·na·zy /ɑ:ʃkənɑ́:zi | æʃ-/ [名] [固] **Vlad·i·mir** /vlǽdəmìə | -dɪmìə/ ～ アシュケナージ (1937–) 《ロシア生まれのピアニスト・指揮者》.

Ash·mó·le·an (Muséum) /æʃmóʊliən-/ [名] [固] [the ～] アシュモリアン博物館 《Oxford 大学付属の美術・考古学博物館; 英国で最も古い》.

+**a·shore** /əʃɔ́ə | əʃɔ́:/ [副] ([名] shore[1]) 浜へ[に], 岸へ; 上陸して: run ～ (船が)座礁する / go ～ (船から)上陸する.

ash·ram /ɑ́:ʃrəm, ǽʃ- | ǽʃ-/ [名] [C] 〘ヒンズー教〙 僧房; 修業場.

+**ásh·trày** [名] [C] (たばこの)灰皿.

ásh trèe [名] [C] =ash[2] 1.

Ásh Wédnesday [名] [U,C] 灰の水曜日 《四旬節 (Lent) の初日; カトリック教徒はこの日にざんげの象徴として頭に灰を振りかける》.

ash·y /ǽʃi/ [形] (**ash·i·er**; **-i·est**) **1** 灰まみれの. **2** 灰色の; 青白い.

**__A·sia__ /éɪʒə | éɪʒə, -ʃə/ [名] [固] ([形] Ásian, Àsiátic) アジア (☞ continent[1] [参考]): ～ is one. アジアは一つなり 《岡倉天心のことば》.

Ásia Mínor [名] [固] 小アジア 《黒海と地中海を隔て, トルコの大部分を占めるアジア側の半島部》.

***A·sian** /éɪʒən, -ʃən/ ([類音] agent) [形] ([名] Ásia) **アジアの**; **アジア人の**: ~ countries アジア諸国. [参考] 特に《米》では東アジア(日本・中国・韓国など), 《英》では南アジア(インド・パキスタン・バングラデシュなど)を指して用いる.
— [名] (~s /~z/) [C] **アジア人**; [the ~s] アジア人《全体; ☞ the¹ 5》: The ~s must be united. アジア人は団結しなければならない.

Ásian-Américan [名] [C] [形] アジア系米国人(の).

Ásian flú [名] [U] 〘医〙アジアかぜ《インフルエンザの一種》.

A·si·at·ic /èɪʒiǽtɪk | -zi-/ [形] ([名] Ásia) アジアの (Asian). — [名] [C] アジア人. [語法] 侮蔑的な感じを伴うので, 現在は Asian のほうが好まれる.

***a·side** /əsáɪd/ [副] **1** わきへ, かたわらに; (一時的に)離して, のけて: move ~ わきへ寄る / turn ~ わきを向く, 顔をそむける / She pulled the curtain ~. 彼女はカーテンをわきに引いた / Tom laid the book ~ and looked up. トムは本をわきに置いて[読むのをやめて]顔を上げた.
2 (ある目的のために)別にして, 取っておいて: put [set] ~ some money いくらかお金を取っておく / Please put it ~ for me. それをどうか私のために取っておいてください / Let's leave the matter of an apology ~ for now. さしあたり謝罪の件は後まわしにしましょう. **3** [名詞・動名詞の後に用いて] (…は)考慮しないで, 別にして (apart): ☞ (all) joking aside (joke [動] 成句).
asíde from … [前] (1) …は別として, …を除いて (apart from …): A~ *from* a few scratches, she was not injured. 彼女はかすり傷を負った以外は別にけがはなかった. (2) …のほかに.
— [名] [C] **1** 余談; ひそひそ話. **2** 〘劇〙わきぜりふ.

***as if** /əzɪf/, **as though** /əzðòu/ [接] **1** まるで…であるかのように: She talks ~ she *knew* all about it. 彼女はまるでそれについては何でも知っているかのような話しぶりだ / He looked ~ he *had seen* a ghost. 彼はまるで幽霊でも見たような顔つきだった.

> [語法] (1) ʻas if [as though] に続く節には普通仮定法の過去時制または過去完了形を用いるが, 《略式》では一人称および三人称の単数において were の代わりに直説法過去形の was を用いることが多い (☞ was¹ 3, was² 4). また現在時制の場合《略式》で直説法現在形を用いることもある: He is walking ~ he *is* [*was*] drunk. 彼は酔っているような歩き方だ.
> (2) ʻas if [as though] 節内の主語と be 動詞が省略されることがある: She shook her head ~ ʻin anger [to say ʻNo']. 彼女は怒っているかのように[「いや」と言いたいかのように]首を振った.

2 [seem, look などとともに] [S] …のようだ: [言い換え] It *seems* ~ he is ill. (=It seems (that) he is ill.) 彼は病気らしい / He *looks* ~ he's given up. 彼はあきらめたようだ. **As ìf …!** [S] …なんてことがあるものか《相手が暗示・前提していることなどを非難するときに用いる》: A~ you didn't know! 知っているくせに! / A~ I cared! 私の知ったことか! (☞ it isn't as if … (成句)). ʻ**it ísn't [it's nót]** ʻ**as ìf [as thòugh] …** [S] …ではあるまいし, …なんてわけがない: *It isn't* ~ you didn't know the rules. あなたは規則を知っているくせに.

As·i·mov /ǽzəmɔ̀ːf | -mɔ̀f/ [名] [固] **Isaac** ~ アシモフ (1920–92)《ロシア生まれの米国の作家》.

as·i·nine /ǽsənàɪn/ [形] 《格式》愚かな, ばかげた.

***ask** /ǽsk | ɑ́ːsk/ [動] (**asks** /~s/; **asked** /~t/; **ask·ing**)

> 「求める」が基本的な意味
> →(答えを求める) →「尋ねる」**1**
> →(物事を求める) →「頼む」**2** →(来訪を請う) →「招待する」**3**

— [他] **1** 〈人〉に(物事を)**尋ねる**; 〈(知りたい)物事〉を問う, 聞く; 〈人に〉〈質問など〉をする ([反] answer): Let's ~ John. ジョンに尋ねよう / May I ~ your name? お名前をお聞きしたいのですが / "Who is the man?" ʻ~*ed* the woman [the woman ~*ed*]. <V+O (引用節)> 「その男の人はだれですか」と女性は尋ねた (☞ inversion [文法] (1) (iv)) / I must ~ him ***about*** it. <V+O+*about*+名・代> 彼にそのことについて質問しなければならない / The students ~*ed* me many questions. <V+O+O> 学生たちは私にたくさんの質問をした. [語法] この用例を受身にすると次のようになる: Many questions *were* ~*ed* me by the students. (直接目的語を主語にしたとき) / I *was* ~*ed* many questions by the students. (間接目的語を主語にしたとき) (☞ be² B [文法] 2 (i)) // These days young people ~ many questions ***of*** their parents. <V+O+*of*+名・代> 《格式》今日(こんにち)若者は親たちに対して多くの疑問を投げかけている.

> [語法] **ask と間接話法 (1): 疑問文の場合**
> 次のように疑問文を間接話法にするとき say に代わって伝達動詞として用いられる (☞ narration [文法] (2)): [言い換え] She **~ed** me ***what*** I was reading. <V+O+O (*wh* 節)> 《間接話法》 (=She said to me, "What are you reading?" 《直接話法》) 彼女は私に何を読んでいるのかと尋ねた / [言い換え] I **~ed** them ***what to*** do. <V(+O)+O (*wh* 句)> 《間接話法》 (=I said to them, "What shall I do?" 《直接話法》) 私は彼らに何をすべきかと尋ねた / [言い換え] I **~ed** Mary ***if*** [***whether***] she knew the truth. <V+O+O (*if*·*whether* 節)> 《間接話法》 (=I said to Mary, "Do you know the truth?" 《直接話法》) 私はメアリーに真相を知っているのか(どうか)と尋ねた (☞ if¹ 6 [語法], whether 1 (2) [語法]).

2 〈物事〉を(人に)**頼む**, 要求する; 〈人〉に請う, 〈人〉に…してくださいと言う; 〈人に〉〈助言など〉を求める; 〈物・金〉を要求する: ~ permission 許可を求める / [言い換え] He ~*ed* my advice. = He **~ed** me ***for*** advice. <V+O+*for*+名・代> 彼は私の助言を求めた / [言い換え] She ~*ed* me a favor. <V+O+O>=She **~ed** a favor ***of*** me. <V+O+*of*+名・代> 彼女は私にお願いがありますと言った / That is ~*ing* too much *of* a little girl. それは女の子には無理な要求だ / They were ~*ing* 100 dollars *for* the suit. その店ではその背広に 100 ドルを請求していた.

> [語法] (1) **ask と間接話法 (2): 命令文の場合**
> 次の例文のように命令文を間接話法にするときの伝達動詞として用いられる (☞ narration [文法] (3), request [動] [語法]): [言い換え] She **~ed** me ***to*** stay there. <V+O+C (*to* 不定詞)> 《間接話法》 (=She said to me, "Please stay here." 《直接話法》) 彼女は私にそこにいてくださいと言った / [言い換え] He ~*ed* us not *to* make any noise. 《間接話法》 (=He said to us, "Please do not make any noise." 《直接話法》) 彼は我々に「騒がしくしないでください」と頼んだ.
> (2) **ask+to do の用法**
> 目的語として不定詞をすぐ後に伴う場合には, その意味上の主語は文の主語と同じになる: She **~ed *to*** stay there. <V+O (*to* 不定詞)> 彼女はそこにいさせてほしいと言った. なお《格式》では that 節を用いる言い方もある: She **~ed *that*** she (*should*) be allowed to stay there. (☞ should A 8).

3 〈…〉を**招待する**, 招く, 誘う: Thank you for ~*ing* me. お招きくださってありがとう / We **~ed** John ***to***

[*for*] dinner. <V+O+*to* [*for*]+名・代> 私たちはジョンを食事に招待した / ***A〜*** her ***to*** come in. <V+O+C (*to* 不定詞)> 彼女に中に入ってもらいなさい. [語法] 不定詞の to come を省いた <V+O+副> の型でも用いられる: A〜 her *in*. // He 〜*ed* Jane *over* [*along*]. 彼はジェーンに(彼の家に)来るように誘った.

— [自] **1** **尋ねる**, 問う: He 〜*ed* again. 彼はもう一度尋ねた / I ***〜ed about*** Helen's new school. <V+*about*+名・代> 私はヘレンの新しい学校について尋ねた. **2** 頼む, 求める: You are 〜*ing* too much. それは要求しすぎです(そこまではできません) / A〜, and it shall be given you. 求めよ, さらば与えられん《新約聖書のことば》. **Ásk me anóther** 《略式》わたしにはわからないね. **ásk onesèlf** [動] [自] 自問する: [言い換え] "Do I really love her?" Tom 〜*ed himself*. (=Tom 〜*ed himself if* he really loved her.)「僕は本当に彼女を愛しているのだろうか」とトムは自問した. **ásk ˹the éarth [a fórtune]˼** [動] [自] 法外な要求[請求]をする (*for*). **Dón't ásk.** [S] 聞かないでくれ; 答えたくないよ. **Dón't àsk mé!** [S] (そんなこと)知らないよ, さあね. **for the ásking** [副] 請求しさえすれば, ただで: You may have it *for the* 〜*ing*. ご入用なら差し上げます. **I'm just ásking.** ただ聞いているだけ(なので気にしないで). **if you ásk mé** [副] [文修飾語] [S] 言わせてもらえば: He is a bit too clever, *if you* 〜 *me*. 彼はこう言っては何ですが, 少々利口すぎます. **Mày [Mìght] I ásk …?** [S] 《丁寧》お尋ねしたいのですが(一体…) 《丁寧な言い方をしながら, 怒りや非難の気持ちを込めて問いただす場合に用いる; ☞ might[1] 7 の例文》. **(Wéll,) Í ásk yóu!** [感] [S] 《略式》(そんなこと)信じられるかい, まさか《不信などを表わす》. **Who ásked you?** [S] 余計なこと言うな.

ask の句動詞

*__ásk àfter …__ [動] [他] (人)の安否や健康を尋ねる. [語法] 本人ではなく第三者に尋ねるときに用いる ([受身] be asked after): When you see Mr. Long, don't forget to 〜 *after* his wife. ロングさんに会ったら忘れずに奥さんの様子を聞いてください.

ásk aróund [動] [自] あちこち聞いて回る (*about*): If you're looking for a good restaurant, you should 〜 *around*. よいレストランを捜しているなら, いろいろな人に聞いたほうがいいよ.

ásk for … [T2] [動] [他] **1** (物・助けなど)を求める ([受身] be asked for): I 〜*ed for* a sandwich at the restaurant. 私はそのレストランでサンドイッチを注文した / This flavor *isn't* 〜*ed for* very often. (アイスクリーム店で)この種類はあまり注文がありません. **2** (電話などで)…はいないかと尋ねる; …に面会を求める: I 〜*ed for* John. 私はジョンはいませんかと聞いた. **ásk for it [tróuble]** [動] [自] [S] 《略式》自業自得だ: Criticizing him is 〜*ing for trouble*. 彼を批判するとあとが怖い / You 〜*ed for it*. そりゃおまえの自業自得だ.

*__ásk … óut__ [動] [他] 〈…〉を(食事・パーティーなどへ)招く, 誘う: Jim has 〜*ed* Anne *out* several times. ジムはアンを何回か誘った.

a·skance /əskǽns/ [副] [次の成句で] **lóok askánce at …** [動] [他] [W] 不信[非難]の目で見る; 怪しいと思う.

a·skew /əskjúː/ [副], [形] [P] 斜めに; ゆがんで.

^+^**ásk·ing price** /ǽskɪŋ- | ɑ́ːsk-/ [名] [C] [普通は単数形で] (売り手の)言い値, 提示価格 (*for*).

ASL [略] =American Sign Language.

a·slant /əslǽnt | əslɑ́ːnt/ [副], [形] [P] 《格式》傾いて, 斜めに.

*__a·sleep__ /əslíːp/ [形] ([動] sleep) [P] **1** 眠って (反 awake): The child is fast [sound] 〜. 子供はぐっすり眠っている. [語法] これと同じ意味の [A] は sleeping: a *sleeping* baby 眠っている赤ちゃん. **2** (手・足が)しびれて (numb): My foot is 〜. 足がしびれてしまった.
fàll asléep [動] [自] (1) **寝入る**; (手足が)しびれる: The baby *fell* 〜. 赤ん坊は眠った. (2) 《文》[婉曲] 死ぬ. **hàlf asléep** [形] うとうとして; ぼんやりして.

Á/Ś lèvel /éɪés-/ [名] 《英》 **1** [U] 上級補完級《一般教育修了試験 (GCE) での GCSE と上級レベル (advanced level) の間の水準のもの; A/S は Advanced Supplementary の略》. **2** [C] 上級補完級の試験.

a·so·cial /eɪsóʊʃ(ə)l/ [形] 《格式》 **1** 人と交わらない, (極端に)非社交的な. **2** 自己中心的な.

asp /ǽsp/ [名] [C] エジプトコブラ.

^+^**as·par·a·gus** /əspǽrəgəs/ [名] [U] アスパラガス.

ASPCA /éɪèspíːsìːéɪ/ [略] =American Society for the Prevention of Cruelty to Animals 米国動物愛護協会.

as·pect /ǽspekt/ [T1] [名] (**as·pects** /-pekts/) **1** [C] **局面**, 側面, 形勢, 状況; 外観, 様子: 〜*s* ***of*** human nature 人間性の諸相 / The conflict has assumed a new 〜. その紛争は新たな局面を迎えた.
2 [C] (問題の)**見方**, 見地, 観点 《☞ prospect [単語の記憶]》: We studied Greek culture ***from*** various 〜*s*. 我々はギリシャ文化をいろいろな見地から研究した / We considered the problem ***in*** all its 〜*s*. 我々はその問題をあらゆる角度から考察した.
3 [C] [普通は単数形で] 《格式》 (家などの)向き, 方位: The dining room has a southern 〜. 食堂は南向きだ. **4** [U,C] 《文》 顔つき, 容貌(ようぼう). **5** [U,C] 〘文法〙 相《開始・終了・継続・完了などを表わす動詞の形式》.

> [文法] **相**
> 動詞の表わす動作の状態が, 意味の上からみて瞬時的か継続的か, あるいは動作の始まりか終わりかなどを表わす表現形式をいう. 例えば I *wrote* a letter. (私は手紙を書いた)は瞬時相であり, I *am writing* a letter. (私は手紙を書いている)は継続相である. さらに I *began to write* a letter. (私は手紙を書き始めた)は起動相, I *stopped writing* the letter. (私はその手紙を書くのをやめた)あるいは I *have* just *finished writing* the letter. (私はその手紙を書き終えたところだ)は終動相となる.

áspect ràtio [名] [C] 〘テレビ・映〙 (画像の)横縦(よこたて)比.

^+^**as·pen** /ǽsp(ə)n/ [名] [C] アスペン《ポプラの一種; 微風にも葉がよく揺れる》.

As·pen /ǽsp(ə)n/ [名] [固] アスペン《米国 Colorado 州中部の村; スキーリゾート》.

as·per·i·ty /æspérəṭi/ [名] [U,C] 《格式》 (気質・語調の)荒々しさ.

as·per·sions /əspə́ːʒənz | -pə́ːʃənz/ [名] [複] 《格式》 中傷, 非難. **cást aspérsions on [upòn] …** [動] [他] 《格式》 …を中傷する.

as·phalt /ǽsfɔːlt | -fælt/ [名] [U] アスファルト. — [動] [他] 〈道路〉をアスファルトで舗装する.

as·phyx·i·a /æsfíksiə/ [名] [U] 〘医〙 窒息, 仮死.

as·phyx·i·ate /æsfíksièɪt/ [動] 〘医〙 [他] [普通は受身で] 〈…〉を窒息させる. — [自] 窒息する.

as·phyx·i·a·tion /æsfìksiéɪʃən/ [名] [U] 〘医〙 窒息(させること); 窒息状態.

as·pic /ǽspɪk/ [名] [U] 〘料理〙 肉汁入りゼリー.

as·pi·dis·tra /æ̀spədístrə/ [名] [C] 葉蘭(はらん) 《観葉植物》.

as·pi·rant /ǽsp(ə)rənt, əspáɪ(ə)r-/ [名] [C] 《格式》 大望を抱く人; 熱望者 (*for, to*).

as·pi·rate[1] /ǽspərèɪt/ [動] [他] **1** 〘音声〙 〈…〉を気音に発音する《[h] に似た音を加えて発音する》. **2** 〘医〙 〈…〉を吸い出す[込む]. — [自] 〘医〙 吸い出す[込む].

as·pi·rate² /ǽsp(ə)rət/ 名 C 〖音声〗気(息)音([h]に似た音); 帯気音字.

***as·pi·ra·tion** /æ̀spəréɪʃən/ 名 (~s /~z/) **1** U.C《普通は複数形で》抱負, 大志, 熱望 (to): the noble ~s of the people 国民の高邁な願望 / Flora has ~s to be a great actress. <N+to 不定詞> フローラは大女優になることを熱望している. **2** U 〖音声〗帯気(破裂音のあとに [h] に似た音をつけて発音すること).

***as·pire** /əspáɪɚ | -páɪə/ 動 (**as·pir·ing** /-pá(ɪ)rɪŋ/) 自 熱望する, 大志を抱く, あこがれる (to, after): She ~s to be a great actress. 彼女は大女優になることを熱望している. 語源 ラテン語で「…に向かって息をする」の意; ☞ spirit 語源, inspire 囲み.

***as·pi·rin** /ǽsp(ə)rɪn/ 名 (複 ~s) **1** U アスピリン《解熱・鎮痛剤》. **2** C アスピリン錠.

***as·pir·ing** /əspáɪ(ə)rɪŋ/ 形 A 大志を抱いている; (…としての)成功を望んでいる: ~ young musicians 音楽家を目指す若者たち.

***ass**¹ /ǽs/ 名 (~·es /~ɪz/) 《米卑》 **1** C しり; しりの穴 (《英卑》arse): He slipped and fell on his ~. 彼はすべってしりもちをついた. **2** U セックス, 性交. **a piece of áss** [名] 《米卑》セックスの相手. **áss báckwards** [副] S 《米卑》逆の順序で; めちゃくちゃに. **be áss óut** [動] S 《米卑》まずいことになっている. **be òn …'s áss** [動] 《米》(1) (に)(しつこく)やりたくないことをやれと言う. (2) (車で)…の後から追いたてる. **cóver one's áss** [動] 自《米俗》非難されないよう手を打っておく. **gèt óff one's áss** [動] 自 S 《米卑》ぐずぐずしない, (仕事などに)さっさととりかかる. **gét one's áss in géar** [動] 自 S 《米卑》行動を起こす, 急いでやる. **Gèt your áss óut of hére.** S 《米卑》ここからとっとと失せろ. **Gèt your áss óver [ín] hére.** S 《米卑》すぐここに来い. **hául áss** [動] 《米俗》急ぐ. **Kíck …'s áss** [動] 自 (1) 《米卑》(…)をけとばす. (2) 《米卑》(物事が)すごくいい, (人が)すごく上手だ (at). **kíck …'s áss**＝**kíck sóme áss** [動] 《米俗》(…)をたたきのめす, てんぱんにやっつける. **Kíss my áss!** [感] 《米卑》(怒りなどを示して)ふざけるな, ばかやろう. **kíss (…'s) áss** [動] 《米卑》(…)にひどく追従する, おべっかを使う. **móve one's áss** [動] 自 《米》＝get one's ass in gear. **Mỳ áss!** [感] S 《米卑》ばかな! 《不信感を表わす》. **nòt knów one's áss from one's élbow** [動] 自 S 《米卑》《軽蔑》どうしようもないばかだ, いるだけだ. **sít on one's áss** [動] 自 S 《米卑》何もしないでいる. **tálk óut (of) one's áss** [動] 自 《普通は進行形で》S 《俗》知ったかぶりをする, でまかせを言う. **whíp …'s áss** [動] ＝kick …'s ass.

***ass**² /ǽs/ 名 **1** C 《略式》ばか者 (fool). **2**《古語》ろば (donkey). **màke an áss of onesèlf** [動] 自 《略式》間抜けたことをする.

***as·sail** /əséɪl/ 動 他 W 《格式》 **1**《普通は受け身で》(感情などが)(…)を悩ませる: She was suddenly ~ed by fear. 彼女は突然恐怖心に襲われた. **2** (…を)(激しく)攻撃する, 襲撃する (attack); (音・匂いなどが)(…)を襲う; 激しく批判する: ~ the castle 城を激しく攻める.

***as·sail·ant** /əséɪlənt/ 名 C 《格式》攻撃[加害]者, 襲撃[暴行]犯.

As·sam /æsǽm/ 名 **1** アッサム《インド北東部の州》. **2** U アッサム《Assam 州で産出される紅茶》.

***as·sas·sin** /əsǽs(ə)n/ 名 C 暗殺者, 刺客. 語源 アラビア語で「ハシシ (hashish) を吸う者」の意; 中世イスラム教の一派が暗殺を行なう前に理性をまひさせるためハシシーンを服用したことから.

***as·sas·si·nate** /əsǽsənèɪt/ 動 (**-si·nates** /-nèɪts/; **-si·nat·ed** /-tɪd/; **-si·nat·ing** /-tɪŋ/; 名 as·sàssinátion) 他 《しばしば受け身で》(…)を暗殺する《☞ kill 類義語》: Lincoln was ~d in 1865. <V+O の受身> リンカンは 1865 年に暗殺された.

***as·sas·si·na·tion** /əsæ̀sənéɪʃən/ 名 (動 assás-

---

assent 95

sinàte) U.C 暗殺: A~ has never changed the history of the world. 暗殺が世界の歴史を変えたことはない《Disraeli のことばから》.

***as·sault** /əsɔ́:lt/ 名 (**as·saults** /-sɔ́:lts/) **1** U.C (突然の)襲撃 (on, against); 〖法〗(女性に対する)暴行: sexual ~ 性暴力. **2** C.U 批判 (on, against): His paper is under ~ from many sides. 彼の論文は多方面から批判されている. **3** U (…の)(困難なことへの)挑戦 (on). **assáult and báttery** [名] 〖法〗暴行殴打. **màke [láunch] an assáult on …** [動] 他 …を強襲する[…に攻撃を始める].
— 動 他 **1** (…)を(突然)襲撃する; (主に文) (音などが)(耳など)を襲う; (…)に不快感を与える; 〖法〗(女性)を暴行[強姦]する: Many women were sexually ~ed during the war. 戦争の間に多くの女性が性暴力の被害を受けた. **2** (…)を強く批判する. **3** (…)に挑む, 挑戦する.

assáult còurse 名 C 《英》軍事教練場.
assáult rìfle 名 C 突撃銃, アソールトライフル.
as·say¹ /æséɪ, ǽseɪ/ 動 他 **1** (鉱石)を試金する《成分を調べること》. **2** 《文》(困難なこと)を試みる.
as·say² /ǽseɪ, æséɪ/ 名 C.U 成分試験, 試金.
as·sem·blage /əsémblɪʤ/ 名 《格式》 **1** C (人・物の)集まり, 集合, 群れ (of); 集められたもの. **2** U (機械の)組み立て. **3** C アサンブラージュ《くずや廃品で作った芸術作品》.

***as·sem·ble** /əsémbl/ 動 (**-sem·bles** /~z/; **-sem·bled** /~d/; **-sem·bling**; 名 assémblage, assémbly) 他 **1** (人・物)を(ある目的のために)集める. 招集する; (物)を集めて整理する《☞ gather 類義語》: The manager ~d the players on the field. 監督は選手をフィールドに集めた.
2 (物)を組み立てる: This model plane is easy to ~. この模型飛行機は組み立てが簡単だ.
— 自 (ある目的のために)集まる, 集合する: The students ~d in the gym. <V+in+名・代> 学生たちは体育館に集まった.

as·sem·bler /əsémblɚ | -mblə/ 名 C **1** 組立工. **2** 〖電算〗アセンブラー《アセンブリー言語を機械語に変換するプログラム》.

***as·sem·bly** /əsémbli/ 名 (**-sem·blies** /~z/; 動 assémble) **1** C 議会; [the A-] 《米》(州議会の)下院: the prefectural [city] ~ 県[市]議会.
2 C.U (ある目的のための)集会, 集まり, 会合; 全校集会; (集会の)出席者《☞ meeting 類義語》: a morning ~ 朝礼 / freedom of ~ 集会の自由 / an ~ of party members 党員集会 / The ~ was growing uneasy. 集まった人達は不安になりだした // ☞ General Assembly. **3** U (部品の)組み立て: the ~ of an automobile car 自動車の組み立て. **4** C (1 組の)部品.

assémbly lànguage 名 U.C 〖電算〗アセンブリ言語《機械語に翻訳できる形のプログラム言語》.
***assémbly lìne** 名 C 流れ作業(の人[機械])の列.
as·sem·bly·man /əsémblimən/ 名 (**-men** /-mən/) C 《米》(州議会下院)議員《男性》.
assémbly plànt 名 C 組み立て工場.
assémbly ròom 名 C 《主に英》集会室.
as·sem·bly·wom·an /əsémbliwùmən/ 名 (**-wom·en** /-wìmən/) C 《米》(州議会下院)議員《女性》.
***as·sent** /əsént/ 《格式》名 (反 dissent) U 同意, 賛成: a nod of ~ 同意してうなずくこと.
by cómmon assént [副] 《格式》一同異議なく.
gìve one's assént to … [動] 他 《格式》…に同意する.
— 動 (反 dissent) 自 (特に熟慮したあとで)同意する, 賛成する《☞ agree 類義語; sense 単語の記憶》: ~ to the proposal その提案に賛成する.

*as·sert /əsə́:t | əsə́:t/ [T3] [動] (as·serts /əsə́:ts | əsə́:ts/; -sert·ed /-ṭɪd/; -sert·ing /-ṭɪŋ/; [名] assértion, [形] assértive) [他] 1 〈…だ〉と断言する, 主張する; 〈…〉が―であると断定する, はっきり言い切る (☞ insist 類義語): [言い換え] We ~ed his innocence. = We ~ed him to be innocent. <V+O+C (to 不定詞)> = We ~ed that he was innocent. <V+O (that 節)> 我々は彼が無実だと断言した.
2 〈権利・要求など〉を主張する, 行使する: ~ independence [one's rights] 独立[自分の権利]を主張する / ~ one's authority 権力を行使する. **assért onesèlf** [動] [自] (1) 自信をもって行動する, 自分の力を見せる: I'm going to stop being timid and ~ myself more. 私はもう遠慮しないでもっと自己主張することにします. (2) [人以外が主語で] 明らかになる.

as·ser·tion /əsə́:ʃən | əsə́:-/ [名] ([動] assért) [C] (自己)主張; 断言: Nobody believes his ~ that he is innocent. 無実だという彼の主張はだれも信じない.

+**as·ser·tive** /əsə́:ṭɪv | əsə́:-/ [形] ([動] assért) はっきりと自分を主張する, 自信に満ちた, 積極的な, (自己)主張の強い: in an ~ tone 自信に満ちた口調で / an ~ sentence 〖文法〗 =declarative sentence. **~·ly** [副] 断定的に, 自信に満ちた態度で. **~·ness** [名] [U] 断定的な[正当な主張をする]こと.

as·sess /əsés/ [動] (as·sess·es /~ɪz/; as·sessed /~t/; -sess·ing; [名] asséssment) [他] 1 〈価値・能力〉を評価する; 査定する: We must ~ the seriousness of this problem. この問題の重大さを査定しなければならない / I ~ his chances of success as extremely low. <V+O+as+名・代> 彼が成功する可能性はきわめて低いと思う.
2 (課税のために)〈財産・収入など〉を査定する; 〈土地・被害・環境など〉を評価する: Mr. Black's fortune was ~ed at seventy million dollars. <V+O+at+名・代の受身> ブラック氏の財産は7千万ドルと査定された.
3 〈税金・罰金の額〉を算定する; 〈税金・罰金〉を(物品・人などに)課す (on, upon): A sales tax of 5% of the total was ~ed. 総額の5%が売上税として定められた.

as·sess·ment /əsésmənt/ [名] (-sess·ments /-mənts/; [動] asséss) 1 [U,C] (価値・能力の)判定; 意見: What's your ~ of the present situation? 現在の状況をどう思いますか?
2 [U,C] (課税のための財産・収入などの)査定, (環境・被害などの)評価, アセスメント, 影響評価; (税金・罰金の)算定: the ~ of damage 損害の査定 / an environmental ~ 環境アセスメント. 3 [C] 評価額, 査定額; 割り当て金.
màke an asséssment of … [動] [他] …を査定する, 評価する.

+**as·ses·sor** /əsésə | -sə/ [名] [C] 1 (税額・財産などの)査定者, 評価人; 《英》(試験などを)評価する人. 2 (専門的事項について裁判官に助言する)裁判所補佐人.

*as·set /ǽset, ǽsɪt/ [T3] [名] (~s /~ts/) [C] 1 [普通は複数形で] 〖法〗 資産, 財産(目録): ~s and liabilities 資産および負債 / capital [fixed] ~s 固定資産. 2 [普通は単数形で] 貴重なもの[人材, 技術], 宝: He is a great ~ to our school. 彼はわが校にとって非常に貴重な存在だ.
ásset strìpping [名] [U] 〖商〗 資産剝奪 《業績不良会社の買収と資産処分でもうけること》.

as·sev·er·ate /əsévərèɪt/ [動] [他] 《格式》 〈…だ〉と誓って断言する.

as·sev·er·a·tion /əsèvəréɪʃən/ [名] [U,C] 《格式》 断言, 誓言.

áss·hòle [名] [C] 《米卑》 しりの穴; いやな奴, まぬけ.

as·si·du·i·ty /æ̀səd(j)ú:əṭi | -djú:-/ [名] [U] 《格式》 勤勉; (注意深い)配慮.

+**as·sid·u·ous** /əsídʒuəs | -dju-/ [形] 《格式》 勤勉な (diligent); (配慮の)行き届いた: ~ research 根気強い研究 / He is ~ in his studies. 彼は熱心に勉強している. **~·ly** [副] 勤勉に, せっせと.

*as·sign /əsáɪn/ [T1] [動] (as·signs /~z/; as·signed /~d/; -sign·ing; [名] assígnment, àssignátion) [他] 1 〈物〉を割り当てる; 〈…に〉〈仕事・物など〉をあてがう, 〈人〉を任命する, 指名する; [普通は受身で] 〈人〉を(職場・場所などに)配属する (☞ sign [単語の記憶]): This room is ~ed to us. <V+O+to+名・代の受身> この部屋は私たちに割り当てられている / He ~ed me a difficult mission. <V+O+O> 彼は私に難しい任務を命じた / The captain ~ed two soldiers to guard the gate. <V+O+C (to 不定詞)> 大尉は2人の兵士に衛兵に立つように命じた / He was ~ed the job of looking after the patient. <V+O+O の受身> 彼は患者の世話をする仕事を割り当てられた.
2 (会合などの)〈日時・場所〉を指定する, 決める (fix): We have ~ed room 6 for today's meeting. <V+O+for+名・代> 私たちは今日の会合の場所を6号室に決めました. 3 〈物事〉の原因などが(…の)せいだとする, (…に)属するものとする (to). 4 〖法〗 〈財産・権利など〉を譲渡する (to).

as·sign·a·ble /əsáɪnəbl/ [形] 割り当てうる; 指定される; (原因などを…に)帰すべき; 譲渡されうる (to).

as·sig·na·tion /æ̀sɪgnéɪʃən/ [名] ([動] assígn) [C] 《格式》 または [滑稽] (恋人などとの)密会, あいびき.

*as·sign·ment /əsáɪnmənt/ [T1] [名] (-sign·ments /-mənts/; [動] assígn) 1 [C] 宿題, 研究課題 (☞ homework): a summer ~ 夏休みの宿題 / Miss White gives her class an ~ every day. ホワイト先生はクラスに毎日宿題を出す. 2 [C] あてがわれた物; (あてがわれた)仕事, 任務: She went to East Europe on an ~ for her area studies course. 彼女は地域研究の任務で東欧に行った. 3 [U] 割り当て; 任命 (of). 4 [C,U] 〖法〗 (財産・権利などの)譲渡. **on assígnment** [形・副] 任務についた[て].

+**as·sim·i·late** /əsíməlèɪt/ [動] [他] 1 〈他の集団など〉を同化する, 取り込む; [特に受身で] 類似させる, 似せる: immigrants ~d into American society アメリカの社会に同化された移民. 2 〈思想など〉を理解する, 吸収する. 3 〈食物〉を吸収する, 消化する. ― [自] 1 (移民などが)同化する, 溶けこむ: ~ into a new environment 新しい環境に溶け込む. 2 (食物が)吸収される.

as·sim·i·la·tion /əsìməléɪʃən/ [名] [U] 1 (思想などの)理解, 吸収. 2 同化(作用). 3 消化, 吸収. 4 〖音声〗 同化 《ある音が前[後]の音と似ること》.

*as·sist /əsíst/ [動] (as·sists /əsísts/; -sist·ed /~ɪd/; -sist·ing; [名] assístance) [主に [W]] 《格式》 [他] 1 〈人〉を援助[助力]する, 〈人〉が―するのを助ける, (情報・助言などで)〈人〉を助ける (☞ help 類義語; exist [単語の記憶]): Mary ~ed John with his work. <V+O+with+名・代> メアリーはジョンの仕事を手伝った / I ~ed my father in painting the wall. <V+O+in+動名> 私は父が壁にペンキを塗るのを手伝った (★ 人を主語にした I ~ed my father to paint the wall. の型は普通には用いない). 2 (物事が)〈…〉の助けとなる: Computers ~ individual learning. コンピューターは個人学習の助けとなる. ― [自] (仕事などで)手助けする; (物事が)助けとなる (in, at): I was asked to ~ with the market research. 私は市場調査を手伝うように頼まれた.
[語源] ラテン語で「そばに立つ」の意. ― [名] [C] 1 〖球〗 アシスト, 補助プレー 《サッカー・アイスホッケーなどでゴールとなるシュートを助けるプレー》. 2 《米》 援助, 助力.

*as·sis·tance /əsístəns/ [T3] [名] ([動] assíst) [U] 《格式》 援助, 手伝い, 助力: The government decided to give [render, offer, provide] economic ~ to Brazil. 政府はブラジルに経済援助を与えることに決定した / I was given some ~ *in* coming to the conclusion. 私は結論を出す時に少し助けてもらった / *With* the ~ of my father, I managed to install the software. 父に手を貸してもらって私は何とかソフトウェアを組み込んだ． **be of assistance to ...** [動] 他 …に役に立つ: Can I *be of* (any) ~ *to* you? 私で何かお役に立てることがありますか． **cóme to ...'s assístance** [動] …を援助する．

*as·sis·tant /əsístənt /-tənts/ C 1 **助手**, 補助者, 補佐官 (略 asst.): an ~ *to* the manager 支配人[監督]の助手 / ☞ personal assistant. 2 (英)店員 (shop assistant).
── 形 A 補助の, 助手の, 補佐の (略 asst.): an ~ manager 副支配人, 助監督.

assístant proféssor 名 C (米)助教授《大学の準教授 (associate professor) と講師 (instructor) の間の地位; ☞ professor 表》.

assísted líving 名 U 介護生活(制度)《日常生活における高齢者・病人の介護》.

assísted súicide 名 U.C (特に医師の手助けによる)幇助(ほうじょ)自殺, 安楽死．

as·size /əsáɪz/ [英史] 名 C [普通は複数形で] 巡回裁判《英国で 1971 年まで行なわれた》． ── 形 A 巡回裁判の．

assn. 略 =association 1, associate² 1.

assoc., Assoc 略 =association 1, associate² 1, associated (☞ associate¹ 他).

*as·so·ci·ate¹ /əsóʊʃièɪt, -si-/ ★名詞の associate² との発音の違いに注意．略 **(-ci·ates** /-èɪts/; **-ci·at·ed** /-tɪd/; **-ci·at·ing** /-tɪŋ/; 1 では 名 assòciate 3, 2 では 名 assóciate² と assòciation 1, 2; 反 dissociate) 他 1 ⟨…を(—と)連想する, …を(—と)結びつけて考える: We often ~ London *with* fog. <V+O+*with*+名・代> ロンドンと言えば私たちはしばしば霧を連想する / A black cat *is ~d with* darkness and death. <V+O+*with*+名・代の受身> 黒猫といえばやみと死を連想する．

2 [普通は受身で] ⟨…⟩を仲間に加える; (組織・事業・運動などに)関係[賛同]させる; 連合[提携]させる (過分は assoc. Assoc): I *was ~d with* him at that time. <V+O+*with*+名・代の受身> 私はその当時は彼と仲間になっていた / I don't want to *be ~d with* the project. その計画にはかかわりたくない．
── 自 (主に好ましくない人と)**交際する**, 仲間となる: Don't ~ *with* dishonest people. <V+*with*+名・代> 不誠実な人たちと付き合ってはいけない． **assóciate onesélf with ...** [動] 他 …を支持する, …に賛同する; …と関係する．

*as·so·ci·ate² /əsóʊʃiət, -si-/ ★動詞の associate¹ との発音の違いに注意．名 **(-ci·ates** /-əts/; 動 assòciàte¹ 2) C **1** 同僚, 仲間 (companion); 提携者, 組合員 (略 assn., assoc., Assoc). **2** 準会員． **3** [しばしば A-] 準学士 (略 A): an A~ of Arts 準文学士 (略 AA). ── 形 A 準..., 副..., 連合した, 仲間の: an ~ member 準会員 / an ~ judge 陪席判事．

*as·so·ci·at·ed /əsóʊʃièɪtɪd, -si-/ 形 1 関係のある, 関連した: Such headaches are ~ *with* high blood pressure. <A+*with*+名・代> そのような頭痛は高血圧と関係がある． **2** A 連合[組合, 合同]の．

assóciated cómpany 名 C 関連[系列]会社．

as·só·ci·ate degrée /əsóʊʃiət-/ 名 C (米) = Associate of Arts (☞ associate² 3 の例文).

Assóciated Préss 名 ⓕ [the ~] AP 通信《米国の通信社; 略 AP》．

as·só·ci·ate proféssor /əsóʊʃiət-/ 名 C (米)準教授 (☞ professor 表).

*as·so·ci·a·tion /əsòʊʃiéɪʃən, -si-/ 13 名 (~s /-z/; 1, 2 では assóciàte¹ 2, 3 では assóciàte¹) 1 C (英)単数形でも時に複数扱い] **協会**, 組合, 学会, 会 (略 assn., assoc., Assoc): freedom of ~ 結社の自由 // Young Men's [Women's] Christian Association. **2** U.C **交際**, 親交, 関係 (*between*); 連合, 合同: his ~ *with* militarist groups 彼の軍国主義者集団との関わり． **3** U (英) [普通は複数形で] 連想される物[事柄]: *by* ~ 連想で / The sea has pleasant ~s for me. 海というと私は楽しいことを思い浮かべる． **in as·sociátion with ...** [前] …と共同して; …と共に．
Assóciation fóotball 名 U (英格式)サッカー (☞ eleven 名, soccer 語源).

as·so·ci·a·tive /əsóʊʃièɪtɪv, -ʃiə-, -siə-, -siə-/ 形 1 連想の[による]． 2 [数] 結合(的)の．

as·so·nance /æsənəns/ 名 U 1 音の類似． 2 [詩学] 類韻《同音の母音のみが韻をふむこと (例. cake-mate); あるいは母音を除いて, 子音だけが韻をふむこと (例. build-bold)》．

*as·sort·ed /əsɔ́ːrtɪd/ 形 1 [普通は A] 組み合わせた, 取りそろえた: ~ chocolates 詰め合わせチョコレート． **2** [合成語で] (格式) つり合った, 調和した: a well-~ pair お似合いの二人．

*as·sort·ment /əsɔ́ːrtmənt/ 名 C [a ~] 各種詰め合わせ物; いろいろなもの[人] (*of*).

asst., Asst 略 =assistant.

as·suage /əswéɪdʒ/ 動 他 (格式) ⟨苦痛・怒り・不安など⟩を和らげる; ⟨欲求・空腹など⟩を満たす．

*as·sume /əsúːm | əs(j)úːm/ T1 動 (as·sumes /-z/; as·sumed /-d/; as·sum·ing; 名 assúmption) 他

元来は「取る」の意．
「自分のものにする」→ (当然のことと受けとる) → 「仮定する」1
→ 「引き受ける」2
→ (身につける) → 「帯びる」3

1 (証拠はないが)⟨…⟩と**仮定する**, 推定する; 当然⟨…⟩と考える (☞ presume 類義語): resume [単語の記憶]: ~ the worst 最悪の事態を想定する / [言い換え] Let's ~ his innocence. = Let's ~ him *to* be innocent. <V+O+C(*to*不定詞)>= Let's ~ (*that*) he is innocent. <V+O((*that*) 節)> 彼が無実だと仮定してみよう / I think we can safely ~ (*that*) the situation will improve. 状況が良くなると考えても大丈夫だと思う．

2 ⟨役目など⟩を**引き受ける**, ⟨責任など⟩をとる, ⟨権力など⟩を握る: ~ one's new duties 新しい役目を引き受ける / ~ responsibility for the investigation その調査の任務を引き受ける / ~ power 政権を握る / ~ control of a company 会社の支配権を握る． **3** (格式) ⟨様子・性質⟩を帯びる, 呈する; ⟨…⟩のふりをする, 装う, ⟨態度⟩をとる (☞ pretend 類義語): ~ a new aspect 新たな様相を帯びる / ~ ignorance [an air of indifference] 無知[無関心]を装う．

assúming (that)... [接] …と仮定して, …とすれば: *Assuming (that)* the rumor is true, what should we do now? うわさが本当だとして, さてどうしたらよいだろう．

as·súmed 形 1 A 見せかけの, 偽りの: under an ~ name 偽名を使って． **2** 仮定される．

*as·sump·tion /əsʌ́m(p)ʃən/ 名 (~s /-z/; 動 as·súme) **1** C.U 仮定, 推定, 想定 (*of*): a mere ~ 単なる憶測 / an underlying ~ 前提 / make a false ~ 誤った想定をする / Your ~ *that* his death was an accident seems to be wrong. <N+*that* 節> 彼の死

assurance

は事故だとする君の推定は間違っているようだ. **2** Ⓤ.Ⓒ 《格式》引き受け; (権力の)掌握 (*of*). **on the assúmption that ...** [接] ...という仮定[想定]のもとに.

***as·sur·ance** /əʃúərəns, əʃɔː-/ 名 (**-sur·anc·es** /-ɪz/; *assúre*) **1** Ⓒ 保証, 請け合い, 確約 (*of, about*): In spite of my ~s, she still looked worried. 私が保証しても彼女は不安そうな顔をしていた / He gave us an ~ *that* he would attend the meeting. <N+*that* 節> (=He assured us that he would attend the meeting.) 彼は私たちに会議に出席すると確約した.
2 Ⓤ 確信 (confidence): I have every ~ *of* his honesty [*that* he is honest]. <N+*of*+代・名[*that* 節]> 私は彼が正直であるという確信を持っている. **3** Ⓤ 自信, 落ち着き (self-assurance); 特に —自信を持って. **4** Ⓤ 《英》保険. 語法 特に死亡のように確実に起こるものに対して使われていたが, 現在では《米》同様 insurance を使うことが多い.

***as·sure** /əʃúə, əʃɔː| əʃɔː, əʃúə/ 動 (**as·sures** /-z/; **as·sured** /-d/; **as·sur·ing** /əʃú(ə)rɪŋ/; 名 *assúrance*) 他 **1** 《格式》(疑念を除く)ために)...に保証する, 請け合う, (...)に(—を)確約する: Everything possible has been done, I (can) ~ you. すべて手は尽くしたと断言できます / 言い換え He ~d me *of* his assistance. <V+O+*of*+名・代> =He assured me *that* he would assist me. <V+O+O(*that* 節)> 彼は私に援助を確約した / "You will get well," the doctor ~d her. 「元気になりますよ」と医者は彼女に請け合った. **2** (物事が)(人に)(...)を確実にする (ensure). **3** 《英》(...)に生命保険をかける (insure). **assúre onesélf** [*of* ... [*that* ...]] [動] 他 ...を[...ということを]確かめる: I ~d myself [of] his safety [*that* he was safe]. 私は彼の安全を[彼が安全であることを]確かめた.

***as·sured** /əʃúəd, əʃɔː·d| əʃɔː·d, əʃúəd/ 形 **1** 自信のある, 確信した (self-assured): in an ~ manner 自信のある態度で. **2** 保証された, 確実な: an ~ income 確実な収入 / Her future looks ~. 彼女の将来は保証されているように見える. **3** Ⓟ (...を得ることを)確信して [言い換え] I am ~ *of* his success. =I am ~ *that* he will succeed. 彼はきっと成功すると思う // ☞ rest assured (rest² 成句) [単数または複数扱い; ☞ the³ 語法] 《英》《保》被保険者.

as·sur·ed·ly /əʃú(ə)rɪdli, əʃɔː·r-| əʃɔː·r-, əʃúər-/ 副 [文修飾語]《格式》確かに, 確実に.

As·syr·i·a /əsíriə/ 名 固 アッシリア (西アジアにあった古代王国).

As·syr·i·an /əsíriən/ 形 **1** アッシリアの. **2** アッシリア人[語]の. — 名 Ⓒ アッシリア人; Ⓤ アッシリア語.

AST /éɪtiː/ 略 =Atlantic Standard Time.

As·taire /əstéə| -téə/ 名 固 **Fred** ~ アステア (1899-1987)《米国のミュージカルスター, ダンスの名手》.

as·ter /ǽstə| -tə/ 名 Ⓒ しおん(紫苑)《きく科の多年草》; えぞぎく, アスター《きく科の一年草》.

as·ter·isk /ǽstərɪsk/ 名 Ⓒ 星印 (*; ☞ star 3). 語法 *は脚注の参照・省略・文法的に正しくない表現などを示すのに用いる. — 動 他 (...)に星印をつける.

a·stern /əstɚ́ːn| əstɚ́ːn/ 副 《海・空》船尾に[へ], 機体後部に[へ]; (船の進行が)後方に[へ]: Full [Half, Slow, Dead slow] ~. 全速[半速, 低速, 微速]後進《号令》. **astérn of ...** [前] (他船)の後方に.

†**as·ter·oid** /ǽstərɔɪd/ 名 Ⓒ 《天》小惑星, 小遊星 (minor planet)《特に火星と木星の間に散在》: the ~ belt 小惑星帯.

***asth·ma** /ǽzmə| ǽs(θ)mə/ 名 Ⓤ 《医》ぜんそく: an ~ attack ぜんそくの発作.

asth·mat·ic /æzmǽtɪk| æs(θ)-/ 形 ぜんそくの[にかかった]. — 名 Ⓒ ぜんそく患者. **-mat·i·cal·ly** /-kəli/ 副 ぜんそく(にかかっている)のように.

***as though** /əzðóʊ/ 接 =as if.

As·ti /ɑ́ːsti, ǽs-/ 名 Ⓤ.Ⓒ アスティ《イタリア産の白ワイン》.

as·tig·mat·ic /æstɪɡmǽtɪk˙-/ 形 《医》乱視(用)の; (レンズが)非点収差の.

a·stig·ma·tis·m /əstíɡmətɪzm/ 名 Ⓤ 《医》乱視(眼); (レンズの)非点収差.

a·stir /əstɚ́ː| əstɚ́ː/ 形, 副 《文》**1** 興奮して; ざわめく (*with*). **2** (ベッドから)起き出して.

as to (子音の前では) ǽztə, ǽs-, (母音の前では) -tu/ 句前 《格式》**1** [文頭で] ...について言えば (as for): A~ the fee, let's discuss it later. 謝礼については後で話し合おう. **2** ...に関しては): He said nothing ~ [my mistakes [what I should do]. 彼は私の間違い[私のすべきこと]については何も言わなかった. **3** (ある基準)に応じて, ...で (by): ~ size and color 大きさと色において.

***as·ton·ish** /əstɑ́nɪʃ| -tɔ́n-/ 動 (**-ish·es** /-ɪz/; -ton·ished /-t/; -ish·ing; *astónishment*) 他 [しばしば受身で] (...)を(ひどく)驚かす, びっくりさせる 《☞ surprise 類義語》: The sound ~ed everybody. その音は皆を驚かせた / It ~ed us that he was alive. 彼が生存していたので私たちはびっくりした.

†**as·ton·ished** /əstɑ́nɪʃt| -tɔ́n-/ 形 (人が)驚いた, びっくりした: [言い換え] We were ~ *at* [*by*] the news. =We were ~ *to* hear the news. 私たちはその知らせを聞いてびっくりした / She looked ~ *to* see me. 彼女は私を見てびっくりした顔をした / I was ~ *that* he had disappeared. 彼がいなくなったので驚いた.

***as·ton·ish·ing** /əstɑ́nɪʃɪŋ| -tɔ́n-/ 形 驚くほどの: It's ~ that she has learned Latin so quickly. 彼女があんなにはやくラテン語を学んだのは驚きだ. **~·ly** 副 驚くほどに; [文修飾語] 驚いたことに(は).

***as·ton·ish·ment** /əstɑ́nɪʃmənt| -tɔ́n-/ 名 Ⓤ (ひどい)驚き, びっくり (great surprise): He could not conceal his ~ at the news. 彼はその知らせに驚きを隠すことができなかった. **in [with] astónishment** [副] びっくりして. **to ...'s astónishment** [副] [文修飾語] ...が驚いたことには: *To my* ~, John proposed to my sister. 驚いたことにジョンは私の姉にプロポーズしたのだ.

Ás·ton Mártin /ǽstən-/ 名 Ⓒ アストンマーチン《英国製のスポーツカー; 商標》.

as·tound /əstáʊnd/ 動 他 (...)をびっくり仰天させる 《☞ surprise 類義語》, あきれ返らせる.

†**as·tound·ed** /əstáʊndɪd/ 形 びっくり仰天した: I was ~ [*by*] [*at*] [*to* hear] of] his sudden death. 私は彼の急死に[のことを聞いて]びっくり仰天した / We were ~ *that* she had committed such a crime. 彼女がそのような犯罪をしでかしたことに我々は大変驚いた.

***as·tound·ing** /əstáʊndɪŋ/ 形 びっくり仰天するような: an ~ event 驚くべき出来事. **~·ly** 副 びっくり仰天するほど; [文修飾語] びっくりしたことに(は).

as·tra·khan /ǽstrəkən, -kæn| ǽstrəkǽn/ 名 Ⓤ **1** アストラカン《ロシア南西部原産の子羊の巻毛の黒毛皮》. **2** アストラカン織.

***as·tral** /ǽstrəl/ 形 **1** 《格式》星(から)の. **2** 🅐 霊(気)の.

***a·stray** /əstréɪ/ 形 Ⓟ, 副 =as 道に迷って; 堕落して. 語法 これと同じ意味の 🅐 の形容詞は stray. **gò astráy** [動] 🅘 (1) 道に迷う, それる; (物が)なくなる, 行方不明になる. (2) (滑稽)堕落する. **léad astráy** [動] 他 (人)を惑わす; 堕落させる.

a·stride /əstráɪd/ 副 またがって, 両足を開いて. — 前 ...にまたがって: sit ~ a horse 馬にまたがる.

as·trin·gen·cy /əstríndʒənsi/ 名 Ⓤ 収斂(しゅうれん)性, 厳しさ; 渋み.

+**as·trin·gent** /əstríndʒənt/ [形] **1** (批判などが)しんらつな，厳しい． **2** 〘医〙(皮膚などを)引き締めるような，収斂性の． **3** (味が)渋い． **—** [名] [C,U] 〘薬〙 収斂剤． **～·ly** [副] 手厳しく．

as·tro- /æstroʊ/ [接頭]「星，宇宙」の意《☞ disaster [語源]》: *astro*naut 宇宙飛行士 / *astro*nomy 天文学．

+**as·trol·o·ger** /əstrálədʒɚ | -trólədʒə/ [名] [C] 占星術師．

as·tro·log·i·cal /æ̀strəládʒɪk(ə)l | -lɔ́dʒ-ˊ/ [形] 占星術の． **-cal·ly** /-kəli/ [副] 占星術(上)で．

+**as·trol·o·gy** /əstrálədʒi | -tról-/ [名] [U] 占星術．

+**as·tro·naut** /ǽstrənɔ̀ːt/ [名] [C] 宇宙飛行士 (spaceman).

as·tro·nau·tics /æ̀strənɔ́ːtɪks/ [名] [U] 宇宙航行[飛行]学．

***as·tron·o·mer** /əstránəmɚ | -trɔ́nəmə/ [名] (～s /~z/) [C] 天文学者．

+**as·tro·nom·i·cal** /æ̀strənámɪk(ə)l | -nɔ́m-ˊ/, **-nom·ic** /-mɪkˊ/ [形] **1** 《略式》(数・量が)天文学的な: an ～ figure 天文学的[膨大]な数字． **2** [A] 天文の，天文学(上)の: an ～ telescope 天体望遠鏡． **-cal·ly** /-kəli/ [副] 《略式》天文学的規模に．

ástronomical únit [名] [C] 天文単位《天体間の距離の単位; 1,496×10⁸km; [略] A.U.》．

+**as·tron·o·my** /əstránəmi | -trɔ́n-/ [名] [U] 天文学． [語源] ギリシャ語で「星《☞ astro-》の法則」の意．

àstro·phýsical [形] 天体物理学の[に関する]．

àstro·phýsicist [名] [C] 天体物理学者．

àstro·phýsics [名] [U] 天体物理学．

As·tro·Turf /ǽstroʊtɜ̀ːf | -tɜ̀ːf/ [名] [U] アストロターフ《競技場などで使用する人工芝; 商標》．

+**as·tute** /əst(j)úːt | -tjúːt/ [形] 機敏な; 抜けめのない，ずるい． **～·ly** [副] 機敏に; 抜けめなく． **～·ness** [名] [U] 機敏さ; 抜けめのなさ．

a·sun·der /əsʌ́ndɚ | -də/ [副] [次の成句で] **be rént [tórn] asúnder** [動] [自] 《文》真っ二つ[粉々]になる; (複数のものが)離れ離れになる．

Ás·wan Hígh Dám /ǽswaːn-/ [名] [固] [the ～] アスワンハイダム《エジプトのナイル川にある; 1970 年完成》．

***a·sy·lum** /əsáɪləm/ [名] (～s /~z/) **1** [U] 〘国際法〙(大使館が亡命者・政治犯に与える)**一時的保護**: seek [ask for] political ～ *in* America アメリカに政治的亡命を求める / grant ～ 亡命を認める． **2** [U,C] 避難所，隠れ場: an ～ for battered wives 夫に虐待された妻たちの避難所． **3** [C] 《古語》精神病院; 養護施設．

+**asýlum sèeker** [名] [C] 政治的亡命希望者．

a·sym·met·ri·cal /èɪsɪmétrɪk(ə)lˊ/, **-ric** /-rɪkˊ/ [形] 非対称的な，不均衡の; 《格式》異なった． **-cal·ly** /-kəli/ [副] 非対称的に，不均衡に．

a·sym·me·try /eɪsímətri/ [名] [U] 非対称性．

a·symp·tom·at·ic /eɪsìm(p)təmǽtɪkˊ/ [形] 〘医〙(病気に関して)自覚症状のない，無症候性の．

as·ymp·tote /ǽsɪm(p)tòʊt/ [名] [C] 〘数〙漸近線．

as·ymp·tot·ic /æ̀sɪm(p)tátɪk | -tɔ́t-ˊ/ [形] 〘数〙漸近の．

****at** /(弱) ət; (強) ǽt/ ([同音] 《英》 #art²; [類音] act, apt) [前]

> 基本的には「ある 1 点において」の意．
> ① [場所を示して] …の所で　1
> ② [時を示して] …に，…のときに　2
> ③ [目標を示して] …を，…を目がけて　3
> ④ [原因を示して] …によって　4
> ⑤ [評価の対象を示して] …に関しては　5
> ⑥ [行為・状態を示して] …をして　6, 7
> ⑦ [数量を示して] …で，…の割合で　8, 9

1 [場所の一点を示して] …の所で[に]; …で，…に; …に出席して; [出入りなどの点を示して] …から; [離れた点を示して] …の距離で[から]: He stood *at* the center of the garden. 彼は庭の中央に立っていた / I met her *at* the corner of the street. 私は通りの角で彼女に出会った / I bought this bread *at* the store over there. 私はこのパンをあそこの店で買った / They arrived *at* a small town. 彼らはある小さな町に着いた《☞ arrive 1 [語法]》 / Were you *at* Tom and Mary's wedding yesterday? あなたはきのうトムとメアリーの結婚式に出席していましたか / He was educated *at* Cambridge. 彼はケンブリッジ大学で教育を受けた． [語法] 大学を意味する時は at を，ケンブリッジという場所を意味する時には in を用いる．

> **at と in の使い分け (1): 場所を示す場合**
>
> 
>
>
> The boy is ⌈*in* A [*in* the circle].
> The boy is ⌈*at* B [*at* the center of the circle].
> [語法] (1) at は「一点」と考えられるような狭い範囲の地点について用い，多少とも「広がり」があると考えられる場所には in を用いる．従って普通は小さな町や村には at，大きな都会や国・大陸などには in を用いる．
> (2) ただし実際には狭い場所でも話し手がそこに住んでいたりして広く感じるような場合には in を用いることが多く，逆に実際は大都会でも地図の上などでは「一点」と考えられるような場合には at を用いることが多い: I have lived *in* this village for the past ten years. 私はこの 10 年間この村に住んでいます / We are going to stop *at* Chicago and then fly to Washington, D.C. 私たちはシカゴを経由しそれからワシントンへ飛ぶ予定です．

2 [時の一点を示して] …に《☞ in¹ [前] 3, on [前] 3 [語法]》; (年齢が)…歳のときに: *at* night 夜に / *at* weekends [the weekend] 《英》週末に / *at* Christmas クリスマスに / School begins *at* eight. 学校は 8 時に[から]始まる [用法注意!] 日本語につられて from とするのは間違い / The earthquake occurred *at* noon [midnight]. その地震は正午[午前 0 時]に起こった / I was just having lunch *at* that time. そのとき私はちょうど昼食を食べていました / He left school *at* (the age of) seventeen. 彼は 17 歳で学校を退学しました．

> **at と in の使い分け (2): 時間を示す場合**
>
> 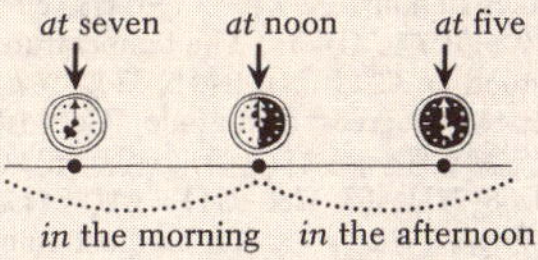
>
>
> [語法] at は「一点」と考えられる狭い範囲の時刻を示し，in は多少とも「広い」幅のある比較的長い時間について用いる: I called on him *at* five *in* the afternoon. 私は午後 5 時に彼を訪ねた．

3 [目標・目的などを示して] …を，…に; …を目がけて，…をねらって: The dog jumped *at* /ət/ me. 犬は私に飛びかかった / She aimed her camera *at* the movie star. 彼女はその映画スターにカメラを向けた / The hunter shot *at* the bear but missed. その猟師は熊をねらって発砲したが命中しなかった / "What are you looking *at*

/ǽt/?" "I'm looking *at* /ət/ the bird over there." 「あなたは何を見ているのですか」「あそこの鳥です」

at と to の使い分け: 目標を示す場合

(A) (B)

[語法] at はある目標まで届こうと努力するが, 目的を達するとは限らないことを暗示する. またしばしば敵意の対象を示す. 例えば挿絵の (A) は The boy threw the bone *at* the dog.「男の子は犬を目がけて骨を投げつけた」の意. 当たる当たらないは別として, とにかく当てようと思って投げたもの. (B) は The boy threw the bone *to* the dog.「男の子は骨を犬に[犬の方に]投げてやった」の意. 投げ与えるためで別に当てるつもりではない. 次の例を比較: The boy *grabbed at* the ball. 少年はボールをつかもうとした / The boy *grabbed* the ball. 少年はボールをつかんだ // He shouted *at* me. 彼は私に向かってどなりつけた / He shouted *to* me. 彼は私に(聞こえるように)大声で言った.

4 [感情・行為の原因] …によって, …を見て[聞いて, 知って]: I was surprised *at* the news. 私はその知らせを聞いてびっくりした / Mr. Long was angry 「*at* our reply [*at* Mary('s) get*ting* married]. ロング氏は私たちの返事[メアリーが結婚したこと]に腹を立てていた. [語法] 人・物を表わす語を目的語にするのは《米》: He was angry *at* me. 彼は私に腹を立てていた.
5 [評価の対象を示して] …に関しては, …するのが(上手[下手]だ): I am good [bad, poor] *at* English. 私は英語が得意[不得意]だ / They are quick *at* learning. 彼らはもの覚えがよい.
6 …に従事中で, …をしていて (★ この辞書ではしばしば成句扱い): be *at* breakfast 朝食中である / They were *at* work [play]. 彼らは働いて[遊んで]いた.
7 …の状態で (★ 最上級・状態などを表わす名詞とともに用いる; この辞書では成句扱い): *at* one's best 最もよい状態で / *at* rest 静止して / I was *at* a loss for words. 私は何と言っていいかわからなかった.
8 [値段・費用などを示して] …で: I bought these shoes *at* $19, but they may cost more now. 私はこの靴を19ドルで買ったが, 今ではもっとするかもしれない. [語法] for を用いても同じだが at を用いると, そのときはこの値段だったが, 今では違うかもしれないことを暗示する.
9 [度合い・割合を示して] (…の割)で: *at* full speed 全速力で / The sports car overtook us *at* more than 80 miles an hour. そのスポーツカーは時速80マイル以上で我々を追い越していった / The temperature [mercury] stood *at* 32°C. 温度は摂氏32度だった (32°C は thirty-two degrees centigrade [Celsius] と読む).
10 [電話番号を示して] (…番)に (《英》 on): Call us *at* 03-3288-7711. 03-3288-7711 にお電話ください (★ 電話番号の読み方については ☞ cardinal number [文法] (2)). **11** [at a [an, one] … の形で] 一度の…で: *at a* time 一度に / *at a* stroke 一撃で; 一挙に / *at a* [*one*] gulp ひと飲みに. **12** [順位・頻度を示して] …に (★ この辞書では成句として扱っている): *at* first 最初は / *at* intervals 時折. **at abòut …** [前] (時間が)…ごろ (☞ about [前] 1 [語法]): *at about* ten o'clock 10時ごろに. **at áll** ☞ all [代] 成句. **be át …** [動] [他] 《略式》(人)に(…するように)しつこく言っている: My parents *are* always *at* me *to* study. 私の両親はいつも私に勉強しろとしつこく言う. **be át it** [動] [自] Ⓢ 《略式》(仕事などを)せっせとこなしている; (よくない事を)やっている. **whère … is át** [名] Ⓢ (1) 《非標準》(人・物)のいる[ある]場所. (2) 《略式》…の意見; …の状況. **whère it's át** [名] 《古風》人気のある[おもしろい]場所[事がら]. **while you're at it** [副] Ⓢ ついでに.

AT /éɪtíː/ [略] =AST.
AT & T /éɪtíːəntíː/ [名] [固] AT & T 《米国電話電信会社; American Telephone & Telegraph Company の略だったが1994年改称》.
at·a·vis·m /ǽṭəvìzm/ [名] [U,C] 〘生〙 隔世遺伝, 先祖返り.
at·a·vis·tic /æ̀ṭəvístɪk←/ [形] 隔世遺伝の; 《格式》(感情・衝動などが)原始的な.
at bat /ətbǽt/ [名] (複 **at bats**) [C] 〘野〙 打数 (☞ bat[1] 成句).
‡ate /éɪt | ét, éɪt/ ([同音] eight) [動] **eat の過去形**.
-ate[1] /èɪt, eɪt/ [接尾] [動詞語尾] 「…にする, …になる」の意: cre*ate* 創造する / decor*ate* 飾る / communic*ate* 伝達する. [語法] 2音節の語では creáte, debáte のように -ate に第一アクセントがあるのが普通だが, 《米》では lócate, rótate のように前の音節に第一アクセントがくることがある. 3音節(以上)の語では décoràte, commúnicàte のように2つ前の音節に第一アクセントが, -ate には第二アクセントがあるのが原則.
-ate[2] /ət, ɪt/ [接尾] **1** [名詞語尾] 「…の職[地位](についている人)」の意: consul*ate* 領事の職 / sen*ate* 上院. **2** [形容詞語尾] 「…という特徴をそなえた, …のある」の意: fortun*ate* 幸運な / passion*ate* 情熱的な.
-ate[3] /eɪt/ [接尾] [名詞語尾] 〘化〙「…酸塩」の意: nitr*ate* 硝酸塩.
at·e·lier /æ̀ṭəljéɪ | ətélièɪ/ [名] [C] 《格式》 アトリエ.
ATF /éɪtìːéf/ [略] 《米》 =(Bureau of) Alcohol, Tobacco, and Firearms アルコール・タバコ・火器局 《財務省の一部局》.
a·the·is·m /éɪθiìzm/ [名] ([反] theism) [U] 無神論.
⁺a·the·ist /éɪθiɪst/ [名] ([反] theist) [C] 無神論者 《キリスト教徒にとっては神を信じない者という悪いイメージがあり, 日本人が特定の宗教を持たないというつもりで I'm an atheist. と言うのは避けた方がよい; ☞ agnostic》.
a·the·is·tic /èɪθiístɪk←/, **-is·ti·cal** /-k(ə)l←/ [形] 無神論(者)の.
A·the·na /əθíːnə/, **A·the·ne** /əθíːni/ [名] [固] 〘ギ神〙 アテナ 《知恵・芸術・戦争の女神; ☞ goddess 表》.
A·the·ni·an /əθíːniən/ [形] アテネの; アテネ人の. ― [名] [C] アテネ人.
Ath·ens /ǽθɪnz/ [名] [固] アテネ 《ギリシャの首都; 古代ギリシャ文明の中心地》.
***ath·lete** /ǽθliːt/ [名] (**ath·letes** /-liːts/; [形] àthlétic) [C] スポーツ選手, 運動選手, 《英》 陸上競技の選手; スポーツマン (☞ sportsman [日英比較]). [語源] ギリシャ語で「賞金目当てに競争する人」の意.
áth·lete's fóot /ǽθliːts-/ [名] [U] (足の)水虫.
***ath·let·ic** /æθléṭɪk/ [形] ([名] áthlete) **1** [比較なし] [A] 運動競技の, 《英》 陸上競技の; 運動競技[選手]用の: an ~ field 運動(競技)場 / an ~ support(er) 競技者用サポーター. **2** (人・体が)スポーツマンらしい, がっしりした, 強健な; 活発な: a man of ~ build がっしりとした体格の男 / an ~ child (運動ができて)活発な子.
-lét·i·cal·ly /-kəli/ [副] 運動競技で; 運動選手らしく.
ath·let·i·cis·m /æθléṭəsìzm/ [名] [U] 運動神経, 強健さ, 活発な動き.
***ath·let·ics** /æθléṭɪks/ [名] **1** [U] [時に複数扱い] (戸外)運動競技; 《英》 陸上競技 (track and field): do ~ 運動競技をする. **2** [U] 体育(理論). **3** [形容詞的に] 運動競技(用)の, 体育の: an ~ meet(ing) 運動会.
athlétic suppòrter [名] [C] =jockstrap.
at-hóme [名] [C] (自宅で催す家庭的な)招待会.
-a·thon /əθàn | əθɔ̀n/ [接尾] [名詞語尾] 《略式》「持久

力比べ の意: a talk*athon* 長時間討論.

a·thwart /əθwɔ́ːrt | əθwɔ́ːt/ 前《文》…を横切って.

-a·tion /éiʃən/ 接尾 [名詞語尾]「…にすること, …の結果, …の状態」の意: *educ*ation 教育 / *occup*ation 職業 / *examin*ation 試験.

a·tish·oo /ətíʃuː/ 感 (S) =achoo.

-a·tive /ətiv, eitiv/ 接尾 [形容詞語尾]「…の性質[傾向]を持つ」の意: *talk*ative おしゃべりな / *oper*ative 運転している.

At·lan·ta /ətlǽntə/ 名 固 アトランタ《米国 Georgia 州の州都》.

***At·lan·tic** /ətlǽntik/ 形 大西洋の: the ~ states of the United States 米国の大西洋岸の諸州.
— 名 固 [the ~] (Atlantic Ocean): (on) both sides of *the* ~ 大西洋の両側で(の). 関連 the Pacific 太平洋.

Atlántic Cíty 名 固 アトランティックシティー《米国 New Jersey 州東岸の都市; カジノで有名》.

***At·lan·tic O·cean** /ətlǽntikóuʃən/ 名 固 [the ~] 大西洋《ヨーロッパ・アフリカ, 南北アメリカに囲まれた世界第 2 の海洋》 (☞ ocean 表).

Atlántic Rím 名 固 環大西洋諸国.

Atlántic Stándard Tìme 名 U 大西洋標準時《略 AST; ☞ 表地図》.

At·lan·tis /ətlǽntis/ 名 固 アトランティス《大西洋にあったとされている伝説上の島》.

*at·las** /ǽtləs/ 名 C 地図帳[書] (☞ map 表): a road ~ 道路地図帳. 語源 昔の地図書の巻頭には天空をになった Atlas の絵をつけていたので.

At·las /ǽtləs/ 名 固《ギ神》アトラス《天空を両肩にかつぐ巨人》(☞ 語源).

Átlas Móuntains 名 固 [the ~] アトラス山脈《モロッコ南西部からチュニジア北東部に及ぶ山脈》.

ATM (machìne) /éitìːém/ 名 C 《主に米》現金自動支払機 (*automated-teller machine* の略).

***at·mo·sphere** /ǽtməsfìə | -sfìə/ 12 名 (~s /~z/; àtmosphéric) 1 C,U 雰囲気, 気分; ムード (☞ mood) 日英比較: a quiet ~ 静かな雰囲気(環境) / an ~ of optimism 楽観的な雰囲気 / The ~ of the meeting was very friendly. 会合の雰囲気は非常に友好的でした / That restaurant has (a very nice) ~. そのレストランはとてもいいムードだ. 2 C [普通は the ~] (地球を取り巻く)大気, 《天体を取り巻く》ガス体; 大気圏: The rocket blasted out of *the* ~. ロケットは大気圏外へ飛んでいった. 関連 stratosphere 成層圏. 3 C (ある場所の)空気: I don't like the polluted ~ of big cities. 私は大都市のよごれた空気は好かない.

at·mo·spher·ic /ǽtməsférik, -sfí(ə)r- | -sfér-/ 形 1 大気(中)の, 空気の: ~ pollution 大気汚染. 2 雰囲気[ムード]のある.

átmospheric préssure 名 U 気圧. ☞ high [low] atmospheric pressure.

at·mo·spher·ics /ǽtməsfériks, -sfí(ə)r- | -sfér-/ 名 [複] 1 空電(現象); 空電による電波障害(雑音など). 2 雰囲気, ムード.

at·oll /ǽtɔːl | ǽtɔl/ 名 C 環状さんご礁, 環礁.

***at·om** /ǽtəm/ 名 (~s /~z/; 形 atómic) 1 C 原子: An ~ is the smallest component of an element. 原子は元素の最小の成分である. 関連 molecule 分子. 2 [an ~; 普通は否定文で] 少量: There is *not* *an* ~ *of* truth in what she says. 彼女の言うことには本当のことは少しもない. 語源 ギリシャ語で「これ以上は分けられないもの」の意 (☞ molecule 語源).

átom bòmb 名 C =atomic bomb.

***a·tom·ic** /ətǽmik | ətɔ́m-/ 形 (atom) [比較なし] [普通は A] 1 原子力の; 原子爆弾の, 核の: an ~ submarine 原子力潜水艦 / ~ warfare 核戦争. 2 原子の. 語法 現在は nuclear ということのほうが普通.

atómic áge 名 [the ~] 原子力時代.

atómic bómb 名 C 原子爆弾.

atómic clóck 名 C 原子時計.

atómic énergy 名 U 原子力 (nuclear energy).

atómic númber 名 C《化》原子番号.

atómic píle 名 C 原子炉 (nuclear reactor).

atómic pówer 名 U =atomic energy.

atómic théory 名 C《物理》原子論.

atómic wéight 名 C 《古風》《化》原子量.

at·om·is·m /ǽtəmìzm | ǽt-/ 名《哲》原子論[説].

at·om·ize /ǽtəmàiz/ 動 1 ~を原子[微粒子]にする, 細分化する. 2 《水・消毒液など》を噴霧する.

at·om·iz·er /ǽtəmàizə | -zə/ 名 C 噴霧器; 香水吹き; スプレー.

átom smàsher 名 C 《略式》粒子加速器.

a·ton·al /eitóun(ə)l, æt-/ 形《楽》無調の.

a·to·nal·i·ty /èitounǽləti, æt-/ 名 U《楽》無調性.

a·ton·al·ly /eitóunəli, æt-/ 副《楽》無調で.

a·tone /ətóun/ 動 《格式》償う, 贖(あがな)う (*for*).

a·tone·ment /ətóunmənt/ 名 1 U 《格式》償い, 贖い. 2 [the A-]《宗》《キリスト教》の贖罪(しょくざい). **Dáy of Atónement** 名 [the ~] =Yom Kippur. **màke atónement for …** 動 他《格式》…を償う.

*a·top** /ətɑ́p | ətɔ́p/ 前《文》…の頂上に, …の上に.

at·o·py /ǽtəpi/ 名 U《医》アトピー.

-a·tor /éitə | -tə/ 接尾 [名詞語尾]「…する人[物]」の意: a narr*ator* 語り手 / gener*ator* 発電機.

A to Z /éitəzíː | -zéd/ 名 1 C エートゥーゼット《英国の市街地の地図・案内のタイトル》; 商標). 2 [単数形で] (ABC 順配列の)解説書, 総覧; (…の)すべて (*of*).

ATP /éitìːpíː/ 略 =adenosine triphosphate.

àt-rísk 形 A 危険な状態にある, 保護の必要がある.

a·tri·um /éitriəm/ 名 (atria /-triə/) C 1 吹き抜け. 2 中庭; 中央大広間. 3《解》心房.

*a·tro·cious** /ətróuʃəs/ 形 1 とてもひどい, 不愉快な: an ~ meal ひどい食事. 2 極悪な, 残虐な: an ~ crime 残忍な犯行. **~·ly** 副 1 ひどく, べらぼうに. 2 残虐に. **~·ness** 名 U ひどさ; 残虐さ.

a·troc·i·ty /ətrɑ́səti | ətrɔ́s-/ 名 (-i·ties /~z/) C,U 残虐, 極悪; C [普通は複数形で] (主に戦時中の)残虐行為: Many *atrocities* were committed during the civil war. その内戦中に多くの残虐行為が行なわれた.

at·ro·phy /ǽtrəfi/ 名 U 《器官》の衰退, 退化. — 動 (-tro·phies, -tro·phied; -phy·ing) 自 萎縮する; 衰退する. — 他《器官》を萎縮させる; 衰退させる: *atrophied* limbs 萎縮した手足.

At·ro·pos /ǽtrəpɑ̀s | -pɔ̀s/ 名 固《ギ神》アトロポス (the Fates の 1 人; 生命の糸を断ち切る役).

ATSIC /ǽtsik/ 略 =Aboriginal and Torres Strait Islander Commission オーストラリア先住民保護協会.

At·si·na /ǽtsínə/ 名 固 アトシーナ族《北米先住民の部族の 1 つ》.

at·ta·boy /ǽtəbɔ̀i/ 感《米俗》うまいぞ!, でかした! (That's the boy! がなまったもの; ☞ attagirl).

***at·tach** /ətǽtʃ/ 動 (-tach·es /~iz/; at·tached /~t/; -tach·ing, -tach·ment) 他 1 《大きいものに》《小さいものを》**取り付ける**, 結びつける (反 detach): He *~ed* a trailer *to* his car. <V+O+to+名・代> 彼は車にトレーラーを取り付けた / Many labels *were ~ed to* the baggage. <V+O+to+名・代の受身> その荷物にはたくさんのラベルがつ

102 attaché

いていた / They tried to ~ the label of "racist" to the mayor. 彼らはその市長に「人種差別主義者」というレッテルをはろうとした. **2** 〈署名・条件など〉を添える, 付け加える: He ~ed his photograph to the document. 彼はその書類に写真を添えた / ~ conditions to an agreement 契約書に条件を付け加える. **3** 〈価値・重要性など〉を(…に)認める, 置く;〈感情・性質など〉を(…に)伴なわせる: ~ much importance to ... …を重大視する / ~ blame to ... …に責任を負わせる / There is an element of risk ~ed to mountain climbing. 登山にはある種の危険が伴なう. **4** [普通は受身で]〈人〉を(…に)所属させる, 配属する (to). **5**〖法〗〈人〉を逮捕する,〈財産〉を差し押さえる. **6**〖電算〗〈…〉をEメールに添付する. — 自(格式)(…に)つく, 伴う: No blame ~es to either of you. あなた方のどちらにも責任はありません. **attàch onesélf to ...** 他(特に一時的に)…に加わる, …に随行する: He ~ed himself to the terrorist group then. 彼はその頃テロリストの一味に加わった.

at·ta·ché /æṭəʃéɪ, æ̀təʃéɪ | ətǽʃeɪ/ 名 Ⓒ (大使・公使の)随行員(専門分野を代表する人);大(公)使館員.

at·ta·ché case /æ̀təʃéɪkeɪs, æ̀təʃéɪ-| ətǽʃeɪ-/ Ⓒ アタッシェケース《書類入れ用; ⇨ briefcase》.

*at·tached /ətǽtʃt/ ▮▮ 形 **1** 取り付けられた; 付属の (to): an ~ school 付属の学校. **2** Ⓟ (…に)愛着(愛情)を持って: Mary was deeply [very] ~ to her aunt. メアリーはおばをとても慕っていた. **3** Ⓟ (…に)関係して, (一時的に)所属して, 配属されて (to).

*at·tach·ment /ətǽtʃmənt/ 名 (動 attách) **1** Ⓤ,Ⓒ 愛着, 愛情 (affection); 忠誠心: have an ~ to [for] … …を慕う. **2** Ⓒ 付属品[装置]; 付属物, 付着物: camera ~ カメラの付属品 / a flash ~ フラッシュ装置. **3** Ⓤ 取り付け; 付着; (一時的)配属: ~ of labels to suitcases スーツケースにラベルを取り付けること / He is on ~ to the Department of Education. 彼は教育省に配属になっている. **4** Ⓤ,Ⓒ〖法〗逮捕, 差し押さえ. **5**〖電算〗(Eメールの)添付ファイル.

*at·tack /ətǽk/ 名 (~s /~s/) **1** Ⓤ,Ⓒ 攻撃, 襲撃, 暴行 (反 defense): The enemy made a strong ~ on that building. 敵はその建物に対して激しい攻撃をした / The number of ~s on young children is increasing. 幼い子供への暴力事件が増えている.

2 Ⓒ,Ⓤ (激しい)非難, 攻撃: a personal ~ 個人攻撃 / a violent ~ on [against] the government's policies 政府の政策に対する激しい攻撃. **3** Ⓒ,Ⓤ (果敢な)取り組み: We have to launch an all-out ~ on environmental pollution now. 今 環境汚染に全面的な取り組みを開始する必要がある. **4** Ⓤ,Ⓒ (発熱, 病気の)発作, (ある感情に)発作的に襲われること: a heart ~ 心臓まひ /「an asthma ~ [an ~ of asthma] ぜんそくの発作 / I was hit by an ~ of panic. 私は突然恐怖心に襲われた. **5** Ⓤ,Ⓒ (病気・害虫などが)冒すこと. **6**〖スポ〗Ⓒ,Ⓤ 得点をねらうプレー, 攻撃; [単数形で](英) 攻撃側 (米) offense; 反 defense. **7** Ⓤ (器楽・声楽で出だしの)発声[演奏], アタック. **be** [**cóme**] **ùnder attáck** [動] 自 攻撃[非難]を受けている[受ける]. **be** [**gó**] **on the attack** [動] 自 攻撃[非難]している[する].

— 動 (at·tacks /~s/; at·tacked /~t/; -tack·ing)
他 **1** 〈…〉を**攻撃する**, 攻める, 襲う; (激しく)非難する (反 defend): ~ the enemy 敵を攻撃する / The reporter was ~ed with a knife on his way home. <V+O+with+名・代の受身> その記者は帰宅途中にナイフで襲われた / Many people ~ed the government *for* its policy on the economy. <V+O+*for*+名・代> 多くの人々が政府の経済政策を非難した / His plan was ~ed as impracticable. <V+O+C (as+形)> 彼の計画は実行不可能だと非難された. **2** (病気・害虫などが)…を冒す(%), 襲う: The child was suddenly ~ed by a mysterious disease. その子は突然わけのわからない病気に襲われた. **3**〈仕事〉に熱心に取り組む, 着手する: The government began to ~ the problem. 政府はその問題に取り組み始めた / The children ~ed the meal. 子供たちは勢いよく食事を食べ始めた. **4**〈女性〉を襲う, 暴行する. **5**〖スポ〗(ゴールなど)を攻める. — 自 (反 defend) **1** 攻撃する. **2**〖スポ〗攻める, 攻撃する.

attack dòg 名 Ⓒ (米) 番犬.

*at·tack·er /ətǽkə | -kə/ 名 (~s /~z/) Ⓒ 襲う人, 攻撃する人; (球技の)アタッカー.

at·ta·girl /ǽtəgə̀ːl | -gə̀ː/ 間 (米俗) えらいぞ!, でかした!《That's the girl! がなまったもの; ⇨ attaboy》.

*at·tain /ətéɪn/ 動 (格式) 他 **1**〈努力して〉〈目的・望みなど〉を**遂(**%**)げる**, 達成する (⇨ achieve 類語語): ~ world peace 世界平和を達成する / He finally ~ed his objectives. 彼はついに目的を遂げた. **2**〈水準など〉に達する (reach): ~ a record speed 記録の高速に達する. — 自 (努力して…に)達する: ~ *to* perfection 完成の域に達する.

*at·tain·a·ble /ətéɪnəbl/ 形 (格式) 達成できる.

*at·tain·ment /ətéɪnmənt/ 名 (格式) **1** Ⓤ 到達, 達成. **2** Ⓒ [普通は複数形で] 芸, 技能; 学識, うんちく: a scholar of great ~s 学識豊かな学者.

*at·tempt /ətém(p)t/ ▮▮ 名 (at·tempts /ətém(p)ts/) Ⓒ **1 試み**, 企て《しばしば失敗や未遂に終わったことを意味する; ⇨ try 類語語》, 作って(試みる)みたもの: [言い換え] His ~ to poison his wife failed. <N+to 不定詞>=His ~ at poisoning his wife failed. <N+at+動名> 妻を毒殺しようとした彼の企ては失敗した / My first ~ at stew tasted good. 私が初めて作ったシチューはおいしかった. **2** 攻撃 (attack); (人の命など)を狙うこと: an ~ on the President's life 大統領殺害の企て. **3** (記録などを破ろうとする)企て: His ~ on the world record failed. 彼は世界記録をねらうが失敗した.

in one's [**an**] **attémpt to dó** [副] …しようとして. **màke an attémpt at ...** [動] 他 …を企てる: The prisoners *made an* ~ *at* escaping. 囚人たちは脱走を企てた.

màke an attémpt on ... [動] 他 (人の命など)を奪おうと企てる; (記録など)に挑戦する: They *made an* ~ *on* the President's life. 彼らは大統領の命を狙った.

màke an attémpt to dó [動] …しようと試みる: The U.S. Government *made an* ~ *to* open up the Japanese market. 米国政府は日本の市場を開放させようと試みた.

— 動 (at·tempts /ətém(p)ts/; -tempt·ed /~ɪd/; -tempt·ing) 他〈…〉を試みる, (…しようと)企てる《しばしば失敗や未遂に終わったことを意味する; ⇨ try 類語語》: [言い換え] The prisoners ~ed to escape. = The prisoners ~ed *to* escape. <V+O (*to* 不定詞)> 囚人たちは逃亡を企てた.

*at·tempt·ed /ətém(p)tɪd/ 形 A 未遂の: ~ murder [suicide] 殺人[自殺]未遂.

*at·tend /əténd/ 動 (at·tends /əténdz/; -tend·ed /~ɪd/; -tend·ing: 名 atténdance, 自 成句では atténtion, 形 atténdant)

「…に心を向ける」(⇨ tend¹ 単語の記憶) → 「注意する」成句
 ├─ (身を入れる) → 「精を出す」自 2
 ├─ 「付き添う」他 3 → 「看護する」他 2
 └─ 「仕える」他 3 → (出てきて仕える) → 「出席する」他 1, 自 1

— 他 1 《…に**出席する**》,参列する;《学校・教会など》に通う《用法注意》日本語では「…に出席する」だが英語では他動詞なので attend to [at] …とは言わない; 語法 take part 語法 (part 名 成句) ~ a meeting 会議に出席する / The lecture was well ~ed. <V+Oの受身> 講演には出席者が多かった / Nancy ~s school (church) regularly. ナンシーは学校[教会]へきちんと行っています. **2**《格式》《医師・看護婦など》《…》を**看護する**,《…》に付き添う,《…》の世話をする: Which doctor is ~ing your mother? お母さんはどのお医者さんにかかっていますか / She was ~ed by many nurses. <V+Oの受身> 彼女は大勢の看護師に看護されていた.

3《格式》《…に**伴う**;《…》に同伴する,随行する《☞ accompany 類語例》: The President was ~ed by his staff. <V+Oの受身> 大統領には直属職員が随行した. **4**《格式》《物事が結果として》《…》に**伴う**: The experiment was ~ed by some danger. その実験は多少危険を伴った.

— 自 **1** 出席する,参列する: I'm sorry I'll be unable to ~. 残念ですが出席できません. **2**《格式》《仕事など》に精を出す,専念する,注意を払う: Mr. Green is ~ing to his work. グリーンさんは仕事に精を出している. **3**《格式》《…に》付き添う,看護する. **attend to …**, 他《格式》《…》に**注意する**,…に耳を傾ける: A~ to what your teacher says. 先生の言われることをよく聞きなさい. (2) …の世話をする,…に仕える: 言い換え Are you being ~ed to? = Is anyone [someone] ~ing to you? だれかほかの者がご用を承っておりますか《店員が客に尋ねることば》. (3)《問題など》を処理する,解決する: I have so many things to ~ to. 私はしなければならない事がたくさんある.

*at·ten·dance /əténd(ə)ns/ 中1 名 (-ten·danc·es /-ɪz/; 他 atténd, 形 atténdant) **1** U,C《特に規則的な》出席,出勤,参列: his ~ at the meeting その会への彼の出席 / take [check] ~ 出席をとる.

2 C,U 出席者,参列者《全体》; 出席者数; 出席回数: an ~ of ten thousand 1万人の参加者 / The ~ at the party was larger than had been expected. 会への出席者は予想されていたよりも多かった. **3** U《格式》付き添い; 看護,世話. **dánce atténdance on [upòn] …** [動] 他《格式》《付ききりで》…のご機嫌をとる[世話をする]. **in atténdance** [形]《格式》出席して,参列して; 付き添って,世話をして,治療に当たって (on).

atténdance allòwance 名 U《英》《重病人の介護人に給付される》介護手当.

*at·ten·dant /əténdənt/ 名 (-ten·dants /-d(ə)nts/) C **1**《旅館・公共施設などの》サービス係,案内人,従業員: parking lot ~s 駐車場の係員 / An ~ guided us through the museum. 案内係が私たちを博物館じゅう案内した. **2** 付き添い人,随行者: the Queen and her ~s 女王とその随員たち.

— 形《動 atténd, 名 atténdance》《格式》**1**《状況など》《…に》伴う,付随する: the ~ circumstances 付帯状況 / war and its ~ evils 戦争とそれに伴う悪 / Epidemics are often ~ on floods. <A+on+名・代> 洪水が起こると伝染病がしばしば流行する. **2** 付き添いの,お供の (on): ~ physicians 付き添いの医師たち.

at·ten·dee /ətèndí:/ 名 C《会議などの》出席者.
at·ten·der /əténdə | -də/ 名 C《主に英》出席者,《…に》通う人 (at, in, of).

***at·ten·tion** /əténʃən/ 中1 名 (~s /-z/; 動 atténd 自 成句, 形 atténtive)

1 U **注意**,注意力; 注目,関心; 配慮; 世話,手当て,修理《反 inattention》: distract [divert] one's ~ 注意をそらす / 中2 His new car attracted [caught] our ~. 彼の新車は我々の注目を集めた / I shouted to get your ~. あなたの注意を引こうとして私は叫んだ / The lecture was so dull that the students' ~ wan-

attenuated 103

dered. 講義がつまらなかったので学生の集中力が散漫になった / You need medical ~ for that burn. あなたはそのやけどの治療をしてもらう必要がある / The window frames are rotten and need ~. 窓わくが腐っていて修理が必要だ. **2** C《普通は複数形で》《格式》親切,気尽くし,《特に女性への》親切な行為; よけいな世話,いらぬ関心. **3** /ətènʃʌ́n/ U《軍》気をつけ《の姿勢》: A~! 気をつけ!《号令》 語法 短縮して 'Shun' /ʃʌ́n/ と言うこともある ∥ **stand at [to] ~** =come to ~ 気をつけの姿勢で立つ.

Atténtion, pléase. お知らせいたします,ちょっとお聞きください《発表したり,人の注意を引くときなどのことば》言い換え A~, please. (=May I have your ~, please?) We will be landing in New York in about twenty minutes. (S) お知らせいたします. この飛行機はニューヨークにあと20分ほどで到着します.

bríng … to —'s atténtion [動] 他《格式》《…》を—に注目させる[指摘する]: Thank you for bringing the matter to my ~. このことを教えてくれてありがとう.

cáll atténtion to … [動] 他 …に対する注意を促す: The policeman called ~ to the problem of pickpockets. 警官はすりに対する注意を呼びかけた.

cáll [dráw] …'s atténtion to — [動] 他 …の注意を—に向けさせる,…に—を指摘する.

cóme to …'s atténtion [動] 他 …の目に留まる.

dráw atténtion awáy from … [動] 他 …から注意をそらす.

for [to] the atténtion of …. [前] …様宛て《手紙の宛先となる個人・部課名の前に書く》《略 attn., fao》.

gét [háve] …'s undivíded atténtion [動] 他 …にすっかり注目される; …に全面的に世話になる.

gíve atténtion to … [動] 他《格式》《…》に**注意する**: Give your whole ~ to what you are doing. あなたのやっていることによく注意を向けなさい. 語法 attention is given to … の形で受身にできる.

gíve one's undivíded atténtion to … [動] 他 …に一心に注意を払う; …に専念する.

pày atténtion [動] 自《格式》注意を払う,謹聴する.

pày atténtion to … [動] 他 …に注意を払う,…に留意する; …に注目する: He pays no ~ to anything I say. 彼は私が何を言っても全くおかまいなしだ. 語法 attention is paid to … の形で受身にできる.

Thánk you for your atténtion. (S) ご静聴ありがとうございました《スピーチを締めくくる時のことば》.

túrn one's atténtion to … [動] 他 …に注意を向ける.

with [withòut] due cáre and atténtion [副] 十分注意して[注意を払わないで].

atténtion defícit disòrder 名 C《医》注意欠陥障害《子供の注意散漫・多動などを特徴とする》.

atténtion defícit hyperactívity disòrder 名 U《医》注意欠陥多動性障害《略 ADHD》.

atténtion-séek·ing /-sì:kɪŋ/ 形 人目を引きたがる,目立ちたがり屋の.

atténtion spàn 名 C 注意力持続時間.

***at·ten·tive** /əténtɪv/ 形《名 atténtion, 反 inattentive》 **1** 注意深い,気を使う; 注意して聞く[見る]: an ~ audience 熱心な聴衆 / Be more ~ to your studies. もっと身を入れて勉強しなさい. **2** 気を配る,手厚い; 親切な: She is always ~ to her elderly mother. 彼女はいつも年老いた母親に心を配っている. **~·ly** 副 注意して. **~·ness** 名 U 配慮,手厚さ; 親切さ.

at·ten·u·ate /əténjuèɪt/ 動 他《格式》《…》を細くする,やせ細らせる;《濃度・力・価値など》を弱める,薄める,減ずる;《電気》《振幅》を減衰させる.

at·ten·u·at·ed /əténjuèɪtɪd/ 形《格式》細長い; 弱められた,薄められた.

104 attenuation

at·ten·u·a·tion /ətènjuéɪʃən/ 名 U 《格式》細くなること；衰弱；希釈；《電気》減衰．

*__at·test__ /ətést/ 《格式》 自 (…を)証言[証明]する；《物事が》(…の)証拠となる：He ~ed to the truth of her statement. 彼女の陳述が真実であると証言した．― 他 《…の》真実性を証言する；《物事が》《…に》証拠を示す：The time card ~ed (the fact) that she had arrived at ten. タイムカードは彼女が 10 時に着いたことを示していた．

at·tes·ta·tion /ætestéɪʃən/ 名 U.C 《格式》証明，立証；証拠，証明書；宣誓．

at·test·ed /ətéstɪd/ 形 《英》無菌と証明された：~ milk 保証牛乳．☞ certified milk.

*__at·tic__ /ǽtɪk/ 名 C 屋根裏(部屋)：an ~ bedroom 屋根裏の寝室．参考 garret と違って「むさ苦しい」という感じはなく，むしろこざっぱりしたこぎれいな，あるいはロマンチックな連想を誘う．語源 元来は「Attica 風の建物」の意．

attic

At·ti·ca /ǽtɪkə/ 名 固 アッティカ《古代ギリシャ南東部の地方》．

At·ti·la (the Hún) /ǽtələ-, ətílə-/ 名 固 アッティラ (406?-453)《ヨーロッパに侵入したフン (Hun) 族の王》．

at·tire /ətáɪə | ətáɪə/ 名 U 《格式》服装：Formal ~ required. 正装のこと《招待状やレストランの掲示など》．

at·tired /ətáɪəd | ətáɪəd/ 形 《格式》(…の)服装をした：She was ~ in white. 彼女は白い服を着ていた．

*__at·ti·tude__ /ǽtɪt(j)ùːd | -tjùːd/ T1 名 (-ti·tudes /-t(j)ùːdz | -tjùːdz/)

元来は絵画・彫刻の人物の「ポーズ・姿勢」3 →「態度」2 →（心の持ち方）→「考え」1

1 C.U 考え, 意見：What is his ~ toward [to] this decision? この決定に対する彼の考えはどうですか．**2** C 態度, 心構え：an ~ of mind 心構え / take the negative [positive] ~ 否定的[肯定的]な態度をとる / It's a matter of your ~. それはあなたの心構えの問題です / The United States adopted an uncompromising ~ on imports. 米国は輸入品に対して強硬な態度をとった / I don't like his ~ to [toward] life. 私は彼の人生観が好きでない．**3** C 《格式》姿勢：in a relaxed ~ くつろいだ姿勢で．**4** U 《略式》利己的[非協力的]な態度, けんか腰，(強烈な)自己主張，個性，(独自の)スタイル：He has too much ~. 彼はあまりに が強すぎる / designs with ~ 主張のある個性的なデザイン．**cóp an áttitude** 動 自 S 《米略式》思い上がった態度をとる，偉そうにする．**háve an áttitude próblem** 動 自 自己中心的[非協力的]な態度をとる．**háve a góod [bád] áttitude** 動 自 (…に対する)姿勢[心掛け]がよい(悪い) (toward)．**stríke an áttitude** 動 自 《古風》気取った[わざとらしい]様子をする．

at·ti·tu·di·nal /ætɪt(j)úːdənəl | -tjúː-/ 形 《格式》態度の；考え方の．

at·ti·tu·di·nize /ætɪt(j)úːdənaɪz | -tjúː-/ 動 自 気取った[わざとらしい]態度をとる．

attn. =for [to] the attention of ...（☞ attention 名句）．

*__at·tor·ney__ /ətə́ːni | ətə́ː-/ ★ or は例外的に /ə/, /ɚ/ と発音する．T1 名 (~s /-z/) C **1** 《主に米》弁護士 《☞ lawyer 類義語》：consult one's ~ 弁護士と相談する．**2** 代理人．**attorney at láw** 名 《米》弁護士．**pówer(s) of attorney** 名 U 《法》委任権[状]．

wárrant [létters] of attórney 名 《法》委任状．

*__Attórney Géneral__ 名 《複 At·tor·neys Gen·er·al, At·tor·ney Gen·er·als》 C 《普通は the ~》《米》司法長官《司法省 (Department of Justice) の長；略 Atty. Gen.》；《英》検事総長．

*__at·tract__ /ətrǽkt/ T1 動 (at·tracts /ətrǽkts/; -tract·ing; -tract·ed /-ɪd/; -tract·ing; 名 attráction, 形 attráctive) 他 **1** ［しばしば受身で］《…を》(魅力的に)引き付ける，魅惑する；《注意・関心など》を引く：His concert ~ed many people. 彼の演奏会には人が大勢集まった / Lots of visitors were ~ed to the beautiful Japanese pavilion. ＜V+O+to+名・代の受身＞ 大勢の観光客が美しい日本館に集まった．**2** 《磁性など》が引き付ける，引き寄せる；《支持・評判などを得る》：Many flies were ~ed to the rotten food. 腐った食物に多くのはえが寄ってきた / The candidate failed to ~ the support of laborers. その候補者は労働者の支持を得られなかった．**féel [be] attrácted to ...** 動 他 …に(性的)魅力を感じる，…に引き付けられる，…が好きである．

単語の記憶	《TRACT》《引く》
at**tract**	(…の方へ引く) → 引き付ける
abs**tract**	(…から引き出す) → 抽象的である
con**tract**	(共に引き合う) → 契約
dis**tract**	(引き離す) → そらす
ex**tract**	(外へ引き出す) → 引き抜く
sub**tract**	(引き下ろす) → 減ずる
tractor	(耕作機を引く) → トラクター

*__at·trac·tion__ /ətrǽkʃən/ 名 (~s /-z/; 動 attráct) **1** C.U 魅力；(…が)好きなこと，(…に)性的魅力を感じること：The movies have lost much of their former ~ for young people. 映画は若者たちにとって以前のような魅力あるものでなくなっている / She felt a strong ~ to [for] him. 彼女は彼に強く引かれた．**2** C 人を引き付けるもの，魅力あるもの；アトラクション，呼び物：tourist ~s 観光客を引き付けるもの《名所旧跡など》 / the ~s of a big city 大都会の魅力 / the main [greatest, star] ~ of the circus サーカスの主な[最大の]呼び物 / Switzerland has a lot of sightseeing ~s. スイスにはたくさんの観光名物がある．**3** C.U 引き付けること, 誘引；《物理》引力 (反 repulsion)：magnetic ~ 磁力 / capillary ~ 毛(細)管引力 / the moon's ~ =the ~ of the moon 月の引力．

*__at·trac·tive__ /ətrǽktɪv/ 形 (動 attráct) **1** 人を引き付ける, (性的に)魅力的な，人目につく；見ばえがする (to) (反 unattractive)《☞ 類義語》：I found her an ~ woman. 彼女は魅力ある女性だった．**2** 興味[関心]をそそる：an ~ offer 魅力的な申し出 / Some Japanese traditions seem ~ to foreigners. 日本の伝統の中には外国人にとって魅力的に思えるものがある．**3** 《物理》引力の, 引力のある．**~·ly** 副 魅惑的に；興味をそそるように．**~·ness** 名 U 人目を引くこと；魅力．

【類義語】 **attractive** 人の心を引き付けるほど感じのよいこと．**charming** 人をうっとりさせ，ほれぼれさせるような魅力のあること．**fascinating** 人を魔法にかけるような強い魅力のあること．

attrib. =attributive.

at·trib·ut·a·ble /ətríbjutəbl/ 形 P W (成功・失敗などが) (…の)せいである，(原因が) (…の)あるとされる；(作品などが) (…の)作とされる：This failure is ~ to his carelessness. この失敗は彼の不注意による．

*__at·trib·ute__[1] /ətríbjuːt/ ★ 名詞の attribute[2] とのアクセントの違いに注意．T3 動 (-trib·utes /-tríbjuːts/; -trib·ut·ed /-ɪd/; -trib·ut·ing /-tɪŋ/; 名 àttribútion, 3 では attríbute[2]) 他 **1** 《…の》結果を(―の)せいにする，《…の》原因が(―に)あるとする：She ~d her failure to illness [being ill]. ＜V+O+to+名・代[動名]＞ 彼女は失敗したのは病気のせいだと言った / His illness was ~d to a poor diet. ＜V+O+to+

名・代の受身> 彼の病気は貧しい食事が原因だとされた. **2** 〈作品など〉を(...の)作と考える: This lullaby used to be ~d to Mozart. この子守歌は以前はモーツァルトの作とされていた. **3** 〈ある性質〉が(...に)あると考え, (...が)ある性質を持っているとみなす: How can you ~ kindness to such an evil man? あんな悪いやつが親切心を持っているとどうして思うのか.

*at・tri・bute² /ətríbju:t/ ★動詞のattribute¹とのアクセントの違いに注意. 名 (動 attribute¹ 3) C 〈格式〉属性, (人が備えている性質), 特質, 特徴.

at・tri・bu・tion /æ̀trəbjú:ʃən/ 名 (動 attribute¹) U (結果・原因などを...に)帰すること, 帰属; 〈作品の作者を...で〉あると考えること, 作者の特定 (to).

at・trib・u・tive /ətríbjutɪv/ 形《文法》限定的な (略 attrib.); 〈名詞が〉形容詞的な: an ~ adjective 限定形容詞 [☞ attributive use 文法] [関連 predicative 叙述的な]. **~・ly** 副 限定的に.

attributive úse 名 U 《文法》限定用法.

文法 限定用法
　形容詞が直接に名詞や代名詞を修飾する用法をいう, 述語用法に対する (☞ predicative use 文法). この限定的に用いられた形容詞を限定形容詞 (attributive adjective) という. 限定形容詞の語順には次の2通りがある.
(1) 名詞や代名詞の前に置く場合 (これが最も普通の用法): a *bright* Chinese boy 頭のよい中国の少年 / Her family is a *large* one. 彼女の家族は大家族だ.
(2) 名詞や代名詞の後に置く場合.
(i) -thing, -one, -body で終わる不定代名詞を修飾するとき: There is *nothing important* in this book. この本には何も重要なことは書いてない.
(ii) 形容詞にさらに修飾語句がついて長くなる場合: She brought a basket *full of grapes*. 彼女はぶどうのいっぱい入ったかごを持ってきた.
(iii) -able, -ible で終わる語が最上級などを強める場合: That is the worst method *imaginable*. それは考えられる限り最悪の方法だ.
(iv) その他慣用的に名詞の後に置く場合: Alexander the *Great* アレクサンドロス大王 / Asia *Minor* 小アジア / the sum *total* 総計 / God *almighty* 全能の神.
(3) いくつかの形容詞を限定的に用いる場合には, 序数詞, 基数詞, 大小・形を表わす形容詞, 新旧を表わす形容詞, 性状・状態を表わす形容詞, 材料・所属を表わす形容詞, の順序に並べる: the three small new green wooden boxes 3個の小さな新しい緑色の木製の箱.
参考 この辞書の語義は主として限定用法で使われる形容詞の語義には A と示してある.

---

†**at・tri・tion** /ətríʃən/ 名 U 〈格式〉**1** 磨滅, 消耗: wage a war of ~ 消耗戦[持久戦]をする. **2** 〈主に米〉 (人員の)自然減 (退職・死亡などによる) (〈英〉 natural wastage); 漸減.

at・tuned /ətjú:nd | ətjú:nd/ 形 P (...に)慣れて, (...に)理解できて; (音を)聞き分けられて (to).

Atty. Gen. 略 〈主に米〉 =Attorney General.

ATV /éɪtiːvíː/ 名 =all-terrain vehicle.

a・twit・ter /ətwítə | -tə/ 形 興奮して, そわそわして.

a・typ・i・cal /eɪtípɪk(ə)l/ 形 典型的でない, 変則的な. **-cal・ly** /-kəli/ 副 変則的に.

A.U. 略 =astronomical unit.

†**au・ber・gine** /óubəʒí:n | -bə-/ 名 UC **1** 〈主に英〉 なす(の実) (〈米〉 eggplant). **2** U なす色, 濃紺.

au・burn /ɔ́:bən | -bən/ 形 〈毛髪などが〉赤褐色の, 金褐色の. — 名 U 赤[金]褐色.

Auck・land /ɔ́:klənd/ 名 固 オークランド 《ニュージーランド北島北部の都市; ☞ 裏地図 P1》.

au cou・rant /òukuːrɑ́:ŋ/ 形 《フランス語から》 時勢[事情]に明るい.

---

audio typist 105

*auc・tion /ɔ́:kʃən/ 名 (~s /~z/) CU 競売, オークション: I sold [bought] a car *by* [*at*] ~. 私は車を競売で売った[買った]. **pùt ... úp for áuction** [動] 他 〈...〉を競売にかける. — 動 他 〈...〉を競売にかける; 〈不要品など〉を競売にかけて処分する (*off*).

áuction blòck 名 [次の成句で] **on the áuction blòck** [形] 〈米〉競売にかかって, 売りに出て.

áuction brìdge 名 U 《トランプ》オークションブリッジ 《勝ったトリックをすべて得点に入れるブリッジ》.

*auc・tion・eer /ɔ̀:kʃəníə | -níə/ 名 C 競売人.

áuction hòuse 名 C 競売会社.

*au・da・cious /ɔ:déɪʃəs/ 形 W 大胆不敵な, 向こう見ずな; 厚かましい. **~・ly** 副 大胆不敵に; 厚かましく.

au・dac・i・ty /ɔ:dǽsəti/ 名 U 大胆不敵な; 図太さ, 厚かましさ: have the ~ to do ...する大胆さ[ずぶとさ]もある.

Au・den /ɔ́:dn/ 名 固 **W. H.** ~ オーデン (1907-73) 《英国生まれの詩人》.

au・di・bil・i・ty /ɔ̀:dəbíləti/ 名 (反 inaudibility) U 聞き取れること; 可聴度.

*au・di・ble /ɔ́:dəbl/ 形 (反 inaudible) 〈音・声が〉聞き取れる: His voice was barely ~. 彼の声はやっと聞き取れるくらいだった. **-bly** /-bli/ 副 聞き取れるほどに.

★au・di・ence /ɔ́:diəns/ 名 T1 (-di・enc・es /~ɪz/) **1** C **聴衆**, 観客 《全体》, (テレビの)視聴者たち, 《ラジオの聴取者たち (☞ audio-)》, (本の)読者たち; 〈芸術家などの〉支持者, 信奉者: There was a large [small] ~ in the hall. ホールの聴衆は大勢[少数]だった / His speeches were welcomed by large ~s. 彼の演説は大聴衆に歓迎された / the target ~ for the program その番組のねらいとする視聴者層 / a TV program with ~ participation 視聴者参加のテレビ番組.

語法 〈英〉では聴衆の一人一人に重きを置くときには単数形でも複数扱いとすることがある, 集合名詞 collective noun 文法: The ~ *was* [*were*] very amused at his jokes. 聴衆は彼の冗談に大喜びした.

コロケーション
address an *audience* 聴衆に向かって話をする
bore an *audience* 聴衆を退屈させる
draw [**attract**] an *audience* 聴衆をひきつける
move [**stir**] an *audience* 聴衆の心を動かす

語源 「聞くこと」の意 (☞ audio-).

2 C 公式会見, 拝謁(はいえつ): seek [request] an ~ with the President 大統領に公式会見を申し出る / The Queen granted [gave] an ~ to the soldiers. 女王は軍人たちに拝謁を賜った.

áudience ràting 名 C 視聴率.

*au・di・o /ɔ́:diòu/ 形 A 音声の 《video (映像の)に対して》, 録音(再生)の; 〖通〗可聴周波の: ~ equipment オーディオ装置. — 名 U 音声(部分).

au・di・o- /ɔ́:diou/ 接頭 「聴覚の, 音の」の意 (audience, audition, auditorium なども同語源): *audio*visual 視聴覚の.

áudio bòok 名 C カセットブック 《本の朗読を録音したテープ》.

áudio・cassètte 名 C 録音カセット.

áudio frèquency 名 C 〖通〗可聴周波(数).

au・di・ol・o・gy /ɔ̀:diɑ́ləʒi | -5l-/ 名 U 聴覚科学.

au・di・om・e・ter /ɔ̀:diɑ́mətə | -5mə-/ 名 C 聴力測定器.

au・di・o・phile /ɔ́:diouˌfaɪl/ 名 C オーディオ愛好家, オーディオマニア.

áudio・tàpe 名 CU 録音テープ.

áudio týpist 名 C 〈英〉テープ起こしをする人.

àu·di·o·vís·ual /形/ [A] 視聴覚の(略 AV, av.): ~ education 視聴覚教育.

àudiovísual áids /名/ [複] 視聴覚教具.

***au·dit** /ɔ́ːdɪt/ [12] /名/ (**au·dits** /-dɪts/) [C] **1** 会計監査, 決算: do [carry out] an annual ~ 年度の会計検査を行なう. **2** (環境などの)査定, 点検. ── /動/ **1** 〈会計〉を監査する; 点検する. **2** 《米》〈講義〉を聴講する.

***au·di·tion** /ɔːdíʃən/ /名/ [C] **1** (歌手などのための)試技, オーディション《音楽家・俳優などと契約する際に行なう》: hold an ~ for the lead part 主役のオーディションを行なう. ── /自/ オーディションを受ける (for). ── /他/ 〈…〉にオーディションを行なう (for).

***au·di·tor** /ɔ́ːdəṭɚ/ | -tə/ [13] /名/ [C] **1** 会計監査官; 監査役. **2** 《米》(大学の)聴講生.

au·di·to·ri·um /ɔːdətɔ́ːriəm/ [13] /名/ (~s, **au·di·to·ri·a** /-riə/) [C] **1** (劇場などの)観客席(☞ theater 挿絵; audio-); (教会の)会衆席. **2** 《米》講堂, 公会堂.

au·di·to·ry /ɔ́ːdətɔ̀ːri | -tari, -tri/ /形/ [A] /解/ 耳の, 聴覚の: the ~ nerve 聴神経.

Au·drey /ɔ́ːdri/ /名/ /固/ オードリー《女性の名》.

Au·du·bon /ɔ́ːdəbàn | -bən/ /名/ /固/ **John James ~** オーデュボン (1785–1851) 《米国の鳥類学者・画家》.

Áudubon Socìety /名/ /固/ [the ~] オーデュボン協会《野生の鳥の保護活動を行なう》.

au fait /oʊféɪ/ 《フランス語から》/形/ P よく知っている, 熟知した (with).

auf Wie·der·seh·en /aʊfvíːdəzèɪ(ə)n | -də-/ 《ドイツ語から》/間/ さようなら (good-bye).

***Aug.** 8月 (August).

Au·gé·an stábles /ɔːdʒíːən-/ /名/ [複] **1** /ギ神/ Augeas 王の牛舎《30年間掃除しなかったのを Hercules が川の水を引いて一日で清掃した》. **2** 不潔な所.

Au·ge·as /ɔːdʒíːæs/ /名/ /固/ /ギ神/ アウゲイアス.

au·ger /ɔ́ːgɚ | -gə/ /名/ (らせん形の)木工ぎり.

aught[1] /ɔːt/ /代/ 《古語》何でも, 何か (anything). **for àught Í càre** /副/ 《古語》(…)でもかまわない: He may starve for ~ I care. 彼が餓死しようとこちらはかまわない. **for àught Í knów** /副/ 《古語》恐らくは.

aught[2] /ɔːt/ /名/ [C] 《古風, 米》ゼロ.

***aug·ment** /ɔːgmént/ /動/ /他/ 《格式》〈…〉を増す (increase). ── /自/ 《文》前兆となる. **áugur wéll [bádly, íll]** /動/ /自/ 《格式》縁起がよい[悪い] (for). **2** /他/ 卜占(ぼく)官《古代ローマで公事の吉凶を占った僧官》; 占い師.

au·gu·ry /ɔ́ːgjuri | -gə-ries/ /名/ (-**ries**) [U] (特に古代ローマで行なわれた)占い; 《文》前兆 (for).

au·gust /ɔːgʌ́st/ /形/ [普通は A] 《文》威厳ある, 堂々とした; 尊敬の念をおこさせる.

***Au·gust** /ɔ́ːgəst/ /名/ (~s /-gəsts/) [U.C] 8月(略 Aug.; ☞ month 表および /金囲/ 囲み): The family goes swimming **in** ~. その一家は8月には泳ぎに出かける / World War II ended **on** ~ 15, 1945. 第二次世界大戦は1945年8月15日に終わった 《World War II は World War two, August 15 は August the fifteenth と読む; ☞ ordinal number /文法/ (1), (2)》.

Au·gus·ta /əgʌ́stə, ɔː- | ə-/ /名/ /固/ **1** オーガスタ《米国 Maine 州の州都; ☞ 表地図 I3》. **2** オーガスタ《米国 Georgia 州の都市; マスターズゴルフ開催地》.

Au·gus·tan /ɔːgʌ́stən/ /形/ **1** (ラテン文学全盛の)アウグストゥス時代の. **2** (文学的)古典的な.

Áugust Bánk Hóliday /名/ [U.C] 《英》8月の公休日《8月の最後の月曜日; ☞ holiday 表》.

Au·gus·tine /ɔ́ːgəstiːn, ɔːgʌ́stɪn | ɔːgʌ́stɪn/ /名/ /固/ **Saint ~ of Hip·po** /hípoʊ/ アウグスティヌス (354–430) 《初期キリスト教の教父》.

augúst·ly /副/ 《文》威厳をもって, 堂々と.

Au·gus·tus /əgʌ́stəs, ɔː- | ɔː-/ /名/ /固/ アウグストゥス (63 B.C.–A.D. 14) 《ローマ帝国最初の皇帝 (27 B.C.–A.D. 14); 学問・文芸を奨励; ☞ month 表 8月》.

au jus /oʊʒúː-s/ 《フランス語から》/形/ (肉が)その焼き汁と共に供される, …オジュ.

auk /ɔːk/ /名/ うみすずめ, うみがらす.

au lait /oʊléɪ/ 《フランス語から》/形/ ミルク入りの.

auld lang syne /ɔ́ːl(d)læŋzáɪn, -sáɪn/ /名/ **1** [U] 《スコ》過ぎ去りし懐かしき昔. **2** [A·L·S·] 「オールドラングサイン」《スコットランドの民謡; 歌詞は Robert Burns の作で『ほたるの光』の原曲; 大みそかに歌われる》.

au nat·u·rel /oʊnætjʊrél | -tjʊ-/ 《フランス語から》/形/ 素朴調理じた, 自然のままの, 生の; (人が)裸の.

Aung San Suu Kyi /áʊŋ sǽn sùː tʃíː/ /名/ /固/ **Daw** /dɔ́ː/ ~ アウン サン スー チー (1945–) 《ミャンマーの反体制民主化運動の指導者; Nobel 平和賞 (1991)》.

***aunt** /ǽnt | ɑ́ːnt/ (同音 《米》#ant, 《英》aren't) /名/ (**aunts** /ǽnts | ɑ́ːnts/) [C] [しばしば A-] **1** おば(伯母, 叔母)《☞ family tree 図》: I have two ~s on my father's side. 私には父方のおばが2人います / How are you, A~ Jessica? ジェシカおばさん, お元気ですか. **2** 《略式》(よその)おばさん《年輩の女の人に用いる》: They called her A~ Mary. みんなは彼女をメアリーおばさんと呼んでいた.

aunt·ie, aunt·y /ǽnti | ɑ́ːn-/ /名/ (**aunt·ies**) 《略式》おばさん. **2** A~ Mary メアリーおばさん.

Áunt Je·mí·ma /-dʒəmáɪmə/ /名/ [U] アーントジャマイマ《米国製のパンケーキミックス; 商標》.

Áunt Sálly /名/ **1** 球[棒]投げのゲームで的にされる木製の人形. **2** 《英》いわれなき批判[嘲笑]の的.

***au páir (gírl)** /oʊpéɚ- | -péə-/ 《フランス語から》/名/ [C] オペア(ガール)《家事を手伝う代わりに部屋を提供され, 英語学習の便を与えられている外国人女性》.

***au·ra** /ɔ́ːrə/ /名/ [C] (人・場所が持つ)特殊[微妙]な雰囲気, オーラ (of).

***au·ral** /ɔ́ːrəl/ /形/ /解/ 耳の, 聴覚の: [A] 聴力の, 聞きとりの. **-ral·ly** /-rəli/ /副/ 聴覚的に[で].

au·re·ole /ɔ́ːriòʊl/, **au·re·o·la** /ɔːrióʊlə/ /ɔːriː-íːələ/ /名/ [C] 《文》(聖像の)後光, (太陽や月の)かさ, コロナ (halo).

Au·re·o·my·cin /ɔ̀ːrioʊmáɪs(ɪ)n | -sɪn/ /名/ [U] オーレオマイシン《抗生物質; 内服薬; 商標》.

au re·voir /òʊrəvwɑ́ːɚ | -vwɑ́ː/ 《フランス語から》/間/ さようなら.

au·ri·cle /ɔ́ːrɪkl/ /名/ [C] /解/ 外耳; (心臓の)心耳.

au·ric·u·lar /ɔːríkjʊlɚ | -lə/ /形/ /解/ 耳の, 聴覚の.

au·ro·ra /ərɔ́ːrə, ɔː-/ /名/ (複 ~s, **au·ro·rae** /-riː/) [C] オーロラ, 極光; 《詩》あけぼの.

Au·ro·ra /ərɔ́ːrə, ɔː-/ /名/ /固/ /ロ神/ オーロラ《あけぼのの女神; ☞ goddess 表》.

au·ró·ra aus·trá·lis /-ɔːstréɪlɪs | -ɔs-/ [the ~] 南極光 (southern lights).

au·ró·ra bo·re·ál·is /-bɔ̀ːriǽlɪs | -riéɪ-/ [the ~] 北極光 (the northern lights).

aurorae /名/ aurora の複数形.

Aus. = Austria, Austrian.

Ausch·witz /áʊʃwɪts, -vɪts/ /名/ /固/ アウシュヴィッツ《ポーランド南西部の町; ナチスによるユダヤ人虐殺が行なわれた》.

aus·cul·ta·tion /ɔ̀ːskəltéɪʃən/ /名/ [U.C] /医/ 聴診.

†**aus·pic·es** /ɔ́ːspɪsɪz/ 名 [複] (格式) 援助, 賛助. **ùnder the áuspices of ...** = **ùnder ...'s áuspices** [副] (格式) ...の後援[主催]で. **ùnder fávorable áuspices** [副] (格式) 幸先(さいさき)よく.

aus·pi·cious /ɔːspíʃəs/ 形 (反 inauspicious) (格式) (始まりなどが) 幸先(さいさき)のよい. **~·ly** 副 幸先よく.

†**Aus·sie** /ɔ́ːzi, -si/ 名 (略式) 名 C オーストラリア人. ── 形 ① オーストラリア(人)の.

Aus·ten /ɔ́ːstɪn/ 名 ① **Jane ~** オースティン (1775-1817)《英国の女流小説家》.

†**aus·tere** /ɔːstíə | ɔːstíə, ɔs-, ɔːs-/ 形 (**aus·ter·er** -tí(ə)rə | -rə/, **more ~**; **aus·ter·est** -tí(ə)rɪst/, **most ~**) **1** (様式などが) 簡素な, 飾り気のない. **2** (人・言動が) 厳しい, 厳格な. **3** (生活などが) 簡素な, 耐乏[禁欲]的な. **~·ly** 副 簡素に, 質素に; 厳しく.

†**aus·ter·i·ty** /ɔːstérəti | ɔs-, ɔːs-/ 名 (複 **-i·ties**) **1** ① 耐乏, 経済緊縮; 簡素; 厳格さ. **2** ⓒ [普通は複数形で] 耐乏生活, 切り詰め; 禁欲生活: the misery of wartime *austerities* 戦時中の耐乏生活のみじめさ.

Aus·tin /ɔ́ːstɪn/ 名 ① **1** オースチン《米国 Texas 州の州都; ⇨ 表地図 F4》. **2** オースチン《英国の自動車メーカー》.

Áustin Réed 名 ① オースチン リード《英国の高級紳士洋品店》.

aus·tral /ɔ́ːstrəl/ 形 南の.

Austral. = Australia, Australian.

Aus·tral·a·sia /ɔ̀ːstrəléɪʒə | ɔ̀s-, ɔ̀ːs-/ 名 ① オーストラレーシア《オーストラリア・ニュージーランドおよび南太平洋の諸島の一部を含む地域》.

Aus·tral·a·sian /ɔ̀ːstrəléɪʒən | ɔ̀s-, ɔ̀ːs-/ 形 オーストラレーシアの. ── 名 C オーストラレーシアの人.

※**Aus·tra·li·a** /ɔːstréɪljə | ɔs-, ɔːs-/ 名 (形 Aústrálian) ① オーストラリア, 豪州《⇨ continent¹ 参考》; オーストラリア連邦《正式名 the Commonwealth of Australia; 英連邦 (the Commonwealth) の独立国; 首都 Canberra; 略 Austral.; ⇨ 裏地図, Southern Cross》. [語源] ラテン語で「南の国」の意.

Austrália Dày 名 ©,U オーストラリアデー《英国の第1次流刑船団のオーストラリア上陸を記念する法定休日; 1月26日後の最初の月曜日》.

※**Aus·tra·li·an** /ɔːstréɪljən | ɔs-, ɔːs-/ 形 (名 Austrália) ① オーストラリアの, 豪州の; オーストラリア人の《略 Austral.》: ~ wool オーストラリアの羊毛《⇨ 裏地図》. ── 名 (複 **~s** /-z/) ⓒ オーストラリア人; [the ~s] オーストラリア人 (全体); ① オーストラリア英語.

Austrálian Cápital Térritory 名 ① [the ~] オーストラリア首都特別地域《オーストラリアの Canberra を含む直轄地; ⇨ 裏地図 L 4》.

Austrálian Rùles 名 ① オーストラリアンフットボール《各チーム18人で行なうラグビーに似た球技》.

Aus·tri·a /ɔ́ːstriə | ɔ́s-, ɔ́ːs-/ 名 ① オーストリア《ヨーロッパ中部の共和国; 首都 Vienna; 略 Aus.》.

Áustria-Húngary 名 ① オーストリアハンガリー《オーストリアとハンガリー中心の中欧の帝国 (1867-1918)》.

Aus·tri·an /ɔ́ːstriən | ɔ́s-, ɔ́ːs-/ 形 オーストリア(人)の《略 Aus.》. ── 名 ⓒ オーストリア人.

Aus·tro- /ɔ́ːstroʊ | ɔ́s-, ɔ́ːs-/ 接頭 **1** 「オーストリアと」の意. **2** 「オーストリアと」の意.

au·tar·chy /ɔ́ːtɑːki | -tɑ-/ 名 (複 **-tar·chies**) ⓒ,U **1** (格式) = autocracy 1. **2** = autarky.

au·tar·ky /ɔ́ːtɑːki | -tɑ-/ 名 (複 **-tar·kies**) ① 経済的自給自足; ⓒ 経済的自立国家.

au·teur /oʊtə́ː | -tə́ː/ 名 《フランス語から》(格式) 名 ⓒ (格式)《独創性と個性的演出を打ち出す映画監督》.

※**au·then·tic** /ɔːθénṭɪk, ə- | ɔː-/ 形 àuthéntic-

---

authority 107

ity) **1** (作品・署名などの) 真正の, 本物の (genuine); 本場の: an ~ signature 本人に間違いない署名 / an ~ Chinese dish 本場の中国料理. **2** 正確な; 信じるべき, 確実な (reliable): an ~ source 信頼すべき筋. **3** 原物通りの, 本物そっくりの; 正確に; 原物通りに. **-ti·cal·ly** /-kəli/ 副 本物らしく; 正確に; 原物通りに.

au·then·ti·cate /ɔːθénṭəkèɪt, ə- | ɔː-/ 他 〈...の〉真正を証明[立証]する (as).

au·then·ti·ca·tion /ɔːθènṭəkéɪʃən, ə- | ɔː-/ 名 ① 確証, 証明.

au·then·tic·i·ty /ɔ̀ːθentísəṭi, ə- | ɔ̀ː-/ 名 (形 authéntic) ① 真正[本物]であること; 正確さ.

※**au·thor** /ɔ́ːθə | -θə/ 名 (顕 offer) **Ⓣ** 名 (~**s** /-z/) ⓒ **1** 著者, 作者, 筆者; 作家《男女に用いる》: Who is the ~ of this book? この本の著者はだれですか. **2** (格式)《計画・アイデアなどの》創造者, 立案者;《悪事などの》張本人 (of). ── 動 他〈本などを〉書く; 立案する.

au·thor·ess /ɔ́ːθərəs, -rès | -rès/ 名 ⓒ (古風) 女流作家.

au·tho·ri·al /ɔːθɔ́ːriəl/ 形 著者の.

au·thor·ing /ɔ́ːθərɪŋ/ 名 ① [電算] プログラムの作成, オーサリング.

au·tho·rise /ɔ́ːθəràɪz/ 動 (英) = authorize.

†**au·thor·i·tar·i·an** /ɔːθɔ̀ːrətéə(r)iən, -θɑ̀rə- | ɔːθɔ̀ːrɪ-/ 形 権威主義の, 独裁的な; 独断的な: an ~ regime 独裁体制. ── 名 ⓒ 権威主義者; 高圧的な人.

au·thor·i·tar·i·an·is·m /ɔːθɔ̀ːrətéə(r)iənìzm, -θɑ̀rə- | ɔːθɔ̀ːrɪ-/ 名 ① (格式) 権威[独裁]主義.

†**au·thor·i·ta·tive** /əθɔ́ːrətèɪṭɪv, ɔː-, -θɑ́r- | ɔːθɔ́rətə-, ə-/ 形 (名 authority) **1** (人・態度・声などが) 権威のある, 堂々とした; 断固とした: an ~ manner 威厳のある態度. **2** (情報・研究などが) 権威のある, 信ずべき: from an ~ source 信頼できる筋からの. **~·ly** 副 権威をもって.

※**au·thor·i·ty** /əθɔ́ːrəṭi, ɔː-, -θɑ́r- | ɔːθɔ́r-, ə-/ 名 (**-i·ties** /-z/; 形 authóritàtive, 動 áuthorìze) **1** ① 《命令・許可などの》権限, 権力, 職権; ⓒ [普通は単数形で] 令状, 許可, 許可《+to 不定詞》: You don't have (the) ~ **to** do this. <N+*to* 不定詞> あなたにはこれをする権限はないはずです / The principal has ~ **over** the teachers. 校長は他の先生に対して職務上の権限がある / What ~ do you have **for** entering this office? 何の権限があってこの事務所に立ち入るのですか / **On** whose ~ did you do this? 誰の許可を得てきみはこんなことをしたのか.

─ コロケーション ─

abuse one's *authority* 権力を乱用する
exercise one's *authority* 権力を行使する
gain *authority* 権限を得る
lose *authority* 権限を失う
question ...'s *authority* ...の権限を疑問視する
show *authority* 権力を示す[誇示する]

2 ⓒ [しばしば the authorities で] 当局, 官庁, 官憲, その筋: *the* government *authorities* 政府当局 / *the authorities* concerned 関係当局[官庁].

3 ① 権威, 威力, 影響力: a scholar of great ~ 非常に権威のある学者 / speak with the voice of ~ 威厳のある声で話す / Some parents have no ~ **over** [*with*] their children. 子供に対して全く権威のない親もいる.

4 ⓒ 権威のある人[物], 大家; 典拠, よりどころ: He is a great ~ **on** church history. 彼は教会史の大家です / What is your ~ **for** these claims? この主張の根拠は何ですか. **by the authórity of ...** [前] ...の権威によって; ...の許可を得て. **hàve it on góod authórity (that)** ... [動] 他 ...ということを確かな人[筋]から聞いている. **in authórity** [形] 権力[権限]を

108 authority figure

持って(いる). **on ...'s ówn authórity** [副] ...の独断で. **ùnder the authórity of ...** [副] (人)の権力[影響]下に. **with authórity** [副] 権威をもって; 厳然として. **withóut authórity** [副] 独断で.

authórity fìgure 名 © 権力者.

au·tho·ri·za·tion /ɔ̀ːθərɪzéɪʃən | -raɪz-/ 名 **1** Ⓤ 権限の授与, 委任; 認可, 公認 (to do): without ~ 許可なしで. **2** Ⓒ 委任状, 認可書 (for; to do).

*__au·tho·rize__ /ɔ́ːθəràɪz/ 動 (ᴼ) (-tho·riz·es /-ɪz/; -tho·rized /~d/; -tho·riz·ing; 名 authority) 他 **1** 〈...に〉権限を与える: The President ~d him to negotiate. <V+O+C(to不定詞)> 大統領は彼に交渉をする権限を委任した. **2** 〈物事を〉認可する, 公認する: The committee ~d the appointment of Mr. Smith. 委員会はスミス氏の任命を認可した.

au·tho·rized /ɔ́ːθəràɪzd/ 形 (ᴼ unauthorized) 権限を授けられた; 公認された; 認定の, 検定済みの.

áuthorized cápital 名 Ⓤ 授権資本《会社が発行する株式の総数または資本総額》.

Áuthorized Vérsion 名 [the ~] 欽定(きんてい)訳聖書 (King James Version)《1611 年英国王 James I の裁可により編集された英訳聖書; 略 AV》.

áu·thor·ship 名 Ⓤ **1** (作品の)作者[著者]であること, 原作者: a book of unknown ~ 作者不明の本. **2**《格式》著述業. **3** (うわさなどの)出所, 根源; (計画などを)立案[創始]したこと.

au·tism /ɔ́ːtɪzm/ 名 Ⓤ《心》自閉症.
au·tis·tic /ɔːtístɪk/ 形《心》自閉症の.

*__au·to__ /ɔ́ːtoʊ/ 名 (~s /-z/) Ⓒ《略式, 主に米》自動車, 車 (automobile を短縮した形): the ~ industry 自動車産業 / an ~ accident 車の事故.

au·to- /ɔ́ːtoʊ/ 接頭「自身, 自己」「自動推進の」の意: *auto*graph 自筆 / *auto*matic 自動の.

au·to·bahn /ɔ́ːtoʊbɑːn, áʊ-/ 名 Ⓒ《ドイツなどの》自動車専用高速道路, アウトバーン.

au·to·bi·og·ra·pher /ɔ̀ːtəbaɪɑ́grəfə | -baɪɔ́grəfə/ 名 Ⓒ 自叙伝作者.

*__au·to·bi·o·graph·i·cal__ /ɔ̀ːtəbàɪəgrǽfɪk(ə)l-/, **-graph·ic** /-grǽfɪk-/ 形 自叙伝(風)の, 自分史の. **-cal·ly** /-kəli/ 副 自叙伝風に.

*__au·to·bi·og·ra·phy__ /ɔ̀ːtəbaɪɑ́grəfi | -ɔ́g-/ 名 (-ra·phies /-z/) Ⓒ 自叙伝, 自伝, 自分史; Ⓤ 自伝文学.

au·to·clave /ɔ́ːtəkleɪv/ 名 Ⓒ 高圧[蒸気]滅菌器.

áu·to·cor·re·lá·tion 名 Ⓤ《統》自己相関.

au·toc·ra·cy /ɔːtɑ́krəsi | -tɔ́k-/ 名 (**-ra·cies**) **1** Ⓤ 独裁権; 独裁政治; Ⓒ 独裁国家[政府]. **2** ワンマン経営[体制].

au·to·crat /ɔ́ːtəkræt/ 名 Ⓒ **1** 専制君主; 独裁者. **2** 暴君, ワンマン (☞ one-man)《日英比較》.

au·to·crat·ic /ɔ̀ːtəkrǽtɪk-/, **-crát·i·cal** /-ṭɪk(ə)l-/ 形 独裁(者)の; 独裁(者)的の. **-cal·ly** /-kəli/ 副 独裁的に.

áu·to·cross 名 Ⓤ《英》オートクロス《自動車によるクロスカントリーレース》.

Au·to·cue /ɔ́ːtoʊkjùː/ 名 Ⓒ《英》オートキュー《テレビ出演者にせりふを映して教える装置; 商標; ☞ TelePrompTer》.

áu·to·fo·cus /ɔ́ːtoʊfòʊkəs/ 名 Ⓒ《カメラなどの》自動焦点調節装置, オートフォーカス; Ⓤ 自動焦点.

*__au·to·graph__ /ɔ́ːtəgræf | -ɡrɑ̀ːf/ 名 Ⓒ 自署, 《芸能人・スポーツ選手などの》自筆《☞ sign 動》《日英比較》. 《日英比較》 この意味では「サイン」は和製英語. : May I have your ~? サインをいただけますか. 動 他《主に有名人が》〈...に〉署名[サイン]する.

áutograph álbum [bòok] 名 Ⓒ サイン帳.

àu·to·im·múne di·séase 名 Ⓤ《医》自己免疫疾患.

àu·to·in·tox·i·cá·tion 名 Ⓤ《医》自己[自家]中毒.

áu·to·màk·er 名 Ⓒ《米》自動車製造業者[会社].

Au·to·mat /ɔ́ːtəmæt/ 名 Ⓒ《米》自動販売式食堂《コインを入れて食べ物を得る, 今はすたれた方式》.

automata /ɔːtɑ́mətə/ automaton の複数形.

*__au·to·mate__ /ɔ́ːtəmèɪt/ 動 他 [普通は受身で]〈...を〉オートメーション[自動]化する.

*__au·to·mat·ed__ /ɔ́ːtəmèɪṭɪd/ 形 自動化した, 自動の: a fully ~ factory 完全オートメーション工場.

áutomated-téller machìne 名 Ⓒ《米》= ATM (《英》cash dispenser, cash point).

*__au·to·mat·ic__ /ɔ̀ːtəmǽṭɪk-/ 形 **1**《機械や装置など が》自動的な, 自動(式)の (ᴼ manual): ~ temperature control 温度の自動調節 / an ~ gear 自動変速装置 / This washing machine is fully ~. この洗濯機は全自動です. **2** 無意識の, 習慣的な; 機械的な: ~ movements [reactions] 無意識な運動[反応]. **3** 自動的に生じる, 必然的な: Drunk driving results in an ~ fine. 飲酒運転をすれば必ず罰金をとられます.
— 名 (~s /-s/) Ⓒ **1** 自動拳銃, 自動小銃: fire an ~ 自動拳銃[小銃]を発射する. **2** オートマチック車《自動変速装置のついた車》; 全自動洗濯機.

*__au·to·mat·i·cal·ly__ /ɔ̀ːtəmǽṭɪkəli/ 副 **1** 自動的に: This camera focuses ~. このカメラは自動的にピントが合う. **2** 無意識に; 機械的に; 必然的に.

áutomatic páyment 名 ⒸᴜⒷ 口座引き落とし, 自動振替《英》 direct debit》.

áutomatic pílot 名 Ⓒ《航空機などの》自動操縦装置 (autopilot). **be on áutomatic pílot** [動] 自動操縦で動いて; 機械的に[無意識に]行動して.

áutomàtic-téller machìne 名 Ⓒ = automated-teller machine.

áutomatic transmíssion 名 ⒸᴜⒷ《自動車の》自動変速.

*__au·to·ma·tion__ /ɔ̀ːtəméɪʃən/ 名 Ⓤ オートメーション, 自動操作: Office ~ meant the loss of some office workers' jobs. 事務処理の自動化に伴って仕事がなくなった社員がでてきた.

au·tom·a·tize /ɔːtɑ́mətàɪz | -tɔ́m-/ 動 他〈...を〉自動化する.

au·tom·a·ton /ɔːtɑ́mətən, -tn | -tɔ́m- / -mətə/ 名 (複 ~s, **au·tom·a·ta** /-mətə/) Ⓒ **1** 機械的に行動する人, 無感動な人. **2** 自動装置; ロボット.

*__au·to·mo·bile__ /ɔ́ːtəməbìːl, ɔ̀ːtəməbíːl/ 名 (~s /-z/) **1**《主に米》自動車, 車《英》 motorcar, 《米略式》auto)《☞ car 類義語》: drive an ~ 自動車を運転する. **2** [形容詞的に] 自動車の: the ~ industry 自動車産業. 語源 フランス語で「自分で《☞ auto-》動く《☞ mobile[1]》」の意.

Automobile Association 名 個 [the ~] 英国自動車協会《略 AA》.

*__au·to·mo·tive__ /ɔ̀ːtəmóʊṭɪv-/ 形 🅐 🅦 自動車の.

au·to·nom·ic /ɔ̀ːtənɑ́mɪk | -nɔ́m-/ 形 自治の; 自律の: the ~ nervous system《医》自律神経系.

*__au·ton·o·mous__ /ɔːtɑ́nəməs | -tɔ́n-/ 形 自治権のある; 《格式》自主的な: an ~ republic 自治共和国. **~·ly** 副 自主的に.

*__au·ton·o·my__ /ɔːtɑ́nəmi | -tɔ́n-/ 名 (**-o·mies** /-z/) **1** Ⓤ《国・団体などの》自治; 自治権: local ~ 地方自治 / fight for ~ from the central government 中央政府からの自治権を求めて戦う. **2** Ⓒ 自治体, 自治団体. **3** Ⓤ《格式》自主性, 自立, 独立心.

áuto·pìlot 名 Ⓒ = automatic pilot.

*__au·top·sy__ /ɔ́ːtɑpsi | -tɔp-/ 名 (**-top·sies**) Ⓒ **1** 検死(解剖) (postmortem). **2**《格式》分析. — 動 他〈...を〉検死する.

au·to·route /ɔ́ːtoʊrùːt/ 名 Ⓒ オートルート《カナダの

ケベック (Quebec) 州の高速道路).
au·to·stra·da /áutoustrὰːdɑ | ɔː-/ 《イタリア語から》图(複 ~s, au·to·stra·de /-deɪ/) © (イタリアの)高速道路.
àuto·suggéstion 图 ① 《心》自己暗示.
àuto·suggéstive 形 《心》自己暗示の.
àuto·tóxin 图 《医》自己[自家]毒素.
àuto·wòrker 图 ©(米)自動車工場の従業員.

＊au·tumn /ɔ́ːtəm/ 图 (~s /-z/; 形 autúmnal)
1 ①© **秋** ((米) fall¹) (☞ month 表): early [late] ~ 初[晩]秋 / Leaves turn red or yellow *in* (*the*) ~. 秋には木の葉が赤や黄色になる (☞ season 图 1 語法, common noun 文法 語法 (1)).

語法 前置詞を省く場合
前置詞を伴わずにしばしば副詞句を作る: The novel will be published *this* [*next*] ~. その小説は今年[来年]秋に出版される / A typhoon hit Kyushu *this* [*last*] ~. 今年[去年]の秋に台風が九州を襲った (☞ next 形 1 語法 (1)).

2 [形容詞的に] 秋の, 秋向きの: the ~ harvest 秋の取り入れ / an ~ dress 秋の服 / ~ colors [tints] 秋らしい色合い, 紅[黄]葉. **3** [the ~] 成熟期; (人生などの)下り坂: *the* ~ *of* life 初老期.

au·tum·nal /ɔːtʌ́mn(ə)l/ 形 (áutumn) **1** 秋の, 秋らしい. **2** 《植》秋咲きの. 関連 vernal 春の.
autúmnal équinox 图 [the ~] 秋分, 秋の彼岸の中日. 関連 vernal equinox 春分.
aux. 略 =auxiliary verb.
⁺aux·il·ia·ry /ɔːgzíljəri/ 形 国 補助の: an ~ nurse 補助看護師 / an ~ engine 補助エンジン, 補機. ─ 图 (-ia·ries) © **1** 補助者, 補助物. **2** [普通は複数形で] (外国からの)援軍, 外人部隊; (米) (教会などのフロンティアの)支援団体. **3** 《文法》=auxiliary verb.
auxíliary vérb 图 © 《文法》助動詞 (略 aux., aux.v.).

文法 助動詞
助動詞の一種で, 本動詞 (main verb) の示す行為・状態について時制・法・態などを示したり, 可能性・必要性・義務・願望・意志などの意味を表わしたり, また文を疑問文にしたり, not と結んで否定文にしたりする働きを持つ.
助動詞には, 本動詞としても用いられる be, have, dare, do, need と, 常に助動詞として用いられる can, may, must, ought, shall, will とがある. 後者を法助動詞 (modal auxiliary) と呼ぶことがある.
助動詞 is, be, have, do 以外は三人称単数現在形でも -s/-es/ をつけない. また, be, have は現在分詞または過去分詞と結びつき, ought は to 不定詞を伴うが, それ以外は原形不定詞 (*to* なしの不定詞) と結びつく.
助動詞に共通する特徴は以下の通り.
(1) 疑問文を作るときは助動詞が主語の前に出る: He *will* arrive tomorrow. → *Will* he arrive tomorrow? 彼は明日到着しますか / I go to high school. → *Do* you go to high school? あなたは高校生ですか.
(2) 否定文を作るときは助動詞の直後に not を付ける: She *can* speak French. → She *cannot* speak French. 彼女はフランス語が話せない.
語法 (1) 否定の命令文では be の後に not を付けないで, Don't be ... という形にする (☞ not (1) (iii)).
(2) 助動詞と not は話しことばではしばしば1語のように続けて短縮形となる: cannot → *can't*; will *not* → *won't*.
(3) 疑問詞を含まない疑問文に対する答では, 普通は Yes または No に続いて主語と助動詞を繰り返せばよい: *Do* you know him?—Yes, I *do*. 彼を知っていますか—はい, 知っています / *Have* you ever seen a tiger?—Yes, I *have*. とらを見たことがありますか—はい, あります /

Are you hungry?—No, I'*m not*. おなかがすいていますか—いいえ, すいていません.
(4) 付加疑問では, 述語動詞に助動詞が含まれていればそれを繰り返し, そうでなければ do を用いる (☞ do¹ [代動詞] 3, tag question 文法): You *can* swim, *can't you*? あなたは泳げるのでしょう / It's very cold, *isn't it*? とても寒いですね / This flower *smells* sweet, *doesn't it*? この花はよいにおいがしますね.
(5) 相手の話にあいづちを打つ場合, 助動詞はそのまま繰り返し, 助動詞がない場合は do を用いる (☞ do¹ [代動詞] 4): I *can* read German.—Oh, *can* you [you *can*]? 私はドイツ語が読めます—ああそうですか / It's terribly hot today.—It certainly *is*. きょうはひどく暑いね—全くだね / Helen *plays* the violin.—*Does* she [She *does*]? ヘレンはバイオリンを弾きます—そうですか / I *went* to Hawaii last summer.—Oh, *did* you [you *did*]? 私は去年の夏ハワイへ行きました—ああそうですか.

aux. v. 略 =auxiliary verb.
av. 略 =audiovisual, avenue, average, avoirdupois.
AV 略 =audiovisual, Authorized Version.
⁺a·vail /əvéɪl/ 图 [次の成句で] **of nó** [**líttle**] **aváil** [形]《格式》全く[ほとんど]役に立たない. **to nó** [**líttle**] **aváil**=**withòut aváil** [副]《格式》無益に, かいなく: He studied hard for the test, but *to no* ~. 彼は試験に備えて猛勉強したがだめだった. ─ 動 [次の成句で] **aváil ... nó-thing** [動] 他 《古風》〈…〉には全く役に立たない. **aváil onesèlf of ...** [動] 他 《格式》…を利用する: You should ~ *yourself of* every opportunity. あらゆる機会を利用しなさい.
a·vail·a·bil·i·ty /əvèɪləbíləṭi/ 图 (形 aváilable) ① **1** 入手[使用]できること, 入手の可能性 (*of*). **2** 利用[使用]できること, 役に立つこと, 有効性. **3** 暇があること.

＊a·vail·a·ble /əvéɪləbl/ 形 (图 avàilabíl·i·ty) **1 手に入れられる,** 入手できる: the most reliable information ~ 入手できる最も信頼すべき情報 / This book is not readily ~ in Japan. この本は日本では簡単には手に入りません. **2** (物や場所などが) 利用[使用]できる, 役に立つ: Tapes for language learning are ~ *to* everyone. <A+*to*+名・代> 語学学習用のテープはだれでも利用できます / NO ROOMS AVAILABLE 満室です (ホテルなど) / Every ~ fire engine rushed to the scene. (行けるだけの)どの消防車も現場へ急行した. **3** ℗ (人が)手が空いている, 忙しくない; (面会などに)応じられる, (会などに)出席できる; (妻・異性の友人がいないので)結婚[交際など]の相手になれる: Are you ~ this afternoon? きょうの午後は手が空いていますか / Mr. Clark is not ~ now. クラークさんは席をはずしています [手が離せません] / She was always ~ *to* listen to my complaints. 彼女は私の不平をいつもちゃんと聞いてくれた. The president was not ~ *for* comment. 社長は見解を求めても応じてくれなかった. **-a·bly** /-əbli/ 副 入手[使用]できるように.

⁺av·a·lanche /ǽvəlæ̀ntʃ | -lɑ̀ːnʃ, -lɑ̀ːntʃ/ 图 **1** 雪崩(なだれ). **2** [an ~] (手紙・質問などの)殺到 (*of*).
Av·a·lon /ǽvəlɑ̀n | -lɔ̀n/ 图 ⑭ アヴァロン 《致命傷を負った Arthur 王が運ばれたとされる島》.
a·vant-garde /ɑ̀ːvɑːn(t)gɑ́ːd | ὰvɑ̃ːŋgɑ̀ːd⁺⁻/ 图 [the ~] **1** [(英) 時に複数扱い] 前衛派(の芸術家[作家]たち), アバンギャルド 《全体》. **2** 前衛(派の作品). ─ 形 前衛芸術・文学で)前衛的な.
av·a·rice /ǽv(ə)rɪs/ 图 ① 《格式》強欲 (greed).
av·a·ri·cious /ævərí ʃəs⁺⁻/ 形 《格式》欲の深い, 貪欲(どん)な. **~·ly** 副 強欲に, 貪欲に.
av·a·tar /ǽvətɑ̀ː | -tɑ̀ː/ 图 © **1** 《ヒンズー教》 (ヴィ

avdp. 略 =avoirdupois.

*ave., Ave. 略 大通り, …街 (avenue).

A・ve Ma・ri・a /á:veɪ mɑrí:ə, á:vi:-/ 名 ⓒ《カトリック》アヴェマリア《聖母マリア (the Virgin Mary) にささげる祈り》. 語源 ラテン語で「ようこそ, マリアさま」の意.

*a・venge /əvéndʒ/ 動 (**a・veng・es** /-ɪz/; **a・venged** /-d/; **a・veng・ing**) 他《文》〈他人から受けた仕打ち〉の仕返しをする; 〈人のあだ〉を討つ(たきをとる)《 ☞ revenge 類義語》: Hamlet ~d his father('s death). ハムレットは父のあだを討った. 対応する名詞は vengeance. **avénge onesélf [be avénged] on …** [動] 他《文》…に復讐(ふくしゅう)する.

a・veng・er /əvéndʒə | -və/ 名 ⓒ《文》復讐者.

*av・e・nue /ǽvən(j)ùː | -njùː/ 名 (**~s** /-z/) ⓒ **1** 大通り, …街《略 av., ave., Ave.; ☞ road 表》: My address is 8 Hill A~. 私の住所はヒル通り8番です. **2** 並木道;《主に英》(いなかで本道から大邸宅に続く)並木道: She was walking along the ~ with her boyfriend. 彼女はボーイフレンドといっしょに並木道を歩いていた. **3** 近づく手段, (目的を達する)道: an ~ to success 成功への道. **explóre èvery (póssible) ávenue** [動] 自 あらゆる可能性をさぐる.

a・ver /əvə́ː | əvə́ː/ 動 (**a・vers**; **a・verred** /-d/; **a・ver・ring** /-və́ːrɪŋ | -və́ːr-/)他《格式》〈…だ〉と断言する, 証言する.

*av・er・age /ǽv(ə)rɪdʒ/ 名 (**-er・ag・es** /-ɪz/) **1** Ⓤ 平均, 平均値(略 av.): find the ~ **of** 8, 9, 12 and 19 is 12. 8, 9, 12, 19 の平均値は 12 である / the Dow Jones ~ [株] ダウ平均 / He hits for a high ~. 彼は高打率だ《 ☞ batting average》. **2** Ⓤ.Ⓒ (一般的な)標準, 並. 語源 (古期)フランス語で「(平等に分担した)船荷の損害」の意. **abòve áverage** [形/副] 平均以上の[で]. **belòw áverage** [形/副] 平均以下の[で]. **on (the [an]) áverage** 12 [副] 平均して; 概して, 普通は: On ~ we have three guests every day. 平均して毎日3人の客が来る. **ùp to (the) áverage** [形/副] 平均に達して.

— 形 [比較なし] **1** Ⓐ 平均の: ~ rainfall 平均降水量 / What is the ~ age of this class? このクラスの平均年齢は何歳ですか.

2 並の, 普通の《 ☞ common 類義語》: 凡人な, 月並な: a man of ~ height and weight 中肉中背の男.

— 動 (**-er・ag・es** /-ɪz/; **-er・aged** /-d/; **-er・ag・ing**) 他 **1** [受身なし] 平均して…する, 平均して〈…〉を得る[費やす, 歩く]: He ~d ten miles an hour. 彼は1時間平均 10 マイルを走った.

2〈…〉を平均する, 〈…〉の平均をとる: If you ~ 21 and 39, you get 30. 21 と 39 を平均すれば 30 だ.

— 自 平均…となる; 率が…となる: Sales of the book ~ 50,000 copies a year. その本の売れ行きは1年に平均5万部です / Terry will ~ 270 at (the) best. テリーの打率はせいぜい2割7分だろう《270 は two seventy と読む》. **áverage óut** [動] 自 平均となる《 at, to》; (結局)釣り合う. — 他〈…〉の平均を(…に)見積もる《at》. **~・ly** 副 平凡に, ほどほどに.

*a・verse /əvə́ːs | əvə́ːs/ 形 Ⓟ [しばしば否定文で]《格式》嫌って, 反対して: The people were ~ to the war. 国民はその戦争に反対だった / I wouldn't be ~ to another drink. [やや滑稽]もう一杯やるのも悪くない.

*a・ver・sion /əvə́ːʒən | -ʃən/ 名 (~s) **1** Ⓤ または Ⓒ (…への)強い嫌悪(感)《 to, for》. **2** Ⓒ [所有格の後で] 大嫌いなもの. **hàve [tàke] an avérsion to …** [動] 他 大嫌い[苦手]である(になる]: I took an instant ~ to his parents. 私はすぐに彼の両親が嫌いになった.

avérsion thèrapy 名 Ⓤ 嫌忌療法《不快な刺激によってよくない嗜(し)好癖をやめさせる療法》.

*a・vert /əvə́ːt | əvə́ːt/ 動 (**a・verts** /-əvə́ːts | əvə́ːts/; **a・vert・ed** /-tɪd/; **a・vert・ing** /-tɪŋ/; 名 avérsion) 他 **1**〈危険など〉を避ける, 防ぐ (prevent): narrowly ~ an accident かろうじて事故を避ける. **2**〈目・考えなど〉を背(そむ)ける, そらす: He ~ed his eyes [gaze] from the teacher's eyes. 彼は先生から目をそらした.

a・vi・an /éɪviən | -vjən/ 形《普通は Ⓐ》鳥(類)の.

ávian flú 名 Ⓤ 鳥 flu.

*a・vi・ar・y /éɪvièri | -əri/ 名 (**-ar・ies**) ⓒ (動物園などの)大きな鳥のおり.

*a・vi・a・tion /èɪviéɪʃən | ̩ˌ/ 名 Ⓤ 航空, 航空技術(科学); 航空機産業: civil ~ 民間航空 / ~ medicine 航空医学.

a・vi・a・tor /éɪvièɪtə | -tə/ 名 ⓒ 《古風》飛行士.

Av・i・cen・na /ǽvəsénə/ 名 ⓟ アヴィセンナ (980–1037) 《アラブの哲学者》.

a・vi・cul・ture /éɪvɪkʌ̀ltʃə | -tʃə/ 名 Ⓤ 鳥類飼育.

*av・id /ǽvɪd/ 形 **1**《普通は Ⓐ》(趣味などに)熱心な: a ~ reader 本の虫 / He has an ~ interest in birds. 彼は鳥に強い関心を持っている. **2**〈…を〉熱望して《 for》.

a・vid・i・ty /əvídəti | -ti/ 名 Ⓤ 《格式》熱意; 渇望.

ávid・ly 副 熱心に, 熱望して.

A・vi・gnon /ǽvinjóʊn | ǽvinjɔ̀ːŋ/ 名 ⓟ アビニョン《フランス南東部の市》.

a・vi・on・ics /èɪviɑ́nɪks | -ɔ́n-/ 名 **1** Ⓤ 航空[宇宙]電子工学. **2** [複] 航空[宇宙]電子工学装置.

A・vis /éɪvɪs/ 名 ⓟ エイヴィス《米国のレンタカー会社》.

a・vi・ta・mi・no・sis /èɪvàɪtəmɪnóʊsɪs | -vɪ̀t-/ 名 [医] ビタミン欠乏症.

AVM 略 = air vice-marshal.

*av・o・ca・do /ǽvəkɑ́ːdoʊ/ 名 (**~s**, **~es**) Ⓒ.Ⓤ アボカド(の木)《熱帯アメリカ産の果実》; Ⓤ うすい黄緑色.

avocádo pèar 名 ⓒ アボガド(の実).

a・vo・ca・tion /ǽvəkéɪʃən/ 名 ⓒ 《格式》道楽, 余技, 副業;《略式》職業, 本業.

Av・o・gá・dro('s) cónstant [númber] /ǽvəgɑ́ːdroʊ(z)-/ 名 Ⓤ [化] アヴォガドロ数《1モルの純物質中に存在する分子の数; 6.02×10²³》.

Ávogàdro's láw [hypóthesis] 名 Ⓤ [化] アヴォガドロの法則《同温度・同圧力の下におけるすべての気体の同体積は同数の分子を含むという法則》.

*a・void /əvɔ́ɪd/ 動 (**a・voids** /əvɔ́ɪdz/; **a・void・ed** /-dɪd/; **a・void・ing** /-dɪŋ/; 名 avóidance) 他 **1**〈嫌[危険]な人や物事〉を避ける, よける, 予防する: You should ~ his company. 彼の付き合いは避けなさい / He ~ed meeting her on the way. <V+O (動名)> 彼は途中で彼女に会わないようにした. **2**〈…〉を避ける, 〈…〉しないようにする, かわす.

a・void・a・ble /əvɔ́ɪdəbl/ 形 (反 unavoidable) 避けられる.

*a・void・ance /əvɔ́ɪdəns, -dns/ 名 (動 avóid) Ⓤ 避けること, 回避, 逃避《 of》: tax ~ (合法的)節税.

av・oir・du・pois /ǽvədəpɔ́ɪz | ǽvə- | ̩ˌ/ 名 Ⓤ 常衡《貴金属・宝石・薬品以外に用いる衡量; 16 オンスを1ポンドと定める; 略 avdp.》; [数値の後に用いて]常衡…《略 av.》.

A・von /éɪv(ə)n/ 名 ⓟ [the ~] エイボン川 (England 中部の川; シェークスピア (Shakespeare) の生地 Stratford-upon-Avon を流れる; ☞ 裏地図 F 5》.

a・vow /əváʊ/ 動 (反 disavow) 他《格式》〈…〉を(公然と)認める;〈…〉を公言する, 明言する.

a・vow・al /əváʊəl/ 名 Ⓒ.Ⓤ 《格式》公言, 告白; 承認: an ~ of love 愛の告白.

*a・vowed /əváʊd/ 形 Ⓐ 《格式》自ら公然と(…である と)認めた(人); 公言している: an ~ supporter 自ら支持者と公言している人 / his ~ aim 彼の公言された目標.

a·vow·ed·ly /əváuɪdli/ [副] 《格式》公然と認めて.

a·vun·cu·lar /əvʌ́ŋkjʊlə | -lə/ [形] 《格式》(態度が)おじ (uncle) のような, 優しい. **~·ly** [副] 優しく.

aw /ɔ́:/ [感] おや《抗議・不快・疑念を表わす》.

AWACS /éɪwæks/ [名] [U] 〔空〕空中警戒管制システム《airborne warning and control system の略》.

*__a·wait__ /əwéɪt/ [動] (**a·waits** /əwéɪts/; **a·wait·ed** /-ṭɪd/; **a·wait·ing** /-ṭɪŋ/) [他] 《格式》 **1** 〈…〉を待つ, 待ち受ける (wait for): [言い換え] We are *~ing* your answer. (=We are waiting for your answer.) 私たちはあなたのご返事を待っています. **2** (物事が)〈…〉のために用意されている, 〈…〉を待ち構えている: A bright future *~s* you. 明るい未来があなたを待ち構えている.

*__a·wake__ /əwéɪk/ [形] [P] **1** 目がさめて, 眠らずに ([反] asleep): The children were still ~. 子供たちはまだ寝ていなかった / Last night I lay ~ worrying about my missing son. 昨夜行方不明の息子が心配で寝付かれなかった / The noise kept me (wide) ~. その物音で私は全然眠れなかった. [語法] 同じ意味で [A] の形容詞は waking. **2** (…に)気づいている, (…を)悟っている: He is wide [very much] ~ *to* his own interests. 彼は自分の利害にとても敏感だ. ── [動] (**a·wakes** /~s/; 過去 **a·woke** /əwóʊk/, **a·waked** /~t/; 過分 **a·waked**, **a·wo·ken** /əwóʊk(ə)n/, **a·woke**; **a·wak·ing**) 《文》 [自] **1** 目ざめる, 自覚する; 奮起する (☞ wake[1] 類義語): You should ~ *to* your responsibilities [surroundings]. 君は自分の責任[環境]を自覚せねばならない / She *awoke from* an illusion. 彼女は妄想から目ざめた. **2** (記憶・興味が)呼び起こされる, わき起こる: Renewed interest *awoke* within me. 新たに興味がわいてきた. **3** (眠りから)目がさめる (wake): I *awoke* one morning ⌈and found [to find] myself famous. 私はある朝目をさますと有名になっていた《バイロン (Byron) のことば》. ── [他] **1** 〈人〉を目ざめさせる (*to*): The affair *awoke* them *from* their false belief. その事件は彼らを誤った信仰から目ざめさせた. **2** 〈記憶・興味など〉を呼び起こす: The sight *awoke* [~*d*] my interest. その光景は私の興味をそそった. **3** 〈人〉の目をさまさせる, 〈人〉を起こす (waken).

*__a·wak·en__ /əwéɪk(ə)n/ [動] (**a·wak·ens** /~z/; **a·wak·ened** /~d/; **-en·ing** /-k(ə)nɪŋ/) 《文》 [他] **1** 〈感情・興味など〉を呼びおこす: My teacher's story *~ed* my interest in history. 先生の話で私は歴史に興味を持った. **2** 〈人〉を(事実などに)気づかせる, 自覚させる (☞ wake[1] 類義語): It *~ed* him *to* a sense of responsibility. それは彼の責任感を呼び起こした. **3** 〈人〉を目ざめさせる, 起こす. ── [自] **1** 自覚する, (…に)気づく (*to*). **2** 目ざめる.

a·wak·en·ing /əwéɪk(ə)nɪŋ/ [名] [U,C] [普通は単数形で] 覚醒(かくせい), 認識(する時); 始まり, 芽ばえ (*of*); 目ざめ: a sexual ~ 性の目ざめ. **a rúde awákening** [名] いやなことに急に気づくこと, 寝耳に水, ショック.

*__a·ward__ /əwɔ́əd | əwɔ́:d/ [T2] [名] (**a·wards** /əwɔ́ədz | əwɔ́:dz/) **1** [C] (審査による)賞, 賞品, 賞金 (☞ prize[1] 類義語): The highest ~ went to Mr. White. 最高の賞はホワイト氏が取った / Three students received *~s* **for** perfect attendance. 3人の生徒が皆勤賞をもらった. **2** [U] 審判, 裁定; [C] (損害賠償などの)裁定額. **3** [C] (公式の)支払い額, (賃金の)増額; 《英》 (大学生の)奨学金, 助成金: a 5% pay ~ for teachers 教員の賃金の5%増額.
── [動] (**a·wards** /əwɔ́ədz | əwɔ́:dz/; **a·ward·ed** /-ḍɪd/; **a·ward·ing** /-ḍɪŋ/) [他] **1** (審査して)〈賞や奨学金〉を与える, 贈る: [言い換え] The teacher *~ed* (the) first prize **to** her. <V+O+*to*+名・代>=The teacher *~ed* her (the) first prize. <V+O+O (名)> 先生は彼女に1等賞を与えた (☞ to[1] 3 [語法]). [語法] 上の文を受身の文にすると次のようになる: First [The first] prize *was ~ed* (*to*) her by the teacher. (直接目的語を主語としたとき) / She *was ~ed* (the) first prize by the teacher. (間接目的語を主語としたとき) (☞ be[2] B [文法] (2) (i); prize[1] [語法]). **2** 〔法〕〈損害賠償など〉を裁定する, 認める; (労働者に)〈昇給など〉を認める; 〈契約〉を結ぶ; (法的に)〈権利〉を認める.

awárd-wìnning [形] [A] 受賞[入賞]した.

*__a·ware__ /əwéə | əwéə/ [T1] [形] **1** [P] (…に)気がついて, (…を)感づいて, (…を)知って (☞ 類義語) ([反] unaware): He became **~ of** the risks of smoking. <A+*of*+名・代> 彼は喫煙の危険性に気がついた / A fool is not **~ *that*** he is a fool. <A+*that* 節> ばかは自分がばかだということに気がつかない (☞ that[2] B 3 表) / I was not **~ (*of*) *how*** deeply she loved me. <A(+*of*)+*wh*節> 私は彼女がどんなに深く私を愛していたかということに気がつかなかった / Nothing serious has happened so far as I am ~. Ⓢ 私の知る限りでは重大問題は起こっていません / "Is he hard up for money?" "Not that I'm ~ of." Ⓢ「彼は金に困っているのか」「さあ, そんなことはないと思いますが」 [語法] 意味を強めるときには quite, well, fully, acutely などを用い, very は避けたほうがよい. **2** [副詞に修飾されて] (時事問題などに)意識が高い: a *politically* ~ student 政治意識が高い学生 / More people are *environmentally* ~ nowadays. 最近は環境問題に関心のある人が増えてきた. **3** (物事を)よくわきまえた, 物のわかった.

【類義語】**aware** 感覚器官によって外界の事物に気づくこと. **conscious** 感覚器官によって気づいたことを自分の心の中で受け止め自覚していること: She is *aware* of the charge against her, but *conscious* of her innocence. 彼女は自分に対する非難に気づいてはいるが, 自分が無実であることを自覚している.

*__a·ware·ness__ /əwéənəs | əwéə-/ [名] [[U] または an ~] **1** 気づいていること; 知っていること: *an* **~ *of*** the risk 危険に気づいていること / **~ *that*** one is ignorant <N+*that* 節> 自分が無知だと知っていること. **2** 意識; 認識 (*that*): political ~ 政治意識 / increased environmental ~ 環境意識の高まり / raise **~ *of* [*about*]** ... …についての意識を高める / lose ~ *of* time 時間の観念がなくなる.

†**a·wash** /əwɑ́ʃ, əwɔ́:ʃ | əwɔ́ʃ/ [形] [P] **1** (暗礁などが)水面とすれすれになって; 波に洗われて; (地面・床などが)(水などで)あふれて (*with*). **2** (…で)いっぱいで (*with*).

*__a·way__ /əwéɪ/ ([同音] aweigh; [類音] await, awake) [副]

> 語源は on+way;「途上で」→「離れて」の意.
> ① あちらへ[で]　　[副] **1**, [形] **2**
> ② 去って, 離れて; 不在で　　[副] **2**, [形] **1**

1 (移動・方向が)あちらへ, 向こうへ; わきへ; 去って, (現実から)離れて: The birds flew ~. 鳥は飛び去った / Bob threw a rock at me and then ran ~. ボブは私に石を投げつけて逃げた.

> コーパス・キーワード
> 「動詞+away」のいろいろ (☞ corpus)
> (1) [away を1の意味で用いて] (自動詞) **còme awáy (from ...)** (…から)とれる, はずれる / **dríve awáy** 車に乗って去る / **gèt awáy** 立ち去る, 逃げる / **lóok awáy** 目をそらす / **páss awáy** 過ぎ去る / **rún awáy** 逃げる / **wálk awáy from ...** …から歩き去る // (他動詞) **càrry awáy** 運び去る / **dríve awáy** 追い払う / **sénd awáy** 行かせる / **táke awáy** 持ち[連れ]去る / **túrn awáy** 顔をそむける
> (2) [away を2の意味で用いて] (自動詞) **bóil awáy** 沸騰して蒸発する / **fáde awáy** 消え去る // (他動詞) **cléar awáy** 片づける / **cút awáy** 切り取る / **dréam awáy** 夢うつつで過ごす / **gìve awáy** 与えて

Away in the Manger

しまう / híde awáy 隠しておく / ídle awáy 怠けて(時間を)費やす / pùt awáy しまう / stóre awáy しまっておく / wéar awáy すり減らす

2 (消え)去って, 取り去って; (手もと・所有などから)離れて, なくなって; 片づけて, (安全な場所に)しまいこんで(多くは動詞とともに句動詞を作る): The snow has melted ~. 雪は解け去った / Wash it ~. それを洗い落としなさい. **3** 絶えず, せっせと: He was working ~ at his paper. 彼はせっせと論文に取り組んでいた. **4** 〈スポーツの試合が〉遠征先で, ロードで(☞ 3): play ~ 遠征試合[ロードゲーム]をする. **5** (米) =way².

awáy from ... [前] (1) 〈位置が〉…から離れて, …より遠くに; 〈人を〉寄せつけないで: Keep ~ from the dog. 犬に近寄るな / His house is two doors ~ from us. 彼の家は私たちの家から2軒向こうです[隣の隣です] / My mother is ~ from home. 母は不在です / I like spending a weekend ~ from the city. 週末は都会から離れて過ごすのが好きです. (2) (移動して)…から去って: People ran ~ from the raging flood waters. 人々は荒れ狂っている洪水から逃げた.

Awáy with ...! 〈命令文で〉《文》…を追い払え.
right awáy ☞ right¹. [副] 成句.
wéll awáy [形] (1) かなり進行して. (2) 《略式, 主に英》ほろ酔い気分で.

—[形] **1** [P] 不在で, 留守で; 欠席して: He was ~ on a trip. 彼は旅行で不在だった / The family will be ~ during the summer. 夏にはその一家は留守になります. [語法] 遠い所へ長期間行って不在の場合に用い, ちょっとした外出には out を用いる // I was ~ (from school) for three days with a cold. 私はかぜで(学校を)3日間休んだ.
2 [P] (位置が)あちらで[に], 向こうで[に], 離れて, 別の場所で[に]; (時間的に)離れて: The station is half a mile ~. 駅は半マイル向こうにある / The exam's only a week ~. 試験まであと一週間しかない. **3** [A] 〈試合が〉相手チームの競技場での, 遠征先[ロード]での(⇔ home): an ~ match 遠征試合, ロードゲーム.

Awáy in the Mánger [名] 「かいばのおけですやすや」《Christmas carol の曲名》.

+awe /ɔ́ː/ [名] (形 áwful) [U] 畏敬と畏れの気持ち: He had a feeling of ~ before the judge. 彼は裁判官の前で尊敬と畏れの気持ちを抱いた / I stood looking at the mountain in [with] ~. 私は畏れの気持を抱きながら山を見つめて立っていた. **be strúck with áwe** [動] 畏敬の念に打たれる. **kéep [hóld] ... in áwe** [動] 〈人〉に畏敬の念を持つ. **stánd [be] in áwe of ...** [動] 〈人〉を畏れ敬う. —[動] 〈普通は受身で〉《格式》〈人〉を畏(おそ)れさせる, 〈人〉に畏敬の念を起こさせる: I was ~d into silence. 私は畏敬の念に打たれて沈黙してしまった.

a·weigh /əwéɪ/ [副] 《海》〈いかりが〉海底を離れて.
áwe-inspiring [形] 畏敬の念を起こさせる, 荘厳な.
+awe·some /ɔ́ːsəm/ [形] **1** 畏敬の念を起こさせる; 恐ろしい. **2** 《略式》すばらしい, すてきな (marvelous).
~·ly [副] すばらしく.
áwe·stricken [形] =awestruck.
áwe·struck [形] 畏敬(けい)の念に打たれた.

*aw·ful /ɔ́ːf(ə)l/ [形] (名 awe) **1** ひどい, とてもいやな; 冷酷な; 気分の悪い: ~ weather いやな天気 / an ~ pain ひどい痛み / I smell ~ ひどいにおいがする / Oh, that's (simply) ~! まあいやだ《女性的な表現》 / You look ~. 具合が悪そうですね / There were ~ people behind me who talked all through the concert. コンサートの間中ずっと話しているひどい人が私の後ろにいた. **2** [A] 《略式》たいへんな, まったくの, すごい: an ~ lot of money ものすごい大金 / She knows an ~ lot about it. 彼女はその

ことはものすごくよく知っている / I made an ~ fool of myself last night. 昨夜私はひどく恥をかいてしまった. **3** (米) 非常に, とても (very).

aw·ful /ɔ́ːfʊl/ [形] [名] (awe) 《文》畏怖の念を起こさせる, おそれおおい.
*aw·ful·ly /ɔ́ːfəli/ [副] [S] 非常に, ひどく, とても, すごく (☞ very¹ 囲み): It is ~ cold. とても寒い / Thanks ~. どうもありがとう.
aw·ful·ness /ɔ́ːf(ə)lnəs/ [名] [U] ひどさ, ものすごさ.

*a·while /ə(h)wáɪl/ [副] 《文》少しの間: Stay ~ and rest. ちょっと休んでいってください.

*awk·ward /ɔ́ːkwəd | -wəd/ [形] **1** ぎこちない, ぶざまな, 不器用な 《☞ clumsy [類義語]》: ~ movements ぶざまな動作 / I am a very ~ typist. 私はタイプを打つのがとても不器用です / He is ~ in [at] everything he does. <A+前+名·代> 彼は何をしても不器用だ / He is ~ with his hands. 彼は手先が不器用だ.

2 (物や物事が)扱いにくい, やりにくい, やっかいな; 都合が悪い: an ~ tool 使いにくい道具 / It's an ~ problem. それはやっかいな問題だ / It's ~ that you can't join us. 君が加われないとは困ったな / You've put me in an ~ position. 君のせいで私は困ったことになった.

3 3つの悪い, 間の悪い, 〈立場が〉まずい: an ~ silence 気まずい沈黙 / I felt ~ about [the request [asking] for more money. <A+about+名[動名]> もっと金を貸してほしいと頼むのはばつが悪かった. **4** (人が)気難しい; ひねくれた (about). [語源] awk- (間違った) + -ward (方角へ). **máke things áwkward for ...** [動] 他 …に厄介をかける; …を困った事態に置く[巻き込む].

áwkward áge [名] [the ~] 扱いにくい年頃, 思春期.
áwkward cústomer [名] [C] 扱いにくい人.
áwkward·ly [副] 不器用に, きまり悪そうに, 下手に, ぶざまに; 間[ばつ]が悪いことに, 都合が悪く.
áwkward·ness [名] [U] 不器用さ, ぎこちなさ; 扱いにくさ; 間[ばつ]の悪さ.
awl /ɔ́ːl/ [名] [C] (靴屋などの)突きぎり, 千枚通し.
aw·ning /ɔ́ːnɪŋ/ [名] [C] (店先・窓の)日よけ, 雨おおい.

*a·woke /əwóʊk/ awake の過去形・過去分詞.
*a·wo·ken /əwóʊk(ə)n/ awake の過去分詞.

AWOL, a·wol /éɪwɑl, -wɔːl | -wɒl/ [形] [P] 《主に軍》無断欠勤[無許可離隊]で; 《英略式》行方不明の (absent without leave の略; ☞ acronym): go ~ 無断欠勤[無許可離隊]する; 突然(い)なくなる. —[名] [C] 無断欠勤[無許可離隊]者.

awning

a·wry /əráɪ/ [副] [P] **1** 間違って[た], 不首尾に[で]. **2** 曲がって[た], ゆがんで[だ], ねじれて[た], 正しい場所からはずれて. **gò awrý** [動] (自) 失敗に終わる.

áw shúcks [間] =shucks.
áw-shùcks [形] 《米略式》恥ずかしそうな, 当惑した: give an ~ smile 恥ずかしそうにほほえむ.

*ax, 《英》**axe** /ǽks/ (複 x, X) [名] (ax·es /-ɪz/) **1** [C] おの, まさかり. **2** [the ~] 《略式》解雇; (経費などの)(大幅)削減. **apply the áx to ...** [動] 《略式》…を大幅に削減する. **fáce the áx** [動] 《略式》首切りに直面する; 削減[閉鎖]の対象になる. **gét the áx** [動] 《略式》首になる, 解雇される; (計画などが)つぶされる. **gíve ... the áx** [動] 《略式》…を首にする, 解雇する; 〈計画など〉をつぶす. **hàve an áx to grínd** [動] (自) ひそかに利己的な意図を抱いている, 下心がある. [由来] 斧をおだててとぎおのをたのむという B. Franklin の話から. —[動] 他 **1** <…>をおので切る. **2** 《略式》〈人〉を首にする; 〈計画・経費など〉を削減する.

ax·es[1] /ǽksɪz/ **ax, axe** の複数形.
ax·es[2] /ǽksiːz/ 图 axis の複数形.
ax·i·al /ǽksiəl/ 厖 軸の(ような); 軸性の; 軸上の.
ax·i·om /ǽksiəm/ 图 © **1**《格式》自明の(真)理, 原理. **2**〖数〗公理. 関連 theorem 定理.
ax·i·o·mat·ic /æksiəmǽtɪk⁻/ 厖[普通は Ⓟ]《格式》公理の(ような), 公理的な; 自明の. **-mát·i·cal·ly** /-kəli/ 圖 自明のことだが, 明らかに.
ax·is /ǽksɪs/ 图 (複 **ax·es** /ǽksiːz/) **1** © 軸, 地軸; (円などの)中心線;〖幾〗(グラフの)軸: the rotation of the earth *on* its ~ 地軸を中心とした地球の自転. **2** © (外交などの)枢軸《国家間の連合》; [the A-; 単数扱い](第二次世界大戦の)枢軸国《日本・ドイツ・イタリア》.
ax·le /ǽksl/ 图 © 軸, 車軸(⇨ wheel 挿絵).
Ax·min·ster /ǽksmɪnstə | -stə-/ 图 © アックスミンスターカーペット《英国 Devon 州の町名にちなむ》.
ax·on /ǽksan | -sɔn/ 图 ©〖解〗(神経細胞の)軸索.
ay·a·tol·lah /àɪətóʊlə | -tɔ́lə/ 图 ©《イスラム教》アヤトラ《イランなどのシーア派の高位指導者》.
aye, ay /áɪ/ 图 (複 **ayes**) © [普通は複数形で] 賛成投票; 賛成者 (反 nay): The ~*s* have it! 賛成多数《議長などのことば》. ── 圖《方言, 主にスコ》しかり, はい (yes). (反 nay, no) 語法《英》で口頭の採決などでしばしば yes の代わりに用いられる(⇨ yea 語法).

Ayers Róck /éəz- | éəz-/ 图 固 エアーズロック《オーストラリア中部にある世界最大の一枚岩; ⇨ Uluru》.
AZ〖米郵〗= Arizona.
a·za·lea /əzéɪljə, -liə/ 图 © アザレア, つつじ, さつき.
A·zer·bai·jan /æzəbaɪdʒáːn, æz- | æzə-⁻/ 图 固 アゼルバイジャン《カスピ海に臨む共和国》.
az·i·muth /ǽzəməθ/ 图 ©〖天・測量〗方位(角).
A·zores /éɪzɔəz, əzɔ́əz | əzɔ́ːz/ 图 [the ~] アゾレス諸島《ポルトガル沖の同国領諸島》.
AZT /éɪzìːtíː | -zèd-/ 图 Ⓤ エーズィーティー, アジドチミジン《エイズの治療薬; 商標; *az*ido*t*hymidine の略》.
Az·tec /ǽztek/ 图 © アズテック人《メキシコ先住民》.
az·ure /ǽʒə, éɪʒə | ǽʒjʊə, éɪ-/ 图 Ⓤ 空色. ── 厖 空色の; (空・海が)青い.

b B

b, B[1] /bíː/ 名 (複 **b's, bs, B's, Bs** /-z/) **1** C,U ビー(英語アルファベットの第2文字). **2** U,C [B] 【楽】ロ音,ロ調. **3** C [B] (成績の)良 (ぽ grade 表): get (a) B on a test [report] テスト[レポート]でBをとる. **4** U (血液の) B 型 (ぽ blood type). **5** U [B] 第2番目の人[もの]. **6** U [B] (英) B級幹線道路: the B 4248 4248 B 級道路.

B[2] **1** [E メールで] ＝be (動詞). ★他の語の be の部分を示すことがある,例えば before を B4 と表わす. **2** ＝black (鉛筆の黒色濃度を示す).

b. 略 **1** ＝ 【野】base[1] 4, baseman, 【楽】bass[1] 1. **2** ＝born (…年)生まれ (反 d.): Lincoln, b. 1809 リンカン 1809年生まれ.

B. 略 **1** ＝bay[1], British.

BA /bíːéi/ 略 ＝Bachelor of Arts ((米) AB; ぽ bachelor), British Airways, Buenos Aires.

baa /bæ, báː | báː/ 名 C (羊の鳴き声; ぽ cry 表 lamb, sheep). ── 動 自 めーと鳴く.

Baal Shem Tov /báːlʃèmtóːv | -tóv/ 名 固 バール シェムトーヴ (1700?–60) (ユダヤ人の宗教家).

Bab・bage /bæbidʒ/ 名 固 **Charles ~** バベッジ (1792–1871) (英国の数学者; コンピューターの創作につながる計算器を考案).

†**bab・ble** /bæbl/ 動 自 **1** (混乱[興奮]して)ぺらぺらしゃべる; たわごとを言う (*away, on; about*). **2** (流れが)さらさらと音を立てる. **3** (乳児が)バブバブ言う. ── 他 (…を)ぺらぺらしゃべる. ── 名 [単数形で] **1** (群衆の)がやがやいう声, (わけの分からない)おしゃべり. **2** せせらぎ(の音). **3** (乳児の)喃(なん)語.

bab・bler /bæblə | -blə/ 名 C たわごとを言う人.

†**babe** /béib/ 名 C **1** (米略式) [しばしば差別] いかす女[若者](男性にも用いる), かわい子ちゃん. **2** (略式) [夫婦間などの呼びかけで] おまえ, あなた. **3** (文) 赤ん坊 (baby). 語源 中期英語で,赤ん坊が ba, ba と言うことから.

a bábe in árms [名] (1) 未熟者,青二才. (2) (文) (腕だけしか動かせない)乳児. **a bábe in the wóods** [名] (米) うぶな人,世間知らず.

Ba・bel /béib(ə)l/ 名 **1 the Tower of ~** 固 (聖) バベルの塔 (昔 Babylon の市民が天まで築き上げようとして失敗した). **2** U (または a ~) [b-] がやがやいう声 (*of*); 騒音と混乱の場所.

bábe màgnet 名 C (滑稽) **1** 持ち主をかっこいいと思わせるもの(車・時計など). **2** 魅力的な男性.

ba・boon /bæbúːn | bə-/ 名 C **1** ヒヒ (動物).

ba・bush・ka /bəbúːʃkə/ 名 C **1** バブーシュカ (頭にかぶってあごの下で結ぶ女性用のスカーフ). **2** (略式) (ロシアの人)ロシア語で「祖母」の意.

※**ba・by** /béibi/ 名 (**ba・bies** /~z/) **1** C 赤ちゃん, 赤ん坊 (ぽ child 類語集): a big [bouncing] ~ 大きな[元気な]赤ちゃん / give birth to a ~ 赤ん坊を産む / have a ~ on the way (略式) 妊娠している / She is ˈgoing to have [expecting] a ~ next month. 彼女は来月出産予定だ.

語法 baby を代名詞で指す場合には家族は性別がわかっているので he か she を用いるが,家族以外の人は赤ん坊の性別にしばしば it を用いる: Somebody's ~ is crying. I wonder whose it is. だれかの赤ちゃんが泣いている. だれのかな.

関連 infant 乳児 / toddler 歩き始めた幼児. 参考 以前は Boys wear blue and girls wear pink. 「男の子は青,女の子はピンク」と言い,男の赤ちゃんに青い服,女の赤ちゃんにピンク色の服を着せたりした.

2 [形容詞的に] 赤ちゃんの, 赤ん坊の; 赤ちゃんのような; (野菜・車などが)小型の: a ~ boy [girl] 男[女]の赤ちゃん / a ~ squirrel りすの赤ちゃん / a ~ car 小型自動車, ミニカー (ぽ stroller 日英比較). **3** C (軽蔑) 赤ん坊みたいな人,泣き虫,だだっ子: Don't be such a ~! めそめそしないで. **4** C (略式) 末っ子; (集団の中の)最年少者. **5** C [所有格の後で] (略式) 手掛けてきたもの,関心事 (企画・案など); 責任. **6** C (S) (米略式) [夫婦間などの呼びかけで] おまえ,あなた; [子供への呼びかけで] (あの)ねえ. **7** C (S) (米略式) [しばしば差別] [若い女性への呼びかけで] おまえ,ちゃん,かわい子ちゃん; [所有格の後で] 恋人,彼女[彼氏]. **8** [this [that] ~ として] (S) (俗,主に米) もの,やつ (自慢の車・機械など). 語源 ぽ babe, -y[2]. **be léft hólding the báby** [動] 自 (英) ＝be left holding the bag (ぽ bag 成句). **chánge the [a] báby** [動] 自 赤ん坊のおむつを替える. **màke bábies** [動] 自 (略式) 子供を作る. **thrów the báby òut with the báthwater** [動] 不要なものと一緒に大事なものを捨てる. ── 動 (**ba・bies; ba・bied; -by・ing**) 他 (略式) 赤ちゃんのように(人)を大事にする,甘やかす.

báby blúe 名 U ベビーブルー (明るい青で男の赤ちゃんの服に好まれる色).
báby-blúe 形 ベビーブルーの,明るい青色の.
báby blúes 名 [複] (略式) 産後の気のふさぎ.
báby bòok 名 C 育児日記,成長記録帳.
báby bòom 名 C ベビーブーム (特に第二次世界大戦後 1946-64年頃の急激な出産の増加).
báby bòom・er 名 C ベビーブーム世代の人.
báby bòttle 名 C (米) 哺乳びん.
báby bùggy 名 C **1** (英) ベビーカー (pushchair, (米) stroller). **2** (古風,英) ＝baby carriage.
†**báby càrriage** 名 C (米) 乳母車 ((英) pram). 日英比較「ベビーカー」は和製英語.
báby-fáced 形 童顔の.
báby fàrm 名 C (米) (軽蔑) 託児所,保育所.
báby fàt 名 U (米略式) 幼児期の一時的肥満.
báby fòod 名 U ベビーフード,離乳食.
báby grànd 名 C 小型のグランドピアノ.
Ba・by・gro /béibigròʊ/ 名 C (英) ベビーグロウ (幼児用のワンピース; 商標).
báby・hòod 名 U 乳児期,幼児期.
ba・by・ish /béibiiʃ/ 形 赤ん坊じみた; 赤ん坊の(ような).
Bab・y・lon /bæbələn/ 名 **1** 固 バビロン (古代 Babylonia 帝国の首都). **2** 虚飾・悪徳の町.
Bab・y・lo・ni・a /bæbəlóʊniə/ 名 固 バビロニア (アジア南西部の Tigris 川および Euphrates 川の下流にあった古代の帝国で, 2700–538 B.C. ごろ栄えた).
Bab・y・lo・ni・an /bæbəlóʊniən/ 形 バビロニアの; バビロンの. ── 名 C バビロニア人.
báby milk 名 U (英) 乳児用人工乳 ((米) infant formula).
báby òil 名 U,C ベビーオイル (肌をなめらかにする).
báby's brèath 名 C 【植】 カスミソウ.
báby shòwer 名 C (米) 出産をひかえた女性のパーティー (子供のためのものを贈る).
†**baby-sit** /béibisìt/ 動 (**-sits; -sat /-sæt/; -sit・ting**) 自 **1** (特に夜間)親の外出中に子守をする, ベビーシッターをする (*for*). **2** (留守中に番[世話]をする. ── 他 (子供)の子守をする. **2** (人・物・花などの番[世話]をする.
※**ba・by-sit・ter** /béibisìtə | -tə/ 名 (~s /~z/) C

(親の外出中に短時間)**子守をする人**，ベビーシッター：Ann left her baby with a ～. アンは赤ちゃんをベビーシッターに預けた．**2**《米》(親が仕事に出ている間，普通自宅で子供を預かる)保母(《英》childminder).

báby-sìtting [名][U] 親の外出中の子守(仕事).

báby tàlk [名][U] 赤ちゃんの片言；(親が赤ん坊に話しかける)赤ちゃんことば.

báby tòoth [名][C] 乳歯(《英》milk tooth).

báby wàlker [名][C] 幼児用歩行器.

bac·ca·lau·re·ate /bæ̀kəlɔ́:riət/ [名][C] **1**《格式》学士号(bachelor). **2**(フランスなどの)中等教育最終試験. **3**《米》(大学の)卒業式訓辞[礼拝].

bac·ca·rat /bɑ̀:kərɑ́: | bǽkərɑ̀:/ [名][U] バカラ《トランプ賭博(とばく)の一種》.

bac·cha·nal /bæ̀kənǽl, bǽkən(ə)l/ [名][C]《文》**1**(騒々しい)酒盛り. **2** バッカス(Bacchus)の信者.

bac·cha·na·li·an /bæ̀kənéɪliən⁺/ [形]《文》(酒やセックスのからんだ)乱痴気騒ぎの，飲んで騒ぐ.

Bac·chus /bǽkəs/ [名][固]〖ロ神〗バッカス《酒の神；☞ god 表》.

bac·cy /bǽki/ [名][U]《英略式》たばこ.

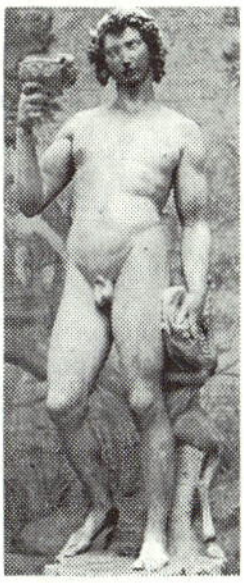

Bacchus

bach /bǽtʃ/ [動] [次の成句で]

bach it [動][自]《米古風》(男性が)独身生活をする.

Bach /bɑ́:k/ [名][固] **Jo·hann** /joʊhɑ́:n/ **Se·bas·tian** /sɪbǽstʃən/ ～ バッハ (1685–1750)《ドイツの作曲家》.

⁺**bach·e·lor** /bǽtʃ(ə)lɚ | -lə/ [名][C] **1** 未婚[独身]の男. [語法] 日常語としては single [unmarried] man を用いる. [関連] spinster 未婚の女性. **2** 学士；学士号《大学の課程を修了した人の称号》：a *B*～ of Arts 文学士(［略］BA または《米》AB) / a *B*～ of Laws 法学士(［略］LLB, BL) / a *B*～ of Science 理学士(［略］《米》BS または《英》BSc). [関連] doctor 博士 / master 修士.

báchelor apàrtment [(《英》) **flàt**] [名][C] 独身者用アパート.

báchelor gìrl [名][C]《古風》若い独身女性.

báchelor·hòod [名][U] 独身時代.

báchelor pàd [名][C]《略式》独身男性用アパート.

báchelor pàrty [名][C]《米》(特に結婚式の前の夜の)男性だけのパーティー(《英》stag night).

báchelor's degrèe [名][C] 学士号《★ 略して bachelor's ともいう》.

ba·cil·lus /bəsíləs/ [名](複 **ba·cil·li** /-laɪ/) [C] バチルス，桿菌(かんきん)《棒状の細菌》；細菌.

⁑back /bǽk/

元来は「背中」[名] **1** →「後ろ」[名] **2** の意味

① 後ろへ；後ろの	[副] **1**, [形] **2**
② 元の所へ，戻って；逆の	[副] **2**, [形] **1**, **7**
③ 以前に；以前の	[副] **3**, [形] **4**
⑤ (後ろに進める) → 後退させる	[動][他] **2**
④ (後ろに立つ) → 後援する	[動][他] **1**

― [副] [比較なし] **1 後ろに[へ]**，後方に[へ]；(後ろへ)下がって，引っ込んで：move ～ 少し下がる / look ～ 後ろを見る / sit ～ in a chair いすに深く座る / The building stands (well [a little way]) ～ from the road. その建物は道路から(ずっと[少し])引っ込んだ所にある.

2 元の所へ[に，で]，**戻って**；元の状態に；(話を)戻して；もう 1 度：Go ～ to your seat. 自分の席へ戻りなさい / She got off two stops ～. 彼女は 2 つ前の停留所で降りた / *B*～ (at) home we used to go to see the cherry blossoms in April. 故郷では 4 月によく花見に行ったものだった / get ～ to sleep もう 1 度眠る. **3 以前に**，さかのぼって；今から…前に：a few pages [weeks] ～ 数ページ[週間]前に / look ～ on one's youth 若いころのことを振り返る / *B*～ in the sixties, miniskirts were in vogue. 60 年代にはミニスカートが大流行していた. **4** (相手に)応えて；お返しに(…する)，(…し)返す：call [phone] a person ～ later 後で人に電話をかけ直す / look [smile] ～ 見返す[ほほえみ返す] / She hit him ～. 彼女は彼を殴り返した. **5** 遅らせるように；抑えて：Our departure was put ～ a week. 私達の出発は一週間延期になった / The police held ～ the crowd. 警察は群衆を押しとどめた. **báck and fórth** [副](繰り返し)一方から他方へ，あちらこちらへ，行ったり来たり：Jim and Mike threw a ball ～ *and forth*. ジムとマイクはボールを投げ合った. [日英比較] 日本語の「前後」とは逆に back and forth の順にいう. **báck of ...** [前] = in back of ... (☞ back [名] 成句). **to ... and báck** [前] …まで往復して：the fare *to* London *and* ～ ロンドン往復運賃.

― [形] [比較なし] **1** [P] **戻って(きた)**，帰って；返されて；再び流行して：I'll be ～ at ten. 10 時に帰ります / I want it ～ right away. 今すぐそれを返してほしい.

2 [A] **後ろの**，後部にある；裏(手)の(☞ [名] 2 [語法])([反] front)；後ろ[裏]からの：the ～ page 裏ページ《本を開いて左側のページ，偶数ページ》/ a ～ room 奥の部屋 / go out the ～ way 裏口から出る / The picture shows a ～ view of the car. 写真は車を後ろから見たものである. **3** [A] (中心地から)外れた，へんぴな，未開の：～ streets 裏通り // ☞ back country. **4** [A] 以前の(☞ back issue). **5** [A] 滞(とどこお)った，未納の：～ pay 未払い賃金 / ～ rent 滞っている家賃. **6** [P]《米》(…点)負けて(behind)：He was six points ～. 彼は 6 点リードされていた. **7** [A] 逆の，後戻りの；反対の：a ～ current 逆流. **8** [A]〖音声〗(母音が)後舌の([反] front)：～ vowels 後舌母音. **be báck where** one **stárted** [動][自](失敗して)振り出しに戻る.

― [名] (～s /-s/) **1** [C] (人・動物の)**背中**，背，背骨. [語法] 肩 (shoulders) からしり (buttocks) までの体の背部全体を指す：the lower ～ 背中の下部，腰(☞ waist 表) / [言い換え] My ～ hurts. (=I have a backache.) 背中が痛い / The ball hit him in *the* ～. ボールは彼の背中に当たった(☞ the¹ 2).

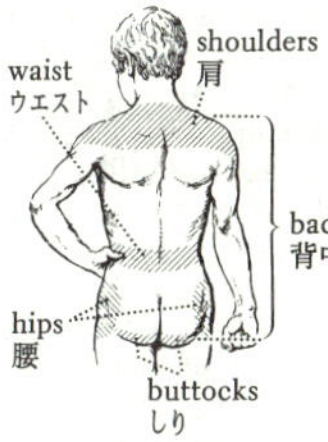

back 1

2 [C] [普通は the ～] **後ろ**，背後；後部，裏側，奥；(舞台の)背景([反] front, face).

> [語法] 本体の後方の部分を指し，離れた後方は意味しない(☞ in the back of ... (成句))；「離れて後方に」の意味には普通 at the back of ... か behind を用いる(ただし ☞ in back, in the back, in back of ... (成句)の《米》用法に注意)：*the* ～ of the head 後頭部 / at *the* ～ of the dictionary 辞書の巻末に / on *the* ～ of the envelope 封筒の裏に / Please get in *the* ～. 後ろの座席にお乗りください.

3 [the ～] (山の)尾根；(船の)竜骨；(衣服の)裏打ち，裏地；(手・足の)甲；(スプーン・本・いすなどの)背；(ナイフの)峰，背(☞ edge 挿絵)：*the* ～ of one's hand 手の

甲 (☞ instep). 関連 hardback 堅い表紙の本 / paperback ペーパーバック. **4.** ⓒⓤ《球》後衛, バック(の選手). 関連 fullback フルバック / halfback ハーフバック / forward フォワード.

at ...'s báck [形] (1) ...の後ろ側で[に]. (2) 《文》...を後援[支持]して.
at the báck [副] (1) 後ろに, 背後に. (2) 後部に.
at the báck of ... [前] (1) ...の後ろに[で] (☞ 名 2 語法)(反 in front of ...): There is a large garden *at the ~ of* his house. 彼の家の裏手には広い庭がある. (2) My seat was *at the ~ of* the theater. 私の席は劇場の後部にあった. (3) ...の後ろ側で[に], ...の背面で. (4) ...を後援[支持]して; (悪事などの)陰に(いる).
báck to báck [副] (1) 背中合わせに: stand ~ *to* ~ 背中合わせに立つ. (2) 《主に米》続けさまに.
báck to frónt [副] 《主に英》(1) 前後を逆にして, 後ろ前に. (2) すっかり, 裏の裏まで.
behìnd ...'s báck [副] ...の背後で, ひそかに, 陰で: Don't speak ill of others *behind their ~(s)*. 他人の陰口をたたくな.
bréak one's báck (to dó) [動] ⓘ ⓢ 《英》(…するために)大いに努力する.
break ...'s báck [動] ...に無理な仕事をさせる.
bréak the báck of ... [動] ⓗ 《英略式》(1) (仕事)の大半[きつい部分]を終える. (2) ...に大きな打撃を与える.
cóver one's báck [動] ⓢ 《英》人に後ろ指をささせないようにする.
(flát) on one's báck [副] あおむけに (反 on one's face, on one's stomach). ── [形]《略式》(病気・けがで)寝たきりで; 困窮して.
gèt óff ...'s báck [動] ⓢ《略式》...を困らせる[批判する]のをやめる: *Get off* my ~! ほっといて(くれ).
gèt one's báck úp [動] ⓘ 《略式》怒る; 反抗する.
gèt ...'s báck úp [動] 《英略式》...を怒らせる.
hàve a bróad báck [動] ⓘ 《英》難しい事[問題]に楽に対処できる.
hàve ... on one's báck [動] ⓗ ...を背負っている.
hàve one's báck to the wáll [動] ⓘ 《略式》もう後がない, 追い詰められている.
in báck [副] 《米》(車・家などの)後部[奥]に.
in báck of ... [前] 《米》...の後方[後方]に (in [at] the back of ...); ...を後援して.
in the báck [副] (1) 後部に 《米》(2) 《米》=out back.
in the báck of ... [前] ...の後部[奥]で, ...の裏側に: sit *in the ~ of* the car 車の後部座席に座る.
líve óff ...'s báck [動] ...を搾取する.
on ...'s báck [形・副] 《略式》...を悩まして, ...に(がみがみ)うるさくして.
on the báck of ... [前] (1) ...の裏に (☞ 名 2 語法). (2) ...のおかげで, ...の助けで.
òut báck 《米》=òut (róund) the báck 《英》[副] (建物の後ろに[へ] (behind).
pùt one's báck into ... [動] ⓗ 《英略式》...に全力を尽くす.
pùt ...'s báck úp [動] 《英略式》...を怒らせる.
róund the báck [副] =out back.
sée the báck of ... [動] ⓢ《略式, 主に英》(人・物)との関係を絶つ, ...をやっかい払いする, 片づける.
the báck of beyónd [副]《略式, 主に英》辺境.
túrn one's báck on ... [動]《略式》(1) ...に背を向ける; ...を見捨てる. (2) ...(への係わり)をやめる, 捨てる.
when ...'s báck is tùrned [副] =behind ...'s back.
with one's báck to the wáll [副] (1) 壁に背を

向けて. (2) 《略式》追い詰められて, 背水の陣で.
── [動] (**backs** /-s/; **backed** /-t/; **back·ing**)

━━━━━━━ 自 他 の転換 ━━━━━━━
ⓗ **2** 後退させる (to make (something) move backward)
ⓘ **1** 後退する (to move backward)
━━━━━━━━━━━━━━━━━━━

── ⓗ **1** ⟨…⟩を**後援する**, 支持する (support); 援助する (help); [普通は受身で] (罰則などで)後押しする: Many politicians *~ed* his plan. 多くの政治家が彼の計画を支持した.
2 ⟨…⟩を**後退させる**, バックさせる: *B*~ the car *to* the wall. ⟨V+O+副+名⟩塀の所まで車をバックさせなさい. **3** ⟨本など⟩に(…で)背をつける, 裏打ちする (*with*). **4** [普通は受身で] ⟨…⟩の背後にある, 背景をなす. **5** [普通は受身で]《楽》⟨歌手⟩に伴奏をつける. **6** ⟨手形など⟩に裏書きする: ~ a bill 手形に裏書きする(支払いを保証する). **7**《競走馬など》に賭(か)ける.
── ⓘ **1** 後退する; 車をバックさせる: She's good at ~*ing* (*into* the garage). ⟨V(+前+名・代)⟩車をバックさせて(車庫に入れ)るのが上手だ / NO BACKING 後退禁止(道路などの掲示; ☞ no 形 3). **2** (風が)左回りに向きを変える(北―西―南―東の順)(反 veer).

━━━━━━━ back の句動詞 ━━━━━━━
*báck awáy [動] ⓘ **1** 後ずさりする, 後退する: I *~ed away from* the man with the gun. 私は銃を持った男から後ずさりした. **2** (計画などから)(徐々に)手を引く (*from*).
báck dówn [動] ⓘ (もとの要求などから)後退[譲歩]する; 敗北を認める (計画から)手を引く (*from, on*).
*báck óff [動] ⓘ **1** 後退して離れる: Tell those people to ~ *off* so that the helicopter can land. ヘリコプターが着陸できるようにあの人たちに後ろに下がるように言ってください.
2 (危険などから)引き下がる (*from*): The thief began to ~ *off* warily when I assumed a karate pose. 私が空手のポーズをとるとどろぼうは警戒して後ずさりしだした. **3** (干渉などを)やめる. **4** 《主に米》=back down.
*báck ónto [on] ... [動] ⓗ (場所・建物が)後ろ側で...に接する: Our house ~*s onto* a small river. 私たちの家の後ろに小川が流れている.
báck óut [動] ⓘ **1** 後退して出る. **2** (企て・契約などから)手を引く, 約束を破る (*of*). ── ⓗ ⟨車など⟩を後退させて出す.
*báck úp [動] (名 báckùp) ⓗ **1** ⟨…⟩を**後援する**, 支持する; [進行形なし] (議論・主張などを)支持する[証明する], 裏付ける ⟨V+名・代+*up* / V+*up*+名⟩: They ~*ed* him *up* in everything. 彼らはすべての面で彼を支援した. **2** 《球技》⟨…⟩をバックアップする. **3** ⟨車など⟩を後退させる. **4** 《電算》⟨ディスク・ファイルなど⟩をバックアップする. **5**《交通》⟨…⟩を渋滞させる; ⟨流れなど⟩をつまらせる; ⟨…⟩を停滞させる.
── ⓘ **1** (車などが)後退する, バックする; 後ずさりする: The car ~*ed up* a few meters. 車は数メートルバックした. **2**《電算》(ディスクなどの)バックアップをとる. **3** (交通が渋滞する《英》tail back); (流れなどが)つまる, (流れなどが)たまる; 停滞する. **4**《米》前(述べたこと)に戻る.
━━━━━━━━━━━━━━━━━━━

báck·àche 名 ⓤⓒ 背中[腰]の痛み, 腰痛.
báck álley 名 ⓒ 《米》裏通り; (物事の)裏側.
báck-álley 形 Ⓐ やみの, 不法の.
báck bàcon 名 ⓤ =Canadian bacon.
báck-bénch 名 [the ~; 普通は複数形で]《英》(下院の後方の)平議員席; [the ~] 平議員(全体; ☞ frontbench).
báck-bénch·er 名 ⓒ 《英》(下院の後方席に座る)平議員.

báck・biter 名 C 陰口を言う人.
báck・biting 名 U 陰口.
báck・bòard 名 C 背板;《バスケ》バックボード《バスケットを取り付けた板》.

+**báck・bòne** 名 **1** [the ~ または所有格の後で] 背骨. **2** [the ~] 中堅, 主力 (*of*). **3** U 気骨(㍍), 勇気, 根性 (*to do*). **to the backbone** 副 骨の髄まで, 徹底して.

báck・brèaker 名 C **1** ひどく骨の折れる仕事. **2**《米》《スポ》試合を決めるプレー(得点).

báck・brèaking 形 ひどく骨の折れる.

báck cátalog 名 C《作家・演奏家などの》全作品.

báck・chàt 名 U =back talk.

báck・clòth 名 C《英》= backdrop 1.

báck・còmb 動 他《英》=tease 3.

báck cópy 名 C =back issue.

báck cóuntry 名 [the ~]《米》奥地, 僻(㍻)地.

báck cóurt 名 C《スポ》バックコート.

báck・dàte 動 他〈書類など〉に実際より前の日付を入れる; 〈法律などの〉効力を(…まで)さかのぼらせる (*to*).

báck dóor 名 C 秘密の, 裏口の.

báck dóor 名 **1** 裏の戸口, 裏口. **2** 秘密(手段). **through [by] the báck dóor** 副 裏口から; 不正に, こっそりと: get in *through [by] the ~* 不正[裏口]入学[入社]する.

báck・dràft 名 C **1** 逆気流. **2** バックドラフト《酸欠状態の火に新たな酸素が供給されて起こる爆発》.

+**báck・dròp** 名 C **1**《劇場の》背景幕《英》backcloth). **2**《事件などの》背景;《文》《風景などの》背景.

-backed /bǽkt*⁺*/ 形 [合成語で] **1** …の背部[裏]をつけた. **2** …に後援された.

báck énd 名 C **1** 後部, 尾部. **2**《契約の》終了;《最終的》利益. **3**《電算》バックエンド《ユーザーが直接操作しないハードやソフト》(⇔ front end).

báck-énd 形 A **1** 最終的な;《契約》終了時の. **2**《電算》バックエンドの.

báck・er /bǽkə | -kə/ 名 C《経済的な》後援者.

báck・field 名 [the ~]《アメフト》後衛のプレー区域.

+**báck・fìre** 動 (back・fìr・ing /-fàiəriŋ/) **1** 思いがけない結果となる, 裏目に出る (*on*). **2** 逆火(㋛)を起こす. — 名 C《内燃機関の》逆火, バックファイヤー.

báck・flìp 名 C 後ろ宙返り, バック転.

báck・formátion 名《言》U 逆成;C 逆成語《一般の派生語などとは逆の手順で新しい語が作られることおよびその語; たとえば動詞 → 名詞の順でなく, 名詞 → 動詞の順で edit から作られた edit などる》(*from*).

back・gam・mon /bǽkgæmən/ 名 U バックギャモン, 西洋すごろく《さいころを振って 15 のこまを進める 2 人用ゲーム》.

*‡**back・ground** /bǽkgràund/ 名 (-grounds /-gràundz/) **1** C,U《人の》背景《教養・家柄・交友など》, 経歴;《事件の》背景, 遠因 (*to*);《ある時代の》社会的状況, 時代的背景: the social and economic ~ of the Renaissance ルネサンスの社会的および経済的背景 / a person with a college ~ 大学出の人 / She has a good ~. 彼女はいい所の出だ / He has some *in* oil painting. 彼は油絵の素養がある.

2 C《風景・写真・絵画などの》背景, 遠景: The tower stood out against the ~ of the blue sky. その塔は青空を背景にして際立って見えた. 関連 foreground 前景 / middle distance 中景. **3** C《模様の》地: a tie with white polka dots *against* [*on*] a blue ~ 青地に白い水玉模様のネクタイ. **4** C = background music. **5** U =background information. **in the background** 形·副 (1)《風景・音楽などの》背景で[に]. (2)《背景の目立たない所で[に]; 表面に出ないで, 見えない所で[に]》. **on background** 副《米》[主

backscratching 117

に新聞で]《情報提供者などの》名前を伏せて.

báck・gròund・er 名 C《米》《政府高官による》背景説明, 非公式記者会見.

báckground informàtion 名 U 予備知識 (*on*); 素養.

báckground mùsic 名 U 背景音楽; 音楽効果. 日英比較 BGM と略すのは和製英語.

báckground nòise 名 U,C バックグランドノイズ《低レベルの広帯域ノイズ源》.

báckground radiátion 名 U《物理》背景放射《宇宙のあらゆる方向からやってくるマイクロ波の元》.

báck・hànd 名 **1** C [普通は単数形で]《テニスなどの》バックハンド《ストローク》(⇔ forehand). **2** U 左傾斜の書体. — 形 A **1**《テニスなどで》バックハンドの. **2**《筆跡で》左傾斜の. — 動 他〈…〉をバックハンドで打つ[取る].

báck・hànded 形 **1** 間接的な, 皮肉な; あいまいな: a ~ compliment《英》皮肉な[悪意のある]お世辞. **2** A バックハンドの.

báck・hànder 名 C **1** バックハンド《ストローク》, 手の甲での一撃. **2**《英略式》.

báck・hòe 名 U バックホー《大型の掘削機》.

*‡**back・ing** /bǽkiŋ/ 名 **1** U《特に経済的な》後援, 支持; [U または C] 後援者団体《全体》: have the full ~ *of* one's boss 上司の全面的支援を受けている. **2** U,C《本などの》裏張り; 裏材[板]. **3** U,C [普通は単数形で]《主に英》《ポピュラーミュージックの》伴奏《音楽》; バックコーラス: a ~ group バックコーラスグループ.

báck íssue 名 C バックナンバー《雑誌などの古い号》.

+**báck・làsh** 名 C 激しい反動[反発]《社会的・政治的改革などに対する》(*against*).

báck・less 形《衣服が》背中の《広く》あいた.

báck・light 名 U 背面光, バックライト.

báck・list 名 C《出版社の》在庫目録.

báck・lít 形 背後から照明された.

+**báck・lòg** 名 C《仕事などの》やり残し, 《山積した》残務: clear a ~ *of* orders たまっていた注文を片づける.

báck lót 名 C **1**《撮影所近くの野外撮影場》. **2**《商品置き場としての》裏手の空き地.

báck níne 名 U《ゴルフ》後半の 9 ホール.

báck númber 名 C **1** =back issue. **2**《略式》時代遅れの人.

báck óffice 名 C《金融機関などの》事務管理部門.

báck órder 名 C《商》バックオーダー《在庫がないため商品が入荷待ち状態になっている[取り寄せにする]注文》.

báck-òrder 動 他〈…〉のバックオーダーをする.

báck・pàck 名 C バックパック《箱型リュックサック; 徒歩旅行・登山用》. — 動 自 バックパックを背負って徒歩旅行[登山]をする.

báck・pàcker 名 C バックパックを背負う旅行する人.

báck・pàcking 名 U バックパッキング《バックパックを背負っての徒歩旅行》.

báck pássage 名 C《英》《婉曲》肛門(㌵); 直腸 (rectum).

báck・pèdal 動 (-ped・aled,《英》-ped・alled; -al・ing,《英》-al・ling) **1** 態度[やり方]を変える, 前言[約束]を取り消す (*on*, *from*). **2**《自転車の》ペダルを逆に踏む.

báck・rèst 名 C《いすなどの》背もたれ.

báck róad 名 C《米》裏道, わき道 (byroad).

+**báck róom** 名 C **1** 奥の部屋. **2** 隠れた実力者; 舞台裏. — 形 A 秘密の, 裏工作の.

báck・ròom bóy 名 C [普通は複数形で]《略式, 主に英》《国家機関に関係する》科学研究員.

báck・sàw 名 C《米》ほぞ引きのこ.

báck・scràtching 名 U《略式》《相互の》助け合い.

báck·seat 名C (車などの)後部座席. **táke a [the] báckseat** 動 自 でしゃばらないようにする, 控え目にふるまう; (物事が)(...の)二の次になる (to).

báckseat dríver 名C 1 車の後部座席で運転を指図する人. 2 余計な口出しをする人 (特に政治家).

†**báck·side** 名C 1 (略式) しり, 臀部(%%): Get off your ~. ぐずぐずするな. 2 (主に米) 裏側.

báck·slàpper 名C 大げさにほめる人.

báck·slàp·ping 名U (背中をぽんとたたいたりして)大げさに親愛の念を表わすこと; 大げさな賞賛, 過度のほめ合い. ── 形 A 大げさにほめる, オーバーな.

báck·slàsh 名C バックスラッシュ(右下がりの斜線 (\)). 関連 slash 斜線(/).

báck·slìde 動 自 (-slides; 過去 -slid /-slíd/; 過分 -slid, -slid·den /-slídn/; -slid·ing) (悪習などに)逆戻りする; (約束などから)後退する (on, over, from).

báck·slìder 名C もとの悪習[やり方]に戻った人.

báck·slìding 名U (悪習などへの)逆戻り (on).

báck·spàce 名C [普通は単数形で] (パソコンなどの)バックスペース用のキー(1 スペース前に戻すキー).
── 動 自 (パソコンなどで)1[数]スペース分戻る.

báck·spìn 名U (球) 逆回転.

báck·splàsh 名C (米) (レンジ・カウンターなどの背後の壁の)よごれ止め板.

báck·stàb·ber 名C (陰で)中傷する人.

báck·stàb·bing 名U (陰での)中傷.

†**báck·stàge** 副 1 舞台裏へ[の]. 2 (略式) ひそかに[な], 内密に[の].

báck·stáirs 形 A (略式) 秘密の, よこしまな.

báck·stòp 名C 1 (野) バックネット. 語法 「バックネット」は和製英語. 2 (米式) (野) 捕手 (catcher). 3 防止策[手段].

báck·strèet 名C 裏通り, 貧民街. ── 形 A こっそり行なわれる[行なう], 違法な: a ~ abortion 闇の中絶.

báck·strètch 名C バックストレッチ(競技場の決勝点と反対側の直線コース). 関連 homestretch ホームストレッチ.

báck·stròke 名U [しばしば the] 背泳ぎ, 背泳: do (the) ~ 背泳ぎをする. 関連 breaststroke 平泳ぎ / freestyle 自由型.

báck·swìng 名C (球) バックスウィング.

báck tàlk 名U (米) 生意気な口答え((英) backchat).

báck tàx 名C.U 滞納税金.

báck-to-báck 形, 副 続けざまに[の]. ── 名C (英) 背中合わせの長屋住宅(の一軒).

báck-to-náture 形 自然に帰る, 自然回帰の.

báck-to-schóol 形 A 新学期[学年]の: a ~ sale 新学期大売出し.

báck·tráck 動 自 1 もと来た道を戻る; 退く, 退却する. 2 態度[やり方]を変える, 前言[約束]を取り消す (on). 3 話を前に戻す. 4 ＝backpedal 2.

†**báck·úp** 名 (báck úp) C.U 1 支援, バックアップ; 支援者[物]; (主に米) 伴奏, バックコーラス. 2 予備, 代替物, 代わりの人 (for, to). 3 (電算) 控え, バックアップ(本体の故障した場合に備えての予備のプログラムやファイル): make a ~ (copy) of ...... のバックアップをとる. 4 (米) (交通などの)渋滞, 詰まり. 5 (米) (車の)後退, バック. ── 形 1 支持[支援]する. 2 代り[予備]の.

báckup lìght 名C (米) (車の)後退灯 ((英) reversing light).

*__báck·ward__ /bækwəd | -wəd/ 形 A (比較なし) 後方への, 後ろ向きの, 戻りの (反 forward): a ~ movement 後方向きの運動 / a ~ step＝a step ~ 後戻り, 後退(策).

2 (進歩・発達の)遅れた, 遅い: ~ districts of the country 国の後進地域 / a ~ child (古風) [差別] 知恵遅れの子供 (★ 現在では a child who has learning disabilities などという). 3 しりごみする, はにかんで...しない: be not ~ in coming forward S (英) 意見[希望]を遠慮せずに口に出す. **~·ly** 副 後方へ[に]; 遅れて. **~·ness** 名U (発達の)遅れ, 後進性.

── 副 1 後方に, 後ろ向きに (反 forward): I ran away without looking ~. 後ろも振り返らずに逃げた. 2 後ろから, 逆に; (前後に)後ろへさべに, 後ろ側に: If you read "Elba" ~, it's "able." Elba を逆に読むと 'able' だ (☞ palindrome). 3 (昔や過去を)振り返って (反 forward): look ~ 昔を振り返る. 4 後退して, 悪い状態に. **báckward(s) and fórward(s)** 副 前後に, 行ったり来たり. **gò báckward** 動 自 (悪い状態に)後退する. **knów ... báckward(s) and fórward(s)** (米) ＝**knów ... báckwards** (英) 動 他 (...)を知りつくしている.

báckward compatibílity 名U (電算) 互換性.

báckward-compátible 形 (電算) (ソフトなどが)旧バージョンに対して互換性のある.

báckward-lòoking 形 (人・考え方などの)後ろ向きの, 遅れた.

back·wards /bǽkwədz | -wədz/ 副 (主に英) ＝ backward.

báck·wàsh 名U 1 (オールなどで)押し返される水, (船が通ったあとにできる)波, 逆流; (空) 後流(機体の後方に流れる気流). 2 (事件の)悪影響, 余波.

*__báck·wàter__ 名C 1 [しばしば軽蔑] (物事の)沈滞したところ; 文化の遅れた社会. 2 [普通は単数形で] 川のよどみ; せき止められた水.

báck·wòods /bǽkwʊdz/ 名 [the ~ として複数または単数扱い] (北米の)辺境の森林地, 奥地; 僻地(%%), 過疎地. ── 形 奥地の, 僻地の.

báck·wòods·man /bǽkwʊdzmən/ 名 (-men /-mən/) C 1 (北米の)辺境の住人. 2 (英式) いなかに住んでめったに登院しない上院議員.

*__báck·yárd__ /bækjáəd | -jáːd—/ 名 (-yards /-jáədz | -jáːdz/) C 1 裏庭((英) back yard²参照); 身近な場所. 参考 米国の家では芝生や植え込みがあるのに対して, 英国の家では舗装されていることが多い. 2 [形容詞的に] 裏庭での. **in one's ~ backyárd** 副 (略式) (1) すぐ近くに. (2) 直接かかわるところで. **nót in mý backyárd** 副 [主に新聞で] うちの裏庭[近所]ではいや (☞ nimby).

*__ba·con__ /béɪkən/ 名U ベーコン (豚の腹肉・背中肉の塩漬け・薫製(%%)): a slice [(英) rasher] of ~ ベーコン 1 切れ. 関連 ham ハム. **bácon and éggs** (英) **éggs and bácon** 名C (米) エッグエッグ. **bríng hóme the bácon** 動 (略式) 生活費を稼ぐ; 成功する, うまくやる. 由来 食糧を持って帰る, の意. **sáve one's bácon** 動 (略式) 危うく助かる. **sáve ...'s bácon** 動 (略式) (苦境から)...を救う.

Ba·con /béɪkən/ 名 個 Francis ~ ベーコン (1561-1626)(英国の随筆家・哲学者).

*__bac·te·ri·a__ /bæktí(ə)riə/ 名 [複] バクテリア, 細菌: harmful ~ 有害なバクテリア. 語法 単数形の bacterium は (まれ).

*__bac·te·ri·al__ /bæktí(ə)riəl/ 形 A バクテリアの[による].

bac·te·ri·cide /bæktí(ə)rəsàɪd/ 名 C.U 殺菌剤.

bac·te·ri·o·log·i·cal /bæktí(ə)riəlɑ́dʒɪk(ə)l | -lɔ́dʒ-—/ 形 細菌学の[上の].

bac·te·ri·ol·o·gist /bæktì(ə)riɑ́lədʒɪst | -ɔ́l-/ 名 C 細菌学者.

bac·te·ri·ol·o·gy /bæktì(ə)riɑ́lədʒi | -ɔ́l-/ 名U 細菌学.

bac·te·ri·um /bæktí(ə)riəm/ 名 ☞ bacteria

[語法]
Bác·tri·an cámel /bǽktriən-/ 图 C ふたこぶらくだ(こぶが2つあるアジア産;☞ camel 写真).

*bad /bǽd/ (同音 #bade; 異園 bed, bud) 形 (比較 worse /wə́ːs | wə́ːs/; 最上 worst /wə́ːst | wə́ːst/) ★worse, worstについてはそれぞれの項を見よ.

基本的には「悪い」の意.	
① 悪い	1, 2, 3, 5
②（状態など）ひどい	4
③ 下手な	6

1 (天候・知らせなどが)**悪い**, (都合の)よくない; P (体・健康などに)悪い, 有害な: ~ weather 悪天候 / It is a ~ day for fishing. きょうは釣りには向かない日だ / B~ news travels fast. (ことわざ)悪いうわさは伝わるのが速い(悪事千里を走る) / It's no ~ thing. まんざら悪いことじゃない / Smoking is ~ for your health. <A+for+名・代> 喫煙は健康に悪い.

2 (質・内容などが)**悪い**, 粗悪な; (照明などが)不十分な; 間違った(☞ 類義語): ~ food 粗食 / ~ light 不十分な照明 / ~ grammar 間違った語法.

3 (人・行為などが)**悪い**, 不良な, 行儀の悪い; (子供が)言うことをきかない, 行儀の悪い (反 good): a ~ man 悪い男 / It's ~ to tell lies. うそをつくのはよくない.

4 ひどい, 激しい: I have a ~ cold [headache]. わたしはひどいかぜを引いている[頭痛がする].

5 加減の悪い, 病気の; 腐った, 痛んだ; (においなどが)不快な, いやな: a ~ tooth 虫歯 / ~ breath 口臭 / 会話 "How are you?" "Not ~, thank you." 「いかがですか」「おかげさまでまあまあです」

6 (…が)**下手な**, まずい; 苦手で (反 good): I am ~ at tennis. 私はテニスが下手です / He is ~ at sing*ing*. <A+at+動名> 彼は歌が苦手だ.

[語法](1)「…するのが下手だ」というときには「…する者」の意味を持つ名詞の前に bad をつけて表わすことが多い(☞ poor 4 [語法], good 3 [語法]): a ~ *driver* 運転が下手な人 / Nancy is a ~ *cook*. ナンシーは料理が下手です. (2) ただし意味をやわらげて bad の代わりに not very good をしばしば用いる: Nancy isn't *a very good* cook.

7 無効な: a ~ check 不渡り小切手. **8** (比較 **bad·der** /bǽdə | -də/; 最上 **bad·dest** /bǽdɪst/) S (俗, 主に米) 優れた, すごい; 強力な, 手ごわい.

Bád bóy [**gírl**] S いけないよ, だめでしょ (いたずらなどをした子供・ペットに対して).

be in a bád wáy [動] 国 (略式)病気が重い; 窮地にある.

be tàken bád [動] 国 (略式, 主に英) 病気になる.

... càn't be bád. S …は悪くないよ, …はいい: Ten dollars for the whole lot? That *can't be* ~! 全部で10ドルかい？ それは悪くないよ.

féel bád [動] 国 (1) 気分が悪い: She felt very ~ that day. 彼女はその日はとても気分が悪かった. (2) (…を)後悔している, すまなく思う (*about*).

gò bád [動] 国 (食物が)悪くなる, 腐る.

It's bád enóugh ...ing without ―ing S …するだけでも大変なのに―することまで考えられない.

It's nòt thàt bàd. = **It's nót as bád as áll thát.** S そんなに悪くはない, まあまあだ.

lòok bád [動] 国 (1) 悪く見える, 具合が悪そうである. (2) (物事が)思わしくなさそうである (*for*). (3) (物事が)不適当に見える, 妥当でないと思われる.

nòt so [too, (英) hálf] bád =(主に米) **nòt bád** [形] S (略式)まんざら悪くない, まあまあだよ; (☞ understatement). 会話 "How was the play?" "*Not so [too, half]* ~." 「芝居はどうだった」

「けっこうよかったよ」/ She is *not half* ~ at playing the piano. 彼女のピアノもなかなかいける.

tóo bád [形] S (1) あいにくで, 気の毒で: It's *too* ~ that you can't come to the concert. 演奏会に来られないとはついてないね / "I have a toothache." "That's *too* ~." 「歯が痛くてね」「それはいけませんね」 (2) [皮肉に] おあいにくさま: "I've been waiting more than an hour!" "That's just *too* ~! There's nothing I can do about it." 「1時間以上待っているんだ」「お気の毒さま. 私にはどうしようもありませんね」 (3) 《古風, 英》とてもひどい, あんまりだ.

— 图 [the ~] 悪いこと[もの], 悪; 悪い状態 (反 good): take *the* ~ with the good 幸運も不運もあわせ迎える; 人生のよい事も悪いこともあるがままに受け入れる.

be [gèt] in bád [動] 国 (米略式) 困っている[困る]; (…に)受けが悪い[受けが悪くなる] (*with*).

gó from bád to wórse [動] 国 ますます悪くなる: The situation *went from* ~ *to worse*. 情勢はますます悪くなった.

gó to the bád [動] 国 (古風) 悪の道に入る.

My bád. S (米俗)おれが悪いった, すまん.

to the bád [形] (英) (ある額を)借金して.

— 副 S (非標準) ひどく, とても. **bád óff** [形] (米) (1) (暮らしに)困っている, 貧しい (badly-off). (2) ひどく具合が悪い, 重傷で.

[類義語] **bad** good の反対で, いろいろな意味で質が劣っていることを意味する最も一般的な語. **evil** 道徳的に悪い意味では *bad* よりも悪い. **wicked** さらに強く積極的に悪い意味をしようとする気持ちを暗示する. ただし, 人に用いるのは (古風) で, *evil* を用いるのが普通. **wrong** right の反対で, ある基準に照らしてみて間違っているとか.

bád ápple 图 C (略式) 周りに悪影響を及ぼすやつ.
bád·ass (米俗) 形 **1** すごく(かっこ)いい. **2** ワルの, こわもての. — 图 C 手ごわい[頼もしい]やつ.
bád blóod 图 U 悪感情, 憎しみ (*between*).
†**bád débt** 图 CU 不良債権.
bad·dy, bad·die /bǽdi/ 图 C (英略式) (映画・物語などの)悪役.
bade 動 bid² の過去形.
Ba·den-Ba·den /báːdnbáːdn/ 图 固 バーデンバーデン(ドイツ南西部の温泉保養地).
†**badge** /bǽdʒ/ 图 C **1** (主に英) バッジ, 記章, 肩章 ((米) button): ~s of office 官職章. **2** しるし, 象徴 (*of*). **3** (ボーイスカウト・ガールガイドの習熟度を示す)布の肩章; 名札.
bad·ger /bǽdʒə | -dʒə/ 图 C あなぐま.

— 動 (**-ger·ing** /-dʒ(ə)rɪŋ/) 他 **1** 〈…〉にしつこくせがんで…させる; 〈…〉に(―するように)しつこくねだる: I ~ed my father '*to buy* [*into buying*] me a digital camera. 父にうるさくせがんでデジカメを買ってもらった.

2 〈…〉にしつこく質問する, 〈…〉を質問ぜめにする (*about*).

Bádger Stàte 图 [the ~] あなぐま州(米国 Wisconsin 州の俗称).

bád gùy 图 C (米略式) (映画などの)悪役.
bád háir dày 图 C (略式) **1** 髪がうまく整えられない日. **2** (物事がうまくいかない気がする)いやな日.
ba·di·nage /bædənάːʒ | ˈbædɪnɑːʒ/ 《フランス語から》 图 U (格式) [滑稽] 冗談, からかい, おふざけ.
bád·lànds 图 (複) **1** (特に北米の)荒地, バッドラン

ド(浸食作用でできた無数の岩や小丘からなる不毛地帯). **2** [the B-] バッドランズ(米国 South Dakota 州南西部, Nebraska 州北西部の荒地).

*__bad·ly__ /bǽdli/ |曖鬱| battery) (1および2では比較級 **worse** /wə́ːs | wə́ːs|; 最上級 **worst** /wə́ːst | wə́ːst/) **1** 悪く, まずく, 下手に: (反) well): I did my work ~. 私は仕事をよくやった. / I did ~ on [(主に英)] in] the exam. 私は試験がよくなかった.

2 ひどく: The dog was ~ hurt. その犬はひどいけがをしていた.

3 不適切[不親切]に, 不当に: think ~ of … …を悪く思う. **4** 非常に, 大変, とても: I ~ want to have some coffee. 私はコーヒーがほしくてたまらない / |言い換え| He needs advice ~. = He is ~ in need of advice. 彼にはどうしても助言が必要だ. |語法| この意味では普通 want, need など「欲望・必要」を表わす動詞とともに用いる. **5** 不十分に: a ~ paid job 給料のよくない仕事. **féel bádly** |動| |自| (略式) (…を)後悔している (about); 気をもんでいる (feel bad). **gò bádly** |動| |自| うまくいかない, 失敗する.

*__bádly-óff, bádly óff__ |形| (比 **wórse-óff, wórse óff**; 最 **wórst-óff, wórst óff**) (反 **well-off**) (主に英) (暮らしに)困っている, 貧しい (poor). **be bádly off for …** |動| |自| …に不自由している.

bád-mánnered |形| 不作法な.

*__bád·min·ton__ /bǽdmɪntn | -tən/ |名| |U| バドミントン ((☞ shuttlecock 挿絵)).

bád-mòuth |動| |他| (略式) 〈…の〉悪口を言う, 〈…を〉こきおろす.

bád·ness |名| |U| 悪さ, 不良; 劣悪; 有害; 不吉.

bád-tempered |形| 機嫌の悪い, 気難しい.

Bae·de·ker /béɪdɪkə | -kə/ |名| |C| ベデカー旅行案内書((ドイツの出版業者ベデカーが1828年に創刊)).

*__baf·fle__ /bǽfl/ |動| |他| 〈人を〉困惑[当惑]させる, 面くらわす. — |名| |C| バッフル, 遮壁板((水流・気流・音波・光などの整流[調節]装置)).

baf·fled /bǽfld/ |形| 困惑した, わけがわからなくなった.

báf·fle·gàb |名| |U| (米略式) (役人などの)わかりにくい表現.

baf·fle·ment /bǽflmənt/ |名| |U| 困惑, 当惑; (計画などの)失敗, 挫折.

báf·fling |形| (問題・事件などが)どうしてよいかわからない, 当惑させる; 不可解な.

*__bag__ /bǽɡ/ |発音| (bég, bug) |名| (~s /~z/) **1** |C| 袋, (旅行)かばん, 手さげ; 袋状の物や (☞ baggage |語源|): Will you put it in a paper ~? それを紙袋に入れてくれませんか. |語法| 革・布・紙・ビニール製などの柔かい物をいう (☞ |類義語|).

――bag のいろいろ――

disposal bàg (乗り物などの)汚物処理袋 / dóggie bàg (米) 食べ残し持ち帰り袋 / gólf bàg ゴルフバッグ / kít bàg 背のう / littérbàg (米) ごみ入れ / máilbag 郵便袋 / plástic bág ビニール袋 / póst-bàg (英) 郵便配達かばん / sándbag 砂袋 / schóol-bàg 通学かばん / shópping bàg 買い物袋 / shóulder bàg ショルダーバッグ / sléeping bàg 寝袋 / téa bàg ティーバッグ / tráveling bàg 旅行かばん

2 |C| (女性用の)ハンドバッグ (handbag, (米) purse): Linda had her ~ snatched. リンダはハンドバッグをひったくられた. **3** |C| 1袋の量 (bagful): a ~ of peanuts ピーナッツ1袋. **4** |C| |S| (略式) [差別] 口うるさい[気むずかしい]女, いやな女, ばばあ. **5** |C| [普通は単数形で] (狩猟) 獲物袋; 猟の獲物. **6** [複数形で] |S| (英略式) たくさん (of). **7** [複数形で] (寝不足・老齢などによる) 目の下のたるみ. **8** [複数形で] (古風, 英) (幅のたっぷりとした)ズボン. **9** [単数形で所有格の後で] (古風,

略式) 得意(分野), 好きなこと. **10** |C| (野) 塁, ベース (base). **a bág of bónes** |名| (略式) やせこけた人 |動|. **bág and bággage** |副| 所持品全部持って; 一切合切. **be in the bág** |動| |自| (略式) (1) (成功などが)確実である, 間違いない; 手に入れたも同然である. (2) **be léft hólding the bág** |動| |自| (米略式) (自分だけ)ありがたくない責任を負わされる. |由来| 気がついたらやっかいな袋を持たされている, の意. **páck one's bágs** |動| |自| (けんかなどの後南京袋をまとめて)出て行く(準備をする). **púll sòmething òut of the bág** |動| |自| おそまきながら頑張って〈…を〉うまくいかせる[成功する]. **the whóle bág of trícks** |名| (略式) (ある目的に必要な)あらゆるもの[手段], 一切合切. — |動| (bags; bagged; bagging) |他| **1** 〈…を〉袋に入れる (up). **2** 〈…を〉ふくらませる. **3** (略式) 〈獲物を〉捕らえる, 仕留める; 〈得点を〉あげる. **4** (略式) 〈他人のもの〉をちょいと拝借する, 黙って使う; 〈席などを〉うまく確保する, 手に入れる. — |自| (略式) たるむ, 〈衣服が〉だぶだぶする (out). — |感| |S| (英略式, 主に小児) [Bags (I) …! として] …は私 [僕]のものだ, 私(見)が…やるんだ.

【類義語】 **bag** 持ち運べる袋を表わす一般的な語. **sack** 貯蔵・運搬に用いる粗い布・ビニールなどでできた大型の袋. 最近(米)ではどんな大きさの紙袋にも使う.

bag·a·telle /bæ̀ɡətél/ |名| **1** |C| [普通は単数形で] 些細(さい)なもの, ささいなこと. **2** |U| バガテル((盤上の穴にボールを入れる玉突きゲーム)) (pinball).

ba·gel /béɪɡ(ə)l/ |名| |C| ベーグル((ドーナツ型の堅いロールパン; 朝食に食べることが多い)).

bag·ful /bǽɡfʊl/ (複 ~s, bags·ful /bǽɡzfʊl/) |C| 1袋の量 (of).

*__bag·gage__ /bǽɡɪdʒ/ |T1| |名| **1** |U| (主に米) 手荷物(類), 旅行荷物((スーツケース・トランク・箱など)) |略| luggage |語法|: 「a piece [an article, an item] of ~ 小荷物1個 / carry-on ~ 機内持込み手荷物 / He checked in all his ~. 彼は手荷物を全部チェックインした((空港の搭乗受付所で預けること)). **2** |U| (略式) (考え方・行動などに影響する)信念, 固定観念: emotional ~ (固定した)感情的見方. **3** |C| (古風) 口うるさい女, いやな娘. |語源| 「bag の集合」の意 (☞ -age).

bággage càr |名| |C| (列車の)手荷物車 ((英) luggage van).

bággage clàim |名| |C| (空港などの)手荷物受け取り所.

bággage hàndler |名| (空港の)手荷物係員.

bággage reclàim |名| (英) = baggage claim.

bággage ròom |名| |C| (駅・空港などの)手荷物一時預り所 ((英) left luggage office).

bággage tàg |名| |C| 荷物の付け札.

bag·ger /bǽɡə | -ɡə/ |名| |C| (米) (スーパーで客の買った品物を)袋詰めする係.

Bag·gie /bǽɡi/ |名| |U.C| バギー((食品保存用などの米国製ポリ袋; 商標)).

*__bag·gy__ /bǽɡi/ |形| (bag·gi·er, -gi·est) (服が)だぶだぶの, ふくぶくの, たるんだ; (目が)下にたるんだ[くま]のできた.

Bagh·dad /bǽɡdæd, bæɡdǽd/ |名| バグダッド((イラクの首都)).

bág làdy |名| |C| (差別) ホームレスの女性, 女の浮浪者((全財産を買い物袋に入れて持ち歩くことから)).

bág·pipe /bǽɡpaɪp/ |形| [普通は複数形で] (革袋で作ったバグパイプ, 風笛((スコットランド人が使う; ☞ piper)). — |名| |A| バグパイプの.

bagsful |名| bagful の複数形.

bagpipes

ba·guette /bægét/ 名 C バゲット《細長いフランスパン》.
bah /bá:/ 間《古風》ふふん!, ばかな!《軽蔑・不信などを表わす》.
Ba·há·ma Íslands /bəháːmə-/ 名《複》[the ~] バハマ諸島《Florida と Cuba の間の諸島》.
Ba·ha·mas /bəháːməz/ 名 [the ~ として単数扱い] バハマ《Bahama Islands から成る独立国》. 参考 Columbus が新世界で最初に着地したところ.
Ba·ha·mi·an /bəháːmiən, -háː-/ 形 名 C バハマ(人)(の).
Ba·ha·ul·lah /ba:háːuːláː | bàːháːúlə/ 名 固 バハーウラー(1817–92)《ペルシャの宗教指導者》.
Bah·rain, Bah·rein /ba:réın/ 名 固 バーレーン《ペルシャ湾内の島(を中心とする独立国)》.
Bah·rain·i /ba:réıni/ 形 名 C バーレーン(人)(の).
baht /bá:t/ 名《タイの通貨単位》.
Bai·kal /baɪkáːl, -kéı/ 名 固 Lake ~ バイカル湖《Siberia 南東部の湖; 世界最深》.

†bail¹ /béıl/ 名 U 保釈金; 保釈; post ~ of $500 500ドルの保釈金を積む. **be reléased** [fréed] **on báil** 動 自 保釈金を納めて釈放される, 保釈出所する. **gránt** [**refúse**] **... báil** 動 他 ...に保釈を許す[認めない]. **júmp** [**skíp**] **báil** 動 自 保釈後姿をくらます. (**òut**) **on báil** 形 保釈中で. **sèt báil** 動 他 保釈金額を(...と)決定する(at). **stánd** [**pùt úp, gò**] **báil** 動 自 (人のために)保釈金を出す(for). — 動 1 [普通は受身で]〈人〉を保釈する. 2 (S)《米俗》急に去る. **báil óut** 動 他 (1)〈会社・人などを〉(苦境から)救済する(of). (2)〈保証人が〉〈人〉を保釈してもらう.

bail² /béıl/ [次の成句で] **báil óut** 動 他 〈船から〉〈水〉をかい出す(《英》 bale out). — 自 (1)《危ない事態・事業などから》逃げ出す(of). (1)《故障した飛行機から》パラシュートで飛び降りる(of)(《英》 bale out). **báil²** /béıl/ 名 (船底の水をくみ出す)手桶.
bail³ /béıl/ 名 C [普通は複数形で]《クリケット》三柱門上の横木.
bai·ley /béıli/ 名 C (城の)中庭.
Báiley brìdge /béıli-/ 名 C《軍》ベイリー(式組立て)橋《移動式の即席プレハブ仮橋》.

†bai·liff /béılıf/ 名 (~s /-z/) C 1 《米》(法廷の)廷吏《《英》usher》. 2 《英》執行吏; 土地管理人.
bai·li·wick /béıliwık/ 名 C《格式》得意な分野, なわばり: invade ...'s ~ ...の領分を犯す.
báil·òut 13 名 C《経》(企業などに対する国などの)救済措置.
bain ma·rie /bæ̃(m)məríː/《フランス語から》名 C (料理用の)湯煎鍋.
bairn /béən | béən/ 名 C《スコ》赤ん坊; 子供.

*bait /béıt/ 名 U または a ~] 1 えさ: offer ... as (a) ~ ...をえさとして提供する / a live /laıv/ ~ 生き餌(え). 2 おびき寄せる物[人], 誘い(となるもの). **rìse to the báit** 動 自 (1)〈魚が〉えさに食いつく. (2)《英》〈人が〉挑発に乗る, 腹を立てる. **táke** [**swállow**] **the báit** 動 自 (1)〈魚が〉えさに食いつく. (2)《人が》誘いに乗る. — 動 他 1 〈釣り針・わな〉にえさをつける(with). 2 〈人〉をひどいことを言って怒らせる; 〈動物〉に犬をしかけていじめる (☞ bearbaiting).
báit-and-swítch 名《単数形で》おとり商法[販売]《安価な商品で客をひきよせ高価な商品を売りつける法》.
baize /béız/ 名 U ベーズ《普通は緑色の粗いラシャ; テーブル掛け・カーテン・玉突き台用》.
Bá·ja (Califórnia) /báːhaː-/ 名 固 バハカリフォルニア《メキシコ北西部, 太平洋側の半島》.

*bake /béık/ 動 (**bakes** /~s/; **baked** /~t/; **bak·ing**) ─ 動の転換 ─
他 1 焼く (to cook (a cake, bread, etc.) in an oven)
自 1 焼ける (to be cooked in an oven)

— 他 1 〈パン・菓子など〉を焼く;〈人〉に〈パン・菓子〉をやる《普通はオーブンや電子レンジで焼くことに用いる; ☞ roast 表; cooking 囲み》;〈りんご・じゃがいも・魚など〉を焼いて調理する: He ~s his own bread. 彼は自分でパンを焼く[言い換え] He ~s a cake for+名・代] = B~ me a cake. <V+O+O> 私にケーキを焼いてください / a ~d apple 焼きりんご. 参考 burn toast は「トーストを焦がす」. 2 〈かわら・れんがなど〉を焼く, 焼き固める; [~ oneself として]〈肌〉を焼く: The sun ~d the ground hard. <V+O+C(形)> 太陽に焼かれて地面が堅くなった.
— 自 1 《パン・菓子など》が焼ける;《かわら・れんが・肌など》が焼ける: The bread is baking. パンが焼けてきている. 2 パン[菓子]を焼く;〈食材を〉焼く: B~ for 10 minutes until lightly browned. 軽く焦げ目がつくまで10分焼いてください. 3 《略式》とても暑い: I'm [It's] baking! 暑くてたまらない.

báked béans 名《複》ベークトビーンズ《《米》いんげん豆を塩漬け豚肉などと蒸し煮した料理 (Boston baked beans);《英》いんげん豆のトマトソース煮; 普通は缶詰》.
báked potáto 名 C (皮ごと)焼いたじゃがいも, ベークトポテト.
Ba·ke·lite /béıkəlàıt, béıklaıt/ 名 U ベークライト《合成樹脂の一種; 商標》.
bake-óff 名 C《素人の》焼き料理コンテスト.

†bak·er /béıkə | -kə/ 名 C パン屋(人), パン類製造業者;[時に baker's として]《英》パン屋(店).
báker's dózen 名 C [普通は a ~]《古風》13 個.
Bá·ker Strèet /béıkə-/ 名 固 ベーカー街《London の街路; ここに Sherlock Holmes が住んでいたことになっている》.

†bak·er·y /béık(ə)ri/ 名 (**-er·ies**) C 製パン所, パン屋; パン菓子類販売店.
báke sàle 名 C《米》(資金集めの)手作りパン菓子即売会.
báke·shòp 名 C《米》パン屋《スーパーの中の店舗のこともある》.
bák·ing 名 U 1 パンなどを焼くこと. 2 《パンなどの》ひと焼き分. ─ 形 =baking-hot.
báking-hót 形《略式》焼けつくように暑い.
báking pòwder 名 U ふくらし粉.
báking shèet 名 C クッキーなどを焼く鉄板 (cookie sheet).
báking sòda 名 U 重曹.
báking trày 名 C = baking sheet.
Bák·ke decísion /báːki-/ 名 [the ~] バッキ判決《1978年の米国最高裁判所の判決; 大学入試で人種割り当てを厳格に適用して成績優秀者を不合格にするのは違憲とする; ☞ affirmative action》.
ba·kla·va /bàːkləváː; bàːkláːvə/ 名 U バクラワ《薄い生地にナッツをはさんで焼き蜜をかける中東の菓子》.
bak·sheesh /bækʃíːʃ, bækʃíːʃ/ 名 U《略式》賄賂(わい);《中近東などの》食い人への施し; チップ.
Ba·ku /baːkúː/ 名 固 バクー《アゼルバイジャン共和国の首都》.
bal·a·cla·va /bæləkláːvə/, **bálaclava hélmet** 名 C《主に英》バラクラバ帽《頭・耳・首を覆う羊毛製の大型帽》.
bal·a·lai·ka /bæləláıkə/ 名 C バラライカ《ギターに似たロシアの楽器》.

bal·ance /bæləns/ T1 名 (bal·anc·es** /-ız/)
1 U (体の)**平衡**, バランス;(心の)落ち着き, 平静: You need a good sense of ~ to ski. スキーをするにはよい

balance beam

「(両皿)天秤(びん)」7 (☞ 語源)
→「つり合い」2 →「平衡」1
→「(貸借をつり合わせる額)→「残高, 差額」3

ランス感覚がいる / lose one's ~ (☞ 成句).
2 [U または a ~] つり合い, 平均, 均衡 (in) (反 imbalance): *a good nutritional* ~ 栄養のよいバランス / *a good* ~ *of work and play* 仕事と遊びのほどよいつり合い / *come to a* ~ つり合いがとれる / *preserve the* ~ *of power between the two countries* 両国間の力の均衡を保つ (☞ the balance of power (成句)) / *upset [alter] the* ~ バランスを崩す / *a picture lacking in* ~ 調和のとれていない絵.
3 [C] [普通は単数形で] (預金などの)残高; (貸借の)差額, 差し引き: *a* ~ *of* $1,500 残高 1,500 ドル / *The* ~ *of the account is in my favor.* 差引勘定は私の貸しだ. **4** [the ~] 残り, 余り: *do the* ~ *of the work* 残りの仕事をする. **5** [C] つり合いとなるもの, (他方の欠点などを)補うもの: *Her prudence acted as a* ~ *to her husband's rash behavior.* 彼女の思慮深さは夫の向こう見ずなふるまいを補った. **6** [the ~] (対立するものを)はかりにかけた結果, 優位; (事態の)形勢: *the* ~ *of probability* 見込まれること / *The* ~ *of evidence is in favor of [on the side of] the younger man.* 証拠をつき合わせてみるとその若い方の男が有利だ. **7** [C] 天秤(びん)ばかり: *weigh medicine on a* ~ 薬の重さを天秤ばかりで量る. 語源 ラテン語で「皿が二つあるもの」の意.

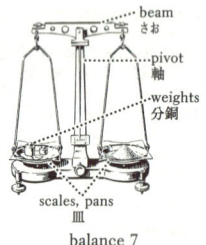

beam さお
pivot 軸
weights 分銅
scales, pans 皿
balance 7

bálance of páyments [名] 国際収支(勘定).
bálance of tráde [名] 貿易収支: *a* ~-*of-trade deficit* 貿易(収支)の赤字 (★形容詞的に用いる場合, 時にハイフン付きにする).
be [háng] in the bálance [動] (自)(結果などが)どっちつかずの状態になる.
kéep one's bálance [動] (自)体の平衡(<u>こう</u>)を保つ; 心の平静を保つ.
lóse one's bálance [動] (自)体の平衡を失う; 心の落ち着きを失う.
òff bálance [形・副](体の)平衡を失って; 心の平静を失って: *catch a person off* ~ 人の(不意をついて)バランス[平静さ]を失わせる / *The question threw [knocked] him off* ~. その質問に彼は混乱した.
on bálance [副]すべてを考慮すると, 結局.
regáin [recóver] one's bálance [動] (自)(倒れかけた人が)体勢を立て直す.
strike a bálance [動] (自) (1) バランスをとる (*between*). (2) だれにも不公平のないような解決をする.
the bálance of pówer [名] (1) (対立する強国間の政治的・軍事的な)力の均衡. (2) [政] (2大政党[勢力]が拮抗しているときに小政党[少数派]が持つ)決定力: *hold the* ~ *of power* 決定権を握っている.
tílt [típ, túrn, swíng] the bálance [動] (自)(...に有利に)形勢[情勢]を変える[一変させる].
—— [動] (bal·anc·es /~ɪz/; bal·anced /~t/; bal·anc·ing)

—— (自)(他)の転換 ——

(他) **1** つり合いを保つ (cause (something or someone) to be in a steady position without falling over)
(自) **1** バランスを取る (to be in a steady position without falling over)

—— (他) **1** 〈...〉のつり合いを保つ[とる]; 〈...〉を均衡[調和]させる, つり合わせる (反 unbalance): *Can you* ~ *a plate on your finger?* <V+O+*on*+名・代> 皿を指の上にうまくのせられますか / *Work should be* ~*d with recreation.* <V+O+*with*+名・代の受身> 仕事と休養とはつり合がとれていなければならない.
2 〈...〉を比較する, 対照する, 天秤にかける: *The manager* ~*d the strength of his team against that of their opponent and sighed.* <V+O+*against*+名・代> 監督は自分のチームの力を相手チームの力とくらべてため息をついた. **3** [商]〈勘定などを〉清算[決算]する, 〈...〉の収支[帳じり]を合わせる.

—— (自) **1** (体の)バランスをとる (*on*); つり合う, 平衡を保つ: *The scales* ~. はかりがつり合っている. **2** (計算・帳じりなどが)合う (*out*).
bálance onesélf [動] (自)(倒れないように)体のつり合いをとる: *She* ~*d herself on her toes.* 彼女はつま先で体のバランスをとった. **bálance the búdget [bóoks]** [動] (自)収支がつり合うようにする.

bálance bèam [名] [C] [スポ] 平均台.
*bal·anced /bǽlənst/ [形] (反 unbalanced) [普通は A] **1** 片寄りのない, 公平な; つり合い[調和]のとれた, 均衡のある: *a* ~ *diet* 栄養のバランスのとれた食事. **2** 常識のある, (精神的に)落ち着いた.
+**bálance shèet** [名] [C] [商] 貸借対照表, バランスシート (☞ bottom line 2).
bál·anc·ing àct /bǽlənsɪŋ-/ [名] [C] [普通は a ~] (対立する)複数のことを調和させること (*between*).
Bal·bo·a /bælbóʊə/ [名] **Vas·co** /vǽskoʊ/ **Nú·ñez** /núːnjez/ **de** /də/ ~ バルボア (1475–1519) 《スペインの探検家; ヨーロッパ人として太平洋を初めて見た (1513)》.
*bal·co·ny /bǽlkəni/ [名] (-co·nies /~z/) [C] **1** バルコニー, 露台: *come out onto the* ~ バルコニーに出る. **2** (劇場の) 2 階桟敷(<u>さじき</u>) (circle).
*bald /bɔːld/ [形] (比較なし bold·er; bald·est) **1** (頭などが)はげた, (人が)頭のはげた; 木[葉]のない; むき出しの; (タイヤが)すり減った: *a* ~ *mountain* はげ山 / *go* ~ はげる. 語法 「彼ははげだ」というとき *He has a* ~ *head.* というより, *He is* ~. というほうが普通. **2** [A] 飾りのない, そっけない: ~ *facts* ありのままの事実.
báld éagle [名] [C] 白頭(<u>はくとう</u>)わし《米国の国章に用いられる》.
bal·der·dash /bɔ́ːldədæʃ/ |-dəː-/ [名] [U] [古風] たわごと.
báld-fáced [形] [A] 《主に米》恥知らずの, ずうずうしい: *tell a* ~ *lie* 白々しいうそをつく.
bald·ie /bɔ́ːldi/ [名] [C] = baldy.
+**báld·ing** [形] はげてくる.
báld·ly [副] むき出しに, 露骨に. **to pùt it báldly** [副] 文修飾詞 あからさまに言えば, 歯に衣着せずに言えば.
báld·ness [名] [U] はげ; 露骨.
Bald·win /bɔ́ːldwɪn/ [名] **James** ~ ボールドウィン (1924–87)《米国の作家》.
bald·y, bald·ie /bɔ́ːldi/ [名] [C] 《米俗》 **1** はげ《人》. **2** 摩耗したタイヤ.
*bale¹ /béɪl/ [名] [C] **1** (紙・布・干し草などをしばった)大きな束, 梱(<u>こり</u>), 俵. **2** 1 梱[俵]の分量. —— [動] 〈...〉を大きな束にする, 梱包(<u>こんぽう</u>)する (*up*).

bald eagle
22 USA
Bald Eagle

bale² /béɪl/ 動 《次の成句で》**bále óut**《英》= bail out (⇨ bail² 成句).

bale·ful /béɪlf(ə)l/ 形 A《文》(態度・言動などに)悪意のある. **-ful·ly** /-fəli/ 副 悪意を持って.

Ba·li /bɑ́ːli/ 名 固 バリ島《ジャワ島の東にある島》.

†**balk** /bɔ́ːk/ 動 自 1 (...に)たじろぐ, しりごみする; (馬が)立ち止まって動かない (at). 2《米》《野》ボークする. — 他《格式》〈...〉を妨げる (hinder) (of). — 名 C 1 [単数形]. 2 [建]《梁》(米)の角材.

Bal·kan /bɔ́ːlkən/ 形 バルカン半島(諸国, 山脈)の. — 名 [the ~s] = Balkan States.

bal·kan·i·za·tion /bɔ̀ːlkənɪzéɪʃən | -naɪz-/ 名 U《けなして》小国分割(主義).

Bálkan Móuntains 名 固 [the ~] バルカン山脈.

Bálkan Península 名 固 [the ~] バルカン半島.

Bálkan Státes 名 複 [the ~] バルカン諸国.

balk·y /bɔ́ːki/ 形 (balk·i·er; -i·est)《米》思うように動かない; 非協力的な, (機械などが)作動しない.

***ball¹** /bɔ́ːl/ 《同音 bawl》《類音 bald, bowl¹, bulb, bulk》名 (~s /-z/) 1 C 玉, 球, まり, (球技用の)ボール: This ~ does not bounce well. このボールはあまり弾(ぱず)まない.

――― ball 1, 4 のいろいろ ―――
báseball 野球(用ボール) / **básketball** バスケットボール(用ボール) / **dódge ball** ドッジボール / **fóotball** フットボール / **gólf báll** ゴルフボール / **sóftball** ソフトボール(用ボール) / **ténnis báll** テニスボール / **vólleyball** バレーボール(用ボール)

――― コロケーション ―――
bounce a ball ボールを弾ませる
catch a ball ボールをとる
drop a ball ボールを落とす
hit [**bat**] a ball ボールを打つ
kick a ball ボールをける
throw a ball ボールを投げる

2 C 球形の物; (体の)丸くふくらんだ部分 (⇨ balloon 語源), ballot 語源): The earth is a ~. 地球は球体である. 3 C (1回の)投球, 打球; 球の投げ方; [野] ボール (⇨ strike): a fast ~ 速[直]球 / a curved ~ カーブ / three ~s and two strikes [野] ツーストライクスリーボール (three and two ともいう) ⇨ count¹ 日英比較. 4 U《米》球技 (ball game);《略式》野球: They played ~ for about three hours. 彼らは3時間ぐらい野球をした (⇨ play ball 成句). 5 C (旧式の)弾丸, 砲丸. 6 [複数形で]《卑》きんたま; 勇気, 根性 (guts). 7 [複数形で単数扱い] S《卑》《軽蔑》たわごと (nonsense).

a báll of fíre [名]《略式》精力家, やり手.

be òn the báll [動] 自《略式》[ほめて] (1) 抜けめがない; 有能だ. (2) 最新の事情に通じている. 由来 球技でボールをよく見ている, の意から.

cárry the báll [動] 自《米略式》仕事[活動]の中心となる; (...)を牛耳る (for).

dróp the báll [動] 自 (1) 落球する. (2)《米》(任務などに)しくじる.

háve ... by the bálls [動] 他《俗》(人)を意のままにできる.

have [**kéep**] **séveral bálls in the áir** [動]《略式》一度にいくつものことをしようとする.

have sómething [**a lót**] **on the báll** [動] 自《米略式》有能である, すぐれている.

have the báll at one's féet [動] 自《英》成功のチャンスをつかんでいる. 由来 サッカーで, ボールが自分の足元にあれば得点するチャンスもあることから.

kéep the báll rólling [動] 自 活動を続けていく; (話題を次々に出して)座をうまくつなぐ.

pick úp the báll and rún with it [動] 自 (失敗した事業などを)引き継ぐ.

pláy báll [動] 自 (1) ボール遊び [《米略式》野球]をする; (球技の)試合を始める, 試合を再開する; 事を始める: The umpire shouted, "*Play* ~!" アンパイアは「プレーボール!」と声をはり上げた. (2) [普通は否定文・疑問文で]《略式》(...)に協力する (with).

stárt [**sét, gèt**] **the báll rólling** [動] (活動・会話を順調に)始める. 由来 球技でボールをころがして始めることから.

The báll is in ∴'s cóurt. 今度は...の番だ. 由来 テニスで, 相手のコートに入ったボールは今度はその相手が打ち返さなければいけないことから.

the báll of the fóot [名] 足の親指の付け根のふくらみ (⇨ leg 挿絵).

the báll of the hánd [名] 手の指の付け根のふくらみ.

the báll of the thúmb [名] 手の親指の付け根のふくらみ (⇨ hand 挿絵).

the whóle báll of wáx [名]《米略式》ありとあらゆるもの, 一切合切.

――― 動 他 1〈...〉を球にする, 丸める (up). 2 S《米卑》〈人〉とセックスをする. ――― 自 丸くなる. **báll ... úp** [動] 〈...〉を台なしにする, 混乱させる.

***ball²** /bɔ́ːl/ 《同音 bawl》《類音 bald, bowl¹, bulb, bulk》名 (~s /-z/) 1 C 舞踏会《特に公式で盛大なもの; ⇨ dance 表》; ballet 語源): give a ~ 舞踏会を催す. 2 [単数形で]《米略式》大いに楽しい時[時間]: have (oneself) a ~ 大いに楽しい時を過ごす.

†**bal·lad** /bǽləd/ 名 C スローで感傷的な恋歌, バラード; [素朴な民間伝承の物語詩].

bal·lad·eer /bæ̀lədíə | -díə/ 名 C バラード歌手.

báll and cháin 名 C 足かせ; (一般に)足手まとい.

báll-and-sócket jòint 名 C [解] 球窩(きゅうか)関節.

†**bal·last** /bǽləst/ 名 1 U 底荷《船の安定のために船底に積む石・砂利など》; (気球などの)砂袋. 2 U バラス (gravel) (石 (stone) を細かく砕いたもので, 道路・鉄道などの補修に使う). ―― 動〈...〉に底荷を積む.

báll béaring 名 C [機] ボールベアリング, 玉軸受け; [普通は複数形で] ボールベアリングの玉.

báll bòy 名 C [テニス・野] ボールボーイ.

báll brèaker [**bùster**] 名 C《米卑》 1 つらい仕事, 難しい仕事. 2 [差別] 男に高圧的な女.

báll clùb 名 C《米》(野球)チーム.

báll còck 名 C 浮き玉コック, 玉栓(がん)《水槽などの水の流れを自動的に調節する装置》.

†**bal·le·ri·na** /bæ̀lərí:nə/《イタリア語から》名 C バレリーナ, バレエの女性の踊り手.

***bal·let** /bǽleɪ, bæléɪ | bǽleɪ/ ★t は発音しない. 名 (~s /-z/) 1 U バレエ; C バレエ劇[曲]: ~ music バレエ音楽 / Tchaikovsky wrote several ~s. チャイコフスキーはバレエ曲をいくつか作曲した. 2 C [英] 単数形でも時に複数扱い] バレエ団 (corps de ballet). 語源 イタリア語で「小さな ball (舞踏会)」の意.

bállet dàncer 名 C バレエダンサー.

***báll gàme** 名 C 1《米》野球;《英》球技; 球技の試合 (⇨ game¹ 2 語源): go to the ~ 野球に行く. 2 [普通は単数形で]《略式》状況, 事態: a whole new ~ 全く新しい状況.

báll girl 名 C [テニス・野] ボールガール.

†**bal·lis·tic** /bəlístɪk/ 形 弾道(学)の. **gò ballístic** [動] 自 S《略式》(怒って)かっとなる.

ballístic míssile 名 C 弾道ミサイル.

bal·lis·tics /bəlístɪks/ 名 U 弾道学.

***bal·loon** /bəlúːn/ 名 (~s /-z/) C 1 気球, 熱気

球, 軽気球; アドバルーン: send up a hot-air ~ 熱気球を上げる. 日英比較「アドバルーン」は英語では単に balloon という. **2** 風船: blow a ~ 風船をふくらます. **3** (医)バルーン《ふさがった血管を広げるプラスチック管》. **4** (漫画の)吹き出し (bubble). 語源 イタリア語で「大きな球 (ball)」の意. **gò dówn [óver] like a léad [léd] ballóon** [動] (自) (略式) 《ジョーク・発言などが》受けない. 語源「鉛でできた風船のように落ちてしまう」の意. **when the ballóon gòes úp** [副] (英略式) 事が始まると, 恐れていた事が起こるとき. ── [動] (自) **1** 風船のようにふくらむ (out, outward, up); (量的に)ふえる (to). **2** 気球に乗る: go ballooning 気球飛行をしに行く.

bal·loon·ing /bəlúːnɪŋ/ [名] [U] 気球飛行(競技).
bal·loon·ist /bəlúːnɪst/ [名] [C] 気球乗り(人).
ballóon mòrtgage [名] [C] (米) balloon payment 方式によるローン(設定).
ballóon páyment [名] [C] (米) 最終払い込み金がそれまでのものよりずっと多額になる分割払い.

*__bal·lot__ /bǽlət/ [13] [名] **1** [U.C] 無記名投票 (for, against) [☞ vote 類義語]: elect by ~ 無記名投票で選出する / hold a ~ 投票を行なう / on the first ~ 第1回の投票で / The ~ is stronger than the bullet. 投票は銃弾よりも強い(米国の大統領 Lincoln のことば). **2** [C] (無記名の)投票用紙 (ballot paper): cast a ~ (米) 投票する // [☞ absentee ballot]. **3** [C] 投票総数. [the ~] (無記名)投票権. 語源 イタリア語で「(秘密投票に用いられた)小さな球 (ball)」の意 (☞ **bullet** 語源). **on the bállot** [形] 投票にかけられて. **pùt ... to a [the] bállot** [動] (他) (...)を(無記名)投票にかける.
── [動] (他) 《会員など》に(無記名)投票を求める, (...について) (...)の投票で決める (about, on, over). ── [自] (無記名)投票をする (for, against).

†**bállot bòx** [名] [C] 投票箱; [the ~] 投票, 選挙: through the ~ 投票によって. **stúff the bállot bòx** [動] (自) (米) (何度も)不正投票をする.
bállot pàper [名] [C] 投票用紙.
báll·pàrk [名] **1** [C] (米) 野球場. **2** [単数形で] (略式) 領域, 範囲. **be in the (ríght) bállpark** [動] (自) (略式) ほぼ当っている, まあそんなところである. **be in the sáme bállpark** [動] (自) (略式) (...と)ほぼ同等である, 比肩しうる (as). ── [形] A (略式) おおまかな(野球場の入場者数の数え方がいいかげんであったことから): a ~ figure [estimate] おおよその数字, 概算.
báll·plàyer [名] [C] (米) (プロの)野球選手.

†**báll·pòint, bállpoint pén** [名] [C] ボールペン((☞ pen¹ 参考), biro): write with a ~ ボールペンで書く.

†**báll·ròom** [名] [C] 舞踏室, 舞踏場.
ballroom dáncing [名] [U] 社交ダンス.
balls /bɔːlz/ [動] [次の成句で] **bálls ... úp** [動] (英卑) (...)をめちゃめちゃ[台なし]にする. ── [間] (卑) ばかばかしい!(☞ ball¹ 8).
bálls-úp [名] [C] (英卑) =ball-up.
bálls·y /bɔ́ːlzi/ [形] [S] (米俗) 度胸のある.
báll-úp [名] [C] (米卑) めちゃめちゃ, へま, しくじり.
bal·ly /bǽli/ [形] [副] (古英) ひどい[く] (bloody の代用).
bal·ly·hoo /bǽlihuː | bæ̀lihúː/ [名] [U] (略式) 騒々しい派手な宣伝, 誇大広告; 大騒ぎ.

bal·ly·hooed /bǽlihuːd | bæ̀lihúːd/ [形] (略式) 派手に宣伝され[もてはやされ]た[て].
†**balm** /bɑːm/ [名] [U.C] **1** 香油, 香膏 (バム) (balsam), 鎮痛剤. **2** (文) (苦痛などを)やわらげるもの, 慰め.
balm·y /bɑ́ːmi/ [形] (**balm·i·er, -i·est**) **1** (空気などが)快い; うららかな, さわやかな. **2** 香りのよい, 慰めとなる; 香油のような. **3** (古風, 主に米) =barmy.
ba·lo·ney /bəlóʊni/ [名] (略式) **1** [U][S] たわごと, ナンセンス (boloney). **2** [C] (米) =bologna.
bal·sa /bɔ́ːlsə/ [名] [C] バルサ《熱帯アメリカ産の樹》; [U] バルサ材《軽くて強い》.
bal·sam /bɔ́ːlsəm/ [名] **1** [U.C] バルサム《芳香性の油樹脂》, 香膏 (バム) (balm). **2** [C] バルサムの木; ほうせんか《植物》.
bal·sám·ic vínegar /bɔːlsǽmɪk-, bæl-/ [名] [U] バルサミコ酢.
Bal·tic /bɔ́ːltɪk/ [形] バルト海の, バルト海に面した: the ~ States [Republics] バルト3国 (Estonia, Latvia, Lithuania の3共和国). ── [名] [the ~] =Baltic Sea.
Báltic Séa [名] [the ~] バルト海《ヨーロッパの北部と Scandinavian Peninsula との間の大西洋の一部》.
Bal·ti·more /bɔ́ːltɪmɔːr | -mɔː-/ [名] ボルチモア《米国 Maryland 州北部の港市; ☞ 表地図1》.
bal·us·ter /bǽləstər | -tə/ [名] [C] 手すり子《手すり・欄干 (balustrade) の小柱》.
bal·us·trade /bǽləstrèɪd | bæ̀ləstréɪd/ [名] [C] 手すり, 欄干.
Bal·zac /bɔ́ːlzæk, bæl- | bǽl-/ [名] **Ho·no·ré** /ànəréɪ | ɔ̀n- / **de** /d/ ── バルザック (1799-1850)《フランスの作家》.
Bam·bi /bǽmbi/ [名] バンビ《童話や Walt Disney のアニメの主人公の雄鹿》.
bam·bi·no /bæmbiːnoʊ/ [名] (複 **~s, -ni** /-niː/) (イタリア語で) 赤ん坊, 子供.

†**bam·boo** /bæmbúː/ [名] (~s) [U.C] 竹; [U] 竹材. **形容詞的に** 竹の, 竹製の: ~ shoots 竹の子.
bam·boo·zle /bæmbúːzl/ [動] (他) (略式) 《...》をことば巧みに欺く, だます; 迷わす. **bambóozle ... into dóing** [動] (他) (略式) 《...》をだまして~させる. **bambóozle ... òut of—** [動] (他) (略式) 《...》をだまして—を巻き上げる.

*__ban__ /bæn/ [11] [名] (~s /-z/) [C] (法律による)禁止令, 禁制: a ~ **on** parking 駐車禁止 / a test ~ 核実験禁止協定. **pút [pláce, impóse] a bán on ...** [動] (他) 《...》を禁止する. **líft [remóve] the bán on ...** [動] (他) 《...》の禁止(令)を解く.
── [動] (**bans** /-z/; **banned** /-d/; **ban·ning**) (他) (公式に) 《...》を禁止する; [普通は受身で] 《人》に対して(...することを)禁止する (**☞ forbid** 類義語): He *was* ban·ned *from* entering the building. ＜V+O+*from*+動名の受身＞ 彼はその建物に入ることを禁止された.

†**ba·nal** /bənǽl, bæ-, -néɪl/ [形] 陳腐な, 平凡な.
ba·nal·i·ty /bənǽləṭi, bæ-/ [名] (**-i·ties**) **1** [U] 陳腐. **2** [C] 陳腐なことば[考え].

*__ba·nan·a__ /bənǽnə | -nɑ́ːnə/ [名] (~s /-z/) [C] バナナ; バナナの木《大型の多年草》: 'a bunch [two bunches] of ~s バナナ1[2]房.
── [形] [~s として] [P] (略式) 狂って; ひどく興奮して [怒って]: go ~s 狂ったようになる, かんかんに怒る.
banána péel [名] [C] (米) バナナの皮. **形容詞的に** 有名人・政府などにとってあとで困ったことになりそうな出来事[事態]: slip on a ~ へまをする.
banána repùblic [名] [C] (差別) バナナ共和国《果物の輸出依存度が高く政情不安定な中南米の小国》.
banána skín [名] **1** [U] バナナの皮. **2** [C] (英) =banana peel 2.
banána split [名] [C] バナナスプリット《縦に切ったバナナの上にアイスクリーム・ナッツなどをのせたデザート》.

band¹ /bǽnd/ (類音 bend, bond) 名 (**bands** /-/) C (英) 単数形でも時に複数扱い) **1** 楽団, 楽隊, バンド: The ~ played several marches. 楽団は行進曲を何曲か演奏した. 語法 普通はポピュラー音楽を演奏する管楽器の楽団を指す. 関連 orchestra オーケストラ.

――――― **band**¹ のいろいろ ―――――
brass bánd 吹奏楽団, ブラスバンド / dánce bànd ダンスの伴奏をするバンド / jázz bànd ジャズバンド / márching bánd パレードのバンド / róck bànd ロックバンド / stéel bánd スチールバンド

2 ひと組の人, 1隊, 団 (party): a ~ of robbers 盗賊の1団. **to beat the bánd** [副] (米略式) すごい勢いで, ひどく. ――動 自 団結する (together).

***band**² /bǽnd/ 名 (**bands** /béndz/) C **1** (物を縛る)ひも, 縄, 帯 (⇨ bond 類義語); (おけの)たが; (帽子の)リボン; (文) (結婚)指輪: an iron ~ 鉄のたが.

――――― **band**² のいろいろ ―――――
ármbànd 腕章 / héadbànd ヘッドバンド / rúbber bànd ゴムバンド, 輪ゴム / wáistbànd ウエストバンド, 腰帯 / wátchbànd (米) 腕時計のバンド / wrístbànd リストバンド

2 (色の)しま, 筋 (stripe): The rainbow is a ~ of colors. にじは色の帯だ. **3** 帯(しま)状のもの; (一連の数値の中の範囲を示す)帯域, …帯, バンド, 周波数帯 (wave band): a price ~ of 10,000 to 20,000 yen 1万から2万円の価格帯. ――他 **1** [普通は受身で] 〈…〉を帯[ひも]で縛る; 〈…〉に(色の)しまをつける. **2** 〈…〉を帯域[グループ]に分ける[割り当てる].

ban・dage /bǽndɪdʒ/ 名 C 包帯; 布きれ(特に物を縛るための): an adhesive ~ ばんそうこう / put a ~ on a wound 傷に包帯をする / take a ~ off a wound 傷から包帯をとる. ――他 〈…〉に包帯をする (up; with).

Band-Aid /bǽndèɪd/ 名 C.U (主に米) バンドエイド(商標)(英) Elastoplast); a ~ solution (軽蔑) 一時しのぎの解決策.

ban・dan・(n)a /bændǽnə/ 名 C バンダナ (色模様のついた大型のハンカチ・ネッカチーフ).

Ban・dar Se・ri Be・ga・wan /báːndəsèribəgáːwən | bǽndə-/ 名 バンダルスリブガワン (Brunei の首都).

B and [&] B, b and b /bíːən(d)bíː/ (主に英) 名 U (翌日の)朝食付き宿泊; C 朝食付き民宿. (bed and breakfast (⇨ bed 成句)の略): stay at a ~ 民宿に泊る.

bánd・bòx 名 C 帽子を入れる箱.

ban・deau /bændóʊ | bǽndoʊ/ 名 (複 **ban・deaux** /-z/) C ヘアバンド; 幅の狭いブラジャー.

ban・dit /bǽndɪt/ 名 C 山賊, 追いはぎ (人).

ban・dit・ry /bǽndɪtri/ 名 U 追いはぎ (行為).

bánd・màster 名 C (楽隊の)指揮者, (特に)軍隊隊長, バンドマスター.

ban・do・lier, ban・do・leer /bændəlíə | -líə/ 名 C (肩にかける)弾薬帯.

B and S (ball) /bíːənés(-)/ 名 C 未婚男性 (bachelor) と未婚女性 (spinster) のダンスパーティー [舞踏会](オーストラリアの奥地で週末に行なわれる).

bands・man /bǽn(d)zmən/ 名 (-men /-mən/) C (楽隊の)楽員, 楽団員, バンドマン.

bánd・stànd 名 C 野外演奏ステージ, 野外音楽堂 (普通は屋根付き).

bandanna

B&W, b&w =black-and-white.

✝**bánd・wàgon** 名 C **1** (米) (パレードの先頭の)楽隊車. **2** 時流に乗った運動[活動]. **júmp [clímb, gét] on the bándwagon** [動] 自 (政治運動・競争などで)優勢が明らかになった側につく; 時流に便乗する. 由来 選挙運動などの楽隊の車に乗る, の意.

bánd・width 名 C.U [電工] (周波数)帯域幅; [電算] (ネットワークの)回線容量. **be òut of bándwidth** [動] 自 (略式) もうお手上げだ.

ban・dy /bǽndi/ 動 (**ban・dies; ban・died; -dy・ing**) 他 **bándy abóut [aróund]** [動] 他 [普通は受身で] 〈うわさなど〉をまき散らす; 取りざたする. **bándy wórds** [動] 自 (古風) (…)と言い争う (with). ――他 (**ban・di・er; -di・est**) [普通は軽蔑] がにまたの (bandy-legged).

bándy-légged /-lég(ɪ)d–/ 形 [普通は軽蔑] (人・動物が)O脚の.

bane /béɪn/ 名 [the ~] (…の)災いのもと, 悩みのたね (of). **be the báne of …'s exístence [lífe]** [動] …の破滅[災い]のもとである.

bane・ful /béɪnf(ə)l/ 形 (文) 有害な, 害毒を流す, 悪い. **-ful・ly** /-fəli/ 副 悪影響を与えて.

Banff /bǽnf, bǽmf/ 名 バンフ(カナダ西部 Rocky 山脈中のリゾート地).

***bang**¹ /bǽŋ/ (類音 ban) 動 (**bangs** /-z/; **banged** /-d/; **bang・ing**) 他 **1** 〈戸など〉をばたんと鳴らす[閉める], どんと打つ; 〈…〉に〈こぶしなど〉を打ちつける, 〈物〉をどしんと置く: Don't ~ the lid *down*. ふたをばたんと閉めないで / He ~*ed* his fist *on* the table. <V+O+*on*+名・代> 彼はこぶしでどんとテーブルをたたいた (⇨ on¹の第2例). **2** 〈頭・ひざなど〉をぶつける (on). **3** (卑) 〈…〉とセックスをする.

――自 **1** どんとたたく: ~ *on* [*at*] the door. <V+*on* [*at*]+名・代> 彼は戸をどんどんたたいた / He ~*ed* on the table with his fist. 彼はこぶしでテーブルをたたいた. **2** (戸など)がばたんと鳴る[閉まる]; ばん[ばたん]という: The door ~*ed* shut. <V+C (形)> 戸がばたんと閉まった. **báng onesélf agáinst …** …に(どしんと)ぶつかる. **báng one's héad agáinst [on] a (brìck) wáll** [動] 自 ⇨ wall 名 成句.

――――― **bang** の句動詞 ―――――
báng abóut [aróund] 動 自 どたばた動き回る, ばたばた走り回[歩き]回る.

báng awáy 動 自 **1** (略式, 主に米) (仕事などに)せっせと働く (at); (人)に威嚇的に質問する (at). **2** (略式) 打ち続ける. **3** (卑) 続けざまにセックスをする.

báng ínto … 動 他 …にどすんとぶつかる.

báng ón abóut … 動 他 (英略式) …についてくどくど言う.

báng óut 動 他 (略式) **1** (曲など)を(ピアノのキーを力任せにたたいて)がんがん弾く. **2** (…)を(特にコンピューターで)急いで書く. **3** (製品)を濫造する.

báng úp 動 他 **1** (米略式) (…)を壊(こゎ)す; 傷つける. **2** (英俗) 〈…〉を刑務所にぶち込む.

――名 (~s /-z/) **1** C どすん[ばたん]という音. **2** C 強打: He got a ~ on the head. 彼は頭をがつんとなぐられた. **3** [a ~] (略式) (強い)影響, 衝撃 (impact). **4** [単数形で] (米略式) 刺激, 興奮.

báng for one's [the] búck 名 (米略式) 払った金に見合う価値[サービス, 商品].

gèt a báng òut of … [動] S (米略式) …を大いに楽しむ.

gò óff with a báng [動] 自 (公演・パーティーなどが)大成功をおさめる.

with a báng [副] (1) ばたんと, どんと: The door shut *with a* ~. ドアはばたんと閉まった. (2) (略式) 出

し抜けに, いきなり. (3) みごとに.
— 副 1 《英略式》まさに, ちょうど; 完全に: ~ in the middle ちょうど真ん中に. 2 ⓢ 出し抜けに, いきなり. Báng gòes ... 動 《英略式》(期待・計算などが)ぶち破算になる. 語法 ...に主語が入る: B~ went my holiday. 休暇がパーになった. gò báng 動 自《略式》(銃が)ドカーンと鳴る, どすんという, ばたんと閉まる. báng ón 形・副 《英略式》(推測・計算などが)どんぴしゃりの[で], 大当たりの[で]. — 感 ばん, どすん, ばたん, がたん.

bang[2] /bǽŋ/ 名 © [普通は複数形で]《米》切り下げ前髪《英》fringe.
báng-bàng 形 《米》 (プレーなどが)続けざまの.
báng·er /-ə/ 名 ©《英略式》1 ソーセージ. 2《略式》うるさいおんぼろ車. 3 爆竹.
Bang·kok /bǽŋkɑk | bæŋkɔ́k/ 名 固 バンコク《タイの首都》.
Ban·gla·desh /bæŋɡlədéʃ ←/ 名 固 バングラデシュ《インド東方の共和国》.
ban·gle /bǽŋɡl/ 名 © 腕輪; 足首飾り.
Ban·gui /ba:ŋɡíː/ 名 固 バンギ《Central African Republic の首都》.
báng-ùp 形 《米略式》すばらしい.

+**ban·ish** /bǽnɪʃ/ 動 他 1〈...〉を追放する, 流刑に処する (from, to). 2〈...〉を追い払う;〈心配などを〉払いのける.
ban·ish·ment /bǽnɪʃmənt/ 名 Ⓤ (国外への)追放, 流刑; 排斥.
ban·is·ter /bǽnɪstə | -tə/ 名 ©[時に複数形で](階段の手すり, 欄干 (balustrade).
+**ban·jo** /bǽndʒoʊ/ 名 © (~s, ~es) バンジョー《4弦または 5 弦のギターに似た弦楽器》.

banjo

bank[1] /bǽŋk/ 名 (~s /-s/) © 1 銀行 (略 bk.): the B~ of Japan 日本銀行 (☞ Bank of England) / She put [deposited] a large sum of money *in* the ~. 彼女は大金を銀行に預けた. 2 貯えておく所, 貯蔵所, ...銀行.

bank 1, 2 のいろいろ
blóod bànk 血液銀行 / dáta bànk データベース / éye bànk 角膜銀行, アイバンク / géne bànk 遺伝子銀行 / órgan bànk 臓器バンク / píggy bànk 子豚の形をした子供用の貯金箱 / spérm bànk 精子銀行 / Wórld Bànk 世界銀行

3 (賭博などの)親元の金. 語源 イタリア語で 「(両替屋の)テーブルまたはベンチ」の意; banquet, bench と同語源 (☞ bankrupt 単語の記憶). be mákin' bánk [動] 自 ⓢ 《米略式》大金を稼いでいる. bréak the bánk [動] 自 (1) 胴元を潰す. (2) [普通は否定文で]《英略式》 (事が)人を破産させる, えらい出費となる.
— 動 他 1〈金〉を銀行に預ける. 2 [主に新聞で]〈金額〉を稼ぐ. — 自《銀行と》取引きする (*at*): Who do you ~ *with*? 取り引き銀行はどちらですか. bánk on [upòn] ... [動] 他 ...を当てにする (count on ...): Don't ~ on it. そんなことは当てにするな[ならない]. 由来 「銀行」は信用できるという連想で.

bank[2] /bæŋk/ 名 (~s /-s/) © 1 川岸 (riverbank); 湖岸; [複数形で] 川の両岸; 川沿いの地: Is your house *on* the south [right] ~ of the river? あなたの家はその川の南[右]岸ですか. 語法 川の right [left] bank (右[左]岸)は川下に向かっていう. 2 土手, 堤, 堤防, (土などを盛った)仕切り, (境界線となる)盛り土: Cherry trees line the ~s of the river. 桜の木が川の土手に沿って並んでいた. 3 (雪・雲などの)平らに長く盛り上がったもの, 堆積 (☞ snowbank). 4 浅瀬, 州 (☞ sandbank 砂州). 5 (カーブの)傾斜面, 片(かた)勾配. — 動 自 (方向を変えるため)車・飛行機が)片側に傾く, 走行[飛行]中に外側を高くして方向を変える. ⑴〈火〉をいける (*up*). bánk úp [動] 他 (1)〈...〉を積み上げる. (2)〈...〉に土手を築く. — 自 (雪・雲などが)積み重なる.

bank[3] /bæŋk/ 名 © 並び, 列 (of)《街灯・スイッチ・パソコンのキー・テレビなどの》, (ガレー船の)オールの列. — 動 他《英》〈...〉を 1 列に並べる (up).

bank·a·ble /bǽŋkəbl/ 形 《略式》(俳優などが)客を呼ぶ, もうけにつながる.
+**bánk accòunt** 名 © 銀行預金口座; 預金残高: open a ~ 銀行口座を開く.
bánk bàlance 名 © (英)銀行(預金)残高.
bánk bàrn 名 ©《米》丘の斜面に建てた二階建ての納屋.
bánk bìll 名 © 《英》銀行手形;《米》紙幣.
bánk bòok 名 © 預金通帳.
bánk càrd 名 © (銀行発行の)クレジットカード.
bánk clérk 名 © 銀行員 (☞ banker 語法).
bánk dràft 名 © 銀行為替手形.
*banker /bǽŋkə | -kə/ 名 (~s /-z/) © 1 銀行家, 銀行経営者: a successful ~ 成功した銀行の重役. 語法 銀行の経営者や重役などをいい, 銀行員は bank clerk という. 2 (賭博の)親元, 胴元.
bánker's càrd 名 ©《英》=cheque card.
bánker's dràft 名 © =bank draft.
bánker's órder 名 © =standing order 2.
+**bánk hóliday** 名 © 1 《英》公休日 (☞ holiday 表): a ~ weekend 金曜から月曜から公休日の長い週末. 2《米》 (政府命令による)銀行業務休止日.
*bank·ing /bǽŋkɪŋ/ 名 Ⓤ 1 銀行業, 銀行業務: international ~ 国際銀行業. 2 (口座への)金銭の出し入れ.
+**bánk nòte** 名 © (主に英)紙幣, 札(さつ), 銀行券 (《米》bill, 《英》note).
Bànk of Éngland 名 固 [the ~] イングランド銀行《英国の中央銀行》.
bánk ràte 名 © [the ~] 公定歩合《金融機関に対する中央銀行の金利歩合》.
bánk ròll 名《米》© 資金, 財源. — 動 他 《略式》〈事業などに〉資金を出す.
*bank·rupt /bǽŋkrʌpt, -rəpt/ 形 名 bánkruptcy.
1 [比較なし] 破産した, 支払い能力のない;《法》(裁判所から)破産宣告された: go ~ 破産する / That company was declared ~. その会社は破産を宣告された. 2《格式》破綻(はたん)した (*in*); ⟨...⟩を欠いた (*of*): morally ~ 道徳的に破綻した.

単語の記憶 《RUPT》 破れた
abrupt (突然破れた) → 不意の
bankrupt (銀行が破産した) → 破産者
corrupt (全く破れた) → 堕落した
interrupt (間を破る) → ...のじゃまをする
rupture 破裂

— 名 © 破産者, 支払い不能者;《法》破産宣告を受けた人. — 動 他〈...〉を破産させる.
*bank·rupt·cy /bǽŋkrʌptsi, -rəp-/ 名 (-rupt·cies /-zi/) Ⓤ © 1 破産(状態), 倒産: declare [file] for ~ 破産宣告[申告]する / face ~ 破産に直面する. 2 Ⓤ《格式》破綻(はたん).
bánk stàtement 名 © (銀行の定期的な)口座収支報告書.

banned /bǽnd/ 禁止された, 非合法の: a ~ substance 《選手の》使用禁止薬物.

*__ban·ner__ /bǽnə | -nə/ 名 (~s /-z/) C **1** 横断幕《普通は 2 本の旗竿(瓷)につけて上にスローガンなどを書き, 行列やデモの先頭でかついだりする》: The demonstrators were carrying ~s criticizing the government. デモ隊は政府を批判する横断幕をかかげていた. **2** 〖電算〗バナー《ウェブサイトの長方形の広告》. **3** 《文》旗; 旗印; 軍旗: the Star-Spangled B-*《「星条旗」《米国の国歌》. **réd, whíte and blúe bánner** 名《米略式》星条旗. **ùnder the bánner of ...** 前 ...の旗印の下に; ...という大義名分で. ─ 形《米》際立った, 成功した, 優れた: a ~ year for [in] sales セールスの当たり年.

banner 1

bánner héadline 名《新聞の》第一面の全段抜きの大見出し.
ban·nis·ter /bǽnɪstə | -tə/ 名 =banister.
ban·nock /bǽnək/ 名 C《スコ》バノック《オート麦やとうもろこしで作る平たい菓子パン》.
banns /bǽnz/ 名 複 結婚予告《教会での挙式前に連続 3 回日曜日に行ない異議の有無を問う》. **públish [réad, pùt úp] the bánns** 動 自《牧師が》教会で結婚を予告する.
ban·quet /bǽŋkwɪt/ 名 C 宴会《スピーチや乾杯が行なわれる正式なもの》; ごちそう: hold [give] a ~ 宴会を催す. 語源 イタリア語で「小さなテーブル」の意; ☞ bank[語源]. ─ 動 他 宴会を開いて(人)をもてなす.
bán·quet·ing háll /bǽŋkwɪtɪŋ-/, 《米》**bán·quet róom** 名 C 宴会場.
ban·shee /bǽnʃi:/ 名 C 〖アイル伝〗バンシー《家族に死者が出ることを泣いて知らせるという女の妖精》: wail [howl, scream] like a ~ ひどく泣き叫ぶ.
ban·tam /bǽntəm/ 名 C バンタム《小型の鶏》, ちゃぼ.
bántam·wèight 名 C 〖ボク・レス〗バンタム級の選手.
†**ban·ter** /bǽntə | -tə/ 名 U《軽い》冗談, 軽口, からかい. ─ 動 (-ter·ing /-tərɪŋ, -trɪŋ/) 自 冗談を言う, 軽口をたたく, からかう.
ban·ter·ing /bǽntərɪŋ, -trɪŋ/ 形 ふざけた《調子の》, からかいの. ─ **·ly** 副 ふざけて, からかうように.
Ban·tu /bǽntu:/ 名 (~(s)) **1** C バンツー族《の人》《アフリカ中南部の黒人族》. **2** U バンツー語族. ─ 形 バンツー語族の.
ban·yan /bǽnjən/ 名 C バンヤン樹, ベンガルぼだいじゅ《インド産くわ科の植物; 枝から多数の気根を生じてそれが根づき, 1 本の木で森のように大きくなる》.
ba·o·bab /béɪoʊbæb/ 名 C バオバブ《アフリカ産の大樹》.
bap /bǽp/ 名 C《英》バップ《柔らかく平たいロールパン》.
†**bap·tis·m** /bǽptɪzm/ 名 U,C 〖キ教〗洗礼(式); 命名(式)《☞ sacrament 2》. **a báptism of [by] fíre** 初の戦闘経験; 初の試練.
bap·tis·mal /bæptízm(ə)l/ 形 A 洗礼の.
Bap·tist /bǽptɪst/ 名 C バプテスト, 浸礼教会員《プロテスタントの 1 派; 幼児洗礼を認めず, 洗礼

baptism

の意味を理解する年齢に達してからの浸礼 (immersion) を主張する》. ─ 形 バプテスト《派》の.
bap·tize /bǽptaɪz, bæptáɪz | bæptáɪz/ 動 他〖普通は受身で〗《人》に洗礼を施す; 《人》に洗礼を施して(...と)命名する (as); 《人》に洗礼を施して(...の)教徒と認める.

*__bar__¹ /bá:ə | bá:/ C 《同音《英》baa, 《英》bah; 〖類音〗bark》 T3 名 (~s /-z/)

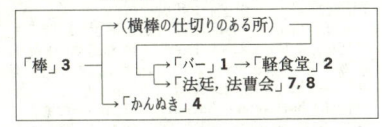

→「横棒の仕切りのある所」
「棒」3 ─→「バー」1 ─→「軽食堂」2
└→「法廷, 法会所」7, 8
└→「かんぬき」4

1 C 《カウンター式の》バー, 酒場; 《英》《パブ内部の》酒場の席《☞ lounge bar, public bar》; 《バーなどの》カウンター: work at a ~ バーで働く.
2 C 〖しばしば合成語で〗《酒類を出さないカウンター式の》軽食堂, 簡易食堂: a snack ~ 軽食堂.
3 C 《木または金属の》棒, 延べ棒; 棒状[横長]の物: a gold ~ 金の延べ棒 / a chocolate ~ = a ~ of chocolate 板チョコ 1 枚.
4 C かんぬき, 横木; 《窓・ドアなどに打ちつけた木または金属の》棒, 遮断棒: the ~ of a door 戸のかんぬき. **5** C 《河口・港口などで航行の障害となる》砂州《☞ barrier 名》. **6** C 《普通は a ~》障害, 妨げ (to). **7** [the ~, the B-] 《米》弁護士の職, 《英》法廷弁護士 (barrister) の職; 《米》弁護士, 《英》法廷弁護士《全体》《☞ bench 名 2》; 弁護士業界, 法曹界: bar exam: read [study] for the ~ 《法廷》弁護士になるための勉強をする. **8** [the ~] 《裁判官席と被告席との》仕切り; 裁き《の場》. **9** C 《電気暖房器の》電熱線. **10** C 《色・光の》筋, しま; 《軍人の階級・功績などを示す》線章. **11** C 〖楽〗《楽譜の小節を分ける》縦線, 小節. **be admitted [《英》called] to the bár** 動 自《米》弁護士の資格を取る; 《英》法廷弁護士になる. **behínd bárs** 形・副《略式》刑務所に入った[て]. **ténd bár** 動 自《主に米》バーテンをする.

─ 動 (bars /-z/; barred /-d/; bar·ring /bá:rɪŋ/)

他 **1** (...)を締め出す, 除外する; 禁じる; 《場所・分野などから》(人など)を排除する: He **was barred from** the room. <V+O+from+名·代の受身> 彼は部屋から閉め出された / We **are barred from** smok**ing** during working hours. <V+O+from+動名の受身> 勤務時間中の喫煙は禁じられている / These jobs **were barred to** women. <V+O+to+名·代の受身> これらの仕事から女性は締め出されていた.
2 《...》にかんぬきを掛ける, 閉じる (off, up): He ~s the doors every night. 彼は毎晩戸締まりをする. **3** 《通行など》を妨げる, 《道》をふさぐ; はばむ, 妨害する: Progress in science has often **been barred by** convention. 科学の進歩は因襲によってしばしば阻害された.

─ 前《bà: | bá:/ 名《主に英》...以外は (except). **bàr nóne** 副 例外なく; 断然.

bar² /bá: | bá:/ 名 C 〖物理〗バール《圧力の単位》.
Ba·rab·bas /bəréɪbəs/ 名 名 〖聖〗バラバ《民衆の要求でイエスの代わりに放免された盗賊》.
barb /bá:b | bá:b/ 名 C **1** 《矢じり・釣り針などの》あご, かかり《☞ barbed》. **2** とげのあることば.
Bar·ba·di·an /ba:béɪdiən | ba:-/ 形 バルバドス《人》の. ─ 名 C バルバドス人.
Bar·ba·dos /ba:béɪdoʊs | ba:béɪdɒs/ 名 固 バルバドス《西インド諸島東端の島; 英連邦内の独立国》.
Bar·ba·ra /bá:b(ə)rə | bá:-/ 名 固 バーバラ《女性名》.
†**bar·bar·i·an** /ba:béə(r)iən | ba:-/ 名 C **1** 《古代ギリシャ・ローマ人などから見て》粗野な異邦[外国]人, 未開人, 野蛮人. **2** 無教養の人, 粗野な人; 残忍な人.

bar·bar·ic /baːbǽrɪk | baː-/ 形 **1** 残酷な, 野蛮な. **2** 野蛮人の(ような), 粗野な (☞ barbarous 類義語).

bar·ba·rism /báːbərìzm | báː-/ 名 Ⓤ **1** 野蛮, 野蛮な生活, 未開の状態. **2** 粗野[粗暴]な言動.

bar·bar·i·ty /baːbǽrəṭi | baː-/ 名 (**-i·ties**) Ⓤ 野蛮, 残酷; 粗野; Ⓒ 蛮行, 残虐行為.

bar·ba·rous /báːbərəs | báː-/ 形 **1** 残忍な, 野蛮な, 未開の (反 civilized). **2** 粗野な, 下品な. 語源 ギリシャ語で「外国人のわけのわからない言語」の意味. 〜**·ly** 副 残忍に; 野蛮に; 下品に.

【類義語】**barbarous, barbaric** の2語とも「野蛮な」の意味. **barbarous** 強い非難の気持ちが含まれる. **barbaric** 中立的な意味でも使われる.

†**bar·be·cue** /báːbɪkjùː | báː-/ 名 Ⓒ **1** バーベキュー台, 丸焼き台 (BBQ). **2** 野外バーベキュー: have a 〜 バーベキューをする. **3** (豚・牛などの)丸焼き; (肉の)じか火焼き, バーベキュー. —— 他 (豚・牛などを丸焼きにする, バーベキューにする (☞ roast 表).

bárbecue sàuce 名 Ⓤ バーベキューソース.

†**barbed** /báːbd | báːbd/ 形 **1** (矢じり・釣り針などが)あご[かかり]のある. **2** (ことばなどが)とげのある.

†**bárbed wíre** 名 Ⓤ 有刺鉄線 ((米) barbwire).

bar·bell /báːbèl | báː-/ 名 Ⓒ バーベル (重量挙げ用).

†**bar·ber** /báːbə | báː-/ 名 Ⓒ **13** 名 Ⓒ 床屋(人・店); 理髪師, 理容師. 語源 店を表す場合, 時には 's が略される ((☞ absolute possessive 文法): go to the 〜('s) 床屋へ行く. 語源 ラテン語で「あごひげ」の意.

bárber·shòp /-ʃɑ̀p/ 名 Ⓒ (米) 床屋, 理髪店 (英 barber's). **2** Ⓤ (伴奏なしで歌うポピュラーソングの)男声四重唱: a 〜 quartet 男声四重唱団.

bárber's póle 名 Ⓒ 理髪店の看板 (紅白のだんだらの柱).

bar·bi·can /báːbɪk(ə)n | báː-/ 名 **1** Ⓒ (城門などの)塔, やぐら. **2** [the B-] バービカン(センター) (ロンドンにある複合ビル).

bar·bie /báːbi | báː-/ 名 Ⓒ (豪略式) =barbecue.

Bár·bie (dòll) /báːbi(-) | báː-/ 名 Ⓒ **1** バービーちゃん (米国製の着せ替え人形; 元は金髪で青い目の白人だったが, 近年はいろいろな人種の人形がある; 商標). **2** (軽蔑) 着飾っているが頭の悪い女.

bár bìlliards 名 Ⓤ バービリヤード (ビリヤードに似たゲーム).

bar·bi·tal /báːbətəl | báːbɪtl/ 名 Ⓒ,Ⓤ (米)(薬) バルビタール (鎮痛・睡眠剤).

bar·bi·tone /báːbətòʊn | báːbɪtoʊn/ 名 Ⓒ,Ⓤ (英)(薬) =barbital.

bar·bi·tu·rate /baːbítʃʊrət | baː-/ 名 Ⓒ,Ⓤ (薬) バルビツル (鎮静・睡眠剤).

Bár·bi·zon Schòol /báːbəzɑ̀ʊn- | báːbɪzɒn-/ 名 Ⓒ [the 〜] バルビゾン派 (19世紀半ばにパリ近くのバルビゾン村に集った画家の一派).

bárb·wire 名 Ⓤ (米) =barbed wire.

bar·ca·role /báːkəròʊl | bàːkəróʊl/ 名 Ⓒ バルカロール (ベニスのゴンドラの船頭の舟歌).

Bar·ce·lo·na /bàːsəlóʊnə | baː-/ 名 (゜) バルセロナ (スペイン北東部の港市).

bár chàrt 名 Ⓒ (米) バーチャート =bar graph.

bár còde 名 Ⓒ バーコード (太さや間隔の異なる線の配列からなる記号; 商品の管理のために機械で読みとる).

bard /báːd | báːd/ 名 (文) (吟遊)詩人. **the Bárd (of Ávon)** [名] エイボンの詩人 (シェークスピア (Shakespeare) のこと; ☞ Stratford-upon-Avon).

Bar·dot /baːdóʊ | baː-/ 名 (゜) **Bri·gitte** /brɪʒíːt/ 〜 バルドー (1934–) (フランスの映画女優).

※**bare** /béə | béə/ (同音 bear[1,2], 類音 beer) 形 (**bar·er** /béɾə | -rə/; **-est** /béɾɪst/) **1** むき出しの, 裸の (☞類義語); 木葉, 草のない: a 〜 floor 敷物のない床 / 〜 trees 葉の落ちた木 / with one's head 〜 帽子をかぶらずに / with one's 〜 hands 素手で / We cannot walk on the hot sand in (our) 〜 feet. 熱い砂の上を素足では歩けない.

2 からの, からっぽした, 殺風景な; (…が) ない: a 〜 shelf 何ものっていない棚 / The room was 〜 *of* (all) furniture. <A+*of*+名・代> 部屋には家具が何もなかった. **3** [A] ぎりぎりの(の); ようやくの, ほんのわずかの: a 〜 majority ぎりぎりの多数派 / the 〜 necessities [*barest* essentials] of life ぎりぎりの生活必需品 / the 〜 minimum 必要最低[最小]限 / a 〜 3 percent わずか3パーセント. **4** [A] ありのままの, 赤裸々な: the 〜 facts [truth] ありのままの事実[真実]. **láy báre** [動] 他 (1) <…>をむき出しにする. (2) <…>を打ち明ける; 暴露する. —— (**bar·ing** /béə(ə)rɪŋ/) 他 <…>をむき出しにする; 露出する: 〜 one's teeth 歯をむき出しにする (怒っている様子). **báre áll** [動] 他 (他人に)裸を見せる. **báre onesélf**=**báre one's sóul** [動] 他 (文) または (滑稽) (心中などを)打ち明ける (*to*).

【類義語】**bare** 本来あるべき覆い, 飾りなどがないことを意味するが, 人に用いる場合には手や足などが部分的に露出していることをいう. **naked** 人に用いられないより一般的で, 体に覆いや衣服を着けていないことを意味する. **nude** 人の裸についてだけ用いる. naked と異なり, 絵画のモデルのように人に見られることを前提としている.

bare-assed /béəæst | béə-/ 形 (米俗) 素っ裸の.

báre·báck 副, 形 [A] くらを置かないで[の], 裸馬で[の]: ride 〜 裸馬に乗る.

báre bónes 名 [複] [the 〜] 骨子, 要点 (*of*).

báre·fáced 形 [A] (軽蔑) 厚かましい, 鉄面皮な: a 〜 lie 真っ赤なうそ.

†**báre·fòot, -fóoted** 形, 副 はだし[素足]の[で].

báre-hánded 形, 副 素手の[で], 手袋をしない(で), 武器[道具]を持たないで.

báre·héaded 形, 副 帽子をかぶらない(で).

báre infinitive 名 Ⓒ 文法 原形不定詞.

> **文法 原形不定詞 (「to なしの不定詞」ともいう)**
>
> 不定詞の一種で, 「to なしの不定詞」に対して to がつかないで動詞の原形がそのまま用いられるものをいう (☞ root 文法, subjunctive present 文法).
>
> (1) 助動詞+原形不定詞
> Tom can *swim* very fast. トムはとても速く泳げる / It may *be* true. それは本当かもしれない. ★ 助動詞の後で用いられる <have+過去分詞> の完了不定詞の用法についてはそれぞれの助動詞を参照.
>
> (2) { 知覚動詞 (verb of perception) } +目的語+原形不定詞
>   { 使役動詞 (causative verb) }
> I saw him *enter* a restaurant. 私は彼がレストランへ入るのを見た / He made me *bring* a chair for the lady. 彼は私にその女性の座るいすを持ってこさせた.
>
> (3) help+目的語+原形不定詞
> He helped her *carry* the parcels. 彼は彼女が小包を運ぶのを手伝った. ★ help の 語法 参照.
>
> (4) 次のような慣用表現で
> You had better *give up* smoking. たばこをやめなさい / All that I can do is *wait*. (略式) 私にできることは待つことだけだ (☞ to[3] A 5 語法) / I could not but *laugh*. 笑わざるをえなかった / I would rather be deceived than *deceive* others. 人をだますくらいなら人にだまされるほうがましだ.

báre-knúckle(d) 形 **1** ボク グラブをつけない. **2** 情け容赦のない.

báre·légged /-légɪd⁺-/ 形副 素足の[で], 靴下をはかない(で).

*__báre·ly__ /béəli | béə-/ 副 **1** やっと, かろうじて: ~ 3 percent やっと3パーセント / He ~ escaped death. 彼はかろうじて死を免れた[九死に一生を得た]. 語法 hardly, scarcely は「ほとんど…ない」という否定の意味であるが barely は「やっと[かろうじて]…する」という肯定の意味を表わすのが普通. ただ時には否定的意味になることもある. **2** 貧弱に, 不十分に: a ~ furnished room わずかの家具しかない部屋. **bárely ... when [befòre]** — ...するとすぐに— (= scarcely ... when [before] — (scarcely 成句)) 言い換え The game had ~ started *when* [*before*] it began to rain. =B~ had the game started *when* [*before*] it began to rain. 試合が始まるとすぐに雨が降り出した.

báre·ness 名 U 裸, むき出し.
Bár·ents Séa /bǽrənts-/ 名 [the ~] バレンツ海 (Arctic Ocean の一部).
bár exám 名 C 弁護士になるための試験, 司法試験.
barf /bɑːf | bɑ́ːf/ 《俗》 動 ゲロを吐く, 戻す. ― 名 U ゲロ.
bárf bàg 名 C 《米俗》 (飛行機内の)嘔吐(ﾄ)袋.
bár·fly 名 C 《米略式》 バーに入りびたりの人.
barf·y /bɑ́ːfi | bɑ́ː-/ 形 《俗, 主に米》 吐きそうな.

*__bar·gain__ /bɑ́ːgən | bɑ́ː-/ (発音) 名 (~s /-z/) C **1** 安い買い物, 買い得品; 特売品; 見切り品: ~*s in* furniture=furniture ~*s* 家具の安売り / ~ goods 特売品 / get [pick up] a good ~ 得な買い物をする / This car was quite a ~. この車は本当に掘り出し物だった. **2** 売買契約, 取り引き; 協定, 約束: a good [bad] ~ 有利な[不利な]協定[条件] / A ~ is a ~. (ことわざ)約束は約束(守らねばならない). **dríve [stríke] a hárd bárgain** 動 自分に非常に有利な条件をとる; ひどく値切る. **gét [háve] the bést of the bárgain** 動 自 《略式》 勝つ, うまくやる, (取り引きなどで)得をする. **in [into] the bárgain** 副 そのうえ, おまけに (besides). **kéep one's síde [énd, párt] of the bárgain** 動 自 (取り決めで)約束したことを実行する. **máke [stríke] a bárgain** 動 自 契約[協定]を結ぶ: We've *made a* ~ that we'll share the housework. 私達は家事を分担しようという協定を結んだ. **màke the bést of a bád bárgain** 動 最善を尽くす.
— 動 (bar·gains /-z/; bar·gained /-d/; -gain·ing) 自 **1** (売買の)約束をする, 契約する: I ~*ed with* him about the use of the room. <V+with+名・代+about [for, over]+名・代> 私は彼とその部屋の使用契約を結んだ. **2** (値引きの)交渉をする, 値切る: I tried to ~ *with* the shopkeeper. <V+with+名・代> 私は店主と値引きの交渉をした. **bárgain awáy** 動 他 (特に貴重なものを)安値で手放す, たたき売りする. **bárgain for [on (dóing)] ...** 動 《普通は否定文で》 を予期する, 勘定に入れる《普通は好ましくない意味で使う》: My score was poorer than I had ~*ed for*. 私の点数は予期していたより悪かった. **gét móre thán one bárgained fór** 動 予想以上に嫌なことが多い[ひどい目にあう].

bárgain básement 名 C (デパートの)地階特売場.
bárgain-bàsement 形 A (物が)格安の, 安っぽい; (人が)特売品をあさる.
bárgain hùnting 名 U 特売品あさり.
*__bar·gain·ing__ /bɑ́ːgənɪŋ | bɑ́ː-/ 名 (~s /-z/) U 取り引き; 契約; 交渉: collective ~ (労使の)団体交渉.
bárgaining chìp 《英》 còunter 名 C 交渉を有利に導くための取り引き材料.
bárgaining pòsition 名 C 交渉での立場.

bárgaining pòwer 名 U 取引を有利に運ぶ力.
bárgaining tàble 名 [the ~] 交渉のテーブル.
bárgain price 名 C バーゲン価格, 特価.
*__barge__ /bɑːdʒ | bɑ́ːdʒ/ 名 (barg·es /-ɪz/) C **1** 平底の荷船, はしけ. **2** 遊覧船, 屋形船. ― 動 自 《副詞(句)を伴って》 どたどたと突進する, 押しのけて進む. **bárge ín** 動 自 割り込む; 押し入る (*on*). **bárge ínto ...** 動 (場所)に乱暴に入り込む; (人)に言いがかり; (会話など)に口を挟(ﾊｻ)む. **bárge one's wáy** 動 自 押しのけて進む (*through*); 押し入る (*in*).

barg·ee /bɑːdʒíː | bɑ́ː-/ 名 《英》=bargeman.
barge·man /bɑ́ːdʒmən | bɑ́ː-/ 名 (-men /-mən/) C 《米》 (はしけの)船頭, 乗組員.
bárge pòle 名 C (はしけの)押しざお, 舟ざお. **I would nòt tóuch ... with a bárge pòle.** → touch 動 成句.
bár gràph 名 C 棒グラフ 《英》 bar chart. 関連 pie chart 円グラフ.
bár·hòp 動 自 《米略式》 はしご酒をする 《英》 pub-crawl).
ba·ris·ta /bərístə/ 名 C (喫茶店の)コーヒーを入れる人, バリスタ.
*__bar·i·tone__ /bǽrətòʊn/ 名 C **1** 《楽》 バリトン(男声の中間音域; ☞ register 表); 楽譜のバリトンのパート. **2** バリトン歌手. ― 形 《楽》 バリトンの.
bar·i·um /bé(ə)riəm/ 名 U 《化》 バリウム 《元素記号 Ba》.
bárium énemal 名 C 《医》 バリウム注腸.
bárium méal [swállow] 名 C バリウムがゆ (レントゲン撮影の前に飲む硫酸バリウム).

*__bark__¹ /bɑːk | bɑ́ːk/ 《詩》 《英》 Bach》 動 (barks /-s/; barked /-t/; bark·ing) 自 (犬・きつねなどが)ほえる (☞ cry 表 dog, fox, seal); (せき・鉄砲などが)ほえるような音を出す; どなりたてる: His dog ~*ed at* me. <V+at+名・代> 彼の犬は私を見るとほえた. ― 他 (人)に[と]かみつくように言う, どなって言う: ~ (*out*) an order がみがみと命令する. **bárk at the móon** 動 《米略式》 どうしようもないことにむだにさわぐ[文句を言う]. **bárk úp the wróng trée** 動 《普通は進行形で》 《略式》 見当違いのこと[非難]をする; おかど違いをする. ― 名 (~s /-s/) C **1** ほえる声: give a ~ (1回)ほえる / His ~ is worse than his bite. 《略式》 彼のほえるのはかむのよりひどい(口ほど悪い男ではない), どなって物を言う根にやさしい. **2** 銃声; (エンジンなどの)うなり; (人の)せき. **3** どなり声.

bark² /bɑːk | bɑ́ːk/ 名 U.C 木の皮, 樹皮 (☞ skin 囲み). ― 動 他 (手足などの)皮膚をすりむく.
bark³ /bɑːk | bɑ́ːk/ 名 《文》=barque.
bár·kèep(er) 名 C 《米》 酒場の主人, バーテン.
bark·er /bɑ́ːkə | bɑ́ːkə/ 名 C (サーカスなどの)呼び込み, 客引き.
bárk·ing (mád) 形 《英略式》 狂乱した.
*__bar·ley__ /bɑ́ːli | bɑ́ː-/ 名 U 大麦, 大麦の実 (☞ wheat 挿絵; barn 図解)).
bárley sùgar 名 U.C 《英》 大麦糖(あめの一種).
bárley wàter 名 U 《英》 大麦湯(大麦から作られる飲み物; もと病人用).
bárley wíne 名 U 《英》 バーレーワイン(強いビール).
bár líne 名 C 《楽》 (小節を分ける)縦線.
bár·màid 名 C 《英》 女性のバーテン; バーのホステス.
bár·man /-mən/ 名 (-men /-mən/) C 《主に英》 バーテン (《米》 bartender).
bar mitz·vah /bɑːmítsvə | bɑ́ː-/ 名 C バルミツバー《ユダヤ教で 13 歳に達する男子の成人式》; 成人式を受ける少年 (☞ bat mitzvah).

barm·y /bɑ́ːmi | bɑ́ː-/ 形 (barm·i·er, -i·est) 《英

略式」=balmy 3.

*barn /báɚn | bá:n/ (類似 burn) 名 (~s /-z/) C 1 (農家の)納屋, 物置き; 家畜の小屋: A ~ is used for storing grain, hay and so on. 納屋は穀物や干し草などを貯蔵するために使われる. 2 (米) (電車・バス・トラックなどの)車庫. 3 (略式)(軽蔑) がらんとした建物. 語源 古(期)英語で「大麦 (barley) 用の建物」の意. clóse [shút] the bárn dóor after the hórse 「has escáped [is góne] どろ縄の対応策を取る, 対処が遅きに失する. 遺臭 馬に逃げられてから小屋の戸を閉める, から. Were you bórn [ráised] in a bárn? (S) (滑稽) 納屋で生まれたの?(ちゃんと戸を閉めないんに対して).

bar·na·cle /báɚnəkl | bá:-/ 名 C ふじつぼ(岩や船底に付く貝).

bárn bùrner 名 C (米略式) 注目を集めるもの.
bárn dànce 名 C 1 フォークダンスのパーティー(昔納屋で行なった). 2 (主に英) フォークダンス.
bar·ney /báɚni | bá:-/ 名 C (普通 a ~) (英略式) 騒々しいけんか[口論].
bárn òwl 名 C めんふくろう(納屋によく巣を作る).
bárn·stòrm /-stɔ̀ɚm/ 動 (米) 地方遊説をする; 地方巡業をする. ─ 他 〈地方〉を遊説する; 巡業する.
bárn·stòrm·er /-stɔ̀ɚmɚ | -stɔ̀:ma/ 名 C (米) 地方遊説をする人; 旅回り役者.
bárn·stòrm·ing /-stɔ̀ɚmɪŋ | -stɔ̀:m-/ 形 名 すばらしい, すごい.
bárn·yàrd 名 C 納屋の周囲の庭. ─ 形 (米略式) 卑俗な: ~ humor ちょっと下品[卑わい]なユーモア.
Ba·ro·lo /bəróʊloʊ/ 名 U バローロ(イタリア産の赤ワイン).

+ba·rom·e·ter /bərɑ́mətɚ | -rɔ́mətə/ 名 (形 bàrométric) 1 気圧計, 晴雨計 (☞ -meter). 2 (変化・傾向を示す)指標, バロメーター: ~ of economic activity 経済活動のバロメーター. 語源 ギリシャ語で「(空気の)重さを量るもの」の意.
bar·o·met·ric /bæ̀rəmétrɪk/ 形 名 barómeter) A 気圧計の; 気圧の.

+bar·on /bǽrən/ 名 C 1 男爵 (貴族の最下位; 略 Bn.; ☞ peerage 表). 姓と併用するときは, 英国の男爵は Lord ..., 英国以外の男爵は Baron ... と呼ぶ. 2 (実業界などの)大立(者): an oil ~ 石油王.
bar·on·ess /bǽrənəs/ 名 C 1 男爵夫人; 男爵(女性; ☞ peerage 表). 姓と併用する時は, 英国の男爵夫人は Lady ..., 英国以外の男爵夫人は Baroness ... と呼ぶ.
bar·on·et /bǽrənət/ 名 C 准男爵 (略 Bart., Bt.). 男爵 (baron) に次ぎ knight の上の爵位で世襲されるが貴族ではない(☞ knight 参考). 名前の前に Sir をつけて例えば Sir John と呼ぶ.
bar·on·et·cy /bǽrənətsi/ 名 C (-et·cies) 准男爵の位[称号].
ba·ro·ni·al /bəróʊniəl/ 形 (普通 A) 1 (建物などが)立派な, 立派な. 2 男爵の[にふさわしい].
bar·on·y /bǽrəni/ 名 (-on·ies) C 男爵の位.

+ba·roque /bəróʊk, bæ-, -rɑ́k | -rɔ́k, -róʊk/ 形 1 (しばしば B-)(建・美)バロック式(の); (楽)バロック(式)の (17-18 世紀ヨーロッパで流行した). 2 飾り立てた, 凝った. ─ 名 [the ~] (建・美)バロック式; (楽)バロック音楽.

barque /báɚk | bá:k/ 名 C (3-5 本マストの)帆船.
bar·rack /bǽrək/ 動 自 (英) やじる, からかう; (豪) 声援を送る, 応援する (for). ─ 他 (英) 弁士・選手などをやじる, からかう.
bar·rack·ing /bǽrəkɪŋ/ 名 U.C (英・豪) やじ, 抗議, 声援, 掛け声.

*bar·racks /bǽrəks/ 名 (複 ~) C 1 兵舎, 兵営: be confined to ~ (罰として)兵舎からの外出を禁じられる. 2 [単数扱い](略式) 見苦しい[汚い]建物, 仮設ソ屋. 日英比較 日本でいう「バラック」と違ってかなり大きな建物をいう. 日本でいう「バラック」に相当する英語は hut, hovel, shack, shanty など.
bar·ra·cu·da /bæ̀rəkú:də/ 名 (複 ~(s)) C バラクーダ(かますの一種).

*bar·rage[1] /bərɑ́:ʒ | bǽrɑ:ʒ/ 名 C 1 (軍) 弾幕 (弾丸を連続的に飛ばすこと). 2 (単数形で) (...の)連続, 集中, 殺到: a ~ of questions 矢継ぎ早の質問. ─ 動 他 〈人〉を(質問などで)次々と攻める (with).
bar·rage[2] /bərɑ́:ʒ | bǽrɑ:ʒ/ 名 C せき, ダム.
bar·rage ballòon /bárɑ:ʒ | bǽrɑ:ʒ-/ 名 C (軍) 阻塞(気球) (敵機の低空飛行を防ぐための気球).
bar·ré /báreɪ/ 《フランス語から》 名 C (楽) バレー (人差し指で弦楽器のすべての弦を押さえる奏法).
barred /báɚd | bá:d/ 形 1 かんぬきのかかった. 2 (格式) 縞(の)ある, 縞模様の.

*bar·rel /bǽrəl/ (類似 bottle) 名 (~s /-z/) C 1 (胴のふくらんだ)たる: an empty ~ からのたる.
2 1 たるの分量; 1 バレル (barrelful): a ~ of oil 石油 1 バレル (160 リットル). 3 銃身, 砲身. 4 (たる状の)円筒形の容器. be a bárrel of láughs [fún] (動 自) とても楽しい: The party wasn't exactly a ~ of laughs. パーティーはそうおもしろいとは言えなかった. gét [háve] ... òver a bárrel (動 他)(略式) 〈人〉を窮地に陥れる; 意のままにする. ─ 動 (bar·rels; bar·reled, (英) bar·relled; bar·rel·ing, (英) bar·rel·ling) 自 (米略式)(猛スピードで)ぶっとばす (along). ─ 他 〈...〉をたるに詰める.
bárrel-chèsted 形 胸板の厚い[がっしりした].
bar·rel·ful /bǽrəlfʊl/ 名 C 1 たるの分量.
bárrel òrgan 名 C 手回しオルガン(辻(の)音楽師が使う) (hurdy-gurdy).
bárrel ràce 名 (米) (3 個のたるを回る)女性のロデオ.
bárrel ròll 名 C バレル横転(連続横転の曲芸飛行).

*bar·ren /bǽrən/ 形 (more ~, bar·ren·er; most ~, bar·ren·est) 1 (土地が)作物のできない, 不毛の: a ~ land 作物のとれない土地. 2 (植物が)実を結ばない; (古風) (人・動物が)子を産まない, 不妊の. 3 (W) [内容]のない, 実りのない, 役に立たない; (P) (...の)ない, 欠けた (of).
bar·rette /bəːrét, bə-/ 名 C (米) 髪留め, ヘアクリップ, バレッタ (英) hair slide).

*bar·ri·cade /bǽrəkèɪd, bæ̀rəkéɪd/ 名 (-ri·cades /-kèɪdz/) C バリケード, 障害物 (against): erect [storm] a ~ バリケードを築く[急襲する]. ─ 動 他 〈...〉にバリケードを築く, バリケードで防ぐ (off).
bárricade onesélf in [inside] (動 自) バリケードを築いて閉じこもる.
Bar·rie /bǽri/ 名 James ~ バリー (1860-1937) (英国の劇作家・小説家; Peter Pan の作者).

*bar·ri·er /bǽriɚ | -riə/ 中学 名 (~s /-z/) C 1 障壁, 柵(門); 関所, 改札口: pass through a ~ 改札口を通る / ☞ crash barrier.
2 障害, 妨げ (to, against): a cultural ~ 文化的な障壁 / a ~ to success 成功の妨げ / His run broke the 10-second ~. 彼は走っては 10 秒の壁を破った / She overcame the language ~. 彼女はことばの壁を乗り越えた. 語源 原義は「遮(ぎ)る物」で, bar と同語源.
☞ bar[1] 囲み.

bárrier-frée 形 バリアフリーの, 障壁のない.
bárrier mèthod 名 C (医) (コンドームなどを用いた)物理的避妊法.
bárrier rèef 名 C 堡礁(ぼう) (海岸と並行しているさんご礁).

bar·ring /bá:rɪŋ/ 前 …がなければ (except for): B~ accidents, we should arrive at noon. 何事もなければ, 私達は昼に着くでしょう.

bar·ri·o /bá:riòu | bǽr-/ 名 (~s) (米) (アメリカの市や町の)ヒスパニック (Hispanic) 系住民地区.

†**bar·ris·ter** /bǽrəstə | -tə/ 名 C (英) 法廷弁護士 (⇨ lawyer 類義語). 関連 judge 裁判官 / public prosecutor 検察官.

bár·room 名 C (米) (ホテルなどの)バー, 酒場.

bar·row¹ /bǽrou/ 名 C 1 (街頭で, 果物・野菜の行商に用いる2輪の)手押し車. 2 = wheelbarrow.

bar·row² /bǽrou/ 名 C (考古) 塚, 古墳.

bárrow bòy 名 C (英) (手押し車で売る)行商人.

bár snàck 名 C (英) パブで出る軽食.

Bart /bá:t | bá:t/ 名 固 バート (男性の名; Bartholomew の愛称).

BART /bá:t | bá:t/ 名 固 バート (San Francisco 市の通勤高速鉄道; Bay Area Rapid Transit の略).

Bart. 略 = baronet.

†**bar·tend·er** /bá:tèndə | bá:tèndə/ 名 C (主に米) バーテン ((英) barman).

†**bar·ter** /bá:tə | bá:tə/ 動 (-ter·ing /-tərɪŋ, -trɪŋ/) 他 〈…〉を(—と)交換する〈物と労力などの交換も含む〉: They ~ed rice for clothing. 彼らは米と衣類を交換した. — 自 〈物々〉交換する: The colonists ~ed with the natives for fur. 開拓者たちは現地人たちと毛皮を物々交換で手に入れた. **bárter awáy** 動 他 〈…〉を安く手放す. — 名 U 物々交換の.

Barthes /bá:t | bá:t/ 名 固 **Ro·land** /roulá:ŋ/ ~ バルト (1915–80) 《フランスの批評家・記号学者》.

Bar·thol·di /bɑ:θóəldi | bɑ:tɔ́l-/ 名 固 **Fré·dé·ric** /frèderí:k/ **Au·guste** /ɔ:gíst, -gíst/ ~ バルトルディー (1834–1904) 《フランスの彫刻家; 自由の女神像を製作》.

Bar·thol·o·mew /bɑ:θóləmjù: | bɑ:θɔ́l-/ 名 固 バーソロミュー (男性の名; 愛称は Bart).

Bar·tók /bá:ətak | bá:tɔk/ 名 固 **Bé·la** /béɪlə/ ~ バルトーク (1881–1945) 《ハンガリーの作曲家》.

Bar·ton /bá:tn | bá:-/ 名 固 **Clara** ~ バートン (1821–1912) 《アメリカ赤十字社の創設者》.

Ba·rysh·ni·kov /bəríʃnəkɔ̀:f | -kɔ̀f/ 名 固 **Mi·khail** /mɪkáɪl/ ~ バリシニコフ (1948–) 《ラトビア生まれのバレエダンサー・振付師; 米国に亡命》.

bas·al /béɪsl/ 形 (base¹) 基底の, 基部の.

básal metábolism 名 U 〔生〕基礎代謝.

ba·salt /bəsɔ́:lt | ˈbǽsɔ:lt/ 名 U 玄武岩.

***base**¹ /béɪs/ [同音 bass¹; 類音 #vase] 動 **(bas·es /-ɪz/; based /-t/; bas·ing /-sɪŋ/)** 他 [受身で] 〈…〉の基礎を(—に)置く, 〈…〉を(—に)基づかせる, 〈…〉の根拠[本拠]を(—に)置く: ⨁ Article 9 of our Constitution *is ~d on* [*upon*] our bitter experience. <V+O+*on* [*upon*]+名・代の受身> わが国の憲法の第9条は我々の苦い経験に基づいている / Our company *is ~d in* Tokyo. <V+O+*in*+名・代の受身> 我々の会社は東京に本拠[本社]がある. **báse onesèlf in** [**at**] … 動 …に本拠を置く, …を中心に活動する.

— 名 (**bas·es** /-ɪz/; 形 básal, básic) **1** C [普通は単数形で] 土台, 底, 基部 (⇨ 類義語); (木の)根元, (体の)つけ根, (山の)ふもと: the ~ *of* a pillar [lamp] 柱 [ランプ] の台(石) / the ~ *of* a glass コップの底 / the ~ *of* the neck 首のつけ根 / at the ~ *of* a mountain 山のふもとに.

2 C 基礎, 基盤; 根拠, 根底; (政党や組織などの)支持基盤[層] (⇨ power base); the moral ~ of a society 社会の道徳的基盤 / a manufacturing ~ 生産基盤. **3** C 基地, 根[本]拠地: a naval [an air] ~ 海[空]軍基地 / Our ~ of operations 作戦基地 / Our company has its ~ in Tokyo. 私どもの会社は東京に本社があります. **4** U,C 〔野〕塁, ベース (略 b.): first

[second, third] ~ 一[二, 三]塁 (⇨ first base). 語法 塁の位置をいうときには普通 the はつけない // The ~s are loaded. 満塁だ. 日英比較「フルベース」は和製英語. **5** C 〔数〕(三角形などの)底辺, 底面; [普通は単数形で] 基数. **6** C [普通は単数形で] 主成分, 基剤; 下地: The paint has an oil ~. その絵の具は油性だ. **7** C 〔化〕塩基. **8** C 〔文法〕基体 《語から接辞を取り去って残る要素》. **a báse on bálls** C 〔野〕四球による出塁. 日英比較「フォアボール」は和製英語. **cóver (áll) the báses** 動 自 (米) 万事ぬかりなく手配[準備]する. **òff báse** 形・副 (1) (野) 塁を離れて. (2) (米略式) 全く見当違いに. **tóuch báse** 動 自 (家人などに)連絡する (*with*).

[類義語] **base** あるものの底部・最下部で全体を支えているもの, あるいは根底の構造・出発点などを成しているもの, つまり具体的な基礎をいう: the *base* of a wall 塀の底部 / a language with a Latin *base* ラテン語を基盤とした言語. **basis** 考え・理論・意見などの根拠となるものの基礎を意味する: the *basis* of a theory 理論の基礎. **foundation** 強固で永続的な基礎や土台をいう. base が基礎の一部を指すのに対して, foundation は基礎そのものを指す: the *foundation* of world peace 世界平和の基礎 / the *foundation(s)* of a house 家屋の土台.

base² /béɪs/ 形 (**bas·er**; **bas·est**) (主に文) (軽蔑) 卑しい, 下劣な: a ~ act 卑劣な行為.

***base·ball** /béɪsbɔ̀:l/ 名 (~s /-z/) **1** U 野球, ベースボール (⇨ eight 表): play ~ 野球をする / ~ players 野球の選手たち / a ~ game 野球の試合 (⇨ game¹ 2 語法). **2** C 野球用のボール.

| baseball | 野球 |
| | 野球のボール |

báseball càp 名 C 野球帽.

báse·bòard 名 C (米) 幅木(はば木), すそ板 《床に接する室内の壁の基部に回した板》 ((英) skirting board).

báse càmp 名 C (登山隊などの)ベースキャンプ.

-based /-béɪst/ 形 [合成語で] **1** …に本拠地を置いた. **2** …を主体[ベース]にした.

Báse·dow's disèase /bá:zədòuz-/ 名 U 〔医〕バセドー(氏)病.

báse fòrm 名 C 〔文法〕原形 (root).

báse hít 名 C 〔野〕単打, 安打 (hit, single).

báse [**BÁSE**] **júmping** /béɪs-/ 名 U ベースジャンプ 《高層ビル・崖などからのパラシュートジャンプ》.

báse·less 形 (格式) 根拠のない.

†**báse·lìne** 名 C **1** [普通は単数形で] (測量や比較対照の)基(準)線. **2** [the ~] 〔野・テニス・バスケ〕ベースライン.

báse·man /-mən/ 名 (**-men** /-mən/) C 〔野〕内野手, 塁手 (略 b.): a first [second, third] ~ 一[二, 三]塁手.

báse·ment /béɪsmənt/ 13 名 (**base·ments** /-mənts/) C (建物の)地階, 地下室 《多くは高窓のついた半地下室式》: in the first [second] ~ 地下1[2]階で (⇨ floor 挿絵). 関連 cellar 貯蔵用の地下室.

báse métal 名 C,U 卑金属 (鉄・鉛など).

báse páir 名 C 〔遺〕(DNA の)塩基対.

báse páth 名 C 〔野〕ベースパス 《走者がその中を走るべき, 塁と塁を結ぶ線から3フィート幅の走路》.

†**báse ràte** 名 C (銀行などの)基準利率.

báse rùnner 名 C 〔野〕ランナー, 走者.

báse rùnning 名 U 〔野〕走塁.

***bas·es**¹ /béɪsɪz/ 動 **base**¹ の三人称単数現在形.
— 名 **base**¹ の複数形.

***ba·ses**² /béɪsi:z/ 名 **basis** の複数形.

báse ùnit 名 C (計量などの)基本単位.

***bash** /bǽʃ/ 動 (~·es /-ɪz/; ~ed /-t/; ~·ing) 他

-basher

《略式》**1**〈…〉を殴(ぐ)りつける；打ち壊す：He got furious and ~ed his friend *on* the head with a bat. <V+O+*on*+名》彼は怒り狂ってバットで友達の頭を殴ってしまった(☞ the¹ 2 語法》. **2**〈頭など〉をぶつける (*against*, *into*). **3**《主に英》〈…〉をこきおろす，けなす. — 自 衝突する (*against*, *into*). **básh ahéad [awáy, ón]** [動] 自《英略式》熱心にどんどんやる[進める] (*with*, *at*). **básh ín [dówn]** [動] 他《頭・ドアなどをたたいて〉へこます[ぶち破る]. **básh úp** [動] 他《英略式》〈…〉をぶちのめす.
— 名 (~·es /-ɪz/) C《略式》**1**(にぎやかな[盛大な])パーティー：have a birthday ~ 盛大な誕生パーティーをする. **2** 殴りつけること, 強打：get a ~ *on* the nose 鼻を殴られる[打たれる]. **háve a básh** [動] 自 S《英略式》やってみる (*at*).

-bash·er /bǽʃə|-ʃə/ 名 C《合成語で》…攻撃[たたき]をする人：a gay-*basher* 同性愛者いじめをする人.
bash·ful /bǽʃfl/ 形 はにかんで, 内気な (☞ shy¹ 類義語》. **-ful·ly** /-fəli/ 副 はにかんで, 内気に. **-ful·ness** 名 U はにかみ.
bash·ing /bǽʃɪŋ/ 名 U.C《しばしば合成語で》強くたたくこと, 攻撃, 非難：Japan-~ 日本たたき《貿易・経済面での日本攻撃》/ give the union a ~ 組合をたたく.

*#**bas·ic** /béɪsɪk, -zɪk|-sɪk/ 形《名 base¹ 》**1** 基本的な, 基礎の, 根本的な：~ human rights 基本的人権 / ~ training《軍隊の新兵の》基礎訓練(期間) / ~ pay=the ~ salary 基本給 / These rules are ~ *to* safe driving. <A+*to*+名・代》これらの規則は安全運転の基本だ. **2** P《略式》必要最小限で, 素朴な. **3**《化》塩基[アルカリ]性の.
BASIC /béɪsɪk/ 名 U《電算》ベーシック《普通の簡単な英語を用いるコンピューター言語》.

*#**bas·i·cal·ly** /béɪsɪkəli, -zɪ-|-sɪ-/ 副《文修飾動詞》S **基本的には**, 本来は；大事なことは, つまり, 実は：B~, everyone loves peace. 人は本来誰でも平和を愛するものだ. **2** 根本において, 基本的な点で：The new government is ~ leftist. 新政権は基本的には左翼である. **3** 必要最小限に.
Básic Énglish 名 U ベーシックイングリッシュ《約850語を基本とする簡易英語》.
\+**bas·ics** /béɪsɪks/ 名 《複》《しばしば the ~》《略式》基礎, 基礎的なこと：*the ~ of* computer programming コンピュータープログラミングのいろは.
básic tráining 名 U《米軍初年兵の》基礎訓練.
Ba·sie /béɪsi/ 名 Count ~ (カウント)ベイシー (1904-84)《米国のジャズピアニスト・バンドリーダー》.
***ba·sil** /bǽz(ə)l|bǽz-/ 名 U バジル《香味野菜》.
bas·i·lar /bǽzələ|-lə/ 形《生》基部にある.
bàsilar mémbrane 名 C.U《解・動》《蝸牛(かぎゅう)殻の》基底膜.
***ba·sil·i·ca** /bəsílɪkə, -zíl-/ 名 C **1** バシリカ《古代ローマの長方形の建物；裁判や集会に用いた》. **2**《バシリカ風の》初期キリスト教の教会. **3**《カトリック》《典礼上の特権を与えられた》《大》聖堂.
bas·i·lisk /bǽsəlɪsk, -zə-/ 名 C **1** バシリスク《アフリカの砂漠に住み, ひとにらみで人を殺したという伝説上の怪物》. **2** バシリスク《熱帯アメリカ産の大とかげ》.
***ba·sin** /béɪs(ə)n/ 名 (~s /-z/) C **1** 洗面器, 水鉢；《英》洗面台 (washbasin)：fill [empty] a ~ 洗面器に水を入れる[の水をあける]. **2**《主に英》鉢, ボウル《深目の食器》.
3 洗面器[鉢]1 杯の分量 (basinful)：a ~ *of* water 洗面器 1 杯の水.
4 盆地；流域 (river basin)：the ~ *of* Lake Michigan ミシガン湖盆地. **5**《港の》深み；内湾, ドック.
ba·sin·ful /béɪs(ə)nfʊl/ 名 C 洗面器[鉢] 1 杯分量.

*#**ba·sis** /béɪsɪs/ 名 **1**《複 **ba·ses** /béɪsiːz/》C **1 基礎**, 根拠, 論拠 (☞ base¹ 類義語》：Mutual assistance is the ~ *of* the treaty. 相互援助がその条約の基礎だ / What is the ~ *of* your opposition? あなたが反対する根拠は何ですか. **2**《薬・食品などの》主成分.
on a ∴ básis [副] …の基準[原則]で, …方式で, …の割で：hold meetings *on a* regular [daily, weekly] ~ (=hold meetings regularly [daily, weekly]) 定期的に[毎日, 週一回]会議を開く / We considered each application *on a* case-by-case ~. 我々は(個々の)申し込みを 1 件ずつ考慮した (☞ case-by-case 日英比較》/ *on a* first-come, first-served ~ (☞ first-come, first-served basis).

on the básis of ∴ [前] …を基礎として：His conclusion was formed *on the ~ of* my data. 彼の結論は私の資料に基づいていた. **on a néed-to-know básis** [形・副] 知る必要に応じての方式の[で].
\+**básis pòint** 名 C《財》《利回りなどの》0.01%.
\+**bask** /bǽsk|bάːsk/ 動 自 **1** 暖まる, ひなたぼっこする (*in*). **2**《恩恵など》に浴する：~ *in* the admiration of one's fans ファンの称賛を浴びる. **básk in the súnshine [sún]** [動] ひなたぼっこをする.
***bas·ket** /bǽskɪt|bάːs-/ 名 (**bas·kets** /-kɪts/) C **1** かご, ざる, バスケット：empty a ~ かごをあける[からにする] / She is carrying a ~ (full) *of* flowers. 彼女は花の(いっぱい入った)かごをさげている.

――― basket のいろいろ ―――
clóthesbàsket 洗濯物入れかご / **láundry bàsket** 洗濯かご / **shópping bàsket** 買い物かご / **wástebasket**《米》, **wástepaper bàsket**《紙》くずかご

2 かご 1 杯《の分量》, ひとかご分 (basketful)：a ~ *of* apples りんごひとかご. **3**《バスケットボールの》ゴールの網；ゴール, 得点：make [shoot] a ~ 得点する.
***bas·ket·ball** /bǽskɪtbɔ̀ːl|bάːs-/ 名 《~s /-z/》**1** U バスケットボール：a ~ game [《英》match] バスケットの試合 (☞ game¹ 2 語法》.

basketball	バスケットボール
	バスケットボールのボール

2 C バスケットボールのボール.
básket càse 名 C《略式》《財政的に》だめになった組織[国, 会社]；《緊張などで》おかしくなったやつ.
bas·ket·ful /bǽskɪtfʊl|bάːs-/ 名 C かご 1 杯分.
bas·ket·ry /bǽskɪtri|bάːs-/, **básket·wòrk** 名 U かご細工(品)；かご細工法.
Bas·kin-Rob·bins /bǽskɪnrάbɪnz|-rɔ́b-/ 名 バスキン・ロビンズ《米国のアイスクリームのチェーン店；日本では「サーティワン」と呼ぶ》.
basque /bǽsk/ 名 C バスク《胸から腰までの女性下着》.
Basque /bǽsk/ 名 **1** C バスク人《ピレネー山脈両側に住む》. **2** U バスク語. ― 形 バスク人[語]の.
Básque Cóuntry 名《the ~》バスク地方.
bas-re·lief /bὰːrɪlíːf/ 名 《~s /-s/》**1** U 低浮き彫り；C 低浮き彫りの作品.
***bass¹** /béɪs/ 名《~es /-ɪz/》**1** U バス, ベース《男声の最低音域》；略 b.；☞ register 表》；低音部.
2 C バス歌手(の声)；低音楽器；ダブルベース, コントラバス (double bass)；ベースギター. **on báss** [形・副] バスを弾いて. ― 形 A, 属 バス[低音]の[で].
bass² /bǽs/ 名《複 ~, ~·es》C バス《すずきの類の魚》.
báss clèf /béɪs-/ 名 C《楽》低音部記号.
bas·set /bǽsɪt/ 名 =basset hound.
bás·set hòrn /bǽsɪt-/ 名 C《楽》バセットホルン《クラリネットに似た木管楽器》.

básset hòund 名 C バセット犬《短脚胴長の猟犬》.
báss guitár /béɪs-/ 名 C ベースギター.
bassi 名 basso の複数形.
bas·si·net /bæsənét/ 名 C 《米》ほろ付き揺りかご《乳母車》.
†**bass¹** /béɪs/ 形 C ダブルベース[コントラバス]奏者; ベースギター奏者.
bas·so /bǽsoʊ, bɑ́ː-/ 名(複 ~s, bas·si /-siː/) C 《楽》バス歌手; 低音部.
bas·soon /bəsúːn/ 名 C 《楽》ファゴット《低音木管楽器》.
bas·soon·ist /bəsúːnɪst/ 名 C バスーン奏者.
bast /bæst/ 名 U 《植》靱皮《じんぴ》《外皮の下の柔らかな部分》; 靱皮繊維《ござ・かごなどの材料》.
†**bas·tard** /bǽstərd | báːstəd/ 名 C 1 《俗》《軽蔑》いやなやつ, むかつくやつ《普通は男》. 2 S 《俗》《軽蔑または滑稽》やつ, 男: You [That] lucky ~! この[あの]いいやつめ! 3 S 《英俗》ひどくやっかいな事[物]: a ~ of a problem どえらい難問. 4 《古風》非嫡出子, 私生子[児]. — 形 雑種の; 偽りの, まがいの.
bas·tard·ize /bǽstərdàɪz | báːstə-/ 動《しばしば過去分詞で》〈…〉を粗悪[不純]にする.
baste¹ /béɪst/ 動 他《火にかけるとき》〈肉などに〉バターを[たれ]をかける. — 自 たれをかける.
baste² /béɪst/ 動 他〈…〉を仮縫いする.
Bas·tille, Bas·tile /bæstíːl/ 名 《the ~》バスティーユ《パリの監獄; 1789年7月14日民衆がこれを破壊してフランス革命が始まった》.
†**bas·tion** /bǽstʃən | -tiən/ 名 C 1 《堅固な》要塞《ようさい》; 防衛拠点: a ~ of democracy 民主主義のとりで. 2 《城の》稜堡《りょうほ》《城塞の突出部》.
*__bat¹__ /bǽt/ 名(擬音 bet, but) 名 C 1 《野球・クリケットの》バット; 《英》《ピンポンのラケット》《米》 paddle》: hit a ball with a ~ バットでボールを打つ. こん棒. **at bát** [副・形] 打席に立って《☞ at bat の項目》. **òff one's ówn bát** [副] 《英略式》自分の力で, 自発[主]的に. **(right) óff the bát** [副] 《米略式》すぐに.
— 動 (bats /bǽts/; bat·ted /-ɪd/; bat·ting /-ɪŋ/) 他 1 〈…〉をバットで打つ; 《平手などで》軽く打つ, 打ち払う《away》: ~ a ball high into the air 空中高くボールを打ち上げる. 2 《野》《ある打率をあげる》《☞ batting average》: He batted .278 this season. 彼は今シーズン2割7分8厘の打率をあげた《.278 is two seventy-eight と読む》. — 自 バットで打つ; 《野球・クリケットで》打席に立つ: ~ number 4 in the lineup 4番を打つ. 《平手などで》軽く打つ, 打とうとする《at》. **bat a 1000 [thóusand]** [動] 《米略式》大成功を収める. **bát aróund** [動] 《略式》〈案などを〉あれこれ論じる, 検討する. **gó to bát for …** [動] 他《略式, 主に米》〈人〉を援助[支持]する.
†**bat²** /bǽt/ 名 C こうもり《哺乳(ほにゅう)類; ☞ vampire bat》. 参考 悪魔の使いとされることがある. **(as) blínd as a bát** [形] 《略式》目がよく見えない. **be [háve] báts in the bélfry** [動] 《略式》頭が変だ. **like a bát òut of héll** [副] 《略式》猛スピードで. **an óld bát** [名] S 《略式》《軽蔑》いやな老女.
bat³ /bǽt/ 動《次の成句で》**bát one's éyes [éye·làshes]** [動] 自《女性が男性の気をひくために》目をぱちぱちさせる, 色目を使う. **nót [néver] bát an éye** [《主に英》éyelìd] [動] 《略式》少しも驚かない.
bát bòy 名 C 《野球のバットボーイ》.
*__batch__ /bǽtʃ/ 名 (~·es /-ɪz/) C 1 《人・物の》1 群, 1団; 1束. 2 《パンなどの》ひと焼き分, 一回の《処理》分. 3 《電算》バッチ《一括処理する作業》.
bátch pròc·ess·ing /-prɑ̀səsɪŋ | -pròʊ-/ 名 U 《電算》バッチ処理, 一括処理.
bate /béɪt/ 動《次の成句で》**with báted bréath** [副] かたずをのんで, どきどきして, はらはらして.

bathroom 133

Bátes Motél /béɪts-/ 名 《the ~》ベイツモーテル《不思議な[恐ろしい]ことが起こるモーテル》.
BATF /bíːèɪtìːéf/ 略 =Bureau of Alcohol, Tobacco, and Firearms アルコール・タバコ・火器局《米国の財務省の一部局》.
*__bath__ /bǽθ | bɑ́ːθ/ 名(擬音 bus) 名 (**baths** /bǽðz, bǽθs | bɑ́ːðz/; bathe) 1 《水[湯]を浴びること》, 水浴び, 湯あび, 入浴, ふろに入れる]こと: a cold ~ 冷水浴. 関連 sunbath 日光浴. 2 C 《英》浴槽, 湯ぶね《米》 bathtub, 《略式》tub》 《浴用の湯, ふろ》: run [fill, 《文》draw] a ~ 浴槽に水[湯]を張る. 3 《複数形でしばしば単数扱い》ふろ屋, 温泉場; 《古風, 英》《屋内》プール《swimming bath》: public ~s 公衆浴場. 4 C 浴室, ふろ場; 洗面所《主に住宅業者の広告で使う》: a full ~ =a full [half] bathroom《☞ bathroom 第2の囲み》. 5 C 薬液, 溶液; 薬液容器《写真の現像などに使うもの》.
gíve … a báth [動] 他 〈…に〉ふろに入れる.
hàve a báth [動] 自《主に英》入浴する.
tàke a báth [動] 自 《米》(1) 入浴する. (2) 《略式》大損をする《on》.
— 動 (baths /-s/; bathed /-t/; bath·ing /-θɪŋ/) 他 《英》《子供・病人などを》入浴させる《《米》bathe》: It's time to ~ the baby. 赤ちゃんをおふろに入れる時間だ. — 自 《古風, 英》入浴する《《米》bathe》.
Bath /bǽθ | bɑ́ːθ/ 名 バース《England 南西部の都市; 温泉保養地として有名; ☞ 裏地図 E6》.
báth chàir 名 C 《古風, 英》《病人用の》車いす.
báth cùbe 名 C 《固形の》入浴剤.
*__bathe__ /béɪð/ 動(擬音 bays (bay¹の複), #vase) 動 (bathes /~z/; bathed /~d/; bath·ing /-ɪŋ/; 名 bath) 自 1 《主に米》入浴する《《英》bath》: She ~s every morning. 彼女は毎朝入浴する. 語法 take a bath のほうが普通. 2 《古風, 英》《海・川・湖などで》泳ぐ《swim》, 泳ぎに行く《go swimming》; 水浴びをする. 関連 sunbathe 日光浴する.
— 他 1 《患部などを〉水に浸す[つける], 水で洗う: B~ your eyes three times a day. 1日3回目を洗いなさい / He ~d himself in water. <V+O+in+名・代> 彼は水浴びをした. 2 《主に米》《子供・病人などを》入浴させる. 3 《しばしば受身で》《文》《光・暖かさなどが》〈…〉にいっぱい注ぐ; 《汗・涙などが》〈…〉を覆う: He ~d himself in the sun. 彼は日光浴をした / The garden was ~d in sunshine. 庭には日光がさんさんと注いでいた. 4 波が〈岸などを〉洗う. — 名《単数形で》《古風, 英》水泳, 海水浴; 水浴び: go for a ~ 泳ぎに行く.
bath·er /béɪðər | -ðə/ 名 C 1 《英》海水浴客, 《川・湖で》泳ぐ人. 2 《複数形で》《豪》水着《swimsuit》.
báth·hòuse 名 (-hòuses) C 公衆浴場; 《米》《海水浴場などの》更衣所.
báth·ing /béɪðɪŋ/ 名 U 《英》海水浴《sea bathing》.
báthing càp 名 C 《古風, 英》水泳帽.
báthing còstume 名 C 《古風, 英》水着.
báthing machìne 名 C 《昔の海水浴場の》更衣小屋《海の中まで移動して着替えができた》.
báthing sùit 名 C 《古風, 英》水着《swimsuit》.
báthing trùnks 名 《複》《古風, 英》海水パンツ.
báth màt 名 C 浴室のマット, バスマット《☞ bathroom 挿絵》.
báth òil 名 CU 入浴剤《液状の芳香剤》.
ba·thos /béɪθɑs | -θɒs/ 名 U 《修辞》漸降法《荘重な調子を急にこっけいに落とすこと》; 竜頭蛇尾《anticlimax》.
báth·ròbe 名 C 1 バスローブ《入浴の前後に着る》. 2 《米》部屋着, ガウン《☞ dressing gown》.
*__bath·room__ /bǽθrùːm, -rùm | bɑ́ːθ-/ 名 (~s /-z/) C 1 浴室, ふろ場; 洗面所; 《米》お手洗い, トイレ《☞

134 bathroom scale

bedroom 参考).

語法 浴槽 (bathtub) のほかに便器 (toilet) と洗面台 (sink) があり, 便所・洗面所が兼ねるのが普通なので, 《米》では個人宅のトイレのことを遠回しに bathroom, トイレに行くことを go to the bathroom ということがある: May I use the [your] ~, please? お手洗いを拝借できますか (☞ toilet 日英比較).

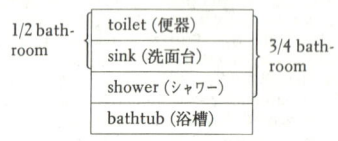

```
          ┌ toilet (便器)   ┐
1/2 bath- │ sink (洗面台)   │ 3/4 bath-
room      │ shower (シャワー)│ room
          └ bathtub (浴槽)  ┘
              full bathroom
```

full bathroom とは洗面台 (sink), 便器 (toilet), シャワー (shower), 浴槽 (bathtub) の4つがすべてそろっているバスルームを指す. 便器, 洗面台に加えてシャワーしか利用できないものを 3/4 bathroom, 便器, 洗面台しかない単なる「お手洗い」を 1/2 bathroom という (3/4 は three quarters, 1/2 is a half と読む).

báthroom scàle 名 C [しばしば複数形で単数扱い] 浴室の体重計, ヘルスメーター (☞ bathroom 挿絵). 日英比較「ヘルスメーター」は和製英語.

*****baths** /bǽðz, bǽθs | báːðz/ 名 **bath** の複数形.

báth sàlts 名 [複] 入浴剤, 入浴芳香剤.

báth shèet 名 C 特大のバスタオル.

báth tòwel 名 C バスタオル, 湯あげタオル.

báth tùb 名 C (主に米) 浴槽, 湯ぶね (《英》bath, (略式) tub) (☞ bathroom 挿絵).

bath·y·scaphe, -scaph /bǽθɪskæ̀f/ 名 C バチスカーフ 《深海用潜水艇の一種》.

bath·y·sphere /bǽθɪsfɪə | -sfɪə/ 名 C 球形潜水器 《中に入って深海生物の調査をする》.

ba·tik /bətíːk, bǽtɪk/ 名 **1** U バチック, ろうけつ染め(の布). **2** C ろうけつ染めの布地.

bat·man /bǽtmən/ 名 (**-men** /-mən/) C 《イギリス陸軍将校の》従卒.

Bat·man /bǽtmæn/ 名 固 バットマン 《米国の漫画・テレビ・映画に登場する正義の味方》.

bat mitz·vah /ba:tmítsvə/ 名 C バトミツバー 《ユダヤ教で12歳に達した少女の成人式》; バトミツバーを受ける少女 (☞ bar mitzvah).

*****ba·ton** /bətɑ́n | bǽtɔn, -tn/ 名 C **1** 《楽》指揮棒; 《楽隊長・バトントワラーの》バトン. **2** 《スポ》《リレーの》バトン. **3** 警棒. **4** 《官位を象徴する》杖(ʦえ). hánd [hánd] the batón 動 ⊕ バトンを渡す; 責任を(他に)委ねる (to). píck úp the batón 動 ⊕ バトンを受けとる; 責任を引き受ける. ùnder the batón of … 前 《演奏などの》…の指揮で.

batón chàrge 名 C 《警官隊の》警棒による攻撃.

batón pàss 名 C バトンタッチ. 日英比較「バトンタッチ」は和製英語.

Bat·on Rouge /bǽtnrúːʒ/ 名 固 バトンルージュ 《米国 Louisiana 州の州都》.

batón ròund 名 C 《暴徒鎮圧用の》ゴム[プラスチック]銃弾.

batón twírler 名 C 《米》バトントワラー 《楽隊の指揮者; 男女は問わない》杖(ʦえ) ☞ drum majorette 日英比較.

bats /bǽts/ 形 C 《英略式》頭のいかれた.

bats·man /bǽtsmən/ 名 (**-men** /-mən/) C 《クリケ》打者.

*****bat·tal·ion** /bətǽljən/ 名 C **1** [《英》単数形でも時に複数扱い] 《陸軍》大隊 (略 Bn.); ☞ corps 参考). **2** ⓦ 《ある目的をもった大勢の人, 大集団》: a ~ of supporters 大勢のサポーター.

bat·ten¹ /bǽtn/ 名 C **1** 《補強用の》ぬき板, 小角材. **2** 《海》《ハッチの防水布を留める》目板, 当て木. ── 動 ⊕ ⟨…⟩を目板で補強する. bátten dówn the hátches 動 ⊜ (1) 《船の》ハッチに当て木でとめる. (2) 《差し迫った困難[災難]に備える.

bat·ten² /bǽtn/ 動 《次の成句で》bátten on [upòn] … 動 ⊕ [主に文]《特に軽蔑》《人》を犠牲にしてよい暮らしをする[栄える].

*****bat·ter**¹ /bǽtə | -tə/ (類音 better, butter) 名 (~s /-z/) C 《野・クリケ》打者, バッター; [前に形容詞をつけて] 打つのが…の人: the ~'s box バッターボックス, 打席. 日英比較「バッターボックス」は和製英語.

*****bat·ter**² /bǽtə | -tə/ (類音 better, butter) 動 (**bat-**

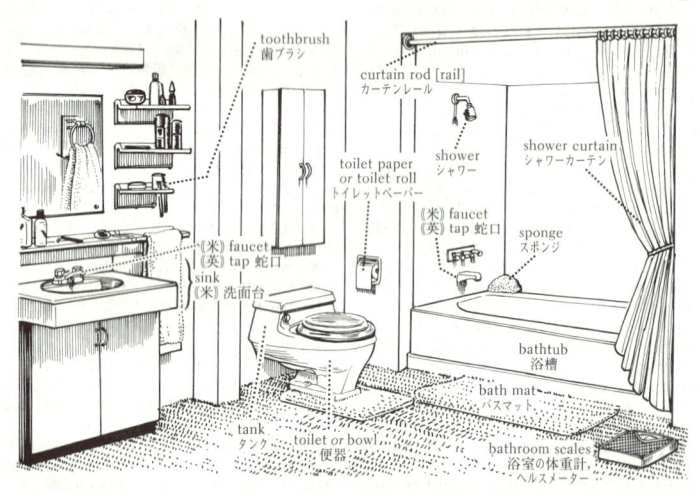

---

bathroom illustration labels: toothbrush 歯ブラシ; curtain rod [rail] カーテンレール; shower シャワー; shower curtain シャワーカーテン; toilet paper or toilet roll トイレットペーパー; 《米》faucet 《英》tap 蛇口; sink 《米》洗面台; sponge スポンジ; bathtub 浴槽; bath mat バスマット; tank タンク; toilet or bowl 便器; bathroom scales 浴室の体重計, ヘルスメーター

bathroom

ters /-z/; bat·tered /-d/; -ter·ing /-təriŋ, -triŋ/)
㊙ 1 ⟨…⟩を続けざまに打つ,乱打する;⟨妻・子供など⟩を(長期にわたって)殴(ǎ)る,虐待する: baby ~ing 幼児虐待. 2 ⟨…⟩をたたきつぶす (down); ⟨…⟩をたたいて—の形にする (to). 3 [しばしば受身で] (風雨が)⟨…⟩に打ち当たる; (敗北・批判などが)⟨…⟩を打ちのめす,参らせる. 4 ⟨長く使用して⟩(…)の型をくずす,くたびれさせる. — ㊀ 続けざまに打つ,乱打する (at, on, against).

bat·ter³ /bǽṭɚ| -tə/ 图 Ⓤ,Ⓒ (牛乳・鶏卵・小麦粉などの)ねり粉(パンケーキなどフライの衣にする).

bat·tered¹ /bǽṭɚd | -təd/ 形 1 虐待された: a ~ wife 夫から暴力をうけた妻. 2 酷使していたんだ,くたびれた: a ~ old car ポンコツ車.

bat·tered² /bǽṭɚd | -təd/ 形 (batter³ をつけて)揚げた: ~ shrimps 海老(ẽ)のフリッター.

bat·ter·ing /bǽṭəriŋ, -triŋ/ 图 [次の成句で] **take a battering** [動] 痛手を受けた,打撃をうける.

báttering ràm 图 Ⓒ (ドアなどの)打ち壊し道具(警官・消防士などが用いる); (昔の城壁破壊用の)破城つち.

*****bat·ter·y** /bǽṭəri, -tri/ (発音 badly) 图 (-ter·ies /-z/)

```
                                  →「砲台」3
「打つこと」4 (☞ bat¹, beat¹)—
                                  →「電池」1
→ (ひと組で力を出すもの)————→
                                  →「野球の)バッテリー」2
```

1 Ⓒ 電池; (車などの)バッテリー: a dry [storage] ~ 乾[蓄]電池 / run on a solar ~ 太陽電池で動く / This ~ is dead [《英》flat]. この電池は切れている. 参考 普通は 2 個以上の電池 (cell) を組み合わせたもの // "Do they have batteries in the drugstore over there?" "Yes, I bought four C[AA] size batteries there a week ago." 「あのドラッグストアでは電池を売っていますか」「はい,一週間前にそこで単2[単3]の乾電池を4本買いました」日英比較 日本語の「バッテリー」は蓄電池をさすのが普通だが,英語の battery は電池一般をさす. 2 Ⓒ 【野】バッテリー (投手 (pitcher) と捕手 (catcher)). 3 Ⓒ 砲台, 砲列, (軍艦の)備砲; 砲兵中隊. 4 Ⓒ ひと組の器具 (of); (同種のものの)一連, (人を圧倒するような)一群 (of): take a ~ of tests (総合的に調べるための)一連のテストを受ける. 5 Ⓒ 《英》バタリー (養鶏場などの一続きの間仕切りした鶏舎). 6 Ⓤ 【法】殴打,暴行. **recharge one's batteries** [動] ㊀ 休んで元気を回復する,「充電」する.

báttery fàrming 图 Ⓤ 《英》バタリー式養鶏.

báttery pàck 图 Ⓒ (ノートパソコン・カメラなどの)バッテリーパック.

Báttery Párk 图 圈 バッテリー公園 (Manhattan 島南端にある公園; 自由の女神へのフェリーの発着場).

bat·ting /bǽṭiŋ/ 图 Ⓤ バッティング, 打撃.

bátting àverage 图 Ⓒ 1 【野】打率: a ~ of .233[.300] 2割3分3厘[3割]の打率 (.233 は two thirty-three, また .300 は three hundred と読む). 2 《米略式》成功率.

bátting càge 图 Ⓒ 【野】バッティングケージ.

bátting òrder 图 Ⓤ 【野】打順.

*****bat·tle** /bǽṭl/ 图 (~s /-z/) 1 Ⓒ (1回の)戦闘, 会戦 (☞ war 類義語): a close ~ 接戦 / a losing ~ 負けいくさ / a street ~ 市街戦 / a propaganda ~ 宣伝戦 / fight a ~ 戦闘を行なう.
2 Ⓤ 戦い, 戦争: Men and women went into ~. 男も女も戦争に参加した / His father was wounded **in** ~. 彼の父は戦争で負傷した.

3 Ⓒ 闘争; (問題解決などの)戦い; 競争: a ~ **for** survival 生存競争 / the ~ **against** cancer 癌(ǎ)との戦い / a ~ **of** wits 知恵くらべ. 語源 ラテン語で「フェンシング」の意. **the báttle of the séxes** [名] 男女両性間の争い. **be hálf the báttle** [動] ㊀ Ⓢ (成

bay 135

功するために)—番肝心な[難しい]ことである. **dò báttle** [動] ㊀ 戦う; 口論する (with, against; about, over). **fight a ... báttle** ☞ fight 成句. **jóin báttle** [動] ㊀ 《格式》交戦する, 争う (with). — [動] ㊀ 1 (困難な状況)をと戦う, 奮闘する; (相手と)競う, 張り合う: ~ against [with] cancer 癌と戦う / ~ for equal rights 平等権を求めて戦う / ~ on 戦い続ける / The government is battling 'to end [against] poverty. 政府は貧困をなくすために戦っている. 2 《文》(戦闘で)戦う, 参戦する. — ㊙ 《主に米》(難題・火災などと)戦う. 格闘する.

báttle-àx, 《英》-àxe 图 Ⓒ 1 (昔の)戦斧(ǎ).
2 (略式)《軽蔑》口やかましい[尊大な]女.

báttle crúiser 图 Ⓒ 巡洋戦艦.

báttle crỳ Ⓒ 1 (闘争・運動の)スローガン. 2 ときの声.

bat·tle·dore /bǽṭldɔ́ɚ | -dɔ́ː/ 图 1 Ⓒ 羽子板. 2 Ⓤ 羽根つき.

báttle drèss 图 Ⓤ 戦闘服, 軍服.

báttle fatìgue 图 Ⓤ 戦闘疲労[神経]症.

*****bat·tle·field** /bǽṭlfìːld/ 图 (-fields /-fìːldz/) Ⓒ 戦場; 闘争の場.

báttle·frònt 图 Ⓒ 戦線; 前線.

⁺**báttle·grònd** 图 Ⓒ =battlefield.

báttle·mènts /bǽṭlmənts/ 图 [複] [the ~] 銃眼付き胸壁.

báttle róyal 图 (複 bat·tles roy·al, ~s) Ⓒ (格式) 大乱戦, 大混戦; 大論戦.

báttle-scárred 形 1 戦傷をうけた; 歴戦を物語る. 2 《米略式》ボロな, オンボロの.

báttle·shìp 图 Ⓒ 戦艦.

báttle stàtions 图 [複] 《米》【軍】戦闘配置 《英》 action stations; [感嘆詞的に] 配置[持ち場]につけ.

bat·ty /bǽṭi/ 形 (bat·ti·er, -ti·est) 《略式》頭の変な.

bau·ble /bɔ́ːbl/ 图 Ⓒ 《普通は軽蔑》安物の宝石; 《主に英》(クリスマスツリーなどの)ぴかぴかした飾り.

baud /bɔ́ːd, bóud/ (複 ~(s)) 图 Ⓒ 【電算】ボー (信号の電送速度の単位).

Baude·laire /bòudəlɛ́ɚ | bóudələɚ/ 图 圈 **Charles-Pierre** /ʃáɚlpjɛ́ɚ | ʃáːlpjɛ́ɚ/ ~ ボードレール (1821-67) 《フランスの詩人》.

báud ràte 图 Ⓒ 【電算】ボーレイト (1 秒間の変調回数を表わす単位).

baulk /bɔ́ːk/ 動 图 《英》 =balk.

Baum /bɔ́ːm; 图/ 圈 **L. Frank** ~ ボーム (1856-1919)《米国の作家; 『オズの魔法使い』の作者》.

baux·ite /bɔ́ːksaɪt/ 图 Ⓤ 【鉱物】ボーキサイト (アルミニウム原鉱).

Ba·var·i·a /bəvé(ə)riə/ 图 圈 バイエルン, ババリア 《ドイツ南東部の州・旧王国; 州都 Munich》.

bawd·i·ly /bɔ́ːdəli/ 副 みだらに.

bawd·i·ness /bɔ́ːdinəs/ 图 Ⓤ ひわいさ.

bawd·y /bɔ́ːdi/ 形 (bawd·i·er, -i·est) みだらでこっけいな, ひわいな.

báwdy hòuse 图 Ⓒ 《古風》売春宿 (brothel).

⁺**bawl** /bɔ́ːl/ 動 ㊀ わめく, どなる (out); 泣き叫ぶ. — ㊙ ⟨…⟩を[と]どなって言う (out). **báwl óut** [動] ㊙ (略式, 主に米) ⟨…⟩をしかり飛ばす. — 图 Ⓒ わめき声.

*****bay**¹ /béɪ/ (同音 bait, bay²) 图 (~s /-z/) Ⓒ 湾, 入り江 (略 B.): Tokyo B~ 東京湾.

bay² /béɪ/ 图 Ⓒ 1 (建物の)区画; (部屋・建物の)引き込み, 外への張出し: a parking ~ (店などの)駐車場. 2 (飛行機の胴体の隔室, 倉(ǎ): a cargo ~ 荷物室. 3 【建】格間(ǎ).

bay (普通は小さい湾)	湾
gulf (普通は大きい湾)	

bay³ /béɪ/ 名 [U,C] **1** 犬の遠ぼえ; (猟犬が獲物を追うときの)ほえ声. **2** 窮地. **be [stánd] at báy** [動] 自 追い詰められている, 窮地に立っている. **bríng ... to báy** [動] 他 ⟨...⟩を追い詰める. **hóld [kéep] ... at báy** [動] 他 寄せつけない. (大きな犬が獲物を追ってほえる; ほえる (at) (☞ cry 表 hound). **2** (人が)叫ぶ, 強く要求する (for). **báy at the móon** [動] 他 むだなことをする. **báy for (...'s) blóod** [動] 自 (英) (人々が)(...の)破滅を求める, (...を)血祭にあげようとする.

bay⁴ /béɪ/ 名 [C] =bay tree.
bay⁵ /béɪ/ 形 くり毛の. — 名 **1** [C] くり毛の馬. **2** [U] 赤茶色.

Báy Àrea 名 自 [the ~] ベイエリア《米国 San Francisco 湾岸の地域》.
Báy·er /béɪɚ | béɪə/ 名 自 バイエル《ドイツの薬品会社》.
Bá·yeux tápestry /béɪjuː- | bá:jə-/ 名 自 [the ~] バイユーのタペストリー《11–12 世紀ごろのタペストリーで Norman Conquest の模様を織り出したもの》.
⁺**báy lèaf** 名 [C] (乾燥した)月桂樹の葉, ベイリーフ《料理の香味用》.
⁺**bay·o·net** /béɪənɪt, -nèt/ 名 [C] 銃剣. — 動 他 ⟨...⟩を銃剣で突く. — 形 A (電球・レンズなどの取付け方)押し回し式の.
bay·ou /báɪuː, báɪoʊ | báɪ(j)uː/ 名 [C] (米国南部の)川・湖・湾の沼のような入り江.
Bay·reuth /baɪrɔ́ɪt, -rɔ́ʊt/ 名 自 バイロイト《ドイツ Bavaria 州の都市; Wagner 音楽祭の開催地》.
Báy Stàte 名 [the ~] 湾州, ベイステート《米国 Massachusetts 州の俗称》.
báy trèe 名 [C] 月桂樹 (laurel).
Báy·watch /béɪwɑtʃ, -wɔ̀:tʃ | -wɔ̀tʃ/ 名 自 「ベイウォッチ」《水難救助員を扱った米国のテレビドラマ》.
báy wíndow 名 [C] 張り出し窓, 出窓.
⁺**ba·zaar** /bəzɑ́ɚ | -zɑ́:/ 名 [C] **1** バザー, 慈善市《教会・病院などの催しもの》: a charity ~ チャリティーバザー. **2** (東洋諸国の)商店街, (路頭に商品を並べた)市場, バザール. 語源 ペルシャ語で「市場」の意.
ba·zoo·ka /bəzúːkə/ 名 [C] 《軍》バズーカ砲《対戦車用携帯ロケット砲》.

bay window

⁎**BBC** /bíːbìːsíː/ 名 **1** [the ~] 英国放送協会, ビービーシー《British Broadcasting Corporation の略》. **2** [形容詞的に] ビービーシーの: on ~ **1** ビービーシーテレビの第 1 チャンネルで(放映されて).
BBC Énglish 名 [U] 《英》BBC 英語《BBC のアナウンサーが使うとされるイギリスの標準英語[発音]; ☞ Received Pronunciation, つづり字と発音解説 1》.
BB gún /bíːbìː-/ 名 [C] 《米》エアガン, 空気銃《英》air gun《BB と呼ぶ 0.44 センチの弾丸を用いるところから》.
bbl 略 =barrel 2.
bbls 略 =barrels (bbl の複数).
BBQ /bɑ́ːbɪkjùː | bɑ́ː-/ 略 =barbecue.
BC /bíːsíː/ 略 =British Columbia.
⁎**B.C., B.C.** /bíːsíː/ 略 紀元前...《before Christ の略》. 語法 年号や世紀の数字の後に置く: Julius Caesar was born in 100 (B.C.) and died in 44 B.C. ユリウス・カエサルは紀元前 100 年に生まれ 44 年に死んだ. 関連 A.D. 西暦....
bcc /bíːsíːsíː/ 略 《電算》blind carbon copy《電子メールで, 本来の宛先に送付(先)を知らせずに送付する写し》.
BCE /bíːsíːíː/ 略 《主に米》紀元前...《before the Common Era の略; B.C. と同じように用いられる; ☞ B.C., C.E.》.

⁎**be**¹ /(弱) bi; (強) bíː/ (同音 #bee; 類語 beak, beat, beep) 動 自 《語形変化は次ページ下の表を参照》.

| ① ...である, ...になる. | A 1 |
| ② [存在を示して] (...に)ある, (...に)いる | A 2 |

A

語法 原形の be の形で用いるのは次のような場合だけで, そのほかはそれぞれ語形変化した形で現われる.
(1) 助動詞の後: It must be true. それは本当に違いない《★ Be seeing you! (ではまた)では I'll が省略されている》.
(2) 不定詞のとき: Make sure to be there at ten. 10 時には必ずそこにいなさい[来なさい].
(3) 命令文のとき: Be careful! 気をつけなさい. ただし, 打ち消しの命令文, 強調の命令文では be の場合には助動詞 do を用いる《☞ do¹ 1, 3 語法 (3); imperative mood 文法 (3)》: Don't be a fool! ばかなまねはすな / Do be quiet! どうか静かにしてくれ.
(4) 仮定法現在時制で《☞ B》.

1 ...である, ...になる《☞ copula 文法》: She will be a college student next spring. <V+C (名・代)> 彼女は来春は大学生になる / "I'm right." "Oh, you are [are you]?" <V+C (形)>「私は正しい」「ああ, そうかい」 語法 第 2 の文には right が省略されている // Be kind to old people. お年寄には親切にしなさい / Tomorrow's Sunday, isn't it? 明日は日曜日でしょう《☞ tag question 文法》 / Seeing is believ**ing**. <V+C (動名)>《ことわざ》見ることは信ずること《百聞は一見にしかず》 / To be right is to be strong. <V+C (to 不定詞)> 正しいということは強い / This book is of great interest to us. <V+C (前+名)> この本は我々にとって大変興味がある / What time is it? <V+C (名)> 何時ですか / This letter**'s** for you. <V+C (前+名・代)> この手紙は君あてだ / What is he going to be in the future? <V+C (名・代)> 彼は将来何になるつもりだろう / The question is not how to speak, but what to say. <V+C (wh 句)> 問題はどう話すかではなく, 何を言うかである / All I want to know is what he is going to do next. <V+C (wh 節)> 私が知りたいのは次に彼がどうするかということだけだ / The reason (why) she didn't go was that she didn't like him. <V+C (that 節)> 彼女が行かなかった理由は, 彼が好きでなかったからだ.

2 (1) [存在を表わす] (もの・事が...に)ある, (人・動物が...に)いる, 存在する: Whatever is, is right. (今)存在しているものはすべて正しい / To be or not to be, that is the question. 生きるべきか死ぬべきか, それが問題だ《Hamlet のせりふ》. 語法 この意味では there +be ... の文型を用いるのが普通《☞ there¹》: There is a book on the desk. 机の上に本が 1 冊ある / There is neither air nor water on the moon. 月には空気も水もない.
(2) [副詞(句)を伴って存在の場所を示す] (...に)いる, (...に)ある, [特に be または形で] (...へ)行く[来る]《☞ been¹ 動》: "Where were you?" "I was in the garden." <V+前+名・代>「どこにいたの?」「庭にいました」 / The station is a mile away. 駅は 1 マイル先です / I'll be at the corner at five. 5 時に角のところにおります / Please be here by seven this evening. 今晩 7 時までにここへおいで下さい / You will have an appetite no matter where you are. 君はどこにいても食欲はある.
(3) 行なわれる: The next meeting will be on Monday. 次の会議は月曜日に行なわれる / The concert was last night. 演奏会は昨夜だった.
(4) とどまる, 居続ける: I'll be here until May. 私は 5

月までここに滞在する.
(5) [出席する, 参加する]：He *wasn't at* school yesterday. 彼はきのう学校を休んだ.
(6) [到着・出発点などを示す副詞(句)とともに] 立ち去る；着く：I'd better *be* on my way. そろそろおいとまします / He *is* from Italy. 彼はイタリアから来た.
(7) [完了形で] 行く, 来る：I've never *been* to Europe. 私はまだヨーロッパに行ったことがない.
(8) [原形不定詞で] そのままでいる：If your mother is sleeping, let her *be*. 寝ているのならお母さんは(起こさず)そのままにしておきなさい.

B [仮定法現在形] 文法 対応する過去形は were¹.
1 [文] ((亞 subjunctive present 文法 (1)-(2)) (1) [仮定・条件を表わす節で]：*If* they *be* innocent, they must be set free. もし彼らが無罪なら彼らは解放されるべきだ. (2) [譲歩を表わす節で]：*Be* it ever so humble, there's no place like home. どんなにしがない家でも家庭ほどよい所はない《イングランドの民謡 *Home, Sweet Home* の一節；(亞 inversion 文法 (1) (ix)》. (3) [願望・祈願を表わす節で]：God *be* with you. 神の御加護があらんことを《(亞 good-bye 語源)》.
2 [命令・決定・提案・主張などを表わす動詞に続く that 節で] ((亞 subjunctive present 文法 (3)) [言い換え] I demand *that* the Principal *be* present. (=[英]) I demand *that* the Principle 「*should be* [*is*] present. 私は校長の出席を要求する.

bé that as it máy [副]《格式》たとえそうだとしても, それはそれとして.
that [[英式]**as**] **wás** もとの..., 旧姓...：Miss Brown *that* [*as*] *was* かつてのブラウン嬢.

be² /(弱) bi; (強) bí:/ 同音 #bee; 類音 beak, beat, beep) 動 (語形変化は表を参照)

① [進行形で] …しているところだ; …するはずだ **A 1**
② [受身で] …される; …されている **B**

A ((亞 be¹ **A** 語法) [be＋現在分詞で進行形を表わす]

文法 **進行形** (progressive form)
現在・過去・未来のある時点において動作が進行・継続中

be 137

であるか, または未完了であることを表わす. ＜助動詞 be＋動詞を表わす動詞 ((亞 dynamic verb 文法) の現在分詞＞ の形をとる. be が現在形の am, are, is であれば現在進行形, be が過去形の was, were であれば過去進行形, be の原形 will また shall がつけば未来進行形となる. 動詞の中には進行形にできる動詞とできない動詞がある. 一般に動作を表わす動詞, すなわち, walk, run, eat, read, write などは進行形になる. それに対して状態を表わす動詞 ((亞 static verb 文法), すなわち, belong, believe, doubt, forget, have, like, love, remember, see, suppose, taste, want, wish などは普通進行形にはなりえない. ただし下の **1** (3) と次ページ (4) を参照. ★進行形としては用いない動詞はこの辞書では[進行形なし]と表示してある.

1 [現在進行形]
(1) [現在進行中の動作] …している(ところだ), …している最中である：Father *is* watching television now. 父は今テレビを見ています / The stationmaster *is* explaining the cause of the accident. 駅長が事故の原因を説明しているところだ (説明はまだ終わっていない).
(2) [近い将来の予定；通例未来を表わす副詞語句を伴う] (もうすぐ)…するはずだ, (近く)…するつもりだ：We *are going* to Tokyo next week. 私たちは来週東京へ行く予定だ / What *are* you *doing* tonight? 今晩は何をするつもりですか / I *am* starting work tomorrow. 私はあすから仕事を始めようと思っている. ★この文は, 例えば今まで病気で仕事ができなかったり, 新しく就職が決まって張り切っていることを暗示することが多い. I start work tomorrow. (私はあすから仕事を始める)は単にあすが仕事の開始日であることを示すだけ.
(3) [現在における反復的な行為：always, constantly, forever などの副詞と用いて] いつも…してばかりいる, しょっちゅう…している：This door *is always* squeaking. この戸はしょっちゅうきしんでいる / You *are always* doubting my words. あなたはいつも私のことを疑っています.
★この用法では非難の気持ちが含まれることが多い. 最初

be¹·² の語形変化

		直 説 法			仮定法		命令法
		現 在 形	短 縮 形*	過 去 形	現在形	過去形	
一人称	単数	(I) am /(弱)(ə)m; (強) ǽm/	I'm /aɪm/	(I) was /(弱) wəz; (強) wáz | wɔ́z/	be	were	be /bíː/
	複数	(we) are /(弱) ə | ə; (強) áə | áː/	we're /wɪːə | wɪːə/	(we) were /wə | (強) wə́ː | wə́ː/			
二人称	単数 複数	(you) are	you're /juːə | juːə/	(you) were			
三人称	単数	(he, she, it および 名代 の単) is /(弱) ɪz, (/z, ʒ, dʒ/ 以外の有声音の後では) z, (/s, ʃ, tʃ/ 以外の無声音の後では) s; (強形) íz/	he's /hiːz/, she's /ʃiːz/, it's /ɪts/, Tom's /támz | tɔ́mz/ など	(he, she, it および 名代 の単) was			
	複数	(they および 名代 の 複) are	they're /ðeɪə | ðeɪə/ など	(they および 名代 の 複) were			
過去分詞		been /(動)(弱形) bɪn; (強形) bíːn | bíːn/ /(助)(弱形) bɪn/			*短縮形については (亞 contracted form 文法 (2) (i).		
現在分詞 動名詞		being /(動) bíːɪŋ/ (助)(弱形) bìːɪŋ/					

の文を This door squeaks. (この戸はきしむ)と比較せよ. また次の2つの文も比較せよ: My father often *loses* his umbrella. 私の父はよく傘をなくす / My father *is always losing* his umbrella. 私の父は傘をなくしてばかりいる (☞ stative verb 語法).
(4) [状態などを表わす 文法]とともに用いて, 一時的な状態や状態の連続を強調したり, 話し手の強い感情や関心を表わす]: How *are* you *liking* your new job? 新しい仕事はどうですか / Well, I'm *warning* you. いいか, 警告しておくぞ / Dear me, I'm *forgetting* my bag! おやおや, かばんを忘れるところだった.

2 [過去進行形]
(1) [過去進行中の動作] …していた(ところだ), …していた最中だった: When I called on her, she *was taking* a bath. 私が訪問したときには彼女はふろに入っていた / It *was raining* heavily when I got up this morning. けさ私が起きたときにはひどい雨だった.
(2) [過去のある時点から見た近い将来の予定] [もうすぐ]…するつもりだった: I *was leaving* town the next day. 私は翌日町を出発する予定だった.
(3) [過去における反復的な行為] いつも…してばかりいた: He *was* always *quarreling* with his brother. 彼はいつも兄[弟]と口論していた.

3 [未来進行形] [<will [(英) ではまた shall]+be+現在分詞> の形で]: We *will be flying* over the Pacific at this time tomorrow. 明日のこの時間には私たちは太平洋の上を飛んでいるだろう / She *will* still *be staying* at the same hotel next month. 彼女は来月にもやはり同じホテルに泊まっているでしょう (★ この文は未来の予想される事態を表わして「泊まります」の意味にもなる).
★ 未来進行形は単なる未来時制よりも親しみやくだけた調子, または丁寧さを表わすことがある: I'll *be seeing* you. さようなら, また会いましょう (親しみ) / When *will* you *be visiting* us? いついらっしゃいますか (丁寧).

4 [<have [had]+been+現在分詞> の形で現在[過去]完了進行形を表わす] [詳しくは ☞ been² 1].

B [be+他動詞の過去分詞で受身を表わす]

1 [受身の動作] …される: The mouse *was chased* by the cat. そのねずみは猫に追いかけられた (★ The cat *chased* the mouse. の受身).

2 [受身の状態] …されている: The gate *was closed* when I came. 私が来たときには門は閉まっていた.

文法 **受動態または受身** (passive voice)
普通は主語が動作の主体からある動作・働きなどを受けることを表わす動詞の形をいう. 能動態に対する.
(1) 受動態は普通は <助動詞 be+過去分詞> の形で表わされる.

John *loves* Mary.　　　　　　　　[能動態]

Mary *is loved by* John.　　　　　　[受動態]
上の図でわかるように, 受動態では能動態の目的語が主語となり, 能動態の主語は受動態では普通は by … 以下で表わされるが, at …, with … などで表わされる動詞がある (☞ surprise 他 1 語法 (2), cover 他 2). 従って受動態をとりうる動詞は他動詞に限られる. また受動態には, 用いられる動詞の意味によって「受身の動作」を表わす場合と, 動作の結果, つまり「受身の状態」を表わす場合との2つがある: John *was praised by* the teacher. ジョンは先生からほめられた [動作] / He *is known to* everybody. 彼は皆に知られている [状態].
同じ動詞が両方に用いられることもある. 上の B 2 の例と比較せよ: The gate *was closed* at ten by the police. 門は 10 時に警察によって閉められた [動作].
★ 動作の受動態であることをはっきり示すために助動詞 be の代わりに get や become などを用いて受動態をつく

ことがある (☞ get 自 3, become 自 語法 (1)): She *got married* last year. 彼女は去年結婚した / He *became known* to everybody. 彼はみんなに知られるになった.
受動態の文は動作の主体よりも動作を受けるもののほうに関心がある場合や, 次の (2) (iv) のように動作の主体が漠然としていたり不明であったり特に示す必要のない場合などに用いる.
(2) 受身の文をつくるときの注意.
(i) 直接目的語のほかに間接目的語をとる動詞を含む文, つまり <V+O (名・代)+O (名・代)> の文型の文では, 間接目的語が to で言いかえられるときには直接目的語を主語とする文と間接目的語を主語とする文との2通りの受動態の文ができることが多い: My uncle *gave me a camera* as a birthday present. おじは誕生日の贈り物として私にカメラをくれた → A camera *was given* me by my uncle as a birthday present. [直接目的語が主語], I *was given* a camera as a birthday present by my uncle. [間接目的語が主語] (☞ give 他 1 語法 (1)).
(ii) 不完全他動詞の場合, つまり <V+O (名・代)+C (名・形)> の文の場合には能動態の文の補語はそのままの位置に残る: He *made* his mother happy. 彼は母親を幸福にした → His mother *was made* happy by him.
(iii) <自動詞+前置詞> または <他動詞+名詞+前置詞> が1つの他動詞と同じ意味を持つ場合にはこの形をまとめて1つの他動詞と同じように扱って受動態をつくることがある: Everybody *laughed at* him. 皆が彼を笑った → He *was laughed at* by everybody. / He *took care of* the dog. 彼は犬の世話をした → The dog *was taken care of* by him.
(iv) 動作の主体が漠然とした一般の人々を表わす場合や, 動作の主体を特に述べる必要のない場合には by … 以下は省略される: They speak Spanish in Mexico. メキシコではスペイン語を話す → Spanish *is spoken* in Mexico. / He *was killed* in World War II. 彼は第二次世界大戦で戦死した ([この場合は動作の主体が不明, または述べる必要がないから]) / His house *was burnt down* last night. 彼の家は昨夜全焼した.
(v) 命令文の受身に相当するものとして次のように let を用いることがあるが, 堅苦しい言い方で普通ではない (☞ let² 他 1 (2)): Open the door. ドアを開けなさい → Let the door *be opened*.
(vi) 他動詞の中にも以下の意味では受身に用いられないものがある: become …に似合う, bet (金を)賭ける, cost (費用が)…かかる, escape 逃れる, have 持っている, hold 収容する, involve 含む, lack 欠く, last (ある期間)…に間に合う, marry …と結婚する, resemble …に似ている, slip 滑らせる, stand 我慢する, suit …に似合う.
句動詞として記述する <動詞+副詞> で他動詞として働くものも同様で, 次のような例は受身には用いない: have around 手近に置く, have on 身につけている, make out 理解する. 参考 (1) この辞書ではこうした場合主なものは「受身なし」と表示している. (2) 句動詞の中にも前置詞を伴う look after … のような結合については巻末の解説「III 句動詞とその型」の末尾参照.
★ 完了形の受動態については ☞ been² 2.

C [be+to 不定詞で] ☞ be to の項目.

D [be+自動詞の過去分詞で] (古語) …した, …している: Winter *is gone* and spring *is come*. 冬が去り春が来た.

語法 これは運動や変化を表わす come, go, arrive, rise, fall, set, grow などの場合に限られた古風な言い方; 完了の「状態」や「結果」に重きを置き, 過去分詞は形容詞的となる.

E [仮定法現在形] ★ (1) 対応する過去は were². (2) 用法は ☞ subjunctive present 文法.

be- /bɪ, bə/ 接頭 1 [名詞・形容詞につけて他動詞をつくる] 「…にする, …として待遇する」などの意: befriend …の力になる / belittle …を見くびる. 2 [自動詞につけて他動詞をつくる]: bemoan …を悲しむ. 3 [(文)「…を持った, …で飾った」の意]: bespectacled 眼鏡をかけた. 4 「全く, すっかり」の意: beset …につきまとう / bestrew …をまき散らす.

*beach /bíːtʃ/ (同音 beech) 名 (~·es /-ɪz/) C 1 浜辺, いそ, 浜, 波打ち際, なぎさ (☞ shore) 類義語: They walked in the sand on the ~. 彼らは浜辺の砂の上を歩いた.
2 海水浴場, 海岸地帯: I spent my vacation at the ~. 私は休暇を海水浴場で過ごした.
— 動 他 (船・鯨などを)浜辺に引き上げる. — 自 (船・鯨などが)浜辺に乗り上げる.

béach báll 名 C ビーチボール.
béach bùggy 名 C 砂浜用の自動車《タイヤが特に大きい》((米) dune buggy).
béach bùm 名 C (略式) 一日中海辺で遊ぶ者.
béach bùnny 名 C (米略式) 海辺によくいるかわいい女の子, ビーチギャル.
béach chàir 名 C (米) ビーチチェア, (特に浜辺用の)デッキチェア ((英) deckchair).
beach·comb·er /bíːtʃkòʊmɚ | -mə/ 名 C (生活目的・趣味などで)海岸の漂着物を拾う人.
béach·frònt 名, 形 (米) 浜[海辺]沿いの(地), 浜辺にある[隣接した](土地).
béach·hèad 名 C (軍) 上陸拠点, 橋頭堡(ほきょうほ).
béach umbrèlla 名 C (米) ビーチパラソル. 日英比較 「ビーチパラソル」は和製英語.
béach vòlleyball 名 U ビーチバレー.
beach·wear /bíːtʃwèɚ | -wèə/ 名 U ビーチウェア《海水着やその上からはおるもの》.

***bea·con** /bíːk(ə)n/ 名 1 信号灯, 航空標識の灯, 信号塔, 灯台: an aerial ~ 航空標識. 2 無線標識(所) (radio beacon). 3 (主に文) 指針[手本]となる人[物]. 4 (昔の) かがり火, のろし.

***bead** /bíːd/ 名 C 1 ビーズ, じゅず玉. 2 [複数形で] じゅず玉, じゅず (rosary); 首飾り. 3 (露・汗・血の)玉, しずく: ~s of sweat 玉の汗. 古 (期)英語で「祈り」の意. じゅずを祈りのときに用いたので. **dráw [gét] a béad on** … 動 他 …をねらう. 由来 銃の照星 (bead) を向けてねらいをさだめる, の意.
béad·ed /-dɪd/ 形 1 玉で飾った; 玉縁の. 2 (露・汗などの)玉となった: be ~ with sweat 玉のような汗をかいている.
béad·ing /-dɪŋ/ 名 U,C ビーズ飾り; (建) 玉縁(たまぶち).
bea·dle /bíːdl/ 名 C (英) 1 (昔, 教会の雑務をした) 教区吏員. 2 (教会・学寮の) 典礼係.
bead·y /bíːdi/ 形 (bead·i·er, more ~; bead·i·est, most ~) [普通は軽蔑] (目が)小さく[鋭く]丸く光る (鳥の目のように). **háve [kéep] one's béady éye(s) on** … 動 他 軽蔑 …をじっと見つめる.
bea·gle /bíːgl/ 名 C ビーグル犬 (☞ dog 挿絵).
Bea·gle /bíːgl/ 名 固 [the ~] ビーグル号 (Darwin が使用した調査船).

***beak**¹ /bíːk/ 名 C 1 くちばし; くちばし状の物. 語法 bill と区別して猛禽(もうきん)類のくちばしに用いられることが多い ((☞ bill¹ 表). 2 (滑稽) かぎ鼻, わし鼻.
beak² /bíːk/ 名 C (古風, 英) 1 治安判事 (magistrate). 2 牧師先生, 校長.
béaked 形 [普通は合成語で] くちばしの, (…の形)のくちばしをした.
bea·ker /bíːkɚ | -kə/ 名 C 1 (化学実験用の)ビーカー. 2 (広口の)大型コップ [ビーカー] 1杯の量 (of).

bean 139

bé·àll and énd·àll 名 [the ~] (…にとっての)すべて, 最も重要なもの (of).

***beam** /bíːm/ (同音 bean, being¹,²,³)

「梁(はり)」3 → (梁のように真っすぐなことから) → 「光線」1 → 「輝き」2 → 「輝く」動

— 名 (~s /-z/) C 1 光線 (ray より幅が広いか ray が集まったもの); 光束, 光の帯: a ~ of light 一条[一筋]の光 / a ~ of hope 希望の光 / a laser ~ レーザー光線. 関連 sunbeam 日光.
2 (顔などの)輝き, 笑顔, 晴れやかさ: with a ~ of delight うれしそうな笑顔で.
3 けた, 梁(はり), 横木; (船の甲板を支える)梁材; 船幅. 4 (体操の)平均台.
5 天秤(てんびん)ばかりのさお (☞ balance 挿絵). 6 (無電) 信号電波, 方向指示電波, ビーム. **bróad in the béam** 形 (略式) 尻の大きい. **òff (the) béam** 形・副 (略式) 方向がそれた[て]; 間違った[て]. 由来 信号電波からそれた[て], の意. **òn the béam** 形・副 (略式) 正しい方向の[に]; 正しい[く]. 由来 信号電波にのった[て], の意.
— 動 (beams /~z/; beamed /-d/; beam·ing) 自 1 ⓦ (晴れやかに)にっこり笑う, (うれしさに)顔をほころばす: She ~ed at her friends. <V+at+名・代> 彼女は友達ににこやかにほほえみかけた.
2 [副詞(句)を伴って] (太陽などが)輝く, 光[熱]を発する: The sun ~ed brightly. 太陽は明るく輝いていた.
— 他 1 [副詞(句)を伴って] (映像・信号などを)送る, 向ける (across, to): The Olympics were ~ed to households around [all over] the world. オリンピックは世界の家庭に向けて放送された. 2 (光を)発する, 放つ. 3 ⓦ にこやかに (…)を表わす: ~ a cheerful welcome にこやかに迎える. 4 [時に ~ up として] [しばしば滑稽] (人を)急いで救出する; [~ down として] (人を)急いで降ろす (SF テレビドラマ「スタートレック」のせりふから).

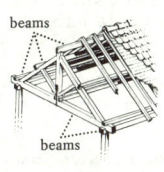

beamed /bíːmd/ 形 けた[梁(はり)]のある.
béam-ènds 名 [次の成句で] **on one's béam-énds** 副 (古風, 英) 金に困って.
Beam·er /bíːmɚ | -mə/ 名 C (S) BMW の車.

***bean** /bíːn/ (同音 (英) *been) 動 (甜音 beam, being¹,²,³) 名 (~s /-z/) C 1 豆; そら豆 (broad bean), いんげん豆 (kidney bean), (豆の)さや (pod): green ~s (青い)さやいんげん.

bean	(くぼみのある楕円(だえん)形)	
pea	(球形)	豆
lentil	(平たい円形)	

2 C (豆に似た)実(のなる植物): coffee ~s コーヒー豆.
3 [a ~; 普通は否定文で] (略式, 主に英) わずかのお金: haven't got a ~ 一文なしだ. 4 C (米略式) 頭, 脳みそ.
a híll of béans 名 (S) (米略式) わずかな価値のもの: not worth a hill of ~s 少しも価値がない / It doesn't amount to a hill of ~s. 取るに足りない. **fúll of béans** 形 (略式) (人が)元気一杯で. **nót knów béans** 動 自 (米略式) (…のことは)全く知らない (about). **óld béans** 名 (呼びかけは) (古風, 英) やあ君. **spíll the béans** 動 自 (略式) うっかり秘密を漏らす. 由来 豆をばらまいてしまう, の意.

—［動］⦅他⦆⦅略式⦆〈…〉の頭に物[野]ビーンボール]をぶつける.

béan・bàg ［名］ C 1 (プラスチック片を詰めた)大型のクッション. 2 お手玉《日本でのような遊びのほかに穴のあいた板に向かって投げたりする》. U お手玉遊び.

béan・bàll ［名］ C ⦅野⦆ビーンボール.

béan cóunter ［名］ C ⦅略式, 軽蔑⦆(もうけにしか関心のない)数字屋, 経理屋《会計係・経理担当など》.

béan cùrd ［名］ U 豆腐 (tofu).

bean・e・ry /bíːnəri/ ［名］ C ⦅米略式⦆大衆食堂.

béan fèast ［名］ C ⦅古風, 英略式⦆パーティー, お祝い.

bean・ie /bíːni/ ［名］ C 1 ⦅米⦆ビーニー帽《頭の後ろをおおう小さな縁なし帽》. 2 =beanie baby.

béanie bàby ［名］ C ⦅米⦆ビーニーベイビー《アメリカで人気のあるぬいぐるみ; 商標》.

bean・o /bíːnou/ ［名］(~s) C =bean feast.

béan・pòle ［名］ C ⦅略式, 滑稽⦆ひょろ長い人.

béan spròuts ［名］［複］もやし《食用》.

béan・stàlk ［名］ C 豆の茎; Jack and the B~『ジャックと豆の木』《童話の題名》.

Bean・town /bíːntàun/ ［名］ 固 豆の町, ビーンタウン《ボストンの俗名》.

bear¹ /béə | béə/ ⦅同音⦆bare; ⦅類音⦆beer) **12 ［動］ (bears /~z/; 過去 bore /bɔ́ə | bɔ́ː/; 過分 borne /bɔ́ən | bɔ́ːn/ (⇨ 6 語法, born); bearing /béə(ə)rɪŋ/)

```
                    →「身につける」3 →「心に持つ」5
「運ぶ」2 →  (重さを)「支える」4 →「耐える」1
                    (もたらす) →「生む」6
```

—［他］ 1 ⦅苦痛・不幸など⦆に**耐える**, 我慢する, 辛抱する (⇨ 類義語). 語法 can [could] とともに否定文・疑問文に用いられることが多い: *Can* Meg ~ her sorrow? メグは悲しみに耐えられるだろうか / She *could* not ~ the thought of losing her only son in the war. 彼女は一人息子を戦争で失うという考えに耐えられなかった / He *could* not ~ *to* see the scene. <V+O(to不定詞)> 彼はその光景を見るのに耐えられなかった / Some people *cannot* ~ travel*ing* by sea. <V+O(動名)> 海の旅に耐えられない人もいる / 言い換え She *couldn't* ~ his [him] be*ing* away.=She *couldn't* ~ it for him *to* be away.=She *couldn't* ~ it when he was away. 彼女は彼がそばにいないことに耐えられなかった. 語法 it は (for …) to または when 以下を受ける形式目的語 // Listening to the old man's story was more than we *could* ~. 老人の話を聞くことは我々には耐えられないほどのものであった.

2 ⦅文⦆〈…〉を**運ぶ**, 持って[連れて]行く, 〈伝言など〉を伝える; 〈風などに乗せて〉〈…〉を運ぶ (⇨ carry 類義語): His shoulders can ~ a heavy load. 彼の肩は重い荷を担ぐことができる / They *bore* him in on a stretcher. 彼らは彼を担架で運び入れた.

3 ⦅武器・印など⦆を**身につける**, 持っている; 〈日付・署名などの記載がある〉; 〈関係・称号・名声などを持つ〉: ~ arms 武器を持つ / This letter ~s a British stamp. この手紙には英国の切手がはってある / The tombstone *bore* the date 1902. その墓石には1902年の日付があった.

4 ⦅重さ⦆を**支える**, 〈重い物〉を担う; ⦅格式⦆〈費用・責任など〉を持つ, 負担する; 引き受ける (⇨ burden 語源): The board is strong enough to ~ his weight. その板は彼の体重を支えるだけの強さがある / ~ the expenses その費用を持つ.

5 ⦅普通は否定文⦆を**心に持つ**, 〈恨みなど〉を抱く: I ~ a grudge *against* [*toward*] him. <V+O+*against* [*toward*]+名・代> 私は彼に恨みを抱いている / She bore

him no hatred. <V+O+O> 彼女は彼に対して何の憎しみも抱いていない.

6 ⦅子⦆を**生む**; ⦅実⦆を結ぶ; ⦅格式⦆〈母親・雌が〉〈子〉を産む, 〈女性が〉〈男性との間に〉〈子〉をもうける (⇨ birth 語源): The bonds ~ 6 percent interest. その債券は6分の利子がつく / This tree ~s a lot of apples. この木には多くのりんごがなる / She *bore* him three children. <V+O+O> 彼女は彼との間に3人の子供を産んだ.

──
語法 普通に「生まれた」の意味を表わす場合には be born を用いる (⇨ born 語法). しかし, 能動態の完了形のときと後に by が続いて受身の意味のときには過去分詞 borne が用いられる: I *was born* in 1962. 私は1962年に生まれた / She has *borne* several children. 彼女は数人子供を産んだ (★ She has had several children. のほうが普通) / Margaret *was borne by* the queen. マーガレットは王妃の産んだ子であった (★ Margaret was *born to* the queen. のほうが普通).
──

7 ⦅普通は否定文⦆〈…〉を受けるに適する[耐える], 許す (allow): The consequences of his possible failure don't ~ thinking about. 彼が失敗したらどうなるかなんて恐ろしくて考えられない.

──［自］ 1 実がなる; 子を産む: This apple tree ~s well. このりんごの木はよく実がなる. 2 ［副詞(句)を伴って］進む, 向かう: ~ (*to*) *the*) left 左へ曲がる / B~ (*to*) *the*) south until you reach the river. 川に着くまで南へ進みなさい. 3 [**be bórne in on ...**] ⦅文⦆〈好ましくない事実など〉が…にはっきり認識される. **béar onesélf** ［動］［自］［副詞(句)を伴って］⦅格式⦆身を処する, ふるまう: He *bore* himself well at the ceremony. 彼はその式典で堂々とふるまった. **bríng ... to béar on** ──［動］［他］⦅格式⦆〈圧力など〉を…に加える; 〈…〉を…に向ける, 応用する.

──── **bear¹ の句動詞** ────

béar dówn ［動］［自］ 1 大いに努力する. 2 圧力を加える (*with*). ──［他］⦅格式⦆〈敵〉を倒す; 〈抵抗・反対〉に打ち勝つ.

béar dówn on [upòn] ... ［動］［他］ 1 …を圧迫する, 押える. 2 (船・人などが)…にずんずん迫る, 接近する. 3 …を厳しく罰する.

***béar on [upòn] ...** ［動］［他］ 1 ⦅格式⦆…に関係 [影響] がある: What you say does not ~ *on* our problem. あなたの話は私たちの問題とは関係がない. 2 …にのしかかる, …を圧迫する.

béar óut ［動］［他］〈人の意見など〉を支持する, 確証する.

***béar úp** ［動］［自］ がんばる, へこたれない (*against, under*): She *bore* up well *under* unfavorable circumstances. 彼女は不利な環境にあってがんばった.

béar with ... ［動］［他］〈人や行為など〉を我慢する, …に耐える. **Béar with me.** Ⓢ ⦅丁寧⦆(もう)少々お待ち下さい.

──
［類義語］**bear** 「我慢する, 辛抱する」の意味の一般的な語; 特に痛みや苦しみなどの重圧に耐えること: Mary *bore* the pain with great courage. メアリーは大いに勇気を出して痛みに耐えた. **endure** 長期的にわたって辛抱強く, 不平を言わずに我慢する: The people had to *endure* the tyranny. 国民はいやで仕方なしに耐えねばならなかった. **stand** *bear* よりくだけた語; 自制心を働かせてひるむことなく耐えること: I can't *stand* being stared at. じろじろ見られるのは我慢がならない. **put up with** 略式的な表現; 特に怒りを我慢するときに使う: I won't *put up with* your rudeness any more! これ以上君の無礼には我慢がならない.
──

⁺**bear²** /béə | béə/ ［名］ C 1 くま: a brown ~ ひぐま / a polar ~ 北極ぐま, 白くま / a koala ~ コアラ / a teddy ~ ぬいぐるみのくま. 参考 はちみつ (honey) が好物とされている. ★ 鳴き声については ⇨ cry 表. 2

[普通は a ~]《米略式》難しいこと[もの], いやなこと: We had *a* ~ *of* a time persuading him to apologize. 説得して彼に謝らせるのにひどく苦労した. **3**《英略式》乱暴者, 不法行為者. **4**《株》売り方, 弱気筋《反》bull.
like a béar with a sóre héad[形]《略式》機嫌が悪い, 気難しい. [語源] 古(期)英語で「茶色の獣」の意.

bear·a·ble /béǝrǝbl/[形]《反》unbearable) 我慢できる, 耐えられる, (暑さ・寒さが)しのげる. **-a·bly** /-ǝbli/ 我慢できるほどに.

béar cláw[名]《米》ベアクロー《くまの手の形のアーモンド入り菓子パン》.

*beard /bíǝd | bíǝd/[名] (beards /bíǝdz | bíǝdz/)

| beard (あごひげ) | mustache (口ひげ) | whiskers (ほおひげ) |

ひ げ

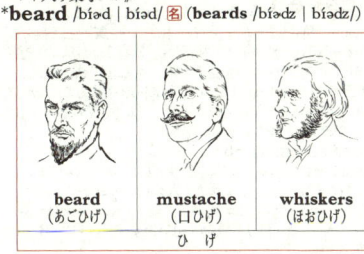

1 [C,U] (人・やぎの)あごひげ: a man with a bushy ~ もじゃもじゃのあごひげを生やした人.

―― コロケーション ――
grow a *beard* あごひげを生やす
have [wear] a *beard* あごひげを生やして[たくわえて]いる
shave off one's *beard* あごひげをそり落とす
stroke one's *beard* あごひげをなでる
trim one's *beard* あごひげの手入れをする

2 [C] ひげ状の物, (麦などの)のぎ. ―― [他]《有力者》を大胆に訪ねる, …に敢然と立ち向かう. **béard the líon in his dén**[動][自] 実力者のところへ乗り込んで行く, 手ごわい相手に立ち向かう.

†**beard·ed** /bíǝdɪd | bíǝd-/[形] あごひげのある.
béard·less[形]《主に英》ひげの生えていない; まだ若い.
Beards·ley /bíǝdzli | bíǝ-/[名] **Au·brey** /ɔ́ːbri/ **Vincent** ~ ビアズリー (1872-98)《英国の挿絵画家》.

†**bear·er** /béǝrǝr | -rǝ/[名] [C] **1** 運ぶ人, 運び手.**2** [通例合成語で]《格式》運ぶ者, 運搬人;《伝統などの》保持者 (of). **3**《格式》所持者, (小切手などの)持参人: payable to (the) ~ 持参人払いの.

béar húg[名] [C] 力強い抱擁《勝利や再会などで》.

*bear·ing /béǝrɪŋ/[名] (~s /-z/) **1** [a~ または U] (他に対する)関係, 関連; [複数形で] 面 (aspect): His words had no ~ *on* this problem. 彼のことばはこの問題に全く関係がなかった.

2 [a~ または U]《格式》態度, ふるまい《独特の身振り・姿勢・歩きかた・癖など》: a man *of* noble ~ 気品ある態度の男性. **3** [C] 方向, 方角, 方位: take a (compass) ~ 《磁石で》方向を確かめる.

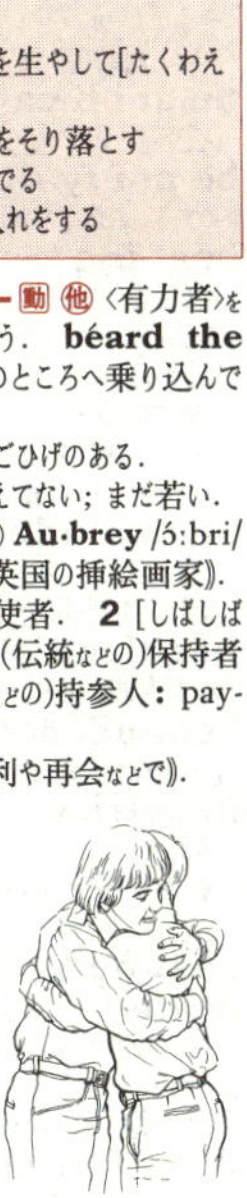

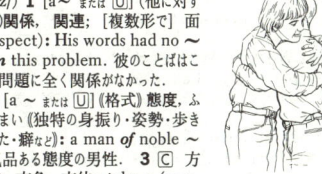

4 [C]《機》軸受け, ベアリング. **5** [U] 忍耐, 我慢: be beyond [past] all ~ 全く我慢ならない. **gèt [fínd, táke] one's béarings**[動][自] (1) 自分の位置がわかる: He stopped to *get his* ~ *s*. 彼は自分の位置を確認しようと立ち止まった. (2) 周囲の情勢がわかる, 慣れる. **lóse one's béarings**[動][自] 自分の位置を見失う; 周囲の情況がわからなくなる, 途方にくれる. **táke one's béarings**[動][自] = get one's bearings (1).

-bear·ing /bèǝrɪŋ/[形] [合成語で] …を含む; …が生

beat 141

む: an interest-*bearing* bonds 利子を生む債券.
bear·ish /béǝrɪʃ/[形] **1**《株》弱気の; (人が)相場の下落を予想して (on)《反》bullish). **2** がさつな, 乱暴な. **~·ly**[副] **1**《株》弱気に. **2** がさつに; 怒りっぽく. **~·ness**[名] [U]《古風, 略式》不快
béar màrket[名] [C]《株》下げ相場, 弱気市場.
béar·skin[名] **1** [C,U] くまの毛皮. **2** [C] くま皮製品. **3** [C]《英国近衛(ご え)兵の》黒毛皮帽.

*beast /bíːst/[名] (beasts /bíːsts/)[形] béstial) **1** [C]《文》(大型で四つ足の)獣 animal 類義語): a wild ~ 野獣 / the king of ~s 百獣の王. **2** [C] ⓢ《略式》ひどい人, 人でなし; いやな奴[もの, 仕事, 問題]《ふざけて, または非難して): You ~! このけだもの. **3** [the ~] (人の心にひそむ)獣性: War brings out *the* ~ in humans. 戦争は人間の獣性をむき出しにする. **a béast of ~**[形] いやな[ひどい]…: *a* ~ *of a* climb [job] きつい登り. **a béast of búrden**[名]《文》荷物運搬用の動物《ろば・馬・牛・らくだなど》.

bearskin 3

beast·li·ness /bíːstlinǝs/[名] [U]《古風, 略式》不快さ; 意地悪さ.
beast·ly /bíːstli/《古風, 略式》[形] (beast·li·er, more ~; beast·li·est, most ~; beast) いやな, ひどい; 意地悪い: ~ weather いやな天気. ―― [副] ひどく, いやに.

*beat /bíːt/ [同音] beet)[動] (beats /bíːts/; 過去 beat; 過分 beat·en /bíːtn/, beat; beat·ing /-tɪŋ/)[他] **1**〈相手・敵を〉負かす;〈記録などを〉破る;〈問題・病気などを〉克服する,〈…に打ち勝つ《[語] defeat 類義語); win 表》: ~ the world record 世界記録を破る / We ~ that team by 2-0 [《米》two to nothing,《英》two-nil]. 我々はそのチームに2対0で勝った / He always ~s me *at* chess. <V+O+*at*+名・代> チェスでは私は彼にいつもやられる / If you can't ~ 'em [them], join'em [them]. ⓢ《ことわざ》長いものには巻かれろ.

2 (続けざまに棒などで)〈…を〉打つ, たたく, (罰として)〈人を〉むちで打つ;〈太鼓などを〉打ち鳴らす,〈リズムなどを〉打ち出す;〈人を〉打って…にする;〈やぶなどを〉打ちあさる; (雨・風などが)〈…に〉打ちつける《[語] strike 類義語): Don't ~ the dog. その犬をたたくな / He is ~*ing* a drum. 彼は太鼓をたたいている / He ~ the criminal unconscious. <V+O+C (形)> 彼は犯人が気を失うまでたたきのめした / The boys ~ the snake *to* death. <V+O+C (前+名・代)> 男の子たちは蛇を打ち殺した.

3〈卵などを〉よくかき混ぜる, よく泡立てる (up): She ~ flour and eggs *together* to make dough. 彼女は小麦粉と卵をかき混ぜてこね粉を作った. [関連] eggbeater 卵泡立て器. **4**〈…に〉勝る, 〈物事が〉〈…に〉断然よい;〈…に〉先んずる《[語] beat ... to ― (句動詞)》;〈…を〉回避する: That story ~s anything (I have ever heard)! そんなおかしな話は聞いたことがない / Let's start now and ~ the traffic. 今出発して渋滞を避けよう. **5** ⓢ〈問題が〉〈人を〉参らせる, 困らす: *B~s* me! 知らないよそんなこと / 'It ~*s* me [What ~*s* me is] how she could have gotten that secret information. 彼女がその秘密情報をどうやって手に入れたのかどうしても分からない. **6**〈羽などを〉上下に動かす, 羽ばたく. **7**〈金属を〉打ち延ばす: ~ iron flat [into thin plates] 鉄を打って平らにする[薄板に延ばす]. **8**〈道を〉踏みならす: ~ a path *through* the woods 林の中を踏んで道をつける. **9**《米俗》〈罰などを〉うまく逃れる.

— 圓 **1** [副詞(句)を伴って] **どんどん打つ**; (雨・風・波などが)激しく当たる, (日差しが)照りつける: Somebody was ~*ing at* [*on*] the door. <V+*at* [*on*]+名・代> 戸をどんどんたたく人がいた / The rain was ~*ing against* [*on*] the windows. <V+*against* [*on*]+名・代> 雨が激しく窓に打ちつけていた. **2** (太鼓が)鳴る; (羽が)ばたばたする; (心臓が)鼓動する: The greatest heart in England has ceased to ~. 英国で最も偉大な心臓が鼓動を止めた《チャーチル (Churchill) が死んだときの新聞のことば》. **3** やぶなどを打ちあさる. **Beat it!** (S) (俗)出て行け. **Can you beat that** [**it**]! (S) (どうだい)見て[聞いて]驚いただろ, こんなおかしなことってあるかい. **You cán't béat ... (for —).** (S) (—では)...にかなわない, ...がいちばんだ.

――――beat の句動詞――――

béat abóut 動 探しまわる, 見つけようとする: We ~ *about for* a solution to the problem. 我々はその問題の解決策を見つけようとした.
béat báck 動 = beat off.
béat dówn 動 圓 (太陽が)ぎらぎら照りつける; (雨が)激しく降る: The hot sun was ~*ing down on* our heads. 暑い太陽が我々の頭の上に照りつけていた. ――**佳 1** <...>を打ち落とす, たたき倒す; 圧倒する: The lilies have been *beaten down* by the rain. ゆりが雨のためにだめにされてしまった. **2** (略式)(値段を値切る, (売り手)に値を負けさせる: I ~ the man [*price*] *down to* 30 *dollars*. 私はその男に[値段を]30ドルに負けさせた. **3** (ドアなどを)たたき破って中に押し入る.
béat ... into 動 佳 1 <...>をたたいて—させる: The man was *beaten into* a confession. その男は殴られて白状させられた. **2** (事実など)を—の頭にたたき込む.
béat óff 動 佳 (敵など)を撃退する, 追い払う. ――**自** (米俗・卑) オナニーする.
béat óut 動 佳 1 たたいて(音)を出す. **2** (火)をたたき消す. **3** (米)(競争で)(相手)を打ち負かす. **4** (へこみなど)を打って平らにする.
béat ... òut of — 動 佳 **1** たたいて<...>を言わせる: The confession was *beaten out of* him. その自白は彼を殴って言わせたものだ. **2** (米略式) <...>をまきあげる.
béat ... to — 動 佳 1 (競争などで)<...>より先に—に到着する: I'll ~ *you to* the station. 君と駅まで競争しても負けないぞ. **2** <...>をたたいて(ある状態)にする (⇒佳 2). **béat ... to it** [動] 佳 (略式)<...>より先にやり遂げる(到着する, 手に入れる): I was about to answer the teacher's question, but Tom ~ me *to it*. 先生の質問に答えようとしたら, トムに先を越された.
*****béat úp 動 佳 1** (人)を打ちのめす, さんざん殴りつける <V+名・代+*up* / V+*up*+名>: We ~ the man *up*. おれたちはその男をたたきのめした. **2** (卵など)をかき混ぜる.
béat úp on ... 動 佳 (米)(弱い者)を打ちのめす (beat up); ...につらく当たる. **béat úp on onesèlf** [動] (自) (米) 自分を責め過ぎる.

――**名** (~s /bí:ts/) **1** C ひと打ち, 打つこと(続けざまに, またはリズムをつけて): three ~s a minute 毎分3回打つこと.
2 [the ~] (太鼓・時計・鐘などの)打つ音; (心臓の)動悸(*ど*), 鼓動 (heartbeat): the ~ *of* a drum 太鼓の鳴る音 / the ~ *of* waves 波の音. **3** C [普通は単数形で] 拍子, 足拍子. **4** C [楽]拍; ビート; [詩](詩脚の)揚音; 指揮棒のひと振り. **5** C [巡査・夜番などの]巡回[受け持ち]区域; patrol [walk, pound] one's ~ 巡回区域をパトロールする[回る] / a policeman (out) on the [his] ~ 巡回に出ている巡査. **be óff** [**óut of**] **... 's béat** [動] (略式)(物事の)...の領分[いつもやっていること]ではない. **míss** [**skíp**] **a béat** [動] (自)(心臓の)鼓動が止まりそうになる (興奮・驚き・恐怖などのため); [否定構文で] (事態に)あわてる: Her heart *missed a ~* when she heard her name called. 彼女は名前を呼ばれてはっとした / *without missing a ~* なんら躊躇せずに, すかさず. ――**形** P (略式)疲れ切った, 参った.

béat·bòx 名 C **1** ビートボックス(ヒップホップ (hip-hop)でしゃべりを受け持つ人). **2** C リズムボックス(ドラムやパーカッションの音を作り出す電子装置); 大型のラジカセ. **3** C (電算)ビートボックス(ポピュラー電子音楽の音に打楽器音を入れるためのコンピュータープログラム).

*****beat·en** /bí:tn/ 動 beat の過去分詞. ――**形**
A **1** 打ち負かされた, 負けた: the ~ team 負けたチーム. **2** 打たれた; (金属が)打ち延ばされた: ~ silver 延べ銀, 銀箔(ぱく). **3** (卵などが)よくかき混ぜた: ~ eggs かき混ぜた卵. **4** (道が)踏みならした.
óff the béaten tráck [**páth**] [形・副] あまり人が訪れない(ところに); 普通でない[に]. |由来| 踏み固められた(よく知られた)道からそれた, の意.

béaten-úp 形 = beat-up.

*****beat·er** /bí:tə | -tə/ 名 C **1** [しばしば合成語で] ...たたき[かき混ぜ器]; (よく)たたく人: a carpet ~ じゅうたんたたき / an egg*beater* 卵泡立て器 / a wife-*beater* 妻を殴る人. **2** (狩りで獲物を追い出す)勢子(*せ*). **3** (米略式)ぽんつく車.

béat generàtion 名 [the ~, しばしば the B- G-] ビート族 (1950年代に反抗した1950年代の青年達).

be·a·tif·ic /bì:ətífik⎺/ 形 (文)幸福に輝いた, 喜びそうな: a ~ smile 幸福に輝く笑み. **·i·cal·ly** /-kəli/ 副 喜びに.

be·at·i·fi·ca·tion /biæ̀təfikéiʃən/ 名 **1** U 授(受)福. **2** CU (カトリック)列福(式).

be·at·i·fy /biǽtəfài/ 動 佳 **1** (人)をこの上なく幸福にする. **2** (カトリック)(教皇が)(死者)を列福する.

*****beat·ing** /bí:tɪŋ/ 名 (~s /-z/) **1** UC 打つこと, たたくこと; むち打ち, せっかん; give a boy a good ~ 子供をうんとたたく. **2** C 打ち負かすこと; 敗北, 完敗: take [get] a ~ 負北する; ひどくやられる. **3** C (心臓の)鼓動 (*of*). **... táke some** [**a lót of**] **béating** [動] ...を打ち負かしにくい; ...に勝るものはない (⇒ take some [a lot of, much] doing (take 動 成句)).

be·at·i·tude /biǽtətjù:d | -tjù:d/ 名 **1** U (格式)至福. **2** [the Beatitudes] (聖)八福(*はち*) (イエスが山上の垂訓に説いた8つの福音).

Bea·tles /bí:tlz/ 名 [複] [the ~] ビートルズ (英国の4人組のロックグループ (1962-70)).

beat·nik /bí:tnɪk/ 名 C ビート族の若者 (⇒ beat generation).

Be·a·trice /bí:ətrɪs | bíə-/ 名 ビアトリス(女性名).

Be·a·trix /bí:ətrɪks | bíə-/ 名 ビアトリス(女性名).

béat-úp 形 A (略式)使い古しの, おんぼろの.

beau /bóu/ 名 (複 beaux /bóuz/, ~s) C **1** (古風)ボーイフレンド, 恋人 (boy friend). **2** 伊達(*だて*)男.

beau·coup /boukú:/ 《フランス語から》形 A (S) たくさんの, 多くの: ~ *bucks* 大金.

Béau·fort scàle /bóufət- | -fət-/ 名 C ビューフォート風力階級.

Beau·jo·lais /bòuʒəléi | bóuʒəlèi/ 名 (複 ~) UC ボージョレー (フランス産赤ワインの一種).

Bèaujolais Nou·véau /-nu:vóu/ UC ボージョレーヌーヴォー(その年の最初のボージョレーワイン).

beau monde /bóumànd, -mɔ́:nd | -mɔ́nd/ 《フランス語から》名 [the ~] 上流社会.

beaut /bjú:t/ 名 C (略式, 米・豪)すばらしいもの[人], 美しい人. ――形 (豪略式)すばらしい.

beau·te·ous /bjú:tiəs/ 形 A (文)美しい (beautiful). ~**·ly** 副 美しく.

beau·ti·cian /bjuːˈtɪʃən/ 名 C 美容師.

***beau·ti·ful** /ˈbjuːtɪf(ə)l, -tə-/ 形 (名 béauty, 動 béautify) 1 美しい, きれいな; (心や感覚などを)楽しませる, 心地よい (反 ugly) (☞ 類義語): a ~ woman 美しい女性, 美人 / ~ music 美しい音楽 / the ~ 〔複数名詞扱い〕美しい人たち, 美しい物; 〔単数名詞扱い〕美 (beauty) (☞ the¹ 3); [複数名詞扱い] 美 (beauty) (☞ the¹ 6) / The sunset was very ~. 日没はとても美しかった.
2 すばらしい, すてきな; 立派な: ~ weather すばらしい天気 / B~ [A ~] catch! ナイスキャッチ! (☞ nice 形 1 日英比較) / His speech was really ~. 彼の演説はほんとうにすばらしかった. **3** 《米》A 金持ちで有名な: the ~ people 金持ちで有名な人々.
【類義語】**beautiful** は心や感覚などを楽しませる美しさや調和と均整のとれた完ぺきな美しさの形容で, 人に慕われる優雅で気品のある美しさを表わすことが多い. **pretty** 女性に関しては *beautiful* ほど完ぺきな美しさではなく, 見た目に愛らしく, 親しみを感じる. **handsome** 普通は男性に用いられる語で, 女性の *beautiful* に相当し, 容姿とともに, 時には男らしさや威厳があることを表わす. **good-looking** *beautiful* というには劣るが, 容姿のよいことを表わし, 男性にも女性にも用いられる. **lovely** 人に用いられる場合は愛くるしい魅力的な美しさを意味する.

beau·ti·ful·ly /ˈbjuːtɪfəli, -tə-/ 副 1 美しく; 鮮やかに: This book is ~ illustrated. この本には美しい挿絵が入っている.
2 すばらしく; とてもよく[上手に]: Linda sings ~. リンダの歌はすばらしい.

beau·ti·fy /ˈbjuːtɪfaɪ/ 動 (**-ti·fies**; **-ti·fied**; **-fy·ing**) 形 béautiful) 他 《格式》〈…〉を美しくする, 美化する.

***beau·ty** /ˈbjuːti/ 名 (**beau·ties** /-z/; 形 béautiful) **1** U 美しさ, 美: natural ~ 自然の美 / We admired the ~ of that woman [picture, music]. 私たちはその女性[絵, 音楽]の美しさに感嘆した / A thing of ~ is a joy for ever. 美しきものは永遠の喜び《英国の詩人キーツ (Keats) のことば》.
2 C S 《略式》すばらしいもの; [皮肉に] 見事なもの: That car is a real ~. あの車は全くすばらしい. **3** C [主に新聞で] 美しい人, 美人; 美しい物. **4** [the ~] 美点, よさ; 長所: *The* ~ of this heater is that it makes no noise. このヒーターのいいところは音がしないことだ. **Béauty!**=**You béauty!** 感 S 《豪》よいよし, よくやってくれた. ─ 形 A (女性を)美しくする: a ~ treatment 美容術.

Béauty and the Béast 名 固 『美女と野獣』 《Beauty という名の美女と魔法によって野獣のようにされた王子の物語》.

béauty còntest 名 C 美人コンテスト.
béauty màrk 名 C 《米》 (女性の)つけぼくろ, ほくろ, あざ《《英》 beauty spot》.
béauty pàgeant 名 C =beauty contest.
béauty pàrlor 名 C 美容院.
béauty quèen 名 C 美人コンテストの女王.
béauty salòn 名 C 美容院.
béauty shòp 名 C 《米》 =beauty salon.
béauty slèep 名 U 《滑稽》(健康と美容のために必要な)十分な睡眠.
béauty spòt 名 C 1 景勝地, 名所, 絶景. **2** 《英》 =beauty mark.

Beau·voir /boʊvˈwɑːr | -vwɑː/ 名 **Si·mone de** /sɪmoʊnˈdə/ ~ ボーボワール (1908–86) 《フランスの作家; 『第二の性』の作者》.

beaux /boʊz/ 名 beau の複数形.

⁺**bea·ver** /ˈbiːvər | -və/ 名 **1** C ビーバー: work like a ~ (ビーバーのように)せっせと[懸命に]働く. 参考 ダム作りの動物として知られている (☞ eager beaver). **2** U ビーバーの毛皮. **3** C 《卑》女性性器. ─ 動 (**-ver·ing** /-v(ə)rɪŋ/) [次の成句で] **béaver awáy**

because 143

動 自 《略式》せっせと働く (at).

Béaver Stàte 名 [the ~] ビーバー州 《米国 Oregon 州の俗称》.
béaver-tàil 名 C 《カナダ》ビーバーテール 《油で揚げた平たい菓子パン》. ─ 形 《米》ビーバーの尾のような形の.

Bea·vis & Butt·head /ˈbiːvəs(d)bˈʌthed/ 名 固 ビーバス アンド バットヘッド《アメリカのテレビ漫画》.

be·bop /ˈbiːbɑp | -bɒp/ 名 U =bop¹.
be·calmed /bɪˈkɑːmd/ 形 〔普通は P〕《文》(帆船が)無風のため止まって.

***be·came** /bɪˈkeɪm, bə-, -ˈkeɪm/ 動 become の過去形.

***be·cause** /(強) bɪˈkɔːz, bə-, -ˈkɑːz | -ˈkɒz; (弱) bɪkəz/ 接 〔従位接続詞〕**1** (1) 〔直接的理由を示して〕なぜならば…だから(である); …だから, …なので (☞ 類義語) / I could not sleep well(,) ~ I was so excited. とても興奮していたのでよく眠れなかった / B~ he lied, he was severely scolded. うそをついたので彼はこっぴどく叱られた / "Why didn't you come yesterday?" "B~ I was too busy." 「なぜきのう来なかったんですか」「忙しかったので」

語法 (1) Why …? が理由を尋ねているときは原則として Because …の形式で答える (☞ why¹ 語法).
(2) The reason (why …) is …の後では 'that 節' がきて The reason (why …) is *that* …となるのが正しいとされるが, 《略式》では The reason (why …) is *because* …となることも多い (☞ reason 名 1).
(3) 理由を尋ねられて返事をするときを除いて, 主節なしで because 節だけは用いることにない. ただし, 会話では返答でなくても単独で用いることがある: I came back. B~ I worried about you, you know. 僕は戻ってきた. だって君のことが心配だからね.

(2) 〔発言の根拠を示して〕〔主に S〕なぜこう言うかというと…だから, というのは…, …からみると: Is he rich, ~ I've just seen him driving a BMW? 彼はお金持ちなの?, (そう聞くのは) BMW に乗っていたもの. 語法 主節の後に(コンマを置いて)用いる.
2 〔否定語とともに〕…だからといって (―なのでは[―するのではない]): They did *not* ↘oppose the project ~ they feared public opinion. ↗ 彼らは世論を恐れてその計画に反対したのではない (☞ partial negation 文法).

語法 **because** と **not**
(1) 1 (1) の最初の例文では not は because 以下の従属節には及ばないので because の前にコンマをつけることができる. しかし 2 の用法では否定語は because 以下の従属節を含めた全文を否定しているので, because の前にはコンマをつけない. ただし次のように (特に just を伴った) because 節が文頭に来ることもある: *Just* ~ everybody else does it, you don't have to go along. みんながしているからといって同調する必要はない 《独立心のすすめ》.
(2) この用法で文の終わりは下降上昇調のイントネーション 《つづり字と発音解説 95》 で発音される. 2 の例文を次の 1 の用法の文と比較: I won't marry Jane(,) ~ she is poor. ↘ 私はジェーンが貧乏

because of

だから結婚しない / They did *not* oppose the project(,) ~ they feared public opinion. ↘ 彼らは世論を恐れてその計画に反対しなかった.

(3) 特に《略式》で just because... で文を始め、これを主語にすることがある: *Just* ~ you are older than me, it doesn't mean you can tell me what to do. =*Just* ~ you are older than me doesn't mean you can tell me what to do. 私より年が上だからといって私に指図できるということにはならない.

語源 'by the cause (of)' ((の)理由で)の意.

— **副**《略式》(思い出せない[言えない])ある理由があって、どうしても: **金語** "You mustn't open this box." "Why not?" "B~!" 「この箱をあけちゃだめ」「どうして」「どうしても!」(子供がよく用いる).

【類義語】「理由」を表わす接続詞 because, as, since, for の中で, **because** は理由を最も強く直接的に表わし(強調構文でも用いる; ☞ it¹ A 6). 普通は主節の後に置かれる. **since** と **as** はそれに続く内容がよく知られた事実とわかっているとか, 主節に比べさほど重要でないときに用いられる. 共に主節の前・後どちらでも使われるが, **since** のほうが, **as** より格式ばった表現. また **as** は理由というよりむしろ付帯的な状況を表わす. **for** は「というのは…」という意味で, 先行する節の後に付け足して付加的な理由を示す, かなり改まった感じの文章語.

*be·cause of /bɪkɔ́:zəv, -ká:z- | -kɔ́z-/ **前** [理由を示して] ...のために、...の理由で, ...が原因で: The train was delayed ~ the heavy snow. 大雪のために列車が遅れた / I couldn't go to school yesterday ~ a headache. きのうは頭が痛くて学校へ行けなかった / I couldn't attend the party ~ my wife('s) being ill. 妻が病気だったのでパーティーに出席できなかった.

語法 because of は **前** であるから後に名詞(句)・代名詞・動名詞が続く. 一方 because は **接** であるから後に節が続く. 上の後の2つの例文を because を用いて言い換えれば次のようになる: I couldn't go to school yesterday *because* I had a headache. / I couldn't attend the party *because* my wife was ill.

bé·cha·mel (sàuce) /béɪʃəmèl-/ **名 U** ベシャメルソース《ホワイトソースの一種》.

beck¹ /bék/ **名** [次の成句で] **at ...'s béck and cáll** [形・副] ...の言いなりになって.

beck² /bék/ **名 C**《英方言》小川.

Beck·et /békɪt/ **名 固 Saint Thomas (à /ə, ɑː/) ~** ベケット (1118?-70)《英国 Canterbury の大司教; 王と対立し殺害された》.

Beck·ett /békɪt/ **名 固 Samuel ~** ベケット (1906-89)《アイルランドの小説家・劇作家》.

Beck·ham /békəm/ **名 固 David ~** ベッカム (1975-)《英国のサッカー選手》.

†**beck·on** /bék(ə)n/ **動 自 1** (身ぶりで)〈...に〉(来るように)合図をする, 手招きをする(☞ come 最初の挿絵): She ~ed me. 彼女は私を手招きした / The president ~ed me to follow him. 社長は私についてくるように合図した / The policeman ~ed him *on* [*over*, *in*]. 警官は彼に進む[来る, 入る]ように合図した. **2** (物事が)〈...を〉引き[招き]寄せる: The snow-capped mountains ~ many skiers. 雪山は大勢のスキーヤーを引き付ける. — **他 1** (...に)手招きをする: Tom ~ed *to* Meg to come nearer. トムはメグにもっと近くに来るようにと手招きをした. **2** (物事が)差し招く, 引き付ける (*to*). **3** (機会などが)来そうである, 訪れる (*for*).

Beck·y /béki/ **名 固** ベッキー《女性の名; Rebecca の愛称》.

be·cloud /bɪkláʊd/ **動 他** 〈...を〉雲でおおう; 〈議論などを〉わかりにくくする.

*be·come /bɪkʌ́m, bə-, -kʌ́m/ **動** ★自動詞のほうは文中では普通弱く発音される. (**be·comes** /~z/; 過去 **be·came** /-kéɪm, -kéɪm/; 過分 **be·come**; **be·com·ing**) **自** ...**になる**, ...の状態になる, ...に変わる: Ann *became* a doctor. アンは医者になった / That custom has now ~ a rule. その風習は今では規則になっている / His poetry *became* more and more abstract. 彼の詩はますます抽象的になった / At last the truth *became known* to us all. ついに真相が我々全員に知れ渡った.

語法 (1) 最後の文は受身とも考えられる (☞ be² B 文法 (1)).
(2) 「...になる」 が未来のことである場合は普通 become よりも be を用いて表わす: She will *be* a good teacher. 彼女はいい先生になるだろう / What are you going to *be*? 君は何になるつもりですか.
(3) 「...するようになる」 という意味には become を用いず, come+to 不定詞の形で表わす: Over the years, I *came* to know him well. 何年もかかって彼のことがよくわかるようになった.

— **他** [受身・進行形なし]《格式》〈...に〉ふさわしい, 〈...に〉似合う (suit): Such words do not ~ a gentleman. そんなことばは紳士にふさわしくない / It ill ~*s* you to complain. 不平を言うなんてあなたらしくもない / Her new dress ~*s* her. 新しいドレスは彼女によく似合う.

becóme of ... [他] 〈...は〉(どうなる): *What* has ~ *of* him? 彼はどうなったのだろう / I wonder *what* ever will ~ *of* the child. あの子は一体どうなってしまうのかしら. **語法** 主語には多くは what または whatever, whatever で, 心配や困惑の気持ちを表わす.

be·com·ing /bɪkʌ́mɪŋ, bə-/ **形** (反 unbecoming)《古風》**1** (服装などが)似合う (*on*). **2** (人に)ふさわしい, 適切な (*for*, *to*). ~·**ly 副** 似つかわしく.

bec·que·rel /bèkərél, békərèl/ **名 C**《物理》ベクレル《放射能の測定単位》.

*bed /béd/ (類音 bad, bid) **名** (**beds** /bédz/) **1 C** ベッド, 寝台, 寝床 (mattress と bedclothes を含む; ☞ bedroom 挿絵): He sat *on* the ~. 彼はベッドに腰掛けた / As you make your ~, so you must lie upon it. (ことわざ) 自分の寝床の用意をしたのだからそこに寝なければいけない《自業自得》.

---
bed のいろいろ

búnk bèd 2段ベッド / **cámp bèd**《英》折りたたみ式ベッド / **dóuble béd** ダブルベッド / **fólding béd** 折りたたみ式ベッド / **síngle béd** シングルベッド / **sófa bèd** ソファーベッド / **twín béd** ツインベッド

---

2 U 就寝(時間): before ~ 寝る前に / It's time for ~. 寝る時間だ(よ). **3 C** 花壇 (flowerbed); 苗床: a rose ~ ばらの花壇. **4 C** 平らな基盤, 土台; (鉄道などの)路盤; 川床 (riverbed), 水底: serve cold chicken on a ~ of sliced cucumbers 薄切りのきゅうりにコールドチキンをのせて出す / a railroad ~ 線路の路盤. **関連** seabed 海底. **5 C** 地層 (stratum); 堆積(蕊). **6 U**《略式》性行為.

be for bed [動] 〈(英)〉寝るころである.
be in béd [動] **自** (1) (ベッドに)**寝ている**: My father *is* still *in* ~. 父はまだ寝ている. (2) (人と)セックスをしている; (...と)密接な関係にある (*with*).
béd and bóard [名] 食事付き宿泊.
béd and bréakfast [名] (翌日の)朝食付き宿泊; **C** 朝食付きの民宿: do ~ *and breakfast* 朝食付き宿泊を提供する(☞ B and B).
chánge a béd [動] **自**《米》シーツを取り替える.
fáll into béd [動] **自** (疲れて)ベッドに倒れ込む.

gèt ìnto béd [動] [自] (1) ベッドに入る，就寝する：You still have a slight fever; you had better *get into* ～. まだちょっと熱があるから寝なさい．(2) (…と)性的[密接]な関係をもつようになる (*with*).

gét ... ìnto béd [動] [他] 〈人〉をセックスに誘い込む．

gèt óut of béd [動] [自] ベッドから出る，起床する．

gét ... òut of béd [動] [他] 〈人〉を起床させる．

gèt úp on the wróng síde of the béd 《米》＝ **gèt [have gòt] óut of béd (on) the wróng síde** 《英》 [動] [自] Ⓢ (朝から)機嫌が悪い．[由来] ベッドの左側から起き出すと縁起が悪いとされたことから．

gò to béd [動] [自] (1) ベッドに入る；就寝する，寝る (☞ go to sleep (sleep [名] 成句))：It's time you *went to* ～. もう寝る時間ですよ (☞ time [名] 7 [語法])．(2) (人と)性関係をもつ，寝る (*with*).

in béd [副・形] (1) ベッド(の中)で，ベッドの中に入って[寝(転が)って]：Don't eat [read] *in* ～. ベッドに寝ながら物を食べては[本を読んでは]いけない (☞ be in bed; in¹ [前] 1 [語法] 囲み)．(2) (人と)セックスをしている；(…と)癒着して (*with*).

kéep to one's béd [動] [自](病気で)寝ている．

máke the [...'s] béd [動] (…の)ベッドを整える：The maid *made my* ～. メイドが私のベッドを直した．[参考] 起床後午前中にするのが普通；シーツのしわを伸ばしベッドカバー (bedspread) をかけておく．

pút ... to béd [動] [他] (1) 〈子供など〉を寝かしつける．(2) 《略式》〈…〉を(処理)し終える．

sít úp in béd [動] [自](ベッドに寝ている人が)起き上が(って座)る．

táke to one's béd [動] [自] 《古風》(病気で)寝込む．

— [動] (**beds; bed·ded; bed·ding**) [他] **1** 〈石・れんがなど〉を平らに置く，据え付ける；積み重ねる；はめ込む (*in*). **2** 〈…〉を花壇[苗床]に植える，花壇に移植する (*out*). **3** [普通は受身で] 〈旅行者・兵士など〉に寝床を与える，泊める．**4** 《古風》〈人〉と性関係を持つ，寝る．**— [自]** **1** 寝る．**2** 〔地質〕層を成す．**béd dówn** [動] [他] 〈人・動物〉に(寝心地のよい)寝床を作ってやる．— [自] 寝床を作って寝る．

B Ed /bìːéd/ [略] ＝Bachelor of Education 教育学士．

be·daub /bɪdɔ́ːb/ [動] [他] [主に受身で] 《格式》〈…〉に(泥・ペンキなどを)塗りたくる (*with*).

be·daz·zle /bɪdǽzl/ [動] [他] 〈…〉に強烈な印象を与える，〈…〉を眩惑(げんわく)する．

béd bàth [名] [C] (病人を)寝かせたまま体を洗うこと．

béd·bùg [名] [C] 南京(なんきん)虫 (bug).

béd·chàmber [名] [C] 《古語》＝bedroom.

béd·clòthes [名] [複] 寝具，夜具《毛布・シーツ・まくらなどをいい，パジャマなどの衣服は含まない；☞ bed 1》.

béd·còver [名] 《英》 **1** [C] ＝bedspread. **2** [複数形で] ＝bed clothes.

bed·da·ble /bédəbl/ [形] 《略式》性的魅力のある．

-bed·ded /bédɪd/ [形] [合成語で] ベッドが…の，…ベッド付きの：a single-*bedded* [double-*bedded*] room シングル[ダブル]ベッド付きの部屋．

⁺**béd·ding** /-dɪŋ/ [名] [U] **1** 寝具 (bedclothes). **2** (牛馬の)寝わら．

bédding plànt [名] [C] 花壇用の草花．

bed·dy-bye /bédibàɪ/ [名] [C] [時に複数形で] (子供に)ねんね(の時間)：It's time for ～! さあ寝る時間よ．

be·deck /bɪdék/ [動] [他] [普通は受身で] 《文》〈…〉を飾りたてる (*with, in*).

be·dev·il /bɪdév(ə)l/ [動] (**-dev·ils; -dev·iled,** 《英》 **-dev·illed; -il·ing,** 《英》 **-il·ling**) [他] [主に受身で] 《格式》〈…〉を大いに苦しめる，混乱させる．

be·dev·il·ment /bɪdév(ə)lmənt/ [名] [U] 《格式》苦しめること；苦悩；混乱．

béd·fèllow [名] [C] ベッドを共にする人；同僚，仲間：strange [odd, uneasy] ～*s* (仕事や偶然の事情でできる)意外な[つき合いにくい]仲間[取り合わせ].

Bed·ford·shire /bédfədʃə | -fədʃə/ [名] [固] ベッドフォードシャー《英国 England 南部の州》.

béd·hèad [名] [C] 《英》 ＝headboard.

bed·lam /bédləm/ [名] [U] 大混乱(の場所)：It [There] was ～ at the office. 会社は大騒ぎだった．

béd lìnen [名] [U] シーツとまくらカバー．

bed·lin·er /bédlàɪnə | -nə/ [名] [C] 《米》無蓋(むがい)小型トラックにかけるシート．

béd·màking [名] [U] (寝るために)ベッドを整えること (☞ make the [...'s] bed (bed [名] 成句)).

bed·ou·in, bed·u·in /béḍuɪn/ [名] (複 ～(**s**)) [C] [しばしば B-] ベドウィン《遊牧のアラビア人》；遊牧民．

béd·pàn [名] [C] (病人用の)尿(し)びん，便器，おまる．

béd·pòst [名] [C] 寝台柱《旧式の寝台の四隅のもの》.

be·drag·gled /bɪdrǽgld/ [形] (雨などで)ぬれて，薄汚い，よごれた；(衣服や髪を)取り乱した．

béd·rìdden /bédrìdn/ [形] 寝たきりの．

⁺**béd·ròck** [名] [U] **1** 根底，根本；基礎的事実，基本原則．**2** 〔地質〕基岩，床岩《最下層の岩》.

béd·ròll [名] [C] 《米》巻いた携帯用寝具《毛布など》.

***bed·room** /bédrùːm, -rùm/ [名] (～**s** /～z/) [C] **寝室** (☞ 次頁挿絵)：There are three ～*s* in his house. 彼の家には寝室が 3 つある．[参考] 2 階建ての家では普通 bedroom は 2 階にあり，その隣に bathroom がある．朝起きると洗面などを済ませ階下に下りて食事をする (☞ upstairs 最初の例文)． **be in the bédroom** [動] [自] [婉曲] 性行為をしている．**— [形]** [A] 性的な，性行為をにおわせる：a ～ scene ベッドシーン / make [have] ～ eyes 《略式》セクシーな目つきをする[している].

bédroom commùnity [名] [C] 《米》 ＝bedroom suburb.

-bed·roomed /bédrùːmd, -rùmd/ [形] [合成語で] 寝室数が…の：a four-*bedroomed* house 寝室が 4 つある家．

bédroom sùburb [名] [C] 《米》(大都市周辺の)ベッドタウン (《英》 dormitory town [suburb]).

⁺**béd·sìde** [名] **1** [単数形で] ベッドのそば，まくらもと；(病人の)まくらもと：She sat *at* [*by*] her father's ～. 彼女は父のまくらもとに座った．**2** [形容詞的に] まくらもとの；臨床(用)の：a ～ lamp ベッドのそばのスタンド．

bédside mánner [名] [C] 患者に対する医師の接し方． **hàve a góod bédside mánner** [動] [自](医者が)患者の扱い方を心得ている．

bédsìde tàble [名] [C] 《英》ナイトテーブル (《米》 night table, nightstand).

béd·sìt, béd-sìtter, béd-sítting ròom [名] [C] 《英》寝室兼居間の貸間 (《英》 studio flat).

béd skìrt [名] [C] 《米》(ベッドの足などを隠す)覆い．

béd·sòre [名] [C] (病人の)床ずれ．

béd·sprèad [名] [C] ベッドカバー《ベッドを使わないときにかけておく；☞ bedroom 挿絵》.

béd·sprìng [名] [C] 《米》ベッドのばね．

bed·stead /bédstèd/ [名] [C] ベッドの骨組み．

béd·tìme [名] [U,C] 就寝時間 (☞ day 表)：a ～ story (子供が寝るときに聞かせる)おとぎ話．

beduin ☞ bedouin.

béd wètter [名] [C] 寝小便[おねしょ]をする子．

béd-wètting [名] [U] 寝小便，おねしょ．

***bee** /bíː/ ([同音] #be¹˒², [類音] beak, beat, beep) [名] (～**s** /～z/) [C] **1** はち，みつばち (honeybee)；働きばち (☞ 次ページ挿絵)：a swarm of ～*s* はちの群れ / *B*～*s* fly straight. はちは真っすぐに飛ぶ (☞ beeline) / I was stung by a ～. 私ははちに刺された // ☞ queen bee. ★ 羽音については cry 表．[関連] drone (働かない)雄ばち / honey はちみつ．

bee / hornet (すずめばち) / wasp (じがばち)

2 《米略式》(仕事・娯楽の)会合, 集まり, 集会; (なごやかな)競技会 (☞ spelling bee): a sewing ～ 縫い物をするための寄り合い. **a búsy bée** [名] いつも忙しそうに動いている人, 働き者. **(as) búsy as a bée** [形] 非常に忙しい. **hàve a bée in one's bónnet** [動] 自《略式》(…について)奇妙な考えに取りつかれている (about). 由来 帽子の中にはちがはいり込んでいるみたいに, 妙な考えがつきまとっている, の意. **the bée's knées** [名] ⓢ《英略式》とびきりすぐれた人[もの].

Beeb /bíːb/ [the ～]《英略式》=BBC.
bée·brèad [名] Ⓤ はちパン《みつばちの幼虫の食料》.
*beech /biːtʃ/ [名] **1** Ⓒ ぶな, ぶなの木. **2** Ⓤ ぶな材 (☞ book 語源).
béech trèe [名] Ⓒ =beech 1.
bée dánce [名] Ⓒ はちのダンス《みつのありかを伝える》.
*beef /biːf/ [名] **1** Ⓤ 牛《牛 (ox, bull, cow) の肉; ☞ meat 表》;(複 beeves /bíːvz/, ～s) Ⓒ《農》肉牛: ～ cattle 肉牛 / ☞ corned beef.

―― コロケーション ――
boil beef 牛肉を煮る
braise [stew] beef 牛肉を煮込む[シチューにする]
cook beef 牛肉を(加熱して)料理する
grill beef 牛肉を直火で焼く
roast beef 牛肉をオーブンで焼く

2 Ⓤ《略式》(男性の)筋肉; (筋肉の)力; 力強さ. **3**(複 ～s) Ⓒ《略式》不平, 苦情. **Whére's the béef?** ⓢ《主に米》中身はあるの, 本当はどうなの《相手の言うことがうすっぺらなとき》. ―― 動 自《略式》不平を言う (about). **béef úp** [動] 他《略式》〈…〉を強化する

る;〈…〉をよくする. 語源 ラテン語で「牛」の意.
béef·a·lo /bíːfəlòu/ [名] Ⓒ (～(e)s) ビーファロー《野牛と畜牛との雑種; beef と buffalo の合成語》.
béef·bùrger [名] Ⓒ《英》ハンバーガー (hamburger).
béef·càke [名] Ⓒ,Ⓤ《略式》筋骨たくましい男;男性の肉体美[ヌード]写真 (☞ cheesecake).
béef cáttle [名] [複] 肉牛 (☞ dairy cattle).
Béef·èat·er [名] Ⓒ《英》=Yeoman of the Guard (☞ yeoman 成句).
béef·stèak [名] Ⓤ,Ⓒ ビフテキ (☞ steak 1).
béefsteak [《英》béef] **tomáto** [名] Ⓒ ビーフステーキ(トマト)《大形で多肉質のトマト》.
béef stéw [名] Ⓤ,Ⓒ ビーフシチュー.
béef téa [名] Ⓤ《病弱者用の》濃い牛肉スープ.
beef·y /bíːfi/ [形] (**beef·i·er**, **-i·est**)《略式》肉づきのいい; 肥満した; 筋骨たくましい.
bée·hìve [名] Ⓒ **1** みつばちの巣箱. **2** 人が忙しく働く場所. **3** ビーハイブ《はちの巣状の女性の髪型》.
Béehive Stàte [名] [the ～] ビーハイブ州《米国 Utah 州の俗称》.
bée·kèeper [名] Ⓒ 養蜂(ほう)家.
bée·kèeping [名] Ⓤ 養蜂(ほう).
bée·lìne [名] [次の成句で] **màke a béeline for …** [動]《略式》…へ真っすぐに行く. 由来 みつばちが一直線に飛ぶことから.
Be·el·ze·bub /biːélzɪbʌ̀b/ [名] 固《聖》ベルゼブル, 魔王.
Beem·er /bíːmɚ/ [-mə/] [名] Ⓒ ⓢ =Beamer.
*been¹ /(弱) bɪn, bən | bɪn;(強) bíːn | bíːn/《同音 #bin,《英》#bean》[動] **be¹** の過去分詞. 語法 助動詞 have² とともに be 動詞の完了形をつくる. **1** 〈現在完了形として〉: I have ～ an English teacher since 1980. 私は 1980 年から英語の教師をしています / "Where have you ～ all this time?" "I've ～ upstairs." 「今までずっとどこにいたの」「2 階にいました」 **2** 〈過去完了形として〉: I had ～ in Tokyo only three days when I received news of my father's death. 東京に来て 3 日しかたたないうちに父が死んだという知らせを受けた. **3** 〈未来完了形として〉: He will have ～ in America for ten years next March. 今度の 3 月で彼はアメリカに 10 年いることになる.

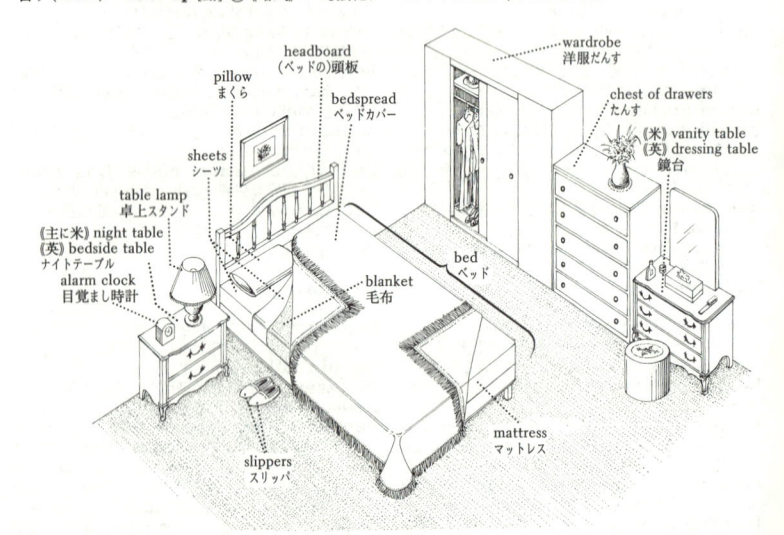

寝室図: wardrobe 洋服だんす / headboard (ベッドの頭板) / pillow まくら / bedspread ベッドカバー / chest of drawers たんす / sheets シーツ / 《米》vanity table 《英》dressing table 鏡台 / table lamp 卓上スタンド / 《主に米》night table 《英》bedside table ナイトテーブル / alarm clock 目覚まし時計 / bed ベッド / blanket 毛布 / mattress マットレス / slippers スリッパ

bedroom

Been there, done that! ⓢ もう体験ずみだ，もう興味はない．

have béen [動] 圓 《英》(すでに)やって来た (have called): *Has* the postman ~ yet? 郵便屋さんはもう来ましたか．

have béen at ... [動] 他 今まで…にいた《継続》: I *have* ~ *at* the beach. 私は今まで海岸にいた．

have béen in ... [動] 他 (1) …にいたことがある，…へ行った[来た]ことがある《経験》: "*Have* you ever ~ *in* New Orleans at Mardi Gras?" "No, I haven't." 「マルディグラ(のお祭り)でニューオーリンズへ行ったことがありますか」「いいえ，ありません」

(2) 今まで(ずっと)…にいた[いる] 《継続》: I *have* ~ *in* (the) hospital for the last month. 私はこの1か月入院していました[います]．

have béen to ... [動] 他 (1) **…へ行った[来た]ことがある**《経験》，☞ have gone to ... (gone 成句): I haven't ~ *to* France since 1980. 私は1980年以来フランスへ行っていません / "*Have* you ever ~ *to* Hawaii?" "Yes, I have." 「あなたはハワイへ行ったことがありますか」「はい，あります」

(2) …へ行ってきたところだ《完了》: Pussy cat, pussy cat, where have you ~? I've ~ *to* London to look at the queen. 猫ちゃん，猫ちゃん，どこへ行ってきたの．女王さまを見にロンドンへ行ってきたの《英国の童謡集 *Mother Goose's Melodies* の中の歌》．

会話 "I haven't seen you recently." "I *have* ~ to Chicago on business." 「最近お目にかかりませんでしたが」「仕事でシカゴへ行っていたものですから」(=I went to Chicago on business and have just come back.)

have béen to dó [動]《不定詞を伴って》…しに行ってきた《完了》: I *have* ~ *to* see the cherry blossoms. 私は花見に行ってきました．

have béen (and góne) and dóne《略式，主に英》よくも…したもんだ《驚き・抗議などを示す》; ☞ go and do [動] (2) (go¹ 成句)．

***been²** /(弱) bin, bən | bín/ (同音 #bin) 動 **be²** の過去分詞. 語法 助動詞 have² とともに「完了形」および「受身の完了形」をつくる．

1 (1) [have＋been＋現在分詞で現在完了進行形として] 《現在まで》**…し続けている．**

文法 **現在完了進行形** (present perfect progressive form)

現在完了形の1つで，現在までの動作の未完了や継続を表わす: I *have* ~ teaching English for five years. 私は5年間英語を教えて(きて)います《これからも教えます》/ He *has* ~ writing letters all day. 彼は一日中手紙を書いている《今も書いている》．

★この用法は動作がまだ終わらず続いていることを表わす．次の文と比較: I *have* taught English for five years. 私は5年間英語を教えた《現在完了；過去5年間で教える動作は完了，またはひと区切りついた》/ She *has* written several letters this morning. 彼女は今日午前中何通か手紙を書いた《現在完了；けさで手紙を書くのは終了した》．

(2) [had＋been＋現在分詞で過去完了進行形として]《過去のある時まで》…し続けていた．

文法 **過去完了進行形** (past perfect progressive form)

過去完了形の1つで，過去のある時点までの動作の未完了や継続を表わす: He *had* ~ repairing the car when I arrived home. 家に着いたとき彼はずっと車を修理していた．

★この用法は過去の時点までずっと（ある期間）動作が継続していたことを強調する．これに対し過去完了形は動作の完了に重点がある《☞ had² **A**》: He *had* repaired the car when I arrived home. 家に着いたとき彼は車の修理を済ませていた．

(3) [will [shall]＋have＋been＋現在分詞で未来完了進行形として] 《未来のある時まで》…し続けているだろう．

文法 **未来完了進行形** (future perfect progressive form)

未来完了形の1つで，未来のある時点までの動作の未完了や継続を表わす: I *will* have ~ studying English for ten years next year. 私は来年で10年英語を勉強したことになります．

2 [have＋been＋過去分詞で受身の完了形を作る]
(1) [現在完了形として]: The wine *has* ~ tasted by everyone. そのワインはみんなに愛飲されてきた．
(2) [過去完了形として]: When I got to his house, he *had* already ~ taken to the hospital. 私が彼の家へ行ったときすでに彼は病院へ連れて行かれたあとだった．
(3) [未来完了形として]: He *will* have ~ paid ¥10,000 in all if you give him another thousand yen. もう千円あげれば彼は全部で1万円受け取ったことになります．

beep /bíːp/ 名 ⓒ びーっと鳴る音，ビープ音《車・船の警笛や信号・ブザーなど》: You have reached 111-2222. Please leave your name and phone number after the ~. Thank you. こちらは111-2222番です．発信音の後にお名前とそちらの番号をどうぞ《留守番電話のメッセージ》．— 動 圓 **1** びーっと鳴る．— 他 **1**《警笛などを》鳴らす．**2**《米》《人》をブーっという音で呼び出す．

béep·er 名 ⓒ《略式》ポケットベル (pager).

***beer** /bíə | bíə/; 複《U語》bear¹·², bare, beard, veer/ 名 (~s /-z/) **1** Ⓤ ビール《☞ ale 参考，lager 参考》．語法 種類分けするときは Ⓒ: three glasses of ~ ビールをコップに3杯 / a bottle of ~ ビール1本 / canned ~ 缶ビール / draft ~ 生ビール．**2** Ⓒ 1杯[1本，ひと瓶(ẕ)]のビール: Three ~s, please. ビールを3つください．**3** Ⓤ,Ⓒ [合成語として] 清涼飲料: ginger ~ ジンジャーエール．**crý ínto [in] óne's béer**《略式》(不当な扱いを受けたと思って)自分をひどくあわれむ．**nót àll béer and skíttles** [形]《古風，英》楽しいことばかりではない．

béer bèlly 名 ⓒ ビール腹．

béer gàrden 名 ⓒ ビヤガーデン．

béer gùt 名 ⓒ =beer belly.

béer-màt /-mæ̀t/ 名 ⓒ ビール用コースター (coaster).

beer·y /bí(ə)ri/ 形 (beer·i·er, more ~; beer·i·est, most ~) ビールくさい；ビールに酔った．

bees·wàx /bíːz-/ 名 Ⓤ みつろう《みつばちが巣を作るのに用い，家具のつや出しの原料となる》．**Nóne of your béeswax!＝Mínd your own béeswax!** ⓢ《米》よけいなお世話だ．

***beet** /bíːt/ 名 ⓒ **1** ビート，砂糖大根，甜菜(ᅜ)(sugar beet). **2**《米》ビートの根，赤かぶ(《英》beetroot). **(as) réd as a béet** [形]《米略式》(恥ずかしくなって)赤っぽくなった．

Bee·tho·ven /béɪtoʊv(ə)n/ 名 圄 **Lud·wig** /lúːdwɪɡ/ **van** /væn/ ~ ベートーベン (1770-1827) 《ドイツの作曲家》．

***bee·tle** /bíːṭl/ 名 ⓒ **1** 甲虫(ᅝ) 《前羽が堅い昆虫．かぶとむし・くわがたむし・ほたるなど》．★羽音については ☞ cry 表．**2** [しばしば B-]《略式》ビートル，「かぶと虫」(フォルクスワーゲン (Volkswagen) 社製の小型乗用車の商標・愛称)．語源 古(期)英語で「かむ」の意，bite と同語源．— 動 圓《副詞句を伴って》《英略式》

beetlebrowed

急ぐ, (そっと)立ち去る (along, about, away, off).

béetle-bròwed 形 まゆ毛が濃く突き出た.

beet-ling /bíːtlɪŋ/ 形 A (まゆなどが)突き出た.

Bee-ton /bíːtn/ 名 **Isabella Mary ~** ビートン (1836-65) 《英国の著述家; 料理書で有名》.

+béet-ròot 名 C,U 《英》= beet 2. **gò béetroot** 動 《英略式》《恥ずかしくて》まっ赤になる.

béet sùgar 名 U 甜菜(ホネェ)糖.

beeves 名 beef の複数形.

+be-fall /bɪfɔ́ːl/ 動 (**be-falls**; 過去 **be-fell** /-fél/; 過分 **-fall-en** /-fɔ́ːlən/; **-fall-ing**) 他 《格式》(悪いことが)...にふりかかる: A misfortune befell him. 不幸が彼の身に起こった. — 自 《格式》起こる.

+be-fit /bɪfít/ 動 (**be-fits**; **-fit-ted**; **-fit-ting**) 他 《格式》(物事が)...にふさわしい, 似合う: as ~ s a poet [wedding] 詩人[結婚式]にふさわしい / It does not ~ her to do so. そんなことをするのは彼女に似合わない.

be-fit-ting /bɪfítɪŋ/ 形 《格式》適当な, 相応した, ふさわしい. **~-ly** 副 適当に, ふさわしく.

＊be·fore /bɪfɔ́ə, bə- | -fɔ́ː/

① [時間を示して] (...の)前に　前1, 接1, 副1
② [順序を示して] ...の前に　前2
③ [位置を示して] ...の前に　前3, 副2

— 前 /bɪfɔ́ə, bə- | -fɔ́ː/ **1** (時間が)...の前に, ...より先に, ...にならないうちに (反 after): the day ~ yesterday おととい, 一昨日 / He went out a little ~ five o'clock. 彼は5時ちょっと前に外出した / She did not return [come back] ~ six. 彼女は6時前には帰らなかった. 語法 上の文を次の文と比較せよ: She did not return [come back] *till* [*until*] six. 彼女は6時になって(やっと)帰ってきた (⇨ till 前 2 語法, until 前 2 語法) // The train got derailed just ~ entering the tunnel. その列車はトンネルに入る直前に脱線した.
2 (順序で)...の前に, ...に優先して; 《格式》...よりまえろ: Don't push! I was ~ you in line. 押さないで. 列の順番は私があなたより前なのだから / He puts quality ~ quantity. 彼は量よりも質を優先する / He chose death ~ dishonor. 彼は恥辱よりもむしろ死を選んだ.
3 《格式》(位置が)...の前に[で], ...の面前に[で] (in front of); (人)の目前[前途]に. 語法 場所について「...の前に」というときには in front of を用いるのが普通: Summer vacation is ~ us. 夏休みが我々を待っている.
4 《格式》...に押されて[たじろいで], ...に追いたてられて: retreat ~ the attack 攻撃に押されて退却する. **5** (審理・考慮などのために)...の前に(置かれて), ...の前にさらされて: The proposal was placed ~ the committee. その案件は委員会に提出された.

before lóng ⇨ long[1] 名 成句.

— 接 /bɪfɔ́ə, bə- | -fɔ́ː/ 《従位接続詞》 **1** ...(する)より前に, ...しないうちに (反 after): I must write a letter ~ I go to bed. 寝る前に手紙を書かなくてはならない / Write it down ~ you forget. 忘れないうちに書きつけておきなさい / B~ it rains, I must go out to the supermarket. 雨が降る前にスーパーに出掛けなければならない. **2** ...(する)まで (until): It will not be long ~ they come back. まもなく彼らは帰ってくるでしょう. **3** 《格式》(...する)よりむしろ: I would die ~ I give in. 降参するくらいなら死んだほうがましだ. **4** さもないと...: Get back ~ I shoot you. さがれ. さもないと撃つぞ.

— 副 **1** (時間が)前に, 以前に, かつて (反 after): I saw [have seen] that picture ~. その絵は以前見たことがある / She had returned home long ~. 彼女は(それより)ずっと前に家に帰っていた / We had met on the day [the night, the Friday] ~. 私たちはその日の

[晩, 金曜日]に会っていた / I had seen Meg two days [weeks] ~. 私はその2日[2週間]前にメグに会った.

> 語法 この用法の before と述語動詞との関係については次の点に注意 (⇨ ago 語法).
> (1) 単独に用いるとき, 動詞は現在完了形・過去完了形・未来時制のいずれの場合もある.
> (2) (on) 'the day [the night, the Friday] before, two days before' などの副詞句をつくる場合は, 普通過去のある時を基準としてそれ以前のことを表わし, 動詞は過去完了形. なお, 現在を基準にした場合は yesterday [last night, last Friday], two days ago などとなり, 動詞は過去形.
> (3) They said they had got(ten) married three years ~. 《彼らは3年前に結婚したと言った》は直接話法に言ったときのとおり (⇨ narration (1) (v)): They said, "We got married three years *ago*."

2 《古語》(場所の)前に, 前方に[を]; 先に立って.

as [like] befóre 副 以前のように, 前のとおりに: He began to work *as* ~. 彼は以前のように働きだした.

＊be-fore-hand /bɪfɔ́əhæ̀nd, bə- | -fɔ́ː-/ 副 前もって, あらかじめ, 事前に: I knew their intentions ~. 私は彼らの意図は前もってわかっていた.

be-foul /bɪfáʊl/ 動 他 《格式》...を汚す.

+be-friend /bɪfrénd/ 動 他 〔普通は受身で〕《格式》〈弱い者や貧しい人〉の友[味方]になる, 力になる.

be-fud-dled /bɪfʌ́dld/ 形 当惑した; 泥酔した.

＊beg /bég/ 《発音 bag, big, bug》 動 (**begs** /-z/; **begged** /-d/; **beg-ging**) 他 **1** 《許し・恩恵などを願う》〈人〉（...するように）頼む, 懇願する (⇨ pardon 成句): I *begged* his pardon for being late. 私は彼に遅れたことを許してくれと頼んだ / I would like to ~ a favor *of* you. あなたにお願いがあります / She *begged* the king *for* her life. <V+O+for+名·代> 彼女は王に助命を嘆願した / Help me. I ~ you! 助けてください. (あなたに)お願いします / 言い換え She *begged* to be allowed to go. <V+O (to 不定詞)> = She *begged* that she (*should*) be allowed to go. <V+O (that 節)> 彼女は行かせてほしいと懇願した (⇨ should A 8). 語法 前者の言い方のほうが普通 (⇨ ask 動 他 2 語法 (2)) // I *begged* him *to* think about my request. <V+O+C (to 不定詞)> 私は彼に私の願いについて考えてほしいと頼んだ / I ~ you not *to* leave me alone. お願いだから私を置き去りにしないでください (⇨ 動 自 1 最後の文の例文).
2 〈金・食べ物・衣服など〉を(恵んで)くれと求める, 〈施し〉を請(こ)う: The man *begged* a meal. その男は食べ物をくださいと言った / The beggar *begged* money *from* [S *off*] me. <V+O+*from* [*off*]+名·代> こじきは私にお金を恵んでくれと言った. **3** 〈困難など〉を避ける, 回避する: Your answer ~s the issue. あなたの答えは問題点を避けている.

— 自 **1** 願う, 頼む, 〈許しを〉請う: 言い換え She *begged for* mercy. <V+*for*+名·代> = She *begged* to be shown mercy. 彼女は慈悲を請うた / "Please think about my request," I *begged of* him. <V+*of*+名·代+引用節> / I ~ *of* you not *to* leave me alone. <V+*of*+名·代+*to* 不定詞> 《最後の2例は 他 最後の2つの例文と同じ意味》.
2 施しを請う, こじきをする: She had to ~ *from* her neighbors. <V+*from*+名·代> 彼女は近所の人にものごいをしなければならなかった / I'd rather die than ~ *for* my bread. <V+*for*+名·代> 食べ物を得るために物ごいをするくらいなら死んだほうがましだ. **3** (犬などをねだって)犬がちんちんする (*for*): B~! ちんちん 《犬に向かって》. **他** 何としてでも<...>を手に入れる[実現する]. — 自 どんなことでもする (*to do*). **bég óff** 動 自 《略式》頼

んで《仕事・約束など》を)断わる (*from*). **bég the quéstion** [動] [自] (1) 論点を巧みに避ける; 《格式》論点となっていることを真実と仮定して論を進める. (2) 疑問を抱かせる. **gò bégging** [動] [自] (1) 物ごいをして歩く. (2) [進行形で] 《英》《物が》買い手がつかない, 引き受け手がない: If this fried chicken is *going begging*, I'll have it. この鶏の唐揚げを誰も食べないなら, 私が食べます. **I bég (léave) to dó** [動] [S] 《丁寧》失礼ながら…させていただきます《慇懃(ぎん)無礼な言い方にもなる》: I ~ (*leave*) *to* disagree. 失礼ながらあなたのご意見には同意いたしかねます.

***be·gan** /bɪɡǽn, bə-/ [類似 begun] [動] begin の**過去形**.

be·get /bɪɡét/ [**be·gets**; 過去 **be·got** /bɪɡɑ́t, -ɡɔ́t/, **be·gat** /bɪɡǽt/; 過分 **be·got·ten** /bɪɡɑ́tn, -ɡɔ́tn/, **be·got**; **-get·ting**] [動] [他] 1 《事》を引き起こす, もたらす. 2 《古語》《男性が》《子》をもうける.

⁺**beg·gar** /béɡɚ | -ɡə/ [名] [C] 1 こじき: B ~ s can't be choosers. [S] 《ことわざ》物をもらうのに好き嫌いは言えない. 2 [親しみをこめて] 《英略式》やつ: Poor ~! かわいそうなやつ! / You lucky ~! 運のいいやつめ! ── [動] (**-gar·ing** /-ɡərɪŋ/) [他] 《格式》1 〈…〉を貧乏にする. 2 《表現・比較など》を不可能にする: ~ belief 信じ難い《[☞] **beggar (all) description** (**description** 成句)》.

beg·gar·ly /béɡɚli | -ɡə-/ [形] 《文》1 ごくわずかの, 申し訳程度の. 2 ひどく貧しい, 無一物の.

béggar-thy-néighbor 《米》, **béggar-my-néighbor** 《英》[名] [U] [トラ] すかんぴん《一人が他の者の全部の持ち札を取るまでやるゲーム》.

beg·gar·y /béɡəri | -ɡə-/ [名] [U] 《格式》極貧《状態》.
beg·ging /béɡɪŋ/ [名] [U] 物ごい《行為》, こじき生活.
bégging bòwl [名] [C] 物乞い鉢; [比喩] 資金集め.

***be·gin** /bɪɡín, bə-/ [動] (**be·gins** /-z/; 過去 **be·gan** /-ɡǽn/; 過分 **be·gun** /-ɡʌ́n/; **-gin·ning**)

[自] [他] の転換
[自] 1 始まる (to start to happen or exist)
[他] 1 始める (to make (something) start to happen or exist)

── [自] 1 **始まる**; 始める, 着手する; 言い出す (反 end): Work on the new station will ~ at once. 新しい駅の工事がまもなく始まる / Life ~*s at* fifty. <V+前+名> 人生は 50 から / Today we ~ *on* [《主に英》*at*] page 50, line 4. きょうは 50 ページの 4 行目からです《教室などで》 / School ~*s at* eight o'clock [*on* Monday, *on* **September 4**, *in* April]. 学校は 8 時から [月曜から, 9 月 4 日から, 4 月に] 始まる. [語法] (1) 前置詞は普通に時刻なら at, 日なら on, 週・月・年では in を用いる; from を用いるのは誤り. (2) 次の **beginning** の用法にも注意: The course will run for six weeks *beginning* (*on* [*from*]) Monday, September 15th and ending (*on*) [*through*] Thursday, October 23rd. 授業は 9 月 15 日月曜日に始まって [から] 10 月 23 日木曜日まで 6 週間である // The writer *began as* an English teacher. <V+C (*as*+名)> その作家は最初は英語教師として出発した. 2 (場所・地域・文・語などが) 始まる: Where does Europe ~? ヨーロッパはどこから始まるのですか? / Few words ~ *with* X. X で始まる単語はほんの少ししかない.

── [他] 1 〈…〉を**始める**, 〈…〉に着手する (反 end); (…し) だす; (…と) 言い出す ([☞] 類義語): We'll ~ *work* soon. すぐ仕事を始めよう / [言い換え] It *began to* rain. <V+O(*to* 不定詞)> = It *began* rain*ing*. <V+O(動名)> 雨が降りだした ([☞] it¹ A 2) / [言い換え] When did you ~ *to* learn German? = When did you ~ learn*ing* German? = When did you ~ German? いつドイツ語を習い始めましたか / He *began* school at six. 彼は 6 歳で就学した / Well begun is half done. 《こと

beginning 149

わざ》初めがうまくいけば半分仕上がったも同然 / The governor *began* his career *as* a writer. <V+O+ *as*+名> その知事は作家として経歴の第一歩を踏み出した / "No," she *began*. <V+O (引用節)> 「いいえ」と彼女は話し出した.

[語法] **begin**+**to do** と **begin**+**do**i**ng**
主語が人で, 後に続く動詞が動作を表わすときには <V+O(*to* 不定詞)> も <V+O (動名)> も用いられるが, 次のような場合には <V+O(*to* 不定詞)> の動詞型が好まれる.
(1) 主語が無生物であるとき: The temperature *began to* fall. 温度が下がり始めた.
(2) 無意志的な感情や気持ちなどを表わす動詞 (feel, think, realize, see, understand など) を伴うとき: He *began to* feel hungry. 彼は空腹を感じ始めた.
(3) begin が進行形のときには -ing の形が重なるので動名詞を避ける: I *am* just *beginning to* understand English. 英語が少しわかってきた.

2 [否定文で] [S] とても…しそうにない, …どころではない: I can't ~ *to* thank you. あなたには (どんなに感謝しているか) お礼の言いようもありません / This suit doesn't ~ *to* fit me. この服は私の体にぴったり合いっこない.

begin at the beginning [動] [自] (きちんと) 初めから始める: Calm down and ~ *at the beginning*. 落ち着いてちゃんと初めから話してごらん.

begín by dóing …することから始める, 最初に [まず] …する: He *began* by saying that he would not speak very long. 彼はあまり長くは話さないつもりですと言って話を始めた.

begin on ... [動] [他] 《仕事など》に取りかかる, 手をつける: He has *begun on* a new book. 彼は新しい本に取りかかった [を読み始めた, を書き始めた].

begin with ... [動] [他] …から始まる [始める]: In England spring really ~*s with* May. イングランドでは春は実際には 5 月から始まる.

It áll begán ... [時々とを表わす語句を伴って] (事の起こりは) …のことだった《長い話などの初めに用いる》.

to begin with [副] (1) [つなぎ語] [普通は文頭で] [S] [語法] ~ のない形もある. **まず第一に** (理由を述べるときなどに用いる; [☞] to³ B 7): To ~ *with*, it is too expensive. まず第一にそれは高すぎる. (2) [文修飾語] 最初 (のうち) は (at first). (3) 最初 [もと] から.

【類義語】**begin** 最も一般的な語で, ある動作・行為・経過が始まる (またはそれらを始める) こと: Let's *begin* the work. さあ仕事を始めよう / She *began* to cry. 彼女は泣きだした. **commence** *begin* とほぼ同じ意味であるが, もっと格式ばった語で, 儀式や裁判などの公式の行事の始まりに用いられる: The conference *commenced* with a speech. その会議は演説で始まった. **start** 多くの場合 *begin* と同じに用いられるが, *begin* はしばしば目的をもった行為が始められることを強調するのに対し, *start* は単にある点からの出発や静止状態からの運動・活動の開始に意味の重点が置かれる: We *started* our investigation in September. 我々は 9 月から調査を開始した.

Be·gin /béɪɡɪn/ [名] [個] **Me·na·chem** /mənɑ́ːkəm/ ~ ベギン (1913-92) 《イスラエルの政治家》.

***be·gin·ner** /bɪɡínɚ, bə- | -nə/ [名] (~**s** /-z/) [C] 初心者; 初学者: a ~'s [~*s*'] class 初級クラス.

begínner's lúck [名] [U] 初心者につきものの幸運.

***be·gin·ning** /bɪɡínɪŋ, bə-/ [名] (~**s** /-z/) [C] 1 [普通は単数形で] **最初; 初めの部分** (反 end); **始まり, 発端** ([☞] 類義語): at the ~ *of* March 3 月の初めに / make a good ~ 初めをしっかりする / A good ~ makes a good ending. 《ことわざ》初めよければ終わりよし / a new ~ 新たな始まり. 2 [普通は複数形で] 起源, 起こり: Buddhism

had its ~s in India. 仏教はインドに起源を発した / The factory rose from small ~s. その工場は小さな出だしからのしあがった.
at [in] the begínning [副] つなぎ語 (手)始めに、まず最初に[に]: *In the ~* God created the heaven and the earth. 始めに神は天と地を創造された《旧約聖書の初めのことば》.
from begínning to énd [副] 始めから終わりまで; 終始: He kept quiet *from ~ to end*. 彼は始めから終わりまで黙っていた.
from the (véry) begínning [副] (まさに)最初から: The plan was a failure *from the ~*. その計画は最初から失敗だった.
the beginning of the énd [名] (避けられない)結末を暗示する最初のきざし、終わりの始まり.
── [形] A 初歩の、新米の: a ~ driver 新米ドライバー.
【類義語】**beginning** 最も一般的な語で、出発点をいう: since the *beginning* of the world 開闢(かいびゃく)以来. **origin** 人・物・状況などの発生したときの姿・状態をいう: the *origin* of the custom その習慣の起こり. **source** あるものの発生のもとになったものをいう: the *source* of a river 川の源流.

be go·ing to /(子音の前では) bɪɡóuɪŋtu, (母音の前では) -tu/ [☞ going to の項目].
be·gone /bɪɡɔ́:n, -ɡɔ́n/ [間]《古語》立ち去れ!
be·go·nia /bɪɡóunjə/ [名] C ベゴニア、しゅうかいどう《主に観賞用の熱帯植物》.
begot /bɪɡɑ́t/ [動] beget の過去形および過去分詞.
begotten [動] beget の過去分詞.
be·grudge /bɪɡrʌ́dʒ/ [動] ⦿ [しばしば否定文で] 1 〈人の〉幸運をねたむ (grudge): We should *not ~* him his good fortune. 私たちは彼の幸運をねたんではいけない. 2 〈人に〉〈物を〉出ししぶる;〈...することを〉いやがる (grudge): I ~ spending so much money on the trip. 私は旅行にそんな大金を使いたくない.
be·grúdg·ing [形] しぶしぶの. **~·ly** [副] しぶしぶ.
be·guile /bɪɡáɪl/ [動] ⦿《格式》1 〈...を〉だます、口車に乗せる (*by, with*). 2 〈人の〉気を紛らわせる、〈...を〉楽しませる:〈退屈などを〉紛らす (*with*). **beguíle ... into ―** [動]《格式》〈...を〉だまして―させる.
be·guíl·ing [形] Ⓦ《格式》魅力的な; とても興味をそそる;人を欺くような. **~·ly** [副] 魅力的に.
be·gum /béɪɡəm/ [名] C《インド・パキスタン》イスラム教徒の王妃[貴婦人].

be·gun /bɪɡʌ́n, bə-/ [類音 began] [動] **begin** の過去分詞.

be·half /bɪhǽf, bə- | -hɑ́ːf/ [T2] [次の成句で] **on [(米) in] behálf of ...**=**on [(米) in] ...'s behálf** [副] (1) ...に代わって、...を代表して: It's a great privilege for me to address you today *on ~ of* my fellow citizens. 私は同胞を代表しまして皆さまの前で話ができますことは私に与えられた大きな光栄であります. (2) ...のために: He worked for weeks *in ~ of* the community chest. 彼は何週間も共同募金に奉仕した / She wept *on my ~*. 彼女は私のために泣いてくれた.

be·have /bɪhéɪv, bə-/ [動] (**be·haves** /~z/; **be·haved** /~d/; **be·hav·ing** [名] behávior) ⦿ 1 [副詞(句)を伴って] ふるまう: The child ~*d* well [badly] at school. <V+副> その子が学校で行儀がよかった[悪かった] / She ~*d* shamefully *to [toward]* her parents. <V+副+*to [toward]*+名・代> 彼女は両親にひどい仕打ちをした.
2 〈子供が〉行儀よくする: Did you ~ at the party today? きょうパーティーでお行儀よくしましたか. 3 [副詞(句)を伴って] (機械などが)作動する、動く; 〈物質が〉作用する; 〈人が〉反応する.
behávè onesèlf [動] ⦿ (特に子供が)行儀よくする: *B~ yourself*! お行儀よくしなさい / Did you ~ yourself at the party today? きょうパーティーでお行儀よくしましたか《oneself を省略することがある》.
-be·haved /bɪhéɪvd, bə-/ [形] [合成語で] 行儀が...な: a well-*behaved* [badly-*behaved*] child 行儀のよい[悪い]子.

*__be·hav·ior, 《英》-iour__ /bɪhéɪvjə, bə- | -vjə/ [T1] [名] (~s /~z/; -ed) behávè) U.C ふるまい、行儀、品行、態度 (*toward*) [☞ act 類義語]: good [bad] ~ 行儀のよさ[悪さ] / How was Kate's ~ at that party? そのパーティーでのケートの行儀はどうでしたか. 2 U.C (動物の)生態;《化》作用. 3 U.C (機械などの)動き、作用. **be on one's bést behávior** [動] ⦿ 行儀よくしようと努める.

*__be·hav·ior·al__ /bɪhéɪvjərəl, bə-/ [形] 行動(上)の. **-al·ly** /-rəli/ [副] 行動上.
behávioral sciénce [名] U.C 行動科学.
be·hav·ior·is·m /bɪhéɪvjərɪzm, bə-/ [名] U《心》行動主義《意識よりも客観的に観察できる行動を重視する》.
be·hav·ior·ist /bɪhéɪvjərɪst, bə-/ [名] C《心》行動主義心理学者.
behávior thèrapy [名] U 行動療法.
be·head /bɪhéd/ [動] ⦿ 〈人を〉打ち首にする.
beheld behold の過去形および過去分詞.
be·he·moth /bɪhí:məθ, -məθ/ [名] 1 U《聖》[しばしば B-] ビヒモス《『ヨブ記』に出てくるかばに似た巨獣》. 2 C《文》巨大[強大]なもの[動物]、怪物.
be·hest /bɪhést/ [名] (次の成句で) **at the behést of ...** [副]《格式》...の命により.

*__be·hind__ /bəháɪnd, bɪ-/

基本的には「後に」の意.
① (位置を示して) ...の後ろに[へ] [前 1, 副 1]
② (比喩的に) ...の背後に [前 2]
③ (時間を示して) (...より)遅れて [前 3, 副 3]
④ (進歩・順位が)より遅れて、劣って [前 4]

── [前] /bəháɪnd, bɪ-/ 1 (位置が)...の後ろに[へ]、...の背後に[を]、...の向こう側に《背後に隠れている、という意味を持つことが多い》(⇔ in front of ..., ahead of ...) [☞ back 2] : He sits ~ me in math (class). 彼は数学の授業中は私の後ろに座る / The chicks are walking (right) ~ the mother hen. ひよこたちは母鳥の(すぐ)後について歩いている / There is a tree ~ my house. 私の家の裏手に木がある / She ┌hid herself [dashed]┘ ~ the curtain. 彼女はカーテンの後ろに隠れた[駆け込んだ] / Please close the gate ~ you. 門を入った[出た]後は閉めてください《★「通過」の意味に注意》.
2 (事柄・態度などの)背後に、...の陰に、...の(みかけの)裏側に; ...の(隠れた)原因となって、...を引き起こして; (計画などを)推進して: the story ~ the news その報道の裏話 / There is something ~ her smile. 彼女のほほえみの裏には何かが隠されている / I wonder what's ~ his refusal. 彼の拒絶の原因は何だろう.
3 (時間が)...より遅れて、...より遅く[で]《☞ behind time (time 成句)》(⇔ ahead of ...): You are ten minutes ~ the appointed time. 君は約束の時間に10分遅刻だ / New York is 14 hours ~ Tokyo. ニューヨークは(時差で)東京より14時間遅れている.
4 (進歩などが)...より遅れて、(順位などが)...より劣って《☞ behind the times (time 成句)》: I am [have

fallen ~ him in English. 私は英語が彼より遅れている[遅れてしまった](☞ fall を参照). **5** …に味方して, …を後援[支持]して: I'm ~ you (all the way) on this project. 私はこの計画に関して(全面的に)あなたを支持する / I put all my money ~ the candidate. 私は金を全部その候補者を応援する方に賭けた. **6** (人)のこれまでの経験として: She has six years of living alone in New York ~ her. 彼女にはニューヨークで 6 年間一人で暮らした実績がある. **be behínd …** 働 働 (いやなことなどが)(人)にとって過ぎ去って[終わって]いる: All the exams *are* now ~ us. 試験はすべて済んだ. **pút … behínd** one [動] 〈いやなことなどを〉忘れる, 過ぎたことと考える (☞ one² 代 3 語法 (4)).

── 副 **1** (位置が)後ろに[へ], 背後に[で]; 元のところに, 後に: Stay ~ . 後ろに残って[留守番をして]いなさい / Don't look ~ . 後ろを振り向くな / They were running far [close] ~. 彼らははるかはるか近く後ろを走っていた / He was shot from ~. 彼は後ろから撃たれた (☞ from 1 語法 (2)). **2** (時間・仕事・支払いなどが)遅れて, 滞って; 劣って: We are a bit ~ in [*with*] our work. 私たちは仕事が少し遅れている / O, Wind, if Winter comes, can Spring be far ~? ああ風よ, もし冬が来るならば春がそれほど遠く遅れているというはずがあろうか(冬来りなば春遠からじ)(英国の詩人シェリー (Shelley) の詩の一節). ⇒ rhetorical question [文法]. ── /bəháɪnd, bɪ-/ [名] [略式] [婉曲] しり (buttocks): fall on one's ~. しりもちをつく.

Bei·rut /bèɪrúːt⊢/ [名] ベイルート《レバノンの首都》.

be·jew·eled, 《英》 **-elled** /bɪdʒúːəld/ [形] 宝石で飾った.

Bel /bél/ [名] ベル《女性の名; Isabel および Isabelle の愛称》.

be·la·bor, 《英》 **-la·bour** /bɪléɪbə | -bə/ [動] [他] 《古風》〈…〉を強くなぐる[打つ]; やり込める. **belábor the póint** [動] [自] 同じことをくどくど説明する.

Be·la·rus /bèlərúːs/ [名] [固] ベラルーシ《ロシアの西に隣接する共和国》.

Be·la·rus·i·an /bèlərúːsiən, -rúː∫ən/, **Be·la·rus·sian** /bèlərúʃən⊢/ [形] ベラルーシの; ベラルーシ人[語]の.

be·lat·ed /bɪléɪtɪd/ [形] 〈手紙・報告書など〉遅れた: a ~ birthday card 間に合わなかったバースデーカード. **-ly** 副 遅れて, 遅ればせながら.

be·ly /béɪli/ [動] [海] 〈ロープ〉を綱止め栓に 8 の字形に巻きつける; 〈登山〉〈ザイル〉をハーケンに巻きつけて登山者を確保する. ── [自] [海] 綱を巻きつける.

belch /béltʃ/ [動] [自] **1** げっぷをする. **2** 〈煙など〉噴出する (*out*; *from*). ── [他] 〈火・煙など〉を噴出する (*out*, *forth*). ── [名] [C] げっぷ, おくび.

be·lea·guered /bɪlíːgəd | -gəd/ [形] [格式] **1** (人・組織・計画など)非難の集中砲火をあびた, 攻め立てられた. **2** (都市・軍隊など)敵に包囲された.

Bel·fast /bélfæst, belfǽst | bélfɑːst, belfɑːst/ [名] [固] ベルファスト《Ireland 北部の都市; Northern Ireland の首都; ☞ 裏地図 D 4》.

bel·fry /bélfri/ [名] (**bel·fries**) [C] 鐘楼(しょう); 鐘塔.

Bel·gian /béldʒən/ [形] ベルギーの; ベルギー人の. ── [名] [C] ベルギー人; [the ~s] ベルギー人(全体), ベルギー国民 (☞ the¹ 5).

Bélgian éndive [名] [C] =endive 2.

Bélgian wáffle [名] [C] 《米》ベルギーワッフル《フルーツやホイップクリームを載せて食べる》.

Bel·gium /béldʒəm/ [名] [固] ベルギー《ヨーロッパ西部の北海 (North Sea) に臨む王国; 首都 Brussels》.

Bel·grade /bélgreɪd, -grɑːd | bèlgréɪd⊢/ [名] [固] ベオグラード《Serbia および旧 Yugoslavia の首都》.

be·lie /bɪláɪ/ [動] (-**lies**; 過去 **be·lied**; **be·ly·ing**) [他] [格式] **1** 〈…〉を偽って示す[伝える]. **2** 〈…〉が偽り[誤り]であることを示す; 〈期待など〉を裏切る.

be·lief /bɪlíːf, bə-/ [名] (~**s** /-s/; [動] belíeve; [反] disbelíef) **1** [U] または a ~ 信じていること, 信念, (…の存在の)確信 [反] doubt); 所信, 考え方: His ~ *in* the

be·ing² /bíːɪŋ/ [助動] (beam, bean) [動] [be² の現在分詞] (1) [be+being+過去分詞で受身の進行形を表わす]: The car *is* ~ *repaired*. 車は今修理中だ. (2) [分詞構文で] …される[された]ので: [言い換え] B~ built on a hill (=*Because it is built on a hill*), the hotel commands a fine view of the bay. 丘の上に建っているので, ホテルからの湾の眺めはすばらしい.

2 (be¹ の動名詞) …される[された]こと: My daughter likes ~ *kissed* on the cheek. 私の娘はほおにキスされるのが好きだ.

be·ing³ /bíːɪŋ/ (類音 beam, bean) [名] (~**s** /-z/) **1** [C] 人間, 生き物: human ~s 人間 / He has become a quite different ~. 彼は全く人が変わった. **2** [U] 存在 (existence): in ~ 存在して(いる). **3** [U] 《文》(生き物の)本質, 本性: to the roots [core, whole] of her ~ 彼女の心の底まで. **cóme into béing**=**be bróught into béing** [動] [自] (物事が)生まれ出る, 成立する: The movement *came into* ~ in 1980s. この運動は 1980 年代に起こった.

very much for ~ with us. お越しいただいてどうもありがとうございます. **béing as [that] …** [接] [⑤] (主に英) …だから. **for the tíme béing** 当分の間.

be·ing¹ /bíːɪŋ/ (類音 beam, bean) [動] **1** (be¹ の現在分詞) (1) [be+being(+形容詞)で be¹ の進行形を表わす]: You *are* ~ 「very clever [a good boy] today, aren't you? きょうはとても頭の回転が速い[行儀がよい]ですね / Tom *is always* ~ foolish. トムはいつもばかなことばかり言って[して]いる (☞ be² A 1 (3)).

語法 この言い方は普通は「…なことをする[言う]」という動作の意味を含む形容詞とともに用い, 状態を表わす形容詞とともには用いない; 次も比較: I'm ~ careful. (今私は慎重にやっている). / I'*m* careful. =I'm a careful person. (私は慎重な人間だ).

(2) [分詞構文で] …なので: [言い換え] B~ tired (=*Because I was tired*), I went to bed early. 疲れていたので早く寝た / Mother ~ ill in bed (=*Because Mother is ill in bed*), I had to do the shopping. 母が病気で寝ているので私が買い物をする必要があった. **語法** 次のようにも言える: With Mother ~ ill in bed, … (☞ with 7).

2 (be¹ の動名詞) …であること, (…に)ある[いる]こと: I hate ~ alone. 私はひとりでいるのはいやだ / Thank you

occult got him into trouble. オカルトを信じていたので彼は面倒なことになった / 「My ～ is [It is my ～] *that* the pen is mightier than the sword. ペンは剣より強し，というのが私の信念だ. [語法] これは次のようにも言える: I hold the ～ *that* the pen is mightier than the sword. <N+*that* 節> (☞ apposition [文法] (iii)).
2 [U,C] 信仰, 信心 (faith); 信条: the Christian ～ キリスト教の信仰 / ～ *in* God 神(の存在)を信じること / political ～*s* 政治的信条. **3** [U] [時に a ～] 信頼, 信用 (*in*). **beyònd belíef** [形・副] 信じられないほどの[に]. **in the belíef that ...** [副] …と信じて. **to the bést of my belíef** [副] [文修飾語] 私の知る限りでは, 私の考えでは.

+be·liev·a·ble /bəlíːvəbl, bɪ-/ [形] ([反] unbelievable) 信じられる, 信用できる; (人物などが)実際に存在しそうな. **-a·bly** /-əbli/ [副] 信じられるほど.

****be·lieve** /bəlíːv, bɪ-/ [動] (**be·lieves** /~z/; **be·lieved** /~d/; **be·liev·ing**; [名] belíef; [反] disbelieve) [他] [普通は進行形なし] 〈人・人のことばなど〉を**信じる,** 信じ込む ([反] doubt); (確信を持って)〈…〉が(―だと)考える; (完全には確信はないが)〈…〉と思う (☞ I believe ... (成句)): I ～ you. 私はあなたの言うことを信じる, 全くそのとおりだ (☞ believe in ... (成句) (2)) / I can't ～ my eyes [ears]. Ⓢ 自分の目[耳]が信じられません《驚いたときのことば》 / [言い換え] We ～ (*that*) she is honest. <V+O (*that*) 節> =We ～ her *to* be honest. <V+O+C (*to* 不定詞)> =We ～ her honest. <V+O+C(形)> 私たちは彼女は正直だと信じている / John *is* ～*d to* be reliable. <V+O+C (*to* 不定詞)の受身> ジョンは信頼できると思われている / Nobody will ～ *how* difficult it was. <V+O (*wh* 節)> それがどんなに難しいものだったかだれも信じてはくれまい. ― [自] 信じる, 信仰を持つ.
belíeve in ... [動] [他] (1) **…の存在を信じる;** …を信仰する: He ～*s in* ghosts [God]. 彼は幽霊がいる[神が存在する]と信じている. (2) **…を信頼する:** I ～ *in* you. 私はあなたを信頼している. [語法] I ～ you. は「(少なくとも話をしている)今はあなたの言うことを信じます」の意. (3) **…の価値を信じる,** …をよいと思う: I ～ *in* 「early ris*ing* [get*ting* up early]. 早起きはよいと思う.
belíeve it or nót [副] Ⓢ まさかと思うだろうが.
belíeve ... of ― [動] [他] [would, could とともにしばしば否定文で] ―なら…すると思う: Before we caught him cheating on the exam, we *would never* have ～*d* it *of* him. 彼のカンニングを見つけるまでは, 彼がそんなことをするなんて思いもしなかった.
belíeve (you) mé [副] Ⓢ [挿入語句として] 本当に, 確かに.
Dòn't you belíeve it! Ⓢ そんなわけがない, まさか.
gíve ... to belíeve (that) ― [動] [他] [しばしば受身で] 《格式》〈…〉に―と信じさせる[思わせる] (☞ give ... to understand (that) ― (understand 成句)).
I belíeve ... 確か…だと思う (I think ... より少し強い感じ): *I* ～ she'll succeed. 彼女はきっと成功すると思う. [語法] しばしば文の終わりで, または挿入語句として用いられる: You'll win the race, *I* ～. きっと君は競走で勝つよ // That novel, *I* ～, is his best. その小説は彼の最上のものだと思う / "Is he coming?" "*I* ～ *sò.*" 「彼は来ますか」「そう思います」 (☞ so¹ 6 [語法]) / "Will he pass the examination?" "*I don't* ～ he will (=I don't ～ *sò.*=*I* ～ nót)." 「彼は試験に受かるでしょうか」「そうは思いません」
I cán't [dón't] belíeve it! Ⓢ (1) まさか!, 何だって. (2) 困ったな《忘れ物などをしたとき》.
If yóu belìeve thát, yóu'll belìeve ánything! Ⓢ (ばかじゃないか)そんなの全く信じられないよ.
léad ... to belíeve (that) ― [動] [他] 〈…〉に(間違った[不確かな]ことなどを)信じ込ませる.
màke belíeve ... [動] [他] [(*that*) 節を伴って] (1) …ごっこをする: The children are *making* ～ (*that*) they are pirates. 子供たちは海賊ごっこをしている. (2) …のふりをする, 見せかける (pretend): She *made* ～ (*that*) she had not heard him. 彼女は彼の言うことが聞こえなかったようなふりをした. ― [自] ふりをする.
Would [Can] yóu belíeve (it)? [!] Ⓢ [驚きやショックを表わして] 信じ難いことだが.
Yóu'd bètter belíeve it! Ⓢ 本当だったら, 全くだ.
You would nót belíeve .... [意外なことを述べる前置きとして] Ⓢ まさかと思うだろうが….

+be·liev·er /bəlíːvə, bɪ- | -və/ [名] [C] **1** (あることを)信じる人: a great [firm] ～ *in* jogging ジョギングの熱烈な信奉者. **2** 信者 ([反] unbeliever): ～*s in* Christianity キリスト教の信者.

Be·lí·sha béa·con /bəlíːʃə-/ [名] [C] 《英》 ベリーシャ交通標識《上にだいだい色の球がついた, 歩行者の横断箇所を示す標識》.

+be·lit·tle /bəlítl, bɪ-/ [動] [他] 《格式》〈…〉を軽視する, 見くびる, けなす: ～ oneself 卑下する.

Be·lize /bəlíːz/ [名] [固] ベリーズ《中米北部の国》.

***bell** /bél/ ([同音] belle; [類音] belt, bill) [名] (～**s** /~z/) [C] **1** ベル, 鈴, 呼びりん; 鐘, つり鐘: a telephone ～ 電話のベル / The ～*s* are ringing for church [school]. 教会[授業]の始まりを知らせる鐘が鳴っている / I can hear sleigh ～*s* ringing in the snow. 雪の中でそりの鈴が鳴るのが聞こえる. [関連] doorbell 戸口のベル / buzzer ブザー / chime チャイム / clapper 鐘[鈴]の舌.
2 [普通は単数形で] (時報・警告などの)**ベルの音, 鈴[鐘]の音:** Did you hear the ～? ベルが聞こえましたか / There's the ～. ベルが鳴っているよ《訪問者があることを告げる場合にいう》. **3** 鐘形のもの《鐘の形をした花・ガラス器など》. **4** [しばしば複数形で] 〘海〙 時鐘, 点鐘《艦船上で 30 分ごとに打ち鳴らされる当直時間を知らせる鐘》. **ánswer the béll** [動] [自] (玄関のベルに応じて)来客の応対に出る. **(as) cléar as a béll** [形] (音・声などが)とてもはっきりと聞きとれて, 澄みきって; 完璧で. **(as) sóund as a béll** [形] (人が)非常に元気で; (物が)完璧な状態で. **be sáved by the béll** [動] [自] Ⓢ 危ういところを助かる. [由来] ボクシングでゴングが鳴ってノックアウトを逃れることから. **béIls and whístles** [名] 《略式》 (製品などの)付属[装飾]品. **gíve ... a béll** [動] [他] Ⓢ 《英略式》〈人〉に電話をする. **hàve [gèt] one's béll rúng** [動] (人が)頭を(強く)打つ. **ríng a béll** [動] [自] (1) ベルを鳴らす. (2) 《略式》 (物事が)記憶に残っている, どこかで聞いた[見た]覚えがある; ぴんとくる. **with béIls òn** [副] Ⓢ 《米》 (1) [強調のあいづちを打って] 確かに, そうそう. (2) いそいそと, 喜び勇んで; 大いに. ― [動] [他] [次の成句で] **béll the cát** [動] [自] 猫の首に鈴をつける, (最初に)危険な仕事をする. [由来] ねずみたちが猫の首に鈴をつける相談をしたイソップ物語 (Aesop's Fables) から.

Bell /bél/ [名] [固] **Alexander Graham** ～ ベル (1847–1922)《Scotland 生まれの米国の技師; 電話を発明した (1876)》.

Bel·la /bélə/ [名] [固] ベラ《女性の名; Isabella の愛称》.

bel·la·don·na /bèlədɑ́nə | -dɔ́nə/ [名] **1** [U] ベラドンナ, 西洋はしりどころ《なす科の有毒植物; イタリア語で「美しい女性」の意で, この薬を飲んで, 瞳孔を開き, 目を美しく見せたことから》. **2** [U] 〘薬〙 ベラドンナ剤.

béll-bòttomed [形] (ズボンが)すそがらっぱ型の.

béll-bòttoms [名] [複] らっぱズボン, ベルボトム.

béll·bòy [名] [C] 《主に米》 =bellhop.

béll càptain [名] [C] 《米》 (ホテル・クラブなどの)ボーイ長 (☞ bellboy, bellhop).

béll cùrve [名] [C] 〘統〙 (正規分布の)鐘形曲線.

belle /bél/ [名] [C] 《古風》 美人: the ～ of the ball (舞踏会・パーティーなどで)いちばん美しい女性.

belle époque /bèleɪpák, -pók/ 《フランス語から》名 [単数形で] (20世紀初頭のフランスの)よき時代.

belles-let·tres /bèllétr(ə)/ 《フランス語から》名 U 純文学.

béll·flòwer 名 C ほたるぶくろ(ききょう科の植物).

béll·hòp 名 C 《米》(ホテル・クラブなどの)ボーイ(☞ hotel 挿絵)(《英》page).

bel·li·cose /bélɪkòʊs/ 形 《格式》(態度・言動などが)好戦的な(warlike); けんか好きな.

bel·li·cos·i·ty /bèlɪkɑ́səṭi, -kɔ́s-/ 名 U 《格式》好戦的なこと; けんか好き.

-bel·lied /bélid/ 形 [合成語で] …腹の: potbellied 太鼓腹の.

bel·lig·er·ence /bəlídʒ(ə)rəns/, **-er·en·cy** /-ənsi/ 名 U 1 好戦的なこと, 闘争的な態度. 2 (国家間の)交戦状態.

bel·lig·er·ent /bəlídʒ(ə)rənt/ 形 1 好戦的な, けんか腰の. 2 A 《格式》交戦中[状態]の: a ~ country 交戦国. ― 名 C 《格式》交戦国[者]. **~·ly** 副 好戦的に, けんか腰で.

béll jàr 名 C ベルジャー(つり鐘型のガラス容器).

Béll Láboratories 名 固 ベル研究所《アメリカの有名な電算技術研究所》.

béll·man /-mən/ 名 C 《米》= bellhop.

bel·low /béloʊ/ 動 1 どなる(at); (痛みなどで)うめく(with). 2 (牛が)大声で鳴く[ほえる](《特に》cry 表 bull, ox). ― 他 〈…を[と]〉どなり声で言う(out). ― 名 C 1 どなり[うなり]声(of). 2 (牛などの)ほえ声.

Bel·low /béloʊ/ 名 固 Saul ~ ベロー (1915-2005) 《カナダ生まれの米国の作家; Nobel 文学賞 (1976)》.

bel·lows /béloʊz/ 名 [複] [時に単数扱い] 1 ふいご《普通両手で使うものは a pair of ~, 据え付けたものは (the) ~ という》. 2 (オルガンなどの)送風機, 蛇腹.

béll pèpper 名 C 《米》ピーマン (pepper).

béll pùll 名 C (ベル[鐘]を鳴らす)引き手[引き綱].

béll pùsh 名 C (ベルの)押しボタン.

béll·rìnger 名 C 教会の鐘を鳴らす人[係].

béll·rìnging 名 U (教会の)鐘の鳴鐘(めいしょう)法[術].

béll tòwer 名 C (教会の)鐘楼.

bell·weth·er /bélwèðə-, -ðə/ 名 C 《格式,主に米》先導者; (動向などを)示すもの, 指標(of).

bel·ly /béli/ 名 (bel·lies /~z/) C 1 《略式》(人・動物の)腹, 腹部; 胃 (stomach): with a full ~ 満腹になって. [語法] やや下品な語とされ, 普通は stomach が代わりに使われる(☞ stomach [語法]). 2 [普通は単数形で] (腹のように)ふくらんだ部分《びん・バイオリン・船などの》. **gó [túrn] bélly úp** [動] 《略式》死ぬ, くたばる; 倒産する. [由来] 魚が死ぬと腹を上にして浮かぶことから. ― 動 (bel·lies; bel·lied; -ly·ing) 自 ふくらむ (out). ― 他 〈…を〉ふくらませる (out). **bélly úp** [動] 自《米略式》(カウンターなどに)近寄る (to).

bélly·àche 《略式》名 C, U 腹痛. ― 自 ぐちをこぼす, 不平を言う (about).

bélly bùtton 名 C 《主に小児》《略式》へそ (navel).

bélly dànce 名 C ベリーダンス《腹や腰をくねらせる踊り》.

bélly dàncer 名 C ベリーダンスを踊る人.

bélly dàncing 名 U ベリーダンス(を踊ること).

bélly flòp 名 C 腹打ち飛び込み. ― 動 自 へたな飛び込みをする.

bel·ly·ful /bélifʊl/ 名 [a ~] 腹いっぱい; 《略式》いやというほどたくさん: I've had a ~ of her complaints. 彼女のスカートは聞かされた.

bélly-lànd 動 自 胴体着陸する.

bélly lànding 名 C 胴体着陸.

bélly làugh 名 C 《略式》(腹を揺るような)大笑い: get a ~ from … …を爆笑させる.

Bel·mo·pan /bèlmoʊpǽn/ 名 固 ベルモパン《ベリーズ (Belize) の首都》.

---

be·long /bəlɔ́ːŋ, bɪ- | -lɔ́ŋ/ 動 (**be·longs** /~z/; **be·longed** /~d/; **-long·ing**) 自 [進行形なし] 1 〈…のもの[所有物]である, 〈…に〉所属する, 〈…の〉部類に入る; [言い換え] This car ~s to [Mr. Mill [me]. <V+to+名・代> (= This car is Mr. Mill's [mine].) この車はミルさん[私]のものだ / He ~s to the baseball club. (= He is a member of the baseball club.) 彼は野球部の部員だ. [語法] 「…大学の学生だ」「…会社の社員だ」という場合には belong は用いない.

2 (本来あるべきところに)ある[いる], (…に)その所属場所とする, (…の)ぴったりに合う: A baby should ~ **with** its parents. <V+前+名・代> 赤ん坊は親のもとで育てられるべきだ / The two birds ~ **to** different species. この二羽の鳥は種類が違う / The coat ~**s in** the closet, not **on** the floor. 上着はクローゼットに入れておくもので, 床の上に投げ出しておいてはいけない / After ten years, he felt he really ~ed (there). 10 年たって彼はその土地にすっかりなじんだ気がした / "Where does this book ~?" "It ~s **with** the other novels on the shelf." 「この本はどこに置きますか」「棚の小説の所に置いてください」

be·long·ings /bəlɔ́ːŋɪŋz, bɪ- | -lɔ́ŋ-/ 名 [複] [普通は所有格の後で] 所持品; 所有物, 財産(金銭以外の持ち運びできるもの; 土地・家は含まない): pack up my personal ~ 私の身の回りの物をまとめる.

Be·lo·rus·sia /bèloʊráʃə/ 名 固 = Belarus.

Be·lo·rus·sian /bèloʊráʃən/ 名 C ベラルーシ人; U ベラルーシ語(の).

be·lov·ed[1] /bəlávɪd, bɪ-/ ★ beloved[2] との発音の違いに注意. [普通は所有格の後で] 形 A 《古》(時に滑稽》(人・物・場所が)最愛の, かわいい, いとしい: my ~ child わがいとし子. ― 名 C 《古風》最愛の人: my ~ 私の最愛の人.

be·loved[2] /bəlávd, bɪ-/ 形 P 《格式》愛されて: She is ~ **by [of]** all. 彼女は皆に愛されている.

be·low /bəlóʊ, bɪ-/

① [位置を示して] (…より)下に[へ] 前 1, 2; 副 1, 2
② (年齢・地位などが) (…より)下で[に] 前 3, 副 3

― 前 /bəlóʊ, bɪ-/ 1 (位置が)…より下に[へ], …の(真)下に[へ], …より低く(反 above)(☞ above 挿絵): A light hung ~ the shelf. 電灯が棚の下に掛かっていた / The sun went ~ the horizon. 太陽が地[水]平線の下に沈んだ / Her skirt reaches (to) just ~ the knee. 彼女のスカートはひざのすぐ下までである / A strange noise came from ~ the stairs. 階段の下から変な音がした(☞ from 1 [語法] (2)).

2 …の下流に(反 above)(☞ under 前 1 (1) [語法]): The waterfall is a few miles ~ the bridge. その滝は橋から数マイル下流にある.

3 (年齢・数量などが)…より下で[に], …未満で (under); (地位が)…より下で[の] (☞ under 前 4 [語法]), …より劣って (反 above): Children ~ the age of 16 are not allowed to see this film. 16 歳未満の子供はこの映画を見てはいけない / The temperature was five degrees ~ zero [freezing]. 気温は零下 5 度だった / way [well] ~ average 平均をはるかに下回って. [語源] 元来は by low で「低い所に」の意.

― 副 1 (位置が)下に[へ], 低く, 足もとに; 階下に, (船の)下の船室で; 水面下に (反 above); 下流で[に]: From the top of the tower we saw the whole town (down) ~. その塔の頂上から(すぐ)眼下に見えた / We heard a strange noise from ~. 下から変な音が聞こえた(☞ 前 1 の最後の例文).

2(ページの)下部で, (記事・論文などで)以下で, あとで (反 above): The reason (why) we cannot support his view will be given ~. なぜ我々が彼の見解を支持できないかという理由は以下で述べよう / See (page 50) ~. 後記(50ページ)参照(☞形2). **3**(年齢・数量・地位などが)下で[に]; (略式)(温度が)零下で: Men of the rank of captain and ~ live in this building. 隊長以下の者はこの建物に住む / It was 10 ~ this morning. けさは零下10度であった. **4**(文)(天国・天上に対して)地上[下界]に; (地上に対して)地下に, 地獄に.

down belów[副](建物の)地下に[へ]; (海)船室に[へ]. ──[形][名詞の後につけて] **1**(位置が)下の, 下方の; 階下の: Who lives in the room ~? 下の部屋にはだれが住んでいますか. **2**下記の, 以下の (反 above): See the chart ~. 下の図を見よ.

*__belt__ /bélt/ (語源 built) [名](__belts__ /bélts/) [C] **1** ベルト, バンド, 帯: a safety [seat] ~ 安全[シート]ベルト / a shoulder ~ 肩からかける安全ベルト / wear a ~ ベルトをする / fasten [loosen, undo] one's ~ ベルトを締める[ゆるめる, はずす] // ☞ black belt. **2**(ある特色を持った)地方 ~地震帯: an earthquake ~ 地震帯; Cotton Belt. 関連 greenbelt 都市周辺の緑地帯. **3**(機)ベルト. **4**(S)(略式)強打: give a person a ~ 人をひっぱたく. **5**(俗)(酒などの)一飲み. **6**(米俗)興奮, スリル. **(at) fúll bélt**[副](S)(英略式)全速力で. **be belòw the bélt**[動](批判などが)不公平[卑劣]である, 冷たい. **bélt and bráces**[形](英略式)(やり方などが)念には念を入れた. **hít [stríke] ... belòw the bélt**[動](1)(ボクシングで)(...)のベルトラインより下を打つ(反則). (2)(略式)(...)に卑劣なことをする. **tàke a bélt to ...**[動] (他)(略式)ベルトで...(の背中やしり)を打って罰する. **tíghten one's bélt**[動](自)(略式)出費を抑える, 倹約する. **ùnder one's bélt**[副](略式)...を達成[経験]済みで: We've got [had] two straight victories *under our* ~s. 我々は2連勝を収めた. ──[他] **1**〈...〉をベルト[帯]で締める, 〈...〉にベルト[帯]を巻く(up); 〈剣などを〉帯でつける(on). **2**(略式)〈人・ボールなどを〉強打する, ひっぱたく. **3**(略式)〈酒などを〉一気に飲む(down). ──[自][副詞(句)を伴って](英略式)疾走する, つっ走る(along, down). **bélt óut**[動](略式)〈...〉を大きな声で歌う, 大きな音で演奏する. **bélt úp**[動](自)(略式)(1)[普通は命令文で](S)(英)話をやめる, 静かにする. (2)シートベルトを締める.

bélt·ed[形]ベルト[帯]のついた.

bélt-tíghtening[名][U]耐乏生活, 緊縮政策.

bélt·way[名](米) **1** [C] (大都市の)環状道路 (英 ring road). **2** [the B-] 首都ワシントンの環状線; [W ~] 政界[政府]の中[外]で.

be·lu·ga /bəlú:gə/ [名] **1** [C] ベルーガ (黒海・カスピ海産の大型蝶鮫 (ちょうざめ); 卵はキャビアとして珍重される); [U] (ベルーガの)キャビア. **2** [C] 白海豚(いるか), 白鯨(くじら).

be·ly·ing /bəláɪɪŋ/ [動] belie の現在分詞.

+**be·moan** /bɪmóʊn/ [動] (他) (格式)〈...〉を嘆く, こぼす: ~ the lack of ... ...のないのを嘆く.

+**be·mused** /bɪmjú:zd/ [形] 困惑した; ぼーっとした. **be·mús·ed·ly** /-zɪd-/ [副] 困惑して.

ben /bén/ [名] [C] [しばしば B-] (スコ) 山, 山頂 (山名によく用いられる): ☞ Ben Nevis.

Ben /bén/ [名] (個) ベン (男性の名; Benjamin の愛称).

*__bench__ /béntʃ/ [名] (~·es /~ɪz/) [C] **1** ベンチ (2人以上が座れるもので, 背のあるものないものもいう), (長い)腰掛け, 長椅子 (☞ bank¹ [類義], chair 表): We sat down on a ~ in the park. 私たちは公園のベンチに腰を下ろした. **2** [the ~] 裁判官[判事]席, 裁判官の職; 裁判官, 判事(全体; ☞ bar¹ [名] 7); 法廷: Mr. Long was raised to *the* ~. ロング氏は裁判官に任ぜられた. **3** [C] [しばしば複数形で] (英議会)議席. **4** [C] (スポ)選手控え席, ベンチ; 控え選手: have a team with a strong ~ 控えの選手層が厚いチーム. **5** [C] (大工・靴屋などの)(長い)仕事台. **on the bénch**[形・副](1)裁判官になって: men sitting [serving] *on the* ~ 裁判官. (2)(選手が)補欠となって. ──[他](米)(スポ)(反則などで)〈選手を〉出場メンバーからはずす, ベンチにさげる.

bénch-cléaring[形][A](米)(野)(乱闘などで)チーム総出の, 全員がベンチから飛び出す.

+**bénch·màrk**[名] [C] **1**(判断の)規準, (測量の)水準基標. **2**(電算)ベンチマーク (プログラムやシステムを評価する標準検査項目またはその評価). ──[動](他)(格式)〈...〉を(基準によって)評価する.

bénch prèss[名][C]ベンチプレス (あおむけに寝てバーベルを持ち上げる運動).

bénch strèngth[名][U](野)控えの選手層.

bénch tèst[名][C]ベンチテスト (エンジンやコンピューターを実際に設置する前のテスト).

bénch wàrmer[名][C](米略式)(野球などの)控え[補欠]選手.

+**bend** /bénd/ (語源 band¹,²) [動](**bends** /béndz/; 過去・過去分 **bent** /bént/; **bend·ing**; 反 unbend)

自他 の転換
他 1 曲げる (to make (something) curved)
自 1 曲がる (to become curved)

──(他) **1**〈真っすぐな物を〉曲げる (*back*, *away*): He *bent* his back. 彼は背を曲げた / He *bent* the iron bar over his knee. 彼は鉄棒をひざの上でぐいっと折り曲げた / NO BENDING 折り曲げ不可 (郵便物などで; 目的語が省略されている; ☞ no [形] 2). **2**〈頭などを〉傾ける, 垂れる; 〈...の〉上体を曲げる: Her head *was bent* over the book. 彼女は頭を本の上に傾けていた. **3**(格式)〈人の〉意志を曲げる, 〈人を〉屈服[服従]させる: The father *bent* all his family *to* his will. その父親は家族全員を自分の意志に従わせた. **4**〈規則などを〉曲げる, 歪(ゆが)曲する: ~ the truth 真実を曲げる / ~ the rules ルールを曲げて解釈する. **5**(格式)〈目・歩み・注意・努力を〉向ける, 注ぐ: He *bent* his mind *to* the task. 彼はその仕事に専念した.

──(自) **1**〈真っすぐな物が〉曲がる, たわむ: The branch *bent* but didn't break. 枝はたわんだが折れなかった / The trees *bent under* the weight of the snow. <V+*under*+名・代> 木は雪の重さでたわんだ.

2[副詞(句)を伴って]身を曲げる, かがむ (*forward*, *toward*, *across*): He *bent down* to pick up a piece of paper. <V+副> 彼は紙片を拾うために体をかがめた / I *bent over* the flower to smell it. <V+前+名・代> 私は香りをかぐために花の上に身をかがめた.

3方向が変わる, 〈...の〉方へ向かう: The river [road] ~*s to* the right there. <V+*to*+名・代> 川[道路]はそこから右へ折れている. **4**(格式)〈...に〉屈服する, 従う(*to*). **bénd óver báckward(s)**[動](自) =lean over backward(s) (☞ lean¹ 成句). **on bénded knée**[副](格式)ひざまずいて; 懇願して.

──[名](**bends** /béndz/) **1** [C] (道路の)曲がり, カーブ, (川などの)湾曲(部): take a ~ to the south 南へ曲がる / Drive carefully, because there is a sudden [sharp] ~ *in* the road ahead. この先の道路に急なカーブがあるから注意して運転してください. **2** [C] 体をかがめること, おじぎ; 曲げ[曲がる]こと. **3** [the ~s] ケーソン病, 潜函(せんかん)病 (caisson disease). **aròund [ròund] the bénd**[形](S) (略式, 主に英) 頭がおかしくなって: The work drove [sent] me *around the* ~. その仕事のせいでぼくは頭が変になりそうだった.

bend·a·ble /béndəbl/ [形] 曲げられる, 曲がる.

bend·er /béndə|-də/ [名] [C] **1** (略式) (大酒や麻薬

)の飲み騒ぎ: go on a ～ 酒を飲んで浮かれる. 2 《英》[差別] 同性愛者, ホモ.

bend·y /béndi/ 形 (**bend·i·er**; **-i·est**) 《略式》 **1** (道路などが)曲がりくねった. **2** 曲げやすい.

*__be·neath__ /bìníːθ, bə-/ 《格式》 前 /bìníːθ, bə-/ **1** (位置・場所が)…の(すぐ)下に[で] (⇨ underneath 前 語法(1)); (本音などが)…の下に(隠れて): We walked home ～ a bright blue sky. 私たちは明るい青空の下を家に歩いて帰った / The money was hidden ～ the floor. 金は床の下に隠されていた.

2 (地位・値打ちなどが)…より劣って, …にふさわしくない, (注目・軽べつに)に値しない: As a writer, he ranks ～ his father. 作家として彼は父に劣る / It is ～ him to say such a thing. そんなことを言うのは彼らしくもない. **3** …の(影響力の)もとでに[で]: give ～ the weight of … …の重みでたわむ. ── 副 (すぐ)下(のほう)に (underneath); from ～ 下から (⇨ from 1 語法).

Ben·e·dict /bénədìkt/ 图 固 **1** ベネディクト 《男性の名》. **2** Saint ～ 聖ベネディクトゥス (480?-547?) 《ベネディクト会を創設したイタリアの修道士》. **3** ～ XVI /-dəsìkstí:nθ/ ベネディクト十六世 (1927-) 《ドイツの聖職者; ローマ教皇 (2005-)》.

ben·e·dic·tine /bènədíktɪn/ -tìːn/ 图 C,U [しばしば B-] ベネディクティン 《フランス産リキュールの一種》.

Ben·e·dic·tine /bènədíktɪn/ 图 C ベネディクト会(修道)士. ── 形 ベネディクト会(修道)士の.

ben·e·dic·tion /bènədíkʃən/ 图 C,U 祝福, 祝祷(しゅくとう); (食前・食後の)感謝の祈り.

ben·e·fac·tion /bènəfǽkʃən/ 图 《格式》 C 施し物, 寄付金; U 善行, 慈善.

*__ben·e·fac·tor__ /bénəfæktɚ | -tə/ 图 C (学校・病院などの)後援者, 寄贈者 (of, to) (⇨ fact 単語のつくり).

ben·e·fac·tress /bénəfæktrɪs/ 图 C 《古風》 (女性の)後援者, 寄贈者.

ben·e·fice /bénəfɪs/ 图 C 《キ教》 禄(ろく)(教区牧師 (vicar や rector) の収入); 禄付きの聖職.

be·nef·i·cence /bənéfəs(ə)ns/ 图 U 《格式》 善行, 恩恵, 慈善.

be·nef·i·cent /bənéfəs(ə)nt/ 形 《格式》 慈善心に富む, 情け深い. ~·**ly** 副 慈悲深く.

*__ben·e·fi·cial__ /bènəfíʃəl/ 形 (名 bénefit) (物事が)有益な, 有利な: a ～ effect 有益な効果 / Jogging was thought to be ～ to the health. <A+to+名・代> ジョギングは健康によいと考えられた. **~·ly** /-ʃəli/ 副 有利に.

*__ben·e·fi·ci·ar·y__ /bènəfíʃièri | -ʃəri/ 图 (**-ar·ies**) C 受益者; 《法》(遺産などの)受取人 (of).

*__ben·e·fit__ /bénəfɪt/ 图 (**-fits** /-fɪts/) **1** C,U 利益 (⇨ profit 類義語); 得, 利点: reap the ～ 利益を得る / I got [derived] a lot of ～ from this book. 私にはこの本が大変ためになった / The children had the ～ of a good upbringing. その子たちはよい教育を受けたという強みがあった.

2 C [しばしば複数形で] (年金などの)給付金, (保険の)特典, C,U 《英》(失業・病気などの)手当 《米》 welfare); 福利厚生(サービス): ⇨ unemployment benefits.
3 C [しばしば形容詞的に] 慈善的な催し, 募金興行: a ～ concert チャリティーコンサート. **4** 《米》(税金の)控除 《英》 relief). 語源 ラテン語で「よい行為」の意.

be of bénefit to … ＝ **be to** …**'s bénefit** 動 他 …のためになる: The book *was* of great ～ *to* me. その本はとてもためになった.

be on bénefit 動 自 手当[生活保護]を受けている.

for …**'s bénefit**＝**for the bénefit of** … …のために: He used all his wealth *for the* ～ *of* the poor. 彼はすべての財産を貧しい人々のために使った.

give … **the bénefit of the doúbt** 動 他 疑わしい点は(人・物)に有利[好意的]に解釈してやる; <…>を疑わしきは罰せずという立場から無罪とする.

with the bénefit of … 前 …の助けで[おかげで]. ── 動 (**-fits** /-fɪts/ **-fit·ed**, **-fit·ted** /-tɪd/; **-fit·ing**, **-fit·ting** /-tɪŋ/) 他 (物事が)<…>の役に立つ, …のためになる: Can nuclear energy ～ the human race? 核エネルギーは人類のためになるか. ── 自 (…で)利益を得る, 得をする (by): T1 He will ～ *from* his new experience. <V+*from*+名・代> 新しい経験によって彼は得るものがあるだろう / She ～*ed* from the medicine. 薬が効いて彼女はよくなった.

Ben·e·lux /bénəlʌks/ 图 固 ベネルクス 《ベルギー・オランダ・ルクセンブルクの総称; ちょうどその3国間の関税同盟; Belgium, the Netherlands, Luxemburg を短縮して続けた形; ⇨ Low Countries》.

Be·nét /bənéɪ/ 图 固 Stephen Vincent ～ ベネ (1898-1943) 《米国の詩人・作家》.

be·nev·o·lence /bənévələns/ 图 **1** U 慈悲の心, 情け; 善意. **2** C,U 慈善(行為), 善行.

*__be·nev·o·lent__ /bənévələnt/ 形 **1** (権限のある人に)優しい, 情け深い (to, toward). **2** A 慈善のための (特に組織の名称に用いる). **~·ly** 副 情け深く.

Ben·gal /béŋgɔːl | -1-/ 图 固 ベンガル 《旧インドの北東部; 現在はインド領とバングラデシュ領とに分かれている》.

Ben·gal·i /beŋgɔ́ːli | -1-/ 形 ベンガル(人・語)の. ── 图 **1** C ベンガル人. **2** U ベンガル語.

be·night·ed /bɪnáɪtɪd/ 形 《文》無知な, 未開の.

*__be·nign__ /bɪnáɪn/ 発音注意 形 《反 malignant》 **1** 【医】(病気が)悪性でない, 良性の: a ～ tumor 良性腫瘍(しゅよう). **2** 親切な, 優しい; (気候が)穏やかな.

be·nig·ni·ty /bɪnígnəti/ 图 U 親切, 優しさ.

be·nígn·ly 副 親切に, 優しく.

benígn neglect 图 U 善意の無視 《政治・経済・外交などの不都合に傍観を決め込むこと》.

Be·nin /bənín, -níːn/ 图 固 ベニン 《アフリカ西部の共和国》.

Ben·ja·min /béndʒəmɪn/ 图 固 ベンジャミン 《男性の名; 愛称は Ben, Bennie または Benny》.

Ben Nev·is /bènnévɪs/ 图 固 ベンネビス 《英国 Scotland 西部の山; Britain 島の最高峰 (1343 m)》.

Ben·nie, Ben·ny /béni/ 图 固 ベニー 《男性の名; Benjamin の愛称》.

*__bent__ /bént/ 形 動 bend の過去形および過去分詞. ── 形 **1** 曲がった: a ～ pin 折れ曲がったピン / ～ *with* age 年のせいで腰が曲がって.

2 P 固く決心して, 強く目論(もくろ)んで: The girl was ～ *on* [*upon*] starting home. <A+*on*[*upon*] +動名> その女の子は家に帰りたがっていた / He was ～ *on* mischief. <A+*on*+名・代> 彼は何とかしていたずらをしてやろうとたくらんでいた. **3** 《略式, 主に 英》 不正な, いかさまの. **4** 《英》[差別] 同性愛の, ホモの. **bént òut of sháp**e 形 Ⓢ 《米》 ひどく腹を立てて, かんかんになって. ── 图 [単数形で] 適性, 才能; 好み: a child with *a* ～ *for* music 音楽に向いている子.

Ben·tham /bénθəm | -təm/ 图 固 Jeremy ～ ベンサム (1748-1832) 《英国の哲学者; 功利主義者》.

Bent·ley /béntli/ 图 C ベントレー 《英国製の高級乗用車; 商標》.

be·numbed /bɪnʌ́md/ 形 《格式》(特に寒さで)感覚を失った, かじかんだ; (ショックなどで)茫然(ぼうぜん)とした.

Benz /bénz, bénts/ 图 C ベンツ 《ドイツの高級乗用車; 正式には Mercedes-Benz; 商標》.

Ben·ze·drine /bénzədrìːn/ 图 U ベンゼドリン 《覚醒剤 amphetamine の商品名》.

ben·zene /bénzíːn, benzíːn/ 图 U 【化】 ベンゼン 《石油・コールタールから採る無色の液体》.

bénzene ring 图 C 【化】ベンゼン環.

ben·zine /bénzíːn, benzíːn/ 图 U ベンジン.

Be·o·wulf /béɪəwùlf/ 图 固 ベーオウルフ 《古英語の

bequeath

英和叙事詩.

+**be·queath** /bikwí:θ, -kwí:ð/ 動 他 《格式》〈人に〉〈…〉を遺言で譲る; (後世に)残す, 伝える (to).

be·quest /bikwést/ 名 C 《格式》遺贈品, 遺産, 形見 (to); U 遺言で譲ること, 遺贈.

+**be·rate** /biréit, bɪ-/ 動 他 《格式》〈人〉を叱りつける, きつく非難する, とがめる (for).

be·reave /birí:v, bɪ-/ 動 (**be·reaves**; 過去·過分 **be·reaved**, **be·reft** /bəréft, bɪ-/; **be·reav·ing**) 他 語法 過去·過分は 1 では普通 bereaved, 2 では bereft を用いる. [普通は受身で] 《格式》1 〈人〉から〈肉親など〉を奪う: She was ~d of her only son. 彼女は一人息子に先立たれた. **2** 〈…〉から〈希望·喜びなど〉を失わせる (of) (☞ bereft).

+**be·reaved** /birí:vd, bɪ-/ 動 bereave 1 の過去形および過去分詞. — 形 《格式》(家族に死なれた, あとに残された: the ~ family 遺族 / the ~ 遺族, 近親を亡くした人(たち)(☞ the¹ 3). 語法 1 人のときは単数, 2 人以上のときは複数扱いされる.

+**be·reave·ment** /birí:vmənt, bɪ-/ 名 U.C 《格式》(近親に)先立たれること, 死別.

+**be·reft** /bəréft, bɪ-/ 動 bereave 2 の過去形および過去分詞. — 形 P 《格式》**1** (希望·喜び·能力など)を失って (of) (☞ bereave 2). **2** 悲しみにうちひしがれて, 孤独で; 望みを失って, 途方にくれて.

+**be·ret** /bəréi | bérei/ 《フランス語から》名 C ベレー帽.

Berg·man /bá:gmən | bá:g-/ 名 個 **1** In·grid /íŋgrid/ バーグマン (1915–82) 《スウェーデン出身の女優》. **2** Ing·mar /íŋmaɚ | -ma:-/ ベルイマン (1918–) 《スウェーデンの映画·舞台監督》.

Berg·son /bá:gs(ə)n, bá:g-/ 名 個 **1** Henri /ɑ:nrí/ ~ ベルクソン (1859–1941) 《フランスの哲学者》.

ber·i·ber·i /bèribéri/ 名 U 《医》かっけ.

Bé·ring Séa /bé(ə)rɪŋ-/ 名 [the ~] ベーリング海 (Aleutian 列島と Bering 海峡との間の海).

Béring Stráit 名 [the ~] ベーリング海峡 (Siberia と米国 Alaska 州との間の海峡).

berk /bá:k | bá:k/ 名 C 《英俗》愚か者, ばか.

Berke·ley /bá:kli | bá:k-/ 名 個 バークレー 《米 California 州, San Francisco 湾東岸の都市》.

Ber·lin¹ /bə:lín | bə:-/ 名 個 ベルリン 《ドイツの首都》.

Ber·lin² /bə:lín | bə:-/ 名 個 Irving ~ バーリン (1888–1989) 《米国のポピュラー音楽の作曲家》.

Bérlin Wáll 名 個 [the ~] ベルリンの壁 (1961–89) 《東西ドイツの統一 (1990) 前に Berlin があるドイツの首都の東ベルリンと西ドイツ領の西ベルリンに分断していた》.

Ber·li·oz /béɚliòuz | béə-/ 名 個 Lou·is /luí/ Hec·tor /ektɔɚ | -tɔ:/ ~ ベルリオーズ (1803–69) 《フランスの作曲家》.

Ber·litz /bá:lɪts | bə:líts/ 名 個 ベルリッツ 《主に外国語教室を経営する会社》.

berm /bá:m | bá:m/ 名 C **1** 《米》道路わきの細道; (道路の)路肩. **2** 盛土, 土の防塁.

Ber·mu·da /bəmjú:də | bə-/ 名 **1** 個 バーミューダ《大西洋西部の英領の諸島》. **2** [~s] = Bermuda shorts.

Bermúda shórts 名 [複] バーミューダ(ショーツ) 《ひざ上までの半ズボン》.

Bermúda Tríangle 名 個 [the ~] バーミューダ三角水域 (Bermuda, Florida および Puerto Rico に囲まれた水域; 船や航空機の原因不明事故が多発).

Bern /bá:n, béən | bá:n, béən/ 名 個 ベルン 《スイスの首都》.

Ber·nard /bá:nəd | bá:nəd/ 名 **1** バーナード《男性の名》. **2** Saint ~ ☞ Saint Bernard の項目.

Berne /bá:n, béən | bá:n, béən/ 名 個 =Bern.

Ber·ni·ni /bə(:)ní:ni | bə(:)-/ 名 個 Gio·van·ni /dʒouvá:ni/ Lo·ren·zo /ləréɪnzou/ ~ ベルニーニ (1598–1680) 《イタリアバロックの画家·建築家·彫刻家》.

Ber·noul·li /bə:nú:li | bə(:)-/ 名 個 ベルヌーイ **1** Daniel ~ (1700–82) 《スイスの数学者·物理学者》. **2** Jakob ~ (1655–1705) 《スイスの数学者》.

Bern·stein /bá:nstain | bá:n-/ 名 個 Leonard ~ バーンスタイン (1918–90) 《米国の指揮者·作曲家》.

*+**ber·ry** /béri/ (同音 bury) (類音 belly, valley, very, vary) 名 (**ber·ries** /~z/) C ベリー, 漿果 (しょうか) 《ブルーベリーのように, 小さくて柔らかで汁を含んだ実; ☞ fruit 表》: pick **berries** ベリーを摘(つ)む. 関連 blackberry ブラックベリー / blueberry ブルーベリー / strawberry いちご / nut 堅い木の実. (as) brówn as a bérry 《形》 こんがりと日焼けした.

Ber·ry /béri/ 名 個 Chuck /tʃák/ ~ ベリー (1926–) 《米国のロックンロール歌手》.

ber·serk /bə(:)sá:k | bə(:)sá:k/ 形 [普通は P] 狂暴な: go ~ 怒り狂う, 狂暴になる.

Bert /bá:t | bá:t/ 名 個 バート 《男性の名; Albert, Bertrand, Herbert, Hubert の愛称》.

berth /bá:θ | bá:θ/ 名 C **1** (船·列車などの)寝台: 「an upper [a lower] ~ 上段 [下段]の寝台. **2** (船の)停泊場所. **3** 《スポ》(競技への)出場権, 地位.
gíve ... a wíde bérth 動 他 〈…〉を避ける, 敬遠する. — 動 他〈船〉を停泊させる. — 自 停泊する.

Ber·tha /bá:θə | bá:-/ 名 個 バーサ 《女性の名》.

Ber·trand /bá:trənd | bá:-/ 名 個 バートランド 《男性の名; 愛称は Bert》.

berths 1

ber·yl /bérəl/ 名 U.C 《鉱物》緑柱石 《エメラルドなど》.

be·ryl·li·um /bəríliəm/ 名 U 《化》ベリリウム 《元素記号 Be》.

be·seech /bisí:tʃ/ 動 (**-seech·es**; 過去·過分 **be·seeched**, **be·sought** /bisɔ́:t/; **-seech·ing**) 他 《文》〈人〉に(…するよう)お願いする; 〈人〉に〈事〉を嘆願する (of): He **besought** the judge 「to be merciful [for mercy]. 彼は裁判官に慈悲を懇願した.

be·seech·ing /bisí:tʃɪŋ/ 形 A W (表情·声など)嘆願するような. ~·ly 副 嘆願するように.

+**be·set** /bisét/ 動 (**be·sets**; 過去·過分 **be·set**; **-set·ting**) 他 《格式》 [普通は受身で] **1** (困難など)〈…〉に付きまとう, 悩ます (with, by). **2** 〈…〉を包囲する.

be·set·ting /bisétɪŋ/ 形 A 《格式》[しばしば滑稽に] 常に付きまとう: a ~ sin [weakness] 陥りやすい癖[弱点].

*+**be·side** /bisáid, bə-, -sàid/ 前 **1** …のそばに, …の隣, 近くに (☞ by 前 語法): My house stands ~ a beautiful river. 私の家は美しい川のほとりにある / Everybody wanted to sit ~ her. みんなが彼女のそばに座りたがった.

2 …と比べると: She is a mere child ~ you. 彼女はあなたに比べればほんの子供だ. **3** …をはずれて (☞ beside the point (point 成句)). 語源 'by the side of ...' (…のそばに)の意; besides も同語源.

besíde onesèlf 形 (喜び·怒りなどに)我を忘れて: The winner of the game seemed to be ~ **himself** with joy. 試合の勝者はうれしくて有頂天のようだった.

*be·sides /bɪsáɪdz, bə-/ 🇹

① …に加えて; そのうえに, さらに 前1; 副1, 2
② [疑問文・否定文で] …のほかに 前2

— 前 /bɪsáɪdz, bə-/ **1** …に加えて, …のうえに: *B~* the mayor, many other distinguished guests were present. 市長のほかにもたくさんの著名人が出席した / Mrs. Brown does other things ~ teaching math. ブラウン先生は数学を教えるうえにほかのこともしている.
2 [疑問文・否定文で] …のほかに, …を除いて (except): I have *no* friends ~ you. あなたのほかに友人はいない.

— 副 **1** つなぎ語 さらにまた, そのうえに, おまけに (類義語): I don't like the color of this shirt. *B~*, it's too expensive. 私はこのワイシャツの色が気にくわない. それに(だいたい)値段が高すぎる.
2 そのうえ, さらに; ほかに: She gave the poor woman some bread and a five-dollar bill ~. 彼女はその貧しい女にパンのほか5ドル紙幣を渡した.

[類義語] **besides** 特に, 重要だと思われる事柄や, ある状況・行動の根拠・理由と考えられる事柄を強調して追加するときに用いる. **moreover** もともとは *besides* より強調の意味が強く, 前文よりもっと重要だとの追加に用いられ, 現在では比較の意味が薄れ, 単に前に述べたことを補強したりそれに付け加えるべき事柄や意見を追加することに用いることも多い. 格式ばった語で, 会話で用いることはあまりない. **furthermore** 格式ばった語で *besides* や *moreover* を使った後でさらに追加するときに多く用いる.

*be·siege /bɪsíːdʒ/ 動 (be·sieg·es /-ɪz/; be·sieged /-d/; be·sieg·ing) 他 **1** [普通は受身で] 〈人や不快な物事が〉〈人など〉を取り囲む, 攻め立てる, 〈…に〉押し寄せる: The teacher *was ~d with* questions from his students. <V+O+*with*+名> 先生は学生たちの質問攻めにあった. **2** 〈町・要塞(ようさい)〉を包囲する: The rebel army *~d* the capital for days. 反乱軍は何日間も首都を包囲した.

be·smear /bɪsmíə | -smíə/ 動 (-smear·ing /-smí(ə)rɪŋ/) 他 (文) 〈…〉に〈泥など〉を塗りつける (*with*).

be·smirch /bɪsmə́ːtʃ | -smə́ːtʃ/ 動 他 (文) 〈名誉・人格など〉に泥を塗る.

be·som /bíːzəm/ 名 C (柄に小枝を束ねた)枝ほうき.

be·sot·ted /bɪsɑ́tɪd | -sɔ́t-/ 形 (酒・麻薬・恋などに) 酔った, ぼうっとなった (*with, by*).

besought beseech の過去形および過去分詞.

be·spat·tered /bɪspǽtəd | -təd/ 形 P (泥水などに) はねかけられた; (悪口を)浴びせられた (*with*).

be·speak /bɪspíːk/ 動 (be·speaks; 過去 be·spoke /-spóʊk/; 過分 be·spo·ken /-spóʊk(ə)n/; be·speak·ing) 他 (文) 〈…〉の証拠となる, 〈…〉を示す.

be·spec·ta·cled /bɪspéktəkld/ 形 Ⓦ (格式) 眼鏡をかけた.

be·spoke /bɪspóʊk/ 形 (英格式) =custom-made.
— 動 bespeak の過去形.

Bess /bés/ 名 固 ベス (女性の名; Elizabeth の愛称).

Bes·sie, Bes·sy /bési/ 名 固 ベシー (女性の名; Elizabeth の愛称).

****best** /bést/ (発音 vast, vest) 形 **1** [good の最上級; ⇨ better¹ 形] 最もよい, 最良の, 最善の, 最上の (⇨ worst): my ~ friend 私のいちばんの親友 / 言い換え This is *the* ~ book that I have ever read. (=I have never read such a good book as this.) これは私が今までに読んだ中でいちばんよい本です(こんなよい本は読んだことがない) (⇨ the¹ 1 (4)) / 言い換え It is ~ to start at once. =It is ~ that we [you] (should) start at once. すぐ出かけるのがいちばんよい / Who are *the* ten ~ hitters? ベストテンに入っている打者はだれですか. ★ ten と best の語順に注意.
2 最も上手な, いちばんうまい: Meg is *the* ~ pianist in the class. メグはピアノをクラスでいちばんうまい /

I think John's performance was *the* ~. 私はジョンの演技[演奏]がいちばんよかったと思う. **3** [well¹ の最上級; ⇨ better¹ 形] P (体の具合が)最高で, 最好調で.

a bést befòre dáte 名 (英) (食品の)賞味期限 (⇨ expiration date, pull date, sell-by date): Why do you have no ~ *before date on* these products? この製品にはなぜ賞味期限の表示がないのですか.

bést befòre (énd) [食品の包装などに記されて] 賞味期限 (⇨ Use by (use¹ 動 成句)): *B~ before end*: May '07. 賞味期限: 2007年5月末日.

the bést párt of ... P part.

— 副 **1** [well¹, (動詞) like, love の場合) very much の最上級; ⇨ better¹ 副; like² 1 語法 囲み; love¹ 動 2 語法] (反 worst) 最もよく: What kind of fish do you like (*the*) ~? どの魚がいちばん好きですか 言い換え He likes baseball (*the*) ~ of all sports. (=He likes baseball better than any other sport.) 彼は全部のスポーツのうちで野球が最も好きだ (⇨ the¹ 1 (4) 語法 (2)).
2 最も上手に: Who did it ~? だれがそれをいちばんうまくやりましたか. **3** [合成語で] 最も, いちばん: the ~-loved singer 好感度一位の歌手 (⇨ best-known).

as bést one cán [副] Ⓢ できるだけ, できるだけうまく, どうにかこうにか: I translated the poem *as* ~ *I could*. 私は精一杯その詩を翻訳した.

bést of áll [副] つなぎ語 いちばんよいことに, 何よりも.

bést óff ⇨ best-off.

had bést dó [助] Ⓢ …するのが(いちばん)よい, …すべきだ (*had better* を強調した言い方): You *had* ~ agree. 承諾するのがいちばんよい.

— 名 **1** [the ~ または所有格の後で] 最もよいもの[部分・人], 最良, 最上, 最善 (反 worst): The sick man had *the* ~ of care. その病人は最上の看護を受けた / Mary looks *her* ~ in a sweater. メアリーはセーターを着るといちばん素敵に見える / This is *the* ~ I can do for you. これがあなたにしてあげられる精いっぱいのところです. **2** [単数形で所有格とともに] 晴れ着, よそ行きの服 (Sunday best): in *one's* ~ 晴れ着を着て.

Áll the bést! [感] (略式) ごきげんよう, さようなら 《別れや手紙の文末のことば》; ご健康を祝して (乾杯のことば).

at bést [副] (いくらよくても, せいぜい: We cannot finish it before Saturday *at* ~. いくらうまくいっても土曜日より前には終わらない.

at one's bést [形] [副] 最もよい状態で[の]; (花などが)見ごろで[の]; 全盛で[の]: The cherry blossoms are *at their* ~. 桜の花は今ぞ満開だ.

be (áll) for the bést [動] 🅐 [主に Ⓢ] (今は悪く思われても)結局はそれでよいだろう[のだ].

bríng óut the best in ... [動] 他 〈物事が〉〈人〉の最もよい面を引き出す.

dò one's (véry) bést = dò the bést one cán [動] 🅐 全力を尽くす: You should ⌈*do your* ~ [*do the* ~ *you can*] in everything. 何事にも最善を尽くしなさい / I *did do my* ~. 確かにベストを尽くしたのだけれど (⇨ did¹ A 5). 語法 過去時制や過去完了形に用いると, うまくいかなかったことを含意することが多い.

for the bést [副] 善意で, よかれと思って: He said it's my fault, but I did it *for the* ~. 彼はそれは私のせいだと言ったが私はよかれと思ってしたのだ.

gèt (háve) the bést of ... [動] 他 〈人〉に勝つ; 〈競争など〉で, …の優位に立つ.

gèt the bést òut of ... [動] 他 〈人〉から最良のものを引き出す.

màke the bést of ... [動] 他 (不利な状況を受けとめ)最善を尽くす; 〈機会・時間など〉を最大限に利用[善用]する: We have only a short rest, but *make the ~ of it*. 休憩は短いけれど十分に活用なさい.

màke the bést of a bád bárgain [動] 🅐 悪条

件下で最善を尽くす: Make the ~ of a bad bargain. 《ことわざ》文句を言ってもはじまらない.

màke the bést of onesélf [動] (自) できるだけ魅力的に見えるようにする.

pláy (the) bést of thrée [fíve, séven] [動] (自) 3 [5, 7] 番勝負をする (2 [3, 4] 勝したほうが勝ち).

to the bést of ... [副] ...の限りでは; ...の限り: I will do my duty to the ~ of my ability. 私は能力の限り職務を遂行します.

trý one's (lével [véry]) bést [動] (自) =do one's (very) best.

with the bést (of them) [副] ひけをとらずに.

— 動 (他) 《古風》〈人〉を負かす; 出し抜く.

bes·tial /béstʃəl | -tiəl/ 形 (名 beast) (人や行動が) 獣のような; 凶暴な.

bes·ti·al·i·ty /bèstʃiǽləti | bèsti-/ 名 ① 1 獣姦(じゅうかん). 2 《格式》獣性, 凶暴性.

bes·tial·ly /béstʃəli | -tiəli/ 副 けだもののように.

bes·ti·ar·y /béstʃièri | -tiəri/ 名 (-ar·ies) ⓒ (中世ヨーロッパの) 動物寓話 [説話] 集.

be·stir /bɪstə́ː | -stə́ː/ 動 (**be·stirs; be·stirred; -stir·ring** /-stə́ːrɪŋ | -stə́ːr-/) (他) 《格式》または 《滑稽》[~ oneself として] 奮起する, 活躍する.

*__bést-knówn__ /béstnóun←/ 形 well-known の最上級.

+__bést mán__ 名 [the ~] 花婿に付き添う男性. 関連 bridesmaid 花嫁に付き添う女性.

bést-óff [bést óff] 形 well-off の最上級.

bést-of-thrée [fíve, séven] 形 《スポ》3 [5, 7] 試合中 2 [3, 4] 試合勝てばよい, 3 [5, 7] 番勝負の.

*__be·stow__ /bɪstóu/ 動 (他) 《格式》〈称号・賞など〉を授ける, 贈る, 与える: The Queen ~ed a knighthood on the scholar. 女王はその学者にナイト爵位を授けた.

be·stow·al /bɪstóuəl/ 名 ① 《格式》授与.

be·strew /bɪstrúː/ 動 (**be·strews; 過去 be·strewed; 過分 be·strewed, be·strewn** /-strúːn/; **-strew·ing**) (他) 《文》 1 〈物が〉〈表面〉を覆(おお)う. 2 〈表面〉に〈物を〉まき散らす (with).

be·stride /bɪstráɪd/ 動 (**be·strides; 過去 be·strode** /bɪstróud/; **過分 be·strid·den** /bɪstrídn/; **be·strid·ing**) (他) 1 〈...〉にまたがる, 馬乗りになる (ride astride). 2 〈...〉を支配する.

+__bést-séller__ 名 ⓒ 1 ベストセラー (ある期間に大量に売れた本・CDなど). 2 ベストセラーの作家 [歌手].

+__bést-sélling__ 形 A ベストセラーの: a ~ author ベストセラー作家.

*__bet__ /bét/ (類音 bat, bit) 動 動 (**bets** /béts/; 過去・過分 **bet, bet·ted** /-tɪd/; **bet·ting** /-tɪŋ/) (他) 1 〈...〉に〈金〉を賭(か)ける; 〈人〉と (...について) 賭けをする; 〈人〉に対して〈金〉を賭けて〈ある事〉を主張する: He has ~ $30 on that horse. 彼はその馬に 30 ドル賭けた. [言い換え] I ~ you £10 (that) it will be fine tomorrow. <V+O+O> = I ~ £10 (that) it will be fine tomorrow. <V+O+O> あすは晴れのほうに 10 ポンド賭けよう. 語法 that 節の前で前置詞 on が省略されたものと考えられる. 2 ⓢ 《略式》きっと...だと思う, 断言する: I'll ~ (that) he passes [will pass] the test. 彼はきっと試験に受かるよ.

— (自) (金) を賭ける; 賭け事をする: Which horse shall we ~ on? <V+on+名・代> どの馬に (金) を賭けようか. I'll ~ against his coming. <V+against+動名> 賭けてもいいが彼は来ないよ. **Dón't bét on it.** ⓢ = I wouldn't bet on it. **(Do you) wánt to bét?** ⓢ 賭けるかい? **I'll bét!** ⓢ 《略式》(1) そのとおり, きっと...: "She was really mad at me." "I ~!" 「彼女は本当に私に腹を立てていた」「そうだろうな」 (2) [反語的に用いて] まさか, さあどうだか. 金語 "He says he'll be here by ten." "I ~!" 「彼は 10 時までに来ると言っているよ」「まさか」 **I wóuldn't bét on it.** ⓢ そうかな, 私は信じないな: That sounds like a good deal, but I wouldn't ~ on it. それはいい話みたいだけれど, どうかと思うよ. **You bét!** ⓢ 《略式》もちろん, そうとも: 金語 "Will you be there tomorrow?" "You ~ (I will)!" 「あしたここに来てくれる?」「いいとも」 **you (can) bét 「your life [your bóttom dóllar, your bóots]** ⓢ 《略式》(...は) 絶対確かだ (on; that); そうとも.

— 名 (**bets** /béts/) ⓒ 1 賭(か)け; 賭けた金 [物]: lose [win] a ~ 賭けに負ける [勝つ]. 2 ⓢ 《略式》予測, 見当, 意見: My ~ is that she won't come. 私の予想では彼女は来ないだろう / It's a safe [sure, good] ~ that he'll be late. 彼のことだからきっと遅れるだろう. 3 《略式》見込み (の...) な人 [物], 行き方 (将来の) 方針: a good [safe] ~ (...として) 確実なもの (for). **Áll béts are óff.** どうなるか全く分からない [なくなった]. **for a bét** [副] 賭けに勝つ [自分の力を見せる] ために [無謀なことなどをする]. **màke [hàve] a bét** [動] (自) 《略式》賭けをする (on). **one's bést bét** [名] ⓢ 《略式》最善のもの [策]: Your best ~ would be to follow his advice. 彼の忠告に従うのがいちばんよいでしょう. **pláce [pút, láy] a bét** [動] (自) 賭け金を出す (on).

be·ta /béɪtə | bíːtə/ 名 ⓒ 1 ベータ《ギリシャ語アルファベットの第 2 文字 β, Β; ☞ Greek alphabet 表; alphabet (語源)》. 2 《英》(成績評価で) 良, Β (☞ alpha).

bé·ta blòck·er /-blɑ̀(ː)kə- | -blɔ̀kə/ 名 ⓒ 《薬》ベータ遮断薬《高血圧や心臓疾患の治療薬》.

béta cárotene 名 ① 《生化》ベータカロチン.

be·take /bɪtéɪk/ 動 (**be·takes; 過去 be·took** /-tʊ́k/; 過分 **be·tak·en** /-téɪkən/; **be·tak·ing**) 《文》[次の成句で] **betáke onesèlf to ...** [動] (他) (1) ...へ行く, ...におもむく. (2) ...に取りかかる, 専念する.

béta tèst 名 ⓒ 《電算》ベータテスト《ソフトウェアなどの発売に先立つ一般ユーザーも含めた最終テスト》.— 動 (他) 〈...〉にベータテストを行なう.

béta vèrsion 名 ⓒ 《電算》ベータ版《ソフトウェアなどのベータテスト用のバージョン》.

béta wàve 名 ⓒ 《生理》(脳の) ベータ波.

bet·cha /bétʃə/ ⓢ 《略式》=bet you. **You bétcha!** ⓢ 《略式》もちろん!

be·tel /bíːtl/ 名 ⓒ きんま《しょう科の熱帯植物》.

bétel nùt 名 Ⓤ,ⓒ びんろうじ《びんろうの種子》.

bétel pàlm 名 ⓒ びんろう《やし科の熱帯植物》.

bête noire /béɪtnwάː-, beɪt- | -nwάː/ 名 (複 **bêtes noires** /~/) ⓒ 大嫌いな物 [人].

Beth /béθ/ 名 固 ベス《女性の名; Elizabeth の愛称》.

be·think /bɪθɪ́ŋk/ 動 (**be·thinks**; 過去・過分 **be·thought** /bɪθɔ́ːt/; **-think·ing**) (他) 《古語》[~ oneself として] 熟考する; 思い出す (of).

Beth·le·hem /béθlɪhèm/ 名 固 ベツレヘム《イスラエルの Jerusalem 南方の町; イエス誕生の地》.

bethought 動 bethink の過去形および過去分詞

Be·thune /beθ(j)úːn, bə-/ 名 固 **Mary ~** ベシューン (1875–1955) 《米国の教育学者》.

be·tide /bɪtáɪd/ 動 (他) 《文》(不幸など) 起こる. **Wóe betíde ...!** 《文》または 《滑稽》(人) に災いあれ!

be·times /bɪtáɪmz/ 副 《古語》早く; 折よく.

*__be to__ /(子音の前では) bɪtu, (母音の前では) -tu/

① ...する予定だ	1
② ...すべきだ	2
③ ...できる	3

語法 現在・過去時制で用いる. [動詞の原形の前について 動 のように用いられる] 《普通は格式》 1 ...することになっている, ...する予定だ: She is to be married in

June. 彼女は6月に結婚する予定だ. [語法] 新聞の見出しなどでは be 動詞を省略した形で用いる: President *to* Visit Japan 大統領訪日の予定《普通の文は The President *is to* visit Japan.》.
2 …すべきだ, …する義務である (must, should); [否定文で] …してはならない (must not); [疑問文で相手に指図を求めて] …しましょうか: You *are to* finish your homework before you watch TV. テレビを見る前に宿題を済ませなさい. [語法] must や should を用いるより多少厳しい言い方 / This exit *is not to* be used except in case of emergency. 非常時以外はこの出口を使用してはならない.
3 [普通は否定文・疑問文で] …できる (can): No stars *were to* be seen in the sky. 空には星がひとつも見えなかった / He *was* nowhere *to* be found. 彼はどこにも見つからなかった / What *is to* be done? 何ができるだろうか. **4** …する運命[宿命]である: He *was* never *to* see his home again. 彼は二度と故郷に帰れない運命であった. [語法] 主に過去時制で用いる. **5** [仮定を表わす従属節で] (人が)…したいと思う, …するつもりである; (物が)…すべきである: If you *are to* keep fit, you should get more exercise. 健康でいたいのならもっと運動をすべきだ. **6** …するため(のもの)である: The letter *was to* tell her that he had been ill. その手紙は彼が病気だったことを彼女に知らせるためのものであった. **7** [was [were]＋完了不定詞として] …することになっていたのだが(実現しなかった)《過去において実現しなかった予定や計画を表わす》: I *was to have* left for London last week. 私は先週ロンドンへ向け出発する予定だったが(出発しなかった). ★ 仮定を表わす (if …) were to — については ☞ were² 成句.

be·to·ken /bɪtóʊk(ə)n/ [動] [他] 《文》〈…〉の前兆である.

betook [動] betake の過去形.

be·tray** /bɪtréɪ, bə-/ [動] (**be·trays** /~z/; **be·trayed** /~d/; **-tray·ing**; [名] betráyal) [他] **1** 〈人・約束・信頼など〉を**裏切る**; 〈…〉に背(そむ)く; 〈自分の国・味方など〉を(敵に)売る: I won't ~ her. 彼女を裏切りはしない / He refused to ~ his own principles [beliefs]. 彼は自らの主義[信念]に背きはしなかった / He **~*ed his country ***to*** the enemy. <V＋O＋*to*＋名・代> 彼は母国を敵に売った.
2 〈秘密など〉を**漏らす** 《うっかりまたは故意に》; 密告する: She wouldn't **~** his hiding place ***to*** me. <V＋O＋*to*＋名・代> 彼女はどうしても私に彼の隠れ家を教えようとしなかった. **3** [進行形・受身なし] (声・表情などが)〈…〉を露呈する, (…のせいで)〈欠点〉がばれる: [言い換え] His question ~*ed* his ignorance of soccer. ＝His question ~*ed* the fact that he was ignorant of soccer. 彼の質問を聞いて彼がサッカーを知らないことがばれた. **4** (体が)〈…〉のいうことをきかない. [語源] ラテン語で「引き渡す」の意; ☞ tradition [語源]. **betráy onesèlf** [動] [自] うっかり本性を表わす, お里が知れる.

⁺be·tray·al /bɪtréɪəl, bə-/ [名] ([動] betráy) [U,C] **1** 裏切り, 内通, 密告. **2** 素姓がばれること.

be·tray·er /bɪtréɪə | -tréɪə/ [名] [C] 裏切り者, 内通者; 背信者; 密告者.

be·troth·al /bɪtróʊð(ə)l/ [名] [C,U] 《古風》 婚約.

be·trothed /bɪtróʊðd/ 《古風》 [形] 婚約している (*to*).
— [名] [所有格の後で] 婚約者.

Bet·sy /bétsi/ [名] [固] ベッツィー《女性の名; Elizabeth の愛称》.

***bet·ter**¹ /béṭə | -tə/ ([類音] batter, bitter) [形] **1** [good の比較級; ☞ best [形]] **よりよい**, もっとよい, いっそうよい ([反] worse): He had a ~ plan *than* mine. 彼には私のよりよい計画があった / It might be ~ to go by subway. 地下鉄で行くほうがよいかもしれない / You couldn't have chosen anything ~. これ以上のものは選べなかっただろう(こんなにすばらしいものはない) / *B*~ (be) (＝It is ~ to be) the head of a dog *than* the tail of a lion. 《ことわざ》 ライオンの尾より犬の頭になるほうがまし(鶏口となるも牛後となるなかれ).
2 **より上手な**, もっとうまい: John is a ~ rider *than* Tom. ジョンはトムより馬に乗るのがうまい / Betty's picture is ~ *than* Linda's. ベティーの絵のほうがリンダの絵よりもうまい.
3 [well¹ の比較級; ☞ best [形]] [P] (体の具合が)よくなって, 気分がよりよい ([反] worse); (病人が)全快して: I feel much ~ *than* yesterday. 私はきのうよりはだいぶ気分がよい / He is getting ~ and ~. 彼はだんだんとよくなっている《☞ comparative degree [文法] (1)》.

àll the bétter for … ☞ all the ＋比較級 (all [副] 成句).

be bétter than nóthing [動] [自] Ⓢ ないよりはましである: I could only take a cold shower, but it *was* ~ *than nothing*. 冷たいシャワーしか浴びられなかったが, ないよりはましだった.

bétter óff ☞ better-off.

Cóuldn't be bétter. Ⓢ (気分[調子]は)最高だ.

Is that bétter? Ⓢ [変更した後で] これでいいですか.

lìttle bétter (than …) ほとんど(…と)同じ, …も同然(で大したことはない): He is *little* ~ *than* a charlatan. 彼はいかさま師と変わりない / The party in power is corrupt, but the opposition is *little* ~. 与党は腐敗している. しかし野党だって同じようなものだ.

nò bétter than … …も同様である, まるで…である: A man who lives off his relatives is *no* ~ *than* a beggar. 親戚にたかって暮らす人はこじきのようなものだ.

nòne the bétter for … ☞ none the ＋比較級 ＋for …(none [副] 成句).

so múch the bétter ☞ so much the … (much [副] 成句).

Thát's bétter. Ⓢ [相手をほめたり励ましたりして] そうだ, その調子だ; [事態の改善後に] いい[結構]ですね.

the bétter párt of … ☞ part [名] 成句.

— [副] **1** [well¹, (動詞 like, love の場合) very much の比較級; ☞ best [副]; like² [動] [他] 1 [語法] 囲み, love¹ [動] 2 [語法]] **もっとよく**: She knows this town ~ than I do. 彼女は私よりもこの町のことをよく知っている / "Which do you like ~, apples↗ or pears?↘" "I like apples ~." 「りんごとなしではどちらがお好きですか」「私はりんごのほうが好きです」《☞ interrogative sentence [文法] (1) (iii), or 1 [発音]》.
2 より上手に, もっとうまく ([反] worse): She can dance ~ *than* I can. 彼女は私よりも上手に踊れる. **3** [普通は (or) better still [yet], even better として] [つなぎ語] (それより)もっといいのは, いっそのこと 《☞ better still (成句)》: You should write to her, *or* ~ *still*, go and see her. 彼女に手紙を書いたほうがよい, いやむしろ会いに行ったほうがよい.

bètter stíll [yét] [副] [つなぎ語] (1) いっそのこと 《☞ 3》. (2) [しばしば and の後に] さらによいこと(に)は: It stopped raining around noon, *and* ~ *still*, it got quite warm. 昼ごろ雨がやんだ, さらによいことにかなり暖かくなった.

dò bétter to dó [動] …するほうがよい[賢明だ]: You would *do* ~ *to* leave it unsaid. それは言わないでおいたほうがいい.

féel bétter [動] [自] ほっとする: I *felt* ~ after hearing that. 私はそれを聞いてほっとした.

gò óne bétter [動] [自] もっとうまくやる, 上をいく (*than*). [語法] 《主に米》で go … one better を「…にまさる」(go one better than …) の意で用いる.

had bètter ☞ had better の項目.

knów bétter (than thàt), knów bétter than to dó ☞ know 成句.

nòt ány bétter＝nò bétter [副] せいぜいそのくらい

まで: He does*n't* know *any* ~. 彼の知恵はせいぜいその程度だ《それがまずいとわかるほどの知恵はない》.
thínk bétter of ... ☞ think 成句.
— [名] **1** [a ~ または the ~] もっとよいもの, よりよいこと: for want of *a* ~ それ以上よいものがないので / a change for *the* ~ (事態などの)好転, 改善 / *the* ~ of the two 2つ[2人]のうちでよりよいほう. **2** [複数形で所有格とともに] 《古風》 または [滑稽] よりすぐれた人たち: *one's* (elders and) ~*s* 目上の人々, 先輩たち. **for bétter or (for) wórse**=**for bétter, for wórse** [副] [文修飾語] よかれあしかれ, どんな運命になろうとも. [由来] 結婚式の宣誓の文句. **gèt [hàve] the bétter of ...** [動] [他] **1** (感情などが)(人)の自制心を奪う. **2** (議論など)に勝つ, (敵・相手など)を負かす.
— [動] (-ter·ing /-ṭərɪŋ/; [反] worsen) [他] **1** 〈...〉にまさる, 〈...〉をしのぐ. **2** 《格式》〈...〉をよくする, 改良[改善]する《現在必ずしも悪くないものをさらによくする; ☞ improve 類義語》. **bétter onesèlf** [動] [自] 《格式》(教養を高めて社会的に)向上する; 出世する.

bet·ter² /béṭə | -tə/ [名] [C] 賭(か)けをする人.

Bétter Búsiness Bùreau [名] [固] [the ~] 商業改善協会《消費者の苦情を処理する米国の任意団体》.

bétter hálf [名] [所有格の後で] [滑稽] 妻; 夫.

***bet·ter-known** /béṭənóʊn | -tə-ˊ/ [形] well-known の比較級.

bet·ter·ment /béṭəmənt | -tə-/ [名] [U] 《格式》 改良, 改善; (地位の)向上, 出世.

bétter-óff, bétter óff [形] **1** (以前[他人]より)より多くの金を得て, 収入が増えて《well-off, well off の比較級から》: He is ~ now than before. 彼は以前より今のほうが金回りがよい. **2** [主に Ⓢ] (...のほうが)好ましい; (...するほうが)よい, 賢明だ: I'm ~ without Tom. 私はトムがいないほうがいい / He'd be ~ chang*ing* his job. 彼は転職したほうがいい.

bet·ting /béṭɪŋ/ [名] [U] 賭(か)け(事). **The bétting is that ...** =**What's the bétting ...?** 《英略式》 きっと[たぶん]...だ.

bétting shòp [名] [C] 《英》(競馬などの)賭屋.

bet·tor /béṭə | -tə/ [名] [C] 《主に米》 =better².

Bet·ty /béṭi/ [名] [固] ベティー《女性の名; Elizabeth の愛称》.

Bétty Cróck·er /-krɑ́kə | -krɔ́kə/ [名] [固] ベティークロッカー《米国の食品メーカーのキャラクター; 商標》; 料理の上手な女性.

Bétty Fórd Clínic [名] [固] [the ~] ベティーフォードクリニック《米国 California 州にある麻薬・アルコール依存症患者の治療施設》.

****be·tween** /bɪtwíːn, bə-/

① ...の間に	[前] **1**, [副]
② ...のうちから 1 つを	[前] **2**
③ ...の力を合わせて	[前] **3**

— [前] /bɪtwìːn, bə-/ **1** (2つ, 2人)の間に[で, を, の], ...の中間に[で, の] 《しばしば連結・結合または分離・分配の意味に関係する》: eat ~ meals 間食する / The boy is standing ~ his parents. その男の子は両親の間に立っている / Buses run ~ the two cities. その二都市間をバスが運行している / Come ~ 1 *and* 2 o'clock. 1時と2時の間に来なさい / He seems to be ~ forty *and* fifty. 彼の年は40から50の間らしい / It was a color ~ blue *and* green. それは青と緑の中間色だった / Let's divide this money ~ us. この金を我々2人で分けよう / A treaty was signed ~ the four nations. 条約がその4か国の間で調印された.

> [語法] **between の使い方**
> (1) between は2つの物の間の関係を示すので, 後には A and B という形か, 2つを表わす複数形(代)名詞がくる. 例えば between the *act* は誤りで between the *acts* (幕あいに)が正しい.
> (2) しかし1つの物と周囲の多くの物との相互の関係を個々に表わすときには between を用いる《☞ among [語法] (2) (3), among 挿絵 (B) (C)》.
> (3) between は前置詞であるから, 人称代名詞の場合は目的格を伴うのが文法的に正しいが, 《略式》では一人称単数のとき me の代わりに between you and *I* (あなたと私の間で)のように主格 I を用いることもある.

2 (2つ, 2人またはそれ以上)のうちから1つ[1人]を: You can choose ~ the two suits. あなたはその2着の服のどちらかを選んでよい / She had to decide ~ marry*ing* him and pursu*ing* her career. 彼女は彼と結婚するか仕事を続けるかどちらかに決めなければならなかった.
3 (2人またはそれ以上)の力を合わせて, ...が共同で: They finished the work ~ them. 彼らは共同でその仕事を完成させた / How much money have you got ~ you? 君たち2人合わせてお金をいくら持っているかね. [語源] 'by two' (2つの間に)の意; ☞ twilight [語源]. **betwèen ... and —** [前] ...や—のため, ...やら—やらで: *B*~ astonishment *and* sorrow, she could not speak a word. 驚きやら悲しみやらで彼女はひと言も言えなかった. **betwèen yóu and mé**=**betwèen oursélves**=《英》**betwèen yóu, mé and the gátepost [bédpost]** [副・形] Ⓢ 内緒の話だが, ここだけの話だが. **in betwèen ...** [前] ...の中間に: The station is situated *in* ~ the two towns. 駅はその2つの町の中間にある.
— [副] (2つ, 2人)の間に[で], 中間に[で]; 合間に: There are two islands on the horizon. I can see nothing (in) ~. 水平線上に2つの島があるが, 間には何も見えない. **in betwéen** [副・形] 間に, 中間に; 合間に: *In* ~ are the bushes. その間に茂みがある / I had to attend two meetings yesterday, and there was no time to have lunch *in* ~. きのう2つの会に出なければならなかったが, その間に昼食をとる暇がなかった.

be·twixt 《文または古語》 [前] /bɪtwìkst/, [副] /bɪtwíkst/ =between. **betwíxt and betwéen** [形・副] 《古風》 中間で; どっちつかずで.

bev·el /bév(ə)l/ [名] [C] **1** 斜角; (斜めに削った)斜面. **2** 角度定規《大工などが使う》.

bév·eled, 《英》 **-elled** [形] [普通は [A]] 斜角をつけた, 面取りした.

⁺**bev·er·age** /bév(ə)rɪdʒ/ [T2] [名] [C] 《格式》 飲み物, 飲料 (drink) 《特に水・薬品以外のもの》: alcoholic [hot] ~*s* アルコール飲料[温かい飲み物].

Bév·er·ly Hílls /bévəli- | -və-/ [名] [固] ビバリーヒルズ《米国 California 州 Los Angeles の高級住宅地》.

bev·vy /bévi/ [名] (**bev·vies**) 《英略式》 (特にアルコールの)飲み物, 酒.

bev·y /bévi/ [名] (**bev·ies**) [C] [しばしば滑稽] (女性・小鳥などの)群れ (*of*).

be·wail /bɪwéɪl/ [動] [他] 《文》 〈...〉を嘆き悲しむ.

⁺**be·ware** /bɪwéə | -wéə/ [T3] [動] [語法] be careful (of) に相当する格式ばった語だが, 命令法か不定詞としてのみ用いる. [自] 注意する, 用心する, 警戒する: You have to ~ *of* strangers. 見知らぬ人には心を許すな / Buyer *B*~! 買い手は用心せよ《商品の品質チェックは買い手の責任の意》. — [他] 〈...〉に注意する, 警戒する: *B*~ *that* you do not anger him. 彼を怒らせないように気をつけなさい.

be·wigged /bɪwígd/ [形]《格式》かつらをかぶった.

be·wil·der /bɪwíldɚ | -də/ [動] (**-der·ing** /-dərɪŋ, -drɪŋ/) [他] 〈人〉をまごつかせる, 当惑させる.

+**be·wil·dered** /bɪwíldɚd | -dəd/ [形] (人が)まごつい た, 当惑した: She was really ～ *by* [*at*] the stream of cars. 彼女は車の流れにすっかりまごついた.

+**be·wil·der·ing** /bɪwíldərɪŋ, -drɪŋ/ [形] (人を)まご つかせるような, うろたえさせるような. **～·ly** [副] 当惑させ るほど, あっけにとられるほど.

+**be·wil·der·ment** /bɪwíldɚmənt | -də-/ [名] [U] 当 惑, うろたえ. **in bewílderment** [副] 当惑して.

be·witch /bɪwítʃ/ [動] [他] **1** 〈人〉を魅惑する, うっとり させる. **2** 〈人〉に魔法をかける.

be·witched /bɪwítʃt/ [形] **1** 魅せられた, うっとりし た. **2** 魔法をかけられた.

be·witch·ing /bɪwítʃɪŋ/ [形] 魅惑するような.

be·yond /bi(j)ánd | -(j)ɔ́nd/

① [場所を示して] (...の)向こうに[へ] [前] **1**, [副]
② [程度を示して] ...を越えて [前] **2**

— [前] /bi(j)ànd | -(j)ɔ̀nd/ **1** (場所が)...の向こうに[へ], ...を越えて: I could see the town ～ the lake. 湖の向こうにその町が見えた / The town is ～ the river. その町は川の向こうにある / They went ～ the sea. 彼らは海を越えて行った.

2 (程度などが)...を越えて, ...より優れて; ...の及ばないところに: Such things are ～ me [my comprehension]. そんなことは私には理解できない / I am ～ caring about my appearance. 私は(疲れて)身なりをかまっていられないほどだ.

3 [しばしば否定文で] (時刻が)...を過ぎて, ...よりも遅く (after): You must *not* stay here ～ the usual hour. ここにいつもの時刻より遅くまでいてはいけない. **4** [否定文・疑問文で] ...のほかに, ...以外に (except): I know *nothing* about him ～ what you told me. あなたが私に話してくれたこと以外彼について何も知らない. **be beyònd ...** [動] [他] [S] (物事が)...にとって難しすぎる (☞ 2): It *is* ～ me why she married such a man. なぜ彼女があんな男と結婚したのかわからない.

— [副] **1** 向こうに: There is a lake ～. 向こうに湖がある. **2** (ある時刻・日付などの)後に(も), 以降: the 1980's and ～ 1980年代以降. — [名] [the (great) ～, しばしば the B-]《文》来世, あの世.

be·zique /bɪzí:k/ [名] [U] ベジーク《トランプゲームの一種》.

BFD /bí:èfdí:/ [感] [S]《米俗》[皮肉] そいつはすごいや, 大したもんだ《*b*ig *f*ucking *d*eal の略》.

B-52 /bí:fɪftitú:/ [名] [C] (米空軍の) B-52 重爆撃機.

B4 [略] [E メールで] =before.

bha·ji, bha·jee /bá:dʒi/ [名] [C] バジ《ねり粉の中に野菜を入れ調理したインドのケーキ》.

Bhu·tan /bù:tá:n, -tǽn←/ [名] [固] ブータン《ヒマラヤ山脈中の王国》.

bi /báɪ/ [形]《略式》(男女)両性愛の (bisexual).

bi- /bàɪ, baɪ/ [接頭]「2, 2倍, 2重」の意 (☞ mono-表): *bi*cycle 自転車.

bi·an·nu·al /bàɪǽnjuəl←/ [形] 年2回の, 半年ごとの (☞ biennial). **-al·ly** /-əli/ [副] 年に2回.

bi·as** /báɪəs/ [T3] [名] (～·**es** /～ɪz/) **1** [C,U] 先入観《好意にも反感にも用いる》, 片寄った見方, 偏見; ひいき目: a ～ ***against minorities 少数民族に対する偏見 / Journalism should be free from ～. ジャーナリズムは片寄った考えを持つべきではない. [関連] prejudice 先入観, 偏見. **2** [C] [普通は a ～] (心の)傾向, 性癖, 好み: *a* strong socialist ～ 強い社会主義者的傾向. **3** [U] (布地裁断の)斜線, バイアス. **cút ... on the bías** [動] [他] 〈布〉を斜めに裁つ. **hàve a bías agàinst ...** [動] [他] ...に反感を持つ. **hàve a bías towàrd [in fávor of] ...** [動] [他] ...に対して好意を持つ.

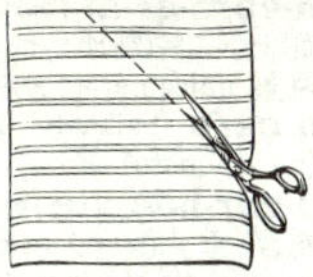

cut ... on the bias

— [動] (**-as·es, -as·ses; bi·ased, bi·assed; -as·ing, -as·sing**) [他] [普通は受身で] 〈人〉に(...に対する)偏見を持たせる; 〈...〉を一方に偏(かたよ)らせる: He *is* ～*ed against* [*toward, in favor of*] them. 彼は彼らに反感[好感]を持っている.

bías bìnding [名] [U]《英》=bias tape.

+**bi·as(s)ed** /báɪəst/ [形] (反 unbias(s)ed) 偏見のある, (一方に)偏った; ひいきにしている: a ～ view 偏見 / You are ～ to think so. そう考えるのはあなたの偏見だ.

bías tàpe [名] [U]《米》バイアステープ《斜めに織ってある布のテープで, 服の縁取りに用いる》.

bi·ath·lete /baɪǽθli:t/ [名] [C] バイアスロン選手.

bi·ath·lon /baɪǽθlən/ [名] [C] バイアスロン《クロスカントリースキーと射撃を組み合わせた競技》.

bib /bíb/ [名] [C] (幼児の)よだれ掛け; (エプロン・ロンパースなどの)胸部, 胸当て (☞ overall² 写真). **one's bést bíb and túcker** [名] [滑稽] 晴れ着, 一張羅.

Bib. [略] =Bible, biblical.

***Bi·ble, bible** /báɪbl/ ★ 発音については ☞ table リスニング(囲み). [名] (～**s** /～z/; [形] bíblical) **1** [the B-] (キリスト教の)聖書, バイブル (the Holy Bible)《旧約聖書 (the Old Testament) と新約聖書 (the New Testament) から成る; [略] Bib.》: I swear on *the* ～ that I did not do it. 私は聖書にかけてそんなことはしなかったと誓います. **2** [C] (1冊の)聖書: By [At] his bedside lay a ～. 彼の枕もとには1冊の聖書があった. **3** [the ～] (ユダヤ教の)聖典《旧約聖書のみを指す》. **4** [C] [しばしば b-]《略式》(ある分野の)バイブル, 聖典, 権威ある書物. [語源] エジプトのパピルスをギリシャへ輸出したフェニキアの港の名. そこから「パピルス(の皮)に記したもの」,「(教えを記した)本」という意味に変わった; ☞ book [語源].

Bíble·bàsher [名] [C]《英略式》=Biblethumper.

Bíble bàshing [名] [U]《英略式》=Biblethumping.

Bíble Bèlt [名] [固] [the ～] バイブルベルト《聖書の教えを厳格に守ろうとする人々の多い米国南部地域》.

Bíble clàss [名] [C] (日曜学校などの)聖書勉強会.

Bíble schòol [名] [U] 聖書(研究)学校《聖書[宗教]教育を目的とする子供向けの日曜学校など》.

Bíble·thump·er /-θʌ̀mpɚ | -pə/ [名] [C]《米略式》[軽蔑] (自分のキリスト教教義の)熱狂的伝道者.

Bíble·thùmp·ing [名] [U]《米略式》[軽蔑] 熱狂的伝道.

+**bib·li·cal** /bíblɪk(ə)l/ [形] ([名] Bíble) 聖書の[にある], (ことばや句などが)聖書から出た ([略] Bib.).

bib·li·o- /bíbliou/ [接頭]「本, 聖書」の意: *biblio*phile 愛書家.

bib·li·og·ra·pher /bìbliágrəfɚ | -ɔ́grəfə/ [名] [C] 参考文献編者; 書誌学者.

bib·li·o·graph·ic /bìbliəgrǽfɪk←/, **-i·cal** /-fɪk(ə)l←/ [形] 文献目録の; 書誌(学)の.

+**bib·li·og·ra·phy** /bìbliágrəfi | -ɔ́g-/ [T3] [名] (**-ra·phies**) **1** [C] (ある主題についての)関係書目, 著書目録; (本などの末尾の)参考文献一覧, 引用文献目録. **2** [U] 書誌学《本の著者・著作年代・版などの研究》.

bib·li·o·phile /bíbliəfàɪl/ [名] [C]《格式》愛書家.

bi·bu·lous /bíbjʊləs/ [形] [滑稽] または《格式》酒好きの, 大酒飲みの.

Bic /bík/ [名] [C] ビック《使い捨てボールペン; 商標》.

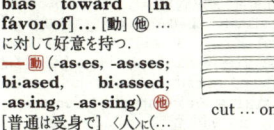

bi·cam·er·al /bàikǽm(ə)l/ 形 A 【政】(議会が)上下二院(制)の: a ~ legislature 二院制議会. 関連 unicameral 一院(制)の.

bi·carb /báikɑɚb | báikɑːb/ 名 U (略式) 重曹 (bicarbonate).

bi·car·bon·ate /bàikáɚbənèit, -kə-/ 名 U 【化】重曹, 重炭酸ソーダ (bicarbonate of soda).

bi·cen·te·nar·y /bàisenténəri, -senténəri | -sentí(ə)n(ə)ri, -tén-/ 形 名 (英)=bicentennial.

bi·cen·ten·ni·al /bàisenténiəl/ 形 (米) 200 年目の, 200 年祭[記念]の. — 名 (米) 200 年(記念)祭. 関連 centennial (米) 100 年(記念)祭.

bi·ceps /báiseps/ 名 (複 ~s) C 【解】二頭筋, 力こぶ.

bick·er /bíkɚ/ -kə/ 動 (-er·ing /-k(ə)rɪŋ/) 自 (つまらないことで)口論する ‹with; over, about›.

bick·er·ing /-k(ə)rɪŋ/ 名 U (つまらない)口げんか.

bi·coast·al /bàikóust(ə)l/ 形 (特に米国の東西)両海岸の[にある].

bi·col·or /báikÀlɚ/ -lə/ 形 名 C 二色(の物).

bi·cul·tur·al·is·m /bàikÁlt(ə)rəlìzm/ 名 U 二文化併存.

bi·cus·pid /báikÁspid/ 形 【解】(歯などが)二尖頭(にさんとう)の. — 名 C 【解】小臼(きゅう)歯.

***bi·cy·cle** /báisɪkl/ 名 (~s /-z/) C 自転車 (cycle, (略式) bike): ride (on) a ~ 自転車に乗る (こぐこと) / get on [(格式) mount] a ~ 自転車に乗る[またがる] / get off [(格式) dismount from] a ~ 自転車から下りる / a tandem ~ (2 人以上が乗る)タンデム式自転車. 語源 フランス語で「bi (2 つの) cycle (輪)」の意.

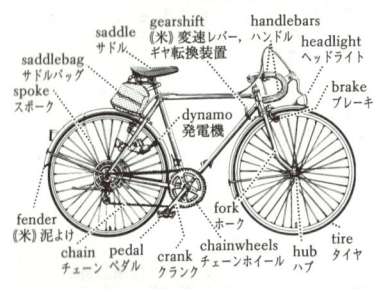

saddle サドル
gearshift (米)変速レバー・ギヤ転換装置
handlebars ハンドル
headlight ヘッドライト
saddlebag サドルバッグ
spoke スポーク
brake ブレーキ
dynamo 発電機
fender (米)泥よけ
fork フォーク
tire タイヤ
chain チェーン
pedal ペダル
crank クランク
chainwheels チェーンホイール
hub ハブ

bicycle

by bícycle=on a [one's] bícycle 副 自転車で: John goes to school by [on his] ~. ジョンは自転車で通学している (☞ by 前 語法). — 動 自 (格式) 自転車で行く ‹to›. ★ cycle のほうが普通.

bícycle clìp 名 C (自転車に乗る人の)ズボンの裾止め.

bi·cy·clist /báisɪklɪst/ 名 C 自転車に乗る人.

***bid¹** /bíd/ 11 名 (bids /bídz/) C 1 (せりの)つけ値: 「put in [submit, make, enter, file] a ~ for old books 古書の入札をする.
2 (米)(工事などの)入札 (英) tender): The government invited ~s for the construction project. 政府は建設計画の入札を募集した. 3 [新聞で] 努力, 企て: a ~ for the Presidency 大統領を目指す努力 / a ~ to restore peace 平和回復の努力. 4 《トラ》 ビッド, せり札宣言. **in a bíd to dó** 副 ...しようと試みて.

— 動 (bids /bídz/; 過去・過分 bid; bid·ding /-dɪŋ/) 他 1 (競売・入札などで)(物件に)(...)の値をつける; (人に)(...)の値をつけるという): He ~ a thousand dollars for [(主に米) on] that vase. <V+O+for [on]+名・代> 彼はその花びんに千ドルの値をつけた / What am I ~ for this painting [lot 20]? <V+O+for+名・代の受身> この絵[20 番の品]にはいくらの値をつけますか(競売人のことば). 2 《トラ》〈自分が勝ちとる札〉を宣言[ビッド]する. 3 (他の人と競って)〈...〉をしようとする 私は彼がわたり社長になろうとしていると思う. — 自 1 入札する; 値をつける ‹for, (主に米) on›. 2 《トラ》(せり札)宣言をする. 3 (...)を得ようとする ‹for›. **bíd fáir to dó** 動 《文》...する見込みがある. **bíd úp** 動 他 (値)をせり上げる.

bid² /bíd/ 動 (bids, 過去 bade /bǽd, béid/, bid; 過分 bid·den, bid; bid·ding) 他 1 (受身なし)〈人に〉〈あいさつなど〉を述べる: He bade us welcome [farewell]. 彼は我々に歓迎[別れ]のあいさつをした. 2 《文》〈人〉に〈(...)するよう〉に命じる: He bade the servant (to) call the boy into the room. 彼は召し使いに少年を部屋に呼び入れるように命じた.

bid·da·ble /bídəbl/ 形 (まれ) 従順な, おとなしい.

bidden bid² の過去分詞.

⁺bid·der /bídɚ/ -də/ 名 C せり手, 入札者; 命令者: a highest ~ 最も高い値をつけた人.

bid·ding /bídɪŋ/ 名 U 1 入札(すること): be in the ~ 入札に加わっている. 2 《トラ》ビッド, せり札宣言(すること). 3 (格式) 命令. **at ...'s bídding=at the bídding of ...** 副 (格式) (人)に言われたとおりに. **dò ...'s bídding** (格式) (人)の命令に従う.

bid·dy /bídi/ 名 (bid·dies) C (普通は old ~ として) (略式) (軽蔑) (口うるさい)年配の女.

bide /báid/ 動 (bides, 過去 bode /bóud/, bid·ed; 過分 bid·ed; bid·ing) 自 (古語) とどまる; 待つ. **bíde one's tíme** 動 辛抱して好機を待つ.

bi·det /bidéi | bíː·deɪ/ 名 (~s /-z/) C ビデ (トイレの中にある局部洗浄器).

bi·di·réc·tion·al 形 二方向の, 双方向性の.

bíd príce 名 C 【株】買い呼値.

bi·en·ni·al /bàiéniəl/ 形 1 2 年に 1 回の, 2 年ごとの (☞ biannual). 2 【植】二年生の. — 名 C 二年生植物. 関連 annual 一年生植物 / perennial 多年生植物. **-al·ly** /-əli/ 副 2 年ごとに.

bier /bíɚ/ bíə/ 名 C ひつぎ台.

Bierce /bíɚs/ bíəs/ 名 個 Am·brose /ǽmbrouz/ ~ ビアス (1842-?1914) (米国の作家).

bier·wurst /bíɚwəːst | bíəwəːst/ 名 U (ドイツの)ソーセージ, サラミ.

biff¹ /bíf/ 動 他 (古風) 〈人〉をなぐる. — 名 (略式) (自転車などに乗っていて)落ちる, ぶつかる. — 名 C (古風) 強打.

biff² /bíf/ 名 C (略式) きまりの悪い間違い, へま.

bif·fy /bífi/ 名 C (米略式) 洗面所, トイレ, 便所.

bi·fo·cal /bàifóuk(ə)l/ 形 二焦点の. — 名 [複数形で] (遠視・近視両用の)二焦点眼鏡.

bí·fòld 形 二つに折りたためる.

bi·fur·cate /báifɚ-/ kèɚt | -fə(ː)-/ 動 自 (格式) (道・川・枝などが)二またに分かれる.

bi·fur·ca·tion /bàifɚ(ː)kéɪʃən | -fə(ː)-/ 名 U (格式) 二またに分ける[分かれること]; C 分岐点.

***big** /bíg/ 形 (big·ger; big·gest) 1 **大きい** (反 little²); 大型の, 大規模の; (略式) 大文字の (☞ 類義語): a ~ book 大きな本 / Mary's feet are too ~ for these boots. メアリーの足はこの長靴には大きすぎる / My father's room is very ~. 私の父の部屋はとても広い (☞ wide 表).

big (形や程度・重要性などが感覚的に)	大きい
large (形や数量が客観的に)	
great (形や程度・重要性などが驚くほど)	

2 《略式》成長した; [A] 年上の: a ～ baby 大きな赤ん坊, すぐ泣く子[大人] / Come on, don't cry. You're a ～ boy [girl] now. さあ泣かないで, もうお兄[姉]ちゃんなんだから《子供に対して》/ one's ～ brother [sister] [S] 兄[姉](ちゃん). [語法] この表現は特に子どもが自分の兄[姉]を指して使う.
3 [A] 偉い, 重要な; ものすごい; 大変な: a ～ man 偉い人 / a ～ commotion 大騒動 / a ～ eater [drinker] 大食い[大酒飲み][(人)] / a ～ spender 金づかいが荒い人 / a ～ fan [admirer] of the Beatles ビートルズの大ファン. **4** 《略式》(ある分野・組織などで)人気のある, 有力な; 成功した: He is very ～ in the broadcasting industry. 彼は放送業界では大変な有力者である. **5** [S] 《略式》気前のよい; 親切な: That's ～ *of* you. どうもご親切さま《主に皮肉で用いる》(☞ of 12). **6** 《略式》自慢げな, 偉そうな; (考えなどが)野心的な: ～ words 大言壮語. **7** [A] 広範な権限を持つ, 強力すぎる: ☞ big government.
be bíg on ... [動] [他] [S] 《略式, 主に米》…に熱心[夢中]である. **be [gèt] tóo bíg for one's bóots** [《米》 **brítches**] [動] [自] 《略式》うぬぼれている[うぬぼれる], いばっている[いばる]. [由来] 自分のズボンや靴からはみ出してしまうほど大きい, の意で, 態度が大きいことの比喩. **the bíg thrée [fóur,** etc.] [名] 最も重要な三つ[四つ, など]の国[会社, 人, など], 三大[四大]国[会社, など] (☞ Big Three).
— [副] 《略式》 **1** 偉そうに. **2** うまく, 首尾よく.
tálk bíg [動] [自] 《略式》偉そうな口をきく; 自慢する.
thínk bíg [動] [自] 《略式》途方もない望み[考え]を持つ.
【類義語】**big, large, great** の 3 語はしばしば形の大きな物に対してほぼ同様に用いる. しかし *big* のほうが多少略式語的であると同時に, *large* が数量の大きい物に, *big* が重さ・程度・容量などの大きい物に使い分けて用いることも多い: We need a *large* amount of money. お金がたくさん必要だ / It's a *big* mistake. それは大変な間違いだ. また *big* には「重要な」の意味があるのに対し, *large* にはこの意味はない. *great* は *big, large* と同じ意味で用いるほかに, 形の大きさが驚くほど印象的である場合や, 形とは別に程度の大きさ・重要性などを意味するのに用いる: a *great* city (政治的・文化的に重要な)大都会 / a *great* man 偉人.
[語法] big と対になる語は little, large と対になる語は small.

big·a·mist /bígəmɪst/ [名] [C] 重婚者.
big·a·mous /bígəməs/ [形] 重婚した.
big·a·my /bígəmi/ [名] [U] 重婚罪; 重婚. [関連] monogamy 一夫一婦 / polygamy 一夫多妻.
Bíg Ápple [名] [固] [the ～] 《米略式》ビッグ・アップル《New York 市のニックネーム》.
bíg bánd [名] [C] ビッグバンド《特に 1930–50 年代の大編成のジャズ[ダンス音楽]バンド》.
bíg báng, Bíg Báng [名] [the ～] **1** 〔天〕ビッグバン《宇宙の起源とされる大爆発》: *the* ～ theory 宇宙爆発起源論 (☞ steady state theory). **2** 〔株〕ビッグバン《1986 年のロンドン株式取引所の大変革》.
Bíg Bén [名] [固] ビッグベン《英国国会議事堂塔の大時計の鐘; 時計塔や大時計を指すこともある》.

Big Ben

Bíg Bírd [名] [固] ビッグバード《テレビ番組 'Sesame Street' に登場する黄色い大きな鳥》.
Bíg Bóard [名] [固] [the ～] 《略式》ニューヨーク証券取引所.
bíg bóx [名] [C] 《米》巨大小売店《大きな箱のような建物の周りに広い駐車場を持つ》.
bíg bóys [名] [複] [the ～] 《略式》有力者, 大物; 大企業.
bíg bróther [名] **1** [C] 兄 (☞ big [形] 2 [語法], brother [日英比較]). **2** [B- B-] (全体主義国家の)独裁者[政権]; 絶対権力者.
Bíg Bróthers [名] [固] ビッグブラザーズ《片親・薬物などの問題を持つ少年を支援する米国のボランティア団体》.
bíg búcks [名] [複] 《米略式》=big money.
+**bíg búsiness** [名] [U] **1** 巨大企業[取引]. **2** ビッグビジネス, 大金を生むもの[活動].
bíg cát [名] [C] 大型の猫科動物《ライオン・虎など》.
bíg chéese [名] [C] 《略式》[滑稽] 大物, お偉方.
+**bíg cíty** [名] [the ～] 大都会.
bíg dáy [名] [単数形で] 《略式》結婚式の日.
+**bíg déal** [感] [S] 《略式》[皮肉] それがどうした, なんだそれっぽっちか: [会話] "I studied English two hours last night." "*B*～! I studied four hours."「昨夜英語を 2 時間勉強したんだ」「それはそれは. 僕は 4 時間したよ」
— [名] [単数形で] 《略式》大したこと. **It's nó bìg déal.** [S] 大したこと[問題]ではない: [会話] "Can you fix it?" "Sure. *It's no* ～."「それ直してくれる」「いいとも. 大したことないさ」 **màke a bíg déal abòut [òver, (òut) of] ...** [動] [他] [S] …を大げさに考える, …のことで騒ぎ立てる[目くじらを立てる]. **Whát's the bíg déal?** [S] それがどうした, 大したことじゃないよ.
Bíg Dípper [名] **1** [the ～] 《米》北斗七星 (☞ polestar 挿絵) (《英》 Plough, Charles's Wain). **2** [C] [b- d-] 《英》ジェットコースター (roller coaster).
Bíg Éasy [名] [固] [the ～] 《米》New Orleans の別称.
bíg enchiláda [名] [the ～] 《米略式》[滑稽] 重要人物, 大物, ボス; 重要なもの.
bíg ènd [名] [C] 《英》ビッグエンド, 大端《エンジンの連接棒の大きいほう[クランク側]の端》.
+**bíg físh** [名] [C] 《略式》大物, お偉方. **a bíg físh in a líttle [smáll] pónd** [名] 《略式》井のなかの蛙.
Bíg·fòot [名] [固] ビッグフット《アメリカ北西部にいると信じられている猿人; 別名 Sasquatch》.
bíg gáme [名] [U] (狩猟・魚釣りで)大物《猛獣・大魚》.
big·gie /bígi/ [名] [C] 《略式》大物; 大ごと, 大ヒット. **nó bíggie** [S] 《米》問題ないよ, 大丈夫だ.
bíg góvernment [名] [U] 《主に米》[けなして] 大きな政府《人々の生活に政府が過度に係わる》.
bíg gún [名] [C] 《略式》有力者; 大企業.
bíg·hèad [名] [C] 《略式》うぬぼれ屋.
bíg·héaded [形] 《略式》うぬぼれた.
bíg·héarted [形] [W] 親切な; 気前のよい. **～·ly** [副] 気前よく. **～·ness** [名] [U] 気前のよさ.
bíg hítter [名] [C] **1** 有力者, 大物; 絶好調の会社; 大ヒット商品. **2** 〔野〕強打者.
Big·horn ☞ Little Bighorn の項目.
Bíghorn Móuntains [名] [固] [複] [the ～] ビッグホーン山脈《Rocky 山脈の一部; 米国 Wyoming 州から Montana 州に及ぶ》.
bíg·hòrn shéep [名] [C] おおつのひつじ《Rocky 山脈の大きな角の野生羊》.

bighorn sheep

bíg hòuse [名] [C] [the ～] 《略式》[滑稽] 刑務所.
bight /báɪt/ [名] [C] **1** 海岸[川]の湾曲部, 湾. **2** 縄の輪の部分.
bíg-léague [形] 《米》 **1** 大リーグの (major-league). **2** (企業などが)一流[大手]の.
Bíg Mán on Cámpus [名] [C] 《米略式》キャンパスの花形[人気者]《男子学生; 特にスポーツ選手》.
+**bíg móney** [名] [U] 《略式》大金(たいきん)(を得る機会).
bíg mòuth [名] [C] 《略式》(口が軽い)おしゃべり《人》.
+**bíg náme** [名] [C] 《略式》有名人 (*in*); 一流会社.
bíg·ness [名] [U] 大きいこと; 大きさ, 重大さ, 偉さ.

+bíg nóise 名 C《略式》=bigwig.
bíg òne 名 C《略式》大きな[重要な]出来事.
bíg·ot /bígət/ 名 C 頑固な偏見の持ち主;偏屈者.
bíg·ot·ed /bígətəd/ 形 頑固な.
+bíg·ot·ry /bígətri/ 名 U 頑固な偏見, 偏屈.
+bíg pícture 名 C《略式, 主に米》[the ~] 総括的な展望[見通し], 全体像.
bíg ríg 名 C《米略式》大型トレーラー.
bíg science 名 U 巨大科学, ビッグサイエンス.
bíg scréen 名 [the ~] 映画(界) (⇒ small screen).
bíg shòt 名 C《略式》=bigwig.
bíg síster 名 C 姉 (⇒ sister 日英比較).
Bíg Sísters 名 ビッグシスターズ《片親・薬物などの問題を持つ少女を支援する米国のボランティア団体》.
bíg smóke 名 1 [the ~]《略式》大都市. 2 [the B- S-] London のニックネーム.
bíg stíck 名 [the ~]《軍事的·政治的》圧力, 威嚇. úse [cárry, wield] the [a] bíg stíck [動] 自 力で脅す, (強権を振るうと)圧力をかける (over).
Bíg Tén 名 [the ~] ビッグテン《米国中西部の大学競技連盟》.
bíg tént 名 C《米》(多様な考え·背景の人を受け入れる)大テント方式の政党[組織].
bíg-tént 形《米》(政党などが)大テント方式の.
Bíg Thrée 名 [the ~] ビッグスリー《米国の3大自動車メーカー; GM, Ford, (旧) Chrysler》.
bíg-tícket 形《米略式》高価な.
+bíg tíme 名《略式》 1 [the ~] 最高水準, (政党・芸能界における)一流. 2 [副詞的に] Ⓢ 大いに, 完全に. be in the bíg tíme [動]《略式》(芸能・スポーツ界などで)一流である. hít [máke] the bíg tíme [動]《略式》一流[スター]にのしあがる.
bíg-tíme 形 A《略式》一流の; 大物の.
bíg tóe 名 C 足の親指.
bíg tòp 名 C (サーカスの)大テント.
bíg whéel 名 C 1《米略式》大物. 2《英》観覧車 (Ferris wheel).
+bíg·wìg 名 C《略式》大物, お偉方.
bi·jou /bíːʒuː/《フランス語から》形 C《英》[時に皮肉]〈建物などが〉小さくて品のある.
*bike /báɪk/ 名 (~s /~s/) C《略式》 1 自転車 (bicycle): ride (on) a ~ 自転車に乗る (⇒ by bike《成句》) 語法. 日英比較 日本で言う「バイク」はオートバイ (motorcycle, 《略式》motorbike)を指すが, 英語では自転車は普通自転車をいう. 2 オートバイ, 単車 (motorbike). by bíke [副] 自転車で: Do you go to school on foot or by ~? 君は歩いて通学するのか, それとも自転車で通学するの. 語法 by bike は on foot や by car などに対して用いる言い方で, 普通は ride (on) my [his, her] ~ to school という. On your bíke! Ⓢ《英俗》失せろ. — 動 [副詞句]を伴って]《略式》 1 自転車に乗る, 自転車で行く: We ~d to the village. 我々は自転車で村まで行った. 2 オートバイに乗る, オートバイで行く (to). — 他〈物〉をオートバイで届ける (over, round; to).
+bik·er /báɪkər | -kə/ 名 C 1 ライダー; 暴走族のメンバー. 2 自転車[マウンテンバイク]乗り.
bíke ràck 名 C (駐輪場などの)自転車をとめる台.
bíke·shèd 名 C《英》(学校などの)駐輪小屋: behind the ~s 駐輪小屋の陰で, 隠れて.
bi·ki·ni /bɪkíːni/ 名 C ビキニ(の水着).
Bi·ki·ni /bɪkíːni/ 名 ビキニ(環礁)《西太平洋マーシャル諸島中の環礁 (atoll); 米国の原水爆実験場 (1946-58)》.
bikíni cùt 名 C ビキニ切開《帝王切開などで横にメスを入れること; ビキニを着ても目立たないことから》.

bikíni lìne 名 C ビキニライン《ビキニを着用する際のむだ毛の生えぎわの線》.
bi·la·bi·al /baɪléɪbiəl/ 形 C《音声》両唇音の《/p, b, m/ など》.
bi·lat·er·al /baɪlǽtərəl, -trəl/ 13 形 1 2面の; 2国[者]間の, 双方の;《法》双務的な: a ~ agreement [treaty] 双務協定[条約] / (a) ~ reduction of nuclear weapons 双方で均衡のとれた核兵器の削減. 関連 unilateral 1面の / multilateral 多面的な. 2《解》両側(性)の. ~·al·ly /-rəli/ 副 双務的に; 双方で.
bil·ber·ry /bílbèri | -b(ə)ri/ 名 C (-ber·ries) こけももの実《英国など北半球に分布する》; こけももの実.
+bile /báɪl/ 名 U 1 胆汁. 2《文》かんしゃく, 不機嫌.
bi-level /báɪlèv(ə)l/ 形 C《米》一階が半地下になった(二階建の家屋).
bilge /bɪldʒ/ 名 C 1 [普通は複数形で] 船底; U 船底の汚水. 2 U《略式》たわごと.
+bi·lin·gual /baɪlíŋɡwəl/ 形 2言語を話す (in), (文書・掲示などが)2言語併用の / a ~ person 2言語を話す人 / a ~ dictionary 2言語辞書《英和辞書・和英辞書など》. 関連 monolingual 1言語を話す / trilingual 3言語を話す / multilingual 数種の言語を話す, マルチリンガル. — 名 C 2言語を話す人, バイリンガル.
bi·lin·gual·is·m /baɪlíŋɡwəlìzm/ 名 U 2言語を話すこと, 2言語常用.
bil·ious /bíljəs/ 形 1 吐き気がする, 気持ちの悪い. 2 Ⓦ《文》気難しい, 怒りっぽい. 3 Ⓦ(色が)不快な. ~·ness 名 U 不快さ; 気難しさ.
bilk /bɪlk/ 動《略式, 主に米》(貸し主)をだまして(勘定・借金を)ごまかす (out of); 〈勘定・借金〉を踏み倒す.

*bill¹ /bɪl/ (題音 bell, build, built) 11 名 (~s /-z/) C

元ami は「公式文書」の意から「書きつけ」
→(経費を書きつけたもの)→「勘定書」1
→(銀行発行の書きつけ)→「紙幣」2
→(議会に出す文書)→「議案」3
→(広く知らせるための書きつけ)→「ビラ」5

1 勘定書, 請求書, つけ; 《英》(レストランなどでの)勘定書, 伝票;《米》check): a ~ for「ten dollars [the meal] 10ドル[食事代]の請求書 / pay [settle, 《略式》pick up] the ~ 勘定を払う / split the ~ 割り勘にする / the telephone [electricity] ~ 電話[電気]代 / Can I have the ~, please? お勘定をお願いします.
2《米》紙幣, 札(ざっ)《《英》note》: a ten-dollar ~ 10ドル紙幣.
3 議案, 法案. 参考 bill が国会で可決されると act (法令)となる: propose [amend] a ~ 法案を提出[修正]する / The ~ has been passed [rejected, thrown out]. その議案は可決[否決]された. 関連 law 法律.
4 (映画館, 劇場などの)プログラム (program); 一覧表 (list), 目録. 5 ビラ, ちらし (handbill); はり紙, 広告: POST《英》STICK] NO BILLS はり紙お断わり《掲示》. 6《商》為替手形, 手形 (bill of exchange): draw a ~ (on a person) (人)に手形を振り出す / back [endorse] a ~ 手形に裏書きする. a bill of exchánge [名]《商》為替手形 (⇒ 6). a bíll of góods [名]《米》委託販売品(リスト). a bíll of ríghts [名] (人民の)基本的権利の宣言《the ~ で the Bill of Rights》. a bíll of sále [名] 売渡証. a cléan bíll of héalth [名] 健康保証書《伝染病の疑いのないことの証明書》; 満足すべき状態であるとの保証(書), 太鼓判. fíll [fít] the bíll [動] 自 必要な条件[基準]を満たす, 期待にそう. fóot the bíll [動] 自《略式》(...)の勘定を持つ; (...)の全責任をとる (for). héad the bíll [動] 自 =top the bill. séll ... a bíll of góods 《米略式》〈人〉をだます. the Bíll of Ríghts

[名]《米》権利の宣言[章典]《合衆国憲法に付加された修正10か条; 1791年発効》. **tóp the bíll** [動] ⓐ 表の筆頭に名を出す; 主演[主役]をする.

— [動] (bills /-z/; billed /-d/; bill·ing) ⓣ **1** 〈…〉に勘定書[請求書]を送る: *B~* me *for* it later. <V+O+*for*+名・代> 後でその支払いの請求書を送ってください. **2** [普通は受身で] 〈…〉をビラ[はり紙]で公示する; 番組に組む; 〈…〉(…であると)発表する (*as, to do*): He was ~ed to appear *as* Romeo. 彼はロミオを演ずるというプログラムになっていた.

bill² /bíl/ [名] ⓒ **1** くちばし《特に, 細長く平たい弱いくちばし; ☞ beak¹ [語法]》. **2** 《米》《帽子の》ひさし.

| bill (はと・すずめなどの細長く偏平な) | くちばし |
| beak (わし・たかなどの猛禽(ʎ)類の鋭いかぎ形の) | |

— [動] [次の成句で] **bíll and cóo** [動] ⓐ 《古風, 略式》《恋人同士が》キスしたり愛をささやく, いちゃつく.

bill³, **Bill**¹ /bíl/ [名] [the (old) ~] ⓢ 《英俗》警察.

Bill² /bíl/ [名] ⓐ ビル《男性の名; William の愛称》.

⁺**bíll·bòard** [名] ⓒ 《主に米》《大きな》広告板, 掲示板 《《英》hoarding》.

bil·let /bílət/ [名] ⓒ 《兵士の一時的な》宿舎《特に民家を借りたもの》. — [動] ⓣ 《主に受身で》《兵士》に宿舎を割り当てる, 宿泊させる (*on, with*).

bil·let-doux /bìletdúː, -lí-/《フランス語から》[名] 《複 **bil·lets-doux** /-dúːz/》ⓒ 《文》または《滑稽》恋文.

bíll·fòld [名] ⓒ 《米》札入れ (wallet).

bíll·hòok [名] ⓒ 《木の剪定(ᵴᵢ)などに用いる》なた鎌.

bil·liard /bíljəd | -liəd/ [形] ⓐ ビリヤード[玉突き]の: a ~ table ビリヤード[玉突き]台.

bil·liards /bíljədz | -liədz/ [名] ⓤ ビリヤード, 玉突き: play ~ 玉突きをする.

Bil·lie /bíli/ [名] ⓐ ビリー《男性の名; William の愛称》.

bill·ing /bílɪŋ/ [名] **1** ⓤ 《ビラ・プログラムでの俳優などの》番付け(の位置), 順位. **2** ⓤ 宣伝. **3** 請求書の作成[送付]; (一定期間の)請求額. **4** (一定期間の)取扱高. **gíve ... tóp [stár] bílling** [動] ⓣ 《人》にトップスターの扱いを与える.

⁺**bil·lion** /bíljən/ [名] **1** ⓒ 10億《~(s)/-(z)/》《英古語》兆 (trillion): three ~ 30億. 関連 million 100万. [~s] 何十億と; 《略式》多くの数, 無数 (*of*); 《英古語》何兆: ~s of dollars 何十億ドル. 語源 'bi-(2つ)+million' '百万の2乗'の意.

— ⓣ **1** 《英古語》1兆の: two ~ people 20億の人たち. **2** ⓐ [A ~] 《略式》非常に多数の.

⁺**bil·lion·aire** /bìljənéə | -néə/ [名] ⓒ 億万長者. 関連 millionaire 百万長者.

bil·lionth /bíljənθ/ [名] [普通は the ~; ☞ the¹ 1 (4)] 第10億の, 10億番目の (☞ number 表, ordinal number [文法]). **2** 10億分の1の. — [名] **1** [単数形で普通は the ~] 《略式》第10億番目の人[物]. **2** ⓒ 10億分の1 (☞ cardinal number [文法] (6)).

⁺**bil·low** /bílou/ [動] ⓐ **1** 《風などで》ふくらむ (*out*). **2** 《煙などが》流れ出る, 広がる (*out*). — [名] ⓒ [普通は複数形で] 大波のようにうねるもの《煙・炎など》. **2** ⓒ 《詩》大波.

bill·post·er /bílpòustə | -tə/ [名] ⓒ ビラを貼る人.

bil·ly /bíli/ [名] (**bil·lies**) ⓒ **1** =billy club. **2** 《英・豪》《キャンプなど野外炊事用の》ブリキの容器.

Bil·ly /bíli/ [名] ⓐ ビリー《男性の名; William の愛称》.

bílly·càn [名] ⓒ =billy 2.

bílly clùb [名] ⓒ 《米》《警官の》警棒.

billy gòat [名] ⓒ 《略式》雄やぎ. 関連 nanny goat 雌やぎ.

Bílly the Kíd [名] ⓐ ビリー・ザ・キッド (1859–81) 《米国西部の無法者でピストルの名手》.

bil·tong /bíltɔːŋ | -tɔŋ/ [名] ⓤ 《南ア・豪》切干し肉.

---

binder 165

bim·bo /bímbou/ [名] 《~(e)s》ⓒ 《略式》《性的魅力はあるが》頭の空っぽな女.

bìmetàllic stríp /bàɪmətælɪk-/ [名] ⓒ 《サーモスタットなどの》バイメタル板.

bi·mod·al /bàɪmóʊdl⁻/ [形] 《統》最頻値を2つ持つ.

bi·month·ly /bàɪmʌ́nθli/ [形] [副] **1** ひと月おきに[の], 2か月に1回(の), 隔月に[の]. **2** 1か月に2回(の). 語源 semimonthly 半月ごとに[の].

⁺**bin** /bín/ [同意] #been) [名] 《~s /-z/》ⓒ **1** 《英》ごみ箱: She threw the paper in the ~. 彼女はごみ箱にその紙を投げ込んだ. 語法 《英》では can を使う人が増えている. 関連 dustbin 《英》ごみ入れ缶 / litterbin 《英》くず入れ. **2** ふた付きの大箱; 貯蔵庫[容器]. — [動] (**bins; binned; bin·ning**) ⓣ 《英略式》〈…〉を捨てる.

⁺**bi·na·ry** /báɪnəri/ [形] **1** 《数》二進法の. **2** 2つの部分から成る. — [名] ⓤ 《数》二進法.

bínary códe [名] ⓒ 《電算》《0と1のみを用いた》二進数コード.

bínary dígit [名] ⓒ 《数》二進数(字) 《0または1》.

bínary stár [名] ⓒ 《天》連星.

bínary sỳstem [名] [the ~] 《数》二進法《0と1や, yes と no など2つの要素から成る体系》.

bínary wéapon [名] ⓒ 《軍》バイナリー兵器《2種の無害化学薬品から, 発射後に有毒ガスを発生させる》.

bin·au·ral /bɪnɔ́ːrəl⁻/ [形] 両耳(用)の.

⁺**bind** /báɪnd/ [動] (**binds** /báɪndz/; 過去・過分 **bound** /báʊnd/; **bind·ing**) 反意 unbind) ⓣ **1** 《普通は受身で》〈…〉を縛る[しばる], ゆわえつける, くくる, 結びつける (☞ tie 類語語, bond [語源]): They *bound* her legs (*together*). 彼らは彼女の両足を縛りつけた / They *bound* the boy *to* a tree. <V+O+前+名・代> 彼らはその少年を木に縛りつけた / She *bound* the package *with* a bright ribbon. 彼女はその包みを鮮やかな色のリボンで結んだ.

2 〈包帯など〉を巻きつける; 〈傷など〉を包帯で巻く: Nelly *bound* a cloth *around* Tom's head. ネリーはトムの頭に布を巻いた / The nurse *bound* my wound *with* clean gauze. 看護師が私の傷口をきれいなガーゼで包帯してくれた.

3 〈…〉を(精神的に)結びつける, 団結させる (*together*): We *are bound to* each other *by* (a) close friendship. <V+O+*to*+名・代の受身> 私たちは互いに堅い友情のきずなで結ばれている.

4 [しばしば受身] 《格式》〈人〉を束縛する, 〈人〉に義務を負わせる; 強制する: We *are bound by* the agreement. <V+O の受身> 我々はその協定に束縛されている / He *was bound to* secrecy. <V+O+*to*+名・代の受身> 彼は秘密を守る義務を負わされた / This contract ~*s* me *to* pay them 10 thousand dollars. <V+O+O (*to* 不定詞)> この契約によって私は彼らに1万ドル払うことになっている. **5** 〈氷・雪など〉が〈…〉を固める, 閉ざす; 〈セメントなど〉で固める; 《料理で》〈材料〉をつなぐ. 関連 icebound 氷に閉ざされた. **6** 〈原稿など〉を製本する, 〈本〉を装丁する. **7** 〈傷がつかないように〉〈…〉に縁をつける (*with*). — ⓐ 固まる; 結合する.

be bóund to dó [動] 〖bound〗成句.

bínd onesélf to dó [動] 《格式》…することを誓う.

bínd ... óver [動] ⓣ 《法》〈人〉に法的義務を負わせる, 〈人〉に(…すると)警告する; 〈人〉を拘留する: be *bound over for* trial 《裁判のため》出廷を命じられる.

bínd úp [動] ⓣ 〈…〉を包帯する; くくる <V+名・代+*up* / V+*up*+名・代>: The nurse *bound up* his wound. 看護師は彼の傷に包帯をした.

— [名] [a ~] 《英略式》いやなこと, 退屈なもの. **in a bínd** [形] 《略式》困って, 面倒な立場になって.

⁺**bind·er** /báɪndə | -də/ [名] **1** ⓒ とじ込み用表紙, バインダー. **2** 《農》刈り取り結束機. **2** ⓒ 製本屋 (bookbinder); 製本機械. **3** [C|U] 固める物《セメントなど》. **4** [C]《米》《法》仮契約(書).

bind·er·y /báɪndəri, -dri/ 名 (**-er·ies**) [C] 製本所.

*bind·ing /báɪndɪŋ/ 形 (...に対して)拘束力がある, 義務となる: The rule is ~ *on* all the members. <A+*on*+名・代> その規則は全会員を拘束している. — 名 **1** [C] (本の)表紙. **2** [U|C] (衣類などの)縁切り材料. **3** [C] バインディング《スキー靴を固定する締め金具》.

bínd·weèd 名 [U] ひるがお《つる植物》.

Bi·nét(-Si·món) tèst /bɪnéɪ(sɪmóʊn)- | bíːneɪ(síːmən)-/ 名 [C] [心] ビネーシモン式《児童知能検査》.

+**binge** /bɪndʒ/ 名《略式》(酒の入った)大騒ぎ; したい放題の振舞い): go on a ~ 浮かれ騒ぐ. — 動 (**bing·es**; **binged**; **binge·ing**, **bing·ing**) 自 ばか食いする (*on*); ~ and purge (過食症で)大食して吐く.

+**bin·go** /bíŋgoʊ/ 名 **1** [U] ビンゴ《数を記入したカードが配られ, 読み上げられた数字が合致すると当りで, Bingo! と叫ぶゲーム》; 大当り! — 感 やった!《特にうまくいったときの驚きの表現》; 大当り!

bín·liner 名 [C]《英》ごみ袋《ごみ箱の内側に用いる》.

bín·màn /-mæn/ 名 (**-men** /-mèn/) [C] =dustman.

bin·na·cle /bínəkl/ 名 [C]《海》羅針儀箱.

+**bi·noc·u·lar**[1] /bənəkjulə | -nókjulə/ 名 [複数形で] 双眼鏡: a pair of ~s 双眼鏡[オペラグラス] 1個. 関連 telescope 望遠鏡.

bi·noc·u·lar[2] /bàinɑkjulə | -nɔkjulə/ 形 両眼の; 両眼用の: ~ vision 動 両眼視.

bi·no·mi·al /bàɪnóʊmiəl/ 名 [C] 《数》二項式. — 形 二項式の.

binómial coefficient 名 [C]《数》二項係数.

binómial distribútion 名 [C]《統》二項分布.

binómial théorem 名 [the ~]《数》二項定理.

bi·o /báɪoʊ/ 名 **1** [C]《米略式》伝記. **2** [U] 生物学.

bi·o- /báɪoʊ-/ 接頭「生命」の意: *bio*chemical 生化学の / *bio*graphy 伝記.

bio·ac·cu·mu·lá·tion 名 [U] 生物蓄積《生物組織内に農薬などの物質が蓄積される現象》.

bio·a·cóus·tics 名 [U] 生物音響学《生物の発する音響と生物との関係を扱う》.

bío·ás·say 名 [C]《生》生物検定(法), バイオアッセイ.

+**bio·chém·i·cal** 形 生化学の. **~·ly** 副 生化学的に.

bio·chém·ist 名 [C] 生化学者.

+**bio·chém·is·try** 名 [U] 生化学.

bio·de·grád·a·ble 形 微生物によって分解できる, 生物分解性の.

bio·de·gráde 動 自 (微生物で)生物分解される.

bio·di·vér·si·ty 名 [U]《生》生物(学的)多様性《様々な生物種の共存状態》.

bio·en·gi·neér·ing 名 [U] 生体[生物]工学.

bio·éth·ics /bàɪoʊéθɪks/ 名 [U] 生命倫理(学), バイオエシックス《生物学・医学の倫理的側面の研究》.

bio·féed·bàck 名 [U]《生》生体自己制御《脳波・血圧などを計測装置で知ることによって自己制御すること》.

biog. =biographical, biography.

+**bi·óg·ra·pher** /baɪɑ́grəfə | -ɔ́grəfə/ 名 [C] 伝記作者.

+**bi·o·graph·i·cal** /bàɪəɡræfɪk(ə)l/, -ic /bàɪəgræfɪk/ 形 (名 bióg·raphy) 伝記の, 伝記体の (略 biog.): a ~ dictionary 人名辞典. **bi·o·gráph·i·cal·ly** /-kəli/ 副 伝記的に.

*bi·og·ra·phy /baɪɑ́grəfi/ 名 [U] [12] 名 (**-ra·phies** /-z/; 形 bio·gráph·i·cal) **1** [C|U] 伝記 (略 biog.). **2** [U] 伝記文学. 語源 ギリシャ語で「生涯の記録」の意; ▷ -graphy.

bío·hàz·ard 名 [U] バイオハザード《病原微生物・院内感染などと人と環境に危害を及ぼすもの[状況]》.

biol. =biological, biology.

*bi·o·log·i·cal /bàɪəlɑ́dʒɪk(ə)l|, -lɔ́dʒ-/ [13] 形 (名 biólogy) **1** 生物学(上)の (略 biol.); 生体(内)の. **2** [A] 血のつながった: ~ parents 生みの[実の]親.

biológical clóck 名 [C] **1** 生物時計, (動物の)体内時計 (body clock). **2**《略式》(女性の)子供を産める期間): Her ~ is ticking (away). 彼女はそろそろ子供がつくれない年齢に近づいている.

biológical contról 名 [U] 生物的防除《有害生物の数を天敵の導入により抑制すること》.

bi·o·log·i·cal·ly /bàɪəlɑ́dʒɪkəli|, -lɔ́dʒ-/ 副 生物学上(は), 生物学的に.

biológical wárfare 名 [U] 生物戦, 細菌戦 (germ warfare) (▷ chemical warfare).

biológical wéapon 名 [C] 生物兵器.

bi·ol·o·gist /baɪɑ́lədʒɪst | -ɔ́l-/ 名 [C] 生物学者.

*bi·ol·o·gy /baɪɑ́lədʒi | -ɔ́l-/ 名 [U] (形 biological) **1** 生物学 (略 biol.). **2** (ある生物の)生活現象, 生態; (ある地域の)生物相. 語源 ギリシャ語で「命の学問」の意; ▷ bio-, -logy.

bio·lu·mi·nés·cence 名 [U]《生》生物発光.

bío·màss 名 [U]《生》生物量《ある地域内の生物の総量》, バイオマス《熱資源として利用される生物体》.

bio·méd·i·cal 形 生物医学的な.

bio·méd·i·cine 名 [U] **1** 生物医学《生物学・生化学の原理を適用した医学》. **2** 生体医学《宇宙旅行などの極限状況で環境が体に与える影響を扱う医学》.

bi·on·ic /baɪɑ́nɪk | -ɔ́n-/ 形 〈手足などが〉人工の;《略式》(人が)サイボーグとなった《SFなどで》;《滑稽》超人的な.

bi·o·phys·ics 名 [U] 生物物理学.

bi·o·pic /báɪoʊpìk/ 名 [C]《略式》伝記映画.

bío·pi·ra·cy 名 [U] 海賊的生物検査《動植物の遺伝子を権限なしに研究に使うこと》.

bi·op·sy /báɪɑpsi | -ɔp-/ 名 (**-op·sies**) [C]《医》生体組織検査, 生検.

bío·rhỳthm 名 [C] [普通は複数形で] 生物学的リズム, バイオリズム (生体内の周期的現象).

BIOS /báɪɑs | -ɔs/ 名 [C] [普通は単数形で]《電算》バイオス《コンピューターの基本的入出力(キーボードやメモリーなど)のシステム; Basic Input Output System の略》.

+**bio·sphère** 名 [the ~] 生物圏.

bío·sta·tìs·tics 名 [U] 生物統計学.

bío·sýn·the·sis 名 [U]《生化》生合成.

+**bio·tech·nól·o·gy** 名 [U] バイオテクノロジー, 生物工学.

bío·tér·ror·ism 名 [U] バイオテロ, 生物テロ《生物化学兵器を使う》.

bi·o·tin /báɪətɪn/ 名 [U]《生化》ビオチン, ビタミンH《肝臓・卵黄に含まれる》.

bi·o·tope /báɪətòʊp/ 名 [C] 生態環境, ビオトープ《動植物の生育環境の地理的な最小単位》.

+**bi·par·ti·san** /bàɪpɑ́ɚtəz(ə)n | baɪpɑ́ːtɪzæn/ 形 2党[2派]の; 二大政党提携の.

bi·par·tite /bàɪpɑ́ɚtaɪt | -pɑ́ː-/ 形 [A]《格式》〈協定などが〉二者間の; 2部(分)から成る.

bi·ped /báɪpèd/ 名 [C]《動》二足動物《人・鳥など》.

bi·ped·al /báɪpédl | -/ 形 二足動物の.

bi·plane /báɪplèɪn/ 名 [C] 複葉(飛行)機. 関連 monoplane 単葉機.

bi·po·lar /bàɪpóʊlə- | -lə-/ 形 **1** [普通は [A]]《格式》二極の; 両極端をもった. **2**《医》躁鬱(そう)病の.

bipólar disórder 名 [U]《医》躁鬱(そう)病.

bi·ra·cial /bàɪréɪʃəl|-/ 形 二人種間の[から成る].

+**birch** /bɚːtʃ | bɜːtʃ/ 名 **1** [C|U] かばの木, [U] かば材 (~ silver birch). **2** [the ~]《英》(かばの小枝での)むち打ち(体罰). — 動 他 〈...〉を枝むちで打つ.

*bird /bɚːd | bɜːd/ (同音 Byrd) 名 (birds /bɚːdz | bɜːdz/) [C] **1** 鳥 (▷ animal 表): water ~s

水鳥 / The early ~ catches [gets] the worm. 《ことわざ》早起きの鳥は虫を捕らえる(早起きは三文の得)《☞ early bird》/ A ~ in the hand is worth two in the bush. 《ことわざ》手の中の 1 羽の鳥はやぶの中の 2 羽の値打ちがある(現実のわずかな利益のほうが不確実な大きな利益より価値がある). [関連] seabird 海鳥. ★ 鳴き声については ☞ cry 表. **2** 《古風, 略式》人, やつ; 《英俗》若い女《恋人》, ねえちゃん: a strange ~. 変わったやつ. **a bírd of páradise** [名] 極楽鳥, 風鳥(ふうちょう). **a bírd of pássage** [名] (1) 《古風》渡り鳥. (2) 《文》渡り者, 旅がらす. **a bírd of préy** [名] 猛禽(もうきん)《たか・わしなど》. **A lìttle bírd tóld me (that ...).** Ⓢ 《略式》[滑稽] (...だ)そうですね, 風の便りに聞いた 《話の出所をぼかす言いかた》. [由来] 旧約聖書「伝道の書」の「鳥がうわさを広めるから悪口を言ってはならない」ということばから. **(as) frée as a bírd** [形] (鳥のように)非常に自由で. **bírds of a féather** [名] 《略式》羽の色の同じ鳥; 同類; 同じ穴のむじな: *B~ of a feather* flock together. 《ことわざ》羽の色の同じ鳥は集まる(類は友を呼ぶ). **dò bírd** [動] [自] 《古風, 英俗》刑期を務める. **éat lìke a bírd** [動] [自] Ⓢ 少食である. **gét the bírd** [動] [自] 《略式》(1) 《米》中指を突き立てる卑猥なしぐさをされる. (2) 《英》やじられる. **gíve [flíp] ... the bírd** [動] [他] 《略式》(1) 《米》= give ... the finger 《☞ finger 成句》. (2) 《英》〈...に〉やじを浴びせる. **(stríctly) for the bírds** [形] Ⓢ 《略式》くだらない, 役に立たない. [由来] 鳥のえさ程度にしかならない, の意. **the bírds and the bées** [名] [婉曲, 滑稽] 性についての初歩的な知識. [由来] 子供に性について説明する際, 鳥やはちの交尾などを例に出すことが多いことから. **The bírd has flówn.** Ⓢ 《略式》(つかまえようとしていた人が)逃げた.

bírd·bàth [名] (-baths /-bæ̀ðz | -bɑ̀:ðz/) [C] (庭などに置く)小鳥用の水盤.

bírd·bràin [名] [C] 《略式》ばかな人, まぬけ.

bírd·bràined [形] 《略式》軽率な, おろかな.

bírd·càge [名] [C] 鳥かご.

bírd·càll [名] [C] 鳥の鳴き声; (鳥寄せの)鳥笛.

bírd dòg [名] [C] 《米》鳥猟用猟犬 (《英》gundog).

bírd·er /bə́:ḍɚ | -də/ [名] [C] 《略式》野鳥観察者.

bírd fèeder [名] [C] (野鳥を寄せるための)給餌装置.

bírd flù [名] [U] 鳥インフルエンザ.

bírd hòuse [名] [C] (人が木などにかける)巣箱.

***bird·ie** /bə́:ḍi | bə́:-/ [名] (~s /~z/) [C] **1** 〖ゴルフ〗バーディー《ホールの基準打数 (par) より 1 つ少ない打数》: get a ~ バーディーをとる. **2** Ⓢ 《小児》小鳥: Watch the ~. 小鳥さんを見て(はい, こちらを見て)《写真をとるときのことば》. **3** 《米》 (バドミントンの)羽根 (shuttlecock). — [動] [他] 〖ゴルフ〗〈ホール〉をバーディーであがる.

bírd·lìke [形] 鳥のような, 鳥に似た.

bírd·lìme [名] [U] 鳥もち.

bírd-of-páradise [名] [C] 極楽鳥花, ストレチア《熱帯アフリカ原産》.

bírd sánctuary [名] [C] 鳥類保護区.

bírd·sèed [名] [U] (飼い鳥に与える) 粒餌(つぶえ).

bírd's-èye víew [名] [C] [普通は単数形で] **1** 鳥瞰(ちょうかん)図《鳥の目で上から見下ろしたときのような全体の概観図》(*of*). **2** 概観, 大要 (*of*).

bírd's nèst sóup [名] [U] (中華料理の)燕巣スープ.

bírd·sòng [名] [U] 鳥の鳴き声, 鳥のさえずり.

Bírds·ville Tràck /bə́:dzvɪl- | bə́:dz-/ [名] [固] [the ~] バーズビル道《オーストラリア内陸部の砂漠を通る道; しばしば奥地の旅の危険を象徴する》.

bírd tàble [名] [C] 《英》(庭などに置く)野鳥の餌台.

bírd-wàtcher [名] [C] 野鳥観察者.

bírd-wàtching [名] [U] バードウォッチング.

bi·ret·ta /bəréṭə/ [名] [C] ビレッタ(帽)《特にカトリックの司祭がかぶる四角形の帽子》.

bir·i·a·ni /bìriá:ni/ [名] [C,U] ビリヤーニ《香辛料をきかせたライスと肉[魚, 野菜]のインド料理》.

Bir·ken·stock /bə́:k(ə)nstɑ̀k | bə́:k(ə)nstɔ̀k/ [名] [C] バーケンストックス《環境保護論者などが愛用するサンダル; 商標》.

birl·ing /bə́:lɪŋ | bə́:-/ [名] [U] 《米》丸太乗り.

Bir·ming·ham[1] /bə́:mɪŋəm | bə́:-/ [名] [固] バーミンガム《英国 England 中西部の都市; ☞ city 表, 裏地図 F 5》.

Bir·ming·ham[2] /bə́:mɪŋhæ̀m | bə́:-/ [名] [固] バーミングハム《米国 Alabama 州中北部の都市; ☞ 表地図 H 4》.

bi·ro /báɪ(ə)roʊ/ [名] (~s) [C] 《英》ボールペン《商標》(ballpoint (pen)).

***birth** /bə́:θ | bə́:θ/ ([同音] berth; [類音] verse) [名] (~s /~s/) **1** [U,C] **誕生**, 出生(時); **出産**: my date of ~ 私の生年月日 《☞ birthdate》/ the place of my ~ 私の生まれた所 / The baby weighed about 3 kilograms *at* ~. その赤ん坊は生まれたとき約 3 kg あった / There were 20 more ~*s* than deaths in the town last month. 先月その町では生まれた者が死んだ者より 20 人多かった. [関連] stillbirth 死産.
2 [U] 生まれ, 血統, 家柄: She is *of* good ~. 彼女は名門の出だ / Breeding is more important than ~. 生まれよりも育ち方のほうが大切である. **3** [U] (事物の)出現, 起源: the ~ of a new republic 新しい共和国の誕生 / European civilization had its ~ in these lands. これらの国々はヨーロッパ文明発祥の地である.
[語源] 古(期)英語では bear (産む)に対する名詞であった.
by birth [副] (1) 生まれは: She's French *by* ~. 彼女は生まれはフランス人だ. (2) 生まれながらの.
from [since] birth [副] 生まれたときから.
give birth to ... [動] [他] (1) ...を産む: Patty *gave* ~ *to* a cute little baby. パティーはかわいい赤ん坊を産んだ. (2) ...を生ずる: Kindness *gives* ~ *to* kindness. 《ことわざ》親切が親切を生む.

bírth canàl [名] [C] 産道.

bírth certìficate [名] [C] 出生証明書. [日英比較] 欧米には日本のような戸籍制度はないので, これがわが国の戸籍抄本に相当する.

+**bírth contròl** [名] [U] 産児制限; 避妊.

bírth-contròl pìll [名] [C] 経口避妊薬, ピル.

bírth·dàte [名] [C] 生年月日.

***birth·day** /bə́:θdèɪ | bə́:θ-/ [名] (~s /~z/) [C] **誕生日**: Happy ~! 誕生日おめでとう《☞ return [名] 3》/ Today is my sixteenth ~. きょうは私の 16 歳の誕生日です // ☞ Washington's Birthday.

> [会話] "When is your ~?" "It's (*on*) September 4." 「あなたの誕生日はいつですか」「9月 4 日です」《September 4 は September (the) fourth と読む; ☞ ordinal number [文法] (2)》

bírthday bòy [名] [C] その日が誕生日の男の子.

bírthday càke [名] [C,U] 誕生日祝いの(デコレーション)ケーキ, バースデーケーキ.

> [参考] 子供や若い人たちの誕生日には本人の年の数だけのろうそくを birthday cake に立てて, それを本人がひと息で消す行事を行なう家庭が多い. 誕生日に 10 歳になることを He [She] has ten candles on his [her] ~. (彼[彼女]は誕生日祝いのケーキにろうそくを 10 本立てる)のように言ったりする《☞ fancy [形] [日英比較]》.

bírthday càrd [名] [C] 誕生日祝いのカード.

bírthday gìrl [名] [C] その日が誕生日の女の子.

Bírthday Hónours [名] [複] [the ~] 英国国王[女王]誕生日に与えられる爵位[勲位].

birthday party 名C 誕生日祝いの会.
birthday present 名C 誕生日の贈り物.
birthday suit 名 [次の成句で] **in one's birthday suit** [形・副] 《滑稽》裸で, 生まれたままの姿で.
birth defect 名C 《医》先天的欠損症.
birth father 名C 実父.
birth·ing /bə́ːθɪŋ/ 形 A 分娩のための.
birth·mark 名C 《生まれつきの》あざ, ほくろ.
birth mother 名C 生みの母親, 実母.
birth parent 名C 生みの親.
†**birth·place** 名C [普通は単数形で] 出生地, 生まれ故郷;《物事の》発祥の地 (*of*).
†**birth·rate** 名C 出生率.
birth·right 名C [普通は単数形で] 生得権 《基本的人権・世襲財産など》.
birth·stone 名C 誕生石.
bir·ya·ni /bìriáːni/ 名C,U =biriani.
Bis·cay /bískeɪ/ 名 **the Bay of ~** ビスケー湾, ビスカヤ湾 《フランス西部からスペイン北部にかけての湾》.
bis·cot·ti /bɪskáːti | -kɔ́ti/ 名複 《米》《イタリアタイプの》クッキー.
*__bis·cuit__ /bískɪt/ 名 (複 **bis·cuits** /-kɪts/, ~) **1** C 《米》《食事のとき食べる小型の軟らかな菓子パン》(scone). **2** C 《英》ビスケット, クラッカー (cracker, cookie)《ロ゚ cake 表》: a packet of ~s ビスケット1箱 / ロ゚ dog biscuit. **3** U 薄茶色. **4** U =bisque².

biscuit 1   biscuits 2

語源 ラテン語で「《両面を》2度焼いたもの」の意; ロ゚ bi-. **take the biscuit** 動 自 《英式》=take the cake 《ロ゚ cake 成句》.
bi·sect /báɪsekt | baɪsékt/ 動 他 《…》を2分する;《数》2等分する.
bi·sec·tion /baɪsékʃən, báɪsèk-/ 名 U 2(等)分; C 2(等)分された部分.
†**bi·sex·u·al** /bàɪsékʃuəl, -ʃəl⁻/ 形 **1** 《男女》両性愛の. ━ 名C 両性をそなえた. ー 両性愛者. **関連** heterosexual 異性愛の / homosexual 同性愛の. **~·ly** /-ʃuəli, -ʃəli/ 副 両性愛的に.
bi·sex·u·al·i·ty /bàɪsékʃuǽlət̬i/ 名U 両性愛.
Bish·kek /bɪʃkék/ 名 ビシケク《キルギスタン (Kyrgyzstan) の首都》.
†**bish·op** /bíʃəp/ 名C **1** [しばしば B-] 《英国国教会などの》主教 (ロ゚ cathedral); 《カトリック》司教.

	英国国教会	カトリック
archbishop	大主教	大司教
bishop	主教	司教
priest	司祭	司祭
deacon	執事	助祭

2 《チェスの》ビショップ.
bish·op·ric /bíʃəprɪk/ 名 C 主教[司教]の管区[職].
Bis·marck¹ /bízmɑːk | -mɑːk/ 名 ビズマーク《米国 North Dakota 州の州都》.
Bis·marck² /bízmɑːk | -mɑːk/ 名 **Otto von ~** ビスマルク (1815-98)《ドイツの政治家; ドイツを統一して鉄血宰相と呼ばれた》.
bis·muth /bízməθ/ 名U 《化》ビスマス, 蒼鉛(おおえん) 《元素記号 Bi》.
bi·son /báɪs(ə)n/ 名(複 ~(s)) C バイソン《アメリカ野牛またはヨーロッパ野牛》, バッファロー (buffalo).
bisque¹ /bísk/ 名U ビスク《特にえび・かになどを材料とする濃いクリームスープ》.
bisque² /bísk/ 名U 素焼 《の焼物》.
Bis·sau /bɪsáu/ 名 ビサウ 《ギニアビサウ (Guinea-Bissau) の首都》.
bis·tro /bístrou/ 名 (~s) C 《フランス風の》小レストラン[バー], ビストロ.

bison

*__bit__¹ /bít/ (類音 bet) 名 (**bits** /bíts/)

元来は「かみ取ったもの」(ロ゚ bite) の意 → 「《食べ物の》ひと口」**2** → 「小片」**1** → 《副詞的に》「ちょっと」**3** となった.

1 C 小片, かけら, 1個; 《略式, 主に英》(…の)部分, 個所, 《映画などの》ひとこま: a few **~s** *of* wood 木片数個 / That's the **~** *of* the novel I've found interesting. そこが私がその小説でおもしろいと思ったところです.
2 C 《食べ物の》ひと口: We didn't have even a ~ *of* bread. 我々にはひと口のパンもなかった.
3 /bɪt/ [a (little) ~ として] 《略式, 主に英》[しばしば皮肉に] (1) 少し, 少量; かなり(の量)(ロ゚ a bit *of* ... 成句): I only read *a ~ of* the novel. 私はその小説は少ししか読んでいない / 《金言》"Why don't you have some of this cake?" "I've already had *a ~*, thank you." 「このケーキを召し上がれ」「もう[さっき]少しいただきました, どうも」. (2) 少しの時間: for *a ~* ちょっとの間. (3) [副詞的に] ちょっと, 少々; かなり 《距離・程度など》: Wait *a ~*. ちょっと待て / Move over *a ~*. 少し詰めて / You look *a ~* tired. 少し疲れているようですね / 《金言》"How is your arm?" "It still hurts *a (little) ~*." 「腕はどう?」「まだ少し痛みます」/ You're *a ~* late, aren't you? だいぶ遅いんじゃない. **4** [単数形で] 《俗》(…に)お決まりのやり方[文句], 態度; 型にはまったこと: the whole marriage ~ 型どおりの結婚. **5** C 端役 (ロ゚ bit part). **6** [複数形で] 《英》[修飾] 男性の一物. **7** C 《古風》[2の倍数の数詞をともなって] 《米》12セント半; 《英》小銭: four **~s** 50セント.
a bit much [形] 《略式, 主に英》ちょっとひどすぎる, あんまりな: That's *a ~ much*. それはあんまりだ.
a bit of ... =《やや丁寧, 主に英》**a little bit of ...** [形] 《略式》[しばしば皮肉に] (1) [数えられない名詞につけて] 少量の..., ちょっとした...; かなりの..., [抽象名詞につけて] 1つの...: *a ~* of land わずかな土地 / *a little ~* of sugar 少量の砂糖 / *a ~* of advice [news, luck] ちょっとした忠告 [ニュース, 幸運]. **語法** *a little ~* よりは《略式》で「少量」の意が強い. (2) [a+名詞につけて] 《略式, 主に英》少々..., 幾分...: He's *a ~* of a drunkard. 彼は少々のんべえだ / It's *a little ~* of a problem. それは少々問題だ.
a bit of all right [名] 《英俗》いい女[男].
a bit of fluff [stuff, skirt, crumpet] [名] S 《英俗》[軽蔑] 《性的魅力のある》女, 娘.
a bit on the side [名] 《英俗》[しばしば滑稽] 不倫相手, 浮気の相手.
a good [fair] bit [名] [副] 《英略式》=quite a bit.
a little bit [副] 《略式》少し.
bit by bit =**a bit at a time** [副] 《略式, 主に英》少しずつ, 徐々に: He dug the hole ~ by ~. 彼は少しずつ穴を掘った.
bits and pieces [《英》**bobs**] [名] 《略式》こまごましたもの, はんぱもの.
do one's bit [動] 自 《略式》本分を尽くす; できる範囲内での寄付[奉仕]をする (*for*).
every bit as ... as ー [副] 《略式》ーと全く同じく

に…だ.
fáll to bíts [動] [自] ＝fall to pieces (☞ piece [名] 成句).
Just a bít! Ⓢ《主に英》その通り!
(just) thát lìttle bít ... [副] [比較級などに冠して] ほんのわずかだけ… 《わずかでも重要な違いが生じる場合に用いる》: Those students who work (*just*) *that little* ～ extra will succeed. わずかでも余分に勉強する学生が成功するだろう.
nòt a [óne (lìttle)] bít＝nòt the léast bìt [副]《略式, 主に英》少しも…でない: I'm *not a* ～ tired. 私は全然疲れていない / [会話] "Do you mind if I open the window?" "No, *not a* ～."「窓を開けても構いませんか」「ええ, 結構です」
nòt a bít of it Ⓢ《略式, 主に英》(予想に反して)全然そうじゃない[なかった].
quìte a bít [名]《略式》かなりの量: for *quite a* ～ かなりの間 / *quite a* ～ *of* money 相当な金. ― [副]《略式》かなり, 相当: I traveled *quite a* ～ last year. 私は去年かなり旅行した.
tàke ... to bíts [動] [他] 〈…〉をばらばらにする.
tàke a bít of dóing [動]《略式, 主に英》…するのがなかなか難しい (☞ take some doing (take 成句)).
to bíts [副] (1) 粉々に, ばらばらに. (2)《英略式》猛烈に: thrilled *to* ～*s* すごく興奮して[喜んで].
＊**bit**[2] /bít/ ([類音] bet) [動] **bite の過去形および過去分詞.**
bit[3] /bít/ [名] [C] 〔電算〕 ビット《情報量の最小単位(を表わす 2 進数字)》.
bit[4] /bít/ [名] [C] **1** (くつわの)はみ《手綱をつけて馬の動作を制御する》. **2** (かんなの)刃; (きりの)穂先 (☞ brace and bit (brace 挿絵)). **chámp [cháfe] at the bít** [動] [自] [普通は進行形で] いらいらする, もどかしがる. **táke [gét] the bít between one's téeth** [動] [自]《英》(難局に)本気で取り組む.
+**bitch** /bítʃ/ [名] **1** [C]《俗》[軽蔑] あばずれ女, いやな女. **2** [単数形で]《俗》いやな[難しい]もの; 不平, 文句. **3** [C] [所有格の後で]《俗》[軽蔑] (…の)スケ; (…の下で働く)娼婦; 囚人の男色相手. **4** [C] 雌犬. **a són of a bítch** [名] ろくでなし; 難しいこと. **Són of a bítch!** [感]《卑, 主に米》この野郎, ちくしょう! ― [動] [自]《略式》不平[文句]を言う (*at*); 悪口を言う (*about*). **bítch óut** [動] [他]《米略式》〈人〉をどなりつける.
bítch·i·ly /-tʃɪli/ [副] 意地悪に, 怒りっぽく.
bítch·i·ness /-tʃinəs/ [名] [U] 意地の悪さ, 怒りっぽさ.
bitch·ing /bítʃɪŋ/, **bitch·in'** /-tʃɪn/ [形]《米俗》すばらしい, 最高の.
bitch·y /bítʃi/ [形] (**bitch·i·er**; **-i·est**) Ⓢ《略式》意地悪な, 怒りっぽい, 機嫌の悪い.
＊＊**bite** /báɪt/ ([同音] bight, byte) [動] (**bites** /báɪts/; 過去 **bit** /bít/; 過分 **bit·ten** /bítn/, **bit**; **bit·ing** /-tɪŋ/) [他] **1** 〈…〉を**かむ,** かじる, かみつく; かんで〈…〉を作る (☞ bit[1] 囲み, bitter [語源], beetle [語源], chew 表): ～ an apple りんごをかじる / Don't ～ your nails. つめをかんではいけません / [言い換え] The dog ***bit*** him ***on the*** leg. <V+O+*on*+名>＝The dog *bit* his leg. 犬は彼の脚にかみついた (☞ the[1] 2) / Once *bitten*, twice shy.《ことわざ》一度かまれると次は用心する(あつものにこりてなますを吹く).
2 (蚊・のみ・だになどが)〈…〉を**刺す,** (蛇が)かむ, 食う; (かにが)はさむ: The baby has *been* badly ***bitten by*** mosquitoes. <V+Oの受身> 赤ん坊はひどく蚊に食われている. **3** (車輪などが)〈路面など〉をしっかりとらえる.
― [自] **1 かむ,** かみ[食い]つく, (虫が)刺す: Our dog never ～*s*. うちの犬は決してかみつかない / He [She] won't ～. Ⓢ 彼[彼女]はかみつきませんから(恐れる必要はない) / He ***bit into*** an apple. <V+*into*+名・代> 彼はりんごにかじりついた / A dog ***bit at*** me while I was jogging. <V+*at*+名・代> ジョギング中に犬が私にかみつこうとした. **2** (魚が)えさに食いつく; (人が)うまい話に乗ってくる, 商法に乗る: A fish is *biting*. 魚がえさに食いついている. **3** (酸が)腐食する; (厳しい)効果を示す: The tax hike is beginning to ～. 増税がだんだんこたえてきた. **4** (寒さ・風が)身を切る (☞ biting). **5** (ブレーキが)きく, (車輪・ひもなどが)くい込む (*into*); (いかりが海底に)かかる. **be bítten by the ... búg [féver]** [動] [自] …熱に取りつかれる. **bíte báck** [動] [他] 〈言葉など〉をこらえる, 控える. ― [自] (批判などに対して)やり返す. **Bíte me!**《米俗》うるせえ, ひっこんでろ! **bíte óff [awáy]** [動] [他] 〈…〉をかみ切る. **bíte óff móre than one can chéw** [動] [自]《略式》手に余る仕事を引き受ける, 力以上のことを引き受ける (☞ one[2] [代] 3 [語法] (4)). [由来] かめる以上の食物をかじり取ってしまう, の意. **bíte ...'s héad òff** [動]《略式》…にけんか腰で言う[答える]. **bíte the búllet** [動] [自]《略式》歯をくいしばり耐える, 困難に敢然と立ち向かう. **bíte the hánd that féeds one** [動] [自] 恩をあだで返す (☞ one[2] [代] 3 [語法] (4)). [由来] えさをくれる人の手をかむ, の意. **hàve ... to bíte òn** [動] [他] 取り組むべき〈…〉がある. **It [That] bítes (the bíg òne).** Ⓢ《米俗》そいつはひでえ, がっかりだ. **Whát's bíting you?** Ⓢ《略式》何を心配してるの.
― [名] (**bites** /báɪts/) **1** [C] かむこと; [普通は単数形で] 歯のかみ合わせ(具合): The dog gave Meg a playful ～. その犬はメグをふざけてかんだ.
2 [C] (動物・虫などの)かみ傷; 刺傷: an insect ～ 虫刺され(のあと) / He soon recovered from the dog's ～. 彼は犬にかまれたがまもなく回復した. **3** [C] (魚がえさなどに)食いつくこと: I got a ～. 魚が食いついた《釣りで》. **4** [C] ひとかじり, ひと口: a ～ of bread ひと口のパン / He took a big ～ *from* [*out of*] the apple. 彼はそのりんごをがぶりとかじった. **5** [a ～] Ⓢ《略式》軽い食事, (ひと口の)食べ物: I haven't had *a* ～ (*to eat*) all day. 一日中何も食べてない. **6** [[U] または a～] 激しい痛み[寒さ] (*of*); ぴりっとした味; (言動の)効果的な鋭さ, しんらつさ; パンチ, パワー: Her report has no ～. 彼女の報告には鋭さがない. **7** [U] (道具などの)切る力, 食い込み, かみ合い. **8** [a ～] (全体から)差引かれる部分, 削減額: take a big ～ out of ...'s income (人)の収入から大きく奪う. **at a bíte** [副] ひとかみで. **pùt the bíte on ...** [動] [他]《米俗》…にたかる, …に(金などを)せびる (*for*). **tàke a bíte at ...** [動] [他] …にかみつく.
bit·er /báɪṭə | -tə/ [次の成句で] **the bíter bít** [名]《古風》だまそうとしてだまされること.
bíte-sìze(d) [形] [主に [A]] ひと口大の; 手ごろな.
bit·ing /báɪṭɪŋ/ [形] **1** (風・寒さなどが)身を切るような, 身にしみる. **2** (ことばが)しんらつな, 手厳しい. **～·ly** [副] 身を切るように; しんらつに.
bit·màp [名] [C] 〔電算〕 ビットマップ《画像をビットの組合わせで表現したもの》.
bít pàrt [名] [C] (劇・映画の)端役.
bit·sy /bítsi/ [形]《略式》ちっちゃな.
bitt /bít/ [名] [C] 〔海〕(船の甲板の)係柱, ビット.
＊**bit·ten** /bítn/ [動] **bite の過去分詞.**
＊**bit·ter** /bíṭə | -tə/ ([類音] better) [形] (**more** ～, **bit·ter·er** /-ṭərə | -rə/; **most** ～, **bit·ter·est** /-ṭərɪst/; [動] embítter) **1** 苦(に)い ([反] sweet): ～ medicine 苦い薬 / This coffee tastes ～. このコーヒーは苦い.
2 (不当なことに)苦々しく思って, 憤慨して; ひがんで, ねたんで: He is ～ ***about*** his misfortune. <A+*about*+名・代> 彼は自分の不運をいまいましく思っている.
3 [主に [A]] 辛(つら)い, 苦しい: a ～ memory 辛い思い出 / His wife's death was a ～ blow to him. 妻の死は彼にとってひどい打撃だった.
4 (争い・敵意などが)激しい, 猛烈な: a ～ attack 激しい

攻撃 / They are ~ enemies. 彼らは激しく憎み合っている. **5** 身を切るように寒い: a ~ wind 身を切るような風. 語源 (古期)英語で「かむような」の意; ☞ bite. **from bítter expérience** [副] 辛い経験をして, 身をもって(知っているなど). **to [untìl] the bítter énd** [副] 最後の最後まで; 徹底的に.
── 名 U 苦(にが)みの強いビール; [複数形で単数または複数扱い] ビターズ(カクテルの味付用). **take the bítter with the swéet** [動] 自 人生の幸不幸[苦楽, 運不運]をともに受け入れる.

bit·ter·ly /bítəli | -tə-/ 副 苦々しげに; 痛烈に, 激しく; ひどく: ~ cold 身を切るように寒い / He was ~ disappointed. 彼は大変失望した.

bit·tern /bítən | -tə(:)n/ 名 C さんかのごい(さぎ科の鳥).

bítter·ness /bítənəs/ 名 U **1** 苦(にが)さ, 苦み. **2** 苦々しさ, 恨み; 激しさ. **3** 苦しさ, 悲痛.

bítter·swèet 形 **1** 苦しくもあり楽しくもある, 悲喜こもごもの; ほろ苦い. **2** A (米) (チョコレートが)甘みの少ない.

bit·ti·ness /bítinəs/ 名 U (略式) **1** (米) 小さい状態. **2** (英) 小間切れ(状態).

bit·ty /bíti/ 形 (**bit·ti·er; -ti·est**) (略式) **1** (米) ちっちゃな (tiny). **2** (英) 断片的な, 小間切れの.

bi·tu·men /bɪt(j)ú:mɪn | bítjʊ-/ 名 U 瀝青(れきせい), ビチューメン(アスファルトなど).

bi·tu·mi·nous /bɪt(j)ú:mənəs | -tjú:-/ 形 瀝青(質)の: ~ coal 瀝青炭.

bi·va·lent /bàɪvéɪlənt˥/ 形 〘化〙 2価の.

bi·valve /báɪvælv/ 名 C 二枚貝(はまぐり・かきなど).

bi·valved /báɪvælvd/ 形 二枚貝の.

biv·ou·ac /bívuæk/ 名 C 露営, 野宿, ビバーク.
── 動 (**-ou·acs, -ou·acked, -ou·ack·ing**) 自 野宿する, ビバークする.

bi·week·ly /bàɪwí:kli˥/ 形 副 **1** 2週間に1回(の), 隔週の[に] ((英) fortnightly). **2** 週2回(の) (semiweekly). ── 名 C 隔週刊の雑誌; 週2回発行の雑誌.

bi·year·ly /bàɪjíəli | -jíə-, -jə́:-˥/ 形 副 2年に1度(の); 1年に2回(の).

⁺**biz** /bíz/ 名 [the (...) ~] (略式) (...)業界 (business) (特に娯楽関係): ☞ showbiz).

⁎**bi·zarre** /bɪzάə | -zά:-/ 形 風変わりな, 異様な, 奇怪な: ~ behavior 奇妙な行動.　**~·ly** 風変わりに; 奇妙なことに.

Bi·zet /bi:zéɪ | bí:zeɪ/ 名 Georges /ʒɔəʒ | ʒɔ́:ʒ/ ビゼー (1838-75) 《フランスの作曲家》.

bk. 略 =bank¹, book.

bks. 略 =books (☞ book).

BL 略 =Bachelor of Laws (☞ bachelor).

B/L 略 =(a) bill of lading (☞ lading).

blab /blǽb/ 動 (**blabs, blabbed, blab·bing**) (略式) 秘密を漏らす, べらべらしゃべる (blabber) (to, about). ── 他 (略式) 〈秘密など〉べらべらしゃべる (to).

blab·ber /blǽbə | -bə/ 動 自 (**-ber·ing** /-b(ə)rɪŋ/) (略式) 〈とりとめもなく〉しゃべる (on; about).

blábber·mòuth 名 [~s /-màʊðz/] (略式) 〈秘密をべらべらしゃべる人, おしゃべり.

/blǽk/ (発音 block) 形 (**black·er**; ⁕**black** **black·est** /blǽkən/ ◁) **1** 黒い, 黒色の(☞ gray 挿絵; ☞ hair 表): a ~ cat 黒猫 / He is not as ~ as he is painted. 彼は描かれているほど黒くはない《世間で言われるほど悪い人間ではない; 昔, 悪魔が黒く描かれていたことから》.

2 真っ暗な, 非常に暗い: The cave was (as) ~ as night. ほら穴は夜のように真っ暗だった.

3 [比較なし] [しばしば B-] (皮膚の色の)黒い; 黒人の: the ~ race 黒色人種 / a ~ mayor 黒人の市長. 語法 Negro や colored よりも黒人に好まれる; ☞ African-American, Negro, Negress 語法 関連 white 白人の / yellow 黄色人の.

4 [比較なし] (コーヒー・紅茶など)ブラックの, ミルクもクリームも入れない: I prefer my coffee ~. 私のコーヒーにはミルクもクリームも入れないでください. 関連 white ミルク[クリーム]入りの. **5** (手・衣服などが)よごれた, 汚らしい. **6** A 陰鬱(いんうつ)な; 暗澹(あんたん)とした, 不吉な; (ユーモア・風刺などが)冷笑的な, 毒を含んだ: ~ despair 深い絶望 / That was the ~est day of my life. それは私の一生でいちばん暗い日でした. **7** 腹を立てた, 怒った: She gave me a ~ look. 彼女はむっとして私を見た. **8** 《文》腹黒い, 邪悪な (wicked). **bláck and blúe** [副・形] 青あざのできるほど(の). **gò bláck** [動] 自 (物が)見えなくなる, 意識から消える. **lóok bláck** [動] (事態が)絶望的である.

── 名 (~s /-s/) **1** U 黒, 黒色: B~ is the color of mourning. 黒は喪の色です.

2 C [しばしば B-] 黒人 (☞ African-American, Negro 語法): the conflict between ~s and whites 黒人と白人の争い. 語法 blacks and whites の順に言うのが普通 (☞ black-and-white). 日英比較 関連 white 白人. **3** U 黒い服, 喪服: 言い換え The widow was dressed in ~. =The widow wore ~. 未亡人は喪服を着ていた. **4** U 黒い絵の具[インク], 黒いペンキ[染料], 黒い化粧品. **be in the bláck** [動] (営業が)黒字だ, もうかっている (反) be in the red). **in bláck and white** [副] (1) 印刷して, 文書で: I'd like to see that in ~ and white. それを口頭でなく文書で見たいと思います. (2) 白か黒か[善か悪か]と単純に割り切って. ── 動 他 **1** (古風) 〈...〉を黒くする, 〈靴など〉を(黒のクリームで)磨く. **2** (英) (労働組合が) 〈業務・商品など〉をボイコットする. **bláck óut** [動] 自 (一時的に)意識を失う, 失神する (faint). ── 他 (1) 〈記事など〉を(黒で)塗りつぶす, 抹殺(まっさつ)する; 〈番組などの放送[放映]を止める, 〈地域〉への放送を止める. (2) 〈町など〉を停電させる; 灯火管制する.

bláck África 名 ブラックアフリカ《アフリカ大陸, 特に Sahara 以南の黒人が優勢な部分》.

bláck-and-blúe [打撲]で青黒いあざになった.

⁎**black-and-white** /blǽkən(d)(h)wάɪt˥/ 形 **1** (写真・テレビなど)白黒の: a ~ television [film] 白黒のテレビ[映画]. 日英比較 日本語では「白黒」というが英語では逆に black-and-white の順 (☞ black 2 語法). **2** 白か黒か[善か悪か]と単純に割り切った; (問題・状況などが)二者択一の.

bláck árt 名 [the ~(s)] =black magic; [滑稽] 巧妙さ, 巧みなやりくち (ずるいことに対して使う).

bláck·bàll [動] 他 〈...〉の加入に反対投票をする; (団体などから)排除する.

bláck báss /-bǽs/ 名 C ブラックバス, 黒鱸(くろすずき).

bláck béan 名 C (ラテンアメリカ地域で食される)黒い隠元豆, ブラックビーン; (日本料理などで使う)黒豆.

bláck béar 名 C アメリカ黒熊; 月の輪[ヒマラヤ]熊.

Bláck Béauty 名 C ブラックビューティー(Anna Sewell 作の同名の小説 (1877) の主人公である馬).

bláck bélt C 〘柔道・空手〙 黒帯; 有段者.

⁺**bláck·ber·ry** /blǽkbèri | -b(ə)ri/ 名 (**-ber·ries**) C くろいちご, ブラックベリー《黒色の実があるきいちご》; くろいちごの実. 関連 bramble くろいちごの茂み. ── 動 自 ブラックベリーを摘む: **go ~ing** ブラックベリー摘みに出かける.

bláck·bìrd 名 C (米) むくどりもどき科の鳥; (英) くろうたどり《つぐみの類》.

⁺**bláck·bòard** 名 C 黒板

blackberry

(board): erase [clean] the ~ 黒板をふく / write (English sentences) on the ~ 黒板に(英文を)書く. 関連 (米) chalkboard (特に緑の)黒板 / whiteboard ホワイトボード, 白板 / eraser 黒板ふき.

black bóx 名 C 1 〖空〗 ブラックボックス《飛行記録装置(flight recorder)と操縦室内記録装置とを収めた容器》. 2 《略式》ブラックボックス《内部の構造を知らなくても操作できる機器; コンピューターなど》.

black cáb 名 C ブラックキャブ《英国のタクシー; サービスの質が一定になるように運転手は試験を受けている》.

black chérry 名 C アメリカざくら(の(さ)くらんぼ).

black cómedy 名 U,C ブラックコメディー《ブラックユーモアのある喜劇》.

Black Country 名 [the ~] 《イングランド中西部の》大工業地帯《工場の煤煙で黒くなることから》.

+**black cúrrant** 名 C くろふさすぐり《黒い実のなるすぐりの一種》; くろふさすぐりの実.

Black Déath 名 [the ~] ペスト, 黒死病《14 世紀にアジア・ヨーロッパで流行した》.

black ecónomy 名 [the ~] 《脱税などのための不法な》やみ経済.

+**black·en** /blǽk(ə)n/ 動 他《形 black》1 〈…〉を黒く[暗く]する. 2 〈評判・人格など〉をけがす. ― 自 黒く[暗く]なる.

black·ened /blǽk(ə)nd/ 形 黒く[暗く]なった; けがされた.

Black Énglish 名 U 黒人英語.

black éye 名 C 1 (殴られてできた)目の周(まわ)りの青あざ: give a person a ~ (人の)目の周りに青あざができるほど殴る. 2 (米)《新聞で》汚点, 不名誉, 悪評.

black-eyed béan (英), **black-eyed péa** (米) 名 C ささげ《豆科の植物》; ささげの豆《食用》.

black-eyed Súsan 名 C おおはんごんそう《北米産の菊科の植物; 米国 Maryland 州の州花》.

Black Fórest 名 [the ~] 黒林, シュヴァルツヴァルト《ドイツ南西部の森林地帯》.

black góld 名 U《略式》石油 (oil).

black góods 名 [複] (英) 家電製品《テレビ・ステレオ装置など; ☞ brown goods, white goods 2》.

black·guard /blǽgəd, -ga:d | -ga:d, -gəd/ 名 C《古風》ごろつき, 不良, 悪漢.

black·héad 名 C (先が黒い)にきび.

+**black hóle** 名 C 1 〖天〗 ブラックホール. 2 《略式》金を吸い取ってしまうもの[ところ]. 3 《略式》 暗澹(あんたん)たる状況, 暗闇.

Black Hòle of Calcútta 名 [the ~] 混んでいて不快な場所. 由来 カルカッタの監獄の名から.

black húmor 名 U ブラックユーモア《気味の悪い[人を冷笑するような]ユーモア》.

black íce 名 U 黒氷《路面の色と同じで見えにくいため車の運転に危険なもの》.

black·ing /blǽkɪŋ/ 名 U《古風》靴墨; 黒色塗料.

black·ish /blǽkɪʃ/ 形 黒っぽい.

black·jàck 名 1 U =(米) twenty-one, (英) pontoon. 2 C (米) ブラックジャック《柄がしなうように革をかぶせた小型のこん棒》《(英) cosh》.

black knight 名 C《俗》黒騎士《会社を乗っ取るために株を買い占めようとする人[会社]》.

black·lead /blǽklèd/ 名 C 石墨, 黒鉛.

black·lèg 名 C (英) 《けなして》スト破り(人).

black·list 名 C ブラックリスト, 要注意人物《国家, 製品》一覧表. **be on …'s blácklist** 動 …のブラックリストに載っている, …ににらまれている. ― 動 他《しばしば受身で》〈…〉をブラックリストに載せる.

black lúng 名 U《古風》炭鹿(じん)肺症《炭坑夫の職業病》.

black·ly 副《文》陰鬱(いんうつ)に; 怒ったように.

black mágic 名 U 黒魔術《悪魔の助けを借りて悪事を行なう魔術; ☞ white magic》.

+**black·mail** 名 U 1 ゆすり, 恐喝《で要求された金》. 2 脅迫: emotional [moral] ~ 《相手に悪いことをしたと思わせるようにする》心理的おどし. ― 動 他〈…〉を恐喝する, 〈…〉から金などをゆすり取る; 〈…〉をゆすって[おどして]—させる (into).

black·màiler 名 C ゆすりを働く者, 恐喝者《犯》.

Black Ma·rí·a /-məráɪə/ 名 C《古風, 英略式》囚人護送車《(米) patrol wagon》.

black márk 名 C (人の評価を下げる行状などの)罰点, 黒星 (against).

+**black márket** 名 C やみ市場; やみ取引 (in): on the ~ やみ市で.

black marketéer 名 C やみ商人.

black máss 名 C 黒ミサ《悪魔の崇拝者が行なう》.

Black Mónday 名 [the ~] 暗黒の月曜日《1987 年 10 月 19 日月曜日または 1929 年 10 月 28 日月曜日; いずれも米国の株価大暴落の日》.

Black Múslim 名 C ブラックモスレム《黒人による黒人支配を主張する黒人イスラム教団体》.

+**black·ness** 名 U 真っ黒; 暗黒.

+**black·òut** 13 名 C 1 停電; 灯火管制. 2 一時的意識[記憶]喪失. 3 報道管制 (news blackout), 放送禁止.

+**black pépper** 名 U 黒こしょう.

Black Pówer 名 U ブラックパワー《政治的・経済的に平等の権利を主張する黒人勢力》.

black púdding 名 U,C = blood sausage.

Black Séa 名 [the ~] 黒海《ヨーロッパとアジアの間のトルコ・バルカン半島などに囲まれた内海》.

black shéep 名 C 《一家・グループなどの》やっかい者, 嫌われ者: the ~ of the family 一家の恥《人》. 由来 次のことわざから: There is a ~ in every flock. どの群にも黒い羊《やっかいな存在》はいるものだ.

Black·shìrt 名 C 黒シャツ党員《ファシスト党員》.

+**black·smith** 名 C 鍛冶(かじ)屋, 鉄工.

black spót 名 C (英) 1 《道路の》危険箇所, 事故多発地点. 2 (失業などの)問題の多い地域; 汚点.

black·stràp molásses 名 U (米)《砂糖抽出後の》廃糖蜜.

blacksmith

Black Stréam 名 固 [the ~] 黒潮, 日本海流 (Japan Current).

black stúmp 名《豪》《次の成句で》 **beyònd the black stúmp** 副 へんぴなところで.

black téa 名 U 紅茶 (tea) 《☞ tea 日英比較》.

black·thórn 名 C りんぼく《枝が黒くとげのあるばら科の低木; ヨーロッパ・アジア産》; さんざし《北米産》.

black tíe 名 1 C 黒のちょうネクタイ《タキシードに用い, 準正装用》; 《☞ white tie》. 2 U (男性の)準正装. 3 C 準正装着用の会合.

black-tíe 形 (会合などが)準正装が必要な《黒のちょうネクタイをつける; ☞ white-tie》.

black·tòp 名 U (道路舗装用の)アスファルト; [the ~] アスファルトの舗装道路 (英) tarmac》.

black wàter féver 名 U 黒水病《悪性のマラリア》.

black wídow 名 C 黒後家(ごけ)ぐも《アメリカ産の猛毒のくも》.

+**blad·der** /blǽdə | -də/ 名 C 1 膀胱(ぼうこう). 2 《サッカーボールなどの》内袋. 3 《魚の》浮き袋. **émpty one's bládder** 動 自《格式》排尿する.

blade

*__blade__ /bléɪd/ 名 (blades /bléɪdz/) C 1 (刃物の)刃, 刀身, 刃 《刃の部分全体を指す; ☞ edge 挿絵》: the ~ of a knife ナイフの刃 / razor ~s かみそりの刃. 2 (草の)葉; 葉身: a ~ of grass 1枚の草の葉. 3 (プロペラ・スクリューの)羽根; かい[オール]の水かき. 4 (アイススケート靴の)エッジ. ☞ shoulder blade.

blad·ing /bléɪdɪŋ/ 名 U =in-line skating.

blag /blǽg/ 他 (blags; blagged; blag·ging) 〔英俗〕 〈…〉をせしめる: ~ one's way in うまく入り込む. ― 自 せしめる.

*__blah__ /blɑ́ː/ 名 S 〔略式〕 1 U 〔英〕 たわごと, むだ口. 2 [the ~s] 〔米〕 けだるさ, 倦怠感: Sticky days give me *the ~s.* 蒸し暑い日が続くとけだるくなる. ... **bláh, bláh, bláh** [感] …とか何とか 《重要ではない部分を省略する際に用いる》: She said the food was very good, the view of the sea was marvelous, ~, ~, ~. 彼女は食事はとてもよくて, 海の眺めはすばらしくて, とか何とか言ってた. ― 形 S 〔米略式〕 1 おもしろみのない. 2 気分がすぐれない.

Blair /bléə | bléə/ 名 箇 Tony ~ ブレア (1953-) 《英国の政治家; 首相 (1997-); 労働党》.

Blake /bléɪk/ 名 箇 William ~ ブレイク (1757-1827) 《英国の詩人・画家》.

Bla·key /bléɪki/ 名 箇 Art ~ ブレイキー (1919-90) 《米国のジャズドラマー》.

*__blame__ /bléɪm/ ❶ 動 (blames /~z/; blamed /~d/; blam·ing) 他 1 〈事故・問題などを〉〈人・物事〉のせいにする; 〈人・物事に〉負わせる: They ~*d* me *for* the accident. <V+O+*for*+名・代> =They ~*d* the accident *on* me. <V+O+*on*+名・代> 彼らはその事故の責任は私にあると責めた. 2 [しばしば否定文で]〈人〉をとがめる, 責める (反 praise): Don't ~ me (if it doesn't work). (うまく動かなくても)責めないでくれ.

be to bláme [動] 自 〈人・物事が〉〈過失などに対して〉責任がある: Who *is to* ~ *for* this failure? この失敗はだれの責任か.

hàve ònly (gòt) onesèlf to blàme [動] 自 S 悪いのは本人だ; 自業自得だ.

I dòn't bláme you [him, her]. S あなた〔彼, 彼女〕のしたことは間違っていない, もっともだ: *I don't ~ you* for wanting better pay. 昇給を望むのは当然だ.

― 名 U (過失などに対する)責任, 責め; 非難: escape ~ 責任をのがれる / Where does the ~ lie? その責任はどこにあるのか. **a cúlture of bláme** [名] 責任をなすりつける風潮. **gét the bláme** [動] 責められる (*for*). **pút [láy, pláce] the bláme (for ...) on** ― [動] 〈…の〉(責任[罪]を…に)負わせる: He put [laid, placed] the ~ for the bankruptcy *on* me. 彼は破産の責任を私に負わせた. **táke [béar] the bláme for ...** [動] 自 …の責を負う.

bláme·less 形 〔格式〕 非難するところのない, 罪がない, 潔白な. **~·ly** 副 非難するところなく.

bláme·wòrthy 形 〔格式〕 非難されるべき, 責任のある.

*__blanch__ /blǽntʃ | blɑ́ːntʃ/ 他 (料理のため)〈…〉を熱湯に通す, 湯がく; 〈野菜などを〉白くする[育てる] (日光をさえぎって). ― 自 〔文〕 (恐怖・寒さで)顔が青くなる, 青ざめる; 不快に思う (*at*).

blanc·mange /bləmɑ́ːndʒ | -mɔ́nʒ/ 名 U.C 〔英〕 ブラマンジェ 《牛乳をくず粉・寒天で固めた菓子》.

*__bland__ /blǽnd/ 形 (bland·er /-də | -də/; bland·est /-dɪst/) 1 (人・物事が)個性[おもしろみ, 迫力]のない, 魅力のない: The novel was so ~ that I never finished it. その小説は全くおもしろみがなかったので最後まで読まなかった. 2 [しばしばけなして] (食べ物などが)刺激がない, 味のない, 淡泊な: Tofu is ~ without any seasoning. 豆腐は調味料なしでは淡泊である. 3 強い感情を出さない, 〈発言などが〉あたりさわりのない.

blan·dish·ments /blǽndɪʃmənts/ 名 [複] 〔格式〕 お世辞, 追従 (ついしょう), 甘言, おだて.

blánd·ly 副 個性なく; 穏やかに.

blánd·ness 名 U おもしろみのなさ; 薄味; 淡泊.

*__blank__ /blǽŋk/ ❶ 形 (blank·er; blank·est) 1 白紙の, 書き入れのない 《テープなどが録音されていない》: ~ paper 白紙 / a ~ page 何も書いてないページ / a ~ tape 録音してないテープ / a ~ form 書入れ用紙 / Write your name in the ~ space at the bottom of the sheet. 用紙の下の余白に名前を書きなさい. 2 ぼんやりとした, ぽかんとした; 表情のない: a ~ expression 無表情 / a face ~ with wonder 驚いてぽかんとした顔 / She looked ~ when I mentioned your name. 君の名前を言ったとき彼女はぴんと来ないようだった. 3 からの, うつろな; 内容がない, 〈壁などが〉窓[装飾, 戸口]のない: a ~ wall 窓のない壁 / My memory is ~ on the subject. 私はその問題について何も覚えていない. 4 全くの, 完全な: a ~ denial 完全な否定. **gò blánk** [動] (1) 突然何も思い出せなくなる: [My mind] went ~. 頭がからっぽになって(何も考えられなくなって)しまった. (2) 〈スクリーンなどが〉(映像・文字が消えて)まっ白になる. 語源 古(期)フランス語で「白い」の意.

― 名 (~s /~s/) C 1 (書き込み・印刷のない)空所, 空白, 空欄, 余白: leave ~s 余白を残しておく / Fill in the ~s with the proper words. 空所を適当な語で埋めなさい. 2 書込用紙(書き込む空欄があるもの) (form): Fill in this application ~. この申込用紙に必要事項を記入してください. 3 空白の時期[時代]: The death of my mother left a big ~ in my life. 母の死は私の生涯に大きな空白を残した. 4 空白を示すダッシュ: in 19—1900 何年かに (nineteen *blank* ~). 5 空包: shoot [fire] ~s 空包を撃つ. 6 半加工品《型どりだけで刻みの入っていない鍵(かぎ)など》. **be firing [shóoting] blánks** [動] 自 (1) 目的を達しない. (2) 〔滑稽〕 〈男性が〉種なしである. **dráw a blánk** [動] 〔略式〕 (求めるものを)得られない, 失敗する; 〔主に米〕 思いつかない. 由来 からくじを引く, の意. **one's mínd is a (cómplete) blánk** [動] 頭がからっぽになった, (全く)思い出せない. ― 動 他 〈…〉を見えなくする, 隠す; 忘れる; 削除する (*out*). 2 〔米略式〕 (野球などで)〈相手〉を無得点におさえる. 3 S 〔英〕 〈…〉に知らん顔をする. ― 自 〔略式〕 (急に)思い出せなくなる (*out*).

blánk cártridge 名 C 空包 (blank).

blánk chéck 〔英〕 **chéque** 名 C 1 白地式[金額無記入]小切手 《サインをしてあるのでもらった人は好きな金額を書いて換金できる》. 2 〔新聞で〕 無制限の自由: give a person a ~ 人に無制限の権限を与える.

*__blan·ket__ /blǽŋkɪt/ 名 (blan·kets /-kɪts/) 1 C 毛布(☞ bedroom 挿絵): an electric ~ 電気毛布. 2 [a ~] 一面に覆(おお)うもの: A ~ of snow lay over the ground. 一面の雪が地面を覆っていた. 3 [a ~] 妨げ, じゃま (*of*). 語源 古(期)フランス語で「白い」の意. はじめは白い羊毛地でできていた. ― 動 他 [普通は受身で] 〈毛布のようなものが〉〈…〉を覆う (*in*): The ground *was* ~*ed with* fallen leaves. 地面は落ち葉で覆われていた. ― 形 A 総括的な, 全面的な; 一律な: a ~ ban 全面禁止.

blán·ke·ty-blánk /blǽŋkɪtiblǽŋk←/ 形 A S 〔略式〕 〔婉曲〕 いまいましい (damned などの代用語).

blán·kie /blǽŋki/ 名 C 〔米略式〕 子供の毛布; 安心毛布 (security blanket).

blánk·ly 副 ぼんやりして.

blánk·ness 名 U 空白; うつろ.

blánk vérse 名 U 無韻詩 《普通は5脚弱強格; シェイクスピアは戯曲でこれを多用した》.

blan·quette /blɑːŋkét | blɔŋ-/ 名 U ブランケット《子牛や鶏の肉をホワイトソースで煮込んだシチュー》.

†**blare** /bléɚ | bléə/ 動 (**blar·ing** /blé(ə)rɪŋ/) 自 やかましく鳴る, 騒がしい音を立てる (*out*). ― 他 〈…〉をやかましく鳴らす (*out*). ― 名 [単数形で] やかましい音 (*of*).

blar·ney /blάɚni | bláː-/ 名 U《略式》**1** お世辞, 甘言. **2** たわごと.

bla·sé /blɑːzéɪ | bláːzeɪ/《フランス語から》形 (…に)無感動な, 何とも思わない; 倦いになって (*about*).

blas·pheme /blæsfíːm/ 動 他 〈神·神聖なものに〉不敬のことばを吐く, 冒瀆(ぼうとく)する (*against*).

blas·phem·er /blæsfíːmɚ | -mə/ 名 C 不敬のことばを吐く者, 冒瀆者.

blas·phe·mous /blǽsfəməs/ 形 不敬な, 冒瀆的な.
~·**ly** 副 冒瀆的に.

†**blas·phe·my** /blǽsfəmi/ 名 (**-phe·mies**) U 神への不敬, 冒瀆(ぼうとく); C 冒瀆的発言, 冒瀆行為.

***blast** /blǽst | blάːst/（原音 breast）名 (**blasts** /blǽsts | blάːsts/) C **1 爆風**, 爆風 (explosion); 銃撃: Six people were injured in the ~. 爆発で6人がけがをした.

2 強いひと吹き; 一陣の風, 突風 (☞ wind¹ 類義語): B~s of cold air from the broken window chilled us. 壊れた窓から冷たい風が吹き込んで寒かった. **3**《らっぱ·警笛などの》大きな響き, けたたましい音, 吹き鳴らし (*of*): give a ~ on a whistle 笛を吹き鳴らす. **4**《野》強打; 力強い投球. **5** [普通は a ~]《S》《米略式》楽しいひととき, にぎやかなパーティー. **6** [普通 a ~]《主に新聞》厳しい批判. **a blást from the pást** [名]《略式》昔なつかしいもの, 懐かしいもの[人]. **at a [óne] blást** [副] 一気に, いっぺんに. **(at) fúll blást** [副] パワー全開で; 最大の音量で; 全速力で.

― 動 (**blasts** /blǽsts | blάːsts/; **blast·ed** /~ɪd/; **blast·ing**) 他 **1** 〈…〉を爆破する (*away, down, in*); 発破(はっぱ)をかけて〈トンネルなど〉を作る; 〈…〉を爆破して―にする: The rock has been ~ed to make a new bed for the stream. <V+O の受身> 新しい川床を造るために岩が爆破された. **2** 〈場所〉を爆撃する, 〈銃で〉人〈を〉撃つ. **3** 〈水·空気など〉を強く〈…〉に〈水などを〉噴出する (*with*). **4** 〈らっぱ·警笛など〉をけたたましく鳴らす (*out*). **5** 《主に新聞》〈…〉を激しく非難する, こきおろす; しかりつける. **6** 〈ボールなど〉を激しく打つ[ける]. **7**《米略式》〈…〉を大敗させる. **8**《文》〈霜·寒さ·害虫など〉が〈植物〉を枯らす, しなびさせる. **9**《文》〈名誉·望みなど〉を台なしにする. **10** S《英》のろう (damn の遠回しな言い方): B~ you! このやろう! ― 自 **1** 発破をかける. **2** 銃を撃つ (*away*). **3** けたたましい音を出す (*away, out*). **4** 突き進む. **Blást (it)!** S《英》[感嘆詞的に] ちくしょう. **blást óff** [動] 自〈ロケットが〉発射される. **blást one's wáy** [動] 自 爆発して[銃を撃って]進む (*into, through*); 突き進む.

blast·ed /blǽstɪd | blάːst-/ 形 **1** A S《略式》いまいましい, しゃくにさわる (damned の婉曲語). **2** P《略式》酔った. **3** A《文》嵐[雷など]にやられた, 荒れ果てた.

blást fùrnace 名 C 溶鉱炉.

blást-òff 名 U ロケットの打ち上げ, 発射.

blas·tu·la /blǽstʃʊlə | -tjʊ-/ 名 (複 **~s**, **-lae** /-liː/) C 《発生》胞胚.

bla·tan·cy /bléɪtənsi/ 名 U 露骨さ; ずうずうしさ.

†**bla·tant** /bléɪtənt/ 形 見えすいた, 露骨な; ずうずうしい: a ~ lie 見えすいたうそ.

†**blá·tant·ly** 副 紛れもなく, 露骨に; ずうずうしく(も): It is ~ obvious. それは歴然としている.

blath·er /blǽðɚ | -ðə/ 動 (**-er·ing** /-ð(ə)rɪŋ/) 自 くだらないことをぺちゃくちゃしゃべる (*on*; *about*). ― 名 U ばかげた話, たわごと.

blax·ploi·ta·tion /blǽksplɔɪtéɪʃən/ 名 U《米略式》(特に映画制作における)黒人の商業的利用.

***blaze**¹ /bléɪz/ 動 (**blaz·es** /~ɪz/; **blazed** /~d/; **blaz·ing**) 自 **1** 燃え立つ: A fire was *blazing* in the fireplace. 暖炉には火が赤々と燃えていた. **2**《明かりなどで》あかあか[こうこう]と輝く; 《庭·虹などが》《色》鮮やかである (*with*). **3** 続けざまに発砲[発射]する (*away*; *at*). **4**《文》《人·目が》怒りに燃える (*with*); 《怒りが》目に燃え上がる (*in*). **bláze úp** [動] 自 (1) ぱっと燃え上がる. (2) かっとなる.

― 名 (~s /~ɪz/) **1** C [主に新聞で] **火災**, 火事: put out the ~ 火事を消す. **2** [単数形で] 燃え盛る火炎, (炎などの)輝き (☞ flame 類義語): the ~ in the fireplace 暖炉の炎. **3** [単数形で] 燃え立つような色彩; 強い輝き: the red ~ of tulips チューリップの燃えるような赤色 / a ~ of glory 栄光の輝き / in [with] a ~ of publicity 評判がぱっと広まる中で, 注目を集めて. **4** [単数形で] 《感情などの》爆発, 激しいほとばしり: in a ~ of anger かっとなって. **5** [単数形で] 《銃火の》閃(せん)光, 《銃の》連射 (*of*). **6** [複数形で] ☞ blazes.
語源 古(期)英語で「たいまつ」の意.

blaze² /bléɪz/ 名 C 《馬·牛の顔面の》白ぶち, 流れ星; 《目印で樹皮をはいでつけた》白いあと, 道しるべ. ― 動 [次の成句で] **bláze a [the] tráil** [動] 他 後の人のために通る道(の木)に目印をつける; 《活動·学問などで》道を開く, 先駆者となる (*in*).

blaze³ /bléɪz/ 動 他 [普通は受身で] 〈…〉を〈新聞などに〉公表する, 書き立てる (blazon) (*across, all over*).

†**blaz·er** /bléɪzɚ | -zə/ 名 C ブレザー (jacket の一種, 時にチーム·学校などの制服の一部に用いる).

blaz·es /bléɪzɪz/ 名 [複] S 《古風》 **1** 地獄: Go to ~! ちくしょう!, くたばってしまえ! **2** [the ~ として疑問文を強めて] 一体全体. **like (blúe) bláz·es** [副] 《古風》猛烈に.

blaz·ing /bléɪzɪŋ/ 形 A 燃えている; 焼けつくような; 激しい; 激しい (主に英): a ~ row 《主に英》激しい口論.

bla·zon /bléɪz(ə)n/ 動 他 [普通は受身で] **1** (…に)〈マーク·ことばなど〉を目立つように描く[書く] (*across, on, over*) (emblazon). **2** = blaze³. ― 名 C 紋章.

bldg. 略 = building.

bldgs. 略 = buildings.

†**bleach** /blíːtʃ/ 動 他〈薬品·日光で〉〈…〉を漂白する, 脱色する. ― 自《さらされて》白くなる. ― 名 U·C 漂白剤, 脱色剤.

bleached /blíːtʃt/ 形 脱色した, 日射しで色あせた.

bleach·ers /blíːtʃɚz | -tʃəz/ 名 [複] [the ~]《米》《競技場の》屋根のない観覧席, 外野席 (☞ terrace 5).

†**bleak** /blíːk/ 形 (**bleak·er**; **bleak·est**) **1** 《将来などが》希望のないような, わびしい, 《見通·表情などが》陰気な: The future looked ~ for the company. その会社の前途は暗かった.

2 《場所が》荒涼とした, さびれ果てた, 吹きさらしの; 《天候などが》寒々とした, 冷たい: a ~ northern plain 荒涼とした北の原野 / a ~ winter morning 寒々とした冬の朝. **páint a bléak pícture** [動] 悲観的に描る[考える] (*of*) (☞ paint a vivid picture of ... (paint 動 成句)). ~·**ly** 副 わびしく, 暗く(沈んで); 荒涼と. ~·**ness** 名 U わびしさ, 暗さ; 荒涼.

blear·i·ly /blí(ə)rəli/ 副 ぼんやりと, ぼんやりと.

blear·y /blí(ə)ri/ 形 (**blear·i·er**; **-i·est**) 《疲れなどで》目がかすんだ; ぼんやりした, ぼやけた.

blear·y-eyed /blí(ə)rɪάɪd/ 形 目がかすんだ.

bleat /blíːt/ 動 自 **1** 《羊·やぎなどが》めーと鳴く (☞ cry 表 goat, lamb, sheep). **2** 泣き言を言う, めそめそする (*on, about*). ― 他 W〈…〉を弱々しい[哀れな]声で言う (*out*). ― 名 C めーという鳴き声; 哀れな声.

bled /bléd/ （原音 breed, bred） 動 bleed の過去形および

bleed /blíːd/ (同音 breed) 動 (bleeds /blíːdz/; 過去・過分 bled /bléd/; bleed·ing /-dɪŋ/) 名 blood) 自 1 出血する; 血を流す: He *bled to* death. <V+to+名> 彼は血を流して死んだ / 言い換え He was ~*ing from* the nose. <V+from+名・代>＝His nose was ~*ing.* 彼は鼻血を出していた / We fought and *bled for* our country. 我々は祖国のために戦って血を流した. 2 [しばしば皮肉] (心が)ひどく痛む ((⇨ One's heart bleeds for ... (heart 成句)). 3 〈色・染料などが〉にじむ, 流れ出る (*into*). — 他 1 〈病人〉から血を採る, 瀉血(しゃけつ)する[放血]する《昔の治療法》. 2 〈人〉から〈金〉を搾(しぼ)り取る (*for*). 3 〈装置など〉から空気や液体を抜く; 〈空気や液体〉を〈装置などから〉抜く (*from*). **bléed ... drý [whíte]** [動] 〈人〉から〈金〉を搾れるだけ搾り取る. 由来 蒼白になるまで血を採る, の意.

bleed·er /blíːdə | -də/ 名 1 〔略式〕出血しやすい人, 血友病患者. 2 〔英〕〔差別〕虫の好かないやつ.

bleed·ing /blíːdɪŋ/ 形 A 1 出血している. 2 S 〔英俗〕ひどい (bloody). — 名 U 出血.

bléeding héart (líberal) 名 C 〔略式〕〔けなして〕(社会的弱者に)同情しすぎる人.

bleep /blíːp/ 名 C 1 ピーという音《無線やポケットベルの信号音》. 2 [the ~] S 点々 (hell など不適当な語の代用語). — 自 ピーという(信号)音を出す. — 他 1 〈放送で〉不適当な個所を〉ピーという音で消す (*out*). 2 〔英略式〕〈...〉をピーという(信号)音で呼び出す《米》beep).

bleep·er /blíːpə | -pə/ 名 C 〔英〕ポケットベル(beeper, pager). 日英比較 「ポケットベル」は和製英語.

blem·ish /blémɪʃ/ 名 C 〈外観を損う〉傷, しみ; 汚点 (*on*). — 動 [しばしば受身で] 〈...〉を損なう, 汚す.

blem·ished /blémɪʃt/ 形 しみのついた.

blench /bléntʃ/ 動 自 《主に文》ひるむ, たじろぐ (*at*).

blend /blénd/ (類音 brand) 動 (blends /bléndz/; blend·ed /-ɪd/; blend·ing) 他 〈...〉を混ぜ合わせる; 〈茶・コーヒーなど〉を混合する, ブレンドする ((⇨ mix 類義語): ~*ed* coffee ブレンドコーヒー / *B*~ the milk and eggs (*together*). <V+O(+*together*)> 牛乳と卵を混ぜなさい / *B*~ the green paint *with* the yellow paint. <V+O+*with*+名・代> 緑の絵の具を黄色の絵の具を混ぜなさい.

— 自 1 混ざる, 混ざり合う (*together*); 〈...〉に溶け合う《境界がわからないくらいに》: 言い換え Oil and water do not ~ at all. ＝Oil does not ~ at all *with* water. <V+with+名・代> 水と油とは全く混ざり合わない / The colors of the sea and the sky ~ *into* each other. <V+*into*+名・代> 海と空の色がお互いに溶け合っている.

2 〈...と〉調和する: The drapes ~ well *with* the carpet and the furniture. <V+*with*+名・代> そのカーテンはカーペットや家具とよく調和している. **blénd ín** [動] よく調和する: She ~*ed in* well with the other students in her class. 彼女はクラスの生徒の中によく溶け込んでいた. — 他 〈...〉を加えよく混ぜる.

— 名 (blends /bléndz/) C 1 混合物, 混ぜ合わせた茶[コーヒー, たばこなど]: *a* ~ *of* two types of coffee 2 種類のコーヒーのブレンド. 2 〔言〕混成語(*breakfast* と *lunch* の混成による brunch (ブランチ), *smoke* と *fog* の混成による smog (スモッグ) など).

blénded fámily 名 C 混合家族《再婚などのため, 夫婦と連れ子たちから構成される家族》.

blend·er /bléndə | -də/ 名 C 1 〔料理用の〕ミキサー ((⇨ mixer 日英比較); kitchen 挿絵)(《英》 liquidizer). 2 〈香水・酒などの〉調合士.

bless /blés/ (類音 bliss, brass, breadth, breath) 動 (bless·es /~ɪz/; 過去・過分 blessed /~t/, 《文》 blest /~/) 他 1 〈人〉を祝福する, 〈...〉のために神の恵み[加護]を祈る (反 curse): The priest ~*ed* the congregation at the end of the Mass. 司祭はミサの終わりに会衆を祝福した. 2 〈神が〉〈人〉に恵みをたれる: God ~ us! 神が我々に恵みをたれ給わんことを. 語法 この文中の bless は仮定法現在形 // God has ~*ed* our country with peace and prosperity. 神は我が国に平和と繁栄とを恵み給うた. 3 〈人・物事〉に感謝する. 4 〈...〉を神にささげる; 清める. 5 〔格式〕〈神〉を賛美する, あがめる (praise): B~ the Lord, O my soul. わが魂よ, 主をたたえよ. 語源 古(期)英語で「血」の意. 祭壇にいけにえの血を振りかけて清めたことから. **be bléssed with ...** [動] 他 ...に恵まれている, 〈よいもの〉を持っている: He's ~*ed with* good health. 彼は健康に恵まれている. **Bléss (him [her, them])!** ＝**Bléss ˈhis héart [her héart, their héarts]!** [感] S かわいいやつだ, ねえまあ. まあまあ, 感心感心《愛情・好意・いたわりなどを表わす》. **Bléss mé!** ＝ **Bléss my sóul!** ＝ **Wéll, Ìˈm [Ìˈll be] bléssed!** [感] S 〔古風, 略式〕おやおや, ええっ, これはこれは《驚き・怒りなどを表わす》. **bléss onesèlf** [動] 〔古風〕神の祝福を祈る《額から胸にかけて十字を切って》. **Bléss you!** ＝**Gòd bléss you!** [感] S (1) お大事に《くしゃみをした人に言う》; ⇨ sneeze 参考). (2) ありがとう. **Gód bléss!** [感] S かわいい人, まあまあ《愛情・好意などを表わす》; ごきげんよう. **ˈI àm [ˈIˈm] bléssed if ...** 〔古風, 略式〕...するものか: I may ~*ed if* I know where he is! 彼がどこにいるか私が知るものか.

bless·ed /blésɪd/ 形 1 神聖な; 祝福された, 恵まれた (反 cursed). 2 A 《主に文》楽しい, 喜ばしい. 3 A S 〔略式〕〔婉曲〕いまいましい (強意に用いる). 4 《カトリック》福者の列に加わった. **the Bléssed** [名] [複数扱い] 天上の列聖, 福者. ~**·ly** 副 幸いなことに. ~**·ness** 名 U 幸福, 喜ばしさ.

bléssed évent 名 C おめでた, 出産.

Bléssed Sácrament 名 [the ~] 《カトリック》聖体《聖餐(さん)のパンとぶどう酒》, 聖体拝領.

Bléssed Vírgin 名 [the ~] ＝Virgin Mary.

bless·ing /blésɪŋ/ 名 (~s /~z/) 1 C ありがたいもの[こと], 幸いなこと, 恵み (*for*): It was a great ~ that it didn't rain. 雨が降らなくてすで何よりも幸いだった. 2 C 神の恵み, 祝福 (反 curse); 祝祷(とう): The priest gave them his ~. 司祭は彼らに祝福を与えた. 3 U (神の)加護 (*on*, *upon*): The priest gave them his ~. 司祭は彼らに祝福を与えた. 4 C [普通は単数形で] 食前[食後]の祈り((⇨ grace 6): Who will ask [say] the ~ this evening? 今晩はだれが食前[食後]のお祈りをするのですか. **a bléssing in disguíse** [名] 不幸に見えて実はありがたいもの《つらいが後でためになる経験など》. **cóunt one's bléssings** [動] 自〈不平を言うより〉自分が恵まれていることを思い起こす《人をさとすのに使うことが多い表現》. **gíve one's bléssing to ...** [動] 他 ...を承認する. **with [withòut] ...'s bléssing** ＝**with [withòut] the bléssing of ...** [副] ...の承認を得て[得ないで].

blest 動 《文》 bless の過去形および過去分詞.

bleth·er /bléðə | -ðə/ 名 動 (-er·ing /-ð(ə)rɪŋ/) 《主にスコ・北英》＝blather.

blew /blúː/ (同音 blue) (類音 brew) 動 **blow**¹ の過去形.

blight /bláɪt/ 名 1 C 〈元気・希望などを〉くじくもの, 暗い影, 損なうもの (*on*). 2 U 〈都市の〉荒廃, 無秩序状態; 荒廃地域. 3 U 〈植物の〉胴枯れ病, 虫害. **cást [pút] a blíght on [upòn] ...** [動] 他 ...に暗い影を投げかける. — 動 他 1 〈元気・希望〉をくじく, 損なう; 〈場所〉を荒廃させる. 2 〈植物〉を枯らす.

blight·ed /bláɪtɪd/ 形 損なわれた; 荒廃した.

blight·er /bláɪṭɚ | -tə/ 名 ⓒ 《古風, 英略式》(いやな[哀れな])人, やつ.

bli·mey /bláɪmi/ 間 ⓢ 《英俗》これは驚いた!

blimp /blímp/ 名 ⓒ
1 小型軟式飛行船 《特に宣伝·空中撮影用》; ☞ airship). **2** ⓢ 《米》でぶ.

blimp

Blimp /blímp/ 名 ⓒ =Colonel Blimp.

blimp·ish /blímpɪʃ/ 形 《軽蔑》《古風, 英》(特に老人が)尊大で頑固な (☞ Colonel Blimp).

*__blind__ /bláɪnd/ 形 (**blind·er**; **blind·est**) **1** 盲目の, 目の見えない; Ⓐ 視覚障害者の(ための), 盲人用の: a ~ person 盲人 / a ~ school 盲学校 / Bob is ~ *in* the left eye. <A+*in*+名·代> ボブは左の目が見えない / computers that are easy for *the* ~ to use 目の見えない人たちに使いやすいコンピューター (☞ *the*[1] 3).
関連 deaf 耳が聞こえない / dumb 口のきけない / mute (耳が聞こえないために)口のきけない.

2 Ⓟ 《物事を》見る目がない; (…に)気がつかない, (…が)わからない: The people were ~ *to* the danger of war. <A+*to*+名·代> 国民は戦争の危険に気づかなかった.

3 盲目的な, 向こう見ずな, 見境のない, やみくもの; 無目的な: ~ faith 盲信 /(a) ~ rage 逆上 / ~ forces 無目的に働く力 / She was ~ *with* rage. <A+*with*+名> 彼女は怒りのあまり前後の見境がつかなかった / Love is ~. (ことわざ) 恋は盲目である(あばたもえくぼ). **4** Ⓐ (道路·交差点などの)見通しがきかない; 隠れた; 行き止まりの: a ~ corner 見通しの悪い曲がり角. **5** (空) (飛行·着陸などが)計器のみによる: a ~ landing [flying] 計器着陸[飛行]. **6** (テスト·実験の)実験者[被験者]に予備知識を伏せて行なわれる. **(as) blínd as a bát** (☞ bat[1] 成句). **gò blínd** [動] 目が見えなくなる; 失明する. **nòt** (…) **a blínd bít of** — ⓢ《英略式》少しの―も(…し)ない: *not take a ~ bit of* notice 全く無視する / *not make a ~ bit of* difference 何の影響もない. **the blínd léading the blínd** [名] [しばしば滑稽] 盲人の手を引く盲人《危険この上もないことにいう》. 由来 新約聖書のことば. **túrn a blínd éye** [動] 見て見ぬふりをする(*to*) (☞ turn a deaf ear to … (deaf 成句)).

—動 (blinds /bláɪndz/; blind·ed /-ɪd/; blind·ing) 他 《…》の目をくらませる. The lights ~ed me for a moment. ライトに一瞬目がくらんだ / He was ~ed in an accident. <V+Oの受身> 彼は事故で失明した. **2** 《…》の分別を失わせる: His desire for promotion ~ed him to others' feelings. 昇任したさのあまり彼は他人の感情を考えられなかった.

—名 (blinds /bláɪndz/) ⓒ **1** [時に複数形で]ブラインド; 日よけ《(米) shade, window shade》(☞ window 挿絵): 'draw up [raise] the ~s ブラインドを上げる' / 'pull down [lower] the ~s ブラインドを下げる'. **2** ごまかし, 人の目を欺く手段, 隠れみの. **3** (米)(狩猟や動物観察のための)隠れ場所 《(英) hide》. —副 **1** 盲目的に, やみくもに; 〖空〗計器のみに頼って: fly ~ 計器飛行をする. **2** 完全に, すっかり. **blínd drúnk** [形] 《英略式》泥酔している.

blínd álley 名 ⓒ 袋小路, 行き止まり; 見込みのない局面, 行き詰まり.

blínd dáte 名 ⓒ ブラインドデート 《互いに面識のない男女のデート; 仲介者のあっせんによる》; ブラインドデートの相手: meet Bill on a ~ ブラインドデートでビルに会う.

blind·er /bláɪndɚ | -də/ 名 ⓒ [普通は a ~] 《英略式》(スポーツの)超ファインプレー, すばらしい演奏.

blínd·ers 名 [複]《米》(馬の)目隠し《《英》blinkers》.

(人の)視野[判断]を妨げるもの.

+**blind·fòld** 名 ⓒ 目隠し布. —動 他 《…》に目隠しをする. —形 副 目隠しされた[て]. **can dó** … **blindfold** [blindfolded] [動] 他《略式》(慣れているから)目隠ししていても(楽に…)ができる.

blínd-fòld·ed /-dɪd/ 形 副 =blindfold.

+**blind·ing** /bláɪndɪŋ/ 形 [普通は Ⓐ] **1** 目もくらむ(ほどまぶしい); 視界を悪くする: a ~ 目もくらむ強い光 / ~ rain 前が見えないほどの雨. **2** (痛みなどの)ものすごい, ひどい: ~ pain 激痛. **3** (認識などが)鮮明な; 突然の; 際立った: a ~ realization [revelation, vision] 急にはっきり悟ること, 閃き / in a ~ flash はっきりと, 突然. **4** ⓢ《英略式》すばらしい. **~·ly** 副 目もくらむほど; 際立って; ものすごく: ~ obvious きわめて明白で.

blínd·ly 副 盲目的に; やくもに; 手さぐりで.

blínd·màn's blúff 《(英)búff》 /-mænz-/ 名 Ⓤ 目隠し鬼《目隠しをした鬼が他の子をつかまえて誰だか当てる子供の遊戯》.

*__blind·ness__ /bláɪn(d)nəs/ 名 Ⓤ **1** 目の見えないこと, 盲目: color ~ 色盲. **2** 無分別, 無知 (*to*).

blínd·sìde 動 他 《米略式》**1** 《車の横にぶつかる. **2** [普通は受身で]《相手の》弱点[不意]をつく.

blínd spòt 名 ⓒ **1** (車の運転手の)死角; 無知な[理解しようとしない]分野, 盲点. **2** (目の網膜の)盲点.

blínd trúst 名 ⓒ 〖法〗(公職にある個人の資産の)運用白紙委任《職権乱用の批判を避けるため運用を受託者に任せること》.

bling bling /blíŋblíŋ/ 名 Ⓤ《俗》高価[派手]な装飾品, ピッカピカ《宝石など》.

bli·ni /blíni/ 名 (複 ~**s**) ⓒ ブリヌイ《そば粉でできたロシアのパンケーキ; キャビア·さけ·サワークリームなどをのせる》.

*__blink__ /blíŋk/ 動 圓 **1** まばたきする, (目を)ぱちくりする; ちらりと見る (☞ wink 表): The rabbit ~ed *at* the headlights. <V+*at*+名·代> うさぎはヘッドライトを当てられてまばたきした. **2** (明かりが)ちらつく, (星などが)またたく: Little lights were ~ing on and off in the distance. 遠くで小さな明かりがちらちらしていた. **3** (信号灯などが)点滅する (wink).

—他 《目》をぱちくりさせる: She ~ed her eyes. 彼女は目をぱちくりさせた (wink). **before** one **can** [**could**] **blink** [副] ⓢ またたく間に (☞ one[2] 3 語法 (4)). **blink at** … [動] 《略式》…を見て目をぱちくりする (☞ 圓 1); [普通は否定文で]…に驚いた顔をする; 驚く: She didn't even ~ *at* the sight of the blood. 血を見ても彼女はまばたき一つしなかった[全く驚かなかった]. **blink awáy** [**báck**] [動] 他 《涙などを》まばたきして抑える[おさえる]. **without blinking an éye** [**éyelid**, **éyelash**] [副] 平然と. —名 ⓒ またたき; かすかなひらめき, 閃光 (嗜好). **in** [**with**] **the blínk of an éye** [副] 一瞬のうちに. **on the blínk** [形] ⓢ《略式》(機械などが)故障して.

blink·ered /blíŋkɚd | -kəd/ 形 **1** 見方の狭い, 狭量な. **2** (馬が)目隠しをした.

blink·ers /blíŋkɚz | -kəz/ 名 [複] **1** 《米略式》ウインカー《車の点滅式方向指示器》(《英》winkers). **2** 《英》=blinders.

blink·ing /blíŋkɪŋ/ 副 形 Ⓐ **1** またたく, 明滅する. **2** ⓢ《古風, 英略式》いまいましくも[しい], ひどく[い] 《bloody の遠回しな言い方》.

blintz /blínts/, **blin·tze** /blíntsə/ 名 ⓒ ブリンツ 《チーズ·果物などを巻きこんだ薄いパンケーキ》.

+**blip** /blíp/ 名 ⓒ **1** (レーダーのスクリーン上の)光点; ぴっという音. **2** (グラフ線上に現われた)突然の波点; [普通は単数形で]《略式》一時的な変化[悪化].

bliss /blís/ 名U この上ない幸福, 至福; 無上の喜び: wedded ～ [しばしば滑稽] 至福の結婚生活 / Ignorance is ～. (ことわざ) 無知は幸福(知らぬが仏).
— 動 [次の成句で] **blíss óut** [動] 自 (S)(略式) 幸せいっぱいである.

blissed-out /blístáut⁺/ 形 (略式) 幸せいっぱいの, (麻薬などで)恍惚(こうこつ)となった.

bliss・ful /blísf(ə)l/ 形 この上なく幸せな, 喜びに満ちた: ～ ignorance 知らぬが仏の状態.

bliss・ful・ly /blísfəli/ 副 この上なく幸福に, 喜びに満ちて: He was ～ unaware of his real disease. 彼は自分の病気の真の病名を知らなくてかえって幸せだった.

B-list 形 A [主に新聞で] (人が)そこそこ有名な.

blis・ter /blístə | -tə/ 名C **1** 火ぶくれ, (皮膚の)水ぶくれ, 水疱(すいほう); (手や足の)まめ: a blood ～ 血まめ. 関連 corn うおのめ. **2** (塗装面・金属面などの)ふくれ, 気泡. — 動 (-ter・ing /-tərɪŋ, -trɪŋ/) 他 1 〈...〉を火[水]ぶくれにする; (熱などが) 〈塗装〉にぶつぶつをつくる. **2** 〈人〉を厳しく非難する (for). — 自 火[水]ぶくれになる; ふくれる.

blis・tered /blístəd | -təd/ 形 火[水]ぶくれの; まめのできた.

blíster gàs 名U 《軍》 糜爛(びらん)[発疱]性ガス.

blis・ter・ing /blístərɪŋ, -trɪŋ/ 形 普通はA **1** (暑さや速度が)猛烈な: ～ heat 猛暑. **2** (批判などが)痛烈な, 辛辣(しんらつ)な, 手厳しい: a ～ attack 猛烈な攻撃. ～・ly 副 猛烈に; 痛烈に.

blíster pàck 名 C ブリスターパック (台紙の上に品物をのせ, 透明プラスチックでおおう).

blithe /bláɪð, bláɪθ | bláɪð/ 形 [blith・er; blith・est]
1 普通は A [軽蔑] のんきな, 軽率な. **2** (文) 楽しげな. ～・ly 副 気楽に, 軽率に(も); (文) 楽しげに.

blith・er・ing /blíð(ə)rɪŋ/ 形 (略式) 全く愚かな: a ～ idiot 底抜けのばか.

BLitt /bi:lít/ 略 = Bachelor of Letters 文学士.

blitz /blíts/ 名 C **1** 電撃戦, 電撃的空襲, 奇襲; [the B-] (1940年のドイツ軍による)ロンドン大空襲. **2** C [普通は単数形で] (略式) 集中的攻撃[活動], 全力投入; (商品などの)大宣伝: have a ～ on the kitchen 台所をさっさと片づける. **3** [普通は単数形で] 『アメフト』 ブリッツ 《パスプレーを予測してディフェンスのプレーヤーが一斉に相手クォーターバックにチャージするプレー》. — 動 他 **1** 『アメフト』 〈クォーターバック〉にチャージする. **2** 〈都市など〉を電撃的に空襲する. **3** (略式) 〈...〉に楽勝[圧勝]する. **4** (略式) 〈...〉に集中的に取り組む.

blitzed /blítst/ 形 S (略式, 主に米) へとへとに疲れた; へべれけに酔った.

blitz・krieg /blítskri:g/ 《ドイツ語から》 名 C 電撃戦, 電撃的空襲; (略式) 集中的攻撃.

bliz・zard /blízəd | -zəd/ 名 C **1** 大吹雪, 暴風雪, ブリザード. **2** (略式) (物事の)殺到: a ～ of e-mails 大量の E メール.

bloat・ed /blóʊtɪd/ 形 **1** ふくれ上がった, むくんだ: ～ with pride おごり高ぶって. **2** (不快なほど)満腹になった. **3** 肥大化した.

bloat・er /blóʊtə | -tə/ 名 C 丸干し薫製にしん.

bloat・ing /blóʊtɪŋ/ 名 U むくみ, 張り.

blob /blɑ́b | blɔ́b/ 名 C **1** (どろっとした液体の)一滴; 球状の小塊 (of). **2** (遠くに)ぼんやり見えるもの (of). **3** (略式) 太っちょ (人).

bloc /blɑ́k | blɔ́k/ 名 (～s /-s/) C ブロック 《政治・経済上の特殊な利益のために結ばれたいくつかの国や団体の一団》, 圏: the eastern and the western European ～s 東欧圏と西欧圏. ★ ☞ en bloc の項目.

block /blɑ́k | blɔ́k/ (同音 bloc; 類音 black)

「塊」 2 → 「建物の塊」 → 「市街の区画」 1
　　　　　 → 「障害物」 3 → 「ふさぐ, 妨げる」 動

— 名 (～s /-s/) **1** C ブロック, 街区 《四方を道路 (street) に囲まれた市街の1区画》; (米) 1 ブロック, 1丁 (1街区の1辺の距離): the 100 ～ of Elm Street エルム通り百番台 100 番台の街区 / That shop is three ～s ahead and two to the left. その店は3ブロック先を左に曲がって2ブロック行ったところにあります // ☞ the new kid on the block (kid¹ 名 成句).

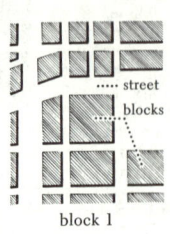

block 1

会話 "Excuse me, but where is the nearest grocery store?" "Well, walk three ～s and turn left. You can't miss it." 「すみませんが最寄の食料品店はどちらでしょうか」 「3ブロック行って左に曲がってください. すぐに見つかりますよ」

2 C (平らな面をもった木・石などの)大きな塊(かたまり); 建築用石[木]材, ブロック (building block): a large ～ of stone [wood] 大きな石塊[木材] / concrete ～s コンクリートブロック. **3** C [普通は単数形で] (道路・管などの)障害物, じゃま物; (出世・成功などの)障害; 『スポ』 妨害, ブロック: There is a ～ in the pipe. パイプに何か詰まっている. **4** C (主に英) (大きな建物の)ひと棟(むね): a tower ～ 高層ビル (☞ a block of flats (flat² 名 成句)). **5** C (おもちゃの)積み木 (☞ building block), (米 版 で brick). **6** C ひと組, ひとそろい, ひとまとまり; 《電算》 ブロック: a ～ of seats ひと組[1区画]の席 / a ～ of time まとまった時間 / a ～ of text ひとまとまりの文章 / a ～ booking (席などの)一括予約, 一括契約. **7** [the ～s] = starting blocks (☞ starting block). **8** C 台木, まな板, 肉切り台; [the ～] 断頭台. **9** C 『印』 版木, 金板(きんばん). **10** C (主に英) (一方をのりづけした)はぎ取り帳, はぎ取り式のメモ[スケッチブック]. **11** C (豪) 広大な土地. **a blóck and táckle** 名 滑車装置. **be slów òff the blócks** [動] 自 始めるのが遅い; 動き[反応]が遅い. **háve a (méntal) blóck** [動] 自 思考が停止する, 頭が働かない. **have béen aróund the blóck (a féw tímes)** [動] 自 (略式) (いろいろと)経験している. **knóck ...'s blóck óff** [動] (S) (俗) ...をぶんなぐる (おどし文句). **on the blóck** [形] 競売[売り] に出されて. **pút [láy] one's héad [néck] on the blóck** [動] 自 (評判を落とすような)危険を冒す.

— 動 (blocks /-s/; blocked /-t/; block・ing; 名 blockade, blockage) 他 **1** 〈道・管など〉をふさぐ, 封鎖する: The road was ～ed by big rocks. <V+O の受身> その道路は大きな岩でふさがれていた / They ～ed the entrance with barricades. <V+O+with+名・代> 彼らは入り口をバリケードでふさいだ. **2** (進行など)を妨げる, 〈...〉の障害となる (prevent); 〖スポ〗〈相手〉を妨害する, ブロックする; 〖クリケ〗〈ボール〉をバットで食い止める: What ～ed their plan? 何が彼らの計画を妨げたのか. **3** 〈視界・光〉をさえぎる (off). **4** 〖経〗〈通貨・財産など〉を凍結[封鎖]する. **5** 〖電算〗〈テキスト・データ〉をブロックする. **blóck ín** [動] 他 (1) 〈車など〉が動けないように駐車する, 〈...〉を閉じ込める. (2) 〈...〉の概略の図を描く, おおよその計画を立てる. (3) 〈色〉で埋める. **blóck óff** [動] 他 (障害物を置いて) 〈...〉をさえぎる, 遮断する, ふさぐ, 妨げる. **blóck óut** [動] 他 (1) 〈...〉が入らないように閉め出す. (2) 〈記憶〉を頭から閉め出す.

block in (2). (3) 《時間》をあてる, 振り向ける (*for*).
blóck ...'s wáy [動] ...が通れないように立ちふさがる.
blóck úp [動] 《...》を(すっかり)ふさぐ.

*__block・ade__ /blɑkéɪd | blɔk-/ [名] (**block・ades** /-kéɪdz/; [動] block) [C] **1** [普通は単数形で]《武力による》港湾の)封鎖, 閉鎖; (交通などの)遮断: impose a ~ 封鎖を行なう / break a ~ 封鎖を破る / lift [raise] a ~ 封鎖を解除する / run [break] a ~ 封鎖をくぐり抜ける.
2 封鎖に用いるもの, 障害物: set up a ~ on a road 道路に障害物を設ける.
── [動] (**block・ades** /-kéɪdz/; **block・ad・ed** /-dɪd/; **block・ad・ing** /-dɪŋ/) 他 《港・道路など》を封鎖する.

block・age /blɑ́kɪdʒ/ [名] **1** [C] (管・トンネルなどの)障害物, 妨害物. **2** [U] 封鎖, 妨害.

block・bùst・er [名] [C] **1** (略式) [主に新聞で] 大きな影響を与えるもの, ヒット作《映画や本》. **2** (街区を破壊するほどの)大型高性能爆弾.

block・bùst・ing /-bʌ̀stɪŋ/ [名] [U] (米) ブロック破壊商法《ある街区内の家をその地区の住民より低い階層の人に売り, 街区の他の家の値を下げる》. ── [形] (A) (略式) [新聞で] 大ヒットの.

blóck càpitals [名] [複] = block letters 1.

blóck díagram [名] [C] ブロック線図《電器・コンピューターなどの構成[操作]図》.

blóck gránt [名] [C] (中央政府からの)地方交付金.

blóck・héad [名] [C] (略式) 大あほ, うすのろ(人).

block・house /-hàʊs-/ [名] [C] (**-hous・es** /-hàʊzɪz/) **1** 防塞(ほうさい), 小要塞; (ロケット発射基地などの)ブロックハウス《観測・避難用の鉄筋コンクリート製の建物》.

blóck létters [名] **1** 大文字の活字体. **2** ブロック字体《全部同じ太さで飾りなどの字体》.

blóck párty [名] [C] (米) ブロックパーティー《あるブロックの交通を遮断して野外で行なう町内の祭》.

blóck vóte [名] [C] (英) ブロック投票《労働組合などの各代議員が, 代表する人の数に比例した票数をもつ》.

blóck vóting [名] [U] 集団投票《政党などのある集団の成員が全員歩調をそろえて投票すること》.

blog /blɑ́g | blɔ́g/ [名] [C] [電算] ホームページ上の日記, ブログ (weblog) 《日記のように頻繁に更新されるウェブページ》.

blog・ger /blɑ́gɚ | blɔ́gə/ [名] [C] ブログ作者.

+bloke /blóʊk/ [名] [C] (英略式) 男, やつ, 野郎.

blok・ish /blóʊkɪʃ/ [形] (英略式) (滑稽) 並の男のよくやる, 男らしい. ~・**ness** [名] [U] 男らしさ.

*__blond, blonde__ /blɑ́nd | blɔ́nd/ 《醗音 brand》[形] (**blond・er**; **blond・est**) **1** (髪の毛が)金髪の, 淡黄褐色の(☞ hair 表); (皮膚が)白い(☞ fair 5 表): a girl with ~ hair 金髪の女の子. **2** (人が)ブロンドの.
[参考] 金髪または淡黄褐色の髪の毛で皮膚が白く, 普通は目の色が青いか灰色; fair ともいう (☞ brunette [参考]): a ~ woman ブロンドの女性.
── [名] (**blonds, blondes** /blɑ́ndz | blɔ́ndz/) [C] ブロンドの人: Gentlemen Prefer *B~s*. 『紳士は金髪がお好き』《米国の映画の題名》 / *B~s* are dumb. ブロンドは頭が悪い《ジョークなどで俗に金髪女性をけなしていう》.
[語法] 以前は男性には blond, 女性には blonde を用いたが, 今は区別しないこともある.

Blon・die /blɑ́ndi | blɔ́n-/ [名] ブロンディー《米国の漫画の主人公の女性》.

*__blood__ /blʌ́d/ [名] [形] blóody, [動] bleed) **1** [U] 血, 血液: (as) red as ~ 血のように真っ赤な / lose ~ 出血をする / spill [let, shed] ~ 血を流す / vomit ~ 吐血する / He gave [donated] his ~ to help his friend. 彼は友人を救うために献血した.
2 [U] 血気, 激情; 気質: a person of hot ~ 激情的な人 (☞ hot-blooded) / His ~ was up. (英) 彼は頭に血がのぼった / *Vienna B~*「ウィーン気質(かたぎ)」(J. シュトラウス (Strauss) のワルツの曲名).
3 [U] (格式) 血筋, 血統; 家柄, 生まれ; 血縁, 身内: a

blóodless 177

prince of the ~ (royal) 王子 / The two families are related by ~. 両家は血縁関係にある / Politics runs [is] in their ~. 彼らには政治家の血が流れている. 彼ら は(代々)政治家の家系である / B~ is thicker than water. 《ことわざ》 血は水よりも濃い(他人よりは身内) / B~ will tell. 血統は争われないものだ. **4** [C] (古風, 英) だて男. **be áfter [óut for] ...'s blóod** [動] (略式)(特に罰や復讐(ふくしゅう)として)...をねらっている.

blóod and gúts [名] (略式) アクション, 暴力 (☞ blood-and-guts). **blóod, swéat, and téars** [名] 血と汗と涙, 苦労. **dráw blóod** [動] (1) (特に病院で)採血する. (2) 血を出させる: The cat bit me hard enough to *draw* ~. 私は血が出るほど猫にかまれた. (3) (相手の)感情を傷つける, 痛めつける (*from*). (4) 悪影響を与える. **gét in one's blóod** [動] (自) (...が)自分の一部になる, (...に)取りつかれる. **gét [háve] one's blóod úp** [動] (自) 怒る. **gét [háve] ...'s blóod úp** [動] ...を怒らせる. **háve ...'s blóod on one's hánds** [動] ...の死[不幸]に責任がある. **in cóld blóod** [副] 冷酷に, 平然と. **like gètting [trying to gèt] blóod óut of [from] a stóne** [形・副] (石から血を絞(しぼ)り取ろうとするように)全く不可能[で], ひどい無理[な](人から金・情報などを引き出すことについて言う). **màke ...'s blóod bóil** [動] ...を激怒させる. **màke ...'s blóod rún [tùrn, gòe] cóld** [動] ...をぞっとさせる. **néw [frésh] blóod** [名] 新しい血《新しい考えや新鮮な活力を提供する人(たち)》. **sméll [scént] blóod** [動] 相手の弱みをかぎつける(勝機と見る). **spíll (...'s) blóod** [動] (格式) (...を)殺す, (...の)血を流す. **stír the [...'s] blóod** [動] (人を)興奮させる. **swéat blóod** [動] (自) 血の汗を流す. **The blóod rúshes to ...'s fáce [chéeks].** 赤面する. ── [動]
(他) **1** (猟犬)に初めて血を味わせる. **2** (英) (人)に新しい経験をさせる.

blóod-and-gúts [形] (A) (略式) 乱闘[暴力]にあふれた, アクションの (☞ blood and guts (blood 成句)).

blóod-and-thúnder [形] (A) (英) (映画などが)アクション物の; 扇情的な.

blóod bànk [名] [C] 血液銀行.

blóod bàth [名] [単数形で] **1** 大量殺人, 大虐殺 (massacre). **2** 多数の会社の倒産, 大量失業.

blóod bròther [名] [C] (血を混ぜるなどして忠誠を誓い合った)義兄弟, 血盟の兄弟分.

blóod cèll [名] [C] 血球: red [white] ~s 赤[白]血球.

blóod clòt [名] [C] 血栓.

blóod cóunt [名] [C] (赤血球と白血球の)血球数; 血球数測定.

blood・cur・dling /blʌ́dkɚ̀ːdlɪŋ | -kə̀ː-/ [形] (A) ぞっとさせる(ような), 血も凍るような.

blóod donátion [名] [C] 献血, 供血.

blóod dònor [名] [C] 献血者, 供血者.

blóod drìve [名] [C] 献血キャンペーン.

-blood・ed /blʌ́dɪd/ [形] [合成語で] ...の血[気質]を持った: warm-*blooded* animals 温血動物.

blood・ied /blʌ́dɪd/ [形] 血まみれの. **blóodied but unbówed** [形] = bloody but unbowed (☞ bloody 成句).

blood・i・ly /blʌ́dəli/ [副] 血まみれになって, 無惨に.

blóod・less [形] **1** (A) [比較なし] 血を流さぬ, 流血の

bloodletting

惨事のない: a ～ coup 無血クーデター. **2** 血の気のない, 青ざめた. **3** 血も涙もない, 冷血な, 無情の. **4** 活力[効果]のない. **5** 輸血なしの. **～·ly** 副 血を流さずに; 冷血に. **～·ness** 名 U 血を流さぬこと.

blóod·lètting 名 U **1** (戦争・ボクシングなどでの)流血, 殺戮(%); 激しい争い. **2** U または a ～] 人員削減; (政党などからの)追放. **3** [医] 瀉血(%), 放血.
blóod·line 名 C 家系, 血統, 血筋.
blóod lùst 名 C 殺害欲, 血に飢えること.
blóod·mo·bile /bládmoubìːl/ 名 C 採血車.
blóod mòney 名 U [けなして] (殺し屋に支払う)殺しの代金; 近親者を殺された者への慰謝料; [殺人犯などに関する]通報, 報奨金; 他人を犠牲にして得る金.
blóod òrange 名 C 果肉の赤いオレンジ.
blóod pòisoning 名 U [医] 敗(毒)血症.
*****blóod prèssure** 名 U 血圧: high [low] ～ 高[低]血圧 / take [check] one's ～ 血圧を計る. **ráise ...'s blóod prèssure** 動 (1) ...の血圧を上げる. (2) ...を激怒させる.
blóod pròducts 名 [複] 血液製剤.
blóod-réd 形 血のように赤い, 血染めの.
blóod relátion [rélative] 名 C 血族, 肉親.
blóod sàusage 名 U.C (米) 黒ソーセージ (豚の血を多く含む) ((英) black pudding).
+blóod·shèd 名 U 流血の(惨事), 虐殺.
blóod·shòt 形 (目が)充血した, 血走った, 血まなこの.
blóod sport 名 C [普通は複数形で] 流血を伴うスポーツ (狩猟・闘鶏など).
blóod·stàin 名 C 血痕(ミ).
blóod·stàined 形 血痕のついた, 血まみれの.
blóod·stòck 名 U (競走用の)純血種の馬, サラブレッド (thoroughbred).
blóod·stòne 名 U.C ブラッドストーン, 血石 (3月の誕生石).
+blóod·strèam 名 [the ～] (体内の)血流.
blóod·sùcker 名 C **1** 吸血動物, ひる. **2** (略式) [軽蔑] 金を搾り取る人, 吸血鬼.
blóod sùgar 名 U 血糖.
+blóod tèst 名 U 血液検査.
blóod·thìrstily 副 血に飢えて.
blóod·thìrstiness 名 U 残忍さ, 流血を好むこと.
blóod·thìrsty 形 **1** 血に飢えた, 流血[殺生]を好む. **2** (作品などが)暴力や流血場面の多い, 血生臭い.
blóod transfùsion 名 C.U 輸血.
blóod type 名 C 血液型 (⇒ blood group): "Do you know your ～?" "Yes, it's O." 「あなたは血液型を知っていますか」「はい, O 型です」 [日英比較] 日本ほど一般的な話題ではなく, 病院などで尋ねるのが普通.
+blóod vèssel 名 C 血管. ártery 動脈 / vein 静脈. **búrst a blóod vèssel** 動 (I) 血管を破裂させる. (S) 激怒[逆上]する.
*****blóod·y** /bládi/ (blóod·i·er, -i·est; 名 blood) **1** 出血している, 血によごれた, 血まみれの: a ～ nose 出血している鼻 / His hands were all ～. 彼の手は血だらけだった.
2 血生臭い, 殺伐とした, 流血の; 残虐な, むごたらしい: a ～ battle 血生臭い戦い. **3** A (S) (英卑) ひどい, べらぼうな: a ～ fool 大ばか者 / the ～ hell [疑問詞を強めて] 一体 (英卑) べらぼうな, ひどい. — 副 (S) (英卑) 絶対に, 確実に (certainly). **blóody but unbówed** 形 痛手を負ったが屈服しないで. **blóody wéll** 副 (S) (英卑) 絶対に, 確実に (certainly). **Nót blòody líkely!** (S) (英卑) そんなことするもんか, やなこった (certainly not). — 動 (blóod·ies; blóod·ied; blóod·y·ing) 他 (格式) ‹...›に血を流させる, ‹...›を血まみれにする.
Blóody Máry 名 **1** 固 (英史) 流血(好き)のメアリー (プロテスタントを弾圧した女王 Mary 一世のあだ名). **2** C

(複 ～s) [しばしば b- m-] ブラディメリー (ウオッカとトマトジュースで作るカクテル).
blóody-mínded 形 (英略式) わざと逆らう, 意地の悪い. **～·ly** 副 意地悪く. **～·ness** 名 U つむじ曲がりなこと.
Blóody Súnday 名 固 [the ～] 血の日曜日 ((1) ロシア革命初期の 1905 年 1 月 22 日 St. Petersburg で軍が労働者に発砲した事件. (2) 1972 年 1 月 30 日北アイルランドの英国兵士がデモ隊に発砲した事件.)
*****bloom** /blúːm/ (bloom·s /～z/) **1** C.U (観賞用の)花 (flower): This rosebush produces beautiful ～s. このばらは美しい花をつける. **2** [the ～] (主に文) 盛り, 盛り; (人生の)青春: She is now in the ～ of youth. 彼女は今娘盛りだ. **3** U または a ～] (皮膚などの)輝き, つや. **4** U または a ～] (熟したぶどう・プラムなどの表面につく)白い粉, 果粉. **5** U 水の華 (プランクトン異常発生): algae ～ 藻の異常発生.
be in blóom 動 (自) (花が)咲いている: The tulips are now in full ～. チューリップの花が今満開だ.
búrst ìnto blóom 動 (自) (花が)ぱっと咲く.
táke the blóom òff ... 動 (他) ...の新鮮味[よさ]を失わせる, ...をつまらぬものにする.
— 動 **1** (自) 花が咲く, 花をつける, 開花する; (場所が)花でいっぱいになる (with): Many flowers ～ in spring. 春には多くの花が咲く. **2** 栄える; (立派なものになる), 花開く (into). **3** (女性・子供が)血色[元気]がいい, 健康な色つやをしている: a girl ～ing with health and beauty 健康美に輝く少女.
bloom·er /blúːmə | -mə/ 名 C **1** (...に)咲く花; (米) 才能が開花した人: a late ～ 遅咲きの人. **2** (古風, 英略式) [滑稽] へま, しくじり ((米) blooper).
bloo·mers /blúːməz | -məz/ 名 [複] **1** ブルーマーズ (昔の女性用運動パンツ). **2** (古風) ブルーマー型下ばき (女性用).
+bloom·ing /blúːmɪŋ/ 形 **1** 花盛りの, 咲き誇る. **2** (人が)色つやのよい, はつらつとした (⇒ bloom 形). **3** A (S) (英略式) ひどく, 全くの (bloody の遠回しな言い方). — 副 (S) (英略式) ひどく, べらぼうに.
Bloom·ing·dale's /blúːmɪŋdèɪlz/ 名 固 ブルーミングデール(ズ) (米国のチェーンデパート).
Blooms·bury /blúːmzb(ə)ri/ 名 固 ブルームズベリー (London 中央部の区域; ロンドン大学・大英博物館などがある).
Blóomsbury Gròup 名 固 [the ～] ブルームズベリーグループ (20 世紀初頭 Virginia Woolf らを中心に ロンドンの Bloomsbury 地区に集まっていた文学者・芸術家の集団).
bloop /blúːp/ 動 (他) (米略式) (野) ‹...›をポテンヒットにする. — 名 C =blooper 2.
bloop·er /blúːpə | -pə/ 名 C **1** (米略式) **1** へま, どじ ((英) bloomer). **2** (野) ポテンヒット; 山なりのボール.
*****blos·som** /blásəm | blɔ́s-/ 名 (～s /～z/) **1** C (果樹の)花 (⇒ flower 表); U (1 本の木・ひと枝の)花 (全体): apple [cherry] ～s りんご[桜]の花.
2 U 開花(状態): come into ～ 花が咲きだす. **3** U 真っ盛り, 全盛期.
in blóssom 動 花が咲いている: The apple trees were in full ～. りんごの花が満開だった.
— 動 (blos·soms /～z/; blos·somed /～d/; -som·ing) (自) **1** (果樹の)花をつける[開く]: The cherry trees will ～ next week. 桜は来週咲くだろう. **2** 栄える, 成功する; 成長して (実って) ‹...›になる: Their friendship ～ed into love. ふたりの友情が実って愛となった. **3** (人が)快活 [活発]になる, より美しくなる (out).
+blot /blát | blɔ́t/ 名 (blots; blot·ted; blot·ting) **1** ‹表面の›水気を吸い取る (with); ‹インクなど›を(吸い取り紙で)吸い取る (up). **2** (インクで)‹...›をよごす. **3** ‹名誉など›を汚(%)す. **blót óut** 動 (他) (1) ‹文字など›を消す, 抹消する (from). (2) ‹...›を覆(%)

隠す, 見えなくする. (3) 《記憶など》をぬぐい去る. ― 名 C **1** (インクなどの)よごれ, しみ (stain): wipe out ~s よごれをぬぐい取る / make a ~ しみをつける. **2** (人格・名声などの)汚点, 傷; (美観などを)損なうもの (on). **a blót on the lándscape** [名] 景観[美観]を損ねるもの (醜悪なもの).

blotch /blάtʃ | blɔ́tʃ/ 名 C (皮膚の)できもの; (衣服などの)大きなしみ.

blotched /blάtʃt | blɔ́tʃt/ 形 しみのついた.

blotch・y /blάtʃi | blɔ́tʃi/ 形 (**blotch・i・er; -i・est**) で きもの[しみ]だらけの.

blot・ter /blάtə | blɔ́tə/ 名 C **1** 吸い取り紙; 吸い取り器. **2** (米)控え帳; a police ~ (警察の)逮捕[事件]記録簿. **3** 《米俗》LSD (幻覚剤).

blót・ting pàper /blάtɪŋ- | blɔ́t-/ 名 U 吸い取り紙.

blot・to /blάtou | blɔ́t-/ 形 P (古風, 英俗式)へべれけ(ぐでんぐでん)に酔って.

+blouse /bláus | bláuz/ 名 C **1** ブラウス《女性用》: wear a ~ ブラウスを着る. **2** (米) (軍服の)上着.

blou・son /blάusαn | blúːzɔn/ 名 C ブルゾン (ウエストで締め, 背中のふくらんだジャケットなど).

blow¹ /blóu/ 動 (blows** /~z/; 過去 **blew** /blúː/; 過分 **blown** /blóun/; **blow・ing**)

― 自他の転換 ―
自 **1** 吹く (to be moved by the wind)
他 **1** 吹き動かす (to cause (something) to be moved by the wind)

― 自 **1** [しばしば it を主語として; ☞ it¹ A 2] (風が)吹く: It is ~ing very hard. 《V+副》 風がとてもひどく吹いている / A strong wind blew all day long. 強い風が一日中吹いた / A pleasant breeze was **~ing from** the river. 《V+from+名・代》 さわやかなそよ風が川から吹いていた.
2 (風に)吹き飛ぶ, 散る, はためく: Dust was ~ing in the wind. 風でほこりが舞っていた / The door blew open. 《V+C（形）》 ドアが風に吹かれて開いた.
3 息を吹きかける; (扇風機などが)風を送る; はあはあいう (☞ puff and blow (puff 成句)): He blew hard **at** the candle. 《V+前+名・代》 彼がろうそくをふうっと吹いた / She **blew on** her soup to cool it. 彼女はスープを吹いて冷ました.
4 (汽笛・管楽器などが)鳴る: A whistle blew, and the boat slowly began to pull out of port. 汽笛が鳴って船はゆっくりと港から離れていった.
5 爆発する; (ヒューズが飛ぶ, (電球が)切れる; (タイヤが)パンクする: The fuse must have ~. ヒューズが飛んだにちがいない. **6** (米俗)さっさと, ずらかる.
― 他 **1** (風が)⟨…⟩に吹きつける: The storm **blew** the roof **off** our house. 《V+O+off+名・代》 あらしで私たちの家の屋根がはがれた / The wind blew the door shut. 《V+O+C（形）》 風でドアが閉まった.
2 ⟨…⟩に息を吹きかける, ⟨…⟩に息を通す; ⟨シャボン玉・ガラス細工など⟩を吹いて作る; (風を送るのに)⟨ふいごなど⟩を使う; ⟨鼻⟩をかむ: ~ bubbles シャボン玉を吹く / ~ a glass rabbit ガラスでふくらませうさぎを作る / She **blew** the dust **off** the table. 《V+O+off+名・代》 彼女はテーブルのほこりを吹き払った.
3 〘警笛・管楽器など〙(を吹き)鳴らす: Many drivers began to ~ their horns. 大勢のドライバーがクラクションを鳴らしだした. **4** ⟨…⟩を爆破する, ⟨ヒューズ⟩を飛ばす; ⟨タイヤ⟩をパンクさせる: ~ a car into bits [pieces] 車をこっぱみじんにする. **5** (略式)⟨金⟩を浪費する, 派手に使う(つぎこむ) (on). **6** (略式)(どじ・不注意などで)⟨チャンスなど⟩をふいにする, 棒にふる; ⟨…⟩をとちる. **7** (俗)⟨人の正体など⟩をあばく, (秘密がばれて)⟨…⟩をおじゃんにさせる. **8** (米俗)⟨…⟩から吹き飛ぶ; ~ town さっさと町を出る. **9** (過分 blowed) S (英古式)⟨damn の遠回しの語⟩: I'll be [I'm] ~ed if he is a criminal. 彼が犯人だったら首をやるよ / Well, 「I'll be [I'm] ~ed! こりゃたまげた / B~ it! しゃくだ, しまった. **blów ... a kíss** [動] 他 ⟨…⟩に投げキスをする. **blów hót and cóld** [動] 自 (略式)(…についての)考えがくるくる変わる (about, on), をふいにする. **blów me** [感] **1** (米)(怒り・いらだちを表わしてふざけるな. **(2)** (英)[しばしば down を伴って]驚いた. **blów ... òut of the wáter** [動] 他 **(1)** ⟨…⟩をやすやすと打ち負かす. **(2)** ⟨人⟩の主張がちがっていることを示す. **blów ... (úp) òut of (áll) propórtion** [動] 他 ⟨…⟩を必要以上に重大に扱う.

―blow¹ の句動詞―

blów apárt [動] 他 **1** ⟨…⟩を爆破する. **2** ⟨うそなど⟩を完全にあばく.

blów awáy [動] 他 **1** ⟨…⟩を吹き払う. **2** S (略式, 主に米)⟨…⟩を射殺する; (米略式)⟨相手を完全に負かす; ⟨人⟩を驚嘆[感動]させる. ― 自 (風で)吹き飛ぶ.

blów dówn [動] 他 ⟨…⟩を吹き倒す. ― 自 (風で)倒れる.

blów ín [動] 自 **1** (あらしが)吹き始める. **2** (略式, 主に米)ひょっこり姿を現わす.

blów ínto ... [動] 自 (略式, 主に米)(場所)にひょっこり姿を見せる[現わす].

*blów óff [動] 他 **1** ⟨…⟩を吹き飛ばす, 吹き払う 《V+名・代+off / V+off+名・代》: The roof was blown off by the explosion. 屋根が爆発で吹き飛んだ. **2** (米略式)⟨…⟩を軽視[無視]する; ⟨…⟩をすっぽかす, さぼる. ― 自 **1** ⟨…⟩を吹き飛ばす. **2** (英俗)へをこく.

*blów óut [動] 他 **1** (明かりなど)を吹き消す 《V+名・代+out / V+out+名・代》: Tom is ~ing out his birthday candles. トムはバースデーケーキのろうそくを吹き消している. **2** (タイヤをパンクさせる); (米)⟨ヒューズ⟩を飛ばす; (爆破で)⟨窓ガラスなど⟩を吹き飛ばす. **3** S (米)⟨相手⟩をあっさり負かす. **4** S (英)⟨人⟩との約束をキャンセルする.
― 自 **1** (明かりが)風で消える: The candle blew out. ろうそくが風で消えた.
2 (タイヤが)パンクする: When my bicycle hit the rock, the front tire blew out. 私の自転車が石にぶつかったとき前のタイヤがパンクした.
3 (米)⟨ヒューズが飛ぶ⟩; (爆発で)吹き飛ぶ: The fuse has blown out. ヒューズが飛んだ. **4** (石油・ガスなどが)突然吹き出す. **blów itsélf óut** [動] 自 (風・あらしなどが)吹きやむ, 静まる, おさまる.

blów óver [動] 他 ⟨…⟩を吹き倒す. ― 自 (吹かれて)倒れる; (あらしが)吹きやむ; (うわさ・争いなどが)おさまる.

*blów úp [動] 他 **1** ⟨…⟩を爆破する (explode) 《V+名・代+up / V+up+名・代》: The enemy blew up the bridge. 敵は橋を爆破した. ⟨風船など⟩をふくらませる. **3** ⟨写真など⟩を引き伸ばす (enlarge); ⟨…⟩を誇張する (exaggerate). **4** (略式)⟨…⟩をしかりとばす, どなりつける.
― 自 **1** (略式)かっとなる (at): When I asked Dad for more money, he really blew up and started to yell at me. 父にもっとお金をくれと言ったら父はすごくかっとなって私に向かってどなりだした.
2 (爆弾などが)爆発する; 爆破される, 吹き飛ぶ: Our factory blew up last night. 我々の工場は昨夜爆破された. **3** (問題などが)突如起こる[もち上がる], 突発する; (あらしが)吹き始める; 吹き荒れる.

―名 (~s /~z/) C **1** 鼻をかむこと: Give your nose a good ~. 鼻をよくかみなさい / Even after several ~s she wasn't able to clear her nose. 彼女は何回か鼻を

かんだが鼻のつまりは取れなかった．
2 [C] (息の)ひと吹き，吹きかけ: It took Jimmy three ～*s* to put out the candles on his birthday cake. ジミーはバースデーケーキのろうそくを 3 回息を吹いて消した． **3** [a ～] 一陣の風; 強風，暴風． **4** [U]《俗》大麻． 「**gó for [hàve] a blów** [動] [自]《英》新鮮な空気を吸いに外[散歩]に出る，風にあたる． **—** [感]《英略式》くそ!，いまいましい!

*__blow__[2] /blóʊ/ [名] (～s /~z/) [C] **1** 強打，殴打《hit よりも格式ばった語》: exchange ～*s* 殴(な)り合う / return a ～ 殴り返す / Sam took a ～ *on* the chin. サムはあごに一発くらった / The champion rained ～*s on* Jim. チャンピオンはジムに強打を浴びせた // ☞ body blow.
2 (精神的)打撃，痛手，災難，不幸: soften [cushion] the ～ 精神的な打撃を柔らげる / Losing my job was a great ～ *to* me. 職を失ったことは私にとって大きな打撃だった / We suffered a heavy ～. 我々は大打撃をこうむった． **a lów blów** [名] Ⓢ やじ，難癖． **at óne blów** = **at a (síngle) blów** [副] 一撃のもとに; 一気に． **còme to blóws** [動] [自] (…のことで)殴り合いを始める (*over*). **déal a blów to ...** = **déal ... a blów** [動] [他]《格式》(1) …に(深刻な)打撃を与える． (2) …に一撃を加える． **gét a blów ín** [動] [他] (相手に)うまく一撃を食わせる． **stríke a blów at ...** = **stríke ... a blów** [動] [他] …に一撃を加える． **stríke a blów for [agàinst] ...** [動] [他] (自由・大義など)を支持[反対]する行動を起こす． **stríke the fírst blów** [動] [自] 先手を打つ． **withòut (stríking) a blów** [副] 戦わず[労せず]して．

blów-by-blów [形] [A] (説明などが)細部にわたる，細かい: a ～ account [description] (of ...) (…の)詳細な説明． [由来] ボクサーの攻撃の詳しい実況中継から．

blów·dòwn [名] [C,U] 風による(広範囲の)倒木．

blów-drìed [形] 髪をブローして整えた; 見かけだけの．

blów-drỳ [動] (blow-dries; blow-dried; -drying) [他] 〈髪〉をドライヤーで乾かし整髪する，ブローする． **—** [名] [C] (ヘア)ドライヤーでの整髪，ブロー．

blów-drỳer [名] [C] (ヘア)ドライヤー．

blów·er [名] **1** [C] 吹く人《☞ glassblower》． **2** [C] 送風機[装置]． **3** [the ～]《古風，英略式》電話．

blów·flỳ [名] (blow·flies) [C] あおばえ．

blów·hàrd [名] [C]《米略式》ほら吹き，自慢屋．

blów·hòle [名] [C] (鯨の)噴気孔; (トンネル・地下室などの)通風[換気]孔; (あざらしなどが呼吸をしにくる)氷の穴．

blów jòb [名] [C]《卑》フェラ(チオ)，尺八．

blów·làmp [名] [C]《主に英》=blowtorch.

blown /blóʊn/ [動] blow[1] の過去分詞．

blów·òut [名] [C] **1** パンク，バースト; (ヒューズが)飛ぶこと． **2** (制御不能な)石油[ガス]の噴出． **3** [普通は単数形で]《略式》ごちそう; 盛大なお祝い． **4**《米略式》楽勝; 大敗． **5**《米略式》大バーゲンセール．

blów·pìpe [名] [C] 吹き矢の筒．

blow·sy /bláʊzi/ [形] (blow·si·er; -si·est) [軽蔑] (女性が)赤ら顔で太ってうす汚い; (髪が)だらしない．

blów·tòrch [名] [C]《主に米》(溶接・配管工事用の)トーチランプ，ガスバーナー (《英》blowlamp).

blów·ùp [名] [C] **1** (写真の)引き伸ばし (*of*). **2** [普通は単数形で] むかっ腹(を立てること)，ふってわいた言い争い． **3** 爆発． **—** [形] [A] ふくらませて使う．

blow·y /blóʊi/ [形] (blow·i·er; -i·est) 風の強い．

blow·zy /bláʊzi/ [形] (-zi·er; -zi·est)=blowsy.

BLT /bí:èltí:/ [名] [C]《米略式》ベーコン，レタス，トマトをはさんだサンドイッチ《*b*acon, *l*ettuce, and *t*omato sandwich の略; メニューに多い表記》．

blub·ber[1] /blʌ́bə | -bə/ [名] [U] (鯨などの)脂肪; 《略式》(人の)脂肪．

blub·ber[2] /blʌ́bə | -bə/ [普通は軽蔑] [動] (-ber·ing /-b(ə)rɪŋ/) [自] 泣きわめく，おいおい泣く． **—** [他] 泣きじゃくりながら〈…〉と言う (*out*).

bludge /blʌ́dʒ/ [動]《豪略式》[自] (人に)たかる (*on*). **—** [他] (人から)〈…〉をせしめる (*from*).

+**blud·geon** /blʌ́dʒən/ [動] [他] **1** 〈…〉をこん棒で打つ: ～ a person to death 人を撲殺する． **2** 〈…〉を脅して…させる[やめさせる] (*into* [*out of*]). **—** [名] [C] こん棒．

bludg·er /blʌ́dʒə | -dʒə/ [名] [C]《豪略式》たかり屋．

blue[1] /blú:/ ([同音] blew; [類音] brew) [形] (**blu·er**; **blu·est**) **1** 青い; あい色の; 紺色の: the ～ sky 青い空 / The water of the lake is really ～. 湖の水は本当に青い． [関連] sky-blue 空色の． [日英比較] 日本語の「青い」は英語の blue よりも指す範囲が広く，草木や信号の「青」などは英語では green を用いる．顔色の「青い」は blue より pale を使うことが多い．
2 [P] (顔色などが)青い，青ざめて: go ～ (寒さ・驚きなどで)青ざめる / Her face was ～ *with* cold. 彼女の顔は寒さで青くなっていた．
3 [普通は [P]]《略式》憂鬱(ゆううつ)で; 落胆して; [A] 希望の持てない，暗い: ～ Monday 憂鬱な月曜日《週末が終わったので》 / feel ～ 気持ちが落ちこんでいる． [関連] blues 憂鬱． **4**《古風，略式》(映画などが)わいせつな，ポルノの《☞ pink[1] [日英比較]》:《米》a ～ movie [《英》film] ポルノ映画 / a ～ joke きわどい冗談． **lòok blúe** [動] [自] (人が)ふさいでいる; 気分が悪そうだ; (形勢が)よくない． **till [untìl] ... is blúe in the fáce** [副]《略式》(むなしい努力を)いつまでも，とことん． [由来] 疲れて顔が青くなるまで，の意．
— [名] (～s /~z/) **1** [U] ([語法] 種類をいう時は [C]) 青，青色; あい，紺《空・海の色; ☞ spectrum 挿絵》: dark ～ 濃い青《☞ Oxford blue, 5》/ light ～ 明るい青《☞ Cambridge blue, 5》/ sky ～ 空色． **2** [U] 青い服[布]: the boys in ～《英略式》警官，巡査; 水兵 / be dressed in ～ 紺色の服を着ている． **3** [the ～ として単数扱い]《文》(青い)海; (青)空． **4** [複数形で] ☞ blues. **5** [C] [普通は B-]《英》(Oxford, Cambridge 大学の)代表選手(の青章)． **6** [U]《米》[普通は the B-] (南北戦争の)北軍(の兵士)． **òut of the blúe** [副]《略式》出し抜けに，いきなり《☞ like a bolt from [out of] the blue (bolt 成句)》．

blue[2] /blú:/ [動] [他]《英略式》〈金銭〉を浪費する．

blúe bàby [名] [C] (先天的心臓奇形による)青色児．

Blúe·bèard [名] [固] 青ひげ《6 人の妻を次々と殺したといわれる伝説上の男》．

blúe·bèll [名] [C] ブルーベル《あい色のつり鐘形の花が咲く草の総称》．

+**blue·ber·ry** /blú:bèri | -b(ə)ri/ [名] (-ber·ries) [C,U] ブルーベリー《こけももの類の低木，またその食用の実》．

blueberry

blúe·bìrd [名] [C] ブルーバード《北米産のつぐみ科の鳥》．

blúe blòod [名] [C] 貴族; 名門の人; [U] 貴族の血統; 名門の出．

blúe-blóoded [形] 貴族出の; 名門の．

blúe bòok [名] [C] **1** 青書《米国は官庁の，英国は議会や枢密院の，青表紙の報告書》． **2**《米略式》紳士録，職員録． **3**《米》(大学の青表紙の)試験答案冊子． **4**《米》[B- B-] ブルーブック《中古車[品]の型式・年代別に標準的価格をのせたガイド; 商標》．

bluebird

blúe·bòttle 名 C あおばえ《肉にたかる》.
blúe chèese 名 U.C ブルーチーズ《青かび入り》.
blúe chíp 名 C《株》優良株.
⁺**blúe-chíp** 形 優良(株)の: a ~ athlete《略式》《プロ入り前の》有望新人選手.
⁺**blúe-cóllar** 形 A 肉体労働(者)の, 作業服をつける. 関連 white-collar 頭脳労働者の / pink-collar 女性が従事する.
Blúe Cróss 名 固 ブルークロス《アメリカの健康保険組合》.
blúe-èyed bóy 名 C《普通 one's ~》《略式, 主に英》《しばしば軽蔑》お気に入りの人《《米》fair-haired boy》.
blúe·fìsh 名《複 ~》C あみきり《北米大西洋岸のかつの類の食用魚》.
blúe·gìll /-gìl/ 名 C ブルーギル《米国産の川魚》.
blúe·gràss 名 U 1 ブルーグラス《米国南部の伝統的カントリーミュージック》. 2《米》ながはぐさ《牧草》.
Blúegrass Stàte 名[the ~] ブルーグラス州《米国 Kentucky 州の俗称》.
blúe gùm 名 C ユーカリの木の一種.
blúe hélmet 名 C《略式》国連休戦監視部隊員.
blu·ish /blú:ɪʃ/ 形 = bluish.
blúe-jàcket 名 C《略式》水兵.
blúe jày 名 C あおかけす《北米産の鳥》.
blúe jèans 名[複]《米》= jeans.
blúe láw 名 C 日曜安息法《《以前》日曜の仕事・飲酒などを規制》; 厳格な法律.
blúe·ness 名 U 青いこと, 青さ.
Blúe Níle 名[the ~] 青ナイル川《ナイル川の支流; 白ナイルと合流してナイル川となる》.
blúe-nòse 名 C《米略式》《極端に》清教徒的な人.
blúe nòte 名 C《楽》ブルーノート《ブルースに特徴的に表われる音階》.
Blúe Nún 名 U.C ブルーナン《ドイツの甘口白ワイン》.
blúe páges 名[複]《しばしば B- P-》《略式, 主に米》《電話帳の》官公庁の部《☞ Yellow Pages》.
blúe-péncil 名(-pen·cils; -pen·ciled,《英》-pen·cilled; -cil·ing,《英》-cil·ling) 他《不適当な字句など》を削除する; 校閲する, 〈…に〉青を入れる.
blúe péter 名[the ~; 時に the B- P-] 出帆旗《青地に白の正方形が描かれた》.
blúe plàte spécial 名 C《米》大皿に盛りつけた安い定食.
⁺**blúe·prìnt** 名 C 計画; 青写真, 設計図《☞ plan 類義語》: a ~ for a better future よりよい未来の計画.
blúe ríbbon 名 C《米》最優賞, ブルーリボン賞.
blúe-ríbbon 形《米》最高の; 最優秀の.
Blúe Rìdge (Móuntains) 名 固[複] ブルーリッジ山脈《米国東部アパラチア山脈南部の景勝地》.
blúe-rínse 形 A《英》《滑稽》《白髪を青に染めるカラーリンスを用いる》中流階級の保守的な年配女性の.
blues /blú:z/ 名 1 [the ~ として複数または単数扱い] ブルース《テンポの緩いジャズの一種》. 2 [the ~ として複数扱い]《略式》鬱(っ), 気のふさぎ, 憂鬱症.
blúe-shíft 名 C.U《天文》青方シフト[偏移].
blúe-ský 形 A《米》無価値な; 非実際的な.
blúe-stócking 名 C《古風, 英》《軽蔑》インテリ女; 教養を鼻にかける女.
blues·y /blú:zi/ 形 ブルースの.
blúe tít 名 C あおがら《ヨーロッパ産の鳥》.
Blúe·tòoth 名 U《電算》ブルートゥース《携帯・ネット・パソコン間の無線通信規格》.
blúe whále 名 C しろながすくじら.
⁺**bluff**¹ /blʌf/ 名[U または a ~] こけおどし,《ポーカーでの》はったり. **cáll ...'s blúff**[動] ...にやれるものならやってみろと言う. — 動 自 はったりをきかせる, からいばりをする. — 他〈…に〉をこけおどし[はったり]でだます. **blúff ... ìnto** — [動] 他〈…に〉にはったりを使って—させる.

blúff it óut[動] 自《難局を》はったりで切り抜ける.
blúff one's wáy[動] 自 はったりで切り抜ける《into, out of, past, through》.
bluff² /blʌf/ 名 C《海岸などの》絶壁, 断崖(慌). — 形 (**bluff·er**; **bluff·est**)《悪意はないが》ぶっきらぼうな,《言動が》陽気であけすけの. **~·ly** 副 ぶっきらぼうに, 率直に. **~·ness** 名 U ぶっきらぼう.
blu·ing /blú:ɪŋ/ 名 U《洗濯に使う》青味づけ《剤》.
blu·ish /blú:ɪʃ/ 形 青みがかった, 青っぽい.
⁺**blun·der** /blʌ́ndɚ | -də/ 名 C《不注意などによる》《大》失敗, へま,《ばかげた》間違い: make [commit] an awful ~ ひどいへまをする. — 動 (**-der·ing** /-dərɪŋ, -drɪŋ/) 自 1《大》失敗をする, へまをする. 2 [副詞(句)を伴って]《暗闇などで》まごつく, まごまごして歩く《about, along, around》; つまずく, ぶつかる, うっかり入りこむ《into》; へまをしてまずいことになる《into》.
blun·der·buss /blʌ́ndɚbʌ̀s | -də-/ 名 C らっぱ銃《筒先の太い昔の短銃》.
blun·der·er /blʌ́ndərɚ | -rə/ 名 C そこつ者.
blun·der·ing /blʌ́ndərɪŋ, -drɪŋ/ 形 A まごついた, そこつな, へまな.
*⁺**blunt** /blʌ́nt/ 形 (**blunt·er** /-tɚ | -tə/; **blunt·est** /-tɪst/) 1《刃が》鈍い, なまくらの (dull);《鉛筆が》とがっていない《反 sharp》: a ~ knife よく切れないナイフ. 2《人やことばが》ぶっきらぼうな, そっけない; 率直な: a ~ reply そっけない返事 / Let's be ~. 率直に言いましょう. — 動 (**blunts** /blʌ́nts/; **blunt·ed** /-tɪd/; **blunt·ing** /-tɪŋ/) 他 1〈…〉を鈍くする,《鉛筆の芯》を丸くさせる: ~ the edge of the knife ナイフの刃をなまらせる. 2〈頭脳・感情など〉を鈍らせる, 弱くする.
blúnt ínstrument 名 C 1 鈍器. 2 大雑把で小回りのきかないやり方.
blúnt·ly 副 ぶっきらぼうに, 無遠慮に, 不作法に; 文修飾 遠慮なく言うと: to put it ~《S》遠慮なく言うと.
blúnt·ness 名 U 鈍さ, 鈍感; ぶっきらぼう, 無作法.
*⁺**blur** /blɚ́: | blɚ́:/ 名[a ~] ぼんやりしたもの,《動きが速すぎて》ぼやけたもの《of》; 不鮮明な記憶: When I take off my glasses, your face is just a ~. 眼鏡を外すとあなたの顔はぼんやりとしか見えない. — 動 (**blurs**; **blurred**; **blur·ring** /blɚ́:rɪŋ | blɚ́:r-/) 自 ぼやける, かすむ: Her eyes blurred with tears. 彼女の眼は涙で曇った. — 他 1〈…〉をぼんやりさせる,《涙が》〈目〉を曇らせる;〈写真〉をピンボケにする. 2〈境界・相違など〉を不鮮明にする.
blurb /blɚ́:b | blɚ́:b/ 名 C [しばしば the ~] 本の帯などの広告文;《専門・業界用語をちりばめた》素人(ぶ)むけの説明[広告]文,《大いにほめた》宣伝文句.
blurred /blɚ́:d | blɚ́:d/ 形 ぼんやりとした, ぼやけた;《写真が》ピンボケの;《記憶が》かすんだ;《相違などが》不鮮明な.
blur·ry /blɚ́:ri | blɚ́:ri/ 形 ぼやけた (blurred).
⁺**blurt** /blɚ́:t | blɚ́:t/ 動[次の成句で] **blúrt óut**[動] 他《興奮・不安のあまり》〈…〉を出し抜けに言う; 口走る.
⁺**blush** /blʌ́ʃ/ 動 自 顔を赤らめる, 赤面する《☞ flush 類義語》《格式》恥じる: a ~ing bride《滑稽》顔じらう花嫁 / Helen ~ed at their praise. ヘレンはみんなにほめられて顔を赤くした / Meg ~ed bright red. メグは真っ赤になった / The boy ~ed with [for] shame. 少年は恥ずかしくて赤くなった / I ~ to admit that I was too selfish. 恥ずかしながら私はあまりにもわがままだったことを認めます. — 名 1 C 顔を赤らめ, 赤面: She turned away to hide her ~es. 彼女は恥じらいの色を隠すために顔をそむけた. 2 U ばら色, 赤い色. 3 U.C《米》ほお紅, ルージュ (blusher). 関連 lipstick 棒口紅. 4 U.C = blush wine. **at fírst blúsh**[副]《格式》一見して, 一見したところでは (at first

sight). **spáre [sáve] ...'s blúshes** [動]《古風》...が赤面しないようにする，...を当惑させない．
blush·er /blʌ́ʃɚ | -ʃə/ 名 U.C ほお紅 (rouge).
blush·ing·ly /blʌ́ʃɪŋli/ 副 顔を赤らめて．
blúsh wíne 名 U.C ブラッシュワイン《ピンク色をしている》．
+blus·ter /blʌ́stɚ | -tə/ 動 (-ter·ing /-tərɪŋ, -trɪŋ/) 自 (風・波が)荒れ狂う；（人が)ががり散らす． **blúster one's wáy** [動] 自 どなり散らして切り抜ける (out of, through). ― 名 U 吹き荒れる風の音，（波の)騒ぐ音；どなり散らすこと，こけおどし．
blus·ter·er /blʌ́stərɚ | -rə/ 名 C どなり散らす人．
blus·ter·ing /blʌ́stərɪŋ, -trɪŋ/ 形 吹きすさぶ；どなり散らす．
blus·ter·y /blʌ́stəri, -tri/ 形 (風が)吹きすさぶ, (天候が)荒れた．
blvd., Blvd 略 =boulevard.
BM /bíːém/ 略 =bowel movement.
BMI /bíːèmáɪ/ 略 =body mass index.
B̀ mòvie /bíː-/ 名 C B級映画．
BMW /bíːèmdʌ́blju:/ 名 C ビーエムダブリュー《ドイツの高級車；商標》．
BMX /bíːèméks/ 名 **1** U 自転車モトクロス．**2** C モトクロス用の自転車《特に子供が乗る》．
bn 略 =billion.
Bn. 略 =Baron, battalion.
B'nai B'rith /bənéɪbəríθ/ 名 固 ブネイ ブリス《ユダヤ人地位向上のための組織》．
B.O. /bíːóʊ/ 略 =body odor, box office.
bo·a /bóʊə/ 名 C **1** =boa constrictor. **2** ボア (feather boa)《女性用毛皮または羽毛襟巻き》．
bóa constríctor 名 C ボア，王ヘビ (boa)《獲物を絞め殺す大蛇》．
+boar /bɔ́ɚ | bɔ́ː/ 名 (複 ~(s)) C (去勢しない)雄豚 (☞ pig 表)；いのしし (wild boar).

‡board /bɔ́ɚd | bɔ́ːd/ T

「板」1 → 「黒板」2
→ (卓) → (会議机) → 「委員会」3
→ (食卓) → 「食事」4
→ (舷側) → 「(船に)乗り込む」動

― 名 (boards /bɔ́ɚdz | bɔ́ːdz/) C,U **1** 板 (☞ plank 名)；盤，台，板；(電covery)ボード，(電)基板；=chessboard；(略式)(サーフボード・スケートボード・スノーボードの)ボード：B~s are used in building walls, floors, boats, and so on. 板は塀・床・ボートなどを作るのに用いられる．
2 C 黒板 (blackboard)；掲示板；=scoreboard：Mary drew a picture on the ~. メアリーは黒板に絵をかいた．

――― board 1, 2 のいろいろ ―――
bíllbòard《米》広告板 / bréadbòard パン切り[こね]台 / búlletin bòard 掲示板 / chálkbòard《米》(特に緑色の)黒板 / chéssbòard チェス盤 / círcuit bòard 基盤 / clípbòard 紙挟み付き筆記板 / cútting bòard まな板 / díving bòard 飛び込み板 / dráwing bòard 画板・製図板 / flóorbòard 床板 / íroning bòard アイロン台 / nótice bòard《英》掲示板 / scóreboard 得点掲示板 / sídebòard 食器棚 / sígnbòard 掲示板 / skátebòard スケートボード / snówbòard スノーボード / súrfbòard サーフボード / switchbòard(電話の)交換台 / whítebòard ホワイトボード

3 C [しばしば the ~]《英》単数形でも時に複数扱い] 委員会，評議会；(官庁などの)省，庁，局，部 (☞ the Board of Trade (trade 名 1))：sit on a ~ 委員である / go before the ~《提案などが》に出される / an editorial ~ 編集局 / a ~ of directors [trustees] 重役[理事・役員]会 / a ~ of education《米》(州の)教育委員会．
4 U 食事；賄(か)い，賄い料：~ and lodging =room and ~ 賄い付きの下宿 / The job gave him bed, ~, and 200 dollars a week. その仕事をして彼は寝る所と食べる物と週に200ドルの金を得た． **5** [複数形で] (本の)厚紙の表紙：a book in cloth ~s クロス装丁の本．
6 [複数形で]《米》(団体が行なう)入学試験：☞ college boards. **7** [複数形で]《米》(アイスホッケー競技場の)板囲い，ボード．〖バスケ〗=backboard；C [普通は複数形で] ボールをリバウンドさせること． **8** [the ~s]《略式》舞台 (stage)；俳優業：be on [tread] the ~s 俳優をしている[俳優業になる]．

acróss the bóard [副] (1) 一律に，あらゆる点で．(2)《米》(競馬などで)単勝式と(2・3 着込み)複勝式の複合投票で[の]，単勝を同時に適用して．
(as) stíff as a bóard [形] S 板のように堅い[曲がらない]，(体が)こわばった．
gó by the bóard(s) [動] 自 (計画などが)放棄される，無視される． 由来 マストなどが折れて船外へ落ちる，の意．
gó [gét] on bóard [動] 自 (旅客機に)乗り込む，乗船する，(列車・バスに)乗車する：Have the tourists gone on ~? 観光客たちは搭乗し[乗り込み]ましたか．
on bóard [副・形] (1) (旅客機に)乗り込んで，搭乗して；乗船して[た]；機内船内，車内で[の]：Several Russians were on ~ with us. 私たちといっしょに数人のロシア人が搭乗[乗船，乗車]していた // aboard 語法． (2) (チーム・組織の)一員に加わって，一員として． (3)《野》出塁して[た]．
on bóard ... [前] ...に乗って[た]；...に乗船して[た]：Three workers on ~ the ship were killed in the accident. 乗船していた3人の作業員が事故で死んだ．
(ópen and) abóve the bóard [副・形] (取り引きなどが)公明正大に[な]． 由来 トランプで手をテーブルの下に入れないことから．
swéep the bóard [動] 自 ☞ sweep 動 成句．
táke ... on bóard [動] 他《略式》〈責任・仕事などを〉引き受ける；〈考え・提案などを〉理解する，受け入れる：I hope you've taken (it) on ~ that we can't possibly finish on time. とても時間通りに終えられないことがおわかりいただけたと思います．

― 動 (boards /bɔ́ɚdz | bɔ́ːdz/; board·ed /-ɪd/; board·ing /-dɪŋ/) 他 **1**《格式》〈旅客機・船〉に乗り込む，〈列車・バス〉に乗車する；[普通は進行形で]〈乗り物〉が〈乗客〉を搭乗させる；〈乗り物〉に乗客を搭乗させる：We ~ed a plane at Narita. 我々は成田で飛行機に乗った． **2** 〈...〉に板を張る，〈...〉を板で囲う (over), 〈...〉を板で囲って隠す (off)：The windows were ~ed up. 窓には板が打ちつけてあった． **3** 〈人〉を〈...で〉賄い付きで下宿させる (☞ lodge 動 他 2). **4**《ペット》を預かって飼う《飼い主の留守中に頼まれて》．
― 自 **1**《格式》(旅客機・船に)乗り込む (at, to)；(乗り物が)乗客を乗り込ませる[搭乗させる]：Japan Airlines flight 002 (bound) for San Francisco is now ~ing. 日本航空サンフランシスコ行き 002 便は搭乗手続きをしております《002 は都市の o(h)/óʊ/ two と読む》． **2** [副詞(句)を伴って] 下宿[寄宿]する《ホテルなどで滞在して》食事をする：She ~s at her aunt's [with her aunt]. 彼女はおばの家で下宿している． **bóard óut** [動] 他 (1)《英》〈子供・ペットなどを〉よそに預けて面倒をみてもらう． (2)〈学生などを〉賄い付きで下宿させる． ― 自 外食する．
bóard cértified 形《米》(医師などが)資格審査を通った．

board·er /bɔ́ːdɚ | bɔ́ːdə/ 名 C **1** (賄(*まかな*)い付きの)下宿人; 寄生生, (主に英)寄宿生. 関連 lodger 賄いなしの下宿人. **2** (船などに)乗り込む人, 搭乗者.

bóard gàme 名 C 盤上のこまのゲーム(チェスなど).

bóard·ing /-dɪŋ/ 名 U **1** 乗船, 乗車, 搭乗. **2** 板貼り, 板. **3** 寄宿.

bóarding càrd 名 C (旅客機の)搭乗券.

bóarding hòuse 名 (-hous·es /-hàuzɪz/) C (賄(*まかな*)い付き)下宿屋 《普通 rooming [lodging] house (かあり以上等用)》.

bóardinghouse reach 名 U (米略式)(食卓で遠くのものを, 人に頼まず)自分で手を伸ばして取ること.

bóarding lìst 名 C 乗客氏名表.

bóarding pàss 名 C =boarding card.

+**bóarding schòol** 名 CU 寄宿学校(学生全員または一部が付設の寄宿舎に入る).

+**bóard·ròom** 名 C (重役会など)の会議室. [the ~; 単数または(英)複数扱い] 重役会, 役員会.

bóard·sàiling 名 U =windsurfing.

bóard·wàlk 名 C (米)(海岸などの)板貼りの歩道.

*****boast** /bóʊst/ 動 (boasts /bóʊsts/; boast·ed /~ɪd/; boast·ing) 自 自慢する, 鼻にかける: She *is* always ~*ing* (*to* me) *about* [*of*] her son's school record. <V(+*to*+名・代)+*about* [*of*]+名・代> 彼女はいつも私に息子の成績の自慢ばかりしている(⇨ be² A 1 (3)) / He ~*ed of* having won the prize. 彼はその賞を取ったことを自慢した.

— 他 **1** 〈…〉と自慢する, 自慢して言う, 〈…〉を鼻にかける: He ~*s that* he is the cleverest boy in the class. <V+O(*that* 節)> 彼は自分がクラスでいちばん頭がよいといっている. **2** [普通は進行形なし] [普通はほめて](場所・物・組織が)(誇りになるものとして)〈…〉を持つ, 〈…〉があるのを自慢する: Our school ~*s* many famous graduates. わが校は大勢の有名な卒業生が自慢である. 語法 この意味では人を主語にしない.

— 名 (boasts /bóʊsts/; 形 bóastful) C 自慢, 鼻にかけること; [普通は単数で] 誇り(にしているもの), 自慢の種: She believed his ~ *that* he was a good cook. <N+*that* 節> 彼女は彼が料理が上手だという自慢を信じた / He said he would win, and that was no idle [empty] ~. 彼は自分が勝つだろうと言ったが, それは全然からいばりなどではなかった.

boast·er /bóʊstɚ | -tə/ 名 C やたらと自慢する人.

boast·ful /bóʊstf(ə)l/ 形 (名 boast) [普通は軽蔑] 自慢げな, 自画自讃の (*about, of*). **-ful·ly** /-fəli/ 副 鼻高々と. **~·ness** 名 U 高慢.

*****boat** /bóʊt/ 動 (bóat) 名 (boats /bóʊts/) C **1** ボート, 小船. 日英比較 普通は覆いのない小型の船で, オールでこぐものにも動力船にも用いる. 日本語の「(手こぎの)ボート」に当たるものは(米) rowboat, (主に英) rowing boat: row a ~ ボートをこぐ / BOATS FOR HIRE (英) 貸しボート(掲示). **2** (略式)(一般に)船, 汽船(⇨ ship 表): get on [in] a ~ 船に乗る (⇨ get on (get 句動詞)表) / get off [out of] a ~ 船から降りる (⇨ get off (get 句動詞)表) / come in [by] the last ~ 最終の船で来る / take a ~ for New York ニューヨーク行きの汽船に乗る.

boat 1, 2 のいろいろ
canálbòat (運河用)細長い船 / cárgo bòat 貨物船 / férrybòat フェリーボート / físhing bòat 漁船 / gúnbòat 砲艦 / lífebòat 救命艇 / lóngbòat (帆船積載の)大型ボート / mótorbòat モーターボート / páddlebòat 外輪船 / pílot bòat 水先船 / pléa·sure bòat (古風) 遊覧船 / pówerbòat モーターボート / sáilbòat, sáiling bòat (英) 帆船, ヨット / shówbòat 演芸船 / spéedbòat 高速モーターボート / stéambòat 蒸気船 / torpédo bòat 魚雷艇

túgbòat 引き船

3 舟形の容器(スープ皿など): ⇨ gravy boat.

be (áll) in the sáme bóat [動] 自 (…と)運命[危険など]を共にする《慰めの表現としてよく用いる》(*as*).

búrn one's bóats [動] 自 (略式) 背水の陣を敷く. 由来 (戻れないように)船を燃やす, の意.

by bóat=on [in] a bóat [副] ボートで, 船で: I crossed the river 「*by* ~ [*on a* ~]. 私は小舟に乗って川を渡った(⇨ by 前 2 語法).

floát …'s bóat [動] 他 (略式) 人の気に入る, (特に性的に)人を興奮させる: whatever *floats* your ~ (S) (滑稽)(私はどうかと思うけど)お好きなように.

púsh the bóat òut [動] 自 (略式) (パーティー・食事などに)金を使ってぜいたくに祝う (*for*).

róck the bóat [動] 自 (略式) (軽蔑) (平和[大事]なときに)問題を起こす, 波風をたてる.

táke to the bóats [動] 自 (沈む船から)ボートに乗り移る.

— 動 自 ボートをこぎ[船遊び]に行く: Let's go ~*ing* on the lake. 湖にボートをこぎに行こう.

boat·er /bóʊtɚ | -tə/ 名 C **1** 麦わら帽(ボート乗りの際かぶった). **2** ボート乗り[遊び]をする人.

bóat hòok 名 C かぎざお(ボートを引き寄せたり離したりするのに使うかぎのついた長いさお).

bóat·hòuse 名 (-hous·es /-hàuzɪz/) C ボート小屋; 艇庫.

*****boat·ing** /bóʊtɪŋ/ 名 U ボートこぎ, 船遊び (⇨ boat 表).

bóat·lòad 名 C 船一杯分の船荷[船客]. **a bóatload of …** [形] 船一杯の…, 多量の….

bóat·màn /-mən/ 名 (-men /-mən/) C 貸しボート屋; 船頭; 渡し守(*もり*).

bóat pèople 名 [複] ボートピープル(戦乱の国, 特に70年代のベトナムから小船で脱出した難民).

bóat ràce 名 **1** C ボートレース, 競艇. **2** [the B-R-] (英) (年に一度の)オックスフォード大学とケンブリッジ大学対抗のボートレース.

boat·swain /bóʊs(ə)n/ 名 C (商船の)甲板長.

bóat tràin 名 C 臨港列車(船と連絡する).

bóat·yàrd 名 C 艇庫; 小船修理[建造]所.

*****bob¹** /báb | bɔ́b/ 動 (bobs /~z/; bobbed /~d/; bob·bing) 自 [副詞(句)を伴って] (上下などに)ひょいと動く; さっと移動する: ~ *up* and *down* (水面などで)上下する / The *bobbed down* behind the hedge. 彼女は生け垣の後ろにさっとかがんだ. — 他 〈頭・体〉を上下にひょいと動かす: ~ one's head 軽くおじぎをする. **bób for ápples** [動] 自 (水などに浮かんだりんごを口でくわえようとする遊び(ゲームとして). **bób úp** [動] 自 (水面に)ひょいと現れる; (人が)突然現れる.

— 名 C **1** (上下に)ひょいと動かすこと; (頭をちょっと下げる)会釈. **2** (英) =curtsy. **3** (魚釣りの)浮き.

bob² /báb | bɔ́b/ 名 C (女性の)ショートヘア, ボブ.
— 動 (bobs; bobbed; bob·bing) 他 〈…〉をショートヘア[ボブ]にする: *bobbed* hair ショートヘア.

bob³ /báb | bɔ́b/ 名 (複 ~) C (英略式) シリング (shilling): have (got) a few ~ (英略式) 小金がある.

bob⁴ /báb | bɔ́b/ =bobsled.

Bob /báb | bɔ́b/ 名 ボブ(男性の名; Robert の愛称). **(and) Bób's your úncle!** [感] (S) (英略式) それでよし, あとは心配無用.

bób·ber /bábɚ | bɔ́bə/ 名 C (釣りの)うき.

bób·bin /bábɪn | bɔ́b-/ 名 C ボビン(糸・コイルなどを巻く筒形の枠; ⇨ spool).

bob·ble /bábl | bɔ́bl/ 名 C **1** (米略式) へま, しくじり; (球) ファンブル. **2** (英) (帽子などの装飾用)毛糸玉. — 動 他 (米) (球)をファンブルする.

bóbble hàt 名C《英》=stocking cap.
bob・by /bábi | bɔ́bi/ 名 (**bob・bies**) C《古風, 英略式》警官.
Bob・by /bábi | bɔ́bi/ 名 ボビー《男性の名; Robert の愛称》.
bóbby pìn 名C《米》ヘアピン (hairpin).
bóbby sòcks [sòx] 名《複》《米》《女子用の上を折り返した》短いソックス, ボビーソックス《40年代に流行》.
bób・cat 名C ボブキャット《北米産のおおやまねこ》.
bób・sled 《米》名 **1** C ボブスレー (bobsleigh). **2** U ボブスレー《競技》. ── 動 (-sled・ded; -sled・ding) 自 ボブスレーに乗る[で滑る].
bób・sleigh 《英》名 動 =bobsled.

bobsled

bób・tail 名C《馬や犬の短く切った尾; 尾を短く切った馬[犬]》.
bób・white 名C コリンうずら《北米産の鳥》.
Boc・cac・ci・o /boukáːtʃiou, tʃou | bɔ-/ 名 Giovan・ni /dʒouváːni/ ~ ボッカチオ (1313-75)《イタリアの作家・詩人》.
boc・cie, boc・ci, boc・ce /bátʃi | bɔ́tʃi/ 名U ボッチ《芝生でするイタリアのボーリング》.
Boche /bɑʃ | bɔʃ/ 名 [the ~] [差別] ドイツ人[兵]《全体》《第一次・第二次大戦時に英国で使われたことば》.
bóck (bèer) /bák(-) | bɔ́k(-)/ 名U ボックビール《ドイツ製の強い黒ビール》.
bod /bád | bɔ́d/ 名C《略式》**1** 身体. **2** S《英》人, やつ: an odd ~ 変わった人.
bo・da・cious /boudéɪʃəs/ 形《米俗》すばらしい, 抜群の; 度肝を抜く.
⁺**bode**¹ /bóud/ 動 他《受身なし》《古語》(...にとって)《物事》の前兆となる (for). **bóde wéll [íll]** 動 自 W(...にとって)よい[悪い]前兆である (for).
bode² bide の過去形.
bo・de・ga /boudéɪgə/《スペイン語から》名C《特にスペイン語を話すアメリカ人の間で》食料雑貨店.
bodge /bádʒ | bɔ́dʒ/ 動 他《英略式》=botch.

Bo・dhi・dhar・ma /bòudɪdɔ́ːmə | -dɔ́-/ 名 菩提達磨(ぼだいだるま)《中国禅宗の祖》.
bo・dhi・satt・va /bòudɪsátvə, -sáːt-/ 名C 菩薩(ぼさつ)《涅槃(ねはん)に入る悟りに達した人》.
bod・ice /bádɪs | bɔ́d-/ 名C **1** 婦人服の上半身部分. **2**《古語》ボディス《胸から腰までの体にぴったり合った女性用の胴着・下着》.
bódice rìpper 名C《熱烈なラブシーンのある》時代ロマンス小説[映画].
-bod・ied /bádid | bɔ́d-/ 形《合成語で》**1** ...な体[胴体, 体格]をした: big-*bodied* 体の大きな, 大柄な. **2** こくのある, (...の)味わいのある: a full-*bodied* [light-*bodied*] wine こくのある[軽い味わいの]ワイン.
bod・i・less /bádɪləs | bɔ́d-/ 形《胴》体のない; 実体のない.
⁺**bod・i・ly** /bádəli | bɔ́d-/ 形 (名 bódy) A 身[肉]体上の (physical) (反 mental): ~ organs 体の諸器官 / ~ harm 〘法〙 傷害. ── 副 体ごとそっくり, 力ずくで; 丸ごと: be ~ present 実際に居合わせる.
bod・kin /bádkɪn | bɔ́d-/ 名C ひも通し針.

∗∗bod・y /bádi | bɔ́di/ 名 (**bod・ies** /~z/; 形 bódily)

1 C 体, 肉体, 身体: a strong ~ 丈夫な体 / ~ temperature [weight] 体温[体重] / A sound mind in a sound ~ .《ことわざ》健全な身体に健全な精神(を持つことが望ましい) // ☞ healthy ［日英比較］.
【関連】 mind 心 / soul 魂 / spirit 精神 / figure 体型 / build 体格

2 C 死体, 遺体: unidentified *bodies* 身元不明の遺体 / bury a ~ 遺体を埋葬する.
3 C 胴体, 《衣服の》胴の部分, 《木の》幹): He was hit three times in the ~. 彼は胴体を3回たたかれた.
【関連】 limb 手足.
4 C 多数, 多量: a large ~ of information 多くの情報. **5** C《英》単数形でも時に複数扱い 一団, 一群; 集まり, 団体: a ~ of soldiers 兵の一隊 / the student ~ 《学校全体の》学生; 学生自治会 / a public ~ 公共団体 / a governing [official, professional] ~ 行政[公式, 職業]機関. **6** [the ~]《物の》本体, 《建物の》主要部, ボディー《エンジン・車輪・翼などを除く車体・船体・機体など》; 《手紙・演説などの》本文: the ~ of a car [a ship, an airplane] 車体[船体, 機体] / the ~ of a book 書物の本文. **7** C 区域: large *bodies* of water 大きな水域《湖・海など》. **8** C〘物理〙 物体, 体《固体・液体など》: solid [liquid] *bodies* 固体[液体] / a

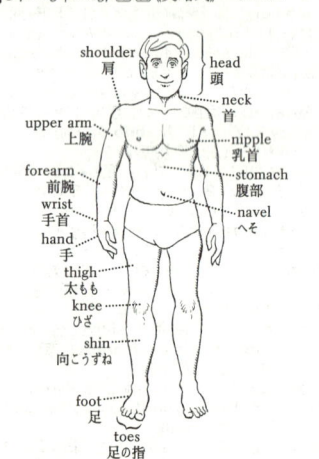

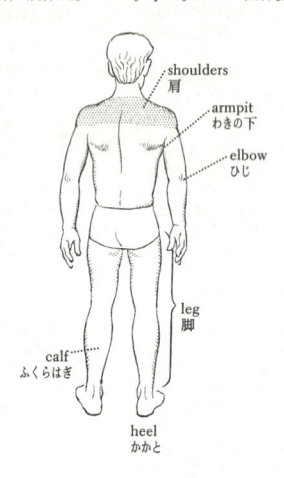

shoulder 肩
head 頭
neck 首
upper arm 上腕
nipple 乳首
forearm 前腕
stomach 腹部
wrist 手首
navel へそ
hand 手
thigh 太もも
knee ひざ
shin 向こうずね
foot 足
toes 足の指

shoulders 肩
armpit わきの下
elbow ひじ
leg 脚
calf ふくらはぎ
heel かかと

body

foreign ～ in one's eye 《格式》目に入った異物(いぶみなど). **9** ⓊY(酒などの)こく. **10** Ⓤ (毛髪の)豊かさ, こし. **11** Ⓒ 《英》=bodysuit. **bódy and sóul** [副] 身も心も, すっかり. **in a [óne] bódy** [副] 一団となり, 全員そろって. **kèep bódy and sóul togéther** [動] ⾃ [しばしば否定文で] どうにか暮らしていく. 由来 魂が肉体から離れない[死なない]ようにしておく, の意. **òver ...'s déad bódy** [副] Ⓢ 《略式》...の目の黒いうちは(許さない): You'll marry that man over my dead ～! おれの目の黒いうちはあの男と結婚させるものか. **séll one's bódy** [動] ⓒ 体を売る, 売春をする.

bódy àrmor [名] Ⓤ 《警官の着用する》防弾チョッキ.
bódy bàg [名] Ⓒ 遺体袋.
bódy blòw [名] Ⓒ **1** 大打撃, 大敗北 (for, to). **2** 《ボク》ボディーブロー.
bódy bòard [名] Ⓒ ボディーボード《小型のサーフボード》.
bódy bùilder [名] Ⓒ ボディービルをする人.
bódy-bùilding [名] Ⓤ ボディービル.
bódy chèck [名] Ⓒ 《アイスホッケー》体で妨げること, ボディーチェック. 日英比較 空港などでの「ボディーチェック」は body search.
bódy clòck [名] Ⓒ 体内時計《時間の経過に合わせて自然に体調を保つ機能;⇒ biological clock》.
bódy còunt [名] Ⓒ 《戦》死者数(を数えること).
bódy dòuble [名] Ⓒ 《ヌードシーンでの》代役.
bódy Ènglish [名] Ⓤ ボールを望む方向に行かせたいために(プレーヤーが無意識に行なう)体のひねり.
*⁺**bód·y·guard** /bádigàəd|-gà:dz/ [名] Ⓒ ⟨-guards /-gàəd|-gà:dz/⟩ 護衛, ボディーガード 《〈英〉単数形でも時に複数扱い》ボディーガードの一団: provide a person with a ～ 人に護衛をつける.
bódy ìmage [名] Ⓒ,Ⓤ 自分の体形に対する意識.
⁺**bódy lànguage** [名] Ⓤ 身ぶり言語, ボディーランゲージ《身ぶりや表情・態度などによる伝達方法》.
bódy máss ìndex [名] Ⓒ BMI 指数, 体容積指数《略 BMI; 体重(キロ数)を身長(メートル数)の 2 乗で割った肥満度指標; 22 標準》.
bódy òdor [名] Ⓤ 体臭, わきが《略 BO》.
bódy pìercing [名] Ⓤ,Ⓒ ボディーピアス《舌・へそなどのピアス》.
bódy pòlitic [名] [the ～] 《格式》(政治的統一体としての)国家[国民].
bódy pòpping /-pàpɪŋ|-pɔ̀p-/ [名] Ⓤ ボディーポッピング《ダンサーがロボットのような動きをするダンス》.
bódy sèarch [名] Ⓒ 《空港などでの》身体検査, ボディーチェック (security check) 《⇒ search [名] 成句》. ── [動] ⓗ ⟨...⟩にボディーチェックをする.
bódy shòp [名] Ⓒ 自動車車体工場《修理・製作用》.
bódy snàtcher [名] Ⓒ 死体泥棒《昔, 掘りおこした死体を解剖用に売った人》.
bódy sprày [名] Ⓤ ボディースプレー《体に吹きかける香水類》.
bódy stòcking [名] Ⓒ ボディーストッキング《体にぴったりとつきシャツとパンツがひと続きのもの》.
bódy·sùit [名] Ⓒ ボディースーツ《レオタード類の下着》.
bódy-sùrf [動] ⓒ サーフボードなしで波乗りする.
bódy·wòrk [名] Ⓤ **1** 《乗り物の》車体(外部); 車体の修理. **2** 《特に精神療法のための》整体技法.
bódy wràp [名] Ⓒ ボディーラップ《美容効果のある薬液を体に塗りその上を湿布状にラップする痩身(そうしん)術》.
Boe·ing /bóuɪŋ/ [名] ⓡ ボーイング社《米国の航空機メーカー》.
Boer /bɔ́ə|bɔ́:, bóuə/ [名] Ⓒ ボーア人《南アフリカのオランダ移住民; 現在は Afrikaner と呼ばれる》.
boff /báf|bɔ́f/ [動] 《米俗》⟨...⟩とセックスする.
bof·fin /báfɪn|bɔ́f-/ [名] 《英》**1** 《古風》科学者. **2** 《略式》頭はよいがやぼったい人.

---

boil   185

bof·fo /báfou|bɔ́f-/ [形] Ⓐ 《俗, 主に米》大当たりの.
*⁺**bog** /bág, bɔ́:g|bɔ́g/ [名] ⟨～s /-z/⟩ **1** Ⓒ,Ⓤ 沼地, 湿地, 泥沼; ⇒ peat bog. **2** Ⓒ 《英略式》トイレ. ── [動] ⟨bogs; bogged; bog·ging⟩ [次の成句で] **bóg dówn** [動] ⓒ 泥沼にはまり込む; 動きがとれなくなる (in). ── ⓗ [普通は受身で] ⟨...⟩を泥沼にはまり込ませる; ⟨...⟩に動きをとれなくさせる, ⟨...⟩を行き詰まらせる (in, over, with); be [get] bogged down 動きがとれなくなる. **Bóg óff!** Ⓢ 《英俗》出ていけ, 失せろ.
Bo·gart /bóugɑət|-gɑ:t/ [名] ⓡ Humphrey ～ ボガート (1899–1957) 《米国の映画俳優》.
⁺**bo·gey¹** /bóugi/ [名] Ⓒ **1** お化け, 幽霊《特に子供を怖がらせる時に使う》. **2** 怖い[いやな]もの[人], 悩み(の種) (of). **3** 鼻くそ. **láy [pút] the bógey to rést** [動] ⓒ 窮状を打開する, 問題をおさめる.
bo·gey² /bóugi/ [名] Ⓒ **1** 《ゴルフ》ボギー《基準打数 (par) より 1 つ多く 1 ホールを終えること; ⇒ birdie, eagle》. **2** 《古風, 主に英》=par⁴ 4. ── [動] ⓗ 《ゴルフ》⟨ホール⟩をボギーにする. ── ⓒ 《ゴルフ》ボギーをたたく.
bog·ey·man /bóugimæn/ [名] ⟨-men /-mèn/⟩ Ⓒ =bogey¹ 1.
bog·gle /bágl|bɔ́gl/ [動] ⓒ **1** 《略式》(驚いて)たじろぐ: The [My] mind ～s at the idea. その考えに唖然(あぜん)とする. **2** ⟨...⟩をためらう (at). **bóggle ...'s [the] mínd** [動] ⟨...⟩を唖然とさせる.
bog·gy /bági|bɔ́gi/ [形] ⟨bog·gi·er; -gi·est⟩ 沼地の, 湿地の, 沼沢の多い.
bo·gie /bóugi/ [名] Ⓒ =bogey² 1. ── [動] ⓗ ⓒ = bogey².
Bo·go·tá /bòugətá:|bòg-/ [名] ⓡ ボゴタ《南米コロンビアの首都》.
bóg ròll [名] Ⓒ,Ⓤ 《英俗》トイレットペーパー.
bóg-stándard [形] 《英略式》ありきたりの.
⁺**bo·gus** /bóugəs/ [] [形] 《略式》偽の, いんちきの.
bo·gy /bóugi, bóu-/ [名] ⟨bo·gies⟩ Ⓒ =bogey¹.
bo·gy·man /bóugimæn/ [名] Ⓒ =bogey¹ 1, 2.
Bo·he·mi·a /bouhí:miə/ [名] ⓡ ボヘミア《チェコ西部の王国; 中心地 Prague》.
⁺**Bo·he·mi·an** /bouhí:miən/ [形] **1** ボヘミア(人)の. **2** [b-] 伝統や因襲にとらわれない, 奔放な. ── [名] **1** ボヘミア人. **2** [b-] 自由奔放な生活をする人《特に芸術家》.
bo·hunk /bóuhʌŋk/ [名] Ⓒ 《米俗》粗野な男.
*⁺**boil¹** /bɔ́ɪl/ [動] ⟨boils /～z/; boiled /～d/; boil·ing⟩

	[動] の転換の
ⓒ **1**	沸く (to become hot enough to turn into steam)
ⓗ	沸かす (to make (a liquid) hot enough to turn into steam)

── ⓒ **1** (液体が)沸く, 沸騰(ふっとう)する; (やかん・なべなどの)中の液体が沸く (⇒ kettle), 沸騰し続ける: Water ～s at 100 degrees centigrade. 水は摂氏 100 度で沸騰する / A watched pot never ～s. 《ことわざ》なべは見守っていると[なかなか沸かない(待つ身は長い).
2 煮える; ゆだる: The potatoes are ～ing. じゃがいもが煮えています. **3** かっとなる, 激高する (about, over): He was ～ing with rage. 彼は激怒していた.

boil	(液体を)沸かす
	(野菜・魚などを)煮る
	(卵などを)ゆでる
	(ごはんを)炊(た)く

── ⓗ **1** ⟨液体⟩を沸かす, 沸騰させる; ⟨容器⟩の液体を沸

かす: The water there must be ~ed before use. <V+Oの受身> そこの水は使う前に煮沸しなければならない.
2 《…を》煮る; ゆでる 《☞ cooking 囲み》, 《人に〈…〉をゆでて[煮て]やる: She ~ed the eggs hard [soft]. <V+O+C (形)> 彼女は卵を固く[半熟に]ゆでた/ 言い換え My sister ~ed an egg for me. <V+O+for+名・代> =My sister ~ed me an egg. <V+O+O> 姉が私に卵をゆでてくれた 《☞ dative verb 文法》 indirect object 文法(2), for A 1 語法》. **3** 《衣類》を煮沸して洗う. **bóil drý** [動] 《液体が》沸騰してなくなる, 煮つまる; 《容器》がからだきになる. ― 他 《液体》を蒸発するまで沸騰させる, 煮つめる; 《容器》をからだきにする. **pút ... ón to bóil** [動] 他 《やかんなど》を沸かす; 〈…〉をゆでで[煮]始める.

boil の句動詞

bóil awáy [動] 圓 沸騰し続ける; 沸騰して蒸発する. ― 他 《…》を沸かして蒸発させる, 煮つめる.
bóil dówn [動] 他 **1** 煮つめる, 《食べ物が》煮られてかさが減る. **2** 《進行形なし》《略式》《話などが》つまるところ…だ: The story ~s down to a struggle between the two parties. その話は要するに両者の争いということだ. ― 他 **1** 《…》を煮つめる; 《食べ物》を煮てかさを減らす. **2** 《略式》《話など》を要約する《リストなど》を絞り込む(to).
bóil óver [動] 圓 **1** 煮え[吹き]こぼれる. **2** かんかんに怒る. **3** 《状況・怒りなどが》危険な状態になる, 《暴動などに》発展する(into).
bóil úp [動] 《紛争などが》起こる《りかけする》; 《怒りなどが》爆発しそうになる. ― 他 《液体など》を煮立てる.

― 名 **1** [a ~] 煮ること, 沸かすこと: Please give it a good ~. それを十分ゆでてください. **2** [a ~, the ~] 沸騰状態; 沸騰点. **bríng ... to a [《英》the] bóil** [動] 他 《…》を沸騰させる. **cóme to a [《英》the] bóil** [動] 圓 沸騰する. **gò óff the bóil** [動] 圓 (1) 沸騰しなくなる. (2) 《英》意欲[興味]を失う; 腕がおちる. **on the bóil** [形] 沸騰して; 《英》《状況・怒りなどが》危険な状態で. **take ... óff the bóil** [動] 他 《英》《火から離して》〈…〉を沸騰させないようにする.

boil² /bɔ́ɪl/ 名 C はれもの, おでき《普通痛みを伴う; ☞ gumboil》; lance a ~ おできを切開させる.
boiled /bɔ́ɪld/ 形 C 煮沸した, ゆでた: a ~ egg ゆで卵. 関連 hard-boiled 固ゆでの/soft-boiled 半熟の.
bóiled swéet 名 C 《英》《多くはフルーツ味の》キャンディ. 《米》hard candy.
*boil·er /bɔ́ɪlə | -lə/ 名 (~s /~z/) C **1** ボイラー《給湯・暖房用》; 蒸気がま, 汽缶(きかん), ボイラー: The ~ has broken down. ボイラーが故障した. **2** 煮沸器《湯沸かし・なべ・かまど》. **3** 《英》衣類の煮沸用の大釜.
bóiler·pláte 名 **1** U ボイラー板. **2** C, U 《主に米》《契約などで繰り返し使われる》決まり文句; 紋切り型の意見.
bóiler ròom 名 C **1** ボイラー室. **2** 《略式, 主に米》電話で株などを売り込む《しばしば違法な》営業所.
bóiler-ròom 名 A 《略式, 主に米》《特に売り込みが》露骨な.
bóiler·sùit 名 C 《主に英》=coveralls.
*boil·ing /bɔ́ɪlɪŋ/ 形 **1** 沸き立っている, 煮え立っている: ~ (hot) water 沸騰している湯, 熱湯. **2** S 猛烈に熱い[暑い]; 《人が》暑くてたまらぬ: This room is ~. この部屋はひどく暑い. **3** かんかんになって, 《怒りなどが》猛烈な(with). ― 副 [次の成句で] **bóil·ing hót** [形] 《略式》猛烈に熱い[暑い]; 《人が》ひどく暑がって.
bóiling póint 名 **1** C, U 《しばしば the ~》沸点. 参考 水の沸点は 1 気圧で華氏 212 度, 摂氏 100 度《☞ Fahrenheit 表》. 関連 freezing point 氷点/ melting point 融点. **2** U 《怒りなどの》爆発点. **reach (the) bóiling póint** [動] 圓 爆発点[我慢の限界]に達する.
boing /bɔ́ɪŋ/ 感 ビヨーン《ばねなどがはずむ音》.
boink /bɔ́ɪŋk/ 動 圓 《米俗》《…》とセックスする.
*bois·ter·ous /bɔ́ɪst(ə)rəs, -trəs/ 形 **1** 《特に子供など》が陽気で騒々しい. **2** 《波・風の》荒れ狂う. ~·ly 副 陽気で騒々しく. ~·ness 名 U 喧騒(けんそう).
bok choy /bàktʃɔ́ɪ | bɔ̀k-/ 名 U 《主に米》チンゲン菜.
*bold /bóʊld/ 《類音 bald》形 (bold·er; bold·est) **1** 《動 embólden》大胆な《☞ brave 類義語》: a ~ plan 大胆な計画 / a ~ move [step] 大胆な処置 / Jim was ~. ジムは恐れを知らなかった.
2 《見た目が》際立った, 目につく, 派手な; 《線などが》明確な, 力強い: a dress with ~ stripes 目立つしま模様のドレス. **3** 厚かましい, 無遠慮な. **4** 《活字が》肉太 (boldface) の: write in a ~ hand 肉太の字で書く. **be** [《主に英》**máke**] **so bóld (as to dó)** [動] S 《古風, 格式》失礼ながら…する: May I be so ~ as to state my opinion? 意見を申してもよろしいでしょうか.
if Í may [**might**] **be** [《主に英》**máke**] **sò bóld** [副] 《英》大変失礼とは思いますが《質問や意見を述べるときに用いる》. **in bóld (týpe** [**prínt, létters**])** [形・副] ボールド体の活字》[で].
bóld·face 名 U 《印》ボールド体, 肉太字体《強調したい語を示すときや辞書の見出し語などに用いられる》. 参考 この辞書の見出し語の字体は boldface で示したのである《☞ type¹ 参考》.
bóld-fáced 形 ボールド体の, 肉太活字の.
bóld·ly 副 大胆に; 厚かましく; 派手に.
bóld·ness 名 U 大胆さ; 図太さ, 厚かましさ.
bole /bóʊl/ 名 C 《文》木の幹.
bo·le·ro¹ /bəléɪroʊ | -/ 名 (~s) C ボレロ《軽快な ³/₄ 拍子のスペイン舞踊》; ボレロの曲.
bo·le·ro² /bóʊləroʊ | bɔ́lərəʊ/ 名 (~s) C 《女性用》前開きの上着, ボレロ.
bo·li·var /boʊlíːvɑː | bɔ́lɪvɑː/ 名 C ボリバル《ベネズエラ (Venezuela) の通貨単位》.
Bo·lí·var /báləvə | bɔ́lɪvə/ 名 **Si·món** /siːmóʊn/ ~ ボリバル (1783–1830)《南米の独立運動指導者》.
Bo·liv·i·a /bəlíviə/ 名 ボリビア《南米中西部の共和国; Bolívar の名にちなむ》.
Bo·liv·i·an /bəlíviən/ 形 ボリビア(人)の. ― 名 C ボリビア人.
boll /bóʊl/ 名 C 《綿・亜麻などの》丸いさや.
bol·lard /báləd | bɔ́lɑːd/ 名 C **1** 《英》保安柱《車の進入禁止・歩行者横断用》. **2** 係船柱《船をつなぎとめる綱を巻く》.
bol·lix /báliks | bɔ́l-/ 動 他 《略式》《…》をしくじる, 台無しにする (up). 形 やりそこない, しくじり.
bol·lock /bálək | bɔ́l-/ 他 《英俗》《…》をしかる.
bol·lock·ing /báləkɪŋ | bɔ́l-/ 名 《次の成句で》**gét a bóllocking** [動] 圓 S 《英俗》しかられる (from). **gíve ... a bóllocking** [動] 他 S 《英俗》《…》をしかる.
bol·locks /báləks | bɔ́l-/ 名 複 《英俗》**1** [単数扱い] S たわごと: talk a load of ~ 全くくだらないことを話す. **2** きんたま. ― 感 S 《英卑》畜生!; くだらん! **Bóllocks to you** [**that, it**, etc.]! S 《英卑》やなこった, おことわり; んなアホな, くだらん!
bóll wéevil 名 C わたみはなぞうむし《綿花の害虫》.
Bol·ly·wood /báliwʊd | bɔ́l-/ 名 U 《略式》インド映画産業 (Bombay と Hollywood の混成語).
bo·lo·gna /bəlóʊni/ 名 U 《米》ボローニャソーセージ

bolero²

《牛・豚肉製の大型ソーセージ》.

Bo·lo·gna /bəlóunjə/ 名 固 ボローニャ《イタリア北部の都市で、世界最古の大学がある》.

Bo·lo·gnese /bòuləní:z | bɔ̀lənéɪz◄/ 形 ボローニャ(人)の; (パスタソースが)ボローニャ風の.

bo·lo·ney /bəlóuni/ 名 U =baloney 1.

bó·lo tìe /bóulou-/ 名 C《米》ボロータイ《飾りのすべり止めだけの紐(ひも)のタイ》.

Bol·she·vik /bóulʃəvɪk | bɔ́l-/ 名 C 1 ボルシェビキ《ロシア社会民主労働党の多数派の一員》. 2《古風》[しばしば軽蔑] 共産党員; 過激論者, 過激派.
── 形 1 ボルシェビキの. 2 共産党員の; 過激派の.

Bol·she·vi·sm /bóulʃəvìzm | bɔ́l-/ 名 U ボルシェビキの政策[思想]; 共産主義.

Bol·she·vist /bóulʃəvɪst | bɔ́l-/ 名 C =Bolshevik.

bol·shie, bol·shy /bóulʃi | bɔ́l-/ 形 (**bol·shi·er; -shi·est**)《英略式》[軽蔑] 非協力的な, 頑強に反抗する (about).

bol·shi·ness /bóulʃinəs | bɔ́l-/ 名 U 反抗的な態度.

***bol·ster** /bóulstə | -stə/ 動 (**bol·sters** /~z/; **bol·stered** /~d/; **-ster·ing** /-stərɪŋ, -strɪŋ/) 他〈人の士気など〉を高める;〈人・運動・学説など〉を支持する, 支える (support): This letter is meant to ~ (up) his courage. この手紙は彼を勇気づけようとの意図がある.
── 名 長枕《敷布の下に入れてまくらを支える》.

***bolt** /bóult/ 名 (**bolts** /bóults/) C 1 かんぬき, 留め金: B~s are used to fasten doors and windows. かんぬきは戸や窓を締めるのに用いられる.

2 ボルト《☞ nut 2 挿絵》: fasten [loosen] a ~ ボルトを締める[ゆるめる]. 3 (布の)ひと巻, 一反 (of). 4 (昔の石弓 (crossbow) 用の)太矢. 5 遊底《銃砲をとめる棒》. 6 稲妻の閃光(せんこう). 7 逃亡; 突進.
(**like**) **a bólt from [òut of] the blúe** 青天のへきれき(のように)《突然よくないことが起こったときにいう》. 由来 青空に雷が走るような, の意. **màke a bólt for ...** 動 他 ... に向かって逃げ出す; 突進する. **shóot one's (lást) bólt** 動 自《英略式》最後の力[あり金]を使い切る. 由来 最後の矢を射る, の意.
── 動 (**bolts** /bóults/; **bolt·ed** /~ɪd/; **bolt·ing**) 他 1〈...〉をボルトで締める, 固定する (down): The two parts *are ~ed together*. <V+O+*together* の受身> 2つの部品はボルトで締め合わされている / ~ *a rack to* the wall <V+O+*to*+名・代> 壁にボルトで棚を付ける.

2〈戸など〉をかんぬきで締める: ~ the doors 戸口をさし錠で締める. 3〈食べ物など〉を丸のみにする, うのみにする (down). 4《米》〈政党など〉から脱退する;〈...〉の支持をやめる. ── 自 1 (人・馬が)驚いたりして走り出す; 逃げ出す (for, out of, toward). 2 かんぬきがかかる. 3 (植物が)早熟で種になる. 4《米》(政党などから)脱退する, 支持をやめる. **bólt ... ín [óut]** 動 他〈...〉を閉じ込める[締め出す]. (句の成句で) **bólt upríght** 副 (背筋を)真っすぐに, 直立して.

bólt-àction 形 (銃が)手動式の遊底を備えた.
bólt-hòle 名 C《英》安全な隠れ場所, 避難所.

***bomb** /bám | bɔ́m/ 名 (~**s** /~z/) 1 C 爆弾: The plane dropped many ~s on the factory. 飛行機は工場に多くの爆弾を落とした.

── コロケーション ──
build [construct, develop] *a bomb* 爆弾を開

発する
detonate [set off] *a bomb* 爆弾を破裂させる
plant [place, put] *a bomb* 爆弾を仕掛ける

2 [the ~]《古風》核爆弾, 水素[原子]爆弾.

── bomb のいろいろ ──
átom bòmb, atómic bòmb 原子爆弾 / cár bòmb 自動車爆弾 / hýdrogen bòmb 水素爆弾 / létter bòmb 手紙爆弾 / néutron bòmb 中性子爆弾 / páckage bòmb 小包爆弾 / plástic bómb プラスチック爆弾 / rócket bòmb ロケット爆弾 / stínk bòmb 悪臭弾 / tíme bòmb 時限爆弾

3 [a ~]《英略式》大金: make *a* ~ 一財産を作る (*out of*: doing) / spend *a* ~ 大金を使う / cost *a* ~ 大金がかかる. 4 C《米》噴霧器, スプレー; ボンベ: a flea ~ のみとりスプレー. 5 C《米俗》(映画・演劇などでの)大失敗. 6 [the ~]《S》《英》大好きな人[もの], すばらしいもの. 7 C《アメフト》ロングパス. 語源 ギリシャ語で「ぶーんという音」の意. **gò dòwn a bómb** [動]《英略式》=go like a bomb (2). **gó like a bómb** [動] 自《英略式》(1) (車が)矢のように走る. (2) (仕事などが)とてもうまくいく, よく売れる (with)《like が省略される場合もある》. **look líke a bómb has hìt it** [動] ひどく散らかっている.
── 動 (**bombs** /~z/; **bombed** /~d/; **bomb·ing**) 他 1〈...〉を爆撃する, 爆破する: The rebels ~*ed* the capital heavily yesterday. 反乱軍はきのう首都を猛爆した. 2《略式, 主に米》〈テストなど〉に失敗する. 3《米俗》〈...〉を完全に打ち負かす. ── 自 1《略式, 主に米》(映画・演劇などが)失敗する (*out*). 2 S《略式, 主に米》テストで失敗する. 3《英略式》[副詞(句)を伴って] (車などで)猛スピードでぶっとばす (*along, down, up*). **be bómbed óut** [動] 自 (1) (建物・橋などが)爆撃で破壊される, (人が)爆撃で家を失う (*of*). (2)《米略式》(競走などから)撤退させられる (*of*).

***bom·bard** /bɑmbάːd | bɔmbάːd/ 動 他 1〈人〉を(質問などで)攻め立てる (*with*). 2〈...〉を砲撃する, 爆撃する;〈...〉に投げつける (*with*).

bom·bar·dier /bὰmbədίə | bɔ̀mbədίə/ 名 C (爆撃機の)爆撃手;《英》砲兵下士官.

bom·bard·ment /bɑmbάːdmənt | bɔmbάːd-/ 名 C,U 1 砲撃, 爆撃: aerial [heavy] ~ 空[猛]爆. 2 (質問・批判などの)猛攻 (*of*), 質問攻め.

bom·bast /bάmbæst | bɔ́m-/ 名 U《格式》[軽蔑] 大げさなことば; 大言壮語.

bom·bas·tic /bɑmbǽstɪk | bɔm-/ 形《軽蔑》大げさな, 仰々しい. **-bás·ti·cal·ly** /-kəli/ 副 大げさに, 仰々しく.

Bom·bay /bὰmbéɪ | bɔ̀m-◄/ 名 固 ボンベイ《インド西部にあるインド最大の都市》.

bómb dispòsal 名 U 不発弾[爆発物]処理: a ~ squad [unit] 不発弾処理班.

bombed /bάmd | bɔ́md/ 形 P《俗》酔っ払って; (麻薬で)ラリって (*out*).

bómbed-óut 形 A (町・建物などが)爆撃で破壊された; (人が)爆撃で家を失った.

***bómb·er** /bάmə | bɔ́mə/ 名 (~**s** /~z/) C 1 爆撃機. 関連 fighter 戦闘機. 2 爆弾を仕掛けた者.

bómber jàcket 名 C ボマージャケット《腰で止める革製上着》.

bómb·ing /-mɪŋ/ 名 U,C 爆撃, 爆破 (*of*).

bómbing càmpaign 名 C (一連の)爆撃テロ.

bómb·pròof 形 1 爆弾よけの, 耐爆の. 2《略式》(理論などが)批判に耐えうる.

bómb scàre 名 C 爆破予告[脅迫].

***bómb·shèll** 名 C《略式》耳目を驚かすようなこと

bomb shelter

[ニュース]; すごい美人: a blonde ~ 《滑稽》すごくセクシーな金髪美人. **dróp a bómbshell** [動] 国《略式》ショッキングなことを言う, 爆弾発言をする (that).
bómb shèlter 名 C 防空壕, 爆撃退避所.
bómb·sight 名 C《空》爆撃照準器.
bómb sìte 名 C 1 被爆区域. 2《略式》ひどく散らかったところ.
bómb squàd 名 C《警察などの》爆弾処理班.
+**bo·na fi·de** /bóʊnəfáɪdi/ 《ラテン語から》形《普通は A》, 副 本物の[で]; 誠実な[に], 善意で(なされた).
bo·na fi·des /bóʊnəfáɪdiːz/《ラテン語から》名《複》《普通は one's ~》《法》善意, 誠意.
+**bo·nan·za** /bənǽnzə/ 名 1 C 大当たり, 大もうけ (for). 2《形容詞的に》大当たりの.
Bonaparte 名 ☞ Napoleon Bonaparte.
bon ap·pé·tit /bánæpeɪtí: | bɔ́n-/《フランス語から》間《食事の前に》たんと召しあがれ.
bon·bon /bánbən | bɔ́nbɔ̀n/ 名 C ボンボン(菓子).
bonce /báns | bɔ́ns/ 名《英略式》頭 (head).
*bond /bánd | bɔ́nd/ (同音 band¹,²) **12** 名 (bonds /bándz | bɔ́ndz/) 1 C《愛情·利益などによる》結びつき, きずな, 団結: a ~ of friendship 友情のきずな / I formed [broke] a close ~ with her. 私は彼女との密接なきずなを結んだ[絶った] / A child is a ~ between husband and wife. 子供は夫婦のかすがいである.
2 C 契約, 約定; 《借金などの》証書, 証文; 債券; 《文》約束: a government ~ 公債 / sign a ~ 証文に署名する / His word is (as good as) his ~. 《格式》彼の約束は証文と同じくらい十分信用できる. 3《主に米》保釈金. 4《複数形で》《文》束縛 (of); (囚人の)縄目, かせ. 5 C《普通は単数形で》接着《状態》 (between). 6 C《化》結合. 7 U《関税》保税倉庫留置: in ~ 保税倉庫留置に[で] / out of ~ 保税倉庫から(出して). 8 U《印刷》bond paper. 語源 band², bind, bond は同語源. **énter into a bónd with ...** [動] 他 …と契約を結ぶ. ━ 動 他 1《愛情·信頼などに基づいて》(…)と結びつく, きずなを結ぶ (with). 2 接着される, くっつく (together, with). ━ 他 1 《…》を接着する (together; to). 2《人》を《愛情などで》(…)と結びつける (with). 3《関税》(…)を保税倉庫に預ける.
Bond 名 ☞ James Bond.
+**bond·age** /bándɪdʒ | bɔ́n-/ 名 1 U (SMプレイで)縛り, 緊縛. 2《文》束縛, 屈従 (of); 《文》とらわれ[奴隷]の身: sell ... into ~《人》を売りとばす. **in bóndage** [形·副] とらわれて, 奴隷となって (to).
bónd·ed wárehouse 名 C《関税》保税倉庫.
bónd·hòlder 名 C 公債証書[社債券]所有者.
bond·ing /bándɪŋ | bɔ́n-/ 名 U 1《親子などの》きずな(の形成): male ~ 男同士のきずな(をつくること). 2《化》(原子)結合.
bónd ìssue 名 C 公債[社債]発行.
bónd pàper 名 C ボンド紙《債券などに使われる》.
Bónd Strèet 名 個 ボンド街《英国 London の高級商店街》.

*bone /bóʊn/ 名 (~s /-z/; 形 bóny) 1 C 骨: break a ~ 骨折る / throw a ~ to a dog 犬に骨を投げる / a person with good [fine] ~ structure 整った顔立ちの人 / This fish has a lot of small ~s in it. この魚は小骨が多い. 関連 backbone 背骨 / breastbone 胸骨 / skeleton 骨格. 2 U 骨質; 《形容詞的に》骨の. 3《複数形で》(人の)死骸(読み), 身体: lay a person's ~s to rest 人を埋葬する. 4《複》《米》さいころ (dice). **a bóne of conténtion** [名] 紛争の種. 由来 犬が骨をめぐって争うことから. **(as) drý as a bóne**《略式》からからに乾いた, ひからびた. **clóse to the bóne** [形] =near the bone. **féel [knów] (it) in one's bónes (that)**

... [動]《直感的に》…と確信する. **hàve a bóne to pìck with ...** [動] 他 S《略式》《人》に苦情[文句]がある. 由来「(…と)つっつく骨がある」つまりその人と争うべきことがある, の意. **màke nó bónes about ...** [動] 他 平気で…する; …を率直に認める. 由来 シチューやスープの中に骨が入っていないほうが飲み込めることから. **néar the bóne** [形]《略式》《発言などが》痛い所をついて; (冗談などが)わいせつな, きわどい. **óff [on] the bóne** [副·形]《肉料理で》骨をはずして[付けて]. **the báre bónes** [名]《物事の》核心, 骨子. **to the bóne** [副] 体のしんまで; 徹底的に, 最少限度まで: be chilled [frozen] to the ~ 体のしんまで冷え切る / cut [pare, trim] expenses to the ~ 費用をきりきりに切り詰める. ━ 他 1 《魚などの》骨を取る. 2《米俗》《…》とセックスする. **bóne úp on ...** [動] 他《略式》(テスト前などに)…を猛烈に勉強する (for).

bóne-chílling 形 1 たいへん寒い. 2 恐ろしい.
bóne chína 名 U ボーンチャイナ, 骨灰磁器.
-boned /bóʊnd/ 形《合成語で》骨が…な: big-boned 骨太な.
bóne-drý 形《普通は P》からからに乾いて, ひからびて.
bóne·hèad 名 C《略式》ばか, まぬけ. ━ 形 A ばかな, まぬけな: a play《略式》の失策, ボーンヘッド.
bóne-ídle 形《英略式》きわめて怠惰な.
bóne·less 形《魚·肉などが》骨を取った.
+**bóne màrrow** 名 U 骨髄.
bóne-marrow trànsplant 名 C 骨髄移植.
bóne·mèal 名 U 骨粉(肥料用).
bon·er /bóʊnə | -nə/ 名 C《米》1《略式》ばからしい間違い, 大失策. 2《卑》勃起したペニス.
bóne-shàker 名 C《英略式》《滑稽》ぼろ(自転)車.
bóne-tíred 形 P ひどく疲れて.
bóne-wéary 形 =bone-tired.
+**bon·fire** /bánfaɪɚ | bɔ́nfaɪə/ 名 C (祝いの)大かがり火; (野天の)たき火.
Bónfire Níght 名 個《英》たき火の夜(11月5日; Guy Fawkes の人形を燃やすことから).
bong /báŋ | bɔ́ŋ/ 名 C 1《俗》(麻薬用の)水パイプ. 2《鐘などの》ゴーンという音.
bon·go /báŋgoʊ | bɔ́ŋ-/ 名 (~s, ~es /-z/) C《普通は複数形で》ボンゴ(ラテン音楽の小太鼓).
bóngo drùm 名 C =bongo.
Bon·ho·ef·fer /bánhoʊfɚ | bɔ́nhɔfə/ 名 **Dietrich** /dí:trɪk/ ボーンヘッファー (1906–45)《ナチスに抵抗し殺されたドイツ人牧師》.
bon·ho·mie /bànəmí: | bɔ́nəmi/ 名 U《格式》愛想のよさ, 気さくなこと; 友好.
bo·ni·to /bəní:toʊ/ 名 (複 ~(s)) C かつお(の類).
bonk /báŋk | bɔ́ŋk/ 動 1《略式》《…》の頭を軽くたたく, ぶつける. 2《英俗》《滑稽》《…》とセックスする. ━ 自《英俗》《滑稽》セックスする. ━ 名 1《略式》頭を軽くたたく[ぶつける]こと; どすん(という音). 2《単数形で》《英略式》《滑稽》セックス.
bónk·bùster 名 C《英略式》セックスが頻繁に描かれる大衆小説.
bon·kers /báŋkɚz | bɔ́ŋkəz/ 形《略式》《滑稽》頭がおかしい; ひどく興奮して: drive ... ~ (苛立たせて)《人》の頭を狂わせる.
bon mot /bɔ̀: nmóʊ | bɔ̀n-/《フランス語から》名 C《格式》名文句, しゃれ.
Bonn /bán | bɔ́n/ 名 個 ボン《ドイツ西部の都市; 東西ドイツ統一前は西ドイツの首都》.
+**bon·net** /bánɪt | bɔ́n-/ 名 C 1《英》(車の)ボンネット《米》hood (☞ car 挿絵). 2 ボンネット《女性·小児用帽子, ひもをあごの下で結ぶ》.
Bon·nie /báni | bɔ́ni/ 名 個 ボニー《女性の名》.
bon·ny /báni | bɔ́ni/ 形 (bon·ni·er; -ni·est)《主にスコ》1 美しい, 愛らしい; 元気な. 2 立派な, 巧みな.
bon·sai /bansáɪ | bɔ́nsaɪ/《日本語から》名 (複 ~)

C|U 盆栽: a ~ tree 盆栽の木.

*bo·nus /bóunəs/ 名 (~·es /-ɪz/) C 1 賞与, ボーナス: receive [award] a productivity ~ 生産性向上奨励金を受ける[支給する]. 日英比較 日本と違い定期的でなく, 支給される人も限られる. 2 おまけ; 思いがけないよいこと[贈り物] (for): as an added ~ おまけとして. a nò-cláims bónus 名 (英)(自動車保険料の)無事故割引. 語源 ラテン語で「よいもの」の意.

bon vi·vant /bánvi:vá:nt | bɔ́(:)nvi:vá:ŋ/, bon vi·veur /bánvi:vɔ́: | bɔ́(:)nvi:vɔ́:/ 《フランス語から》名 C《文》美食家, 享楽家.

bon vo·yage /bánvwaɪá:ʒ | bɔ́:ŋ-/《フランス語から》感 道中ご無事に!, ごきげんよう.

+bon·y /bóuni/ (bon·i·er, -i·est; 名 bone) 1 骨ばった; やせた. 2 (魚などの)骨の多い. 3 骨(のような).

bonze /bánz | bɔnz/ 名 C (仏教の)坊主, 僧.
Bon·zo /bánzou/ 名 C ボンゾ(犬の名).
boo /bú:/ 動 自(やじなどで)「ぶー!」という声を出す.
— 他《...》に「ぶー!」という; 《...》をやじる. bóo ... óff [óff —] [動] 他《...》をやじって(一から)退場させる.
— 感 ぶー!(非難・反対などの声); わっ, ばあ!(お化けやおどかしなどの声).
— (~s) ぶー!という声, ブーイング. nót sày bóo [動] 自 一言も言わない. wóuldn't [cóuldn't] sày bóo to 「a góose [《米》ányone] [動] ひどく気が弱い, とても内気である.

boob /bú:b/ 名 C 1 [普通は複数形で]《俗》おっぱい. 2 《英略式》どじ. 3 《古風, 米略式》まぬけ, とんま.
— 動 自《英略式》どじを踏む.

bóob jòb 名 C《俗》豊胸手術.
boo-boo /bú:bu:/ 名 (~s) C S 《略式》 1 ばかげた間違い, どじ. 2 《米》軽いけが《子供に対して用いる》.

bóob tùbe 名 1 [the ~]《米略式》《滑稽》テレビ. 2 《英略式》= tube top.

boo·by /bú:bi/ 名 (boo·bies) C 1 《古風, 略式》まぬけ. 2 熱帯の水鳥の一種《特にかつおどり》. 3 [普通は複数形で]《俗》おっぱい.

bóoby hàtch 名 [単数形で]《古風, 米》精神病院.
bóoby prìze 名 C 最下位賞 (wooden spoon).
bóoby tràp 名 C 1 擬装爆弾《無害に見えるが触れると爆発する》. 2 まぬけ落とし《半開きの戸をあけると上から物が落ちるなどのいたずら》. — 動 他 [しばしば受身で]《...》に擬装爆弾[まぬけ落とし]を仕掛ける.

boo·dle /bú:dl/ 名 C《俗, 主に米》1 大金. 2 = caboodle.

boog·er /búgə | -gə/ 名 C S 《米俗》1 (...な)人, 困ったやつ; もの. 2 鼻くそ.

boo·gey·man /búgimæ̀n, bú:-/ 名 (-men /-mèn/) C《米》= bogey[1] 1.

boo·gie /búgi/ 名 C 動 自 1 《略式》(テンポの速いポピュラー音楽に合わせて)踊る. 2 S 《米俗》行く.
— 1 U = boogie-woogie. 2 [単数形で]《略式》(テンポの速いポピュラー音楽に合わせた)ダンス.

bóogie bòard 名 C [時に B- B-]《商標》= body board.
boo·gie·man /búgimæ̀n/ 名 (-men /-mèn/) C 《米》= bogey[1] 1.
boo·gie-woo·gie /búgiwúgi, bú:giwú:gi/ 名 U ブギ(ウギ)《テンポの速いジャズピアノ曲》.
boo·hoo /bù:hú:/ 感 わあわあ, うわーん《漫画などでの(泣き)叫び》.

**book /búk/ 変化 名 (~s /-s/) 1 C 本, 単行本, 書物; 著作 (about, on) 略 bk., 複数形は bks.; ⇒ magazine 日英比較: Open your ~s to [《主に英》at] page 22. 本の 22 ページを開きなさい.

| book | 本 |
| magazine | 雑誌 |

book 189

ミニ語彙欄
コロケーション

動+book
borrow a book from the library 図書館から本を借りる
edit a book 本を編集する
print a book 本を印刷する
publish [bring out] a book 本を出版する
return a book to the library 図書館に本を返す
review a book 本を批評する
write a book 本を書く

book+動
a book appears [comes out, is published] 本が出る
a book goes [is] out of print 本が絶版になる[である]
a book is sold out 本が売り切れる
a book sells well 本がよく売れる

形+book
an absorbing book 夢中にさせる(ほど面白い)本
a best-selling book ベストセラーの本
a boring [dull] book つまらない本
a difficult book 難解な本
a how-to book ハウツーものの本
an informative book ためになる本
a rare book 珍本
a used [secondhand] book 古本

book のいろいろ

addréss bòok 住所録 / áutograph bòok サイン帳 / bánk bòok 預金通帳 / bláck bòok えんま帳 / chéckbòok, 《英》chéquebòok 小切手帳 / cómic bòok 漫画本 / cóokbòok, 《英》cóokery bòok 料理の本 / éxercise bòok 練習帳 / gúidebòok 案内書, 旅行書 / hándbòok 手引き / hýmnbòok 賛美歌集 / instrúction bòok 使用説明書 / lógbòok 航海日誌 / mátchbòok マッチブック / nótebòok ノート, 手帳 / pássbòok 預金通帳 / phóne bòok 電話帳 / phráse bòok 海外旅行用会話表現集 / pícture bòok 絵本 / pócketbòok 《米》ポケットブック《廉価本》, 《英》手帳 / práyer bòok 祈禱(きとう)書 / réference bòok 参考書 / rúlebòok 就業規則書 / schóolbòok 教科書 / scórebòok スコアブック / scrápbòok スクラップブック / sét bòok 課題図書 / skétchbòok 写生帳 / stórybòok 童話の本 / téxtbòok 教科書 / white book 白書 / wórdbòok 単語集 / wórkbòok 学習[練習]帳, ワークブック / yéarbòok 年鑑

関連表現

be a bookworm (人が)本の虫である
order two copies of the book from the publisher その本を2冊出版社に注文する
read a book on [about] computers コンピューターの本を読む
read through a book 本を(最後まで)読み通す
skim through a book 本をざっと読む
The book deals with the unemployment problem. その本は失業問題を扱っている.
The book is available in paperback. その本はペーパーバックで買える.
The book is out of copyright. その本は版権が切れている
What's the title of the book? その本のタイトルは何ですか

2 C (切符・切手・マッチ・小切手などの)とじ込み帳, ひと

つづり; **帳面, 帳簿; 通帳**: a ～ *of* tickets 回数券のひとつづり. **3** [C] 巻, 編: *B*～ 1 第 1 巻 / the *B*～ *of* Genesis (聖書の)創世記. [語法] book は内容を, volume は外形をいう: a ～ in 3 *volumes* 3 巻本. **4** [複数形で] 名簿; 会計簿. **5** [the B-] 聖書 (the Bible): *the* Good *B*～ 聖書 / swear on *the B*～ 聖書に手を置いて誓う. **6** [C] (競馬などの)賭(か)け帳. **7** [the ～] Ⓢ 《英》 電話帳 (telephone directory). **8** [the ～] (行動の)規準, 規則. [語源] beech (ぶな)と同語源. 大昔はぶなの樹皮に文字を引っかいて刻んだことから; ☞ Bible [語源], write [語源], library [語源]. **an ópen bóok** [名] 容易に理解できる人[もの], 秘密のない人. **be in ...'s góod [bád] bóoks** [動] Ⓢ 《略式》 …に気に入られて[嫌われて]いる. **bríng ... to bóok** [動] [他] 《格式, 主に英》 〈…〉に弁明を求める, 〈…〉を罰する, 〈…〉に責任を取らせる (*for*). **by the bóok** [副] 《略式》 規則どおりに, 正式に: go [play things] *by the* ～ きちんとやる. **clóse the bóok(s)** [動] [自] (捜査などを)終わらせる, 中止する; (募集を)締め切る (*on*). **cóok the bóoks** [動] [自] 《略式》 帳簿をごまかす. **dó the bóoks** [動] [自] 帳簿をチェックする[つける]. **hít [cráck] the bóoks** [動] [自] 《米》 猛勉強する. **in ...'s bòok** [副] [文修飾語] [普通は Ⓢ] …の考えでは. **màke bóok** [動] [自] 《米》 (1) 胴元になる (*on*). (2) 賭(か)ける (*on*). **màke [kéep, ópen, stárt] a bóok** [動] [自] 《主に英》 =make book (1). **òff the bóoks** [副] (所得税を免れるために)帳簿外で. **óne for the bóok(s)** [名] 《略式》 予期しない[驚くべき]こと. [由来] 本に記録しておくようなこと, の意. **on the bóoks** [形] (規則が)ある地域の法律[条例]で. **on the bóoks of ...**=**on ...'s bóoks** [前] …に雇われて; …の一員[利用客]として登録されて. **réad ... lìke a bóok** [動] [他] 《略式》 〈…〉の気持ちが手にとるようにわかる. **súit ...'s bóoks** [動] 《英略式》 …にとって都合がいい, 目的にかなう. **tàke a léaf òut of ...'s bóok** [動] …の行動をまねる, …の例にならう. **the Bóok of Cómmon Práyer** ☞ prayer[1]. **the Bóok of Mórmon** [名] モルモン書 《モルモン教会の聖典》. **the Bóok of the Déad** [名] 死者の書 《古代エジプトで副葬品とした死後の世界への案内書》. **thrów the bóok at ...** [動] [他] 《略式》 (特に警察・判事などが)(罪人)を(可能な限りの)厳罰に処する; …に大目玉をくらわす. **wríte the bóok** [動] [自] [普通は過去形で] Ⓢ (…について)よく知っている, 第 1 人者[先駆者]である (*on*).

— [動] (**books** /~s/; **booked** /~t/; **book·ing**) [他] **1** 《主に英》 〈部屋・座席・切符・演奏会・ツアーなど〉の**予約をする** (reserve); 〈人に〉〈部屋など〉をとる; 〈予約者など〉を名簿に記入する: [言い換え] ***B***～ a room ***for*** me at the hotel. <V+O+*for*+名・代>=*B*～ me a room at the hotel. <V+O+O> そのホテルに部屋を予約してください / We *are* fully ～*ed* tonight. 今晩は予約でいっぱい[満室, 満席]です / I *am **～ed on*** the next flight. <V+O+*on*+名・代の受身> 私は次の便を予約してある. **2** (警察の記録などに)〈…〉を記入する (*for*); 《英》 〖サッカー〗 反則者名簿に記入する. **3** 〈講演者・芸能人など〉の出演の予約[契約]をする (*for*; *to* do). — [自] **1** Ⓢ 《米俗》 急ぐ, 走る (*along, down, through*). **2** 《主に英》 (座席などを)予約する; 前売り券を買う.

bóok ín 《主に英》 [動] [他] (ホテルなどに)〈人〉の部屋を予約する (*at*). — [自] (ホテルで)記帳する, チェックインする (check in) (*at*).

bóok ínto ... [動] [他] 《主に英》 (ホテル)で記帳する.

bóok ... ínto — [動] [他] 《主に英》 (ホテル)に〈人〉の部屋を予約する.

bóok úp [動] [他] [普通は受身で] 〈部屋や時間〉を予約する; 〈人〉のスケジュールをいっぱいにする: All the rooms *are* ～*ed up*. 全室予約済みです / I'*m* ～*ed up* for this evening. 今夜は予定が詰まっている.

book·a·ble /búkəbl/ [形] 《英》 **1** (座席などが)予約できる. **2** 〖サッカー〗 (反則が)反則者名簿に記入すべき.

bóok·bìnder [名] [C] 製本屋.

bóok·bìnding [名] [U] 製本, 装丁.

+**bóok·càse** [名] [C] 本箱 《何段かの棚があるもので, 扉のついたものもある; ☞ living room 挿絵》.

bóok clùb [名] [C] **1** 読書サークル 《読んだ本を批評する》. **2** ブッククラブ 《会員に安く本を売る》.

bóok·ènd [名] [C] [普通は複数形で] 本立て.

Bóok·er Príze /búkə- | -kə-/ [名] [the ～] ブッカー賞 《英国の文学賞》.

book·ie /búki/ [名] [C] 《略式》 =bookmaker.

*__book·ing__ /búkɪŋ/ [名] (~**s** /~z/) [C,U] **1** 《主に英》 予約 (reservation): make a ～ 予約する. **2** (出演などの)契約, ブッキング. **3** (警察などでの)調書記入; 《英》 〖サッカー〗 反則記入.

bóoking clèrk [名] [C] 《主に英》 出札係; (ホテルなどの)部屋予約係.

bóoking òffice [名] [C] 《主に英》 出札所, 切符売り場 (ticket office).

book·ish /búkɪʃ/ [形] [しばしば軽蔑] **1** 読書[勉強]好きの. **2** 本から得た(ような), 実際にうとい. **～·ness** [名] [U] 読書好き.

bóok jàcket [名] [C] 本のカバー 《☞ cover [名] 2 [日英比較]》.

bóok·kèeper [名] [C] 簿記係, 帳簿係.

bóok·kèeping [TI] [名] [U] 簿記.

bóok lèarning [名] [U] 机上の学問[知識].

*__book·let__ /búklət/ [名] (**book·lets** /-ləts/) [C] **小冊子**: a ～ *about* [*on*] China 中国についての小冊子.

+**bóok·màker** [名] [C] (競馬の)賭(か)け屋, のみ屋.

bóok·màking [名] [U] 私設馬券業, のみ屋業.

bóok·màrk [名] [C] **1** ブックマーク 《インターネットのサイトをすぐ呼び出せるようにパソコンに登録すること》. **2** しおり. — [動] [他] 〈ネットのサイト〉を登録する.

book·mo·bile /búkmoubì:l/ [名] [C] 《米》 移動図書館.

bóok·plàte [名] [C] 蔵書票.

bóok·ràck [名] [C] 書架.

bóok·rèst [名] [C] 書見台.

+**bóok·sèller** [名] [C] 本屋.

+**bóok·shèlf** [名] (**-shelves** /-ʃèlvz/) [C] 本棚, 書棚.

+**bóok·shòp** [名] [C] 《主に英》 本屋, 書店 《《米》 では小さな本屋をいう》.

bóok-sìgning [名] [C] 著者[作者]サイン会.

bóok·stàll [名] [C] 《主に英》 雑誌[新聞]売り場 《駅・街頭などの》 (《米》 newsstand).

+**bóok·stòre** [名] [C] 《米》 本屋, 書店.

bóok·tòken [名] [C] 《英》 図書券.

bóok vàlue [名] [C] 帳簿[基準]価格.

bóok·wòrm [名] [C] **1** しみ 《本につく虫》. **2** 本[学問]の虫.

Boole /bú:l/ [名] [固] **George** ～ ブール (1815–64) 《英国の数学者・論理学者》.

Bóol·e·an álgebra /bú:liən-/ [名] [U] 〖数・論〗 ブール代数.

Bóolean operátion [名] [C] 〖電算〗 論理演算, ブール演算.

Bóolean óperator [名] [C] 〖電算〗 論理演算子 《and, or, not》.

*__boom__[1] /bú:m/ [名] (~**s** /~z/) **1** [C,U] [普通は単数形で] **ブーム, にわか景気** ([反] slump): a war ～ 軍需景気 / a building ～ 建築ブーム / a ***～ in*** exports 輸出ブーム.

2 [C] [普通は単数形で] **ブーム, 急激な人気,** (人口などの)急激な増加 (*in*): a travel ～ 旅行ブーム. [日英比較] 「一時的流行」の意味では boom よりも fad, vogue や

… is very popular のほうが普通. **3** [形容詞的に] ブームの, にわか景気による: ～ years 好景気の年 / ～ prices にわか景気による高値.
—— [動] [自] ([反] slump) [普通は進行形で] にわかに景気[活気]づく, 景気がよい.

boom[2] /bú:m/ [名] [C] [普通は単数形で] (雷・波・大砲などの)とどろき; ぶーんと鳴る[響く]音: the ～ of guns 大砲のとどろき (☞ sonic boom). —— [動] [自] どどーんと鳴る[とどろく]; ぶーんと鳴る[響く] (*out*). — [他] 〈…〉と[を]大声で言う (*out*).

boom[3] /bú:m/ [名] [C] **1** 〘海〙 ブーム, 帆げた; 〘土〙 ブーム (クレーンなどの腕木の部分). **2** (カメラ・マイクなどの)移動装置. **3** 防材 (港・河川への船の侵入や木材の流出を防ぐケーブル・鎖など). **lówer the bóom** [動] [自] 《米略式》 取り締まる, 罰する (*on*).

bóom-and-búst [名] [U] 好景気と不景気の交替.

bóom bòx [名] [C] 《米略式》 =ghetto blaster.

bóom·er [名] [C] 《米略式》 =baby boomer.

boo·mer·ang /bú:məræ̀ŋ/ [名] [C] **1** ブーメラン (元来はオーストラリア原住民の狩りの道具). **2** 言い出した者に戻ってくる非難[攻撃], やぶへび: ～ effect ブーメラン効果. —— [動] [自] (非難[攻撃]が)言い出した者に戻ってくる, やぶへびになる (*on*).

boomerangs

boom·ing /bú:mɪŋ/ [形] **1** 景気づく, 景気のよい. **2** 鳴り響く.

bóom·tòwn [名] [C] にわか景気にわく町, 新興都市.

⁺**boon** /bú:n/ [名] [C] [普通は単数形で] (…にとって)ありがたいもの, 恩恵, 利益 (*to*, *for*).

bòon compánion [名] [C] 《文》 遊び仲間, 親友.

boon·docks /bú:ndɑks | -dɔks/ [名] [複] [the ～] 《米略式》 [けなして] 辺境の地, へき地.

boon·dog·gle /bú:ndɑ̀gl | -dɔ̀gl/ [名] 《米略式》 [単数形で] (時間と金のかかる)無用な計画[公共事業].

Boone /bú:n/ [名] [固] **Daniel** ～ ブーン (1734–1820) (米国の開拓者).

boon·ies /bú:niz/ [名] [複] Ⓢ =boondocks.

boor /bʊ́ɚ | bʊ́ə/ [名] [C] 粗野な男.

boor·ish /bʊ́(ə)rɪʃ/ [形] 粗野な, がさつな. **～·ly** [副] 粗野に[で]. **～·ness** [名] [U] 粗野.

*__boost__ /bú:st/ [B1] [動] (**boosts** /bú:sts/; **boost·ed** /~ɪd/; **boost·ing**) [他] **1** 〈…〉を増加する; 増進する; 〈価格など〉を上げる; 〈電圧〉を上げる: ～ iron production by 15 percent 鉄生産を 15 パーセント増やす. **2** 〈…〉を景気づける; 〈士気など〉を盛り上げる, 高める: ～ …'s spirits …の気力を高める / ～ …'s confidence [ego] …に自信を持たせる. **3** 《主に米》 〈…〉を押し上げる (*up*). **4** 〈…〉の人気をあおる, 〈…〉を後援する. **5** Ⓢ 《米俗》 〈…〉を万引きする. **6** 〈宇宙船〉を軌道へ打ち上げる. — [自] Ⓢ 《米俗》 万引きする.
—— [名] (**boosts** /bú:sts/) **1** [C] [普通は a ～] 増加 (increase); 増進; (価格などの)つり上げ; [U] (電圧・宇宙船の動力などの)上昇: *a* **～** *in* prices 物価の上昇. **2** [C] [普通は a ～] 景気づけ, 盛り上げ; 景気づけるもの, 盛り上げるもの (*for*): *an* ego ～ 人に自信をもたせるもの[こと] / *a* ～ *to* our spirits 我々を元気づけるもの. **3** [C] [普通は a ～] 《主に米》 押し上げること. **gíve … a bóost** (**úp**) [動] [他] (1) 〈…の〉景気づけとなる; 〈…を〉元気づける. (2) 《主に米》 〈…を〉押し上げる.

⁺**boost·er** /bú:stɚ | -tə/ [名] [C] **1** (効力持続のための) 2 度目のワクチン[摂取]. **2** 景気[元気]づけ, 刺激, 励み. **3** =booster rocket. **4** 《米》 (熱心な)支持者, 後援者. **5** 〘電〙 ブースター, 昇圧機.

boost·er·is·m /bú:stərɪ̀zm/ [名] [U] 《米》 熱烈な宣伝.

bóoster ròcket [名] [C] (ロケットの)補助推進装置.

bóoster sèat [**chàir**, 《英》 **cùshion**] [名] [C] 子供用補助座席 (車の座席・椅子の上に置く).

*__boot__[1] /bú:t/ [名] (**boots** /bú:ts/) **1** [C] [普通は複数形で] 《米》 長靴; 《英》 (足首 (ankle) の上までくる)深靴, 編み上げ靴, ブーツ (☞ shoe): two pairs of ～*s* 長靴[深靴] 2 足 / put ～*s* on 長靴[深靴]をはく / wear ～*s* 長靴[深靴]をはいている.

boots

boots のいろいろ
gúmbòots ゴム長靴 / **hálf bòots** 半長靴 / **skí bòots** スキー靴 / **tóp bòots** トップブーツ (狩り・乗馬用長靴) / **wéllington bóots** 《主に英》 (ひざまである) ゴム長靴

2 [C] 《米》 (駐車違反車につける)車輪止め. **3** [C] 《英》 乗用車の荷物入れ, トランク (《米》 trunk). **4** [C] [普通は a ～] 《略式》 けとばすこと. **5** [the ～] 《略式》 お払い箱, 解雇. **(as) tóugh as óld bóots** [形] 《略式》 非常に強い[丈夫な]; (特に肉が)とても固い. **be** [**gèt**] **tóo bíg for one's bóots** ☞ big 成句. **gèt the bóot** [動] [自] 《略式》 首になる; 追い出される; 恋人に別れを告げられる. [由来] けとばされて仕事場を追われる, の意. **gíve … a bóot** [動] [他] 《略式》 〈ボール・ドアなどを〉けとばす. **gíve … the bóot** [動] [他] 《略式》 〈人を〉首にする; 〈…を〉追い出す; 〈恋人に〉別れを告げる. **pùt** [**tíck**] **the bóot ìn** [動] [自] 《英略式》 (倒れている相手を)ひどくける; (窮地にある相手に)情け容赦のない態度をとる. **qúake** [**sháke**] **in one's bóots** [動] [自] [滑稽] ひどくこわがる, びくびくする. **The bóot is on the óther fóot** [**lég**]. 《英》 形勢が逆転した.
—— [動] [他] **1** [副詞(句)を伴って] 《略式》 〈…〉をけとばす (*about*, *around*, *in*). **2** 《米略式》 〈駐車違反車〉に車輪止めを付ける (《英》 clamp). **bóot … óut** [動] [他] 《略式》 〈…〉を追い出す; 〈…〉を首にする (*of*).

boot[2] /bú:t/ 〘電算〙 [動] [他] 〈コンピューター〉を立ち上げる, 起動する (*up*). — [自] (コンピューターが)起動する (*up*).

boot[3] /bú:t/ [名] [次の成句で] **to bóot** [副] Ⓢ 《古風, 略式》 [滑稽] その上, 加えて.

bóot·blàck [名] [C] 《米》 (街頭の)靴磨き (人).

bóot càmp [名] [C] **1** 《主に米》 新兵訓練所. **2** (厳しい訓練の行われる)少年院.

bóot cùt [形] (ズボンが)ブーツカットの (ブーツが履けるように裾が広くなっている).

boot·ee /bu:tí: | bú:ti:/ [名] [C] [普通は複数形で] 毛糸の小児靴; (小型で裏付きの)女性用ブーツ.

*__booth__ /bú:θ | bú:ð, bú:θ/ [名] (**booths** /bú:ðz, bú:θs/) [C] **1** 公衆電話ボックス (phone booth, 《米》 telephone booth). **2** ブース, 仕切り席 (飲食店などの): ☞ voting booth. **3** 売店; 屋台店; テント小屋. [関連] tollbooth 料金徴収所. [語源] 古期スカンジナビア語で「仮の住まい」の意.

Booth /bú:θ | bú:ð/ [名] [固] **William** ～ ブース (1829–1912) (英国の宣教師; 救世軍の創設者).

boo·tie /bú:ti | bu:tí:/ [名] [C] =bootee.

bóot·làce [名] [C] [普通は複数形で] 長靴のひも; 《英》 靴ひも (shoelace).

⁺**boot·leg** /bú:tlèg/ [形] [A] 不法に製作(販売)された, 海賊版の; (酒が)密造の. —— [名] [C] (CD などの)海賊盤. —— [動] (**-legs**; **-legged**; **-leg·ging**) [他] 〈酒など〉を密造[密売]する. — [自] 酒を密造[密売]する.

boot·leg·ger /bú:tlègɚ | -gə/ [名] [C] (酒の)密造[密売]者.

boot·leg·ging /bú:tlègɪŋ/ [名] [U] (酒の)密造, 密売.

bóot·lìck·er 名 C《略式》ごますり, おべっか使い《人》.

bóot·lìck·ing 名 U《略式》ごますり, おべっか使い《行為》. ― 形 ごますりの.

bóot sàle 名《英略式》= garage sale.

bóot·stràp 名[次の成句で] **púll [hául] oneslf úp by one's (ówn) bóotstraps** 動 自《略式》独力で地位を築く, 人の手を借りずに成功する.

boo·ty[1] /búːṭi/ 名《文》戦利品, 獲物; [滑稽]もうけもの.

boo·ty[2] /búːṭi/ (**booties**) 名《米略式》尻. **sháke one's bóoty** 動 自《米略式》[滑稽]激しく踊る.

boo·ty·li·cious /bùːṭəlíʃəs/ 形《略式》《女性・赤ん坊などが》とても魅力的な《かわいい》.

+**booze** /búːz/《略式》― 名 U 酒. **be on [òff] the bóoze** 動 自 大酒を飲んでいる《酒をやめる》. ― 動 自 大酒を飲む.

bóoze·hòund 名 C《米俗》のんべえ.

booz·er /búːzɚ | -zə/ 名 C《略式》**1** 大酒飲み. **2**《英》酒場, パブ (pub).

bóoze-ùp 名 C《古風, 英略式》酒盛り, どんちゃん騒ぎ.

booz·i·ly /búːzəli/ 副 酒びたりで.

booz·ing /búːzɪŋ/ 名 U 大酒を飲むこと.

booz·y /búːzi/ (**booz·i·er**; **-i·est**)《略式》酒びたりの; 酔っぱらいの, 酒臭い.

+**bop**[1] /bάp | bɔ́p/ 名 U《楽》バップ《ジャズの一種》(bebop). 名 U,C《略式, 主に英》《ポップスに合わせた》踊り. ― 動 (**bops; bopped; bop·ping**) 自《略式》**1**《主に英》ポップスで踊る. **2**《副詞(句)を伴って》歩きまわる.

bop[2] /bάp | bɔ́p/ 動 (**bops; bopped; bop·ping**) 他《普通は副詞(句)を伴って》[滑稽]《軽く》たたく, 殴る. ― 名 C たたくこと, 一撃.

bop·per /bάpɚ | bɔ́pə/ 名 C = teenybopper.

bor. 略 = borough.

bor·age /bɔ́ːrɪdʒ, -bár- | bɔ́r-/ 名 U るりぢさ《食用植物》.

bo·rax /bɔ́ːræks/ 名 U《化》硼砂(ほうしゃ).

Bor·deaux /bɔ̀ːdóu | bɔ̀ː-/ 名 **1** 固 ボルドー《フランス南西部の都市, ワイン産地の中心港》. **2** (複 ~) C,U ボルドー地方産のワイン.

bor·del·lo /bɔːdélou | bɔː-/ 名 (~s) C《主に文》売春宿 (brothel).

*****bor·der** /bɔ́ːdɚ | bɔ́ːdə/ (同音 boarder; 類音 voter) **1**2 (~s /~z/) **1** C 境界, 国境 (☞ boundary 類義語); 国境地方, 辺境; [the B-]《米》米国とカナダの国境; 《英》イングランドとスコットランドの国境(地帯); (一般的な)境界, 限界: a ~ town 国境の町 / a town *on the* ~ *between* the US and Mexico 米国とメキシコの国境にある町 / near [along] the ~ *with* France フランスの国境近く[沿い]に.

――― コロケーション ―――
close [seal] a *border* 国境を封鎖する
cross a *border* 国境を越える
escape over [across] a *border* 国境を越えて逃亡する
establish [draw, fix] a *border* 国境を確定する
patrol [guard] a *border* 国境を警備する

2 C へり, 端, 縁(ふち); (庭園・歩道の)縁どりの花壇[植込み]; (衣服・布などの)飾り縁: a lace ~ レースの縁どり.
― 動 (**bor·ders** /~z/; **bor·dered** /~d/; **-der·ing** /-dərɪŋ, -drɪŋ/) 他 **1** 〈…〉に境を接する, 〈…〉に面する: Canada ~s the northern part of the United States. カナダは合衆国北部に接している. **2** [しばしば受身で] W 〈…〉を縁(ふち)どる, 〈…〉にへりをつける: The flower garden *was* ~*ed with* pretty pansies. 花壇の縁どりにはかわいいパンジーが植えられていた.
― 自 **1** 境を接する, 隣り合う: Switzerland ~s *on* [*upon*] Italy. スイスはイタリアに接している. **2** (…に)近い, まるで(…の)状態である: His proposal ~s *on* [*upon*] madness. 彼の提案は狂気のさただ.

Bórder còllie 名 C ボーダーコリー《コリー犬の一種》.

bor·der·er /bɔ́ːdərɚ | bɔ́ːdərə/ 名 C《特にイングランドとスコットランドの》国境[辺境]の住民.

bór·der·lànd 名 **1** [the ~]《文》境界[国境](地). **2** どっちつかずのあいまいな状態, 中間 (between).

*****bór·der·line** 形《普通は A》境界近くの; どっちつかずの, 決めにくい: ~ grades [students] ぎりぎりの得点[生徒] / a ~ case どっちつかずの場合[事件]; 判定の難しい[人]. ― 名 **1** [the ~]《文》どっちつかずの状態 (between). **2** C 境界線, 国境線. ― 副 [形容詞を修飾して]《略式》実質上, ほぼ.

*****bore**[1] /bɔ́ə | bɔ́ː/ 動 **bear**[1] の過去形.

*****bore**[2] /bɔ́ə | bɔ́ː/ (同音 boar, Boer; 類音 board) 動 (**bores** /~z/; **bored** /~d/; **bor·ing** /bɔ́ːrɪŋ/; **bóre·dom**) 他 〈…〉をうんざりさせる, 退屈させる (☞ **bored**, **boring**): Am I *boring* you, Madam? 奥さん, 私の話は退屈ですか / My uncle's always *boring* us *with* the same old stories of his youth. <V+O+*with*+名・代> おじさんはいつも私たちを若い頃の昔話で退屈させるのです. **bóre ... to déath [téars]** 動 他《略式》〈人〉を死ぬほど退屈させる.
― 名 (~s /~z/) **1** C [軽蔑](つまらないおしゃべりなどで)うんざりさせる人, 退屈させる人: a dreadful [《古風, 英》crashing] ~ ひどく退屈な人 / He is a soccer ~. あいつはサッカーのことばかり話してうんざりだ. **2** [a ~]《略式》うんざりすること: What *a* ~! ああいやになっちゃう.

*****bore**[3] /bɔ́ə | bɔ́ː/ (同音 boar, Boer; 類音 board) 動 (**bores** /~z/; **bored** /~d/; **bor·ing** /bɔ́ːrɪŋ/)《普通は副詞(句)を伴って》他 〈穴〉をあける《きり・ドリルなどで》, 〈トンネルなど〉をあける, くり抜く: I ~*d* a hole *in* the wall. <V+O+前+名・代> 私は壁に穴をあけた.
― 自 **1** 穴をあける: The machine ~*d through* the rock. <V+*through*+名・代> その機械は岩に穴をあけた. **2** W (目が)じっと見つめる (into). ― 名 **1** [単数形で][主に合成語で](銃・管などの)口径: a twelve-~ shotgun 12 口径の猟銃. **2** C = borehole.

bore[4] /bɔ́ə | bɔ́ː/ 名 C 海嘯(かいしょう), 潮高波《満潮のとき川の流れと衝突し水壁となってさかのぼる波》.

*****bored** /bɔ́əd | bɔ́ːd/ 形《人が》(…に)退屈した, うんざりした: The child is ~ *with* his own company. <A+*with*+名・代> その子供は話し相手がいなくて退屈している / She soon got ~ *with* her new boyfriend. 彼女はすぐに新しい彼氏に飽きてしまった. **be bóred to 'téars [déath] = be bóred stíff [rígid, sílly, òut of one's mínd]** 動 自 ひどく退屈している.

bore·dom /bɔ́ːdəm | bɔ́ː-/ 名 U (動 bore[2]) 退屈 (*with*): sheer ~ はなはだしい退屈.

bóre·hòle 名 C (石油などの探査用に)試掘した穴.

bó·ric ácid /bɔ́ːrɪk-/ 名 U《化》硼酸(ほうさん).

*****bor·ing** /bɔ́ːrɪŋ/ **1**2 形 退屈な, (人を)うんざりさせるような: It's so ~ to spend the weekend alone. 週末をひとりで過ごすのはとても退屈だ. **~·ly** 副 うんざりするほど.

*****born** /bɔ́ən | bɔ́ːn/ (同音 borne) 動 語法 元来は bear[1] の過去分詞 (略 b.; ☞ bear[1] **6** 語法). 関連 stillborn 死産の.
be bórn 動 **1** 生まれる: She *was* ~ on December 26, 1985. 彼女は 1985 年 12 月 26 日の生まれです / A son *was* ~ *to* [*of*] the couple. その夫婦に男

の子が生まれた / Bob was ~ blind and deaf. ボブは生まれつき目と耳が不自由である / He was ~ with heart problems. 彼は生まれつき心臓に障害があった / Mozart was ~ to be a musician. モーツァルトは音楽家になるように生まれついていた. **2**〈物事が〉生じる.

be bórn and ˈbréd [ráised, bróught úp] [動] 圎 生まれ育つ (☞ be born and bred [形] 成句]).

be bórn (òut) of ... [動]〈物事が〉...から生まれる [生じる].

be bórn to the púrple ☞ purple [名] 3 用例.

bórn on the wróng síde of the blánket [形]《古風》または《滑稽》庶子[私生児]の.

in áll one's bórn dáys [副] ⓢ《古風, 略式》生まれてこのかた《驚き・困惑の表現に用いる》.

I was nót bórn yésterday. ⓢ《簡単にだまされるほどうぶではない, そうばかじゃない》.

There's óne bórn évery mínute. ⓢ いつでも簡単にだまされる人がいるものだ.

―― [形] Ⓐ 生まれながらの, 天性の: a ~ painter 天性の画家. **bórn and bréd** [形]《名詞の後で》生粋[-]の: a Londoner ~ and bred 生粋のロンドン子.

-born /bɔ́ɚn | bɔ́ːn↙/ [形]《合成語で》生まれが...の: foreign-born 外国生まれの.

bórn-agáin [形] Ⓐ 更生した, 生まれ変わった: a ~ Christian (福音主義の)信仰に目覚めたキリスト教徒 / a ~ nonsmoker《略式》禁煙に熱心な元喫煙家《人にも禁煙を勧める》.

borne /bɔ́ɚn | bɔ́ːn/ (同音 born) [動] **bear¹ の過去分詞.

-borne /bɔ̀ɚn | bɔ̀ːn/ [合成語で] ...によって運ばれる: wind-borne 風で運ばれる.

Bor·ne·o /bɔ́ɚniòu | bɔ́ː-/ [名] 固 ボルネオ《インドネシアの東の島; インドネシア領とマレーシア連邦領とブルネイ領とに分かれている》.

bo·ron /bɔ́ːrɑn | -rɔn/ [名] Ⓤ 〔化〕硼素《ホウ》《元素記号 B》.

*bor·ough /bə́ːrou, -rə | bʌ́rə/ [名] (~s /~z/) ⓒ **1** [時に B-]《米》(New York City の)自治区;《米国の一部の州の》自治町村《略 bor.》. **2**《英》区, バラ《London の 32 の自治区の 1 つ》; (国会議員選挙区としての) 市; 自治都市《勅許状により特権を有する》. **3**《米》(Alaska 州の)郡 (☞ county 1 参考]).

bórough cóuncil [名] ⓒ《主に英》区[市]議会.

*bor·row /bɔ́ːrou, bάːr- | bɔ́rou/ [動] (**borrows** /~z/; **bor·rowed** /~d/; **-row·ing**) ⓣ **1** 〈...〉を借りる, 借用する (叉 lend) (☞ 類義語]): Can I ~ your umbrella? 傘を貸してくれませんか / Tom ~ed some money *from* John. <V+O+*from*+名・代> トムはジョンからいくらか金を借りた / Here, (you can) ~ it. さあ(貸すから)もって行きなさい. 日英比較] 備えつけで移動できないものを使わせてもらうときも日本語では「借りる」と言うが, 英語では 'use' を用いる: May I *use* your bathroom? トイレをお借りしてもいいですか (☞ 類義語]).

borrow（無料で借りる）			借りる
use（その場で使うものを借りる）			
	《英》hire（有料で貸す・借りる）		貸す
rent（有料で借りる）			
	《英》let（家屋を有料で貸す）		
lease（不動産などを有料で貸す・借りる）			

2 〈文章や思想など〉を借りる, 模倣する, 盗用する;〈他言語から〉〈語〉を借用する (*from*). **3** [引き算で上の位から]〈...〉を借りてくる.

―― 圎 (...から)借りる, 借用する (叉 lend);模倣する: ~

boss 193

heavily 多額の金を借りる / She tried to ~ *from* me. <V+*from*+名・代> 彼女は私から借金しようとした. 語源]「担保(をとって貸したり借りたりする)」の意. **be (líving) on bórrowed tíme** [動] 圎《死ぬと思われた病人などが》やっと生きながらえている;持ちこたえている.

[類義語] **borrow** lend の反意語で, 移動可能なものを一時的に無料で借りること. 家屋・施設・備品などのように移動不可能なものには用いない: May I *borrow* your pen? ペンをお借りしてもよろしいですか (☞ 日英比較]). **hire** 移動可能なもの, 不可能なものを問わず短期間有料で借りること: We *hired* a hall. 我々はホールを借りた. **rent** 移動可能・不可能を問わず, 一定の金額で一定の期間有料で借りること: She *rented* the room for three months. 彼女はその部屋を3か月間借りた.

*bor·row·er /bɔ́ːrouɚ, bάːr- | bɔ́rouə/ [名] (~s /~z/) ⓒ 借り手, 借用者 (⟺ lender).

*bor·row·ing /bɔ́ːrouɪŋ, bάːr- | bɔ́r-/ [名] (~s /~z/) **1** Ⓤ 借用: public ~ 公的借り入れ. **2** [複数形で] (企業・組織の)全借入金. **3** ⓒ [普通は複数形で] (思想・文章などの)借用物 (*from*). **4** ⓒ〔言〕借用語.

bórrowing pòwer [名] [複数形または Ⓤ で]〔商〕(企業の内規による)借入限度額, 借入力.

borscht /bɔ́ɚʃt | bɔ́ːʃt/, **borsch** /bɔ́ɚʃ | bɔ́ːʃ/ [名] Ⓤ ボルシチ《ロシアのビート入りスープ》.

bórscht bèlt [名] [the ~]《米略式》ボルシチベルト《Catskill 山地ユダヤ人の避暑地》.

bor·stal /bɔ́ɚstl | bɔ́ː-/ [名] Ⓒ.Ⓤ《以前の,英》少年院.

bosh /bάʃ | bɔ́ʃ/《古風, 略式》[名] Ⓤ たわごと. ―― 囲 ばか言え!

Bos·ni·a /bάzniə | bɔ́z-/ [名] 固 ボスニア《旧 Yugoslavia の一地域, またボスニアヘルツェゴビナの略称》.

Bós·ni·a-Her·ze·go·ví·na /bάzniəhə̀ːtsəgouvíːnə | bɔ̀zniəhə̀:-/ [名] 固 ボスニアヘルツェゴビナ《旧ユーゴスラビアの構成共和国の 1 つ;1992 年 3 月独立宣言》.

Bos·ni·an /bάzniən | bɔ́z-/ [形] ボスニアの. ―― [名] ⓒ ボスニア人.

⁺bos·om /búzəm, búː- | búz-/ [名] **1** ⓒ [普通は単数形で]《文》胸 (☞ chest 類義語]); (衣服の)胸の部分;[普通は複数形で]《古風》(女性の)乳房. **2** [形容詞的に]《文》愛する, 親しい: my ~ friends [buddies] 私の親友. **3** [the ~]《文》愛情庇護)のあるところ, 内輪, 懐: in *the* ~ of the family 家族といっしょに[で]. **4** Ⓤ《文》(感情が宿る)胸, 心.

bos·om·y /búzəmi, búː- | búz-/ [形]《略式》胸の大きな.

Bos·po·rus /bάsp(ə)rəs | bɔ́s-/ [名] 固 [the ~] ボスポラス海峡《トルコのヨーロッパ側とアジア側を分ける海峡で黒海 (Black Sea) とマルマラ海を結ぶ》.

*boss¹ /bɔ́ːs, bάs | bɔ́s/ [名] (~·es /~ɪz/; [形] **bóssy**) ⓒ《略式》**1**《職場などの》長《社長・所長・主任・部長・課長・係長など》, 上司;親分: Who's (the) ~ in this office? この事務所の所長はだれですか. 日英比較] 女性にも用い, 日本語の「ボス」のような悪い意味は含まない. **2**《略式》[主に新聞で] (政界などの)有力者, 黒幕. **3** [普通は the~]《略式》決定権を持つ人, ボス: My wife is *the* ~ in our family. うちは万事女房が切り回している. 語源] オランダ語で元来は「主人」の意. **be one's ówn bóss** [動] 圎 自営業である;思うようにやれる. **shów them [lèt them knów] who's bóss** [動] 圎 (偉そうな連中などに)身の程を教えてやる, 思い知らせてやる.

―― [動] (**boss·es** /~ɪz/; **bossed** /~t/; **boss·ing**) ⓣ《略式》《軽蔑》〈...〉を支配する, あごで使う;〈...〉を指図する: I hate him for ~*ing* me *around* [《英》*about*] like that all the time. いつもああいう風に私のことをあごで使うからあの人は大嫌いです. ―― [形]《俗》すっばらしい.

B

boss[2] /bɔ́:s, bás | bɔ́s/ [名] [C] (装飾的な)打ち出し突起部; (いぼ状の)飾りびょう; 〘建〙浮き出し(飾り).
bos·sa no·va /básənóuvə | bɔ́sə-/ [名] **1** [U] 〘楽〙ボサノバ《ジャズを取り入れたサンバ (samba)》. **2** [C] ボサノバの踊り.
bóss-éyed [形] 《英略式》やぶにらみ[斜視]の.
boss·i·ly /bɔ́:sɪli, bás- | bɔ́s-/ [副] いばり散らして.
boss·i·ness /bɔ́:sinəs, bás- | bɔ́s-/ [名] [U] いばった態度, ボスづら, 親分風.
boss·y /bɔ́:si, bási | bɔ́si/ [形] (**boss·i·er**; **-i·est**; [名] boss) 親分風を吹かせる, いばり散らす.
bóssy-bòots [名] (複 ~) [C] 《英略式, 小児語》いばり散らす人[子供].
Bos·ton /bɔ́:stən, bás- | bɔ́s-/ [名] [固] ボストン《米国 Massachusetts 州の州都; ☞ 表地図 I 3》.
Bóston báked béans [名] [複] 《米》 =baked beans.
Bos·to·ni·an /bɔ:stóuniən, bɑs- | bɔs-/ [形] ボストン(市民)の. — [名] [C] ボストン市民.
Bóston Mássacre [名] [固] [the ~] 〘米史〙ボストン虐殺事件 《1770 年 3 月 5 日ボストン市駐留英軍と市民の衝突》.
Bóston Téa Pàrty [名] [固] [the ~] 〘米史〙ボストンティーパーティー《1773 年 Boston 植民地の人々が英政府の課税に反対し, 徒党を組んで同港の英船を襲い船中の茶箱を海に捨てた事件》.
bo·sun /bóus(ə)n/ [名] [C] =boatswain.
Bos·well /bázwəl, -wel | bɔ́z-/ [名] [固] **James** ~ ボズウェル (1740–95) 《Scotland の文人・弁護士》.
bot /bát | bɔ́t/ [名] [C] 〘電算〙ボット《検索などの自動プログラム》.
⁺**bo·tan·i·cal** /bətǽnɪk(ə)l/ [形] [A] 植物の; 植物学(上)の; 植物性の.
botánical [bo·tán·ic /bətǽnɪk/**] gárden** [名] [C] [普通は複数形で] 植物園. [関連] zoological garden 動物園.
bo·tan·i·cal·ly /bətǽnɪkəli/ [副] 植物学的に.
⁺**bot·a·nist** /bát̬ənɪst | bɔ́t-/ [名] [C] 植物学者.
bot·a·ny /bát̬əni | bɔ́t-/ [名] [U] 植物学.
Bótany Báy /bát̬əni- | bɔ́t-/ [名] [固] ボタニー湾《オーストラリア南東部の入江》.
⁺**botch** /bátʃ | bɔ́tʃ/ 《略式》 [動] [他] ⟨...⟩をぶざまに繕う; やりそこなう (*up*): a ~*ed* attempt 粗雑な試み. — [名] [C] 《主に英》へたな仕事. **màke a bótch of ...** [動] [他] 《略式, 主に英》...をやりそこなう.
botch·er /bátʃə | bɔ́tʃə/ [名] [C] 《略式》へたな職人.
bótch-ùp [名] [C] 《英》 =botch.

both /bóuθ/ [発音注意]

> ① 両方(の), 両方とも　[形] **1**, [代] **1**, **2**, [接]
> ② [否定文で] 両方とも...というわけではない　[形] **2**, [代] **3**

— [形] [比較なし] **1** 両方の...とも, 2 人[2 つ]の...とも, どちらの...も《☞ either 挿絵》.

> [語法] (1) 数えられる名詞の複数形につける: I want ~ books. 私は両方の本がほしい.
> (2) 定冠詞・指示代名詞・人称代名詞の所有格があるときにはその前に置く《☞ all [形] [語法] (1)》. 定冠詞は省略されるほうが普通: *B*~ (*the*) books (=Both of the books) are interesting. その本は両方ともおもしろい / *B*~ *these* flowers smell sweet. どちらの花もよい香りがする / *B*~ *my* parents are now in (the) hospital. 両親とも入院中です.

2 [否定文で] 両方の...とも~というわけではない《部分否定》: I do*n't* want ~↘ (the) hats.↗ この帽子, 両方は要りません(どちらかでよい)/ You *can't* have it ~↘ ways.↗ 両方ともというわけにはいかない(一方に決める必要がある)《☞ have it [things] both ways (way[1] 成句)》.

> [語法] (1) 下降上昇調のイントネーションが用いられる《☞ つづり字と発音解説 95》.
> (2) 全部否定の文と比較《☞ either [形] 2, neither [形] [語法]》: I do*n't* want *either* hat. =I want *neither* hat. どっちの帽子も欲しくない.

— [代] 《不定代名詞》 **1** 両方, 2 人[2 つ]とも, どちらも: Take ~. 両方とも取りなさい / *B*~ *of* you are welcome. お二人とも歓迎します / *B*~ *of* the brothers have come to the party. その兄弟は 2 人とも会合に来た. [語法] 最後の例のような場合, 格式ばった表現では both (the) brothers のように言うほうが好まれる《☞ [形] 1 [語法] (2)》 // Shut up, 「~ *of* you [《略式》 the ~ *of* you]! 2 人とも黙れ.
2 [名詞・代名詞と同格に用いて] ...は[を]2 人[2 つ]とも, ...は[を]両方とも《☞ all [代] 2, each [代] 2》: *We* ~ failed the examination. 私たちは 2 人とも試験に落ちた / [言い換え] The *soldiers* were ~ dead. =*B*~ *of* the soldiers were dead. 兵士は 2 人とも死んでいた.
3 [否定文で] 両方[2 人, 2 つ]とも...というわけではない: I do*n't* know ~ ↘*of* his sisters.↗ 私は彼の姉妹の両方は知りません(1 人だけ知っている).

> [語法] これは [形] 2 と同様に部分否定を表わす. 次の全部否定の文と比較《☞ either [代] 2 [語法], neither [代] [語法]》: I do*n't* know *either* of his sisters. =I know *neither* of his sisters. 私は彼の姉妹は両方とも知りません.

— /bòuθ/ [接] [both ... and —として] ...も—も, ...だけでなく—も: *B*~ he *and* his brother are still alive. 彼も彼の兄[弟]もまだ生きている《代名詞と名詞》/ It is ~ good *and* cheap. それはよい上に安い《形容詞と形容詞》/ I can ~ skate *and* ski. 私はスケートもスキーもできる《動詞と動詞》/ He can speak ~ English *and* German. 彼は英語もドイツ語も話せる《名詞と名詞》.

> [語法] (1)「...も—も...でない」という否定には neither ... nor — を用いる《☞ neither [接] [語法]》.
> (2) both ... and — では同じ品詞の語句がくるのが望ましい. しかし, 口調のためもあって ~ in Britain *and* America または in ~ Britain *and* America のように言うことも多い.

*__both·er__ /báðə | bɔ́ðə/ [T1] [動] (**both·ers** /~z/; **both·ered** /~d/; **-er·ing** /-ð(ə)rɪŋ/) [他] **1** [しばしば否定文・疑問文で] ⟨...⟩を悩ます, うるさがらせる, 心配させる; ⟨...⟩に迷惑をかける《☞ worry 類義語》: Does the TV ~ you? テレビの音がうるさいですか / I don't want to ~ you ***with*** this matter. <V+O+*with*+名・代> この件で君に迷惑をかけたくない / It ~*s* me that I haven't heard from him. 彼から連絡がないのが気になる / ***I'm sorry to ~ you***, but could you tell me the way to the church? Ⓢ《丁寧》お手数ですが教会へ行く道を教えていただけませんか. **2** (体が)⟨人⟩に痛みを与える, 痛む: His knee is ~*ing* him. 彼はひざが痛い. **3** ⟨...⟩をおびやかす; ⟨...⟩に(性的に)ちょっかいを出す. **4** [命令文で] Ⓢ《英古風》いまいましい!: *B*~ it! ちぇっ! **bóther onesèlf [one's héad] abòut [with] ...** [動] [他] [普通は否定文で] Ⓢ ...のことを思いわずらう, ...を苦にする.
— [自] [普通は否定文・疑問文で] **1** わざわざ...する, 骨

を折る: "I'll get you a coffee?" "Oh, please don't ～." [S]「コーヒーをお持ちしましょうか」「いえ, おかまいなく」/ Don't ～ *to* call on him. <V+*to*不定詞> わざわざ彼を訪ねていかなくてもいい / Don't ～ answer*ing* this letter. <V+現分> この手紙にはわざわざ返事を書くには及びません.

2 苦にする, 思い悩む: Don't ～ ***with*** [***about***] it. <V+*with* [*about*]+名・代> そんなことでくよくよするな.

— [名] ([形] bóthersome) 《主に英》 **1** [U] **面倒, 苦労,** やっかい; 騒ぎ (trouble) (*with*): I had a bit of ～ (in) finding his house. 彼の家を探すのにちょっとだけ苦労したよ / It's no ～ at all. [S] 全然かまいません, ちっとも迷惑ではありません / It's more ～ than it's worth. それは苦労してやるだけの価値がない / It ***saved*** me the ～ ***of*** go*ing* out. それで出かける手間が省けた.

2 [a ～] やっかいな人[こと]: He is ***a*** ～ ***to*** me. あの男には困ったもんだ. **gó to (áll) the bóther of ...** [動] [普通は否定文で] わざわざ…する. **nó bóther** [S] 《英》 わけないよ. **—** [感] 《古風, 英略式》 いまいましい!, ちぇっ!, うるさい!

both·er·a·tion /bɑ̀ðəréɪʃən | bɔ̀ð-/ [感] 《古風, 英》 =bother.

both·ered /bɑ́ðəd | bɔ́ðəd/ [形] [P] [普通は否定文で] 心配した, 気にした (*that*). **be nót bóthered** [動] [S] 《主に英》 気にしない, かまわない (*about*). **can't [cóuldn't] be bóthered** (^r**to dó [dóing]**^) [動] 《格式, 主に英》 (…する)気にならない, わざわざ…したくない; …する必要がない.

both·er·some /bɑ́ðəsəm | bɔ́ðə-/ [形] ([名] bóther) 《古風》 うるさい, やっかいな, 面倒な.

both·y /bɑ́θi | bɔ́θi/ [名] [C] 《スコ》 (農場労働者用の)小屋.

Bo·tox /bóʊtɑks | -tɔks/ [名] [U] ボトックス(療法) 《ボツリヌス毒素を注射するしわ取り法; 商標》.

Bot·swa·na /bɑtswɑ́ːnə | bɔ-/ [名] [固] ボツワナ 《アフリカ南部の共和国》.

Bot·swá·nan /-nən/ [形] ボツワナ(人)の.

Bot·ti·cel·li /bɑ̀ṭɪtʃéli | bɔ̀t-/ [名] [固] **San·dro** /sǽndroʊ/ ～ ボッティチェリ (1444?–1510) 《イタリアの画家; ☞ Venus 写真》.

****bot·tle** /bɑ́ṭl | bɔ́tl/ [名] (～s /～z/) **1** [C] **びん,** (プラスチック)ボトル (*of*) (☞ butler [語源]): Do not put new wine into old ～*s*. 《ことわざ》 古いびんに新しいぶどう酒を入れるな(調和のとれないものをいっしょにするな). [由来] 新約聖書のことば.

> **bottle のいろいろ**
> 《米》 **báby bòttle, núrsing bòttle** 哺乳びん / 《英》 **báby's bòttle, féeding bòttle** 哺乳びん / **hót-wáter bòttle** 湯たんぽ / **ínk bòttle** インクびん / **mílk bòttle** 牛乳びん / **squéeze bòttle** (マヨネーズなどの)絞り出し容器 / **thérmos [vácuum] bòttle** 《米》 魔法びん

> **コロケーション**
> **break** a *bottle* びんを割る
> **cork** a *bottle* びんに(コルク)栓をする
> **empty** a *bottle* (*of* ...) びん(の中の…)をからにする
> **fill** a *bottle* (**with** ...) (…で)びんをいっぱいにする
> **open** [**uncork**] a *bottle* びんの(コルク)栓を抜く
> **pour** (out) a *bottle* びんの中身を注ぐ

2 [C] びん[ボトル] **1 本の量** (bottleful): three ***～s of*** milk 牛乳 3 本. **3** [C] [普通は単数形で] (哺乳びんの)ミルク; 哺乳びん. **4** [the ～] 《略式》 酒. **5** [U] 《英略式》 [ほめて] 勇気, 度胸. **be on the bóttle** [動] [自] 《略式》 酒びたりになっている, アル中である. **bríng ^r^one's ówn [《英》 a] bóttle** [動] [自] (パーティーに)酒を持ち込む. **hít [táke to] the bóttle** [動] [自] 《略式》 深酒をするようになる; 大酒を飲む.

— [動] (**bot·tles** /～z/; **bot·tled** /～d/; **bot·tling**) [他] 〈…〉をびん[ボトル]に入れる[詰める]; 〈果物など〉を(保存用に)びん詰めにする: Beer *is* ～*d* in this factory. <V+O の受身> この工場ではビールがびん詰めにされる. **bóttle it** [動] [自] =bottle out. **bóttle óut** [動] [自] 《英略式》 しり込みする (*of*). **bóttle úp** [動] [他] (1) 〈怒りなど〉を無理に抑える. (2) 〈…〉を阻止する. [由来] びんに封じ込める, の意.

bóttle bànk [名] [C] 《英》 空びん回収箱.

bóttle blònd [形], [名] [C] 《米俗》 [軽蔑] 金髪に染めた(女性).

bóttle·brùsh [名] [C] **1** びん洗いブラシ. **2** ブラシの木 《ブラシ状の赤い花をつける低木》.

bóttle càp [名] [C] びんの栓.

bot·tled /bɑ́ṭld | bɔ́tld/ [形] びん[ボトル]詰めの.

bóttle-fèd [形] (赤ん坊が)人工栄養[ミルク]で育てられた. [関連] breast-fed 母乳で育てられた.

bóttle-fèed [動] (**-feeds**; 過去・過分 **-fed** /-fèd/; **-feed·ing**) [他] 〈赤ん坊〉を人工栄養[ミルク]で育てる. [関連] breast-feed 母乳で育てる.

bóttle-fèeding [名] [U] 人工栄養[ミルク]の子育て.

bot·tle·ful /bɑ́ṭlfʊ̀l | bɔ́tl-/ [名] [C] びん 1 本(の量) (*of*) (bottle).

bóttle gréen [名] [U] (ビールびんなどの)暗緑色. **—** [形] 暗緑色の.

bóttle·nèck [名] **1** [C] 狭い道路. **2** [C] 障害(となるもの), 支障, ネック (☞ neck [日英比較]). **3** [U] (ギターの)ボトルネック奏法.

bóttle òpener [名] [C] (びんの)栓抜き.

bóttle pàrty [名] [C] 《英》 酒持込みのパーティー.

bot·tler /bɑ́ṭlə | bɔ́tlə/ [名] [C] **1** びん詰めする人[装置]; 炭酸飲料メーカー. **2** 《豪略式》 すてきな人[物].

bóttle ròcket [名] [C] ロケット花火.

bóttle shòp [stòre] [名] [C] 《豪》 酒屋.

bot·tling /bɑ́tlɪŋ | bɔ́t-/ [名] [U] びん詰め.

****bot·tom** /bɑ́ṭəm | bɔ́t-/ [T1] [名] (～s /～z/) **1** [the ～] **最下部,** (山などの)ふもと (foot); (ページ・地図などの)下のほうの部分; (スカートなどの)すそ; [the ～ または [U]] びり ([反] top): at *the* ～ ***of*** a mountain 山のふもとに / the third line from *the* ～ 下から 3 行目 / This team is always (***at the***) ***～ of*** the league. このチームはいつもリーグのびりだ.

2 [the ～] (物の)**底, 最低部** ([反] top): I found a ten-yen coin ***at the ～ of*** my bag. かばんの底に 10 円玉を見つけた / Thank you, ***from the ～ of*** my heart. 心の底からありがとう // ☞ false bottom.

3 [the ～] 海底, 湖底, 川底: *at* [*on*] *the* ～ *of* the sea 海底で / The best fish swim near *the* ～. 《ことわざ》 最上の魚は水底近くを泳ぐ(大物はなかなか出てこない). **4** [C] (茶わんなどの)しり, 底面; (人の)しり (buttocks); (いすの)腰掛ける部分 (seat): the ～ *of* the box 箱の底 / smack a child's ～ 子供のしりをぴしゃりとたたく. **5** [C] [普通は複数形で] (スーツ・パジャマなどの)ズボン ([反] top). **6** [the ～] 《主に英》 (道の)つき当たり; (庭などの)いちばん奥 (*of*). **7** [C] 〘野〙 (回の)裏 ([反] top): the ～ of the seventh inning 7 回の裏. **8** [C] 〘海〙 船[艦]底. **at bóttom** [副] [文修飾語] 《格式》 心の底は; 根本的には. **at the bóttom of the líst** 最も軽視されて. **be at the bóttom of ...** [動] [他] …の原因である. **Bóttoms úp!** [S] 《略式》 [滑稽] 乾杯! [由来] グラスの底を上に向け中身を飲みほせ, の意. **from the bóttom úp** 基礎[最下層]からはじめて. **gét to the bóttom of ...** [動] [他] 《略式》 …の真相[原因]をつきとめる. **hít bóttom** [動] [自] = touch bottom. **knóck the bóttom òut of ...** [動] [他] 《略式》 (価格など)を根底からくつがえす. [由来] …の底を抜く, の意. **stárt (lífe) at the bót-**

tom (of the ládder [píle, héap]) [動] 自 裸一貫から身を起こす, 下積みから始める. **The bóttom dróps [fálls] óut (of ...)** (1) 『商』(相場の)底値が崩れる. (2) (...の)望みがなくなる. **tóuch bóttom** [動] 自 どん底に falls. —— 形 A 最も低い[下の](lowest); P 最後の, びりの (last) (反 top); (主に英) 最も遠くの: the ~ shelf [drawer] いちばん下の棚[引き出し] [☞ bóttom drawer] / come ~ in the exam 試験でびりになる. B [次の成句で] **bóttom óut** [動] 自 『商』(物価などが)底をつく.

bóttom dráwer /-drɔ́ː | -drɔ́ː/ 名 C (古風, 英) =hope chest.

-bot·tomed /bátəmd | bɔ́t-/ 形 [合成語で] 底[しり]が...の: flat-bottomed 底が平らな.

bóttom-féeder 名 C 1 《軽蔑》《米略式》人を食いものにする人; いやしい人間. 2 底魚(ぎょ).

bóttom géar 名 U.C (英) (車の)最低速ギヤ.

bóttom·lànd /-lænd/ 名 U (沖積層)低地.

bóttom·less 形 1 底なしの, 非常に深い; (資源が)無限の: a ~ pit of money 無限に金を供給すること / a ~ cup おかわり自由のカップ《コーヒーなど》. 2 下半身裸の.

+**bóttom líne** 名 [the ~ または one's ~] 1 (物事の)要点, 核心, 結論. 2 『商』(決算書に示す最終的な)収益[損失]額; (金銭上の)最終結果 (balance sheet の最下行に書くことから). 3 (受け入れられる)最低額, ぎりぎりの数字[線]. **The bóttom líne is that ...** 要するに...だ. —— 形 最終的収益を問題にする.

bóttom·mòst 形 A いちばん下の, 最低の, 最も深い[奥の].

bóttom-úp 形 (英) (計画などが)細部から始めて全体へ向かう方式の (反 top-down).

bot·u·lis·m /bátʃulìzm | bɔ́tʃ-/ 名 U 『医』ボツリヌス中毒 (腐ったソーセージ・缶詰肉から起こる).

bou·doir /búːdwɑːr | -dwɑː/ 名 C 1 セックスの場所としての寝室. 2 (古語) 女性の寝室[私室].

bouf·fant /buːfɑ́ːnt | búːfɑːŋ/ 《フランス語から》 形 (髪型・スカートなどが)ふっくらとした.

bou·gain·vil·le·a, -vil·lae·a /bùːgənvíliə/ 名 C.U ブーゲンビリア (熱帯植物).

bough /báʊ/ 発音注意 名 C (文) (木の)大枝 [☞ tree 挿絵]. 類義語 古(期)英語で「肩, 腕」の意; ☞ branch 語源.

✽bought /bɔ́ːt/ 類音語 boat, vote) 動 **buy** の過去形および過去分詞.

bouil·la·baisse /bùːjəbéɪs | -bés, -béɪs/ 《フランス語から》 名 U.C ブイヤベース (魚や貝を使った寄せ鍋).

bouil·lon /búːjɑn, búː- | -jɔːŋ/ 《フランス語から》 名 U.C ブイヨン (牛肉・とり肉などの澄ましスープ).

bóuillon cúbe 名 C (米) 固形ブイヨン[スープ] ((英) stock cube).

+**boul·der** /bóʊldər | -də/ 名 C (巨大な)丸石, 玉石.

boules /búːl/ 《フランス語から》 名 U ブール (鉄球を使ったフランスの球ころがし遊び).

+**bou·le·vard** /búləvɑːrd, búːlə- | búːləvɑːd/ 《フランス語から》 名 C 広い並木道, 大通り (しばしば街路名; 略 blvd., Blvd): Sunset B~ サンセット大通り.

✽**bounce** /báʊns/ 13 動 (**bounc·es** /~ɪz/; **bounced** /~t/; **bounc·ing**)

—— 自 他 の転換 ——
自 1 弾む (to spring back or spring away after striking something)
他 1 弾ませる (to make (a ball) spring back or spring away after striking something)

—— 自 1 (球などが)弾(は)む, バウンドする; (上下・左右に)動く; (光・電波などに)当たって)反射する: The ball ~d *off* the wall [*over* the fence]. <V+前+名・代> そのボールは壁に当たってはね返った[バウンドして柵(さ)を越えた]. 弾むように動く[進む] (*along, in, into, on*): ~ *up and down* with joy うれしくてはね回る. 3 (状況・話題などが)変わる. 4 (略式) (残高不足のため小切手が)不渡りで戻る. 5 (Eメールが)(相手に届かずに)送り返される (*back*).
—— 他 1 (球など)を弾(はじ)ませる, バウンドさせる (*on*); (上下・左右に)動かす; (光・電波)を反射させる (*off*): Tom ~d the basketball *against* the wall. <V+O+前+名・代> トムはバスケットボールを壁にバウンドさせた. 2 (Eメール)を(不渡りで)相手に送り返す (*back*). 4 (略式) (人)を首にする; (人)を(...から)追い出す (*from*). 5 (人)を跳び上がらせる: ~ the baby *on* one's knee 赤ちゃんをひざの上でゆすってあやす. 6 (しばしば受身で) (英) (人)に無理に(せかして)...させる (*into*). **bóunce aróund** [動] 自 (考えなどが)ころころ変わる; (ものが)あちこちはね回る. —— 他 (略式) (考え)をいろいろな人と議論する. **bóunce báck** [動] 自 (1) (球が)はね返る. (2) (失敗・不幸などから)立ち直る, (病気から)回復する (*from*). (3) 『商』(価格が)反騰する. **bóunce ... óff** —— [動] 他 (1) (球・光・音など)を~に当ててはね返らせる, 反射[反響]させる (☞ 自 1). (2) (考えなど)を(人)にぶつけて反応をみる: Can I ~ my ideas *off* you? 私の考えをどう思いますか.

—— 名 1 C 弾み, はね返り: catch a ball on the first ~ ボールをワンバウンドで取る. 2 U 弾力性; (髪の)しなやかさ. 3 U [a ~] 元気のよさ, 活力. 4 [単数形で] 『商』(価格の)反騰.

bounc·er /báʊnsər | -sə/ 名 C 1 (クラブなどの)用心棒. 2 『野』高いバウンドのゴロ. 3 『クリケ』高くはね上がるボール (bumper).

bounc·i·ly /báʊnsɪli/ 副 元気よく.

bounc·i·ness /báʊnsinəs/ 名 U 元気のよさ.

+**bounc·ing** /báʊnsɪŋ/ 形 A (赤ちゃんなどが)元気のよい, たくましい.

+**bounc·y** /báʊnsi/ 形 (**bounc·i·er**, **-i·est**) 1 (ボールが)よく弾む; 弾力性のある; (髪が)しなやかな. 2 (人・曲などが)元気のいい, 生き生きとした.

bóuncy cástle 名 C (英) (大型の)エアクッション製遊具 (子供が入って飛びはねて遊ぶ).

✽**bound**¹ /báʊnd/ 13 動 **bind** の過去形および過去分詞.

—— 形 1 [普通は P] [比較なし] 縛(し)られた, 結ばれた (☞ bind 他 1): a package ~ *with* string <A+with+名・代> ひもで縛った包み. 2 [比較なし] 義務がある, 責任がある; 拘束[束縛]された (*by*) (☞ bind 他 4) (反 free): I am ~ *to* my job. 私は仕事に縛られている. 3 (...で)結びついている (*together*; *by*); (...と)密接な関係にある (*to*). 4 (本が)装丁された, 製本された: a book ~ *in* leather 革装の本. 5 『文法』拘束形の.

be bóund and detérmined to dó [動] (米) ...する固い決心をしている.

be bóund to dó [動] (1) 確実に...するはずである, きっと...する: Such a plan *is* ~ *to* fail. そんな計画は失敗するに決まっている. (2) ...する義務[責任]がある: She *is* ~ (*by* her position) *to* answer these questions. 彼女は(立場上)この質問に答えなければならない (☞ bind 他 4).

be bóund úp in ... [動] 他 (1) ...に夢中になっている; せっせと...する. (2) =be bound up with ...

be bóund úp with ... [動] 他 ...と密接な関係がある, 深くかかわっている: My future *is* closely ~ *up* with the finances of my firm. 私の将来は会社の経済状態と密接に関係している.

féel [be] (dúty) bóund to dó [動] ...する義務がある

ると思う.
I'll be bóund!《古風, 英略式》請け合うよ.
I'm bóund to sáy ... ...と言わざるをえない.
It is bóund to be. [前文の内容を受けて] そのはずだ.

***bound**[2] /báund/ **動** (bounds /báundz/; bounded /-ɪd/; bound·ing) **自** [副詞(句)を伴って] 跳びはねながら進む (☞ 類義語): The rabbit ~*ed across* the backyard. <V+前+名・代> うさぎは裏庭をはねて通り過ぎた / The ball ~*ed away* into our neighbor's garden. <V+*away*> ボールははねて隣の庭へ入ってしまった. **2** (価格などが)急速に増す[改善する] (*ahead*).
— **名** (bounds /báundz/) [C] [文] 弾み, はね返り, バウンド: **in** [**with**] **one ~** ひと跳びで; 一躍して.

***bound**[3] /báund/ **名** [複数形で] **1** 限界, 限度; 範囲: His appetite knows no ~s. [格式] 彼の食欲には際限がない. **2** [古風] 境界近くの土地; 町はずれ.
gó ⌈**beyònd** [**outsìde**] **the bóunds** **動 自** (...の)範囲を越える: He has *gone beyond* the ~*s of* reason. 彼は分別をなくした.
in bóunds [形・副] [スポ] コートの境界線内で[に].
It is ⌈**nót beyònd** [**withìn**] **the bóunds of possibílity** ⌈**that ...**⌉ (...という)可能性もなくはない.
kéep ... withìn bóunds 動 他 ...を範囲内におさめる.
òut of bóunds [形・副] (1)(場所が)(...の)出入禁止区域で[に] (*for*): The kitchen was *out of ~s to* Bill. ビルが台所に入ることは禁じられていた. (2) (話題・番組・酒などが)(...に)禁じられて (*to, for*); 度を越えた. (3) [スポ] コートの境界線の外側で[に].
— **動 他** [普通は受身で] [格式] <...>に境界をつける, <...>と境を接する: Japan *is ~ed by* the sea on all sides. 日本は四方を海に囲まれている.

bound[4] /báund/ **形** [名詞の後でまたは P として] ...行きの, ...へ行こうとして; ...への途中の (☞ -bound 1): a train ~ *for* Paris パリ行きの列車 / a ship homeward [*outward*] ~ 故国[外国]向けの船.

-bound /báund⁻/ [合成語で] **1** ...行きの: *north*bound 北行きの. **2** (...に)縛られた; (w) (...に)拘束[影響]された: duty-*bound* 義務に縛られた. **3** ...に閉ざされた: snow-*bound* 雪に閉ざされた. **4** (本などが)...装の: a leather-*bound* book 革装本.

bound·a·ry /báundəri, -dri/ **名** (**-a·ries** /~z/) [C] **1** 境界線 (*of, with*); 国境 (☞ 類義語): draw a ~ 境界線を引く / The Rio Grande forms the ~ (line) *between* the US and Mexico. リオ・グランデ川がアメリカ合衆国とメキシコの国境になっている. **2** [普通は複数形で] 限界, 範囲: push back the *boundaries* of human knowledge 人間の知識の限界を押し広げる. **3** (性質・感情などの)境界 (*of, between*); [クリケ] 境界線; 境界線越えの長打 [4[6]点入る]. **cut across boundaries** (主義・信条の)垣根を越える.

【類義語】 **boundary** 地図や図面に明記されるような厳密な意味での境界や境界線で, 条約や契約によって決定・変更されるものをいう. **border** *boundary* ほど厳密ではない, 山や川を自然の地理的条件による境界を意味し, 国境沿いの地域一帯も指す.

bóund·en dúty /báundən-/ **名** [所有格の後では a ~] 《古風, 格式》または《滑稽》必ず果たすべき義務.

bound·er /báundə | -də/ **名** 《古風》《軽蔑》下劣な人, 無法者.

bóund·less 形 W 限りのない, 無限の. **~·ly 副** 限りなく. **~·ness 名** U 無限.

boun·te·ous /báuntiəs/ **形** 《文》物惜しみしない.

boun·ti·ful /báuntɪf(ə)l/ **形** 《文》 **1** 豊富な; (土地などが)豊かな. **2** 物惜しみしない, 気前のよい.

⁺**boun·ty** /báunti/ **名** (**boun·ties** /~z/) [C] **1** (政府などが出す)奨励[助成, 補助]金 (*on*). **2** U,C 《文》惜しみなく与えられたた[食物], 贈物, 恵み. **3** U 《文》物惜しみしないよさ; [C] 多量.

bóunty hùnter 名 [C] (犯人を捕まえる)賞金かせぎ.

⁺**bou·quet** /boukéi, bu:- | bu-, bou-/ 《フランス語から》**名 1** [C] ブーケ, (手に持つ)花束 (*of*). **2** [C,U] 香り《特にワイン・ブランデーの》.

bouquét gar·ní /-ga:ní: | -ga:-/ 《フランス語から》(**bouquets garnis**) [C] ブーケガルニ《スープなどの風味づけに使う香草の束》.

⁺**bour·bon** /bá:b(ə)n | bá:-/ **名** U,C バーボン《とうもろこしから作る米国産のウイスキー》; [C] 1杯のバーボン.

Bour·bon /búəbən | búə-/ **名** ブルボン家《ヨーロッパの王家の一つ; フランスやスペインなどを支配》.

⁺**bour·geois** /búəʒwa: | búə-/ 《フランス語から》**形** **1** 《軽蔑》中産階級の. **2** 《軽蔑》ブルジョア根性の, 俗物の, 保守的な. **3** (マルクス主義理論で)有産階級の, 資本主義の. — **名** (複 ~ /búəʒwa:(z)/) [C] **1** 《軽蔑》中産階級の市民. **2** 《軽蔑》体裁を気にする俗物. 日英比較 日本語でいう「ブルジョア」のような「金持ち」という意味はなく, 物質主義を信奉する中産階級に対する軽蔑的なひびきを持つ語. **3** (マルクス主義理論で)有産者, 資本家 (反 proletarian).

⁺**bour·geoi·sie** /bùəʒwa:zí: | bùə-/ **名** (複 ~) [the ~ として単数または複数扱い] 《軽蔑》中産階級《全体》; (マルクス主義理論で)有産階級, 資本家階級《全体》(反 proletariat).

Bourke /bá:k | bá:k/ **名** [次の成句で] (**òut the**) **báck o'Bóurke** [副] 《豪略式》いなかに, へんぴな所に.

⁺**bout** /báut/ **名** (**bouts** /báuts/) [C] **1** (病気などの)発作 (*with*). **2** 短い期間, ひとしきり(の仕事): I had a ~ *of* flu this winter. 私はこの冬いっとき流感にかかった. **3** ひと勝負, (ボクシング・レスリングなどの)試合.

'bout /baut; báut/ **前 副** [S] 《略式》=about.

⁺**bou·tique** /bu:tí:k/ 《フランス語から》**名** [C] ブティック《婦人服・装身具などの小売専門店》.

bou·ton·niere /bù:tən̹ɪə | bú:tòniéə/ 《フランス語から》**名** [C] (米) (上着のえりの)ボタン穴にさす花.

bou·zou·ki /buzú:ki/ **名** (**~s**) [C] ブズーキ《マンドリンに似たギリシャの楽器》.

bo·vine /bóuvaɪn/ **形** [普通は A] **1** (格式) 牛科の, 牛の(ような). **2** W 《差別》のろまな, 鈍感な.

bóvine spóngi·form en·ceph·a·lóp·a·thy /-spǽŋk̠əfɔ́:m enséfəlǽpəθi | -spǽŋk̠əfɔ̀:m-/ **名** U =BSE.

bov·ver /bávə | bɔ́və/ **名** U 《古風, 英略式》(ちんぴらの)けんか, 騒ぎ.

⁺**bow**[1] /báu/ ★ **bow**[3] との発音の違いに注意. (同音 bough). **動** (**bows** /~z/; **bowed** /~d/; **bow·ing**) **自** **1** おじぎをする, 頭を下げる; 腰をかがめる, かがむ (*over*); 曲がる (☞ **bow**[3] 類義語): We ~*ed before* the king. 我々は王の前で頭を下げた / He ~*ed* politely *to* his teacher. <V+*to*+名・代> 彼は先生に丁寧におじぎをした. **2** (いやいや)従う, 屈服する: ~ *to* pressure 圧力に屈する / We ~*ed to* his opinion. 私たちは彼の意見に従った.
— **他 1** <頭・首>を下げる, 垂れる; <ひざ・腰>をかがめる: ~ one's head in prayer 頭を垂れて祈る / He stood with his head ~*ed*. 彼は頭を下げて立っていた. **2** [普通は受身で] 曲げる (*under, with*). **bów and scrápe** [**動**] **自** 《軽蔑》(必要以上に)ぺこぺこする (*to*). 由来 おじぎをしたり右足をうしろに引いて礼をする, という意. **bów dówn** [**動**] **自** (1) (...に)おじぎをする (*before, to*). (2) 《文》《軽蔑》(...に)屈服する (*to*). **bów óut** [**動**] **自** (1) おじぎをして出て行く (*of*). **2** W 手を引く; 引退する (*of*).
— **名** (~**s** /~z/) [C] おじぎ: give [make] a low [deep] ~ *to ...* ...に深くおじぎをする. **take a bów** [**動**] **自** (1) (舞台で)かっさい[拍手]にこたえて頭を下げる. (2) [主に新聞で] 称賛に値する, ほめられてよい.

bow² /báu/ ★ bow³ との発音の違いに注意. 名 (~s /-z/) C [しばしば複数形で] 船首, 艦首, へさき, おもて (反 stern): The ship hit its ~ against a rock. 船は船首を岩にぶつけた.

bow³ /bóu/ ★ bow¹,² との発音の違いに注意. 名 C 1 弓 (☞ elbow 語源): He shot an arrow from his ~. 彼は弓から矢を放った.

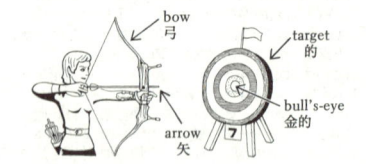

2 ちょう結び; ちょうネクタイ (bow tie); 湾曲: a ribbon (tied) in a ~ ちょう結びのリボン. 3 (弦楽器の)弓: A violin is played with a ~. バイオリンは弓で弾く. 語源 元来は「曲がったもの」の意. bow¹ と同語源.
— 他 (弓・楽器などを)弓で弾く. — 自 1 (弓の形に)曲がる. 2 弓で弾く.

Bow bells /bóubélz/ 名 [複] ボウベル (London の City にある St. Mary-le-Bow 〈sèntmélə⌣rìləbóu | sə(n)t-/ 教会の鐘). 参考 この音が聞こえる範囲内 (within the sound of Bow bells) で生まれた者が生粋のロンドン子といわれる.

bowd·ler·ize /bóudləràɪz, báud- | báud-/ 動 他 [けなして] 〈著作〉の不穏当とみる部分を削除訂正する.

bowd·ler·ized /bóudləràɪzd, báud- | báud-/ 形 [けなして] 不穏当な部分を削除訂正した.

bowed¹ /bóud/ 形 湾曲した.

bowed² /báud/ 形 前屈みになった[て].

*bow·el /báuəl/ 名 (~s /-z/) C 1 [複数形で] 腸: have loose ~s 下痢をしている. 下痢気味である. 2 [医] [単数形で] 腸の一部; [形容詞的に] 腸の: ~ cancer 腸の癌(ガン) /a ~ disorder 腸の不調. 3 [the ~s] (文) (大地の)内部, 奥: deep in the ~s of the earth 地中の奥深くに. **kéep one's bówels ópen** [動] 自 規則正しく便通がある. **móve [émpty, ópen] one's bówels** [動] 自 [医] 排便する.

bówel mòvement 名 C (格式)便通 (略 BM).

⁺**bow·er¹** /báuɚ/ 名 (文) 1 木陰; 木陰の休息所. 2 女性の寝室.

bów·er² (ànchor) /báuɚ- | báuə-/ 名 C 船首錨(いかり).

Bow·er·y /báu(ə)ri/ 名 [the ~] バワリー街 (New York 市の大通りの1つ; 以前は浮浪者のたまり場として知られた).

bów·hùnting /bóu-/ 名 U 弓矢による狩猟.

bów·ie knife /bóui- | búːi-/ 名 C (米国式の)さや付き猟刀.

bow·ing /bóuɪŋ/ 名 U (弦楽器の)弓使い.

bów·knòt /bóu-/ 名 C ちょう結び.

*bowl¹ /bóul/ (同音 bole, boll; 類音 bold, bolt) 名 (~s /-z/) C 1 鉢, わん, 茶わん, (料理用)ボール (☞ dish 類義語): a salad ~ サラダボール / a goldfish ~ 金魚鉢 / a fruit ~ 果物鉢, 果物の入った鉢. 2 鉢[わん] 1 杯の量: three ~s of rice ご飯 3 杯. 3 (スプーンの)くぼみ; (パイプの)火皿; (トイレの)便器: He filled the ~ of

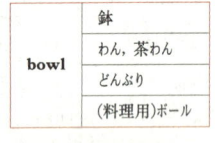

bowl	鉢
	わん, 茶わん
	どんぶり
	(料理用)ボール

his pipe. 彼はパイプの火皿にたばこを詰めた. 4 [普通は単数形で] (主に米) =bowl game. 5 [普通は単数形で] (主に米)(すり鉢形の)野外競技場[集会場].

bowl¹ 5

bowl² /bóul/ 名 1 [複数形で] ☞ bowls 1. 2 C (英) (ボウルズの)木球; (ボウリングなどの)球. 3 C (ボウリングの)1回の投球. — 自 1 ボウリング[ボウルズ]をする (☞ bowling 1, 2). 2 (クリケ) 投球する. 3 [副詞(句)を伴って] W (英) 快調に走る (along, down). — 他 1 (球)を投げる. 2 (クリケ) (球)を投げる; (打者)をアウトにする (out). **bówl óver** [動] 他 (1) [普通は受身で] (...)をびっくりさせる. (2) ぶつかって(人)を転倒させる, 突き飛ばす.

bow·leg·ged /bóulèg(ə)d/ 形 O 脚の, がにまたの, わに脚の (bandy-legged)(☞ knock-kneed).

bów·lègs /bóu-/ 名 [複] O 脚, がにまた.

bowl·er¹ /bóulɚ- | -lə-/ 名 C 1 ボウリング[ボウルズ]をする人. 2 (クリケ) 投手.

bowl·er² /bóulɚ- | -lə-/ 名 C (主に英) 山高帽子 ((米) derby).

bówler hát 名 C (主に英) =bowler².

bowl·ful /bóulfùl/ 名 C 鉢[わん]一杯の量 (of).

bówl gàme 名 C [アメフト] ボウルゲーム (シーズン終了後に行なう上位チームの対戦; Rose Bowl など).

bow·line /bóulɪn/ 名 C (海) (帆船の)はらみ綱, ボウライン.

*bowl·ing /bóulɪŋ/ 名 U 1 ボウリング: go ~ ボウリングをする. 日英比較 日本でいう「ボウリング」は 2 と区別して (米) tenpins, (英) tenpin bowling ともいう. 2 =bowls 1. 3 (クリケ) 投球.

bówling àlley 名 C 1 ボウリング場. 2 ボウリングのレーン.

bówling bàll 名 C ボウリングの球.

bówling grèen 名 C (主に英) (芝生の)ボウルズ (bowls 1) 競技場.

bowls /bóulz/ 名 U 1 (英) ボウルズ (芝生の上で木球を転がして行なう競技) ((米) lawn bowling). 2 =bowling 1.

bow·man /báumən/ 名 (-men /-mən/) C 前オールのこぎ手, バウマン.

bow·ser /báuzɚ- | -zə-/ 名 C (豪) 給油ポンプ.

bów·shòt /bóu-/ 名 C 矢の届く距離, 矢ごろ.

bow·sprit /báusprɪt, bóu- | bóu-/ 名 C (海) 第一斜檣(しゃしょう) (船首から前へ突き出た円材).

bów·string /bóu-/ 名 C 弓のつる.

bów tíe /bóu-/ 名 C ちょうネクタイ.

bów window /bóu-/ 名 C 弓形張り出し窓.

bow-wow /báuwáu/ (小児) 感 わんわん (犬のほえる声). — /báuwàu/ 名 C 犬 (dog), わんちゃん.

bow window

⁺**box¹** /báks | bóks/ 名 (~·es /-ɪz/) C 1 箱 (普通は「ふた」のついたものをいう): a ~ of tissues ティッシュペーパーの箱.

—— box のいろいろ ——

cárdboard bòx ボール箱 / **lúnch bòx** 弁当箱 / **máilbòx** (米), **létter bòx** (英) 郵便受け / **músic bòx** オルゴール / **pácking bòx** 包装箱 / **pépperbòx** こしょう入れ / **stróngbòx** 小型金庫

2 C ひと箱の分量 (boxful): a ~ *of* apples りんごひと箱 5 ドルする. / Strawberries cost five dollars a ~. いちごひと箱 5 ドルする. **3** C 《掲示などで》 ✓ 印などを書く四角(形), 枠, 解答欄; 《記事をおさめる》《英》= box junction; 〘電算〙スクリーンの枠形部分(情報入力などのため): Please print your name in the ~. 枠にお名前を活字体でお書き下さい. **4** C 仕切った場所, ボックス; 《劇場などの》ます席, ボックス席; 《馬小屋·馬匹(ひつ)・貨車の》一部分, ひと仕切り; 《英》公衆電話ボックス; 陪審席, 詰め所: the royal ~ 貴賓席 / a witness ~ 《英》証人席 / a police ~ 《日本の》交番. **5** C 私書箱 (post-office box); = box number. **6** C 《米》〘野〙打者席; 投手席; [the ~] 〘サッカー〙ペナルティーエリア: a batter's ~ バッターボックス. **7** C 《英》〘クリケ〙《男性器の》プロテクター 《(米) cup》. **8** [the ~] 《略式》テレビ: What's on *the* ~ tonight? 今夜のテレビは何がある. **9** 《略式》棺. **be a box of birds** 〘動〙《豪略式》元気[健康]である. **óut of one's bóx** 〘形〙《英略式》《酒·麻薬に》酔っぱらって. **óut of the bóx** 〘副·形〙(1) 《主に米》独創的に《事を始めて》, 最初に踏み出して 《with》. (2) 《コンピューターなどを》箱から取り出してそのまま; すぐに. **thínk outsìde the bóx** 〘動〙〘自〙《米略式》新しい考え方をする. 語源 古(期)英語で「つげ」の意. 箱は昔つげで作った. (☞ box) — 他 〈…〉を箱に入れる 《up》; 〈…〉を囲む《記事》にする. **bóx ín** 〘動〙[しばしば受身で] 他 (1) 《そばに駐車して》〈他の車〉を動けなくする, 《レースなどで取り引きばかり》〈相手〉を妨害する. (2) 〈人〉を自由に行動できなくする. **bóx óff** 〘動〙他 〈空間など〉を仕切る. **féel bóxed ín** 〘動〙〘自〙行動を束縛され[閉じ込められている]ように感じる.

box² /báks | bóks/ (box·es /-ɪz/; boxed /-t/; box·ing) 〘自〙ボクシングをする: He's ~*ed against* [*with*] several foreign opponents. <V+*against* [*with*]+名·代> 彼は数人の外国人とボクシングで対戦したことがある. — 他 〈…〉とボクシングをする. **bóx …'s éars** 〘動〙《古風, 略式》《罰として》…の横っ面(つら)をひっぱたく. — 名 [次の成句で] **gíve … a bóx on the éar(s)** 〘他〙《古風》〈…〉の横っ面をひっぱたく.

box³ /báks | bóks/ 名 (複 ~, ~·es) C.U つげ《生け垣などにする常緑樹》; C つげ材 (☞ box¹ 語源).

Box and Cox /báksənkáks | bóksənkóks/ 副 《古風, 英》代わるがわるの[に] 語源 すれちがいの生活をする喜劇の二人の人物から.

bóx cámera 名 C 《旧式の》箱型カメラ.

bóx cànyon 名 C 《米》断崖絶壁の峡谷.

bóx càr 名 C 《米》有蓋(ゆうがい)貨車 《(英) van》.

boxed /bákst | bókst/ 形 [普通は限定] 箱入り[売り]の.

bóx end wrénch 名 C 《米》箱スパナ 《《英》ring spanner》.

*box·er /báksə | bóksə/ 名 (~s /-z/) C **1** ボクサー, ボクシングの選手. **2** ボクサー犬 (☞ dog 挿絵). **3** [複数形で] = boxer shorts.

bóxer shòrts 名 [複] ボクサーショーツ, トランクス.

box·ful /báksfùl | bóks-/ 名 C 1箱分《の量》 《of》.

*box·ing /báksɪŋ | bóks-/ 名 U ボクシング, 拳闘.

Bóx·ing Dày 名 U.C 《主に英》クリスマスの贈り物の日《クリスマスの翌日の公休日 (bank holiday); 郵便配達人や使用人などにお礼のお金 (Christmas box) を与える; ☞ holiday 表》.

bóxing glòve 名 [複数形で] ボクシング用グラブ.

bóxing rìng 名 C ボクシング場, リング (ring).

bóx jùnction 名 C 《英》《黄色い線を引いた》停車禁止の交差点.

bóx kíte 名 C 箱型だこ.

bóx lúnch 名 C 《米》《ランチボックスに詰めた》昼食用軽食[弁当].

bóx nùmber 名 C 私書箱番号; 《新聞の》広告番号 《匿名広告などのあて名の代わり》.

---

boyish 199

†**bóx òffice** 名 **1** C 《劇場などの》切符売り場 《略 BO》. **2** [単数形で] 《芝居·俳優などの》人気; 切符の売り上げ額. **dò wéll** [**bádly**] **at the bóx òffice** 〘動〙〘自〙《映画など》の人気がある[ない].

bóx-òffice 形 《映画·演劇などの》人気をよぶ, 大当たりの: a (big) ~ draw 人気俳優.

bóx·ròom 名 C 《英》《使わない家具などを置く》小部屋, 納戸(なんど).

bóx score 名 C 《米》〘野〙ボックススコア《選手の成績をまとめた囲み記事》; 成績.

bóx séat 名 C 《劇場·競技場などの》桟敷(さじき)席.

bóx sét 名 C 《CD·本などの箱入りの》全集.

bóx sócial 名 C 《米》《募金のために box lunch を売る》弁当競売会.

bóx sprìng 名 C [普通は複数形で] 《ベッドの》マットレスのばね.

bóx·wòod 名 U つげ材.

bóx·y /báksi | bóksi/ 形 (box·i·er; box·i·est) [しばしば軽蔑] 箱のような, 大箱形で不格好な.

*boy /bɔɪ/ 《同音 ♯buoy》 名 (~s /-z/) C **1** [古] **男の子**, 少年; 青年, 若者 《普通 17-18 歳までをいう》; 未熟者: **Be a good** ~! いい子にしてなさい / That's my ~! よくやった《親が男の子をほめるときなど》/ B~*s* will be ~*s*. 《ことわざ》男の子はやはり男の子だ《いたずらは仕方がない》. 関連 schoolboy 男子生徒 / man 大人の男性 / girl 女の子.

2 [形容詞的に] 男子の: a ~ student 男子学生.

3 C [しばしば所有格の後で] 息子 (son): This is *my* little ~. これはうちの息子です. 関連 girl 娘, 女子. **4** C 男の使用人. 語法 newsboy (新聞売り), office *boy* (会社の使い走り), delivery *boy* (配達少年) のように普通は合成語で用いられる. 参考 レストランのボーイは waiter, ホテルのボーイは《米》 bellhop, bellboy, 《英》 page という. **5** C 《略式》《ある土地·集団出身の》男《年齢に関係ない》: a local ~ who's made good 地元の成功者. **6** C [普通は the … ~s として] 《略式》《ある職業の》人々, 関係者: *the press* [*science*] ~*s* 新聞記者[科学者]たち. **7** [the ~s として] 《略式》男仲間, 遊び仲間; 《スポ》チームメンバー: be one of *the* ~*s* 仲間として認められる[評判がいい]. **8** [the [our] ~*s* として] 《略式》《戦場の》兵士たち. **9** C おまえ《犬·馬に対する呼びかけ》; [(my) (dear) ~, old ~ として] 《英古風》きみ《目下の者などに対する呼びかけ》. **10** C 《差別》おまえ《かつて白人が使った, 黒人の男性に対する横柄な呼びかけ》. **the bóys in blúe** 名 《略式》警察, 警官. — 間 S 《略式, 主に米》 **1** [時に oh ~ として] わあ, すごーい《喜び·驚きなどを表わす》. **2** [oh ~ として] やれやれ, あーあー《困惑·落胆を表わす》.

bóy bànd 名 C アイドルグループ.

*boy·cott /bɔ́ɪkɑt | -kɔt/ 動 (boy·cotts /-kats | -kɔts/; boy·cott·ed /-kətɪd | -kɔt-/; -cott·ing /-kətɪŋ | -kɔt-/) 他 〈…〉をボイコットする, 〈…〉に対し不買同盟を結ぶ; 排斥[拒絶]する: ~ foreign products 外国製品をボイコットする. — 名 C ボイコット, 不買同盟 《of, on, against》.

*boy·friend /bɔ́ɪfrènd/ 名 (-friends /-frèndz/) C 彼氏, 男友だち, ボーイフレンド; 恋人; 愛人 (☞ lover) 語法: Laura has been dating her ~ for three months. ローラは彼氏と3か月付き合っている. 関連 girlfriend 彼女, 女友だち.

*boy·hood /bɔ́ɪhùd/ 名 U または a ~ 《主に文》少年時代, 少年期; 少年時代の夢: one's ~ dream [ambition] 少年時代の夢 / His ~ was spent in Rome. 彼は少年時代をローマで過ごした. 関連 manhood 男性の成年時代 / womanhood 女性の成年時代 / childhood 子供時代 / girlhood 少女時代.

†**boy·ish** /bɔ́ɪɪʃ/ 形 [しばしばほめて] 少年らしい, 少年の

boy-meets-girl

ような, 子供らしい; (女の子が)男の子のような. ~·ly 副 少年らしく; 男の子のように. ~·ness 名 U 少年らしさ.

bóy-mèets-gírl 形 A 紋切り型のロマンスの, (恋物語などが)お定まりの.

bóy rácer 名 C (英略式)[軽蔑]暴走少年, 暴走族(車を改造して乱暴に運転する).

Bóy Scòut 名 C 1 (米)または(古風)ボーイスカウト, 少年団 (Boy Scouts) の一員. 2 [軽蔑]規則にうるさいやつ.

Bóy Scòuts 名 [the ~ として単数または複数扱い]ボーイスカウト, 少年団 (the Scouts).

boy·sen·ber·ry /bɔ́ɪz(ə)nbèri, -b(ə)ri/ 名 (-ber·ries) C ボイゼンベリー(いちご属の交配種).

bóy tòy 名 C (米略式)[軽蔑] 1 男性にもて遊ばれる女性; やりまん. 2 年配の女性にもて遊ばれる男性.

bóy wónder 名 C [しばしば軽蔑]天才少年, 秀才; 大成功した若者.

bo·zo /bóʊzoʊ/ 名 (~s) C (俗, 主に米)ばかなやつ.

BP /bíːpíː/ 名 固 ビーピー (British Petroleum の頭文字をとった商標で, 英国の石油会社; 98 年米国の Amoco と合併).

BPhil /bìːfíl/ 名 固 哲学士 (Bachelor of Philosophy).

bpi 略『電算』=bits per inch ビットインチ(磁気テープなどの情報記録密度の単位).

bps, BPS /bíːpiːés/ 略『電算』=bits per second ビット毎秒.

*****Br.** 略 1 英国の (British). 2 =Britain, brother 6.

BR /bíːɑ́ː/ 略 -á-/ (米) =bedroom 〈広告で用いる〉; British Rail.

bra /brɑ́ː/ 名 C ブラジャー (brassiere): put on [take off] a ~ ブラジャーをつける[とる].

*****brace** /bréɪs/ 名 (brac·es /-ɪz/; braced /-t/; brac·ing) 他 1 (安定するように)(体の部分)を(壁などに)押し当てる, 〈足など〉を(…に対して)ふんばる: She ~d her back against the wall. <V+O+against+名・代> 彼女は壁によりかかって体を支えた. 2 〈…〉を緊張させる (for); ~ one's shoulders 肩を張る, 背筋を伸ばす. 3 〈…〉に突っ張りをする, 〈…〉を支える (support); 強固にする. — 自 1 (…に)備える (for). 2 体を緊張させる.
bráce onesèlf 他 (1) (…に)備える, (…の)覚悟をする (against; to do): She is bracing herself for the exams next week. 彼女は来週の試験にそなえて気を引き締めている. (2) 体を緊張[安定]させる (against).

be bráced for ... 動 他 …に備えている.

— 名 C 1 『医』体の一部分を固定する)装具, 固定器, 副木; [普通は複数形で](米)(弱った脚を支える)歩行用添え金 (英) calliper). 2 締め金, かすがい; 支柱; (ドリルの)曲がり柄: a ~ and bit 曲がり柄つきドリル. 3 [(米)では複数形で] 歯列矯正器: wear ~s 歯に矯正器をはめている. 4 [普通は複数形で] 中かっこ (｛ ｝の記号); ☞ parenthesis 表). 5 [複数形で](英)ズボンつり ((米) suspenders). 6 (複 ~) (古風)(同種のものの)2つ(のもの), 1 対 (pair) (of); (猟具などの)1 つがい. 語源 ラテン語で「両腕」の意; ☞ embrace 語源.

*****brace·let** /bréɪslət/ 名 C ブレスレット, 腕輪.

brac·er /bréɪsə/ 名 -sə/ 名 C (略式)刺激性のある酒.

bra·ce·ro /brɑːséəroʊ/ 名 C (米)(農場の)メキシコ人季節労働者.

brac·ing /bréɪsɪŋ/ 形 [普通は A]〈空気など〉がすがすがしい, 身を引き締めるような; 思いもしない, 刺激的な.

brack·en /brǽk(ə)n/ 名 U (わらびの)茂り.

*****brack·et** /brǽkɪt/ 名 C 1 〈年令・所得・価格などの〉グループ, 部類, 階層(の人たち): the higher income ~(s) 高所得層. 2 [普通は複数形で] かっこ (☞ parenthesis 表); (米) 角がっこ ([ ]); (英) 丸がっこ (( )) の記号 (英) round bracket); angle ~s かぎかっこ (〈 〉); Put your comment in ~s. コメントはかっこに入れなさい. 3 (棚などを支える)腕木, 腕金; (腕木で支えられた)張り出し棚; ブラケット(壁から突き出た電灯などを支える). — 他 1 〈…〉をかっこでくくる (off). 2 (二つの出来事が)〈…〉の前後で起こる; (二つのものが)〈…〉をはさんで位置する, 囲む. 3 [しばしば受身で] 〈…〉をひとまとめに扱う, 同じに扱う (together, with). 4 〈…〉を腕木で支える (with).

bracket 3

brack·ish /brǽkɪʃ/ 形 〈水〉が塩気がありまずい, 不快な.

brad /brǽd/ 名 C (米)ブラッド〈書類を綴じるピン〉((英) paper fastener).

brád·àwl 名 C 小錐, 千枚通し.

Brad·bur·y /brǽdbèri, -b(ə)ri/ 名 固 **Ray** ブラッドベリー (1920-)(米国の SF 作家).

Brad·ford /brǽdfəd/ -fəd/ 名 固 **William** ブラッドフォード (1590-1657) (Mayflower 号でアメリカ大陸に渡ったピルグリムファーザーズの指導者).

Bra·dy /bréɪdi/ 名 固 **Mathew B.** ブレーディー (1823?-1896)(米国の写真家; 南北戦争の写真で有名).

Bra·dy Bunch /bréɪdibʌ́ntʃ/ 名 固 [The ~]「愉快なブレーディー一家」(米国のテレビホームドラマ (1969-74); しばしば家庭の代名詞として使われる).

brae /bréɪ/ 名 C (スコ)斜面; 丘.

*****brag** /brǽg/ 自 (brags; bragged; brag·ging) 自慢する, 見栄を張る, ほらを吹く (of, about). — 他 〈…〉を自慢する[して言う] (that).

brag·ga·do·ci·o /brægədóʊsiòʊ/ -tʃiòʊ/ 名 U (主に文)または(滑稽)大ぼら; 自慢けな口ぶり.

brag·gart /brǽgət/ -gət/ 名 C (古風)ほら吹き.

Brah·ma /brɑ́ːmə/ 名 固 ブラフマー, 梵天(ぼん)(ヒンズー教の三大神の 1 つ; ☞ Siva, Vishnu).

Brah·man /brɑ́ːmən/ 名 C バラモン(インド 4 姓中の最高階級の僧族).

Brah·man·is·m /-nɪzm/ 名 U バラモン教.

Brah·min /brɑ́ːmɪn/ 名 C 1 (米)(ニューイングランドの)裕福な人, 社会的地位の高い人. 2 =Brahman.

Brahms /brɑ́ːmz/ 名 固 **Jo·han·nes** /jʊhǽnɪs/ ~ ブラームス (1833-97)(ドイツの作曲家).

*****braid** /bréɪd/ 名 1 C [しばしば複数形で](米)編んだ髪, 三つ編み, おさげ髪 ((英) plait): in ~s (髪を)おさげにして. 2 U 組みひも, モール. — 他 (主に米) 〈髪など〉を編む; おさげに結ぶ.

braid·ed /bréɪdɪd/ 形 編んだ; モールで飾った.

braille /bréɪl/ 名 U [しばしば B-] 点字(法).

Braille /bréɪl/ 名 固 **Louis** /lúːi/ ~ (1809-52) (フランスの教育者; 点字法を発明した).

*****brain** /bréɪn/ 名 (~s /-z/) 1 C,U 脳, 脳髄 [形容詞的に] 脳の; [複数形で] (食用になる)動物の脳: a ~ cell 脳細胞. 2 C,U [しばしば複数形で] 頭脳, 知力 (intelligence): Use your ~(s). 頭を使え / Meg has both ~s and beauty. メグは才色兼備だ / He doesn't have enough ~s to do sums in his head. 彼は暗算をするほど頭がよくない. 3 C (略式)たいへん頭脳の持ち主; [the ~s で単数扱い] (略式)(グループの)知的指導者, ブレーン: That's a good idea. You are a real ~! それはいい

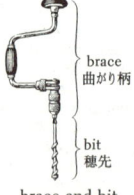

えだ．君は実に頭がいい / He is *the* ~*s behind* the plan. 彼はその計画の立案者だ． **béat one's bráins (òut)** [動] [自]《米略式》=rack one's brain(s). **béat [básh] ...'s bráins òut** [動]《略式》...の頭を強くぶん殴(な)る． **blów ...'s bráins òut** [動] 銃で...の頭を撃ち抜く． **hàve ... on the bráin** [動] [他]《略式》〈...〉が頭から離れない． **pìck ...'s bráins** [動]《略式》...の知恵を借りる． **ràck [cúdgel] one's bráin(s)** [動] [自] 脳みそを絞(しぼ)る，一生懸命に考える (*about, over, for; to* do; do*ing*). **— [動] [他]** [S]《略式》〈...〉の頭を打ち砕いて殺す; 〈...〉の頭をぶん殴る．

bráin bòx [名] [C]《英略式》すごく頭のいい人．

bráin càndy [名] [U]《米略式》知的ではない娯楽．

bráin·càse [名] [C] 頭蓋．

+**bráin·chìld** [名] [単数形で] 新構想，妙案 (*of*).

bráin dàmage [名] [U] 脳損傷．

bráin-dàmaged [形] 脳に損傷を受けた．

bráin-dèad [形] **1** 脳死した． **2**《略式》あほな．

bráin dèath [名] [U] 脳死．

bráin dràin [名] [the ~] (外国などへの)頭脳流出．

-brained /bréɪnd←/ [形] [合成語で] ...の頭脳をした，頭が...の: bird-*brained* まぬけな．

bráin·less [形]《略式》愚かな． **~·ly** [副] 愚かに．

bráin·pòwer [名] [U] 知力; (国・組織などの)知的能力．

bráin scàn [名] [C]〘医〙脳走査写真．

bráin stèm [名] [C]〘解〙脳幹《間脳・中脳・橋および延髄からなり呼吸・心拍など生命維持に必要な機能を司(つかさど)る》．

bráin·stòrm [名] [C] **1**《米》突然ひらめいた名案(《英》brain wave). **2** ブレーンストーミング方式の会議． **3**《英》(突然の)頭の混乱． **hàve a bráinstorm** [動] [自] (1)《米》名案がひらめく． (2)《英略式》頭がぼーっとする． **— [動] [自]** ブレーンストーミングをする． — [他]〈問題〉をブレーンストーミングにかける．

bráin·stòrm·ing [名] [U] ブレーンストーミング《各人が自由にアイデアを出し合っていく会議のしかた》．

bráins trùst [名] [C] [単数形でも時に複数扱い]《英》=brain trust.

bráin sùrgeon [名] [C] 脳外科医．

bráin sùrgery [名] [U] **1** 脳外科． **2** [次の成句で] **be nòt bráin sùrgery** [S] 頭を使わなくてよい．

bráin·tèaser [名] [C] 難問，パズル．

bráin trùst [名] [C]《米》頭脳委員会，(非公式の)専門委員会[顧問団]．

bráin tùmor [名] [C]〘医〙脳腫瘍．

bráin-twìster [名] [C] =brainteaser.

bráin·wàsh [動] [他] [軽蔑]〈...〉を洗脳する; 洗脳して...させる (*into*).

bráin·wàshing [名] [U] 洗脳，(強制的な)思想改造教育．

bráin wàve [名] [C] **1** [普通は複数形で]〘医〙脳波． **2**《英》=brainstorm 1.

brain·y /bréɪni/ [形] (**brain·i·er; -i·est**)《略式》頭のいい，利口な．

braise /bréɪz/ [動] [他]〈肉や野菜〉を油でいためて密閉した鍋で蒸し煮する《☞ cooking 囲み》．

braised /bréɪzd/ [形] (肉や野菜が)蒸し煮した．

bráis·ing stèak [名] [U] 煮込み用牛肉．

*__brake__[1] /bréɪk/ ([同音] break) [名] (~**s** /~s/) [C] **ブレーキ**《☞ bicycle 挿絵》; ブレーキペダル: a loose ~ ゆるめのブレーキ / The ~(*s*) didn't work. ブレーキがきかなかった．

> **brake のいろいろ**
> **áir bràke** エアブレーキ / **emérgency bràke** 非常ブレーキ / **hánd bràke** サイドブレーキ

> **コロケーション**
> **hit [put on,《格式》apply]** the *brake(s)* ブレーキをかける
> **release [take off]** the *brake* ブレーキを緩める
> **step on** the *brake(s)* ブレーキを踏む

áct [sérve] as a bráke on ... [動] [他](物事が)...を抑える，...にブレーキをかける． **pùt 「the bráke(s) [a bráke] on ...** [動] [他](出費など)を抑制する，...にブレーキをかける． **「slám on [hít] the brákes** [動] [自]《略式》急ブレーキをかける．

— [動] (**brakes** /~s/; **braked** /~t/; **brak·ing**) [他] 〈...〉に**ブレーキをかける**: He ~*d* his car. 彼は車にブレーキをかけた．

— [自] **ブレーキをかける**: ~ sharply [hard] 急ブレーキをかける．

brake[2] /bréɪk/ [名] [C] やぶ，草むら．

bráke drùm [名] [C] ブレーキドラム．

bráke flùid [名] [U] (油圧ブレーキの)ブレーキ液．

bráke lìght [名] [C] =stoplight 2.

bráke lìning [名] [C]〘機〙ブレーキライニング．

brake·man /bréɪkmən/ [名] (**-men** /-mən/) [C] **1** (列車の)制動手[係]． **2** (列車の)車掌助手．

bráke pàd [名] [C] ブレーキパッド．

bráke shòe [名] [C] ブレーキシュー，ブレーキ片．

brá·less [形]《略式》ブラジャーを着けていない，ノーブラの． [日英比較]「ノーブラ」は和製英語．

bram·ble /brǽmbl/ [名] [C] いばら，野ばら; くろいちご (blackberry) の茂み．

+**bran** /brǽn/ [名] [U] ぬか，ふすま; もみがら． [関連] chaff もみがら / husk さや．

:branch /brǽntʃ | brɑ́:ntʃ/ ([類音] brunch) [T1] [名] (~·**es** /~ɪz/) [C]

> 「枝」**1** →(枝状に分かれたもの) →「支店」**2** / →「部門」**3**

1 (木の)**枝**《☞ tree 挿絵》: break a ~ 枝を折る．

2 支店，支部，支局，支社，出張所 (*of*): A new ~ will be opened in Chicago next month. 新しい支店が来月シカゴに開店する．

3 部門，分科: the legislative *branch* 立法部門 / Algebra is a **~ *of*** mathematics. 代数は数学の一部門です． **4** 分家; (山脈の)支脈; (川の)支流; わき道; (鉄道の)支線 (branchline); (言語分類上の)語派 (*of*).

[語源] ラテン語で「手足」の意; ☞ bough [語源].

— [動] [自] 1 (道路が)分岐する (*at*): ~ *into* two (道が) 2 つに分かれる． **2** 枝を出す． **bránch óff** [動] [自] (1) (道・鉄道などが)分岐する，本道[本線]から分かれる (*from*);《英》(車などが)わき道に入る (*into, to*). (2) (話題が)変わる[それる] (*into*). **bránch óut** [動] [自] (1) 枝を広げる． (2) (人・会社などが)事業[商売]の間口を広げる; 興味の幅を広げる (*into*): ~ *out* on one's own (独立して)自分で事業を始める．

bránch·lìne [名] [C] (鉄道の)支線．

bránch òffice [名] [C] 支店，支局． [関連] head office 本店，本局．

*__brand__ /brǽnd/ ([類音] blend, blond) [名] (**brands** /brǽndz/) [C]

> burn と同語源で「燃えさし」→「焼き印」**2** →「商標」**1** →「銘柄」**1**

1 (商品の)**銘柄**，ブランド，商標; 品質，(特別な)種類: the best **~ *of*** coffee 最高の銘柄のコーヒー / "What ~ *of* tea do you prefer?" "Lipton's." 「あなたはどの銘柄の紅茶が好きですか」「リプトンです」/ store [own] ~*s* (スーパーなどの)自社ブランド商品 / She has her own ~ *of* humor. 彼女には独特のユーモアがある． [語法]

branded

make と比べて小さく、あまり高くない品物についていう (☞ make 国 1). 日英比較 日本語の「ブランド」のような「高級品」の意味はない.
2 (家畜・商品などにつけた)焼き印, 烙印(ﾗｸｲﾝ); 焼きごて (branding iron): On large farms, cattle are usually marked with ~s. 大きな農場では牛にはたいてい(持ち主を示す)焼き印が押されている. **3** (文)燃えさし, 燃え木. **4** (詩)剣. ── 動 他 **1** 〔しばしば受身で〕〈人に〉一生汚名を着せる (as): ~ a person for life 人に一生汚名を着せる. **2** 〔普通は受身で〕〈…に〉焼き印[烙印]を押す (with). **3** 〈商品に〉ブランド名をつける.

brand·ed /brǽndɪd/ 形 (主に英)(商品が)有名ブランドの.

Bran·den·burg /brǽndənbə:g | -bə:g/ 名 固 ブランデンブルク(ドイツ北東部の州).

brand·ing /brǽndɪŋ/ 名 U (商)商品に統一ブランド名をつけ印象づけること.

bránding ìron 名 C 焼きごて (☞ brand 2).

*__bran·dish__ /brǽndɪʃ/ 動 他 (見せしめや威嚇のために)〈刀など〉を振り回す; 〈やりを〉しごく (at).

bránd lèader 名 C 一番売れているブランド.

bránd lòyalty 名 C,U 決まった銘柄を買う習慣.

*__bránd nàme__ 名 C 銘柄名, ブランド名; 商標.

bránd-nàme 形 定評のある, 名の通った.

*__brand-new__ /brǽn(d)n(j)ú: | -njú:-/ 形 真新しい, 新品の; 入手したての. 関連語 used 中古の.

Bran·do /brǽndou/ 名 固 **Mar·lon** /má:rlən má:-/ ~ ブランド (1924-2004)(米国の俳優).

bránd-spánking-néw 形 新品, ぴかぴかの.

*__bran·dy__ /brǽndi/ 名 (**bran·dies**) U ブランデー(ワインから作るアルコール分の強い酒). 語法 種類をいうときは C: domestic and foreign *brandies* 国産と外国産のブランデー. **2** C 〔普通は複数形で〕ブランデー 1 杯.

brándy bùtter 名 U (英)ブランデーバター(バター・砂糖にブランデーを加えたソースでクリスマスプディングなどにかける; ☞ hard sauce).

brándy snàp 名 C (主に英)ブランデースナップ(ブランデー風味の巻き型のしょうが入りクッキー).

Braque /brɑ:k/ 名 固 **Georges** /ʒɔəʒs | ʒɔ:ʒ/ ~ ブラック (1882-1963)(フランスの画家; ピカソとキュビズムを創始).

*__brash__ /brǽʃ/ 形 (**brash·er**; **brash·est**)〔しばしば軽蔑〕**1** 厚かましい, 生意気な. **2** (米) せっかちな, 軽率な. **3** (色・服装などが)派手な, (建物などが)けばけばしい. ── 副 **brásh·ly** 生意気に. ~**·ness** 名 U 生意気.

Bra·sí·lia /brəzíljə/ 名 固 ブラジリア(ブラジルの首都).

*__brass__ /brǽs | brɑ́:s/ (類義語 bless, breadth, breath) 名 (~·**es** /~ɪz/; 形 **brassy**) **1** U 真ちゅう, 黄銅: This plate is made of ~. この板は真ちゅう製だ. 関連語 bronze ブロンズ, 青銅. **2** U,C 真ちゅう製品(ろうそく立て・装飾品・馬具飾りなど): do [clean, polish] the ~ 真ちゅう器具を磨く. **3** [the ~ として単数または複数扱い](オーケストラの)金管楽器群; 金管楽器の演奏者(全体); お偉方. (☞ orchestra 囲み). **4** [the (top) ~ として単数または複数扱い](米略式)高級将校, 高級官僚(全体); お偉方. **5** [the ~](略式)厚かましさ, ずうずうしさ. **6** C (英)真ちゅう記念牌(故人の名前を刻し教会の壁や床にはめ込む). **7** U (英略式)ぜに. **(as) bóld as brass** 形 非常に厚かましい, のぺっとした. 由来 面の皮が真ちゅう製のように厚かましい, の意.

brass mónkey(s) wéather 名 S (英略式)ひどく寒さ. **háve the bráss to dó** 動 (略式)ずうずうしくも…する. ── 形 **1** 真ちゅう製の: ~ plate 真ちゅうの表札. **2** 金管(楽器)の: play in the ~ section (オーケストラで)金管を吹く. ── 動 〔次の成句で〕

brássed óff 形 P (英略式)うんざりして (with).

bráss bálls 名 複 (米俗)ずうずうしさ.

bráss bánd 名 C ブラスバンド, 吹奏楽団.

bras·se·rie /bræsərí:|¯¯/ 名 C (フランス語から)(食事も出す)飲み屋, 軽食堂.

bráss hát 名 C (略式)高級将校; 高官.

bras·siere /brəzíər | brǽziə/ 名 C (格式)ブラジャー (bra).

bráss knúckles 名 複 (米)メリケン(握りこぶしにはめる帯状金属武器)((英) knuckle-duster).

bráss néck 名 U (英略式) = brass balls.

bráss ríng 名 [the ~](米略式)成功のチャンス.

bráss rùbbing 名 **1** U (墓碑銘の)拓本とり. **2** C 拓本.

bráss tácks 名 複〔次の成句で〕**gèt dówn to bráss tácks** 動 自 (略式)本題に入る, 核心に触れる. 由来 brass tacks (真ちゅうのびょう)は物を留める要(ｶﾅﾒ)であることから.

brass·y /brǽsi | brɑ́:si/ 形 (**brass·i·er, -i·est**; 名 brass) **1** 真ちゅう(色)の; 真ちゅうで飾った; きんきらきんの. **2** 〔普通は限定して〕金管楽器のような音の; けたたましい. **3** 〔普通は軽蔑〕(特に女性が)下品で派手な; (米略式)ずけずけいう.

brat /brǽt/ 名 C (略式)(うっとうしい)小僧, がき: a spoiled [spoilt] ~ 悪がき.

Bra·ti·sla·va /brӕtəsláːvə/ 名 固 ブラチスラバ(スロバキアの首都).

brát·pàck 名 C 〔普通は the ~〕〔しばしば軽蔑〕もてはやされている若者たち(特に俳優・作家).

brat·wurst /brɑ́:twə:st | brǽtwə:st/ 《ドイツ語から》 名 U,C ブラートブルスト(豚肉のソーセージ).

Braun /brɔ:n/ 名 固 ブラウン(ドイツの電気かみそりメーカー).

*__bra·va·do__ /brəvɑ́:dou/ 名 U 虚勢, 強がり.

*__brave__ /bréɪv/ 形 (**brav·er; brav·est**; 名 **brávery**) **1** 勇敢な; 〈…する〉勇気のある; 大胆な (反 cowardly) (☞ 類義語) 〔言い換え〕 It was ~ **of** her to jump into the water and save the drowning boy. = She was ~ **to** jump into the water and save the drowning boy. 水中に飛び込んでおぼれている少年を救ったとは勇敢な女性だ (☞ of 12) / Be ~! 勇気を出しなさい. **2** [the ~ として複数名詞扱い] 勇敢な人たち, 勇者(☞ the¹ 3). **3** (格式)立派な, すばらしい: a ~ attempt 立派な挑戦 / a ~ new world 〔しばしば皮肉〕(大変革によって生まれた)すばらしい新世界. ── 動 他 W 〈危険・死など〉に勇敢に立ち向かう; 〈…〉をものともしない.

bráve it óut 動 (略式)勇敢に耐える. ── 名 C (古風)北米先住民の戦士. ~**·ly** 副 勇敢に(も), 勇ましく.

【類義語】brave 最も一般的な語で, 危険や困難に直面して恐れない勇敢な行動を強調する: A *brave* man rescued the baby from the burning building. 勇敢な人が燃えている建物から赤ん坊の命を救い出した. **courageous** 心の底から断固として恐怖心を排除して危険や困難に立ち向かうほか, 脅迫・苦痛・不幸などに屈しない精神的な強さを強調する: It was *courageous* of him to speak out against the law. その法律に異議を唱えたとは彼も勇気だった. **bold** は積極的に, 時として無謀(ﾑﾎﾞｳ)に向かう ずうずうしいとも言えるような勇敢さをいう: Great scientists are *bold* thinkers. 偉大な科学者は大胆な思想家である.

*__brav·er·y__ /bréɪv(ə)ri/ 名 U (形 brave)勇気.

bra·vo /brɑ́:vou, brɑ:vóu/ 《イタリア語から》間 うまいぞ!, でかした!, ブラボー! (演奏者などをほめる叫び声).

bra·vu·ra /brəv(j)ú(ə)rə/ 名 U (文) **1** 華麗(な演奏); 大胆な妙技: a ~ performance 華麗な演技. **2** 勇猛さ.

braw /brɔ́:/ 形 (スコ)美しい, 立派な; よい.

*__brawl__ /brɔ́:l/ 名 C (人前での)騒々しいけんか[口論]; 大騒ぎ. ── 動 自 けんかする, どなり立てる.

brawl·er /brɔ́ːlə | -lə/ 名 C 大声でけんかする人.
brawn /brɔ́ːn/ 名 U 1 筋肉; 筋力, （知力に対して）腕力. 2 (英) =headcheese.
brawn·y /brɔ́ːni/ 形 (**brawn·i·er**; **-i·est**) 筋肉のたくましい; 強壮な, 屈強な.
bray /bréɪ/ 名 C ろばの鳴き声; 大きな耳ざわりな声[音]. ── 動 自 1 〈ろばが〉いななく（⇒ cry 表 donkey）. 2 ⓦ 大きな耳ざわりな声[音]を出す.
Braz. =Brazil, Brazilian.
braze /bréɪz/ 動 他 〈…〉を真ちゅうでつくる, 〈…〉に真ちゅうをかぶせる.
+**bra·zen** /bréɪz(ə)n/ 形 1 恥知らずな, ずうずうしい: a ~ hussy あばずれ女 / a ~ lie [attitude] しらじらしいそ[態度]. 2 (文) 真ちゅうのような, 真ちゅう色[製]の. ── 動 [次の成句で] **brázen it óut** 動 自 ずうずうしく[平然と]押し通す. ~·**ly** 副 ずうずうしく（も）.
bra·zier /bréɪʒɚ | -ziə/ 名 C 1 (肉などを焼く炭火の)グリル. 2 火おけ（金属製）; 火ばち.
*****Bra·zil** /brəzíl/ 名 1 ブラジル《南米の共和国; 首都 Brasília; 略 Braz.》. 2 C =Brazil nut.
Bra·zil·ian /brəzíljən/ 形 ブラジルの; ブラジル人の; ブラジルのポルトガル語の. ── 名 C ブラジル人; U ブラジルのポルトガル語 (略 Braz.).
Brazil nùt 名 C ブラジルナットの木[実].
Braz·za·ville /bræzəvìl, brɑ́ː.z-/ 名 固 ブラザビル《コンゴ共和国の首都》.
BRB /bíːɑ̀ːbíː | -ɑ̀ː-/ 略 [E メールで] =be right back すぐ戻ります.
*****breach** /bríːtʃ/ 變 名 (~·es /-ɪz/) 1 C,U (法律・約束・契約の)違反, 不履(ｿﾞ)行; (権利などの)侵害: a ~ of contract 契約違反 / a ~ of confidence 秘密漏洩(ﾛｳ) / ~ of promise 《法》違約, 婚約不履行 / a ~ of the peace 《英法》治安妨害. 2 C 仲たがい, 不和 (between, with): heal the ~ 仲直りする. 3 C (格式) 裂け目 (gap), 突破口 (in). 4 C (防御などの)突き崩し, 突破: a serious 'security ~ [~ of security] 警備体制が破られること(機密の漏洩など). 語源 古(期)英語で break (破る)と同語源. **be in breach of ...** 動 他 …に違反している. **stép ìnto the bréach** 動 自 [しばしば滑稽に] 救援にかけつける, (急場をしのぐために)代理を務める. ── 動 他 1 〈約束・法律などを〉破る, 〈契約などに〉違反[破棄]する. 2 〈防壁〉に穴を開ける, 〈…〉を突破する; 〈防御などを〉突き崩す: Spies may have ~ed our security system. スパイが我々の警備体制を突破したかもしれない.

*****bread** /bréd/ (同音 bred; 頭音 bled) 名 U 1 パン. 日英比較 日本の「米」のような主食で

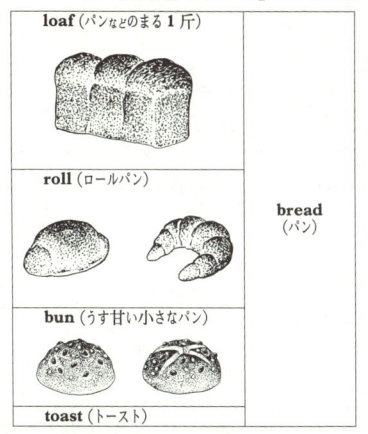

loaf (パンなどのまる1斤)

roll (ロールパン)

bread (パン)

bun (うす甘い小さなパン)

toast (トースト)

はない: a piece [slice] of ~ パンひと切れ / a loaf of ~ パンひと塊(ﾀ゛ﾏﾘ) / French ~ フランスパン / Marmalade tastes good on ~. マーマレードはパンに塗って食べるとおいしい.

── コロケーション ──
bake *bread* パンを焼く
slice *bread* パンを薄切りに[スライス]する
spread ... on *bread*=**spread** *bread* with ... パンに〈…〉を塗る
toast *bread* パンをトーストにする

2 [しばしば daily ~ として] (古風, 略式) 命の糧(ﾃ゛); 生計: Give us this day our daily ~. わたしたちの日ごとの食物をきょうもお与えください(聖書のことば). 3 (古風, 略式) お金.

bréad and bútter 名 (1) バターを塗ったパン (⇒ and 6). (2) [one's ~ として] (略式) 生計(の手段): Tourism is the country's ~. 観光がその国の(主な)収入源となっている.
bréad and wáter 名 (英) 最も簡素な食事.
break bréad with ... 動 他 (格式) …と食事をともにする.
cást [thrów] one's bréad upòn the wáters 動 自 (格式) 見返りを当てにしないで善行を施す. 由来 聖書のことば.
éarn one's (dáily) bréad 動 自 暮らしを立てる.
knów which síde one's bréad is búttered (òn) 動 自 利にさとい, 抜け目がない. 由来 パンのどちら側にバターが塗ってあるかを知っている, の意.
táke the bréad òut of ...'s móuth 動 …から生計の手段を奪う.

+**bréad-and-bútter** 形 Ⓐ 1 生活に直結する: ~ issues 生活にかかわる問題. 2 歓待を感謝する: a ~ letter ごちそう[もてなし]に対する礼状.
bréad and círcuses 名 [複] (文) (大衆の気をそらすため政府などが供する)食物と娯楽.
bréad and wíne 名 U (ミサなどに用いる)パンとぶどう酒; 聖餐(ｾｲｻﾝ)式.
bréad·bàsket 名 1 C パンかご. 2 [the ~] (略式) (一国を支える)穀倉地帯 (of).
bréad bìn 名 C (英) =breadbox.
bréad·bòard 名 C 1 パン切り[こね]台. 2 実験用回路盤.
bréad·bòx 名 C (米) パン入れ.
+**bréad·crùmbs** 名 C [複] =crumb 1.
bread·ed /brédɪd/ 形 パン粉をまぶした.
bréad·frùit 名 C,U パンの木(の実) 《南洋産; 果実は焼くと食パンの味がする》.
bréad knìfe 名 C パン切りナイフ (⇒ knife 挿絵).
bréad lìne 名 C (主に米) 食料の配給を待つ列. **be [líve] on the bréadline** 動 自 (主に英) 極めて貧しい.
bréad sàuce 名 U (英) ブレッドソース《パン粉入りのホワイトソースでチキンに添える》.
bréad·stìck 名 C 細い棒状の堅焼きパン.
+**breadth** /brédθ, brétθ/ ★実際の発音は「ブレッツ」のように聞こえる. 名 (形 broad) 1 U,C 幅, 広さ (width); (幅が)広いこと: What is the ~ of this table? このテーブルの幅はどのくらいですか / The board is fifteen inches *in* ~. その板は幅が15インチある (⇒ broad 形 2 例文). ★ The board is fifteen inches *wide*. というほうが普通. 2 U (心・識見などの)幅の広さ, 包容性; 寛容: ~ of vision [knowledge] 視野[知識]の広さ / ~ of mind 心のゆとり.
bréadth·wàys 副 形 =breadthwise.
bréadth·wìse 副 形 横に[の].

bréad·winner 名 C 一家の稼ぎ手, 大黒柱.

break /bréɪk/ (同音 brake¹,²)

基本的には「強い力で2つ(以上)に壊(ぷ)す」の意.
「壊す」 1; 「破損」名 3
→「折る」 2 →「断つ」→「中断」名 2 →
　(仕事の)→「休み」名 1
→「破る」→(比喩的に)
　　　　　→(決めたことを)「破る」他 3
　　　　　→(記録を)「破る」他 4
→「ばらばらに壊す」→「分ける」他 5
→「力ずくで壊す」→「無理に開ける」他 6
→「壊れる; 故障する」自 1, 2

— 動 (breaks /~s/; 過去 broke /bróʊk/; 過分 bro·ken /bróʊkən/; break·ing)

自 他 の転換
他 1 壊す (to make (something) separate into pieces suddenly)
自 1 壊れる (to separate into pieces suddenly)

— 他 1 〈固い物を〉**壊(ぷ)す**, 割る, 砕く; 破損する. 〈機械などを〉壊す (⇨ 類義語; breach 語源): Who *broke* the window? だれが窓ガラスを割ったのか / He *broke* the cookie *in* two. <V+O+*in*+名> 彼はクッキーを2つに割った / The radio *is broken*. <V+Oの受身> ラジオは故障している.
2 〈枝を〉**折る**, 〈体の一部を〉骨折する; 〈ひもなどを〉ぶっつり切る, ちぎる, 〈皮膚などを〉すりむく: Don't ~ the branch *off* the tree. <V+O+*off*+名・代> 木の枝を折ってはいけない / She fell and *broke* her left leg. 彼女は転んで左脚を折った.

break	〈おもちゃ・機械など〉を壊(ぷ)す
	〈岩・波など〉を砕く
	〈ガラス・皿・卵・窓など〉を割る
	〈棒・枝・骨など〉を折る
	〈壁・布など〉を破る
	〈パンなど〉をちぎる
	〈皮膚など〉をすりむく
	〈ひもなど〉をぶっつり切る

3 〈法律・契約などを〉破る, 犯す: ~ the law 法律を犯す / He never ~s his word. 彼は決して約束を破らない.
4 〈記録を〉破る, 〈限度を〉越える: ~ the 10 second barrier 10秒の壁を破る / This world record will never *be broken*. <V+Oの受身> この世界記録はいつまでも破られないだろう / ~ the speed limit スピード違反をする. 関連 record-breaking 記録破りの.
5 〈そろった[まとまった]物を〉分ける, ばらにする; 〈金を〉くずす; 〈隊列・足並みなどを〉乱す: ~ a set (of books) 1セット(の本)をばら売りする / Could you ~ this ten-dollar bill? この10ドル札をくずしていただけますか.
6 〈...を〉無理に開(*あ*)ける, 突き破る, 〈穴などを〉突き破ってあける, 〈水面から〉突き出る; 〈道を〉切り開く; 〈土地を〉耕す: He *broke* open the package. 彼は小包を無理に開けた (⇨ break open (open 成句)) / ~ the seal of a bottle びんのシールを破る / A fish *broke* the still surface of the pond. 池の静かな水面から一匹の魚が現われた.
7 〈力などを〉抑える, 〈組織などを〉弱める; 〈気持ち・人を〉くじく, 〈人を〉参らせる, 打ちのめす: The news *broke* her heart. 彼女はそのニュースに打ちのめされた.
8 〈ニュースなどを〉初めて報道する; 〈悪いことを〉打ち明ける, 漏らす: Somebody must ~ the sad news *to* her mother. だれかがその悪い知らせを彼女の母親に知らせなければならない.
9 〈静けさ・沈黙などを〉破る; 〈活動などを〉中断する (⇨ breakfast 語源), 遮断(が)する; 〈会話・思考などを〉中断させる; 〈悪習・関係を〉絶つ; 〈行き詰まり・支配などを〉打破する: ~ a strike スト破りをする / ~ an electric circuit 電気回路を切る / ~ a cycle of violence 暴力の連鎖を断つ / A rifle shot ~ the peace of the early morning. ライフルの発射音が早朝の静けさを破った.
10 〈人などを〉破産させる, 〈...の〉階級を下げる, 降職する.
11 〈暗号を〉解読する; 〈事件などを〉解明する.
12 〈ボールを〉カーブさせる.
13 『テニス』〈相手のサービスを〉破る: ~ Bill [Bill's serve, Bill's service] ビルのサービスゲームに勝つ.

— 自 1 **壊(ぷ)れる**; 折れる, 骨折する; (ぷっつりと)切れる: Glass ~s easily. ガラスは割れやすい / The rope *broke* under his weight. 綱は彼の重みで切れた / Elderly people's bones ~ more easily. 年をとると骨折しやすい / Better bend than ~. (ことわざ) 折れるより曲がれ(柳に雪折れなし).
2 〈機械が〉**故障する**, 壊れる: My vacuum cleaner *broke* this morning. 私の電気掃除機がけさ故障した.
3 〈体・健康・気力が〉衰える, 弱る, (精神的に)参る; 〈銀行が〉破産する: Her heart *broke* when her child died. 子供が死んだとき彼女はがっくりと気落ちした / In the face of harsh interrogation, she did not ~. 厳しい尋問にも彼女は口を割らなかった.
4 休憩にする: ~ *for* lunch お昼休みにする (⇨ break for... 1 (句動詞)).
5 〈あらし・叫び声などが〉突然起こる; 〈秘密が〉発覚する, 〈ニュースなどが〉突然報道する; [day, dawn などを主語として] 〈夜が〉明ける: The storm *broke* within ten minutes. 10分もたたないうちにあらしが襲ってきた / The news *broke* yesterday. その知らせがきのう突然伝わった / *Day* was beginning to ~. 夜が明けかけていた. 関連 daybreak 夜明け.
6 〈雲などが〉散らばる, 切れる; 〈続いた天候などが〉変化する, くずれる, 〈株価などが〉急落する: The clouds *broke* and the sun came through. 雲が切れて太陽が出た / The drought finally *broke*. 干ばつもやっと終わった.
7 突然離れる; 突然(ある状態)になる, (束縛から)逃れる: He *broke* from my grasp. 彼は私の手をふりほどいた / The prisoner *broke* free. その囚人は逃げ出した.
8 〈声が〉(強い感情で)上ずる; 声変わりする.
9 〈波が〉(泡が)割れる: The waves *broke against* the rocks. 波は岩に当たって砕けた.
10 [主に文] 〈熱が〉下がる.
11 〈ボールが〉カーブする; 『クリケ』〈投球が〉バウンドして曲がる.
12 『テニス』相手のサービスゲームに勝つ.
13 [命令形で] [ボク・レス] ブレーク(クリンチした両者に離れるよう命じる審判のことば).

break の句動詞

bréak awáy 動 名 bréakawàỳ 自 1 (...から)突然立ち去る, (振りほどいて)逃げる; レースで振り切る; 離脱する, 独立する, 分派を作る: The prisoners *broke away from* the guards. 囚人たちは守衛の手から逃れた.
2 壊れてはずれる[落ちる]: The balcony *broke away from* the wall of the house. バルコニーがその家の壁から壊れ落ちた. — 他 〈一部〉を取り壊す[はずす] (*from*). **bréak awáy from ...** 動 他 (慣例など)と異なる(ことをする).

bréak dówn 11 名 bréakdòwn 他 1 〈...を〉(打ち)壊す; 解体する; 〈ドアなどを〉押し倒す[開ける] <V+名・代+*down* / V+*down*+名・代>: They *broke down* part of the wall. 彼らは塀の一部を取り壊した.
2 〈...を〉分解する, 〈...の〉化学成分を変える; 〈...を〉分析する, (...に)分類する, 分ける <V+名・代+*down* / V+*down*+名>: Heat will ~ this chemical *down into* harmless gases. 熱がこの化学物質を無害な気体に分

解するだろう / B~ the data *down into* these six categories. データをこの6つの種類に分類せよ。 **3**〈偏見・反対など〉を打破する: It's not easy to ~ *down* racial hatred. 人種間の憎しみを取り除くのは容易でない。
― 自 **1** 壊れる;〈機械など〉故障する。 **2** 取り乱す; 精神的に参る, 屈する;〈健康など〉衰える: She broke *down* when she heard the news. 彼女はその知らせを聞いて泣き崩れた。 **3**〈交渉・計画など〉失敗に終わる。 **4** 分解[分析, 分類]される (*into*).

bréak for ... 動 他 ☞ 名 **4**. **2**(米) ...へ向かって走り[逃げ]出す: B~ *for* it! 逃げろ。

*****bréak ín** 動 自 **1**〈どろぼうが〉押し入る, 侵入する;〈他人のパソコン〉を勝手に使う(名 bréak-in): A burglar broke *in* while he was asleep. 彼が眠っていた間にどろぼうが入った。
2 口を挟(はさ)む (*with*) (cut in): "Excuse me," Ann broke *in*. 「失礼ですが」とアンは口を挟んだ。 ― 他 〈動物・車・靴など〉を使い慣らす;〈馬〉を調教する;〈人〉を新しい仕事に慣れさせる: The new pair of shoes took two weeks to ~ *in*. その新しい靴には体が慣れるのに2週間かかった。 **bréak ín on ...** 動 ...をじゃまする, 〈話など〉に口を挟む: He broke *in on* our conversation. 彼は会話に割り込んできた。

*****bréak ínto ...** 動 他 **1** ...に侵入する(受身 be broken into): They broke *into* the bank. 彼らは銀行に押し入った / His house was broken *into* last night. ゆうべ彼の家にどろぼうが入った。
2 壊れて[破れて, 割れて]...になる: The chair broke *into* pieces. いすは壊れてばらばらになった。
3 突然...し出す;〈汗など〉を突然吹き出す: ~ *into* song [a run, laughter, tears] 急に歌い[走り, 笑い, 泣き]だす / ~ *into* a sweat どっと汗が出る / They broke *into* a quarrel over a trifle. 彼らはつまらないことで突然口論を始めた。 **4** ...をじゃまする,〈話など〉に割り込む: He broke *into* our conversation. 彼は我々の会話に口を挟んできた。 **5**〈新しい職業・分野など〉に参入する: His ambition was to ~ *into* broadcasting. 彼の夢は放送界に入ることだった。 **6**〈非常用蓄えなど〉に手をつける;〈時間など〉に食い込む;《英》〈高額貨幣〉をくずす。

*****bréak ... of** ― 動 他〈...〉に〈癖など〉をやめさせる: She tried to ~ her son *of* the habit of sucking his thumb. 彼女は親指を吸う息子の癖を直そうとした。

*****bréak óff** 動 他 **1**〈関係・通信など〉を急に断つ,終わらせる;〈行為など〉を急にやめる,中断する <V+名+*off* / V+*off*+名>: That country broke *off* diplomatic relations *with* the United States. その国は米国との外交関係を断絶した / John and Mary have broken *off* their engagement. ジョンとメアリーは婚約を解消した。
2〈...〉をもぎ取る, ちぎり取る <V+名+代+*off* / V+*off*+名>: Don't ~ *off* the branch. 枝をもぎ取らない[折らない]ように(☞ **2** 例文)。
― 自 **1** 急に話をやめる; 休憩する; 絶交する: Why don't we ~ *off* for a while and have some coffee? ちょっと手を休めてコーヒーを飲もうじゃないか。 **2**(壊れて)はずれる, 折れて取れる。

bréak ... òff 動 他〈...〉を一からもぎ取る。

*****bréak óut** 動 自 **1**〈火事・戦争・暴動・病気など〉起こる, 突発[発生, 流行]する(☞ happen 類義語) (名 óutbreak): A fire broke *out* in my neighborhood. 近所で火事があった。
2〈吹き出物など〉が**突然出る**, 発疹する;〈叫び声など〉を急に発せられる: A rash broke *out* on her neck. 吹き出物が彼女の首に出た。 **3** 逃げ出す, 脱出する (*of*) (名 bréakòut)。 **bréak óut in [ínto] ...** 動 他 (1)〈泣き声・怒りなど〉を急に発する: He broke *out in* [*into*] curses. 彼は急に悪口雑言を口にした。 (2)〈人・体が〉突き〈吹き出物など〉で覆(おお)われる, ...にまみれる: I broke *out in* a cold sweat. 急に冷汗が出てきた / Her neck broke *out in* a rash. 吹き出物が彼女の首に出た。
bréak óut dóing 動 不意に...しだす: We broke *out* laughing. 私たちは急に笑い出した。

bréak óut of [from] ... 動 他 ...から逃げ出す[脱出する];〈日常など〉から抜け出す: ~ *out of* jail 脱獄する / ~ *out of* one's daily routine 日頃の型にはまった生活を変える。

*****bréak thróugh** 動 (名 bréakthrough) 自 **1**〈強引に〉通り抜ける, 突破する: Though the enemy's defenses were strong, we tried to ~ *through*. 敵の防御は強力だったが我々は突破しようと試みた。
2〈太陽・月・振る舞いなど〉現われる。 **3**〈研究などで障害を克服して〉大きく前進する, 大発見をする (*into*): Doctors have broken *through* in their fight against cancer. 医師たちは癌(がん)との戦いで大躍進を遂(と)げた。

*****bréak thróugh ...** 動 他 **1** ...を(強引に)通り抜ける, ...を突破する(受身 be broken through): The quarterback broke *through* the line. そのクォーターバックはラインを突破した / The river broke *through* the embankment. 川の水が堤防を破った。
2〈太陽などが〉...の間から現われる: The moon broke *through* the clouds. 月が雲の間から顔を出した。 **3**〈困難・偏見など〉を克服する: attempts to ~ *through* racial prejudice 人種偏見を乗り越える試み。

*****bréak úp** 動 (名 bréakùp) 他 **1**〈...〉を粉々にする, ばらばらにする; 解体する; 分割する (divide) <V+名+代+*up* / V+*up*+名>: He broke *up* the concrete block with a hammer. 彼はハンマーでコンクリートブロックを粉々にした。
2〈群衆・会など〉を解散させる,〈けんかなど〉を止めさせる[止める] <V+名+代+*up* / V+*up*+名>: The police broke *up* the crowd. 警察は群衆を解散させた / B~ it *up*! やめろ(けんかなどに対する制止のことば)。
3〈関係など〉を終わらせる, 解消させる <V+名+代+*up* / V+*up*+名>: Your mother is trying to ~ *up* our marriage. 君の母さんは僕らの結婚を壊そうとしている。 **4**《米略式》〈人〉を大いに笑わせる。
― 自 **1**〈関係など〉終わりになる, 破綻(はたん)する;〈友だち・夫婦など〉別れる: 言い換え John and Nellie broke *up* last month. =John broke *up with* Nellie last month. ジョンとネリーは先月別れた。
2〈会など〉が解散する;〈けんかなど〉止む;〈雲など〉が散らばる;《英》〈学校・生徒など〉休暇に入る (*for*): The meeting broke *up* in confusion. 会は混乱のうちに解散になった / When did the Beatles ~ *up*? ビートルズはいつ解散したのか。 **3** ばらばらになる, くずれる; 破壊される; 分割される: The small ship broke *up* on a rock. 小船は岩に当たり粉々になった。 **4**《米》爆笑する。 **5**《英》〈人〉が衰弱する, (精神的に)参る。 **6**〈ラジオ・携帯電話などで〉〈人の声〉が割れる, 聞き取れない。

bréak with ... 動 他 ...との関係を断つ, ...と手を切る;〈習慣など〉をやめる: He broke *with* all his relatives. 彼はすべての親戚と絶交した。

― 名 (~s /-s/) **1** C (短い)(中)休み, 休憩 (*from*); U《英》(学校の)休み時間 (break time,《米》recess): Christmas ~ クリスマス休暇 / We took an hour's ~ *for* lunch [lunch ~]. 私たちは1時間の昼休みをとった // ☞ coffee break, tea break.

会話 "Let's take [have] a coffee ~, shall we?" "Yes, let's."「ひと休みしてコーヒーでも飲もうか」「うん, そうしよう」

2 C [普通は a ~] 中断, とぎれ;《英格式》(試合などの)中断, 休憩時間; コマーシャルによる番組の中断;(天候などの)変わり目, 変化;(伝統・過去などとの)決別, 断絶,

breakable

(強い感情などによる)声の変化: a ~ *from* [*with*] tradition 伝統との断絶 / make a clean ~ さっぱりと別れる / We'll be back after the (commercial) ~. コマーシャルの後も番組は続きます / There was no ~ in the rain. 雨は小やみなく降っていた / Iran announced a diplomatic ~ *with* Britain. イランは英国との外交断絶を宣言した.

3 C 破傷, 破損; 裂け目, 破損個所; 骨折(個所): a ~ *in* a pipe パイプの割れ目 / a ~ *in* the clouds 雲の切れ目 / He suffered a bad ~ *in* the ribs. 彼は肋骨(ろっこつ)をひどく折った. **4** C [普通は単数形で] 《略式》チャンス, 運; [the ~s] 物事の成り行き: a lucky [bad] ~ 幸運[不運]. **5** U 《文》夜明け (daybreak): at (the) ~ of day 夜明けに. **6** C 脱走, 脱獄. **7** C 《玉突き》連続得点. **8** C 《テニス》(サービス)ブレーク. **9** C 《クリケ》(投球の)バウンド後の変化. **10** C (玉突きの)得点.

a bréak of sérvice [名] 《テニス》サービスブレーク.
gíve ... a bréak [動] 他 《略式》《...を》堪忍してやる; 《...を》助ける.　**Gíve me a bréak!** 《略式》(1) (もう1度)チャンスをくれ (2) よせ. (3) 《米》うそも休み休み言え.　**màke a bréak (for it)** [動] 自 脱走(しようと)する.　**máke the bréak** [動] 自 (長い間付き合ってきた人・物と)決別する (*from*).　**without a bréak** [副] 絶え間なく, ずっと (continuously).

【類義語】**break** 比較的固い物の形を刃物以外の力で瞬間的にいくつかの部分に分断したりすることで, 最も一般的な語 (刃物を使うのは cut). 日本語の「壊す」,「割る」,「折る」,「(引っ張って)切る」,「ちぎる」などに相当する広い範囲に用いる (⇨ 動 他 2 の表). **crush** 圧力をかけて押しつぶすこと. **smash** 強い衝撃によって激しい音を立てて壊すこと. **shatter** 急に粉々に打ち砕くこと. **crack** ぱちっと鋭い音を立ててひび割れすること.

break·a·ble /bréikəbl/ 形 破れ[壊れ]やすい, もろい.　─ 名 [複数形で] 壊れやすいもの.
break·age /bréikidʒ/ 名 **1** [複数形で] 破損物; 破損額. **2** U 《格式》破損行為.
+**bréak·awày** /-əwèi/ 名 C 《略式》(伝統などからの)離脱, 放棄 (*from*). ─ 形 分離した, 脱退した: a ~ group 分派.
bréak·bèat 名 **1** C ブレークビーツ《ドラム音をサンプリングしたもの》. **2** U ブレークビーツを使ったダンス音楽.
bréak-dànce 動 自 ブレークダンスをする.
bréak-dàncer 名 C ブレークダンサー.
bréak dáncing 名 U ブレークダンス《激しく曲芸的な動きのダンス》.
*break·down /bréikdàun/ 名 (~s /-z/; bréak dówn) **1** C,U (制度などの)崩壊, 破綻; (交渉・会談などの)中断; 挫折: a ~ *in* negotiations 交渉の決裂 / a ~ *of* marriage 結婚生活の破綻.
2 C (心身の)衰弱, 落ち込み: have [suffer] a ~ ノイローゼになる // ☞ nervous breakdown.
3 C (突然の)故障, 破損: Our car [We] had a ~ at the bottom of the hill. 我々の車は丘のふもとでえんこした. **4** [単数形で] 分解, 分析, 分類, 内訳 (*of*); (請求などの)項目別明細.
bréakdown làne 名 C (普通は the ~) 《米》高速道路の路肩《緊急用》.
bréakdown trùck [lòrry] 名 C 《英》= wrecker 1, tow truck.
+**break·er** /bréikə | -kə/ 名 C **1** (岩に砕ける)波; 波頭. **2** 《電》ブレーカー (circuit breaker). **3** [しばしば合成語で] 壊す物[人] (⇨ lawbreaker).
bréak·èven 名 U 損益平衡. ─ 形 A 損益なしの: (the) ~ point 損益分岐点.
*break·fast /bréikfəst/ ［発音注意］ 名 (~s /-fəsts/) U,C 朝食 《1 日の最初の食事 (meal); ⇨ meal¹ 参考》. 参考 米国では卵料理, ワッフル, トースト, ミルク, コーヒーあるいはジュースが最も普通である. 英国では, オートミルまたはコーンフレークやベーコン, ハム, 卵などに加えてバターやマーマレードをぬって食べる (English breakfast という; ⇨ continental breakfast): prepare [make, 《米》fix] ~ 朝食を作る / I had [ate] a late ~ at ten. 私は 10 時に遅い朝食を食べた / Sing before ~, cry before night. 《ことわざ》朝食前に歌を歌えば[朝から浮かれていると], 日が暮れぬうちに泣くようになる. 語源 元来は break fast (断食をやめる)の意 (⇨ fast² 成句). つまり前の晩の夕食以後何も食べず, 朝になって初めて食事をとることから; ⇨ dine.　**be at bréakfast** [動] 自 朝食を食べている.　**hàve [éat] ... for bréakfast** [動] 他 (1) 朝食に〈...を〉食べる: What did you *have for* ~? 朝食には何を食べましたか. (2) 《略式》〈...〉を朝飯前にやってつける.
─ 動 自 《格式》朝食を食べる: ~ *on* coffee and toast コーヒーとトーストで朝食をとる.
bréakfast cùp 名 C モーニングカップ (⇨ cup 挿絵).
bréakfast télevision 名 U 《主に英》朝のテレビ番組.
bréak-ìn 名 C (動 bréak ín 自 1) (建造物などへの)侵入, 家宅[住居]侵入, 押し込み.
bréaking and éntering 名 U 《法》家宅侵入(罪).
bréaking bàll 名 C 《野》変化球.
bréaking pòint 名 [単数形で] **1** 《工業》破壊点. **2** (忍耐などの)限度, 限界点.
bréak·nèck 形 A (斜面・速度など)非常に危険な.　**at bréakneck spéed** [副] (車が)猛スピードで.
bréak·òut 名 C (動 bréak óut 3) **1** (囚人などの)集団脱走. **2** 《米》吹出物, 発疹(ほっしん). **3** (母体の委員会から分かれた)分科会. **4** (病気・災害などの)発生. ─ 形 A 《米》(人気・ヒットなどが)大成功の.
bréak pòint 名 C 《テニス》ブレークポイント.
*break·through /bréikθrùː/ 名 C (~s /-z/; 動 bréak thróugh) C **1** (科学技術などの)大躍進, 大発見; (交渉・計画の)進展, 成功: They have *made a* ~ *in* their search for a vaccine. 彼らはワクチンを捜す上で大躍進をとげた. **2** (敵陣などの)突破.
bréak tìme 名 U 《英》(学校の)休み時間 (《米》recess).
*break·up /bréikʌp/ 名 (~s /-s/; 動 bréak úp) C,U **1** (関係などの)解消, 絶縁; 離別 (*of*): What was the cause of their marital ~? 彼らの離婚の原因は何だったのか. **2** 分割, 解体, 崩壊 (*of*).
bréak·wàter 名 C 防波堤.
bream /briːm/ 名 C (複 ~(**s**)) ブリーム 《ヨーロッパ産のこい科の淡水魚》; =sea bream.
*breast /brést/ ［類音］blast) 名 (**breasts** /brésts/) **1** C 乳房: a baby at the ~ 乳飲み子 / The baby is sucking [taking] its mother's ~. 赤ん坊は母親の乳をしゃぶって[飲んで]いる.
2 C 《文》胸 (⇨ chest 類義語); (服の)胸の部分: I have a pain in my ~. 私は胸が痛い. **3** C (鳥の)胸肉. **4** C 《文》胸のうち, 胸中, 心の中 (heart).　**béat one's bréast** [動] 自 《文》大げさに嘆く.　**màke a cléan bréast of ...** [動] 他 ...をすっかり打ち明ける (白状する).
─ 動 《格式》**1** 〈...〉に立ち向かう, 〈波など〉を押し切って進む. **2** 〈坂など〉を登る; 〈...〉の頂に着く.　**bréast the tápe** [動] 自 《古風》(ゴールの)テープを胸で切る.
bréast·bòne 名 C 胸骨.
bréast càncer 名 U 乳癌(がん).
bréast-féd 形 母乳で育てられた. 関連 bottle-fed 人工栄養で育てられた.
+**bréast-fèed** 動 (-**feeds**; 過去・過分 **-fed** /-fèd/;

-feed·ing) 他 〈赤ん坊〉を母乳で育てる. 関連 bottle-feed 人工栄養で育てる.
bréast·fèeding 名 U 母乳育児.
bréast implànt 名 C (豊胸手術用)シリコン.
bréast·plàte 名 C (よろいなどの)胸当て.
bréast pòcket 名 C 胸のポケット.
bréast pùmp 名 C 搾乳器.
bréast·stròke /brés(t)stròuk/ 名 U ((the) ~] 平泳ぎ: do (the) ~ 平泳ぎをする. 関連 backstroke 背泳ぎ / freestyle 自由型.
***breath** /bréθ/ (同音 bless, bliss, brass, breadth) 名 (~s /-s/; 動 breathe) **1** U 息; 呼吸 《略式》 puff): pause for ~ 息をつくためにひと休みする / I can smell alcohol on his ~. 彼の息が酒くさい / He felt her ~ on his face. 彼は彼女の息が顔にかかるのを感じた // bad breath ☞ bad 5.

2 C ひと息, ひと呼吸: a shallow ~ 浅い呼吸 / take [draw] a deep [big, long] ~ 深呼吸をする. **3** [単数形で] 《文》(香りの)漂い; 気配, きざし; (風の)そよぎ; ささやき: We can already feel the ~ of spring here. ここではすでに春の息吹が感じられる. **4** [単数形で] 《格式》ほんの少し (of).

a bréath of frésh áir 名 (1) (戸外の)新鮮な空気(を吸うこと). (2) (略式)気分を一新してくれる[新風を吹き込む]人[もの], 一服の清涼剤.
at a bréath 副 ひと息に, 一気に.
cátch one's bréath 動 自 (1) (運動などの後で)呼吸を整える, ひと息つく. (2) (はっと)息をのむ.
dráw bréath 動 自 ひと息つく (☞ 2).
dráw one's lást bréath 動 自 《文》死ぬ.
fíght [strúggle] for bréath 動 自 息をしようとしてもがく.
gét one's bréath (báck [agáin]) 動 自 (運動の後で)いつもの息に戻る; ほっとする.
hóld one's bréath 動 自 (1) (ちょっとの間)息をとめる: How long can you *hold* your ~? どれくらい息をとめられますか. (2) 息をころす(驚きや喜びで); 息をのむ. (3) [否定文で] 《略式》期待する: 会話 "Will I get the results soon?" "*Don't hold* your ~!" 「すぐ結果がわかるかしら」「あまり期待しないで」
in óne breath 副 ひと息に, 一気に.
in the néxt breath 副 [つなぎ語] (...と言ったかと思うと)それに続いて.
in the sáme bréath 副 (1) [つなぎ語] (...と言ったかと思うと)舌の根が乾かぬうちに. (2) [mention などとともに] (...と)同時に, 同類として (as, with).
lóse one's bréath 動 自 息切れする.
òut [shórt] of bréath 形-副 息が切れて: All the runners were *out of* ~. 走者はみな息を切らしていた.
rùn óut of bréath 動 自 息[声]がとぎれる.
sáve [spáre, nòt wáste] one's bréath 動 自 S 黙っている(言っても無駄だと思って).
táke ...'s bréath awáy 動 ...をはっとさせる.
the bréath of life 名 不可欠なもの (to, for).
únder one's bréath 副 小声で, 聞こえないように.
with one's lást [dýing] bréath 副 臨終に.

breath·a·ble /brí:ðəbl/ 形 (空気が)汚れていない; (生地が)通気性のある.
breath·a·lyze /bréθəlàiz/ 動 他 《普通は受身で》《英》〈...〉を飲酒検知器で調べる.
Bréath·a·lỳz·er /-ər/ 名 C 飲酒検知器《商標》《米》drunkometer.

***breathe** /brí:ð/ (同音 bleeds (bleed の三単現), breeds (breed の三単現), breeze) 動 (**breathes** /-z/; **breathed** /-d/; **breath·ing**) 自 **1** 息をする, 呼吸する: ~ deeply 深呼吸する / The patient was *breathing in* and *out* regularly. <V+副> 患者は規則的に息を吸ったり吐いたりしていた. **2** 息を吐く[吹きかける] (on). **3** 生きている (be alive): I

will love you as long as I ~. 命あるかぎりあなたを愛す. **4** (ワイン・花などが)空気に当たる. **5** (衣類などが)通気性がある.
— 他 **1** ⟨...⟩を呼吸する, 吸い込む: *B*~ (in) fresh air. <V(+副)+O⟨名⟩> 新鮮な空気を吸いなさい / I ~*d* the smell of the flowers in the garden. 私は庭の花の香りを胸いっぱいに吸い込んだ. **2** ⟨息などを吐く, ため息などを漏らす⟩; ⟨香りなど⟩を放つ: The man ~*d* whiskey all over me. その男はウイスキーくさい息をともに私に吐きかけた / ~ a sigh of relief ほっとしてため息を漏らす. **3** 《文》⟨ことばなど⟩を口に出す, ささやく; ⟨自信など⟩を示す: Don't ~ a word of this to anyone! このことはだれにもひと言も漏らしてはいけない. **4** Ⓦ ⟨生気など⟩を吹き込む: The captain ~*d* (new) life *into* his tired crew. 船長は疲れた乗組員たちに新しい活力を吹き込む.

bréathe agáin=**bréathe ˈ(mòre) ˈéasily [éasy, fréely]** 動 自 ほっとひと息つく, やれやれと安心する. **bréathe one's lást** 動 自 《婉曲》息を引き取る, 死ぬ (die). **bréathe óut** 動 他 ⟨息・煙など⟩を吐き出す(☞ 自 1).

breath·er /brí:ðər/ 名 **1** [単数形で]《略式》ひと休み; (特に戸外での)軽い運動: take [have] a ~ ひと休みする. **2** C [前に形容詞をつけて] 呼吸が...の人; (米)=heavy breather.
bréath frèshener 名 C =breath mint.
breath·ing /brí:ðiŋ/ 名 U 息づかい; 呼吸: deep ~ 深呼吸 / heavy ~ 荒い息づかい.

⁺**bréathing spàce [ròom]** 名 U または a ~] **1** 動ける空間. **2** ひと息つく間.
⁺**breath·less** /bréθləs/ 形 **1** 息を切らした, あえいだ. **2** 幸と吹く風もなく; よどんだ, 蒸暑い. **3** 夜も及ばないほどの; 張りつめた, 緊迫した: in ~ haste 息せき切って. **4** Ⓟ 息を殺して, かたずをのんで (*with*). **~·ly** 副 息を切らして; 息を殺して, かたずをのんで. **~·ness** 名 U 息を切らす[殺す]こと.
bréath mìnt 名 C (口臭消しの)ミントキャンディー.
⁺**bréath·tàking** 形 はらはらさせる; 息をのむような; 《主に文》(俗然(ぜん)とするほど)ひどい. **~·ly** 副 はらはらさせるほど.

bréath tèst 名 C (飲酒検知器による)酒気検査 (☞ Breathalyzer).
breath·y /bréθi/ 形 (**breath·i·er**, **more** ~; **breath·i·est**, **most** ~) (声が)かすれた, 気息のまじった.
Brecht /brékt/ 名 **Ber·tolt** /béərto:lt | béə-/ ~ ブレヒト (1898-1956) 《ドイツの劇作家・詩人》.
***bred** /bréd/ (同音 bread; 類音 bled) 動 **breed** の過去形および過去分詞: ☞ thoroughbred.
breech /brí:tʃ/ 形 逆子(**ごう**)の. — 名 C 砲尾, 銃尾.
bréech bírth 名 C 逆子出産.
bréech delìvery 名 C =breech birth.
breech·es /brítʃiz, bri:tʃ-/ 名 [複] **1** (乗馬用の)半ズボン. **2** [滑稽] ズボン (trousers).
bréeches bùoy /brí:tʃiz-, brítʃiz-/ 名 C 《海》ズボン形救助ブイ.
bréech·lòad·er /-lòudər | -də-/ 名 C 元込め銃.
***breed** /brí:d/ (同音 breed) 名 (**breeds** /brí:dz/) **1** [単数形で時に複数扱い] (動植物の)品種: dogs of different ~s いろいろな品種の犬. **2** あるタイプの人[物]: a dying [rare] ~ 滅びつつある[珍しい]タイプの人 / a new ~ of novelist 新しいタイプの小説家.
— 動 (**breeds** /brí:dz/; 過去・過分 **bred** /bréd/; **breed·ing** /-diŋ/) 他 **1** ⟨家畜など⟩を飼育する, 繁殖させる (raise); ⟨植物など⟩を栽培する, 品種改良する (as, for): He ~s cattle for market. 彼は市場に出す牛を

飼っている. **2** 〈…〉を発生させる, 引き起こす (cause): Poverty ~*s* crime. 貧困は犯罪を生む. **3** [特に受身で] 〈子供など〉を育てる, 養育する; しつける, (…に)仕込む (*as*; *to* do); 〈…〉を(人に)教え込む (*into*) (☞ well-bred). **4** (場所・状況などの影響が)〈世代など〉を生む.
— [自] (動物が)子を産む, 卵をかえす; 繁殖する. [語法] 人に用いると軽蔑的になる: ~ like rabbits (人が)やたらと子を生む / Rats ~ quickly. ねずみの繁殖は早い. [語源] brood と同語源. **(be) bórn and bréd** ☞ born [動][形] 成句.

***breed·er** /bríːdə | -də/ [名] (~s /~z/) [C] **1** 畜産[飼育]家, 養魚[鶏]業者, ブリーダー: a dog ~ 犬の飼育家. **2** 《略式》 [軽蔑] (同性愛者から見た)異性愛者.

bréeder reàctor [C] 増殖型原子炉.

breed·ing /bríːdɪŋ/ [名] [U] **1** 飼育; 品種改良; 繁殖, ふ化: ~ stock 品種改良[繁殖]用に飼育する家畜 / the ~ season 繁殖期. **2** 《古風》 しつけ; 育ちのよさ: a man of fine [good] ~ 育ちのよい人.

bréeding gròund [名] [C] **1** (悪・病気などの)温床; 産みの親 (*for*, *of*). **2** (野生動物の)繁殖地.

***breeze** /bríːz/ ([類音] bleeds (bleed の三単現), breeds (breed の三単現), breathe) [名] (**breez·es** /~ɪz/; [形] bréezy) **1** [C,U] 弱い風, 微風, そよ風 (☞ wind¹ [語法] および類義語): a land [sea] ~ 陸[海]風 / A cool ~ came up. 涼しい風が出てきた. **2** [a ~] 《略式》 楽にできること[物]: The test was a ~. Ⓢ そのテストは楽勝だった. **shóot the bréeze** [動] [自] 《米略式》 むだ話をする. — [動] [自] [副詞(句)を伴って] すいすいといく, 楽々とする (*along*, *by*): ~ *in* [*out*] すっと入ってくる[さっと出ていく]. **bréeze thròugh ...** [動] [他] 《略式》 …を楽々とやってのける.

bréeze-blòck [名] [C] 《英》 軽量ブロック (《米》 cinder block).

bréeze·wày [名] [C] 《米》 (建物間)屋根付き通路.

breez·i·ly /bríːzəli/ [副] 快活に.

breez·i·ness /bríːzinəs/ [名] [U] 快活.

⁺**breez·y** /bríːzi/ [形] (**breez·i·er**; **-i·est**; [名] breeze) **1** (心地よい)風の吹く; 風通しのよい. **2** (人・態度などが)元気のよい, 快活な, 自信に満ちた: bright and ~ はつらつとした. **3** [けなして] 無頓着な.

Bre·men /brémən, bréɪ-/ [名] [固] ブレーメン《ドイツ北西部の都市(を州都とする州)》.

Bren·da /bréndə/ [名] [固] ブレンダ《女性の名》.

Brén gùn /brén-/ [名] [C] 軽機関銃の一種.

Brér Rábbit /brə́ː, bréə- | bréə-/ [名] [固] うさぎどん 《Uncle Remus 物語に登場するうさぎ》.

breth·ren /bréðrən/ [名] brother 5 の複数形.

Breughel ☞ Brueghel.

breve /bríːv, brév | bríːv/ [名] [C] **1** 短音記号《母音字の上につける ă, ŏ などの ˘ の記号; ☞ つづり字と発音解説 2》. [関連] macron 長音記号 (¯). **2** 《英》 〖楽〗 2 全音符 (《米》 double whole note).

bre·vi·ar·y /bríːvièri | bréviəri/ [名] (**-vi·a·ries**) [C] 〖カトリック〗 聖務日課書.

brev·i·ty /brévəṭi/ [名] ([形] brief) [U] 《格式》 **1** 簡潔さ: *B*~ is the soul of wit. 簡潔は知恵の精髄, ことばは簡潔さが第一 《*Hamlet* 中のせりふ》. **2** (時間の)短さ.

***brew** /brúː/ ([類音] blew, blue) [動] (**brews** /~z/; **brewed** /~d/; **brew·ing**) [他] **1** 〈お茶など〉を入れる (*up*); 〈ビールなど〉を醸造する: He ~*ed* us a pot of coffee. <V+O+O> =He ~*ed* a pot of coffee *for* us. <V+O+*for*+名・代> 彼は私たちにポット 1 杯のコーヒーを入れてくれた (☞ for [前] A1 [語法]). [関連] distill ウイスキーなどを蒸留する. **2** 《略式》 〈陰謀など〉をたくらむ (*up*). — [自] **1** (お茶などが)飲める状態になる, 出る: The tea is ~*ing* in the pot. ポットにお茶が入りました. **2** (嵐・戦争などが)起ころうとしている; (陰謀などが)たくらまれる. **bréw úp** [動] [自] 《英略式》 (休憩のために)お茶を入れる. — [名] **1** [U,C] 醸造飲料《ビールなど; ☞ home brew》; 《米略式》 ビール(一缶, 一杯). **2** [C] (お茶・コーヒーなどの) 1 回入れたもの[量]; (1 回の)醸造高. **3** [C] (ビール・お茶などの)品質: a strong ~ of tea 濃いお茶. **4** [C] [a ~] 混じりあったもの (*of*).

⁺**brew·er** /brúːə | brúːə/ [名] [C] 醸造業者.

bréwer's yéast [名] [U,C] ビール酵母.

⁺**brew·er·y** /brúːəri/ [名] (**-er·ies**) [C] (ビールの)醸造所; ビール会社.

bréw·màster [名] [C] 《米》 (ビールの)醸造責任者.

bréw pùb [名] [C] 自家製ビールを出すパブ.

brew·ski(e), -sky /brúːski/ [名] [C] Ⓢ 《米俗》 ビール.

bréw-ùp [名] [C] 《英略式》 お茶を入れること; お茶休み.

Bri·an /bráɪən/ [名] [固] ブライアン《男性の名》.

bri·ar¹ /bráɪə | bráɪə/ [名] [U,C] =brier¹.

bri·ar² /bráɪə | bráɪə/ [名] [C] =brier².

brib·a·ble /bráɪbəbl/ [形] わいろのきく.

***bribe** /bráɪb/ [B1] [名] (~s /~z/; [名] bríbery) [C] わいろ; (人を誘う)えさ; (ほうびで)子供をつること: offer [accept, take] a ~ わいろを差し出す[受けとる]. [語源] 古(期)フランス語で「こじきにくれるパンの一片」の意.
— [動] (**bribes** /~z/; **bribed** /~d/; **brib·ing**) [他] 〈人〉にわいろを使う, 〈人〉を買収して…させる (*into*); (ほうびなどで)〈子供〉をつる (*with*): ~ a witness 証人を買収する / She ~*d* her child *to* take the bitter medicine. <V+O+C (*to* 不定詞)> 彼女は子供をほうびでつってその苦い薬を飲ませた.

⁺**brib·er·y** /bráɪb(ə)ri/ [名] [U] ([動] bribe) わいろを使う[もらう]こと, 贈賄(ぞうわい), 収賄, 汚職; (ほうびで)子供をつること: ~ and corruption 贈収賄(と不正行為).

bric-a-brac /bríkəbræ̀k/ [名] [U] (安価な)ちょっとした装飾品, 骨董(こっとう)品《全体》.

***brick** /brík/ [名] (~s /~s/) **1** [U,C] れんが: lay ~*s* れんがを積む / The house was built of red ~(*s*). その家は赤れんが造りだった. **2** [C] れんが状の物《アイスクリームなど》; 《主に英》 積み木 (《米》 block): a ~ of ice cream 四角いアイスクリーム. **3** [形容詞的に] れんがで作った: a ~ wall れんがの壁. **4** [C] 《米略式》 〖バスケ〗 ひどくへたなシュート. **5** [C] 《古風, 英略式》 いいやつ. **bríck by bríck** [副] 少しずつ. **dróp a bríck** [動] [自] 《英略式》 へまをやる, まずいことを言う. **hít the bríck** [動] [自] 《米俗》 ストをする. **lìke a tón of brícks** [副] 《略式》 猛烈な勢いで, 激しく: fall for ... *like tons of* ~*s* (人)を猛烈に(たちまち)好きになる / come down on ... *like a ton of* ~*s* (人)を激しくしかる / hit ... *like a ton of* ~*s* 《米》 (人)に大きなショックを与える. **màke brícks withòut stráw** [動] [自] 材料[資金]なしに仕事をする. [由来] わらを使わないでれんがを作る(不可能なことをする), の意. 聖書のことば. — [動] [他] 〈…〉をれんがで囲む[ふさぐ] (*in*, *up*); れんが(の壁)で仕切る (*off*).

bríck·bàt [名] [C] **1** れんがのかけら; れんがのつぶて. **2** 《略式》 手厳しい批評.

brick·ie /bríki/ [名] [C] 《英略式》 =bricklayer.

bríck·làyer [名] [C] れんが(積み)職人.

bríck·làying [名] [U] れんが積み(の仕事).

bríck-réd [形] 赤れんが色の.

brìcks-and-mórtar [形] [A] (ネット取引との対比で)店舗で行う.

bríck·wòrk [名] [U] れんが造りの構築物[壁]; れんが積み(工事); [C] [複数形で] れんが工場.

bríck·yàrd [名] [C] れんが工場.

⁺**brid·al** /bráɪḍl/ [形] [A] ([名] bride) 花嫁[新婦]の; 婚礼の: the ~ party (教会の結婚式の)花嫁の一行.

brídal règistry [名] [C] 結婚祝い登録表《新婚夫婦の欲しい物のリストを店が登録しておき, 知人がそれを見て

贈り物を買う).

brídal shòwer 名C《米》結婚する女性にその女友達から贈り物を持ち寄るパーティー.

*__bride__ /bráid/ 名 (**brides** /bráidz/; 形 **brídal**) C 花嫁, 新婦; 結婚したての女性, 新妻 (☞ June bride). 関連 bridegroom 花婿.

*__bride·groom__ /bráidgrù:m, -grùm/ 名 (~s /-z/) C 花婿, 新郎 (groom). 関連 bride 花嫁.

†__brídes·màid__ /bráidz-/ 名 C 1 (結婚式で)花嫁に付き添う(未婚の)女性. 関連 best man 花婿に付き添う男性. 2 いつも目標を達成できない人, 万年2番手. **be álways the brídesmaid and néver the bríde** [動]《口》いつも花嫁の付き添いで自分は結婚できない, [比喩]注目を一身にあびることなく, 望みのものも手に入らない.

bridesmaids

bríde-to-bé 名 (複 **brides-**) C もうすぐ花嫁になる人, 結婚まぢかの女性.

*__bridge__[1] /brídʒ/ 名 (**bridg·es** /-ɪz/) C 1 橋: cross a ~ / A ~ was built across [over] the river. その川に橋がかけられた / Cross that ~ when you come to it.《ことわざ》取り越し苦労をするな. 2 つなぎの役をするもの, かけ橋, 仲立ち (link) (between, to). 3 [通例単数形で] 船[艦]橋, ブリッジ《艦船前部の甲板で船長が指揮をとる場所》. 4 [通例単数形で] 鼻柱; (義歯・めがねなどの)ブリッジ《glass-es挿絵); (ギター・バイオリンなどの)こま, 柱(ぢ). 5 二つの土地をつなぐ橋状の地. **build brídges** [動] 自 橋渡しをする, わたりをつける (between). **búrn one's brídges (behínd one)** [動] 自《略式》(渡ってきた橋を焼いて)背水の陣を敷く. —動 他〈ギャップ・溝など〉を埋める (between): The generation gap has to be ~d. 世代間の溝は埋めなければならない. 2〈川〉に橋をかける; 〈…の〉橋渡しとなる: A log ~d the stream. 流れには丸木橋が渡されていた.

bridge[2] /brídʒ/ 名 U ブリッジ《トランプゲームの一種; ☞ contract bridge》.

brídge-building 名 U (対立する二者の)橋渡し.

brídge·hèad 名 C 《軍》橋頭堡(ほう); (前進への)足がかり.

brídge lòan 名 C (家の買い替えなどの)つなぎ融資.

Brídge·tòwn 名 固 ブリッジタウン《バルバドスの首都》.

brídge·wòrk 名 U (義歯の)ブリッジ.

brídg·ing lòan /brídʒɪŋ-/ 名 C《英》= bridge loan.

†__bri·dle__ /bráidl/ 名 C 1 馬勒(ろく)《馬に取り付ける道具で, おもがい・くつわ・手綱の総称》. 2 拘束(物), 抑制, 束縛. —動 他 1〈馬〉に馬勒をつける. 2〈感情など〉を抑える: B~ your tongue! 言葉を慎みなさい. —自 頭をつんとあげて反(そ)り返る, ぷんと怒る (at).

brídle pàth [《英》**wày**] 名 C (車は通れない)乗馬道.

Brie /brí:/ 名 U ブリーチーズ《フランス産のチーズ》.

*__brief__ /brí:f/ 形 (**brief·er**; **brief·est**; 名 **brévity**) 1 **短時間の**《☞ short 類義語》: a ~ life 短い人生 / a ~ period ごくわずかの間 / I had a ~ word with her. 彼女とちょっと話をした. 2 (表現などが)**手短な**, 簡潔な; (人が)そっけない, ぶっきらぼうな (with): a ~ note 短い手紙 / a ~ summary of the day's news 1日のニュースの簡単なまとめ / Please be ~. 手短に願います. 3 (服・水着などが)丈の短い. **to be bríef** [副] 文修飾語 手短に言えば, 要するに (in short). —名 1 C (訴訟事件での)摘要書, 申立書; (法廷弁護士が引き受ける)訴訟事件. 2 C《米》短い文書, 摘要, 要約. 3 C《英》指示, 任務. 4 [複数形で] ☞ briefs. **hóld nó bríef for ...** [動] 他《英》…を支持[弁護]しない. **in bríef** [副] 文修飾語 要するに, 手短に言えば; 要点的な: news *in* ~ 要点のみのニュース. —形 [名詞の後で] 大急ぎの, 手短な. **stíck to one's bríef** [動] 自《主に英》指示されたことだけをする. —動 他《格式》〈人〉に要点を話す; 事前に必要な指示[情報]を与える (*on*, *about*); 〈法廷弁護士〉に弁護を依頼する (*to do*).

†__brief·càse__ 名 C ブリーフケース《書類入れ用; ☞ attaché case》.

*__brief·ing__ /brí:fɪŋ/ 名 (~s /-z/) C.U (事前の)状況説明(会), 打ち合わせ; 指示, 指令: attend a ~ 打ち合わせに出る / press ~ (新聞記者への)説明会 / The prime minister got a ~ *on* the situation. 首相はその状況の説明を受けた.

briefcase

*__brief·ly__ /brí:fli/ 副 1 **少しの間**: We met ~ at the party. 我々はパーティーでちょっと会った. 2 **簡単に**, 手短に: Explain it ~. 手短に説明してください. 文修飾語 簡単[手短]に言えば. **to pùt it bríefly** [副] 文修飾語 簡単[手短]に言えば.

briefs 名 [複] 短いパンツ[パンティー]. 日英比較 日本語の「ブリーフ」のように男性用とは限らない.

bri·er[1] /bráiə | bráiə/ 名 1 C いばら, 野ばらの(小枝). 2 U いばらの茂み.

bri·er[2] /bráiə | bráiə/ 名 1 C ブライア, 栄樹(えい)《南欧産のつつじ科の低木》. 2 ブライアの根で作ったパイプ.

brig /bríg/ 名 C 1 ブリッグ《2本マストの帆船の一種》. 2《米》軍艦の営倉(監禁室), 《略式》営倉.

Brig. 略 = brigade, brigadier.

*__bri·gade__ /brɪgéɪd/ 名 (**bri·gades** /-géɪdz/) C 1 [単数形でも複数形で複数扱い]《陸軍》旅団《☞ corps 参考; 略 Brig.). 2 (軍隊式編制の)団体, 隊: a fire ~ 消防隊. 3 [滑稽·軽蔑] (ある考え·特徴をもった)集団, 連中: an anti-smoking ~ 喫煙反対グループ.

brig·a·dier /brìgədíə | -díə←/ 名 C《英》陸軍将官《略 Brig.).

brigadier géneral 名 C《米》陸[空]軍准将.

brig·and /brígənd/ 名 C《文》山賊, 盗賊.

brig·an·tine /brígəntìːn/ 名 C ブリガンティーン《2本マストの帆船の一種》.

*__bright__ /bráit/ 形 (**bright·er** /-t̬ə | -tə/; **bright·est** /-t̬ɪst/; 動 **bríghten**)

```
「光り輝いている」
  ├→(色が)「鮮やかな」2
    ├→(顔が)「晴れやかな」3 →(生き生きとした)→
      「利口な」4
    └→(未来などが)「輝かしい」5
```

1 **輝いている**; **明るい, まぶしい**: a ~ day 晴れ渡った日 / a ~ fire 赤々と燃える火 / ~ stars 輝く星 / ~ sunshine まぶしい日の光 / The garden was ~ with sunshine. 庭は太陽の光を受けて明るかった.

2 (色の)**鮮やかな, さえた**《反 dull》: I like ~ red roses. 私は鮮やかな赤のばらが好きだ.

3 (顔などが)**晴れやかな**, (目が)輝いた; 朗(ほが)らかな, 快活な: They are always ~ and cheerful. 彼らはいつも陽気で元気だ / Her eyes were ~ *with* joy. <A+ *with*+名> 彼女の目は喜びで輝いていた.

4 (人が)**利口な**, 頭のいい; 賢い態度の; (考えなどが)気の

きいた, うまい (☞ intelligent 類義語) (反 dull): a ～ boy 利口な少年 / a ～ idea うまい考え. **5 輝かしい, 明るい; 有望な**: ～ hope 輝かしい希望 / You have' a ～ future [～ prospects] ahead of you. あなたには前途に明るい未来がある. **lóok on the bríght síde (of things)** [動] ⾃ 物事の明るい面を見る, 物事を楽観する. **nót tòo [vèry] bríght** [形] (1) (好意的に)あまり希望のもてない. (2) 《略式》分別のある[利口な]ことではない. — [副] 輝いて, 明るく. 語法 主に shine とともに用いる: The moon *shines* ～. 月が明るく輝いている. **bríght and éarly** [副形] 《S》(ゆっくり時間の余裕をとって)朝早く[早い]. — [名] 《複数形で》《米》(車の最大限に明るくした[上向きにした])ヘッドライト (☞ headlight, high beam).

*bríght·en /bráɪtn/ (同音 Brighton) [動] (brightens /-z/; bright·ened /-d/; -en·ing) (形 bright)
⾃ **1** (人・顔などが)明るくなる, 快活になる, 晴れやかになる (目などが)輝く: Betty's face ～*ed up* when he entered. ＜V+*up*＞ 彼が入ってきたらベティーの顔がぱっと明るくなった. **2** (空・状況などが)明るくなる, よくなる: The sky is ～*ing (up)*. 空がだんだん明るくなる.
— ⑯ **1** (...)を明るくする, 輝かせる: The candle ～*ed* (*up*) the room. ＜V(+*up*)+O＞ ろうそくの光でその部屋が明るくなった.
2 (気分など)を明るくする, 晴れ晴れとさせる; (状況など)を好転させる: The flowers ～*ed* the room. 花で部屋が明るくなった / His presence ～*ed up* the party. ＜V+*up*+O＞ 彼が来ていたので会が楽しくなった.

bríght-éyed [形] 《次の成句で》 **bríght-éyed and búshy-táiled** [形] 《滑稽》やる気まんまんの.
bríght líghts [名] 《the ～》 都会の華やかさ.
*bríght·ly /bráɪtli/ [副] **1** 輝いて, 明るく: A fire was burning ～. 火が赤々と燃えていた. **2** 鮮やかに; 楽しそうに.
*bríght·ness /bráɪtnəs/ [名] Ⓤ **1** 明るさ, 輝き: The ～ of the sky showed that the storm had passed. 空が明るくなったのであらしが通り過ぎたことがわかった.
2 晴れやかさ, 鮮やかさ; 快活さ: The ～ of her smile always makes me feel better. 彼女の笑顔の明るさがいつも私の気分をよくしてくれる.
3 利口なこと, 聡明(そうめい)さ: B～ is no guarantee of success. 利口だからといって成功する保証はどこにもない.
Brígh·ton /bráɪtn/ [名] 固 ブライトン (England 南東部の都市; 海水浴場; ☞ 裏地図 F 6).
bríght spárk [名] Ⓒ 《英略式》《しばしば皮肉》(頭のいい人, お利口さん.
bríght spót [名] Ⓒ (他に比べて)楽しいこと[時間].
⁺**bríll**¹ /bríl/ [名] Ⓒ ひらめ (ヨーロッパ産).
bríll² /bríl/ [形] 《S》《英略式》=brilliant 3.
bríl·liance /bríljəns/, **-lian·cy** /-si/ [名] Ⓤ (形 brílliant) 優れた才気, 優秀さ; 光り輝くこと; 華々しさ.
*bríl·liant /bríljənt/ [形] (名 brílliance, brílliancy)
1 (人が)きわめて優秀な, (考えなどが)非常に気のきいた (very bright); 立派な, 見事な, 華々しい (☞ intelligent 類義語): a ～ idea すばらしい考え / a ～ achievement 華々しい業績. **2** (宝石・日光などが)光り輝く, きらびやかに輝いている; (色が)鮮明な: a ～ diamond 光り輝くダイヤモンド / The water was ～ in the sunshine. 水面が日の光を受けてきらきら輝いていた. **3** 《英略式》とてもよい, すばらしい (excellent); 楽しい.
— [名] Ⓒ ブリリアントカットのダイヤモンド. **-ly** [副] 見事に, きらきらと; きらびやかに.
bríl·lian·tine /bríljəntì:n/ [名] Ⓤ ブリリアンティーン (男性用の油性整髪料).
Bríl·lo pàd /brílou-/ [名] Ⓒ ブリロたわし (なべなどを洗う洗剤を染み込ませた鉄綿たわし; 商標).
⁺**brim** /brím/ [名] Ⓒ **1** (帽子の)つば. **2** (コップ・ちゃわ

んなどの)縁(ふち), へり; a vase with a broad ～ 縁の広い花びん. **to the brím** [副] あふれんばかりに, なみなみと (*with*).
— [動] (**brims**; **brimmed**; **brim·ming**)
⾃ あふれそうになる, いっぱいである: 言い換え Tears *brimmed* in her eyes.＝Her eyes *brimmed* with tears. 彼女の目に涙があふれていた / Tom was *brimming* with confidence. トムは自信満々だった.
brím óver with ... [動] ⑯ 容器に...でいっぱいである, (涙など)であふれる; 《普通は進行形で》(喜び・元気・自信などに)満ちている.
brím·ful, brím·full /brímfól/ [形] Ⓟ 縁までいっぱいで, あふれんばかりで (*of, with*).
-brimmed [形] 《形容詞のつく合成語で》 (帽子の)つばが...な: broad-*brimmed* つば広の.
brím·stone /brímstòʊn/ [名] Ⓤ 《古語》硫黄 (sulfur). **fíre and brímstone** ☞ fire [名] 成句.
brin·dle(d) /bríndl(d)/ [形] (牛・犬・猫が)茶色地にまだらのある.
brine /bráɪn/ [名] Ⓤ **1** 塩水 (漬物などに用いる). **2** 海水; 《the ～》《文》海原.

***bring** /bríŋ/ (類音 brim) [動] (**brings** /-z/; 過去・過分 **brought** /brɔːt/; **bring·ing**) ⑯ **1** 《物を**持ってくる**, 《人を**連れてくる** (人に)×物を持ってきてやる: Are you ～*ing* your camera? カメラを持っていくのですか / B～ him *here*. ＜V+O+副＞ 彼をここへ連れてきなさい / B～ us two coffees, please. ＜V+O+O＞ コーヒーを2つ(持ってくて)ください / Please be sure to ～ some of your friends *to* the party with you. ＜V+O+*to*+名・代＞ぜひお友だちを何人かパーティーにお連れになってください.

語法 **bring** と **take** の違い
(1) bring は話し手[書き手]がいる場所に物を持ってきたり, 人を連れてくることを表わす. これに対して take は話し手[書き手]のいる場所から離れたところへ物を持って行ったり, 人を連れて行くことを表わす.

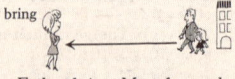

bring

Father *brings* Mary from school.

take

Father *takes* Mary to school.

(2) bring は come の他動詞に相当するような意味があり, 「相手のところへ持って[連れて]行く」という用法もある (☞ come 2 語法) : I'm *coming* to your party and ～*ing* you an unusual present. ＜V+O+O＞ 私はあなたのパーティーに珍しいプレゼントを持って行きます.

言い換え A friend of mine *brought* some books *to* me. ＜V+O+*to*+名・代＞＝A friend of mine *brought* me some books. 私の友人が私のところに数冊の本を持ってきた (☞ indirect object 文法 (1), to¹ 3 語法). 語法 上の文を受身の文にすると次のようになる: Some books were *brought* me by a friend of mine. // 言い換え B～ some water *for* me. ＜V+O+*for*+名・代＞ ＝B～ me some water. ＜V+O+O＞ 水を持ってきてくれ / The boss *brought* his men *with* him. ＜V+O+*with*+代＞ 課長は部下を連れてきた.

bring	(物を)持ってくる, もたらす
	(人・動物を)連れてくる, 導く

2 〈…〉をもたらす; (結果として)引き起こす, 生じさせる; 〈新製品・技術など〉を導入する, 持ち込む; (時が)〈…〉を引き起こす: Spring ~s bright sunshine and flowers. 春は明るい日差しと花をもたらしてくれる / Each rain *brought* warmer weather. 一雨ごとに暖かくなった / The earthquake *brought* many health problems *with* it. <V+O+*with*+代> その地震は多くの健康問題をもたらした / Rest *brought* him health. <V+O+O> 休養したので彼は健康になった. The radio ~s music and the latest news *into* every home. <V+O+前+名・代> ラジオはあらゆる家庭に音楽や最新のニュースをもたらしてくれる / The story *brought* tears *to* her eyes. その話を聞いて彼は目に涙を浮かべた / Her scream *brought* the neighbors run*ning*. <V+O+C (現分)> 彼女の悲鳴を聞いて隣人が駆けつけた / I'm afraid the new year will ~ difficult problems. 新年になると難しい問題が生じるのではないかと私は心配している.

3 〈人〉を(…)に導く (lead); 〈用件など〉〈人〉を(…)に来させる; 〈話題など〉に引き寄せる: A short walk *brought* me *to* the park. <V+O+*to*+名・代> 少し歩くと公園へ出た / 〖言い換え〗 What has *brought* you *here*? <V+O+副> (= Why have you come here?) 何の用でここに来たのですか / This ~s us to the question of education. 今の話から教育の問題が出てくる. **4** 〈人〉〈収入・利益〉をもたらす, 〈ある値段〉で売れる: His writing ~s him £ 800 a year. 彼は著作で年800ポンドの収入をあげている. **5** 〈…〉を(ある状態)に至らせる《多くは成句で用いる; ☞ bring … into ― (句動詞)》: B~ the water *to* a [英] boil. 水を沸騰させなさい. **6** 〖法〗 (…に対して)〈訴訟など〉を提起する, 起こす (*against*); 〈苦情〉を持ち出す. **7** [しばしば受身で] 〈番組など〉を(制作)放送[放映]する, 提供する. (*to*) **8** [主に否定文・疑問文で] 〈人〉を(~する)気にさせる (*to*; *do*).

bríng onesélf [動] 何も持たずに来る: Just ~ *yourself*. 手ぶらで来てください《パーティーなどで》.

bríng onesélf to dó [動] [cannot を伴って] …する気になる: He could not ~ *himself to* report her to the police. 彼はどうしても彼女のことを警察に知らせる気にはなれなかった.

bríng … to onesélf [動] 他 〈…〉の意識を取り戻させる, 落ち着かせる.

― リスニング ―

bring の後に母音で始まる語が続くと, その母音と bring の /ŋ/ とが結合して「ガ」行(☞つづり字と発音解説 8)の音のように聞こえる. bring in /brínɪŋ/ は「ブリンギヌ」, bring up /brínʌ́p/ は「ブリンガップ」のように聞こえる.「ブリング・イン」「ブリング・アップ」とは発音しない(☞ ⊙ 82).

― bring の句動詞 ―

*__bríng abóut__ [動] 他 **1** 〈変化・事故など〉を引き起こす, もたらす <V+名・代+*about* / V+*about*+名>: 〖言い換え〗 Laura's smile *brought about* a change in Tom's attitude. (= Laura's smile caused a change in Tom's attitude.) ローラの微笑でトムの態度が変わった. **2** 〖海〗〈船〉の向きを変える.

bríng alóng [動] 他 〈…〉を連れて[持って]くる.

*__bríng aróund__ [動] 他 **1** 〔米〕〈人〉の考えを(…へ)変えさせる, 説得する (*to*); 〈話題〉を(…のほうに)向ける (*to*) <V+名・代+*around*>: We managed to ~ him *around* to our way of thinking. 私たちはやっと彼を説得して私たちの考えに同調させた. **2** 〔米〕〈…〉の意識を回復させる <V+名・代+*around*>: A whiff of ammonia soon *brought* her *around*. アンモニアをかがせたら彼女はすぐに正気づいた. **3** 〔米〕〈家などに〉連れてくる, 持ってくる (*to*): He *brought* her *around* to see us. 彼は彼女を連れてうちを訪ねてきた. **4** 〖海〗〈船〉の向きを変える.

*__bríng báck__ [動] 他 **1** 〈…〉を持って帰る, 買って帰る, 連れて帰る; (もとへ)返す, 返却する (*to*): Don't forget to ~ the book *back*. 本を返すのを忘れないでね / If you're going to the supermarket, will you please ~ me *back* some oranges? スーパーへ行くのならオレンジをいくつか買ってきてくれませんか. 〖語法〗 ~ me *back* some oranges の部分は ~ *back* some oranges [some oranges *back*] *for* me とすることもできる // My uncle *brought back* a lot of souvenirs *from* his trip to Paris. おじはパリ旅行のみやげをどっさり持ち帰ってきた / After they questioned him, the police *brought* the suspect *back to* his home. 尋問したあと警察は容疑者を自宅まで連れ戻した.

2 (物事が)〈…〉を思い出させる <V+*back*+名>: The picture *brought back* a lot of memories. その写真はいろいろな思い出を呼び起こした. **3** 〈制度など〉を復活させる; 〈人など〉を回復させる; 生き返らせる. **4** 〈…〉を(話題などに)再び立ち返らせる: This talk about birds ~s me *back* to my original question. 今, 鳥について話したことからまたもとの問題を論じることになります.

bríng … befóre ― [動] 他 (討議・審理のために)〈…〉を…に持ち出す, 〈人〉を…にゆだねる.

*__bríng dówn__ [動] 他 **1** 〈人・政府など〉を打ち倒す, 崩壊させる; 〈飛行機・鳥〉を撃ち落とす; 〈動物・立ち木など〉を倒す; 〈手・道具など〉をさっと下ろす <V+名・代+*down* / V+*down*+名>: The people tried to ~ *down* the dictator. 民衆は独裁者を失脚させようとした / Two planes were *brought down* by an American fighter. 2機がアメリカの戦闘機に撃墜された.

2 〈…〉を下へ持ってくる, 降ろす; 〈飛行機〉を着陸させる; 〖数〗割り算などで〈数字〉を降ろす <V+名・代+*down* / V+*down*+名>: Go upstairs and ~ *down* my suitcase. 2階へ行って私のスーツケースを持ってきてくれ. **3** (下のレベルまで)〈…〉を下げる: ~ *down* the level of unemployment 失業率を下げる. **4** 〈叙述など〉を(後の時代まで)続ける (*to*). **5** 〈物価・温度など〉を下げる; 〈人〉に値段を下げさせる (*to*). **6** 〖サッカー〗〈相手〉を反則で倒す; 〖ラグ〗〈…〉にタックルする. **7** 〈人〉をがっかりさせる.

bríng … dówn on [upón] ― [動] 他 〈格式〉―に〈災い・罰など〉をもたらす: It will「~ *down* trouble [~ trouble *down*] *on* your family. それはあなたの家に災難をもたらすだろう.

bríng fórth [動] 他 〈格式〉〈感情・結果など〉を生む.

bríng fórward [動] 他 **1** 〈…〉の日取り[時間]を繰り上げる (*to*): They *brought* the meeting *forward* so as to finish earlier. 彼らは早く終わるように会合を早めた. **2** 〈問題・案など〉を提起する: He *brought forward* strong objections to my proposal. 彼は私の提案に強い反対をした. **3** 〖簿〗〈…〉を繰り越す.

*__bríng ín__ [動] 他 **1** (中へ)〈…〉を持ち込む, 連れ込む; (警察へ)連行する <V+名・代+*in* / V+*in*+名>: Please ~ *in* the washing. 洗濯物を取り込んでください.

2 〈収入・利益・利子など〉を生む; 〈収穫・作物〉を取り入れる; (人が)稼ぐ (earn) <V+名・代+*in* / V+*in*+名>: My wife's part-time job ~s *in* a little extra money. 家内のパートの仕事で少し余分な金が入る. **3** 〈法律・改革(案)など〉を導入する, 取り入れる; 〈議案〉を提出する: ~ *in* a new system 新制度を取り入れる. **4** 〈外部の人〉を(…に)参加させる; 〈ゲスト〉を番組に迎える (*on*; *to do*). **5** (陪審員が)〈評決〉を下す. **6** 〖野〗〈走者〉をホームに迎え入れる.

bríng … ínto ― [動] 他 〈…〉を―(ある状態)に至らせる, 〈…〉を―とさせる: be brought *into* being (☞ being³ 成句).

***bríng óff** 動 他 1 《やや略式》《難事》を成し遂げる <V+名・代+off／V+off+名>: He *brought off* the difficult feat quite easily. 彼はその難しいことをごく簡単にやってのけた. 2 《難破船などから》…を救い出す.

***bríng ón** 動 他 1 《病気・災害など》を引き起こす (cause) <V+名・代+on／V+on+名>: Standing in the rain *brought on* a bad cold. 雨の中に立っていたためにひどいかぜをひいてしまった ／ I wonder what's *brought* this *on*. どうしてこんなことになったのだろう. 2 《学業・スポーツで》〈…〉を向上［前進］させる (in); 〈作物など〉を生育させる.

***bríng ... on [upòn]** ― 動 他 …に〈災いなど〉を招く，もたらす: They *brought* trouble *on* themselves. 彼らは自ら困難を招いた.

***bríng óut** 動 他 1 〈…〉を世間に出す，生産する (produce); 出版する (publish), リリースする <V+名・代+out／V+out+名>: The company is ~ing out a new kind of sports car. その会社は新型のスポーツカーを発表しようとしている.

2 〈性質・意味など〉を引き出す，明らかにする，はっきり示す <V+名・代+out／V+out+名>: His photos *brought out* the full horror of the war. 彼の写真は戦争の怖さをよくあらわしていた. 3 (…から)持ち出す，連れ出す (of). 4 〈…〉の花を開かせる; 〈内気な人〉を打ち解けさせる. 5 《英》〈…〉にストライキをさせる.

bring ... óut in ― 動 他 《英》〈人〉に〈吹き出物など〉を起こす: Some foods ~ me *out in* spots. 私は食物によっては発疹が出る.

***bríng óver** 動 他 1 《海外などから》〈…〉を持ってくる，連れてくる <V+名・代+over／V+over+名>: A lot of treasure was *brought over* to this country. たくさんの宝物がこの国に持ち込まれた.

2 〈人の立場［考え］〉を(…に)変えさせる (to): He *brought* me *over* to his side. 彼の説得で私は彼の側についた.

***bríng róund** 動 他 《英》 =bring around.

bríng thróugh 動 他 1 《場所を通して》〈…〉を運び入れる［出す］. 2 〈病人〉の命を救う.

bring ... thróugh ― 動 他 1 《場所を通して》〈…〉を運び入れる［出す］，…から〈…〉を連れて入る［出る］: Don't ~ that dirty dog *through* the kitchen. その汚い犬を台所から入れないで. 2 〈…〉に〈困難など〉を切り抜けさせる，〈病人など〉を…から救う.

bríng tó /túː/ 動 他 1 〈…〉を正気づかせる (☞ to). 2 〈…〉を停船させる.

bríng ... to ― 動 他 1 〈勘定など〉を合計…にする (☞ 3, 5): The purchase *brought* his bill *to* 100 dollars. その買い物で彼の勘定は100ドルになった.

***bríng togéther** 動 他 1 〈…〉をいっしょにする，合わせる <V+名・代+together>: The two classes were *brought together into* a larger class. 2つの組は合併されて大きなクラスになった.

2 〈2人〉を結びつける，知り合いにする; 和解［団結］させる.

brìng únder 動 他 〈…〉を鎮圧する，押さえる.

***bríng ... under** ― 動 他 1 〈…〉を―できる状態におく: The fire was *brought under* control. 火の勢いは止められた. 2 《所属・分類など》〈…〉を―の下に置く: These can be *brought under* the same heading. これらは同じ項目にまとめられる.

***bríng úp** 動 他 1 《主に受身で》〈子供〉を育てる，しつける <V+名・代+up／V+up+名>: She was *brought up* in a rich family [(*as*) a Protestant]. 彼女は金持ちの家庭に［プロテスタントとして］育った ／ He was *brought up to* be a musician. 彼は音楽家になるように育てられた ／ Kids should not *be brought up on* a diet of junk food. 子供たちにはジャンクフードを与えて育てるべきではない.

2 〈話題・問題など〉を持ち出す <V+名・代+up／V+up+名>: They *brought* the matter *up* for discussion. 彼らはその問題を討議に取り上げた.

3 〈…〉を上へ［2階へ］持ってくる; 上げる <V+名・代+up／V+up+名>: Please ~ my book *up to* me when you come. 了階へ来る時私の本を持ってきて下さい. 4 〈…〉を(規準などに)到達させる (to). 5 ［しばしば ~ short [sharp(ly), with a start] として］〈…〉を(急に)止める，急に〈…〉の動きをやめさせる. 6 〈…〉を起訴する，〈法廷など〉へ〈…〉を召喚する (before). 7 《主に英》〈食べ物など〉を吐き出す，もどす. 8 〈…〉をパソコンの画面に出す. 9 〈部隊・兵器など〉を前線へ送りこむ，集結させる.

bring ... úp agàinst ― 動 ［しばしば受身で］〈…〉を〈困難・敵など〉に直面させる.

bríng ... upòn ― 動 他 =bring ... on ―.

brìng-and-búy sàle 名 C 《英》《慈善のための》持ち寄りのバザー.

bríng-ing-úp 名 U 《米》養育, しつけ.

***brink** /brɪŋk/ 名 [the ~] 1 寸前, 間際, がけっ縁(ホ_); be *on the* ~ *of* bankruptcy 倒産寸前である ／ She was *on the* ~ *of* tears. 彼女は今にも泣き出しそうであった ／ Years of overwork have brought him *to the* ~ *of* a nervous breakdown. 長年の過労から彼は神経衰弱寸前に来ている. 2 《文》(がけの)縁(ホ_).

語法 転落の危険があるときに用いることが多い.

brìnk·man·ship /brɪŋkmənʃɪp/, **brìnks·man·ship** /brɪŋks-/ 名 U 瀬戸際政策［外交］（危険な状態をぎりぎりまで押し進める）.

brin·y /bráɪni/ 形 (brin·i·er, -i·est) 塩水の. ― 名 U [the ~] 《文》海, 大海原.

bri·o /bríːoʊ/ 名 U 活気, 生気.

bri·o·che /briːoʊʃ, -ɔʃ/ 名 C ブリオッシュ(卵・バター入りの甘い小型のパン).

bri·quet(te) /brɪkét/ 名 C (バーベキュー用)練炭.

Brís·bane /brɪzbən, -beɪn/ 名 固 ブリスベーン（オーストラリアの Queensland 州の州都; ☞ 裏地図 M3).

***brisk** /brɪsk/ 形 (brisk·er; brisk·est) 1 〈人・態度が〉活発な, きびきびした; 〈口調などが〉てきぱきした, そっけない; 〈商売・市況が〉活気がある: He walked on at a ~ pace. 彼は元気な足どりで歩き続けた. 2 《空気などが》冷たくてさわやかな, 心地よい: ~ fall weather 爽快(ホ_)な秋の気候.

brís·ket /brɪskɪt/ 名 U (牛などの)胸部(の食用肉), ブリスケ.

brísk·ly 副 活発に, きびきびと.

brísk·ness 名 U 活発.

***bris·tle** /brísl/ 名 C ［普通は複数形で］ (あごをそった後にのびた)堅い毛; C,U (豚・歯ブラシなどの)剛毛. ― 動 自 （毛などが）逆立つ; 怒る, いら立つ (at, with). **brístle úp** [動] 自 (毛などが)逆立つ; 怒る (with). **brístle with ...** [動] 他 …が林立する, …が充満する, …にいらだつ.

bris·tly /brísli/ 形 (bris·tli·er, more ~; bris·tli·est, most ~) 1 剛毛質の, 剛毛の多い; 密生した. 2 (人が)怒りっぽい.

Bris·tol /brístl/ 名 固 ブリストル(England 南西部の港市; ☞ 裏地図 E 6).

Brit /brɪt/ 名 C 《略式》 《主に軽蔑》 イギリス人.

Brit. 略 =Britain, Britannica.

***Brit·ain** /brítn/（同音 Briton) 名 (形 Brítish) 固 1 英国(《首都 London; 正式名称は the United Kingdom of Great Britain and Northern Ireland; 略 Br., Brit.) (=United Kingdom; 裏地図; Briton). 2 グレートブリテン島 (☞ Great Britain). 3 英連邦 (☞ commonwealth 1). 語源 ラテン語で「Briton 人の島」の意; ☞ Great Britain 語源.

Bri·tan·ni·a /brɪtǽnjə, -niə/ 名 固 《詩》ブリタニア

(像)《英国を象徴する女性の戦士像; かぶとをかぶり, 盾と矛を持つ》. 関連 Columbia 米国の擬人名.

Bri·tan·nic /brɪtǽnɪk/ 形 《次の成句で》 **His [Her] Británnic Májesty** 名 英国国王[女王]陛下.

britch·es /brítʃɪz/ 名 《複》《米俗式》=breeches.

Brit·i·cis·m /brítɪsɪzm/ 名 C イギリス語法. 参考 この辞書で《英》とあるのはイギリス語法のこと. 関連 Americanism アメリカ語法.

*Brit·ish /brítɪʃ/ 形 (名 Britain) **1** 英国 (Britain) の; 英国人の (略 B., Brit.): the ~ government 英国政府 / Beth is ~. ベスはイギリス人だ. 語法 British は主に政治的・行政的な意味に用いられる. 関連 American 米国(人)の. **2** 《古代》ブリトン人の.
— 名 **1** [the ~ として複数扱い] 英国人(全体), 英国民 (略 the¹ 5 語法): The ~ are fond of roses. 英国人はばらが好きである. 語法 1人1人の英国人は a British person(やや格式), a Brit(略式), a Briton(新聞など) という. **2** U =British English. **The bést of Brítish (lúck).** 《英》 [しばしば皮肉で](特に成功しそうもない人に)幸運を祈ります(to). **the British Commonwealth of Nations** 名 =the Commonwealth of Nations (⇨ commonwealth 1).

Brítish Áirwàys 名 固 英国航空 (略 BA).

Brítish Bróadcasting Corporàtion 名 固 [the ~] 英国放送協会 (略 BBC).

Brítish Colúmbia 名 固 ブリティッシュコロンビア《カナダ西部の州; ⇨ 表地図 D 2》.

Brítish Cóuncil 名 固 [the ~] 英国文化振興会, ブリティッシュカウンシル.

Brítish Émpire 名 固 [the ~] 大英帝国《英国およびその自治領と植民地の俗・旧称》.

*Brítish Énglish 名 U イギリス英語《英本国, 特に London を中心とする England 南部の英語》. 関連 American English アメリカ英語.

Brit·ish·er /brítɪʃə | -ʃə/ 名 C 《米俗式》英本国人.

Brítish Ísles 名 固 《複》[the ~] 英国諸島《Great Britain 島, Ireland, Man 島, チャネル諸島および付近の島々の総称》.

Brítish Muséum 名 固 [the ~] 大英博物館.

British Museum

Brítish Ópen 名 固 [the ~]《ゴルフ》全英オープン.

Brítish Ráil 名 固 英国(国有)鉄道 (略 BR).

Brítish Súmmer Tìme 名 U 英国夏時間《3月末から10月末まで英国で用いられる時間; 略 BST》.

Brítish thérmal ùnit 名 C 英国熱量単位《水1ポンドを華氏1度上昇させる熱量; 略 BThU, Btu》.

⁺Brit·on /brítn/ 名 C 《格式》 **1** 《主に新聞で》英国人《英国人全体は the British と言う》. **2** ブリトン人《古代の Great Britain 島に住んでいた民族; ⇨ Britain 語源》.

Brit·pop /brítpɑp | -pɔp/ 名 C ブリットポップ《1990年代に流行した英国のポップミュージック》.

Brit·ta·ny /brítəni/ 名 固 ブルターニュ《フランス北西部のイギリス海峡 (English Channel) に面する半島地方; ⇨ Great Britain 語源》.

Brit·ten /brítn/ 名 固 **Benjamin ~** ブリテン (1913-76)《英国の作曲家》.

broadcast 213

⁺brit·tle /brítl/ 形 (**brit·tler**, **more ~**; **brit·tlest**, **most ~**) **1** もろい, 砕け[折れ]やすい; (声が)今にも泣きそうな. **2** (関係・状況などが)不安定な, 壊れやすい, (約束とらが)もろい. **3** (人が)温かみのない, (笑いなどが)冷たい; 厳しい. **4** (音が)いやに鋭い. — 名 U ナッツ入りカルメ焼き, 豆板.
-ness 名 U もろさ; 冷淡さ.

bríttle bóne disèase 名 U 《主に英》=osteoporosis.

bro /bróu/ 名 (~s) C **1** =brother. **2** 《米俗》おい兄貴《黒人がよく使う呼びかけ》.

broach /bróutʃ/ 動 他 **1** 〈やっかいな話題など〉を切り出す (to, with). **2** 〈びん・たるなど〉の口をあける.

*broad /brɔːd/ 発音注意 III 形 (**broad·er** /-də | -də/; **broad·est** /-dɪst/; 名 **breadth**, 動 **bróaden**)

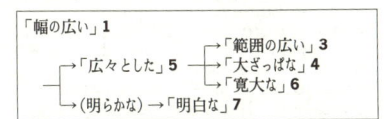

「幅の広い」**1**
→「広々とした」**5**
→「範囲の広い」**3**
→「大ざっぱな」**4**
→「寛大な」**6**
→(明らかな)→「明白な」**7**

1 幅の広い (反 narrow) (⇨ wide 類語義): ~ shoulders 幅の広い[たくましい]肩 / The river is very ~ near its mouth. その川は河口の近くではとても広い. **2** P 幅が…で; 言い換え This board is two feet ~ [in breadth]. この板は幅2フィートである. **3** 〈範囲・支持などが〉多くのもの[人]を含む, 幅の広い, 多様な; 〈知識・経験・教養などが〉広範囲に及ぶ, 一般的な: a ~ range [spectrum] of interests 幅広い関心 / ~ support 幅広い支持 / in the ~est sense 最も一般的な意味で / a man of ~ outlook 広い視野を持った人. **4** 大ざっぱな, 大要の: the outline of a plan 計画の大ざっぱな輪郭 / reach a ~ agreement 大筋で合意する. **5** 広々とした, 広大な: a ~ ocean 広々とした海, 大海原 / a ~ expanse of fields 広々とした畑. **6** 心の広い (反 narrow); 寛大な: a ~ mind おおらかな心. **7** A 明白な, わかりきった, (ほほえみなどが)満面の; 露骨な: a ~ hint すぐにわかるヒント / a ~ smile 満面のほほえみ. **8** 《芸術作品が》大胆な, 奔放な. **9** (なまりが)丸出しの: a ~ Texas accent ひどいテキサスなまり. **10** (冗談などが)下卑た, いやらしい. **It's as bróad as it's lóng.** 《略式, 主に英》五十歩百歩だ. 由来 長さと幅が同じ, の意. — 名 C **1** [普通は複数形で] 《英》湖沼; [the B-] (特に Norfolk の)湖沼地帯. **2** S 《米俗》[差別] 女.

B-road /bíːròud/ 名 C 《英》B級幹線道路《英国の小都市を結ぶ幹線道路; ⇨ A-road》.

bróad·band 名 U, 形 《電工》広帯域(の), ブロードバンド(の).

bróad-básed 形 =broadly-based.

bróad bèan 名 C 《英》そら豆.

bróad·brùsh 形 A 大まかな, 大づかみの《brush¹ 名 成句》.

*broad·cast /brɔ́ːdkæst | -kɑ̀ːst/ 動 形 (**broad·casts** /-kæsts | -kɑ̀ːsts/; 過去・過分 **broad·cast**, 《古風》 **broad·cast·ed** /-ɪd/; -**cast·ing**) 他 **1** 〈テレビで…〉を放送[放映]する, (ラジオで)放送する (on): The Queen's message will be ~ live this evening. <V+O+副の受身> 今晩女王のメッセージが生放送される. **2** 〈うわさなど〉をふれ回る. **3** 〈種子〉をまく. — 自 **1** 放送する; テレビ/ラジオに出る. 語源 broad (広く) +cast (まく); ⇨ forecast 語源. — 名 C (テレビ・ラジオの)放送番組; U 放送: a live ~ of a baseball game 野球の生放送 / make [give] a ~ 放送する. 関連 telecast

broadcaster

テレビ放送[放映].
— 形 A 放送の, 放送された. — 副 ばらまいて.

*broad・cast・er /brɔ́ːdkæstɚ | -kàːstə/ 名 (~s /-z/) C 1 (テレビ・ラジオの)解説者, キャスター. 2 放送局.

*broad・cast・ing /brɔ́ːdkæstɪŋ | -kàːst-/ 名 U 放送: radio ~ ラジオ放送 / satellite ~ 衛星放送.

Bròadcasting House 名 固 英国放送協会(BBC)本部.

bróadcasting stàtion 名 C 放送局.

broad church 名 C (英)幅広い意見を認める[持つ]組織[政党].

⁺broad・en /brɔ́ːdn/ 動 (形 broad) 他 〈…〉を広げる,〈知識・視野など〉を広める: Travel ~s your mind [horizons]. 旅行は見聞を広める. — 自 広くなる, 広がる(out); (なまりが)丸出しになる: His smile broadened. 彼の顔に笑みが広がった.

bróad gáuge 名 C [鉄] 広軌(レールの間隔が1.435 mを越えるもの). 関連 standard gauge 標準軌 / narrow gauge 狭軌.

bróad jùmp 名 C [the ~] (古風, 米) =long jump.
bróad・leaf, -leaved 形 (木が)広葉(落葉樹)の.
bróad・lòom 名 U 広幅じゅうたん.

*broad・ly /brɔ́ːdli/ 副 1 大体, 大ざっぱに: Putting it ~, China is twenty-five times larger than Japan. 大ざっぱに言って, 中国は日本の25倍の大きさである. 2 あからさまに, 大っぴらに: smile [grin] ~ 満面の笑みを浮かべる. 3 広範囲に, 幅広く. **broadly speaking** [副] 文修飾副詞 大ざっぱに言って; 大筋では.

bróadly-based 形 [普通は A] 多様なものを基礎にする, 幅広い, 多面的な.

bróad-mínded 形 心の広い, 寛大な; 偏見のない (反 narrow-minded). ~・ly 副 寛大に. ~-ness 名 U 寛大さ.

bróad・ness 名 U 広いこと, 広さ, 幅.
bróad・shèet C (英) (大判の紙を使った普通の)新聞 (⇨ tabloid), 高級紙.

bróad・sìde 名 C 1 (格式) (悪口の)一斉攻撃. 2 右舷または左舷の大砲(全体); その一斉射撃. — 副 (米) 1 (船・車が)舷側[横腹]を(…)に向けて (to). — 見境なく. **bróadside ón** [副] (英) 舷側[横腹]を(…)に向けて (to). — 動 (主に米) 〈車などの〉横腹[側面]に衝突する. 2 〈相手を〉激しく攻撃する.

bróad-spéctrum 形 (薬などが)用途の広い, 多目的の: ~ antibiotics 広域抗生物質.

bróad・sword 名 C 広刃の刀(両手で持つ).

Broad・way /brɔ́ːdweɪ/ 名 固 ブロードウェー (New York の Manhattan 区を南北に走る劇場・娯楽街).

bro・cade /broʊkéɪd/ 名 U.C 錦(にしき), きんらん. — 動 他 [普通は受身で] 〈…〉を錦織にする.

Bróca's àrea /broʊkəz-/ 名 C [解] ブローカ野(ゃ)(《運動性言語中枢野》.

⁺broc・co・li /brɑ́kəli | brɔ́k-/ 名 U ブロッコリー(カリフラワーに似た緑色の野菜).

*bro・chure /broʊʃúɚ | bróʊʃə/ T1 名 (~s /-z/) C (営業用の)パンフレット, 小冊子 (⇨ pamphlet 日英比較): a travel ~ 旅行案内のパンフレット.

bro・de・rie an・glaise /broʊdríːɑːŋgléɪz/ 《フランス語から》名 U イギリスししゅう; その織物.

bro・gan /broʊɡən/ 名 C ブロガン(くるぶしまでの深さの丈夫な作業用革靴).

brogue¹ /broʊɡ/ 名 C [普通は単数形で] 強いなまり(特にアイルランド・スコットランドなまりを指す).

brogue² /broʊɡ/ 名 C [普通は複数形で] (穴飾りのある)丈夫な短靴.

broil /brɔ́ɪl/ 動 他 (米) 1 〈肉・魚〉を焼き網で焼く; (直火(じか)で)焼く, あぶる (grill) (⇨ roast 表, cooking 囲み). 2 (日が)…にかんかん照りつける. — 自 (米) 1 (肉が)焼ける. 2 (日が)焼けるように暑い. — 名 U.C 焼き肉.

broil・er /brɔ́ɪlɚ | -lə/ 名 C 1 (米)グリル, 肉焼き器((英) grill). 2 食用若どり, ブロイラー. 3 (米)焼けつくような暑い日.

bróiler chìcken 名 C 食用若どり, ブロイラー.
broil・ing /brɔ́ɪlɪŋ/ 形 (米)焼けつくような, 炎暑の.

*broke /broʊk/ 動 break の過去形. — 形 P (略式) 無一文で; 破産して: go ~ すっからかんになる / He's flat [(米) stone, (英) stony] ~. 彼は全くの一文なしだ. **gó for bróke** [動] 自 (略式) いちかばちかやる, 一発勝負に出る. **If it àin't bróke, dòn't fíx it.** (略式) 壊れていないなら, 直すな; よりものに手を加えるな.

*bro・ken /broʊkən/ 動 break の過去分詞.
— 形 (反 unbroken) 1 [比較なし] 壊れた, 砕けた, 破れた; 折れた; 故障した: a ~ glass 割れたコップ / a ~ window ガラスの割れた窓 / a ~ nose つぶれた鼻(折れたりして) / get ~ 壊れる, 故障する / He died of a ~ neck. 彼は首の骨が折れて死んだ. 2 A (家庭が)崩壊した, (家庭が)破綻(はたん)した: a ~ home [family] 崩壊した家庭(父母の離婚などで). 3 (約束・法律などが)破られた, 犯された: a ~ law 犯された法律 / a ~ promise 破られた約束. 4 A 断続的な, 途切れがちな, 波状の, とぎれがちの, 半睡の: ~ sleep 途切れがちな眠り. 5 A (ことばが)不完全な, ブロークンな(一応意味は通じるが正確ではない): ~ English 片言の英語. 6 A (文) (病気・悲嘆などで)くじけた, 衰弱した, 打ちひしがれた; 破産した: a ~ heart 打ちひしがれた心.

⁺bróken-dówn 形 A 1 打ち砕かれた. 2 健康を損ねた; 衰弱した. 3 (馬が)疲れて動けない;(機械などが)故障した, 動かない.

bróken-héarted 形 悲しみに暮れた; 失恋した. ~・ly 副 悲しみに暮れて.

bróken line 名 C 破線 (----). 関連 solid line 実線 / dotted line 点線.

*bro・ker /broʊkɚ | -kə/ 名 (~s /-z/) C 1 ブローカー, 仲買人 ⇨ stockbroker. 2 仲立ち, 仲介者. — 動 他 〈協定・休戦など〉の仲介をする.

⁺bro・ker・age /broʊk(ə)rɪdʒ/ 名 U 仲買(業); 証券会社; 仲買手数料, 口銭.

brókerage hòuse [fìrm] 名 C 証券会社.

brol・ly /brɑ́li | brɔ́li/ (brol・lies) C (英略式) 傘.

bro・mide /broʊmaɪd/ 名 1 U.C (鎮静剤としての)臭化カリ. 2 C (古風) (怒りを静めるための)陳腐な[心休めの]ことば.

brómide pàper 名 U (写) ブロマイド(印画)紙.

bro・mine /broʊmiːn/ 名 U (化) 臭素(元素記号 Br).

bronc /brɑ́ŋk | brɔ́ŋk/ 名 C (米略式) =bronco.
bron・chi /brɑ́ŋkaɪ/ bronchus の複数形.
bron・chi・al /brɑ́ŋkiəl | brɔ́ŋ-/ 形 [普通は A] 気管支の: ~ tubes 気管支.
bron・chit・ic /brɑŋkítɪk | brɔŋ-/ 形 気管支炎の.
bron・chi・tis /brɑŋkáɪtɪs | brɔŋ-/ 名 U 気管支炎.
bron・cho・scope /brɑ́ŋkəskoʊp | brɔ́ŋ-/ 名 C (医) 気管支鏡.
bron・chus /brɑ́ŋkəs | brɔ́ŋ-/ 名 (複 bron・chi /brɑ́ŋkaɪ | brɔ́ŋ-/) C 気管支.
bron・co /brɑ́ŋkoʊ | brɔ́ŋ-/ 名 (~s) C ブロンコ(北米西部平原産の野生馬).
brónco-bùster 名 C (米略式) ブロンコをならす[乗りこなす]カウボーイ.

Bron・të /brɑ́nti, -teɪ | brɔ́n-/ 名 固 ブロンテ 1 Anne ~ (1820-49) (英国の小説家; 3妹). 2 Charlotte ~ (1816-55) (英国の小説家; 1, 3の姉). 3 Emily ~ (1818-48) (英国の小説家; 2の妹).

『嵐が丘』(*Wuthering Heights*)の作者).

bron·to·sau·rus /brὰntəsɔ́:rəs | brɔ̀n-/ 名 C ブロントサウルス《巨大な草食恐竜; apatosaurus と同じ》.

Bronx /brάŋks | brɔ́ŋks/ 名 固 [the 〜] ブロンクス《米国 New York 市北部の区》.

Brónx chéer 名 C 《米略式》=raspberry 2.

*****bronze** /brάnz | brɔ́nz/ 名 (醜音 blond(e)s (blond(e)の複)名 (bronz·es /-ɪz/) 1 U ブロンズ, 青銅: a statue *in* 〜 ブロンズの像. 関連 brass 真ちゅう.
2 C ブロンズ製品, 青銅製品. 3 U ブロンズ色《黄[赤]みがかった茶色》. 4 [形容詞的に] ブロンズ製の; ブロンズ色の: a 〜 statue 銅像. 5 C =bronze medal.

Brónze Áge 名 [the 〜] 青銅器時代 (Stone Age と Iron Age の間).

bronzed /brάnzd | brɔ́nzd/ 形 (人・腕などが) 日に焼けた, 褐色になった.

†**brónze médal** 名 C 銅メダル《3等賞》. 関連 gold medal 金メダル / silver medal 銀メダル.

brónze médalist 名 C 銅メダリスト.

brooch /bróʊtʃ/ 名 C 《英》ブローチ《米 pin》.

*****brood** /brúːd/ 名 C 1 一度にかえったひな《全体》;《動物の》ひと腹の子《全体》: a 〜 of chickens ひとかえりのひな. 2 《滑稽》一家の子供たち. ── 動 自 1 じっと考え込む, くよくよ思う (*over, about, on*). 2 卵を抱く. 語源 breed と同語源. ── 形 《動物が》繁殖用の: a 〜 mare 繁殖用の雌馬.

brood·er /brúːdə | -də/ 名 C 1 ひな保育箱. 2 思いにふける人.

brood·i·ly /brúːdəli/ 副 ふさぎ込んで.

brood·i·ness /brúːdɪnəs/ 名 U 1 ふさぎ込み. 2 《英》《女性が》子供を欲しがる気持ち.

*****brood·ing** /brúːdɪŋ/ 形 《文》1 陰うつな; 不気味な: a 〜 silence 不気味な静けさ. 2 《表情などが》もの思いに沈んだ. 〜**·ly** 副 気がめいるほど; 不気味に.

brood·y /brúːdi/ 形 (**brood·i·er; more 〜, brood·i·est, most 〜**) 1 ふさぎ込んだ. 2 《めんどりなどが》巣につきたがる;《英》《女性が》子供を欲しがる.

*****brook**[1] /brʊ́k/ 名 C 小川 (☞ river 類語欄).

brook[2] /brʊ́k/ 動 他 [通例否定文で]《格式》《干渉・反対・侮辱などを》許す,〈...〉に耐える.

Brook·lyn /brʊ́klɪn/ 名 固 ブルックリン《米国 New York 市東部の区》.

Bróoklyn Brídge 名 固 [the 〜] ブルックリン橋 (Manhattan と Brooklyn を結ぶ). **séll ... the Bróoklyn Brídge** [動] 他 (取り引きで)〈人〉をだます.

*****broom** /brúːm, brʊ́m/ 名 C 1 ほうき: sweep the floor with a 〜 床をほうきで掃く / A new 〜 sweeps clean.《ことわざ》新しいほうきはきれいに掃ける《新任の者はよく仕事をする》. 2 エニシダ《まめ科の低木》.

bróom·stick 名 C ほうきの柄 (☞ witch).

Bros. /brάðəz | -ðəz/ 略 《商》 ...兄弟商会 (brothers の略): Long Bros. & Co. ロング兄弟商会 (brothers and company と読む; & は ampersand).

†**broth** /brɔ́:θ, brάθ | brɔ́θ/ 名 U,C だし(汁);(肉などをとった)薄いスープ: Too many cooks spoil the 〜.《ことわざ》料理人が多すぎるとスープができ損なう《船頭多くして船山に登る》.

broth·el /brάθ(ə)l | brɔ́θ-/ 名 C 売春ホテル《宿》.

*****broth·er** /brΛ́ðə | -ðə/ 名 C, 感 bróth·erly 1 兄, 弟, 男の兄弟: How many 〜s do you have? あなたの (男の) 兄弟は何人ですか. 関連 sister 姉, 妹.

日英比較 (1) 英米では日本のように生まれた順序で兄や弟のように区別をしない. 従って日本語の「兄」や「弟」に相当する一語の言い方はない. 普通は単に

brother	兄
	弟

brother というが, 特に区別するときだけ兄に対しては an older [elder] 〜 または a big 〜《☞ big 形 語法》を用い, 弟に対しては a younger 〜 または《略式》では a little [kid] 〜 を用いる《☞ family tree 図》.
(2) 日本語の呼びかけの「兄さん」に当たる英語はなく, 兄弟は互いに Mike, Dick などの名前で呼ぶ.

2 C [時に呼びかけに用いて] 男の仲間, 同僚;《男性の》会員仲間; 同胞, 同国民: 〜s in arms 戦友. **3** [形容詞的に] 兄弟の間柄にある, 同僚の: a 〜 officer 同僚の士官. **4** C 《米》《男子大学生社交クラブの》会員 (☞ fraternity). **5** C 固 《米》《時に男性への親しい呼びかけに用いて》だんな, 兄弟; 黒人仲間《特に黒人間で用いる》. **6** (複 **breth·ren** /bréðrən/, 〜**s**) C [しばしば B-]《男性の》同一の教会員, 信者仲間; 修道士《略 Br.》: B〜 John ブラザージョン《呼びかけ》. **Am Í my bróther's kéeper?=I am nót my bróther's kéeper.** 《聖》私は弟の番人でしょうか《番人ではない》《弟 Abel を殺した Cain が神に弟の居場所を尋ねられた際の返事; 転じて人のことなど私の知ったことではない, の意》. ── 感 《主に米》おいおい, まいったなあ, 何てことだ!《いらだち・驚きを表す》.

†**broth·er·hood** /brΛ́ðəhʊ̀d | -ðə-/ 名 1 U 友好(関係), 同胞のよしみ. 2 C 団体, 教団; 同業組合; 団体のメンバー《全体》. 3 U 兄弟の間柄.

†**bróther-in-láw** 名 (複 **brothers-**) C 義兄, 義弟 (☞ family tree 図).

broth·er·li·ness /brΛ́ðəlinəs | -ðə-/ 名 U 兄弟愛; 友愛.

bróth·er·ly 形 (名 bróther) [普通は A] 兄弟の(ような), 兄弟にふさわしい: 〜 love 兄弟愛.

brough·am /brúː(ə)m, brú(ə)m | brúː(ə)m/ 名 C ブルーム型馬車《1頭立4輪の箱馬車》.

*****brought** /brɔ́:t/ 動 bring の過去および過去分詞.

brou·ha·ha /brúːhɑ̀ː | -hὰː/ 名 U 時に a 〜]《略式》《主に新聞で》非難の嵐, 大騒ぎ (*about, over*).

†**brow** /brάʊ/ 名 C 1《文》額 (forehead) 参考 人間の性格・感情を示すとされる: mop [wipe] one's 〜 額の汗を拭う. 2 C [普通は複数形で] まゆ, まゆ毛 (eyebrows): He has thick 〜. 彼は濃いまゆをしている. 3 [the 〜]《文》(険しい坂の)頂上, がけの縁(ふち). **knít [fúrrow, créase, wrínkle] one's brów** [動] (不満・心配に) 眉(まゆ)をひそめる [熟考させる].

brów·bèat 動 (**-beats**; 過去 **-beat**; 過分 **-beat·en**; **-beat·ing**) 他〈人〉を脅(おど)しつける;〈人〉を脅して...をさせる[やめさせる] (*into, out of*).

*****brown** /brάʊn/ 形 (**brown·er; brown·est**) **1** 褐色の, 茶色の; 日に焼けた;《皮膚の》浅黒い (☞ eye 名 1): Helen has 〜 hair. ヘレンは茶色の髪の毛をしている. **2**《穀物が》精白されていない. 語源 古《英》語で「暗い」の意, brunette と同語源. ── 名 **1** U 語法 種類を言う時は C. 褐色, 茶色: light 〜 薄茶色 / dark 〜 暗褐色. **2** U 褐色の服: dressed in 〜 茶色の服を着て. ── 動 他〈...〉を褐色[茶色]にする[焼く]; 日焼けさせる. ── 自 褐色[茶色]になる; 日に焼ける. **be [gèt] brówned óff** [動] 《英略式》うんざりしている[する] (*with*).

Brown /brάʊn/ 名 固 ブラウン **1**《英米人に多い姓; ☞ name 表》. **2 James 〜** (1933-)《米国の黒人ソウルシンガー》. **3 John 〜** (1800-59)《米国の奴隷制反対運動家》.

brówn ále 名《英》U ブラウンエール《甘口の黒ビール》. C ブラウンエール1本.

brówn-and-sérve 形 A 《パン・ソーセージが》半調理済みの《ちょっと焼くだけで食卓に出せる》.

brown-bag [動] (-bags; -bagged; -bag·ging) 《米略式》他 (茶色の紙袋に入れて)〈昼食など〉を持参する. — 自 弁当持参で行く[来る]; (酒を出さないレストランなどに)酒を持ち込む. **brown-bág it** [動] 《米略式》弁当持参で行く.

brówn-bàg·ger 名 C 《米略式》弁当持参の人; 酒類持ち込みの人.

brówn-bàgging 名 U 《米略式》弁当持参; 酒類の持ち込み.

brówn béar 名 C 羆(ひぐま); アメリカ(黒)熊.

brówn bétty 名 ブラウンベティー《りんご・レーズン・パン粉・砂糖・バター・スパイスで作った焼き菓子》.

brówn bréad 名 U 黒パン《ふすまを取り除かない小麦粉で作った褐色のパン》.

brówn·field sìte /bráunfi:ld-/ 名 C 《英》再開発用地.

brówn gòods 名 〔複〕《英》家電製品《テレビ・パソコンなど; ⇨ white goods》.

Brówn·i·an mótion /bráuniən-/ 名 〔the ~〕〖物理〗(液体中の微粒子の)ブラウン運動.

†**brown·ie** /bráuni/ 名 C 1 《主に米》ナッツ入りのチョコレートケーキ《デザートによく食べる》. 2 [B-] 《米》ガールスカウト (Girl Scouts) の幼年団員《約6-8歳》; 《英》少女団 (Girl Guides) 見習いの幼年団員 《7-10歳》: the Brownies 《米》ガールスカウト幼年団; 《英》少女団見習い幼年団. 3 《スコ伝》ブラウニー《夜間ひそかに家事の手伝いをするという茶色の善良な小妖精(ようせい)》.

Brównie Guìde 名 C (=brownie 2).

brównie pòint 名 C 〔普通は複数形で〕《略式》(目上の者に取り入って得たような)信用, 評価: try to get [score, earn, win] ~s 点数を稼ごうとする.

Brow·ning /bráunɪŋ/ 名 固 Robert ~ ブラウニング (1812-89)《英国の詩人》.

brown·ish /bráunɪʃ/ 形 茶色がかった.

brown·nòse 《略式》自 〈…〉のご機嫌を取る. — 自 ごまをする. — 名 C ご機嫌取り.

brown·nòs·er /-nòʊzər | -zə/ 名 C 《略式》ごますり屋, ご機嫌取り(人).

brown·nòs·ing /-nòʊzɪŋ/ 名 U 《略式》ご機嫌取り(行為).

brówn·òut 名 C 《米》点灯制限《電力不足時など》.

brówn páper 名 U (茶色の)包装紙.

brówn reclúse (spìder) 名 C いとぐも属の褐色の毒ぐも《米国産》.

brówn ríce 名 U 玄米.

brówn sàuce 名 U.C 《英》ブラウンソース《果物やスパイスを煮こんだソース; 肉にかけて食べる》.

brówn·stòne 名 U (建築用の)褐色砂岩; C 褐色砂岩を用いた建物《New York 市に多い》.

brówn súgar 名 U ブラウンシュガー, 赤砂糖.

Brówn v. Bóard of Educátion 名 ブラウン対教育委員会判決《1954年に合衆国最高裁判所が下した判決; 黒人を白人とは別の学校で教育するのは違法とした; ⇨ busing》.

†**browse** /bráuz/ 動 自 1 (本などを)拾い読みする (through), (本屋で本を)立ち読みする; (商品・陳列品を)ゆっくり見て回る. 2 〖電算〗資料を閲覧する. 3 (家畜が)草をはむ, 新芽を食う (on). — 他 1 《電算》〈インターネットなど〉を閲覧する. 2 〈店・棚など〉を見て回る. — 名 C 〔普通は a ~〕見て回ること (around); 拾い読み (through).

brows·er /bráuzər | -zə/ 名 C 1 〖電算〗(インターネットの)閲覧ソフト, ブラウザー: click on the ~ ブラウザーをクリックする. 2 見て回る人.

brows·ing /bráuzɪŋ/ 名 U 1 拾い読み, 見て回ること. 2 《電算》閲覧, ブラウジング.

brr(r) /brr/ 間 …; 感 ぶるぶる《寒さのふるえを表す》.

Brue·ghel, -gel, Breu·ghel /brú:g(ə)l, brɔɪ-/ 名 固 Pieter ~ ブリューゲル 1 (1525?-69)《通称 'Brueghel the Elder'; Flanders の画家》. 2 (1564-1638) (1の子); 通称 'Brueghel that Younger'; 地獄の絵で有名).

bru·in /brú:ɪn/ 名 C (童話などに登場する)熊(くま)君.

†**bruise** /brú:z/ 名 C (bruis·es /-ɪz/) 1 打撲傷, 打ち身; (果物などの)傷: The boxer was covered with [in] ~s. ボクサーは体中あざだらけだった.
— 動 (bruis·es /-ɪz/; bruised /-d/; bruis·ing) 他 1 〈…〉に打撲傷をつくる, あざをつける; 〈果物など〉を傷(いた)める: The blow ~d my arm. その打撃で腕にあざができた. 2 〔普通は受身で〕〈感情など〉をひどく傷つける, 苦しめる. — 自 打った跡がつく, あざになる; (果物などが)傷む: Peaches ~ easily. 桃は傷みやすい.

bruised /brú:zd/ 形 1 打撲傷のある. 2 (感情などが)傷ついた.

bruis·er /brú:zər | -zə/ 名 C 《略式》《軽蔑》筋骨隆々の大男, 粗暴(けんか好き)な大男.

bruis·ing /brú:zɪŋ/ 名 U 1 打撲傷, あざ (on, to); (果物の)傷. 2 [a ~] 名声[自信]への打撃. — 形 〔主に新聞で〕きびしい, きつい, 骨の折れる; いやな: a ~ experience つらい経験.

bruit /brú:t/ 動 他 〔普通は受身で〕《格式》〈うわさ〉を広める, 言いふらす (abroad, around; about).

brum·by /brámbi/ 名 (-bies) C 《豪》野生馬.

Brum·mie /brámi/ 名 C, 形 《英略式》バーミンガム (Birmingham) 人(の).

Bru·na /brú:nə/ 名 固 Dick /dík/ ~ ブルーナ (1927-)《オランダの絵本作家; Miffy の作者》.

brunch /brántʃ/ 名 U.C (昼食兼用の)遅い朝食, ブランチ. 語源 breakfast と lunch の混成語; ⇨ blend 名 2.

Bru·nei /bru:náɪ/ 名 固 ブルネイ《ボルネオ島北西部の国; 公式名 Brunei Darussalam /-dərù:səlá:m/》.

Bru·nei·an /bru:náɪən/ 名 C, 形 ブルネイ(の), ブルネイ人(の).

bru·net /bru:nét/ 名 C, 形 《米》= brunette.

bru·nette /bru:nét/ 名 C (髪の)黒褐色の人, ブルネットの人〔特に女性〕. — 形 白人種のうちで髪の毛(普通は目)が黒(褐)色で皮膚が浅黒い人《⇨ hair 表, fair 表》. — 形 ブルネットの.

†**brunt** /bránt/ 名 〔次の成句で〕**béar [táke] the brúnt of …** [動] 〈攻撃など〉の矢面(やおもて)に立つ.

brus·chet·ta /bru:skétə/ 名 U ブルスケッタ《オリーブオイルを塗ったトースト; イタリア料理》.

*‡**brush**[1] /bráʃ/ 〔頭音 blush〕名 (~·es /-ɪz/) C 1 ブラシ, はけ: Many ~es are used for cleaning. 多くのブラシが掃除をするのに使われる.

── brush のいろいろ ──
| háirbrùsh ヘアブラシ / náilbrùsh つめブラシ / páintbrùsh ペンキ用のはけ, 絵筆 / sháving brùsh ひげそり用ブラシ / tóothbrùsh 歯ブラシ |

2 絵筆, 毛筆: paint with a ~ 絵筆で描く. 3 〔普通は単数形で〕ブラシ[はけ]のひとかけ; 軽い接触. 4 〔普通は単数形で〕(ちょっとした)言い争い, 衝突, 小競り合い; もう少しで(いやなことに)ぶつかりそうな経験: have a ~ with the law 法に抵触する; 警察ともめごとを起こす / He had a ~ with death at the corner. 彼はその角で危うく死にそうになった. 5 きつねの尾. **gíve … a brúsh** [動] 他 〈…〉にブラシをかける. **páint … with a bróad brúsh** [動] 他 〈…〉を大ざっぱに描写[説明]する (⇨ broadbrush).

── (brush·es /-ɪz/; brushed /-t/; brush·ing) 他 1 〈…〉にブラシをかける, (ブラシで)磨く: She ~ed her hat. 彼女は自分の帽子にブラシをかけた / I ~ed my teeth clean. <V+O+C(形)> 私は歯をきれいに磨いた. 2 〈…〉をブラシで取り除く[払いのける] (off); (手など

で)ぬぐう: The girl ~ed the tears *from* her eyes. 少女は目から涙をぬぐった. **3** (はけなどで)(オイル・ミルク・卵など)に塗る, (...)に塗る《オイルなどを(...)に塗る》[言い換え] ~ the potatoes *with* butter =~ butter *over* [*onto*] the potatoes ポテトにバターを塗る. **4** (...)をかすって通る); 一 (自) かする (*up*; *against*); [副詞(句)を伴って] かすって通る (*past*; *by*).

---brush の句動詞---

brúsh asíde [awáy] (動) (他) **1** (考え・発言などを)無視する, 退ける. **2** (...)を払いのける.

brúsh dówn (動) (他) (...)を(ブラシで)払い落とす.
　brúsh onesèlf dówn [動] (自) (英) =brush oneself off (☞ brush off).

brúsh óff (動) (他) **1** (...)を払いのける. **2** (略式) (人の意見などを)無視する, (悪態をついて)退ける: He ~ed off my objections. 彼は私の反対を無視した. 一 (自) (ほこりなどが)(ブラシがけで)落ちる, とれる.
　brúsh onesèlf óff [動] (自) (倒れた後などに)体[服]のよごれを手で払う.

brúsh úp (on) ... (動) (他) 忘れかけている言語・学問などをやり直す, 勉強し直す: I'll have to ~ *up* (*on*) my French. フランス語をやり直さなければなるまい.

brush² /bráʃ/ (名) (U) **1** 低木の密生地帯. **2** = brushwood.

brúsh-bàck (名) (C) (野) (打者をのけぞらせるような)内すれすれの投球, ブラッシュボール.

brushed /bráʃt/ (形) (A) (織物が)けば立ち仕上げの.

brúsh-òff (名) [the ~] (略式) (そっけない)拒絶: get [give ...] *the* ~ すげなく断られる[...を断わる].

brúsh-stròke (名) (C) はけ[筆]づかい(の跡), 説明法.

brúsh wòlf (名) (C) (米) コヨーテ.

brúsh wòod (名) (U) (刈ったりしたりした)しば, そだ.

brúsh-wòrk (名) (絵などの)筆使い, 画法.

brusque /brásk | brúsk, brú:sk/ (形) (brusqu·er; brusqu·est) ぶっきらぼうな, 無愛想な. **~·ly** (副) ぶっきらぼうに. **~·ness** (名) (U) 無愛想.

Brus·sels /brásl z/ (名) (固) ブリュッセル(ベルギーの首都; EU および NATO の本部所在地); EU 当局者.

brússels spróuts (名) (複) [しばしば B-] 芽キャベツ.

brut /brú:t/ (形) (ワイン・シャンペンが)辛口の.

brú·tal /brú:tl/ (形) (名 brutálity, (動) brútalìze) **1** 残忍な, 野蛮な: ~ treatment 残酷な扱い / It was ~ of him *to* kill the cat. =He was ~ *to* kill the cat. 猫を殺すなんてあの男は残忍だ(☞ of 12). **2** ありのままの, 冷厳な; 手加減のない, 厳しい: with ~ honesty きわめて正直さで / ~ weather ひどい天気 / the ~ truth 冷厳な事実

⁺bru·tal·i·ty /bru:tǽləti/ (名) (-i·ties) (形 brútal) **1** (U) 残忍性, 野蛮さ. **2** (C) (複) [野蛮]な行為.

bru·tal·i·za·tion /brù:təlɪzéɪʃən | -laɪz-/ (名) 野蛮化; 虐待.

bru·tal·ize /brú:təlàɪz/ (動) (他) (形 brútal) **1** [普通は受身で] (ひどい経験などが)(...)を非人間的にする, (...)を残忍にする. **2** (人を)残酷に扱う, 虐待する.

bru·tal·ized /brú:təlàɪzd/ (形) 人間的感情を失った, 冷酷な.

bru·tal·iz·ing /brú:təlàɪzɪŋ/ (形) 非人間的にする.

bru·tal·ly /brú:təli/ (副) 残酷に; 情け容赦なく: Let me be ~ frank. 単刀直入に言いましょう.

⁺brute /brú:t/ (名) (C) **1** [時に滑稽] けだもののような人, 人でなし; 頑丈そうな大男: a ~ of a man 野獣のような男 (☞ of 19). **2** (文) [時に軽蔑] 恐ろしい動物, けだもの, 野獣 ((C) animal 類義語). **3** 厄介(いや)なもの. (語源) ラテン語で「愚かなもの」の意. ― (形) (A) [比較なし] 理性のない, 残忍な; 非情な, 剥(む)き出しの: a ~ fact 紛れもない事実 / by [with] ~ force [strength] (精神的なものと無縁の)暴力によって, 腕ずく

brut·ish /brú:tɪʃ/ (形) けだものような; 残酷な, 野蛮な. **~·ly** (副) 野蛮に. **~·ness** (名) (U) 野蛮さ.

Bru·tus /brú:təs/ (名) (固) **Mar·cus** /máɚkəs | má:-/ **Ju·ni·us** /dʒú:njəs/ ~ ブルートゥス, ブルータス (85-42 B.C.) (ローマの将軍・政治家; ユリウスカエサル (Julius Caesar) の暗殺者の1人).

Brýce Cányon Nátional Párk /bráɪs-/ (名) (固) ブライスキャニオン国立公園 (Utah 州南部; 浸食作用による奇岩で有名).

Bryl·creem /brɪlkri:m/ (名) (U) ブリルクリーム《男性用ヘアクリーム; 商標》.

Bryn·ner /brínɚ | -nə/ (名) (固) **Yul** /jú:l/ ~ ブリンナー (1920?-85)《米国の映画俳優》.

BS /bí:és/ (略) **1** =(米) Bachelor of Science (☞ bachelor), (英) Bachelor of Surgery 外科学士, British Standard 英国規格, (米卑) bullshit (That's BS./bí:és/ と発音)のように婉曲的に使うこともある).

BSc /bí:èssí:/ (略) (英) =Bachelor of Science (☞ bachelor).

BSE /bí:èssí:/ (略) (U) (医) BSE, 牛海綿状脳症《*bovine spongiform encephalopathy* の略; mad cow disease (狂牛病) の正式名).

BSI /bí:èsáɪ/ (略) [the ~] =British Standards Institution 英国規格協会.

B-sìde (名) (C) (レコードの) B 面; B 面収録の歌.

BST /bí:èstí:/ (略) =British Summer Time.

BT /bí:tí:/ (略) =British Telecom ブリティッシュテレコム(英国最大の電信電話会社).

BTEC /bí:tèk/ (略) (C)(U) (英国の) BTEC 認定職業資格《普通は 17 歳過ぎから取れる各種の実務科目がある; BTEC は Business and Technology Education Council (実務技術教育審議会) の略で職業教育資格認定機関; ☞ GNVQ).

BTU, Btu /bí:tì:jú:/ (略) =British thermal unit.

BTW, btw (略) [E メールで] =by the way ところで.

B2B /bí:təbí:/ (略) (商) =business-to-business (電子取引などが)企業間の.

B2C /bí:təsí:/ (略) (商) =business-to-consumer (電子取引などが)企業と消費者間の.

bub /báb/ (名) (C) (古風, 米略式) きみ, 若いの《特に怒った時の呼びかけ》(buddy).

⁺bub·ble /bábl/ (類音 verbal) (名) (~s /-z/; 形 búbbly) (C) **1** [しばしば複数形で] 泡, あぶく; 気泡(☞ foam 1): soap ~s シャボン玉 / blow ~s シャボン玉を吹く / air ~s in ice 氷の中の気泡. **2** 突然にこみあげる感情 (*of*). **3** 夢のような事業[考え]; (経) あぶく事業, バブル: The ~ has burst. 夢がついえた; バブルがはじけた. **4** (漫画の吹き出し (balloon, speech bubble). **5** ドーム状の; 透明な覆い(重病人の感染防止用など). **be on the búbble** [動] (自) (米) 難しい立場にいる. **búbble and squéak** (名) (英) キャベツとじゃがいもの油いため. **búrst [prick] ...'s búbble** [動] ...の幻想を打ち壊す.

― (動) (bub·bles /~z/; bub·bled /~d/; bub·bling /-blɪŋ/) (自) **1** 泡立つ, 沸騰する; (泉などが)ぶくぶく沸く (*away*): Water is *bubbling up* from the bottom of the lake. <V+up> 水が湖底からぶくぶくとわいている. **2** [普通は進行形で] (人が)(喜びなどで)満ちあふれる (*with*); (感情・活動などが)(目立たない形で)続く (*away*); (感情が)こみ上げる. **búbble óver** [動] (自) (1) 泡立ってあふれる. (2) [普通は進行形で] (喜びなどで)満ちあふれる (*with*).

búbble bàth (名) **1** (U) 泡立て溶剤[粉末]. **2** (C) 泡風呂.

búbble gùm (名) (U) 風船ガム. ― (形) (A) (米) (音楽が)ローティーン向けの(単調な).

búbble·hèad (名) (C) (略式) ばか, まぬけ.

búbble jèt prìnter 名 C バブルジェットプリンタ《パソコン用のプリンタの一種; インクを紙に吹きつける》.

búbble pàck 名 U ＝bubble wrap.

bub·bler /bʌ́blə | -lə/ 名 C 《米略式》噴水式水飲み器 (drinking fountain).

búbble wràp 名 U (割れ物梱包(こんぽう)用などの)発泡ビニールシート, バブルラップ.

+**bub·bly** /bʌ́bli/ 形 (**bub·bli·er**; **-bli·est**; 名 búbble) **1** [ほめて] (特に女性が)はつらつとした, 元気[陽気]な. **2** 泡の多い. ── 名 U 《略式》シャンペン.

bu·bón·ic plágue /b(j)u:bánɪk- | -bɔ́n-/ 名 U 〖医〗腺ペスト (the plague).

buc·ca·neer /bʌ̀kəníə | -níə/ 名 C **1** 海賊. **2** (特に実業界のあこぎな)野心家, 成り上がり者.

bùc·ca·néer·ing /-ní(ə)rɪŋ←/ 形 あこぎな, 悪どい.

Bu·chan·an /bju:kǽnən/ 名 固 **James** ～ ブキャナン (1791–1868) 《米国の政治家; 第 15 代大統領 (1857–61)》.

Bu·cha·rest /b(j)ú:kərèst/ 名 固 ブカレスト《ルーマニアの首都》.

buck[1] /bʌ́k/ 名 (～s /～s/) C 《略式, 主に米》ドル (dollar); [特に複数形で] 金: big [mega] ～*s* 大金 / make「a ～ [a few ～*s*] 金をもうける. **máke a fást [quíck] búck** [動] 自 《略式》[しばしば軽蔑] (不正に)さっとひともうけする. **féel [lóok] like a míllion búcks** [動] 自 ＝feel [look] like a million dollars (☞ dollar 成句).

buck[2] /bʌ́k/ 動 自 **1** (馬が)(急に背を曲げて)跳(は)ね上がる. **2** (車・船などが)急にがくんと動く[上下する]. **3** 《略式》強く抵抗[反対]する (*against, at*). ── 他 **1** (馬が)〈人〉を跳ね落とす (*off*). **2** 《略式》〈…〉に抵抗する; 〈…〉を避ける: ～ the system [trend] 体制[流れ]に逆らう. **3** 〈…〉を元気づける. **búck for ...** [動] 他(昇進など)を得ようとやっきになる. **búck úp** [動] 《略式》自 (1) 元気を出す. (2) (事態などが)よくなる. (3) [命令文で] 《古風, 英》急ぐ. ── 他 (1) 〈…〉を元気づける, 励ます. (2) 〈…〉を改善する. (3) 《英》 ＝buck up one's ideas (☞ idea 成句).

buck[3] /bʌ́k/ 名 C **1** (複 ～(s)) (鹿(しか)・やぎ・うさぎなどの)雄. 関連 doe 雌. **2** 《古風, 略式》若者.

buck[4] /bʌ́k/ 名 [次の成句で] **pass the búck to ...** [動] 他 …に責任を転嫁する. **The búck stóps here.** 私が最終的に責任をとる《米国 Truman 大統領の座右の銘》. 由来 buck は元来ポーカーのとき親を示すために使われたナイフで, そこから「責任」の意となった. **The búck stóps with ...** 責任は…にある.

buck[5] /bʌ́k/ 副 《米略式》完全に: ☞ buck naked.

Buck /bʌ́k/ 名 固 **Pearl** /pə́:l | pə́:l/ ～ バック (1892–1973) 《米国の女流作家》.

buck·a·roo /bʌ̀kərú:, bʌ́kərù:/ 名 (～s) C 《米略式》カウボーイ (cowboy) 《特に幼児に対して用いる》.

búck·bòard 名 C (19 世紀米国の) 4 輪荷馬車.

***buck·et** /bʌ́kɪt/ 名 (**buck·ets** /-kɪts/) **1** C バケツ; 手おけ; つるべ: an ice ～ 氷入れ / draw water in a ～ バケツに水をくむ.
2 C バケツ[手おけ] 1 杯の量: a ～ ***of*** milk 手おけ 1 杯の牛乳. **3** C (浚渫(しゅんせつ)機の)バケツ. **4** [複数形で] 《略式》大量 (*of*); [副詞的に] 大量に; ひどく: sweat ～*s* 汗だくになる / cry [weep] ～*s* 大泣きする. **5** C 《略式》(バスケットボールの)ゴール. **by the búcket** [副] 《略式》大量に. **in búckets** [副] 《略式》どしゃぶりに. **kíck the búcket** [動] 自 《略式》[滑稽] 死ぬ. 由来 首つり自殺をしようとする人が, 台のバケツを足でけることから, といわれているが異説もある.
── 動 自 《英略式》どしゃ降りに降る (*down*).

búcket brigàde 名 C 《米》(消火のための)バケツリレーの列.

buck·et·ful /bʌ́kɪtfùl/ 名 C **1** バケツ[手おけ] 1 杯(の量) (*of*). **2** [複数形で] 《英略式》大量 (*of*). **by the búcketful** 副 ＝by the bucket (☞ bucket 名 成句).

búcket sèat 名 C バケットシート《車[旅客機など]の背の部分が丸くなった一人用座席》.

búcket shòp 名 C 《英略式》格安航空券販売店.

búck·èye 名 C 《米》とちのき(の実).

Búckeye Stàte 名 [the ～] とちのき州《米国 Ohio 州の俗称》.

Búck·ing·ham Pálace /bʌ́kɪŋəm-/ 名 固 バッキンガム宮殿《英国 London の Westminster 自治区にある英国(女)王の宮殿》.

Buckingham Palace

Buck·ing·ham·shire /bʌ́kɪŋəmʃə | -ʃə/ 名 固 バッキンガムシャー《英国 England 南部の州》.

+**buck·le** /bʌ́kl/ 名 C **1** 締め金, バックル: fasten [unfasten, undo] a ～ バックルをしめる[はずす]. **2** (靴の)飾り留め金. ── 動 (反 unbuckle) 他 **1** 〈…〉をバックル[締め金]で締める (*up, on, together*). **2** 〈…〉を(熱・圧力などで)曲げる, へこませる. ── 自 **1** バックル[締め金]で締まる (*up, on, together*). **2** (熱・圧力などで)曲がる, へこむ; (ひざなどが)(弱って)がくっと曲がる; 屈する: ～ under the pressure [strain, weight] (of ...) (…の)圧力[重圧]に屈する. **búckle dówn** [動] 自 (…に)精を出す, 本気で取りかかる (*to*). **búckle únder** [動] 自(人が)(…に)屈する, 譲歩する (*to*). **búckle úp** [動] 自 《主に米》シートベルトを締める.

buck·ler /bʌ́klə | -lə/ 名 C 《主に文》円盾(まるたて).

Búck·ley's chánce /bʌ́kliz-/ 名 U 《豪略式》望みのないこと (*of*).

búck náked 形 《米略式》すっぱだかの[で].

búck-pàssing 名 U 責任転嫁[のがれ].

buck·ram /bʌ́krəm/ 名 U バックラム《のり・にかわなどで堅くした麻布; 洋服のしん・製本などに用いる》.

Búck's Fízz /bʌ́ks-/ 名 U,C 《英》バックスフィズ《シャンペンとオレンジジュースを混ぜた飲物》 (《米》 mimosa).

buck·shee /bʌ̀kʃí:←/ 形 副 《古風, 略式》ただの[で].

búck·shòt 名 U 鹿玉(しかだま)《大粒の散弾》.

búck·skìn 名 U 鹿皮(しかがわ), やぎ皮《手袋・靴・ズボン用》.

búck's pàrty 名 C 《豪略式》＝bachelor party.

búck·téeth 名 [複] そっ歯, 出っ歯.

búck-tóothed 形 そっ歯の(ある).

búck·whèat 名 U そば(の実); そば粉《家畜の飼料; 米国ではまた朝食のパンケーキの原料となる》.

bu·col·ic /bju:kálɪk | -kɔ́l-/ 形 《文》いなか(風)の, 田園生活の. **-i·cal·ly** /-kəli/ 副 田園風に.

***bud**[1] /bʌ́d/ (類音 bad) 名 (**buds** /bʌ́dz/) C **1** 芽; つぼみ; 発芽期: a flower ～ つぼみ, 花芽 / a leaf ～ 葉芽 / The ～*s* show signs of color. つぼみが色づいている. **2** 〖生〗芽体(がたい).
còme into búd [動] 自 芽ぶく.
in búd [形・副] 芽ぐんだ[で], つぼみを持った[て]: The trees are *in* ～. 木が芽[つぼみ]を出し始めた.
── 動 (**buds** /bʌ́dz/; **bud·ded** /-dɪd/; **bud·ding** /-dɪŋ/) 自 **芽を出す**, つぼみを持つ: The tulips have begun to ～. チューリップが芽[つぼみ]を出し始めた.

bud[2] /bʌ́d/ 名 C ＝buddy 2.

Bu·da·pest /bú:dəpèst | b(j)ù:dəpést/ 名 固 ブダペスト《ハンガリーの首都》.

+**Bud·dha** /bú:də, búdə | búdə/ 名 **1** 固 [the ～] 仏陀(ぶっだ) (?563–?483 B.C.) 《インドの宗教家; 仏教の開

祖;釈迦牟尼(しゃかむに)の尊称). **2** ⓒ 仏像, 仏画.
+Bud·dhis·m /búːdɪzm, búd-|búd-/ 图 Ⓤ 仏教.
+Bud·dhist /búːdɪst, búd-|búd-/ 图 Ⓒ 仏教徒. ── 形 仏教の, 仏教徒の.
+bud·ding /bʌ́dɪŋ/ 形 Ⓐ **1** 新進の, 売り出しの: a young singer 新進の若手歌手. **2** 芽を出しかけた, 発展中の, (関係などが)始まったばかりの.
+bud·dy /bʌ́di/ 图 (**bud·dies**) Ⓒ **1** (略式)(男の)仲間, 親友. **2** Ⓢ (米) おい君, あんた(見知らぬ男性への呼びかけに用いる); ═buddy boy. **3** (助け合いの)相棒, パートナー; (ボランティアで)エイズ患者を介護する人. ── 自 [時に ~ up として] **1** (米)友だちになる (to, with). **2** 互いに助け合う(約束をする).
búddy bòy 图 Ⓒ Ⓢ (米)おいお前, 貴様(怒った時などに用いる).
búddy-búddy 形 (略式)(2人が)とても親しい.
búddy mòvie 图 Ⓒ 2人の友情を扱った映画.
búddy sỳstem 图 Ⓒ [普通は単数形で] 2人組方式(水泳などの安全確保や相互援助のため).
+budge /bʌ́dʒ/ 動 [普通は否定文で] ⓐ **1** (ちょっと)動く, 身動きする: He wouldn't ~ from his chair. 彼はいすから動こうとしなかった. **2** 意見[態度]を変える (from, on): She won't ~ (an inch) on the matter. 彼女はその問題では(全く)態度を変えない. ── ⓗ **1** 〈…〉をちょっと動かす. **2** 〈…〉の意見を変えさせる.
búdge úp 動 自 (英略式)席を詰める.
+bud·ger·i·gar /bʌ́dʒərɪɡɑ̀ː|-ɡɑ̀ː/ 图 Ⓒ せきせいいんこ(オーストラリア原産).

☆bud·get /bʌ́dʒɪt/ 🔟 图 (**bud·gets** /-dʒɪts/; **bud·get·a·ry**) Ⓒ **1** 予算, 予算案; [しばしば the B-] (英)(財務大臣が下院に提出する)予算案(の説明演説): a government ~ 政府予算 / the defence ~ 防衛予算 / the ~ for the 2006 fiscal year 2006 年度予算(案) / a ~ deficit 予算[財政]赤字.

┌── コロケーション ─────────────┐
│ ˈbalance the [one's] ˈbudget 支出を予算内に抑 │
│   える   │
│ ˈcut [reˈduce] a ˈbudget 予算を縮小する   │
│ exˈceed a ˈbudget 予算を超過する   │
│ ˈkeep to [withˈin] a ˈbudget 予算を守る   │
│ ˈmake up [preˈpare, ˌdraw úp] a ˈbudget 予算 │
│   を編成する   │
└────────────────────────────┘

2 経費, 家計: a family ~ 家計. 語源 古(期)フランス語で「小さな革袋」の意. それから「革袋の中身(の金)」の意となった. **on a (tíght) búdget** [形·副] 限られた予算で, 予算を切り詰めて. **on [òver] búdget** [副·形] 予算通り[超過で]. **withìn [ùnder, belòw] búdget** [副·形] 予算内で[の]. ── 動 ⓐ 予算を立てる: ~ for the coming year 翌年の予算を組む. ── ⓗ **1** 〈金〉を割り当てる, 予算に組む: She ~s part of her salary for clothing. 彼女は給料の一部を衣料費に当てている. **2** 〈金·時間など〉を使う予定を立てる. **búdget for …** 動 (1) …のために予算を立てる. (2) …を見込む. ── 形 Ⓐ **1** [比較なし] 格安の, 徳用な (★ しばしば広告に用いられる). **2** [合成語で用いて] (特に映画が)…の予算で作られた: a low-budget movie 安上がりの映画.

búdget accòunt 图 Ⓒ (英)(店の)月賦クレジット; (銀行の)自動支払い(口座).
+bud·get·a·ry /bʌ́dʒətèri|-təri, -tri/ 形 (图 búdget) 予算(上)の.
bud·gie /bʌ́dʒi/ 图 Ⓒ (略式) ═budgerigar.
búd vàse 图 Ⓒ (一輪ざしの)花びん.
Bud·wei·ser /bʌ́dwaɪzə|-zə/ 图 Ⓤ バドワイザー(米国産のビール; 商標).
Bue·nos Ai·res /bwèɪnəs(ə)ríːz|-nɒsái(ə)rez, 图 BA). 語源 スペイン語で 'good winds' の意.

bug   219

+buff /bʌ́f/ 图 (**~s**) **1** Ⓒ [合成語で用いて] …狂, …ファン: a jazz ~ ジャズ狂. **2** Ⓤ 淡黄色. **3** Ⓤ (牛·水牛の)淡黄色のもみ革. **in the búff** [形·副] (略式) 「裸(で)の」の. **2** (古風, 米略式) 筋骨たくましい, いかす. ── ⓗ (金属·靴などを)(布·もみ革で)磨く (up).
+buf·fa·lo /bʌ́fəloʊ/ 图 (複 **~**, **~(e)s**) Ⓒ **1** 水牛 (water buffalo). **2** アメリカ野牛, バッファロー, バイソン (bison). ── 動 (**-fa·loes, -fa·loed**; **-lo·ing**) ⓗ (米略式) 〈人〉を面食らわせる, まごつかせる; 〈人〉を脅す, 脅して…させる (into).

buffalo 1

Buf·fa·lo /bʌ́fəloʊ/ 图 バッファロー(米国 New York 州の港市).
Búffalo Bíll 图 バッファロー·ビル (1846-1917) (米国の狩猟家·興業師).
búffalo wìngs 图 [複] バッファローウィング(鶏の手羽の揚げ物; もと Buffalo 市から広まった).
+buff·er[1] /bʌ́fə|-fə/ 图 Ⓒ **1** (鉄道の)緩衝器[装置]. **2** (苦痛·衝撃·緊張などを)和らげてくれるもの[人] (against). **3** ═buffer state. **4** (電算) バッファー, 緩衝記憶装置. **hít [rún into] the búffers** [動] (英略式)(議論·計画などが)不首尾に終わる. ── 動 (**-er·ing** /-f(ə)rɪŋ/) ⓗ **1** 〈悪影響など〉を緩める, 和らげる; 〈…〉を(…から)守る, 防ぐ (against). **2** (電算)〈データ〉をバッファーに移す.
buff·er[2] /bʌ́fə|-fə/ 图 Ⓒ (金属·爪などを)磨く道具.
buff·er[3] /bʌ́fə|-fə/ 图 Ⓒ [普通は old ~] (古風, 英略式) 老いぼれ, じじい.
Buf·fer·in /bʌ́fərɪn/ 图 Ⓒ (米国製の鎮痛解熱剤; 商標).
búffer stàte 图 Ⓒ 緩衝国.
búffer zòne 图 Ⓒ 緩衝地帯.
+buf·fet[1] /bəféɪ, buː-|búfeɪ/ 图 (**~s** /-z/) Ⓒ **1** バイキング[セルフサービス]形式の食事(並べてある食べ物を客が自由にとって食べる): ═Viking 語源 ; バイキング料理を並べたテーブル: an all-you-can-eat ~ 食べ放題のバイキング / a ~ lunch セルフサービスの昼食. **2** (英) ビュッフェ (特に列車内·駅構内の(立食形式の)簡易食堂(カウンター); ═restaurant 語源 表); ═buffet car. **3** (主に米) 食器棚 (sideboard).
buf·fet[2] /bʌ́fɪt/ 動 ⓗ [しばしば受身で] **1** (風·雨·波など)が〈…〉を打つ, 〈…〉をもむ (about). **2** (文)(困難などが)〈国·経済など〉を痛めつける; (不運などが)〈人〉を翻弄(ほんろう)する, もてあそぶ.
buffét càr /bəféɪ-, buː-|búfeɪ-/ 图 Ⓒ (英)軽食堂車.
buf·fet·ing /bʌ́fɪtɪŋ/ 图 Ⓤ Ⓒ (風·波などの)打ちつけ; (災難などによる)痛めつけ.
buf·foon /bəfúːn/ 图 Ⓒ (古風) 道化者, おどけ者.
buf·foon·er·y /bəfúːn(ə)ri/ 图 Ⓤ (古風) 道化.

☆bug /bʌ́g/ (同音 bag) 🔟 图 (**~s** /-z/) Ⓒ **1** (主に米)(一般に)虫, 昆虫 (甲虫類·はえ·あり·のみなども含む; ═insect 表); 南京(なんきん)虫 (bedbug). **2** Ⓒ (略式)(軽い感染性の)病気, ばい菌, 病原菌, ビールス: a stomach [tummy] ~ 腹の病気 / catch [get, pick up] the flu ~ インフルエンザ菌をもらう, 風邪をひく. **3** Ⓒ (略式) (機械などの)欠点, 故障; (電算)(プログラムの)誤り, バグ. **4** [the ~] (略式) …熱; Ⓒ …にとりつかれた人: get [be bitten by] the travel ~ 旅行熱にとりつかれる. **5** Ⓒ 盗聴器. **pùt a búg in …'s éar** [動] (米) …に(どうすべきか)ヒントを与える, それとなく教える. ── 動 (**bugs**; **bugged**; **bug·ging**) ⓗ **1** (略式)〈…〉を悩ます, 苦しめる; 〈…〉をうるさいしつこくせがむ: Unmotivated students ~ me a lot. やる気のない学生にはうん

B

ざりする / She keeps ~*ging* me *to* wash the car. 彼女はしつこく私に洗車をするようにと言う. **2** 〈…〉に盗聴器を仕掛ける; 〈電話・話など〉を盗聴する. **búg óff** [動] [自] 《米略式》 [しばしば命令文で] 立ち去る.

bug·a·boo /bʌ́gəbùː/ [名] (~s) [C] 《米》 (特に理由もなく)怖いもの, 心配のたね.

búg·bèar [名] [C] 《主に英》 =bugaboo.

búg-èyed [形] 《略式》 **1** 出目の, 目のとび出た. **2** (驚き・興奮で)目を丸くした.

⁺**bug·ger** /bʌ́gə | -gə/ [名] [C] 《主に英》 **1** 《卑》 [差別] 見下げたやつ. **2** [S] 《俗》 やつ 《人・動物; 時に親しみ・愛情を表す》. **3** 《俗》 やっかいな [困難な] もの[仕事]. **4** 《卑》 男色者. **plày sílly búggers** [動] [自] 《英俗》 ばかなまね[困ったこと]をする. — [動] (**-ger·ing** /-g(ə)rɪŋ/) [他] 《英卑》 **1** [感嘆詞的に] [S] ちくしょう!; (…なぞ)くそくらえ, かまうもんか!: *B*~ it! ちくしょう! / *B*~ the expense! 費用なぞかまうもんか! **2** 〈…〉を壊す, だめにする. **3** 〈…〉と男色を行う. **búgger abóut [aróund]** [動] 《英卑》 [自] 何もしないでぶらぶらする, ばかなまねをする, もてあそぶ (*with*). — [他] 〈…〉をひどく扱う, 悩ます. **Búgger me!** [感] [S] 《英卑》 こりゃ驚いた. **búgger óff** [動] [自] 《英卑》 [普通は命令文で] 立ち去る, うせる. **búgger úp** [動] [他] 《英卑》 〈…〉をだめにする, しくじる. — [感] 《英卑》 ちくしょう, くそ!

búgger áll [名] [U] 《英卑》 何もない (nothing); [形容詞的に] 何の…もない: be ~ help 何の助けにもならない.

búg·gered [形] [P] 《英卑》 **1** へとへとに疲れて. **2** (機械などが)だめになった, こわれた. **3** [S] ひどく驚いた: I'll be [I'm] ~! こりゃ驚いた. **I'm buggered if ...** 《英卑》 …とはとんでもない, ぜったい…しない.

bug·ger·y /bʌ́gəri/ [名] [U] 《英卑》 または 〘法〙 男色 (sodomy).

⁺**bug·gy**[1] /bʌ́gi/ [名] (**bug·gies**) [C] **1** 《米》 乳母車 (《英》 pram). **2** 《英》 ベビーカー (《米》 stroller). **3** (1頭立ての)軽馬車. **4** バギー 《小型の自動車》.

bug·gy[2] /bʌ́gi/ [形] (**bug·gi·er**; **-gi·est**) **1** 《米略式》 虫のついた, 虫だらけの. **2** 〘電算〙 (プログラムが)バグがある. **3** 《米俗》 気がふれた (crazy).

búg kìller [名] [C] 殺虫剤, 防虫剤.

bu·gle /bjúːgl/ [名] [C] (軍隊の)らっぱ (☞ trumpet 挿絵).

bu·gler /bjúːglə | -glə/ [名] [C] らっぱを吹く人.

Búgs Búnny [名] [固] バグス バニー 《米国のアニメなどに出るうさぎ》.

búg sprày [名] [C] 《略式》 虫よけスプレー.

Bu·ick /bjúːɪk/ [名] [C] ビュイック 《米国製の車; 商標》.

‡**build** /bíld/ [発音注意] [動] (**builds** /bíldz/; 過去・過分 **built** /bílt/; **build·ing**) [他] **1** 〈…〉を建てる, 〈建造する, 空港・道路など〉を建設する, 建造する, 〈機械など〉を組み立てる, 造る; 〈人に〉〈…〉を建てて[造って]やる (☞ 類義語): ~ a bridge 橋をかける / He *built* a new house. 彼は新しい家を建てた. [語法] (1) 自分で建てたときにも, 業者に建てさせたときにもいう. (2) 特に後者の意味を表わすときは次のように言う (☞ have[1] 6): He had a new house *built*. // A huge dam has *been built across* the river. <V+O+前+名・代の受身> 巨大なダムがその川に建設された / The school *is built* (*out*) *of* wood. <V+O+(*out*) *of*+名・代の受身> その学校は木造だ / A bird is ~*ing* its nest. 鳥が巣を作っている / [言い換え] I *built* them a cottage. <V+O+O> =I *built* a cottage *for* them. <V+O+*for*+名・代> 私は彼らに別荘を建ててやった (☞ for [前] A 1 [語法]).

2 〈…〉を築き上げる, 確立する; 〈人格など〉を形成する: ~ a career 仕事を確立する / The manager tried to ~ a strong team. 監督は強いチームを作ろうとした / Better to ~ boys than to mend men. 大人になってから矯正するよりは少年の人格形成を 《少年の非行防止の標語》. **3** 〈感情・緊張など〉を増す, 高める, 強める. — [自] **1** 建築[建造]する; 建築業に従事する. **2** (感情・緊張などが)増す, 高まる.

build の句動詞

buíld ... aròund — [動] [他] =build ... on —.
buíld ín [動] [他] [普通は受身で] 〈家具など〉を作り付けにする; 〈…〉を組み込む.
buíld ... ínto — [動] [他] [普通は受身で] 〈…〉を—に作り付けにする; 〈…〉を—の一部とする, —に組み込む.
buíld ón [動] [他] 〈…〉を増築する, 建て増しする.
buíld on ... [動] [他] **1** (これまでの経験・成果などに)基礎を置く, (発展のための土台として)…を利用する, …を基に事を進める. **2** …に頼る.
*__buíld ... on [upòn] —__ [動] [他] [しばしば受身で] —に〈…〉の基礎を置く, 〈…〉を(事実・情報・約束など)に基づかせる: Society *is built on* [*upon*] trust. 社会というものは信用の上に成り立っている.
buíld ... ònto — [動] —に〈…〉を増築する.
*__buíld úp__ [動] [他] ([名] buíldùp) **1** (徐々に)〈…〉を発達させる, (次第に)増す; 〈健康など〉を増進する, 〈身体〉を鍛え上げる; 〈兵力など〉を増強する; 〈自信など〉を強める <V+名・代+*up* / V+*up*+名>: Try to ~ *up* your strength. 体力を増すように努めなさい.
2 〈事業・富・信頼など〉を(徐々に)築き上げる, 確立する <V+名・代+*up* / V+*up*+名>: Japanese companies have *built up* a reputation for quality. 日本の会社は品質に関して定評を得た.
3 〈人〉を強くする, 〈…〉に自信を持たせる. **4** [普通は受身で] 〈…〉をもてはやす; 宣伝して…にする (*into*): That actor has *been built up into* a big star. その俳優はもてはやされて大スターになった. **5** [普通は受身で] 〈場所〉を建物で囲む, 建て込ませる: The area has *been built up* recently. そのあたりは最近家が建て込んできた. — [自] **1** 増える, (健康などが)増進する; (自信などが)強まる, (感情などが)高まる. **2** (交通が)渋滞する. **buíld úp to ...** [動] [他] (ある段階)まで増大する[高まる]; (ある言動)のために徐々に準備(工作)をする: She *was* ~*ing up to* something. 彼女は何かを切り出そうとしていた.

— [名] [U,C] 体格, 体つき: a man of (a) strong ~ がっしりした体格の男性.
【類義語】**build** 建物を建てるほか, 橋・船・巣などを作り上げる意味の一般的な語. **construct** 一定の計画・設計に従って組織的に組み立てて作り上げる[建造する]こと.

*__build·er__ /bíldə | -də/ [名] (~s /~z/) [C] **1** 《主に英》 建築[建造]業者, 組み立て工. **2** [合成語で] 建設者, 創始者, …を築きあげるもの: a character ~ 性格を形成するもの // ☞ empire builder.

buílders' mèrchant [名] [C] 《英》 建材会社.

‡**build·ing** /bíldɪŋ/ [名] (~s /~z/) **1** [C] 建物, 建築物, ビル (《略》 bldg., 複数形は bldgs.): There are lots of tall ~*s* in New York. ニューヨークには高い建物がたくさんある. [関連] skyscraper 超高層ビル.
2 [U] 建てること; 建造; 建築術: ~ costs 建築費 / The ~ *of* the house took three months. その家を建てるのに3か月かかった. [関連] shipbuilding 造船.

⁺**buílding blòck** [名] [C] **1** [普通は複数形で] 構成要素, 基本的要素 (*of*). **2** (おもちゃの)積み木.

buílding còntractor [名] [C] 建築請負業者.

buílding pèrmit [名] [C] 《米》 建築許可証.

⁺**buílding sìte** [名] [C] 建設用地.

⁺**buílding socìety** [名] [C] 《英》 住宅金融組合(事務所) 《米国の savings and loan association に相当》.

*__build·up__ /bíldʌ̀p/ [名] (**-ups** /~s/; [動] buíld úp) [C] [普通は単数形で] **1** 増加, 強化, (軍隊の)増強; (交通の)渋滞: a heavy ~ *of* traffic ひどい交通渋滞. **2** 準備(段階), 根回し (*to*). **3** (新聞などでの)宣伝, 売り込

み，前評判：get a big ～ 大々的に宣伝される．

built /bílt/ ([類音] belt) [動] **build の過去形および過去分詞．** ── [形] [P] **1** [副詞(句)を伴って] …の体格をした：be slightly ～ ほっそりした体つきである．
2 [S] ((米)) [差別] (女性が)バストの大きい．

-built /bílt/ [形] [形容詞のつく合成語で] …で造られた；…製の；…の体格の：a stone-*built* house 石造りの家 / a Japanese-*built* car 日本製自動車 / a well-*built* man りっぱな体格の男性．

buílt envíronment [名] [the ～] (自然環境に対して)人工的環境．

+**buílt-ín** [形] [A] **1** はめ込みの，作り付けの；(機能などが)組み込みの，内蔵の． **2** (性質などが)本来備わった．

buílt-úp [形] [普通は [A]] (土地が)建て込んだ．

***bulb** /bʌ́lb/ ([類音] valve) [名] (～s /-z/; [形] búlbous) [C]
1 電球 (light bulb)；(温度計などの)球：This ～ has blown [gone, burned out]. この電球は切れた．
2 〘植〙 **球根，球茎，鱗茎**(りんけい)：plant ～*s* in a flowerbed 花壇に球根を植える．
[語源] ギリシャ語で「玉ねぎ」の意．

bul·bous /bʌ́lbəs/ [形] ([名] bulb) [W] [しばしば軽蔑] 球根状の，丸くふくらんだ：a ～ nose だんご鼻 ((☞ nose 挿絵))．

Bul·gar·i·a /bʌlgé(ə)riə, bʊl-/ [名] [固] ブルガリア ((ヨーロッパ南東の Balkan 半島の共和国))．

Bul·gar·i·an /bʌlgé(ə)riən, bʊl-/ [形] ブルガリアの；ブルガリア人[語]の． ── [名] [C] ブルガリア人；[U] ブルガリア語．

+**bulge** /bʌ́ldʒ/ [動] [自] **1** ふくれる；出っ張る (*out*; *with*). **2** [しばしば進行形で] (…で)いっぱいである (*with*). **be búlging at the séams** [動] [自] ☞ seam [名] 成句． ── [名] [C] **1** ふくらみ，出っ張り；膨張；余分な脂肪，ぜい肉． **2** 急増 (*in*, *of*)．

bul·gur /bʌ́lgə, búl- | -gə/ [名] [U] ブルグア ((乾燥させて砕いた小麦；特にトルコ料理で使用))．

bulg·y /bʌ́ldʒi/ [形] (**bulg·i·er, more** ～; **bulg·i·est, most** ～) ふくらんだ，ふくれた；とび出た．

+**bu·li·mi·a** /b(j)uːlíːmiə, -lím-/ [名] [U] 〘医〙 過食症．
[関連] anorexia 拒食症．

bu·li·mic /b(j)uːlíːmɪk, -lím-/ [形] [名] [C] 〘医〙 過食症の(人)．

***bulk** /bʌ́lk/ [名] (～s /-s/; [形] búlky) **1** [U] (大きな)**容積，かさ，大きさ，巨大さ**：This box is hard to handle because of its ～. この箱はかさばるので扱いにくい．
2 [C] [普通は単数形で] **巨体，大きな形**：the ～ of an elephant 象の巨体．
3 [the ～] **大部分，大半**：He finished *the* ～ *of* his work before dinner. 彼は夕食前に仕事の大部分を終えた． **4** [U] ＝roughage. **in búlk** [副] 大量に，大口で；ばら荷で． ── [形] [A] (売買などが)大量の，大口の：～ buying [selling] 大量買いつけ[売り] / ～ order 大口の注文． ── [動] [自] 大きくなる，増える． **búlk lárge** [動] [自] ((文)) 重要に見える． **búlk óut** [動] [他] ((英)) ＝bulk up. **búlk úp** [動] [他] (補充して)〈…〉をふくらませる，大きく[よく]見せる (*with*). ── [自] 体重をふやす，筋肉をつける，鍛える (*to*)．

búlk càrrier [名] [C] 〘海〙 ばら積み貨物船．

+**búlk·hèad** [名] [C] [しばしば複数形で] (船舶・飛行機などの)隔壁 ((浸水・延焼などを防ぐ))．

bulk·i·ness /bʌ́lkinəs/ [名] [U] かさばること．

búlk máil [名] [U] (同一印刷物の)大口郵便 ((料金割引になる))．

+**bulk·y** /bʌ́lki/ [形] (**bulk·i·er**; **-i·est**; [名] bulk) **1** かさばった；(重さの割には)大きい，扱いにくい． **2** (体の)大きい，太った．

***bull**[1] /bʊ́l/ [名] (～s /-z/) **1** [C] (去勢されない)**雄牛** ((☞ cattle 表)). ★ 鳴き声については ☞ cry 表．
[関連] beef 牛肉 ((☞ meat 表)). **2** [C] (象・鯨など大きい動物の)雄． [関連] cow 雌． **3** [形容詞的に] (象・鯨などが)雄の：a ～ elephant 雄の象． **4** [C] 〘株〙 買い方，強気筋 ([反] bear)：☞ bull market. **5** [the B-] 牡牛(おうし)座 ((星座)) (Taurus). **6** [C] ＝bull's-eye.
a búll in a chína shòp [名] ((略式)) はた迷惑な乱暴[不器用]者，話をぶちこわす人． [由来] 瀬戸物屋へ暴れ込んだ雄牛，の意から． **lìke a búll at the gáte** [副] (他人のことを構わずに)すごい勢いで． **tàke the búll by the hórns** [動] [自] ((略式)) 困難に真っ向[正面]から立ち向かう． ── [動] ((米)) [他] 〈…〉をごり押しする． ── [自] 押し進む．

bull[2] /bʊ́l/ [名] [U] ((略式)) ばかげた話，たわごと． **shóot the búll** [動] [自] ((米略式)) むだ話をする． ── [感] ((俗)) ばかな！

bull[3] /bʊ́l/ [名] [C] ローマ法王の教書．

búll bàrs [名] [複] ((英)) ブルバー ((車の前部に取り付ける格子状の緩衝器))．

búll·dòg [名] [C] **1** ブルドッグ ((しばしば英国人の象徴とされる；☞ dog 挿絵)). **2** ねばり強い人．

búlldog clìp [名] [C] ((英)) ばねの強い紙ばさみ．

bull·doze /búldoʊz/ [動] [他] **1** 〈建物など〉をブルドーザーでとり壊す；〈土地〉をブルドーザーでならす． **2** 〈法案など〉を無理に通す，ごり押しする． **3** 〈人〉を脅しつける，脅して…させる (*into*). ── [自] **1** ブルドーザーで地ならしをする． **2** 乱暴につき進む． **búlldoze one's wáy** [動] [自] 乱暴につき進む．

+**bull·doz·er** /búldoʊzə | -zə/ [名] [C] ブルドーザー．

búll dỳke [名] [C] [差別] 男役のレズ．

***bul·let** /búlət/ [T3] [名] (**bul·lets** /búlɪts/) [C] **1 弾丸，小銃弾**：a ～ wound 銃創． [関連] shell 砲弾． **2** ＝bullet point. [語源] フランス語で「小さな球 (ball)」の意 ((☞ ballot [語源], -et)). **swéat búllets** [動] [自] [普通は進行形で] ((米略式)) 大変心配する． **tàke a búllet** [動] [自] 弾丸を受ける，銃で撃たれる．

***bul·le·tin** /búlətn, -tən | -tɪn/ [T2] [名] (～s /-z/) [C]
1 (ラジオ・テレビの)**ニュース速報**．
2 (官庁の)**公報**，告示；掲示，報告；(学会などの)会報，紀要．

bùlletin bòard [名] [C] **1** ((米)) 掲示板，告示板 (((英)) notice board). **2** 〘電算〙 電子掲示板．

búlletin bòard sýstem [名] [C] 〘電算〙 電子掲示板システム ((略 BBS))．

búllet pòint [名] [C] 中点，中黒，黒丸 ((箇条書き項目の頭などにつける印))．

búllet·pròof [形] **1** 防弾の：a ～ vest 防弾チョッキ． **2** 問題の発生を防ぐ，失敗のない，安全な．

búllet tràin [名] [C] 弾丸列車 ((日本の新幹線など))．

búll·fìght [名] [C] 闘牛．

búll·fìghter [名] [C] 闘牛士．

búll·fìghting [名] [U] 闘牛．

búll·fìnch [名] [C] うそ ((鳥))．

búll·fròg [名] [C] 牛がえる，食用がえる ((米国原産))．

búll·héaded [形] [軽蔑] 頑固な，強情な． **～·ly** [副] 頑固に． **～·ness** [名] [U] 頑固(さ)．

búll·hòrn [名] [C] ((古風，米)) ハンドマイク，メガフォン (megaphone) (((英)) loudhailer)．

bul·lie·d /búlid/ [名] [C] いじめられっ子．

bul·lion /búljən/ [名] [U] 金[銀]の延べ棒．

+**bull·ish** /búlɪʃ/ [形] **1** 〘株〙 強気の ([反] bearish). **2** [P] (将来について)自信を持った，楽観的な (*about*, *on*). **～·ly** [副] 強気に． **～·ness** [名] [U] 強気．

búll màrket [名] [C] 〘株〙 上げ相場，強気市場．

búll·nècked [形] 首が短くて太い，猪首の．

bul·lock /búlək/ [名] [C] 去勢牛．

búll pèn [名] [C] **1** 〘野〙 ブルペン ((救援投手の練習場))；救援投手陣 ((全体)). **2** ((米略式)) 仮留置場．

búll·rìng [名] [C] 闘牛場．

búll rún [名] [C] 〘株〙 (株の)値上がり期．

Bull Run 名 固 [the ~] ブルラン《Virginia 州北東部の川; 南北戦争時に2度の戦闘があり、南軍が勝利》.

búll sèssion 名 C《米略式》自由討論, 話し合い.

búll's-èye 名 C 1 《的の中心の黒点などで bow³挿絵》; 金的を射た射撃[矢] 2 《英》大きなはっか入りあめ玉. **hít [scóre] the búll's-eye [動] 自**《略式》図星を指す, 的中する.

búll·shìt《卑》— 名 U たわごと, ためぐち. — 感 ばかぬかせ! — 動 (-shits; -shit, -shit·ted; -shit·ting) 自 でたらめをいう. — 他〈人〉にうそをいう, ほらを吹く.

búll·shìt·ter /-ʃɪṭɚ | -tə/ 名 C《卑》うそつき, ほら吹き〈人〉.

búll·tér·ri·er 名 C ブルテリア《ブルドッグとテリアとの雑種, ☞ dog 挿絵》.

búll·whìp 名《主に米》牛追いむち.

*bul·ly¹ /búli/ 名 (bul·lies /~z/) C 弱い者いじめをする人; がき大将, いじめっ子. — 動 (bul·lies; bul·lied; -ly·ing) 他〈弱い者〉をいじめる, 脅す. **búlly ... ìnto —** [動] 他〈...〉を脅して—させる.

bul·ly² /búli/ 形 P [しばしば皮肉] すばらしい, すごい: B~ for you! でかしたよ!, ごりっぱ!

bul·ly³ /búli/ 動 [次の成句で] **búlly óff** [動] 自《ホッケー》の試合を始める.

búlly bèef 名 U《英》コーンビーフ.

búlly bòy 名 C《英略式》ごろつき, 《雇われの》暴力団員: ~ tactics [新聞で] おどしの手段.

bul·ly·ing /búliɪŋ/ 名 U.C いじめ, 脅迫.

búlly-òff 名 C《ホッケー》ブリー, 試合開始.

búlly púlpit 名 [単数形で]《米》《影響力を行使できる》権威ある地位[職].

bul·rush /búlrʌʃ/ 名 C あぶらがや《いぐさに似た湿生植物》;《英》がま; 《聖》パピルス (papyrus).

bul·wark /búlwə(ː)k | -wə(ː)k/ 名 C 1《格式》《...の》防壁となる人[物] (against): a ~ of human rights 人権の擁護者. 2 C 防壁. 3 [複数形で] 舷檣(げんしょう).

*bum¹ /bám/ 名 C《略式》1《米》浮浪者; 物ごい. 2 怠け者, 役立たず. 3《ゲームなどに》熱中している人, ~狂: ☞ beach bum. — 動 (bums; bummed; bum·ming) 他 S《略式》〈人に〉〈物を〉たかる, ねだる (off). **búm aróund**《英》**abóut**》[動]《略式》(1) のんびり過ごす. (2) 気ままに旅する. **búm aróund ...** [動] 他《略式》〈...〉を気ままに旅して回る. **búm óut** [動] 他 S《米略式》〈人〉を落胆させる; 悩ます. **gèt [be gíven] the búm's rúsh** [略式] 追い払われる; 〈急に〉首になる. **on the búm**《米略式》浮浪者生活をして(いる). — 形 A《略式》1 役に立たない, お粗末な; いやな, 間違った: ~ advice つまらぬ助言 / a ~ deal ひどい取り引き // ☞ bum rap. 2 《米》〈手・足などが〉利かない.

bum² /bám/ 名 C《英略式》しり (buttocks). **pùt [gèt] búms on séats** [動] 自《英略式》《コンサートなどに》観客[入場者]を集める.

búm bàg 名 C《英》ウエストポーチ《金・鍵などを入れる》《米 fanny pack》.

bum·ble /bámbl/ 動 自 1 もたもたする (about, around); よろよろ進む (along); へまをやる. 2 もぐもぐ言う, 不明瞭に話す (on; about).

búmble·bèe 名 C まるはなばち.

bum·bling /bámblɪŋ/ 形 A 無器用な, へまな.

bumf /bámf/ 名 U《英略式》《軽蔑》《製品に添付の》説明書;《主に公的な》書類, 文書.

búmmed (óut) 形 S がっかりした, 悲しい.

bum·mer /bámɚ | -mə/ 名 [普通は a ~] S《略式》いやなこと, がっかりすること: What a ~! がっかり!

*bump /bámp/ 動 (bumps /~s/; bumped /~t/; bump·ing) 自 [副詞(句)を伴って] 1 どんと突き当

る, 衝突する: Two buses ~ed **ìnto** each other. <V+into+名・代>2台のバスがどしんとぶつかった / Something ~ed **agaìnst** me. <V+against+名・代> 何かが私に当たった. 2 《車が[で]》がたがたと進む (along, across, over).

— 他 1 〈...〉をどんと突き当てる, ぶつける; 〈...〉にどんと突き当てる: He ~ed his head **against** [**on**] the wall. <V+O+against [on]+名・代> 彼は頭を壁にぶつけた / They ~ed each other on the street. 彼らは通りでどんとぶつかった. 2〈...〉を押して[引いて]いく. 3《略式》〈人・物〉を《別のグループなどへ》移す (to), (...から)除く, はずす (from, off, out of); 〈テレビ番組などを〉の時間に〉変更する (to). 4 [普通は受身で] 《略式》《航空会社が》《予約を取りすぎて》〈...〉を《飛行機の便から》押しのける; 《米略式》〈...〉を解雇する.

búmp alóng [動] 自《略式》ほぼ同じ水準で推移する.

búmp and grínd [動] 自《略式》《エロチックなダンスで》音楽に合わせて腰を振る. **búmp ìnto ...** [動] 他《略式》...にひょっこり出会う. **búmp óff** [動] 他《略式》〈...〉を殺す, 片づける. **búmp úp** [動] 他《略式》〈価格・給料など〉を《大幅に》上げる; [主に受身で]《米》〈人〉を昇進させる. **búmp úp agàinst ...** [動] 他《問題など》にぶちあたる.

— 名 (~s /~s/) C 1《道路の》隆起, でこぼこ: a ~ in [on] the road 道路の盛り上がったところ. 2《ぶつかってできた》こぶ: get a lot of ~s and bruises 沢山のこぶやあざをつくる. 3 衝突; ばたん [どん]という音;《英》《ちょっとした》衝突事故: sit down with a ~. どすんと腰を下ろす / have a ~《車に》ぶつかる. **líke a búmp on a lóg** [副]《米》不活発に, じっとして.

— 間 ばたん, どんと. **thíngs that gò búmp in the níght** [名]《滑稽》夜間のあやしい物音.

*bump·er¹ /bámpɚ | -pə/ 名 C バンパー《自動車の前後の緩衝器; ☞ car 挿絵》.

bum·per² /bámpɚ | -pə/ 形 A 異常に大きな, 豊富な, 大量の: a ~ crop 豊作 / a ~ year 豊年, 当たり年.

búmper càr 名 C バンパーカー《遊園地などの, ぶつけ合いをする小さな電気自動車》.

búmper stìcker 名 C《自動車の》バンパーステッカー《標語などが書いてある》.

búmper-to-búmper 形 副《車が》じゅずつなぎの[で]: ~ traffic 交通渋滞.

bumph /bámf/ 名 U =bumf.

bump·i·ly /bámpɪli/ 副 がたがたして.

bump·kin /bám(p)kɪn/ 名 C [差別] いなかっぺ.

bump·tious /bám(p)ʃəs/ 形《軽蔑》傲慢(ごうまん)な, 横柄(おうへい)な. **~·ly** 副 傲慢に. **~·ness** 名 U 傲慢.

*bump·y /bámpi/ 形 (bump·i·er; -i·est)《道》がでこぼこな, 《車・飛行機が》がたがたと揺れる; 《状況などが》困難の多い, 平坦でない (反 smooth): a ~ road でこぼこ道; 浮き沈みのある道のり / have [give ...] a ~ ride つらい目にあう[人をつらい目にあわせる].

búm ràp 名 C《略式》ぬれぎぬ; 不当な非難[悪評].

búm stéer 名 C《古風, 略式》誤った指示[情報].

bun /bán/ 名 C 1《ハンバーガー用の》丸いパン, ロールパン; 《英》甘い丸パン《☞ bread 表》. 2《女性の》お団子ヘア, 束髪《頭の後方または上で束ねた髪型》. 3 [複数形で]《略式》ヒップ, しり. **hàve a bún in the óven** [動]《英略式》《滑稽》妊娠している.

*bunch /bántʃ/ 名 (~·es /~ɪz/) C 1 《果物の》房: a ~ **of** bananas バナナ1房 / Grapes grow **in** ~es. ぶどうは房になって実る. 2 束《☞ bundle 類義語》: a ~ **of** flowers [keys, letters] 1束の花[鍵(かぎ), 手紙]. 3 [単数形で]《略式》一団, 一味, 仲間 (group): a ~ **of** thieves どろぼうの一味 / the best [pick] of the ~ グループ中のピカ一. 4 [a ~]《略式, 主に米》多数, 大量: a (whole) ~ **of** questions [garbage] たくさんの質問[ごみ]. 5 [複数形で]《英》左右2つに分けて束ねた

髪型, おさげ: wear one's hair in ~es 左右2つに分けた髪型をする. **Thánks a búnch.** ⓢ 《滑稽》それはどうもどうも《全然していなかったときの表現》.
— 動 (**bunch·es** /~ɪz/; **bunched** /~t/; **bunch·ing**) 自 1 束になる, 一団になる (*together*). 2 《服・スカートなど》がひだになる (*up*). — 他 《...》を束にする, 一団に集める. 2 《服・スカートなど》をひだにする.
búnch úp 動 自 束になる, 一団になる: *B~ up together and keep warm*. 寄り集まって暖かくしろ. — 他 《...》を束ねる, 一団に集める.

bun·co, -ko /bʌ́ŋkoʊ/ 名 (~**s**) Ⓒ《米略式》詐欺, ペテン, いかさまの賭けトランプ《特にトランプ》.

*bun·dle /bʌ́ndl/ ⓘ⓭ 名 (~**s** /~z/) Ⓒ 1 束; 巻いた物; 包み《☞類義語》: a ~ *of* letters ひと束の手紙 / a ~ *of* old clothes ひと包みの古着. 2 [a ~]《略式》かたまり, 大量, 多量; …でいっぱいの人: a ~ *of* chores いろいろな雑用 / She is a ~ *of* energy. 彼女はエネルギーのかたまりだ. 3 Ⓒ《略式》《時に a ~ *of* joy として》(かわいい)赤ちゃん. 4 [a ~]《略式》大金: cost a ~ 大金がかかる / make a ~ 大金をかせぐ. 5 Ⓒ《電算》添付ソフト《パソコンに追加料金なしであらかじめインストールまたは別添してあるソフト》. **be a búndle of láughs** [**fún, jóy**] [動]《略式》面白い人[こと]である《しばしば皮肉に全然面白くないときに用いる》. **nót gò a búndle on ...** [動] 他《英略式》…があまり好きではない.
— 動 他 1 《...》を束ねる; 包みにする (*together*). 2 [副詞(句)を伴って]《...》をせき立てる, 追い立てる (*out*). 《人》を《...》に押し込む (*into*, *through*). 3 《...》をごちゃごちゃに詰め込む: She ~ed all her dresses *into* the suitcase. 彼女はすべての服をスーツケースにまるめてほうり込んだ. 4《製品などを》一括して供給[販売]する: ~ed software 《ハードウェアと》一括販売のソフトウェア. — 自 [副詞(句)を伴って] 《集団で》急いで移動する[入る] (*into*, *through*). **búndle óff** [動] 他《人》を《別の所へ》追い払う (*to*). **búndle úp** [動] 他 (1) 《...》を束にする, まとめる; ひとまとめにする. (2) 《...》に厚着させる. — 自 厚着する.
《類義語》**bundle** いろいろな大きさのものが無雑作に束ねられたもの. **bunch** 同種類のものがひと束に束ねたもの. **parcel** 郵便小包のようにきちんと包装してひもで縛ったもの.

Bundt (**pàn**) /bʌ́nt-/ 名 Ⓒ ブント皿《ドーナツ状のケーキ焼き皿; 商標》.

Bundt càke 名 Ⓒ,Ⓤ ブントケーキ《ドーナツ状のケーキ》.

bung /bʌ́ŋ/ 名 Ⓒ 1 《たるの》栓; たる口. 2《英略式》わいろ. — 動 他 1 [普通は受身で]《...》に栓をする, ふさぐ (*up*, *with*). 《英略式》《鼻など》を詰まらせる: *My nose is* [*I'm*] *~ed up*. 風邪で鼻が詰まっている. 2 [副詞(句)を伴って]《英略式》《...》をほうり投げる; 乱暴に置く[押す] (*in*, *on*).

*bun·ga·low /bʌ́ŋɡəlòʊ/ 名 (~**s** /~z/) Ⓒ《主に米》バンガロー《ベランダのある別荘風の木造の平屋》; 《英》平屋建ての家《《米》ranch house》.
[日英比較] 日本でいう「キャンプ用貸し小屋」の「バンガロー」は cabin.

bún·gee (**còrd**) /bʌ́ndʒi-/ 名 Ⓒ バンジー《弾力性のある丈夫なひもで両端に引っ掛け用のかぎがつく》.

bungalow

búngee jùmping 名 Ⓤ バンジージャンプ《bungee cord を足首に結びつけて塔や橋の上から飛び降りること》.

búng·hòle 名 Ⓒ たる口.

bun·gle /bʌ́ŋɡl/ 動 他 《...》を下手にやる, しくじる. — 自 しくじる. — 名 Ⓒ へま, しくじり.

bun·gled /bʌ́ŋɡld/ 形 失敗した.

bun·gler /bʌ́ŋɡlə | -ɡlə/ 名 Ⓒ 不器用な人.

bun·gling /bʌ́ŋɡlɪŋ/ 名 Ⓤ へまなやり方; 失策. — 形 へまな.

bun·ion /bʌ́njən/ 名 Ⓒ《足の親指内側の》腫れ《ぴ》症, 底豆.

*bunk[1] /bʌ́ŋk/ 名 Ⓒ 1 《船・列車などの壁にくっついた》寝台 (berth). 2 [複数形で] =bunk beds. — 自《略式》《寝台》に寝る, 寝場所にする (*down*; *on*).

bunk[2] /bʌ́ŋk/ 名 Ⓤ《古風, 略式》たわごと, ばかばかしい話.

bunk[3] /bʌ́ŋk/ 名 [次の成句で] **dò a búnk** [動]《英略式》逃げる, ずらかる. — 動 自《英略式》さぼる, ずらかる. **búnk óff** 動 自《英略式》無断早退する, さぼる (*from*). 他《授業》をさぼる. **búnk óff ...** [動] 他《英略式》...を無断早退する.《学校》をさぼる.

búnk bèds 名 [複] 2 段ベッド.

*bun·ker /bʌ́ŋkə | -kə/ 名 Ⓒ 1 《軍》掩蔽壕《えんぺいごう》. 2 《船の》燃料庫; 《戸外の》石炭入れ. 3 《ゴルフ》バンカー《砂地の障害区域》; 《golf 挿絵》《《米》sand trap》. — 動 他 [普通は受身で]《ゴルフ》《ボール》をバンカーに打ち込む.

Bun·ker /bʌ́ŋkə | -kə/ 名 **Archie** ~ バンカー《アメリカのテレビドラマの登場人物で愛国的で自己主張の強い人》.

Búnker Híll /bʌ́ŋkə- | -kə-/ 名 Ⓒ バンカー・ヒル《米国 Boston 近郊の丘; 独立戦争最初の本格的交戦があったところ》.

búnk·hòuse 名 (**-houses**) Ⓒ 飯場《ぱ》.

bun·ko /bʌ́ŋkoʊ/ 名 ☞ bunco.

bun·kum /bʌ́ŋkəm/ 名 Ⓤ《古風, 略式》たわごと.

búnk-ùp 名 [a ~]《英略式》《登る時の》押し上げ, 尻(ペ)押し.

*bun·ny /bʌ́ni/ 名 (**bun·nies**) Ⓒ 1 (小児)うさちゃん (⇒ rabbit 参考). 2 《米俗》《特に軽薄・差別》若い女, かわいこちゃん. ☞ beach bunny. 3 Ⓐ《スキー》初心者用の: ~ slope《米》初心者用ゲレンデ.

búnny girl 名 Ⓒ バニーガール《うさぎに似せた衣装をつけたホステス》.

búnny ràbbit 名 Ⓒ =bunny 1.

Bún·sen búrner /bʌ́ns(ə)n-/ 名 Ⓒ ブンゼン灯《実験用のガスバーナー》.

bunt /bʌ́nt/《野》名 Ⓒ バント; バントしたボール. ☞ sacrifice bunt. — 動 他 《球》をバントする. — 自 バントをする.

bun·ting[1] /bʌ́ntɪŋ/ 名 Ⓤ《布または紙製の》小旗を連ねたもの《万国旗など》; 装飾旗, 幔幕《まんまく》; 旗布.

bun·ting[2] /bʌ́ntɪŋ/ 名 Ⓒ ほおじろの類の小鳥.

bún·ting[3] (**bàg**) /bʌ́ntɪŋ-/ 名 Ⓒ《米》《赤ちゃんの》おくるみ.

Bun·yan /bʌ́njən/ 名 ⓐ 1 **Paul** ~ ☞ Paul Bunyan の項目. 2 **John** ~ バニヤン (1628–88)《英国の作家》.

bun·yip /bʌ́njɪp/ 名 Ⓒ《豪》ブンイップ《オーストラリア奥地の沼沢に住むとされる伝説上の怪物》.

*bu·oy /búːi, bɔ́i | bɔ́i/ 名 Ⓒ 1 ブイ, 浮標. 2 救命ブイ, 救命浮き袋 (life buoy). — 動 [普通は受身で] 他 1 《...》を元気づける, 励ます (*up*). 2 《価格など》を高水準にする (*up*). 3 《...》を浮かす (*up*).

buoy·an·cy /bɔ́ɪənsi/ 名 Ⓤ 1 浮力; 《液体の》《浮》揚力. 2 楽天的な性質; 快活さ. 3 《景気・価格の》上昇傾向.

*buoy·ant /bɔ́ɪənt/ 形 1 楽天的な, 快活な; 浮き浮きした: in a ~ mood ルンルン気分で. 2 《景気・価格が》上昇傾向にある, 上向きの. 3 浮力のある, 《液体が》《浮》揚力のある. — **·ly** 副 楽天的に; 浮き浮きと.

bur /bə́ː | bə́ː/ 名 Ⓒ =burr[1].

burb /bə́:b | bə́:b/ 图 [the ~s]《米略式》=suburb

Bur·ber·ry /bə́:beri, -b(ə)ri | bə́:b(ə)ri/ 图 (**-ber·ries**) © 防水コート, バーバリー《商標》.

bur·ble /bə́:bl | bə́:-/ 圁 **1** ぺちゃくちゃしゃべる (on; about). **2** (川などが)ぶくぶく音を立てる (bubble). ― 他 <…>を[と]ぺちゃくちゃしゃべる. ― 图 © (川などの)ぶくぶく音; ぶつぶつ言うこと, 早口のおしゃべり.

*__bur·den__¹ /bə́:dn | bə́:-/ 中2 图 (~s /-z/; 形 búrdensome) © **1** (精神的な)重荷, 負担, 義務: bear [carry] a ~ 重荷に耐える[を背負う] / The child was a (heavy) ~ to his parents. その子は両親の(大変な)悩みの種だった / The people groaned under the ~ of heavy taxation. 国民は重税に苦しんだ. **2**《格式》重い荷物, 重荷: a beast of ~ 荷物運搬用の動物. 語源 古(期)英語で「担っている(bear) 物」の意. **the búrden of próof** 图《法》立証責任.
― 他 (**bur·dens** /~z/; **bur·dened** /~d/; **-den·ing**) 他 [普通は受身で] (反 unburden) **1** <…>を悩ます, 苦しめる: They were ~ed with heavy taxes. <V+O+with+名・代の受身> 彼らは重税に悩まされた. **2** <…>に(重い)荷を負わせる (load) (with).

bur·den² /bə́:dn | bə́:-/ 图 [the ~]《格式》(演説などの)要旨, 趣旨 (of).

bur·den·some /bə́:dnsəm | bə́:-/ 形 (búr·den)《格式》重荷となる, 煩わしい, やっかいな.

bur·dock /bə́:dak | bə́:dɔk/ 图 © ごぼう. 日英比較 欧米ではとげのあるいが (burr) が衣服につくやっかいな雑草とされ, 食用としない.

*__bu·reau__ /bjú(ə)rou | bjúər-, bjɔ́:r-/ 中2 图 (複 ~s /-z/, **bu·reaux** /bjú(ə)rouz | bjúər-, bjɔ́:r-/) © **1**《主に米》(官庁の)局 (department of ～)《英》department): the Federal B~ of Investigation 連邦捜査局. **2**(情報の収集・提供を行なう)事務局[所]; (新聞社などの)支局: a travel ~ 旅行案内所. **3**《米》(引き出し付きの)たんす. **4**《英》引き出し付きの大きい机. 語源 フランス語で「机・テーブル(のある事務所)」の意.

*__bu·reau·cra·cy__ /bjurάkrəsi | bjuə(ə)rɔ́k-, bjɔ:-/ 图 (**-cra·cies** /~z/) **1** U.© 官僚制度, 官僚政治; 官僚国家: a huge ~ 巨大な官僚組織. **2** [しばしば軽蔑] U 官僚主義; 官僚的形式主義; [時に複数扱い] 官僚(全体).

*__bu·reau·crat__ /bjú(ə)rəkræt | bjúər-, bjɔ́:r-/ 图 (**-reau·crats** /-kræts/) © [しばしば軽蔑] 官僚, 官僚主義者: a powerful ~ 有力官僚.

bu·reau·crat·ese /bjù(ə)rəkrætí:z | bjùər-/ © お役所ことば, 官僚語法.

*__bu·reau·crat·ic__ /bjù(ə)rəkrǽṭɪk | bjùər-, bjɔ̀:r-/ 形 [しばしば軽蔑] 官僚(主義)の, 官僚政治の: procedures 官僚主義的な手続き. **-i·cal·ly** /-kəli/ 副 官僚的に.

búreau de chánge /-dəʃá:nʒ/《フランス語から》 图 © 両替所[店].

bureaux /~z/ 图 bureau の複数形.

burg /bə́:g | bə́:g/ 图 ©《米略式》(いなか)町.

bur·gee /bə́:dʒi: | bə́:-/ 图 ©《ヨットなどの》三角旗.

*__bur·geon__ /bə́:dʒən | bə́:-/ 圁《格式》急に成長[発展, 増大]する.

bur·geon·ing /bə́:dʒənɪŋ | bə́:-/ 形 [比較なし]《格式》急成長の, (人口・需要などが)急増する.

*__burg·er__ /bə́:gə | bə́:gə/ 图 © **1** ハンバーガー (hamburger). **2** [合成語で] …バーガー: ☞ cheeseburger.

Búrger Kìng 图 圊 バーガー・キング《米国のハンバーガーチェーン店; 英国の企業が所有》.

burgh /bə́:rou, -rə | bʌ́rə/ 图 ©《スコ》自治都市.

burgh·er /bə́:gə | bə́:gə/ 图 ©《普通は複数形で》《古풲》または《滑稽》(中流の)町民, 市民.

*__bur·glar__ /bə́:glə | bə́:glə/ 图 © (押し込み)強盗(人), housebreaker, 夜盗: A ~ broke into his house last night. ゆうべ彼の家に強盗が入った.

búrglar alàrm 图 © 盗難報知機.

bur·glar·ize /bə́:glərὰɪz | bə́:-/ 他《米》<…>に強盗に押し入る《英》burgle).

búrglar·pròof 形 (建物の)盗難防止装置のついた.

*__bur·glar·y__ /bə́:gləri | bə́:-/ 图 (**-glar·ies**) U.© 押し込み強盗(行為).

bur·gle /bə́:gl | bə́:-/ 他《英》=burglarize.

*__Bur·gun·dy__ /bə́:gəndi | bə́:-/ 图 **1** U.© ブルゴーニュ産のワイン. **2** U 暗紅色. ― 形 暗紅色の.

Bur·gun·dy /bə́:gəndi | bə́:-/ 图 圊 ブルゴーニュ《フランスの南東部地方》.

*__bur·i·al__ /béri(ə)l | béər-/ 他 búry) U.© 埋葬, 葬式: a decent ~ 世間並の埋葬 / ~ at sea 水葬.

búrial gròund 图 © 埋葬地, 墓地.

búrial sèrvice 图 © 埋葬式, 葬式.

burk /bə́:k | bə́:k/ 图 © =berk.

Búrke's Péerage /bə́:ks- | bə́:ks-/ 图 圊 バーク貴族名鑑《英国の貴族を紹介》.

Bur·ki·na Fa·so /bə:kí:nəfá:sou | bə:kí:nəfæs-/ 图 圊 ブルキナファソ《アフリカ西部の共和国》.

bur·lap /bə́:læp | bə́:-/ 图 U《米》バーラップ, 黄麻布《袋・衣料用の粗い平織りの麻布》(《英》hessian).

bur·lesque /bə:lésk | bə:-/ 图 U.© **1** バーレスク《文学[芸術]作品などを茶化したもの》, 戯作, 戯画. **2**《米》(ストリップショーを主にとした昔のバラエティーショー. ― 形 [普通は A] 茶化した, おどけた; ストリップの. ― 他《文学[芸術]作品などを茶化す.

bur·li·ness /bə́:linəs | bə́:-/ 图 U たくましさ.

*__bur·ly__ /bə́:li | bə́:-/ 形 (**bur·li·er**; **-li·est**) たくましい, 頑丈な, 屈強な; 武骨な.

Bur·ma /bə́:mə | bə́:-/ 图 圊 ビルマ《☞ Myanmar》.

Bur·mese /bə:mí:z | bə:-ˊ/ 形 ビルマの; ビルマ人[語]の. ― 图 (複 ~) © ビルマ人; U ビルマ語.

Búrmese cát 图 © ビルマねこ, バーミーズ.

*__burn__¹ 圁 (**burns** /~z/; 過去・過分 **burned** /~d/, **burnt** /bə́:nt | bə́:nt/; **burn·ing**) 語法《米》では burned, 《英》では 他 では burnt, 圁 では burned を多く用いる.

圁 他 の転換
圁 **1** 燃える (to be consumed by fire)
他 **1** 燃やす (to cause (something) to be consumed by fire)

― 圁 **1** 燃える; 焼ける: A fire is ~ing in the hearth. 火が暖炉で燃えている.
2 焦(゛)げる, 日に焼ける: The cake is ~ing! ケーキが焦げてるよ / The fish has ~ed black. <V+C(形)> 魚が黒焦げになった. 関連 sunburn 日焼け.
3 輝く, 光を放つ: A light was ~ing in the bedroom. 寝室に明かりがあった.
4 燃えるように感じる, ほてる, 赤面する; (口・舌・やけどなどが)ひりひりする: Her cheeks were ~ing with fever [shame]. <V+with+名> 彼女のほおは熱[恥ずかしさ]で紅潮していた / *It* ~s. (やけどなどで)ひりひりする.
5 [普通は進行形で] かっとなる, 興奮する; (…しようと)ずうずうする: He was ~ing with anger. 彼は怒りに燃えていた / She is ~ing to win Tom's love. 彼女はトムの愛を得たくてたまらない. **6** [副詞(句)を伴って] (略式)(乗り物が)疾走する[飛ぶ] (along, through, up).
― 他 **1** <…>を燃やす, 焼く; <…>を燃料に用いる; 《ガスなどに点火する, 〈ろうそくをともす 《☞ brand 囲み》: This stove ~s oil. このストーブは石油を燃料とする / We

~ed firewood to get warm. 我々は暖をとるために薪(まき)を燃やした.
2 〈…〉を焼き焦(こ)がす, 焦がして〈穴〉をあける; 〈…〉にやけどさせる, 〈体の一部〉をやけどする, 〈焼けるように〉ひりつかせる; 〈…〉を日焼けさせる: She has ~ed the meat. 彼女は肉を焦がした / He ~ed the toast *to* a crisp. <V+O+O+名・代> 彼はパンをかりかりに焦がしてしまった / Ouch! I ~ed my finger *on* the hot handle. <V+O+*on*+名・代> あちっ, 取っ手が熱くて指にやけどをした / My cigarette ~ed a hole *in* my coat. <V+O+*in*+名・代> たばこの火で上着に焼け穴ができた. 関連 scald (熱湯・蒸気などで)やけどさせる. **3** 〈…〉を火刑にする. **4** 〈脂肪など〉を燃やす. **5** 〈薬品が〉〈…〉を腐食させる. **6** 〈舌・のどなど〉をひりつかせる. **7** [しばしば形式主語 it を伴って] (S) 《米》〈人〉をかっかと[しゃっと]させる, 怒らせる. **8** 〔電算〕〈CD など〉にデータを書き込む, 〈データなど〉に焼く (onto).
burn [be burned] to the ground [動] 全焼する: The hotel *was* ~*ed to the ground*. そのホテルは全焼した.
búrn lów [動] (自) 火の勢いが衰える.
búrn onesèlf [動] (自) やけどする: Be careful not to ~ *yourself*. やけどしないよう気をつけて.
burn the midnight óil [動] (自) 《略式》夜遅くまで勉強[仕事]する. 由来 「真夜中に明かりの油を燃やす」, ということから.
búrn to áshes [cínders] [動] (他) 焼いて灰にする. ― (他) 〈…を〉焼いて]灰にする; 焼き尽くす.
búrn to déath [動] (自) 焼死する.
búrn … 'to déath [alíve] [動] (他) [普通は受身で]〈…〉を焼き殺す[火あぶりにする].

――― burn の句動詞 ―――

búrn awáy [動] (自) 燃え尽きる; 燃え落ちる. ― (他) 〈…〉を燃やす; 焼き払う, 焼いて取り除く.
*__búrn dówn__ [動] (他) 〈…〉を**全焼させる**, 焼き尽くす<V+名・代+*down* / V+*down*+名>: Ten houses *were* ~*ed down*. 10戸が全焼した. ― (自) **1** 全焼する. **2** 火の勢いが衰える.
búrn óff [動] (他) **1** 〈…〉を焼き払う; 焼き尽くす. **2** 〈エネルギー・脂肪・カロリーなど〉を(運動して)使い切る, 〈…〉を焼いて取り除く. **3** 〈太陽の熱で〉〈朝もや・霧など〉を消す. ― (自) 〈朝もやなど〉が消える.
*__búrn óut__ [動] (他) [普通は受身で] **1** 〈火事で〉〈人〉を焼き出された状態にする: Seven families *were* ~*ed out* (*of house and home*) *by the fire*. その火事で7世帯が焼け出された. **2** 〈…〉を焼き尽くす, 〈建物の中〉をすっかり焼く: The top floor of the hotel *was* ~*ed out*. そのホテルの最上階は中が全焼した. **3** 〈エンジンなど〉を焼き切る. **4** 〈過労で〉〈人〉を燃え尽きさせる.
― (自) **1** 燃え尽きる; 〈エンジンなど〉が焼き切れる: The (light) bulb in my room *has* ~*ed out*. 私の部屋の電球が切れた. **2** 〈過労で〉燃え尽きる. **3** 〈ロケットが〉燃料を使い果たす (名 **búrnout**). **búrn onesèlf óut** [動] (1) 燃え尽きる; 〈怒り・情熱など〉が消える. (2) 精力を使い果たす.
búrn úp [動] (自) **1** 燃え尽きる. **2** ぱっと燃え立つ: The fire ~*ed up* brightly. 火はぱっと明るく燃え上がった. **3** [進行形で] (S) 〈人〉がひどく熱い, 高熱が出ている. ― (他) **1** 〈…〉を焼き尽くす, 焼き払う. **2** [受身で] 〈人〉を〈感情などで〉燃え上がらせる (*with*). **3** 《米略式》〈人〉をかんかんに怒らせる. **4** 〈エネルギーなど〉を消費する. **5** 〈…〉を疾走する. **6** 〈電気・金などを〉浪費する.

― (名) (~s /-z/) **1** (C) やけど; 焼け焦げ; (ひりひりして)痛い日焼け (sunburn), 擦り傷: a cigarette ~ on a carpet じゅうたんにできたたばこの焼け焦げ / He received [sustained, got, had] a severe [minor] ~ on the hand. 彼は手にひどい[軽い]やけどを負った. 関連

burst 225

scald 熱湯・蒸気などによるやけど / tan 健康的な日焼け. **2** [the ~] 《略式》(激しい運動の後の)筋肉の痛み: Go for *the* ~! 痛くなるくらい体を動かせ.
burn² /bə́ːn | báːn/ (名) (C) 《主にスコ》小川.

*__búrned__ /bə́ːnd | báːnd/ (動) **burn¹** の過去形および過去分詞.
― (形) 焼けた, 焦げた; やけどした: ~ wood 焦げた木 / ~ fingers やけどした指. **be [gèt] búrned** [動] (自) 《略式》(1) (心が)傷つく. (2) 大金を失う[損する].
*__búrned-óut__ (形) A **1** (内部が)全焼した; (機械などが)焼き切れた. **2** (人が)精力を使い果たした.
*__búrn·er__ /bə́ːnə | báːnə/ (名) (C) (ストーブ・ランプなどの)火口, 燃焼部, バーナー ((英) gas ring): a gas ~ ガスバーナー / a pilot ~ 口火. **pút … on the báck búrner** 《略式》〈…の処理〉を後まわしにする.
*__búrn·ing__ /bə́ːnɪŋ | báːn-/ (形) A **1** 燃え[焼け]ている; 焼けつくような: a ~ forest 燃えている森. **2** 燃えるような, ほてった; (感情が)激しい, 強烈な: a ~ ambition [desire] 強い野望[欲求]. **3** 緊急な: a ~ question [issue] 目下緊急の問題. ― (副) 焼けつくように: ~ hot 焼けるように熱い[暑い].
bur·nish /bə́ːnɪʃ | báː-/ (動) (他) **1** 〈金属〉を磨く, 光らせる (polish). **2** 《文》〈イメージ〉をよくする.
bur·nished /bə́ːnɪʃt | báː-/ (形) A 光沢のある.
bur·noose, bur·nous /bəːnúːs | bəː-/ (名) (C) フード付きマント《アラビア人やムーア人が着る》.
búrn·òut (名) (動) búrn óut (C)(U) **1** (ストレスなどによる)神経の衰弱. **2** (ロケットの)燃料の使い尽くし. **3** (機械の)焼き切れ.
Burns /bə́ːnz | báːnz/ (名) (固) バーンズ Robert ~ (1759-96) 《Scotland の詩人; ☞ auld lang syne 2》.
burn·sides /bə́ːnsàɪdz | báːn-/ (名) (複) 《米》豊かなほおひげ.
*__burnt__ /bə́ːnt | báːnt/ (動) **burn¹** の過去形および過去分詞. ― (形) =burned.
búrnt óffering (名) (C) **1** 燔祭(はんさい), 焼いたいけにえ. **2** 《滑稽》焦げた食べ物.
búrnt-óut (形) =burned-out.
burp /bə́ːp | báːp/ (動) (自) 《略式》げっぷをする. ― (他) 〈背中をさすって〉〈赤ん坊〉にげっぷをさせる. ― (名) (C) げっぷ(の音).
burr¹ /bə́ː | báː/ (名) (C) **1** (くり・ごぼうなど)のいが. **2** (金属の)削り跡の粗い面, ぎざぎざ. ― (動) (**bur·ring** /bə́ːrɪŋ | báː-r-/) (他) 〈…〉にぎざぎざをつける.
burr² /bə́ː | báː/ (名) (C) [普通は単数形で] **1** ブーン[ビューン]という音. **2** [音声] 口蓋垂顫動(こうがいすいせんどう)音の r《記号は [r]; 英国北部の発音の特徴》. ― (自) ブーン[ビューン]と音をたてる.
bur·ri·to /bərí:toʊ | bə-/ (名) (~s) (C) ブリトー (tortilla で肉とチーズを包んで焼いたメキシコ料理).
bur·ro /bə́ːroʊ | báːr-/ (名) (~s) (C) 《主に米》(小さい)ろば.
*__bur·row__ /bə́ːroʊ | báːr-/ (名) (C) 野うさぎ[きつねなど]の穴. ― (動) (自) **1** 穴を掘って進む, 穴を掘る (*into, through, under*). **2** 寄り添う; もぐる (*into, under*). **3** (ほじくるように)探す (*into, through, under*). ― (他) **1** 〈穴〉を掘る. **2** 〈体・顔など〉を〈…に〉すり寄せる (*into, under*). **búrrow one's wáy** [動] (自) 穴を掘って進む (*into, through, under*).
bur·sar /bə́ːsə | báːsə/ (名) (C) (大学の)経理部長.
bur·sa·ry /bə́ːs(ə)ri | báː-/ (名) (**-sa·ries**) (C) **1** (大学・学校の)経理部[課]. **2** 《英》奨学金.
bur·si·tis /bəːsáɪtɪs | bəː-/ (名) [医] 滑液包(かつえきほう)炎.
*__burst__ /bə́ːst | báːst/ (T2) (動) (**bursts** /bə́ːsts | báːsts/; 過去・過分 **burst**, 《米》ではまた **burst·ed** /-ɪd/; **burst·ing**)

burton

― 自他 の転換 ―
自 **1** 破裂する (to break apart suddenly)
他 **1** 破裂させる (to make (something) break apart suddenly)

― 自 **1** 破裂する; 《文》 (爆弾・花火などが)爆発する: The water pipe has ~. 水道管が破裂した. **2** (ダム・ダムが)決壊する: This dam may ~ at any moment. このダムはいつ決壊するかわからない. **3** (つぼみが)ほころびる: These buds are ready to ~ open. このつぼみは今にもほころびそうだ. **4** [進行形で] (...で)いっぱいである: All the barns were ~ing with grain. 納屋はどこも穀物であふれるばかりだった / She was ~ing with pride. 彼女は得意満面だった. **5** [進行形で]《略式》(トイレに行きたくて)もれそうである.
― 他 **1** 〈...を〉破裂させる; (押し)破る; 引きちぎる: Try and ~ this balloon. この風船を破って.てごらん.
2 〈堤防やダムを〉決壊させる: The river ~ its banks. 川の堤防が決壊した. **be búrsting at the séams** [動] ☞ seam 名 成句. **be búrsting to dó** [動] 《略式》...したくてたまらない. **be fúll to búrsting** [動] 〈...で〉はち切れそうにいっぱいで (with). **búrst ópen** [動] ☞ open 形 成句.

― burst の句動詞 ―
búrst ín [動] 自 突入する.
*búrst ín on ... [動] 他 **1** ...のところへ突然現われる: They ~ in on the meeting. 彼らは会議に乱入した. **2** (話などに)割り込む: She ~ in on our conversation. 彼女は私たちの話に口を挟んだ.
*búrst ínto ... [動] 他 **1** 突然...の状態になる; Ⓦ (植物などが)急に〈花を〉開く, 急に〈芽を〉出す: He ~ into laughter [tears]. 彼は急に笑い[泣き]だした (☞ burst out doing). **2** ...に乱入する, 飛び込む: The mob ~ into the hall. 暴徒は会場に乱入した.
búrst on [ónto, upón] ... [動] Ⓦ ...の前に突然現われる; ...を突然発見する, 〈真理などが〉急にひらめく: As he was reading reports about the murder, Holmes ~ on the truth. その殺人事件の報告書を読んでいる時突然ホームズは真相をさとった.
*búrst óut [動] 自 飛び出す; 突然現われる: Hot water ~ out. 熱湯が突然噴き出した. 関連語 ☞ burst 笑い・怒りなどの爆発. **2** Ⓦ 突然〈...〉と叫ぶ.
búrst óut dóing [動] 突然...しだす (☞ outburst): She ~ out crying [laughing]. 彼女はわっと泣きだした[笑いだした].
búrst òut of ... [動] 他 ...から飛び出す; ...から突然現われる.
búrst thròugh ... [動] 他 ...を突き破って通る, ...を押し分ける, (...を通って)突然現われる.

― 名 (bursts /bə́:sts | bə́:sts/) Ⓒ **1** [しばしば合成語で] 破裂, 爆発, 破裂個所: a bomb-burst 爆弾の炸裂(はれつ) / a ~ in the water pipe 水道管の破裂個所.
2 突発, 突然吹くこと; (感情の)ほとばしり: a ~ of applause [laughter] どっと起こる拍手[笑い声] / a ~ of flame ぱっと燃え上がった炎 / in a ~ of anger 怒りを爆発させて. **3** (力・スピードなどを)一気に出すこと: The car put on a ~ of speed and passed the truck. 車は一気にスピードを上げてトラックを追い越した. **4** (銃の1回の)連射.

bur·ton /bə́:tn | bə́:-/ 名 [次の成句で] **gó for a búrton** [動] 自 《古風, 英略式》(1) 行方不明になる. (2) こわれる. (3) 殺される.

Bu·run·di /burúːndi/ 名 ブルンジ《アフリカ中部の共和国》.

*bur·y /béri/ 発音注意 (同音 berry; 類音 belly, valley, vary, very) 動 (bur·ies /~z/; bur·ied /~d/; -y·ing /-riŋ/; 名 búrial) 他 **1** [しばしば受身で] 〈死体を〉埋葬する, 〈人を〉葬(ほう)る: He was buried in the tomb. <V+O+前+名・代の受身> 彼はその墓に葬られた / The sailor was buried at sea. その船乗りは海に葬られた[水葬された].
2 [しばしば受身で] 〈物を〉埋める; (覆い)隠す (under, beneath): The old man buried his gold coins in the ground. <V+O+in+名・代> 老人は金貨を地中に埋めた / They were buried alive. <V+O+C (形)の受身> 彼らは生き埋めにされた. **3** 〈顔を〉(手の中などに)埋める; 〈手を〉(ポケットなどに)突っ込む, 〈ナイフなどを〉突き立てる: He buried her face in her hands. 彼は(頭を垂れて)顔を両手で覆った. **4** 〈...を〉葬り[忘れ]去る, 水に流す; 〈感情などを〉隠す. **5** 《略式》〈...に〉楽勝する. **6** 《略式》《サッカー》〈シュートを〉決める. **búry oneself** [動] (ナイフなどが)突き刺さる (in). **búry oneself** [**be búried**] **in ...** [動] (1) ...にふける[没頭する]: She buried herself in her studies [books, work]. 彼女は学問の研究[本, 仕事]に没頭した. (2) (いなかなどに)引きこもる (away).

*bus /bʌ́s/ 発音 bath 名 (~·es, 《米》ではまた ~·ses /~ɪz/) Ⓒ **1** バス 《☞ car 表, 類義語》: I like riding ~es. 私はバスに乗るのが好きだ / We missed [caught, got] the last ~. 私たちは最終バスに乗り遅れた[間に合った].

会話 "Does this ~ go to Shinjuku?" "No. Take the number 13. It comes every fifteen minutes." 「このバスは新宿へ行きますか」「いいえ, 13番に乗りなさい. 15分ごとに来ます」

―― bus のいろいろ ――
mícrobùs, mínibùs 小型バス / **schóol bùs** スクールバス / **shúttle bùs** 近距離往復バス / **sight-seeing bùs** 観光バス / **trólleybùs** トロリーバス

―― コロケーション ――
board a bus	バスに乗り込む
get off a bus	バスから降りる
get on a bus	バスに乗り込む
take a bus	バスで行く (☞ by bus (成句) 語法 (1))

2 《電算》= data bus. 語源 omnibus の短縮形; ☞ omnibus 語源.
by bús=on a bús [副] バスで: Shall we walk or go by ~? 歩こうか, それともバスで行こうか (☞ by 前 2 語法).

語法 (1) by bus は on foot, by car などに対して用い, 普通は take a bus to school バス通学する などと言う. (2) by bus は「バスを使って」, on a bus は「バスに乗って」の感じが強い.

― 動 (bus·es, bus·ses; bused, bussed; bus·ing, bus·sing) 他 **1** 〈...を〉バスで運ぶ (to). **2** 《米》〈子供を〉バスで通学させる《特に人種差別解消のために人種の異なる地域に》 (to, into). **3** 《米》[bus 助手が]〈皿・テーブルを〉片づける. ― 自 **1** バスで行く. **2** 《米》給仕人助手をする. **bús it** [動] 自 バスで行く.
bús·bòy /-bɔ̀ɪ/ 名 Ⓒ 《米》食堂給仕人の助手.
bus·by /bʌ́zbi/ 名 (**bus·bies**) Ⓒ 毛皮製高帽《英国の軽騎兵がかぶる》.
bús dèpot 名 Ⓒ 《米》= bus station.

bush /bʊ́ʃ/ 名 (~·es /~ɪz/; 形 búshy) **1** Ⓒ 低木, 灌木(かんぼく)《根元から多くの枝が出ている》(shrub); やぶ, 茂み: a rose ~ ばらの木 / He hid himself behind the ~es. 彼は灌木の陰に身を隠した. 関連語 ☞ tree 木 / grass, plant 草. **2** Ⓤ [しばしば the ~] 奥地,

拓の土地《アフリカやオーストラリアなどにある；木の生えているいないに関係なく》）. **3** C もじゃもじゃの頭髪[毛]；《卑》女性の恥毛. **beát aròund [《英》abóut] the búsh** [動] 自 なかなか本題に入ろうとしない.

Bush /bʊ́ʃ/ 名 固 **1** George Herbert Walker ~ ブッシュ (1924–)《米国の政治家；第 41 代大統領 (1989–93); ☞ president 表》. **2** George Walker ~ ブッシュ (1946–)《米国の政治家; 1 の子; 第 43 代大統領 (2001–)》.

búsh bàby 名 C ガラゴ《小型のきつねざる》.

bushed /bʊ́ʃt/ 形 P 《略式》疲れ切って.

†**bush·el** /bʊ́ʃəl/ 名 C **1** ブッシェル《米国では乾量 (dry measure) の単位で 4 ペック，約 35 リットル；英国では液量 (liquid measure) および乾量の単位で 4 ペック，約 36 リットル；略 bu.; ☞ measure 表》: buy wheat by the ~ 小麦をブッシェル単位で買う. **2** 《しばしば複数形で》《米略式》たくさん，大量 (*of*). **híde one's líght ùnder a búshel** [動] 自 自分の能力[長所]をけんそんして隠す.

bush·i·ness /bʊ́ʃinəs/ 名 U 毛むくじゃら.

búsh lèague 名 C 《米略式》=minor league. — 形 《米略式》マイナーリーグの；二流の，下手な.

Bush·man /bʊ́ʃmən/ 名 **-men** /-mən/） C **1** ブッシュマン族(の人)《アフリカ南部の狩猟民族》. **2** [b-]《オーストラリアの》森林地帯の住人.

búsh·màster 名 C ブッシュマスター《熱帯アメリカ産の毒へび》.

búsh mèdicine 名 U 《豪》民間療法.

búsh rànger 名 C 《豪》山賊.

búsh pìlot 名 C 《米》カナダ北部や Alaska の叢林地帯を飛ぶ小型機の飛行士.

búsh tèlegraph 名 U [the ~]《英》《滑稽》非公式の情報ルート，情報[うわさ]の速い伝達，口コミ《☞ grapevine 1》.

búsh·wàlker 名 C 《豪》低木地帯のハイカー.

búsh·whàck《米》動 他《やぶを利用して》〈…〉を奇襲する. — 自《やぶを切り払いながら》森林地を進む.

búsh·whàcker 名 C 《米》森林地開拓者.

†**bush·y** /bʊ́ʃi/ 形 (**bush·i·er**, **-i·est**; 名 bush) **1** 《毛などが》濃い，もじゃもじゃの. **2** 低木の繁った；《植物が》葉の密集した.

búshy-tàiled 形 ☞ bright-eyed.

bus·i·ly /bízəli/ 副 忙しそうに；せっせと.

**busi·ness /bíznəs/ 発音注意 名 (~·es /-ɪz/)

「busy (忙しい)+-ness (状態)」から「忙しくさせるもの」→「仕事」6
┌→「業務」**2**→「職業」**3**→「商売」**1**
└→「用事」**5**→「事柄」**7**

1 U 商売，取り引き；景気，商況；企業，実業(界)；顧客，得意(客): the advertising [fashion] ~ 広告[ファッション]業界 / We *do* ~ *with* the firm. うちはその会社と取り引きをしている / *B*~ is brisk. 商売は活況を呈している / *B*~ is ~. 《ことわざ》商売は商売だ《人情は禁物》 / attract ~ 顧客を引き寄せる / 会話 "How's ~?" "Not bad." 「景気はいかがですか」「まあまあです」// big business.

2 U 業務，事務: BUSINESS AS USUAL 平常どおり営業《掲示》 / All ~ was stopped by the strike. ストライキで業務はすべて停止した.

3 C,U 職業，商売 《☞ occupation 類語》: 会話 "What (line of) ~ is he in?" "Woolens."「彼の商売は何ですか」「羊毛を扱っています」

4 C 店，会社，商社《しばしば小規模のものを指す》: run a printing ~ 印刷会社をやっていく / start one's own ~ 自分で会社を始める / a family ~ 家族経営の店 /

business college

He has a ~ in New York. 彼はニューヨークに店を持っている《have business なら「用事がある」の意；☞ 5》.

5 U 用事，用件，日程，議事: I have ~ with him. 彼に用事がある《☞ 4 最後の例文》/ What is your ~ here? 何の用でおいでになったのですか / I have unfinished ~ to deal with. まだやらねばならぬ用件があります / Is there any other ~? 他に議題がありますか.

6 U 仕事，職務；務め(るष)；[one's ~ として] (人にだけ)かかわりのあること，[否定文で]《干渉する》権利: *B*~ before pleasure. 《ことわざ》遊びよりまず仕事 / It is a pupil's ~ to study. 勉強することは生徒の務めだ / That's *my* ~. それは私だけの問題だ《他人の口出しは要らない》. **7** [単数形で]事柄 (matter), 《やっかいな》事. **8** U 《漠然と言い表わされた》分野，方面. **9** U 《劇》しぐさ，所作《せりふに対して》. **10** [the ~]《古風，米》きびしい扱い，痛い目: give ~ the ~ (人を)からかう，いじめる；…をしかる. **11** [the ~]《英俗》ぴったりの[すばらしい]物[人].

be áll búsiness [動] 自 まじめ[真剣]である[になる].

be in búsiness [動] 自《略式》(事を始める)準備ができている《☞ in business》.

be in the búsiness of … [動] 他《普通は否定文で》(1) …に関係して[かかわり合って]いる. (2) 《…する》つもりでいる (doing).

gét abòut the búsiness of dóing … [動] S …を始める，…に取りかかる.

gèt dówn to búsiness [動] 自《肝心の》仕事[用件]に取りかかる.

gó abòut one's búsiness [動] 自 通常通り働く；仕事に取りかかる.

gó into búsiness [動] 自 実業界に入る.

hàve nó búsiness dóing=**hàve nó búsiness to dó** [動] …する権利[資格]がない.

in búsiness [形] 営業[活動]して，実業に従事して: be back in ~ 営業[活動]を再開している.

like nóbody's búsiness [副] S とても速く[上手に]; 猛烈に，ひどく.

màke it one's búsiness to dó [動] …することを引き受ける，…しようと努力する.

méan búsiness [動] 自《略式》本気である，本当にするつもりだ.

mínd one's ówn búsiness [動] 自 [普通は進行形で]《略式》いつもやっているようにする.

Mínd your ówn búsiness! S 大きなお世話だ《略 MYOB》. 由来 自分のことだけを気にしてろ，の意.

on búsiness 11 [副] 商用で，用事で: He left San Francisco for New York on ~. 彼は商用でサンフランシスコを立ちニューヨークへ向かった.

òut of búsiness [形・副] 破産[廃業]して: go *out of* ~ 破産[廃業]する.

sénd … abòut …'s búsiness [動] 他《古風》〈…〉を追い出す.

sét úp in búsiness [動] 自 開業する.

tálk búsiness [動] 自《略式》まじめな話をする.

Thát's [It's] nóne of your búsiness.=**Thát's [It's] nó búsiness of yóurs.** S よけいなお世話だ《☞ 6》: *That's* [*It's*] *none of your* ~ *where I was last night!* 私が昨夜どこにいようがお前の知ったことじゃない.

búsiness administràtion 名 U 《米》経営学《☞ MBA》.

búsiness càrd 名 C 《業務用の》名刺《英米人はあいさつの意味での名刺交換はしない》.

búsiness clàss 名 U 《飛行機の》ビジネスクラス《ファーストクラスとエコノミークラスの間》.

búsiness còllege 名 C 《米》実務学校《速記・パソコン・簿記などの実務訓練をする》.

búsiness commùnity 名 [the ~] 実業界.
búsiness cỳcle 名 C 景気循環.
búsiness dày 名 C 《米》営業日, 勤務日.
búsiness ènd 名 [the ~]《略式》(道具などの)機能を果たす部分：*the ~ of a gun* 銃口.
búsiness hòurs 名《複》勤務[営業]時間.
búsiness jèt 名 C 小型ジェット機.
+**búsiness·lìke** 形 実務的な；能率的な；てきぱきした；事務的な. 日英比較 英語では「冷たい」という含みはない.
búsiness lùnch 名 C ビジネスランチ(商談をしながらとる昼食).
***búsi·ness·man** /bíznəsmæn /-mèn/ C **1** 実業家 (特に管理職にある人). 日英比較 普通は経営者や管理職にある実業家を指すが, 時に日本でいう「ビジネスマン」のように一般の会社員, 事務員 (office worker) の意味で使われることもある. **2** 実務家；[形容詞とともに]商売の…の人：He is a good [*poor*] ~. 彼は商売が上手[下手]だ.
búsiness pàrk 名 C オフィス街.
búsiness pèrson 名 C =businessman, businesswoman (☞ -person 1 語法).
búsiness plàn 名 C 事業[経営]計画.
búsiness replỳ màil 名 U 《米》(料金受取人払いの)商用返信郵便.
búsiness schòol 名 C 経営学大学院 (☞ MBA).
búsiness stùdies 名 U《英》経営学.
búsiness sùit 名 C《米》背広服, スーツ (《英》lounge suit).
+**búsiness·wòman** (-wom·en /-wìmən/) C 実業家；実務家《女性》：She is a good [*poor*] ~. 彼女は商売が上手[下手]だ (☞ businessman).
bus·ing /básɪŋ/ 名 U 白人と黒人を共学させるためのスクールバスによる通学 (1950年代のアメリカ人種統合時代に行われた).
busk /básk/ 動 自《英略式》大道芸をする.
busk·er /báskə | -kə/ 名 C《英略式》大道芸人.
busk·ing /báskɪŋ/ 名 U《英略式》大道芸.
bús làne 名 C《英》専用車線, バスレーン.
bús lìne 名 C バス路線；バス会社.
bús·lòad 名 C バスの満員乗客数 (*of*).
bús·man /-mən/ 名 (-men /-mən/) C《古風, 英》バスの乗務員.
búsman's hóliday 名 [a ~]平常と同じ仕事をして過ごす休暇(バスの運転手がドライブに行くことから).
bús pàss 名 C バス割引[無料]乗車券.
buss /bás/《主に米》名 キス. ── 動 他 〈…〉に（社交上の）キスをする.
bus·ser /básə | -sə/ 名 C《米》(レストランの)給仕の助手.
bús sèrvice 名 U バスの便.
*****bus·es** /básız/ 名 [is bus の複数形の 1 つ].
bús shèlter 名 C (屋根や囲いつきの)バス停.
bus·sing /básɪŋ/ 名 U =busing.
bus stàtion 名 C バスターミナル(ビル).
+**bús stòp** 名 C バスの停留所, バス停 (アメリカではバス停に名前が無い).
*****bust¹** /bást/ 動 (busts /básts/；過去・過分 bust·ed /-ɪd/,《英》bust; bust·ing)他《略式》(1)《主に米》〈…〉を壊す；こわす；折る (break)：~ *a balloon* 気球を破裂させる. **2**《略式》〈…〉を破産させる, 〈財政〉を破綻させる. **3**《略式》《警察が》〈…〉を逮捕する (*for*)；《警察が麻薬捜査などで》〈…〉に手入れをする, 押し入る. **4**《略式, 主に米》《軍》〈将校・下士官など〉を降格させる. **5**《略式》〈…〉をなぐる. ── 自 **1**《略式》破裂する；こわれる. **2** 破産する. **búst one's áss** [bútt, chóps] [動] 自 S 必死に頑張る. **búst óut** [動] 自 (1)《略式》抜け出す；脱獄する (*of*). (2)《俗》〈人〉を批判する. **búst úp** [動] 自《略式》(1)《英》(夫婦・親友などが)仲たがいする, 別れる. (2)《米》大笑いする. ── 他《略式》(1)《米》〈物〉をこわす. (2)《米》〈…〉をだめにする, 台なしにする；〈関係など〉を終わらせる；〈人〉を仲たがい[離婚]させる. (3)〈不正行為など〉をやめさせる, 摘発する. (4)《米》〈大企業など〉を破産させる, 解体させる. **get bústed**《米》《警察に》捕まる. **… or búst** S《略式》ぜったい…に行くぞ[…をやり遂げるぞ], 万難を排して.
── 名 C《略式》**1** 失敗；破産；(急激な)不況. **2** 逮捕；(警察の)手入れ.
── P《略式》**1** 破産して：go ~ 破産する. **2**《英》こわれて.
bust² /bást/ 名 C **1** 胸像 (*of*). **2**《女性の》胸 (chest 類義語). **3** バスト, 胸回り.
bust·er /bástə | -tə/ 名 C [無冠詞で；しばしば B- として軽蔑]《米略式》おい《男性に対する呼びかけ》.
-bust·er /bástə | -tə/ 名 [合成語で][主に新聞で]「…を破壊する人[もの]」の意：a crime-*buster* 犯罪摘滅者.
bus·ti·er /bú:stiei, bú:stjei | bá:stia, bú:s-/ 《フランス語から》名 C ビュスチエ(袖なしでストラップレスのぴったりした女性用トップ).
-bust·ing /bástɪŋ/ 名 [合成語で][主に新聞で]「…を破壊[退治]する」の意：a crime-*busting tactics* 犯罪を摘滅する戦術.
+**bus·tle¹** /básl/ 動 自 せわしく動き回る；あたふたと急ぐ：They were *bustling* around [*about*]. 彼らは忙しそうに動き回っていた. ── U せわしい動き, 大騒ぎ；ざわめき (*of*).
bus·tle² /básl/ 名 C バッスル(昔スカートの後ろをふくらませるのに使った腰当て).
bus·tling /básɪŋ/ 形 **1** にぎやかな, 騒がしい. **2** P (場所が)〈…に〉あふれた (*with*).
búst-úp 名 C《英略式》**1** 大げんか. **2** (結婚などの)破局.
bust·y /básti/ 形 (bust·i·er; -i·est)《略式》《女性が》胸の大きな.
bús·wày 名 C バス専用道路[車線].
*****bus·y** /bízi/ 発音注意 形 (bus·i·er; -i·est) **1** 忙しい, 多忙な；せっせと…している《反 idle》：a ~ day 多忙な一日 / She was ~ *with* [*at*] her work. 彼女は仕事に精を出していた / He is ~ *getting* ready for the journey. <A+現分> 彼は旅のしたくで忙しくしている (☞ 巻末形容詞型 1. 6) / The *busiest* people find the most time. 《ことわざ》忙しい人ほど暇を見つけるものだ.
2 (場所が)にぎやかな, (通りが)混雑している；(生活が)忙しい：a ~ street [*restaurant*] にぎやかな通り[繁盛しているレストラン].
3《主に米》(電話が)話し中で (《英》engaged)：The line is ~. お話し中です《交換手のことば》. **4** (デザインなどが)くどい, ごてごてした.
gèt búsy [動] 自 (1) 仕事に取りかかる. (2)《米俗》セックスする.
kéep (oneself) **búsy** [動] 自 忙しく(仕事)する.
kéep … búsy [動] 他 〈…〉を忙しくさせる[働かせる]：My boss *keeps* me ~ answering letters. 私は上司に使われて手紙の返事書きに忙しい.
── 他 (bus·ies; bus·ied; bus·y·ing) 他 〈…〉を忙しくさせる. **búsy oneself** [動] 自 せっせと〈…〉をする, 〈…で〉忙しい：John *busied himself with* answering fan letters. ジョンはせっせとファンレターの返事を書いた.
búsy bée 名 C《略式》いつも忙しい人.
búsy·bòdy (-bod·ies) C《軽蔑》おせっかいな人.
búsy Lízzie 名 C《英》ほうせんか.
bus·y·ness /bízɪnəs/ 名 U 忙しいこと, 多忙.

búsy sìgnal 名 C [普通は単数形で]《米》(電話の)「話し中」の信号音 (《英》engaged tone).

búsy・wòrk 名 U《米》(意味のない)時間つぶしの仕事 [課題].

*****but** /(弱) bət; (強) bʌ́t/ (同音 #butt¹⁻⁴; 類音) bat)

基本的には「それとは反対に」の意.
① しかし …………………………… 接 1
② …を除いて ……………………… 前
③ ほんの, ただ…だけ ……………… 副 1

— 接 **1**《等位接続詞》**しかし**, だが, けれども《対比を表わす》[☞ 類義語]; [先行する否定詞 not などと関連して] (…ではなく) むしろ (—): He is old ~ strong. 彼は年は取っているが達者だ [形容詞と形容詞とを結ぶ] / A whale is *not* a fish ~ a mammal. (=A whale is a mammal, not a fish.) 鯨は魚ではなくて哺乳動物だ [名詞と名詞] (★「しかし」と訳さない; ☞ not … but — (not 成句)) / I came here *not* to scold you ~ to warn you. 私はここにお前をしかりにではなくて警告しに来たのだ [不定詞と不定詞] / She sang ~ did not dance. 彼女は歌ったが踊らなかった [動詞と動詞] / I didn't do well, ~ hé did. (=He did well, ~ I didn't.) 私はうまくできなかったが彼はできた [節と節].

2《等位接続詞》(1) [yes, no などの後で] でも《修正を加える》: "Did you like it?" "*Yes*, ~ not as much as I had expected (to)." 「気に入りましたか」「ええ, でも期待したほどではありませんでした」

(2) [excuse me, sorry などの後で] けれども: *Excuse me*, ~ would you tell me the way to the station? すみませんが駅に行く道を教えていただけませんか. (3) [弁解などの表現の後で] しかし, けれども: *I may be too optimistic*, ~ I believe the problem can be solved. 楽観的すぎるかもしれないが, 問題は解決できると思う. (4) [前の語を強意的に繰り返して] そして: I did everything ~ everything ~ I could do! 私はできることは全てしました, 本当に何もかも.

3《等位接続詞》[文頭に用いて] (1) でも《反対の意見や疑問などを述べる》: B~ I tell you I did see it! でも見たんだよ. (2) では, ところで《元の話題に戻したり新しい話題を導入する》: B~ let's get back to your question. さて, あなたの質問に戻ろう. (3) さらに《議論につけ加えると》: B~ there is another factor we have to take into consideration. さらに考慮しなければならない要因がもう一つある. (4) [しばしば感嘆詞とともに] それにしても, また《驚きや感嘆を強調する》.

4《従位接続詞》(1) [否定文の後で] …のほかに, …を除いて, 《古風または格式》…しないでは; …しないほど《☞ never … but — (never 成句)》: *Not* a single day passes ~ I think of it. それを思わない日は一日もない / *No* one is so old ~ he may still learn. だれもどんなに年老いたということはない(どんなに年老いても学ぶことはある). (2) [doubt, question などの否定的の意味の語の後で] (that) …ということ《☞ but that … (成句)》.

— 前 [no (one), nothing, anything, all, everybody, anywhere, who, where などの後で] …を除いて, …のほかは (except): There was nothing ~ water. 水以外は何もなかった / I can't give you *anything* ~ my love. 僕があげられるのは愛情だけだ / 言い換え *Everyone* is here ~ John.=*Everyone* ~ John is here. ジョン以外はみなここに来ている / I was invited to the party and *who* [*which*] did [should] I see there ~ an old friend of mine! 私はパーティーに招待され, そこでなんと昔の友人に会えたのだ / I turned off *every* light ~ the one in the corner. 私は隅の一つを除いてすべての光を消した / 言い換え She was the oldest child ~ one. (=She was the second oldest child.) 彼女は上から2番目の子供だった // the last … but one (☞ last 成句).

bùt for ... 前《格式》…がなければ (without): 言い換え B~ for your help my success *would* have been impossible. (=If it had not been for your help, my success would have been impossible.) 君の助けなしでは私の成功はなかっただろう.

語法 現在の事実に反する仮定や条件を表わすときには結論を示すのに would, should などの助動詞の過去形を用い (☞ if 3 文法 (3) (i)), 過去の事実に反する仮定や条件を表わすのに, should などの後に have + 過去分詞を用いるのが普通 (☞ if 3 文法 (3) (iii)).

---

bùt that ... 接《古風》(1) …でなければ: His business would have failed ~ *that* you helped him. あなたが助けなかったら彼は商売に失敗していただろう. (2) [deny, doubt, question などの否定語の後で] …ということ (that): I've *no* doubt ~ *that* he'll come. 彼はきっと来る. (3) [否定語・疑問詞の後で] …でないということ (that; ~ not): I *don't* know ~ *that* he may have felt that way all along. 彼が始めからずっとそう考えていたのではないかと私は(うすうす)思っている.

but thén (agáin) ☞ then 成句.

bùt whàt ... 接] = but that … (3).

nót bùt whàt ... とはいうものの…というわけではない (not that …): I didn't hit him — *not* ~ *what* I didn't want to! 彼をなぐりはしなかった—なぐりたくないわけではなかったんだが.

— 副 **1**《文》ほんの, たった, ただ…だけ (only): I was ~ a child then. 私はそのときはほんの子供でした. **2** [can の後で] ともかく, ただ(…はできる): I *can* ~ try. とにかくやってみるだけだ. **3** (S)《米俗》(しかも)本当に, まさに: Do it ~ now! 今すぐそれをやりなさい.

— /bʌ́t/ 名 C 異議 (objection). **Bút me nó búts.**「しかし, しかし」と言わないでもらいたい. **(There are) nó búts abóut it.** (S)《略式》つべこべ言うな《命令など》.

— 代《関係代名詞》《文》…でない(もの, 人) (that [who] … not): There was no one there ~ shed tears. そこに涙を流さなかった者はいなかった.

《類義語》**but** は接続詞としては「だが, しかし」に当たる最も一般的な語で, however, still, yet などとも意味が弱い. **however** but よりも格式ばった語で, 文頭よりもむしろ文中に置くことが多く, また独立して用いることもある. **still** は文の初めに置いて接続詞的に用い, but や however よりも意味が強い. **yet** but, still, however などよりも格式ばった語で, 意味が強い.

bu・tane /bjúːteɪn/ 名 U ブタン《炭化水素の一種; 燃料用》.

*****butch** /bʊ́tʃ/ 形《略式》[しばしば軽蔑]《女性が》男っぽい; [ほめて]《男性が》タフな. — 名 C レズの男役.

*****butch・er** /bʊ́tʃə | -tʃə/ 名 (~s /~z/) C **1** 肉屋, 畜殺者: She bought it at the '~ shop [~'s (shop)]. 彼女はそれを肉屋で買った (☞ absolute possessive 文法). **2** (残忍な)殺人者, 無用の血を流す者. 語源 古(期)フランス語で「雄やぎを殺して売る者」の意. **háve [tàke] a bútcher's** 動 自《俗信》一目見る (at). — 動 (-er・ing /bʊ́tʃ(ə)rɪŋ/) 他 **1**《動物》を(食用に)畜殺する; 〈人〉を惨殺[虐殺]する. **2**《略式》〈…〉を台なしにする.

bútcher・bìrd 名 C 百舌(もず).

bútcher blòck 名 C ブッチャーブロック, 集積材《細長い板を縞になるように接着した寄せ木版》.

butch・er・y /bʊ́tʃ(ə)ri/ 名 U **1** 大量殺人, 虐殺. **2** 屠畜; 食肉処理(業).

but・ler /bʌ́tlə | -lə/ 名 C 執事, 使用人頭(がしら)《酒倉・食品類などを管理する》. 語源 古(期)フランス語

「ワインのびん (bottle) を運ぶ人」の意.

butt¹ /bʌt/ 名 C **1** 《略式, 主に米》しり (buttocks): Get off your ~! 《しりを上げて》さっさとやれ / Get your ~'lin here [out of here] right now! Ⓢ さっさとここへ入れ[ここから出ろ] / work one's ~ off 一生けんめいやる / sit on one's ~ ぶらぶらする. **2** (たばこの吸いさし; 《俗》紙巻きたばこ. **3** 太い方の端, (銃の)床尾, 台じり; (釣りざおの)手もと. **cóver one's bútt** 動 ㊀ =cover one's ass (☞ ass¹ 成句). **sáve …'s bútt** 動《略式》(苦境から)…を救う.

butt² /bʌt/ 名 C [普通は the ~] (あざけりなどの)的: the ~ of everyone's jokes みんなのからかいの的.

butt³ /bʌt/ 動 ㊀ **1** 〈…〉を頭で突く[押す], 角で突く. **2** 〈頭〉をぶつける. ― ㊀ 突き当たる, ぶつかる (against, into) (☞ button 成句). **bútt ín** 動 ㊀《略式》(1) 〈話などに〉口を差し挟む (on). (2)《米》干渉する (on). **bútt óut** 動 ㊀ [しばしば命令文で] Ⓢ《主に米》口出し[干渉]しない. ― ㊁ 〈頭〉を突く[こする].

butt⁴ /bʌt/ 名 C **1** 大酒だる《ワインやビールを入れる》; (雨水などを貯める)大だる.

butte /bjuːt/ 名 C《米西部》ビュート《山頂が平らでまわりは絶壁の孤立した山[丘]》.

*but·ter /bʌ́tə | -tə/ (類音 batter) 名 U バター; バターに似たもの (パンに塗る): B~ is made from milk. バターは牛乳から作られる / spread ~ on the bread パンにバターを塗る. 語法 種類をいうときは: several English ~s 数種のイギリス製バター. 関連 margarine マーガリン. **lóok as if [thòugh] búttər wòuldn't mélt in one's móuth** 動 虫も殺さぬ顔をしている, ねこをかぶる. 由来 口の中でバターも溶けないような(すました)顔をしている, の意. ― 動 (-ter·ing /-tərɪŋ, -trɪŋ/) ㊁ 〈…〉にバターを塗る. **bútter úp** 動 ㊁《略式》〈人〉にお世辞を言う, 取り入る.

bútter·báll 名 C **1** 球状にしたバター. **2**《米略式》太った人[子供], でぶ.

bútter bèan 名 C いんげん豆; あおい豆.

bútter·crèam 名 U バタークリーム.

bútter·cùp 名 C きんぽうげ, うまのあしがた. 参考 英国の春を象徴する花.

bútter·fàt 名 U 牛乳の脂肪《バターを造る》, 乳脂.

bútter·fíngers 名 (複 ~) C《略式》よく物を落とす人; 不器用な人.

*but·ter·fly /bʌ́təflàɪ | -tə-/ 名 C (-ter·flies /~z/) **1** C ちょう: There is a ~ hovering over the tulips. ちょうが 1 羽チューリップの上をひらひらと舞っている. **2** C 快楽を追い求める人; 移り気な人: a social ~ はでな社交好きの人. **3** U [しばしば the ~] バタフライ泳法: do (the) ~ バタフライで泳ぐ. **hàve [gèt] bútterflies (in one's stómach)** 動 ㊀《略式》(何かする前に)あがる, どきどきする.

buttercup

bútterfly kíss 名 C バタフライキス《まばたきしてまつ毛で相手のほおに触れること; 特に子供に対する愛情表現》.

bútterfly nùt 名 C =wing nut.

bútterfly stròke 名 U =butterfly 3.

bútterfly vàlve 名 C《機》蝶(ちょう)形弁.

bútter knìfe 名 C バターナイフ.

bútter·mìlk 名 U バターミルク《バターを採った後の牛乳》.

bút·ter·nut squásh /bʌ́təʊnʌt- | -tə-/ 名 C,U バターナッツ《かぼちゃの一種》.

bútter·scòtch 名 U バタースコッチ《バターと赤砂糖で作ったキャンデー》.

but·ter·y /bʌ́təri, -tri/ 形 バターのような; バターを含んだ[塗った].

bútt·hòle 名 C《米卑》**1** しりの穴. **2** いやなやつ.

butt·in·sky, -ski /bətɪ́nski/ 名 C《米俗》でしゃばり, おせっかい屋.

*but·tock /bʌ́tək/ 名 C [普通は複数形で] しり《腰掛けるときに触れる部分》. 🔷 hip 日英比較; back 挿絵.

*but·ton /bʌ́tn/ 名 (~s /~z/) C **1**《服の》ボタン;《米》(標語などを記した)バッジ, 襟章: ~s on a coat 上着のボタン / A ~ has come off. ボタンが取れた.

─── コロケーション ───

do up a *button* ボタンを留める
lose a *button* ボタンをなくす[が取れてなくなる]
sew a *button* on ボタンを縫いつける
undo [unfasten] a *button* ボタンをはずす

2 C (機械などの)押しボタン (push button);《電算》(画面上の)ボタン; ボタンに似た物: at the push [press, touch] of a ~《器具などの》ボタンを押すだけで(簡単に) / Push [Press] the green ~, and the light goes on. 緑のボタンを押してください. すると明かりがつきます. **3** [形容詞的に] 丸くて小さい: ~ eyes つぶらな目 / a ~ nose 丸くて小さい鼻. 語源 古(期)フランス語で「突く」の意で, butt² と同様に「小さな出っ張り」の意味になった. **(as) bríght as a bútton** 形 《子供が》賢く快活な. **on the bútton** 副·形《略式, 主に米》きっかり, どんぴしゃり. **púsh [préss] …'s bútton** 動 (1) 〈人〉を怒らせる. (2) 〈人〉を性的に興奮させる. **púsh [préss] the ríght búttons** 動 ㊀ (新聞で) (演説でうまく取り入って)聴衆を喜ばせる; うまくやる. ― 動 (**buttons** /~z/; **but·toned** /~d/; **-ton·ing**; 反 unbutton) ㊁ 〈…〉のボタンを留める; 〈…〉をボタンで留める: Button (up) your shirt; that's sloppy. 〈V+O (+up)〉シャツのボタンを留めなさい. だらしないから / B~ (up) your lip [mouth]. Ⓢ 黙れ. 〈…〉をボタンで留める: This dress ~s (up). このドレスはボタン掛けだ / Her dress ~s at the back. 彼女のドレスは背中でボタンが掛かる. **Bútton it!** Ⓢ 黙れ, しゃべるな. **búttoned úp** 形《英略式》黙りこくった. **bútton úp** 動 ㊁《略式》〈…〉を首尾よく仕上げる. ― ㊀ [普通は命令文で]《俗》黙る.

bútton bàr 名 C《電算》ボタンバー《初期画面上のアイコン》.

bútton dày 名 C《豪》ボタンデー《街頭募金の日; 募金者にバッジをつける》.

bútton-dówn 形 A (えりが)ワイシャツにボタンで留める, (シャツが)ボタンダウンの.

búttoned-úp /bʌ́tnd-/ 形《英略式》うちとけない, とりすました.

bútton·hòle 名 C **1** ボタンの穴. **2**《英》(上着のえり穴にさす)花, 花房《米》boutonniere). ― 動 ㊁《略式》〈…〉を引き止めて話を聞かせる.

bútton·hòok 名 C ボタン掛け《靴などのボタンをはめるとき用いる鉤(かぎ)形の器具》.

bútton múshroom 名 C (かさの開いてない)小さなきのこ.

bútton-thróugh 形 A《英》(スカート·ドレスなどが)上から下までボタンで留める.

\+but·tress /bʌ́trəs/ 名 C **1**《建》控え壁《壁を補強する》. **2** 支え (support), 支えとなる物[人]; (体系などの)支柱. ― 動《格式》**1** 〈…〉を補強材で支える (with, by); 支持する (up). **2** 〈理論·主張など〉を(事実·証拠などで)強化する, 固める (by).

but·ty /bʌ́ti/ 名 (-ties) C《英略式》=sandwich.

bux·om /bʌ́ksəm/ 形《女性が》肉づきのよい, 胸の豊かな; 健康で快活な.

*buy /baɪ/ 発音注意 (同音 bye¹,², *by; 類音 bike, bite, byte) 動 (**buys** /~z/; 過去·過分

bought /bɔ́ːt/; **buy·ing**) [他] **1** 〈…〉を**買う**, 購入する; 〈…に〉〈物〉を買ってやる ([反] sell) (☞ 類義語); (金・金額が)〈…〉を買える: I'd like to ～ this doll. この人形が欲しいのですが (店先で) / He *bought* it 「*at* that store [*from* his friend, (略式) *off* his friend]. <V+O+前+名・代> 彼はそれをあの店で[友人から]買った / I *bought* this book *for* ten dollars. <V+O+*for*+名> 私はこの本を 10 ドルで買った / [言い換え] I *bought* a hat *for* her. <V+O+*for*+名・代> =I *bought* her a hat. <V+O+O> 私は彼女に帽子を買ってやった (☞ indirect object [文法] (2), for [前] A 1 [語法]) / Money can't ～ happiness. 金で幸福は買えない. **2** [普通は受身で] 〈自由・勝利・名声など〉を(犠牲を払って)獲得する (*with*): Peace *was* dearly *bought*. 平和は高い代償を払って獲得された. **3** [普通は受身で] (略式) (わいろで)〈人〉を買収する (*with*): He can't *be bought*. 彼は買収できない. **4** 〈…に〉〈飲食物〉をおごる: Please let me ～ you a drink. 一杯おごりましょう. **5** [S] (略式) 〈考え・説明など〉を(本当と)受け取る, 信じる: I don't ～ your excuse. そんな言い訳は通じないぞ.

— [自] 買う, 購入する: If you are willing to sell, I'll ～. あなたが売りたいのなら私が買おう / ～*ing* and selling 売買. [日英比較] 日本語と語順が逆. **búy òne's wáy ìnto …** [動] [他] 金を使って…に入る (☞ way[1] [コーパス・キーワード]). **búy it**=(米) **búy the fárm** [動] [自] [普通は過去または完了形で] [S] (略式) (事故・戦争などで)死ぬ.

buy の句動詞

búy báck [動] [他] 〈…〉を買い戻す (*from*): No man is rich enough to ～ *back* his past. どんな金持ちでも自分の過去は買い戻せない (英国の作家ワイルド (Wilde) のことば).
búy ín [動] [他] (英) (大量に)〈…〉を買い込む, 仕入れる.
búy ínto … [動] [他] **1** (会社)の株を買う, …に参入する. **2** (略式) (考えなど)を受け入れる, 信じる.
búy óff [動] [他] 〈…〉を買収する (bribe), 金で丸め込む.
búy óut [動] [他] (1) 〈企業など〉を買い取る; 〈人〉から株[権利]を買い取る. (2) (英) 〈人〉を(軍隊などから)金を払って除隊[免除]させる (*of*).
búy úp [動] [他] 〈土地・商品など〉を買い占める; 〈会社〉を買い取る.

— [名] [C] 買い物; 買い得品, 格安品: a good ～ 買い得(の品) / a bad ～ つまらない買い物.

【類義語】**buy** 一般的な語で, 小額の物にも, 高価な物を買う場合にも用いる: I *bought* a notebook at the stationery store. 私は文房具店でノートを買った. **purchase** *buy* よりも改まった感じの語で, 値段の交渉などを経て高価なものを買うときや, 大量に買うときなどに用いる: Louisiana *was purchased* by the US from France in 1803. ルイジアナは 1803 年に米国によってフランスから購入された.

búy·bàck [名] [C] 買い戻し.

*__buy·er__ /báɪɚ | báɪə/ [名] (～s /～z/) [C] **買い手, バイヤー**; (デパートの)仕入れ係. [関連] seller 売り手.

búyers' màrket [名] [a ～] 買い手市場 (需要より供給の多い経済状態). [関連] sellers' market 売り手市場.

⁺**búy·òut** [名] [C] (企業の)買い占め, 買収.

*__buzz__ /bʌ́z/ ([類音] buds (bud の複)) [動] (**buzz·es** /～ɪz/; **buzzed** /～d/; **buzz·ing**) [自] **1** (はち・はえなどが)ぶんぶんいう, ぶんぶん飛ぶ (☞ cry 表): A bee was *～ing around* [*about*]. <V+副> はちが 1 匹ぶんぶんと飛び回っていた. **2** [普通は進行形で] (群集が)がやがやいう; (場所が)(活動・うわさなどで)ざわめく; (機械などが)うなる; (耳・頭の中が)鳴る: The village *was ～ing with* excitement. 村中が興奮でざわめいていた. **3** [W] 忙しく動き回る (*around, about*). **4** [進行形で] (考え・疑問などが)(頭を)ぐるぐる巡る; (頭・心が)(考え・疑問などで)いっぱいになる: [言い換え] New ideas *are ～ing around* my head. =My head *is ～ing with* new ideas. 私の頭に新しい考えが巡っている. **5** [S] (ブザーを鳴らして)呼ぶ (*for*). — [他] **1** 〈…〉をぶんぶんいわせる. **2** [S] 〈…〉をブザーを鳴らして呼ぶ, 〈…〉にブザーで合図をする; (略式) 〈…〉に電話をかける. **3** (略式) 警告として〈…〉すれすれに低空飛行する. **búzz ín** [動] [他] (略式) (電子システムを解除して)〈人〉を建物の中へ入れる. **búzz óff** [動] [自] [S] (略式) (1) [命令文で] あっちへ行け. (2) 立ち去る, 帰る.

— [名] (～·es /～ɪz/) **1** [C] (はち・はえなどの)ぶんぶんいう音: the ～ of bees みつばちのぶんぶんいう音. **2** [単数形で] がやがやいう声, ざわめき; [しばしば the ～] (略式) うわさ(話): the ～ of conversation がやがやいう話し声. **3** [C] ブザーの音. **4** [a ～] (略式) (電話の)呼び出し: I'll give you *a* ～ tomorrow. 明日電話します. **5** [a ～] (略式) 興奮, わくわくすること; 高揚した雰囲気; (米略式) ほろ酔い気分: give … *a* ～ (人を)わくわくさせる. **cóp a búzz** [動] [自] [S] (米略式) 麻薬[酒]でほろ酔い気分になる. **gét** [(米) **cátch**] **a búzz** [動] [自] (略式) 強い快感を覚える; 楽しむ (*from, out of*).

buz·zard /bʌ́zɚd | -zəd/ [名] **1** (米) [C] はげたか, コンドル (vulture); (英) のすり (たかの一種). **2** [主に [S]] いやなやつ.

búzz·cùt [名] [C] (米) 坊主刈り.

⁺**buzz·er** /bʌ́zɚ | -zə/ [名] [C] **1** ブザー: press [sound] a ～ ブザーを押す[鳴らす]. [関連] bell ベル / chime チャイム. **2** ブザーの音 (時報など).

búzz sàw [名] [C] (米) 電動丸鋸(まるのこ).

búzz·wòrd [名] [C] 流行となった専門[業界]用語.

BVDs /bíːvìːdíːz/ [名] [複] (米略式) 男性用下着 (BVD は商標).

BWL, bwl [略] [E メールで用いて] =bursting with laughter 爆笑.

by /baɪ, báɪ/ ([同音] #buy, #bye[1,2]; [類音] bike, bite, byte)

基本的には「…によって」と「…のそばに」の 2 つ.

① [行為者; 手段; 基準などを示して] …によって	[前] **1, 4; 2, 3; 10; 11**
② (…の)そばに; 通り過ぎて	[前] **5; 8;** [副] **1, 2**
③ …を経由して	[前] **9**
④ [期限を示して] …までに	[前] **6**
⑤ [程度を示して] …だけ	[前] **12**
⑥ …を単位として, …ずつ	[前] **13, 14**

— [前] **1** [普通は受身の文において行為者を示して] **…によって** (☞ be[2] B [文法]): This story was written *by* a German writer. この物語はドイツ人の作家によって書かれた (☞ 4) / government *by* the people 人民による政治 (☞ Gettysburg [参考]).

2 [道具・手段・原因などを示して] **…によって,** …で; …の結果: *by* train [boat] 列車[船]で / *by* car [bus] 自動車[バス]で / *by* chance 偶然に / *by* mistake 誤って / death *by* hanging 絞首刑 / *by* airmail 航空便で / *by* phone 電話で / *by* telegraph [telegram, wire] 電報で. [語法] 乗り物・通信手段を示す名詞には冠詞がつかない. ただし特定の場合は別: leave *by* the 6:30 train 6 時 30 分の列車で出発する // The town was destroyed *by* an earthquake. その町は地震で壊滅した / I know her *by* sight. 私は彼女の顔は知っている. ★手段を示す with との比較については ☞ with 3 [語法].

3 [動名詞の前につけて] …することによって: We can save five minutes *by* tak*ing* this shortcut. この近道をすることで 5 分浮く.

4 …によって作られた, …によって書かれた[描かれた, 作曲された] (☞ 1): a play *by* Shakespeare シェークスピアの書いた戯曲 / Do you like pictures *by* Picasso? ピカソ

の絵は好きですか.

5 …のそばに[の, を], …の近くに[の, を]; …の手もとに: My house is *by* the river. 私の家は川の近くにある / I had an enjoyable day *by* the sea. 私は海辺で楽しい一日を過ごした / Come and sit *by* me. こちらへ来て私のそばに座りなさい / I always keep this dictionary *by* me. 私はいつもこの辞書を手もとに置いている.

【語法】 **by, beside, near** の意味の違い
「…の近くに」を表わす語に, by, beside, near がある. 一般に by は「…のわきに」, near は「…から遠く離れないで」という意. 上の I had an enjoyable day *by* the sea. = … *near* the sea. とすると,「海は見えないがとにかく海の近くで」という意味にもなる. また上の Come and sit *by* me. の文は Come and sit *beside* me. ともいえるが, beside は by よりも「…のわきに」の意味がはっきりしている.「そば」の意味をさらに強く表わすときは by the side of を使う: a park *by the side of* the lake 湖畔の公園.

6 [期限を示して] …までに(は): Can you finish it *by* 8 [eight] o'clock? それを 8 時までに終えられますか / 「*By* the end of the century [*By* the time the century ended], things had changed. 世紀の終わりまでには事態は変わっていた.

【語法】 **by** と **till, until** の意味の違い
till や until が「…までずっと動作や状態が続く」ことを表わすのに対して, by は「…までに動作や状態が起こる[終了する]」ことを表わす: (A) I'll be (=come back) here *by* four. 4 時までにはここに来ます. (B) I'll be (=stay) here *till* [*until*] four. 4 時までずっとここにいます.

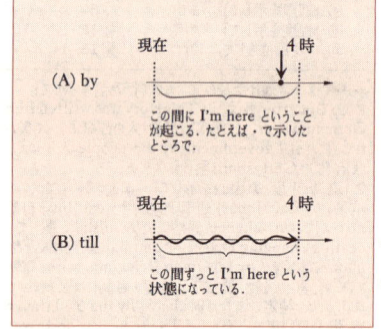

```
                    現在            4時
(A) by  ─────────────│──────────▼─────
              この間に I'm here ということ
              が起こる. たとえば・で示した
              ところで.

                    現在            4時
(B) till ────────────│∿∿∿∿∿∿∿∿∿∿│─────
              この間ずっと I'm here という
              状態になっている.
```

7 [期間を示して] …の間: sleep *by* day and work *by* night 昼間眠り, 夜働く. 【語法】 (1) by の後の名詞は普通は無冠詞. (2) by の句はしばしば前の名詞を修飾する: Is New York *by* night busier than London *by* day? ニューヨークの夜はロンドンの昼よりにぎやかですか.
8 /bái/. …の(前[そば])を通り過ぎて(⇨ past 前 1 【語法】): He walked *by* me without saying a word. 彼はひと言も言わずに私の前を通り過ぎた.
9 …を経由して, …を通って: He came in *by* the back door. 彼は裏口から入ってきた / They traveled *by* land [sea, water]. 彼らは陸路[船]で旅行した.
10 [動作の対象となる身体などの部分を示して] (人の)…を(取って): He grabbed Maggie *by* the hair [arm]. 彼はマギーの髪の毛[腕]をつかんだ / She led the old woman to the church *by* the hand. 彼女はおばあさんの手を取って教会まで連れて行った. 【語法】 by の後の名詞には the がつく(⇨ the¹ 2).
11 [判断などの基準を示して]〈規則・許可など〉に従って: What time is it *by* your watch? あなたの時計で何時ですか / I knew *by* his appearance that he was not English. 私は彼の姿を見て彼が英国人でないことがわかった / play *by* the rules ルールに従ってプレーする.
12 [程度を示して] …だけ, …の程度まで: My sister is younger than me [I] *by* two years. 妹は私より 2 年下だ(⇨ than 前 1 【語法】 (1)) / Prices have increased *by* 20 percent. 物価が 2 割上がった / The Yankees won the game *by* (a score of) 5-2 [five to two]. ヤンキースは 5 対 2 で試合に勝った.
13 …を単位として(⇨ the¹ 4): sell eggs *by* the dozen 卵を 1 ダース単位で売る / They rent boats *by* the hour. 彼らはボートを時間貸ししている.
14 …ずつ, …ごとに: Prices went up week *by* week. 物価は週ごとに上がった. 【語法】 冠詞をつけず, 複数形にもしない // He counted the books one *by* one. 彼はその本を一冊ずつ数えた. **15** [数] [乗除に用いて] …で (掛けて, 割って) 〈長さ・幅などの寸法表示にも用いる; ⇨ X 6, 7〉: Multiply 8 *by* 2. 8 に 2 を掛けよ(日本語では 2×8) / Twenty-four divided *by* six is [equals] four. 24 を 6 で割れば 4 (24÷6=4) / This room is sixteen feet *by* twenty-five (feet). この部屋は幅 16 フィート, 長さ 25 フィートだ. **16** [drop, go, stop などに伴って]〈略式〉立ち寄って: Come *by* our house on your way home. お帰りの途中で私たちのところへお寄りください.
17 …に関して(は), …について(は): *by* name 名前 / *by* profession 職業は / That's fine *by* me. 私はそれで結構です(⇨ fine¹ 形 4 【会話】) / She is French *by* birth. 彼女は生まれはフランス人だ. **18** …を父親とする: She has three children *by* her ex-husband. 彼女には先夫の子供が 3 人いる. **19** …にかけて: swear *by* God 神にかけて誓う. **by fár** ⇨ far 成句. **bỳ the bý** [副] Ⓢ 〈古風〉ところで.

── /bái/ **1** 通り過ぎて: A car drove *by*. 自動車が通り過ぎた / Time goes *by*. 時が過ぎてゆく. **2** そばに: stand *by* そばに立つ. **3** [come, drop, go などに伴って]〈略式〉立ち寄って: Just stop *by* for a chat. ちょっと寄っておしゃべりしていきませんか. **4** [keep, lay, set などに伴って](備えのためにわきに; 取っておいて, 蓄えて): *put* some money *by* お金を蓄えておく. **bý and bý** [副]〈文〉やがて, まもなく.

by-, bye- /bái/ 接頭「副次的な・わきの」などの意: *by*-product 副産物 / *by*stander 傍観者.

bý-and-bý 名 [the ~] 将来, 未来.
bý·càtch 名 Ⓒ 雑魚.
*__**bye¹**__ /bái/ 〈同音 buy, *by; 類音 bike, bite, byte〉 感 Ⓢ〈略式〉ではまた, じゃあね: B~ for now. じゃあね.
+**bye²** /bái/ 名 Ⓒ **1** (トーナメントでの)不戦勝. **2**〖クリケ〗バイ(捕手の後逸による得点). **bỳ the býe** [副] the by the by (⇨ by 前 成句).
*__**bye-bye**__ /bàibái, báibài/ 感 Ⓢ〈略式〉じゃあ, バイバイ(⇨ good-bye 類義語): 【会話】"B~, Dad [Mom]!" "B~, dear! Don't be late!"「パパ[ママ]行ってきます」「いってらっしゃい, 遅くならないようにね」── /bábài/ 名 [~s として] Ⓤ〈英小児〉ねんね: time 'to go [for] ~s ねんねの時間. **gó býe-býe** [動] 倉〈米小児〉お出かけする(leave); ねんねする(go to sleep). **gó (to) býe-býes** [動] 倉〈英小児〉ねんねする.
býe·làw 名 Ⓒ ＝bylaw.

bý(e)-elèction 名 C 《主に英》(国会の)補欠選挙.
Bye·lo·rus·sia /bjèlourʌ́ʃə, bèl-/ 名 固 ベラルーシ(Belarus の旧称).
býe nòw 間 《米略式》 さよなら, バイバイ.
⁺**bý·gòne** 形 A 過去の: ~ days [era] 過ぎし日, 昔. ── 名 《複数形で》過去のこと: Let ~s be ~s. 《ことわざ》 過去のことは過去のこと(過ぎたことは水に流せ).
bý·làw 名 C 1 《米》(クラブ・会社などの)内規; 付則, 細則. 2 《英》(地方自治体の)条例.
bý·line 名 C (新聞・雑誌の)記事標題下の筆者名を記す行.
BYO /bí:wàɪóu/ 略 《豪》=Bring Your Own 酒類持ち込み可のレストラン.
BYOB /bí:wàɪòubí:/ 略 =Bring Your Own Bottle 各自酒類持参のこと(パーティーなどの招待状に記す).
⁎**by·pass** /báɪpæs, -pàːs/ 名 (~·es /-ɪz/) C 1 バイパス《自動車用迂回(ふい)路》; (ガス・水道などの)側管: You'll save an hour if you take the ~ around the city. 市を回るバイパスを通れば1時間浮かせるだろう. 2 《医》バイパス(手術): a heart ~ 心臓のバイパス手術 / ~ surgery バイパス手術. ── 動 他 1 〈…〉を迂回する; 〈町など〉にバイパスを付ける. 2 〈正規の手続きなど〉を無視する, とびこす; 〈問題など〉を回避する. 3 《医》〈…〉にバイパスを行なう.
bý·plày 名 U (芝居の)わき演技.
⁺**bý·pròduct** 13 名 C 1 副産物 (of). 2 (思いがけない)副次的結果 (of).
Byrd /bə́ːd | bə́ːd/ 名 固 Richard Evelyn ~ バード(1888-1957)《米国の南極探検家》.
byre /báɪɚ | báɪə/ 名 C 《古風, 英》牛舎.

bý·ròad 名 C わき道.
By·ron /báɪ(ə)rən/ 名 固 George Gordon Noel ~ バイロン(1788-1824)《英国の詩人》.
⁺**bý·stànder** 名 C 傍観[目撃]者, 局外者: an innocent ~ (現場にいたが)係わりのない人, 通りがかりの人.
byte /báɪt/ 名 C 《電算》バイト《情報量の単位で8ビット; 英数字1つ分の情報量》: "How many ~s are there on this floppy disk?" "1.2 mega~s."「このフロッピーディスクの記憶容量は何バイトですか」「1.2メガバイトです」(1.2 は one point two と読む).
bý·wày 名 C 《反 highway》わき道, 抜け道, 間道; 《複数形で》あまり知られていない分野.
bý·wòrd 名 C (…の)典型的な例, 代名詞 (for); 決まり文句, ことわざ; もの笑いの種.
bý·your-léave 名 C 許可願い 《☞ leave² 成句》: without so much as a ~ 「失礼ですが」とも言わないで, 勝手に, 無断で, ことわりもなく.
Byz·an·tine /bíz(ə)ntìːn, -tàɪn | bɪzǽntaɪn/ 形 ビザンティウム (Byzantium) の; ビザンティウム風の; 東ローマ帝国の; 《しばしば b-》《格式》《普通は軽蔑》(迷路のように)複雑な, 入り組んだ: B~ architecture ビザンツ式建築. ── 名 C ビザンティウムの人.
Býzantine Émpire 名 固 《the ~》ビザンツ[ビザンティン]帝国《東ローマ帝国 (the Eastern Roman Empire) の別名》.
By·zan·ti·um /bɪzǽnʃiəm, -ʃ(i)əm/ 名 固 ビザンティウム《330年までの Constantinople の旧称》.

c C

c¹, C¹ /síː/ 名 (複 c's, cs, C's, Cs /~z/) 1 C,U シー《英語アルファベットの第3文字》. 2 C 《ローマ数字》100 (☞ number 表). 3 [C] (成績の) C, 良と可の間 (☞ grade 表). 4 C 《楽》ハ音, ハ調.

*c² 略 1 センチメートル (centimeter(s)). 2 =cubic.

*C² 略 1 冷たい (cold). 2 =Celsius, centigrade, copyright. 3 [E メールで] =see.

C³ 《電》単2 (乾電池のサイズ).

C⁴ /síː/ 名 U 《電算》C (シー) 言語《コンピューター言語》.

*c. 略 1 セント (cent(s)). 2 =circa. 3 《米》= cup.

*C. 1 世紀 (century). 2 =cape¹, calorie.

*¢ 略 セント (cent(s))《通貨単位; ☞ cent》: 1¢ 1 セント (one [a] cent と読む) / 3¢ 3 セント (three cents と読む) (☞ $).

© 著作権[版権]所有 (copyright の略号).

C⁺⁺ /síːplʌsplás/ 名 U 《電算》C⁺⁺ (シープラスプラス)《コンピューター言語》.

c/- 《豪》=care of (☞ care 名 成句).

CA¹ 《米郵》=California.

CA² 略 《英》chartered accountant.

ca. 略 =circa.

C.A. 略 =Central America.

*cab /kǽb/ 名 (~s /-z/) C 1 タクシー (taxi): He called a ~ for Jane. 彼は[電話で]ジェーンのためにタクシーを呼んだ / hail a ~ タクシーを手を振って呼ぶ. 2 (機関車の) 機関室; (バス・トラックの) 運転台. 3 つじ馬車《昔, 町つじで客を乗せた1頭立ての馬車》.

by cáb=in a cáb 副 タクシーで: I went to the hotel by ~. 私はタクシーでホテルへ行った.

── 動 (~s; cab·bed /kǽbd/; cab·bing) 自 1 タクシーで行く. 2 タクシーを運転する. ── 他 〈…〉をタクシーで運ぶ.

CAB /síːèibíː/ 略 1 =《英》Citizens' Advice Bureau 市民相談所. 2 =《米》Civil Aeronautics Board 民間航空委員会 (1938-85 年に活動).

ca·bal /kəbál, -bæl/ 名 C 《格式》(政治的な)陰謀団, 秘密結社; 陰謀.

ca·ba·la /kəbɑ́ːlə, kǽbələ/ 名 =kabbala(h).

ca·ban·a /kəbǽn(j)ə, -báː-/ 名 C 《米》(浜辺などの)簡易更衣所.

⁺**cab·a·ret** /kǽbərèi, kǽbərèi/ 名 1 U,C (レストラン・クラブなどの)歌・踊りなどのショー. 2 C キャバレー《ショーが楽しめるレストランやクラブ》.

*cab·bage /kǽbɪdʒ/ 名 (cab·bag·es /~ɪz/) 1 C,U (結球した)キャベツ: a Chinese ~ 白菜. 語法 (1) キャベツ1個, 2個は a ~, two ~s とも a head of ~, two heads of ~ ともいう. (2) a piece of ~ は「キャベツの1片」の意: There was a piece of ~ in his soup. 彼のスープにキャベツがひと切れ入っていた. 2 U (食用の)キャベツ(の葉): stuffed ~ ロールキャベツ. 3 C《英略式》《軽蔑》無気力な人, ぐうたら; [差別]植物人間. 4 U 《米俗》紙幣, 金.

cábbage bùtterfly 名 C 《紋》白蝶 (しろちょう).

cábbage ròll 名 [普通は複数形で] 《米》(ライスとひき肉入りの)ロールキャベツ.

cábbage·tòwn 名 C 《カナダ略式》スラム街.

⁺**cab·by, cab·bie** /kǽbi/ 名 (cab·bies) C《略式》タクシーの運転手.

cab·driv·er /kǽbdràɪvə, -və/ 名 C タクシーの運転手.

ca·ber /kéɪbə, -bə/ 名 C 丸太投げ用の丸太《松などなど》. **tóssing the cáber** 名 丸太投げ《スコットランドで行われる力比べの競技》.

Cab·er·net Sau·vi·gnon /kǽbənéɪsòuvì:nj(oʊ)n, -bəː-/ 名 1 U カベルネ・ソーヴィニヨン《赤ワイン用の黒ぶどうの一品種》. 2 U,C カベルネ・ソーヴィニヨン製ワイン.

*cab·in /kǽbɪn/ 名 (~s /~z/) C 1 (船・航空機の)客室, キャビン; (飛行機の)乗務員室, 船員室: The passengers were asleep in their ~s when the ship hit a huge iceberg. 乗客が客室で眠っていたときに船は巨大な氷山と衝突した.

2 小屋 (☞ cabinet 囲み): live in a ~ 小屋に住む // ☞ log cabin.

【類義語】cabin 簡素な小屋(丸太造りのものを連想させる), または船の客室など宿泊を目的としたもの. hut 非常に粗末な作りの小屋で, 部屋は意味しない. shed 母屋の外に物置や作業場用などに建てた小さな独立した小屋や差し掛け小屋 (lean-to) で, 一方が開け放しになったものが多い.

cábin bòy 名 C キャビンボーイ《船室[船長室, 艦長室]付きの給仕》.

cábin clàss 名 U (船の)二等. 関連 first class 一等 / tourist class 三等.

cábin crèw 名 C [《英》単数形でも時に複数扱い] (航空機の)客室乗務員.

cábin crùiser 名 C (宿泊設備のある)行楽用の大型モーターボート (cruiser).

*cab·i·net /kǽb(ə)nɪt/ 名 (-i·nets /-nɪts/) C

cabin と同語源で「小さな部屋」の意.
┌─ (大切な物を収める所) → 「戸棚」1
└─ (王の私室) → (私室での相談役) → 「内閣」2

1 (食器・薬品などをしまうガラス戸付き)戸棚, 飾り棚 [ケース]; 食器棚; (ラジオ・テレビなどの)キャビネット: a medicine ~ 薬品棚 // ☞ filing cabinet.

cabinets

2 [しばしば C-] 内閣, 《米》大統領顧問団 (☞ department 表): a ~ meeting 閣議 / form [choose] a C~ 組閣する. 語法 《英》では内閣の一人一人の閣僚に重点を置きたいときには単数形でも複数扱いとなることがある 《☞ collective noun 文法》.

cábinet·màker 名 C 家具職人, 家具師.

cábinet mìnister 名 C 《英》閣僚.

cábinet reshùffle 名 C 内閣改造.

cábinet·wòrk 名 U 1 [集合的に] 高級家具類. 2 高級家具製造.

cábin fèver 名 U 《米》外出したい欲求《冬に長期間家の中に閉じこもりがちのときに感じる》.

*ca·ble /kéɪbl/ 名 (~s /~z/) 1 C,U (船・つり橋などの)太綱《針金 (wire)・麻などをより合わせたもの》: The bridge is suspended by four ~s. その橋は4本の太い綱でつってある. 語法 綱1本, 2本は a ~, two ~s とも a piece [length] of ~, two pieces [lengths] of ~ ともいう.

2 C,U (電話・電力などの)ケーブル, 海底[地下]電線; an

undersea ~ laid between Tokyo and Hawaii 東京・ハワイ間に敷かれた海底電線. **3** Ⓤ =cable television. **4** Ⓤ 外国電報, 海底電信, 外電 (cablegram). **5** Ⓤ =cable-stitch. **6** Ⓒ [海] いかりづな, 錨鎖 (ばじょう). **7** Ⓒ [海] 鏈(½) (距離の単位; 1/10 海里 (米) 約 220 m, (英) 約 185 m)). **by cáble** [副] 海底電信で. **on cáble** [形/副] 有線テレビで [の].
— 動 (**ca·bles** /-z/; **ca·bled** /-d/; **ca·bling**) 他 **1** 〈人に〉〈通信〉を外国電報で打つ, 〈金〉を電信で送る; 〈人に〉外国電報で知らせる (that); 言い換え I ~d the news to her. =I ~d her the news. 私はその知らせを彼女に電報で打った/I ~d him to come. 私は彼に来てくれと電報を打った. **2** [普通は受身で] 〈地域・家〉に有線テレビを敷設する.
— 自 外国電報を打つ (from, to).

cáble càr 名 Ⓒ ケーブルカー; ロープウェー (ropeway). 参考 San Francisco などでは路面の下にケーブルが埋められていて, 市街を走っている (☞ trolley 1).

cable·cast /kéɪblkæ̀st | -kà:st/ 動 (**-casts**; 過去・過分 **-cast**; **-cast·ing**) 他 〈…〉を有線テレビで放送する. — 名 Ⓒ 有線テレビ放送[番組].

cable·gram /kéɪblgræ̀m/ 名 Ⓒ 外国電報, 海底電信 (cable).

cáble mòdem 名 Ⓒ [電算] ケーブルモデム.

cáble ràilway 名 Ⓒ ケーブル[綱索]鉄道.

cáble-rèady 形 ケーブルテレビチューナー内蔵の.

cáble-stìtch 名 ⓒⓊ 縄編み.

cáble télevision, cáble TV, cáble·vision 名 Ⓤ 有線[ケーブル]テレビ (略 CATV).

ca·bling /kéɪblɪŋ/ 名 Ⓤ 電子機器の配線.

ca·boo·dle /kəbúːdl/ 名 [次の成句で] **the whóle (kít and) cabóodle** [名] (略式) 全部員.

ca·boose /kəbúːs/ 名 Ⓒ **1** (米) (貨物列車の最後尾の)乗務車 ((英) guard's van). **2** Ⓢ (古) (英) 厨房.

Cab·ot /kǽbət/ 名 **John** ~ カボット (1450?-98?) (1497年に北米大陸に到達したイタリアの航海者).

cáb rànk 名 Ⓒ =cabstand.

Ca·bri·ni /kəbríːni/ 名 **Saint Frances Xa·vi·er** /zéɪviə | -viə/ ~ カブリーニ (1850-1917) (米国初の聖人; 通称 Mother Cabrini).

cab·ri·o·let /kæ̀briəleɪ/ 名 Ⓒ キャブリオレ (たたみ込みの幌のついた自動車).

cáb stànd 名 Ⓒ (米) タクシー乗り場 (taxi stand).

ca·cao /kəkáʊ/ 名 (~**s**) **1** Ⓒ カカオの実(ココア, チョコレートの原料). **2** カカオの木.

cac·cia·to·re /kàːtʃətɔ́ːri/ 形 (米) [名詞の後で] [料理] カッチャトーレ(トマト・マッシュルームをハーブ・スパイスなどと共に煮込んだ).

+**cache** /kæʃ/ 名 Ⓒ **1** (武器・食糧・金などの)隠し場所; 隠匿(½)物資 (of). **2** [電算] キャッシュ (メモリー). — 動 他 **1** 〈武器・食糧・金など〉を隠し場所に貯める, 隠す. **2** [電算] 〈データ〉をキャッシュする.

cache·pot /kǽʃpɒt, -poʊ | -poʊ, -pɒt/ 名 Ⓒ 飾り鉢 (植木鉢を入れる).

ca·chet /kæʃéɪ | kǽʃeɪ/ 名 **1** Ⓤ ⓌⒸ (格式) 威信, 高い社会的地位. **2** Ⓒ (良質・純粋の)特徴, 印.

cack-hand·ed /kǽkhæ̀ndɪd⁻/ 形 (英略式) 不器用な, ぎこちない.

cack·le /kǽkl/ 動 自 **1** (めんどりが産卵後に) こっこっ鳴く, (がちょうが)くゎっくゎっと鳴く, けたたましく鳴く (☞ cry 表 goose, hen); (人が)かん高くちゃっちゃっと笑う.
— 他 〈…〉をぺちゃくちゃしゃべる, 〈…〉をけたたましく笑う.
— 名 **1** Ⓤ こっこっ鳴く声(特に産卵後の雌鶏の鳴き声). **2** Ⓒ かん高い笑い(不快な印象を与える). **3** Ⓤ (くだらない)おしゃべり. **cút the cáckle** [動] 自 [命令文で] (古) (英略式) むだ口をやめる, 本題に入る.

café society 235

ca·coph·o·nous /kækɒ́fənəs | kəkɒ́f-/ 形 不協和音の; 耳ざわりな.

ca·coph·o·ny /kækɒ́fəni | kəkɒ́f-/ 名 Ⓒ [普通は単数形で] 不協和音; 不快な音調 (of).

+**cac·tus** /kǽktəs/ 名 (複 ~**·es**, **cac·ti** /-taɪ/) Ⓒ さぼてん.

cad /kæd/ 名 Ⓒ (古風) (女性に)下劣な男.

CAD /kæd/ 名 Ⓤ コンピューター援用の設計[デザイン] (computer-aided design の略).

ca·dav·er /kədǽvə | -və/ 名 Ⓒ (主に医) 死体.

ca·dav·er·ous /kədǽv(ə)rəs/ 形 (格式) 死人のような; 青ざめた, やせこけた.

CAD/CAM /kǽdkæ̀m/ 名 Ⓤ [電算] コンピューター援用の設計・製造 (computer-aided design and manufacture の略; acronym).

+**cad·die, cad·dy**¹ /kǽdi/ 名 (**cad·dies**) Ⓒ キャディー (ゴルファーのクラブ (club) を運ぶ人; ☞ golf 挿絵). — 動 自 キャディーをする (for).

cad·dish /kǽdɪʃ/ 形 (古風) (男性に)下劣な.

cad·dy² /kǽdi/ 名 (**cad·dies**) Ⓒ 茶筒; (米) 小バッグ.

ca·dence /kéɪdns/ 名 Ⓒ Ⓤ (格式) (声の)抑揚; リズム; [楽] (楽章などの)終末部.

ca·den·za /kədénzə/ 名 Ⓒ [楽] カデンツァ (協奏曲の中の独奏楽器のみによる華やかな演奏).

+**ca·det** /kədét/ 名 Ⓒ **1** (陸海空軍)士官[警察]学校生徒; 士官[幹部]候補生. **2** (英) (小・中学校の)軍事教練隊の一員.

cadge /kædʒ/ 動 (古風, 英略式) 自 ねだる, たかる (from, for). — 他 〈金など〉をねだる, たかる (from, off).

Cad·il·lac /kǽdəlæ̀k/ 名 **1** Ⓒ キャデラック(米国製の高級車; 商標). **2** [the ~] (米略式) 最高級品 (of) ((英) Rolls-Royce).

cad·mi·um /kǽdmiəm/ 名 Ⓤ (化) カドミウム (元素記号 Cd).

+**cad·re** /kǽdri | káː də/ 名 Ⓒ (英) 単数形でも時に複数扱い (格式) (軍隊・政党・企業などの)幹部, (特別な教育を受けた)中核グループ(全体または一員).

ca·du·ce·us /kəd(j)úːsiəs | -dj(úː-sìəs/ 名 Ⓒ (**ca·du·ce·i** /-siaɪ/) Ⓒ (ギ神・ロ神) 神々の使者 Mercury [Hermes] のつえ (2 匹のへびが巻きつく頂上に双翼があるつえ; 平和・医術の表象).

Caer·phil·ly /kəɑrfili | keə-/ 名 Ⓤ カーフィリー (ウェールズ産の白いマイルドな全乳チーズ).

Cae·sar /síːzə | -zə/ 名 **1** Ⓒ カエサル (ローマ皇帝の称号). **2** ⋀ =Julius Caesar.

caduceus

cae·sár·e·an [**Caesárean**] (**séction**), **cae·sár·i·an** [**Caesárian**] (**séction**) /sɪzé(ə)riən/ 名 Ⓒ [医] 帝王切開(術) ((C cesarean)).

Cáesar sálad 名 ⓊⒸ シーザーサラダ (レタス・にんにく・アンチョビなどに粉チーズ・ドレッシングをかけたサラダ).

cae·si·um /síːziəm/ 名 Ⓤ (化) =cesium.

cae·su·ra /sɪzjʊ́(ə)rə | -zjʊ́ə-, -zjɔ́ːr-/ 名 Ⓒ (韻) 行間休止.

+**ca·fé, ca·fe** /kǽfeɪ | kǽfeɪ/ 名 (~**s** /-z/) Ⓒ **1** 料理店, 軽食堂 (☞ restaurant 表): stop at a ~ for lunch 食堂に立ち寄って昼食をとる. **2** コーヒー店, 喫茶店. **3** (米) 酒場, バー, ナイトクラブ. **4** [電算] カフェ (ネットワーク上で議論ができる場所). 語源 フランス語で「コーヒー(店)」の意.

ca·fé au lait /kæ̀feɪoʊléɪ | kæ̀feɪ-/ 《フランス語から》 名 Ⓤ カフェオレ, ミルク入りコーヒー.

ca·fé society /kæ̀feɪ-/ 名 Ⓤ (特に New York 市の)一流カフェ[クラブ]やナイトクラブの常連.

236 cafeteria

caf・e・te・ri・a /kæfətí(ə)riə/ 名 C カフェテリア(セルフサービスの簡易食堂; 工場・学校などによくみられる; restaurant 表): have lunch at a ~ カフェテリアで昼食をとる. 語源 スペイン語で「コーヒー店」の意.

caf・e・tière /kæfətíɛr, -tíéər/《フランス語から》名 C (英) カフェティエール《金属製のフィルターのついたコーヒーポット》.

caf・e・to・ri・um /kæfətɔ́:riəm/ 名 C (米) (学校などの)食堂兼講堂.

caff /kæf/ 名 C (英略式) =café.

caf・fein・at・ed /kæfəneɪtɪd/ 形 カフェイン入りの.

†caf・feine, caf・fein /kæfí:n | kæfi:n/ 名 U カフェイン《茶・コーヒーなどに含まれるアルカロイド》.

caf・fè lat・te /kà:feɪlá:teɪ, -léɪ-/ 名 U.C カフェラッテ《同量のミルクを入れたイタリア風エスプレッソコーヒー》.

caf・tan /kǽftæn/ 名 C カフタン《中近東で男性の着る長そでのゆったりした丈長の絹または綿の服》; カフタン風の女性用ドレス.

*cage /kéɪdʒ/ 名 (**cag・es** /~ɪz/) C **1** 鳥かご(birdcage); (獣を入れる)おり, ケージ: There are three lions in the ~. おりの中には3頭のライオンがいる. **2** (鉱山などの)エレベーターの箱. **3** (バスケ)(ゴールの)かご; (アイスホッケー)ゴールの枠と網; (野)移動式バックネット《打撃練習用》. **4** 捕虜・囚人の収容所.

ráttle ... 's cáge 【動】 (S) (滑稽)…を困惑させる.

— 【動】(他) [普通は受身で] 〈鳥〉をかごに入れる, 〈獣〉をおりに入れる(up): ~d birds かごの鳥. **cáge ín** 【動】(他)〈...〉をかご[おり]に入れる; 自由を束縛する: The hotel room was so small that we felt ~d in. ホテルの部屋はあまりにも狭かったので, 私たちは息がつまる思いをした.

cag・er /kéɪdʒər/ 名 C (米略式) バスケットボールの選手.

ca・gey /kéɪdʒi/ 形 (**ca・gi・er; -gi・est**) (略式) 用心深い, 警戒している, 話したがらない(about).
~**・ness** 名 U =caginess.

ca・gi・ly /kéɪdʒɪli/ 副 (略式) 用心深く, 警戒して.

ca・gi・ness /kéɪdʒinəs/ 名 U (略式) 用心深さ.

ca・goule /kəɡú:l/ 名 C (英) カグール《防水の薄くて軽いアノラック》.

ca・gy /kéɪdʒi/ 形 (**ca・gi・er; -gi・est**) =cagey.

ca・hoots /kəhú:ts/ 名 [次の成句で] **be in ca・hoots** 【動】(略式) …とぐるになっている(with).

CAI /sí:èɪáɪ/ 略 =computer-aided [computer-assisted] instruction コンピューター援用教育.

cai・man /kéɪmən/ 名 C カイマン《南米産のわに》.

Cain /kéɪn/ 名 固 【聖】カイン《アダム(Adam)とイブ(Eve)の長男; 弟アベル(Abel)を殺した》.

ráise Cáin 【動】(自)(略式) 騒ぎ立てる; 文句をつける. 由来 弟を殺したカインを生き返らせる, の意.

Caine /kéɪn/ 名 固 Sir Michael ~ ケイン(1933-)《英国の映画俳優》.

cairn /kéərn/ 名 C ケルン, 積石, 道標.

Cai・ro /káɪroʊ/ 名 固 カイロ《エジプト北東部の Nile 川東岸にある都市; エジプトの首都》.

cais・son /kéɪs(ə)n, -sɑn | -sɒn/ 名 C **1** [土] ケーソン, 潜函(かん)《工事用の鉄筋コンクリート製の箱》. **2** 弾薬箱[車].

cáisson disèase 名 U ケーソン病, 潜函(かん)病(the bends).

†ca・jole /kədʒóʊl/ 動 他 〈人〉を丸め込む, 甘言でだます(coax): Kate ~d the man into consenting. ケートはその男をおだてて同意させた / She ~d her son out of quitting school. 彼女はうまいことを言って息子が学校をやめるのを思いとどまらせた. — (自) 丸め込む; 甘言でだます. **cajóle ... óut of** — 【動】(他) 甘言で〈...〉から〈...〉を取り上げる[引き出す].

ca・jol・er・y /kədʒóʊləri/ 名 U 丸め込み, 甘言.

Ca・jun /kéɪdʒən/ 名 C ケージャン人《フランス系のルイジアナ州の住民》. — 形 ケージャンの, (料理が)ケージャン風の(香辛料が効いている): ~ food ケージャン料理《アメリカ南部に特徴的》.

*cake /kéɪk/ 名 (~s /~s/) **1** C.U ケーキ, 洋菓子《小麦粉・砂糖・卵・バターなどを原料とした柔らかい菓子》: Don't eat too much ~. ケーキを食べすぎないように / She baked [made] three ~s. 彼女はケーキを3個焼いた / You cannot have your ~ and eat it (《米》too). (ことわざ) (S)(略式) お菓子を食べてしまって, しかも持っていることはできない(両方でいい思いはできない).

cake (柔らかい洋菓子)	
(米) cookie, (英) biscuit (堅く焼いた菓子)	菓子
(米) candy, (英) sweet (砂糖を固めた糖菓)	

語法 大きなケーキまるごと一つを言う場合は C だが, ナイフを入れて切ったものは U で piece や slice を用いて数える: There are three *pieces* [*slices*] of ~ on the table. 食卓にはケーキが3つある.

cake のいろいろ
bírthday càke 誕生日祝いのケーキ / chéesecàke チーズケーキ / chócolate càke チョコレートケーキ / Chrístmas càke (英) クリスマスケーキ / cúpcàke カップケーキ / frúitcàke フルーツケーキ / hót càke (米) ホットケーキ / páncàke (米) パンケーキ / shórt・càke (米) ショートケーキ / spónge càke スポンジケーキ / téa càke ティーケーキ / wédding càke ウェディングケーキ

2 C 丸くて薄い揚げた[焼いた]食物: a fish ~ 魚のすり身ひらフライ. **3** C ケーキ状の固形物の)1個(語法 piece): 'a ~ [two ~s] of soap せっけん 1[2] 個. **a píece of cáke** [名] (S) (略式) 楽々とできること. **cákes and ále** [名] (文) 楽しいこと. **gét [háve, wánt] a slíce of the cáke** [動] (自) (略式) (利益の)分け前を得る[得ている, 欲しがる]. **táke the cáke** [動] (自) (米略式) [しばしば皮肉] 並はずれている, まったく一番[最低]である.

— 動 他 [普通は受身で] (…で)〈...〉を厚く覆う, 固める(with, in). — (自) 固まる.

cáke flòur 名 U (米) 薄力粉.

cáke fòrk 名 C ケーキ用フォーク.

cáke mìx 名 C.U ケーキミックス《ケーキを作る粉》.

cáke pàn 名 C (米) (ケーキの)焼き型.

cáke tìn 名 C **1** ケーキを保存するための蓋つきの缶. **2** (英) =cake pan.

cáke・wàlk 名 [単数形で] (S) (略式) 楽なこと(for).

cal¹ 略 =calorie(s) (☞ calorie 1 参考).

Cal 略 =calorie(s) (☞ calorie 2 参考).

CAL, cal² /kǽl, sí:èɪél/ 略 =computer-aided [computer-assisted] learning コンピューター援用学習.

Cal. =California.

cal・a・bash /kǽləbæʃ/ 名 C ひょうたんの木《熱帯アメリカ産の樹木》; ひょうたん(の実).

cal・a・boose /kǽləbù:s/ 名 C (米略式) 留置場.

cal・a・brese /kǽləbrì:s, -brì:z/ 名 U ブロッコリー.

Ca・lais /kǽleɪ | kǽleɪ/ 名 固 カレー《フランス北部の Dover 海峡に臨む港市; ☞ 裏地図 G 6》.

cal・a・ma・ri /kæləmá:ri/ 名 U (料理として出された)烏賊(いか).

cál・a・mine (lòtion) /kǽləmàɪn-/ 名 U カーマインローション《日焼けした皮膚につける化粧水》.

ca·lam·i·tous /kəlǽmətəs/ 形《格式》不幸な, 災難の多い, 悲惨な, 痛ましい (to). **～·ly** 副 悲惨にも.

⁺**ca·lam·i·ty** /kəlǽməti/ 名 (**-i·ties**) 1 ⓒ 大災害《大地震・火事・洪水など; ☞ disaster 類義語》. 2 大きな不幸《肉親の死など》. 3 [滑稽] 大災難.

Ca·lám·i·ty Jáne 名 カラミティー・ジェーン (1852-1903)《米国の西部開拓時代の女性; 射撃の名手で英雄視されている》.

cal·car·e·ous /kælkéǝriəs/ 形 《化》(炭酸)カルシウム[石灰質]の[を含む].

cal·cif·er·ous /kælsífǝrǝs/ 形《化》炭酸カルシウムを含む[生じる].

cal·ci·fy /kǽlsǝfài/ 自 (**-ci·fies**; **-ci·fied**; **-fy·ing**) 自 石灰質になる. ── 他〈…〉を石灰化する.

cal·cine /kǽlsaɪn, -sɪn/ 動 他〈…〉を煆焼(かしょう)する《物質を強く加熱して, 揮発性物質を追い出した酸化したりする》; 灰になるまで焼く. ── 自 煆焼される.

cal·cite /kǽlsaɪt/ 名《鉱物》方解石.

*⁎**cal·ci·um** /kǽlsiǝm/ 名 Ⓤ カルシウム《元素記号 Ca》.

cálcium cárbide 名 Ⓤ《化》炭化カルシウム.

cálcium cár·bon·ate /-káːbǝnèɪt, -káː-/ 名 Ⓤ《化》炭酸カルシウム.

cálcium hydróxide 名 Ⓤ《化》水酸化カルシウム, 消石灰.

cálcium óxide 名 Ⓤ《化》酸化カルシウム, 生石灰《モルタル・しっくいの原料, また製陶用など》.

cal·cu·la·ble /kǽlkjulǝbl/ 形 計算[信頼]できる.

*⁎**cal·cu·late** /kǽlkjulèɪt/ **[T2]** 動 (**-cu·lates**; **-cu·lat·ed**; **-cu·lat·ing** /-tɪŋ/; **-cu·la·tion**) 他 1〈…〉を計算する;〈…〉と見積もる《☞ count¹ 類義語》: We ~d the cost *at* [*as, to be*] 10,000 yen.<V+O+*at* [*as, to be*]+名・代> 私たちはその費用を 1 万円と算出した / *C*~ *how* much money we will need next year.<V+O (*wh* 節)> 来年はどのくらい金が要るか計算しなさい / The experts ~ *that* the population of the city will double by the year 2030.<V+O (*that* 節)> 専門家は 2030 年までにその都市の人口が 2 倍になると見積もっている. 2〈…〉を推定する(選挙の結果を予測する): ~ the results of the election 選挙の結果を予測する / We ~d that we could reach the peak within a week. 私たちは山頂へ 1 週間以内に到着できると予想した. 3 [受身で]〈…〉が〈一するように〉意図[計画]する (intend), …しそうである: The Minister's speech *was* ~*d* to anger the opposition parties. 大臣の演説は野党を怒らせようという意図があるものと思う. 4〈people〉〈…〉を頼る.

── 自 1 計算する, 見積もる. 2 当てにする (rely), 予期する (on). 語源 元来ラテン語で「小石」の意; calculus と同語源. 昔は小石を並べて計算したことから.

*⁎**cal·cu·lat·ed** /kǽlkjulèɪtɪd/ 形 Ⓐ 計算された; 故意の: a ~ insult 計画的な中傷 / take a ~ risk [gamble] 危険を承知のかけをする.

⁺**cal·cu·lat·ing** /kǽlkjulèɪtɪŋ/ 形 [普通はⒶ] 打算的な, 抜け目のない, たくらみのある《☞ dry 日英比較》.

*⁎**cal·cu·la·tion** /kǽlkjulèɪʃǝn/ 名 (~s /-z/; 動 cálculàte) 1 Ⓤ.Ⓒ 計算(すること), 計算法: make [do] a ~ 計算をする / a mathematical ~ 数学の計算 / a rough ~ 概算 / by my ~(s) 私の計算では. 2 Ⓒ 計算(の結果), (計算して出た)答: What are those ~s based on? 計算は何を根拠にしたのか. 3 Ⓤ 推定, 予測. 4 Ⓤ 打算, たくらみ.

*⁎**cal·cu·la·tor** /kǽlkjulèɪtǝ | -tǝ/ 名 Ⓒ 計算機: a pocket ~ 電卓.

cal·cu·lus /kǽlkjulǝs/ 名 (複 **cal·cu·li** /-làɪ/; ~·es) 1 Ⓤ《数》微積分学. 2 Ⓒ《医》結石, 歯石 《☞ calculate 語源》.

Cal·cut·ta /kælkʌ́tǝ/ 名 カルカッタ《インド北東部の港市; インドで 2 番目に大きな都会》.

caliper 237

cal·de·ra /kældéǝrǝ/ 名 Ⓒ《地質》カルデラ《火山の爆発や陥没で生じる巨大なくぼ地》.

cal·dron /kɔ́ːldrǝn/ 名 Ⓒ 1 大釜, 大鍋. 2 [普通は単数形で] [比喩 に新聞で] 混乱[不安定]な状況.

Cal·e·do·ni·a /kæ̀lǝdóʊniǝ/ 名 《詩》カレドニア (Scotland の古名).

*⁎**cal·en·dar** /kǽlǝndǝ | -dǝ/ 名 (同音 calender) (~s /-z/) Ⓒ 1 カレンダー, 暦; 暦法: a desk [wall] ~ 卓上[壁かけ]カレンダー / turn over the ~ カレンダーをめくる. 関連 almanac 日の出, 日没, 潮の干満, 月齢などを記した暦. 2 [普通は単数形で]《スポーツ・行事などの》年間予定表; 予定一覧表. 3《米》(カレンダー式の)手帳, 卓上日記《今後の予定などをメモしておくもの》(《英》diary); 《今後の》予定, スケジュール. 4《英》《大学の》要覧, 履修便覧《《米》catalogue》. 語源 ラテン語で「古代ローマ暦の朔日(ついたち)」(calends) に開く会計簿」の意. それから月日を知らせるもの, の意味に変わった. 古代ローマでは利子の支払いが毎月朔日であった.

cálendar mónth 名 Ⓒ 1 暦月 (1 日から 30 [31, 28, 29] 日まで). 2 まるひと月.

cálendar yéar 名 Ⓒ 暦年 (1 月 1 日から 12 月 31 日まで). 関連 school year 学年 / fiscal [《英》financial] year 会計年度.

cal·en·der /kǽlǝndǝ | -dǝ/ 名 Ⓒ カレンダー《紙・布などのつやを出しロール機械》. ── 動 (**-der·ing** /-dǝrɪŋ, -drɪŋ/) 他〈…〉をカレンダー[つや出し機]にかける.

⁺**calf**¹ /kǽf | káːf/ 名 (複 **calves** /kǽvz | káːvz/) 1 Ⓒ 子牛, 仔牛《牛・きりん・象・くじらなどの子》. 関連 bull 去勢されない雄牛 / ox 去勢された雄牛 / cow 雌牛, veal 子牛の肉《☞ meat 表》. 2 Ⓤ =calfskin. **(be) in [with] cálf**《雌牛が》子をはらんで(いる). **kill the fátted cálf [動]**《帰ってきた人に》最高のもてなしをする. 由来 新約聖書「ルカ伝」にある話から.

calf² /kǽf | káːf/ 名 (複 **calves** /kǽvz | káːvz/) Ⓒ ふくらはぎ, こむら《☞ leg 挿絵》.

cálf-lèngth 形《服などが》ふくらはぎまで届く.

cálf lòve 名 Ⓤ =puppy love.

cálf·skin 名 Ⓤ 子牛のなめし革《製本・靴用》.

Cal·ga·ry /kǽlgǝri/ 名 カルガリー《カナダ Alberta 州南部の市》.

cal·i·ber, 《英》**·i·bre** /kǽlǝbǝ | -bǝ/ 名 1 Ⓤ 《人の》力量, 手腕; 《高度の》質. Ⓒ《銃砲・管の》口径, 内径; 《弾丸の》直径.

cal·i·brate /kǽlǝbrèɪt/ 動 他 1〈計量器など〉の目盛りを定める[正す], 〈機械など〉を調整する. 2 ⓦ〈…〉を測定する.

cal·i·bra·tion /kæ̀lǝbréɪʃǝn/ 名 1 Ⓤ 目盛り調べ; 調整; ⓦ 測定. 2 Ⓒ 目盛り.

cal·i·bre /kǽlǝbǝ | -bǝ/ 名《英》= caliber.

cal·i·co /kǽlɪkòʊ/ 名 (~(e)s) Ⓤ.Ⓒ《主に米》さらさ; 《主に英》キャラコ. ── 形《米》《猫が》三毛の.

ca·lif /kéɪlɪf, kǽl-/ 名 =caliph.

Calif. =California.

ca·lif·ate /kéɪlɪfèɪt, kǽl-/ 名 =caliphate.

*⁎**Cal·i·for·nia** /kæ̀lǝfɔ́ːnjǝ, -niǝ/ 名 1 カリフォルニア《米国西部の州; 略 Calif., Cal., 《郵》CA; 俗称 the Golden State; ☞ America 表, 表地図 E 4》. **2 the Gulf of ~** カリフォルニア湾《☞ 表地図 E 5》. **3 Lower ~** カリフォルニア半島, バハカリフォルニア《☞ 表地図 E5》.

Cal·i·for·nian /kæ̀lǝfɔ́ːnjǝn, -niǝn | -fɔ́ː-/ 形 カリフォルニア(人)の. ── 名 Ⓒ カリフォルニア人.

Ca·lig·u·la /kǝlígjulǝ/ 名 カリグラ (A.D. 12-41) 《残酷なローマ皇帝 Gaius Caesar (37-41) のあだ名》.

cal·i·per, **cal·i·per** /kǽlǝpǝ | -pǝ/ 名 1 [複数形で] カリパス《外径・厚さまたは内径を測定するコンパス状の器具》: a pair of ~s カリパス 1 丁. 2 Ⓒ [普

通は複数形で]《英》(弱った脚を支える)歩行用添え金.

ca·liph, ca·lif /kéɪlɪf, kǽl-/ [名] (~s) [C] **1** ハリハ, カリフ《マホメット (Muhammad) の後継者・イスラム教教主としてのトルコ国王サルタンの用いた称号》. **2** イスラム教国家の統治者.

ca·liph·ate, ca·lif·ate /kéɪlɪfèɪt, kǽl-/ [名] [C] ハリハ[カリフ]の職; ハリハ領; ハリハの治世.

cal·is·then·ics /kæ̀ləsθénɪks/ [名] [U] (体の強化のための)美容体操法; [複数扱い] 美容体操.

calk /kɔ́ːk/ [動] =caulk.

call /kɔ́ːl/ ([類音] coal)

基本的には「呼ばわる」の意.
→(声をあげて)「呼ぶ」[他] **2**, [自] **1**; 「呼ぶ声」[名] **2**
→(呼びかける) →「電話(する)」[他] **1**, [自] **2**; [名] **1**
→「呼び寄せる」[他] **5**
→(戸口で呼ぶ) →「立ち寄る」[自] **3**; 「訪問」[名] **3**
→「…と呼ぶ」[他] **3** →「…と言う」[他] **4**

― [動] (**calls** /~z/; **called** /~d/; **call·ing**) [他]
1 〈…〉に**電話する** (phone): I'll ~ you later. あとで電話をします / Could you ~ somebody *to* help us? <V+O+C (*to* 不定詞)> だれかに手伝ってくれるように電話をしてください / C~ (us *at* [《英》 *on*]) 220-3676. 220-3676 番に電話してください《ˈtwo two [《英》 dou-ble-two] 0 /óʊ/, three six seven six と読む》. ★《英》ではまた ring ともいう.
2 (声をあげて)〈…〉を**呼ぶ,** 〈…〉に呼びかける, 〈…〉に来てくれと叫ぶ: He didn't hear you. C~ him again. 彼は君の声が聞こえなかったのだ. もう一度呼んでごらん / Somebody is **~ing** your name ***from*** the other side of the wall. <V+O+*from*+名・代> 塀の向こう側からだれかがあなたの名を呼んでいますよ.
3 〈…〉を―という名で**呼ぶ,** 〈…〉を―と名づける, 〈…〉を―と称する; 〈…〉を(名字など)で呼ぶ: We ~ him Mike. <V+O+C (名)> 私たちは彼をマイクと呼んでいる / Please ~ me Nellie. 私をネリーと呼んでね《親しい間柄になりたいという気持ちを表わす; ☞ diminutive 2》/ Their son *was* ~*ed* Edward. <V+O+C (名)の受身> 彼らの息子はエドワードと名づけられた / He ~*s* himself a prophet. 彼は予言者と自称している / We ~ her ***by*** her nickname. <V+O+*by*+名・代> 我々は彼女をあだ名で呼ぶ.
4 〈…〉を―だと言う, 〈…〉を―呼ばわりする; 〈…〉を―と考える[みなす] (consider); Ⓢ (値段・時間などについて)―ということにする: People ~*ed* them cowards. <V+O+C (名)> 人々は彼らをひきょう者呼ばわりした / She ~*ed* Tom's behavior dishonest. <V+O+C (形)> 彼女はトムの行動をずるいと言った / ˈI don't ~ that [That's not what I ~] a polite answer, Bobby! ボビー, そんな返事のしかたは丁寧とは言えません / "I think I owe you $52." "Oh, I'm not sure, so let's ~ *it* $50." 「君に 52 ドル借りていると思うんだが」「よく覚えていないから 50 ドルということにしよう」
5 (声・文書・電話などで)〈…〉を**呼び寄せる,** 〈人に〉〈…〉を呼んでやる; [普通は受身で]〈人〉を召喚する; 〈会など〉を招集する, 〈リハーサル・選挙など〉を行なう[公示する]: ~ an ambulance 救急車を呼ぶ / [言い換え] Please **~** a taxi ***for*** *me*. <V+O+*for*+名・代>=Please ~ me a taxi. <V+O+O> タクシーを呼んでください《☞ for [前] A 1 [語法]》/ I *was* **~*ed into*** the principal's office. <V+O+前+名・代の受身> 私は校長室に呼ばれた / The general meeting *was* ~*ed* last Monday. <V+O の受身> 先週の月曜日に総会が招集された / She *was* **~*ed to*** give evidence in court. <V+O+C (*to* 不定詞)の受身> 彼女は法廷で証言するよう召喚された.
6 〈…〉を命じる, 指令[宣言]する: Strikes *are* ~*ed* almost every month. ほとんど毎月ストライキの指令が出されている. **7** 〈…〉を呼んで起こす (wake up): C~ me at six tomorrow morning. あすの朝 6 時に起こしてください. **8** 〈名簿(の名前)・番号など〉を読み上げる; 〈フライト〉の搭乗開始を告げる. **9** 〖スポ〗〈…〉を―と判定[宣告]する: The umpire ~*ed* him safe [out]. 審判は彼をセーフ[アウト]と宣告した. **10** 《米》〖スポ〗〈試合〉の中断[中止]を宣言する. **11** 〖トラ〗〈せり札など〉の宣言をする (bid); 〈相手〉に持ち札の提示を求める. **12** [普通は受身で] (神が)〈人〉を(職務などに)つかせる《☞ be [feel] called ˈto do [to …] (成句)》. **13** 〈政局・市場など〉を予測する; 〈表か裏か〉を予想して言う《順番・勝負を決める硬貨投げで》: I'll ~ heads [tails]. 私は表[裏]だ. **14** 《米》[主に報道で]〈スポーツなど〉の実況中継をする. **15** 〖スクエアダンス〗〈次の隊形など〉の指示を出す. **16** 〈鳥・動物〉を(声をまねて)おびき寄せる. **17** 〈借金〉の返済を要求する.

― [自] **1** (人に聞こえるように)**呼ぶ,** 大声を出して呼ぶ: I ~*ed* and ~*ed* but no one came. 何度も呼んだがだれも来なかった / She is **~*ing from*** upstairs. <V+*from*+名・代> 彼女が上で呼んでいます / [言い換え] He **~*ed to*** her ***to*** help (him). <V+*to*+名・代+*to* 不定詞> =He called ***to*** her ***for*** help. <V+*to*+名・代+*for*+名> 彼は彼女に助けてくれと大声を出した.
2 **電話をかける:** Tell John that I ~*ed*. 私から電話があったとジョンに伝えて / Who's ~*ing*, please?↗ どなたさまでしょうか《電話口で; ☞ who¹ [代] 1 (2) [会話]》/ I'll ~ again later. あとでかけ直します / She **~*ed*** home [***from*** New York]. <V+[副] [*from*+名・代]> 彼女は家に[ニューヨークから]電話した / He **~*ed to*** say that he was ill. <V+*to* 不定詞> 彼は電話をかけて病気だと言った. ★《英》では ring ともいう.
3 《主に英》**立ち寄る,** 訪問する; (物売り・配達人などが)定期的に来る; (船が)寄港する: He ~*ed* while I was away. 彼は私の留守中に訪ねてきた / I **~*ed to*** take her to the party. <V+*to* 不定詞> 私は彼女をパーティーに連れていくために立ち寄った. **4** (鳥・動物が)鳴く. **5** 〖トラ〗 宣言をする. **6** (表か裏か)結果を予想して言う《硬貨投げで》. **7** 〖スクエアダンス〗ダンスの指示を出す.

be [féel] cálled ˈto dó [to …] [動] 使命感で…する[…すべきとの使命感をもつ]《☞ [他] 12》: He *was* [*felt*] ~*ed* ˈ*to* become a priest [*to* the priesthood]. 彼は使命感で司祭になった[司祭になるべきだと感じた].

cáll … ón [動] [他]《略式》…に―の釈明を求める.

cáll … one's ówn [動] [他] 〈…〉を自分のものと主張する.

Dón't càll ús, wé'll càll yóu. Ⓢ こちらからお知らせします《面接試験などで実質的な不採用の通知》.

if you can cáll it thàt […] Ⓢ (それを)そんなふうに[…と]言えるかどうか分からないが.

Is thát whàt you cáll it? Ⓢ [怒り・驚きを表わして] (それを)そんなふうに言うの(かい)?

(nòw) thát's whàt I cáll … Ⓢ それ[これ]こそ本物の…だ.

whàt is càlled … いわゆる…: This is *what is* ~*ed* a "new method." これがいわゆる「新方式」です.

whàt we [you, they] càll … いわゆる…: Grace married a duke. She is *what we* [*you, they*] ~ a "Cinderella." グレースは公爵と結婚したのよ. 彼女こそいわゆる「シンデレラ」ね.

call の句動詞

cáll abòut … [動] [他] …のこと[件]で電話[《英》訪問]する.

cáll ⟨...⟩ àfter ... 動 他 [しばしば受身で] 〔主に英〕…にちなんで⟨…⟩を—と名づける: The girl was ~ed Elizabeth *after* her grandmother. 女の子はおばあさんの名をとってエリザベスと名づけられた.

***cáll at ...** 動 〔主に英〕(場所)に(ちょっと)立ち寄る; (船が)…に寄港する, (列車が)…に停車する: 言い換え Shall we ~ *at* his house? (=Shall we ~ on him?) 彼のうちへちょっと寄ってみませんか (☞ call on ...).

***cáll awáy** 動 [しばしば受身で] (他の場所へ)⟨人⟩を呼び出す ⟨V+名·代+*away* / V+*away*+名⟩: Paula was ~ed *away* on [to deal with] urgent business. ポーラは急用で呼び出された.

***cáll báck** 動 他 **1** 〈電話をくれた人〉に後から[折り返し]電話する: Would you please tell Mr. Rich to ~ me *back* later? 後ほど電話をくださるよう, リッチさんにお伝え願えますか. **2** ⟨人⟩を呼び戻す[戻して]; ⟨応募者など⟩を(面接などに)再び呼ぶ. **3** ⟨製品など⟩を回収する.
— 自 **1** 後で[折り返し]電話をする: 会話 "Dad's taking a bath now." "I'll ~ *back* later." "父は入浴中です""では後ほどかけ直します" **2** 〔主に英〕後でまた立ち寄る (*for*).

cáll bý 動 〔英略式〕(途中で…に)立ち寄る (*at*).

cáll dówn 動 他 **1** 下に向かって呼ぶ: She ~ed *down* from upstairs to ask what the noise was about. 彼女は2階から下に向かって叫んで物音は何かと尋ねた. **2** 〔文〕〈罰·天災など〉に⟨…に⟩下るよう祈る (*on*, *upon*). **3** 〔米略式〕…を酷評する, ひどくしかる (*for*). **4** ⟨…⟩に下りてこいと叫ぶ. **4** ⟨人⟩を出頭させる.

*****cáll for ...** 句動 他 **1** …を求めて叫ぶ; …を電話で呼ぶ 受身 be called for): He ~ed *for* help. 彼は助けを求めて叫んだ / The clerk ~ed *for* an ambulance. 店員は救急車を呼んだ.
2 (人)を呼びに[(物)を取りに]立ち寄る 受身 be called for): I'll ~ *for* you at six. 6時にお迎えに参ります.
3 …を要求する (demand); (事が)…を必要とする (☞ uncalled-for); (お祝いなど)に値する: A typhoon is approaching. The situation ~s *for* caution. 台風が接近しています. 警戒が必要です. **4** 〔米〕(主に天候に関して)…を予想[予報]する.

cáll fórth 動 〔格式〕(物事が)⟨…⟩を呼び起こす; 奮い起こす.

cáll ... fórward 動 他 ⟨…⟩に前へ出るように言う, ⟨…⟩を呼び寄せる.

cáll ín 動 他 **1** 〈製品など〉を回収する, 〈借金〉を取り立てる: The company ~ed *in* all the baby food made in July. 会社は7月に製造されたすべてのベビーフードを回収した. **2** ⟨…⟩を呼び入れる, 〈医者·警察など〉を呼ぶ; 呼び出す: ~ *in* a doctor 医者を呼ぶ.
— 自 **1** 〔主に英〕(場所)に立ち寄る, (船が)寄港する; (人を)訪ねる (*on*): They ~ed *in* [*at* their uncle's house [*to* see their uncle] for an hour. 彼らはおじさんのところに[に会いに]1時間立ち寄った.
2 電話を入れる (phone in); (苦情などで)テレビ局などに電話する: He ~ed *in* to say he could not attend the meeting. 彼は会に出席できないと電話を入れてきた.

cáll in síck 動〕(病気で休むと電話する: Susie ~ed *in* sick on Tuesday. スージーは火曜日に具合が悪いから休むと電話してきた.

*****cáll óff** 動 他 **1** 〈約束·命令など〉を<u>取り消す</u>, 取りやめる; 中止する ⟨V+名·代+*off* / V+*off*+名⟩: The committee decided to ~ *off* the strike. 委員会はストの中止を決定した / The game was ~ed *off* because of bad weather. 試合は悪天候のため取りやめとなった. **2** ⟨犬⟩に他人にほえる[襲いかかる]のをやめさせる; ⟨兵士〉に攻撃をやめさせる.

*****cáll on ...** 動 他 **1** ⟨人⟩を(ちょっと)訪問する 受身 be called on): I ~ed *on* him yesterday. き

のう彼を訪ねました (☞ call at ...). **2** …にーするよう[—を](正式に)求める; 〔米〕(先生が生徒)を指名する, 当てる: He ~ed *on* me [*to* make a speech [*for* a speech]. 彼は私に演説をしてくれと頼んだ. **3** 〔格式〕…を使う.

*****cáll óut** 動 他 **1** ⟨…⟩を大声で呼ぶ[言う]; 〈名前など〉を読み上げる ⟨V+名·代+*out* / V+*out*+名⟩: She ~ed *out* my name as I was crossing the street. 通りを横切っていたら彼女は大声で私の名前を呼んだ. **2** (緊急事態に)⟨…⟩を呼び出す; 〈軍隊·警察など〉を召集する, 出動させる; 〔英〕⟨…⟩にストライキを指令する: I was ~ed *out* to the scene of the accident. 私は事故の現場に呼び出された.
— 自 大声で叫ぶ, 呼び求める: She ~ed *out* (*to*) him for help. 彼女は(彼に)大きな声で助けを求めた.

cáll óver 動 他 ⟨…⟩を呼び寄せる (*to*). — 自(訪問に)立ち寄る (*to*).

cáll róund 動 自 〔英〕立ち寄る (*at*, *to*).

*****cáll úp** 動 他 **1** 〔主に米略式〕⟨…⟩に電話する (phone up, 〔英〕ring up) ⟨V+名·代+*up* / V+*up*+名⟩: I ~ed him *up* and asked his schedule. 私は彼に電話をして予定を尋ねた. **2** 〈記憶·昔〉を思い出させる. **3** (コンピューターで)〈データ〉を呼び出す; 〈霊など〉を呼び出す; ⟨人⟩を呼び起こす; 〈軍隊〉を召集する; 〔主に英〕⟨人⟩を徴兵する (draft); ⟨…⟩をナショナルチームの選手に選ぶ 〔主にサッカー〕; 〔野〕⟨選手〉を(マイナーリーグのチームから)大リーグのチームに移す. **4** ⟨力〉を呼び起こす.
— 自 **1** 〔主に米略式〕電話をかける: My sister ~ed *up* last night. 姉[妹]がゆうべ電話をかけてきた. **2** 上に向かって叫ぶ (*from*, *to*).

cáll upòn ... [動] 他 〔格式〕 =call on ....

— 名 (~s /-z/) **1** C **電話をかけること**, (ベルなどの)呼び出し; 通話 (phone call): a long-distance ~ 長距離電話 / a local ~ 市内電話 / There's a ~ *for* you, Meg. メグ, 電話だよ / She took the ~ in the bedroom. 彼女は寝室で電話を受けて話を聞いた (★ answer the phone は主に「(鳴っている)受話器をとる」の意) // ☞ collect call.

会話 "Will you give me a ~ [〔英〕ring] tomorrow morning?" "Certainly." "明朝電話をくれませんか" "いいですとも" ★ 〔英〕では ring ともいう.

——— コロケーション ———
get [receive] a *call* 電話をもらう[受ける]
give ... a *call* ⟨…に〉電話をかける[する]
make [place] a *call* (*to* ...) (…に)電話する
return ...'s *call* 折り返し…に電話する
take a *call* 電話に出る
transfer [put through] a *call* 電話を回す[つなぐ]

2 C 呼ぶ声, 叫び声 (cry, shout); (鳥·動物の)鳴き声; (鳥などをおびき寄せるための)呼び笛; (角笛·らっぱなどによる)合図, 信号: a ~ *for* help 救いを求める声 / the ~s of the wild birds 野鳥の鳴き声.

3 C (短い)訪問, 立ち寄り (しばしば儀礼的または仕事の上での訪問に用いる): a house ~ 家庭訪問, (医師の)往診 / I must return his ~. 今度は私のほうが彼を訪ねなければならない / The doctor receives ~s from 9:00 to 11:00 in the morning. あの医者は午前中9時から11時までは患者の来診を受け付けます.

4 C (人を起こすこと, 目を覚まさせる合図[電話]: 言い換え Could you give me a ~ at six?=I'd like a ~ at six. 6時に起こしてくださいませんか 《ホテルなどで》 ☞ wake-up call.

5 [U] [疑問文または否定文で] Ⓢ (…する)理由, 必要: There's *no* ～ *for* you *to* say that. Ⓢ 君はそんなことを言う必要はない.
6 [U,C] 需要; 要求 (*to*; *to* do); 支払い請求: There *isn't much* ～ *for* tape recorders nowadays. 最近ではテープレコーダーの需要があまりない / He has many ～*s on* his time. 《格式》彼には時間のとられることがいろいろある. 7 [C] 召集, 招き; 要請, 要求 (*for*); [単数形で] (神の)お召し, 使命(感); [普通は the ～] 《文》(場所・状態などの)魅惑, 魅力: the ～ to arms 軍への入隊の呼びかけ / There are ～*s for* her *to* take up the post. 彼女がその地位につくようにとの要請がある / She felt [had] the ～ *to* become a missionary. 彼女は宣教師になることを自分の使命と思った. 8 [C] 〘スポ〙(審判の)判定, 宣告. 9 [C,U] 点呼, 出席調べ (roll call). 10 [C] 〘トラ〙(せり札の)宣言 (bid); 宣言をする番. 11 [C] 〘空〙搭乗案内. 12 [C] 《米略式》決断, 決心: make a ～ 決める / easy [hard] ～ 容易[困難]な決断. 13 [C] 予想, 予測; (硬貨を投げて表か裏かの)予想. 14 [C] 《米》(スポーツなどの)実況中継.
(be) on cáll (医者などが)待機して(いる).
hàve first cáll on ... [動] [他] (品物・助力など)を優先的に入手[使用]できる, …を最初にあてにできる: I *have first* ～ *on* my father's time. 父はだれよりも先に私に時間をさいてくれる.
màke a cáll on [at] ... = páy a cáll on ... [動] [他](ちょっと)…を訪ねる, …を訪問する. [語法] on の後では人, at の後では場所を表わす語が目的語になる.
within cáll [副・形] 呼べば聞こえる所に.

CALL /kɔ́ːl/ [略] =computer assisted language learning コンピューター利用の言語学習.

Cal·las /kǽləs/ [名] [固] **Ma·ri·a** /məríːə/ ～ カラス (1923–77) 《米国生まれのソプラノ歌手》.

cáll·bàck [名] [C] (欠陥車などの)回収; 〘劇〙再オーディション; 折り返し電話.

cáll bòx [名] [C] 《米》(道路沿いにある)非常用電話; 《英》公衆電話ボックス (《米》telephone booth).

cáll cènter [名] [C] (通販などの)電話受け付けセンター.

****called** /kɔ́ːld/ ([類音] cold) [動] **call の過去形および過去分詞.**
— [形] 〘スポ〙試合中止を宣告された.

cálled stríke [名] [C] 〘野〙見のがしのストライク.

***call·er** /kɔ́ːlə | -lə/ [名] (～s /～z/) [C] 1 **電話をかける[た]人, 発信者.** 2 (短時間の)訪問者 (☞ visitor 表). 3 (ビンゴ (bingo) などで)数を読みあげる人. 4 [C] 《米》(スポーツなどの)実況中継者.

cáller ÍD [名] [U,C] 発信者番号通知サービス《受話器を取る前に, 電話をかけてきた人の番号が特定できる》.

cáll fórwarding [名] [U] 《米》自動転送《ある番号への通話が, 指定された番号に自動的につながる》.

cáll gìrl [名] [C] コールガール《電話で呼び出す売春婦》.

cal·lig·ra·pher /kəlígrəfə | -fə/ [名] [C] 書家.

cal·lig·ra·phy /kəlígrəfi/ [名] [U] 能書; 書道; 筆跡, 書.

⁺call-in /kɔ́ːlìn/ [名] [C] 《米》〘テレビ・ラジオ〙視聴者参加番組《スタジオに電話してくる視聴者の意見や質問も放送する》(《英》phone-in).

⁺call·ing /kɔ́ːlɪŋ/ [名] [C] 1 《格式》天職, 職業. 2 (主に宗教的仕事をしようとする)強い意欲[義務感].

cálling càrd [名] [C] 《米》1 (訪問用の)名刺 (visiting card) (☞ business card). 2 コーリングカード《電話料金用クレジットカード》.

Cal·li·o·pe /kəláɪəpi/ [名] 1 [固] 〘ギ神〙カリオペー《雄弁・叙事詩の女神; the Muses の一人》. 2 [C] [c-] 《米》蒸気オルガン.

cal·li·per /kǽləpə | -pə/ [名] 《英》=caliper.

cal·lis·then·ics /kæ̀ləsθénɪks/ [名] =calisthenics.

cáll lètters [名] [複] 《米》=call sign.

cáll mòney [名] [U] 〘商〙コールマネー《請求され次第返す条件の短期借入金》.

cáll nùmber [名] [C] 《米》(図書館の)図書整理番号 (《英》pressmark).

cáll òption [名] [C] 〘証券〙コールオプション, 買付選択権.

⁺cal·lous /kǽləs/ [形] 1 冷淡な; 無神経な (*to*). 2 (皮膚が)固くなった, たこになった.

cal·loused /kǽləst/ [形] (皮膚が)固くなった, たこの.

cal·lous·ly /kǽləsli/ [副] 冷淡に.

cal·lous·ness /kǽləsnəs/ [名] [U] 冷淡, 無神経.

cáll-òut [名] [C] [時に形容詞的に] 《英》(勤務時間外の)呼び出し, 出動; (修理などの)出張.

cal·low /kǽloʊ/ [形] 《文》うぶな, 青二才の.

cáll sìgn [名] [C] 《英》〘無線〙コールサイン, 呼び出し符号[信号] (《米》call letters).

call-up /kɔ́ːlʌ̀p/ [名] [C] 1 [普通は単数形で] 《英》徴兵, 召集(令) (《米》draft) (☞ conscription, national service). 2 (スポーツチームへの)誘い.

cal·lus /kǽləs/ [名] [C] たこ, 皮膚硬結.

cal·lused /kǽləst/ [形] =calloused.

cáll wàiting [名] [U] キャッチホン《通話中に他の着信があったとき, 中断して第三者と通話できるサービス》.

***calm** /kɑ́ːm/ [形] (**calm·er**; **calm·est**) 1 (人・気分・態度が)**落ち着いた, 冷静な;** (事態などが)**平静な:** Be [Keep, Stay] ～. 落ち着きなさい, あわてないで / speak in a ～ voice 落ち着いた声で話す.
2 (天気・海などが)**穏やかな, 静かな** (☞ silent 類義語; quiet 表): The sea became ～ after the storm. 海はあらしのあと静かになった.
— [動] (**calms** /～z/; **calmed** /～d/; **calm·ing**) [他] 〈…〉**を静める, なだめる:** The teacher ～*ed* her pupils. 先生は生徒を静めた. — [自] **静まる, 落ち着く.**
cálm dówn [動] [自] (人・動物・風・騒ぎなどが)**静まる, 静かになる:** *C*～ *down*! 落ち着け.
— [他] 〈人・動物〉**を静める:** The manager tried to ～ the workers *down*. 支配人は従業員を静めようとした.
— [名] 1 [[U] または a ～] 静けさ; 平穏, なぎ; 平静, 沈着 (*of*): the ～ before the storm あらしの前の静けさ / After a storm comes *a* ～. 《ことわざ》あらしの後にはなぎが来る / restore ～ 平穏を回復する.
2 [U] 〘気象〙静穏.

⁺cálm·ly [副] 静かに, 穏やかに; [W] 冷静に, 落ち着き払って, 平然と: Speak more ～. もっと冷静に話せ.

cálm·ness [名] [U] 静けさ, 平穏; 冷静, 落ち着き.

Cál·or gàs /kǽlə- | -lə-/ [名] [U] 《英》キャラーガス《金属容器に入った家庭用液化ブタンガス; 商標》.

ca·lor·ic /kəlɔ́ːrɪk | -lɔ́r-/ [形] 熱の; カロリーの.

***cal·o·rie** /kǽləri/ [名] (**-o·ries** /～z/) [C] 1 [時に C-] 〘物理・栄養〙**カロリー** ([略] Cal): count ～*s* カロリー計算を(してダイエット)する / a diet of 1,500 ～*s* a day 1日1,500カロリーの食事 / An apple contains about 80 calories. りんご1個は約80カロリーある. [参考] 熱量の単位で, large calorie (大カロリー)または kilocalorie (キロカロリー)ともいい, 1キログラムの水の温度を摂氏1度高めるのに必要な熱量. 2 〘物理〙カロリー ([略] cal). [参考] 1のカロリーの千分の一で, small calorie (小カロリー) または gram calorie (グラムカロリー)ともいい, 1グラムの水の温度を摂氏1度高めるのに必要な熱量.

cal·o·rif·ic /kæ̀lərífɪk←/ [形] 1 [普通は [A]] 熱を生じる. 2 《略式》(食物が)高カロリーの.

cal·o·rim·e·ter /kæ̀lərímətə | -tə/ [名] [C] 熱量計.

calque /kǽlk/ [名] [C] なぞり, 翻訳借用(語句).

cal·u·met /kǽljʊmèt/ [名] [C] カルメット《北米先住民が和解の印に吸う飾りのついた長いパイプ》.

ca·lum·ni·ate /kəlʌ́mnièɪt/ [動] [他] 《格式》〈…〉をそ

しる, 中傷する (slander).
cal·um·ny /kæləmni/ 图 (**-nies**) C,U《格式》悪口を言うこと, 中傷; 悪口.
cal·va·dos /kǽlvədòs | kælvədɔ́s/ 图 U カルバドス《りんご酒から造るブランデー》.
cal·va·ry /kǽlv(ə)ri/ 图 (**-va·ries**) **1** C キリストのはりつけ像. **2** [C-]《聖》カルバリ《キリストはりつけの地; Golgotha のラテン語訳》.
calve /kæv | kɑːv/ 图 圓《牛·象·鯨などが》子を産む.
⁺**calves**¹ /kævz | kɑːvz/ 图 calf¹ の複数形.
calves² 图 calf² の複数形.
Cal·vin /kǽlvɪn/ 图 個 John ~ カルヴァン (1509–64)《フランス生まれのスイスの宗教改革者》.
Cal·vin·is·m /kǽlvənìzm/ 图 U カルヴァン主義.
Cal·vin·ist /kǽlvənɪst/ 图 C カルヴァン主義者. —形 = Calvinistic.
Cal·vin·is·tic /kælvənístɪk⁺/ 形 **1** カルヴァン主義[派]の. **2** 道徳面で厳格な, 快楽を否定する.
calyces 图 calyx の複数形.
ca·lyp·so /kəlípsoʊ/ 图 (**~s, ~es**) C カリプソ《西インド諸島起源の歌·音楽; 普通は即興的》.
ca·lyx /kéɪlɪks, kǽl-/ 图 (複 **~es, ca·ly·ces** /kéɪləsìːz, kǽl-/) C《植》《花》のがく.
cam /kæm/ 图 C《機》カム《回転運動を往復運動に変える》.
CAM /kǽm/ 略 ☞ CAD/CAM.
ca·ma·ra·de·rie /kàːməráːdəri/ 图 U 同志愛, 友情, 戦友愛 (comradeship) (☞ comrade).
cam·ber /kǽmbə | -bə/ 图 C,U《道路·甲板などの》上反(*そ*)り, かまぼこ形. — 動 (**-ber·ing** /-b(ə)rɪŋ/) 他《道路·甲板などを》上反りにする.
Cam·bo·di·a /kæmbóʊdiə/ 图 個 カンボジア《アジア南東部 Indochina 半島の王国》.
Cam·bo·di·an /kæmbóʊdiən/ 形 カンボジア(人[語])の. — 图 C カンボジア人; U カンボジア語.
Cam·bri·a /kǽmbriə/ 图 個 カンブリア (Wales の古名).
Cam·bri·an /kǽmbriən/ 形 **1** カンブリア[ウェールズ]の. **2**《地質》カンブリア紀[系]の. — 图 **1** C ウェールズ人. **2** [the ~] カンブリア紀[系].
cam·bric /kéɪmbrɪk/ 图 U カンブリック《白地の滑らかな薄い綿[麻]織物》.
Cam·bridge /kéɪmbrɪdʒ/ 图 個 **1** ケンブリッジ《英国 England 中東部の都市; Cambridge 大学の所在地; ☞ Oxford; 裏地図 G 5》. **2** ケンブリッジ《米国 Massachusetts 州東部の都市; Harvard 大学の所在地; ☞ 表地図 I 3》.
Cámbridge blúe 图 U ケンブリッジブルー (light blue)《Cambridge 大学の校色である明るい青; ☞ Oxford blue, blue¹ 形 1, 5》.
Cámbridge Certíficate 图 個 [the ~] ケンブリッジ英語検定(試験) 《Cambridge 大学が実施する英語の使用能力を測定する試験; ☞ TOEFL》.
Cam·bridge·shire /kéɪmbrɪdʒʃə | -ʃə/ 图 個 ケンブリッジシャー《英国 England 東部の州; 州都 Cambridge》.
⁺**cam·cord·er** /kǽmkɔ̀ədə | -kɔ̀ːdə/ 图 C 小型ビデオカメラ. 語源 camera と recorder の混成語; ☞ blend 图 2.
☆**came** /kéɪm/ 動 **come** の過去形.
⁺**cam·el** /kǽm(ə)l/ 图 **1** C らくだ: A ~ is often called the ship of the desert. らくだはしばしば砂漠の船と呼ばれる / It is easier for a ~ to go through the eye of a needle, than for a rich man to enter into the kingdom of God. 富んでいる者が神の国に入るよりは, らくだが針の穴を通るほうがもっと易しい《新約聖書のことば》. ★鳴き声については ☞ cry 表. 関連 hump こぶ; last straw《成句》.

camp 241

Bactrian camel   dromedary

2 U らくだ色《淡い黄褐色》.
Cam·el /kǽm(ə)l/ 图 C キャメル《米国製のたばこ; 商標》.
cámel hàir 图 U = camel's hair.
ca·mel·lia /kəmíːljə/ 图 C つばき《米国 Alabama 州の州花》, さざんか.
Cam·e·lot /kǽməlɑ̀t | -lɔ̀t/ 图 個 キャメロット《Arthur 王の宮殿があったという伝説の町; 理想郷, 夢のような[幸福な]時代《しばしば米国の J. F. Kennedy 政権時代をさす》.
cámel's hàir /kǽməlz-/ 图 U らくだ《時に羊毛を混ぜたらくだの毛で織った織物; りすの毛《絵筆用》.
Cam·em·bert /kǽməmbèə | -bèə/ 图 U,C カマンベール《柔らかくて味の濃いフランス製のチーズ》.
⁺**cam·e·o** /kǽmiòʊ/ 图 (**~s** /-z/) C **1**《映画·演劇の》わき役《特に大物俳優などの特別出演 (cameo role)》,《小さな》名場面; 珠玉の短編: a ~ performance わき役としての名優の演技. **2** カメオ《浮き彫りを施したメノウ·貝殻など》; カメオ細工: a ~ brooch カメオのブローチ.

cameo 2

☆**cam·er·a** /kǽm(ə)rə/ 图 (**~s** /-z/) C カメラ, 写真機; テレビカメラ, 撮影機: an autofocus ~ 自動焦点カメラ / load a ~ カメラにフィルムを入れる / face the ~ カメラのほうを向く. 語源 ラテン語で「(暗い)部屋」つまり暗箱の意; ☞ chamber 語源. **in cámera**《ラテン語から》副《裁判が》非公開で, 内密に. **òff cámera**[形·副] カメラの映らない《ところで》. **on cámera**[形·副]《主に俳優が》《テレビ》カメラに映って(いる); 《テレビで》放映されて.
cámera·màn /-mæ̀n | -mèn/ 图 C《映画·テレビの》カメラマン, 撮影技師《男性および女性; ★「写真家」に相当するのは photographer》.
cámera phòne 图 C カメラつき携帯電話.
cámera·rèady 形《印》《活字組版などが》撮影するばかりに準備した, カメラレディーの.
cámera·shỳ 形 写真嫌いの.
cámera·wòman 图 C《映画·テレビの》女性カメラマン, 撮影技師 (☞ cameraman).
cámera·wòrk 图 U 写真[ビデオ·映画]撮影(術).
Cam·er·oon, -er·oun /kæ̀mərúːn, kæ̀mərùːn/ 图 個 カメルーン《アフリカ中西部の共和国》.
Cam·er·oon·i·an /kæ̀mərúːniən⁺/ 形 カメルーン(人)の. — 图 C カメルーン人.
cam·i·knick·ers /kǽmɪnɪkəz | -kəz/ 图 [複]《英》キャミニッカー《ワンピースの女性用下着》.
cam·i·sole /kǽməsòʊl/ 图 C キャミソール《そでなしで腰丈の女性用下着》.
⁺**cam·o·mile** /kǽməmìːl, -màɪl | -màɪl/ 图 U かみつれ (chamomile)《花は健胃·興奮剤》.
⁺**cam·ou·flage** /kǽməflɑ̀ːʒ | -ɔ̀:/ 图 U,C カムフラージュ, 擬装, 迷彩;《動物の》擬態, 保護色; ごまかし (for). — 動 他〈...〉をカムフラージュする, 擬装する;〈...〉に迷彩を施す; ごまかして隠す (with).
☆**camp**¹ /kǽmp/ 图 (**~s** /-s/) **1** C,U キャンプ《野宿のテントや小屋の集まり》, キャンプ場

[村], 野営地; 駐屯地: a ~ by a river 川のそばのキャンプ場[村] / a base ~ ベースキャンプ. **2** [C] (捕虜・難民などの)収容所, 仮設住宅: The prisoners were put into a ~. 捕虜たちは収容所に入れられた. [関連] concentration camp 強制収容所 / labor camp 強制労働収容所 / prison camp 捕虜[政治犯]収容所 / refugee camp 難民収容所. **3** [C] (主義などが同じ)陣営, 同志たち: the conservative ~ 保守陣営 / You and I are in the same ~. 君と僕とは同志だ. **4** [C,U] (特に夏期の)キャンプ (☞ summer camp), 合宿生活. [語源] ラテン語で「野原」の意; ☞ campus と campaign [語源].

be in cámp [動] [自] キャンプ中である.
bréak cámp＝stríke cámp [動] [自] テントをたたむ《ほかの場所へ移るために》.
màke cámp [動] [自] **キャンプをする**: The boys *made* ~ by a river. 少年たちは川辺でキャンプをした.
pítch cámp [動] [自] テントを張る; いすわる.
sèt ùp (a) cámp [動] [自] テントを張る; 《略式》所帯道具[所持品]を全部持って住みつく.
— [動] (**camps** /~s/; **camped** /~t/; **camp·ing**) [自] **キャンプ生活をする**, 野営する; テントを張る; 仮住まいする; (報道陣などが)いすわる: They ~*ed* in the woods for the night. 彼らは一晩森の中でキャンプした.
cámp óut [動] [自] キャンプをする; 仮住まいする.
gò cámping [動] [自] **キャンプに行く[をする]**.

camp² /kǽmp/ [形] **1** (服などが)こっけいなくらいわざとらしい[古くさい]. **2** (男が)女のような; 同性愛の. — [名] [U] 気取り, わざとらしいふるまい; くさい演技. — [動] [次の句で] **cámp it úp** [動] [自] 《略式》大げさな身ぶりの演技をする; (男が)女のようなふるまいをする(ことにより同性愛者であることを示す). **cámp úp** [動] [他] 《略式》〈せりふなど〉を大げさに演じる[言う].

cam·paign** /kæmpéɪn/ [T2] [名] (~s /~z/) [C] **1** (ある目的のための一連の)**運動**, キャンペーン; 選挙運動: launch [mount, start] an election ~ 選挙運動を始める / a sales ~ キャンペーンセール. [日英比較]「キャンペーンセール」は和製英語 // a ~ *for* recycling plastic bottles＝a ~ *to* recycle plastic bottles <N＋*to* 不定詞> ペットボトルリサイクル運動 / We waged [conducted] a ~ ***against smoking. 我々は禁煙運動を展開した. **2** (一連の)軍事行動; 戦役; 出征. [語源] ラテン語で「野原, 戦場」の意; ☞ camp¹ [語源], champion [語源].
— [動] [自] 運動を起こす (*to* do); 選挙運動をする: They ~*ed for* [*against*] the law. 彼らはその法律に賛成[反対]する運動を行なった.

***cam·paign·er** /kæmpéɪnɚ | -nə/ [名] (~s /~z/) [C] (ある目的のための)**運動[活動]家**: an old ~ ベテラン活動家 / a peace ~ 平和運動家.
campáign tràil [名] [C] 選挙運動旅行.
cam·pa·ni·le /kæ̀mpəníːleɪ, -li/ [名] (複 ~s, **cam·pa·ni·li** /-níːliː/) [C] 鐘塔.
cam·pa·nol·o·gist /kæ̀mpənɑ́lədʒɪst | -nɔ́l-/ [名] [C] 鳴鐘師.
cam·pa·nol·o·gy /kæ̀mpənɑ́lədʒi | -nɔ́l-/ [名] [U] 鐘学; 鳴鐘術.
Cam·pa·ri /kæmpɑ́ːri/ [名] [U,C] カンパリ《赤色の苦い食前酒; 商標》.
cámp bèd [名] [C] 《英》＝cot¹ 1.
Cámp·bell Sóup /kǽmb(ə)l-/ [名] [固] キャンベルスープ(社)《米国の加工食品メーカー》.
cámp chàir [名] [C] (携帯用)折りたたみいす.
Cámp Dávid [名] [固] キャンプデービッド《米国 Maryland 州にある大統領専用別荘》.
+camped /kǽmpt/ [形] [P] キャンプ[野営]をしている: We were ~ (*out*) at the seaside. 我々は海辺でキャンプをしていた.

+camp·er /kǽmpɚ | -pə/ [名] [C] **1** キャンプをする人; キャンプ参加児童. **2** 《主に米》キャンピングカー. [日英比較]「キャンピングカー」は和製英語. **be a háppy cámper** Ⓢ 《略式》[滑稽] 満足である.
cámp·fire [名] [C] キャンプファイアー; 《米》キャンプファイアーを囲むパーティー.
Cámp Fìre [名] [固] 米国少年少女団《1910 年創設; 団員は 7–18 歳; もとは少女のみ》.
cámp fòllower [名] [C] **1** (団体・主義などの)同調者. **2** 軍隊について行く同行者《売春婦や商人など》.
cámp·gròund [名] [C] 《主に米》キャンプ場 (《英》 campsite).
cam·phor /kǽmfɚ | -fə/ [名] [U] 樟脳(しょうのう), カンフル.
camp·ing /kǽmpɪŋ/ [名] [U] キャンプ(すること).
cámp mèeting [名] [C] 《米》野外集会, テント内の伝道集会《祈禱(きとう)・説教などで数日にわたる》.
camp·o·ree /kæ̀mpəríː/ [名] [C] 《米》(ボーイスカウトの)地方大会. [関連] jamboree ボーイスカウトの全国[国際]大会.
cámp-òut [名] [C] キャンプ[テント]生活, 野営.
cámp ròbber [名] [C] カナダかけす《北米産の鳥》.
cámp·sìte [名] [C] **1** 《米》(キャンプ場の)テント 1 つ分の場所. **2** 《主に英》キャンプ場 (《米》 campground).
cámp·stòol [名] [C] (携帯用の)折りたたみいす.
***cam·pus** /kǽmpəs/ ([類音] compass) [名] (~·es /~ɪz/) **1** [C,U] (大学などの)**構内**; 学内, キャンパス: a college ~ 大学の構内 / on [off] ~ 学内[外]に. **2** [C] 《米》(総合大学の)分校, 学舎. **3** [形容詞的に] 大学内の, 学校生活の: ~ activities 学生活動 / ~ life 学園生活.
[語源] ラテン語で「平地, 広場」の意.
a bíg mán on cámpus [名] 《米》(組織の)大者.
camp·y /kǽmpi/ [形] (**camp·i·er**; **-i·est**) (気取り・わざとらしさなどを生かして)おもしろい, (古くさくて)笑える.
cam·shaft /kǽmʃæ̀ft | -ʃɑ̀ːft/ [名] [C] 〘機〙カム軸.
Ca·mus /kæmúː/ [名] [固] **Al·bert** /ɑːlbéɚ | ælbéə/ ~ カミュ (1913–60)《フランスの作家》.

***can**¹ /(弱) k(ə)n; (強) kǽn/ [助] (過去 **could** /(弱) kəd; (強) kʊ́d/) ([同音] #Cannes; [類音] #can't, #canned) ★ (1) 過去形の用法については ☞ could. (2) 発音について ☞ can't リスニング(囲み).

基本的には「可能」を表わす.
- ① …することができる **1**
- ② …してもよい **2**
- ③ …でありうる **3**
- ④ [否定文で] …である[する]はずがない **4**
- ⑤ [疑問文で] (一体)…だろうか **5**

1 …することができる; (進んで)…する; [否定文・疑問文で] (とても)…する気になれない: I ~ /kən/ speak English. 私は英語が話せます. / He *cannot* [《略式》 *can't*] read this book. 彼にはこの本は読めません / You ~ swim well, *can't* you? あなたは上手に泳げるのでしょう (☞ tag question [文法] (1)) / What ~ I do for you? 何のご用でしょうか《受付などで》/ I ~ pick you up at your home if you like. もしよければ車であなたの家に迎えに行けますよ《提案などの表現で》/ I *can't* believe she did such a thing. Ⓢ 彼女がそんなことをしたなんてとても信じられない / “C~ you run fast?” “Yes, I ~ /kǽn/.”「あなたは速く走れますか」「はい, 走れます」/ “I ~ fly an airplane.” “Oh, you ~?”「僕は飛行機を操縦できるよ」「へえ, そうかい」

[語法] **can の用法**
(1) can は助動詞であるからその前にさらに助動詞をつけることができない. その場合には be able to を代用する (☞ able¹ 成句): You *will be able to* ski next

winter. 来年の冬にはスキーができるようになりますよ.
(2) この意味の過去形としては，仮定法にも用いられる could よりも 또는 managed to とか succeeded in …ing のほうが普通 (⇨ could A 最初の [語法] (2)). ただし否定文では could も普通.
(3) 普通は進行形にしない see, hear, feel, smell, taste, understand, believe などの感覚・知覚動詞とともに用いた場合は意味が弱く，全体としての意味は動詞だけのときとほぼ同じで「知覚している状態」を表わす: I (can) see two birds over there. 鳥が2羽向こうに見えている / C~ you hear someone coming this way? だれかがこっちへ来るのが聞こえるかい / I ~ feel something crawling up my leg. 何かが脚をはい上がっているのが感じられる. 次の文は「瞬間的な知覚」を表わしている: I see a bird! あっ，鳥だ.

2 (1) [許可・容認を表わす] Ⓢ …してもよい, …してかまわない (may との比較については ⇨ may¹ 2 (1) [語法]); [否定文で; 不許可を表わす] …することはできない, …してはいけない: You ~ take my umbrella. 私の傘を持って行ってもよい / You can't smoke (in) here. ここではたばこを吸ってはいけません / C~ I have some more tea? 紅茶をもう少しいただけますか.

(2) [勧告・命令を表わす] Ⓢ …するのがよい, …しなさい《しばしば，ぞんざいで皮肉な含みを持つ》: You ~ clean the car later. 車をきれいにするのは後でしたらどうだ / If you don't behave, you ~ leave (the room)! おとなしくしないなら(部屋から)出ていきなさい.

3 …でありうる, その場合が考えられる; (時に)…すること[性質]がある: It ~ be very warm even in November. 11月でもとても暖かいことがある / May ~ be unpleasant at times. メイは時に意地悪だ.

[語法] **can と may, might, could の違い**
この意味の can は「一般的・理論的な可能性」を表わす.「現実の可能性」には may, might, could を用いる: The road ~ be blocked. その道路は通行止めのこともある《この文は「その道路は通行止めにできる」の意味にもなる》/ The road may be blocked. その道路は今[これから]通行止めになっている[なる]かもしれない. 次の文では can は使えない: According to the radio it may [might, could] rain tonight. ラジオによると今夜雨になるかもしれない.

4 /kæn, kén/ [否定文で] (1) …である[する]はずがない: [言い換え] His story can't be false. (=It is not possible that his story is false.) 彼の話はうそのはずがない / Mary can't fail the examination. メアリーが試験に落ちるはずはない / Without air there ~ be no wind or sound on the moon. 空気がないので月の上では風も音もないはずだ.

(2) [cannot have + 過去分詞の形で] …だった[した]はずがない《過去のことについての確信のある否定の推量を表わす; ⇨ may¹ 1 (2)》: The rumor can't have been true. そのうわさは本当だったということはありえない / He can't have done such a stupid thing. あの男がそんなばかなことをしたはずはない. [語法] この意味の肯定の「きっと…[…だった]にちがいない, きっと…の[…だった]はずだ」の意味では must を用いる《⇨ must¹ 3》.

5 /kén/ [疑問文で] (1) (一体)…だろうか《強い疑問・驚き・いらだちの気持ちを表わす》: C~ it be true? それは一体本当だろうか《Could とすると疑いの気持ちが強くなる》/ C~ any girl love him? あの男を好きになる女の子がいるかな《⇨ rhetorical question [文法]》/

can 243

What ~ she be doing at this time of the night? Ⓢ 彼女は夜のこんな時間に一体何をしているのだろう.
(2) [can have+過去分詞の形で] (一体)…だったのだろうか《過去のことに対する強い疑問の気持ちを表わす》: may¹ 1 (2)》: C~ she have told a lie? 彼女は本当にうそをついたのだろうか（私にはそうとは思えないのだが）.

6 [目的を表わす副詞節で] …するために, …することができるように《⇨ so that … can do (so¹ [代] 成句)》: Sophie is learning French so that she ~ study in France. ソフィーはフランスで勉強できるようにフランス語を習っている.

[語源] 古(期)英語で「(…のしかたを)知っている」の意.

áll one cán [副] できる限り《⇨ one² [代] 3 [語法] (4)》: He will help you all he ~. 彼は精いっぱいあなたを助けるでしょう. ★次も参照: an all-you-can-eat restaurant 食べ放題のレストラン.

as ∴ as ~ cán できるだけ… (as … as possible): Try to be as polite as you ~ in front of Mr. Green. グリーン先生の前ではできるだけ礼儀正しくするようにしなさい / I was so hungry that I ate as much as I could. とてもおなかがすいていたので食べられるだけ食べた // ⇨ as best one can (best [副] 成句).

as ∴ as can bé この上なく…, 最高に…: Jim said he wanted [wants] to marry me, and I'm as happy as ~ be. ジムが私と結婚したいと言った. それで私は最高に幸せ. [語法] ~ の所に形容詞が入る.

càn but dó《格式》ただ…するだけ: I ~ but try. とにかくやってみるだけだ.

Càn dó. (略式) (私には)やれます, いいですとも: "Will you be able to fix the TV by Friday?" "C~ do [Sorry. No ~ do]." 「金曜日までにテレビ直りますか」「できますよ[残念ながら無理です]」

cánnot but dó《格式》…しないではいられない, どうしても…してしまう: Seeing the scene, I could not but laugh. そのありさまを見て笑わずにはいられなかった《⇨ help [動] 2番目の成句》.

cánnot dó enóugh …しすぎることはない: I cannot thank you enough. お礼の申し上げようもありません.

cánnot dó tòo ~ いくら…しても…しすぎるということはない: You can't be too careful about your health. 健康にはどんなに注意しても注意しすぎることはない.

cánnot dó withòut dóing —しないで…することはない, …すれば必ず— する: You cannot read this book without shedding tears. この本を涙なしでは読めない.

Càn you dó? Ⓢ …してくれませんか《親しい人の間の依頼; ⇨ Could you do? (could 成句)》.

[会話] "C~ you hold on a minute, please?" "Sure. [O.K.]" 「(電話を切らずに)そのままちょっと待ってくれませんか」「いいとも」

★人にものを頼むときの丁寧さの度合については ⇨ politeness 囲み.

***can²** /kén/ (同音 Cannes; 類音 can't, canned) [名] (~s /-z/) **1** Ⓒ (缶詰の)缶(か); 缶詰《英》tin): a ~ of tomatoes トマトの缶詰 / three [~s of beer [beer ~s] 缶ビール3本 / open a ~ 缶を開ける.

2 Ⓒ (主に米) 缶《液体・くずなどを入れて運ぶ円筒形の容器で, 取っ手・ふた・(注ぎ)口がついている》: Put the garbage in the ~. ごみを缶に入れなさい.

can² のいろいろ
gárbage càn《米》(台所・屋外の)ごみ入れ / oílcàn 油缶 / pétrol càn《英》灯油缶 / tín càn ブリキ缶 / trásh càn《米》ごみ入れ缶 / wátering càn じょうろ

3 Ⓒ スプレー缶: a ~ of hair spray ヘアスプレー缶. **4** Ⓒ 缶1杯(の量) (of). **5** [the ~]《米略式》刑務所

(prison); 便所 (toilet). **6** ⓒ《米俗》尻(片). **be in the cán** [動] ⓐ《略式》《映画など》完成している. **cárry the cán** [動] ⓐ《英・豪》責任を取らされる(*for*). **ópen (úp) a (whóle) cán of wórms** [動] 解決困難な状況[問題]を引き起こす.

— [動] (cans /~z/; canned /~d/; can·ning) ⓣ **1**《主に米》〈…〉を缶詰にする: They ~ grapes in France. フランスではぶどうを缶詰にする. **2** ⓢ《米略式》〈…〉を首にする. **Cán it!**《米》ⓢ 黙れ.

Can. =Canada, Canadian.

Ca·naan /kéɪnən/ [名]《聖》カナン《ヨルダン川と地中海の間の古代地方; ほぼ現在の Palestine に相当; 神がイスラエル人に約束した土地; ☞ Promised Land》.

＊Can·a·da /kǽnədə/ [名] カナダ《北米にある英連邦 (the Commonwealth) の独立国; 首都 Ottawa; 略 Can.; ☞ 表地図》. [語源] 現地の先住民のことばで「村」の意.

Cánada Dày [名] ⓤ カナダの自治記念日《7月1日》.

Cánada Drý [名] ⓤⓒ カナダドライ《米国製のジンジャーエール; 商標》.

Cánada góose [名] ⓒ カナダがん.

＊Ca·na·di·an /kənéɪdiən/ [名] [形] Cánada) カナダの; カナダ人の《略 Can.》: the ~ flag カナダの国旗《☞ 表地図》.

— [名] (~s /~z/) ⓒ カナダ人《略 Can.》; [the ~s] カナダ人《全体; ☞ th' 5》: *The* ~s *are a fortunate people.* カナダ人は恵まれた国民だ.

Canádian bácon [名] ⓤ《米》カナディアンベーコン《脂身が少ないベーコン》.

Canádian Énglish [名] ⓤ カナダ英語.

Canádian Fálls [名] ⑱ [the ~] (Niagara Falls の) カナダ滝.

Canádian Frénch [名] ⓤ カナダフランス語《フランス系カナダ人が話す》.

Canádian góose [名] ⓒ =Canada goose.

Ca·na·di·an·ism /kənéɪdiənìzm/ [名] ⓒ **1** カナダ特有の風俗・習慣. **2** カナダ語法.

＊ca·nal /kənǽl/ [名] (~s /~z/) ⓒ **1** 運河, 水路; 掘割: the Panama [Suez] C~ パナマ[スエズ]運河《☞ proper noun 文表(2) (ii)》 / build [dig] an irrigation ~ 用水路を築く[掘る]. **2**《解・植》管《食道・気管・導管など》. **by canál** [副] 運河によって. [語法] ラテン語で channel と同語源.

ca·nál·bòat [名] ⓒ (運河で使う)細長い船.

can·al·i·za·tion /kənəlɪzéɪʃən | -laɪz-/ [名] ⓤ 運河化; 方向づけ.

can·al·ize /kənəlàɪz/ [動] ⓣ **1** 〈河川〉を改修する; 〈…〉に運河を開く; 〈川〉を運河にする. **2**《格式》〈精力・行動など〉を(一に)向ける(*into*).

Canál Zòne [名] [the ~] 運河地帯《Panama 運河両岸から各8キロ幅の地帯; 1999年まで米国の管轄下, 後パナマが直轄》.

can·a·pé /kǽnəpì, -pèɪ/《フランス語から》[名] ⓒ カナッペ《薄いパンまたはクラッカーにキャビアなどをのせた前菜》.

ca·nard /kənɑ́ːd | kǽnɑː(r)d/《フランス語から》[名]《格式》流言, 虚報.

Ca·nar·ies /kənéə(r)iz/ [名] ⑱ [the ~] =Canary Islands.

＋ca·nar·y /kənéə(r)i/ [名] (-nar·ies) ⓒ カナリア: have a ~ カナリアを飼う. **2** ⓤ =canary yellow. [語源] Canary Islands の名に由来する.

Ca·nár·y Íslands /kənéə(r)i-/ [名] ⑱ [the ~] カナリア諸島《アフリカ北西岸のスペイン領》.

Cánary Whárf [名] ⑱ カナリーウォーフ《London 東部の再開発地域; 英国で最も高い Canary Wharf Tower がある》.

canáry yéllow [名] ⓤ カナリア色《鮮黄色》.

ca·nas·ta /kənǽstə/ [名] ⓤ《トラ》カナスタ《rummy に似たゲームでカードを2組使う》.

Canaveral [名] ⑱ Cape ~ ☞ Cape Canaveral.

Can·ber·ra /kǽnbərə/ -b(ə)rə/ [名] ⑱ キャンベラ《オーストラリア南東部の同国の首都; ☞ 裏地図 L 4》.

can·can /kǽnkæn/ [名] ⓒ カンカン《女性が長いスカートをたくし上げ足を高くけり上げるフランスの踊り》.

＊can·cel /kǽns(ə)l/ [動] (cancels /~z/; can·celed, 《英》can·celled /~d/; -cel·ing, 《英》-cel·ling) [名] cancéllatión) ⓣ **1**《約束・決定・注文など》を**取り消す**, 解消する, キャンセルする; 〈ホテルの予約〉を取り消した / All the flights to Okinawa *were* ~*ed.* <V+O の受身〉 沖縄行きの便はすべて欠航になった / The game *was* ~*ed* because of rain. 試合は雨で中止になった. **2**《線を引いて》〈…〉を消す; 〈切手・切符など〉に消印を押す: a ~*ed* stamp (消印を押した)使用済みの切手 / a ~*ed* check 支払済みの小切手《穴をあけて破棄される》. **3**〈文書・契約など〉を無効にする; 中和する; 相殺(景)する; 償う. **4**《数》〈…〉を約す. — ⓘ〈約束など〉を取り消す, 撤回する. [語源] ラテン語で「格子組み」の意. 格子模様の線を引いて文字を消すことから.

cáncel óut [動] ⓣ 〈…〉と相殺になる, つり合う. — ⓘ 相殺される, つり合う.

can·cel·la·tion, 《米》**can·ce·la·tion** /kæns(ə)léɪʃən/ [名] ⓐ cáncel) **1** ⓤ 取り消し, 中止; 取り消されたもの, (座席などの)キャンセル: the ~ of a flight 飛行機の欠航. **2** ⓒ 消印, 取り消しの印.

can·cel·lous /kǽns(ə)ləs/ [形]《解》海綿状の.

＊can·cer /kǽnsə | -sə/ [名] (~s /~z/) ⓐ cáncerous) **1** ⓤⓒ 癌(*of*) (*cf.* canker, carcinogen): stomach [lung, breast] ~ 胃[肺, 乳]癌 / develop [detect] skin ~ 皮膚癌になる[を発見する].

2 ⓒ (社会の)害悪, 悩みの種, 癌: Juvenile crimes are a ~ in our society. 少年犯罪は社会の害悪だ.

3 [C-] かに座《星座; ☞ tropic 成句》(the Crab); 巨蟹(熟)宮《☞ zodiac 挿絵》 ⓒ かに座生れの人.

[語源] ラテン語で「かに」の意. 癌に冒された部分の静脈がかにの足のようになると考えられていたので.

can·cer·ous /kǽns(ə)rəs/ [形] ⓐ cáncer) 癌(のよう)な; 癌にかかった.

cáncer stìck [名] ⓒ《俗》《滑稽》たばこ.

Can·cún /kænkúːn/ [名] ⑱ カンクン《メキシコ南東部の島で保養地》.

can·de·la /kændíːlə/ [名] ⓒ カンデラ《光度の単位》.

can·de·la·brum /kændɪláːbrəm/ [名] (⑲ can·de·la·bra /-brə/, ~s) ⓒ 枝付き燭台(尭).

[語法] candelabra は本来は candelabrum の複数形であるが, 現在では単数形とみなされ a candelabra [candelabrum], two candelabras [candelabrums] のようにいう.

＋can·did /kǽndɪd/ [形] ⓐ cándor) **1** (ことば・意見など)率直な, 遠慮のない《☞ frank¹ 類義語》: Listen to his ~ opinion. 彼の率直な意見に耳を傾けなさい / The teacher *was* ~ *with* me *about* my chances of becoming a pilot. 彼は私がパイロットになれる可能性については率直だった《とても無理だと言った》. **2** (写真が)ポーズを取らない, ありのままの, こっそりとった. **to be cándid with you** [副] 文修飾語 率直に言えば《☞ to³ B 7》.

— [名] ⓒ《米》ポーズを取っていない写真.

can·di·da /kǽndɪdə/ [名] ⓤ カンジダ菌《口腔・陰部の感染症を引き起こす》.

＋can·di·da·cy /kǽndɪdəsi/ [名] ⓤⓒ 立候補 (*for*): announce one's *candidacy* 立候補を表明する.

can·di·date /kǽndɪdèɪt, -dət/ [13]
(-di·dates /-dèɪts, -dəts/) [C]
候補者；志願者；《格式》受験者；(…になりそうな)人[物]，候補：presidential ~s 大統領候補者 / put up a ~ for governor 知事の候補者を立てる / a (likely) ~ for high blood pressure 高血圧になりそうな人．
[語源] ラテン語で「白い服を着た人」の意．ローマでは官職志願者は白衣を着たことから；⇨ambition [語源]．

can·di·da·ture /kǽndɪdətʃʊə, -tʃə | -tʃə/ [U,C]《主に英》立候補 (candidacy).

cándid cámera [名] 1 [C] 隠し撮り用カメラ．2 [商] [C- C-]「ドッキリカメラ」《アメリカのテレビ番組；隠し撮りを打ち明けるときの Smile! You're on Candid Camera! というせりふは有名》．

can·did·ly /kǽndɪdli/ [副] 率直に；[文修飾節] 率直に言うと．

can·died /kǽndid/ [形]《普通は[A]》(フルーツなど) 砂糖漬けの，シロップで煮た；氷砂糖で固められた．

*__can·dle__ /kǽndl/ [名] (~s /~z/) [C] ろうそく：Tom has ten ~s on his birthday cake. トムは誕生日祝いのケーキにろうそくを 10 本立てる (⇨birthday cake [参考]).

── コロケーション ──
blow out a *candle* ろうそくの火を吹き消す
light a *candle* ろうそくに火をつける
「put out [extinguish] a *candle* ろうそくの火を消す

be nòt wòrth the cándle 《略式，主に英》割に合わない：The game *is not worth the* ~. 《ことわざ》勝負はろうそく代にも値しない(骨折り損のくたびれ儲け)．

búrn the cándle at bóth ènds [動] (自)《略式》朝早くから夜遅くまで働く；(仕事や遊びで)精力をフルに使う．[由来] You can't burn the candle at both ends. (ろうそくは両端からはともせない) ということわざから．cán't [be nòt fìt to] hóld a cándle to ... [動] (他)《略式》…にはとてもおよばない．[由来] 人の仕事にろうそくをかかげて明るくしてやる役目すら果たせない，の意．

cándle·light [名] [U] ろうそくの光．
candle·lit /kǽndllɪt/ [形]《食事など》ろうそくの火に照らされた：a ~ dinner ろうそくの明かりでのディナー．
*__cándle·stick__ [名] [C] ろうそく立て．
cándle·wick [名] [U] 1 柔らかい木綿の刺繍糸．2 キャンドルウィック (浮き出た房状の飾り模様の木綿生地).

can·do /kǽndúː/ [形] [A]《略式》やる気のある．
can·dor, 《英》**can·dour** /kǽndə | -də/ [名] [形] (cándid) 率直さ，正直さ；公平，公正．
C and W, C & W /síːəndʌ́bljuː/ [略] [楽] = country and western.

*__can·dy__ /kǽndi/ [名] (can·dies /~z/) [U] 1《主に米》キャンデー，砂糖菓子 (《英》sweet) 《砂糖やシロップ (syrup) で作る固形の菓子；チョコレート・バター・ミルク・ナッツ・果物などを加えることがある；⇨cake [表]》：Betty is very fond of ~. ベティーはキャンデーが大好きです．[語法] 種類をいうときには [C]: mixed candies 各種詰め合わせのキャンデー類．2 氷砂糖．**lìke tàking cándy from a báby** [形]《英略式》赤子の手をひねるような．

cándy ápple [名] [C]《米》りんごに小さな棒を刺してあめでくるんだ菓子 (《英》toffee apple).
cándy àss [名] [C]《米俗》いくじなし，腰抜け．
cándy-àss [形] [C]《米俗》いくじなしの．
cándy bàr [名] [C]《米》キャンディーバー《ナッツやキャラメルなどを棒状にし，チョコレートでコーティングしたもの》．

candy apples

cándy càne [名] [C]《米》キャンディーケーン《紅白のしま模様のステッキ型のあめ；クリスマスに食べる》．
candy·floss /kǽndiflɒs | -flɔ̀s/ [名] [U]《英》1 = cotton candy. 2 見かけ倒し．
candy-striped /kǽndistrʌɪpt/ [形] 白地に細いしま柄の．
candy strip·er /kǽndistrʌɪpə | -pə/ [名] [C]《米》ボランティア看護助手《紅白のしま柄の制服から》．

*__cane__ /kéɪn/ [名] (~s /~z/) 1 [C] 《籐(とう)・竹・さとうきびなどの》茎；(木いちごなどの) 茎；[U] = sugarcane. 2 [U]《籐材》(つえ・家具などの) a ~ chair 籐いす．3 [C] 《籐製のステッキ，つえ；植木用の支柱．4 [C] (体罰用の) むち；[the ~] むち打ち：get the ~ むちで打たれる．── [動] (他) 1 〈…に〉をむちで打つ．2 〈いすなど〉を籐で作る．
cane·brake /kéɪnbrèɪk/ [名] [C]《米》竹やぶ，籐[しょうなど]の茂み．
cáne sùgar [名] [U] 甘蔗(かんしょ)糖．
ca·nine /kéɪnaɪn/ [形] 犬の，いぬ科の，犬のような．── [名] 1 = canine tooth. 2《格式》犬．
cánine tòoth [名] [C] 犬歯 (⇨eyetooth).
can·ing /kéɪnɪŋ/ [名] [U] むち打ち．
Can·is Ma·jor /kéɪnɪs- | kǽn-/ [名] [固] [天] 大犬座《主星 Sirius は全天中で最も明るい》．
Canis Mi·nor [名] [固] [天] 小犬座．

*__can·is·ter__ /kǽnɪstə | -tə/ [名] [C] 1 缶《コーヒー・紅茶などを入れる小さい物》，茶筒．2 《ガス・化学薬品などの》金属容器．3《映画の》フィルム入れ．4 散弾．
can·ker /kǽŋkə | -kə/ [名] 1 [医] (口内の) 潰瘍(かいよう)；(犬猫の) 外耳炎；[植] (果樹の) 癌腫(がんしゅ)病．2 [C] [文] (社会の) 害毒，病根，弊害，癌．
can·kered /kǽŋkəd | -kəd/ [形] 腐敗した．
can·ker·ous /kǽŋk(ə)rəs/ [形] 潰瘍の (ような)；潰瘍を生ずる；腐敗[腐食]させる．
cán·ker sòre [名] [C,U]《米》 [医] 口内炎．
can·na /kǽnə/ [名] [C] カンナ(の花)．
*__can·na·bis__ /kǽnəbɪs/ [名] [U] 1 インド麻，大麻．2 カンナビス，大麻《インド麻の葉・花から作られる麻薬》：~ resin 大麻樹脂．── その中に次の名のものがある：hashish ハシーシ / marijuana マリファナ．

*__canned__ /kǽnd/ [動] can² の過去形および過去分詞．── [形] 1《普通は [A]》缶詰にした (《英》tinned)：~ beer 缶ビール / ~ fish 缶詰の魚．2 (生でなく) 録音した：~ laughter 録音された笑い声《テレビ番組などの》．3 [P]《俗》ひどく酔って．
cánned músic [名] [U] テープ音楽《レストラン・商店などで一日中流されているもの》．
can·nel·lo·ni /kæ̀nəlóʊni/ [名] [U]《イタリア語から》カネロニ《イタリア風の肉・チーズなどを詰めたパスタ》．
can·ner /kǽnə | -nə/ [名] [C] 缶[びん]詰め用の消毒装置；缶[びん]詰めを作る人．
can·ner·y /kǽnəri/ [名] (-ner·ies) [C] 缶詰工場．
Cannes /kǽn, kǽnz/ [名] [固] カンヌ《フランス南部の地中海に臨む保養地；国際映画祭の開催地》．
*__can·ni·bal__ /kǽnɪb(ə)l/ [名] [C] 人食い人；共食いする動物．── [形] 人食いの；共食いの．
can·ni·bal·ism /kǽnɪbəlɪ̀zm/ [名] [U] 人肉を食う風習；共食い．
can·ni·bal·is·tic /kæ̀nɪbəlɪ́stɪk/ [形] 人食いの，共食いの．
can·ni·bal·ize /kǽnɪbəlaɪz/ [動] (他) 1 (部品を再使用するために)〈…〉からパーツを取りちがう．2 [商]《他の企業》から資産を取り上げる．3〈…〉を共食いする．
can·ni·ly /kǽnɪli/ [副] 抜け目なく，ぬかりなく．
can·ning /kǽnɪŋ/ [名] [U]《米》(特に家庭で) 食品を缶やびんに詰め保存すること．
*__can·non__ /kǽnən/ [名] (複 ~s /~z/) [C] 1 (戦闘機用の) 機関砲．2 カノン砲《昔使われた大砲》．── [動]

cannonade 246

⾃ 激しく突き当たる (*into, against, off*).

can·non·ade /kæ̀nənéɪd/ 名 C 連続砲撃.

cánnon·bàll 名 C **1** カノン砲弾(昔の cannon 砲用の球形の砲弾). **2** (米) ひざをかかえる飛込み. **3** 《略式》《テニス》(強くて速い)弾丸サーブ. — 動 ⾃ (米) ひざをかかえて飛び込む.

cánnon fódder 名 U 《略式》大砲のえじき(兵士たちのこと); (組織の)使い捨て要員, 消耗品.

can·not /kǽnɑt, kənɑ́t | kǽnɔt, -nɔt/ 《主に格式》 **can¹** の否定形. 語法 (1) cannot のほうが普通で, can not は否定を強調するときに用いる. (2) 《略式》では can't と短縮される.

can not /kənɑ́t | -nɔ́t/ = cannot.

can·nu·la /kǽnjʊlə/ 名 (複 ~s, -lae /-liː/) 《医》カニューレ, 套管(とうかん)《患部に入れて液の導出や薬の注入に用いる》.

⁺**can·ny** /kǽni/ 形 (**can·ni·er**, **-ni·est**) **1** (商売・政治などで)抜けめのない, ぬかりのない, 用心深い. **2** (スコ) よい, すてきな (nice).

⁺**ca·noe** /kənúː/ 名 C カヌー, 丸木舟; (かい (paddle) でこぐ)軽ボート: Paddle your own ~. (ことわざ) 自分のカヌーは自分でこげ(他人を頼るな). 関連 kayak カヤック. **by canoe = in a canóe** 副 カヌーで. — 動 ⾃ カヌーで行く, カヌーをこぐ.

ca·noe·ing /kənúːɪŋ/ 名 U カヌー(競技).

ca·nó·la òil /kənóʊlə-/ 名 U カノーラ[キャノーラ]油(カノーラという油菜の一種の種子から得る食用油).

⁺**can·on¹** /kǽnən/ 名 C **1** (格式) (行動・思考上の)規範, 基準 (*of*). **2** [キ教] (教会の)戒律, 法規. **3** [普通は単数形で] (格式) (作家の)真の作品(全体); 不朽の名作. **4** (楽) カノン.

can·on² /kǽnən/ 名 C [時に C-] [キ教] (大)聖堂参事会員; [カトリック] 律修司祭.

ca·non·i·cal /kənɑ́nɪk(ə)l | -nɔ́n-/ 形 **1** 正統な, 規範的な. **2** 教会法に基づく. **3** (数) 正規の.

can·on·i·za·tion /kæ̀nənɪzéɪʃən | -naɪz-/ 名 U,C 列聖(式).

can·on·ize /kǽnənàɪz/ 動 他 [普通は受身で] 〈…〉を聖人の列に加える.

cánon láw 名 U 教会法.

ca·noo·dle /kənúːdl/ 動 ⾃ 《古風》愛撫する.

cán òpener 名 C (主に米) 缶切り ((英) tin opener).

can·o·pied /kǽnəpid/ 形 天蓋付きの.

⁺**can·o·py** /kǽnəpi/ 名 (**-o·pies**) C **1** 天蓋(てんがい)(寝台・王座の上にかける覆い); (文) (天蓋のようにおおうもの(空・枝など). **2** 天蓋形のひさし, 張り出し; (空) (操縦席の上の)透明な円蓋.

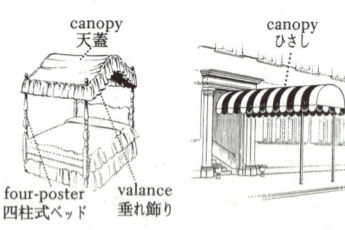

canopy 天蓋

canopy ひさし

four-poster 四柱式ベッド

valance 垂れ飾り

canst /(弱) k(ə)nst; (強) kǽnst/ 動 (古風) can¹ の二人称単数現在形 (thou が主語のとき用いる).

cant¹ /kǽnt/ 名 **1** U (道徳家ぶるが)本心でないことば, うわべの[偽善的な]ことばづかい, 空念仏. **2** 《格式》U,C 隠語(特定の仲間だけで使う語).

cant² /kǽnt/ 名 C **1** (堤防などの)斜面, 傾斜. **2** (傾斜させる)ひと押し[突き]. — 動 他 〈…〉を傾ける; ひっくり返す (*over*). — ⾃ 傾く; ひっくり返る (*over*).

⁺**can't** /kǽnt | kɑːnt/ (同音) (米) kænt, (英) Kænt (略式) **cannot**, **can not** の短縮形 (☞ not (1) (i) 語法).

━━リスニング━━
(米) では can は文中では普通は弱く /kən/ と発音され, 逆にその否定形 can't は比較的強く /kent/ と発音されるが, この語末の /t/ はしばしば聞こえないことがある. 従って耳で聞く際には I can /kən/ help you. 「アイカヌヘウビュー」, I can't /kǽn/ help you. 「アイキャヌヘウビュー」のように can の母音が弱い /ə/ か強い /æ/ かが肯定か否定かを判断する決め手となることが多い. なお /l/ の発音については ☞ つづり字と発音解説 58.

I ~ swim. 私は泳げない / "Can I smoke here?" "No, you ~." 「ここでたばこを吸っていいですか」「いいえ, だめです」/ C~ we enter this room? この部屋に入ってはいけませんか / You can solve this problem, ~ you? 君はこの問題が解けるよね (☞ tag question 文法 (1)) / C~ you be quiet? 静かにできないの(いらだちを表わす) / It ~ be true. それは本当のはずがない.

Can·tab /kǽntæb/ 略 (特に学位の後で)ケンブリッジ(大学)の(ラテン語形の Cantabrigiensis を略したもの; ☞ Oxon).

Can·ta·brig·i·an /kæ̀ntəbrídʒiən/ 名 C, 形 **1** (英米の) Cambridge 市民[在住者](の). **2** Cambridge[Harvard] 大(卒業[在学])生(の).

can·ta·loupe, can·ta·loup /kǽntəlòʊp | -lùːp/ 名 C カンタロープ(マスクメロンの一種).

can·tan·ker·ous /kæntǽŋkərəs/ 形 不機嫌な, 気難しい; (W) けんか腰の. — **·ly** 副 不機嫌に.

can·ta·ta /kəntɑ́ːtə/ 名 C [楽] カンタータ(独唱・重唱・合唱から成る物語風の声楽曲).

⁺**can·teen** /kæntíːn/ 名 C **1** (兵士・旅行者などの)水筒. **2** (主に英) (工場・学校などの)食堂, 売店 (cafeteria). **3** 酒保(しゅほ)(軍)娯楽所. **4** (英) (携帯用の)食器セット(入れ) (ナイフ・フォーク・スプーン).

can·ter /kǽntə | -tə/ 名 C [普通は a ~] **1** (馬の)ゆるい駆け足, 普通駆け足, キャンター(で乗ること): break into *a* ~ キャンターで走り出す. **2** 手軽な旅行, すぐ行ける距離. — 動 (**-ter·ing** /-t̬ərɪŋ, -trɪŋ/) ⾃ (馬が)キャンターで進む. — 他 〈馬〉をキャンターで進ませる.

Can·ter·bur·y /kǽntəbèri | -təb(ə)ri/ 名 固 カンタベリー(英国 Kent 州の都市; 英国国教会の総本山がある; ☞ 裏地図 G 6; cathedral 写真).

Cánterbury Tàles 名 [The ~] 『カンタベリー物語』(チョーサー (Chaucer) 作の説話集).

can·ti·cle /kǽntɪkl/ 名 C 聖歌.

can·ti·le·ver /kǽntəlìːvə | -və/ 名 C (建) 片持ち梁(はり) (バルコニーなどを支える).

can·to /kǽntoʊ/ 名 (~s) C (詩歌の)編.

can·ton /kǽntən, -tn | -tɔn/ 名 C (スイスの)州.

Can·ton /kæntɑ́n | -tɔ́n/ 名 固 広東(カントン) (☞ Guangzhou).

Can·ton·ese /kæ̀ntəníːz/ 名 C U 広東(カントン)語. — 形 広東の; 広東語の.

can·ton·ment /kæntɑ́nmənt, -túːn- | -túːn-/ 名 C (軍) 野営(地).

can·tor /kǽntə | -tə/ 名 C (ユダヤ教会の)朗詠者; (教会の)聖歌隊のリーダー.

Ca·nuck /kənʌ́k/ 名 C, 形 《略式》[時に軽蔑] (特にフランス系の)カナダ人(の).

Ca·nute /kənjúːt | -njúːt/ 名 固 カヌート (994?-1035) (England に侵攻, その王 (1016-35) となった Dane 人の王族; のちデンマーク, ノルウェー王も兼ねた).

⁺**can·vas** /kǽnvəs/ (同音 **canvass**) 名 (~·es /~ɪz/) **1** U キャンバス, ズック(地) (織り目の粗い厚手の布); 帆布

(ほぬの), シート. 2 [C,U] 画布, カンバス. 3 [C] 油絵. 4 [a ～] 背景, 状況. 5 [the ～] (ボクシング[レスリング]リングの)マット, 床. **ùnder cánvas** [副]《英》テントの中で, 野営中で.

⁺**can·vass** /kǽnvəs/ [動] [自] 選挙運動をする, 注文取りをする (*for*). ― [他] 1 (票集め・注文取りなどのために)〈場所・人々〉を回って歩く (*for*); 〈支持・注文など〉を取りに回る. 2 〈…〉の意見聴取をする, 〈人々の意見〉を聴く. 3 〈問題・案など〉を詳しく調べる, 検討する.
― [名] [C] 選挙運動, 勧誘; 世論調査.

can·vass·er /kǽnvəsɚ | -sə/ [名] [C] 選挙運動員.

⁺**can·yon** /kǽnjən/ [名] [C] (川のある)深い峡谷 (☞ valley 類義語): ☞ Grand Canyon.

can·yon·ing /kǽnjənɪŋ/ [U] キャニオニング《峡谷の川に飛び込んで急流を下るスポーツ》.

can·zo·ne /kænzóʊni, kɑːntsóʊneɪ/ 《イタリア語から》[名] (複 **～s, can·zo·ni** /-niː/) [C] カンツォーネ《イタリア民謡風の歌曲》.

***cap** /kǽp/ ([類音] cop, cup) [名] (～s /～s/) [C] 1 帽子《周りに縁のないもの; ただし前にひさし (peak) のあるものもある; ☞ hat 表; cape¹ [語源]》; (地位・名誉の印としての) 帽子, 制帽; 《英》(代表チームの)選手帽, (代表チームに選ばれた)選手: a nurse's ～ 看護師の制帽 / a swimming ～ 水泳帽 / If the ～ fits(, wear it). 《ことわざ》 [S]《英》帽子が合うなら(, それをかぶれ)(批判が思い当たるなら自分のことと思え) (☞ shoe [名] 1 最後の例文).
[語法]《米》では普通 baseball cap などのように合成語で用いる.

― コロケーション ―
put on a *cap* 帽子をかぶる
take off a *cap* 帽子を脱ぐ
wear a *cap*=**have** a *cap* **on** 帽子をかぶっている

2 [時に合成語で] (びんなどの)ふた, (ペン・カメラなどの)キャップ: a ～ *on* a bottle びんのふた. 3 (支出金額などの)上限 (ceiling) (*on*): a salary ～ サラリーキャップ《年棒総額の上限》. 4 《文》帽子状のもの; (山の)頂上; (波の)上部; (きのこの)かさ. 5 〔歯科〕歯冠. 6 《英》=Dutch cap. 7 (おもちゃのピストルの)火薬玉.
cáp and gówn [名]《米》(大学の教授・学生の)礼装, 正装. **cáp in hánd** [副] 脱帽して; うやうやしく; ぺこぺこと: go ～ *in hand* to ... 《主に英》(人)にぺこぺこして(お金を)請う. **pùt [gèt] ón one's thínking càp** [動]《略式》じっくり考える. **sét one's cáp for [《英》at] ...** [動] [他]《古風》(女性が)(男性)を夫にしようとねらいをつける. **wín [recéive, gét] a cáp** [動] [自]《英》代表チームに選ばれる.

[単語の記憶] 《CAP》(頭)
cap (頭覆い) → 帽子
cape¹ (先頭) → 先端 → 岬
capital (頭に立つ) → 首都
captain 集団の頭(かしら)
chapter (小さい頭 → 部分) → 章

― [動] (caps; capped; cap·ping) [他] 1 〈…〉にふたをする, 〈びん・ペン〉にキャップをする; [普通は受身で]〈歯〉に歯冠をかぶせる: *C*～ the bottle. びんにふたをしなさい. 2 [普通は受身で]〈…〉の頂上を覆(おお)う (*by*): The mountains *were capped with* snow. 山々は雪を頂いていた. 3 〈…〉をしのぐ, 〈…〉の上手をいく (*with*): ～ a story [joke] (他の人・前のものより)もっとうまい話[冗談]を言う. 4 [主に新聞で]〈一連の出来事〉の最後を飾る, 〈…〉を締めくくる (*with*) (★ 悪い事にも言う). 5 [しばしば受身で]〈予算・支出など〉の上限を定める; 〈地方政府機関〉の支出[徴収]する金額を制限する. 6 [普通は受身で]《英》〈…〉を代表チームの選手に選ぶ (*for*). 7《米俗》〈人〉を銃で撃つ. **to cáp it áll (off)** [副] [つなぎ語] [S]《主に英》あげくの果てに, その上さらに.

CAP /síːèɪpíː/ [略] [the ～] =Common Agricultural Policy (欧州連合の)共通農業政策.

cap. [略] =capacity, capital, capital letter.

***ca·pa·bil·i·ty** /kèɪpəbíləṭi/ [名] (-i·ties /～z/; [形] cápable; [反] incapability) 1 [C,U] (人・機械などの)能力, 手腕, 力量; 性能 (☞ ability 類義語): ...'s ～ *for* management …の経営手腕 / He claimed that the nation had the ～ *to* produce nuclear weapons. <N+*to* 不定詞>=He claimed that the nation had the ～ *of* produc*ing* nuclear weapons. <N+*of*+動名> 彼はその国は核兵器を作る力があると主張した. 2 [複数形で] 可能[将来]性, 素質: She showed great *capabilities as* an actress. 彼女は女優としてのすぐれた素質を見せた. 3 [U,C] 戦力(の保持): a nuclear ～ 核戦力. **beyónd [withìn] ...'s capabílities=beyónd [withìn] the capabílities of ...** [形] …の能力を超えて[能力の範囲内で].

***ca·pa·ble** /kéɪpəbl/ [T1] [形] ([名] càpabílity; [反] incapable) 1 [P] (人が…の)能力[才能]がある: Mr. Brown is not ～ *of* manag*ing* a company. <A+*of*+動名> ブラウン氏には会社を経営する手腕はない. 2 [P] (物事などが…が)できる, (…が)可能な: This elevator is ～ *of* carry*ing* 30 people at a time. <A+*of*+動名> このエレベーターは 1 回に 30 人の人を運べる. 3 有能な, 頭のいい, 上手な (☞ able² 類義語): She is a very ～ editor. 彼女はとても有能な編集者だ. 4 [P] (悪事を)やりかねない, (…を)する恐れのある: The boy is ～ *of* robbery. その少年は盗みをしかねない. 5 [P]《格式》(状況・言動などが)(…の)余地がある (*of*).

ca·pa·bly /kéɪpəbli/ [副] うまく, 上手に, 立派に.

ca·pa·cious /kəpéɪʃəs/ [形] ([名] capácity)《格式》広々とした; 大きい; 包容力のある.

ca·pac·i·tance /kəpǽsətns/ [名] [U] 〔電〕(系の)電荷をたくわえる性質; 静電[電気]容量, キャパシタンス.

ca·pac·i·tor /kəpǽsəṭɚ | -tə/ [名] [C] 〔電〕コンデンサー.

****ca·pac·i·ty** /kəpǽsəṭi/ [T2] [名] (-i·ties /～z/; [反] incapacity) 1 [U] [しばしば a ～] 収容力, 定員; 容積, 容量; (コンピュータの)記憶容量: This room has *a* (seating) ～ *of* 55. この部屋には 55 人が入れる / a tank with *a* ～ *of* twenty liters 容量 20 リットルの水槽.
2 [U,C] 能力, 力量; 理解力 (☞ ability 類義語): She has a great ～ *to* remember facts. <N+*to* 不定詞> 彼女にはすぐれた記憶力がある / This committee has lost the ～「*to* do [*for*] such a job. この委員会はそんな仕事をする能力を失っている / That book is *within* [*beyond*] *the* ～ *of* high school students. あの本は高校生に理解できる[理解できない]. 3 [U] [しばしば a ～] (特に工場などの)(最大)生産能力; (エンジンの)総排気量: excess [surplus] ～ 余剰生産力 / *a* (production) ～ *of* 400 televisions a day 1 日にテレビ 400 台の生産力. 4 [形容詞的に] 最大限の, 満員の: a ～ crowd [audience] 満員(の観衆). 5 [C] [W]《格式》資格, 立場 (position): in a personal ～ 個人の立場で / I advise you in my ～ *as* a doctor to stop smoking. 私は医師としての立場であなたに禁煙するように忠告します. **at (fúll) capácity** [副] 能力いっぱいに, フルに力を出して: work *at full* ～ フル操業する. **to capácity** [副] 最大限まで, いっぱい[満員]に.

ca·par·i·son /kəpǽrəs(ə)n/ [名] [C] (昔の馬・騎士の)盛装. ― [動] [他] [普通は受身で]〈馬〉に盛装させる.

***cape**¹ /kéɪp/ [名] (～s /～s/) [C] 岬 (《略》地名のときは C.). **the Cápe** [名] (1) =Cape of Good Hope. (2) ケープ州 (Cape Province)《南アフリカ共和国の旧州》. [語源] ラテン語で「頭」の意 (☞ cap [単語の記憶]).

cape² /kéɪp/ [名] [C] ケープ《短いそでなしの外套(がいとう)》.

Cápe Ca·náv·er·al /-kənǽv(ə)rəl/ 名 固 ケープカナベラル《米国 Florida 州東海岸の岬; 人工衛星・宇宙ロケットの実験基地, スペースシャトルの発射基地《☞ Kennedy Space Center; 表地図 H 5》.

Cápe Cód /-kád | -kɔ́d/ 名 固 コッド岬《米国 Massachusetts 州東端の岬; 1620 年 11 月, Mayflower 号に乗った Pilgrim Fathers がここに最初に到達した; ☞ 表地図 I 3; Plymouth Colony》.

Cápe Cólored 形 名 ⓒ 《南アフリカ共和国旧ケープ州の黒人と白人の混血の人》(Colored).

Cápe Hórn /-hɔ́ərn | -hɔ́:n/ 名 固 ホーン岬《南米の最南端の岬》.

Cápe Kénnedy 名 固 ケープケネディ《Cape Canaveral の旧名》.

Ca·pel·la /kəpélə/ 名 固 《天》カペラ《馭者(ぎょしゃ)座の α 星》.

Cápe of Góod Hópe 名 固 《the ～》喜望峰(きぼうほう)《アフリカ最南端の岬》.

ca·per¹ /kéɪpə/ -pə-/ 名 ⓒ 《普通は複数形で》ケッパー《ふうちょうぼく(地中海沿岸産の低木)のつぼみの酢漬け; 食品》.

ca·per² /kéɪpə/ -pə-/ 動 (-per·ing /-p(ə)rɪŋ/) 自 ⓦ 跳(は)ね回る, 戯れる (*about, around*). — 名 ⓒ **1** 《略式》違法行為, 犯罪; 危険な行為. **2** アクション映画〔物語〕. **3** 悪ふざけ, いたずら. **4** 跳ね回ること. **cút a cáper** [動] 自 跳ね回る.

Cape Town /kéɪptàʊn/ 名 固 ケープタウン《南アフリカ共和国の立法上の首都; ☞ Pretoria》.

Cape Verde /kèɪpvə́:d | -və́:d/ 名 固 カーボベルデ《アフリカ西部 Senegal 沖の大西洋上の群島から成る共和国》.

+cap·il·lar·y /kǽpəlèri | kəpílərɪ/ 名 (-lar·ies) ⓒ **1** 《解》毛細血管. **2** 毛(細)管.

cápillary attráction [**áction**] 名 Ⓤ 《物理》毛(細)管引力.

cápillary túbe 名 ⓒ =capillary 2.

capita ☞ per capita.

*cap·i·tal /kǽpətl/ 《同音 Capitol》 ⚑

> ラテン語で「頭の」の意《☞ cap 単語の記憶; cattle 語源》.
> → (頭に関する) → (生死につながる) → 「死刑の」 形 4
>   → (先頭の) → 「大文字(の)」 名 3, 形 1
> → (頭に立つ) → (主な) → 「最も重要な(町)」 名 1, 形 2
>   → (基本となる) → 「元手(の), 資本(の)」 名 2, 形 3

— 名 (~s /-z/) **1** ⓒ 首都, 首府《略 cap.》; 中心地: the state ~ *of* Texas テキサス州都 / "What is the ~ *of* France?" "Paris." 「フランスの首都はどこですか」「パリです」/ the fashion ~ ファッションの中心地. **2** Ⓤ または a~] 資本, 資本金, 元手; 固定資本; Ⓤ [時に C-] 資本家階級: ~ and interest 元利 / circulating [floating] ~ 流動資本《現金・商品など》 / a starting ~ 元手 / working ~ 運転資本 / the necessary ~ for the plan 計画に必要な資本 / ~ and labor 資本家と労働者.

3 ⓒ 大文字, 頭(かしら)文字《略 cap.》(capital letter): The title of the essay is written *in* ~s. その論文の題目は大文字で書いてある / An English sentence begins with a ~. 英語の文は大文字で始まる. **4** ⓒ 《建》柱頭《柱の上端の飾り》. **máke cápital「out of〔from〕...** [動] 他《自己の利益のために》《事態など》を利用する, ...につけ込む.

— 形 **1** [比較なし] Ⓐ 大文字の: ☞ capital letter; small 形 5.

2 [比較なし] Ⓐ 最も重要な, 主要な: the ~ city 首都 / a matter of ~ importance 最も重要なこと.

3 [比較なし] Ⓐ 資本の; 元金の: ☞ capital gains.

4 Ⓐ 死刑の, 死に値する; 重大な: a ~ offense [crime] 死刑に値する犯罪 / a ~ error 重大な誤り. **5** 《古風》すばらしい. **∴ with a cápital ─** [形・副] この上ないほどの..., 本当の意味での...: She has charm *with a* ~ C. 彼女はすごい魅力の持ち主だ. 語法 capital の後に...の単語の最初の文字を大文字で示す.

cápital ássets 名 [複] 固定資産.

cápital expénditure 名 Ⓤ 《商》資本支出.

+cápital gáins 名 [複] 《経》キャピタルゲイン, 資本益《有価証券や資産を売却した利得》.

cápital gáins tàx 名 ⓒ 資本利得税.

cápital góods 名 [複] 《経》資本財《商品を作るために用いられる財貨》.

cápital-inténsive 形 資本集約型の. 関連 labor-intensive 労働集約型の.

*cap·i·tal·is·m /kǽpətlɪzm | kǽpət-, kəpít-/ 名 Ⓤ 資本主義. 関連 socialism 社会主義 / communism 共産主義.

*cap·i·tal·ist /kǽpətlɪst | kǽpət-, kəpít-/ 名 (-tal·ists /-lɪsts/) ⓒ 資本主義者; 資本家; 資産家. — 形 資本主義(者)の, 資本主義的な; 資本家的な.

cap·i·tal·is·tic /kæpətlɪ́stɪk⁻/ 形 資本主義的な; 資本家の.

cap·i·tal·i·za·tion /kæpətlɪzéɪʃən | -laɪz-/ 名 **1** Ⓤ 大文字の使用. **2** Ⓤ,ⓒ 出資, 投資; 資本化.

+cap·i·tal·ize /kǽpətlàɪz/ 動 他 **1** 《単語》を大文字で書く, 《単語など》を大文字で始める. **2** [普通は受身で] 《...》に出資〔投資〕する. **3** 《...》を資本化する; [普通は受身で] 《...》の現在価値を見積もる (*at*). **cápitalize on ...** [動] 他《自己の利益のために》《事態など》を利用する, ...につけ込む.

càpital létter 名 《反 small letter》 ⓒ 大文字, 頭(かしら)文字 《略 capital》 《略 cap(s).; ☞ type 参考》.

cápital lévy 名 ⓒ 資本課税.

cápital márket 名 ⓒ 《経》資本市場.

cápital óutlay 名 Ⓤ =capital expenditure.

+cápital púnishment 名 Ⓤ 死刑.

cápital súm 名 ⓒ 《保険などの》一時金.

cap·i·ta·tion /kæpətéɪʃən/ 名 ⓒ,Ⓤ 人頭税; 均等割料金〔支払い〕金.

Cap·i·tol /kǽpətl/ 名 [the ~] 《米国の》国会議事堂《☞ congress 1》; ⓒ [普通は c-] 《米国の》州会議事堂.

Capitol

Cápitol Híll 名 固 キャピトルヒル《米国 Washington, D.C. にある国会議事堂のある丘》; 米国議会. 関連 Westminster 英国議会.

*ca·pit·u·late /kəpítʃəlèɪt/ 動 自 《格式》**1** 《要求などに》しぶしぶ受け入れる, いやいや同意する (*to*). **2** 《条件付きで》降伏する, 屈する (surrender) (*to*).

ca·pit·u·la·tion /kəpìtʃəléɪʃən/ 名 Ⓤ,ⓒ 《格式》

(要求などの)受け入れ; 降伏, 屈服 (to).
cap·let /kǽplət/ 名 C カプセル形の錠剤.
cap'n /kǽpn/ 名 S [呼びかけで] 船長 (captain).
ca·po¹ /kéɪpoʊ/ 名 (~s) C 《楽》カポ《ギターなどの弦のピッチを同時に上げるために指板に取り付ける器具》.
ca·po² /káːpoʊ/ 名 (~s) C 《米》マフィアの支部長.
ca·pon /kéɪpɑn/ -p(ə)n/ 名 C 去勢おんどり(食用).
Ca·pone /kəpóʊn/ 名 個 **Al** ～ アル カポネ (1899-1947) 《米国の禁酒法時代のギャングの首領》.
Ca·po·te /kəpóʊti/ 名 個 **Truman** ～ カポーティ (1924-84) 《米国の作家》.
Cap·pa·do·cia /kæ̀pədóʊʃə| -siə/ 名 個 カッパドキア《小アジア東部地方の古称》.
cap·ping /kǽpɪŋ/ 名 U 支出[徴収]する全額の制限.
cap·puc·ci·no /kæ̀pətʃíːnoʊ/ 《イタリア語から》名 (~s) U.C カプチーノ《熱いミルク入りのコーヒー》.
ca·price /kəpríːs/ 名 **1** C (格式)気まぐれ, 移り気 (whim). **2** C 《楽》カプリッチオ, 奇想曲.
ca·pri·cious /kəpríʃəs/ 形 (格式)気まぐれな; (文)(風・気候などが)変わりやすい. ～**·ly** 副 気まぐれに.
*****Cap·ri·corn** /kǽprɪkɔːrn| -kɔːn/ 名 **1** やぎ座《星座》(☞ *tropic* 成句)(the Goat); 磨羯(まかつ)宮(☞ *zodiac* 挿絵). **2** C やぎ座生まれの人.
ca·prí pànts /kəprí:-/ 名 複 カプリパンツ《裾の細いぴったりしたくるぶしまでの女性用ズボン》.
caps. 略 =capital letters (☞ *capital letter*).
cap·si·cum /kǽpsɪkəm/ 名 C,U とうがらし(の実).
*****cap·size** /kǽpsaɪz, kæpsáɪz| kæpsáɪz/ 動 他 〈船などを〉ひっくり返す. ― 自 (船などが)ひっくり返る.
cap·stan /kǽpstən/ 名 C **1** キャプスタン(いかり・ロープなどを巻き上げる装置). **2** キャプスタン(テープレコーダでテープを送る回転体).
cáp·stòne /kǽpstoʊn/ 名 **1** (石柱・石壁などの)笠石, 冠石. **2** (人生などの)最高点, 頂点.
*****cap·sule** /kǽps(ə)l, -suːl| -sjuːl/ 名 C **1** カプセル《飲みにくい薬を入れるゼラチン製容器》(☞ *tablet*): take two ~s カプセルを2つ飲む. **2** 小型のプラスチック容器, (ロケットの)カプセル. **3** 《植》 蒴(さく). ― 形 A 簡潔な.
Capt. 略 =captain.
*****cap·tain** /kǽptən/ 名 (~s /~z/) C **1** 船長, 艦長; (航空機の)機長: C~ Cook クック船長(☞ *Cook*) / This is your ~ speaking. こちらは機長です(皆様に申し上げます)《航空機内の放送で》.
2 海軍大佐; 陸軍大尉; 《米》空軍大尉 (略 Capt.).
3 キャプテン, 主将 (☞ *cap* 単語の記憶): Tom is (the) ~ of this baseball team. トムはこの野球チームのキャプテンだ. **4** 《米》警部 (lieutenant の上); (消防隊の)中隊長. 語源 ラテン語で「頭(かしら)」の意 (☞ *cap* 単語の記憶); chief 類義語. **a cáptain of índustry** [名] [主に新聞で] 大実業[企業]家.
― 動 他 (主将・船長・機長として) ⟨…⟩を指揮する.
⁺**cap·tain·cy** /kǽptənsi/ 名 (-tain·cies) C,U captain の地位[任期].
cap·tain·ship /kǽptənʃɪp/ 名 C,U =captaincy.
*****cap·tion** /kǽpʃən/ 名 (~s /~z/) C (挿絵・写真などの)説明, キャプション; (映画などの)字幕 (subtitle); closed caption): The ~ under the picture read, "Rain in Spain." 写真の下の説明には「スペインの雨」と書いてあった. ― 動 他 [普通は受身で] ⟨挿絵・写真などに⟩説明文をつける: The photo was ~ed "Two Cats." 写真は「2匹の猫」という表題がついていた.
cap·tious /kǽpʃəs/ 形 (文)あら探しする, あげ足取りの. ～**·ly** 口やかましく.
cap·ti·vate /kǽptɪvèɪt/ 動 他 [しばしば受身で] W ⟨…⟩をうっとりさせる, 魅惑する (charm).
cap·ti·vat·ing /kǽptɪvèɪt̬ɪŋ/ 形 W 魅惑的な.
cap·ti·va·tion /kæ̀ptɪvéɪʃən/ 名 U W 魅惑.

car 249

*****cap·tive** /kǽptɪv/ 形 **1** 捕われた, 捕虜の; (動物が)捕えられた: the ~ soldiers 捕虜の兵士たち. **2** A 選択の自由のない; (施設などが)専用の. **3** (組織や魅力などの)とりこになった, 強い影響[支配]された (to). **a cáptive áudience** [名] 捕らわれの視聴者《広告・放送などをいやでも見聞きさせられる人々》. **táke [hóld] ... cáptive** [動] 他 ⟨…⟩を捕虜にする[してお く].
― 名 (~s /~z/) C **1** 捕虜 (prisoner); 捕らえられた動物. **2** とりこ (of).
cáptive ballóon 名 C 係留気球.
cáptive bréeding 名 U (絶滅の恐れのある)野生動物の捕獲繁殖.
cáptive márket 名 C (買い手に)商品選択の余地のない市場.
⁺**cap·tiv·i·ty** /kæptívət̬i/ 名 U 捕われ, 捕われの身: in ~ 捕われの状態で(いる), (動物が)動物園で.
⁺**cap·tor** /kǽptər| -tə/ 名 C 捕らえる人, 捕獲者.
*****cap·ture** /kǽptʃər| -tʃə/ 動 (**cap·tures** /~z/; **cap·tured** /~d/; **cap·tur·ing** /-tʃ(ə)rɪŋ/) 他 **1** ⟨人・動物⟩を捕らえる, 捕獲する, 捕虜にする, 逮捕する (☞ *catch* 類義語): The policeman ~d the robber. 警官はその強盗をつかまえた.
2 (建物・場所など)を攻め取る, 攻略する; 獲得する: The rebels have ~d the broadcasting station. 反乱軍は放送局を占拠した / ~ 20% of the vote 20%の票を獲得する. **3** (性質・感情・雰囲気など)をうまく表現する; [しばしば受身で] ⟨出来事など⟩を記録する《映像・文章などにとどめる, 保存する (on, in): His painting has ~d the beauty of Hawaii. 彼の絵はハワイの美しさをとらえている / The scene was ~d perfectly on film [video]. その場面は映像[ビデオ]に完ぺきに捕らえられていた. **4** (心・関心など)を捕らえる: Kate ~d the hearts of her classmates. ケートはクラスの生徒の心を捕らえた. **5** 〖電算〗 コンピューターに⟨データ⟩を取り込む[記録する]. **6** 〖チェス〗 (相手のこま)を取る.
― 名 (~s /~z/) **1** U 捕獲(する[される]こと), 逮捕; 攻略; 獲得: the ~ of a thief どろぼうの逮捕 / evade [escape] ~ 捕らえられずに逃げる. **2** U 〖電算〗(データ)の取り込み. **3** C 捕らえられた人[動物].
Cap·u·let /kǽpjʊlèt/ 名 個 キャピュレット《シェイクスピアの *Romeo and Juliet* 中の Juliet の家名》.

*****car** /káɚ| káː/ 《頭音 cars (複), cards (card の複), card, carp, cart》名 (~s /~z/) C **1** 車, 自動車《バスやトラックは含まない; ☞ 類義語; 挿絵; career 語源, carry 囲みを): take the ~ (運転して)車で行く / go for a drive *in* one's ~ (自分の)車[マイカー]でドライブに行く.

car (一般の乗用車)	車
bus (バス)	
truck (トラック)	

ミニ語彙欄
コロケーション
動＋car
「**back (up) [reverse]** a *car* 車をバックさせる
drive a *car* 車を運転する
fill a *car* **up with gas** [《英》 petrol] 満タンにする
get in [into] a *car* 車に乗る (☞ *get on* 表)
get out of a *car* 車から降りる (☞ *get off* 表)
park a *car* 駐車する
pull a *car* **over** 車を端に寄せて止める
rent [《英》 hire] a *car* レンタカーを借りる
ride in a *car* 車に乗る
stop a *car* 車を止める[停車させる]
car＋

250 car.

- a *car* **backs up** 車がバックする
- a *car* **breaks down** 車が故障する
- a *car* **skids** 車がスリップする
- a *car* **starts** 車のエンジンがかかる
- a *car* **stops [pulls up]** 車が止まる

形 + car

- a **compact [midsize, full-size]** *car* 小型[中型, 大型]車
- a **domestic [foreign]** *car* 国産[外]車
- a **five-seater [passenger]** *car* 5人乗りの車
- a **new [used]** *car* 新[中古]車
- a **private** *car* マイカー

car 1 のいろいろ

eléctric cár 電気自動車 / estáte càr 《英》ステーションワゴン / 《米》státion wàgon) / hýbrid càr ハイブリッドカー / políce [patról, 《米》squád] càr パトカー / rácing càr レーシングカー / rádio càr 無線付きカー / spórts càr スポーツカー / víntage càr クラシックカー

関連表現

- **be at the wheel** (車の)ハンドルを握る
- **blow the horn** クラクションを鳴らす
- **do 80 kilometers an hour** 時速80キロで走る
- **drive ... home** (人)を車で家まで送る
- **fasten one's seat belt** シートベルトを締める
- **find a parking space** 駐車場所を見つける
- **get a driver's license** 車の免許を取る
- **put** a *car* **in gear** 車のギアを入れる
- **put on the brake(s)** ブレーキをかける
- **run out of gas** 《英》**petrol** ガソリンがなくなる
- **run the red light** (赤)信号を無視する
- **shift [《英》change] into reverse** ギアをバックに入れる
- **start [stop] the engine** エンジンをかける[止める]

2 《米》(鉄道の)車両; 客車 (《英》carriage) (🖙 train¹ 1 [語法]); [合成語で] …car: This train is made up of ten ~s. この列車は10両編成だ.

car 2 のいろいろ

buffét càr 軽食堂車 / díning càr 食堂車 / lóunge càr 《米》特等車 / párlor càr 《米》, salóon càr 《英》特別客車 / pássenger càr 客車 / sléeping càr 寝台車

3 (エレベーターの)箱; (軽気球・飛行船・ロープウェーの)ゴンドラ (gondola): THIS CAR UP [DOWN] このエレベーターは上り[下り]です〔エレベーターの表示〕.
4 [形容詞的に] 自動車の: a ~ accident 自動車事故 / the ~ industry 自動車産業.

by cár=in a cár [副] 車で: I'm very tired. I want to go 「by ~ [in a ~]. とても疲れた. 車で行きたい (🖙 by 前 2 [語法]). [語法] by car is on foot, by train, by plane など交通手段に重きを置いて用いられる言い方.

【類義語】**car** 車輪で走る乗り物一般に広く用いられる語. 自動車・鉄道の客車などは car と呼ばれるが, 特に(略式)では乗用自動車を car と言うことが多い. car に対する《米格式》は **automobile**, 《英格式》は **motorcar**. バスは car とは言わず bus (《英》市内バスは bus, 《長距離》の大型バスは **coach**), トラックは **truck**. **vehicle** 乗客や貨物を運ぶ陸上のあらゆる輸送機関・乗り物を指し, 乗用車・自動車・二輪車・三輪車などのほか, 荷車・ケーブルカー・そりなどもすべて vehicle である.

car. 略 =carat(s).

Ca·ra·cas /kərɑ́ːkəs, -rǽk-/ 名 固 カラカス (ベネズエラ (Venezuela) の首都).

ca·rafe /kərǽf/ 名 © カラフ (ガラス製水差し・ワイン入れ); カラフ 1 杯の分量.

cár alàrm /-əlɑ̀ːrm/ 名 © 自動車盗難警報装置.

ca·ram·ba /kərɑ́ːmbə/ 間 [時に ay ~ として] (略式, 主に米) ひゃー, えっ, へー (興奮・喜びなどを表わす).

⁺**car·a·mel** /kǽrəm(ə)l/ 名 **1** ©,℧ キャラメル. **2** ℧ カラメル (砂糖を煮つめたもの; 食品の着色や味付けに使う). **3** ℧ カラメル色 (淡褐色). — 形 カラメル色の, 淡褐色の.

car·a·mel·ize /kǽrəməlàɪz/ 動 ⃝ (砂糖が)カラメルになる. — 他 (果物・野菜など)にカラメルをつける.

car·a·pace /kǽrəpèɪs/ 名 © **1** (かに・かめなどの)甲羅(こうら). **2** (文) (心の)防御的構え, 鎧(よろい).

⁺**car·at** /kǽrət/ 名 © **1** カラット (宝石の重さの単位で 1カラットは200 mg; 略 car., ct., cts.): a 10-~ diamond 10カラットのダイヤモンド. **2** =karat.

⁺**car·a·van** /kǽrəvæ̀n/ 名 © **1** 《英》移動住宅, トレーラーハウス (車で引いて移動できる住宅; 旅行・行楽用) (《米》trailer). **2** 《英》ほろ馬車 (《米》covered wagon): a gipsy ~ ジプシーのほろ馬車 (🖙 gypsy [参考]). **3** (砂漠の)隊商, キャラバン: a camel ~ らくだの一隊. — ⃝ [次の成句で] **gò cáravanning** [動] ⃝ 《英》移動住宅で旅行をする[休暇を過ごす].

car·a·van·ning /kǽrəvæ̀nɪŋ/ 名 ℧ 《英》移動住宅で旅行.

car·a·van·sa·ry /kæ̀rəvǽns(ə)ri/ 名 © 《米》隊商宿 (広い中庭がある).

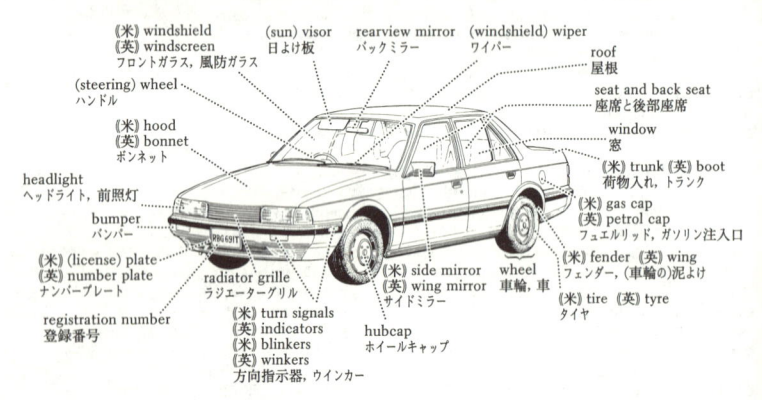

(《米》windshield / 《英》windscreen) フロントガラス, 風防ガラス
(sun) visor 日よけ板
rearview mirror バックミラー
(windshield) wiper ワイパー
roof 屋根
(steering) wheel ハンドル
seat and back seat 座席と後部座席
(《米》hood / 《英》bonnet) ボンネット
window 窓
headlight ヘッドライト, 前照灯
(《米》trunk / 《英》boot) 荷物入れ, トランク
bumper バンパー
(《米》gas cap / 《英》petrol cap) フュエルリッド, ガソリン注入口
(《米》(license) plate / 《英》number plate) ナンバープレート
radiator grille ラジエーターグリル
(《米》side mirror / 《英》wing mirror) サイドミラー
(《米》fender / 《英》wing) フェンダー, (車輪の)泥よけ
wheel 車輪, 車
(《米》tire / 《英》tyre) タイヤ
registration number 登録番号
(《米》turn signals / 《英》indicators / 《米》blinkers / 《英》winkers) 方向指示器, ウインカー
hubcap ホイールキャップ

car

car·a·van·se·rai /kæ̀rəvǽnsərài/ 名 C =caravansary.

cáravan sìte [pàrk] 名 C (英) =trailer park.

car·a·way /kǽrəwèi/ 名 C キャラウェー(せり科の植物); U キャラウェーの実(パン・ケーキの風味づけに使う).

carb[1] /káːb | káːb/ 名 C [普通は複数形で] (略式, 主に米) = carbohydrate 2.

carb[2] /káːb | káːb/ 名 C (英略式) = carburettor.

cár·bàrn 名 C (米)(電車・バスの)車庫.

car·bide /káːbaid/ 名 C U カーバイド.

car·bine /káːbiːn, -bain | káːbain/ 名 C カービン銃(軽くて銃身が短いライフル銃).

*__car·bo·hy·drate__ /kàːbouháidreit | kàː-/ 名 (**hy·drates** /-dreits/) 1 C U (化)炭水化物. 2 C [普通は複数形で] 炭水化物を含む食物, (太りやすい)でんぷん食品(米・パン・じゃがいもなど).

car·bol·ic ácid /kaːbɔ́lik | kaːbɔ́l/ 名 U 石炭酸(消毒に用いる) (phenol).

car·ból·ic sóap 名 U 石炭酸せっけん.

cárbo·lòading 名 U (米)(試合前などに)炭水化物を多く摂取すること.

cár bòmb 名 C 自動車に仕掛けられた爆弾.

*__car·bon__ /káːbən | káː-/ 13 名 (~s /-z/) 1 U 炭素(元素記号 C). 2 U C = carbon paper. 3 C = carbon copy 1. 4 C (電)炭素棒. 語源 ラテン語で「石炭」の意.

car·bo·na·ra /kàːbəná:rə | kàː-/ 形 [名詞の後で] カルボナーラの(ベーコン・卵などであえたパスタ料理にいう).

car·bon·at·ed /káːbənèitid | káː-/ 形 (飲み物が)炭酸入りの (fizzy): ~ drinks 炭酸飲料.

car·bon·a·tion /kàːbənéiʃən | kàː-/ 名 U 炭酸化.

cárbon bláck 名 U (化) カーボンブラック(天然ガスなどを不完全燃焼させた時生じる黒いすす; 印刷インク用).

cárbon cópy 名 C 1 カーボン紙でとった写し, カーボンコピー(略 cc は電子メールなどでも用いる). 2 非常によく似たもの[人], うり二つ (of).

cárbon dàt·ing /-dèitiŋ/ 名 U (英)放射性炭素年代測定法 ((米) radioactive dating).

+__cárbon dióx·ide__ 名 U 二酸化炭素, 炭酸ガス.

cárbon emíssions 名 [複] (車・工場などの)排ガス(二酸化炭素と一酸化炭素).

cárbon fìber 名 U 炭素繊維.

cárbon 14 /-fɔːtíːn | -fɔ-/ 名 U (化)炭素 14(質量数 14 の炭素の放射性同位元素; トレーサーや年代決定に用いる).

car·bón·ic ácid /kaːbɔ́nik | kaːbɔ́n-/ 名 U 炭酸.

+__car·bon·if·er·ous__ /kàːbənífərəs | kàː-/ 形 1 炭素[石炭]を生じる[含む]. 2 [C-] (地質)石炭紀の. ― 名 [the C-] (地質)石炭紀.

car·bon·i·za·tion /kàːbənizéiʃən | kàːbənaiz-/ 名 U 炭化.

car·bon·ize /káːbənàiz | káː-/ 動 他 〈…〉を炭化させる. ― 自 炭化する.

car·bon·ized /káːbənàizd | káː-/ 形 炭化した.

+__cárbon monóx·ide__ 名 U 一酸化炭素.

cárbon pàper 名 U C カーボン紙(複写用).

cárbon sìnk 名 C カーボンシンク(二酸化炭素を吸収し地球温暖化を防ぐ大森林地帯).

cárbon tàx 名 C U (車・工場に対する)排ガス税, 炭素税.

cárbon tet·ra·chló·ride /-tètrəkló:raid/ 名 U (化)四塩化炭素(ドライクリーニング薬品・消火剤).

cár bóot sàle 名 C (英)中古[不要]品セール(車のトランクに品物を並べて売る).

Car·bo·run·dum /kàːbərándəm | kàː-/ 名 U カーボランダム(炭化珪素(ゲ);研磨用;商標).

car·box·yl /kaəbɑ́ksəl | kaːbɔ́k-/ 名 C (化) カルボキシル(基).

cár·boy /káːbɔi | káː-/ 名 C 箱[かご]入りガラス[プラスチック]びん(腐食性の液体を入れる大びん).

car·bun·cle /káːbʌŋkl | káː-/ 名 C 1 (悪性の)吹き出物, 癰(よう), 疔(ちょう). 2 (頂部を丸く磨いた)ざくろ石. 3 見るに耐えない建物.

car·bu·ret·ed /káːbjurètid, -rèt- | káːbjurét-/ 形 (エンジンなどが)気化器のついた.

car·bu·re·tor, **-ret·tor** /káːbərèitə, -bju- | kàːbjurétə/ 名 C (エンジンの)気化器, キャブレター(🔗 motorcycle 挿絵).

*__car·cass__, (英) **-case** /káːkəs | káː-/ 名 C 1 (獣の)死体(食肉用に屠殺(どさつ)されたもの); (料理した鳥の)骨, がら. 関連 corpse 人間の死体. 2 (略式)(軽蔑または滑稽)(人の)(死)体: Move [Shift] your ~! 🇸 どけ! 3 (車・建物などの)残骸(ざんがい).

car·cin·o·gen /kaːsínədʒən | káː-/ 名 C (医)発癌(がん)物質.

car·ci·no·gen·ic /kàːsənoudʒénik | kàː-/ 形 (医) 発癌性の.

car·ci·no·ma /kàːsənóumə | káː-/ 名 (複 ~s, **car·ci·no·ma·ta** /-mətə/) U C (医) 癌腫(がんしゅ).

cár còat 名 C カーコート(七分丈のコート).

*__**card**__[1] /káːd | káːd/ 頭音 **cards** (複), **cars** (car の複) 名 (複 **cards** /káːdz | káːdz/) 1 C カード; 札, 券; 表(献立・番組などの). 2 (英)厚紙 chart 語源: Write your name on this ~. このカードに名前を書いてください.

2 C クレジットカード (credit card), (身分などを示す)カード; テレフォンカード: pay with a ~ クレジットカードで払う / I'd like to put the vase on my ~. 花びんの支払いにはカードでしたい / a library ~ 図書館利用カード. 関連語 PIN number 暗証番号.

3 C (誕生日・クリスマスの)あいさつ状, 賀状 (greeting card); はがき (🔗 postcard [参考]); letter 類語表: get a ~ from Tom トムからはがきをもらう.

card のいろいろ
bánk càrd (米)(銀行の)クレジットカード, (英)小切手保証カード / **bírthday càrd** 誕生日祝いのカード / **bóarding càrd** 搭乗券 / **cásh càrd** キャッシュカード / **chárge càrd** クレジットカード / **Christmas càrd** クリスマスカード / **gèt-wéll càrd** 見舞カード / **ÍD [identificátion, idéntity] càrd** 身分証明書 / **invitátion càrd** 招待状 / **mémbership càrd** 会員券[証] / **prepáid càrd** 料金前払いカード / **repórt càrd** (米)成績表 / **tíme càrd** タイムカード / **wédding càrd** 結婚式の案内状

4 C トランプの札 ((格式) playing card) (🔗 trump 日英比較); [複数形で]トランプ遊び: a deck [(英) pack] of ~s トランプ 1 組(52 枚) / deal [shuffle] the ~s トランプ札を配る[切る] / play ~s トランプをする (🔗 play 他 1 語法).

5 C (訪問用の)名刺 ((米) calling card, visiting card): Here's my ~. これが私の名刺です(相手に差し出すとき). 日英比較 セールスマンなど以外は英米人はあまり名刺を使わない (🔗 business card). 6 C スポーツカード(プロ野球選手などの写真カード; 裏にデータなどが載っている): a baseball [football] ~ 野球[アメフト]選手カード. 7 C (競技などの)催し物(の内容), プログラム, (試合の)カード: 🔗 drawing card. 8 C [形容詞を伴って] (有利な)策, 手段, 手: 🔗 play one's best [strongest, winning] card (成句). 9 C (電算) IC カード. 10 [a ~] (古風, 略式) ひょうきん者.

be in [(英) on] the cárds 動 ((略式) あり[起こ]りそうだ. 由来 トランプ占いに出ている, の意.

...'s cárd is márked 動 ...は(当局)ににらまれてい

card

る, 目をつけられている.
gét one's cárds [動] (自) 《英略式》首になる.
gíve ... —'s cárds [動] 《略式》...を首にする.
háve a [another] cárd ùp one's sléeve [動] (自) 奥の手を用意している.
hóld [háve] áll [móst of] the cárds [動] (自) 《略式》 極めて有利な立場にある. 由来 トランプでいいカードを全部持っている, の意から.
pláy [kéep, hóld] one's cárds clóse to one's chést [vést] [動] (自) 隠密に事を運ぶ.
pláy one's bést [stróngest, wínning] cárd [動] (自) =play one's trump card 《trump card 成句》.
pláy one's cárds ríght [wéll, próperly] [動] (自) 《略式》 物事をうまく処理する.
pláy the ... càrd [動] (特に政治的に有利な立場に立つために)...の手[問題, 主張]を使う, ...のカードを切る: *play the race* ～ 人種問題を利用する.
pút [láy] (áll) one's cárds on the táble [動] (自) 手の内を見せる; 計画を公開する.
shów one's cárds [動] (自) 意図[計画]を明かす, 手の内を見せる.
stáck the cárds [動] (自) 《略式》 (...を不利[有利]な)立場に置く (*against* [*in* ...'s *favor*]).
thrów ín one's cárds [動] (自) 負けがはっきりしてトランプを投げ出す; 敗北を認める. 計画を断念する.

—[動] (他) 1《米》(...)に身分証明書の呈示を求める《酒場などで年齢を確認するため》. 2 [主に新聞で] (ゴルフで)《あるスコア》を出す; (サッカーで)《選手》にイエロー[レッド]カードを出す: Jim was yellow-*carded* again. ジムは再びイエローカードを出された. —[自] 《米》身分証明書の呈示を求める.

card² /káɚd | káːd/ [名] (C) すきぐし《羊毛や綿を紡ぐ前に整毛する機械》. —[動] (他) すきぐしで《...》をすく.

car・da・mom /káɚdəməm | káː-/ [名] (C) カルダモン《熱帯アジア産のしょうが科の植物》; (U) カルダモンの実.

⁺**cárd・bòard** [名] (U) ボール紙, 板紙, 厚紙. —[形]《普通は (A)》1 ボール紙でできた: a ～ box ボール箱. 2 (人物・感情などが)非現実的な, 実質のない, 深みのない.

cárdboard cíty [名] (C) 《英略式》(都会の)ホームレス居住区域《段ボールなどの中に住んでいる》.

cárdboard cútout [名] (C) 1 (開くと絵の一部が飛び出す)厚紙細工の絵. 2 (現実味のない)登場人物.

card-car・ry・ing /káɚdkæriŋ | káːd-/ [形] (A) 会員証を持った, (党員などが)正式の; [けなして] 筋金入りの.

cárd càtalog [名] (C) 《米》カード式目録《《英》card index》.

cárd gàme [名] (C) トランプ(遊び).

cárd・hòlder [名] (C) (クレジット)カードの所有者.

⁺**car・di・ac** /káɚdiæk | káː-/ [形] (A) 《医》 心臓(病)の: ～ arrest [failure] 心臓まひ.

car・die /káɚdi | káː-/ [名] (C) 《英略式》=cardigan.

Car・diff /káɚdɪf | káː-/ [名] カーディフ《Wales の首都; ☞裏地図 E6》.

⁺**car・di・gan** /káɚdɪɡən | káː-/ [名] (C) カーディガン.

cárdigan swèater [名] (C) 《米》=cardigan.

Car・din /káɚdæŋ, -dǽn | káːdæŋ, -dǽn/ [名] (自) Pierre ～ カルダン (1922-)《フランスのデザイナー》.

⁺**car・di・nal** /káɚdən(ə)l | káː-/ [名] (C) 1 枢機卿《ローマ法王の最高顧問でその中から新しい法王を互選する》; 緋の衣

帽をつける). 2 (C) 紅冠鳥(ごうかんちょう) 《北米産》. 3 (C) = cardinal number. 4 (U) 深紅, 緋(ひ)色. —[形] (A) 《格式》基本的な, 主要な; 重大な: a ～ error 重大な誤り.

cárdinal númber [名] (C) 《数学・文法》基数(詞) 《one, two, three など》. 関連 ordinal number 序数.

文法 基数詞

数詞 (numeral) のうちで, 1つ, 2つ, 3つと数えるときに用いるものをいう. 序数詞に対する. 実例については ☞ number 表.
次に注意すべき数字の読み方を示す.
(1) 3 けた以上の数は後から 2 けたずつ切って読むのが普通: 365 (three hundred (and) sixty-five)《and を省略するのは《米》》 / 1890 (eighteen hundred (and) ninety) / 2687 (twenty-six hundred (and) eighty-seven). hundred を省略することも多い: 135 (one thirty-five)《普通のカメラに使用するフィルムのサイズ》.
★ それ以上の数字は下のように 3 けたずつ位取りをして, 下から thousand, million, billion, trillion をつけて読む.

756, 361, 894, 103, 279
trillion billion million thousand

従って上の数字は seven hundred (and) fifty-six *trillion*, three hundred (and) sixty-one *billion*, eight hundred (and) ninety-four *million*, one hundred (and) three *thousand*, two hundred (and) seventy-nine と読む.
(2) 電話番号は普通は棒読みにする. 0 は o(h) /óʊ/ と読む. このほか《米》では zero, 《英》では nought と読むこともある (☞ zero 語法 (1)): 920-1161 (nine two 0 /óʊ/, one one six one). ただし 920-1161 を nine twenty one one sixty-one のように最後の 2 けたの数を 10 の位の数にして言うこともある. 11 のように同じ数字が 2 つ重なるときには "double one" のように読むことが多い.
(3) 学校・交通機関などの公的な時刻は棒読みにすることが多い: 8:30 a.m. (eight-thirty a.m. /éɪém/).
語法 (1) 2:05 のような場合は two 0 /óʊ/ five のように読む. (2) 24 時間制の読み方において 13:00 のようにちょうどの時刻ならば, thírteen húndred hóurs のように読み o'clock は用いない (☞ hour 4 語法).
(4) 部屋番号・家屋番号や飛行機・列車などの便の番号は名前の後に基数詞を置く: Room 203 (room two 0 /óʊ/ three), Building 16 (building sixteen). 語法 3 けた以上の番号は後ろから 2 けたで区切って 462 (fóur síxty-twó) Madison Avenue, Flíght 336 (thrée thírty-síx) のように読むことが多い.
(5) 3 けた以上の年号は普通は後ろから 2 けたずつ区切って読む: 1978 年 (níneteen séventy-eight). ただし, hundred を用いて 1865 は éighteen húndred (and) sixty-five, あるいは thousand を用いて one thousand eight hundred (and) sixty-five のように読むこともある. 1900 年は nineteen hundred, 2000 年は two thousand と読む (☞ hundred 語法, thousand 語法). ★「...年代」というときには the 1900's (nineteen hundreds, the 2000's (two thousands) のようにいう.
(6) 分数は分子を基数詞で読んでから分母を序数詞で読む. 分子が 2 以上の数のときには分母を複数形にする: ¹/₃ (a [one] third), ²/₃ (two thirds), ³/₄ (three fourths), ⁷/₁₂ (seven twelfths). なお ¹/₂ は a half, a quarter と読む. ³/₄ は three quarters とも読む. 帯分数は分数の前に and を入れる: 7⁴/₅ (seven *and* four fifths). また大きな数字または複雑な数字の分数は over を用い, ²⁷⁶/₆₆₂ は two hundred (and) seventy-six *over* six hundred (and) sixty-two と読む.
(7) 小数は数字を棒読みにし, 小数点を point と読む: 4.75 (four point seven five), 0.314 (0 /óʊ/ point three one four).《略式》では 0 は読まず, 0.67 を単に

point six seven とも読む.
★基数詞の複数形については ☞ -s¹ (1)(ii). また日付の数字表記法については 《☞ date¹ 語法 (2)》.

cárdinal póints 名《複》基本方位《北東南西 (NSEW) の順で呼ぶ》.

cárdinal sín 名 C 1《滑稽》してはならない誤り[こと]. 2《神学》=deadly sin.

cárdinal vírtues 名《複》[the ~] 首徳, 枢要徳《古代哲学では justice, prudence, temperance, fortitude の4徳目》.

cárd ìndex 名 C《英》=card catalog.

car·di·o /káədiòu | kà:-/ 名 U《略式》心臓によい運動.

car·di·o- /káədiou | kà:-/ 接頭「心臓(の)」の意.

car·di·o·gram /káədiəgræm | kà:-/ 名 C = electrocardiogram.

car·di·o·graph /káədiəgræf | kà:diəgrà:/ 名 C = electrocardiograph.

car·di·ol·o·gist /kàədiáləʤɪst | kà:diól-/ 名 C 心臓(病)学者.

car·di·ol·o·gy /kàədiáləʤi | kà:diól-/ 名 U 心臓(病)学.

car·di·o·my·op·a·thy /kàədioumaiápəθi | kà:dioumaiɔ́p-/ 名 C《医》心筋症.

car·di·o·pul·mo·nar·y /kàədioupʎlmənèri, -pʎl- | kà:dioupʎlmənəri/ 形《医》心肺の.

cardiopúlmonary resuscitátion 名 U《医》(心拍停止後の)心肺機能回復[蘇生]法.

car·di·o·vas·cu·lar /kàədiouvǽskjʊlə | kà:diouvǽskjʊlə/ 形《医》心(臓)血管の.

cárd·phòne 名 C《英》カード(差し込み)式公衆電話. 関連 phonecard テレフォンカード.

cárd·shàrp, cárd·shàrper,《米》**cárd shàrk** 名 C いかさまトランプ師.

cárd tàble 名 C (折りたたみ式の)トランプ台.

cárd vòte 名 C =block vote.

＊**care** /kéə | kéə/ 名 (~s /-z/; 形 cáreful)

　　「心配(事)」3, 4 →(心づかい)
　　　　　├→「用心」2
　　　　　└→(気をつけること)→「世話」1

1 U **世話**, ケア, 保護, 介護; 管理, 手入れ;《英》養護施設での世話: medical ~ 医療 / hair [skin] ~ 髪[肌]の手入れ / the ~ of elderly people 老人介護 / need (nursing) ~ 介護を要する / The baby was left *in* her ~. その赤ん坊は彼女の手に預けられた. 関連 healthcare 健康管理 / intensive care 集中治療.

2 U **用心**, 注意, 配慮 (*over*): exercise ~《格式》注意を払う / This needs special ~. これは特別の注意がいる / She was driving without due ~ and attention. 彼女は不注意運転をしていた.

3 C [しばしば複数形で]《文》**心配事**, 悩みの種: forget one's ~s 心配事を忘れる / You look as if you don't have a ~ in the world. あなたは浮き世の悩みがないような顔をしている. **4** U《文》心配, 気苦労, 悩み 《☞ 類義語》: a life free from ~ 苦労のない生活[人生] / C~ aged her. 心配で彼女は老けてしまった. **5** C《格式》注意の対象, 気をつかう人[物].

cáre in the commúnity 名《英》(施設・病院でなく)在宅での世話(制度).

càre of ... =《米》**in càre of ...** 前《郵》...方, ...気付 c/o, c.o.;《ｺﾝﾋﾟｭｰﾀｰ》c/o: Send my mail to me *in* ~ *of* my father. 私の郵便は父宛に送ってください.

Hàve a cáre!《古風》S 気をつけろ.

in [ìnto] cáre 形·副《英》(子供が)養護施設に預けられて(いる). ★into care は〔副〕でのみ用いる: be

taken [put] *into* ~ 施設に引きとられる.

tàke cáre 動 気をつける, 注意する (*with, over*): Special ~ should *be* taken on this point. この点については特に注意しなければならない /《金話》"Take ~." "You, too."「気をつけてね」「君も」《別れるときのことば》.

tàke cáre of ... 動 他 (1) ...の世話をする, 面倒をみる; ...に気をつける: Please ~ *of* my roses while I'm away. 私の留守中の薔薇の世話をしてください. (2) ...を処理する, 始末する. (3)《婉曲》...の支払いをする.

tàke cáre of oneself 動 自 (1) 体を大事にする: Please take good ~ *of* yourself. くれぐれもお体をお大事に. (2) 自分のことは自分でする.

tàke cáre (that) ... 動 ...するように注意する: 言い換え *Take* ~ (*that*) you don't oversleep. (= *Take* ~ *not to* oversleep.) 寝過ごさないよう注意してください.

tàke cáre to dó 動 ...するように注意する; 必ず...するようにする: *Take* ~ *to* keep your room tidy. 部屋をきちんとしておくように注意しなさい / Great ~ has *been* taken to use only the finest ingredients. 最良の材料のみを使用するよう十分な注意を払っております. ★「...しないように注意する」は take care *not* to do. 上の 言い換え 参照.

tàke the cáres of the wórld on one's shóulders 動 自 他人の心配事もしょいこむ.

ùnder the cáre of ... = ùnder ...'s cáre 形·副 (医者などの)治療を受けて, ...の世話になって.

with cáre 副 注意して, 慎重に (*carefully*): HANDLE WITH CARE 取り扱い注意《荷物の注意書き》.

— 動 (cares /-z/; cared /-d/; car·ing /ké(ə)rɪŋ/) 自 [進行形なし][しばしば否定文·疑問文で] 気にかける, 気にする, かまう: He wouldn't ~ if I died! 私が死んだってあの男は気にかけるものか / I don't ~ *who* she marries. 彼女がだれと結婚しようが私はどうでもいい / As if I ~*d* what he said! S だけが彼の言うことなど気にするものか 《☞ As if ...! (as if の項目の成句)》.

— 他 [進行形なし][しばしば疑問文·否定文で] S《格式》<...することを>望む; ...したがる: Would you ~ to leave a message? <V+O (*to* 不定詞)> 《丁寧》何かお言付けがございますか / I've fixed my car more times than I ~ *to* remember. 私は思い出したくないほど何回も車を修理した. 語法 否定文は《古風》.

語法 care と mind の違い
care は「(人·物を大切に思う気持ちから)気にかける」で, mind は「嫌がる, 気にする」である. したがって答え方が異なることに注意:"Would you ~ to sit here?" "Yes, thank you."「ここにお座りになりませんか」「ええ(そうします). ありがとう」"Would you *mind* sitting here?" "Not at all."「ここに座っていただけますか」「ええ, かまいませんよ」

I cóuldn't cáre léss. =《米》**I could cáre léss.** S《略式》いっこうに平気だ, かまいはしない, どうでもいい《少しぞんざいな言い方》.

for áll ... cáre S ...の構うところではない《無関心を表わす》: She can die *for all* I ~. 彼女など死んだって私は何ともない.

nót care a bít [dámn, stráw] 動 自《略式》少しもかまわない (*about*).

Sée if I cáre! S [怒って] そんなことだれがかまうもんか.

Whát do ... cáre? S ...は別にかまわない: *What do* I ~? It's up to you to decide. 俺はどうでもいい. 決めるのは君なのだから.

Whò cáres? (だれが)かまうもんか, 別にかまわないじゃないか, どうでもいい (⇨ rhetorical question 文法).

care の句動詞

*cáre abòut ... 動 他 1 ...に関心がある; ...を気にする: I don't ~ about what he thinks. 私は彼の考えには関心がない. 2 = care for ... 2.

*cáre fòr ... 他動 他 1 ...の世話をする, 面倒を見る (受身 be cared for). 語法 この意味では look after, take care of を用いるのが普通: She ~d for her father until his death. 彼女は父親が死ぬまで面倒を見た.
2 [しばしば否定文・疑問文で] (格式) ...が好きである (love), ...を好む: I don't really ~ for beer. 私はビールはあまり好きではありません. 3 [普通は否定文・疑問文で] (格式) ...がほしい, ...を食べ[飲み]たい: Would you [anyone] ~ for some coffee? (丁寧) ⓢ (あなた[どなたか])コーヒーはいかがですか.

【類義語】 care 心に重くのしかかる不安や心配事を意味するが, 気にかけなくてはならない責任という意味で「注意」「世話」という意味にも用いられる: She was worn out by the cares of daily life. 彼女は日々の生活の心配事で疲れ果てていた. concern 自分が関心を持っている人・物事に対する心配: He expressed great concern for [about] his family's safety. 彼は家族の安全が非常に気かがりだと述べた. worry ある問題についての心配: domestic worries 家庭の心配事. anxiety 将来起こりそうなことなどに対する心配: The mother was waiting for her daughter with anxiety. 母親は心配して娘を待っていた.

CARE /kéə|kéə/ 名 固 (米) 米国対外援助物資発送協会 (Cooperative for American Relief Everywhere, Inc. の略).

cáre assìstant 名 C (病院などの)介護人.

ca·reen /kərí:n/ 動 自 1 (副詞(句)を伴って) (主に米)(車・人が)横揺れしながら走る (along, down); (体制などが)不安定に急変する (toward). 2 (船が)傾く. ── 他 (修理などのため)<船>を横に倒す.

*ca·reer /kəríə | -ríə/ (同音 (英) Korea) 類音 carrier, (米) Korea) 名 他動 (~s /-z/)
1 C (訓練を要し昇進のあるような)職業, (一生の)仕事 (⇨ occupation 類義語): start (out on) a ~ as an actor 俳優として世に出る / I want to make a ~ in law [medicine]. 私は法律[医療]を一生の職業にしたいと思っている.
2 C 経歴, 履歴: the ~s of great people 偉人の経歴 / at the peak of her playing [academic] ~ 彼女の選手[学究]生活の絶頂に / He spent most of his ~ in the Department of Labor. 彼の経歴のほとんどは労働省勤務だった.
3 [形容詞的に] 職業上の; (仕事・人生)一生の仕事と考えている, 本職の: ~ prospects 仕事の将来性 / a ~ diplomat 生(き)え抜きの外交官.
語源 ラテン語で「車の通る道」の意; car と同語源.
màke a caréer òut of ... 動 他 (1) ...を(生涯の)仕事にする: make a ~ out of acting 俳優の仕事をする. (2) (ばかげたことなどを)いつもやて評判になる.
── 動 (-reer·ing /-rí(ə)rɪŋ/) 自 (副詞(句)を伴って) (車・人が横揺れしながら)疾走する (along, down); (経済などが)急展開する.

caréer brèak 名 C (英) 休職(期間) (産休など).
caréer chànge 名 C (全く違う職種への)転職.
caréer còunseling 名 U (米) 職業適性相談.
caréer còunselor 名 C (米) 職業適性相談員.
ca·reer·is·m /kərí(ə)rɪzm/ 名 U [普通は軽蔑] 立身出世主義, 出世第一主義.
ca·reer·ist /kərí(ə)rɪst/ [普通は軽蔑] 名 C 立身出世主義者. ── 形 出世第一主義の.
caréer(s) advìce [guìdance] 名 U 職業相談. 語法 (英) では careers の形を用いる.
caréers advìser [òfficer] 名 C (英) = career counselor.
caréer strùcture 名 C (英) (会社などの)役職の構造.
caréer wòman [gìrl] 名 C [しばしば性差別] 仕事を第一に考える女性, キャリアウーマン.

+**care·free** /kéəfrì: | kéə-/ 形 (人・生活などが)心配事のない, のんびりした, 屈託のない: ~ days のんきな日々.

*care·ful /kéəf(ə)l | kéə-/ 形 (反 careless) 1 注意深い, 慎重な (類義語); 注意する, 注意深く行動する: Meg is a very ~ driver. メグの運転は大変慎重だ / C~ [Be ~]! It's very hot. ⓢ 気をつけて! とても熱いよ / He is very ~ when it comes to his work. 彼は仕事に関しては非常に注意深い / Be **with** that vase. <A+with+名・代> その花びんには気をつけて / You should be ~ **about** [of] what you eat. <A+about [of]+名・代> 食べる物には注意しなさい / 言い換え Be ~ not **to** make any noise. <A+to 不定詞>=Be ~ (**that**) you don't make any noise. <A+(that) 節> 音を立てないように気をつけなさい (⇨ that B 3 語法) / 言い換え Be ~ cross**ing** the street. <A+現分> = Be ~ **in** [about] cross**ing** the street. 通りを横断するときには注意しなさい (★ <A+現分> の方が普通; ⇨ 巻末形容詞型 1.6) / Be ~ **how** you handle these needles. <A+wh 節> これらの針の扱い方には注意しなさい / Tom is being ~ now. トムは今とても注意深く行動をしている.
2 A (仕事・調査・計画などが)念入りな, 苦心の, 綿密な: a ~ study of modern history 近代史についての綿密な研究 / I have given the matter very ~ attention [consideration]. 私はその問題について慎重に考慮した. 3 (金などの)使い方が慎重で; [滑稽で]: She is very ~ with her money. 彼女はむだ使いをしない. **You cán't be tòo cáreful.** ⓢ 注意してしすぎることはない.

【類義語】 careful 最も普通の語で, 自分の仕事や責任に関して過ちを犯さないように注意すること: Be careful about grammar. 文法に注意しなさい. cautious 危険に対して注意すること: You must be cautious about lending people money. 人にお金を貸すときは注意しなくてはならない. wary 油断なくまた危険に対して非常に用心深いこと: a wary reply 用心深い答え.

*care·ful·ly /kéəfəli | kéə-/ 副 注意深く, 慎重に; 入念に (反 carelessly): listen [drive] ~ 注意して聞く[運転する] / Handle it ~. 注意して取り扱ってください / 言い換え You must do your work more ~. (= You must be more careful (in) doing your work.) 仕事をもっと気をつけてやりなさい / a ~ planned scheme 入念な計画.
care·ful·ness /kéəf(ə)lnəs | kéə-/ 名 U 注意深いこと, 慎重さ; 入念.
care·giv·er /kéəgìvə | kéəgìvə/ 名 C (病人・子供などの)世話をする人, 介護人; 介護士.
cáre hòme 名 C (英) 介護ホーム.
cáre làbel 名 C (衣類につけられた洗濯方法などの)取り扱い法表示ラベル.

*care·less /kéələs | kéə-/ 形 (反 careful) 1 不注意な, うかつな; 不注意にも[うっかりして]...する; 不注意な態度の: make a ~ mistake 不注意な誤りをする / You shouldn't be so ~ **about** [with] the key. <A+about [with]+名・代> 鍵(の扱い)にそんなに不注意ではいけない / The students are being ~ today. 今日は学生たち(の行動)が不注意になっている / "I've forgotten my camera." "That was very ~ **of** you." 「カメラを置き忘れてしまった」「君もずいぶんうっかりしていたものだ」(⇨ of 12). 2 (仕事・行為などが)いいかげんな, ぞんざい な: a ~ piece of work いいかげんな仕事. 3 P (格式) むとんちゃくな, 気にかけない (unconcerned): He is

~ *about* his clothes [appearance]. あの人は服装[身なり]にはむとんちゃくだ / She was rather ~ *with* money. 彼女には金遣いがかなり荒かった. **4** [普通は A] (態度などが)自然な, 気どらない; 《古風》のんきな (carefree).

+**cáre·less·ly** 副 **1** 不注意に, うかつに, うっかりして (反 carefully): George ~ forgot to write his name. ジョージうっかりして名前を書くのを忘れた. **2** Ⓦ 《格式》むとんちゃくに: He put the bills ~ into his pocket. 彼はその紙幣をポケットに無造作に入れた.

cáre·less·ness 名 Ⓤ 不注意, 軽率, うかつ.

cáre òrder 名 Ⓒ 《英》児童養護命令《地方自治体が親に代わって子供の世話をするよう規定》.

cáre pàckage 名 Ⓒ 《米》(親元を離れた学生などへの)仕送り小包《食料品など》.

+**car·er** /kéərə | -rə/ 名 Ⓒ 《英》介護人.

*ca·ress** /kərés | kərés/ 名 Ⓒ 愛撫(あいぶ), 抱擁. ── 動 他 Ⓦ 〈…〉を愛撫する; 《詩》〈風などが〉…をそっとなでる.

car·et /kærət/ 名 Ⓒ 《印》脱字記号 (ⱽ).

+**care·tak·er** /kéərtèikə | kéərtèikə/ 名 Ⓒ **1** (家・土地の)管理人. **2** 《英》= janitor. **3** 《主に米》世話をする人《両親・教員・乳母など; 子供の世話をするのが母親と決めつけるのを避けて使われる》. ── 形 A 暫定的な: a ~ president 暫定社長代行.

cáretaker administràtion [gòvernment] 名 Ⓒ 暫定(的)政権[内閣], 選挙管理内閣.

care·worn /kéəwɔ̀ən | kéəwɔ̀:n/ 形 《主に文》悩み疲れた, 心配でやつれた.

car·fare /kɑ́əfèə | kɑ́:fèə/ 名 Ⓤ 《古風, 米》(バス・地下鉄などの)運賃.

*car·go** /kɑ́əgou | kɑ́:-/ 名 (~(e)s, ~/-z/) Ⓒ,Ⓤ (船・航空機・車などの)積み荷, 貨物, 船荷: a ship loaded with ~ 荷物を積んだ船.

cárgo bòat [shìp] 名 Ⓒ 貨物船 (freighter).

cárgo pànts 名 《複》カーゴパンツ《太ももの部分にもポケットのついたゆるいズボン》.

cárgo plàne 名 Ⓒ 貨物輸送機.

cár·hop /kɑ́əhɑ̀p | kɑ́:hɔ̀p/ 名 Ⓒ 《古風, 米略式》ドライブインの給仕《人; 特に 1950 年代に見られた》.

Car·ib /kǽrɪb/ 名 《複》[the ~(s)] カリブ族《中米・南米東部に住む先住民》.

Car·ib·be·an /kærəbí:ən←, kəríbiən/ 形 カリブ海(域)[西インド諸島]の: the ~ Sea カリブ海. ── 名 [the ~] カリブ海.

car·i·bou /kǽrəbù:/ 名 《複 ~(s)》カリブー《北米産の大きななかい》(reindeer).

+**car·i·ca·ture** /kǽrɪkətʃə | -tʃʊə/ 名 **1** Ⓒ 風刺漫画, カリカチュア, 戯画 (of)《人物などの特徴を誇張して描くことが多い》. 関連 cartoon 時事漫画 / comic strip 続き漫画. **2** Ⓒ 風刺文, 戯作(ぎさく) (of). **3** Ⓒ (へたな)まねごと, もじり (of). **4** Ⓤ 風刺の技法. ── 動 (-ca·tur·ing /-tʃʊ(ə)rɪŋ/) 他 [しばしば受身で] 〈…〉を漫画風に描く (as).

car·i·ca·tur·ist /kǽrɪkətʃʊ(ə)rɪst/ 名 Ⓒ 風刺漫画家, 漫画家; 風刺文作家.

car·ies /kéə(ə)riz/ 名 Ⓤ 《医》カリエス; 虫歯.

car·il·lon /kǽrəlɑ̀n | kəríljən/ 名 Ⓒ カリヨン《曲を演奏するように並べた組み鐘》; カリヨンの奏する曲.

*car·ing** /kéə(ə)rɪŋ/ 形 **1** 思いやりのある, 気遣う: a ~ son (親に)思いやりのある息子. **2** A 介護[養護]に係わる: a ~ profession [career] 養護[福祉]関係の職業. ── 名 Ⓤ 介護, 養護.

car·i·o·ca /kærióʊkə/ 名 Ⓒ カリオカ《社交ダンス用のサンバ》.

car·i·ous /kéə(ə)riəs/ 形 《医》カリエスの; 虫歯の.

car·jack /kɑ́əʤæk | kɑ́:-/ 動 他 〈車〉を乗っ取る (🖙 hijack).

car·jack·er /kɑ́əʤækə | kɑ́:ʤækə/ 名 Ⓒ 車の乗っ取り犯.

Caroline Islands 255

car·jack·ing /kɑ́əʤækɪŋ | kɑ́:-/ 名 Ⓤ,Ⓒ カージャック, 車の乗っ取り.

Carl /kɑ́əl | kɑ́:l/ 名 固 カール《男性の名》.

cár lèngth 名 Ⓒ 車の長さ分の距離.

cár·lòad /kɑ́əlòʊd | kɑ́:-/ 名 Ⓒ 《米》貨車[車 1 台分の人[荷物]): a ~ of passengers 車 1 台分の乗客.

Car·lyle /kɑəláɪl | kɑ:-/ 名 固 **Thomas ~** カーライル (1795–1881) 《英国の思想家・歴史家》.

cár·màker 名 Ⓒ 自動車製造会社.

Car·mel·ite /kɑ́əməlàɪt | kɑ́:-/ 名 Ⓒ カルメル会修道士[修道女]. ── 形 カルメル会の.

Car·men /kɑ́əmən | kɑ́:men/ 名 固 カルメン《ビゼー (Bizet) 作の同名のオペラなどのヒロイン》.

car·mine /kɑ́əmɪn, -maɪn | kɑ́:-/ 名 Ⓤ, 形 《文》洋紅色(の), 深紅色(の).

Cár·na·by Strèet /kɑ́ənəbi- | kɑ́:-/ 名 固 カーナビー通り《London のショッピング街》.

+**car·nage** /kɑ́ənɪʤ | kɑ́:-/ 名 Ⓤ **1** 《文》大虐殺《特に戦争における》. **2** [主に新聞で] 困難な状況.

car·nal /kɑ́ən(ə)l | kɑ́:-/ 形 《格式》肉体の; 肉欲的な: ~ desires 肉欲 / 《主に法》~ knowledge 性交.

car·nal·ly /kɑ́ənəli | kɑ́:-/ 副 《格式》肉体的に.

+**car·na·tion** /kɑənéɪʃən | kɑ:-/ 名 Ⓒ カーネーション, カーネーションの花《しばしば結婚式の場で男性が飾り花として身につける》; 形 boutonniere).

Car·ne·gie /kɑ́ənəgi, kɑənéɪgi | kɑ:néɪgi/ 名 固 **Andrew ~** カーネギー (1835–1919)《米国の実業家・慈善家》.

Cár·ne·gie Háll 名 固 カーネギーホール《New York City の Manhattan にあるコンサートホール》.

car·ne·lian /kɑənі́:ljən | kɑ:-/ 名 **1** Ⓒ,Ⓤ 《鉱物》紅玉髄. **2** Ⓤ 紅玉色.

car·net /kɑənéɪ/ 名 Ⓒ **1** 《英》(地下鉄・バスなどの)回数券. **2** カルネ《特に車で他国に入るための通行許可証》.

car·ney /kɑ́əni | kɑ́:-/ 名 Ⓒ 《米略式》= carny.

*car·ni·val** /kɑ́ənəv(ə)l | kɑ́:-/ 名 (~s /-z/) **1** Ⓒ,Ⓤ 謝肉祭, カーニバル. 参考 カトリック教国で四旬節 (Lent) の直前に 3 日間さまざま行なう飲めや歌えのパレードを伴うお祭り騒ぎ. **2** 《米》移動遊園地《英 fair²》. **3** Ⓒ 《米》(募金目的的ための)学園祭《英 fete》. **4** [単数形で] 《文》(色・音などの)華やかな競演, 祭典 (of). 語源 ラテン語で「肉を断つ」の意.

car·ni·vore /kɑ́ənəvɔ̀ə | kɑ́:nɪvɔ̀:/ 名 Ⓒ 肉食動物; 《滑稽》肉を食べる人《菜食主義者に対して》.

car·niv·o·rous /kɑənív(ə)rəs | kɑ:-/ 形 肉食性の. 関連 herbivorous 草食性の / insectivorous 食虫の / omnivorous 雑食性の.

car·ny /kɑ́əni | kɑ́:-/ 名 Ⓒ 《米略式》巡回ショーで働く人.

car·ob /kǽrəb/ 名 Ⓒ いなごまめ《南欧産の木》; Ⓤ いなごまめの実または粉《ココアの代用》.

car·ol /kǽrəl/ 名 Ⓒ 喜びの歌, キャロル《特にクリスマスの祝いの歌》. ── 動 (**car·ols; car·oled, 《英》car·olled, -ol·ing, 《英》-ol·ling**) 《文》 自 クリスマスキャロルを歌う: go ~**ing** クリスマスキャロルを歌い家々を回る. ── 他 〈歌〉を楽しげに歌う; 〈…〉を楽しげに言う.

Car·ol(e) /kǽrəl/ 名 固 キャロル《女性の名》.

Car·o·li·na /kærəláɪnə/ 名 固 カロライナ《米国南部の North Carolina 州と South Carolina 州を含めた地方; 両州合わせて the Carolinas と呼ぶ》. 語源 Charles 一世のラテン語の名 Carolus にちなむ.

Car·o·line /kǽrəlɪn, -làɪn/ 名 固 キャロライン《女性の名》.

Cár·o·line Ís·lands /kǽrəlɪn-, -lɪn-/ 名 固 《複》[the ~] カロリン諸島《フィリピン東方の Micronesia 中の諸島》.

car·ol·ing /kǽrəlɪŋ/ 名 U (米) クリスマスの時期にキャロルを歌ってめぐまれない人々のために募金をすること.

Car·o·lin·gi·an /kærəlíndʒ(i)ən/ 形《史》(フランスの)カロリング朝 (751-987) の.

Car·o·lin·i·an /kærəlíniən/ 形 キャロライナ(地方)の. — 名 C カロライナ(地方)人.

cárol sìnging 名 U (英) = caroling.

car·om /kǽrəm/ 名 C (米) 玉突きで キャロム (手玉が二つの的玉に次々と当たること). — 動 自 (ボールなどが)(...に)当たってからそれる (off).

car·o·tene /kǽrətiːn/ 名 U カロチン (植物に含まれる黄色素).

ca·rot·id /kərátɪd | -rɔ́t-/ 名 C, 形 《解》頸(ﾋ)動脈(の): ~ arteries 頸動脈.

ca·rous·al /kəráuzəl/ 名 C,U 《文》どんちゃん騒ぎ.

ca·rouse /kəráuz/ 動 自 《文》飲んで騒ぐ.

car·ou·sel /kærəsél/ 名 C 1 回転木馬, メリーゴーラウンド (merry-go-round, (英) round-about). 2 (空港の)円形ベルトコンベヤー (この上に運ばれてくる荷物を乗客が受け取る). 3 (スライド映写機の)円形スライドトレー.

*carp¹ /káːp | káːp/ 名 (複 ~, ~s) C こい (鯉). 語法 普通は複数形に carp を用い、種類をいうときには carps を用いることもある.

carp² /káːp/ 動 自 [普通は進行形で] (しつこく)あら探しをする, ぶつぶつ文句を言う (on; at, about).

car·pal /káːp(ə)l | káː-/ 名 C, 形 《解》手根骨(の).

cárpal túnnel sỳndrome 名 U 《医》手根(ｺﾝ)管症候群 (神経の圧迫で起こる手首の痛み).

*cár pàrk 名 (英) 1 = parking lot.
2 = parking garage.

car·pe di·em /káːpidíːem | káː-/ 《ラテン語より》感 (将来のことより)今を楽しめ.

*car·pen·ter /káːpəntə | káː-pəntə/ 名 C 大工: a ~'s shop 大工の仕事場 (☞ absolute possessive 文法 (1)) / He is a very good ~. 彼はとても腕のよい大工だ(大工仕事が上手だ).

car·pen·try /káːpəntri | káː-/ 名 U 大工の仕事; 木工品.

*car·pet /káːpɪt | káː-/ 名 (car·pets /-pɪts/) 1 C,U じゅうたん, 敷物, カーペット: The floor is covered [laid] with a thick ~. 床には厚いじゅうたんが敷いてある. 関連 rug 小さい敷物. 2 C 《文》(草花などの)一面の広がり: a ~ of flowers [leaves] 一面の草花[落ち葉]. on the cárpet [形] (略式, 主に米) しかられて; call ... on the ~ (人)を呼びつけてしかる. púll the cárpet (òut) from únder ... [under ...'s féet] [動] = pull the rug (out) from under ... (☞ rug 成句). — 動 他 [普通は受身で] 1 ...にじゅうたんを敷く; 《文》(...で)庭を一面に覆(Ｆ)う (with). 2 《英略式》〈...を〉厳しくしかる, とがめる (for).

car·pet·bag /káːpɪtbæg | káː-/ 名 C (昔の)じゅうたん生地の旅行かばん.

car·pet·bag·ger /káːpɪtbægə | káːpɪtbægə/ 名 C 1 《略式》渡り居住区に住んでいない選挙区に立候補する政治家). 2 (米) 南北戦争後ひもうけしようと北部から南部に渡った人. 3 (英) (銀行化の予想される)住宅金融組合 (building society) への駆け込み投資者.

cárpet-bòmb 動 (...を)じゅうたん爆撃する.

cárpet bòmb·ing 名 U じゅうたん爆撃.

car·pet·ed /káːpɪtɪd | káː-/ 形 (部屋などが)床にカーペットを敷きつめた.

car·pet·ing /káːpɪtɪŋ | káː-/ 名 1 U 敷物材料, じゅうたん地; 敷物(類), じゅうたん. 2 C 《英略式》叱責(ｾｷ).

cárpet slìppers 名 [複] 《古風, 英》(柔らかい素材でできた)室内用のスリッパ.

cárpet swèeper 名 C (手動)じゅうたん掃除機.

cár phòne 名 C 自動車電話.

cár·pool 名 C 1 交替で自家用車を提供し合う相乗り(通勤[通学])方式 (経費節約などのため); [(英) 単数形でも時に複数扱い] 相乗りをしているグループ. 2 (英) カープール (組織が所有して構成員たちが使う複数の社用・公用)車). — 動 自 (米) 相乗りで通勤[通学]する.

cárpool làne 名 C (米) 乗りあい専用車線 (大都市の高速道路などで混雑緩和のためもうけられた, 2 人以上が乗っている車のための車線).

car·port /káːpɔət | káː-pɔːt/ 名 C カーポート (建物のわきに屋根だけつけた車置き場). 関連 garage 車庫.

car·rel, car·rell /kǽrəl/ 名 C (図書館の)個人閲覧席.

*car·riage /kǽrɪdʒ/ 名 (類音 college, cottage, courage) (car·riag·es /-ɪz/) 1 C 馬車 (4 輪の自家用のもの); 乗り物: drive a horse and ~ 馬車を走らす // ☞ baby carriage.

2 C (英) (鉄道の)客車 (coach, (米) car) (☞ train¹ 1 語法): The first-class ~s are in front. 1 等の客車は前のほうです. 3 C (英格式) 運搬, 輸送; 運賃: the ~ of goods by air 貨物の空輸. 4 C (機械の)運び台, (タイプライターの)キャリッジ. 5 C 台架, 砲架. 6 [U または a ~] 《古風》身のこなし, 態度.

cárriage fórward [副] 運賃受取人払いで. **cárriage páid [frée]** [副] 運賃前払い[無料]で.

cárriage clòck 名 C (英) 手さげ時計.

cárriage retúrn 名 C 《電算》リターンキー; 改行.

*cár·riage·way /kǽrɪʤwèɪ | káː-/ 名 C (英) 車道.

Car·rie /kǽri/ 名 ⑧ キャリー (女性の名).

*car·ri·er /kǽriə | -riə/ (類音 career) 名 (~s /-z/) C 1 運輸業者 (特に航空会社); 運ぶ人, 運搬人; (米) 郵便配達人 (mail carrier).

2 航空母艦 (aircraft carrier): a nuclear ~ 原子力空母.

3 《医》(伝染病の)保菌者, キャリアー; 媒介体: an AIDS ~ エイズ感染者. 4 運ぶ物; 輸送車; (自転車などの)荷物台, (車の)荷台; (英) = carrier bag: a car ~ 自動車運搬車. 5 (米) 通信[テレビ]会社; 保険会社.

cárrier bàg 名 C (英) = shopping bag.

cárrier pìgeon 名 C 伝書ばと.

car·ri·on /kǽriən/ 名 U 腐肉, 死肉.

cárrion cròw 名 C はしぼそがらす (英国で最も普通のからす).

Car·roll /kǽrəl/ 名 ⑧ Lewis ~ キャロル (1832-98) (英国の数学者・童話作家).

*car·rot /kǽrət/ 名 (同音 carat, karat) 名 (car·rots /-rəts/) 1 C,U にんじん: grated ~(s) おろしたにんじん. 2 C 《略式》説得[誘い]の手段, あめ: dangle a ~ before [in front of] ... = hold out [offer] a ~ to ... (人)にいい話をちらつかせる. (the) cárrot and (the) stíck [名] あめとむち: a carrot-and-stick approach あめとむちの作戦. 由来 棒の先ににんじんをぶら下げ、尻で打ち馬を走らせたことから.

cárrot-tóp 名 C 《俗》赤毛の人, にんじん(頭) (しばしば愛称).

car·rot·y /kǽrəti/ 形 (しばしば差別) (髪が)赤い.

car·rou·sel /kærəsél/ 名 C (米) = carousel.

*car·ry /kǽri/ (類音 collie, curry) 動 (car·ries /-z/; car·ried /-d/; -ry·ing /-riɪŋ/) 他

本来は「車で運ぶ」の意; car と同語源.

```
                    ┌→「持ち運ぶ」1
                    │  ┌→「支える」5
「持っていく」2 ──→(持つ)┤
                    │  ├→「載せる」3
                    │  └→「伝える」4
                    └→(運ぶ)
                         →「行かせる」6
```

1 (身につけて)〈…〉を**持ち運ぶ**, 持ち歩く; 携帯する; 〈ある気持ち〉を忘れないにする: She is ~ing a purse. 彼女はハンドバッグを持っている / He is **~ing** his son **on** his back. 彼は息子を背中におんぶしている <V+O+前+名・代> / He carries all these figures **in** his head [mind]. 彼はこれらの数字をすべて頭の中に入れている / In this country the police ~ guns. この国では警官はけん銃を携帯している.

2 (他の場所へ)〈…〉を**運ぶ**, 持っていく, 乗せていく(**類義語**): a pipeline ~ing oil 石油を運ぶパイプライン / The bus was ~ing 36 passengers. バスは 36 人の乗客を乗せていた / Will you please ~ this suitcase **for** me? <V+O+for+名・代> このスーツケースを運んでくださいませんか / The railroad **carries** coal **from** the mine **to** the port. <V+O+from+名・代+to+名・代> その鉄道は鉱山から港まで石炭を運ぶ.

3 [進行形なし]〈新聞・雑誌が〉記事・写真を**載せる**, 〈テレビ・ラジオが〉…を放送する; 〈警告・情報などが〉…と書いてある; 〈店が〉品物を置く: This journal carries many good articles. この雑誌はよい記事を多く載せている / Cigarette packs ~ a health warning. たばこの箱には健康上の注意書きがついている / Do you ~ **Time**? ここ[この店]は『タイム』を置いてますか.

4〈話・知らせ・音など〉を**伝える**, 広める; 〈水・空気など〉を通す; 〈菌・病気・遺伝子など〉を持っている, うつす(可能性がある): He **carried** the news **to** every one of his friends. <V+O+to+名・代> 彼はそのニュースを友人の一人一人に知らせた / The telephone can ~ your voice **anywhere** in the world. <V+O+副> 電話はあなたの声を世界中のどこへでも伝えることができる / She feared she might be ~ing the HIV virus. 彼女は自分がエイズの保菌者ではないかと恐れた.

5〈重さ〉を**支える**; (経済的にまたは個人的努力などで)〈…〉を支える, 援助する; 〈…の姿勢〉を保つ: These pillars cannot ~ the whole weight of the roof. この柱では屋根全体の重さには耐えられない / Always ~ your head **high**. <V+O+副> 頭はいつも高く真っすぐにしていなさい.

6〈人〉を**行かせる**, (ある状態)に至らしめる. **語法** 主語には金(発)や動機・理由などがなることが多い: Hard work **carried** him **to** the top of the firm. <V+O+to+名・代> せっせと働いて彼は会社のトップに立った. **7** [普通は受身]〈法案・動議など〉を通過させる: The motion **was carried** by 250-210. 動議は 250 票対 210 票で通過した. **8** [進行形なし]〈重み・説得力〉をもつ; 〈責任・義務・罰・危険など〉を伴う, (結果として)生じる, 〈保証・保険〉が付いている. **9** [受身なし]〈聴衆など〉の支持を得る; 〈米〉〈選挙区〉を制する. **10** (ある段階まで)〈考えなど〉を進める; 持ち込む. **11** [足し算などで]〈数〉をくり上げる, 送る. **12** (乱れないで)〈酒〉を飲める. **13**〈陣地など〉を占領する. **14**〈家畜〉を養う. **15** [普通は進行形で]〈古風〉〈子〉を身ごもっている.

── **自 1**〈音・声・においなど〉が届く, 伝わる; 〈銃が〉弾を飛ばせる; 〈ボールがある距離を〉飛ぶ: My voice doesn't ~ well in a large classroom. 私の声は大きな教室ではあまりよく通らない. **2** 数をひとつくり上げる. **3**〈議案など〉が承認される, 通る.

cárry éverything [**áll**] **befòre one** [動] ((文)) 完全な成功[勝利]を収める (☞ one² 代 3 語法 (4)).

cárry … on [**wìth**] **one** [動] 他 〈…〉を持ち歩く,

carry 257

身につけている (☞ one² 代 3 語法 (4)): I always ~ at least ¥10,000 **on** [**with**] **me**. 私はいつも(財布の中に)最低 1 万円は持っている.

cárry onesèlf … [動] 自 (あるやり方で)ふるまう: She carries herself gracefully [like a dancer]. 彼女は物腰が優美[ダンサーのよう]だ.

── **名 1** [U] または a ~] 射程(距離); (ゴルフボールの)飛距離. **2** [a ~] 運搬.

carry の句動詞

cárry alóng [動] 他 〈人〉を感服させる; 励ます.

cárry aróund [**abóut**] [動] 他 〈傘など〉を持ち歩く; 〈子供〉をだっこして歩く: He carries his umbrella around with him every day. 彼は毎日傘を持っていく.

__cárry awáy__ [動] 他 **1** 〈…〉を運び去る; 〈暴風・洪水などが〉さらっていく <V+名・代+away+名>: The police **carried** away the body. 警察が彼の死体を運び去った. **2** [普通は受身で] 夢中にさせる; 〈人〉に我を忘れさせる: The girls were carried away by his songs. 女の子たちは彼の歌にほれぼれとした.

__cárry báck__ [動] 他 **1** 〈…〉を元の所に戻す, 連れ戻す <V+名・代+back / V+back+名>: The little girl was carried back home in her father's arms. 少女は父親に抱かれて家に帰った. **2** 〈物事が〉〈人〉に(昔を)思い出させる: The smell of cut grass carries me back to my childhood. 刈り取った草のにおいが私に子供のころを思い出させる.

cárry fórward [動] 他 〈…〉を先へ進める, 進行させる; 〈合計金額〉を(次のページへ)繰り越す; 〈予算・休暇など〉を先送りする. 持ち越す (to).

cárry óff [動] 他 **1** 〈…〉を奪い[連れ]去る; 〈賞・勝利など〉を得る: The newcomer carried off the first prize. 新人が 1 等賞をさらった. **2** 〈行為・役・義務などを〉うまくやってのける[果たす]. **3** (病気などが)〈人〉の命を奪う, 殺す. **cárry it óff** (**wéll**) [動] 自 (困った事態を)うまく切り抜ける.

__cárry ón__ [動] 自 **1** (…を)続ける; 〈主に英〉歩き続ける: C~ on, please. どうぞ続けてください[話の続きを促すとなど] / We'll ~ **on with** the meeting after a ten-minute break. 10 分間の休憩後に会議を続けます. **2** (泣いたりわめいたりして)騒ぎ立てる; みっともないふるまいをする (about): She carried on at me for being late. 彼女は私に遅れたとがみがみ言った. **3** [普通は進行形で]〈古風〉〈人〉と浮気する (with).

── 他 **1** 続ける (continue) <V+on+名>. **語法** (1) しばしば ing 形を伴う: After you've had some tea, ~ on practicing. お茶を飲んだ後は練習を続けなさい. (2) 「間断なく続ける」意と「中断後にまた続ける」意の 2 つの意味がある: How can they ~ on a conversation in such a noisy room? あんな騒々しい部屋でどうして話が続けられるのだろうか. **2** 〈商売など〉を営む (conduct). **3** 〈事業・伝統など〉を引き継ぐ.

__cárry óut__ [動] 他 **1** 〈約束・計画・命令など〉を実行する; 〈実験・調査など〉を行なう <V+out+名・代>: The plan is hard to ~ out. その案は実行が難しい.

2 〈…〉を運び出す <V+名・代+out / V+out+名>: Would you ~ **out** the furniture? 家具を運び出してくださいませんか.

cárry óver [動] 他 〈…〉を持ち越す, 繰り延べる; 繰り越す (from, to, into).

__cárry thróugh__ [動] 他 **1** 〈目的・計画など〉を**達成する** <V+名・代+through / V+through+名>: I intend to ~ this project **through to** completion. 私はこの計画をぜひ成し遂げたい.

2 〈決意・神などが〉〈人〉に(病気・苦難などを)切り抜けさせる <V+名+through>: The boy's basically good health **carried** him through. 少年は元来健康だったので(病気を)切り抜けられた.

258 carryall

— 自 **1** (米)《...を》達成する《on, with》. **2**《...まで》一貫してきる, 存続している《to》.

*__cárry ... thróugh__ — 動 他《決意など》〈人〉に《病気・苦難など》を切り抜けさせる: Nancy's sense of humor helped ~ her *through* those difficult years. ナンシーのユーモアを解する心が苦しい年月を切り抜ける助けとなった.

【類義語】**carry** 最も一般的な語で, 人体または動物・車両等を用いて物を運ぶことを意味する. **bear** やや改まった語で,「持ち歩く」という意味に重点がある. 特に移動されるものが重要であったり, それを運ぶのに努力を要する場合に用いる. **convey** carry とほぼ同じ意味の格式ばった語で, 特に物が連続的に, あるいはベルトコンベヤーやパイプなどによって運ばれるときに用いる.

cárry·àll 名 C《米》大型手提げ袋; 旅行用かばん.
cárry·còt 名 C《英》携帯用ベビーベッド(《米》porta-crib).
cárry·ing capàcity /kǽriŋ-/ 名 U **1**〔生態〕飽和密度, 動物扶養能力. **2**(列車・船などの)積載量.
cárrying chàrge 名 C《米》月賦割増金.
carrying-on /kǽriŋán, -ɔ́:n | -ɔ́n/ 名 (複 **car·ry·ings-**) C《略式》ばかげた振舞[無責任な]ふるまい, 《空》騒ぎ (fuss); いちゃつき, 浮気.
cárry·òn 13 名 **1** C《米》機内持ち込み手荷物. **2**[a ~](英略式)ばかげたふるまい,《空》騒ぎ.
— 形 A《米》機内持ち込める: ~ baggage 機内持ち込み手荷物.
cárry·òut 形 A《米・スコ》(店で食べるのでなく)持ち帰りの(《米》take-out). — 名 C《米・スコ》持ち帰り食品(店)(《米》takeout,《英》takeaway).
cárry·òver 名 C [普通は単数形で] **1**〔簿〕繰り越し《of》. **2** 持ち越されたもの,余波《from》.
cár sèat 名 C チャイルドシート;(一般に)車の座席.
cár·sick 形 [普通は P] 車に酔った. **~·ness** 名 U 車酔い.
Car·son /kɑ́ərs(ə)n | kɑ́:-/ 名 固 カーソン Rachel Louise ~ (1907-64)《米国の女性海洋生物学者》.
Cár·son Cíty /kɑ́ərs(ə)n- | kɑ́:-/ 名 固 カーソンシティー《米国 Nevada 州の州都》.

*__cart__ /kɑ́ət | kɑ́:t/(同音 kart) 名 (**carts** /kɑ́əts | kɑ́:ts/) C **1** 手押し車, カート, ワゴン (wagon,《英》trolley)《= ゴルフカート. **2**《米》(スーパーなどの)ショッピングカート(買い物用の手押し車) (shopping cart,《英》trolley)《⇒ supermarket 挿絵》. **3** (2輪《英》4輪)の荷馬車《農業用など》;軽馬車: load a ~ 馬車に荷を積む. [関連] wagon 4輪の荷馬車.
in the cárt [形・副]《英俗》まずい立場に(おかれて).
pùt the cárt befòre the hórse [動] 順序が逆のことをする,本末を転倒する. 由来 馬の前に荷車を付けてしまう,の意. — 動 他 **1**《略式》〈...〉を(苦労して)運ぶ. **2**〈...〉を手押し車[荷車]で運ぶ《away》. **cárt óff [awáy]** [動]《略式》〈人〉を(留置場など)に連行する, (病院へ)搬送する《to》.
cart·age /kɑ́ətɪdʒ | kɑ́:t-/ 名 U 荷車運搬(運賃).
carte ⇒ à la carte.
carte blanche /kɑ̀ətblɑ́ːnʃ | kɑ̀:t-/ 名《フランス語から》U 白紙委任, 全権委任. 《**gíve ... cárte blánche** [動] 他〈人〉に全面的に任せる《to do》.
*__car·tel__ /kɑːtél | kɑː-/ 名 (~s /~z/) C《英》単数形でも時に複数扱い〔経〕カルテル, 企業連合: form an oil ~ 石油カルテルを結ぶ.
Car·ter /kɑ́ətə | kɑ́:tə/ 名 固 Jimmy ~ カーター (1924-)《米国;第 39 代大統領 (1977-81)》.
Car·te·sian /kɑːtíːʒən | kɑː-/ 形 デカルト (Descartes) の. — 名 C デカルトの学徒.
Cartésian coórdinates 名 [複]〔数〕デカルト座標.
Cartésian próduct 名 C〔数〕デカルト積.
Car·thage /kɑ́əθɪdʒ | kɑ́ː-/ 名 固 カルタゴ《アフリカ北部にあった古代の都市国家》. ⇒ Africa [語源]
cárt·hòrse 名 C 荷馬車馬.
Car·ti·er /kɑːtjéɪ | kɑ́ːtjèɪ/ 名 固 カルティエ《フランスの宝飾店 Cartier 製のアクセサリー・時計など》.
car·ti·lage /kɑ́ətəlɪdʒ | kɑ́ː-/ 名 U,C〔解〕軟骨(組織).
cárt·lòad 名 C 荷(馬)車1台分の荷《of》.
car·tog·ra·pher /kɑːtɑ́grəfə | kɑːtɔ́grəfə/ 名 C 地図製作者.
car·tog·ra·phy /kɑːtɑ́grəfi | kɑːtɔ́g-/ 名 U 地図作成(法).
*__car·ton__ /kɑ́ətn | kɑ́ː-/ 名 C カートン, ボール箱,(液体用の)紙製容器: a ~ of cigarettes 紙巻きたばこ 1 カートン (10 箱入り) / a ~ of eggs 卵 1 カートン (12 個入り) / six milk ~s 牛乳 6 パック《⇒ pack[1] 名 **1** [日英比較]》.
*__car·toon__ /kɑːtúːn | kɑː-/ 名 (~s /~z/) C **1** (新聞・雑誌などの)《時事》漫画, 戯画《普通は 1 こま》: draw a powerful ~ パンチの利いた漫画を描く. 関連 caricature 風刺漫画 / comic strip 続き漫画. **2** = comic strip. **3** 漫画映画, アニメ (animated cartoon). **4**《美》実物大の下絵. — 動 他〈...〉を漫画化する. — 自 漫画を描く.
car·toon·ish /-nɪʃ/ 形 漫画的な.
*__car·toon·ist__ /kɑːtúːnɪst | kɑː-/ 名 C 漫画家.
cár transpòrter 名 C 自動車運搬車.
*__car·tridge__ /kɑ́ətrɪdʒ | kɑ́ː-/ 名 C **1**(テレビゲーム・テープレコーダーなどの)カートリッジ. **2** カートリッジ《プリンター・万年筆用のインク筒》. **3**〔写〕(フィルムの)カートリッジ. **4** 弾薬筒, 薬莢(きょう)(shell). **5**(レコードプレーヤーの)カートリッジ(針を固定する部分).
cártridge bèlt 名 C 弾薬帯.
cártridge clìp 名 C(銃の)挿弾子.
cártridge pàper 名 U《英》画用紙.
cárt tràck 名 C(細い)でこぼこ道.
cárt·whèel 名 C **1** 側転, 横とんぼ返り: turn [do] ~s 側転をする. **2** 荷車の車輪. — 動 自 側転をする.

*__carve__ /kɑ́əv | kɑ́ːv/(類音 curb, curve) 13 動 (**carves** /~z/; **carved** /~d/; **carv·ing**) 他 **1**〈...〉を彫る, 刻む, 彫刻する: They ~d his name *on* the wall.〈V+O+前+名〉彼らは彼の名前を壁に刻んだ / She ~d designs *in* ivory. 彼女は象牙に図案を彫った / 言い換え He ~d a Buddhist image *from* [*out of*] wood. =He ~d wood *into* a Buddhist image. 彼は木で仏像を彫った.
2〈肉〉を切る,〈食卓で〉肉を切り分ける,〈人〉に×肉を切り分けてやる: The host usually ~s the roast at the table. 普通は招待側の男性が食卓で焼き肉を切り分ける / 言い換え Will you ~ me another slice? <V+O+O>=Will you ~ another slice *for* me? もう一切れ切ってくれませんか. — 自〈肉〉を切り分ける: The host ~d for all the guests. 主人はお客全員に肉を切って分けた. **2** 彫刻する(in); 彫刻家である.
cárve óut [動] 他 (1)〈...〉を切り分ける, 分割する. (2) 努力して〈地位・名声〉を得る《for oneself》.
cárve úp [動] 他 (1)〈肉〉を切り分ける. (2)〈遺産・土地など〉を都合よいように分配する, 山分けする. (3)《略式》〈人〉をナイフで傷つける. (4)《英略式》〈他の車〉を追い越して前に割り込む.
+__carv·er__ /kɑ́əvə | kɑ́ːvə/ 名 C 彫刻家[者]; 肉切り人; 肉切りナイフ;《英》(食卓の上席の)ひじ掛けいす.
car·ve·ry /kɑ́əv(ə)ri | kɑ́ːv-/ 名 C《英》ローストミートレストラン《肉料理を切り分けて出す》.
*__carv·ing__ /kɑ́əvɪŋ | kɑ́ːv-/ 名 **1** U 彫刻《特に木彫り・象牙(ぞう)彫り》;彫刻術; C 彫り物. **2** U 肉を切り分けること, 切り盛り.

cárving fòrk 名 C (大型の)肉切り用フォーク.
cárving knìfe 名 C 肉の切り盛り用ナイフ(☞ knife 挿絵).
cár wàsh 名 C カーウォッシュ, 洗車場[機].
car·y·at·id /kÆriǽtɪd/ 名 C 【建】女人像柱.
ca·sa·ba /kəsɑ́ːbə/ 名 C,U カサバ《冬メロン》.
Ca·sa·blan·ca /kæ̀səblǽŋkə/ 名 固 カサブランカ《モロッコ (Morocco) 北西海岸の港市》.
Ca·sa·no·va /kæ̀zənóʊvə, kæ̀sə-/ 名 C 女たらし, プレイボーイ.
cas·bah /kǽzbɑː/ 名 C カスバ《北アフリカの城下町のアラブ地区》.

†**cas·cade** /kæskéɪd/ 名 1 C 小さな滝《幾筋にも分かれて落ちるもの》. 関連 cataract 大きな滝. 2 C 滝のように垂れたもの (of). 3 [a ~] 一連のもの (of).
— 動 自 滝のように落ちる (down, over, to, from).

Cas·cáde Rànge 名 [the ~] カスケード山脈《カナダの British Columbia 州から米国 California 州北部に至る山脈》.

cas·car·a /kæskérə -kɑ́ːrə/ 名 1 C カスカラ《北米産のくろうめもどき属の植物》. 2 U (カスカラの樹皮から採る)緩下剤.

*‡**case**¹ /kéɪs/ 12 名 (cas·es /~ɪz/)

(出来事)
 ┌─(個々の)「場合」1 →「立場」→「実情」3
 │
 └─(具体的な)「実例」2 ─┬─「事件」4
              └─「症例」5

1 C **場合**(☞ 類義語: casual 語源): *in thís* ~ この場合は / *in most* ~*s* たいていの場合は / The rule does not apply [hold good] *in óur* ~. その規則は我々の場合には当てはまりません. 語法 前の所有格の代名詞・名詞のほうが強く発音される.

2 C **実例** (example) (☞ example 類義語); 問題: a ~ *in point* 適切な例 / a ~ *of* hard labor 重労働の一例 / a ~ *of* life and death 死活問題 / a classic ~ *of* love at first sight ひと目ぼれの典型的な例 / This is not a common ~. これはそうざらにある例ではない.

3 [the ~] **実情**, 事情, 真相: overstate [understate] *the* ~ 実情を誇張[して]控え目に]言う / 'That is [That's not] *the* ~'. それは事実である[ではない] / That's always *the* ~ *with* him. 彼はいつもそうですよ / *It is* sometimes *the* ~ *that* there is a lot of disagreement. 大きな意見の不一致が時々ある.

4 C (犯罪などの)**事件**; 【法】訴訟, 裁判 (against); 判例: win [lose] a ~ 勝[敗]訴する / an unsolved ~ 迷宮入りの事件 / a bribery ~ =a ~ *of* bribery 汚職事件 / a civil [criminal] ~ 民事[刑事]事件.

5 C (病気の)**症例**, 患者; (専門家が扱う)対象者; 症状: There have been several ~s of measles in the neighborhood. 近所で何人かはしかの患者が出た. **6** C [普通は単数形で] 主張, 言い分, 論拠: have a ~ 勝訴を見込める論拠がある / She made [presented, stated] a good [strong, clear] ~ *for* doing it alone. 彼女はそれを1人でしたいというもっともな[強力な, 明確な]主張をした / The workmen pressed their ~ *against* the decision. 従業員たちはその決定に断固反対を主張した. **7** C,U 【文法】格.

文法 格
名詞・代名詞の, 文中の他の語とのいろいろな関係を示すための語形変化をいい, 人称代名詞や who には主格・所有格・目的格の3つがある. しかし名詞では主格と目的格とは形が同じなので両方を一括して通格 (common case) と呼ぶことがある.

8 [a ~] 《略式》変わり者.

---

case 259

as is óften the cáse (with ...) 副 〖文修飾語〗《格式》(...には)よくあることだが.
as the cáse may bé 副 場合[事情]により.
as the cáse stánds [副] 〖つなぎ語〗こういうわけで; 実情では.
be on the cáse 動 自 《略式》(問題に取り組んでいる); (検事などが)事件などを担当している.
cáse by cáse 副 一件ずつ(☞ case-by-case).
gèt óff ...'s cáse 動 [普通は命令文で] S (人)にうるさく言うのをやめる.
gét [be] on ...'s cáse 動 S (人)にうるさく言う, 干渉する.
in ány càse [副] 〖つなぎ語〗 S (1) とにかく, いずれにしても (anyhow): The Democrats haven't decided on their candidates yet, but *in any* ~ they're sure to lose. 民主党はまだ候補者を決めていない. しかしどっちにしても負けるに決まっている. (2) その上, それにまた (besides) 〖理由などをつけ加える〗: There's no ice, and *in any* ~ it's too cold today for iced tea. 氷がない. その上きょうはアイスティーを飲むには寒すぎる. (3) [前言をより正確に言い直そうとして] 少なくとも (at any rate). (4) [話題をもとに戻して] それはともかく (anyway).
in cáse of ... 12 前 (万一)...の場合には[のために], もし...したら: *In* ~ *of* trouble, call this number. 困ったことが起こったらこの番号に電話しなさい.
in éither cáse [副] 〖つなぎ語〗 いずれにしても, どっちみち.
(in) níne càses òut of tén [副] 十中八九.
in nó cáse [副] 決して...でない: *In no* ~ does that theory hold good. その理論は決して有効ではない.
in thát càse [副] 〖つなぎ語〗 S そういうことなら, それなら: You will keep it secret? *In that* ~, I'll tell you the truth. 秘密にしておけますか. それなら本当のことをお話ししましょう.
it's a cáse of ... S それは...の好例である, ...は実情である: *It's a* ~ *of* a stitch in time. それは早めに手を打てば大事に至らずにすむという好例だ.
(jùst) in cáse [副] S 万一に備えて, まさかのときのために: I'll take an umbrella *(just) in* ~. 念のため傘を持っていこう.
(jùst) in cáse ... [接] S (1) 《米》もし...した場合は (if): *In* ~ you find the man, please let me know at once. もしその男を見つけたらすぐ知らせてください. (2) もし...だといけないから, ...の場合の用心に: Take a sweater *(just) in* ~ the weather turns [should turn] cold. 寒くなるといけないからセーターを持っていきなさい.
màke a (féderal) cáse òut of ... 動 S 《米》...について大騒ぎする.
màke one's [the] cáse 動 自 主張の正しさを明らかにする.
màke (óut) a cáse for [agàinst] ... 動 他 ...に賛成[反対] (の主張)をする.
pút the [one's] cáse 動 自 言い分を述べる (for, against).
thís [súch] bèing the cáse [副] 〖つなぎ語〗 こう[そう]いう事情なので.

【類義語】 **case** 現在話題となっている(またはそれと類似の)状況・条件の中での意味が主: In *any case* 私の場合は. **instance** ある事実を一般化して述べる場合の例証として挙げられる出来事: in one *instance* ある場合には. **occasion** ある行為・行事などを行なうための特定の時を意味する: on the *occasion* of his sixtieth birthday 彼の60歳の誕生日に当たって.

*‡**case**² /kéɪs/ 名 (cas·es /~ɪz/) C **1** [しばしば合成語で] 入れ物, ケース, ...入れ, ...袋: a pencil ~ 筆箱.

――― case 1, 3 のいろいろ ―――
attaché càse アタッシュケース / bóokcàse 本箱 /

briefcàse ブリーフケース / jéwel càse 宝石箱 / pácking càse 荷箱 / píllowcàse まくらカバー

2 ひと組(の量), ひとそろい, 組: a ~ of wine ワイン1箱 (12本入り).
3 箱, 詰め箱 (box) (🔍 cash と cassette の 語源): There are 12 bottles in the ~. その箱には12本のびんが入っている. **4** 《窓などの》外枠 (frame); 覆(お)い; 《商品などの》ガラス棚): a watch with a gold ~ 金側時計. 関連 showcase 陳列棚. **5** 《英》スーツケース (suitcase). ── 動 他 《…》を箱に入れる, 覆う (in).

cáse·book /kéɪsbʊ̀k/ 名 C 症例集; 判例集; 事例集.

case-by-case /kéɪsbaɪkéɪs←/ 形 A ケースバイケースの. **on a cáse-by-càse básis** [副] ケースバイケースで[に]: We will have to consider all applications on a ~ basis. すべての出願を1件ずつ考慮しなければならないだろう. 日英比較 日本語の「ケースバイケース」にあたる英語は case by case より on a case-by-case basis か It [That] depends. が普通.

case-hard·en /kéɪshɑ̀ɚdn | -hɑ̀ː-/ 動 他 **1** 《金属》を焼き入れする. **2** 《慣れて》《…》を感じなくする.

cáse hístory 名 C 病歴; 個人歴, 事例史 《ケースワーク (casework) の資料としての》.

ca·se·in /kéɪsiːìn, -sɪ̀n/ 名 U カゼイン, 乾酪素 《牛乳中のたんぱく質; チーズの原料》.

cáse làw 名 U 《法》判例法 (🔍 common law; statute law).

case·load /kéɪslòʊd/ 名 C 《普通は単数形で》《医者・裁判所・福祉事務所などの》取り扱い[担当]件数.

case·ment /kéɪsmənt/ 名 C 開き窓 《外へ開く》.

cásement wíndow 名 C =casement.

+**cáse stùdy** 名 C 事例研究, ケーススタディー 《個人・集団・事物の発達や行動の事例を研究すること》.

cáse·wòrk 名 U ケースワーク 《精神的・肉体的・社会的な援助を必要とする人の生活記録・環境などを調べて治療や指導をする社会福祉事業》.

cáse·wòrker 名 C ケースワーカー 《ケースワークに従事する人》.

Cá·sey Jónes /kéɪsi-/ 名 固 ケーシー ジョーンズ (1864?-1900) 《衝突事故で死んだ米国の鉄道機関士; 乗客を救った英雄として民謡にうたわれた》.

*‎**cash** /kǽʃ/ (同音 cache) 名 U **1** 現金 《硬貨・紙幣》; お金: pay (in) ~ 現金で払う / I have no ~ on [with] me. 私はお金の持ち合わせがない // 🔍 hard cash. 関連 check 小切手.

会話 "Will this be ~ or charge?" "C~, please." 「《この》お支払いは現金になさいますかカードになさいますか」「現金でお願いします」

2 《略式》金(きん) 《現金とは限らず, 小切手や手形も含む》: I am short [out] of ~ now. 私はいま金が不足している[ない]. 語源 ラテン語で「箱」の意 (🔍 case); 後に「《箱に入れた》金」の意となった. **cásh dówn** [副] 《英》即金で. **cásh on delívery** 🔍 on delivery (delivery 成句).
── 動 (cash·es /~ɪz/; cashed /~t/; cash·ing) 他 《…》を現金にする; 《…》を換金する: I will ~ your check for you. <V+O+for+名・代> あなたの小切手を現金にしてあげましょう / I'd like to have this ~ed, please. これを現金にしたいのですが. **cásh ín** [動] 他 《…》を利用して》もうける, 《…に》つけ込む (on). ─ 自 《債券など》を現金に換える. **cásh óut** [動] 他 《米》(1) 《当日売り上げ》を合計する. (2) 《債券など》を現金に換える. **cásh úp** [動] 自 《英》=cash out (1).
── 形 A 現金(取引)の: a ~ sale 現金販売.

cash·a·ble /kǽʃəbl/ 形 換金できる.
cásh accòunt 名 C 現金勘定.
cásh advánce 名 C 《カードによる》現金引き出し.
cash-and-carry /kǽʃənkǽri←/ 名 C 形 現金払いで店頭渡しの ── 名 (cash-and-car·ries) C 現金販売の大型店 《配送しない》; U 現金販売無配送制.
cásh bàck 名 U 《英》キャッシュバック 《デビットカードで買い物をする際に現金を口座から引き出すサービス; 代金の一部をサービスとして返金すること》.
cásh bàr 名 C 《パーティーなどで》酒類を売るカウンター.
cásh bòok 名 C 現金出納簿.
cásh bòx 名 C 《現金を入れておく小型の》金庫.
cásh càrd 名 C 《英》キャッシュカード.
cásh còw 名 C 《俗》もうかる事業[部門], ドル箱.
cásh cróp 名 C 換金作物. 関連 subsistence crop 自給用作物.
cásh dèsk 名 C 《英》《店の》レジ, 勘定台.
cásh díscount 名 C 現金割引.
cásh dispènser 名 C 《英》=ATM.
cash·ew /kǽʃuː, kəʃúː/ 名 C **1** カシュー 《西インド諸島 (West Indies) 産のうるし科の植物; 粘性ゴムを採る》. **2** =cashew nut.
cáshew nùt 名 C カシューの実, カシューナッツ.
+**cásh flòw** 名 [U または a ~] 《商》現金流出入. **hàve cásh flòw pròblems** [動] 自 支払い能力がない, 金がない.
+**cash·ier¹** /kæʃíɚ | -ʃíə/ 名 C 《食堂などの》会計係, レジ係 (🔍 supermarket 挿絵); 《銀行・商店・ホテルなどの》出納係.
cash·ier² /kæʃíɚ | -ʃíə/ 動 (-ier·ing /-ʃí(ə)rɪŋ/) 他 《普通は受身で》《士官》を免職する.
cashíer's chéck 名 C 《米》銀行小切手.
cash-in-hand /kǽʃɪnhǽnd←/ 形 《英》《支払いが》現金での.
cash·less /kǽʃləs/ 形 現金のいらない.
cáshless socíety 名 C 現金不要の社会 《クレジットカードや銀行の自動振込みなどによって現金での買い物がなくなる社会》.
cásh machìne 名 C =ATM.
+**cash·mere** /kǽʒmɪɚ, kǽʃ- | kǽʃmɪə/ 名 U カシミヤ織り 《インド産のやぎの毛織物》.
cásh pòint 名 C 《英》=ATM.
cásh príce 名 C 現金払い値段, 現金正価.
cásh règister 名 C レジスター, 金銭登録器 (register) (🔍 supermarket 挿絵).
cash-strapped /kǽʃstræpt/ 形 《俗》金に困っている.
cas·ing /kéɪsɪŋ/ 名 C 覆(おお)い, 包装; 《タイヤの》被覆《ソーセージの》皮; 《戸・窓の》枠.
+**ca·si·no** /kəsíːnoʊ/ 名 (~s) C カジノ 《ダンス・音楽などの催しのある賭博(とばく)場》.
cask /kǽsk | kɑ́ːsk/ 名 C **1** たる 《特に酒を入れるもの》 (barrel). **2** 1たるの量.
cas·ket /kǽskɪt | kɑ́ːs-/ 名 C **1** 《宝石などを入れる》小箱. **2** 《主に米》棺 (coffin).
Cás·pi·an Séa /kǽspiən-/ 名 固 [the ~] カスピ海.
casque /kǽsk/ 名 C 《詩》かぶと.
Cas·san·dra /kəsǽndrə/ 名 固 《ギ神》カサンドラ 《Troy の女予言者; その予言を信じる者はなかった》.
cas·sa·va /kəsáːvə/ 名 C カッサバ 《熱帯植物》; U 《根から採る》カッサバでんぷん.
+**cas·se·role** /kǽsəròʊl/ 名 **1** C 蒸し焼きなべ, キャセロール. **2** C,U なべ焼き料理. ── 動 他 キャセロールで調理する.
*‎**cas·sette** /kəsét, kæs-/ 名 (cas·settes /-séts/) C **1** 《録音・録

画用)カセット(テープ): a blank ～ 録音[録画]してないカセット / play a ～ カセットテープをかける. 関連 video-cassette ビデオのカセットテープ. 2 【写】パトローネ, フィルム入れ. 語源 フランス語で「小さな case²」の意; ☞ -ette.

casséette dèck 名 C カセットデッキ.
cassétte plàyer [recòrder] 名 C カセットプレーヤー[レコーダー].
cassétte tàpe 名 C カセットテープ.
Cas·si·o·pei·a /kæsiəpíːə/ 名 固 【天】カシオペア座.
cas·sis /kæsíːs/ 名 C くろ(ふさ)すぐり(低木の一種); U,C カシス(くろすぐりの実で造ったフランスの甘い酒).
cas·sock /kǽsək/ 名 C 【聖職者】の法衣.

*__cast__ /kǽst | káːst/ (同音 caste) 動 (__casts__ /kǽsts | káːsts/; 過去・過分 __cast; cást·ing__) 他

「投げる」6から, 比喩的に用いられて
→ (一票)を「投じる」他 1
→ (視線などを)「投げかける」他 2
→ (割り振る) → 「役につける」他 4

1 ⟨票⟩を投じる: I have never ～ a [my] vote [⟪米⟫ ballot] *for* him. ⟨V+O+前+名・代⟩ 私は今まで彼に投票したことはない.
2 ⟨目⟩を向ける, 注ぐ; ⟨光・影・疑惑などを⟩投げかける, 落とす (*over*): He ～ 「an eye [his eyes, a glance, a look] *at* the box. ⟨V+O+前+名・代⟩ 彼はその箱をちらりと見た / The bribery scandal ～ doubts *on* the government. 収賄事件は政府に疑惑を投げかけた.
3 ⟨不要の物⟩を投げ捨てる; ⟨衣服⟩を脱ぎ捨てる; ⟨蛇が⟩⟨皮⟩を脱ぐ, 脱皮する: ～ fears from one's mind 心の不安を取り除く. **4** ⟨人⟩に⟨―の⟩役を割り当てる; ⟨劇など⟩の配役をする; ⟨... と⟩見なす: He was ~ ˈas Hamlet [*in* the role of Hamlet]. 彼はハムレットの役を割り当てられた. **5** ⟨溶けた金属など⟩を鋳型に入れる, ⟨...⟩を鋳て作る, 鋳造する: He ～ a statue *in* bronze. 彼はブロンズで像を作った. **6** ⟪文⟫⟨...⟩を投げる, ⟨さいころ⟩を振る; ⟨釣り糸⟩を投げる, ⟨網⟩を打つ; ⟨魔法⟩をかける (☞ spell³ 成句); ⟨運勢⟩を占う: The die is ～. さいは投げられた (☞ die³, Rubicon). **7** ⟪文⟫⟨人⟩を(刑務所などに)入れる (*into*).
— 自 **1** 釣り糸を投げる. **2** 配役をする.

---cast の句動詞---

cást abóut 動 自 ⟪格式⟫ =cast around.
cást aróund 動 自 ⟪格式⟫ 捜し回る; (手段・答えなどを)急いで探し求める (*for*).
cást asíde 動 他 ⟪格式⟫⟨物・友人・不安など⟩を捨て去る, ⟨習慣など⟩を廃止する, ⟨疑いなど⟩を払いのける.
cást awáy 動 他 **1** [普通は受身で] ⟨あらしなどが⟩⟨...⟩を難破[遭難]させる, (島などに)打ち上げる (*on*). **2** =cast aside.
cást dówn 動 他 **1** [普通は受身で] ⟪文⟫⟨人⟩の元気をなくさせる, がっかりさせる. **2** ⟪格式⟫⟨目など⟩を下に向ける, 伏せる.
*__cást óff__ 動 他 **1** ⟪文⟫⟨要らない衣服など⟩を脱ぎ捨てる; ⟨友人・関係など⟩を捨て去る, 見捨てる: Gauguin ～ *off* his wife and children and went to Tahiti. ゴーギャンは妻子を捨ててタヒチへ行った. **2** ⟨船⟩の綱を解き放つ. **3** ⟨編み目⟩を止める.
— 自 **1** ⟨乗員が⟩船の綱を解き放つ; ⟨船が⟩綱を解き放ち, 出帆する. **2** 編み目を止める.
cást ón 動 他 ⟨編み始めの目⟩を立てる. — 自 編み始める.
cást óut 動 他 ⟪文⟫(...から)⟨...⟩を追い出す, 追い払う (*of, from*).
cást úp 動 他 ⟨波が⟩⟨...⟩を岸に打ち上げる (*on*).

— 名 (__casts__ /kǽsts | káːsts/) **1** C [⟪英⟫単数形でも時に複数扱い] 出演俳優, キャスト⟪全体⟫, 配役: The ～ is [are] waiting for the curtain to go up. 出演者たちは幕が上がるのを待っている. **2** C ギブス(包帯) (plaster cast): put ...'s arm in a ～=put a ～ on ...'s arm ...の腕にギブスをはめる. **3** C ⟨鋳型⟩の形, 鋳型. **4** C 鋳型に入れて作ったもの; 鋳造. **5** [a ～] 色合い, 気味: a blue dress with *a* ～ of gray やや灰色がかったブルーのドレス. **6** [単数形で] ⟪英格式⟫特徴, 気質, タイプ (*of*); 外見. **7** C (みみずの)盛った土. **8** C ⟪古風⟫軽い斜視.

cas·ta·nets /kæstənéts/ 名 [複] カスタネット.
cást·a·wày 名 C 難破して漂着した人.
+**caste** /kǽst | káːst/ 名 C カースト, 階級⟪インドの世襲的な階級制度⟫; 特権階級; U 階級制. **lóse cáste** [動] 自 ⟪英⟫ 社会的地位を失う.
cas·tel·lat·ed /kǽstəlèɪtɪd/ 形 【建】城郭風の.
cast·er /kǽstə | -stə/ 名 C **1** (ピアノ・いすなどの)脚輪, キャスター. **2** 薬味入れ[立て].
cáster súgar 名 U ⟪英⟫ =powdered sugar.
+**cas·ti·gate** /kǽstɪgèɪt/ 動 他 ⟪格式⟫⟨人⟩を厳しく批評する, 酷評する.
cas·ti·ga·tion /kæstɪgéɪʃən/ 名 U,C ⟪格式⟫ 酷評.
*__cast·ing__ /kǽstɪŋ | káːst-/ 名 **1** C 鋳造物, 鋳物. **2** U 役の振り当て, 配役.
cásting còuch 名 [the ～] ⟪滑稽⟫ 配役決定のソファー⟪配役責任者の事務所にあるといわれるソファー; 役をつける代償にセックスを求める場所とされる⟫.
cásting diréctor 名 C (劇・映画の)配役責任者.
cásting nèt 名 C 投網(とあみ).
cásting vóte 名 C [普通は単数形で] 決定投票⟪賛否同数のとき議長が投じる⟫, キャスチングボート.
cást íron 名 U 鋳鉄.
+**cast-i·ron** /kǽstáɪən | káːstáɪən⁻/ 形 A **1** 鋳鉄の. **2** ⟨胃などが⟩頑健な; ⟨意志などが⟩断固とした. **3** (アリバイなどが)くつがえせない, 強力な; ⟨保証などが⟩確実な.
*__cas·tle__ /kǽsl | káːsl/ (～s /～z/)

---リスニング---
castle /kǽsl | káːsl/, wrestle /résl/ などの語末の /sl/ は弱い「スー」のように聞こえる (☞ つづり字と発音解説 63). このため castle, wrestle は「キャスー | カースー」,「レスー」のように聞こえる.「キャッスル | カースル」,「レッスル」のようには発音しない.

C 1 城; 大邸宅: An Englishman's home is his ～. ⟪ことわざ⟫ イギリス人にとって家は城である⟪家庭のプライバシーはだれの侵入も許さない⟫. **2** 【チェス】ルーク (rook). **búild cástles in the áir [in Spáin]** [動] 自 空想にふける. 由来 空中[遠い国スペイン]に城を建てる, の意. — 動 自 【チェス】(1手で王とルークを動かして)王を護る.

castle 1

cást nèt 名 C 投網(とあみ).
+**cást-òff** 名 C [普通は複数形で] (不要になった)古着, おさがり; 捨てられた物[人].
cást-òff 形 A ⟨衣服・靴などが⟩脱ぎ捨てられた, おさがりの; ⟨人が⟩捨てられた.
cas·tor /kǽstə | -stə/ 名 C =caster.
cástor óil 名 U ひまし油⟪下剤として使われた⟫.
*__cas·trate__ /kǽstreɪt | kæstréɪt/ 動 他 ⟨...⟩を去勢する; 骨抜きにする.

cas·tra·tion /kæstréɪʃən/ 名 U C 去勢；骨抜き.
cas·tra·to /kæstrɑ́:toʊ/ 名 (複 **cas·tra·ti** /-tiː/, ~) C 〖楽〗カストラート(17, 18 世紀のイタリアで変声期前の高い声を保つために去勢された男性歌手).
Cas·tro /kǽstroʊ/ 名 **Fi·del** /fɪdél/ ～ カストロ(1927－)(キューバの革命政治家・国家指導者).
*__ca·su·al__ /kǽʒuəl, kǽʒul/ 形

┌──────────────────────────────────────┐
│「場合による」(☞ 語源)から「その時々の」4→(意図的でない)→「何気ない」1→(くつろいだ)→「ふだん着の, 軽装の」2 となった │
└──────────────────────────────────────┘

1 何気ない, さりげない; きちんとしていない, 気まぐれの; いいかげんな: a ~ remark ふとした[出まかせの]ことば / a ~ attitude おざなりな態度 / a ~ observer 注意深くない観察者 / She tried to appear [sound] ~ as she answered. 彼女はさりげないふりで答えようとした / He is surprisingly ~ *about* winning the game. <A+ *about*+動名> 彼は勝負には驚くほどなんちゃくだ. **2** [普通は A] ふだん着の, 軽装の, カジュアルな (反 formal): ~ clothes ふだん着 / shoes for ~ wear ふだんばきの靴 / ☞ rough 英比較. **3** A (付き合いなどが)深くない, 行きずりの: a ~ acquaintance ちょっとした知り合い. **4** A その時その時の, 臨時的, 不定の: ~ income [workers] 臨時収入[労働者]. **5** A 偶然の, 思いがけない: a ~ meeting 偶然の出会い. 語源「case¹ (場合)の」の意. ――名 **1** C 臨時[日雇い]労働者. **2** [複数形で] ふだん着, カジュアルな服装.
cas·u·al·ize /kǽʒuəlaɪz/ 動 他 〈…〉を臨時雇用に切り換える.
*__cas·u·al·ly__ /kǽʒuəli, kǽʒuli/ 副 **1** 何気なく, さりげなく; 偶然に, ふと: He glanced ~ over the front page of the paper. 彼は新聞の1面を眺めた. **2** ふだん着で, 略式で: She was ~ dressed. 彼女はふだん着だった. **3** 臨時で.
ca·su·al·ness /kǽʒuəlnəs, kǽʒul-/ 名 U 何気なさ; むとんちゃく.
*__ca·su·al·ty__ /kǽʒuəlti, -ʒul-/ 13 名 (**-al·ties** /-z/) **1** C (事故などの)**死傷者**, 負傷者, 遭難者; 戦死者: The *casualties* of the train accident were high [heavy]. 列車事故の死傷者は多数だった. **2** C 被害者, 犠牲者; 被害を受けた物: the *casualties* of the earthquake 地震の犠牲者たち. **3** U (英) 救急病棟 ((米) emergency room): He was rushed to ~ in an ambulance. 彼は救急車で急いで救急病棟へ運ばれた.
cásualty depártment [wàrd] 名 [the ~] (英) =casualty 3.
ca·su·ist /kǽʒuɪst/ 名 C (格式) 詭弁(きべん)家.
ca·su·ist·ry /kǽʒuɪstri/ 名 U (格式) 詭弁.
ca·sus bel·li /káːsəsbéliː, kɑ́ːs-/«ラテン語から» 名 (複) ~ C 戦争のひきがね[口実] (となること).
*__cat__ /kǽt/ 名 (**cats** /kǽts/) C **1** **猫**: Was it a ~ I saw? 私の見たのは猫でしたか (前後どちらから読んでも同じ文; ☞ palindrome) / A ~ may look at a king. (ことわざ) 猫でも王様を見られる(身分の低い者でも相応の権利がある) / When [While] the ~'s away the mice will play. (ことわざ) 猫のいない間にねずみは遊ぶ(「鬼のいぬ間に洗濯」). 関連 kitten 子猫 / pussy (小児) 猫ちゃん / tomcat 雄猫.

┌──────────────────────────────────────┐
│ 日英比較 猫は犬に次いで英米人の日常生活で親しまれている動物であるが, 英米では犬は仲が悪いとされている. わが国ならば「かつおぶし」に当たる好物はミルクで, 主として小形のねずみ (mouse) を捕らえる (☞ dog 参考). また, ひどく執念深いとされ, ことわざにも A ~ has nine lives. 猫は9つの命を持つ / Curiosity killed the ~. 好奇心は猫をも殺した(詮索好きは │
└──────────────────────────────────────┘

身を誤る)などがある. ★鳴き声については ☞ cry 表.
2 ねこ科の動物(ライオン・とら・ひょうなど). 関連 wildcat 山猫. **3** (米俗) ジャズ奏者, ジャズ狂. **4** [普通は the ~] =cat-o'-nine-tails. **5** (古風) 意地悪な女. **6** (古風, 米) (男の)人.
a cát in héll's chánce [名] (英略式) わずかな見込み (*of*). **(Hàs the) cát gòt your tóngue?** S 猫に舌をとられてしまったのかな(質問に答えない子供などに向かって言うことば). **lèt the cát òut of the bág** [動] 自 (うっかり)秘密を漏らす. 由来 豚の代わりに猫を袋に入れて売ろうとしたが, 飛び出してもくろみがばれてしまったことから. **like a cát on [(英) hót] tín róof [hót bricks]** [形・副] とても神経質な[に], びくびくな[して]. 由来 熱いトタン屋根(やね)の上を猫が歩くように, の意. **lóok like sòmething the cát bròught [drágged] ín** [動] (略式) (人・物が) きたなく[だらしなく]見える. **lóok like the cát that 「áte the canáry [(英) gót the créam]** [動] 自 ひとりで悦に入っている. **Lóok what the cát drágged ín!** S 何とぶざまな(遅刻やひどい格好で現われた人などに対して). **pláy (a gáme of) cát and móuse with...** [動] 〈…〉をなぶりものにする, いたぶる. 由来 ねずみをもて遊ぶ猫のように, 絶えず相手を不安な状態にする, の意. **pút [sét] the cát amòng the pígeons** [動] 自 (英) (秘密を漏らしたりして)大騒ぎを起こす. 由来 はとの群れに猫を放つ, の意. **There's móre than óne wáy to skín a cát.** (欲しい物を手に入れるのを妨害されても)他に(獲得)手段はある. **wáit for the cát to júmp** = **sée which wáy the cát júmps** [動] (やや古風, 略式) 形勢を見守る, 日和見(ひよりみ)をする. **You could nót swíng a cát.** (略式) 狭苦しい.
――動 [次の成句で] **cát aróund** [動] 自 (古風, 米略式) ナンパする.
Cat /kǽt/ 名 C (略式) =Caterpillar tractor.
cat·a·clysm /kǽtəklɪzm/ 名 C (文) 大変動, 大異変 (特に大洪水や大地震); 大動乱 (戦争や革命など).
cat·a·clys·mic /kæ̀təklɪ́zmɪk⁻/ 形 **1** (文) 大変動の, 大異変の; 大動乱の. **2** (略式) すさまじい.
cat·a·comb /kǽtəkòʊm /-kùːm, -kòʊm/ 名 C [普通は複数形で] 地下墓地 (通路や部屋がある).
cat·a·falque /kǽtəfælk/ 名 C (著名人の) 装飾のある棺台.
Cat·a·lan /kǽtəlæn/ 形 カタロニアの; カタロニア人[語]の. ――名 C カタロニア人; U カタロニア語.
cat·a·lep·sy /kǽtəlèpsi/ 名 U 〖医〗強硬症.
cat·a·lep·tic /kæ̀təléptɪk⁻/ 形 〖医〗強硬症の. ――名 C 強硬症患者.
*__cat·a·log__ /kǽtəlɔ̀ːg /-lɔ̀g/ 名 C, 動 (米) =catalogue.
*__cat·a·logue__ /kǽtəlɔ̀ːg /-lɔ̀g/ 名 (~s /-z/) C **1** カタログ, 目録: a mail-order ~ 通信販売のカタログ / the spring 2007 ~ of new cameras 新型カメラの2007年春のカタログ. **2** (米) (大学の)要覧, 履修便覧 ((英) calendar). **3** (悪いことの)連続, 一連のもの (series): a long ~ *of* 'terrorist crimes [disasters] 一連の数多くのテロ犯罪[災難].
――動 他 〈…〉の目録を作る; 〈…〉を目録に載せる; 〈…〉を列挙する. ――自 目録を作る; 目録に載せる.
Cat·a·lo·ni·a /kæ̀təlóʊniə/ 名 カタロニア, カタルーニャ (スペイン北東部の地方).
ca·tal·y·sis /kətǽləsɪs/ 名 (複 **ca·tal·y·ses** /-sìːz/) **1** U 〖化〗触媒作用, 接触反応. **2** C 誘因, 触媒作用.
*__cat·a·lyst__ /kǽtəlɪst/ 名 C **1** 〖化〗触媒. **2** 変化を促進する[のきっかけとなる]もの[人] (*for*).
*__cat·a·lyt·ic__ /kæ̀təlɪ́tɪk⁻/ 形 **1** 〖化〗触媒作用の, 接触反応の. **2** 変化を促進する.

catalýtic convérter [名] [C] 触媒コンバーター《自動車の排気ガス浄化装置》.
cat·a·lyze /kǽṭəlàɪz/ [動] [他] 〈...〉を活性化する.
cat·a·ma·ran /kæ̀ṭəmərǽn/ [名] [C] 双胴船; (丸太を並べた)いかだ舟.
cat-and-dog /kǽtndɔ́:g | -dɔ́g←/ [形] [A] 《英略式》(夫婦などが)けんかばかりして[いがみあって]いる.

catamaran

cat-and-mouse /kǽtnmáus←/ [形] [A] 《略式》相手をいたぶる, 絶えず不安にさせる. **pláy a cát-and-móuse gàme with ...** [動] [他] 《略式》...をなぶりものにする, いたぶる.
+**cat·a·pult** /kǽṭəpʌ̀lt/ [名] [C] **1** カタパルト《空母からの航空機射出装置》. **2** 《英》(石などを飛ばす)おもちゃのぱちんこ(《米》slingshot). **3** 石弓《昔の投石用武器》.
— [動] [他] **1** 〈航空機〉をカタパルトで発射する. **2** 《英》〈小石など〉をぱちんこで打つ. **3** 〈...〉を勢いよく放つ[押し出す]; 放り出す (*into, over, out*). **4** (物事が)〈人〉を急に(ある状態に)追いやる, 急に(スターの座などへ)押し上げる (*into, to*). — [自] 勢いよく動く, 飛び出る.
+**cat·a·ract** /kǽṭəræ̀kt/ [名] [C] **1** 《文》大きな滝. [関連] cascade 小さな滝. **2** 〔医〕白内障.
ca·tarrh /kətáɚ | -tá:/ [名] [U] カタル《粘膜の炎症, (特に)鼻[咽喉]カタル, 鼻かぜ》; 鼻水.
ca·tarrh·al /kətá:rəl/ [形] カタル(性)の.
ca·tas·tro·phe** /kətǽstrəfi/ [名] (~s /~z/; [形] càtastróphic) [C,U] **1** (突然の)**大災害**, **大惨事**, **大異変** 《破滅をもたらすようなもの; ☞ disaster 類義語》: suffer a ~ 大災害をこうむる / The flood was a ~ ***for the town. 洪水は町にとっては大災害であった. **2** (悲劇の)大詰め, 破局. **3** 大打撃 (*for*).
+**ca·ta·stroph·ic** /kæ̀ṭəstrɑ́fɪk | -trɔ́f-←/ [形] ([名] catástrophe) 大災害を与える; 大変動の; 破滅[悲劇]的な. **-i·cal·ly** /-fɪkəli/ [副] 破滅[悲劇]的に.
cat·a·to·ni·a /kæ̀ṭətóuniə/ [名] [U] 〔医〕緊張病.
cat·a·ton·ic /kæ̀ṭətɑ́nɪk | -tɔ́n-←/ [形] **1** 〔医〕緊張性の. **2** 動き[表情]のない.
cát·bìrd [名] [C] ねこまね鳥《北米産》.
cátbird sèat [名] [次の成句で] **be (sítting) in the cátbird sèat** [動] [自] 《米略式》優位にある.
cát·bòat [名] [C] 1本マスト1枚帆の小帆船.
cát bùrglar [名] [C] (壁をよじ登って入る)どろぼう.
cát·càll [名] [C] [普通は複数形で] (競技場・劇場などの)不満・不快を表わすやじ[鋭い口笛]. **—** [動] [自] やじる. — [他] 〈...〉をやじる.

‡**catch** /kǽtʃ, kétʃ | kǽtʃ/ [動] (**catch·es** /~ɪz/; 過去・過分 **caught** /kɔ́:t/; **catch·ing**)

基本的には「捕らえる」の意.
① 捕らえる; (内容を捕らえる)わかる [他] **1; 6**
② (現場を捕らえる)見つける [他] **2**
③ (乗り物を捕らえる)間に合う, 乗る [他] **3**
④ (好ましくないものを捕らえる)かかる [他] **4**
⑤ (心を捕らえる)引く, 引きつける [他] **7**

— [他] **1** 〈動いている物・人〉を**捕らえる**, つかまえる (☞ 類義語; chase¹ [語源]); 〈球など〉を受け止める, 〈しずく〉を受ける: The cat *caught* a mouse. 猫はねずみをつかまえた / I *caught* three fish yesterday. きのう魚を3匹釣った / The burglar has not *been caught* yet. <V+O の受身> その強盗はまだつかまっていない / He ***caught*** me ***by the*** arm. <V+O+前+名> 彼は私の腕をつかんだ (☞ the¹ 2 [語法]) / You must ~ the ball ***with*** both hands. ボールは両手でとれ.
2 〈人〉が(よからぬこと)をしているのを**見つける**; 〈様子・感情など〉に気づく; 〈病気など〉を発見する: I ***caught*** him ***in*** the act of stealing. <V+O+*in*+名・代> 私は彼が盗みをしている現場を押さえた / The teacher ***caught*** the student cheat***ing*** on [《英》in] the examination. <V+O+C (現分)> 教師は生徒が試験でカンニングしているのを見つけた / Cancers can be cured if they are *caught* early enough. <V+O の受身> 癌(がん)は早期に発見されれば治せる.
3 〈列車・バス・飛行機など〉に**乗る**; ...に**間に合う** ([反] miss); 〈人〉とうまく接触する, 連絡がつく: ~ the first train 始発の列車に間に合う / I'm glad I've finally *caught* you. やっとあなたに連絡がついてよかった《電話口などで》.
4 〈病気〉にかかる, 感染する (*from*); 〈他人の感情など〉に染まる; 〈火〉がつく: I've *caught* a bad cold. たちの悪いかぜをひいた // catch fire (☞ fire [名] 成句).
5 〈指・衣服など〉を(...に)引っ掛ける, 挟む; (物が)〈...〉にからまる; 〈...〉に当たる, ぶつかる (hit); 〈人に〉〈打撃〉をくらわす, 〈人〉をなぐる: I ***caught*** my trousers ***on*** a nail. <V+O+前+名・代> ズボンをくぎに引っ掛けた / I ***caught*** my finger ***in*** the door. 指をドアに挟んだ / A stone *caught* him *on the* head. 石が彼の頭に当たった (☞ the¹ 2 (1)).
6 [普通は疑問文・否定文で] 〈ことばなど〉を**聞き取る**; 〈...〉がわかる (☞ know 類義語): I did*n't* quite ~ what you said. あなたのことばがよく聞き取れませんでした.
7 〈注意・興味など〉を**引く**, **引きつける**: The picture *caught* my eye [attention]. その絵が目に留まった[私の注意を引いた]. **8** (文章・人が)〈...〉を巧みに描く; (写真が)〈...〉をうまくとらえる: The photo ~*es* the tension in the court very well. その写真は法廷内の緊張を非常によくとらえている. **9** (風・光・波が)〈...〉に当たる; (物が)〈風・光・波〉を受ける: [言い換え] The sunlight *caught* each raindrop. =Each raindrop *caught* the sunlight. 雨滴ひとつひとつが日の光を浴び(て輝い)た. **10** 《略式》〈番組・映画・音楽会など〉を見る, 聞く.
— [自] **1** (火が)つく, 発火する: This match won't ~; it must be wet. このマッチは火がつかない. きっと湿っているのだ. **2** 引っ掛かる, からまる: This lock won't ~. このかぎはどうしてもかからない / Her dress *caught on* a nail. 彼女のドレスがくぎに引っ掛かった. **3** 〔野〕捕手をする; (球などを)受け止める.
be cáught betwèen ... and — [動] [他] ...と—の板挟みになる.
be cáught in ... [動] [他] (雨・風など)にあう; (わな)にかかる; (ある状態)に陥る: We *were caught in* a storm on the way. 私たちは途中であらしにあった.
be cáught úp in ... [動] [他] (1) ...に夢中になる. (2) (心ならずも)...に巻き込まれる.
be cáught without ... [動] [他](必要な時に)...を持ち合せていない.
cátch ... àt it [動] [他] 《英》〈人〉を現行犯でつかまえる.
cátch it [動] [自] [普通は未来時制で] Ⓢ 《英》(子供が)しかられる, 罰を受ける (*from*).
cátch ... òff guárd [動] [他] 〈人〉の不意をつく.
cátch onesèlf [動] [自](何かしようとして)やめる, 思いとどまる.
cátch onesèlf dóing [動] [自] 自分が...していることにふと気づく.
cátch ... on the wróng fóot [動] [他] 《英》(突然の頼み事・訪問で)〈人〉の不意をつく.
Cátch you láter. Ⓢ また後で.
You wón't [wóuldn't] cátch me dóing. Ⓢ (私は)...はやらない: *You won't* ~ *me* washing his shirts for him! 彼のシャツなんか洗いませんよ.

catch の句動詞
***cátch at ...** [動] [他] ...をつかまえようとする; (人の考えなど)に飛びつく: A drowning man will ~ *at* a straw. 《ことわざ》おぼれる者はわらをもつかむ (☞ at 3 [語法]).

catchall 264

catch ón 動 自 《略式》**1** わかってくる, 理解する: Tom's a beginner, but he ~es on fast. トムは初心者だがのみ込みが早い.

2 気づく: He had been taking money from the cash register for a year before his employer *caught on*. 雇い主が気づくまで1年間彼はレジから金を盗んでいた. **3** 人気を博する (*with*): Cricket has never *caught on* in Japan. クリケットは日本ではやったことがない. **cátch ón to ...** 動 他《略式》...を理解する.

catch óut 動 他《英》**1**〈人〉のうそ[誤り, 無知]を明らかにする,〈人〉にぼろを出させる,〈人〉が—しているところを〉見破る (*in*). **2** [普通は受身で]〈物事が〉〈人〉を困った立場に追いやる.

catch úp 動 自 追いつく: The Lions *caught up* in the 7th inning. ライオンズは7回に追いついた. — 他 **1**〈人・物〉を(さっと)つかむ. **2**《英》〈人〉に追いつく: They *caught* us *up* later. 彼らは後で私たちに追いついた. **cátch up on ...** [動]他 (1) ...の遅れ[不足]を取り戻す. (2) (新しい情報など)に追いつく, 通じる. **cátch úp to ...** [動]他《米》= catch up with ... (1). **cátch úp with ...** 団 [動]他 (1)...に追いつく: They *caught up with* us later. 彼らは後で私たちに追いついた. (2)(犯人など)を逮捕する, 罰する. (3)(困難・義務などが)(人)に悪い結果をもたらす. (4)(人)に再会して近況を話し合う.

— 名 (~・es /-ɪz/) C **1** 捕らえること, つかまえること;(球技の)捕球: make a great ~ すばらしい捕球をする (日英比較 1 日英比較).

2 捕らえたもの; 漁獲高: There was a poor ~ of flounder last month. 先月はかれらは不漁だった. **3** (戸などの)引き金, 留め金, 掛けがね. 関連 safety catch 安全装置. **4** [普通は単数形で]《略式》策略, わな: There must be a ~ *to* his question. 彼の質問にはわながあるに違いない/ What's the ~? 何が狙いなんだ《うますぎる話に対して言う》. **5**《古風, 略式》(よい)結婚相手; 手に入れたいもの; 掘り出し物. **6**《楽》輪唱. **7** (感情の高ぶりにより)声がつまること, つかえ.

pláy cátch 動 キャッチボールをする; 協力する 日英比較「キャッチボール」は和製英語.

【類義語】 catch 人・動物などをつかまえることを表わす一般的な語. 追いかけてつかまえることを意味することが多い: I *caught* a beautiful butterfly. 私はきれいなちょうをつかまえた. **capture** catch より格式ばった語で, 力ずくでまたは奇策などによって抵抗する人や犯人などを捕らえることを表わす: They *captured* an enemy soldier. 彼らは敵の兵士を捕らえた. **trap** わなを用いたり策略にかけて捕らえること: The hunters *trapped* a lion. ハンターたちはライオンをわなで捕らえた. ★ ☞ **take** 類義語.

cátch・àll 名 C **1**《米》がらくた入れ. **2** 包括的なもの(語句など). — 形 包括的な.

catch-and-reléase 形 キャッチアンドリリースの(釣った魚を無傷で再放流して乱獲を防ぐ).

catch-as-catch-can /kǽtʃəzkǽtʃkǽn/ 形《主に米》あらゆる手段[機会]を利用する[して].

cátch cròp 名 C 間作(ホネ)作物(成長が早い).

+cátch・er /kǽtʃɚ, kétʃɚ | kǽtʃə, kétʃə/ 名 C **1**《野》捕手, キャッチャー: I don't want to play ~ in this game. この試合ではキャッチャーをするのはいやだ (☞ **play** 3 語法). 関連

catcher 1

pitcher 投手 / battery バッテリー. **2** 捕らえる人[もの].

cátch・i・ly /kǽtʃəli/ 副 覚えやすく.

+cátch・ing /kǽtʃɪŋ/ 形 ⓟ **1** 伝染性の; (感情などが)人に移る. **2** 魅力的な.

cátch・ment /kǽtʃmənt/ 名 C = catchment area 1.

cátchment àrea 名 C **1** (湖・川など)集水地域, 流域 (catchment). **2**《英》(学校・病院などの)受け持ち区域, 通学[通院]区域.

cátchment bàsin 名 C = catchment area 1.

cátch・pènny 名 C 安びかの; 俗受けをねらった.

cátch・phràse 名 C 標語《人の注意を引くためのことば》; (芸人・政治家の)常套(を含)語句. 日英比較 日本でいう「キャッチフレーズ」に相当する英語は slogan のことが多い.

cátch quèstion 名 C かまをかける質問.

catch-22 /kǽtʃtwèn(t)itúː | -tiː-/ 名 U または a ~ [しばしば C-](どう行動しても行き詰まる)不当で理不尽な状況, ジレンマ《教職歴がないと大学で教えられないが, 教職歴をつけるには大学で教えなくてはならないといった状況; 同名の小説のタイトルから》: *a* ~ *situation* 動きのとれない状況.

cátch・up /kǽtʃəp, kétʃ-/ 名 U《米》= ketchup.

cátch-ùp 名《次の成句で》**pláy cátch-up** [動]自《米》追い上げをはかる.

cátch・wòrd 名 C **1** 標語, キャッチフレーズ. **2** (辞書類の)欄外見出し語(例えばこのページの上の欄外のcatchall).

+cátch・y /kǽtʃi, kétʃi | kǽtʃi/ 形 (catch・i・er; -i・est) **1** (曲・宣伝文などが)覚えやすい. **2** 人の興味[注意]を引く. **3** (質問などが)引っかかりやすい.

cat・e・chis・m /kǽtəkìzm/ 名 C **1** (教会の)教義問答書[集]; U 教義問答. **2** C 質問攻め.

cat・e・chist /kǽtəkɪst/ 名 C 教義問答の教師.

cat・e・chize /kǽtəkàɪz/ 動 他 **1**〈人〉に問答式で教える. **2**〈人〉に細かく問いただす.

+cat・e・gor・i・cal /kæ̀təɡɔ́:rɪk(ə)l | -ɡɔ́r-/ 形 **1** (答えや陳述が)断定的な, 無条件の; 明確な. **2** 範疇(はんぢう)の[に属する].

categórical imperátive 名 C《哲》至上命令《良心の絶対無条件的道徳律》.

cat・e・gor・i・cal・ly /kæ̀təɡɔ́:rɪkəli | -ɡɔ́r-/ 副 断定的に; 明確に: She ~ denied the rumor. 彼女はそのうわさをきっぱりと否定した.

cat・e・go・ri・za・tion /kæ̀təɡərɪzéɪʃən | -raɪz-/ 名 U,C 部門分け, 分類.

+cat・e・go・rize /kǽtəɡəràɪz/ 動 (名 cátegòry)〈...〉を部門分けする, 分類する (*as, according to, into*).

+cat・e・go・ry /kǽtəɡɔ̀:ri | -ɡə-/ 名 (-go・ries /~z/; 動 cátegòrize) C **1** 部門, 部類: fall into three main categories 大きく3つの部門に分けられる / He leads *in* three *categories*. 彼は3部門で首位だ / What ~ would you put this book *in*? この本はどの部門に入れますか. **2**《哲》範疇(はんぢう), カテゴリー.

cátegory killer 名 C 大量量販店.

cat・e・nar・y /kǽtənèri | kətíːnəri/ 名 C, 形《数》懸垂線(の), カテナリー(の).

+ca・ter /kéɪtɚ | -tə/ 動 (ca・ters /~z/; ca・tered /~d/; -ter・ing /-t̬ərɪŋ, -trɪŋ/) 自 **1** 賄(gない)う, 食料を調達する, (業者などが出向いて)パーティー[宴会]の仕出し[をする]をする: This restaurant also ~s *for* [*at*] weddings and parties. <V+*for* [*at*]+名・代> このレストランはまた婚礼やパーティーにも出向きます. **2** (...の)要求を満たす, 「(...)に必要なものを供給する 《米, (英)で》: programs ~*ing for* boys 少年向きの番組. **3** (低俗な趣味・興味などに)迎合する (*to*).

— 他《米》(業者などが)出向いて(パーティーなどの)準備[仕出し]をする, 料理を賄う (*at*).

cat・er・cor・ner(ed) /kǽtɪkɔ̀ɚnɚ(d) | kǽtəkɔ́ː-

nə(d)ɔ́ːr-/ 形 副 《米》対角線上の[に], 斜めの[に].

+**ca·ter·er** /kéɪṭərɚ | -rə/ 名 **1** 料理調達者；仕出し[ケータリング]業者，仕出し屋. **2** 《ホテル・レストランなどの》宴会世話係.

***ca·ter·ing** /kéɪṭərɪŋ, -trɪŋ/ 動 名 U 仕出し(業), ケータリング(サービス) (for).

+**cat·er·pil·lar** /kǽṭəpìlɚ | -təpìlə/ 名 C **1** いも虫, 毛虫. **2** [C-] キャタピラー, 無限軌道《商標》. **3** [C-] =Caterpillar tractor.

Cáterpillar tràctor 名 C 無限軌道式トラクター(Caterpillar).

cat·er·waul /kǽṭəwɔ̀ːl | -tə-/ 動 自 《猫が(猫のように)》ぎゃーぎゃー鳴く[騒ぐ]. ── 名 C ぎゃーぎゃー鳴く声; ぎゃーぎゃー騒がしい声.

cát·fight 名 C 女性どうしのいがみ合い.

cát·fish 名 (複 ~, ~·es) C|U なまず.

cát flàp 名 C 《英》《戸口の下の》猫用出入口.

cát·gut 名 U ガット, 腸線《弦楽器・テニスのラケット・外科手術用縫い糸に用いる》.

Cath 略 =Catholic.

Cath·a·rine /kǽθ(ə)rɪn/ 名 固 =Catherine.

ca·thar·sis /kəθάːrsɪs | -θάː-/ 名 (複 **ca·thar·ses** /kəθάːrsiːz | -θάː-/) **1** U|C 《格式》カタルシス《悲劇を見ることによって得られる感情の浄化》. **2** U 《医》通便.

ca·thar·tic /kəθάːrṭɪk | -θάː-/ 形 《格式》カタルシスの, 浄化をもたらす; 排便を促す. ── 名 C 《医》下剤.

*** ca·the·dral** /kəθíːdrəl/ 名 (~s /-z/) C 〘キリスト教〙大聖堂, 司教[主教]座聖堂, カテドラル《司教[主教] (bishop) の座があり, 司教[主教]管区 (diocese) を代表する》; 大寺院: a ~ city 《英》大聖堂のある町 (☞ city 参考). 関連 dean 首席司祭 (cathedral の長).

Cath·e·rine /kǽθ(ə)rɪn/ 名 固 **1** キャサリン《女性の名; 愛称は Cathie, Cathy, Kate, Kittie または Kitty》. **2** エカチェリナ(2世) ~ II (1729–96) 《ロシアの女帝; 在位 1762–96》.

cáth·e·rine whèel /kǽθ(ə)rɪn-/ 名 C 《主に英》輪転[回転]花火.

cath·e·ter /kǽθəṭɚ | -tə/ 名 C 《医》カテーテル《尿道・血管などに挿入する管》.

cath·e·ter·ize /kǽθəṭəràɪz/ 動 他 〈...〉にカテーテルを挿入する.

Cath·ie, Cath·y /kǽθi/ 名 固 キャシー《女性の名; Catharine, Catherine の愛称》.

Cath·leen /kæθlíːn | kǽθliːn/ 名 固 キャスリーン《女性の名》.

cath·ode /kǽθoʊd/ 名 (反 anode) C 〘電〙陰極.

cáthode-rày tùbe 名 C 〘電〙陰極線管, ブラウン管(略 CRT).

cath·o·lic /kǽθ(ə)lɪk/ 形 《格式》普遍的な; 包括的な, 〈関心・趣味など〉幅広い.

***Cath·o·lic** /kǽθ(ə)lɪk/ 形 《ローマ》カトリック(教会)の, 《キリスト教の》旧教の(略 Cath); 《時に c-》全キリスト教徒[教会]の: the ~ Church 《ローマ》カトリック教会; 全キリスト教会. 関連 Protestant プロテスタント.
── 名 C カトリック教徒(略 C., Cath).

+**Ca·thol·i·cism** /kəθάləsɪ̀zm | -θɔ́l-/ 名 U カトリック, カトリックの教義[信仰].

cath·o·lic·i·ty /kæ̀θəlísəṭi/ 名 U 《格式》普遍性, CT スキャナー.

cát·house /kǽthàʊs/ 名 C 《略式》売春宿.

Cath·y /kǽθi/ 名 固 =Cathie.

cat·i·on /kǽtàɪən/ 名 C 〘化〙カチオン, 陽イオン.

cat·kin /kǽtkɪn/ 名 C 《かば・柳などの》ねこ《猫の尾のように垂れる花穂(_{すい})》; 〘植〙尾状花序.

cat·lit·ter /kǽtlìṭɚ | -tə/ 名 U 猫の室内トイレ用の砂 (litter).

cat·mint /kǽtmìnt/ 名 U 《英》=catnip.

cat·nap /kǽtnæ̀p/ 《略式》名 C うたた寝. ── 動 (**-naps; -napped; -nap·ping**) うたた寝する.

cat·nip /kǽtnɪ̀p/ 名 U いぬはっか《しそ科の植物; 猫がそのにおいを好む》.

Ca·to /kéɪtoʊ/ 名 固 **Mar·cus** /mάːkəs | mάː-/ **Por·ci·us** /pɔ́ːɚʃiəs | pɔ́ː-/ ~ カトー《ローマの将軍・政治家で通称大カトー (Cato the Elder; 234–149 B.C.) またはその曽孫の政治家・哲学者で通称小カトー (Cato the Younger; 95–46 B.C.)》.

cat-o'-nine-tails /kǽṭənáɪntèɪlz/ 名 (複 ~) C 9本のひものついたひもが柄についたむち《昔の処罰用》.

CÁT scàn /kǽt-/ 名 C **1** 〘医〙X 線体軸断層撮影による検査, CT スキャン. **2** X 線体軸断層写真.

CÁT scànner 名 C X 線体軸断層撮影装置, CT スキャナー.

cát's crádle /kǽts-/ 名 U あや取り遊び.

cát's-eye /kǽtsàɪ/ 名 C **1** 猫目石, キャッツアイ《宝石》. **2** 《英》《道路などの》夜間反射装置《商標》.

Cáts·kill Móuntains /kǽtskɪl-/ 名 [複] [the ~] キャッツキル山脈《米国 New York 州の山系; ☞ 表地図 I 3》.

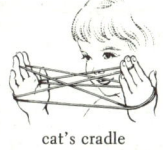

cát's-paw /kǽtspɔ̀ː-/ 名 C 《古風》手先, お先棒.

cát·suit 名 C 《英》=jump suit.

cat·sup /kétʃəp, kǽtsəp/ 名 U 《米》=ketchup.

cát·tail /kǽtèɪl/ 名 C がま《湿地植物》.

cat·ter·y /kǽṭəri/ 名 (**-ter·ies**) C 猫の飼育所《家を留守にするときに猫を預ける》.

cat·ti·ly /kǽṭəli/ 副 意地悪く.

cat·ti·ness /kǽṭɪnəs/ 名 U 陰険.

cat·tish /kǽṭɪʃ/ 形 =catty.

***cat·tle** /kǽṭl/ 名 ⦅発音については ☞ settle リスニング(囲み)⦆. 名 [複数扱い] **1** (家畜としての)牛, 肉牛 (cows, bulls, oxen など; ☞ collective noun 文法): raise ~ 牛を飼う / beef [dairy] ~ 肉牛[乳牛] / The farmer had fifty (head of) ~. 農夫は牛を50頭飼っていた(☞ head 名 5). ★鳴き声は ☞ cry 表. **2** 《人を指して》虫けら《ども》. 語源 ラテン語で「財産, 資本」の意で capital と同語源. 牛は財産であったから.

cattle (家畜としての牛全体)	牛
cow (雌牛・乳牛)	
ox (農耕や荷車用の去勢牛)	
bull (去勢されない雄牛・種牛)	

cáttle càke 名 U 《英》牛の固形飼料.
cáttle càll 名 C 集団オーディション.
cáttle grìd 名 C 《英》=cattle guard.
cáttle guàrd 名 C 《米》家畜脱出防止溝.
cáttle·man /-mən/ 名 (**-men** /-mən/) C **1** 牛飼い(人). **2** 《米》《肉牛を飼育する》牧場主.
cáttle màrket 名 C 《英》**1** 家畜市場. **2** 《略式》《けなして》美人コンテスト.
cáttle pròd 名 C 牛追い棒.
cáttle trùck 名 C 《英》家畜運搬車(両).
cat·ty /kǽṭi/ 形 (**cat·ti·er; cat·ti·est**) **1** 《略式》《特に女性が》意地が悪い, 陰険な. **2** 猫のような.
cat·ty-cor·ner(ed) /kǽṭikɔ̀ɚnɚ(d) | kǽṭikɔ́ː-/

CATV /síːètíːvíː/ 略 =cable television, community antenna television.

cát·wàlk 名 C 1 (英) (ファッションモデルが歩く)花道 (米) runway). 2 (船の機関室や橋のわきの)狭い通路; (建築中のビルの)足場.

Cau·ca·sia /kɔːkéɪʒə/ 名 固 コーカサス, カフカス (黒海 (Black Sea) とカスピ海 (Caspian Sea) にはさまれた地方).

Cau·ca·sian /kɔːkéɪʒən/ (格式) 形 1 白色人種の, 白人の (white). 2 コーカサス[カフカス]の; カフカス人の. — 名 C 白人 (white); カフカス人.

Cau·ca·soid /kɔːkəsɔɪd/ 形 コーカソイドの, 白色人種の. — 名 C コーカソイド人, 白色人種.

Cau·ca·sus /kɔːkəsəs/ 名 固 1 [the ~] =Caucasus Mountains. 2 =Caucasia.

Cáucasus Móuntains 名 固 [複] [the ~] コーカサス[カフカス]山脈 (黒海 (Black Sea) とカスピ海 (Caspian Sea) との間の山脈).

cau·cus /kɔːkəs/ 名 C (政党の)幹部会, 党員集会; 地区委員会. — 動 自 (米) 幹部会を開く.

cau·dal /kɔːdl/ 形 [解] 尾部の, 尾状の.

caught /kɔːt/ 同音 (英) court; 類音 coat, (米) court) **catch** の過去形および過去分詞.

caul·dron /kɔːldrən/ 名 C =caldron.

cau·li·flow·er /kɔːlɪflàʊɚ, káli- | kɔ́lɪflàʊə/ 名 U.C カリフラワー, 花野菜.

cáuliflower chéese 名 U (英) カリフラワーチーズ (カリフラワーをチーズソースであえた料理).

cáuliflower éar 名 C (ボクサーなどの)つぶれた耳.

caulk /kɔːk/ 動 他 (船)の継ぎ目に防水物質を詰める; (…)のすき間をふさぐ. — 名 C ふさぐ物.

caulk·ing /kɔːkɪŋ/ 名 U =caulk.

caus·al /kɔːz(ə)l/ 形 名 (cause) (格式) 原因の; 原因となる; 因果関係の; (文法) 原因[理由]の: a ~ relationship (between …) (…の間の)因果関係.

cau·sal·i·ty /kɔːzǽləti/ 名 U (格式) 因果律.

cau·sa·tion /kɔːzéɪʃən/ 名 U (格式) 原因; 因果関係.

caus·a·tive /kɔːzətɪv/ (格式) 形 原因となる, (…を)引き起こす (of); (文法) 使役的の. **~·ly** 副 原因として(作用して).

cáusative vérb 名 C (文法) 使役動詞.

文法 使役動詞

文の主語になっている人または物が, それ以外の人または物にある行為を行わせることを示す動詞をいう. <V+O+C> の動詞型 (☞ 動詞型解説 II 5 (巻末)) をとるが, C の形によって次のように分類される.
(1) make/have/let/bid+目的語+do
(2) cause/get/force+目的語+to do
(3) get/have+目的語+過去分詞
各語の用法についてはそれぞれの項を参照.

---

*cause /kɔːz/ (類音 chords (chord の複), codes (code の複), cords (cord の複)) 四一名 (caus·es /~ɪz/; 形 cáusal)

「原因」1 → (原因となる根拠) → 「理由」2 → (正しい理由) → 「大義」3

1 C 原因, 原因となる人[物] (☞ because 語源): ~ and effect 原因と結果 (無冠詞; ☞ and 1 語法 (1)) / the underlying [root] ~ of the accident その事故の根本の原因 / The police are trying to find the ~ of the fire [crash]. 警察はその火事[衝突]の原因を突き止

めようとしている.

2 U (正当な)理由 (reason), 根拠, 言い分; 動機, いわれ: There is no ~ for complaint [concern]. 不平を言う[心配する]理由は何もない / Her condition gave (us) ~ for hope. 彼女の状態は (私たちに) 希望を抱かせた / You have no [good] ~ to go back now. <N+to 不定詞> 今戻るべき理由はない[十分な理由がある].

3 C 大義, 主義, 主張, 大目的; (道徳的な)運動: The ~ they are fighting for is racial equality. 彼らが戦っている目標は人種的な平等である / Strong and bitter words indicate a weak ~. 強く激しいことばは大義が弱いことを示すものだ. **4** C (法) 訴訟事由. **for [in] a góod cáuse** [形·副] 立派な目的のためで[に]. **màke cómmon cáuse with…** [動] 他 (格式) (共通の目的のために)…と協力する. **withòut góod cáuse** [副] 正当な理由もなしに.

— 動 (caus·es /~ɪz/; caused /~d/; caus·ing) 他

1 (…)の原因となる, (…)を引き起こす (普通はよくないことに用いる): ~ concern 不安にさせる / ~ offense 怒らせる / Careless driving ~s accidents. 不注意な運転は事故を招く 言い換え What ~d her death [illness]? (=What was the cause of her death [illness]?) 彼女の死因[病因]は何だったのですか 言い換え Your mistake ~d the company a lot of trouble [problems]. <V+O+O> =Your mistake ~d a lot of trouble [problems] for the company. <V+O+for+名·代> あなたの誤りが会社に大きな迷惑をかけた (☞ for 前 A 1 語法) / The flood was ~d by heavy rain. <V+O の受身> 洪水は豪雨で生じた.

2 (…)に—させる (make, have): Acid rain ~s plants to die. <V+O+C (to 不定詞)> 酸性雨で植物が枯れる / What ~d you to change your mind? 何で君は考えを変えたんだ.

'cause /(強形) kɔːz, kʌz | (弱形) kəz/ 接 (略式) =because.

cause cé·lè·bre /kɔːzsəléb(rə)/ «フランス語から» 名 (複 **causes cé·lè·bres** /kɔːzsəléb(rə)/) C 人々の注目を集める[議論を呼ぶ]事件[人, 裁判].

cause·way /kɔːzwèɪ/ 名 C 土手道 (湿地などに通じたもの); 歩道 (車道より高い).

*caus·tic /kɔːstɪk/ 形 1 A 腐食性の, 苛性(ホン)の: ~ soda 苛性ソーダ. 2 (人·発言などが)痛烈な, 手厳しい. — 名 U.C 腐食剤, 焼灼(ヒッシ)剤. **cáus·ti·cal·ly** /-kəli/ 副 痛烈に.

cau·ter·ize /kɔːtəràɪz/ 動 他 1 (医) (傷口など)を焼く (出血や化膿防止). 2 (良心など)をまひさせる.

*cau·tion /kɔːʃən/ 名 (~s /~z/; 形 cáutious, cáutionàry) 1 U 用心, 注意, 慎重さ: Use [Exercise] extreme [great] ~ when crossing this street. (格式) この通りを渡るときには十分に注意すること / C~ is advised. ご注意願います / ~ a word of ~ ひと言注意. 2 C (英) (警察官などの)警告 (warning): The policeman let him off with a ~. 警官は彼を警告するだけで放免した. 3 [a ~] (古風) おもしろい[驚くべき]人[もの]. **thrów [cást, flíng] cáution to the wínd(s)** [動] 自 大胆な行動にでる. **with cáution** [副] 用心して, 慎重に.

— 動 (cau·tions /~z/; cau·tioned /~d/; -tion·ing /-ʃ(ə)nɪŋ/) 他 (格式) (人)に警告する, 用心させる; (人)に…と注意する, 忠告する (warn): 言い換え He ~ed me against [about] driving recklessly. <V+O+前+動名>=He ~ed me not to drink the water. <V+O+C (to 不定詞)> 彼は私にその水を飲むのは危ないと警告した / The referee ~ed the player for fouling. 審判は選手に反則を警告した (もう一度犯すと退場と告げた) / The official ~ed them that taking pictures was not allowed there. <V+O+O (that 節)> 役人は彼らにそこでは写真撮影は許されていないと警告した / She was ~ed not to park there. <V

+O+C (to 不定詞)の受身> 彼女はそこに駐車するなと注意された. — ⦿ 警告する (against).

+**cau·tion·ar·y** /kɔ́ːʃəneri, -ʃ(ə)nəri/ 形 cáution; incautious) a ~ tale 注意を促す話.

*cau·tious** /kɔ́ːʃəs/ 形 (⦿ cáution; incautious) 用心深い, 注意深い, 慎重な (⇨ careful 類語語): She is a ~ driver. 彼女の運転は慎重だ / Be ~ of strangers. <A+前+名·代> 知らない人には用心しなさい / You should be ~ with a razor. かみそりを使用するときは注意しなければならない. 〖言い換え〗 He was ~ about overeating. <A+about+動名>=He was ~ not to overeat. <A+to 不定詞> 彼は食べすぎないように気をつけていた. **~·ly** 副 用心して, 慎重に. **~·ness** 名 U 用心深さ, 慎重さ.

cav·al·cade /kæ̀vəlkéid, kǽvəlkèid/ 名 1 C [《英》単数形でも時に複数扱い] (人·車の) パレード; 騎馬 [馬車]の行列. 2 (事件などの) 連続 (of).

cav·a·lier /kæ̀vəlíər, -líə/ 名 1 [C-]《英史》王党員 (17世紀ピューリタン革命期の Charles 1世支持者). 2 騎士 (knight). — 形 (他人の感情·重大事に) むとんちゃくな; いいかげんな.

*cav·al·ry** /kǽv(ə)lri/ 名 U [普通 は the ~ として《英》時に複数扱い] 装甲部隊(全体); 騎兵(隊)(全体).

cávalry·man /-mən/ 名 (-men /-mən/) C (1人の)騎兵; 装甲部隊員.

*cave** /kéiv/ 名 (~s /~z/) C 洞穴, 洞窟(どうくつ): explore a deep ~ 深い洞窟を探検する / They used to live in ~s. 彼らは昔は洞穴に住んでいた.
— 動 ⦿ 洞窟を探検する. — 他 1 〈…の〉中[下]に(洞)穴を掘る. 2 〈帽子など〉をへこませる; 〈地盤など〉を陥没させる (in). **cáve ín** [動] (1) へこむ, くぼむ; 陥没する (on). (2) 屈服[降参]する, 音を上げる (to). **gò cáving** [動] (⦿《英》洞窟探検に行く.

ca·ve·at /kǽviæ̀t/ 名 C 1 (格式) (考慮すべき)警告, ただし書き (against). 2 《法》手続き差し止め通告.

cáveat émp·tor /-ém(p)tə | -tɔː/《ラテン語から》名 U (売買で)買手危険負担(の原則).

cáve dwèller 名 C (特に先史時代の)穴居人.

+**cave-in** /kéivìn/ 名 C 1 (鉱山の)落盤, 陥没(個所). 2 屈服.

cáve·màn /-mæ̀n/ 名 (-men /-mèn/) C 1 (石器時代の)穴居人. 2 《略式》無作法な男.

cav·er /kéivə | -və/ 名 C 洞窟探検家 《米》 spelunker).

+**cav·ern** /kævən | -və(ː)n/ 名 C (大きな)洞窟(どうくつ).

+**cav·ern·ous** /kævənəs | -və-/《格式》形 1 (空間·建物などが)大きくて奥行きの深い, 広々とした; (音が)うつろな. 2 洞穴の多い. **~·ly** 副 ほら穴のように.

+**cav·i·ar, -i·are** /kǽviàə | -àː/ 名 U キャビア (ちょうざめの卵の塩漬け). **cáviar to the géneral** [名]《文》高級すぎて一般受けしないもの. 由来 シェークスピア『ハムレット』のせりふ.

cav·il /kǽv(ə)l/《格式》動 (cav·ils; cav·iled, 《英》 cav·illed, -il·ing, 《英》-il·ling) ⦿ けちをつける, あらを探す (at, about). — 名 C けち, 文句.

cav·ing /kéiviŋ/ 名 U (スポーツとしての)洞窟探検(《米》 spelunking).

cav·i·ta·tion /kæ̀vətéiʃən/ 名 U 《機》キャビテーション (推進機などの後方にできる流体中の真空部).

*cav·i·ty** /kǽvəti/ 名 (-i·ties) C 1 《格式》くぼみ, 穴; 空洞. 2 《解》腔(こう); 3 虫歯の穴: You have two cavities. 虫歯が2本ありますね.

cávity wàll 名 C 《英》(空間を挟んだ)二重壁: ~ insulation 断熱材.

ca·vort /kəvɔ́ət | -vɔ́ːt/ 動 ⦿ (人が)うるさく跳ね回る, はしゃぎ回る (with).

caw /kɔ́ː/ 名 C (からすの)かあかあという鳴き声. — 動 ⦿ からすが鳴く (⇨ cry 表 crow, rook).

Cax·ton /kǽkstən/ 名 ⦿ **William ~** カクストン (1422?-91)《英国最初の印刷·出版業者).

cay /kíː, kéi/ 名 C =key².

cáy·enne (pépper) /káien-, kéi↙/ 名 U 唐辛子粉(薬味); 唐辛子(の実).

cay·man /kéimən/ 名 C =caiman.

Cáy·man Islands /kéimən-/ 名 ⦿ [複] [the ~] ケイマン諸島 (西インド諸島の一部で英国領; 観光地).

CB /síːbíː/ 略 =citizens' band.

CBC /síːbìːsíː/ 略 =Canadian Broadcasting Corporation カナダ放送協会.

CBE /síːbìːíː/ 略 =Commander of (the Order of) the British Empire 大英帝国3等勲爵士.

CBI /síːbìːái/ 略 1 =computer-based instruction コンピューター援用学習. 2 =the Confederation of British Industry 英国産業連合.

CBS /síːbìːés/ 名 ⦿ CBS (米国の3大放送会社の1つ; 旧社名 Columbia *B*roadcasting *S*ystem の略 ⇨ ABC², NBC).

CBT /síːbìːtíː/ 名 U (TOEFL などの)コンピューター試験 (*c*omputer-*b*ased *t*esting の略).

cc /síːsíː/ 略 =carbon copy (E メールで同じ文面を別の人に送る場合にも cc (to) John Smith などの形で用いる), cubic capacity, cubic centimeter(s) (⇨ cubic).

CCD /síːsìːdíː/ 略 =charge-coupled device.

CCTV /síːsìːtìːvíː/ 略 =closed-circuit television.

*CD¹** /síːdíː/ 名 (~s /~z/) C CD, シーディー《*c*ompact *d*isc の略): play a ~ CD をかける.

CD² 略 =certificate of deposit 譲渡可能定期預金証書.

ĆD búrner 名 C =CD writer.

+**ĆD pláyer** 名 C CD プレーヤー.

Cdr 略 =commander.

CD-R /síːdìːáə | -áː/ 名 C,U CD-R (データの書き込みが1回可能な CD; *c*ompact *d*isc *r*ecordable の略).

+**CD-ROM** /síːdìːrám | -rɔ́m/ 名 C,U CD ロム (コンピューターの情報読み出し専用 CD; *c*ompact *d*isk *r*ead-*o*nly *m*emory の略).

CD-RW /síːdìːàədʌ́bljuː | -àː-/ 名 C,U CD-RW (データの書き換えが可能な CD; *c*ompact *d*isc *r*ewritable の略).

CDT /síːdìːtíː/ 略 1 《米》=Central Daylight Time. 2 《英》=Craft, Design and Technology (教科科目の)工作.

ĆD wríter 名 C CD 書き込み装置.

CE /síːíː/ 略 =the Church of England (⇨ church 成句), civil engineer.

C.E. /síːíː/ 略 =Common Era 西暦, 紀元.

*cease** /síːs/《格式》⑬ 動 (ceas·es /~iz/; ceased /~t/; ceas·ing) 名 cessátion) 他 〈続けていたこと〉をやめる, 終える, 中止する; …ではなくなる, しなくなる (⇨ continue): ~ publication 刊行を中止する / The armies ~d their fire. 軍隊は砲火を休めた(停戦した) / C— fire! 撃ち方やめ(射撃中止の命令) / He ~d painting. <V+O (動名)> 彼は絵筆を休めた / The Western Roman Empire ~d to exist in A.D. 476. <V+O (to 不定詞)> 西ローマ帝国は紀元476年に滅びた / You never ~ to amaze me. 君にはいつも感心させられるよ.
— ⦿ (続けていたことが)やむ, 終わる (⇨ stop 類語語): The cheering ~d suddenly. 声援がぴたりとやんだ. — 名 [次の成句で] **without céase** [副] 絶え間なく.

*cease·fire** /síːsfàiə | -fàiə/ 名 (~s /~z/) C 停戦, 停戦命令: agree to a ~ 停戦に合意する / negotiate a ~ 停戦協定を結ぶ / break [violate] a ~ 停戦を破る / The ~ must be kept [honored, observed] by both countries. 両国は ~ を守らねばならない.

céase·less 形《格式》絶え間のない. **～·ly** 副 絶え間なく, 不断に. **～·ness** 名 ⓤ 不断.

Ce·cil /síːs(ə)l, sés-│sésl, síːs-/ 名 男 セシル《男性の名》.

Ce·cile /sesíːl/ 名 セシール《女性の名》.

Ce·cil·ia /səsíːliə, -síːl-/ 名 女 セシリア《女性の名》.

*‡**ce·dar** /síːdə│-də/ 名 **1** ⓒ ヒマラヤ杉. **2** ⓤ ヒマラヤ杉材.

cédar wòod 名 ⓤ =cedar 2.

*‡**cede** /síːd/ 動 他《格式》《土地・権利》を譲渡する, 引き渡す;《領土》を割譲する (to).

ce·dil·la /sədílə/ 名 ⓒ セディラ《フランス語などで ç のように c の下につけて /s/ の音を表わす符号》.

Ced·ric /sédrɪk, síːdrɪk/ 名 男 シードリック《男性の名》.

cei·lidh /kéɪli/ 名 ⓒ《スコットランド・アイルランドの》歌や踊りの集い.

*‡**ceil·ing** /síːlɪŋ/ T2 名 (~s /-z/) ⓒ **1** 天井;天井板《The light is hanging from the ~. 大きなランプが天井からぶら下がっている/ There is a fly on the ~. はえが一匹天井にとまっている. **2**《物価・賃金などの》最高限度, 上限: a price ~ 最高限度価格 / They put [set, imposed] a ~ on prices. 価格の最高限度額が定められた. 関連 floor 下限. **3**《空》《飛行機の》上昇限度, 雲底高度. **hít the céiling** 動《略式》かっとなる. 由来 怒って跳び上がって頭を天井にぶつける, の意.

céiling fàn 名 ⓒ《天井に取り付けた》大型扇風機.

cel·a·don /séládàn│-dɔ̀n/ 名 ⓤ 青磁色.

cel·eb /səléb/ 名 ⓒ《略式》有名人 (celebrity).

Ce·le·bes /séləbìːz, səlíːbiːz/ 名 セレベス《スラウェシ》島《インドネシア東部の島》.

cel·e·brant /séləbrənt/ 名 ⓒ **1**《ミサ・聖餐式の》執行司祭. **2** =celebrator.

*‡**cel·e·brate** /séləbrèɪt/ T1 動 (-e·brates /-brèɪts/; -e·brat·ed /-ɪd/; -e·brat·ing /-ɪŋ/; cèl·e·brátion) 他 **1**《式を挙げて》《物事》を祝う,《儀式》をとり行なう《⇨類義語》: ~ Christmas クリスマスを祝う / The company ~d its 100th [(one) hundredth] year of business. その会社は創業百年を祝った / They ~d his birthday [with a party [by giving him a party]]. <V+O+with+名・代 [by+動名]> 彼らは彼の誕生日をパーティーをして祝った / The priest ~d Mass. 司祭はミサを行なった. **2**《格式》《…》を(公に)ほめたたえる: The poet ~d the beauty of Mt. Fuji in his poem. その詩人は詩の中で富士山の美しさをほめたたえた. ― 自 祝う, 式を挙げる;《略式》祝って楽しむ.

【類義語】**celebrate** ある喜ばしい出来事・記念日・祭日などを儀式・祭りなどで祝うこと: Americans celebrate Independence Day with fireworks. 米国人は独立記念日を花火で祝う. **congratulate** celebrate が物事を祝うのに対して congratulate は人を祝うこと: I congratulate you on your success. ご成功おめでとう. **observe** 記念日・祭日などを決まった方法で祝うこと: They still observe the old religious holidays. 彼らは今も昔の宗教の祭日を祝っている. **commemorate** 功労者や人の栄誉をたたえて祝うこと: commemorate Washington's birthday ワシントンの誕生日を祝う.

*‡**cel·e·brat·ed** /séləbrèɪtɪd/ 形 有名な, 名高い (as)《⇨ famous 類義語》: a ~ poet [speech] 有名な詩人 [演説] / The place is ~ for its beautiful falls. ここは美しい滝で有名だ.

*‡**cel·e·bra·tion** /sèləbréɪʃən/ 名 (~s /-z/; cèlebráte) **1** ⓤ 祝うこと, 祝賀;《式・祭典の》挙行;ⓒ《お祝いの》儀式, 祝典, 祝賀会: the ~ of a wedding anniversary 結婚記念日のお祝い / hold New Year's ~s 新年のお祝いをする. **2** ⓤ 称賛, 賛美.

in celebration of ...［前］…を祝って.

cel·e·bra·tor /séləbrèɪtə│-tə/ 名 ⓒ 祝賀者.

cel·e·bra·to·ry /séləbrətɔ̀ːri│sélɪbréɪtəri, -tri/ 形 Ⓐ お祝いの.

*‡**ce·leb·ri·ty** /səlébrəti/ 名 (-ri·ties /~z/) **1** ⓒ 有名人, 名士: A lot of TV celebrities appeared on the program. たくさんのテレビ界の有名人がその番組に出演した. **2** ⓤ《格式》名声, 高名.

ce·ler·i·ty /səlérəti/ 名 ⓤ《格式》敏速.

*‡**cel·er·y** /sél(ə)ri/ 名 ⓤ セロリ《野菜》: buy a bunch of ~ セロリ 1 束を買う / eat a stick [stalk] of ~ セロリ 1 本を食べる.

*‡**ce·les·tial** /səléstʃəl│-tiəl/ 形《普通は Ⓐ》**1**《格式》天の, 空の; 天体の: ~ bodies 天体. 関連 terrestrial 地の. **2**《文》天国の(ような), 神々しい(ほどすばらしい[美しい]).

celéstial equátor 名 [the ~]《天》天(球上)の赤道.

celéstial navigátion 名 ⓤ《海・空》天測航行［航法］《天体観測で自己の位置を確かめる航行》.

celéstial sphére 名 [the ~]《天》天球.

Ce·li·a /síːliə/ 名 女 シーリア《女性の名》.

cel·i·ba·cy /séləbəsi/ 名 ⓤ 禁欲[独身]《生活》.

cel·i·bate /séləbət/ 形《宗教上》禁欲[独身] の. ― 名 ⓒ 禁欲主義者;独身者.

Cé·line /selíːn/ 名 セリーヌ《フランスのバッグなどのブランド;商標》.

*‡**cell** /sél/ 名 (同音 sell) T3 名 (~s /-z/; 1 では 形 céllular) ⓒ

```
「小部屋」┬→「独居室」→「独房」2
         └→「独立の単位」┬→「細胞」1
                          └→「電池」3
```

1《生》細胞: ~s of the brain=brain ~s 脳細胞 / cancer ~s がん細胞 / nerve ~s 神経細胞.

2《刑務所の》独房, 小部屋;《修道院の》独房室.

3 電池《⇨ battery 1》: a dry ~ 乾電池 / a solar ~ 太陽電池 / a storage ~ 蓄電池. **4**《政党・秘密結社などの》細胞, 支部: a terrorist ~ 過激派の下部組織. **5**《はちの巣の》穴. **6**《電算》セル《表計算の 1 ます》. **7**《携帯電話;携帯電話のサービスエリア.

*‡**cel·lar** /sélə│-lə/ 名 ⓒ **1** 地下室《食料品・燃料・ワインなどを貯蔵しておく所》;穴蔵: a wine ~《地下》のワイン貯蔵室. 関連 basement 地下室. **2** ⓒ ワインの蓄え. **in the ~**《略式》《スポ》最下位.

cel·lar·age /sélərɪdʒ/ 名 ⓤ **1** 地下室[穴蔵]の広さ. **2** 地下室の使用料.

céllar-dwéller 名 ⓒ《米略式》《いつも》最下位のチーム.

céll divísion 名 ⓤⓒ《生》細胞分裂.

-celled /-séld/ 形［合成語で］…の細胞のある: single-celled 単細胞の.

cel·list /tʃélɪst/ 名 ⓒ チェロ奏者, チェリスト.

céll·màte 名 ⓒ《刑務所での》同房者.

*‡**cel·lo** /tʃéloʊ/ 名 ⓒ チェロ《弦楽器》.

cel·lo·phane /séləfèɪn/ 名 ⓤ セロハン.

céll phòne /sélfòʊn/ 名 ⓒ《主に米》携帯電話.

*‡**cel·lu·lar** /séljulə│-lə/ 形 **1**《1 では ⓒ cell》**1** 細胞の, 細胞から成る; 細胞質[状]の. **2**《電話》がセル方式《無線電話の一種》の: ⇨ cellular phone. **3** 多孔質の;《生地が》目の粗い.

céllular phóne 名 ⓒ《格式, 主に米》携帯電話 (cellphone,《英》mobile phone).

cel·lu·lite /séljulàɪt/ 名 ⓤ セリュライト《太ももなどにつく皮下脂肪塊》.

cel·lu·loid /séljulɔ̀ɪd/ 名 ⓤ **1** セルロイド《⇨

標). **2** 《古風》映画(フィルム). ━━ 形 《古風》映画の.

cel・lu・lose /séljulòus, -lòuz/ 名 U **1** セルロース, 繊維素. **2** =cellulose acetate.

céllulose ácetate 名 U 《化》酢酸セルロース.

⁺**Cel・si・us** /sélsiəs/ 形 摂氏目盛の (centigrade) (略 C; ☞ Fahrenheit 表; centigrade 参考): ten degrees ～ 摂氏10度(10℃ と略し, ten degrees *Celsius* と読む) / The boiling point of water is 100℃, and the freezing point is 0℃. 水の沸点は摂氏100度で氷点は0度だ. ━━ 名 U 摂氏温度.

⁺**Celt** /kélt, sélt/ 名 C ケルト人; [the ～s] ケルト族《古代西ヨーロッパにいた民族; その子孫は現在 Ireland, Wales, Scotland などに住む》.

⁺**Celt・ic** /kéltɪk, sél-/ 形 ケルト人[族]の; ケルト語の. ━━ 名 U ケルト語.

Céltic frínge [the ～] ケルト辺外人《Scotland, Ireland, Wales の住人》.

*****ce・ment** /sɪmént/ 名 U **1** セメント; 接合剤; 《歯》 セメント: a bag of ～ セメント1袋 / The blocks of stone were joined [stuck together] with ～. 石の塊はセメントで接合された. 関連 concrete コンクリート. **2** 結びつけるもの, (友情などの)きずな. 語源 ラテン語で「石の削りくず」の意. ━━ 動 (他) **1** <...>にセメントを塗る (over); (セメントで)<...>を固める, 接合する (together): He ～ed the earth floor. 彼は土間にセメントを塗った. **2** <友情・団結などを>強固にする(with).

cemént mixer 名 C コンクリートミキサー(車).

⁺**cem・e・ter・y** /sémətèri | -tri, -təri/ 名 (-ter・ies /~z/) C 墓地, (大規模な)共同墓地《教会に付属しない》. 関連 churchyard 教会付属の墓地. 語源 ギリシャ語で「眠る場所」の意.

cen・o・taph /sénətæf | -tà:f/ 名 C 記念碑《戦争で死んだ人のための》.

Ce・no・zo・ic /sì:nəzóuɪk⁻/ 形 《地質》新生代の.

cen・ser /sénsə | -sə/ 名 C 《宗教儀式用の》吊(つ)り香炉.

⁺**cen・sor** /sénsə | -sə/ 名 C **1** (出版物・映画・放送・手紙などの)検閲官. **2** (古代ローマの)監察官. **3** 《心》検閲官《潜在意識を抑圧する心理機能》. ━━ 動 (他) <...>を検閲する. (-sor・ing /-s(ə)rɪŋ/)

cen・so・ri・ous /sensɔ́:riəs/ 形 《格式》あら探しの好きな, ひどく批判的な (of). **～・ly** 副 批判的に.

⁺**cénsor・shìp** /-ʃɪp/ 名 U 検閲.

⁺**cen・sure** /sénʃə | -ʃə/ 名 U 《格式》非難, 酷評; 叱責(しっせき); 譴責(けんせき). ━━ 動 (**cen・sur・ing** /-ʃ(ə)rɪŋ/) (他) <...>を非難[酷評]する; 叱責する (for).

⁺**cen・sus** /sénsəs/ 名 (～・es /~ɪz/) C **1** 人口[国勢]調査《米国では普通10年ごとに行なう》: take a ～ 人口調査をする. **2** 統計調査: a traffic ～ 交通量調査.

*****cent** /sént/ (同音 scent, sent) 名 C **1** セント《米国・カナダ・オーストラリア・ニュージーランドなどの通貨単位; 1ドル(dollar)の100分の1; 略 ¢, c., ct., 複数形は cts.; ☞ ¢, money 表; coin 表》. **2** 1セント銅貨 (penny). **3** セント《欧州連合の通貨単位; 100分の1ユーロ (euro); ☞ money 表》. 語源 ラテン語で「100, 100分の1」の意(☞ 単語の記憶). **if (... is) a cént** ☞ 成句. **pùt ín [tóss ín, gíve] one's twó cénts [cénts' wòrth]** [動] 《主に米俗式》(求められないのに)意見を述べる.

━━単語の記憶━━《CENT》(100)
cent   (1ドルの100分の1) → セント
centigrade   (100段階に分けた) → 摂氏の
centimeter   (1メートルの100分の1) → センチメートル
century   (100年) → 1世紀
per**cent**   (100につき) → パーセント

cent- /sent/ 接頭 =centi-.

cent. 略 =centigrade, central, century.

cen・taur /séntɔ: | -tɔ:/ 名 C 《ギ神》ケンタウロス《半人半馬の怪物》.

cen・ta・vo /sentá:vou/ 名 (～s) C センターボ《中南米諸国などの通貨単位; peso など基本通貨の100分の1》.

cen・te・nar・i・an /sèntənéə(ə)riən⁻/ 名 C, 形 100歳(以上)の(人).

⁺**cen・ten・a・ry** /séntənèri, senténəri/ 名 (-a・ries) C, 形 =centennial.

⁺**cen・ten・ni・al** /senténiəl/ 《主に米》名 C 100年(記念)祭 (of). 関連 bicentennial《米》200年祭. ━━ 形 100年目の; 100年祭[記念]の; 100年ごとの.

Ceténnial Stàte 名 [the ～] 百年祭州《米国 Colorado 州の俗称》.

*****cen・ter**, 《英》 **cen・tre** /séntə | -tə, sentər, Santa, sender/ 名 (～s /~z/; 形 céntral) **1** C [しばしば the ～] (物の)中心(略 ctr.); 中央, 真ん中《☞ middle 類義語》: the ～ *of* a circle 円の中心 / I live in the ～ *of* Paris パリの中心部に住む / There is a large table in *the* ～ *of* the room. 部屋の中央に大きなテーブルがある // ☞ center of gravity の項目.

2 C [しばしば the ～] (活動の)中心(地), 中心施設, センター(略 c., ctr.): a financial ～ 金融の中心地 / the political ～ *of* the Netherlands オランダの政治の中心 / Broadway is the ～ *for* American theatrical life. ブロードウエーはアメリカの演劇の中心地である / He was right in [at] *the* ～ *of* the peacekeeping operation. 彼は平和維持活動 [PKO] の中心にいた // ☞ city [town] centre.

━━ center 2 のいろいろ ━━
commúnity cènter 地域社会センター / **dáy-care cènter** 《米》保育所 / **héalth cèntre** 《英》地域医療センター / **jób cèntre** 《英》職安 / **shópping cèntre** ショッピングセンター / **spáce cèntre** 宇宙基地 / **spórts cènter** スポーツセンター

━━ リスニング ━━
米国人はくだけた会話ではよく /sénə/ と発音する. 真似する必要はないが, 知らないと聴き取れない.

3 C (興味などの)中心, (事件の)核心; 中心人物: the ～ *of* attention 注目の的 / at the ～ *of* dispute 論争の中心(人物)で.

4 C 《球》中堅, センター(フォワード); センターへのボール. **5** [the ～, the C-] (政治上の)中道派, 穏健派: Her views were (to the) left [right] *of* ～. 彼女の考え方は左[右]寄りだった. **a cénter of éxcellence** [名] 学問[研究]の中心(地). 語源 ギリシャ語で「点」, ラテン語で「コンパスの中心点」の意; ☞ concentrate 語源.

━━ 動 (**cen・ters**, 《英》 **cen・tres** /~z/; **cen・tered**, 《英》 **cen・tred** /~d/; **-ter・ing**, 《英》 **-tring** /-tərɪŋ, -trɪŋ/) (他) **1** <...>を中心[中央]に置く: C～ the title on the front page. 最初のページの中央にタイトルを書くこと.

2 <...>を(...に)集中させる, 中心に集める: The hopes of the parents *were ～ed on* [*upon*] their daughter. <V+O+*on* [*upon*]+名・代の受身> 両親の望みはすべて娘にかけられた. **3** 《球》<ボール>を中央に打つ[ける], センタリングする.

—[自] (…に)集中する, 集まる: Our conversation *~ed on* [*upon, around, round*] the results of the general election. <V+*on* [*upon, around, round*]+名・代> 我々の話題は総選挙の結果に集中した. —[形] [A] 中心の; 中道の.

cénter divìder [名] [C] 《米》(道路の)中央分離帯 (median strip, 《英》 central reservation).

*__cen·tered__ /séntəd | -təd/ [形] **1** (…に)中心を置いた: The festival was ~ in the park. フェスティバルは公園を中心にして行われた. **2** (精神的に)安定した.

-cén·tered [形] [合成語で] **1** …中心の, …を対象とした: a student-*centered* approach 生徒中心の学習法. **2** 中心が…な: a red-*centered* flower 中央が赤い花.

cénter fíeld [名] [U] 〔野〕センター, 中堅 (☞ outfield).

cénter fíelder [名] [C] 〔野〕センター, 中堅手 (☞ outfielder).

cénter·fòld [名] [C] (新聞・雑誌などの)中央折込み[見開き]ページ(のヌード写真).

cénter fórward [名] [C] (サッカーなどの)センターフォワード(の選手).

cénter hálf [名] [C] (サッカーなどの)センターハーフ(の選手).

cénter·lìne [名] [C] 中央線, (道路の)センターライン.

cènter of grávity [名] **1** [the ~] 〔物理〕重心. **2** [単数形で] 活動[興味など]の中心.

+**cénter·pìece** [名] **1** [C] (食卓などの)中央に置く飾り物 (工芸品・生け花). **2** [the ~] (全体で)最重要な[目立つ]もの, 目玉 (*of*).

Cénters for Diséase Contròl and Prevéntion [名] [固] [the ~] 《米》疾病管理センター (疾病撲滅・疫学研究などを目的とする連邦政府の施設).

cénter spréad [名] [C] (雑誌・新聞の)中央見開きページ.

cénter stáge [名] [U] ひのき舞台; 注目の的: take ~ 注目を集める.

cen·tes·i·mo /tʃentézəmòu/ [名] (複 **cen·tes·i·mi** /-mì:/) [C] チェンテジモ (イタリアの旧通貨単位; 100 分の 1 リラ (lira)).

cen·ti- /séntɪ, -tə/ [接頭] 「100」「100 分の 1」の意 (☞ cent [単語の記憶]; kilo- 表).

cen·ti·grade /séntəgrèɪd/ [形] 摂氏の (略 C, cent.; ☞ Fahrenheit [参考] および表; cent [単語の記憶]). [語法] 普通は数字+degree(s) の後に用いる: fifty degrees ~ 摂氏 50 度 (50°C と略し, fifty degrees centigrade と読む). —[名] [U] 摂氏温度. [参考] Celsius を用いるのが正式だが, 《米》では普通は centigrade を使う. 《英》では Celsius が好まれる.
[語源] ☞ cent [単語の記憶], grade [語源].

cen·ti·gram, 《英》 **-gramme** /séntəgræ̀m/ [名] [C] センチグラム (100 分の 1 グラム; [略] cg).

cen·ti·li·ter, 《英》 **-li·tre** /séntəlì:tə | -tə/ [名] [C] センチリットル (100 分の 1 リットル; [略] cl, cls).

cen·time /sá:nti:m/ [名] [C] サンチーム (スイスの通貨単位; 100 分の 1 フラン (franc); ☞ money 表); 1 サンチーム貨.

*__cen·ti·me·ter,__ 《英》 **-me·tre** /séntəmì:tə | -tə/ [名] (~s /~z/) [C] センチメートル (100 分の 1 メートル; [略] c, cm; ☞ cent [単語の記憶]).

céntimeter-grám-sécond [形] 〔物理〕(長さ・質量・時間について) センチメートル-グラム-秒単位系の, cgs 単位系の.

cen·ti·mo /séntəmòu/ [名] (~s) [C] センチモ (スペインの旧通貨単位; 100 分の 1 peseta).

cen·ti·pede /séntəpì:d/ [名] [C] 百足(むかで) (☞ millipede).

*__cen·tral__ /séntrəl/ [形] ([名] cénter, [動] céntralìze) **1** [比較なし] [A] 中心の, 中央の ([略] cent.); 中心付近の; 中心部で便利な: the ~ part of Japan 日本の中心部 / The hotel has a very ~ location. そのホテルは大変便利な場所にある.
2 中心となる, 主要な, 重要な: a ~ issue 重要な課題 / the ~ characters in a novel 小説の主要登場人物 / What is *~ to* the new government's policy? <A+*to*+名・代> 何が新政府の政策の中心となりますか. **3** [名詞の後で] 《略式》…のよく行なわれる, …が中心となった: party ~ (人の)たまり場.

Cén·tral [名] [U] 《米》 =Central Time.

Céntral Áfrican Repúblic [名] [固] [the ~] 中央アフリカ共和国.

Céntral América [名] [固] 中央アメリカ, 中米 ([略] C.A.; ☞ America 2 [語法]; Middle America 3).

Céntral Américan [形] 中央アメリカの, 中米(人)の. —[名] [C] 中米人.

Céntral Ásia [名] [固] 中央アジア.

céntral bánk [名] [C] 中央銀行.

Céntral Dáylight Tìme [名] [U] 《米》中部夏時間 ([略] CDT).

Céntral Éurope [名] [固] 中央ヨーロッパ, 中欧 (ポーランド・チェコ・ハンガリーなど).

*__céntral góvernment__ [名] [C,U] 中央政府. [関連] local government 地方自治体.

+**céntral héating** [名] [U] セントラルヒーティング.

Céntral Intélligence Ágency [名] [固] [the ~] 《米》中央情報局 ([略] CIA).

cen·tral·is·m /séntrəlìzm/ [名] [U] 中央集権主義.

cen·tral·i·ty /sentræ̀ləti/ [名] [U] 中心[中央]であること; 求心力, 重要性 (*of*).

cen·tral·i·za·tion /sèntrəlɪzéɪʃən | -laɪz-/ [名] [U] 集中; 中央集権化.

+**cen·tral·ize** /séntrəlàɪz/ [動] ([形] céntral) [他] 〈権力・富など〉を中央に集める; 〈国家・政府〉を中央集権化する. —[自] 中央に集まる, 中央集権化する.

céntral lócking [名] [C] セントラルロッキング (車の運転席のドアをロックすると他のドアもロックされる方式).

cen·tral·ly /séntrəli/ [副] 中心(的)に, 中央に; 便利な所に; 主に.

céntral nérvous sỳstem [名] [C] 〔解〕中枢神経系.

Céntral Párk [名] [固] セントラルパーク (米国 New York 市の中心部にある公園).

céntral prócessing ùnit [名] [C] 〔電算〕中央処理装置 ([略] CPU).

céntral reservátion [名] [C] 《英》(高速道路の)中央分離帯 (《米》 median strip).

Céntral Stándard Tìme [名] [U] 《米》中部標準時 ([略] C.S.T.; ☞ 表地図).

Céntral Tìme [名] [U] 《米》中部標準時 (Central Standard Time) ([略] CT).

*__cen·tre__ /séntə | -tə/ [名], [動] 《英》 =center.

cen·tred /séntəd | -təd/ [形] 《英》 =centered.

-céntred [形] [合成語で] 《英》 =-centered.

cen·trif·u·gal /sentrífjʊg(ə)l | sèntrɪfjú:-ˊ/ [形] ([反] centripetal) 〔物理〕遠心(性)の, 中心から外に向かう: ~ force 遠心力.

cen·tri·fuge /séntrəfjù:dʒ/ [名] [C] 遠心分離機. —[動] [他] 〈…〉を遠心分離する.

cen·trip·e·tal /sentrípətl | sèntrɪpí:tl, sèntrípətlˊ/ [形] ([反] centrifugal) 〔物理〕求心(性)の, 外から中心に向かう: ~ force 求心[向心]力.

cen·tris·m /séntrɪzm/ [名] [U] 中道主義.

+**cen·trist** /séntrɪst/ [名] [C] 中道主義者, 中道派の人. —[形] [普通は [A]] 中道主義(者)の.

cen·tu·ri·on /sent(j)ʊ́(ə)riən | -tjʊ́ər-/ [名] [C] (古代

ローマの)百人隊長.

cen·tu·ry /séntʃ(ʊ)ri/ 名 (-tu·ries /~z/) C 1 世紀 〖略〗 C., cent.; ☞ cent 〖単語の記憶〗;(任意の)100 年間: The twenty-first ~ begins on January 1st in the year 2001. 21 世紀は 2001 年の1月1日に始まる《2001 は two thousand (and) one と読む》/ during [in] this [the last] ~ 今[前]世紀(中)に. 語法 次と比較: within the last [past] ~ 過去 100 年の間に / at the turn of the ~ 世紀の変わり目に / centuries ago 何百年か前に. 2 〖クリケ〗(1 イニングに 1 打者が取る)100点.

関連	
century	世紀
decade	10 年間
year	年
month	月
week	週
day	日
hour	時
minute	分
second	秒

céntury plànt 名 C 青(竜)舌蘭.
CEO /síːìːóu/ 〖頭字〗名 C 最高(経営)責任者《Chief Executive Officer の略》.
ce·phal·ic /səfǽlɪk/ 形 A 〖生〗頭部の, 頭の.
*__ce·ram·ic__ /sərǽmɪk/ 形 〖普通は A〗陶器の; 製陶術の: the ~ industry 窯業(なぎ).
ce·ram·ics /sərǽmɪks/ 名 1 U 窯業. 2 複 陶磁器類.
ce·ram·ist /sərǽmɪst, sérəm-/ 名 C 陶芸家.
Cer·ber·us /sə́ːrb(ə)rəs | sə́ː-/ 名〖ギ神〗ケルベロス《地獄の入口を守る番犬; 3つの頭をもつ》.
*__ce·re·al__ /sí(ə)riəl/ 〖同音 serial〗名 (~s /~z/) 1 U,C シリアル《オートミールやコーンフレークのような種の穀物加工食品》. 2 C,U〖格式〗穀物, 穀類; 穀草.
cer·e·bel·lum /sèrəbéləm/ 名 (複 ~s, cer·e·bel·la /-lə/) C〖解〗小脳.
cerebra cerebrum の複数形.
+**cer·e·bral** /sérəbrəl, sərí-/ 形 1 A〖解〗脳の, 大脳の: ~ hemorrhage 脳出血. 2〖格式〗(感性的というより)知性的な; 知性に訴える.
cérebral córtex 名 [the ~]〖解〗大脳皮質.
cérebral pálsy 名 U 脳性小児まひ.
cer·e·bra·tion /sèrəbréɪʃən/ 名 U〖格式〗思考.
ce·re·bro·spi·nal /sərì:brouspáɪn(ə)l, sèrə-ˈ/ 形 脳脊髄の: ~ fluid〖解〗髄液, 脳脊髄液.
cer·e·brum /sérəbrəm, sərí-/ 名 (複 ~s, cer·e·bra /-brə/) C〖解〗大脳; 脳.
+**cer·e·mo·ni·al** /sèrəmóuniəlˈ/ 形 (名 cér·emòny) A 儀式の, 儀式用の; 儀式ばった; 正式の. — 名 C,U〖格式〗儀式. **-al·ly** /-əli/ 副 儀式として, 儀礼的に.
cer·e·mo·ni·ous /sèrəmóuniəsˈ/ 形 (名 cér·emòny) 反 unceremonious) 儀式ばった; 礼儀正しい. **~·ly** 副 Ⓦ 儀式ばって; 礼儀正しく.
*__ce·re·mo·ny__ /sérəmòuni | -mə-/ 名 (-mo·nies /~z/; 形 cèremónial, cèremónious) 1 C 儀式, 式(典): hold 「an opening [a closing] ~ 開会[閉会]式を行なう / a tea ~ 茶の湯 / The graduation ~ started at ten. 卒業式は 10 時に始まった. 2 U 社交上の儀礼, 礼儀: The coronation was performed with all [due] ~. 戴冠式は儀礼を尽くしてとり行なわれた. 3 U 形式ばること, 形式ばったやり方; 形だけの儀礼. **stánd on [upòn] céremony** 動 🅐 〖否定文で〗他人行儀にする; 形式ばる: Let's not stand on ~. 気楽にやろう. **withòut céremony** 副 形式ばらずに; 気軽に.
Ce·res /sí(ə)riːz/ 名 〖ロ神〗ケレス《農業の女神》. ☞ goddess 表).
ce·rise /səríːs, -ríːz/ 名 U さくらんぼ色, 紅梅色. — 形 さくらんぼ色の, 紅梅色の.
cert¹ /sə́ːrt | sə́ːt/ 名 C〖普通は a (dead) ~〗Ⓢ《英略式》絶対確実 (certainty). Ⓢ (競馬の)本命 (for).

cert² 〖略〗=certificate, certified.

*__cer·tain__ /sə́ːrtn | sə́ː-/ 形 (名 cértainty; 反 uncertain)

「確定された」が元の意味.
→「確かで」2,「確実な」4 →「確信して」1
→(ある定まった)→「ある」3
→(ある限度の) →「ある程度の」5

1 P (人が)**確信して**(《☞ sure 類義語》[言い換え] I'm ~ of his success. <A+of+名・代>＝I'm ~ (that) he'll succeed. <A+(that) 節> 私は彼が成功すると信じています(《☞ that² B 3》 / I'm not ~ about that. <A+about+名・代> 私にはそれはよくわからない / I'm not ~ what has become of her. <A+wh 節> 彼女がどうなったかはっきりしない.

2 P (物事が)**確かで, 確実で**, 疑いのない; 必ず…になる […する](《☞ sure 類義語》[言い換え] Our team is ~ to win. <A+to 不定詞>＝It is ~ (that) our team will win. うちのチームの勝利は間違いない(《☞ that² A 2 構文》 / It is not ~ when he was born. 彼がいつ生まれたかははっきりしない.

3 A [比較なし] **ある(決まった)**…, 例の…; [固有名詞につけて] Ⓢ〖格式〗**…とかいう人**: We meet at a ~ place in the city on ~ days every month. 我々は市内のある所で毎月幾日か決まった日に会っています / A ~ person has been complaining. さる人(だれかさん)が文句を言っていたよ / He telephoned a ~ Mr. Brown. 彼はブラウンさんとかいう人に電話をした. 語法 話し手にはわかっているが, わざとぼかして言うときに用いる《☞ some 形 3》; ただし, 人名の場合は単に a Mr. Brown または a Henry Brown のように言うほうが普通《☞ a² 6).

4 **確実な**, 当てになる, 信頼できる: ~ evidence 確かな証拠 / a ~ winner 間違いなく勝つ人 / That means ~ death. そんなことをしたら必ず死ぬ.

5 A [a ~] (ある)**一定の(量の)**; (あまり多くではないが)ある程度の: a ~ sum [amount] of money 一定の金額 / There was a ~ caution in her tone. 彼女の声は少し警戒気味だった.

for cértain [副] 確かに(は), 確実に(は) (surely): He never knew for ~ how it happened. 彼はそれがどんな具合に起こったかはっきりとはわかりませんでした. 語法 know や say などの動詞の後で用いられることが多い. — [形] 確かな: The game is for ~.—She'll win the game. Ⓢ 1 つだけ確かなことは, 彼女は試合に勝つことだ.

màke cértain [動] 🅐 (1) 確かめる, 念を押す: I think the last train leaves at eleven, but you had better **make** ~ (**of** it). 最終列車は 11 時発だと思うが確かめておきなさい. (2) (物事を)確実に実行(できるようにする, (席・券などを)確保する(ようにする): Let's go now if we want to **make** ~ **of** (getting) seats. 席を確保したいのなら今すぐ出かけよう. — 🅑 (1) 〈…であること〉確認する, 確認する (make sure): You should **make** ~ (**that**) the train leaves at noon. 列車が正午に出ることを確かめておいたほうがいい. (2) 確実に〖間違いなく〗…する(ようにする) (make sure): We went early to **make** ~ **that** we could get seats. 我々は席を確保できるように早く出かけた / We'll **make** ~ (**that**) he doesn't get lost. 私たちが彼が迷わないようにします. 語法 未来のことでも that 節内は普通は現在形.

— 代 〖複数扱い〗〖格式〗(…の中の)いくつか, いく人か (of).

*__cer·tain·ly__ /sə́ːrtnli | sə́ː-/ 副 (反 uncertainly) 1 [頼みや質問の丁寧な

受け答えやあいづちとして] [S] ええどうぞ, もちろん, 承知しました; そうですとも.

> [会話] "May I ask you a question?" "C～." 「質問してもよろしいでしょうか」「ええ, どうぞ」/ "Excuse me." "C～." 「失礼します」「どうぞ」(☞ Excuse me. (excuse[1] 成句) (1) [語法] (2)) / "It's hot today." "It ～ is." 「きょうは暑いね」「全くだね」

2 [文修飾語] 確かに, きっと, 間違いなく (☞ likely 囲み): [言い換え] He will ～ come. 彼はきっと来るよ (=It is *certain* that he will come. (☞ certain 2)) / You'll ～ get well if you take this medicine. この薬を飲めば必ずよくなります. [語法] 疑問文には用いない.
Cértainly nót! [返答に用いて] [S] とんでもない, 違いますとも (強い否定・拒絶を表わす; ☞ not (5) (ii)).

> [会話] "Do you have a date with Jim tomorrow?" "C～ *nót!*" 「あなたはあしたジムとデートをするの」「とんでもない, するもんですか」

***cer·tain·ty** /sə́ːtnti | sə́ː-/ [名] (-tain·ties /～z/; [形] cértain; [反] uncertainty) **1** [C] 確実なもの[こと], 確かな事実; 必ずやって来ること[もの] ((英略式) cert): It's a ～ that an earthquake will hit our town someday. この町にいつか地震が起こるのは確実だ. **2** [U] 確信 (*of, about*). **3** [U] 確実性: face ～ of death 死が必ずやって来るという事実を直視する. **with cértainty** [副] 確信をもって, 確実に.
Cert Ed /sə́ːtéd | sə́ːt-/ [略] (英) =Certificate in Education 教員免許状(所有者).
cer·ti·fi·a·ble /sə́ːṭəfàɪəbl | sə́ː-/ [形] **1** (主に米) 証明[保証]できる, 確かな. **2** (英) 精神異常と証明できる; [滑稽] 頭がおかしい. **-a·bly** /-əbli/ [副] 確かに.
***cer·tif·i·cate** /sə(ː)tɪ́fɪkət | sə(ː)-/ [T2] [名] (-i·cates /-kəts/) [C] **1** 証明書, 証書 ([略] cert): issue a medical ～ 診断書を発行する / a ～ of deposit 預金証書 ([略] CD).
2 免許状, 免状; (課程)修了証書 (*in*): get a teaching [teacher's] ～ 教員免許状を取得する.
the Géneral Certíficate of Educátion [名] (英) 一般教育資格試験(合格証明書) (the General Certificate of Secondary Education と S level, advanced level, A/S level に分かれる; [略] GCE).
the Géneral Certíficate of Sécondary Educátion [名] (英) 一般中等教育資格試験(合格証明書) (15–16 歳で受ける; 旧称 ordinary level; [略] GCSE).

> **certificate のいろいろ**
> **bírth certìficate** 出生証明書 / **déath certìficate** 死亡診断書 / **gíft certìficate** (米) 商品券 / **héalth certìficate** 健康診断書 / **márriage certìficate** 結婚証明書

cer·tif·i·cat·ed /sə(ː)tɪ́fəkèɪṭɪd | sə(ː)-/ [形] [普通は [A]] (主に英) 資格[免許]を持った.
cer·ti·fi·ca·tion /sə̀ːṭəfəkéɪʃən | sə̀ː-/ [名] [U] 証明, 保証, 検定; [C] 証明書, 免許状.
cer·ti·fied /sə́ːṭəfàɪd | sə́ː-/ [形] [普通は [A]] 免許(状)を持った; 保証[公認]された ([略] cert).
cértified chéck [名] [C] 支払い保証小切手.
cértified fináncial plánner [名] [C] 公認ファイナンシャルプランナー (個人資産運用コンサルタント).
cértified máil [名] [U] (米) 配達証明郵便 ((英) recorded delivery).
cértified mílk [名] [U] (米) 保証牛乳 (公的基準に合致した工場で加工される).
cértified públic accóuntant [名] [C] (米) 公認会計士 ([略] CPA) ((英) chartered accountant).
⁺**cer·ti·fy** /sə́ːṭəfàɪ | sə́ː-/ [動] (-ti·fies; -ti·fied; -fy·ing) [他] **1** (文書で)〈…〉を証明する; 保証する; 〈…〉を一だと証言[認定]する: This license *certifies* me *as* [*to be*] a teacher. この免許状は私が教師であることを証明しています / [言い換え] This is to ～ *that* .... =I hereby ～ *that* .... …であることを証明する (証明書の文句). **2** 〈…〉に証明書[免許]を与える. **3** 〈…〉を精神障害と認定する.
cer·ti·tude /sə́ːṭət(j)ùːd | sə́ːtɪtjùːd/ [名] ([反] incertitude) [U] (格式) 確信 (certainty).
ce·ru·le·an /sərúːliən/ [名] [U], [形] (文) 空色(の).
Cer·van·tes /səvǽntiːz | səː-/ [名] [固] **Mi·guel** /miːgél/ **de** /də/ ～ セルバンテス (1547–1616) (スペインの作家; ☞ Don Quixote).
⁺**cer·vi·cal** /sə́ːvɪk(ə)l | sə(ː)váɪ-/ [形] 〔解〕 **1** 子宮頸部(けいぶ)の. **2** 頸部の.
⁺**cer·vix** /sə́ːvɪks | sə́ː-/ [名] (**cer·vi·ces** /sə́ːvəsìːz | səváɪsiːz/, ～**·es**) [C] 〔解〕 子宮頸部; 頸部.
ce·sar·e·an, ce·sar·i·an /sɪzé(ə)riən/ [名] [C] 帝王切開(術). [由来] Julius Caesar がこの方法で生まれたという伝説から.
by cesárean (séction) [副] 帝王切開で.
cesárean séction, cesárian séction [名] [C] =cesarean.
ce·si·um /síːziəm/ [名] [U] 〔化〕 セシウム (元素記号 Cs).
⁺**ces·sa·tion** /seséɪʃən/ [名] ([動] cease) [U,C] (格式) 中止, 休止, 停止: a ～ of hostilities 停戦.
ces·sion /séʃən/ [名] (格式) [U] (領土の)割譲, (権利の)譲渡, (財産などの)譲与 (*of*); [C] 割譲[譲渡, 譲与]されたもの.
Cess·na /sésnə/ [名] [C] セスナ (軽飛行機; 商標).
cess·pit /séspɪ̀t/ [名] [C] =cesspool.
cess·pool /séspùːl/ [名] [C] **1** 汚水[汚物]だめ. **2** (悪などの)たまり場, 汚い場所.
c'est la vie /sèɪlɑːvíː/ 《フランス語から》 [感] それが人生というものだ (that is life).
CET /síːìːtíː/ [略] =Central European Time 中央ヨーロッパ標準時 (GMT より 1 時間早い).
ce·ta·cean /sɪtéɪʃən/ [名] [C], [形] 〔動〕 くじら目(の) (くじら・いるかなど).
ce·vi·che /səvíːtʃeɪ, -tʃi/ [名] [U] セビーチェ (生の魚を薬味を加えたレモン[ライム]果汁に漬けた中南米料理).
Cey·lon /sɪlɑ́n, seɪ- | sɪlɔ́n/ [名] [固] セイロン島 (インドの南にある島; Sri Lanka 共和国を成す).
Cey·lon·ese /sèɪləníːz, sìː- | sèl-, sìː-←/ [形] セイロン島(人)の. ── [名] (複 ～) [C] セイロン島人.
Cé·zanne /seɪzǽn/ [名] [固] **Paul** ～ セザンヌ (1839–1906) (フランスの画家).
CF /síːéf/ [略] =cystic fibrosis.
***cf.** /kəmpéə, síːéf | kəmpéə, síːéf/ [略] …を参照[比較]せよ: *cf.* p. 10 10 ページを参照せよ. [語源] ラテン語の confer (比較せよ)の略.
⁺**CFC** /síːèfsíː/ [名] [U,C] 〔化〕 フロンガス (chlorofluorocarbon の略).
CFO /síːèfóʊ/ [名] [C] 最高財務責任者 (Chief Financial Officer の略).
cg [略] =centigram(s).
CGT /síːdʒìːtíː/ [略] (英) =capital gains tax.
ch, Ch. [略] =channel, chapter, church.
Cha·blis /ʃæblíː | ʃǽbliː/ [名] [U] シャブリ (フランス産の辛口の白ワイン).
cha-cha /tʃɑ́ːtʃɑ̀ː/, **cha-cha-cha** /tʃɑ́ːtʃɑ̀ːtʃɑ́ː/ [名] [C] チャチャチャ (南米起源のダンス(曲)).
Chad /tʃǽd/ [名] [固] チャド (アフリカ中央部の共和国).
Chad·i·an /tʃǽḍiən/ [形] チャドの, チャド人の. ── [名] [C] チャド人.

cha·dor /tʃɑ́ːdɔə | -dɔː/ 名 C チャドル《インド・イランで女性がベールやショールに用いる黒い四角な布》.

chafe /tʃéif/ 動 他 **1**《衣類など》《体》をこする, ひっかく.《文》〈手などを〉こすって暖める. — 自 **1** こすれる, すりむける《against》. **2** いらいらする《at, under》.

chaff[1] /tʃæf | tʃɑːf/ 名 U **1** もみ殻; 切りわら《家畜の飼料用》. 関連 **bran** ふすま / **husk** さや. **2** つまらないもの, くず. **3** チャフ《レーダー妨害用の金属片》.

chaff[2] /tʃæf | tʃɑːf/《古風》動 他〈…〉を冷やかす《about》. — 名 U《悪意のない》冷やかし.

cháf·finch /tʃæfintʃ/ 名 C ずあおあとり《ヨーロッパ産の美しい声で鳴く鳥》.

cháf·ing dìsh /tʃéifiŋ-/ 名 C こんろ付き卓上なべ.

Cha·gall /ʃəgɑ́ːl/ 名 固 **Marc** /mɑ́ək | mɑ́ːk/ ~ シャガール (1887-1985)《ロシア生まれのフランスの画家》.

chafing dish

cha·grin /ʃəgrín | ʃǽgrin/ 名 U《格式》無念, 残念, 悔しさ. **to ... 's chagrín** = **to the chagrín of ...** 副 文修飾《格式》…にとって残念なことには. — 動 他《普通は受身で》《格式》〈人〉に無念[残念]な思いをさせる, 悔しがらせる.

*#chain /tʃéin/《頭韻》train 名 (~s /-z/) **1** C,U チェーン, 鎖; チェーンのネックレス; 防犯用チェーン《挿絵》: a bicycle ~ 自転車のチェーン《挿絵》/ We put ~s on the tires of our car. 私たちは車のタイヤにチェーンをつけた / The monkey was fastened to the pole with [by] a ~. 猿は鎖で柱につながれていた.
2 C《小売店・レストラン・ホテルなどの》チェーン(店)《of》.
3 C ひと続き, 連なったもの, 連続; 連鎖: a ~ *of* mountains 一連の山並み, 山脈 / a ~ *of* events 一連の出来事. **4** U《普通は複数形で》《文》束縛, 拘束; 束縛するもの, 足[手]かせ. **5** C チェーン《昔の長さの単位; 66 フィート》.
a cháin of óffice [名]《英》官職を示す鎖.
in cháins [副・形] 鎖につながれ, 捕らわれの身となって; 束縛されて: Man was born free yet everywhere he is in ~s. 人は生まれたときは自由であったが, 今いたる所で鎖につながれている《Rousseau のことば》.
on a cháin [副・形] 鎖でつないで: Keep your dog *on* a ~. 犬をちゃんとつないでおきなさい.
púll the cháin [動]《英》トイレの水を流す.
the cháin of commánd [名] 指揮[命令]系統.
— 動 (**chains** /-z/; **chained** /-d/; **chain·ing**) 他〈…〉を鎖でつなぐ: The dog *was ~ed up* to the tree. <V+O (+*up*)+*to*+名·代の受身> 犬は鎖で木につながれていた.

cháin togéther [動] 他《いっしょに》鎖でつなぐ.
cháin gàng 名 C 1 本の鎖につながれた囚人たち.
cháin lètter 名 C 幸福の手紙《受取人が次々に数人の人に同じ手紙を出すようにさせるもの》.
cháin-lìnk fènce 名 C チェーンリンクフェンス《スチールワイヤをダイヤモンド状のメッシュに編んだフェンス》.
cháin máil 名 U 鎖かたびら.
+**cháin reàction** 名 C 連鎖反応.
+**cháin sàw** 名 C チェーンソー, 鎖のこ.
cháin-smòke 動 自 続けざまにたばこを吸う. — 他《たばこ》を続けざまに吸う.
cháin-smòker 名 C チェーンスモーカー, 続けざまにたばこを吸う人.
cháin stìtch 名 C,U チェーンステッチ, 鎖編み方.
cháin-stìtch 動 他〈…〉を鎖編みする.
cháin stòre 名 C チェーンストア.
cháin-whèel 名 C チェーンホイール, (自転車の)鎖歯車《☞ bicycle 挿絵》.

*#**chair** /tʃéə | tʃéə/《頭韻》cheer 名 (~s /-z/) **1**

---

chaise longue 273

かけもあるもの;《☞ 表》: 会話 "Take [Have] a ~, please." "Thank you."「どうぞおかけください」「ありがとうございます」 / He sat *in* [*on*] a ~. 彼はいすに腰掛けた《☞ 前 1 (1) 語法》 / He rose *from* [*in*] his ~. 彼はいすから立ち上がった[半分腰を浮かした]. 語法 **from** はかけていたいすから「離れて」の意味, **in** はかけていたいすの「位置の所で(そこから離れずに)」の意味.

chair (1 人用で背がある)		
stool (1 人用で背がない)	seat (腰かけるものの総称)	い
bench, sofa, couch (2 人以上用)		す
seat (乗り物・劇場などの固定された)		

― **chair** のいろいろ ―
ármchàir ひじ掛けいす / béach chàir ビーチチェア / cámp chàir《携帯用》折りたたみいす / cáne cháir 籐いす / déck chàir デッキチェア / éasy chàir 安楽いす / hígh chàir ベビーいす / lóunge chàir ラウンジチェア / rócking chàir 揺りいす / swível chàir 回転いす / whéelchàir 車いす / wíng chàir 袖いす

2 C《普通は the ~》《会議などの》議長, 司会者《of》: Please speak directly to *the* ~. 直接議長に話してください. **3** C《普通は単数形で》議長[会長]席; 議長[会長]の職[地位]. **4** C 大学教授の職[地位]《of, in》. **5**《the ~》《米略式》= electric chair. 語法 ギリシャ語で cathedral と同語源. **almost fáll óff one's cháir** [動] 他《笑》びっくりする. **be in the cháir** [動] 議長である. **léave the cháir** [動] 自 閉会する. **táke the cháir** [動] 自 開会する; 議長を務める. — 動 (**chair·ing** /tʃé(ə)riŋ/) 他 **1**〈…〉の議長を務める; 会長[社長など]を務める: The meeting *was ~ed* by the president. 会の議長は社長が務めた. **2**〈人〉をいすにすわらせる. **3**《英》〈人〉を祝福して肩車にして[いすに乗せて]かつぎ回る.

cháir·lìft 名 C《スキー場などの》(チェア)リフト.
*#**chair·man** /tʃéəmən | tʃéə-/ 名 (**-men** /-mən/) C **1** 議長; 司会者 (chair): Mr. C— 議長《呼びかけのことば》 / He was elected ~ of the committee. 彼は委員会の議長に選ばれた. 語法 本来男女兼用だが chairwoman と共に問題視され chairperson という語ができた. ☞ **gender** 文法 (2) 語法 関連 **vice-chairman** 副議長.
2 委員長;《英》(大きな組織(会社)の)会長, 理事長: the ~ of the Zoological Society of Japan 日本動物学会会長. **3**《米》学部長, 主任教授.
+**cháirman·shìp** 名 **1** C《普通は単数形で》議長[委員長, 会長]の職[任期]. **2** U 議長[委員長, 会長]の任務.

cháir·pèrson 名 C 議長; 委員長, 会長. 語法 (1) 複数形は chairpersons か chairpeople. (2) 女性にふさわしい語が多い; ☞ **gender** 文法 (2) 語法.

cháir·wòman /-wùmən/ 名 (**-wom·en** /-wìmən/) C 女性の議長[委員長]《☞ **gender** 文法 (2) 語法》.

chaise /ʃéiz/ 名 C **1** 軽装馬車《1 頭で引く 2 人用 2 輪馬車》. **2**《米》= chaise longue.

chaise longue /ʃéizlɔ́ːŋ | -lɔ́ŋ/《フランス語から》 名 (**複 chaises longues** /ʃéizlɔ́ːŋ(z) | -lɔ́ŋ(z)/) C 長いす《ひじ掛け 1 つで足を伸ばして座れる》;《米》寝いす《背が倒せる》.

cha・let /ʃæléɪ | ʃǽleɪ/ 名 C **1** シャレー《スイスの山小屋；羊飼いなどが使う》；シャレー風の家 (別荘). **2**《主に英》(キャンプ場などの)バンガロー：a ～ party スキーリゾートのバンガローでのパーティー.

chal・ice /tʃǽlɪs/ 名 C 聖餐(せいさん)杯, カリス.

chalet 1

a póisoned chálice [名]《英》初めはよさそうに見えるが最後はうまくいかなくなるもの[職, 機会など].

***chalk** /tʃɔ́ːk/ 名 (形 chálky) **1** U.C チョーク, 白墨.

[語法] チョーク1本, 2本は a piece of ～, two pieces of ～ という：write with a piece of ～ チョークで書く. ただし種類をいうときは複数形も使われることがある：draw beautiful patterns [with colored] ～(s) [in colored] ～ 美しい模様を色チョークで描く.

2 U 白亜(質)：French ～ チャコ(洋裁用). **(as) dífferent as chálk and [from] chéese** [形]《英・豪》似て非なる. **nót by a lóng chàlk** [副] S《英略式》全然…ない. — 動 他 〈…〉をチョークで書く[描く], 〈…〉にチョークで印をつける (up, on). **chálk óut** [動]〈…〉の輪郭を描く；〈計画などを描く, 〈…〉の概要を述べる. **chálk úp** [動] 他《略式》(1)〈勝利・得点など〉をあげる, 〈記録など〉を達成する. (2)《英》〈物品・酒代など〉を(…の)勘定につける (to). (3)《米》〈失敗など〉を(…の)せいにする (to, against). **chálk it úp to expérience** [動] 失敗などを(何事も経験だと)冷静に受けとめる. — 形 チョークで作った.

chálk・bòard 名 C《主に米》黒板《特に緑色のもの》. [関連] blackboard 黒板.

chalk・i・ness /tʃɔ́ːkinəs/ 名 U 白亜状.

chálk tàlk 名《米略式》(スポーツチームのコーチが)黒板を使って行なう話[説明].

chalk・y /tʃɔ́ːki/ (**chálk・i・er**; **-i・est**; 名 chalk) **1** チョークのような, 白亜質の. **2** (顔などが)青ざめた.

chal・lah /hɑ́ːlə/ 名 U ハーラ《卵を加えた生地を編んで焼いたパン；ユダヤ教の安息日に食べる》.

***chal・lenge** /tʃǽlɪndʒ/ 🔟

元来は「とがめる, 非難する」の意
「異議を唱える」他 **1** →(力量を問う)
→「能力を試す」他 **2** →(試練)→「難題」名 **1**
→「挑戦する」他 **3** →「挑戦」名 **3**

— 名 (**chal・leng・es** /~ɪz/) **1** C (実力・努力などを必要とする)**難題**, 難問；(やりがいのある)仕事：a serious ～ 深刻な難事 / The situation presented a biggest ～ to the new government. 事態は新政府に最難題をつきつけた.

2 C 異議, 異論 (to)：His theory met with a ～ from a young scholar. 彼の理論は若い学者の反論にあった.

3 C 挑戦, (決闘の)申し込み：Their attack is a ～ *to* world peace. 彼らの攻撃は世界平和に対する挑戦である / I accepted Tom's ～ *to* run a race. <N+to 不定詞> 私はトムの競走しようという挑戦に応じた.

4 C 努力のしがい, 張り合い：a job with more ～ もっと張り合いのある仕事. **5** C [普通は単数形で]気むずかしい人. **6** C 誰何(すいか)《番兵などが怪しい者に対して叫ぶ声》；とがめ, 要求. **7** C《法》(陪審員に対する)忌避(きひ) (to). **fáce a challenge** [動] 挑戦[難題]にぶつかり立ち向かう. **méet [ríse to] a chállenge** [動] 自 難問をうまく処理する. **ópen to chállenge** [形] 反論を受けやすい.

— 動 (**chal・leng・es** /~ɪz/; **chal・lenged** /~d/; **chal・leng・ing**) 他 **1**〈…〉に**異議を唱える**；〈…〉を誤りだと主張する；〈…〉の正当性を疑う：They ～*d* the government *on* its measures to stimulate the economy. <V+O+*on*+名・代> 彼らは政府の景気刺激策に異議を唱えた / [言い換え] He ～*d* the company *to* question the new medicine. <V+O+C (*to* 不定詞)>＝He ～*d* the company's claims about the new medicine. 彼は会社が言っている新薬の効果は疑わしいと言った.

2〈物事が〉〈…〉の**能力を試す**, 〈…〉に対して(一するように)やる気を刺激する；〈物事が〉〈注意・努力・称賛などを〉必要とする, 要求する (claim)：The new job ～*s* her. その新しい仕事は彼女の意欲をかきたてる / This problem ～*s* us to develop new methods. <V+O+C (*to* 不定詞)> この問題は当然我々が新方式を開発することを必要とする.

3〈…〉に**挑戦する**；〈…〉に一するようにせまる：[言い換え] He ～*d* the champion *to* another fight. <V+O+*to*+名・代>＝He ～*d* the champion *to* fight again. <V+O+C (*to* 不定詞)> 彼はチャンピオンにもう1度戦いをいどんだ.

[日英比較] 日本語の「チャレンジする」と違って目的語は人・集団・組織を表す語が普通.「いろいろなことにチャレンジする」に相当するのは try many things や have a try at many things.

4 (名前を言えと)〈…〉を呼び止める；呼びとがめる. **5**《法》〈陪審員〉を忌避(きひ)する. — 自 挑戦する, いどむ.

***chal・lenged** /tʃǽlɪndʒd/ 形 [婉曲] 障害のある (disabled)：a visually [physically] ～ person 目[身体]の不自由な人.

***chal・leng・er** /tʃǽlɪndʒɚ | -dʒə/ 名 (~**s** /~z/) **1** C 挑戦者；選手権挑戦者 (*for*). [関連] defender 選手権保持者. **2** [C-] チャレンジャー《米国のスペースシャトルの第2号機；1986年打上げ直後に爆発・炎上し, 乗組員7名が全員死亡》.

***chal・leng・ing** /tʃǽlɪndʒɪŋ/ 形 **1** 刺激的な, 興味をそそる：～ ideas 興味をそそるアイデア. **2** (難しいとか目新しいとかで)意欲をそそる：a ～ job やりがいのある仕事. **3** (態度・目付きなどが)挑戦的な. ～**・ly** 副 興味をかき立てるように, 挑発的に.

***cham・ber** /tʃéɪmbɚ | -bə/ 名 (~**s** /~z/) **1** C 会議室, 会館 (hall)；議会：a council ～ 会議室. **2** [the ～]《英》単数形でも時に複数扱い] 議院：the Lower [Upper] C～《議会の》下[上]院. **3** [複数形で] (裁判所内の)判事室；《英》(法曹学院の)弁護士事務室. **4** C (動植物の体内の)小室, 穴；(機械内・地下の)空間；(銃の)薬室：the ～s of the heart 心房 / a combustion ～《機》燃焼室. **5** C [合成語で] (特別目的の)部屋：☞ gas chamber. **6** C《古語》部屋, 寝室. [語源] 元来はラテン語で camera と同語源.

a chámber of cómmerce [名] 商業[商工]会議所：the C～ *of* Commerce and Industry 商工会議所. **a chámber of hórrors** [名]《Madame Tussaud's などの》恐怖の部屋《犯罪者などの人形が並ぶ》.

cham・ber・lain /tʃéɪmbɚlɪn | -bə-/ 名 C 侍従；(貴族の)家令, 執事；《英》(市町村の)収入役.

Cham・ber・lain /tʃéɪmbɚlɪn | -bə-/ 名 圃 (**Arthur**) **Nev・ille** /névɪl/ ～ チェンバレン (1869-1940) 《英国の保守党政治家；首相 (1937-40)；ナチスドイツに対して宥和(ゆうわ)政策を採った》.

chámber・màid 名 C《ホテルの》客室係のメイド.

chámber mùsic [名] [U] 室内楽.
chámber òrchestra [名] [C] 室内管弦楽団.
chámber pòt [名] [C] (昔の)室内便器, しびん.
cham·bray /ʃǽmbreɪ, -bri/ [名] [U] シャンブレー《白糸と色つき糸で編んだシャツ用の織物》.
cha·me·le·on /kəmíːliən/ [名] [C] **1** 〔動〕カメレオン. **2** 無節操な人, 日和見(ひより)主義者.
cham·ois[1] /ʃǽmi, ʃæmwáː | ʃǽmwaː/ [名] (複 ～ /～ | ~z/) [C] シャモア《南欧・西南アジア産の羚羊(れいよう)》.
cham·ois[2] /ʃǽmi/ [名] (複 ～ /~z/) [U,C] セーム皮, シャミ皮《やぎ・羊などの皮をなめした柔らかい皮》.
chámois lèather [名] [U,C] =chamois[2].
cham·o·mile /kǽməmìːl, -màɪl | -màɪl/ [名] [U,C] =camomile.
⁺**champ**[1] /tʃǽmp/ [名] [C] 《略式》 =champion.
champ[2] /tʃǽmp/ [動] [他] (馬が)〈まぐさ〉をばりばりかむ; 〈はみ〉をがりがりかむ. — [自] **1** ばりばり[がりがり]かむ (*at, on*). **2** [普通は進行形で] いらだつ (*at*); しきりと…したがる (*to* do). **be chámping at the bít** [動] [自] したくてうずうずしている.
*__cham·pagne__ /ʃæ̀mpéɪn←/ [名] (～s /~z/) **1** [U,C] シャンペン: dry [sweet] ～ 辛[甘]口のシャンペン. **2** [U] シャンペン色《黄褐色》.
chámpagne flúte [名] [C] =flute 2.
cham·pers /ʃǽmpəz | -pəz/ [名] [U] 《古風, 英略式》 =champagne.
＊cham·pi·on /tʃǽmpiən/ [名] (～s /~z/) **1** [C] **優勝者[チーム], 選手権保持者, チャンピオン**; (品評会などの)最優秀賞受賞者[物] (《略式》 champ): the reigning [former] world ～ 現[前]世界チャンピオン.
2 [C] (主義・主張の)**擁護者, 闘士**; (強い)支持者: a ～ *of* liberty 自由の擁護者 / a ～ *of* the environmental protection 環境保護の闘士. **3** [形容詞的に] 優勝した: the ～ team [runner] 優勝チーム[走者]. [語源] ラテン語で「戦場 (☞ campaign [語源]) で戦う人」の意.
— [動] [他] 〈主義・主張〉のために戦う (fight for); 〈運動など〉を擁護する (defend); (強く)支持する.
*__cham·pi·on·ship__ /tʃǽmpiənʃìp/ [名] (～s /~s/) **1** [C] [しばしば the ～] **選手権**, チャンピオンシップ, 優勝者の地位: take [hold] *the* ～ 選手権をとる[保持する] / He won three ～*s* in a year. 彼は1年間に3つの選手権を獲得した. **2** [C] [しばしば複数形で] 選手権試合[大会]; 決勝戦. **3** [U] (自由などの)擁護(活動) (*of*).
Cham·pol·lion /ʃàːmpouljóʊn/ [名] [固] **Jean** /ʒáːn/ ～ シャンポリオン (1790–1832)《フランスの考古学者; エジプト象形文字を解読した》.
Champs É·ly·sées /ʃàːnzeɪliːzéɪ | -zelíːzeɪ/ [名] [固] [the ～] シャンゼリゼ《Paris の繁華街》.
＊chance /tʃǽns | tʃáːns/ [名] (**chanc·es** /~ɪz/)

> 元来は「偶発的な出来事」の意.
> →「偶然」,「運」**3** →「機会」,「幸運」**1** →(それが起きる可能性) →「見込み」**2**
> (☞ fortune 囲み, luck 囲み)

1 [C] **機会, 好機, チャンス** (*of, for*): Don't let this ～ slip by. この好機を逃すな / Give me ˹a second [another] ～. もう一度機会を与えて下さい / This is the last **～ *to*** see her play. <N+*to* 不定詞> これが彼女の演技の見られる最後の機会だ.

chance	見込み, 可能性
opportunity	(よい)機会, 好機

コロケーション
give ... a *chance* 〈人に〉機会を与える
grab [jump at] a *chance* チャンスに飛びつく
have [get] a *chance* 機会がある
miss a *chance* 機会を逃がす
take a *chance* 機会をとらえる

2 [C,U] **見込み** (probability), 可能性 (possibility), 勝ち目: have a fair [slight, slim] ～ まあまあ[わずかな]見込みがある / We have ˹a good [a fifty-fifty, an outside] ～ *of* win*ning*. 私たちは勝てる見込みが十分[五分五分, わずかに]ある / There is no [some] ～ *of* his victory. 彼の勝利の見込みはない[いくらかある] / [言い換え] His ～*s of* success are one in ten. =The ～*s of* his succeed*ing* are one in ten. =The **～ *that*** he will succeed is one in ten. <N+*that* 節> 彼の成功する可能性は10に1つだ.
3 [[U]; 形容詞を伴うとしばしば a ～] **偶然; 運**, 思いがけないこと, 巡り合わせ (luck): pure [blind, sheer] ～ 全くの偶然 / *C*～ led to the discovery of the new island. ふとしたことでその新島の発見となった / It was *a* strange ～ that we met there again. 我々がそこで再会したのは不思議な巡り合わせだった.
4 [形容詞的に] 偶然の, 不意の: a ～ visitor 不意の訪問客 / a ～ meeting 偶然の出合い. **5** [C] 危険 (risk), 冒険. **6** [C] 宝くじの抽選券.
a chánce in a míllion [名] めったにない機会.
a million to one chance [名] ごくわずかな見込み.
Ány chánce of ... Ⓢ …を(して)もらえますか (doing).
as chánce would háve it [副] [文修飾語] 偶然にも, たまたま.
be ín with a chánce of ... [動] [他] 《英》 …する見込みがある.
blów one's chánce [動] [自] 《略式》 好機を逃がす.
by ány chánce [T2] [副] [文修飾語] Ⓢ (1) ひょっとしたら: [会話] "Excuse me. Are you Mr. White, *by any* ～?" "Yes, I am. I'm glad you recognized me." 「失礼ですがひょっとしたらホワイトさんではありませんか」「そうです. 私だとわかっていただいてうれしいです」 (2) 《丁寧》 ひょっとしたら(…していただけるでしょうか).
by chánce [副] **偶然に**, たまたま: I met him *by* (sheer) ～ at the airport yesterday. 私はきのう空港で(全く)偶然に彼に会った.
Chánce would [will] be a fíne thíng! Ⓢ 《英略式》 そうなれば願ったりかなったりだろうが(無理だね).
fáncy [ráte] ...'s chánces [動] [普通は否定文で] Ⓢ 《英》 …がうまくいきそうだと思う.
gíve ... hàlf a chánce [動] [他] 〈…に〉機会をいくらか(でも)与える: He'll take all your money, *given half a* ～. 少しでも機会が与えられれば, 彼は君のお金を全部取っちゃうよ.
léave ... to chánce [動] [他] 〈物事〉を成り行きに任せる: Nothing was *left to* ～. 何事も成り行き任せにはしなかった《細心の注意を払った》.
Nó chánce! Ⓢ 《略式》 そんなことはありっこない.
Nót a chánce! Ⓢ 見込みなしだ, それはありえない.
Nów's your chánce. Ⓢ 絶好のチャンスだ (*to* do).
on the chánce of dóing=on the chánce that ... may[can, will] dó [副] …を当てにして, もしや…するかもしれないと思って: He looked around *on the* ～ ˹*of* finding [*that* he *might* [*would*] find] something valuable. 彼はひょっとしたら何かいいものが見つかるかもしれないと思ってあたりを見回した.
on the òff chánce of [that] ... ☞ off chance の項目の成句.
stánd [háve] a (góod [fáir]) chánce of dóing [動] …する見込みが(相当)ある.
stánd líttle [nó] chánce of dóing [動] …する見

chancel

tāke a chánce＝tāke chánces [動] (自) 運を天に任せてやってみる, 一か八(ばち)かやってみる (on, with).
tāke one's chánce(s) [動] (自) 自分の運にかけてやるだけのことをやってみる.
(the) chánces áre (that)... (S)《略式》たぶん［ひょっとすれば］...であろう.
wáit (for) one's chánce [動] (自) 機会が来るのを待つ (to do).

— [動]《進行形なし》《文》 [it を主語として; ☞ it¹ A 5] たまたま...が起こる, 偶然...となる: ~d that I was absent from school that day. たまたまその日は学校を休んでいた. **2** 偶然に[たまたま]...する (happen): I ~d to meet her in the theater. 偶然劇場で彼女に会った. — (他)〈...を(一に)賭(か)けてやる (on), 〈...〉を思いきってやってみる. **chánce it＝chánce one's lúck** [《英》**árm**] [動] (自) 一か八(ばち)かやってみる. **chánce on [upón]...** [動]《文》たまたま...に出会う, ふと...を見つける.

chan·cel /tʃǽns(ə)l | tʃɑ́ːn-/ (名) C (教会堂の)内陣《東端で聖歌隊席と聖職者の席》; ☞ **church** 挿絵).

chan·cel·ler·y /tʃǽns(ə)ləri | tʃɑ́ːn-/ (名) (-ler·ies) C **1** 大臣［長官］の地位［職]. **2** 大臣［長官］の庁舎;［集合的に］大臣［長官］部下の職員. **3** 大使館［領事館］の事務局.

*****chan·cel·lor** /tʃǽns(ə)lə | tʃɑ́ːns(ə)lə/ (名) (~s /~z/) C **1**《しばしば C-》《英》(大蔵)大臣, 司法官, 長官. **2**《しばしば C-》(ドイツ・オーストリアの)首相. **3**《米》(一部の大学の)学長, 《名誉》総長. **the Cháncellor (of the Exchéquer)** (名)《英》大蔵大臣《米国の the Secretary of the Treasury に相当》.

chan·cer·y /tʃǽns(ə)ri | tʃɑ́ːn-/ (名) (-cer·ies) **1** [the C-]《英》大法官庁. **2** C《米》衡平法裁判所. **3** (主に英) 公文書保管所. **4** ＝chancellery 3. **5**《カトリック》教皇庁尚書(じょうしょ)院.

chanc·i·ness /tʃǽnsinəs | tʃɑ́ːn-/ (名) U《略式》不確実なこと.

chanc·y /tʃǽnsi | tʃɑ́ːn-/ (形) (**chanc·i·er**, **-i·est**)《略式》不確実な, 当てにならない; 危なっかしい.

⁺**chan·de·lier** /ʃæ̀ndəlɪ́ə | -lɪ́ə/ (名) C シャンデリア.

chan·dler /tʃǽndlə | tʃɑ́ːndlə/ (名) C **1** (昔の)ろうそく商屋(人). **2** ＝ship's chandler.

Chan·dler /tʃǽndlə | tʃɑ́ːndlə/ (名) (姓) **Raymond** ~ チャンドラー (1888-1959)《米国のミステリー作家; ☞ Philip Marlowe》.

Cha·nel /ʃənél/ (名) (姓) シャネル《フランスの衣料品・香水のブランド; 香水の Chanel No.5 は有名》.

Chang /tʃǽŋ/ (名) (姓) 長江, 揚子江(ようすこう)《中国中部を流れる同国最大の川》.

*****change** /tʃéɪndʒ/ (動) (**chang·es** /~ɪz/; **changed** /~d/; **chang·ing**)

┌─────── (自)(他) の転換 ───────┐
│ (他) **1** 変える (to make (something or someone) different) │
│ (自) **1** 変わる (to become different) │
└──────────────────────────────┘

— (他) **1**〈...を**変える**, 変化させる; 改める《☞ 類義語》: ~ one's attitude 態度を変える / ~ one's address 住所を変更する / Can you ~ the color *from* green *to* blue? <V+O+*from*+名・代+*to*+名・代> 色を緑から青に変えられませんか / Heat ~s water *into* steam. <V+O+*into*+名・代> 熱は水を水蒸気に変える.

2〈...を**交換する**, 〈...〉を(一と)取り替える (exchange); 〈列車などに〉乗り換える: ~ the light bulb 電球を交換する / I wouldn't ~ places *with* him. <V+O+*with*+名・代> 私は彼と立場を取り替えたくない / C— trains [planes] at Chicago for New York. ニューヨークへ行くにはシカゴで列車[飛行機]を乗り換えなさい. [語法] 同種のものを交換するときには目的語は複数形をとる // Meg ~d her dirty clothes *for* clean ones. <V+O+*for*+名・代> メグはよごれた服をきれいなのに着替えた / get ~d 着替える.

3〈...〉を**両替する**; 〈お金〉をくずす: Can you ~ my yen *into* [*for*] dollars? <V+O+*into* [*for*]+名・代> この円をドルに替えられますか / I'd like to ~ a twenty-dollar bill. 20 ドル紙幣を両替[くず]したいのですが. **4**〈子供〉を着替えさせる; 〈ベッドのシーツを取り替える: C— the baby. 赤ん坊のおむつを替えなさい.

— (自) **1** 変化する, 変化する; 移る: *changing* circumstances 変わりゆく状況 / The wind has ~d. 風向きが変わった / Jim has ~d a lot since I last saw him. ジムとこの前会ってからずいぶん変わった / The traffic light ~d *from* green *to* yellow. <V+*from*+名・代+*to*+名・代> 交通信号が青から黄色に変わった / He ~d *into* another man. <V+*into*+名・代> 彼は別人のようになった.

2 着替える: Meg ~d *into* a new dress. <V+*into*+名・代> メグは新しい服に着替えた / C— *out of* those dirty clothes. <V+*out of*+名・代> その汚れた服を着替えなさい.

3 乗り換える (*at*): There we ~d *to* a local train. <V+*to*+名・代> そこで私たちは各駅停車の列車に乗り換えた / We ~d *from* a train *to* a bus. <V+*from*+名・代+*to*+名・代> 私たちは列車からバスに乗り換えた / All ~! **3**《英》皆さん乗り替えです《終着駅など で》. **4**《英》(副詞句)を伴って[(車のギヤを...に)入れ変える ((米) shift)]: ~ down [up] ギヤを低速[高速]に切り変える. **chánge for the bétter [wórse]** [動] (事態が)好転[悪化]する.

┌─────── **change** の句動詞 ───────┐
│ **chánge aróund** [動] (他) 〈...〉の(置き)場所を変える. │
│ **chánge báck** [動] (他) 〈...〉を両替し直す (*into*). │
│ **chánge báck into ...** [動] (他) **1** ...に戻る. **2** (前の)...を着る[はく]. │
│ **chánge óff** [動] 《米略式》(仕事などを)交替でやる; (人と)交替する. │
│ **chánge óver** [動] (自) 転換する, 切り替える (*from*, *to*) 《[名] **chángeover**》; 交替する. │
│ **chánge róund** [動] (他) ＝change around. │
└──────────────────────────────┘

— (名) (**chang·es** /~ɪz/) **1** C,U **変化**, 変更; 変遷: a sudden ~ in the weather 天気の突然の変化 / a ~ of address 住所の変更 / the ~ *from* winter *to* spring 冬から春への推移 / She needs a ~ *of* job. 彼女は仕事を変える必要がある / We cannot **make a ~ in** our schedule. 我々の予定は変更できない / Japan has undergone drastic ~s as a result of industrialization. 日本は工業化の結果急激な変貌(へんぼう)を遂げた.

2 U つり銭: Here's your ~. はいおつりです / Keep the ~. おつりは(チップに)とっておいてください.

change	つり銭
	小銭

3 U 小銭 (small [loose] change): Haven't you got any ~? 細かいのをお持ちですか / I'd like to be paid the balance *in* ~. 残りを小銭でいただきましょう.

┌─────── 《会話》 ───────┐
│ "Can I have ~ *for* [*of*] a dollar?" "Just a minute. Here you are."「1 ドルくずれる?」「ちょっと待って. はい, どうぞ」 │
└──────────────────────────────┘

4 C 取り替え; 着替え(のひとそろい): an oil ~ オイル交換 / You should take a ~ *of* clothes with you. 着替えを持っていったほうがいい.

5 C (乗り物の)乗り換え: make a quick ~ 急いで乗り

換える. **6** [C] [普通は a ~] (普段と趣の)異なること, 気分転換; 転地: Della needs a ~ (*from* her routine). デラは(仕事を休んで)気分転換が必要だ. **7** [the ~] = the change of life (成句).

a chánge for the bétter [wórse] [名] (事態の)好転[悪化].

a chánge of áir [clímate, scéne] [名] 環境の変化; 転地(療養).

a chánge of páce [名] 《米》 (1) 気分転換. (2) =change-up.

for a chánge [副] いつもと変えて, たまには.

gèt nó chánge òut of ... [動] 他 ⓢ 《略式, 英・豪》 ...から何も聞き出せない. ...の手の助けにもならない.

hàve a chánge of héart [動] ⾃ 心変わりする.

màke a chánge [動] ⾃ (1) 変更する(☞ 1); 乗り換える(☞ 1). (2) ⓢ (物事がうれしいことに)これまでと違う, 気分転換になる. (3) 着替えする.

ríng the chánges [動] ⾃《英・豪》(...を)手をかえ品をかえてやる (on). ⎯由来⎯ 教会の鐘を調子や順序を変えて鳴らすことから.

the chánge of life [名] (古風, 略式) =menopause.

【類義語】change 外観や内容を全面的に変える意味での最も一般的な語. **alter** 部分的に変えること. **vary** 次第に段階的・部分的に変えていくこと: A man can *change* his habits, *alter* his conduct, and *vary* his manner of speaking and thinking, according to circumstances. 人は環境によって習慣をすっかり変え, 品行の一部を変え, また話し方や考え方を次第に変えていくことができる. **convert** 新しい用途や目的に応じて大幅に改造すること: He *converted* a barn into a house. 彼は納屋を住宅に改造した. **transform** 外形・性質・機能などを根本的に変えること: The magician *transformed* the cloth into a rabbit. 奇術師は布をウサギに変えた.

change·a·bil·i·ty /tʃèɪndʒəbíləti/ [名] [U] 変わりやすさ, 変わりやすい性質; 不安定(な状態).

change·a·ble /tʃéɪndʒəbl/ [形] (反 unchangeable) (天気が)変わりやすい; 気まぐれな. **-ness** [名] [U] 変わりやすさ. **-a·bly** /-dʒəbli/ [副] 変わりやすく.

changed /tʃéɪndʒd/ [形] 以前と違う; 別人の: one's ~ circumstances 境遇の変化 / a ~ person 別人.

chánge·less [形] [文] 変化のない; 不変の. **~·ly** [副] 変化なしに.

change·ling /tʃéɪndʒlɪŋ/ [名] [C] 《文》取り換え子《さらわれた子の代わりに妖精(詳)たちが残すとされた醜い子》.

chánge·òver [名] [C] (普通は単数形で)(政策・制度などの)転換, 切り替え (to).

chánge pùrse [名] [C] 《米》 小銭入れ, 財布.

chánge-ùp [名] [C] 【野】 チェンジアップ(速球と同じモーションで投げる緩い球).

Chánging of the Guárd ☞ the Changing of the Guard (guard 成句).

cháng·ing ròom [名] [C] 《英》 更衣室.

chánging tàble [名] [C] おむつ替えテーブル.

*__**chan·nel**__ /tʃǽnl/ [B2] [名] (~s /-z/)

⎯ リスニング ⎯
channel /tʃǽnl/, tunnel /tʌ́nl/ などの語末の /nl/ は弱い「ヌー」のように聞こえる(☞つづり字と発音解説63). このため channel, tunnel は「チャヌー」「タヌー」に聞こえる. 「チャンル」, 「タヌル」, あるいは「チャネル」「タネル」などと発音しない.

⎯⎯⎯⎯⎯⎯⎯⎯⎯⎯⎯⎯⎯⎯⎯⎯⎯⎯
元来は「河床」5の意で, ラテン語で canal と同語源.
→「水路」3 ┬→ 「海峡」2
              ├→ 「回路」→ 「チャンネル」1
              └→ 「経路」4
⎯⎯⎯⎯⎯⎯⎯⎯⎯⎯⎯⎯⎯⎯⎯⎯⎯⎯

1 [C] 【テレビ・ラジオ】 チャンネル; 回路: change [switch] 「the ~ [~s] チャンネルを変える / You can watch the game *on* C~ 8. その試合は第8チャンネルで見ることができる.

2 [C] 海峡; [the C-] イギリス海峡 (English Channel) (☞ proper noun 文法 (2) (ii)).

3 [C] 水路(川・海・港などの船が通れる部分): Our ship followed the ~ *into* the port. 我々の船はその水路を通って入港した.

| channel (広い) | 海峡 |
| strait (狭い) | |

4 [C] [しばしば複数形で](報道・伝達などの)経路, 手段: diplomatic ~s 外交ルート / go through official [the usual] ~s 公式のルートを通る. **5** [C] 川底, 河床. **6** [C] (柱などの)溝. **7** [C] (感情などの)はけ口 (*for*); (思想・行動などの方向), 方針.

⎯ [動] (**chan·nels**; **chan·neled**, 《英》 **chan·nelled**; **-nel·ing**, 《英》 **-nel·ling**) 他 **1** 〈精力・金などを〉注ぐ (*into*, *to*, *through*). **2** 〈...を〉導く, ある方向へ向ける (*into*). **3** 〈...に〉水路を掘る[作る]; 〈...に〉水を引く[流す] (川などが)ある場所・水路)を通る.

chan·nel·er /tʃǽnlər | -lə/ [名] [C] チャネリング (channeling)をする人.

chánnel-hòp [動] ⾃《英》 =channel-surf.

chánnel hòpping [名] [U] =channel surfing.

chan·nel·ing /tʃǽnəlɪŋ/ [名] [U] チャネリング(霊媒による死者や神霊などとの交信).

Chánnel Islands [名] 固 [複] [the ~] チャネル諸島(イギリス海峡にあり英国保護領; 略 CI).

chan·nel·ize /tʃǽnəlàɪz/ [動] 他 =channel.

chan·nel-surf /tʃǽn(ə)lsə̀ːf | -sə̀ːf/ [動] ⾃ 《主に米》 テレビのチャンネルを次々と切り換える.

chánnel sùrfing [名] [U] 《主に米》 (リモコンで)テレビのチャンネルを次々と換えること.

Chánnel Túnnel [名] 固 [the ~] (英仏をつなぐ)海峡トンネル (Eurotunnel).

chan·son /ʃɑːŋsɔ́ːŋ | ʃɑ́ːnsɔːŋ/ 《フランス語から》 [名] [C] シャンソン, (フランスの)歌曲.

+**chant** /tʃǽnt | tʃɑ́ːnt/ [名] [C] **1** 聖歌 (繰り返しが多く単調なもの). **2** 単調な繰り返し; (デモ・集会・ファンの)調子をそろえた叫び声, シュプレヒコール: take up a ~ シュプレヒコールに加わる. ⎯ [動] 他 **1** 〈聖歌を〉歌う. **2** 〈シュプレヒコールなどを〉繰り返す. ⎯ ⾃ **1** 聖歌を歌う. **2** 単調に話す; シュプレヒコールを叫ぶ.

chant·er /tʃǽntər | tʃɑ́ːntə/ [名] [C] **1** 詠唱者. **2** 聖歌隊の先唱者; 聖歌隊員.

chan·tey /tʃǽnti/ [名] [C] 《米》(昔の)水夫の仕事の歌, 船乗りの歌.

chant·ing /tʃǽntɪŋ/ [名] [U] 単調な繰り返し《叫び・聖歌》.

chán·try (**chàpel**) /tʃǽntri | tʃɑ́ːn-/ [名] [C] 寄進で建てられた礼拝堂.

chan·ty /tʃǽnti/ [名] [C] (**chan·ties**) [C] =chantey.

Cha·nu·kah /hɑ́ːnəkə | hɑ́nu-/ [名] 固 =Hanukkah.

*__**cha·os**__ /kéɪɑs | -ɔs/ [B3] [名] [形] chaótic) [U] **1** 無秩序, 大混乱: cause ~ 大混乱を引き起こす / The accident left the street *in* complete [absolute, total, utter] ~. 事故で通りは大混乱となった. **2** (詩) カオス(天地創造以前の)混沌(ぷ) (反 cosmos) (☞ gas [語源]).

cháos thèory [名] [U] 【数】カオス理論(初期条件のわずかな差が複雑なシステムにおいて予測不可能な大きな違いを生むという理論).

+**cha·ot·ic** /keɪɑ́tɪk | -ɔ́t-/ [形] (名 cháos) 混沌とした, 無秩序の. **-ot·i·cal·ly** /-kəli/ [副] 混沌として.

+**chap**[1] /tʃǽp/ [名] [C] [時に呼びかけに用いて] 《英略式》 男, やつ (fellow).

chap[2] /tʃǽp/ [動] (**chaps**; **chapped**; **chap·ping**)

chap. 278

他 [普通は受身で] (寒気・霜が)(…)にひび[あかぎれ]を作る. — 自 ひび[あかぎれ]が切れる, (手などが)荒れる.
—名 C (皮膚の)ひび, あかぎれ; (手などの)荒れ.

chap., Chap. =chapter.
chap·ar·ral /ʃæpərǽl/ 名 U (米) やぶ, 茂み.
cha·pa(t)·ti /tʃəpɑ́ːṭi/ 名 (複 ~(e)s) C チャパーティー (小麦粉を発酵させずに練り, 鉄板で焼くパン; 北インドで日常食べる).
chap·book /tʃǽpbùk/ 名 C (米) (詩などの)小冊子.

***chap·el** /tʃǽpəl/ 名 (~s /-z/) 1 C (教会の付属)礼拝堂; (学校・病院・刑務所などの)付属礼拝堂. 2 U (礼拝堂で行なう)礼拝: We go to ~ at ten. 我々は 10 時に礼拝に行く. 3 C (英) (英国国教会・ローマカトリック教会以外の)教会(堂); (☞ church 表) (スコ) ローマカトリック教会. 4 C (英) 単数形でも複数扱い (英) (新聞社・印刷会社の)労働組合支部; (主に米) (クラブ・団体の)地方支部. **a chápel of lóve** (米) 結婚式用のチャペル (手早く, 安く結婚できる). **a chápel of rést** (葬儀施設の)葬儀室, 霊安室. —形 (英略式) 非国教会の.

chap·er·on /ʃǽpəròʊn/ 名 C 1 (米) (若い男女のパーティーなどの)お目付け役 (親・教師など). 2 (昔, 若い未婚女性が社交界に出るときの)付き添い (多くは年配の既婚女性). —動 他 (…)に付き添う.
chap·er·one /ʃǽpəròʊn/ 名 動 =chaperon.

+**chap·lain** /tʃǽplən/ 名 C 礼拝堂勤務の牧師(宮廷・大邸宅・陸海軍・学校・病院などの礼拝堂に所属); 教戒師, 従軍牧師 (of, to).

chap·lain·cy /tʃǽplənsi/ 名 (-lain·cies) C 礼拝堂勤務牧師の地位[仕事, 任期]; 礼拝堂勤務牧師の仕事場[住居].

chap·let /tʃǽplət/ 名 C (文) (花・葉・宝石の)頭飾り, 花冠; (短い)数珠.

Chap·lin /tʃǽplɪn/ 名 圊 **Sir Charles Spencer** ~ チャップリン (1889-1977) (英国生まれの映画俳優・製作者; 通称 Charlie Chaplin).

chapped /tʃǽpt/ 形 ひび[あかぎれ]が切れた.

chaps /tʃǽps/ 名 複 カウボーイの革ズボン (しりの部分がなく, 脚を保護するために普通のズボンの上にはく).

Cháp Stìck /tʃǽp-/ 名 C チャップスティック (薬用リップスティック; 商標).

***chap·ter** /tʃǽptə | -tə-/ 名 (~s /-z/) C 1 (本・論文などの)章 (略 ch, Ch., chap., Chap.; ☞ cap 単語の記憶): C~ X /tén/ 第 10 章. 2 (歴史・人生などの)一時期 (of): This incident opens a new ~ in our history. この事件は我々の歴史の新しい時期を開くものである. 3 (主に米) (組合・協会・クラブなどの)地方支部. 4 [(英) 単数形でも時に複数扱い] 聖堂参事会会員 (全体); 聖堂参事会総会. **a chápter of áccidents** [名] (英略式) 不幸の連続. **gíve [quóte] ... chápter and vérse** [動] 他 (人)に正確な情報[出典, 典拠]を教える (on). 頭頁 元来「聖書の「章と節」の意より.

Chápter 11 /-ɪlév(ə)n/ 名 圊 (米国の連邦改正破産法の)第 11 章 (日本の会社更正法に相当): file ~ 第 11 章の適用を申請する / ~ bankruptcy 第 11 章による破産 / in ~ 第 11 章の対象になって.

chápter hòuse 名 C 聖堂参事会館.

+**char**[1] /tʃɑ́ə | tʃɑ́ː-/ 動 (chars; charred; char·ring /tʃɑ́ːrɪŋ/) 他 (火が)(木)を黒焦げにする, 黒焦がしにする. —自 黒焦げになる.

char[2] /tʃɑ́ə | tʃɑ́ː-/ 名 C (英古風, 略式) =char-

woman. —動 (chars; charred; char·ring /tʃɑ́ːrɪŋ/) 自 (英古風, 略式) 掃除婦として働く (for).
char[3] /tʃɑ́ə | tʃɑ́ː-/ 名 U (英古風, 略式) 紅茶.
char·a·banc /ʃǽrəbæŋ/ 名 C (英古風) 大型遊覧バス (今では (motor) coach と言う).

***char·ac·ter** /kǽrəktə, -rɪk- | -tə/ 名 (~s /-z/; 形 chàracterístic, characterize)

ギリシャ語で「印刻を打つ道具」の意.
→ 印 ┬ → 「記号」 → 「文字」6
       └ → (区別のしるし) → 「特質」2 → (人の特性) ┬ → 「人格」1 → (人物) → 「登場人物」3

1 C,U [普通は単数形で] (個人・集団・国民などの)**性格; 人格**, 品性; U すぐれた人格[能力], 徳性, 気骨 (☞類義語): the British national ~ イギリス人の国民性 / ~ building 人格の陶冶(^^とう^^) / a person of noble ~ 人格が高潔な人 / He has some serious flaws in his ~. 彼の性格には重大な欠陥がある / It takes ~ to deal with such a difficult situation. そうした難局に対処するには気骨が必要だ.

2 [単数形または U] (物・事件・土地などの)**特質**, 特性 (of); U すぐれた[おもしろい]特徴, 特色; 種類: Each town has a ~ of its own. どの町にもそれなりの特質がある / The plants on this island are [of a peculiar ~ [peculiar in ~]. この島の植物には独特な性質がある.

3 C (小説・劇などの)**登場人物**; 有名人, 人物: Brown is the main [central] ~ in the story. ブラウンがこの物語の主要な登場人物です / Napoleon is a great historical ~. ナポレオンは偉大なる歴史上の人物である. 4 C (略式) 人, 変わり者; [ほめて] 個性的な人, おもしろい人: suspicious-looking ~s 不審者 / She's 'a real ~ [quite a ~]! 彼女はほんとにおもしろい人. 5 C (格式) 評判, 名声: a slur on ...'s ~ …への汚名. 6 C (表意)文字, 記号; (書)体: Chinese ~s 漢字. 関連 letter 表音文字. 7 C =character reference. **in cháracter** [形・副] ふさわしい[ふさわしく]; はまり役の[で]; 柄に合った[合って]. **òut of cháracter** [形・副] ふさわしくない[なく]; 役に不向きな[で]; 柄にない[なく].

【類義語】 **character** 道徳的・倫理的な観点からみた人格・特性. **personality** 人柄・個性といった意味での特性: Professor Smith has *character* but no *personality*. スミス教授は立派な人だが, おもしろ味がない. **individuality** 他と区別されるきわだった個性: Peter makes much of his *individuality*. ピーターは自分の個性を強調する. **temperament** 性格の基礎となる気質: He is better suited by *temperament* to research than to teaching. 彼は気質の点で教師より研究向きだ.

cháracter àctor 名 C 性格俳優.
cháracter assàssinàtion 名 C,U (政治家などに対する)中傷, 誹謗(^^ひぼう^^); 人身攻撃.
char·ac·ter·ful /kǽrəktəf(ə)l | -tə- | -/ 形 [よい意味で] 特徴[特色]のある, 独特な.

***char·ac·ter·ise** /kǽrəktəràɪz, -rɪk-/ 動 (英) =characterize.

***char·ac·ter·is·tic** /kǽrəktərístɪk, -rɪk-↖/ [72] 名 (~s /-s/; 形 cháracter; 反 uncharacteristic) C 特色, 特質, 特徴: school ~s 学校の特色[校風] / The town preserves its ancient ~s. その町は昔ながらの特色を今も残している.

—形 **特有の, 特質ある, 独特の**: Each person has his or her own ~ walk. 各人には独特の歩き方というものがある / Black and white stripes are ~ *of* the zebra. <A+*of*+名・代> 白黒のしま模様はしまうま特有のものである / *It's* ~ *of* him *to* behave like that. そんなふるまいをするなんていかにも彼らしい (☞ of 12).

char·ac·ter·is·ti·cal·ly /kǽrəktərístɪkəli/

-rɪk-/ 副 1 特質を示すように; 特徴[特色]として. 2 文修飾 いかにも…らしいのだが.

+**char·ac·ter·i·za·tion** /kæ̀ræktərɪzéɪʃən, -rɪk-/ -raɪz-/ 名 U.C (格式) 1 特質[特性]を表わすこと, 特徴づけ (as). 2 性格描写 (of, as).

***char·ac·ter·ize** /kǽrəktəràɪz, -rɪk-/ 動 (**-iz·es** /~ɪz/; **-ter·ized** /~d/; **-ter·iz·ing** 名 cháracter) 他 (格式) 1 [しばしば受身で]〈…〉を**特徴づける**,〈…〉に特性[性格]を与える: His poems are ~d by an absence of punctuation. <V+O の受身> 彼の詩は句読点のないのが特徴だ. 2〈…〉の特徴を述べる (portray): He ~d her as lively. 彼は彼女を快活な性格だと評した.

chár·ac·ter·less 形 特徴[個性]のない, 平凡な.

cháracter rèference 名 C 人物証明書.

cháracter wítness 名 C (法) 性格証人 (法廷で被告の性格・評判などについて証言する人).

+**cha·rade** /ʃəréɪd, -ráːd/ 名 C 1 [複数形で単数扱い] シャレード (たとえば char·ac·ter·ize なら care (世話), actor (俳優), eyes (目) のように, 単語を音節で区切り, 発音の似た別の語群に置き換えて身ぶりで示し, 元の語を言い当てるジェスチャー遊び): play ~s シャレードをする. 2 C シャレードのジェスチャーで示される語句). 3 C 見えすいた動作[ジェスチャー]; 見せかけ.

char·broil /tʃáːbrɔ̀ɪl | tʃɑ́ː-/ 動 (米) 〈肉など〉を炭火で焼く. ─ 自 炭火で焼く.

char·broiled /tʃáːbrɔ̀ɪld | tʃɑ́ː-/ 形 (米) 炭火で焼いた.

+**char·coal** /tʃɑ́ːkòʊl | tʃɑ́ː-/ 名 1 U 炭, 木炭. 2 C =charcoal drawing. 3 U チャコールグレー (黒に近い灰色). ─ 形 チャコールグレーの.

chárcoal dràwing 名 C 木炭画.

chard /tʃɑ́ːd | tʃɑ́ːd/ 名 U ふだんそう (葉と茎は食用).

Char·don·nay /ʃɑ̀ːdəneɪ | ʃɑ́ː-/ 名 1 U シャルドネ (白ワイン用ぶどう). 2 C.U シャルドネ (1 から造る白の辛口ワイン).

*★**charge** /tʃáːdʒ | tʃɑ́ːdʒ/ T1

元来は「重荷(を負わせる)」の意.
→ (金銭上の)→「料金(を請求する)」名 1; 他 1, 自 1 → (つけにする)→「クレジットカードで払う」他 2
→ (仕事上の)→「責任(を負わせる)」名 2; 他 6
→ (電荷を与える)→「充電する」他 5
→ (道義・法律上の)→「非難(する), 罪(を告発する)」名 3; 他 3 → (攻撃する)→「突撃する」名 2

─ 名 (**charg·es** /~ɪz/) 1 C.U 料金, 費用; 手数料 (☞ price 類義語); 借方記入, つけ, クレジット (略 chg.): a hotel ~ ホテルの料金 / an admission ~ 入場料 / a 10-dollar service ~ 10 ドルの手数料[サービス料] / NO ADMISSION CHARGE 入場無料 (掲示) / We got into the theater free of ~. 私たちは無料で劇場に入った / There is an extra [additional] ~ for that. それには追加料金がかかります.

会話 "Will that be cash or ~?" "C~, please." 「お支払いは現金ですか, クレジットですか」「クレジットでお願いします」(店員と客が会計のとき交わす表現; ☞ 他 2).

2 U 管理, 監督, 世話; (格式) 責任, 義務 (duty), 任務: the person in ~ (管理) 責任者 / I left my deputy in ~. 私は代理に管理を任せた / Who's in ~ here? ここの責任者は誰ですか.
3 C (法) 告発, 告訴; 非難, 申し立て; (告発すべき) 罪: a false ~ 言いがかり / a ~ of theft 窃盗罪 / a criminal ~ 刑事訴訟 / She denied [rejected] the ~ that she had taken bribes. <N+that 節>. 彼女はわいろを受け取ったという申し立てを否定した[に反論した] / They cooked up various ~s against him. 4 C (格式) 受け持って[面倒を見て]いる人[もの] (特に子供): When my father died, I became the ~ of my uncle. 父が死んだとき私は叔父に預けられた. 5 C 突撃, 攻撃 (attack); (サッカーなどの) チャージング; [単数形で] 推進力: The dogs made a ~ at the bear. 犬はくまに飛びかかった / A gallant officer led the ~ against the enemy. 勇敢な将校が敵に対する攻撃を指揮した. 6 C.U 電荷, 充電 (反 discharge); C (1回分の) 弾薬, 爆薬, 装薬): a positive [negative] ~ 正[負]電荷 / leave [put] the battery on ~ (英) 電池を充電する. 7 [a ~] (特に感情的な) 力, 興奮; (米略式) スリル. 8 C (格式) 命令, 勧告 (to do); (法) (裁判官が陪審員に対して行なう) 説示 (to).

bríng [(英)] **láy**] **'a cháɾge** [(主に米) **chárges**] **agàinst ...** 動 他 (法) …を告発する[起訴する], …の責任を問う (of).

dróp (the) chárges 動 自 (法) 告発を見送る (against).

fáce 'a cháɾge [(主に米) **chárges**] 動 自 (法) 告発される (立場になる) (of).

gèt a chárge òut of ... 動 他 S (米) …に興奮する, …を楽しむ.

gíve ... in chárge to ─ 動 他 (主に英) 〈人〉を(警察など)に引き渡す.

hàve chárge of ... 動 他 …を預かっている.

in chárge of ... 形 前 …を預かっている, …の責任を持っている; …を担当している: the teacher in ~ of that class そのクラスの担任 / The young man was placed in ~ of the shop. 若い男はその店を任された.

in [ùnder] ...'s chárge=in [ùnder] the chárge of ... …に預けられている, …に監督されて: The baby is in my ~. 赤ん坊は私が預かっている.

láy [léave] ... to ─'s chárge 動 他 〈…〉を一の責任とする, 〈…〉は一のせいであるとする.

màke a chárge 動 自 (1) (…を)請求する (for). (2) (…を)非難する (against). (3) (…を)攻撃する (on, at) (☞ 5).

on chárges of ...=on a [the] chárge of ... 前 …の罪で, …のかどで: He was arrested on ~s [a charge] of murder. 彼は殺人容疑で逮捕された.

ópen to chárges 形 非難[批判]される理由がある.

préss [prefér] chárges agàinst ... 動 他 (法) …を告発[起訴]する.

pút ... in chárge of ─ 動 他 …を〈…〉に預ける: I put my sister in ~ of my shop. 私は店を姉に任せた.

take chárge of ... 動 他 …を預かる, …を受け持つ: You'll take ~ of the department. あなたはこの部署を受け持ってください.

─ 動 (**charg·es** /~ɪz/; **charged** /~d/; **charg·ing**) 他 1 〈人〉に×〈料金・税金など〉を請求する: How much do you ~ for carrying [to carry] trunks to the station? <V+O+for+動名[to 不定詞]> トランクを駅まで運んでもらうといくらですか / The hotel ~d me 80 dollars for the room. <V+O+O+for+名・代> ホテルは部屋代として私に80ドル請求した / A heavy tax is ~d on imported cars. <V+O+on+名・代の受身> 輸入車には重い税金がかけられている / Parking fees are ~d at 1,000 yen per hour. <V+O+at+名の受身> 駐車料金は1時間につき1,000円です.
2 (米) 〈…〉をクレジットカードで払う; 〈物〉をつけで買う, 〈買い物〉を(…の)つけにする: I ~d the sweater on my

credit card. <V+O+on+名・代> このセーターはクレジットカードで払った / C~ this book *to* me [my account]. <V+O+to+名・代> この本は私の勘定へつけてください。

3 [普通は受身で]《法》(特に刑事犯罪について)〈人〉を告発[告訴]する; 〈格式〉〈人〉を(公然と)非難する, 〈...〉と申し立てる: He was ~*d* with theft. <V+O+with+名・代の受身> 彼は窃盗罪で告発された 〈言い換え〉 They ~*d* him *with* letting out the secret. <V+O+with+動名> = They ~*d that* he had let out the secret. <V+O (*that* 節)> 彼らは彼が秘密を漏らしたといって非難した。

4 〈...〉を(激しく)襲う, 〈...〉に突撃する (attack); サッカーなどで〈人〉に対してチャージングする: The dog suddenly ~*d* some children. その犬は突然子供たちに襲いかかった。 **5** 〈電池〉を充電する (*up*)（反 discharge）; 〈入れ物など〉に詰める (load), 〈銃〉に〈弾丸〉を装塡(ｿｳﾃﾝ)する (*with*); 《英式》〈グラス〉を満たす: This battery must be ~*d*. この電池は充電する必要がある。 **6** [しばしば受身で]《格式》(責任・仕事など)〈人〉に負わせる, 課する, 託す; 〈人〉に命ずる, 指令する: He was ~*d with* (performing) an important task. 彼は大切な仕事(の遂行)を任せられた / The judge ~*d* the man *to* be silent. 裁判官は その男に黙るように命じた。 **7** [普通は受身で] Ⓦ 〈感情など〉で一杯にする: The room was ~*d* with tension. その部屋には緊張がみなぎっていた。

— 自 **1** 料金を請求する; つけで買う: He doesn't ~ at all *for* it. <V+*for*+名・代> 彼はその代金を少しも請求しない。

2 突撃する, 襲いかかる, 《格式》突進する (*down, in, into, out, toward, up*): The lion suddenly ~*d at* me. <V+*at*+名・代> ライオンは突然私目がけて襲いかかってきた / The children ~*d out of* the room. <V+*out of*+名・代> 子供たちは部屋から飛び出した。

3 (電池)が充電される。 **chárge óff** 【動】 他《米》(1)〈負債など〉を欠損とみなす (*as*). (2)《略式》〈成功・失敗など〉を(...)のせいにする (*to*).

charge·a·ble /tʃɑ́ɚdʒəbl | tʃɑ́ːdʒ-/ 形 **1** 《格式》(人の勘定につけてよい, (費用など)に負担することになって, (税金が)課せられる: All expenses are ~ *to* the sponsor. 費用は全てスポンサーが負担することになっている。 **2** 責任を負うことの, (...で)告発される (*with*).

chárge accòunt 名 © 《米》掛け勘定, つけ《英》credit account).

chárge càrd 名 © クレジットカード.

chárge-còu·pled devìce /-kʌ́pld-/ 名 © 【電】電荷結合素子《画像をデジタル信号にかえる素子でビデオカメラなどに使われる; 略 CCD》.

⁺charged /tʃɑ́ɚdʒd | tʃɑ́ːdʒd/ 形 (議論など)感情のこもった, 緊張した; 強い興奮[激論]を呼ぶ起こす (*with*).

char·gé d'af·faires /ʃɑɚʒéɪdæféə | ʃɑːʒeɪdæféə/ 名 (複 **char·gés d'af·faires** /~z/) © 代理大使[公使]; 公使代弁.

chárge hánd 名 © 《英》職工主任.

chárge nùrse 名 © 《英》(病棟の)主任看護師.

⁺charg·er /tʃɑ́ɚdʒɚ | tʃɑ́ːdʒə/ 名 © **1** (バッテリーの)充電器。 **2** 突撃者, 装塡(ｿｳﾃﾝ)手。 **3** 《文》軍馬。 **a knight on a white chárger** [名] 白馬の騎士《困っている女性や苦境にある者を救うたくましい男性》; 正義の味方.

chárge shèet 名 © 《警察の》起訴犯罪者名簿.

char·grill /tʃɑ́ɚgrìl | tʃɑ́ː-/ 動 〈肉・魚〉を強火で焼く。 — 自 〈肉・魚〉が強火で焼かれる.

char·grilled /tʃɑ́ɚgrɪ̀ld | tʃɑ́ː-/ 形 強火で焼かれた.

Chár·ing Cróss /tʃɑ́ɚrɪŋ- | tʃɑ́ː-/ 名 圖 チャリングクロス《London 中心部の繁華な広場・通り》.

char·i·ot /tʃǽriət/ 名 © 古代の戦車(2輪馬車).

char·i·o·teer /tʃæ̀riətíɚ | -tíə/ 名 © 古代の戦車 (chariot) の御者.

⁺cha·ris·ma /kərízmə/ 名 (複 ~**s, cha·ris·ma·ta** /-mətə/) **1** Ⓤ カリスマ《民衆を引きつける強烈な指導力や人間的魅力》。 **2** Ⓤ 【宗】神から授かった特別な能力.

⁺cha·ris·mat·ic /kæ̀rɪzmǽtɪk⁻ | -ɪ̀z-/ 形 **1** カリスマ的な, 人を引きつける。 **2** (教団が)神から授かる超能力の存在を主張する[説く]; カリスマ派の. — 名 © カリスマ派の信者.

⁺char·i·ta·ble /tʃǽrətəbl | tʃǽrə-/ 13 形 《名 charity; 反 uncharitable) **1** 慈悲深い; (貧しい者に対して)施しを惜しまない; 寛大な (generous) (*to, toward*)。 **2** 慈善活動の, 慈善目的の. **-ta·bly** /-təbli/ 副 慈悲深く, 寛大に. **~·ness** 名 Ⓤ 慈悲深さ.

⁺char·i·ty /tʃǽrəti | tʃǽrə-/ 名 (**-i·ties** /~z/; 名 charitable) **1** © 慈善団体: a registered ~ 登録慈善団体。 **2** Ⓤ 慈善事業, チャリティー: give money to ~ 慈善のために金を出す。 **3** Ⓤ 寄付金, 義援金, 救援物資: give ~ *to* the poor 貧しい人たちに施しをする (⇨ 3)。 **4** [形容詞的に] 慈善の: give a ~ concert チャリティーコンサートを催す。 **5** Ⓤ 《格式》(他人への)思いやり; 寛容: show ~ 思いやりを示す。 **6** Ⓤ キリスト教的愛, 博愛: C~ begins at home. 《ことわざ》愛はまず自分の家から。 **líve on [óff] chárity** 【動】自 施し扶助によって生活する. **òut of chárity** 【副】気の毒に思って, 哀れんで.

chárity shòp 名 © 《英》慈善の目的で中古品などを売る店 (《米》thrift shop).

char·la·dy /tʃɑ́ɚlèɪdi | -di/ 名 © 《古風, 英》= charwoman.

char·la·tan /ʃɑ́ɚlətən | ʃɑ́ː-/ 名 © 《格式》いかさま師《専門的技術・知識があるふりをする》; にせ医者.

Char·le·magne /ʃɑ́ɚləmèɪn | ʃɑ́ː-/ 名 圖 シャルルマーニュ, カール大帝 《742-814》《フランク国王 (768-814); 神聖ローマ帝国皇帝 (800-14)》.

Charles /tʃɑ́ɚlz | tʃɑ́ːlz/ 名 圖 **1** チャールズ《男性の名; 愛称は Charley または Charlie》。 **2** ~ **I** /-ðəfə́ːst | -fə́ːst/（⇨ ordinal number 文法 (3)）チャールズ一世 (1600-49)《英国王 (1625-49); 断頭台で処刑された; ⇨ Cromwell; Carolina 語源》 **3** ~ **II** /-ðəsékənd/ チャールズ二世 (1630-85)《Charles 一世の子; 王政復古 (⇨ restoration 4) 後の英国王 (1660-85)》。 **4** ~ チャールズ (1948-)《英国の皇太子 (Prince of Wales) (1969-)》。 **5** ~ **the Great** = Charlemagne。 **6** Ray ~ チャールズ (1930-2004)《米国の黒人ソウルシンガー・ソングライター》.

Chárles de Gáulle (Áirport) /ʃɑ́ːldəgɔ̀ːl-, -góʊl | ʃɑ́ːl-/ 名 圖 シャルル・ド・ゴール空港 《Paris の北東にある国際空港》.

Chárles's láw /tʃɑ́ɚlzɪz- | tʃɑ́ː-/ 名 Ⓤ 【熱力学】シャルルの法則.

Chárles's Wáin /tʃɑ́ɚlzɪzwéɪn | tʃɑ́ːlz-/ 名 《英》北斗七星 (《米》the Big Dipper).

Charles·ton /tʃɑ́ɚlstən | tʃɑ́ː-/ 名 圖 **1** チャールストン《米国 West Virginia 州の州都; ⇨ 表地図 H4》。 **2** チャールストン《米国 South Carolina 州の港町》。 **3** [the ~] チャールストン《1920年代に流行したダンス》.

Char·ley /tʃɑ́ɚli | tʃɑ́ː-/ 名 圖 チャーリー《男性の名; Charles の愛称》.

chárley hòrse 名 © 《米式》筋肉の硬直.

char·lie /tʃɑ́ɚli | tʃɑ́ː-/ 名 **1** Ⓤ 《略式》コカイン。 **2** © 《古風, 英》ばか者.

Char·lie /tʃɑ́ɚli | tʃɑ́ː-/ 名 圖 = Charley.

Chárlie Brówn 名 圖 チャーリー・ブラウン《米国の漫画 *Peanuts* に登場する何をやってもだめな男の子, Snoopy の飼い主》.

Char·lotte /ʃɑ́ɚlət | ʃɑ́ː-/ 名 **1** 圖 シャーロット《

性の名; 愛称は Lottie, Lotty). **2** シャーロット (North Carolina 州の都市).

***charm** /tʃɑ́ːm | tʃɑ́ː/ 图 (~s /-z/) **1** U.C 魅力, 人の心を捕らえる力: the ~ of her smile 彼女の笑顔の魅力 / turn on the ~ 愛敬をふりまく / The actress did not lose her ~ as she grew old. その女優は年はとっても魅力を失わなかった. **2** C まじない, 呪文 (spell); 魔よけ, お守り. **3** C (腕輪・ネックレスなどにつける)飾り. 語源 ラテン語で「魔力を持った歌(の文句)」の意. **wórk like a chárm** [動] (自)(計画などがすぐに)うまくいく.

—— 動 (**charms** /-z/; **charmed** /-d/; **charm·ing**) 他 **1** (美しさで)人をうっとりさせる, (楽しさで)魅する (with); 楽しませる, 喜ばせる, 魅力で(人に)~させる (into): The children *were* ~*ed by* the teacher's smile. <V+Oの受身> 子供たちは先生の笑顔で楽しくなった. **2** (人)に魔法をかける; 魔法または[呪文]を唱えて<...>に~させる: The fairy ~*ed* the princess *asleep.* その妖精(⟨ﾖｳｾｲ⟩)は王女を魔法で眠らせた. **chárm ... from [óut of] ~** [動] 他 魅力[魔力]で<...>を一から誘い出す, 秘密・同意などを一から引き出す.

charmed /tʃɑ́ːmd | tʃɑ́ːmd/ 形《文》(美しさ, 楽しさで)魅せられた; 喜んだ, うれしい; 魔法のかかったような, 幸運な: a ~ circle Ⓦ (排他的な)特権グループ / lead [have, bear] a ~ life (主に英) 不死身である, 非常に運が強い.

charm·er /tʃɑ́ːmə | tʃɑ́ːmə/ 图 C **1** (略式)[時にけなして] 魅力のある人. **2** = snake charmer.

***charm·ing** /tʃɑ́ːmɪŋ | tʃɑ́ːm-/ 形 チャーミングな, 魅惑的な; とても魅力的な, (⟲ attractive 類義語); (皮肉)結構な: We found the little fishing village ~. その小さな漁村は魅力的だとわかった / "It won't be finished on time after all!" "C~!"「結局時間内には終わらないさ」「結構だね」. **-ly** 副 魅力的に.

chárm·less 形 Ⓦ 魅力のない.

chárm offènsive 图 [単数形で] [主に新聞で] ご機嫌取り作戦.

chárm schòol 图 C (古風, 主に米) (昔の若い)女性に礼儀作法などを教えた学校.

chár·nel hòuse /tʃɑ́ːn(ə)l- | tʃɑ́ː-/ 图 C (文) 納骨堂; 死体安置所.

Char·on /ké(ə)rən/ 图 (固) 【ギ神】カローン(三途(⟨ｻﾝｽﾞ⟩)の川 (Styx) の渡し守).

charred /tʃɑ́ːd | tʃɑ́ːd/ 形 黒焦げになった.

***chart** /tʃɑ́ːt | tʃɑ́ːt/ 图 (**charts** /tʃɑ́ːts | tʃɑ́ːts/) **1** C 図表, 図, グラフ: a weather ~ 天気図 / an eye ~ 視力検査表 / a bar ~ 棒グラフ / a pie ~ 円グラフ.
2 C 海図; 航空図 (⟲ map 表): They made a ~ of the bay. 彼らはその湾の海図を作った. **3** C [占星術] → horoscope 2. **4** [the ~s] (ポピュラー曲の人気 CD の)週間ベストセラー表, ヒットチャート: top the ~s ヒットチャートのトップになる. 語源 ラテン語で「紙片」の意; card¹ と同語源. ⟲ charter 囲み.
—— 動 他 **1** <...>を図表で示す, 図示する. **2** <海域・水路など>の地図を作る, (海)図に記入する. **3** <進行・発展など>を詳細に記録する, <...>の跡をたどる; (格式) <方針など>を立てる.

chárt·bùster 图 C ベストセラー(レコード).

***char·ter** /tʃɑ́ːtə | tʃɑ́ːtə/ 图 (~s /-z/)

元来は「小さな紙片」の意(⟲ chart 語源)で, 約束事などの確認をするためのもの
┌→ (権限を与えるための)→「特許状」**5**
├→ (当事者間の取り決め)→「憲章」**1**
└→ (飛行機などの一括使用契約)→「貸し切り(便)」**2, 4**

1 C 憲章, 宣言書《団体や組織の目的・綱領などを述べ

たもの): the C~ of the United Nations=the 「United Nations [UN] C~ 国連憲章 / ⟲ Great Charter.
2 C チャーター便, チャーター機[船]: a ~ leaving for New York ニューヨーク行きのチャーター機.
3 [形容詞的に] (航空機などが)チャーターの, 借り切りの.
4 U (航空機などの)チャーター, 貸借契約. **5** C 特許状; 免許状; (本部からの)支部設立許可. **6** [単数形で] (英略式) [けなして] 法律上の(公式な)特許, 特別免除 (*for*). **by chárter** [副] 憲章で; 特許状で.

—— 動 (**char·ters** /-z/; **char·tered** /-d/; **-ter·ing** /-tərɪŋ, -trɪŋ/) 他 **1** (飛行機・船・車など)をチャーターする, 借り切る: We ~*ed* a bus. 私たちはバスをチャーターした. **2** <...>に特許状を与える, 認可する.

***char·tered** /tʃɑ́ːtəd | tʃɑ́ːtəd/ 形 **1** チャーターした, 借り切った: a ~ plane チャーターした飛行機.
2 Ⓐ (英) 公認の.

chártered accóuntant 图 C (英) 公認会計士 (略 CA) ((米) certified public accountant).

chárter flìght 图 C (飛行機の)チャーター便.

chárter mémber 图 C (米) (団体の)設立当時のメンバー ((英) founder member).

chárter schòol 图 C チャータースクール《教師・親が地方自治体や国の特許状を得て設立し, 公的資金によって運営される》.

Char·treuse /ʃɑətrúːz | ʃɑːtrɔ́ːz/ 图 U **1** シャルトルーズ《黄色または緑色のリキュール; 商標). **2** [c-] 黄色がかった緑色.

chart-top·ping /tʃɑ́ːttɑ̀pɪŋ | tʃɑ́ːttɔ̀p-/ 形 Ⓐ ヒットチャートでトップの.

char·wom·an /tʃɑ́ːwùmən | tʃɑ́ː-/ 图 (-wom·en /-wìmən/) C (古風, 英) 掃除婦.

char·y /tʃé(ə)ri | tʃéəri/ (**char·i·er**, **-i·est**) 形《格式》(...せぬよう)用心している (*about, of*).

Cha·ryb·dis /kərɪ́bdɪs/ 图 固 【ギ伝】カリュブディス《Sicily 島の沖合いの渦巻きの擬人化で, 舟をのむと考えられた; ⟲ Scylla).

***chase¹** /tʃéɪs/ 图 ((堅) trace) 動 (**chas·es** /-ɪz/; **chased** /-t/; **chas·ing**) 他 **1** (捕えようとして)<...>を追いかける, <獲物など>を追う, 追跡する (*along, down, up*) (⟲ follow 類義語); <異性>を追い回す; <仕事・成功・金など>を追い求める: The dog ~*d* the cat. 犬は猫を追いかけた.
2 <...>を追い払う, 追い立てる: The old man ~*d* the cattle *from* his wheat field. <V+O+*from*+名・代> その老人は小麦畑から牛を追い払った.
—— 自 **1** 追いかける; <異性>を追い回す; (略式) <仕事など>追い求める: The children ~*d after* the parade. <V+*after*+名・代> 子供たちはパレードの後を追いかけた. **2** [副詞(句)を伴って] (略式) 急ぐ, 走り回る (*about, around, up, down*). 語源 ラテン語で catch と同語源. **cháse awáy** = **cháse óff** = **cháse óut** [動] 他 <...>を追い払う. **cháse dówn** [動] 他 **1** <人・物>を追う. **2** (主に米) <...>を見つけ出す, 突きとめる. **cháse úp** [動] (主に英) **1** = chase down 2. **2** <人>に思い出させる, 催促する.

—— 图 (**chas·es** /-ɪz/) **1** C 追跡, 追撃; 追求 (*for*): a car ~ カーチェイス / give up (格式) abandon] the ~ 追跡をやめる / After a long ~, we finally caught the thief. 長い追跡の後, 我々はやっとどろぼうを捕らえた. **2** [the ~] (格式, 古風) 狩猟; C (狩りの)獲物. **cút to the cháse** [動] 自 (略式) 本題に入る, 単刀直入に話す. **give cháse** [動] 自 (文) 追う, 追跡する. **in cháse of ...** [前] ...を追って. **léad ... (on) a mérry cháse** [動] 他 <...>を引きずり回す; <人>をひどく手こずらせる.

chase² /tʃéɪs/ 動 他 <金属>に浮き彫りを施す, <...>に模

chaser

様を打ち出す.

+chas・er /tʃéɪsə | -sə/ 名 強い酒の後に飲む弱い酒[水], チェーサー; 弱い酒の後に飲む強い酒.

chas・m /kǽzm/ 名 1 [単数形で] (格式)(感情・意見などの)隔たり (between). 2 ⓒ (地面・岩・氷河などの)深い割れ目, 亀裂.

+chas・sis /ʃǽsi, ʃǽsi | ʃǽsi/ 名 (複 ~z/ -z/) ⓒ シャシー(自動車などの車台, 飛行機の脚部); (ラジオ・テレビの)底台.

chaste /tʃéɪst/ 形 (chast・er; chast・est) 1 《古風》貞淑な; 純潔な. 2 つつましい. 3 簡素な. **~・ly** 副 貞淑に; つつましく; 簡素に.

chas・ten /tʃéɪs(ə)n/ 動 他 1 [普通は受身で](格式)(経験などが)〈人〉を懲らしめる, 鍛える. 2 〈感情など〉を抑える.

chas・tise /tʃæstáɪz/ 動 他 1 (格式)〈人〉を厳しく批判する. 2 《古風》〈…〉をせっかんする (punish).

chas・tise・ment /tʃæstáɪzmənt, tʃǽstɪz-/ 名 ⓊⒸ (格式)酷評; (古風)せっかん, 罰, 懲らしめ.

chas・ti・ty /tʃǽstəṭi/ 名 Ⓤ (古風)純潔, 貞節.

chástity bèlt 名 (昔の)貞操帯.

chas・u・ble /tʃǽʒʊbl, -zjʊ-/ 名 ⓒ (ミサの)司祭の式服(そでがない).

***chat** /tʃǽt/ 動 (chats /tʃǽts/; chat・ted /-tɪd/; chat・ting /-tɪŋ/; 形 chátty) ⾃ 1 雑談する, おしゃべりする, 世間話をする (with, to) (⇨類義語): The pupils were *chatting* (*away*) *about* their school trip. <V (+*away*)+*about*+名・代> 生徒たちは修学旅行のことをしゃべっていた. 2 〖電算〗チャットする(インターネット上で即時に会話のやりとりをする). [語源] chatter の短縮形. **chát úp** 動 他 (英略式)(下心があって)〈異性〉に話しかける, くどく.

— 名 (chats /tʃǽts/) ⓊⒸ 雑談, おしゃべり, 世間話: I had a long ~ *with* her *about* the sumo wrestler. 私は彼女とその相撲取りについて長々とおしゃべりをした.

【類義語】**chat** 静かにくつろいでおしゃべりする, という意味の語. **chatter** くだらない話を大声でぺちゃくちゃしゃべりまくる, という悪い意味の語.

+châ・teau, cha・teau /ʃætóʊ | ʃǽtou/ 《フランス語から》名 (複 ~s, châ・teaux /-(z)/) ⓒ (フランスの)城; (いなかの)大邸宅.

cha・teau・bri・and /ʃætoubriá:ŋ/ 名 Ⓤ シャトーブリアン(ヒレ肉のステーキ).

chat・e・laine /ʃǽtəlèɪn/ 名 ⓒ (格式)城[大邸宅]の女主人; 地主夫人.

chát line 名 (英)チャットライン(複数の通話者が同時に会話できる電話サービス).

chát ròom 名 ⓒ 〖電算〗チャットルーム.

chát shòw 名 ⓒ (英) =talk show.

chat・tel /tʃǽtl/ 名 ⓒ (古風)所有物. **góods and cháttels** 名 〖法〗(すべての)持ち物, 家財道具.

+chat・ter /tʃǽtə | -tə/ 動 (-ter・ing /-tərɪŋ, -trɪŋ/) ⾃ 1 ぺちゃくちゃしゃべる, くだらないことをうるさくしゃべる (*on*; *about*) (⇨chat [語源], 類義語): Several kids were ~*ing* (*away*) to each other in the bus. 数人の子供たちがバスの中でぺちゃくちゃしゃべっていた. 2 (鳥が)さえずる, (猿が)きゃっきゃっと鳴く (*away*) (⇨cry 表 magpie, monkey); (寒さや恐怖で歯が)がちがち鳴る (*together*); (機械が)かたかたと音を立てる. — 名 Ⓤ (くだらない)おしゃべり; (鳥の)さえずり声, (猿の)きゃっきゃっと鳴く声; かたかたという音 (*of*).

chátter・bòx 名 ⓒ (略式)おしゃべり(人).

chat・ter・er /tʃǽtərə | -rə/ 名 ⓒ おしゃべり(人).

chát・ter・ing clásses 名 [複] [the ~] (英)(軽蔑) 物知り階級(の人たち)(時事問題などに関心の強い中流階級の人たち).

chat・ty /tʃǽṭi/ 形 (chat・ti・er; -ti・est; 名 chat) 1

おしゃべりな, 話好きの. 2 (文章などが)会話体の.

chát-up lìne /tʃǽtʌp-/ 名 ⓒ (英)(異性をくどこうと)話しかけることば.

Chau・cer /tʃɔ́:sə | -sə/ 名 ⓤ Geoffrey ~ チョーサー(1340?-1400)《英国の詩人》.

Chau・ce・ri・an /tʃɔ:sí(ə)riən/ 形 Chaucer の[に関する].

+chauf・feur /ʃoufə́:, ʃóufə | ʃóufə, ʃoufə́:/ 名 ⓒ お抱え運転手, 自家用車の雇われ運転手(⇨driver). — 動 (-feur・ing /-f(ə)rɪŋ/) 他 〈人〉のお抱え運転手を勤める; 〈人〉を車に乗せて行く (*around, about*).

+chau・vin・is・m /ʃóʊvənìzm/ 名 Ⓤ 1 =male chauvinism. 2 盲目的愛国主義.

chau・vin・ist /ʃóʊvənɪst/ 名 ⓒ 1 =male chauvinist. 2 盲目的な愛国主義者. — 形 ショービニズム的な.

chau・vin・is・tic /ʃòuvənístɪk⁻/ 形 1 盲目的愛国主義の. 2 異性に対する優越感を持った; 男尊女卑の. **-is・ti・cal・ly** /-kəli/ 副 (愛国心で)盲目的に.

chav /tʃǽv/ 名 ⓒ (英俗) (軽蔑) チンピラ, チャブ(派手な装飾品を身につけ, 野球帽をかぶるなどした無教養な若者).

ChB /síːèːrbíː/ 名 外科学士 (Bachelor of Surgery) (ラテン語 *Chirurgiae Baccalaureus* の略).

***cheap** /tʃí:p/ (同音 cheep) 形 (cheap・er; cheap・est; 副 cheapen) 1 (品物などが)安い; [普通は Ⓐ](店が)安く売る, (車などが)維持費の安い; Ⓟ (命が)大事にされない (反 costly, dear, expensive) (⇨類義語); 割引き(料金)の: a ~ book 安い本 / ~ labor 賃金の安い労働(力) / Do you have something a little ~*er*? もう少し安いのはありませんか (店頭で) / Life has become ~. 人の命が粗末にされるようになった. 2 安っぽい, 安物の; たやすく手に入る: a ~ imitation 粗悪な類似品 / a ~ thrill 楽に得られるスリル. 3 (人・言動が)卑しい, 下品な (vulgar); 誠意のない; 〈くだらない〉・・・ flattery 心にもないお世辞 / a ~ remark 不当な(悪意のある)発言 / ~ jokes 下品な冗談. 4 (主に米)けちな, しみったれた (stingy). [語源] 古(期)英語で「得な買い物」の意. これから「安い」につながった. **be cheap at [(米) for] the price** 動 ⾃ (内容から見て)値段は高くない, 価値がある. **cheap and cheerful** 形 (英)安いがよい[妥当な]. **cheap and nasty** 形 (英)安かろう悪かろうの. **feel cheap** 動 ⾃ (略式)恥ずかしくなる. **hold ... cheap** 動 他 (格式)〈・・・〉を見くびる. **make oneself cheap** 動 他 自分を安っぽくする, 軽々しく行動する. **on the cheap** 副 (略式)金をかけずに, 安く: have a holiday *on the* ~ 休日を安上がりに過ごす.

— 副 (cheap・er, cheap・est) 安く: I bought [sold] it ~. 私はそれを安く買った[売った]. **góing cheap** 形 (略式)安い値で売られて(いる). **nót còme chéap** 動 ⾃ (略式)金がかかる, 高い.

【類義語】**cheap** 通常の値段よりも安いこと, あるいは供給が豊富で安いこと. しばしば値段とともに質や内容も安っぽいことも意味する: *Cheap* shirts shrink in the wash. シャツは洗うと縮む. **inexpensive** 格式ばった語で内容の割には値段が安いことを表わし, 安っぽいという感じはしない: Paperback books are *inexpensive*. ペーパーバックの本は安い. **reasonable**, **moderate** は値段が高すぎず手ごろだという意味から, 比較的安いことを表わすことがある. なお, *cheap*, *inexpensive* は主に品物を修飾し, *reasonable*, *moderate* は値段 (price) を修飾する.

cheap・en /tʃíːp(ə)n/ 動 (形 cheap) 他 1 〈・・・〉を安っぽくする, おとしめる. 2 〈・・・〉を安くする, 〈・・・〉の値段を下げる.

cheap・ie /tʃíːpi/ 名 ⓒ (略式)安物(の).

cheap-jack /tʃíːpdʒæk/ 形 Ⓐ 安っぽい, 粗悪な; 卑劣な, 不当な.

chéap・ly 副 安く, 安価に; 安っぽく.
chéap・ness 名 U 安価; 安っぽさ.
chéap・o /tʃíːpou/ 形 (略式) 安物の, 安物の.
chéap shót 名 C 卑劣なことば[行為].
chéap・skate 名 C (略式) けち, 守銭奴 (miser).
chéap・y /tʃíːpi/ 名 C =cheapie.

*cheat /tʃíːt/ (類音 treat) (cheats /-tʃíːts/; cheat-ed /-tɪd/; cheat・ing /-tɪŋ/) 他 1 〈人〉をだます; だまし取り上げる (☞ 類義語): I'd rather be ~ed than ~ someone else. 私は他の人をだますより人にだまされるほうがましだ / He ~ed me (*out*) *of* my money. <V+O+(*out*) *of*+名・代> 彼は私をだまして金を巻き上げた. <文> 〈死など〉をうまく逃れる.
— 自 1 ごまかす, 不正行為[カンニング]をする (☞ cunning 日英比較): ~ *on* one's taxes <V+前+名・代> 税金をごまかす / He ~ed *on* [[《英》*in*] the examination. 彼は試験でカンニングをした / Gamblers often ~ *at* cards. 賭博師はよくトランプでいんちきをする / That's ~ing. それは不正行為[カンニング]だ. 2 (...に隠れて) 浮気をする (*on*). **féel chéated** 動 自 裏切られた気がする. — 名 C 1 不正[反則]をする人. 2 不正行為, ぺてん, カンニング; (物事を容易にするための)ごまかし, チート「コンピューターゲームを有利に進めるための指示]: a ~ sheet カンニングペーパー (☞ cunning 日英比較).

【類義語】 **cheat** 自分の利益のために人をだます: They *cheated* me out of 50 dollars. 彼らは私をだまして 50 ドルを巻き上げた. **deceive** 真実を隠したり歪(ゆが)めたりしてだます: I trust her because I know she would never *deceive* me. 私は彼女が決して欺かないことを知っているので信頼している. **trick** 策略を用いて人をだます: He *tricked* me into consenting. 彼は私をうまくはめて承知させた.

cheat・er /tʃíːtə | -tə/ 名 C =cheat 名 1.
Chech・ny・a /tʃétʃniə/ 名 固 チェチェン ((ロシア南西部の自治共和国)).

***check**¹ /tʃék/ (同音 Czech; 類音 chick) B1

ペルシャ語で「王」が元の意味. 「(チェスの)王手」名 7
→ (王手を)「阻止(する)」動 5; 名 3 → 「抑える」動 4
→ (規制) → (規制して正確を期することから)
→ 照合(する) 動 1, 2; 名 1, 他
→ (照合符) ┬ 「小切手」(check²)
              ├ 「勘定書」名 3
              └ 「合い札」名 4

— 動 (checks /~s/; checked /-t/; check・ing) 他 1 〈...〉を照合する, チェックする, 確かめる; (...の中身を)点検する, 調べる, 検査する (examine): ~ the tires タイヤを点検する / You should ~ your results *with* [*against*] mine. <V+O+*with* [*against*]+名・代> あなたの結果を私のと照らし合わせなさい / C~ your dictionary *for* the meaning of that word. <V+O+*for*+名・代> その単語の意味を辞書で調べなさい / Please ~ *that* everyone is present. <V+O (*that* 節)> 全員がいるかどうか確認してください / Would you ~ *whether* all the windows are closed? <V+O (*if*/*whether* 節)> 窓が全部閉まっているかどうか確認していただけますか. 関連 double-check 再点検する / cross-check いろいろな角度から再確認する.
2 (米) 〈...〉に照合の印 (✓) をつける, チェックする (《英》 tick): Please ~ the supplies you need on this list. このリストで必要とする品に ✓ をつけてください.
3 〈...〉を阻止する, 食い止める (stop): ~ the enemy's advance 敵の侵攻を阻止する / ~ the revision of the constitution 憲法の改定を阻止する / The spread of the disease *was* ~ed. <V+O の受身> 病気の伝染を食い止められた. 4 〈感情・自分自身〉を抑える: ~ one's anger 怒りを抑える. 5 (米) (預かり証と引き換えに)〈手荷物など〉を一時保にする[預かる]; (飛行機などに乗る前に)〈手荷物〉を預ける; 〈手荷物〉を預かって (客の目的地まで)運ぶ: C~ your coat *at* that counter. あのカウンターにコートを預けておきなさい / I'll ~ this bag *through to* Paris. このかばんをパリまでの手荷物として預けます. 6 〈チェス〉〈...〉に王手をかける / 〈ホッケー〉〈相手選手〉を阻止する.
— 自 1 調べる, 点検する, チェックする, 確認する (*up*): Please ~ *on* the fire. (暖炉の)火を見てください.

金言 "Mr. Smith, would you please ~ *for* grammatical mistakes in my English composition?" "With pleasure." 「スミス先生, 私の英作文に文法の誤りがないか見ていただけますか」「いいですよ」

2 (主に米) (正確に)一致する: My accounts ~ *with* his. 私の計算は彼のと一致する. 3 突然止まる. 4 〈チェス〉王手をかける.

―― リスニング ――
check の後に母音で始まる語が続くと, その母音と check の /k/ とが結合して「カ」行のように聞こえる. check in /tʃékɪn/ は「チェッキィン」, check out /tʃékáʊt/ は「チェッカウト」のように聞こえる.「チェック・イン」,「チェック・アウト」とは発音しない (☞ ④ 69).

Just chécking. ⑤ (聞いたのは)ただ確認したかっただけだ(気を悪くしないでほしい).

――――― check の句動詞 ―――――
***chéck ín** 動 自 1 (ホテルで)チェックインする, 宿泊の記載をする (*at*); (空港などで)搭乗手続きをする (*for*); (出勤・出席・到着などを)登録する: What time can I ~ in? 何時にチェックインできますか. 関連 check out チェックアウトする. 2 (人に)連絡する, 知らせる (*with*). — 他 1 (ホテルなどで)〈人〉の代わりに[ために]チェックインする: She ~ed us in at the Empire Hotel. 彼女はエンパイアホテルで我々の部屋をチェックインしてくれた. 2 〈品物〉を預ける[預かる]; (搭乗手続きなどで)〈手荷物〉を預け(て目的地まで送る).

chéck ínto ... 動 他 1 ...にチェックインする. 2 (問題など)を調べる.

***chéck óff** 動 他 〈...〉に照合済みの印 (✓) をつける, チェックする (《英》 tick off): I ~ *off* each task on my list as soon as I complete it. 私は仕事をひとつ終えるごとにリストの上でチェックをする.

chéck on ... 動 他 (問題がないかどうか)...の様子を見る; ...を調べる, 確かめる.

***chéck óut** 動 ⓒ checkòut 自 1 (ホテルで)チェックアウトする; (主に米) (スーパーマーケットなどで)勘定を済ませて出る: I'd like to ~ out tomorrow morning. あすの朝チェックアウトをしたい[ホテルを出たい]のですが. 関連 check in チェックインする. 2 (情報が調査の結果)正確であると確認される. — 他 1 (主に米) 〈本など〉を借り出す. 2 〈...〉を点検する, 調査する, (略式) 調べて(問題がないことなど)を確認する. 3 ⑤ (略式) 〈...〉を(興味を持って)見る.

chéck óut of ... 動 他 料金を払って...から出る.

***chéck óver** 動 他 〈...〉を調べる, 点検する; 健康診断をする <V+名・代+*over* / V+*over*+名>: C~ these papers *over*. これらの書類に目を通してくれ.

chéck thróugh ... 動 他 =check over.

***chéck úp on ...** 動 他 (特に経歴・真偽などの点で)...を(内密に)詳しく調べる, 調査する; (人の)様子をうかがう; (健康状態)...を検査する: The police are ~ing up on her. 警察は彼女を(内密に)調査している.

chéck with ... 動 他 (確認のために)...に尋ねる, 問い合わせる; ...に許可を求める (*about*).

— 名 (~s /~s/) 1 C 照合; 点検, 検査; 調査, チェッ

ク; 点検の基準[手段]: a ~ **on** the results 結果の照合 / a dental ~ 歯の検査 / a ~ **for** health 健康診断 / security ~s 保安の点検 / a double ~ 再点検, 再検査 / She gave her answer paper a thorough ~ before handing it in. 彼女は答案を出す前に念入りにチェックした / The police were「carrying out [running, doing] a ~**on** the cars [for a stolen car]. 警察は車[盗難車]の検問を実施していた.

2 C 《米》照合の印, チェック印(✓の記号; 解答の正解である事を示すのにも用いられる; わが国の○に相当) (《英》tick): Mark the correct answer with a ~. 正しい答に✓印をつけなさい / She put a ~ against [next to] the name of each person who was present at the meeting. 彼女は会の出席者名にチェック印を付けた. 関連 cross ×や+の印.

3 C 《米・スコ》(商店・食堂などでの)勘定書, 伝票(《英》bill): ask for the ~ 勘定をしてもらう.

会話 "Can I have the ~, please?" "Yes, sir."「お勘定をお願いします」「はい, かしこまりました」

4 C 《米》(手荷物などの)**合い札, 預かり証, 引換券[札], 半券;** (手荷物)預かり所, クローク: Don't lose the ~ **for** your baggage ~. 手荷物の預かり札をなくさないように.

5 [単数形で](突然の)**妨害, 阻止, 停止** (stop); **抑制; 阻止する物[人]:** Miss White's presence acted as a ~ **on** their mischief. ホワイト先生がいたので彼らのいたずらが阻止できた. **6** C [しばしば複数形で] **格子じま, チェック[市松]模様,** U チェックの織物; [形容詞的に] 格子じまの, チェック[市松模様]の. **7** C 〘チェス〙**王手. 8** C 〘ホッケー〙(ボディー)チェック(体当たり).

chécks and bálances 名 [複] **制衡と均衡**《政府各部門の力に制限を加え権力の集中を防ぐ;米国政治の基本原則》.

hóld [kéep] ... in chéck [動] ⑲ 〈...〉**を食い止める, 抑制する.**

kéep a chéck on ... [動] ⑲ (1) ...**を監視する,** ...**を管理する.** (2) ...**を抑制する.**

máke a chéck of [on] ... [動] ⑲ ...**を照合[点検]する, チェックする.**

pùt a chéck on [to] ... [動] ⑲ 〈計画など〉**を阻止する.**

— 感 **1** 《米略式》**分かった!, 賛成!, オーケー.**

会話 "Tickets?" "C~!" "Passport?" "C~!" "Traveler's checks?" "C~!"「切符は?」「ある」「パスポートは?」「ある」「トラベラーズチェックは?」「ある」

2 〘チェス〙**王手.**

*check², 《英》cheque /tʃék/ (同音 Czech; 類音 chick) 名 (~**s**/-s/) **1** C **小切手**(略 ck): cut a ~ 《米》小切手を書く[切る] / a traveler's ~ 旅行者用小切手 / He drew a ~ **for** ¥100,000 **on** the bank. 彼は銀行から10万円の小切手を振り出した / She wrote (out) a ~ **for** 10 dollars. 彼女は10ドルの小切手を書いた. 関連 cash 現金 / (credit) card クレジットカード. **by chéck** [副] **小切手で:** pay **by** ~ 小切手で支払う.

chéck·bòok, 《英》**chéque·bòok** 名 C **小切手帳:** ~ journalism 《軽蔑》**大金を払って独占インタビューや有名人の暴露記事を掲載すること.**

chéck càrd 名 C 《米》**チェックカード**《当座預金口座から直接支払えるキャッシュカード》.

*checked /tʃékt/ 形 **格子じまの, 市松模様の:** a blue and white ~ shirt 青と白の格子じまのシャツ.

check·er¹, 《英》**che·quer** /tʃékə | -kə/ 名 C **格子じま, 市松模様;** checkers のこま (《英》draught).

check·er² /tʃékə | -kə/ 名 C **点検者, 検査器;** 《米》(スーパーなどの)レジ係 (cashier).

chécker·bòard /tʃékəbɔ̀əd | -kəbɔ̀ːd/ 名 C 《米》**チェッカー盤**《チェッカーやチェスに用いる白黒交互64の目のある盤》(☞ chess board 挿絵) (《英》draughtboard).

check·ered, 《英》**che·quered** /tʃékəd | -kəd/ 形 **1 チェック[市松]模様の, 格子じまの. 2** A **変化に[浮沈に]富んだ:** a ~ life 波乱万丈の人生.

chéckered flág 名 C **チェッカーフラッグ**《自動車レース開始時と完走時に振られる白黒格子じまの旗》.

check·ers /tʃékəz | -kəz/ 名 U 《米》**チェッカー**《チェッカー盤の上で(2人がそれぞれ)12のこまを取り合う遊び》(《英》draughts). 語法 チェッカーのこま1つ1つは C a checker [《英》a draught] という.

+**check-in** /tʃékìn/ 名 (~ check-ins) C,U **チェックイン**《ホテルなどの宿泊や空港などの搭乗手続き; 出動・到着などを記録すること》; C (ホテル・空港などの)チェックインをする場所: a ~ counter [《英》desk] (空港の)搭乗受付カウンター. 関連 checkout チェックアウト.

会話 "When is (the) ~ time?" "(Any time after) 2 p.m."「チェックインの時間は何時ですか」「2時(から)です」

chéck·ing accòunt /tʃékɪŋ-/ 名 C 《米》**当座預金**《小切手で引き出す》(☞ savings account) (《英》current account): open a ~ 当座預金の口座を開く.

chéck·kit·ing /-kàɪtɪŋ/ 名 U **小切手詐欺.**

+**chéck·lìst** 名 C **照合簿; 目録** (of).

chéck màrk 名 C **照合のしるし** (✓など).

chéck·màte 名 C,U **1** 〘チェス〙**詰み; 王手詰め:** C~! 詰め! **2** 行き詰まり; **完敗.** — 動 ⑲ **1** 〘チェス〙〈...〉**を詰める; 王手詰めにする. 2** 〈...〉**を失敗させる.**

chéck·òff 名 U,C **労働組合費の給料天引き.**

+**chéck·òut** 名 (~ chéck·òuts) **1** C =checkout counter. **2** C **チェックアウト**《ホテルなどで勘定を済ませて出ること; (札を渡して)預けた物を受け取ること》; (ホテルの)チェックアウトをする場所[カウンター]; 図書館の本の貸出し手続き: wait in the ~ line at a supermarket スーパーのレジで順番を待つ. 関連 check-in チェックイン. **3** U,C **チェックアウトの時刻.**

chéckout coùnter 名 C **勘定台, レジ** (☞ register 2) (日英比較 supermarket 挿絵); (図書館などの)貸出しカウンター.

+**chéck·pòint** 名 C **検問所.**

chéck·ròom 名 C 《米》(携帯品)**一時預かり所, クローク**(ホテル・劇場などの) (cloakroom); (駅・空港などの)手荷物一時預かり所 (《英》left luggage office).

chéck stùb 名 C **1 給料小切手の控え[明細]. 2 小切手帳の台紙.**

+**chéck·ùp 12** 名 C **健康診断; 検査:** a regular ~ 定期点検 / get [have] a ~ 健康診断[点検]を受ける.

chéck vàlve 名 C 〘機〙**逆止め弁, 逆止**("")弁.

ched·dar, Ched·dar /tʃédə | -də/ 名 U **チェダーチーズ**《元来は英国産; 英国の原産地名から》.

*cheek /tʃíːk/ (名) (~**s**/-s/) **1** C **ほお** (☞ head 挿絵): puff (out) one's ~s **ほおをふくらませる** / rosy ~s **ばら色のほお** / She kissed him **on** the ~. 彼女は彼のほおにキスした (語法 ☞ the¹ 2 語法). **2** C (略式)[しばしば the ~] **尻の片面. 3** U または単数形で 《英》**生意気, 厚かましさ; 生意気な言動** (形 cheeky): None of your ~! 生意気ぬかすな / What (《英》a) ~! **S** ずうずうしいにもほどがある. **chéek by jówl** [副・形] (...に)**ぴったりくっついて;** (...と)**きわめて親しくして** (with). 由来 ほおとあごはすぐ隣りどうしであることから. **chéek to chéek** [副] **ほおをほおにくっつけて. hàve the chéek to dó** 《英》**生意気にも...する. túrn the óther chéek** [動] ⑲ (仕返しせずに)相手の攻撃[侮辱]を耐え忍ぶ. 由来 右

ほおを打たれたら反対側のほおも向けよという聖書のことばから. ── 他 《英略式》〈人〉に生意気を言う.

chéek・bòne /-bòun/ 名 C 〖普通は複数形〗ほお骨.

-cheeked /-tʃíːkt/ 形 〖合成語で〗…ほおをした: rosy-*cheeked* ばら色のほおをした.

cheek・i・ly /tʃíːkɪli/ 副 〖時に 文修飾語〗《英》生意気に(も).

cheek・i・ness /tʃíːkinəs/ 名 U 《英》生意気.

*†**cheek・y** /tʃíːki/ 形 (**cheek・i・er**; **-i・est**) 名 cheek 3)《(憎らしいが)生意気な, ずうずうしい, あつかましい.

cheep /tʃíːp/ 自動 〈(ひな鳥が)びよびよと鳴く (⇒ cry 表 chicken). ── 名 〖単数形で〗ぴよぴよと鳴く声.

*****cheer** /tʃíə | tʃíə/ 名 (願形 chair) 名 (**cheers** /-z/; **cheered** /-d/; **cheer・ing** /tʃíərɪŋ/) 形 chéerful, chéery) 他 **1** 〈…〉にかっさいする, 〈人〉を声援[歓迎]する: The spectators ~*ed* the weaker team. 観衆は弱いほうのチームを声援した / The winner of the contest *was ~ed* as he came back to his hometown. 〈V+O の受身〉コンテストの優勝者は故郷に帰ると盛大な歓迎を受けた. 関連 applaud 拍手する.

2 〖普通は受身で〗〈人〉を元気づける, 勇気づける, 励ます (encourage): We *were* greatly ~*ed* by the news. 〈V+O の受身〉 その知らせで私たちは大いに元気づいた.

── 自 歓声を上げる, かっさいする (*for*): The crowd ~*ed* as the new president appeared on the stage. 新大統領がステージの上に現われるとみなわっと歓声を上げた.

chéer ón [動] 他 〈人・チーム〉を声援する.

chéer úp [動] 〖普通は命令文で〗元気を出す: *C~ up!* 元気を出せ. ── 他 **1** 〈人〉を励ます, 元気づける. **2** 〈部屋など〉を明るくする.

── 名 (~**s** /-z/) **1** U かっさい, 歓呼, 声援; 《米》応援歌: ~*s goes up* 歓声があがる / *give a* ~ 声援を送る / She *got* ~*s* from the audience. 彼女は聴衆のかっさいを受けた. 関連 applause 拍手. **2** U 励まし, 激励: *words of* ~ 励ましのことば. **3** U 元気, 喜び. 語源 古(期)フランス語で「(元気のよい)顔」の意. **Chéers!** 感 《略式》(1) 乾杯! (⇒ toast² 名 1 参照). (2) 《英略式》ありがとう (Thank you.). (3) 《英略式》さよなら (good-bye). **gìve thrée chéers** (*for* ...) [動] 自〈人のために〉万歳を三唱する (Hip, hip, hurray! を3回繰り返すことをいう; ⇒ hurray 語法). **twó chéers** (*for* ...) [名] 〈英〉(…への)条件つき賛成.

*†**cheer・ful** /tʃíəf(ə)l | tʃíə-/ 形 (名 cheer; 反 cheerless) **1** 元気のいい, 陽気な 〖普通は A〗機嫌よい態度の (⇒ merry 類義語): *a* ~ *old man* 元気な老人 / *a* ~ *voice* 元気のいい声 / She is not her usual ~ self. 彼女はいつもの元気のいい彼女じゃない.

2 (表情などが)気持ちのよい, (物・場所などが)気持ちを明るくする, 楽しい (happy): *A* ~ *face is nearly as good for an invalid as healthy weather.* 明るい笑顔は健康によい天気と同じように病人にとってよいものだ (Benjamin Franklin のことば). **3** A 喜んで…する, 気持ちよく…する, 心からの: *a* ~ *giver* 何でも気前よくあげる人. **-ful・ly** /-fəli/ 副 機嫌よく, 楽しげに; いそいそと (gladly). **~・ness** 名 U 上機嫌, 快活.

cheer・i・ly /tʃíərəli/ 副 陽気に, 明るく.

cheer・i・ness /tʃíərinəs/ 名 U 陽気さ.

cheer・ing /tʃíərɪŋ/ 形 元気づける, 励ましになる: ~ *news* 喜ばしい知らせ.

── 名 U かっさい, 歓声.

cheer・i・o /tʃìərióʊ/ 感 《英略式》さようなら (good-bye); 〖古語〗乾杯!

*†**chéer・lèad・er** /tʃíəlìːdə | tʃíəlìːdə/ 名 C **1** (主に米)チアリーダー(フットボールの試合などで観衆の応援をリードする応援団員). 日英比較「チアガール」は和製英語. **2** 組織・思想などの熱心な支持者 (*for*).

---

chemical 285

cheer・lead・ing /tʃíəlìːdɪŋ/ 名 U **1** チアリーダーによる応援. **2** (組織などの)熱狂的支持.

cheer・less /tʃíəles | tʃíə-/ 形 (反 cheerful) W (主に)(天候・場所・時などが)陰気な, 気の滅入る, わびしい. **~・ly** 副 陰気に. **~・ness** 名 U 陰気.

*†**cheer・y** /tʃíəri/ 形 (**cheer・i・er**; **-i・est**) 名 cheer) 陽気な; 元気な, 力づける (⇒ merry 類義語).

*****cheese** /tʃíːz/ 〖発音注意〗名 (~s /-ɪz/) **1** U チーズ: *a piece [slice] of* ~ チーズ 1 切れ / There were four pieces of ~ on the table. テーブルの上にはチーズが4個あった. C: 種類や一定の形に固めた個数をいうときには C: *several Dutch* ~*s* 数種[数個]のオランダ製チーズ. 参考 ねずみの好物とされる // "Which [What] would you like to have with your bread, butter or ~?" "C~," thanks [please]." 「パンにはバターとチーズのどちらがよろしいですか」「チーズをお願いします」

2 こってりしたジャム, ペースト: *lemon* ~ レモン味のペースト. **3** 《俗》大者: ⇒ big cheese. **cút the chéese** [動] 自 おならをする (fart). **Sáy chéese!** はいチーズと言って, はい笑って（写真をとる人が言う）. 由来 cheese /tʃíːz/ の母音を発音するときの口もとが写真向きの笑顔に見えるので (⇒ つづり字と発音解説 10 挿絵). ── 他〖次の成句で〗他 〖普通は受身で〗《英略式》〈人〉をうんざり[がっかり]させる, もてさせる (*about*): He's already ~*d off with* his new job. 彼は新しい仕事にもうかい気がしている.

chéese・bòard 名 C チーズボード 《チーズを上で切って出す板》; [the ~] (板にのせた)さまざまなチーズ.

chéese・bùrg・er /tʃíːzbə̀ːgə | -bə̀ːgə/ 名 C チーズバーガー (ハンバーガーにチーズを挟んだもの).

chéese・càke 名 **1** C, U チーズケーキ (チーズ・砂糖・牛乳・卵などで作る). **2** U 《古風, 米略式》女性のヌード写真 (⇒ beefcake).

chéese・clòth 名 U 目の粗い薄地の綿布. 由来 昔チーズを包むのに用いたことから.

chéese・clòth 名 C チーズカッター 《特に針金を板に取り付けたもの; 針金を下げてチーズを切る》.

chéese・pàr・ing /tʃíːzpè(ə)rɪŋ/ 《英》名 U (金に)けちなこと, しみったれ. ── 形 A けちな, しみったれた.

chees・y /tʃíːzi/ 形 (**chees・i・er**; **-i・est**) 《略式》**1** 安っぽい, しけた. **2** (味やにおいが)チーズのような. **3** にせの, うそっぽい: *a* ~ *smile* つくり笑い.

chee・tah /tʃíːtə/ 名 C チータ (非常に足が速い).

chef /ʃéf/ 《フランス語から》名 (~s) C コック長, 料理長, シェフ; 料理人: Give my compliments to the ~. 料理長においしかったとお伝えください (料理が気に入ったときにウエイターに言うことば).

cheetah

chef-d'oeu・vre /ʃèɪdə́ːvr(ə) / 《フランス語から》名 (複 **chefs-d'oeu・vre** /ʃèɪdə́ːvr(ə)/) C 《格式》傑作 (masterpiece).

Che・khov /tʃékɔːf, -kəf | -kɔf/ 名 **An・ton** /ǽntən | -tən/ **Pav・lo・vich** /pǽvlóʊvɪtʃ/ ~ チェホフ (1860-1904)《ロシアの劇作家・小説家》.

Chel・sea /tʃélsi/ 名 チェルシー (London 南西部の住宅地域).

chem /kém/ 名 U 《米略式》(学科としての)化学.

chem. 略 =chemical, chemistry.

*****chem・i・cal** /kémɪk(ə)l/ 〖アク〗 (~s /-z/) C 〖普通は複数形で〗化学製品, 化学薬品[物質]: agricultural

～s 農薬 / C～s from the factory killed a lot of fish. その工場から出た化学薬品でたくさんの魚が死んだ.
― [形] ([名] chémistry) [A] [比較なし] **化学の, 化学的な**; 化学薬品の《[略] chem.》: ～ compounds 化合物 / the ～ industry 化学工業 / ～ weapons 化学兵器.

chémical abúse /-əbjúːs/ [名] [U] 薬物乱用.

chémical engineér [名] [C] 化学工学技師.

chémical enginéering [名] [U] 化学工学.

chem·i·cal·ly /kémɪkəli/ [副] 化学的に.

chémical reáction [名] [C,U] 化学反応.

chémical wárfare [名] [U] 化学戦《[略] CW; ☞ biological warfare》.

che·mise /ʃəmíːz/ [名] [C] シュミーズ《肩ひも付きワンピースの女性用下着またはウエストのゆったりした簡単なドレス》.

***chem·ist** /kémɪst/ [名] (**chem·ists** /-ɪsts/) [C] **1 化学者.**
2 《英》 **薬剤師, 薬屋**《人》; ドラッグストア店主 (《米》 druggist); [しばしば chemist's] 薬局, 薬屋《店》(《米》 pharmacy): I bought it at a ～ [～'s]. 私はそれを薬屋で買った《☞ absolute possessive [文法] (1)》.
[語源] alchemist (錬金術師)の al- が落ちたもの.

***chem·is·try** /kémɪstri/ [名] ([形] chémical) [U] **1 化学**《[略] chem.》: applied ～ 応用化学 / organic [inorganic] ～ 有機[無機]化学. **2 化学的性質, 化学構造[作用]** (*of*). **3** (恋愛などの)不思議な作用; 相性: have good ～ 相性がいい / The ～ *between* them was really good. 二人の相性はとてもよかった.

chémistry sèt [名] [C] (子供用の)化学実験セット.

che·mo /kíːmoʊ/ [名] [U] 《米略式》 ＝chemotherapy.

che·mo·ther·a·peu·tic /kìːmoʊθèrəpjúːṭɪk, kèm-ˊ/ [形] 化学療法の. **-ti·cal·ly** /-kəli/ [副] 化学療法的に.

⁺**che·mo·ther·a·py** /kìːmoʊθérəpi, kèm-/ [名] [U] 化学療法.

chem·ur·gy /kéməːdʒi | -məː-/ [名] [U] 農産化学.

che·nille /ʃəníːl/ [名] [U] シュニール糸《ビロード状にけば立てた飾り糸》; シュニール織物.

***cheque** /tʃék/ [名] 《英》 ＝check².

chéque·bòok [名] 《英》 ＝checkbook.

chéque càrd, chéque guarantée càrd [名] [C] 《英》 (銀行発行の)小切手保証カード《小切手を切る際などに提示を求められる》.

che·quer /tʃékə | -kə/ [名] [動] 《英》 ＝checker¹.

che·quered /tʃékəd | -kəd/ [形] 《英》 ＝checkered.

Che·quers /tʃékəz | -kəz/ [名] [固] チェカーズ《London の北西にある英首相の地方官邸》.

⁺**cher·ish** /tʃérɪʃ/ [動] [他] [W] **1** 〈思い出など〉を胸に秘める, 〈希望・夢など〉を抱く: She ～*ed* the memory all her life. 彼女は生涯その思い出を胸に秘めていた. **2** [進行形なし] (愛情をこめて)〈…〉を大切にする, かわいがる: A mother ～*es* her baby. 母親は赤ん坊を大切にする.

cher·ished /tʃérɪʃt/ [形] 大切にしている, 愛用の.

Cher·no·byl /tʃənóʊbl | tʃə(ː)-/ [名] [固] チェルノブイリ《ウクライナ共和国キエフ市北方の都市; 1986 年に原子力発電所の大事故があった》.

Cher·o·kee /tʃérəkìː/ [名] [複] [the ～] チェロキー族《主に米国 Oklahoma 州に住む北米先住民の一族》.

che·root /ʃərúːt/ [名] [C] 両切り葉巻きたばこ.

***cher·ry** /tʃéri/ [名] (**cher·ries** /～z/) **1** [C] **さくらんぼ.**

> [日英比較] 欧米では桜 (cherry) は花を見るよりむしろ実(さくらんぼ)を食べるものなので, そのイメージはさくらんぼ色(鮮紅色)である. 桜の花は flower ではなく blossom《☞ flower 表》.

2 [C] **桜の木** (cherry tree). **3** [U] 桜の木材. **4** [U] さくらんぼ色《鮮紅色; ☞ [日英比較]》. **anóther [a sécond] bíte at the chérry** [名] 《英》 二度目のチャンス. **hàve [gèt] twó bítes at the chérry** [動] [自] 二度機会を得る, もう一度やってみる. **lóse one's chérry** [動] [自] 《米卑》 処女[童貞]を失う. **the chérry on** ⌜(the) tóp [the cáke] [名] (予想外の)結構なおまけ, 花を添えるもの. ― [形] さくらんぼ色の, 紅色の.

chérry blòssom [名] [C] [普通は複数形で] 桜の花《☞ flower 表》: The ～*s* are at their best this week. 桜の花は今週が見ごろです / Let's go ～ viewing next Sunday. 今度の日曜日に花見に行こう.

chérry bòmb [名] [C] 《米》 赤いかんしゃく玉.

chérry brándy [名] [U] チェリーブランデー《さくらんぼをブランデーに漬けたリキュール》.

chérry-pìck [動] [自] [他] (…を)入念に選ぶ; (小売店で, 特売品・目玉商品などだけを)えり好みして買う.

chérry pìcker [名] [C] (高所作業用)クレーン車.

chérry píe [名] [C,U] さくらんぼ入りのパイ.

chérry réd [名] [U] ＝cherry 4.

chérry tomàto [名] [C] チェリートマト, ミニトマト.

chérry trèe [名] [C] 桜の木: The ～*s* are in full bloom. 桜が満開だ.

cher·ub /tʃérəb/ [名] (複 ～**s**, 1 ではまた **cher·u·bim** /-bìm/) [C] **1** 〔聖〕 ケルビム《天使の中の第 2 の位》; (絵に描かれた)翼をもった子供, ケルビムの姿. **2** (丸々と太った)かわいらしい子, 行儀のよい子.

che·ru·bic /tʃərúːbɪk/ [形] 《文》 ケルビム (cherub) の(ような); (子供・赤ん坊が)かわいらしい, 無邪気な.

cher·vil /tʃə́ːv(ə)l | tʃə́ː-/ [名] [U] チャービル《ハーブの一種》.

Ches·a·peake /tʃésəpìːk/ [名] [固] チェサピーク《米国 Virginia 州南東部の都市》.

Chésapeake Báy [名] [固] [the ～] チェサピーク湾《米国 Maryland 州と Virginia 州に入り込んだ湾》.

Chesh·ire /tʃéʃə | -ʃə/ [名] [固] チェシア, チェシャー《England 北西部の州; ☞ 裏地図 E5》.

Chèshire cát [名] [次の成句で] **grín lìke a Chéshire cát** [動] [自] 《略式》 わけもなくにやにや笑う. [由来] Lewis Carroll 作の *Alice's Adventures in Wonderland* (不思議の国のアリス)に出てくる猫から.

Chéshire chéese [名] [U] チェシャーチーズ《Cheshire 産の淡黄色のチーズ》.

***chess** /tʃés/ [名] [U] **チェス**《2 人が盤上でそれぞれ 16 個のこまを動かして競う; ☞ checkmate》: play ～ チェスをする《☞ play [他] 1 [語法]》.

chéss·bòard [名] [C] チェス盤 (board)《チェッカーにも用いる》.

chéss·màn [名] (**-men** /-mèn/) [C] (チェスの)こま.

chéss pìece [名] [C] ＝chessman.

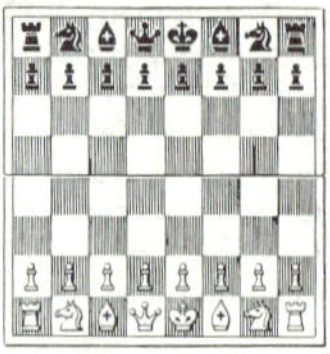

chessboard

***chest** /tʃést/ [名] (**chests** /tʃésts/) [C] **1 胸**《☞ 類義語》: a hairy ～ 毛深い胸 / have a bad ～ 《英》 胸を病んでいる / I have a pain in my ～. 私は胸が痛い / "What is your ～ size, sir?" "38 inches." 「お客様の胸囲はどれくらいでしょうか」「38 インチです」《男物の服を買う場合》.
2 箱《普通ふたのついた大きくて頑丈なもの》; 収納箱, たんす; 箱 1 杯分: a tea ～ 茶箱 / a tool ～ 工具箱.
a chést of dráwers [名] たんす (《米》 bureau)《☞ bedroom 挿絵》. **gét ... óff one's chést** [動] [他] 《略式》 〈悩みなど〉を打ち明け(て楽にな)る. **ráise a hánd to one's chést** [動] [自] 胸に手を置く《国旗に

対する敬意・忠誠心の表明のしぐさ). **thrów [stíck] one's chést òut** [動] (自) 胸を反(そ)らせる, 胸を張る《自信・自慢などの表現》.

raise a hand to one's chest

throw [stick] one's chest out

【類義語】**chest** 肋骨に囲まれ, 心臓や肺のある部分,「胸部」を指す. **breast** 胸部の前面のことで, 特に乳房や衣服の胸の部分を指すことが多い. **bust** や **breast** は女性の胸部の意で, 洋服の寸法などにも用いる. ◆ breast や bust は男性の胸の意味には使わない. **bosom** breast に対する《文》的な語で, 比喩的に胸のうち, 心情の意にも用いる.

-chest·ed /tʃéstɪd/ 形《形容詞のつく合成語で》…の胸をしている: flat-*chested*（女性が）胸の小さい / broad-*chested* 胸幅の広い.

ches·ter·field /tʃéstəfìːld/ -tə-/ 名 C チェスターフィールド《革張りの大きなソファー》.

+**chest·nut** /tʃésnʌt/ 名 1 C くりの実, とちの実 (☞ nut). 2 C くりの木, とちのき (chestnut tree). 3 U くりの木材. 4 U くり色. 5 C くり毛の馬. 6 C [しばしば old ~]《略式》聞き飽きた話; 言い古された冗談. **púll ...'s chéstnuts òut of the fíre** [動] 《古風》（危険を冒して）…を難局から救う. —— 形 くり色の;（馬が）くり毛の.

chést-pòunding 名 U =chest-thumping.

chést protèctor 名 C 〔野〕（捕手・球審用の）胸当て, プロテクター (☞ catcher 挿絵).

chést-thùmping 名 U 大見栄, 大言壮語.

chést vòice 名 U〔楽〕胸声（低音域の声）.

chest·y /tʃésti/ 形 (**chest·i·er**; **-i·est**) 1《略式, 主に英》胸の病気にかかっている（ような）, 胸がぜいぜいする: a ~ cough ぜいぜいいうせき. 2《略式》〔婉曲〕胸［乳房］のでかい. 3《略式》えらそうな, えばりくさった.

che·vál glàss /ʃəvǽl-/ 名 C 大姿見（鏡）.

chev·a·lier /ʃèvəlíə/ -líə/《フランス語から》名 C （フランスの）勲爵士;（中世の）騎士.

chev·i·ot /ʃéviət/ tʃíː-v-, tʃév-/ 名 U.C チェヴィオット《英国 Cheviot Hills 産の羊毛織物》.

Ché·vi·ot Hílls /tʃéː-viət-/ tʃíː-v-, tʃév-/ 名 [複] チェヴィオット丘陵《England と Scotland の境にある》.

Chev·ro·let /ʃèvrəléɪ/ ʃévrəleɪ/ 名 C シボレー《米国の大衆車; 商標》.

+**chev·ron** /ʃévrən/ 名 C 1 山形章〔《, 》; 軍服・警官服につけて階級を示す〕. 2 V 字形の模様.

Chev·y /ʃévi/ 名 C《略式》=Chevrolet.

*****chew** /tʃúː/〔類音〕true 動 (**chews** /-z/; **chewed** /-d/; **chew·ing**)（他〈食べ物〉をよくかむ, かみ砕く［こなす］;〈ガムなど〉をかみ続ける;〈物〉をかじる: ~ one's fingernails 爪をかむ / C~ your food well before you swallow it. 食べ物はよくかんでください / A rat ~*ed* a hole in the wall. ねずみがかじって壁に穴をあけた.

bite（ひと口かむ）	
chew（よくかんでこまかくする）	かむ
crunch（音をたててかみ砕く）	

—— 自 よくかむ; かじる (*through*): The dog is ~*ing*

on a bone. ＜V+*on*+名・代＞ 犬が骨をかじっている. **chew ón** [動] 他《略式》=chew over. **chew óut** [動] 他《略式, 主に米》〈...〉をしかりとばす. **chew óver** [動] 他《略式》〈...〉をよく考える, 熟考する. **chew the fát** [動] 他《略式》（長い）おしゃべりをする. 由来 肉の脂身をかむように口を絶えず動かす, の意. **chew úp** [動] 他 1〈食べ物〉をかみくだく. 2 [普通は受身で]〈...〉を台なしにする, 損なう; 使い果たす. —— 名 C 1 かむこと, そしゃく (on). 2 （かむための）甘い菓子［ガム］, かみたばこの 1 片.

*****chéw·ing gùm** /tʃúːɪŋ-/ 名 (~**s** /-z/) U チューインガム (gum): a pack [stick, piece] of ~ チューインガム 1 包み［1 枚］.

chew·y /tʃúːi/ 形 (**chew·i·er**; **-i·est**)（食べ物が）固い, よくかむ必要のある.

Chey·enne /ʃaɪǽn, -én/ 名 1 固 シャイエン《米国 Wyoming 州の州都》. 2 [the ~; 複数扱い] シャイエン族《北米中西部の先住民の一族》.

chg. 略 =charge.

chi /káɪ/ 名 C カイ《ギリシャ語アルファベットの第 22 文字 χ, X; ☞ Greek alphabet 表; Xmas 語源》.

Chiang Kai-shek /tʃǽŋ kàɪʃék, dʒáːŋ-/ 名 固 蔣介石 (1887-1975)《中国の軍人・政治家; 第 2 次大戦後中華民国（台湾）総統》.

Chi·an·ti /kiǽnti, -áːn-/ -ǽn-/ 名 U キャンティ《イタリア産の赤ワイン》.

chi·a·ro·scu·ro /kiàːrəskjʊ́(ə)rou/ 名 U《美》明暗の配置（法）《立体性を表わす手法の一つ》;《文学・音楽などでの》対照の使用（法）.

+**chic** /ʃíːk, ʃík/ 形 シックな, あか抜けした, いきな. —— 名 U シックなこと, あか抜けしていること, いき.

*****Chi·ca·go** /ʃɪkɑ́ːgoʊ/ 名 固 シカゴ《米国 Illinois 州北東部の都市》(☞ city 表, 表地図 H 3). 語源 現地インディアン語で「玉ねぎの（畑）」の意.

Chicágo Bóard of Tráde 名 [the ~] シカゴ商品取引所《穀物の現物と先物, 金融の先物を扱う》.

Chi·ca·na /tʃɪkáːnə/ 名 C《米》メキシコ系米国人（女性）(☞ Chicano).

chi·cane /ʃɪkéɪn/ 名 C〔自動車レース〕シケイン《(1) 減速を強いるためなどにコース上に設けられた障害物. (2) ロードレースコースのジグザグのカーブ》. —— 動 自 詭弁を弄する. —— 他〈人〉をだまして...させる［を取る］(*into*, *out of*).

chi·ca·ner·y /ʃɪkéɪn(ə)ri/ 名 (**-ner·ies**) U.C《格式》ずるい言い抜け,（法律上の）ごまかし.

Chi·ca·no /tʃɪkáːnoʊ/ 名 (~**s**) C《米》メキシコ系米国人（主に男性）(☞ Chicana).

chi·chi /ʃíː·ʃiː/ 形《略式》〔やや軽蔑〕（服装・装飾などが）けばけばしい; 今風の, しゃれた, 気取った.

+**chick** /tʃík/ 名 C 1 ひよこ, ひな鳥. 2 S《略式》〔差別〕若い女.

chick·a·dee /tʃíkədìː/ 名 C アメリカこがら《北米産の小鳥》.

Chick·a·saw /tʃíkəsɔ̀ː/ 名 [the ~] チカソー族《北米南東部の先住民の一族》.

*****chick·en** /tʃík(ə)n/〔類音〕check-in 名 (~**s** /-z/) 1 C 鶏: He keeps five ~*s* in the cage. 彼は鳥小屋に鶏を 5 羽飼っている / Which came first, the ~ or the egg? 鶏と卵とではどちらが先か (☞ chicken-and-egg; つづり字と発音解説 97).

Maine USA 20c

Chickadee & White Pine Cone and Tassel

chickadee

2 ⓒ ひな鳥, ひよこ, 若鶏《特に, 鶏のひな》: Don't count your ~s (before they are hatched). 《ことわざ》ひな鳥がかえらないうちにその数を数えるな(取らぬ狸の皮算用). ★鳴き声については ☞ cry 表. 【関連】(米) rooster, cock おんどり / hen めんどり. **3** Ⓤ 鶏肉(とり) (☞ meat 参); ひな鳥の肉: fried ~ フライドチキン. **4** ⓒ 《略式》おくびょう者, 弱虫 (coward). **5** Ⓤ 度胸だめし《子供の遊び》: play ~ 度胸だめしをする. **6** 【語源】古(期)英語で「小さな cock (おんどり)」の意. **be nó (spríng) chícken** 《略式》 動 ⓐ もはや若くない. **gáme of chícken** 名 脅し合い, にらみ合い. **rùn aróund like a ˈchícken with its héad cùt óff [héadless chícken]** 動 ⓐ 《米》《普通は進行形で》ばたばた動きまわる《が, 成果があがらない》. ― 形 P おくびょうな. ― 動〔次の成句で〕 **chícken óut** 動《略式》おじけづいて(…を)やめる(of).

chicken-and-egg /tʃík(ə)nəndég⊢/ 形 Ⓐ 二つの因果関係が分からない: a ~ problem [situation] どちらが原因でどちらが結果なのか分からない問題[状況].

chícken fèed 名 Ⓤ 《略式》小銭, はした金.

chícken-fríed stéak 名 ⓒ 《米》フライドチキン風ステーキ《小さめのステーキ用牛肉のフライ》.

chícken-héarted 形 おくびょうな.

chícken Kíev 名 Ⓤ キエフ風チキン《骨を取って味付けたバターを詰めて揚げたチキンの胸肉》.

Chícken Líttle 名 ⓒ 《米》悲観論者, 災難が降りかかってくると騒ぐ人.

chicken-liv·ered /tʃík(ə)nlívəd | -vəd⊢/ 形 = chickenhearted.

chícken pòx 名 Ⓤ 水痘, 水ぼうそう.

chícken rùn 名 ⓒ 《フェンスで囲んだ》養鶏場.

chícken-shít 名《米卑》**1** ⓒ 小心[臆病](者). **2** Ⓤ 下らないこと; はした金.

chícken wíre 名 Ⓤ 《細い針金の》金網.

chíck flìck 名 ⓒ 《略式》《女性うけをねらった》映画.

chíck·pea /tʃíkpì:/ 名 ⓒ ひよこ豆《食用》 (garbanzo).

chíck·weed /tʃíkwì:d/ 名 Ⓤ はこべ《雑草》.

chí·cle /tʃíkl/ 名 Ⓤ チクル《中米産あかてつ科の植物から採るチューインガムの原料》.

chic·ly /tʃí:kli, ʃík-/ 副 シックに, あか抜けして, いきに.

chi·co /tʃí:kou/ 名 ⓒ 《米略式》少年, 若い男.

chic·o·ry /tʃík(ə)ri/ 名 Ⓤ 《英》チコリー, きくにがな《きく科の多年草; 葉はサラダ用》《米》endive》; チコリーの根(の粉)《コーヒーの代用》.

chid 動 chide の過去形および過去分詞.

chid·den 動 chide の過去分詞.

chide /tʃáid/ 動 (chides; 過去 chid·ed, chid /tʃíd/; 過分 chid·ed, chid, chid·den /tʃídn/; chid·ing) ⓦ 他〈人〉をしかる (rebuke) (for, about). ― ⓐ たしなめる.

* **chief** /tʃí:f/ 形 〔比較なし〕**1** Ⓐ 〔比較なし〕 **1** 主な, 主要な: the ~ cities of Canada カナダの主要な都市 / What is the ~ aim of this society? この会の主な目的は何ですか. **2** 最高位の, 首位の, 首席の 《☞ 類義語》: the ~ engineer 技師長, 機関長 / the C~ Secretary to the Cabinet 官房長官. ― 名 (~s /-s/) ⓒ 長《何人かの人の上に立つ人》, 頭, 主任; (部族の)酋(しゅう)長, 族長: a section ~ = the ~ of a section 課長, 部長. 【語源】ラテン語で「頭(かしら)」の意. ☞ captain 【語義】, achieve 【語義】.

bíg [gréat] whíte chíef 名《古風》《滑稽》責任者, ボス.

in chíef 形 最高位の. 【語法】the commander in ~ (最高司令官), the editor in ~ (編集主幹)のように階級のある職名の後につけて用いられる.

the chíef of políce 名《米》警察署長.

the chíef of stáff 名 参謀長;《米陸·空軍》参謀総長.

Tóo màny chíefs (and nót enòugh Índians).《英略式》大将ばかりで兵卒がいない, 船頭多くして船山に登る.

【類義語】**chief** 人や物が, 階級·権力·重要性において最高で, 他のものが従属していること. **main** 同じ種類の物の中で, 大きさ·力·重要性で抜きん出ていること: the main street of a small town 小さい町の本通り.

chíef cónstable 名 ⓒ 《英》《州·市などの》警察本部長.

Chíef Exécutive 名 **1** [the ~]《米》大統領. **2** [the c- e-] 行政長官《大統領·州知事など》.

chíef exécutive (ófficer) 名 ⓒ 《企業の》最高(経営)責任者 (略 CEO).

chíef inspéctor 名 ⓒ 《英》警部.

+**chíef jústice** 名 **1** [the C- J-]《米》最高裁判所長官. **2** [the ~] 裁判長; 首席判事: Lord C~ J~ 《英国の》首席裁判官.

+**chief·ly** /tʃí:fli/ 副 **1** 主として (mainly): Air is composed ~ of oxygen and nitrogen. 空気は主として酸素と窒素から成っている. **2** 〔つなぎ語〕まず第一に, とりわけ: C~, I want you to check Mr. White's papers. とりわけホワイト氏の書類を調べていただきたい.

Chíef Rábbi 名 [the ~] ラビ長, ユダヤ教最高指導者.

chíef superinténdent 名 ⓒ 《英》警視正.

chief·tain /tʃí:ftən/ 名 ⓒ 族長, 酋長(しゅうちょう); 《山賊などの》首領.

+**chif·fon** /ʃifán | ʃífɔn/《フランス語から》名 Ⓤ シフォン《シルク·レーヨンなどの非常に薄い生地》.

chif·fo·nier, -fon·nier /ʃìfəníə | -níə/ 名 ⓒ シフォニア《高い西洋だんす; しばしば上に鏡が付いている》.

chig·ger /tʃígə | -gə/ 名 ⓒ 恙虫(つつがむし)《幼虫は脊椎動物に寄生して悪虫病をを媒介する》.

chi·gnon /ʃí:njɑn | -njɔn/《フランス語から》名 ⓒ シニョン《後頭部で束ねた女性の髪形》.

chi·hua·hua /tʃiwá:wɑ:/ 【発音注意】 名 ⓒ チワワ《メキシコ原産のきわめて小型の犬》.

chil·blains /tʃílblèinz/ 名 [複] しもやけ.

* **child** /tʃáild/ 名 (複 chil·dren /tʃíldrən/) ⓒ **1** 《大人に対して》子供, 児童, 幼児; 赤ん坊; お腹の子 《反 adult》: 《類義語》a young ~ 幼い子 / a ~ of six 6歳の子供 / This film is interesting to both children and adults. この映画は子供にも大人にもおもしろい / as a ~ 子供のころは (☞ as 名 2 の例文) / The ~ is father of [to] the man. 《ことわざ》子供は大人の父(三つ子の魂百まで) / Children should be seen and not heard. 子供は大人の前では静かにしていること《子供をたしなめるときに言うことば》. 【関連】schoolchild 学童.

2 《親に対して》子, 子供 (son または daughter) 《反 parent》: an only ~ 一人っ子 / It's a wise ~ that knows its own father.《ことわざ》自分の父親のことがよくわかっている子は賢い子である(そんな子はめったにいない), 親の心子知らず. 【関連】stepchild まま子.

― コロケーション ―
adopt a *child* 養子をもらう
ˈbring up [raise, rear] a *child* 子供を育てる
have [have got] a *child* 子供がある[いる]
spoil a *child* 子供を甘やかす

3 《軽蔑》子供じみた人; 未経験な人: Don't be such a ~! そんな子供っぽいまねはよせ / He's a ~ in money matters. 彼は金に関してはまるで子供だ. **4** 弟子, 信者, 崇拝者: a ~ of God 神の子《キリスト教の信者》. **5** 《ある時代·環境から生まれた》人[物], 《空想·environ

脳の)産物: This invention is the ~ of Japanese ingenuity. この発明は日本人の独創力の産物です. (heavy) with child [形・副]《古語》妊娠して. 【類義語】child 大体14歳以下の子供をいうが, 親子関係をいうときには年齢に関係なく用いる. baby 2歳までの赤ん坊をいうが, 小さい子, 赤ん坊のようにふるまう子どもbabyと呼ぶことがある. infant 法律上の語で, 普通は7歳未満の幼児をいうが, 2歳までの赤ん坊(baby)を指すこともある.

child abúse /-əbjù:s/ 名 U 児童虐待.
child-bear·ing /tʃáɪldbèərɪŋ/ 名 U 出産. — 形 A 出産可能の: ~ age 出産適齢期.
child bénefit 名 U《英》児童手当.
child·birth /tʃáɪldbə̀ːθ/ 名 U.C 出産, 分娩: die in ~ 出産時に(母親が)死ぬ.
child càre 名 U 保育, 育児.
*__**child·hood**__ /tʃáɪldhʊ̀d/ 名 U または a ~ 子供のときころ, 幼年[児童]時代; 子供であること: from [since] ~ 子供のころから / I had *a* happy ~ in the country. 私はいなかで楽しい幼年時代を過ごした / *a* ~ sweetheart 子供のときに好きだった異性. 関連 manhood 男性の成人時代 / womanhood 女性の成人時代 / boyhood 少年時代 / girlhood 少女時代. **in ...'s chíldhood** [副] ...の子供のときに.
+**child·ish** /tʃáɪldɪʃ/ 形 **1**《軽蔑》(大人のくせに)子供じみた, 子供っぽい, 幼稚な, 大人げない(☞ childlike): It was ~ of him *to* behave like that. そんなふるまいをするとは彼も子供じみていた(☞ of 12). **2** 子供らしい, あどけない: a ~ face 子供らしい顔. **~·ly** 副 子供っぽく. **~·ness** 名 U 子供っぽさ.
child lábor 名 U 年少者労働.
+**child·less** 形 子供の(でき)ない. **~·ness** 名 U 子供のないこと.
+**child·like** 形 [しばしばほめて] (大人が)子供のような(☞ childish 1); 無邪気な.
Child·line /tʃáɪldlàɪn/ 名 ® チャイルドライン《子供を対象とする英国の電話サービス》.
child-mind·er /tʃáɪldmàɪndə | -də/ 名 C《英》=baby-sitter 2.
child moléster 名 C 児童性愛者.
child pródigy 名 C 神童, 天才児.
child-proof /-prù:f/ 形 子供がいじっても安全な[作動しない, 開かない]: a ~ cap 子供には開けられないふた.
child protéctive sérvices 名 [複] [時に U] 児童保護局《児童虐待を防ぐための公的機関》.

*__**chil·dren**__ /tʃíldrən/ 名 **child の複数形**.

Children in Néed 名 ® 困っている子供たち《子供の援助を行なう英国の慈善団体》.
Children of Ísrael 名 [複] ユダヤ人, ヘブライ人.
children's hòme 名 C 児童保護施設.
child sèat 名 C チャイルドシート(car seat).
child's pláy /tʃáɪldz-/ 名《略式》わけなくできること, 造作(ぞう)ないこと.
child suppòrt 名 U《米》(離婚後の親権者に支払われる)子供の養育費.
Chil·e /tʃíli/ 名 ® チリ《南アメリカの太平洋岸の共和国; 首都 Santiago》.
Chil·e·an /tʃíliən/ 形 チリ(人)の. — 名 C チリ人.
+**chil·i**,《英》**chil·li** /tʃíli/ 名 (**chil·ies, chil·lies**) **1** U.C チリ《とうがらしの実; 香辛料》. **2** U =chili con carne. **3** U =chili powder.
chil·i con car·ne /tʃíltkànkáəni | -kònka:-/ 名 U チリコンカルネ《ひき肉, 豆にチリパウダーとトマトソースなどを加えて煮込んだメキシコ料理》.
chili dòg 名 C チリドッグ《チリソースをかけたホットドッグ》.
chíli pèpper 名 C =chili 1.
chíli pòwder 名 U チリパウダー《粉末状のからがらし》.

chíli sàuce 名 U チリソース《唐がらしと他の香辛りのトマトソース》.
*__**chill**__ /tʃíl/ 動 (**chills** /~z/; **chilled** /~d/; **chill·ing**; 形 **chílly**)他 **1**〈...〉を冷やす, 冷却する;〈食品〉を冷蔵する: The traveler was ~*ed* to the bone [marrow]. <V+O の受身> 旅人は体の芯まで冷えていた. **2**《文》〈...〉をぞっとさせる: The sight ~*ed* his blood. その光景を見て彼は血の凍る思いをした. — 自 冷える; 寒気がする. **chíll óut** [動] 自 [普通は命令形で] (S)《略式》落ちつく, 頭を冷やす; くつろぐ.
— 名 **1** [単数形で] 寒気, 冷気: There is an autumn ~ in the air. 空気には秋の肌寒さが感じられる. **2** C 寒気(さむけ), 悪感(おかん); (寒気を伴う)かぜ: catch a ~ かぜをひく / I have a slight ~. 私は少し寒気がする. **3** C ぞっとするような気持ち; よそよそしさ, 冷淡さ. **cást a chíll óver ... =pùt a chíll on ...** [動] 他 ...を白けさせる. **sénd a chíll dòwn ...'s spíne** [動] ...に背筋の凍る思いをさせる. **táke the chíll óff ...** [動] 他《食物・部屋》を少し温める.
— 形 (**chill·er; chill·est**)《文》A **1** 冷え冷えとした, うすら寒い(chilly). **2** 冷ややかな, 冷淡な. **táke a chíll píll** [動] (S)《米俗》冷静になる.
chilled /tʃíld/ 形 冷やした, 冷蔵の.
chill·er /tʃílə | -lə/ 名 C《略式》ホラー小説[映画].
chíll fàctor 名 U《気象》風速冷却.
chil·li /tʃíli/ 名《英》=chili.
chill·i·ness /tʃílinəs/ 名 U うすら寒さ; 冷淡.
+**chill·ing** /tʃílɪŋ/ 形 [普通は A] **1** (話などが)ぞっとするような, 怖い. **2**《米》熱意を冷ます, 勢いをそぐような. **~·ly** 副 ぞっとして; 冷ややかに.
chill-out /tʃílàʊt/ 名 C 環境音楽.
Chil·lum /tʃíləm/ 名 C《マリファナ用》水キセル.
+**chill·y** /tʃíli/ 形 (**chill·i·er, -i·est**; chill) **1** 冷え冷えとした, うすら寒い: ~ weather うすら寒い天気. **2** 冷たい, 冷ややかな, よそよそしい: a ~ smile 冷笑.
chi-mae·ra /kaɪmí(ə)rə, kɪ-/ 名 =chimera.
chime /tʃáɪm/ 動 他〈鐘・チャイム〉を鳴らす; 鐘を鳴らして〈時刻〉を知らせる. — 自〈鐘・チャイム〉が鳴る.
chime in [動] **1** [しばしば引用節(句)を伴って]《略式》人の話に〈意見[口]を〉さし挟(は)む, 話に加わる(with). **chíme with ...** [動] 他 ...と調和[一致]する. — 名 C **1** [普通は複数形で] (教会などの)一定の旋律を奏(かな)でるひと組の鐘; チャイム装置《玄関などの訪問客用》; (時計・ラジオ・テレビなどの)時報: ring ~*s* at noon 正午にチャイムを鳴らす. 関連 bell ベル / buzzer ブザー. **2** 鐘[チャイム]の音.
chi·me·ra /kaɪmí(ə)rə, kɪ-/ 名 **1** [C-] ® 《ギ神》キメラ《頭はライオン, 胴体はやぎ, 尾は蛇で, 火を吐く怪獣》; C《生》キメラ《遺伝的に異なる組織を併せ持つ個体》. **2** C《文》夢のような考え, 空想.
chi·mer·i·cal /kaɪmérɪk(ə)l, kɪ-/ 形《文》想像上の; 途方もない.
+**chim·ney** /tʃímni/ 名 C **1** 煙突 (☞ house 挿絵): sweep the ~ 煙突の掃除をする / The ~*s* are pouring [belching] smoke into the air. 煙突が空に煙を吐いている. 関連 smokestack 工場や汽船などの高い煙突. **2**《ランプの火屋(ほや)》(☞ lamp 挿絵). **3**《登山》チムニー《岩壁の縦の裂け目; ☞ mountain 挿絵》. 由来 元来はラテン語で「暖炉のある部屋」の意; それから「暖炉の煙突」の意味になった.
chímney·brèast 名 C《英》炉胸《暖炉のある部屋の中に突き出た壁の部分》.
chímney còrner 名 C (昔風の)暖炉の傍の座席

chimneypiece

《暖かくて居心地がよい》.

chímney-piece 名 C《英》=mantelpiece.

chímney pòt 名 C 煙突頂部につけた煙出し(☞ chimney 挿絵).

chimney corner

chímney·stàck 名 C《英》1 =smokestack. 2 組み合わせ煙突.

chímney swèep 名 C 煙突掃除人.

chimp /tʃímp/ 名 C《略式》=chimpanzee.

chim·pan·zee /tʃìmpænzí:/ 名 C チンパンジー.

***chin** /tʃín/ 名 (~s /~z/) C 下あご, 下あごの先端(☞ jaw 表; head 挿絵, neck 挿絵): You've got some rice on your ~. あごにごはん粒がついています. あごは意志・決断・自己主張の表われる所と考えられている. **kéep one's chín úp** 動 自《普通は命令文で》(S)《略式》(肩を落とさないで)がんばる, (がっかりしないで)希望を持つ. **líft one's chín=thrúst óut one's chín** 動 頭を高く後ろに反(ぞ)らす, 鼻をつんと立てる(反抗・自己主張などの気持ちを表わす). **rúb one's chín** 動 自 あごをなでる(考えごとをしているときのしぐさ)(☞ think 挿絵). **táke ... on the chín** 動 他《略式》〈...〉を冷静に受け止める. —— 動 (chins; chinned; chin·ning)《次の成句で》**chín onesélf** 動 自《体操》懸垂をする(☞ chin-up).

lift one's chin

Chin. 略 =Chinese.

***chi·na** /tʃáɪnə/ 名 U 磁器; 陶磁器, 瀬戸物《全体》: a piece of ~ 磁器1個 / a ~ cup 瀬戸物の茶わん / use [put out] the best ~ 最も上等の磁器を使う[出す] / a ~ cabinet 食器棚. 関連 japan 漆器. 語源 原産地の China から.

***Chi·na** /tʃáɪnə/ 名《形 Chinése》 国 中国《アジア東部の共和国; 正式名は the People's Republic of China (中華人民共和国)，略 PRC; 首都 Beijing》. 語源 紀元前3世紀に興った王朝の名「秦」から.

chína clày 名 U 高陵土, 陶土 (kaolin).

Chína Séa 名《the ~》 シナ海《東シナ海と南シナ海との総称》.

China Sýndrome 名《the ~》 チャイナシンドローム《原子炉の炉心溶融の結果, 溶融物が地中深く落下して米国から見て地球の反対側の中国にまで達してしまうという想像上の大惨事》.

Chína téa 名 U 中国茶.

Chína·tòwn 名 C,U《外国都市の》中国人街.

chína·wàre 名 U 陶磁器, 瀬戸物《全体》.

chin·chil·la /tʃɪntʃílə/ 名 C チンチラ《南米産のりすに似た小動物》; U チンチラの毛皮《ねずみ色で柔らかい; 高級品》.

chine /tʃáɪn/ 名 C《動物の》背骨(肉).

***Chi·nese** /tʃàɪní:z←/ 形《名 Chína》 1 中国の; 中国人の; 中国系の; 中国製の《略 Chin.》: a ~ boy 中国人の少年 / ~ dishes 中華料理.
2 中国語の《略 Chin.》: ~ characters 漢字.
—— 名 (複 ~) 1 C 中国人; 中国系人《略 Chin.》: a [several] ~ 1[数]人の中国(系)人.
2《the ~ として複数扱い》中国人《全体》, 中国国民《☞ the' 5》: The ~ are a great people. 中国人は偉大な民族である.
3 U 中国語《略 Chin.》: teach ~ at a college 大学で中国語を教える. 4 U 中華料理; C《英略式》中華料理屋.

Chinese bóxes 名《複》入れ子《一つの箱が一段大きい箱にぴったり入るようになっている箱のセット》.

Chinese cábbage 名 C 《植物》(植); 白菜.

Chinese chéckers 名 U ダイヤモンドゲーム《星型の盤の穴から穴へ小球を進める2〜6人用ゲーム》.

Chinese lántern 名 C 1 《紙張り》ちょうちん. 2 《植》ほおずき.

Chinese médicine 名 U 漢方《漢方薬・針・きゅうなどを用いる中国式医療》.

Chinese púzzle 名 C 難解なパズル; 複雑で難解なもの; 難問.

Chinese Revolútion 名 国《the ~》中国革命《1911年の辛亥革命または中国共産党による社会主義革命》.

Chinese wáll 名 1 [C-W-] ☞ Great Wall of China. 2 C《理解・情報などの》障害, (障)壁.

Chinese whíspers 名 U《英》伝言ゲーム.

Ch'ing /tʃíŋ/ 名 固 =Qing.

chink¹ /tʃíŋk/ 名 C《細い》裂け目, 割れ目, すきま(in): a ~ of light すきまから漏れる光. **a chínk in ...'s ármor** 名《人の主張・性格などの》弱点.

chink² /tʃíŋk/ 名 C《普通は単数形で》ちりん, かちん《ガラスや金属などの音》(of). —— 自 ちりんと鳴る. —— 他〈...〉をちりんと鳴らす.

Chink /tʃíŋk/ 名 C《卑》《差別》中国人; 中国系人.

chín·less 形《英略式》気の弱い, 臆病な. **a chínless wónder** 名《英略式》良家のばか息子.

chín mùsic 名 U《米俗》雑談, おしゃべり.

chi·no /tʃí:noʊ/ 名 1 U チノー《軍服などの力一キ色の木綿》. 2《複数形で》チノー地のズボン, チノパン.

Chi·nook /ʃɪnʊ́k, tʃɪ-/ 名 1 [the ~; 複数扱い] チヌーク族《米国 Oregon 州にいた先住民の一族》. 2 [c-]《気象》チヌーク風《米国 Rocky 山脈の東側に吹き下ろす乾燥した暖風; Washington, Oregon 両州の太平洋岸地に吹く湿気を帯びた南西の暖風》.

chín·stràp 名 C《ヘルメット・帽子の》あごひも.

chintz /tʃíntʃ/ 名 U チンツ《つやを出した厚地の更紗(さらさ); 花模様が多くカーテン・家具のおおい用》.

chintz·y /tʃíntsi/ 形 (chintz·i·er, -i·est) 1《米略式》安っぽい, けばけばしい. 2《米略式》けちな (stingy). 3 チンツの[で飾った].

chín-ùp 名 C《米》《体操》懸垂.

chin·wag /tʃínwæɡ/ 名 C《単数形で》《英略式》《友人間の》おしゃべり (chat).

***chip** /tʃíp/ 名《頭音 trip》(~s /~s/) 1《複数形で》《米》ポテトチップス (potato chips)《英》crisps). 2《複数形で》《英》=French fry (☞ fish and chips). 3 C《木や石の》切れ端; 経木(きょうぎ)《帽子・かごなどを編む》: a ~ of wood こっぱ. 4 C《瀬戸物の》欠けたところ; かけら. 5 C 数取り, 点棒, チップ《ポーカーなどの点数計算用》. 6 C =microchip. 7 C《ゴルフ・サッカーなど》チップショット《芝生に向かい手首の動きで短くボールを打つこと; 短い上向きのキック》. **a chíp òff the óld blóck** 名《略式》《普通はほめて》親に《性格(行動, 外見)が》そっくりな子供. 由来 古い木の塊のかけらのこと.
cáll [cásh] ín one's chíps 動 自 (1)《滑稽》または《婉曲》死ぬ. (2)《勝負の後》チップを現金に換える; 持ち株[物]を売る. **háve a chíp on one's shóulder** 動 自《略式》(1) けんか腰である. 由来 昔, 米国で男の子がけんかをしかけるときに, 肩にこっぱを載せてこれを打ち落とさせたことから. (2) ひがんでいる (about). **have hád one's chíps** 動 自 (S)《英略式》《力・地位・命などを失って》おしまいである. もうだめだ. **lét the chíps fàll (where they**

máy [動] (自) 結果がどうなろうとかまわない, 成り行きにまかせる. **when the chíps are dòwn** [副] (S) (略式) いざというときに. 由来 ポーカーなどの賭(か)け事で, チップを出し終え手札を見せるときに, の意.
— [動] (**chips**; **chipped**; **chip·ping**) 他
1 〈瀬戸物などを〉欠く, 割る, 砕く: Ann *chipped* my cup. アンが私の茶わんを欠いてしまった.
2 〈小片などを〉欠いて取る[落とす], 削る, 削り取る; そぐ, はぐ: You've *chipped* a piece of lacquer *off* this tray. 〈V+O+前+名・代〉 おまえこのお盆のラッカーちょっとはがしちゃったね / They *chipped* the ice *off [from]* the sidewalk. 彼らは歩道から氷を削り取った.
3 (主に英) フレンチフライ用にくじゃがいもを細長く切る.
4 (のみなどで)刻む, 刻んで作る.
5 〔ゴルフ・サッカーなど〕〈ボールを〉チップショットで打つ[ける].
— (自) 1 (瀬戸物などが)欠ける; 〈ペンキなどが〉はげ落ちる (*off*).
2 〔ゴルフ・サッカーなど〕チップショットを打つ[ける]. **chip awáy** [動] 他 〈...を〉少しずつ削り取る[壊す]. — (自) 少しずつ削り取る, 徐々にくずす (*at*). **chip ín** [動] (略式) (1) 〈話に〉口をはさむ (*with*). (2) 金を出し合う. — 他 (略式) 〈金を〉出し合う.

chíp·bòard [名] [U] パーティクルボード (木くずの合板).

chip·munk /tʃípmʌŋk/ [名] [C] しまりす (北米・アジア産; 主に地上で生活する).

chip·o·la·ta /tʃìpəlɑ́:tə/ [名] [C] (英) 小型ソーセージ.

chíp pàn [名] [C] (英) フレンチフライを揚げる深なべ.

chipped /tʃípt/ [形] 〈瀬戸物などが〉欠けている.

chipped béef [名] [U] (米) 薄く切った薫製牛肉.

Chíp·pen·dale /tʃíp(ə)ndèɪl/ [名] [U] チッペンデール家具様式 (18 世紀英国の凝った装飾様式). — [形] [A] チッペンデール風の. 由来 18 世紀英国の家具デザイナーの名から.

chip·per /tʃípɚ | -pə/ [形] (古風, 略式) 元気のよい, 快活な (cheerful).

chip·pings /tʃípɪŋz/ [名] [複] (英) (舗装・線路用の)砂利, チップ (gravel).

chip·py /tʃípi/ (**chip·pies**) [C] (英略式) =chip shop.

chíp shòp [名] [C] (英略式) fish and chips の店.

chíp shòt [名] [C] =chip 7.

Chi·rac /ʃɪrɑ́ːk | ʃírak, ʃɪræk, ʃɪrǽk/ [名] (自) **Jacques** /ʒɑːk/ **Re·né** /rənéɪ/ ~ シラク (1932–) (フランスの政治家; 大統領 (1995–)).

Chi·ri·co /kírɪkəʊ, kí:- | kí:-/ [名] (自) **Gior·gio de** /dʒɔ́ːdʒoʊdeɪ, dʒɔ́ː- | dʒɔ́ː-/ ~ キリコ (1888-1978) (イタリアの画家).

chi·ro·man·cy /káɪ(ə)rəmænsi/ [名] [U] 手相術.

chi·rop·o·dist /kɪrápədɪst | -rɔ́p-/ [名] [C] =podiatrist.

chi·rop·o·dy /kɪrápədi | -rɔ́p-/ [名] [U] (主に英) =podiatry.

chi·ro·prac·tic /kàɪrəprǽktɪk, káɪrəpræktɪk/ [名] [U] 脊椎(せきつい)指圧療法, カイロプラクティック.

chi·ro·prac·tor /káɪrəpræktɚ | -tə/ [名] [C] 脊椎(せきつい)指圧師.

chirp /tʃɚːp | tʃɚːp/ [動] (自) 1 〈小鳥・虫などが〉ちゅんちゅん[ちいちい]と鳴く (⇒ cry 表 small bird, cricket; cricket² 日英比較): Sparrows begin to ~ (away) very early in the morning. すずめは朝とても早くさえずり始める.
2 かん高い声で話す. — [名] [C] ちゅんちゅん[ちいちい]という鳴き声.

chirp·i·ly /tʃɚːpɪli | tʃɚː-/ [副] 陽気に.

chirp·y /tʃɚːpi | tʃɚː-/ [形] (**chirp·i·er**; **-i·est**) (英略式) 陽気な, 楽しげな.

chirr /tʃɚː | tʃɚː/ [名] [C] チリチリッ, チーチー (こおろぎなどの鳴き声). — [動] (自) チリチリッチーチーと鳴く.

chir·rup /tʃɚ́ːrəp, tʃír- | tʃír-/ [名] [動] =chirp.

+**chis·el** /tʃízəl/ [名] [C] (大工などが使う) のみ, たがね.
— (**chis·els**; **chis·eled**, (英) **chis·elled**; **-el·ing**, (英) **-el·ling**) 他 1 〈石・木などを〉のみで彫る, (碑銘などを)彫刻する (*into*); 彫って〈像を〉作る (*out of, from, in*).
2 (主に米) 〈人を〉だます, 〈人から〉〈金を〉だまし取る (*out of*); 〈金を〉だまし取る.

chis·eled, (英) **chis·elled** /tʃízəld/ [形] 1 のみで彫った. 2 (顔だちが) 彫りの深い, よく整った.

Chi·și·nău /kìːʃɪnáʊ/ [名] (自) キシナウ (モルドヴァ(Moldova) の首都; 旧称 Kishinev).

chí-squáre tèst /káɪ-/ [名] [統] カイ二乗検定.

chit¹ /tʃít/ [名] [C] (飲食店などでの)請求伝票; メモ.

chit² /tʃít/ [名] [C] (古風) 生意気な小娘.

chit·chat /tʃítʃæt/ [名] [U] (略式) むだ話, 世間話.
— [動] (**-chats**; **-chat·ted**; **-chat·ting**) (自) 雑談する.

chit·lins /tʃítlɪnz/ [名] [複] =chitterlings.

chit·ter /tʃítɚ | -tə/ [動] (自) さえずる.

chit·ter·lings /tʃítɚlɪŋz | -tə-/ [名] [複] 豚の小腸 (料理用).

chit·ty /tʃíti/ [名] [C] (英略式) =chit¹.

chiv·al·rous /ʃívəlrəs/ [形] 騎士的な, 騎士らしい; (女性に対して)親切な. **~·ly** [副] 騎士らしく; 丁重に.

chiv·al·ry /ʃívəlri/ [名] [U] 1 (特に女性への)丁重さ, 気遣い. 2 騎士道; 騎士道的精神 (忠君・勇気・仁愛・礼儀などをモットーとし女性を敬い弱い者を助ける).

+**chive** /tʃáɪv/ [名] [C] (普通は複数形で) 1 えぞねぎ, チャイブ (ゆり科の野菜). 2 えぞねぎの薬味.

chiv·y, chiv·vy /tʃívi/ [動] (**chiv·(v)ies**; **chiv·(v)ied**; **chiv·(v)y·ing**) 他 (英) うるさく言う, 〈人を〉せかせて...させる (*along, up; into; to do*).

chla·myd·i·a /kləmídiə/ [名] [U] クラミジア (微生物の一種; 尿道炎などの性病の病原体).

chlo·rel·la /klərélə/ [名] [U,C] クロレラ (単細胞の微細な緑藻; 栄養価に富む).

chlo·ride /klɔ́ːraɪd/ [名] [U,C] 塩化物: ~ of lime クロル石灰, さらし粉.

chlo·ri·nate /klɔ́ːrənèɪt/ [動] 他 〈...を〉塩素で処理[消毒]する: ~d water 塩素処理された水.

chlo·ri·na·tion /klɔ̀ːrənéɪʃən/ [名] [U] 塩素処理[消毒], 塩素化.

+**chlo·rine** /klɔ́ːriːn/ [名] [U] 塩素 (元素記号 Cl).

chlo·ro·flu·o·ro·car·bon /klɔ̀ːroʊflɔ̀ːroʊkɑ́ːrb(ə)n, -kɑ̀ː- | -kɑ̀ː-/ [名] [U,C] [化] クロロフルオロカーボン, フロン(ガス) (略 CFC).

chlo·ro·form /klɔ́ːrəfɔ̀ɚm | klɔ̀ːrəfɔ̀ːm/ [名] [U] クロロホルム (無色揮発性の液体; 麻酔用). — [動] 他 クロロホルムで〈...に〉麻酔をかける.

Chlo·ro·my·ce·tin /klɔ̀ːroʊmaɪsíːtn | -tɪn/ [名] [U] クロロマイセチン, クロマイ (抗生物質の一種; 商標).

chlo·ro·phyll, **chlo·ro·phyl** /klɔ́ːrəfɪl/ [名] [U] [植] 葉緑素.

chlo·ro·plast /klɔ́ːrəplæst/ [名] [C] [植] 葉緑体.

ChM /síːèɪtʃém/ [名] [U] 外科学修士 (Master of Surgery) (ラテン語 *Chirurgiae Magister* の略).

choc /tʃák | tʃɔ́k/ [名] [C] (英略式) チョコ(レート).

choc·a·hol·ic /tʃɑ̀kəhɔ́ːlɪk | tʃɔ̀kəhɔ́l-/ [名] [C] =chocoholic.

choc·cy /tʃɑ́ki | tʃɔ́ki/ [名] [C] (S) (英) チョコ(レート).

chóc-ìce [名] [C] (英) チョコのかかったアイスクリーム.

chock /tʃák | tʃɔ́k/ [名] [C] 輪止め, まくらくさび (車輪・

たる・戸などが動くのを防ぐ; 〖海〗チョック, 止め木, (甲板上のボートの)敷台. ― 動 他 〈…〉をくさびで止める(up); 〈ボートを〉敷台にのせる.

chock・a・block /tʃákəblàk│tʃɔ̀kəblɔ́k⃪/ 形 普通 [P] (略式) (…で)ぎっしり詰まって (with).

chock-full /tʃákfúl│tʃɔ̀k-/ 形 [P] (略式) (…で)ぎっしり詰まって (of).

choc・o・hol・ic /tʃàkəhɔ́ːlɪk│tʃɔ̀kəhɔ́l-/ 名 C チョコレート中毒者, 大変なチョコレート好き.

*__**choc・o・late**__ /tʃák(ə)lət, tʃɔ́ːk-│tʃɔ́k-/ 名 (-o・lates /-ləts/) 1 U,C チョコレート: a box of ~s チョコレート 1 箱 / three bars of ~ 板チョコ 3 枚 // ☞ plain chocolate.

chocolate	チョコレート
	ココア

2 U,C ココア, チョコレート飲料 (hot chocolate): Would you like a cup of ~? ココアを1杯いかがですか. 3 U チョコレート色.
― 形 チョコレート(色)の; チョコレート色の.

chócolate bàr 名 C チョコレートバー (ナッツやキャラメルなどを棒状にしチョコでコーティングしたもの).

chócolate-bòx 形 A (英略式) [けなして] (チョコレートの箱の絵のように)見事すぎる.

chócolate chíp cóokie 名 C 刻んだチョコレート入りのクッキー (☞ cookie 挿絵).

chócolate chíps 名 複 チョコレートチップス.

chócolate sáuce 名 U チョコレートソース.

choc・o・lat・(e)y /tʃák(ə)ləti, tʃɔ́ːk-│tʃɔ́k-/ 形 チョコレートのような味[におい]の.

Choc・taw /tʃáktɔː│tʃɔ́k-/ 名 複 [the ~s] チョクトー族 (北米先住民の一部族).

*__**choice**__[1] /tʃɔ́ɪs/ 名 (choic・es /-ɪz/, 動 choose) 1 U または a ~ 選択権; 選択の自由 (between); exercise … 選択権を行使する / have no ~ 選択の余地がない, ほかにしようがない / For dinner you have the ~ of fish or meat. 夕食には魚か肉かどちらか選べます.
2 C,U 選ぶこと, 選択, えり好み (between): You must be careful *in* your ~ of friends. 注意して友人を選ばなければなりません / Smoking or health: the ~ is yours. 喫煙か健康か, 選ぶのはあなたです (癌(ガン)予防のスローガン).
3 C,U 選択の種類; U 選択の範囲: We have a wide ~ *of* fruit at the supermarket. そのスーパーではいろいろな種類の果物が選べる / There isn't much ~ on the menu. メニューにはあまり選択の幅がない.
4 C [普通は単数形で] 選んだ人[物], 好みの人[物]: take one's ~ 好きな物を取る / a natural [an obvious] ~ 選ばれて当然のもの[人] / Who is your first ~ *for* [*as*] chairman? 議長にはまずだれがいいですか.

by [from] chóice 副 みずから好んで, 進んで.
gíve … a [the] chóice 動 〈…に〉選ばせる.
hàve no chóice but to dó 動 …するよりしかたがない [言い換え] I had no ~ but to leave my house. (=(文) I couldn't choose but leave my house.) 私は家を出るよりほかにどうしようもなかった.
màke a chóice 動 選ぶ, 選択する: You must *make* a careful ~ of occupation. 職業は慎重に選ばなければならない.
léave … (with) nó chóice but to dó 動 他 〈人〉に…せざるを得なくさせる.
of chóice [形] [名詞の後で] 一般的に好まれる: Wine is the drink of ~ in French restaurants. フランス料理の店ではワインが普通酒類として選ばれる.
of one's chóice [形・副] 自分で選んだ; 自分の好き勝手で: He is now at the college *of his* ~. 彼はいま自分の選んだ大学に入っている.
òut of chóice [副] =by [from] choice.
through nó chóice of …'s ówn [副] (起きた出来事が)本人の意志と無関係に.
― 形 (choic・er; choic・est) A 1 (格式) (食品などが)えりすぐった, 飛び切り上等の: the *choicest* fruit 最も上等の果物. 2 (米) (肉の等級が)上の: ~ steak 上ステーキ (極上ステーキは prime steak). 3 (ことばなどが)よく選んだ, ごていねいな; [皮肉] (皮肉に)意味深長に: use some ~ language よく選んだことばを使う; [皮肉] 乱暴な[きびしい]口を利く / in a few ~ words [皮肉] 乱暴なことばで. ~**・ly** 副 えりすぐって.

*__**choir**__ /kwáɪɚ│kwáɪə/ 名 発音注意 C 1 [(英) 単数形でも時に複数扱い] (教会の)聖歌隊. 関連 chorus 合唱団. 2 [普通は単数形で] 聖歌隊席.

chóir・bòy 名 C 聖歌隊の少年歌手.
chóir・gìrl 名 C 聖歌隊の少女歌手.
chóir lòft 名 C (米) 聖歌隊席.
chóir・màster 名 C 聖歌隊の指揮者.

*__**choke**__ /tʃóʊk/ 類音 chalk/ 動 (chokes /-s/; choked /-t/; chok・ing) 他 1 〈…〉を窒息させる; むせさせる: The man ~d the woman *to* death. <V+O+*to*+名> 男はその女性を絞め殺した / The baby swallowed a coin and *was* almost ~d. <V+O の受身> 赤ん坊は硬貨をのみ込んで, もう少しで窒息するところだった. 2 〈管〉をふさぐ, 詰める, 詰まらせる; 〈雑草などが〉〈植物〉を枯らす: The road *was* ~d *with* traffic. 道路は車ですっかりふさがれていた. 3 〈感情が〉〈声〉を詰まらせる (with); 〈声〉を詰まらせながら〈…〉を言う (out). 4 〈エンジン〉のチョークをひく.
― 自 1 息が詰まる, むせる; (物が)つかえる; (声が)詰まる (with): I ~d *on* a piece of meat. <V+*on*+名・代> 肉切れがのどにつかえて息が詰まった. 2 (米略式) (試合などで緊張して)あがる.

― choke の句動詞 ―
chóke báck 動 他 〈感情〉をぐっと抑える: ~ back one's tears [anger] 涙[怒り]をこらえる.
chóke dówn 動 他 1 〈食べ物〉をなんとかのみ込む. 2 =choke back.
chóke óff 動 他 (略式) 〈…〉をやめさせる, 妨げる.
chóke úp 動 自 1 (感情が高ぶって)ものが言えなくなる (with). 2 (米略式) (緊張して)あがる. ― 他 (感情が)〈人〉の口をきけなくする, 〈ことば〉を詰まらせる.

― 名 1 C 窒息; むせび. 2 C [機] (ガソリンエンジンの)チョーク, 空気調節装置; C チョークをひくこと.
chóke chàin 名 C (主に英) =choke collar.
choke・cher・ry /tʃóʊktʃèri/ 名 C (渋い実をつける各種の)桜 (北米産).
chóke cóllar 名 C 輪縄式首輪 (犬の訓練用).
choked /tʃóʊkt/ 形 P (英略式) 怒って; 気が動転して; 感極まって (up; about).
chóke pòint 名 C (米) (交通・航海の)難所.
chok・er /tʃóʊkɚ│-kə/ 名 C チョーカー, (襟元にぴったりする)短いネックレス.
chok・ing /tʃóʊkɪŋ/ 形 1 (煙などが)窒息させるような, 息苦しい. 2 (声が) (感情が高ぶって)詰まったような.
chol・er /kálɚ│kɔ́lə/ 名 U (文) 怒り; 不機嫌.
*__**chol・er・a**__ /kálərə│kɔ́l-/ 名 U コレラ.
chol・er・ic /kálərɪk│kɔ́l-/ 形 (文) 短気の[怒りっぽい], 不機嫌な.
*__**cho・les・ter・ol**__ /kəlèstəròʊl, -rɔ̀ːl│-rɔ̀l/ 名 U コレステロール (血液・胆汁などに含まれる): good [bad] ~ 善玉[悪玉]コレステロール.
chomp /tʃámp│tʃɔ́mp/ 動 =champ[2].
Chom・sky /tʃámski│tʃɔ́m-/ 名 個 **Nó・am** /nóʊ(ə)m/ チョムスキー (1928-) ((米国の言語学者)).
Chong・qing /tʃàŋdʒíŋ, tʃʌ̀n-│tʃɔ̀ŋ-/ 名 個 重慶

(ジュウ)(チン) 《中国四川省南東部の都市》.

choo-choo /tʃúːtʃùː/ 名 C 《小児》汽車ぽっぽ.

*choose /tʃúːz/ 動 (**choos·es** /~ɪz/; 過去 **chose** /tʃóuz/; 過分 **cho·sen** /tʃóuz(ə)n/; **choos·ing**) 名 choice) 他 **1** 〈いくつかあるものの中から〉を**選ぶ**, 選択する (*from, out of*); 〈人に〉〈...〉を選ぶ (☞ 表, 類義語); 選挙する: ~ one's words (carefully) (慎重に)ことばを選ぶ / C~ the kind of cake you like (the) best. あなたのいちばん好きなケーキを選びなさい / My father *chose* a red tie *from* the many on the shelf. <V+O+*from*+名・代> 父は棚の多くのネクタイの中から赤いのを選んだ (☞ 言い換え) I *chose* a present *for* her. <V+O+*for*+名・代> = I *chose* her a present. <V+O+O> 彼女のために贈り物を選んだ (☞ for 前 A1 語法) / 言い換え Mary *was chosen* (*as*) May Queen. <V+O+C ((*as*+) 名) の受身> = Mary *was chosen to be* May Queen. <V+O+C (to 不定詞) の受身> メアリーが5月の女王に選ばれた (☞ *as* 1 語法 (1); May Day) / We *chose* her to play for our class. 私たちは彼女をクラスの代表選手に選んだ.

choose (2つ以上の中から)	
select (多数の中から)	選ぶ
elect (選挙で)	(☞ 類義語)

2 〈...すること〉に決める; (...する)ほうがよいと思う, 〈...することを望む (prefer): He *chose* to ignore her advice. <V+O (to 不定詞)> 彼は彼女のアドバイスを無視することに決めた / Can I ~ *what* [*which*] program we watch this evening? <V+O (wh 節)> 今夜どの番組を見るか私が決めていいですか / The teachers *chose that* we (*should*) go home immediately after school. <V+O (*that* 節)> 先生たちは私たちは放課後直ちに帰宅するほうがよいと言われた (☞ should A 8).

語法 アクセントの位置と not のかかり方に注意: 言い換え She did *not* ~ to wear black. (=She had to wear black.) 彼女は自分で好んで黒の服を着たのではなかった / 言い換え She did *not* ~ to wear bláck. (= It was her choice not to wear black.) 彼女は黒い服を着ないことにした.

─ 自 **1** 選ぶ, 選択する (*from*): I can't decide which wine to buy. You ~. どのワインを買うか私にはわからない. あなたが選んで / She had to ~ *between* get*ting* a job *and* go*ing* on to college. <V+*between*+動名+*and*+動名> 彼女は就職するか大学に進学するか決めなくてはならなかった.

2 欲する, 望む, 好む (please): You can come with me if you (so) ~. よければいっしょに来てもいいですよ.

cànnot chóose but dó [動] 《文》...せざるをえない. **There is nóthing** [**líttle, nót múch**] **to chóose betwèen** ⌈**the twó** [...**and** ─]. 両者 [...と─] の間には優劣は全く[ほとんど, あまり]ない.

【類義語】**choose** 自分の意思・判断によって選び出し, それを手に入れること: He *chose* a good job. 彼はよい仕事を選んだ. **select** *choose* よりも格式ばった語で, 多数の中から慎重に吟味して選び出すこと. 特に2つの中から1つを選ぶときには用い, select は使わない: He *was selected* from among many applicants. 彼は多くの志願者の中から選ばれた. **pick** 《略式》で数多くの物から *choose* や *select* ほど厳密な順序を意味しない: I *picked* the book nearest to me. 私はいちばん近くにある本を取った. **elect** 普通は選挙によって役職者を選ぶことをいう: He *was elected* to Congress. 彼は議員に選出された. **opt** (*for*) 主に利害得失を考慮しての行動を選択すること: She *opted* to go home. 彼女は家に帰ることにした.

choos·er /tʃúːzɚ | -zə/ 名 C 選ぶ人 (☞ beggar).
choos·ey /tʃúːzi/ 形 = choosy.
choos·y /tʃúːzi/ 形 (**choos·i·er**, **-i·est**) 《略式》えり好みする, 気難しい (*about*).

*chop¹ /tʃɑ́p | tʃɔ́p/ 動 (**chops** /~s/; **chopped** /~t/; **chop·ping**) 他 **1** 〈おの・なたなどで〉〈...〉をたたき切る, ぶち割る (*off*; *from*); 〈人に〉〈...〉をたたいてやる: ~ some wood for the fireplace 暖炉のまきを切る 言い換え He *chopped* some wood *for* me. <V+O+*for*+名・代> =He *chopped* me some wood. <V+O+O> 彼は私のためにまきを割ってくれた 《dative verb 文法, indirect object 文法 (2), for 前 A 1 語法》 / Please ~ these logs (*up*) *into* firewood. <V+O (+*up*)+*into*+名> この丸太をまきに切ってください.

2 〈...〉を細かに刻む (*into*) (☞ mince): The cook was *chopping up* vegetables. <V+*up*+名・代> 料理人は野菜を刻んでいた. **3** =たたき切るようにしてまき・穴などを作る; 〈道〉を切り開いて進む (*through*). **4** 〈...〉を空手チョップでたたく. **5** [普通は受身で] 《略式》〈予算・業務などを〉減らす, やめる (*off*). **6** 《テニス》〈ボール〉を切る[回転を与える].

─ 自 たたき切る, 切りつける (*away*): He was *chopping at* a tree. <V+*at*+名・代> 彼は木をたたき切っていた. **chóp dówn** [動] 他 〈木〉を切り倒す (fell); 〈相手選手〉をころばす. **chóp óff** [動] 他 〈おのなどで〉〈...〉を切り取る; 《略式》〈首など〉をちょん切る. ─ 名 **1** C 〈羊・豚などの〉厚切りの肉片, チョップ (普通は骨つき). **2** C 〈切りつけるように〉殴ること, 《テニス》チョップ: a karate ~ 空手チョップ. **3** C 切りつけること; 切断. **4** [the ~] 《英略式》解雇, 殺害; 中断: get the ~ 首になる; (計画などが)つぶされる / be for the ~ 首になりそうである; (計画などが)つぶされそうである.

chop² /tʃɑ́p | tʃɔ́p/ 動 (**chops**; **chopped**; **chop·ping**) 他 [次の成句で] **chóp and chánge** [動] 自 《英・豪》考え方[方針]をころころ変える.

chop-chop /tʃɑ́ptʃɑ́p | tʃɔ́ptʃɔ́p/ 副 S 《古風, 英・豪》早く早く.

Cho·pin /ʃóupæn, ʃoupǽn | ʃɔ́pæn/ 名 ⓖ **Fré·dé·ric** /frèdərík/ **Fran·çois** /frɑːnswɑ́ː/ ~ ショパン (1810–49) 《ポーランドのピアニスト・作曲家》.

+chop·per /tʃɑ́pɚ | tʃɔ́pə/ 名 **1** C 《略式》ヘリコプター; (前輪が突き出た)改造バイク. **2** C ぶち切る物, 〈大型の〉肉切り包丁. **3** [複数形で] 《俗》歯, 入れ歯.

chóp·ping blòck [**bòard**] /tʃɑ́pɪŋ- | tʃɔ́pɪŋ-/ 名 C まな板, 物切り台. **be on the chópping blòck** [動] 自 首になりそうである.

chopper 2

chop·py /tʃɑ́pi | tʃɔ́pi/ 形 (**chop·pi·er**; **-pi·est**) **1** 〈水面が〉三角波の立つ, 波立ち騒ぐ, 荒れる. **2** とぎれとぎれの.

chops /tʃɑ́ps | tʃɔ́ps/ 名 複 《略式》あご, 口もと.

chop·sticks /tʃɑ́pstɪks | tʃɔ́p-/ 名 複 はし, わりばし: a pair of ~ はし1ぜん.

chop su·ey /tʃɑ́psúːi | tʃɔ́p-/ 名 U チャプスイ, 中華丼 《肉野菜いためをごはんにかけた米英の中華風料理》.

+cho·ral /kɔ́ːrəl/ 形 〈chorus〉 Ⓐ 合唱隊[曲]の; 合唱の: The C~ Symphony 合唱付き交響曲 (Beethoven の交響曲第9番) / ~ society 《英》合唱団.

cho·rale /kərǽl/ 名 **1** 聖歌, コラール; 合唱曲. **2** 《主に米》聖歌隊, 合唱団.

+chord /kɔ́ɚd | kɔ́ːd/ 名 C **1** 《楽》和音, コード; 〈弦〉〈楽器の〉弦. **2** 《古風》= cord 3. **strìke** [**tóuch**] **a chórd** [動] 他 〈人の〉共感を呼ぶ (*with*); 人に(ある人・物等を)思い出させる: *touch* the right ~ 人の心の琴線に触れる.

+chore /tʃɔ́ɚ | tʃɔ́ː/ 名 C **1** 《毎日の家庭の〉雑用, 半端仕事: do household ~s 家事をする. **2** つまらない

仕事.

cho·re·o·graph /kɔ́:riəgræf | kɔ́riəgrɑ̀:f/ 動 〈バレエなどの〉振り付けをする; 〈複雑な行事などを〉うまく組み立てる, 整える. ― 自 振り付けをする.

cho·re·og·ra·pher /kɔ̀:riɑ́grəfə | kɔ̀riɔ́grəfə/ 名 C 〈バレエなどの〉振り付け師.

cho·re·o·graph·ic /kɔ̀:riəgræfɪk | kɔ̀r-/ 形 〘普通は A〙振り付けの.

†**cho·re·og·ra·phy** /kɔ̀:riɑ́grəfi | kɔ̀riɔ́g-/ 名 U 〈バレエの〉振り付け(法).

cho·rine /kɔ́:ri:n/ 名 C (米) =chorus girl.

cho·ris·ter /kɔ́:ristə | kɔ́ristə/ 名 C 1 (教会の)聖歌隊(少年)歌手. 2 (米) =choirmaster.

cho·ri·zo /tʃərí:zoʊ/ 名 U チョリソー《スパイスの効いたスペイン料理などのソーセージ》.

chor·tle /tʃɔ́:ṭl | tʃɔ́:-/ 動 〘文〙 自 楽しげで[得意げ]に笑う, 声高に笑う (at). ― 他 楽しげで[得意げ]に笑って言う. ― 名 C 楽しげで[得意げ]な笑い. 語源 chuckle と snort の混成語; ☞ blend 名 2.

__cho·rus__ /kɔ́:rəs/ 名 (~·es /~ɪz/; 形 chóral) C 1 合唱(曲), コーラス, 折り返し (refrain), 〈歌の〉合唱部: join in the ~ 合唱に加わる.
2 〘英〙単数形でも時に複数扱い 合唱団, コーラス: join a ~ 合唱団に入る. 関連 choir 聖歌隊. 3 〘英〙単数形でも時に複数扱い (ミュージカルの)ダンサーと歌手の一団. 4 〘英〙単数形でも時に複数扱い (古代ギリシャ演劇の)合唱舞踏団, コロス. 5 声をそろえて言うこと: a ~ of laughter [boos, disapproval] 一斉に笑う[非難する, 反対する]声. 6 (主にエリザベス朝演劇でプロローグ・エピローグを語る)口上役.
in chórus 副 (1) 合唱して, コーラスで: sing in ~ 合唱する. (2) 声をそろえて. ― 動 他 〈...〉を合唱する; 声をそろえて言う. ― 自 声をそろえて言う.

chórus girl 名 C コーラスガール《ミュージカルなどで集団で歌って踊る女性》.

chórus lìne 名 C コーラスライン《ミュージカルなどで1列に並んで歌って踊る集団》.

__chose__ /tʃóʊz/ 動 choose の過去形.

__cho·sen__ /tʃóʊz(ə)n/ 動 choose の過去分詞.
― 形 選ばれた, 選択した, 決めた: a [the] ~ few 選ばれたごく少数の人々.

chósen péople 名 [複] [the [God's] ~, しばしば the C- P-] 神の選民《ユダヤ人》.

Chou En-lai /dʒóʊènlái, tʃóʊ-/ 名 固 =Zhou Enlai.

chow¹ /tʃáʊ/ 名 U (略式, 主に米) 食べ物. ― 動 自 《米略式》 がつがつ食べる (down; on).

chow² /tʃáʊ/, **chow chow** /tʃáʊtʃàʊ/ 名 C チャウチャウ《中国原産の犬》.

chow·der /tʃáʊdə | -də/ 名 U (米) チャウダー《魚介類・たまねぎ・豚肉などを牛乳で煮込んだスープ》.

chówder·hèad 名 C (米略式) うすのろ, あほう.

chow mein /tʃáʊméɪn/ 名 U チャーメン《米英の中華風焼そば》.

Chris /krís/ 名 固 1 クリス《男性の名; Christian, Christopher の愛称》. 2 クリス《女性の名; Christiana, Christina および Christine の愛称》.

chris·m /krízm/ 名 U 《キ教》 聖油《儀式用》.

__Christ__ /kráɪst/ 名 1 固 **Jesus ~** イエスキリスト (04? B.C.–A.D. 29?) 《人類の罪を負って十字架にかかった救世主とされている》. 2 [the ~] 救世主 (Messiah). 3 C キリストの像[絵]. 語源 ギリシャ語で「油注ぐ(注がれた)者」の意. 本来は王の尊号.
befòre Chríst 形 紀元前 (略 B.C., B.C.). ★ 用法については ☞ B.C.

for Chríst's sàke ☞ sake¹.
― 感 《卑》 畜生!, くそ!(☞ swear 自 1 語法): C~ no! とんでもない.

†**chris·ten** /krís(ə)n/ 動 他 1 〈...〉に洗礼を施してキリスト教徒にする (baptize). 2 [しばしば受身で] 〈洗礼を施して〉〈...〉に名をつける; 〈船などに〉名をつける; あだなをつける: They ~ed the baby Bill. 彼らはその赤ん坊に洗礼を施してビルと名づけた. 関連 Christian name 洗礼名. 3 (略式) 〈...〉を初めて使う, おろす.

Chris·ten·dom /krís(ə)ndəm/ 名 U 〘古風〙《世界の》キリスト教界[国], キリスト教徒(全体).

†**chris·ten·ing** /krís(ə)nɪŋ/ 名 U.C 洗礼(式).

*__Chris·tian__*¹ /krístʃən/ 名 形 Christianity の 形 (unchristian) 1 [比較なし] キリスト教の: the ~ church [countries] キリスト教会[国]. 関連 Catholic (ローマ)カトリックの / Protestant プロテスタントの.
2 キリスト教徒の, クリスチャンの; [しばしば c-] キリスト教徒らしい; 立派な; 人情のある: live a ~ life キリスト教徒らしい生き方をする.
― 名 (~s /~z/) C 1 キリスト教徒, クリスチャン. 2 (略式) 立派な人, 善良な人: behave like a ~ 立派なふるまいをする. 関連 Catholic (ローマ)カトリック教徒 / Protestant プロテスタント.

Chris·tian² /krístʃən/ 名 固 クリスチャン《男性の名; 愛称は Chris》.

Chris·ti·an·a /krìstiǽnə | -ɑ́:nə/ 名 固 クリスチアーナ《女性の名; 愛称は Chris》.

Chrístian Di·ór /-díə | -dí:ɔ:/ 名 固 クリスチャンディオール《フランスの婦人服・化粧品ブランド》.

Chrístian éra 名 [the ~] キリスト[西暦]紀元.

語法 (1) キリスト紀元の年号を言うときには A.D. 14 か《米》 14 A.D. (西暦14年)のように記す; ☞ A.D., B.C. (2) 年号の読み方については ☞ cardinal number 文法.

__Chris·ti·an·i·ty__ /krìstʃiǽnəṭi/ 名 (形 Chrístian) U 1 キリスト教: spread ~ among the Japanese 日本人の間にキリスト教を広める. 2 キリスト教的精神.

Chris·tian·ize /krístʃənàɪz/ 動 他 〈...〉をキリスト教化する; キリスト教徒にする.

Chrístian náme 名 C (主に英) 洗礼名, クリスチャンネーム, (姓に対して個人の)名《洗礼 (christening) のときにつけられる名; ☞ name 名 1 参考》.

Chrístian Scíence 名 U クリスチャンサイエンス《1879年に米国で創立のキリスト教派; 信仰療法が特色》.

Chrístian Scíentist 名 C クリスチャンサイエンスの信者.

chris·tie /krísti/ 名 C.U [時に C-] 《スキー》 クリスチャニア《速い回転法》.

Chris·tie /krísti/ 名 固 **Agatha ~** クリスティー (1890–1976) 《英国の推理小説家》.

Chris·tie's /krístiz/ 名 固 クリスティーズ《London の美術品競売商》.

Chris·ti·na /krìstí:nə/ 名 固 クリスティーナ《女性の名; 愛称は Chris または Tina》.

Chris·tine /krìstí:n, krístì:n/ 名 固 クリスティーン《女性の名; 愛称は Chris》.

Chríst·lìke 形 キリストのような.

__Christ·mas__ /krísməs/ 名 (~·es /~ɪz/) U.C 1 クリスマス, キリスト降誕祭 (Christmas Day) (12月25日のキリストの誕生を祝う日): a white ~ 雪の積もったクリスマス / a green ~ 雪の降らない(暖かい)クリスマス / go to church for ~ services 教会へ行きクリスマスの礼拝をする / The whole family gathered together **on** [for] ~. 家族は全員クリスマスに一緒に集まった / I gave Mary a ~ present. 私はメアリーにクリスマスプレゼントをあげた. 2

クリスマスの季節 (Christmastime) 《12月24日から1月1日まで; 《英》では1月6日まで》: We went skiing at Zao *at* [*over*] ~. クリスマスの時期に蔵王へスキーに行った. 語源 'Christ's Mass' (キリストのミサ) の意. ☞ Xmas 語源.

Mérry Chrístmas!＝《英》**Háppy Chrístmas!** クリスマスおめでとう 《12月24-25日のあいさつ》. 語源 返事は「The sáme [Sáme] to yóu. または You too. 参考 《米》ではキリスト教以外の信者に配慮して, 代わりに Happy Holidays を使う人がいる.

Chrístmas bónus 名 C クリスマスボーナス 《英国でクリスマスに国から老齢年金受給者に支給される》.

Chrístmas bòx 名 C 《古風, 英》クリスマスのお礼の金・贈り物 《クリスマスの翌日の (Boxing Day) に使用人・郵便 (牛乳) 配達人などに贈る》.

Chrístmas càke 名 C,U 《英》クリスマスケーキ 《干した果物を入れて周りを砂糖で飾ったケーキ; クリスマスに食べる》. 日英比較 日本でいう「クリスマスケーキ」とは違い, フルーツケーキの一種.

⁺**Chrístmas càrd** 名 C クリスマスカード: send a ~ クリスマスカードを送る. 日英比較 日本の年賀状と違い, クリスマスまでに相手に届けるのが慣習.

Chrístmas cárol 名 C クリスマスキャロル 《クリスマスを祝う歌》: *A Christmas Carol*「クリスマスキャロル」(Dickens の小説).

Chrístmas clùb 名 C クリスマスクラブ 《クリスマスの出費のために定期的に積み立てる預金》.

Chrístmas cóokie 名 C 《米》クリスマスのクッキー 《クリスマスにちなんだ形をし, 赤と緑の飾りをつけることが多い; ☞ cookie 挿絵》.

Chrístmas cràcker 名 C 《英》《クリスマスパーティー用のクラッカー 《紙製で両端を引っ張ると破裂して中からおもちゃなどが出てくる》(cracker).

⁺**Chrístmas Dáy** 名 U,C クリスマス, キリスト降誕祭 (Christmas) 《12月25日; 米国の法定祝日 (legal holiday), 英国の公休日 (bank holiday); ☞ holiday 表》.

Chrístmas dínner 名 C,U クリスマスディナー 《伝統的なクリスマスの昼食; 英国では七面鳥・クリスマスプディング・ミンスパイとワインが普通》.

⁺**Chrístmas Éve** 名 U,C クリスマスイブ, クリスマスの前日 [前夜] 《12月24日》: on ~ クリスマスイブに.

⁺**Chrístmas hólidays** 名 《複》 [the ~]《英》= Christmas vacation.

Chrístmas púdding 名 U,C 《英》クリスマスプディング 《特大のクリスマス用フルーツケーキ》.

Chrístmas stócking 名 C クリスマスの靴下 《サンタクロースからの贈り物》.

Chríst·mas·sy /krísməsi/ 形 《略式》クリスマス (気分) の, クリスマスらしい.

Chríst·mas·tide /krísməstàrd/ 名 U 《文》= Christmas 2.

Chrístmas·tìme 名 U =Christmas 2.

Chrístmas trèe 名 C クリスマスツリー 《もみの木 (fir tree) がよく用いられる》.

Chrístmas vacátion 名 [the ~]《米》クリスマス休暇, 《学校の》冬休み 《英》Christmas holidays).

Chris·to·pher /krístəfə | -fə/ 名 1 クリストファー 《男性の名; 愛称は Chris》. 2 Saint ~ 聖クリストファー 《?-250?》《旅人の守護聖人》.

chro·mat·ic /kroumǽtɪk, krə-/ 形 1 色彩の, 着色の: ~ aberration 《光》色収差. 2 《楽》半音階の: the ~ scale 半音階.

chro·ma·tin /króumətɪn/ 名 U 《生》《細胞核内の》染色質, クロマチン.

chro·ma·tog·ra·phy /kròumətágrəfi | -tɔ́g-/ 名 U 《化》色層分析, クロマトグラフィー.

chrome /króum/ 名 U 1 クロム (合金), クロム染料. 2 ＝chrome yellow.

chuckle 295

chróme stéel 名 U クロム鋼.

chróme yéllow 名 U クロムイエロー, 黄鉛《顔料》.

⁺**chro·mi·um** /króumiəm/ 名 U 《化》クロム, クロミウム 《元素記号 Cr》.

⁺**chro·mo·some** /króuməsòum/ 名 C 《生》染色体.

chro·mo·sphere /króuməsfìə | -sfìə/ 名 [the ~]《天》彩層《太陽の周囲のガス層で皆既日食の時に見える》.

⁺**chron·ic** /kránɪk | krɔ́n-/ 形 1 《普通は A》《病気が》慢性の: a ~ disease 慢性病. 関連 acute 急性の. 2 《普通は A》《問題などが》長引く, 慢性的の; 《人・習慣などが》常習的な: a ~ alcoholic アルコール依存症の人. 3 《英略式》いやな, ひどい. **chrón·i·cal·ly** /-nɪkəli/ 副 慢性的に.

chrónic fatígue sỳndrome 名 U 《米》《医》慢性疲労症候群.

⁺**chron·i·cle** /kránɪkl | krɔ́n-/ 名 C 年代記, 記録, 物語 (*of*); [the Chronicles]《聖》歴代志 《旧約聖書中の上下二書》. ── 他 〈...〉を年代記 [年代順] に載せる.

chron·i·cler /kránɪklə | krɔ́nɪklə/ 名 C 年代記作者 [編者]; 記録者.

chron·o- /kránou | krɔ́n-/ 接頭「時間に関する, 時間の」の意: *chronology* 年代学.

chron·o·graph /kránəgræf | krɔ́nəgràːf/ 名 C クロノグラフ 《短い時間を正確に記録する装置》.

⁺**chron·o·log·i·cal** /krànəládʒɪkəl | krɔ̀nəlɔ́dʒ-/ 形 年代順の: in ~ order 年代順に. **-cal·ly** /-kəli/ 副 年代順に.

chro·nol·o·gy /krənálədʒi | -nɔ́l-/ 名 (*-o·gies*) 1 U 年代学. 2 C 年代記, 年表; 年代順の配列.

chro·nom·e·ter /krənámətə | -nɔ́mətə/ 名 C クロノメーター 《経度測定用の精密な時計; 主に航海時に用いられる》 (☞ *-meter*).

chrys·a·lis /krísəlɪs/ 名 (~*es*) C 《ちょう・がの》さなぎ. 関連 pupa (昆虫の) さなぎ.

chry·san·the·mum /krɪsǽnθəməm/ 名 C 菊《英米でも葬儀用》《米国式》mum³).

Chrys·ler /kráɪslə | -zlə/ 名 ⓞ クライスラー 《米国の大手自動車会社》; C クライスラー社製の自動車.

chub /tʃʌ́b/ 名 (複 ~) C,U ちゃぶ (うぐい類淡水魚).

chub·by /tʃʌ́bi/ 形 (**chub·bi·er**; **-bi·est**) (人や動物が) 丸々とした, 丸ぽちゃの (☞ fat 類義語).

*⁺**chuck**¹ /tʃʌ́k/ 動 (**chucks** /~/; **chucked** /~t/; **chuck·ing**) 他 《略式》 1 〈...〉をほうる, ほいと投げる; 無造作に置く; つまみ [追い] 出す (*off*): C~ me the ball, will you? 《V+O+O》そのボールをほうってくれないか. 2 《英》〈...〉を 《投げ》捨てる, 〈恋人〉を捨てる, 〈関係など〉を絶つ: ~ one's job 辞職する. **chúck awáy** [動] 他 《略式》 1 〈...〉を捨てる, 処分する. 2 〈機会など〉を無駄にする. **chúck ín** [動] 他 《英略式》〈仕事など〉をやめる. **chúck ít** [動] ⓞ 《英俗》やめる, よせ. **chúck óut** [動] 他 《略式》(1) 〈...〉を追い出す (*of*). (2) 〈...〉を捨てる, 処分する. **chúck ... ùnder the chín** [動] 他 〈子供のあごの下を軽くつつく 《愛情・たわむれのしぐさ》. **chúck úp** [動] 他 《略式》〈...〉を吐く, もどす.

chuck² /tʃʌ́k/ 名 1 C 《旋盤などの》チャック, つかみ. 2 U 牛の首の回りの肉. 3 U 《米方言》食べ物.

chuck·hole /tʃʌ́khòʊl/ 名 C 《米》《道路の》穴.

⁺**chuck·le** /tʃʌ́kl/ 動 ⓞ くっくっと笑う, 含み笑い [忍び笑い] をする (*about, over*) (☞ laugh 類義語, 挿絵): This comic strip made me ~. この漫画を見て私は笑ってしまった / He was *chuckling at* the photograph. 彼は写真を見てくすくすと笑っていた.

chúckle to onesèlf [動] (自) ひとりで笑う. ― [名] [C] くすくす笑い, 含み笑い; give a ~ くすくす笑う.

chúckle·hèad [名] [C] 《米略式》ばか, まぬけ.

chúck stéak [名] [U] =chuck² 2.

chúck wàgon [名] 《米古風》(牧場用の)炊事車; a ~ dinner 《炊事車で食べたような牛肉・じゃがいもなどの簡単な食事》.

chuffed /tʃʌft/ [形] [P] 《英略式》とても満足して[喜んで] (*about, at, with*).

+chug /tʃʌɡ/ [名] [C] 《普通は単数形で》(エンジンなどの)ぽっぽっという音. ― [動] (**chugs**; **chugged**; **chug·ging**) (自) **1** [副詞(句)を伴って] (船・車などが)音を立てる[音を立てて進む] (*along, away, down, up*). **2** じりじりと動く. ― (他) 《米略式》⟨…⟩を一気に飲む: ~ one's beer ビールを一気飲みする.

chug-a-lug /tʃʌ́ɡəlʌ̀ɡ/ [動] (他) 《米略式》⟨…⟩を一気飲みする.

+chum¹ /tʃʌ́m/ [名] [C] 《古風, 略式》仲よし. ― [動] (**chums**; **chummed**; **chum·ming**) [次の成句で] **chúm úp with …** [動] (自) 《古風, 略式》…と仲よしになる.

chum² /tʃʌ́m/ [名] [U] (魚の)寄せ餌(ʲ), まき餌.

chum·my /tʃʌ́mi/ [形] (**chum·mi·er**; **-mi·est**) 《古風, 略式》仲のよい, 親しい (*with*).

chump /tʃʌ́mp/ [名] [C] **1** 《略式》ばか. **2** 短い丸太切れ. **3** 《英》(一方の端に骨のついた)厚い肉の切り身. **gò [be] óff one's chúmp** [動] (S) 《古風, 英》頭がおかしくなる[なっている].

chúmp chànge [名] [U] はした金.

chúmp chòp [stèak] [名] [C] 《英》=chump 3.

chun·der /tʃʌ́ndə | -də/ [動] (自) 《略式》へどを吐く.

Chung·king /tʃʊ̀ŋkɪ́ŋ, tʃʌ̀ŋ-/ [名] =Chongqing.

***chunk** /tʃʌ́ŋk/ [名] (~s /~s/) [C] **1** (チーズ・パン・肉片・木材などの)大きい塊, 厚切り (*of*). **2** 《略式》大量, たくさん (*of*).

+chunk·y /tʃʌ́ŋki/ [形] (**chunk·i·er**; **-i·est**) **1** ずんぐり[どっしり]した; (人が)がっしりした. **2** (衣服などが)厚ぼったい. **3** (ジャムなどが)つぶつぶの入った[残った].

Chun·nel /tʃʌ́n(ə)l/ [名] [the ~] 《略式》=Channel Tunnel.

***church** /tʃə́ːtʃ | tʃə́ːtʃ/ [名] (~·es /~ɪz/) **1** [C] (キリスト教の)**教会**, 教会堂 語源 ch, Ch.): There are two ~*es* in this town. この町には教会が2つある / That ~ is near our school. その教会は学校の近くにある. 語法 英国では英国国教会・ローマカトリック教会の教会堂を church と呼び, 他の宗派のものを chapel と呼ぶことがある. **2** [U] (教会で行なう)礼拝: C~ begins [is] at ten. 礼拝は10時に始まります / They go to ~ every Sunday. 毎日曜彼らは教会に(礼拝に)行く / He is at [in] ~ right now. 彼は今(教会で)礼拝中だ. **3** [C] [C-] (キリスト教の)宗派, 教派, …教会. **4** [the ~, 時に the C-] 聖職(者), 牧師(職). **5** [U] [時に (the) C-] (国家に対して)教会, 教権: the separation of ~ and state 政教分離. **6** [the C-] キリスト教徒(全体).

gò into [énter] the chúrch [動] (自) 聖職につく, 牧師になる.

the Chúrch of Éngland [名] 英国国教会, 英国聖公会 (略 CE, C of E).

the Chúrch of Íreland [名] アイルランド聖公会 《(北)アイルランドの教会; 英国国教会と同系》.

the Chúrch of Jésus Chríst of Látter-dày Sáints [名] 末日聖徒イエスキリスト教会 (Mormon 教会の公式名).

the Chúrch of Scótland [名] スコットランド教会 (長老派).

chúrch·gò·er /tʃə́ːtʃɡòʊə | tʃə́ːtʃɡòʊə/ [名] [C] (規則正しく)教会へ礼拝に行く人.

Chur·chill /tʃə́ːtʃɪl | tʃə́ː-/ [名] **Sir Winston Leonard Spencer ~** チャーチル (1874-1965) 《英国の政治家; 首相 (1940-45, 1951-55)》.

chúrch·kèy [名] [C] 《米略式》栓抜き.

+chúrch·man /tʃə́ːtʃmən | tʃə́ːtʃ-/ [名] (**-men** /-mən/) [C] 聖職者, 牧師; (教会の)信者 《男性》.

chúrch schòol [名] [C] 教会付属学校.

chúrch sèrvice [名] [C] (教会の)礼拝式.

chúrch·wàrden [名] [C] 《英国国教会の》教区委員 《教区を代表して教会財産の管理をする人》.

chúrch·wòman [名] (**-wom·en** /-wìmən/) [C] 聖職者, 牧師; (教会の)信者 《女性》.

church·y /tʃə́ːtʃi | tʃə́ː-/ [形] 《略式》[軽蔑] 教会に忠実な, 国教に凝り固まった.

+chúrch·yàrd [名] [C] (教会の)敷地; (教会付属の)墓地. 関連 cemetery 共同墓地.

churl·ish /tʃə́ːlɪʃ | tʃə́ː-/ [形] 失礼な; 怒りっぽい. **~·ly** [副] 失礼にも. **~·ness** [名] [U] 失礼.

+churn /tʃə́ːn | tʃə́ːn/ [名] [C] **1** 攪拌(ʔ)乳器 《バターを作る道具》. **2** 《英》(運搬用の)大型牛乳かん. ― [動] (他) **1** ⟨クリーム・牛乳⟩を攪拌器でかき回す; かき回してバターを作る. **2** ⟨…⟩を激しくゆる; (風などが)⟨波⟩をゆさぶらせる, 泡立たせる; ⟨人⟩を激しく動揺させる (*up*). ― (自) **1** 攪拌器を回す. **2** (波などが)岸を激しく洗う, 泡立つ (*up*). **3** 激しく動く; (胃が)むかつく; (気持ちが)動揺する.

chúrn óut [動] (他) 《略式》⟨製品など⟩を大量に作り出す, 粗製濫造する.

chúrn úp [動] (他) ⟨道路⟩の表面をぐちゃぐちゃにする.

chur·ro /tʃʊ́(ə)roʊ/ [名] [C] チューロ 《砂糖をまぶした棒状の揚げパン》.

chute /ʃúːt/ [名] [C] **1** 滑降斜面路, シュート 《重いものを下へ送る装置》(語源): a garbage [rubbish] ~ ダストシュート. 関連 water chute ウォーターシュート. **2** 《略式》=parachute. **3** (家畜・人の)誘導通路.

chut·ney /tʃʌ́tni/ [名] [U] チャツネ 《甘辛いインドの調味料》.

chutz·pah /hʊ́tspə/ [名] [U] 《俗》[ほめて] すごい自信, ずぶとさ.

CI [略] 《英》=Channel Islands.

+CIA /sí:àɪéɪ/ [略] [the ~] =Central Intelligence Agency.

ciao /tʃáʊ/ 《イタリア語から》[間] (S) 《略式》ばいばい.

ci·ca·da /sɪkéɪdə, -káː-/ [名] [C] せみ 《(米) locust》.

cic·a·trice /síkətrɪs/ [名] [C] =cicatrix.

cic·a·trix /síkətrɪks/ [名] (**cic·a·tri·ces** /sìkətráɪsiːz/) [C] 《医》瘢痕(ʰ).

Cic·e·ro /sísəròu/ 名 固 **Mar·cus** /máːkəs | máː-/ ~ キケロ (106-43 B.C.)《ローマの政治家・雄弁家》.

cic·e·ro·ne /sìsəróuni, tʃìtʃə-/《イタリア語から》名 (複 ~s, **cic·e·ro·ni** /sìsəróuni:, tʃìtʃə-/ C (文) (名所・旧跡の)案内人.

Cid /síd/ 名 固 **El** /el/ ~ シッド (1043?-99)《スペインの伝説の騎士》.

+**CID** /síː.àɪdiː/ [the ~] = Criminal Investigation Department (英国の警察の)犯罪捜査課.

-cid·al /sáɪdl/ 接尾 [形容詞語尾]「…殺しの」の意: suicidal 自殺の.

-cide /sàɪd/ 接尾 [名詞語尾]「…殺し, …を殺す薬剤」の意: homicide 殺人 / insecticide 殺虫剤. 語法 2つ前の音節に第一アクセントがくる.

+**ci·der** /sáɪdə | -də/ 名 1 U りんごジュース; りんご酒. 参考 (米) では普通は未発酵のりんごジュース (sweet cider) を指し, (英) では発酵させたもの (米) hard cider をいう. 2 C (1杯・1本の)りんごジュース[酒]. 日英比較 日本語の「サイダー」に相当するものは soft drink, (米) ではまた soda (water), (soda) pop など.

cíder prèss 名 C りんご絞り器.

cíder vínegar 名 U りんご酢.

c.i.f., C.I.F. /síː.àɪef, síf/ 略 商 = cost, insurance and freight (保険料運賃込み値段).

cig /síg/ 名 C (略式) たばこ.

+**ci·gar** /sɪgáː | -gáː/ 名 C 葉巻き(たばこ), シガー (☞ cigarette 表, 語源): ~ smoke 葉巻きの煙.

*****cig·a·rette**, (米) **-a·ret** /sìgərét, sígərèt/ 名 (**-a·rettes, -a·rets** /sìgəréts, sígərèts/) C 紙巻きたばこ: a pack [(英) packet] of ~s たばこ1箱.

cigarette（紙巻きたばこ）	
cigar（葉巻き）	たばこ
tobacco（パイプ用の刻みたばこ）	

― コロケーション ―

light (up) a cigarette たばこに火をつける
puff on a cigarette たばこをふかす
「**put out [extinguish]** a cigarette たばこの火を消す
smoke a cigarette たばこをすう
stub out a cigarette たばこの火をもみ消す

語源 「小さな cigar」の意.

cigarétte bùtt [(主に英) **ènd**] 名 C たばこの吸いがら.

cigarétte hòlder 名 C 紙巻きたばこパイプ.

cigarétte lìghter 名 C (たばこ用)ライター.

cigarétte pàper 名 U,C たばこの巻紙.

cig·a·ril·lo /sìgərílou/ 名 (~s) シガリロ《細巻きの軽い葉巻き》.

cig·gy, -gie /sígi/ 名 C (S) (英略式) = cigarette.

ci·lan·tro /sɪláːntrou | -lǽn-/ 名 U (米) = coriander.

C in C 略 = commander in chief.

cinch /síntʃ/ 名 1 [a ~] (略式) 易しい[朝飯前の]こと, 確実なこと[人], 本命. 2 (米) (馬の)帯 (girth).
― 動 他 1 (米) (ベルトで)(布[ひもで])〈…〉をきつく締める. 2 (略式) 〈…〉を確保する, 確実にする.

Cin·cin·nat·i /sìnsɪnǽti/ 名 固 シンシナティ《米国 Ohio 州西部の都市; ☞ 表地図 H 4》.

cinc·ture /síŋ(k)tʃə | -tʃə/ 名 C (文) ベルト, 帯.

cin·der /síndə | -də/ 名 1 U (石炭などの)燃えがら. 2 [複数形で] 灰 (☞ Cinderella 語源).
 búrn … to a cínder [動] 他 〈…〉を黒こがしにする.

cínder blòck 名 C (米) 軽量ブロック ((英) breezeblock).

circle 297

Cin·der·el·la /sìndəréla/ 名 1 固 シンデレラ《まま子から王妃になった童話の主人公; ☞ Prince Charming》. 2 C 不当に軽視される人[もの]. 語源 元来はほとが灰をかぶりながら召し使いのように働かされた女, という意味. 3 [形容詞的に] 長い間不遇であった; 一躍有名になった.

cínder tràck 名 C 燃えがらを敷いた競争路.

Cin·die, Cin·dy /síndi/ 名 固 シンディ《女性の名; Cynthia の愛称》.

cin·e- /síni, -nə/ 接頭 《主に英》「映画(産業)」の意.

cin·e·ast(e), cin·é·aste /síniæ̀st/《フランス語から》名 C (格式) 映画通, 映画愛好者.

cin·e·cam·er·a /sínikæ̀m(ə)rə/ 名 C (英) 映画カメラ[撮影機].

cin·e·film /sínifilm/ 名 U,C (英) 映画フィルム.

*****cin·e·ma** /sínəmə/ 名 (~s /~z/) (主に英) 1 C 映画館 ((米) movie theater). 2 [the ~] 映画(の上映) ((米) the movies, (英略式) the pictures): Let's go to the ~. 映画を見にいこう. 3 [the ~] 映画産業; 映画界 ((米) the movies). 語源 ギリシャ語「動く(絵)」の意.

cin·e·mat·ic /sìnəmǽtɪk/ 形 映画の.

cin·e·ma·tog·ra·pher /sìnəmətágrəfə | -tɔ́g-/ 名 C 映画撮影技師.

cin·e·ma·tog·ra·phy /sìnəmətágrəfi | -tɔ́g-/ 名 U 映画撮影技術.

cin·é·ma vé·ri·té /sínəmɑ̀ːvèrəteɪ/ 名 U 《フランス語から》 シネマヴェリテ《ハンドカメラや街頭録音などで現実をありのままに描く撮影手法》.

cin·e·plex /sínəplèks/ 名 C [時に C-] (主に米) シネプレックス《複数のスクリーンを持つ大型映画館; 元来は商標》.

cin·e·rar·i·a /sìnəré(ə)riə/ 名 C シネラリア, サイネリア《菊科の観賞植物》.

cin·na·bar /sínəbàə | -bàː/ 名 U 1 鉱物 辰砂 (水銀の原鉱; 赤色顔料). 2 鮮紅色.

+**cin·na·mon** /sínəmən/ 名 1 U シナモン, 肉桂 (にっけい) (香味料). 2 C シナモンの木. 3 U 肉桂色.
― 形 肉桂色の.

ci·pher /sáɪfə | -fə/ 名 1 C,U 暗号(法); C 暗号文; 暗号を解く鍵. 2 C (文) (数字の)ゼロ (0; ☞ zero 語源). 3 C (軽蔑) 取るに足らない人[もの]. 4 C (文字)アラビア数字. **in cípher** [副・形] 暗号で[の].

cir·ca /sə́ːkə | sə́ː-/ 前 《ラテン語から》 (格式) およそ (about) (略 c., ca.): ~ [c., ca.] A.D.70 西暦 70 年ごろ.

cir·ca·di·an /səːkéɪdiən | səː-/ 形 A 生理 約24時間周期の, 概日 (がいじつ) の: a ~ rhythm 概日リズム.

Cir·ce /sə́ːsiː | sə́ːsi/ 名 固 ギ神 キルケー《Odyssey に登場する魔女》.

*****cir·cle** /sə́ːkl | sə́ː-/ 名 (~s /~z/; 形 círcular)

― リスニング ―
circle /sə́ːkl/, miracle /mírəkl/ などの語末の /kl/ は弱い「クー」のように聞こえる (☞ つづり字と発音解説 63). このため circle, miracle は「サーカー」,「ミラカー」のように聞こえる.「サークル」「ミラクル」とは発音しない.

「小さい環, 円」1 → (交友の輪) → 「仲間」2

C 1 円 (☞ 次ページ挿絵), 輪; 円形のもの, 環: a double ~ 二重丸 / a perfect ~ 完全な円 / draw a ~ 円を描く / This town has a ~ **of** mountains around it. この町はぐるりと山に囲まれている. 関連 semicircle 半円.

298 circlet

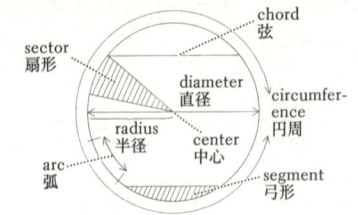

図の説明:
- chord 弦
- sector 扇形
- diameter 直径
- circumference 円周
- radius 半径
- center 中心
- arc 弧
- segment 弓形

2 仲間;…界, 社会;(交際・活動などの)範囲: business [political] ～s 実業[政界] / move in the best ～ 上流社会で活躍している / She has quite a large ～ of friends. 彼女は交際範囲がなかなか広い. 日英比較 「同好会」や「サークル」に相当する英語は club. **3** 円形桟敷(ｾ)(劇場などの)((主に米))balcony): the dress ～ 劇場の特等席. **4** ひと巡り, 周期(cycle), 循環: the ～ of the seasons 季節の移り変わり / a vicious ～ 悪循環. **5** =traffic circle. **6** 《地理》緯点, 緯度圏: the polar ～ 北[南]極圏 / the Arctic [Antarctic] C～ 北[南]極圏.

còme [gò, tùrn] fúll círcle 〔動〕 一巡する, 振り出しに戻る. **gò [rún] aróund [róund] in círcles** 〔動〕 堂々巡りをする; 手間どる, むだ骨を折る. **in a círcle** 〔副〕 輪になって, 円形に: sit *in a* ～ 輪になって座る. **rùn círcles aróund …** 〔動〕 他 《略式》=run rings around …(☞ ring¹ 成句).

単語の記憶 《CIRC》(環)	
circle	小さい環, 円
circuit	一周
circulate	循環する
circumference	円周
circumstance	(周りを取り巻くもの)→ 事情

—〔動〕 (cir·cles /～z/; cir·cled /-d/; cir·cling) 自 (特に空中を)回る, 旋回する: An airplane was *circling around* [*round*, *about*] *over* the ship [*above* the cloud]. 〈V+副+前+名・代〉 1機の飛行機が船[雲]の上をぐるぐると回っていた.
— 他 **1** 〈…〉を丸で囲む: C～ the right answers. 正しい答えを丸で囲む.
2 〈…〉を回る, 旋回する: The satellite ～s the earth in an hour and a half. その衛星は1時間30分で地球を一周する. **3** 〈…〉を囲む, 取り巻く.

cir·clet /sə́ːklət | sə́ː-/ 〔名〕 C 飾り輪(女性が頭・腕などにかける貴金属や花の輪).

*cir·cuit /sə́ːkɪt | sə́ː-/ 〔形〕 circúitous 〔C〕 **1** 《電》回路, 回線: a ～ diagram 回路図 / a break in the ～ 接触不良(☞ short circuit. 語源 ラテン語で「回っていく」の意 ← circle 単語の記憶). **2** 巡回地域 (round), 巡回裁判地区, (説教師の)巡回教区; 巡回裁判: a mailman's ～ 郵便配達受持区 / a ～ judge 巡回裁判官. **3** (劇場・映画館などの)興行系統, (競技などの)連盟, リーグ. **4** ((英))(自動車競走などの)サーキット. 《スポ》巡回トーナメント. **5** 一周, 一巡(☞ circle 単語の記憶): the ～ of the earth around the sun 地球が太陽の周りを一巡すること. **màke [dò] a círcuit** 〔動〕 他 〈…〉を一周する. **on círcuit** 〔形・副〕 (裁判官などが)巡回中の[で].

círcuit bòard 〔名〕 C 《電》 基板(電気回路が組み込まれている板).

círcuit brèaker 〔名〕 C 《電》 回路遮断器, ブレーカー (breaker).

círcuit cóurt 〔名〕 C 巡回裁判所.

cir·cu·i·tous /səːkjúːətəs | sə(ː)-/ 〔形〕 circúit) **1** 回り道の: a ～ route 迂回路. **2** (言動などが)回りくどい, 遠回しの. **～·ly** 〔副〕 回り道で; 遠回しに.
cir·cuit·ry /sə́ːkɪtri | sə́ː-/ 〔名〕 U 電気回路(網).
círcuit tráining 〔名〕 U サーキットトレーニング.

***cir·cu·lar** /sə́ːkjʊlə | sə́ːkjʊlə/ 〔形〕〔名〕 círcle) **1** [普通は A] 円形の, 丸い, 環状の (round): a ～ school building 円形校舎.
2 [普通は A] 循環の, 巡回の; 回覧の: a ～ tour 周遊旅行 / a ～ letter 回状状. **3** (論法などが)堂々めぐりの: a ～ argument [discussion] 循環論法.
—〔名〕 C 回覧状, ちらし, 回覧(板).

círcular fíle 〔名〕 [単数形で] 〔滑稽〕 くずかご.
cir·cu·lar·i·ty /sə̀ːkjʊlǽrəti | sə̀ː-/ 〔名〕 U 循環性[論法].
cir·cu·lar·ize /sə́ːkjʊləràɪz | sə́ː-/ 〔動〕 他 〈…〉に回状[ちらしなど]を配る.
círcular sáw 〔名〕 C 丸形のこぎり (丸刃の電動のこぎり; ☞ saw² 挿絵).

***cir·cu·late** /sə́ːkjʊleɪt | sə́ː-/ (-cu·lates /-leɪts/; -cu·lat·ed /-tɪd/; -cu·lat·ing /-tɪŋ/; 〔名〕 circulátion) 自 **1** (液体・空気などが)循環する. (貨幣が)流通する (☞ circle 単語の記憶): Blood ～s *through* [*around*] the body. 〈V+前+名・代〉 血は体中を循環する / Money ～s through the banking system. 貨幣は銀行制度を通じて流通する. **2** (知らせなどが)伝わる, 広まる (among); (新聞などが)配布される: The rumor ～d quickly. そのうわさはすぐに広まった. **3** (会合などで)(ことばをかわしながら)まめに動き回る (among).
— 他 **1** 〈血液・水・空気など〉を循環させる; 〈貨幣〉を流通させる: By pushing this switch, we can ～ steam *through* the pipes. 〈V+O+through+名・代〉 このスイッチを押すと蒸気をパイプに循環させることができる. **2** 〈うわさなど〉を広める; 〈新聞など〉を配布する; 〈書状など〉を回覧[配布]する; 〈人〉に回覧で知らせる (with).

cír·cu·làt·ing cápital /sə́ːkjʊleɪtɪŋ | sə́ː-/ 〔名〕 U 流動資本.

***cir·cu·la·tion** /sə̀ːkjʊléɪʃən | sə̀ː-/ 〔名〕 **13** 〔名〕 (～s /-z/) **1** U.C (血液・水・空気などの)循環; 血行: The ～ of air in this building is awful. この建物は通気がひどく悪い / This disease is caused by bad [poor] (blood) ～. この病気は血液の循環が悪いと起こる.
2 U.C [普通は単数形で] 発行部数, 売れ行き; (本などの)貸し出し数: This paper has a daily ～ of about 3 million. この新聞は1日の発行部数が約300万だ.
3 U (貨幣の)流通; (うわさの)広まり; (書物・新聞・雑誌などの)普及: The ～ of money is slow. 貨幣の流通が緩慢だ. **in circulátion** 〔形・副〕 (1) 流通して[て]; 広まって[て]. (2) (人が)社会の場に出て, 活動して: be back in ～ (病気回復後などに)元気で活動する. **óut of circulátion** 〔形・副〕 《略式》 (人が)社交の場に出ていない, つきあいを絶って. **pút … in [into] circulátion** 〔動〕 他 〈…〉を流通させる, 〈…〉を広める.
cir·cu·la·to·ry /sə́ːkjʊlətɔ̀ːri | sə̀ːkjʊléɪtəri, -tri/ 〔形〕 círculàte) [普通は A] (血液などの)循環の: the ～ system 循環系統.

cir·cum- /sə́ːkəm | sə́ː-/ 〔接頭〕「周囲, 周回」 ○ circle 単語の記憶): *circum*navigate 船で回る.

***cir·cum·cise** /sə́ːkəmsàɪz | sə́ː-/ 〔動〕 他 〈…〉に割礼を行なう (陰茎の包皮または陰核を切除する).
cir·cum·ci·sion /sə̀ːkəmsíʒən | sə̀ː-/ 〔名〕 C,U 割礼 (ユダヤ教徒・イスラム教徒の宗教的行為とする儀式).
cir·cum·fer·ence /səkʌ́mf(ə)rəns, -fəns | sə(ː)kʌ́mf(ə)rəns/ 〔名〕 U [しばしば the ～] 円周; (丸い物などの)周囲, 周辺 (of) (☞ circle 挿絵, 単語の記憶): a lake two miles *in* ～ 周囲2マイルの湖.
cir·cum·fer·en·tial /səkʌ̀mfərénʃəl | sə-/ 〔形〕 円周の, 周囲の.

cir・cum・flex /sə́ːkəmflèks | sə́ː-/ 名 C =circumflex accent.

círcumflex áccent 名 C 曲折アクセント記号 (ˆ, ˜, ˋ のこと).

cir・cum・lo・cu・tion /sə̀ːkəmloʊkjúːʃən | sə̀ːkəmlə-/ 名 《格式》U 回りくどさ, 遠回し; C 回りくどい言い方; 逃げ口上.

cir・cum・loc・u・to・ry /sə̀ːkəmlɑ́kjʊtɔ̀ːri | sə̀ːkəmlɔ́kjʊtəri, -tri-/ 形 《格式》回りくどい.

circum・návigate 動 他 《格式》〈世界・島〉を船[飛行機]で回る, 周航する.

circum・navigátion 名 C,U 《格式》周航.

cir・cum・po・lar /sə̀ːkəmpóʊlə | sə̀ːkəmpóʊlə/ 形 1 〖天〗〈天体が〉北極[南極]の周りをめぐる. 2 (海洋などが)周極の, 極地近くにある.

cir・cum・scribe /sə́ːkəmskràɪb | sə́ː-/ 動 他 1 《普通は受身で》〈権式〉〈…〉を制限する. 2 〖幾〗〈多角形〉に外接円を描く,〈円〉を外接させる (☞ inscribe).

cir・cum・scrip・tion /sə̀ːkəmskrípʃən | sə̀ː-/ 名 U 《格式》制限, 限定;〖幾〗外接.

cir・cum・spect /sə́ːkəmspèkt | sə́ː-/ 形 《格式》(人・行動が)用心深い (about). **~・ly** 副 用心深く.

cir・cum・spec・tion /sə̀ːkəmspékʃən | sə̀ː-/ 名 U 《格式》慎重さ, 用意周到.

***cir・cum・stance** /sə́ːkəmstæns, -stəns | sə́ː-/ 13 名
(~s cir・cum・stanc・es /-ɪz/; 形 cìrcumstántial) 1 C 《普通は複数形で》(周囲の)**事情, 状況, 環境** 《人がどうにもできない事態, 境遇》(☞ 類義語; surroundings 類義語; circle 単語の記憶), distance 単語の記憶): a victim of ~s: It depends on ~s. それはそのときの事情による《言い換え》C~s made us change our plan. =Through force of ~(s) we had to change our plan. 事情があって我々は計画を変えなければならなかった / C~s alter cases. (ことわざ)事情によって話は違ってくる. 2 《複数形で》(特に経済的な)境遇, 暮らし向き: In reduced ~s (古風)貧乏している. 3 C (事の)次第, 事実 (fact); U 詳細. 4 U 儀式ばったこと (☞ pomp 成句). 語源 ラテン語で「周囲に立つもの」の意 《⇒ circle 単語の記憶, stand 単語の記憶》.

accórding to círcumstances [副] 状況に応じて, 臨機応変に. **círcumstances beyónd「…'s contról [the contról of ...]** [名] (…の手に負えない)やむをえない事情. **under [in] nó círcumstances** [副] どんな事情があっても…しない, 決して…しない (never). **ùnder [in, gíven] the [thése] círcumstances** [副] 文修飾節 そう[こう]いう事情なので[では].

《類義語》circumstance 周囲の状況もしくは同時に起こった出来事を: The *circumstances* must not be disregarded. 状況を無視してはならない. **situation** あることの周囲の状況との関係のしかた, つまり置かれた立場をいう. また総合的な状況・事態という意味にもなる: He was in an awkward *situation*. 彼はむずかしい立場にあった.

cir・cum・stan・tial /sə̀ːkəmstǽnʃəl | sə̀ː-/ 形 (名 círcumstànce) 1 状況による, 推定上の; 付随的な. 2 《格式》詳細な.

círcumstantial évidence 名 U 《法》状況証拠. 関連 **direct evidence** 直接証拠.

cir・cum・stan・tial・ly /sə̀ːkəmstǽnʃəli | sə̀ː-/ 副 状況によって; 詳細に.

cir・cum・vent /sə̀ːkəmvént | sə̀ː-/ 動 他 《格式》1 〈人の計画など〉を出し抜く, 阻止する;〈法律・規則など〉の抜け道を考え出す;〈…〉を回避する. 2〈…〉を迂回する.

cir・cum・ven・tion /sə̀ːkəmvénʃən | sə̀ː-/ 名 U 《格式》出し抜くこと; 裏をかくこと; 回避 (of).

cir・cus /sə́ːkəs | sə́ː-/ 名 (~・es /-ɪz/) C 1 《しばしば the ~》サーカス(の興行); a ~ act サーカスの芸 / the ~ ring サーカスの演技場 / go to the ~ サーカスを見に行く. 2 サーカスの一団. 3 《略式》騒がしい活動[会]. 4 古代ローマの円形競技場. 5 〖地名で C-〗《英》円形広場: Piccadilly C~ ピカデリー広場. 関連 square 四角い広場. 語源 ギリシャ語で「円」の意で古代ローマでは「円形の競技場」を指した.

cirque /sə́ːk | sə́ːk/ 名 C 〖地質〗圏谷(けんこく), カール (山腹のくぼみ).

cir・rho・sis /sɪróʊsɪs/ 名 U 〖医〗肝硬変.

cir・ro・stra・tus /sìroʊstréɪtəs/ 名 U 〖気象〗巻層雲.

cir・rus /sírəs/ 名 (複 **cir・ri** /sírəɪ/, ~) U,C 〖気象〗巻[絹]雲 (☞ cumulus, nimbus).

CIS /síːáɪés/ 略 〖the ~〗=Commonwealth of Independent States.

cis・sy /sísi/ 名 (**cis・sies**) C, 形 《英略式》=sissy.

Cis・ter・cian /sɪstə́ːʃən | -tə́ː-/ 名 C シトー会修道士. 形 シトー修道会の.

cis・tern /sístən | -tən/ 名 C (貯水用)タンク; (水洗トイレの)水槽.

⁺**cit・a・del** /sítədèl, dl/ 名 C 城(市街を見下ろしているもの); とりで;《文》(物事の)拠点 (of).

⁺**ci・ta・tion** /saɪtéɪʃən/ 名 1 C 《米法》(法廷への)召喚(状). 2 C 引用文. 3 C (軍隊などの)表彰(状) (for). 4 U 引用.

⁺**cite** /sáɪt/ (同音 sight, site) 動 (**cites** /sáɪts/; **cit・ed** /-tɪd/; **cit・ing** /-tɪŋ/; 名 citátion) 他 1〈…〉を引用する (quote): She ~*d* statistics *as* proof of her account. <V+O+*as*+名> 彼女は説明の証拠として統計を引用した. 2 〖法〗〈…〉を召喚する, (法廷へ)出頭を命ずる (for);〈…〉に言及する. 3 《格式》(軍隊などで)〈…〉を表彰する (for).
— 名 C 《米略式》=citation 2.

CITES /sáɪtiːz/ 名 略 ワシントン条約 (Washington Convention)《正式な「絶滅のおそれのある種の国際取引に関する条約」で, Convention on International Trade in Endangered Species の略》.

Cit・i・bank /sítibæŋk/ 名 固 シティバンク《New York 市にある米国最大の銀行》.

cit・i・fied /sítəfaɪd/ 形 都会ずれした; 都会風の.

***cit・i・zen** /sítəz(ə)n, -s(ə)n | -z(ə)n/ 名 (~**s** /-z/) C 1 **国民**《国家の義務と権利を有する》, 市民, 公民, 人民 (☞ subject¹ 語法): a ~ of the United States アメリカ国民 / I am not an Athenian, nor a Greek, but a ~ of the world. 私はアテネ人でもギリシャ人でもない. 世界の一市民だ (Socrates のことば). 関連 **senior citizen** 高齢者.
2 (都会の)**市民, 町民**, (都会人): the ~s of Paris パリ市民. 3 《米》民間人 (civilian).

citizen	国民
	市民・町民

cit・i・zen・ry /sítəz(ə)nri, -s(ə)n- | -z(ə)n-/ 名 〖the ~ として〗《英》時に複数扱い《格式》市民《全体》.

cítizen's arrést /sítəz(ə)nz-/ 名 C 市民逮捕《重罪の現行犯を市民の権限で逮捕すること》.

cítizens' bánd 名 C,U 〖しばしば C- B-〗市民バンド《トランシーバー用などの個人用周波数帯; ⇒ CB》.

⁺**cit・i・zen・ship** 名 U 市民権, 公民権; 公民の身分[資格]; 市民としての義務.

cit・ric /sítrɪk/ 形 〖化〗クエン酸の.

cítric ácid 名 U 〖化〗クエン酸.

Cit・ro・ën /sítroʊén | sítroʊən/ 名 C シトロエン《フランス製の乗用車; 商標》.

cit・ron /sítrən/ 名 C シトロン《レモンに似た樹木・果実》; U (砂糖漬けした)シトロンの皮.

cit・ro・nel・la /sìtrənélə/ 名 U シトロネラ油《防虫

cit·rous /sítrəs/ 形 =citrus.

cit·rus /sítrəs/ 名 ⓒ 柑橘(かんきつ)類の樹木[果実]. ─ 形 A 柑橘類の: ~ fruit 柑橘類の果物.

＊cit·y /síti/ (⇒つづり字と発音解説 03 注意) (類音 silly) 名 (cit·ies /~z/; 形 cívic) 1 ⓒ **都市**, 都会, 市, 町. 参考 (米)では重要な town を州の許可によって city と呼ぶ. (英)では国王から特に許可を得た town を city と呼び, しばしば cathedral を持つ town を指す. (⇒ town 日英比較): "How long have you been living *in* this ~?" "About three months."「どのくらいこの町に住んでいますか」「3 か月ほどです」 2 [形容詞的に] 都市の, 市の; 市街の: ~ life 都会の生活 / ⇒ city centre / a ~ map 市街地図 / a ~ dweller 都会の住民. 3 ⓒ [しばしば the ~; (英)単数形でも時に複数扱い] 市当局; 市民たち [全体]: *The* ~ *was alarmed by the earthquake.* 全市民がその地震におびえた. 4 [the C–] (英) シティー (London 中心部の地区; 英国の金融・商業の中心; 正式名 the City of London): a ~ gent ロンドン紳士 (スーツを着こなして山高帽をかぶりかさを持っているというイメージがある). 5 ⓤ ⓢ [形容詞・名詞の後で] (略式) …な場所[人, もの, 状態]: It was panic ~ for a while. しばらくの間ひどいパニック状態になった.

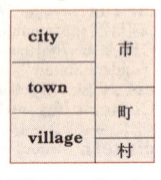

米国および英国の五大都市 (米は 2000 年統計, 英は 1999 年推定)		
	市 名	人 口
米国	1. New York City (N.Y.)	800 万人
	2. Los Angeles (Calif.)	369 〃
	3. Chicago (Ill.)	289 〃
	4. Houston (Tex.)	195 〃
	5. Philadelphia (Pa.)	151 〃
英国	1. London (Eng.)	728 万人
	2. Birmingham (Eng.)	101 〃
	3. Leeds (Eng.)	72 〃
	4. Glasgow (Scot.)	61 〃
	5. Sheffield (Eng.)	53 〃

city	市
town	町
village	村

cíty céntre 名 ⓒ (英) 市の中心街, 商業地区 ((米) downtown).
cíty cóuncil 名 ⓒ 市議会, 市会.
cíty désk 名 ⓒ [普通は単数形で] (米) (新聞社の)地方記事部; (英) 経済部.
cíty éditor 名 ⓒ (米) (新聞社の)地方記事編集長; (英) 経済記事編集長.
cíty fáther 名 [複数形で] 市の長老 (議員など).
cíty háll 名 (主に米) [しばしば C–H–] 1 ⓒ [普通は単数形で] 市役所, 市庁舎 2 ⓤ 市当局.
cíty mánager 名 ⓒ (米) 市政担当者.
cíty plánner 名 ⓒ (米) 都市計画立案者 (planner) ((英) town planner).
cíty plánning 名 ⓤ (米) 都市計画 (planning) ((英) town planning).
cit·y·scape /sítiskèɪp/ 名 ⓒ,ⓤ 市の景観.
cíty slícker 名 ⓒ [時に軽蔑] 都会もん.
cíty-state /sítistèɪt/ 名 ⓒ 都市国家.
cíty-wíde 形 市全域の, 全市的な.
civ·et /sívɪt/ 名 1 ⓤ じゃこう, 霊猫香(れいびょうこう) (じゃこう猫から採れる香料). 2 ⓒ =civet cat.
cívet cát 名 ⓒ じゃこう猫 (アジア・アフリカ産).
civ·ic /sívɪk/ 形 (名 cíty) A 1 市の, 市民としての: ~ duties 市民の義務. 2 市の, 都市の.

cívic cénter 名 ⓒ 1 (米) 市公会堂 2 (英) 市庁舎地区.
civic-mínded 形 公共心[市民意識]のある.
civ·ics /sívɪks/ 名 ⓤ (主に米) 公民科 (高等学校程度の倫理・社会・道徳を含む学科).
civ·ies /sívɪz/ 名 [複] =civvies.

＊civ·il /sív(ə)l/ T3 形 (civ·il·er, (英) civ·il·ler, more ~; civ·il·est, (英) civ·il·lest, most ~) 1 (親しくはないが) **礼儀正しい**, 礼儀正しくふるまった (⇒ polite 類義語): I asked a ~ question. 私は丁寧に質問をした / Try to be ~ *to* Mr. Long, even if you don't like him. <A +to+名·代> 好きじゃなくてもロングさんには丁寧にするようにしなさい. 2 A [法] 民事の: bring a ~ action 民事訴訟を起こす. 関連 criminal 刑事の. 3 A [比較なし] 市民間の; 国内の; (軍人・聖職者などに対して) 民間の, 一般人の; (軍人に対して) 文官の: (a) ~ conflict 内乱 (⇒ civil war) / ~ aviation 民間航空 / marry in a ~ ceremony (宗教的儀式によらないで)役人の立会いで結婚する (⇒ civil marriage). 関連 military 軍の. 4 A [比較なし] 市民の, 公民の; 公民としての: civil life 市民生活 / ~ duties 市民としての義務. **Kéep a cívil tóngue in your héad!** もっと丁寧な口をききなさい.

+cívil defénse 名 ⓤ 1 民間防衛 (空襲などに対する). 2 [複数形で] 国防.
cívil disobédience 名 ⓤ 市民の不服従 (武力を用いず, 市民の義務を拒否することによる).
cívil enginéer 名 ⓒ 土木技師.
cívil enginéering 名 ⓤ 土木工学; 土木工事 (engineering) (⇒ CE).

＊ci·vil·ian /səvíljən/ 名 (~s /~z/) ⓒ 民間人 (軍人に対して), 一般人, 文民: Many ~s were killed in the fighting. 多数の民間人がその戦闘で死亡した. ─ 形 民間の, 一般人の: ~ control 文民統制.

＊civ·i·li·sa·tion /sìvəlɪzéɪʃən | -laɪz-/ 名 (英) =civilization.
＊civ·i·lise /sívəlàɪz/ 動 (英) =civilize.
＊civ·i·lised /sívəlàɪzd/ 形 (英) =civilized.
ci·vil·i·ty /səvíləti/ 名 (-i·ties; 形 cívil; 反 incivility) 1 ⓤ 丁寧さ, 礼儀正しさ. 2 [複数形で] (格式) 礼儀正しい言動: exchange civilities 動 (格式) 挨拶のあいさつなどを交わす (*with*).

＊civ·i·li·za·tion /sìvəlɪzéɪʃən | -laɪz-/ 名 (~s /~z/; 動 cívilize) 1 ⓤ,ⓒ 文明 (*of*): European ~ ヨーロッパ文明 / The early Egyptians had a remarkable ~. 昔のエジプト人はすばらしい文明を持っていた. 関連 culture 文化. 2 ⓤ 文明社会, 文明諸国 (全体). 3 ⓤ (滑稽) 都会の生活, 文化的生活: 'get back [return] to ~ (都会の)文化的生活に戻る. 4 ⓤ 文明化, 開化, 教化. 5 ⓤ 洗練されていること.

＊civ·i·lize /sívəlàɪz/ 動 (-i·liz·es /-ɪz/; -d /-d/; -i·liz·ing; 名 cìvilizátion) 他 1 <…>を文明国[社会]にする, 開化させる, 教化する: Europe *was* ~*d by* Rome. <V+O の受身> ヨーロッパはローマ(帝国)によって文明化された. 2 <人>を洗練させる, あか抜けさせる. 語源 フランス語で「都市化する」の意.

+civ·i·lized /sívəlàɪzd/ 形 1 文明化した, 開化した, 教化された (⇔ barbarous, savage, uncivilized): ~ life 文化生活 / ~ society 文明社会. 2 礼儀正しい, 教養の高い; (人が)洗練された, あか抜けた. 3 気持ちのよい, 快適な.

civ·i·liz·ing /sívəlàɪzɪŋ/ 形 礼儀正しくさせる, あか抜けさせる.

cívil láw 名 ⓤ 1 民法. 関連 criminal law 刑法. 2 ローマ法. 3 国内法.

+cívil líberty 名 ⓤ [または複数形で] 市民としての自

由権《言論・思想の自由など》.
cívil líst 名 [the ~]《英国議会が定める》王室費.
cív・il・ly /sívəli | -vəli-/ 副 **1** 礼儀正しく, 丁寧に. **2** 民法上, 民事的に.
cívil márriage 名 Ⓤ Ⓒ 民事婚, 届け出結婚《宗教儀式によらず公吏が執り行なう》.
***cívil ríghts** 名 [複] 公民権, 市民権: the ~ movement 公民権運動《米国では特に1950年代以降の黒人の市民権獲得運動をいう》.
***cívil sérvant** 名 Ⓒ 公務員, 文官.
***cívil sérvice** 名 [しばしば C- S-] [the ~]《軍にして》文官部門; [《英》にて複数扱い] 公務員, 文官《全体》.
***cívil wár** 名 **1** Ⓒ Ⓤ 内戦, 内乱: the outbreak of ~ 内乱の勃発(ぼっぱつ). **2** [the C- W-]《米史》南北戦争《1861-65年の北軍と南軍の戦い; ☞ Lincoln¹, War between the States》.
civ・vies /síviz/ 名 [複]《俗》平服《軍服に対して》.
civ・vy /sívi/ 名 《俗》=civilian.
cívvy stréet 名 Ⓤ 《古風, 英》民間人の生活.
CJD /sí:dʒèɪdíː/ 名 Ⓤ =Creutzfeld(t)-Jakob disease.
ck 略 =check².
cl 略 =centiliter(s), class, clause.
clack /klǽk/ 動 自 **1** かたっ[かたかた]と音をたてる, ぱちっと鳴る. **2**《略式》ぺちゃくちゃしゃべる (chatter). ─ 他 〈…〉をかたっ[かたかた]と鳴らす. ─ 名 Ⓒ [普通は単数形で] かたっ[かたかた]という音.
clad /klǽd/ 形 [しばしば合成語で]《文》(…)を着た; (…)に覆(おお)われた: ~ in leather 革の服を着ている / an ivy-clad tower ツタに覆われた塔.
clad・ding /klǽdɪŋ/ 名 Ⓤ《建物などの》外装材.

***claim** /kléɪm/ 動 (claims /~z/; claimed /~d/; claim・ing) 他 **1** 〈…〉を主張する, 〈…〉と言う; 〈裁判で〉〈…〉だと公言[断言]する: ~ abuse 虐待されたと申し立てる / He ~ed his innocence. 彼は無罪を主張した / She ~s knowledge of what happened in the basement. 彼女は地下室で起こったことを知っていると言う 言い換え The child ~ed (that) he had seen a UFO. <V+O (that) 節)> = The child ~ed to have seen a UFO. <V+O (to不定詞)> その子はユーフォーを見たと言い張った (☞ to³ G 文法).
2 (当然の権利として)〈…〉を要求する; 〈もらうべきもの〉をくれと言う; 〈…〉を自分のものだと言う (☞ demand 類義語): ~ one's wages 賃金を要求する / ~ damages against the company for unfair dismissal 会社に対して不当解雇の損害賠償を要求する / He ~ed a share of his dead father's property. 彼は亡父の財産の分け前を要求した / Nobody ~ed the lost hat. 忘れ物の帽子の持ち主はだれも名のり出なかった.
3《功績・責任など》が自分にあると言う,〈行為など〉を自分がしたと言う (反 disclaim): The terrorists ~ed responsibility for the explosion. テロリストたちはその爆破の犯行声明を出した. **4**〈災害・事故など〉が〈人の命〉を奪う: That plane crash ~ed 253 lives. その飛行機の墜落は253名の命を奪った. **5** 〈…〉を必要とする (need),〈犠牲など〉を要求する; 〈当然〉〈注目など〉に値する. **6** [主に新聞で]〈賞など〉を獲得する.
─ 自 要求する, 権利を主張する (on, for); 《保険会社など》に賠償を請求する (against).
cláim ... báck 動 他 〈…〉の返還を要求する.
語源 ラテン語で「大声で叫ぶ」の意. clamor と同語源.
─ 名 (~s /~z/) **1** Ⓒ 主張, 言い張ること: Nobody believed her ~ **to** be an expert economist. <N+to不定詞> 彼女は自分は経済の専門家だと主張したがだれも信じなかった / The company makes the ~ **that** this is a low-fat cereal. <N+that節> 会社の主張ではこれは低脂肪シリアルである.

2 Ⓒ《権利としての》要求, 請求;《所有権などの》主張: ~s **for** compensation 補償請求 / a ~ form 請求用紙 / file a ~ 請求の訴訟を起こす; 請求手続きをとる / meet a ~ **for** a car damaged in the accident 事故で損傷した車に対する保険金請求に応じる / His ~ **to** the land is quite reasonable. その土地に対する彼の要求は至極もっともだ.
日英比較 英語の claim には日本語の「クレーム」のような「苦情」や「文句」の意味はなく, これに相当するのは complaint.「クレームをつける」は英語では make a complaint という (☞ complaint 成句).

─ コロケーション ─
accept a *claim* 《人の》要求をのむ
make [**put in**] a *claim* 要求[請求]する
reject a *claim* 《人の》要求を拒む
withdraw [**give up**] a *claim* 要求を取り下げる[撤回する]

3 Ⓒ Ⓤ (要求する) 権利, 資格;《商》賠償請求 (for): a ~ **to** fame [しばしば滑稽] 名声を博する資格 / You have no ~ **to** [**on**] my sympathy. あなたには私の同情を求める資格はありません. **4** Ⓒ 請求物, 請求金, 受けとる物; 払い下げ請求地: a ~ check (預けた物などの)引換券. **dispúte a cláim** 動 他 主張に疑いをはさむ. **júmp a cláim** 動 自 《古風, 米》他人の払い下げ地を横取りする. **láy cláim to ...** 動 他 [(格式)] …に対する権利を主張する《普通は否定文で》(…である)と主張する: 言い換え Nobody laid ~ to the estate. (=Nobody claimed the estate.) 誰もその土地の所有権を主張しなかった. **màke nó cláim to be ...** 動 …でないことは認める.

claim・ant /kléɪmənt/ 名 Ⓒ **1** 要求者, 請求者; 申告者 (to, of). **2**《法》原告.
cláim・er /-ər/ 名 Ⓒ 主張者, 要求者.
cláim tàg 名 Ⓒ《荷物などの》預かり札.
clair・voy・ance /kleərvɔ́ɪəns | kleə-/ 名 Ⓤ 透視, 千里眼, 予知能力; 鋭い洞察力.
clair・voy・ant /kleərvɔ́ɪənt | kleə-/ 形 透視の, 千里眼の, 予知能力のある. ─ 名 Ⓒ 透視者, 千里眼の人, 予知能力者; 死者と交信する人.

⁺**clam** /klǽm/ 名 Ⓒ **1** 二枚貝《はまぐりなど》. **2**《米略式》無口な人. **3**《米俗》ドル. **(as) háppy as a clám** 形 《米略式》とても喜んで[満足して]. **shút úp like a clám** 動 自 突然黙り込む. ─ 動 (**clams**; **clammed**; **clam・ming**) [次の成句に] **clám úp** 動 自 《略式》突然口をつぐむ. **gò clámming** 動 自 《米》潮干狩りに行く.
clám・bàke 名 Ⓒ **1**《米》焼きはまぐりの会《浜辺ではまぐりなどを焼いて食べる》. **2**《米俗》にぎやかなパーティー[集会].
⁺**clam・ber** /klǽmbər | -bə-/ 動 (**-ber・ing** /-b(ə)rɪŋ/) 自《手足を使い》よじ登る[下りる, 出る] (down): ~ over [up] the rocks 岩を乗り越える[よじ登る] / ~ into [onto] a bus バスに苦労して乗り込む. ─ 名 Ⓒ はい登ること.
clám chówder 名 Ⓤ Ⓒ クラムチャウダー《はまぐりなどと野菜を牛乳[トマト]で煮込んだスープ》.
clam・mi・ness /klǽmɪnəs/ 名 Ⓤ べとべとすること, じっとりしていること.
clam・my /klǽmi/ 形 (**clam・mi・er**; **-mi・est**)《汗など》で冷たくべとべとする, じっとりした.
⁺**clam・or**,《英》**clam・our** /klǽmər | -mə/ 名 Ⓒ Ⓤ [普通は単数形で] 騒ぎ, 騒音,《抗議などの》騒々しい叫び (for): the ~ of car horns クラクションの騒音 / a ~ *against* war 戦争反対の声. ─ 動 (**-or・ing**,《英》**-our・ing** /-m(ə)rɪŋ/) 自《騒々しく》要求する (for; to do);《騒々しく》反対する (against); 騒ぎ立てる,

騒々しい音を立てる (⇨ claim 語源).
clam·or·ous /klǽm(ə)rəs/ 形 《文》騒々しい.
clam·our /klǽmə | -mə/ 名 《英》= clamor.
***clamp** /klæmp/ 名 (~s /~s/) C **1** (ねじで締める)締め金, クランプ. **2** 《英》車輪止め(駐車違反車を動けなくする). ── 動 他 **1** (...を)締め金で締める (together; to); 〈...を〉固定させる (over, between, around). **2** [しばしば受身で] 《英》〈駐車違反の車に〉車輪止めを付ける. **clámp dówn on ...** 動 他 ...を取り締まる.
+**clámp·dówn** 名 C [普通は a ~] 取り締まり (on).
clám·shèll 名 C 二枚貝 (clam) の貝殻.
+**clan** /klǽn/ 名 C 《英》単数形でも時に複数扱い **1** 氏族; 一族, 一門 (特に Scotland 地方の). **2** 《略式》大家族. **3** 《略式》一味, 仲間, 派閥.
clan·des·tine /klændéstɪn/ 形 《格式》内密の, 秘密の (悪い目的のために). ~**·ly** 副 ひそかに.
clang /klǽŋ/ 動 自 〈鐘など金属製の物が〉がらん[がちゃん]と鳴る. **cláng shút** 動 自 がちゃんと閉まる. ── 名 C [普通は単数形で] がらん[がちゃん]という音.
clang·er /klǽŋə | -ŋə/ 名 C 《英略式》大失敗, へま. **dróp a clánger** 動 自 S 《略式, 英・豪》大失敗[へま]をやる, まずいことを言う.
clan·gor, 《英》**clan·gour** /klǽŋ(g)ə | -ŋ(g)ə/ 名 U 《文》かちかちいう音, がらんがらん〈金属性の連続音〉.
clank /klǽŋk/ 動 自 (重い鎖などが)がちゃんと鳴る. ── 他 〈...を〉がちゃん[かちゃん]と鳴らす. ── 名 C [普通は単数形で] がちゃんという音.
clan·nish /klǽnɪʃ/ 形 [普通は軽蔑] 党派的な; 排他的な. ~**·ly** 副 党派[排他]的に.
clans·man /klǽnzmən/ 名 (-men /-mən/) C 同氏族の人, 一門[一族]の人.
clans·wom·an /klǽnzwʊmən | -wìmən/ 名 (-wom·en /-wìmən/) C 同氏族の女性, 一門[一族]の女性.
+**clap** /klǽp/ 動 (**claps**; **clapped**; **clap·ping**) 他 **1** 〈手を〉たたく; 〈人・演技などに〉拍手かっさいする: We all clapped our hands. 私たちはみな拍手をした. **2** (親しみをこめて)〈...を〉ぽんとたたく: He clapped his hand on the back. 彼は相手の背中をぽんとたたいた (⇨ the¹ 2 (1)). **3** 〈...を〉さっと置く[入れる, あてる], ぶち込む: She clapped a [her] hand over her mouth in astonishment. 彼女は驚きのあまり口を手で押さえた / clap ... in [into] jail [prison] ...を監獄にぶち込む. ── 自 拍手をする; 手をたたく; ぴしゃりと音がする: ~ in time to the music 音楽に合わせて手拍子をとる. **cláp hóld of ...** 動 他 《英略式》...をさっ[ぎゅっ]とつかむ. **cláp ón** 動 他 《略式》〈...を〉すばやく身につける[着る, かぶる, はく]. **cláp ... on** ─ 動 他 《略式》〈...に〉〈税などを〉課する. ── 名 **1** C ばりばり[ばりり, ぱりん]という音: a ~ of thunder 雷鳴. **2** [a ~] ばんとたたくこと (on); 拍手 (clapping). **gíve ... a cláp on the báck [shóulder]** 動 他 《略式》〈...の〉背中[肩]をぽんとたたく (⇨ 他 2 例文); 〈...を〉ほめる.
clap² /klǽp/ 名 [the ~] 《俗》淋(X)病 (gonorrhea).
clap·board /klǽpbɔəd, klǽbəd | klǽpbɔ̀ːd/ 名 C U 《米》下見板, 羽目板 (weatherboard). ── 動 他 《米》〈家などに〉下見板[羽目板]をはる.
clapped-out /klǽptáʊt←/ 形 《略式, 英・豪》**1** んぼろの, 役立たずになった. **2** (人が)疲れ果てた.
clap·per /klǽpə | -pə/ 名 C **1** 鐘[鈴]の舌. **2** 《英》鳴子. **like the cláppers** 副 S 《英略式》とても速く; 懸命に.
clap·per·bòard 名 C 《映》かちんこ (撮影開始の合図に鳴らす).
clap·ping /klǽpɪŋ/ 名 U 手をたたく[拍子をとる]音.
Clap·ton /klǽptən/ 名 固 **Eric ~** クラプトン (1945-) (英国のロックギタリスト・シンガーソングライター).
clap·trap /klǽptræp/ 名 U 《略式》たわごと.
claque /klǽk/ 名 C 《フランス語から》《英》単数形でも時に複数扱い さくら (劇場などで雇われて拍手する人).
Clar·a /klé(ə)rə/ 名 固 クララ (女性の名).
Clare /kléə | kléə/ 名 固 クレア (女性の名).
Clar·ence /klǽrəns/ 名 固 クラレンス (男性の名).
+**clar·et** /klǽrət/ 名 U C クラレット (フランスのボルドー地方産の赤ワイン); U 赤紫色. ── 形 赤紫色の.
clar·i·fi·ca·tion /klæ̀rəfɪkéɪʃən | klæ̀rɪ-/ 名 U C 《格式》明白にすること, 明らかにすること, 解明 (of, on). **séek clàrificátion** 動 自 説明を求める.
clárified bútter 名 U 澄ましバター.
+**clar·i·fy** /klǽrəfàɪ/ 動 (-i·fies /~z/; -i·fied /~d/; -fy·ing) 形 clear, 名 clàrificátion) 他 **1** 《格式》〈...を〉明白にする, 明らかにする, 解明する: ~ one's position 立場を明らかにする. **2** 《バターなどの〉不純物を除く, 澄ませる. ── 自 《格式》明白[明らか]になる.
+**clar·i·net** /klæ̀rənét/ 名 C クラリネット (木管楽器): play the ~ クラリネットを演奏する.
clar·i·net·ist, -net·tist /klæ̀rənétɪst/ 名 C クラリネット奏者.
clar·i·on /klǽriən/ 名 C クラリオン (明るい響きをした昔のらっぱ); クラリオンの響き. ── 形 A 明るく響き渡る: a ~ call [主に新聞で] 行動を呼びかけることば.
+**clar·i·ty** /klǽrəti/ 名 (形 clear) U (思想などの)明晰さ; 〈像・音の)鮮明さ; 〈液体などの〉透明さ. **cláriy of púrpose** 名 目的の明確さ.
Clark /kláək | kláːk/ 名 固 クラーク (男性の名).
*__clash__ /klǽʃ/ 《類義 crash, crush》 動 (**clash·es** /~ɪz/; **clashed** /~t/; **clash·ing**) 自 **1** [主に新聞で] (利害・勢力・軍隊などが)衝突する; (競技などで)ぶつかり合う; 〈意見などが)食い違う: Japanese and American interests ~**ed on** [**over**] this point. <V+前+名・代> 日米の利害がこの点で衝突した / The two best teams will ~ **with** each other tomorrow. あす2つの最強チームが激突する. **2** [進行形なし] 〈色・柄がつり合わない (with). **3** 《主に英》〈行事などが〉かち合う (with). **4** がちゃんと鳴る.
── 他 〈...を〉がちゃんと鳴らす (together).
── 名 (~·es /~ɪz/) C **1** [主に新聞で] (意見・勢力・軍隊などの〉衝突, 不一致 (with, on, over); (試合などの)対戦 (with); border ~es 国境での軍事衝突 / a personality ~ 性格の不一致 / There was a violent ~ of opinion(s) **between** the two leaders. 2人の指導者の間には激しい意見の衝突があった. **2** C 〈色・柄がつり合わないこと, 衝突. **3** C 《行事などが〉かち合い (between). **4** [単数形で] がちゃんという音.
+**clasp** /klǽsp | kláːsp/ 名 **1** C 留め金: a belt ~ ベルトの留め金 / She fastened the ~ of her necklace. 彼女はネックレスの留め金を留めた. **2** [単数形で] 《主に文》握り, 握手 (handclasp); 抱き締めること. ── 動 他 **1** 《主に文》〈...を〉握りしめる, しっかりつかむ, 《文》抱き締める; 〈...に〉からみつく: She ~ed her hands tightly. 彼女は両手をぎゅっと組んだ (祈りや強い感情のしぐさ) / The mother ~ed her baby *to her breast* [*in her arms*]. 母親は赤ん坊を胸[腕]にしっかりと抱き締めた. **2** (留め金で)〈...を〉留める, 締める (fasten).
clásp knìfe 名 C 折りたたみナイフ.

*__class__ /klǽs | kláːs/ 《類義 clasp》名 (~·es /~ɪz/; 動 clássify)

元来は古代ローマ市民の「階級」.
→ (社会一般の)「階級」3 →(最高の階層)「上流」(⇨ classic 語源)
→ (学校の)「級」「クラス」1 →「授業」2
→ (物全般の)「等級」「部類」5

1 ⃝C (同じ授業を受ける)**クラス**, **学級**(の生徒たち); (高校・大学の)**学年**(《略》cl): an English ～ 英語のクラス / Good morning, ～! 皆さん, おはよう《小学校などで》/ George is the best student in (the) history ～. ジョージは歴史のクラスではいちばんできる生徒だ. 《語法》《英》ではクラスの一人一人を指すときには単数形でも複数扱いとなることがある《文法》☞ collective noun: Our ～ *is* [*are*] all in good health. うちのクラスは皆健康だ. 《関連》《米》grade, 《英》form 学年.

《日英比較》日本の「クラス」は普通は A 組, B 組のように固定した学級をいうが, これは英語では homeroom に相当する. 同じ学年でいくつかに分けて固定した「組」という意味では Mrs. Green's 「グリーン先生の担当の組」のようにもいうが, この表現は高校以上では普通「グリーン先生の授業(2 の意味)」を指す. また, 英語の class は「(ある先生の)授業をとっている組」のほかに《米》では高校以上, 《英》では大学以上では「(同級の)学年」を意味することが多い. 従って Tom and I are in the same ～. は「トムと私は同じ授業に出ている」か「トムと私は同じ学年だ」のどちらかの意味が普通. 同様に Tom and I were in the same ～. は「トムと私とは同じ授業をとった」または《米》では「同期生(6 の意味)だ」という意味となる.

2 ⃝C⃝U **授業**, **講習(会)**; **授業[講習]時間**; 《米》(大学の)**講義**(《英》lesson 類義語): The history ～ starts at nine. 歴史の授業は 9 時に始まります / NO CLASS TODAY 本日休講《掲示》/ This ～ is for advanced students. この授業は上級レベルの学生向けのものだ / Let's go to the cafeteria together after ～. 授業が終わったらいっしょに食堂へ行こう.

《コロケーション》
attend [**go to**] a *class* 授業に出る[出席する]
cancel [**call off**] a *class* (先生が)授業を休みにする
cut [**skip**] a *class* 授業をさぼる
give a *class* (先生が)授業をする
have a *class* 授業がある
miss a *class* 授業に出そこなう
take a *class* 授業をとる; 《英》(先生が)授業を受け持つ
teach a *class* 授業をする[担当する]

3 ⃝C⃝U 《英》単数形でも時に複数扱い 《(社会の)**階級**, **階層**; ⃝U **階級制度**: the upper [middle, lower] ～ 上流[中流, 下層]階級 / the working [ruling] ～(es) 労働者[支配]階級.

4 《形容詞的に》**階級の**: ～ distinctions 階級差別 / the ～ system 階級制度.

5 ⃝C⃝U (同じような性質の)**部類**(☞ kind¹ 類義語); (乗り物などの)**等級**; (対戦相手の)群: first [second, third] ～ (乗り物などの)1 [2, 3] 等, (第)1 [2, 3] 級, 一[二, 三]流 / tourist ～ = 《米》coach ～, 《英》economy ～ (旅客機の)普通席 / Our goods are of the highest ～. 当店の品は最高級のものです. **6** ⃝C 《主に米》**同期生**《全体》(☞ 1 の《日英比較》): the ～ of 1996 1996 年卒業の同期生. **7** ⃝C 《略》**高級, 優秀; 気品, 上品さ**; 《形容詞的に》**一流の**: have ～ 品がある / show ～ 見事な技を見せる / a ～ player 一流選手. **8** ⃝C 《主に合成語で》《米》大学の学位試験の成績. **9** ⃝C〘生〙**綱**(こう)(☞ family 5).

be in a cláss by onesélf 《動》⃝自 他に類を見ない.
be in a cláss of one's ówn 《動》⃝自 = be in a class by oneself. **be in a dífferent cláss from ...** 《動》⃝他 ...とは格が違う, ...よりずっと優れている. **be nót in the sáme cláss as** [**with**] **...** 《動》⃝他 ...とは比べものにならない, ...ほどよくない. **in cláss** 《形・副》授業中の[に].

— 《動》(～es /~ɪz/; ～ed /~t/; ～ing) ⃝他 《しばしば受身で》**1** 《...》**をとみなす, 考える**: We ～*ed* it *as* criminal. ＜V+O+C(*as*+形)＞ 我々はそれを犯罪的だとみなした. **2 分類する** (classify) (*among*, *with*). 《...の》**等級を決める**.

cláss áct ⃝C 《略》普通は a ～ 《略》一流の人[物].
cláss áction 《名》⃝C⃝U 《米》集団訴訟.
class-áction 《形》集団訴訟の.
Cláss À drúg 《名》⃝C 《英》A 類麻薬《麻薬の法的分類》; ヘロイン・コカインなど危険で強力なもの).
class-con·scious /klǽskɑ́nʃəs, klúːskɔ́ːn-/ 《形》階級意識を持った.
cláss cónsciousness 《名》⃝U 階級意識.

*****clas·sic** /klǽsɪk/ 《形》《普通は ⃝A》**1** 《比較なし》(スタイルなどが), **はやりすたりのない**; **伝統的な**: a dress of ～ design 伝統的なデザインのドレス / a ～ car クラシックカー / ～ rock クラシックロック《1960–70 年代のロック音楽》. 《日英比較》日本語の「クラシック音楽」は classical music という. **2 一流の** (first-rate), **優れた**: a library of ～ films 名作映画のライブラリー. **3 典型[代表]的な**: ～ symptoms of neurosis ノイローゼの典型的な症状 / a ～ example [case] of Japanese politeness 日本人的丁寧さの典型的な例. **4 古典の, 古典的な**《古代ギリシャ・ローマ時代の芸術・文化を指す》: ～ culture 古典文化, 古代ギリシャ・ローマの文化. 《語源》ラテン語で「(最高の) class の, 一流の」の意(☞ class 最初の囲み).

— (～s /~s/; 《形》cláss**i**cal) ⃝C **1 古典; 古典作品** (☞ classics): the Japanese ～s 日本の古典. **2** (芸術・文学・学問上の)**一流の作品, 代表的な作品, 傑作; 代表的作家, 大芸術家**. **3 典型(的な)例, すばらしい[歴史に残る]例, 伝統的な大試合[行事]**.
Thát's (a) clássic! ⒮ それは傑作だ.

*****clas·si·cal** /klǽsɪk(ə)l/ 《形》《名》clássic) 《普通は ⃝A》
1 《比較なし》〘芸〙**古典**音楽**の**: ～ music クラシック音楽 (☞ classic 《日英比較》) / a ～ guitar クラシックギター. 《関連》Romantic ロマン主義の.
2 《比較なし》(古代ギリシャ・ローマの)**古典文学の, 古典語の**; 《言》**古典の**: the ～ languages 古典語《ギリシャ語・ラテン語》/ a ～ education 古典語教育. **3 古典的な, 正統派の**. **4 伝統的な**. **5 簡素で上品な**.
-cal·ly /-kəli/ 《副》古典的に.

clas·si·cism /klǽsəsɪzm/ 《名》⃝U **1** 〘芸〙**古典主義**《均整・調和・形式を重んじる主義》; **均整, 簡素**. 《関連》Romanticism ロマン主義. **2** (古代ギリシャ・ローマの)**古典的精神[様式]**.

clas·si·cist /klǽsəsɪst/ 《名》⃝C 古典学者, 古代ギリシャ・ローマ文学[文明]の研究者; 古典主義者.

clas·sics /klǽsɪks/ 《名》《時に C-》⃝U 古典学《古代ギリシャ・ローマ文明の研究》; 《the ～》古典語, 古典文学.

clas·si·fi·a·ble /klǽsəfàɪəbl/ 《形》分類できる.

⁺clas·si·fi·ca·tion /klæ̀səfɪkéɪʃən/ 《名》(《動》classify) ⃝C 分類項目, 部類, クラス; ⃝U 分類, (動植物・図書などの)分類法.

⁺clas·si·fied /klǽsəfàɪd/ 《形》(《反》 unclassified) **1** (書類などが)**機密扱いの, 秘密の**: ～ information 機密情報. **2 分類した**: a ～ directory 《英》職業別電話帳. — 《名》《the ～s》(新聞の)項目別個人広告欄 (☞ classified ad).

clássified ád [**advértisement**] 《名》⃝C 項目別個人広告欄《新聞・雑誌などに個人が出す短い広告で, 求職, 中古車売買, チケット, 恋人募集, 貸し家などさまざまな項目別に分かれている》.

⁺clas·si·fy /klǽsəfàɪ/ ⃝T2 (*-si·fies* /~z/; *-si·fied* /~d/; *-fy·ing*; 《名》class, clàssification) ⃝他 **1** 《...》**を分類する; 等級に分ける**: English words *are* usually *classified into* eight parts of speech. ＜V+O+

classism

into＋名・代の受身＞ 英単語は普通8つの品詞に分類される / He *classified* the books *by* [*according to*] subject. ＜V＋O＋前＋名・代＞ 彼は本をテーマ別に分類した. **2** ‹...›を一と分類する[みなす] (*as*). **3** ‹書類など›を機密扱いにする. (反) declassify).

class·is·m /klǽsɪzm | klɑ́ːs-/ 名 U 階級差別.

class·ist /klǽsɪst | klɑ́ːs-/ 形 階級差別の.

⁺**class·less** /klǽsləs | klɑ́ːs-/ 形 [普通は A] **1** 階級[差別]のない. **2** どの階級にも属さない. **~·ness** 名 U 階級[差別]のないこと.

cláss-lìst 名 C (英) (大学の等級別の)学位試験合格者名簿.

⁺**cláss·mate** 名 C 同級生, クラスメート, 同窓生.

cláss òfficer 名 C (米) クラス委員.

cláss rìng 名 C クラスリング《出身高校[大学]・卒業年を示す指輪》.

⁺**class·room** /klǽsruːm, -rùm | klɑ́ːs-/ 名 ⟨~s /~z/⟩ C 教室; [the ~] (学校の)教育, 授業, 講義: My ~ is on the third floor. 私の教室は3階にある.

cláss strúggle [**wár**] 名 U または a ~] 階級闘争.

cláss·wòrk 名 U 学校での勉強《homework に対して》.

⁺**class·y** /klǽsi | klɑ́ːsi/ 形 (**class·i·er**; **-i·est**) (略式) しゃれた, 上品な, 高級な.

⁺**clat·ter** /klǽtə | -tə/ 動 (**-ter·ing** /-tərɪŋ, -trɪŋ/) がたがた[ガチャガチャ]音を立てる; がたがた音を立てて進む (*down*, *over*); かちゃかちゃしゃべる. ── 他 ‹...›をがたがた鳴らす. ── 名 [普通は単数形で] がたがた[ガチャガチャ]という騒音《皿など堅い物が連続的にぶつかり合う音》; 騒々しい声.

Claude, Claud /klɔ́ːd/ 名 クロード《男性の名》.

⁺**clause** /klɔ́ːz/ 名 〔類音 close¹, clothe, clothes, ⁺cloths (cloth の複)〕 名 (**claus·es** /~ɪz/) C **1** 《条約・法律の》条項 (~ cl]: a contract ~ 契約条項. **2** 《文法》節 (~ cl; ⇨ sentence 表).

文法 節
⟨主語＋述語動詞⟩ の構造を備えた語の集まりをいう. 節は独立節 (⇨ sentence 文法)・等位節 (⇨ coordinate clause 文法)・従属節 (⇨ subordinate clause 文法) に分けられる. 独立節 (independent clause) とは普通に文と呼んでいるものをいう. また従属節を従える節を主節 (principal clause) という. また節はその働きによって名詞節 (⇨ noun clause 文法), 形容詞節 (⇨ adjective clause 文法), 副詞節 (⇨ adverb clause 文法) に分けられる.

claus·tro·pho·bi·a /klɔ̀ːstrəfóubiə/ 名 U **1** 閉所[密室]恐怖症. **2** 束縛感.

⁺**claus·tro·pho·bic** /klɔ̀ːstrəfóubɪk⁺/ 形 閉所恐怖症の, (部屋などが)閉所恐怖症を起こさせるような, 狭苦しい; 束縛を感じる. ── 名 C 閉所恐怖症患者.

clav·i·chord /klǽvəkɔ̀əd | -kɔ̀ːd/ 名 C クラビコード《ピアノの前身》.

clav·i·cle /klǽvɪkl/ 名 C 《解》鎖骨.

cla·vier /kləvíə | -víə/ 名 C 鍵盤楽器; 鍵盤.

⁺**claw** /klɔ́ː/ 名 C **1** [普通は複数形で]《猫・わし・たかなどの鋭い》かぎづめ; かぎづめのある足; 《かに・えびなど》のはさみ: The hawk seized a rabbit *in* its ~s. たかはつめでうさぎをつかんだ. **2** つめ状の器具; 《金づちの》釘抜きの部分. **gèt one's clàws ìnto ...** (略式) (1) 《軽蔑》(女性が) (結婚相手)をつかまえて放さない. (2) (英) ...にひどいことを言う. ── 動 他 ‹...›をつめで引っかく (*at*); つかまえる, つかまえようとする (*at*). **cláw bàck** 動 他 (英) ‹...›を苦労して取り戻

す; (政府が)‹減税分・給付金など›を別な税金で取り戻す; (企業が)‹損金›を(値上げなどで)取り戻す. **cláw one's wáy** 動 (つめで引っかくようにして)少しずつ進む (*through*, *to*, *up*).

cláw-bàck 名 C (英) 減税分を別な税金で取り戻すこと, 増税による減税補てん金; 損金を取り戻すこと《値上げなどによる》.

cláw hàmmer 名 C 釘抜き付き金づち.

⁺**clay** /kléɪ/ 名 形 cláyey) **1** U 粘土; 土: a lump of ~ ひと塊の粘土, potter's ~ 陶土. **2** [形容詞的に] 粘土の[で作った].

Clay /kléɪ/ 名 クレイ《男性の名》.

cláy cóurt 名 C 《テニスの》クレーコート《表面が土の屋外コート》(⇨ grass [hard] court).

clay·ey /kléɪi/ 形 (**clay·i·er**, **-i·est**; 名 clay) 粘土の(多い), 粘土のような, 粘土を塗った.

Clay·ma·tion /kleɪméɪʃən/ 名 U クレイメーション《粘土人形を使ったアニメ映画制作; 商標》.

cláy pígeon 名 C クレー《クレー射撃の標的》.

cláy pígeon shòoting 名 U (英) ＝skeet (shooting).

cláy pípe 名 C 陶製パイプ.

⁎**clean** /klíːn/ 形 (**clean·er**; **clean·est**) (反 unclean) **1** (物・体などが)清潔な (反 dirty, foul); 清潔にした: ~ clothes 清潔な衣服 / ~ water きれいな水 / The kitchen was spotlessly ~. その台所は汚れひとつなく清潔だった / Keep yourself ~. 体を清潔にしておきなさい / Liz is being「neat and ~ [~ and tidy] today. リズはきょうは清潔でこぎれいにしている.

clean (清潔で汚れのない)	きれいな
clear (澄みきった)	

2 A 汚(よご)れていない, 何も書いてない; 訂正のない; 未使用の, 無傷の: a ~ sheet [piece] of paper 何も書いてない紙 / a ~ copy 清書 / a ~ pillowcase 新しいまくらカバー. **3** (スポーツ選手が)ルールを守る, 反則をしない; 違反していない, 前科のない: a ~ fight 正々堂々の戦い[試合] / a ~ record 前科のない経歴. **4** きれい好きな, 身ぎれいな. **5** (ことばなどが)みだらでない, (道徳的に)清らかな: a ~ joke (性的でない)清潔な冗談 / ~ living 清い生き方 / It's all good ~ fun. ただの罪のない[健全な]お楽しみ[お遊び]じゃないか《言いわけとして》/ Keep it ~! いやらしい話はやめろ. **6** (食物が)宗教的に清浄な. **7** すっきりとした (clear); A 形の整っている: This car has ~ lines. この車はすっきりした形をしている. **8** (面・紙の切り口が)なめらかな: a ~ cut 切りっ切れた切り口. **9** 鮮(あざ)やかな, 巧みな, 上手な; 完全な: a ~ hit クリーンヒット. **10** (略式) (核兵器が)放射性降下物の少ない. **11** 環境汚染を引き起こさない; 安全な: ~ energy 環境を汚染しないエネルギー. **12** P (俗) 武器[凶器, 麻薬]を隠し持っていない; シロで; 麻薬を断(た)って.

còme cléan 動 自 (略式) 誤り[不手際]を認める; (すっかり)本当のことを言う (*about*, *on*, *over*, *with*).

── 副 **1** きれいに, 汚れがとれて (cleanly): This handkerchief didn't wash ~. このハンカチは洗ってもきれいにならなかった. **2** (略式) すっかり (completely), 全く: get ~ away やすやすと逃げうせる / The arrow went ~ through his heart. その矢は彼の心臓を貫通した.

── 動 (**cleans** /~z/; **cleaned** /~d/; **clean·ing**)

	自 他 の転換
他	**1** 清潔にする (to make (something) clean)
自	**1** きれいになる (to become clean)

── 他 **1** ‹...›を清潔にする, ‹靴・歯など›を磨く; 掃除する; 洗濯する: The Browns are busy ~*ing* their living room. ブラウン一家は居間の掃除で忙しい / I had my suit ~*ed*. スーツをクリーニングしてもらった. **2** ‹取れた

どを除く，落とす (*off, from*). **3** 〈鳥・魚の臓物を除く〉《料理のために》. ― 圓〔副詞(句)を伴って〕**1** きれいになる. **2** 掃除する. 《清掃人として働く》.

― **clean の句動詞** ―

cléan dówn 囮 《主に英》〈壁・車など〉を上から下まできれいに掃除する.

*__cléan óut__ 囮 **1** 〈...の中〉を(すっかり)きれいにする，一掃する <V+名・代+*out* / V+*out*+名>: C~ *out* the shed and throw away the things you don't need. 小屋をきれいにしていらない物を捨てなさい. **2** 《略式》〈部屋など〉からごっそり盗み出す; ごっそり買って〈店など〉を空にする; 〈人〉を一文なしにする.

*__cléan úp__ 囮 囲 **1** 〈...〉をきれいに(掃除)する; 〈町・政界など〉を浄化する, 粛正する <V+名・代+*up* / V+*up*+名>: ~ oneself *up* 身ぎれいにする / C~ *up* the kitchen. 台所をきれいにしなさい / He ~*ed up* state politics. 彼は州の政治を浄化した. **2** 《略式》〈大金〉をもうける. ― 圓 **1** きれいに掃除する[片づける]; (洗面・着替えで)身ぎれいにする: C~ *up after* your dog. 犬の後始末をきちんとしてください. **2** 《略式》(...で)大もうけする (*at, in, on*).

― 图 [a ~] 《主に英》きれいにすること, 掃除: give the living room *a* (good) ~ 居間を(きれいに)掃除する.

cléan and jérk 图 ① 《重量挙》ジャーク《clean (バーベルを床から肩の高さまで持ち上げる)と jerk (頭上に差し上げる)の動作》.

cléan bréak 图 ⓒ **1** 突然の中断, きっぱりやめること: make a ~ with the past 過去ときっぱり縁を切る. **2** 単純骨折; きれいに2つに割れること.

clean-cut /klí:nkʌ́t⁻/ 圏 **1** (特に男性が)こざっぱりした, きちんとした. **2** 輪郭のはっきりした, 形のよい; 明確な.

*__cléan・er__ /klí:nə | -nə/ 图 (~s /~z/) ⓒ **1** 洗剤, クリーナー: a floor ~ 床用クリーナー. **2** 《電気》掃除機 (vacuum cleaner). **3** 《主に英》掃除人: a window ~ 窓ふき《人》. **4** (ドライクリーニング屋《人》), クリーニング店員; [the cleaners, the cleaner's として] クリーニング店. 関連 laundry 水洗いの洗濯屋. **táke ... to the cléaners [cléaner's]** 囮 囲 《略式》(1) 〈人〉の有り金を残らず巻きあげる. (2) 〈人〉を完全に打ち負かす.

clean・ing /klí:nɪŋ/ 图 ① 掃除, きれいにすること: do the ~ 掃除をする. 関連 housecleaning 大掃除.

cléaning làdy [wòman] 图 ⓒ 掃除婦.

cléan-límbed 圏 手足の均整のとれた.

+**clean・li・ness** /klénlɪnəs/ 图 ① 清潔, こぎれいさ, きれい好き, 清潔度: C~ is next to godliness. (ことわざ)《古風》清潔は敬神につぐ美徳《清潔にすることが信心深いことの次に大事なこと》.

clean-líving 圏 汚れない生き方をする, 清く生きる.

+**clean・ly**¹ /klí:nli/ ★ cleanly² との発音の違いに注意. 圓 **1** すっきりと, きれいに, そつなく; 簡単に. **2** きれいに, 汚染[有害]物質を出さずに. **3** きれいに, 清潔に: wipe off the dust ~ ほこりをきれいにふき取る.

clean・ly² /klénli/ ★ cleanly¹ との発音の違いに注意. 圏 (**clean・li・er**, -**li・est**) A 《格式》きれい好きな, こざっぱりした.

clean・ness /klí:nnəs/ 图 ① 清潔, 潔白.

cléan・óut 图 《米》①C (大)掃除, 一掃; ⓒ 《ごみなどの》排出口.

cléan róom 图 ⓒ 《精密機械の組立などを行なう》無塵室, 《病院などの》無菌室, クリーンルーム.

*__cleanse__ /klénz/ 囮 (**cleans・es** /~ɪz/; **cleansed** /~d/; **cleans・ing**) 囮 **1** 〈傷口・皮膚など〉を清潔にする; 《格式》〈...〉から(悪いものを)取り除く, 洗い清める, 浄化する (*of*): a *cleansing* cream クレンジングクリーム《肌のよごれ・化粧を落とす》. **2** 《聖》〈...〉から《罪など》を取り除く 《罪など》から洗い清める: 言い換え ~ the soul *of* sin

= ~ sin *from* the soul 魂の罪を洗い清める.

*__cléans・er__ /klénzə | -zə/ 图 ①C **1** 洗剤, 磨き粉, クレンザー. **2** 洗顔剤.

cléan-sháven 圏 ひげをきれいにそった; ひげのない.

cléan shéet [sláte] 成句

*__clean・up__ /klí:nʌ̀p/ 图 (~s /~s/) ⓒ **1** [普通は a ~] 大掃除; 身づくろい, 《犯罪などの》一掃, 浄化運動: a ~ campaign [program] to tackle car pollution 自動車公害に取り組む一掃キャンペーン[プログラム]. **2** 《米俗》大もうけ. ― 圏 A 《野》 (打順が)4番の.

*__clear__ /klíə | klíə/ 圏 (**clear・er** /klí(ə)rə | -rə/; **clear・est** /klí(ə)rɪst/; 图 clárity, 圏 clárify)

「明るい」**4** ― 「(見た目に)はっきりした」**1**
 → (濁りのない) → 「澄みきった」**3**
 → (見通しの利く) → 「じゃまがない」**5**
 → (物事が明瞭な) → 「明らかな」**2**

1 (形・輪郭などが) **はっきりした**, 鮮明な; (説明・記事などが)わかりやすい, 明快な; 立場をはっきりさせた: This photo is not ~. この写真ははっきり写っていない / I can't get ~ pictures on my TV. テレビがはっきり写らない / There were several ~ fingerprints on the door. ドアには数個の鮮明な指紋があった / She is a ~ speaker 彼女の話は明快だ / He gave a ~ picture [idea] of the problem. 彼はその問題の全貌(ﾎﾞｳ)をはっきりさせた / Now he is being very ~ *about* his intentions [*on* this issue]. <A+*about* [*on*]+名・代> 彼はその意図[この問題]に関して今は立場をはっきりさせている (⇒ 9).

2 (物事が)**明らかな**, 明白な, 明瞭な; 疑う余地のない (⇒ obvious 類義語); declare 語源): a ~ case [example] of ...... の疑う余地がない例 / get ... ~ ...を明らかにする / make one's meaning ~ 言いたいことをはっきりわからせる / *It is ~ that* you are wrong. あなたが間違っていることは明白だ (⇒ that² A 2 構文)) / Galileo made it ~ (that) the earth revolves around the sun. ガリレオは地球が太陽の周りを回っていることを明らかにした / *It* was not ~ *what* he meant to say. 彼が言おうとしていることがはっきりしなかった / The teacher said, "Is that ~ *to* you, children?" <A+*to*+名・代> 先生は「皆さん, わかりますね.」と言った.

3 澄みきった, 透明な (⇒ clean 表) 《音などが)澄んだ, さえた 反 dull): ~ glass 透明なガラス / ~ water 澄んだ水 / a ~ sound of bells さえ渡るベルの音 / ~ blue eyes 澄んだ青い目.

4 (光・色などが)**明るい** (bright); (天気などが)晴れた, 雲のない: a ~ day 晴れた日 / ~ weather 晴れた天気 / We used to watch the stars on ~ nights. 晴れた夜によく星を眺めたものだ. 関連 cloudy 曇った / rainy 雨の. **5** じゃまがない, 開けた (open), (じゃま物・危険物から)離れた: a ~ space 空き地 / a field ~ *of* trees <A+*of*+名・代> 立ち木のない野原 / We had a ~ view of the lake below. 下の湖が(さえぎられずに)よく見えた / You're ~ on the left. 左オーライ《運転手に言う》. **6** (皮膚などが)傷[しみ]のない; (顔などが)晴れやかな: ~ skin しみのない肌. **7** (頭脳・思考などが)明断(ﾒｲｾﾞ)な: keep a ~ head 頭をはっきりさせておく. **8** (いやなことを)免れて (*of*), 問題のない; (人・期間などが)予定のない, 自由な: I want to keep next weekend ~. 今度の週末はあけておきたい. **9** P (人が...について)はっきりとわかって, 確かな, 確信がある (certain): I'm not quite ~ *about* [*on*] tomorrow's schedule. 私はあすの予定についてははっきり知らない / Are you ~ (in your mind) (*about*) where they live? 彼らがどこに住んでいるのかはっきりわかっていますか. **10** 潔白な, やましい所のない: She is ~ of guilt. 彼女に罪はない. **11** A または名詞

の後に用いて》《英》(日数などが)まるまる…の；(賃金・利益が)正味の, 手取りの：a ~ profit 純益 / two ~ weeks まる 2 週間. **12** (ある距離・点数など)リードして. **màke onesèlf cléar** [動] 自 自分の考えを明らかにする：No talking in class. Do I make myself ~? 授業中の私語はだめです. 私の言っていることがわかりますか《いらだちなどを示す》.

— 他 (**clears** /-z/; **cleared** /-d/; **clear·ing** /klí(ə)rɪŋ/; 名 cléarance) 他 **1** 〈じゃま物などを〉(…から)**取り除く**；〈食器などを〉片づける；(…を片づけて[取り除いて])〈場所〉をきれいにする, 〈食卓・部屋〉の上[中]を片づける；〈仕事など〉を済ます；〈パソコン・部屋〉の〈データ〉を消去する, クリアーする：言い換え He was ~ing snow *from* [*off*] the road. <V+O+*from* [*off*]+名・代> = He was ~ing the road *of* snow. <V+O+*of*+名・代> 彼は道路の雪かきをしていた（☞ of 15）/ She ~ed the plates *off* [*from*] the table. 彼女はテーブル(の上の皿)を片づけた.

2 〈…を〉**きれいにする, 澄ませる**；明らかにする, はっきりさせる：This soap will ~ your skin (*of* spots). <V+O (+*of*+名・代)> このせっけんで(吹出物がとれて)お肌がきれいになるでしょう（☞ of 15）.

3 (疑いなどを)〈…から〉晴らす, 〈…の〉潔白を証明する：He tried to ~ himself *of* the accusation. <V+O+*of*+名・代> 彼は自分にかかっている非難を晴らそうとした（☞ of 15）/ She was ~ed *of* murder. <V+O+*of*+名・代の受身> 彼女の殺人の容疑が晴れた.

4 (触れずに)〈…を〉**跳び越える, 通過する**, クリアーする：~ a hurdle [fence] ハードル[柵]を跳び越える / The driver managed to ~ a large hole in the middle of the road. 運転手はやっとのことで道路の真ん中の大きな穴をよけた / The athlete ~ed six feet. その選手は 6 フィート(のバー)を跳び越えた. **5** 〈…を〉認可[許可]する；〈船・飛行機・荷物・人〉に出入港[離着陸, 出入国]の許可を与える (*for*)；〈税関など〉を通過する；〈検査などをまかせられる〉と認可される：~ customs 税関を通過する / ~ the baggage through customs 税関で手荷物の承認を得る / This plan has not yet *been* ~*ed* by the committee. この計画はまだ委員会から認可されていない. **6** (略式) 正味〈…〉を稼ぐ, 〈…〉だけもうける：~ 500,000 yen a month 月に手取りで 50 万円稼ぐ. **7** 〈小切手〉を現金化する. **8** 〈球〉〈借金など〉を清算する. **8** 【球】〈ボール〉をクリアーする. **9** 【軍】〈暗号〉を解読する.

— 自 **1** (天気・空などが)**晴れる**；明るくなる, 澄む；(皮膚が)吹出物がとれる：The sky [fog] is ~ing. 空[霧]が晴れてきた / His face ~ed as he heard the news. その知らせを聞いて彼の顔は明るくなった. **2** (小切手が)現金化される. **cléar one's héad** [**mínd**] [動] 自 (心配・不快事などをやめ)気を晴らす；頭をすっきりさせる；酔いをさます. **cléar one's [...'s] náme** [動] 自 自分の[...の]汚名を晴らす.

clear の句動詞

***cléar awáy** [動] 他 〈…を〉片づける, 一掃する, 取り除く <V+名・代+*away* / V+*away*+名>：~ *away* the dishes *from* the table 食卓の後片づけをする.

— 自 (雲などが)晴れる；後片づけする.

***cléar óff** [動] **1** 〈じゃまなものを〉片づける；《主に米》〈食卓など〉から物を片づける <V+名・代+*off* / V+*off*+名・代>：C~ *off* the table. テーブルの上を片づけなさい. **2** 〈借金〉を返す；〈仕事〉を済ませる. — 自 (特に命令文で)《略式, 主に英》急いで立ち去る；逃げる.

***cléar óut** [動] 他 《略式》(家などから)急いで立ち去る：C~ *out*! 出ていけ / When I arrived, they quickly ~*ed out of* the house. 私が着くと彼らは急いで家から出ていった.

— 他 **1** 〈不要なもの〉を片づける, 捨てる；〈部屋・引出しなど〉の中を片づける, 空(から)にする <V+名・代+*out* / V+*out*+名>：I'm going to ~ *out* my room today. きょうは部屋を整理するつもりです《いらない物を出して》. **2** 〈…を〉きれいにする.

***cléar úp** [動] 自 **1** (空が)**晴れ上がる, 澄む**：The sky ~*ed up* after the storm. あらしの後空は晴れ上がった. **2** (病気が)治る；(皮膚が)吹出物がとれる. **3** 片づけをする.

— 他 **1** 〈問題など〉を**解決する, 解く**；〈…〉をはっきりさせる <V+名・代+*up* / V+*up*+名>：His explanation helped us ~ *up* the mystery [misunderstanding]. 彼の説明は私たちがなぞ[誤解]を解くのに役立った. **2** 〈…〉を片づける. **3** 〈病気など〉を治す.

cléar úp àfter ... [動] 他 《主に英》…の後仕事をする：We are sick of ~*ing up after* you! もう君の後仕事をするのはごめんだ.

cléar ... with ... [動] 他 〈上司・本部など〉に〈…〉を認可[承認]してもらう.

— 副 (**cléar·er** /klí(ə)rə | -rə/; **cléar·est** /klí(ə)rɪst/) **1** 離れて；じゃまにならずに：Please stand ~ *of* the door. ドアから離れてお立ちください《バスなどの掲示》. **2** 全く, すっかり (quite)：The monster leaped ~ out of the water. その怪物は水の中から完全に飛び出した. **3** 明らかに (clearly)；くっきりと：Speak loud and ~. 大声ではっきりと話してください. **cléar to ...** [前] 《主に米》ずっと…まで：We can see ~ *to* the islands today. 今日は島までずっと見通せる. **gèt cléar of ...** [動] (…から離れる；〈借金〉を返済する：*Get* ~ *of* the doors.（危ないから）ドアから離れてください. **stéer** [**kéep, stáy**] **cléar of ...** [動] 他 〈人・物事〉を避ける (avoid).

— 名 [次の成句で] **in the cléar** [形] 疑いが晴れて；危険を脱して.

***cléar·ance** /klí(ə)rəns/ 名 [動 clear] **1** C|U **許可** (*from*; to do)；通関手続き；(船・航空機などの)出入港[離着陸]許可. **2** U = security clearance. **3** C|U (場所のゆとり, 余裕(柱げたと下を通過する車や船との間の空間など)；(頭から天井までの)空き；LOW CLEARANCE 15 高さ制限 15 フィート (標識). **4** C = clearance sale. **5** C|U (小切手などの)清算. **6** C 取り片づけ, 除去, 整理：snow ~ 除雪. **7** C 【球】ボールをクリアすること.

cléarance sàle 名 C 蔵払い大売り出し.

***cléar-cút** 形 はっきりした, 明白な；[A] 輪郭のはっきりした：a ~ violation of the law 明白な法律違反.

— 名 C 《米》皆伐地《全ての立ち木を伐採した森林の区画》；皆伐. — 他 《米》(区画)を皆伐する.

cléar-héaded 形 頭のさえた. **~·ly** 副 頭がさえて. **~·ness** 名 U 頭のさえ.

***cléar·ing** /klí(ə)rɪŋ/ 名 <~s /-z/> **1** U 清掃；障害の除去：the ~ *away* of obstacles 障害物の除去. **2** C 〔森林の〕木のない[開けた]所, 開拓地.

cléaring bànk 名 C 《英》手形交換組合銀行.

cléaring hòuse [**-hous·es** /-hàuzɪz/] 名 C 情報センター；物資集配センター；手形交換所.

***clear·ly** /klíə(r)li | klíə-/ 副 **1** 文修飾 **明らかに** (…である), …は明白だ：言い換え C~, he has misunderstood me. (= It is clear that he has misunderstood me.) 明らかに彼は私を誤解している.

2 **はっきりと**, 明瞭(めい)に；（考えなどで）明晰(めい)に：Would you speak more ~? もっとはっきり話してくれないか / I can't hear you ~. はっきり聞こえません《電話口などで》. **to pùt it (mòre) cléarly** [副] 文修飾 （もっと）はっきり言えば.

clear·ness /klíənəs | klíə-/ 名 U 明るさ, 透明, 明晰(めい)；明瞭度.

clear·out /klíəàut | klíər-/ 名 C [普通は a ~]《英》(不要品などの)処分, 一掃.

cléar-síghted 形 視力の鋭い；明敏な, 先見の明が

ある. ~·ly 副 明敏に. ~·ness 名 U 明敏さ.

†cléar-úp 《英》名 1 C S 不要品の処分. 2 U 検挙. 図 A 検挙率: the ~ rate for murders 殺人犯検挙率.

clear·way /klíəwèɪ | klíə-/ 名 C 《英》駐停車禁止道路《緊急時は停車可能》.

cleat /klíːt/ 名 1 [普通は複数形で]《靴底の》すべり止め; 《米》スパイクシューズ. 2 くさび形の留め具.

†cleav·age /klíːvɪdʒ/ 名 1 C,U 《略式》《女性の》胸の谷間《特に襟ぐりの大きな服を着るときの》. 2 C 《格式》《意見・利害などの》対立, 《両者の》溝; 裂け目.

cleave¹ /klíːv/ 動 (cleaves; 過去 cleaved, cleft /kléft/, clove /klóʊv/; 過去分詞 cleaved, cleft, clo·ven /klóʊv(ə)n/; cleav·ing) 《文》 1 他 《おのなどで》裂く, 割る; 《2つに》分裂させる. 2 《空》などを切るようにさっと動く, 《水・道》などを切り開くようにして[押し分けて]進む (through): ~ the water 水をすいすい泳いで進む. ― 自 1 《木目にそって》割れる, 裂ける. 2 切って《切り開いて》進む (through).

cleave² /klíːv/ 動 [次の成句で] cleáve to ... 動 他 《文》 (1) 《主義など》に固執する. (2) ...にくっつく, まとわりつく.

cleav·er /klíːvə | -və/ 名 C 肉切りの大包丁.

clef /kléf/ 名 (~s) 《楽》音部記号: a G [treble] ~ ト音[高音部]記号 / an F ~ ヘ音記号 / a C [an alto, a tenor] ~ ハ音[中音部]記号.

cleft /kléft/ 動 cleave¹ の過去形および過去分詞. ― 形 裂けた, 割れた. ― 名 C 《岩石などの》裂け目, 《あごなどの》割れ目.

cléft líp 名 U,C 口唇裂, みつくち.

cléft pálate 名 U,C 《解》口蓋裂(こうがいれつ).

cléft séntence 名 C 《文法》分裂文 《It is ... that によって分離された文; 強調構文に相当する 《 ☞ it¹ A 6》; 例: It is wine that Tom likes. トムが好きなのはワインだ》.

†clem·a·tis /klémətɪs/ 名 (複 ~, ~·es) U,C クレマチス, てっせん《つる性の植物》.

Cle·men·ceau /klémənsòʊ/ 名 固 Georges /ʒɔ́ːʒ | ʒɔ́ːʒ/ ~ クレマンソー (1841–1929)《フランスの首相 (1906–09, 17–20)》.

clem·en·cy /klémənsi/ 名 U 《格式》 1 《気候の》温和《反 inclemency》. 2 温厚, 寛大な処置. gránt [gíve] ... clémency 動 他 《格式》《人》を寛大に処する.

Clem·ens /klémənz/ 名 固 Samuel Lang·horne /lǽŋhɔːn | -hɔːn/ ~ クレメンス (Mark Twain の本名; ☞ Mark Twain).

clem·ent /klémənt/ 形 《格式》 1 《気候の》温暖な《反 inclement》. 2 温厚な, 寛大な.

clem·en·tine /kléməntàɪn, -tìː n/ 名 C クレメンタイン《小型のオレンジ》.

clem·ent·ly /klémənt li/ 副 寛大に; 温和に.

†clench /kléntʃ/ 動 他 1 《歯》を食いしばる, 《口》を堅く結ぶ, 《こぶし》を固める. 2 《物》を握りしめる (in, with), しっかりくわえる (between). ― 他 《歯》に力が入る, 《口が》堅く閉じる, 《こぶしが》固まる.

clenched /kléntʃt/ 形 食いしばった, 握りしめた: ~ teeth 食いしばった歯 / a ~ fist 握りこぶし.

Cle·o·pa·tra /klìːəpǽtrə/ 名 固 クレオパトラ (69–30 B.C.)《エジプトの女王 (51–49, 48–30 B.C.); 絶世の美人とされる; ☞ if 4 語法 第2の例文》.

Cleopátra's Néedle 名 C クレオパトラの針《紀元前 1500 年ごろエジプトに建てられた 2 本のオベリスク; 今は London の Thames 河畔と, New York 市の Central Park にある》.

clere·sto·ry /klíəstɔ̀ːri | klíə-/ 名 (-sto·ries) C 《建》クリアストリー《大寺院建築の高窓の並んだ側壁》.

†cler·gy /kláːdʒi | kláː-/ 名 [the ~ として複数扱い] 牧師たち, 聖職者《全体; ☞ collective noun 文法》;

☞ clergyman 語法》. 対 英国では英国国教会の牧師を指すことが多い. 関連 laity 俗人たち.

†clérgy·man /-mən/ 名 (-men /-mən/) C 牧師, 聖職者. 語法 米国では聖職者を一般に clergyman と呼ぶが, 英国では普通は英国国教会 (the Church of England) の主教 (bishop) 以下の牧師を指し, 非国教派・長老派の牧師は minister と呼ばれる. 関連 lay·man 平信徒.

clérgy·wòman 名 (-wom·en /-wìmən/) C 牧師, 聖職者《女性》.

†cler·ic /klérɪk/ 名 C 《格式》牧師, 聖職者.

†cler·i·cal /klérɪk(ə)l/ 形 《名 clerk》 A 1 事務職の: ~ work 事務. 2 牧師の, 聖職(者)の 《反 lay》.

clérical érror 名 C 事務作業のミス《誤記・タイプミス・計算ミスなど》.

cler·i·cal·is·m /klérɪkəlìzm/ 名 U 1 聖職権主義. 2 聖職者の政治勢力.

*clerk /klə́ːk | kláːk/ 《同音 《英》 Clark》 中学 名 (~s /-s/; clérical》)

元来は「牧師」の意.《学問があり読み書きできる人》→「書記」2→「事務員」→「店員」1

1 《米》店員 (salesclerk) 《☞ supermarket 挿絵》; ホテルの フロント係 (desk clerk) 《☞ hotel 挿絵》: a gro·cery ~ 食料品店の店員.
2 《事務所・会社・銀行などの》事務員, 《官庁などの》職員; 書記; 出納係: a bank ~ 銀行員 《☞ banker 語法》/ The new ~ in the post office is quite helpful. 郵便局の新しい局員はとても有能だ // ☞ town clerk, booking clerk. a clérk of (the) wórks 名 《英》《工事の》現場監督. ― 動 自 《米》店員[フロント係, 事務員, 書記]として働く.

Cleve·land¹ /klíːvlənd/ 名 固 1 クリーブランド《米国 Ohio 州の Erie 湖畔の港市; ☞ 表地図 H 3》. 2 クリーブランド (England 北東部の州).

Cleve·land² /klíːvlənd/ 名 固 Gro·ver /gróʊvə | -və/ ~ クリーブランド (1837–1908)《米国の第 22・24 代大統領 (1885–89, 93–97); ☞ president 表》.

*clev·er /klévə | -və/ 形 (clev·er·er /-v(ə)rə | -rə/; -est /-v(ə)rɪst/) 1 《考え・ことば・行為などの》うまい, 巧みな, 《道具などが》気のきいた, 使いやすい: a ~ idea うまい考え / This poem contains a ~ play on words. この詩には巧みなことばの遊びがある.

2 器用な, 得意な: a ~ workman 腕のいい職人 / She is ~ with her hands. <A+with+名・代> 彼女は手先が器用だ / He is very ~ at making money. <A+at+動名> 彼は金もうけがとてもうまい.

3 利口な, 賢い, 物わかりの速い; 賢明にも...する; 賢くふるまった 《☞ intelligent 類義語》: a ~ child 利口な子供 《言い換え》 It's ~ of you not to have told Tom the truth. =You are ~ not to have told Tom the truth. あなたがトムに真相を告げなかったのは賢明でしたね 《☞ of 12》. 4 S 《英》《滑稽》お利口な《反対の場合に用いられる》: 金属 "When I got to school, I found I'd left my homework at home." "That was ~!" 「学校に着いたら宿題を家に忘れたことに気づいたよ」「それはお利口だこと!」 5 《英略式》小利口な, ずる賢い (with).

tòo cléver 「by hálf [for one's ówn góod] 形 S 《英略式》才を鼻にかけている, 利口ぶる.

clévér díck [Dìck, clògs] 名 C S 《英略式》《軽蔑》うぬぼれ屋, 利口ぶる人.

clev·er·ly /klévəli/ 副 1 うまく, 巧妙に; 器用に. 2 時に《文修飾語》利口に(も), 賢く.

clév·er·ness 名 U 1 うまさ, 巧妙さ; 器用さ. 2

利口さ, 賢さ.

clew /klúː/ 名 C《海》帆耳, クリュー《横帆の下隅, 縦帆の後隅》; 帆耳環《金属製》.

cli‧ché /kliːʃéɪ | klíːʃeɪ/ 名 C《軽蔑》決まり文句; 陳腐な考え. 形 常套(じょう)句の使用.

cli‧chéd, cliché'd /kliːʃéɪd | klíːʃeɪd/ 形《軽蔑》陳腐な; 決まり文句だらけの.

***click** /klík/ 名 (**~s** /-s/; **clicked** /-t/; **click‧ing**) 自 **1** かちり[ぱちり]と音がする: The camera (shutter) ~*ed*. カメラの(シャッター)がかちりとした. **2**《電算》クリックする. **3**《略式》《冗談など》ぴんとくる. かる: We all laughed because his joke ~*ed with us*. 彼の冗談が受けたので私たちは笑った. **4**《略式》《友人・男女など》気が合う (*with*). **5**《略式》《劇・映画など》大当たりする: This TV drama ~*s with the young people*. このテレビドラマは若者たちに大受けだ.
— 他 **1**〈...〉をかちり[ぱちり]と鳴らす: ~ *one's fingers* 指をぱちりと鳴らす《親指と中指を用いる》/ ~ *one's tongue* 舌打ちをする / ~ *one's heels*《兵士などが》靴のかかとを合わせて音を立てる / ~ *on* [*off*] *the stereo* ステレオのスイッチをかちっとつける[切る]. **2**《電算》《マウスのボタン》をクリックする; 〈画面上の項目〉を《マウス操作によって》選択する. **click into pláce** 動 (出来事・話などが)ぴったり収まる, つじつまが合う. **click on ...** 動 他 (画面上の項目など)をクリックする. **click shút** 動 自 (ドアなどが)かちゃっと閉まる.
— 名 C **1** かちゃという音《鍵(かぎ)がかかったり, スイッチがついたりした時》: I heard the ~ *of the latch*. 掛けがねのかちゃという音が聞こえた. **2**《電算》《マウスの》クリック. **3**《音声》舌打ち音, 吸着音. **4** C《カナダ》1キロメートル; 時速1キロ.

click‧a‧ble /klíkəbl/ 形《電算》《画面上のものが》クリックできる, クリックで作動する.

click-and-mórtar A (会社が)インターネット上と実在店舗[事務所]での両方で営業する.

click‧er /klíkɚ | -kə/ 名 C《テレビのリモコン.

click‧e‧ty-cláck, click‧e‧ty-clíck /klíkəti-/ 名[単数形で] がたんごとん, かたんことん《列車などの音》. — 動 自 がたんごとん[かたんことん]と音を立てる.

click ràte 名 C《電算》ホームページのアクセス率.

clicks-and-mórtar 形 =click-and-mortar.

***cli‧ent** /klárənt/ 名 (**cli‧ents** /-ənts/) C **1**《弁護士などの》依頼人《☞ visitor 表》; 《商店の》お客, 顧客; 福祉を受ける人, 相談者: a list of ~*s* 顧客リスト / He is good at handling difficult ~*s*. 彼は気難かしい客を扱うのが上手だ. **2**《電算》クライアント《ネットワークでサーバーから情報を受け取る端末のコンピューター[プログラム, 機器]; ☞ server》.

cli‧en‧tele /klàɪəntél, klìː- | klìːɑːntél/ 名 C[《英》単数形でも時に複数扱い] 訴訟依頼人《全体》; 顧客《全体》; (ホテル・劇場などの) 常連《全体》.

client-sérver 形 名《電算》クライアント/サーバー《ネットワークシステムの, ユーザーが直接操作する部分 (client) とそれからの要求を受けて処理を行なう server から構成される》.

clíent stàte 名 C 従属国 (*of*).

***cliff** /klíf/ 名 (**~s** /-s/) C がけ, 絶壁《特に海岸などの》; [形容詞的に] がけの: The ~ *falls straight into the sea*. その絶壁は真っすぐ海に落ち込んでいる.

cliff‧hàng‧er 名 C《略式》連続テレビ[ラジオ]ドラマのスリルに富んだ結末場面; 最後まではらはらさせる試合[状況], 接戦.

cliff‧hàng‧ing 形 はらはらさせる.

cli‧mac‧ter‧ic /klaɪmǽktərɪk, -trɪk, klàɪmæktérɪk/ 名 C **1** 更年期, 厄年, 《女性の閉経期 (menopause). **2**《重大な転換期. — 形 **1** 更年期の, 閉経期の. **2** 転換期の.

cli‧mac‧tic /klaɪmǽktɪk/ 形 《climax》クライマックスの, 頂点の.

***cli‧mate** /klárɪmət/ 名 (**cli‧mates** /-məts/; 形 climátic) U C **1** 気候《☞ weather 類義語》: a dry ~ 乾燥した気候 / a tropical ~ 熱帯性気候 / How do you like the ~ *of Japan*? 日本の気候はいかがですか. **2** (気候からみた)地方, 風土: I want to live in a warmer ~. 私はもっと暖かい所で暮らしたい. **3** (ある時代や社会の)風潮, 傾向; 雰囲気; 情勢: a political [social, economic] ~ 政治[社会, 経済]状況 / the moral ~ 道徳的風潮 / a ~ *of political distrust* 政治不信の傾向. 語源 ギリシャ語で「(赤道から両極に対する)傾き具合」の意.

climate chànge 名 U 地球温暖化.

cli‧mat‧ic /klaɪmǽtɪk/ 形 《climátic》 A 気候(上)の; 風土的な. **‧i‧cal‧ly** /-kəli/ 副 気候上; 風土的に.

cli‧ma‧tol‧o‧gy /klàɪmətɑ́lədʒi | -tɔ́l-/ 名 U 気候学, 風土学.

***cli‧max** /klárɪmæks/ 名 (**~‧es** /-ɪz/; 形 climáctic) C **1** [普通は単数形で] 絶頂, 最高潮; 山場 (*to*): the ~ *of a drama* ドラマのクライマックス / The party reached [came to, was at] its ~ *when the actress appeared*. その女優が現われたときパーティーはクライマックスに達した. **2** オルガスム (orgasm). — 他〈...〉をクライマックスに到達させる (*with*). — 自 クライマックスに達する (*in, with*); オルガスムに達する.

***climb** /klárɪm/《同音 clime;《類音 crime》 (**climbs** /-z/; **climbed** /-d/; **climb‧ing** /klárɪmɪŋ/) 他 **1** 《人・動物が》《木・山・はしごなどに〉登る, 登る, 上る: ~ *a wall* 壁をよじ登る / A child is ~*ing the tree*. 子供がその木に登っている / The car ~*ed the long hill*. 車は長い坂を上った / *Have you ever* ~*ed Mt. Fuji?* 富士山に登ったことがある? 日英比較 climb は手足を使ってよじ登るときに用いることが多く, 「(エレベーターで)東京タワーに上る」は go up to the top of Tokyo Tower のようにいうのが普通. **2** 《植物が》〈...〉に巻きついて登る. **3**〈出世の階段など〉を登る, 上がる.
— 自 動 **1** [副詞(句)を伴って] (手足を使って)登る, よじ登る, 登山する; 〈車など〉に乗る; 《ある方向へ》苦労して移動する: ~ *along a ledge* 〈V+前+名・代〉 岩棚を登っていく / ~ *through a gap in the fence* へいのすき間を身をよじって通り抜ける / A cat was ~*ing up the tree*. 猫が木に登っていた / *He* ~*ed over the gate*. 彼は門を乗り越えた.
2 上る, 上がる《月・煙・飛行機などが》昇っていく (rise), (道)が上り坂になる: The airplane ~*ed higher and higher*. 飛行機はますます高く上っていった / The road ~*s steeply up to the hut*. 道はその小屋まで険しい上りになっている. **3** 《植物が》巻きついて登る (*up*). The ivy ~*ed to the roof*. つたが屋根まで登った. **4** (努力して)昇進する, 出世する; (地位などに)達する (*to*). **5** (価値・気温などが)上がる, 上昇する.

climb dówn 動 **(1)** (手足を使って)降りる, 下る: *She* ~*ed down from the roof*. 彼女は屋根から降りた. **(2)**《英》(非を認めて)折れる, 引き下がる (*over*). — 動 (手足を使って)〈...〉を降りる, 下る: *He* ~*ed down the ladder*. 彼ははしごを降りた.

clímb ínto ... 動 他 **(1)** ...にもぐりこむ. **(2)** (衣服)をやっとの思いで[苦労して]身につける.

clímb óut of ... 動 **(1)** ...からはいでる. **(2)** (衣服)をやっとの思いで[苦労して]脱ぐ.

gò clímbing 動 登山に行く: *go* ~*ing in the Alps* アルプスへ登山に行く.

— 名 (**~s** /-z/) C [普通は単数形で] **1** 登ること; 登山; (地位などの)上昇 (*to, in*): a ~ *up the charts* [*table, league*] チャート[表, リーグ]での(順位の)上昇 / *make a* ~ 登る / *It was a difficult* ~. 登る

は難しかった. **2** 登る場所.

clímb-dòwn 名 [a ~]《英》自分の非を認めること; 譲歩.

+**climb-er** /kláɪmɚ | -mə/ 名 © **1** 登山者, よじ登る人[動物]; はい登る植物《つたなど》. **2**《略式》=social climber.

*climb·ing** /kláɪmɪŋ/ 名 Ü 登山; よじ登ること: mountain ~ 登山. 関連 rock climbing ロッククライミング. — 形 (よじ)登る;《植》つる性の.

climbing fràme 名 ©《英》=jungle gym.

climbing ìron 名 © [普通は複数形で] アイゼン《登山靴の底につける》(crampon).

climbing wàll 名 © クライミングウォール《ロッククライミング練習用の人工壁》.

clime /kláɪm/ 名 © [普通は複数形で]《文》または《滑稽》(気候からみた)地方; 国; 気候 (climate).

*clinch** /klíntʃ/ 動 (clinch·es /~ɪz/; clinched /~t/; clinch·ing) ⊕ **1**《議論などに》かた[決着]をつける;《...を》確保する: ~ a deal [contract] 商談[契約]をまとめる / ~ the championship [title] 優勝[タイトル]を手にする / ~ the contest コンテストで勝利をおさめる. **2**《くぎの先を折り曲げる, つぶす; くぎなどを折り曲げて《...を》固定する, 締めつける. — ⊜《ボク》クリンチする;《略式》〈恋人どうしが〉抱き合う. **... clinch it**《略式》《...で》結論がでる, 決着がつく, ふんぎりがつく (for). — 名 © 《ボク》クリンチ;《略式》抱擁: get into a ~ 抱き合う. **in a clínch** 形・副 抱き合う[合って];《ボク》クリンチした[して].

clinch·er /klíntʃɚ | -tʃə/ 名 © [普通は単数形で]《略式》決定的な発言[事実, 状況など], 決め手. **The cláincher cáme whèn ....** ...したとき決着がついた.

cline /kláɪn/ 名 ©《生》連続変異, クライン;《言》《漸次的に推移する》連続体.

*cling** /klíŋ/ 動 (clings /~z/; 過去・過分 clung /klʌ́ŋ/; cling·ing) ⊜ **1** しがみつく,（ぴったりと）くっつく,（においなどが）しみつく,（...から）離れない〈人に〉抱きつく, まとわりつく (to): The cat clung onto her. <V+onto+名・代> その猫は彼女にまとわりついた / It was time to part, but still the couple clung together. <V+together> 別れるときになっても二人は抱き合っていた. **2**《考え・習慣などに》執着する, 固執する;《望みを》捨てない (to).

— 名 U まとわりつき: 『⇒ static cling.

clíng·film 名 Ü《英》(食品包装用の)ラップ《《米》plastic wrap》.

cling·ing /klíŋɪŋ/ 形 [しばしば軽蔑](人に)つきまとう, まとわりつく;〈衣服が〉体にぴったりとした.

clínging víne 名 ©《米略式》人に頼りたがる人.

cling·y /klíŋi/ 形 (cling·i·er; -i·est) =clinging.

*clin·ic** /klínɪk/ 名 (~s /~s/) © **1** 診療所, クリニック: an eye [a dental] ~ 眼科[歯科]の診療所. **2**《主に英》診療(時間): hold a ~ 診療を行なう. **3** 臨床講義. **4**《ある問題の》相談所, ...教室. **5**《米》(病院の)医師団.

*clin·i·cal** /klínɪk(ə)l/ 形 **1** A 臨床の; 臨床講義の: ~ medicine 臨床医学 / a ~ trial 臨床試験 / a ~ practice 臨床 / ~ signs [symptoms] 臨床症状. **2** 診療所の. **3** [普通は軽蔑]第三者的な, 冷ややかな: a ~ view 第三者的な見方 / with ~ detachment 冷然として. **4**《部屋・建物などが》飾り気のない. **5**《スポーツ》巧みな, 正確な. **-cal·ly** /-kəli/ 副 臨床的に; 第三者的に, 冷ややかに.

clínical deprèssion 名 U (医師による治療を要する)重度のうつ病.

clínical psychólogy 名 U 臨床心理学.

clínical thermómeter 名 © 体温計.

+**cli·ni·cian** /klɪníʃən/ 名 © 臨床医(学者).

clink[1] /klíŋk/ 名 [普通は単数形で] (金属片・グラスなどの)ちりん[かちん]と鳴る音. — 動 ⊕ 〈...を〉ちりん[かちん]と鳴らす. — ⊜ ちりん[かちん]と鳴る.

clink[2] /klíŋk/ 名 [the ~]《俗》刑務所, 留置場: be in [get out of] the ~ 刑務所に入っている[出る].

clink·er /klíŋkɚ | -kə/ 名 © **1**《米略式》へま, 大失敗, 演奏のミス; まぬけ(人). **2** U,© クリンカー, 金くそ《溶鉱炉の中にできる》. **3** U,© 硬質れんが.

clínk·er-búilt /klíŋkɚbìlt | -kə-/ 形《造船》(船が)よろい張りの.

cli·nom·e·ter /klaɪnámətɚ | -nɔ́mətə/ 名 © 傾斜計, クリノメーター.

Clin·ton /klíntn | -tən/ 名 ® クリントン **Bill ~**《正式には **William Jefferson** ~》(1946-)《米国の政治家; 第42代大統領 (1993-2001); ☞ president 表》.

Cli·o /kláɪoʊ/ 名 ®《ギ神》クレイオー《歴史の女神; the Muses の一人》.

*clip**[1] /klíp/ 名 (~s /~s/) © **1** クリップ, 紙[書類]ばさみ《万年筆のキャップについているような》留め金具: a paper ~ (金属製などの)クリップ / fasten papers together with a ~ 書類をクリップで留める. **2**《機関銃の》挿弾子 (cartridge clip). **3** (クリップ留めの)装身具.

— 動 (clips /~s/; clipped /~t/; clip·ping) ⊕ 〈...を〉(しっかり)留める; クリップで留める: The papers were clipped together. <V+O+together の受身> 書類は(クリップで)しっかりと留められた / C~ this card to [onto] that one. <V+O+to [onto]+名・代> このカードをあのカードにクリップで留めなさい. **5** しっかり留める (on, together; onto, to).

*clip**[2] /klíp/ 動 (clips /~s/; clipped /~t/; clip·ping) ⊕ **1** 〈...を〉はさみで切る; 刈り込む (trim);〈羊毛〉を刈る: He clipped the sheep. 彼は羊の毛を刈った / I clipped the article from [out of] the newspaper. <V+O+from [out of]+名・代> 私は新聞からその記事を切り抜いた / She clipped her hair close. <V+O+C (形)> 彼女は髪を短く刈り込んだ. **2** 《秒数などを》縮める, 短縮する (off, from). **3**〈切符〉にはさみを入れる, 穴をあける. **4** 〈...に〉ぶつかる《英略式》〈...を〉たたく: ~ a boy round the ear = ~ a boy's ear 少年の横っ面をたたく. **5** 《語の一部などを》省略する. — ⊜ **1** (はさみで)切り取る. **2** すばやく動く. — 名 **1** © (生け垣・頭髪・羊毛などの)刈り込み; 1 回の刈り込み量. **2** © 映画[テレビ番組]の一場面. **3** © =clipping 1. **4** [a ~] 《略式》ひとつ, 一個 (of): tennis a ~ 一個につき 10 セント. **5** ©《略式, 主に英》一撃: get a ~ round [on] the ear 横っ面に一発くらう. **at a góod [fáir, fást] clíp** 副《略式》速いペースで.

clíp árt 名 ©《電算》クリップアート《切り貼りして使える挿絵・アイコンなど》.

clíp·bòard 名 © **1** 紙はさみ付き筆記板. **2**《電算》クリップボード《複写・移動するデータの一時的保存場所》.

clip-clop /klípklɑ̀p | -klɔ̀p/ 名 © [普通は単数形で] ぱかっぱかっ《馬のひづめなどの音》. — 動 ⊜ ぱかっぱかっと音をたてて歩く.

clíp jòint 名 ©《古風, 俗》勘定[料金]をぼる店《ナイトクラブ・レストランなど》.

clíp-òn 形 © (クリップで)クリップで留める. — 名 © (クリップで留める)装身具.

+**clipped** /klípt/ 形 **1**〈枝などが〉きれいに刈り込まれた,（ひげが)整えられた. **2**〈話し方が〉早口でそっけない. **3** A《文法》〈単語が〉短縮された: a ~ form [word] 短縮語《advertisement に対する ad など》.

+**clip·per** /klípɚ | -pə/ 名 © **1** [複数形で; しばしば合成語で] (枝・針金などを切る)はさみ; バリカン; つめ切り: a pair of ~s はさみ 1 丁. 関連 scissors (紙・布などを切

る)はさみ **2** [C] (19世紀の)快速帆船.

⁺**clip·ping** /klípɪŋ/ [名] **1** [C] (新聞などの)切り抜き. **2** [U] 切ること; 刈り込み. **3** [C] [普通は複数形で] 切り[刈り]取ったもの《枝・毛・つめなど》.

⁺**clique** /klíːk/ [名] [C] [《英》単数形でも時に複数扱い] [普通は軽蔑] (排他的な)徒党, 派閥.

cliqu·ey /klíːki/ [形] =cliquish.

cliqu·ish /klíːkɪʃ/ [形] [軽蔑] 徒党の, 派閥的な. **～·ness** [名] [U] 排他性.

clit /klít/ [名] [C] 《卑》クリちゃん, クリトリス.

clit·o·ral /klíṭərəl, -trəl/ [形] 〘解〙クリトリスの.

clit·o·ris /klíṭərɪs/ [名] [C] 〘解〙クリトリス, 陰核.

Cllr [略] =《英》councillor.

⁺**cloak** /klóʊk/ [名] [C] **1** (そでなしの)外套(がいとう), マント. **2** [普通は単数形で] 《主に文》仮面, 隠れみの, 口実 (*for, of*). [語源] ラテン語で「鐘, ベル」の意. 形が似ているので; ☞ clock¹ [語源]. **ùnder a [the] clóak of ...** [前] …に隠れて; …という口実で. **— [動] [他]** [普通は受身で] [W] 〈…〉を覆(おお)い隠す: *be ～ed in* snow 《文》雪でおおわれる / The conference *was ～ed in* secrecy. 会議は秘密のベールに包まれていた.

clóak-and-dágger [形] [A] (作戦など)隠密の, なぞめいた, (物語・映画など)スパイが活躍する.

***cloak·room** /klóʊkrùːm, -rʊ̀m/ [名] (～s /～z/) [C] **1** (携帯品)一時預かり室, クローク《ホテル・劇場などの》 (《米》 checkroom): I checked my briefcase and umbrella *in* the ～. かばんと傘をクロークに預けた. **2** クロークルーム《上着などを掛けておく部屋》. **3** 《英》[婉曲] (公共の建物の)トイレ (《米》 rest room).

⁺**clob·ber¹** /klɑ́bə | klɔ́bə/ [動] (**-ber·ing** /-b(ə)rɪŋ/) [他] 《略式》 **1** 〈人〉をひどく殴る; 厳しく罰する. **2** 〈…〉を徹底的に負かす; 〈…〉を(経済的に)苦しめる.

clob·ber² /klɑ́bə | -bə/ [名] [U] 《英略式》衣服; 装備: climbing ～ 登山用の装備.

cloche /klóʊʃ | klɔ́ʃ/ 《フランス語から》 [C] **1** クローシュ《つり鐘形女性帽》. **2** (植物を霜から守る)ガラス(など)の覆い.

***clock¹** /klɑ́k | klɔ́k/ ([類音] crack) [名] (～s /～s/) **1** [C] 時計 (☞ watch² 表; o'clock [語源]; living room 挿絵): wind [set] a ～ 時計を巻く[セットする] / advance a ～ 時計を進ませる / The ～ is two minutes slow [fast]. 時計が2分遅れている[進んでいる] / This ～ gains [loses] two seconds a day. この時計は1日に2秒進む[遅れる].

clock のいろいろ
alárm clòck 目覚まし時計 / **dígital clóck** デジタル時計 / **quártz clòck** 水晶[クォーツ]の掛け[置き]時計 / **tíme clòck** タイムレコーダー

2 [the ～] 《略式》速度計; 走行距離計: 8,000 miles on *the* ～ 走行距離が8千マイルを示して. [語源] ラテン語で「鐘, ベル」の意. 元来は「ベルのついた時計」; ☞ cloak [語源]. **agàinst the clóck** [副] (1) 時間と競争で, 締め切り[期限]に追われて: work *against the* ～ 締め切りに追われて仕事をする. (2) (競技で)全速力で. **aròund [ròund] the clóck** [副] まる一日中, 昼夜兼行で (☞ around 最初の [語法]). [由来] 時計の(短)針がぐるっと回る間, の意. **béat the clóck** [動] [自] 定刻[締め切り]前にやり終える. **cléan ...'s clóck** [動] 《米》[滑稽] …に大勝する. **léft [stíll] on the clóck** [副] (…分[秒]など)残して. **lìke a clóck** [副] (時計のように)正確に. **líve by the clóck** [動] [自] 規則正しい生活を送る. **on the clóck** [副] 開始後(…分[秒]など)経過して. **pút [sét] the clóck(s) ahèad [fòrward]** [動] [自] (夏時間にするために)時計の針を進める. **pút [sét] the clóck(s) bàck** [動] [自] (夏時間を元に戻すために)時計の針を戻す. **pút [túrn, sét] the clóck bàck**=**pút [túrn, sét] báck the clóck** [動] [自] 時勢[進歩]に逆らったことをする; (計画・方針などを)逆行させる, 昔のやり方に戻す; (昔に戻って)やり直す; 昔を思い出させる. **pút [túrn, sét] the clóck fòrward** [動] [自] 未来を想起する. **rún óut [kíll] the clóck**=**rún the clóck dòwn** [動] [自] 《米》(勝っているチームが)時間かせぎをする. **stárt [stóp] the clóck** [動] [自] 試合を再開する[止める]. **The clóck is tícking.** 時が刻々と過ぎている, 残り時間がわずかだ. **the twénty-fóur hóur clóck** [名] 24時間制 (☞ hour 4 の [語法]). **wátch the clóck** [動] [自] 《略式》(仕事などの)終わりの時間を気にする.

— [動] [他] 1 〈タイム・速度など〉を記録する, 測る (*at*). **2** 《英略式》〈人に〉〈一発〉を食らわす: ～ a boy one 少年をぶんなぐる. **3** [S] 《英》〈…〉に気づく. **4** 《英俗》〈車〉の走行距離をごまかす. **clóck ín [ón]** [動] [自] (タイムレコーダーで)出勤時を記録する (《米》 punch in); 定時に仕事を始める. **clóck óut [óff]** [動] [自] (タイムレコーダーで)退勤時を記録する (《米》 punch out); 定時に仕事を終える. **clóck úp** [動] [他] (1) 〈走行距離など〉を記録する. (2) 〈…〉を達成する, 獲得する.

clock² /klɑ́k | klɔ́k/ [名] [C] 靴下のししゅう《くるぶしの部分の》.

clóck·màker [名] [C] 時計師, 時計工.

clóck rádio [名] [C] 時計[タイマー]つきラジオ.

clóck spèed [名] [C] 〘電算〙クロックスピード《コンピューターの信号の周波数; CPU の処理速度を決定する》.

clóck tòwer [名] [C] 時計塔, 時計台.

clock-watch·er /klɑ́kwɑ̀tʃə, -wɔ̀ːtʃə | klɔ́kwɔ̀tʃə/ [名] [C] 《略式》(仕事などの)終了時間を気にする人.

clóck wàtch·ing /-wɑ̀tʃɪŋ, -wɔ̀ːtʃ- | -wɔ̀tʃ-/ [名] [U] 終業時刻を気にしていること.

⁺**clock·wise** /klɑ́kwàɪz | klɔ́k-/ [副], [形] ([反] counter-clockwise) 時計[右]回りに[の].

⁺**clóck·wòrk** [名] **1** [U] 時計仕掛け; ぜんまい仕掛け. **2** [形容詞的に] 時計[ぜんまい]仕掛けの(ような): a ～ toy ぜんまい仕掛けのおもちゃ / with ～ precision 非常に正確に. **lìke clóckwork** [副] 予定通りに, 正確に, 規則正しく; 支障なく. **(as) régular as clóckwork** [形・副] 非常に規則正しい[正しく].

clod /klɑ́d | klɔ́d/ [名] [C] **1** (土などの)塊 (*of*). **2** 《略式》のろま, ばか.

clod·dish /klɑ́ḍɪʃ | klɔ́d-/ [形] 《略式》のろまな, ばかな. **～·ly** [副] まがぬけて.

clod·hop·per /klɑ́dhɑ̀pə | klɔ́dhɔ̀pə/ [名] [C] 《略式》 **1** [普通は複数形で] どた靴. **2** 《古風》そこつ者.

⁺**clog** /klɑ́g | klɔ́g/ [動] (**clogs**; **clogged**; **clog·ging**) [他] 〈管など〉を詰まらせる, ふさぐ (*with*); 〈動き〉を妨害する (*up*): The pipe *is clogged* (*up*) *with* grease again. またパイプが油で詰まっている. — [自] 詰まる (*up*); 動きが悪くなる. **— [名] [C] 1** [普通は複数形で] 底が木のサンダル; 木靴. **2** (動物の脚につける)おもり.

clóg dànce [名] [C] 木靴ダンス《木靴でリズムをとって踊る》.

clogged /klɑ́gd | klɔ́gd/ [形] (管などが)詰まった.

cloi·son·né /klɔ̀ɪzənéɪ | klwɑːzɔ́neɪ/ 《フランス語から》 [名] [U], [形] 七宝(しっぽう)焼き(の).

clois·ter /klɔ́ɪstə | -stə/ [名] **1** [C] [普通は複数形で] 〘建〙回廊, 廊下《修道院・大学などの中庭を囲み, 屋根がある》. **2** [the ～] 《文》修道院(生活). **— [動]** (**-ter·ing** /-tərɪŋ,

cloister 1

-trɪŋ/) 他《主に文》《…》を静かな場所に[ひとりで]引きこもらせる: ~ oneself in one's study 書斎に閉じこもる.

clois·tered /klɔ́ɪstəd/‐stəd/ 形 **1** 修道院住まいの. **2** 〈生活などが〉世間と隔絶した. **3** 回廊のある.

+**clone** /klóʊn/ 13 名 C **1** 〖生〗クローン《単一個体から無性生殖的に発生した群風》; クローンの個体《~ Dolly 2》. **2** 〈作品〉[体に軽度]そっくりなもの[人], コピー. **3** 〖電算〗(もっと有名な)他機種と全く同じ機能を持ったコンピューター. ―― 動 他 **1** 〈動植物〉をクローンとして作る. **2** 〈他人の携帯電話〉の番号を不正にコピーする.

clonk /klɑ́ŋk/ 名 C ゴツン(という音). ―― 動 自 ゴツンと音がする. ―― 他 …をゴツンとたたく.

clop /klɑ́p/ klɔ́p/ 名 C 〖普通は単数形で〗ぱかぱか(馬の足音). ―― 動 (**clops**; **clopped**; **clop·ping**) 自 〈馬が〉ぱかぱか(音をたてて)歩く.

***close**[1] /klóʊz/ ★ close[2] との発音の違いに注意. (同音 cloze, #clothes; 類音 clause, clothe, #cloths) 動 (**clos·es** /~ɪz/; **closed** /~d/; **clos·ing**) 名 clósure.

―― 自 他 の 転換 ――
他 **1** 閉じる, 閉める (to make (something) shut)
自 **1** 閉じる, 閉まる (to become shut)

―― 他 **1** 〈開いているもの〉を**閉じる, 閉める**; 〈すき間・傷口など〉をふさぐ; 〈間隔など〉を詰める(反 open)(🖙 shut 類義語): C~ your eyes. 目を閉じなさい / She ~d all the windows in the room. 彼女は部屋の窓をみんな閉めた / He ~d the crack with plaster. 彼は割れ目を石こうでふさいだ / the gap between the rich and (the) poor 金持ちと窮乏者との格差を埋める(🖙 the[1] 3).

2 〈店など〉を**閉める**, 〈事業・営業など〉をやめる; 〈工場・通路など〉を閉鎖する(反 open): They ~ the store at eight on Saturdays. 土曜日には店を8時に閉める / This road is ~d to trucks [for repairs]. <V+O+to [for]+名・代の受身> この道路はトラックは[修理のため]通行禁止になっている.

3 〈話など〉を**終える**; 〈捜査など〉を打ち切る: They ~d the discussion at ten. 彼らは10時に話し合いを終えた / I'd like to ~ my speech *with* [*by saying*] these words. <V+O+with+名・代[by+動名]> 次のことばをもって話を終えたいと思います / ~ a case 事件の捜査[審理]を打ち切る. **4** 〈契約など〉を結ぶ, 〈取引〉をまとめる: ~ a deal with a company 会社と商談をまとめる. **5** 〖電算〗〈ソフトなど〉を終了する; 〖電気〗〈回路〉を閉じる, 接続する. **6** 〈手・腕など〉で(…を)しっかりつかむ[抱える] (*around, round, over*).

―― 自 **1** 閉じる, 閉まる; ふさがる; 〈間隔など〉が詰まる(反 open): The door ~d by itself. その戸はひとりでに閉まった.

2 〈店など〉閉まる, 閉店する, 休業する; 〈会・活動など〉終わる; 〈特別提供など〉締め切られる: This store ~s at six. この店は6時に閉まる.

3 〈株価・為替相場など〉(…で)引ける, 終値が(…で)ある (*up, down; at*) (反 open). **4** (…に)迫る, 肉薄する: The police are *closing* on the criminal. 警察は犯人に迫っている. **5** 〖電算〗〈ソフトなど〉が終了する.

―― close の 句動詞 ――

clóse aróund [**róund**] ... 動 他 …を取り囲む, 包む; 〈手・腕など〉を握り[抱きしめる] (🖙 around).

***clóse dówn** 13 動 自 **1** 〈店・工場など〉が**閉鎖される**: This mine will ~ *down* next month. この鉱山は来月閉山となる. **2** 〖電算〗〈ソフトなど〉が終了する. **3** 《英》(一日の放送が)終わる.

―― 他 〈店・工場など〉を閉鎖する <V+名・代+down / V+down+名>: ~ down the factory 工場を閉鎖する. **2** 〖電算〗〈ソフトなど〉を終了する.

***clóse ín** 動 自 **1** (じわじわ)(取り囲む; 〈敵・暗やみなど〉が押し寄せる, 迫る: The enemy troops ~d in on [*around, upon*] the city. 敵軍がその市を取り囲んだ. **2** 〈天気が〉悪くなる; 《文》〈日が〉短くなる.

clóse óff 動 他 〈道路など〉を閉鎖[遮断]する.

clóse on ... 動 他 …に迫る (🖙 4). **2** 〈購入のために〉〈家など〉のローンをうまく組む.

clóse óut 動 他 《米》 **1** 〈商品〉を見切り売りする. **2** 〈市場・スポーツチームなど〉がある期間など〉を締めくくる (*with*). **3** 〈人〉を締め出す.

clóse òver ... 動 他 = close around ....

***clóse úp** 動 他 **1** 〈すっかり閉じる〉 〈店など〉を(一時的に)**閉める** <V+名・代+up / V+up+名>: The house was ~d up when its owners went on vacation. その家は住人が休暇で出かけるときにすっかり閉ざされた. **2** 〈…〉の間を詰める. **3** 〈傷口など〉をふさぐ. ―― 自 **1** (すき間・傷口など)がすっかりふさがる. **2** (店など)(一時的に)閉まる; 店を閉める. **3** 間を詰める. **4** 心を閉ざす.

clóse with ... 動 他 **1** (会・映画・手紙などが)…で終わる. **2** 《英》…と合意する, 契約を結ぶ; (申し出など)に応じる. **3** 《文》…と交戦する.

―― 名 〖単数形で〗《格式》**終わり, 終結**: at (the) ~ *of* (the) day 1日の終わりに / The week reached its ~. その1週間も終わった. **bríng** [**dráw, cáll**] ... **to a clóse** [動] 他 〈…〉を終わらせる. **cóme** [**dráw**] **to a clóse** [動] 自 終わる.

***close**[2] /klóʊs/ ★ close[1] との発音の違いに注意. (類音 cloth, cross) 形 (**clos·er**; **clos·est**)

動詞 close[1] と同語源で, 基本的には「(間が)閉じている」の意. (すき間のないことから)
→(間が)「ごく近い」 1→「近似した」 4
→「密な」 2→「親密な」 2
→(すきのない)→「綿密な」 3

1 (空間的・時間的に)**ごく近い**, (互いに)接近した (*together*) (🖙 near 類義語); (実現の)間近い: ~ neighbors ごく近所の人々 / His house is ~ *to* the church. <A+*to*+名・代> 彼の家はその教会のすぐそばだ / That is the *closest* you can get to the lake. 湖に最も接近できるのはそこまでです / Are you ~ *to* your sister in age? あなたは妹さんと年が近いですか / It's ~ *to* 7:00 [seven]. もうすぐ7時だ 〖言い換え〗 An agreement is ~. =We are ~ *to* an agreement. 合意が近い.

2 親密な, 親しい (*dear*); (血縁関係が)近い; 緊密な, 親しくふるまう: a ~ friend 親友 / ~ relatives 肉親 / ~ family ties 家族の強い絆 / ~ links 緊密な(連帯)関係 / I could not feel ~ *to* Liz. <A+*to*+名・代> 私はリズには親近感を持てなかった / She is getting *closer to* him. 彼女は彼と親密になっている.

3 A **綿密な**, 精密な (*accurate*), 注意深い (*careful*); 厳重な: a ~ examination 精密な検査 / ~ work (手元でする)緻密な作業《針仕事など》/ ~ supervision 厳重な監視 / keep ... a ~ secret …を厳重に秘密にしておく / pay ~ attention 細心の注意を払う / Louise is a ~ observer of the political scene. ルイーズは政治情勢を詳しく観察している.

4 (関係・類縁などが)近い, 密接な, (類似性が)高い; 近似した; (原典などに)忠実な: Lucy bears a ~ resemblance to her mother. ルーシーは母親によく似ている / His translation is ~ *to* the original. <A+*to*+名・代> 彼の翻訳は原典に忠実だ.

5 A **密な**, 目の詰まった, 窮屈な (🖙 dense 類義語): a ~ thicket 木がぎっしり生えた茂み / ~ print 細かく字

を詰めた印刷] / (a) ~ texture 目の細かい布地. **6** (ひげ・芝生などが) 短く刈り込んだ[そった] (☞ close shave]: a ~ haircut 坊主刈り / The barber gave me a ~ shave. 床屋は僕のひげをきれいにそってくれた. **7** (競走・戦いなどが) ほぼ互角の: a ~ finish ほぼ同着 / a second 僅差の 2 位 / win [lose] a ~ game 接戦に勝つ[負ける] (☞ dead heat 参考). **8** (部屋などが) 閉めきった, 風通しの悪い (stuffy); (天候・空気が) 蒸し暑い: in a ~ room 閉めきった部屋で / It's very ~ today. 今日はとても蒸し暑い. **9** P (格式) (金などに) 細かい, けちな (with). **10** P 話したがらない (about); 打ち解けない. **11** 『音声』(母音が) 狭い (反 open). **be close to ... [to dóing]** 動 もう少しで…しそうである: She was ~ to collapse [confessing the secret]. 彼女はもう少しで倒れ[秘密を白状し]そうだった. **be too close to call** 動 (接戦で) 勝者を決めかねる. **close, but nó cigár** 形 S 惜しい[もう一息という]ところで. **gèt [be] tóo clóse for cómfort** 動 自 不安になるほど近すぎる[接近する], (いやなことに)迫っている. **Thát's clóse.** = You're close. **Thát was clóse!** 名 危なかった. **the clósest (thing)** 名 (…に)ほぼ近いもの[人], (…と)言ってもよいもの: That was the closest (thing) to a response she got from Bill. 彼女がビルからもらった回答らしいものはそれだけだった. **You're clóse.** S (正解ではないが) 惜しいね (★単に Close. という).

── 副 (clos·er; clos·est) **1** (場所・位置が) すぐそばに, 近くに: She stood ~ behind (the counter). 彼女は(カウンターの)すぐ後ろに立っていた / Come closer to me. もっと私の近くに来なさい. **2** ぴったりと, きっちりと; 短く. **close at hánd** 副 at hand (hand 名 成句). **clóse bý** 副 すぐそばに. **clóse by ...** 前 …のすぐそばに. **clóse on ...** 前 =close to ... (2). **close tó** /túː/ 副 (時に 文修飾語) 近づいて(見ると), 近くから: Seen from a distance the lake looked beautiful; but ~ to, it was disappointing. 遠くから見るとその湖は美しそうに見えたが, 近づいて見るとがっかりだった. **clóse to ...** 前 (1) …のすぐ[そば]に: Don't sit too ~ to the television. テレビにあまり近づいてすわるな. (2) (数字とともに) S ほとんど…, …近くの: There were ~ to fifty people in the hall. ホールには 50 人近い人がいた. **clóse togéther** 副 (1) (互いに)接近して. (2) 緊密に. **clóse úp** 副 =close to. **còme clóse** 動 自 (…に)近似している, ほとんど劣らない (to). **còme clóse [to ... to dóing]** 動 もう少しで…しそうになる: I was so angry that I came ~ to hitting him. とても腹が立って彼を殴りそうになった. **dráw [hóld] ... clóse** 動 〈人〉をしっかり抱き寄せる[抱き締める]. **rún ... clóse** 動 他 (英) (競走・技能などで) ほぼ〈…〉と同程度である, 〈…〉に肉薄する. **úp clóse** 副 =close to.

close[3] /klóʊs/ 名 C (英) **1** 行きどまり, 袋小路 (しばしば [C-] として通りの名として用いられる). **2** 構内, (寺院などの)境内.

clóse cáll /klóʊs-/ 名 C (英) [a ~] =close shave 1.

close-cropped /klóʊskrɑ́pt | -krɔ́pt⁻/ 形 〈髪・芝生などが〉 短く刈り込んだ; 〈人が〉短い髪をした.

*__closed__ /klóʊzd/ 形 **1** (比較なし) 閉められた; 密閉した; 閉鎖された; 閉店の; 非公開の (反 open): She kept her eyes ˈtightly ~ [~ tight]. 彼女は目をきつく閉じていた / CLOSED TODAY 本日休業 〈商店などの掲示〉 / This garden is ~ to the public. この庭園は一般公開されていない. **2** 閉鎖的な, 自己充足的な: a ~ society 閉鎖社会. **3** (特定の人などに) 開かれていない, 固定的な, 限定された: a ~ membership 限定された会員. **4** (問題などが) 決着のついた: consider the matter ~ 問題は決着したと考える.

behìnd clósed dóors 副 (1) 戸を閉めきって. (2) 傍聴を禁止して, 非公開で.

clósed bóok 名 C (英) わけのわからない事; 得体の知れない人 (to).

clósed cáption 名 C 『テレビ』耳の不自由な人のための字幕 (専用のデコーダーをつけると見られる).

clósed-cáptioned 形 『テレビ』耳の不自由な人のための字幕のついた.

clósed círcuit 名 C 『電工』閉回路; 『テレビ』クローズドサーキット (特定の受像機だけに送信する).

clósed-circuit télevision [TV] 名 U.C クローズドサーキットテレビ (ビルの警備などに使用する; 略 CCTV): a ~ image 監視カメラの映像.

clósed-dóor 形 A 非公開の.

clósed-lóop 形 閉回路の, 閉[クローズド]ループの: a ~ recycling system (宇宙ステーションなどでの)独立リサイクル方式 (水を再利用する).

clósed-mínded 形 かたくなな, 了見の狭い.

clósed-móuthed /-máʊðd/ 形 = closemouthed.

close·down /klóʊzdaʊn/ 名 **1** C (工場などの)閉鎖. **2** C.U (英) (1日の)放送の終了.

clósed prímary 名 C (米) 制限予備選挙 (党員だけが投票する直接予備選挙; ☞ open primary).

+**clósed séason** 名 U (主に米) 禁猟期, 禁漁期 (for) ((英) close season) (反 open season).

clósed shóp 名 C クローズドショップ (労働組合員だけを雇う事業所・雇用方式; ☞ open shop, union shop).

clósed stánce 名 C 『野・ゴルフ』クローズドスタンス (右利きの人なら右足を引いた構え). 関連 open stance オープンスタンス.

clósed sýllable 名 C 『音声』閉音節 (子音で終わる).

close-fist·ed /klóʊsfístɪd⁻/ 形 (略式) けちな.

clóse-fítting /klóʊs-/ 形 〔普通は A〕〈服などが〉体にぴったりとした (tightfitting) (反 loose-fitting).

clóse-gráined /klóʊs-/ 形 木目の細かい.

clóse-knít /klóʊs-/ 形 〔普通は A〕〈人々が〉緊密に結ばれた, 結束が固い: a ~ team 一致団結したチーム.

*__close·ly__ /klóʊsli/ 副 **1** 綿密に, 詳しく, 注意して: Now listen ~. いいかい, よく聞けよ. **2** 酷似して; 密接に, 深く: The insect ~ resembles a fly. その虫はえにとてもよく似ている / She has been ~ involved in the campaign. 彼女はその運動に深く係わってきた. **3** 接近して; ぴったりと, ぎっしりと: The suspect was ~ followed by the detectives. 容疑者は刑事たちにぴったりと後をつけられていた / The child clung ~ to me. その子は私の体にしがみついた. **4** 緊密に, よく連携して: work ~ with each other 互いによく連携して働く. **5** (戦い・試合などで)接戦で: The election was ~ contested. 選挙は接戦だった.

clósely-knít 形 =close-knit.

clóse-mínded /klóʊs-/ 形 =closed-minded.

close·mouthed /klóʊsmáʊðd, -máʊθt⁻/ 形 口の堅い無口な (about).

close·ness /klóʊs-/ 名 U **1** 近いこと, 接近 (to). **2** 親しさ, 親密さ (to).

close·out /klóʊz-/ 名 C (米) (閉店などによる)在庫処分(品): a ~ sale 在庫処分セール.

clóse quárters 名 複 接近; 白兵戦: at [from] ~ 接近して, 間近で.

clos·er /klóʊzə | -zə/ 名 C 『野』おさえ投手, クローザー (味方がリードしている終盤に登板する投手).

close-run /klóʊsrʌ́n⁻/ 形 A (英) 〈競走・選挙などが〉少差で勝った[負けた]: be a ~ thing 僅差である.

+**clóse séason** /klóʊs-/ 名 U (英) **1** =closed season. **2** =off-season.

clóse-sét /klóus-/ [形] (目などが)互いに近接した.

clóse sháve /klóus-/ [名] **1** [a ～; 主に Ⓢ] 危機一髪: That was *a* ～. I was nearly hit by a car. 危ないところだった. もう少しで車にはねられそうになった. **2** [C] 深ぞり (☞ close[2] [形] 6).

*__clos·et__ /klázɪt | klɔ́z-/ [名] (**clos·ets** /-ɪts/) [C] **1** 《主に米》押し入れ, 戸棚《作りつけで床から天井までの高さのもの》, 物置《食料・衣服・道具などを入れておく小部屋》: a walk-in ～ ウォークインクロゼット / I hung my coat *in* the hall ～. 私はコートを玄関の戸棚にかけた. **2** 《古語》小部屋. **3** 《古語》便所 (☞ water closet). [語源] 古(期)フランス語で「小さな囲まれた場所」の意.

be in the clóset [動] [自] 《米略式》(ホモであることを)秘密にしている. **còme óut of the clóset** [動] [自] 《略式》(1) 自らホモであることを公表する. (2) 秘密を公表する. [由来] 押し入れの中でひそかにしていたことを公にする, の意.

— [形] [A] 秘密の, 隠れた: a ～ alcoholic 隠れアルコール依存者.

— [動] [他] [普通は受身で; 主に新聞で] (密談などのため)〈…〉を小部屋にこもらせる. **be clóseted with …** [動] [他] …と密談する. **clóset onesèlf (awáy)** [動] [自] (部屋に)閉じこもる (*in*).

clos·et·ed /klázɪṭɪd | klɔ́z-/ [形] ホモであることを隠している.

clóse thíng /klóus-/ [名] [a ～] =close shave 1.

+**close-up** /klóusʌ̀p/ [発音注意] [名] [C] 〔写〕大写し, クローズアップ(写真) (*of*). **in clóse-up** [副・形] 大写しで[の].

+**clos·ing** /klóuzɪŋ/ [形] (反 opening) [A] 終わりの, 最後の: a ～ speech 閉会の辞 / in the ～ stages 最終段階で. — [名] **1** [U] 閉鎖, 閉店 (*of*). **2** [C] 《米》(不動産の)売買手続きの完了.

clósing árgument [名] [C] 《米》〔法〕最終弁論.

clósing cèremony [名] [C] 閉会式 (反 opening ceremony).

clósing dàte [名] [C] **1** (申込みなどの)締切日 (*for*). **2** 《米》(不動産の)売買手続きの完了日.

clósing prìce [名] [C] (証券市場の)終値.

clósing remàrks [名] [複] (演説の)結び(のことば).

clósing tìme [名] [C,U] 終業時間, 閉店時間.

*__clo·sure__ /klóuʒɚ | -ʒə/ [名] (～s /～z/; [動] close[1]) **1** [C,U] (工場・道路などの)閉鎖; 閉店, 休業: The ～ *of* the factory led to the loss of 700 jobs. 工場の閉鎖により 700 人の職が奪われた. **2** [U] 終結, 終わり; (気持ちの)区切り: a sense of ～ ひと区切りがついたという感じ / bring [achieve, reach] ～ (on …) (物事に)決着[区切り]をつける. **3** [U] =cloture.

clot /klát | klɔ́t/ [名] [C] **1** 柔らかいぬらぬらした塊, 凝血. **2** 《古風, 英略式》ばか, まぬけ. — [動] (**clots; clot·ted; clot·ting**) [自] (血などが)凝固する. — [他] 〈…〉を凝固させる: *clotted* blood 凝固した血液.

*__cloth__ /klɔ́:θ | klɔ́θ/ ([類音] close[2], cross) [名] (**cloths** /klɔ́:ðz, klɔ́:θs | klɔ́θs/) **1** [U] 布; 反物, 織物: a roll of ～ ひと巻きの布地 / five yards of ～ 5 ヤールの布 / cotton ～ 綿織物. [関連] clothes 衣服.

2 [C] [しばしば合成語で] (特定の用途の)布きれ《ふきん・ぞうきんなど》; テーブルクロス (tablecloth): Do you have a ～ for wiping the table? テーブルをふくふきんはある? [関連] dishcloth 皿洗い布 / washcloth 《米》, face-cloth 洗面用タオル.

3 [the ～] 《文》または [滑稽] 聖職者《全体》: a man of *the* ～ 聖職者. ★ ☞ whole cloth.

clóth·bòund [形] (本が)クロス装の.

clóth cáp [名] [C] 《英》布製の平たい帽子, 鳥打ち帽《労働者階級の象徴》.

clothe /klóuð/ [動] [他] **1** 《格式》〈…〉に衣服を着せる: The king ～*d* himself *in* rags. 王さまはぼろを身にまとった. **2** 〈…〉に衣服を支給する. **3** 《文》〈…〉を覆(おお)う (cover).

clothed /klóuðd/ [形] **1** 衣服を着た, (…を)着た: half ～ 半裸で / ～ *in* black 黒い服を着て(いる). **2** 《文》(…で)覆われた (*in, with*).

****clothes** /klóu(ð)z/ [発音注意] ([同音] #close[1]; [類音] clause, clothe, #cloths) [名] [複] **1** 衣服, 着物: a suit of ～ 服 1 着 / casual [play, formal] ～ ふだん着[遊び着, 正装] / civilian ～ 平服《軍服に対して》/ school ～ (学校の)制服 / designer ～ ブランドものの服. [日英比較] 日本語の「衣服」よりも意味の範囲が広く, 身につける (wear) すべてのものを含む (☞ shoe [日英比較]). [関連語] cloth 布.

ミニ語彙欄

[コロケーション]

[動]+clothes
- **alter** [**mend**] *clothes* 服を作り変える[直す]
- **change** (one's) *clothes* 服を着替える
- **fold** *clothes* 服をたたむ
- **iron** *clothes* 服にアイロンをかける
- **put** (one's) *clothes* **on** 服を着る
- **take** (one's) *clothes* **off** 服を脱ぐ
- **wash** (one's) *clothes* 服を洗う
- **wear** *clothes* 服を着ている

[形]+clothes
- **conservative** *clothes* 地味な服
- **custom-made** *clothes* 注文服
- **everyday** *clothes* 普段着
- **flashy** [**loud**] *clothes* 派手な服
- **hand-me-down** *clothes* お下がりの服
- **loose** [**tight**] *clothes* だぶだぶの[窮屈な]服
- **ready-made** [**ready-to-wear**] *clothes* 既製服
- **shabby** clothes ぼろぼろの服
- **trendy** *clothes* 流行の服
- **used** [**secondhand**] *clothes* 古着

clothes のいろいろ

báby clòthes ベビー服 / **búsiness clòthes** ビジネス用の服 / **chíldren's clòthes** 子供服 / **desígner clòthes** ブランドものの服 / **hóliday clòthes** 晴れ着 / **matérnity clòthes** 妊婦服 / **níghtclòthes** 寝巻き / **ríding clòthes** 乗馬服 / **schóol clòthes** 学校の制服 / **spórts clòthes** スポーツ服 / **wórking clòthes** 作業服 / **wórkout clòthes** 運動着

[関連表現]
- **be dressed in** red 赤い服を着ている
- *Clothes* **make the man.** 《ことわざ》馬子にも衣装
- **dress up for** the party 正装してパーティーに出る
- **get dressed** [**undressed**] 服を着る[脱ぐ]
- **get** [**have**] **a new suit made** スーツを新調する
- **take a change of** *clothes* 着替えを持っていく
- This coat **looks good** [**nice**] **on** you. この上着はあなたによく似合う
- **wear a jacket and tie** (上着とネクタイ着用で)まともな格好をする
- You **look good** [**nice**] **in** this coat. この上着はあなたによく似合う

2 《英》寝具, 夜具 (bedclothes).

clóthes·bàsket [名] [C] 《主に英》洗濯物入れかご (laundry basket).

clóthes hànger [名] [C] 洋服掛け (hanger).

clóthes·hòrse [名] [C] **1** 《略式》[軽蔑] 着道楽の人; ファッションモデル. **2** 《英》(室内用)干し物掛け.

clóthes·lìne [名] [C] 物干し綱, 洗濯ロープ (line).

clóthes mòth [名] [C] いが (moth) 《小さなが(蛾); 幼

虫は衣類を食い荒らす).

clóthes pèg 名C《英》=clothespin.
clóthes·pin 名C《米》洗濯ばさみ.
clothes trèe 名C 帽子[コート]掛け.
cloth·ier /klóuðjɚ | -ðjə/ 名C《古風》洋服屋《紳士服の仕立て・販売をする人》.

*__cloth·ing__ /klóuðɪŋ/ 《類音 closing》名U 衣類, 衣服, 衣料《身につけるもの全般. ☞ food 1 表》: 'a piece [an item, an article] of ~ 衣類1点 / protective [waterproof] ~ 防護[防水]服 / the ~ industry 衣料産業.

Clo·tho /klóuθou/ 名《ギ神》クロートー《the Fatesの一人; 生命の糸を紡ぐ役》.

*__cloths__ /klɔ́:ðz, klɔ́:θs | klɔ́θs/ 《類音 clause, close¹, clothe, clothes》名 cloth の複数形.

clót·ted créam /klɑ́tɪd- | klɔ́t-/ 名U《英》固形クリーム.
clót·ting fàctor /klɑ́tɪŋ- | klɔ́t-/ 名C《生化》凝固因子《血液凝固に関わる血漿成分》.
clo·ture /klóutʃɚ | -tʃə/ 名U《米》《議会で採決に移るための》審議打ち切り (on).

*__cloud__ /kláud/ 《類音 crowd》名 (clouds /kláudz/; 形 cloudy) 1 C|U 雲: a rain ~ 雨雲 / There were black ~s in the sky. 空には黒雲が出ていた / Mt. Fuji was hidden behind a ~. 富士山は雲に隠れていた. 関連 thundercloud 雷雲. 2 C《雲のような》大群; 大量: a ~ of flies はえの大群 / a ~ of smoke もうもうたる煙. 3 C 暗い影, 物事の不安な見通し: the gathering ~s of war 戦争が起こりそうな気配. 4 C《大理石などの》曇り; きず. 語源 古(期)英語で「岩山」の意で, 「積乱雲」の姿から「雲」を意味となった. **a clóud on the hórizon** 名《迫り来る》不幸[災難]の兆し. **be on clóud níne** 動《古風, 略式》とても幸福である, 心が浮き浮きしている. 由来 9番目の雲《最上層の雲》の上にいる, の意. **cást a clóud òver ...** [動] ...に暗い影を投げかける, 水をさす. **hàve one's héad in the clóuds** 動 ® 考えが実際的でない, 空想にふけっている. **ùnder a clóud** [形·副] 疑いをかけられて (of); 面目を失って. 由来 雲の下(暗い影の中)にいる, の意.
— 動 他 1《ガラスなどを》曇らせる (over, up);《液体を》にごらせる (up). 2《判断などを鈍らせる, 混乱させる: Old age ~ed her memory. 年老いて彼女の記憶ははやけてきた. 3《...に》暗い影を投げかける, 損う. 4《問題などを》複雑にする, 分かりにくくする. 5《文》《不安·怒りなどが》《顔を》曇らせる (over): His mind was ~ed with worry. 彼の心は心配事で曇くなった. 6《雲などで》《...を》覆(お)う, 曇らせる. — ® 1《ガラスなどが》曇る (over, up);《液体が》にごる (up). 2《文》《顔·目などが》《心配などで》曇る, 暗くなる (over; with). 3《空が》曇る (over, up).

clóud·bànk 名C《英》低く垂れ込めた厚い雲.
clóud·bùrst 名C《短時間の》どしゃ降り.
cloud-capped /kláudkæpt/ 形《文》雲を頂(いだ)いた, 雲にまで届く.
cloud chàmber 名C《物理》霧箱.
cloud-cuck·oo-land /kláudku:ku:lænd, -kúk- | -kúk-/ 名U《英》《軽蔑》夢の国《米 cloud-land》: be (living) in ~《略式》気楽すぎる, おめでたい.
cloud·ed /kláudɪd/ 形 曇った, (気)めいふさいだ.
cloud·i·ness /kláudinəs/ 名U 曇っていること.
cloud·lànd /-lænd/ 名U =cloud-cuckoo-land.
cloud·less 形 雲のない, 晴れ渡った.《反》cloudy.
clóud sèeding 名U《人工降雨のための》雲の種まき.

*__cloud·y__ /kláudi/ 形 (cloud·i·er /-diɚ | -diə/; cloud·i·est /-diɪst/;《反》 cloud, cloudless) 1 曇った, 曇天の: a ~ sky 曇り空 / It is ~ today. きょうは曇っている《☞ it¹ A 2》. 関連 clear 晴れた / rainy 雨の. 2《液体などが》濁った. 3《考え·記憶などが》はっきりしない, ぼんやりした.

+**clout** /kláut/ 名《略式》1 U 影響力, 権力 (to do): political ~ 政治的影響力 / have a lot of ~ with ... ...に大きな影響力をもつ. 2 C《英》《手·硬い物で》強くたたく[殴る]こと. — 動 他《略式》《...を》強くたたく, 殴る.

clove¹ /klóuv/ 名C 丁子(ちょうじ)の木《熱帯産の高木》; C|U 丁子《つぼみを干した香料》.
clove² /klóuv/ 名C《にんにくなどの》小鱗茎(けい).
clove³ 動 cleave¹ の過去形.
clóve hítch 名C《海》巻結び《ロープを棒につなぐ際に使う》.
clov·en 動 cleave¹ の過去分詞.
clóv·en hóof [fóot] /klóuv(ə)n-/ 名C《牛·羊·悪魔などの》割れたひづめ.
clo·ver /klóuvɚ | -və/ 名U|C クローバー, しろつめくさ, あかつめくさ《牧草》; C four-leaf clover). **be [lìve] in clóver** [動]《略式》裕福に暮らす. 由来 クローバーは土地を肥沃にするので, 裕福の象徴.
clóver·lèaf /-li:f/ 名 (~s, -leaves/-li:vz/) C 1 クローバーの葉. 2《米》(四つ葉の)クローバー型立体交差《高速道路》.

+**clown** /kláun/ 名 C 1《サーカスなどの》道化役, ピエロ; 道化者, おどけ者: the class ~ クラスのおどけ者. 2《米》, とんま. **pláy the clówn** [動] ® ふざける. — 動 ® [しばしば軽蔑] ばかなまねをする, おどける, ふざける (around, about).

clown·ish /kláunɪʃ/ 形 道化者じみた. **~·ly** 副 道化者のように. **~·ness** 名U 道化者じみたさま.
cloy /klɔ́i/ 動 ® 《甘ったるい食物·快楽などが》人を飽きさせる, 鼻につく.
cloy·ing /klɔ́iɪŋ/ 形《食物·においなどが》いやになるほど甘い; 《態度などが》うんざりさせる, 鼻につく.
clóze tèst /klóuz-/ 名C 穴埋め式読解力テスト.

cloverleaf

※**club** /kláb/ 《類音 crab¹,²》名 (~s /-z/) C

「こぶのついた棒」8 → (ゴルフ用の)「クラブ」7
「こぶ」の意味から(かたまる, 団結する) → (社交の)「会」1 → 「クラブ室」4 となった.

1 [《英》単数形でも時に複数扱い] クラブ, 同好会; 会, サークル《☞ circle 日英比較》; クラブの会員《全体》: a chess [golf, yacht] ~ チェス[ゴルフ, ヨット]クラブ / Is she an active member of the ~? 彼女はその会では活動的な[現役の]会員ですか.

ミニ語彙欄

コロケーション

動+club

belong to a *club* クラブに所属している
disband [**dissolve, break up**] a *club* クラブを解散する
join a *club* クラブに入る
leave [**resign from**] a *club* クラブをやめる
run a *club* クラブを運営する
set up [**organize, form**] a *club* クラブを結成する

club+動
　a *club* disbands [breaks up] クラブが解散する
　a *club* meets クラブの会合がある
形+club
　an athletic *club*　運動クラブ
　an exclusive *club*　(排他的な)高級クラブ
　a prestigious *club*　名門クラブ
　a private *club*　(私設の)会員制クラブ
　a social *club*　社交クラブ

book club 読書サークル; ブッククラブ / climbing club 山岳部 / country club カントリークラブ / fan club ファンクラブ / fine arts club 美術クラブ / fitness club フィットネスクラブ / football club フットボール[サッカー]クラブ / glee club グリークラブ / golf club ゴルフクラブ《団体および用具》/ health club フィットネスクラブ / nightclub ナイトクラブ / reading club 読書クラブ / service club 奉仕団体 / tennis club テニスクラブ / yacht [yachting] club ヨットクラブ

関連表現

ask ... to be a member of the *club* (人)にクラブの会員になるように誘う
be [become] a [*club* member [member of a *club*] クラブのメンバーである[になる]
be [devoted to [enthusiastic about] *club* activities クラブ活動に熱心である
compile [draw up, make (up)] a membership list 会員名簿を作成する
pay (*club*) dues (クラブ)の会費を納める
The *club* has a large membership [number of members]. そのクラブは会員数が多い
The membership fee of this *club* is ¥3,000. このクラブの入会金[会費]は3千円だ
What *club*(s) do you belong to? 何のクラブに入ってますか

2 [(英)単数形でも時に複数扱い] プロスポーツのチーム, クラブ: a ball ~《米》球団. **3** [(英)単数形でも時に複数扱い]《主に英》(普通は男性だけの)社交クラブ. **4** クラブ室; クラブの建物[会館] (clubhouse). **5** (音楽・ダンスなどを楽しむ)クラブ, 娯楽場; =nightclub. **6** (本・CDなどの)頒布会 (☞ book club). **7** = golf club 1 (☞ golf 挿絵). **8** こん棒. **9** 〖トラ〗クラブの札; [~として時に単数扱い]クラブの組: the five of ~s クラブの5. 関連 diamond ダイヤ / heart ハート / spade スペード. **in the club** [形]《古風, 英略式》妊娠して (pregnant). **Jóin the club!**=**Wélcome to the club!** Ⓢ 私(たち)と同じですね, お互いさまだよ《失意・落第などをなぐさめあう時のことば》.

— 動 (clubs; clubbed; club·bing) 他 〈...〉をこん棒[鈍器]で打つ: They *clubbed* him to death. 彼らは彼をこん棒で殴り殺した. **club togéther** [動] 🔁《英》(共同の目的のために)お金を出し合う, 協力する (to do).

club·ba·ble /klʌ́bəbl/ 形《古風, 英》社交的な.

club·ber /klʌ́bə | -bə/ 名 Ⓒ ナイトクラブの常連.

club·bing /klʌ́bɪŋ/ 名 [次の成句で] **gò clúbbing** [動]《略式》ナイトクラブに通う.

club·by /klʌ́bi/ 形《略式》排他的な.

club class 名 Ⓤ《英》(=business class.

club·foot /klʌ́bfùt/ 名 (-feet /-fiːt/) ⒞⒰ 内反足(の足), えび足.

club·foot·ed 形 内反足[えび足]の.

+**club·house** /klʌ́bhàʊs/ 名 (-hous·es /-hàʊzɪz/) **1** (ゴルフ場などの)クラブハウス, クラブの建物[会館]; クラブ室 (club). **2**《米》(運動選手の)ロッカールーム.

club·land 名 Ⓤ《英》クラブ地区《ナイトクラブが集まっている地域; ロンドンでは St. James's 宮殿の周辺》;

clunky 315

(人気のある)ナイトクラブの世界.

club·mate 名 ⒞ 同じスポーツクラブの仲間.

Club Méd /-méd/ 名 圓 地中海クラブ《フランスの観光・リゾート開発会社》.

club sándwich 名 ⒞ クラブサンドイッチ《パンが3切れで具が2層のサンドイッチ》.

club sèat 名 ⒞《米》(通例企業などが接待のためにシーズン通して買う)スタジアムのよい席.

club sóda 名 ⒞⒰《米》=soda 1.

cluck /klʌ́k/ 動 ⓐ **1** (めんどりが)こっこっと鳴く (☞ cry 表 hen). **2** (人が)(不承認・同情などをこめた)声を出す, 舌打ちする (at). **3** (やたら)世話を焼く, やきもきする (over, around, about). — 他〈...〉とぶつぶつ言って[舌打ちして]〈不承認・同情など〉を表わす. — 名 ⒞ **1** [普通は単数形で] **1** (めんどりが)こっこっと鳴く声. **2** (不承認・同情を表わす)舌打ち. **3**《略式, 主に米》愚か者: a dumb ~ まぬけ.

****clue** /klúː/ (同音 clew) 名 (~s /~z/) ⒞ **1** (なぞを解く)手がかり, (調査・研究などの)糸口 (to, about); [search for [find] a ~ 手がかりを探す[見つける] / miss an important ~ 重要な手がかりを見落とす / The police have no **~s as to** who killed the guard. <N+前+名・代> 警察はだれが守衛を殺したかという手がかりはつかんでいない. **2** (クロスワードパズルなどの)ヒント, かぎ: Give me a ~. ヒントを教えて. **nót hàve a clúe**=**hàve nó clúe** [動] Ⓢ《略式》見当もつかない, さっぱりわからない; 無能[下手]である: I *don't have a ~* where she's gone. 彼女がどこへ行ったか全くわからない. — 動 [次の成句で] **clúe ... ín** [動] 他《略式》〈人〉に(必要な情報を)教える (on, about).

clued-in /klúːdín⁻/ 形《米略式》よく知っている (on, about).

clued-up /klúːdʌ́p⁻/ 形《英略式》=clued-in.

clue·less 形《略式》無知な, 無能な (about).

+**clump** /klʌ́mp/ 名 **1** ⒞ 木立ち, 茂み; 密集: a ~ of pine trees 松の木立ち / grow in ~s 密集して生える. **2** ⒞ (人・物の)一群, 小集団; (土などの)塊: a ~ of mud 泥の塊. **3** [単数形で] どしんどしんという足音 (of). — 動 ⓐ **1** どしんどしんと歩く (up, down, along, around, about). **2** ひと塊になる; 群れる, 集まる (together). — 他〈...〉をひと塊にする; 寄せ集める: The empty bottles were ~ed (together) in a corner. あきびんが隅に集められていた.

clump·y /klʌ́mpi/ 形 (clump·i·er; clump·i·est)《英》(靴などが)重い, はき心地の悪い.

clum·si·ly /klʌ́mzəli/ 副 ぎこちなく, 不器用に.

clum·si·ness /klʌ́mzinəs/ 名 Ⓤ ぎこちなさ.

+**clum·sy** /klʌ́mzi/ 形 (clum·si·er; clum·si·est) **1** 不器用な, ぎこちない 《類義語》: a ~ man 不器用な男 / ~ at tennis テニスが下手で / He is ~ with his hands. 彼は手先が不器用だ. **2** (言いわけなどが)下手な, まずい: a ~ apology 下手な言いわけ. **3** (道具などが)使いにくい, 扱いにくい: a ~ old-fashioned video camera 使いにくい旧式のビデオカメラ. 【類義語】 **clumsy** 一見してうまれつき不器用な. **awkward** 行動に滑らかさ, 上品さを欠く: A person who has an *awkward* gait is *clumsy* altogether. ぶざまな歩き方をする人は体全体がぎこちない.

****clung** /klʌ́ŋ/ 動 cling の過去形および過去分詞.

clunk /klʌ́ŋk/ 名 [単数形で] ガチャン[ガーン]という音. — 動 ⓐ ガチャンと音がする (on, against). — 他〈...〉にガチャンと音をさせる.

clunk·er /klʌ́ŋkə | -kə/ 名 ⒞《米略式》**1** おんぼろ自動車; 老朽機械. **2** 失敗作, できそこない.

clunk·y /klʌ́ŋki/ 形 (clunk·i·er; clunk·i·est)《略式》**1** かっこ悪い, ぶざまな; (靴の底が)厚くて重い. **2** 旧式の, 使いにくい.

*__clus·ter__ /klʌ́stə | -tə/ [名] (~s /~z/) [C] **1** (ぶどう・花などの)房(ふさ) (bunch): a ~ *of* grapes ひと房のぶどう. **2** (人・動植物・物などの)群れ, 集団 (group); 〘天文〙 星団: a ~ *of* houses 一群の家々 / stand in ~*s* 群がる. **3** (病気などの)同時[集中]発生(地域), 群発. **4** 《米》 (軍人の制服につける)金属片のバッジ《再受勲を示す》.
— [動] (**clus·ters** /~z/; **clus·tered** /~d/; **-ter·ing** /-tərɪŋ, -trɪŋ/) [自] [副詞(句)を伴って] 群れを成す; 群生する; 密集する: The skiers *~ed* (*together*) *around* [*round*] the stove. <V+(*together*) *around* [*round*] +名・代> スキーヤーたちはストーブの周りに群がった.
— [他] [普通は受身で] 〈...〉を群がらせる: Photographers *were ~ed* (*together*) *around* the actress. カメラマンたちはその女優の周りに群がった.

clúster bòmb [名] [C] クラスター爆弾《爆発の際に小型爆弾を飛散させる》.

clúster-bòmb [動] [他] 〈...〉をクラスター爆弾で攻撃する.

+**clus·tered** /klʌ́stəd | -təd/ [形] [P] 群がった.

*__clutch__[1] /klʌ́tʃ/ ([類音] crutch) [動] (**clutch·es** /~ɪz/; **clutched** /~t/; **clutch·ing**) [他] (手・つめで)〈...〉をぐいとつかむ (grasp, seize); しっかり握る, かかえる《恐怖や苦痛のため, または失うまいとして》: He *~ed* her arm firmly. 彼は彼女の腕をしっかりとつかんだ.
— [自] **1** つかみかかる, つかもうとする; つかまる: ~ *on to* a branch for support 倒れまいとして枝にすがる / A drowning man will **~ *at*** a straw. <V+*at*+名・代> 《ことわざ》 おぼれる者はわらをもつかむ (☞ catch の句動詞 catch at ...; at 3 [語法]). **2** クラッチを操作する.
clútch at stráws [動] [自] 頼りにならないものにすがろうとする (〘自〙 の例文のことわざから).
— [名] **1** [C] クラッチ (☞ transmission [日英比較]): push in [step on, put in] the ~ クラッチを踏む / let in [out] the ~ (車の)クラッチをつなぐ[切る] / The ~ is in [out]. クラッチが入っている[切れている]. **2** [複数形で] [しばしば滑稽] 支配, 手中: fall into ⸢the *~es* of ... [...'s *~es*] ...の手中に陥る / have ... in one's *~es* ... を支配している / escape ...'s *~es*=escape the *~es* of ... ...から逃れる. **3** [C] [普通は単数形で] つかむ[つかまれる]こと; つかんだ[つかもうとする]手 (*on*). **4** [C] [しばしば the ~] 《米略式》 危機, ピンチ: (come through) in *the* ~ いざという時に(何とか切り抜ける). **5** [C] 《米》 =clutch bag. **póp the clútch** [動] [自] (車の徐行時に)クラッチから足を離す. **when it cómes to the clútch** [副] 《米略式》 情勢が緊迫しているときに, 危機のときに, 困難が起きたときに.
— [形] [普通は [A]] 《米略式》 〘特にスポ〙 重大な場面での[に強い]: a ~ hit タイムリーヒット / a ~ hitter 〘野〙 チャンスに強い打者, 勝負強い打者.

clutch[2] /klʌ́tʃ/ [名] [C] **1** (卵の)ひとかえし; ひとかえりのひな (*of*). **2** [W] (人・動物・物の)小さな集団 (*of*).

clútch bàg [名] [C] 小型ハンドバッグ, クラッチバッグ《女性がフォーマルな場で持つもの》.

+**clut·ter** /klʌ́ṭə | -tə/ [名] [[U] または a ~] (不要な物の)散乱; 散乱物; 乱雑. **in a clútter** [形] 物が散らかって. — [動] (**-ter·ing** /-ṭərɪŋ, -trɪŋ/) [他] [しばしば受身で] 〈場所〉を取り散らかす; 〈書きもの・頭など〉を(不要な情報などで)いっぱいにする: The floor *was ~ed* (*up*) *with* toys. 床にはおもちゃが散らかっていた.

clut·tered /klʌ́ṭəd | -təd/ [形] (場所などが)散らかった, 乱雑な.

Clyde /kláɪd/ [名] [固] [the ~] クライド川《Scotland 南西部の川; 河口に Glasgow がある》.

*__cm__ [略] センチメートル (centimeter(s)).

CM [略] =command module; ☞ commercial [名] [日英比較].

Cmdr [略] =commander.

CND /síːèndíː/ [名] [固] 《英》 核兵器廃絶運動《団体名; Campaign for Nuclear Disarmament の略》.

CNN /síːènén/ [名] [固] CNN 《米国のニュース専門のケーブルテレビ局; Cable News Network の略》.

C-note /síːnòʊt/ [名] [C] 《米俗》 100 ドル紙幣.

CO[1] 〘米郵〙 =Colorado.

CO[2] /síːóʊ/ [略] =commanding officer.

co- /koʊ/ [接頭] 「共同・共通・同等」の意: *co*operate いっしょに仕事をする / *co*ordinate 調和させる.

*__Co.__[1], **co.** /kóʊ, kʌ́mp(ə)ni/ [略] 会社 (company) (☞ company 1, incorporated company [語法], Ltd. [語法]). **and có** [**Có**]. [S] 《英》 およびその仲間(の人): John *and co.* ジョンとその仲間.

Co.[2] [略] =county.

+**c/o** /síːóʊ/ 〘郵〙 ...方, ...気付(きづけ) ((in) care of の略; ☞ care [名] 成句): Mr. John Smith *c/o* Mrs. Brown ブラウン様方ジョン・スミス様.

*__coach__ /kóʊtʃ/ [名] (~·es /~ɪz/)

「馬車」4	→(馬車の御者)→「コーチ」1
	→「バス」3, 「客車」2

1 [C] (運動競技の)コーチ, (サッカーの)監督; (歌・踊りなどの)指導員; 《主に英》 (受験準備のための)個人[家庭]教師: a football ~ フットボールのコーチ / a third base ~ 〘野〙 三塁コーチ / a voice ~ 発声の指導員 / a maths ~ 数学の家庭教師.
2 [U] 《米》 (旅客機・列車の)エコノミークラス (economy class): ~ passengers (飛行機の)エコノミークラスの客. [関連] first class 1 等(席). **3** 《主に英》 長距離バス, 観光バス (《米》 bus) (☞ car 類義語); [形容詞的に] 長距離[観光]バスの: a ~ tour バス旅行. **4** [C] (4 輪の)馬車. [関連] stagecoach 駅馬車. **5** [C] 《英》 (鉄道の)客車, 車両 (《米》 car, 《英》 carriage) (☞ train[1] 1 [語法]). [語源] 馬車が最初に作られたハンガリーの村名から. **by cóach** [副] 《英》 長距離[観光]バスで; 馬車で.
— [動] (**coach·es** /~ɪz/; **coached** /~t/; **coach·ing**) [他] **1** 〈人・チーム〉を指導[コーチ]する; 〈競技〉のコーチをする; 《主に英》 (受験準備のため)〈人〉を指導する: Mr. White *~es* our school baseball team. ホワイト先生は私たちの学校の野球のコーチをしている / He **~*ed*** me ***in*** badminton. <V+O+*in*+名・代> 彼は私にバドミントンの指導をしてくれた / He ***is* ~*ing*** me ***for*** the coming examination. <V+O+*for*+名・代> 彼は今度の試験に備えて私を指導してくれている. **2** [普通はけなして] 〈...〉に(どうするのが有利かを)伝授する, 入れ知恵する: The lawyer *~ed* her *on* [*in*] what to answer in court. 弁護士は彼女に法廷でどう答えるべきかについて指示を与えた. — [自] コーチをする.
— [副] 《米》 (旅客機の)エコノミークラスで: fly ~ to Boston ボストンへエコノミークラスで飛ぶ.

cóach·bùilder [名] [C] 《英》 (自動車・鉄道車両の)車体製造工.

coach·ing /kóʊtʃɪŋ/ [名] [U] コーチすること; (受験準備などの)指導.

cóaching ìnn [名] [C] 《英古風》 (街道の)馬車旅行用宿屋.

cóach·lòad [名] [C] 《英》 長距離バスの乗客の団体 (*of*) 《特に満席のとき》.

cóach·man /-mən/ [名] (**-men** /-mən/) [C] (馬車の)御者.

cóach stàtion [名] [C] 《英》 長距離バスのターミナル.

cóach·wòrk [名] [U] 《英》 (自動車・車両の)車体.

co·ad·ju·tor /koʊǽdʒʊṭə | -tə/ [名] [C] 助手, 補佐.

co·ag·u·lant /koʊǽgjʊlənt/ [名] [C] 凝固剤.

co·ag·u·late /koʊǽgjʊlèɪt/ [動] [自] (溶液が)凝固する. — [他] 〈溶液〉を凝固させる.

co·ag·u·la·tion /koʊæ̀gjʊléɪʃən/ [名] [U] 凝固.

***coal** /kóul/ (同音 cole, Cole, Kohl, kohl; 類音 call, cold) 名 (~s /-z/) **1** U 石炭: burn ~ 石炭を燃やす. 語法 石炭の塊 1 個 1 個を C として扱うこともある. **2** C [普通は複数形で](燃えている)石炭《米》木炭, 薪の塊 (☞ charcoal). **hául [ráke, drág] ... òver the cóals** (...)を激しくしかる, 非難する (for). 由来 異端者の刑罰として燃えている石炭の上を引きずり回したことから.

cóal-bláck 形 真っ黒な.
cóal bùnker 名 C 《英》石炭貯蔵庫.
cóal cèllar 名 C 地下石炭貯蔵室.
co·a·lesce /kòuəlés/ 動 (格式) 集まって一体となる, 合体する (into; with).
co·a·les·cence /kòuəlés(ə)ns/ 名 U 合体, 合同.
cóal·face 名 C 《英》採炭切羽(ば)(☞ face 7). **at the cóalface** 《英》現場で.
cóal·field 名 C 炭田.
cóal-fíred 形 石炭で動く.
cóal gàs 名 U 石炭ガス, ガス.
cóal·hòle 名 C (地下)の)石炭置場.
cóal·hòuse 名 (-hous·es /-háuzɪz/) C 《英》石炭貯蔵小屋.
Coal·ite /kóulaɪt/ 名 U コーライト《低温コークス; 商標》.

***co·a·li·tion** /kòuəlíʃən/ 名 (~s /-z/) **1** C [《英》単数形でも時に複数扱い] 連立(内閣); 提携(団体): a ~ between the Conservative Party and the Liberal Party = a ~ of the Conservative Party and [with] the Liberal Party = a Conservative-Liberal ~ 保守党と自由党の連立 / a multiparty ~ 多数の政党による連立 / form a ~ cabinet [government] 連立内閣(政権)をつくる. **2** U 連合, 合同: in ~ with ... ...と連立(提携)して.

cóal·man /-mən/ 名 (-men /-mən/) C 《英》石炭配達人.
⁺**cóal mìne** 名 C 炭鉱 (pit).
cóal mìner 名 C 炭鉱労働者.
cóal mìning 名 U 採鉱.
cóal scùttle 名 C 《英》石炭入れ(室内用).
cóal tàr 名 U コールタール.
coam·ing /kóumɪŋ/ 名 C 《海》(甲板の昇降口などの)縁(材(水が入らないように周囲より高い).
co·an·chor /kóuǽŋkə-|-kə/ 名 C 共同ニュースキャスター. —動 他 共同ニュースキャスターをつとめる.

***coarse** /kɔ́ɔs | kɔ́:s/ (同音 course) 形 (coars·er; coars·est; 動 cóarsen) **1** (生地・粒などが)きめの粗い (反 fine), ざらざらした (rough); (髪の毛が)硬い: ~ skin 荒れた肌 / ~ cloth 目の粗い布 / ~ hair 硬い髪. **2** (ことば・態度などが)粗野な, 下品な (vulgar); がさつな: ~ laughter 下品な高笑い / ~ jokes ひわいな冗談.

cóarse fìsh 名 C 《英》(さけ・ます以外の)淡水魚.
cóarse fìshing 名 U 《英》coarse fish 釣り.
coarse·ly /kɔ́ɔsli | kɔ́:s-/ 副 **1** 粗く, (大きく)ざっくりと(切る時など). **2** 下品に, みだらに.
coars·en /kɔ́ɔs(ə)n | kɔ́:s-/ 動 (coarse) 他 **1** (皮膚・髪などを)硬くする, ざらざらにする; (手などを)ごつくする. **2** (...を)粗野にする, 下品にする. — 自 **1** (皮膚・髪などが)硬くなる, ざらざらになる; (手などが)ごつくなる. **2** 粗野になる, 下品になる.
coarse·ness /kɔ́ɔsnəs | kɔ́:s-/ 名 U **1** (生地の)粗さ, 硬さ. **2** 粗野, 下品, 卑猥(た).

⁺**coast** /kóust/ (類音 cost) 名 (coasts /kóusts/; 形 cóastal) **1** C [普通は the ~] 海岸, 沿岸; [形容詞的に] 海岸(沿)の: There are some factories **on** the ~. 沿岸には工場がいくつかある / We can see a lot of boats **off** the ~. 沖合に船がたくさん見える / drive along a ~ road 海岸道路を車で走る. **2** [the ~] 沿岸地方; [the C-] 《米》太平洋岸. **3** C (そりなどでの)滑降. **(from) cóast to cóast** 副

coast (特に陸地から見たときの海岸)	岸 《☞ shore¹ 類義語》
shore (特に海・大河・湖から見たときの)	

国(大陸)の端から端まで; 全国に. **The cóast is cléar.** (略式) 敵[じゃま者]はもういない, もう安全だ. 由来 密貿易者にとって沿岸警備隊がいない, の意から.

—動 (coasts /kóusts/; coast·ed /-ɪd/; coast·ing) 自 **1** [副詞(句)を伴って] 惰力で進む[下る]; (そりで)滑り下りる: The driver let out the clutch and the car ~*ed* along. <V+副> 運転手はクラッチを切り、車は惰力で走った / We ~*ed down* the slope on our bicycles. <V+前+名・代> 私たちは自転車をこがず坂を下った. **2** (競技・試験などで)苦労せずに進む, 楽に成功を収める (on, to, through); [けなして] のんきにやっていく (along). **3** 《海》海岸に沿って航行する.

⁺**coast·al** /kóustl/ 形 (名 coast) A 沿岸の, 海岸(沿い)の; 近海の: ~ trade 沿岸貿易.
⁺**coast·er** /kóustə | -tə/ 名 C **1** (グラスなどの)下敷き, コースター. **2** 沿岸航行船. **3** = roller coaster 1.
cóaster bràke 名 C 《米》(自転車の)コースターブレーキ《ペダルを逆に踏んでかける》.
coast guard /kóus(t)gàəd | -gà:d/ 名 **1** [the ~] = coast guard 2. **2** C 《英》= coastguardsman.
⁺**cóast guàrd** 名 **1** [the ~ として, 《英》単数または複数扱い] 沿岸警備隊. **2** [the C- G-] 《米国の)沿岸警備隊《有事には海軍に編入される》.
coast·guards·man /kóus(t)gàədzmən | -gà:dz-/ 名 (-men /-mən/) C 《米》沿岸警備隊員.
⁺**cóast·line** 名 C 海岸線.
⁺**cóast-to-cóast** 形 国[大陸]の端から端までの.

***coat** /kóut/ (同音 cote; 類音 caught, court) 名 (coats /kóuts/) **1** C コート, オーバー: put on a ~ コートを着る / He took off his ~. 彼はコートを脱いだ. **2** 《米》(紳士服の)上着 (jacket) (☞ suit 参考): This ~ is a bit loose. この上着は少しゆるい / Cut your ~ *according to* your cloth. (ことわざ) 服は布地に合わせて裁断せよ(身の程を知れ).

---coat 1, 2 のいろいろ---
mórning còat モーニングの上着 / **óvercòat** オーバー / **ráincòat** レインコート / **táilcòat** 燕尾服 / **tópcòat** 《米》軽いオーバー

3 (動物の)外皮 (skin), 毛皮; (犬用の)防寒着. **4** (ペンキなどの)塗り, 塗装; 被膜: This wall needs three ~s of paint. この壁は 3 回塗る必要がある. **a cóat of árms** 名 [(盾の)形の]紋章 (arms) 《家・国・都市・大学のシンボル》. **a cóat of máil** 名 鎖かたびら (☞ mail²).

—動 (coats /kóuts/; coat·ed /-ɪd/; coat·ing /-tɪŋ/) 他 (ペンキなどで)(...)を塗る; (ほこり・すすなどが)(...)を覆(お)う; (食品)をコーティングする (cover) (*in*): He ~*ed* the frying pan *with* butter. <V+O+with+名・代> 彼はフライパンにバターを塗った.
cóat chèck 名 C 《米》クローク (checkroom).
cóat chècker 名 C 《米》クロークの係員.
cóat·drèss 名 C コートドレス《コートのように前開きで、ボタンが裾まで付いている, 普通やや厚手のドレス》.
-coat·ed /kóutɪd/ 形 [合成語で] ...で覆(お)われた, 外皮が...の; ...のコートを着た: fur[white]-coated 毛皮[白衣]をまとった.
cóat hànger 名 C 洋服掛け (hanger).
⁺**coat·ing** /kóutɪŋ/ 名 C 薄い層, 膜, 被覆物: There was a ~ *of* frost on the window. 窓は霜で覆(お)われていた.

cóat·ràck 名 C コート掛け.

cóat·ròom 名 C =coat check.

cóat·stànd 名 C コート掛け.

cóat·tàils 名 [複] (人)服の上衣のすそ. **on ...'s cóattails** [副] (人)のおかげで, (人)によって. 由来 人の燕尾服のすそに乗って, の意.

*co·au·thor /koʊɔ́ːθɚ | -θə/ 名 C 共著者. ── 動 他 共同で〈…〉を書く.

*coax /koʊks/ 動 他 1 なだめたりすかしたりして〈人〉に…させようとする; 〈物〉をうまく扱って動かす: We ~ed her to play the piano. 我々は彼女をなだめすかしてピアノを弾かせようとした. 語法 persuade と違って実際に弾かせたとは意味しない. ただし We ~ed her into playing the piano. だと実際に弾かせたことを意味する. 2 なだめたりすかしたりして〈人から〉〈…〉を手に入れる: She ~ed the money from her father. 彼女は父親をうまく言いくるめてお金を手に入れた. ── なだめる. **cóax ... òut of**─ 動 他 (1) 〈…〉をなだめて…からやめさせる: He ~ed his sister out of going to Paris. 彼は妹をなだめてパリ行きをやめさせた. (2) ─からうまく〈…〉を手に入れ[ひき出す]: The conductor ~ed a brilliant performance out of the orchestra. 指揮者は楽団からすばらしい演奏をひき出した.

co·ax·i·al /koʊæksiəl˺/ 形 《数·機·電》同軸の.

cóaxial cáble 名 C,U 同軸ケーブル.

coax·ing /koʊksɪŋ/ 名 U 辛抱強く説得する[動かす]試み: With a little ~ the engine started. 何回か試みるとエンジンがかかった.

coax·ing·ly /koʊksɪŋli/ 副 なだめすかして.

cob /káb | kɔ́b/ 名 C 1 =corncob. 2 足が短く頑丈な馬. 3 《英》丸パン. 4 《英》はしばみ (hazel) の実 (cobnut). 5 雄の白鳥.

+**co·balt** /koʊbɔːlt/ 名 U コバルト《元素記号 Co》; コバルト色《濃青色》. ── 形 コバルトの; コバルト色の.

cóbalt blúe 名 U コバルトブルー《絵の具》; 濃青色.

cóbalt 60 /-síksti/ 名 U 《化》コバルト 60《コバルトの放射性同位元素》.

Cobb /káb | kɔ́b/ 名 Ty /tái/ ~ カッブ (1886-1961)《米国のプロ野球選手; 強打者》.

cob·ber /kábɚ | kɔ́bə/ 名 C 《豪略式》友達, 仲間 (mate)《特に男同士の呼び掛けに用いる》.

cob·ble[1] /kábl | kɔ́bl/ 名 C =cobblestone.

cob·ble[2] /kábl | kɔ́bl/ 動 他 1 《略式》〈…〉を急ごしらえする (together). 2 《古風》〈靴〉を修繕する, 作る.

+**cób·bled** /kábld | kɔ́b-/ 形 (道路が)丸石を敷いた.

cob·bler /káblɚ | kɔ́blə/ 名 1 C,U コブラー《フルーツパイの一種》. 2 C 《古風》靴直し(人) (shoe-maker). 3 [複数形で] S 《英略式》たわごと, ナンセンス: a load of ~s たくさんのたわごと.

cóbble·stòne 名 C [普通は複数形で] (道路用の)丸石, 玉石, くり石 (cobble)《pebble より大きい》.

cob·nut /kábnʌt | kɔ́b-/ 名 C =cob 4.

COBOL /koʊboʊl | -bɔl/ 名 U 《電算》コボル《事務用データ処理のための共通プログラム言語; common business oriented international language の略. ☞ acronym》.

co·bra /koʊbrə/ 名 C コブラ《(亜)熱帯産の毒蛇》.

cob·web /kábwèb | kɔ́b-/ 名 1 C くもの巣 (web); くもの糸. 2 [複数形で] 混乱, もやもや: blow [clear] the ~s away 《外出などが》頭をすっきりさせる.

cob·webbed /kábwèbd | kɔ́b-/ 形 =cobwebby.

cob·web·by /kábwèbi | kɔ́b-/ 形 くもの巣だらけの.

co·ca /koʊkə | kɔ́-/ 名 U コカ《南米原産の低木; 葉からコカインを採る》.

Co·ca-Co·la /koʊkəkoʊlə/ 名 U,C コカコーラ《商標》; C 1本[1杯]のコカコーラ (= Coke).

*co·caine /koʊkéɪn/ 名 U コカイン《麻酔剤; 麻薬の一種》: C~ is an illegal drug. コカインは違法薬である.

coc·cyx /káksɪks | kɔ́k-/ 名 (複 ~·es, coc·cy·ges /káksədʒìːz | kɔ́ksɪ-/) C 《解》尾骨 (tailbone).

co·chair /koʊtʃéɚ | -tʃéə/ 名 C 共同議長. ── 動 他 〈…〉の共同議長をつとめる.

coch·i·neal /kátʃənìːl | kɔ́tʃ-/ 名 U コチニール《鮮紅色の食品着色剤》.

Co·chise /koʊtʃíːs, -tʃíːz/ 名 コチース (1812?-74) 《北米先住民アパッチ族の族長》.

coch·le·a /kákliə | kɔ́k-/ 名 (複 ~s, coch·le·ae /-kliì:/) C 《解》(内耳の)蝸牛殻(からから).

cóchle·ar ímplant /kouklɪə- | kɔ́kliə-/ 名 C 《医》移植蝸牛刺激装置《皮下に埋め込み, 全聾者に音感覚を発生させる電子装置》.

*cock /kák | kɔ́k/ 名 (~s /~s/) 1 C 《主に英》おんどり 《☞ chicken 語源》; ★鳴き声については ☞ cry 表》; (きじ·七面鳥などの)雄: a turkey ~ 七面鳥の雄. 関連 peacock 雄のくじゃく // A ~ crows in the morn / To tell us to rise. / And he that lies late / Will never be wise. おんどりが朝鳴いて起きろという. 遅くまで寝ている人は賢くないない《英国の童謡集 *Mother Goose's Melodies* のことば》. 語法 3 の意味を連想するので, 《主に米》では rooster を用い; また《英》では cockerel をしばしば用いる. 関連 hen 雌んどり / chicken ひな鳥. 2 [形容詞的に] (鳥が)雄の: a ~ pheasant 雄のきじ. 3 C 《卑》ペニス (☞ taboo word). 4 C (たる·水道などの)栓, コック (tap): turn on [off] a ~ 栓を開ける[閉める]. 5 C (銃の)撃鉄; 撃鉄を起こした状態 (☞ half cock): at full ~ 撃鉄を一杯に起こして. 6 C 《古風, 英俗》[男同士の呼び掛けに用いて] 相棒, おいおまえ. **(the) cóck of the wálk** [róost, róck] 名 (略式) [しばしば軽蔑] 親分, ボス.
── 動 他 1 〈耳〉を(そば)立てる; 〈鼻など〉を上に向ける (up), 〈頭〉をかしげる; 〈帽子〉を斜めにかぶる. 2 〈銃〉の撃鉄を起こす. **cóck an éye** [動] 自 〈…〉をよく経過して見る (at). **cóck úp** [動] 他 《英略式》〈計画など〉をめちゃくちゃにする. **kéep an éar cócked** [動] 自 (略式) 耳をそば立てている.

cock·ade /kɑkéɪd | kɔk-/ 名 C 花形帽章.

cock-a-doo·dle-doo /kákədùːdlduː | kɔ́kə-/ 名 (~s) C こけこっこう《おんどりの鳴き声》.

cock-a-hoop /kàkəhúːp | kɔ̀k-/ 形 P とても喜んで, 大得意で (about, at, over).

cock-a-leek·ie /kàkəlíːki | kɔ̀k-/ 名 U 《特にスコットランドの》にらねぎ入り鶏肉スープ.

cock·a·ma·mie /kàkəméɪmi | kɔ̀k-/ 形 [普通は A] 《米略式》〈考え·話など〉がばかげた, おかしな.

cóck-and-búll stòry /kákənbúl- | kɔ́k-/ 名 C でたらめな話, まゆつばもの (about).

cock·a·too /kákətùː | kɔ̀kətúː/ 名 (複 ~s) C おうむ(属)《冠羽(かんう)がある, 一般に羽毛の白いおうむ; オーストラリアなどに生息する》.

cock·a·trice /kákətràɪs, -trɪs | kɔ́k-/ 名 C = basilisk 1.

cock·cha·fer /káktʃèɪfɚ | kɔ́ktʃèɪfə/ 名 C こふきこがね《植物に害を与えるこがねむしの一種》.

cock·crow /kákkròʊ | kɔ́k-/ 名 U 《文》鶏の鳴く朝の時, 夜明け.

cócked hát /kákt- | kɔ́kt-/ 名 C 三角帽《18-19世紀の正装用などに着用》.

knóck [béat] ... ìnto a cócked hát [動] 《略式》〈…〉を完全に打ち破る; 〈…〉よりはるかに優れている.

cock·er /kákɚ | kɔ́kə/ 名 C =cocker spaniel.

cock·er·el /kák(ə)rəl | kɔ́k-/ 名 C 若おんどり《生後 1 年以内》.

cócker spániel 名 C コッカースパニエル《狩猟·愛

cocked hat

cock·eyed /kákàɪd | kɔ́k-/ 形《略式》 **1** (考え・計画などが)ばかげた、非現実的な. **2** ゆがんだ、傾いた.

cóck·fight 名 C 闘鶏(試合).

cóck·fighting 名 U 闘鶏.

cock·i·ly /kákɪli | kɔ́k-/ 副《略式》うぬぼれて.

cock·i·ness /kákinəs | kɔ́ki-/ 名 U《略式》うぬぼれ.

cock·le /kákl | kɔ́kl/ 名 C ざるがい、とりがい《食用二枚貝》. **wárm the cóckles (of ...'s héart)** [動]《主に英》(...)を心から幸福な気分にする.

cock·le·shell /káklʃèl | kɔ́kl-/ 名 C **1** ざるがいの貝殻(ハート型をしている). **2**《文》小舟.

cock·ney /kákni | kɔ́k-/ [しばしば C-] 名 **1** C ロンドン子(East End 地区生まれでロンドンなまりを話す、特に労働者階級の人; ☞ Bow bells 参考). **2** U コクニー(ロンドンなまり). ── 形 [普通は A] ロンドン子(風)の; コクニーの.

*****cock·pit** /kákpɪt | kɔ́k-/ 名 (**cock·pits** /-pɪts/) C **1** (航空機の)操縦室(☞ airplane 挿絵); (レーシングカーの)操縦席、(ヨットの)操縦席. **2** 闘鶏場. **3** [主に新聞で] 闘争の場、戦場.

⁺cock·roach /kákròʊtʃ | kɔ́k-/ 名 C ごきぶり《米略式》roach).

cocks·comb /kákskòʊm | kɔ́ks-/ 名 C **1** (おんどりの)とさか(comb). **2** けいとう(植物). **3**《文》道化師(jester)の帽子.

cóck·sùcker 名 C《卑》いやなやつ、ばか者. **2** フェラチオをする人.

cock·sure /kákʃʊə | kɔ́kʃʊə⁻/ 形《略式》うぬぼれの強い、鼻もちならない(about, of).

*****cock·tail** /káktel | kɔ́k-/ 名 **1** C カクテル《ジン・ブランデー・ウイスキーなどの蒸留酒に甘味・芳香料・苦味料・氷片を加えたもの》: have [mix] a ~ カクテルを作る. **2** C,U カクテル前菜(ジュース・果物・かき・えびなどをカクテルグラスに入れて出す). **3** C 混合物(of).

cócktail bàr 名 C カクテルバー(ビール・ワインも出す).

cócktail drèss 名 C カクテルドレス(女性の準正式の優美なドレス).

cócktail lòunge 名 C (ホテルなどの)カクテルラウンジ、バー.

cócktail nàpkin 名 C《米》カクテルナプキン《カクテルといっしょに出される小さな紙のナプキン》.

cócktail pàrty 名 C カクテルパーティ.

cócktail sàuce 名 U カクテルソース(かき・小えびなどの魚介類にかけるソース).

cócktail shàker 名 C カクテルシェーカー(カクテルを混ぜる器具).

cócktail stìck 名 C《英》カクテルスティック(チーズの小片などに刺すつまようじ状の細い棒).

cócktail wàitress 名 C《米》バーのホステス.

cóck·tèaser 名 C《卑》思わせぶりな女《きわどい誘惑をしながら最後は体を許さない女》.

cock-up /kákλp | kɔ́k-/ 名 C《英卑》めちゃくちゃ、へま(over): make a ~ of ... (計画など)をめちゃくちゃにする.

⁺cock·y /káki | kɔ́ki/ 形 (**cock·i·er**, **-i·est**)《略式》(軽蔑)うぬぼれた; 生意気な.

co·co /kóʊkoʊ/ 名 (~s) C (ココ)やし.

⁺co·coa /kóʊkoʊ/ 名 **1** U ココア(cacao の実の粉末、チョコレートを作る). **2** U (飲料の)ココア(chocolate); C 1 杯のココア(☞ hot chocolate).

cócoa bèan 名 C カカオ豆.

cócoa bùtter 名 U カカオバター.

cócoa·nùt 名 C,U =coconut.

cócoa pòwder 名 U =cocoa 1.

cóco màtting 名 U《米》ココやしのむしろ.

⁺co·co·nut /kóʊkənλt/ 名 C ココナッツ、ココやしの実、やしの実; U (ココ)やしの果肉(食用).

cóconut màtting 名 U《英》=coco matting.

cóconut mìlk 名 U ココやしの果汁.

cóconut òil 名 U ココやし油、(ココ)ナッツオイル.

cóconut pàlm 名 C ココやしの木、ココやし.

cóconut shỳ 名 C《英》(移動遊園地での)やしの実落としゲームの小屋.

co·coon /kəkúːn/ 名 C (かいこなどの)繭(*); (柔らかくくるんで)保護するもの; 《文》庇護(of). ── 動 他 [しばしば受身で] (...)を包みこむ(in); 保護する(from).

co·cooned /kəkúːnd/ 形 保護された.

co·cóon·ing 名 U《米略式》コクーニング、繭ごもり (外出せずに、家にこもって過ごすこと).

Coc·teau /kaktóʊ | kɔ́ktoʊ/ 名 **Jean** /ʒáːŋ | ʒɔ́ŋ/ ~ コクトー (1889-1963)《フランスの詩人・作家・芸術家》.

cod¹ /kád | kɔ́d/ 名 (複 ~(s)) C たら(codfish); U たらの肉.

cod² /kád | kɔ́d/ 形 A《英》[しばしば滑稽] 本物に似せた、にせの(fake).

Cod 名 固 Cape ~ ☞ Cape Cod.

COD /síːòʊdíː/ =cash on delivery, collect on delivery (☞ on delivery (delivery 成句)).

co·da /kóʊdə/ 名 C《楽》コーダ、終結部; 《格式》(劇・小説・演説・事件の)結末.

cod·dle /kádl | kɔ́dl/ 動 **1** [しばしば軽蔑] (...)を甘やかす、過保護に育てる. **2** 《卵など》をとろ火でゆでる.

*****code** /kóʊd/ (願形 chord, cord) 名 (**codes** /kóʊdz/; 動 **códi·fy**) C,U [しばしば合成語で] 暗号; 符号、コード(データや命令の略字や記号による表現); 《電算》コード: make up a ~ 暗号を作る / enter a ~ コードを入力する / a country ~ 《国際電話》の国番号.

─── code 1 のいろいろ ───
《米》**área còde**, 《英》**díalling còde** (電話の)地域番号 / **bár còde** バーコード / **genétic códe** 遺伝暗号 / **Mórse códe** モールス式電信符号 / 《米》**zíp còde**, 《英》**póstcòde** 郵便番号(制度)

2 C (社会や団体の)規律、慣例、おきて: a moral ~ 道徳上のきまり / a dress ~ 服装規定 / the ~ of the school=the school ~ 校則.

3 C 法典; 法規(集): the building ~ of this city この町の建築基準. 関連 penal code 刑法. **a códe of cónduct [behávior]** [名] (社交などの)作法、慣例、行動規範[規定]. **a códe of práctice** [名] (ある職業で行なうべき)倫理(作業)規定. **a códe of sílence** [名] (秘密を口外しない)沈黙の規定. **bréak [cráck] a códe** [動] 自 暗号を解読する. **in códe** [副] 暗号で; 符号コードで.

─── 動 他 **1** ⟨情報⟩を符号[コード]化する(☞ encode, decode). **2** ⟨...⟩を暗号文にする.

códe bòok 名 C 暗号書、コードブック.

⁺cod·ed /kóʊdɪd/ 形 [普通は A] **1** 暗号の; コード[符号]化された; 番号[文字]の付いた: a ~ message 暗号化された通信. **2** (ことばが)間接的な.

co·deine /kóʊdiːn/ 名 U コデイン(あへんから採る鎮痛剤).

códe nàme 名 C コード名、暗号名(人・物事の名の代わりに用いる符号).

códe-nàme 動 他 [普通は受身で] ⟨...⟩に(...と)コード[暗号]名を付ける.

cò·depéndence, **cò·depéndency** 名 U《医》共依存.

cò·depéndent 形《医》共依存(関係、症)の.

cod·er /kóʊdə | -də/ 名 C《略式》コンピュータプログラマー.

códe réd 感 緊急事態発生!

códe-shàring 名 U 共同運航 (2つ以上の航空会社が同じ便に別々の便名をつけて航空券を販売すること).

códe wòrd 名 C 暗号名[表現]; 婉曲表現 (for).

co·dex /kóudeks/ 名 (複 **co·di·ces** /-dəsì:z/) C (格式) 古典や聖書の)写本.

+**cód·fish** /-/ 名 (複 ~, ~·es) C,U =cod.

cod·ger /kádʒɚ | kɔ́dʒə/ 名 C (略式) [差別] じいさん: a funny old ~ 変なじいさん.

codices codex の複数形.

cod·i·cil /kádəsɪl | kóu-/ 名 C (法) 遺言補足書.

cod·i·fi·ca·tion /kàdəfɪkéɪʃən | kòu-/ 名 U,C 法典編集; 成文化.

cod·i·fy /kádəfàɪ | kóu-/ (**-i·fies**; **-i·fied**; **-fy·ing**; 名 code) 他 (...)を法典に編む; 成文化する.

+**cod·ing** /kóudɪŋ/ 名 U 暗号化; (情報の)符号化[コード]化.

cod·ling /kádlɪŋ | kɔ́d-/ 名 C 小だら.

cód-liver óil 名 U 肝油.

cod·piece /kádpì:s | kɔ́d-/ 名 C (古語) 服袋 (15–16世紀の男性用ズボンの前空きを隠すための袋).

cods·wal·lop /kádzwàləp | kɔ́dzwɔ̀l-/ 名 U (古風, 英俗) たわごと: a load of ~ ばかげた話.

co·ed /kóuèd/ 名 C 男女共学の (施設・活動などが)男女混合の, 両性の: a ~ school 共学校. ― 名 C (古風, 米略式) 共学校の女子学生.

co·ed·u·ca·tion /kòuèdʒukéɪʃən/ 名 U 男女共学.

co·ed·u·ca·tion·al /kòuèdʒukéɪʃ(ə)nəl˙/ 形 (格式) 男女共学の.

co·ef·fi·cient /kòuɪfíʃənt/ 名 C (数) 係数; (物理) 係数, 率 (of).

coe·la·canth /síːləkæ̀nθ/ 名 C シーラカンス(白亜紀末に絶滅したと考えられていた原始的な魚類).

cóe·li·ac disèase /síːliæ̀k-/ 名 U (医) セリアック病(グルテンを含む食物が消化できない病気).

co·e·qual /kòuí:kwəl/ 形, 名 (格式) (...と)同等[同格]の(人) (with). **-qual·ly** /-kwəli/ 副 同等に.

+**co·erce** /kouə́:s | -ə́:s/ 動 (格式) (...)に強制する, 強要する (to do): Her parents ~d Meg into marrying him. 両親はメグを無理に彼と結婚させた.

+**co·er·cion** /kouə́:ʒən | -ə́:ʃən/ 名 U (格式) 強制, 強要: under ~ 強制されて.

+**co·er·cive** /kouə́:sɪv | -ə́:-/ 形 (格式) 強制的な. **~·ly** 副 強制的に.

co·e·val /kòuí:v(ə)l/ 形, 名 C (格式) (...と)同時代[年齢]の(人、物).

+**co·ex·ist** /kòuɪgzíst/ 動 (対立するものどうしが)共存する; (同一場所に)同時に存在する (with).

+**co·ex·is·tence** /kòuɪgzístəns/ 名 U (格式) 共存, 併立 (with, of); (同一場所に)同時に存在すること: peaceful ~ 平和的共存.

co·ex·is·tent /kòuɪgzístənt/ 形 共存する.

C of E /síːə̀ːvíː-/ 略 =Church of England (☞ church 成句).

***cof·fee** /kɔ́:fi, káfi | kɔ́fi/ 名 (~s /-z/) 1 U コーヒー: black ~ ブラックコーヒー(ミルク[クリーム]を入れない) / white ~ (主に英)ミルク[クリーム]入りのコーヒー / iced ~ アイスコーヒー / make ~ コーヒーを入れる / I'd like my ~ strong [weak]. 私はコーヒーは濃い[薄い]のがいい. 語法 数えるときや種類ということきには C: I usually blend a blend of several ~s. 私は普通何種類かのコーヒーをブレンドして飲む // We had a pleasant chat over ~. 私たちはコーヒーを飲みながら楽しいおしゃべりをした / May I have a large [small] container of ~? コーヒーを大きな[小さな]容器で1杯いただけませんか(この文の各単語の字数を順に並べると円周率となる; ☞ mnemonic). 日英比較 米国ではコーヒーは日本や英国のお茶ほどによく飲まれ, 大人の飲み物とされている; ☞ milk 日英比較. 関連 café au lait カフェオレ / cappuccino カプチーノ / espresso エスプレッソ / chocolate ココア.

会話 "How would you like your ~, black♪ or with cream♪?" "With cream [Black], please." 「コーヒーは何にします? ブラックですか, クリームを入れますか」「クリームを入れて[ブラックにして]ください」(☞ or 1 発音) / "I'd like (to have) ~." "With your meal or after, sir?" 「コーヒーをください」「お食事といっしょですか, それとも後になさいますか」(レストランの注文で).

2 C 1 杯のコーヒー: Two ~s, please. コーヒーを2つください. 3 U コーヒー豆(☞ coffee bean); コーヒーの粉(粒). 4 U コーヒー色, とび色. **Wáke úp and sméll the cóffee.** (S) (米) 目を覚まして現実に目を向けなさい.

cóffee bàr 名 C コーヒー[喫茶]店[コーナー].

cóffee bèan 名 C コーヒー豆.

cóffee brèak 名 C コーヒーの時間 (職場などで朝10時[昼3時]頃コーヒーなどを飲む; ☞ tea break).

cóffee càke 名 C 1 (米) コーヒーケーキ (くるみ・干しぶどうなどの入ったパン菓子; コーヒーを飲むときに食べる). 2 (英) コーヒー風味のケーキ.

***cóffee cùp** /kɔ́:fikʌ̀p, káfi- | kɔ́fi-/ 名 (~s /-s/) C コーヒーカップ (☞ cup 挿絵).

cóffee grìnder 名 C コーヒーひき(器).

cof·fee·house /kɔ́:fihàus, káfi- | kɔ́fi-/ 名 (**-hous·es** /-hàuzɪz/) C 喫茶店, カフェ (特に17–18世紀ロンドンなどで流行した).

cóffee klàtch [klàtsch] /-klætʃ/ 名 C (米) コーヒーを飲みながらのおしゃべり会.

cóffee machìne 名 C コーヒー自動販売機; コーヒー沸かし器.

cóffee màker 名 C コーヒー沸かし(器).

cóffee mìll 名 C =coffee grinder.

cóffee mòrning 名 C (英) 朝のコーヒーの集い (教会の募金やおしゃべりをする).

+**cóffee pòt** 名 C コーヒーポット (☞ pot 挿絵).

+**cóffee shòp** 名 C 軽食堂[コーナー]; 喫茶[コーヒー]店.

+**cóffee tàble** 名 C コーヒーテーブル (ソファーなどの前に置く低いテーブル; ☞ living room 挿絵).

cóffee-tàble bóok 名 C (客に見せるように置かれた)挿絵[写真]の多い大型豪華本.

+**cof·fer** /kɔ́:fɚ | kɔ́fə/ 名 1 [複数形で] W 財源, 金庫: swell ...'s ~ ...の資金を増やす. 2 C 貴重品箱.

cóffer·dàm 名 C (土) 防水堰(ぜき) (水中工事用); 潜函(せんかん).

+**cof·fin** /kɔ́:fɪn | kɔ́f-/ 名 C 棺, ひつぎ (米 casket).

+**cog** /kág | kɔ́g/ 名 C 1 歯車 (cogwheel). 2 (歯車の)歯. **a cóg in the machíne [whéel]** [軽蔑] 機械の歯車 (組織の重要でない一員).

co·gen·cy /kóudʒənsi/ 名 U (格式) (理由・論旨などの)適切さ, 説得力.

co·gent /kóudʒənt/ 形 (格式) (理由・論旨などが)納得できる, 説得力のある. **~·ly** 副 説得力を持って.

cog·i·tate /kádʒətèɪt | kɔ́dʒ-/ 動 (格式) 考える, 熟慮する (about, on).

cog·i·ta·tion /kàdʒətéɪʃən | kɔ̀dʒ-/ 名 U,C (格式) 思考(力); 熟考.

co·gi·to, er·go sum /kóugɪtòu ə́:gou súm | kɔ́gɪtòu ə̀:-/ 「われ思う, ゆえにわれ在り」 (Descartes の根本哲学を表わすことば).

+**co·gnac** /kóunjæk | kɔ́n-/ 名 U,C コニャック (フランスのコニャック地方産のブランデー); C コニャック 1 杯.

cog·nate /kágneɪt | kɔ́g-/ 形 1 (言) 同語族の, 同

一語源の (to, with). **2**《格式》関連する、関係のある。 ― 图 C 〖言〗同一語源の語.
cógnate óbject 图 C 〖文法〗同族目的語.

> **文法 同族目的語**
> 本来の自動詞が、その動詞と同じ語源または同じ意味の名詞を目的語にとり、他動詞として用いられることがある。その場合の目的語を同族目的語という。同族目的語は She lived a happy *life*. (彼女は幸福に暮らした) のように形容詞とともに用いることが多く、この文が She lived happily. と言い換えられるように ＜形容詞＋同族目的語＞で副詞的な働きをする: She smiled a friendly *smile*. 彼女は親しげにほほえんだ / He died a miserable *death*. 彼は悲惨な死を遂げた / He slept a sound *sleep*. 彼はぐっすり眠った.

cog・ni・sance /kágnəz(ə)ns | kɔ́g-/ 图《英》= cognizance.
cog・ni・sant /kágnəz(ə)nt | kɔ́g-/ 形《英》= cognizant.
cog・ni・tion /kɑgníʃən | kɔg-/ 图 U 〖心〗認知、認識;《格式》理解.
+**cog・ni・tive** /kágnətɪv | kɔ́g-/ 形〖普通は A〗〖心〗認知の、認識(について)の: ~ psychology 認知心理学.
～・ly 副 認知的に.
cógnitive scíence 图 C 認知科学(認知過程のメカニズムと機能を明らかにしようとする学際的研究).
cog・ni・za・ble /kágnəzəbl | kɔ́g-/ 形 **1**《格式》認識できる. **2**〖法〗裁判権内にある、審理し得る.
cog・ni・zance /kágnəz(ə)ns | kɔ́g-/ 图 U **1**《格式》知識、認識. **2**〖法〗認識の範囲; 管轄(権).
tàke cógnizance of ... 動 他《格式》...を認める; ...を考慮する.
cog・ni・zant /kágnəz(ə)nt | kɔ́g-/ 形《格式》〖P〗(...)を認識して、知って (*of*).
cog・no・men /kɑgnóʊmən | kɔg-/ 图 C《格式》**1** (人を描写する)名前、あだ名. **2** (特に古代ローマの)姓、家名.
co・gno・scen・ti /kɑ̀njəʃénti:, kɑ̀gnə- | kɔ̀gnə-/《イタリア語から》图〖複〗[the ~]《主に文》鑑識眼のある人、通.
cog・wheel /kág(h)wì:l | kɔ́g-/ 图 C 歯車.
+**co・hab・it** /koʊhǽbɪt/ 動 自《格式》同棲(訓)する.
+**co・hab・i・ta・tion** /koʊhæ̀bətéɪʃən/ 图 U《格式》同棲、事実婚.
co・here /koʊhíə | -híə/ 動 (-her・ing /-hí(ə)rɪŋ/) 自《格式》**1** (文章・理論などが)筋が通る、首尾一貫してまとまる (*with*). **2** 密着する; (人が)団結する.
+**co・her・ence** /koʊhí(ə)rəns/, **co・her・en・cy** /koʊhí(ə)rənsi/ 图(反 incoherence) U **1** (文章・理論などの)筋が通っていること、首尾一貫性、つじつまがあっていること (*between*). **2** (集団などの)結束、まとまり.
+**co・her・ent** /koʊhí(ə)rənt/ 形(反 incoherent) **1** (文章・理論などが)筋の通った、首尾一貫した、つじつまがあった. **2** (人が)話の明快な. **3** (人が)結束した.
～・ly 副 首尾一貫して; 明快に.
+**co・he・sion** /koʊhí:ʒən/ 图 U《格式》結合(力); 団結 (*among*, *between*); (テキストの)結束性、つながり. **3**〖物理・化〗分子結合力.
+**co・he・sive** /koʊhí:sɪv/ 形《格式》結合力[結束力]のある. ～・ly 副 結合して. ～・ness 图 U 結合力のあること、結束性.
+**co・hort** /kóʊhɔət | -hɔ:t/ 图 C〖《英》単数形でも時に複数扱い〗**1**〖軽蔑〗仲間、一味、支持者. **2**〖統〗(同時出生集団などの)群、コーホート.
co-host /kòʊhóʊst/ 動 他〈行事などの〉共同開催をする. ― /kóʊhòʊst/ 图 C 共同開催者[国].
COI /sí:òʊáɪ/ 略 [the ~]《英》= Central Office of Information 中央情報局.

---

coincidental 321

coif /kɔ́ɪf/ 图 C (修道女などのかぶる)頭巾(䢙).
coiffed /kwɑ́:ft/ 形 = coiffured.
coif・feur /kwɑ:fə́: | -fə́:/《フランス語から》图 C《格式》男性の理髪師、美容師 (hairdresser).
coif・feuse /kwɑ:fə́:z/《フランス語から》图 C《格式》美容師、女性の理髪師.
coif・fure /kwɑ:fjʊ́ə | -fjʊ́ə/《フランス語から》图 C《格式》髪型、髪の結い方 (hairstyle).
coif・fured /kwɑ:fjʊ́əd | -fjʊ́əd/ 形《格式》[しばしば滑稽] (髪が)セットされた, (人が)髪をセットした.
+**coil** /kɔ́ɪl/ 動 他〈...〉をぐるぐる巻く, 渦巻状に巻く: ~ a rope *up* ロープをぐるぐる巻く / Her hair *was* neatly ~*ed* on her head. 彼女の髪はきちんと巻き毛に整えられていた. ― 图 **1** 輪を作る, 巻きつく, (蛇が)とぐろを巻く (*up*, *around*, *round*, *into*). **2** (感情が)渦巻く. **cóil onesèlf** 動 自 (蛇が)とぐろを巻く (*up*, *around*, *round*). ― 图 C **1** (巻いた)輪, 渦; とぐろ: a ~ of wire [rope] ひと巻きの針金[縄] / in a ~ ぐるぐる巻いて / a mosquito ~ 蚊取り線香. **2**〖電〗コイル; (車の)点火コイル. **3** 避妊リング.
coiled /kɔ́ɪld/ 形 A ぐるぐる巻きの.
*****coin** /kɔ́ɪn/ 图(~s /~z/) C 硬貨, コイン; U 硬貨(全体): a gold [silver] ~ 金[銀]貨 / Please change this bill for [into] ~s. このお札をコインに替えてください.
関連 bill, paper (money) 紙幣, head 表, tail 裏.

金額	米国のコインの通称
1 cent	penny
5 cents	nickel
10 cents	dime
25 cents	quarter
50 cents	half dollar

in cóin 副 硬貨で. **páy ... báck in「...'s ówn [the sáme] cóin** 動 自《古風》...にしっぺ返しをする. **tóss [flíp] a cóin** 動 自 コインを指ではじく (出るのが表か裏かで順番を決めたり占いをしたりする). **twó sídes of the sáme cóin** 图 [単]物事の表裏(一体). ― 動 他 **1**〈新語など〉を作り出す. **2**〈金属〉を貨幣にする;〈硬貨〉を鋳造する.
cóin móney =《英》**cóin it (ín)** 動 [普通は進行形で] 《略式》 どんどん金をもうける.
coin・age /kɔ́ɪnɪdʒ/ 图 (⇒ coin) **1** U (鋳造された)硬貨(全体); 貨幣制度; 硬貨の鋳造: decimal ~ 10進法による貨幣制度. **2** C 新造語(句); U (語句の)新造, 造語.
cóin bòx 图 C 料金箱(自動販売機などの硬貨を受ける箱); 《英》公衆電話.
*****co・in・cide** /kòʊɪnsáɪd/ 動 (-in・cides /-sáɪdz/; -in・cid・ed /-dɪd/; -in・cid・ing /-dɪŋ/; coíncidence, 形 coíncident) 自 **1** (...と)同時に起こる: The two accidents ~*d with* each other. ＜V+*with*+名・代＞ その2つの事故は同時に起こった.
2 [進行形なし] (意見・話などが)同じである, (...と)一致する: Her travel plans ~*d with* mine. 彼女の旅行計画は私のと同じだった. **3**《格式》(物・位置などが)同じ場所にある, 交わる (*with*).
*****co・in・ci・dence** /koʊínsədns/ 〖13〗图 (-ci・denc・es /-ɪz/, C còincide /-/) **1** C U 偶然の一致, 偶然の発生: by (a mere) ~ 偶然の一致で / What a ~! まあ(驚いた), 偶然の(一致)ですね / It was sheer [pure] ~ that Sue and I were on the same train. スーと私が同じ列車に乗りあわせたのは全くの偶然だった. **2** [単数形で]《格式》(趣味・意見などの)一致 (*of*).
co・in・ci・dent /koʊínsədnt/ 形(動 coíncide) 《格式》同時の, 時を同じくした; (...)と全く一致する (*with*).
co・in・ci・den・tal /koʊɪ̀nsədéntl⊣/ 形 [普通は

322 coincidentally

P 全く偶然の, (偶然に)一致する (*with*).

co·in·ci·den·tal·ly /kòuɪnsədéntəli/ 副
文修飾語 全く偶然に: *C~*, one of my colleagues has the same birthday as me. 偶然にも, 同僚の一人は私と誕生日が同じだ.

cóin·òp /-àp | -òp/ 名 C 自動販売機; コインランドリー.

cóin·óp·er·at·ed /-ápərèɪtɪd | -òp-/ 形 硬貨投入式の, 自動販売式の.

cò·in·súr·ance 名 U (米) 1 (雇用主と従業員の)共同保険. 2 被保険者自己負担付き保険.

cò·in·súre 他 (米) 1 〈…〉に共同保険をかける. 2 〈…〉に一部自己負担保険をかける.

cóin tòss 名 C [普通は単数形で] コイン投げ (順番などを決める時に行なう).

Coin·treau /kwǽntrou | kwɔ́n-/ 名 U コアントロー (オレンジの香りのついた無色の甘口リキュール; 商標).

coir /kɔ́ɪə | kɔ́ɪə/ 名 U コイア (ココやしの外皮を覆う繊維, ロープ・敷物などを作る).

co·i·tal /kóʊɪtl/ 形 [医] 性交の.

co·i·tus /kóʊɪtəs/, **co·i·tion** /koʊíʃən/ 名 U 〖医〗 性交, 交接.

cóitus in·ter·rúp·tus /-ìntəráptəs/ 名 U 〖医〗 中絶性交 (膣外射精するセックス).

co·jo·nes /kəhóʊneɪs | -nɪz/ 名 [複] (卑) 1 睾丸. 2 度胸, 勇気.

coke[1] /kóʊk/ 名 U (略式) = cocaine.

coke[2] /kóʊk/ 名 U コークス.

Coke, coke[3] /kóʊk/ 名 C,U (略式) = Coca-Cola.

cóke-bòttle glásses 名 [複] (米略式) (コーラ瓶の底のような)分厚いレンズの眼鏡.

cóke·hèad 名 C (米俗) コカイン中毒者.

col /kál | kɔ́l/ 名 C (山の尾根の)鞍部 (☞ mountain 挿絵).

col- /kəl, kəl, kɔl, kəl/ 接頭 = con- (l- で始まる語の前の変形): **col**lect 集める / **col**lide 衝突する.

col. 略 = colony, column.

Col. 略 = colonel, Colorado.

***co·la** /kóʊlə/ 名 (~s /~z/) 1 C,U コーラ飲料; C 1 杯[1 本]のコーラ: drink too much ~ コーラを飲み過ぎる. 2 C (西アフリカの)コーラの木 (実からコーラ飲料を作る).

COLA /kóʊlə/ 略 = cost-of-living adjustment(s) (米国の)生計費調整(制度) (消費者物価指数の上昇に合わせて賃金などを調整する).

col·an·der /káləndə | -də/ 名 C 水切り(ボール) (たくさん穴のあいたボウル形の台所用具).

cóla nùt 名 C = kola nut.

***cold** /kóʊld/ (既項 called) 形 (**cóld·er; cóld·est**) 1 (物が) 冷たい; (気温・気候などが) 寒い; 冷えた; (料理など)冷やして食べる (名 C; ☞ hot 表) (反 hot): ~ water 冷たい水 / January is the ~est month in [of] the year. 1月は一年中でいちばん寒い月だ / *C*~ day, isn't it? 寒い日ですね / It is getting ~er day by day. 日増しに寒くなってゆく / This beer isn't ~ enough. このビールはよく冷えてない / The tea's gone ~. お茶が冷めている / I feel ~. 私は寒ぼけする // *freezing* cold.

cold	寒い
	冷たい

2 (人や態度が)冷淡な, 冷たい, よそよそしい; 無情な, せちがらい (反 warm): a ~ welcome 冷淡な返事 / After the quarrel they were ~ *to* [*toward*] each other for several days. <A+*to* [*toward*]+名・代> そのけんかのあと数日間は彼らはお互いによそよそしかった. 3 (色・光が)冷たい, 寒色の (cool), (空などが)寒々とした. 4 P S (正解や目標から)遠い, 見当はずれで (子供たちのクイズ・捜し物などで; ☞ hot 11): You're getting ~er. だんだん正解から遠くなっている. 5 P (略式) (頭が打たれて)意識不明の, 気を失った (☞ knock ... (out) cold, knock 動 成句). 死んでいる. 6 (獲物などの遺臭が)かすかな (反 hot). 7 A (事実などが)客観的な. **léave ... cóld** [動] 他 〈…〉に何の興味[印象]も与えない: The novel *left* me ~. 私はその小説には興味がわからなかった. **The [...'s] tráil [scént] is [gòes] cóld.** (人)の行方はわからない.

— 名 1 C [しばしば a ~] かぜ (common cold): *a* ~ in the head = *a* head ~ 鼻かぜ / Half the children in this class have slight [heavy, bad] ~s. このクラスの子供たちの半分は軽い[ひどい]かぜをひいている / Someone has given me *a* ~. だれかにかぜをうつされた.
関連 influenza インフルエンザ.

2 U [しばしば the ~] 寒さ, 冷気; 寒いところ; 冷たさ (反 heat): shiver with ~ 寒さで震える / die from ~ 凍死する / I don't like ⌜*the* ~ in winter [*the* winter ~⌝. 私は冬の寒さが好きではない.

cátch (a) cóld [動] 他 かぜをひく: I often *catch* ~ in winter. 私は冬によくかぜをひく / I *caught a* bad ~. 私はひどいかぜをひいた.

còme ín from the cóld [動] 自 (有力者などから)認められるようになる.

háve a cóld [動] 自 かぜをひいている: I *had a* bad ~ last week. 先週ひどいかぜをひいていた.

(óut) ín the cóld [動] 自 (1) (外の)寒いところへ[で]. (2) のけ者にされて, 無視されて: His friends left him *out in the* ~. 彼の友達は彼をのけ者にした.

— 副 1 (米) 急に, 完全に: stop ~ 急に止まる. 2 いきなり, 準備なしに. **óut cóld** [形・副] 全く意識を失って.

cóld-blóoded 形 (反 warm-blooded) 1 冷酷な, 血も涙もない: a ~ killer 冷酷な殺人鬼. 2 〖生〗 冷血の. **~·ly** 副 冷酷に. **~·ness** 名 U 冷酷さ.

cóld cáll 名 C (セールスマンの)勧誘電話[訪問].

cóld-cálling 他 〈…〉に勧誘電話をする.

cóld cálling 名 U 勧誘電話[訪問](をすること).

cóld cásh 名 U (米) = hard cash.

cóld chísel 名 C 冷たがね (常温の金属加工用).

cóld cómfort 名 U 少しも慰めとならないもの, おざなりな[誠意のない]慰め (to, for).

cóld créam 名 U コールドクリーム (化粧落とし・保湿用).

cóld cúts 名 [複] (主に米) (薄切り)冷肉盛り合わせ.

cóld físh 名 [a ~] 冷淡な人.

cóld fráme 名 C 冷床 (苗の保護用の枠組).

cóld frónt 名 C 〖気〗 寒冷前線 (☞ weather map 挿絵).

cóld fúsion 名 U 〖物理〗 低温[常温]核融合 (低温[常温]で起こるとされる核融合).

cóld-héart·ed /kóʊldháətɪd | -háːt-/ 形 [軽蔑] 心の冷たい, 冷淡な; 無情な (反 warmhearted). **~·ly** 副 冷淡に. **~·ness** 名 U 冷淡さ.

cóld·ly /kóʊldli/ 副 冷たく, 冷淡に (反 warmly).

cóld méat 名 U 冷肉, コールドミート (調理または冷やした肉料理).

cóld·ness /kóʊldnəs/ 名 U 冷淡さ; 寒さ, 冷たさ.

cóld shóulder 名 [次の成句で] **gét the cóld shóulder** [動] 自 冷遇される. **gíve ... the cóld shóulder** [動] 他 〈…〉を冷たくあしらう, 冷遇する. 由来 冷遇された旅人には冷えた羊の肩肉が出されたことから.

cóld-shóulder [動] 他 〈…〉を冷遇する, 無視する.

cóld shówer 名 C 冷水シャワー. **táke a cóld shówer** [動] 自 (1) 冷水シャワーを浴びる. (2) [滑稽] 性欲を鎮める.

cóld snáp 名 C (突然の)寒さの襲来 (snap).

cóld sòre 名 C 口唇ヘルペス (かぜ・熱などで口の周りにできる).

にできる発疹》(fever blister).

cóld spéll 名 C 寒い天候のひと続き, 寒波の訪れ.
cóld stéel 名 U 《文》刀剣類《ナイフ・剣など》.
cóld stórage 名 U 《食物などの》冷蔵(場所);《計画などの》凍結: put a plan in ~ 計画を棚上げする.
cóld stóre 名 C 冷蔵倉庫.
cóld swéat 名 [a ~] 冷や汗: I was in a ~. 私は冷や汗をかいていた. **bréak óut in a cóld swéat** [動] 自 冷や汗をかく.
cóld túrkey 名 U (中毒患者に対する)急激な麻薬[たばこ]の禁断処置;(その結果の)禁断症状. **gò [quít, stóp] cóld túrkey** [動] 自 一気に麻薬[たばこ]を断つ. ★次のような言い方も可能: quit [stop] smoking ~ きっぱりたばこをやめる. ── 副 突然, いきなり.

†**cóld wár** 名 [U または a ~] 冷戦《武力の代わりに外交・経済・宣伝などによって対立すること》(☞ hot war); [the C- W-]《米国・ソビエト連邦間の》冷戦.
cóld wáve 名 C **1**《気象》寒波. **2** コールドパーマ.
Cole /kóul/ 名 固 コール **1 Nat King ~** (1917-65)《米国の黒人ジャズピアニスト・歌手》. **2 Thomas ~** (1801-48)《アメリカの風景画家》.
Cole·man /kóulmən/ 名 固 コールマン《米国のアウトドア用品の会社》.
Cole·ridge /kóul(ə)rɪdʒ/ 名 固 **Samuel Taylor ~** コールリッジ (1772-1834)《英国の詩人》.
cole·slaw /kóulslɔ̀ː/ 名 U コールスロー (slaw)《キャベツ・にんじん・たまねぎなどを細かく刻んだサラダ》.
co·le·us /kóuliəs/ 名 C コリウス《しそ科の観葉植物》.
co·ley /kóuli/ 名 C コウリー, セイス《たら科の食用魚》; U コウリーの肉.
Col·gate /kóulgeɪt/ 名 固 コルゲート《米国製の歯磨・シェービングクリーム・石鹸・洗顔剤など; 商標》.
col·ic /kálɪk | kɔ́l-/ 名 U (幼児の)腹痛, 疝痛.
col·ick·y /kálɪki | kɔ́l-/ 形 疝痛の(に苦しむ).
Col·in /kálɪn | kɔ́l-/ 名 固 コリン《男性の名》.
col·i·se·um /kàləsíːəm | kɔ̀l-/ 名 C 大競技場, 大体育館; 大演芸場 (☞ Colosseum).
co·li·tis /koulártɪs/ 名 U 《医》大腸炎, 結腸炎.
coll. 略 =collect, college.

†**col·lab·o·rate** /kəlǽbərèɪt/ 12 動 自 **1** 共同して働く, 共同研究する, 協力する (in): He ~d with the composer on [to create] a splendid musical. 彼は作曲家と協力してすばらしいミュージカルを作った. **2** [軽蔑]《敵国・占領軍に》協力する (with).

*col·lab·o·ra·tion /kəlæ̀bəréɪʃən/ 名 **1** U,C 共同(作業), 共同研究[制作], 協力 (with, on); C 共同制作作品, 合作 (with, between): ~ between academic institutions and industry 産学協同. **2** U [軽蔑] 利敵協力 (with). **in collaboration** [副] 共同して (with).
col·lab·o·ra·tion·ist /kəlæ̀bəréɪʃ(ə)nɪst/ 名 C [軽蔑] 敵[占領軍]に協力する(者).
*col·lab·o·ra·tive /kəlǽb(ə)rətɪv/ 形 A《格式》共同の, 協力的な: a ~ effort 共同の労作 **~·ly** 副 共同して, 協力して (with).
·col·lab·o·ra·tor /kəlǽbərèɪṭə | -tə/ 名 C **1** = collaborationist. **2** 共同研究者, 協力者; 合作者.
·col·lage /kəlɑ́ːʒ/ 名 **1** U,C《美》コラージュ《新聞・広告・布片などをはり合わせて抽象的な美を出す技法またはその作品》. **2** C 寄せ集め.
·col·la·gen /kálədʒən | kɔ́l-/ 名 U コラーゲン, 膠原《硬たんぱく質の一つ》.

·**col·lapse** /kəlǽps/ 13 動 (**col·laps·es** /~ɪz/; **col·lapsed** /~t/; **col·laps·ing**) 自 **1** (建物などが)崩れる, 崩壊する, つぶれる: The whole bridge ~d in the earthquake. その地震で橋全体が崩れ落ちた.

2 (病気などで)倒れる, 卒倒する;(疲れ果てて崩れるように)座り込む, 横になる: Soon after that he ~d (in a heap). その後まもなく彼は(ばったりと)倒れた. **3** (事業・計画などが)つぶれる, 崩れる: Their business is sure to ~ within a year. 彼らの事業は1年以内にきっとだめになる. **4** 折りたためる. **5**《価格などが》急落する. **6**《医》(肺・血管などが)虚脱する. ── 他 《…》を折りたたむ, 折り畳む, 挫折(させる);《…》を虚脱させる. **collápse into láughter** [動] 自 笑いこける.
── 名 (**col·laps·es** /~ɪz/) **1** U または a ~ 《事業・計画などの》失敗, 行きづまり: He has saved the company from ~. 彼はその会社を倒産から救った.
2 U 倒壊, 崩壊: A strong wind caused the ~ **of** the tower. 強風で塔が倒壊した. **3** U または a ~ 衰弱; 意気消沈; 卒倒. **4**《単数形で》(価格などの)急落 (in). **in a státe of colláps** [形·副] (1) 倒壊して; 崩壊して. (2) 弱りはてて.
col·lapsed /kəlǽpst/ 形 倒壊した, 失敗した;《医》虚脱した.
col·laps·i·ble /kəlǽpsəbl/ 形 折りたためる: a ~ chair 折りたたみいす.

*col·lar /kálə | kɔ́lə/《類語 color》名 (~s /~z/) C **1** 襟(ネs), カラー; =dog collar 2; ネックレス: turn up one's coat ~ 上着の襟を立てる / He took me by the ~. 彼は私の襟首をつかんだ (☞ the[1] 2 語法).
2 (犬・猫の)首輪;(馬車馬などの)首当て: a surgical ~ (むち打ち症患者などの)首当て. **3**《動》(動物の首の周りの)変色部[帯]. **4**《機》環, 接管; 帯. **5**《俗》逮捕, 逮捕者. **6**《株》カラー《株が大きく上下する場合のリスクを防ぐ方法》. **hót ùnder the cóllar** [形]《略式》かんかんに怒って, 興奮して.
── 他 (**-lar·ing** /-lərɪŋ/) 他《略式》**1**《…》の襟首をつかむ;《…》を捕らえる; [しばしば滑稽]《話をするため》《…》をひきとめる. **2**《…》に襟[首輪]をつける.
col·lar·bone /káləbòun | kɔ́lə-/ 名 C 鎖骨.
cól·lard grèens /kálərd- | kɔ́lərd-/ 名 [複] コラード《キャベツの変種; 食用》.
-col·lared /káləd | kɔ́ləd/ 形 [合成語で] (…)の襟をつけた.
cóllar·less 形 襟のない.
cóllar stùd 名 C カラーボタン.

†**col·late** /kəléɪt/ 動 他《格式》《情報など》を集めて整理する;《製本》《本など》のページ順をそろえる.

*col·lat·er·al /kəlǽṭərəl, -trəl/ 名 U《商》(見返りの)担保物 (for): use [put up] ... as ~ ...を担保にする. ── 形 A《格式》**1** 付随する; 付帯[二次]的な. **2** 直系でない, 傍系の.
colláteral dámage 名 U《軍》付帯被害《軍事行動による民間人の被害》.
col·lat·er·al·ize /-làɪz/ 動 他《商》《貸付金》を担保によって保証する (on).
col·la·tion /kəléɪʃən/ 名 **1** C《格式》[しばしば滑稽](食事時以外の)軽食《暖かくないもの》. **2** U《格式》校合(ﾀﾂｺﾞｳ);情報整理;《製本》ページの丁合い.

*col·league /káliːg | kɔ́l-/ 11 名 (~s /~z/) C (主に官職・公務上の)同僚, 仲間 (☞ college 類義語) (at, in, from): Do you get along [on] well with your ~s? 同僚とはうまく折り合っていますか.

col·lect¹ /kəlékt/《類語 correct》動 (**col·lects** /-lékts/; **-lect·ed** /-ɪd/; **-lect·ing**) 名 colléction, 形 colléctive) 他 **1**《…》を**集める**, 収集する (from), coll.; ☞ gather 類義語; elect 《単語の記憶》): John likes to ~ stamps. ジョンは切手を集めるのが好きだ / My sister has been ~ing dolls since she was ten. 私の姉は10歳のときから人形を集めている / Enough evidence was ~ed. <V+O の受身>十分な証拠が集められた.

collect

2 〈金〉を徴収する，取り立てる，集金する；〈寄付金・献金などを〉募(る)*a*(*for*): His job is to ~ taxes *from* them. <V+O+*from*+名・代> 彼の仕事は彼らから税金を徴収することだ．
3 (時に意図しないで)〈物〉をためる，〈物が〉〈ほこりなど〉にまみれる． **4**〈主に英〉〈人〉を迎えにいく (pick up)；〈物〉を取りにいく，〈郵便物・ごみなど〉を集める，回収する (*up*, *together*): ~ one's child *from* school 学校へ子供を迎えにいく / ~ garbage ごみを集める． **5**〈…〉を手に入れる，勝ち取る: ~ a gold medal 金メダルをとる． **6**〈考えなど〉を集中する，まとめる: C~ your thoughts before you begin your work. 仕事にかかる前に考えをよくまとめなさい． ── 自 **1** 募金する: ~ for charity 慈善の寄付を集める． **2** (水・ほこりなどが)たまる，〈格式〉(人)が集まる (*together*): Fallen cherry blossom petals ~*ed* along the side of the road. 散った桜の花びらが道ばたに積もった.

colléct onesèlf [動] 自 気を取り直す，心を落ち着ける: She ~*ed* herself and called home. 彼女は気を落ち着けて家に電話をした．

── 形 副 《米》(料金が)受信人払いで[の]. **cáll [phóne] ... colléct** [動] 他 《米》〈…〉に受信人払いで電話をかける (《英》reverse (the) charge(s)).

col·lect² /kάlɪkt | kɔ́l-/ 名 C 《キ教》(カトリックまたは英国国教会の)短い祈り，集禱(とう)文．

col·lect·a·ble /kəléktəbl/ 形 = collectible.

colléct cáll 名 C 《米》コレクトコール，受信人払いの通話（《英》reverse-charge call): make a ~ コレクトコールをかける．

*****col·lect·ed** /kəléktɪd/ 形 **1** P 落ち着いた，冷静な． **2** A 集められた，収集した: the ~ works of Dickens ディケンズ全集． **cóol, cálm, and colléct·ed** [形] 落ち着き払って，冷静で．

col·lect·i·ble /kəléktəbl/ 形 **1** 収集する価値のある． **2** 収集可能な． ── 名 C [普通は複数形で] 収集品，収集する価値のあるもの．

*****col·lec·tion** /kəlékʃən/ (類語 correction) 名 (~s /~z/; colléct) **1** C 収集物(全体)，**コレクション**，採集物: a stamp ~ 収集した切手類 / There is a large ~ of dolls in her room. 彼女の部屋には人形の大コレクションがある． **2** C 〈服の〉展示作品，新作展示品(デザイナー・メーカーが売り出す新作の衣服など). **3** C (小説・詩・音楽の)選集 (*of*). **4** U 集めること，収集 (*of*): data ~ データの収集． **5** U,C (ごみなどの)回収；〈主に英〉郵便物の回収． ☞ garbage collection． **6** U,C (金などの)徴収 (*of*): tax ~ 税金の取り立て． **7** C (教会などの)募金；(募金の)カンパ，募金総額 (*for*): have a ~ 募金活動をする． **8** C [普通は単数形で] (風変わりな物の)一団〈ごみなどの〉山，堆積(ている) (*of*). **táke (úp) a colléction** [動] 自 寄付金を集める．

colléction àgency 名 C 《米》取立代行会社．
colléction bòx 名 C 募金箱．
colléction pláte 名 C 献金皿．

*****col·lec·tive** /kəléktɪv/ 形 (副 colléct) [普通は A] **集団的な**，共同(体)の；集合的な，全体としての: ~ property 共有財産 / ~ leadership 集団指導体制 / ~ decision 集団による決定 / ~ responsibility 共同責任 / ~ collective security. ── 名 C 共同体の構成員(全体)，共同体，集団農場．

colléctive agréement 名 C 労働協約．
colléctive bárgaining 名 U (労使間の)団体交渉．
colléctive fárm 名 C (共産国の)集団農場．
col·lec·tive·ly /kəléktɪvli/ 副 集団的に，共同で；集合的に，ひとまとめにして．
colléctive nóun 名 C 《文法》集合名詞．

文法 集合名詞

名詞の一種で，何人かの人またはいくつかの物の集合体を表わす名詞をいう．集合名詞は，(a) その集合体を一つのものと考えて数えられる名詞として扱われる場合と，(b) 集合体を構成する一人一人[一つ一つ]に重点が置かれ，複数として扱われる場合とがある．(a) の両方の用法を持つものと，(b) の用法しかないものとがある． 語法 (b) の用法は特に《英》で多く見られる．(a) の場合は関係代名詞は which で受け，(b) の場合は who で受ける．
(1) (a)(b) 両方に用いられるもの
 (a) This *class* is for foreign students. このクラスは外国人の学生のためのものだ．
 (b) The whole *class* were deeply impressed by his speech. クラスの全員は彼の演説に深い感銘を受けた．
 (a) The *audience was* rather small. 聴衆はかなり少なかった．
 (b) The *audience were* excited by his speech. 聴衆は彼の演説を聞いて熱狂した．
以上の他に，army, band, committee, crowd, family, group, nation, navy, team なども同様である．
(2) 普通は (b) しか用いられないもの
 The *police are* investigating the case. 警察はその事件を捜査している / There *were* several *people* on the street. 路上には数人の人がいた．

colléctive ównership 名 U 共同所有．
colléctive secúrity 名 U 《政》集団安全保障《複数の国が相互に安全を保障しあうこと》．
colléctive uncónscious 名 [the ~] 《心》集合[普遍的]無意識．
col·lec·tiv·is·m /kəléktɪvìzm/ 名 U 《政》集産主義，集団農場主義．
col·lec·tiv·ist /kəléktɪvɪst/ 《政》形 集産主義の． ── 名 C 集産主義者．
col·lec·ti·vi·za·tion /kəlèktɪvɪzéɪʃən | -vaɪz-/ 名 U 集産化 (*of*).
col·lec·ti·vize /kəléktɪvàɪz/ 他 [しばしば受身で] 〈産業など〉を集産化する，集団農場にする．
*****col·lec·tor** /kəléktɚ | -tə/ 名 (~s /~z/) C **1** [しばしば合成語で] **収集家**，コレクター；採集者；集金人，収税吏: an art ~ 美術品収集家《☞ garbage collector． **2** (駅の)集札係；集める装置．
colléctor's ìtem [pìece] /kəléktəz- | -taz-/ 名 C (収集家の珍重する)逸品，珍品．
col·leen /kɑlí:n | kɔ-/ 名 C 《古風，アイル》少女．

*****col·lege** /kάlɪʤ | kɔ́l-/ (類語 carriage, cottage, courage) 名 (**col·leg·es** /~ɪz/; 形 collég·i-) **単科大学** (☞ university 表)；(特殊)専門学校: a teacher training ~ 教員養成大学 / a junior ~ 短期大学 / John is at some ~ in the South. ジョンは南部のある大学の学生である．

語法 (1) 時に university と同じ意味に用いる．
(2) 建物より中の授業のことをいうときには無冠詞なることが多い: She is *in* [*at*] ~ now. 彼女は大学に在学中だ / Tom goes to ~. トムは大学生だ / Mary went to ~. メアリーは大学出だ / I graduated from ~ last year. 私は去年大学を卒業した．

ミニ語彙欄
コロケーション
動+college
'get into [enter] (a) *college* 大学に入る
go to *college* 大学に通う

Ⓐ (白・黒を除く)色のついた, 彩色してある; (髪が)染めてある: ~ glass 着色ガラス.
2 [合成語で] …色の: a cream-*colored* dress クリーム色のドレス. **3**《古風》[差別] 有色人種の. 語法 現在では黒人には black や African American, Afro-American を使い, 他には具体的な民族名などを用いるのが普通; ▶ black 形 3 語法. ~ people 有色人種, 黒人.
4 [C-]《南ア》(黒人と白人の)混血の. ━名 Ⓒ **1**《古風》[差別] 有色人, 黒人 (▶ 形 3 語法). **2** [C-]《南ア》(黒人と白人の)混血の人.

cólored péncil 名 Ⓒ 色鉛筆.

col·or·fast /kʌ́ləfæst | -ləfɑ̀ːst/ 形 (生地が)色のあせない, 退色しない. **~·ness** 名 Ⓤ 色あせしないこと.

*__col·or·ful__,《英》__col·our·ful__ /kʌ́lə(r)f(ə)l | -lə-/ 形
(名 cólor; 反 cólorless) **1** 色彩に富んだ, 多彩な, はでな: The peacock has ~ tail feathers. 雄のくじゃくは尾の羽毛が色彩豊かである. **2** (話などが)生彩のある, 生き生きとした; (経歴などが)変化に富んだ, 華麗な. **3** (ことばが)乱暴な, 汚い. **-ful·ly** /-fəli/ 副 色彩に富んで.

cólor guàrd 名 Ⓒ《米》旗手隊持隊.

⁺**col·or·ing**,《英》**col·our·ing** /kʌ́lərɪŋ/ 名 **1** Ⓒ,Ⓤ 色素, 着色料: food ~ 食品着色料. **2** Ⓤ 着色(法), 彩色(法); (画家の)色使い. **3** Ⓤ 肌[髪, 目]の色, (顔の)血色; (動植物の)天然色.

cóloring bòok 名 Ⓒ 塗絵帳.

col·or·ist /-lərɪst/ 名 Ⓒ **1**《米》彩色画家. **2** 髪染め専門の美容師.

col·or·i·za·tion /kʌ̀lərɪzéɪʃən | -raɪzér-/ 名 Ⓤ (白黒映画の)色づけ, カラー化.

col·or·ize /kʌ́lərʌ̀ɪz/ 動 他《白黒映画》を色づけする.

col·or·less,《英》**col·our·less** /kʌ́ləɫəs | -lə-/ 形 (反 cólorful) **1** 無色の. **2** (顔色などが)青白い (pale); 色あせた. **3** 特色のない; 生彩のない, さえない. **~·ly** 副 青白く; 生彩なく. **~·ness** 名 Ⓤ 無色; 青白いこと; 生彩のなさ.

cólor lìne 名 [the ~]《米》白人と黒人の差別(待遇) (《英》colour bar).

⁺**cólor schème** 名 Ⓒ (室内装飾の)配色.

cólor súpplement 名 Ⓒ《英》(新聞などの)カラー付録ページ.

cólor·wày 名 Ⓒ (洋服などの)色, 配色.

co·los·sal /kəlɑ́s(ə)l | -lɔ́s-/ 形 巨大な; (量・程度などが)非常に大きい, 膨大な, 法外な: a ~ amount of money 莫大な金額. **-sal·ly** /-səli/ 副 途方もなく.

Col·os·se·um /kʌ̀ləsíːəm | kɔ̀l-/ 名 Ⓒ [the ~] コロッセウム《ローマの円形大演技場; 紀元1世紀ごろの建造で今は遺跡》.

Co·los·sian /kəlɑ́ʃən | -lɔ́ʃ-/ 名 Ⓒ [the ~s で単数扱い]《聖》コロサイ人への手紙, コロサイ書《新約聖書中の一書》.

Colosseum

co·los·sus /kəlɑ́səs | -lɔ́s-/ 名 (複 ~·es, co·los·si /-saɪ/) Ⓒ《文》巨人, 偉人; 巨大なもの; 巨像.

col·os·to·my /kəlɑ́stəmi | -lɔ́s-/ 名 (-to·mies) Ⓤ,Ⓒ《医》人工肛門形成(術).

co·los·trum /kəlɑ́strəm | -lɔ́s-/ 名 Ⓤ《医》(産婦の)初乳.

col·our /kʌ́lə | -lə/ 名 動《英》= color.

cólour bàr 名《英》= color line.

colt /kóʊlt/ 名 Ⓒ **1** 雄の子馬 (4–5歳まで). 関連 filly 雌の子馬; horse 馬. **2** [普通は複数形で]《英》ジュニアチームの選手.

Colt /kóʊlt/ 名 Ⓒ コルト式自動けん銃《商標》.

---

comb 327

colt·ish /kóʊltɪʃ/ 形 **1** ぎこちなくはね回る, 若駒のような. **2** (脚・腕が)すらっとした.

Col·trane /kóʊltreɪn | kɔltréɪn/ 名 ⑧ **John (William)** ~ コルトレーン (1926–67)《米国のジャズサクソフォーン奏者・作曲家》.

Co·lum·bi·a /kəlʌ́mbiə/ 名 ⑧ **1** コロンビア (▶ District of Columbia). **2** コロンビア《米国 South Carolina 州の州都》. **3** [the ~] コロンビア川《米国北西部の川; ▶ 表地図 D 3》. **4**《詩》コロンビア《米国を女性に擬人化した名》. 関連 Britannia 英国の擬人名. **5** コロンビア大学《米国 New York 市にある大学》. **6** コロンビア《米国 New York の映画・テレビ会社》. 語源 Columbus¹ にちなむ.

col·um·bine /kɑ́ləmbàɪn | kɔ́l-/ 名 Ⓒ おだまき《観賞用植物; 米国 Colorado 州の州花》.

Co·lum·bo /kəlʌ́mboʊ/ 名 ⑧ コロンボ《米国のテレビ推理ドラマによれよれのレインコートで登場する刑事》.

Co·lum·bus¹ /kəlʌ́mbəs/ 名 ⑧ **Christopher** ~ コロンブス (1451–1506)《イタリア生まれの航海者; 1492年アメリカ大陸に到達; ▶ Columbia 語源》.

Co·lum·bus² /kəlʌ́mbəs/ 名 ⑧ **1** コロンバス《米国 Ohio 州の州都; ▶ 表地図 H4》. **2** コロンバス《米国 Georgia 州西部の都市》.

Colúmbus Dày 名 Ⓤ《米》コロンブス祭《10月の第2月曜日; 元来はコロンブスのアメリカ大陸到達を記念した10月12日; 法定祝日 (legal holiday); ▶ holiday 表》.

*__col·umn__ /kɑ́ləm | kɔ́l-/ T3 名 (~s /~z/) Ⓒ **1** 円柱, 柱 (pillar): Doric ~s ドリア式の円柱.
2 (新聞・雑誌などの)縦の欄, 段 (圏 col.); 特別寄稿欄, コラム《特定の人が記事を書いたり, 特定の内容を載せたりする個所》; コラムの記事: He writes a sports ~ for *The Times*. 彼は「タイムズ」のスポーツ欄を担当している // ▶ personal column.
3 円柱のようなもの, 柱状のもの: The chimney is sending up [out] a ~ of smoke. あの煙突から煙が真っすぐ立ちのぼっている. **4** (数字・名前などの)縦の行; 《数》(行列の)列: add up a ~ of figures 数字の縦の列を合計する. **5** (乗り物・人・動物などの)列 (*of*);《軍》縦隊; (船隊の)縦列 (▶ colonel 語源).

*__col·um·nist__ /kɑ́ləm(n)ɪst | kɔ́l-/ 名 Ⓒ (~*um-nists* /-(n)ɪsts/) Ⓒ (新聞・雑誌の)コラムニスト, 特約寄稿家.

com /kɑ́m | kɔ́m/ 略 [.com の形でインターネットで] = commercial organization 会社 (▶ dot-com).

COM /kɑ́m | kɔ́m/ 略 = computer output microfilm コンピューター出力マイクロフィルム.

com- /kɑm, kəm | kɔm, kəm/ 接頭 = con- (b-, f-, m-, p- で始まる語の前の形): *com*bine 結合する / *com*pact ぎっしり詰まった.

⁺**co·ma¹** /kóʊmə/ 名 Ⓒ 昏睡(½½)(状態): be in a ~ 昏睡状態にある. **còme óut of a cóma** 動 自 昏睡状態を脱する. **gò ínto a cóma** 動 自 昏睡状態に陥る.

co·ma² /kóʊmə/ 名 (複 co·mae /-miː/) Ⓒ《天》コマ, 髪(½)《彗(⁵)星の頭部の星雲状のもの》.

Co·man·che /kəmǽntʃi/ 名 (複 [the ~]) コマンチ族《米国南西部の先住民》.

co·ma·tose /kóʊmətòʊs/ 形 **1**《医》昏睡状態の. **2**《滑稽》疲れ果てて, ぼうっとして; 熟睡して.

⁺**comb¹** /kóʊm/ 名 **1** Ⓒ くし, 飾りぐし: the teeth of a ~ くしの歯. **2** [a ~]《主に英》くしですく[とかす]こと: Her hair needs a good ~. 彼女の髪はくしでよくとかす必要がある. **3** Ⓒ (おんどりの)とさか (cockscomb). **4** Ⓒ,Ⓤ = honeycomb. 語源《古》英語の原義は「歯の立ったもの」.
━ 動 他 **1**〈髪〉をくしでとかす, くしですく;《紡績》〈羊毛・綿など〉をすく: I ~ my hair *back*. 私は髪をオールバッ

クにしている. **2** 〈場所〉を徹底的に捜す: Police *~ed* the city *for* the missing child. 警察は行方不明の子供を捜して市内をくまなく捜索した. **cómb óut** [動] [他] (1) くしですく. (2) 〈不要な物〉を(くしですくように)除去する. **cómb thróugh ...** [動] [他] (文書・持ち物など)を徹底的に調べる.

comb[2] [略] =combination, combined.

*__com·bat__[1] /kámbæt | kɔ́m-/ [名] (**com·bats** /-bæts/; [動] combát[2]) **1** [U,C] 戦闘, 格闘 (fight) (*against*, *with*); [形容詞的に] 戦闘(用)の: unarmed ~ 武器を使わない戦い / the ~ ***between*** the forces of good and evil 善悪の力の間の戦い / in single ~ 一騎打ちで / They were locked in mortal ~. 彼らは(生死をかけて)果たし合いをしていた / a ~ plane 戦闘機. **2** [複数形で] =combat trousers.

⁺**com·bat**[2] /kəmbǽt, kámbæt | kɔ́mbæt, kəmbǽt/ [動] (**com·bats**; **-bat·ed**, **-bat·ted** /-ṭɪd/; **-bat·ing**, **-bat·ting** /-ṭɪŋ/; [名] cómbat[1]) [他] 〈犯罪・病気・インフレなど〉と闘う; 《格式》(武器を使って)〈敵〉と戦う: Scientists are constantly working to ~ disease (*with* new treatments). 科学者は(新しい治療法を使って)絶えず病気と闘っている.

⁺**com·bat·ant** /kəmbǽtnt | kɔ́mbət-/ [名] [C] 《格式》戦闘員[国].

cómbat fatìgue [名] [U] (兵士の)戦争神経症.

⁺**com·bat·ive** /kəmbǽṭɪv | kɔ́mbət-/ [形] 闘争的な, 闘志盛んな; けんか腰の. **~·ly** [副] 闘争的に; けんか腰で. **~·ness** [名] [U] 闘争的であること.

cómbat pày [名] [U] 出兵特別手当.

cómbat tròusers [名] [複] コンバット《軍服風のゆったりしたズボン; 脚部にポケットが付く》.

comb·er /kóʊmɚ | -mə/ [名] [C] **1** (羊毛・綿などを)すく人[機械]. **2** (白い波頭を見せて)寄せる波.

*__com·bi·na·tion__ /kɑ̀mbənéɪʃən | kɔ̀m-/ [名] (~**s** /~z/; [動] combíne[1]) **1** [U] 結合する[される]こと, 組み合わせ, 配合; [C] 組み合わさったもの: a winning ~ 名コンビ / create a good [successful] ~ ***of*** Japanese and Western styles 日本風と西洋風とをうまく組み合わせる / A ~ *of* factors led to the failure of the project. いくつかの要因が絡(から)み合ってその企画は失敗した. **2** [C] (文字合わせ錠の)組み合わせ文字[番号]; 〘数〙組み合わせ. **3** [形容詞的に] (いくつかを)組み合わせた; 兼用の: a ~ fax, copier, and printer ファックス・コピー機・プリンター兼用のもの. **4** [C] 《英》サイドカー付きオートバイ. **5** [複数形で] 《英》コンビネーション《上下が 1 つの下着》. **6** [U] 〘化〙化合. [関連] compound 化合物.

in combinátion [副] (…と)共同[連合]して, いっしょに (*with*).

combinátion lòck [名] [C] 文字合わせ錠《文字・数字・記号などの組み合わせで開く錠》.

combinátion pláte [名] [C] (数種の料理を盛り合わせた)コンビネーションプレート.

com·bi·na·to·ri·al /kɑ̀mbənətɔ́ːriəl | kɔ̀m-⁻/ [形] 〘数〙組み合わせの.

‡**com·bine**[1] /kəmbáɪn/ [T1] [動] (**com·bines** /~z/; **com·bined** /~d/; **com·bin·ing**; [名] còmbinátion) [他] **1** 結合する; 合同する, 合併する (☞ join 類義語): They *~d* their efforts to a common end. 彼らは共通の目的を達するために努力を結集した / She ***~d*** her savings ***with*** her brother's to buy a computer. <V+O+*with*+名・代> 彼女はコンピューターを買うために自分のと弟の貯金を合わせた. **2** 〈物事〉を兼ね合わせる, 兼ね備える; 同時に行なう: Don't ~ business *with* [*and*] pleasure. 趣味と実益を兼ねてはいけない. **3** 〈…〉を混ぜ合わせる; 〘化〙化合させる: ~ the eggs *with* the flour 卵と小麦粉を混ぜ合わせる.

— [自] **1** 結合する, 連合する, 合併する; 協力する: England and France ***~d against*** Germany. <V+*against*+名・代> 英国とフランスは連合してドイツに対抗した / They ***~d to*** defeat the enemy. <V+*to* 不定詞> 彼らは協力して敵を打ち破った. **2** (物事が)いっしょに働く (*with*): Plot and characters ~ *to* make a good story. プロットと登場人物がいっしょになってよい物語を作る. **3** 〘化〙化合する: [言い換え] Carbon and oxygen ~ *to* form carbon dioxide. =Carbon ~*s with* oxygen to form carbon dioxide. 炭素と酸素が化合して二酸化炭素を作る. **4** コンバインを使用する. [語源] ラテン語で「2 つを合わせる」の意.

com·bine[2] /kámbaɪn | kɔ́m-/ [名] [C] **1** =combine harvester. **2** (人々または企業の)連合(体).

*__com·bined__ /kəmbáɪnd/ [形] [A] **1** 連合した, 協同の; 〘化〙化合した; ~ operations (軍の)合同演習 / ~ effect 相乗効果. **2** 合わせた, 組み合わせた: a ~ total of 120 points 合計 120 点. **3** (相反する 2 つの感情が)混じり合った: look at the sight ⌈with ~ amazement and horror [with amazement and horror ~] その光景を驚きと恐怖の混じった目で見る.

cómbine hàrvester [名] [C] コンバイン《刈り取り・脱穀などの機能を持つ機械》.

comb·ings /kóʊmɪŋz/ [名] [複] 抜け毛.

com·bín·ing fòrm /kəmbáɪnɪŋ-/ [名] [C] 〘文法〙連結形, 結合形《biology の bio- など; 普通は接辞 (affix) よりも独立性の強いものをいうが, この辞書では区別せず[合成語で]もしくは [接頭], [接尾] と記している》.

com·bo /kámboʊ | kɔ́m-/ [名] (~**s**) [C] 《略式》**1** コンボ《小編成の(ジャズ)楽団》. **2** (人・物の)組み合わせ; (ファーストフードの)コンボ.

com·bust /kəmbʌ́st/ [動] [自] 《略式》発火する.

com·bus·ti·ble /kəmbʌ́stəbl/ [形] ([反] incombustible) 《格式》可燃性の; (人などが)興奮しやすい, 危険な.

⁺**com·bus·tion** /kəmbʌ́stʃən/ [名] [U] **1** 《格式》燃焼: spontaneous ~ 自然発火. **2** 〘化〙酸化.

combústion chàmber [名] [C] 〘機〙燃焼室.

‡**come** /kʌ́m/ [動] (**comes** /~z/; 過去 **came** /kéɪm/; 過分 **come**; **com·ing**) [自]

> 基本的には「話し手のいる所に近づいてくる」の意 (☞ **1, 2** の [語法]) ([反] go)
>
> | | |
> |---|---|
> | ① (話し手の方へ)来る | **1; 4, 9** |
> | ② (相手の方へ)行く | **2** |
> | ③ (目的地に)着く; 届く, 達する | **3; 5, 6** |
> | ④ [to 不定詞とともに] (…するように)なる; (ある状態に)なる | **7; 10** |
> | ⑤ 起こる | **8** |

1 (話し手の方へ)来る, (こちらへ)やって来る ([反] go, leave); [to 不定詞とともに] …するために[…しに]来る (☞ **7**); [現在分詞とともに] …しながら来る, …しに来る: C~ here [this way]. <V+副> こちらへ来なさい. [日英比較] 英米人は手招きするときは, 図のように手のひらを自分の方に, 指を上に向けて前後に動かす // She has ~ a long way ***from*** the village. <V+*from*+名・代> 彼女はその村から長い道のりをやって来た / My uncle ***came to*** see me when I was in Paris. <V+*to* 不定詞> 私がパリにいたときにおじが会いにきた (☞ come and do (成句) [語法]) / An old man ***came*** stroll***ing*** into the yard. <V+現分> 1 人の老人がぶらぶら歩いて庭に入って来た / Here ~*s* the train. Ⓢ 列車が来ましたよ (☞ here 2 [語法]) / Would you like to ~ ***to*** the party? <V+*to*+名・代> パーティーにいらっしゃいませんか.

Come here

[語法] (1) この用法の come は話し手のいる所[いた所, 行く所]へ来ることを表わす.

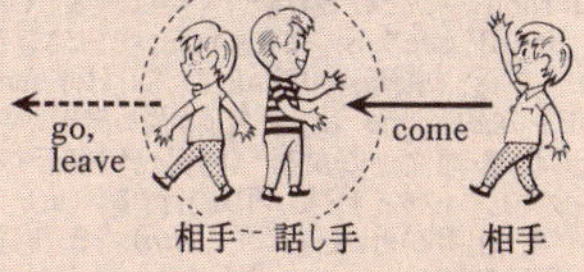

(2) 話し手の関心が向けられている場所へ向かうときにも come が用いられる: Tom didn't ～ *to* school today. トムはきょう学校に来なかった.

2 (相手の方へ)**行く,** 伺う, 参上する: 'I'm *coming* [*Coming*]. 今行きます《呼ばれたときの返事》/ I'll ～ tomorrow afternoon. あすの午後伺います / I ***came to*** your office yesterday, but you were out. ＜V+*to*+名・代＞ きのうお宅の事務所に伺ったのですがご不在でした / [会話] "Why don't you ～ ***with*** us?" ＜V+*with*+名・代＞ "Oh, I'd love to (～)." 「いっしょに行きませんか」「ええ, 喜んで(行きます)」/ May I ～ *to* the party? パーティーに伺ってもよろしいですか.

[語法] **come と go の違い**
go が話し手を中心に考えて「自分が…の方へ行く」という意味であるのに対して, この用法の come は中心を相手に置き—相手に対して親しみや敬意を持っているときが多い—「自分が相手の方へ行く」という意味を表わす. 従って come が日本語の「行く」に相当することもある.

3 (目的地に)**着く,** 到着する (arrive); (物などが)届く; (…を)扱う段階に達する: Nobody has ～ yet. だれもまだ来ていない / At last they ***came to*** a village. ＜V+*to*+名・代＞ やっと彼らはある村に着いた / The letter *came* at a bad time. 悪い時に手紙が届いた.
4 [進行形なし] (時・季節などが)巡(め)ってくる, 到来する: The time has ～ when we must part. 別れる時が来た / Winter is [has] gone and spring is [has] ～. 冬が去り春が来た (☞ be[2] D) / *Coming* soon. (映画が)近日公開.
5 (…まで)届く: The water ***came to*** my knees. ＜V+*to*+名・代＞ 水は私のひざまで達した.
6 (結果・合計などが…に)達する, (…に)なる: Your bill ***～s to*** ten pounds. ＜V+*to*+名＞ お勘定は 10 ポンドになります / What does that ～ *to*? 全部でいくらになりますか.
7 [to 不定詞とともに] …するようになる; (たまたま)…することになる (☞ get [自] 4).

[語法] この意味では become は用いない: You will soon ～ *to* like this town. じきにこの町が好きになりますよ / I have ～ *to* understand what you said. あなたの言ったことがわかるようになった / How did he ～ *to* meet her? 彼はどうして彼女と会うことになったのか (☞ How come …? (how[1] 成句)).

8 (災難などが)**起こる,** 生ずる (happen), (事が)結果として起こる; 現われる; (考え・答えなどが)心に浮かぶ (*into*, *upon*); (能力などが)(人に)身についている: Bad luck always ***～s to*** her. ＜V+*to*+名・代＞ 彼女はいつも不幸な目にあう / Her death ***came as*** a surprise [shock] to me. ＜V+*as*+名＞ 彼女の死は私にとって驚き[衝撃]だった / I just take life as it ～*s*. 私は人生をただそのままに受け入れる / Singing ～*s* easily [easy] *to* her. 歌うのは彼女にとってはわけないことだ.
9 [進行形なし; 副詞(句)を伴って] (順序として)**来る;** (…に)位置する, ある: Health ～*s* first. 健康第一.
10 (ある状態に)**なる** (become): His dream finally *came* true. ＜V+C (形)＞ 彼の夢はついに実現した.

[語法] 補語には好ましい状態を表わす形容詞が多い: In the end, everything *came* right [good]. 結局万事うまくいった (☞ go [動] 5 および 6 の [語法]). また un- で始まる過去分詞もよく用いられる: The string *came* undone. ＜V+C (過分)＞ ひもがほどけた.

11 [進行形なし] (製品などが)得られる; (商品が…の形・容器・種類などで)売られる: This dress ～*s in* three sizes [colors]. このドレスには 3 サイズ[色]がある / Does dessert ～ *with* this meal? この食事にはデザートがついてますか / Bags like this don't ～ cheap. 《略式》このようなかばんは安く手に入らない. **12** [命令文で] Ⓢ 《古風》さあ, おい, これこれ《怒り・いらだち・疑念・励ましなどを表わす》: *C*～, ～, don't be so foolish. おいおい, そんなばかなまねはよせ // ☞ come now (now [副] 成句). **13** [原形で年月・時期などを表わす語(句)の前で] Ⓢ 《略式》…が来ると, …になると: She will be twenty ～ April. 4 月には彼女は 20 歳になる. [語法] これは仮定法現在形の一種. **14** 《俗》オルガスムに達する, 「いく」.
as ... as they cóme 《略式》ひどく…, この上なく…. [語法] …には普通人の性質を表わす形容詞がくる: She's *as* stingy *as they* ～. 彼女はひどくけちだ.
còme agáin [動] [自] (1) また来る, 戻って来る. (2) [命令文で] Ⓢ 《略式》なんですって, もう一度言ってみて.
cóme and dó [動] …しにくる (come to do) (☞ and 9): [言い換え] Please ～ *and* see us again. = Please ～ to see us again. また遊びにきてください《客を送り出すときなど》.

[語法] (1) 《略式》または命令文では *C*～ *to* see … よりも *C*～ *and* see … のほうが普通. (2) 動詞の形としては原形の come に限られる. (3) 《米略式》ではしばしば *C*～ *see* … のように and を省略する.

cóme and gó [動] [自] 行ったり来たりする; 現われたり消えたりする; (流行などが)移り変わる. [日英比較] 日本語とは語順が逆: The sound *came and went*. その音は聞こえたり消えたりした.
còme góod [ríght] [動] [自] 《英略式》(最終的に)うまくいく.
cóme it [動] [自] 《俗, 主に英》(人に向かって)えらそうに[失礼に]ふるまう (*over*, *with*).
cóme the ... [動] [他] 《英略式》…の役割を演ずる, …ぶる: Don't ～ *the* big sister *with* me. Ⓢ お姉さんぶらないでよ.
cóme what máy [副] 《格式》どんなことがあっても.
cóming from ... [前] Ⓢ …がそんなことを言うとは.
nòt know whèther [if] one is cóming or góing [動] [自] 《略式》何が何だかわからない.
to cóme [形] [名詞の後で] 未来の: years *to* ～ これからの年月 / the world *to* ～ 死後の世界.
whére one is cóming fròm [名] 《略式》基本的

な考え方[主義，態度].

come の句動詞

***còme abóut** [動] [自] **1** (たまたま)起こる，生ずる (happen) (*through*); [it を主語として; ☞ it¹ A 5] (たまたま)…することになる (☞ happen 類義語): A great change has ~ *about* since the war. 戦後大きな変化が生じた / How did *it* ~ *about that* you missed the plane? どうして飛行機に乗りそこなったの. **2** (船・風が)向きを変える.

***còme acróss** [動] [自] **1** (声・話などが)伝わる，理解される: Your argument *came across* well. あなたの議論はよく相手に伝わった.
2 横切ってくる: He ***came across to*** where we were. 彼は私たちのいる所へ横切ってきた.
còme acróss as ... [動] [他] (相手に)…(である)という印象を与える (*to*): She *came across as* very self-confident. 彼女は大変自信があるように見えた.
còme acròss wéll [bádly] [動] [自] (人が)よい[悪い]印象を与える.
còme acróss with ... [動] [他] Ⓢ《英略式》(金・情報など)を与える，(借金)を支払う.

***cóme acròss ...** [動] [他] [受身なし] **1** …に出会う，…に出くわす; ふと見つける: I *came across* an old friend. 私は昔なじみに出くわした.
2 …を横切る; (考えなどが)(頭)に浮かぶ: He *came across* the room toward me. 彼は部屋を横切って私の方へ来た.

***cóme àfter ...** [動] [他] [受身なし] **1** …に続く; …の後を継ぐ: Coffee ~*s after* the meal. 食事の後にコーヒーが出る / Bush *came after* Clinton. ブッシュはクリントンの後を継いだ. **2** …を追ってくる，…の所に取り立てに[こらしめに]くる (*for*).

***còme alóng** [動] [自] **1** (偶然)やって来る; (機会などが)現われる: A fox *came along*. きつねが1匹ひょっこり現われた.
2 いっしょに来る[行く]，ついて来る[行く]: You go now—I'll ~ *along* a little later. あなたは今出なさい，私は少し遅れて行きます / How about *coming along*? いっしょに来ませんか. **3** [副詞(句)を伴って] [普通は進行形で] 《略式》(仕事などが)うまく進む，(人が)上達する (*in*); (健康上)よくなる，(植物が)よく育つ: How *is* your business *coming along*? 商売の具合はどうですか. **4** [命令文で] Ⓢ《主に英》急げ，さあ早く; がんばって.
còme alóng with ... [動] [他] (1) …といっしょに来る[行く]，…に同行する (*to*): Would you like to ~ *along with* me if the weather is good? もし天気がよかったらいっしょにいらっしゃいませんか. (2) [普通は進行形で] (仕事など)をうまく進める: He'*s coming along* nicely *with* his studies. 彼は勉強がうまく進んでいる. (3) …に同調する.

***còme aróund** [動] [自] **1** 近くにやって来る; (ぶらりと)訪ねる: Why don't you ~ *around* this evening? 今夜にでもぶらっと寄ってみませんか.
2 (定期的に)回ってくる，巡(めぐ)ってくる; 遠回りしてくる: Christmas will soon ~ *around* again. もうじきクリスマスがまたやって来る. **3** (相手の考えなどに)同調[同意]する: I'm afraid our boss will never ~ *around to* our way of thinking. 上司は私たちの考えに決して賛成してくれないと思う. **4** 意識を取り戻す，元気になる (*from*); 《略式》機嫌を直す: How long will it take for Meg to ~ *around*? メグの意識が戻るまでどのくらいかかるの. **5** 《略式》(のびのびになった後)ようやく…する (*to*).

cóme at ... [動] [他] [受身なし] **1** …に襲いかかる; (情報などが)一度に(どっと)やってくる. **2** 《略式》(真相など)を見つける，突き止める; (問題)に対処する.

còme awáy [動] [自] **1** (ボタンなどが)とれる，(柄などが)はずれる (*from*). **2** (途中で)立ち去る，出(て来)る，(席を立って)帰る (*from*); (ある感情・印象などを抱いて)去る[離れる] (*with*).

***còme báck** [動] ([名] cómebàck) [自] **1** 戻ってくる; 後方へ来る: He will soon ~ *back*. 彼はもうすぐ戻ってくる / C~ *back* to [and] see us. またどうぞおいでください《商店などで》. **2** Ⓢ (事柄などが)思い出される: Her name did not ~ *back to* me. 彼女の名前が思い出せなかった. **3** (元の状態・地位などに)戻る，(制度などが)復活する，カムバックする，(スタイルなどが)再び流行する (*in*); 盛り返す. **4** (相手に)言い返す (*at, with*). **5** (感覚・感情などが)再び生じる. **còme báck to ...** [動] [他] あとで…に返答をする (*on*); (話題など)に戻る.

***cóme befòre ...** [動] [他] **1** …の前に現われる，…に先立つ: The Stone Age *came before* the Iron Age. 石器時代が鉄器時代に先行した. **2** …の上位にある; …より重要である: Your family should ~ *before* anything else. あなたは何よりも家族を優先すべきだ. **3**《格式》(問題が委員会など)に上程される，…で扱われる; (人が)…に出頭する.

cóme betwèen ... [動] [他] [受身なし] …の間に割り込む; …の仲を裂く: He never lets anything ~ *between* himself [him] *and* his work. 彼は自分の仕事にじゃまが入るのを嫌う / I don't want this to ~ *between* us. このことで私たちの仲を裂きたくありません.

***còme bý** [動] [自] そばを通る; 《米》(人の家に)立ち寄る: I'll ~ *by* and pick you up tomorrow morning. あすの朝君を車で迎えに行くよ.

***cóme by ...** [動] [他] [受身なし] **1** …(のそば)を通り過ぎる (pass); …を通りかかる; 《米》…に立ち寄る: C~ *by* our house whenever you feel like it. 気の向いたときに私たちの家に寄ってください. **2** …を手に入れる (get). **3** (傷など)を受ける，こうむる. **4** (偶然)…を見つける.

***còme dówn** [動] [自] **1** 降りる; (天井などが)落ちる，(建物などが)取り壊される，(雨・雪などが)降ってくる; (飛行機が)着陸[不時着]する (☞ go down (go¹ 句動詞) 3): She *came down* to breakfast at eight. 彼女は8時に朝食を食べに降りてきた (☞ bedroom [参考]).
2 (値段・温度・評価などが)下がる，(物が)値下がりする; 値引きする，まける (*on, to*): ~ *down in* …'s estimation …の評価が下がる / Vegetables have ~ *down* (in price) this week. 今週は野菜が値下がりした / Can't you ~ *down* a bit? もう少しまかりませんか.
3 (伝説・習慣などが)(…に)伝わる: The legend has ~ ***down*** (***to*** us) ***from*** the time of King Alfred. その伝説はアルフレッド大王の時代から伝わっている. **4** (賛成・反対などの)決定を出す: ~ *down* ⌈in favor of [on the side of, against] … …に賛成[を支持，反対]することに決める. **5** 《英》(特に Oxford, Cambridge 大学を)卒業する，出る (*from*). **6** (北方・大都会から)(地方へ)来る (*from, to*). **7** 《略式》麻薬の効果が切れる (*from, off*); 興奮からさめる.
còme dówn in the wórld [動] [自] 零落する.
còme dówn on [upòn] ... [動] [他] [受身なし] (1) …に不意に襲いかかる: The enemy *came down on* them from behind. 敵は彼らを後ろから襲った. (2) …に(支払いなどを)厳しく要求する: They *came down* hard *on* him *for* the money. 彼らは彼にその金を厳しく要求した. (3) …をしかりつける，強く非難する; …を罰する (*for*).
còme dówn to ... [動] [他] [受身なし] (1) …まで垂れ下がる: Her hair *came down to* her shoulders. 彼女の髪は肩まで届いていた. (2) 結局…に帰着する，(…の問題に)及ぶ: It (all) ~*s down to* the same thing (in the end). 結局それも(全く)同じことになる. (3) (財産などが)…に受け継がれる. (4) 《略式》落ちぶれて…するようになる.

còme dówn with ... [動] [他] [受身なし]《略式》(病気)にかかる：～ *down with* measles はしかにかかる.

when it còmes (right) dówn to it [副] 要するに….

*__cóme for ...__ [動] [他] **1** …を取りにくる, 迎えにくる：Dan *came for* Judy at six. ダンは6時にジュディーを迎えにきた. **2** …に迫る[襲いかかる]；…を連行にくる.

*__còme fórward__ [動] [自] **1** 進み出る；(助力・情報提供などを)進んで申し出る (*with*; *to* do), (選挙などに)出る (*as*, *for*)：The police asked those who had witnessed the accident to ～ *forward*. 警察は事故の目撃者は名のり出るように求めた. **2** (問題などが)会議に出される. **3** (伝えたくないことなどを)公にする.

*__cóme from ...__ [動] [他] [進行形なし] **1** …の出身である；(ある家柄など)の出である；(物が)…からとれる, …の産物である：[会話] "Where do you ～ *from*?" "Texas."「どちらのご出身ですか」「テキサスです」 [語法] この意味では常に現在時制で用い, 過去時制・完了形では用いない. 次と比較：Where *did* you ～ *fròm*? あなたがここに来る前にいたところはどこですか.
2 …に由来する, …の結果として生ずる；(音などが)…からしてくる：The word '*arubaito*' ～*s from* German. 「アルバイト」という語はドイツ語に由来する / His poor grades may ～ ***from*** (his) be***ing*** lazy. 彼の悪い成績は怠けているせいかもしれない / Where is the noise *coming from*? あの音はどこから聞こえてくるのか.

cóme from behínd [動] [自] (試合で)逆転する.

‡**còme ín** [動] [自] **1** 入る, 入ってくる ([反] go out)：*C*～ *in* (out of the rain). (雨を避けて)中にお入りなさい / May I ～ *in*? 入ってもよろしいですか (☞ come [自] 1, 2 の [語法]) / When poverty ～*s in* (at) the door, love flies out (at) the window. 《ことわざ》貧乏が戸口から入ってくれば愛情は窓から出ていく(金の切れ目が縁の切れ目).
2 到着する；(商品が)入荷する；(ある順位に)なる；(潮が)満ちてくる ([反] go out)：The horse *came in* second in the race. その馬はレースで2着に入った.
3 (ニュースなどが)入ってくる；討論に加わる, 話に割り込む (*on*)；[命令文で] (無線で)「(そちら)どうぞ」：News of a plane crash has just ～ *in*. たった今飛行機の墜落事故のニュースが入ってきた. **4** 収入として入る：I have no money *coming in* right now. 私は今収入がありません. **5** (流行・スタイルなどが)始まる；(作物などが)出回る, 旬(しゅん)になる. **6** (季節などが)始まる (*with*). **7** (仲間として)(人々に)加わる (*with*)；(分担金などを出して)(計画などに)参加する (*on*)；登場する, 出番がある；利益を得る：Where do I ～ *in*? 私の役割は何ですか / That's where you ～ *in*. そこが君の出番だ. **8** (法律などが)発効する. **9** 当選する, 政権につく.

còme ín for ... [動] [他] (1) (非難など)を受ける (*for*). (2) (分け前として)…をもらう；…を相続する.

‡**còme ínto ...** [動] [他] [受身なし] **1** …へ入ってくる；(頭など)に浮かぶ (☞ come [自] 8)：He *came into* my room. 彼は私の部屋へ入ってきた.
2 (財産など)を受け継ぐ, …を手に入れる：Mary *came into* a large fortune. メアリーは莫大(ばくだい)な財産を手に入れた. **3** [[U] の前に用いて] (ある状態[活動])になり[入り]始める《多くは各名詞の成句参照》.

[コーパス・キーワード]
「**come into**＋[U] (扱い)の名詞」のいろいろ (☞ corpus)
cóme ìnto béing [exístence] 生じる / **cóme ìnto blóssom [flówer]** 咲きだす / **cóme ìnto cóntact (with)** (…と)接触する / **cóme ìnto efféct [fórce, operátion]** 実施される / **cóme ìnto fáshion** 流行する / **cóme ìnto fócus** 焦点が合う / **cóme ìnto pláy** 活動し始める / **cóme ìnto pówer** 政権を取る / **cóme ìnto séason** 出盛りになる / **cóme ìnto síght [víew]** 見えてくる

4 [しばしば it を伴って否定文で] (感情・運などが)…に重要である, 係わる：You mustn't let your feelings ～ *into* it. 感情を絡ませてはいけない.

cóme of ... [動] [他] **1** …の結果として起こる：What *came of* your plans to go to India? インドへ行く君の計画はどうなったのか / Nothing will ～ *of* buying such a thing. そんなものを買っても何にもならないだろう. **2** 《文》(ある家柄など)の出である (come from).

That's what cómes of (dóing) ... それは…したからだ.

*__còme óff__ [動] [自] **1** (柄などが)はずれる, 取りはずせる；(ボタンなどが)とれる；(ペンキ・泥などが)はげる, おちる (*on*, *onto*)：My fingernail *came off*. つめがはがれた.
2 (うまく)切り抜ける, やる；[副詞(句)を伴って]《略式》結果が…となる：～ *off* well [badly] うまくいく[いかない] / ～ *off* best 優勝する / He was lucky to ～ ***off with*** just a few bruises. 彼がわずかの打ち身ですんだのは幸運だった // come off second-best (☞ second-best 成句).
3 《略式》(催しなどが)行なわれる；(企てなどが)実現する；成功する. **4** (…と)思われる (*as*). **5** (船などから)降りる, 離れる；落ちる；(選手が)交代する. **6** (不評で)公演[公開]をやめる.

*__còme óff ...__ [動] [他] [受身なし] **1** …からはずれる, はがれる, とれる：A tile has ～ *off* the bathroom wall. 浴室の壁からタイルが1枚はがれた.
2 …から降りる；(自転車・馬など)から落ちる：He *came off* his bicycle. 彼は自転車から落ちた.
3 …から手を引く；《主に英》(薬など)をやめる. **4** (金額などが)…から引かれる. **5** 《米》(好景気など)が終わる, (けがなど)がなおる.

Còme óff it! Ⓢ《略式》おいやめろよ；うそつけ.

‡**còme ón** [動] [自] **1** [命令文で] Ⓢ **さあさあ**；さあ元気を出して；さあ行こう；なあ頼むから, さあ早く；がんばれ；いいかげんにしろ, まさか；さあ来い《督促・激励・勧誘・注意・協議・挑戦などを表わす》：*C*～ *on* (now)! さあさあ, ねえ頼むよ[いいじゃないか, やめてよ] / *C*～ *on*, hurry up! さあ急げ. [日英比較] 激励・勧誘などを表わすとき, 欧米では一般に手のひらを上に向け, 指・手・ひじから先を手前に曲げて表わす (☞ come 1 の挿絵).
2 (劇・映画が)上演[上映]される, (テレビ番組が)放映される：His favorite TV program ～*s on* at nine o'clock on Saturdays. 彼の大好きなテレビ番組は土曜の9時に放映される.
3 (電灯・テレビ・ラジオなどが)つく：The electricity *came on* again in a few minutes. 電気は数分後にまたついた. **4** [しばしば進行形で] (季節・雨・風・病気などが)始まる, やって来る：[言い換え] The rain *came on*.＝《主に英》Ⓢ It *came on to* rain. 雨が降りだした / I feel a cold *coming on*. かぜをひいた[ひきかけてる]みたい. **5** [副詞(句)を伴って] [普通は進行形で] (事が)進展する；進歩する；(健康が)よくなる, (植物が)よく育つ：[言い換え] How *are* you *coming on with* (your study of) English?＝How is your study of English *coming on*? 英語の勉強はどんな具合に進んでますか / ～ *on* well [strong] 大いに進歩する. **6** (俳優などが)登場する. **7** (問題などが)審議される, 扱われる. **8** 後から出かける. **9** 〖スポ〗試合に(補欠で)出る (*for*).

Còme òn ín! 《米略式》さあお入りなさい.

còme ón to ... [動] [他] (1) Ⓢ (話題)に移る. (2) 《略式》(異性)に言い寄る.

cóme on ... [動] [他] **1** …に(偶然)出会う, …を(偶然)見つける, (考えなど)を思いつく. **2** (不幸・恐怖心などが)…を不意に襲う.

C

còme óut 動 自 **1**(製品などが)世に出る,(本・雑誌などが)発刊される;(映画が)公開される:A new model of this digital camera will ~ out in the fall. このデジカメの新型は秋に発売される.
2(写真が)現像される;[副詞(句)を伴って](写真が[で])…にうつる:The pictures *came out* nicely. 写真はうまくとれていた/She always ~s out well in photos. 彼女はいつも写真うつりがよい.
3(くぎ・歯などが)抜ける;(しみ・色などが)消える,あせる(*of*):Most of my baby teeth *came out* when I was five. 私の乳歯は5歳のときに大部分が抜けた.
4 出てくる;(日・月・星などが)現われる:Will you ~ *out to* [*for*] dinner? 外で食事しませんか.
5(花が)咲く,(芽が)出る:Many flowers ~ out in May. 5月には花がたくさん咲く.
6(物事が)知られる,(秘密などが)公になる;(意味・本性などが)明らかになる:It *came out* that the President was seriously ill. 大統領が重病だということが判明した/His arrogance *came out* in his speech. 彼の横柄さが演説で明らかになった. **7**[副詞(句)を伴って]結果[順位]が…となる:Everything *came out* just as she (had) expected. 万事は彼女の期待通りだった/Don't worry. It will all ~ *out* right in the end. 心配するな. 結局はすべてうまくいくよ. **8**(答え・合計・結果が)出る;(合計が)…となる(*at*). **9**(英)ストライキをする(⇨ strike 名 囲み). **10**(ことば・演説などが)述べられる;(こ とばが)(…のように)理解される(*as*);~ *out all wrong* 本意が伝わらない. **11**(古風)(女性が)(社交界に)デビューする. **12** 公然と同性愛者だと名乗る(*to*).
  còme óut agàinst [fór, in fávor of, in suppórt of] … 動 他 …に反対[…への賛成, 支持]を表明する.
  còme óut in … 動 他 [受身なし](人・体の一部が)(吹き出物・汗)で覆われる.
  còme óut with … 動 他 [受身なし] (1)(略式)(事実など)をすっぱ抜く, (驚くべきこと)をしゃべる;(提案など)を持ち出す. (2)(新製品・本など)を公表[出版]する.
  còme (ríght) óut and sáy [ásk] … 動 他 …と公然と[あからさまに]言う[尋ねる].
*còme óut of … 動 自 **1** …から出てくる;…から抜け出す;…の結果として生じる:The train *came out of* the long tunnel. 列車は長いトンネルを出た. **2**(くぎなどが)…から抜ける;(しみ・色などが)…から消える, 落ちる.
  còme óut of onesèlf 動 自 打ち解ける.
  còme óut of … **wéll [bádly]** 動 他(事件で)利益を得る[損をする].
*còme óver 動 自 **1**(はるばる[わざわざ])やって来る;移住する(*to*):Her parents have ~ *over from* Canada to see her. 彼女の両親ははるばるカナダから彼女に会いにやって来た. **2**(ぶらりと)訪問する(*to*):Why don't you ~ *over* to have [*for*] lunch with us? うちへ来て昼食をいっしょにしませんか. **3**(相手の考えなどに)同調する, (…の)側につく(*to*). **4**(話しが相手に)理解される(come across);(放送などが)はっきり伝わる[聞こえる]. **5** [気分・病気を表わす形容詞を補語として](略式, 主に英)急に…の感じになる.
  còme óver as … 動 他 =come across as …
*còme óver … 動 他 [受身なし](病気・感情など が)…を襲う, (変化が)…に起こる:Such feelings often *came over* me. 私はよくそうした感情に襲われた/I don't know what *came over* me. どうしてあんなことをしたのかわからない.
*còme róund 動 自 =come around.
*còme thróugh 動 自 **1**(相手の求める金・情報 など)を提供する, 出す;(ビザなど)がおりる;(約束など)を果たす:The bank *came through with* the loan we had requested. 銀行は我々が要請したローンを用立ててくれた. **2**(伝言・結果などが相手に)届く, 伝わる, 通じる;(人が電話・無線などで)連絡してくる(*on*). **3**(病気・危機など)を切り抜ける. **4** 通り抜け(て来)る;(感情などが)表に現われる.
*còme thróugh … 動 他 **1** …を通り抜け(て来)る:We *came through* a busy street. 私たちはにぎやかな通りを通り抜けた. **2**(病気・危機など)を切り抜ける:~ *through* the operation 手術を乗り切る.
*còme tó /tú/ 動 自 **1** 正気づく, 意識を取り戻す (⇨ to² 1]):When did he ~ *to*? 彼はいつ気がついたか. **2**(船が)停泊する(⇨ to² 2).
*cóme to … 動 他 **1** …へ来る[行く];着く(⇨ come 自 1, 2, 3).
2 …まで届く;…に達する;…になる(⇨ come 自 5, 6).
3(突然)…(の心)に浮かぶ;…(の身)に起こる:It suddenly *came to* me that I was wrong. 私は間違っているという考えが突然ひらめいた.
4(相続などで金・家屋などが)…のものになる(*from*).

> 「**come to＋名詞**」のいろいろ　コーパス・キーワード (⇨ corpus)
> **cóme to a conclúsion [decísion]** 結論に達する / **cóme to an énd** 終わる / **cóme to ̍a hált [a stóp, rést]** 止まる / **cóme to hánd** 手に入る / **cóme to lífe** 活気づく / **cóme to líght** 明るみに出る / **cóme to mínd** 思い浮かぶ / **cóme to nóthing** むだになる / **cóme to a stándstill** 止まる, 行き詰まる

  còme to onesèlf 動 自(古風, 略式) (1) 我に返る. (2) 意識を取り戻す.
  Cóme to thát, … 副 つなぎ語 Ⓢ (略式)そういうことになれば…, ついでに言えば…:He's very good at tennis. C~ *to that*, his brother's just as good. 彼はテニスがとても上手だ, そう言えば[上手と言えば]彼の弟も同じぐらい上手だ.
  Cóme to thínk of it, … 副 つなぎ語 Ⓢ (略式) =Now (that) I come to think of it, ….
  còme to this [that] 動 自 これ[それ]程の(ひどい)事態になる:I never expected it would ~ *to this*! Ⓢ こんなことになるなんて思ってもみなかった.
  If it cómes to thát, … 副 つなぎ語 (略式) =Còme to thát, ….
  Nòw (that) I cóme to thínk of it, … 副 つなぎ語 考えてみると…:*Now that* I ~ *to think of it*, she was absent yesterday, too. 考えてみると[そう言えば]彼女はきのうもいませんでしたね.
  When it cómes to … 句動(略式)…(のこと)となると:When it ~s *to* earning a living, you often have to do things you don't like. 食べていくとなると往々にしてしたくないこともしなければならない.
còme togéther 動 自(最終的に)合意に達する (*on*).
*còme ùnder … 動 他 [受身なし] **1** …の部類[項目]に入る:What heading does this ~ *under*? これは何の項目に入るか. **2** …の影響[支配など]を受ける;(攻撃・批判など)に見舞われる(*from*):~ *under* scrutiny 詳しく調べられる. **3** …の管轄である.
*còme úp 動 自 **1**(話題・審議などに)上る, 取り上げられる;(法廷で)審理される:The proposal *came up* last week. その提案は先週出された.
2(事が)起こる,(機会が)生ずる,(欠損・仕事の空きなど

が)出る: Something has just ~ up, so I can't go with you. 急用ができたので一緒に行けなくなった. 3 (草が)芽を出す;(魚などが)水面に浮上する: The tulips have begun to ~ up. チューリップが芽を出し始めた. 4 上(ってく)る,(階上に)来る;やって来る, 現れる; 出世[昇進]する; [進行形で・時期・時間などが]近づく: The sun has ~ up. 太陽が昇った / The election is coming up soon. 選挙はもうすぐだ. 5 (値段・温度などが)上がる. 6 (兵士・物資が)前線に送られる. 7 (番号などが)当たる. 8 (英)(特に Oxford, Cambridge)大学に入学する (to). 9 (北部から)やって来る;(大都市へ)上京する (from, to). 10 (食べ物が)吐き出される.
còme úp agàinst ... [動] ⊕ [受身なし](困難・反対など)にあう: The new government will ~ up against resistance from the union. 新政府は組合からの抵抗にあうだろう.
còme úp for ... [動] ⊕ (選挙など)に出る;(審査など)を受ける: ~ up for a vote 投票に付される.
còme úp in the wórld [動] ⊜ 出世する.
còme úp on ... [動] ⊕ [進行形で](時間・年齢)に近づく.
còme úp with ... [動] ⊕ (1) (解決策など)を考え出す, 見つける: I've just ~ up with a great idea. いま名案を思いついたぞ. (2) (金など)を用意する.
cóming (ríght) úp! ⓢ ただ今(お持ちします)《注文を受けて》.
còme upòn ... [動] ⊕ (格式) =come on ....
***còme úp to ...** [動] ⊕ 1 ...まで達する: The water came up to my knees. 水はひざまで届いた. 2 ...に近寄る, ...に近づく: A stranger came up to me. 見知らぬ人が私に近寄ってきた. 3 [普通は否定文で](標準など)に達する,(期待などに)こたえる;...に匹敵する: Your work doesn't ~ up to 「our standards [standard]. 君の仕事は我々の水準にまで達していない.
cóme with [動] ⊜ ⓢ (略式)一緒に行く.
cóme with ... [動] ⊕ (...)に伴って生じる.

— [名] Ⓤ (俗) 精液 (semen, cum).

***come·back** /kámbæk/ [名] (~s /-s/; [動] còme báck) 1 [C] [普通は単数形で](元の状態・地位などに)復帰, 返り咲き; 盛り返し; 再流行: make [stage] a ~ 返り咲く, カムバックする. 2 [C] [普通は単数形で](略式)(気のきいた)受け答え, やり返し. 3 [C] (英)控訴.

***co·me·di·an** /kəmíːdiən/ [名] (~s /-z/) [C] 1 コメディアン. 2 (古風)喜劇俳優. 3 (略式)おどけ者.

co·me·dic /kəmíːdɪk/ [形](格式)[普通は A]喜劇の.

co·me·di·enne /kəmìːdién/ [名] [C] コメディアン(女性);(古風)喜劇女優.

***come·down** /kámdàʊn/ [名] (~s /-z/) [C] [普通は単数形で](略式) 1 (地位・名誉の)失墜, 屈辱: It's quite a ~ for him to have to give up his own house. 家を手放さねばならないのは彼には大きな屈辱だ. 2 期待はずれ, 失望の種: Her failure was a real ~ for us all. 彼女の失敗でみんな失望した. 3 麻薬が切れること[切れた状態].

***com·e·dy** /kámədi | kóm-/ [名] (-e·dies /~z/; 反 trágedy): Life is a tragedy when seen in close-up, but a ~ in long shot. 人生は近くで見ると悲劇だが遠くから眺めると喜劇だ(チャップリン(Chaplin)のことば). 2 Ⓤ 喜劇(演劇の部門)(反 tragedy): work in ~ 喜劇の仕事をする. 3 Ⓤ (人物・物語などの)喜劇的要素, おかしみ. 語源 ギリシャ語で「にぎやかな宴」の意. **a cómedy of érrors** [名] [普通は単数形で] しっちゃかめっちゃか (Shakespeare の作品 The Comedy of Errors 『間違いの喜劇』から). **a cómedy of mánners** [名] 風俗喜劇.

come-from-be·hind /kámfrəmbəháɪnd,

comfortable 333

-bɪ-⁻/ [形] A (試合が)逆転(勝利)の.
come-hith·er /kámhíðə | -ðə/ [形] A (古風)(目つきなどが)(性的に)挑発的な, 色っぽい.
come·li·ness /kámlinəs/ [名] Ⓤ (古風)別嬪(ぶり).
come·ly /kámli/ [形] (**come·li·er, more ~; come·li·est, most ~**)(古風)別嬪の.
còme-òn [名] [普通は単数形で](略式)客寄せ, 目玉商品; 誘惑(するようなしぐさ). **gìve ... the cóme-on** [動] ⓢ (略式)〈...を〉誘惑する.

***com·er** /kámə | -mə/ [名] [C] (略式) 1 [普通は前に形容詞を伴って]来る人, 来場者: the first ~ 先着者. 関連 látecomer 遅刻者 / néwcomer 新来者. 2 参加希望者: be open to all ~s 飛び入り自由である. 3 (主に米)有望な人.
cómers and góers [名] 行き来する人(旅人・客など).

co·mes·ti·bles /kəméstəblz/ [名] [複](格式)食料品.

***com·et** /kámɪt | kóm-/ [名] [C] (**com·ets** /kámɪts | kóm-/) 彗星(ほうき星)(☞ star 語法): the tail [nucleus] of a ~ 彗星の尾[核]. 語源 ラテン語で「長い髪の毛」の意.

come·up·pance /kàmáp(ə)ns/ [名] [次の成句で]
gèt one's comeúppance [動] ⊜ (略式)当然の報いを受ける, つけが回ってくる.

***com·fort** /kámfət | -fət/ [名] (**com·forts** /-fəts | -fəts/; [形] cómfortable; 反 díscomfort) 1 Ⓤ 快適さ, 気楽さ, 安楽: live **in** ~ 快適に[安楽に]暮らす / be designed **for** ~ 使い心地を考えてデザインされている / This chair is too high **for** ~. このいすは高過ぎて座り心地がよくない / This pillow will give you some ~. この枕をすれば少しは楽になるだろう.
  2 Ⓤ 慰め, 慰安: words of ~ 慰めのことば / take [draw, derive] ~ **from** ...... で自らを慰める / find [take] ~ **in** ...... に慰めを見出す / Tom's letter gave [brought] her great ~. トムの手紙は彼女に大きな慰めとなった // ☞ cold comfort.
  3 [C] 慰めとなる人[物]: Meg is a (source of) great ~ **to** me. メグは私にとって大きな慰めだ / It's a ~ to know that she's getting well. 彼女がよくなっていると知りほっとした. 4 [C] [しばしば複数形で]生活を快適にする設備[冷暖房装置・豪華な調度など]: all the ~s of civilization (生活を快適にする)文明の利器すべて.

— [動] (**com·forts** /kámfəts | -fəts/, **-fort·ed** /-tɪd; -fort·ing** /-tɪŋ/) ⊕ 〈悲しんでいる人など〉を慰める;(肉体的に)楽にする: The girl *was* ~*ed by* the letters she received. <V+Oの受身>その少女は送られてきた(はげましの)手紙に慰められた.

語源 ラテン語で「力づける」の意.

***com·fort·a·ble** /kámfətəbl | -fə-/ [形] [名] cómfort; 反 uncómfortable) 1 快適な, 気持ちのよい, 心地(ここち)よい《着物が着心地がよい, 靴がはき心地がよいなど; ☞ 類義語): a ~ chair 座り心地のよいいす / His house is very ~ **to** live in. <A+to 不定詞>彼の家は非常に住み心地がよい.
  2 P 気楽で, ゆったりして, 気楽な態度で;(病人などの)苦痛のない; 不安[疑問]を感じない: 言い換え Please make yourself ~. (=Please make yourself at home.) どうぞお楽になさってください《主人が客に言うことば》/ The cat looks ~ on the couch. 猫はソファーの上で気持ちよさそうだ / Are you ~ **with** this decision? <A+with+名·代> この決定に満足ですか. 3 (収入などが)十分な;(人が)かなり豊かな. 4 A (差などが)かなりの, 楽勝の.

【類義語】**comfortable** 最も一般的な語で, 特に身体的な苦痛・苦労などがなく, 快適で心地よいことをいうが, 精神的な意味にも用いる: I feel *comfortable* in these clothes. この服は着

334　comfortably

心地よい． **easy** 苦痛・心配・やっかいなことなどがなくて気楽なこと: He led an *easy* life. 彼は気楽な生活をした． **cozy, snug** ともに寒さや雨露をしのぐ場所を得て，安心してぬくぬくと暖かく過した場所に用いるが狭い場所であるよいという意味が加わる: a *cozy* nook by the fire(place) 炉端の暖かくて心地よい場所 / a *snug* little room こぢんまりして居心地よい部屋． **restful** 静かで心を与えてくれるような心地よさ: It is *restful* to listen to Bach's music. バッハの音楽を聞くと心が安まる．

*com·fort·a·bly /kámfətəbli | -fə-/ 副 (反 uncomfortably) **1** 心地よく，気持ちよく，ゆったりとして: I was sitting 〜. 私はくつろいで腰を下ろしていた． **2** 気楽に，安楽に． **3** ゆうゆうと，らくに． **be cómfortably óff** [動] (自) (生活が) 安楽である．

com·fort·er /kámfətə | -fətə/ 名 C **1** 慰める人[物]． **2** (米) 羽毛の掛けぶとん，(けわたがもの)羽ぶとん ((英) duvet)． **3** (古風，英) 毛織りの襟巻き． **4** (英) (赤ん坊の使う)乳首，おしゃぶり ((米) pacifier)．

cómfort fòod 名 C おふくろの味，元気の出る好物．

*com·fort·ing /kámfətɪŋ | -fət-/ 形 元気づける，慰める(ような)． **-ly** 副 慰めるように．

com·fort·less /kámfətləs | -fət-/ 形 慰めのない，わびしい，落ち着かない．

cómfort stàtion 名 C (米) [婉曲] 公衆便所 ((英) (public) convenience)．

cómfort stòp 名 C (米) (バス旅行のトイレ)休憩；休憩停車地．

cómfort zòne 名 C くつろげる場所[状況，温度]．

com·frey /kámfri/ 名 U コンフリー (むらさき科の園芸植物・薬草)．

com·fy /kámfi/ 形 (com·fi·er, more 〜; com·fi·est, most 〜) (S) (略式) 心地よい，気楽な，くつろいだ (comfortable)．

***com·ic** /kámɪk | kóm-/ 形 名 cómedy **1** A (比較なし) 喜劇の (反 tragic): a 〜 actor 喜劇俳優． **2** 滑稽(に)な．―名 **1** C コメディアン，喜劇俳優；滑稽な人． **2** [the 〜s] (主に米) (新聞の)漫画欄 (普通は4こま以上)． **3** C = comic book．

***com·i·cal** /kámɪk(ə)l | kóm-/ 形 名 cómedy 滑稽な，おどけた，ばかげた． **-cal·ly** /-kəli/ 副 滑稽に．

***cómic bòok** 名 C (主に米) 漫画本 (comic)．

cómic ópera 名 C,U 喜歌劇．

cómic relíef 名 U 喜劇的挿話 (深刻な話の中の滑稽な場面)．

cómic strip 名 C (新聞・雑誌などの)続き漫画 (いくつかのこまが続くもの) (strip, (英) strip cartoon)．

関連 caricature 風刺漫画 / cartoon 時事漫画．

***com·ing** /kámɪŋ/ 動 **come** の現在分詞．―形 A **1** (格式) 次の，これから先の，きたるべき (next): the 〜 generation 次の世代の人々 / We'll have cold weather this 〜 week. この先1週間は寒い天気が続くでしょう (☞ week 表)． **2** (格式) 新進の，(成功の)見こみのある: a 〜 singer 売り出し中の歌手．

―名 (〜s /-z/) U 来ること，到着，到来 (arrival) (反 going): the 〜 of spring 春の到来． **cóming of áge** [名] 成人になること (☞ come [be] of age 名 成句)；成熟期． **the cómings and góings** [名] (略式) 人の行き来，出入り；動向．

com·i·ty /kámətɪ | kóm-/ 名 U (格式) 礼儀，礼節． **the cómity of nátions** [名] [法] 国際礼譲 (他国の法律・慣習などの尊重)．

comm. 略 = commission(er), committee．

***com·ma** /kámə | kómə/ 名 (〜s /-z/) C [文法] コンマ；カンマ: Put a 〜 between the two words. その2つの単語の間をコンマで区切りなさい．

***com·mand** /kəmǽnd | -máːnd/

```
「命令(する)」 名 1；動 1 → 「支配(する)」 名 3；動 2
→ (当然のこととして手中に収める)
  → 「値する」 動 3 → (起こさせる) 動 3
  → 「自由に使う力」 名 2, 「自由にする」 動 4
  → (優位に立つ) → 「地の利を占める」 動 5
```

―動 (com·mands /-mǽndz | -máːndz/; -mand·ed /-ɪd/; -mand·ing) 他 **1** (部下)に命令する (☞ order 類義語)；〈…〉に命じて―させる: 言い換え The captain 〜ed his men *to* march. <V+O+C (*to* 不定詞)> = (格式) The captain 〜ed that his men (*should*) *march*. <V+O (*that* 節)> 隊長は部下に行進せよと命じた (☞ should A 8)．
2 〈…〉を指揮する，支配する，統率する: This ship *is* 〜*ed by* Captain White. <V+O の受身> この船はホワイト船長によって指揮されている． **3** [受身なし] 〈同情・尊敬の念〉を起こさせる；〈…〉に値する；(格式) (品物が) (値)で売れる: His courage 〜*ed* our admiration [respect]. 彼の勇気は我々に称賛[尊敬]の念を起こさせた / 〜 a high price 高値がつく． **4** [受身なし] (格式) 〈…〉を自由にする，思いのままに使う；制する: 〜 the majority in the Diet議会で多数を制している． **5** [受身なし] (格式) (場所・建物が)〈要害の地〉を占めている；(高い建物が)〈下の一帯〉を見渡す，見下ろす: 〜 a fine view of the ocean 海がよく見える．

―自 指揮[命令]する．

―名 (com·mands /kəméndz | -máːndz/) **1** C 命令 (order)，指図: obey the 〜 命令に従う / The general gave the 〜 *to* retreat. <N+*to* 不定詞> 将軍は退却の命令を下した． **2** [a 〜 または the 〜] 自由に使う[使いこなす]力；(自分の感情などを)抑制する力，(状況を)把握する力: have (a) perfect 〜 of French フランス語を自由に操る． **3** U [軍] 支配(力)，指揮(権)，統率；部隊，司令部 (over)：〜 of the air [sea] 制空[海]権． **4** C [英] 単数形でも時に複数扱い] 支配下の部隊 [C-] 司令部． **5** C [電算] コマンド，操作指示．

at the commánd of ... = **at [by] ...'s commánd** [副] (格式) …の指揮[命令]で．

be at ...'s commánd [動] (格式) (人が)…の指示にすべて従う，思うままになる．

be in commánd of ... [動] (他) (1) …を指揮している: Captain Long *was in* 〜 *of* the fleet. ロング大佐が艦隊を指揮していた． (2) …を掌握(ょう)している，…をつかんでいる: She *was in* 〜 *of* herself. 彼女は自制できていた．

be únder the commánd of ... = **be únder ...'s commánd** [動] …の指揮下にある: The soldiers *are under* the direct 〜 *of* the President. 兵士は大統領の直接指揮下にある．

háve ... at one's commánd [動] (他) 〈…〉を自由に[思うままに]使える．

háve ... únder one's commánd [動] (他) 〈部下など〉を支配[配下]においている．

táke [háve] commánd of [òver] ... [動] (他) …を指揮[している]，主導権を握る．

***com·man·dant** /kámən dænt, -dànt | kóm-/ 名 C 司令官，指揮官．

commánd ecònomy 名 C [経] 指令経済，(中央政府による)計画経済．

com·man·deer /kàməndíə | kɔ̀məndíə/ (-deer·ing /-dí(ə)rɪŋ/) 他 (軍隊が)(私有物)を徴集[発]する；(物)を奪取する．

***com·mand·er** /kəmǽndə | -máːndə/ 名 (〜s /-z/) C **1** 指揮者，司令官: the 〜 of the troops 軍司令官． **2** 海軍中佐 (略 Cdr, Cmdr)． **3** (英) (ロンドン警視庁の)警視長．

commánder in chíef 名 (複 commanders in chief) C 最高司令官 (略 C in C)．

†**com·mand·ing** /kəmændɪŋ | -máːnd-/ 形 **1** A 指揮している. **2** 堂々とした, 威厳のある. **3** 見晴らしのよい, 地の利を占めた; 〈差が〉かなりの, 優勢な. **~·ly** 副 堂々と.

†**commánding ófficer** 名 C 指揮官 (略 CO).

commánd line 名 C 【電算】コマンド行 (ディスプレー画面上のコマンドを投入できる論理行).

com·mand·ment /kəmæn(d)mənt | -máːn(d)-/ 名 C **1** [しばしば C-] おきて, 戒律: ☞ Ten Commandments. **2** 《文》命令.

commánd módule 名 C 宇宙船司令室, 司令船 (略 CM).

†**com·man·do** /kəmændou | -máːn-/ 名 (~(e)s) C 奇襲隊(員), コマンド部隊(員). **gò commándo** 動 自 《米》《滑稽》下着をつけないでいる.

commánd perfórmance 名 C [普通は単数形で] 御前公演[演奏].

commánd póst 名 C 戦闘司令部.

*****com·mem·o·rate** /kəmémərèɪt/ 動 (-o·rates /-rèɪts/; -o·rat·ed /-tɪd/; -o·rat·ing /-tɪŋ/) 他 com·mèmorátion, 形 commémorative 他 〈偉人・事件を〉記念する, 〈行事など〉を祝う (☞ celebrate 類義語); 〈...〉の記念となる: The tree ~s the founding of our school. その木は我が校の創立記念だ.

†**com·mem·o·ra·tion** /kəmèməréɪʃən/ 名 commémorate **1** U 記念, 祝賀. **2** C 記念祝典. **in commemorátion of ...** 前 ...を記念して.

†**com·mem·o·ra·tive** /kəmém(ə)rətɪv, -mərèɪt-/ 形 commémorate A 記念の.

†**com·mence** /kəméns/ 動 名 commencement 2) 他 《格式》始める, 始める (☞ begin 類義語): [言い換え] They ~d studying the volcano. = They ~d to study the volcano. 彼らはその火山の調査を始めた. — 自 《格式》始まる (with, by).

†**com·mence·ment** /kəménsmənt/ 名 **1** C 《米》(大学・高校などの)卒業式, 学位[卒業証書]授与式 (graduation). 参考 米国では 5 月末か 6 月初めに行なわれることが多い. **2** 動 commence. U 《格式》開始 (beginning) (of).

†**com·mend** /kəménd/ 動 他 《格式》**1** 〈...〉を称賛する, ほめる (for): He was highly ~ed for his bravery. 彼は勇敢だったと絶賛された / I ~ you on [for] your achievements. あなたの功績を称賛します. **2** 〈...〉を推薦する (recommend) (to): have much [little] to ~ it (物事が)よいところがいろいろある[ほとんどない]. **3** 〈物〉を〈...に〉任せる, 託する (to). **comménd onesèlf to ...** 動 他 《格式》...に気に入られる, ...に好感を与える.

†**com·mend·a·ble** /kəméndəbl/ 形 《格式》ほめるに足る, 立派な, 感心な. **-a·bly** /-əblɪ/ 副 立派に.

com·men·da·tion /kàməndéɪʃən | kɔ̀men-/ 名 《格式》**1** C 表彰, 褒賞(ほうしょう) (for). **2** U 称賛, ほめられること; 推薦.

com·men·su·rate /kəménʃ(ə)rət, -ʃ(ə)r-/ 形 P 《格式》...と同量[同期間]で; ...にふさわしい (with).

*****com·ment** /káment | kɔ́m-/ 名 (com·ments /-ments/) C|U **1** 論評, 意見, 批評, 短評, コメント: He gave frank ~s on [about] my work. 彼は私の作品[仕事]に対して率直に意見を言ってくれた / No ~. 《S》何も言うことはない.

2 解説, 説明; 注釈: The paper limited itself to a few ~s on the news from abroad. 新聞はその海外ニュースの解説を少しにとどめた.

be a cómment on ... 動 他 ...を示している 《特に悪いことについて言う》: The increase in crime is a sad ~ on the instability of our society. 犯罪の増加は私たちの社会の不安定性の残念な反映だ.

be fáir cómment 動 自 《英》《S》もっともな批評

---

commercially 335

[論評]である.

Fáir cómment. [感] S 《英》(ご指摘の通りで)ごもっとも.

màke [hàve] a cómment 動 自 意見を述べる: [言い換え] He made no ~ on [about] my work. (= He didn't comment on [about] my work.) 彼は私の作品[仕事]について何もコメントしなかった.

— 動 (com·ments /-ments/; -ment·ed /-tɪd/; -ment·ing /-tɪŋ/) 自 論評する, 批評する; 意見を述べる: The professor ~ed on [upon, about] the government's policy toward China. <V+on [upon, about]+名・代> 教授は政府の中国政策について見解を述べた.

— 他 〈...〉と論評する, 述べる: He ~ed that there were many mistakes in the article. その記事には多くの誤りがあると彼は述べた.

【類義語】 **comment** ある問題・人物・書物などを観察した結果を意見にして述べたもの. **remark** 簡単な批評. **review** 書物・演劇などの批評. **criticism** 欠点や欠陥をあげた批評. criticism 以外には口頭によるものも含まれる.

*****com·men·tar·y** /káməntèri | kɔ́məntəri, -tri/ 名 (-tar·ies /~z/) **1** C|U (スポーツ番組などの)(実況)解説: give a running ~ on a football match フットボールの試合の実況解説をする. **2** C 論評, (一連の)注釈; 注釈書 (on). **be a (sád) cómmentary on ...** 動 他 ...の(嘆かわしい)実態を物語っている.

cómmentary bòx 名 C 実況放送室[席].

†**com·men·tate** /káməntèɪt | kɔ́m-/ 動 自 実況放送をする; 解説者をつとめる (on).

†**com·men·ta·tor** /káməntèɪtə | kɔ́məntèɪtə/ 名 (~s /~z/) C 【放送】(時事問題・スポーツ番組などの)解説者; 評論家 (on): a news ~ ニュース解説者 / a political ~ 政治評論家.

*****com·merce** /káməːs | kɔ́məːs/ 1 名 U **1** (形 commercial) 商業; 通商, 貿易 (trade): the Department [Secretary] of C~ 《米》商務省[長官] (☞ department 表) / We carry on ~ with the United States. わが国は米国と貿易をしている. **2** 《古風》(意見などの)交換; (世間的な)交際.

*****com·mer·cial** /kəmə́ːʃəl | -máː-/ 形 (名 cómmerce 1, 動 commércialìze) **1** A [比較なし] **商業の**, 貿易の, 通商の: a ~ firm 商社 / a ~ college 商科大学.

2 A [比較なし] **営利的な**; 商業的な, スポンサー付きの, 民営の: a ~ enterprise 営利事業 / a ~ success [failure] 黒字[赤字]を出すこと / ~ value 商業的な価値 / ~ broadcasting [radio, television] 民間放送[ラジオ(放送), テレビ(放送)]. **3** A 市販用の. **4** [しばしば軽蔑] (本・映画などが)金めあての, もうけ主義の.

— 名 (~s /~z/) C 広告放送, コマーシャル: a TV ~ テレビの CM. 日英比較 CM という言い方は英米ではあまりしない.

commércial bánk 名 C 商業[普通]銀行.

commércial bréak 名 C (テレビ・ラジオ放送の)コマーシャルの時間.

com·mer·cial·is·m /kəmə́ːʃəlìzm | -máː-/ 名 U [しばしば軽蔑] 商業主義, 営利主義.

com·mer·cial·i·za·tion /kəmə̀ːʃəlɪzéɪʃən | -mə̀ːʃəlaɪz-/ 名 U [しばしば軽蔑] 商業化, 営利目的; 商品化.

com·mer·cial·ize /kəmə́ːʃəlaɪz | -máː-/ 動 (形 commércial) 他 [普通は受身で] [しばしば軽蔑] 〈...〉を商業化する, 営利目的化する; 商品化する.

com·mer·cial·ized /kəmə́ːʃəlaɪzd | -máː-/ 形 [しばしば軽蔑] 商業[商品]化された.

com·mer·cial·ly /kəmə́ːʃəli | -máː-/ 副 **1** 商業上で; 商業的に: ~ viable 採算がとれる. **2**

commercial paper 336

文体飾版 商業的に見て. **3** 商業ベースで,大量に: ～ available [obtainable] 市販されている.

commércial pàper 名 U (米) コマーシャルペーパー《一流企業の資金調達運用無担保の単名約束手形》.

commércial tráveller 名 C (古風,英) =traveling salesman.

com·mie /kámi | kómi/ 名 C (古風,主に米) [差別]=communist.

com·min·gle /kəmíŋɡl/ 動 [格式] 他 〈…〉を混ぜ合わせる;〈金融機関が〉〈資金〉を(不正に)混ぜる. ― 自 混じり合う.

com·mi·nute /kámən(j)ùːt | -njùːt/ 動 他 細かに砕く.

com·mis·er·ate /kəmízərèɪt/ 動 自 [格式] 哀れむ, (…に)同情する: I ～d with her on [over, about] her misfortune. 私は彼女の不運に同情した.

com·mis·er·a·tion /kəmìzəréɪʃən/ 名 [格式] **1** U 哀れみ, 同情. **2** C [普通は複数形で] 同情のことば (on, over).

com·mis·sar·y /káməsèri | kómɪs(ə)ri/ (-sar·ies) C (米) (軍の)売店;(撮影所などの)食堂.

***com·mis·sion** /kəmíʃən/ T3 名 (～s /~z/)

(委託すること)→「委任」3
→(委任された内容)→「任務」5 →(それに対する代価)→「手数料」2
→(委任された機関)→「委員会」1
(☞ committee)

1 C (英) 単数形でも時に複数扱い] [しばしば C-] **委員(会)**(全体) (on): appoint a ～〈委員会を任命して〉委員会を発足させる / A ～ was 'set up [established] to investigate the matter. その問題を調査するために委員会が設けられた.

2 C U **手数料**, 歩合, 口銭 (略 comm.): You will get a 10% ～ *on* each sale. 1個売れば[につき]1割の手数料がもらえる. **3** U (任務などの)委任, 委託; (仕事などの)依頼. **4** C (commit) (格式) (罪を)犯すこと, 犯行. **5** C (委任された)任務 (duty), (依頼された)仕事, 作品制作; 将校の役職, 職権 (to do).

gèt a [one's] commíssion 動 自 将校に任命される.

in commíssion 形 (1) 〈車・機械が〉いつでも使用できる;〈軍艦が〉就役中の. (2) 委任を受けた.

on commíssion [形] (1) (商) 委託されて: sell books *on* ～ 本の委託販売をする. (2) 歩合制で.

òut of commíssion [形] (1) 退役の, 予備の. (2) 〈車・機械〉が使えない. (3) (略式) 〈人が〉病気の, 働けない.

resígn one's commíssion 動 自 将校を辞する.

― 動 (-mis·sions /~z/; -mis·sioned /~d/; -sion·ing) 他 **1** 委託する;〈仕事・作品制作〉を頼む: I ～ed him *to* deliver the letter to her. <V+O+C (*to* 不定詞)> 私は彼女に手紙を届けてくれるよう彼に頼んだ. **2** [普通は受身で] 〈将校〉に任命する (*as*, *into*).

com·mis·sion·aire /kəmìʃənéə | -néə/ 名 C (古風,主に英) (ホテルなどの)送迎係 (doorman).

commíssioned ófficer /kəmíʃənd-/ 名 C (軍) 士官, 将校. 関連 noncommissioned officer 下士官.

***com·mis·sion·er** /kəmíʃ(ə)nə | -nə/ 名 (~s /~z/) C [しばしば C-] **1** (政府などが任命した)委員, 理事; (部局などの)長官; 警視総監. **2** 地方行政官. **3** (米) コミッショナー《プロスポーツ界の最高責任者》.

a commíssioner for óaths [名] [英法] 宣誓管理委員.

***com·mit** /kəmít/ 動 (com·mits /-míts/; -mit·ted /-tɪd/; -mit·ting /-tɪŋ/)

他 **1** (名 commission) 〈犯罪・過失など〉を**犯す**, 行なう (☞ permit¹ (単語の記憶)): He *committed* murder. 彼は人殺しをした / Society prepares the crime; the criminal ～s it. 社会が犯罪を用意し犯罪者がこれを行なう.

2 (名 commitment, committal) 〈金・時間など〉を(…に)当てる(ことにする), 割(さ)く (*to*, *for*); 〈兵力など〉を投入する. **3** (名 commitment, committal) 〈人〉に(…すること)の義務を負わせる, 〈人〉を拘束する: My contract ～s me *to* three concerts a month. 私は契約で月に3回コンサートを開かねばならない. **4** (名 commitment, committal) [普通は受身で] 〈人〉を(刑務所や病院に)引き渡す, 収容する; (英)〈人〉を(裁判)にかける (*for*): The patient was *committed to* a mental hospital. その患者は精神病院へ収容された. **5** (格式) 〈…〉を(記憶などに)ゆだねる (*to*): ～ ... *to* memory [writing, paper] …を記憶する[書き留める].

― 自 (略式) =commit oneself (成句).

commít onesèlf 動 (1) (引っ込みのつかぬ)約束をする, 言質(げんち)を与える, コミットする; (…に)献身[傾倒]する (☞ committed): Don't ～ *yourself* 'to finish*ing* [*to* finish] it within a week. 1週間以内にそれを終えると確約はするな. (2) 態度[意見]を明らかにする (*on*). (3) (人と)永続的な関係を結ぶ (*to*).

***com·mit·ment** /kəmítmənt/ T2 名 (-mit·ments /-mənts/; 動 commít) **1** C (果たすといった)**約束**, 公約, 言質(げんち) (言い換え) He made a firm ～ 'to help [to help*ing*] us. <N+*to* 不定詞 [*to*+動名]> = He made a firm ～ *that* he would help us. <N+*that* 節> 彼は我々を援助すると確約した / The government respected its ～s to welfare programs. 政府は福祉計画の公約を尊重せねばならない.

2 U (または a ～) (主義や運動に)身をささげること, 傾倒, 献身: Mr. Smith showed *a* strong ～ *to* the pacifists' cause. スミス氏は平和運動に身を投じる強い決心を表明した.

3 C (約束による)掛かり合い; 責任 (responsibility): Now that you have married, you have various ～s. 君は結婚したのだからいろいろな責任がある.

4 U (刑務所や病院への)引き渡し, 収容 (*to*). **5** C 債務, 支払義務. **6** U (資金・時間などの)充当 (*to*).

com·mit·tal /kəmítl/ 名 C U **1** (刑務所や病院への)引き渡し, 収容 (*to*). **2** (格式) 埋葬.

***com·mit·ted** /kəmítɪd/ 形 (反 uncommitted) **1** (…に)熱心な, (…に)身を投じている: a ～ pacifist 熱心な平和主義者 / He is ～ *to* work*ing* for peace. <A+*to*+動名> 彼は熱心に平和運動に取り組んでいる. **2** P (…することを)約束している: I'm ～ 'to help*ing* [*to* help] him. <A+*to*+動名 [A+*to* 不定詞]> 私は彼を助ける言質(げんち)を与えている.

***com·mit·tee** /kəmíti/ T1 名 (~s /~z/) C **委員会** (全体); 委員会 (全体) (略 comm.): a steering ～ 運営委員会 / a ～ member 委員の1人) / The ～ is made up of ten members. その委員会は10人で構成されている.

語法 (英) では委員会の1人1人を考えるときには単数形でも複数扱いとなる (☞ collective noun (文法)): The ～ is [(英) *are*] united on this question. この問題については委員会(の委員たちの意見)は一致している.

be [sít, sérve] on a commíttee 動 自 委員になっている.

in commíttee [副] 審議されて.

commíttee stàge 名 C (英国議会の)委員会審

議《委員会で細かく審議されている段階》.

com·mode /kəmóud/ 名 C 1 室内便器;《米》《トイレの》便器. 2《古風》整理だんす.

com·mo·di·ous /kəmóudiəs/ 形《格式》《家・部屋などが》広い（反 incommodious）. **~·ly** 副 広々と.

com·mod·i·ty /kəmádəti | -dɔ́d-/ 名 (**-ties**) C 1［しばしば複数形で］《経》《日常》必需品,日用品;《農工業》生産物,商品: household *commodities* 家庭用品. 2《格式》便利な物.

commódity márket 名 C《コーヒー・小麦などの第 1 次生産品が大量に売買される》商品取引所.

com·mo·dore /kámədɔ̀: | kɔ́mədɔ̀:-/ 名 C 1《海軍》准将,代将《*少将と大佐の間*》；提督《軍艦[艦]隊などに対する敬称；米国では19世紀と第二次大戦中に用いられた》. 2《ヨットクラブなどの》会長, 《商船航路の》古参船長.

*****com·mon** /kámən | kɔ́m-/ 形 (1, 4, 5 で は more ~, **com·mon·er**; **most ~, com·mon·est**)（反 uncommon)

「公共の」3 →「共通の」2《☞ mean² 囲み》→「普通の」1 →「平凡な」4 →「粗末な」5

1 普通の, よくある; ありふれた (*among*)《☞ 類義語》: ~ practice よくなされること, 慣例 / a ~ occurrence よくあること, 日常茶飯事 / Cats and dogs are very ~ animals. 猫や犬はごくありふれた動物だ / The「*most* ~ [~*est*] words are marked with asterisks in this dictionary. この辞書では最もよく使われる語には星印がついている / *It is* ~ *for* politicians to make improper remarks. 政治家が失言するのはよくあることだ《☞ for 前 B 1). 語法 人に用いると軽蔑的になる《☞ 5).

2［比較なし］**共通の,** 共同の: our ~ interests 我々共通の利害 / a ~ language 共通語 / The tradition is ~ *to* many regions. ＜A+to+名・代＞ そのしきたりは多くの地域で共通している.

3 A［比較なし］**公共の,** 公衆の (public), 一般の (general): ~ land 公共の土地 / We must work for the ~ good. 私たちは公益のために努めねばならない.

4 A［比較なし］**平凡な,** 並みの: the ~ people 庶民. 用法注意 5の意味にもとられるから注意. **5**《主に英》粗末な; 品のない,《人が》下品な: ~ manners 下品な行儀作法 / a ~ person 下品な人. **6**《数》共通の, 公…《☞ common denominator》.

(**as**) **cómmon as dírt [múck]** 形《略式, 英・豪》とても下品な, 品がない.

cómmon cóurtesy [décency] 名 常識的な礼儀（作法）(*to do*).

— 名 C 共有地《村の牧草地や町の広場など》;（主に名称に）…公園.

in cómmon 副 共通に, 共通に: The two brothers have a lot *in* ~ (*with* each other). その2人の兄弟は性格的に共通したところが多い.

in cómmon with …［前］…と同様に.

òut of the cómmon 形《英》=out of the ordinary《☞ ordinary 成句》.

《類義語》**common** 普通どこにでも見聞きされ,また起こることで,特に他と異なる著しい特徴のない状態を意味する: *common* errors よくある誤り. **ordinary** ありふれた型にはまっていることを意味する: an *ordinary* piano lesson 普通のピアノのけいこ. **average** 量・数・質などが平均に近くありふれていること: people of *average* ability 普通の能力の人たち. **usual** 未知・不可解なもの, 普通以外であれば起こることが予想されているような意味である: It is *usual* for him to be late for school. 彼はいつも学校に遅れる. **normal** 基準からはずれていないという: Your pulse is *normal*. あなたの脈は普通[正常]だ.

com·mon·al·i·ty /kàmənǽləṭi | kɔ̀m-/ 名 U,C《格式》共通点[性] (*of*).

com·mon·al·ty /kámən(ə)lti | kɔ́m-/ 名［the ~;

---

common noun 337

《英》時に複数扱い］《格式》庶民, 平民（全体）.

cómmon cárrier 名 C《米》輸送[運送]業者《鉄道・汽船・航空会社など》; 通信事業者.

cómmon cáse 名［the ~］《文法》通格《☞ case¹ 文法》, subjective case 文法》.

cómmon cóld 名 C［普通は the ~］かぜ, 感冒 (cold). 関連 influenza インフルエンザ.

cómmon cúrrency 名 1 C,U 共通通貨. 2 U ありふれた話題, 普及したもの［語］.

cómmon denóminator 名 C 1 公分母《½ と ⅗ では 10》. 2 共通点,「最大公約数」.

cómmon divísor 名 C《数》公約数.

+cóm·mon·er /kámənə | -/ 名 C《貴族に対して》平民, 庶民.

cómmon fráction 名 C《数》《米》分数《《英》vulgar fraction》.

cómmon génder 名 U《文法》通性《☞ gender 文法》(2)》.

cómmon gróund 名 U 共通の立場, 共通の利益[理解] (*between*). **on cómmon gróund**［副・形］共通の立場に立って[た], 一致して[た].

cómmon knówledge 名 U 常識《だれでも持っている知識をいう》 common sense 表》.

cómmon lánd 名 U《英》共有地, 公有地.

+cómmon láw 名 U 慣習法, 判例法《特に England 1 で行なわれているもの》. 関連 statute law 制定法, 成文法.

cómmon-láw 形 A 慣習[判例]法の; 内縁(関係)の: a ~ marriage 慣習法上の結婚《挙式・届け出なしで男女の合意だけによる婚姻《同等とみなし得る内縁関係》/ a ~ husband [wife] 内縁の夫[妻].

cómmon lógarithm 名 C《数》常用対数《10 を底とした対数》.

***cóm·mon·ly** /kámənli | kɔ́m-/ 副（反 uncommonly）1 一般に, 普通は (usually); 俗に: The Executive Mansion is ~ called the White House.《米国の》大統領官邸は一般にホワイトハウスと呼ばれる. 2 下品に, 安っぽく.

cómmon múltiple 名 C《数》公倍数.

com·mon·ness /kámənnəs | kɔ́m-/ 名 U 共通; 普通, 平凡; 下品.

cómmon nóun 名 C《文法》普通名詞.

文法 **普通名詞**

名詞の一種で, 生物・無生物を問わずある具体的なものの一種類に共通に用いられる名詞をいう. 1つ, 2つと数えることができ, 単数のときには不定冠詞 a または an《☞ article 文法》をつけ, 2つ以上のときには複数形になる《☞ countable 文法》: There is a *book* on the desk. 机の上に(1冊の)本がある / How many *books* are there on the bookshelf? 本棚には本が何冊あるか / A *child* whose parents are dead is called an *orphan*. 両親の死んだ子供は孤児と呼ばれる / A *dog* was running down the street. 1匹の犬が通りを走っていた / Some *dogs* were running down the street. 数匹の犬が通りを走っていた.

普通名詞の中には, 固有名詞に近い性質を持ち, 普通は定冠詞をつけて用いる語がある: *the sun* 太陽 / *the moon* 月 / *the earth* 地球 / *the world* 世界.

語法 (1) 季節を表わすとき, 特定の年の特定の季節を指すとき以外は冠詞をつけないことが多いが,《米》ではこの場合でも定冠詞をつけることが多い: Many people go swimming in (the) *summer* and skiing in (the) *winter*. 夏は泳ぎに, 冬はスキーに行く人が多い.

(2) 家族関係を表わす普通名詞は, しばしば特定の家庭内では冠詞をつけず大文字ではじめて固有名詞として用いられる傾向があったが, 現在ではこの習慣は消えつつある.

《☞ father [語法] (1), mother [語法] (1)》.

cómmon-or-gárden [形] [A] 《英略式》＝common-or-garden-variety.

cómmon-or-gárden-váriety [形] [A] 《米》普通の, ありふれた.

⁺**com·mon·place** /kámənplèɪs | kɔ́m-/ [形] **1** ありふれた, 日常普通の. **2** 陳腐(ちんぷ)な; 平凡な.
— [名] (-mon·plac·es /~ɪz/) [C] [普通は単数形で] ありふれた事[物], 当たり前の事[物]; 決まり文句.
[語源] 元来は「共通の話題」という意.

cómmon pléas [名] [複] 《米》〘法〙民事訴訟裁判所.

cómmon ròom [名] [C] 《英》(大学などの)談話室.

com·mons /kámənz | kɔ́m-/ [名] [複] [the C- として《英》単数または複数扱い] ＝the House of Commons (成句); [the ~] 平民, 庶民; [U] 《米》(特に大学の)大食堂, 学生食堂. **be in the Cómmons** [動] [自] (英国の)下院議員である. **the Hóuse of Cómmons** [名] (1) [《英》単数または複数扱い] (英国・カナダの)下院; 下院議員(たち)《全体; ☞ congress 表》. (2) 下院の議事堂.

cómmon sált [名] [U] 塩 (salt).

*__com·mon·sense__ /kámənséns | kɔ́m-←/ [形] [A] **1** 常識的な, 常識[良識]のある: a ~ solution 分別のある解決策. **2** 常識でわかる, 明白な.

*__cómmon sénse__ [名] [U] **良識, 常識** 《日常生活や社会生活に必要な健全な判断力》: *C*~ tells us to save for old age. 老後のために蓄えるのは常識だ.

common sense (だれでも持っている健全な思慮・分別)	常識
common knowledge (だれでも持っている知識)	

hàve the cómmon sénse to dó [動] …する分別がある.

com·mon·sen·si·cal /kámənsénsɪk(ə)l | kɔ́m-←/ [形] 常識的な, 良識ある.

cómmon stóck [名] [U] 《米》普通株.

cómmon tòuch [名] [the ~] (政治家の)庶民性.

com·mon·weal /kámənwìːl | kɔ́m-/ [名] [the ~] 《文》または [誇張] 公共の福祉.

*__com·mon·wealth__ /kámənwèlθ | kɔ́m-/ [名] (~s /~s/) **1** [the C-] **英連邦** 《英国 (the United Kingdom) を中心にカナダ・オーストラリア・ニュージーランド・インドなど 50 近くの国々から成る連合体; the Commonwealth of Nations とも言う》.
2 [C] [普通は C-] **連邦, 共和国** (republic): the *C*~ of Australia オーストラリア連邦. **3** [C] [C-] 《米》州 《公式には Massachusetts, Pennsylvania, Virginia, Kentucky に用いる》; コモンウェルス 《Puerto Rico の正式の地位》. **4** [the C-] イギリス共和国 《1649–60 年のクロムウェル統治の時代》. **5** [C] 《格式》国家; 全国民.

Cómmonwealth Gámes [名] [固] [the ~] 英連邦競技大会 《英連邦加盟の国と地域が相互の友好親善のため 4 年ごとに行なうスポーツの祭典》.

Cómmonwealth of Indepéndent Státes [名] [固] [the ~] 独立国家共同体 《1991 年ソ連の崩壊後その旧加盟国の一部が創設した; [略] CIS》.

cómmon yèar [名] [C] 平年 《☞ leap year》.

⁺**com·mo·tion** /kəmóuʃən/ [名] [U,C] 動揺; 騒動: cause [make] a ~ 騒ぎを起こす / a civil ~ 暴動.

comms /kámz | kɔ́mz/ [名] [複] 《英》＝communications software; [形容詞的に] 通信の.

*__com·mu·nal__ /kəmjúːn(ə)l, kámjʊ- | kɔ́mjʊ-/ [形] [普通は [A]] **1** (人種・宗教などの異なる)**共同体[集団]間の**: ~ strife 集団間の争い. **2** 自治体の, 市町村の; 共同社会の. **3** 公共の, 共有の: a ~ kitchen 共用のキッチン. **-mu·nal·ly** /-nəli/ [副] 共同体間で; 自治体で; 共有して.

⁺**com·mune**[1] /kámjuːn | kɔ́m-/ [名] [C] [《英》単数形でも時に複数扱い] **1** コミューン 《フランス・ベルギー・イタリア・スペインの最小地方自治体》. **2** 生活共同体[集団], コミューン; 集団農場, (中国の)人民公社.

com·mune[2] /kəmjúːn/ [動] [自] **1** 《格式》親しく語り合う[交わる]; (自然などと)心を通わす (*together; with*). **2** 〘キ教〙聖体[聖餐(せいさん)]を拝領する[受ける].

com·mu·ni·ca·ble /kəmjúːnɪkəbl/ [形] ([反] incommunicable) 《格式》伝達できる (*to*); 〘医〙(病気などが)伝染する. **-ca·bly** /-kəbli/ [副] 伝染して.

com·mu·ni·cant /kəmjúːnɪkənt/ [名] [C] 《格式》 **1** 聖餐(せいさん)を拝受する人. **2** 通報者.

*__com·mu·ni·cate__ /kəmjúːnəkèɪt/ [動] (**-ni·cates** /-kèɪts/; **-ni·cat·ed** /-ṭɪd/; **-ni·cat·ing** /-ṭɪŋ/; [名] commùnicátion) [他] **1** 〈情報・意見などを〉**伝達する**; 〈…〉を(―に)伝える, 知らせる: She ~*d* her secret *to* no one. <V+O+*to*+名・代> 彼女は秘密をだれにも教えなかった. **2** 〈熱・運動などを〉を伝える; 〘医〙[しばしば受身で] 〈病気などを〉をうつす (*to*).
— [自] **1** (情報・意見などを)**交換する**, (電話や手紙で)**連絡をとる**; 意思[気持ち]を伝える, 自己表現する: He tried to ~ *with* the commander, but in vain. <V+*with*+名・代> 彼は司令官と連絡をとろうとしたがだめだった / I'd like to get closer to him, but he just can't ~. 彼ともっと親しくなりたいけれど彼の気持ちがわからない. **2** 話が通じる, 理解しあう (*with*): Jack and Mary no longer seem to ~. ジャックとメアリーはもう気持ちが通じ合っていないようだ. **3** 《格式》(部屋などが)通じている (*with*). **4** 聖餐(せいさん)を受ける. [語源] ラテン語で「他人と共に分かち合う」の意. **commúnicate onesèlf** [動] [自] 伝わる, 広まる.

*__com·mu·ni·ca·tion__ /kəmjùːnəkéɪʃən←/ [T3] [名] (~s /~z/; [動] commúnicàte) **1** [U] (情報・意見などの)**伝達, コミュニケーション**, 情報交換, 意思疎通, 心の通じ合い (*with, between*): Language is a means of ~. 言語は伝達の手段である // ☞ mass communication.
2 [U] **通信**, 交信: establish ~ 交信する / cut off ~ 通信を絶つ / All ~ *with* the town was broken off because of the earthquake. 地震のためその町との通信はすべて途絶えた. [関連] telecommunications 電気通信(技術).
3 [C,U] [普通は複数形で] **通信機関[手段]** 《無線・電話・ラジオなど》; **交通機関, 輸送手段** (*between*): a ~*s* network [system] 通信[交通]網. **4** [複数形で] 〘電算〙通信ソフト. **5** [C] 《格式》通報, 便り (news). **6** [U] (熱などを)伝導; (病気の)伝染.
communicátion skìlls [名] 自己表現法.
in communicátion [形] 《格式》文通[通信, 電話]して (*with*).

communicátion còrd [名] [C] 《英》＝emergency cord.

communicátions sàtellite [名] [C] 通信衛星.

communicátions sòftware [名] [U] 《米》〘電算〙通信ソフト (《英》comms).

com·mu·ni·ca·tive /kəmjúːnəkèɪṭɪv, -nɪkə- | -nɪ-/ [形] **1** [P] 話好きで, 開けっ広げで. ([反] uncommunicative) **2** (情報)伝達の, コミュニケーション(上)の; 通信の. **~·ly** [副] 開けっ広げに. **~·ness** [名] [U] 話好き.

com·mu·ni·ca·tor /kəmjúːnəkèɪṭə | -tə/ [名] [C] [前に形容詞をつけて] 自己表現が…の人: a good [poor] ~ 自己表現のうまい[へたな]人.

*com·mu·nion /kəmjúːnjən/ 名 1 ① [C-]〖プロテスタント〗聖餐(数)式, 〖カトリック〗聖体拝領 (Holy Communion). 2 ⓒ [(英)単数形でも時に複数扱い]〖格式〗宗教団体. 3 ⓤ〖格式〗親しい交わり; 霊的な交渉 (with, between).

⁺com·mu·ni·qué /kəmjùːnəkéɪ, kəmjúːnəkèɪ/ 名 ⓒ (報道機関向けの)コミュニケ, 公式[共同]声明; 公報.

*com·mu·nis·m /kámjunɪzm | kɔ́m-/ 名 ⓤ 1 共産主義. 2 [C-] 共産主義体制. 関連 capitalism 資本主義 / socialism 社会主義.

*com·mu·nist /kámjunɪst | kɔ́m-/ 名 (-mu·nists /-nɪsts/) ⓒ 1 共産主義者. 2 [C-]〖政〗共産党員. 3 ⓢ 左翼分子. ── 形〖時に C-〗共産主義(者)の.

Cómmunist blóc 名 [the ~] 共産圏.

com·mu·nis·tic /kàmjunístɪk | kɔ̀m-⎯/ 形 共産主義的な.

Cómmunist Manifésto 名 固 [The ~]『共産党宣言』(Marx と Engels の共同執筆).

Cómmunist Párty 名 [the ~] 共産党(略 C.P.).

*com·mu·ni·ty /kəmjúːnəṭi/ 名 (-ni·ties /-z/) ⓒ 1〖(英)単数形でも時に複数扱い〗 共同社会 (国家・都市・村など; 宗教・民族・職業などにより共通の利害を持つ共同体); 地域社会: the Jewish ~ in New York ニューヨークのユダヤ人社会 / the international ~ 国際社会 / the business [scientific] ~ ビジネス[科学]界.
2 [形容詞的に] 共同[地域]社会の: ~ problems 地域の問題.
3 [the ~] 一般社会, 公衆: the welfare of the ~ 社会福祉. 4 ⓤ 共同体意識; 共通(性), 一致; 共有: a sense of ~ 共同体[連帯]感 / ~ of interests 利害の一致. 5 ⓒ〖動・植〗(動物の)群生, (植物の)群落. 6 [the C-]〖古風〗= European Union.

community anténna télevision 名 ⓤ (難視聴地域の)共同アンテナテレビ(略 CATV).

community cáre 名 ⓤ〖主に(英)〗〖福祉〗コミュニティーケアー[施設に入らず在宅のまま受けるケア].

⁺community cénter 名 ⓒ 地域社会センター(教育・文化・厚生・娯楽の施設のある所).

community chánnel 名 ⓒ (米国のケーブルテレビの)地域チャンネル(地域密着型の番組を放送).

community chárge 名 [the ~]〖英〗地域社会税, コミュニティー税(英国で一時的に施行された住民税).

community chést 名 ⓒ〖古風, 米〗共同募金.

community cóllege 名 ⓒ 1 〖米〗コミュニティーカレッジ(地方自治体の運営する2年制の短期大学). 2 〖英〗コミュニティー中等学校(成人用の夜間クラスもある).

community hóme 名 ⓒ〖英〗少年院.

community polícing 名 ⓤ コミュニティー警備(住民をよく知る警察官がその地域の警備を担当する制度).

community próperty 名 ⓤ〖法〗(夫婦の)共有財産.

⁺community sérvice 名 ⓤ 1 (禁固刑の代わりに課される)社会奉仕(活動): a ~ order (裁判所の出す)地域奉仕命令. 2 (無給の)地域奉仕(活動).

community sínging 名 ⓤ (全員の)合唱.

community spírit 名 ⓤ 共同体意識.

community wórker 名 ⓒ 社会奉仕活動家.

com·mut·a·ble /kəmjúːṭəbl/ 形 1 (場所などが)通勤できる. 2 〖法〗減刑できる.

com·mu·ta·tion /kàmjutéɪʃən | kɔ̀m-/ 名 1 ⓒⓤ〖法〗減刑 (from, to). 2 ⓤ〖米格式〗通勤.

commutátion tícket 名 ⓒ〖米〗定期乗車券.

com·mu·ta·tive /kámjutèɪṭɪv, kəmjúːṭ- | kəmjúːṭ-/ 形〖数〗交換可能な.

com·mu·ta·tor /kámjutèɪṭə | kəmjúːtèɪtə/ 名 ⓒ〖電〗整流[転換]器: a ~ motor 整流子電動機.

*com·mute /kəmjúːt/ 動 (com·mutes /-mjúːts/; com·mut·ed /-ṭɪd/; com·mut·ing /-ṭɪŋ/) ⓘ 通勤する[言い換え] Mr. Long ~s from his home in the suburbs to his office in Manhattan. <V+from+名・代+to+名・代>=Mr. Long ~s between his home in the suburbs and his office in Manhattan. <V+between+名・代+and+名・代> ロングさんは郊外の家からマンハッタンの会社まで通勤する. ── ⓣ 1 〖法〗〈刑罰〉を減ずる, 〈判決を〉減刑する (from, to). 2 〈年金などの〉支払い方法を切り替える (for, into).
── 名 ⓒ [普通は単数形で] (特に列車での)通勤.

com·mut·er /kəmjúːṭə | -tə/ 13 ⓒ 通勤者: ~ trains 通勤列[電]車.

commúter bèlt 名 ⓒ〖英〗(都市周辺の)通勤圏.

commúter láne 名 ⓒ = carpool lane.

commúte tìme 名 ⓤ 通勤時間.

Com·o·ran /káməɹən | kɔ́m-/ 形, 名 ⓒ コモロ(諸島)の(人).

Com·o·ros /káməɹòʊz | kɔ́m-/ 名 [the ~] コモロ(イスラム連邦共和国)(アフリカ東海岸のコモロ諸島から成る共和国).

comp /kámp | kɔ́mp/ 名 1 ⓒ〖米略式〗= complimentary ticket. 2 ⓤⓢ〖米〗= compensation. 3 ⓒ〖英〗= competition. 4 ⓒⓢ〖英〗= comprehensive school. ── 動 ⓣⓢ〖米〗〈チケットなどを〉無料で進呈する.

comp. 略 = comparative, compound¹.

*com·pact¹ /kəmpǽkt | kəmpǽkt, kɔmpǽkt⎯/ ★ 名詞の compact³,⁴ とのアクセントの違いに注意. 形 1 小さくまとまった, 小型で使いやすい, 軽便な; (家などが)狭いが機能的な, こぢんまりした: a ~ camera コンパクトカメラ // a ~ pact car.
2 ぎっしり詰まった, 密な: a ~ head of cabbage 固く巻いたキャベツの玉. 3 (人が)小柄でがっしりした. 4 (文章などが)簡潔な.

com·pact² /kəmpǽkt/ 動 ⓣ 〈…〉を圧縮[凝縮]する. ── 圧縮される.

com·pact³ /kámpækt | kɔ́m-/ ★ 形容詞の compact¹ とのアクセントの違いに注意. 名 1 (化粧用の)コンパクト. 2 〖米〗= compact car. 3 コンパクトカメラ (☞ compact¹ 形 1).

com·pact⁴ /kámpækt | kɔ́m-/ 名 ⓒ〖格式〗契約, 盟約 (with, between; to do).

cómpact cár 名 ⓒ〖米〗小型車 (compact).

⁺cómpact dísc 名 ⓒ コンパクトディスク(略 CD). 関連 videodisc ビデオディスク.

cómpact dísc plàyer 名 ⓒ = CD player.

com·pact·ed /kəmpǽktɪd/ 形 圧縮[凝縮]された.

com·pact·ly /kəmpǽktli/ 副 こぢんまりと, 密に.

com·pact·ness /kəmpǽktnəs/ 名 ⓤ 小さくまとまりのよいこと; ぎっしりと詰まっていること.

com·pac·tor /kəmpǽktə | -tə/ 名 ⓒ (ごみなどの)圧縮機.

com·pa·dre /kəmpɑ́ːdɹeɪ/ ⟪スペイン語から⟫ 名 ⓒ〖(略式)〗友だち, 仲よし.

*com·pan·ion /kəmpǽnjən/ 名 (~s /-z/) ⓒ 1 (旅行などの)連れ, 話し相手; 友達 (☞ friend 類義語): He will be [make] a good ~ for you. 彼はあなたのいい仲間[話し相手]になるだろう / Fear was his constant ~. 恐怖が絶えず彼に付きまとっていた. 日英比較『パーティーのホステス』を意味する日本語の「コンパニオン」のような意味はない. 2 ひと組いる一方 (to): a ~ volume 姉妹編. 3 手引き, 参考書; (本の題名などに)…の友: A C~ to London『ロンドン案

340 companionable

内』. **4** 付添い人《老人などの世話をする住み込みの人, 特に女性》.
語源 ラテン語で「パン[食事]を共にする人」の意; ☞ company 囲み.

com·pan·ion·a·ble /kəmpǽnjənəbl/ 形 W
友とするによい, 親しみやすい. **2** 《時間などが》一緒にいて楽しい: a ～ occasion 友と過ごす楽しいひととき / in ～ silence ことばは交さずとも楽しげに. **-ion·a·bly** /-jənəbli/ 副 仲良く.

+**com·pan·ion·ship** /kəmpǽnjənʃɪp/ 名 U 《話し相手としての》付き合い, 交わり: have a pet for ～ 一緒にいる相手としてペットを飼う.

com·pan·ion·way /kəmpǽnjənwèɪ/ 名 C 《甲板から下の船室に通ずる》昇降口.

****com·pa·ny** /kʌ́mp(ə)ni/ 名 (-pa·nies /~z/; 動 accompany)

元来はラテン語で「パンを共にする仲間」の意 (☞ companion 語源)
「仲間」4
→ (仲間の集まり) → 「一団の人」5 → 「会社」1
                              → 「来客(たち)」3
→ (仲間の関係) → 「同伴」2
             → 「交わり」2

1 C 《(英) 単数形でも時に複数扱い; しばしば C-》**会社** (略 Co., ☞ firm 類義語): an electronics ～ エレクトロニクスの[を扱う]会社 / a ～ employee 従業員[会社]員.

— company 1 のいろいろ —
incórporated cómpany 《米》, jóint-stóck còmpany 《英》, límited cómpany 《英》, stóck còmpany 《米》 株式会社 / ínsurance còmpany 保険会社 / tráding còmpany 商事[貿易]会社

— コロケーション —
dissolve [wind up] a *company* 会社を解散する
join [work for] a *company* 《従業員として》会社に入る[勤める]
run [manage, operate] a *company* 会社を経営する
「**set up [establish, form, start]**」 a *company* 会社を設立する

2 U 同伴, 同席, いっしょにいること; 交わり, 人との付き合い; 人間: I enjoyed the ～ of your uncle very much. あなたの叔父さんといっしょでとても楽しかった / We are looking forward to your ～. ご出席をお待ちしております / I wasn't very good ～ for her. 彼女の相手としてあまりよすぎくはなかった.

3 U 来客(たち) (guest(s)): I am expecting [having] ～ this evening. 今晩お客が来ることになっている.

4 U 仲間, 友達; 《格式》同席の人 《全体》: 「A man is known [You can tell a man] by the ～ he keeps. 《ことわざ》付き合う友人を見ればその人がわかる / Two's ～ (, three's a crowd). 《ことわざ》 2 人はよいが 3 人目はじゃま《特に恋人同士が 2 人だけでいたいとき用いる》. 語法 個人を指すこともある: Tom is good [poor] ～. トムといっしょにいておもしろく[つまらなく]ない相手だ. **5** C 一団の人; 《俳優・歌手の》一座; 《船の乗組員 《全体》(crew): a theatrical ～ 劇団. **6** C 《陸軍》中隊《約 120 名; ☞ corps 参考》. **7** [the C-] 《米略式》中央情報局.
∴ and cómpany 名 (1) [... and C- として] 《会社名に用いる》. (2) [人名の後で] 《略式》 ...の連中.

as cómpany 副 連れとして.
be in good cómpany 動 自 《うまくいかなくても》他の(偉い)人でも似たようなものだ(から恥じることはない).
「**fáll into [gèt into, kèep] báq cómpany**」 動 自 悪い仲間と交わる[交わっている].
for cómpany 副 お付き合いに, 話し相手に.
in cómpany 副 人前で, 人なかで: You must be a good boy *in* ～. 人前では行儀よくしなさい.
in cómpany with ... 副 《格式》...とともに.
in ...'s cómpany = **in the cómpany of ...** 副 ...と一緒に[同席して](いる)と.
join cómpany with ... 動 他 《ある活動に》...といっしょに参加する (*in*).
kèep cómpany 動 自 《...と》付き合う (*with*).
kéep ... cómpany 動 他 《遊び・話などで》《人》に付き合う, 《人》の相手をする.
párt cómpany 動 自 《...と》別れる, 《...と》絶交する, 離縁する; 《...と》意見を異にする (*with*).

***cómpany cár** 名 C 社用車.
cómpany làw 名 U 《英》会社法.
cómpany tòwn 名 C 《米》会社町《雇用や住宅面でほとんど全面的に一企業に依存している町》.

compar. = comparative.

com·pa·ra·bil·i·ty /kὰmp(ə)rəbíləṭi | kɔ̀m-/ 名 U 類似性; 匹敵.

***com·pa·ra·ble** /kʌ́mp(ə)rəbl, kəmpǽrə- | kɔ́mp(ə)rə-, kəmpǽrə-/ 形 《反 incomparable》 **1** 《...と》比較できる, 《...と》似た点がある: 言い換え Japan is ～ *with* [*to*] Italy in many respects. <A+*with* [*to*]+名・代>=Japan and Italy are ～ in many respects. 日本は多くの点でイタリアに似たところがある.
2 《...に》ひけをとらない: There is no jewel ～ *with* [*to*] a diamond. <A+*with* [*to*]+名・代> ダイヤモンドに匹敵する宝石はない. **-ra·bly** /-rəbli/ 副 比較できるほどに; 同等に.

***com·par·a·tive** /kəmpǽrəṭɪv/ 形 (動 compáre) A **1** 《比較してみて》かなりの, 相対的な: a person of wealth かなりの金持ち / a ～ beginner 比較的初心者である人.
2 [限定なし] 比較の, 比較に関する[基づく]: a ～ study of Japanese and American culture(s) 日本とアメリカの文化の比較研究. **3** 《文法》比較級の (略 comp., compar.).
— 名 [the ～] 《文法》比較級(の形).
compárative degrée 名 [the ～] 《文法》比較級.

文法 比較級
形容詞・副詞の比較変化のうち, 2 つのものを比較してその程度がより高いことを示すのをいう. この辞書では比と示す. 比較級のつくり方については ☞ comparison
文法: John is *wiser than* Bill. ジョンはビルよりも賢い / Praise makes good men *better* and bad men *worse*. 《ことわざ》ほめるとよい人間はいっそうよくなり, 悪い人間はいっそう悪くなる / This book is *more interesting than* that. この本はあの本よりおもしろい / *Swifter*, *higher*, *stronger*. より速く, より高く, より強く《オリンピックの標語》[形容詞の比較級] // John did it *more carefully than* Bill. ジョンはビルよりももっと注意深くそれをした [副詞の比較級].
比較級の用法についての注意.
(1) 「比較級+and+比較級」, または 「more and more+原級」で「ますます...に, いよいよ...に」のように程度が徐々に増加することを表わす (☞ and 7): It is getting *colder and colder*. ますます寒くなっていく / The wind blew *harder and harder*. 風はいよいよ激しく吹いた / He spoke on *more and more eloquently*. 彼はますます雄弁に話し続けた.
(2) 「the+比較級, the+比較級」で「...すればするほど

ますます～になる」の意味を表わす: *The* sooner, *the* better. 早ければ早いほどよい. (☞ the²).
(3) さらに ☞ all the＋比較級 (all [副] 成句), none the＋比較級＋for ... (none [副] 成句).

compárative líterature [名] [U] 比較文学.

⁺**com·par·a·tive·ly** /kəmpǽrəṭɪvli/ [副] 比較的に, かなり, 割合に, 多少とも: I found the task ～ easy. その仕事は割合(に)やさしかった. **compáratively spéaking** [副] 比較して言えば.

‡**com·pare** /kəmpéə | -péə/ [動] (**com·pares** /~z/; **com·pared** /~d/; **com·par·ing** /-pé(ə)rɪŋ/; [名] compárison, [形] compárative) [他] **1** 〈...〉を比較する, 〈...〉を(―と)比べる, 対照する (☞ cf.); 参照する: *C*～ the two pictures and tell me which you like better. その 2 枚の絵を比べてどちらが好きか言ってください / [言い換え] I **～*d*** the copy ***with*** [***and***] the original. <V+O+*with* [*and*]+名・代> (=I made a comparison between the copy and the original.) 私は写しを元のものと比べてみた.
2 〈...〉をたとえる, なぞらえる: Life *is* often **～*d to*** a voyage. <V+O+*to*+名・代の受身> 人生はよく航海にたとえられる. [語法] 1 の意味では前置詞は with のほか to も普通, 2 の意味では普通は to を用いる. **3** 〔文法〕〈形容詞・副詞〉の比較変化を示す.
― [自] (2つ以上のものが)比較される; [普通は否定文で] 肩を並べる: No book can ～ *with* the Bible. 聖書に匹敵する本はない.
(as) compáred with [to] ... [T3] [前] ...と比較すると, ...と比べて: The US is large ～*d with* [*to*] Japan. 日本と比べると, アメリカ合衆国は広い.
compáre and contrást [動] [他] 〈...〉を比較対照する.
compáre fávorably [únfavorably] with ... [動] [他] ...に優る[劣る]: Your essay ～*s* very *favorably with* hers. 君の作文は彼女のよりずっとよい.
nót to be compáred (with ...) (...とは)比較にならない. [語法] 普通は劣る場合に用いる: That computer is *not to be* ～*d* (*with* this one). あのコンピューターは(これとは)比べ物にならない(とても劣っている).
― [名] [次の成句で] **beyònd [withòut] compáre** [副] 《文》 比べ物にならないほど, 類がないほど.

*__com·par·i·son__ /kəmpǽrəs(ə)n/ [名] (～**s** /~z/; [動] compáre) **1** [U,C] 比較(する[される]こと); 対照; 類似: a **～ *of*** gold ***and*** [***with***] silver=**～ *between*** gold ***and*** silver 金と銀の比較 / *C*～*s* are odious. 《ことわざ》 比較はおぞましい《人や物を他と比べてとやかく言うものではない》. **2** [C,U] たとえること: the ～ of life *to* a voyage 人生を航海にたとえること. **3** [U,C] 〔文法〕 比較変化, 比較.
beyònd compárison [副] 比較にならないほど.
by [in] compárison [副] [つなぎ語] (前述のものと)比較すると, それと比べると; それにひきかえ: The problems we have are, *by* ～, nothing. それに比べれば私たちのかかえる問題なんてとるに足りないものだ.
for compárison [副] 比較するために.
in [by] compárison with [to] ... [前] ...と比較すると, ...と比べると: *In* ～ *with* Mt. Everest, Mont Blanc is not so high. エベレスト山と比べるとモンブランはそんなに高くない.
invíte compárison with ... [動] [他] 《格式》 ...を比較連想させる.
màke [dráw] a compárison [動] [自] (2 つのものを)比較する (*between*, *with*).
on compárison [副] 《英》 比べてみると.
stánd [béar] compárison with ... [動] [他] [しばしば否定文で] 《格式》 ...に匹敵する; ...に似ている.
There is nó compárison (betwèen ... and ―). [S] (...と―とでは)比較にならない.

[文法] **比較変化**
形容詞および副詞が性質・状態・方法・程度・数量などの比較をする場合に用いる語形変化をいう. 原級 (positive degree)・比較級・最上級の 3 つの形がある.
[参考] 形容詞・副詞でも中には比較変化をしない語や語義がある. そうした場合, この辞書では特に重要な語・語義には [比較なし] と記してある.
比較級・最上級のつくり方: 形容詞および副詞の語形を変化させる場合と, 原級の前に more, most をつける場合とがある. 劣等比較に関しては, less, least を用いる.
語形変化をするものには規則比較変化 (regular comparison) と不規則比較変化 (irregular comparison) がある.
(1) 規則比較変化: 1 音節語および 2 音節語の一部の語は -er, -est をつけて比較級・最上級をつくる: fast 速い, 速く ― fast*er* ― fast*est* / big 大きい ― bigg*er* ― bigg*est* / young /jʌ́ŋ/ 若い―young*er* /jʌ́ŋgə | -gə/―young*est* /jʌ́ŋgɪst/ / early 早い, 早く―earl*ier*―earl*iest* / able 有能な―abl*er*―abl*est*. [語法] (i) big のように短母音＋子音字で終わる語は子音字を重ねる. (ii) young のように /ŋ/ で終わる語の比較級・最上級の発音には /g/ が入る. (iii) early のように -y で終わる語は y を i に変えて -er, -est をつける. (iv) able のように発音されない -e で終わる語は e をとって -er, -est をつける. (v) 1 音節の語でも right のように -er, -est をつけずに more right, most right のようになる語もある.
(2) 不規則比較変化: 次のような形容詞および副詞がこれに属する: good よい, well よく―*better*―*best* / bad 悪い, ill 悪く―*worse*―*worst* / many (数が)多い, much (量が)多い, 多く―*more*―*most*.
[語法] 2 通りの異なった比較変化をする語がある. これらはそれぞれ意味が異なることがある: far―*farther*―*farthest* (距離), far―*further*―*furthest* (程度・距離).
[参考] この辞書では -er, -est をつけて比較級・最上級をつくる形容詞および副詞は品詞名の後に記してある.
(3) more および most を前につける語は -ful, -less, -ous, -ing, -ish などで終わる 2 音節の語, および 3 音節以上の語, また形容詞＋-ly で終わる副詞などである: useful 有用な―*more* useful―*most* useful / useless 無用な―*more* useless―*most* useless / precious 貴重な―*more* precious―*most* precious / charming 魅力的な―*more* charming―*most* charming.
[参考] この辞書では more, most をつけて比較級・最上級をつくる形容詞および副詞は特にそれを断っていない.
(4) 程度などが劣っていることを表わす比較では, すべて比較級は less, 最上級は least を前につける: He was *less* wise *than* his brother. 彼は兄ほど賢くなかった[比較級] / He was the *least* wise of all the kings. 彼はすべての王のうちで最も愚かであった [最上級].
(5) 比較級・最上級の用法については ☞ comparative degree [文法], superlative degree [文法].

compárison shòp [動] [自] あちこちの店での価格を比べて買い物する.
compárison shòpper [名] [C] 《米》 あちこちの店での価格を比べて買い物する人.
compárison shòpping [名] [U] あちこちの店での価格を比べてする買い物.

⁺**com·part·ment** /kəmpɑ́ətmənt | -pɑ́ːt-/ [名] [C] **1** 仕切り, 区画, 仕切られた空間[部屋]: the freezer ～ (冷蔵庫の)冷凍庫 / an overhead luggage ～ (機内の)荷物棚. **2** (飛行機・船の)コンパートメント; (列車の)仕切り客室 《小さく仕切られ, ドアを開けて中に入る客室; 向かい合って座る 2 列の座席がある; ☞ 次ページ挿絵》; 《米》 (寝台車の)トイレ付き個室: ☞ smoking compartment.

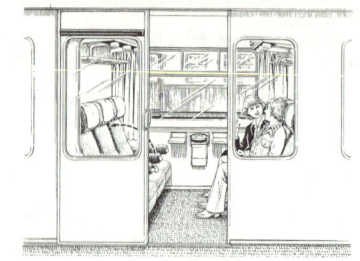

compartment 2

com·part·men·tal·i·za·tion /kəmpɑ̀ːtmèntəlɪzéɪʃən | kəmpɑːtmèntəlaɪz-/ 图 Ⅱ 区画化; 分類.

com·part·men·tal·ize /kəmpɑːmèntəlaɪz | kɔ̀mpɑːt-/ 動 他 ⟨…⟩を区画化する; 分類整理する.

com·part·men·tal·ized /kəmpɑːméntəlaɪzd | kɔ̀mpɑːt-/ 形 区画された.

†**com·pass** /kʌ́mpəs/ 图 1 © (方位を測る)磁石, コンパス (☞ magnet 表; pass 単語の記憶): the points of the ~ = the ~ points コンパスの方位 (32 ある). 2 © 羅針盤, 羅針儀: find one's bearings with a ~ 羅針盤で方角を知る. 3 © [時に複数形で] コンパス (円を描くための道具): draw a circle with a ~ [(a pair of) ~es] コンパスで円を描く. 4 Ⓤ (格式) (活動・興味などの)範囲 (of); 限界; [楽] 音(声)域. **within [beyónd] the cómpass of ...** 副 (格式)…の範囲内で[範囲を超えて].

compass 2

*__com·pas·sion__ /kəmpǽʃən/ 图 Ⓤ compassionate) 哀れみ, 同情 (☞ pity 類義語): be filled with ~ 深く同情する. **óut of compássion** 副 同情心から. **shów [féel, háve] compássion for ...** [動] …に同情する.

†**com·pas·sion·ate** /kəmpǽʃ(ə)nət/ 形 compássion) 情け深い, 哀れみ深い, 同情的な (toward); on ~ grounds 同情すべき理由で. **~·ly** 副 情け深く.

compássionate léave 图 Ⓤ (英) 恩情休暇 (忌引きなど).

compássion fatíque 图 Ⓤ 同情疲れ.

cómpass ròse 图 © (海) 羅針図.

com·pat·i·bil·i·ty /kəmpæ̀təbíləṭi, -pæ̀ṭə-/ 图 Ⓤ 適合[両立]性; 相性; [電算] 互換性 (between, with).

*__com·pat·i·ble__ /kəmpǽṭəbl/ 形 (反 incompatible) 1 [電算] (機器などが)互換性のある: This software is ~ with any of those computers. <A+with+名·代> このソフトはそのコンピューターのいずれでも動く. 2 (原則などが)両立できる, 矛盾のない; (人が)性格が合う; (物が)適合している: His views are not ~ with our economic policy. <A+with+名·代> 彼の見解は我々の経済政策と一致しない. ━ 图 © [電算] 互換性のある機器. **-i·bly** /-ṭəbli/ 副 両立できるように, 互換できるように.

†**com·pa·tri·ot** /kəmpéɪtriət | -pǽtri-/ 图 © [所有格の後で] 同国人, 同胞; 《米》同僚.

*__com·pel__ /kəmpél/ 動 (**com·pels** /-z/; **com·pelled** /-d/; **-pel·ling** /图 compúlsion, 形 compúlsive, compulsory) 他 1 ⟨…⟩に無理に—させる, —せざるをえなくする (☞ force 類義語): Darkness *compelled* us *to* turn back. <V+O+C (to 不定詞)> 暗くなりやむなく引き返した. 2 [受身・進行形なし] (格式) ⟨態度など⟩を強いる; ⟨感情など⟩を抱かざるをえなくする: Her beauty ~s admiration. 彼女の美しさは称賛せずにはいられない / Do you think you can ~ obedience *from* us? あなたは我々に服従を強要できると思っているのか. **féel compélled to dó** [動] …せざるをえない気持ちになる.

com·pel·ling /kəmpélɪŋ/ 形 1 [普通は A] (主張・理由などが)なるほどと思わせる, 説得力のある; (必要・望みなどが)強い, そうせざるをえない: Attend unless you have ~ reasons not to. 休むもっともな理由がない限り出なさい. 2 (話・本などが)注目[熱中]させる, 魅力のある: a ~ smile 思わずつり込まれてしまうような微笑. **~·ly** 副 説得力をもって, 注目を集めるほど.

com·pen·di·a 图 compendium の複数形.

com·pen·di·ous /kəmpéndiəs/ 形 (格式) 簡潔(だが包括的)な. **~·ly** 副 簡潔に(まとめて).

com·pen·di·um /kəmpéndiəm/ 图 (~s, **com·pen·di·a** /-diə/) © 1 (格式) 包括的解説, 概説(書), 概要. 2 (英) (盤上ゲームの)詰め合わせ.

*__com·pen·sate__ /kɑ́mpənseɪt | kɔ́m-/ 動 (-pen·sates /-sèɪts/; -pen·sat·ed /-ṭɪd/; -pen·sat·ing /-ṭɪŋ/; 图 còmpensátion, 形 còmpensátory) 他 1 [言い換え] ⟨人⟩に(損失などの)補償をする: You must ~ him *for* his loss. <V+O+*for*+名·代> (=You must make compensation to him for his loss.) 彼の損失を償わねばならない. 2 ⟨…⟩を(—で)埋め合わせる, 補う (with). 3 (格式) ⟨人⟩に報酬を払う.
━ 自 償う; (行為・事情などが)補う, 埋め合わせる: Money cannot ~ *for* life. <V+*for*+名·代> 金で命は償えない.

*__com·pen·sa·tion__ /kɑ̀mpənséɪʃən | kɔ̀m-/ 图 (~s /-z/; 動 cómpensàte) 1 賠償[補償]金 Ⓤ|© 補償, 賠償, 償い: pay [seek, claim] ~ 賠償金を支払う[請求する] / Did they make any ~ *for* the damage? 彼らは損害の補償をしましたか // ☞ unemployment compensation. 2 ©Ⓤ 償いになるもの, 埋め合わせ (of): Living here has its ~s. ここに住むことはよいこともある. 3 Ⓤ (格式) 報酬. 4 ©Ⓤ (心) 代償[補償](作用). **in [as (a), by wáy of] compensátion** 副 […の償いとして] (for).

com·pen·sa·to·ry /kəmpénsətɔ̀ːri | kɔ̀mpənséɪtəri, -tri-/ 形 (動 cómpensàte) [普通は A] (格式) 償い[埋め合わせ]となる; 賠償[補償]の.

com·père, com·pere /kɑ́mpeər | kɔ́mpeə/ (フランス語から) 图 (**com·per·ing, com·per·ing** /-pe(ə)rɪŋ/) (英) =emcee.

*__com·pete__ /kəmpíːt/ 動 (**com·petes** /-píːts/; **com·pet·ed** /-ṭɪd/; **com·pet·ing** /-ṭɪŋ/; 图 còmpetítion, 形 compétitive) 自 1 競争する, 張り合う; (競争に)参加する: John had to ~ *against* his classmates *in* the examination. <V+*against* [*with*]+名·代+*in*+名·代> ジョンはその試験で級友と競争しなければならなかった / They ~d (*with* each other) *for* the prize. <V+(*with*+名·代)+*for*+名·代> 彼らはその賞をめざして(互いに)競争した / They are *competing to* win the prize. <V+*to* 不定詞> 彼らはその賞を取ろうと競争している. 2 [主に否定文で] 匹敵する, 比べられる: You can't ~ with him. あいつにはかなわないよ. 3 (音・においなどが)張り合う (with). 4 (議論・主張などが)相反する, 矛盾する.

†**com·pe·tence** /kɑ́mpəṭəns, -tns | kɔ́m-/, **com·pe·ten·cy** /kɑ́mpəṭənsi, -tn- | kɔ́m-/

(形) cómpetent; (反) incompetence) **1** Ⓤ 能力; 適性 (*as, in; to do*); 知識[能力]の範囲: the ~ necessary for the position 地位に必要な能力. **2** Ⓤ 《裁判所[官]・政府などの》権限; 法的資格《年齢・市民権など》(*to do*). **3** Ⓒ 《格式》〈ある仕事に必要な〉技能. **4** Ⓤ《言》言語能力.

*com·pe·tent /kámpətənt, -tnt | kóm-/ 類1 形 (名 cómpetence; 反 incompetent) **1** 能力のある, 有能な (*as, at, in*) (⇨ able² 類義語): He is ~ to handle this assignment. 〈A+to 不定詞〉 彼はこの任務を十分こなしていける. **2** 〈要求を満たすのに〉十分な; (できばえなどの点で)満足のいく, まあまあの, できのいい. **3** 正常な精神状態の. **4** Ⓟ《法》権限[資格]のある (*to do*). **~·ly** 副 有能に, 立派に.

*com·pet·ing /kəmpíːtɪŋ/ 形 **1**〈主張・利益・理論などが〉相反する, 衝突する, 矛盾する: ~ theories of the origin of life 生命の起源に関して対立する理論. **2** 〈チームなどが〉競い合っている.

*com·pe·ti·tion /kɑ̀mpətíʃən | kɔ̀m-/ 名 (~s /~z/, 動 cómpete)
1 Ⓤ 競争: There was keen [bitter, fierce, intense, stiff] ~ *between* [*among*] them *for* the prize. その賞を得ようとして彼らの間で激しい競争が行なわれた.
2 Ⓒ 試合, 競技, 競争試験, コンテスト, コンペ: enter a ~ 競技会に参加する / win [lose] a ~ 試合に勝つ[負ける] / a ~ *to* find a name for the baby panda 〈N+*to* 不定詞〉パンダの赤ちゃんにつける名前を決めるコンテスト. **3** Ⓤ〔しばしば the ~; 《英》単数形でも時に複数扱い〕競争[相手]; ライバル商[企]品: be no ~ *for* ... ...の競争相手に, 足元にも及ばない.
in competition with ... [前] ...と競争して.

*com·pet·i·tive /kəmpétətɪv/ 形 (動 compéte)
1 競争の, 競争的な: a highly [fiercely, keenly, intensely] ~ society 競争の激しい社会.
2 競争心の強い; 〈会社・製品・値段などが〉競争力のある, 競争に耐えられる (*with*); ... a ~ spirit 競争心 / Less ~ shops will go under. それほど競争力のない店はつぶれるだろう / The prices are ~. 品物の割に値段が安い. **a compétitive édge [advántage]** [名] 競争力の優位, 強み. **~·ly** 副 他に負けずに.

com·pet·i·tive·ness /kəmpétətɪvnəs/ 名 Ⓤ 競争力, 競争[向上]心; 〈企業・商品などの〉競争力.

*com·pet·i·tor /kəmpétətə | -tə/ 名 Ⓒ **1** 競争者, 競争相手 (rival と違って敵意を含まない); ライバル企業[商品]; 競技[競争]の参加者: ~s *in* a race レースの参加者.

⁺com·pi·la·tion /kɑ̀mpəléɪʃən | kɔ̀m-/ 名 Ⓒ 編集した物 (*of*); Ⓤ 編集, 編纂(さん).

*com·pile /kəmpáɪl/ 動13 (com·piles /~z/, -com·piled /~d/; com·pil·ing) 他 **1** 〈辞典などを〉編集する; [しばしば受身で]〈資料などを〉まとめる (*for*): This book was ~*d from* his lectures. 〈V+O+*from*+名·代の受身〉 これは彼の講義をまとめたものだ. **2** 《電算》〈プログラムを〉機械語に翻訳する, コンパイルする.

com·pil·er /kəmpáɪlə | -lə/ 名 Ⓒ **1** 編集者, 編纂(さん)者. **2** 《電算》コンパイラー《コンピューター言語を機械語へ翻訳するためのプログラム》.

*com·pla·cen·cy /kəmpléɪs(ə)nsi/, com·pla·cence /kəmpléɪs(ə)ns/ 名 Ⓤ 自己満足.

⁺com·pla·cent /kəmpléɪs(ə)nt/ 形 自己満足した, 独りよがりの (*about*). **~·ly** 副〔独り〕満足して.

*com·plain /kəmpléɪn/ 動11 ⓔ (com·plains /~z/; com·plained /~d/; -plain·ing 名 compláint) ⓐ **1** 不平を言う, ぶつぶつ言う; 〈不平・不満・悲しみ・身体の不調などを〉訴える: She ~*ed* bitterly *about* her job. 彼女はひどく仕事のぐちをこぼした / He is always

complement 343

~*ing*. 彼はいつも不平ばかり言っている (⇨ be² **1** (3)) / 〖言い換え〗 She often ~*s of* headaches. 《格式》(=She often ~*s that* she has a headache.) 彼女はよく頭痛を訴える (⇨ 他).

complain (不満やいやな[苦しい]ことがあるので不平を言う)	ぶつぶつ言う
grumble (おもしろくないので小声で不平を言う)	
grunt (うなるように何かを短く言う)	

2 〈正式に〉訴える; 抗議[苦情]を申し立てる: He ~*ed to* the police *about* his neighbor's dog. 〈V+*to*+名·代+*about*+名·代〉 彼は隣の家の犬のことで警察に訴えた.

— 他〔受身なし〕〈...である〉と不平を言う, こぼす: She ~*ed* (*to* her mother) *that* the soup was cold. 〈V(+*to*+名·代)+O (*that* 節)〉 彼女はスープがさめている (と母に)文句を言った (⇨ ⓐ 1).

Can't [I cán't] compláin. Ⓢ まずまずです.
[語源] ラテン語で「(悲しみの表現として)胸をたたく」の意.

com·plain·ant /kəmpléɪnənt/ 名 Ⓒ =plaintiff.
com·plain·er /kəmpléɪnə | -nə/ 名 Ⓒ 不平家.
com·plain·ing·ly /kəmpléɪnɪŋli/ 副 不満げに.

*com·plaint /kəmpléɪnt/ 名 (com·plaints /-pléɪnts/; 動 compláin) **1** Ⓒ 不平[不満, 苦情](の種): ~*s about* [*of*] noise 騒音に対する苦情 / They disregarded [ignored] her ~*s that* she was being treated unfairly. 〈N+*that* 節〉 彼らは不当な扱いを受けたという彼女の苦情を無視した.

┌─── コロケーション ───┐
「**deal with [investigate]** a *complaint*」 苦情を処理[調査]する
receive [have] a *complaint* 苦情を受ける
reject a *complaint* 苦情の申し立てをはねつける
respond to a *complaint* 苦情に対応する
uphold a *complaint* 苦情を認める
withdraw a *complaint* 苦情を取り下げる
└────────────────┘

2 Ⓤ 不平を言うこと, 苦情の申し立て (*about*, *against*): a letter of ~ 苦情の手紙 / have cause [grounds, reason] for ~ 苦情を申し立てる理由がある. **3** Ⓒ 病気 (illness), 体の不調: have a heart [liver] ~ 心臓[肝臓]が悪い. **4** Ⓒ《法》告訴.
compláints procédure [名] 告訴手続き.
lódge [fíle, submít] a compláint agàinst ... 動 他《法》...を告訴する. **máke a compláint** [動] (1) 不平[苦情]を言う, クレームをつける (⇨ claim 日英比較): They *made* ~*s about* the poor service at that hotel. 彼らはそのホテルのサービスが悪いと苦情を言った. (2)《正式に》訴える.

com·plai·sance /kəmpléɪs(ə)ns, -z(ə)ns | -z(ə)ns/ 名 Ⓤ《格式》願いに応じること; 従順.
com·plai·sant /kəmpléɪs(ə)nt, -z(ə)nt | -z(ə)nt/ 形《格式》愛想のいい; 従順な. **~·ly** 副 愛想よく.
-com·plect·ed /kəmpléktɪd/ 形 [合成語で]《米略式》=-complexioned.

*com·ple·ment¹ /kámpləmənt | kɔ́m-/ ★動詞の complement² との発音の違いに注意. (同音 compliment¹) 名 (-ple·ments /-mənts/; 動 cómplemət; 形 còmpleméntary) Ⓒ **1** 補完するもの, 補足して完全にするもの; なくてはならぬもの, ぴったり合うもの: Cheese is a perfect ~ *to* this wine. このワインにはチーズがよく合う. **2** 〔普通は単数形で〕(必要な)数[量], 定員, 定数, 定量: a full ~ *of* ... (定数まで)全部[員]そろった. **3**《文法》補語 (圏 C). **4**《数》余

complement

角.

文法 補語
文の要素の1つで、動詞の意味を完全にするために補う語句をいう。不完全自動詞(☞ incomplete intransitive verb 文法)の意味を補って主語について説明する主格補語(☞ subjective complement 文法)と、不完全他動詞(☞ incomplete transitive verb 文法)を補って目的語について説明する目的格補語(☞ objective complement 文法)とがある。
参考 この辞書の動詞型の指示では補語はCで表わされる(☞ 動詞型解説 I(巻末)).

*__com·ple·ment__² /kámpləmènt | kóm-/ ★名詞の complement¹ との発音の違いに注意. 動 (-ple·ments /-mènts/, -ment·ed /-ţɪd/, -ment·ing /-ţɪŋ/; 名 cómplement) 他 ⟨…⟩を補完する、補って完全にする; ⟨…⟩なくてはならぬ[ぴったり合う]: ~ each other 互いに補い合う / Fine wine ~s a good dinner. おいしいワインはディナーにはなくてはならない.

⁺__com·ple·men·ta·ry__ /kàmpləméntəri, -tri | kòm-←/ 形 (名 cómplement) 補い合う、補完的な; 相補的な (to): ~ colors 補色 / ~ angles 〖数〗余角.

__cómplementary médicine__ 名 U (主に英)
= alternative medicine.

*__com·plete__ /kəmplí:t/ T1 形 (反 incomplete) 1 [普通は A] [比較なし] (出来事・性質などが) 完全な, 全くの, 徹底した; 完璧な... (☞ 類義語): a ~ victory [defeat] 完全な勝利[完敗] / He is a ~ gentleman. 彼は全くの紳士だ.
語法 (略式) では比較級・最上級も使われることがある.
almost, nearly, quite などの副詞で修飾可能.
2 __全部そろっている__, 全部の; 完備した, (…を)備えた[た]: We have a ~ set of recordings of Beethoven's symphonies. 当店にはベートーヴェンの交響曲すべてとりそろえている(CD・テープなど) / The apartment comes ~ *with* furniture. <A+*with*+名・代> そのアパートは家具が完備している.
3 P 完成して, 仕上がって (finished): This painting is now ~. この絵はもう完成している.
— 動 (com·pletes /-plí:ts/; com·plet·ed /-ţɪd/; com·plet·ing /-ţɪŋ/; 名 complétion) 他 1 [しばしば受身で] (特に時間をかけて) ⟨…⟩を__完成する__, 仕上げる; 終える: The building *is* now ~d. <V+Oの受身> その建物はもう完成した.
2 ⟨…⟩を完全なものにする, 全部そろえる: I want to ~ my set of Shakespeare. 私はシェークスピア全集をみなそろえたい. 3 ⟨書類など⟩に(全部)記入する.
— 自 (英) 不動産などの売買を完了する.
【類義語】 __complete__ 必要なものを全部備えていること. __perfect__ 完全であると同時に優れた性質を持っていること.

__com·plet·ed__ /kəmplí:ţɪd/ 形 (反 incompleteness) 完成した; (書類などの)記入済みの.

__compléte intránsitive vérb__ 名 C 〖文法〗完全自動詞(☞ intransitive verb 文法).

*__com·plete·ly__ /kəmplí:tli/ 副 (反 incompletely) 1 __完全に, 全く__, すっかり(very¹ 囲い): I ~ forgot it. 私はそれをすっかり忘れてしまった.
2 [否定文で] 全く(…であるというわけではない)(部分否定を表わす): I don't ~ disagree with you. あなたの意見に全く不賛成というのではない.

__com·plete·ness__ /kəmplí:tnəs/ 名 (反 incompleteness) U 完全(であること): for (the sake of) ~ もれがないように.

__compléte tránsitive vérb__ 名 C 〖文法〗完全他動詞(☞ transitive verb 文法).

⁺__com·ple·tion__ /kəmplí:ʃən/ 名 (動 complete) 1 U 完了, 完成, 落成: a ~ ceremony 落成式 / This building is near [nearing] ~. この建物は完成間近だ.
2 U,C 満了; 卒業; (英) (不動産などの)売買完了((米) closing). __bríng ... to complétion__ 動 他 ⟨…⟩を完成させる. __on [upòn] complétion__ 副 (…が)完了[完成]次第 (*of*).

*__com·plex__¹ /kàmpléks, kəmpléks | kómpleks, kəmpléks←/ T1 形 (名 compléxity) 1 複雑な, 入り組んだ; 理解が難しい(☞ simple) (☞ 類義語): a highly ~ device 非常に複雑な装置 / There is no simple solution for [to, of] this ~ problem. この複雑な問題には簡単な解決策はない. 文の いろいろな要素から成る, 複合の; 〖文法〗複文の, 複文語の: The sea is a ~ mixture of chemicals. 海は化学物質がいろいろと混合したものである / ~ number 〖数〗複素数.
【類義語】 __complex__ 互いに関連する込み入った要素から成り立ち, 理解するのにかなりの研究と知識を必要とするような複雑さ. __complicated__ 非常に込み入っていて分析や理解が困難なほどの複雑さ. __sophisticated__ 最新の技術を備えていて高度に複雑・精密[精巧]な性能の優秀さ. __intricate__ どうしてよいかわからないようなとまどいを起こさせるような複雑さ. __involved__ 互いに入り組んだ要素から成り, 部分を抜くは出したり, 分析したりするのが困難な複雑さ. 特に人の立場・環境・考えなどについて用いる.

⁺__com·plex__² /kámpleks | kóm-/ 名 C 1 複合[集合]的な建物, 総合センター, 団地, 共同ビル; 〖工業〗コンビナート; (格式)複合体[物] (*of*): a housing ~ 住宅団地 / a sports ~ スポーツセンター. 2 過度の不安[恐怖], 固定観念; 〖心〗コンプレックス, 複合(無意識の中にある抑えつけられた感情で, しばしば異常な行動の原因となることがある): have [get, develop] a ~ *about* one's big hands 手の大きなことをいつも気にする[するようになる] / Don't talk like that. You'll give her a ~. そんな話はしないで. 彼女が気にするようになるから / 「a superiority [an inferiority] ~ 優越[劣等]感. **日英比較** 日本語の「コンプレックス」と違って, complex だけでは「劣等感」の意味はない.

⁺__com·plex·ion__ /kəmplékʃən/ 名 1 C,U 顔色, (顔の)色つや: a man with a ruddy ~ 赤ら顔の男. 2 [単数形で] (事態の)外観, 様子, 様相 (aspect); 性質: change the ~ of ... …の様相を変える.
__pút a néw [dífferent, frésh] compléxion on ...__ 動 他 (情況など)に対する見方を一変させる.

__-com·plex·ioned__ /kəmplékʃənd/ 形 [合成語で] 顔色[肌]が…の: dark-*complexioned* 色黒の.

*__com·plex·i·ty__ /kəmpléksəţi/ 名 (-i·ties /~z/; 形 compléx¹) 1 U 複雑さ (反 simplicity): The ~ of the problem astonished me. 問題の複雑さに私は驚いた. 2 C [普通は複数形で] 複雑なもの: the *complexities* of legal procedures 法的手続きの煩雑.

__cómplex séntence__ 名 C 〖文法〗複文.

文法 複文
文を構造上から分類した場合の一種で, 従属節を含むものをいう: I think (*that*) he told a lie. 私は彼がうそをついたのだと思う[従属節は名詞節] / This is the man *who wants to see you*. こちらがあなたに会いたいと言っている人です[従属節は形容詞節] / *If I were a bird*, I would fly to you. もし僕が鳥だったら君のところへ飛んでいくのだが[従属節は副詞節].

⁺__com·pli·ance__ /kəmpláɪəns/ 名 (動 comply) U (格式) 1 (要求・規則などに)沿うこと, 服従, (法令)遵守 (*with*). 2 人の言いなりになること, 従順さ, 追従 (*with*). __in compliance with ...__ T3 前 (格式) (規定・人の希望などに)従って, …に応じて.

__com·pli·ant__ /kəmpláɪənt/ 形 (動 comply) (格式) 1 [普通は軽蔑] 人の言いなりになる, 従順な, 素直な (*with*). 2 (規則・基準などに)沿っている, 準拠した

(with). ～・ly 副 言われるがままに、従順に.

*com・pli・cate /kɑ́mplɪkèɪt | kɔ́m-/ 動 (-pli・cates /-kèɪts/; -pli・cat・ed /-tɪd/; -pli・cat・ing /-tɪŋ/) 他 1 <…>を複雑にする、込み入らせる；わかりにくくする (反 simplify): That ～s matters. それで事が面倒になる. 2 [普通は受身で] <病気など>を悪化させる.
to cómplicate mátters [thíngs] (fúrther) 副 [つなぎ語] さらに面倒なことに.

*com・pli・cat・ed /kɑ́mplɪkèɪtɪd | kɔ́m-/ 形 (反 uncomplicated) 1 複雑な、込み入った；わかり[解決し]にくい (☞ complex¹ 類義語): The situation is very [extremely, highly] ～. 事態は非常に複雑だ. 2 多くの部分[要素]から成る、複合的な.

*com・pli・ca・tion /kɑ̀mplɪkéɪʃən | kɔ̀m-/ 名 1 C [普通は複数形で] [医] 合併症, 余病. 2 C 複雑な事柄, ごたごたした種；厄介な問題.

com・plic・it /kəmplísɪt/ 形 共謀[連座]した (in).
com・plic・i・ty /kəmplísəti/ 名 U (格式) 共謀, 共犯, 連座 (with; in). 関連 accomplice 共犯者.

*com・pli・ment¹ /kɑ́mpləmənt | kɔ́m-/ ★ 動詞の compliment² との発音の違いに注意. (同語 compliment¹) 13 名 (-pli・ments /-mənts/; 動 cómpliment², /kɑ́mpləmènt | kɔ́m-/) 1 C ほめことば, 賛辞, お世辞, 敬意: Karen received many ～s on her new dress. カレンは新しいドレスを大勢の人からほめてもらった.

| compliment (社交上のお世辞) | お |
| flattery (程度を越えた追従(ついしょう)) | 世辞 |

2 [複数形で] (人への)賛辞, 祝い[お礼]のことば；(古風) あいさつのことば (greetings):「Please give my ～s [C～s] to the chef. The roast beef was delicious. シェフによろしく伝えて下さい. ローストビーフがおいしかったですよ. 3 C すばらしさを物語る[示す]もの (to).
Cómpliments of the séason 名 (古風) (クリスマスや新年の)ごあいさつ (手紙などで). **fish for cómpliments** 動 (自) (相手にほめてもらうろうにわざとらしくする. **páy [gíve] ... a cómpliment＝páy [gíve] a cómpliment to ...** 動 (他) <…>をほめる, <…>にお世辞を言う. **páy [pɑ́y] the cómpliment of [by] dóing** 動 (他) <…>に敬意を表して―する. **retúrn [repáy] the cómpliment** 動 (自) 1 お返しにほめる. 2 返礼する；仕返しする. **táke ... as a cómpliment** 動 (他) (相手の意図に関係なく)<…>をほめことばとして受けとる. **with cómpliments** 副 贈呈で, 無料で (from). **(with the) cómpliments of...＝with ...'s cómpliments** 副 (丁寧) ...より贈呈[謹呈]で (時に本などを人に贈るときに書き添える文句にもなる).

+com・pli・ment² /kɑ́mpləmènt | kɔ́m-/ ★ 名詞の compliment¹ との発音の違いに注意. 動 (名 cómpliment¹) 他 <人>をほめる, <人>にお世辞を言う (for): Ken ～ed Lucy on her new dress. ケンはルーシーの新しい服をほめた.

+com・pli・men・ta・ry /kɑ̀mpləméntəri, -tri | kɔ̀m-⁻/ 13 形 (-pli・ment) 1 招待の, 無料の (free). 2 称賛の；お世辞の；敬意を表した (about).
cómplimentary clóse /-klóʊz/ 名 U (手紙の結びの文句, 結語 (close) (☞ letter 図).
cómplimentary tícket 名 C (無料)招待券.
cómpliment(s) slíp 名 C (英) 贈[呈]票 (献本や景品につけられる粗品などと書かれた紙片).

com・pline /kɑ́mplɪn | kɔ́m-/ 名 U [カトリック] 終課 (1日の最後の祈り).

*com・ply /kəmpláɪ/ 動 (com・plies /～z/; com・plied /～d/; -ply・ing; 形 compliancy, 形 compliant) 自 (格式) <命令・要求・規則に>応じる, 従う: 12 They **complied with** our request. <V＋with＋名・代> 彼らは我々の要求を受け入れた.

composition 345

*com・po・nent /kəmpóʊnənt/ 名 (-po・nents /-nənts/) C (機械などの)構成部分, 部品；成分, 要素: the ～s of a radio ラジオの部品 / a key ～ 基本的要素. ― 形 構成する: the ～ parts of ... の構成部分.

com・port /kəmpɔ́ət | -pɔ́ːt/ 動 [～ oneself として] (格式) (立派に)ふるまう, 身を処する. **compórt with ...** 動 (他) (格式) <考え・規則など>に従う, 適合する.

com・port・ment /kəmpɔ́ətmənt | -pɔ́ːt-/ 名 U (格式) 態度, ふるまい.

*com・pose /kəmpóʊz/ 動 (com・pos・es /～ɪz/; com・posed /～d/; com・pos・ing; 1, 2, 4 では 名 còmposítion, 3 では compósure) 他

(ばらばらの物を)「組み立てる」2, 5 ┐
(まとまりのある物に)「作る」1   ├→うまく一つにまとめる
  ├→ (気持ちを)「静める」3
  └→ ⟨活字を⟩組む 4

1 <…>を作曲する；(格式) <詩など>を作る；<絵の構図>を組み立てる, 構成する；<手紙など>を書く: *The "Unfinished Symphony" was* ～*d by* Schubert in 1822. <V＋O の受身>「未完成交響曲」は1822年にシューベルトによって作曲された.
2 [進行形なし] (格式) <…>を構成する, 組み立てる (make up): Language is one of the most important elements that ～ human culture. 言語は人類の文化を構成する最も重要な要素の一つである. 関連 decompose 分解する. 3 <心など>を静める, 落ち着かせる: ～ one's thoughts 考えをまとめる / ～ one's features (興奮した後で)表情をやわらげる；顔をつくる. 4 [印] <活字>を組む. ― (自) 作曲する.
be compósed of ... 13 動 (他) (格式) ...から成り立っている (be made up of ...): [言い換え] The United States of America *is* ～*d of* fifty states. (＝The United States of America is made up of fifty states.) アメリカ合衆国は 50 州から成る.
compóse oneself 動 (自) 気を落ち着ける.

| 単語の記憶 ≪POSE を置く≫ |
| compose (いっしょに置く)→構成する |
| dispose (分けて置く)→配列する |
| expose (外に置く)→さらす |
| impose (...の上に置く)→課す |
| oppose (...に対して置く)→反対する |
| propose (前へ置く)→提案する |
| purpose (前もって置く<もの>)→目的 |
| suppose (下に置く)→...ではないかと思う |
| position (置かれたところ)→位置 |
| positive (位置の決まった)→明確な |
| post² (置かれたもの)→地位 |

com・posed /kəmpóʊzd/ 形 1 落ち着いた, 冷静な. 2 (サラダがミックスでなく)種々に盛りつけられた.
com・pos・ed・ly /kəmpóʊzɪdli/ 副 落ち着いて.

*com・pos・er /kəmpóʊzə | -zə/ 名 (～s /～z/) C (特にクラシック音楽の)作曲家.

*com・pos・ite /kəmpázɪt | kɔ́mpəzɪt/ 形 A 合成の, 混成の: a ～ picture モンタージュ(顔)写真. ― 名 C 1 合成物, 複合物 (of). 2 (米) モンタージュ(顔)写真 (英) identikit).

compósite phótograph 名 C (米) モンタージュ写真 ((英) identikit picture).

*com・po・si・tion /kɑ̀mpəzíʃən | kɔ̀m-/ 名 (～s /～z/) 1 U 構成, 組み立て；構造, 構成要素, 成分: the ～ *of* a committee 委員会の構成.

346 compositional

2 C (音楽・美術・文学の)作品 (work); 作文 (essay): Write a short ~ in English about your summer vacation. 英語で夏休みについて短い作文を書きなさい. **3** (動 compóse) U 作曲(法); 作詩(法); (絵の)構図: study ~ 作曲を勉強する. **4** (動 compóse) U [印] (活字の)組み, 植字.

com·po·si·tion·al /kàmpəzíʃ(ə)nəl | kɔ̀m-⁺/ 形 作曲[作詩]法の.

com·pos·i·tor /kəmpázəṭɚ | -pózɪtə/ 名 C [印] 植字工.

com·pos men·tis /kámpəsméntɪs | kɔ́m-⁺/ 《ラテン語から》 形 (反 non compos mentis) P [しばしば滑稽] 正気[正常]で (sane).

*****com·post** /kámpoʊst | kómpɔst/ 名 U 堆肥(たい);(園芸用の)腐葉土, 培養土. ── 動 他 〈…〉を堆肥にする;〈…〉に堆肥を施す.

com·post·er /kámpoʊstɚ | kómpɔstə/ 名 C コンポスト製造器《家庭の生ごみなどを肥料にする》.

cómpost pìle [《英》**hèap**] 名 C 堆肥の山.

*****com·po·sure** /kəmpóʊʒɚ | -ʒə/ 名 (動 compóse 3) U 落ち着き, 沈着, 平静. **lóse** [**kéep, maintáin**] **one's compósure** 動 自 落ち着きを失う[保つ]. **recóver** [**regáin**] **one's compósure** 動 自 落ち着きを取り戻す.

com·pote /kámpoʊt | kómpət/ 名 U,C 砂糖漬け[煮]の果物, コンポート《デザート用》.

*****com·pound**¹ /kámpaʊnd | kɔ́m-/ ★動詞の compound² とのアクセントの違いに注意. 名 (**~s** /-paʊndz/; 動 compóund²) **1** C [化] 化合物: a ~ *of* oxygen and carbon 酸素と炭素の化合物. 関連 element 元素 / mixture 混合物. **2** C,U 合成物, 混合物 (*of*); 組み合わせ, コンビネーション. **3** C 【文法】 合成語, 複合語 (略 comp.).
── 形 A **1** 複合の, 合成の; 【化】 化合した: ☞ compound eye. **2** 【文法】 合成語の, 複合語の; 重文の (略 comp.).

文法 合成語
2つ以上の語の結合によってつくられた語をいう. 複合語ともいう. 合成語は, 名詞・形容詞・副詞・動詞など各品詞にわたって存在するが, なかでも複合名詞が最も数が多い. 各語を切り離して書くもの, ハイフンで結ぶもの, 完全に一語として書くものがある. 合成語の品詞ごとに, その構成を分類すると次のようになる.
(1) 合成名詞.
(i) 名詞+名詞: dáylight 日光 / póst òffice 郵便局.
(ii) 形容詞+名詞: shórtcùt 近道 / hígh schòol 高等学校.
(iii) 動詞+名詞: píckpòcket すり / gríndstòne 回転といし.
(iv) 副詞+名詞: býpàss バイパス / ónlòoker 傍観者.
(v) 動詞+副詞: cómebàck 返り咲き / bréakdòwn 故障.
(vi) 語群: són-in-làw 娘の夫 / forgét-me-nòt 忘れな草.
(2) 合成形容詞.
(i) 名詞+形容詞: snów-whíte 雪のように白い / lífelòng 一生の.
(ii) 形容詞+形容詞: déaf-múte 聾唖(ろうあ)の / rédhòt 赤熱の.
(iii) 副詞+形容詞: èverlásting 永久に続く.
(iv) 語群: úp-to-dáte 最新式の.
(3) 合成動詞.
副詞+動詞: òverflów あふれる / ùnderválue 過小評価する.

⁺**com·pound**² /kəmpáʊnd, kámpaʊnd | kəm- páʊnd/ ★名詞・形容詞の compound¹ とのアクセントの違いに注意. 動 (compóund¹) **1** (しばしば受身で) W 〈面倒なこと・問題など〉をいっそうひどくする; 〈違反など〉を重ねる. **2** (《主に米》) 〈利子〉を複利計算にする. **3** [普通は受身で] (格式) (部分から)〈…〉を合成する (*from, of*); 〈部分〉を合成して〈全体〉を作る (*into*). **4** (格式)〈要素・成分など〉を混合する, 混ぜ合わせる;〈薬など〉を調合する (mix).

com·pound³ /kámpaʊnd | kɔ́m-/ 名 C (刑務所・基地などのように)壁や塀や建物に囲まれた敷地[建物群].

cómpound-cómplex séntence 名 C 【文法】混文, 重・複文 (☞ mixed sentence 文法).

⁺**com·pound·ed** /kampáʊndɪd | kɔm-/ 形 P (…の)入り混じった (*of*), (…と)結合[混合]した (*with*).

cómpound éye 名 C 【動】 複眼.

cómpound fráctere 名 C 【医】 複雑骨折. 関連 simple fracture 単純骨折.

cómpound ínterest 名 U (金利の)複利. 関連 simple interest 単利.

cómpound léaf 名 C 【植】 複葉.

cómpound nóun 名 C 【文法】 合成名詞, 複合名詞 (☞ compound¹).

cómpound rélative prónoun 名 C 【文法】 複合関係代名詞《whatever, whichever, whoever, whomever のように -ever のついた関係代名詞》.

cómpound séntence 名 C 【文法】 重文.

文法 重文
文を構造上から分類した場合の一種で, and, but などの等位接続詞 (coordinate conjunction), または接続詞の代わりにコロン (:) またはセミコロン (;) で結ばれる 2 つ以上の節から成るものをいう.
John goes to college, *and* his sister goes to high school. ジョンは大学生で妹は高校生だ / He studied very hard, *but* he failed in the examination. 彼は一生懸命勉強したが, 試験には落ちた / It was getting light; the sun was rising. 明るくなってきた. 太陽が昇るところであった.

⁺**com·pre·hend** /kàmprəhénd | kɔ̀m-/ 動 [進行形なし; しばしば否定文で] (格式) 他 〈…〉を(十分に)理解する (understand) (☞ know 類義語): Then no one ~*ed* the dangers of the trade friction between Japan and the US. 当時はだれも日米間の貿易摩擦の危険を理解していなかった. ── 自 理解する.

com·pre·hen·si·bil·i·ty /kàmprəhènsəbíləṭi | kɔ̀m-/ 名 (反 incomprehensibility) U (格式) 理解できること, わかりやすさ.

⁺**com·pre·hen·si·ble** /kàmprəhénsəbl | kɔ̀m-⁺/ 形 (反 incomprehensible) (格式) 理解できる, わかりやすい (*to*). **-si·bly** /-səbli/ 副 わかりやすく.

⁺**com·pre·hen·sion** /kàmprəhénʃən | kɔ̀m-/ 名 (反 incomprehension) **1** U 理解, 理解力; (状況の)把握, 実感 (*of*). **2** C,U 読解力[聴き取り](テスト[練習]): a test of reading ~ 読解力テスト. **be beyónd** (…**'s**) **comprehénsion** [動] (…に)理解できない.

⁺**com·pre·hen·sive** /kàmprəhénsɪv | kɔ̀m-⁺/ 形 **1** 包括的な, (範囲の)広い; 網羅的な: a ~ study of American geography アメリカの地理の広範な研究. **2** 《英》 (学校が) 総合の (☞ comprehensive school). **3** 《英》 (勝利・敗北などが)完全な, 大差の: a ~ victory 圧勝. ── 名 C 《英》 =comprehensive school.
~·ly 副 包括的に, 広く; 完全に. **~·ness** 名 U 包括的であること.

comprehénsive insúrance [**cóver**] 名 U (車の)総合保障保険《広範囲の損害を補償する》.

comprehénsive schòol 图C《英》総合中等学校《grammar school, secondary modern school, technical school の別を廃し統合した5-7年制の公立中等教育機関; ⇨ school¹ 表》.

+**com·press**¹ /kəmprés/ 動《反 decompress》他 **1** 〈…〉を圧縮する, 〈空気・ガスなど〉を圧縮する, 圧縮する (*into*); 〈唇など〉を固く結ぶ《⇨ press [単語の記憶]》. **2** 〈思想・言語など〉を簡潔にする, 要約する (*into*). **3** [普通は受身]〈期間など〉を短縮する (*into*). **4** [電算] 〈ファイル〉を圧縮する. — 自 圧縮される, 縮む.

com·press² /kámpres | kóm-/ 图C 湿布, (止血用)圧迫包帯: apply a ~ to … …に湿布をする.

com·pressed /kəmprést/ 形 (空気・ガスなどが)圧縮された: ~ air 圧搾[圧縮]空気.

com·press·i·ble /kəmprésəbl/ 形 圧縮できる.

com·pres·sion /kəmpréʃən/ 图 (《名複数形》compréssions) **1** U 圧縮, (空気・ガスなどの)圧搾, (内燃機関の)混合気の圧縮: data ~ データの圧縮 / the ~ ratio (内燃機関の)圧縮比. **2** (思想・言語の)要約.

com·pres·sor /kəmprésə | -sə/ 图C 圧縮機.

*****com·prise** /kəmpráɪz/ 動 **com·pris·es** /~ɪz/; **com·prised** /~d/; **com·pris·ing** 他《進行形なし》《格式》**1** 〈…〉を(部分として)包含する, 含む;〈部分〉から成る (consist of);[言い換え The Ryukyus ~ 73 islands.(=The Ryukyus are ~*d* of 73 islands.) 琉球諸島は73の島から成る《★ 後者は2の意味の受身形; この言い方を嫌う人もいる》. **2** (部分が)〈…〉を構成する,〈…〉を成す (make up, constitute);[言い換え Seventy-three islands ~ the Ryukyus.(=The Ryukyus consist *of* 73 islands.) 琉球諸島は73の島から成る.

*****com·pro·mise** /kámprəmàɪz | kóm-/ 13 图 **(-pro·mis·es** /~ɪz/) **1** U.C 妥協, 歩み寄り; 和解, 示談 (*between*, *on*):「arrive at [reach, come to] a ~ 妥協にこぎつける / settle the argument *by* (a) ~ 歩み寄って論争をおさめる / a ~ solution 妥協的解決. **2** C 妥協案, 折衷案: a ~ (lying) *between* the two proposals 2つの提案の妥協案. **màke a cómpromise** [動] 自 (…と)妥協する (*with*).
— 動 **(-pro·mis·es** /~ɪz/; **-pro·mised** /~d/; **-pro·mis·ing**) 自 妥協する, 歩み寄る, 譲歩する; 示談にする: I cannot ~ *with* him *on* matters of principle. <V+*with*+名・代+*on*+名・代> 原則の問題では彼と妥協はできない.
— 他 **1** 〈名誉・信用など〉を傷つける, 危うくする,〈評判など〉を落とす; 危険にさらす,〈好機など〉を台なしにする: The security of our country was ~*d*. わが国の安全が脅かされた. **2** 〔軽蔑〕〈主義など〉を緩める, 曲げる. **cómpromise onesélf [one's position]** [動] 自 評判を落とす.

+**com·pro·mis·ing** /kámprəmàɪzɪŋ | kóm-/ 形 [普通は A] (情報や立場などが)人の名誉[信用など]を傷つけるような, 評判を落とすような, 危ない.

cómp tìme 图 U 《米》代休《★ comp は compensatory の略》.

+**comp·trol·ler** /kəntróʊlə | -lə/ 图 C 《格式》(会計)検査官, 監査役《公職名として》(*of*).

+**com·pul·sion** /kəmpʌ́lʃən/ 图 (動 compél) **1** C 強い衝動 (*to do*). **2** U 強制, 強迫. **ùnder compúlsion** [副・形] 強制されて: He was *under* no ~ *to* resign. 彼は無理に辞める必要はなかった.

+**com·pul·sive** /kəmpʌ́lsɪv/ 形 (動 compél) **1** A (行動などが)強迫観念にとらわれた; 衝動的な, 抑制のきかない; (人が)…しないではいられない: ~ overeating 過食症 / a ~ drinker 酒を飲まずにいられない人. **2** (小説などが)非常におもしろい, 人の心をとらえて離さない: ~ reading [viewing] 読み[見]出したらやめないほど面白いもの[番組]. **~·ly** 副 とりつかれたように; くぎづけになるほど. **~·ness** 图 U 抑え難いこと.

com·pul·so·ri·ly /kəmpʌ́ls(ə)rəli/ 副 強制的に.

*****com·pul·so·ry** /kəmpʌ́ls(ə)ri/ 形 (動 compél)《格式》**1** [比較なし] 強制的な, 義務的な《反 voluntary): ~ education 義務教育. **2** 《英》(学科目が)必修の (required, obligatory)《反》《米》optional,《米》elective): ~ subjects 必修科目.
— 图 **(-so·ries)** C (体操などの)規定演技.

com·punc·tion /kəmpʌ́ŋ(k)ʃən/ 图 U.C [普通は否定文・疑問文で]《格式》良心のとがめ, 後ろめたさ: He has [feels] *no* ~ *about* telling a lie. 彼はうそをつくことなど何とも思っていない.

com·put·a·ble /kəmpjúːtəbl/ 形 算定[計算]できる.

com·pu·ta·tion /kàmpjʊtéɪʃən | kɔ̀m-/ 图《格式》**1** C.U 計算, 算定(法); 評価; C 算定結果. **2** U コンピューターの使用.

com·pu·ta·tion·al /kàmpjʊtéɪʃ(ə)nəl | kɔ̀m-⁺-/ 形 [普通は A] **1** コンピューターを使用した; コンピューターの. **2** 計算の(できる): ~ ability 計算能力. **~·ly** 副 コンピューターで.

com·pute /kəmpjúːt/ 動 他《格式》〈…〉を計算する; 算定する (*at*)《⇨ count¹ 類義語》. — 自 《格式》計算する. **2** S (話などが)つじつまが合う, 筋が通る.

*****com·put·er** /kəmpjúːtə | -tə/ 图 (**~s** /~z/; 動 compúterize) C コンピューター, 電子計算機: a personal ~ パーソナル — パソコン / store information in a ~ 情報をコンピューターに入れておく / feed information into a ~ 情報をコンピューターに入力する / be saved on a ~ コンピューターに保存されている / ~ software コンピューターソフト.

ミニ語彙欄
コロケーション
動+*computer*
install a *computer* コンピューターを据え付ける
log onto [**off**] a *computer* コンピューターに[から]ログオン[オフ]する
program a *computer* コンピューターのプログラムを組む
reboot [**restart**] a *computer* コンピューターを再起動する
start [**boot, power**] **up** a *computer* コンピューターを起動する
turn [**switch**] **off** a *computer* コンピューターの電源を切る
turn [**switch**] **on** a *computer* コンピューターの電源を入れる
use [**operate**] a *computer* コンピューターを使う
computer+動
a *computer* **crashes** コンピューターが(突然)故障する
a *computer* **freezes** (**up**) コンピューターがフリーズする
a *computer* **is down** [**up**] コンピューターがダウン[稼動]している
形+*computer*
a **general-purpose** *computer* 汎用(はんよう)コンピューター
a **personal** *computer* パソコン
a **portable** *computer* 携帯用コンピューター
a **powerful** *computer* 強力なコンピューター

---**computer** のいろいろ---
désktop compùter デスクトップコンピューター / **láptop compùter** ラップトップコンピューター / **máinframe compùter** 大型コンピューター / **nótebook compùter** ノート型コンピューター / **pálmtop compùter** 手のひらサイズのコンピューター

computer-aided design

関連表現
- be infected with [by] a (*computer*) virus ウィルスに感染する
- click [double-click, right-click] on an icon アイコンをクリック[ダブルクリック, 右クリック]する
- copy a file ファイルをコピーする
- download a file from the Internet インターネットからファイルをダウンロードする
- insert [remove, take out] a disk ディスクを挿入[取り出す]
- open [close] a file ファイルを開く[閉じる]
- print out a document 文書を印刷する
- save a document 文書を保存する
- search the Net [Web] for information 情報をインターネットで検索する

on [by] compúter [副] コンピューターで[に]: The data is all stored [held] *on* ~. データはすべてコンピューターに保存されている.

compúter-àided desígn 名 U =CAD.

com·put·er·ate /kəmpjúːtərət/ 形 (略式) = computer-literate.

compúter críme 名 U.C コンピューター犯罪.

compúter dáting àgency /-déɪtɪŋ-/ 名 C コンピューターによる結婚[交際]斡旋(勢)会社.

com·put·er·ese /kəmpjùːtəríːz/ 名 U コンピューター技術者の専門用語.

+compúter gáme 名 C コンピューターゲーム.

compúter gráphics 名 [複] コンピューターグラフィックス, CG《コンピューターによる図形処理》.

***com·put·er·ise** /kəmpjúːtəràɪz/ 動 (英) =computerize.

com·put·er·i·za·tion /kəmpjùːtərɪzéɪʃən | -raɪz-/ 名 U コンピューター処理; 電算化.

***com·put·er·ize** /kəmpjúːtəràɪz/ 動 (-er·iz·es /-ɪz/; -er·ized /-d/; -er·iz·ing; 名 compúter) 他 〈情報〉をコンピューターにかける[で処理する]; 〈作業・システム〉をコンピューター化する: We have already ~*d* all employee records. 当社では全従業員の記録を既にコンピューターで処理している. — 自 コンピューターを導入[使用]する.

***com·put·er·ized** /kəmpjúːtəràɪzd/ 形 1 コンピューターで処理された; コンピューター化した. 2 〈情報など〉がコンピューターに蓄積された.

computerized (áxial) tomógraphy 名 U 【医】コンピューター(体軸)断層撮影(法) 《C(A)T scanの原理》.

compúter jòckey [jòck] 名 C (略式) 巧みなコンピューターのプログラマー.

compúter lànguage 名 U.C コンピューター言語《コンピューターをプログラムするための言語体系》.

compúter líteracy 名 U コンピューターを使いこなせること.

com·put·er-lit·er·ate /kəmpjúːtəlítərət, -trət/ 形 コンピューターを使いこなせる.

compúter módeling 名 U コンピューターによる立体映像[モデル]化.

com·put·er·nik /kəmpjúːtənɪk | -tə-/ 名 C (略式) コンピューターマニア[おたく], コンピューター専門家.

compúter·phòbe 名 C コンピューター恐怖症[不信]の人.

compùter·phóbia 名 U コンピューター恐怖症.

compúter prógram 名 C コンピュータープログラム.

compúter prógrammer 名 C コンピュータープログラマー.

compúter scíence 名 U コンピューター科学.

compúter vírus 名 C コンピューターウイルス.

***com·put·ing** /kəmpjúːtɪŋ/ 名 U コンピューターの操作[使用]; 《コンピューター》のプログラミング: do ~. コンピューターをいじる[操作する].

+com·rade /kámræd | kɔ́mreɪd/ 名 C 1 (格式) (男の)仲間, 僚友; 戦友 ([類義語] ~*s in arms* 戦友). 2 [C-] (共産党などの)党員, 同志 《呼びかけや姓名の前につけて用いる》. [語源] スペイン語で「部屋を同じくする者」の意; [⇨] *camera* [語源].

com·rade·ly /kámrædli | kɔ́mreɪd-/ 形 [普通は A] 仲間の, 同志的な.

com·rade·ship /kámrædʃɪp | kɔ́mreɪd-/ 名 U (格式) 僚友[戦友]関係, 同志の交わり.

coms /kámz | kɔ́mz/ 名 [複] (略式) =combination 5, communication 3.

Com·sat /kámsæt | kɔ́m-/ 名 C コムサット《米国の通信衛星業務会社》.

***con¹** /kán | kɔ́n/ 動 (cons /~z/; conned /~d/; con·ning) 他 (略式) 〈...〉を(信用させて)だます, 取り込み詐欺にひっかける; だまして...させる; 〈金〉をだまし取る: I was *conned into* buying stolen goods. <V+O+*into*+動名の受身> 私はだまされて盗品を買った / He *conned* me *out of* $10. <V+O+*out of*+名・代> 彼は私をだまして10ドル巻き上げた. **cón onesélf** [動] 自 あえて信じようとする. — 名 C (略式) 信用詐欺 (confidence trick, (米) confidence game).

con² /kán | kɔ́n/ 名 C [普通は複数形で] 反対意見, 反対投票 ([⇨] pros and cons). — 副 反対して.

con³ /kán | kɔ́n/ 名 C (略式) =convict².

Con¹ /kán | kɔ́n/ 略 =Conservative Party.

Con² /kán | kɔ́n/ 略 =constable.

con- /kən, kɑn | kən, kɔn/ 接頭「ともに」「全く」の意: *con*sist (...から)成る / *con*temporary 同じ時代の. [語法] l- で始まる語の前では col-, b-, f-, m-, p- で始まる語の前では com-, r- で始まる語の前では cor- となる.

cón àrtist 名 C (略式) 取り込み詐欺師.

con·cat·e·nate /kɑnkǽtənèɪt | kən-/ 動 他 (格式) 〈...〉を鎖状につなぐ, 連結する.

con·cat·e·na·tion /kɑnkæ̀tənéɪʃən | kən-/ 名 (格式) U 連鎖; C (事件などの)結びつき, 連鎖 (*of*).

con·cave /kɑnkéɪv/ 形 (反 convex)《レンズが》凹(ぬ)の, 凹面の, 凹状の: a ~ lens 凹レンズ.

con·cav·i·ty /kɑnkǽvəṭi | kən-/ 名 (-i·ties) U (格式) 凹状, (反 convexity) 凹面. 2 C 凹面体; くぼみ, 陥没部.

***con·ceal** /kənsíːl/ 動 (con·ceals /~z/; con·cealed /~d/; -ceal·ing; 名 concéalment; 形 reveal) 他 (格式) 〈...〉を隠す, 見せないでおく (hide); 秘密にする: He ~*ed* the facts *from* me. <V+O+*from*+名・代> 彼はその事実を私に隠していた. **concéal onesélf** [動] 自 身を隠す, 隠れる.

con·ceal·er /kənsíːlə | -lə/ 名 C 隠すもの[人]; コンシーラー《しわ・しみなどを隠す化粧品》.

con·ceal·ment /kənsíːlmənt/ 名 動 conceal) U (格式) 隠れること, 潜伏; 隠すこと (*of*). **in concéalment** [副] (格式) 隠れて.

***con·cede** /kənsíːd/ 動 (con·cedes /-síːdz/; con·ced·ed /-dɪd/; con·ced·ing /-dɪŋ/; 名 concéssion) 他 1 〈事実・敗北など〉を(しかたなく)認める (admit); 〈...であると認める; 〈議論などで〉〈相手に〉〈言い分〉のあることを認める ([⇨] proceed [単語のキズナ]) — defeat 敗北を認める / He ~*d* (*to* us) *that* he was wrong. <V(+*to*+名・代)+O (*that* 節)> 彼は(私たちに)自分が間違っていると認めた. 2 〈権利・特権など〉を与える, 譲歩する (grant); 〈領土〉を割譲する; 〈得点など〉許す (*to*); 〈負けを認め〉〈試合など〉を投げ出す. — 自 (試合・選挙などで)敗北を認める.

+con·ceit /kənsíːt/ 名 1 U うぬぼれ, 自尊心. 2 C.U (格式) 思いつき, 奇抜な発想; (詩の)機知に富んだ

表現, 奇抜な比喩(ﾋゆ).

con・ceit・ed /kənsíːtɪd/ 形 [軽蔑] うぬぼれの強い, 思い上がった. **～・ly** 副 うぬぼれて, 思い上がって.

†**con・ceiv・a・ble** /kənsíːvəbl/ 形 (⇔ inconceivable) 考えられる, 想像できる (imaginable): It is hardly ～ (to me) that he will fail. 彼が失敗するとは(私には)まず考えられない.

con・ceiv・a・bly /kənsíːvəbli/ 副 [文修飾語] [普通は文中で] 考えられるところでは; ことによると, あるいは.

*__con・ceive__ /kənsíːv/ 動 (__con・ceives__ /～z/; __con・ceived__ /～d/; __con・ceiv・ing__) conception(名) (進行形なし) **1** ＜考え・うらみなど＞を心に抱く; ＜計画など＞を思いつく (⇨ receive 単語の記憶): He ～d a deep hatred for them. 彼は彼らに対して深い憎しみを抱いた. **2** [格式] ＜…＞を想像する (imagine); ＜…＞を考える (think): I cannot ～ why she has done such a thing. なぜ彼女がそんなことをしたのか想像もできない. **3** ＜子供＞を宿す, はらむ. ― 自 妊娠する.
concéive of ... 動 他 …を考え[思い]つく; 想像する: It's difficult to ～ of living without a telephone. 電話なしの生活は考えられない. **concéive of ... as ―** 動 他 …を―とみなす[考える]: ～ of the earth *as* a flat surface 地球を平らだと考える.

con・cel・e・brate /kənséləbrèɪt/ 動 自 合同ミサに加わる.

*__con・cen・trate__ /kánsəntrèɪt, -sen- | kɔ́n-/ (__-cen・trates__ /-trèɪts/; __-cen・trat・ed__ /-tɪd/; __-cen・trat・ing__ /-tɪŋ/) concentratión(名) 動 **1** 心を集中する, 専念する, 全力を注ぐ: T He ～*d on* [*upon*] his new task. ＜V+*on* [*upon*]+名・代＞ 彼は新しい仕事に専念した. **2** 集中する, 一点に集まる: Businesses ～ *in* large cities. ＜V+*in*+名・代＞ 企業は大都市に集中する.
― 他 **1** ＜注意・努力など＞を(…に)集中する, 一点に注ぐ: You must ～ your attention *on* [*upon*] your work. ＜V+O+*on* [*upon*]+名・代＞ その仕事に注意を集中しなさい. **2** ＜…＞を(1か所に)集める, 集結する: The general ～*d* the soldiers *in* Paris. ＜V+O+前+名・代＞ 将軍は兵士をパリに集結させた. **3** [化] ＜液体＞を濃縮する.
語源 ラテン語で「同じ中心 (center) に集まる」の意.
cóncentrate the [...'s] mínd 動 (状況などが)(人に)真剣に物を考えさせる, (…の)思考を集中させてくれる, よく考えるきっかけになる.
― 名 C,U 濃縮物[液]: an orange (juice) ～ 濃縮オレンジジュース.

*__con・cen・trat・ed__ /kánsəntrèɪtɪd, -sen- | kɔ́n-/ 形 **1** 濃縮した: ～ orange juice 濃縮オレンジジュース. **2** A 集中した; (憎悪などが)激しい: make a ～ effort 一心に努力する.

*__con・cen・tra・tion__ /kùns(ə)ntréɪʃən, -sen- | kɔ̀n-/ 名 (～s /～z/) 動 cóncentràte(動) **1** U (注意・努力などの)集中, 集中力; (仕事などへの)専念: lose (one's) ～ 集中力を失う / C ～ *on* [*upon*] one problem may cause neglect of others. 1つの問題に注意を集中するとほかの問題がなおざりになることがある.
2 C,U (人・物の)集中, (軍隊などの)集結; 集中[集結]したもの: the ～ of the population in large cities 大都市の人口集中. **3** C,U [化] (液体などの)濃度.

*__con・centrátion càmp__ 名 C (政治犯・捕虜の)強制収容所 (特に第二次大戦中のナチの).

con・cen・tric /kənséntrɪk/ 形 (円・球・軌道などの)中心を同じくする (with): ～ circles [数] 同心円.
関連 eccentric 中心を異にする.

*__con・cept__ /kánsept | kɔ́n-/ 名 (__con・cepts__ /-septs/; 形 conceptual) C 概念, 観念, 考え (⇨ idea 類義語): the basic ～*s of* the law 法の基本概念 / the ～ *that* all men are created equal ＜N+*that* 節＞ 人はみな平等に創り出されているという考え. **háve nó cón-**

cept of ... 動 他 …が理解できない.

cóncept álbum 名 C コンセプトアルバム (1つのテーマにそって作られた CD [レコード]アルバム).

cóncept càr 名 C コンセプトカー (メーカーの将来へのコンセプトを示す車; 展示会などに出品される非売品).

*__con・cep・tion__ /kənsépʃən/ 名 (～s /～z/) 動 concéive, 形 concéptual) **1** C,U 概念; 認識, (あることへの)考え, 全般的理解: He has no ～ *of* the difficulties that lie ahead. 彼は前途に横たわる困難について何の認識も持っていない. **2** U 概念作用[形成], 構想(力), 創案, 発案. **3** U,C 妊娠, 受胎.

con・cep・tu・al /kənséptʃuəl/ 形 (名 cóncept, concéption) (格式) 概念の, 概念的な.

concéptual árt 名 U [芸] 概念芸術 (作品よりも製作中のコンセプトを重んじる).

con・cep・tu・al・i・za・tion /kənsèptʃuəlɪzéɪʃən | -laɪz-/ 名 U,C (格式) 概念化(されたもの).

con・cep・tu・al・ize /kənséptʃuəlàɪz/ 動 (格式) 他 ＜…＞を概念化する (*as*). ― 自 (概念的に)理解する.

con・cep・tu・al・ly /kənséptʃuəli/ 副 (格式) 概念上, 概念的に.

*__con・cern__ /kənsə́ːn | -sə́ːn/ 名 (～s /～z/) **1** U 心配, 懸念; C 懸念材料, 心配事 (⇨ care 類義語): We had [felt] great ～ *for* [*about, over*] her safety. 私たちは彼女の無事を大いに心配した / There is growing ～ *that* another war may happen in the region. ＜N+*that* 節＞ その地域で戦争が再び起きるのではないかという懸念が高まりつつある / His main ～ is the high unemployment rate. 彼の一番の心配の種は高い失業率だ.
2 U 関心, 気遣い (⇔ unconcern); C 関係のある事柄, 関心事; 重要な事柄: Have more ～ *for* your health! もっと健康に気遣いなさい / 言い換え It's no ～ of mìne. = It isn't my ～. = It is none of my ～. 私の知ったことではない. **3** C 事業, 商売 (business); 企業, 会社 (company): a paying ～ 引き合う商売. **4** C (利害)関係: have a ～ *in* the business その仕事に関与している. **of concérn** 形 関係のある; 心配な, 重大な (*to*): a matter of public ～ みんなの関心事.

― 動 (__con・cerns__ /～z/; __con・cerned__ /～d/; __-cern・ing__) 他 **1** [進行形なし, 受身なし] ＜物事が＞…に**関係する**, 影響する事柄: The matter does not ～ me. そのことは私には関係ない.
2 ＜人＞を心配させる, ＜人＞に懸念を与える (⇨ concerned 1): His weak health ～*s* me a great deal. 彼が病弱なのが大変心配だ.
3 [受身なし] (話・本などが)＜…＞に関わる (⇨ concerned 2): 言い換え The book ～*s* war in general. (= The book is concerned with war in general.) その本は戦争一般を扱っている.
concérn onesèlf abòut ... 動 他 …を心配する: Pete doesn't ～ *himself about* his family at all. ピートは家族のことを全く心配しない.
concérn onesèlf with [in] ... 動 他 …に関係する, 掛かり合う; …に関心を持つ.
To whòm it may concérn 副 [格式] 関係各位 (推薦状や証明書の一般的なあて名).

*__con・cerned__ /kənsə́ːnd | -sə́ːnd/ 形 **1** 心配している, 心配そうな (⇨ anxious 類義語) (⇔ unconcerned): I'm very ～ *about* [*for*] your future. ＜A+*about* [*for*]+名＞ あなたの将来がとても心配だ / I am ～ *that* they may have missed the train. ＜A+*that* 節＞ 彼らが列車に乗り遅れたのではないかと心配だ.
2 P 関係して, 関わって; (本などが)(…)に関わって (⇨ concern 動3): She is not ～ *in* [*with*] the affair. 彼女はそのこととは関係ない. **3** [名詞の後に置いて] 関

係のある, 当該の: the authorities ~ 関係当局[官庁] / all ~ 関係者全員. **4** [P] 関心をもって, 気にかけて; (…しようと)気にしている (*with, about; to* do). **as [so] fàr as ... am [is, are] concèrned** [副] [文修飾語] [S] (人・物事)に関する限りでは: *As far as* I'm ~, I cannot agree to your proposal. 私としては, ご提案には賛成できません. [語法] …の部分の名詞・代名詞が強く発音される. **where ... is [are] concèrned** [副] [文修飾語] [S] (特に物事)に関する限りでは: *Where* work *is* ~, I am second to none. 仕事に関する限りでは私はだれにもひけを取らない.

con·cern·ed·ly /kənsə́ːnɪdli | -sə́ːn-/ [副] ([反] unconcernedly) 心配そうに.

*__con·cern·ing__ /kənsə́ːnɪŋ | -sə́ːn-/ [前] 《格式》 …に関して: *C*~ his past, we have no information whatsoever. 彼の前歴に関しては何も情報がない / The rumor ~ his behavior is false. 彼の行動についてのうわさは間違いだ.

*__con·cert__ /kɑ́nsət | kɔ́nsət/ [名] (**con·certs** /-səts | -səts/) **1** [C] **音楽会, 演奏会,** コンサート 《普通は複数の演奏家が出る》; [形容詞的に] 音楽会用の, コンサートで演奏される[できる]: They gave a ~ last Saturday. 彼らは先週土曜日に演奏会を開いた. [関連] recital 独奏[唱]会. **2** [U] 《格式》一致, 協力. **in cóncert** [副] (1) 音楽会で演奏されて, 生出演[演奏]して. (2) 《格式》 協力して, いっせいに (*with*).

⁺**con·cert·ed** /kənsə́ːṭɪd | -sə́ːt-/ [形] [A] 協定された, 申し合わせた: take ~ action 一致した行動をとる / make a ~ effort 力を合わせて努力する. **~·ly** [副] 協定して, 申し合わせて.

cóncert·gòer [名] [C] (特にクラシックの)音楽会によく行く人.

cóncert gránd [名] [C] 大型グランドピアノ.

cóncert hàll [名] [C] コンサートホール.

concerti [名] concerto の複数形.

con·cer·ti·na /kɑ̀nsətíːnə | kɔ̀nsə-/ [名] [C] コンチェルティーナ 《6 角形でアコーディオンに似た楽器》.

con·cer·ti·naed /kɑ̀nsətíːnəd | kɔ̀nsə-/ [形] 折りたたみ(式)の.

concertína wìre [名] [C] コイル状の有刺鉄線.

cóncert·màster [名] [C] 《米》〘楽〙コンサートマスター 《オーケストラの首席バイオリニスト》 (《英》 leader).

⁺**con·cer·to** /kəntʃéəṭou | -tʃéə-/ [名] (複 **~s, con·cer·ti** /-ṭiː/) [C] 〘楽〙 協奏曲, コンチェルト: a piano ~ = a ~ *for* piano and orchestra ピアノ協奏曲.

cóncert pìtch [名] [U] **1** 〘楽〙 コンサート用の標準ピッチ. **2** 絶好調; 準備万端 (*for*).

*__con·ces·sion__ /kənséʃən/ [名] (**~s** /~z/; [動] concéde) **1** [U,C] **譲歩** (*on, about*); [U] 《格式》譲与(すること), 容認, 敗北を認めること: make a ~ *to* the employees 従業員に譲歩する / He managed to gain some ~*s* from the other party. 彼は何とか相手側からいくらか譲歩を得た. **2** [C] 《格式》 免許, 特権, (土地)使用権; 《米》 営業権 (*to* do); 《米》 (公園などの)営業[使用]許可区, 場内売り場. **3** [C] 《英》 (特定の人たちに対する)料金割引; 割引料金(の使える人[老人]): a ~ *on* the admission fee *for* students 学生入場割引. **4** [複数形で] 《米》 売店で売られる物.

[単語の記憶] 《CESSION》 (行くこと)
concession (共に行くこと) → 譲歩
intercession (間に入って行くこと) → 仲裁
procession (前へ行くこと) → 行列
recession (後ろへ行くこと) → 一時的な後退
succession (続いて行くこと) → 連続

con·ces·sion·aire /kənsèʃənéə | -néə/ [名] [C] (権利の)譲り受け人; 《米》 営業[使用]権所有者.

con·ces·sion·a·ry /kənséʃənèri | -ʃ(ə)nəri/ [形] [A] **1** 譲歩の; 譲与の. **2** 《英》 割引の (*for*): ~ rates [prices, fares] 割引料金.

concéssion stànd [名] [C] 《米》 売店 《映画館・催し物会場などで飲食物・土産を売る》.

con·cés·sive clàuse /kənsésɪv-/ [名] [C] 〘文法〙 譲歩節 《though, even if などで始まる譲歩を表わす副詞節》.

conch /kɑ́ŋk, kɑ́ntʃ | kɔ́ntʃ, kɔ́ŋk/ [名] (**~s** /kɑ́ŋks | kɔ́ŋks/, **~·es** /kɑ́ntʃɪz | kɔ́n-/) [C] 巻き貝(の貝殻).

con·chie /kɑ́ntʃi | kɔ́n-/ [名] [C] 《古風, 英略式》 [差別] = conscientious objector.

con·chol·o·gy /kɑŋkɑ́lədʒi | kɔŋkɔ́l-/ [名] [U] 貝類学.

con·ci·erge /kɔːnsiéəʒ | kɔ́nsièəʒ/ 《フランス語から》 [名] [C] (アパートなどの)管理人; 《主に米》 (ホテルなどの)接客[案内]係.

con·cil·i·ar /kənsíliə | -liə/ [形] 審議会からの.

con·cil·i·ate /kənsílièɪt/ [動] 《格式》 [他] **1** 〈…〉をなだめる; 懐柔する, 手なずける. **2** 友情を示して〈好意など〉を得る. **3** 〈…〉を和解させる, 調停する. — [自] 調停する (*between*).

⁺**con·cil·i·a·tion** /kənsìliéɪʃən/ [名] [U] 《格式》 なだめること, 慰め; 懐柔, 手なずけること; 和解, 調停.

con·cil·i·a·tor /kənsílièɪṭə | -tə/ [名] [C] 《格式》 懐柔者; 調停人.

⁺**con·cil·i·a·to·ry** /kənsíliətɔ̀ːri | -təri, -tri/ [形] 《格式》 なだめる(ような); 懐柔的な; 和解を求める.

⁺**con·cise** /kənsáɪs/ [形] (ことばなどが)簡潔な. **~·ly** [副] 簡潔に. **~·ness** [名] [U] 簡潔さ.

con·ci·sion /kənsíʒən/ [名] [U] 《格式》 簡潔さ.

con·clave /kɑ́nkleɪv | kɔ́ŋ-/ [名] [C] 〘カトリック〙 枢機卿(けい) (cardinal) の法王選挙会(場); 秘密会議 (*of*). **sít [méet] in cónclave** [動] [自] 《格式》 秘密会議を開く.

*__con·clude__ /kənklúːd/ [T1] [動] (**con·cludes** /-klúːdz/; **con·clud·ed** /-dɪd/; **con·clud·ing** /-dɪŋ/; [名] conclúsion, [形] conclúsive) [他] **1** [進行形なし] 〈…〉と[に]**結論を下す**; 断定する (decide): We ~*d* (*from* our past experience) ***that*** this plan was best. <V(+*from*+名・代)+O(*that* 節)> 我々は(過去の経験から判断して)この計画がいちばんよいと結論を下した / What did you ~ *about* his proposition? 彼の提案についてはどのような結論になりましたか.
2 《格式》 〈…〉に**結末をつける, 終える**; 〈…〉と最後に言う (☞ end 類義語; include [単語の記憶]): He ~*d* his speech 「**by** say*ing* [*with*] some words of thanks. <V+O+*by*+動名 [*with*+名・代]> 彼は謝辞を述べてスピーチを終えた. **3** 《格式》 〈条約など〉を結ぶ, 締結する; 〈取引・売買など〉を成立させる, まとめる: ~ a peace treaty 平和条約を結ぶ / We must ~ an agreement *with* this company. 我々はこの会社と協定を結ぶ必要がある. **4** [受身なし] 《主に米》 (…しようと)決心[決定]する (decide) (*to* do, *that*).
— [自] 《格式》 (話・会などが)**終わる**: The program ~***d with*** a chorus. <V+*with*+名・代> 番組はコーラスで終わった / He ~***d by*** quot*ing* the Bible. <V+*by*+動名> 彼は聖書のことばを引用して話を終えた.
Conclúded. 終わり, 完結 《続き物の最終回の末尾に書く》. [関連] To be continued. 続く. **To be conclúded.** 次号完結 《続き物の最後から 2 回目の末尾に書く》. [関連] To be continued. 続く. **to conclúde** [副] [つなぎ語] 終わりにあたって, 結論として.

con·clud·ing /kənklúːdɪŋ/ [形] [A] 結びの, 最終の: *concluding* remarks 結語.

__con·clu·sion__ /kənklúːʒən/ [名] (~s** /~z/; [動] conclúde) **1** [C] **結論;** 断定, 決定 (decision): a hasty [false] ~ 早まった[誤った]結論 / We 「came to [reached, arrived at] the ~ *that* the project was a failure. <N+*that* 節> 我々は計画が失敗だったという結論に達した / What is your ~ *about* our strategy for the election? 我々の選挙戦略に対するあなたの結論は何ですか. **2** C [普通は単数形で]《格式》結び, 結末 (end): At the ~ of the conference, the two governments issued a joint statement. 会議を終えるにあたって両政府は共同声明を発表した. **3** U 《条約などを》結ぶこと, 締結: the ~ of a treaty 条約の締結.

bríng ... to a conclúsion 動 他《格式》《...》を終わらせる (conclude); 《...》に結論を出す.

by wáy of conclúsion [副] =in conclusion.

dráw the conclúsion that ... [動] ...という結論を引き出す[下す].

in conclúsion [副]《つなぎ語》[文頭において] 最後に, 終わりにあたって (finally).

júmp [léap] to conclúsions [a conclúsion] [動] 🅐 早まった結論を下す, 早合点する.

+**con·clu·sive** /kənklúːsɪv/ 形 ⦅conclude⦆ ⦅反⦆ inconclusive ⦅議論などが⦆最終的な; ⦅事実・証拠が⦆決定的な: a ~ answer 最終的な回答 / ~ evidence 決定的な証拠. **~·ly** 最終[決定]的に; 確実に.

+**con·coct** /kənkákt | -kɔ́kt/ 動 他 **1** ⦅軽蔑⦆⦅話・言いわけなど⦆をでっちあげる, ⦅陰謀⦆を仕組む. **2** ⦅スープ・飲み物など⦆を(意外な)材料を混ぜ合わせて作る.

+**con·coc·tion** /kənkákʃən | -kɔ́k-/ 名 **1** C ⦅意外な材料を⦆混合して作った飲み[食べ]物, スープ, 調合薬. **2** C,U ⦅軽蔑⦆でっちあげ, 作り事.

con·com·i·tant /kənkámətənt, -tnt | -kɔ́m-/ ⦅格式⦆形 (...に)付随した; (...と)同時に生ずる (with).
── 名 C 付随した物; 付随した事情 (of). **~·ly** 付随して, 付随的に; 同時に.

con·cord /kánkɔːrd | kɔ́ŋkɔːd/ 名 **1** U ⦅格式⦆⦅意見・利害などの⦆一致, 調和. **2** C ⦅国際間の⦆協約, 友好協定. **3** U ⦅文法⦆呼応, 一致 (with). **in cóncord** [副]⦅格式⦆⦅...と⦆一致して, 仲よく (with).

文法 呼応

文中において密接な関係のある語が, 数・格・人称・性に関して形の上で一定の特徴を示すことをいう. 一致 (agreement) の一つで一致とよばれることもある (☞ agreement 文法). ここでは主として数について述べる.

主語と述語動詞との呼応
(1) 主語が単数なら述語動詞も単数, 主語が複数なら述語動詞も複数となる: Seeing is believing. (ことわざ) 百聞は一見にしかず / Those books are mine. それらの本は私のです.
(2) 集合名詞は 1 つの集合体としてまとめて考えるときは単数として扱うが, その個々の構成員についていうときは複数動詞で呼応する. ただし UK ではこの場合にも単数動詞で呼応するのが普通: His family is a large one. 彼の家族は大家族だ / My family is [are] all well. 私の家族はみな元気です.
(3) 形は複数形でも内容的には 1 つの単位と考えられるものは単数動詞で呼応する (☞ collective noun 文法): The United States of America is about twenty-five times as large as Japan. アメリカ合衆国は日本の約 25 倍の大きさだ.
(4) 数詞＋複数名詞で表わされる時間・距離・金額などが, あるまとまった単位として考えられるときは単数として扱われることがある: It has been a weary six months. うんざりする 6 か月でした / Five hundred kilometers is quite a drive, isn't it? 500 キロといえばかなりのドライブじゃないか / Ten million yen is a lot. 1 千万円といえば大金だ.
(5) 2 つ以上の名詞や代名詞が and で結ばれているか接続詞なしに並んでいるときは複数動詞で呼応する: Tom and Mary are good friends. トムとメアリーは親友だ / Reading, writing and arithmetic are called the three R's. 読み・書き・算数は 3 つの R と呼ばれる. ただし同一の人物を指したり, まとまった 1 つのものを指す場合には単数として扱う ⦅☞ and 1 語法 (2)⦆: The conductor and composer was greeted by a crowd of people. その指揮者兼作曲家は大勢の人々に迎えられた / Bread and butter is my usual breakfast. バターをつけたパンが私のいつもの朝食です.
(6) 2 つの名詞または代名詞が with, as well as で結ばれる場合には動詞は前の名詞・代名詞に呼応するのが普通: The boy, with his old parents, lives in the shabby house. その少年は年老いた両親といっしょにそのみすぼらしい家に住んでいる / The captain, as well as the passengers, was rescued by the search party. 乗客はもちろんこと船長も捜索隊に助けられた.
(7) not only ... but (also) ~ で結ばれた名詞の数が異なるときには動詞は後のほうの名詞の数に呼応するのが普通: Not only my traveler's checks but also my credit card was stolen. トラベラーズチェックばかりかクレジットカードも盗まれた / Not only you but also I am in the wrong. あなただけでなく私も間違っている.
(8) or, either ... or ~, neither ... nor ~ で結ばれた名詞や代名詞では, 動詞は普通は後のほうの名詞の数・人称に呼応する: He or I am in the wrong. 彼か私のどちらかが間違っている / Either she or I have to stay here. 彼女か僕のどちらかがここに残らなければならない / Neither you nor I am in the wrong. あなたも私も間違ってはいない.

Con·cord /kánkərd | kɔ́ŋkəd/ 名 固 **1** コンコード ⦅米国 Massachusetts 州東部の町; Lexington とともに独立戦争最初の戦闘の舞台となった⦆. **2** コンコード ⦅米国 New Hampshire 州の州都⦆.

con·cor·dance /kənkɔ́ːrdns | -kɔ́ː-/ 名 **1** C コンコーダンス ⦅ある(作家の全)作品・聖書などに出てくる全ての単語とその箇所をアルファベット順に並べたリスト⦆ (to). **2** U ⦅格式⦆一致, 調和. **in concórdance with ...** [前]⦅格式⦆...に従って.

con·cor·dant /kənkɔ́ːrdnt | -kɔ́ː-/ 形 調和した, 一致した (with).

con·cor·dat /kənkɔ́ːrdæt | kɔnkɔ́ː-/ 名 C 協定, 協約, (特に教会と政府間の)政教条約.

Cóncord grápe /kánkərd- | kɔ́ŋkəd-/ 名 C ⦅米⦆コンコード種のぶどう.

con·course /kánkɔːrs | kɔ́ŋkɔːs/ 名 C **1** (公園などの)中央広場, (駅・空港などの)中央ホール, コンコース. **2** ⦅格式⦆(人・物の)集まり; 群衆 (of).

*con·crete[1] /kánkriːt | kɔ́ŋ-/ ★ concrete[2] とのアクセントの違いに注意. 名 U コンクリート: The bridge is built of reinforced ~. その橋は鉄筋コンクリート製だ. 関連 cement セメント. **be sét [embédded, cást] in cóncrete** [動] 🅐 (計画などが)固まって[決定して]いる.
── 形 コンクリート製の: a ~ building コンクリートの建物. ── 動 他 ⦅...⦆にコンクリートを塗る, コンクリートで固める[造る] (over). ── 🅐 固まる.

*con·crete[2] /kànkríːt | kɔ́ŋkriːt/ ★ concrete[1] とのアクセントの違いに注意. 🕮 形 具体的な, 形のある ⦅反⦆ abstract[1]; 実際の, 現実的な: ~ proof of his guilt 彼が有罪である具体的な証拠 / Explain your project in more ~ terms. 君の計画をもっと具体的なことばで説明しなさい. **in the concréte** [副]⦅格式⦆具体的に, 実際に (反 in the abstract).

cóncrete júngle 名 C [普通は単数形で] コンクリートジャングル ⦅うるおいのない大都会⦆.

con·crete·ly /kánkriːtli | kɔ́ŋkriːt-/ 副 具体的に (反 abstractly).

cóncrete míxer 名 C =cement mixer.

cóncrete músic 名 U ミュージックコンクレート《自然音を録音して電子的に編集した音楽》.

cóncrete nóun 名 C 《文法》具象名詞(table, rain のような具象物を示す).

cóncrete póetry 名 C 視覚詩《視覚上の効果を用いる詩》.

con·cre·tion /kənkríːʃən/ 名《格式》U 凝固; C 凝固物.

con·cret·ize /kɑ́nkriːtaɪz, kǽnkriːtàɪz | kɔ́ŋkriːtàɪz/ 動 他《…》を具体化する, 具体的に話す[書く].

con·cu·bi·nage /kɑnkjúːbənɪdʒ | kɔn-/ 名 U 《格式》内縁関係, 同棲.

con·cu·bine /kɑ́ŋkjʊbàɪn | kɔ́ŋ-/ 名 C 《一夫多妻制の社会で》第一夫人以外の妻.

con·cu·pis·cence /kɑnkjúːpəs(ə)ns | kən-/ 名 U 《格式》《しばしば軽蔑》性欲, 色欲 (lust).

con·cu·pis·cent /kɑnkjúːpəs(ə)nt | kən-/ 形 《格式》《しばしば軽蔑》性欲の強い, 好色な.

*con·cur /kənkə́ːr | -kə́ː/ 動 (con·curs; con·curred; -cur·ring /-kə́ːrɪŋ | -kə́ːr-/) 自 《格式》 1 《意見が》一致する, 同意する: We concurred with them *on* [*in*] this matter. 我々はこの点では彼らと意見が一致した. 2 《事件などが》同時に起こる (*to do*). — 他 《…である》と同意する (*that*).

con·cur·rence /kənkə́ːrəns | -kǽr-/ 名《格式》 [U または a 〜] **1** 同意 (*with*). **2** 同時発生 (*of*).

*con·cur·rent /kənkə́ːrənt | -kǽr-/ 形《格式》 **1** 同時に起こる, 《意見などが》一致した (*with*). 〜**·ly** 副 《…と》同時に, ともに; 兼任して (*with*).

con·cuss /kənkʌ́s/ 動 他 《普通は受身で》《…》に脳しんとうを起こさせる.

con·cus·sion /kənkʌ́ʃən/ 名 U.C **1** 【医】しんとう, 脳しんとう. **2** 《格式》震動, 激動.

*con·demn /kəndém/ 動 他 (con·demns /〜z/; con·demned /〜d/; -demn·ing; 名 con·demnátion) **1** 《…》を非難する, 責める, とがめる, 糾弾する (blame): 〜 child abuse 児童虐待を非難する / Other politicians 〜ed him *for* his arrogance [*being* arrogant]. <V+O+*for*+名·代[動名]> 他の政治家たちは彼の傲慢さをとがめた / The deal was 〜ed *as* unethical. <V+O+C (*as*+形)の受身> その取り引きは道義にもとると非難された.
2 《…》を(有罪と)宣告する (*as*); 〈人〉に(特に死刑を)宣告する: He was 〜ed *to* death. <V+O+*to*+名·代の受身> 彼は死刑判決を受けた / He was 〜ed *to* [*be shot* [*die*]. <V+O+C (*to* 不定詞)の受身> 彼は銃殺刑[死刑]を宣告された. **3** 《普通は受身で》《…》を《苦難などに》運命づける: She was 〜ed *to* a miserable life [*to lead* a miserable life]. 彼女はみじめな生活を送る運命にあった. **4** 〈建物など〉を不良[不適, 危険]と認め, 廃棄処分にする (*as*). **5** 《表情などが》〈人〉の罪を示す. **6** 《米》《法》《財産·土地》を《公用のため》接収[収用]する.

*con·dem·na·tion /kɑ̀ndemnéɪʃən | kɔ̀n-/ 名 (〜**s** /〜z/; 動 condémn) U.C **1** 非難(の理由), 糾弾; 有罪の宣言: (a) strong [(an) unfair] 〜 激しい[不当な]非難. **2** 不良[不適]の認定; 《米》接収, 収用.

con·dem·na·to·ry /kəndémnətɔ̀ːri | -təri, -tri/ 形 非難の, 糾弾の.

con·demned /kəndémd/ 形 **1** (人が)死刑を宣告された. **2** (建物などが)不適と認定された.

condémned céll 名《英》死刑囚監房.

con·den·sa·tion /kɑ̀ndensén ʃən | kɔ̀n-/ 名 (動 condénse) **1** U 凝縮, 圧縮; 凝結, 液化. **2** C 凝縮物, 圧縮物; U (ガラス·鏡などの)曇り, 結露. **3** C.U 《格式》(思想·表現の)圧縮, 要約.

condensátion tràil 名 C =vapor trail.

*con·dense /kəndéns/ 動 **1** 〈液体〉を濃縮する; 〈気体〉を凝結させる (*into*, *to*). **2** 〈表現·思想など〉を[圧縮]要約し, 凝縮する (*into*). — 自 (密度が)濃くなる, 凝結する; 結露する (*into*).

con·dénsed mílk /kəndénst-/ 名 C コンデンスミルク, 加糖練乳.

con·dens·er /kəndénsər | -sə/ 名 C 凝縮器; (気体の)液化[冷却]装置; コンデンサー, 蓄電器; 集光鏡[レンズ].

con·de·scend /kɑ̀ndɪsénd | kɔ̀n-/ 動 自 **1** [しばしば軽蔑または皮肉] わざわざ…してくださる: The president 〜ed *to* visit our home. 社長はわざわざ家を訪ねてくださった. **2** 《軽蔑》 〈人〉に対して偉そうな態度をとる: 〜 *to* one's neighbors 近所の人たちに偉そうにする.

con·de·scend·ing /kɑ̀ndɪséndɪŋ | kɔ̀n-/ 形 《軽蔑》人を見下したような. 〜**·ly** 副 見下すように.

con·de·scen·sion /kɑ̀ndɪsén ʃən | kɔ̀n-/ 名《軽蔑》人を見下した態度.

con·dign /kəndáɪn/ 形 《格式》《処罰が》妥当な.

con·di·ment /kɑ́ndəmənt | kɔ́n-/ 名 C 《普通は複数形で》《格式》調味料, 薬味(塩·からし·しょうゆなど).

*con·di·tion /kəndíʃən/ 名 (〜**s** /〜z/; 形 conditional)

元来は「同意」の意で → (同意の)条件」**3** → (外的な条件から)「状況」**2** → 「状態」**1**

1 U 状態 (☞ state 類義語); 健康状態; (体·機械などの)コンディション: the 〜 of an engine エンジンの状態 / We're worried about the poor 〜 of his health. 彼の健康状態がよくないので心配している.
2 [複数形で] (周囲の)状況, 事情 (circumstances); 天候状況: living 〜s 生活状況 / Under [In] these 〜s we cannot start at once. こういう事情なので私たちはすぐには出発できない.
3 C 条件, 必要条件: meet [satisfy] the strict 〜s *for* using weapons 武器の使用の厳しい条件を満す / Sincerity is an important 〜 *of* effective salesmanship. 誠実さは立派なセールスマンとなる重要な条件だ / I cannot accept your proposal *on* such a 〜. そんな条件ではあなたの提案を受け入れられない. **4** C 病気: a heart 〜 心臓の病気. **5** C 《古風》身分, 地位.

be in bád [póor] condítion 動 自 悪い状態である; 健康状態[コンディション, 調子]が悪い.

be in (góod) condítion 動 自 よい状態である; 健康状態[コンディション, 調子]がよい.

be in nó condítion to dó =**be nót in a condítion to dó** 動 自 …できる状態ではない.

be [gèt] óut of condítion 動 自 コンディション[体調]が悪い[悪くなる].

in thát condítion [副] [形] そんな状態で[の].

on nó condítion [副] 《格式》どんなことがあっても…しない.

on óne condítion [副] 条件を1つつけて.

on (the) condítion (that) ... [接] …という条件で, もし ... (only if): I will go there *on* the 〜 that you accompany me. もしあなたがいっしょに来てくださるならそこへ参りましょう.

— (-di·tions /〜z/; -di·tioned /〜d/; -tion·ing /-ʃ(ə)nɪŋ/) 他 **1** 《普通は受身で》(思いどおりの状況に)《…》を条件づける, 適応させる, 馴(な)らす (*to*; *to do*). **2** [しばしば受身で] 《格式》《物事が》《…》の条件となる, 《…》に条件づける; (事情などが)《…》を決定づける. **3** 《…》の健康状態[コンディション]を整える, 調整する (*for*). **4** 〈髪〉にコンディショナーをつける; 〈肌〉にローションをつける.

condítion onesélf 動 自 体の調子[コンディション]を整える; 慣れる (*for*, *into*; *to do*).

*con·di·tion·al /kəndíʃ(ə)nəl/ 形 (名 condition.

(反 unconditional) **1** 条件付きの，暫定的な：a ~ agreement 条件付きの協定．**2** …を条件としての：Success is ~ on [upon] good timing. 成功はタイミング次第だ．**3** Ⓐ〖文法〗条件を表わす．— Ⓒ〖文法〗条件文[節]．

condítional cláuse 图Ⓒ〖文法〗条件節．

〖文法〗**条件節**
条件・仮定などの意味を表わす副詞節をいう．
(1) if などの接続詞に導かれている場合
If it is a nice day tomorrow, we will go on a picnic. もしあした天気がよければピクニックに行きます / *If I were you, I would not do such a thing.* もし私があなたならばそんなことはしません / *Suppose you were in a city where you are a stranger, what would you do?* あなたが知らない町に行ったとしたら，どうしますか / *Unless you work harder, you will not pass the exam.* もっと一生懸命勉強しないと試験には受かりませんよ．
(2) if などを用いない場合は主語と述語動詞の間で倒置が行なわれる（☞ if⁴ 語法）．
Should he be given a chance, he would do his best. もし機会を与えられれば，彼は最善を尽くすでしょう / *Had I known her then, I would have given her what help I could.* もし私がそのころ彼女を知っていたら，あらゆる援助を惜しまなかっただろう．

---

condítional dìscharge 图Ⓒ[普通は単数形で]条件付き釈放．

con·di·tion·al·ly /kəndíʃ(ə)nəli/ 副 (反 unconditionally) 条件付きで．

con·di·tioned /kəndíʃənd/ 形 **1** 条件の付いた，条件次第の；制約された．(反 unconditioned) **2** [合成語で]…の状態にある：well [badly, poorly]-conditioned 調子のよい[悪い]．

condítioned réflex [respónse] 图Ⓒ〖生理・心〗条件反射．

con·di·tion·er /kəndíʃ(ə)nə | -nə/ 图Ⓤ,Ⓒ (髪などの)コンディショナー；(洗濯物の)柔軟仕上げ剤．

con·di·tion·ing /kəndíʃ(ə)nɪŋ/ 图Ⓤ 条件づけ，(動物などの)調教；(健康状態・体調などの)調整；調節．

con·do /kándoʊ | kón-/ 图 (~s) Ⓒ〖米略式〗= condominium.

con·dole /kəndóʊl/ 動 自〖格式〗悔やみを言う，弔慰(す)する：~ with him on [over] his wife's death 彼の奥さんの死にお悔やみを述べる．

con·do·lence /kəndóʊləns/ 图Ⓤ 悔やみ；Ⓒ [普通は複数形で] 哀悼のことば，弔詞：Please accept [Let me extend] my sincerest ~s on your father's death. 〖格式〗お父様のご逝去(せいきょ)を心からお悔やみ申し上げます．

con·dom /kándəm, kán-|kón-/ 图 (~s |-z|) Ⓒ コンドーム：Use ~s for safer sex. より安全なセックスをするためにコンドームを使いなさい．

con·do·min·i·um /kàndəmíniəm | kòn-/ 图 **1** Ⓒ〖米〗分譲マンション；(マンションの)一室[一戸]（☞ mansion 日英比較）．**2** Ⓒ,Ⓤ〖国際法〗共同管理(国)．

gò condomínium [動] 自 (マンションが)(賃貸しから)分譲になる．

con·done /kəndóʊn/ 動 他 [しばしば否定文で] (人が)(罪・違反などを)大目に見る，容赦する．

con·dor /kándə | kóndɔː/ 图Ⓒ コンドル（南米産）．

con·duce /kənd(j)úːs | -djúːs/ 動 自〖格式〗(ある結果に)導く，貢献する (to, toward).

con·du·cive /kənd(j)úːsɪv | -djúː-/ 形 Ⓟ〖格式〗(…の)ためになる，(…に)貢献する (to).

---

confab 353

***con·duct¹** /kəndʌ́kt/ ★名詞の conduct² とのアクセントの違いに注意．動 (con·ducts /-dʌ́kts/; -duct·ed /~ɪd/; -duct·ing; 图 cónduct²)

元来は「導く」⊕ 3 の意から(指図する)
  ┌→（業務を指図する）→「運営する」⊕ 1
  ├→（楽団を指図する）→「指揮する」⊕ 2；自

— 他 **1** 〈業務などを〉**行なう，運営する**，管理する，処理する：We ~ed our investigation with the greatest care. 私たちはきわめて慎重に調査を行なった．**2** 〈楽団を〉**指揮する**：He ~ed the orchestra. 彼はそのオーケストラを指揮した．**3** 〖格式〗(…)を導く，案内する (guide)：~ him to his seat 彼を席に案内する．**4** 〖物理〗〈物体が〉熱・電気などを伝導する．

— 自 楽団を指揮する．**condúct onesèlf** [動] 自 [副詞(句)を伴って]〖格式〗ふるまう．

***con·duct²** /kándʌkt, -dəkt | kón-/ ★動詞の conduct¹ とのアクセントの違いに注意．图 (動 condúct¹) Ⓤ〖格式〗**1** 行ない，行為，ふるまい；品行（☞ act 類義語）：shameful ~ 恥ずべき行為 / ~ unbecoming (to) a police officer 警官にあるまじき行為．**2** 管理，運営，処理法；手法，取り扱い(方)：the ~ of the business 事業の運営．

con·duc·tance /kəndʌ́ktəns/ 图Ⓤ〖電〗コンダクタンス，(電気)伝導力[性]．

con·duct·ed tóur /kəndʌ́ktɪd-/ 图Ⓒ ガイド[添乗員]付き見学[旅行] (guided tour).

con·duc·tion /kəndʌ́kʃən/ 图Ⓤ〖物理〗(熱・電気などの)伝導；〖格式〗(水を管などで)引くこと．

con·duc·tive /kəndʌ́ktɪv/ 形 〖物理〗伝導性の，伝導力のある．

con·duc·tiv·i·ty /kàndʌktívəti | kòn-/ 图Ⓤ〖物理〗伝導性[力, 率, 度]；〖電〗導電率．

***con·duc·tor** /kəndʌ́ktə | -tə/ 图 (~s /-z/) Ⓒ **1** (楽団の)指揮者（男性および女性）．**2** (市電・バスの)車掌，〖米〗(列車の)車掌 (〖英〗 guard) (男性および女性；☞ conductress). **3** (熱・電気などの)(伝)導体（☞ lightning conductor. 関連 semiconductor 半導体 / nonconductor 不導体）．**4** 案内人 (guide), (団体旅行の)添乗員．

condúctor ràil 图Ⓒ〖英〗= live rail.

con·duc·tress /kəndʌ́ktrəs/ 图Ⓒ〖古風，主に英〗車掌（女性；☞ conductor）．

⁺con·du·it /kánd(j)ʊɪt, -dɪt | kóndjʊɪt, -dɪt/ 图Ⓒ **1** 導管；導水管；水道，溝；〖電〗コンジット（電線管）．**2**〖格式〗(情報・金・物資などの)パイプ役，中継点 (for).

⁺cone /kóʊn/ 图Ⓒ **1** アイスクリームコーン；アイスクリーム入りのコーン，ソフトクリーム：Two vanilla ~s, please. バニラのソフトクリームを2つください．〖日英比較〗「ソフトクリーム」は和製英語．**2** 円錐(えんすい)；円錐形[体]．関連 pyramid 角錐．**3** (松・杉・もみなどの)球形の実，球果(きゅうか)．☞ pinecone 松かさ．**4** 〖英〗セーフティコーン（道路工事区域などを仕切る円錐柱）．**5** 〖解〗(眼の)円錐(体)．— [次の成句で] **cóne … óff** [動] 他〖英〗〈工事現場などを〉セーフティコーンで仕切る．

co·ney /kóʊni/ 图〖古語〗うさぎ；Ⓤ うさぎの毛皮．

Có·ney Ísland /kóʊni-/ 图 コニーアイランド（米国 New York 市 Brooklyn 南岸の行楽地）．

con·fab¹ /kánfæb | kón-/ 图Ⓒ〖略式〗[戯謔] おしゃべり（confabulation の短縮形）．

con·fab² /kənfǽb/ 動 (**con·fabs**; **con·fabbed**; **-fab·bing**) 自〖略式〗[戯謔] おしゃべりをする（confabulate の短縮形) (*with*).

con·fab·u·late /kənfǽbjulèɪt/ 動 《誇張》談笑する, くつろいで話す (*with*).

con·fab·u·la·tion /kənfæbjuléɪʃən/ 名 C 《誇張》懇談, 談笑.

con·fec·tion /kənfékʃən/ 名 C 1 《格式》砂糖菓子 (candy, bonbon など); (果物の)砂糖漬け, ジャム. 2 Ⓦ 精巧に作られた物〈衣服・建物など〉.

con·fec·tion·er /kənfékʃ(ə)nə | -nə/ 名 C 1 糖菓製造(販売)者. 2 菓子屋(人).

con·fec·tion·ers' súg·ar /kənfékʃ(ə)nəz- | -nəz-/ 名 Ⓤ 《米》(アイシング用)粉砂糖 (《英》icing sugar).

con·fec·tion·er·y /kənfékʃənèri | -ʃ(ə)nəri/ 名 (-er·ies) 1 Ⓤ Ⓦ 菓子類 (cake, pastry などの総称). 2 Ⓒ 菓子店, 菓子製造所.

con·fed·er·a·cy /kənfédərəsi, -drə-/ 名 (-a·cies) 1 Ⓒ (政治的な)連合, 同盟. 2 連邦. 3 [the C-] =Confederate States of America.

†**con·fed·er·ate¹** /kənfédərət, -drət/ 名 Ⓒ 1 共謀(共犯)者 (*in*). 2 同盟国, 連合国; [C-] 【米史】(南北戦争の)南部同盟支持者; 南軍兵士.
— 形 A 《格式》同盟の, 連合の. 2 [C-] 【米史】(南北戦争の)南部同盟の, 南軍の: the C~ Army 南部同盟軍, 南軍. [⇔] Federal 北軍の.

con·fed·er·ate² /kənfédərèɪt/ 動 《格式》他 〈…〉を同盟させる. — 自 同盟する (*with*).

Confédérate Státes of América 名 固 [the ～ として複数扱い] (南北戦争の)南部同盟諸州. 関連 Federal States 北部連邦同盟諸州.

*__con·fed·er·a·tion__ /kənfèdəréɪʃən/ 名 (~s /-z/) 1 Ⓒ 連合(組織), 同盟, Ⓤ 連合(すること) (*of, between*). 2 連邦. 3 [the C-] 【米史】アメリカ連合 (1781–89 年のアメリカ植民地 13 州の同盟でアメリカ合衆国の母体となったもの; ⇨ America 表の*).

†**con·fer** /kənfə́ː | -fə́ː-/ 動 (con·fers; con·ferred, -fer·ring /-fə́ːrɪŋ | -fə́ːr-/) 自 (名 cónference) 相談する, 打ち合わせる (consult) (*with, about*). — 他 《格式 conférment》〈勲章・称号・栄誉など〉を〈…〉に授ける, 〈身の上の者が下の者に〉授与する (*on, upon*).

単語の記憶 《FER》(運ぶ)	
confer	(意見を持ち寄る) → 相談する
differ	(ばらばらに運ぶ) → 異なる
infer	(運び入れる) → 推論する
offer	(…の方へ運ぶ) → 提供する
prefer	(前へ運ぶ) → …のほうを好む
refer	(元へ運び戻す) → 参照する
suffer	(下で運ぶ) → 苦痛などを受ける
transfer	(他の場所へ運ぶ) → 移す
fertile	(物をもたらす) → 肥えた

con·fer·ee /kànfərí: | kòn-/ 名 Ⓒ 1 (称号・メダルの)受領者. 2 会議出席者.

*__con·fer·ence__ /kánf(ə)rəns | kón-/ 🔟 名 (-fer·enc·es /-ɪz/) cónfer 自 Ⓒ 1 (数日間にわたる)会議; 相談, 協議: hold a summit ~ 首脳会談を開く / attend a ~ **on** nuclear disarmament 核軍縮会議に出席する / have [hold] a ~ *with* one's lawyers 弁護士に相談する / ⇨ press conference. 2 《主に米》(アメフトなどの)競技連盟, リーグ, カンファレンス.

in cónference [副・形] 会議中で[の], 協議中で[の].
— 自 会議を開く; 会議に参加する.

cónference càll 名 Ⓒ 電話会議.

cónference tàble 名 Ⓒ 会議用大型テーブル.

con·fer·enc·ing /kánf(ə)rənsɪŋ | kón-/ 名 Ⓤ (電子機器による)会議(開催): video ~ テレビ会議.

con·fer·ment /kənfə́ːmənt | -fə́ː-/ 名 (動) confér 他 Ⓤ Ⓒ 《格式》授与, 贈与, 叙勲.

con·fer·ral /kənfə́ː(r)əl | -fə́ːr-/ 名 Ⓤ Ⓒ 《主に米》 =conferment.

*__con·fess__ /kənfés/ 動 (-fess·es /-ɪz/; con·fessed /-t/; -fess·ing /名 confession) 他 1 〈…〉を自白する, 白状する; 〈…〉を告白する, 認める 《⇨ acknowledge 類義語》: He ~ed his crimes **to** the police. <V+O+to+名·代> 彼は警察に自分の犯罪を白状した / <V+O((that)) 節> 彼はその報告書は実はうそだと認めた / I (must [have to]) ~ I don't like this novel. Ⓢ 実を言うとこの小説は好きではない. 2 【宗】〈罪〉をざんげする, 【カトリック】〈司祭〉に告白する (*to*; *that*); 〈司祭が〉〈信者〉の告解を聞く.
— 自 1 自白する, 告白する; 認める: ~ **to** the police 警察に自白する / ~ **to** murder 殺人を認める / He ~ed to stealing [having stolen] the ring. <V+V+動名> 彼は実はその指輪を盗んだと打ち明けた. 2 【宗】ざんげする, 【カトリック】告解する (*to*). **conféss onesélf (to be)**... [動] 自 …であると言う[打ち明ける].

†**con·fessed** /kənfést/ 形 〈人が〉(本当であると)認められた, 定評のある, 自他ともに認め, 明白な.

con·fess·ed·ly /kənfésɪdli/ 副 【文修飾語】 自認したとおり, 自白によれば; 明白に.

*__con·fes·sion__ /kənféʃən/ 名 (~s /-z/; 動 conféss) 1 Ⓤ Ⓒ 自白, 白状; 告白: make a full ~ of one's crimes 罪の一部始終を自白する. 2 Ⓤ Ⓒ 【宗】ざんげ; 【カトリック】告解. 3 Ⓒ 《格式》(信仰の)告白 (*of*).

*__con·fes·sion·al__ /kənféʃ(ə)nəl/ 名 Ⓒ 1 (教会の)ざんげ室. — 形 告白向きの, ざんげの: ~ TV (視聴者参加の)告白番組.

con·fes·sor /kənfésə | -sə/ 名 Ⓒ 1 【カトリック】(告解を聞く)聴罪司祭. 2 告白者.

con·fet·ti /kənféti/ 名 Ⓤ (色紙の)紙吹雪〈結婚式などでまく〉.

con·fi·dant /kánfədænt | kón-/ 名 Ⓒ (秘密を打ち明けられる)腹心の友〈男性および女性〉.

con·fi·dante /kánfədænt | kón-/ 名 Ⓒ 腹心の友〈女性; ⇨ confidant〉.

†**con·fide** /kənfáɪd/ 動 (名 cónfidence) 他 1 (信用して)〈秘密など〉を〈…〉に打ち明ける (*to*; *that*). 2 《格式》〈大切なもの〉を預ける, 託す (*to*). — 自 (信頼して)秘密を打ち明ける (*in*).

‡**con·fi·dence** /kánfədəns, -dns | kón-/ 🔞 名 (-fi·denc·es /-ɪz/; 動 confíde, 形 cónfident, còn·fidéntial) 1 Ⓤ 自信, 確信 (反 diffidence); 大胆さ, 度胸: lose [restore] ~ 自信をなくす[回復する] / act *with* ~ 自信をもって行動する / He lacks ~ *in* himself. 彼は自分に自信がない / I have every **~ *that*** he will win. <N+*that* 節> 私は彼がきっと勝つだろうと思う.

2 Ⓤ 信頼, 信任 (⇨ trust 類義語): gain [earn, win] …'s ~ …の信頼を得る / lose **~ *in*** …を信頼されなくなる / put [place] ~ **in** …を信頼する / inspire [restore, undermine] ~ **in** …に対する信頼を抱かせる[回復させる, 弱める] / I have great ~ **in** you. あなたを大いに信頼している. 3 Ⓒ 打ち明け話, 秘密, ないしょごと.

be in ...'s **cónfidence** [動] …に信用[信任]されている.

hàve the cónfidence to dó [動] 大胆にも…する.

in cónfidence [副] ないしょで, 秘密に.

in strict [the strictest] cónfidence [副] 極秘で.

táke ... **ìnto one's cónfidence** [動] 〈人〉に秘密を打ち明ける.

cónfidence-building 形 自信をつけさせる.

cónfidence gàme 名C《主に米》信用[取り込み]詐欺 (⇨ con¹ 名).
cónfidence màn 名C《古風》=con artist.
cónfidence trìck 名C =confidence game.
cónfidence trìckster 名C =con artist.

*__con·fi·dent__ /kάnfədənt, -dnt | kɔ́n-/ 形 (名 cónfidence) **1** 自信を持った, 確信に満ちた (反 diffident): a ~ manner 自信に満ちた態度 / be ~ of one's own abilities <A+of+名・代> 自分の能力に自信を持っている / Chris is ~ **in** math. <A+in+名・代> クリスは数学に自信がある / Are you ~ **about** your future? <A+about+名・代> 将来に自信がありますか.
2 P 確信して; 信用して: be ~ **of** victory <A+of+名・代> 勝利を確信している / He felt ~ **that** he would pass the examination. <A+that節> 彼は試験に合格するものと確信していた.

*__con·fi·den·tial__ /kὰnfədénʃəl | kɔ̀n-ˢ/ 形 (名 cónfidence, cònfidèntiálity) **1**《文書・談話など》秘密の, 内々の (secret); C~「親展」,「極秘」(封筒の上書き・書類などに書く) / Remember that these papers are strictly ~. この書類は極秘であることを忘れないように. **2**《お互いを信用して》親密な,《口調など》ないしょ話をするような; 話をする ~ in a ~ tone ひそひそ声で話す. **3** A《古風》信任の厚い, 頼りになる; 腹心の.
con·fi·den·ti·al·i·ty /kὰnfədenʃiǽləṭi | kɔ̀n-/ 名 U 秘密性, 機密性: a breach of ~ 守秘義務違反.
con·fi·den·tial·ly /kὰnfədénʃəli | kɔ̀n-/ 副 秘密に; ないしょに;【文修飾】ここだけの話だが.
con·fi·dent·ly /kάnfədəntli, -dnt- | kɔ́n-/ 副 自信をもって, 確信して, 大胆に.
con·fid·ing /kənfáɪdɪŋ/ 形 人を疑わない[信じやすい]. **~·ly** 副 (たやすく)人を信頼して, 信用して.

+__con·fig·u·ra·tion__ /kənfìgjʊréɪʃən/ 名C **1**《格式》配置, 配列 (of);《電算》(プログラムなどの)《環境》設定. **2**《格式》外形, 輪郭 (of).
con·fig·ure /kənfígjə | -gj(j)ə/ 動 (-fig·ur·ing /-gjərɪŋ | -gj(j)(ə)r-/)《電算》〈システム・プログラム・システムなど〉を設定する,〈…〉の環境を設定する.

*__con·fine__ /kənfáɪn/ 動 (con·fines /~z/; con·fined /~d/; con·fin·ing; 名 confinement) 他 **1**〈…〉を限る, 制限する (restrict) 《to》: C~ your remarks *to* yourself! <V+O+to+名・代> 批評は自分のことだけにしよう / Chris is ~ed — I'll myself *to* making a few remarks. <V+O+to+動名> 2, 3 お話しするだけにとどめる.
2 [普通は受身で]〈…〉を閉じ込める (shut up); 監禁する (to): The princess *was ~d in* a tower for three years. <V+O+前+名・代の受身> その王女は3年間塔に閉じ込められた. **3**〈病気・争いなど〉をくい止める: ~ the disease to that area 病気をその地域にとどめる. **4** [普通は受身で]〈人〉を(病気などで)床につかせる (to).

*__con·fined__ /kənfáɪnd/ 形 (特定の集団・時間・場所などに)限られた; (病気などで)制限された, A 狭い: be ~ to Japan 日本だけに限られる / be ~ to a wheelchair 車椅子の生活を強いられる / in a ~ space 狭い所で.

__con·fine·ment__ /kənfáɪnmənt/ 名 (動 confine) **1** U 監禁, 禁固; 幽閉. **2** C,U《古風》お産の床につくこと.
con·fines /kάnfaɪnz | kɔ́n-/ 名【複】《格式》境界, 国境, 限界. within [beyónd] the cónfines of — [前]《格式》…の範囲内[外]で.

*__con·firm__ /kənfə́ːm | -fə́ːm/ 動 (con·firms /~z/; con·firmed /~d/; -firm·ing; 名 cònfirmátion) 他 **1**〈…〉を確かめる, 確認する, 確実にする: ~ the hotel reservations by telephone ホテルの予約を電話で確かめる / The spokesman *~ed that* the report was true. <V+O (that節)> スポークスマンはその報告は真実であると確認した / He *~ed what* I (had) said. <V+O (wh句・節)> 彼は私の話を確かだと言った.
2〈考えなど〉を強める, 固めさせる;〈人〉に(考えなどを)さらに強く確信させる: The news *~ed* my suspicions. その知らせで私の疑いはいっそう強くなった【言い換え】The fact *~ed* him *in* his opinion. <V+O+in+名> = The fact *confirmed* his opinion. その事実で彼の意見はいっそう強固になった. **3**〈任命された人〉などを(正式に)承認[採用]する (as);〈条約など〉を批准する. **4** [普通は受身で]《キ教》〈…〉に堅信式を施す. ─ 自 確かめる. 語源 con- (強意) + firm²; ⇨ affirm 語源.

con·fir·ma·tion /kὰnfəméɪʃən | kɔ̀nfə-/ 名 (動 confirm) C,U **1** 確認, 確証; 承認, 認可 (of); 確認書[状]. **2**《キ教》堅信(式). **in confirmátion of** ... [前] …を確認して, …の確認として.

+__con·firmed__ /kənfə́ːmd | -fə́ːmd/ 形 **1** 確固とした;〈病気が〉慢性の. **2** 確かめられた, 確実な.

+__con·fis·cate__ /kάnfɪskèɪt | kɔ́n-/ 動 他 没収する, 押収する, (罰として)取り上げる (from).
con·fis·ca·tion /kὰnfɪskéɪʃən | kɔ̀n-/ 名 U,C 没収, 押収; 徴発 (of).
con·fis·ca·to·ry /kənfískətɔ̀ːri | -təri, -tri/ 形 **1** 没収[押収]の. **2** (税などが)厳しい.

con·fla·gra·tion /kὰnfləgréɪʃən | kɔ̀n-/ 名 C《格式》大火, 大火災;《大きな》争い, 戦争.
con·flate /kənfléɪt/ 動《格式》〈複数の情報・異本など〉を一つにまとめる (with).
con·fla·tion /kənfléɪʃən/ 名 U,C《格式》総合;《異本の》合成, 校合, 校定 (of).

*__con·flict__¹ /kάnflɪkt | kɔ́n-/ ★ 動詞の conflict² とのアクセントの違いに注意. 名 **1**《意見・利害などの》衝突, 不一致;《…をめぐる》対立 (over): a ~ of interest(s) 利害の衝突 / There should be no ~ *between* being a successful career woman *and* being a good mother. 成功したキャリアウーマンであることとよき母であることは何ら矛盾しないはずだ / ~ resolution 対立の解消.
2 W 【新聞で】争い, 闘争: an armed ~ *between* two nations 2国間の戦争. **3**【心】葛藤(カットウ).
be in cónflict [動] 自 (…と)衝突している, 矛盾している, (…に)相反している (with). **bríng ... ìnto cónflict with** — [動]〈…〉を—と衝突させる. **cóme ìnto cónflict** [動] 自 (…と)衝突する (with).

*__con·flict__² /kənflíkt/ ★ 名詞の conflict¹ とのアクセントの違いに注意. 動 (con·flicts /-flíkts/; -flict·ed /~ɪd/; -flict·ing; 名 cónflict¹) 自 (…と)矛盾する, 一致しない; 衝突する【言い換え】Your interests and mine ~. = Your interests ~ *with* mine. <V+with+名・代> あなたの利害は私のと一致しない.

con·flict·ed /kənflíktɪd/ 形【次の成句で】**be [féel] conflícted abòut ...** [動] 他《格式, 主に米》…の選択に迷っている.

con·flict·ing /kənflíktɪŋ/ 形《考え・説明などが》矛盾する, 相反する;《利害などが》かち合う.

con·flu·ence /kάnflu·əns | kɔ́nfluəns/ 名 C [普通は単数形で]《格式》〈川の〉合流点;《群集・思想などの》合流 (of); 群集.
con·flu·ent /kάnflu·ənt | kɔ́nfluənt/ 形《格式》合流する; 統合する.

*__con·form__ /kənfɔ́əm | -fɔ́ːm/ 動 (con·forms /~z/; con·formed /~d/; -form·ing; 名 confórmity) 自 **1**《規則・習慣など》に従う, 順応する 《⇨ form 単語の記憶》: We should ~ *to* [*with*] the customs of society. <V+to [with]+名・代> 社会の習慣に従わねばならない. **2** 一致する, (基準などに)合う (to, with).
con·form·a·ble /kənfɔ́əməbl | -fɔ́ː-/ 形 P《格

式)**1**(…に)従った,従順な(to). **2**(…と)一致し,(…に)適合した(to).
con·for·mance /kənfɔ́rməns | -fɔ́ː-/ 图 Ⓤ《格式》= conformity.
con·for·ma·tion /kɑ̀nfərméɪʃən, -fɔː- | kɔ̀nfɔː-, -fə-/ 图 Ⓒ,Ⓤ《格式》形態,構造(of).
con·form·er /kənfɔ́rmə | -fɔ́ːmə/ 图 Ⓒ (規則・習慣などに)合わせる人.
con·form·ist /kənfɔ́rməst | -fɔ́ː-/ 图 Ⓒ 《普通はけなして》(規則・習慣などに)従う人;体制順応者. —— 厖《普通はけなして》(体制)順応的な.
*__con·for·mi·ty__ /kənfɔ́rməti | -fɔ́ː-/ 图 (動 confórm) Ⓤ《格式》(社会の規則・習慣などに)従うこと,体制順応(to, with). **in confórmity with …** 〖前〗《格式》…に従って,…に応じて.
†**con·found** /kənfáʊnd/ 動 他 **1**(予期しないことで)〈人〉を混乱させる,ろうばいさせる,うろたえさせる. **2**《格式》〈…〉に反論[論駁(なん)]する. **3**《古風》〈敵など〉を打ち負かす;〈計画など〉をくじく,妨げる;〈期待など〉に反する. **4** 〈…〉を(―と)混同する,取り違える(with). **Confóund it [you, him]!** 〖感〗《古風》こん畜生!
con·found·ed /kənfáʊndəd/ 厖 Ⓐ《古風,略式》いまいましい. ~·**ly** 副 べらぼうに,とても.
con·fra·ter·ni·ty /kɑ̀nfrətə́rnəti | kɔ̀nfrətə́ː-/ 图 (**-ni·ties**)Ⓒ《格式》(宗教などの)信徒会,結社.
con·frere, con·frère /kɑ́nfreə | kɔ́nfreə/《フランス語から》图 Ⓒ《格式》会員,同僚.
*__con·front__ /kənfrʌ́nt/ 動 (**con·fronts** /-frʌ́nts/; **-front·ed** /-ṭəd/; **-front·ing** /-ṭɪŋ/; 图 **confrontátion**)他 〈人が〉〈人〉と対面する,対決する;〈人が〉〈事件・困難など〉に直面する,立ち向かう;〈事件・困難などが〉〈人〉に立ちはだかる: ~ numerous difficulties 多くの困難に直面する / He was ~ed by dozens of reporters when he left the hospital. <V+Oの受身> 彼は退院するときに何十人もの記者に取り囲まれた.
confrónt … with — 〖動〗他〖しばしば受身で〗〈人〉を—に直面させる,対決させる;〈人〉に—を突きつける:The suspect was ~ed with evidence by the police. 容疑者は警察から証拠を突きつけられた.
*__con·fron·ta·tion__ /kɑ̀nfrəntéɪʃən, -frʌn- | kɔ̀n-/ 图 (**~s** /-z/; 動 confrónt; 厖 còn·frontátional) Ⓤ,Ⓒ 対決,衝突;(人と人との)対面(with): a ~ between labor and management 労使の対決.
†**con·fron·ta·tion·al** /kɑ̀nfrəntéɪʃ(ə)nəl, -frʌn-/ 厖《confrontátion》対決的な,対立的な.
Con·fu·cian /kənfjúːʃən/ 厖 孔子の;儒教の. —— 图 Ⓒ 儒者.
Con·fu·cian·is·m /kənfjúːʃənɪzm/ 图 Ⓤ 儒教.
Con·fu·cius /kənfjúːʃəs/ 图 孔子(552-479 B.C.)(中国の思想家;儒教の創始者).
*__con·fuse__ /kənfjúːz/ 動 (**con·fus·es** /-ɪz/; **con·fused** /-d/; **con·fus·ing** /confúsion/)他 **1** 〈…〉を困惑させる,まごつかせる;ろうばい[混乱]させる.《言い換え》The unexpected questions ~d the teacher. = The teacher was [got] ~d at [by] the unexpected questions. 予期しない質問に先生はまごついた. **2**〈…と〉混同する,ごっちゃにする: ~ Austria with [and] Australia オーストラリアとオーストラリアを混同する. **3**〈物事〉を混乱させる,ごちゃごちゃにする;〈論点などの〉わかりにくくする. **to confúse thìngs [mátters]**〖副〗問題をわかりにくくすることには.

〘単語の記憶〙《FUSE》《注ぐ》
confuse (いっしょに注ぎ込む)→ 困惑させる
diffuse (あちこちに注ぐ)→ 拡散させる
fuse (注げるようにする)→ 溶かす;ヒューズ
refuse ((注ぎ)返す)→ 断わる

*__con·fused__ /kənfjúːzd/ 厖 **1** 困惑した,ろうばいした(about): His explanation left the old woman totally ~. 彼の説明を聞いて老婆は全く途方に暮れた. **2** 混乱した,(説明などが)不明瞭な;(人が)ぼけ始めた.
con·fus·ed·ly /kənfjúːzɪdli/ 副 困惑して,ろうばいして,途方に暮れて.
*__con·fus·ing__ /kənfjúːzɪŋ/ 厖 困惑させる;混乱させる;紛(まぎ)らわしい: The tax forms are very ~. 税金の書類は非常にややこしい. ~·**ly** 副 紛らわしく;ややこしいことに.
*__con·fu·sion__ /kənfjúːʒən/ 图 (動 confúse) **1** Ⓤ,Ⓒ 混乱;紛糾,騒ぎ(of): I was surprised to see the ~ in the hall. 場内の混乱に驚いた.
2 Ⓤ,Ⓒ 混同,ごっちゃにすること(between);不明瞭さ(over, as to): cause [create, lead to] ~ 混乱を招く / avoid ~ 混乱を避ける / There seems to be some ~ **about** the speakers' names. 講演者の名前に少し混同があるようだ.
3 Ⓤ 困惑;ろうばい: stare at me **in** ~ 当惑しながら私を見つめる. **thrów … into confúsion** 〖動〗〈…〉を混乱に陥れる.
con·fu·ta·tion /kɑ̀nfjʊtéɪʃən | kɔ̀n-/ 图 Ⓤ,Ⓒ 《格式》論破,論駁(なん).
con·fute /kənfjúːt/ 動 他《格式》論駁(なん)する.
con·ga /kɑ́ŋɡə | kɔ́ŋ-/ 图 Ⓒ **1** コンガ(キューバの踊りとその曲). **2** = conga drum. —— 動 コンガを踊る.
cónga drùm 图 Ⓒ コンガドラム(手でたたく太鼓).
cón gàme 图 Ⓒ = confidence game.
con·gé /kɑ̀nʒéɪ | kɔ́nʒeɪ/《フランス語から》图 Ⓒ いとまごい;(突然の)解雇: give him his ~ 彼を免職する.
con·geal /kəndʒíːl/ 動 凍る,凝結[固]する.
con·gealed /kəndʒíːld/ 厖 凍った;凝結[固]した.
con·ge·ni·al /kəndʒíːniəl/ 厖(健康・趣味などに)適した,性分に合う(to);(…に)気の合う.
con·ge·ni·al·ly /kəndʒíːniəli/ 副 仲良く;性分に合って.
con·gen·i·tal /kəndʒénəṭl | kən-/ 厖《医》(病気などが)先天的な;(性格が)生まれつきの: a ~ liar 根からのうそつき. **-tal·ly** /-ṭəli/ 副 先天的に;根から.
cón·ger (éel) /kɑ́ŋɡə | kɔ́ŋɡə-/ 图 Ⓒ あなご(海産の食用魚).
*__con·gest·ed__ /kəndʒéstəd/ 厖 **1**(道路が乗り物で)混み合った,(土地が人で)密集した(with). **2**《医》充血した,うっ血した. **3**《格式》鼻づまりの.
*__con·ges·tion__ /kəndʒéstʃən/ 图 Ⓤ **1**(交通の)混雑,渋滞,密集,(人口の)過密;(街路の)雑踏. **2**《医》充血,うっ血. **3**《格式》鼻づまり.
*__con·glom·er·ate__[1] /kənɡlɑ́m(ə)rət | -ɡlɔ́m-/ 图 Ⓒ **1**《商》複合企業(全く関連のない業種の子会社を併合して,多角的に経営する企業). **2**(異質のものの)集まり,集成;《地質》礫岩(ホホ). —— 图 《商》複合企業の. **2** 雑多な要素から成る,丸く固まった,団塊状の;密集した. **3**《地質》礫岩質の.
con·glom·er·ate[2] /kənɡlɑ́məreɪt | -ɡlɔ́m-/ 動 他〈…〉を丸く固める,団塊状に集める.
con·glom·er·a·tion /kənɡlɑ̀məréɪʃən | -ɡlɔ̀m-/ 图 Ⓒ《格式》(物の)塊,集塊;集合,集積(of);Ⓤ 複合企業化.
Con·go /kɑ́ŋɡoʊ | kɔ́ŋ-/ 图 Ⓢ **1**[the ~] コンゴ(アフリカ中部の国). **2** コンゴ民主共和国(1997年ザイールからコンゴへ改称)(☞ Zaire). **3**[the ~] コンゴ川.
Con·go·lese /kɑ̀ŋɡəlíːz | kɔ̀ŋ-/ 厖 コンゴの;コンゴ人の. —— 图 (複 ~)Ⓒ コンゴ人.
con·grats /kənɡrǽts/ 間《略式》おめでとう(congratulations)(☞ congratulation 成句).
*__con·grat·u·late__ /kənɡrǽtʃʊlèɪt, -ɡrǽdʒʊ-, -ɡrǽtj- | -Ⓣ/ 動 (**-u·lates** /-lèɪts/; **-u·lat·ed** /-ṭəd/; **-u·lat·ing** /-ṭɪŋ/; 图 congràtulátion, 厖 congrátu-

latory) 他 〈人に対して〉〈物事を〉祝う,〈人に〉祝いのことばを述べる[おめでとうと言う]《☞ celebrate 類語語》: ~ him **on** his success <V+O+*on*+名・代> 彼の成功を祝う / I ~ you **on** passing the examination. <V+O+*on*+動名> 試験合格おめでとう.
【語源】ラテン語で「喜びを共にする」の意.

congrátulate onesèlf [**upòn**] ... 動 他
(1) 〈自分の成功・幸運*など*〉を喜ぶ. (2) …に自信[誇り]を持つ. ∴ **is to be congrátulated for** ― 〈格式〉 慶賀すべきだ[賞賛に値する].

*con·grat·u·la·tion /kəngræ̀tʃʊléɪʃən, -græ̀dʒʊ- | -græ̀tʃʊ-/ 名 (~s ~z/; congrátulàte) **1** U 祝い,祝賀: a speech of ~ 祝辞.
2 [複数形で] 祝いのことば,祝辞: Give her my ~s. 彼女によろしくと伝えてください / They offered him their ~s **on** [**upon**] his success. 彼らは彼の成功に祝辞を述べた / I hear ~s are in order. いいことがあったんだって《奥さんの妊娠や友人の結婚*など*を祝う表現》.
Congratulátions! [感] [主に (S)] おめでとう!《略式》
Congrats, とも. 語法 (1) 普通は Thank you (very much). と答える. (2) 努力して達成したことに対して言うことばで,季節のあいさつや誕生日には用いない.
Congratulátions on ∴ [主に (S)] …おめでとう: C~s **on** your graduation. 卒業おめでとう / C~s **on** your marriage. 結婚おめでとう. 参考 元来は新郎に対して言うものだが,最近では新婦にも言う人がいる.

con·grat·u·la·to·ry /kəŋɡrǽtʃʊlətɔ̀ːri, -ɡrǽdʒʊ- | -ɡrǽtʃʊlèɪtəri, -tri/ 形《格式》 congrátulàte)
[普通は A] 《格式》 祝賀の: a ~ telegram 祝電.

con·gre·gant /káŋɡrɪɡənt, káŋɡrə-/ 名 C《格式》(集会に)集まる人; (教会の)会衆の一員.

†**con·gre·gate** /káŋɡrɪɡèɪt, kóŋ-/ 動 自 集まる,集合する (*around*).

†**con·gre·ga·tion** /kàŋɡrɪɡéɪʃən, kòŋ-/ 名 C [しばしば the ~] [(英) 単数形でも時に複数扱い] (礼拝に)集まった人々,会衆; (ある教会に属する)信徒たち.

con·gre·ga·tion·al /kàŋɡrɪɡéɪʃ(ə)nəl, kòŋ-/ 形 **1** 会衆の. **2** [C-] 会衆[組合]派教会の.

Con·gre·ga·tion·al·ism /kàŋɡrɪɡéɪʃ(ə)nəlɪzm, kòŋ-/ 名 U 会衆[組合]派教会主義《プロテスタントの1派》.

Con·gre·ga·tion·al·ist /kàŋɡrɪɡéɪʃ(ə)nəlɪst, kòŋ-/ 名 C 会衆[組合]派教会信者.

***con·gress** /káŋɡrəs | kɔ́ŋɡres/ 12 名 (~·es /~ɪz/; congréssional) **1** [C-] (米国の) 国会,議会《☞下の表》: a Member of C~ 国会議員《略 MC》 / C~ will be convened next week. 来週議会が招集される. **2** C 国会,議会《中南米の共和国*など*の; ☞ diet¹》. **3** C (正式な)会議,大会.

***con·gres·sion·al** /kəngréʃ(ə)nəl/ 形(名 cóngress) A **1** [C-] (米国の)議会の,国会の,下院の: She chairs a C~ committee. 彼女は議会の委員会の議長を務めている. **2** 国会の,議会の. **3** 会議の,大会の.

Congréssional Médal of Hónor 名 [the ~] ☞ medal 成句.

Congréssional Récord 名 [the ~] (米国の)連邦議会議事録.

***con·gress·man** /káŋɡrəsmən | kɔ́ŋɡres-/ 名 (-men /-mən/) C [しばしば C-] (米国の)下院議員《男性; ☞ congress 表; -person 語法》.

cóngress·pèrson 名 C [しばしば C-] (米国の)下院議員《☞ congress 表; -person 語法; gender 文法 (2) 語法》.

cóngress·wòman 名 (-wom·en /-wìmən/) C [しばしば C-] (米国の)下院議員《女性; ☞ congress 表; -person 語法; gender 文法 (2) 語法》.

con·gru·ence /káŋɡruəns, kəngrúː- | kɔ́ŋɡru-/ 名 U《格式》一致,調和 (*between*); [幾] 合同.

con·gru·ent /káŋɡruənt, kəngrúː- | kɔ́ŋɡru-/ 形《格式》一致の (*with*); [幾] 合同の.

con·gru·i·ty /kəngrúːəti, kɑŋ- | -(·ties) (反 incongruity)《格式》 U 適合(性); 一致,調和; C [普通は複数形で] 一致点 (*between*).

con·gru·ous /káŋɡruəs | kɔ́ŋ-/ 形 (反 incongruous)《格式》一致[調和]する,つり合う (*with*).

con·ic /kánɪk | kɔ́n-/ [幾] 円錐(ホェェ)(体)の.

con·i·cal /kánɪk(ə)l | kɔ́n-/ 形 円錐形の.

cónic projéction 名 C [地図] 円錐図法.

cónic séction 名 C [幾] 円錐曲線.

***con·i·fer** /kánəfə | kɔ́nɪfə/ 名 C 針葉樹,球果(_{きゅう}か)植物《松・杉*など*》.

co·nif·er·ous /koʊnífəɾəs/ 形 [普通は A] 球果を生ずる,球果植物の: a ~ forest 針葉樹林.

conj. =conjugation, conjunction.

con·jec·tur·al /kəndʒéktʃ(ə)rəl/ 形《格式》推測による,推測(上)の; 憶測好きな.

***con·jec·ture** /kəndʒéktʃə | -tʃə/ 名 C,U《格式》推量,推測 (*guess*) (*about*): pure [mere] ~ 単なる憶測 / form a ~ 推測する.
― 動 (-jec·tur·ing /-tʃ(ə)rɪŋ/)《格式》他 〈…〉と推量[推測]する (*that*). ― 自 推量[推測]する (*about*).

con·join /kəndʒɔ́ɪn/ 動《格式》他 〈…〉を結合させる,連合させる: ~ed twins [医] 結合双生児. ― 自 結合[連合]する.

con·joint /kəndʒɔ́ɪnt/ 形 結合した,連合[合同]の; 共同の,連帯の. **~·ly** 副 共同で,連帯して.

con·ju·gal /kándʒʊg(ə)l/ 形 [A] 《格式》夫婦の,婚姻上の: ~ rights 夫婦性交権.

cónjugal vísit 名 C 夫婦面会(権)《刑務所内の配偶者と面会し,(性交*など*の)私的な時間もすごせる》.

con·ju·gate /kándʒʊgèɪt/ 動 [文法] 他 〈動詞〉を活用[変化]させる,〈動詞の〉活用[変化]形を言う. ― 自 (動詞が)活用[変化]する.

con·ju·ga·tion /kàndʒʊgéɪʃən, kɔ̀n-/ 名 [文法]

米国,英国および日本の議会

	議会	上院	上院議員	下院	下院議員
米国	Congress	the Senate, the Upper House	a senator	the House of Representatives, the Lower House	a representative, a congressperson, a congressman, a congresswoman
英国	Parliament	the House of Lords, the Upper House	a peer, a peeress	the House of Commons, the Lower House	a Member of Parliament
	国会	参議院	参議院議員	衆議院	衆議院議員
日本	the Diet	the House of Councilors	a councilor, a member of the House of Councilors	the House of Representatives	a representative, a member of the House of Representatives

[U,C] (動詞の)活用, 変化; [C] (動詞の)活用[変化]形(略 conj.).

文法 活用

英語の動詞は文中における働きによって原形・三人称単数現在形・現在分詞・過去形・過去分詞に変化する. このような語形変化を動詞の活用という (☞ inflection 文法), 基本的には現在形・過去形・過去分詞の3つの変化を指す. これらの形によって数・人称・時制・法・態などの違いを表わすことができる. be 動詞以外の動詞はすべて三人称単数形を除く現在形と原形とが同じ形である. それぞれの形については ☞ -s³ 文法, -ing¹ 文法, past form 文法, past participle 文法.

動詞の活用には規則活用と不規則活用がある. それぞれについては ☞ -ed¹ 文法, irregular conjugation 文法.

con·junct /kándʒʌŋ(k)t, kən-│kən-/ [名][C] 《文法》 つなぎ語, 合接詞《先行する文や節とのつながりを示す副詞語句》.

文法 つなぎ語

文修飾副詞の一種で, 2つの文の関係についての話者の意見, 判断などを述べる副詞語句. 結果, 付け足し, まとめ, 対照, 比較, 状況の推移などを表わすことが多い. consequently, as a result, in addition, in conclusion, therefore, by the way などがその例である: The heavy rain continued and *consequently*, there was a great flood. 大雨が続き, その結果大洪水となった / 'I think he was pleased." "*On the contrary*, he was angry." 「彼は喜んだと思うよ」「とんでもない, 怒っていたよ」 / I should like to say something *in this [that] connection*. これ[それ]に関連して少々申し上げたいことがあります. 参考 この辞書ではつなぎ語として機能する副詞(語句)には つなぎ語 と表示している.

── /kəndʒʌ́ŋ(k)t/ [形] 《文法》 接続形の (I'll っ 'll, cannot の not のような).

***con·junc·tion** /kəndʒʌ́ŋ(k)ʃən/ [名] (~s /-z/; [形] conjunctive) **1** [C] 《格式》(事件などの)同時発生, 続発 (*of*). **2** [U,C] 《格式》結合, 連結; 合同. **3** [C] 《文法》接続詞(略 conj.).

文法 接続詞

8品詞の1つで, 文の中の各要素を結び付ける働きをするもの. この辞書では [接] と表記. 等位接続詞 (coordinating conjunction) と従位接続詞 (subordinating conjunction) とに分けられる(それぞれ ☞ compound sentence 文法, subordinate clause 文法).

4 [U,C] 《天》 (2惑星などの)合. **in conjúnction with ...** [前] 《格式》...とともに; ...に関連して.

con·junc·ti·va /kàndʒʌŋ(k)táɪvə, kàn-│kɔ̀n-/ [名] (複 ~s, **-vae** /-viː/) 《解》(眼球の)結膜.

con·junc·tive /kəndʒʌ́ŋ(k)tɪv/ 《文法》[形][名] conjúnction) 接続(詞)的な.

con·junc·ti·vi·tis /kəndʒʌ̀ŋ(k)təváɪtɪs/ [名] [U] 《医》結膜炎.

con·junc·ture /kəndʒʌ́ŋ(k)tʃə│-tʃə/ [名][C] 《格式》(一連の事件の重なった)重大な局面, 危機 (*of*).

con·ju·ra·tion /kàndʒʊréɪʃən, kòn-│kɔ̀n-/ [名][C,U] まじない(の文句), 呪文, 魔法.

***con·jure** /kándʒə, kán-│kʌ́ndʒə/ [動] (**con·jur·ing** /-dʒ(ə)rɪŋ/) [他] **1** 手品[奇術]で⟨...を─する; 《格式》魔法でも使ったかのように⟨...を⟩(作り)出す (*from, out of*). **2** ⟨物・事が⟩⟨記憶・イメージなど⟩を思い出[起]させる. ── [自] 手品[奇術]をする. **a náme to cónjure with** [名] (1) 有力[重要]な人[物](の名

前). (2) 発音しにくい名前. **cónjure úp** [動] 他 (1) 魔法を使ったかのように(作り)出す (*from, out of*). (2) 想像してん心に浮かべる; 思い出させる. (3) ⟨霊・魔物など⟩を呪文を唱えて[魔法で]呼び出す.

con·jur·er, ·jur·or /kándʒ(ə)rə, kán-│kʌ́ndʒ(ə)rə/ [名][C] 手品師, 奇術師.

con·jur·ing /kándʒ(ə)rɪŋ, kán-│kʌ́n-/ [名][U] 手品[奇術]の技: a ~ trick 手品, 奇術; 早業.

conk /kánk│kɔ́ŋk/ (略式)[名][C] 《英》鼻. **cónk óut** [動] 《略式》(1) ⟨人の頭もが⟩止まる. (2) くたくたになって寝込む; 死ぬ.

con·ker /kánkə│kɔ́ŋkə/ [名] 《英》 **1** [C] 西洋とちのき(horse chestnut)の実. **2** [複数形で単数扱い] とちの実割り《ひもに通した実を振り相手の実を割る子供の遊び》.

cón màn /kán-│kɔ́n-/ [名][C] 《略式》 =con artist.

Conn. [略] =Connecticut.

***con·nect** /kənékt/ [動] (**con·nects** /-nékts/; **-nect·ed** /-tɪd/; **-nect·ing**; [名] connéction, [形] connéctive; [反] disconnéct) [他] (1) (道具・材料などを使い)⟨...⟩をつなぐ, 結合する; ⟨...⟩を(電源などに)接続する, つなぐ, ⟨...⟩を(─と)つなぐ (☞ join 類語語): This bridge ~s the two towns. この橋はこの2つの町をつないでいる / C~ the computer *to* the electricity supply first. <V+O+*to*+名·代> まずコンピューターを電源につないでください / A bus line ~s our village *and* [*to, with*] the city. <V+O+*and* [*to, with*]+名·代> 私たちの村はバス路線で市とつながっている.

2 ⟨...⟩を(─と)結び付けて考える, 連想する, 関係づける (*to*): We ~ Canada *with* maple trees. <V+O+*with*+名·代> カナダと聞くとかえでの木を思い出す.

3 (電話・ネットワークで)⟨...⟩を(─に)つなぐ: Please ~ me *with* Dr. White. <V+O+*with*+名·代> ホワイト博士につないでください《電話交換手に言うことば》 / C~ me *to* extension 337. <V+O+*to*+名·代> 内線337番につないでください.

── [自] **1** (電話・ネットワーク・水道・部屋などが)つながる (*to*); (列車・バス・飛行機などが)接続する: This train ~s *with* another at Chicago. この列車はシカゴで別の列車に連絡する. **2** ⟨ねらった人・物に⟩当たる, ⟨球などを⟩打つ (*with*): Harry ~ed for a double. ハリーは二塁打を打った. **3** 心が通じ合う, 理解し合う (*with*), 連絡が取れる, 会う. **connéct úp** [動] 他 (1) (ネットワークで)⟨...⟩に接続する. (2) ⟨...⟩を結び合わせる, つなぐ. ── [自] (ネットワークで)(...に)接続する (*to*).

***con·nect·ed** /kənéktɪd/ [形] ([反] unconnéctéd) **1** 連結した, 関係のある, 関連した(ある): (closely) ~ events (密接に)関連した出来事 / I suspect he is ~ *with* drug dealers. 彼は麻薬密売人と関係しているのではないかと思う. **2** 血縁[姻戚]関係のある; 縁故[コネ]のある (*to, by*): be well ~ 強いコネがある / Her mother's family is ~ *with* the Roosevelts. 彼女の母親の家はローズベルト家と親戚関係にある. **3** 電話 [ネットワーク]で接続のとれる(接続されている].

con·nect·ed·ness /kənéktɪdnəs/ [名] [U] 愛着, 親近感.

Con·nect·i·cut /kənétɪkət/ [名] [固] コネチカット《米国 New England 地方の州; Conn., (郵)では CT; 俗称 the Constitution State; ☞ America 表, 表地図 I 3》.

con·nect·ing /kənéktɪŋ/ [形] [A] 連結[連絡]する: a ~ passage 連絡通路 / a ~ flight 接続便.

connécting ròd [名][C] 《機》連結棒(次).

***con·nec·tion** /kənékʃən/ [名] (~s /-z/; [動] connéct; [反] disconnéction) **1** [U,C] 関係, 関連; 交渉; つながり: the *~ between* crime *and* poverty 犯罪と貧困の関係 / It has some [no] ~ *with* [*to*] that affair. それはあの事件と関係がある[ない].

2 [C] (飛行機・列車などの)乗り継ぎ, 接続, 連絡; 連絡

する物；接続する乗り物(の便)：make a ~ in Paris for Rome パリでローマ行きに乗り継ぐ / miss [catch] a ~ 接続便に乗り遅れる[間に合う] / Is there a ~ with our train at Chicago? シカゴでこの列車に接続がありますか. **3** Ⓤ つなぐこと，接続，連結 (*to, with*); Ⓒ 接続部分，結合部：have a loose ~ 接続不良である. **4** [複数形で] 縁故，コネ (contact); 親類の人，縁者 (relative) (*in*): have powerful ~s 有力なコネがある. **5** Ⓒ (電話・ネットワークの)接続：have a bad ~ (電話の)接続が悪い(声が através，雑音が入る).

find [establish] a connéction [動] ⾃ 関連を見い出す[立証する] (*between*). **in connéction with ...** [前]《格式》...に関して(の)，...に関連して：Do you have anything to say in ~ with our plan? 私たちの計画に関連して何かご意見はありますか. **in this [that] connéction** [副] つなぎ語《格式》これ[それ]に関連して，ついでながら.

màke a connéction [動] ⾃ 結びつけ(て考え)る.

con·nec·tive /kənéktɪv/ 形 (働 connéct) Ⓐ 結合する. —— 名 Ⓒ 結合するもの，連結物；『文法』連結詞.

> 文法 **連結詞**
> 語・句・節を結ぶ働きをする語の総称. and, but のような接続詞のほかに，who, which のような関係代名詞，where, when のような関係副詞および，名詞節を導く詞(例えば Do you know *where* he lives? の where) などが連結詞と呼ばれる.

connéctive tìssue 名 Ⓤ 『解』結合組織.
con·nec·tiv·i·ty /kànektívəṭi | kɔ̀n-/ 名 Ⓤ 『電算』コネクティビティー《異機種間の接続が可能なこと》.
con·nec·tor /kənéktɚ | -tə/ 名 Ⓒ コネクター《電線を接続する部分》.
connéct tìme 名 Ⓤ 『電算』接続時間《コンピューター同士が回線で接続されている時間》.
Con·ner·y /kánəri | kɔ́n-/ 名 ⾓ Sean /ʃɔ́ːn/ ~ コネリー(1930-)《スコットランドの映画俳優》.
con·nex·ion /kənékʃən/ 名 Ⓤ Ⓒ《英》＝connection.
Con·nie /káni | kɔ́ni/ 名 コニー《女性の名；Constance の愛称》.
cón·ning tòwer /kánɪŋ- | kɔ́n-/ 名 Ⓒ《格式》潜水艦の展望塔 (ア submarine 写真).
con·nip·tion /kənípʃən/ 名 Ⓒ《米略式》かんしゃく，ヒステリー：have [throw] a ~ かんしゃくを起こす.
conníption fìt 名 Ⓒ ＝conniption.
con·niv·ance /kənáɪv(ə)ns/ 名 Ⓤ 見て見ぬふり，黙認，黙過 (*at, in*); 共謀 (*with*). **in connívance with ...** [前] ...と共謀して. **with the connívance of ...** [前] ...の黙認のもとに.
con·nive /kənáɪv/ 動 ⾃ **1**《悪いことを)見て見ぬふりをする，黙認する，大目に見る (*at, in*). **2** しめし合わせる，共謀する (*with; to do*).
con·niv·ing /kənáɪvɪŋ/ 形 卑劣な，陰険な.
*con·nois·seur /kànəsə́ː | kɔnəsə́ː/ 名 Ⓒ《美術品などの》鑑定家，目利き (*of*).
*con·no·ta·tion /kànətéɪʃən | kɔ̀n-/ 名 Ⓒ [しばしば複数形で] (語の)言外の意味，含意，含蓄 (*of*) (ア denotation).
con·no·ta·tive /kənóʊṭəṭɪv, kánətèɪṭ- | kɔ́nətèɪṭ-, kənóʊṭ-/ 形 含蓄[含み]のある；Ⓟ (言外の意味を)暗示する (*of*).
con·note /kənóʊt/ 動 ⾃ 《格式》(ことばが)裏の意味，含みを含む (ア denote).
con·nu·bi·al /kən(j)úːbɪəl | -njúː-/ 形 《文》または《滑稽》夫婦の，婚姻上の.
*con·quer /káŋkɚ | kɔ́ŋkə/ 動 (**con·quers** /~z/; **con·quered** /~d/; **-quer·ing** /-k(ə)rɪŋ/) 名 cón·quest) 他 **1** 《国などを》征服する，(征服して)支配する；

consciéntious objéctor 359

《敵などに》勝つ (ア defeat 類義語)：England *was* ~*ed* by William the Conqueror in 1066. <V+O の受身> イングランドは 1066 年ウィリアム征服王に征服された (ア William 2). **2**《困難・感情など》に打ち勝つ，克服する：~ poverty and disease 貧困と病気に打ち勝つ / ~ the obstacles 障害を克服する. **3**《国・地域など》を商業的に征服する；<高峰など》を征服する. **4**《主に文》<人の心など》を奪う.
—— ⾃ 征服する；《文》勝利を得る.
語源 ラテン語で元は「欲しい物を手に入れる」の意.
con·quer·ing /káŋk(ə)rɪŋ | kɔ́ŋ-/ 形 勝利を納めた：the ~ hero 凱旋(がいせん)将軍.
*con·quer·or /káŋkərɚ | kɔ́ŋkərə/ 名 Ⓒ 征服者；[新聞で] 勝利者.
*con·quest /kánkwest, káŋ- | kɔ́ŋ-/ 名 (動 cónquer) **1** Ⓤ 征服，(国・敵・宇宙・病気など)を征服すること，(...に)征服されること：the ~ of Persia by Alexander the Great アレキサンダー大王のペルシャ征服. **2** [the C-] ＝Norman Conquest. **3** Ⓒ 征服して得たもの，獲得したもの；[普通は複数形で] 占領地. **4** Ⓒ [しばしば滑稽] <くどき落とした[された]人. **màke a cónquest** [動] ⾃ (1) (...を)征服する (*of*). (2) (人を)くどき落とす (*of*).
con·quis·ta·dor /kɑːnkíːstədɔ̀ː | kɔnkwístədɔ̀ː/ 名 (⾷ ~s, **con·quis·ta·do·res** /kɑːnkìːstədɔ́ːriːz | kɔnk(w)ɪstədɔ́ːreɪz/) Ⓒ 征服者《特に 16 世紀にメキシコ・ペルーを征服したスペイン人》.
Con·rad /kánræd | kɔ́n-/ 名 ⾓ **Joseph** ~ コンラッド (1857-1924)《英国の海洋小説家》.
cón ròd 名 Ⓒ《略式》＝connecting rod.
cons 名 ア pros and cons.
Cons 名 ＝Conservative.
con·san·guin·e·ous /kànsæŋgwíniəs | kɔ̀n-/ 形 《格式》血族の，同族の.
con·san·guin·i·ty /kànsæŋgwínəṭi | kɔ̀n-/ 名 Ⓤ《格式》血族，親族(関係)，同族.
*con·science /kánʃəns | kɔ́n-/ 名 (**con·scienc·es** /~ɪz/; 形 cònsciéntious) Ⓤ Ⓒ 良心，道義心，善悪の観念[判断力]；意識，自覚：have a clear ~ やましく思う心 / have a bad [guilty] ~ / struggle [wrestle] with one's ~ 良心と闘う / It's a matter [question] of ~. それは良心の問題だ.
be on ...'s cónscience [動] (物事で)...の気がとがめている. **éase ...'s cónscience** [動] ...の心を休める. **for cónscience(') sàke** [副] 気休めに. **hàve nó cónscience** [動] (...について)良心の呵責(かしゃく)を感じない (*about*). **hàve ... on one's cónscience** [動] 他 <...>を気に病む，<...>で気がとがめる. **in (áll [góod]) cónscience** [副] しばしば否定文で《格式》気がとがめて[道義上]. **prick ...'s cónscience** [動] (物事が)...に良心の呵責を感じさせる.
cónscience clàuse 名 Ⓒ 『法』良心条項《信教の自由などを認めるもの》.
cónscience mòney 名 Ⓤ 償いの納金《過去の不正を償うためなど》.
cónscience-strìcken 形 良心に責められた，気がとがめている.
*con·sci·en·tious /kànʃiénʃəs | kɔ̀n-/ 形 (名 cónscience) (人・行為が)良心的な，誠実な；念入りな (*about*)：a ~ worker 良心的な働き手. **~·ly** 副 良心的に，誠実に；入念に. **~·ness** 名 Ⓤ 良心的なこと，誠実.
consciéntious objéction 名 Ⓤ 良心の兵役拒否.
consciéntious objéctor 名 Ⓒ 良心的兵役拒否者(略 CO).

con·scious /kánʃəs | kɔ́n-/ **1** 形 (反 unconscious) **1** P (…に)気づいて, (…を)意識して; 自覚して (⇒ aware 類義語): He was not ~ of my presence in the room. <A+of+名·代> 彼は私がその部屋にいるのに気づかなかった. <言い換え> She was ~ of being followed by a man. <A+of+動名>=She was ~ that she was being followed by a man. <A+that 節> 彼女は男につけられているのに気づいていた. subconscious 潜在意識の. **2** 普通は P 意識のある, 知覚のある: The patient became ~. その患者は意識を回復した. **3** 合成語で …を意識した, …意識の強い: self-conscious / health-conscious 健康志向の強い / a media-conscious politician マスコミを意識した政治家 (⇒ mass communication). **4** A (行動などに)意図[意識]的な, 故意の; (記憶などか)自覚的な, 自覚した: a ~ smile 作り笑い.

con·scious·ly /kánʃəsli | kɔ́n-/ 副 (反 unconsciously) 意識[意図]的に, 故意に: I don't think she was ~ trying to hurt your feelings. 彼女は意識的に君の気持ちを傷つけようとしていたとは思えない.

con·scious·ness /kánʃəsnəs | kɔ́n-/ 名 (反 unconsciousness) **1** U 意識, 知覚; (人間の思考·感情などの認識としての)意識; 精神構造: ⇒ class consciousness / lose ~ 意識を失う / recover [regain] ~ 意識を回復する. **2** U または a ~ 自覚, 感づくこと: a clear ~ of guilt 明確な罪の意識 / a ~ that something is wrong どこかおかしいと気づくこと.

cónsciousness-ràis·ing /-rèɪzɪŋ/ 名 U, 形 A 意識向上[高揚](運動)(の)(特に道徳·社会·政治問題に関して).

con·script¹ /kánskrɪpt | kɔ́n-/ 名 **1** C 徴集兵 (米 draftee). **2** 形容詞的に 徴集された.

con·script² /kənskrípt/ 動 他 普通は受身で **1** <…を>軍隊に取る, 徴兵する (into) (米 draft). **2** <…を>抜擢[採用]する.

con·scrip·tion /kənskrípʃən/ 名 U 徴兵, 徴兵制度; 徴用 (⇒ draft⁷ 7, national service, call-up).

con·se·crate /kánsɪkrèɪt | kɔ́n-/ 動 他 **1** <…を>神にささげる, 奉納する (to); 神聖にする, 清める. **2** <人を>(司教などに)任ずる. **3** 格式 (ある目的·用途に)<…を>ささげる (to).

con·se·crat·ed /kánsɪkrèɪṭɪd | kɔ́n-/ 形 神にささげられた; 聖別した, 神聖な.

con·se·cra·tion /kànsɪkréɪʃən | kɔ̀n-/ 名 **1** U 神にささげること, 奉納; 神聖にすること. **2** U,C (教会の)献堂(式), 奉献 (dedication); 叙階[聖別](式).

con·sec·u·tive /kənsékjuṭɪv/ 形 普通は A 連続的な, 引き続いての (successive): Prices have been rising for five ~ months. 物価が 5 か月連続で上昇中だ. **~·ly** 副 連続して, 連続的に.

con·sen·su·al /kənsénʃuəl/ 形 法 (性行為などが)合意に基づいた; (決定·考え方などが)総意を重視した.

con·sen·sus /kənsénsəs/ 名 U または a ~ (意見などの)一致, 合意; (大多数の一致した意見[判断]; 総意): reach a ~ on taxation 税制に関する合意をとる / There is (a) general ~ among them that the bill should be amended. <N+that 節> 彼らにはその法案は修正すべしとの一致した意見がある. **by consénsus** 副 全員一致で.

consénsus builder 名 C 人々[国民]の意見の集約者(政治家など).

consénsus building 名 U 合意形成.

consénsus pólitics 名 U (政党間の意見の一致を前提にした)合意政治.

con·sent /kənsént/ 名 U 同意, 承諾; (意見·感情の)一致 (agreement): written [verbal] ~ 書面[口頭]による同意 [言い換え] He gave his ~ to the proposal. (=He consented to the proposal.) 彼はその提案に同意した / Silence gives [is, means] ~. (ことわざ) 黙っているのは承諾の印[したも同じ] / ⇒ informed consent. **by cómmon [géneral] consént** 副 (ほぼ)全員[満場]一致で. **by mútual [cómmon] consént** 副 双方が合意して. **without …'s consént** 副 …の同意なしで.

— 動 (con·sents /-sénts/; -sent·ed /-ṭɪd/; -sent·ing /-ṭɪŋ/) 自 同意する, 承諾する (to do) (⇒ agree 類義語; sense 単語の記憶): ~ to the proposal <V+to+名·代> その提案に同意する / His mother will not ~ to his [him] going there alone. <V+to+動名> 彼の母は彼が一人でそこへ行くことには賛成すまい (⇒ sense subject 文法 (2) (iii) (c)).

consént fòrm 名 C 同意書, 承諾書.

con·sént·ing adúlt /-sénṭɪŋ-/ 名 C 法 同意成人(同意で性行為が許される成人).

con·se·quence /kánsɪkwèns, -kwəns | kɔ́nsɪkwəns/ 名 (-se·quenc·es /-ɪz/; 形 consequent, cònsequéntial) **1** C 普通は複数形で 結果, 成り行き (result); 影響: The accident was a ~ of years of neglect. その事故は長年の怠慢の結果だった. **2** U 格式 (結果·影響などの)重要さ, 重大さ (importance); 重要性: a matter of no ~ to me 私には重要でないこと. 語源 ラテン語で「後にやって来るもの[こと]」の意; ⇒ subsequent 語源, sequence 語源.

as a cónsequence=in cónsequence 副 つなぎ語 格式 その結果, 従って.

as a cónsequence of ... = in cónsequence of ... 前 格式 …の結果として.

fáce [súffer, accépt, táke] the cónsequences 動 自 報いを受ける, 結果を甘受する (of).

con·se·quent /kánsɪkwənt, -kwènt | kɔ́nsɪkwənt/ 形 格式 cónsequence (…の)結果として生じる; 必然的な, 当然の: the rise in prices ~ on [to, upon] the war 戦争の結果起こった物価の上昇.

con·se·quen·tial /kànsɪkwénʃ(ə)l | kɔ̀n-⁻/ 形 cónsequènce (格式) **1** 結果として起こる; 必然的な (consequent). **2** 重大な (反 inconsequential); (人が)尊大な. **~·ly** /-ʃəli/ 副 結果として; 尊大に.

con·se·quent·ly /kánsɪkwèntli, -kwənt- | kɔ́nsɪkwənt-/ 副 つなぎ語 その結果, それゆえに (therefore): The heavy rain continued, and, ~, there was a great flood. 大雨が続き, その結果大洪水となった.

con·ser·van·cy /kənsə́ːv(ə)nsi | -vən-/ 名 (-van·cies) **1** C しばしば the C-] (英) 単数形でも時に複数扱い (河川·港湾などの)管理(保護)委員会. **2** U =conservation 1.

con·ser·va·tion /kànsəvéɪʃən | kɔ̀nsə-/ 名 (動 consérve) U **1** (自然·環境などの)保護, 保全, (河川·森林などの)管理 (of): wildlife ~ 野生生物保護. **2** (資源などの)保存, 節約 → save. **3** (英) (史跡·作品などの)保存, 維持 (of). **4** 物理 保存: ~ of energy エネルギー保存 (「省エネ」の意 (⇒ 2) にもなる).

conservátion àrea 名 C (自然·史跡などの)保護地域.

con·ser·va·tion·is·m /kànsəvéɪʃənìzm | kɔ̀nsə-/ 名 U 資源保護主義, 環境保全主義.

con·ser·va·tion·ist /kànsəvéɪʃ(ə)nɪst | kɔ̀nsə-/ 名 C 資源保護論者, 環境保全論者.

con·ser·va·tis·m /kənsə́ːvəṭɪzm | -sə́ː-/ 名 **1** 保守主義, 保守的な傾向[気質]. **2** 普通は C-] (英) 保守党の主義[政策].

con·ser·va·tive /kənsə́ːvəṭɪv | -sə́ː-/ 形 (動 consérve¹) **1** 保守的な (反 progressive): He is ~ in his political views. <A+in+名·代> 彼の政治的見解は保守的だ. **2** [C-] (英) 保守党の

Cons). **3**《服装 $など$ が》地味な, おとなしい. **4** ［A］《見積もり $など$ が》控えめの, 内輪な; 慎重な.
— 名 ［C］ **1** 保守的な人, 保守主義者（反 progressive）. **2** ［C-］《英》保守党員（Tory）（略 Con）.
~**·ly** **1** 保守的に. **2** 地味に; 控えめに.
~**·ness** 名 ［U］ 保守性.

†**Consérvative Pàrty** ［the ~］《英》保守党《英国の2大政党の一つ; 略 Con; ☞ party 表》.

con·ser·va·toire /kɒnsə́ːvətwɑ̀ː | -sə́ː vətwɑ̀ː/ 名 ［C］《英》= conservatory 2.

con·ser·va·tor /kɒnsə́ːvətə, kɑ́nsəvèɪtə | kənsə́ː vətə, kɑ́nsəvèɪ-/ 名 ［C］ **1**《史跡・絵画 $など$ の》保存[修復]する人. **2**《米法》財産管理人, 後見人.

†**con·ser·va·to·ry** /kənsə́ːvətɔ̀ːri | -sə́ːvətəri, -tri/（-**to·ries**）［C］ **1**《家屋に付属した》温室. **2**《主に米》音楽学校, 演劇学校《英》conservatoire）.

†**con·serve**[1] /kənsə́ːv | -sə́ːv/ 動 他 côn servátion, 形 consérvative） **1**《自然・環境 $など$ を》保護する, 保全する. **2**《資源・エネルギー $など$ を》大切に使う（save）.

con·serve[2] /kɒ́nsəːv | kɒ́nsə-/ 名 ［U,C］《果物 $など$ の》砂糖漬け, ジャム（jam）.

‡**con·sid·er** /kənsídə | -də/ 語源 動 （-**sid·ers** /-z/; -**sid·ered** /-d/; -**er·ing** /-sídərɪŋ, -drɪŋ/; 形 consíderate, 名 considerátion）

他 **1**〈…〉をよく**考える**, 熟考する, 考慮する, 検討［審議］する: Let's ~ this problem. この問題をよく考えてみよう / She is being ~*ed for* the position.〈V+O+*for*+名・代の受身〉彼女はその職の候補として検討されている / I'm ~*ing going* with them.〈V+O（動名）〉彼らと行くかどうか考慮中だ /【言い換え】He ~*ed what* to do next.〈V+O(*wh* 句)〉= He ~*ed what* he should do next.〈V+O(*wh* 節)〉彼は次にどうすべきかを考えた.

2《進行形なし》〈…〉を（一であると）思う, 〈…〉を（一と）考える, 〈…〉を（一と）みなす（☞ regard 類義語）【言い換え】He ~s himself very important.〈V+O+C(形)〉= He ~s himself to be very important.〈V+O+C(to 不定詞)〉彼は自分を非常に偉いと思っている /【言い換え】He *is* ~*ed* one of the leading statesmen of our country.〈V+O+C(名)の受身〉=He *is* ~*ed to* be one of the leading statesmen of our country.〈V+O+C(to 不定詞)の受身〉彼はわが国の指導的政治家の一人とみなされている / I ~ Grant (*to* have been) a poor president.=I ~ *that* Grant was a poor president.〈V+O(*that* 節)〉私はグラントはだめな大統領だったと思う /【金言】"Could you possibly type this report?" "C~ it done!"〈V+O+C(過分)〉「この報告書をワープロで打っていただけますか?」「いいですよ(もう済んだものと考えてください)」/ We ~*ed* it 'unwise [our duty] *to* tell him the truth. 私たちは彼に本当のことを言うのは賢明でない[義務だ]と判断した / C~ yourself lucky that you got a ticket to the concert. Ⓢ そのコンサートのチケットが取れたなんてついてるね.
3〈…〉を**考え入れる**, 〈事情〉を斟酌（ $しんしゃく$ ）する; 〈人（の気持ち〉を思いやる, 〈…〉に配慮する: ~ ...'s background〈人〉の経歴を考慮に入れる / You must ~ *how* he will feel if he hears that.〈V+O(*wh* 節)〉彼がそれを聞いたらどんな気持ちがするかを考えなさい. **4** 〔格式〕〈…〉を注意深く見る. — 自 よく考える, 考慮する. 語源 ラテン語で元来は「星をよく調べる」の意; ☞ desire 語源.

áll thìngs consídered ［副］ Ⓢ【文修飾】すべてを考慮に入れると, 結局.

‡**con·sid·er·a·ble** /kənsídərəbl, -drə-/ 形（反 inconsiderable）《量・程度・大きさ・重要性 $など$ が》**かなりの**, 相当な: a ~ distance [income] かなりの距離［収入］.

‡**con·sid·er·a·bly** /kənsídərəbli, -drə-/ 副 相当に, ずいぶん, かなり: Prices have risen ~. 物価がかなり

上がってきた. 語法 動詞のほかに比較級を修飾する.

†**con·sid·er·ate** /kənsídərət, -drət/ 形（反 inconsiderate）《他人に対して》思いやりのある, 察しのよい (*to, toward*): It was ~ *of* you not *to* disturb us. 私たちのじゃまにならないよう気をつかってくれてありがとう（☞ of 12）. ~**·ly** 思いやり深く. ~**·ness** 名 ［U］ 思いやりの深さ.

‡**con·sid·er·a·tion** /kənsìdəréɪʃən/ 名 (~**s** /-z/; 形 consíder） **1** ［U］ **熟慮, 考慮**, よく考えること; 検討, 審議: after much [due, long] ~ 十分に考慮したうえで / Give this problem your careful ~. この問題を慎重に考えなさい.
2 ［C］ 考慮すべきこと［事情］; 問題点: Price is an important ~. 価格は考えなければならない重要な問題だ.
3 ［U］ 思いやり, 察し: Show *every* ~ *for* other people's feelings. 他人の感情にあらゆる思いやりを示しなさい（☞ every 5）. **4** ［C］《普通は単数形で》《格式》または《滑稽》報酬, 心付け, チップ: for a (small) ~（ちょっとした）報酬を目当てに［をもらえば］.

in considerátion of [for] ... ［前］《格式》…を考慮して, …の理由で; …の見返りとして.

léave ... òut of considerátion ［動］他〈…〉を考慮に入れない, 〈…〉を度外視する.

of líttle [nó] considerátion ［形］《格式》（…にとって）ほとんど[全く]重要でない (*to*).

òut of considerátion for ... ［前］ …に配慮して.

tàke ... into considerátion ［動］他〈…〉を**考慮する**, 〈…〉を斟酌（ $しんしゃく$ ）する: You should *take* her illness *into* ~. 彼女が病気だということを考慮すべきだ.

tàking éverything ìnto considerátion ［副］【文修飾】すべてのことを考慮すると.

ùnder considerátion ［形・副］ 考慮中で［の］: She is one of the candidates *under* ~ for the position. 彼女はその職の候補として検討中の1人である.

†**con·sid·ered** /kənsídəd, -dəd/ 形 **1** ［A］《格式》よく考えた上で述べた［書いた, 行なった］, 熟考の上の（反 unconsidered）: in my ~ opinion [judgment] 私がいろいろ考えてみた上でのことだが. **2** 《副詞の後で》（…と）評価される: a very highly ~ work of art 評価がとても高い芸術品.

‡**con·sid·er·ing** /kənsídərɪŋ, -drɪŋ/ 前 …を考えると, …の割には (*for*): He looks young ~ his age. 彼は年の割には若く見える.
— 接 …であることを考えると, …と思えば, …だから: He is doing well, ~ (*that*) he lacks experience. 経験がない割には彼はよくやっている.
— 副 ［文末で］ Ⓢ《略式》その割には: We live quite comfortably, ~. その割には私たちは安楽に暮らしている.

con·sign /kənsáɪn/ 動 他《格式》**1**〈…〉を片づける (*to*). **2**〈…〉を（よくない状況）にする, 陥れる (*to*). **3**〈…〉を預ける, 託す (*to*). **4**《商》〈…〉を発送する, 届ける (*to*).

con·sign·ee /kɒ̀nsaɪníː, -sə- | kɒ̀nsaɪ-, -sɪ-/ 名 ［C］《商》荷受人; （販売）受託者（☞ consignor）.

†**con·sign·ment** /kənsáɪnmənt/ 名 **1** ［C］《英》単数形でも時に複数扱い《商》積み送りする品物; 委託販売品 (*of*). **2** ［U］（商品の）委託, 託送; 発送. **on consígnment** ［副］《商》委託販売で.

consígnment shòp 名 ［C］《米》委託(中古品)販売店.

con·sign·or /kɒ̀nsaɪnɔ́ə | kənsáɪnə, kɒ̀nsaɪnɔ́ː/ 名 ［C］《商》荷送り人, 荷主; （販売）委託者（☞ consignee）.

‡**con·sist** /kənsíst/ 動 (**con·sists** /-sísts/; **-sist·ed** /~ɪd/; **-sist·ing**) 自《進行形なし》 **1**（…に）**存する**, （…に）ある (in): 【言い換え】Happiness ~*s in* being con-

tented. <V+*in*+動名>=Happiness ~*s in* contentment. <V+*in*+名・代> 幸福は満足することにある.
2 (…から)成る, (…で)成り立っている 《➡ exist 単語の記憶》~*s of* hydrogen and oxygen. <V+*of*+名・代> 水は水素と酸素から成る / My part ~*s of* punch*ing* tickets. <V+*of*+動名> 私の役割は切符切りだ.

*con·sis·ten·cy /kənsístənsi/ 名 (-ten·cies; 形 consistent) **1** Ⓤ [ほめて] (言行・思想などの)一貫性 (*in*) (反 inconsistency): lack ~ 一貫性を欠いている. **2** Ⓤ.ⓒ (液体などの)濃度, ねばり(け).

*con·sis·tent /kənsístənt/ 形 (名 consistency; 反 inconsistent) **1** [ほめて] (言行・思想などが)首尾一貫した, 矛盾がない; 不変の; (人が)信念のある: Theories must be (internally) ~. 理論は(内部で)矛盾していてはならない / She is ~ *in* her opinions. <A+*in*+名・代> 彼女の考え方は首尾一貫している. **2** Ⓟ (…と)一致する, 両立する: a policy ~ *with* public welfare <A+*with*+名・代> 公共の福祉にかなった政策.

*con·sis·tent·ly /kənsístəntli/ 副 首尾一貫して, 矛盾なく, 通じて.

con·so·la·tion /kànsəléɪʃən | kòn-/ 名 (動 console¹) Ⓤ 慰め; ⓒ 慰めとなるもの[人] (*to*).
táke [fínd] consolátion in ... 動 他 …に慰めを見い出す.

consolátion fínal 名 ⓒ 三位決定戦.

consolátion príze 名 ⓒ 残念賞(特に2位または3位に与えられる).

con·so·la·to·ry /kənsóulətɔ̀ːri | -sɔ́lətəri, -tri/ 形 《格式》慰めの.

*con·sole¹ /kənsóul/ ★ console² とのアクセントの違いに注意 (con·soles /~z/; con·soled /~d/; con·sol·ing; 名 cònsolátion) 他 慰める (comfort): Nothing can ~ me *for* [*on*] the loss of my son. <V+名・代+*for* [*on*]+名・代> 何としても息子を亡くした私の心は慰められない. consóle onesèlf with ... 動 ⓔ …で[…と思って]自分を慰める.

*con·sole² /kánsoul | kɔ́n-/ ★ console¹ とのアクセントの違いに注意 名 ⓒ **1** 操作盤(ゲーム機などのコントローラー). **2** キャビネット, 戸棚(テレビ・ステレオなどを収納する). **3** 〖電算〗操作卓, コンソール. **4** (パイプオルガンの)演奏台(鍵盤(けんばん)とペダルを含む). **5** (自動車の)コンソール(運転席と助手席の間の小物入れ).

cónsole táble 名 ⓒ 承(うけ)で壁に取り付けたテーブル; 腕木状の脚で壁に固定されたテーブル.

*con·sol·i·date /kənsálədèɪt | -sɔ́l-/ 動 (-i·dates /-dèɪts/; -i·dat·ed /-ɾɪd/; -i·dat·ing /-ṭɪŋ/) 他 **1** 〈立場・権力など〉を強化する: He ~d his position in the firm. 彼は会社での地位をさらに固めた. **2** 〈土地・会社など〉を整理統合する, 合併する; 〈…〉をひとつにまとめる (*into*). — ⓘ 固まる, 強固になる; (会社などが)統合する (*into*).

con·sol·i·dat·ed /kənsáləṭéɪṭɪd | -sɔ́l-/ 形 強化した; 統合[合併]した.

Consólidated Fúnd 名 [the ~] 《英》整理公債基金.

con·sol·i·da·tion /kənsàləléɪʃən | -sɔ̀l-/ 名 Ⓤ.ⓒ 強化; 合併, 統合.

con·som·mé /kànsəméɪ, kánsəmèɪ | kɔ́nsɔmeɪ, kɔ́nsəmèɪ/ 《フランス語から》 名 Ⓤ コンソメ(澄ましスープ).

con·so·nance /kánsənəns | kɔ́n-/ 名 **1** Ⓤ 《格式》一致, 調和 (*with*). **2** (反 dissonance) Ⓤ.ⓒ 〖楽〗協和(音). in cónsonance with ... 前 《格式》…と調和[一致]して.

con·so·nant /kánsənənt | kɔ́n-/ 名 ⓒ 〖音声〗 **1** 子音(➡ つづり字と発音解説 1, 42). **2** =consonant letter. — 形 **1** 〖音声〗子音の; 〖楽〗協和(音)の (反 dissonant). **2** Ⓟ《格式》(…と)一致する, 調和する (*with*).

cónsonant létter 名 ⓒ 子音字(➡ つづり字と発音解説 41).

*con·sort¹ /kənsɔ́ːt | -sɔ́ːt/ 動 ⓘ《格式》[しばしばけなして] (よくない人と)交際する (*together; with*).

con·sort² /kánsɔːt | kɔ́nsɔːt/ 名 ⓒ **1** (国王・女王などの)配偶者 (➡ prince consort). **2** コンソート(16-18世紀の古楽の合奏[唱]団); コンソート用の古楽器の編成.

in cónsort with ... 前 《格式》…と共に.

*con·sor·ti·um /kənsɔ́ːtiəm, -ʃiəm | -sɔ́ː- | -J(i)əm/ 名 (複 con·sor·ti·a /-tiə, -ʃ(i)ə/, ~s) ⓒ コンソーシアム, 共同企業[事業]体(国際的な資本合同・企業連合).

*con·spic·u·ous /kənspíkjuəs | kɔ́n-/ 形 (反 inconspicuous) 目立つ, 人目につく, 異彩を放つ;《格式》著しい, 顕著な: a ~ dress 人目を引くドレス / a ~ success 著しい成功 / He was ~ by his absence. 彼がいないのが人目を引いた. màke onesèlf conspícuous 動 ⓘ 人目につくことをする. ~·ly 副 著しく, 目立って, 群を抜いて. ~·ness 名 Ⓤ 目立つこと.

conspícuous consúmption 名 Ⓤ 富や地位を誇示するための浪費.

*con·spir·a·cy /kənspírəsi/ 名 (-a·cies /~z/) Ⓤ.ⓒ 陰謀, 共謀 (plot); a ~ *to* overthrow the government <N+*to* 不定詞> 政府を倒す陰謀 / organize a ~ *against* the government 政府に対する陰謀を企てる. a conspíracy of sílence 名 (私利私欲のため共謀しての)沈黙の申し合わせ.

conspíracy théory 名 ⓒ 陰謀説 (*about*).

*con·spir·a·tor /kənspírəṭɚ | -ṭə/ 名 ⓒ 陰謀者, 共謀者.

con·spir·a·to·ri·al /kənspìrətɔ́ːriəl←/ 形 陰謀[共謀]の: a ~ wink 秘密を知る者同士の目くばせ. -al·ly /-əli/ 副 いわくありげに.

*con·spire /kənspáɪɚ | -spáɪə/ 動 (con·spir·ing /-spáɪ(ə)rɪŋ/) ⓘ **1** 陰謀を企てる, (…と)共謀する: ~ (*together*) *against* the leader 共謀して指導者に対して陰謀を企てる / He ~d (*with* other officers) *to* overthrow the government. 彼は(ほかの士官たちと)共謀して政府を転覆しようとした. **2** 《格式》(物事などが)重なり合って(運悪く)…する, (…に)不利に働く (*against*; *to* do).

*con·sta·ble /kánstəbl, kán- | kán-, kɔ́n-/ 名 (~s /~z/) ⓒ **1** 《英・カナダ・豪》巡査, 警官: a chief ~ 警察署長. **2** 《米》保安官, 治安官.

Con·sta·ble /kánstəbl | kɔ́n-/ 名 圄 John ~ コンスタブル (1776-1837)《英国の風景画家》.

*con·stab·u·lar·y /kənstǽbjuleri | -ləri/ 名 (-lar·ies) ⓒ **1** 《英》単数形でも時に複数扱い **1** 《英・カナダ・豪》警官隊(全体). **2** 《米》保安官隊(全体).

Con·stance /kánstəns | kɔ́n-/ 名 圄 コンスタンス《女性の名; 愛称は Connie》.

con·stan·cy /kánstənsi | kɔ́n-/ 名 (形 cónstant; 反 inconstancy) Ⓤ《格式》**1** 恒久性, 不変. **2** 志操堅固; 誠実さ; 信義.

*con·stant /kánstənt | kɔ́n-/ 形 (名 cónstancy; 反 inconstant) **1** 不変の, 一定の (fixed) (反 variable) (➡ distance 単語の記憶》): The water in the tube must be kept at a ~ temperature. 試験管の水は一定の温度に保たれていなければならない. **2** [普通は Ⓐ] 絶えず続く, 不断の (continuous); (断続的に)繰り返される (continual): ~ interruptions たび重なる中断 / I feel ~ pain. ずっと痛みが続いている. **3** [普通は Ⓐ]《文》忠実な, 誠実な; 志操堅固な (faithful) (*to*).

― 名 C《格式》不変なもの；〖数・物理〗定数，定量．関連 variable 変数．

Con·stan·tine /kánstəntìːn, -tàɪn | kɔ́n-/ 名 圖 ~ I -ðəfə:st | -fə:st/ コンスタンティヌス一世 (280?-337)《ローマ皇帝 (306-337)；新首都を Constantinople に建設；キリスト教の信仰を公認した》.

Con·stan·ti·no·ple /kὰnstæntənóʊpl | kɔ̀n-/ 名 圖 コンスタンティノープル《トルコの Istanbul の旧称；東ローマ帝国の首都》.

*__con·stant·ly__ /kάnstəntli | kɔ́n-/ 副 絶えず；［しばしば進行形とともに］いつも…してばかりいる，しょっちゅう…している（☞ be² A 1 (3)）: She is ~ finding fault with others. あの人はいつも人ばかり探しばかりいる.

+**con·stel·la·tion** /kὰnstəléɪʃən | kɔ̀n-/ 名 C **1** 〖天〗星座．**2**《文》（類似したもの，特に有名人などの）集まり，群 (of).

+**con·ster·na·tion** /kὰnstənéɪʃən | kɔ̀nstə-/ 名 U 非常な驚き，仰天 (dismay): fill ... with (great) ~ ...を(ひどく)うろたえさせる．**to ...'s consternátion**＝**to the consternátion of ...** 副 文修飾 …が非常に驚いたことには．

con·sti·pat·ed /kάnstəpèɪtɪd | kɔ́n-/ 形 P 便秘している．

+**con·sti·pa·tion** /kὰnstəpéɪʃən | kɔ̀n-/ 名 U 便秘．

*__con·stit·u·en·cy__ /kənstítʃuənsi /-zi/ 名 (-en·cies /-z/) C **1** 選挙区：There are sixty thousand voters in my ~. 私の選挙区には 6 万人の有権者がいる．**2**《英》［単数形でも時に複数扱い］選挙民，有権者（全体）．**3**（政党の）支援団体，後援会；（商品の）購買者層，（刊行物の）講読者層．

*__con·stit·u·ent__ /kənstítʃuənt/ 名（動 cónstitute）C **1** 選挙人，有権者：His policy was supported by his ~s. 彼の政策は有権者たちに支持された．**2** 成分，（構成）要素 (of).
　― 形（動 cónstitute）A **1** 構成する，成分［要素］をなす．**2** 選挙［指名］権を持つ；憲法制定［改正］の権能のある：a ~ assembly 憲法制定［改正］会議.

*__con·sti·tute__ /kάnstət(j)ùːt | kɔ́nstɪtjùːt-/ 他 動 (-sti·tutes -t(j)ùːts | -tjùːts/; -sti·tut·ed /-tɪd/; -sti·tut·ing /-tɪŋ/; 名 cònstitútion, constítuent, 形 constituent) 他《格式》**1**［進行形なし］〈…〉を構成する，〈…〉の構成要素となる；〈…〉となる (make up): These people ~ the upper class of our town. この人たちが我々の町の上流階級を構成する / His remark ~s a challenge to us. 彼のことばは我々に対する挑戦に等しい．**2**［普通は受身で］〈組織・団体など〉を（正式［法的］に）設立［設置］する，制定する．**3**［しばしば受身で］〈人〉を（…に）任命する.

be cónstituted of ... 動 他《格式》…から成っている．**be sò cónstituted that ...**［as to dó］動《格式》…という［する］性質［性分，体質］である．

:con·sti·tu·tion /kὰnstət(j)úːʃən | kɔ̀nstɪtjúː-/ 名 (~s /-z/; cónstitute, 形 còsntitútional) C

「構成されたもの」
→（一般的に）「構造」，「構成」**3**
→（具体的に）→（人体の）「体格」**2**
　　　　　　　 →（法体系として）「憲法」**1**

1［しばしば C-］**憲法**；（組織などの）規約：establish [defend, revise] a ~ 憲法を制定［擁護，改正］する / The C~ of Japan declares that it will not make war of any kind. 日本国憲法は日本はいかなる戦争もしないと明言している．
2［普通は単数形で］**体質**；体格，気質，性分：He has a strong [weak] ~. 彼は丈夫な［弱い］体質だ．
3［普通 the ~］《格式》**構成**，構造，組織：the ~ of society [the earth] 社会［地球］の構造．
4［普通は the ~］《格式》（制度などの）設立，制定 (of).

*__con·sti·tu·tion·al__ /kὰnstət(j)úːʃənəl | kɔ̀nstɪtjúː-/ 形 (2 では 名 cònstitútion) **1** 憲法(上)の；［普通は A］立憲制の；合憲の (unconstitutional): a ~ amendment 憲法の修正事項 / ~ monarchy 立憲君主制．**2**［普通は A］体質上の，体格の；生まれつきの．― 名《古風》憲法的（健康のための散歩など）.

constitutional convéntion 名 C 憲法(制定)会議；[the C- C-]《米史》憲法制定会議 (1787 年に開催された，連邦憲法案作成のための協議会).

con·sti·tu·tion·al·ism /kὰnstət(j)úːʃənəlìzm | kɔ̀nstɪtjúː-/ 名 U 立憲主義，立憲政治．

con·sti·tu·tion·al·ist /kὰnstət(j)úːʃənəlɪst | kɔ̀nstɪtjúː-/ 名 C 立憲（政治）主義者．

con·sti·tu·tion·al·i·ty /kὰnstət(j)ùːʃənǽləti | kɔ̀nstɪtjùː-/ 名 U 合憲性．

con·sti·tu·tion·al·ly /kὰnstət(j)úːʃənəli | kɔ̀nstɪtjúː-/ 副 **1** 憲法上，立憲的に．**2** 体格の上で，体質上；生まれつき．

Constitútion Stàte 名 [the ~] 憲法州《米国 Connecticut 州の俗称》.

+**con·strain** /kənstréɪn/ 動 他《格式》**1**〈…〉を抑える，制限［束縛］する．**2**［普通は受身で］〈…〉に強制する，無理に…させる（☞ force 類義語）：I was ~ed to resign my post. 私は辞職に追い込まれた．**féel constráined to dó** 動《格式》…せざるをえないと思う．

con·strained /kənstréɪnd/ 形《格式》不自然な；ぎこちない；窮屈な，気詰まりの：a ~ smile 作り笑い．

*__con·straint__ /kənstréɪnt/ 名 (**con·straints** /-stréɪnts/) **1** C［しばしば複数形で］制約[拘束]するもの：financial [legal] ~s 財政[法律]上の制約 / No one can impose [place] any ~s *on* the President's right to choose his advisers. 大統領が顧問を選ぶ権利については何人も制約を課すことはできない．**2** U 強制，圧迫：by ~ 無理に / under ~ いられて．**3** U《格式》窮屈な感じ，気がね；不自然な[ぎこちない]態度．

+**con·strict** /kənstríkt/ 動 他 **1**〈…〉を締めつける，圧迫[圧縮]する；収縮させる．**2**〈…〉を束縛する；〈…〉に窮屈な思いをさせる．― 自 収縮する．

con·strict·ed /kənstríktɪd/ 形 締めつけられた，圧迫[圧縮]された；束縛された，窮屈な思いの．

con·stric·tion /kənstríkʃən/ 名 **1** U 締めつけること，圧迫，収縮．**2**［複数形で］締めつける[束縛する]もの (on); [a ~]（胸などが）締めつけられる感じ，窮屈さ．

con·stric·tive /kənstríktɪv/ 形 締めつける，圧縮する．**~·ly** 副 締めつけるように．

con·stric·tor /kənstríktər | -tə/ 名 C **1**〖解〗括約筋，収縮筋．**2** 獲物を締め殺す大蛇 (☞ boa constrictor)；締めつけるもの．

*__con·struct__¹ /kənstrʌ́kt/ 動 (**con·structs** /-strʌ́kts/; **-struct·ed** /-ɪd/; **-struct·ing**; 名 constrúction 1-4, cónstruct², 形 constructive) 他 **1**〈…〉を組み立てる，建造[建設]する (反 destroy)（☞ build 類義語；structure 単語の記憶）：They ~ed a building [bridge]. 彼らは建物を建てた[橋をかけた]．
2〈文章・理論など〉を構成する：The novel *is* well ~ed. ＜V+O+副の受身＞　その小説は構成がうまくできている / He ~ed the theory *from [out of]* my data. ＜V+O+*from* [*out of*]+名・代＞　彼は私の資料を使ってその説を打ち立てた．**3**〖幾〗〈…〉を作図する．

con·struct² /kάnstrʌkt | kɔ́n-/ 名 (動 constrúct¹) C〖心〗構成概念；《格式》構造物．

*__con·struc·tion__ /kənstrʌ́kʃən/ 名 (~s /-z/; 1-4 では 動 constrúct, 5 では 動 construe, 形 constrúctional, constructive) **1** U 建造，建設 (反 de-

struction); 建設工事; 建設業; (理論・制度などの)構築: the ~ of new buildings 新しい建物の建設(工事) / the ~ industry 建設業 / a ~ site 工事現場.
2 [U] **建築様式**, 建て方, 造り方 (structure): The new building is ***of*** solid ~. 《格式》新しい建物は頑丈な構造をしている.
3 [C]《格式》**建造物**, 建築物: A strange ~ takes up the whole site. 変な建物が敷地を全部占めている. **4** [C]〘文法〙(文・語句の)組み立て, 構文. **5** [C]《格式》(語句・法律などの)解釈.
pùt [plàce] a fálse [wróng] constrúction on ... [動] [他]《格式》…を曲解する.
pùt [plàce] a góod [bád] constrúction on ... [動] [他]《格式》…を善意[悪意]に解釈する.
ùnder constrúction [形] **建設中で**, 工事中で: A new bridge is now *under* ~. 新しい橋が今建設中だ.

con·struc·tion·al /kənstrʌ́kʃ(ə)nəl/ [形] ([名] constrúction) 建設(上)の; 構文(上)の; 組み立て式の.

constrúction pàper [名] [U,C]《米》切り抜き細工用紙.

*__con·struc·tive__ /kənstrʌ́ktɪv/ [形] ([動] constrúct, [名] constrúction; [反] destructive, negative) **建設的な**; 有益な: ~ criticism 建設的な批判. **~·ly** [副] 建設的に. **~·ness** [名] 建設的であること.

constrúctive engágement [名] [U] 建設的関与.

con·struc·tor /kənstrʌ́ktə | -tə/ [名] [C] 建設者[会社], 建造者[会社].

+**con·strue** /kənstrúː/ [動] ([名] constrúction 5) [他] **1** [しばしば受身で]《格式》〈語句・条文など〉を解釈する (interpret) (*as*). **2**〘文法〙(古典語の翻訳の際に)〈文〉を解剖する; 〈語句〉を文法的に結び付ける (*with*); 〈語句など〉を(1 語ずつ)訳す. ― [自] 解釈ができる; (文法上)解剖できる.

con·sub·stan·ti·a·tion /kɑ̀nsəbstæ̀nʃiéɪʃən | kɔ̀n-/ [名] [U]〘キ教〙両体共存《キリストの肉と血の本質が聖餐(せいさん)式のパンとぶどう酒の本質に共存するという説》.

+**con·sul** /kɑ́ns(ə)l | kɔ́n-/ [名] [C] **1** 領事. [関連] consulate 領事館 / ambassador 大使 / minister 公使. **2** (古代ローマの)執政官《定員 2 名》. **3** (フランスの 1799–1804 年間の)執政《定員 3 名》.

+**con·sul·ar** /kɑ́nsələ | kɔ́nsjʊlə/ [形] 領事(館)の.

+**con·sul·ate** /kɑ́nsələt | kɔ́nsjʊ-/ [名] **1** [C] 領事館. [関連] consul 領事 / embassy 大使館 / legation 公使館. **2** [U,C] =consulship. **3** [the C-] (1799–1804 のフランスの)執政政府.

cónsul géneral [名] (複 **consuls general**) [C] 総領事.

cón·sul·shìp [名] [U,C] 領事の職[任期].

*__con·sult__ /kənsʌ́lt/ [T1] [動] (**con·sults** /-sʌ́lts/; **-sult·ed** /~ɪd/; **-sult·ing**; [名] cònsultátion) [他] **1** 〈専門家など〉に**意見を聞く**; 〈医者〉にかかる; 〈弁護士など〉に相談する (talk with): You had better ~ your doctor [lawyer] ***about*** it. <V+O+*about*+名・代> それは医者に診てもらいなさい[弁護士に相談しなさい].
2 〈…〉と**相談する**; 〈…〉に許可を求める: We weren't ***~ed for*** the news story. <V+O+*for*+名・代の受身> 私たちはその報道記事の相談を受けなかった.
3 〈辞書〉を**引く**, 〈参考書など〉を**調べる**: He ***~ed*** the dictionary ***for*** the meaning of the word. <V+O+*for*+名・代> 彼はその単語の意味を辞書で調べた. **4** 〈…〉を考慮に入れる.
― [自] **相談する**, **協議する**; 情報を交換する: I must ~ ***with*** Tom ***about*** the matter. <V+*with*+名・代+*about*+名・代> その問題についてトムと相談しなければならない. [語法] [他] 1 が専門家など自分より優れた知識を持っている人の意見を聞くときに用いられるのに対し, consult with は自分と同等の人の意見を聞くときに用いられる.
consúlt for ... [動] [他] (会社など)の顧問を務める.

+**con·sul·tan·cy** /kənsʌ́lt(ə)nsi/ [名] (**-tan·cies**) [C] コンサルタント会社; [U] コンサルタント業.

*__con·sul·tant__ /kənsʌ́lt(ə)nt/ [名] (**-sul·tants** /-t(ə)nts/) [C] **1 顧問**, コンサルタント, (専門的な)相談相手: a legal ~ 法律顧問 / He is a ~ ***to*** the President ***on*** foreign affairs. 彼は外交問題に関する大統領の顧問だ. **2**《主に英》(ある科の)主任専門医, 医局長 (specialist) (*in*).

*__con·sul·ta·tion__ /kɑ̀nsəltéɪʃən | kɔ̀n-/ [名] (~**s** /~z/; [動] consúlt) **1** [C] [しばしば複数形で] (専門家の)**会議**, **協議会**, **審議会**; (医師間の)意見交換会: The doctors held follow-up ~***s on*** [***about***] the case. 医師たちはその患者について追跡の意見交換会を開いた.
2 [U,C] **相談**, **協議**; **診察**, **受診**; **諮問**: I had a ~ ***with*** a lawyer ***about*** my will. 私は遺言のことで弁護士と相談した. **3** [U] **参考**, **参照** (*of*).
be in consultátion [動] [自] 協議[審議]中である; 診察中である. **in consultátion with ...** [前] …と相談[協議]して.

+**con·sul·ta·tive** /kənsʌ́ltəṭɪv/ [形] [A] 諮問の.

con·sult·ing /kənsʌ́ltɪŋ/ [形] [A] **顧問の**, **専門的助言を与える**; 診察専門の: a ~ engineer [physician] 顧問技師[医師]. ― [名] [U] コンサルティング, 相談.

consúlting ròom [名] [C] 診察室.

con·sum·a·ble /kənsúːməbl | -s(j)úː-/ [形] 消費[消耗]できる. ― [名] [複数形で] 消耗品.

*__con·sume__ /kənsúːm | -s(j)úːm/ [動] (**con·sumes** /~z/; **con·sumed** /~d/; **con·sum·ing**; [名] consúmption) [他] **1** 〈…〉を**消費する** ([反] produce); 消耗する, 使い尽くす (☞ resume [単語の記憶]): My car ~***s*** very little gas. 私の車はほとんどガソリンを食わない.
2《格式》〈…〉を**食べる**, **飲む**; **食べ[飲み]尽くす**: He ~***d*** the whole bottle of whiskey at one sitting. 彼はウイスキーひとびんを一度にあけてしまった. **3**《格式》(火災が)〈…〉を焼き尽くす.
be consúmed with [by] ... [動] [他]《格式》(しっと・憎しみ・好奇心・悲しみなど)にとりつかれている, …で身が細る思いがする.

‡**con·sum·er** /kənsúːmə | -s(j)úːmə/ [T1] [名] (~**s** /~z/; [反] producer) [C] **消費者**; [the ~] 消費者《全体》: a ~ organization 消費者団体 / ~ protection 消費者保護 / ~ spending 個人消費支出.

consúmer cónfidence [名] [U] (経済の先行きに対する)消費者の信頼《消費支出などに表われる》.

consúmer dúrables [名] [複]《英》=durable goods.

+**consúmer gòods** [名] ([反] producer goods) [複]〘経〙消費財.

consúmer gròup [名] [C] 消費者団体.

con·sum·er·is·m /kənsúːmərìzm | -s(j)úːm-/ [名] [U] **1** [時に軽蔑] 消費拡大主義, コンシューマリズム《消費の拡大が経済や社会の発展の基盤であるとする主義》. **2** 消費者保護(運動).

con·sum·er·ist /kənsúːmərɪst | -s(j)úː-/ [名] [C] **1** 消費拡大主義者. **2** 消費者保護運動家.

consúmer príce ìndex [名] [C]《主に米》〘経〙消費者物価指数 (《英》retail price index).

Consúmer Repórts [名] [固]『コンシューマー・リポーツ』(米国の消費者のための商品テスト専門月刊誌).

consúmer resèarch [名] [U] 消費者調査.

Consúmers' Associàtion [名] [固] [the ~]《英》消費者協会《消費者に商品の品質などを報知する機関》.

consúmer socìety [名] [C] 消費社会.

consúmer térrorism [名] [U] 消費者テロ《メー

*con・sum・ing /kənsúːmɪŋ/ -s(j)úːm-/ 形 A 《感情などが》激しい, 焼き尽くすような: Baseball is his ~ passion [interest]. 彼には野球のことしか頭にない.

+con・sum・mate¹ /kánsəmət, kənsǽmət | kənsám-, kónsə-/ 形 《格式》 1 完成した, 申し分のない, 完全な; [悪い意味で]途方もない: ~ happiness 無上の幸せ. 2 熟達した: a ~ artist 名匠家.

con・sum・mate² /kánsəmèɪt | kón-/ 動 他 《格式》 1 《結婚》を床入りによって完了する. 2 〈…〉を成し遂(と)げる, 完成する, 〈取引など〉をまとめる.

con・sum・mate・ly /kánsəmətli, kənsæm-, kənsʌm-| kənsǽm-/ 副 完全に, 完璧に.

con・sum・ma・tion /kɑ̀nsəméɪʃən | kɔ̀n-/ 名 《格式》 1 成就, 完成, 完了; 完全(な域), 極致; (目的・願望などの)達成. 2 床入りによる婚姻の完了.

*con・sump・tion /kənsʌ́m(p)ʃən/ 名 (動 consúme) U 1 《資源などの》消費 (反 production); (飲食): goods for domestic ~ 国内消費用商品 / fit [unfit] for human ~ 食用に適している[しない]. 2 消費量: fuel ~ = ~ of fuel 燃料の消費量. 3 《古語》肺病, 結核 (tuberculosis).
for ... [...'s] consúmption [副](発言・情報などが)…に聞かせる[読ませる]目的で, …に向けられて.

consúmption tàx 名 C (日本の)消費税.

con・sump・tive /kənsʌ́m(p)tɪv/ 《古語》形 A 肺病[結核]の. — 名 C 肺結核患者.

cont. 略 =containing (contain), contents, continent¹, continued (continue 成句).

**con・tact /kɑ́ntækt | kɔ́n-/ 名 (con・tacts /-tækts/)

「触れ合い」 1 → (つながり)
├→ (相互のつながり) → 「連絡」 1
├→ (物理的なつながり) → 「接触」 2
└→ (精神的なつながり) → 「近づき」, 「縁故」 3

1 U (人と人, 国と国などの)触れ合い, 接触; 連絡, 交渉, 関係: sexual ~ 性的接触 / ~ between the two countries 両国間の接触 / Japan needed ~ with Western civilization. 日本は西洋文明との接触を必要とした.

── コロケーション ──
avoid contact with ... …との接触を避ける
be in [out of] contact with ... …と接触[連絡]している[がない]
have contact with ... …と接触をもつ, 連絡をとる
lose [break off] contact with ... …と連絡がとれなくなる[を断つ]
「stay in [keep in, maintain] contact with ... …と連絡を保つ (in contact with ... 成句)

2 U (物と物との)接触: The heated air will be cooled on ~ with the water. 熱せられた空気は水に触れると冷やされる // eye contact.
3 C 縁故, コネ (connection); 近づき, 交際: a useful ~ 有益なコネ / a person with a lot of ~s 交際[顔]の広い人.
4 U 『電』接触; C 接点: make [break] ~ 電流を通じる[切る]. 5 = contact lens. 6 C 『医』(伝染病患者との)接触者, 保菌容疑者.
a póint of cóntact [名] 接点 (point 6); 連絡窓口.

bríng ... ìnto cóntact with ― 動 他 〈…〉を―と接触させる, 〈…〉を―に近づける.

còme [gèt] ìnto [in] cóntact with ... 動 他 …と接触する, 連絡をとる, …と出会う.

in cóntact with ... [前] …と接触して; (人)と交際

して; Newspapers keep us in ~ with world events. 新聞によって我々は世間の出来事に接している.

màke cóntact [動] 自 (…と)連絡がとれる (with).

pút ... in cóntact with ― [動] 他 〈連絡先を教えて〉…を―と連絡をとらせる.

── [動] (con・tacts /-tækts/; -tact・ed /-ɪd/; -tact・ing) 他 (伝言・電話などで)…と連絡をとる, 接触[相談]する, 話し合う, 〈…〉に問い合わせる: May I have an address and phone number where I can ~ you? ご連絡先の住所と電話番号をお願いできますか.

── 形 A 1 連絡先の: contact number. 2 接触の, 接触による. 接触して作用する: contact sport.

cóntact clàuse 名 C 『文法』接触節.

文法 接触節
関係代名詞を欠く形容詞節のことで, 制限用法に限られ, 次のような場合がある. 主に《略式》的な言い方(which² 1 (3) 囲み, whom² 1 (1) 囲み, (2) 囲み).
(1) 先行詞が接触節の中の他動詞または前置詞の目的語の場合. 接触節の中では最も一般的である: He has found the key you lost yesterday. 彼はあなたがきのうなくした鍵を見つけた [the key is lost の目的語]. Was it a cat I saw? 私の見たのは猫でしたか [a cat I saw の目的語][始めから読んでも終わりから読んでも同じ文; palindrome] / I know the girl he came in with. 私は彼がいっしょにやってきた少女を知っている [the girl is with の目的語].
(2) 先行詞が接触節の中の述語動詞の主語の場合. これは普通は There [Here] is ..., It is ... などで始まる文に多い (who² 1 語法 (2)): There is a man below wants to speak to you. あなたにお話したいという人が下に来ています [a man is wants の主語][ellipsis 文法 (1) (ii)]. 語法 書きことばでは wants の前に who が必要.
(3) 先行詞が接触節の中の不完全自動詞の主格補語の場合: He is not the man he was [used to be]. 彼は昔の彼ではない [the man is was [be] の主格補語].
(4) 接触節と先行詞の間に関係副詞を補うことのできる場合: By the time you come home, I will have finished this work. あなたが帰宅するまでには私はこの仕事を終えてしまっているでしょう[先行詞 the time と you come home との間に that または関係副詞 when があるのと同じ意味].

cóntact flỳing 名 U 『空』有視界飛行.

+cóntact lèns 名 C [しばしば複数形で] コンタクトレンズ: wear [put in] ~es コンタクトをつけている[はめる].

cóntact nùmber 名 C 連絡先の電話番号 (特に緊急用).

cóntact prìnt 名 C 『写』密着印画[プリント].

cóntact spòrt 名 C 選手同士の体の接触を伴うスポーツ(ラグビー・アメリカンフットボール・柔道など).

con・ta・gion /kəntéɪdʒən/ 名 1 U 『医』(病気の)接触伝染. 2 C 『医』接触伝染病(患者との接触でうつる). 関連 infection 感染伝染病. 3 《格式》 U (思想・感情などの)伝染; 悪影響.

+con・ta・gious /kəntéɪdʒəs/ 形 1 接触伝染性[病]の; 伝染しやすい: highly ~ 伝染性の高い. 関連 infectious 感染伝染病の. 2 (人が)接触伝染病にかかった. 3 《感情など》人から人へうつり, 影響を与えがちな. ~・ly 副 伝染病のように, 人にうつって. ~・ness 名 U 伝染しやすいこと.

**con・tain /kəntéɪn/ 動 (con・tains /-z/; con・tained /-d/; -tain・ing; 名 con・táinment) 他 [進行形なし] 1 〈…〉を(内に)含む, (中に)入れている (containing は 略 cont.; include 類義語): This box ~s apples. この箱にはりんごが入って

366 container

る. **2** 〈...〉を収容できる,〈...〉が入る;〈...〉に等しい,相当する: The room ~ed fifty people. その部屋には50人入った. **3** [普通は疑問文・否定文で]〈感情など〉を抑える,我慢する;〈病気・災害・暴動など〉を封じ込める,食い止める: He was *not* able to ~ his anger. 彼は怒りを抑えられなかった. **4**〈壁・境界などが〉〈...〉を囲む;[数]〈辺が〉〈角〉をはさむ.

contáin onesélf [動] (自) 気持ち[感情]を抑える.

単語の記憶	《TAIN》(保つ)
abs**tain**	(離れて保つ) → 慎む
con**tain**	(共に保つ) → 含む
de**tain**	(離して保つ) → 引き止める
enter**tain**	(間に保つ) → 楽しませる
main**tain**	(手で支える) → 保ち続ける
ob**tain**	(そばに保つ) → 得る
re**tain**	(後ろへ保つ) → 保つ
sus**tain**	(下から保つ) → 支える

***con·tain·er** /kəntéɪnɚ | -nə/ 名 (~s /-z/; contáinerìze) C **1** 入れ物, 容器:「put ... in(to) [take ... out of] a ~ ...を容器に入れる[から出す]. **2**（貨物輸送用の）コンテナ: a ~ car コンテナ用貨車.

contáiner-grówn 形〈植物が〉鉢植えの.

con·tain·er·i·za·tion /kəntèɪnərɪzéɪʃən | -raɪz-/ 名 U コンテナ輸送(化).

con·tain·er·ize /kəntéɪnəràɪz/ 動 (名 con- táiner) 他〈貨物〉をコンテナに詰め込む, コンテナ輸送(化)する;〈港などを〉コンテナ輸送方式にする.

contáiner·shíp 名 C コンテナ船.

⁺**con·tain·ment** /kəntéɪnmənt/ 名 (動 contáin) U 押さえこみ, 抑制; (敵対国の)封じ込め(政策).

con·tam·i·nant /kəntǽmənənt/ 名 C [普通は複数形で] 汚染物質[菌].

***con·tam·i·nate** /kəntǽmənèɪt/ 動 (-i·nates /-nèɪts/; -i·nat·ed /-t̬ɪd/; -i·nat·ing /-t̬ɪŋ/) 他 **1**〈...〉を**汚染する**, よごす (*with*) (⇒ pollute 類義語): The whole bay *was* ~*d by* the oil spill. <V+Oの受身> その湾全体が油の流出で汚染された. **2**〈...〉に悪影響を及ぼす,〈...〉を悪に染ませる.

con·tam·i·nat·ed /kəntǽmənèɪt̬ɪd/ 形 (格式) **1** 汚染された, 汚れた. **2** 悪影響をうけた.

con·tam·i·na·tion /kəntæ̀mənéɪʃən/ 名 U よごすこと, 汚染.

con·tam·i·na·tor /kəntǽmənèɪt̬ɚ | -tə/ C 汚す[汚染する]人[もの], 汚染物.

***contd.** 略 続く, 以下次号 (To be continued.) (⇒ continue 成句).

***con·tem·plate** /kɑ́ntəmplèɪt, -tem- | kɔ́n-/ 動 (-tem·plates /-plèɪts/; -tem·plat·ed /-t̬ɪd/; -tem·plat·ing /-t̬ɪŋ/; 名 còntempláton, 形 contémplative) 他 **1**〈...〉を(...しようと)思う, 意図する (intend),〈...〉をあり得ることと思う, 予想する: I am *contemplating* build*ing* a new house. <V+O(動名)> 私は新しい家を建てようかと考えている. **2**〈...〉を熟考する, じっくり考える (consider): He ~*d* the problem all day. 彼はその問題を一日中じっくり考えた. **3**〈主に文〉〈...〉を凝視する, 熟視する, じっと見つめる (watch). **4**（文）瞑想(めいそう)する.

con·tem·pla·tion /kɑ̀ntəmpléɪʃən, -tem- | kɔ̀n-/ 名 (動 cóntemplàte) U **1** じっくり考えること, 熟考;瞑想(めいそう). **2** じっと見つめること, 凝視 (*of*). **3** 期待, 予期. **be in contemplátion** [動] (自) (格式) 計画[企図]されている.

con·tem·pla·tive /kəntémplət̬ɪv/ 形 (動 cón- templàte) 瞑想にふける, 深く物事を考える, (...に)じっと考えている (*of*). — 名 C (格式) (特に宗教的な)瞑想家. ~·**ly** 副 瞑想的に.

con·tem·po·ra·ne·i·ty /kəntèmpərəní:əṭi/ 名 U 同時(代)性.

con·tem·po·ra·ne·ous /kəntèmpəréɪniəs⁻/ 形 (格式) 同時(発生)の; (...と)同時代の (*with*). ~·**ly** 副 同時に; (...と)同時代に (*with*).

***con·tem·po·rar·y** /kəntémpərèri | -p(ə)rəri/ 形 [比較なし] **1** 現代の (⇒ modern 類義語): ~ En- glish 現代英語 / ~ literature 現代文学. **2** ~の, 〈...と〉同じ時代の;〈...と〉同時代の: a ~ account その当時の話 / Shakespeare was ~ *with* Tokugawa Ieyasu. シェークスピアは徳川家康と同じ時代の人だった. — 名 (-rar·ies /~z/) C 同じ時代の人;同期生, 同年者;同時代のもの: He was a ~ of Lincoln. 彼はリンカンと同時代の人だった.

***con·tempt** /kəntém(p)t/ 名 (形 contémptible, contémptuous) U **1** 軽蔑(すること), 侮辱; (危険・困難などの)無視: I feel ~ *for* such shameful conduct. 私はこのような恥ずべき行為を軽蔑する. **2**【法】(司法などに対する)侮辱罪: ~ *of* court 法廷侮辱罪. **3** 軽蔑されること, 恥辱, 不面目. **be benéath con- témpt** [動] (自) 軽蔑にも値しない. **bríng ... into contémpt** [動] 他〈...〉に恥をかかせる. **hóld ... in contémpt** [動] 他〈...〉を軽蔑する.

***con·tempt·i·ble** /kəntém(p)təbl/ 形 (動 con- témpt) 軽蔑すべき, 見下げ果てた, 卑劣な. **-i·bly** 副 軽蔑に値するほどに.

con·temp·tu·ous /kəntém(p)tʃuəs/ 形 (動 con- témpt) 人をばかにした, 軽蔑的な; (危険などを)ものともしない (*of*): a ~ laugh 人をばかにした笑い. ~·**ly** 副 軽蔑して. ~·**ness** 名 U 傲慢(ごうまん)無礼.

***con·tend** /kənténd/ 動 (con·tends /-téndz/; -tend·ed /-ɪd/; -tend·ing; 名 conténtion, 形 conténtious) (自) (...と)競争する, 争う (⇒ tend¹ 単語の記憶): We ~*ed with* them *for* the prize. <V +with+名+for+名> 私たちはその賞金を目当てに彼らと競い合った. 語源 ラテン語で「ともに張り出す」の意から「争う」となった (⇒ tend¹ 単語の記憶).

— 他 (受身なし) (格式) (強く)主張する (maintain): The President ~*ed that* raising taxes was neces- sary. 大統領は増税が必要だと主張[力説]した.

conténd with ... [動] 他 (困難)と闘う, (問題など)に対処する: They had to ~ *with* cultural differences. 彼らは文化的相違に対処しなければならなかった.

***con·tend·er** /kənténdɚ | -də/ 名 (~s /~z/) C (競技の)参加者, (スポーツの)競争者;挑戦者 (*for*).

***con·tent¹** /kɑ́ntent | kɔ́n-/ ★ content² とのアクセントの違いに注意. 名 (**con·tents** /-tents/) **1** [複数形で] ⇒ contents.

2 [形容詞なし] (本・演説などの)趣旨, 要旨, 中身; (プログラム・計画などの)内容; [電算] コンテンツ (ウェブサイトなどの趣旨 / The book has no (real) ~. その本には(実質的な)内容がない. **3** [単数形で;名詞の後で] 含有量, (容器の)容量: the vitamin ~ of food 食物のビタミン含有量.

***con·tent²** /kəntént/ ★ content¹ とのアクセントの違いに注意. 形 P (一応)満足で, (...だけで)満足して, (...に)甘んじて (⇒ satisfied 表, 類義語): Be ~ *with* a small salary for now. <A+with+名> 今は少ない給料で満足しなさい / I will be ~ *to* stay at home. <A+to 不定詞>家に残っても結構です.

nót contént with ... [副] ...では満足せず: *Not* ~ *with* his practice at school, he goes to a gym for weight training. 学校の練習だけでは満足せず, 彼は筋トレにジムへ行く.

— 名 (反 discontent) U (文) 満足 (contentment): He sat back in a chair *with* great ~. 彼は大いに満足

していずに深く腰かけた. **to one's héart's contént** [副] 心ゆくまで, 存分に.
─ **動** (**con·tents** /-ténts/; **-tent·ed** /-tɪd/; **-tent·ing** /-tɪŋ/; [名] conténtment) 他 (格式)〈…〉に満足を与える,〈…〉を満足させる (☞ satisfied 類義語): Nothing ~s a greedy person. 食欲(ः゙)な人は何にも満足しない. **contént onesèlf**「**with ... [by dóing**] [動] …で[…することで]満足する; …に[…することに]甘んずる.

⁺**con·tent·ed** /kənténtɪd/ [形] (反 discontented) (現状に)満足している, 満足そうな; 甘んじている: a ~ look [smile] 満足そうな様子[ほほえみ] / He is ~ with his present life. 彼は現在の生活に満足している.
─ **·ly** [副] 満足して.

*⁺**con·ten·tion** /kənténʃən/ [名] (**~s** /~z/; ~ con·ténd) (格式) **1** [C] 論点, 主張: It is my ~ *that* the project would be too expensive.〈N+*that* 節〉この計画は金がかかりすぎるというのが私の主張だ. **2** [U] 口論, 論争; 紛争 (*against, for, with, between*): The issue is still *in* ~. その問題は今も論争中である. **a bóne of conténtion** [名] ☞ bone 名成句.

⁺**con·ten·tious** /kənténʃəs/ [形] (⑧ conténd) (格式) **1** (問題などが)議論のある, 異論のある. **2** (人が)議論好きな, けんか腰[反対の姿勢]の. ~ **·ly** [副] 論議を引き起こして; けんか腰で. ~ **·ness** [名] [U] 議論の余地があること; 議論好き.

⁺**con·tent·ment** /kənténtmənt/ [名] [U] = content² 名 (☞ satisfied 表, 類義語).

cóntent províder 名[C] コンテンツプロバイダー.

***con·tents** /kántents | kón-/ [名] [複] **1** (容器などの)**中身**, 内容物 (圖 cont.): the ~ *of* a suitcase スーツケースの中身 / He emptied the container of its ~. 彼は容器から中に入っている物をすっかり出した.
2 (本などの)**目次**, (手紙などの)内容 (圖 cont.): a table of ~ 目次.

cóntent wòrd /kántent- | kón-/ [名] [C] (文法) 内容語《意味内容がはっきりした語; 名詞・動詞・形容詞など》. 関連 function word 機能語.

*⁺**con·test**¹ /kántest | kón-/ ★ 動詞の contest² とのアクセントの違いに注意. 動 (**con·tests** /-tests/; ~ contést²) [C] 競争, 競技 (*competition*); コンテスト; (権力獲得などのための)抗争: a ~ of speed = a speed ~ スピード競争 / a beauty ~ 美人コンテスト / a public-speaking ~ 弁論大会 / ~ *for* the championship 決勝戦. **It's nó cóntest.** (略式) 楽勝だ.

⁺**con·test**² /kəntést/ ★ 名詞の contest¹ とのアクセントの違いに注意. 動 (名 cóntest¹) 他 **1**〈勝利・賞・地位などを〉(求めて)争う[競う];〈試合・選挙・競争などを〉くりひろげる, 戦う. **2**〈判定・遺言状などに〉異議を唱える.

***con·tes·tant** /kəntéstənt/ 名[C] (競技会などの)出場者; 競争者; 競争相手; 論争者 (*for*).

con·tes·ta·tion /kàntestéɪʃən | kɔ̀n-/ [名] [U] 論争; 異議申し立て: in ~ 係争中の.

*⁺**con·text** /kántekst | kón-/ [名] (**con·texts** /-teksts/; [形] contéxtual) [C,U] **1** (事件・考え方などの)**背景**, (前後の)状況: You must see this event in a historical ~. この出来事は歴史的脈絡の中で見る必要がある.
2 文脈, (文章の)前後(関係): You should be able to tell the meaning of this word *from* its [the] ~. 文脈からこの語の意味がわかるはずだ. **in cóntext** [副] 文脈の中で, 背景をよく考えて. **in thís cóntext** [副] この文脈[状況]において(は); これに関連して. **òut of cóntext** [副] (引用などで)文脈[背景]抜きで[を無視して]: His comments were taken [quoted] *out of* ~. 彼の意見は文脈から切り離されて引用された. **pút [pláce] ... ìnto [in] cóntext** [動]〈…〉を状況[背景]の中で正しく理解させる[する]: That puts the lack of money *into* [*in*] ~. そういう事情なら金が不足

するのも理解できる.

con·tex·tu·al /kəntékstʃuəl/ [名] cóntext) (文の)前後の関係上の, 文脈上の.

con·tex·tu·al·i·za·tion /kəntèkstʃuəlɪzéɪʃən | -laɪzeɪ-/ [名] [U] 背景[文脈]を考慮に入れること.

con·tex·tu·al·ize /kəntékstʃuəlàɪz/ 動 他〈…〉を背景[文脈]の中で考える.

con·tex·tu·al·ly /kəntékstʃuəli/ 副 文脈上.

con·ti·gu·i·ty /kɑ̀ntəgjúːəṭi | kɔ̀n-/ [名] [U] (格式) 接触; 隣接.

con·tig·u·ous /kəntígjuəs/ [形] (格式) 接触している; 隣接する (*to, with*); (時間・順序などの)連続した, 切れ目のない. ~ **·ly** 副 接触[隣接]して.

con·ti·nence /kántənəns | kón-/ [名] (反 incontinence) **1** [U] (格式) (特に性欲の)節制, 禁欲. **2** [医] (大・小便の)我慢. **3** (格式) 自制心, 克己.

*⁺**con·ti·nent**¹ /kántənənt | kón-/ [名] (**-ti·nents** /-nənts/; [形] còntinéntal) [C] **1 大陸** (圖 cont.): *on* the African C~ アフリカ大陸で. 関連 subcontinent 亜大陸. 参考 普通は Asia, Europe, Africa, North America, South America, Australia および Antarctica の 7 大陸に分けられる. **2** [the C-] (英) ヨーロッパ大陸《英国から見ている》; 特に西欧》.
the Néw Cóntinent [名] 新大陸(南北アメリカ).
the Óld Cóntinent [名] 旧大陸《ヨーロッパ・アジアおよびアフリカ》.

con·ti·nent² /kántənənt | kón-/ [形] (反 incontinent) **1** [医] 便意をこらえられる. **2** (古風) 禁欲的な; 自制心のある.

*⁺**con·ti·nen·tal** /kɑ̀ntənéntl | kɔ̀n-◆/ [形] [名] cóntinent) **1** [A] **大陸の, 大陸性の**: a ~ climate 大陸性気候. **2** [しばしば C-] (英) ヨーロッパ大陸(風)の; (略式) 南欧風の. **3** [A] [しばしば C-] (米) 北アメリカ大陸の. **4** [C-] (米史) (独立戦争当時の)米植民地側の.
─ 名 [C] [しばしば C-] (古風, 英) [しばしば軽蔑] (英国から見て)ヨーロッパ大陸の人.

cóntinental bréakfast 名 [C,U] [しばしば C-] 大陸[ヨーロッパ]風朝食《パン・コーヒーまたは紅茶などから成る; ヨーロッパ諸国の朝食; ☞ English breakfast》.

Continéntal Divíde 名 [the ~] ロッキー山脈分水界.

cóntinental dríft 名 [U] [地質] 大陸移動.

cóntinental quílt 名 [C] (英) = duvet.

cóntinental shélf 名 [C] 大陸棚.

*⁺**con·tin·gen·cy** /kəntíndʒənsi/ [名] (**-gen·cies**) [C] 偶発事件, 不慮の事故; 緊急[非常]事態への備え[対策] (*for*): a ~ plan 万一の場合に備えての計画.

contíngency fèe 名 [C] (米) (弁護士の)成功報酬.

contíngency fùnd 名 [C] 偶発危険資金.

⁺**con·tin·gent** /kəntíndʒənt/ [形] (格式) **1** [P] …次第で, (…の)条件としている (*on, upon*). **2** 起こるかもしれない, ありうる, 不慮の. ─ 名 [C] (英) 単数形でも時に複数扱い] (格式) **1** 分遣隊, 派遣団 (*of*). **2** (集会などへの)代表団. ~ **·ly** 副 場合によっては, 偶然に.

⁺**continua** 名 continuum の複数形.

*⁺**con·tin·u·al** /kəntínjuəl/ [形] (名 contínue) [A] **1** [しばしばけなして] 繰り返し起こる, (断続的に)長く続く: Susie has ~ arguments with her husband. スージーは夫としょっちゅう口論する. 関連 continuous 切れ目なく続く. **2** 連続した, 絶え間のない (*continuous*).

⁺**con·tin·u·al·ly** /kəntínjuəli/ 副 [しばしば進行形とともに; しばしばけなして] 頻繁に; 絶えず, しきりに (☞ be² A 1 (3)): That child *is* ~ cry*ing*. あの子はしょっちゅう泣いてばかりいる.

con·tin·u·ance /kəntínjuəns/ 名 (名 contínue) (反 discontinuance) **1** [U,C] [普通は単数形で] (格式)

続くこと，継続，存続 (*of*). **2** [the ～] 継続期間. **3** Ⓒ [普通は単数形で] 【米法】(訴訟手続きの)延期.

con·tin·u·ant /kəntínjuənt/ 【音声】 圏 継続音の (〈子音〉にいう). ― 图 Ⓒ 継続音(延ばせる子音 /f, v, s/ など).

†**con·tin·u·a·tion** /kəntìnjuéɪʃən/ 图 (動 continue) **1** Ⓤ または a ～] 続ける[続く]こと, 継続 (*in*); the ～ *of* trade 貿易の継続. **2** ⒸⓊ (中途からの)継続, 続行, 再開. **3** Ⓒ (話などの)続き, 続編; (道路・家などの)継ぎ足し[延長, 増築]部分 (*of*).

continuátion schòol 图 Ⓒ 《米》補習学校(種々の理由で通常の学校へ通学できない子供の学校).

con·tin·u·a·tive úse /kəntínjuètɪv- , -njuət-/ 图 Ⓤ 【文法】継続用法 (☞ nonrestrictive use 文法).

※**con·tin·ue** /kəntínju:/ 圓 (**-tin·ues** /～z/; **-tin·ued** /～d/; **-tin·u·ing**/～ɪŋ/) (图 continual, continuous, 图 continuance, continuátion, còntinúity; 反 discontinue)

――自他 の転換

⊜ **1** 続ける (to make (something) go on happening)
⊚ **1** 続く (to go on happening)

― 他 **1** ⟨…⟩を**続ける**, 持続する; 依然として…である[…し続ける] (反 cease): They ～*d* their journey. 彼らは旅行を続けた / Prices will ～ *to* rise. <V+O (*to* 不定詞)> 物価は上がり続けるだろう / He ～*d* writing letters. <V+O (動名)> 彼は手紙を書き続けた.
2 (中途からまた)⟨…⟩を**継続する**, (前に)引き続いて述べる, (空間的に)延長する: He ate supper and then ～*d* his studying. 彼は夕食を済ませるとまた研究に取りかかった / "Moreover," he ～*d*, "there was something else." <V+O (引用節)> 「さらにほかにもありました」と彼は続けた. **3** 【米法】⟨訴訟など⟩を延期する.

― 自 **1** 続く，続いている (☞ 類義語) ，継続[存続]する (道などが)続く; (道などを)続けて進む; (中断者に)(仕事などを)続ける, 続行される, (発言などを)続けて言う: The rain ～*d* all day. 雨は一日中降り続いた / The corn field ～*d* as far as the eye could see. 見渡す限りもう もろこし畑が続いていた / After a shower, the game ～*d*. にわか雨の後で, 試合が続行された / I would like to ～ *in* this job as long as I can. <V+*in*+名・代> 私はこの職にできるだけ長くとどまりたい / He ～*d with* his work till late at night. <V+*with*+名・代> 彼は夜遅くまで仕事を続けた / If you ～ *along* this road, you'll come to the station. <V+前+名・代> この道をこのまま行けば, 駅に出ます.
2 引き続き…である, 依然として…だ (remain): The weather ～*d* stormy. <V+C (形)> 天候は引き続き荒れ模様であった / The patient ～*d to* be unconscious. <V+C (*to* 不定詞)> その患者は意識不明のままだった / Mr. Black ～*d as* editor. <V+C (*as*+名)> ブラック氏は引き続き編集長としてとどまった.

continued from [on] páge ‥‥ 圏 …ページから[へ]続く.

To be continued. 続く, 以下次号 (続き物の末尾に書く) (略 cont. contd.). 関連 Concluded. 終わり / To be concluded. 次号完結.

【類義語】**continue** 切れ目なしに続くこと: The meeting was still *continuing* when I left. 会合は私が出ていった時もまだ続いていた. **last** 一定の期間[時間]続くこと: The lesson *lasted* two hours. 授業は2時間続いた.

con·tin·ued /kəntínju:d/ 圏 Ⓐ 引き続く, 継続的な; (中断者に)続行される.

con·tin·u·ing /kəntínju:ɪŋ/ 圏 Ⓐ 継続[連続]的な.

continuing educátion 图 Ⓤ **1** (定時制[夜間]の)成人教育. **2** 《米》継続教育(課程) (最新の知識・技能を授けるための).

†**con·ti·nu·i·ty** /kàntɪn(j)ú:əti | kɔ̀ntɪnjú:-/ 图 (**-i·ties**) 圏 continue; 反 discontinuity) **1** Ⓤ Ⓒ 連続, 継続, 連続した状態, 連続[継続]性; (論理的な)一貫性: the ～ *between* the two chapters 2つの章のつながり / ～ *in* policy [policies] 政策の一貫性. **2** Ⓤ (映画・放送の)台本, コンテ. **3** Ⓤ (映画・テレビなどの)各場面をつなぐ音楽や語り[せりふ], 場面の連続性.

con·tin·u·o /kəntín(j)uòu/ 图 (～s) Ⓒ 【楽】通奏低音 (figured bass).

※**con·tin·u·ous** /kəntínjuəs/ 圏 (動 continue; 反 discontinuous) Ⓐ 切れ目なく続く, とぎれのない, ひっきりなしの; 【鉄】連続的な; 【文法】進行時制の: ～ snow 絶え間なく降る雪 / a ～ procession of cars ひっきりなしに続く自動車の列. 関連 continual 繰り返し起こる.
― 图 [the ～] 進行形.

continuous asséssment 图 Ⓤ 《英》(生徒の)成績の継続評価.

con·tin·u·ous·ly /kəntínjuəsli/ 剾 切れ目なく, 連続的に, ひっきりなしに: It's been raining ～ since yesterday. きのうから絶え間なく雨が降っている.

contínuous ténse 图 [the ～] 【文法】進行時制 (progressive tense) (☞ tense 文法).

con·tin·u·um /kəntínjuəm/ 图 (**複 con·tin·u·a** /-juə/, ～s) Ⓒ 〔格式〕(同じ性質のものの)連続(体).

con·tort /kəntɔ́ət | -tɔ́:t/ 他 **1** ⟨…⟩を(一で)ゆがめる, ねじ曲げる, (顔を)しかめる (*with*). **2** ⟨話など⟩をゆがめる, こじつける. ― 自 ゆがむ, ねじ曲がる.

con·tort·ed /kəntɔ́ətɪd | -tɔ́:-/ 圏 ゆがめられた; 曲解された.

con·tor·tion /kəntɔ́əʃən | -tɔ́:-/ 图 Ⓤ Ⓒ **1** ねじれ, ゆがみ, ひきつり. **2** (話などの)こじつけ; 手のこんだ方策.

con·tor·tion·ist /kəntɔ́əʃənɪst | -tɔ́:-/ 图 Ⓒ 体を自由自在に曲げることができる)曲芸師.

†**con·tour** /kántʊə | kɔ́ntʊə, -tɔ:-/ 图 Ⓒ **1** [しばしば複数形で] 輪郭, 輪郭の線 (outline); 外形: The ～*s of* the mountain were hidden in the mist. 山の輪郭は霧に隠れていた. **2** =contour line.
― 圏 Ⓐ 等高線に沿った: ～ plowing 等高線耕作.

con·toured /kántʊəd | kɔ́ntʊəd, -tɔ:-/ 圏 **1** (輪郭・形に)沿った; 滑らかな. **2** 等高線が記されている.

cóntour lìne 图 Ⓒ 等高線.

cóntour màp 图 Ⓒ 等高線地図.

con·tra /kántrə | kɔ́n-/ 图 Ⓒ [普通は複数形で] コントラ (米国の援助を受けたニカラグアの反革命ゲリラ).

con·tra- /kántrə | kɔ́n-/ 接頭 「逆, 反対」 【楽】普通の低音より1オクターブ低い」の意.

con·tra·band /kántrəbænd | kɔ́n-/ 图 Ⓤ 密売買(品), 密輸(品); 禁制品. ― 圏 禁止の.

con·tra·bass /kántrəbèɪs | kɔ̀ntrəbéɪs/ 图 Ⓒ = double bass.

†**con·tra·cep·tion** /kàntrəsépʃən | kɔ̀n-/ 图 Ⓤ 避妊(法) (birth control).

†**con·tra·cep·tive** /kàntrəséptɪv | kɔ̀n-/ 图 Ⓒ 避妊薬[剤], 避妊具. ― 圏 Ⓐ 避妊(用)の.

※**con·tract¹** /kántrækt | kɔ́n-/ ★ contract³ とのアクセントの違いに注意. 🅣 图 (**con·tracts** /-trækts/) Ⓒ Ⓤ cóntract², (動 contráctual) **1** Ⓒ Ⓤ (売買などの)**契約**; 請負 (*for*; *to* do) (☞ attract〖単語の記憶〗): be in breach of ～ 契約違反となる / be off ～ 契約が切れ(てい)る / work *on* a three-year ～ 3年間の契約で働く / We have a five-year ～ *with* this company 「for the supply of [to supply] automobile parts. 我々はこの会社と5年間の自動車部品供給の契約を結んでいる.

――― コロケーション ―――
break a *contract* 契約に違反する
cancel a *contract* 契約を取り消す
fulfill [**carry out**] a *contract* 契約を実行する

〈...〉を画策する,〈悪事〉をたくらむ, 企てる. **3** (特に急場でうまく)〈...〉を考案[工夫, 発明]する (invent).

+**con·trived** /kəntráɪvd/ [形] [けなして] わざとらしい, 不自然な; 企図された.

‡**con·trol** /kəntróʊl/ [名] (~s /~z/) **1** [U] **支配, 統制,** 管理, 監督(権); 操縦: humans ~ ***over*** nature 人間の自然支配.
2 [U] **抑制(力),** 制御, コントロール; 拘束: I don't have any ~ ***over*** what my company does. 私には会社がすることを拘束する力はない. [関連] self-control 自制心.

control 1, 2 のいろいろ
árms contròl 軍備制限 / **bírth contròl** 産児制限 / **crówd contròl** 群衆整理 / **flíght contròl** 航空管制(塔[所]) / **gún contròl** 銃規制 / **príce contròl** 物価統制 / **quálity contròl** 品質管理 / **remóte contról** 遠隔操作 / **tráffic contròl** 交通整理

3 [C] [普通は複数形で] **統制手段;** (機械の)操縦装置, 調整つまみ: We need tighter [more rigid] government ~*s* ***on*** wages. 政府によるもっと厳しい賃金統制策が必要だ. **4** [単数形で] 〘電算〙 =control key: press ~ コントロールキーを押す. **5** [U] (体の動きの)駆使力; 〘球〙 コントロール, 制球力. **6** [U] 管制員[官]《全体》; 管制室. **7** [C] 〘生〙 (実験の)対照群, 対照標準. **8** [U] 審査(場), 検査(場): ☞ passport control. [語源] 中(期)フランス語で「原簿と照合するための会計簿の控え」の意.

assúme contról [動] [自] 支配権を握る.
be at the contróls [動] [自] (乗り物などを)運転[操縦]している (*of*).
be in contról [動] [自] (1) (...を)支配[管理]している (*of*). (2) (感情などを)抑えている.
be in the contról of ... [動] [他] ...に支配されている.
be òut of contról [動] [自] 制御でき[手に負え]ない.
be ùnder contról [動] [自] (正しく)制御されている; 正常である: Everything *is under* ~. すべては順調だ.
beyònd (...'s) contról=beyònd (the) contról (of ...) [形] (...には)抑えきれない.
bríng [gét] ... ùnder contról [動] [他] 〈...〉を制御する, 抑える.
gáin [gét] contról [動] [自] (...の)支配[管理]権を握る (*of*).
gét [gó] òut of (...'s) contról [動] (群衆・病気・車などが)(...には)制しきれなくなる.
hàve [kèep] contról of [òver] ... [動] [他] ...を支配[制御]している.
hàve ... ùnder contról [動] [他] 〈火事・病気など〉を食い止める[ておく].
kéep ... ùnder contról [動] [他] 〈問題・脅威など〉を抑えている[おく].
lóse contról [動] [自] (...を)制しきれなくなる; (感情などを)抑えられなくなる (*of*).
outsìde (...'s) contról [形] =beyond (...'s) control.
regáin contról [動] [自] (1) (...を)再び支配する (*of*). (2) 冷静さを取り戻す.
táke contról [動] [自] (1) =gain [get] control. (2) (...を)制御[コントロール]する.
ùnder ...'s contról=ùnder the contról of ... [副] ...の支配下に, ...に管理されて.
withòut contról [副] 好き勝手に.

— [動] (con·trols /~z/; con·trolled /~d/; -trol·ling) [他] **1** 〈国・組織など〉を**支配する,** 管理[監督]する; 操作[操縦]する (direct); (試合で)〈ボールなど〉を支配する: ~ a company [one's children] 会社[子供]の管理[監督]をする.
2 (特に量や質の点で)〈...〉を**統制する,** 管理する, 調整[制御]する; 〈会計〉を監査する: In those days the price of rice *was controlled* by the government. <V+O の受身> その当時は米の値段は政府に統制されていた / She ~*s* ***what*** her children see on the Internet. <V+O (*wh* 節)> 彼女は子供がインターネットで何を見るかを管理している. **3** 〈火事・病気など〉を食い止める; 〈動物など〉の数を抑制する. **4** 〈感情など〉を抑える, 〈表情など〉を変えない: ~ one's anger 怒りを抑える.

contról onesèlf [動] [自] 自分の欲望[感情]を抑える.

contról frèak [名] [C] 《略式》 [軽蔑] 周囲をことごとくコントロールしようとする者, 支配狂[魔].

contról gròup [名] [C] 〘生〙 対照群 《同一実験で実験要件を加えないグループ》.

contról kèy [名] [C] 〘電算〙 コントロールキー.

con·trol·la·ble /kəntróʊləbl/ [形] ([反] uncontrollable) 統制[管理, 支配]できる; 抑制[操縦]できる.

con·trolled /kəntróʊld/ [形] **1** 感情を抑えた, 落ち着いた. **2** [しばしば合成語で] 管理[統制, 制御]された; 制限[規制]された: a computer-*controlled* vehicle コンピューター制御の乗り物.

contrólled drúg [名] [C] 〘法〙 =controlled substance.

contrólled ecónomy [C] 統制経済.

contrólled expériment [名] [C] 〘生〙 対照実験 《一因子を除き他は同一条件で行なう実験》.

contrólled súbstance [名] [C] 〘法〙 所持規制薬物 《ヘロイン・コカインなど》.

***con·trol·ler** /kəntróʊlə | -lə/ [名] (~s /~z/) [C] **1** 管理者, 統制者[官]: an air traffic ~ 航空交通管制官. **2** 《格式》 (会計)検査官, 監査役 (comptroller); 経理部長. **3** (機械の)制御器.

con·tról·ling ínterest /kəntróʊlɪŋ-/ [名] [C] [普通は単数形で] 〘経〙 支配[多数]持ち分 《会社を支配するのに十分な持ち株》.

contról pànel [名] [C] 計器[制御]盤.

contról ròd [名] [C] (原子炉の)制御棒.

contról ròom [名] [C] 管制[制御, 調整]室.

contról tòwer [名] [C] 管制塔 (☞ airport 挿絵).

***con·tro·ver·sial** /kɑ̀ntrəvə́:ʃ(ə)l | kɔ̀ntrəvə́:-/ [形] **異論の多い, 議論を引き起こす:** a ~ decision 物議をかもす決定 / a ~ figure 議論の的になる人物.
-sial·ly /-ʃəli/ [副] 議論を引き起こすことに[して].

con·tro·ver·sy** /kɑ́ntrəvə̀:si | kɔ́ntrəvə̀:si, kəntrɔ́vəsi/ [名] (-ver·sies /~z/) [U,C] (普通は長期で公開の)**論争, 論議** (☞ argument 類義語): a subject [matter] of ~ 論争の的 / That new theory aroused [caused, provoked, created] a great deal of ~. その新説は多くの論議を呼んだ / The heated ~ ***over [***about, surrounding***] wildlife preservation lasted (for) more than a generation. 野生動物保護に関する激論が一世代以上も続いた. [語源] ラテン語で「反対の方向に向けられた」の意.

con·tro·vert /kɑ́ntrəvə̀:t, kɑ̀ntrəvə́:t | kɔ̀ntrəvə́:t, kɔ́ntrəvə̀:t/ [動] [他] 《格式》〈問題など〉に異議を唱える; 〈...〉を議論する.

con·tu·ma·cious /kɑ̀nt(j)ʊméɪʃəs | kɔ̀ntju-/ [形] 《格式》 (特に法廷の命令に)不服従の. **~·ly** [副] 反抗的に.

con·tu·me·ly /kɑ́nt(j)u:məli, kənt(j)ú:m(ə)li | kɔ́ntju:-/ [名] (-me·lies) [U,C] 《格式》 傲慢(ごうまん)無礼; 侮辱.

con·tuse /kənt(j)ú:z | -tjú:z/ [動] [他] [普通は受身で] 〘医〙 〈...〉に打撲を負わせる; 挫傷(ざしょう)させる (bruise).

con·tu·sion /kənt(j)ú:ʒən | -tjú:-/ [名] [C,U] 〘医〙 打撲傷; 挫傷 (bruise).

+**co·nun·drum** /kənʌ́ndrəm/ [名] [C] **1** 難問; なぞ(なぞ), とんち問答 (riddle). **2** なぞめいた人物[状況].

con·ur·ba·tion /kànə(ː)béɪʃən│kɔ̀nə(ː)-/ 名 《格式》大都市圏《周辺都市を含む》.

con·va·lesce /kànvəlés│kɔ̀n-/ 動 (自)《病[手術]後》(徐々に)快方に向かう; 《病後》療養する.

con·va·les·cence /kànvəlés(ə)ns│kɔ̀n-/ 名 U または a ~] (徐々に)快方に向かうこと; 回復期(間).

con·va·les·cent /kànvəlés(ə)nt│kɔ̀n-⁻/ 形 1 回復期の患者のための: a ~ home 病後療養所. 2 (人が)回復期の. ― 名 C 回復期の患者.

con·vect /kənvékt/ 動 (他)《物理》対流で熱を送る.

con·vec·tion /kənvékʃən/ 名 U《物理》対流.

convéction òven 名 C 対流式オーブン.

con·véc·tor (hèater) /kənvéktə│-tə-/ 名 C 対流式暖房器.

*****con·vene** /kənvíːn/ 動 (con·venes /-z/; con·vened /-d/; con·ven·ing) 名 convéntion 1) 《格式》(他)《会議など》を招集する: An international conference was ~d after the war. 戦争の後に国際会議が招集された.

― (自) 会合する: The committee ~d at nine in the morning. 委員会は朝9時に会合を開いた.

con·ven·er, con·ve·nor /kənvíːnə│-nə-/ 名 C 1 (会の)招集者. 2 《英》組合幹部.

⁺con·ve·nience /kənvíːnjəns, -niəns/ 名 (-nienc·es /-ɪz/) 形 convénient; 反 inconvénience) 1 U 便宜, 便利(なこと); 好都合(なこと): a marriage of ~ 政略[打算の]結婚. 2 C 便利な物, (文明の)利器; 好都合(な状況); [複数形で] 便利な設備, 衣食住の什器. 3 C《英格式》=public convenience. **at ... 's convénience** [副]《格式》 ... の都合のよいときに. **at your éarliest convénience** [副]《格式》《商》ご都合つき次第, なるべく早く(特に手紙に). **for (the sàke of) convénience** [副]便宜上; 都合がよいように. **for ... 's convénience** = **for the convenience of ...** [副] ... に都合がよいように; ... のために. 語源 ラテン語で「ともに来る」の意. つまり「(都合よく)そこに居合わせる」が原義.

convénience fòod 名 C.U インスタント食品.

convénience stòre 名 C《主に米》コンビニ.

*****con·ve·nient** /kənvíːnjənt, -niənt/ 形 副 convéniently; 反 inconvénient) 1 (... に)便利な (useful), 重宝な; 都合のよい: a mutually ~ time お互いに都合のよい時 / Do you know of any ~ place *for* the meeting? どこか会合に都合のよい場所を知っていますか / If it is ~ *for* you, will you come and see me next Sunday? 都合がよければ次の日曜日に遊びに来ませんか. 用法注意 《... に近くて》の意とするのは誤り. 2 (... に近くて)便利な; (器具などが)使いやすい: My house is ~ *to*《英》*for* the local bus stops. 私の家はバス便に近くて便利だ. 3 《けなして》(態度・行動などが)都合のよい, その場しのぎの. 語源 ラテン語で「ともに来る」の意. つまり「(都合よく)そこに居合わせる」が原義.

*****con·ve·nient·ly** /kənvíːnjəntli, -niənt-/ 副 反 inconveniently) 1 便利に, 好都合に; 便利な所に: I live ~ near the college. 私は大学へ行くのに便利な所に住んでいる. 語源 is near を修飾; 2 の例文と比較. 文修飾語 都合のよいことに(は): C~, I live near the college. 都合のよいことに私はその大学の近くに住んでいる. 3 《けなして》都合よく, うまいことに.

con·ve·nor /kənvíːnə│-nə-/ 名 C = convener.

⁺con·vent /kάnv(ə)nt, -vent│kɔ́n-/ 名 C 女子修道院; = convent school: enter a ~ 尼僧になる. 関連 monastery (男子の)修道院.

*****con·ven·tion** /kənvénʃən/ 12 名 (~s /-z/; 形 convéntional, 1 では 動 convéne)

元来は「集まること」の意. (会合) → 「大会」 1 → (そこで決められた事柄から) 「協定」 3 → (約束) → (社会全般の約束事) → 「慣習」 2

1 C (政治・宗教などの)大会, 代表者会議; 《米》党大会: hold an annual teachers' ~ 教員年次総会を開く.

2 C.U 世間のしきたり, 慣習 (custom); 因習; (芸術・文学の)慣例, 手法 (☞ event 単語の記憶): ignore social ~s 世間のしきたりを無視する.

3 C 協定, 申し合わせ; 国際協定《treaty よりも軽いもの》: sign an international ~ 国際協定に署名する.

by convéntion [副] 慣習上, 慣例により.

*****con·ven·tion·al** /kənvénʃ(ə)nəl/ 形 反 unconventional) 1 A (方法・製品などが)伝統的な, 在来の, 慣習的な: a ~ method 伝統的な方法. 2 [しばしばけなして] 因習的な, 型にはまった, 古くさい; (人が)伝統を重んじる, 古風な (in): ~ morality 因習的な道徳. 3 A (兵器が)通常の, 核を使わない: ~ weapons 通常兵器.

con·ven·tion·al·i·ty /kənvènʃənǽləti/ 名 U 因習[慣例, 伝統]尊重.

con·ven·tion·al·ly /kənvénʃ(ə)nəli/ 副 因習的に, 慣例通りに; 伝統的に.

convéntional médicine 名 U = western medicine.

convéntional òven 名 C (電子レンジではない)従来のオーブン.

convéntional wísdom 名 U 世間一般の通念.

cónvent schòol 名 C 女子修道院付属学校.

*****con·verge** /kənvə́ːdʒ│-və́ː-/ 動 (自)(反 diverge) 1 (人々・乗り物などが)(一箇所に)集まる (on); (道・線などが)一点に集まる, 収束する (at). 2 (意見などが)近づく, (... と)同じになる (with).

*****con·ver·gence** /kənvə́ːdʒəns│-və́ː-/ 名 U または a ~] 一点に集まること, 収束; (ひとつに)まとまること.

con·ver·gent /kənvə́ːdʒənt│-və́ː-/ 形 一点に集まる, 収束性の; (ひとつに)まとまった.

con·ver·sant /kənvə́ːs(ə)nt│-və́ː-/ 形 P 1 《格式》(... に)精通して, ... を詳しく知って (with). 2 《米》(外国語で)一応用が足せる (in).

*****con·ver·sa·tion** /kὰnvəséɪʃən│kɔ̀n-və-/ 名 (~s /-z/; 形 cònversátional) C.U (くだけた)会話, 談話, 対話 (about, on): a telephone ~ 電話での会話 / a topic of ~ 会話の話題 / Our ~ turned to health. 私たちの話は健康のことになった. 語源 ラテン語で「共に住むこと, 付き合い」の意.

会話 "Do you want to join in our ~?" "Thank you, yes. What are you talking about?"「ぼくといっしょにおしゃべりしませんか」「いいですね. ありがとう. 何の話をしているのですか」

―― コロケーション ――

continue [carry on] a *conversation* (in English) (英語で)会話を続ける
end [finish, break off] a *conversation* 会話をやめる
have [hold] a *conversation* (with ...) (... と)話をする
interrupt a *conversation* 会話をさえぎる
start [begin, get into, strike up] a *conversation* (with ...) (... と)会話を始める

(déep) in conversátion [形] (... と)話し込んで (with).

màke (políte) conversátion [動] (自) (... と)儀礼上話をする (with).

con·ver·sa·tion·al /kὰnvəséɪʃ(ə)nəl | kɔ̀nvə-ˊ-/ 形 (名 cònversátion) [普通は A] (ことばが)会話体[風]の; 会話の: ~ English 会話体の英語.

con·ver·sa·tion·al·ist /kὰnvəséɪʃ(ə)nəlɪst | kɔ̀nvə-/ 名 C 話し上手な人; [前に形容詞をつけて] 話し方が…の人.

con·ver·sa·tion·al·ly /kὰnvəséɪʃ(ə)nəli | kɔ̀nvə-/ 副 会話風に, 会話体で.

conversátion pìece 名 C (興味深い)話の種《しばしば冗談に話のきっかけになる異様なものに用いる》.

conversátion stòpper 名 C 会話を中断させるような発言; おどろくべきこと.

†**con·verse**¹ /kənvə́ːrs | -və́ːs/ 動 自 《格式》(…と)談話を交わす, 会話する (with).

con·verse² /kάnvə:s, kənvə́:s | kɔ́nvə:s, kənvə́:s/ 名 [the ~] 《格式》反対, 逆 (of); 《論》換位命題《ある命題の 2 つの要素を入れかえた命題》.

con·verse³ /kάnvə:s, kənvə́:s | kɔ́nvə:s, kənvə́:s/ 形 [普通は A] 《格式》(順序・考えなどが)逆の.

†**con·verse·ly** /kάnvə:sli, kənvə́:s- | kənvə́:s-, kάnvə:s-/ 副 《格式》逆に 《つなぎ語》[前言を受けて] (また)それとは逆に《先に述べたのとは逆の状況を述べるときに用いる》.

*__con·ver·sion__ /kənvə́ːrʒən | -və́ːʃən/ 名 《~s /~z/; 動 convért¹》 1 U.C 変えること, 変換, 転換: the ~ of the heating system *from* coal *to* oil 暖房設備の石炭から石油への転換 / the ~ of a barn *into* a house 納屋の住宅への改造 // ☞ loft conversion.

2 U.C 換算: ~ of pounds *into* kilograms ポンドからキロへの換算 / a ~ table 換算表. 3 C.U 転向, 改宗; 宗旨変え: many ~s *from* Buddhism *to* Christianity 仏教からキリスト教への多くの改宗例. 4 C 《ラグ・アメフト》コンバート《トライ[タッチダウン]後に追加得点をすること》.

*__con·vert__¹ /kənvə́ːrt | -və́ːt/ ★ 名詞の convert² とのアクセントの違いに注意. 動 (**con·verts** /-və́:ts | -və́:ts/; **-vert·ed** /-ṭɪd/; **-vert·ing** /-ṭɪŋ/; 名 **con·vér·sion**, **cónvert**²) 他 1 〈…〉を(…から…に)変える, 変えて(…に)する, (別の方式などに)転換する; 〈…〉を改装[改造]する (☞ change 類義語): Steam *is* ~*ed to* power in this room. <V+O+to+名・代の受身> この部屋で蒸気は動力に変えられる / We have ~*ed* the bedroom *into* a living room. <V+O+into+名・代> 私たちは寝室を居間に改造した.

2 〈人〉を改宗させる; 〈…〉の考え方を転向させる; 〈人〉に(…へ)興味[関心]を向けさせる: His mother *was* ~*ed to* Christianity. <V+O+to+名・代の受身> 彼の母はキリスト教に改宗した. 3 〈金など〉を(別の通貨などに)換える, 換算する; 《経》兌換(たんかん)する: ~ yen *into* dollars 円をドルに換える. 4 《ラグ・アメフト》〈トライ・タッチダウン〉をコンバートする.

― 自 1 変わる (change): This sofa ~s *into* [*to*] a bed. このソファーはベッドにもなる. 2 (…から—に)改宗する; (考え・習慣・行為を)転向[転換]する (*from*, *to*). 3 《ラグ・アメフト》コンバートする.

†**con·vert**² /kάnvə:rt | kɔ́nvə:t/ ★ 動詞の convert¹ とのアクセントの違いに注意. 名 C 改宗者; 転向者; 最近(…)に夢中になった人 (*to*). **make a cónvert of ...** 動 他 …を改宗[転向]させる.

*__con·vert·er__ /kənvə́ːrṭər | -vəːṭə/ 名 C 1 《電》変換[変流]器. 2 (ラジオの)周波数変換器; 《テレビ》チャンネル変換装置; 《金属》転炉. 3 《電算》(データ)変換プログラム. 4 改宗させる人.

convérter reàctor 名 C 《原子力》転換炉.

con·vert·i·bil·i·ty /kənvə̀ːrṭəbíləṭi | -və̀:-/ 名 U 転換[交換]できること; 《経》兌換(たんかん)性.

*__con·vert·i·ble__ /kənvə́ːrṭəbl | -və́:-/ 形 《~s /~z/》 C コンバーチブル《屋根を折りたため[取りはずせ]る車》.

― 形 1 (家具などが) 改造できる, 変えられる: a ~ coat (裏返して使える)両面コート / a ~ sofa ベッドに変えられるソファー. 2 (外国通貨と)交換できる; 《経》兌換(だん)できる; 《商》(社債・株が)転換できる (*into*). 3 (自動車が)屋根を折りたため[取りはずせ]る.

con·ver·tor /kənvə́ːrṭər | -və́:ṭə/ 名 = converter.

con·vex /kὰnvéks | kɔ̀n-ˊ-/ 形 (反 concave) (レンズが)凸(とつ)の, 凸面の, 凸状の: a ~ lens 凸レンズ.

con·vex·i·ty /kənvéksəṭi | kɔn-/ (**-i·ties**) 反 concavity) 1 U 凸状, 凸面. 2 C 凸面体.

con·vex·ly /kὰnvéksli | kɔ̀n-/ 副 凸状に.

*__con·vey__ /kənvéɪ/ 動 (**con·veys** /~z/; **con·veyed** /~d/; **-vey·ing** /~ɪŋ/; 名 convéyance) 他 1 〈考え・感情など〉を伝える, 伝達する, 知らせる: I ~*ed* my displeasure *to* the editor. <V+O+to+名・代> 私は不快感を編集者に伝えた / Words can never ~ *how* glad I felt. <V+O (wh 節)> 私がどんなにうれしく思ったかことばでは言い表わせない.

2 〈物〉を運ぶ, 運搬する (*from*, *to*) (☞ carry 類義語). 3 《法》〈…〉を譲渡する (*to*).

con·vey·ance /kənvéɪəns/ 名 (動 convéy) 1 U 《格式》運搬, 運送; 伝達. 2 C 《格式》輸送機関, 乗り物. 3 《法》U (不動産の)譲渡; C 譲渡証書.

con·vey·anc·ing /kənvéɪənsɪŋ/ 名 U 《英》《法》(不動産)譲渡取扱業[手続き].

con·vey·or, -vey·er /kənvéɪər | -véɪə/ 名 C ベルトコンベヤー; 運搬人[器].

convéyor bèlt 名 C 1 ベルトコンベヤー. 2 [けなして] 流れ作業式(の扱い).

*__con·vict__¹ /kənvíkt/ ★ 名詞の convict² とのアクセントの違いに注意. 動 (**con·victs** /-víkts/; **-vict·ed** /~ɪd/; **-vict·ing** /-ɪŋ/; 名 convíction 2, cónvict²) 他 (反 acquit) [普通は受身] 《法》〈…〉を有罪と証明[宣告]する: a ~*ed* prisoner 既決囚 / He *was* ~*ed of* murder. <V+O+of+名・代の受身> 彼は殺人罪の判決を下された.

†**con·vict**² /kάnvɪkt | kɔ́n-/ ★ 動詞の convict¹ とのアクセントの違いに注意. 名 (動 convíct¹) C 受刑者; 囚人: an escaped ~ 脱獄囚.

*__con·vic·tion__ /kənvíkʃən/ 名 《~s /~z/; 1 では 動 convínce, 2 では 動 convíct¹) 1 C.U 確信, 信念; 自覚: religious ~s 宗教上の信念 / We have a strong ~ *that* our constitution needs no change. <N+that 節> 憲法は変える必要がないと我々は確信している.

2 C.U 《法》有罪の判決[証明] (反 acquittal): have two previous ~s for theft 2 回の盗みの前科がある. 3 U 説得力. **cárry convíction** [動] 自 [しばしば否定文で] (発言などが)説得力がある. **on convíction** [副] 有罪の場合に(は). **with** [**withòut**] **convíction** [副] 確信を持って[持たずに].

*__con·vince__ /kənvíns/ 動 (**con·vinc·es** /~ɪz/; **con·vinced** /~t/; **con·vinc·ing** /~ɪŋ/; 名 convíction 1) 他 1 〈人〉に(…を)確信させる, 納得させる, 悟らせる: [言い換え] I cannot ~ him of the truth of it. <V+O+of+名・代> = I cannot ~ him (*that*) it is true. <V+O+O((*that*) 節)> それが本当であることを彼に納得させることができない. 2 〈人〉に説得して…させる (persuade): He ~*d* his son *to* study for the examination. 彼は息子を説得して試験勉強をさせた.

*__con·vinced__ /kənvínst/ 形 (反 unconvinced) 1 P (…と)確信して, 必ず…だと思って: [言い換え] I am firmly ~ *of* his innocence. <A+of+名・代> = I am firmly ~ *that* he is innocent. <A+(that) 節> 私は彼が潔白であると強く確信している.

2 A 信念のある: a ~ pacifist 信念のある平和主義者.

con·vinc·i·ble /kənvínsəbl/ 形 説得に応じる.

*__con·vinc·ing__ /kənvínsɪŋ/ 形 (反 unconvincing) 1 (人・議論などが)説得力のある, なるほどと思わせる: a ~

explanation 納得のいく説明. **2** A 《勝利などが》明白な, 圧倒的な. **～・ly** 副 納得のいくように; 明らかに.

con·viv·i·al /kənvíviəl/ 形 《格式》《人・状況が》陽気な, 楽しい; 懇親的な.
con·viv·i·al·i·ty /kənvìviǽləṭi/ 名 U 陽気さ.
con·viv·i·al·ly /kənvíviəli/ 副 陽気に, にぎやかに.
con·vo·ca·tion /kànvəkéɪʃən | kòn-/ 名 《格式》
1 C [普通は単数形で] (公式の)集会, 聖職者(教区)会議; 《英》(大学の)評議会; 《米》卒業式. **2** U (会議などの)招集.
con·voke /kənvóuk/ 動 他 《格式》〈会議・議会〉を招集する.
con·vo·lut·ed /kánvəlùːṭɪd | kɔ́n-/ 形 **1** 《話などが》入り組んでわかりにくい. **2** 《格式》渦巻き状の, ねじ曲がった. **～・ly** 副 複雑に; 渦巻き状に.
con·vo·lu·tion /kànvəlúːʃən | kòn-/ 名 C [普通は複数形で] 《格式》**1** 〈話などの〉もつれ, 複雑さ (*of*). **2** 〈植物・貝などの〉うず巻き(状), 回旋.
con·vol·vu·lus /kənválvjʊləs | -vɔ́l-/ 名 (複 ~・es) C,U さんしきひるがお属の各種植物.
*****con·voy** /kánvɔɪ | kɔ́n-/ 名 C [~s] 形 [(英) 単数形でも時に複数扱い] (一緒に移動する)乗り物の一団[船団]; 護送される車隊[船団]: an aid ~ 救援輸送車隊 / a ~ *of* ten trucks 10 台のトラック隊. **in cónvoy** 副 [船団[隊列]を組んで. **ùnder cónvoy** 副 (軍艦などに)護衛されて.
— 動 他 〈軍隊などが〉〈物資・兵などを〉護送する.
con·vulse /kənváls/ 動 他 **1** 〈国・市場などに〉大騒動を起こさせる, 〈…〉を激しく揺さぶる. **2** [普通は受身で] 〈…〉をけいれんさせる; 身もだえさせる (*with*). — 自 〈体・人が〉止めどもなく震える; けいれんする.
⁺con·vul·sion /kənválʃən/ 名 C [普通は複数形で] **1** けいれん, ひきつけ. **2** (主に新聞で) 〈社会・組織などの〉激動, 異変, 動乱. **be in convúlsions** (*of* láughter*)* 動 (笑い)で腹をかかえて大笑いする.
con·vul·sive /kənválsɪv/ 形 けいれん性の, 発作的な; [主に新聞で] 激動の. **～・ly** 副 発作的に.
co·ny /kóuni/ 名 (co·nies) C,U =coney.
⁺**coo** /kúː/ 動 自 **1** 〈はとが〉くーくーと鳴く (☞ cry 表 dove, pigeon). **2** 〈赤ん坊などが〉くーくーと声を立てる; 〈赤ん坊などに〉優しくささやく (*at, over*). — 他 〈…〉と優しくささやく 〈~s〉 C くーくー (はとの鳴き声); 〈愛情を示す〉優しいささやき. — 間 《英略式》えっ, まあ 《驚きを表わす》.

⁎cook /kúk/ 動 (cooks /~s/; cooked /~t/; cook·ing)

───自他の転換───
他 **1** 料理する (to prepare (food) by heating it)
自 **2** 料理される (to be prepared by being heated)

— 他 **1** (加熱調理で)〈食事・夕食・料理など〉を作る, 〈人に…〉を料理して[作って]やる; (火で)〈肉・魚・野菜など食物〉を料理する, 調理する, 〈…〉に火を通す. 日英比較 日本語の「料理する」は熱を加えないときにも用いるが, cook は煮たり (boil), 焼いたり (bake, roast), 揚げたり (fry) など, 熱を加えて料理するときに用いる (☞ 次ページの囲み): ~ lunch 昼食を作る / 言い換え He ~*ed* some fish *for* his mother. <V+O+for+名・代> = He ~*ed* his mother some fish. <V+O+O> 彼は母に魚料理を作った (☞ for 前 A 1 語法) / C~ the duck for another hour. もう一時間この鴨肉を調理しなさい / This oven ~s meat really well. このオーブンでは肉がとてもよく調理できる.
2 《略式》〈軽蔑〉〈証拠など〉をごまかす, いじる.
— 自 **1** 料理する (*for*); 〈食材を〉調理する: 言い換え He ~s well. (=He is good at cooking.) 彼は料理が上手だ / C~ until tender. 柔らかくなるまで加熱してください《レシピで》.
2 《食物が》〈火で〉料理される, 火が通る: Meat ~s more quickly than vegetables. 肉は野菜よりも早く料理ができる [煮える, 焼けるなど]. **3** [進行形で] S 《略式》《企てなどが》もくろまれる. **4** [普通は be ~ing (with gas) として] S 《略式》うまくやる, 熱演する.
cóok úp 動 他 (1) 《略式》〈話・言いわけなど〉をでっちあげる. (2) 〈料理〉を(あり合わせのもので)さっと作る.
— 名 (~s /~s/) C コック, 料理人; 料理をする人 (☞ broth の例文; kitchen 関連語); [前に形容詞をつけて] 料理が…の人: Meg is a *good* [*bad*] ~. メグは料理が上手[下手]だ / Were you the ~? あなたが作ったのですか 《料理を前にして喜んで》. 語法 自分の家で雇っているコックをいうときには冠詞をつけずに固有名詞のように扱うことがある (☞ father 1 語法 (1), mother 1 語法 (1)). 関連語 chef コック長.
Cook /kúk/ 名 **James ~** クック (1728–79) 《英国の航海者; Captain Cook と呼ばれた》.
*****cóok·bòok** 名 C 料理の本 《英》 cookery book).
cóok-chìll 形 A 《英》加熱調理後冷蔵した.
cooked /kúkt/ 形 〈熱を加えて〉料理した[作った]; 調理済みの: a ~ breakfast 《英》加熱して作った朝食 《ベーコン・目玉焼き・トマトなどがある; ☞ English breakfast》.
*****cook·er** /kúkə | -kə/ 名 C **1** 料理用具; 《英》〈料理用の〉レンジ (stove): a pressure ~ 圧力がま. **2** 《英略式》料理に適した果物 《特にりんご》.
*****cook·er·y** /kúk(ə)ri/ 名 **1** U 料理法. **2** [形容詞的に] 《英》料理(用)の.
cóokery bòok 名 C 《英》=cookbook.
cóok·hòuse 名 (複 -hous·es /-hàuzɪz/) C 《古風》(戦地などの)屋外料理場.
*****cook·ie** /kúki/ 名 C **1** 《主に米》クッキー 《小麦粉を堅く練り甘味や香料を加えて焼いた菓子; ☞ cake 表》 《英》 biscuit).

┌─── cookie 1 のいろいろ ───
chócolate chìp cóokie 刻んだチョコレート入りのクッキー / Chrìstmas còokie クリスマスのクッキー / óatmeal cóokie オートミール入りのクッキー / péanut bùtter cóokie ピーナッツバター入りのクッキー
└─────────────────────

chocolate chip cookies

Christmas cookies

oatmeal cookies

peanut butter cookies

2 [前に形容詞をつけて] 《略式》男, やつ; 《古風, 米》魅力的な若い女性, かわいいちゃん: a tough ~ 手ごわいやつ. **3** C 《電算》クッキー 《インターネットのサイトの設定情報を次の利用者に備えてコンピューターに記憶させたもの》.
Thát's the wáy the cóokie crúmbles. S 《略式》世の中というものはそんなものだ.
tóss [**spíll**] **one's cóokies** 動 自 S 《米》吐く (vomit).
cóokie cùtter 名 C 《米》クッキーの抜き型.

cóokie-cùtter 形 A 《米》型にはまった, 金太郎飴式の, 個性のない: ~ houses どれも同じような家並み.

cóokie jàr 名 C 《米》クッキー用の瓶 《しばしばへそくりを隠しておくところ》. **be cáught with one's hánds in the cóokie jàr** [動] 自 《米》(不正をしている)現場を見つかる.

Cóokie Mònster 名 固 [the ~] クッキーモンスター《テレビ番組 'Sesame Street' に登場する, クッキーが大好きなキャラクター》.

cóokie shèet 名 C 《米》クッキーシート《クッキーなどを焼く鉄板》《英》baking tray).

*__cook·ing__ /kʊ́kɪŋ/ 名 U 料理(すること), 料理法《☞下の囲み》; (出来上がった)料理: do the ~ 料理をする / home ~ 家庭料理. ─ 形 C 料理用の.

cóoking àpple 名 C 料理用りんご《☞ eating apple》.

cóoking òil 名 U 料理油.

cóok-òff 名 C 《米》料理コンテスト.

cóok·òut 名 C 《米略式》(パーティー風の)野外の食事《野外で焼き網などを使って料理して食べる》.

cóok·tòp 名 C 《米》レンジの上面; (普通は4つ火床がある)キャビネット型レンジ.

cóok·wàre 名 U 料理用具.

cool /kúːl/ 形 (cool·er**; **cool·est**) **1 涼しい**, (気持ちよく)冷たい, 少し寒い; (熱の)冷めた《warm と cold の中間; ☞ hot 表》; (服などが)涼しい: in a ~, dry place 涼しく乾いた所に / It's getting ~er day by day. 日一日と涼しくなってゆく.

2 《略式》すばらしい, かっこいい; 人気のある: a really ~ guy すごくかっこいい男 / You look so [pretty] ~ in that hat. その帽子をかぶると君はすごくかっこいいよ / Look at the shoes. They are so ~. あの靴を見て. とてもすてきね.

3 Ⓢ 結構で, 問題のない; 都合よい 《★同意・承認・好都合などを意味し, 物事または人が主語となる》: "How about next Sunday?" "C~ [I'm ~ *with* that]." 「今度の日曜はどう?」「(それで)いいよ」/ If that's the way you want it, 'that's ~ *with* me [I'm ~ *with* that]. そんな風にしたいのならそれで結構だよ / She's not ~ *about* me smoking. 彼女は僕の喫煙を認めない.

4 冷静な, 落ち着いた (calm); 冷静にふるまう 《反 hot, warm》: a ~ head 冷静な頭脳(の人) / He was nervous but he tried to look ~ (, calm and collected). 彼はあがっていたが努めて落ち着いた様子を見せようとした / Keep [Stay] ~. そうかっかしないで.

5 (人・態度が)**冷淡な**, 薄情な; 冷淡にふるまう 《反 warm》: a ~ nod 冷淡な会釈 / get a ~ reception 冷たく迎えられる / Mary was very ~ *toward* me [*about* my proposal]. <A+*toward* [*about*]+名・代> メアリーは私[私の案]に対してとても冷淡だった / He is being ~ *to* me at the moment. <A+*to*+名・代> 今, 彼は

coolie 375

私に冷たくしている.

6 (色が)冷たい, 寒色の; 涼しそうな 《反 warm》: ~ colors 寒色 《緑・青・灰色など》. **7** ずうずうしい, 無遠慮な; [ほめて] 他人に左右されない, 平然とした. **8** A 《略式》(金額などが)大枚…, 掛け値なしの: a ~ twenty thousand dollars まるまる2万ドル. **9** P (正解・目標から)少しはずれた《クイズ・捜し物などで; ☞ hot 11).

─ 動 (**cools** /-z/; **cooled** /-d/; **cool·ing**)

─ 自他 の転換
| 他 1 冷やす (to make (something) cool) |
| 自 1 冷える (to become cool) |

─ 他 **1** <…>を**冷やす**, さます; 涼しくする 《反 heat, warm》: C~ the strawberries in the refrigerator. そのいちごを冷蔵庫で冷やしなさい.

2 <気持ち>を冷静にする, 静める.

─ 自 **1 冷える**, さめる: Boiling water does not ~ easily. 熱湯はなかなかさめない. **2** (感情が)落ち着く, (怒りなどが)静まる; (関心などが)さめる, 弱まる.

cóol dówn [動] 自 (1) 冷える, さめる; 涼しくなる. (2) (人が)冷静になる, (興奮が)静まる; (運動後)クールダウンをする. ─ 他 (1) <…>を冷やす, さます. (2) <人>を冷静にする, <興奮>をさます.

cóol it [動] 自 (1) [普通は命令文で] Ⓢ 《略式》落ち着く, 冷静になる. (2) 力を抜く, 気楽にやる.

cóol óff [動] 自 (1) 涼しくなる, さめる: ~ *off with* iced tea アイスティーを飲んで体を冷やす. (2) (人が)冷静になる; (事態が)落ち着く. (3) (販売・価格などが)下がる. ─ 他 (1) <人>を冷静にする. (2) <…>を涼しくする, さます.

─ 名 **1** [the ~] 涼しさ, 冷気; 涼しい場所[時] (*of*). **2** U かっこよさ, すばらしさ.

kéep [lóse] one's cóol [動] 自 《略式》冷静を保つ[失う], かっとならない[なる].

─ 動 (の成句で) **pláy it cóol** [動] 自 《略式》(難局・危険に際して)冷静に行動する.

cool·ant /kúːlənt/ 名 U,C (エンジンなどの)冷却液 《ガス》.

cóol bòx [**bàg**] 名 C 《英》=cooler 1.

+**cool·er** /kúːlə | -lə/ 名 **1** C (主に米) 保冷ボックス [容器] 《ピクニックや釣り用》《英》cool box). **2** C 冷却[冷水]器, 冷却装置 《英》heater). **3** C (主に米)(ワインなどの入った)清涼飲料, クーラー. **4** C 《米》(特にひと部屋用の)エアコン, クーラー 《☞ air conditioner). **5** [the ~] C 《俗》刑務所.

cóol·héaded 形 冷静な.

Coo·lidge /kúːlɪdʒ/ 名 固 Calvin ~ クーリッジ (1872-1933) 《米国の第30代大統領》.

coo·lie /kúːli/ 名 C 《古風》[差別]苦力(低賃金で酷使さ

---

cooking のいろいろ

cook 火その他の熱源を使って, 材料に熱を加えて料理することを意味するもっとも一般的な語. 目的語となるのは, meal, lunch など食事全体を表わす語, stew, steak などの個々の具体的な料理名, potato, fish, chicken などの料理の材料名のいずれでもよい. ただし, sandwich, salad, 刺し身など火や熱を使わないものは目的語にならない. **boil** は材料を水に入れてゆでること. **stew** は材料に水および調味料を加えて煮ること. *boil* するときは普通ゆでた汁を捨てしまうのに対し, *stew* の場合には加えた水や調味料もいっしょに食べる. **steam** は水を入れた鍋などに底敷きをしたり, 別の容器を入れたりして, 水が直接材料からないようにして蒸すこと. **simmer** とろ火でゆっくり, ぐつぐつと煮ること. **braise** 肉・野菜をいためて, ふたをして鍋でゆっくり煮ること. **bake** 主としてパン, 菓子, パイ, 豆類などを油を使わずオーブンでゆっくり焼くこと. **deep-fry** 材料がすっかりつかってしまうほどの多量の油の中に入れて揚げることで, 日本語の「揚げる」「フライにする」に相当する. **roast** 主として肉を焼くときに使う語で, 大きな肉の塊を直接火にかけたり, オーブンを使ったりして焼くこと, かなり強い火で外側をこんがりと焼き, 中の肉汁が外に出ないような焼き方をいう. **broil**, **grill** 肉の切り身やステーキなどを焼き網などを使って直接火にかけて焼くこと. **fry** 油を入れた鍋を火にかけ, その中で料理すること. 肉, 魚, 野菜などのいろいろな食べ物に用いられる. 日本語の「いためる」も「揚げる」にも相当する. **make** ものを作ることを表わし, 広い意味で使われる一般的な語であるが, 火や熱を使う料理にも火や熱を使わない料理にも用いることができる. たとえば, sandwich, salad, 刺し身などは火を使わないので *cook* という動詞は使えないから, *make* を使うのが一般的である. **prepare** 元来「準備する」「用意する」という意味で, 食事を作る意味にも使われる. *make*, *cook* と入れかえ可能な場合も多いが, 少し改まった語で, しかも食事全体, つまり meal, lunch や salad などを目的語にすることが多い. **dress** 鶏・魚・食用動物などの臓物を取り除いて洗い, 適当な大きさに切って調理しやすいように準備すること.

れる(特にアジアの)下級労働者.

cóol·ing-óff pèriod /kúːlɪŋɔ(ː)f-|-ɔ́f-/ 名 **1** (労働争議で妥協点をさぐるための)スト突入延期期間;(感情の)冷却期間. **2** (消費者保護の)クーリングオフ期間.

cóoling sỳstem 名 C (機械などの)冷却装置.

cóoling tòwer 名 C 冷却塔.

cool·ly /kúː(l)li/ 副 冷静に;冷淡に((反) warmly).

cool·ness /kúːlnəs/ 名 U **1** 冷たさ, 涼しさ (of). **2** 冷静;冷淡 (to, toward).

coon /kúːn/ 名 (略式) **1** あらいぐま (raccoon). **2** (俗)(差別) 黒人. **in a cóon's àge** 副 [普通は否定文で](米略式)長い間.

cóon·skin 形 あらいぐまの皮の[で作った].

coop /kúːp/ 名 C **1** (家禽(**か**)などの)囲い, 小屋. **flý the cóop** 動 (自)(略式, 主に米)去る, 逃げる. ― 動 [次の成句で] **cóop úp** 動 (他)[普通は受身で]〈人・動物を〉(狭い所に)閉じ込める (in).

co-op /kóuɑp|-ɔ́p/ 名 C (略式)=cooperative 1.

coo·per /kúːpɚ, kúpɚ|kúːpə/ 名 C たる製造人.

＊**co·op·er·ate** /kouɑ́pəreɪt|-rɛ́ts/, **-er·at·ed** /-tɪd/, **-er·at·ing** /-tɪŋ/, **co-òperátion**, 形 **coóperative**) 自 **1** (共通の目的のために)いっしょに**仕事をする**, (事業などで)**協力する**, 協調する (on);〈相手の要求などに〉応じる, 協力する: ~ fully [closely] 全面的に[緊密に]協力する / All the nations in the world should ~ **to** establish permanent peace. <V+to 不定詞> 全世界の国民が恒久平和樹立のために協力すべきだ / Hundreds of the townspeople ~**d with** the police **in** 'the search [search**ing**] for the missing child. <V+with+名・代+in+名動名> 何百人という町民が行方不明の子供を捜すのに警察に協力した. **2** (事情などが)重なり合って...をもたらす (to do). 語源 co-(ともに)+operate(働く).

＊**co·op·er·a·tion** /kouɑ̀pəréɪʃən|-ɔ̀p-/ (T2 名 動 **coóperàte**) U 協力, 協同 (in, between);(頼まれての)協力: We can achieve our goal through international ~. 国際協力で我々の目的は達成できる.

in cooperation with ... 前 ...と協力して, ...と協同で: We put out the fire **in** ~ **with** the neighbors. 私たちは近所の人たちと協力してその火事を消した.

＊**co·op·er·a·tive** /kouɑ́p(ə)rətɪv|-ɔ́p-/ 形 coóperàte) **1** 協力的な, 協同的な: a ~ witness 協力的な目撃者. **2** [比較なし;普通は A] 協同(組合)組織の:a ~ farm 協同(組合)農場 / a ~ store (生活)協同組合店, 生協販売店 ((略式) co-op).
― 名 C **1** (生活)協同組合[組織];協同組合店舗, 生協販売店 ((略式) co-op): a housing ~ 住宅協同組合;協同住宅. **2** (米)(居住者が共有する)協同住宅[アパート](の1世帯分の住居).

co·op·er·a·tive·ly /kouɑ́p(ə)rətɪvli|-ɔ́p-/ 副 協力的に, 協同して.

Coo·pers·town /kúːpɚztaʊn|-pəz-/ 名 固 クーパーズタウン((野球の殿堂がある New York 州の町).

co-opt /kouɑ́pt|-ɔ́pt/ 動 他 **1** [けなして](他人の考え・やり方などを)取り入れる, 勝手に利用する;(相手の意志に反して)〈人を〉取り込む, 誘い入れる;説き伏せて...させる (to do). **2** (英)(会などが)〈人を〉新会員[委員]として選ぶ (into, onto, to).

＊**co·or·di·nate**[1] /kouɔ́ɚdənèɪt|-ɔ́ːdɪ-/ 動 (**-di·nates** /-nèɪts/; **-di·nat·ed** /-tɪd/; **-di·nat·ing** /-tɪŋ/; 名 **coòrdinátion, coórdinate**[2]) 他〈...を〉まとめる, 協力させる, 調和して働かせる (with);調整する, 〈情報・意見などを〉まとめる: Government departments ought to ~ their policies on environmental problems. 政府の各省は環境問題の政策を協力しなければならない. ― 自 調和する, マッチする (with).

co·or·di·nate[2] /kouɔ́ɚdənət, -dnət|-ɔ́ː-/ 名 **1** C [普通は複数形で](地理)地図上で地点を示すための文字や数字;[複]座標. **2** [複数形で] コーディネーツ(色彩などの調和のとれた組み合わせ女性服[肌着]). 関連 suit スーツ / separates セパレーツ. ― 形 動 **coórdinàte**[1]) **1** (格式)同等の, 同格の. **2** [文法]等位の. 関連 **subordinate** 従属の. **3** A 座標の.

coórdinate cláuse 名 C [文法]等位節 (☞ coordinate conjunction 文法).

co·or·di·nat·ing conjúnction /kouɔ́ɚdənèɪtɪŋ-|-ɔ́ːdɪ-/, **coórdinate conjúnction** 名 C [文法]等位接続詞.

> **文法 等位接続詞**
> 文法上, 対等の関係にある語・句・節を結びつける接続詞をいう. 等位接続詞には and, but, for, or, nor などがある: Two *and* three make(s) five. 2 足す 3 は 5 [語と語] / My father is in his study *or* in the garden. 父は書斎か庭にいます [句と句] / He looked into the telescope *but* he could find nothing. 彼は望遠鏡をのぞき込んだが何も見えなかった [節と節].
> 一組の語句が互いに関係して等位接続詞の働きをすることがある: I like *both* comedy *and* tragedy. 私は喜劇も悲劇も好きだ [名詞と名詞] / He is *either* drunk *or* mad. 彼は酔っているのか気が狂っているのかどちらかだ [形容詞と形容詞] / *Neither* you *nor* I have seen it. あなたも私も見たことがない [代名詞と代名詞] / She *not only* dislikes Tom *but also* despises him. 彼女はトムを嫌っているばかりでなく軽べつしている.
> 等位接続詞によって結ばれた節を等位節 (coordinate clause) という (☞ subordinate clause 文法).

＊**co·or·di·na·tion** /kouɔ̀ɚdənéɪʃən|-ɔ̀ːdɪ-/ (名 動 **coórdinàte**[1]) U **1** (運動器官の)連動: Professional baseball players must have excellent hand-eye ~. プロの野球選手は手と目がみごとに連動しなければならない. **2** 調整, 調和, 協力 (with);close ~ between the members 会員間の密接な協力.

in coordinátion with ... 前 ...と協力して.

co·or·di·na·tor /kouɔ́ɚdənèɪtɚ|-ɔ́ːdɪneɪtə/ 名 C 調整役(人), まとめ役, コーディネーター.

Coors /kúɚz|kɔ́ːz/ 名 U.C クアーズ (米国のビール;商標).

coot /kúːt/ 名 C **1** おおばん (欧州産の水鳥). **2** (米)くろがも. **2** [old ~ として] (米略式) (年寄りの)まぬけ, 変人.

coo·tie /kúːti/ 名 [複数形で] (米略式)(髪の中の)しらみ. **hàve cóoties** 動 (自)(S)(米略式) (人が)汚らしい, バイキン持ちである ((子供が使う)).

＊**cop**[1] /kɑ́p|kɔ́p/ 名 C ((飜層) cap, cup) (~s /~s/) C (略式)おまわり(さん), 警官, 巡査 (policeman, policewoman): a traffic ~ 交通巡査. **cóps and róbbers** 名 おまわりさんと泥棒, 泥棒ごっこ((子供の遊び)). **pláy góod còp, bád còp** 動 (自)(略式)(特に 2 人の人物が)(...に対して)いいおまわりと悪いおまわりを演じる《硬軟を使い分けて必要な情報などを得るため》(with).

cop[2] /kɑ́p|kɔ́p/ 動 (**cops; copped; cop·ping**) 他 (略式) **1** (米) (特に予想に反して)〈賞を〉得る, 勝ち取る. **2** (英)〈ひどい目にあう, 〈罰などを〉くらう. **3** 〈人を〉つかまえる;〈物を〉もつ, つかむ. **Cóp (a lóad of) thís.** (S) (米略式) これを聞け[見ろ]よ. **cóp hóld of ...** 動 (他) [命令文で] (英略式) ...をもっつかむ]. **cóp it** 動 (自)(S)(英略式) しかられる;殺される. ― 動 [次の成句で] **cóp óff** 動 (自)(英略式) (...と)セックスをする (with). **cóp óut** 動 (自)(略式) [軽蔑] (責任などを)のがれる;(約束などを)すっぽかす (of, on). **cóp to ...** 動 (他)(米略式)〈罪などを〉認める. ― 動 [次の成句で] **It's a fáir cóp.** (S) (英略式) [滑稽] 年貢の納め時だ (《捕まった犯罪者のことば》). **nót mùch cóp**

［形］Ⓢ《英略式》つまらない，期待はずれである．

Co·pa·ca·ban·a /kòupəkəbǽnə/ ［名］⑯ コパカバナ（ブラジル Rio de Janeiro にある砂浜海岸；観光地）．

co·pa·cet·ic /kòupəsétɪk‐/ ［形］《古風，米俗》すばらしい．

co·pal /kóup(ə)l/ ［名］Ⓤ コーパル《天然樹脂；ワニスの原料》．

co·part·ner /kòupáːtnə | -páːtnə/ ［名］Ⓒ（事業の）協同者，組合員．

có·páyment ［名］Ⓒ《米》（健康保険などの）共同支払い《雇用主が被雇用者と掛け金を分担する》．

***cope**¹ /kóup/ **①** ［動］(copes /~s/; coped /~t/; cop·ing) ［自］（難局などに）うまく対処する，切り抜ける；（機械などが）処理する：How can we ~ **with** our present difficulties? ＜V＋with＋名・代＞どうしたら今日の難局を切り抜けることができるだろうか / It's all too much. I just can't ~. 参った．私の手におえない．

cope² /kóup/ ［名］Ⓒ コープ《聖職者が特別の儀式に着るマント形の長い外衣》．

co·peck /kóupek/ ［名］Ⓒ =kopeck.

Co·pen·ha·gen /kòup(ə)nhéɪgən, -háː-‐/ ［名］⑯ コペンハーゲン《デンマークの首都》．

Co·per·ni·can /koupáːnɪkən | -pə́ː-/ ［形］コペルニクス（説）の：a ~ revolution コペルニクスの大変革．

Copérnican sýstem ［名］[the ~]（コペルニクスの）地動説．関連 Ptolemaic system 天動説．

Co·per·ni·cus /koupáːnɪkəs | -pə́ː-/ ［名］**Nic·o·la·us** /nìkəláɪəs/ ~ コペルニクス（1473-1543）《ポーランドの天文学者；地動説を唱えた》．

cop·i·er /kápiə | kɔ́pi-/ ［名］Ⓒ **1** 複写機，コピー（機）(photocopier). **2** 書写[複写]する人．

co·pi·lot /kóupàɪlət/ ［名］Ⓒ 副操縦士．── ［他］〈飛行機の〉副操縦士をつとめる．

cop·ing¹ /kóupɪŋ/ ［名］Ⓒ《建》（塀などの）笠石．

cop·ing² /kóupɪŋ/ ［形］（手腕・行動などが）事にうまく対処する．

cóping stòne ［名］Ⓒ《主に英》**1**《建》笠石．**2**《格式》最後の仕上げ，極致．

co·pi·ous /kóupiəs/ ［形］［普通は Ⓐ］《格式》多量の（☞ copy 語源）: ~ amounts of beer 多量のビール．**~·ly** ［副］多量に．

co·pla·nar /kòupléɪnə | -nə/ ［形］《幾》（点・線などが）同一平面上の，共面の．

Cop·land /kóuplənd/ ［名］⑯ Aaron ~ コープランド（1900-90）《米国の作曲家》．

cop-out /kápàut | kɔ́p-/ ［名］Ⓒ《略式》［軽蔑］責任のがれ（の言動）；（約束の）すっぽかし．

cop·per¹ /kápə | kɔ́pə/ ［名］(~s /-z/; ［形］cóppery)

1 Ⓤ 銅《元素記号 Cu》: This kettle is made of ~. このやかんは銅製だ．**2** ［形容詞的に］銅製の；《文》赤銅色の．**3** Ⓒ《古風》銅貨（a ~ kettle 銅のやかん．**3** Ⓒ《古風》銅貨(penny 貨をさす)；[複数形で]《英略式》小銭．
語源 ギリシャ語で銅をよく産したキプロス島 (Cyprus) の名に由来する．

cop·per² /kápə | kɔ́pə/ ［名］Ⓒ《古風，略式》= cop¹.

cópper béech ［名］Ⓒ むらさきぶな《葉が銅紫赤色》．

cópper-bóttomed ［形］《英》安全な；信頼できる．

Cop·per·field /kápəfìːld | kɔ́p-/ ［名］David ~ コッパーフィールド《Dickens の小説 David Copperfield の主人公》．

cópper·hèad ［名］Ⓒ アメリカまむし《赤銅色の毒蛇；北米産》．

cópper·plàte ［名］Ⓤ 銅版刷り書体《古風で美しい筆記体の書体》；~ (hand)writing きれいな文字[筆跡]．

cop·per·y /káp(ə)ri | kɔ́p-/ ［形］（普通は Ⓐ) 銅色の；銅を含んだ，銅のような．

cop·pice /kápɪs | kɔ́p-/ ［名］Ⓒ《主に英》= copse.

── ［動］《林》〈木〉を定期的に刈り込む．

Cop·po·la /kápələ | kɔ́p-/ ［名］**Francis (Ford)** ~ コッポラ（1939-　）《米国の映画監督・脚本家》．

cop·ra /kápra | kɔ́p-/ ［名］Ⓤ コプラ《ココやしの実を乾燥させたもの；やし油・せっけんなどの原料》．

co·pro·ces·sor /kòuprásesə | -próusesə/ ［名］Ⓒ《電算》コプロセッサー《CPU の機能を高める》．

cò·prodúce ［他］〈劇・映画など〉を共同制作する．

copse /káps | kɔ́ps/ ［名］Ⓒ 低木林，雑木林 (of).

cóp shòp ［名］Ⓒ《略式》警察署．

Copt /kápt | kɔ́pt/ ［名］Ⓒ コプト教徒，コプト人．

cop·ter /káptə | kɔ́p-/ ［名］Ⓒ《略式》= helicopter.

Cop·tic /káptɪk | kɔ́p-/ ［名］Ⓒ コプト人[語]の．
── ［名］Ⓤ コプト語．

Cóptic Chúrch ［名］[the ~] コプト教会．

cop·u·la /kápjulə | kɔ́p-/ ［名］Ⓒ《文法》連結動詞．

文法 連結動詞

linking verb ともいう．主語と補語を結ぶ働きをする動詞で，いわば等号（＝）に似た働きを持つもの．代表的なものは be である．連結動詞としての be の用法については☞ be¹ A 1.

---

cop·u·late /kápjulèɪt | kɔ́p-/ ［動］［自］**1**《生》(動物が)交尾する (with). **2**（人が）性交する (with).

cop·u·la·tion /kàpjuléɪʃən | kɔ̀p-/ ［名］Ⓤ,Ⓒ **1**《生》(動物の)交尾．**2**（人の）性交．

cop·u·la·tive /kápjulətɪv, -lèɪt- | kɔ́p-/ ［名］Ⓒ 連結動詞（動詞の be など）；連結接続詞．── ［形］連結的な: a ~ conjunction 連結接続詞 (and など).

***cop·y** /kápi | kɔ́pi/ **①**

「多数の」の意（☞ 画源）から，（多数の写し）
→ ├─（同一文書の複製）→（本の）部，冊 ［名］**3**
└─（原物を写す）；写し［動］**1**，［名］**1**；コピー［複写機で）コピーする，コピー ［名］**2**；**2**

──［名］(cop·ies /-z/) **1** Ⓒ 写し，複写（したもの），模写；(写真の)焼き増し；複製（品）；模造品: a fair [neat] ~ 清書 / a rough ~ 下書き / I'd like to have some *copies* made. 焼き増しをお願いします / This picture is a ~ *of* a Picasso. この絵はピカソの複製だ // ☞ carbon copy, hard copy. 関連 original 原物．

2 Ⓒ （複写機の）**コピー**，**複写** (photocopy): make [pass out] *copies* コピーをとる[配布する] / Keep two *copies of* this letter. この手紙のコピーを 2 通取っておきなさい / ［言い換え］I'll make a ~ for you. ＝ I'll make you a ~. コピーを取ってあげます．

3 Ⓒ （同じ本・新聞・手紙・レコードなどの）**部**，**冊**，**通**: Five thousand *copies* of the book were sold. その本は 5 千部売れた / Dr. Smith gave me a ~ of his book on the French economy. スミス博士は私に彼のフランス経済に関する本を 1 冊贈呈してくれた．**4** Ⓤ（印刷に回す）原稿；広告文，コピー；(新聞の)題材，ネタ: make good [great] ~ いい新聞種になる / write (advertising) ~ for a beer company ビール会社の広告文を書く．**5** Ⓒ （各染色体の）遺伝子．
語源 ラテン語で 'copious' の意．写しで部数がたくさんになるので．

máke [dó] a cópy of ... ［動］〈他〉…のコピー[写し]を取る，…をダビング[コピー]する，写す（☞ 2).

──［動］(cop·ies /-z/; cop·ied /-d/; -y·ing) 〈他〉
1 〈…〉を**写す**；模写する；複製する；〈ビデオ・テープなど〉をコピー[ダビング]する；（人などに）Xメールなどの写しを送る (to): ~ the data *to* [*onto*] a disk データをディスクにコピーする / ~ *and* paste text テキストをコピーしてはりつける / Helen copied her addresses *from* the phone book. ＜V＋O＋from＋名・代＞ヘレンは電話帳から彼らの住所を写し取った / C~ this page *in* [*into*] your

notebook. <V+O+前+名·代> このページをノートに写しておきなさい.
2 (複写機で)〈…〉の **コピーを取る**, 〈…〉を**複写する** (photocopy): ***C~*** page 10 ***from*** this book. <V+O+*from*+名·代> この本の 10 ページをコピーしてください. **3** 〈…〉をまねる (☞ imitate [類義語]); 〈他人の考え·方法など〉を取り入れる, 模倣する. **4** (カンニングなどで)〈人のもの〉を写し取る. — [自] **1** 書き写す (*from*). **2** まねる. **3** (カンニングなどして)写し取る (*from, off*).
cópy dówn [動] [他] 〈発言など〉を(正確に)書き[写し]取る: ~ the number *down* wrong 番号を写し誤る.
cópy … ín [動] [他] 〈人〉に(別人に宛てたメールなどを)転送する.
cópy óut [動] [他] 〈文書など〉を(正確に)書き写す.
cópy úp [動] [他] 《英》〈…〉を清書する.
Do you cópy?=Cópy? Ⓢ 《米》(無線で)聞こえますか, 了解ですか. ★「了解」の応答には I copy., Copy (that)., Roger などを用いる (☞ roger¹, wilco, over [副] 3).

cópy·bòok [名] [C] (昔学校で用いた)習字の手本.
blót one's cópybook [動] 《古風, 英略式》 評判を汚す. — [形] [A] 《英》 模範的な; ありきたりの.
cópy·càt [名] [C] 《略式》 [軽蔑] 人のまねばかりする人, 人まね屋 《特に子供が用いる》. — [形] [A] (有名になった犯罪などの)まねをした, 模倣の: a ~ crime 模倣犯罪.
cópy·dèsk [名] [C] 《米》(新聞社の)編集机.
cópy·èdit [動] [他] 〈原稿〉を整理編集する. — [自] 原稿の整理編集をする.
cópy èditor [名] [C] 原稿整理(編集)係.
cópy·hòlder [名] [C] 原稿押さえ.
cop·y·ist /kápiɪst | kɔ́p-/ [名] [C] (以前の)写字生, 筆耕人; (絵画などの)模倣者.
cópy machìne [名] [C] 《米》 =copier 1.
cópy protèction [名] [U,C] 〔電算〕(不正)コピー防止.
***cop·y·right** /kápiràɪt | kɔ́p-/ [T2] [名] (**-rights** /-ràɪts/) [C,U] **著作権**; **版権** (《略》 C). [参考] © と記号で示す: be out of [in, under] ~ 著作権が切れている[いない] / That publisher has [owns, holds] the ~ *on* [*to, for, in*] the book. あの出版社がその本の版権を所有している. — [動] [他] 〈…〉の著作権[版権]を取る; 〈作品〉を著作権で保護する. — [形] 著作権のある[で保護された].
cópy·wrìter [名] [C] コピーライター, 広告文案家.
coq au vin /kóʊkoʊvǽŋ, kák- | kɔ́k-/ 《フランス語から》 [名] [U] ココバン (赤ワインで煮込んだチキン).
co·quet·ry /kóʊkɪtri | kɔ́k-/ [名] (**-quet·ries**) 《文》 [U] (女が)こびを売ること; [C] こび, しな.
co·quette /koʊkét | kɔ-/ [名] [C] 《文》 [しばしば軽蔑] こびを売る女, 男たらし.
co·quet·tish /koʊkétɪʃ | kɔ-/ [形] 《文》 [しばしば軽蔑] あだっぽい, なまめかしい, コケティッシュな. **~·ly** [副] あだっぽく, コケティッシュに.
cor /kɔ́ə | kɔ́:/ [感] Ⓢ 《英略式》 えっ, へー, まあ 《驚き·感嘆などを表わす》.
cor- /kər, kɔ:r | kər, kɔr/ [接頭] =con- (r- で始まる語の前の変形): *cor*respond 一致する.
cor·a·cle /kɔ́:rəkl | kɔ́r-/ [名] [C] 網代(あじろ)船.
⁺**cor·al** /kɔ́:rəl | kɔ́r-/ [名] **1** [U] さんご. **2** [C,U] さんご虫. — [形] さんご(色)の.
córal rèef [名] [C] さんご礁.
córal snàke [名] [C] さんご蛇 (小型の猛毒蛇).
cor an·glais /kɔ́ərɑ:ŋgléɪ | kɔ́:(r)á:ŋgleɪ/ 《フランス語から》 [名] (**cors an·glais** /kɔ́əzɑ:ŋgléɪ | kɔ́:zá:ŋgleɪ/) [C] 《英》 =English horn.
cor·bel /kɔ́əb(ə)l | kɔ́:-/ [名] [C] 〔建〕 受け材.
cór blímey [感] Ⓢ 《古風, 英俗》 =cor.

***cord** /kɔ́əd | kɔ́:d/ ([同音] chord; [類音] code) [名] (**cords** /kɔ́ədz | kɔ́:dz/) **1** [C,U] ひも, 縄, 綱 (string より太く, rope より細い; ☞ string [類義語]); (装飾用の)ゴールドのひも: tie [bind] with a ~ ひもで縛る / tie [untie] ~*s* ひもを結ぶ[ほどく] / He stretched the ~ tight. 彼は綱をぴんと張った. [語法] ひも 1 本, 2 本というときには a ~, two ~*s* とも a piece of ~, two pieces of ~ ともいう. **2** [C,U] (電気の)**コード** (《英》 flex): an extension ~ 延長コード / connect ~*s* コードをつなぐ. **3** [複数形で] 《略式》 コーデュロイ[コール天]のズボン; [U] =corduroy. **4** [C] 〔解〕 索状組織, 腱(けん): ☞ vocal cords, umbilical cord 1. **5** [C] 《米》 コード (薪の量の単位; 約 3.6 m³) (*of*). **cút the (umbílical) córd** [動] [自] (親などに)頼るのをやめる. [由来]「へその緒(お)を切る」から (☞ umbilical cord 1).
cord·age /kɔ́ədɪdʒ | kɔ́:d-/ [名] [U] (船の)索具.
cord·ed /kɔ́ədɪd | kɔ́:d-/ [形] **1** コード付きの. **2** うね織りの. **3** (筋肉が)すじ張った.
Cor·de·lia /kɔədí:ljə, -liə | kɔ:-/ [名] [固] コーディーリア (女子名; *King Lear* 中の孝行な末娘).
⁺**cor·dial** /kɔ́ədʒəl | kɔ́:diəl/ [形] ([名] còrdiálity) 《格式》 友好的な; 心からの (hearty), (温かい)思いやりのある (☞ record² [単語の記憶]): ~ thanks 心からの感謝 / She is ~ *to* [*toward*] everybody. 彼女はだれにでも温かく接する. [語源] ラテン語で「心臓の」の意 (☞ record² [単語の記憶]). — [名] [U,C] 《米》 リキュール (liqueur); 《英》 果汁入りの濃縮飲料.
cor·di·al·i·ty /kɔ̀ədʒiǽləṭi, kɔədʒǽl- | kɔ̀:diǽl-/ [名] (**-i·ties**; [形] córdial) [U] 《格式》 友好; 真情.
cor·dial·ly /kɔ́ədʒəli | kɔ́:diə-/ [副] 《格式》 **1** 心から: You are ~ invited to our wedding reception. 私どもの結婚披露宴にぜひお招きいたしたいと存じます. **2** [嫌悪を表わす動詞と共に] 《古風》 はげしく: ~ dislike [detest] … …を心底嫌う.
cor·dil·le·ra /kɔ̀ədəl(j)é(ə)rə | kɔ̀:dɪljéərə/ [名] [C] (大陸を走る)大山脈, 山系.
cord·ite /kɔ́ədaɪt | kɔ́:-/ [名] [U] 無煙火薬.
cord·less /kɔ́ədləs | kɔ́:d-/ [形] [普通は [A]] コードのない, 電池式の: a ~ phone コードレス電話機.
⁺**cor·don** /kɔ́ədn | kɔ́:-/ [名] [C] (警察·軍隊による)非常(警戒)線; 交通遮断線: post [place, draw, throw, put (up)] a security ~ around the building 建物の周りに警戒線を張る. — [動] [次の成句で]
córdon óff [動] [他] 〈…〉に非常線を張る; 〈…〉の交通遮断をする.
cor·don bleu /kɔ́ədɔ:mblɑ́: | kɔ́:-/ 《フランス語から》 [形] [A] (シェフ·料理が)一流の.
cor·du·roy /kɔ́ədərɔ̀ɪ | kɔ́:-/ [名] **1** [U] コーデュロイ, コール天. **2** [複数形で] コーデュロイ[コール天]のズボン.
córduroy ròad [名] [C] (湿地などの)丸太道.
core** /kɔ́ə | kɔ́:/ ([同音] corps, 《英》 caw; [類音] chord, cord, cork, court) [名] (**~s** /~z/) [C] **1** (なし·りんごなどの)芯(しん): the ~ of an apple=an apple ~ りんごの芯. **2** [普通は the ~] (物·組織などの)**中心(部)**, 中核; (物事の)核心, 眼目: ***the ~ of the city その都市の中心 / *the ~ of* the problem その問題の核心. **3** 〔地質〕 (地球の)中心核, コア. **4** 〔物理〕 (原子炉の)炉心. **5** 〔電算〕 磁心, コア (磁性材料でできたリング状のコンピューター用記憶素子). **6** ケーブルの芯線. **7** 〔電〕 鉄心 (電磁石·誘導コイルなどの). **to the córe** [副] 徹底的に; 非常に, ひどく: be Italian [a socialist] *to the ~* 生粋のイタリア人[徹底した社会主義者]だ.
— [形] [主に [A]] **中核となる, 中心の** (*to*): a ~ group 核となる集団 / the ~ business 中心的業務 / ~ values 最も重要な価値観 // ☞ core curriculum.
— [動] (**cor·ing** /kɔ́:rɪŋ/) [他] 〈りんごなど〉の芯を取る.
CORE /kɔ́ə | kɔ́:/ [略] 《米》 =Congress of Racia[l] Equality 人種平等会議.
córe currículum [名] [U] コアカリキュラム (中核と

co・re・li・gion・ist /kòʊrɪlídʒ(ə)nɪst/ 名 C 《格式》同教信者[信徒].

cor・er /kɔ́ːrə | -rə/ 名 C (果物の)芯をくり抜くナイフ.

co・re・spon・dent /kòʊrɪspándənt | -spɔ́nd-/ 名 C 《法》(姦通)を原因とする離婚訴訟の共同被告.

córe tìme 名 コアタイム (flextime 制で、全員が必ず勤務すべき時間帯).

cor・gi /kɔ́ːrɡi | kɔ́ː-/ 名 C コーギー (頭部がきつねに似た小型犬; 正式名 Welsh corgi).

+**co・ri・an・der** /kɔ́ːriændər | kɔ̀riændə/ 名 U 《主に英》コリアンダー、コエンドロ(セリ科の草); コリアンダーの実 《香味料》《米》cilantro).

Co・rin・thi・an /kərínθiən/ 形 【建】コリント式の (⇒ order 名 13). ── 名 1 C コリント人. 2 《複数形で単数扱い》【聖】コリント書.

+**cork** /kɔ́ːrk | kɔ́ːk/ 名 1 C (びんの)コルク栓, (プラスチック製の)栓: draw [pull out] a ～ コルク栓を抜く. 2 U コルク(質); 《形容詞的に》コルク製の: a ～ tablemat コルクのテーブルマット. 語源 ラテン語で 'oak' の意. ── 動 他 1 ⟨…⟩に(コルク)栓をする (up) (反 uncork). 2 《略式》(感情などを)無理に抑える (up).

cork・age /kɔ́ːrkɪdʒ | kɔ́ː-/ 名 U (ホテル・レストランでの)酒の持込み料.

corked /kɔ́ːrkt | kɔ́ːkt/ 形 (ワインが)コルク栓臭い.

cork・er /kɔ́ːrkər | kɔ́ːkə/ 名 C 《古風, 英略式》すばらしいもの[人].

cork・ing /kɔ́ːrkɪŋ | kɔ́ːk-/ 形 《古風, 英略式》すばらしい.

córk・scrèw 名 1 C コルク栓抜き (screw). 2 《形容詞的に》らせん状の. ── 動 自 らせん状に進む.

cork・y /kɔ́ːrki | kɔ́ːki/ 形 コルクの(ような); =corked.

corm /kɔ́ːrm | kɔ́ːm/ 名 C 【植】球茎 (球根の一種; ⇒ crocus 挿絵, gladiolus 挿絵).

cor・mo・rant /kɔ́ːrm(ə)rənt | kɔ́ː-/ 名 C 鵜(ウ) (海岸や内陸の水辺に住む鳥; 大食とされている).

*corn¹ /kɔ́ːrn | kɔ́ːn/ (類語 comb, cone) 名 (～s /-z/)

(植物の種) → 「穀物」3 →
(その地方の主要穀物) ┬→《英》「小麦」2
                    └→《米》「とうもろこし」1

U 1 《米・カナダ・豪》とうもろこし 《英》maize); = sweet corn: grow [raise] ～ とうもろこしを作る / live on ～ とうもろこしを常食にする.

── corn¹ のいろいろ ──
Índian córn 《米古風》とうもろこし / pópcòrn ポップコーン / swéet còrn 《英》スイートコーン

2 《英》(イングランドで)小麦 (wheat); (スコットランドで)からす麦 (oats).

3 《英》穀物, 穀類 (grain). 4 穀物の粒, 穀粒. 5 《略式》つまらない[感傷的な]もの (音楽・映画・冗談などに言う). **córn on the cób** 名 穂軸についたまま料理したとうもろこし.

corn² /kɔ́ːrn | kɔ́ːn/ 名 C (足指の)うおのめ, たこ. 関連 blister 水ぶくれ, まめ.

córn・bàll /kɔ́ːrn-/ 形 A 《米略式》=corny.

Córn Bèlt [the ～] 《米国中西部の》とうもろこし地帯.

córn brèad 名 U とうもろこしパン.

córn chìp 名 C コーンチップ (ひき割りとうもろこし (cornmeal) を揚げたチップ[フレーク]).

córn cìrcle 名 C =crop circle.

córn・còb 名 C とうもろこしの穂軸(しん) (cob).

córncob pìpe 名 C コーンパイプ (火皿に corncob を使う).

corn・crake /kɔ́ːrnkrèɪk | kɔ́ːn-/ 名 C うずらくいな (欧州産のくいな科の鳥).

córn dòg 名 C 《米》コーンドッグ (棒に刺したフランクフルトソーセージにコーンミールのころもをつけて揚げたもの).

córn dòlly 名 C 《英》(以前)わらで編んだ飾り人形《収穫を祝う》.

cor・ne・a /kɔ́ːrniə | kɔ́ː-/ 名 C 【解】(目の)角膜.

cor・ne・al /kɔ́ːrniəl | kɔ́ː-/ 形 A 【解】角膜の.

córned béef /kɔ́ːrnd- | kɔ́ːnd-/ 名 U 1 コーンビーフ. 2 《主に米》牛肉の塩水漬け.

Cor・néll Univérsity /kɔːrnél- | kɔː-/ 名 固 コーネル大学 (New York 州にある共学の私立大学; Ivy League の一校; 創立者 Ezra Cornell).

***cor・ner** /kɔ́ːrnər | kɔ́ːnə/ 名 (～s /-z/) 1 C 角(かど); 曲がり角, 町角 《外側から見たとき; ⇒ 挿絵 1》: the ～ of the table テーブルの角 / take [round] a ～ (too fast) (あまりにも急速に)角を曲がる / buy it at a store **on** [at] the ～. 私はそれを角の店で買った / Turn left *at* the first ～ 最初の角を左に曲がりなさい.

corner 1

日英比較 corner は角度がついて曲がっている所をいい, 陸上競技のトラックや競技場のように曲線で曲がっている「コーナー」は turn という.

2 C 《しばしば単数形で》隅(すみ); 片隅 《内側から見たとき; ⇒ 挿絵 2》; (目・口などの)端: the ～ *of* a room [building] 部屋[建物]の隅 / *in* the bottom [top] right-hand ～ *of* the screen 画面の右下[右上]の(隅)に / Stand *in* the ～! 隅に立ってなさい (子供に罰として).

corner 2

3 C 隅っこ, 人目につかない所; へんぴな場所, (遠く離れた)地域, 地方: a quiet ～ of a great city 大都会の静かな片隅.
4 《形容詞的に》角の, 角の: a ～ store [《英》shop] 町角の小売(雑貨)店. 5 C 《普通は単数形で》窮地.
6 C 《サッカー》=corner kick. 7 C 《ボク・レス》(リングの)コーナー; セコンド, (トレーナーなど)コーナーに控える人たち. 8 C 《商》買い占め, 市場支配 (*on, in*).
語源 ラテン語で「角(かど)」の意; horn と同じ語源.

báck [**fórce, drive**] **... ínto a córner** 動 他 ⟨…⟩を窮地に追い詰める.

be in a (tíght) córner 動 自 窮地に追い込まれている.

cùt córners 動 自 手間を省く (時間・金などの節約で).

cút (**òff**) **a** [**the**] **córner** 動 自 近道をする.

fíght one's córner 動 自 《英》強く主張して自分の意見を固守する (*on*).

from áll [**the fóur**] **córners of the wórld** [**éarth, glóbe**] 副 世界中から.

gèt óut of a (tíght) córner 動 自 窮地を脱する.

hàve [**gèt**] **a córner on ...** 動 他 (市場など)を支配する; (知識など)を独占する (⇒ 8).

(jùst) aròund [**ròund**] **the córner** 副 (1) 角を曲がると, すぐ近くに (⇒ around 前 1 語法): He lives *just around the* ～ *from* my house. 彼は私の家のすぐ近くに住んでいる. (2) すぐ間近に(迫って): Christmas is *just around the* ～. クリスマスはもうすぐだ.

òut of the córner of one's éye 副 横目で; 偶

然に, ふと.

táke the [a] córner [動] [自] (1) 角を曲がる(ー 1). (2) 《サッカー》コーナーキックをする.

túrn the [動] [自] 1 角を曲がる(ー 1): Turn the ~ and walk 10 meters. 角を曲がって 10 メートル行きなさい. (2) (病気などの)峠を越す.

— [動] (-**ner-ing** /-n(ə)rɪŋ/) [他] 1 [しばしば受身で] 〈窮地に〉追い込む; 〈人に〉意見を迫る (*for*). 2 〈商品などを〉買い占める; 〈市場を〉支配する: ~ the market in [for] sugar 砂糖市場を支配する. — [自] (車の運転手などが)角を曲がる.

córner・bàck [名] [C] 《アメフト》コーナーバック.

-cor・nered /kɔ́ənəd | kɔ́ːnəd/ [形] [合成語で] 1 ...個の角をもつ: a five-*cornered* room 5 角形の部屋. 2 ...人の参加した; ...人が参加した: a three-*cornered* fight 三者間[三つどもえ]の戦い.

córner kìck [名] [C] 《サッカー》コーナーキック.

⁺**córner・stòne** [名] [C] 1 いちばん大事なもの; (成功などの)土台, 基礎 (*of*). 2 《建》隅石(すみ), 基石.

cor・net /kɔːnét | kɔ́ːnɪt/ [名] [C] 1 コルネット(トランペットに似た金管楽器; ▷ trumpet 挿絵). 2 《古風, 主に英》 ice-cream cone.

córn exchànge [名] [C] 《英》(昔の)穀物取引所.

córn-fèd [形] 《米略式》(人が)太った; 世間知らずの.

córn-fìeld [名] [C] とうもろこし畑; 《英》小麦畑.

córn-flàkes [名] [複] コーンフレーク.

córn-flòur [名] [U] 《英》 =cornstarch.

córn-flòwer [名] [C] 矢車菊.

Córn-hùsk・er Stàte /kɔ́ənhʌ̀skə- | kɔ́ːhʌ̀skə-/ [名] [the ~] とうもろこし皮むき人の州《米国 Nebraska 州の俗称》.

cor・nice /kɔ́ənɪs | kɔ́ː-/ [名] [C] 《建》蛇腹(じゃばら).

cor・niche /kɔ́ənɪːʃ | kɔː-/ [名] [C] 海岸沿いの道路.

corn・i・ly /kɔ́ənəli | kɔ́ːn-/ [副] 陳腐に; ばかばかしく.

corn・i・ness /kɔ́əninəs | kɔ́ːn-/ [名] [U] 陳腐さ.

Córn・ing Wàre /kɔ́ənɪŋ- | kɔ́ːn-/ [名] [固] コーニングウェア《米国製のガラス製品; 耐熱性が高い; 商標》.

Cor・nish /kɔ́ənɪʃ | kɔ́ː-/ [形] Cornwall の.

Córnish pásty [名] [C] 《英》コーニッシュパイ.

córn lìquor [名] [U] 《米》 =corn whiskey.

córn màrigold [名] [C] あられしゅんぎく《欧州原産の草花》.

córn-mèal [名] [U] ひき割りとうもろこし (meal).

córn òil [名] [U] コーン油.

córn pòne [名] [U] 《米》とうもろこしパン (pone).

córn-pòne [形] 《米》ばかばかしい, やぼったい.

córn-ròw [名] [C] [普通は複数形で] コーンロー《スタイル》《堅く三つ編みにして頭皮にぴったり並べる黒人の髪型》. — [動] 〈髪を〉コーンローにする.

córn-stàrch [名] [U] 《米》コーンスターチ《とうもろこしなどから取ったでんぷん; 料理などに用いる》(《英》cornflour).

córn sýrup [名] [U] コーンシロップ.

cor・nu・co・pi・a /kɔ̀ən(j)ukóupiə | kɔ̀ːnjuː-/ [名] [C] 《ギ神》豊饒(ほうじょう)の角 (horn of plenty)《幼時の Zeus に授乳したと伝えられるやぎの角; 美術では口から花・果物・穀物を盛った形で豊かさの象徴として描かれる》. 2 [C] 円錐形[角形]の容器. 3 [単数形で] 《W》豊かな源, 豊富 (*of*).

Corn・wall /kɔ́ənwɔːl | kɔ́ːn-/ [名] [固] コーンウォール《英国 England 南西端の州; ▷ 裏地図 D 6》.

córn whìskey [名] [U] 《米》コーンウィスキー.

corn・y /kɔ́əni | kɔ́ː-/ [形] (**corn・i・er**; **-i・est**) 《略式》陳腐な, 古くさい; ばかばかしい, お涙ちょうだいの.

co・rol・la /kərɔ́ulə, -rɑ́lə | -rɔ́lə/ [名] [C] 《植》花冠.

cor・ol・lar・y /kɔ́ːrəlèri | kərɔ́l(ə)ri/ [名] (**-lar・ies**) [C] 《格式》当然の[必然的]結果 (*of, to*).

co・ro・na /kəróunə/ [名] (複 ~**s**, **co・ro・nae** /-niː/) [C] 《天》(太陽・月の周りの)光環, コロナ《皆既日食のときに見える光冠》.

⁺**cor・o・nar・y** /kɔ́ːrənèri | kɔ́rən(ə)ri/ [形] 《医》心臓の; 冠状動脈の. — [名] (**-nar・ies**) [C] 心臓まひ (heart attack).

córonary thrombósis [名] [U,C] 《医》冠状動脈血栓症.

⁺**cor・o・na・tion** /kɔ̀ːrənéɪʃən | kɔ̀r-/ [名] [C] 戴冠(たいかん)式, 即位式.

⁺**cor・o・ner** /kɔ́ːrənə | kɔ́rənə/ [名] [C] 検死官: a ~ 's inquest 検死, 検視.

cor・o・net /kɔ̀ːrənét | kɔ́rənɪt/ [名] [C] (貴族などの)小冠; (普通は花で作った)頭飾り.

Corp, corp [略] =corporal¹, corporation.

corpora [名] **corpus** の複数形.

⁺**cor・po・ral¹** /kɔ́əp(ə)rəl | kɔ́ː-/ [名] [C] 《軍》伍長《最下位の下士官》(略 Corp, corp, Cpl).

cor・po・ral² /kɔ́əp(ə)rəl | kɔ́ː-/ [形] 《格式》身体の, 肉体の: ~ punishment 体罰, 体刑《むち打ちなど》.

***cor・po・rate** /kɔ́əp(ə)rət | kɔ́ː-/ [形] ❶ 《TB》《A》1 会社の, 企業の: our ~ image 当社のイメージ / (a) ~ identity 企業の独自色 / ~ culture 企業体質, 社風 / ~ hospitality (顧客に対する)会社の接待 / ~ America 米国実業界. 2 法人の; 団体の; 共同の: a ~ body 法人 / ~ responsibility 共同責任. ~・**ly** [副] 法人として; 団体として.

córporate bónd [名] [C] 《証券》社債.

córporate ráider [名] [C] 《経》企業乗っ取り屋.

córporate táx [名] [U] =corporation tax.

córporate wélfare [名] [U] 《米》[主に新聞で] (政府の)企業優遇(策).

***cor・po・ra・tion** /kɔ̀əpəréɪʃən | kɔ̀ː-/ [名] (~**s** /-z/) [C] 《英》単数形でも時に複数扱い 1 社団法人, 法人 (略 Corp, corp): the British Broadcasting C~ 英国放送協会《略 BBC》.

2 株式[有限(責任)]会社 (略 Corp, corp; ▷ incorporated company; firm¹ 類義語) (特殊な場合には the Marine C~ 《米》海兵隊. 3 《主に英》都市自治体 (council): the Mayor and ~ 市長と市当局.

corporátion táx [名] [U] 法人税.

cor・po・rat・is・m /kɔ́əp(ə)rətɪzm | kɔ́ː-/ [名] [U] 《経》(企業・労働組合などの)利益集団による体制支配, 同業組合主義.

cor・po・ra・tive /kɔ́əpərètɪv, -p(ə)rə- | kɔ́ː-/ [形] 法人の.

cor・po・re・al /kɔəpɔ́ːriəl | kɔː-/ [形] 《反 incorporeal》《格式》(精神に対して)身体上の; 物質的な.

*****corps** /kɔə | kɔː/ ★p は発音しない, また語末の s は単数形では発音しないが複数形では発音する.《同音 core》 [名] (複 ~ /kɔ́əz | kɔ́ːz/) [C] 《単数形でも時に複数扱い》 1 [しばしば C-] 《軍》(特殊な)部隊: the Marine C~ 《米》海兵隊. 2 [しばしば C-] 《軍》軍団《army》の下で, 普通 2–3 個の師団 (division) から成る). 《参考 軍団はこの下が division (師団), brigade (旅団), regiment (連隊), battalion (大隊)《騎兵大隊は squadron という》, company (中隊), platoon (小隊)のように編成される. 3 《格式》(特定の活動に従事する)団体, 一団: the diplomatic ~ 外交団.

corps de bal・let /kɔ̀ədəbæléɪ | kɔ̀ːdəbælèɪ/《フランス語から》[名] (複 ~ /kɔ́əz- | kɔ́ːz-/) バレエ団.

*****corpse** /kɔəps | kɔːps/ [名] (**corps・es** /-ɪz/) [C] (人間の)死体, 死骸(しがい). 関連 carcass 獣の死体.

cor・pu・lence /kɔ́əpjuləns | kɔ́ː-/ [名] [U] 《格式》《婉曲》肥満, 肥大.

cor・pu・lent /kɔ́əpjulənt | kɔ́ː-/ [形] 《格式》《婉曲》肥満の, 太った (fat).

⁺**cor・pus** /kɔ́əpəs | kɔ́ː-/《ラテン語から》[名] (複 **cor・po・ra** /-p(ə)rə/, ~**・es**) [C] 《格式》(作品の)全集; (書類・文献・資料などの)集成, コーパス; 《言》電子コーパス.

《コンピューターで読み込めるテキスト・例文などの集合体》.

corpus と corpus keyword

コーパスというのは，特にコンピューターに蓄えられた(書きことばや話しことばの)テキストの集まりで，言語研究や辞書などの編集のために使われるものをいう． コンピューター技術の発展によって，膨大なコーパスがつくられ，多くの言語事実が明らかになってきた．そのひとつは，語の頻度に関することである． 英語で最もよく使われる語の上位 25 語 (the top 25 frequency words) を示すと，順位がthe, of, and, to, a, in, that, it, is, was, I, for, you, he, be, with, on, by, at, have, are, not, this, (所有格の) -'s, but のようになる．こうした最頻出語は，主に文法関係を示し，機能語《☞ function word》と呼ばれるもので，英語を母語とする人 (native speaker of English) には問題にならないけれども，英語学習者にはきわめて重要である．本辞書では，短縮形《☞ contracted form》の -'s なども含めて，この種の基本語を丁寧に記述することに最大限の努力を払っている．

コーパスの活用によってもうひとつ明らかになったことは，語のつながりの実態である．事物・性質・動作などを表す名詞・形容詞・動詞などは， 機能語に対して内容語《☞ content word》と呼ばれる．こうした語も慣用的な連語，つまりコロケーション《☞ collocation》の形で現れることが普通である．特に基本動詞の場合，これがコロケーションの中核語 (keyword) となって，多数の頻出表現を作り上げる． 代表的な動詞は， come, do, get, give, go, know, look, make, say, see, take, think などであるが，この辞書では，重要な語には「句動詞」欄《☞ phrasal verb》のほかに「コーパス・キーワード」欄を設けて，動詞に関わる連結表現に注意を喚起している．

cor·pus·cle /kɔ́ːəpʌsl | kɔ́ː-/ [名] [C] 〔解〕血球: red [white] ～*s* 赤[白]血球.

córpus linguístics [名] [U] 〔言〕コーパス言語学《電子コーパスを用いて個別言語の用法・構造などを記述・分析する言語学の一分野》.

cor·ral /kərǽl | -rɑ́ːl/ [名] [C] **1** 《主に米》(家畜用の)柵(さく), 囲い, おり. **2** 車陣《荷馬車などを円形に並べたもの》. ― [動] (**cor·rals**; **cor·ralled**; **-ral·ling**) [他] **1** 《主に米》〈家畜〉を囲い[おり]に入れる[追い込む], 〈人〉を取り囲む. **2** 〈荷馬車など〉を円陣に並べる.

****cor·rect** /kərékt/ ([類音] collect) [形] ([反] wrong, incorrect) **1** 正しい, 正確な, 間違いのない《☞ 類義語》: (a) ～ judgment 正しい判断 / He gave ～ answers to the questions. 彼は質問に対して正確な答えをした / [言い換え] You are **～ *in*** think***ing*** so. <A+*in*+動名>=You are **～ *to*** think so. <A+*to* 不定詞> あなたがそう考えるのは間違いではない / "Was the amount ten thousand yen?" "C～."「金額は 1 万円だったのですか」「そうだ」 **2** 当を得た (proper); 礼儀にかなった; 品行方正な: ～ behavior 礼儀にかなった行動 / Is it ～ for a lady to wear a hat indoors? 女性が室内で帽子をかぶるのは礼儀にかなっていますか.

― [動] (**cor·rects** /-rékts/; **-rect·ed** /～ɪd/; **-rect·ing**; [名] corréction, [形] corréctive) [他] **1** 〈誤り〉を訂正する, 添削[校正]する; 〈欠点など〉を直す, 〈人〉の誤りを正す: Meg ～*ed* my mistakes. メグは私の誤りを直してくれた / C～ me if I'm wrong, but I think it was Monday. Ⓢ 月曜日だったと思いますが間違っていたら訂正してください. **2** 《古風》(欠点を直すため)〈人〉をしかる; 〈...〉を矯正する: The mother ～*ed* her disobedient child. 母は言うことをきかない子をしかった. **3** 〈器械など〉を調節する. [語源] ラテン語で「真っすぐにする」の意.

[単語の記憶] 《RECT》(まっすぐな)

correct	(真っすぐにする) → 正しい
direct	(真っすぐにする) → 直線の
erect	(上に真っすぐの) → 直立した
rectangle	(「直角」のもの) → 長方形

corréct onesèlf [動] [自] 言い直す, 前言を訂正する.
I stánd corrécted. Ⓢ 《格式》訂正されたとおりでございます, (おっしゃるとおり)誤りを認めます.

【類義語】**correct** も **right** もともに誤りのないことを意味する: a *correct* [*right*] answer 正しい答え. このように *right*, *correct* はほぼ同じ意味で用いることが多いが, *correct* は誤りのないという無色の意味だけに用い, *right* は道徳的・習慣的に定められた基準に合致する正しさに用いる. **accurate** *correct* よりも意味が強く, 努力と注意を払った結果正確であることを意味する. **exact** *accurate* よりもさらに意味が強く, まさにぴったりという寸分たがわぬ正しさをいう. **precise** 細かい点について正確であることをいう. また細かいことに気を使いすぎる意味にも用いる.

***cor·rec·tion** /kərékʃən/ ([類音] collection) [名] (～s /～z/; [動] corréct) **1** [C,U] (間違いなどの)訂正, 修正; 校正; 矯正(術); 〔数〕補正: several spelling ～*s* 数か所のつづり字の訂正 / the ～ of a composition 作文の添削 / He wrote [made, marked] several ～*s* in red. 彼は赤(文字)でいくつか訂正をした. **2** [感嘆詞的に; 前言を訂正して] Ⓢ いや間違った, もとへ: The results come out tomorrow, ～, today. 結果は明日, いや失礼, 今日発表になる. **3** [C,U] (株価の)反落. **4** [U] 《古風》こらしめ; 更生. **beyònd corréction** [副] 直しようのないほど. **ùnder corréction** [副] 《格式》(誤まっていたら)直していただくとして.

cor·rec·tion·al /kərékʃ(ə)nəl/ [形] [A] 《主に米》更生の.

corréctional facìlity [名] [C] 《米格式》または [滑稽] 刑務所.

corréction flùid [名] [U] 修正液.

corréctions òfficer [名] [C] 《米》看守.

cor·rec·ti·tude /kəréktət(j)ùːd | -tjùːd/ [名] [U] 《格式》(行ないの)正しいこと, (品行)方正.

+cor·rec·tive /kəréktɪv/ 《格式》[形] ([動] corréct) 矯正的な; 誤りを正す. ― [名] [C] 矯正手段 (*to*).

～·ly [副] 《格式》矯正として.

+cor·rect·ly /kəréktli/ [副] **1** 正確に, 正しく. **2** [文修飾語] 当然(ながら); 正確に言えば.

cor·rect·ness /kərék(t)nəs/ [名] [U] **1** 正しいこと, 正確さ: ☞ political correctness. **2** (行ないの)正しさ, 品行方正.

+cor·re·late[1] /kɔ́ːrəlèɪt | kɔ́r-/ [動] ([名] còrrelátion) 《格式》[自] (互いに)関連を持つ: [言い換え] Our findings seem to ～ *with* Dr. Clark's data. =Our findings and Dr. Clark's data seem to ～. 我々の調査結果とクラーク博士のデータとは関連があるようだ. ― [他] 〈...〉と(―とに)関連を持たせる: ～ lung cancer *with* [*and*] smoking 肺癌(はいがん)と喫煙とを関連づける.

cor·re·late[2] /kɔ́ːrələt | kɔ́r-/ [名] [C] 《格式》(互いに)関連するもの.

+cor·re·la·tion /kɔ̀ːrəléɪʃən | kɔ̀r-/ [名] ([動] córrelàte) [C,U] 《格式》相関(関係), 相互関係 (*with*): a strong [close, high] ～ *between* smoking and lung cancer 喫煙と肺癌(はいがん)との間の強い相関関係.

cor·rel·a·tive /kərélətɪv/ [形] 《格式》相互関係のある, 相関的な (*to*). ― [名] [C] 《格式》相関関係にあるもの (*of*); 〔文法〕相関語句.

corrélative conjúnction [名] [C] 〔文法〕相関接続詞《お互いに関連し合って接続詞の働きをする一対の語; both ... and ～, either ... or～ など》.

cor·re·spond** /kɔ̀ːrəspɑ́nd | kɔ̀rəspɔ́nd/ [T2] [動] (**-re·sponds** /-spɑ́ndz | -spɔ́ndz/; **-spond·ed** /～ɪd/; **-spond·ing**; [名] còrrespóndence) [自] **1** 一致する (agree), 調和する: The realities of the job roughly [closely] **～*ed to my expectations. <V+前+名・

代>仕事の実際の内容は大体私の思っていた通りだった / The diagram doesn't ~ *with* your explanation. その図表は君の説明にあわない.

2 相当する, 対応する. 該当する: Birds' wings ~ *to* human arms and hands. <V+to+名・代> 鳥の翼は人間の腕と手に相当する.

3 《格式》文通する: I am ~*ing with* an American student. 私はアメリカの学生と文通している.

*cor·re·spon·dence /kɔ̀ːrəspɑ́ndəns | kɔ̀rəspɔ́n-/ 名 (動 còrrespónd) **1** ⓤ 文通, 通信: 通信文, 書簡(全体); commercial ~ 商用文. **2** ⓤⓒ 一致, 調和: There is hardly any ~ *between* his words and his deeds. 彼の言行はどうも一致していない. **3** ⓤⓒ 対応: the ~ of human arms *with* [*to*] the forelegs of animals 人間の腕と動物の前足との対応. ｢**be in** [**énter ínto**] **correspóndence with** … 動 他 (人)と文通している[を始める].

correspóndence còurse 名 ⓒ 通信教育(課程)(*in*).

correspóndence schòol 名 ⓒ 通信制学校.

*cor·re·spon·dent /kɔ̀ːrəspɑ́ndənt | kɔ̀rəspɔ́n-/ 名 (-spon·dents /-dənts/) ⓒ **1** (新聞社などの)記者, 特派員: a foreign ~ 海外通信[特派]員. **2** 《格式》文通者: a good [bad] ~ 筆まめ[筆無精]な人.
――形 (一致)している (*with*).

*cor·re·spond·ing /kɔ̀ːrəspɑ́ndɪŋ | kɔ̀rəspɔ́n-/ 形 A 対応する; それ相応の: duties ~ *to* rights 権利に対応する義務 / You have certain privileges and therefore ~ responsibilities. みなさんはある種の特権をもつゆえに相応の責任もあります. **~·ly** 副 対応して; それ相応に.

*cor·ri·dor /kɔ́ːrədə | kɔ́rɪdɔ̀ː/ 名 (~s /-z/) ⓒ **1** (建物内の)廊下, 通路: walk along [down] a ~ 廊下を歩く. **2** 回廊地帯(内陸国家から海などへ通じる他国にはさまれた細長い人口密集地域). the **córridors of pówer** 名 政治権力の中枢(部).

cor·rie /kɔ́ːri, kɑ́ri | kɔ́ri/ 名 (主にスコ) =cirque.

cor·ri·gen·dum /kɔ̀ːrədʒéndəm | kɔ̀r-/ 名 (複 **cor·ri·gen·da** /-də/) ⓒ **1** 訂正すべき誤り. **2** [普通は複数形で] 正誤表.

†**cor·rob·o·rate** /kərɑ́bərèɪt | -rɔ́b-/ 動 他 《格式》〈陳述・考えなど〉を確証する, 裏づける.

cor·rob·o·ra·tion /kərɑ̀bəréɪʃən | -rɔ̀b-/ 名 ⓤ 《格式》確証, 裏づけ.

cor·rob·o·ra·tive /kərɑ́bərəṭɪv | -rɔ́b-/ 形 《格式》(証拠などが)確実な, 確証となる.

cor·rob·o·ra·tor /kərɑ́bərèɪṭə | -rɔ́bərèɪtə/ 名 ⓒ 《格式》確証者[物].

cor·rob·o·ree /kərɑ́bəri | -rɔ́b-/ 名 ⓒ 《豪》カラバリ(アボリジニの歌と踊り).

cor·rode /kəróʊd/ 動 他 〈…〉を腐食させる; 《格式》〈心・社会など〉をむしばむ. ――自 腐食する.

†**cor·ro·sion** /kəróʊʒən/ 名 ⓤ 腐食(作用), 腐食によって生ずるもの(さびなど), 腐食部分; 衰退.

cor·ro·sive /kəróʊsɪv/ 形 **1** 腐食性の. **2** 《格式》(社会・感情など)をむしばむ. ――名 ⓒ 腐食剤.

†**cor·ru·gat·ed** /kɔ́ːrəgèɪṭɪd | kɔ́r-/ 形 A 波形の, ひだのついた: ~ paper [cardboard] 段ボール紙 / ~ iron 波形トタン板.

cor·ru·ga·tion /kɔ̀ːrəgéɪʃən | kɔ̀r-/ 名 ⓒ (鉄板・ボール紙などの)波形.

*cor·rupt /kərʌ́pt/ 動 (**cor·rupts** /-rʌ́pts/; -**rupt·ed** /~ɪd/; -**rupt·ing**; 名 **corrúption**) 他 **1** 〈品性など〉を堕落させる, 腐敗させる: These students have been ~ed by their environment. <V+O [普通は受身で]> この生徒たちは環境によって堕落したのだ. **2** 〈人〉を買収する: Voters must not be ~*ed*. 有権者は買収されてはならない. **3** <データなど>を損なう; <ことば>をくずす; <原文>にさんざん手を加える.
――自 堕落する; 腐敗する.
――形 **1** 堕落した(☞ bankrupt 単語の記憶), (道徳的に)腐敗した (rotten), (性的に)不純な; わいろのきく, 汚職の: ~ politicians 汚職政治家たち. **2** A (ことばが)なまりのある; (原本・データなど)改作[改悪]された.

cor·rupt·i·bil·i·ty /kərʌ̀ptəbíləṭi/ 名 ⓤ 堕落[腐敗]のしやすさ.

cor·rupt·i·ble /kərʌ́ptəbl/ 形 (反 incorruptible) 堕落[腐敗]しやすい; わいろのきく.

*cor·rup·tion /kərʌ́pʃən/ 名 (~s /-z/; 動 cor·rúpt) **1** ⓤ 汚職, 不正; 堕落, 腐敗; (人・行為の)腐敗: political ~ 政治的な腐敗. **2** ⓒ [普通は単数形で] ことばのくずれ, なまり (*of*). **3** ⓤ 《古風》(死体などの)腐敗, 腐食.

cor·rupt·ly /kərʌ́ptli/ 副 堕落して; わいろを使って.

cor·rupt·ness /kərʌ́ptnəs/ 名 ⓤ 堕落[腐敗].

cor·sage /kɔːsɑ́ːʒ | kɔː-/ 名 ⓒ コサージュ(婦人服の胸・肩などにつける花飾り).

cor·sair /kɔ́ːseə | kɔ́ːseə/ 名 ⓒ 《古語》海賊(昔の北アフリカ海岸の); 海賊船.

corse·let /kɔ́ːslət | kɔ́ːs-/ 名 ⓒ 胴鎧(どうよろい).

cor·set /kɔ́ːsɪt | kɔ́ː-/ 名 ⓒ コルセット.

cor·set·ed /kɔ́ːsɪṭɪd | kɔ́ː-/ 形 コルセットをした.

Cor·si·ca /kɔ́ːsɪkə | kɔ́ː-/ 名 固 コルシカ(地中海のフランス領の島, ナポレオン (Napoleon) の生地).

cor·tege, cor·tège /kɔːtéɪʒ | kɔːtéɪʒ/ 名 ⓒ 《フランス語から》 [(英) 単数形でも時に複数扱い] (葬儀などの)行列.

Cor·tés, -tez /kɔːtéz | kɔː-/ 名 固 **Her·nan·do** /eənɑ́ːndoʊ | eə-/ ~ コルテス (1485-1547)(メキシコの Aztec 王国を征服したスペイン人).

~·tex /kɔ́ːteks/ 名 ⓒ (複 **cor·ti·ces** /-ṭəsìː/, **~·es**) 外皮; 〔解〕(脳などの)皮質; 〔植〕皮層.

cor·ti·cal /kɔ́ːṭɪk(ə)l | kɔ́ː-/ 形 外皮(皮質, 皮層)の.

cortices /kɔ́ːṭəsìːz/ 名 cortex の複数形.

cor·ti·co·ster·oid /kɔ̀ːṭɪkoʊstə́(ə)rɔɪd, -stér-/ kɔ̀ː-/ 名 ⓒ 〔生化〕コルチコステロイド (抗炎症剤).

cor·ti·sone /kɔ́ːṭəsòʊn/ 名 ⓤ コーチゾン(副腎皮質ホルモンの一種; 関節炎治療剤).

co·run·dum /kərʌ́ndəm/ 名 ⓤ 〔鉱物〕鋼玉.

cor·us·cate /kɔ́ːrəskèɪt | kɔ́r-/ 動 自 《格式》輝く.

cor·us·cat·ing /kɔ́ːrəskèɪṭɪŋ | kɔ́r-/ 形 《格式》輝く; (知性などが)きらめく.

cor·vette /kɔːvét/ kɔː-/ 名 ⓒ **1** 〔軍〕コルベット艦(小型護衛快速艦). **2** 《古》帆装艦.

*cos¹, 'cos /kəz, (弱形)kəz | (強形)kɔ́ːz | kɔ́z/ 接 ⓢ 《英略式》=because (☞ 'cause).

cos² /kɑ́s | kɔ́s/ 名 ⓒⓤ 《主に英》=romaine (lettuce).

cos³ /kɑ́s | kɔ́s/ 略 =cosine.

Co·sa Nos·tra /kòʊzənóʊstrə/ 名 固 [the ~] コーザ・ノストラ(マフィア型の米国の秘密犯罪組織).

COSATU /kəsɑ́ːtuː/ 名 = Congress of South African Trade Unions 南アフリカ労働組合会議.

cosec /kóʊsèk/ 略 =cosecant.

co·se·cant /kòʊsíːkənt | -kənt/ 名 ⓒ 〔数〕コセカント, 余割(略 cosec).

cosh /kɑ́ʃ | kɔ́ʃ/ 《英略式》名 ⓒ = blackjack 2. **únder the cósh** 〔形・副〕追いつめられて, たたかれて. ――動 他 〈人〉をこん棒でたたく.

co-sign /kóʊsàɪn/ 動 他 連帯保証人として〈約束手形など〉に署名する[連署する]. ――自 連署する.

co·sig·na·to·ry /kòʊsɪ́gnətɔ̀ːri | -təri, -tri/ 名 (-**to·ries**) ⓒ 《格式》連署人[国] (*to*, *of*).

co-sign·er /kóʊsàɪnə | -nə/ 名 ⓒ 連署人.

co·si·ly /kóʊzəli/ 副 《主に英》cozily.

co·sine /kóʊsàɪn/ 名 ⓒ 〔数〕コサイン, 余弦(略 cos).

関連 sine サイン / tangent タンジェント.

co·si·ness /kóuzɪnəs/ 名 《主に英》 =coziness.
cós léttuce /kás- | kós-/ 名 C|U 《主に英》 = romaine (lettuce).
***cos·met·ic** /kazmétɪk | kəz-/ 名 (~s /-s/) C [普通は複数形で] 1 化粧品: put on ~s 化粧する. 2 [けなして] うわべ, 外見. ── 形 1 表面[外面]だけの, うわべだけの: mere ~ changes 単なるうわべだけの変革. 2 A 化粧(用)の; 美容の.
cos·met·i·cal·ly /kazmétɪkəli | kəz-/ 副 [けなして] 表面的に, 外見上.
cos·me·ti·cian /kàzmətíʃən | kəz-/ 名 C 1 美容師. 2 化粧品販売[製造]人.
cosmétic súrgery 名 U|C 美容整形, 整形手術.
cos·me·tol·o·gy /kàzmətálədʒi | kɔ̀zmətɔ́l-/ 名 U 美容術.
***cos·mic** /kázmɪk | kós-/ 形 [普通は A] 1 宇宙の. 2 [しばしば滑稽] 巨大[広大, 偉大]な, 途方もない: a disaster of ~ proportions すさまじい規模の大災害.
cos·mi·cal·ly /kázmɪkəli | kós-/ 副 宇宙的に; 途方もなく.
cósmic dúst 名 U 〖天〗宇宙塵(じん).
cósmic radiátion 名 U = cosmic rays.
cósmic ráys 名 [複] 宇宙線.
cos·mog·o·ny /kazmágəni | kɔzmɔ́g-/ 名 C|U 〖天〗宇宙発生論, 宇宙進化論.
cos·mo·log·i·cal /kàzmələdʒɪk(ə)l | kɔ̀zmə-lɔ́dʒ-/ 形 宇宙(発生[進化])の研究の.
cos·mol·o·gist /kazmálədʒɪst | kɔzmɔ́l-/ 名 C 宇宙(発生[進化])の研究者.
cos·mol·o·gy /kazmálədʒi | kɔzmɔ́l-/ 名 1 U 宇宙論. 2 C|U =cosmogony.
cos·mo·naut /kázmənɔ̀ːt | kós-/ 名 C (ロシア[旧ソ連]の)宇宙飛行士.
cos·mop·o·lis /kazmápəlɪs | kɔzmɔ́p-/ 名 C 国際都市.
***cos·mo·pol·i·tan** /kàzməpálətən | kɔ̀zməpɔ́l-/ 形 1 全世界的な, 世界各地の人々から成る, 国際的な. 2 視野の広い, 国際主義の, 国際的感覚の. 3 〖動・植〗全世界に分布する. ── 名 C 国際人, コスモポリタン, 国際主義者.
cos·mo·pol·i·tan·is·m /kàzməpálətənɪzm | kɔ̀zməpɔ́l-/ 名 U 世界(同胞)主義.
***cos·mos**[1] /kázməs | kózmos/ 名 [the ~] 宇宙 (秩序整然とした統一体として考えられたもの) (反 chaos).
cos·mos[2] /kázməs | kózmos/ 名 (複 ~, ~·es) C コスモス (きく科の植物).
co·spon·sor /kòuspánsə | -spɔ́nsə/ 名 C 共同スポンサー. ── 動 (-sor·ing /-s(ə)rɪŋ/) 他 〈…を〉共同して支持する; 〈…の〉共同スポンサーとなる.
Cos·sack /kásæk | kós-/ 名 C コサック(兵) (16 世紀ごろから南西ロシアやウクライナで集団をなした逃亡民).
cos·set /kásɪt | kós-/ 動 他 〖格式〗〈人〉を甘やかす; 〈…の〉機嫌をとる.

***cost** /kó:st | kóst/ (同音 coast) 名 (costs /kó:sts kósts/; 形 costly) 1 C|U 代価, 価格, 値段, 原価; 費用 《金を支払う側から見て; ☞ price 類義語》; [普通は複数形で] 〈企業などの〉経費, コスト: the ~ of production 生産費 / at a ~ of 1000 yen 千円の(費用)で / Living ~s are usually higher in cities than in the country. 生活費は普通田舎より都会の方が高い.

── コロケーション ──
bear the *cost* 費用を負担する
cover [meet] the *cost* 費用を賄(まかな)う
estimate the *cost* at ... 費用を...と見積もる
increase *costs* 費用をふくらませる
lower [reduce, cut] *costs* 費用を切り詰める

---

costing 383

2 U|C (時間・労力などの)犠牲, 損害 (loss); 失費 (to): The greatest ~ of war is in human lives. 戦争の最大の損失は人命にある. 3 [複数形で] 〖法〗訴訟費用.
at (a) gréat cóst 副 大きな犠牲を払って (in, to).
at áll cósts=at ány cóst 副 (1) どんな犠牲を払っても, ぜひとも: War must be avoided at all ~s. 戦争は何としても避けねばならない. (2) どんなに費用をかけても: Peace must be preserved at any ~. 平和はどんなに金をかけても維持しなければならない.
at cóst 副 原価で, 仕入れ値で.
at the cóst of ... 前 ...を犠牲にして; ...という犠牲を払って: He saved the drowning child at the ~ of (losing) his own life. 彼は自分の命を犠牲にして[命を失うという犠牲を払って]おぼれかけている子供を救った.
cóunt the cóst 動 (1) 前もって出費[危険など]を考慮する (of). (2) 犠牲になる; 悪影響を受ける (of).
the cóst of líving 名 (ある地域の)消費者物価.
to one's cóst 副 [know, find などの 動 とともに] 迷惑[損害]をこうむって, 苦い経験をして.
whatéver the cóst=at whatéver cóst 副 = at any cost.

── 動 (costs /kɔ́:sts | kósts/; 過去・過分 cost; cost·ing) 他 (☞ be[2] B 文法 (2) (vi)) 1 [受身なし; 普通は進行形なし] 〈物が〉〈ある金額〉だけ(費用が)かかる; 〈物が〉〈人に〉...だけ費用をかける, 〈人に〉とって〈ある額の〉出費となる[である]: Each ticket ~s one dollar. 切符は 1 枚 1 ドルした / The desk ~ me fifty pounds. <V+O+O (名)> この机は 50 ポンドした / 'How much [What] will it ~ to send this letter by airmail? この手紙を航空便で出すといくらかかりますか. 語法 it is to 以下を受ける形式主語.
2 [受身なし; 普通は進行形なし] 〈物事が〉〈人〉に〈貴重な時間・労力など〉がかかる, 〈...〉を要する; 〈物事が〉〈人〉に〈貴重なもの〉を犠牲にさせる; 〈人〉に〈悪い結果〉をもたらす; Ⓢ 《略式》〈人〉にとって高くつく: Missing our turn ~ us an extra hour. <V+O+O (名)> 曲がる所を間違えて 1 時間余計にかかってしまった / The work ~ him his health [life]. その仕事で彼は健康をそこねた[命を失った] / The war ~ ten million lives. その戦争で 1 千万人の命が失われた / It'll really ~ you. Ⓢ それはかなり高くつきますよ. 3 (過去・過分 cost·ed) [普通は受身で] 〖商〗〈...〉の費用[原価]を計算する[見積もる] (at). **cóst ... déar [déarly]** 動 他 ☞ dear, dearly 2.
cóst ... óut 動 他 〈...〉の原価計算をする.
cóst accóunting 名 U 原価計算.
Cos·ta del Sol /kàstədelsól/ 名 [the ~] コスタ・デル・ソル (スペイン南部のリゾート地).
***co·star** /kóustà: | -stà:-/ 名 C 共演スター. ── 動 (-stars; co·starred; -star·ring /-stà:rɪŋ/) 自 (...と)共演する (with). ── 他 [受身なし] 〈...〉を共演させる.
Cos·ta Ri·ca /kòustarí:kə, kàs- | kɔ̀s-/ 名 コスタリカ (中米の共和国). 語源 スペイン語で 'rich coast' の意.
Cos·ta Ri·can /kòustarí:kən, kàs- | kɔ̀s-/ 形 コスタリカの. ── 名 C コスタリカ人.
cóst-bénefit 名 U 〖経〗費用対便益比.
cóst-bénefit anàlysis 名 U 〖経〗費用便益分析.
cóst cènter 名 C 〖経〗原価中心点, コストセンター.
cost-cut·ting /kɔ́:stkÀtɪŋ | kɔ́st-/ 名 U 経費削減.
***cóst-efféctive** 形 費用対効果の高い. **~·ly** 副 高い費用効果で. **~·ness** 名 U 費用効果.
cóst-efficient 形 = cost-effective.
cós·ter·mòn·ger /kástə- | kɔ́stə-/ 名 C 《古風, 英》(果物・野菜などの)呼び売り商人.
***cost·ing** /kɔ́:stɪŋ | kɔ́st-/ 名 (~·s /-z/) C|U 〖商〗原

価計算, 費用見積もり.

cost·li·ness /kɔ́ːs(t)linəs | kɔ́s(t)-/ 图 ⃝ 高価; 高くつくこと.

***cost·ly** /kɔ́ːs(t)li | kɔ́s(t)-/ 形 (**more ~, cost·li·er** /-liə | -liə/; **most ~, cost·li·est** /-liɪst/ ⇔ **cost**) **1** 高価な (⇄ cheap); 費用のかかる; ぜいたくな (☞ expensive 表): ~ jewelry 高価な宝石 / Weddings are often ~. 結婚式はお金がかかることが多い.
2 多くの犠牲[損害]を伴う: a ~ mistake 手痛い誤り / This is the most ~ victory we have ever won. これは今まで最も多くの犠牲を払って得た勝利である.

cóst-of-líving índex 图 消費者物価指数 (consumer price index, (英) retail price index).

cost-plus /kɔ́ːstplʌ́s | kɔ́st-´/ 形 (経) コストプラス方式の《原価に協定利益を加算する》. ── 图 ⃝ (経) コストプラス方式(の額).

cóst príce 图 ⃝,⃝ (商) 原価, 仕入れ値 (cost): at ~ 原価で. 関連 retail price 小売価格 / wholesale price 卸し値.

cóst-pùsh infláton 图 ⃝ (経) コスト(プッシュ)インフレ《生産コストが引き起こす物価上昇》.

***cos·tume¹** /kάstjuːm | kɔ́stjuːm/ 图 (**~s** /~z/) **1** ⃝ 衣装《ある民族・時代・地方などに特有のもので, しばしば舞台などで使用するもの》; 扮装(は゛く): The actors appeared *in* historical ~s. 俳優たちは昔の時代の衣装を着けて現れた / They danced in native ~s. 彼らは民族衣装を着て踊った. **2** ⃝ 服装, 身なり《ある民族・時代・地方などに特有の》(⃝挿絵): the ~ of the Elizabethan age エリザベス朝時代の服装. **3** ⃝ (英) = swimsuit; (古風) 女性のスーツ. 語源 元来は「風俗, 習慣」の意で custom と同語源.

cos·tume² /kɑ́st(j)uːm | kɔ́stjuːm/ 動 ⟨人⟩に衣装を着ける.

cóstume dráma 图 ⃝ 古い時代の衣装で演じられる劇, 時代劇.

cóstume jéwelry 图 ⃝ 模造宝石類.

cóstume párty 图 ⃝ (米) 仮装パーティー ((英) fancy dress party).

cos·tu·mi·er /kɑst(j)úːmiə, -miə | kɔstjúːmiə/ 图 ⃝ 衣装屋, 貸し衣装屋.

***co·sy** /kóʊzi/ 形 图 (主に英) = cozy.

⁺**cot¹** /kάt | kɔ́t/ 图 ⃝ **1** (米) 折りたたみ式ベッド ((英) camp bed). **2** (英) = crib bed.

cot² /kάt | kɔ́t/ 图 ⃝ いなか家, あばら屋.

cot³ /kάt | kɔ́t/ 图 = cotangent.

co·tan·gent /kòʊtǽndʒənt | -ˈ-/ 图 ⃝ (数) コタンジェント, 余接 (略 cot).

cót déath 图 ⃝,⃝ (英) = crib death.

cote /kóʊt/ 图 ⃝ 《羊・豚・はとなどの》小屋.

Côte d'A·zur /kòʊtdəzúə ˋ | -dəzúə/ 图 固 [the ~] コート・ダジュール《フランス南東部の沿岸地帯》.

Côte d'I·voire /kòʊtdiːvwάəˋ | -vwάː/ 图 固 コートジボアール《西アフリカの共和国》.

co·ten·ant /kòʊténənt/ 图 ⃝ 共同借家人.

co·te·rie /kóʊtəri/ 图 ⃝ [(英) 単数形でも時に複数扱い] (格式) (しばしば排他的な) 仲間, 同人, グループ.

co·ter·mi·nous /kòʊtə́ːmənəs | -tə́ː-/ 形 (格式) **1** 《…と》隣接する (*with*). **2** 《時間・空間・意味などが》同一の範囲内にある, 同一の広がりをもつ (*with*).

co·til·lion /koʊtíljən, kə-/ 图 ⃝ **1** (古風) 舞踏会. **2** コティヨン《quadrille に似たフランス舞踏》; その曲.

*⁺**cot·tage** /kάtɪdʒ | kɔ́t-/ 图 (類題 carriage, college, courage) 图 (**cot·tag·es** /~ɪz/) ⃝ いなか家, 農家, (いなかの) 小住宅《しばしば古めかしいもの》; (米) 小別荘.

cóttage chéese 图 ⃝ コテージチーズ《軟らかくて白いチーズ》.

cóttage hóspital 图 ⃝ (英) (いなかの) 小病院.

cóttage índustry 图 ⃝ 家内工業.

cóttage lóaf 图 ⃝ (英) コテージパン《大小2つのパンを重ねた形のパン》.

cóttage píe 图 ⃝,⃝ (英) = shepherd's pie.

cot·tag·er /kάtɪdʒə | kɔ́tɪdʒə/ 图 ⃝ **1** (古風) いなか家[別荘]の住人. **2** (英俗) (公衆便所などで相手を捜す)ホモ.

cot·tag·ing /kάtɪdʒɪŋ | kɔ́t-/ 图 ⃝ (英略式) 同性愛者が公衆便所で相手を捜すこと《英国では違法》.

***cot·ton** /kάtn | kɔ́tn/ 图 **1** ⃝ 綿, 綿花, 木綿: This cloth is made of ~. この布は綿製だ.

綿の畑

2 ⃝ 綿《あおい科の植物》: Many farmers grow [raise] ~ in the southern parts of the United States. 米国の南部では綿を栽培する農家が多い.
3 ⃝ (主に英) 綿糸, 木綿糸; 綿布, 綿織物. **4** [形容詞的に] 綿製の: a ~ shirt 木綿のシャツ / ~ cloth 綿布 / ~ goods 綿製品. **5** ⃝ (米) = absorbent cotton. ── 動 [次の成句で] **cótton ón** [動 自] (略式) 《…が》わかる (*to*). **cótton to ...** [動 他] (米略式) …が好きになる; わかること (英国では違法).

cótton báll 图 ⃝ (主に米) (丸い) 脱脂綿.

Cótton Bélt 图 [the ~] (米国南部の) 綿花栽培地帯.

Cótton Bówl 图 [the ~] (米) コットンボウル《元旦に Dallas で行われる大学フットボールの主要試合の1つ; ⇒ Rose Bowl, Super Bowl》.

cótton búd 图 ⃝ (英) = Q-tip.

cótton cándy 图 ⃝ (米) 綿菓子《砂糖でつくる》

6–10世紀　11–13世紀　14–15世紀　16世紀
英国の各時代の COSTUME

cótton gìn 名 綿繰り機 (gin).
cótton-pìcking 形 Ⓐ Ⓢ《古風《米・豪》つまらない, いまいましい.
cótton rèel 名 Ⓒ《英》=spool¹ 2.
Cótton Stàte 名 [the ~] 綿花州《米国 Alabama 州の俗称》.
cótton swàb 名 Ⓒ《米》= Q-tip.
cótton-tàil 名 Ⓒ 綿尾うさぎ《米国産》.
cótton-wòod 名 Ⓒ ハコヤナギ《北米産のポプラの一種》; Ⓤ はひろはこやなぎ材.

†**cótton wòol** 名 Ⓤ **1** 生綿(きわた), 原綿. **2**《英》= absorbent cotton.
cótton wòol bàll 名 Ⓒ《主に英》= cotton ball.
cot·y·le·don /kὰtəlíːdn | kɔ̀t-/ 名 Ⓒ【植】子葉.

*couch /káʊtʃ/ 名 (~·es /~ɪz/) Ⓒ **1** ソファー; 寝いす, 長いす《一方の端が高くなっているソファー》. **2**《診察用》ベッド (☞ divan, studio couch). ── 動 他 [普通は受身で]《格式》〈考えなど〉を表現する: His refusal was ~ed in polite terms. 彼は丁重なことばで断った.

couch·ant /káʊtʃənt/ 形 [名詞の後につけて]【紋章】頭をもたげてうずくまった.
cou·chette /kuːʃét/《フランス語から》名 Ⓒ 列車の(折りたたみ式)寝台; 夜行列車[夜航船]の座席.
cóuch potàto 名 Ⓒ《略式》[滑稽または軽蔑] カウチポテト族の人《座ってテレビばかり見ているぐうたらな人》.
cou·gar /kúːɡə | -ɡə/ 名 (複 ~(s)) Ⓒ《主に米》アメリカライオン (puma, mountain lion, panther).

*cough /kɔːf | kɔ́f/ [発音] 動 (coughs /~s/; coughed /~t/; cough·ing) 自 **1** せきをする, せき払いする: He ~ed very loud(ly). 彼は激しくせきをした. **2**《エンジンなどが》せきこむような音を出す. ── 他〈のどにつまったものなど〉をせきをして出す (up). **cóugh úp** 動《略式》他〈金〉をしぶしぶ出す.〈英〉〈情報〉をしぶしぶ提供する. ── 自 金をしぶしぶ出す (for).
── 名 (~·s /~s/) Ⓒ [しばしば a ~] せき, せき払い; give a (slight)〈軽く〉せき払いをする《注意・警告のため》/ have a bad [heavy] ~ ひどいせきに悩んでいる. 関連 whooping cough 百日ぜき.

cóugh dròp 名 Ⓒ《主に米》せき止めドロップ.
cough·ing /kɔ́ːfɪŋ | kɔ́fɪŋ/ 名 Ⓤ せきをすること.
cóugh mìxture 名 Ⓤ《英》= cough syrup.
cóugh swèet 名 Ⓒ《英》= cough drop.
cóugh sỳrup 名《米》Ⓤ せき止めシロップ.

*could /(弱) kəd; (強) kúd/ 助 can¹ の過去形.

① …することができた	**A 1**
② …できるとしたら; …できるだろうに	**B 1** (1) (2)
(しようと思えば)…できるだろう(に)	
(ことによると)…かもしれない	**B 1** (3) (4)
③ …できたとしたら; …できたただろうに	**B 2** (1) (2)

could 385

A[直説法過去形]

[語法] (1) 用法について詳しくは ☞ can¹.
(2) 肯定文では過去の時を指していることが文脈によって示されない場合には could ははむしろ **B 1** の仮定法過去形の意味になるのが普通で, 直説法の意味では代わりに was [were] able to とか managed to とか succeeded in …ing を用いるのが普通: He「was able to solve [managed to solve, succeeded in solving] all the problems in an hour. 彼は 1 時間で問題を全部解くことができた.
(3) could は肯定文では過去のある時期に「…の能力があった」というときには用いるが, たまたまそのとき(1 回)だけ「…できた」という場合には用いない. 従って John was able to win the game.(ジョンはその試合に勝つことができた)とは言えるが, John ~ win the game. とは言えない.
(4) 感覚・知覚動詞と共に用いた場合は過去のある時点のことに言及する (☞ can¹ 語法 (3)): I ~ see a few stars in the sky. 空に星がいくつか見えた.

1 …することができた (☞ can¹ 1, able¹); (時に)…することがあった: My grandmother ~ stand by herself last year, but she can't now. 祖母は昨年はひとりで立てたが今では立てない. / We ~ not find the book in the school library. 私たちはその本を学校の図書館では見つけ出すことができなかった.

2 [語法] 間接話法または複文において主節の述語動詞が過去時制のとき, 従属節において用いる (☞ sequence of tenses 文法]): [言い換え] He said (that) he ~ solve the problem. (=He said, "I can solve the problem.") 彼は「僕は問題が解ける」と言った. / [言い換え] She asked me if [whether] she ~ use my dictionary. (=She said to me, "Can I use your dictionary?") 彼女は私に「あなたの辞書を借りてもいいですか」と尋ねた / I thought he ~ drive a car. 私は彼が車の運転ができると思っていた.

3 [目的を表わす副詞節で] …するために, …することができるように (☞ can¹ 6): They brought it closer so (that) I ~ see it better. よく見えるように近くに持ってきてくれた / He stayed in a hotel close to the airport so (that) he ~ catch the early morning flight. 彼は早朝の便に間に合うように空港近くのホテルに泊まった.
B[仮定法過去形]

1 [仮定法過去時制の文で] (1) [仮定を表わす節や I wish の後など で] (実際はできないのだが)(仮に)…できるとしたら(実現不可能な仮定を表わす): If I ~ go to the moon, I would go right now. もし私が月に行けるのだったら今すぐにも行くのだが / I wish I ~ speak French. フランス語が話せたらなあ.
(2) [仮定の結果を表わす節で](実際はそうではないのだが) (仮に…ならば)…することができるだろうに (実現不可能な仮定のもとでの推量を示す): I ~ get a car if I wanted

17 世紀前期　17 世紀　18 世紀　19 世紀　20 世紀初期
英国の各時代の COSTUME

to. その気になれば自動車ぐらいは持てるのだが / *If she spoke* a foreign language, she ~ (=*would be able to*) *get a better position.* もし彼女が外国語を話せたらもっといい職が見つかるのだが.

(3) [仮定を表わす節などが省略されて; 現在・未来のことに用いて] (しようと思えば)…できるだろう(に), (できれば)…したいものだ; [否定文で] とても…できない(can よりやや控えめな言い方): He ~ help you. 彼なら私たちを助けてくれるのだが / I ~ come tomorrow. あすなら来れると思いますが / You ~ phone from my house (if you like). (よかったら)私の家から電話できますが / C~ I (possibly) have a second helping? おかわりを頂いてもよろしいでしょうか. 語法 Can I …? より丁寧な言い方. 答えは普通 Yes, you *can*. か No, you *can't*. となる.

(4) [推量・可能性を表わす] (ことによると)…かもしれない (⇨ can¹ 3 語法); [否定文で] …であるはずがない; [疑問文で] (一体)…だろうか: Will you answer the phone? It ~ be your mother. 電話に出てくれませんか. ひょっとしてあなたのお母さんかもしれない / He *couldn't be driving* the car himself. 彼が自分で車を運転しているはずがない / C~ it be true? 一体本当だろうか.

(5) Ⓢ […してもよい[することができる]だろう(に) [提案・非難を表わす]: You ~ try and be a bit more polite. もうちょっと丁寧にしたらどうだろう / How ~ /kúd/ you do that to children! どうしてそんなことを子供たちにできるのですか.

2 [could have＋過去分詞の形で] (1) [仮定を表わす節で] (事実はそうではなかったのだが)(仮に(あのとき)…であってきたとしたら)[過去において実現不可能だった仮定を表わす; ⇨ *if* 3 文法]: *If* I ~ *have bought* it, *I would have (done so).* もし(あのとき)それを買えたなら, そうしていただろうになあ.

(2) [仮定の結果を表わす節で] (事実はそうではなかったのだが)(仮に(あのとき)～だった[～した]としたら)…することができただろう[過去の事実と反対の仮定のもとでの推量を表わす] 言い換え I ~ *have arrived* (=*would have been able to arrive*) there in time *if there had not been* a bus accident. バス事故さえなかったら間に合っていたのに 言い換え *If I had not helped* her, she ~ *not have completed* it (=*she would not have been able to complete* it). 私があのとき手伝ってあげなければ彼女はそれを完成できなかっただろう.

(3) [仮定を表わす節などが省略されて; 過去のことに用いて] …できただろう(に); …したいものだった: I ~ *have lent* you the money. Why didn't you ask me? あなたにそのお金を貸すことができたのに. なぜ言わなかったのですか / I ~ *have smacked him!* Ⓢ やつをひっぱたいてやりたいくらいだった. (4) [過去のことに対する推量を表わす] (ことによると)…した[であった]かもしれない; [否定文で] …したはずがない; [疑問文で] (一体)…だったのだろうか: The bank ~ *have made* a mistake. 銀行が間違いをしたのかもしれない / It ~ *have been* worse. Ⓢ もっとどいことになったかもしれない (不幸中の幸いだった) / He *couldn't have seen* Ann yesterday. 彼がきのうアンに会ったはずがない. (5) …して(くれて)もよかったのに(いらだちを表わす): You ~ (possibly) *have told* me you had invited people to dinner (at least)! Ⓢ (せめて)夕食に人を招いたと教えてくれてもよかったものを.

Còuld bé. (略式) そうかもしれない (maybe).

could wéll dó [助] …かもしれない: He ~ *well* be [have been] a spy. ひょっとすると彼はスパイかも[だったかも].

Could you dó? Ⓢ (丁寧) …してくださいませんか(依頼を表わす): C~ *you* come over right now? 今すぐ来ていただけませんか / C~ *you* tell me the way to the museum? 博物館へ行く道を教えてくださいませんか.

★依頼するときの丁寧の度合いについては ⇨ polite-

ness 囲み.

***could·n't** /kúdnt/ (略式) **could not の短縮形.**

A [直説法過去形] (⇨ could A): We ~ find John when we arrived there. 私たちがそこに着いたときジョンは見つからなかった / 言い換え Meg said (that) she ~ swim. (=Meg said, "*I can't swim.*") メグは「私は泳げない」と言った.

B [仮定法過去形] (⇨ could B): *If I ~ read and write,* what *would* my life be like? もし私が読み書きができないとすれば私の人生はどんなだろうか / *If I had no parents,* I ~ *go to college.* 私に両親がなかったら大学へ行けないだろう. **I cóuldn't.** (丁寧) もう結構です (飲食物を勧められて). **I cóuldn't ásk [wísh] for …** [比較級を伴って] Ⓢ これ以上の…は望めない, …は最高だ.

couldst /(弱) kədst; (強) kúdst/ 助 (古語) can¹ の二人称単数過去形.

could've /kúdəv/ (略式) could have² の短縮形.

cou·lee /kúːli/ 名 Ⓒ 小渓谷 (gully).

cou·lis /kuːlíː | kúːliː/ 名 Ⓒ Ⓤ クーリー(野菜や果物をつぶして作ったソース).

cou·lomb /kúːlɑm | -lɔm/ 名 Ⓒ [電] クーロン (電気量の実用単位).

***coun·cil** /káʊns(ə)l/ (同音 counsel) ⚠️ 名 (~s /~z/) Ⓒ (英) 単数形でも時に複数扱い) **1** (地方自治体の)**議会**: a city [county, town] ~ 市[主に英]州, 町]議会.

2 審議会, 協議会: a Cabinet C~ 閣議 / Lord President of the ~ (英) 枢密院議長 (閣例として扱われる) / The President convened his advisory ~. 大統領は諮問委員会を開いた. 関連 student council 学生自治会 / the Security Council (国連の)安全保障理事会. **a cóuncil of wár** [名] (英) =war council. **in cóuncil** [形・副] 会議中で.

cóuncil chàmber 名 Ⓒ 会議室.

cóuncil estàte 名 Ⓒ (英) 公営住宅(団)地.

cóuncil flàt [hòuse] 名 Ⓒ (英) 公営団地[住宅].

coun·cil·man /-mən/ 名 (-men /-mən/) Ⓒ (米) 市[町]会議員(男性).

***coun·ci·lor,** (英) **-cil·lor** /káʊns(ə)lə | -lə/ (同音 counselor) 名 (~s /~z/) Ⓒ **1** (市議会・町議会などの)**議員**; 参議院議員: the House of C~s (日本の)参議院 (⇨ congress 表). **2** 顧問官, 参事官.

cóuncil tàx 名 Ⓤ (英) 地方議会税 (地方自治体が家屋評価額に基づいて課税する).

coun·cil·wom·an /káʊns(ə)lwùmən/ 名 (-wom·en /-wìmən/) Ⓒ (米) 市[町]会議員(女性).

***coun·sel** /káʊns(ə)l/ (同音 council) 名 **1** (複 ~) Ⓒ [法] (特に裁判に関わる)**弁護士**, 弁護団 (⇨ counselor 4): ~ *for* the defense 被告側弁護人[団].

2 Ⓤ (格式) **助言**, 忠告, 勧告 (⇨ advice 類義語): A wise person gives good ~. 賢い人はよい助言をしてくれる. **a cóunsel of perféction** [名] (格式) 実行困難[不可能]な理想案. **kéep one's (ówn) cóunsel** [動] (格式) (他人に)自分の考えを言わない. **tàke [hóld] cóunsel** [動] 自 (格式) 相談[協議]する: *take* ~ *with* one's spiritual adviser *about* …を精神的助言者に相談する.

— 動 (coun·sels /~z/; coun·seled, (英) coun·selled /~d/; -sel·ing, (英) -sel·ling /-s(ə)lɪŋ/) 他 **1** 〈人〉にカウンセリングをする, 助言を与える (*about*): He ~*s* students *on* their career planning. ＜V＋O＋前＋名・代＞ 彼は学生の就職の相談を受け持っている.

2 (格式) 〈人〉に助言する, 忠告する (advise) (*against doing*); 〈行動〉を勧める (recommend): ~ a student to take a physical examination 学生に健康診断を受けることを勧める / 言い換え He ~ed immediate action. =He ~ed acting immediately. 彼は直ちに行動することを勧めた.

*coun・sel・ing, 《英》-sel・ling /káʊnts(ə)lɪŋ/ 名 U カウンセリング《学校・職場などにおける個人的な悩みについての専門家の助言》.

*coun・sel・or, 《英》-sel・lor /káʊnts(ə)lə | -lə/ 《同音 councilor》名 (~s /-z/) C 1 〔学校・職場などの〕カウンセラー, 相談員: see a ~ カウンセラーに相談する. 2 顧問, 相談役. 3 《米》《キャンプ》の指導員. 4 《米・アイル》《法廷》弁護士 ☞ lawyer 類義語; counsel 1).   関連 judge 裁判官 / public prosecutor 検察官.

*count¹ /káʊnt/
count・ed /-tɪd/; count・ing /-tɪŋ/ 他

1 〈1つずつ〉〈…〉を数える, 勘定する, 計算する (up) (☞ 類義語; account 囲み): ~ the apples in the box 箱の中のりんごを数える / Cathy ~ed her change. キャシーはつり銭を勘定した.

2 〈…〉を数[勘定]に入れる, 考慮に入れる: thirty people, ~ing [not ~ing] the children 子供を勘定に入れて[入れないで] 30人 / Mr. Smith is no longer ~ed among the members of the club. <V+O+among +名・代の受身> スミス氏はもはやクラブの会員の数には入っていない.

3 [進行形なし]〈…〉を(一と)思う, みなす: I ~ him a rich man. <V+O+C(名)> 私は彼を金持ちだと思う / He ~ed it folly to do so. 彼はそうするのは愚策だと思った. 語法 it は to 以下を受ける形式目的語 // You should ~ yourself lucky to have such good friends. <V+O+C(形)> こんないい友達を持って幸せと思わなければいけない / They ~ed John as lost. <V+O+C(as+形・名)> 彼らはジョンを行方不明とみなした.

— 自 1 数を数える《☞ 挿絵》, 計算する: The child can ~ from one to twenty. <V+from+名+to+名> その子は1から20まで数えることができる. 2 [進行形なし] 物の数に入る, 重要である; 数[勘定]に入る: Facts are what ~. 大切なのは事実だ / A blank space will ~ as a mistake. 空欄は誤答とみなされる.

…, and (still) cóunting Ⓢ そして(その数は)(いまだに)増え続けている. can cóunt ... on (the fíngers of) óne hánd [動] 他 〈...の数が〉片手で数えられる(ほど少ない). máke ... cóunt [動] 他 〈...〉を有意義なものとする. Whó's cóunting? Ⓢ 誰が回数など気にするものか, 気にするな.

count の句動詞

*cóunt agáinst ... [動] 他 〈物事が〉...の不利になる: A poor school record will ~ against you when you look for a job. 学校の成績が悪いと仕事を探すときに不利だ.

cóunt ... agáinst — [動] 他 〈物事を〉—に不利であると考える.

cóunt dówn [動] 自 秒読みする (to)《ロケットなどの発射の直前などに》. — 他 〈残りの日数などを〉数えながら待ちわびる (until).

*cóunt for ... [動] 他 ...ほどの重要性[意味]を持つ: I want to make my life ~ for something [a lot]. 私の人生を何か[十分]意味のあるものにしたい.

cóunt for líttle [nóthing] [動] 自 ほとんど[全

count 387

然]重要ではない, 物の数に入らない: Her promises ~ for little. 彼女の約束などほとんど何の価値もない.

cóunt for múch [動] 自 [普通は否定文で] 非常に重要である, 物を言う.

*cóunt ín [動] 他 (略式)〈...〉を含める; 仲間に入れる <V+名・代+in / V+in+名>: If you are going to have a party, please ~ me in. もしパーティーを開くなら私も仲間に入れてください.

cóunt óff [動] 他 《米》(確認するために)〈人数など〉を数える. — 自 《米》《軍》(整列して)番号を言う.

*cóunt on [upòn] ... [動] 他 1 〈...〉を当てにする, 頼りにする; 期待する (受身 be counted on [upon]): You can ~ on me. お任せください / We are ~ing on you for financial help. あなたの財政上の援助を当てにしています / I always ~ on you to advise [on you(r) advising] me. いつもあなたの忠告を頼りにしています. 2 ...を予期する: We didn't ~ on Tom [Tom's] coming home so early. トムがこんなに早く帰宅するとは思っていなかった.

*cóunt óut [動] 他 1 (略式)〈...〉を除外する, 抜かす <V+名・代+out / V+out+名>: C~ me out. 私は抜かしてください. 2 〈札など〉を数えながら出す <V+out+名>: The man ~ed out thirteen dollars and handed it to the salesman. 男は13ドルを数えて出しそれを店員に渡した. 3 [普通は受身で]《ボク》〈選手〉にカウントアウトを宣する《10秒まで数えて立ち上がれない場合に》: Jim was ~ed out in the seventh round. ジムは第7ラウンドにノックアウトを食らった.

cóunt towárd ... [動] 他 (点数・成績などが)...に関して[を決めるとき] 考慮される, カウントされる.

cóunt úp [動] 他 〈の全体の〉数を数え上げる.

*cóunt úp to ... [動] 他 ...まで数える, (総計が)...に達する: C~ up to ten. 10まで数えろ.

— 名 (counts /káʊnts/) 1 C 計算, 勘定: We made four ~s. 我々は4回計算した. 2 C [普通は単数形で] 総数, 総計; …数: a pollen ~ (花粉情報の)花粉数 / The official ~ showed 1125 votes. 正式に発表された投票総数は1125票であった. 3 [単数形で]《野》(打者の)カウント: The ~ is 'three balls and two strikes [three and two]. カウントはツースリーだ. 日英比較 (1) カウントの数え方は英語と日本語とではボールとストライクが逆. (2)「ボールカウント」は和製英語. 4 [単数形で]《ボク》カウント《ノックダウンのときに秒を数えること》. 5 C 《法》(起訴状の)訴因.

at (the) lást cóunt [副] 最終[最新]集計で.

be óut for the cóunt [動] 自 (1) =take the count. (2) 《ボク》ダウンして意識をなくしている. (3) (略式) 疲れ果てている; 熟睡している.

by ...'s cóunt [副] ...の数えたところ[計算]では.

dò [màke, tàke] a cóunt [動] 自 数える (of).

kéep cóunt [動] 自 (...の)数を覚えて[記録して]いる (of).

lóse cóunt [動] 自 (...の)数を数えきれなくなる; (...の)数を忘れる (of).

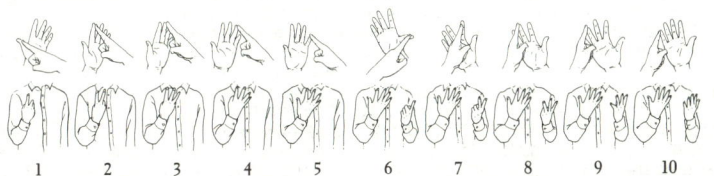

1 2 3 4 5 6 7 8 9 10
counting

on áll [séveral, ...] cóunts [副] あらゆる[幾つかの, ...]点で.
on [at] the cóunt of ... [前] ...まで数えたら.
táke the cóunt [動] 《自》《ボク》10 秒数えるまでに起き上がれない, カウントアウトになる, 負ける.
【類義語】 count 最も一般的な語で, 1 つずつ数えること. **calculate** count よりは格式ばった語で, 複雑な計算をすること. **compute** 専門的な感じの語で, 具体的データやあらかじめ数式を用意して大がかりな計算を行なうこと.

⁺**count²** /káunt/ [名] [C] [しばしば C-] (英国以外の)伯爵 (《☞ peerage 表》; county 由来)

count·a·ble /káuntəbl/ [形] ([反] uncountable) 数えられる: a 〜 noun 可算名詞, 数えられる名詞. ── [名] [C] 《文法》可算名詞, 数えられる名詞.

> 文法 **可算名詞, 数えられる名詞**
> 名詞のなかで one, two, three などの数詞をつけて1つ2つと数えることができ, その単数形に不定冠詞 a, an がつき, また複数形が用いられるものをいう. 普通の名詞と, 集合体を1つのものと考えた場合の集合名詞がこれに属する. 一方1つ2つと数えられない名詞を「不可算名詞」または「数えられない名詞」(uncountable)と呼ぶ. 同一の語でも意味によって数えられる名詞として扱われたり, また数えられない名詞として扱われたりすることがある. 例えば kindness は「親切」という性質を表わすときには数えられない名詞であるが, 「親切な行為」という意味では数えられる名詞となる.
> 参考 この辞書では数えられる名詞は [C] で, 数えられない名詞は [U] で示し, さらに両方に用いられる名詞は [C,U] および [U,C] で示している.
> ただし以上は原則であって, 数えられる名詞でも上のような特徴をもたず, 例えば on foot (徒歩で)のような慣用句や day and night (昼も夜も), face to face (向かい合って)のような対句表現では無冠詞で使う. この辞書では, このような表現は成句として扱っていることが多い.

⁺**count·down** /káuntdàun/ [名] [C] (ロケットなどの発射直前の)秒読み (for); [the 〜] (重要な事の)直前の時期, 秒読み時期 (to).

⁺**coun·te·nance** /káuntənəns/ [名] 《格式》 **1** [C] 顔つき, 表情, 容貌(形): a man with a grim 〜 厳しい顔つきをした男. **2** [U] 賛成, 支持 (support); 奨励.
pút ... òut of cóuntenance [動] 《古風》《人》をうろたえさせる.
── [動] ([反] discountenance) 他 [普通は否定文で]《格式》〈...〉に賛成する, 〈...〉を支持する; 〈...〉を黙認する: The people will *no longer* 〜 corruption in high places. 国民はもはや高官の腐敗を許さない.

＊**count·er¹** /káuntə | -tə/ [名] (〜s /-z/) [C]

count¹ (数える)から
→ (数える場所) → 「勘定台」1 → 「売り台」→ (食堂の)「カウンター」2
→ (数えるもの) → (物) 「カウンター」3
→ (人)「計算者」3

1 (商店の)カウンター, 売り台, 売り場 (department, section); (銀行などの)勘定台, カウンター, (受付)窓口; (図書館・航空会社などの)カウンター: Is this the right '〜 *for* gloves [glove(s) 〜]? 手袋の売場はここでよいのですか // ☞ checkout counter.
2 (軽食堂などの)カウンター, 細長い食事台; 《米》 (台所の)調理台, カウンター (《英》worktop). **3** (スピード・数値などを示す)カウンター, 度数計; [合成語で] 計数装置; 計算器; チップ《トランプなどの得点の計算用》.
behind the cóunter [副・形] 売り台の後ろで[の], 店員として(の). **òver the cóunter** [副] (1) (薬を買うとき)医師の処方箋(ミミ)によらないで. (2) (株などの売買が)店頭で; 小売店で. **ùnder the cóunter** [副] (取り引きなどが)こっそりと, 不正に (☞ under-the-counter). 由来 カウンターの下で(こそこそする)の意.

coun·ter² /káuntə | -tə/ [形] 《格式》逆の, 反対の; [P] 〈...に〉反する (to). ── [副]《格式》逆に, 反対に: go [run] 〜 *to* the rules 規約に反する. ── [動] (**-ter·ing** /-tərɪŋ, -trɪŋ/) 他 **1** 〈...〉に(—で)反対[対抗, 反撃]する (oppose) (with); 〈主張など〉に反論する. **2**《ボク・フェン》〈...〉にカウンターを与える[きめる], 反撃する (with). ── 自 反論する, 対抗する; 《ボク・フェン》カウンターする, 反撃する (with). ── [名] **1** 対抗措置, 対策; 反論 (to). **2**《ボク・フェン》カウンター, 反撃.

coun·ter- /káuntə | -tə-/ [接頭] 「逆, 反対; 応答, 対応; 対抗, 報復」の意.

⁺**còun·ter·áct** [動] 他〈薬の作用など〉を中和する; 〈毒などを消す; 〈...〉に対して反作用をする, 阻止する.
còun·ter·áction [名] [U,C] 中和; 反作用, 阻止.
cóun·ter·àrgument [名] [C] 反論, 駁論.

⁺**còun·ter·attáck** [名] [C] 逆襲, 反撃; 反論 (*against*, *on*). ── [動] 他〈...〉に逆襲する, 反撃する. ── 自 逆襲する, 反撃する.
còun·ter·attácker [名] [C] 反撃者.
còun·ter·attráction [名] [C] (対抗する)呼び物 (to).
còun·ter·bálance¹ [動] 他〈...〉をつり合わせる, 平衡させる.
cóun·ter·bàlance² [名] [C] **1** 均衡をとるもの, 平衡力 (to). **2**《機》つり合い重り.
cóun·ter·blàst [名] [C] 激しい反駁(熬) (to).
cóun·ter·chàrge [名] 反論; 《軍》逆襲, 反撃; 《法》反訴.
cóun·ter·clàim [名] [C] 《法》反訴. ── [動] 他〈...〉に反訴する.
còun·ter·clóckwìse [副, 形] ([反] clockwise) [A] 《米》時計の針と反対の方向への[に], 左回りに[の] (《英》anticlockwise).
cóun·ter·cùlture [名] [U,C] (特に若者の)反体制文化.
cóun·ter·èspionage [名] [U] スパイ防止活動, 防諜(黪)活動.
cóun·ter·exàmple [名] [C] 反証, 反例.

⁺**cóun·ter·feit** /káuntəfit | -tə-/ [形] 偽造の; 模造の; 《格式》〈感情などが〉見せかけの, うわべの. ── [名] [C] 偽造物, にせ物. ── [動] 他 **1** 〈貨幣・文書など〉を偽造する. **2**《格式》〈感情など〉をよそおう, 〈...〉のふりをする.
cóun·ter·feit·er /káuntəfitə | -təfitə/ [名] [C] 偽造者; 偽金造り(人).
cóun·ter·fòil [名] [C] (小切手・為替などの)控え, 半券.
cóun·ter·fòrce [名] [C] 対抗勢力, 反対勢力.
còun·ter·insúrgency [名] [U] 対反乱活動(作戦).
còun·ter·intélligence [名] [U] スパイ防止活動.
còun·ter·intúitive [形] 直観に反する.
cóun·ter·màn /-mæn/ **-men** /-mèn/ [C] (カフェテリアなどの)カウンター客の給仕人.
còun·ter·mànd /kàuntəmǽnd | kàuntəmáːnd/ [動] 他《格式》〈命令など〉を取り消す.
cóun·ter·mèasure [名] [C] [普通は複数形で] 対抗手段, 対抗策 (*against*).
cóun·ter·offènsive [名] [C] 反攻, 逆襲 (*against*).
cóun·ter·òffer [名] [C] 対案, 反対提案; 《商》反対申し込み, カウンターオファー.
coun·ter·pane /káuntəpèɪn | -tə-/ [名] [C] 《古風》(装飾的な)ベッドカバー.

＊**coun·ter·part** /káuntəpàət | -təpàːt/ **部首** [名] (-parts /-pàəts | -pàːts/) [C] [the 〜 または所有格の形で] 相当する物[人], 対応物, 対応相手, 同業同地位の人: Japanese workers work longer hours than their American ~s. 日本の労働者はアメリカの労働者よりも長時間働く / The Japanese foreign minister met with his ~ in the Chinese government. 日本の外務大臣は中国の外務大臣と会談した.

cóunter·plót 名 C 対抗策 (against). ── 動 (-ter·plots; -ter·plot·ted; -plot·ting) 自 相手の裏をかく (against).

cóunter·póint 名 1 【楽】U 対位法; C 対位旋律 (to). 2 C 対照的なもの (to). ── 動 他 〈…〉を(対比によって)際立たせる.

coun·ter·poise /káunṭəpɔ̀ız | -tə-/ 名 C, 他 =counterbalance¹,².

+**còunter·productíve** 形 [普通は P] 逆効果を招く.

cóunter·púnch 名 C, 自 【ボク】カウンターパンチ(を打つ).

Còunter-Reformátion 名 ⓢ [the ~] 反宗教改革 (16-17世紀カトリック教会の自己改革運動).

còunter·revolútion 名 C,U 反革命.

còunter·revolútionary 名 (-ar·ies) C 反革命運動家[主義者]. ── 形 反革命的な.

cóunter·sìgn 動 他 〈文書に〉副署する; 〈…〉を確認[承認]する. ── 名 C 【軍】合いことば.

cóunter·sínk 動 (-ter·sinks; 過去 (米) -ter·sunk /-sʌŋk/, (英) -ter·sank /-sæŋk/; 過分 -ter·sunk) 他 【機】〈ねじくぎの頭を皿穴に埋める.

cóunter·súit 名 C 反訴.

cóunter·ténor 名 【楽】1 カウンターテナー (男声の裏声の最高音域). 2 カウンターテナー歌手[声部].

còunter·térrorism 名 U テロ対抗措置[手段].

còunter·térrorist 形 テロ対策の. ── 名 C テロリスト対策者.

cóunter·tòp 名 C (米) 調理台 (上部の平面).

coun·ter·vail·ing /káunṭəvèılɪŋ | -tə-/ 形 A (格式) 相殺(ﾁ)するような, 対抗するほどの.

cóunter·wèight 名 C =counterbalance².

*__count·ess__ /káunṭəs/ 名 C 伯爵夫人; 女伯爵 (ﾛ peerage 表).

cóunt·ing hòuse /káunṭɪŋ-/ 名 C (昔の貴族・商人の家の)執務部屋, 帳場.

*__count·less__ /káunṭləs/ 形 A [比較なし] 数えきれない, 無数の: the ~ stars in the sky 空の無数の星.

cóunt nòun 名 C 【文法】=countable.

coun·tri·fied /kʌ́ntrɪfàɪd/ 形 1 〈人が〉いなかじみた, やぼな. 2 〈景色などが〉ひなびた.

*coun·try /kʌ́ntri/ 名 (coun·tries /~z/)

contrary¹ (反対の)と同語源で, 「(自分の)反対側に(広がっている土地)」の意から → 「土地, 地域」5 → 「国土, 国」1 →（自分の国) → 「故国, 故郷」2 →「いなか」3 となった.

country (一般的な語で特に国土の意)	
nation (国民の集まりとしての国)	国
state (政治的統一体としての国家)	

1 C 国, 国家; 国土: a civilized ~ 文明国 / an agricultural [industrial] ~ 農業[工業]国 / The students are from different countries. 学生たちはいろいろな国の出身だ.

2 C [所有格の後で] 祖国, 故国: love one's ~ 祖国を愛する / She returned to her ~ two years after the war. 彼女は戦争の2年後に帰国した / My ~ is Scotland. 私の故郷はスコットランドです.

3 [the ~, いなか, 田園 (反 town): live in the ~ いなかに住む / God made the ~ and man made the town. 《ことわざ》神は田園を作り, 人は都会を作った(自然は人工よりも美しい).

4 [形容詞的に] いなかの, いなか風の: ~ life 田園生活 / ~ people いなかの人たち.

5 U (地形・地勢から見た)地域, 地方, 地帯, 土地: mountainous [snowy] ~ 山[雪]国 / farming ~ 農耕地. 語法 普通は冠詞なしで形容詞を伴う. 6 [the ~] 国民(全体): The whole ~ opposed the plan to increase taxes. その増税案に対して国民はこぞって反対した. 7 U (主に米) =country music.

acròss cóuntry 副 (道路を走らずに)田野を横断して (ﾛ cross-country). **gó to the cóuntry** 動 自 (英・豪) (首相・政府が)(総選挙により)世論を問う.

cóuntry and wéstern 名 U =country music (略 C and W).

cóuntry búmpkin 名 C いなかっぺ.

+**cóuntry clúb** 名 C カントリークラブ (テニス・ゴルフ・水泳などの設備がある郊外の(会員制)クラブ).

cóuntry cóusin 名 C おのぼりさん.

cóuntry dánce 名 C =country dancing.

cóuntry dáncing 名 C (主に英) カントリーダンス (2列の男女が向かい合って踊るフォークダンス).

cóuntry géntleman 名 C 地方の名士.

cóuntry hóuse 名 C (英) =country seat.

+**cóuntry·man** /-mən/ 名 (-men /-mən/) C 1 同国人, 同郷の人 (普通は男性; 複数形は女性も含む). 2 いなかの住人, いなか者(男性) (反 townsman).

cóuntry músic 名 U カントリーミュージック (米国南[西]部の郷土音楽から発生した大衆音楽).

cóuntry róck 名 U カントリーロック.

cóuntry séat 名 C (英) (地方名士などの)大邸宅.

*__cóun·try·síde__ /kántrisàɪd/ 名 [普通は the ~] いなか, 田園地帯: live in the ~ いなかに住む.

cóuntry stóre 名 C (米) いなか[保養地, 観光地]の雑貨店.

cóuntry-wéstern 名 U =country music. ── 形 A カントリー(ミュージック)の.

cóuntry·wíde 形 全国的な. ── 副 全国的に.

cóuntry·wòman /-wòm-en /-wɪmɪn/ C 1 同国人, 同郷の人(女性). 2 いなかの住人, いなか者(女性) (反 townswoman).

*__coun·ty__ /káunṭi/ 名 (coun·ties /~z/) C 1 (米・カナダ) 郡 (略 Co., co.). 参考 米国の州の中の最大の行政区画; ただし Louisiana 州では parish, Alaska 州では borough という.

2 (英) (イングランド・ウェールズなどの)州 (ﾛ shire 語法).
語源 ラテン語で「伯爵(ﾛ count²)の管轄地」の意.
── 形 (英略式) [普通は軽蔑] 上流(階級)の.

cóunty clérk 名 C (米) 郡書記.

cóunty cóuncil 名 C (英) 州議会; (米) 郡議会.

cóunty cóuncillor 名 C (英) 州議会議員.

cóunty cóurt 名 C 1 (米) 郡裁判所. 2 (英) 州裁判所 (民事裁判を扱う).

cóunty fáir 名 C (米) 郡の農産物[家畜]品評会.

cóunty séat 名 C (米) 郡庁所在地.

cóunty tówn 名 C (英) 州庁所在地.

*__coup__ /kúː/ 発音注意 《フランス語から》 名 (coups /kúːz/) C 1 クーデター, 武力による政変 (against): a military [bloodless] ~ 軍事[無血]クーデター / stage [carry out] a ~ クーデターを起こす. 2 (特に苦労して得た)大当たり, 大成功 (for).

coup de grâce /kúːdəɡrɑ́ːs/ 《フランス語から》 名 [単数形で; 普通は the ~] (格式) とどめの一撃.

+**coup d'é·tat** /kùːdeɪtɑ́ː/ 《フランス語から》 名 (複 coups d'état /kùːzdeɪtɑ́ː/) C =coup 1.

coupe /kúːp/ 名 C (米) =coupé 1.

*__cou·pé__ /kuːpéɪ | kúːpeɪ/ 名 C 1 クーペ (2ドアの小

型乗用車. **2** 2 クーペ型馬車《前に御者席をもつ2人乗り4輪箱型》.

*cou・ple /kʌ́pl/ ★発音については ☞ people リスニング(囲み). 图 (~s /-z/) C **1 対** (ツイ), (一対になる) 組, ついが (☞ pair 類義語). **2** 男女ひと組, 夫婦, カップル; 婚約[恋愛]中の二人; (ダンスなどの)男女のひと組: a married ~ 夫婦 / make a good ~ 似合いの夫婦になる / Each ~ was asked to pay ten dollars. 各組は10ドルずつ請求された.

[語法] 〖英〗では「(1対[ひと組]を成している)2人」に重点が置かれているときには単数形でも複数扱いとなることがある(☞ collective noun 文法): The ~ seem to be happy. その夫婦は幸福そうだ / An old ~ were dancing in the hall. ひと組の老夫婦が広間で踊っていた.

[語源] ラテン語で「継ぎ合わさったもの」の意.

a cóuple of ... [形] (1) 2つの..., 2人の... (two): a ~ of months ago 2か月前 / I'd like to have a ~ of shirts. ワイシャツを2枚頂きたいのですが. (2) 2, 3 (人)の..., いくつかの... (a few ...): a ~ of dollars 2, 3 ドル / I have a ~ of things to do. 私には少々しなければならないことがある. [語法] (1) a couple of ... を受ける動詞は複数形: A ~ of little girls were playing. 数人の少女が遊んでいた. (2) more, less を伴うときは of が省略されるのが普通: Let me give you a ~ more examples. もう2, 3の例を示しましょう.

— 動 (~s /-z/; cou·pled /-ld/; cou·pling) (他) **1** 〈...〉をつなぐ, 連結する (反 uncouple) (together): Another locomotive is going to be ~d on (to our train) at the next station. 次の駅で機関車がもう1台(この列車に)つながれる. **2** 〖普通は受身で〗〈...〉を(一と)結び付け(て考える): The name of Shakespeare is forever ~d with Stratford-upon-Avon. シェークスピアの名は永久にストラトフォードアポンエーボンとは切り離せない.

— (自) 〖格式〗(動物が)交尾する; (人が)性交する.

cou·pler /kʌ́plə/ 图 C 〖電気〗結合装置; 結合器.
cou·plet /kʌ́plət/ 图 C 2行連句, 対句.
⁺cou·pling /kʌ́plɪŋ/ 图 **1** C (機械の)継ぎ手, (鉄道車両の)連結機, カプリング. **2** U.C 連結. **3** U.C 〖格式〗交尾; 性交.

*cou·pon /kúː pɑn, kjúː-│kúː pɔn/ 图 (~s /-z/) C **1** クーポン券《広告などについている切り取り式の割引券や資料請求券[申し込み用紙]》;優待券, 景品券: 'tear off [detach] a ~ for ice cream アイスクリームのクーポンを切り取る.

coupon 1

2 (切り取り式の)回数券(の1枚); 切り取り切符; (切り取り式の)配給切符: These ~s are good for only two months. この回数券は2か月に限り有効だ. **3** C 〖証券〗(無記名利付債の)利札; 利率. [語源] フランス語で「切り取られたもの」の意.

coups d'état /kúː deɪtɑ́ː/ 图 coup d'état の複数形.

*cour·age /kə́ːrɪdʒ│kʌ́r-/ 〖類音〗carriage, college, cottage) 图 〖形〗courageous; 〖反〗cowardice) U 勇気, 度胸: a man [woman] of great ~ 非常に勇気のある男[女]. [語源] ラテン語で「心臓, 心」の意(☞

record² 〖単語の記憶〗).

— コロケーション —
have [get] the *courage to do* ...する勇気がある
lack the *courage to do* ...する勇気がない
show *courage* 勇気を示す, くじけない

háve [láck] the cóurage of one's (ówn) convíctions [動] (自) 自分が正しいと信じていることを行なう[言う]勇気がある[ない].
lóse cóurage [動] (自) 力を落とす, 落胆する.
táke cóurage [動] (自) 勇気を出す[得る] (*from*).
táke one's cóurage in bóth hánds [動] (自) (挑戦するのに)勇気を奮い起こす.

*cou·ra·geous /kəréɪdʒəs/ 〖形〗 〖名〗 courage; 〖反〗 cowardly) 勇気のある, 勇敢な(☞ brave 類義語): a ~ boy 勇敢な少年 〖言い換え〗 *It is ~ of him to oppose his boss.* = *He is ~ to oppose his boss.* 上役に反対するとは彼も勇気のある男だ(☞ of 12). **~·ly** 副 勇敢に. **~·ness** 图 U 勇敢さ.

⁺cour·gette /kʊərʒét│kʊə-, kɔː-/ 图 C,U 〖英〗zucchini.
*cou·ri·er /kə́ːriə, kúː(ə)r-│kúːriə, kʌ́r-/ 图 (~s /-z/) C **1** 宅配業者, 急送業者; 急使, 特使. **2** 〖英〗(旅行の)添乗員, ツアーガイド. **by cóurier** [副] 急送便[急使]を使って. — (他) 〈...〉を(急送便で)急送する.

*course /kɔːrs│kɔːs/ 〖同音〗coarse) 图 (cours·es /-ɪz/) C

元来「走ること」の意 (☞ current 〖単語の記憶〗).

「(時の)経過」6 → (進行の方向) → 「方向」3,
2 → (進む順路) → 「コース」5
〈切れ目なく進行するもの〉 → 「課程」1

1 (学習の)**課程**, (ひと続きの)講義, 講座《普通は高等学校以上の》: give [offer] a ~ in mathematics 数学の連続講義を行なう / take [repeat] a history ~ 歴史の講義を履修[再履修]する. 〖関連〗extension courses 大学公開講座 / refresher course 再教育講習.

— コロケーション —
complete a *course* 履修課程を修了する
fail a *course* 講座(の単位)を落とす
give [do, teach] a *course* 講座を受けもつ
pass a *course* 講座の単位をとる
take [do] a *course* 講座をとる
withdraw from [drop out of] a *course* 履修課程から落後する

2 〖普通は単数形で〗(行動の)**方向**, 方針: change one's ~ 方針を変える / the best ~ of action 最善の策 / adopt [steer, take] a middle ~ 中道を行く. **3** 〖普通は単数形で〗(進む)方向, 進路, コース: The ~ of the ship was due east. 船の進路は真東だった / The plane changed (its) ~. 飛行機は進路を変えた. **4** (食事)1品, コース 《dinner で順次に出される料理》: the fish ~ 魚のコース / a five-course dinner 5品料理. 〖日英比較〗「フルコース」は a full-course dinner [meal] のようにいう. **5** (競技などの)コース, 走路. 〖日英比較〗course は競走者の進路が一人一人はっきり区別されていないものをいう. 進路が決まっているものは lane という. **6** 〖普通は単数形で〗(時の)経過, 進行, 成り行き: the ~ of life 人生行路 / the ~ of events 事態の推移. **7** (治療などの)一連のもの (*of*). **8** = golf course. **9** 〖建〗(れんが・石などの)層.

a màtter of cóurse [名] 当然のこと: Nowadays freedom of speech is taken as *a matter of ~*. 今日では言論の自由は当然のことと考えられている.

be on cóurse for ... 〔動〕他(これまでの実績から)...を達成しそうである.

be on cóurse to dó 〔動〕(実績から)...しそうである.

in [dúring, òver] the cóurse of ... 〔前〕《格式》...の間に (during).

in the cóurse of tíme 〔副〕やがて, そのうちに.

in the nórmal [nátural, órdinary, úsual] cóurse of evénts 〔副〕文修飾語 普通は, 順調なら.

of cóurse /əvkɔ́ːs, əf-│-kɔ́ːs/ 〔副〕 (1) 文修飾語 もちろん, 当然のことだ, ...は当然だ: *Of* ～ I'll come. もちろん伺います / *Of* ～ no one believes what he said. 当然ながらだれも彼の言ったことなど信じていない. 語法 of course の後は下降調のイントネーションが普通.
(2) つなぎ語 ⓢ 〔質問に答えて〕もちろん, 当たり前です.

会話 "Do you like spring?" "*Of* ～ I do." 「春が好きですか」「もちろんですよ」/ "You didn't break the chair, did you?" "*Of* ～ nòt!" 「あなたがいすを壊したのではないでしょうね」「もちろん違いますよ」

(3) ⓢ 《丁寧》よろしいですとも, 結構です, どうぞどうぞ《相手の申し出に喜んで応ずるときのことば》.

会話 "May I borrow your umbrella?" "*Of* ～." 「傘をお借りしてもいいですか」「どうぞどうぞ」/ "Do you mind if I play the radio?" "*Of* ～ nòt." 「ラジオをかけてかまいませんか」「ええどうぞ」

(4) つなぎ語 ⓢ 〔相手の言ったことを打ち消して〕いやもちろん, 確かに: "I'm not tired." "*Of* ～ you are." 「疲れてないよ」「いや疲れて当然だ」
(5) 〔相手に言われてやっと気付いて〕ああそうだった: 会話 "And, you are ...?" "I'm Alan Smith." "*Of* ～, Mr. Smith." 「それであなたは...」「アラン スミスです」「あ あそうでした, スミスさんでしたね」

of cóurse ..., but ─ 〔接〕もちろん...だがしかし─: *Of* ～ the plans are excellent, *but* they won't pay. もちろん計画はすばらしいが, しかし採算が合わないだろう.

òff cóurse 〔副〕(目ざす)進路からはずれて.
on cóurse 〔副〕(目ざす)進路どおりに.
rún [táke] one's cóurse 〔動〕(病気などが)たどるべき経過をたどる;(法律などが)厳正に執行される.
stáy the cóurse 〔動〕最後までがんばり通す.

― 〔動〕⾃ 1 〔副詞(句)を伴って〕《文》(水などが)勢いよく流れる;(感情などが)さっと伝わる (down, through, along). 2 うさぎ狩りをする.
― 他 猟犬を使って(うさぎなどを)狩る, 追う.
― 〔副〕《略式》= of course (2) (3) (名 成句).

course·book /kɔ́ːsbùk│kɔ́ːs-/ 〔名〕C 《英》教科書, テキスト (textbook).

course·wàre 〔名〕U 教育用ソフトウェア.

course·work /kɔ́ːswə̀ːk│kɔ́ːswə̀ːk/ 〔名〕U (学生に要求される)講義の課題.

:court /kɔ́ːt│kɔ́ːt/ 〔動〕他/⾃回 《英》caught) 中1〔名〕

元来はラテン語で「囲まれた場所」の意.
┌→「中庭」5 →(庭)→「コート」4
├→「宮廷」7 →(そこの会議)→「裁判」2 →
└「法廷」1

1 C **法廷**; 裁判所; [形容詞的に] 裁判所の[による]: a ～ of justice [law] 裁判所 / a civil [criminal] ～ 民事[刑事]裁判所 / the World C～ 国際司法裁判所.
2 U (法廷での)**裁判**, 公判, (裁判を行う)法廷: C～ is held every day. 公判は毎日開かれる.
3 [the ～] (法廷の)**裁判官たち** (全体): *The* ～ found him guilty. 裁判官は彼を有罪とした. 語法 裁判官のほか吏員や陪審員・傍聴人全員を含めることもある.

4 C (テニス・バスケットボールなどの)コート: a tennis ～ テニスコート // ☞ clay [hard, grass] court.
5 C (建物や塀で囲まれた)中庭 (courtyard) (☞ garden 表). 6 【建物】forecourt 建物の前庭.
6 C [しばしば C- として固有名詞の後につけて] 《主に英》(三方を建物に囲まれた)袋小路 (略 Ct.). **7** C [しばしば C-] **宮廷**; **王室**: the C～ of Queen Victoria ビクトリア女王の宮廷. **8** [the ～] 廷臣たち《全体》. **9** C [しばしば C-] 《主に英》団地.

a cóurt of appéals [《英》**appéal**] 〔名〕上告裁判所.

a cóurt of enquíry [**inquíry**] 〔名〕《主に英》(事故の原因などの)調査委員会; 《軍》査問委員会.

at cóurt 宮廷で.
gó to cóurt 〔動〕⾃ (人が)裁判に訴える;(事件などが)裁判になる.
hóld cóurt 〔動〕⾃ 《滑稽》取り囲まれる (with).
in cóurt 〔副〕法廷[に]: appear *in* ～ 出廷する.
láugh ... òut of cóurt 〔動〕他 《主に英》〈...〉を一笑に付す, 相手にしない.
on cóurt 〔副〕(テニスなどを)プレー中で[に]; コート上で.
òut of cóurt 〔副〕法廷外で, 示談で: They settled the matter [quarrel] *out of* ～. 彼らは示談で事件[争い]を解決した.
pày cóurt to ... 〔動〕他 《古風》(1)〈人〉のご機嫌をとる. (2)〈女性〉に求愛する.
pút [rúle] ... òut of cóurt 〔動〕他 〈事件など〉を法廷で取り上げない, 却下する; 問題にしない.
táke ... to cóurt 〔動〕他 〈人〉を訴える (for, over).
the Còurt of Appéal 〔名〕《英》控訴院.
the Còurt of Appéals 〔名〕《米》上訴裁判所.

─ 〔動〕(courts /kɔ́ːts│kɔ́ːts/; ~·ed /-ɪd/; court·ing /-tɪŋ/; 〔名〕cóurtship) 他 **1**〈有力者など〉の機嫌を伺う, こびる. **2**〈称賛など〉を求める, 得ようとする;《古風》〈女性〉に求愛する. **3** 〔普通は受身なし〕〈危険など〉を自ら招く. ─ ⾃ [しばしば進行形で]《古風》求愛する; (男女が)(結婚を前提に)交際する.

cóurt càrd 〔名〕C 《英》= face card.

⁺**cour·te·ous** /kɔ́ːtiəs│kɔ́ː-/ 〔形〕〔名〕cóurtesy; 反 discourteous) 礼儀正しい, 丁重な; 思いやりのある (to, toward) (☞ polite 類語語): ～ greetings 丁寧なあいさつ / *It's* very ～ *of you to help me*. ご援助をいただいて本当にありがとうございます (☞ of 12).
語源「宮廷 (court) 仕えに適した」の意. **~·ly** 〔副〕礼儀正しく. **~·ness** 〔名〕U 礼儀正しさ.

cour·te·san /kɔ́ːtəzæn│kɔ́ːtɪzæn/ 〔名〕C (昔, 王侯貴族や金持ちを客とした)高級売春婦.

⁺**cour·te·sy** /kɔ́ːtəsi│kɔ́ː-/ 〔名〕 (-te·sies /~z/; 〔形〕cóurteous; 反 discourteous) **1** U 礼儀(正しさ), 丁重さ; 好意, 思いやり: a ～ visit 表敬訪問 / C～ costs little [nothing]. 《ことわざ》礼儀に金はかからない. **2** C [しばしば複数形で] 丁寧なあいさつ[ことば]; 丁重な行為 (favor). (by) cóurtesy of ... 〔前〕...の好意によって(無料で); ...の提供[承認]によって; ...のせい[おかげ]で: (by) ～ *of* Mr. Smith スミス氏のご好意によって / *C~ of* the BBC BBC 提供 (テレビの画面などで). **dó ... the cóurtesy of dóing** 〔動〕他 〈人に〉(一応[礼儀上])...してあげる. **hàve the cóurtesy to** dó 〔動〕[しばしば皮肉] 丁重にも...する, ...する常識がある.

cóurtesy bùs 〔名〕C (ホテルなどの)無料送迎バス.
cóurtesy càll 〔名〕C 表敬訪問, 儀礼の電話.
cóurtesy càr 〔名〕C 代車; (ホテルなどの)送迎車.
cóurtesy líght 〔名〕C (ドアを開けるとつく)車内灯.
cóurtesy phòne 〔名〕C (空港・ホテルの)無料電話.
cóurtesy title 〔名〕C 《英》優遇敬称《貴族の子女の名前につける Lord, Lady などの, 慣習上の敬称》.

cóurt·hòuse /-hòus·es /-hàuzɪz/ ⓒ **1** 《主に米》裁判所. **2** 《米》郡庁.

cóur·ti·er /kɔ́ətiə | kɔ́ːtiə/ ⓒ 宮廷人, 廷臣.

court·li·ness /kɔ́ətlinəs | kɔ́ːt-/ Ⓤ 《格式》うやうやしさ, 上品, 奥ゆかしさ.

court·ly /kɔ́ətli | kɔ́ːt-/ 形 (**court·li·er**; **-li·est**) 《格式》うやうやしい, 上品な; 優雅な, 奥ゆかしい.

cóurt-már·tial /kɔ́ətmàəʃəl | kɔ́ːtmɑ́ː-/ (複 **courts-** /kɔ́əts- | kɔ́ːts-/, **~s**) ⓒ 軍法会議. **trý ... by cóurt-martial** [動] 他 〈人〉を軍法会議にかける. ― 動 他 (**-mar·tials**, **-mar·tialed** (英) **-mar·tialled**; **-tial·ing** (英) **-tial·ling**) 他 〈人〉を軍法会議にかける.

cóurt órder 名 ⓒ 裁判所命令.

cóurt repórter 名 ⓒ 法廷速記者.

cóurt·ròom 名 ⓒ 法廷.

cóurt·ship /kɔ́ətʃɪp | kɔ́ːt-/ 名 (動 court) **1** Ⓤ 女性への求婚, 《求婚のための》交際(期間). **2** Ⓤ (動物の)求愛行動; 得意を得る行動 (of).

cóurt shòe 名 《英》= pump² 1.

cóurt ténnis 名 ⓒ コートテニス (real tennis) (16-17世紀に行なわれた屋内テニスの一種).

cóurt·yàrd 名 ⓒ (城や大邸宅の)中庭 (court).

cous·cous /kúːskuːs/ 名 Ⓤ クスクス 《北アフリカでひき割り麦を蒸して作る料理; 通例肉・野菜を添える》.

***cous·in** /kʌ́z(ə)n/ 名 (**~s** /-z/) ⓒ **1** いとこ (first cousin) 《男女共女性; ☞ family tree 図》: **a sec·ond ~** またいとこ / I have three ~s on my father's side. 私は父方にいとこが3人いる. **2** (遠い)親類, 縁者. **3** [普通は複数形で] 類似したもの 《文化・人種など》 (of).

***cou·ture** /kuːtúə | -tjúə/ 《フランス語から》 名 Ⓤ 高級婦人服(仕立業) 《☞ haute couture》.

cou·tu·ri·er /kuːtú(ə)rièɪ, -ʀiə- | -ʀiéɪ, -ʀiə-/ 《フランス語から》 名 ⓒ (高級)婦人服デザイナー (fashion designer).

co·va·lent /kòʊvéɪlənt-|/ 形 《化》電子対を共有する: **~ bond** 共有結合.

***cove**¹ /kóʊv/ 名 ⓒ 小さな湾, 入り江.

cove² /kóʊv/ 名 ⓒ 《古風, 英俗》男, やつ.

cov·en /kʌ́v(ə)n/ 名 ⓒ 魔女の集会(グループ).

***cov·e·nant** /kʌ́v(ə)nənt/ 名 **1** ⓒ 誓約, 盟約 (between); 《法》契約(書). **2** ⓒ (ある額を定期的に支払う)契約(書) 《特に慈善助成金》: **deed of covenant** (deed 成句). **3** [the C-] 《聖》《神のイスラエル民族との》契約. ― 動 他 〈ある額〉を支払うことを約束する (to, with); 〈…すること〉を契約する (to do). ― 自 支払いを約束する (for).

cov·e·nant·ed /kʌ́v(ə)nəntɪd/ 形 A 契約した.

Cóv·ent Gárden /kʌ́v(ə)nt-, kɑ́v- | kɔ́v-, kʌ́v-/ 名 ⓒ ヴェントガーデン (London の中心地区).

Cov·en·try /kʌ́v(ə)ntri, kɔ́v- | kɔ́v-/ 名 ⓒ コベントリー (England 中南部の都市; ☞ 裏地図 F 5). **sénd ... to Cóventry** [動] 他 《英》〈住民や労働者たちが〉〈人〉を仲間はずれにする, 〈人〉と絶交する. 由来 昔, この町の住民が兵士を嫌ったことから.

***cov·er** /kʌ́və | -və/ 動 (**cov·ers** /~z/, **cov·ered** /~d/; **-er·ing** /-(ə)rɪŋ/) [反 uncover] 他 **1** 〈…〉を**覆**[おお]**う**, 包む, 〈…〉を覆い[押し]隠す (hide): Dust ~ed the desk. 机はほこりだらけだった / The mother ~ed (up) her son with a blanket. <V+O+with+名・代> 母親は息子に毛布をかけた / The hill was ~ed with [in, by] snow. <V+O+with [in, by]+名・代の受身> 丘は雪に覆われていた / She ~ed her face with her hands. 彼女は両手で顔を覆った.

2 〈…の表面〉を覆う; 〈…〉に張る; 〈…〉に塗る; 〈…〉に浴びせる: I will have the wall ~ed with good wallpaper. 壁には上質の壁紙を張ってもらおう / Her boots were ~ed with [in] mud. <V+O+with [in]+名・代の受身> 彼女のブーツは泥だらけだった.

3 〈…〉を包含する (include); 〈問題など〉を扱う (treat); 〈ある範囲〉にわたる, 及ぶ: We cannot ~ the whole subject in a book. 問題のすべてを1冊の本で扱うことはできない / This rule ~s all cases. この規則はあらゆる場合に適用される / Mountains ~ over 70% of Japan. 山が日本の陸地の 70 パーセント以上を占める. **4** 〈費用・損失など〉を補う, 償うに足る; 〈…〉に保険をかける: the cost 費用を補う / My income barely ~s my expenses. 私の収入はやっと支出を賄うだけけだ / The loss was fully ~ed by insurance. 損害は保険で十分に埋め合わされた / We are ~ed against [for] fire. うちは火災保険に入っている / Does your insurance ~ you to drive abroad? あなたの保険は外国での運転を保障してくれますか. **5** 〈記者などが〉〈…〉を取材する, 〈…〉についての報道をする: The reporter was sent there to ~ the conference. その記者はその会議を取材するためにそこへ送り込まれた. **6** 〈ある距離〉を行く, 通過[踏破]する: ~ the distance in an hour. その距離なら1時間で行ける. **7** 敵に銃をむけて〈味方〉を援護する 《犯人・入口などに銃口を向けて(何もさせないで)おく. **8** 《野》〈塁〉をカバーする; 《スポ》〈相手〉をマークする; 〈ゴールなど〉を守る. **9** 〈他人の曲〉を新たにレコーディングする, カバーする.

― 自 (人)の代わりをする, …の代用となる; (うそをつくなどして)〈人〉をかばう (for): Mary is absent today, so I'll ~ for her. メアリーはきょう休みなので私が代わりをする.

cóver onesèlf [動] 自 《略式》非難されないよう手を打っておく (against).

━━━ **cover の句動詞** ━━━

cóver ín [動] 他 〈…〉を覆う; 〈家〉に屋根をつける.

cóver óver [動] 他 〈…〉をすっかり覆う.

***cóver úp** [動] 他 **1** 〈…〉をすっかり覆う, くるむ; 〈人〉に暖かい服を着せて(やる) <V+名・代+up> / V+up+名>: C~ up the injured man with this blanket. けが人をこの毛布でくるみなさい.

2 [けなして] 〈不正など〉を包み隠す, もみ消す <V+名・代+up> / V+up+名>: His family tried to ~ up the real cause of his death. 家族は彼の本当の死因を隠そうとした. ― 自 暖かい服装をする, 服を着る; (着衣を)する.

***cóver úp for ...** [動] 他 [けなして] 〈不正など〉を隠して〈人〉をかばう: The police think she's trying to ~ up for her husband. 警察は彼女が夫をかばおうとしていると思っている.

━━━ 名 (**~s** /-z/) **1** ⓒ 覆い, カバー (《☞ 2 日英比較》); ふた; [the ~s] 寝具 (bedclothes): a chair ~ いすのカバー / a manhole ~ マンホールのふた / **put a ~ over [take a ~ off]** an engine エンジンにカバーをかける[のカバーをとる].

2 ⓒ (本や雑誌の)表紙; (レコード・CDの)ジャケット: a book in paper ~s 紙表紙の本 / hardcover 堅い表紙の本. 日英比較 英語の cover は本の表紙を指すが, 日本語の「カバー」は出版社が表紙にかぶせている紙を指す. これは英語では jacket または dust jacket をいう. **3** Ⓤ 隠れ場所; 遮蔽[物]物; 隠れ家: run for ~ 避難場所を求めて逃げる / A crowd provides good ~ for a fleeing thief. 逃げるどろぼうには人込みは絶好の隠れ場所だ. **4** Ⓤ 《軍》援護; 援護する. **5** ⓒ = cover version. **6** C, Ⓤ 《米》= cover charge. **7** Ⓤ 《英》《保》保証(金), 担保, 補償範囲 (《米》coverage) (for, against). **8** ⓒ [普通は単数形で] 見せかけ, 口実; 隠れみの (for). **9** ⓒ (レストランの)一人分の(食器を並べた)座席. **10** Ⓤ 《英》代理人.

行 (for). **11** Ⓤ 〖生態〗(ある地域の)植物. **12** Ⓤ (空・地面が雲・雪などに)覆われること.

blów ...'s cóver=blów the cóver of ∴ [動] …の正体を暴く.

bréak cóver [動] ⾃ (獲物などが)隠れ場所から飛び出す.

from cóver to cóver [副] (本の)初めから終わりまで.

tàke cóver [動] ⾃ (攻撃や雨を避けて)隠れる, 避難する (from).

ùnder cóver [副・形] (1) 素性を隠して, 隠れた[て]; こっそり: go [work] under ~ 素性を隠す[隠して仕事をする]. (2) 遮蔽物・屋根などの下に.

ùnder (the) cóver of ∴ [前] (1) …に隠れて, …にまぎれて, …の援護を受けて: The enemy attacked us under ~ of darkness [night]. 《文》敵は夜陰に乗じて攻撃してきた. (2) …の口実のもとに, …にかこつけて.

ùnder pláin cóver [副] (格式) (封筒で)発送人・内容物などの表示なしで.

ùnder sepárate cóver [副] (格式) 別便で.

*__cov·er·age__ /kʌ́v(ə)rɪdʒ/ ⓝ 〔名〕 **1** (新聞・テレビ・ラジオなどの)報道(の仕方); 取材: live ~ 生放送 / TV ~ of the election 選挙のテレビ報道 / aggressive ~ 強引な取材. **2** (米) (保険) 補償額, 補償料. **3** (問題などの)取り扱い範囲; 適用範囲 (of).

cóver·àlls [複] (米) カバーロール, つなぎ(服の上に着る上着とズボンが一続きになった作業着).

cóver chàrge 〔名〕Ⓒ (クラブなどの)席料, サービス料. 日英比較 「テーブルチャージ」は和製英語.

cóver cròp 〔名〕Ⓒ 間作(土壌の保護・肥沃(ひよく)化のために植える作物).

†__cov·ered__ /kʌ́vəd | -vəd/ 形 **1** Ⓐ 覆(おお)いの[屋根]のついた. **2** [合成語で] …で覆(おお)われた: snow-~ 雪で覆われた.

cóvered wágon 〔名〕Ⓒ (米) (開拓時代の)ほろ馬車.

cóver gìrl 〔名〕Ⓒ カバーガール(雑誌などの表紙の美人モデル).

cóver glàss 〔名〕Ⓒ カバーグラス(顕微鏡のスライドの上の標本をおおうガラス板).

*__cov·er·ing__ /kʌ́v(ə)rɪŋ/ 〔名〕(~s /-z/) **1** [単数形で] 覆いのようなもの: There was a light ~ of snow on the sidewalk. 歩道には雪が少し積もっていた. **2** [複数形で] 覆い.

cóvering lètter 〔名〕Ⓒ (英) =cover letter.

cov·er·let /kʌ́vələt | -və-/ 〔名〕Ⓒ (古風) (ベッドの)上掛け, ベッドカバー (bedspread).

cóver lètter 〔名〕Ⓒ (米) カバーレター, 同封物に付ける説明の手紙.

cóver nòte 〔名〕Ⓒ (主に英) (保) 仮証書.

cóver pàge 〔名〕Ⓒ ファックス送信票(送信者の名前・ファックス番号などを記した, ファックスの1枚目).

cóver shèet 〔名〕Ⓒ =cover page.

cóver·slíp 〔名〕Ⓒ =cover glass.

cóver stòry 〔名〕Ⓒ **1** (雑誌の)特集記事(表紙に写真(絵)と大きな活字で出てくる). **2** 口実, 作り話.

*__co·vert__[1] /kóʊvəːrt, kʌ́vət | kʌ́vət, kóʊvəːrt/ 形 [普通は Ⓐ] (格式) ひそかな, 隠れた, 暗に示した(⇔ overt).

co·vert[2] /kóʊvət, kʌ́vət | kʌ́və(t)/ 〔名〕Ⓒ (獲物の)隠れ場所 (やぶなど).

co·vert·ly /kóʊvəːtli, kʌ́vət- | kóʊvət-, kʌ́vəːt-/ 副 (格式) ひそかに, こっそり, それとなく.

cóver·úp /kʌ́vərʌ̀p | -və(r)ʌ̀p/ 〔名〕 ⒺⒸ 隠蔽(いんぺい), もみ消し (for).

cóver vèrsion 〔名〕Ⓒ (オリジナル曲の)カバーバージョン (of).

cov·et /kʌ́vɪt/ 〔動〕⑴ [普通は軽蔑]〈人のものを〉ひどく欲しがる, 切望する.

cov·et·ed /kʌ́vɪtɪd/ 形 (格式) 切望される.

cov·et·ous /kʌ́vɪtəs/ 形 (格式) [軽蔑] 〈人のもの・財産を〉むやみに欲しがる (of); 強欲な, 貪欲(どんよく)な. **~·ly** 副 欲ばって. **~·ness** 〔名〕Ⓤ 貪欲.

cov·ey /kʌ́vi/ 〔名〕Ⓒ **1** (うずらなどの)一群. **2** (格式) (人・物の)一群 (of).

*__cow__[1] /káʊ/ 〔名〕Ⓒ **1** 雌牛, 乳牛 (☞ cattle 表); (一般に)牛: a milk ~ 乳牛 / Connie milks five ~s every morning. コニーは毎朝5頭の牛の乳を搾(しぼ)る. ★鳴き声については ☞ cry 表. 関連 beef 牛肉(☞ ⓝ meat 表), calf 子牛. **2** Ⓒ 〈象・鯨などの大きい動物の〉雌. 関連 bull 雄. **3** Ⓒ (英俗) (差別) あま, 女. **hàve a ców** (Ⓢ) (米略式) かんかんに怒る; あわてふためく. **till [until] the cóws còme hóme** [副] (Ⓢ) (略式) いつまでも, 長い間. 由来 (動作の遅い)牛が帰ってくるまで, の意.

cow[2] /káʊ/ 〔動〕⑴ [普通は受身で] 脅す, 脅して…させる (into).

cow·ard /káʊəd/ -əd/ 〔名〕Ⓒ (軽蔑) おくびょう者; ひきょう者.

Cow·ard /káʊəd/ -əd/ 〔名〕 No·ël /nóʊəl/ ~ カワード (1899-1973) (英国の俳優・作曲家・劇作家).

cow·ard·ice /káʊədɪs/ -əd-/ 〔名〕Ⓤ (⇔ courage) おくびょう; ひきょう.

cow·ard·li·ness /káʊədlinəs/ -əd-/ 〔名〕Ⓤ = cowardice.

†__cow·ard·ly__ /káʊədli/ -əd-/ 形 cóward; ⇔ courágeous, brave) (軽蔑) おくびょうな; ひきょうな.

cow·bell /káʊbèl/ 〔名〕Ⓒ 牛の首につけた鈴.

*__cow·boy__ /káʊbɔ̀ɪ/ 〔名〕(~s /-z/) Ⓒ **1** (米国西部などの)カウボーイ. **2** (英略式) (軽蔑) 悪徳商人[業者]. **pláy cówboys and Índians** [動] ⑴ 西部劇ごっこをする.

cówboy bòots 〔名〕[複] カウボーイブーツ (かかとの高い意匠を凝らした縫い目のある皮の長靴).

cówboy hàt 〔名〕Ⓒ カウボーイハット.

ców·càtcher 〔名〕Ⓒ (米) (機関車・市街電車などの前部の)排障器.

ców chìp 〔名〕(米略式) 乾燥牛糞.

cow·er /káʊə | káʊə/ 〔動〕⑴, -er·ing /káʊ(ə)rɪŋ/ (恐怖などで)ちぢこまる, すくむ (back; against, under).

cow·er·ing /káʊ(ə)rɪŋ/ 形 ちぢこまる.

ców·gìrl /káʊgə̀ːl | -gə̀ːl/ 〔名〕Ⓒ (カウボーイスタイルの)牧場で働く女性.

ców·hànd 〔名〕Ⓒ =cowboy 1, cowgirl.

ców·hèrd 〔名〕Ⓒ (放牧場の)牛飼い.

cow·hide /káʊhàɪd/ 〔名〕Ⓤ 牛革; Ⓒ 牛の皮.

cowl /káʊl/ 〔名〕Ⓒ **1** (修道士の)ずきん. **2** (煙の逆流を防ぐ)煙突帽; (通風筒の頂上の)集風器.

cow·lick /káʊlɪk/ 〔名〕Ⓒ (額の上・分け目の)うまくつけられない立ち毛.

cowl·ing /káʊlɪŋ/ 〔名〕Ⓒ 〖機〗(航空機などの)エンジンカバー.

cówl nèck 〔名〕Ⓒ カウルネック(婦人服のドレープがある襟元).

ców·man /-mən/ 〔名〕(-men /-mən/) Ⓒ (米) 牧場主; (英) 牛飼い.

có·wòrker 〔名〕Ⓒ 同僚, いっしょに働く人, 協力者.

ców·pàt 〔名〕Ⓒ (英略式) 牛のふん.

ców pìe 〔名〕Ⓒ (米略式) 牛のふん.

ców pòke 〔名〕Ⓒ (古風, 米) =cowboy 1, cowgirl.

ców·pòx 名 U 〖医〗牛痘.
ców·pùncher 名 C 《米略式》=cowboy 1.
ców·rie /káuri/ 名 C たからがい, こやすがい.
ców·shèd 名 C 牛舎, 牛小屋.
cow·slip /káuslìp/ 名 C 〘植〙 きばなのくりんざくら, 西洋さくらそう(早春に芳香のある黄色い花が咲く野草).

ców tòwn 名 C 《米》牧牛の盛んな地域近郊の町.
cox /káks│kɔ́ks/ 名 C =coxswain. ── 他 〈…〉のコックスを務める. ── 自 コックスを務める (for).
cox·comb /kákskòum│kɔ́ks-/ 名 C 1 《古語》だて男, しゃれ者. 2 =cockscomb 3.
cox·swain /káks(ə)n, kákswèin│kɔ́k-/ 名 C ((救命)ボートの)コックス, 舵手(だしゅ), 艇長 (cox).

+**coy** /kɔ́i/ 形 (**coy·er**; **coy·est**) 1 (女性の態度)などが)恥ずかしそうな(ふりをした), おしとやかぶった, 気取った. 2 はっきり言わない, 隠しだてをする (about).
coy·ly /kɔ́ili/ 副 恥ずかしげに, 人目を避けて.
coy·ness /kɔ́inəs/ 名 U おしとやかぶること; 隠しだて.
coy·o·te /kaióuti, káiout│kɔióuti, káiɔ́t-/ 名 C コヨーテ(北米の大草原に住む犬科の獣).

Coyóte Stàte 名 [the ~] コヨーテ州 (米国 South Dakota 州の俗称).
coy·pu /kɔ́ip(j)uː/ 名 (~(s)) C ヌートリア (nutria) (湖や川に住む南米原産の動物; 毛皮を珍重する).

coz¹ /káz/ 名 C 《古風, 米》 (呼びかけ) いとこ.
coz² /(弱) kəz; (強) kɔ́:z│kɔ́z/ 接 《英略式》= because.
coz·en /káz(ə)n/ 他 《古風》〈人〉をだます.
co·zi·ly /kóuzili/ 副 居心地[住み心地]よく, 気楽に.
co·zi·ness /kóuzinəs/ 名 U 居心地のよさ, 住み心地のよさ.

* **co·zy** /kóuzi/ 形 (**co·zi·er**, 《英》 **co·si·er**; **co·zi·est**, 《英》 **co·si·est**) 1 (暖かくて)居心地のよい (☞ comfortable 類義語): a ~ nook by a fireplace 暖炉わきの心地よい場所. 2 親密な, くつろいだ; [軽蔑]なれあいの, なあなあの.
── 名 (**co·zies**, 《英》 **co·sies**) C (ティーポットなどの)保温カバー (tea cozy) (☞ tea cozy 写真).
── 動 自 (暖まろうとして・愛情を求めて)すり寄る (up); 〈…に〉取り入る (up; to).
coz·zie /kázi│kɔ́zi/ 名 C 《英略式》(女性の)水着.
cp =compare.
c.p. 略 =candlepower 〘光〙 燭光(しょっこう).
C.P. 略 =Communist Party.
CPA /sí:pì:éi/ 略 《米》=certified public accountant.
Cpl 略 =corporal¹.
CPR 略 =cardiopulmonary resuscitation.
CPRE /sí:pì:à:í:│-à:(r)/ 略 [the ~] =Council for the Protection of Rural England 英国田園保護協議会.
cps /sí:pì:és/ =cycles per second サイクル(毎秒).
CPS /sí:pì:és/ 略 [the ~] =Crown Prosecution Service 公訴局 (イングランド・ウェールズにおいて, 事件の訴追を担当する機関).
Cpt. 略 =captain.
CPU /sí:pì:jú:/ 略 =central processing unit.
cr 略 =credit 名 2.

+**crab¹** /krǽb/ 名 1 C かに(やどかりなどのかにに似た甲殻類も含む). 参考 かには気難しく怒りっぽい動物だというイメージがある; ☞ かにの肉. 2 [複数形で] 《略式》 けじらみ症 (☞ crab louse). 3 [the C-] かに座〘星座〙(Cancer). ── 動 (**crabs**; **crabbed**; **crab·bing**) 自 かにをとる.

crab² /krǽb/ 動 (**crabs**; **crabbed**; **crab·bing**) 自 《略式》文句を言う, けちをつける (about). ── 名 C [普通は単数形で] 《略式, 主に米》気難しい人.
cráb àpple 名 C 野生りんご; 野生りんごの木.
crab·bed /krǽbd, krǽbid/ 形 1 〘文〙判読しにくい(細かい字で書いてあるので). 2 《古風》=crabby.
crab·bi·ness /krǽbinəs/ 名 U 《略式》気難しさ.
crab·by /krǽbi/ 形 (**crab·bi·er**, **-bi·est**) 《略式》つむじ曲がりの, 気難しい.
cráb gràss 名 U 〔主に米〕めひしば(の類) (芝生や畑の雑草).
cráb lòuse 名 C 毛じらみ (☞ crab¹ 2).
cráb mèat 名 U かにの肉.
crab·wìse, -wàys 副 横歩きに.

* **crack** /krǽk/ 動 (clock) (**cracks** /~s/; **cracked** /~t/; **crack·ing**)

> ── 自 他 の 転換
> 自 1 ひびが入る (to break without separating into pieces)
> 他 1 ひびを入らせる (to make (something) break without separating into pieces)

── 自 1 ひびが入る; ぱちんと割れる (☞ break 類義語): The ice ~ed when I stepped on it. 私が乗ると氷にひびが入った / The egg ~ed open. <V+C(形)> 卵がぱちりと割れた.
2 ぱちっ[かちゃん, がらがら, びしっ]と音を立てる: The fireworks ~ed overhead. 花火が頭上ではぜはぜと鳴った / The whip ~ed loudly [sharply]. むちがぴしっと大きく鳴った. 3 [副詞(句)を伴って] 激突する (against, on). 4 (精神的に)まいる, へこたれる; (制度・関係などが)うまく機能しなくなる; ~ (up) under the strain 重圧に負ける. 5 (声が)うわずる, かすれる, 調子が変わる (with).

── 他 1 〈…〉にひびを入らせる; 〈…〉をぱちんと割る; 《米》〈窓など〉を少しだけ開ける: ~ (open) nuts くるみを割る / She ~ed the hard-boiled egg and peeled off the shell. 彼女は固ゆで卵を割り殻をむいた.
2 [受身なし] 〈…〉をぱちっ[かちゃん, がらがら, びしっ]と鳴らす; ぴしゃりと打つ: He ~ed his whip (sharply). 彼はむちをぴしっと鳴らした / He ~ed me on the head with his ruler. 彼はものさしで私の頭をぴしゃりと打った (☞ the¹ (2 (1)). 3 〈…〉をがつんとぶつける, 激突させる (against, on). 4 〈問題・暗号など〉を解決[解読]する: ~ a code 暗号を解読する. 5 《略式》〈冗談〉を飛ばす. 6 《略式》〈金庫など〉を破る, こじあける. 7 《略式》〈酒びんなど〉を開けて飲む; 〈本〉を開ける: ~ open a bottle 酒びんを開ける. 8 〘電算〙〈システム〉に侵入する; 《略式》〈ソフト〉を不正コピーする. 9 〈上位〉入りを果たす. 10 《略式》〈敵など〉を壊滅させる; 〈犯罪〉を止(や)める.
cráck a smíle [動] 自 《米略式》にっこり笑う.
cráck it [動] うまくやりとげる.
gèt crácking [動] 《略式》(ばりばり)仕事を始める (with); さっさと行く.

crack の句動詞

cráck dówn on ... [動] 他 …に断固たる処置をとる, …を厳しく取り締まる.
cráck ón [動] 自 《英略式》(仕事などを)どんどん進める (with).
cráck úp [動] 《略式》 自 1 (精神状態・関係などが)だめになる; (人が)弱る, まいる. 2 突然大笑いする. 3 《米》(運転を誤って)車をめちゃめちゃに壊す; (車などが)大破する. ── 他 〈人〉を大笑いさせる. 2 《米》自動

車などをめちゃめちゃに壊す. **be crácked úp to be ...** [動] 《略式》[否定文で] …という評判だ: That hotel is not all [everything] it's ~ed up to be. そのホテルは評判ほど良くはない.

— 名 (~s /~s/) 1 ⓒ 割れ目, 裂け目, ひび;(ドア・窓などの狭い)すき間;欠点, 欠陥: a ~ in a plate 皿のひび / a ~ (in the skin) *between* two fingers 指と指の間の皮の裂け目 / open the window (just) a ~ 窓を(ほんの)少しだけ開ける / C~s started to appear in the alliance. 同盟に問題が生じ始めた.
2 ⓒ ぱちっという音, がらがら, ぴしっ(物が割れる音・むちの音など): the ~ of *a* rifle [thunder] 銃声[雷音].
3 ⓒ 《格式》ぴしゃりとひと打ちする[ひっぱたく]こと: get [give] a ~ on the head 頭をぴしゃりとたたかれる[たたく].
4 ⓒ 《略式》皮肉, (きつい) 冗談 (*about*): make a ~ 冗談を言う. 5 ⓒ [普通は単数形で] 《略式》試み, ためし (*at*). 6 Ⓤ クラック(コカインを精製した純度の高い麻薬). 7 ⓒ (突然の)声の調子の変化, 声がわずること. 8 [所有格を伴って]《俗》(人の)しりの割れ目.
9 ⓒ 《電算》システムへの侵入;《略式》不正コピーの情報[コード]. 10 [the ~] Ⓢ 《アイル略式》(楽しい)おしゃべり; 楽しいひととき.

a fáir cráck of the whíp [名] 《英略式》公平な機会.
at the cráck of dáwn [副] 《略式》夜明けに.
hàve [gèt, tàke] a cráck at ... [他] 《略式》(難しいこと)をやってみる, ためしてみる (*doing*).
páper [smóoth] òver the crácks [動] ⓘ 欠陥[意見の不一致]を隠す[取りつくろう] (*in*).
slíp [fáll] through the crácks [動] ⓘ (制度の)網からこぼれ落ちる.
What's the cráck? Ⓢ 《英略式》調子はどうだい.

— 形 Ⓐ 最優秀の, 第一級の: ~ *shot* 射撃の名手.

cráck bàby 名 ⓒ クラックベイビー(母親が妊娠中に麻薬の crack を使った影響を受けた赤ちゃん).

crack·brained /krǽkbrèɪnd⁻/ 形 《略式》気が狂った, 狂気の; 無分別な.

cráck cocáine 名 Ⓤ =crack 6.

*crack·down /krǽkdàʊn/ 名 (~s /~z/) ⓒ [普通は単数形で] (警察*など*の)取り締まり, 手入れ; (不法行為に対する)断固たる処置 (*against*): a ~ *on* the sale of drugs 麻薬の販売に対する警察の手入れ.

cracked /krǽkt/ 形 1 ひびの入った; 割れた; 砕けた.
2 (声が)うわずった, かすれた. 3 形 《略式》《軽蔑》気の変な.

crack·er /krǽkə | -kə/ 名 ⓒ 1 クラッカー(甘味をつけない薄い堅焼きビスケット)(《英》biscuit). 関連 cookie クッキー. 2 《米》《差別》南部の貧乏白人. 3 =firecracker. 4 =Christmas cracker. 5 《古風, 英略式》すてきな女性;《英略式》すてきな[おもしろい]もの. 6 《電算》侵入者; ハッカー.

crack·er·jack /krǽkədʒæk | -kə-/ 《米略式》 形 優秀な, 一流[ピカいち]の. — 名 ⓒ 優秀な[一流の]人[もの].

Crack·er Jack /krǽkədʒæk | -kə-/ 名 Ⓤ クラッカージャック(糖蜜で固めたポップコーン; 商標).

crack·ers /krǽkəz | -kəz/ 形 《英略式》気が狂った (crazy).

cráck·hèad 名 ⓒ 《俗》クラック常用者.
cráck hòuse 名 ⓒ 《俗》クラック密売所[吸飲所].
crack·ing /krǽkɪŋ/ 形 [普通は Ⓐ]《略式》(速さが)すごい;《古風, 英略式》すばらしい, すてきな. — 副 [~ good で]《英略式》とても, 非常に (very).

crack·le /krǽkl/ 動 ⓘ 1 ぱちぱち音を立てる. 2 (緊張・活気などに)満ちている (*with*). — 名 1 ⓒ [普通は単数形で] ぱちぱち鳴る音. 2 Ⓤ《陶磁器の》ひび模様.

crack·ling /krǽklɪŋ/ 名 1 [Ⓤ または a ~] ぱちぱちと音を立てること. 2 Ⓤ《英》=cracklings.
crack·lings /krǽklɪŋz/ 名 [複]《米》焼き豚のかりかりする皮.
crack·ly /krǽkli/ 形 (レコードなどが) ぱちぱち言う.
crack·pot /krǽkpɑt | -pɔ̀t/ 《略式》形 常軌を逸した. — 名 ⓒ 変人, (頭の)おかしなやつ.
cracks·man /krǽksmən/ 名 (-men /-mən/) ⓒ《古風》押し込み強盗; 金庫破り(人).
cráck-úp 名 ⓒ 《米略式》 1 衝突事故; (飛行機の) 墜落. 2 ノイローゼ.

-cra·cy /krəsi/ 接尾 [名詞語尾] 「…の政治, …の支配」の意 (☞ -crat): aristócracy 貴族政治 / demócracy 民主政治. 語法 直前の音節に第一アクセントがくる.

*cra·dle /kréɪdl/ 名 1 ⓒ (赤ん坊の)揺りかご, 小児用ベッド: The baby is sleeping in its ~. 赤ん坊は揺りかごの中で寝ている / The hand that rocks the ~ (rules the world). 《ことわざ》揺りかごを揺する手が世界を支配する(子供の人格を形成するので母親の役割は大きい). 2 [the ~]《格式》(文化・民族などが)発展した土地, 揺籃(ᵏᵒ)の地; 発祥地: the ~ of civilization [Buddhism] 文明[仏教]発祥の地. 3 ⓒ 受話器をのせる台 (☞ telephone 挿絵). 4 揺りかご状の台; (造船) (修理用の)船架; 《英》(高所作業用の)ゴンドラ. **from the crádle** [副] 幼少から. **from (the) crádle to (the) gráve** [副] 揺りかごから墓場まで, 生まれてから死ぬまで, 一生を通じて. **in the crádle** [副] 幼年時代に; 初期に. **ròb the crádle** [動] ⓘ《米略式》[けなして]または [滑稽] はるかに年下の相手と交際する. — 動 他 1 〈…〉を(揺りかごに入れたように)そっと手[腕]に持つ[抱く]: She was cradling the baby *in* her arms. 彼女は赤ん坊を抱いて揺すりながらあやしていた.
2 (電話を切る時に)〈受話器〉を受け台に戻す, 置く.
crádle-ròb 動 ⓘ《米略式》[けなして]または [滑稽] はるかに年下の相手と交際する.
crádle ròbber 名 ⓒ《米略式》《軽蔑》または [滑稽] はるかに年下の相手と交際する人.
crádle-ròbbing 名 Ⓤ《米略式》はるかに年下の相手と交際すること.
crádle snàtcher 名 ⓒ《英略式》=cradle robber.
crádle·sòng 名 ⓒ 子守り歌 (lullaby).

*craft¹ /krǽft | krάːft/ 名 (crafts /krǽfts | krάːfts/; 3 では不可) crafty

古(期)英語で「力, 技」の意.
→「技術」1
→〈技巧〉→「悪知恵」3

1 ⓒ (職人などの)特殊技術 (☞ technique 類義語); 手芸, 工芸;《格式》(特殊な技術を要する)職業 (*of*): the carpenter's ~ 大工の技術[職業] / a school of [for] arts and ~s 美術工芸学校. 関連 handicraft 手芸. 2 ⓒ [普通は複数形で] 手工芸品. 3 Ⓤ《格式》悪知恵, 悪だくみ, 技巧; 巧妙さ: He is full of ~. 彼は悪知恵にたけている.

— 動 他 [普通は受身で] (職人が)手で〈…〉を作る; 巧みに作る: a hand-crafted chair 手作りのいす.

*craft² /krǽft | krάːft/ 名 (複 ~) ⓒ 1 船 関連 vehicle (車輪のついた)陸上の乗り物 / hovercraft ホバークラフト. 2 航空機 (aircraft); 宇宙船 (spacecraft).

-craft /krèft | krɑ̀:ft/ 名 [合成語で] **1** …の乗り物, …船, …機: air*craft* 航空機. **2** …の技術, 技法: stage*craft* 劇作の才 / witch*craft* 魔法.

craft·i·ly /kræftɪli | krɑ́:ft-/ 副 ずる賢く.

craft·i·ness /kræftinəs | krɑ́:ft-/ 名 ⓤ ずる賢さ.

cráft knìfe 名 ⓒ (英) 工芸用ナイフ.

cráft shòp 名 ⓒ 手工芸品店.

crafts·man /kræftsmən | krɑ́:fts-/ 名 (-men /-mən/) ⓒ 職人, 熟練工; 工芸家, 名匠 (男性).

cráftsman·ship 名 ⓤ 職人の技能; 熟練, 名人芸.

crafts·per·son 名 (-people) ⓒ = craftsman, craftswoman.

crafts·wom·an /-wùmən/ 名 (-wom·en /-wìmən/) ⓒ 職人, 工芸家 (女性).

cráft ùnion 名 ⓒ 職業別労働組合 (☞ industrial union).

craft·y /kræfti | krɑ́:f-/ 形 (craft·i·er, -i·est; craft 3) [普通は軽蔑] ずるい, 悪賢い, こうかつな, 老獪 (ろうかい) な (☞ sly 類義語).

crag /kræg/ 名 ⓒ ごつごつの岩, 険しい岩山.

crag·gy /krægi/ 形 (crag·gi·er, -gi·est) **1** 岩の多い, 岩だらけの; 険しい. **2** [普通はほめて] (男性の顔が) いかつい; ほりの深い.

craic /kræk/ 名 ⓤ = crack 10.

cram /kræm/ 動 (crams; crammed; cram·ming) ⓣ **1** [しばしば受身で] 〈人・物を〉狭い所に詰め込む (in, into); 〈主に米〉 〈口など〉 をすし詰めにする: C~ the clothes *into* the bag. 洋服をバッグに詰め込む. | 言い換え The child *crammed* his mouth *with* macaroni. = The child *crammed* macaroni *into* his mouth. その子はマカロニを口いっぱいにほおばった (☞ pack¹ 類義). **2** (略式) 〈…〉をたらふく食う (down). **3** (短期間に) 〈…〉を詰め込む (in, into). ― ⓘ **1** [副詞(句)を伴って] 〈…へ〉押しかける (in, into). **2** (古風略式) 詰め込み勉強をする (for).

cram-full /kræmfól/ 形 [普通は P] (英略式) (…が) いっぱいに詰まった (of).

crammed /kræmd/ 形 (人・物で) いっぱいの, ぎゅうぎゅうの: The hall was ~ with [*full of*] excited rock fans. ホールは興奮したロックファンでぎっしりだった.

cram·mer /kræmə | -mə/ 名 ⓒ (古風, 英略式) 詰め込み主義の学校; 詰め込み勉強用の本.

cramp¹ /kræmp/ 名 **1** Ⓒ,Ⓤ (筋肉の) けいれん, こむら返り: have [get] a(n) ~ in one's leg 足にけいれんを起こす. **2** [複数形で] 〈主に米〉 腹部の激痛; 生理痛. ― 動 ⓣ 〈…〉にけいれんを起こさせる (up). ― ⓘ けいれんする (up).

cramp² /kræmp/ 動 ⓣ 〈成長など〉を妨げる; 束縛する (up). **crámp …'s stýle** 動 (略式) (滑稽) …の能力を十分に発揮させない, 足手まといとなる.

cramped¹ /kræmpt/ 形 けいれんを起こした.

cramped² /kræmpt/ 形 **1** 狭い, きゅうくつな: a ~ room 狭い部屋 / ~ *for* space (人が) きゅうくつな状態で / ~ *up* (人が) きゅうくつで. **2** (字が) 小さくて読みにくい.

cramp·ing¹ /kræmpɪŋ/ 名 ⓤ けいれん.

cramp·ing² /kræmpɪŋ/ 名 ⓤ 束縛.

cram·pon /kræmpɑn | -pɔn/ 名 ⓒ [普通は複数形で] = climbing iron.

cran·ber·ry /krænbèri | -b(ə)ri/ 名 (-ber·ries) Ⓒ クランベリー, つるこけももまたはその小粒の実; 実はソース・ゼリーなどの材料).

cránberry sàuce 名 ⓤ クランベリーソース (七面鳥料理につきもの).

crane /kreɪn/ 名 (~s /-z/) ⓒ **1** 起重機, クレーン: operate a ~ クレーンを動かす. **2** つる.

crane 1   crane 2

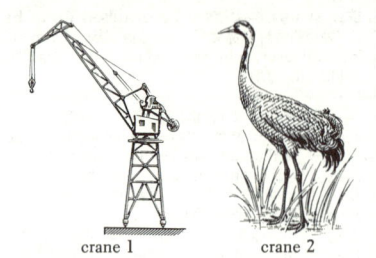

― 動 ⓣ (よく見ようとして) 〈首〉を伸ばす: ~ one's neck 首を伸ばす. ― ⓘ [副詞(句)を伴って] 首を伸ばす (forward, over).

cráne flỳ 名 ⓒ ががんぼ, 蚊とんぼ (足が長い昆虫); (英) daddy longlegs).

crania 名 cranium の複数形.

cra·ni·al /kreɪniəl/ 形 Ⓐ 〖解〗 頭蓋 (ずがい) の.

cránial nèrve 名 ⓒ 〖解·動〗 脳神経.

cra·ni·um /kreɪniəm/ 名 (複 ~s, cra·ni·a /-niə/) ⓒ 〖解〗 頭蓋 (ずがい); 頭蓋骨.

crank /kræŋk/ 名 **1** ⓒ (機械・自転車の) クランク (☞ bicycle 挿絵), (L字形の) ハンドル. **2** ⓒ (米略式) 気難しい人, つむじ曲がり. **3** ⓒ (略式) [軽蔑] 変人, 凝 (こ) り屋. **4** ⓤ (俗) メタンフェタミン (覚醒剤). ― 動 ⓣ (略式) クランクを回してエンジンなどをかける (up); 〈音量〉を上げる (up); 〈機械など〉の出力を上げる (up); 〈活動〉を始める, 活発にする (up). **cránk óut** 動 (略式) 〈安っぽいもの〉を量産する.

cránk cáll 名 ⓒ (偏執的な) いたずら電話.

cránk·càse 名 ⓒ (内燃機関の) クランク室.

cránk·i·ness 名 ⓤ (主に米) 気難しいこと; (主に英) 奇妙なこと.

cránk·pin 名 ⓒ 〖機〗 クランクピン.

cránk·shàft 名 ⓒ 〖機〗 クランク軸.

crank·y /kræŋki/ 形 (crank·i·er, -i·est) (略式) **1** (主に米) 怒りっぽい, 気難しい. **2** (機械などが) 今にも壊れそうな. **3** (主に英) 変わった, 奇妙な.

cran·nied /krænid/ 形 割れ目のある (多い).

cran·ny /kræni/ 名 (cran·nies) ⓒ (壁・岩などの) 割れ目, 裂け目.

***crap** /kræp/ 名 ⓤ (卑) **1** くだらぬこと; でたらめ: a load [(米) bunch] of ~ まったくばかばかしいこと. **2** くず, がらくた. **3** ひどい仕打ち: give … ~ (人に) ひどい扱いをする, (人の) 悪口を言う. **4** くそ (☞ taboo word). **be fúll of cráp** 動 たわごとばかり言う. **cút the cráp** 動 ⓘ [命令文で] Ⓢ (俗) くだらない話をやめろ. **I dón't néed thís (kínd of) cráp.** Ⓢ もうたくさんだ, いいかげんにしろ. **nót táke cráp from …** 動 ⓣ …にばかばかしなことはさせない [言わせない]. **táke [hàve] a cráp** 動 ⓘ (卑) くそをする. ― 間 (卑) くそ! ― 動 (craps; crapped, crap·ping) ⓘ (卑) くそをする. ― 形 (英略式) 劣悪な, 最低の; へたな (at).

crape /kreɪp/ 名 **1** ⓒ 黒いクレープ (crepe) の喪章 (帽子・そでなどに巻く). **2** ⓤ = crepe.

crap·per /krǽpə | -pə/ 名 [the ~] (卑) 便所.

crap·py /kræpi/ 形 (crap·pi·er, -pi·est) (卑) 質の悪い, くだらない.

craps /kræps/ 名 ⓤ (米) クラップス (2個のさいころで行なうばくち): shoot ~ クラップスをする.

cráp·shòot 名 ⓒ [単数形で] (米) (投機·事業などの) 冒険, (危ない) 賭け.

cráp·shòot·er /kræpʃù:tə | -tə/ 名 ⓒ (米) クラップスとばく師.

***crash** /kræʃ/ (⟨類義⟩ clash, crush) 動 (crash·es /~ɪz/; crashed /~t/; crash·ing)

―⦿の転換―
⦿ 1 衝突する (to hit something in an accident)
⦾ 1 衝突させる (to cause (a car, airplane, etc.) to hit something in an accident)

― ⦿ 1 (飛行機が)墜落する; (車などが)衝突する (☞ collide 類義語): The car ~ed into the bus. 車がバスに衝突した <V+前+名・代> / A jumbo jet ~ed into a hillside. ジャンボ機が山腹に墜落した.
2 [副詞(句)を伴って] すさまじい音を立てて砕ける[崩れる, 落ちる]; ものすごい音を立てる: The vase ~ed on [to] the floor. <V+前+名・代> 花びんががちゃんと床に落ちた. **3** [副詞(句)を伴って] ものすごい勢いで突進する: A ball ~ed into the room. ボールがすさまじい勢いで部屋へ飛びこんできた. **4** (コンピューターなどが)突然ダウンする. **5** (企業が)倒産する,(株式市場が)暴落する. **6** Ⓢ (略式) (人の家などに不意に)泊まる; (特に疲れて)寝る, 寝入る (out). **7** [副詞(句)を伴って] (様式, 主に英) [主に新聞で] 惨敗する; 惨敗して(…から)脱落する (out of).
― ⦾ **1** (車を)衝突させる, (飛行機を)墜落させる: The driver ~ed his car into the wall. <V+O+前+名・代> 運転手は車を塀にぶつけた.
2 がちゃんとたたきつける; すさまじい音を立てて押し進める: She ~ed her glass angrily against the table. 彼女は怒ってテーブルにコップをがちゃんとたたきつけた. **3** ⟨コンピューターなどを⟩突然ダウンさせる. **4** (略式) =gate-crash.

crásh and búrn 動 ⦿ (米略式) おじゃんになる.
―名 (~·es /-ɪz/) Ⓒ **1** (飛行機の)墜落, (車などの)衝突, 激突: Twenty people were killed in the car [plane] ~. その衝突[墜落]事故で 20 人が死んだ.
2 (コンピューターなどの)突然の故障. **3** [普通は単数形で] がらがら(clash), (雷・大砲の)とどろき: a ~ of thunder 雷鳴 / The plate fell to the floor with a ~. 皿は床にがちゃんと落ちた. **4** (企業の)倒産, (株式市場の)暴落.

crásh bàrrier 名 Ⓒ (英)(高速道路の)中央分離帯, (歩道と車道を分離する)ガードレール (米) guardrail.
crásh còurse 名 Ⓒ 速成科[コース], 集中講座.
crásh dìet 名 Ⓒ (短期間でやる)きびしいダイエット.
crásh dìve 名 Ⓒ (攻撃回避のための)急速潜航.
crásh-dìve 動 ⦿ (潜水艦が)急速潜航する.
crásh hèlmet 名 Ⓒ (バイク乗りなどの)ヘルメット.
crash·ing /kræʃɪŋ/ 形 (略式) 徹底的な, 全くの: a ~ bore (古風) ひどく退屈な人物[もの].
crásh-lánd 動 ⦾ 〈飛行機を〉不時着させる. ― ⦿ 〈飛行機が〉不時着する.
crásh lánding 名 Ⓒ (飛行機の)不時着: make a ~ 不時着する.
crásh pàd 名 Ⓒ (略式) 仮の寝場所, 一夜の宿.
crásh-tèst 動 ⦾ (新製品の)破壊点をテストする, 圧潰(あっかい)試験をする (加圧・加熱などによって).
crass /kræs/ 形 **1** 愚かな, 無神経な. **2** Ⓐ (無知や愚かさが)甚だしい, ひどい. **~·ly** 副 愚かに(も); 甚だしく. **~·ness** 名 Ⓤ 愚かさ; 甚だしさ.
-crat /kræt/ [名詞語尾] 「…政治を支持する人」, 「(特定の)権力階級の一員」の意: aristocràt 貴族 / démocràt 民主主義者 / búreaucràt 官僚. 語法 2 つ前の音節に第一アクセントがくる. -crat, -cracy, -cratic の付く語の第一アクセントの位置に注意: démocrat, demócracy, democrátic.
crate /kreɪt/ 名 Ⓒ **1** (果物・ビン・家畜などを運ぶ)[編み]木枠の, 編み[プラスチックの]かご, 梱包(こんぽう)用の箱. **2** (古風) ポンコツ車[飛行機]. **3** 木枠[かご] 1 杯の量 (of). ― ⦾ ⟨…を⟩木枠[かご]に詰める (up).
crate·ful /kreɪtfʊl/ 名 Ⓒ 木枠[かご] 1 杯の(量).
cra·ter /kreɪṭə | -tə/ 名 Ⓒ **1** 噴火口; (破裂による)

crazy 397

爆弾穴. **2** (月面の[いん石が衝突した跡の])クレーター.
cra·tered /kreɪṭəd | -təd/ 形 爆弾穴[クレーター]のある[だらけの].
-crat·ic /krætɪk/ [接尾] [形容詞語尾] 「…政治を支持する人」「(特定の)権力階層の一員」の意: aristocrátic 貴族(政治)の. 語法 2 つ前の音節に第二アクセントがくる.
cra·vat /krəvét/ 名 =ascot. (格式) ネクタイ.
crave /kreɪv/ 動 Ⓦ ⦾ ⟨…を⟩切望する; (古語) 懇願する. ― ⦿ 切望する: ~ for liberty 自由を切望する.
cra·ven /kreɪv(ə)n/ 形 (格式) [けなして] おくびょうな. **~·ly** 副 おくびょうに(も). **~·ness** 名 Ⓤ おくびょう.
crav·ing /kreɪvɪŋ/ 名 Ⓒ 切望; 懇願: have [feel] a ~ for sweets 菓子をひどく欲しがる.
craw /krɔː/ 名 Ⓒ [次の成句で] **stíck in …'s cráw** 動 =stick in …'s throat (3) (☞ throat 成句).
craw·dad /krɔ́ːdæd/, **craw·dad·dy** /krɔ́ːdædi/ 名 Ⓒ (米式) =crawfish.
cráw·fish /krɔ́ːfɪʃ/ 名 (複 ~, ~·es) Ⓒ Ⓤ (米) ざりがに; いせえび (crayfish).

*crawl /krɔːl/ 動 (crawls /~z/; crawled /~d/; crawl·ing) ⦿ **1** [副詞(句)を伴って] (赤ん坊・虫などが)はう, 腹ばいで進む: The boy ~ed out of a hole in the wall. <V+前+名・代> 少年は四つんばいになって塀の穴からはって出た.
2 [普通は副詞(句)を伴って] (乗物・人・時間が)のろのろ[ゆっくり]進む: ~ into [out of] bed ゆっくりベッドに入る[から出る] / Cars were ~ing along at a snail's pace. 車はのろのろと走っていた. [進行形で] (略式) (場所が虫・人などで)うじゃうじゃしている: Our new house is ~ing with ants. 私たちの新居にはありがうようよいる. **4** (略式) [けなして]ぺこぺこする, こそこそ取り入る: come ~ing back to … (自分の間違いを認め)へいこらして…のところに戻ってくる. ― ⦾ ⟨電算⟩⟨ネット⟩を検索する. **máke …'s skín [flésh] cráwl** 動 …をぞっとさせる, 不安[不愉快]にさせる.
― 名 **1** [a ~] はうこと; はい[そろそろ]歩き; 低速(走行): at a ~ のろのろと. **2** [the ~] クロール泳法: do [swim] the ~ クロールで泳ぐ.
crawl·er /krɔ́ːlə | -lə/ 名 Ⓒ (略式) **1** (英) [軽蔑] こびへつらう人, おべっか使い. **2** 赤ちゃん; 虫. **3** のろのろ走る車(トラクターなど).
cráwl spàce 名 Ⓒ (米) (天上裏・床下の配線・配管などのある)狭い空間.
cray·fish /kréɪfɪʃ/ 名 (複 ~, ~·es) Ⓒ Ⓤ ざりがに; いせえび (米) crawfish.
Cray·o·la /kreɪóʊlə/ 名 Ⓤ Ⓒ クレイヨーラ (米国製のクレヨン; 商標).

*cray·on /kreɪən | -ɒn/ 名 Ⓒ Ⓤ クレヨン: a picture [drawing] in ~ =a ~ drawing クレヨン画. ― 動 ⦾ ⟨…を⟩クレヨンで描く. ― ⦿ クレヨン画を描く.

*craze /kreɪz/ 名 Ⓒ (略式) crázy) (一時的な)熱狂, 大流行 (for): the latest ~ 最新の流行.

*crazed /kreɪzd/ 形 [比較なし] Ⓦ 錯乱[発狂]した: a ~ killer 狂乱した殺人者 / He was (half) ~ with grief. 彼は悲しみで狂わんばかりだった.
-crazed /kreɪzd/ 形 [合成語で] …に狂った, …に夢中の: a drug-crazed teenager 麻薬に狂ったティーンエイジャー.
cra·zi·ly /kreɪzɪli/ 副 狂気のように; Ⓦ めちゃくちゃに.
cra·zi·ness /kreɪzɪnəs/ 名 Ⓤ 狂気.

*cra·zy /kreɪzi/ 形 (cra·zi·er /-ziə/ | -ziə/; cra·zi·est /-zɪɪst/; 名 craze) (略式) **1** [差別] ひどくばかげた, まともでない; 気が狂った; 狂気じみた (☞ 類義語): a ~ idea ばかげた考え / It sounds ~, but it's true. 無茶だと思えるかもしれないが, 本当です. / I must have been

~ to do that. <A+to不定詞> そんなことをするなんてどうかしていた (☞ to³ B 2).
2 P 熱狂した, 熱中した, 夢中になった; [合成語で] …狂の, …に夢中の: Tom is ~ *about* football. <A+about+名・代> トムはフットボールに熱中している / boy [girl]-~ 男[女]の子に夢中の / ski-~ スキー狂の.
(as) crázy as a lóon [形] 狂気じみた. drive ... crázy [動] 〈人〉の気を狂わせる; 〈人〉をいらつかせる. gò crázy [動] (1) かんかんになる. (2) 気が狂いそうになる. (3) 熱狂する. like crázy [副] 《略式》必死に, 猛烈に; ものすごく.
── 名 C 《略式, 主に米》[差別] 狂気(じみた人).
【類義語】crazy, mad ともに略式語で, 実際に精神に異常をきたしたのではない怒りや興奮で我を失う場合にも用いられる. mad のほうが crazy よりも程度が重い. insane 改まった語で本物の精神病という感じが強い.
crázy bòne 名 C 《米》=funny bone.
crázy gólf 名 U 《英》=miniature golf.
Crázy Hòrse 名 クレージー・ホース (1842?–77)《北米先住民の族長; G. A. Custer 将軍指揮下の騎兵隊と戦った》.
crázy páving 名 U 《主に英》様々な形をした敷石の舗装(面)《散歩道》.
crázy quílt 名《米》**1** C 寄せ集めて作った掛けぶとん. **2** [単数形で] 寄せ集め, ごたまぜ (*of*).
CRE /síːàːríː | -àː(r)/ 略 [the ~] =Commission for Racial Equality 人種平等委員会《英国の政府組織》.
†**creak** /kríːk/ 動 (ドアなどが) **1** (ドアなどが)きしむ. **2** (制度などが)がたがする. ── 名 C (ドアなどの)きしむ音.
creak·i·ly /kríːkɪli/ 副 きいきい鳴って, きしんで.
creak·i·ness /kríːkɪnəs/ 名 U きしんでいる状態.
creak·ing /kríːkɪŋ/ 名 C きしむ音.
creak·y /kríːki/ 形 (**creak·i·er**; -**i·est**) きいきいいう; (組織などが)がたがきた.
†**cream** /kríːm/ 名 (~s /-z/; 形 créamy) **1** U クリーム《牛乳中の脂肪分》: Butter is made from ~. バターはクリームで作る.
2 U.C クリーム状[入り]の食品: ice ~ アイスクリーム / ~ of tomato soup (裏ごしした)トマトのクリーム[ポタージュ]スープ.
3 U.C (化粧用・医薬用の)クリーム: hand ~ ハンドクリーム / anti-itch ~ かゆみ止め軟膏 / ◎ cold cream, shaving cream, foundation cream. **4** U クリーム色, 淡黄色. **5** [the ~] 最良の部分: *the ~ of* society 社会のトップクラスの人たち / *the ~ of* the crop 最もすぐれた人たち[もの]. **cream of tártar** 名 酒石英《ふくらし粉の主成分および薬用》.
── 形 クリーム[淡黄]色の; A クリーム入りの.
── 動 他 **1** (バターと砂糖などを)かき混ぜてクリーム状にする; 〈牛乳から〉クリームを分離する. **2** 《略式, 主に米》(試合で)〈…〉をこてんぱんにやっつける, 打ちのめす; ぶんなぐる. **cream óff** [動] 他 《英》〈集団などのいちばんよい層・部分〉を取る, 選び抜く《〈利益〉をごっそり取る》.
cream chéese 名 U クリームチーズ.
cream-còlored 形 クリーム色の.
cream crácker 名 C 《英》クラッカー《チーズと一緒に食べる》.
cream·er /kríːmə | -mə/ 名 **1** C クリーマー《コーヒーなどに入れるミルクの代用品》. **2** C クリーム入れ.
cream·er·y /kríːm(ə)ri/ 名 (-**er·ies**) C 《古風》クリーム[バター, チーズ]製造所; 乳製品販売店.
crèam púff 名 C **1** シュークリーム. 日英比較 「シュークリーム」はフランス語の chou à la crème に由来する. **2** 《略式》[軽蔑] 弱虫, いくじなし.
crèam sóda 名 U 《主に英》バニラ風味のソーダ水. 日英比較 日本の「クリームソーダ」のようにアイスクリームは入らない. 「クリームソーダ」は ice-cream soda という.

crèam téa 名 C 《英》クリームティー《ジャムやクリーム付きのスコーン (scone) とお茶から成る午後の軽食》.
†**cream·y** /kríːmi/ 形 (**cream·i·er**; -**i·est**; 名 cream) クリーム状[色]の; クリームを含んだ.
†**crease** /kríːs/ 名 C **1** ひだ, (ズボンなどの)折り目, (紙や布の)しわ; (顔の)しわ. **2** [単数形で] 〖アイスホッケー・ラクロス〗 ゴールクリーズ《ゴールや前のエリア》, 〖クリケ〗 投手[打者]の定位置を示す白線. ── 動 他 **1** 〈…〉に折り目をつける, しわをつける. **2** S 《英略式》〈人〉を大笑いさせる (*up*). ── 自 **1** 折り目がつく; しわになる. **2** S 《英略式》大笑いする (*up*).
creased /kríːst/ 形 折り目[しわ]のついた.
✱**cre·ate** /kriéɪt/ 動 (**cre·ates** /-éɪts/; **cre·at·ed** /-tɪd/; **cre·at·ing** /-tɪŋ/; 名 creátion, 形 creátive) 他 **1** 〈新しいものを〉**創造する**, 創作する, 作り出す: ~ jobs 雇用を作り出す / Shakespeare ~*d* many wonderful characters in his plays. シェークスピアは戯曲の中でたくさんのすばらしい人物を創造した.
2 〈神・自然などが〉〈…〉を創造する (☞ creature) 語源: God ~*d* the heaven and the earth. 神が天と地を創造された / All men *are* ~*d* equal. <V+O+C(形)の受身> 人はみな生まれながらにして平等である《米国の独立宣言文の中のことば》.
3 〈新事態・騒動などを〉引き起こす (cause); 〈印象などを〉生む: The news ~*d* a great sensation. そのニュースは一大センセーションを巻き起こした. **4** [しばしば受身で] 《英》〈…〉を貴族にする, 〈…〉に爵位を授ける.
✱**cre·a·tion** /kriéɪʃən/ 名 (~**s** /-z/; 動 creáte) **1** U (新しいもの・独創的なものの)創造, 創作, 作り出すこと: the ~ *of* a novel design 斬新なデザインの創作.
2 C 創作物, 創作品, 創造物; 新作: the ~s of Walt Disney ウォルトディズニーの作品.
3 [the C-] 〖神〗 の創造; 天地の創造, 創世: *the* C-~ 天地創造. **4** [しばしば C-] 《文》(神の創造した)世界, 創造[被造]物, 宇宙, 森羅万象.
cre·a·tion·ism /kriéɪʃənìzm/ 名 U 天地創造説.
cre·a·tion·ist /kriéɪʃ(ə)nɪst/ 名 C, 形 天地創造説信奉者(の).
creátion scìence 名 U 創造科学《聖書の天地創造の記述を科学的に支持しようとするもの》.
✱**cre·a·tive** /kriéɪtɪv/ 形 (動 creáte, 名 creátivity) 創造的な, 創造力のある, 独創的な: ~ power 創造力 / ~ writing 創作. ── 名 C 《略式》創造的な職の人《広告製作者・作家・芸術家など》. ~·**ly** 副 創造的に, 独創的に. ~·**ness** 名 U 創造性.
creátive accóunting 名 C [軽蔑] 経理操作.
cre·a·tiv·i·ty /kriːeɪtívəti/ 名 U (形 creátive) 創造性, 独創性.
✱**cre·a·tor** /kriéɪtə | -tə/ 名 (~**s** /-z/) **1** C 創造者, 創作者, 創設者: Machiko Hasegawa is the ~ of Sazae-san. 長谷川町子はサザエさんの作者です.
2 [the C-] 《改まり》万物の)造物主, 神 (God).
✱**crea·ture** /kríːtʃə | -tʃə/ 名 (~**s** /-z/) C **1** (植物以外の)生き物, 動物, 人間; (想像上の)奇妙な生き物: living ~s 生き物 / the wild ~s of the woods 森の動物たち / fellow ~s 人間どうし, 同胞. **2** [a ~] 《略式》[軽蔑] 子分, 手先 (*of*). **3** 《格式》ひどく(よくない)所産[産物] (*of*). **4** [形容詞を伴って] 《古風》人, やつ: a pathetic ~ あわれなやつ. 語源 ラテン語で「(神によって)創造された (created) もの」の意. **a créature of hábit** [名] [しばしば軽蔑] 習慣の奴隷.
créature cómforts 名 [複] 肉体的安楽を与えるもの《衣食住など》.
†**crèche** /kréʃ, kréɪʃ/《フランス語から》名 C **1** 《米》キリスト降誕の像 (《英》crib). **2** 《英》=day-care center 1.
cred /kréd/ 名 U 《略式》=street credibility.

cre·dence /kríːdəns, -dns/ 名 U 《格式》信用: a letter of ~ 信任状. **gáin crédence** 動 自 《格式》…を信じる. **gíve crédence to …** 動 他 《格式》…を信じる. **lénd [gíve, ádd] crédence to …** 動 他 《格式》…の裏づけとなる.

cre·den·tialed /krɪdénʃəld/ 形 《米》資格をもった.

cre·den·tials /krɪdénʃəlz/ 名 [複] 1 適性[能力, 資格]（を示す業績）(for, as). 2 （大使・公使などに授ける）信任状; [時に単数形で]（身元や資格の）証明書.

cre·den·za /krɪdénzə/ 名 C 戸だな, 書類[小物]入れ.

cred·i·bil·i·ty /krèdəbíləti/ 名 (反 incredibility) U 信頼性, 信用できること (of, as): gain [lose] ~ 信頼を得る[失う] / undermine …'s ~ …の信用を損なう.

credibílity gàp 名 [単数形で] 不信感; (政治家の)言行不一致, 食い違い.

cred·i·ble /krédəbl/ 形 (反 incredible) 1 信用できる, 確かな: The explanation was barely ~. その説明はほとんど信用できないものだった. 2 見込みのある, 有望な. **-i·bly** /-əbli/ 副 確実に.

✱cred·it /krédɪt/ 🔑 名 (**cred·its** /-dɪts/)

元来は「信頼, 信用」の意.
→（信頼に値すること）→「名誉（となるもの）」4, 5
→（金銭上の）「信用度」8
→（信用供与）→「クレジット, 貸付金」1
→（信用の基）→「入金, 貸し方」2

1 U **クレジット**, 信用販売, 掛け(売り), 付け, 支払猶予（の^ん²）期間; U.C (銀行の)貸付金, 融資: give interest-free ~ 無利子の信用販売をする / She doesn't like buying goods **on ~**. 彼女は商品をクレジットで買うのを好まない.

2 U (口座への)入金, 振り込み; 《簿》貸方; 貸方記入(額) (略 cr) (反 debit); U 預金(残高): Put this on the ~ side. これは貸し方に記入してください.

3 C （税金控除などの）受け取り金: ☞ tax credit.

4 U 名誉, 手柄, 功績, 称賛 (反 discredit): Credit [Give ~] where ~ is due. (ことわざ) たとえいやな人であってもほめるべきはほめよ / C**~ for** the success of our work goes to Mr. White. 我々の仕事を成功させた功労者はホワイトに帰する / She deserves ~ for doing her best. 彼女が全力を尽くしたのは称賛に値する.

5 [a ~] 名誉となる人[物]: He is [They are] *a ~ to* the school. 彼(ら)は学校の名誉だ. 6 [the ~s] 《テレビ・映》クレジット(タイトル)(出演者・製作者・監督などを示す字幕); C (映画・テレビ・劇などの)業績, 作品.

7 C (大学の)履修単位: get ~s in history 歴史の単位を取る. 8 U (商取引の上での)信用度: ~ a report [statement] 債務履行履歴の報告書. 9 U 《古風》信頼, 信用 (belief); 信望, 名声: His story is gaining ~ with the teachers. 彼の話は教師の間でだんだん信用されだした.

a létter of crédit 13 [名]《商》信用状(銀行などが発行する; 略 LC).

be in crédit 動 自 (人が)(口座に)預金がある; (口座に)残高がある.

dò … crédit 動 他 …の名誉となる, …に面目を施させる.

gét (the) crédit for … [動] 他 =take (the) credit for ….

gíve … (the) crédit for — [動] 他 (1) 《…が当然(長所・能力など)を持っている[―する]とみなす: I *gave* you ~ for being more sensible. もっと良識のある人だと思っていたよ. (2) （行為などを）<…がしたものとする, …の手柄にする: They *gave* him ~ for the discovery. 彼らは彼のその発見の功績を彼のものとした. 語法 C は given (the) credit for — の形で受身にできる.

tàke (the) crédit for … 動 他 …を自分の手柄にする, …の功績を認められる: He took all the ~ for the work, though his wife had helped him. 妻が手伝ったのだが仕事の手柄は全部自分のものとした.

to …'s crédit [副・形] (1) [しばしば 文修飾語] …の名誉となって, …は立派だ: It is greatly *to his* ~ that he tried so hard. 一生懸命頑張ったことは彼の大変な名誉となる. (2) …の業績となって, …の名義で: The pitcher has already got ten saves *to his* ~. あの投手ははやくも 10 セーブをものにしている.

— 動 (**cred·its** /-dɪts/; **-it·ed** /-tɪd/; **-it·ing** /-tɪŋ/) 他 [進行形なし] 1 〈口座に〉(ある金額だけ)入金する (with); 《簿》〈金額を〉(人の)貸し方に記入する (反 debit): $100 has been ~ed to my account. <V+O+to+名・代の受身> 口座に 100 ドルが入金された.

2 [しばしば受身で] 〈…〉が(長所・能力などを)持っていると信じる; (手柄・名誉などを)〈…〉のものであると信じる (attribute): I ~ her *with* kindness. <V+O+with+名・代> 私は彼女が優しい心の持ち主であると信じている / 言い換え Curie *is ~ed with* the discovery of radium. <V+O+with+名・代の受身> =The discovery of radium *is ~ed to* Curie. <V+O+to+名・代の受身> ラジウムを発見したのはキュリーだとされている.

3 [普通は否定文・疑問文で] 〈…〉を信じる (believe), 信用する (trust) (反 discredit).

cred·it·a·ble /krédɪtəbl/ 形 (反 discreditable) 名誉となる, 称賛に値する. **-a·bly** /-əbli/ 副 見事に, 立派に.

crédit accóunt 名 C 《英》 =charge account.

crédit càrd /krédɪtkàːd | -kàːd/ 名 (**-cards** /-kàːdz | -kàːdz/) C クレジットカード (card) (《口》 charge 他 2): MAJOR CREDIT CARDS ACCEPTED 主なクレジットカード取り扱います《掲示》.

by crédit càrd [副] クレジットカードで.

crédit còurse 名 C 《米》(学位に必要な単位取得のための)コース授業.

crédit crúnch 名 C =credit squeeze.

crédit hístory 名 C 債務履行の履歴.

crédit límit 名 C カード利用限度(額).

crédit líne 名 C 提供者名(新聞記事・テレビ番組などで書き添える情報提供者の名前).

crédit nóte 名 C 《英》《商》 =credit voucher.

✱cred·i·tor /krédɪṭɚ | -tə/ 🔑 名 (~s /-z/) C 債権者, 貸し主; 債権国 (反 debtor).

créditor nátion 名 C 《財》債権国.

crédit ràting 名 C (個人・法人の)信用度, 支払能力評価(額).

crédit sìde 名 C 1 《簿》貸し方 (反 debit side). 2 有利な面[点]: on the ~ 長所としては.

crédit slíp 名 C =credit voucher.

crédit squéeze 名 C 金融引き締め.

crédit trànsfer 名 C 《英》銀行口座振替.

crédit únion 名 C 消費者信用組合, クレジットユニオン(組合員に低利で貸し付ける).

crédit vóucher 名 C 《米》《商》貸し方票(返品の際に払い戻しでなく後日相当額の商品購入を認めるもの) (《英》 credit note).

crédit wòrthiness 名 U 《格式》信用貸しできること; 信用度.

crédit wòrthy 形 《格式》信用貸しできる, 信用がおける.

cre·do /kríːdoʊ, kréɪ-/ 名 (~s) C 《格式》信条 (creed).

cre·du·li·ty /krɪd(j)úːləti | -djúː-/ 名 U 《格式》信じ[だまされ]やすいこと. **strétch [stráin] the credúlity** 動 自 (説明などが)信じ難

い.

cred·u·lous /krédʒuləs/ [形] ([反] incredulous) 《格式》 (人のことばを)信じやすい; だまされやすい. **～·ly** [副] 信じやすく; だまされやすく. **～·ness** [名] [U] 信じ[だまされ]やすさ.

+**creed** /kríːd/ [名] [C] 《格式》 **1** [C] 主義, 綱領. **2** [C] (宗教上の)信条. **3** [the C-] 〚キ教〛 使徒信条[経].

+**creek** /kríːk/ [名] [C] **1** 《米, 豪》 小川, 細流 《brook より大きく, river より小さい》: cross a ～ 小川を渡る. **2** 《英》 小さな入り江. **ùp the créek (withòut a páddle)** [形] [S] 《略式》 窮地に陥って. [由来] 小川に追い込まれて動きがとれない, の意.

creel /kríːl/ [名] [C] (魚釣りの)びく; ロブスターなどを捕るわな.

creep** /kríːp/ [動] (**creeps** /～s/; 過去·過分 **crept** /krépt/; **creep·ing**; [形] creepy) [普通は副詞(句)を伴って] [自] **1** こっそり[ゆっくり]進む[入る]; 《米》 はう; (腕や手が)はうように動く; 《文》 (霧などが)立ちこめる: The cat ***crept toward the sparrow. <V+*toward*+名·代> 猫はすずめの方にこっそり進んで行った. **2** (つる草などがはうように)繁る, からみつく, はびこる (*up, over*). **3** 《英略式》 [けなして] (人に)へつらう (*up; to*).
créep bý [動] [自] (時が)のろのろ過ぎていく. **créep ín** [動] [自] (人·感情などが)忍び込む, (慣習などが)知らぬ間に入り込む, (よくない事が)起こり出す. **créep ìnto ...** [動] [他] 知らぬ間に...に入り込む, 忍び込む, (よくない事が)...に紛れ込む. **créep óver ...** [動] [他] (不快感·感情などが)...をつつむ. **créep úp** [動] [自] 徐々に増加[上昇]する. **créep úp on ...** [動] [他] (1) ...にこっそり近づく, 忍び寄る. (2) (歳月·出来事などが)...に知らぬ間に忍び寄る[訪れる]. **máke ...'s flésh crèep** [動] ...をぞっとさせる.
— [名] **1** [C] [S] 《略式》 いやなやつ; 《英》 おべっかを言うやつ. **2** [the ～s] [S] 《略式》 ぞっとする感じ, 恐怖[嫌悪]感: That story gives me *the* ～*s*. その話は私をぞっとさせる. **3** [U] 漸次的なゆっくりした変化[動き].

creep·er /kríːpɚ | -pə/ [名] [C] つる性植物.

creep·ing /kríːpɪŋ/ [形] **1** 〚植〛 (壁や地面を)はい伸びる. **2** [A] [けなして] (悪い事態が)じりじりと進行する, いつのまにか忍び寄る.

+**creep·y** /kríːpi/ [形] (**creep·i·er**; **-i·est**; [名] creep) 《略式》 ぞっとするような; 気味の悪いほど変な.

créepy-cráwly [名] (**-crawl·ies**) [C] [S] 《略式》 [小児] (気味の悪い)はう虫.

cre·mains /krɪméɪnz/ [名] [複] 《米略式》 (火葬の)遺骨.

+**cre·mate** /kríːmeɪt, krɪméɪt | krɪméɪt/ [動] [他] 〈死体〉を火葬にする.

cre·ma·tion /krɪméɪʃən/ [名] [U,C] 火葬.

cre·ma·to·ri·um /krìːmətɔ́ːriəm, krèm- | krèm-/ [名] (複 **～s, cre·ma·to·ri·a** /-riə/) [C] 火葬場.

cre·ma·to·ry /kríːmətɔ̀ːri, kréma- | krémətəri, -tri/ [名] (**-to·ries**) [C] 《主に米》 =crematorium.

crème brû·lée /krémbruːléɪ, kréɪm-/ 《フランス語から》 [名] (**crèmes brûlées** /～/, **～s**) [C,U] クレームブリュレ 《プリンの上に焼き砂糖がのったデザート》.

crème ca·ra·mel /krémkærəmél, kréɪm-/ 《フランス語から》 [名] (**crèmes caramels** /～/, **～s**) [C,U] クレームカラメル, プリン.

crème de la crème /krémdələkrém/ 《フランス語から》 [名] [the ～] 《格式》 または [滑稽] =cream 5.

crème de menthe /krémdəmáːnt, -ménθ/ 《フランス語から》 [名] [U,C] クレーム ド マント 《はっか入りリキュール》.

crème fraîche /krémfréɪʃ/ 《フランス語から》 [名] [U] 少し発酵させた生クリーム.

cren·el·at·ed, 《英》 **cren·el·lat·ed** /krénəlèɪṭɪd/ [形] 〚建〛 (城壁などが)銃眼を備えた.

+**cre·ole** /kríːoul/ [名] **1** [U,C] [C-] クレオール語; [c-] 混合[混交](言)語. [関連] pidgin ピジン. **2** [C] [普通は C-] クレオール人 《西インド諸島·南米などに移住した白人の子孫や白人と現地人の混血児》. **3** [C] [普通は C-] 《米》 クレオール(人) 《Louisiana 州のフランス系移民の子孫》. **4** [U] (米南部のぴりっとからい)クレオール料理. — [形] [しばしば C-] クレオール(人)の; クレオール語の; (料理が)クレオール風の.

cre·o·sote /kríːəsòut/ [名] [U] クレオソート 《医療·防腐用》. — [動] [他] 〈...〉をクレオソートで処理する.

crepe, crêpe /kréɪp/ 《フランス語から》 [名] **1** [U] クレープ, ちりめん. **2** [C] クレープ 《薄焼きのパンケーキ; 中にジャムなどを包み込む》. **3** [U] =crepe rubber.

crépe pàper [名] [U] ちりめん紙 《造花·ナプキン用》.

crépe rúbber [名] [U] クレープゴム 《靴底などの生ゴム》.

crêpe su·zette /krépsuːzét, kréɪp-/ [名] 《フランス語から》 (複 **crêpes su·zette** /～/, **crêpe su·zettes** /-zéts/) クレープシュゼット 《リキュール入りのソースなどをかけたクレープ》.

crep·i·tate /krépətèɪt/ [動] [自] パチパチ音を立てる.

crep·i·ta·tion /krèpətéɪʃən/ [名] [U,C] パチパチ音.

***crept** /krépt/ [動] **creep の過去形および過去分詞.**

cre·pus·cu·lar /krɪpʌ́skjulɚ | -lə/ [形] **1** 《文》 薄明[薄暮]の. **2** 〚動〛 薄明[薄暮]に活動する.

Cres. [略] =crescent 2.

cre·scen·do /krəʃéndou/ [名] (**～s**) [C] **1** 〚楽〛 クレッシェンドの音[一節] ([反] diminuendo). **2** [普通は単数形で] (音·声などが)次第に大きくなること; 《文》 (感情などの)盛り上がり; 最高潮. **réach [ríse to] a crescéndo** [動] [自] (1) 〚楽〛 クレッシェンドになる. (2) (音·声が)次第に大きくなる; 《文》 最高潮に達する. — [形] [副] ([反] diminuendo) 〚楽〛 クレッシェンド 《次第に強く(なる)》.

+**cres·cent** /krés(ə)nt/ [名] **1** [C] (新月前後の)三日月 《☞ phase 挿絵》. **2** [C] 《英》 三日月形の広場[街路]; [C- として固有名詞の後につけて] ...通り, ...街 《[略] Cres.》. **3** [the C-] (旧トルコの)新月章; (新月章に象徴される)イスラム教 《☞ cross [名] 5》. — [形] [A] 新月の, 三日月(形)の: a ～ moon 三日月.

créscent ròll [名] [C] 《米》 クロワッサン.

créscent wrènch [名] [C] 《米》 自在スパナ.

+**cress** /krés/ [名] [U] オランダがらし, クレソン 《サラダや添え物にする》 (water cress).

+**crest** /krést/ [名] [C] **1** [普通は単数形で] 山頂; 波頭(なみがしら); (川の)最高水位(点); 最上, 極致 (*of*). **2** とさか; 冠毛; たてがみ. **3** 紋章 《封印·便箋(びんせん)·皿などの》. **4** (かぶとの)羽毛飾り. **be on [be ríding (on)] the crést of a [the] wáve** [動] [自] 得意の絶頂にある (*of*). — [動] [他] 《格式》 〈...〉の頂上に達する. — [自] (川が)最高水位に達する; (波が)うねり立つ.

crest·ed /kréstɪd/ [形] [A] とさか[冠毛]のある; 羽毛飾りのある; 紋章入りの.

crést·fàllen [形] [P] がっかりした, 元気のない.

cre·ta·ceous /krɪtéɪʃəs/ [形] 〚地質〛 **1** 白亜質の. **2** [C-] 白亜紀[系]の. — [名] [the C-] 〚地質〛 白亜紀[系].

Crete /kríːt/ [名] [固] クレタ 《ギリシャの南東端の島》.

cre·tin /kríːtn | krétɪn/ [名] [C] [S] 《略式》 [差別] 大ばか, まぬけ.

cret·in·ous /kríːṭənəs | krétɪ-/ [形] [S] 《略式》 [差別] 大ばかな, まぬけな.

cre·tonne /kríːtɑn | kretɔ́n/ [名] [U] クレトン 《カーテン·家具カバー用厚手の綿布》.

Créutz·feldt-Já·kob disèase /krɔ́ɪtsfelt-jáːkoub- | -jǽkɔb-/ [名] [U] 〚医〛 クロイツフェルト·ヤコブ病 《[略] CJD》.

cre·vasse /krəvǽs/ 名 C (氷河・岩の深い)割れ目, クレバス (☞ mountain 挿絵).

crev·ice /krévɪs/ 名 C (岩・壁の狭く深い)割れ目.

*****crew** /krúː/ (同音 clew, clue) 変化 (~s /~z/) C で 《英》単数形でも時に複数扱い; ☞ collective noun 文法 **1** C (飛行機などの)**乗組員**, 搭乗員(全体); (船の)**乗組員**(全体); (客(passengers)に対して); (高級船員(officer)を除いた)船員たち: the ~ of the space shuttle スペースシャトルの搭乗員 / a ~ member 一人の乗務員 / The ship has a large ~. その船には大勢の船員が乗っている / All the ~ was [《英》were] drowned. 乗組員は全員おぼれて死んだ. **2** C (共同で作業をする)一団, 組, 班: a camera ~ 撮影隊. **3** [単数形で](略式)[普通は軽蔑]仲間, 連中, 一団. **4** C (ボートレースなどの)選手(全体), クルー; U 《米》ボート競漕: the Oxford ~ オックスフォード大学のボートの選手. **5** C (略式)(ロックの)ミュージシャン.
— 自 船の乗組員として働く (for, on).
— 他 〈船〉の乗組員として働く.

créw cùt 名 C (男性の短い)角刈り.

créwel·wòrk 名 U クルーエル(太い羊毛の刺繍).

+créw·man /-mən/ 名 (-men /-mən/) C 乗務員 (の 1 人).

créw nèck 名 C (ジャンパーなどの)丸首; 丸首のセーター.

créw sòck 名 [普通は複数形で]クルーソックス(厚い短い靴下).

+crib /kríb/ 名 **1** C (主に米) ベビーベッド(《英》cot¹); (英) ゆりかご. **2** C (所有格付きで) S (米俗) うち, 住みか. **3** C (牛馬の)まぐさおけ, まぐさ棚. **4** C (略式) とらの巻; カンニングペーパー. **5** C (略式) (他人の作品の)無断使用; 盗作作品. **6** C (英) =crèche 1. **7** U (略式) =cribbage.
— 動 (cribs, cribbed; crib·bing) (古風, 略式) 他 (けなして)〈他人の答など〉を無断使用する, カンニングする (from, off). — 自 カンニングする (from, off).

crib·bage /kríbɪdʒ/ 名 U クリベッジ(トランプ遊びの一種); (略式) crib: a ~ board クリベッジ用の点数板.

críb dèath 名 U.C (米) 乳児の突然死((英) cot death)(☞ SIDS).

críb nòte [shèet] 名 C (略式) カンニングペーパー.

crick /krík/ 名 [a ~] (首・背中などの)筋肉けいれん, 筋違え: have [get] a ~ in one's neck 首の筋を違える.
— 動 他 〈…〉の筋を違える.

Crick /krík/ 名 働 Francis ~ クリック (1916–2004) (英国の生化学者; DNA の 2 重らせんの発見で Nobel 生理学医学賞 (1962)).

*****crick·et¹** /kríkɪt/ 名 U クリケット(英国の国技と言われ, 11 人ずつの 2 組で芝生の上で行なう球技; ☞ eight 表). **be nót (quìte) crícket** 動 (古風, 主に英·豪) フェア[公明正大]でない.

crick·et² /kríkɪt/ 名 C こおろぎ. 日英比較 英米では夏の虫であり, 鳴き声を日本人のように楽しむことはない. ★ 鳴き声については ☞ cry 表.

crick·et·er /kríkɪtə | -tə/ 名 C クリケット選手.

cried /kráɪd/ 動 cry の過去形および過去分詞.

cri·er /kráɪə | kráɪə/ 名 C **1** 泣く[叫ぶ]人; 泣き虫 (子供). **2** =town crier.

cries /kráɪz/ 動 cry の三人称単数現在形.
— 名 cry の複数形.

cri·key /kráɪki/ 間 (古風, 英略式) うわあ(まいったなあ), これはこれは (驚いた).

crime /kráɪm/ 名 (働 climb) 変化 (~s /~z/; 形容詞的に) 名 の: the ~ rate 犯罪発生率 / prevent ~ 犯罪を防ぐ / C ~ doesn't pay. (ことわざ) 犯罪は引き合わない.
2 C (法律上の)罪, 犯罪行為: a perfect ~ 完全犯罪 / a serious [petty] ~ 重罪[軽犯罪] / commit a ~ 罪を犯す / War is a ~ against humanity. 戦争は人類全体に対する犯罪だ / Murderers always return to the scene of the ~. 殺人犯は必ず犯行現場に戻る. 関連 punishment 罰.

crime (法律的な)	
sin (道徳的・宗教的な)	罪

3 C 不道徳な行為; S [a ~] けしからん[ひどい]こと (against): It's a ~ to waste so much money. そんな大金を浪費するなんてとんでもないことだ.

a críme of pássion 名 愛のもつれによる犯罪[殺人]. **táke to a lífe of críme** 動 自 悪の道に走る. **túrn to críme** 動 自 犯罪に走る.

Cri·me·a /kraɪmíːə | -mí:ə/ 名 [the ~] クリミア(ウクライナ共和国の黒海北岸の半島).

Cri·me·an /kraɪmí:ən | -mí:ən/ 形 クリミアの.

Criméan Wár 名 [the ~] クリミア戦争 (1853–56) (ロシア対英·仏·トルコ·サルデーニャ連合国).

críme scène 名 C 《米》犯行現場.

críme wàve 名 C (特定の地域での)犯罪の急増.

*****crim·i·nal** /krímən(ə)l/ 形 (名 crime) **1** [普通は A] 犯罪の: a ~ act [offense] 犯罪行為. **2** A (法) 刑事上の: a ~ case 刑事事件 / a ~ lawyer 刑事専門の弁護士. 関連 civil 民事の. **3** (略式) けしからぬ, ひどい: a ~ waste of water ひどい水のむだ使い.
— 名 (~s /~z/) C 犯罪者, 犯人: arrest [punish] a ~ 犯人を逮捕[処罰]する. 関連 suspect 容疑者.

críminal dámage 名 U (英法) 器物損壊.

crim·i·nal·i·za·tion /krìmənəlɪzéɪʃən | -laɪz-/ 名 U 犯罪者にする[違法とみなす]こと.

crim·i·nal·ize /krímənəlàɪz/ 動 他 〈人〉を犯罪者にする; 〈…〉を違法とみなす.

críminal láw 名 U 刑法. 関連 civil law 民法.

crim·i·nal·ly /krímənəli/ 副 刑法上; 刑法からみて; 罪になるほど, ひどく.

críminal négligence 名 U 《法》不作為の罪, 犯罪的過失 (事故の未然防止などの措置を取らないこと).

críminal récord 名 C 前科 (record).

crim·i·nol·o·gist /krìmənálədʒɪst | -nɔ́l-/ 名 C 犯罪学者.

+crim·i·nol·o·gy /krìmənálədʒi | -nɔ́l-/ 名 U 犯罪学.

crimp /krímp/ 動 他 **1** 〈毛髪〉を縮らせる;〈布など〉にひだを寄せる. **2** (米) 〈…〉を妨げる. — 名 **1** C.U ひだ, 折り目; ひだをつけること. **2** C [普通は複数形で] 縮れ毛. **pùt a crímp in [on] ...** 動 他 (米) ...をじゃま[妨害]する.

crimp·lene /krímpli:n/ 名 U クリンプリーン(しわになりにくい布地(の素材); 商標).

*****crim·son** /krímz(ə)n/ 形 深紅色の. — 名 U 深紅色 (紫がかった濃い赤; ☞ scarlet): The western sky glowed (with) ~. 西の空は真っ赤に燃えていた.
— 動 自 深紅色になる; 〈顔など〉が真っ赤になる.

crímson láke 名 U クリムソンレーキ (紅色顔料).

+cringe /krínʤ/ 動 自 **1** (怖くて)すくむ, 縮み上がる (away; from, at). **2** [軽蔑] (上役などに)ぺこぺこする, へつらう (before, to). **3** ばつの悪い思いをする.
— 名 C すくみ; ばつの悪さ.

crin·kle /kríŋkl/ 動 他 〈…〉にしわを寄せる (up). — 自 **1** しわが寄る (up). **2** (紙などが)かさかさ鳴る. — 名 **1** C (布·紙などの)しわ. **2** かさかさいう音.

crínkle-cút 形 (野菜などが)波型に切った.

crin·kli·ness /kríŋklinəs/ 名 U くしゃくしゃであること, 縮れていること.

crin·kly /kríŋkli/ 形 (crin·kli·er, more ~;

crin·kli·est, most ~) [普通 A] (布・紙などが)くしゃくしゃの; (毛髪が)縮れた.

crin·o·line /krínəlɪn/ 图 **1** Ⓤ クリノリン(昔一定の形を保つためにスカートや帽子の内側に入れた型骨素材). **2** Ⓒ クリノリンスカート(☞ hoop skirt).

cripes /kráɪps/ 間 (古風, 略式) 〈驚き・いらだちを表わして〉これはこれは, おやまあ.

+**crip·ple** /krípl/ 图 Ⓒ **1** 手足の不自由な人, 身体障害者; (略式) 精神障害者: an emotional ~ 情緒障害のある人. 語法 lame よりさらに強い差別語なので, disabled を用いた遠回しな言い方がよい.
— 動 他 [普通は受身で] **1** 〈人〉を不具[身体障害者]にする. **2** 〈…〉を無力にする, 役に立たなくする, 破損する: Traffic *was* ~d *by* the strike. ストライキで交通がまひした. 語源 creep と同語源.

crip·pled /krípld/ 形 **1** 手足の不自由な. **2** 深刻な打撃を受けた.

+**crip·pling** /kríplɪŋ/ 形 A (病気などが)重い; (税金などが)過重な; (影響などが)深刻な.

+**cri·ses** /kráɪsiːz/ 图 crisis の複数形.

****cri·sis** /kráɪsɪs/ T1 图 (複 **cri·ses** /-siːz/; 形 critical²) C,U **1** (運・人生などの)危機, (政治・経済などの)難局, いざというとき: an energy [oil] ~ エネルギー[石油]危機 / ~ management 危機管理 / There will be an economic ~ at the end of this year. 年末には経済危機がくるだろう / I'm sure he'd help me *in* a ~. いざというときには彼はきっと私を助けてくれるだろう.

---コロケーション---
avert a *crisis* 危機的な状況を回避する
cause a *crisis* 危機的な状況をもたらす
overcome a *crisis* 危機的な状況を克服する
reach [**come to**] a *crisis* 危機的な状況に陥る
ride out a *crisis* 危機的な状況を乗り切る
solve [**resolve**] a *crisis* 危機(的状況)を解消[解決]する.

2 (重大な)分かれ目, 転機; (病気の)峠: The ~ has passed. 病気は峠を越した.
a crísis of cónfidence [名] (政治・経済などの)信用失墜 (*in*).
a crísis of cónscience [名] 良心の葛藤[呵責]に悩む時[状態].
be at a crísis póint [動] 圁 危機に瀕(²)する.
bríng ... to a crísis [動] 他 〈…〉を危機に追い込む.
crísis cènter 图 Ⓒ 電話緊急相談センター(個人の危機に電話で相談に乗る).
crísis lìne 图 Ⓒ (米) 緊急電話相談.

***crisp** /krísp/ 形 (**crisp·er**; **crisp·est**) [普通はよい意味で] **1** (特に食べ物が)かりかりする, ぱりぱりする; 割れやすい: ~ toast かりかりに焼いたトースト.
2 (野菜などが)新鮮でぱりぱりする: ~ lettuce しゃきっとしたレタス / ~ bank notes 手の切れるようなぴん札(╮).
3 A (言動が)てきぱきした; (話しぶりや音声が)歯切れのいい; (文体が)きびきびした; (輪郭などが)くっきりした: He has a ~ manner of speaking. 彼の話しぶりは歯切れがいい. **4** (空気・天気などが)ひんやりとさわやかな: It was a cool and ~ October morning. ひんやりとすがすがしい 10 月の朝だった. **5** (髪が)縮れた.
— 图 **1** [複数形で] (英) = potato chips 1. **2** Ⓤ,Ⓒ (英) = crumble. **búrn ... to a crísp** [動] 他 〈…〉を焼き焦がす.
— 動 他 かりかりに焼く (*up*): ~ the toast トーストをかりかりに焼く. — 圁 かりかりになる (*up*).

crísp·brèad 图 Ⓤ,Ⓒ (英) (ライ麦粉で作った)薄いかりかりのビスケット(しばしばダイエット用).

crísp·i·ness /kríspinəs/ 图 Ⓤ = crispness 1.
crísp·ly 副 きびきびと; ぱりぱりして, かりかりして; さわやかに; ちりちりして.
crísp·ness 图 Ⓤ **1** ぱりぱり[かりかり]すること. **2** きびきびしていること, 歯切れのよさ. **3** さわやかさ.
crisp·y /kríspi/ 形 (**crisp·i·er**, **-i·est**) (略式) (特に食べ物が)ぱりぱり[かりかり]しておいしい.

+**criss·cross** /krískrɔːs; -krɔ̀s/ 图 Ⓒ 十字形, X しるし, 網目(模様). — 形 A 十字形[網目, 格子]模様の, 交差した. — 動 他 〈…〉を(何度も)行き来する; 〈…〉に十字形模様をつける; 〈…〉と交差する; 〈…〉を縦横に通る. — 圁 十字形模様になる; 交差する.

***cri·te·ria** 图 criterion の複数形.
***cri·te·ri·on** /kraɪtí(ə)riən/ 图 (複 **cri·te·ri·a** /-riə/, ~**s**) Ⓒ (判断の)基準, 標準, 尺度: What are the *criteria for* hir*ing* employees? 従業員の採用基準は何ですか.

***crit·ic** /krítɪk/ T3 图 (~**s** /-s/; 形 critical¹ 3) Ⓒ **1** (文学・芸術などの)批評家, 評論家: an art ~ 美術[文芸]評論家. **2** 批評者, 酷評家, 口やかましい人 (*of*). 語源 ギリシャ語で「違いがわかる」の意.

***crit·i·cal**¹ /krítɪk(ə)l/ 形 (**1**, **2** では ⓑ críti·cìsm, **3** では ⓑ crític) **1** [けなして] 批判的な, けちをつける; [ほめて] 批評力[見識]のある (反 uncritical): ~ remarks 批判的なことば / Don't be too ~! あまりあら探しをするな / Professor Long was very ~ *of* his students. <A+*of*+名・代> ロング教授は学生にはとても厳しい.
2 A [比較なし] 批評の, 評論の: a ~ essay 評論 / look at ... with a ~ eye 批評眼[見識]をもって…を見る. **3** A 批評[評論]家(として)の: receive ~ acclaim 評論家の称賛[絶賛]を得る.

***crit·i·cal**² /krítɪk(ə)l/ 形 (ⓑ crísis) 危機の, きわどい, 危ない, 危急(存亡)の; きわめて重大な, 決定的な; 危篤の: of ~ importance きわめて重要な / Today we stand at a ~ point in history. 今日我々は歴史上の危機に直面している / The patient has passed the ~ stage. 患者は(病気の)峠を越した / This is a ~ issue. これは(ことの成否がかかっている)きわめて重大な問題だ.
be crítical to ... [動] 他 …に欠かせない.
be in crítical [(英) **a crítical**] **condítion** [動] 圁 危篤状態である.
gò crítical [動] 圁 (原子炉が)臨界に達する (☞ critical temperature).
crítical líst 图 [the ~] (病院の)重篤患者リスト.
crit·i·cal·ly¹ /krítɪkəli/ 副 きわどく, 深刻なほど; 決定的に; 危篤状態に: ~ injured [ill] 重傷[危篤]で.
crit·i·cal·ly² /krítɪkəli/ 副 批判的に.
crítical máss 图 Ⓤ または ⓐ ~] **1** 【物理】臨界質量 (これを超えると核分裂が起きる). **2** 必要最低限の量[人数]; それ以上あってはいけない最大限の量.
crítical páth 图 Ⓒ クリティカルパス(一つの操作において必ず通らねばならぬ論理的道筋のうち最も時間のかかるもの); = critical path analysis.
crítical páth anàlysis 图 Ⓒ 【電算】クリティカルパス分析 (最短日数・最小経費で進むようにコンピュータで作業日程を算出する方法).
crítical témperature 图 Ⓤ,Ⓒ 【化】臨界温度.
crit·i·cise /krítɪsàɪz/ 動 (英) = criticize.

***crit·i·cis·m** /krítɪsɪ̀zəm/ 图 (~**s** /-z/; 形 critical¹, 動 criticize) **1** Ⓤ,Ⓒ 批判, 非難, あら探し (*about*) (☞ comment 類義語): arouse [stir up] ~ 物議をかもす / His conduct attracted strong [harsh] ~. 彼の行ないは猛烈な非難を招いた / He doesn't take any ~ from anyone. 彼は他人の批判を全く受け入れない.
2 Ⓤ (文芸・美術などの)批評, 評論 (*of*); Ⓒ 批評[評論

文: literary [theater] ～ 文芸[演劇]評論.

*crit・i・cize /krítəsàɪz/ 動 (-i・ciz・es /-ɪz/; -cized /-d/; -i・ciz・ing) 他 (críticism) 他 1 〈…〉を批判する, 非難する, 〈…〉のあらを探す「言い換え]He was ～d for carelessness. <V+O+for+名・代の受身> =He was ～d for being careless. <V+O+for+動名の受身> 彼は不注意だと批判[非難]された.
2 〈…〉を批評する, 評論する: The students meet once a month to ～ one another's writing. 学生たちは互いの作品を批評するために月に一度集まる.
— 自 批判する; 批評する.

†cri・tique /krɪtíːk/ 《格式》名 C (文学・芸術の)批評, 評論 (of). 他 〈…〉を批評する.

crit・ter /krítə | -tə/ 名 C 《米略式》1 生き物, 動物. 2 (親しみや哀れみをこめて)奴(ちゃ), 人.

croak /króʊk/ 名 C 1 (かえる・からすの)があがあ鳴く声; (人の)しわがれ声. — 自 1 (かえる・からすが)があがあ鳴く(⇒ cry 表 crow, raven, frog); しわがれ声を出す. 2 《俗》死ぬ. — 他〈…〉を[と]しわがれ声で言う.

croak・y /króʊki/ 形 (声が)しわがれた.

Cro・at /króʊæt, -ət/ 名 C =Croatian.

Cro・a・tia /kroʊéɪʃə/ 名 固 クロアチア (Adriatic Sea に面する Balkan Peninsula の共和国; 首都 Zagreb).

Cro・a・tian /kroʊéɪʃən/ 形 クロアチア(人・語)の.
— 名 C クロアチア人; U クロアチア語.

cro・chet /kroʊʃéɪ | króʊʃeɪ/ 名 U クローシェ編み(かぎ編みの一種): ～ work レース編み. — 他〈…〉をクローシェ編みで作る. — 自 クローシェ編みをする.

crochét hòok 名 C (クローシェ編み用の)かぎ針.

cro・chet・ing /kroʊʃéɪɪŋ | króʊʃeɪ-/ 名 U クローシェ編みをすること.

crock¹ /krák | krɔ́k/ 名 1 C 《古風》(陶器の)つぼ, かめ. 2 [複数形で] 《古風, 英》=crockery; 瀬戸物の破片. 3 [a ～ of (shit)] 《米》《米卑》たわごと.

crock² /krák | krɔ́k/ 名 C [しばしば old ～] 《英略式》老いぼれ; ぽんこつ車.

crocked /krákt | krɔ́kt/ 形 P 1 S 《米俗》酔っぱらった. 2 《古風, 英》けがをした, こわれた.

crock・er・y /krák(ə)ri | krɔ́k-/ 名 U 《主に英》瀬戸物, 陶磁器類(全体).

Crock・ett /krákɪt | krɔ́k-/ 名 固 Davy ～ クロケット (1786-1836) 《米国の西部開拓者・政治家; Alamo の戦いで戦死し, 英雄視されている》.

Crock-Pot /krákpɑ̀t | krɔ́kpɔ̀t/ 名 C クロックポット (煮込み用大型電気なべの一種; 商標).

†croc・o・dile /krákədàɪl | krɔ́k-/ 名 1 C わに(⇒ alligator). 2 U わに革. 3 C 《英略式》(2列になって歩く)学童の列.

crocodile
(アフリカ・アジア・オーストラリア・南北アメリカ産. 口先が細長く, 口を閉じても下顎の第4歯が見える. 多くは大型で凶暴)

わに

alligator
(南北アメリカ・中国産. 口先が幅広く, 口を閉じると歯が見えない)

shéd crócodile tèars [動] 名 そら涙[うその涙]を流す. 由来 わには獲物を食うとき泣くという伝説から.

croc・o・dil・i・an /krɑ̀kədílɪən | krɔ̀k-/ 名 C 動 わに(わに目の動物); わに類の. わにのような.

cro・cus /króʊkəs/ 名 C クロッカス(の花) 《英国で春を告げる花とされている》.

Croe・sus /kríːsəs/ 名 固 クロイソス 《紀元前6世紀の小アジアの王で大金持ち》: as rich as ～ 大金持ちで. 2 C 大金持ち.

croft /krɔ́ːft | krɔ́ft/ 名 C 《英》 (スコットランドの)小作地, 小作農家.

croft・er /krɔ́ːftə | krɔ́ftə/ 名 C 《英》 (スコットランドの)小作人.

croft・ing /krɔ́ːftɪŋ | krɔ́ft-/ 名 U 《英》 (スコットランドの)小作.

crois・sant /krwɑːsάːŋ | krwǽsɑːŋ/ 《フランス語から》名 C クロワッサン《bread 挿絵 roll》.

Crom・well /krámwəl, -wel | krɔ́m-/ 名 固 Oliver ～ クロムウェル (1599-1658) 《英国の将軍・政治家; チャールズ一世を処刑し共和国を興した》.

crone /króʊn/ 名 C [しばしば old ～] 《文》または[差別] しわくちゃばばあ, 醜い老婆.

Cro・nos, Cro・nus /króʊnəs/ 名 固 《ギ神》クロノス(Uranus と Gaea の子で世界を支配したがのちに Zeus に敗れた).

cro・ny /króʊni/ 名 (cro・nies) C [普通は複数形で] 《略式》 [しばしばけなして] (つるんで何かをする)悪友, 仲間.

cro・ny・is・m /króʊniìzm/ 名 U 《米》 (行政上のポストに就けるときの)えこひいき, 引き.

*crook /krʊ́k/ 名 (〜s /-s/) 1 C 《略式》悪人, 悪い[腹黒い]やつ, うそつき, 泥棒; 詐欺師: Don't believe him. He is a ～. やつを信じるな. いかさま師だから. 2 屈曲, 湾曲. 3 曲がった物[所]; (羊飼いの)柄の曲がったつえ; 《略式》=crosier 1. the cróok of one's árm [名] 腕を曲げた内側の部分(⇒ arm¹ 挿絵).
— 動 他〈腕・指など〉を曲げる, 湾曲させる. — 自 曲がる, 湾曲する. — 名 [普通は P] 《略式》1 具合が悪い. 2 (物が)ひどい, 悪い (nasty, bad).

†crook・ed /krʊ́kɪd/ 形 1 曲がっている (bent), 屈曲した, ゆがんだ; 腰の曲がった; (掛けてある絵などが)まっすぐでない: a ～ path 曲がりくねった道 / The hanging scroll on the wall is a little ～. 壁の掛け軸は少し曲がっている. 2 《略式》(人・行為が)不正な (dishonest): ～ profits 不当利益. 〜・ly 副 曲がって; 不正に. 〜・ness 名 U 曲がっていること; 不正.

†croon /krúːn/ 動 自 感傷的に歌う, 優しく歌う, 口ずさむ; 甘えるように声を出す (to). 他 《古いポピュラーソングなど》を感傷的に歌う; 優しく歌う[言う], 口ずさむ (to). — 名 [単数形で] 優しい歌声; C 感傷的な流行歌.

croon・er /krúːnə | -nə/ 名 C 《古風》低い声で感傷的に歌う人[流行歌手] 《Bing Crosby などがこう呼ばれた》.

*crop /kráp | krɔ́p/ (発音 clap) 名 (〜s /-s/) C 1 [しばしば複数形で] 農作物, 作物; [the 〜s] (一地方・一季節の)農作物(全体); [the 〜s] in 農作物の取り入れをする / We get two 〜s of rice a year in this area. この地域では米の二期作が行なわれている.

2 収穫高, 産額; 作柄 (harvest): The potato ～ was very small [large] this year. 今年はじゃがいもの収穫が非常に少なかった[多かった].

3 [普通は単数形で] (頭髪の)刈り込み, 短髪.

4 [普通は単数形で] 《略式》 (一度に発生する)群, 多数, (同じようなものの)続出: a ～ of lies うそ八百 / have a good ～ of freshmen 新入生が大勢入る. 5 (鳥の)

餌袋(ぇぶくろ), 嗉嚢(そのう). **6** 短い乗馬むち.

— 動 (crops; cropped; crop·ping) 他 **1** (動物が)草などの先を食い切る. **2** 〈頭髪・馬の尾や耳など〉を短く切る;〈写真などの縁〉を切り落とす:Don't ~ my hair too short. 髪をあまり短く刈らないでくれ. **3** 〈作物〉を収穫する. **4** [しばしば受身で]〈土地〉に作付けする. — 自 [副詞を伴って] 〈作物が〉できる:The cabbages cropped well this year. 今年はキャベツの作柄がよかった.

cróp óut 動 自〈岩などが〉露出する(☞ outcrop).
cróp úp 動 自 (1) (略式)〈問題など〉が不意に起こる;〈名前など〉が〈会話など〉に出てくる(in). (2) =crop out.
cróp cìrcle 名 C ミステリーサークル (corn circle) (イギリスの畑に現われた原因不明の円形模様).
cróp-dùst·ing /-dʌ̀stɪŋ/ 名 U (米)(飛行機による)農薬散布.
cróp·lànd 名 U 農作物栽培好適地; 耕作地.
cróp sprà ying 名 U (英) =crop-dusting.
+**cropped** /krɑ́pt | krɔ́pt/ 形 A 〈服が〉短い.
cróp(ped) pánts 名 [複] 丈(たけ)の短い幅広ズボン.
crop·per /krɑ́pɚ | krɔ́pə/ 名 C **1** 作物を植え付ける人[刈り込む人], 刈り込み器. **2** [前に形容詞を伴って] 収穫が…の作物:a good [poor] ~ よくできる[できない]作物. **còme a crópper** 動 自 (英略式) (1) (人が)馬などから)どしんと落ちる, (派手に)こける, 倒れる. (2) 〈こける〉, 大失敗する, 大敗する.
cróp rotàtion 名 U (作物の)輪作.
cróp sprà ying 名 U (英) =crop-dusting.
cróp tòp 名 C (おなかの部分の出る)女性用の短い T シャツ,「ちび T 」.
cro·quet /kroʊkéɪ | króʊkeɪ/ 名 U クローケー (木球を木づちで打って門柱の中を通す屋外のゲーム).
cro·quette /kroʊkét | krɔ-/ 名 C コロッケ.
crore /krɔ́ɚ | krɔ́ː/ 名 C (インド) クローレ (1 千万ルピー (rupee)), 1 千万.
Cros·by /krɑ́ːzbi, krɑ́ːz- | krɔ́ːz-/ 名 固 Bing /bɪ́ŋ/ ~ クロスビー (1904-77) (米国のポピュラー歌手).
cro·sier /króʊʒɚ | -ziə, -ʒə-/ 名 C **1** 司教の(じょう), 牧杖(司教が儀式で使う長い杖) (略式) crook). **2** (しだのように)先のくるりと巻いた構造.

*__**cross**__ /krɔ́ːs | krɔ́s/ (類音 close², cloth) 動 (cross·es /~ɪz/; crossed /~t/; cross·ing) 他 **1** 〈…〉を横切る, 渡る: She ~ed the bridge quickly. 彼女はすばやくその橋を渡った / She was hit by a car while ~ing the street. 彼女はその通りを横断中に自動車にはねられた.

2 〈…〉と交差する, 交差させる (反 uncross); 〈…〉に横線を引く; (英)〈小切手〉を線引きにする (記載された受取人の口座に振り込むことだけに支払い方法を限定すること): The two highways ~ each other here. 2つの幹線道路はここで交差する / He ~ed his knife and fork. 彼はナイフとフォークを交差して置いた / Nancy ~ed her arms on her chest. ナンシーは腕を組んで胸にあてた〈女性の驚き・恐怖のしぐさ〉. **3** [受身なし]〈手紙など〉...と行き違う;〈人〉とすれ違う;〈電話〉を混線させる:Your letter ~ ed mine. 君の手紙は私のと行き違いになった. **4** 〈動植物〉を〈異種と〉交配する (with). **5** じゃまする, 〈…〉に逆らう:be ~ed in love 失恋する. **6** [スポ]〈ボールなど〉をクロスにパスする. **7** (式〉心・顔など)に現われる, よぎる: A thought suddenly ~ed his mind. 彼の心に一瞬の思いがよぎった.

— 自 **1** 横断する, 渡る (into): Don't ~ while the signal is red. 信号が赤のうちは横断してはいけない / He ~ed from England to France. <V+from+名・代 +to+名・代> 彼はイギリスからフランスへ渡った.
2 交差する, 交わる: The two roads ~ at this point. <V+at+名・代> 2つの道路はこの地点で交差する.
3 〈手紙が〉行き違いになる, 〈人が〉すれ違う;〈電話が〉混

線する. **4** [スポ]〈ボールなど〉をクロスにパスする(to).
cróss a bóundary [líne] 動 他 (越えてはならない)一線[許容範囲]を超える.
cróss one's [the] t's /tíːz/ 動 自 t の横棒を引く;(略式) 細かいことまで注意を払う (☞ dot 成句).
cróss onesèlf 動 自 十字を切る. 参考 右手を額・胸・左肩・右肩の順に動かして十字形を描くカトリックのお祈りの型. 魔けの意味で行なう人もいる.

cross oneself

cross の句動詞

*__**cróss óff**__ 動 他 (不必要・無関係などの理由で)〈…〉を消す, 削る <V+名・代+off / V+off+名>:C~ off the names of the people who have paid their dues. 会費を払った人たちの名前は消しなさい.
*__**cróss ... òff**__ — 動 他 〈…〉から〈…〉を消す, 削る: C~ his name off the list. リストから彼の名前を消せ.
*__**cróss óut**__ 動 他 (横線・× などをつけて)〈誤り〉を消す, 削る <V+名・代+out / V+out+名>:C~ out all the wrong answers. 間違った答えは全部消しなさい / That candidate's name was ~ed out from the list. その候補者の名前は名簿から抹消された.
cróss óver 動 自 **1** (向こうへ)渡る, 渡航する:The party ~ed over to America. 一行はアメリカへ渡った. **2** (演奏家などが)スタイルを変えて成功する; (別の党などに)移る (☞ crossover 1) (from, to).
cróss óver ... 動 他 〈山など〉を越える, 〈川・通りなど〉を渡る:Bill ~ed over the bridge. ビルは橋を渡った.

— 名 (~·es /~ɪz/) C **1** 十字形, 十字記号(× や + などの形, × は記号の形とは限らない); 十字形のもの〈記章・お守り・標識・飾り・塔・道路など〉; [普通は単数形で] (祈りの前の)十字架の印: mark the place on the map with a ~ 地図にその場所を×印で記す / make the sign of the ~ 十字を切る. 関連 (米) check, (英) tick ✓の印 / the Southern Cross 南十字星.
2 C 十字架; [the C-] (キリストがはりつけになった)十字架;キリストの受難: Jesus died on the C~. イエスは十字架上で死んだ. **3** C [普通は単数形で] 交配; 雑種, 混ざりもの; どっちつかずのもの:a ~ between a hen and a donkey 馬とろばの雑種 / a collie ~ 雑種のコリー. **4** C 試練, 苦難: We all have our ~es to bear in life. 人生には試練は付きもの(十字架を背負うことから) / No ~es, no crown. (ことわざ) 試練なくして栄冠なし (☞ alliteration). **5** [the C-] (十字架に象徴される) キリスト教; [the C-] fight for the C~ キリスト教のために戦う. **6** [C-] 十字勲章. **7** C [スポ] クロス(パス); [ボク] クロス(カウンター).

crosses

máke one's cróss 動 自 十字を書く (名前が書けない人が署名のかわりに × 印をつけること).
on the cróss 副 (英) (1) 斜めに. (2) (俗) 不正に.
táke úp one's cróss 動 自 苦難を背負う.

— 形 (cross·er; cross·est) **1** 怒っている, 不機嫌な (about): He was [got] ~ with me for being late. 私が遅く来たので彼は機嫌が悪かった[機嫌を悪くした]. **2** A (向きが)反対の, 逆方向の:a ~ wind 向かい風. **3** 交差した; 斜めの. **4** 異種交配の.

Cross /krɔ́ːs | krɔ́s/ 名 C クロス (米国製のボールペン・シャープペンシル・万年筆; 商標).
cross- /krɔ́ːs | krɔ́s/ 接頭「横断, (相互)間, 反対, 交差」などを表わす.
cross·bar /krɔ́ːsbɚ | krɔ́sbə/ 名 C (十字形の)横

の棒; (自転車のハンドルとサドルをつなぐ)上パイプ; (フットボール・ラグビーのゴールの)クロスバー.
cróss·bèam 名C 横けた, 大梁(はり).
cróss·bènch 形A (英国議会で)議員が無所属の.
cróss·bènch·er /-bèntʃɚ|-tʃə/ 名C (英国議会の)無所属議員.
cróss·bènch·es /krɔ́:sbèntʃɪz|krɔ́s-/ 名複 (英国議会の)無所属議員席.
cross·bones /krɔ́:sbòunz|krɔ́s-/ 名複 大腿(だい)骨を交差した図《死の象徴》 ［☞ skull 成句］.
cróss·bórder 形A 1 (取引などが)海外との, 国際の. 2 越境の.
cróss·bòw /-bòu/ 名C (中世の)石弓.
cróss·bred /krɔ́:sbrèd|krɔ́s-/ 形 雑種の.
cróss·brèed /krɔ́:sbrì:d|krɔ́s-/ 名C 雑種 (hybrid). — 動 (過去・過分 -bred /-brèd/, -breed·ing) 他 〈動植物〉を異種交配する, 〈…〉の雑種をつくる. — 自 (動植物が)異種交配する.
cross·Chan·nel /krɔ́:stʃæn(ə)l|krɔ́s-/ 形A イギリス海峡横断の.
cróss·chéck¹ 動 他 〈情報など〉を(別の角度から)再確認する (against). — 自 再確認する (with).
cróss·chéck² 名C 再確認, 検査.
*__cróss-cóun·try__ /krɔ́:skʌ́ntri|krɔ́s-/ 名 (-coun·tries /-z/) C,U クロスカントリー(競技): enter the ~ クロスカントリーに出場登録する. — 形A 田野横断の; 《米》全国横断の: a ~ race クロスカントリー / ~ skiing スキーのクロスカントリー(競技). — 副 田野を横断して, 《米》全国を横断して.
cróss·cóurt 副 コートの対角線の方向への.
cróss·cúltural 形A 異文化間の, 諸文化比較の.
cróss·cùrrent 名C 1 (川などの)本流と交差する流れ, 逆流. 2 (通例複数形で) 反主流的傾向.
cróss·curricular /-kərík(jə)lɚ|-lə/ 形A (アプローチの仕方が)複数の教科にまたがる.
cróss·cút 形 (普通は A) (のこぎり・刃が)横びき用の: a ~ saw 横びきのこぎり. — 名C 1 横びきのこぎり. 2 =cross section.
cróss dáting 名U 〔考古〕 比較年代測定, 比較年代決定(すでに同じ年代と知られている他の遺跡・位置と比較して年代を決める方法).
cróss·dréss·er 名C 服装倒錯者 (transvestite)(異性の服を着たがる人).
cróss·dréss·ing 名U 服装倒錯 (transvestism).
crossed /krɔ́:st|krɔ́st/ 形 1 十文字に置いた, 交差した; × 印をつけた. 2 (電話などが)混線した.
cróssed chéque 名C 《英》 線引小切手(紋(約))小切手(指定された受取人が自分の口座に一度入れないと現金化できない; 横線が2本入れてある).
cróss-exàmination 名 C,U 〔法〕 反対尋問; (厳しい)詰問 [追及].
†**cróss-exámine** 動 他 〔法〕 〈法廷の証人〉に反対尋問を行なう; 〈人〉を詰問する (about, on).
cróss-exáminer 名 C 反対尋問者; 詰問者.
cróss·èye 名U やぶにらみ, 内斜視.
cróss·èyed /krɔ́:sàid|krɔ́s-/ 形 やぶにらみ[内斜視]の.
cróss·fèrtilizátion 名 U 1 〔植〕 他花受粉. 〔動〕 交雑受精. 2 (異分野などとの)相互交流.
cróss·fèrtilize 他 〔植〕 〈…〉を他花受粉させる; 〔動〕 交雑受精させる. 2 (しばしば受身で) (異分野の新鮮な考え方を導入して)〈…〉を刺激する(豊かにする).
cróss fíre 名U 1 〔軍〕 十字砲火. 2 (質問の)一斉射撃, 激しい議論. be [get] cáught in the cross fire [動] 自 (1) 十字砲火を浴びる. (2) 他人の争いに巻き込まれる.
cróss·gráined 形 木目の重なった; (人の性格が)ひねくれた.
cróss·hàirs 名複 (銃などの焦点についた)十字線.
cróss·hàtch 動 他 〈図など〉に網目の陰影をつける.
cróss·hàtching 名U (図などの)網目の陰影.
cróss·hèad 名C 〔機〕 クロスヘッド《ピストンロッドの頭部》; 〔新聞〕 (長い新聞記事の)中見出し.
*__cróss·ing__ /krɔ́:sɪŋ/ 名 (~s /~z/) 1 C (道路の)交差点, (鉄道の)踏切; 十字路; 横断歩道 ［☞ Xing］; 《英》(川の)渡り場, 国境横断地点: a grade ~ 《米》 level ~ 平面交差点, 踏切 / a pedestrian ~ 《英》横断歩道 / a zebra ~ 《英》(白ペンキのしま模様の)横断歩道 / RAILROAD CROSSING 踏切あり《交通標識》. 2 U.C 横断; 渡航: NO CROSSING 横断禁止《道路の標示》. 3 U 〔生〕 異種交配.
cróssing guàrd 名 C 《米》 交通量の多い道で子供に付きそって渡らせる人.
cróssing-óver 名U 〔生〕 (相同染色体の)交差.
cróss·légged /-lég(ɪ)d/ 形副 あぐらをかいた[て] ［☞ with one's legs crossed (leg 成句)］.
cróss·ly 副 不機嫌に.
cróss·màtch 動 他 〈…〉の血液などの適合検査をする. — 名C 適合検査.
cróss·nèss 名U 不機嫌.
*__cróss·òver__ 名 1 C (別の党などへの)移動, くら替え; (芸能人が)別の分野で成功すること (from, to). 2 U.C 〔楽〕 クロスオーバー《ジャズ・ロック・ソウルなどが混じり合った新しい音楽》; C クロスオーバーの; 混合の.
cróss·pàtch 名C 《古風》 怒りっぽくて意地悪な人.
cróss·pìece 名C 横木.
cróss·ply /krɔ́:splài|krɔ́s-/ 形 (タイヤが)クロスプライの《(コードを対角線状に重ねて補強したもの)》.
cróss·póllinàte 動 他 〈…〉を他花受粉させる. — 自 他花受粉する.
cróss·púr·pos·es /-pɚ́:pəsɪz|-pə́:-/ 名 〔次の成句で〕 at cróss-púrposes [形・副] (目的・意図などが)食い違って; お互いに誤解して.
cróss·quéstion 動 他 〈人〉に反対尋問をする (cross-examine); 〈人〉を詰問する.
cróss·quéstioner 名 C 反対尋問をする人 (cross-examiner); 詰問者.
cróss·refér 動 (-re·fers, -re·ferred, -fer·ring /-fɚ́:rɪŋ|-fə́:r-/) 他 〈読者〉に(同じ本の)他所を参照させる (to, from). — 自 他所を参照する (from, to).
cróss·réference 名C (本の中の)他所参照《この辞書で ☞ 印で示したものなど》 (to). — 動 〔普通は受身で〕 〈本〉に他所参照(の表示)を付ける (to).
*__cróss·ròad__ /krɔ́:sròud|krɔ́s-/ 名 (-roads /-ròudz/) 1 〔複数形でしばしば単数扱い〕 交差点, 十字路; (人生などの)岐路: come to a ~s 十字路に出る / Turn right at the next ~. 次の交差点を右だ. 2 C 《米》 (幹線道路の)交わる横道. be [stánd] at the [a] cróssroads [動] 自 (人生などの)岐路に立つ.
†**cróss sèction** 名C 1 横断面; 断面(図) (section); 代表[典型, 一般]的な例 (of).
cróss·stìtch 名 C,U クロスステッチ, 十字縫い(X形の縫い方). — 動 自 〈…〉をクロスステッチにする.
cróss strèet 名C 《米》(…を)横切る道路, 横道.
cróss tàlk 名 U 1 (電話の)混線, (電信の)混信. 2 《英》(漫才の)かけ合い, テンポの速いやりとり.
cróss·tòwn 形A 市内横断の《バスなど》. — 副 市内を横断して.
cróss·tráin 動 自 クロストレーニングをする.
cróss·tráiner 名 C 1 クロストレーニング実践者. 2 〔普通は複数形で〕多種目対応のスポーツシューズ. 3 クロストレーナー(立ったままの姿勢で両足を別々に前後に動かしてトレーニングができる運動器具).
cróss tráining 名U クロストレーニング(数種の運動・スポーツを組み合わせて行なうトレーニング法; 特に自分の専門種目の上達を目的として行なわれる).

cróss·trèes 名 [複] [海]クロスツリー《マスト上部の2本の横木》.

cróss·wàlk 名 C (米)横断歩道((英) pedestrian crossing).

cróss·wìnd 名 C 横(なぐり)の風.

cróss·wìse 副 1 横に, はすに. 2 交差して.

cróss·wòrd, crossword pùzzle 名 C クロスワードパズル.

ACROSS (横のかぎ)
1. He has ___ of friends.
8. An ___ is a small insect.
9. Call back ___ an hour.
10. Didn't you ___ to read the second page?
11. Only one man ___ to enter the burning house.
12. Our hotel was Western ___.

DOWN (縦のかぎ)
1. How many ___ does your watch have?
2. I have one ___ and two daughters.
3. He told me an amusing ___.
4. ___ is summer vacation now.
5. They are going to ___ the boat into the river.
6. I ___ breakfast at eight.
7. It's too warm. I'm afraid the ice is going to ___. (解答 ☞ p. 1539)

crossword puzzle

crotch /krátʃ | krɔ́tʃ/ 名 C 1 (人体の)また; (ズボン・パンツの)またの部分 (crutch). 2 (樹木の)また.

crotch·et /krátʃɪt | krɔ́tʃ-/ 名 C 1 奇averse, 気まぐれ. 2 (英) = quarter note.

crotch·et·y /krátʃəti | krɔ́tʃ-/ 形 (略式)気難しい, 怒りっぽい, (老人が)いこじな.

*****crouch** /kráutʃ/ 動 (**crouch·es** /~ɪz/; **crouched** /~t/; **crouch·ing**) 自 かがむ, しゃがむ; うずくまる; (猫などが)(とびかかろうとして)身をかがめる: She ~ed down by the gate. 彼女は門のところにしゃがんだ. <V+down> ― 名 C [普通は単数形で] かがむこと: in a ~ 身をかがめて.

croup /krúːp/ 名 U [医](激しいせきが出て呼吸困難を起こす小児の気管粘膜の炎症).

crou·pi·er /krúːpièɪ | -piə/ 名 C クルピエ《賭博場で賭金を集めたり支払ったりする元締め》.

crou·ton /krúːtɒn | -tɔn/ 名 C [普通は複数形で] クルトン《揚げたパンの小片; スープなどに浮かせる》.

⁺crow¹ /króʊ/ 名 C からす. 参考 争い・不和の象徴とされている. **as the crów flìes** [副] 直線距離にして. **éat crów** [動] 自 (主に米) 誤り[敗北]を認める. 由来 1812年の英米戦争のとき, 敵地に入ってからすを撃ち落とした米兵が, 敵に捕えられてそのからすを食べさせられた, という話から.

crow² /króʊ/ 名 C [普通は単数形で] 1 おんどりの鳴き声. 2 (赤ん坊の)喜びの声. ― 動 自 1 (おんどりが)鳴く. (☞ cry 表, cock, rooster). 2 W (特に赤ん坊が喜んで)きゃっきゃっと叫ぶ (at). **crów òver [abóut] ...** [動] 他 (略式)(軽蔑)...を自慢する; ...に対して勝ち誇る; ...を大言壮語する.

Crow /króʊ/ 名 C [複 the ~] クロウ族《米国北部に住む北米先住民の一種族》.

crów·bàr 名 C バール, かなてこ.

*****crowd** /kráʊd/ (同音 cloud) T1 名 (**crowds** /kráʊdz/)

1 C 群衆; 人込み; 観衆, 聴衆 (☞ 類義語)

語法 (英) では群衆を一団[一群]と考えるときには単数扱い, 群衆の中の一人一人に重点を置くときには複数扱いとすることがある (☞ collective noun 文法): There *was* a large ~ in the park. 公園には大群衆がいた. / The ~ *was* [*were*] deeply impressed by his speech. 群衆は彼の演説に深く感銘を受けた.

2 [the ~] 民衆, 大衆: Many newspapers try to appeal to *the* ~. 多くの新聞は大衆に受けようと努めている. 3 [単数形で][略式] 仲間, 連中: the usual ~ いつもの連中. 語源 古(期)英語で「押す」の意.

a (whóle) crówd of ... = crówds of ... [形]大勢の..., 多数の...: The singer was surrounded by 'a ~ [~s] of fans. 歌手は大勢のファンに取り囲まれた / There was a ~ of empty beer bottles on the floor. 床の上にはビールのからびんがいっぱいあった.

fóllow [gó with, móve with] the crówd [動] 自 世間の人がするようにする, 大勢(おおぜい)に従う.

in crówds [副] 大勢で; 群れをなして.

stánd óut in a crówd [動] 自 他と異なる, 目立つ.

― 動 (**crowds** /kráʊdz/; **crowd·ed** /-dɪd/; **crowd·ing** /-dɪŋ/) 自 1 群がる, 殺到する; 押し入る[合う] (*in, together*): People ~*ed around* [*round*] the famous actor. 人々はその有名な俳優の周りにどっと集まった / The guests ~*ed into* the stadium (*through* the gate). 客が競技場へ[門から]どやどやと入ってきた. <V+前+名・代>

― 他 1 (人が)(...)に群がる, 集まる, 詰めかける: People ~*ed* the stadium. その競技場にわんさと人が押しよせた.

2 《場所》を(人・物で)混雑させる, いっぱいにする (☞ crowded): The street *was* ~*ed with* demonstrators. <V+O+*with*+名・代の受身> 通りはデモ隊でいっぱいだった.

3 《人》を(部屋・乗り物などに)詰め込む, 押し込める (*in*): Many people were ~*ed into* the bus. 多くの人がバスに押し込まれた. 4 [略式] 《人》に圧力をかける, 迫る; 《人》をせかす: Don't ~ me *with* unreasonable demands. 無理難題を私にふっかけないでくれ. 5 《人》にくっきすぎて不快に[不安に]させる: Don't ~ me. あまりぴったりくっつかないでくれ.

crówd ín on ... [動] 他 W (考え・問題などが)...にどっと押し寄せる[浮かぶ].

crówd óut [動] 他 (1) <...>を(一から)締め出す (*of*). (2) 《商売がたきなど》を圧迫する, 締め出す (*of*).

[類義語] **crowd** 無秩序にくっさ合って集まっている多数の人々. **throng** やや格式ばった語で, *crowd* と同義に用いられるほか, 押し合いへし合いひしめきに, 前方へ移動していく群衆の意に用いる: a large *throng* of shoppers 遠くの大きな町の買い物客. **mob** 不法に集まり暴徒化した群衆: The police dispersed the *mob*. 警察はその群衆を解散させた.

crówd contról 名 U 《警察などの》群衆整理.

*****crowd·ed** /kráʊdɪd/ 形 1 (場所が人で)込み合った, 混雑した (*with*) (☞ crowd 動 2); 満員の: ~ cities 雑踏する都市 / Our train was 'very ~'. 私たちの列車は非常に込んでいた / Japan is much too ~. 日本は人が多すぎる. 2 (物で)いっぱいにふさがった; (生活・予定などが)過密の, 忙しい: a room ~ *with* furniture 家具でいっぱいの部屋. ~**·ness** 名 U 混雑(している状態).

crówd·plèas·er /-plìːzə | -zə/ 名 C 大勢の人を楽しませる人[もの].

crówd·plèas·ing 形 大勢の人を楽しませる.

crówd-pùll·er /kráʊdpʊlə | -lə/ 名 C 大勢の人を引きつけるもの[人], 呼びもの.

crów·fòot 名 (複 ~s, -feet /-fìːt/) C うまのあしがた, きんぽうげ(の類) 《植物》.

*****crown** /kráʊn/ (同音 clown) 名 (~s /~z/) 1 C 冠,

王冠: wear a ～ 冠をかぶる. **2** [the ～, the C-] (王冠によって象徴される)王位, 王権, 王国: succeed to *the* ～ 王位を継承する / wear *the* ～ 王位にある.

3 C 冠の形をしたもの; (勝利の)冠, 花冠: A ～ was given to the winner of the race. レースの勝利者に栄冠が授けられた. **4** [the ～] (優勝者の)栄冠, 栄誉; 王座, トップの座: win the lightweight boxing ～ ボクシングのライト級選手権を獲得する. 関連 the Triple Crown 三冠. **5** C (帽子の)頭, 脳天 (head); (帽子の)山; (山の)頂上, てっぺん (top): *the* ～ of a hat 帽子の山. **6** C [歯] 歯冠; 歯(歯茎から上に出ている部分). **7** [the ～] 絶頂, 極致 (of). **8** C 人工歯冠. **9** C クラウン銀貨(王冠の印がついている英国の旧5シリング硬貨).

── 動 (crowns /~z/; crowned /~d/; crown·ing) ⑯ **1** [普通は受身で] ⟨…⟩を王位につける, 即位させる ⟨…⟩に冠をいただかせる: She *was* ～*ed* 「Queen of England [Miss World]. <V+O+C(名)の受身> 彼女は英国女王の位についた[ミスワールドの栄冠を得た].

2 ⟨…⟩に栄冠を与える; ⟨…⟩に報いる (reward): His efforts *were* finally ～*ed* with success. 彼の努力はついに成功によって報われた. **3** ⟨歯など⟩に歯冠をかぶせる (cap); 《文》 ⟨…⟩の頂にのせる, ⟨…⟩の上を覆(#)う (with). **4** ⟨…⟩の最後を飾る, しめくくる (with, by); ⟨…⟩の絶頂である. **5** 《古風, 略式》 ⟨…⟩の頭を殴る.
to crówn it áll [副] つなぎ語 《英》そのうえさらに(ひどいことに), あげくの果てに.

crówn cáp 名 C (びんの)王冠.

crówn cólony 名 C [しばしば C-] (英国の)直轄植民地.

Crówn Cóurt 名 C,U [しばしば C- C-] (イングランド・ウェールズの)刑事裁判所.

crówned héad /kráund-/ 名 C [普通は複数形で] 国王, 女王.

crown·ing /kráunɪŋ/ 形 A 最後を飾る; 絶頂の, 最高の: my ～ moment 私の最高の時.

crówning glóry 名 C **1** 最も重要な[すばらしい]部分[時期]. **2** 《滑稽》 頭髪.

crówn jéwels 名 **1** [the ～s] (儀式のときに国王・女王が用いる)王冠などの宝器類. **2** C 最も大切な[貴重な, 美しい]もの[財産]; 《経》(会社の)最優良資産.

crówn of thórns 名 C (キリストのかぶった)いばらの冠; [比喩] 苦難.

crówn prínce 名 C [しばしば C- P-] (英国以外の)皇太子(☞ prince 成句).

crówn príncess 名 C [しばしば C- P-] (英国以外の)皇太子妃; (英国以外の)王女.

Crówn Prosecútion Sèrvice 名 [the ～] 《英》公訴局, 検察局 (イングランドとウェールズにおいて警察が扱った事件を起訴するかどうか判断する組織).

crówn róast 名 C 王冠型ロースト(子羊・子牛・豚の骨付きあばら肉を王冠状にして詰め物をしたもの).

crow's-feet /króuzfi:t/ 名 [複] 目じりの小じわ, 「からすの足あと」.

crów's nést 名 C (マストの上の)見張り台.

cro·zier /króuʒɚ | -zɪə/ 名 C =crosier.

CRT /sí:àɚtí: | -à:-/ 略 =cathode-ray tube. ── 名 C (略式)(コンピューターの)ブラウン管ディスプレー.

cru·cial /krú:ʃəl/ 形 (◊ crux) **1** (きわめて)重大な(生死を分けるほどに), (…に)決定的な (in doing): a ～ problem きわめて重大な問題 / This is ～ *to [for]* our future. <A+*to* [*for*]+名·代> これは我々の将来にとって非常に重要なことだ / *It is* ～ *that* the bridge (*should*) *be* completed immediately. 橋を即刻完成させることが何よりも大切だ(☞ should A 8; that² A 2). **2** 《英略式》 すごい, すばらしい.
-cial·ly /-ʃəli/ 副 決定的に, 重大に.

cru·ci·ble /krú:səbl/ 名 **1** C るつぼ. **2** [単数形

cruise 407

で] 《文》厳しい試練 (of).

cru·ci·fix /krú:səfɪks/ 名 C 十字架上のキリスト像.

†**cru·ci·fix·ion** /krù:səfɪkʃən/ 名 **1** U,C はりつけ. **2** [the C-] キリストのはりつけ, 磔刑(ホォ). **3** C [しばしば C-] キリストはりつけの絵[像].

cru·ci·form /krú:səfɔɚm | -fɔ:m/ 形 [普通は A] (格式)十字形の.

†**cru·ci·fy** /krú:səfaɪ/ 動 (-ci·fies; -ci·fied; -fy·ing) ⑯ **1** ⟨…⟩をはりつけにする. **2** 《略式》⟨…⟩をつるし上げる, 責め苦しめる, 迫害する.

crud /krʌd/ 名 **1** U 《俗》ねばねばするもの; よごれ, かす, おり. **2** C 《俗》いやなやつ[もの].

crud·dy /krʌdi/ 形 (crud·di·er; -di·est) 《略式》不快な, いやな; ひどい.

*__**crude**__ /krú:d/ 形 (crud·er /-dɚ | -də/; crud·est /-dɪst/; crúdity) **1** (人・態度が)粗野な, 下品な, いやらしい(☞ cruel 語源): ～ behavior 粗野なふるまい / ～ people 泥くさい人たち.

2 (物ややり上がりが)粗雑な, 粗末な, 大ざっぱな: a ～ estimate 大ざっぱな見積もり. **3** [普通は A] 天然のまま, 未加工の (raw): ～ oil 原油 / ～ rubber 生ゴム.
── U 原油. **-ly** 副 天然のままで; 粗雑に. **～·ness** 名 U 粗野.

cru·di·tés /krù:dɪtéɪ | krú:dɪtèɪ/ 《フランス語から》名 [複] 生野菜(前菜として出される).

cru·di·ty /krú:dəti/ 名 (-di·ties; 形 crude) **1** U 粗野なこと, 未熟さ; 生硬; 粗雑 (crudeness). **2** C 粗野な言動; (芸術などの)未熟な作品.

*__**cru·el**__ /krú:əl/ 形 (cru·el·er, 《英》-el·ler; -el·est, 《英》-el·lest; 名 crúelty) **1** (人・行為などが)残酷な, 残忍な; 残酷にも…する: Don't be ～ to animals. <A+*to*+名> 動物を虐待するな / 言い換え *It is* ～ *of* him *to* beat the dog like that. = He is ～ *to* beat the dog like that. あんなに犬をぶつとは彼も残酷だ(☞ of 12) / He is being ～ to his children. 彼は自分の子どもたちにむごいことをしている.

2 (状況が)悲惨な, 無残な: a ～ sight 悲惨な光景 / He met with a ～ death. 彼は悲惨な最期を遂(¥)げた. **3** (物事が)苦痛を与える, ひどい, つらい: a ～ disease つらい病気. 語源 crude と同語源で, 「(品性が)粗野な」の意. **be crúel to be kínd** [動] ⑲ 相手のためを思ってつらくあたる, 心を鬼にする.

cru·el·ly /krú:əli/ 副 残酷に, むごく, 無慈悲に.

cru·el·ness /krú:əlnəs/ 名 U 残酷さ; 悲惨さ.

*__**cru·el·ty**__ /krú:əlti/ 名 (-el·ties /~z/; 形 cruel) **1** U 残酷さ, むごさ, 残虐, 無慈悲: ～ to children 子供への虐待 / Don't treat animals *with* ～. 動物を残酷に扱ってはいけない. **2** C [普通は複数形で] 残虐行為, 虐待行為: commit cruelties 残虐行為を働く.

crúelty-frée 形 (化粧品・薬品などが)動物実験をせずに[動物に害を与えずに]開発された.

cru·et /krú:ɪt/ 名 **1** C (食卓用の)薬味びん(油・酢・塩・こしょうなどを入れる). **2** 《英》=cruet stand.

crúet stánd 名 C 《英》(食卓用の)薬味びん立て.

*__**cruise**__ /krú:z/ 動 (cruis·es /~ɪz/; cruised /~d/; cruis·ing) 名 (~·es /~ɪz/) C 船旅, 巡洋航海, 巡航: go on a Caribbean ～ カリブ海の船旅[巡航]に出る.

── 動 (cruis·es /~ɪz/; cruised /~d/; cruis·ing) ⑲ **1** 船旅をする. 巡洋航海する(観光・警備などのために航海する), 巡航する: The elderly couple went *cruising around* the world. <V+前+名·代> その老夫婦は世界一周の船旅に出た. **2** (自動車・飛行機が)一定の[安定した]速度で走る[飛ぶ]. **3** (タクシーなどが)流して走る; (パトカーなどが)巡回する. **4** 《俗》(セックスの相手を求めて盛り場などを)ぶらつく. **5** 《略式》勝ちに勝ち進む (to, into). ── ⑯ ⟨…⟩を巡航する; ⟨…⟩を(遊びでゆっくり)走り回る; 《俗》(ナンパ目的で)ぶらつく.

Cruise /krúːz/ 名 固 Tom ~ クルーズ (1962-)《米国の俳優》.

crúise contról 名 C|U 一定速度走行(装置), クルーズコントロール(装置).

crúise líner 名 C 巡航客船.

+**crúise míssile** 名 C 巡航ミサイル.

+**cruis・er** /krúːzə | -zə/ 名 C **1** 巡洋艦. **2**《米》パトロールカー. **3** = cabin cruiser.

crúise shíp 名 C 巡航船.

cruis・ing /krúːzɪŋ/ 名 U **1** 船旅. **2**(遊びで)車を乗り回すこと. **3**《俗》(ナンパ目的の)ぶらつき.

crúising rádius 名 C 巡航[航続]半径(給油なしに往復できる最大距離).

crúising spéed 名 C 巡航速度[速力]《トップスピードよりおそい経済速度》.

crul・ler /krʌlə | -lə/ 名 C《米》クルーラー(ねじりドーナツ).

+**crumb** /krʌm/ 名 **1** C [普通は複数形で](パンなどの)くず, かけら (breadcrumbs). **2** C 少量, 少し: a ~ of hope [comfort] わずかな望み[慰め]. **3** U パンの柔らかい部分 (☞ crust). **4** C《古風, 米俗》いやな[くだらない]奴. —— 動 他〈...〉にパン粉をまぶす.

*__crum・ble__ /krʌmbl/ 動 (crum・bles /~z/; crum・bled /~d/; crum・bling) 自 **1** ぽろぽろに崩れる, 砕ける (away; into, to); **2**(建物・希望などが)もろくも消えうせる, 滅びる (away): The old wall ~d down. 古い塀が崩れ落ちた. —— 他〈...〉を粉にする, 砕く (into, to).
—— 名 U|C《主に英》クランブル《煮た果物に小麦粉・砂糖などの練りあわせをのせたもの》《米》crisp).

crum・bly /krʌmbli/ 形 (crum・bli・er, more ~; crum・bli・est, most ~) 砕けやすい, もろい.

crumbs /krʌmz/ 間《やや古風, 英略式》へえ, いやはや《驚きなどを表わす》.

crum・my /krʌmi/ 形 (crum・mi・er, -mi・est)《略式》**1** 低俗な; うす汚ない. **2** 具合が悪い.

crum・pet /krʌmpɪt/ 名 **1** C ホットケーキの一種. **2** U《英俗》[差別] いい女, セクシーな女.

+**crum・ple** /krʌmpl/ 動 他〈...〉をしわにする, (丸めて)もみくちゃにする (into); ぺちゃんこにする (up). —— 自 **1** しわになる, もみくちゃになる; ぺちゃんこになる (up). **2** 崩れるように倒れる. **3** (顔が今にも泣き出しそうに)しわくちゃになる.

crum・pled /krʌmpld/ 形 (丸められて)しわくちゃ[くしゃくしゃ]になった; (倒れて)うずくまった.

crúmple zòne 名 C《衝突の衝撃を緩和する)自動車の前[後]部.

*__crunch__ /krʌntʃ/ 動 (crunch・es /~ɪz/; crunched /~t/; crunch・ing) 他 **1**〈固い食べ物〉をばりばりかむ, ぼりぼりと食べる (up) (☞ chew 表): After her drink was gone she started ~ing the ice cubes. 飲み物がなくなると彼女は角氷をかみ砕き始めた. **2**〈砂利道など〉をざくざく踏む. **3**〈電算〉〈大量のデータ・数字等〉を高速処理する. —— 自 ばりばりかむ (on), ざくざく砕ける, ざくざく踏み鳴らして行く (on). —— 名 **1** [単数形で] ばりばりかみ砕くこと[音]; ざくざく踏む[砕く]こと[音]. **2**《略式》危機; いざという時. **3**《米》[a ~](経済的な)ピンチ. **4** C = sit-up. **when [if] it cómes to the crúnch** 副 [文修飾節] いざとなれば.

crunch・i・ness /krʌntʃinəs/ 名 U [ほめて](食べ物などが)ばりばりすること.

crúnch tìme 名 U [しばしば the ~] 正念場.

crunch・y /krʌntʃi/ 形 (crunch・i・er, -i・est) [ほめて](食べ物などが)ばりばりいう, ざくざくいう.

+**cru・sade** /kruːséɪd/ 名 C **1** [しばしば C-] 十字軍《聖地 Jerusalem をイスラム教徒から奪還しようとした中世のキリスト教国の遠征》; 聖戦. **2** 改革[撲滅]運動《for; to do》: a ~ against AIDS エイズ撲滅運動.

語源 ラテン語で「十字 (cross)印をつける」の意.
—— 動 自 改革[撲滅]運動に参加する (for, against).

cru・sad・er /kruːséɪdə | -də/ 名 C 十字軍戦士; 改革[撲滅]運動参加者.

*__crush__ /krʌʃ/ 類義 clash, crash) 動 (crush・es /~ɪz/; crushed /~t/; crush・ing) 他 **1**〈...〉を押しつぶす, 砕く;〈穀物など〉をひく, 絞り出す (out) (☞ break 類義語): He ~ed the box. 彼はその箱をつぶした / The grain is ~ed into flour. <V+O+into>+名・代の受身> 穀物はひかれて粉になる / She ~ed the juice **from** [**out of**] the grapes. <V+O+from [out of]+名・代> 彼女はぶどうから果汁を絞り取った.
2〈敵など〉を粉砕する;〈希望・熱意・自信など〉をくじく [普通は受身で]〈人〉を打ちひしぐ: ~ a revolt 反乱を鎮圧する / The king ~ed his enemies. 王は敵軍を壊滅させた / Her only hope was ~ed. <V+O の受身> 彼女の唯一の望みはくじかれてしまった.
3〈...〉をもみくちゃ[しわくちゃ]にする: The train was so crowded that my dress was ~ed. 列車がとても込んでいて, 私の服はしわくちゃになった.
4〈...〉を押し込める, ぎゅうぎゅう詰める: I was ~ed into the crowded train. 込んだ列車に押し込まれた.
—— 自 **1** つぶれる; しわくちゃになる: This material doesn't ~. この生地はしわにならない.
2 押し合って入る, 殺到する: ~ into a small room 小さな部屋に殺到する / ~ past [through] the gate ひしめき合いながら門を通り抜ける / People ~ed toward the bargain counter. 人々は特売場に殺到した.

crúsh on ... 動 他《米略式》...に熱をあげる.
crúsh óut 動 他〈火など〉をもみ消す.
crúsh úp 動 他 砕いて粉にする, 粉砕する; もみくちゃにする. —— 自《英略式》(ぎゅうぎゅう)詰める.
—— 名 **1** U [C] (一時の)ほれこみ, のぼせ;《米》ほれた相手, あこがれの人. **2** [単数形で] 押し合い, 雑踏; 群衆: a ~ in the subway 地下鉄の雑踏 / There was a terrible ~ at the festival. 祭りではものすごい人出だった. **3**《英》スカッシュ(squash), 果汁.
hàve [gèt] a crúsh on ... 動 他《略式》(若者が)(特に年上の人)に熱をあげる, ...にのぼせ上がる.

crúsh bàrrier 名 C 群衆の侵入防止の柵[で].

+**crush・ing** /krʌʃɪŋ/ 形 **1** [普通は A] 圧倒的な, 壊滅的な: a ~ defeat [blow] 壊滅的な敗北[打撃]. **2** (批判などが)痛烈な, 人を恥じ入らせるような. **~・ly** 副 圧倒するように, 散々に.

Crusoe 名 固 ☞ Robinson Crusoe.

+**crust** /krʌst/ 名 **1** C|U パンの皮; パイの皮 (piecrust); **2** C 堅くなったパンのひと切れ[耳]. **2** C|U 堅い表面; (雪・土などの)堅くなった表面, かさぶた. **3** U|C【地質】地殻. **4** C|U (ワインの)酒あか. —— 動 自 堅い外皮を生じる; 表面が堅くなる[凍る] (over). **éarn a crúst** 動《英略式》やっとのことで暮らしを立てる.

crus・ta・cean /krʌstéɪʃən/ 動 名 C 甲殻類の動物(かに・えびなど). —— 形 甲殻類の.

crust・ed /krʌstɪd/ 形 **1** 表面が堅くなった (with). **2** [普通は A] (ワインが)酒あかを生じた, 熟成した.

crust・ie /krʌsti/ 名 C《英略式》クラスティー《きちんとした身なりをしない, 因習的生活に固執しない人》.

+**crust・y** /krʌsti/ 形 (crust・i・er, -i・est) [普通は A] **1** (パンが)ほどよく堅い; 外皮のある, 表面の堅い. **2** 《略式》(特に老人が)気難しい, 無愛想な.

+**crutch** /krʌtʃ/ 名 C **1** 松葉づえ: a pair of ~es 松葉づえ1対 / walk **on** ~es 松葉づえをついて歩く. **2** [普通は a ~] 支え; 頼り, 助け. **3**《英》= crotch.

crux /krʌks/ 名 **1** [the ~] 最重要点, 要点; 難問 (of): the ~ of the matter 問題の核心. **2** U [C-]【天】南十字星.

*__cry__ /kráɪ/ 動 (cries /~z/; cried /~d/; cry・ing) 自 **1** (特に声を上げて)泣く, 泣き叫ぶ, 涙を流す: ~ **for** joy うれし泣きする (☞ for joy (joy 成

句》/ ～ with hunger 空腹で泣く / The lost child was ～*ing* for his mother. 迷子の男の子はお母さんが居ないと泣いていた / Don't ～ before you are hurt. 《ことわざ》けがをする前に泣くな(取り越し苦労をするな).

weep (《格式》泣く)	泣く
sob (すすり泣く)	泣く
cry (泣く, 声を上げる)	泣く / 叫ぶ
shout, cry out (大声で叫ぶ)	叫ぶ

2 (悲しみなどで)**声を上げる**, **叫ぶ**, **大声で呼ぶ[言う]** (*out*) 《☞ shout 類義語》: ～ with [in] pain 痛さのあまり大声を上げる / They *cried* to the gods for rain. 彼らは大声で神に雨乞いをした.
3 (獣・鳥が)**鳴く**, (獣が)**ほえる** 《☞ 下の表》: A kitten was ～*ing* outside my window. 子猫が窓の外で鳴いていた. [語法] cry は「鳴く」「ほえる」というごく一般的な語で, 個々の動物については下の表のようなそれぞれに固有の動詞を用いることが多い. それぞれの泣き声は名詞としても用いることができる.
— [他] **1** [受身なし] 〈…〉と[を]**叫ぶ**, **大声で**〈…〉と**言う**: "Fire!" he *cried*. 「火事だ」と彼は叫んだ / She ***cried that*** she was coming. <V+O (*that* 節)> 彼女は「今行きます」と大声で言った.
2 [受身なし] 《古風》〈…〉を叫んで知らせる; 〈品物〉を呼び売りする: He *cried* the news all over the realm. 彼は大声でその知らせを国中にふれて回った. **3** 〈涙〉を流す: ～ tears of joy うれし涙を流す.
crý on …'s shóulder [動] 「…の胸で泣く」, …に泣き事を言う.
crý onesèlf to sléep [動] [自] 泣き疲れて寝てしまう.
for crýing òut lóud [感] Ⓢ 《略式》お願いだから; 何だって, 一体全体 《要求を強めたり, いら立ち・驚きなどを表わす》: *For* ～*ing out loud*, leave me alone! 頼むから放っておいて!

cry の句動詞

crý abòut … [動] [他] ＝cry over ….
crý dówn [動] [他] 《古風》〈…〉をけなす; やじり倒す.
*__crý for …__ [動] [他] **1** **…を泣いて求める** 《☞ [自] 1 第 3 の例文》; (大声で)…を求める 《☞ [自] 2 第 2 の例文》: The trapped people *cried for* help. わなにかかった人々は大声で助けを求めた 《☞ cry for the moon (moon [名] 成句)》. **2** …を強く求める, (物が)緊急に…を必要とする: The state of things is ～*ing for* reform. 事態は緊急に改革を要する.
crý óff [動] [自] 《英略式》約束を取り消す: You can't ～ *off* now—not after you promised to go. もう取り消せませんよ—行くと約束したのですから. — [他] 〈約束など〉を取り消す: He *cried off* help*ing* us at the last moment. 彼は土壇場で私たちを援助するのをやめた.
*__crý óut__ [動] [自] **大声を上げる, 叫ぶ** 《☞ cry 1 表》: He *cried out* in [with] pain. 彼は痛くて大声を上げた. — [他] 〈…〉を大声で言う: She *cried out* a warning. 彼女は大きな声で警告を発した.
crý one's héart [éyes] òut [動] [自] 《略式》おいおい泣く: When his dog died, he *cried his heart out*. 犬が死んだとき彼はおいおい泣いた.
crý òut agàinst … [動] [他] [受身はまれ] …に激しく反対[抗議]する.
crý óut for … [動] [他] [しばしば進行形で] 《略式》…を大いに必要とする; …を求めて叫ぶ: The field *is* ～*ing out for* rain. 畑は今雨がどうしても必要だ.
*__crý òver …__ [動] [他] (不幸・失敗など)を嘆く: 'It is no [No] use ～*ing* over spilled [spilt] milk. 《ことわざ》こぼれた牛乳を嘆いてもしかたがない(後悔先に立たず).
crý úp [動] [他] 《古風》〈…〉をほめそやす.

C

動物の鳴き声を表わす動詞

[参考] lamb 子羊 baa とあれば A lamb baas. (子羊がめーと鳴く)のように言うことを示す.

animals (動物)		
ape	尾なし猿	gibber
bear	くま	growl
bull	雄牛	bellow
camel	らくだ	grunt
cat	猫	meow, 《英》 miaow / purr
cattle	牛	moo
cow	雌牛	moo
dog	犬	bark / growl / howl / whine / yelp
donkey	ろば	bray
elephant	象	trumpet
fox	きつね	bark / yelp
goat	やぎ	bleat
horse	馬	neigh / snort / whinny
hound	猟犬	bay
jackal	ジャッカル	howl
kitten	子猫	meow, 《英》 miaow
lamb	子羊	baa / bleat
lion	ライオン	roar
monkey	猿	chatter / gibber
mouse	ねずみ	squeak
ox	雄牛	bellow
pig	豚	grunt / oink
puppy	子犬	yelp
seal	あざらし おっとせい	bark
sheep	羊	baa / bleat
tiger	とら	growl / roar
wolf	おおかみ	howl
birds (鳥)		
bird	鳥一般	sing / twitter
small bird	小鳥	chirp / twitter
chicken	ひよこ	cheep
cock	おんどり	crow
crow	からす	caw / croak
dove	はと	coo
duck	あひる	quack
eagle	わし	scream
goose	がちょう	cackle / hiss
hawk	たか	scream
hen	めんどり	cackle / cluck
lark	ひばり	sing / warble
magpie	かささぎ	chatter
nightingale	ナイチンゲール	sing / warble
owl	ふくろう みみずく	hoot / scream / screech
parrot	おうむ	talk
peafowl	くじゃく	scream
pigeon	はと	coo
raven	わたりがらす	croak
rook	みやまがらす	caw
rooster	おんどり	crow
seagull	かもめ	scream
swan	白鳥	cry
thrush	つぐみ	whistle
turkey	七面鳥	gobble
vulture	コンドル	scream
wild goose	がん	honk
other animals (その他)		
bee	はち	buzz / hum
beetle	甲虫	drone
cricket	こおろぎ (☞ cricket² [日英比較])	chirp
fly	はえ	buzz
frog	かえる	croak
snake	蛇	hiss

crybaby

— 名 (cries /-z/) C **1** 声を上げて泣くこと, 泣き声: have a good ~. 思う存分泣く / Man begins life with a ~. 人はおぎゃあと泣いてこの世に生まれ出る.
2 (苦痛・喜びなどの)叫び声; a ~ of 'Fire!'「火事だ」という叫び声 / a ~ for help 助けを求める声 / give [let out] a ~ of fear 恐怖の叫び声を上げる / Angry cries from the mob were heard. 暴徒の怒声が聞こえた ▶ battle cry, war cry.
3 (獣・鳥などの)鳴き声, (獣の)ほえる声: the cries of wolves おおかみたちのほえ声 (☞ 3 語法). **4** 世論の声; 標語, スローガン; 哀願, 要求: a ~ for peace 平和を求める声 ▶ battle cry, war cry.

a fár crý 名 (略式) (…にはほど遠いもの, 及びもつかないもの): Tom's present batting average is a far ~ from what we expected. トムの現在の打率は我々が期待したものとはほど遠い.

in fúll crý 形・副 (猟犬が)(…を追って)一斉にほえ立てて (after); (人が)総掛かりで, 激しく批判して (over).

crý·bàby 名 (-ba·bies) C (略式) (軽蔑) 泣き虫, 弱虫.

cry·ing /kráɪɪŋ/ 形 **1** 泣き叫ぶ. **2** (略式) 緊急の; ひどい: a ~ need 差し迫った必要. **a crýing sháme** 名 ⓢ とても残念な[ひどい]こと (☞ shame 名 4).

cry·o- /kráɪou-/ 接頭「低温の, 冷凍の」の意: cryobiology 低温生物学.

cry·o·gen·ic /kràɪədʒénɪk⁻/ 形 低温(貯蔵)の.
cry·o·gen·ics /kràɪədʒénɪks/ 名 U 低温学.
cry·on·ics /kraɪɑ́nɪks | -ɔ́n-/ 名 U 人体[人間]冷凍術 (死体を超低温で保存し, 後日医学が進歩したときに蘇生させようとする).
cryo·súrgery 名 U 医 凍結[冷凍]外科(手術).
+**crypt** /krípt/ 名 C (教会の)地下室(埋葬・礼拝用).
cryp·tic /kríptɪk/ 形 隠された, 秘密の; なぞめいた; 難解な: a ~ remark 理解しにくい発言. **cryp·ti·cal·ly** /-kəli/ 副 秘密的で; なぞめいて.
cryp·to- /kríptou/ 接頭 (格式)「隠れた, 秘密の」の意: a crypto-Christian 隠れキリシタン.
cryp·to·gam /kríptəgæm/ 名 C 植 隠花植物.
cryp·to·gram /kríptəgræm/ 名 C 暗号文.
cryp·tog·ra·pher /krɪptɑ́grəfə | -tɔ́grəfə/ 名 C 暗号作成[考案]者.
cryp·to·graph·ic /krìptəgrǽfɪk⁻/ 形 暗号(法)の. **-graph·i·cal·ly** /-kəli/ 副 暗号で.
cryp·tog·ra·phy /krɪptɑ́grəfi | -tɔ́g-/ 名 U 暗号表記[解読]法, 暗号学.
***crys·tal** /krístl/ 名 (~s /-z/; 動 crýstallìze) **1** C 化 結晶体, 結晶体: snow ~s 雪の結晶. **2** U 水晶; C 水晶の製品, 水晶細工: a ~ watch 水晶時計. **3** U クリスタルガラス. **4** C クリスタルガラス製品, クリスタルガラス製食器類. **5** C (時計の)ガラスぶた.
crýstal báll 名 C (占い師が使う)水晶[ガラス]玉.
+**crystal-clear** /krístlklíə | -klíə⁻/ 形 (水晶のように)非常に澄んだ; はっきりわかる; 疑いの余地のない.
crýstal gàz·er /-gèɪzə | -zə/ 名 C 水晶占い師.
crýstal gàz·ing 名 U 水晶占い; 未来予想.
crýstal gláss 名 U =crystal 3.
crys·tal·line /krístəlɪn, -lì:n, -làɪn/ 形 (文) 水晶のような, 透明な. **2** 化 結晶(質)の, 結晶状の.
crýstalline léns 名 C 解 (眼球の)水晶体.
crys·tal·li·za·tion /krìstəlɪzéɪʃən, -laɪz-/ 名 U 結晶化; 具体化 (of).
***crys·tal·lize** /krístəlàɪz/ 動 ⓐ **1** 結晶する. **2** (思想などが)具体化する: Our dreams finally ~d into a definite plan. 私たちの夢がついに具体化して明確な計画になった. — ⓗ **1** 〈…〉を結晶させる. **2** 〈思想など〉を具体化させる. **3** 〈果物など〉に砂糖のころもを着ける.

crys·tal·lized /krístəlàɪzd/ 形 (普通は A) (果物などが)砂糖のころもを着けた.
crýstal méth 名 U (米俗) =meth.
crýstal sèt 名 C 鉱石受信器[ラジオ] (電池を使わない, イヤホンで聞くラジオ).
c/s /sí:és/ 名 (物理) =cps.
CSA /sí:èséɪ/ 名 [the ~] (英) =Child Support Agency 児童養育費庁 (子供の養育費を決定し, 離れて暮らす親から徴収する官庁).
CSCE =Conference on Security and Cooperation in Europe 全欧安保協力会議.
C-sec·tion /sí:sèkʃən/ 名 C (米略式) =cesarean.
ĆS gás /sí:ès-/ 名 U =tear gas.
C-SPAN /sí:spæn/ 名 固 C スパン (米国のケーブルテレビチャンネル; 議会の放送で有名).
CST /sí:èstí:/ 名 (米) =Central Standard Time.
CT (米郵) =Connecticut.
ct. =carat, cent.
Ct. =court 6.
CTBT =Comprehensive Test Ban Treaty 包括的核実験禁止条約.
CTC /sí:tí:sí:/ 名 C (英) 都市科学技術カレッジ (11-18歳の子供に工学技術を教える理科系の中等教育機関); City Technology College の略).
ctr. 略 =center 1, 2.
ctrl 略 =control (特にコンピューターのキーボード上のコントロールキーを指す).
cts. =carats (☞ carat), cents (☞ cent).
ĆT scán, ĆT scánner /sí:tì:-/ 名 C 医 CTスキャン (身体の横断断層を撮影する装置).
C2 /sí:tú:/ 名 C (英) 統 C2 (労働者階級の中で単純労働に従事する人).
cu =cubic.
CU =see you じゃあね (E メールなどで用いる).
+**cub** /kʌ́b/ 名 C **1** (くま・きつね・ライオン・とらなどの)子. **2** C 見習い, 新米. **3** C [しばしば C-] =cub scout. **4** (主に英) [the Cubs] =Cub Scouts.
Cu·ba /kjú:bə/ 名 固 キューバ (米国 Florida 半島の南方の島, 共和国; ☞ 表地図 I 5).
Cu·ban /kjú:b(ə)n/ 形 キューバの; キューバ人の. — 名 C キューバ人.
Cúban míssile crìsis 名 固 [the ~] キューバミサイル危機 (1962年10月にキューバに建設中のソ連のミサイル基地をめぐり米ソが対立した事件).
cúb·by·hòle /kʌ́bi-/ 名 C こぢんまりした場所[部屋]; 物入れ.
***cube** /kjú:b/ 名 (~s /-z/; 形 cúbic) C **1** 幾 立方体, 正六面体; 立方形のもの: a ~ of sugar=a sugar ~ 角砂糖 / an ice ~ (冷蔵庫の)角氷.
2 数 3乗, 立方: The ~ of 3 is 27. 3 の 3 乗は 27. 関連 power 乗 / square 2 乗, 平方. **3** ⓢ (略式) =cubicle. 語源 ギリシャ語で「さいころ」の意.
— 動 ⓗ **1** [しばしば受身で] 数 〈数〉を3乗する: 4 ~d is 64. 4 の 3 乗は 64 / If you ~, you get 8. 2 を 3 乗するとそうなる. 関連 square 2 乗する. **2** 〈食べ物など〉を立方体[さいの目]に切る (dice): C~ the meat first. まず肉をさいの目に切りなさい.
cúbe róot 名 C 数 立方根 (☞ root¹ 名 7) (of). 関連 square root 平方根.
+**cu·bic** /kjú:bɪk/ 形 C **1** 立方の; 3乗の; 立方体の; 3次の (b, c, d): ~ centimeter(s) 立方センチメートル (略 cc) / ~ content 容積, 体積 / ~ capacity (特に自動車の)総排気量 (略 cc). 関連 square 2 乗の. **2** 立方体[形]の.
cúbic fóot 名 C 立方フィート.
cúbic ínch 名 C 立方インチ.
+**cu·bi·cle** /kjú:bɪkl/ 名 C (仕切り板などで仕切られた)小部屋 (脱衣室・オフィスの個人用作業区画など).
cúbic méasure 名 U 数 立方積.

cúbic zir·có·ni·a /-zə-/ 名 ⓊC 人工ダイヤモンド.

cub·is·m /kjúːbɪzm/ 名 Ⓤ [しばしば C-]《美》立体派, キュービズム.

cub·ist /kjúːbɪst/ 名 Ⓒ [しばしば C-] Ⓒ 立体派の画家[彫刻家]. ─ 形 A 立体派の.

cu·bit /kjúːbɪt/ 名 Ⓒ キュービット, 腕尺《古代の尺度; ひじから中指の先までの長さ; 46-54cm》.

cúb repòrter 名 Ⓒ 駆け出しの新聞記者.

cúb scòut 名 Ⓒ [しばしば C- S-] カブスカウト《ボーイスカウトの年少の団員; 8-10 歳》(cub).

Cúb Scòuts 名 [複] [the ~]《主に米》カブスカウト (the Cubs)《年少のボーイスカウト (the Boy Scouts)》.

cuck·old /kákəld, -kould/《古風》名 Ⓒ [普通は軽蔑]妻を寝とられた男. ─ 動 他《軽蔑》(妻に)(夫に)不貞をはたらく; (男が)(他人の妻を)寝取る.

+**cuck·oo** /kúːkuː, kúk- │ kúk-/ 名 Ⓒ **1** かっこう. 参考 米国産のかっこうは自分の巣に卵を産むが, ヨーロッパ産のかっこうはほかの鳥の巣に卵を産み, ひなをかえさせる. **2** かっこうの鳴き声. ─ 形 [普通は P]《古風, 略式》愚かな, 気が狂った.

cúckoo clòck 名 Ⓒ かっこう時計, はと時計.

+**cu·cum·ber** /kjúːkʌmbə | -bə/ 名 ⓊⒸ きゅうり. (as) cóol as a cúcumber [形]《緊急のときなどに》非常に冷静で.

cud /kád/ 名 Ⓤ 食べ戻し(反芻する動物が胃から口中に戻してかむ食物). **chéw the cúd** [動] 自 反芻する; 《略式》(決定する前に)じっくり考える [論じ合う].

+**cud·dle** /kádl/ 動 他〈…〉を抱き締める (hug). ─ 自 抱き合う. **cúddle úp** [動] 自 〈…に〉寄り添う; 寄り添って寝る (together; against, to). ─ 名 Ⓒ [普通は a ~] 抱擁: give ... a ~ …を抱き締める.

+**cud·dly** /kádli/ 形 (**cud·dli·er**, **-dli·est**) 抱き締めたくなるような, かわいい.

cud·gel /kádʒəl/ 名 Ⓒ《太く短い》こん棒. **tàke úp the cúdgels for** [**on behálf of**] **...** 《古風》…のために敢然と戦う, …を強く弁護する. ─ 動 (**cud·gels**; **cud·geled**,《英》**cud·gelled**; **-gel·ing**,《英》**-gel·ling**) 他〈…〉をこん棒で打つ.

*****cue**[1] /kjúː/ 名 Ⓒ **1**《劇》キュー, きっかけ (for)《俳優の登場・発言の合図となるもの》: I need your ~ to start. <N+to 不定詞> 君の始めの合図が必要だ. **2** 手がかり, 手がかり. **míss one's cúe** [動] 自《劇》でキューを逃がす, せりふを忘れる. **(ríght) on cúe** [副] [しばしば滑稽](予想などをした)まさにその時に. **tàke one's cúe from ...** [動] 他〈…〉を模範とする, …の手本にならう. ─ 動 (**cues**; **cued**; **cue·ing**) 他〈…に〉(せりふの)きっかけを与える, 〈…に〉(出番の)合図をする (in).

cue[2] /kjúː/ 名 Ⓒ キュー《玉突きの棒》.

cúe bàll 名 Ⓒ《玉突きの》突き玉.

cúe càrd 名 Ⓒ キューカード《テレビ放送中に出演者にせりふをつけるのに用いるキーワードなどを記したカード》.

+**cuff**[1] /káf/ 名 (~**s**) Ⓒ **1** そで口, (ワイシャツの)カフス. **2**《米》(ズボンの折り返し (《英》turnup). **3** [複数形で]《略式》手錠 (handcuffs). **òff the cúff** ⇨ off-the-cuff. **on the cúff** [副]《米俗》クレジットで, 掛け売りで. ─ 動《略式》〈人〉に手錠をはめる.

cuff[2] /káf/ 名 (~**s**) Ⓒ《主に英》(頭・耳などを平手で)軽くたたくこと, 平手打ち: give ... a ~ …を軽くたたく. ─ 動《主に英》(平手で)〈…〉を軽く打つ.

cúff lìnks 名 [複] [しばしば a pair of ~] カフスボタン (links). 日英比較「カフスボタン」は和製英語.

cui·rass /kwɪræs/ 名 Ⓒ 胸よろい.

+**cui·sine** /kwɪzíːn/《フランス語から》名 Ⓤ《ある国・地域の》料理(法); 《レストランなどの》料理.

CUL, cul 略 [主に E メールで]=See you later. ではまた.

cul-de-sac /káldəsæk, kúl-/《フランス語から》名 (複 **culs-de-sac** /~/, ~**s**) Ⓒ 袋小路; 行き詰まり.

+**cu·li·nar·y** /kálənèri, kjúː- | -nəri/ 形 A《格式》料理(用)の; 台所(用)の: ~ skills 料理の腕 / delights 非常においしい食べ物.

cull /kál/ 動 **1**〈動物などを淘汰(とうた)する, 間引く. **2**《格式》[しばしば受身で]〈…〉とえり抜く, 抜粋する (from). **3**《文》〈花などを〉摘み取る. ─ 名 Ⓒ **1** 淘汰, えり分け, 間引き. **2** [単数形で]《群から》除かれた[間引かれた]動物[家畜].

+**cul·mi·nate** /kálmənèɪt/ 動 自《格式》最高潮に達して〈…となる; ついに〈…〉となる (in, with): His election campaign ~d in a landslide victory. 彼の選挙戦は地滑り的な勝利に終わった.

+**cul·mi·na·tion** /kàlmənéɪʃən/ 名 [the ~] 最高点, 頂点, 絶頂; 結末, 成就 (of).

cu·lottes /kjúːlɑts, k(j)uːláts | kjuːlɔ́ts/ 名 [複] キュロット《半ズボン風のスカート》.

cul·pa·bil·i·ty /kálpəbɪləti/ 名 Ⓤ 過失(があること), 非難されるべき[不届きな]こと.

cul·pa·ble /kálpəbl/ 形《格式》責められるべき, 非難に値する, 不届きな, けしからぬ (for). **2**《法》有罪の: ~ homicide 殺人罪. **-pa·bly** /-pəbli/ 副 不届きにも.

+**cul·prit** /kálprɪt/ 名 Ⓒ **1** [普通は the ~] 罪人, 犯罪者, 犯人. **2**《格式》(問題の)原因.

cult /kált/ 名 (**cults** /kálts/) Ⓒ カルト, (熱狂的)新興宗教. **2** [普通は単数形で] [しばしば軽蔑]《個人・主義などの》崇拝の(対象), 賛美, 礼賛: a personality ~ (around Stalin)《スターリンをめぐる》個人崇拝 / the ~ of success 立身出世主義. **3** Ⓒ 流行, 熱: the ~ of skiing スキー熱. **4** [形容詞的に] ある特定の(小)集団に大人気の, カルト的な: a ~ figure 一部マニアのアイドル的存在. **5** ⓊⒸ《格式》《宗教的の》礼拝; 祭式, 儀式.

cul·ti·va·ble /káltəvəbl/ 形 (土地が)耕作できる; 栽培できる.

cul·ti·var /káltəvàə | -vàː/ 名 Ⓒ 栽培変種.

*****cul·ti·vate** /káltəvèɪt/ 動 (**-ti·vates** /-vèɪts/; **-ti·vat·ed** /-tɪd/; **-ti·vat·ing** /-tɪŋ/) 他〈土地〉を耕す, 耕作する: ~ the fertile land 肥沃な土地を耕す. **2**《格式》〈作物〉を栽培する (grow); 〈細菌など〉を培養する: Cotton is widely ~d here. <V+O の受身> この土地では綿が広く栽培されている. **3**〈才能・品性・習慣など〉を養う, 修練する: Reading ~s the mind. 読書は精神を養う / ~ an image イメージをつくり上げる. **4** [時にけなして]〈人〉と積極的に交わる; 〈友情・交際など〉を深める; 〈態度〉をとる.

+**cul·ti·vat·ed** /káltəvèɪtɪd/ 形 **1** 教養のある, 上品な. **2** A 栽培[培養]された. **3** 耕された.

+**cul·ti·va·tion** /kàltəvéɪʃən/ 名 (動 cúltivàte) Ⓤ **1** 耕作, 耕作; 栽培(の対象), 養成, 促進, 奨励. **3** 修養, 教養: the ~ of the mind 精神の修養. **ùnder cultivátion** [形・副] 耕作されて.

cul·ti·va·tor /káltəvèɪtə | -tə/ 名 Ⓒ **1** 耕耘(うん)機, カルチベーター. **2**《格式》耕作者; 栽培[培養]者.

*****cul·tur·al** /káltʃ(ə)rəl/ 形 (名 cúlture) [普通は A] **1** 文化の, 文化的な: ~ exchange 文化交流 / heritage 文化遺産 / ~ activities 文化的活動 / a ~ desert《略式》文化的に不毛の地 / peoples with dif-

cultural anthropology

ferent ～ backgrounds 文化的背景の異なる民族. **2**(音楽・美術・文学などに関わる)文化の, 教養の; 教養を得るのに役立つ: ～ studies 教養科目. **3** 栽培上の; 培養の. **-al·ly** /-əli/ 圖 文化的に(は).

cúltural anthropólogy 名 U 文化人類学.

cúltural líteracy 名 U 異文化理解《ある国民が共通して持つ文化的知識》.

cúltural revolútion 名 C 文化革命; [the C-R-](中国の)文化大革命(1966-76).

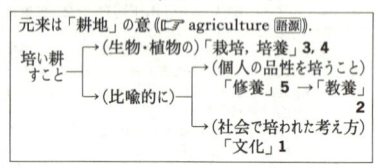

*__cul·ture__ /kʌ́ltʃɚ | -tʃə/ 名 (~s /-z/; cúl-tural)

元来は「耕地」の意（☞ agriculture 語源）．
培い耕すこと →（生物・植物の）「栽培, 培養」 3, 4
　　　　 →（比喩的に）→（個人の品性を培うこと）「修養」 5 →「教養」 2
　　　　　　　　　 →（社会で培われた考え方）「文化」 1

1 U,C（精神的な）文化, （伝承される）生活様式; (特定集団の)文化: the ~s of East Asian countries 東アジア諸国の文化 / We owe much to Western ~. 我々は西洋文化に非常な恩恵を受けている. 関連 civilization 文明.
2 U 教養, (知的)洗練; 文芸: a person of ~ 教養のある人 / acquire ~ 教養を身につける.
3 U（植・動）（植物の）栽培;（魚などの）養殖, 飼育: the ~ of pearls 真珠の養殖. **4** C,U《生》(細菌などの)培養, 培養菌[株]. **5** U 修養, 鍛練.
── 動 **cul·tur·ing** /-tʃ(ə)rɪŋ/ 他 〈…〉を培養する; 養殖[培養]する.

+**cul·tured** /kʌ́ltʃɚd | -tʃəd/ 形 **1**（人が）教養のある, 洗練された, 上品な. **2** 栽培された, 養殖[培養]された: a ~ pearl 養殖真珠.

cúlture shòck 名 U （または a ~）カルチャーショック《異なった文化・習慣などに接したときの驚きや困惑》.

cúlture vúlture 名 C（略式）（滑稽）（教養にうるさい）文化人（気取り）.

cul·vert /kʌ́lvɚt | -vət/ 名 C 暗渠(きょ), 排水溝;（電線・ガスなどの）埋設溝.

cum /kʌm/ 名 U（卑）精液 (semen).

-cum- /kʊm, kʌm/［普通は二つの名詞を結ぶ合成語に用いて］…付きの―, 兼―: a kitchen-cum-living room 台所兼居間.

Cúm·ber·land Pláteau /kʌ́mbələnd- | -bə-/ 名 固 [the ~] カンバーランド高原（West Virginia 州南西部から Alabama 州北東部に至るアパラチア山脈南部の台地）.

cum·ber·some /kʌ́mbɚsəm | -bə-/ 形（重く大きくて）やっかい[じゃま]な, 足手まといの;（手続きなどが）面倒な;（ことばが）長ったらしい.

cu·min /k(j)úːmɪn/ 名 U クミン(の実)《薬味・薬用》.

cum lau·de /kumláudeɪ, -líː- | kàm-, kúm-/《ラテン語から》副 形《米》（大学卒業成績が）優良で[の]（☞ summa cum laude）.

cum·mer·bund /kʌ́mɚbʌ̀nd | -mə-/ 名 C 腰帯（タキシードの上着の下に巻く）.

cum·mings /kʌ́mɪŋz/ 名 固 **e. e. ~** カミングズ（1894-1962）（米国の詩人）.

cum·quat /kʌ́mkwɑt | -kwɔt/ 名 C =kumquat.

+**cu·mu·la·tive** /kjúːmjʊlətɪv/ 形 次第に増加する, 累積する: a ~ effect 累積効果 / ~ deficits 累積赤字. **~·ly** 副 次第に増加して, 累積的に.

cùmulative tráuma disòrder 名 U《医》（米）反復運動障害（過多）損傷《手首・ひじなどに多い》.

cu·mu·lo·nim·bus /kjùːmjʊloʊnímbəs/ 名 C（気象）積乱雲.

cu·mu·lus /kjúːmjʊləs/ 名（複 **cu·mu·li** /-laɪ/）U,C（気象）積雲.

cu·ne·i·form /kjúːn(i)əfɔɚm | -fɔːm/ 形 楔（くさび）形の: ~ characters 楔形(けい)文字《古代バビロニアなどで用いられた》. ── 名 U 楔形文字.

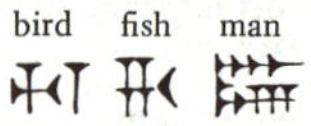

bird fish man
cuneiform

cun·ni·lin·gus /kʌ̀nɪlíŋɡəs/ 名 U クンニリングス《女性器に対する口淫(いん)》（☞ fellatio）.

+**cun·ning** /kʌ́nɪŋ/ 形 **1** ずるい; 悪賢い, こうかつな（☞ sly 類義語）. **2**（古風, 米）すてきな, かわいい. **3**（道具などが）巧妙な, うまくできた. ── 名 U 悪賢(がしこ)さ, 悪知恵. 日英比較 日本語の「カンニング」の意味はない.「カンニングをする」は英語では cheat, 「カンニング」は cheating という. **~ ·ly** 副 ずるく, こうかつに. **lów cúnning** 名 ひきょうな手段.

Cun·ning·ham /kʌ́nɪŋhæm | -nɪŋəm/ 名 固 **Im·o·gen** /ɪ́mədʒən/ カニングハム, カニンガム（1880-1976）（米国の写真家）.

cunt /kʌnt/ 名 C（卑） **1** 女性器, （女の）あそこ（☞ taboo word）. **2**（軽蔑）いやな奴.

*__cup__ /kʌp/（頭韻 cap, cop）名 (~s /-s/) **1** C 茶わん, カップ. 参考 取っ手のついたガラス製以外の容器で, 普通は紅茶やコーヒーのような暖かい飲み物を入れる（☞ glass **3**）（金言）"Will you bring me two ~s?" "Sure."「お茶わんを2つ持ってきてくれませんか」「いいですよ」

teacup   coffee cup

breakfast cup

cups and saucers

2 C 茶わん[カップ] **1** 杯の量: I'd like to have a ~ of tea. 紅茶を1杯いただきたいのですが（☞ piece 語法）/ In cooking, a ~ is a half pint.（米）料理ではカップ1杯が半パイントだ (cupful).
3 C [しばしば the ~] 優勝杯, 賞杯; [普通は C-] 優勝杯争奪戦, …カップ: win the ~ 優勝する / the gold ~ 金のカップ. **4** C 茶わん形のもの;（ブラジャーの）カップ, （花の）がく;（米）（男子運動選手の）プロテクター（（英）box）. 関連 eggcup ゆで卵立て: I held the water in the ~ of my hand. わたしは手のひらに水をすくった.
5 C,U（英）カップ《ワイン・りんご酒などに香料・甘味を加えて冷やした飲料》. **6** C（ゴルフ）カップ, ホール (hole)《球を入れるグリーン上の穴》. **7** C 聖餐(さん)杯, カリス (chalice).

a cúp and sáucer 名 [(セットになった)]受け皿と茶わん（☞ 挿絵）; and **1** 語法 (1)］. **My cúp rúnneth óver.** 幸福がわが身に余る(きわめて幸せである)《★runneth=runs;☞ -eth》. 由来 聖書のことばから. **nót ⋯'s cùp of téa** S（略式）…の好みでないもの, 肌に合わないもの: Rock music is just not my ~ of tea. ロックミュージックはなんとも私の性に合わない. **in one's cúps** 形（古風）酔って, 一杯機嫌で.

── 動 (**cups**; **cupped**; **cup·ping**) 他 **1**〈手など〉をやや丸める: The old man cupped a hand behind his ear. 老人は(よく聞こえるように)手をおわんのようにして耳に当てた.

cup **1**

2 手を少し丸めて〈…〉を囲む (in, with).
cup・bear・er /kʌ́pbèə/rə/ -rə/ 名 C (宮廷・貴族の)宴席などの)酌(く)人.
***cup・board** /kʌ́bəd | -bəd/ (発音 covered) 名 (-boards /-bədz | -bədz/) C **1** 食器棚 (☞ kitchen 挿絵). **2** (英) 戸棚, 押し入れ.
The cúpboard is báre. (英) (1) 食器棚はからである. (2) あげるものは何もない《お金など》.
cúpboard lòve 名 U (英・豪) 欲得ずくの愛情《子供などがお菓子やこづかい欲しさに示す愛情など》.
cúp・càke 名 C カップケーキ.
Cúp Fìnal 名 C (英) (サッカーなどの)決勝戦, 優勝決定戦.
cup・ful /kʌ́pfùl/ 名 C = cup 2.
Cu・pid /kjúːpɪd/ 名 **1** 『ロ神』キューピッド《ビーナス (Venus) の子で恋愛の神; 弓矢を持ち, 翼のある裸体の少年; ☞ god 表》. **2** C [c-] キューピッドの絵[彫像]. **pláy cúpid** [動] 自 (…の)愛の仲立ちをする (to).
cu・pid・i・ty /kjuːpídəti/ 名 U (格式) (金銭・財産への)貪欲(どん), 強欲.
cu・po・la /kjúːpələ/ 名 C 丸屋根, 丸天井; (屋上の)丸屋根の塔 (☞ 挿絵).
cup・pa /kʌ́pə/ 名 C (S) (英略式) 紅茶1杯 (cup of tea).
cù・pro・níckel /kjùː-prou-/ 名 U キュプロニッケル《銅とニッケルの合金》.
†cúp・tie 名 C (英) (サッカーなどの)優勝杯争奪戦.
cur /kə́ː | kə́ː/ 名 C (古風) **1** (特に雑種の)野良犬. **2** ろくでなし; ひきょう者.
cur・a・bil・i・ty /kjùə/rəbíləti/ 名 U 治療可能性.
cur・a・ble /kjúə/rəbl/ 形 (反 incurable) 治療できる.
Cu・ra・çao /kjúə/rəsòu, -sàu/ 名 U キュラソー《オレンジの皮で風味をつけたリキュール》.
cu・ra・cy /kjúə/rəsi/ 名 (-ra・cies) U C (特に英国国教会の)副牧師 (curate) の職[任期].
cu・ra・re, cu・ra・ri /kjuə/ráːri/ 名 U クラーレ《南米先住民が数種の野草から採る矢毒》.
cu・rate /kjúə/rət/ 名 C (特に英国国教会の)副牧師《教区司祭[牧師] (rector, vicar) の代理または助手》. **a cúrate's égg** [名] (英) よい所も悪い所もあるもの. — /kjuə/réit/ 動 他 (展示会など)を企画する, (博物館などの)学芸員を務める.
cu・ra・tive /kjúə/rətɪv | kjúə/rət-, kjɔ́ː/r-/ 形 (格式) 病気に効く, 治療の, 治癒的な. — 名 C (格式) 治療薬; 治療法.
†cu・ra・tor /kjúə/reɪtə/, kjuə/réɪtə | kjúə/reɪtə/, kjɔ́ː/r-/ 名 C (博物館・図書館・動物園などの)部門の)責任[管理]者, 学芸員, キュレーター; (展示会などの)企画者.
cúrator・shìp 名 U 学芸員の職[地位].
***curb** /kə́ːb | kə́ːb/ 名 (発音 carve, curve) **12** 名 (~s /~z/) C **1** (主に米) (歩道の)縁石(い) ((英) kerb): pull over to the ~ 歩道沿いに車を寄せて止める / jump the ~ 車が歩道に乗り上げる. **2** 拘束, 抑制: ~s on the use of private cars マイカー使用の規制. — 動 他 〈感情など〉を抑える, 抑制する; 〈悪影響を

curiosity **413**

与えるもの〉を食い止める.
cúrb cràwler 名 C (米) 歩道にそってゆっくり車を走らせ売春婦を漁(あさ)る者.
cúrb cràwling 名 U (米) 売春婦漁(あさ)り.
curd /kə́ːd | kə́ːd/ 名 **1** C U [普通は複数形で] 凝乳, カード《チーズの原料》. **2** U (凝乳状の)凝結物: bean ~ 豆腐 (tofu) / ~ cheese コッテージチーズ.
cur・dle /kə́ːdl | kə́ː-/ 動 自 凝乳状に固まる; 凝結する. — 他 〈…〉を凝乳に固める; 凝結させる. **cúrdle …'s blóod = máke …'s blóod cúrdle** [動] …をぞっとさせる (☞ bloodcurdling).
***cure** /kjúə/ | kjúə, kjɔ́ː/ 動 (cures /~z/; cured /~d/; cur・ing /kjúə/rɪŋ/) 他 **1** 〈病気・病人〉を治療する, 治す: The medicine will ~ your cold. その薬でかぜが治るだろう / The doctor ~d him of his illness. <V+O+of+名・代> 医者は彼の病気を治した.

cure (病気・病人を治す)	治す
heal (傷を治す)	

2 〈…〉の(悪癖など)を直す, 〈…〉から取り除く; 〈弊害など〉を除去する; 〈問題など〉を解決[矯正]する: The child was ~d of his bad habits. <V+O+of+名・代の受身> その子は悪い癖が直った / What can't be ~d must be endured. <V+O+Oの受身> (ことわざ) どうしようもないものは我慢するしかない. **3** [しばしば受身で] 〈たばこ・肉・魚〉を(乾燥・燻製・塩漬けなどにして)保存する.
— 名 C U **1** 治療法; 治療薬; 救済法; …をなくす法: a ~ for cancer 癌(がん)の治療薬 / There's no ~ for a fool. ばかにつける薬はない / The tax increase isn't the miracle ~. 増税は奇跡的打開策とはならない.
2 治す[治る]こと; 回復; 治療, 治癒: effect [work] a ~ 治す, 治療する / No doctor could guarantee his ~. 医者はだれも彼の回復を保証できなかった.
語源 ラテン語で「注意; 世話」の意 (☞ 単語の記憶).
táke the cúre [動] 自 (古風) (依存症脱断脚のため)治療を受ける.

┌─ 単語の記憶 ─ 《CUR》(注意) ─┐
│ **cure** (世話をする) → 治療する │
│ **curious** (注意を向ける) → 好奇心の強い │
│ **accur**ate (注意が払われた) → 正確な │
│ **manicure** (手の世話) → つめの手入れ │
│ **procure** (…の世話をする) → 手に入れる │
│ **secure** (心配のない) → 安全な │
└──────────┘

cu・ré /kjuə/réɪ | kjúə/reɪ/ 名 C (フランスの)教区助祭.
cure-all /kjúə/rɔ̀ːl | kjúə/r(ə)ːl, kjɔ́ːr-/ 名 C [普通は否定的に] 万能薬 (for).
cu・ret・tage /kjùə/rətáːʒ/ 名 U C 〖医〗掻爬(そうは).
***cur・few** /kə́ːfjuː | kə́ː-/ 名 C U (夜間の)外出禁止令; U 外出禁止の時間帯; 門限: impose [lift] a ~ 外出禁止令を課す[解く].
Cu・ri・a /kjúə/riə, -riː/ | kjúə/ri-, kjúə/ri・ae /kjúə/riì/ 名 C [しばしば the C-] ローマ法王庁.
cu・rie /kjúə/ri, -riː | kjúə/ri/ 名 C 〖理〗キュリー《放射能の強さの単位》.
Cu・rie /kjúə/ri, -riː | kjúə/ri/ 名 圓 **Marie ~** (1867-1934), **Pierre** /pjéə | pjéə/ ~ (1859-1906), キュリー《フランスの物理・化学者夫妻; ラジウムを発見》.
cu・ri・o /kjúə/riòu/ 名 (~s /~z/) C 骨董(こっとう)品.
cu・ri・o・sa /kjùə/rióusə, -zə/ 名 (複) 珍品.
***cu・ri・os・i・ty** /kjùə/riásəti | kjùə/riɔ́s-, kjɔ́ːr-/ 名 (-i・ties /~z/; -ties) U **1** 好奇心 (about); 詮索(せんさく)好き: intellectual ~ 知的好奇心 / He has enough ~ to want to know the cause of the acci-

curious

dent. <N+to 不定詞> 彼は事故の原因を知りたがる程度の好奇心はある / C~ killed the cat. (ことわざ)好奇心は猫をも殺した (☞ cat 日英比較) / She is *burning* [*bursting*] *with* ~. 彼女は好奇心に燃えている.

―――コロケーション―――
arouse [**stir**] ...'s *curiosity* (...の)好奇心をあおる
give in to *curiosity* 好奇心に負ける
satisfy one's [...'s] *curiosity* 自分の[...の]好奇心を満たす

2 ⓒ 珍しい物, 変わり者; 骨董(とう)品: a ~ shop 骨董屋. (**jùst**) **òut of curiósity** [副] 文修飾語 好奇心から.

*__cu·ri·ous__ /kjú(ə)rɪəs | kjúər-, kjɔ́ːr-/ 形 (名 cùriósity; 反 incurious) **1** [ほめて] **好奇心の強い**, 物を知りたがる; ...したがる, 好奇心から行動した: Children are very ~ and ask many questions. 子供は好奇心が強いのでいろいろな質問をするものだ / He was ~ *to* know everything. <A+*to* 不定詞> 彼は何でも知りたがった / The boy gave the insect a ~ look. その子は昆虫をもの珍しそうにちらっと見た.

2 [けなして] 詮索(せんさく)好きな, 物見高い; 詮索をする: ~ neighbors 詮索好きな近所の人たち / She is too ~ *about* other people's business. <A+*about*+名・代> 彼女は人のことをやたらに知りたがる. **3** 好奇心をそそる; 奇妙な, おかしな(☞ strange 類義語): a ~ insect 珍しい昆虫 / It is ~ that she should have asked you that question. 彼女が君にそういう質問をしたとは奇妙だ. 語源 ラテン語で「注意を向ける」の意 (☞ cure 単語の記憶).

cúrious to sáy [副] 文修飾語 妙な話だが.

*__cu·ri·ous·ly__ /kjú(ə)rɪəsli | kjúər-, kjɔ́ːr-/ 副 **1** 文修飾語 奇妙にも, 不思議にも: *C*~ (*enough*), he remained silent all the time. 奇妙なことなのだが, 彼は終始黙っていた.
2 もの珍しそうに; 好奇心から, もの好きに: The townspeople looked ~ at me. 町の人たちはもの珍しそうに私を見た. **3** [形容詞を修飾して] 妙に, ひどく.

*__curl__ /kə́ːl | kə́ːl/ 名 (~**s** /~z/; ⦅英⦆ cúrly) **1** C,U (髪の)**カール**, 巻き毛: I want ~*s* there. そこはカールしてください (美容院で) / a girl with blond(e) ~*s* 金髪の巻き毛の少女. **2** ⓒ 渦巻き状のもの, ねじれ: a ~ of smoke rising from a chimney ゆらゆらと立ち上る煙突の煙 / She answered with a ~ of her lip [mouth]. 彼女は軽蔑的な[不満気な]口をゆがめて答えた (☞ curl one's lip (lip 成り句)). **3** ⓒ カール 《負荷をかけた腕[脚]を曲げ伸ばしする運動》.

―― 動 (curls /~z/; curled /~d/; curl·ing) 他 **1** 〈髪を〉カールさせる; 〈ひげを〉ひねる: She ~*ed* her hair for the party. 彼女はそのパーティーのために髪をカールさせた. **2** ...をひねる, よじる, 〈唇などを〉ゆがめる, 巻き上げる; 〈紙・葉などを〉丸める, からめる 《*around*, *over*》.

―― 自 **1** 〈髪が〉カールする: The baby's hair ~*s* beautifully. その赤ちゃんの髪はきれいにカールしている. **2** 〈物が〉巻き上がる, 〈紙などが〉丸くなる, 〈煙が〉渦を巻く; ねじれる (*twist*), 〈唇などが〉ゆがむ: Smoke from the cowboy's fire ~*ed up into* the sky. カウボーイたちのたき火の煙は渦を巻いて空に上っていった. **3** ⦅スポ⦆ カーリングをする.

cúrl úp [動] 自 **1** 〈葉などが〉巻き上がる, 縮れる, 〈体を〉丸くして寝る[うずくまる], 腹部で体を折り曲げる, 〈煙などが〉渦を巻いて昇る ⦅英略式⦆不快感をおぼえる, 《おかしさに》身をよじる. ―― 他 〈葉などを〉巻き上げる; 丸める, ⦅英略式⦆いやな気持ちにさせる.

curl·er /kə́ːlə | kə́ːlə/ 名 ⓒ **1** [普通は複数形で] (髪を巻く)カーラー (*roller*). **2** カーリングの選手.

cur·lew /kə́ːl(j)uː | kə́ː-/ 名 ⓒ だいしゃくしぎ 《脚が長くくちばしが下へ曲がっている水鳥の一種》.

curl·i·cue /kə́ːlɪkjùː | kə́ː-/ 名 ⓒ 装飾的な渦巻き 《飾り書き用の》の渦巻き.

curl·i·ness /kə́ːlinəs | kə́ːli-/ 名 Ⓤ 渦巻き状.

cúrl·ing /kə́ːlɪŋ | kə́ː-/ 名 Ⓤ ⦅スポ⦆ カーリング 《氷上で平円形の重いかかり石を滑らせて的に入れる競技》.

cúrling ìrons 名 [複] ⦅主に米⦆ ヘアアイロン.

cúrling stòne 名 ⓒ カーリング用の平たい石.

cúrl·y /kə́ːli | kə́ːli/ 形 (**cúrl·i·er**, **-i·est**; ☞ curl) 巻き[縮れ]毛の; 渦巻き状の: ~ hair 巻き毛.

cúrly bráckets 名 [複] ⦅略式⦆ =brace 4.

cúrly·cue /kə́ːlɪkjùː | kə́ː-/ 名 ⓒ =curlicue.

cur·mud·geon /kə(ː)mʌ́dʒən | kə(ː)-/ 名 ⓒ ⦅古風⦆ 気難しい人 《特に老人》. ~**·ly** 形 気難しい.

cur·rant /kə́ːrənt | kʌ́r-/ 名 ⓒ **1** 小粒の種なし干しぶどう. **2** [普通は合成語で] すぐりの実[木].

*__cur·ren·cy__ /kə́ːrənsi | kʌ́r-/ 名 (-**ren·cies** /~z/; 形 cúrrent) **1** C,U **通貨**, 貨幣: foreign ~ 外貨 / local ~ 現地通貨 / gold [paper] ~ 金貨[紙幣] / a strong ~ 強い競争力のある通貨 / issue ~ 通貨を発行する / Japanese ~ is widely used here. 当地では日本の通貨が広く使われている. **2** Ⓤ 流通, 通用; 流布, 流行.

be in cúrrency [動] 自 流通している.

enjóy [**hàve**] **wíde cúrrency** [動] 自 広く流通している; 広まっている.

gáin [**lóse**] **cúrrency** [動] 自 《考え方などが》流通[通用]し始める[しなくなる]; 流布し始める[しなくなる].

gíve cúrrency to ... [動] 〈うわさなど〉を広める.

*__cur·rent__ /kə́ːrənt | kʌ́r-/ (同音 *currant*) 形 (名 cúrrency) **1** **現在行なわれている**, 現在通用している, 今流通している; 流行の (☞ modern 類義語): ~ English 現代英語; 時事英語 / ~ fashions 現在の流行 / Such customs are no longer ~ in this area. そのような慣習はこの地域ではもはや見られない.

2 [普通は A] [比較なし] **現在の**, 今の; 現時点での: the ~ month [year] 本月[年] / ~ news 最近[最新]のニュース / the ~ political situation 現在の情勢 / the ~ issue of the magazine 雑誌の今月[今週]号 / Who is the ~ leader? 現時点での首位打者[トップランナー]はだれか.

―― 名 (**cur·rents** /-rənts/) **1** ⓒ (空気・水などの)**流れ** (*flow*); 海流, 潮流; 水流, 気流: the Japan C~ 日本海流, 黒潮 / a warm [cold] ~ 暖[寒]流 / swim with [against] the ~ 流れに従って[逆らって]泳ぐ.

2 U,C **電流** (*electric current*): a 40-amp ~ 40 アンペアの電流 // ☞ alternating current, direct current. **3** ⓒ 時代の流れ; 時流, 風潮 (*of*).

―――単語の記憶 《**CUR**(走る)》―――
current (走っている) → 現在行なわれている
ex**cur**sion (外へ走り出ること) → 観光旅行
in**cur** (...の中に走り込む) → ...をこうむる
oc**cur** (...の方へ走る) → 起こる
re**cur** (再び走る) → 再び起こる

cúrrent accóunt 名 ⓒ ⦅英⦆ =checking account.

*__cúrrent affáirs__ 名 [複] [しばしば単数扱い] 時事問題; [形容詞的に] 時事問題の.

cúrrent ássets 名 [複] ⦅商⦆ 流動資産.

cúrrent evénts 名 [複] 時事, 現在の出来事.

cúrrent liabílities 名 [複] ⦅商⦆ 流動負債.

*__cur·rent·ly__ /kə́ːrəntli | kʌ́r-/ 副 **今のところ**, **現在**: The President is ~ visiting Egypt. 大統領は現在エジプトを訪問中である.

*__cur·ric·u·lum__ /kərɪ́kjuləm/ 名 (複 **cur·ric·u·la** /-lə/, ~**s**) ⓒ カリキュラム, 教育[教科]課程: a col-

currículum ví·tae /-ví:taɪ, -váɪtɪ, -ví:teɪ, -teɪ, -tɪ/ 名 C (複 **cur·ri·cu·la vitae** /kəríkjʊlə-/) (主に英) 履歴(書) (米) résumé; (米) (大学教員の)業績表 ([略] cv, CV).

cur·ried /kə́:rɪd | kár-/ 形 A カレーで料理した.

Cur·ri·er and Ives /kə́:riəʊnáɪvz | kárɪə-/ 名 カーリアアンドアイブズ印刷工房 (19世紀の米国の人々・風俗などを描いた).

+**cur·ry**[1] /kə́:ri | kári/ 名 (**cur·ries**) **1** U,C カレー料理: (a) beef ~ ビーフカレー. **2** U = curry powder. **cúrry and ríce** 名 カレーライス. — 動 (**curries; cur·ried; -ry·ing**) 他 …をカレーで料理する.

cur·ry[2] /kə́:ri | kári/ 動 (**cur·ries; cur·ried; -ry·ing**) 他 〈馬〉を馬ぐしで手入れする. **cúrry fávor with...** [動] 他 〈人〉にへつらう.

cúrry pòwder 名 U カレー粉 (curry).

*__curse__ /kə́:s | ká:s/ 動 (**curs·es** /-ɪz/; **cursed** /-t/; **curs·ing**) 他 (⑰ cursed) **1** 〈人〉の悪口を言う: He ~d the driver *for being* so slow. <V+O+*for*+動名> 彼は運転手にどうしてこんなに遅いのかと悪態をついた.

2 〈人〉をのろう (反 bless): The witch ~d the girl with horrible words. 魔女は恐ろしいことばで少女をのろった.

— 自 W ののしる, 悪態をつく: The woman began to ~ and swear. その女は悪口雑言を言い始めた / The drunkard ~d *at* a policeman. <V+*at*+名・代> その酔っ払いは警官をののしった.

cúrse ... óut [動] 他 (米略式) <...>をののしる.

— 名 (**curs·es** /-ɪz/) **1** C 悪態; 悪口のことば (⇒ swear 類語): He fired a volley of ~ at me. 彼は私に次々と悪態を浴びせた. **2** [a ~] のろい (反 blessing); のろいのことば. **3** C たたり, 災い, ばち; 災いのもと, やっかいもの (to). **4** [the ~] (古風, 略式) [婉曲] 月経(期間).

be ùnder a cúrse [動] 自 のろわれている, たたりを受けている. **pút [láy] a cúrse on [upòn] ...** = **pút ... ùnder a cúrse** [動] 他 ...にのろいをかける. **lift a cúrse** [動] 自 のろいを解く.

*__curs·ed__ /kə́:sɪd, kə́:st | ká:sɪd/ 形 **1** (文) のろわれた, たたられた (反 blessed). **2** A (古風, 略式) いまいましい, ひどい.

be cúrsed with ... [動] 他 (悪いもの)を持っている, ...で苦しめられている: This area has been ~d *with* a series of earthquakes. この地域は一連の地震に苦しめられている.

~·ly /-sɪdli/ 副 いまいましく, ひどく.

cur·sive /kə́:sɪv | ká:-/ 形 筆記体の, 草書体の, 続け書きの. **~·ly** 副 草書体で.

cur·sor /kə́:sə | ká:sə/ 名 C 【電算】カーソル (画面上で入力位置を示すマーク): move a ~ カーソルを動かす.

cur·so·ri·ly /kə́:sərəli | ká:-/ 副 ぞんざいに, 大まかに.

cur·so·ry /kə́:səri | ká:-/ 形 A (仕事など)ぞんざいな, 大まかな: give a ~ glance ざっと目を通す.

+**curt** /kə́:t | ká:t/ 形 (**curt·er; curt·est**) ぶっきらぼうな, そっけない.

+**cur·tail** /kətéɪl | kə:-/ 動 他 (格式) <...>を切り詰める; 短縮する; 〈出費など〉を節減する.

cur·tail·ment /kətéɪlmənt | kə:-/ 名 C,U (格式) 切り詰め, 短縮; 節減.

*__cur·tain__ /kə́:tn | ká:-/ 名 (~s /-z/) C **1** カーテン ((米) drape); draw [pull] a ~ カーテンを引く (カーテンを開けるときも閉めるも) / hang a ~ カーテンをつるす[つける].

2 [普通は the ~] (劇場の)幕, 緞帳(どんちょう) (上下に動く; ⇒ theater 挿絵); 開演, 終演: lower [raise] a ~ (劇場の)幕を降ろす[上げる] / *The* ~ rises [falls] at 8:30. 8時半開演[終演].

3 [普通 a ~] 幕状のもの; さえぎるもの: A ~ *of* mist blocked our view. 一面の霧で見晴らしがきかなかった. **4** [複数形で] (略式) 終わり; 最期, 死: It'll be ~s *for* you if you fail this time! 今度失敗したら君も一巻の終わりだ.

bríng dówn the cúrtains on ... = **bríng the cúrtains dòwn on ...** = **dráw [lówer] the cúrtains on ...** [動] 他 …を下ろす; …を終わりにする. **ríng úp [dówn] the cúrtain** [動] 自 (1) 幕を上げる[下げる]合図をする. (2) (...を)始める[終わりにする] (on). **the cúrtain fálls [còmes dówn]** [動] 自 (...に)幕が下りる; (事に)決着がつく (on). **the cúrtain ríses [gòes úp]** [動] 自 (...の)幕があく; (...が)始まる (on). **the fínal cúrtain** [名] 終演; (文) (特に人生の)最後.

— 動 他 〈窓など〉に幕[カーテン]を張る; 〈...〉を幕[カーテン]で覆(お)う. **cúrtain óff** [動] 他 〈...〉を幕で仕切る.

cúrtain càll 名 C カーテンコール (幕切れに観客が拍手して幕の前に役者を呼ぶこと).

cúrtain hòok 名 C カーテンフック.

cúrtain ràil 名 C = curtain rod.

cúrtain-ràiser 名 C 開幕劇, 前座; (報道で) 大事の前ぶれとなる小事 (to).

cúrtain ròd 名 C カーテンレール (⇒ bathroom 挿絵).

curt·ly /kə́:tli | ká:t-/ 副 ぶっきらぼうに.

curt·ness /kə́:tnəs | ká:t-/ 名 U ぶっきらぼう.

curt·sey /kə́:tsi | ká:-/ 名 = curtsy.

curt·sy /kə́:tsi | ká:-/ 名 (**curt·sies**) C (左足を引き, ひざを曲げる)女性のおじぎ (高貴な人に対する会釈).

màke [dróp, bób] a cúrtsy [動] 自 (女性が)おじぎをする (to). — 動 (**curt·sies; curt·sied; -sy·ing**) 自 おじぎをする.

cur·va·ceous /kə:véɪʃəs | ká:-/ 形 (女性が)曲線美の. **~·ness** 名 U (女性の)曲線美.

cur·va·ture /kə́:vətʃə | ká:vətʃə/ 名 U (格式) 湾曲; 屈曲; [医] (背骨などの)湾曲; [数] 曲率.

*__curve__ /kə́:v | ká:v/ (類音 carve, curb) 名 (~s /-z/) C **1** 曲線, カーブ: draw a ~ 曲線を描く.

2 曲がった個所[部分], カーブ, 湾曲部; (女性の体の)曲線(部), 曲線美: You must slow down for ~*s in* the road. 道がカーブした所では速度を落とさなければいけない / She failed to negotiate the ~. 彼女はカーブをまがりそこなった / CURVE AHEAD 前方にカーブあり (道路標示). **3** (売り上げ・利益などの)上昇[下降]曲線: Sales are on a growth ~. 売り上げが上昇している. **4** (教育) カーブ(相対)評価. **5** (野) カーブ.

thrów ... a cúrve (bàll) [動] 他 (1) [野] <打者>にカーブを投げる. (2) (米・豪) (予期せぬ質問・行動で)<...>の意表をつく.

— 動 (**curves** /-z/; **curved** /-d/; **curv·ing**) 自 (丸く)曲がる; 曲線を描く, カーブする: The river ~s *around* [*round*] the city. その川は市をとりまくように蛇行している / The road ~d *to* the left. <V+*to*+名・代> 道は左へカーブしていた.

— 他 〈...〉を(丸く)曲げる, 湾曲させる.

cúrve·bàll 名 C = curve 5.

*__curved__ /kə́:vd | ká:vd/ 形 曲がった, 湾曲した, 曲線状の (反 straight): a ~ line 曲線.

cur·vi·lin·e·ar /kə̀:vəlíniə | kə̀:vɪlíniə/ 形 曲線の, 曲線をなす.

curv・y /kə́ːvi | kə́ː-/ 形 (**curv・i・er; -i・est**)《略式》 **1** 曲がった; 曲線の多い. **2** =curvaceous.

*cush・ion /kúʃən/ 名 (**~s** /~z/) C **1** クッション, 背当て; 座ぶとん (⇨ living room 挿絵): a sofa with ~s on it クッションの置いてあるソファー. **2** クッションのようなもの, 衝撃を和らげるもの; (置き物などの)台ぶとん, 当座のしのぎの(金), 予備費;【機】緩衝材: a ~ against the recession 景気後退への緩衝材 / We sat down on a ~ of soft grass. 我々は柔らかいクッションのような草の上に腰を下ろした. **3** 玉突き台のクッション. **4** 十分な勝ち越し, 大きなリード.
— 動 他 **1** 〈ショックなど〉をクッションで和らげる; 〈影響・被害などから〉〈人〉を保護する, 守る (*from*): ~ the blow [impact] 衝撃を和らげる / Their savings ~ed them *against* rising costs. 彼らは貯金していたので物価高を切り抜けられた. **2** [普通は受身で]〈…〉をクッションを備える[当てる]: a ~ed seat クッションの入っている座席.

cush・y /kúʃi/ 形 (**cush・i・er; -i・est**)《略式》**1** 〈仕事・生活などが〉気楽な, 楽しい. **2**《米》〈家具などが〉心地良い. **a cúshy númber** 名《英略式》楽な仕事.

cusk /kʌ́sk/ 名 C (複 ~(**s**)) カスク《北大西洋産の食用魚》.

cusp /kʌ́sp/ 名 C 《歯・葉・三日月などの》先端, 《二曲線の出会う》尖(*と*)点; 転換点, 境目;《占星術で十二宮の》境目. **on the cúsp** 形・副 (…の)始まりの[で] (*of*); 過渡期の[で] (*between*).

cus・pid /kʌ́spid/ 名 C 《人間の》犬歯.

cus・pi・dor /kʌ́spədɔ̀ə | -dɔ̀ː/ 名 C 《米》たんつぼ.

cuss /kʌ́s/ 名 **1**《古風, 略式》**1** ののしり, 暴言 (curse). **2** [形容詞の後で] (いやな)やつ, 野郎: a stupid ~ 馬鹿なやつ. **3**《古風, 略式》=curse.
cúss óut 動 S《米》〈…〉をどなりつける.

cuss・ed /kʌ́sid/ 形 **1**《軽蔑》《略式》つむじ曲がりの, 強情な. **2**《まれ》=cursed. **~・ly** 副 強情に. **~・ness** 名 U 強情さ.

cúss・wòrd 名 C《米》=swearword.

\+cus・tard /kʌ́stəd | -təd/ 名 **1** U.C カスタード《牛乳・卵に砂糖・香料を加えて煮た[焼いた, 凍らせた]菓子》. **2** U《英》カスタードソース.

cústard píe 名 C.U カスタードパイ《時にどたばた喜劇で顔に投げつける》; どたばた喜劇.

cústard pòwder 名 U《英》粉末状カスタード《インスタント食品》.

Cus・ter /kʌ́stə | -tə/ 名 個 **George Arm・strong** /ɑ́əmstrɔ̀ːŋ | ɑ́ːmstrɔ̀ŋ/ ~ カスター (1839–76)《米国の陸軍将校; Little Bighorn の闘いで戦死》.

cus・to・di・al /kʌstóudiəl/ 形 A【法】保護[拘留]の; 保管の, 管理の: a ~ sentence 拘留判決, 留置刑 / a ~ parent 親権を持つ親.

\+cus・to・di・an /kʌstóudiən/ 名 C **1** 《学校・ビル・事務所などの》管理人, 用務員 (*of*)《⇨ janitor 語法》. **2** 後見人, 保護者; 《伝統などの》守り手 (*of*).
custódian・shìp 名 U 管理人の任務[資格].

*cus・to・dy /kʌ́stədi/ 変 U **1**《後見人としての》保護[監督, 養育・権利]: award [get] ~ *of* the child 子供の養育権を与える[得る]. **2** 管理, 保管. **3** 拘留, 監禁. **be (héld [képt, pùt]) in cústody** 拘留されている. **be (pláced) in 「…'s cústody [the cústody of …]** 動 他《格式》…に保管[管理, 護送]されている. **hàve (the) cústody of …** 動 他 …を保管[保護]している. **hóld [kéep] … in cústody** 動 他 〈…〉を拘留[保管]しておく. **táke … ìnto cústody** 動 他 〈…〉を拘引する.

*cus・tom /kʌ́stəm/ 名 (~**s** /~z/; accústom, 形 cústomàry)

(習わしとなっていること)
→「風習」「慣習」**1**, **2**（⇨ costume¹）
→(店の常連)→「ひいき」「顧客」**3**
　　　　　　　　　　（⇨ customer）
→(慣例的な貢物)→(税金)→「関税」
　　　　　　　　　　　（⇨ customs **2**）

1 C.U 《社会の》慣習, 風習 (⇨ habit 類義語): local ~s and traditions 土地の風習と伝統 / the ~ of exchanging New Year's cards 年賀状を出し合う慣行 / 「keep up [observe] a ~ 慣習を守る / break with a ~ 慣習をやめる / It is the ~ *for* [*of*] Americans to do so. そうするのがアメリカ人の慣習だ / So many countries, so many ~s. 《ことわざ》国の数だけ慣習もある（所変われば品変わる）.
2 [単数形で]《格式》《個人の》習慣 (⇨ habit 類義語)《言い換え》 It is my ~ to take a bath in the morning.=I make it a ~ to take a bath in the morning. 朝ぶろに入るのは私の習慣だ / C~ is second nature.《ことわざ》習慣は第二の天性である（習い性となる）. **3** U《格式, 主に英》《客の商人に対する》ひいき, 引き立て; 顧客, 得意先《全体》: lose ~ 得意客が減る. **4** [形容詞的に]《あつらえの》= clothes [suits] 注文服 / a ~ tailor 注文服仕立て屋. **5** [複数形で] ⇨ customs. **as is …'s cústom** 副《格式》…の習慣どおり. **by cústom** 習慣上[に従って].

cus・tom・ar・i・ly /kʌ̀stəmérəli | kʌ́stəm(ə)rəli/ 副 習慣的に, 通常, 慣習上.

\+cus・tom・ar・y /kʌ́stəmèri | -m(ə)ri/ 形 名 cústom) 習慣的な, いつもの; 慣例による, 慣習上の: Is it ~ *to* tip waiters in restaurants here? この国のレストランではウェーターにチップを渡すのが習慣ですか.

cústom-búilt 形《車・住宅・機械など》特注の.

*cus・tom・er /kʌ́stəmə | -mə/ 変 名 (~**s** /~z/) C **1**《商店などの》客《visitor 表》; supermarket 挿絵; 得意先, 取引先: a regular ~ 上得意 / lose ~s 得意先を失う / The ~ is always right. お客さまは常に正しい《お客さまは神さまです》《商店のモットー》. **日英比較** 日本語の「お客さま」として呼びかけには使わない. **2** [形容詞の後で]《略式》人, やつ: a cool [tough] ~ ずうずうしい[手ごわい]やつ.

cústom・hòuse 名 (-hous・es /-hàuzɪz/) C《港の》税関.

\+cus・tom・ize /kʌ́stəmàɪz/ 動 他 [しばしば受身で]〈乗用車など〉を注文に合わせて製作[改造]する;〈プログラムなど〉を必要に応じて変更する.

cústom-máde 形 (反 ready-made)《服・靴など》注文品の, あつらえの, オーダーメードの.

*cus・toms /kʌ́stəmz/ 名 [複] **1** [しばしば (the) C- として単数扱い] 税関; [形容詞的に] 税関の: the ~ formalities 税関の手続き / a ~ officer 税関職員 / 「get through [clear] ~ 税関を通る. **2** [複数形で] (customs duty): pay [impose] ~ *on* … …に関税を払う[課する]. **3** [しばしば (the) C-] 関税局.

Cústoms and Éxcise 名 [the ~]《英国の》関税消費税庁.

cústoms dúty 名 C.U =customs 2.

*cut /kʌ́t/ (類義語 cat, *cot) 動 (**cuts** /kʌ́ts/; 過去・過分 **cut; cut・ting** /-tɪŋ/) 他

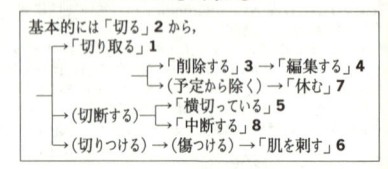

基本的には「切る」**2** から,
→「切り取る」**1**
　　→「削除する」**3** →「編集する」**4**
　　　└→（予定から除く）→「休む」**7**
→(切断する)→「横切っている」**5**
　　　　　　└→「中断する」**8**
→(切りつける)→(傷つける)→「肌を刺す」**6**

1 〈…〉を**切り取る**, 切り分ける, 切断する, 切り離す; 〈人に×…〉を切ってやる, 〈木・枝〉を切る, 〈髪・草など〉を刈る, 〈作物など〉を刈り取る; 〈…〉で[を前に]切る / C~ the cake *in* two [half]. <V+O+*in*+名・代> ケーキを2つ[半分]に切ってください / She ~ the cake *into* three pieces. <V+O+*into*+名・代> 彼女はそのお菓子を3つに切った 〖言い換え〗 Will you ~ me a slice of cake? <V+O+O>=Will you ~ a slice of cake *for* me? <V+O+O+*for*+名・代> 私にケーキを1切れ切ってくれませんか 〖☞前 A1 〖語法〗〗/ He ~ a branch *off* [*from*] the tree. <V+O+*off* [*from*]+名・代> 彼は木から枝を1本切り取った / I have my hair ~ once a month. 私は月に1度散髪する / Tom ~ the pole short. <V+O+C(形)> トムは棒を短く切った.

2 〈刃物や鋭いもので誤って[故意に]〉〈…〉を**切る**, 〈…〉に切り傷を作る: He ~ his finger [*with* a knife] *on* some broken glass]. <V+O+*with* [*on*]+名・代> 彼はナイフ[割れたガラス]で指を切った / I ~ myself [my face] (while) shaving this morning. 私はけさひげをそっていて顔を切った.

3 〈記事〉を**削除する** (*from*), 〈話など〉を短くする; 〈費用・時間・値段など〉を**切り詰める**, 下げる; 〈事業など〉を縮小する: The editor ~ the article. 編集者はその記事を削除した / You should ~ your traveling expenses. 旅費を切り詰めなさい / On Sundays they ~ prices at the store. 日曜にはその店では値引きをする.

4 〈フィルム・テープ〉を(縮めて)**編集する**, 〈場面など〉をカットする: I ~ the commercial *to* twenty seconds. <V+O+*to*+名・代> 私はコマーシャルを20秒にカットして編集した.

5 〈道路など〉が〈…〉を**横切っている**, 〈線など〉が〈…〉と交差する: The line ~s the circle just here. その線は円をちょうどここで二分する.

6 〈…〉の肌を刺す; 〈…〉の感情を傷つける: The icy wind ~ him to the bone. 冷たい風が彼の骨身にしみた / Her words ~ me deeply [to the heart]. 彼女のことばは私の胸にひどくこたえた.

7 (略式) 〈会合・授業など〉を(無断で)**休む**, すっぽかす, 〈…〉を無視する: You should not ~ school [classes, (米) class]. 学校[授業]をサボってはいけない / She ~ me (dead) in the street. 彼女は道で私に知らん顔をした.

8 〈ガス・電気など(の供給)〉を**中断する**, 止める: The gas (supply) will be ~ for two hours tomorrow. <V+O の受身> あしたガスが2時間止まる.

9 〈鋭いもので〉切って(掘って)〈穴など〉を作る, 〈道〉を切り開く: ~ a hole *through* the ice. 彼は氷に足場を刻んでいる / They ~ their way *through* the thick forest. 彼らは密林を切り開いて進んだ (☞ way [コーパス・キーワード]).

10 〈石など〉を刻む, 〈像・文字など〉を**彫る** (*carve*); 〈布など〉を裁つ, 〈着物〉を仕立てる: What do you ~ stone *with*? 石はどんな道具で刻むのか. **11** 〈赤ん坊が〉〈歯〉を生やす. **12** 〈レコードなど〉に吹き込む; 〈略式〉〈新しいCD〉を出す. **13** 〈テニスなどで〉〈球〉をカットする; 〖トラ〗札をカットする(切った札を二つに分けて順序を入れかえる). **14** 〈エンジンなど〉を止める; 《略式》〈話など〉をやめる. **15** (主に米) 〈ウイスキーなど〉を(水で)薄める; 〈麻薬など〉に混ぜ物をする (*with*). **16** 〖電算〗〈データ〉を切り取る, カットする.

— 〔自〕 **1** 〈刃物などが〉**切れる**, 〈物が〉切り分けられる: My scissors ~ well. 私のはさみはよく切れる / Cheese ~s easily with a knife. チーズはナイフで楽に切れる.

2 突っ切って進む, 近道をする; 〈道〉を横切る: Lynn ~ *through* [*across*] the park on her way to school. リンは公園を突っ切って学校へ行った. **3** 〖命令文で〗Ⓢ〖映〗〖場面〗の撮影を止める. **4** 〖映・ラジオ・テレビ〗〈場面が急に〉切り変わる (*to, from*). **5** 急に方向を変える: ~ to the right ハンドルを右に切る. **6** 〈身にしみる, 刺すように〉**痛い**: The wind ~s keenly. 風は肌にしみるように冷たい. **7** 〖トラ〗札をカットする.

cút and rún [動] 〔自〕《略式》《軽蔑》(肝心な時に)とんずらする.

cút ... frée [lóose] [動] 〔他〕 〈ロープなど〉を切り離して 〈…〉を自由にする, 〈…から〉切り離す: He ~ himself *free from* the ropes. 彼はロープを切って体を自由にした.

cút in líne [frónt] [動] 〔自〕《米》列に割り込む.

cút it (米略式) 走る, ずらかる; =cut it out (☞ cut out 成句); 成果をあげる, うまくやる.

cút it [**things**] **fíne**=cút it clóse [動] 〔自〕《米》(特に時間的に)ぎりぎりでする, 余裕がない.

cút ... ópen=cút ópen ... [動] 〔他〕 〈…〉を切り開く: ~ an envelope *open* 封筒を切って開ける.

---cut の句動詞---

*****cút acróss ...** 〔動〕 〔他〕 **1** 〈…〉を横切って近道をする: People often ~ *across* the campus to save time. 人々はよく時間を節約して学校内を通り抜ける.

2 〈…の前〉を横切る: The truck ~ *across* the path of our car. そのトラックは我々の車の前を突っ切った. **3** 〈限度・仕切りなど〉を越える; 〈法則など〉と食い違う.

cút at ... 〔動〕 〔他〕 〈刃物・むちなどで〉…に切り[打ち]かかる. 〖語法〗 be cut at の形で受身にできる.

*****cút awáy** 〔動〕 〔他〕 〈…〉を切り取る, 取り払う <V+名・代+*away* / V+*away*+名>: He ~ *away* the dead branches *from* the tree. 彼はその木の枯れ枝を払った. — 〔自〕 〈テレビ・映画の〉画面が切り替わる.

*****cút báck** 〔動〕 〔他〕 (名 cútbàck) **1** 〈生産・出費・人員など〉を**縮小する**, 切り詰める <V+名・代+*back* / V+*back*+名>: The factory had to ~ *back* its production. 工場は生産を縮小せざるをえなかった. **2** 〈木〉を刈り込む.

— 〔自〕 〈…〉を切り詰める, 縮小する: ~ *back* on new projects 新しい計画を縮小する.

*****cút dówn** 〔動〕 〔他〕 **1** 〈…〉を**切り倒す**, 《格式》〈人〉を[打ち]倒す; 〖普通は受身で〗〈病気が〉〈人〉を倒す, 殺す <V+名・代+*down* / V+*down*+名>: He ~ *down* a tree in his garden. 彼は庭の木を切り倒した / He was ~ *down* by cancer in his prime. 彼は男盛りに癌(がん)で死んだ.

2 〈…の(消費)量〉を減らす, 〈費用など〉を切り詰める; 〈値段〉を引き下げる <V+名・代+*down* / V+*down*+名>: He told me to ~ *down* the cost of production. 彼は私に生産費を切り詰めろと言った / Can you ~ it *down* to one dollar? それを1ドルにまけてくれませんか. **3** 〈人〉に(…まで)値引きさせる: I succeeded in *cutting* him *down to* $100 for the camera. 私は彼にカメラを100ドルまでまけさせることができた. **4** 〈衣服〉の丈を詰める. **5** 〈文章など〉を短くする (*to*).

cút dówn on ... [動] 〔他〕 〈…の(消費)量〉を減らす: The doctor told him to ~ *down on* smoking. 医者は彼にたばこを減らすように言った.

*****cút ín** 〔動〕 〔自〕 **1** 話をさえぎる: Don't ~ *in on* our conversation [us]. 僕たちの話に割り込むなよ.

2 〈車の列などに〉**割り込む** (*on*): A truck ~ *in* [*in front of*] me. トラックが私の前に割り込んだ / May I ~ *in* (and dance with Mary)? (メアリーと踊らせていただいて)よろしいですか〖ダンス中の二人に〗. **3** 〈機械などが〉作動している, 動き出す.

— 〔他〕《略式》〈人〉を(仕事などの)仲間に入れる, (…の)分け前にあずからせる (*on*).

*****cút ínto ...** 〔動〕 〔他〕 **1** 〈…〉に割り込む; 〈利益・価値〉を減少させる: Doctors' bills really ~ *into* our savings. 医者の費用は本当に貯金に食い込む. **2** 〈ケーキなど〉にナイフを入れる.

*****cút óff** 〔動〕 〔他〕 **1** 〈…〉を切り取る, 切り離す <V+名・代+*off* / V+*off*+名>: She ~ him *off* a slice of

turkey. =She ~ *off* a slice of turkey *for* him. 彼女は彼に七面鳥の肉をひと切れ切り取ってあげた.
2 [しばしば受身で] 〈供給・話など〉を**中断する** (stop), 〈ガス・水道など〉の**供給を止める**; 〈通話中の人〉の電話を切る, 〈人〉の話をさえぎる <V+名・代+off / V+off+名>: They were [got] ~ *off* in the middle of their (telephone) conversation. 彼らは(電話で)話をしている最中に電話を切られた[電話が切れた]. **3** [しばしば受身で] 〈...〉を(...から)孤立させる; 〈人〉と交際を断つ: The island *is* ~ *off from* the mainland. その島は本土から遠く離れている. **4** (遺言で)〈...〉を相続人からはずす, 〈...〉の相続権を奪う, 〈...〉を勘当する. **5** [普通は受身で] 〈...〉を早死にさせる. **6** 〈進路・行く手など〉をさえぎる, 〈人の車の前〉に割り込む; 〈連絡など〉を断ち切る, 遮断する. **7** 〈時間〉を縮める, 〈金額〉を引く. **8** 《米略式》〈酔客〉に酒を出すのをやめる.

cút óut** [動] [他] **1** 〈...〉を**切り抜く[取る]**; 〈語句など〉を取り除く, 削る <V+名・代+*out* / V+*out*+名>: ~ an article ***out of a magazine 記事を雑誌から切り取る / We had to ~ ***out*** some violent scenes ***from*** the movie. その映画からいくつかの暴力シーンを削らなければならなかった. **2** [特に命令文で] 《略式》〈話・喫煙など〉をやめる. **3** 〈...〉を切って[掘って]作る; 〈衣服〉を裁断する. **4** 《略式》〈ライバル〉に取って代わる, 出し抜く. **5** 〈人〉に(...するのを)やめさせる, 〈人〉を(...から)はずす (*of*). **6** 〈光など〉をさえぎる.
— [自] **1** (エンジンが)急に止まる. **2** 《米略式》突然立ち去る. **3** 《主に米》(車が)突然車線を変更する.
be cùt óut ˹**for ...** [**to be ...**]˺ [動] [普通は否定文で] 《略式》...に(なるのに)適任である, ...にうってつけだ: He'*s not* ~ *out* ˹*for* teaching [*to* be a teacher]. 彼は先生に向いていない.
cút it [**that**] **óut** [動] [自] [普通は命令文で] [S] 《略式》やめる: Stop tickling me. *C*~ *it out!* くすぐるのはよせ. よせったら《いらついて》.

***cút thròugh ...** [動] [他] **1** ...を突っ切って進む (☞ cut [自] 2), ...を通って近道をする; (風などが)...の中へ突き通る, (人)の肌を刺す: ~ *through* the woods 森を通って近道をする / The cold wind ~ *through* my coat. 冷たい風がコートを通して身にしみた.
2 ...を切り通す[開く]: This blade can easily ~ *through* one hundred sheets of paper. この刃は100枚の紙を楽々と切れる. **3** (困難など)を切り抜ける; (面倒な手続きなど)をはしょる.

cút úp** [動] [他] **1** 〈...〉を(小さく)**切る, 切り分ける**; 〈野菜など〉を切り刻む; 切り裂く <V+名・代+*up* / V+*up*+名>: She ~ the meat ***up into small pieces. 彼女は肉を細かく切った. **2** [普通は受身で] 《略式》〈...〉に重傷を負わせる; 〈...〉の心を痛める: He *was* very [badly] ~ *up about* his failure. 彼は失敗したことでひどく気落ちしていた. **3** 〈...〉を破壊する; こきおろす.
— [自] 《米略式》ふざける, ふざけ回る.
cùt úp násty [**róugh**] [動] [自] 《古風, 英略式》腹を立てる, 暴れる.

— [名] (**cuts** /kʌ́ts/) [C] **1 切り傷,** 切り口: ~*s* and bruises 切り傷と打撲傷 / a bad ~ on the head 頭のひどい切り傷.
2 削除(部分); (映画の)カット, 編集; (出費などの)切り詰め, 切り下げ: a price ~ =a ~ *in* prices 値引き / a tax ~ 減税 / The writer made several ***~s in*** the novel. 作者はその小説の数か所を削除した.
3 [普通は単数形で] (衣服の)**裁ち方**; カット, (髪の)刈り方 (haircut), 散髪; (衣服・髪の)型 (style): a dress of the latest ~ 最新流行の婦人服 / I'd like a ~ and a perm. カットとパーマをお願いしたいのですが / He changed the ~ of his hair. 彼は髪型を変えた.
4 (肉の)切り身, ひと切れ: Give me a nice ~ *of* beef. 牛肉のいいところをひと切れください. **5** [普通は単数形で] 《略式》(利益などの)分け前, 配当 (*of, in*). **6** 切ること; (刃物・むちなどでの)一撃: make a clean ~ with a knife ナイフできれいに切る. **7** カット, 挿絵. **8** (テニスなどで)球を切ること, カット; (トランプの)札をカットすること: give a ~ to the ball ボールをカットする. **9** 《米略式》(会などの)無断欠席, サボること. **10** [普通は単数形で] 《米》感情を傷つけることば[行為], 酷評, あてこすり (*at*). **11** 《米》(道路などの)切通し (《英》cutting). **12** 無視すること, 知らんぷり. **13** (レコード・CD などの中の)一曲. **14** 〔印〕木版, 凸版.
be a cút abòve ... [動] [他] ...より一枚上だ.
the cút and thrúst [名] 《英》(議論などの)活発なやりとり, 競い合い (*of*).
— [形] ([反] uncut) **1** 切った, 刈った, 摘んだ: ~ grass 刈った草 / ~ flowers 切り花. **2** 刻んだ, 彫った; 磨いた: ☞ cut glass. **3** 切り詰めた, 切り下げた. **4** 《俗》腹筋などがはっきり目立つ.

cút-and-dríed, cút-and-drý [形] [A] **1** (問題などが)議論の尽きた, (結論などが)明確な, 変更できない. **2** (意見・演説などが)あらかじめ用意された(通りの), 型にはまった, お決まりの. [語法] [P] の用法では cut and dried [dry] とつづる.

cút and páste 〔電算〕[動] [他] 〈...〉をカットアンドペーストする《画面上で文字や画像を切り取り, 別の場所にはりつける》. — [自] カットアンドペーストする. — [名] [U] カットアンドペースト.

cút-and-páste [形] さまざまな資料を切り取って貼りつけた(だけの), 寄せ集め編集の, 糊とはさみの.

cút·awày [名] **1** [C] モーニング(コート), えんび服 (tailcoat). **2** [C] (内部を示すために一部を切り取った)透視図面[模型]. **3** [C] (映画などで)上映中の主映像の中に挿入される別のシーン. **4** [形容詞的に] (図面・模型などが)内部が見えるように外部の一部が切り取られた.

^+^**cút·bàck** [名] ([動] cút báck) [C] [普通は複数形で] (生産の)縮小, 削減 (*in*).

***cute** /kjúːt/ [形] (**cut·er** /-ṭɚ | -tə/; **cut·est** /-ṭɪst/) **1** (人・物が)(小さくて)かわいい (pretty); 《米略式》セクシーな: a ~ baby かわいい赤ん坊 / a ~ girl [boy] かわいらしい女[男]の子 / ~ costume かわいらしい衣装. **2** 《略式, 主に米》抜けめのない; 利口な, 機転のきく, きざな: a ~ merchant 抜けめのない商人 / a ~ remark きざな文句. [語源] acute の a が落ちたもの. **gèt cúte with ...** [動] [他] ...をだまそうとする. **~·ly** [副] かわいく; 抜けめなく; 利口に. **~·ness** [名] [U] かわいさ; 利口.

cute·sy /kjúːtsi/ [形] 《米略式》[軽蔑] かわい子ぶった, (子供じみたほど)かわいらしい; 気取った.

cut·ey /kjúːṭi/ [名] [C] [S] =cutie.

cút gláss [名] [U] カットグラス.

cút-gláss [形] [A] **1** カットグラス[製]の. **2** 《英》(話し方などが)上流階級(風)の.

cu·ti·cle /kjúːṭɪkl/ [名] [C] (つめの付け根の)あま皮; 〔解〕表皮.

cut·ie /kjúːṭi/ [名] [C] [S] かわいい人[子].

cútie pìe [名] [C] 《略式》かわい子ちゃん; 恋人.

cut·lass /kʌ́tləs/ [名] [C] (反り身で幅広の)短剣《昔, 海賊が用いた》.

cut·ler /kʌ́tlɚ | -lə/ [名] [C] 《古風》食卓金物師[屋].

cut·ler·y /kʌ́tləri/ [名] [U] 《主に英》食卓用金物《ナイフ・フォーク・スプーンなどの総称》(《米》silverware).

cut·let /kʌ́tlət/ [名] [C] **1** (羊・子牛の)肉の切り身; カツレツ. **2** (ひき肉などの)カツレツ形コロッケ.

***cut·off** /kʌ́tɔ̀ːf | -ɔ̀f/ [名] (**~s** /~s/) **1** [C] **停止点, 限界,** 終了[中止]時期; 締め切り; [形容詞的に] 限界[区切り]の: a ~ *of* supplies 物資の供給停止 / What is the ~ date for signing up? 登録の最終締め切りはいつか. **2** [C] (水流などの)遮断装置, 開閉栓. **3** [C] 《米》近道. **4** [複数形で] ひざのあたりで切れたジーパン.

cút·òut [名] [C] **1** 切り抜き画[細工]. **2** (電気の)安全(開閉)器.
cut-price /kʌ́tpráɪs←/ [形] [A] 《英》 =cut-rate.
cút·pùrse [名] [C] 《古語》 =pickpocket.
⁺**cut-rate** /kʌ́tréɪt←/ [形] [A] 《米》 値引きした; (店が)安売りの.
⁺**cut·ter** /kʌ́ṭɚ | -tə/ [名] [C] **1** [普通は合成語で] 切る道具, 裁断器: (a pair of) wire ～*s* 針金切り(1丁), ペンチ. **2** [普通は合成語で] 切る人, 刈る人, 裁断師; フィルム編集者. **3** カッター《軍艦搭載ボート》; 1本マストの小帆船の一種; 《米》 沿岸警備艇.
cút·thròat [名] [C] **1** =cutthroat razor. **2** 《古語》 殺人者, 人殺し. **―** [形] [A] **1** (競争などが)情け容赦のない, 激烈な. **2** 殺人の.
cútthroat rázor [名] [C] 《英》 =straight razor.
***cut·ting** /kʌ́ṭɪŋ/ [名] (～s /～z/) **1** [C] 《英》 (新聞などの)切り抜き (clip, clipping): ☞ press cutting. **2** [U,C] 切ること, 切断, 切り取り, 裁断. **3** [U] (映画フィルム・録音テープなどの)編集, カッティング. **4** [C] 切り取ったもの; 挿し木用の枝. **5** [C] 《英》 =cut 11.
― [形] **1** [A] (刃物が)鋭利な. **2** [A] (風などが)身を切るような. **3** (言葉が)痛烈な, 皮肉な; (人が)薄情な.
cútting bòard [名] [C] 《米》 まな板 (《英》 chopping board).

cutting boards

⁺**cútting édge** [名] [C] [普通は単数形で] 最先端, 強い影響力をもつ部分; 優位; 効果, 鋭さ: give ... a ～ ...を有利にする. **be (at [on]) the cútting édge of ...** [動] [他] ...の最先端で[に]ある.
cútting-édge [形] 最先端の: ～ technology 最先端の科学技術.
cút·ting·ly [副] 辛辣に; 身を切るように.
cútting ròom [名] [C] (撮影フィルムなどの)編集室.
cut·tle·fish /kʌ́ṭlfɪʃ/ [名] (複 ～, ～·es) [C] こういか《厚い石灰質の甲がある》; [U] いかの身.

cuttlefish (甲は厚い石灰質; こういか)	いか
squid (甲は薄い革質; するめいか)	

Cut·ty Sark /kʌ́ṭisáək | -sá:k/ [名] **1** [固] [the ～] カティーサーク号 《19世紀の英国の快速帆船》. **2** [U] カティーサーク 《スコッチウィスキーの一種; 商標》.
cút·ùp [名] [C] 《米略式》 ふざけん坊, ひょうきん者.
cút·wòrm [名] [C] 根切り虫 《農作物・苗木の害虫》.
Cu·vi·er /k(j)ú:vièɪ/ [名] [固] **Georges** /ʒɔ́əʒ | ʒɔ́:ʒ/ ～ キュヴィエ (1769–1832) 《フランスの博物学者; 動物の分類法を考案した》.
cuz /(弱) kəz/ [接] Ⓢ =because.
CV, cv /sí:ví:/ [略] =curriculum vitae.
CW [略] =chemical warfare.
cwm /kúm, kú:m/ [名] [C] (ウェールズの)険しい谷間.
cwt. [略] =hundredweight.
-cy /si/ [接尾] 「性質・状態; 職・地位・身分」を表わす (☞ -ency): secrecy 秘密 / presidency 大統領の地位 / infancy 幼時.
cy·an /sáɪæn, -ən/ [名] [U] 青緑色, シアン(ブルー). **―** [形] 青緑色の.
cy·a·nide /sáɪənàɪd/ [名] [U] **1** シアン化物. **2** =potassium cyanide.
cy·a·no·sis /sàɪənóʊsɪs/ [名] [U] 〔医〕 紫藍(しらん)症, チアノーゼ 《血液の酸素化の不足によって皮膚などが暗紫色になる状態》.
cy·ber- /sáɪbɚ | -bə-/ [接頭] 「コンピューター(ネットワーク)の, インターネットの, サイバースペースの」の意.
cy·ber·café /sàɪbəkæféɪ | sáɪbəkæ̀feɪ/ [名] [C] サイバーカフェ, 電脳喫茶.
cýber crìme [名] [C,U] インターネット利用の犯罪.
cy·be·ri·a /saɪbí(ə)riə/ [名] [U] =cyberspace.
cy·ber·na·tion /sàɪbɚnéɪʃən | -bə-/ [名] [U] サイバネーション 《コンピューターによる自動制御》.
cyber·net·ic /sàɪbɚnéṭɪk | -bə-←/ [形] 人工頭脳(学)の.
cyber·net·ics /sàɪbɚnéṭɪks | -bə-/ [名] [U] サイバネティックス, 人工頭脳学.
cy·ber·pet /sáɪbɚpèt | -bə-/ [名] [C] サイバーペット 《「たまごっち」などの電子玩具》.
cýber·pòrn [名] [U] コンピューターポルノ.
cýber·pùnk [名] **1** [U,C] サイバーパンク 《コンピューターネットワークに支配される世界を舞台とするSF》. **2** [C] 《俗》 =hacker. **3** [形容詞的に] サイバーパンクの.
cýber ràge [名] [U] [滑稽] インターネット使用者の暴力的行為.
cýber sèx [名] [U] サイバーセックス 《コンピューターによる擬似的性体験》.
cýber·spàce [名] [U] サイバースペース, コンピューター空間 《コンピューターネットワークで結ばれた世界またはコンピューターの造り出す仮想現実環境》.
cýber·squàtting [名] [U] サイバースクウォッティング 《いろいろな会社のドメイン名を登録し, それを売って利益を得ること》.
cy·borg /sáɪbɔəg | -bɔ:g/ [名] [C] サイボーグ, 人工[改造]人間.
cy·cla·mate /sáɪkləmèɪt/ [名] [C,U] チクロ 《人工甘味料》.
cy·cla·men /sáɪkləmən, sík-/ [名] [C] シクラメン, かがりびばな 《球根植物》.
***cy·cle**[1] /sáɪkl/ [名] (～s /～z/; [形] cýclic, cýclical) [C] **1** ひと巡(めぐ)り, 一巡 (round); (演算などの)サイクル; 周期: the ～ *of* the seasons 季節の移り変わり / break the ～ *of* hate and violence 憎しみと暴力の連鎖を絶つ / These phenomena appear in ˹a ～ [～s]. これらの現象は周期的に現われる. **2** 周波, サイクル (☞ hertz). **3** 一群, 集成; 一群の詩歌[伝説].
[語源] ギリシャ語で「輪」の意.
hít for the cýcle [動] [自] 〔野〕 サイクルヒットを打つ.
― [動] [自] 循環する.
***cy·cle**[2] /sáɪkl/ [名] (～s /～z/) 《略式》 **1** [C] 自転車 (bicycle): ride [get on] a ～ 自転車に乗る / get off a ～ 自転車から降りる. **2** [C] 《主に米》 オートバイ (motorcycle). **3** [形容詞的に] 自転車の, オートバイの: a ～ shop 自転車屋. [語源] bicycle の短縮形.
― [動] [自] 自転車に乗る, 自転車で行く, サイクリングする: ～ *to* a lake 湖まで自転車で行く.
gò cýcling [動] [自] サイクリングに行く.
cýcle làne [名] [C] 《英》 自転車専用車線.
cýcle rìckshaw [名] [C] (東南アジアの)輪タク.
⁺**cy·clic** /sáɪklɪk, sík-/, **cý·cli·cal** /-k(ə)l/ [形] ([名] cýcle[1]) 循環する; 周期的な.
-cal·ly /-kəli/ [副] 周期的に.
cy·cling /sáɪklɪŋ/ [名] [U] サイクリング.
⁺**cy·clist** /sáɪklɪst/ [名] [C] 自転車に乗る人, サイクリングする人; [前に形容詞をつけて] 自転車に乗るのが...の人: a *good* ～ 自転車が上手な人.
cy·clo-cross /sáɪkloʊkrɔ̀:s | -krɔ̀s/ [名] [U] クロスカントリー自転車レース.
cy·cloid /sáɪklɔɪd/ [名] [C] 〔数〕 擺線(はいせん), サイクロイド.
cy·clom·e·ter /saɪklɑ́məṭɚ | -klɔ́mətə/ [名] [C] 車輪回転記録計, 走行距離計 (☞ -meter[1]).
⁺**cy·clone** /sáɪkloʊn/ [名] [C] 熱帯[温帯]性低気圧;

大暴風, 大あらし《特にインド洋方面のものをいう; ☞ storm 参考》.

Cýclone fènce 名 C サイクロンフェンス《ダイヤモンド形の金網のフェンス; 商標》.

cy·clon·ic /saɪklɑ́nɪk | -klɔ́n-/ 形 大あらしの.

Cy·clo·pe·an /sàɪklápí:ən⁻, saɪklóupiən/ 形 1 Cyclops の(ような). 2 [時に c-] 巨大な.

cy·clo·pe·di·a, -pae- /sàɪkləpí:diə/ 名 C 百科事典.

Cy·clops /sáɪklɑps | -klɔps/ 名 (《ギ神》キュクロプス《Sicily に住んでいたという1つ目の巨人》.

cy·clo·tron /sáɪklətràn | -trɔn/ 名 C サイクロトロン《イオン加速器》.

cy·der /sáɪdə | -də/ 名 U 《英》りんご酒 (cider).

cyg·net /sígnət/ 名 C 白鳥のひな[子]. 関連語 swan 白鳥.

*__cyl·in·der__ /sílɪndə | -də/ 名 (~s /~z/; 形 cylíndrical) C 1 円筒; 円柱; 円筒形の物. 2 シリンダー; ボンベ; 回転弾倉. **on áll cýlinders** 副 全力で: fire [work] *on all* ~s 全力で頑張る.

cýlinder blòck 名 C 《機》(エンジンの)シリンダーブロック.

cýlinder hèad 名 C 《機》シリンダーヘッド.

cy·lin·dri·cal /sɪlíndrɪk(ə)l/ 形 (名 cýlinder) 円筒(形)の; 円柱(状)の.

cym·bal /símb(ə)l/ 名 C [普通は複数形で] シンバル《打楽器》.

cym·bal·ist /símbəlɪst/ 名 C シンバル奏者.

cym·bid·i·um /sɪmbídiəm/ 名 C シンビジウム《洋らんの一種》.

+**cyn·ic** /sínɪk/ 名 C 1 皮肉屋, 冷笑家《人はいつも利己的に行動すると信じる人》. 2 [C-] 犬儒(学派の人《ギリシャ哲学の一派で禁欲的消極主義の生活を行なった》.

*__cyn·i·cal__ /sínɪk(ə)l/ 形 1 皮肉な, 冷笑的な, 人間不信の, 世をすねた: Don't be so ~ *about* doctors. <A+*about*+名·代> 医者のことをそんなに皮肉っぽく言う[見る]な. 2 利己的な, 身勝手な. 3 冷淡な. **-cal·ly** /-kəli/ 副 皮肉に, 冷笑的に.

+**cyn·i·cism** /sínɪsìzm/ 名 U [しばしばけなして] 冷笑, 皮肉; 利己的な行動.

cy·no·sure /sáɪnəʃùə, sín- | -sjùə, -ʃùə/ 名 C [普通は単数形で] 《文》注目の的, 賛美的.

Cyn·thi·a /sínθiə/ 名 固 1 シンシア《女性の名; 愛称は Cindie, Cindy》. 2 《ギ神》キュンティア《月の女神》(Artemis).

cy·pher /sáɪfə | -fə/ 名 動 《主に英》 =cipher.

+**cy·press** /sáɪprəs/ 名 C いとすぎ《ひのき科の常緑樹; 喪の印として墓地に植える》; U いとすぎ材.

Cyp·ri·ot /sípriət/ 形 キプロスの; キプロス人[方言]の. — 名 C キプロス人; U キプロス方言.

Cy·prus /sáɪprəs/ 名 固 キプロス《地中海東部の島, 共和国; ☞ copper¹ 語源》.

Cy·ril·lic /sərílɪk/ 形 A キリル文字の. — 名 U キリルアルファベット《ロシア文字のもと》.

cyst /síst/ 名 C (動物の)包囊(のう).

cys·tic fi·bro·sis /sístɪk faɪbróʊsɪs/ 名 U 《医》囊胞(のう)性繊維症.

cys·ti·tis /sɪstáɪtɪs/ 名 U 《医》膀胱(ぼうこう)炎.

cy·tol·o·gist /saɪtɑ́lədʒɪst | -tɔ́l-/ 名 C 細胞学者.

cy·tol·o·gy /saɪtɑ́lədʒi | -tɔ́l-/ 名 U 細胞学.

cy·to·mèg·a·lo·vírus /sàɪtoumègəloʊ-/ 名 《生》巨細胞[サイトメガロ]ウイルス《ヘルペスウイルス》.

cy·to·plas·m /sáɪtəplæzm/ 名 U 《生》細胞質.

Cý Yóung Awàrd /sáɪjʌ́ŋ-/ 名 固 [the ~] サイヤング賞《大リーグの最優秀投手に贈られる》.

czar /zá:, tsá: | zá:, tsá:/ 名 C 1 [しばしば C-] ロシア皇帝, ツァー(リ). 2 専制君主; 独裁者. 3 《米》(特定分野の)大御所, …王 (*of*).

cza·ri·na /za:rí:nə, tsa:-/ 名 C ロシア皇后.

czar·is·m /zá:rɪzm, tsá:-/ 名 U 専制政治; 帝政.

czar·ist /zá:rɪst, tsá:-/ 名 C 専制政治[帝政]支持者. — 形 専制政治[帝政]の.

Czech /tʃék/ 名 C チェコ人; U チェコ語. — 形 チェコ人の; チェコの.

Czech·o·slo·vak /tʃèkəslóʊvɑ:k, -væk | -væk⁻/ 名 C チェコスロバキア人. — 形 チェコスロバキアの; チェコスロバキア人の.

Czech·o·slo·va·ki·a /tʃèkəslouvá:kiə, -væk-/ 名 固 チェコスロバキア《1992年まで Prague を首都とし Czech Republic と Slovakia から成っていた連邦共和国; 93 年両国の分離により消滅》.

Czech·o·slo·va·ki·an /tʃèkəslouvá:kiən, -væk-⁻/ 形 名 =Czechoslovak.

Czéch Repúblic 名 固 [the ~] チェコ(共和国)《ヨーロッパ中部の共和国; ☞ Czechoslovakia》.

d D

d[1], **D**[1] /dí:/ [名] (複 **d's, ds, D's, Ds** /~z/) **1** [C,U] ディー《英語のアルファベットの第 4 文字》. **2** [U,C] [普通は D]〔楽〕ニ音, ニ調. **3** [C]〔ローマ数字〕500《☞ number 表》. **4** [C] [D, 時に d] (成績の)可《☞ grade 表》. **5** [C] (テレビ番組の) D 表示《性的内容の会話を含む》.

d[2] [略] =day(s).

D[2] /dí:/ [略]〔電〕単 1《乾電池のサイズ》.

電池のサイズ

D	単 1	AA	単 3
C	単 2	AAA	単 4

D[3] [略] =day(s), Democrat, Democratic.

d.[1] [略] =date[1], daughter, deceased, diameter, died《☞ die[1] 1》.

d[3], **d.**[2] /péni, péns/ [略] =penny, pence《英国の 1971 年以前の旧通貨制度時代の略語; ☞ p[2]》.

D. [略] =December, director, duchess, duke, Dutch.

d' /d/ Ⓢ《略式》do[1] の短縮形《☞ d'you》.

-d ☞ -ed[1].

*‡***-'d**[1] /d/《略式》**would の短縮形**《☞ I'd[1], you'd[1], he'd[1], how'd[1], she'd[1], it'd[1], we'd[1], they'd[1], where'd[1], who'd[1,3], why'd[1]》.

‡**-'d**[2] /d/《略式》**had**[2] **の短縮形**《☞ I'd[2], you'd[2], he'd[2], she'd[2], it'd[2], we'd[2], they'd[2], where'd[2], who'd[2,4], why'd[3]》.

*-**'d**[3] /d/《略式》**did**[1] **の短縮形**《☞ how'd[2], where'd[3], who'd[5], why'd[2]》: *Where'd* you go? (=Where did you go?) どこへ行ったの.

-**'d**[4] /d/ -ed[1] の短縮形《☞ OK [動]》.

+**D.A.** /dí:éɪ/ [略] =district attorney.

+**dab**[1] /dǽb/ [動] (**dabs**; **dabbed**; **dab·bing**) [他] **1** 〈…〉を軽くたたく[押さえる]. **2** 〈…〉を(表面に)軽く塗る (*on*); 〈表面〉を(…を用いて)軽く塗る (*with*) : ~ paint *on* (a surface)=~ a surface *with* paint 表面にペンキをひと塗りする. **3** 〈…〉を(表面から)手早くとり除く (*from*). — [自] 軽くたたく, (軽く)押し当てる (*at*). — [名] **1** [C] ひと塗り, ひとはけ; 少量 (*of*). **2** [C] 軽くたたく[押さえる]こと.

dab[2] /dǽb/ [名] [C] まこがれい《魚》.

+**dab·ble** /dǽbl/ [動] [自] (おもしろ半分に)やってみる, 手を出す (*in, at, with*). — [他] 〈手足〉を(水中で)ぱちゃぱちゃさせる (*in*). — [名] [単数形で]《英略式》(興味本意で)やってみる[手を出す]こと.

dab·bler /dǽblə | -lə/ [名] [C] 道楽半分に物事をする人 (*in*).

dáb·chìck [名] [C] 小型のかいつぶり《水鳥》.

dáb hànd [名] [C]《英略式》名人, 達人 (*at*).

da ca·po /dɑ:ká:poʊ/ [副]〔楽〕ダカーポ, 初めから繰り返して《[略] DC》.

Dac·ca /dǽkə/ [名] [固] ダッカ《バングラデシュの首都》.

dace /déɪs/ [名] (複 ~) [C] うぐい・はやの類《こい科の小さくすばしこい川魚》.

da·cha /dá:tʃə | dǽtʃə/ [名] [C] (ロシアの)いなかの邸宅; 別荘.

dachs·hund /dá:ks(h)ʊ̀nt | dǽks(ə)nd/ [名] [C] ダックスフント《胴長短脚の犬; ☞ dog 挿絵》.

Da·cron /déɪkrɑn, dǽk- | -rɔn/ [名] **1** [U]《米》ダクロン《ポリエステル合成繊維の一種; 商標》(《英》Terylene). **2** [U,C] [時に d-] ダクロン製衣料.

dac·tyl /dǽkt(ə)l/ [名] [C]〔詩〕強弱弱格《⏊ーー》.

dac·tyl·ic /dæktílɪk/ [形]〔詩〕強弱弱格の. — [名] [C]〔詩〕強弱弱格の詩(行).

*‡***dad** /dǽd/ ([類音] dead) [名] (**dads** /dǽdz/) [C]《略式》**お父さん, パパ.** [語法] 親しみの感じを表わす語で, 子供が(時には成人してからも)父親に呼びかけるときによく用いる; 固有名詞のように, 大文字で始め, 冠詞をつけないことが多い《☞ father [語法] (2)》: The children said, "Oh, *D*~ is back," and rushed to the door. 子供たちは「お父さんが帰ってきた」と言ってドアの方へ走って行った / Are you coming, *D*~? お父さん来るの《☞ 💿 94》/ [会話] "Is your ~ in?" "No, he is out right now, but he'll be back soon."「君のお父さんは家にいるの」「今はでかけてますが, すぐに戻ると思います」[関連]《米》mom,《英》mum お母さん.

Da·da /dá:dɑ:/, **Da·da·is·m** /dá:dɑ:ìzm/ [名] [U] ダダ(イズム)《20 世紀初めの文学・芸術運動》.

*‡***dad·dy** /dǽdi/ [名] (**dad·dies** /~z/) [C]《略式・小児》お父さん, パパ (dad)《☞ dad [語法]》.

dáddy lóng·lègs [名] (複 ~) [C]《米略式》めくらぐも;《略式, 主に英》ががんぼ (crane fly).

da·do /déɪdoʊ/ [名] (~(e)s) [C]〔建〕腰羽目《壁の下部を板材で張ったもの》.

Daed·a·lus /dédələs | dí:d-/ [名] [固]〔ギ神〕ダイダロス《Crete 島の迷路を作った名工; ☞ Icarus》.

dae·mon /dí:mən/ [名] [C] **1**〔ギ神〕ダイモン《神と人間の中間にあるとされる霊; ☞ demon》. **2** 守護神.

dae·mon·ic /di:mánɪk | -mɔ́n-/ [形] =demonic.

daff /dǽf/ [名] [C]《略式》=daffodil.

+**daf·fo·dil** /dǽfədìl/ [名] [C] らっぱずいせん《Wales の国花; ☞ rose[2] 表, narcissus》.

daffodil

daf·fy /dǽfi/ [形] (**daf·fi·er**; **-fi·est**)《略式》ばかな, 愚かな; 狂気じみた.

+**daft** /dǽft | dá:ft/ [形] (**daft·er**; **daft·est**)《略式, 主に英》**1** ばかな, おかしな; 気の狂った: Don't be ~. Ⓢ ばかなことをする[言う]な. **2** [P] 熱狂した (*about*). (**as**) **dáft as a brúsh** [形]《英略式》ひどくばかな. **~·ness** [名] [U] ばかなこと.

dag /dǽg/ [名] [C] Ⓢ《豪》きたならしい[だらしない]やつ; 野暮ったいやつ; 変なやつ.

da Gama [名] [固] ☞ Gama.

+**dag·ger** /dǽgə | -gə/ [名] [C] **1** 短剣, 短刀. **2**〔印〕短剣符, ダガー《†》(obelisk)《参照や没年を示す》. **at dággers dráwn** [形] 敵意を抱いて, にらみ合って (*with*). **lóok dággers at ...** [動] [他]《略式》…をにらみつける.

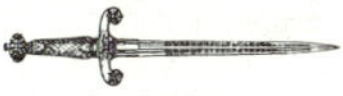

dagger 1

dag·gy /dǽgi/ [形] きたならしい; 変わり者の.

da·go /déɪgoʊ/ [名] (~s) [C]《俗》[差別] スペイン[イタリア, ポルトガル](系の)人.

da·guerre·o·type /dəgérətàɪp/ [名] [U,C] 銀板写真でとった写真.

dahl /dá:l/ [名] [C,U] ダール《レンズ豆の入ったインドのカレー料理》.

+**dahl·ia** /dǽljə, dá:l- | déɪl-/ [名] [C] ダリア《観賞用植物》.

Dail (**Eir·eann**) /dɔ́ɪl(é(ə)rən), dɔ́:l-/ [名] [the ~] (アイルランド共和国の)下院.

*‡***dai·ly** /déɪli/ ([類音] dairy) [形] ([名] day) [A] [比較なし] **1 毎日の,** 1 日 1 回の, 日刊の: ~ wages 日給 / a ~ newspaper 日刊新聞 / ~ life 日常生活 / on a ~ basis 毎日 / *D*~ walking keeps me fit. 毎日散歩をしているので私は健康です. [語法] 日曜日を(時には土曜日も)除いて毎日という意味で用いること

D

daily bread

もある. **2** 日割り計算の: a ～ quota 1 日の割り当て.

関 連		
daily	毎日の	日刊紙
weekly	毎週の	週刊誌
monthly	毎月の	月刊誌
quarterly	年4回の	季刊誌
yearly	毎年の	

── 副 **毎日** (every day), 1日1回: Traffic accidents happen ～. 交通事故は毎日起こる.
── 名 (**dai·lies** /-z/) C [普通は複数形で]日刊紙 (『日曜は休刊』, 毎日の刊行物: Several *dailies* are published in this city. この市では数種の日刊紙が発行されている. **2** [複数形で] (米) [映]編集前の下見用フィルム (rush). **3** C =daily help.

dáily bréad 名 U 命の糧(ᵉ); [普通は所有格の後で](略式)生計 (☞ bread 2).

dáily dóuble 名 C (競馬などの)重勝式 (同日の指定された2レースの1着を当てる).

dáily dózen 名 [所有格の後で](古風, 略式)日課の体操. 由来 もと12種類から成っていた.

Dáily Expréss 名 [the ～]『デイリーエクスプレス』(英国のタブロイド版日刊新聞).

dáily hélp 名 C (古風, 英)通いのお手伝い.

Dáily Máil 名 [the ～]『デイリーメイル』(英国のタブロイド版日刊新聞).

Dáily Mírror 名 [the ～]『デイリーミラー』(英国のタブロイド版日刊新聞).

Dáily Télegraph 名 [the ～]『デイリーテレグラフ』(英国の日刊新聞).

Daim·ler /déɪmlə, dáɪ- | déɪmlə/ 名 C ダイムラー (高級車; 商標).

Dáimler-Chrýsler 名 ダイムラー・クライスラー (社) (1998年ドイツの Daimler-Benz 社と米国の Chrysler 社が合併してできた車メーカー).

dain·ti·ly /déɪn(t)əli/ 副 優美に.

dain·ti·ness /déɪn(t)ɪnəs/ 名 U 優美さ.

†**dain·ty** /déɪn(t)i/ 形 (**dain·ti·er, -ti·est**) **1** (動きが)優美な, 上品な; 繊細な, きゃしゃな, かわいらしい. **2** 好みがやかましい. **3** おいしい. ── 名 (**dain·ties**) C (古風)(砂糖菓子など).

dai·qui·ri /dáɪkəri, dáɪ-/ 名 U.C ダイキリ (ラム酒・ライム[レモン]ジュース・砂糖などで作るカクテル).

*dair·y /dé(ə)ri/ (同音 daily) 名 (**dair·ies** /-z/) C **1** 酪農場; 牛乳加工所. **2** 乳製品販売店; [形容詞的に] 牛乳(製造)の. **3** U 乳製品.

dáiry cáttle 名 [複数扱い]乳牛 (☞ beef cattle).

dáiry ców 名 C 乳牛.

dáiry fàrm 名 C 酪農場.

dáiry fàrmer 名 C 酪農業者.

dáir·y·ing /dé(ə)riɪŋ/ 名 U 酪農(業).

dáiry·màid 名 C (古風)乳搾り女.

dáir·y·man /-mən/ 名 (**-men** /-mən/) C **1** 酪農場で働く男; 酪農場主. **2** 乳製品販売店[店員].

dáiry pròducts 名 [複]乳[酪農]製品.

da·is /déɪɪs/ 名 C (講堂の)演壇; (広間の)上段.

†**dai·sy** /déɪzi/ 名 (**dai·sies**) C デージー, ひな菊 いろいろな種類があるが英国ではひなぎく(右上の挿絵(A)), 米国ではフランスぎく(挿絵 (B))を指すことが多い. 語源 古(期)英語で 'day's eye' (太陽の意; 形を似たので. **(as) frésh as a dáisy** [形](略式)(ひなぎくのように)生き生きとした. **be púshing úp (the) dáisies** [動] 自 (古風)または (滑稽)死んで地中に埋葬されている.

dáisy cháin 名 C (鎖状の)デージーの花輪.

dáisy whéel 名 C デージーホイール (タイプライターな

どのデージーの花のように円形に並べてある活字).

dáisy whéel prínter 名 C =daisy wheel.

Da·kar /dəkáː, dǽkə | dǽkə/ 名 ダカール (セネガル (Senegal) の首都).

Da·ko·ta /dəkóʊtə/ 名 ダコタ (米国北部の North Dakota 州と South Dakota 州とを合わせて the Dakotas と呼ぶ). 語源 現地の北米先住民のことばで「同盟者」の意.

Da·ko·tan /dəkóʊtən, -tn/ 形 ダコタ(地方)の, ダコタ(地方)人の. ── 名 C ダコタ(地方)人.

daks /dǽks/ 名 [複] (豪) 通いのお手伝い (trousers).

Da·lai La·ma /dáːlaɪláːmə/ 名 [the ～] ダライラマ (チベット仏教の教主).

dale /déɪl/ 名 C (北部イングランド) 谷 (valley).

Da·li /dáːli/ 名 Salvador ～ ダリ (1904–89) (スペインの画家).

Da·li·an /dàːliǽn/, **Ta·lien** /tàːljén/ 名 大連 (中国遼寧省の市).

Da·lit /dáːlɪt/ 名 C (インド) ダリト (カースト制度における最下層民).

Dal·las /dǽləs/ 名 ダラス (米国 Texas 州北東部の都市; ☞ 表地図 G4).

dal·li·ance /dǽliəns/ 名 U.C (古風)または (滑稽) もてあそび (with); いちゃつき, 浮気; (格式)一時的熱中.

dal·ly /dǽli/ 動 (**dal·lies; dal·lied; -ly·ing**) 自 (古風) **1** ぐずぐずする (over). **2** ぼんやり考える; (空想を)もてあそぶ (with). **3** (異性と)いちゃつく, 戯れる; (異性の気持ちを)もてあそぶ (with).

Dal·ma·tian /dælméɪʃən/ 名 C ダルメシアン (犬; ☞ dog 挿絵). *One Hundred and One* ～ s 101 匹わんちゃん大行進 (ディズニーのアニメの題名).

Dal·ton·is·m /dɔ́ːltənɪzm/ 名 U (時に d-) (先天)赤緑色盲.

*dam¹ /dǽm/ (同音 damn) (類音 damp, dumb) 名 (～s /-z/) C ダム, せき: A huge ～ was built [constructed] to keep back the water. 水をせき止めるために巨大なダムが建設された.
── 動 (**dams** /-z/; **dammed** /-d/; **dam·ming**) 他 **1** 〈川など〉をダムでせき止める; 〈...〉にダムを造る: The river *is dammed* (*up*) in several places. <V+O (+up) の受身> その川は数か所ダムでせき止められている. **2** (格式) 〈感情など〉を抑える (up).

dam² /dǽm/ 名 C (四足獣, 特に家畜の)雌親.

*ⓡ**dam·age** /dǽmɪdʒ/ 名 (**dam·ag·es** /-ɪz/) **1** U 損害, 被害, 損傷; 悪影響, 害, 精神的ダメージ: The storm caused serious [extensive] ～ *to* the riverbank. あらしで川の堤防がひどく傷んだ / suffer brain ～ 脳に損傷を受ける / The rumor did grave ～ *to* his reputation. そのうわさは彼の名声をひどく傷つけた / The ～ is done. 被害はあった(もう手遅れで, 後の祭りだ). **2** [複数形で] (法) 損害賠償金[額]: He claimed $10,000 (in) ～s for the business they had lost. 彼は事業の損失の賠償金として 1万ドルを要求した. **3** [the ～] (略式) (滑稽)代金, 勘定: What's the ～? いくらですか[でしたか].
── 動 (**dam·ag·es** /-ɪz/; **dam·aged** /-d/; **dam·ag·ing**) 他 〈...〉に損害を与える, 〈...〉を傷つける (☞ injure 類義語): The building *was* badly [severely] ～*d by* the fire. <V+O の受身> その建物は火事でひどくやられた. **gèt dámaged** [動] 自 損傷する.

dam·age·a·ble /dǽmɪdʒəbl/ 形 損害を受けやすい, いたみやすい.

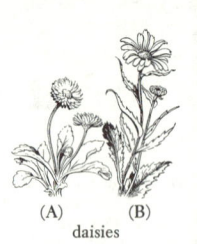

dámage contròl 名 U 被害対策, ダメージコントロール《被害を最小限におさえるための対策》.
dámage depòsit 名 C 《アパートなどの》保証金.
dámage limitàtion 名 U =damage control.
dam·ag·ing /dǽmɪdʒɪŋ/ 形 害[ダメージ]を与える, 有害な(to): ~ accusations 名誉を傷つける非難.
Da·mas·cus /dəmǽskəs/ 名 固 ダマスカス《シリア(Syria) の首都》.
dam·ask /dǽməsk/ 名 U ダマスク織り《テーブル掛けなどを作る》. —— 形《文》ダマスク織の.
dámask róse 名 C ダマスクローズ《淡紅色で香りのよいバラ》.
dame /déɪm/ 名 1 [D-]《英》デイム: D~ Alice (Smith) デイム アリス (スミス).

[語法] ナイト爵 (knight) に叙任された女性の敬称で男性の Sir に相当し, 呼びかけには Dame Alice のようにクリスチャンネームだけにはつけるが Dame Smith のように姓にだけつけては用いない (☞ sir [語法]).

2 C《古風, 米》女. 3 C =pantomime dame.
dam·mit /dǽmɪt/ 感《略式》こん畜生!, くそ!《いらだちなどを表わす》. **as néar as dámmit** ☞ near 副 成句.
*__damn__ /dǽm/《同音 dam》形 A S《略式》《くそ》いまいましい, いやらしい; ひどい: a ~ fault ばかな誤り / He's a ~ fool. あいつは全くばかだ / This ~ door won't open. このいまいましいドアがどうしても開かない.
—— 動《~s /-z/; ~ed /-d/; ~ing》名 damnátion》他 1 [感嘆詞的に]《略式》こん畜生!, ちくしょう(くらえ)!, しまった!(☞ swear [語法]; taboo word) D~ the rain! いまいましい雨だ! / D~ him! あの野郎め!
[語法] 下品な語とされ, 特に年配の女性や信心深い人たちは使うのを避ける. damn の代わりにしばしば darn が用いられる. damned も同じく darned で代用する. 2〈…〉をののしる,〈ひどく〉けなす,〈さんざんに〉〈…〉に悪口を言う (condemn); He'll be ~ed if he accepts the offer, and ~ed if he doesn't. 彼はその申し出を受け入れても受け入れなくても非難されるだろう. 3 [言動などが]〈…〉を破滅させる (ruin). 4 [神が]〈…〉を地獄に罰する, 地獄へ落とす(☞ damned). **(and) dámn the cónsequences [expénse]!** [しばしば命令文などの後に用いて] S《結果や費用など》やっかいなことは気にすることはない. **as néar as dámn it** ☞ near 副 成句. **dámn it** [感]《略式》=dammit. **dámn ... with fáint práise** [動] 他 気のないほめ方をしてそれとなく〈…〉をけなす. **(I'll be [I'm]) dámned if ...** S《略式》もし…だったら首でもやろう, …であってたまるものか / I'll be ~ed if I will [know]. そんなことする[知る] もんか. **Wéll, I'll be [I'm] dámned!** S《古風, 略式》これは驚いた.
—— 副 [形容詞・副詞を修飾して] S《略式》全く, ひどく; とても: She came ~ late. あの女はひどく遅れてやって来た. [語法] よい意味で用いることもある: You're ~ right. 全く《あんたの》言う通りだ. **dámn áll** [代]《略式, 主に英》少しも…ない (nothing at all). —— 形《主に英》少しも…ない (no): The doctor is ~ all use. あの医者は全くの役立たずだ. **dámn néar ...** [副] ほとんど…も同然. **dámn stráight [ríght]** [副] ちゃんと, 確かに. **dámn wéll** [副]《略式》確かに, ちゃんと: He knows ~ well what it means! やつはそれがどういうことか知っているのに. [語法] 普通はよくないことに使う. —— 名 [a ~ として否定文で] S《略式》少しも; ほとんど no worth a ~. それは何の値打ちもない. **nót gìve [cáre] a dámn** [動] S《略式》全く気にしない[構わない] (about, for): I don't give a ~ what he says. あいつが何を言おうが知ったことか.
dam·na·ble /dǽmnəbl/ 形《古風, 略式》いまいましい, ひどい. **-na·bly** /-bli/ 副 いまいましく.

---

dance 423

dam·na·tion /dæmnéɪʃən/ 名 動 damn》U《格式》地獄に落とす[落ちる]こと; 破滅: suffer eternal ~ 永遠に地獄で苦しむ. —— 感《古風》畜生!, しまった!
*__damned__ /dǽmd/ 形 A S《略式》くそいまいましい; ひどい, とんでもない (☞ damn 形 [語法]). 2 のろわれた; 忌まれない; 地獄に落とされた: the ~ 地獄に落とされた人たち《複数名詞のように扱われる; ☞ the' 3》.
—— 副 [形容詞・副詞を修飾して] S《略式》ひどく, べらぼうに; とても. [語法] よい意味で用いることもある: She's a ~ good singer. 彼女は歌がめちゃうまい.
damned·est /dǽmdɪst/ 形 A《古風, 米》ひどく変わっている, とても驚くべき. —— 名 [one's ~]《略式》最善: do [try] one's ~ 最善を尽くす.
dámn-fóol 形 A S《略式》ひどくばかな愚かな.
*__damn·ing__ /dǽmɪŋ/ 形 破滅させる, 不利な.
Dam·o·cles /dǽməkli:z/ 名 固 ダモクレス《古代シチリア島 (Sicily) シラクサの王の廷臣》. **the [a] swórd of Dámocles** [名]《文》《栄華の最中にも》身に迫る危険, 《いつでも起こりうる》危機, 不幸. 由来 あまり王位の幸福をたたえたので, 王はダモクレスを王座につかせ, その頭上に毛1本でつるされた剣を示して王位が安泰でないのを教えたことから.
Da·mon /déɪmən/ 名 固《ローマ伝説》ダモン《死刑を宣告された親友ピュティアス (Pythias) を救った男》. **Dámon and Pýthias** [名] 無二の親友.
damp /dǽmp/《類音 dump》形 (**dámp·er; dámp·est**; 動 **dámpen**) 《不快なほど》湿気のある, じめじめした (☞ wet 類義語): ~ weather じめじめした天気 / a ~ towel 湿ったタオル.
—— 名 U《不快な》湿気;《英》湿った箇所: The ~ was rotting the floor. 湿気が原因で床が腐りだした.
—— 動 他 1 〈…〉を湿らせる. 2 =damp down (2). **dámp dówn** [動] 他 (1)〈火などを〉弱める〈灰をかけたりして〉. (2)〈熱意など〉をそぐ,〈気力を〉くじく;〈音を〉弱くする. **dámp óff** [動] [植物が] 立枯れ病になる.
dámp còurse 名 C《英》《壁内下部の》防湿層.
*__damp·en__ /dǽmp(ə)n/ 動 形 damp》他 1〈…〉を湿らせる. 2〈気力や熱意を〉くじく, 抑える (down).
damp·en·er /dǽmp(ə)nə | -nə/ 名 =damper.
damp·er /dǽmpə | -pə/ 名 C 1 雰囲気をこわす物[人]. 2〈ストーブの〉調節弁;〈ピアノの〉止音器; 緩衝器. **pùt a dámper on ...** [動] 他 …の雰囲気をこわす, …に水を差す.
damp·ish /dǽmpɪʃ/ 形 湿っている, しめっぽい.
damp·ly /dǽmpli/ 副 湿って, しめっぽく.
damp·ness /dǽmpnəs/ 名 U 湿気, しめっぽさ.
dámp-pròof cóurse 名 C =damp course.
dámp squíb 名 C《普通は単数形で》《英略式》不発に終わった企て, 期待外れ.
dam·sel /dǽmz(ə)l/ 名 C《古語》未婚の若い女性, 乙女. **a dámsel in distréss** [名]《滑稽》困っている〈若い〉女性《とらわれた乙女を騎士が助ける物語から; ☞ a knight in shining armor (armor 成句)》.
dámsel·fish 名 C 雀鯛《すずめ》《熱帯魚》.
dámsel·flỳ 〈-**sel·flìes**〉 C いとんぼ.
dam·son /dǽmz(ə)n/ 名 1 C ダムソン《紫色の西洋すももの一種》; ダムソンの木. 2 U 暗紫色.
dan /dǽn, dáːn/《日本語から》名 C《柔道・空手などの》段.
Dan /dǽn/ 名 固 ダン《男性の名; Daniel の愛称》.
Dan. 略 =Danish.
*__dance__ /dǽns | dáːns/《類音 dense》名《dances /-ɪz/》 1 C 踊り, ダンス; 小踊り: do [perform] a ~ ダンスをする / The waltz is my favorite ~. ワルツが私の好きなダンスです / He sat out most of the ~s that night. 彼はその晩はほとんどダンスに加わらなかった / do a ~ of excitement 喜んで小踊りする.

424 dance band

【会話】 "May I have the next ~ (with you)?" "With pleasure." 「次はいっしょに踊っていただけますか」《舞踏会などで男性が女性に対して》「喜んで」

2 C ダンスパーティー, 舞踏会: go to a ~ ダンスパーティーに行く / She gave [had, held] a ~ last night. 彼女は昨夜ダンスパーティーを催した. 【日英比較】英語では単に dance で dance party とは普通いわない.

| dance (略式の) | ダンスパーティー, |
| ball (公式で盛大な) | 舞踏会 |

3 C 舞踏曲, ダンス音楽: play a ~ ダンス音楽を演奏する. **4** [the ~] 踊り方, 舞踏法. **5** U 《芸術としての》ダンス, 舞踏. **léad ... a (prétty [mérry]) dánce** 動 他 《英略式》〈...〉をひどく手こずらせる. **the dánce of déath** 名 死の舞踏《死神に導かれ墓へ向かう人々の踊りで, 中世芸術に描かれた》.

— 動 (danc·es /~ɪz/; danced /~t/; danc·ing) 自
1 (音楽に合わせて)ダンスをする; 踊る: go dancing ダンスに行く / ~ to a waltz ワルツに合わせて踊る / I'd like to ~ with you all night. <V+with+名・代> 私はあなたと一晩中踊りたい.

2 跳(は)ね回る, 跳び回る; (木の葉や波などが)踊る, 揺れる; (心臓などが)躍動する: The girl ~d for joy at the news. <V+for+名> その知らせを聞いてその少女は大喜びで跳び回った.

— 他 **1** 〈踊りなど〉を踊る; 〈バレエの役〉を踊る: Can you ~ the waltz? あなたはワルツを踊れますか. **2** 〈人〉を踊らせる; 〈子供など〉を揺ってあやす: He likes to ~ his baby on his knee. 彼は自分の子をひざの上で揺ってあやすのが好きだ.

dánce bànd 名 C ダンス音楽を演奏するバンド.
dánce càrd 名 C ダンスカード《ダンスパーティーで女性が踊るパートナーの氏名表》. **...'s dánce cárd is fúll** ...の予定が一杯だ; 恋の相手が多い.
*dánce flòor 名 C ダンス(用)フロアー.
dánce·hàll 名 U ダンスホール《レゲエ (reggae) にラップの要素を取り入れたダンス音楽. ☞ ragga》.
dánce hàll 名 C ダンスホール, 舞踏場.
dánce mùsic 名 U ダンス音楽.

*danc·er /dǽnsə | dáːnsə/ 名 (~s /~z/) C ダンサー, 踊り子, (専門の)舞踏家《社交ダンス・バレエ両方を指し, 特に職業的にすぐれて踊るのが多い》: a ballet ~ バレエダンサー. 【言い換え】 You are a very good ~. (= You dance very well. = You are very good at dancing.) あなたはほんとうにお上手ですね.

danc·er·cise /dǽnsəsàɪz | dáːnsə-/ 名 U 《運動のための》激しい踊り (dance と exercise の混成語).
dánce stùdio 名 C ダンス教習所[教室].
*danc·ing /dǽnsɪŋ | dáːns-/ 名 U ダンス, 踊ること.
dáncing gìrl 名 C 踊り子, ダンサー.
dáncing shòe 名 C [普通は複数形で] ダンス靴.
D and C /díː ənd síː/ 名 C 《医》(子宮頸管)拡張と(内膜)掻爬(そうは).
*dan·de·li·on /dǽndəlàɪən/ 名 C たんぽぽ. 【参考】芝生の大敵とされる. 【語源】ラテン語で「ライオンの歯」の意; 葉の形から.
dándelion clóck 名 C たんぽぽの綿毛の房.
dan·der /dǽndə | -də/ 名 [次の成句で] **gèt ...'s dánder úp** 動 (古風) ...を怒らせる.
dan·di·fied /dǽndəfàɪd/ 形 (古風) (男性的に)めかしこんだ, めかし屋の.
dan·dle /dǽndl/ 動 他 (古風) 〈小さな子供〉を揺ってあやす.
dan·druff /dǽndrəf/ 名 U (頭の)ふけ.

dan·dy /dǽndi/ 名 (dan·dies) C (古風) (服装にうるさい)しゃれ男, めかし屋. — 形 (dan·di·er, -di·est) (古風, 主に米) すばらしい, とてもいい.
Dane /déɪn/ 名 C **1** デンマーク人; デンマーク系人 (☞ Denmark 表). **2** 《英史》デーン人 (10 世紀ごろ England へ侵入した北欧人).
dang /dǽŋ/ 名 S (米) こん畜生!, しまった!(☞ damn 動 1). — 形 副 (古風, 米略式) いまいましい[く], 全くの[全く], べらぼうな[に].

*dan·ger /déɪndʒə | -dʒə/ 動 endanger) **1** U [時に a ~] 危険: 危険な状態; (いやなことの起こる)恐れ《☞ 類義語》(反 safety): SHARP TURN! DANGER! 急カーブ! 危険! 《標識》. 【言い換え】 There is no [a] ~ of flooding. = There is no [a] ~ that there will be a flood. <N+that 節> 洪水の危険はない[危険がある] / We must reduce the ~ of nuclear war. 我々は核戦争の危険を減らさなければならない / There is always the ~ that our team will lose. 我々のチームが負ける恐れはいつもある.

— コロケーション —
avoid (a) danger 危険を避ける
avert (a) danger 危険を防ぐ
escape (a) danger 危険をのがれる
face (a) danger 危険に立ち向かう
sense (a) danger 危険を感じる

2 C 危険なこと[物, 人]; 脅威, 障害物: face ~s 危険な目に会う / He is a ~ to the government. 彼は政府にとって危険な人物だ / Global warming is a ~ to human beings. 地球の温暖化は人類にとって脅威だ. 【語源】古(期)フランス語で「君主の絶対的な権力」の意から「恐ろしい力」, そして「危険」の意となった.

be in dánger [動] 自 危険な状態である (= dangerous 【語法】); (病人が)危篤である: The doctor said that the patient was in no ~. その患者は心配ないと医者は言った.
be in dánger of ... [動] ...の危険にさらされている: The people are in ~ of losing their homes because of the volcanic eruption. 人々は火山の爆発で家を失う危険にさらされている.
be òut of dánger [動] 自 危険を脱している: My mother has been seriously ill, but she is now out of ~. 母は危篤だったが今は危機を脱した.
rùn the dánger of ... [動] 他 ...の危険を冒(おか)す.
【類義語】 **danger** 危険を表わす最も一般的な語: His life is in danger. 彼の生命は危険だ. **peril** danger よりも差し迫った重大な危険を意味する; しばしば避け難い危険を意味する: The ship was in peril of being wrecked. 船は難破の危険にさらされていた. **risk** 個人の自由意志で冒す危険: Do it at your own risk. 自分の責任においてやりなさい. **hazard** 少し格式ばった危険で, 偶然に左右されたり人の力では避けられない危険: the hazards of mountain climbing 登山に伴う危険.

dánger lìst 名 [次の成句で] **be on [òff] the dánger lìst** [動] (英) (患者が)重要である[を脱して(持ちなおして)いる].
dánger mòney 名 U (主に英) = danger pay.

*dan·ger·ous /déɪndʒ(ə)rəs/ 形 (名 dánger) 危険な, 危ない (反 safe): a highly ~ journey 非常に危険な旅 / The pond is a ~ place for children. その池は子供にとっては危険な所だ / It is ~ to walk on thin ice. 薄い氷の上を歩くのは危ない. 【語法】 dangerous は周囲の人・ものに対して危険である, 危険を与える恐れがあること; 他方, 人・ものが危険な状態にあるときは in danger を用いる. **on dángerous gróund** [形] 人を怒らせかねない, 事態を悪化させかねない. **~·ly** 副 危険なやり方で.

dánger pày 名 U (米) 危険手当 (hazard pay).
dánger sìgnal 名 C 危険信号; 警告.

dan・gle /dǽŋgl/ 自 ぶら下がる, ぶらぶらする (*from*). — 他 **1** 〈…〉をぶら下げる, ぶらぶら揺らす. **2** 〈報酬など〉を見せびらかす, ちらつかせる (*before, in front of*).

dán・gling párticiple /dǽŋlɪŋ-/ 名《文法》懸垂分詞《意味上の主語が文の主語と異なる部分詞で非文法的とされる: 例 *Driving* along the road (= As I was driving along the road), *the tower* appeared on my right. 車を走らせていると右手にその塔が現われた》.

Dan・iel /dǽnjəl/ 名 固 **1** ダニエル《男性の名; 愛称は Dan または Danny》. **2**《聖》ダニエル書《旧約聖書中の一書》.

Dan・ish /déɪnɪʃ/ 形 **1** デンマークの; デンマーク人の; デンマーク系の《略 Dan.; ☞ Denmark 表》. **2** デンマーク語の《☞ Denmark 表》. — 名 **1** Ⓤ デンマーク語《☞ Denmark 表》. **2** [the ~として複数扱い] デンマーク人《全体》; デンマーク人系; デンマーク国民. **3** Ⓒ [時に d-]《米》= Danish pastry.

Dánish blúe 名 Ⓤ Ⓒ デーニッシュブルー《青かび入りの柔らかい白いチーズ》.

Dánish pástry 名 Ⓒ デーニッシュペストリー《フルーツなどを加えた菓子パン; 主に朝食用》.

dank /dǽŋk/ 形 (**dank・er**; **dank・est**)《場所が》湿っぽい, じめじめして寒い. **~・ness** 名 Ⓤ 湿っぽさ.

Dan・ny /dǽni/ 名 固 ダニー《男性の名; Daniel の愛称》.

dan・seuse /dɑːnsúːz | -sə́ːz/《フランス語から》名 Ⓒ バレリーナ.

Dan・te /dɑ́ːnteɪ | dǽnti/ 名 固 = **A・li・ghie・ri** /ɑːlɪɡjé(ə)ri/ ダンテ (1265–1321)《イタリアの詩人》.

Dan・ube /dǽnjuːb/ 名 固 [the ~] ドナウ川, ダニューブ川《ドイツに発し Black Sea に注ぐ川》.

Daph・ne /dǽfni/ 名 固 **1** ダフネ《女性の名》. **2**《ギ神》ダフネ《Apollo に追われて月桂樹(げっけいじゅ)に化したニンフ》.

dap・per /dǽpɚ | -pə/ 形 (**more ~, dap・per・er** /-pɚrɚ | -rə/; **most ~, dap・per・est** /-pɚrɪst/) [ほめて]《小柄な男性が》いきな, ぱりっとした; きびきびした.

dap・ple /dǽpl/ 他《文》〈…〉をまだらにする.

dap・pled /dǽpld/ 形 まだらの, ぶちの.

dápple-gráy 名 Ⓒ 灰色に黒っぽいまだらのある馬. — 形 灰色に黒っぽいまだらのある.

DAR /díːèɪɑ́ː | -áː/ = Daughters of the American Revolution.

Dar・by and Joan /dɑ́ːbiəndʒóʊn | dɑ́ː-/ 名 [複]《英》仲のよい老夫婦: a ~ club 老人クラブ.

Dar・da・nelles /dɑ̀ːdənélz | dɑ̀ː-/ 名 固 [the ~] ダーダネルス海峡《マルマラ海とエーゲ海をつなぐトルコの海峡》.

dare[1] /déɚ | déə/《頭韻 dear, deer》助 (**dares** /-z/; **dared** /-d/; **dar・ing** /dé(ə)rɪŋ/) 他 **1** [普通は進行形なし] 思い切って…する, 恐れずに…する, …する勇気[ずうずうしさ]がある, あえて…する: He ~**s to** look down upon me. < V+O (*to* 不定詞) > あの男は生意気にも私を見下している.

語法 (1) 否定文・疑問文では dare の後の不定詞に to がつかないことが多い. その場合は dare[2] に近い性質となる: She *didn't* ~ tell the secret to her husband. 彼女はその秘密を夫に打ち明ける勇気はなかった / *Don't* (you) ~ say such a thing again! Ⓢ そんな事は二度と口にするな / *Did* he ~ (*to*) ask for a raise? 彼はあえて昇給を要求したのか.

(2)《略式》では, 例えば ~**s to** tell her what he thinks. と dare とするよりも, 普通は次のようにする: He '*isn't afraid* [*has the courage*] to tell her what he thinks.

---

dark 425

2《できるならやってみろと》〈…〉に挑む (challenge): I ~ you *to* touch it. < V+O+C (*to* 不定詞) > それに触れるものなら触ってみろ / She ~*d* me *to* drink it. 飲めるものならそれを飲んでごらんと彼女は私に言った.

3 [受身なし]《格式》〈危険など〉を物ともしない, 問題にしない《新しい事》を勇敢にやってみる: The soldiers ~*d* every danger in the battle. 兵士たちはその戦いでどんな危険をも物ともしなかった.

— 自 思い切ってする, 勇気がある: You wouldn't ~! 君にはとてもできない. — 名 Ⓒ [普通は a ~] 挑戦: take *a* ~ 挑戦に応ずる. **on** [**for, as**] **a dáre** 副 挑戦を受けて[受けたために].

dare[2] /déɚ | déə/《頭韻 dear, deer》助 (☞ auxiliary verb 文法)《過去 **dared** /-d/》[特に否定文・疑問文・条件文で]《主に英》思い切って…する, …する勇気[ずうずうしさ]がある, あえて…する: I ~ *not* look down from here. ここから見下ろす勇気が出ない / D~ you ask her? 君は彼女に尋ねる勇気があるか. 語法《米》でも《英》でも過去時制では, 助 の dare よりも 動 の dare のほうを多く用いる.

dáre I sáy [**suggést**] (**it**) [副] Ⓢ《格式》あえて言わせてもらえば《同意を得られまいが》.

Hòw dáre …? Ⓢ よくもまあ…できるものだ《いらだち・憤慨を表わす》. 語法 (1) 後に主語《特に you》+ 原形不定詞を伴う. (2) 疑問符の代わりにピリオドや感嘆符を用いることもある: How ~ you *say* such a thing to me? 私に向かってよくもまあそんなことが言えますね.

Hòw dáre you! Ⓢ よくもまあ. 何てやつだお前は!

I dáre sáy [副] Ⓢ《主に英》恐らく…だろう《☞ daresay》.

I dáre you! Ⓢ《やれるものなら》やってごらん. さあ早く《命令文のあとで相手を促す》: Tell that to your boss! I ~ you! (それをボスに言ってごらん. さあ早く.)

dáre・dev・il 名 Ⓒ 向こう見ずの人, 命知らずの人.

dare・n't /déənt | déə-/ Ⓢ《主に英》dare[2] not の短縮形《☞ not (1) (i) 語法》.

dar・er /dé(ə)rɚ | -rə/ 名 Ⓒ 思い切ってする人.

dàre・sáy [次の成句で] **I daresáy** [副] Ⓢ《主に英》恐らく…だろう (perhaps, probably): I ~ you are right. 恐らくあなたの言うことは正しいでしょう / He will be late, I ~. 彼は多分遅れるでしょう.

dar・ing /dé(ə)rɪŋ/ 形 **1** 勇敢な, 大胆な; 向こう見ずな: a ~ attempt 向こう見ずな試み. **2** 斬新(ぎょしん)な: a ~ design 斬新なデザイン. 〖 〗大胆なこと, 大胆不敵. **~・ly** 勇敢に, 大胆に; 思い切って.

Dar・jee・ling /dɑːdʒíːlɪŋ | dɑː-/ 名 固 ダージリン《インド北東部の市《でとれる紅茶》》.

dark /dɑ́ːk | dɑ́ːk/ 形 (**dark・er**; **dark・est**; 動 **dárken**)

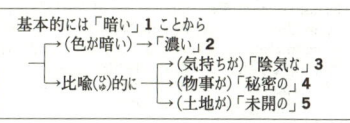

基本的には「暗い」**1** ことから
→ 《色が暗い》→ 濃い **2**
→ 比喩(ひゆ)的に → 《気持ちが》陰気な **3**
→ 秘密の **4**
→ 《土地が》未開の **5**

1 暗い, 暗黒の《反 light》: a ~ night 暗い夜 / It's getting ~ outside. 外は暗くなりかけている / The room went ~ suddenly. 突然部屋が暗くなった / The ~*est* hour is just before the dawn.《ことわざ》最も暗い時間は夜明け直前だ《逆境もいつかは好転する》.

2《色などが》濃い, 暗い感じの (deep)《反 light》;《髪の毛が》黒い, 黒褐色の《☞ hair 表》;《皮膚が》浅黒い, 《人が》黒っぽい髪・肌・目をした《☞ fair[1] 表》: ~ green 深緑(しんりょく)色 / Nelly has ~ hair and ~ eyes. ネリーは黒い髪と黒い目をしている. **3** 暗黒の, 絶望的な; 陰気な,

不吉な; (たくらみなどが)腹黒い, 邪悪な: ~ thoughts 陰鬱(いんうつ)な思い / ~ days 暗い時代 / ~ humor 皮肉なユーモア / He always looks on the ~ side of things. 彼はいつも物事の暗い面ばかりを見ている. **4** 隠された, 謎の, 秘密の; あいまいな, 不明確な: a ~ secret 謎めいた秘密 / I want to keep it ~. 私はそれをないしょにしておきたい. **5** 未開の: ~*est* Africa《古風》(ほとんど知られていない)アフリカの奥地.

— [名] **1** [the ~] **暗がり,** やみ: I'm not afraid of *the* ~. 僕は暗やみは怖くない.

2 [U] **夕暮れ;** 夜: We had better wait till ~. 暗くなるまで待ったほうがいい. **3** [U] 暗い色.

àfter dárk [副] 暗くなってから, 夜になってから.

befòre dárk [副] 暗くならないうちに, 夕方までに.

in the dárk [副·形] (1) **暗い所で[の],** 暗がりで[の]: A cat can see *in the* ~. 猫は暗がりでも目が見える. (2)《略式》何も知らないで, 内密に: I kept [left] him *in the* ~ *about* what was happening. 私は何が起こっているか彼には知らせずにおいた.

D

dárk adaptàtion [名] [U] 暗順応《明所から暗所に出た時の目の順応; ☞ light adaptation》.

Dárk Áges [名] [複] [the ~] **1** 暗黒時代《およそ紀元 476 年(西ローマ帝国の滅亡)から 1000 年までの学問·文化が衰退した時代》. **2** [d- a-] [W] [しばしば滑稽] (未発達の)暗い時代 (*of*).

dárk chócolate [名] [U]《米》ミルクの入っていないチョコレート (《英》plain chocolate)《☞ milk chocolate》.

Dárk Cóntinent [名] [the ~] 暗黒大陸《欧州人から見たアフリカの旧称》.

+**dark·en** /dάːək(ə)n | dάː-/ [動] ([形] dark) [W] [他] **1** 〈…〉を暗くする, 薄暗くする ([反] lighten): The trees by the window ~ my room. 窓辺の木が私の部屋を暗くしている. **2** 〈…〉を陰鬱(いんうつ)にする, 陰気にする. — [自] **1** 暗くなる: The sky ~*ed* suddenly. 空が急に暗くなった. **2** 陰鬱[陰気]になる; (表情が)けわしくなる.

Néver dárken my dóor agáin!《古風》または [滑稽] 二度とうちの敷居をまたぐな.

+**dark·ened** /dάːək(ə)nd | dάː-/ [形] (建物などが)明かりの消えた, 暗い.

dárk glásses [名] [複] サングラス.

dárk hórse [名] [C] **1**《米》ダークホース《意外な勝ち馬[穴馬]; (競技·選挙などで)無名なのに意外にも勝ってしまう人》. **2**《英》意外に実力·資質などがある人.

dar·kie /dάːəki | dάː-/ [名] [C]《古風》[差別] 黒人.

dárk·ly [副] [W] 暗く; 黒く, 黒ずんで; 陰気に; 険悪に.

dárk màtter [名] [U]〔天〕暗黒物質, ダークマター《電磁波による通常の観測では検知できない星間物質》.

dárk mèat [名] [U] (鶏·七面鳥などの)黒っぽい肉.

***dark·ness** /dάːəknəs | dάːk-/ [名] [U] **1** 暗さ, やみ ([反] light); (色の)黒さ: total ~ まっ暗やみ / Can you see in this ~? この暗やみの中で物が見えますか / *D*~ fell soon after we reached the cottage. 小屋に着くとすぐに暗くなった. **2** 邪悪; 陰気; 秘密; 無知: forces [powers] of ~ 邪悪[悪魔] / live in ~ and superstition 無知と迷信の中で生きる.

+**dark·room** /dάːəkrùːm | dάːk-/ [名] [C] 暗室.

dar·ling** /dάːəlɪŋ | dάː-/ [名] (~**s** /~z/) [C] **1** [S] あなた, おまえ, ねえ《夫, 妻, 恋人, (親から)子への呼びかけ; また他人でも特に女性への親しみを込めた呼びかけに使う; ☞ dear [名]》: My ~! How nice of you to come! あなた, 来てくださってありがとう / Shall I wrap it for you, ~? お客さま, お包みいたしましょうか《女性店員のことば》. **2** かわいい人; やさしい人; [the ~] お気に入り: He is such a ~. [S] 彼ってとてもやさしいの / The child is being a real ~ today. あの子は今日はとてもいい子だ / She is ***the ~ of the movies. 彼女は映画界の人気者だ. [語源] dear と同語源.

— [形] [A] [S] **1** 最愛の, 気に入りの: my ~ daughter 私の大切な娘. **2** かわいい, すてきな《主に女性語》.

Dar·ling /dάːəlɪŋ | dάː-/ [名] [固] **Grace** ~ ダーリング (1815–42)《灯台守の父と共に難破した船員を勇敢に救助した女性で, 英国の国民的英雄》.

+**darn**[1] /dάːən | dάːn/ [動] [他] 〈破れた服など〉をかがる, 繕(つくろ)う. — [自] 繕う. — [名] [C] かがった所.

darn[2] /dάːən | dάːn/ [S]《略式》[動] [他] [感嘆詞的に] [婉曲] ちぇっ!, いまいましい!: *D*~ it! I've lost again. ちくしょう, また負けちゃった / Did he really say so? I'll be ~*ed*. 彼が本当にそんなこと言ったのかい. 驚いたね. [語法] 下品な語とされる damn の代わりにしばしば用いる. darned も同じく damned の代用. — [形] [A] (いらだちを表わして)しゃくにさわる, いまいましい. — [副] ひどく, 全く; とても: What a ~ stupid joke! 何てくだらないジョークだ / It was a ~ good program. なかなかいい番組だったよ《☞ damn [副] [語法]》.

darned /dάːənd | dάːnd/ [形] [A], [副]《略式》= damned [形] 1, [副]《☞ damn [動] [語法]》.

darn·ing /dάːənɪŋ | dάːn-/ [名] [U] かがること; かがり物, 繕(つくろ)い物《全体》.

dárning nèedle [名] [C] **1** かがり針. **2**《米》糸蜻蛉(いととんぼ).

dárn tóo·tin' /-túːtɪn/《米略式》[感] そうだとも《強い同意·賛成を表わす》. — [副] [強意的に]全く, えらく. — [形] 正しい: You're ~. まったくその通り.

***dart** /dάːət | dάːt/ [動] (**darts** /dάːəts | dάːts/; **dart·ed** /-ṭɪd/; **dart·ing** /-ṭɪŋ/) [自] [副詞(句)を伴って] [W] **突進する,** すばやく動く; (目が)さっと向けられる: Tom ~*ed out into* the street. トムは通りに飛び出した. — [他] [W] 〈視線·矢など〉を投げかける; 〈舌など〉をさっと出す (*out*): She ~*ed* an angry glance [look] at him. 彼女はむっとした目つきで彼をちらっと見た.

— [名] (**darts** /dάːəts | dάːts/) **1** [C] **投げ矢;** (ダーツの)投げ矢. **2** [複数形で単数扱い] 投げ矢遊び, ダーツ《的 (dartboard) に矢を当てて得点を競う室内遊戯》: play ~*s* ダーツをする. **3** [a ~] 突進, すばやく動くこと: He made *a* ~ *for* [*toward, at*] the door. 彼はドアに向かって突進した. **4** [a ~] [W] (突然の)鋭い感情: *a* ~ *of* panic 突然の恐怖. **5** [C] (洋服などの)ダーツ.

dárt·bòard [名] [C] ダーツ[投げ矢]の的.

dárt·er /dάːəṭə | dάːtə/ [名] [C] **1** すばやく動く人[物]. **2** 矢魚(やうお), ダーター《北米産淡水魚》.

Darth Va·der /dάːəθ véɪḍə | dάːθ véɪdə/ [名] [固] ダース·ヴェーダー《SF 映画「スターウォーズ」の悪役》.

Dart·moor /dάːətmʊə | dάːtmɔː, -mʊə/ [名] [固] ダートムア《英国 Devon 州の岩の多い高原》.

Dart·mouth /dάːətməθ | dάːt-/ [名] [固] ダートマス《イングランド南西部の港町; 海軍兵学校所在地》.

Dar·win /dάːəwɪn | dάː-/ [名] [固] **Charles** (**Robert**) ~ ダーウィン (1809–82)《英国の博物学者; 進化論の提唱者》.

Dar·win·i·an /dɑəwíniən | dɑː-/ [形] ダーウィン(説)の. — [名] [C] ダーウィン説信奉者.

Dar·win·is·m /dάːəwɪnìzm | dάː-/ [名] [U] ダーウィン説, 進化論.

***dash** /dǽʃ/

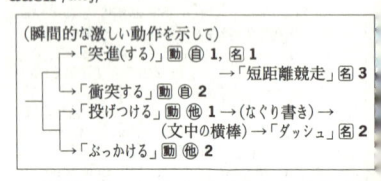

(瞬間的な激しい動作を示して)
→「突進(する)」[動] [自] 1, [名] 1
　　→「短距離競走」[名] 3
→「衝突する」[動] [自] 2
→「投げつける」[動] [他] 1 →(なぐり書き)→
　　(文中の横棒)→「ダッシュ」[名] 2
→「ぶっかける」[動] [他] 2

— [動] (**dash·es** /~ɪz/; **dashed** /~t/; **dash·ing**) [自] [普通は副詞(句)を伴って] **1** (短い距離を)突進する,

ダッシュする; 急いで行く: She ~ed upstairs. <V+副> 彼女は2階へ駆け上がった / I ~ed to the supermarket to buy some eggs. <V+to+名・代> 私は卵を買いにスーパーにとんで行った.

dash (全速力で)	突進する
rush (非常にあわてて)	

2 《文》衝突する, ぶつかる: The waves ~ed against the rocks. <V+against+名・代> 波は激しく岩にぶつかって砕けた.

— [他] 1 《文》〈…〉を投げつける, たたきつける; 打ち砕く: A strong wind and big waves ~ed the boat against the rock. <V+O+前+名・代> 強風と大波がボートを岩にたたきつけた / His glasses were ~ed to the floor by the blow. <V+O+前+名・代の受身> 一撃をくらって彼のめがねは床にたたきつけられた.

2 《文》〈水などを〉ぶっかける; 〈…〉に(水などを)はねかける: They ~ed water into my face. <V+O+into+名・代> 彼らは私の顔に水をぶっかけた / His coat was ~ed with mud. <V+O+with+名・代の受身> 彼の上着は泥水をひっかけられた. 3 〈希望などを〉打ち砕く. 4 [S] 《古風, 英》[婉曲] =damn [動] 1. [参考] damn は下品とされるので直接書かずに d— のように dash を用いて書くことから. **dásh dówn** [動] [他] =dash off. **dásh óff** [動] [他] 〈手紙・絵などを〉さっと書き[描き]上げる. — [自] 急いで立ち去る, 急いで行く. **Dásh it (áll)!** [感] [S] 《古風, 英》[婉曲] ちぇっ!. **I must [háve to] dásh.** =**Must [Háve to] dásh.** [S] 《英》すぐにおいとましなければなりません.

— [名] (**dash·es** /~ɪz/) 1 [C] [普通は a ~] 突進, 突撃 (for); 急いですること: a mad ~ 《略式》(死に物狂いの)突進.

2 [C] ダッシュ (— の記号). 3 [C] [普通は単数形で] 《主に米》短距離競走 (sprint): the 100-meter ~ 100メートル競走. [関連] run 長距離の競走. 4 [C] [普通は a ~] 少量(の混ぜ物, 加えた物): Add a ~ of vinegar. 少量の酢を加えてください. 5 [C] 《米略式》=dashboard. 6 [C] 〔モールス信号〕「ツー」(— で表わす; ☞ dot, Morse code). 7 [U] 《古風》さっそうとした風采(ふうさい); 活気. **at a dásh** [副] 一気に. **cút a dásh** [動] [自] 《古風, 英》(派手な身なりで)人目を引く. **in a dásh** [副・形] 急いで(いる). **màke a dásh for …** [動] [他] …に向かって突進する. **màke a dásh for it** [動] [自] (逃げるために)さっと駆け出す.

+**dásh·bòard** [名] [C] (車の運転台, 飛行機の操縦席の)計器盤, ダッシュボード.

dashed /dǽʃt/ [形] [A] 《古風, 英》ひどい, いまいましい.

da·shi·ki /dəʃíːki, dɑː-/ [名] [C] ダシーキ 《アフリカの部族衣装を模した男性用のゆったりしたシャツ》.

+**dash·ing** /dǽʃɪŋ/ [形] [W] 《古風》威勢のよい, さっそうとした; いきな. **~·ly** [副] さっそうと.

das·tard·ly /dǽstədli | -təd-/ [形] 《古風》ひきょうな, 卑劣な.

+**DAT** /dǽt, díːèɪtíː/ [名] [C] ダット 《デジタル録音・再生のできるテープレコーダー; *d*igital *a*udio*t*ape の略》.

dat. [略] =dative.

****da·ta** /déɪṭə, dǽṭə | déɪ-, dɑ́ː-/ [名] [U] または [複]] 1 **資料, データ**, 情報; 議論の基礎となるもの, 論拠: a piece of ~ 一つのデータ / raw ~ 生のデータ / Analyze *this* [*these*] ~ *on* the crash as soon as possible. この墜落事故のデータをなるべく早く分析せよ / No ~ *was* [*were*] available. 利用できる情報はなかった. [語法] 元来はラテン語 datum /déɪṭəm/ の複数形なので学術論文では複数として扱うが, 普通は単数の [U] 扱いとなることが多い. 2 [U] 〔電算〕データ 《コンピューターに入力・記憶される情報》. [語源] ラテン語で「与えられたもの」の意; ☞ date[1] 囲み.

— コロケーション —
delete *data* (コンピューターの)データを削除する
get [collect, gather, accumulate] *data* データを集める
input *data* (コンピューターに)データを入力する
massage *data* 《略式》データをごまかす
process *data* (コンピューターで)データを処理する
retrieve [access] *data* (コンピューターで)データを検索する
store *data* (コンピューターに)データを記憶させる
use *data* データを利用する

dáta bànk [名] [C] =database.

***da·ta·base** /déɪṭəbèɪs, dǽṭ- | déɪ-, dɑ́ː-/ [T3] [名] (**-bas·es** /~ɪz/) [C] 〔電算〕**データベース** 《コンピューターに蓄えた構造化された情報》: He compiled a ~ of the names and addresses of the members. 彼は会員の氏名と住所のデータベースを作成した.

dátabase mànagement sỳstem [名] [C] 〔電算〕データベース管理システム 《データベースを構成・運用するソフト》.

dat·a·ble /déɪṭəbl/ [形] 時期を推定できる (*to*).

dáta bùs [名] [C] 〔電算〕データバス 《コンピューターの複数のデータ利用装置に接続される共通回路》.

dáta càpture [名] [U] 〔電算〕データ収集.

dáta·glòve [名] [C] 〔電算〕データグローブ 《virtual reality や遠隔ロボット操作用のセンサー付き手袋》.

dáta lìnk [名] [C] 〔電算〕データリンク 《コンピューター通信用などの通信線》.

dáta lògger [名] [C] データロガー 《計測値などを継続的に記録する装置》.

dáta mìning [名] [U] 〔電算〕データマイニング 《データベースから必要な情報を検索すること》.

Dáta·pòst [名] [U] データポスト 《英国の速達便; 商標》.

dáta pròc·ess·ing /-prɑ̀sesɪŋ | -pròʊ-/ [名] [U] (コンピューターなどによる)データ処理 (《略》DP).

dáta protèction [名] [U] 〔電算〕データ保護.

Dáta Protéction Àct [名] [the ~] データ保護法 《コンピューターに保存された個人情報の保護を定めた英国の法律》.

dáta sèt [名] [C] 〔電算〕データセット 《1 単位として扱われる関連データの集まり》.

dáta wárehouse [名] [C] 〔電算〕データウェアハウス 《組織内の大量のデータ集積; 業務上の判断材料》.

**date[1] /déɪt/

ラテン語で「(…日付けで)与えられた文書」の意 (☞ data [語源]) から
「日付(をつける)」[名] **1**, [動] [他] **1** →(日時を決めて会うこと)→「デート」[名] **2** →「デートの相手」[名] **3**

— [名] (**dates** /déɪts/) **1** [C] **日付**, 年月日, 期日 (《略》d.): a completion ~ 完成(期)日 / The letter bore no ~. その手紙には日付がなかった / [言い換え] What's your ~ of birth? (=What's your birthdate?) 生年月日はいつですか // ☞ closing date.

[会話] "What is the ~ (today)?"="What ~ is it (today)?" "February (the) twentieth." 「きょうは何日ですか」「2月20日です」 [語法] 曜日を尋ねるときには day を用いる (☞ day [会話] の囲み).

[語法] **日付の読み方と書き方**
(1) 《米》では June 3, 《英》では 3 [3rd] June の書き方が普通. June 3 は June (the) third と読む; 《米略式》ではまた June three とも読む; ☞ ordinal number [文法] (2).

(2) 2005 年 2 月 20 日を, 《米》では 2/20/05 または 2–20–05, 《英》では 20/2/05 または 20.2.05 と略記する. (3) 2005 年は two thousand and five か twenty oh [O] /ou/ five と読む.

2 [C] 《略式》**デート, (異性との)待ち合わせの約束:** I am going to have a ～ *with* him next Sunday. 次の日曜日に彼とのデートがあります.
3 [C] 《米略式》**デートの相手:** Mary was his ～. メアリーが彼のデートの相手だった // ☞ blind date. **4** [C] (人と)会う約束 (☞ appointment 類義語): ˹I have [I've made]˺ a ～ *with* my lawyer. 私は弁護士と会う約束がある[約束をした]. **5** [C] 出演契約. **6** [U] 年代, 時代: sculptures of recent ～ 近代の彫刻.
at a láter dáte [副] 《格式》(これから)いつか, 後日.
bríng [kéep] ... úp to dáte [動] [他] (1) 〈物〉を最新のものにする[しておく]; 〈人〉に最新情報を知らせる[知らせておく] (*with*). (2) 〈遅れていた仕事など〉を仕上げる.
gèt [be, kèep] úp to dáte on ... [動] [他] (1) ...の最新の情報を知る[に通じている]. (2) (遅れていた仕事など)を仕上げる[やり終える].
gó (óut) on a dáte [動] [自] デートに出かける (*with*).
òut of dáte [副・形] **時代遅れで[の], 旧式で[の], 廃(すた)れて[た]; 期限切れで[の]:** This sort of skirt is getting *out of* ～. この種のスカートは時代遅れになってきている (☞ out-of-date [語法]).
sét a dáte [動] [自] 日取りを決める (*for*).
to dáte [副] **現在まで:** No news has reached us *to* ～. きょうまでのところ何の知らせも来ていません.
úp to dáte [形] (1) **最新(式)の, 最近の; 最新情報を載せた** (☞ up-to-date [語法]): This camera is *up to* ～. このカメラは最新式だ. (2) (仕事などが)仕上がって.
— [動] (**dates** /déɪts/; **dat·ed** /-ṭɪd/; **dat·ing** /-ṭɪŋ/) [他] **1** 〈手紙など〉に**日付をつける:** Please be sure to ～ your check. 小切手に必ず日付を入れてください / His letter *is* ～*d* July 4. <V+O+C (名)の受身> 彼の手紙は 7 月 4 日付けだ (☞ [名] 1 [語法] の囲み (1)).
2 〈...〉の**時代を示す; 年代を突き止める:** The shape of the sword **～s** it ˹*to* the [*as*] third century. <V+O+*to* [*as*]+名> その剣の形はそれが 3 世紀のものであることを示す. **3** [しばしば進行形で] 《米》〈異性〉とデートする, つきあう: Meg has ～*d* Tom several times. メグはトムと何回かデートをしている. **4** 〈人〉を時代遅れにする, 古くさくする; 〈...〉の年齢を示す: Your clothing really ～*s* you. そんな服を着ると年齢がばれますよ.
— [自] **1** (起源が...に)さかのぼる, (...から)始まる: This church **～*s from*** the 12th century. <V+*from*+名・代> この教会は 12 世紀からのものです. **2** 《米》デートをする, 交際する. **3** (物が)時代[流行]遅れになる, 古くさくなる.
dáte báck to ... [動] [他] (起源が)...にさかのぼる: Their quarrel ～*s back to* last year. 彼らのけんかは昨年からだ.
date² /déɪt/ [名] [C] なつめやし (date palm) の実.
date·a·ble /déɪṭəbl/ [形] =datable.
dáte·bòok [名] [C] 《米》(カレンダー付きの)手帳.
dat·ed /déɪṭɪd/ [形] **1** (...の)日付のある: a letter ～ May 28 5 月 28 日付けの手紙 (☞ date¹ [動] [他] 1).
2 時代遅れの, 古風な: a ～ word 古風な[古くさい]語 // ☞「この辞書の使い方」6.2 《古風》.
dáte·less [形] **1** 日付のない. **2** 古くさくならない.
3 《米》デート相手のいない.
dáte·lìne [名] [C] (新聞記事などの冒頭の)発信地・日付欄, 日付記入線.
dáte lìne [名] [the ～] =international date line.
dáte pàlm [名] [C] なつめやし (熱帯産のやし).
dáte ràpe [名] [U,C] デートレイプ (知人, 特にデート相手の男による強姦(ごうかん)).
dáte-ràpe [動] [他] 〈デート相手〉を強姦[レイプ]する.
dáte stàmp [名] [C] (郵便物などの)日付打印器; 日付印.
dáte-stàmp [動] [他] 〈文書〉に日付印を押す.
dáting àgency [sèrvice] /-ṭɪŋ-/ [名] [C] 恋人紹介所[業者].
da·tive /déɪṭɪv/ [形] 〔文法〕与格の (ギリシャ語・ラテン語・ドイツ語などで; [略] dat.; ☞ accusative), 間接目的格の (英語で): the ～ case 与格. — [名] [C] 〔文法〕与格, 間接目的格; 与格の語.
dátive vérb [名] [C] 〔文法〕授与動詞.

> [文法] **授与動詞**
> 2 つの目的語をとる動詞のことで, give, show, buy, send, bring, tell, make, write, lend などの動詞がこれに当たる. He *showed* me a picture. <V+O+O> (彼は私に写真を見せてくれた)のような構文をとる (☞ 動詞型解説 II 4). この文では me のように人を表わす目的語を間接目的語(日本語の「...に」にあたる) (☞ indirect object [文法]), a picture のように物を表わす目的語を直接目的語(日本語の「...を」にあたる) (☞ direct object [文法])という.
> 多くの授与動詞は <V+O+*to*+名・代> または <V+O+*for*+名・代> の動詞型として言い換えることができるが, cost, envy, save, spare などは言い換えができない (☞ to¹ 3 [語法], for [前] A 1 [語法]).
> 間接目的語が to で言い換えられる授与動詞では受身の文が 2 つできるが, for で言い換えられる文では直接目的語を主語とした受身の文しかできない (☞ be² B [文法] (2) (i)).

da·tum /déɪṭəm, dǽṭ- | déɪ-, dɑ́ː-/ [名] ☞ data [語法].
daub /dɔ́ːb/ [動] [他] **1** 〈絵の具など〉を(無造作に)塗りたくる; 〈表面〉に(無造作に)塗りつける: [言い換え] He ～*ed* paint *on* the wall.=He ～*ed* the wall *with* paint. 彼は壁にペンキを塗りつけた. **2** 〈絵〉を下手に描く.
— [名] **1** [U,C] 塗りつけるもの (ペンキやしっくいなど); 塗料. **2** [C] (ねばねばしたものの)少量: *a* ～ *of* paint 少量の塗料. **3** [C] 下手な絵.
daub·er /dɔ́ːbə | -bə/ [名] [C] へぼ絵かき.
⁑daugh·ter /dɔ́ːṭə | -tə/ [名] (～**s** /～z/) [C] **1 娘** ([略] d.; ☞ family tree 図): my oldest [eldest] ～ 私の長女 / His only ～ married an American. 彼の一人娘はアメリカ人と結婚した.
2 [普通は複数形で] 女の子孫. **3** 娘のようなもの, 派生したもの: Spanish is a ～ (language) of Latin. スペイン語はラテン語から派生した言語である. **Your lóving dáughter,** (あなたを)愛する娘より (手紙の結びのあいさつ). — [形] [A] 派生した, 分派した.
⁺dáughter-in-làw [名] (複 **daugh·ters-in-law,** 《略式》**daugh·ter-in-laws**) [C] 息子の妻, 嫁 (☞ family tree 図).
dáugh·ter·ly [形] 《古風》娘(として)の, 娘らしい.
Dáughters of the Américan Revolútion [名] [固] [複; the ～] 【米】アメリカ革命の娘 (独立戦争の参加者の子孫の女性愛国団体; [略] DAR).
daunt /dɔ́ːnt/ [動] [他] [普通は受身で] 《格式》〈...〉を威圧する; 〈...〉の気力をくじく: They *were* ～*ed* by the difficulties. 彼らは困難にくじけた. **nóthing dáunted** [副] 《英格式》少しもひるまず(に).
⁺daunt·ing /dɔ́ːnṭɪŋ/ [形] (仕事などが)やる気をなくさせる(ほどの), 困難な: a ～ prospect (気力をそぐような)暗い見通し. **～·ly** [副] 恐ろしい[たじろぐ]ほどに.
dáunt·less [形] 《文》ひるむことのない, 不屈の. **～·ly** [副] ひるまずに.
dau·phin /dɔ́ːfən/ [名] [C] [しばしば the D-] フランス皇太子 (1364–1830 年の間の).

dau·phine /dɔ:fí:n | dɔ́:fi:n/ [名] [C] [しばしば D-] フランス皇太子妃.
Dave /déɪv/ [名] [固] デイブ《男性の名; David の愛称》.
dav·en·port /dǽv(ə)npɔ̀ət | -pɔ̀:t/ [名] [C] **1** 《米》(ベッド兼用の)大型ソファー. **2** 《英》書き物机.
Da·vid /déɪvɪd/ [名] [固] **1** デイビッド《男性の名; 愛称は Dave, Davie または Davy》. **2** ダビデ王《イスラエルの王; ☞ Solomon》: the City of ～ ダビデ王の町《聖書で使われるエルサレムの呼び名》.
Dávid and Golíath [名] 〘聖〙 ダビデとゴリアテ《劣勢の者が強大な相手と戦うときのたとえ》.

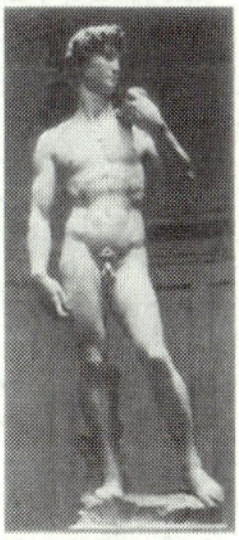
David 2 (by Michelangelo)

Da·vie /déɪvi/ [名] [固] デイビー《男性の名; David の愛称》.
Da·vies /déɪvi:z | -vɪs/ [名] [固] デービス《英米人に多い姓》.
da Vinci [名] [固] ☞ Leonardo da Vinci の項目.
Da·vis /déɪvɪs/ [名] [固] **1** デービス《英米人に多い姓; ☞ name 表》. **2 Jefferson** ～ (1808–89)《南北戦争時の南部連邦の大統領(1861–65)》. **3 Miles** /máɪlz/ ～ (1926–91)《米国のジャズトランペット奏者》.
Dávis Cúp [名] [the ～] デビスカップ《男子テニス国際選手権試合》.
dav·it /dǽvɪt, déɪv-/ [名] [C] (ボートをつり上げる)つり柱, ダビット《船の横に 2 本 1 組で設置》.
Da·vy /déɪvi/ [名] [固] =Davie.
Dávy Jónes's lócker /-ʤóʊnzɪz-/ [名] [次の成句で] **gó to [be in] Dávy Jónes's lócker** [動] [自] [滑稽] 海のもくずとなる[海に沈んでいる].
daw·dle /dɔ́:dl/ [動] [自] **1** ぐずぐずする; だらだらと食べる[飲む] (*over*). **2** ぶらぶら歩く.
daw·dler /dɔ́:dlə | -dlə/ [名] [C] 怠け者, のろま.
*__dawn__ /dɔ́:n/ [名] (～s /～z/) **1** [U,C] **夜明け**, 暁(あかつき), あけぼの: *D*～ is breaking. 夜が明けかかっている《☞ daybreak》/ from ～ till dusk [dark] 夜明けから暗くなるまで. [関連] twilight たそがれ / dusk 夕やみ.
2 [the ～] 《文》(事の)始まり, 端緒 (beginning): *the* ～ *of* civilization 文明のきざし / mark *the* ～ *of* a new age 新時代の始まりを画する.
[語源] 古(期)英語で「day になる」の意.
at dáwn [副] 夜明けに.
at 「**(the) bréak [the cráck] of dáwn** [副] 夜明けに, 明け方.
— [動] (**dawns** /～z/; **dawned** /～d/; **dawn·ing**) [自] **1** 夜が明ける, (空が)白む. [語法] 主語は morning, day: The *morning* [*day*] ～*ed* and birds began to sing. 夜が明け小鳥が鳴き始めた. **2** Ⓦ 《文》現われ始める; 見えだす: The age of space has ～*ed*. 宇宙時代が訪れた. **3** Ⓦ 《格式》(感情・考えなどが)きざす.
dáwn on [upòn] ... [動] [他] (事・真相が)...に明らかになる[わかってくる]: It ～*ed on* me that he was serious. 彼が真剣なのがわかってきた.
Dawn /dɔ́:n/ [名] [固] ドーン《女性の名》.
dáwn chórus [名] [C] [しばしば the ～] 《主に英》(夜明けの)鳥のさえずり.
dawn·ing /dɔ́:nɪŋ/ [名] [C] [しばしば the ～] (新時代などの)始まり, きざし (*of*); 《文》夜明け.
dáwn ráid [名] [C] (警察の)夜明けの急襲[手入れ].
day /déɪ/ ([類音] date) [名] (～s /～z/; [形] dáily) **1** [C] 日, 1 日, 1 昼夜《午前 0 時から 24 時間; [略] d, D; ☞ century 表》: There are twenty-four hours in a ～. 1 日は 24 時間です / We work eight hours a ～. 私たちは 1 日に 8 時間働く《☞ a² 4》/ My uncle will stay here a few ～*s*. おじは数日ここに滞在します / He's going away in a few ～*s* [*days'* time] 彼は数日したら出かける / Have a nice ～. 行ってらっしゃい, ではまた《別れのあいさつとして good-bye の代わりに用いる》.

[会話] "What ～ of the week is it today?"="What ～ is it today?" "It's Wednesday."「きょうは何曜ですか」「水曜日です」 [日英比較] 日付を尋ねるときには date を用いるか《☞ date¹ [名] 1 [会話] の囲み》, What *day* of the month is it today? と尋ねる.

[語法] (1)「...日に」の場合には前置詞は on を用いる: "*On* what ～ did they leave for Hawaii?" "They left *on the 22nd*."「彼らは何日にハワイに発(た)ったのですか」「22 日に発ちました」《☞ ordinal number [文法] (2)》. ただし略式では What day ... ともいう. また My mother goes shopping *every* ～. (私の母は毎日買い物に出かける)のように every などがつくときには on は不要《☞ year 1 [語法], month [語法], night [語法], morning [語法]》.
(2) 後に節を伴うとき on を省略することがある: He died (*on*) the ～ she arrived. 彼は彼女の着いた日に死んだ.

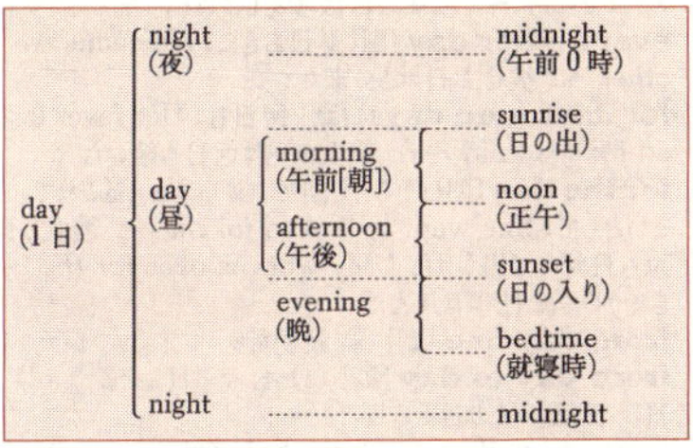
night
(夜)
midnight
(午前 0 時)
sunrise
(日の出)
morning
(午前[朝])
day
(1 日)
day
(昼)
noon
(正午)
afternoon
(午後)
sunset
(日の入り)
evening
(晩)
bedtime
(就寝時)
night
midnight

2 [U,C] **昼間**, 日中《日の出から日の入りまで》([反] night): take a ～ off 一日休暇をとる / The ～*s* get shorter in (the) fall. 秋になると日が短くなる / It was very warm during the ～. 昼間はとても暖かだった / [言い換え] I've had a long ～.=It's been a long ～. (忙しくて)長い 1 日だった.
3 [C] [普通は複数形で] **時代**, 時世 (period): the present ～ 現代 / the fashion of the ～ その当時の流行 / the good old ～*s* 古きよき時代 / the bad old ～*s* つらかった昔 / in the old ～*s* 昔, かつて / one's childhood ～*s* 子供時代 / in the ～*s* of Queen Victoria ビクトリア女王の時代に. [関連] present-day 現代の. **4** [C] 1 日の労働時間: a ～'*s* work 1 日分の仕事 / an eight-hour ～ 8 時間労働(制). **5** [U,C] 祝日, 祭日《☞ holiday 表》: Mother's [Father's] *D*～ 母[父]の日. **6** [the ～ または所有格の後で] 栄えた[栄える]とき, 盛時; 特定の日: Every dog has *his* [*its*] ～. 《ことわざ》どんな犬だって全盛時代がある(悪い事ばかりではない, いつかよいこともある) / *His* ～ will come. 彼にも運が向いて来るだろう / She was a beauty in her ～. 彼女は若いころは美人だった / *The* ～ will come when he regrets it. 彼がそのことを後悔する日が来るだろう. **7** [所有格の後でしばしば複数形で] 一生, 生涯; 存続期間《☞ be numbered (number [動] 成句)》.
a dáy of áction [名] 《英》(抗議)ストの一日.
a dáy óut [名] 《英》行楽の一日, 休日のおでかけ.
áll dáy (lóng) [副] **一日中**: I waited *all* ～. 私は一日中待った.
ány dáy (nòw) [副] Ⓢ 次の日にも, いつ[すぐに]でも.
(as) cléar [pláin] as dáy [形] きわめて明白で.
(as) háppy [mérry] as the dáy is lóng [形] 非

常に幸福で[大いに浮かれて].
befòre dáy [副] 夜明け前に.
be on dáys [動] 🅐 ⓢ 昼間の勤務である.
be wórking days [動] 🅐 昼間の勤務である.
by dáy [副] 日中に, 昼に (反 by night).
by dáy's énd [副] 日暮れまでには.
by the dáy [副] (1) 日ぎめで, 1日いくらで (⇨ the¹ 4): We rented the cottage *by the ~*. 私たちはその別荘を1日いくらという計算で借りた. (2) 日ごとに.
càll it a dáy [動] 🅐 (略式) (1日の)仕事を切り上げる: Let's *call it a ~*. きょうはこれでおしまいにしよう.
cárry the dáy [動] 🅐 (競争・議論などで)勝つ.
dáy àfter dáy [副] 来る日も来る日も, 毎日.
dáy and níght [副] 昼も夜も, 昼夜の別なく, 寝ても覚めても (night and day).
dáy by dáy [副] 日ごとに: It is getting colder *~ by ~*. 日ごとに寒くなってくる.
dày ín and dày óut＝**dày ín, dày óut** [副] 来る日も来る日も, 明けても暮れても.
dáy to dáy [副] 1日1日(と), その日その日で.
énd one's dáys [動] 🅐 (ある状況・場所で)晩年を過ごす, 生涯を終える (*in*) (⇨ 7).
èvery dáy [副] 毎日 (⇨ everyday 語法): I take a walk *every ~*. 私は毎日散歩をしている.
èvery óther dáy [副] 1日おきに: He came *every other ~*. 彼は1日おきに来た.
for dáys (and dáys) [副] 何日も: Her fever lasted *for ~s (and ~s)*. 彼女の熱は何日も続いた.
for the dáy [副] (その)1回だけは, きょうはこれでおしまいとして: She went to Tokyo *for the ~*. 彼女は東京へ日帰りで出かけた / My work is over *for the ~*. きょうの私の仕事は済んだ.
from dáy óne [副] ⓢ 最初から.
from dáy to dáy [副] (1) 日々, 日ごとに. (2) 1日1日と, その日その日で.
from óne dày to the néxt [副] 2日(と)続けて; (少し)先には (よく分からないことを強調するのに用いる): We never know what our son's plans *from one ~ to the next*. (やることが日ごとに違うので)息子がどんな計画をもっているのかまるで分からない.
have hád one's [its] dáy [動] 🅐 盛りを過ぎた.
háve (one's) dáy in cóurt [動] 🅐 (米) 発言できる(機会がある).
have séen [knówn] bétter dáys [動] 🅐 (滑稽) (今とは違って)昔はけれをかがやけていたときもあった.
if (... is) a dáy ⇨ if¹ 成句
in a dáy [副] 1日で, 短期間に: Rome was not built *in a ~*. (ことわざ) ローマは1日にして成らず.
in a dáy or twó [副] 1日か2日のうちに, 一両日中に: The work will be finished *in a ~ or two*. その仕事は一両日中に片づくでしょう.
in thís dày and áge [副] (以前と比べて)今では; 今の時代に(も).
in thóse dáys [副] その当時は, その時代には.
it's nót évery dáy (that) ... ⓢ ...はざらにあることではない.
It's nót ...'s dáy. ⓢ (略式)...はついてない, ...の厄日だ: *It is not his ~* today. きょうは彼はついていない.
(live to) sèe the dáy (when) ... 🅐 生き(永らえ)て...を見る.
lóse the dáy [動] 🅐 敗北する.
máke a dáy of it [動] 🅐 1日を楽しく過ごす.
máke ...'s dáy [動] (略式) ...をとても幸せにする[喜ばす]: *It will make Grandma's ~* if you go to see her. あなたが会いに行けばおばあちゃんにとってうれしい一日となるでしょう.
níght and dáy [副] ＝day and night.

nót hàve áll dáy [動] 🅐 ⓢ ぐずぐずしていられない.
... of the [one's, its] dáy [形] 当時の..., 現代の...: Babe Ruth was one of the best players *of his ~*. ベーブルースは当時一流の選手の一人だった.
... of the dáy [形] (レストランで)きょうの(魚など).
óne dáy [副] (1) (過去の)ある日: *One ~* a knight visited the castle. ある日一人の騎士がその城を訪れました. (2) (未来の)いつか: You'll understand *one ~*. あなたはいつかはわかるでしょう.
óne of thèse dáys [副] (略式) 近々中に, そのうち: They say we'll have a big earthquake *one of these ~s*. 近いうちに大地震があるといううわさだ.
óne of thòse dáys [名] ⓢ (略式) ついてない日, 厄日: It's (just) *one of those ~s*. きょうはついてなかった.
sáve the dáy [動] 🅐 急場をうまく切り抜ける.
sóme dáy ＝someday.
Thát'll be the dày. ⓢ [皮肉に] そうなったらお楽しみだ, そんなことは信じられない, まさか.
the dày áfter＝**the fóllowing [néxt] dáy** [副・名] その次の日(に), 翌日(に).
(the) dày àfter tomórrow ⇨ tomorrow 名 成句
the dày befóre＝**the prévious dáy** [副・名] その前の日[に], 前日(に).
(the) dáy befòre yésterday ⇨ yesterday 名 成句
the óther dáy [副] (つい)先日, 数日前: I met her *the other ~*. 私はつい先日彼女に会った.
thése dáys [副] ⓢ 近ごろは: Many old people go abroad *these ~s*. 近ごろは外国に出かける老人が多い. 語法 普通現在時制で使うが, 時に現在完了形とともに使う.
the whóle dáy [副] ＝all day.
thís dày wéek [副] (英) 来週[先週]のきょう.
Thóse were the dáys. ⓢ 昔[あの頃]はよかった.
to the dáy [副] 1日もたがわずに, ちょうど.
to [until, ùp to] the présent dáy [副] 現代[今日]に至るまで.
to thís dáy [副] 今日まで, 今まで.
wín the dáy [動] ＝carry the day.
dáy·bèd [名] Ⓒ 寝台兼用の長椅子.
dáy·bòok [名] Ⓒ (簿) 取引日記帳, 業務日誌.
dáy·bòy [名] Ⓒ (英) 男子通学生.
dáy·brèak [名] Ⓤ 夜明け (dawn): *at ~* 夜明けに. 関連 nightfall 夕暮れ.
dáy càmp [名] Ⓒ (米) 昼間キャンプ.
⁺**dáy càre** [名] 1 (子供の)昼間の保育; (施設における)老人などの昼間の世話. 2 Ⓒ (米) 保育園.
⁺**dáy-càre cènter** [名] Ⓒ 1 託児所, 保育園 ((英) crèche, (米) nursery). 2 (英) (老人などの世話のための)昼間施設.
*⁺**dáy·drèam** [名] Ⓒ (現実逃避的な)空想, 白昼夢. ━━ [動] 🅐 空想にふける (*about, of*).
dáy·drèamer [名] Ⓒ 空想にふける人, 夢想家.
dáy·gìrl [名] Ⓒ (英) 女子通学生.
Day-Glo /déɪɡlòʊ/ [名] Ⓤ, 形 🅐 デイグロー(の) (明るい蛍光塗料; 商標).
dáy jòb [名] Ⓒ (主たる収入源の)本業: Don't give up the *~*. [滑稽] 本業に精を出したほうがよい.
dáy làbor [名] Ⓤ 日雇い労働.
dáy làborer [名] Ⓒ 日雇い労働[労務]者.
*⁺**dáy·lìght** /déɪlàɪt/ [名] Ⓤ 1 日光, 明かり; 昼間: *D~* lingers late in the summer. 夏はなかなか日が暮れない. 2 夜明け (dawn): *at ~* 明け方に.
bèat [knóck] the (lìving) dáylights òut of ... [動] 🅐 (略式) ...をこっぴどくなぐる. **frìghten [scáre] the (lìving) dáylights òut of ...** [動] 🅐 (略式) ...をふるえあがらす, びびらせる. **in bróad dáylight** [副] 真昼に, 白昼に (公然と). **sèe dáy-**

light [動] (自) (略式) (理解できなかったことが)わかる.
dáylight róbbery [名] [U] (略式, 主に英) 料金をぼりすぎること, 暴利.
†**dáylight (sáving) tìme, dáylight sàving(s)** [名] [U] (米) 日光活用時間, 夏時間 [略 DST] ((英) summer time). 参考 Arizona, Hawaii, Indiana を除く州が採用し, 4月の最初の日曜から10月の最後の日曜まで時計を1時間進める. これを Spring forward, fall back.(春に進め秋に戻す)と覚える.
dáy-lòng [形] [A] 終日の, 丸1日の.
dáy núrsery [名] [C] (英) 託児所, 保育所 (day-care center).
†**dáy óff** [名] (複 **days off**) [C] 休日, 非番の日 (反 workday).(☞ have off (have¹ 句動詞) 1; take off (take 句動詞) ❸; off 前4).
dáy-pàck [名] [C] (主に米) デイパック (日帰りハイキング用の小型ナップザック).
dáy púpil [名] [C] (英) day student.
dáy relèase [名] [U,C] (英) (企業の)研修休日制度.
dáy retúrn [名] [C] (英) 当日限りの(割引)往復切符.
dáy ròom [名] [C] (病院などの)談話室, 娯楽室.
dáy schòol [名] **1** [C,U] 学校 (普通の昼間に通学する学校; boarding school (寄宿学校), evening school, night school (夜間学校) などに対してこれを区別するときに用いる言い方). **2** [C] 日学校 (1日で終わる特別講座・講義など).
dáy shíft [名] **1** [C] (昼夜交代制の)昼間勤務. **2** [U] 昼間勤務者(全体) (反 night shift).
dáy stùdent [名] [C] (米) (寮生に対し)通学生 ((英) day pupil).
†**day·time** /déɪtàɪm/ [名] [the ~] 昼間, 日中: a ~ flight 昼間飛行. (反 nighttime) **in the dáytime** [副] 昼間は[に].
Day-Tím·er /déɪtàɪmɚ | -mə/ [名] [C] デイタイマー (スケジュール手帳; 商標).
*†**day-to-day** /déɪtədéɪ⁻/ [形] [A] 毎日の, 日々の; 平常の: ~ troubles 日々の苦労.
Day·tó·na Béach /deɪtóʊnə-/ [名] 固 デートナビーチ (Florida 州北東部の市; 自動車レースで有名).
dáy tràder [名] [C] デイトレーダー (1日で株の売買をくりかえし利ざやをかせぐ投機家).
dáy tràding [名] [U] デイトレーディング, 日計り商い.
†**dáy tríp** [名] [C] (主に英) 日帰り旅行.
dáy-trìpper [名] [C] (主に英) 日帰り旅行者.
daze /déɪz/ [名] [次の成句で] **in a dáze** [形・副] ぼうっとして.
†**dazed** /déɪzd/ [形] (打撃・衝撃などで)ぼうっ(茫然(ぼう))とした.
†**daz·ed·ly** /déɪzɪdli/ [副] ぼうっ[茫然]として.
*†**daz·zle** /dǽzl/ [動] (**daz·zles** /~z/; **daz·zled** /~d/; **daz·zling**) (他) [しばしば受身で] **1** (...の)目をくらます: The sunlight at the seashore almost ~d us. 海岸の日光はまぶしくて目がくらむほどだった. **2** (...を)眩惑(だく)する, (...の)目を奪う: The guests were ~d by the splendid hall. 客はすばらしいホールに目を奪われた. ━[名] [時に a ~] きらめく光; 目のくらむような輝き[すばらしさ].
†**dáz·zling** [形] 目もくらむほどの, まばゆい; 人を魅了する. **~·ly** [副] 目もくらむほどに; 魅了するように.
dB [略]=decibel.
'**-d bét·ter** /dbétə | -tə/ [略式] **had better** の短縮形: You'd better not try that again! 二度とそんなまねはしないことだ / I guess I'd better「be on my way [be going]. そろそろ失礼しなけりゃ. ★詳しい 語法 については ☞ had better.
dbl. [略]=double.
DC¹ /dí:sí:/ [略]=direct current.
DC² (米郵)=District of Columbia.
DC³ (楽) [略]=da capo.
***D.C.** /dí:sí:/ [略] コロンビア特別区 (☞ District of Columbia).
DD /dí:dí:/ [略]=Doctor of Divinity (☞ divinity).
D-day /dí:dèɪ/ [名] [C] **1** 攻撃開始日 (第二次世界大戦で連合軍が Normandy に上陸を開始した1944年6月6日). **2** 開始予定日.
DDS /dí:dí:és/ [略]=Doctor of Dental Surgery 口腔(う)[歯科]外科学博士.
DDT /dí:dí:tí:/ [名] [U] ディーディーティー (殺虫剤).
DE [略]=Delaware.
de- /dì:, dɪ/ [接頭] 「除去・低下・否定・反対・完結」などを表わす: *de*prive ...から奪う / *de*scend 下る / *de*nounce 非難する / *de*frost ...の霜[氷]を除く.
DEA /dí:ì:éɪ/ [略] Drug Enforcement Administration 麻薬取締局.
†**dea·con** /dí:k(ə)n/ [名] [C] (英国国教会など)執事, (カトリック)助祭 (☞ bishop 表).
dea·con·ess /dí:kənəs/ [名] [C] (英国国教会など)執事, 助祭補 (女性).
de·ac·ti·vate /dì:ǽktəvèɪt/ [動] (他) (薬品などを)非[不]活性化する; (爆弾などを)爆発しないようにする; (...を)解任する, (軍隊の)現役任務を解く.

dead 431

*****dead** /déd/ (類音 dad, did¹,²) [形] (名 death, 動 die¹, déaden) [比較なし]

「(生命のあるものが)死んだ」**1** →(比喩的に)
→「絶滅した過去のものなどの」→「廃れた」**2**
→「活力を失った」→「活気のない」**3**

1 死んだ, 死んでいる; (植物が)枯れた (反 alive, living, live²): a ~ body 死体 / He has been ~ for seven years. 彼が死んで7年になる / 'Speak no [Don't speak] ill of *the* ~. (ことわざ) 死んだ人たちのことは悪く言うな (複数名詞のように扱われる; ☞ the¹ 3) / The flowers will be ~ by next month. 花は来月には枯れるだろう. 関連 brain-dead 脳死した.
2 廃(た)れた, 今は行なわれない, 死滅した; (考え・案などが)通用しない, はやらない: a ~ custom 廃れた慣習 / a ~ language 死語 (今では使われない言語). **3** 活気のない, 退屈な; (市況などが)沈滞した: This town is rather ~ at night. この町は夜は少々活気がなくなる. **4** 活動を停止した, 効力を失った; (火が)消えた, (電線が)電流の通じていない, (電池などが)寿命が切れた, (電話が)通じない (反 live²): a ~ match 火の消えたマッチ / a ~ volcano 死火山 / The phone [line] went ~ in the middle of our conversation. 通話中に電話が切れた. **5** 死んだような, 動かない: in a ~ faint 失神して. **6** P 感覚のない, まひした; ...に無感覚[無神経]で: My legs have gone ~. 足の感覚がなくなった / She is ~ *to* all sense of shame. 彼女は羞恥(しゅう)心が全くない. **7** 生命のない, 死物の; 不毛の, 非生産的な: ~ stones and rocks 生命のない石や岩. **8** A 全くの (complete), 絶対の; 正確な: a ~ silence しーんとした静けさ / come to a ~ stop ぴたりと止まる. **9** (声・顔などが)無表情な; (音が)鈍い; (色が)くすんだ, 冴えない. **10** [球] (ボールが競技停止の, 無効の (反 live²) (☞ dead ball); (ボール・グラウンドが)はずまない. **11** P S (略式) 疲れ切った: be ~ on one's feet 疲れ切ってへとへとになる. **12** (英略式) (コップ・びんなどから)(っぽ)の. **be déad in the wáter** [動] (自) (計画が)暗礁に乗り上げて, 成功の見込みがない. **be déad (méat)** [動] (自) S (略式) おしまいだ, 大変な事になる. **be déad to the wórld** [動] (自) 眠りこけている; 全く意識を失っている. **còme báck from the déad** [動] (自) =rise from the dead. **cút ... déad** [動] (他) (英) (...に対して知らぬふりをする. **déad and**

búried [形] (1) 死んで葬られて. (2) 用済みで，考えるに値しない. **déad and góne** [形] 死んでしまっている. **déad from the néck úp** [形] 《S》《英》大変愚かで. **déad on arrival** [形] (S) 病院到着時に既に死亡していた(いた). **D.O.A.** [形] (案などが)即刻却下される. **for déad** [副] 死んだものとして: Her relatives gave her up *for* ~. 肉親たちは彼女を死んだものとしてあきらめた. **móre déad than alíve** [形] 死んだも同然な. **òver my déad bódy** [副] (S)《略式》絶対に…させない: You'll do it *over my* ~ *body*! 僕の目の黒いうちは絶対にそんなまねはさせないぞ. **ríse from the déad** [動] よみがえる，復活する. **wáke the déad** [動] 他 (物音・声が)(死者を目をさますほど)大きい，やかましい. **would [will] nót be sèen [càught] déad dóing** (in ..., at ..., on ..., with ...) [動] (S)《略式》…する[…を身につける，…に行く]のはまっぴらだ: I *wouldn't be seen* ~ *wearing* [*in*] *a hat like that*. そんな帽子をかぶるのは絶対いやだ.

── [副] **1** 《略式》全く (completely), すっかり; (S) とても (very): I'm ~ tired! へとへとだ / We're ~ set against the plan. その計画には絶対反対だ. **2** 突然, ぱったりと: stop ~ ing と止まる. **3** 《略式》まさに, ちょうどに: Go ~ ahead. まっすぐに進みなさい / ~ on time ぴったり時間通りに. **déad to ríghts** [副] 《古風, 米》その場で, 現行犯で.

── [名] [次の成句に] **'in the [at] déad of ...** [前] (暗やみ・寒さなど)の真っただ中に, …の盛りに: *in the* ~ *of night* [*winter*] 真夜中[真冬]に.

déad-(and-)alíve [形]《英》つまらない, 単調な.
déad báll [名] [C] 《スポ》試合停止球. **日英比較** 野球の「デッドボール」(投球が打者に当たること)は和製英語で, *The batter was hit by a pitch* [*pitched ball*]. のようにいう. また投手が打者に死球を与えるのは *hit the batter with a pitch* という.
déad béat [名] [C] **1** 怠け者, のらくら者. **2** 《米略式》借金を踏み倒す人.
déad béat [形] [P] 《略式》疲れきった.
déadbeat dád [名] [C] 《米略式》甲斐性(かいしょう)なしパパ(離婚後の養育費を支払わない父親).
déad·bòlt [名] [C] 《米》デッドボルト《ばねじかけなしにノブ・キーを回すだけでかかる掛け金》(《英》deadlock).
déad cát bóunce [名] [単数形で]《俗》《株》(下落基調の相場や株価の)一時的回復.
déad cénter [名] [the ~] ど真ん中 (*of*). ── [副] ど真ん中に.
déad dúck [名] [C] 《略式》見込みのない人[もの].
déad·en /dédn/ [動] 他 (形 dead) 〈音などを〉弱くする; 〈痛みなどを〉和らげる, 鈍くする. **déaden ... to** ── [動] 他 〈人…〉を…に対して鈍感にする.
+**déad énd** [名] [C] (道路などの)行き止まり; (仕事などの)行き詰まり: reach [come to] a ~ 行き詰まる.
déad-énd [形] [A] **1** 行き止まりの. **2** 先の見通しのない: a ~ job 将来性のない職.
déad èye [名] [C] 《略式》射撃の名手.
déad·fàll [名] [C] **1** (重いものを落として仕留める)わな. **2** 《森林の》倒木; **3** 倒木の密集.
déad hánd [名] [the ~] (執拗な)好ましくない影響, 圧迫; 死者の影響力 (*of*).
déad·héad [動] 他 《米》(運転手が)(列車)を回送する. ── (英) (植物から)しおれた花を摘み取る. ── [名] [C] **1** 《米》回送車. **2** 《米》無料(券)で乗る客. **3** 《略式》鈍い人, 役立たず.
déad héat [名] [C] 同着(のレース), 引き分け(2 者以上が同着となったレース). **参考** 日本語の「デッドヒート」に相当する英語は close race [game, contest] などであり, dead heat を「大接戦(のレース), 競(きそ)い合い」の意味で使うこともある.

déad létter [名] [C] **1** 配達不能の郵便物. **2** 空文化した法律, 死文; 時代遅れの慣行[話題].
*****déad·line** /-làin/ [名] (~s /-z/) [C] 《新聞・雑誌の》原稿締め切り時間; 最終期限: a tight [strict] ~ 余裕のない締め切り期限 / The ~ *for* applications is approaching. 応募の締め切りが近づいている. **méet** [**míss**] **a déadline** [動] 自 締め切りに間に合う[遅れる]. **wórk to a déadline** [動] 自 締め切りに間に合わせる.
déad·li·ness [名] [U] 致命的なこと; 執念深さ.
*****déad·lòck** [名] **1** [C,U] 行き詰まり; 《スポ》同点: come to [reach] a ~ (交渉などが)行き詰まる. **2** [C]《英》break the deadlock [動] 他 行き詰まりを打開する. ── 自 行き詰まる (*on*).
*****déad·lócked** [形] 行き詰まった.
*****déad·ly** /dédli/ [形] (more ~, dead·li·er /-liə|-liə/; most ~, dead·li·est /-liist/) **1** 命にかかわる, 致命的な (fatal); 非常に危険な: a ~ wound 致命傷 / a ~ weapon 凶器 / That medicine proved ~ *to* him. <A+*to*+名・代> その薬が彼の命取りとなった. **2** [A] 生かしてはおけない: ~ enemies 不倶戴天(ふぐたいてん)の敵. **3** [A] 死人のような: A ~ pallor spread over his features. 彼の顔はみるみる死人のように真っ青になった. **4** (批判などが)効果的な, 正確な; (選手などが)とても巧妙な. **5** [A] 全くの; ひどい: in ~ haste 大急ぎで / a ~ silence 完全な沈黙. **6** [S] 《略式》ひどくつまらない. ── [副] **1** とても, ひどく (very): ~ serious [dull] すごくまじめな[つまらない]. **2** 死人のように: She looked ~ pale. 彼女は死人のように青い顔だった.
déadly níghtshade [名] [C,U] ベラドンナ (belladonna).
déadly sín [名] [C] 《キ教》(地獄落ちの)大罪 (☞ the (seven) deadly sins' sin¹ 成句).
déad-màn's flóat [名] [単数形で] 《米》伏し浮き(うつむいて腕と脚を伸ばす浮き方).
déad-màn's hándle [名] [C] 《機》デッドマンハンドル(列車などで運転士の手が離れると自動的に制動がかかる安全装置).
déad màrch [名] [C] 葬送行進曲.
déad·ness [名] [U] 死; 無感覚, 活気のなさ; 不毛さ.
déad-ón [形] どんぴしゃりの; そのものずばりの.
déad-pán [名] [A], [副] (顔・声が)無表情な[に], ポーカーフェイスの[で].
déad réckoning [名] [U] 《海・空》推測航法.
déad rínger [名] [C] 《略式》うり二つの人.
Déad Séa [名] [the ~] 死海 (イスラエルとヨルダンの国境の塩水湖).
Déad Séa Scrólls [名] 自 [複; the ~] 死海写本[文書] (死海付近で発見された旧約聖書などの古写本).
déad sét [形] [次の成句に] **be déad sét agàinst ...** [動] 他 …に大反対である (☞ dead 副 1). **be déad sét on ...** [動] 他 …を固く決意している. ── [名] [次の成句に] **màke a déad sét at ...** [動] 他 《英》(恋人として)…を落とそうとする.
déad sóldier [名] [C] 《俗》空(から)の酒瓶.
déad wéight [名] [C] [普通は単数形で] **1** ずっしりと重いもの. **2** (精神的な)負担, 障害.
déad·wòod [名] [U] **1** 枯れ木[枝]. **2** 役に立たない人[物], 無用の長物. **cút out** (**the**) **deadwood** [動] 他 無用な部分を除く, 不要な人員を整理する.
*****déaf** /déf/ (同音 death) [形] (deaf·er; deaf·est; 動 déafen) **1** 耳が聞こえない, 耳が遠い, 耳の不自由な: go ~ 耳が遠くなる / My grandfather is ~. 私のおじいさんは耳が遠い / This device is very useful for *the* ~. この器具は耳の不自由な人たちには非常に役立つ (☞ the'³). **関連語** blind 目の不自由な / dumb 口のきけない / mute (耳が不自由で)口のきけない; tone-deaf 音痴の. **2** [P] 《文》(人のことばを)聞こうとしない, …に耳を傾けよ

い: He was ～ **to** our advice. <A+to+名・代> 彼は我々の忠告を聞こうともしなかった.
(**as**) **déaf as a póst** [☞ post¹ 名 成句]. **be déaf, dúmb, and blínd** [動] 見さる言わざる聞かざるを通す. **fáll on déaf éars** [動] 自 (意見・訴えなどが) 無視される. **túrn a déaf éar to ...** [動] 他 ...に耳を貸さない.

déaf-àid 名 C (英) =hearing aid.
déaf-and-dúmb 形 [A][差別] 聾啞(ろうあ)の; 聾啞者用の: *the* ～ 聾啞者 [☞ 3].
†**deaf·en** /déf(ə)n/ 動 [普通は受身で] **1** (大きい物音などが)〈...〉の耳を聞こえなくする, 耳をつんざく. **2** 〈...〉の聴力を奪う.
deaf·en·ing /déf(ə)nɪŋ/ 形 耳をつんざくような: ～ applause 盛大な拍手. ～**·ly** 耳を聾(ろう)せんばかりに.
déaf-múte 名 C [時に差別] 聾啞(ろうあ)者.
déaf·ness 名 U 耳が聞こえない[遠い]こと.

***deal**¹ /díːl/ 名 [主に次の成句で] **a déal of ...** [形] (古風) かなりの..., たくさんの...: *a* ～ *of* trouble 相当の面倒. 語法 後に続く名詞は U. **a góod [gréat] déal of ...** ☞ good deal, great deal 成句. 語源 古(期)英語で「分配(した部分)」の意; deal² と同語源.

***deal**² /díːl/ 名 **T1 1** C 取り引き, 契約; (相互のための)取り決め, 協定: get a good [(米) sweet] ～ いい取引[買い物]をする / Our company *made* [(略式) struck, cut, (英) did] a ～ with an American firm. 我々の会社はアメリカの会社と契約を結んだ / Okay, it's a ～! (S) (略式)ではこれで手を打ちましょう / Lower the price and you've got (yourself) a ～. 値段を下げれば買います. **2** U 密約, 談合. **3** C (トランプのカードを配ること[番]; 配られたカード, 手札: It's yóur ～. あなたが配る番です. **4** [a ～] 処置, 扱い: *a* dirty ～ 卑劣な扱い / *a* fair [square] ～ 正当な扱い / get *a* raw [rough] ～ ひどい扱いを受ける. **gèt [hàve] the bést of the déal** [動] 自 (略式) 勝つ, うまくいく, (取り引きなどで)得をする. **Góod déal.** (S) たいしたものだ, ご立派. **màke the bést of a bád déal** =make the best of a bad job [☞ job 成句]. **Whàt's the déal?** (米略式) どうした, 何事だ.
— 動 (deals /-z/; 過去・過分 dealt /délt/; deal·ing) 他 **1** 〈...〉を分配する, 分ける; 〈トランプのカードなど〉を〈人に〉配る [☞ deal¹ 語源]: Let's play bridge. Will you ～ the cards (to us), John? さあブリッジをしましょう. ジョン, カードを配ってくれませんか. **2** (格式) 〈打撃など〉を加える, 与える (give); 言い換え His death *dealt* us quite a blow.=His death *dealt* a blow to us. 彼の死で我々はかなり打撃を受けた. **3** 〈仕事・トランプなど〉に〈人〉を仲間入りさせる (in; into). **4** (略式) 〈麻薬〉を扱う, 密売買する. — 自 **1** トランプのカードを配る. **2** (略式) 麻薬を密売買する.
déal wéll [bádly] with ... [動] 他 (古風) 〈人〉を優遇[虐待]する.

deal² の句動詞

déal in ... 動 他 **1** ..., ...の取り引きをする: He ～*s in* whiskey. 彼はウイスキーの商売をしている. **2** (うわさ・推測など)に関わる, ...にふける.
déal óut 動 他 **1** 〈トランプのカードなど〉を配る; 〈利益など〉を分配する: I'll ～ *out* three to each. めいめいに3枚ずつ配ります. **2** (W) 〈刑罰など〉を与える.

***déal with ...** 動 T1 他 **1** 〈人・物事〉を扱う, 待遇する; ...を処理する, ...に対処する, 取り組む 受身 be dealt with): Mr. Smith is a difficult person to ～ *with*. スミスさんは扱いにくい人です / These problems must *be dealt with* through international cooperation. これらの問題は国際間の協力によって対処していかねばならない. **2** (本・講演など)...を扱う, 論じる: This paper ～*s with* labor problems. この論文は労働問題を扱ってい

る. **3** (人・会社)と取り引きする.

deal³ /díːl/ 名 U (主に英) もみ材; 松材.
***deal·er** /díːlə | -lə/ 名 (～**s** /-z/) C **1** 販売業者, ディーラー, 商人, ...商; (麻薬などの)密売人: a ～ *in* tea 茶商人 / a used car ～ 中古車の販売業者 // ☞ newsdealer. **2** (トランプ)カードの配り手.
déaler·shìp 名 C (特に車の)販売店, 特約店; U 販売権 (*for*).
***deal·ing** /díːlɪŋ/ 名 **1** [複数形で] 関係; 取り引き; 交際: have ～*s with* a company 会社と取り引き(関係)がある. **2** U (取り引きなどでの)ふるまい, 行動: honest ～ 公正なやり方. **3** U 売買 (*in*).
déaling ròom 名 C (株などの)ディーリングルーム.
***dealt** /délt/ 動 deal² の過去形および過去分詞.
***dean** /díːn/ 名 **1** 首席[主任]司祭 (大聖堂 (cathedral) の長); (主に英) 司教地方代理, 地方監督 (rural ～). **2** (大学の)学部長; 学生部長. **3** (米) (最古参者, 長老 (doyen).
Dean /díːn/ 名 個 **1** ディーン (男性の名). **2** James ～ ディーン (1931-55) (米国の映画俳優).
dean·er·y /díːn(ə)ri/ 名 (-**er·ies**) C **1** 首席司祭[地方監督]の邸宅; 地方監督(管)区; U 首席司祭の職.
déan's lìst /díːnz-/ 名 C [the ～] (米) 成績優秀者名簿 (米国の大学で学期[年]末にまとめられる).

***dear** /díə | díə/ 形 (整較 dare) **dear·er** /dí(ə)rə | -rə/; **dear·est** /dí(ə)rɪst/

```
        ┌→ (人について)「親愛な」 1
「大切な」 2 ─┤
        └→ (物について)「高価な」 3
```

1 [しばしば little, old を伴って] 親愛な, かわいい, いとしい; 魅力的な: my ～ (little) boy 私のかわいい坊や / Maggie was very ～ *to* her father. <A+to+名・代> マギーは父親にとてもかわいがられていた.
2 (格式) 大切な, 貴重な: a ～ friend of mine 私の親友 / I lost all that was ～ *to* me. <A+to+名・代> 私は大切なものをすべて失った.
3 [普通は P] (英) (物が)高価な, 高い (expensive); (店が)値段が高い (反 cheap) [☞ price 語法]: The book is too ～; I can't afford it. その本は高すぎて私には買えない. **4** [～ *est*] (A) (古風) 心からの, 切実な: his ～ *est* wish 彼の切なる願い.
Déar ..., My déar ... 拝啓, 親愛なる ...さん (手紙の書き出しに用いる; ☞ salutation 語法): *D*～ Mr. Thomas トマス様 / *D*～ Sir [Sirs, Madam] 拝啓 (商用文などは未知の人への手紙の書き出しのあいさつ). 語法 (1) My dear ... は古風できどった言い方で, Dear ... のほうが親しみの気持ちが強い. (2) my dear fellow [girl], my dear Charles などの形で皮肉な呼びかけに用いることもある: My ～ *fellow*, you are quite right. ねえ, 全く君のいう通りだよ.
for déar lífe ☞ life 成句.
hóld ... déar [動] 他 (文) 〈...〉をいとしく思う, こよなく愛する; 高く評価する.
— 名 (～**s** /-z/) C (S) (主に英) かわいい人, 大切な人, いい子 (dearest) 語法 特に女性が用いる: What a ～ she is! あの女の子, なんていい子なんでしょう / Be a ～ and hand me the newspaper, will you? いい子だから新聞をとっておくれ.
2 [呼びかけで] あなた (愛情・親しさの表現): Yes, ～. そうだよ / Can I help you, ～? (S) いらっしゃいませ (店員などのことば). **an óld déar** (英) (老女, ばあさん. 語法 無作法な表現. **my déar** (呼びかけで) あなた, ねえ君: Come here, *my* ～. さあ, こちらへいらっしゃい. **thére's [thát's] a déar** いい子だからね, お願いだからね: Don't cry, *there's* [*that's*] *a* ～. ね

え, いい子だから泣かないで.
——_感《おや, まあ!《驚き・哀れみ・同情・いら立ちなどを表わす; 女性がよく使う》_{言い換え} Oh ~!=D~ me!=D~, ~! おやまあ, あらまあ.
——_副《英》大きな犠牲を払って, 高いものについて: His carelessness cost him ~. 彼の不注意は彼にとって高いものについた. _{語法} 普通は cost とともに使われる.

†**dear·est** /díərɪst/ _名 C [しばしば my ~ として呼びかけで]《古風》最愛の人, いとしい人.

dearie ☞ deary.

Déar Jóhn (lètter) _名 C《略式, 主に米》絶交状《女性から恋人・婚約者へ》,《妻からの》離婚状. _{由来} 離縁状などの書き出しの形式から.

†**dear·ly** /díəli | díə-/ _副《格式》**1** 深く, 心から: He loves me ~. 彼は私を心から愛している. _{語法} 普通は love は同様の意味の動詞とともに用いる. **2** 大きな犠牲を払って, 高いものについて (☞ dear_副): You will pay ~ for your mistake. 君の犯した過ちは高くつくぞ / His error cost him ~. 彼の誤りは彼に高いものについた. **dearly beloved** 親愛なる皆さん《司祭・牧師が結婚式・葬式などで言う呼びかけのことば》. **I would dearly like to dó**《格式》ぜひ…したい.

dearth /də́ːθ | də́ː θ/ _名 U [しばしば a ~]《格式》(品) 不足, 欠乏 (of); ききん.

dear·y, dear·ie /díəri/ (**dear·ies**) _名《普通は古風》C 《略式》かわいい人, ねえ (dear). **Déary me!**《古風》おやおや, あらまあ!

*****death** /déθ/《類音 deaf》_名《~s /-s/; _形 dead, deathly, 動 die¹》**1** UC 死, 死者; 死に方《反 life》: my father's ~=the ~ of my father 父の死 / an accidental ~ 事故死 / brain ~ 脳死 / ~ with dignity 尊厳死 / Keep D~ off the Roads! 死亡事故を防ごう《安全運転の呼びかけ》/ The accident caused many [five] ~s. その事故で多数[5人]の死者が出た / The number of ~s from AIDS is increasing year by year. エイズによる死者は年ごとに増えている / They are united in ~. 彼らは死んでも[あの世で](も)結ばれている《同じ墓に入っているなど》// ☞ die a … death (die¹ 成句).

——_{コロケーション}——
escape *death* 死を免れる
face *death* 死に直面する
meet (one's) *death*《文》《非業の》死をとげる
mourn …'s *death* …の死を悼む

2 [the ~] 死因, 命取りになる物[事] (of). **3** U [しばしば the ~] 破滅, 終わり (end), 終焉える: the ~ of all hope すべての望みが絶たれたこと / D~ to sexism! 性差別撲滅を! **4** [D-] 死神. _{参考} 手に大がま (scythe) を持った黒衣の骸骨 (骸) として描かれる.

(as) pále [stíll] as déath _形《文》死んだように青ざめた[動かない].

be at déath's dóor _動 自 [しばしば滑稽] 瀕死の状態にある.

Death 4

be in at the déath _動 自 (1)《狩》獲物の最期を見届ける (of). (2)《物事の》結末を見届ける (of).

be the déath of … _動 他 (1) …の死因である[になる] (☞ 2). (2) [will を伴って][しばしば滑稽] S …をひどく悩ます[心配させる]: That child *will* be the ~ of me! あの子のことが心配で私は命が縮む思いだ.

cátch one's déath (of cóld) _動 自 S《略式》ひ どいかぜをひく.

dó … to déath _動 他《…》を繰り返し使って[やって]面白くなくする, やりすぎる.

feel [lóok] like déath wármed óver [《英》úp] _動 S《略式》ひどく疲れている[見える], 気分[顔色]がとても悪い.

pút … to déath _動 他《…》を殺す, 処刑する.

spéll the death of … _動 他 …の終末を招く.

till déath do us párt《主に米》=**till déath us do párt**《主に英》_副 死が私たち[2人]を分かつまで《結婚式での誓約の文言》.

to déath _副 (1) 死ぬまで (…する), (…して) 死ぬ: The boy was choked *to* ~. 少年は締め殺された / They froze [starved, burned] *to* ~. 彼らは凍死[餓死, 焼死]した / Don't work yourself *to* ~. 《普通は滑稽》過労死するなよ《働きすぎるな》. (2)《略式》死ぬほど, ひどく: I am tired [worried, bored, scared] *to* ~. 私はひどく疲れて[心配して, 退屈して, おびえて]いる.

to the déath _副 最後まで, あくまで; 死ぬまで.

death·bèd _形 死の床の, 臨終の: a ~ repentance [confession] 臨終のざんげ. **on one's déathbed** _動 自 臨終である.

death·blòw _名 C [普通は単数形で] 致命的打撃. **déal [dèliver] a déathblow to …** _動 他 …に致命的打撃を与える.

déath càmp _名 C 死の収容所《ナチスによるユダヤ人強制収容所など》.

death certìficate _名 C 死亡証明[診断]書.

déath knèll _名 [単数形で] 弔いの鐘; 終末の予兆. **sóund the déath knèll for [of] …** _動 他 …の終わりを告げる.

death·less _形 W《格式》不滅の, 不朽の: ~ prose [滑稽] 不朽のひどい名文. **~·ly** _副 不滅に.

death·like _形 死のような.

death·ly _形 W《death·li·er; -li·est; _名 death》A 死を思わせる; 極度の, ひどい. ——_副 死んだように; 非常に: ~ cold 死んだように冷たい.

déath màsk _名 C デスマスク, 死面.

†**déath pènalty** _名 C [普通は the ~] 死刑.

†**déath ràte** _名 C 死亡率.

déath ràttle _名 C 死前喘鳴(%ん)《臨終の間際に喉で鳴ることのある音》.

†**déath rów** /-róu/ _名 U《米》死刑囚棟.

†**déath sèntence** _名 C 死刑宣告[判決].

death's-head /déθshèd/ _名 C どくろ, しゃれこうべ《死の象徴》.

†**déath squàd** _名 C 暗殺者集団.

déath tàx _名 U.C《米》=inheritance tax.

déath throes _名 [複] 断末魔の苦しみ[もがき]; (物事の)末期的状況. **be in one's déath throes** _動 自 断末魔の苦しみの中にある; 絶体絶命である.

†**déath tòll** _名 C [しばしば the ~]《戦争・事故などの》死亡者数.

déath tràp _名 C《略式》(命にかかわる)ひどく危険なもの《建物・乗り物・道路など》.

Déath Válley _名 個 デスバレー, 死の谷《米国 California および Nevada 州の酷暑の乾燥盆地》.

déath wàrrant _名 C 死刑執行令状; 致命的打撃 (for). **sígn …'s [one's ówn] déath wàrrant** _動 人の[自らの]死[失敗]を招くようなことをする.

déath·watch bèetle _名 昆 しばんむし.

déath wìsh _名 [単数形で] 死の願望《死を無意識的に自己または他人の死を願うこと》.

deb /déb/ _名 C《略式》=debutante.

†**de·ba·cle, dé·bâ·cle** /dɪbáːkl, deɪ-/《フランス語から》_名 C《政府などの》瓦解(%ん); 完全な失敗.

de·bar /dɪbáə | -báː/ _他 (**de·bars; de·barred; -bar·ring** /-báːrɪŋ/) _他 [普通は受身で]《格式》〈人〉を締め出す, 除外する; 妨げる (from).

de·bark /dɪbάək | -bάːk/ 【動】(まれ) =disembark.

de·bar·ka·tion /dìːbɑəkéɪʃən | -bɑː-/ 【名】⓾(まれ) =disembarkation.

de·base /dɪbéɪs/ 【動】⦿ 〈…の品質[価値, 評判]を落とす〉(degrade); 〈貨幣〉の質を下げる. **debáse onesélf** 【動】⦾ 品位を落とす, 面目を失う.

de·base·ment /dɪbéɪsmənt/ 【名】⓾ⓒ (品質・価値・品位・評判の)低下, 堕落.

de·bat·a·ble /dɪbéɪtəbl/ 【形】 **1** 論争の余地のある, 異論のある. **2** (土地などが)係争中の.

＊de·bate /dɪbéɪt/ 【名】(de·bates /-béɪts/) **1** ⓒ⓾ (公開の場での)討論, 討議, 論争; 話し合い (☞ argument 類義語): the abortion ~ (妊娠)中絶(是非)論争 / (a) heated [fierce] ~ 激しい議論 / open the ~ **on** [**about, over**] the pros and cons of raising taxes 増税に対する賛否の討論の口火を切る / This problem is likely to provoke a great deal of ~. この問題は大いに議論を呼びそうだ / The bill is now under ~ in the committee. その法案は現在委員会で審議中である. **2** ⓒ (テレビなどの)討論会, 討論コンテスト (about, on): hold [have] a ~ 討論会を開く. **be in debáte** 【動】⦾ (事が)不確実である, 意見が分かれている. **be ópen to debáte** =**be a mátter for debáte** 【動】⦾ 議論の余地がある (☞ open 形 7). **úp for debáte** 【形】議論できる, 今後議題となる.

—【動】(de·bates /-béɪts/; de·bat·ed /-tɪd/; de·bat·ing /-tɪŋ/) ⦿ **1** 〈公開の席などで〉〈…〉を討論する, 討議する: The question is being hotly ~d. <V+O の受身> その問題は熱心に討論されている / The teachers ~d the problem with the parents. <V+O+with+名・代> 教師たちは親たちとその問題を討議し合った / We ~d how we should [to] do it. <V+O+(wh 句[節])> 私たちはそれをどのようにすべきかを議論した / [言い換え] They ~d reducing expenses. <V+O(動名)>=They ~d whether they should [to] reduce expenses. <V+O (whether 節[句])> 彼らは出費削減(の是非)を討論した. **2** 〈…〉について熟考する (consider): [言い換え] She ~d whether to buy a new car. =She ~d buying a new car. 彼女は新車を買うかどうか思案した.

—⦾ (…について)討論する, 討論する: They were *debating about* the expense. <V+about+名・代> 彼らは費用のことを討論していた.

debáte with onesélf 【動】⦾ 思案[熟考]する.

語源 古(期)フランス語で「打ち負かす」の意.

de·bat·er /dɪbéɪṭə/ -tə/ 【名】ⓒ 討論者.

de·bat·ing /dɪbéɪṭɪŋ/ 【名】⓾ 討論(すること).

de·bauch /dɪbɔ́ːtʃ/ 【格式】【動】⦿ 〈…〉を堕落させる. —【名】ⓒ 放蕩(ほうとう), 道楽; 乱痴気(らんちき)騒ぎ.

de·bauched /dɪbɔ́ːtʃt/ 【形】(酒・異性関係などで)堕落した: a ~ person 放蕩者.

de·bauch·ee /dèbɔːʃíː, dɪbɔːtʃíː | dèbəːtʃíː/ 【名】ⓒ 放蕩[道楽]者.

de·bauch·er·y /dɪbɔ́ːtʃ(ə)ri/ 【名】(-er·ies) ⓾ⓒ 《格式》酒色にふけること, 放蕩, 道楽.

Deb·by /débi/ 【名】デビー《女性の名; Debora(h)の愛称》.

de·ben·ture /dɪbéntʃə | -tʃə/ 【名】ⓒ 社債(券).

de·bil·i·tate /dɪbíləteɪt/ 【動】⦿ 《格式》〈病気などが〉〈…〉を衰弱させる; 〈事が〉〈組織など〉を弱体化させる.

de·bil·i·tat·ed /dɪbíləteɪtɪd/ 【形】《格式》(人が)衰弱した; (組織など)弱体化した.

de·bil·i·tat·ing /dɪbíləteɪtɪŋ/ 【形】《格式》衰弱させる; 弱体化させる.

de·bil·i·ty /dɪbíləti/ 【名】⓾ 《格式》(体・心の)衰弱.

deb·it /débɪt/ 【名】(反 credit) ⓒ 〖簿〗借り方(記入額) (口座からの引き落とし(☞ direct debit). **be in débit** 【動】⦾ (口座が)超過引出しになっている.

debunker 435

—【動】(反 credit) ⦿ 〖簿〗〈ある金額・料金〉を(口座から)引き落とす (from), (人の口座)の借り方に記入する (against, to); 〈金額·料金〉を〈口座〉からの引き落としにする, 〈人の口座〉の借り方に記入する (for, with).

débit càrd 【名】ⓒ デビットカード《銀行の引き出し兼支払い用のキャッシュカード》.

débit nòte 【名】ⓒ 〖会計〗借方票.

débit sìde 【名】ⓒ (反 credit side) ⓒ 借り方. **on the débit sìde** 【副】借り方で; マイナス面では.

deb·o·nair /dèbənéə | -néə⁺/ 【形】《古風》(男性が)快活な, 颯爽(さっそう)とした, スマートな.

Deb·o·rah, Deb·o·ra /débərə/ 【名】デボラ《女性の名; 愛称は Debby》.

de·bouch /dɪbáʊtʃ, -búːʃ/ 【動】⦾ (副詞(句)を伴って) 〖地理〗(川·道が)広い所から広い所に合流する[出る] (into), 〖軍〗(部隊などが)広い所へ出てくる.

De·brett's /dəbréts/ 【名】ⓒ 『デブレット』《英国貴族名鑑, 5年ごとに刊行》.

de·brief /dìːbríːf/ 【動】⦿ 〈パイロット·外交官など〉から帰還[帰任]報告を受ける; 〈…〉に報告させる (on).

de·brief·ing /dìːbríːfɪŋ/ 【名】⓾ⓒ 情報聴取[報告].

＊de·bris, dé·bris /dəbríː, déɪbriː/ 【名】⓾ 残骸(がんがい), 破片, 瓦礫(がれき): clear away ~ 残骸を片づける.

＊debt /dét/ 【名】(debts /déts/) **1** ⓒ 借金, 負債, 債務 (☞ bad debt); ⓾ 借金状態: pay back a ~ **of** one million yen 100万円の借金を返す / Out of ~, out of danger.《ことわざ》借りがなければ危険もない.

———コロケーション———
be [get] out of *debt* 借金がない[をなくす]
get [go, run] into *debt* 借金をする
「**pay (off) [clear, repay]** 「a *debt* [one's *debt*(s)]   借金を返済する[返す]
run up a *debt* 借金をためる
settle a *debt* 借金を清算する
write off a *debt* 借金を帳消しにする

2 ⓒ⓾ 〖普通は単数形で〗恩義, (人の)おかげ: I owe a ~ of gratitude to him. 私は彼には恩義がある.

a débt of hónor 【名】《法的にはその必要がないが》面目上払う[行なう]べきと思うこと, 《特に》賭けの借金.

be in débt 【動】⦾ 借金している: He *is* still one hundred thousand yen *in* ~. 彼はまだ10万円の借金をしている.

be in …'s débt =**be in débt to …** 【動】…に借金がある; 《格式》…に恩義がある: I *am in* ~ *to* the bookstore *for* a large sum. あの本屋に多額の借りがある / You saved my child's life. I will always *be in your* ~. あなたは私の子供の命を救ってくれました. いつまでも御恩は忘れません.

débt collèctor 【名】ⓒ 借金取り立て人.

＊debt·or /déṭə | -tə/ 【名】(反 creditor) ⓒ 借り主, 債務者; 〖簿〗借り方.

débtor nàtion 【名】ⓒ 債務国家.

débt relìef 【名】⓾ (貧しい国への)債務返済免除.

débt retìrement 【名】ⓒ⓾ (特に銀行への)債務の弁済.

de·bug /dìːbʌ́g/ 【動】(de·bugs; de·bugged; -bug·ging) ⦿ **1** 〖電算〗(プログラム)のバグ[ミス]を取り除く. **2** 〈…〉から盗聴器を取り除く. **3** 〈…〉から害虫を除く.

de·bug·ger /dìːbʌ́gə | -gə/ 【名】ⓒ 〖電算〗デバッガー《プログラムのバグを取り除くソフト[機能]》.

de·bunk /dìːbʌ́ŋk/ 【動】⦿ 〈…の正体を暴露する, 〈学説〉などの虚偽をあばく.

de·bunk·er /dìːbʌ́ŋkə | -kə/ 【名】ⓒ 暴露者.

De·bus·sy /déɪbjuːsìː, dèɪbjuːsíː | dəb(j)úːsi/ [名] [固] **Claude** ～ ドビュッシー (1862–1918)《フランスの印象主義の作曲家》.

*__de·but, dé·but__ /deɪbjúː, déɪbjuː | déɪbjuː/《フランス語から》[名] (～s /-z/) [C] デビュー《初舞台, 初出演, 初めて社交界へ出ることなど》; 初登場: ...'s stage ～ …の舞台初登場 / ～ album デビューアルバム. **máke one's débu**t [動] [自] デビューする: She *made her* ～ *as* a singer. 彼女は歌手としてデビューした. ── [動] [自] デビューする (*as*).

deb·u·tant /débjʊtɑ̀ːnt | -tɑ̀ːŋ/《フランス語から》[名] [C] デビューする人; 初出場[出演]の人.

deb·u·tante /débjʊtɑ̀ːnt/《フランス語から》[名] [C] 初めて社交界に出る女性 (《略式》deb).

dec. [略] =deceased.

*__Dec.__ [略] 12月 (December).

dec(·a)- /dék(ə)/ [接頭]「10」を表わす (☞ kilo- 表).

*__dec·ade__ /dékeɪd, dekéɪd/ [T1] [名] (**dec·ades** /dékeɪdz, dekéɪdz/) [C] **1 10年間** (☞ century 表): for several ～*s* 数十年間 / Pollution has been steadily increasing during the past ～. ここ10年間に公害は確実に増えている. **2** ゼロで終わる暦年から始まる10年間: the ～ of 1990's 1990年代の10年間. **for décades** [副] 長い間, 何十年(間)も.

dec·a·dence /dékədəns, -dns/, **dec·a·den·cy** /dékədənsi, -dn-/ [名] [U] [軽蔑] 堕落, 退廃; 衰退(期).

⁺**dec·a·dent** /dékədənt, -dnt/ [形] [軽蔑] 退廃的な; 衰退した. ── [名] [C] 退廃的な人; [しばしば D-] デカダン派の芸術家《19世紀末の退廃的な芸術上の風潮に染まった人》. **～·ly** [副] 退廃的に.

de·caf, (英) **de·caff** /díːkæf/ [名] [U,C] [S] (略式) カフェインを除いたコーヒー[紅茶, コーラ]: Regular or ～? 普通のコーヒーですかそれともカフェイン抜きですか. ── [形] =decaffeinated.

de·caf·fein·at·ed /dìːkǽfənèɪtɪd/ [形] (コーヒーなどが)カフェインを取り除いた.

de·cal /díːkæl, dɪkǽl/ [名] [C] (米) 移し絵, (転写式)ステッカー《車などに貼る》(《英》transfer).

Dec·a·logue /dékəlɔ̀ːg | -lɔ̀g/ [名] [the ～] モーセの十戒 (Ten Commandments).

De·cam·er·on /dɪkǽm(ə)rən/ [名] [固] [the ～]『デカメロン』(Boccaccio 作の短編集).

de·camp /dɪkǽmp/ [動] [自] **1** 逃亡する (*from*, *to*); (…を)持ち逃げする (*with*). **2** 野営を引き払う.

de·cant /dɪkǽnt/ [動] [他] **1** 〈ワインなど〉を別の容器[デカンター]に移す (*into*). **2** (英略式)〈人〉を移動させる.

de·cant·er /dɪkǽntə | -tə/ [名] [C] デカンター《ワインなどを入れる食卓用栓付きガラスびん》.

decanter

de·cap·i·tate /dɪkǽpətèɪt/ [動] [他] 〈…〉を断頭する《特に処刑で》.

de·cap·i·ta·tion /dɪkæ̀pətéɪʃən/ [名] [U,C] 断頭(の刑).

de·car·bon·ize /dìːkɑ́ːbənàɪz | -kɑ́ː-/ [動] [他] 〈内燃機関〉から炭素を取り除く.

de·cath·lete /dɪkǽθliːt/ [名] [C] 十種競技の選手.

de·cath·lon /dɪkǽθlən | -lɔn/ [名] [C] 十種競技. [関連] triathlon トライアスロン, pentathlon 五種競技.

*__de·cay__ /dɪkéɪ/ [動] (**de·cays** /~z/; **de·cayed** /~d/; **-cay·ing**) [自] **1** (少しずつ)腐る, 朽ちる (rot): His house ～*ed* from lack of repairs. 彼の家は手入れをしないのですっかり傷んだ. **2** 衰える, 弱る; さびれる. **3** 〔物理〕崩壊する. ── [他] 〈…〉を腐らせる, 朽ちさせる. ── [名] [U] **1** 腐食, 腐朽 (rot); 虫歯(の部分): prevent dental [tooth] ～ 虫歯を防ぐ / remove the ～ 虫歯を抜く. **2** 衰え, 衰退; さびれ: the ～ of our moral standards 私たちの道徳(水準)の衰退 / The street was in (complete) ～. その通りは(すっかり)さびれていた. **3** 〔物理〕崩壊. **fáll ìnto (a státe of) decáy** [動] [自] 衰える; (建物が)朽ちる.

de·cayed /dɪkéɪd/ [形] 腐った, 朽ちた; 虫歯の.

Dec·can /dék(ə)n/ [名] [固] [the ～] デカン《インドの半島部(の高原)》.

decd. [略] =deceased.

de·cease /dɪsíːs/ [名] [U] 〔法〕死亡.

de·ceased /dɪsíːst/ [形] 〔法〕(最近)死去した (dead) (《略》d., dec., decd.; ☞ die¹ 類義語): his ～ father 彼の亡父. **the decéased** [名] [単数形または複数扱い; ☞ the¹ 3 [語法]] 〔法〕(最近)亡くなった人(々), 故人(たち): the will of *the* ～ 故人の遺書.

de·ce·dent /dɪsíːdənt, -dnt/ [名] [C] (米) 〔法〕死者, 故人.

⁺**de·ceit** /dɪsíːt/ [名] ([動] decéive) [U] 欺くこと, 欺瞞(ぎまん); 詐欺(行為), ぺてん.

de·ceit·ful /dɪsíːtf(ə)l/ [形] **1** ごまかしの, 偽りの, 不正直な; だますつもりの. **2** (外見が)人を誤らせやすい. **-ful·ly** /-fəli/ [副] 偽って. **～·ness** [名] [U] 不正直.

⁺**de·ceive** /dɪsíːv/ [動] ([名] decéit, decéption, [形] decéptive) [他] **1** 〈…〉をだます, 欺く (☞ cheat 類義語; receive [単語の記憶]); 〈配偶者〉に隠れて(…と)浮気する (*with*): I was ～*d into* believ*ing* that they would help. 私はだまされ, 彼らが助けてくれると信じ込んだ. **2** (物事が)〈人〉を惑わす. **Are my éyes decéiving me?** [S] [驚きを表わして] 私の目の錯覚でしょうか. **decéive onesèlf** [動] [自] 思い違いをする, 真実から目をそらす: I ～*d myself into* think*ing* she would help me. 私は彼女が助けてくれるものと思い違いをした.

de·ceiv·er /dɪsíːvə | -və/ [名] [C] だます人, 詐欺師.

de·cel·er·ate /dɪsélərèɪt, dìː-/ [動] ([反] accelerate) [W] [自] (車(の運転手)・経済成長などが)減速する. ── [他] 〈…〉の速度を落とす.

de·cel·er·a·tion /dɪsèləréɪʃən, dìː-/ [名] ([反] acceleration) [U] 減速(度).

de·cel·er·a·tor /dìːsélərèɪtə | -tə/ [名] [C] 減速器.

‡**De·cem·ber** /dɪsémbə | -bə/ [名] (～s /~z/) [U,C] **12月** (《略》D., Dec.; ☞ month 表および [会話] 囲み): It begins to snow here *in* ～. ここでは12月に雪が降り出す / Christmas Day is (*on*) ～ 25. クリスマスは12月25日だ (December 25 は December (the) twenty-fifth と読む; ☞ ordinal number [文法] (2)) / Men are April when they woo, ～ when they wed. 男は言い寄るときは4月(のように暖かく), 結婚すると12月(のように冷たい)《シェークスピアのことば》.

⁺**de·cen·cy** /díːs(ə)nsi/ [名] (**-cen·cies**; [形] décent; [反] indecency) **1** [U] ちゃんと[きちんと]していること, 礼儀正しさ, 品位: an offense against (common) ～ 礼儀に反すること, 無作法 / have a sense of ～ 慎しみがある. **2** [the decencies として] (古風, 英) 礼儀, 作法. **for décency's sàke** [副] [文修飾語] 体裁上. **hàve the (cómmon) décency to dó** [動] …する礼儀をわきまえ(てい)る: She did not even *have the* (*common*) ～ *to* say "Excuse me." 彼女は「すみません」と言うだけのたしなみもなかった.

de·cen·ni·al /dɪséniəl/ [形] 10年間[ごと]の.

*__de·cent__ /díːs(ə)nt/ [T3] [形] ([名] décency; [反] indecent) **1** (身なり・ふるまいなどが)ちゃんとした, 礼儀にかなった, 見苦しくない; 適切な; (人・家系などが)きちんとした, まともな; [P] (略式) [普通は滑稽] ちゃんと服を着て: You must always keep yourself ～. いつでも身なりは見苦しくないようにしておきなさい / It is not ～ to make that sort of gesture in public. 人前でそういう身ぶりをするのは不作法なことです / a ～ family 相当な身分の

家 / Are you ～? 入ってもいいですか?《部屋に入る前などにちゃんと服を着ているかどうかドア越しでたずねる》.
2 [普通は P] (ことば・話などが)下品でない: He never tells stories that are not ～. 彼は決して下品な話はしない. **3** 結構な, まあまあの, 悪くない, 相応の (adequate); ～ a meal 結構な食事 / ～ wages 世間並みの賃金 / a ～ house なかなかの家. **4** 親切な, 気のいい: It's very ～ of you to help me. 手助けしていただいてどうもありがとう 《☞ of 12》. **be décent abóut ...** [動] 《主に英》...に思いやりがある. **dò the décent thíng** [動] 《自 (世間的にみて)しかるべきことをする, いさぎよい態度をとる.

dé·cent·ly 副 **1** ちゃんと, 礼儀正しく, 見苦しくなく; きちんと: You can't ～ ask her that. 彼女にそんなことを尋ねたら失礼になる. **2** 相当に. **3** 親切に.

de·cen·tral·i·za·tion /diːsèntrəlɪzéɪʃən | -laɪz-/ 名 ⓊⒸ 分散; 地方分権(化).

⁺**de·cen·tral·ize** /diːséntrəlàɪz/ 動 他〈権限・組織などを〉分散させる, 地方分権化する. ― 自 分散する.

de·cen·tral·ized /diːséntrəlàɪzd/ 形 分散した; 地方分権化した.

⁺**de·cep·tion** /dɪsépʃən/ 名 (動 decéive) Ⓤ だますこと, 欺瞞(ぎまん); ぺてん.

⁺**de·cep·tive** /dɪséptɪv/ 形 (動 decéive) 人を欺くような, 人を迷わす; 当てにならない, 見かけと中身が違う.

de·cép·tive·ly 副 欺くように, 偽って; 見かけと中身が違って: The problem looked ～ easy. その問題は一見易しそうに見えた(けれども難しかった).

de·cép·tive·ness 名 Ⓤ 人を欺くこと, 欺瞞(ぎまん).

dec·i- /désə/ 接頭 「10分の 1」を表わす 《☞ kilo-表》: *deci*liter デシリットル.

dec·i·bel /désəbèl/ 名 Ⓒ 《物理》デシベル《音の大きさの単位; 略 dB》.

***de·cide** /dɪsáɪd/ 動 (**de·cides** /-sáɪdz/; **de·cid·ed** /-dɪd/; **de·cid·ing** /-dɪŋ/; 名 decision, 形 decísive) 他 **1** 〈...しよう〉と**決心する**《☞ 類義語》: [言い換え] I ～ *d to* be a doctor. <V+to 不定詞> = I ～ *d that* I would be a doctor. <V+O (*that* 節)> 私は医者になろうと決心した / [言い換え] She ～ *d not to* rely on him. = She ～ *d that* she would not rely on him. 彼女は彼に頼るまいと決めた. **2** 〈...〉を**決定する**, 決める: We couldn't ～ *what to* [we should] do next. <V+O (*wh* 句[節])> 私たちは次に何をするか決めかねた / The committee informally ～ *d that* the match (*should*) be postponed. <V+O (*that* 節)> 委員会は試合を延期することを内定した《☞ should A 8》. **3** 〈...〉を**解決する** (settle), 判定する (judge); 〈物事が〉〈...〉を決める, 決定づける, 〈...〉に決着をつける: I cannot ～ this question. この問題は私には解決できない / A chance meeting ～ *d* my fate. 偶然の出会いで私の運命が決まった / Tom's home run ～ *d* the game. トムのホームランで試合にけりがついた. **4** 〈...〉と結論する, 判断する, 考える: He ～ *d that* what these people wanted was news from abroad. この人たちの求めるのは海外からのニュースなのだと彼は判断した. **5** (物事が)〈人〉に決心させる: That ～ *d* me to resign. それで私は辞職の決意をした / What ～ *d* you *against* it? なぜそうしないことに決めたのか.

― 自 **決定する**; 決心する: ～ for oneself 自分で決める / I ～ *d on* the red hat. <V+*on*+名・代> (考えた末に)私はその赤い帽子に決めた / She ～ *d on* marry*ing* Tom. <V+*on*+動名> 彼女はトムと結婚することに決めた / The government has not yet ～ *d on* its new policy. 政府はまだ新政策を決めていない / I have to ～ *between* the two plans. <V+*between*+名・代> 私は 2 つの計画のどちらに決めねばならない.

decíde agàinst ... [動] 他 (1) ...しないことに決める: [言い換え] I ～ *d* buying a new car. (=I ～ *d* not to buy a new car.) 新車は買わないことにした. (2) ...に不利な判定を下す. **decíde for [in fávor of] ...** [動] 他 ...に有利な判決[判定]を下す.

【類義語】 **decide** 討議・熟慮の末にきっぱりと決心すること. **determine** *decide* よりも固い決意で, 時にはしつようまでの決意を表わす. **resolve** 慎重に考慮した結果, 最後までやり通そうという固い決意を表わす格式ばった語. **make up one's mind** 口語の意味を表わすややくだけた表現で, いろいろ考えたうえで決心することを表わす.

de·cid·ed /dɪsáɪdɪd/ 形 (反 undecided) **1** Ⓐ はっきりした, 決定的な, 明確な; ～ difference [advantage] はっきりした相違[利点]. **2** 断固とした, 決意が固い: a ～ opinion 確固たる意見.

⁺**de·cid·ed·ly** /dɪsáɪdɪdli/ 副 (反 undecidedly) **1** はっきりと, 明白に: The results were ～ disappointing. 結果は明らかに期待はずれだった. **2** 《英》断固として: "I won't take your money," she said ～. 「そのお金は受け取れません」と彼女ははっきりと言った.

de·cid·er /dɪsáɪdə | -də/ 名 Ⓒ 《英略式》勝者決定戦; 決勝点[ゴール].

de·cid·ing /dɪsáɪdɪŋ/ 形 Ⓐ 決定的な: a ～ factor 決定的な要因 / the ～ vote 決定的な一票.

de·cid·u·ous /dɪsíʤuəs | -dju-/ 形 (反 evergreen) 【植】 〈樹木が〉落葉性の.

dec·i·li·ter, 《英》**-li·tre** /désəlìːtə | -tə/ 名 Ⓒ デシリットル (1 リットルの 10 分の 1; 略 dl.).

dec·i·mal /désəm(ə)l/ 形 10 進法の; 小数の: ～ currency 10 進法の通貨 / the ～ system 10 進法. 関連 duodecimal 12 進法の. **gò décimal** [動] 自 (通貨の) 10 進法を採用する. ― 名 Ⓒ 小数: a repeating [recurring] ～ 循環小数. 関連 integer 整数.

décimal fráction 名 Ⓒ 《数》=decimal.

dec·i·mal·i·za·tion /dèsəməlɪzéɪʃən | -laɪz-/ 名 Ⓤ 10 進法化.

dec·i·mal·ize /désəməlàɪz/ 動 他〈通貨制度など〉を 10 進法にする. ― 自 10 進法化する.

décimal pláce 名 Ⓒ 《数》小数位.

décimal pòint 名 Ⓒ 小数点.

⁺**dec·i·mate** /désəmèɪt/ 動 他 **1** [普通は受身で] (疫病・戦争などが)人口などの多くを殺す. **2** 《略式》〈組織・産業など〉に大打撃を与える, 〈...〉を激減させる.

dec·i·ma·tion /dèsəméɪʃən/ 名 Ⓤ 多数の殺害; 《略式》大被害, 激減 (*of*).

dec·i·me·ter, 《英》**-me·tre** /désəmìːtə | -tə/ 名 Ⓒ デシメートル (1 メートルの 10 分の 1; 略 dm.).

⁺**de·ci·pher** /dɪsáɪfə | -fə/ 動 (**-pher·ing** /-f(ə)rɪŋ/) 他〈暗号など〉を解読する; 〈文字など〉を判読する.

de·ci·pher·a·ble /dɪsáɪf(ə)rəbl/ 形 (反 indecipherable) 解読[判読]できる.

de·ci·pher·ment /dɪsáɪfəmənt | -fə-/ 名 Ⓤ 解読; 判読.

***de·ci·sion** /dɪsíʒən/ 名 (～s /-z/; de·cíde, 形 decísive; 反 indecision) **1** ⓊⒸ **決定(すること)**; 決心, 解決, 結論; 裁決, 判決: a big [major] ～ 重大な決断 / ～ by majority 多数決 / ～ by vote 票決 / It will take a long time to reach a ～ *on* [*about*] that matter. その問題の決着には長くかかりそうだ / Who made the final ～ *to* put off the meeting? <N+*to* 不定詞> 集会延期の最終決定をしたのはだれか《☞ to³ C (4) 補足》/ She reconsidered her ～ *not to* go abroad. 彼女は外国に行かないという決定を考え直した / It's not my ～. それは私が決める事ではない.

━━ コロケーション ━━
announce [《米》**hand down**] a *decision* 判決を言い渡す

438 decision-maker

> ┌come to [reach, arrive at] a *decision* 結論に達する
> make [《英》take] a *decision* 決定[決心]する
> overrule a *decision* 判定を破棄する
> reverse [overturn] a *decision* 判決をくつがえす

2 U 決断力, 果断: This feat required courage and ~. この偉業には勇気と決断力が必要だった. **3** U 《ボク》判定勝ち.

decision-màker 名 C 意思[政策]決定者.

*de·ci·sion-màk·ing /dɪsíʒənmèɪkɪŋ/ 名 U 意思決定, 政策[方針]決定: participate in ~ 政策決定に加わる.

*de·ci·sive /dɪsáɪsɪv/ 形 (動 decíde, 名 decísion, 反 indecísive) **1** 決定的な, 決め手となる: a ~ factor 決定的な要因 / a ~ battle 天下分け目の戦い / (the) ~ evidence 決定的な証拠 / play a ~ role in … …に決定的な役割を果たす.
2 断固とした, 決断力のある: take ~ action 断固とした行動をとる / a ~ answer きっぱりとした答え. **3** 疑う余地のない, 明白な: a ~ advantage 明らかな有利.
~·ly 副 決定的に, はっきりと; きっぱりと, 断固として. **~·ness** 名 U 決断力, 断固とした態度.

*deck /dék/ 名 (~s /-s/) C

> (船の板張りの覆い) →「甲板」**1**
> → (板張りの床) →「階」**2**
> → (台板) → (機器を支える台) → 「テープデッキ」**3**

1 (船の)デッキ, 甲板: the lower [upper] ~ 下[上]甲板 / the main ~ 主甲板 / Let's go up to the ~ for some air. デッキへ上って風に当たろう.
2 (2 階建て電車・バス・飛行機の)階: the bottom [lower] ~ (バスの) 1 階 / the top [upper] ~ of a bus バスの 2 階 / ⇨ flight deck. 関連 double-decker 2 階建てのバス.
3 テープデッキ《アンプとスピーカーのついていないテープレコーダー; ステレオに接続する》(tape deck); 《レコードプレーヤーの》デッキ《ターンテーブルとピックアップの載っている台》: a cassette (tape) ~ カセットデッキ. **4** 《主に米》トランプ 1 組 (52 枚) (《英》pack). **5** 《米》《家の裏から横につくられた》木製のテラス, 露台.

abòve [belòw] déck(s) 副 甲板の上[下]に[へ]. **Áll hánds on déck!** 全員ただちに仕事にかかれ. **cléar the décks** 動 自 《略式》活動の準備をする. 由来 戦闘準備のために余計な物や人を甲板から除く, の意から. **hít the déck** 動 自 《略式》地面に伏せる[倒れる]. **nót pláying [déaling] with a fúll déck** 形 《米略式》まともじゃない, 少々いかれている. **on déck** 副·形 (1) 甲板へ(出て): go up *on* ~ 上甲板へ出る. (2) 《主に米》《活動·当直の》用意ができて; 手もとに. (3) 《野》(次の打者として)待機して. 関連 on-deck circle 《野》ネクストバッターズサークル.

— 動 他 **1** [しばしば受身で] W 〈…〉を飾る, 装う, めかす (decorate): The streets were ~ed (out) with flags. 通りは旗で飾りつけられていた / He was ~ed out in his Sunday best. 彼は晴れ着で着飾っていた. **2** 《米俗》〈人〉をぶちのめす.

déck chàir 名 C デッキチェア《客船の甲板の上·庭園などで用いる折りたたみ式いす》.

-deck·er /dékə | -kə/ 名 [合成語で] …の階[層]の: a double-*decker* bus 2 階建てバス / a three-*decker* sandwich 3 段重ねのサンドイッチ.

déck hànd 名 C 《海》甲板員, (下級)船員.
deck·ing /dékɪŋ/ 名 U 《主に英》デッキの(上張り)用材.

déck òfficer 名 C 《海》航海士.
déck shòe 名 C [普通は複数形で] ズック靴.
de·claim /dɪkléɪm/ 動 《格式》[時に軽蔑] 他 〈詩文・ことばなど〉を大げさな調子で朗読する. — 自 大げさな調子でしゃべる (*against, about*).
dec·la·ma·tion /dèkləméɪʃən/ 名 U 《格式》大げさな朗読(法), 雄弁術; C 演説, 熱弁.
de·clam·a·to·ry /dɪklǽmətɔːri | -təri, -tri/ 形 《格式》朗読風の, 演説調の, 大げさな調子の.
de·clar·a·ble /dɪkléərəbl/ 形 《格式》(課税品として)申告すべき.

*dec·la·ra·tion /dèklərèɪʃən/ (類音 decoration) 名 C **1** 宣言, 発表, 布告; C (愛・信仰などの)表明: a ~ *of* war 宣戦布告.
2 C,U (税関や税務署での)**申告**: a ~ of income 収入の申告. **3** C 申告書; 宣言書: a customs ~ 税関の申告書. **the Declaration of Independence** 名 (米国の)独立宣言《1776 年 7 月 4 日英国から独立を宣言した; ⇨ American Revolution》.
the Univérsal [United Nátions] Declarátion of Húman Ríghts 名 世界人権宣言《1948 年国連で採択》.
de·clár·a·tive séntence /dɪklǽrətɪv-/ 名 C 《文法》平叙文.

> **文法** 平叙文
> 文を意味の上から分類した場合の一種で, ある事実を述べる文をいう. 疑問文 (⇨ interrogative sentence **文法**) に対する. <主部+述部> の語順をとり, 文の終わりは下降調 (⇨ つづり字と発音解説 93) で発音され, 書くときにはピリオドをつける: The weather was fine. 天気はすばらしかった / There's nothing to be done about it. それについてはどうしようもない / I don't know when he came to this country. 私は彼がいつこの国に来たのか知りません.

*de·clare /dɪkléə | -kléə/ 動 (**de·clares** /~z/; **de·clared** /~d/; **de·clar·ing** /-klé(ə)rɪŋ/; 名 dèclarátion) 他 **1** (規約・規定などに従って)〈…〉を**宣言する**, 布告[公表]する; 表明する ~ bankruptcy 破産を申し立てる / The nation ~d independence. その国は独立を宣言した / The king ~d war *on* [*against*] France. <V+O+*on* [*against*]+名・代> 王はフランスに対して宣戦布告した / He ~d his love *to* her. <V+O+*to*+名・代> 彼は彼女に愛を打ち明けた / Henry was ~d the winner of the match. <V+O+C の受身> ヘンリーが試合の勝者であると公表された / We ~ Jim Palmer elected. <V+O+C (過分)> ジム パーマー氏の当選となりました.

2 〈…だ〉と**断言する**, 言明する (affirm); 〈…〉を表わす, 示す 言い換え Mr. White ~d her story to be false. <V+O+C (*to* 不定詞)> =Mr. White ~d *that* her story was false. <V+O (*that* 節)> =Mr. White ~d her story was false. <V+O+C (形)> ホワイト氏は彼女の話はうそだと断定した.

3 税関で〈課税品〉の**申告**をする, 〈所得額など〉を**申告**し, 申し立てる: I have nothing to ~ but my genius. 申告するものは何もありません. 私の才能以外は. (《Oscar Wilde が言ったと伝えられる》).

> **会話** "Do you have anything to ~?" "No, (I have) nothing (to ~)." 「何か課税品がありますか」「いえ, 何もありません」

4 《トランプ》〈ある札〉を(切り札)宣言する: ~ trumps ⇨ trump 成句.

— 自 **1** 《英格式》宣言する; 断言する: The students ~d *against* war. 学生たちは戦争反対を宣言した / Mr. Smith ~d *for* our idea. スミスさんは私たちの考え

に賛成であるとはっきり言いました. **2** (...への)立候補を表明する(*for*). **3** 〘クリケ〙イニング切り上げを宣言する.
語源 ラテン語で「明らかにする」の意. -clare は clear と同語源.

declare onesèlf [動] 🈶 《格式》(1) 意見[方針]を述べる: ~ *oneself against* [*for, in favor of*] a policy 政策に反対[賛成]を表明する. (2) 身分を明かす: He ~*d* himself (*to be*) a member of that organization. 彼女はその組織の一員だと身分を明かした.

(Wéll,) I decláre! [感] Ⓢ 《古風》これは驚いた.

de·clared /dɪkléəd | -kléəd/ [形] Ⓐ **1** 宣言[公表]された; 公然と(...と)表明している(人): her ~ intention 彼女の公表された意図 / a ~ homosexual 自ら同性愛者だと公言している人. **2** 申告した.

de·clar·er /dɪklé(ə)rə | -rə/ [名] Ⓒ 〘トラ〙(特にブリッジの)ディクラァラー(この組札を切り札として宣言する人).

de·clas·si·fi·ca·tion /dìː klæsɪfɪkéɪʃən/ [名] Ⓤ 機密扱いの解除.

de·clas·si·fied /dìː klǽsəfàɪd/ [形] 〈書類など〉の機密扱いされた.

de·clas·si·fy /dìː klǽsəfàɪ/ [動] (**-si·fies**; **-si·fied**; **-fy·ing**) 🈶 〈書類など〉の機密扱いを解く.

de·claw /dìː klɔ́ː/ [動] 🈶 〈猫〉の爪を(手術で)抜く(飼い猫が家具などを傷つけないように行なう).

de·clen·sion /dɪklénʃən/ [名] Ⓤ 〘文法〙語形変化; Ⓒ 変化形(のタイプ).

文法 **語形変化**
名詞や代名詞の格・数・性による語形変化をいう(☞ inflection 文法).

---

dec·li·na·tion /dèklənéɪʃən/ [名] Ⓤ Ⓒ 〘物理〙(磁針の)偏差.

*de·cline /dɪkláɪn/ 12 [動] (**de·clines** /~z/; **de·clined** /~d/; **de·clin·ing**)

元来は「わきへそれる」の意.
→(申し入れに対して横を向く)→
　　　　　　　　→「断わる」🈯1, 🈶2
→(直線からはずれる)→(傾く, 下降する)
　　　　　　　　→「衰える」🈯1

── 🈯 **1** 低下する, 減少する; 〈力など〉衰える, 弱まる, 悪化する: Recently prices have begun to ~ a little. 近ごろは物価が少し下がり始めている / My health began to ~ in my early fifties. 50 代の初めに私の健康は衰え始めた.
2 《格式》(丁重に)断わる, 辞退する: She ~*d* when I invited her. 私が招待すると彼女は辞退した. **3** 〘文法〙(名詞・代名詞・形容詞が)語形変化 (declension) する.
── 🈶 **1** 《格式》〈...〉を(丁重に)断わる, 辞退する(☞ refuse¹ 表): He ~*d* my invitation. 彼は私の招待を辞退した / The chairman *to* answer personal questions. <V+O (*to* 不定詞)> 議長は個人的な質問に答えることを拒絶した. **2** 〘文法〙〈名詞・代名詞・形容詞〉を語形変化させる.
── [名] (~**s** /~z/) Ⓒ Ⓤ [しばしば a ~] **1** 低下, 下降; 減少: a ~ *in* prices 値下がり / a sharp [rapid] ~ *in* population 人口の急減.
2 衰え, 衰退(期): the ~ of the Roman Empire ローマ帝国の衰退.
be in declíne [動] 🈯 減少[衰退]している. **be òn the declíne** [動] 🈯 低下[減少]している; 衰えている. **fáll** [**gó**] **ìnto** (**a**) **declíne** [動] 🈯 衰弱[衰退]する.

de·clin·ing /dɪkláɪnɪŋ/ [形] Ⓐ 低下する; 衰える: ...'s ~ years ...の晩年.

de·cliv·i·ty /dɪklívəti/ [名] (**-i·ties**) Ⓒ 《格式》下り勾配(こうばい), 下り坂. (反) acclivity

---

decorate 439

de·clutch /dìː klʌ́tʃ/ [動] 🈯 (車の)クラッチを切る.

de·coc·tion /dɪkákʃən | -kɔ́k-/ [名] Ⓤ 《格式》せんじ汁[薬].

de·code /dìː kóʊd/ [動] 🈶 **1** 〈暗号文〉を普通文にする, 〈表現など〉を解読する(反 encode). **2** 〘電工〙〈電子信号〉をデコードする, 復号する.

de·cod·er /dìː kóʊdə | -də/ [名] Ⓒ (暗号などの)解読者[器]; (電子信号の)復号器, デコーダー.

dé·colle·tage, de·col·le·tage /deɪkàlətáːʒ | dèɪkɔ́l(ə)-/ 《フランス語から》[名] Ⓤ デコルタージュ(肩が露出するほど大きな襟ぐり(の婦人服)).

dé·colle·té, de·col·le·te /deɪkàlətéɪ | deɪkɔ́ltéɪ/ 《フランス語から》[形] 〈女性(服)が〉肩を露出した.

de·col·o·ni·za·tion /dìː kàlənaɪzéɪʃən | -kɔ̀lənaɪz-/ [名] Ⓤ 非植民地化, 植民地解放.

de·col·o·nize /dìː kálənàɪz | -kɔ́l-/ [動] 〈植民地〉を解放する.

de·com·mis·sion /dìː kəmíʃən/ [動] 🈶 〈核兵器・原子力炉など〉の使用を中止する, 廃棄する.

⁺**de·com·pose** /dìː kəmpóʊz/ [動] 🈯 腐敗する; 分解する(*into*). ── 🈶 〈...〉を腐敗させる; (成分に)分解する.

de·com·po·si·tion /dìː kàmpəzíʃən | -kɔ̀m-/ [名] Ⓤ 腐敗; 分解.

de·com·press /dìː kəmprés/ [動] 🈶 **1** 徐々に〈場所〉の気圧を減らす, 減圧する; 〈ダイバーなど〉を(水上にもどす前に)減圧させる. **2** 〘電算〙〈圧縮ファイル〉を解凍[復元]する. ── 🈯 (ダイバーなどが)減圧する; (場所が)気圧が下がる.

de·com·pres·sion /dìː kəmpréʃən/ [名] Ⓤ 減圧; 〘電算〙(圧縮ファイルの)解凍[復元].

decompréssion chàmber [名] Ⓒ 減圧室.

decompréssion sìckness [名] Ⓤ 減圧症.

de·con·ges·tant /dìː kəndʒéstənt/ [名] Ⓒ Ⓤ 〘医〙鼻づまり治療薬. ── [形] 鼻づまりを緩和する.

⁺**de·con·struct** /dìː kənstrʌ́kt/ [動] 🈶 〈...〉を解体する; 〘文学〙〈テキストなど〉に脱構築理論を応用する.

de·con·struc·tion /dìː kənstrʌ́kʃən/ [名] Ⓤ 〘文学〙脱構築, 分析批判(1960 年代におこった批評理論; テキストには固定した一つの意味があるのではなく, 読むたびに意味を作り出されるとして読み手の役割を強調する).

de·con·struc·tion·is·m /dìː kənstrʌ́kʃənìzm/ [名] Ⓤ 〘文学〙脱構築理論.

de·con·struc·tion·ist /dìː kənstrʌ́kʃ(ə)nɪst/ [名] Ⓒ, [形] 〘文学〙脱構築(の理論家).

de·con·tam·i·nate /dìː kəntǽmənèɪt/ [動] 🈶 〈...〉の汚染を取り除く, 〈...〉を浄化する.

de·con·tam·i·na·tion /dìː kəntæmənéɪʃən/ [名] Ⓤ 汚染の除去, 浄化.

de·con·trol /dìː kəntróʊl/ [動] (**-con·trols**; **-con·trolled**; **-trol·ling**) 🈶 〈...〉の統制を解除[撤廃]する. ── [名] Ⓤ 統制解除[撤廃].

de·cor, dé·cor /deɪkɔ́ə | déɪkɔː/ 《フランス語から》[名] Ⓒ Ⓤ (室内)装飾; 舞台装置.

***dec·o·rate** /dékərèɪt/ 12 [動] (**-o·rates** /-rèɪts/; **-o·rat·ed** /-tɪd/; **-o·rat·ing** /-tɪŋ/; 名 décorátion, 形 décorative) 🈶 **1** 〈場所・物〉を飾る, 〈...〉に飾りをつける, 装飾する; 《類義語》: Landscapes ~*d* the walls of his room. 彼の部屋の壁には風景画が飾ってあった / The children ~*d* their room *with* balloons. <V+O+*with*+名・代> 子供たちは風船で部屋を飾った. **2** 《主に英》〈家など〉の内装[外装]をする. **3** [普通は受身で] 〈人〉に〈勲章〉を授ける (*with*): He was ~*d for* his brave act. 彼は勇敢な行ないで勲章をもらった. ── [動] 《主に英》〈家などの〉内装[外装]をする.
《類義語》 **decorate** 主として家・場所を特定の目的(祝賀などのために飾ること. **adorn** 《格式》本来美しい人などをさらに品

440 decoration

よくすること. **ornament** 特に装飾のために外観を立派に飾ること.

*dec·o·ra·tion /dèkəréɪʃən/ (題音 declaration) 名 (~s /-z/; 動 décorate) 1 C [しばしば複数形で] 装飾品: Christmas tree ~s クリスマスツリーの飾り. 2 U 装飾, 飾りつけ; interior ~ 室内装飾. 3 C,U (英) (家)の内装, 外装. 4 C 勲章, メダル.

Decoration Dày 名 (米) =Memorial Day.

*dec·o·ra·tive /dék(ə)rəṭɪv/ 形 (動 décorate) 装飾用の, 飾りになる: a photo in a ~ frame 装飾用のフレームに入った写真 / ~ arts 装飾芸術, 美術工芸品. ~·ly 副 装飾的に.

*dec·o·ra·tor /dékərèɪṭɚ | -tə/ 名 C 1 (米) 室内装飾家(業者). 2 (英) (家)の内装外装業者.

dec·o·rous /dék(ə)rəs, dikɔ́ːrəs/ 形 (反 indecorous) (格式) (外見・ふるまいが)礼儀正しい; 気品のある, 端正な. ~·ly 副 礼儀正しく; 端正に.

de·co·rum /dikɔ́ːrəm/ 名 (反 indecorum) U (格式) 礼儀正しいこと.

de·cou·page, dé·cou·page /dèɪkuːpɑ́ːʒ/ 《フランス語から》名 U,C デクパージュ《紙の切り抜きで作る貼り絵の技法》.

de·cou·ple /diːkʌ́pl/ 動 他 (格式) (組織・観念など)を分離する, 切り離す (from).

+**de·coy**¹ /díːkɔɪ, dikɔ́ɪ/ 名 C (犯罪捜査・戦闘などの) おとり役; (鳥)をおびき寄せるおとり, デコイ(生きているまたは(装飾にも用いられる)模型の鳥).

de·coy² /dikɔ́ɪ/ 動 他 (...)をおとりで誘う (into).

*de·crease¹ /dìkríːs, díːkriːs/ ★ 名詞の decrease² とのアクセントの傾向の違いに注意. T1 動 (de·creas·es /-ɪz/; de·creased /-t/; de·creas·ing) 名 (反 décrease²; increase¹)

─ 自 他 の転換 ─
(自) 減る (to become smaller in number or amount)
(他) 減らす (to make (something) smaller in number or amount)

─ 自 (数・量などが)減る, 少なくなる, 減少する; (力)が弱まる (from); 言い換え Accidents have ~d in number. <V+in+名> =The number of accidents has ~d. 事故の数が減った / The factory's output ~d to half that of the previous year. <V+to+名> 工場の生産高は前年の半分に減少した / The population of that village ~s (by) five percent every year. <V+(by)+名> その村の人口は毎年5パーセントずつ減っていく.

─ 他 (数・量)を減らす, 減少させる; (力)を弱める: He ~d the speed of his car. 彼は車のスピードを落とした / This medicine will ~ your pain. この薬を飲めば痛みは軽くなるだろう.

*de·crease² /díːkriːs, díkriːs/ ★ 動詞の decrease¹ とのアクセントの傾向の違いに注意. 名 (de·creas·es /-ɪz/; décrease¹; 反 increase²) U,C 減少, 縮小; C 減少量: the rate of ~ 減少率 / There has been a 5 percent ~ [a ~ of 5 percent] in my income from the previous year. 前年に比べて私の収入が5パーセント減少した. **be òn the décrease** [動] 自 次第に減少している.

de·creas·ing /dikríːsɪŋ/ 形 (反 increasing) 減少している, 次第に少なくなっていく. ~·ly 副 次第に.

*de·cree /dikríː/ 名 (~s /-z/) C 1 法令, 政令, 布告: issue [revoke] a ~ 布告を発する[取り消す] / The King's birthday was made a holiday by ~. 国王の誕生日は法令により祭日になった. 2 (裁判所の)判決. ─ 動 他 (法令によって)(...)を命ずる, 布告する; (...)と判決する: The judge ~d that the compensa-

tion (should) be paid immediately. 裁判官は補償金を直ちに支払うように命じた (⇨ should A 8).

decrée ábsolute 名 C (英法) 離婚(確定)判決.

decrée ní·si /-náɪsaɪ/ 名 C (複 **decrees nisi**) (英法) 離婚(仮)判決.

dec·re·ment /dékrəmənt/ 名 C,U 減少(量).

de·crep·it /dikrépɪt/ 形 老いぼれの; 老朽化した.

de·crep·i·tude /dikrépət(j)uːd | -tjuːd/ 名 U (格式) 老いぼれ(の状態), もうろく; 老朽.

de·cres·cen·do /dìːkrəʃéndoʊ, dèɪ-/ 形, 副, 名 (~s) C =diminuendo.

de·crim·i·nal·i·za·tion /dìːkrɪmənəlɪzéɪʃən | -laɪz-/ 名 U 非犯罪化, 解禁.

de·crim·i·nal·ize /dìːkrímənəlàɪz/ 動 他 (...)を犯罪の枠からはずし, 解禁する.

de·cry /dikráɪ/ 動 (**de·cries**; **de·cried**; **-cry·ing**) 他 (格式) (...)を非難する; けなす (as).

de·crypt /dìːkrípt/ 動 他 (暗号)を解読する.

de·cryp·tion /dìːkrípʃən/ 名 U 暗号解読.

*ded·i·cate /dédɪkèɪt/ (題音 delicate) 動 (-i·cates /-kèts/; -i·cat·ed /-ṭɪd/; -i·cat·ing /-ṭɪŋ/; 名 dèdi·cátion) 1 (主義・目的などのために)(...)をささげる; (余暇など)をそそぎ込む; (紙面・時間など)をさく: She has ~d her life [herself] to helping poor people. <V+O+to+動名> 彼女は一生を貧しい人(の救済)にささげた / I ~d my spare time to this work. 余暇はこの仕事に専念した. 2 (...)を奉納する, (人を記念して)(...)の落成式などを行う: The king ~d the cathedral to God. 王は大寺院を神に奉納した. 3 <著書・音楽などを献呈する: D~d to Professor Smith スミス教授にささぐ《本の扉に書くことば》.

*ded·i·cat·ed /dédɪkèɪṭɪd/ 形 1 (活動などに)打ち込んでいる, 献身的な, 熱心な (committed): a ~ teacher 熱心な先生 / She is ~ to her job. <A+to+名·代> 彼女は仕事に打ち込んでいる. 2 A 特定の目的のための; (電算) 専用の: a ~ telephone line 専用電話線. ~·ly 副 打ち込んで, 献身的に.

ded·i·ca·tion /dèdɪkéɪʃən/ 名 (動 dédicàte) 1 U (ほめて) 献身, 奉仕(の精神): show great ~ to duty 職務に対する多大な献身ぶりを見せる. 2 C (書物・曲などの)献呈のことば, 献辞. 3 C 奉納式, 落成式. 4 U,C 奉納; 献呈. **hàve the dedicátion to dó** [動] 他 献身的に...する.

+**de·duce** /didjúːs | -djúːs/ 動 他 (格式) (...)を[と]推論する, 演繹(ぎん)する (that): What can we ~ from these facts? これらの事実から何を推論できるか.

de·duc·i·ble /dɪd(j)úːsəbl | -djúː-/ 形 (格式) 演繹(ぎん)[推論]できる.

*de·duct /dɪdʌ́kt/ 動 (de·ducts /-dʌ́kts/; -duct·ed /-ṭɪd/; -duct·ing) 他 (...)を控除する, 差し引く: The manager ~ed 15% from our salaries. <V+O+from+名·代> 支配人は我々の給料から1割5分を差し引いた.

de·duct·i·ble /dɪdʌ́ktəbl/ 形 控除できる; (米) 税の控除がきく (⇨ tax-deductible). ─ 名 C (米) 控除可能なもの; (保) 控除金額(被保険者の負担額)).

*de·duc·tion /dɪdʌ́kʃən/ 名 (~s /-z/; 反 induction) 1 U,C 控除, 差し引き; C 控除額 (from): get [receive] a tax ~ 税の控除を受ける. 2 U,C [論] 演繹(ぎん) (法) (一般的な原理から個々の場合を推論すること): make a ~ **about** ... ...について推論する.

de·duc·tive /dɪdʌ́ktɪv/ 形 (反 inductive) [論] 演繹的な; 推論的な.

*deed /díːd/ 名 (**deeds** /díːdz/) C 1 (文) (意図的な)行ない, 行為 (act); 実行: do a good ~ 立派な行為

をする / A man of words and not of ~s, is like a garden full of weeds. ことばだけで実行のない人は雑草だらけの庭のようだ《《英国の童謡集 Mother Goose's Melodies のことば》. **2** 〖法〗〖英〗ではしばしば複数形で〗証書〔正式に記名捺印(なついん)したもの〕. **a déed of cóvenant** [名]〖英〗〖法〗〖慈善団体などへの支払いの〕約款捺印証書. **do the dírty déed** [動]〖滑稽〗いやらしい事〔セックス〕をする. **one's góod déed for the dáy** [名]〖滑稽〗一日一善.
— [動] [他]《米》證書を作って〔財産を〕譲渡する.
[語源] 古(期)英語では do² と同語源; ⇨ indeed [語源].
déed póll [名] [単数形で]《英》平型捺印証書〔特に改名のときに用いる〕.
dee·jay /díːdʒèɪ/ [名] [C]《略式》= disc jockey.
***deem** /díːm/ (**deems** /~z/; **deemed** /~d/; **deem·ing**) [他] [進行形なし] 〖格式〗〈…を(─だと)〉みなす, 思う; [言い換え] He ~*ed that* it would be wise to accept the offer. <V+O (*that* 節)>=He ~*ed it* wise *to* accept the offer. <V+O+C (形)> 彼は申し出を受けるのが賢明だと考えた. [語法] 後の文の it is to 以下を受ける形式目的語.

de-em·pha·sis /diːémfəsɪs/ [名] [C] 非強調.
de-em·pha·size /diːémfəsàɪz/ [動] [他]〈…〉をこれまでほど重視〔強調〕しない.

***deep** /díːp/ [形] (**deep·er**; **deep·est**; [名] depth, [動] deepen) **1** **深い**(反 shallow); 奥深い; (…の)深い〔奥まった所にある〕: a ~ river 深い川 / I dug a ~ hole. 私は深い穴を掘った / The water is ~*est* here. (川などの)水はここがいちばん深い / The street was ~ *in* snow. その通りは雪がたくさん積もっていた / They were ~ *in* the forest. 彼らは森の奥深くに入りこんでいた.
2 〖深さが…で〗奥行きが…; 横─列になった: How ~ is the lake? その湖の深さはどのくらいか / The pond is four feet ~. その池は深さが4フィートある / a bookshelf 120 cm wide, 180 cm high and 30 cm ~ 幅 120 センチ, 高さ 180 センチ, 奥行き 30 センチの本棚 / stand two [three] ~ 横 2[3]列になって立つ.
3 (感情などが)**心の底からの**, 深い(intense); (目つきなどが)真剣な; (おじぎなどが)深々とした: a ~ interest in this project この企画への深い興味 / They expressed their ~*est* sorrow at her death. 彼らは彼女の死に対して心から哀悼(ない)の意を表した.
4 (色などが), (眠り・息・傷などが)深い; (声・音が)低い(low): The color of this flower is a little ~*er* than pink. この花の色はピンクより少し濃い / He fell into a ~ sleep. 彼は深い眠りに落ちた / Your wound is not so ~. 君の傷はそんなに深くはない.
5 [P] 深くはまり込んだ〔で〕, 没頭して (absorbed): She is now ~ *in* study [thought]. <A+*in*+名> 彼女は今勉強に夢中になっている〔もの思いにふけっている〕/ The business is ~ *in* debt. その店は借金で首が回らなくなっている. **6** (問題・悩みなどが)深刻な, 重大な: He is in ~ trouble. 彼は大変困ったことになっている. **7** 〖普通は [A]〗(考えなどが)深い, 深遠な; 理解しがたい, 難解な, 秘密の; 隠したがる, 秘密主義の; 腹黒い: a ~ thinker 物事を深く考える人 / a ~ one 腹黒いやつ. **8** 〖スポ〗(バスなどが)遠い, 長い.
— [副] (**deep·er**; **deep·est**) **1** **深く**; 奥深く: He was buried *deep*. 彼は地中深く埋められた / Dig a little ~*er*. もう少し深く掘れ / She looked ~ into his eyes. 彼女は彼の目をじっと見つめた. **2** (夜など)ずっと遅くまで. **déep dówn** [副] ずっと深く, 奥深く; 心の底では (外見とは異なり)実際は; 根は: He seems very strict, but ~ *down* he is warmhearted. 彼はとても厳しそうに見えるが, 根は温かい. **gò [rún] déep** [動] (自) (態度・信条などが)深く及ぶ; (憎しみなどが)深く根ざしている. — [名] [the ~] 〖詩〗海 (sea). **be in déep** [動] (自) 《略式》深くかかわっている. **in the déep of**

def 441

... [前] …の最中に.
-deep /díːp/ [形] [合成語で] …の深さまでつかって: ankle-*deep* in water 水にくるぶしまでつかって.
déep-dìsh [形]《主に米》深皿状の: ~ pie [pizza] 深皿型で焼いたパイ〔ピザ〕〔具がたくさん入る〕.
***deep·en** /díːp(ə)n/ [動] (**deep·ens** /~z/; **deep·ened** /~d/; **-en·ing**; [形] deep) **1** (事態などが)深刻化する: the ~*ing* crisis 深まる危機. **2** (感情・関係・知識・理解などが)深まる: The mystery ~*ed*. なぞが深まった. **3** (色などが)濃くなる; (音などが)低くなる: The color of the autumn leaves ~*ed* overnight. 一夜で秋の木の葉の色は深まった. — [他] **1** 〈感情・知識など〉を深める: The movie ~*ed* our understanding of Canada. その映画は私たちのカナダに対する理解を深めた. **2** 〈色など〉を濃くする; 〈音など〉を低くする.

déep frééze [名] **1** [C] (食品)冷凍庫 (freezer)〔元来は商標; ⇨ kitchen 挿絵〕. [U] 冷凍貯蔵. **2** [C] 強い寒気. **in a [the] déep frééze** [形] (1) (作業などが)中断されて. (2) (国交が)ほぼ断絶されて.
déep-frééze [動] (**-freez·es**; 過去 **-froze** /-fróʊz/; 過分 **-fro·zen** /-fróʊz(ə)n/; **-freez·ing**) [他] 〈食べ物〉を急速冷凍する; 冷凍貯蔵する.
déep-frý [動] (**-fries**, **-fried**; **-fry·ing**) [他] 〖料理〗〈魚・肉〉を油で揚げる, フライにする (⇨ cooking 囲み, fry¹ [日英比較]).
déep frýer [名] [C]《米》揚げ物用深なべ.
déep-láid [形] (陰謀などが)ひそかで巧妙〔周到〕な.
***deep·ly** /díːpli/ [副] **1** (比喩的に)**深く**, 非常に, ひどく; 心(の底)から; 真剣に: Betty loves Tom ~. ベティーはトムを非常に愛している / I was ~ impressed with her beauty. 私は彼女の美しさに深い印象を受けた. **2** (具体的・物理的に)深く. [語法] この意味では deep のほうが普通. **3** (眠り・息などが)深く.
déeply héld [形] (信念などが)確固たる, ゆるがない.
déeply róoted [形] = deep-rooted.
déep·ness [名] [U] **1** 深さ, 深度; (色の)濃さ; (声・音の)低さ. **2** 深遠.
déep pán [形] (ピザの)生地の厚い.
déep pócket [名] [C] [普通は複数形で]《米略式》豊富な資金.
déep-póck·et·ed /-púkɪtɪd | -pók-/ [形]《米略式》(資金が)豊富な.
déep-róot·ed [形] [普通は [A]] (感情・偏見などが)深く根ざした, 根深い; (習慣・信念などが)根強い.
déep-séa [形] [A] 深海の; 遠洋の: ~ fish 深海魚 / ~ diving 沖でのダイビング.
†**déep-séated** [形] = deep-rooted.
déep-sét [形] [普通は [A]] (目が)深くくぼんだ.
déep-sìx [動] [他]《米略式》〈計画など〉を廃棄〔断念〕する.
Déep Sóuth [名] [the ~]《米》深南部〔Georgia, Alabama, Mississippi, Louisiana, South Carolina の諸州〕.
déep spáce [名] [U] = outer space.
déep strúcture [名] [U,C] 〖言〗深層構造.
déep thróat [名] [C]《米略式》内部告発者.
déep vèin thrombósis [名] [U,C] 〖医〗= economy-class syndrome.
***deer** /díə | díə/ (同音 dear) [名] (複 ~) [C] 鹿.
[語源] 古(期)英語では「動物」の意 (⇨ meat [語源] および表). [関連] stag, buck 雄鹿 / hind, doe 雌鹿 / fawn 子鹿 / venison 鹿肉.
déer·skìn [名] [U] 鹿皮(がわ) (上着用).
déer·stàlker [名] [C] 鳥打ち帽〔前後につばがある〕.
de-es·ca·late /diːéskəlèɪt/ [動] [他] 〈…〉の規模などを(段階的に)縮小する. — [自] 縮小する.
de-es·ca·la·tion /diːèskəléɪʃən/ [名] [U] 縮小.
def /déf/ [形]《米俗》すてきな, すごくいい.

def. 略 =defeated, definite, definition.

de·face /dɪféɪs/ 動 他 ⟨…⟩の外観[表面]を損なう.

de·face·ment /dɪféɪsmənt/ 名 U 外観損傷.

†**de fac·to** /diː fæktoʊ, deɪ-/ ⟪ラテン語⟫から⟩⟨格式⟩ 形 A 事実上の (☞ de jure, ipso facto): a ~ government 事実上の政府. ― 副 事実上.

de·fal·cate /dɪfǽlkeɪt | diːfælkeɪt/ 動 自 ⟨法⟩ 委託金を不正に使用する[使い込む].

def·a·ma·tion /dèfəméɪʃən/ 名 U ⟨格式⟩ 中傷, 名誉毀損($\overline{\text{き}}$). **defamátion of cháracter** [名] ⟨法⟩ 名誉毀損.

de·fam·a·to·ry /dɪfǽmətɔːri | -təri, -tri/ 形 ⟨格式⟩中傷的な, 名誉毀損の.

de·fame /dɪféɪm/ 動 他 ⟨格式⟩⟨…⟩を中傷する, ⟨…⟩の名誉を毀損($\overline{\text{き}}$)する.

de·fang /diːfǽŋ/ 動 他 ⟨蛇⟩の牙を抜く; 無害化する.

de·fat /diːfǽt/ 動 他 ⟨…⟩から脂肪を除く, 脱脂する.

***de·fault** /dɪfɔ́ːlt/ 名 /-fɔ́ːlts/ 1 U,C ⟪主に法⟫ ⟨債務などの⟩不履行, ⟨料金などの⟩滞納, ⟨義務・職務などの⟩怠慢; ⟨法廷への⟩欠席: be *in* ~ 義務[債務]不履行である / D~*s on* loans are increasing. ローンの支払い不履行が増加している. **2** U ⟨格式⟩ ⟨競技の⟩欠場, 不参加. **3** U,C ⟪普通は単数形で⟫ ⟨電算⟩ デフォルト, 初期状態[値] ⟨特別な指定をしない場合のシステムの選択[動き]方⟩, ⟨一般に⟩既定事項 ⟨特別な変更が加わらない限りそのまま生じること⟩; [形容詞的に] デフォルトの, 既定の: a computer's ~ configuration コンピューターの初期設定. **by default** ⟨1⟩反対がないために; 積極的に行動[選択]しないで. ⟨2⟩⟨電算⟩ デフォルトで. **in default of ...** [前] ⟨格式⟩ …がないで. lóse [wín] ~ **by defáult** ⟨動⟩ ⟨…⟩を不戦敗[勝]となる. ― 動 ⟨格式⟩ 義務を怠る ⟨料金などを⟩滞納する (*on*); ⟨試合などに⟩欠場する; ⟨法廷に⟩欠席する. **default to ...** [動] 他 ⟨電算⟩ …を初期状態とする, ⟨既定のもの⟩に戻る.

de·fault·er /dɪfɔ́ːltə | -tə/ 名 C 滞納者, 契約[債務]不履行者; ⟨試合への⟩欠場者; 裁判欠席者.

***de·feat** /dɪfíːt/ 動 /-fíːts/ 名 U,C **1** 打ち負かされること, 負け, 敗北 ⟨反 victory⟩; 打ち負かすこと, 打破, 打倒: We celebrated our team's ~ *of* last year's champions. 私たちはわがチームが昨年の優勝チームを負かしたことを祝った.

― コロケーション ―
accept [**admit, concede**] *defeat* 敗北を認める
inflict (a) *defeat on* ... …を打ち破る
invite *defeat* 敗北を招く
meet [**suffer**] (a) *defeat* 敗北する

2 失敗; 挫折: The failure of Congress to act was a ~ for environmentalists. 国会が動かなかったことは環境保護団体の人にとって挫折となった.
― 動 ⟨de·feats /-fíːts/; -feat·ed /-tɪd/; -feat·ing /-tɪŋ/⟩ 他 **1** ⟨試合・戦いで⟩⟨…⟩を負かす, 打ち破る ⟨☞ 類義語⟩: England ~ed France *at* football. <V+O+*at*+名・代⟩ イングランドはサッカーでフランスを破った / Our team ~ed them (*by*) 3-0 [⟨米⟩ three to nothing, ⟨英⟩ three-nil]. うちのチームは彼らに 3 対 0 で勝った / ⟨言い換え⟩ Napoleon *was* ~ed at Waterloo. <V+O の受身⟩ (=Napoleon suffered (a) defeat at Waterloo.) ナポレオンはワーテルローで敗れた. **2** ⟨動議など⟩を否決する; ⟨計画・希望⟩をくじく; ⟨目的・意図⟩に反する: Their lack of understanding ~ed his plan. 彼らの理解不足で彼の計画は挫折した. **3** ⟨問題など⟩が⟨人⟩を当惑させる: The difficult math problem ~ed me. 難しい数学の問題に私は参った.
【類義語】 **defeat** 単に打ち負かすことを意味し, その勝利は

時的なものであるか, 永続的なものであるかについては関係がない. それに対して **conquer** は大がかりで, しかも永続的な勝利を意味する: Tanks and planes may *defeat* the troops but they cannot *conquer* the people. 戦車や飛行機は軍隊を打ち破ることはできようが, 国民を(いつまでも)征服することはできない. **beat** は *defeat* と同じ意味で競争などについて用いることが多く, くだけた言い方. **overcome** やや格式ばった語で, 勇気や忍耐力によって敵や困難などを征服すること.

de·feat·ism /dɪfíːtɪzm/ 名 U 敗北主義.

de·feat·ist /dɪfíːtɪst/ 名 C 敗北主義者.
― 形 敗北主義(者)の.

def·e·cate /défɪkeɪt/ 動 自 ⟨格式⟩ 排便する.

def·e·ca·tion /dèfɪkéɪʃən/ 名 U ⟨格式⟩ 排便.

***de·fect**[1] /díːfekt, dɪfékt/ 13 名 ⟨de·fects /díːfekts, dɪfékts/; defective⟩ C 欠陥, 欠点 (fault); 弱点 (weakness); 不完全な部分: have 「a hearing ~ [a ~ in one's hearing] 耳が悪い.

de·fect[2] /dɪfékt/ 動 自 ⟨組織から⟩離反[脱落]する (*from*), ⟨離反して⟩相手側に走る; 亡命する (*to*).

de·fec·tion /dɪfékʃən/ 名 U,C 離反, 脱党, 脱会; 亡命 (*from*).

†**de·fec·tive** /dɪféktɪv/ 形 (名 défect[1]) **1** 欠陥[欠点]のある, 不完全な; 欠けたところのある (*in*); ― cars 欠陥車 / This film will be replaced if ~ *in* manufacture. このフィルムにもし製造上の欠陥があればお取り替えいたします. **2** ⟨文法⟩ ⟨語⟩が活用形の一部を欠く: a ~ verb 欠如動詞 ⟨語形変化の不完全な動詞・助動詞; can, must など⟩. **~·ly** 副 不完全に. **~·ness** 名 U 欠陥のあること, 不完全.

†**de·fec·tor** /dɪféktə | -tə/ 名 C 離反者; 亡命者.

***de·fence** /dɪféns/ 名 ⟨英⟩ =defense.

***de·fend** /dɪfénd/ 動 /-fend·ed /~ɪd/; -fend·ing/ ⟨名 defénse, 形 defénsive⟩ 他 **1** ⟨危険・攻撃から⟩⟨…⟩を守る, 防ぐ (*from*) ⟨反 attack⟩ ⟨☞ 類義語⟩: The soldiers ~ed the border. 兵士たちは国境線を守った / We must ~ our constitution. 我々は憲法を守らねばならない / They ~ed their country *against* the invaders. <V+O+*against*+名・代⟩ 彼らは外敵から国を守った.
2 ⟨…⟩を弁護する ⟨反 accuse⟩; ⟨権利⟩を擁護する: I will ~ you in court. 法廷で君を弁護してやろう / He could not ~ his opinion. 彼は自分の意見を弁護できなかった. **3** ⟨スポ⟩⟨ゴールなど⟩を守る (*against*); ⟨タイトルなど⟩を防衛する: ~ a title タイトルを守る / a ~ing champion タイトル防衛者. ― 自 **1** 弁護人として弁護する. **2** ⟨スポ⟩ 守る ⟨反 attack⟩. **defénd onesélf** [動] 自 身を守る, 自己防衛する (*against*).
【類義語】 **defend** 現実に攻撃してくるものに対して積極的に対抗して払いのけること. **guard** 安全を保つために常に警戒・監視すること. **protect** 危険を防ぐために防御に役立つものを用いてかばって守ること.

†**de·fen·dant** /dɪféndənt/ 名 ⟨反 plaintiff⟩ C ⟨法⟩ 被告.

†**de·fend·er** /dɪféndə | -də/ 名 C **1** ⟨スポ⟩ ディフェンダー; ⟨選手権保持者; ☞ challenger⟩ 選手権挑戦者. **2** 防御者, 弁護者 (*of*). **the Defénder of the Fáith** [名] 信仰の擁護者 ⟨Henry 8 世以後の英国王の伝統的称号⟩.

***de·fense, ⟨英⟩ de·fence** /dɪféns/ 名 ⟨de·fens·es, ⟨英⟩ de·fenc·es /-ɪz/; 動 defénd⟩ **1** U 防御, 防衛, 守り ⟨反 attack, offense⟩; 防備: national ~ 国防 / the Department [Secretary] of D~ ⟨米⟩ 国防総省[長官] (☞ department 表) / the Ministry of D~ ⟨英⟩ 国防省.
2 C,U ⟪しばしば複数形で⟫ 防御物, 防御手段[方法, 能力]; C 身を守る支え[行動] (☞ fence 語源): A line

of trees is a good ~ ***against*** the wind. 並木はよい風よけになる / His body had no ~(s) *against* the disease. 彼の体は病気に対して抵抗力がなかった. **3** ⓒ [普通は単数形で] (被告の)**弁護**, 弁明; 抗弁 (*against*): He made no ~ *of* his actions. 彼は自分の行動について全く弁明をしなかった. **4** [the ~; (英)単数または複数扱い][法]被告側(全体, ⓒ collective noun 文法]) (反 prosecution). **5** Ⓤ [スポ]守備; ⓒ [普通は the ~; (英)単数または複数扱い][スポ]守備側, ディフェンス(全体) (反 (米) offense, (英) attack): play (米) on [(英) in] ~ ディフェンスをする / Our football team has a strong ~. 私たちのフットボールチームは守備が強い. 語法 この意味で offense と対照させるときは(米)ではしばしば /díːfens/ と発音される (☞ offense 4 語法). **6** ⓒ [スポ](タイトルなどの)防衛戦.

cóme to ...'s **defénse** [動] ...を守る, かばう.

in defénse of ... = **in** ...'s **defénse** [前] ...を守るために; ...を弁護して: fight in ~ *of* liberty 自由を守るために戦う / speak in ...'s ~ ...を弁護する.

defénse·less, (英) **defénce·less** 形 防御できない, 弱い (*against*); 無防備の. **~·ness** 名 Ⓤ 無防備.

defénse·man /-mən/ 名 (-men /-mən/) ⓒ (米) [スポ]防御区域[位置]の選手.

defénse mèchanism 名 Ⓒ [生]防衛機構. [心]防衛機制[反応].

de·fen·si·ble /dɪfénsəbl/ 形 (反 indefensible) (場所が)防御できる; (意見・行動などが)弁護できる, 正当性のある. **-si·bly** /-bli/ 副 弁護できる形で, 正当に.

*de·fen·sive /dɪfénsɪv/ 形 (動 defénd) **1** (反 offensive, aggressive) **1** 防御的な, 防備の, 自衛上の: ~ weapons 防衛兵器. **2** (人などが)防衛的な; (むきになって)弁解する: He was very ~ *about* the deficits accumulated during his term of office. 彼は在任中の赤字について弁解した. **3** (米)[スポ]守備側の. ─ 名 [次の成句で] **on the defénsive** [形・副]防御態勢をとって, 守勢で; (批判などに対し)自己弁護[弁解]をして, 保身をして: Mention of his name put her *on the* ~. 彼の名前が出ると彼女は言いわけがましいことを言い始めた. **-ly** 副 防御的に, 守備上; 弁解的に. **~·ness** 名 Ⓤ 弁解的なこと.

+**de·fer**[1] /dɪfə́ː | -fə́ː/ 動 (**de·fers**; **de·ferred**; -**fer·ring** /-fə́ːrɪŋ | -fə́ːr-/) 他 **1** (格式)⟨...⟩を延ばす, 延期する (*to, until*). **2** (米)⟨...⟩の兵役を猶予する.

+**de·fer**[2] /dɪfə́ː | -fə́ː/ 動 (**de·fers**, **de·ferred**; -**fer·ring** /-fə́ːrɪŋ | -fə́ːr-/) 自 (格式)(敬意を表して)⟨...⟩の意見に)従う (*to*).

+**def·er·ence** /déf(ə)rəns/ 名 Ⓤ Ⓦ (格式)敬意, 尊敬: They treated the guests *with* due ~. 彼らは客を丁重に扱った. **in [òut of] déference to ...** [前] (格式)...を尊重して, ...に従って.

def·er·en·tial /dèfərénʃəl◀/ 形 Ⓦ (格式)うやうやしい. **-tial·ly** /-ʃəli/ 副 うやうやしく.

de·fer·ment /dɪfə́ːmənt | -fə́ː-/ 名 Ⓤ Ⓒ (格式)延期; (米)兵役猶予.

de·fer·ral /dɪfə́ːrəl | -fə́ːr-/ 名 Ⓤ Ⓒ = deferment.

*de·fi·ance /dɪfáɪəns/ 名 (形 defiant) Ⓤ 反抗(的態度): They declared war *in* ~ *of* the Government. 彼らは政府に公然と反抗することを宣言した. **in defiance of** ... [前] ...をものともせずに, ...を無視して.

*de·fi·ant /dɪfáɪənt/ 形 (反 obedient) 反抗的な, けんか腰の; 傲慢(ﾞぅ)な: take a ~ attitude 反抗的な態度をとる. **~·ly** 副 反抗的に.

de·fib·ril·la·tor /diːfíbrəleɪt̬ə | -tə/ 名 Ⓒ [医](心臓の)除細動器.

*de·fi·cien·cy /dɪfíʃənsi/ 名 複 (-cien·cies /~z/) Ⓤ Ⓒ **1** 不足, 欠乏; 不足分[額, 量]: a vitamin C ~ ビタミン C の不足 / She made up for her *deficiencies in* talent by practice. 彼女は才能不足を練習で補った. **2** 欠陥, 不備: the *deficiencies in* our plan 我々の計画の不備な点.

deficiency disèase 名 Ⓤ Ⓒ (ビタミン・ミネラルなどの)欠乏症, 栄養失調.

*de·fi·cient /dɪfíʃənt/ 形 **1** (...が)不足した, 不十分な: Their diet is ~ *in* vitamins. 彼らの食事はビタミンが不足している. **2** (格式)不完全な, 欠陥のある.

*def·i·cit /défəsɪt/ 名 (-i·cits /-sɪts/) Ⓒ **1** 欠損, (財政・企業の)**赤字**, 不足(額) (*in*) (反 surplus): a trade ~ 貿易赤字 / a ~ *of* $5 million=a $5 million ~ 500万ドルの赤字 / a ~-ridden federal government 赤字に苦しむ連邦政府. **2** (機能性の)障害. **be in déficit** [動] 自 赤字である.

déficit fináncing 名 Ⓤ 赤字財政(政策).

déficit spénding 名 Ⓤ 赤字財政支出.

de·file[1] /dɪfáɪl/ 動 他 (格式)⟨...⟩を汚(ﾟ)す; よごす.

de·file[2] /dɪfáɪl, díːfaɪl/ 名 Ⓒ (山間の)狭い道.

de·file·ment /dɪfáɪlmənt/ 名 Ⓤ (格式)汚(ﾟ)すこと; よごす[よごされる]こと.

de·fin·a·ble /dɪfáɪnəbl/ 形 (反 indefinable) 定義できる, 限定できる.

*de·fine /dɪfáɪn/ 動 (**de·fines** /~z/; **de·fined** /~d/; **de·fin·ing**) 名 dèfinítion, 形 définite) 他 **1** ⟨範囲など⟩を**限定する**, ⟨...⟩の限界[輪郭]をはっきりさせる: The power of the Cabinet is clearly ~*d by* law. ⟨V+O の受身⟩ 内閣の権限は法律で明確に定められている. **2** ⟨語句・概念など⟩を**定義する**, ⟨...⟩の意味を明確にする; ⟨...⟩を(正確に)記述する (☞ final [単語の記憶]): Ice can be ~*d as* solid [frozen] water. ⟨V+O+C (*as*+名)の受身⟩ 氷は固体の[凍った]水と定義できる. **3** ⟨...⟩の性質[立場]を明示する, 説明する (*as*).

de·fined /dɪfáɪnd/ 形 (明確に)輪郭の示された.

de·fin·ing móment /dɪfáɪnɪŋ-/ 名 Ⓒ (人・集団などの本質・正体が明らかになる)決定的な瞬間.

*def·i·nite /déf(ə)nət/ 形 (反 indefinite) **1** (はっきりと)限定された, 一定の (略 def.): a ~ period 定まった期間 / make an appointment for a ~ place and time 場所と時間をはっきり約束する. **2** 明確な (clear); 確かな, 確信した: a ~ answer 確答 / It's ~ that he'll resign. 彼が辞職するのは間違いない [言い換え] He was very ~ *about* hav*ing* found it. ⟨A+*about*+動名⟩=He was very ~ *that* he had found it. ⟨A+*that* 節⟩ 彼は確かにそれを発見したと言った. **3** [強調して]まぎれもない.

définite árticle 名 [the ~] [文法]定冠詞 (☞ the[1]).

*def·i·nite·ly /déf(ə)nətli/ 副 **1** 文修飾 確かに: This dictionary is ~ the best for students. この辞書は確かに学生用としては最適だ. **2** [質問の答えとして] Ⓢ (格式)全くそのとおり, そうだとも: 金言"Is Helen coming?" "D~ [D~ nòt]." 「ヘレンは来るだろうか」「来るとも[来るものか]」(☞ not (5) (ii)). **3** 明確に (反 indefinitely): answer ~ はっきりと答える.

*def·i·ni·tion /dèfəníʃən/ 名 (~s /~z/; 動 define) **1** Ⓤ Ⓒ 定義(すること), 定義づけ; (辞書の)語義, (正確な)記述 (略 def.): Give me the ~ *of* the word "communication." コミュニケーションという単語の定義は何ですか. **2** Ⓤ (レンズ・テレビなどの)解像力, 鮮明度: This photograph lacks ~. この写真は鮮明でない. 関連 high-definition television 高品位テレビ. **3** Ⓤ Ⓒ 限定; 明確(化), 説明. **by definition** [副] 文修飾 定義上; 本質的に, 当然.

*de·fin·i·tive /dɪfínətɪv/ 形 [普通は A] **1** 決定的な, 最終的な: a ~ solution to the problem その問題の決定的な解決策. **2** 最も信頼できる, 最も権威のある: the ~ book on Shakespeare シェークスピア研究の本の決定版. **~·ly** 副 決定[最終]的に.

de·flate /dɪfléɪt, dìː-/ 動 他 1 [しばしば受身で]〈人〉をしょげさせる,〈自信など〉をくじく. 2〈タイヤ・気球など〉を空気[ガス]を抜いてしぼませる. 3〈議論など〉が間違っていることを示す. 4 〖経〗〈膨張した通貨〉を収縮させる, デフレにする. 反 inflate. ― 自〈気球など〉がしぼむ.

de·flat·ed /dɪfléɪtɪd, dìː-/ 形 しょげた, 自信のない.

de·fla·tion /dɪfléɪʃən, dìː-/ 名 U 1 〖経〗デフレ, (通貨などの)収縮 反 inflation. 2 空気[ガス]を抜くこと; 意気消沈.

de·fla·tion·ar·y /dɪfléɪʃənèri, dìː-|-ʃ(ə)nəri/ 形 〖経〗デフレの, 通貨収縮的な.

†**de·flect** /dɪflékt/ 動 他 1 〈批判・注意など〉をそらす, かわす;〈人〉を〈関心・目的など〉からそれさせる (*from*). 2 〈…するの〉を妨げる (*from*). 3 〈…〉の方向をそらす, 曲げる (*from, off*). ― 自 それる, 曲がる (*from, off*).

de·flec·tion /dɪflékʃən/ 名 U.C (進路などをそらす)こと, 曲がり; (批判など)をそらすこと, かわすこと; 〖物理〗(計器などの針の)ふれ, 偏差.

de·flec·tor /dɪfléktɚ|-tə/ 名 C 1 そらせ板(気流などの流体の流れを変える装置). 2 〖海〗偏針儀.

def·lo·ra·tion /dèfləréɪʃən|dìːflɔː-/ 名 U 〖文〗[婉曲]女性の処女を奪うこと.

de·flow·er /dìːfláʊɚ|-fláʊə/ 動 (-**flow·er·ing** /-fláʊ(ə)rɪŋ/) 他〖文〗[婉曲]〈女性〉の処女を奪う.

De·foe /dɪfóʊ/ 名 固 **Daniel** ~ デフォー (1660?-1731)《英国の作家; ☞ Robinson Crusoe》.

de·fog /dìːfág, -fɔ́ːg|-fɔ́g/ 動 (-**fogs**; -**fogged**; -**fog·ging**) 他《米》〈車の窓〉の曇りを取る (《英》demist).

de·fog·ger /dìːfágɚ, -fɔ́ːgɚ|-fɔ́gə/ 名 C《米》(車などの)曇り取り装置 (《英》demister).

de·fo·li·ant /dìːfóʊliənt/ 名 U.C 枯れ葉剤.

de·fo·li·ate /dìːfóʊlièɪt/ 動 他〈森林〉を落葉させる,〈…〉に枯れ葉剤をまく.

de·fo·li·a·tion /dìːfòʊliéɪʃən/ 名 U (森林を)落葉させること; 枯れ葉作戦.

†**de·for·est** /dìːfɔ́ːrɪst|-fɔ́r-/ 動 (反 afforest) 他 [普通は受身で]〈地域の樹木〉を切り払う[伐採する] (《英》disforest).

de·for·es·ta·tion /dìːfɔ̀ːrɪstéɪʃən|-fɔ̀r-/ 名 (反 afforestation) U 森林伐採 (《英》disforestation).

†**de·form** /dɪfɔ́ːrm|-fɔ́ːm/ 動 他〈…〉を不格好にする, 奇形にする; 変形させる. ― 自 変形する.

de·for·ma·tion /dìːfɔːrméɪʃən, dèfɚ-|-fɔː-/ 名 U.C 不格好, 醜さ, 奇形; 変形.

de·formed /dɪfɔ́ːrmd|-fɔ́ːmd/ 形 奇形の; 醜い.

de·form·i·ty /dɪfɔ́ːrməti|-fɔ́ː-/ 名 (-**i·ties**) C.U 変形, 奇形; 不格好, 醜さ.

de·frag·ment /dìːfrǽgmənt, -ment/ 動 他 〖電算〗〈ハードディスクなど〉をデフラグする《断片化したデータをまとめる》.

†**de·fraud** /dɪfrɔ́ːd/ 動 他〈人・会社など〉から(…)をだまし取る, 横領する: They ~ed Mr. Smith *of* his assets. 彼らはスミス氏から財産をだまし取った.

de·fray /dɪfréɪ/ 動 他《格式》〈他人の出費〉を支払う.

de·frock /dìːfrák|-frɔ́k/ 動 = unfrock.

de·frocked /dìːfrákt|-frɔ́kt/ 形 聖職を奪われた.

de·frost /dìːfrɔ́ːst|-frɔ́st/ 動 他 1〈冷凍肉など〉を解凍する. 2〈冷蔵庫など〉の霜[氷]を除く. 3《米》= defog. ― 自 解凍される; 霜[氷]が除かれる.

de·frost·er /dìːfrɔ́ːstɚ|-frɔ́stə/ 名 C 1 霜取り[よけ]装置. 2《米》= defogger.

†**deft** /déft/ 形 (**deft·er**; **deft·est**) Ⓦ《格式》手際のよい, 器用な, 巧みな (*at, in*). ~·**ly** 副 器用に, 巧みに. ~·**ness** 名 U 器用, 巧みさ.

†**de·funct** /dɪfʌ́ŋ(k)t/ 形《格式》[時に滑稽] 1 故人となった. 2 消滅した, 現存しない.

†**de·fuse** /dìːfjúːz/ 動 他 1〈事態など〉から危険な要素を除く;〈緊張・怒りなど〉を和らげる: ~ a crisis 危機を回避する. 2〈爆弾〉の信管を抜く.

*__de·fy__ /dɪfáɪ/ 動 (**de·fies** /~z/; **de·fied** /~d/; **-fy·ing**) 名 defiance, 形 defiant 他 1〈…〉を無視する, 侮(あなど)る;〈…〉に反抗する (oppose);〈理屈など〉に背く: He *defied* his parents and left home. 彼は両親に反抗して家出をした. 2〈物事〉が〈…〉を拒む, 不可能にする: The scene *defies* description. その景色は筆舌に尽くしがたい. 3〈困難など〉を物ともしない, 乗り越える: ~ one's age [years] 年より若く見せる. 4 Ⓢ《格式》〈…〉に(やれるならやってみろと)挑(いど)む (challenge, dare): I ~ you to answer my question. 質問に答えられるものなら答えてみろ.

deg 略 = degree(s) 1.

de·gas /dìːgǽs/ 動 他〈…〉からガスを取り去る.

De·gas /dəɡɑ́ː/ 名 固 **Edgar** ~ ドガ (1834-1917)《フランスの画家・彫刻家》.

de Gaulle /dəgóʊl, -góʊl/ 名 固 **Charles** /ʃáɚl|ʃɑːl/ ~ ド・ゴール (1890-1970)《フランスの将軍; 大統領 (1959-69)》.

de·gen·er·a·cy /dɪdʒén(ə)rəsi/ 名 U 堕落, 退化, 退歩.

†**de·gen·er·ate**¹ /dɪdʒénərèɪt/ 動 自 1 悪化する, 劣悪になる; 堕落する, 退歩する (*from, into*). 2 〖生〗退化する.

de·gen·er·ate² /dɪdʒén(ə)rət/ 形《格式》堕落した, 低下[悪化]した, 劣悪になった; 退化した. ― 名 C Ⓦ 堕落した人.

de·gen·er·a·tion /dɪdʒènəréɪʃən/ 名 U 悪化, 劣悪化; 堕落, 退廃, 退歩;〖生〗退化.

de·gen·er·a·tive /dɪdʒén(ə)rətɪv, -nərèɪ-/ 形 退化的な, 退行性の; 堕落した;〖医〗変性の.

de·glaze /dìːgléɪz/ 動 他〖料理〗〈フライパン〉に(ワイン[水]を加えて付着した汁などを煮溶かす)《ソースを作る》.

de·grad·a·bil·i·ty /dɪɡrèɪdəbíləti/ 名 U 〖化〗分解[還元]性.

de·grad·a·ble /dɪgréɪdəbl/ 形 〖化〗(無害物質に)分解[還元]できる (☞ biodegradable).

†**deg·ra·da·tion** /dègrədéɪʃən/ 名 1 U または a ~] 貧窮, むさくるしさ; U (品位・価値・評価などの)低下, 劣悪化. 2 U 〖化〗減成.

†**de·grade** /dɪgréɪd/ 動 他 1〈…〉の品位[価値, 評価]を落とす, 卑しくする (debase);〈状態など〉を悪化する. 2 〖生〗〈…〉を退化させる;〖化〗〈有機化合物〉を減成する. ― 自 〖生〗退化する;〖化〗減成する.

de·grad·ing /dɪgréɪdɪŋ/ 形 屈辱的な, 自尊心[名誉]を傷つけるような (*to*).

‡**de·gree** /dɪgríː/ 🔟 名 (~s /~z/)

「段階」の意 (☞ grade 語源) から
「程度」2 ─┬→ (計器類に示された)「度」1
         └→ (学問の程度)→「学位」3

1 C (温度・角度・経緯度の)**度**《数字の後に°をつけて表わす; 略 deg》: 30 ~s below zero 零下 30 度 / Water freezes *at* zero and boils *at* 100 ~s Celsius [centigrade]. 水は摂氏 0 度で凍り, 100 度で沸騰する (☞ Fahrenheit 表) / He turned the mirror 35 ~s to the left. 彼は鏡を 35 度左へ回した / Our latitude is '70 ~s [70°] south. 我々の緯度は南緯 70 度です. 関連 minute 分 / second 秒.

2 C.U **程度** (extent), 度合い, 段階 (*of*): He is interested in the proposal, but I don't know *to* what ~. 彼はその提案に関心を持っているがどの程度だか私にはわからない / He was worried *to* such a ~ that he could not sleep. 彼は心配で夜も眠れないくらいだった.

3 C **学位**;《英》(専攻)課程: have [hold] a doctor's

~ *in* law 法学博士号を持つ / get [receive, take] a máster's [báchelor's] ~ 修士[学士]の学位をとる / take [do] a law ~ at York ヨーク大学で法学専攻の課程をとる[勉強する]. **4** C 〖文法〗級 (CF compárison 文法). **5** C 〖法〗(犯罪の)等級; 〖医〗損傷度: CF fírst-degrèe, fírst-degrèe múrder, thírd-degrèe. **6** U 〖古風〗身分.

by degrées [副] 次第に, わずかずつ: Her respect for him grew *by* ~*s* into love. 彼女の彼に対する尊敬の気持は次第に愛情へと変わっていった.

degrée of fréedom [名] 〖化・統〗自由度《独立した変化が可能なもの[変数]の数》.

in sóme [a cértain] degrée [副] 多少, いくらか.

nót ... in the slíghtest [léast, smállest] degrée [副] 少しも…でない.

to a degrée [副] (1) ある程度まで, 幾分. (2) [先行する形容詞を修飾して] 〖古風, 英〗とても.

to a lésser degrée [副] より少ない程度に.

to sóme [a cértain] degrée ある程度は, ある程度まで: You can believe his reports *to some* [*a certain*] ~. 彼の報告はある程度信じられる.

de·hu·man·i·za·tion /dìːhjùːmənɪzéɪʃən | -naɪz-/ 名 U 人間性抹殺; 没個性化.

de·hu·man·ize /dìːhjúːmənaɪz/ 他 [しばしば受身で] 〈…〉の人間性を失わせる; 〈…〉を没個性化させる.

de·hu·man·iz·ing /dìːhjúːmənaɪzɪŋ/ 形 人間性を失わせるような.

de·hu·mid·i·fi·er /dìːhjumídəfàɪə | -fàɪə/ 名 C 除湿器. 関連 humidifier 加湿器.

de·hu·mid·i·fy /dìːhjumídəfàɪ/ 他 (-**i·fies**; -**i·fied**; **-fy·ing**) 〈…〉を除湿する.

⁺**de·hy·drate** /dìːháɪdreɪt/ 動 [しばしば受身で] 〈…〉を脱水する, 乾燥させる; 〈体など〉を脱水状態にする. ― 自 脱水状態になる.

de·hy·drat·ed /dìːháɪdreɪtɪd/ 形 脱水した, 乾燥した; 脱水状態の: ~ vegetables 乾燥野菜.

de·hy·dra·tion /dìːhaɪdréɪʃən/ 名 U 脱水; 脱水状態: suffer from ~ 脱水状態になる.

de·hy·drog·e·nase /dìːhaɪdrádʒənèɪs | -drɔ́dʒ-/ 名 C 〖生化〗脱水素酵素, デヒドロゲナーゼ.

de·ice /dìːáɪs/ 他 〈…〉の除氷[防氷]をする.

de·ic·er /dìːáɪsə | -sə/ 名 C,U 防水剤[装置].

de·i·fi·ca·tion /dìːəfɪkéɪʃən, dèɪə-/ 名 U (格式) 神とみなすこと, 神格化.

de·i·fy /dìːəfàɪ, déɪə-/ 動 (-**i·fies**; -**i·fied**; **-fy·ing**) 他 〖格式〗〈…〉を神聖視する; 神としてあがめる.

deign /déɪn/ 動 [通例否定文で] 〖格式〗[時にはなしてまたは皮肉] もったいなくも…してくださる; 恥を忍んで…する: The boss would *not* ~ to look at us. 上司は私たちには目もくれようとはしなかった.

de·in·dus·tri·al·i·za·tion /dìːɪndʌstriəlɪzéɪʃən | -laɪz-/ 名 U 産業荒廃[空洞化].

de·in·sti·tu·tion·al·ize /dìːɪnstətjúːʃ(ə)nəlaɪz | -tjúː-/ 動 他 **1** 〈障害者・患者〉を(施設・病院に収容せず)地域社会の中で治療する, 脱施設化する. **2** 〈組織など〉を改革[非官僚化]する.

de·i·on·ize /dìːáɪənàɪz/ 動 他 〖化〗(イオン交換により)〈水・気体〉のイオンを除去する, 消イオンする.

de·ism /díːɪzm, déɪ-/ 名 U 〖哲〗理神論, 自然神論.

de·ist /díːɪst, déɪ-/ 名 C 〖哲〗理神論者.

⁺**de·i·ty** /díːəṭi, déɪə-/ 名 (-**i·ties**) **1** [the D-] (格式) (唯一の)神 (God). **2** C 神 (god, goddess). **3** U 神性.

dé·jà vu /dèɪʒɑːvjúː/ 《フランス語から》 名 U **1** 〖心〗既視感《初めて見るものを以前見たように感じる錯覚》. **2** (繰り返しの経験にて)あきあきすること.

de·ject·ed /dɪdʒéktɪd/ 形 落胆した, がっかりした《CF jet¹ 単語の記憶》: a ~ look 落胆した表情.

~·**ly** 副 すごすごと, 落胆して.

de·jec·tion /dɪdʒékʃən/ 名 U 落胆, 失望.

de ju·re /diːdʒú(ə)ri, deɪdʒú(ə)ri | -reɪ-/ 《ラテン語から》〖法〗形 副 正当な (CF de facto). ― 副 正当に, 合法的に.

deke /díːk/ (米) 名 C (ホッケーなどで)フェイント. ― 動 自 (選手を)フェイントでひっかける.

de Klerk /dəklɛ́ək, -klɜ́ːk | -klɜ́ːk, -klɛ́ək/ 名 **Fred·er·ik** /frédərɪk/ **Wil·lem** /víləm/ ~ デ・クラーク (1936-) 《南アフリカの大統領 (1989-94); アパルトヘイト廃止に貢献》.

del. 略 =delete.

Del. 略 =Delaware.

De·la·croix /délakrwàː, dèlakrwáː/ 名 **Eu·gène** /uːʒéɪn/ ~ ドラクロワ (1798-1863) 《フランスの画家》.

Del·a·ware /déləwèə | -wèə/ 名 **1** デラウェア《米国東部の州; 略 Del., (郵) DE; 俗称 the First State; CF America 表, 表地図 I 4)》.

Del·a·war·e·an /dèləwé(ə)riən⁺/ 形 デラウェア州(人)の. ― 名 C デラウェア州人.

⁕**de·lay** /dɪléɪ/ **1** 名 (~**s** /-z/) C,U 遅れ, 遅れる[らす]こと; 遅延(時間); 猶予, 延期: a slight [long] ~ 少し[かなり]の遅れ / severe ~*s* on Route 246 国道246のひどい遅滞 / They arrived after 「a ~ *of* three hours [a three-hour ~]. 彼らは3時間遅れて到着した / We won't tolerate any more ~(*s*) *in* payment. これ以上の支払いの遅れは許さない. **wìthóut deláy** [副] 遅れずに, ぐずぐずしないで.

― 動 (de·lays /-z/; de·layed /-d/; -lay·ing) 他 **1** 〈…〉を遅らせる: He ~*ed* starting. <V+O(動名)> 彼は出発を遅らせた / We ~*ed* our departure *until* the next day. <V+O+*until*+名・代> 私たちは次の日まで出発を遅らせた.

2 [しばしば受身で] 〈悪天候・事故などが〉〈…〉を遅らせる: A storm ~*ed* the ship for an hour. あらしで船は1時間遅れた / The mail *was* ~*ed by* heavy snow. <V+O の受身> 大雪で郵便が遅れた.

― 自 ぐずぐずする; 遅れる: Don't ~! Start today! ぐずぐずするな, きょうから始めなさい.

de·layed /dɪléɪd/ 形 〈天候・事故などが〉遅れた.

de·layed-ac·tion /dɪléɪdǽkʃən⁺/ 形 A 遅延[時限]作動の: a ~ camera セルフタイマー付きのカメラ.

deláyed bróadcast 名 C,U (コンサート・スポーツなどの)中継録画放送.

de·lay·ing táctic 名 C [普通は複数形で] (議案通過阻止などの)引き延ばし作戦.

de·le /díːliː/, -li /《フランス語から》〖校正〗動 他 (通例命令形で) 〈文字・語など〉を削除せよ, トル (通例 ﹅ と書く); 〈…〉に削除記号をつける. ― 名 C 削除記号.

de·lec·ta·ble /dɪléktəbl/ 形 (文) **1** (飲食物などが)おいしい, 快い. **2** (滑稽) (人などが)(性的に)魅力的な. ― 名 [複数形で] (米) ごちそう, デザート. -**ta·bly** /-bli/ 副 快く.

de·lec·ta·tion /dìːlektéɪʃən/ 名 U (格式) または (滑稽) 楽しみ, 気晴らし: for his ~ 彼を楽しませるために.

⁕**del·e·gate¹** /déləgət, -gèɪt/ ★動詞の delegate² との発音の違いに注意. (名 **del·e·gates** /-gəts, -gèɪts/; 動 délegàte²) C (会議などに)出席する代表, 代議員; 使節 (個人): the ~*s from* India *to* the United Nations インドの国連代表. 関連 ambassador 大使.

⁕**del·e·gate²** /déləgèɪt/ ★名詞の delegate¹ との発音の違いに注意. (名 délegàte¹, dèlegátion) 他 **1** 〈下位の者などに〉〈権限など〉を委任する (*to*). **2** (会議などに)〈…〉を代表として派遣[任命する]; 任命して…させる (*to do*). ― 自 権限を委任する.

⁕**del·e·ga·tion** /dèlɪgéɪʃən/ 名 (~**s** /-z**;

446 delete

délegate² 1 ⓒ [(英) 単数形でも時に複数扱い] 代表団, 派遣団: the British D~ to the United Nations 英国の国連代表団. 関連 delegate 代表(個人). 2 代表(ものへの)委任 (of); 代表任命(派遣).

⁺de·lete /dɪlíːt/ 働 ⟨…⟩を削除する; ⟨データ⟩を消す (from). ― 自 削除する: D~ as appropriate. 適宜(不要部分を線を引いて)消してください. ― 名 ⓒ (コンピューターの)削除キー, デリートキー.

deléte kèy 名 ⓒ =delete.

del·e·te·ri·ous /dèlətí(ə)riəs⁻/ 形 《格式》(心身に)有害な (to).

de·le·tion /dɪlíːʃən/ 名 U.C 削除(部分).

delft /délft/, **délft·ware** /-wèə | -wèə/ 名 U (オランダの)デルフト焼き(青や彩色した陶器).

Del·hi /déli/ 名 デリー(インド北部の都市).

del·i /déli/ 名 (~s) ⓒ (略式) =delicatessen.

⁺de·lib·er·ate¹ /dɪlíb(ə)rət/ 働 ★ 動詞の deliberate² との発音の違いに注意. 形 déliberàte². 1 故意の, たくらんだ (intentional): (a) ~ murder 謀殺 / a ~ policy 意図的方針 / That fire was not accidental; it was ~. その火事は事故ではなかった. 仕組まれたものだった. 2 (言動などが)ゆっくりした, 落ち着いた; 慎重な; よく考えた上での: a ~ decision よく考えた上での決定 / A chairperson must be ~ in choosing words. 議長はよく考えてことばを選ばねばならない. 語源 ラテン語で「はかりにかけて[量る]」の意: ☞ L¹, lb.

⁺de·lib·er·ate² /dɪlíb(ə)rèɪt/ 働 ★ 形容詞の deliberate¹ との発音の違いに注意. 形 déliberàte¹. 自 よく考える, 熟考する; 相談する, 審議する: ~ on [about, over] the projects for the coming year 来年の計画を相談する. ― 他 《重要なことなど》を熟考する; 検討[審議]する (discuss): We have been deliberating whether to import oil from that country. 我々はその国から石油を輸入すべきかどうか検討している.

de·lib·er·ate·ly /dɪlíb(ə)rətli/ 副 1 わざと, 故意に. 2 慎重に, ゆっくりと.

de·lib·er·ate·ness /dɪlíb(ə)rətnəs/ 名 U 故意; 慎重さ.

de·lib·er·a·tion /dɪlìbərèɪʃən/ 名 1 U.C (しばしば複数形で) 審議, 討議; 熟慮. 2 U 慎重さ, 落ち着き. **àfter múch deliberátion** (副) 熟慮の末. **with deliberátion** (副) 慎重に; ゆっくりと.

de·lib·er·a·tive /dɪlíbərètɪv, -b(ə)rə- | -b(ə)rə-/ 形 A 審議する(ための).

⁺del·i·ca·cy /délɪkəsi/ 名 (-ca·cies) 1 ⓒ おいしいもの, 珍味. 2 U (他人への)気配り; 慎重さ. 3 U 壊れやすさ; きゃしゃなこと, か弱さ. 4 U 繊細さ; 優美さ, 上品さ. 5 U (問題などの)難かしさ, 扱いにくさ, デリケートなこと. 6 U (色・香りなどの)微妙さ, ほのかさ, (味の)口当たりのよさ. 7 U 敏感さ; 精巧さ; 手ぎわよさ.

⁺del·i·cate /délɪkət/ (題音) dedicate. 形 名 délicacy; 反 indelicate.

元来は「心地よい」の意. → (心地よさを与える) →
「優美な」3 →「繊細な」
　　　├→ (弱々しく) →「壊れやすい」1
　　　├→ (扱いに注意を要する) →「微妙な」2
　　　└→ (過度でない) →「かすかな」4

1 壊れやすい; 《古風》虚弱な, か弱い: a ~ little boy 体の弱い男の子 / Handle this china with care; it's ~. この瀬戸物は注意して扱ってください. 壊れやすいから.
2 (問題などが)微妙な, 扱いにくい, デリケートな; 細心の注意を要する: a ~ problem 微妙な問題.
3 繊細な; 優美な, 上品な: a ~ piece of silk 繊細な絹の織物 / a carpet with ~ patterns 優美な模様

のじゅうたん / a ~ figure ほっそりした姿.
4 (色・香りなどが)かすかな, ほのかな; (食物などが)あっさりしておいしい: a ~ fragrance ほのかな香り. 5 敏感な, 鋭敏な, (機械などが)感度のよい, 精巧な. 6 (細工・作業などが)技術のいる, 細かい; 手ぎわよい, 巧みな. 7 (人が)よく気をつかう (sensitive); 礼儀をわきまえた (with). 8 潔癖すぎる, 気むずかしい. ~·ly 副 微妙に; 細心の注意を払って; 気を配って; 優美に, 上品に; かすかに; ほのかに; 繊細に, 精巧に; 巧みに.

del·i·cates /délɪkəts/ 名 [複] (洗濯などで)いたみやすい生地の服.

del·i·ca·tes·sen /dèlɪkətés(ə)n/ 名 ⓒ デリカテッセン(調理済み食品やチーズ・サラダなどを売る店・売り場).

⁺de·li·cious /dɪlíʃəs/ 形 1 (非常に)おいしい, うまい: What a ~ dish! 何ておいしい料理なんでしょう. 語法 delicious はよめることばとして使うことが多く, 普通は疑問文・否定文には用いない. 2 香りのよい: a ~ smell おいしそうな香り. 3 (文) 大変愉快; 非常に楽しい: a ~ joke 大いに愉快. 非常におもしろい冗談. ― 名 [D-] (米) デリシャス(りんごの品種名). ~·ly 副 1 (非常に)おいしく; 香りよく. 2 (文) 大変愉快; とても楽しく. ~·ness 名 U おいしこと, 美味; 香りのよさ; 快さ.

⁺de·light /dɪláɪt/ 働 (de·lights /-láɪts/) 形 delightful/ 1 U 大喜び; うれしさ; 楽しさ(身ぶりやことばに表された喜びやうれしさ; ☞ pleasure 類義語): the ~ of owning a good camera いいカメラを所有する喜び / The child opened the present with [in] ~. その子は大喜びでプレゼントを開けた.
2 ⓒ (非常な)喜び[楽しみ]となるもの[人], 大変うれしいもの (of): The doll was a real ~ to Meg. その人形はメグにとっては本当にうれしいものだった.

tàke (a) delight in … (働) 働 (しばしば悪い行為を)喜ぶ, …を楽しむ: 言い換え The boys took (a) ~ in teasing the dog. (=The boys delighted in teasing the dog.) 少年たちはその犬をいじめて喜んだ.

to …'s delight=to the delight of …
文修飾 …にとってうれしい[喜ばしい]ことには (☞ to¹ 12): To my ~, he said he would accompany me as far as Osaka. うれしいことに, 彼が大阪までいっしょに行くと言ってくれました.

― 働 (de·lights /-láɪts/; -light·ed /-tɪd/; -light·ing /-tɪŋ/) 他 ⟨…⟩を(非常に)うれしがらせる, 大いに喜ばせる; 楽しませる (☞ delighted): The pianist ~ed the audience with a marvelous performance. <V+O+with+名・代> ピアニストはすばらしい演奏で聴衆を楽しませた.
― 自 (しばしば悪い行為をして)喜ぶ, (大いに)楽しむ: My father ~s in pictures by Picasso. 私の父はピカソの絵がとても好きだ / She ~s in finding fault with others. 彼女は他人のあら探しをして喜んでいる.

⁺de·light·ed /dɪláɪtɪd/ 形 [普通は P] (人が) (非常に)喜んでいる, (とても)うれしがっている (☞ pleased 囲み). 語法 pleased よりは意味が強い: Mrs. Long took the flowers with a ~ smile. ロング夫人はうれしそうな笑顔でその花を手に取った / I am ~ to see you. <A+to 不定詞> あなたにお目にかかれてうれしく思います / He is ~ that you are well again. <A+that 節> 彼はあなたが全快されたことを喜んでいます / 言い換え She is ~ at receiving so many letters. <A+at+動名>=She is ~ to receive so many letters. 彼女は手紙をこんなにたくさんもらって喜んでいる / He was ~ with [by] my gift. <A+with [by]+名・代> 彼は私の贈り物を大変喜んだ.

I will [I'll, I'd] be delighted to dó 《丁寧》喜んで…いたします: I will be ~ to do it for you. あなたのために喜んでそれをいたしましょう.
You'll be delighted to dó =You'll be pleased to do (☞ pleased 成句).
~·ly 副 喜んで, うれしそうに.

de·light·ful /dɪláɪtf(ə)l/ 形 (名 delight) 1 〈物事・人が〉(人にとって)非常にうれしい, (とても)楽しい, 愉快な (to): The climate there is ~. そこの気候は実に快適だ. 2 〈人が〉気持ちのいい, おもしろい.

de·light·ful·ly /dɪláɪtfəli/ 副 喜ばしく, 快く; 快いほどに.

De·li·lah /dɪláɪlə/ 名 固 《聖》デリラ《Samson を裏切った愛人》.

déli mèat 名 U,C 調理済みの惣菜用肉.

de·lim·it /dɪlímɪt/ 他 《格式》〈…〉の範囲[限界, 境界]を定める.

de·lim·i·ta·tion /dìlɪmətéɪʃən/ 名 U,C 《格式》限界[境界]決定.

de·lin·e·ate /dɪlínièɪt/ 動 他 《格式》〈…〉を線で[正確に]描く; 正確に描写[叙述]する; 〈境界〉を標示する.

de·lin·e·a·tion /dɪlìniéɪʃən/ 名 U,C 《格式》輪郭描写; 叙述; (境界の)標示.

de·lin·quen·cy /dɪlíŋkwənsi/ 名 (-quen·cies) U,C (未成年の)非行, 犯罪; U (米)《法》滞納.

†**de·lin·quent** /dɪlíŋkwənt/ 形 1 普通は A 非行に走った; 罪を犯した. 2 義務を怠った; (米)《法》(納税義務者などが)滞納している (in); (金が)滞納された. — 名 C (未成年の)非行者; 犯罪者.

del·i·ques·cent /dèlɪkwésənt⫶/ 形 《化》潮解性の.

†**de·lir·i·ous** /dɪlí(ə)riəs/ 形 1 普通は P 精神が錯乱して, うわごとを言う. 2 無我夢中の, 有頂天の; ~ with joy うれしさで我を忘れて. **·ly** 副 精神が錯乱して; 我を忘れるほど.

de·lir·i·um /dɪlí(ə)riəm/ 名 U,C 譫妄(せんもう), 精神錯乱. 2 U [時に a ~] 興奮状態, 有頂天.

delírium trémens /-tríːmənz, -trém-/ 名 U 《医》(アルコール中毒による)振戦(しんせん)譫妄症 (d.t.'s).

de·list /dìːlíst/ 他 〈…〉を表から除く; 〈株〉を銘柄表からはずす, 上場廃止にする.

*de·liv·er /dɪlívə | -və/ 動 (-liv·ers /-z/; -liv·ered /-d/; -er·ing /-v(ə)rɪŋ/) 他 (名 delivery)

ラテン語で「自由にする」の意から,「救い出す」9
→「引き渡す」8 ┬→「配達する」1
       └→「意見を」「述べる」2

1 〈…〉を**配達する**, 届ける; 〈人〉を送り届ける: ~ newspapers 新聞を配達する / Will you ~ this message *to* her? <V+O+*to*+名・代> 彼女にこの伝言を伝えてくれませんか / A bookcase was ~ed yesterday *from* the department store. <V+O+*from*+名・代の受身> きのうデパートから本箱が配達された.
2 〈意見など〉を述べる, 〈演説など〉をする; 〈判決など〉を下す (to): He ~ed his speech in German. 彼はドイツ語で演説をした. 3 〈…〉を成し遂げる, 達成する; 〈公益業務など〉を行う. 4 (主に米)〈候補者・主義などのために〉〈票〉を集める. 5 《電算》〈ソフトなど〉の性能をもつ. 6 (医者が)分娩(ぶんべん)で〈赤ん坊〉をとりあげる; 〈妊婦〉を分娩させる. 7 Ⓦ 〈打撃・攻撃など〉を加える; 〈球など〉を投げる: I ~ed a blow *to* his jaw. 私は彼のあごに一撃をくらわした. 8 [しばしば受身で] 《格式》〈…〉を引き渡す (up). 9 《文》〈…〉を救い出す (from). — 自 1 配達する, 届ける (to). 2 約束を果たす.
be delivered of … 動 他 《格式》〈…〉を産む.
delíver on … 動 〈…〉をうまくやり遂(と)げる: ~ *on* a promise (米)約束を果たす.

de·liv·er·a·ble /dɪlív(ə)rəbl/ 名 C [普通は複数形で] 会社が調達を約束する商品《パソコン部品など》.

de·liv·er·ance /dɪlív(ə)rəns/ 名 U 《格式》救出, 救助; 釈放 (from).

de·liv·er·er /dɪlívərə | -rə/ 名 C 《格式》救出者.

de·liv·er·y /dɪlív(ə)ri/ 名 (-er·ies /-z/; 動 de-

Dem. 447

líver) 1 U,C 配達, (郵便などの)…の便 (to): ~ of goods 品物の配達 / Make this letter special ~, please. この手紙を速達便にしてください. 2 C 配達品[物]. 3 U (公共業務などの)遂行 (of). 4 C,U 出産, 分娩: The mother had 'an easy [a difficult] ~. その母親は安[難]産だった. 5 U 《電算》デリバリー, 配信. 6 U [または a ~] (演説などの)話しぶり, 話し方: He has *a* clear ~. 彼は話しぶりは明快です. 7 C,U 投球; (ミサイルなどの)発射. **màke a delívery** 動 自 配達する. **on delívery** 副 配達されたときに, 配達次第: cash [collect] *on* ~ 代金引き換え払い (略 COD). **tàke [accèpt] delívery of …** 動 〈…〉(配達物)を受け取る.

delívery·màn /-mæn, -mən/ 名 (**-men** /-mèn, -mən/) C 配達人.

delívery nòte 名 C 貨物引渡し通知書.

delívery ròom 名 C 分娩室, 出産室.

dell /dél/ 名 C 《文》(樹木の茂った)小さい谷.

Dell /dél/ 名 固 デル《アメリカのコンピューターの通信販売会社》.

Del·la /délə/ 名 固 デラ《女性の名》.

Del Mon·te /delmánti | -móntei/ 名 C デルモンテ《米国製の缶詰・トマトケチャップなど; 商標》.

de·louse /dìːláʊs/ 動 他 〈…〉からしらみなどを駆除する.

Del·phi /délfaɪ/ 名 固 デルフィ, デルフォイ《ギリシャの古都; Apollo の神殿があった》.

Del·phic /délfɪk/ 形 アポロの神託の; あいまいな, なぞめいた.

Délphic óracle 名 固 [the ~] デルフォイの神託所《Apollo の神殿にあり, 難解な神託で有名》.

del·phin·i·um /delfíniəm/ 名 C デルフィニウム, ひえんそう (larkspur).

delt /délt/ 名 C 《俗》=deltoid.

†**del·ta** /déltə/ 名 C 1 デルタ《ギリシャ語アルファベットの第4文字 δ, ⊿; ☞ Greek alphabet 表》. 2 (河口の)三角州《大文字の形から》.

Délta Fòrce 名 固 《米》デルタ部隊, デルタフォース《米陸軍に所属するテロ対策特別部隊》.

délta wàve [rhýthm] 名 C 《生理》(脳波の)デルタ波[リズム]《深い睡眠にみられる》.

délta wíng 名 C 三角翼《ジェット機などの》.

del·toid /déltɔɪd/ 名 C 動 《解》三角筋.

de·lude /dɪlúːd/ 動 他 (誤った情報などで)〈…〉を欺く, 勘違いさせる (with); 誤解させて…させる (into). **de·lúde onesélf** 動 自 思い違いする, 誤解する (into). — 動 他 〈…〉と思い違いをする (that).

de·lud·ed /dɪlúːdɪd/ 形 思い違いをしている.

†**del·uge** /déljuʤ/ 名 1 C [普通は単数形で] 大洪水, はんらん; 豪雨; 〈…の〉殺到: a ~ of visitors 殺到する訪問客. 2 [the D-] ノアの大洪水《☞ Noah 参考》. — 動 他 [普通は受身で] 1 (手紙・質問などが)〈…〉に殺到する, 押し寄せる (with, by). 2 《格式》〈…〉をはんらんさせる.

†**de·lu·sion** /dɪlúːʒən/ 名 C,U 妄想; 錯覚, 思い違い《☞ illusion 類義語》: suffer from ~s of grandeur 大妄想に悩む. 2 U [欺く][欺かれる]こと. **be ùnder the [a] delúsion that …** 動 他 …という幻想を抱いている.

de·lu·sion·al /dɪlúːʒ(ə)nəl/ 形 妄想の; 錯覚の.

de·lu·sive /dɪlúːsɪv/ 形 ごまかしの, 人を誤らせる. **·ly** 副 人を誤らせるように.

†**de·luxe** /dɪlʌ́ks, -lúːks/ 《フランス語から》 形 [普通は A] 豪華な, ぜいたくな: a ~ hotel 豪華なホテル.

delve /délv/ 動 自 1 [副詞(句)を伴って] (ポケット・バッグなどの中を)よく捜す (among, between, in, into); (深く)探究[詮索(せんさく)]する (in, into). 2 《詩》掘る.

Dem. 略 =Democrat, Democratic.

dem- /di:m/ [接頭] =demo-.

de·mag·net·i·za·tion /dì:mægnətɪzéɪʃən | -taɪz-/ [名] U 消磁.

de·mag·net·ize /dì:mægnətaɪz/ [他] 〈…〉から磁気を除く; 〖電〗〈磁気録音テープ〉から音を消す.

dem·a·gog /déməgɑg | -gɔg/ [名] C 《米》=demagogue.

dem·a·gog·ic /dèməgágɪk, -gádʒ- | -gɔ́g-, -gɔ́dʒ-/ [形] 〖軽蔑〗 扇動政治家の; 扇動的な.

dem·a·gogue /déməgɑg | -gɔg/ [名] C 〖軽蔑〗 扇動政治家.

dem·a·gogu·er·y /déməgàg(ə)ri | -gɔ̀g-/, **dem·a·gog·y** /déməgàgi | -gɔ̀gi/ [名] U 〖軽蔑〗 民衆扇動, 扇動行為.

‡de·mand /dɪmǽnd | -mάːnd/ [動] [名] (de·mands /-mændz | -mάːndz/) 1 C 要求, 請求; [複数形で] 要求されること[もの], 負担: a ~ for higher pay 給料引き上げの要求 / There have been ~s for the Cabinet to resign. 内閣総辞職の要求が出ている / 〖言い換え〗 They made a ~ that the regulation (should) be changed. <N+that 節> (=They demanded that the regulation (should) be changed.) 彼らはその規則の変更を要求した / I have [There are] many ~s on my time. 私は時間をとられることがいろいろある.

―― コロケーション ――
agree to a demand 要求に応じる
drop a demand 要求を取り下げる
give in [yield] to a demand 要求に屈する
meet [satisfy] a demand 要求を満たす
reject a demand 要求をはねつける

2 [U または a ~] 需要 (反 supply): meet [satisfy] consumer ~ 消費者需要を満たす / the gap between supply and ~ 需要と供給のギャップ (☞ supply [名] 〖日英比較〗) / There is a brisk ~ for personal computers. パソコンに対する活発な需要がある.

be in demánd [動] ⓐ 需要がある, 引っぱりだこである, 人気がある: Good teachers are in great ~. 良い教師の需要が多い. **by pópular demánd** [副] 多くの人々に求められて. **màke demánds on [upon]** ... [動] 〈人・時間など〉に負担を求める. **on demánd** [副] 〖格式〗 要求あり次第.

―― [動] (de·mands /-mændz | -mάːndz/; -mand·ed /-ɪd/; -mand·ing) [他] 1 (権利として)〈…〉を要求する, 〈必要な物〉を請求する (☞ 類義語): She ~ed my help. 彼女は私に手を貸せと要求した / He is always ~ing his rights. 彼はいつも自分の権利を主張してばかりいる / This project ~s a lot from [of] the participants. <V+O+from [of]+名·代> この計画は関係者の多大な献身を要求する / I ~ to know what's happened. <V+O (to 不定詞)> 何が起きたか教えてもらいたい / My wife ~ed that I (should) give up stunt flying. <V+O (that 節)> 妻は私に曲芸飛行はやめてくれと言った (☞ should A 8).

2 〈事·状況が〉〈時間·注意など〉を必要とする (need): This problem ~s further discussion. この問題はさらに検討することが必要だ. 3 〈…か〉を答えよと迫る, 〈人〉を問いただす: "Who broke the window?" ~ed the teacher. 誰が窓ガラスを割ったのかと教師は詰問した. ―― ⓐ 要求する; 問う, 尋問する.

【類義語】**demand** 必要なもの, あるいは支払われるべきものとして命令的に要求すること: He demanded our obedience. 彼は我々に服従を要求した / The storekeeper demanded payment of his bill. 店主は勘定の支払いを要求した. **claim** ある物を自分の当然な権利として主張·要求すること: The prince claimed the throne. 王子は王になることを要求した / a claim for compensation 賠償要求. **require** demand に近い語であるが, 本質的に当然必要であることを意味する: All students are required to take a course in Latin. すべての学生はラテン語講座を履修しなければならない.

demánd depósit [名] C 要求払い預金 (普通預金, 当座預金など自由に払い戻せる預金の総称).

demánd fèeding [名] U 決まった時間でなく赤ちゃんが欲しがったら行なう授乳.

‡de·mand·ing /dɪmǽndɪŋ | -mάːnd-/ [形] (仕事などが)努力[能力, 注意]を要する, 骨の折れる, きつい; (人が)要求の厳しい: a ~ child うるさく求める子供.

demánd nòte [名] C 《米》要求払い手形; 《英》請求書.

demánd-pùll [形] A 〖経〗需要超過による.

demánd-sìde [形] A 〖経〗(経済理論などが)需要側重視の (☞ supply-side).

de·mar·cate /dìːmɑːrkeɪt | diːmάːkeɪt/ [動] [他] (格式)〈…〉の境界[限界]を定める[示す]; 〈…〉を区分する.

de·mar·ca·tion /dìːmɑːrkéɪʃən | -mɑː-/ [名] U,C (格式) 境界, 限界; 境界[限界]決定, 区分: a ~ dispute (労働組合間などの)管轄[縄張り, 境界]争い.

de·mark /dɪmɑ́ːrk | -mάːk/ 《米》=demarcate.

de·mar·ka·tion /dìːmɑːrkéɪʃən | -mɑː-/ [名] 《米》=demarcation.

de·ma·te·ri·al·ize /dìːmətí(ə)riəlàɪz/ [自] [他] 非物質化する, 見えなくなる[する].

de·mean /dɪmíːn/ [他] (格式)〈…〉を卑しめる; [~ oneself として] 品位を落とす.

de·mean·ing /dɪmíːnɪŋ/ [形] (格式) 自尊心を傷つける, 屈辱的な (to).

‡de·mean·or, 《英》**de·mean·our** /dɪmíːnə | -nə/ [名] U [時に a ~] (格式) ふるまい, 態度: one's ~ slips (外面の)態度が崩れる, 本心がのぞく.

de·ment·ed /dɪméntɪd/ [形] 1 動転した, 取り乱した (with). 2 《古風》痴呆(ᵋᵘ)になった.

‡de·men·ti·a /dɪménʃ(i)ə/ [名] U 〖医〗痴呆.

dém·e·ra·ra súgar /démərèərə:rɑː-/ [名] U 《英》デメララ糖 (砂糖きびから採る薄褐色の粗糖).

de·merge /dìːmə́ːrdʒ | -mə́ːdʒ/ [他] 《英》〈企業〉を分割する (from). ―― [自] (企業が)分割する.

de·merg·er /dìːmə́ːrdʒə | -mə́ːdʒə/ [名] C 《英》(企業の)分割.

de·mer·it /dɪmérɪt, dì:- | dì:-/ [名] C 〖格式〗 1 《米》〖教育〗罰点. 2 [普通は複数形で] 欠点; 落ち度. **mérits and démerits** /dìːmèrɪts/ [名] 〖格式〗 (人·物の)よしあし, 功罪, 得失 (☞ merit 〖日英比較〗).

de·mer·sal /dɪmə́ːrs(ə)l | -mə́ː-/ [形] [動] (魚などが)海底[湖底]の[にすむ].

de·mesne /dɪméɪn, -míːn/ [名] 〖法〗 1 C 私有地, 地所, 大邸宅; (国王などの)領地. 2 U (土地の)私有.

De·me·ter /dɪmíːtə | -tə/ [名] 〖ギ神〗 デメテル (農業の女神; ☞ goddess 表).

dem·i- /démi/ [接頭] 「半…; 部分的の…」の意.

dem·i·glace /démiglɑːs/ [名] 〖料理〗 ドミグラスソース (ブラウンソースに肉汁を加えて煮詰めたソース).

démi·gòd [名] C 半神半人 (神と人との間に生まれた者); [普通は軽蔑] 神格化した人.

démi·gòddess [名] C 女性の半神半人.

dem·i·john /démidʒɑn | -dʒɔn/ [名] C (かご入り)細口大瓶 (3-10 ガロン入り).

de·mil·i·tar·i·za·tion /dìːmìlətərɪzéɪʃən | -raɪz-/ [名] U 非武装化.

‡de·mil·i·ta·rize /dìːmílətəràɪz/ [動] [他] [普通は受身で] 〈…〉を非武装化する: a ~d zone 〖軍〗非武装地帯 (DMZ).

dem·i·monde /démimɑnd | dèmimɔ́ːnd/ 《フランス語から》 [名] [the ~] いかがわしい連中.

‡de·mise /dɪmáɪz/ [名] U 〖格式〗 1 消滅, 終了, 中止 (of). 2 [時に滑稽] 死去.

dem·i·sem·i·qua·ver /dèmɪsémɪkwèɪvə|-və-/ 名 C (英) =thirty-second note.

de·mist /dìːmíst/ 動 =defog.

de·mist·er /dìːmístə|-tə/ 名 C (英) =defogger.

dem·i·tasse /démɪtæs/ 名 C デミタス《ブラックコーヒー用の小型のカップ》.

†**dem·o** /démoʊ/ 名 (~s) (略式) 1 C,U 実演, (商品などの)実物宣伝, 実演販売 (demonstration). 2 C (英) =demonstration 1. 3 C 試聴用テープ[レコード, CD], デモテープ, (米) (試乗用の)宣伝見本車; 〖電算〗試用ソフト.

dem·o- /démoʊ, dìːm-/ 接頭 「人々, 大衆; 人口」の意.

de·mob /dìːmɑ́b|-mɔ́b/ (英略式) 動 (**de·mobs**; **de·mobbed**; **-mob·bing**) =demobilize. ── 名 U =demobilization.

de·mo·bi·li·za·tion /dìːmòʊbəlɪzéɪʃən|-laɪz-/ 名 U (軍隊での)動員解除, 復員.

†**de·mo·bi·lize** /dìːmóʊbəlàɪz/ 動 他 〔普通は受身で〕《軍人》を復員[除隊]させる. ── 自 (部隊が)解除される; (軍人が)除隊になる.

❋**de·moc·ra·cy** /dɪmɑ́krəsi|-mɔ́k-/ 名 (**-ra·cies** /-z/; 形 dèmocrátic) **1** U 民主制, 民主主義, 民主政治: D~ came from ancient Greece. 民主政治は古代ギリシャに由来する. **2** C 民主制国, 民主政体, 民主社会: In a ~ people choose their government by voting. 民主国家では国民が投票で政府を選ぶ. **3** U (組織の)民主的運営; 社会的平等, 民主的精神. 語源 ギリシャ語で「人民による支配」の意; ☞ -cracy.

*dem·o·crat** /déməkræt/ 名 (**-o·crats** /-kræts/) C [D-] (米) 民主党員 (略 D, Dem.); (英) 社会民主党員. 関連 Republican 共和党員. **2** 民主主義者.

dem·o·crat·ic /dèməkrǽtɪk╾/ 形 (名 démocratize; 反 undemocratic) **1** 民主制の, 民主主義の, 民主政治の: a ~ country 民主主義国 / a ~ system of government 民主主義的な政治体制.

2 民主的な; 社会的平等を重んじる; 庶民的な: Your way of doing things isn't ~. あなたのやり方は民主的ではない. **3** [D-] (米) 民主党(員)の(略 D, Dem.); 民主党支持の. **-crát·i·cal·ly** /-kəli/ 副 民主主義的に, 民主制で; 民主的に.

democratic céntralism 名 U (共産主義の)民主的中央集権制度[主義], 民主集中制.

Democrátic Párty 名 [the ~] (米) 民主党《米国の2大政党の1つ; ☞ party 表; donkey 参考》.

de·moc·ra·ti·za·tion /dɪmɑ̀krəṭɪzéɪʃən|-mɔ̀krətaɪz-/ 名 U 民主化.

de·moc·ra·tize /dɪmɑ́krətàɪz|-mɔ́k-/ 動 (形 dèmocrátic) 他 〈…〉を民主化する, 民主的にする.

dé·mo·dé /dèɪmoʊdéɪ╾|deɪmóʊdeɪ/ 《フランス語から》 形 (格式) 流行遅れの.

de·mod·u·la·tion /dìːmɑ̀dʒʊléɪʃən|-mɔ̀dju-/ 名 U 〖無線〗復調, 検波.

de·mog·ra·pher /dɪmɑ́grəfə|-mɔ́grəfə/ 名 C 人口統計学者.

dem·o·graph·ic /dèməgrǽfɪk, dìːm-╾/ 形 人口統計(学)の, 人口動勢の. ── 名 [単数形で] 商品の販売対象となる層.

dem·o·graph·ics /dèməgrǽfɪks, dìːm-/ 名 [複] 人口統計, (ある地域の(年齢別の))人口動勢.

de·mog·ra·phy /dɪmɑ́grəfi|-mɔ́g-/ 名 U 人口統計学.

de·mol·ish /dɪmɑ́lɪʃ|-mɔ́l-/ 動 他 **1** 〈建物など〉を取り壊す (pull down), 破壊する《☞ destroy 類義

---

demonstration 449

語》. **2** 〈主張・理論など〉をくつがえす, 粉砕する. **3** [新聞で] 〈相手(チーム)〉をやっつける, 圧倒する. **4** 《英略式》[滑稽] 〈…〉をがつがつと平らげる.

†**dem·o·li·tion** /dèməlíʃən, dìː-/ 名 U,C 破壊, 取り壊し; (主張などの)論破; [新聞で] (相手(チーム)の)粉砕.

demolítion dérby 名 C (主に米) スタントカーレース《中古車を運転してぶつけ合い, 最後まで走れる車が勝利を得るレース》((英) stock-car racing).

demolítion jòb 名 [単数形で] (英略式) **1** 激しい非難[批判] (on). **2** 楽勝 (against, on).

†**de·mon** /díːmən/ 名 (形 demónic) C **1** 鬼, 悪霊, 悪魔. **2** 鬼のような人; わるさをする人[子供]. **3** (略式) [滑稽] 超人的な人, (仕事などの)鬼, 達人: a ~ for work 仕事の鬼. **4** [普通は複数形で] 人を苦しめるもの, 魔力《邪悪な感情など》.

démon drínk 名 [the ~] (英) [滑稽] 酒.

de·mon·e·ti·za·tion /dìːmɑ̀nəṭɪzéɪʃən|-mʌ̀nətaɪz-/ 名 U (通貨などの)通用廃止.

de·mon·e·tize /dìːmɑ́nətàɪz, -mʌ́n-|-mʌ́n-, -mɔ́n-/ 動 他 〈通貨など〉の通用を廃止する.

de·mo·ni·ac /dɪmóʊniæk/, **de·mo·ni·a·cal** /dìːmənáɪə(k)l╾/ 形 (格式) 悪魔の(ような); 悪魔にとりつかれた(ような) (demonic), 凶暴な. **-ni·a·cal·ly** /-nárəkəli/ 副 悪魔にとりつかれたように; 猛烈に.

de·mon·ic /dɪmɑ́nɪk|-mɔ́n-/ 形 (名 démon) **1** 鬼[悪魔]にとりつかれた, 悪鬼の(ような). **2** A 超人的な, 猛烈な. **-mon·i·cal·ly** /-kəli/ 副 =demoniacally.

de·mon·ize /díːmənàɪz/ 動 他 〈…〉を悪魔として描く, 悪魔と見なす, 危険視する.

de·mon·ol·o·gy /dìːmənɑ́lədʒi|-nɔ́l-/ 名 **1** U 悪魔信仰[研究]. **2** C 仇敵のリスト.

de·mon·stra·bil·i·ty /dɪmɑ̀nstrəbíləṭi, dèmən-|dɪmɔ̀n-, dèmən-/ 名 U (格式) 証明できること.

de·mon·stra·ble /dɪmɑ́nstrəbl, démən-|dɪmɔ́n-, démən-/ 形 (格式) 証明できる, 明白な. **-stra·bly** /-strəbli/ 副 証明できるように, 明らかに.

*dem·on·strate** /démənstrèɪt/ ⬛ 動 (**-on·strates** /-strèɪts/; **-on·strat·ed** /-ṭɪd/; **-on·strat·ing** /-ṭɪŋ/; 名 dèmonstrátion, 形 demónstrative) 他 **1** 〈…〉を証明する (prove), 実証する; (物事が)〈…〉の証拠となる (show): The teacher ~*d to* his pupils *that* hot air rises. <V+*to*+名・代+O (*that* 節)> 先生は生徒に熱い空気は上昇することを実証した.

2 (実物で)〈…〉を説明する; 〈商品〉を実物で[見本を見せて]宣伝する, 実演してみせる (略式) demo): I'll ~ *how* this machine works <V+O (*wh* 節)> この機械の使い方を実際にお見せしましょう / Please watch your stewardess ~ the life jacket for you. スチュワーデスが実際に救命胴衣を操作してみせますからよくごらんください. **3** 〈能力など〉を示す; 〈感情など〉を表に出す, あらわにする.

── 自 デモをする, 示威運動をする: ~ *against* the new government <V+*against*+名・代> 新政府反対のデモをする / A great number of people ~*d for* [*in favor of*] reform. <V+*for* [*in favor of*]+名・代> 大変な数の人たちが改革を求めるデモに参加した.

*dem·on·stra·tion** /dèmənstréɪʃən/ 名 (~s /-z/; 動 démonstràte) **1** C デモ, 示威運動 ((英略式) demo): stage [hold] a ~ *against* the tax hike 増税反対のデモを行う.

2 C,U 実演, 実演教授; (商品などの)実物宣伝, デモンストレーション, 実演販売 ((略式) demo): give a ~ *of* a new personal computer 新しいパソコンの実物宣伝をする. **3** C,U 証明, 証拠 (proof): a ~ *of* the exis-

demonstration program

tence of God 神の存在の立証. **4** ©《格式》(感情などの)表出, 表明 (*of*).

demonstrátion prògram 名 © 【電算】(新作ソフトの機能を試せる)デモ用プログラム.

de·mon·stra·tive /dɪmɑ́nstrətɪv | -mɔ́n-/ (動 démonstràte) **1** (人・行動などが)感情[愛情]をあらわに示す, 感情的な (反 undemonstrative). **2**《格式》(...を)証明する (*of*); 説明的な. **3**《文法》指示的な. ── 名《文法》指示詞 (that, this など). ~·**ly** 副 感情を表わして.

demónstrative prónoun 名 ©《文法》指示代名詞.

【文法】指示代名詞
近くまたは遠くの人や物を指したり, 前に出た語句・節などを指したりする代名詞をいう. 近くの物を指す this, these と, 話し相手の所または話し手・聞き手の両方から比較的離れた物を指す that, those とがある (☞ this, that¹).

*dem·on·stra·tor /démənstrèɪtə | -tə/ 名 (~s /-z/) © **1** デモ参加者, 示威運動者. **2** 実演者; 実演教授者; (主に英国の大学の)実験助手. **3** (商品などの宣伝用)実物見本, 試乗用見本車.

de·mor·al·i·za·tion /dɪmɔ̀ːrəlɪzéɪʃən, dìː- | -mɔ̀rəlaɪz-/ 名 ⓤ 士気喪失(化).

+**de·mor·al·ize** /dɪmɔ́ːrəlàɪz, dìː- | -mɔ́r-/ 他 [普通は受身で] ⟨...⟩の士気をくじく, やる気を失わせる.

de·mor·al·ized /dɪmɔ́ːrəlàɪzd, dìː- | -mɔ́r-/ 形 士気をくじかれた, 自信をなくした.

de·mor·al·iz·ing /dɪmɔ́ːrəlàɪzɪŋ, dìː- | -mɔ́r-/ 形 士気をくじくような.

De Mór·gan's láws [théorems] /dəmɔ́ːgənz- | -mɔ́ː-/ 名 〔複〕【論】(命題論理学で)ド・モルガンの法則[定理].

De·mos·the·nes /dɪmɑ́sθənìːz | -mɔ́s-/ 名 固 デモステネス (384-322 B.C.)《アテネの政治家・雄弁家》.

+**de·mote** /dɪmóʊt/ 動 (promote) 他 [しばしば受身で] ⟨...⟩の階級[地位]を下げる, 降格する (*from*, *to*).

de·mot·ic /dɪmɑ́tɪk | -mɔ́t-/ 形《格式》(言語などが)民衆の, 庶民の; 庶民的な.

de·mo·tion /dɪmóʊʃən/ 名 ⓤ© 階級[地位]を下げること, 降格 (*from*, *to*) (反 promotion).

de·mo·ti·vate /dìːmóʊt̬əvèɪt/ 動 他 〈人〉のやる気をなくさせる.

de·mo·ti·vat·ing /dìːmóʊt̬əvèɪt̬ɪŋ/ 形 やる気をなくさせる(ような).

de·mo·ti·va·tion /dìːmòʊt̬əvéɪʃən/ 名 ⓤ やる気をなくさせること.

de·mount /dìːmáʊnt/ 動 他 ⟨...⟩を(台から)取りはずす; ⟨機械⟩を分解する.

de·mul·cent /dɪmʌ́ls(ə)nt/ 【医】形 痛みを鎮める, 鎮痛の. ── 名 ⓤ© (炎症部位の)鎮痛剤.

de·mur /dɪmə́ː | -mə́ː/ 動《格式》(**de·murs**; **de·murred**; **-mur·ring** /-mə́ːrɪŋ | -mə́ː-/) ⓘ (...に)異議を唱える (*at*, *to*). ── 名 [次の成句で] **with·òut demúr** 副 異議なく.

de·mure /dɪmjʊ́ə | -mjʊ́ə/ 形 (**de·mur·er** /-mjʊ́(ə)rə | -rə/, **more** ~, **de·mur·est** /-mjʊ́(ə)rɪst/, **most** ~) **1** (女性・少女が)控え目な, 礼儀正しい; とりすました, 上品ぶった. **2** ⓦ (衣服が)(肌を見せたりせずに)上品な. ~·**ly** 副 控え目に, とりすまして; 上品に. ~·**ness** 名 ⓤ 慎み深いこと, とりすますこと.

de·mur·rage /dɪmə́ːrɪdʒ | -mə́r-/ 名 ⓤ 滞船(料); 超過停泊(料).

de·mur·ral /dɪmə́ːrəl | -mə́r-/ 名 ©《格式》異議(の申し立て).

de·mys·ti·fi·ca·tion /dìːmɪ̀stəfɪkéɪʃən/ 名 ⓤ なぞ解き, 解明; 偏見を取り除くこと.

de·mys·ti·fy /dìːmɪ́stəfàɪ/ 動 (**-ti·fies**, **-ti·fied**; **-fy·ing**) ⓦ ⟨...⟩の神秘性を取り除く, ⟨...⟩をわかりやすくする.

de·my·thol·o·gize /dìːmɪθɑ́ləʤàɪz | -θɔ́l-/ 他 ⟨...⟩の神秘性を取り除く.

+**den** /dén/ 名 © **1** (ライオン・きつねなどの野獣の)巣, 穴, ほら穴; (動物園の)おり. **2** [けなして] (盗賊などの)隠れ家; (悪の)秘密の遊び場: a ~ *of* iniquity [vice] [しばしば滑稽] 悪の巣窟. **3** 《主に米》私室《にちんまりして気持ちよく使える部屋; 書斎・仕事部屋など》. **4** 《米》カブスカウト (Cub Scouts) の班[分隊].

Den. =Denmark.

De·na·li /dənɑ́ːli/ 名 固 デナリ《Mount Mckinley の別名》.

de·na·tion·al·i·za·tion /dìːnæ̀ʃ(ə)nəlɪzéɪʃən | -laɪz-/ 名 ⓤ 非国有化, 民営化.

de·na·tion·al·ize /dìːnǽʃ(ə)nəlàɪz/ 動 他 〈国営企業など〉を非国有化[民営化]する.

de·na·tured /dìːnéɪtʃəd | -tʃəd/ 形 [主に 屬] 本来の性質を失った; 変性した.

den·drite /déndraɪt/ 名 ©【解】(神経細胞の)樹状突起.

den·dro·gram /déndrəgræ̀m/ 名 ©【生・統】(類縁関係を示す)樹状形図.

den·gue /déŋgi, -geɪ/ 名 ⓤ【医】デング熱.

Deng Xiao·ping /dʌ́ŋʃàʊpɪŋ, déŋ-/ 名 固 鄧小平(とうしょうへい)(1904-97)《中国共産党の指導者》.

de·ni·a·ble /dɪnáɪəbl/ 形 否認[否定]できる.

*de·ni·al /dɪnáɪəl/ 名 (~**s** /-z/; 動 dený) **1** ⓒⓤ 否定, 打ち消し, 否認: The police didn't believe his ~ of the theft. 警察は彼が盗みを否定したのを真(ま)に受けなかった / The politician issued a ~ *that* he had taken the bribe. <N+*that* 節> その政治家はわいろを受け取ったことを否定する声明を出した. **2** ⓤ 拒絶, 拒否; the ~ *of* human rights 人権を認めないこと. **3** ⓤ【法】否認; 【心】否認《現実を認めることを拒否する防衛機制の一つ》: be in ~ 否認している.

de·nier¹ /dénjə | -njə/ 名 ⓤ《英》デニール《生糸などの太さを測る単位》.

de·ni·er² /dɪnáɪə | -náɪə/ 名 © 否定者, 拒否者.

+**den·i·grate** /dénɪgrèɪt/ 動 他 ⟨...⟩を侮辱[中傷]する (*disparage*).

den·i·gra·tion /dènɪgréɪʃən/ 名 ⓤ 侮辱, 中傷.

+**den·im** /dénɪm/ 名 **1** ⓤ デニム《厚地の綿布》. **2** [複数形で]《古風》デニムの作業衣, ジーンズ.

De Ni·ro /dənɪ́(ə)roʊ/ 名 固 **Robert** ~ デ・ニーロ (1943-)《米国の映画俳優》.

Den·is /dénɪs/ 名 固 デニス《男性の名; 愛称は Denny》.

De·nise /dəníːs, -níːz/ 名 固 デニース《女性の名》.

den·i·zen /dénəz(ə)n/ 名 ©《文》または [滑稽] 住人; (森・空などに)生息しているもの《鳥獣・樹木など》(*of*).

Den·mark /dénmɑːk | -mɑːk/ 名 固 デンマーク《北ヨーロッパの王国; 首都 Copenhagen; 形 Den.》.

デンマーク	Denmark
デンマーク人	Dane
デンマーク語	Danish
デンマーク(人・語)の	Danish

dén mòther 名 © 《米》カブスカウトの班 (den) の女性指導者.

Den·nis /dénɪs/ 名 固 デニス《男性の名; 愛称は Denny》.

Dénnis the Ménace 名 固 わんぱくデニス《米国の同名の漫画の主人公》.

Den·ny /déni/ 名 固 デニー《男性の名; Denis または Dennis の愛称》.

Den·ny's /déniz/ 名 固 デニーズ《米国のファミリー

de·nom·i·nate /dɪnάmənèɪt | -nɔ́m-/ 動 他 **1** 〖経〗〈金額・証券などを〉(特定の通貨単位で)表示する. **2** 《格式》〈人・物を〉(…と)命名する, 称する.

de·nom·i·na·tion /dɪnὰmənéɪʃən | -nɔ̀m-/ 名 C **1** 宗派; 教派: Protestant ~s プロテスタント諸派. **2** (貨幣などの)単位名 (cent, dollar など); 額面金額.

de·nom·i·na·tion·al /dɪnὰmənéɪʃ(ə)nəl | -nɔ̀m-/ 形 宗派の, 教派の.

de·nom·i·na·tor /dɪnάmənèɪtə | -nɔ̀mənèɪtə/ 名 C 〖数〗分母 《⇨ common denominator》. 関連 numerator 分子.

de·no·ta·tion /dì:noʊtéɪʃən/ 名 C 〖言〗(語の明示的な)意味 《⇨ connotation》; 〖論〗外延.

de·no·ta·tive /dí:noʊtèɪtɪv, dɪnóʊtə-/ 形 〖言〗明示的な; 〖論〗外延的な.

****de·note** /dɪnóʊt/ 動 他 《格式》〈…を〉表示する, 示す (indicate), 〈語などが〉〈…を〉意味する 《⇨ connote》.

de·noue·ment, dé·noue·ment /dèɪnu:-mɑ́:ŋ | デヌーマン/ 《フランス語から》 名 C 《格式》(劇・小説などの)大詰め; (事件などの)解決, 落着.

****de·nounce** /dɪnáʊns/ 動 (**de·nounc·es** /-ɪz/; **de·nounced** /-t/; **de·nounc·ing**) 他 (de·nun·ci·á·tion) 他 **1** (公然と)〈…を〉非難する: He *was* ~*d as* a hypocrite. <V+O+C (*as*+名)の受身> 彼は偽善者と非難された / We ~*d* Mr. Brown *for* fail*ing* to keep his promise. <V+O+*for*+動名> 我々はブラウン氏が約束を守らなかったと非難した. **2** 〈…を〉告発する: White *was* ~*d* to the police *as* a spy. ホワイトはスパイだとして警察に告発された.

****dense** /déns/ 類義 dance 12 形 (**dens·er**; **dens·est**; 名 dénsity) **1** (人・物の)密集した, 込み合った 《反 sparse》; (場所などが)(…で)いっぱいで: a ~ forest うっそうとした森 / The marsh is ~ *with* reeds. <A+*with*+名・代> 沼地にアシが密生している.
2 (気体などが)濃い 《反 thin》 《⇨ 類義語》; 〖物理〗(物質が)密度の大きい: a ~ cloud 厚い雲 / There will be ~ fog tomorrow morning. 明朝は深い霧が出るだろう. **3** (本などが)難解な. **4** P 《略式》愚鈍な (stupid). **~·ly** 副 密に, 密集して. **~·ness** U 密集, 濃さ.

【類義語】 **dense** 内容物が密度濃く詰まっていることをいう. **thick** 濃縮された, あるいは多量のものが1か所に集まっている状態: *thick* soup [hair] 濃いスープ[髪の毛]. **close** 織物などの目が細かくて, 多くの個体が密集している状態をいう: (a) *close* texture 目の細かい織物.

****den·si·ty** /dénsəti/ 名 (**-si·ties**; 形 dense) **1** U 密度, 密集(状態); 濃さ: the ~ *of* population = population ~ 人口密度 / traffic ~ 交通量. **2** U,C 〖物理〗濃度, 密度: high ~ 高密度. **3** 〖電算〗(データ)密度, デンシティ. **4** U 難解さ.

dent /dént/ 名 C **1** へこみ: Mom put quite a ~ *in* the car. ママは車をだいぶへこませてしまった. **2** (貯えなどの)減少, 落ち込み. **make a dént in ...** 動 他 (1) …をへこませる. (2) 《略式》(貯えなどを)減少させる; (評判・自信などを)弱める. (3) 〖否定文で〗《略式》(仕事などが)かどる. ─ 動 他 **1** 〈…を〉へこませる. **2** 〈貯えなどを〉減少させる; 〈評判・信用などを〉損なう: ~ a person's pride …の高慢な鼻をへし折る. ─ 自 へこむ.

den·tal /déntl/ 形 **1** A 歯の; 歯科の: You need ~ treatment [care]. 歯の治療[手入れ]が必要だ. **2** 〖音声〗歯音の. ─ 名 C 〖音声〗歯音 (/θ, ð/ など).

déntal assístant 名 C 歯科助手.
déntal clínic 名 C 歯科医院.
déntal flóss 名 U デンタルフロス (floss).
déntal hýgienist 名 C 歯科衛生士.
déntal núrse 名 C 《英》歯科医助手.
déntal pláte 名 C [普通は単数形で] 義歯床.

déntal púlp 名 U 歯髄 (pulp).
déntal sùrgeon 名 C 《格式》歯科医 (dentist).
déntal technìcian 名 C 歯科技工士.
den·ti·frice /déntəfrɪs/ 名 U 《格式》練り歯磨き (toothpaste), 歯磨き粉 (toothpowder).
den·tin /déntɪn/, **den·tine** /déntiːn/ 名 U 〖歯〗象牙(ぞうげ)質.

****den·tist** /déntɪst/ 12 名 (**den·tists** /-tɪsts/) C 歯科医: I have to see [consult] a ~. ぼくは歯医者に行かなければいけない / He went to the ~('s). 彼は歯医者へ行った 《⇨ absolute possessive 文法》.

den·tist·ry /déntɪstri/ 名 U 歯科学; 歯科医療.
den·ture /déntʃə | -tʃə/ 名 **1** [複数形で] 義歯 《全体》(false teeth): full ~s 総入歯. **2** [形容詞的に] 義歯の. **3** C 《格式》義歯床 (plate).

de·nu·cle·ar·ize /diː n(j)úːkliəràɪz | -njúː-/ 動 他 〈…を〉非核化する: a ~*d* zone 非核武装地帯.

de·nu·da·tion /dìːnjuːdéɪʃən | -njuː-/ 名 U 《格式》はぎ取ること; はぎ取られた状態, 露出.

de·nude /dɪn(j)úːd | -njúːd/ 動 他 《格式》[普通は受身で] (覆(おお)いなどを)〈…から〉はぐ, 剥奪(はくだつ)する (*of*).

de·nu·mer·a·ble /dɪn(j)úː m(ə)rəbl | -njúː-/ 形 〖数〗可付番の 《自然数と1対1の対応がつけられる》: a ~ set 可付番集合.

****de·nun·ci·a·tion** /dɪnʌnsiéɪʃən/ 名 U,C (動 de·nóunce) U,C 公然の非難, 弾劾; 告発.

Den·ver /dénvə | -və/ 名 固 デンバー 《米国 Colorado 州中部の州都; 海抜1マイルに位置することから The Mile-High City とも呼ばれる; ⇨ 表地図F 4》.

Dénver bóot 名 C 《米略式》(違法駐車の車を固定する)車輪止め 《《英》wheel clamp》.

Dénver sàndwich 名 C トーストにオムレツをはさんだサンドイッチ.

****de·ny** /dɪnáɪ/ 11 動 他 (**de·nies** /~z/; **de·nied** /~d/; **-ny·ing**; 名 deníal) 他 **1** 〈…を〉否定する, 打ち消す, …ではないと言う 《反 affirm》 〖言い換え〗 They denied the rumor. = They *denied that* the rumor was true. <V+O (*that* 節)> 彼らはそのうわさは本当ではないと言った 〖言い換え〗 She *denied* steal*ing* [hav*ing* stolen] anything. <V+O (動名)> 《⇨ having² 2 文法》= She *denied that* she had stolen anything. 彼女は何も盗まなかったと言った.

2 《格式》〈要求を〉拒む (refuse); 〈人に×与えるべきものを〉与えない, 許可しない, 禁じる: He never *denies* my requests. 彼は決して私の要求を拒むことはない / 〖言い換え〗 They *denied* any help *to* her. <V+O+*to*+名・代> = They *denied* her any help. <V+O+O> 彼らは彼女に何の援助も与えなかった 《⇨ to¹ 3 語法》. 語法 上の文を受身にするとつぎのようになる: She was denied any help by them. **3** 《格式》〈…を〉否認する, 知らないと言う. **4** 〈感情などを〉認めない, 否定する. **5** 《文》〈信念などを〉そむく. **6** [主に新聞で]〈相手チームの〉勝利[得点]を阻む.

dený onesèlf (…を) 動 他 《格式》(…を)自制する, (…の)楽しみを断つ.
There's nó denýing ... [that ...] S …(であること)は否定できない[明らかである].

****de·o·dor·ant** /diːóʊdərənt, -drənt/ 名 C,U 防臭剤, デオドラント. ─ 形 A 防臭効果のある.

de·o·dor·ize /diːóʊdəràɪz/ 動 他 〈…の〉臭気を除く.

de·o·dor·iz·er /diːóʊdəràɪzə | -zə/ 名 C 防臭剤 [スプレー].

de·óx·y·rì·bo·nu·clé·ic ácid /diːὰksɪràɪ-boʊn(j)uːklíːɪk- | -ɔ̀ksɪràɪboʊnjuː-/ 名 U =DNA.

dep. 略 =depart(s), department, departure, deposit, deputy.

****de·part** /dɪpάət | -pάːt/ 動 (**de·parts** /-pάəts |

-pá:ts/; -part・ed /-tɪd/; -part・ing /-tɪŋ/; 名 depár-ture) 《格式》 自 1 出発する (leave). 反 arrive, reach) 《略》dep.. ☞ leave 類義語; part 単語の記憶: The train will ~ *from* track [platform] 8. <V+*in*+名・代> 列車は8番線から出る / He ~ed for America with his children. <V+*for*+名・代> 彼は子供たちとアメリカへ発(ﾀ)った. 2 (…から)それる, はずれる; …と違うことをする: ~ *from* tradition 伝統から外れる. 3 辞職[辞任]する (*from*). ― 他 《米》1 〈場所などを〉去る. 2 〈仕事を〉辞める. 語源 ラテン語で「部分 (part) に分ける」から「分かれる」「出発する」となった. **depárt (from) this lífe** [動] 自 《格式》《婉曲》この世を去る, 死ぬ.

de・part・ed /dɪpάːrṭɪd | -pάːt-/ 形 《文》 1 〔婉曲〕亡くなった: *the* (dear) ~ 〔単数扱い〕故人; 〔複数扱い〕死んだ人々 (☞ the¹ 3). 2 過ぎ去った, 過去の.

***de・part・ment** /dɪpάːrtmənt | -pάːt-/ 名 T 《複》(**-ments** /-mənts/; 形 depàrtméntal) 1 C 部門, …部 (branch); 〔官庁の〕署 《略》dep., dept., dpt.): the sales ~ 販売部, 営業部 / the police [《米》fire] ~ 警察[消防]署.

2 C 《デパートの》売り場: The toy [book] ~ is on the fifth floor. おもちゃ[書籍]売り場は5階だ.

3 C 《官庁の》省, 《官庁の》局 (ministry の下); 《米》bureau), 課 《米》division): *the D*~ *of Trade and Industry* 《英国の》貿易産業省 / *the D*~ *for Transport* 《英国の》運輸省.

4 C 《大学の》学部, 学科: the ~ of English = the English ~ 英語学科.

5 〔所有格の後で単数形で〕S 《略式》仕事の領分: Don't ask me―that's not *my* ~. 私に聞かないで―私の担当じゃないから. **6** C 《フランスなどの》県. **7** C S 《性格などの》面, 点. 語源 元来は「部分に分けられたもの」の意で depart 語源.

米国の省
(☞ secretary 2 および成句, Attorney General)

the Department of State	国務省
the Department of the Treasury	財務省
the Department of Defense	国防総省
the Department of Justice	司法省
the Department of the Interior	内務省
the Department of Agriculture	農務省
the Department of Commerce	商務省
the Department of Labor	労働省
the Department of Health and Human Services	保健社会福祉省
the Department of Housing and Urban Development	住宅都市開発省
the Department of Transportation	運輸省
the Department of Energy	エネルギー省
the Department of Education	教育省
the Department of Veterans' Affairs	復員軍人省
the Department of Homeland Security	国土安全保障省

***de・part・men・tal** /dɪpὰːrtméntl | dìːpɑːt-/ 形 《名 depártment》 A 部門(別)の; 省[局]の.
de・part・men・tal・i・za・tion /dɪpὰːrtmèntəlɪzéɪʃən | dìːpɑːtmèntəlaɪr-/ 名 U 部門[部局]分け.
de・part・men・tal・ize /dɪpὰːrtméntəlàɪz | dìːpɑːt-/ 動 他 〈…〉を部門[部局]に分ける.
***depártment stòre** 名 《~s /-z/》 C デパート, 百貨店: go shopping at a ~ デパートへ買い物に行く.
***de・par・ture** /dɪpάːrtʃər | -pάːtʃə/ 《複》 《~s /-z/》; 動 depárt) 1 C,U 出発, 発車 《略》dep.); 《反》arrival); C 出発便; 〔形容詞的に〕出発[発車]and

~s of trains 列車の発着 / I saw him shortly before his ~ *for* London. ロンドンに発つ少し前に彼に会った / 会話 "What is the ~ time of JAL flight 812?" "Two thirty in the afternoon." 「日航812便の出発時刻はいつですか」「午後2時半です」 2 U,C 離れること, 逸脱, 背反 (*from*). 3 C 《新しい出発[試み]; 新方針. 4 U,C 辞職, 退任, 退場 (*from*). **a póint of depárture** [名] (1) (議論などの)出発点 (*for*). (2) (旅の)出発点. **táke one's depárture** [動] 自 《格式》 (…から)出発する (*from*).

depárture lòunge 名 C (空港の)出発ロビー.
depártures bòard 名 C (駅・空港の)出発時刻表示板.

***de・pend** /dɪpénd/ 動 (**de・pends** /-péndz/; **-pend・ed** /-ɪd/; **-pend・ing** /-dɪŋ/; 名 depéndence, 形 depéndent) 自

元来は「ぶら下がる」の意 (☞ 単語の記憶) → (すがる) → 「頼る」2 → 「…次第である」1

1 〔進行形なし〕(物事が)…次第である, …による: The crop ~s *on* [*upon*] the weather. <V+*on* [*upon*]+名・代> 作柄は天気次第だ / Everything ~s *on* [*upon*] *what* he does. <V+*on* [*upon*]+wh句・節> すべて彼の出方次第だ / Our success ~s *on* [*upon*] *whether* he will help us or not. <V+*on* [*upon*]+*whether* 節> 私たちの成功は彼が援助してくれるかどうかにかかっている.

語法 (略式)では <it+V+on [upon]+wh節> の構文で on [upon] を省略することが多い: It ~s (*on* [*upon*]) *who* you ask. 尋ねる相手次第だ / It ~s (*on* [*upon*]) *how* he's feeling. 彼の気持ち次第だ.

2 〔普通は進行形なし〕(…を)頼りにする; 〈援助などを〉当てにする, 信頼する (rely): We ~ *on* [*upon*] you. <V+*on* [*upon*]+名・代> 私たちはあなたを頼りにしている / He cannot be ~ed *on* [*upon*]. 彼は当てにできない. 語法 ここでは depend on [upon] が他動詞と同じように扱われて受身になっている / She ~ed *on* [*upon*] *me for* help. <V+*on* [*upon*]+名・代+*for*+名・代> 彼女は私の助けを当てにしていた / 言い換え You can ~ *on* [*upon*] *me to* do it. <V+*on* [*upon*]+名・代+*to* 不定詞> = You can ~ *on* [*upon*] my do*ing* it. <V+*upon* [*on*]+動名> = You can ~ *on* [*upon*] *it that* I will do it. それをするのは私にお任せください 《★ that の of の it は形式目的語).

às if your life depénds on it できる限りの努力をして.

depénding on … [前] …次第で[に頼って].
depénd on [upòn] it = **you can depénd on [upòn] it** S 大丈夫だ, きっと. 語法 文頭・文尾に用いる. 《米》では 《まれ》: She will come back to you, ~ *upon it*. 彼女はきっと戻ってくるよ.
Thàt [It] (àll) depénds. S 場合[そのときの事情]による.

会話 "Will you lend me some money if I need it?" "That ~s." 「必要なときに少し金を貸してくれますか」「ときと場合によりますよ」

単語の記憶 《PEND》〈ぶら下がる〉

de**pend**	(…からぶら下がる) → 頼りにする
sus**pend**	(つり下げる) → ぶらりんにする
pending	(宙ぶらりんの) → 未決定の
pendulum	(ぶらさがったもの) → 振り子

de・pend・a・bil・i・ty /dɪpèndəbíləti/ 名 U 頼り[当て]になること; 信頼度, 頼もしさ.

de·pend·a·ble /dɪpéndəbl/ 形 頼り[当て]になる, 頼もしい, 信頼できる. **-a·bly** /-bli/ 副 頼もしく.

†**de·pen·dant** /dɪpéndənt/ 名 C《英》=dependent.

†**de·pen·dence** /dɪpéndəns/ 名 (動 depénd) U 1 依存, 頼ること, 従属 (反 independence); (...に)左右されること: our increasing ~ on [upon] computers 私たちがますますコンピューターに依存してゆくこと. 2 薬物[麻薬]依存(症), 中毒. 3《格式》信頼, 信用 (trust). **in depéndence on [upon]** ...に依存して. **pùt [pláce] depéndence on [upòn]** ... 《動 他《格式》...を信頼する.

†**de·pen·den·cy** /dɪpéndənsi/ 名 (-den·cies) 1 C 属国; 保護領. 2 U 依存(状態) (on). 3 U《主に米》=dependence 2.

depéndency cùlture 名 [the ~] 依存型文化 (国家福祉に頼る生活様式).

***de·pen·dent** /dɪpéndənt/ 11 形 (動 depénd; 反 independent) 1 (...に)頼っている, (...の)世話になっている: ~ children 自立し独り立ちしていない子供たち / He remained ~ on [upon] his parents even after getting married. <A+on [upon]+名·代> 彼は結婚したあとでも相変わらず両親のやっかいになっていた.

2 《格式》(...の)次第の, (...に)左右される [言い換え] The voter turnout is largely ~ upon [on] the weather. <A+upon [on]+名·代> (=The voter turnout depends largely upon [on] the weather.) 投票率は天候に大きく左右される. 3 《形 (薬物などに)依存している (on, upon). — 名 C《米》扶養家族, 他人に頼って生活する人; 居候.

depéndent cláuse 名 C《文法》従属節 (☞ subordinate clause 文法).

depéndent váriable 名 C《数》従属変数.

de·per·son·al·ize /di:pə́:rs(ə)nəlàɪz, |-pə́:-/ 動 他 W〈...〉を非人格化する; 没個性的にする.

***de·pict** /dɪpíkt/ 動 他 (de·picts /-píkts/; -pict·ed /-ɪd/; -pict·ing) 〈...〉を絵で示す; (ことばで)描く, (...)と描写する (as): The story ~s his tragically short life. その物語は彼の悲劇的な短い生涯を描いている.

†**de·pic·tion** /dɪpíkʃən/ 名 U.C 描写, 叙述.

de·pil·a·to·ry /dɪpílətɔ̀:ri, |-təri, -tri/ 形 脱毛力のある. — 名 (-to·ries) C 脱毛剤[薬].

de·plane /di:pléɪn/ 動 自《米》飛行機から降りる.

***de·plete** /dɪplí:t/ 動 (de·pletes /-plí:ts/; -plet·ed /-ɪd/; -plet·ing /-ɪŋ/) 他 [普通は受身で]〈蓄え・資金・資源など〉を減少させる, 使い果たす, 枯渇させる: Our water supply is seriously ~d. 水の供給が急激に減っている.

de·plet·ed /dɪplí:tɪd/ 形 減少した, 使い果たした.

de·ple·tion /dɪplí:ʃən/ 名 U 激減, 使い果たすこと, 消耗: ~ of the ozone layer オゾン層破壊.

de·plor·a·ble /dɪplɔ́:rəbl/ 形 嘆かわしい; 遺憾な, 非難すべき; ひどい, 言語道断の. **-a·bly** /-bli/ 副 嘆かわしく; ひどく.

de·plore /dɪplɔ́ər | -plɔ́:/ 動 (de·plor·ing /-plɔ́:rɪŋ/; 進行形なし)《格式》〈...〉を嘆かわしいと非難する; 遺憾に思う.

de·ploy /dɪplɔ́ɪ/ 動 (de·ploys /-z/; de·ployed /-d/; -ploy·ing) 他 1《軍事》配置する, 展開させる; 〈兵器〉を配備する: The president had no intention of ~ing ground troops. 大統領は地上軍を配備する考えを持っていなかった. 2《格式》〈資金など〉を効果的に用いる. 3《装置など》を機能[作動]させる. — 自 1《軍隊が》配置される. 2《装置などが》機能する.

de·ploy·ment /dɪplɔ́ɪmənt/ 名 U.C《軍隊の》配置, 展開; 《兵器の》配備: The ~ of nuclear weapons can be a threat to peace. 核兵器の配備は平和の脅威となりうる.

---

depot 453

de·po·lar·ize /di:póulərɑ̀ɪz/ 動 他《電工》〈...〉の極性をなくす; 〈偏光〉から偏光性を除く.

de·po·lit·i·cize /dì:pəlítəsɑ̀ɪz/ 動 他〈...〉から政治色をとる; 〈...〉を非政治化する.

de·po·nent /dɪpóunənt/ 名 C《法》(特に文書による)宣誓証人[供述者].

de·pop·u·late /di:pápjulèɪt | -pɔ́p-/ 動 [普通は受身で]〈...〉の住民を減らす; 〈...〉の人口を減少させる, 過疎にする: a ~d area 過疎地域.

de·pop·u·la·tion /di:pɑ̀pjulérʃən | -pɔ̀p-/ 名 U 住民を減らすこと; 人口減少, 過疎化.

***de·port**¹ /dɪpɔ́ərt | -pɔ́:t/ 動 (de·ports /-pɔ́ərts | -pɔ́:ts/; -port·ed /-tɪd/; -port·ing /-tɪŋ/) 他〈外国人〉を(国外に)追放する, 退去させる (from): The illegal immigrants were ~ed to their own country. 不法入国者は自分の国に送還された.

de·port² /dɪpɔ́ərt | -pɔ́:t/ 動 [~ oneself として]《格式》(身を)処する, ふるまう (behave).

de·por·ta·tion /dì:pɔərtéɪʃən | -pɔ:-/ 名 U.C 国外追放[退去].

de·por·tee /dì:pɔərtí: | -pɔ:-/ 名 C 国外追放[退去] (を命じられた)者.

de·port·ment /dɪpɔ́ərtmənt | -pɔ́:t-/ 名 U《格式》1《古風, 主に米》態度, ふるまい, 行儀. 2《英》(若い女性の)立ち居ふるまい.

***de·pose** /dɪpóuz/ 動 他 1〈王など〉を退位させる; 免職させる. 2《法》〈...〉と証言する (that). — 自《法》証言する (to).

***de·pos·it** /dɪpázɪt | -pɔ́z-/ 11 名 (-pos·its /-zɪts/) C 1 [普通は単数形で] 手付金, 頭金; 保証金, 敷金 (on): The ~ is equivalent to two months' rent. 敷金は家賃のふた月分だ / The ~ is refunded when you return the empty bottles. 保証金は空きびんを返すと戻る.

2 預金, 積立金 (略 dep.), 寄託金; 《英》(選挙立候補者の)供託金: a fixed [time] ~ 定期預金 / make a ~ of $1,000 1000ドルの預金をする. 3 堆積物; 沈殿物; 埋蔵物, 鉱床. **on depósit** 〔副·形〕(銀行に)預金して[た]. **páy [màke, pùt dówn] a depósit** 〔動〕〔自〕(...の)頭金[敷金]を払う (on).

— 動 (-pos·its /-zɪts/; -it·ed /-tɪd/; -it·ing /-tɪŋ/) 他 1《格式》〈...〉を(注意して)置く; 《略式》〈乗客〉を降ろす: She ~ed the baby in the cradle and rushed to answer the phone. <V+O+前+名·代> 彼女は赤ん坊をゆりかごに置いて急いで電話に出た.

2〈...〉を金銭する. 預金する, 入金する (反 withdraw); 供託する: We ~ money in banks. <V+O+in+名·代> 私たちは銀行にお金を預ける / He ~ed his papers with his lawyer. 彼は書類を弁護士に預けた. 3 手付金[頭金, 敷金]として払う: ~ one tenth of the price 価格の10分の1を手付金として払う. 4〈風·流れが〉〈...〉を堆積(な)させる, 沈殿させる (on). 5〈硬貨〉を(投入口に)入れる.

depósit accòunt 名 C《主に英》通知預金(口座) 《前もって通知しておかないと引き出せない》(☞ savings account).

***dep·o·si·tion** /dèpəzíʃən, dì:-/ 名 1 C《法》宣誓証言[証書]. 2 U 堆積(な)[沈殿](作用). 3 U.C 免職, 廃位. 4 [the D-] キリスト降架の絵《キリストを十字架からおろすこと》.

***de·pos·i·tor** /dɪpázətər | -pɔ́zɪtə/ 名 C 預金者.

de·pos·i·to·ry /dɪpázətɔ̀:ri | -pɔ́zɪtəri, -tri/ 名 (-to·ries) C 保管所, 倉庫. = 保管物.

depósit slìp 名 C《米》(銀行の)預金入金票《英》 paying-in slip).

***de·pot** /dí:pou | dép-/ 名 (~s /-z/) C 1《米》(鉄道の小さい)駅, 停車場 (☞ station 1 類義語). (長距離バ

454 depot

ス・飛行機の)発着所. **2** (英) バスの(修理)車庫.

dep·ot² /dépou/ 名 貯蔵所, 倉庫.

dep·ra·va·tion /dèprəvéiʃən/ 名 U (格式) 堕落する[させる]こと.

de·prave /dɪpréɪv/ 動 他 (格式) ⟨…⟩を堕落させる.

de·praved /dɪpréɪvd/ 形 (格式) 堕落した, 下劣な.

de·prav·i·ty /dɪprǽvəti/ 名 (-i·ties) (格式) U 堕落; C 悪行.

dep·re·cate /déprɪkèɪt/ 動 他 (進行形なし)(格式) **1** ⟨…⟩を(強く)非難する. **2** =depreciate 2.

dep·re·cat·ing /déprɪkèɪtɪŋ/ 形 W (格式) **1** 非難[否認]する; けなすような. **2** 弁解の, 申し訳なさそうな. **~·ly** 副 非難するように.

dep·re·ca·tion /dèprɪkéɪʃən/ 名 U,C (格式) 反対, 不賛成, 非難.

dep·re·ca·to·ry /déprɪkətɔ̀:ri | -təri, -tri/ 形 = deprecating.

de·pre·cia·ble /dɪprí:ʃiəbl/ 形 (米) **1** 値下がりしうる. **2** (会計) 減価見積もりしうる.

⁺de·pre·ci·ate /dɪprí:ʃièɪt/ 動 自 (貨幣などの)価値が下がる (反 appreciate). ─ 他 **1** ⟨…⟩の価値を下げる; (会計) ⟨資産⟩を減価償却する. **2** (格式) ⟨…⟩を軽視する, 見下す.

de·pre·ci·a·tion /dɪprì:ʃiéɪʃən/ 名 **1** U,C (貨幣などの)価値の低下 (反 appreciation). **2** U (会計) 減価償却. **3** U (格式) 軽視, 侮り.

de·pre·cia·to·ry /dɪprí:ʃətɔ̀:ri | -ʃiətəri, -tri/ 形 (格式) けなす, 見下すような.

dep·re·da·tion /dèprədéɪʃən/ 名 C [普通は複数形で] (格式) 略奪行為, 破壊の跡.

⁺de·press /dɪprés/ 発音 動 (名 depression) 他 **1** ⟨…⟩を気落ちさせる[落胆させる] (discourage) (⇨ press¹ 単語の記憶): We were ~ed by the defeat. 私たちは敗北で気落ちした. **2** (格式) ⟨価格・需要など⟩を低下させる, 抑制する; ⟨市場など⟩を不景気にする. **3** ⟨レバーなど⟩を押し下げる, ⟨ボタンなど⟩を押す.

de·pres·sant /dɪprés(ə)nt/ 形 A (筋肉・神経などに)抑制作用のある. ─ 名 C 鎮静剤, 抑制剤.

⁺de·pressed /dɪprést/ 形 **1** 気落ちした, 落胆した, 気がめいった, 鬱(ｳﾂ)(病)の: He was deeply ~ about [by, over, at] his exam results. <A+前+名・代> 彼は試験の結果にひどく落ち込んでいた. **2** 不景気の: a ~ area 不況地区. **3** (量・水準などが)低下した. **4** (上から押された形の), くぼんだ.

⁺de·press·ing /dɪprésɪŋ/ 形 気落ちさせるような, 気がめいるような, 陰鬱(ｲﾝｳﾂ)な: a ~ gray sky 憂鬱な灰色の空. **~·ly** 副 気落ちさせるように; 気がめいるほど.

＊de·pres·sion /dɪpréʃən/ 発音 (~s /~z/; 名 depress) **1** U,C 憂鬱(ﾕｳｳﾂ), 落胆, ふさぎ, (医) 鬱病: mental ~ 意気消沈. 関連 mania 躁病.

2 C (長期の)**不況**, 不景気: the D~ (1929-30 年の)世界大恐慌 / This industry is in a deep ~. この産業はひどい不況にある. 関連 recession (一時的な)景気後退. **3** C W 沈下[陥没]個所, くぼみ. **4** C (気象) 低気圧(圏).

de·pres·sive /dɪprésɪv/ 形 憂鬱な; (医) 鬱病の. ─ 名 C 鬱病患者 (⇨ manic-depressive).

depressor ⇨ tongue depressor.

de·pres·sur·i·za·tion /dì:prèʃərɪzéɪʃən | -raɪz-/ 名 U 減圧.

de·pres·sur·ize /dì:préʃəràɪz/ 動 他 ⟨…⟩の気圧を下げる. ─ 自 (機内などの)気圧が下がる.

⁺dep·ri·va·tion /dèprəvéɪʃən/ 名 (動 deprive) U,C 欠乏, 不足; 貧困; 喪失: sleep ~ 睡眠不足.

＊de·prive /dɪpráɪv/ 動 (de·prives /~z/; de·prived /~d/; de·priv·ing) 他 (dèprivátion) ⟨…⟩ から⟨一を⟩奪う, 奪い去る: The angry people ~d the dictator *of* all his power. <V+O+of+名・代> 怒った人民は独裁者からすべての権力を奪ってしまった / A toothache ~d me *of* sleep. 歯が痛くて眠れなかった (⇨ of 15).

⁺de·prived /dɪpráɪvd/ 形 困窮した, 貧しい: the ~ 貧しい人たち (⇨ the¹ 3).

de·pro·gram /dì:próʊgræm/ 動 (de·pro·grams; de·pro·grammed, de·pro·gramed; -gram·ming, -gram·ing) 他 ⟨人⟩の信念[信仰]を(強制的に)捨てさせる, ⟨…⟩を(盲信から)目覚めさせる.

⁺dept. 略 =department.

＊depth /dépθ/ 名 (~s /~s/; 形 deep) **1** [単数形で] **深さ, 深度**: 言い換え We measured the ~ *of* the river. (=We measured how deep the river was.) 我々はその川の深さを測った. 沈没船は 100 メートルの深さのところにある / The snow accumulated to a ~ of one foot. 雪は 1 フィート積もった.

2 [単数形で] (建物などの)**奥行き**; (絵・写真の)**立体感**: the ~ *of* a building 建物の奥行き / ~ of field (写) 被写界深度(被写体の前後でピントの合う範囲). 関連 width 幅. **3** C [普通は複数形で] 深い所, 深み; (心の)**奥底**, 隠れた所: treasures in the ~s of the lake 湖の底に沈んでいる宝物 / reveal hidden ~s (性格などの)隠れた面を示す / Owls live in the ~s of the forest. ふくろうは森の奥深い所に住んでいる. **4** U (問題などの)**複雑さ, 重大さ**; (感情の)**深刻さ**; [ほめて] (人格・知識・考えなどの)**深さ, 深遠**: I could not understand the great ~ of his thought. 私は彼の非常に深遠な思想を理解できなかった. **5** U (色の)**濃さ**; (音・声の低さ[太さ]). **6** [the ~s] (文) 深海. **7** U (スポ) (選手)層の厚さ. **be** [**gèt**] **òut of [beyònd] one's dépth** [動] (1) 能力が及ばない[なくなる], 理解できない[できなくなる]: I *was* out of [beyond] my ~ in that argument. あの議論では私はお手上げだった. (2) (英)背が立たない深みにいる[行く]. **in dépth** [副] (1) 深さは[が]; 奥行きは[が]: The lake is sixty feet *in* ~. その湖の深さは 60 フィートだ / The stage is ten meters in ~. 舞台は奥行が 10 メートルある. (2) 徹底して; 広範囲にわたって. **in [into] the dépth(s) of...** [前] (1) …の奥深いところに (⇨ 3). (2) …のまっただ中に; …のどん底に: *in* the ~s *of* winter 真冬に / *in* the ~s *of* despair 絶望のどん底に.

dépth chàrge 名 C 爆雷(潜水艦爆破用).

dépth fìnder 名 C (海) 音響測深機.

dépth gàuge 名 C 水深計, 測深器.

dépth percèption 名 U (生理) 奥行き感覚.

dépth psychòlogy 名 U 深層心理学.

dépth sòund·er /-sàʊndə | -də/ 名 C =depth finder.

dep·u·ta·tion /dèpjʊtéɪʃən/ 名 C (英) 単数形でも時に複数扱い 代表(委員)団.

de·pute /dɪpjú:t/ 動 他 (格式) **1** ⟨人⟩に代理で…させる (to do). **2** ⟨仕事・権限⟩を委任する (to).

dep·u·tize /dépjʊtàɪz/ 動 他 (米) ⟨…⟩を代理に務める (for). ─ 他 (米) ⟨…⟩を代理に任命する.

⁺dep·u·ty /dépjʊti/ 名 (-u·ties /~z/; 動 deputize) **1** C [(長の留守のとき代行となる)**次位の人, 次長, 次官, 補佐, 教頭; 代理人, 代行; (米国の)保安官代理** (略 dep.): Mr. Hart will act as my ~. ハート氏が私の代理を務めるだろう. **2** [形容詞的に] 次位の, 副…: the ~ prime minister 副首相. **3** C [しばしば D~] (フランスなどの)**代議士**. **by dèputy** [副] 代理で.

de·rac·i·nate /dɪrǽsənèɪt/ 動 他 (文) ⟨…⟩を根こそぎにする, 根絶する.

⁺de·rail /dɪréɪl/ 動 **1** [しばしば受身で] ⟨列車など⟩を脱線させる. **2** (主に新聞で) ⟨交渉など⟩を妨げる, だめにする. ─ 自 脱線する.

de·rail·leur /dɪréɪlə | -l(j)ə/ 《フランス語から》 名 C (自転車の)変速装置.

de·rail·ment /dɪréɪlmənt/ 名 U.C 脱線.

†de·ranged /dɪréɪndʒd/ 形 発狂[錯乱]した.

†de·range·ment /dɪréɪndʒmənt/ 名 U 発狂, 錯乱.

†Der·by /dáːbi, dáː- | dáː-/ 名 1 [the ~] ダービー競馬 《英国の Epsom で毎年行なわれる》. 2 [the ~] 《米》大競馬: the Kentucky ~ ケンタッキーダービー. 3 C [d-] 自由参加のレース[競技]. 4 C [d-] 《米》ダービーマッチ 《同じ地域・都市の 2 チームによる対戦》. 5 C [d-] 《米》山高帽《英》bowler.

Der·by·shire /dáːbɪʃə, dáː- | dáːbɪʃə/ 名 固 ダービーシャー《英国 England 中部の州》.

†de·reg·u·late /diːrégjʊlèɪt/ 動 他 [しばしば受身で]〈...〉の統制[規制]を撤廃[緩和]する.

†de·reg·u·la·tion /diːrègjʊléɪʃən/ 名 U (統制の)撤廃, 解除, 規制緩和.

†der·e·lict /dérəlìkt/ 形 1 [普通は A] 〈建物・土地などが〉放棄[遺棄]された, 廃れた. 2 《米》義務怠慢の (in). ── 名 C 《格式》(社会の)落後者, 浮浪者.

der·e·lic·tion /dèrəlíkʃən/ 名 U 1 放棄(された状態), 荒廃. 2 《格式》(職務の)怠慢: ~ of duty 職務怠慢.

de·re·strict /dìːrɪstríkt/ 動 他 〈...〉の(速度)制限を撤廃する.

†de·ride /dɪráɪd/ 動 他 [しばしば受身で] 《格式》〈...〉をあざける, ばかにする (as) (ridicule).

de ri·gueur /dərigə́ː | -rɪgə́ː/ 《フランス語から》 P 礼式[しきたり]上必要とされる.

de·ri·sion /dɪríʒən/ 名 U あざけり, あざ笑い, 嘲笑(ちょうしょう): an object of ~ 嘲笑の的. **hóld ... in derísion** 動 他 〈...〉を嘲笑する. **in derísion** 副 (...を)ばかにして (of).

de·ri·sive /dɪráɪsɪv/ 形 あざける[ばかにする]ような. **~·ly** 副 あざけるように.

de·ri·so·ri·ly /dɪráɪsərəli/ 副 失笑を買うほどに; ばかにして.

de·ri·so·ry /dɪráɪsəri/ 形 1 〈金額などが〉(あまりにも)わずかで〔ばかにされたような. 2 = derisive.

de·riv·a·ble /dɪráɪvəbl/ 形 《格式》(...から)引き出せる; 推論できる (from).

der·i·va·tion /dèrəvéɪʃən/ 名 動 derive) 1 U.C 由来, 起源. 2 U《文法》派生; C 派生形. 3 U《格式》(あるものから)引き出すこと; 《数・論》導出《公式・命題を導くこと》.

文法 派生
ある語に接頭辞または接尾辞をつけるなどして別の語をつくることをいう. このようにしてできた語をある語の派生語 (derivative) という. friend → friendly (接尾辞) と unfriendly (接頭辞) のような場合には, friendly は名詞 friend から派生した形容詞で friend の派生語であり, さらにまた unfriendly は friendly から派生した形容詞で friendly の派生語である.

---

de·riv·a·tive /dɪrívətɪv/ 名 C 1 派生物 (of). 2 《文法》派生語 (☞ derivation 文法). 3 《数》導関数. 4 《経》金融派生商品, デリバティブ. ── 形 (derive) (あるものに)由来した; [軽蔑] 他を模倣した, 独創的でない. **~·ly** 副 独創的でなく.

†de·rive /dɪráɪv/ 動 (**de·rives** /~z/; **de·rived** /~d/; **de·riv·ing**) 名 dèrivátion, 形 derivátive) 他 《格式》〈利益・情報・楽しみなど〉を引き出す, 得る: You can ~ great pleasure *from* books. <V+O+from+名・代> 書物から大きな楽しみが得られる.

2 [普通は受身で] 〈...〉の起源[由来]を求める: Many English words *are ~d from* Latin. 英語の単語にはラテン語から派生しているものが多い. 3 《化》〈化合物〉を

---

descend 455

誘導する. 4 《数・論》〈...〉を導き出す[証明する].
── 自 (...から)出る; 〈ことばなどが...に〉由来する: Her stinginess *~s from* her poverty. <V+from+名・代> 彼女がけちなのは貧しさからだ. 語源 ラテン語で「川から水を引く」の意 (☞ river 単語の記憶).

der·ma- /dáː-mə | dáː-/, **derm-** /dáː-m | dáː-m/ 接頭 「皮膚の」の意: dermatology 皮膚科学.

der·ma·ti·tis /dàː-mətáɪtɪs | dàː-/ 名 U 《医》皮膚炎.

der·ma·to·log·i·cal /dàː-mətəládʒɪkəl | -lɔ́dʒ-/ 形 皮膚科学の.

†der·ma·tol·o·gist /dàː-mətálədʒɪst | dàː-mətɔ́l-/ 名 C 皮膚科医.

der·ma·tol·o·gy /dàː-mətálədʒi | dàː-mətɔ́l-/ 名 U 皮膚科学.

der·mis /dáː-mɪs | dáː-/ 名 U 《解》真皮.

der·o·gate /dérəgèɪt/ 動 《格式》自 〈名誉・価値などを〉減ずる, そこなう (from). ── 他 〈...〉をけなす.

de·rog·a·to·ri·ly /dɪrɑ́gətɔ̀ːrəli | -rɔ́gətərə-, -trə-/ 副 軽蔑的に; 悪い意味で.

de·rog·a·to·ry /dɪrɑ́gətɔ̀ːri | -rɔ́gətəri, -tri/ 形 〈名誉・価値などを〉傷つけるような, 〈ことばなどが〉軽蔑的な (to, of, toward); 悪い意味の.

der·rick /dérɪk/ 名 C 1 デリック《起重機の一種》. 2 油井(ゆせい)やぐら.

Der·ri·da /dèrɪdáː | dérɪdə/ 名 固 **Jacques** /ʒáːk/ ~ デリダ (1930–)《アルジェリア出身のフランスの哲学者》.

der·ri·ere, der·ri·ère /dèriéə | dérièə/ 《フランス語から》 名 C 《滑稽》尻.

der·ring-do /dèrɪŋdúː/ 名 U 《古風》または《滑稽》大胆, 勇敢な行為.

der·rin·ger /dérəndʒə | -dʒə/ 名 C デリンジャー《口径が太くて銃身が短い小型ピストル》.

derv /dáː-v | dáː-v/ 名 U 《英》ディーゼル用燃料油.

der·vish /dáː-vɪʃ | dáː-/ 名 C ダルウィーシュ《イスラム教神秘主義教団の修道僧》.

DES /díː.íː.és/ 略 《米》=Department of Employment Security (州政府の)職業安定局.

de·sal·i·nate /diːsǽlənèɪt/ 動 他 〈海水など〉から塩分を取り除く, 〈...〉を淡水化する, 脱塩する.

de·sal·i·na·tion /diːsæ̀lənéɪʃən/ 名 U 脱塩.

de·salt /diːsɔ́ːlt/ 動 = desalinate.

de·scale /diːskéɪl/ 動 他 《英》〈ボイラー・やかんなど〉から湯あかを取り除く.

des·cant[1] /déskænt/ 名 C.U 《楽》ディスカント《定旋律の随伴[随奏]部》.

des·cant[2] /déskænt, deskǽnt | dɪskǽnt/ 動 自 《格式》詳しく[だらだらと]説く (on, upon).

Des·cartes /deɪkɑ́ːt | deɪkɑːt/ 名 固 **Re·né** /rənéɪ/ ~ デカルト (1596–1650)《フランスの哲学者・数学者》(☞ Cartesian).

*de·scend /dɪsénd/ 動 (**de·scends** /-séndz/; **-scend·ed** /-ɪd/; **-scend·ing**) 名 descént) 自 1 《格式》下る, 降りる; 下りになる (反 ascend): She *~ed from* the hilltop. <V+from+名・代> 彼女は丘の頂上から下りてきた / This path *~s to* [*into*] the valley. <V+前+名・代> この小道は谷に降りている.

2 〈財産・性質・権利などが〉伝わる; 〈血統などが〉続く: The land *~ed from* father *to* son. <V+from+名・代+to+名・代> その土地は父から子へと伝わった. 3 ひどくなる, 落ちぶれる: ~ *to* cheating 詐欺[カンニング]をするまでに落ちぶれる. 4 《文》〈夜・暗闇・気分など〉訪れる (on, upon).

── 他 《格式》〈...〉を降りる, 下る: He *~ed* the steps quietly. 彼は静かに階段を下りた. **be descénded from ...** 動 ...の系統を引く, ...の流れをくむ; ...の

子孫である: These folk songs *are ~ed from* ancient fishermen's songs. これらの民謡は古い漁師の歌に由来する. **descénd ìnto ...** [動] [他] 《格式》(悪い状態)に徐々に陥る. **descénd on [upòn] ...** [動] [他] (1) 《略式》(集団で)...を襲う; ...に押しかける, ...を不意に訪ねてくる. (2) 《文》(感情・雰囲気などが)...に広がる, ふりかかる (☞ [自] 4). **descénd to ...'s lével** [動] ...のレベルにまで下がる[落ちる].

+**de·scen·dant** /dɪséndənt/ [名] [C] **1** 子孫 (*of*): a direct ~ 直系の子孫. [関連] ancestor 先祖. **2** (...から)発達[由来]したもの (*of*).

D

de·scend·ing /dɪséndɪŋ/ [形] [次の成句で] **in de·scénding órder** [副] (数・重要度などの)大きい方から小さい順に, 降順に.

+**de·scent** /dɪsént/ [名] ([動] descénd; [反] ascent) 《格式》 **1** [U,C] [普通は単数形で] 降りること, 降下; 下山: I met them during my ~ *from* the peak. 私は頂上から下山する途中彼らに会った. **2** [C] 下り坂: a steep ~ *into* [*to*] a valley 谷に下りる険しい坂. **3** [U] 家系, 血統 (*from*): My wife is「*of* Greek ~ [Greek *by* ~]. 妻はギリシャ系だ. **4** [単数形で] 襲来, 襲撃; 押しかけ (*on, upon*). **5** [単数形で] (悪い状態などに)陥ること, 衰退; 堕落 (*into, to*).

****de·scribe** /dɪskráɪb/ [T1] [動] (**de·scribes** /~z/; **de·scribed** /~d/; **de·scrib·ing**; [名] descríption, [形] descríptive) [他] **1** 〈...〉がどのようなもの[人]かを述べる, 〈...〉を描写する; 叙述[記述]する: Can you **~** the man **to** [**for**] me? <V+O+to [for]+名・代> その男の特徴を話してくれませんか / Words cannot ~ the horror I felt. 私の経験した恐ろしさはことばでは言い表わせない / Could you **~ *what*** is going on there? <V+O (*wh* 節)> そこで起こっていることを詳しく教えてくださいませんか / I can't **~ to** you ***what*** it was like. <V+to+名・代+O (*wh* 節)> それがどんなふうであったかことばでは伝えられない / She **~d** see***ing*** the accident. <V+O (動名)> 彼女はその事故を見た様子を述べた.

2 〈...〉を(―と)言う, 評する: She **~d** my plan ***as*** a failure. <V+O+C (*as*+名)> 彼女は私の計画は失敗だと言った / They **~d** my efforts ***as*** futile. <V+O+C (*as*+形)> 彼らは私の努力をむだだといった. **3** 《格式》 〈図形など〉を描く (draw); 〈曲線など〉を描いて動く. [語源] ラテン語で「書き留める」の意.

[単語の記憶] **《SCRIBE》(書く)**

de**scribe**	(書き留める) → 様子を述べる
a**scribe**	(...に対して書く) → ...のせいにする
in**scribe**	(書き入れる) → 刻み込む
pre**scribe**	(前もって書く) → 指示する
sub**scribe**	(下に名を書く) → 予約申し込みする

****de·scrip·tion** /dɪskrípʃən/ [T1] [名] (~s /~z/; [動] descríbe) **1** [U,C] 叙述, 記述, 描写: She gave me a brief [accurate, detailed, full] ~ ***of*** what happened there. 彼女は私にそこでの出来事を手短かに[正確に, 詳しく, 全部]話してくれた. **2** [C] 人相書. **3** [C] [of+形容詞+~で] 種類, タイプ: motorbikes *of*「*every* ~ [*all ~s*] あらゆる種類のバイク.

beyònd [pàst] (áll) descríption [副] ことばでは表現できないほど: The scene is beautiful *beyond* ~. その景色は口では言い表わせないほどすばらしい. [語法] よい意味でも悪い意味でも使う.

defý [béggar] (áll) descríption [動] [自] ことばでは表わせない, 筆舌に尽くし難い.

fit [mátch, ánswer (to)] the descríption [動] [自] (人・物事の)人相書[説明]に合致する (*of*).

+**de·scrip·tive** /dɪskríptɪv/ [形] ([動] descríbe) **1** 記述的な, 叙述的な; (生き生きと)描写する. **2** 〔文法〕 記述的な ([反] prescriptive). **~·ly** [副] 叙述的に; 記述的に. **~·ness** [名] [U] 描写的なこと; 記述性.

de·scrip·tor /dɪskríptə | -tə/ [名] [C] 〔電算〕 記述子 《情報の類別・索引に用いる語句・英数字》.

de·scry /dɪskráɪ/ [動] (**de·scries**; **de·scried**; **de·scry·ing**) [他] [進行形なし] 《文》 〈...〉を遠くに見つける.

Des·de·mo·na /dèzdəmóʊnə/ [名] [固] デズデモーナ 《Shakespeare, *Othello* の中の人物; 夫 Othello に誤解されて殺される貞節な妻》.

+**des·e·crate** /désɪkrèɪt/ [動] [他] 〈...〉の神聖を汚(けが)す.

des·e·cra·tion /dèsɪkréɪʃən/ [名] [U] 神聖冒瀆(ぼうとく).

de·seg·re·gate /dìːségrɪgèɪt/ [動] [他] 〈学校・バスなど〉の人種差別を廃止する (☞ integrate). ― [自] 人種差別を廃止する.

de·seg·re·ga·tion /dìːsègrɪgéɪʃən/ [名] [U] 人種差別廃止 (☞ integration).

de·se·lect /dìːsəlékt/ [動] [他] **1** 〔電算〕 〈選択していたメニュー項目など〉を解除する. **2** 《米》 〈訓練生など〉を訓練からはずす. **3** 《英》 〈現職議員〉を(次の選挙に)公認しない.

de·se·lec·tion /dìːsəlékʃən/ [名] [U] 《米》 訓練生を訓練からはずすこと; 《英》 (現職候補の)公認はずし.

de·sen·si·ti·za·tion /dìːsènsətɪzéɪʃən | -taɪz-/ [名] [U] 減感, 鈍感化; 脱感作(かんさ).

de·sen·si·tize /dìːsénsətàɪz/ [動] [他] 〈...〉を鈍感にする (*to*); 〔写〕 〈...〉の感(光)度を弱める: become **~d** to violence 暴力に鈍感になる.

***des·ert**[1] /dézət | -zət/ ★ 動詞の desert[2] とのアクセントの違いに注意. [名] (**des·erts** /-zəts | -zəts/) **1** [C,U] 砂漠, 荒野: the Sahara *D~* サハラ砂漠. **2** [C] 不毛の地: a cultural ~ 文化不毛の地. **3** [形容詞的に] 砂漠の(ような), 不毛の; 住む人もない; 砂漠に適した, 砂漠用の: a ~ area 砂漠地域. [語源] ラテン語で「見捨てられた(もの)」の意で, desert[2] と同語源.

***de·sert**[2] /dɪzə́ːt | -zə́ːt/ ★ 名詞の desert[1] とのアクセントの違いに注意. ([同音] dessert) [動] (**de·serts** /-zə́ːts | -zə́ːts/; **-sert·ed** /-tɪd/; **-sert·ing** /-tɪŋ/; [名] desértion) [他] **1** 〈家族・組織・主義・職務など〉を見捨てる, 放棄する; 〈場所など〉を(見捨てて)去る (☞ abandon 類義語; desert[1] [語源]): He *was* **~ed by** his friends. <V+O の受身> 彼は友人から見捨てられてしまった.

2 (軍隊で)〈持ち場・職場〉を捨てる, 〈...〉から脱走する: Many soldiers *~ed* their posts. 大勢の兵隊が持ち場から脱走した. **3** [W] (信念・勇気などが突然)〈...〉からなくなる: His courage *~ed* him. 彼は勇気を失った.

― [自] (職務などを)捨てる, (軍隊などから)脱走する (*from*).

désert bòot [名] [C] [普通は複数形で] デザートブーツ 《ゴム底でスエード革製の編上げ靴》.

+**de·sert·ed** /dɪzə́ːtɪd | -zə́ːt-/ [形] 人の住まない, さびれ果てた; (通り・店・プールなどが)人の通らない[いない], 人影のない: a ~ house 廃屋.

+**de·sert·er** /dɪzə́ːtə | -zə́ːtə/ [名] [C] 脱走兵.

de·sert·i·fi·ca·tion /dɪzə̀ːtəfɪkéɪʃən | -zə̀ː-/ [名] [U] (過度の放牧などによる緑地の)砂漠化.

de·ser·tion /dɪzə́ːʃən | -zə́ː-/ [名] ([動] desért[2]) [U,C] **1** 捨て去ること, 遺棄; 職場放棄, (軍隊などからの)脱走; 脱党. **2** 〔法〕 (配偶者・被扶養者の)遺棄.

+**désert ísland** [名] [C] 無人島.

de·serts /dɪzə́ːts | -zə́ːts/ [名] [複] [所有格の後で] 当然の報い, 相応の罰[賞]. **gét [recéive] one's (júst) desérts** [動] [自] 相応の罰[賞]を受ける.

***de·serve** /dɪzə́ːv | -zə́ːv/ [T2] [動] (**de·serves** /~z/; **de·served** /~d/; **de·serv·ing**) [他] [進行形なし] 〈...〉をされる[する]値打ちがある, 〈...〉に値する, ...される[する]のにふさわしい: ~ attention [consideration] 注目[考慮]に値する / His crime **~s** the death penalty. 彼の罪は死刑に値する / [言い換え] His conduct ~s praise. =His conduct **~s to** be praised. <V+O

(to 不定詞)> 彼の行ないは称賛に値する. **desérve áll** [**whatéver, éverything**] **one géts** [動] 自 報いを受けて当然である. **desérve bétter** [**móre**] [動] 《格式》もっとよい扱いを受けてしかるべきである (*from, of*). **desérve íll** [**wéll**] **of ...** [動] 他《格式》...から罰[賞]を受けるに値する. **gét what one desérves** [動] 当然の報いを受ける.

de·served /dɪzə́ːvd | -zə́ːvd/ 形 功罪に応じた, 当然の(報いの): a ~ reputation 与えられて当然の名声.

de·serv·ed·ly /dɪzə́ːvɪdli | -zə́ːv-/ 副《文修飾》《反 undeservedly》当然, 正当に: ~ so そうあって当然で / ~ celebrated 祝福されて当然だ.

+**de·serv·ing** /dɪzə́ːvɪŋ | -zə́ːv-/ 形 A (助けをなど)当然受けるべき; ...を当然に値する人[事例]. 2 《格式》(...される[する]に)値する: Her conduct is ~ of praise. 彼女の行ないは称賛に値するものだ. ~ **·ly** 副 当然の報いとして, 正当に.

de·sex·u·al·i·za·tion /dìːsèkʃuəlɪzéɪʃən | -laɪz-/ 名 U.C 無性化, 中性化.

de·sex·u·al·ize /dìːsékʃuəlàɪz/ 動 他《...を無性[中性]化する.

des·ha·bille /dèsæbíːl, dèz-/, **dés·ha·bil·lé** /dèɪzæbíːeɪ, dèz-/ 《フランス語から》 名 U《格式》または《滑稽》 =dishabille.

des·ic·cant /désɪkənt/ 名 C.U《化》乾燥剤.

des·ic·cate /désɪkèɪt/ 動《格式》《...を乾かす; (保存のため)《食品を》乾燥させる.

des·ic·cat·ed /désɪkèɪtɪd/ 形《格式》 1 《食品が》(保存のため)乾燥させた. 2 [比喩] 干からびた.

des·ic·ca·tion /dèsɪkéɪʃən/ 名 U《格式》乾燥.

de·sid·er·a·tum /dɪzìdərɑ́ːtəm, -zìd-, -réɪ-/ 《ラテン語から》 名 (複 **de·sid·er·a·ta** /-tə/) C《格式》望まれるもの; 絶対必要なもの.

✱de·sign /dɪzáɪn/ 🔊

「計画(する)」名5, 動3 → 「設計(する)」名3, 動2 → (型の設計) → 「デザイン(する)」名1, 動1 → (装飾的なデザイン) → 「模様」名2

— 名 (~s /-z/) 1 U.C **デザイン**, 図案, 意匠《 ☞ sign 単語の記憶》: a dress ~ =a ~ *for* a dress 服のデザイン / a car of the latest ~ 最新型の車 / interior ~ 室内装飾 // ☞ graphic design.

2 C **模様**, 柄: a curtain with「a ~ of flowers [a floral ~] 花模様のカーテン / a 「rose [~ of roses] *on* [*in*] a carpet じゅうたんのばらの模様.

3 C **設計**, **設計図**: a building under ~ 設計中の建物 / We looked at the ~s *for* the new gym. 我々は新体育館の設計図を見た. 4 U (芸術作品などの)構想, 着想: a picture of elaborate ~ 凝った着想の映画. 5 C もくろみ, 企て (*to* do). **by design** 副《格式》わざと《反 by accident》. **háve desígns on ...** [動] 他《...をねらっている;《古風》または《滑稽》《ものにしようと》...に下心をもつ.

— 動 (**de·signs** /~z/; **de·signed** /~d/; **-sign·ing**) 他 1 《...の**図案[意匠]を作る**, 《...をデザインする: She ~s dresses *for* young women. <V+O+for+名・代> 彼女は若い女性向けの服をデザインしている.

2 《...を設計する; 《...の下図を作る; 《方針・組織などの》構想を立てる: He ~ed many bridges and ~ed houses. 彼は橋や建物を数多く設計した / Who has ~ed this building *for* you? <V+O+for+名・代> この建物をあなたに設計してくれたのはだれですか.

3 [普通は受身で] ...するつもりである, 《...を(慎重に)計画する (plan) (*as*); 《...の用途に》充(^)てる: This scholarship is ~ed *to* attract bright students. <V+O+C (*to* 不定詞)の受身> この奨学金は優秀な学生のためのものである / The park was ~ed *for*

small children. <V+O+*for*+名・代の受身> その公園は小さな子供用に作られた.

— 自 デザインをする; デザイナーをする (*for*).

✱**des·ig·nate**[1] /dézɪɡnèɪt/ 動 (**-ig·nates** /-nèɪts/; **-ig·nat·ed** /-tɪd/; **-ig·nat·ing** /-tɪŋ/) 名 **désig·nà·tion** 他 1 [普通は受身で] **指定する**, 選定する (*for*); 《...を**指名する**, 任命する《 ☞ sign 単語の記憶》: That town *was* ~*d* (*as*) a danger zone. <V+O+C ((*as* +)名)の受身> その町は危険地帯に指定された / He *was* ~*d* *to* chair the committee. <V+O+C (*to* 不定詞)の受身> 彼はその委員会の議長を務めるように指名された. 2 (記号などを用いて)<...>を明確に示す.

des·ig·nate[2] /dézɪɡnət, -nèɪt/ 形 [名詞の後につけて]《格式》任命されたが未就任の《 ☞ elect 形》: the ambassador ~ 任命後未就任の大使.

des·ig·nat·ed /dézɪɡnèɪtɪd/ 形《格式》指定[指名]された.

désignated dríver 名 C《米略式》指名運転手《パーティーで酒を飲まずに仲間のために帰りの車の運転をするように指名された人》.

désignated hítter 名 C《米》 1 《野》指名打者《略 DH》. 2 《略式》《政治・事業などの》代行者.

des·ig·na·tion /dèzɪɡnéɪʃən/ 名 1 U 指定; 指名, 任命. 2 C《格式》名称, 称号.

de·sign·ed·ly /dɪzáɪnɪdli/ 副《格式》故意に.

✱**de·sign·er** /dɪzáɪnə | -nə/ 名 (~s /~z/) C 1 **デザイナー**, 意匠家, 図案家: a dress ~ 衣服デザイナー // ☞ fashion [graphic] designer.

2 設計者; 企画者, 立案者: an aircraft ~ 航空機設計者 / ☞ industrial designer.

— 形 A 1 デザイナーブランドの. 2 かっこいい, かっこよく見せた. 3 遺伝子操作で作り変えた.

desígner drúg 名 C 合成麻薬《コカインやヘロインなどと分子構造をわずかに変えて合成された麻薬》.

desígner stúbble 名 U《滑稽》デザイナー不精ひげ《格好良いと考えてわざとそらないひげ》.

de·sign·ing /dɪzáɪnɪŋ/ 形 A 軽蔑 たくらみのある, 下心のある. — 名 U デザイン, 図案作製.

de·sir·a·bil·i·ty /dɪzàɪ(ə)rəbíləti/ 名《形 desirable》U《格式》望ましいこと, 好ましいこと; 性的魅力のあること.

✱**de·sir·a·ble** /dɪzáɪ(ə)rəbl/ 形《名 desirability; 反 undesirable》 1 《格式》**望ましい**, 好ましい, 願わしい; 手に入れたいと思うような; a highly ~ man 大変に好ましい男性《 言い換え》 It is ~ *that* you (*should*) attend the meeting. = It is ~ *for* you *to* attend the meeting. その会合には出席することが望ましい《 ☞ should A 8; for B 1》. 2 性的魅力のある. **-a·bly** /-bli/ 副 望ましく, 願わしく.

✱**de·sire** /dɪzáɪə | -záɪə/ 名 (~s /~z/) 1 U.C 《強い)**願い**, **願望**, 欲望 (wish): a strong ~ *for* money 強い金銭欲 / She felt 「an overwhelming [a burning] ~ *to* see her child. <N +*to* 不定詞> 彼女は子供に会いたいという非常に強い欲求に駆られた / She expressed [showed] the ~ *that* her husband (*should*) *come* back soon. <N+*that* 節> 彼女は夫にはぜひすぐ戻って欲しいと述べた.

— コロケーション —
arouse a *desire* 欲望をかきたてる
fulfill [**realize**] a *desire* 願望を実現する
satisfy a *desire* 願望を満たす
suppress a *desire* 欲望を抑える

2 C [普通は単数形で所有格の後で] **望みのもの[人]**: You will obtain *your* greatest ~. いちばんお望みのものが手に入りますよ. 3 U《格式》性的欲望, 性欲 (*for*). **at ...'s desíre** = **at the desíre of ..** [副] ...の望み[依頼]により, ...の望みどおりに. **háve nó**

desire to do [動] 全然…したくない．　**…'s héart's desire** …に心から望むもの．
— [動] (de·sires /~z/; de·sired /~d/; de·sir·ing /-zár(ə)rɪŋ/; [形] desírous) 他 [進行形なし] **1** 《格式》(強く)〈…を〉**願う**, 望む, (…しようと)欲する; 〈人に〉…して欲しいと要求する (➡ want 類義語): if ～d お望みの場合には〈使用法などのことば〉/ The Queen ~s to see you at once. <V+O (to 不定詞)> 女王陛下があなたにすぐにお目にかかりたいとご所望です〔言い換え I ～ their presence. = I ～ them to be present. <V+O +C (to 不定詞)> = I ～ that they (should) be present. <V+O (that 節)> 〕私は彼らが出席することを願っています（➡ should A 8). **2**《古風》〈性的に〉〈…〉を求める．[語源] ラテン語で「星が出ないかと待つ」の意; ➡ consider [語源]．　**if…só desíres** もし…がそれを望むのであれば．　**leave a lót [múch] to be desíred** [動] 他 遺憾な点が大いにある, もの足りない．　**leave nóthing [líttle] to be desíred** [動] 他 全く［ほぼ］申し分がない．　**leave sómething to be desíred** [動] 少し不満が残る．

de·sired /dɪzáɪəd | -záɪəd/ [形] 願望された, 待望の, 所期の: have the ～ effect 思った通りの効果がある．

de·sir·ous /dɪzáɪ(ə)rəs/ [形] (～ desíre) [P] 《格式》(…を)望んで, 欲しがって: She was ～ of success [getting the position]. 彼女は成功［その地位につくこと］を望んでいた / Mr. Long is strongly ～ that you (should) attend the meeting. ロング氏はあなたが会議に出席されることを強く望んでいる（➡ should A 8).

de·sist /dɪsíst, -zíst/ [動] 自 《格式》(取り)やめる (from).

***desk** /désk/ ([類音] disk) [名] (~s /~s/) **1** [C] 机: a writing ～ 書き物机 / The book is on the ～. その本なら机の上にある / She sat at her ～ working. 彼女は机に向かって勉強［仕事］をしていた / Mr. Allen is away from his ～ right now. アレンさんはただ今席をはずしている / Mr. Lee sat with his feet on the ～. リー氏は机の上に足をのせて座っていた．[日英比較] 米国ではくつろぐ姿勢で, 打ち解けた場面でなら行儀悪くない．**2** [C] （会社・ホテルなどの）受付, フロント (reception desk) ＝ front [日英比較]: an information ～ 案内所 / a reservation ～ 予約の受付窓口 / Leave your key at the ～ when you are out of the hotel. ホテルから外へ出る際はフロントに鍵(%)を預けてください．**3** [C] （新聞社の）編集部, デスク．**4** [形容詞的に] 机上の, 卓上の: a ～ dictionary 卓上用辞書．　**be at one's désk** [動] (机で)読み書き［仕事］をしている．　**cléar one's désk** [動] 自 《英》離職のため机の上［中］を片づける．

désk·bòund /désk 机に縛られた, 机仕事の; 理論ばかりで実際の経験に乏しい．
désk clèrk [名] [C]《米》(ホテルの)フロント係．
de·skill /dìːskíl/ [動]《仕事・操作》を(機械化などにより)単純作業化する．
désk jòb [名] [C] 机でする仕事, 事務．
désk jòckey [名] [C]《米》《滑稽》事務屋．
désk làmp [名] [C] 卓上スタンド．[日英比較]「スタンド」は和製英語．
désk òrganizer [名] [C]《米》(机上の)ペン立て．
désk tìdy [C] ＝desk organizer.
désk·tòp [C] 机上, 卓上; [電算] デスクトップ(コンピューターの初期画面); (デスクトップ型)パソコン．
— [A] (コンピューターなどが)デスクトップ(型)の (➡ laptop); パソコン(利用)の: a ～ computer デスクトップコンピューター．
désktop públishing [名] U デスクトップパブリッシング《出版作業をパソコン(とレーザープリンター)を用いて行なう出版方式; ➡ DTP》．

désk wòrk [名] U [時に軽蔑] 机上の仕事, 事務．
Des Moines /dɪmɔ́ɪn/ [名] 固 デモイン《米国 Iowa 州の州都》．

†**des·o·late**[1] /désələt, déz-/ [形] **1** 荒れ果てた, 住む人もない: a ～ land 荒野．**2** （人・人生などが）寂しい, 孤独な．

des·o·late[2] /désəlèɪt, déz-/ [動] 他 [普通は受身で]《文》**1**〈人〉を心細くする, 寂しくさせる．**2**〈場所〉を荒れさせる, 住む人もなくする．

des·o·late·ly /désələtli, déz-/ [副] 荒れ果てて; わびしく．

des·o·la·tion /dèsəléɪʃən, dèz-/ [名] U Ⓦ **1** 寂しさ, わびしさ, 悲しさ．**2** 荒らすこと, 荒れていること, 荒廃．

de So·to /dəsóʊtoʊ/ [名] 固 **Her·nan·do** /eənɑ́ːndoʊ | eə-/ ～ デソト (1500?-42)《スペインの探検家; Mississippi 川を発見》．

***de·spair** /dɪspéə | -spéə/ [名] (反 hope) U 絶望, 断念: I was filled with (bleak) ～ when I heard the news. その知らせを聞いて私は絶望の気持ちでいっぱいになった．　**be the despáir of …** [動] 《古風》…の絶望の種である, …の手に負えないものである: The brothers were the ～ of their parents. その兄弟は両親もさじを投げていた．　**drive … [to despáir [into the dépths of despáir]** [動] 他 〈…〉を絶望へ追いやる．　**in despáir** [副] 絶望して: He killed himself in ～. 彼は絶望して自殺した．　**to …'s de·spáir = to the despáir of …** [副] …の絶望したことには．
— [動] (de·spairs /~z/; de·spaired /~d/; -spair·ing /-spé(ə)rɪŋ/; [形] désperate, dèsperátion) 自 《格式》絶望する: Never ～ as long as you are alive! 生きている限り望みを捨てるな / He ～ed of success [ever succeeding]. <V+of+名 [動名]> 彼は成功する望みを失った．

de·spair·ing /dɪspé(ə)rɪŋ/ [形] (すっかり)絶望している, 絶望的な．**-ly** [副] 絶望して．
des·patch /dɪspǽtʃ/ [動] [名]《英》= dispatch.
des·per·a·do /dèspərɑ́ːdoʊ, -réɪ-/ [名] (~(e)s) [C]《古風》向こう見ずの無法者．

***des·per·ate** /désp(ə)rət/ **13** [形] ([動] despáir) **1** (人・行動が)捨てばちの, やけその, （乱暴で）手に負えない; 死に物狂いの［で］: a ～ criminal 捨てばちになった犯人 / Hunger made them ～. 空腹のため彼らはやけくそになった / The prisoner made a ～ attempt to escape. その囚人は死に物狂いで逃げようと試みた．

2 [普通は [P]] (…しようと)**必死で**, (…を)どうしても必要としていて: Mr. Smith was ～ **to** get the union's support. <A+to 不定詞> スミス氏は組合の支持を得ようと必死だった / He was ～ **for** a job. <A+for+名・代> 彼は必死になって仕事を探していた / I'm ～ (for a drink). 《略式》(飲み物が)ほしくてたまらない．

3 (状況が)絶望的な, 深刻な; (回復の)見込みのない: a ～ illness [case] 治る見込みのない病気[患者] / He is in a ～ state. 彼は最悪の状態だ．**4** ひどい, 甚だしい: a ～ shortage of nurses 深刻な看護師の不足．

***des·per·ate·ly** /désp(ə)rətli/ [副] **1** 死に物狂いで, 捨てばちになって; 必死で: The soldiers fought ～. 兵士たちは必死に戦った．**2** ひどく, すごく: He is ～ ill. 彼は重体だ．

des·per·a·tion /dèspərɛ́ɪʃən/ [名] ([動] despáir) U 捨てばち, やけ, 自暴自棄; 死に物狂い．　**in [out of] desperátion** [副] 死に物狂いで, やけっぱちになって．

de·spic·a·ble /dɪspíkəbl, désp-/ [形]《格式》卑しむべき, 卑劣な, 卑劣果てた, 卑劣な．**-a·bly** /-bli/ [副] 卑劣に, 見下げ果てたほどに．

***de·spise** /dɪspáɪz/ [動] (de·spis·es /~ɪz/; de·spised /~d/; de·spis·ing) 他 [進行形なし]〈…〉を

軽蔑する (look down on ...) (反 respect): Don't ~ the poor. 貧しい人たちを見下すな / 言い換え I ~ his refusal to accept responsibility. =I ~ him *for* refu*sing* to accept responsibility. <V+O+*for*+動名> 私は彼が責任を取ろうとしないのを軽蔑する. **2** 〈物事〉を嫌悪する (hate).

*de･spite /dɪspáɪt/ **前** ⋯にもかかわらず (in spite of ...): They carried out their plan ~ opposition. 彼らは反対を押し切り計画を実行した / D~ the fact that I had [having] a cold, I went to see him. かぜをひいていたにもかかわらず、私は彼に会いに行った. despíte onesélf **副** 思わず、われ知らず.

de･spoil /dɪspɔ́ɪl/ **動 他** 《文》〈場所･人〉から物を略奪する (*of*); 〈⋯〉を荒らす.

de･spon･den･cy /dɪspɑ́ndənsi/ -spɔ́n-/ **名 U** 落胆, 失意, 意気消沈.

de･spon･dent /dɪspɑ́ndənt/ -spɔ́n-/ **形** 落胆した, 気落ちした (*about*, *over*). ~･ly **副** 落胆して.

des･pot /déspət/ **名 C** 専制君主, 独裁者; 暴君 (tyrant).

des･pot･ic /dɪspɑ́tɪk, dɪs-/ -pɔ́t-/ **形** 専制的な; 暴君的な. -i･cal･ly /-tɪkəli/ **副** 専制的に.

des･pot･is･m /déspətìzm/ **名 U** 専制政治, 独裁.

des res /dézrez/ **名 C** 《英略式》 [時に滑稽] (理想的な)高級住宅 (desirable residence の略).

*des･sert /dɪzə́ːt/ -zə́ːt/ **同音 desert²**) **名** (des-serts /-zə́ːts/ -zə́ːts/) **C,U** デザート 《食事、特にdinner の最後に出る果物･ケーキ･パイ･プディング･アイスクリームなど; ☞ sweet **名** 2, pudding》: What's *for* ~? デザートは何になりますか. **語源** フランス語で「食卓を片づける」の意.

dessért･spòon **名 C 1** デザートスプーン 《茶さじと食卓さじの間の大きさ; ☞ spoon 挿絵》. **2** デザートスプーン1杯分 《茶さじ約2杯分》 (*of*).

dessért･spoon･fúl /-fʊ̀l/ **名 C** (複 ~s, -spoons-ful) C =dessertspoon 2.

dessért wìne **名 U,C** デザートワイン 《デザートで出る甘口のワイン》.

de･sta･bi･li･za･tion /dìːstèɪbəlɪzéɪʃən/ -laɪz-/ **名 U** 不安定(化).

de･sta･bi･lize /dìːstéɪbəlàɪz/ **動 他** 〈政治的･経済的に〉〈⋯〉を不安定にする; 弱体化する; 《化》〈化合物〉を不安定にする.

*des･ti･na･tion /dèstənéɪʃən/ **名** (~s /-z/) **C 1** 目的地, 行き先, 到着地: the final ~ 終点 / a tourist ~ 観光地 / The ship reached [arrived at] its ~ in safety. 船は無事に目的地に着いた / What's your ~, sir [ma'am]? どちらまでですか 《車内で車掌が乗客に》. **2** (手紙･荷物の)届け先, あて先.

des･tined /déstɪnd/ **形 1 P** 〈人が〉(前もって)運命づけられた; 前もって定められた; ⋯向けの (intended) (*for*): He was ~ *to* be their king. 彼は彼らの王となるべき人であった. **2** A 〈人の〉運命の, (⋯と)定められた: ⋯'s ~ lover ⋯の運命の恋人. **be déstined for ⋯** **動 他** (1) ⋯となる予定[運命]である. (2) (飛行機･品物などが)⋯行きである.

*des･ti･ny /déstəni/ **名** (-ti･nies /~z/) **1 C** 〈普通は単数形で〉 (前もって定められた)運命, 宿命 (☞ fate **類義語**): It was his ~ to die in prison. 牢獄(％ﾞ)で死ぬのが彼の宿命であった. **2 U** 運命の力.

des･ti･tute /déstətjùːt/ -tjùːt/ **形 1** 貧困な, 貧窮の. **語法** 衣食住が最低であるとか金に困っていることを poor よりも意味が強い: *the* ~ 困窮者たち (☞ the¹ 3). **2 P** 《文》⋯に欠けている, ⋯に乏しい (*of*).

des･ti･tu･tion /dèstətjúːʃən/ -tjúː-/ **名 U** 《格式》貧困, 窮乏; 欠乏(状態).

de･stress /dìːstrés/ **動 自** ストレスがなくなる, くつろぐ. ー **他** 〈⋯〉からストレスを取り除く.

*de･stroy /dɪstrɔ́ɪ/ **動** (de･stroys /~z/; de･stroyed /~d/; -stroy･ing) **名** de-strúction, **形** destrúctive) **他 1** 〈⋯〉を**破壊する**, 打ち壊す (反 construct); 〈人〉を破滅させる, 〈敵など〉を滅ぼす; 〈文書･証拠など〉を破棄する (☞ **類義語**): The storm ~*ed* our school building. あらしで校舎が壊れた / This town *was* completely ~*ed* during the war. <V+O の受身> この町は戦争中に完全に破壊された / The scandal ~*ed* him and his political career. そのスキャンダルで彼と彼の政治家としてのキャリアは一巻の終わりとなった.

2 〈計画･希望など〉を**打ち砕く**, だめにする: My dreams *were* ~*ed by* the failure of my father's business. <V+O の受身> 私の夢は父の商売の失敗で打ち砕かれた. **3** 《略式》〈⋯〉に楽勝[完勝]する. **4** [普通は受身で] 〈危険なまたは病気などの動物〉を殺す, 始末[処分]する.

【類義語】 **destroy** 築き上げたものを壊してだめにする, の意で一般的な語. 建造物や町などのほか, 人の信用･友情･人の一生をだめにする場合にも用いる. **demolish** 主として建物などを爆弾やダイナマイトなどですっかり破壊してがれきの山と化すこと. **ruin** 力で破壊するほかに, 徐々に荒廃させる場合にも用い, すっかりだめになってしまった結果に重点をおく語. **wreck** 乱暴で手荒な手段で破壊すること.

de･stroy･er /dɪstrɔ́ɪɚ/ -strɔ́ɪə/ **名 C 1** 駆逐艦. **2** 《文》破壊する人[物], 破壊者.

de･struct /dɪstrʌ́kt/ **動 他** 〈ミサイルなど〉を自爆[破壊]させる. ー **形** [形容詞的に] (装置などが)ミサイル破壊用の.

de･struc･ti･bil･i･ty /dɪstrʌ̀ktəbíləti/ **名 U** 被破壊性; 壊れやすさ.

de･struc･ti･ble /dɪstrʌ́ktəbl/ **形** (反 indestructi-ble) 破壊できる; 壊れやすい.

*de･struc･tion /dɪstrʌ́kʃən/ **類音** distraction) **名** (**動** destróy) **U 1** 破壊(する[される]こと) (反 con-struction); 破滅, 滅亡 (ruin); 破壊[破滅, 被害]状況 (☞ structure **単語の記憶**): environmental ~ 環境破壊 / the ~ *of* the ozone layer オゾン層破壊 / bring death and ~ 破滅をもたらす / The ~ *of* the bridge was a great blow to this town. 橋が壊れたことはこの町にとって大打撃だった. **2** 《格式》破滅の原因: Drinking will be his ~. 彼は酒で破滅するだろう.

*de･struc･tive /dɪstrʌ́ktɪv/ **形** (**動** destróy) **1** 破壊的な (反 constructive); 有害な; 〈子供など〉物をこわしたがる: ~ power 破壊力 / Acid rain is ~ *to* trees. <A+*to*+名･代> 酸性雨は樹木に有害である. **2** 〈批判(主義)的な, 非建設的な: ~ criticism けちをつけるだけの批判, あら探し. ~･ly **副** 破壊的に; ひどい損害を与えて. ~･ness **名 U** 破壊性, 破壊力.

de･sue･tude /déswɪtjùːd/ -tjùːd/ **名 U** 《格式》廃止(状態): fall [pass] into ~ すたれる.

de･sul･to･ri･ly /dès(ə)ltɔ́ːrəli/ désəltərəli, -trə-/ **副** 《格式》とりとめもなく, 漫然と.

de･sul･to･ry /dés(ə)ltɔ̀ːri/ -təri, -tri/ **形** 《格式》とりとめのない, 散漫な, 漫然とした, 気まぐれな.

Det **略** [称号に用いて]《英》=detective.

*de･tach /dɪtǽtʃ/ **動** (de･tach･es /~ɪz/) **他 1** (一から)〈⋯〉を取りはずす, 切り離す, 分離する (反 attach): Don't ~ the key *from* the chain. 鎖から鍵(ⁿ)を取りはずさないように / Do not ~. 切り離すな《印刷物などの表示; 目的語は省略》. **2** 《軍》〈軍隊･艦隊〉を分遣する (*from*). ー **自** 分離する (*from*). **de-tách onesélf from ⋯** **動 他**《格式》 (1) ⋯から離れる. (2) ⋯との係わりをなくす.

de･tach･a･ble /dɪtǽtʃəbl/ **形** 取りはずせる, 分離できる: a ~ hood (コートなどの)取りはずしのできるフード.

*de･tached /dɪtǽtʃt/ **形 1** (利害などに)超然とした, とらわれない; [ほめて] (意見などが)私心[偏見]のない, 冷静

な (*from*): take a ~ view 個人的感情を含まない見解をとる. **2** 《主に英》一戸建ての，(建物が)独立した. **3** 分離した (*from*); 《格式》剥離(は⁰)した: a ~ retina 網膜剥離.

†de·tach·ment /dɪtætʃmənt/ 图 (動 detách) **1** Ｕ 〈利害に〉超然としていること, 無関心; [ほめて] 公平, 無私. **2** ＣＵ 《軍》分遣隊(全体) (*of*). **3** Ｕ また は a ~] 《格式》分離, 脱離 (*from*) (☞ retinal).

*de·tail /díːteɪl, dɪtéɪl/ 图 (~s /-z/) **1** Ｃ (個々の)**細かい点**, 細目; ささいなこと; Ｕ 細部(全体): every ~ *of* the story 話の細かな点 / attention *to* ~ 細部に対する注意 / have a good [sharp] eye for ~ 細かいところまでよく見る目がある.

2 [複数形で] **詳細な事実[情報]**, 詳しい説明, 詳説; 個人情報(住所・氏名など); 売家の特徴: Would you give me some ~s *about* this microwave? この電子レンジの詳しい説明をしていただけませんか / Please send me ~s *of* your advertised holiday tour. 広告に出ていた休日旅行の詳細を送ってください / For full [further] ~s call 466-917. 詳細は 466-917 番にお電話を (《文法》☞ cardinal number (2)). **3** ＣＵ (絵画・写真などの)ディテール, 細部の描写. **4** Ｃ 《軍》(特殊任務のための)分遣隊; [Ｕ または a ~] 特殊任務.
【語源】古(期)フランス語で「細かく切られたもの」の意; ☞ retail【語源】, tailor【語源】.

dówn to the lást [smállest] détail [副] 最も細かい点に至るまで, 完全に.
gó into détail(s) [動] 〔自〕 細部にわたる, 詳しく述べる (*about, on*).
in (gréat) détail [副] (丹念に)細部にわたって, 詳細に; 各個に: This subject should be discussed *in* ~. この問題は詳しく論じなければならない.
—— 動 〔他〕 **1** 〈…を〉詳しく述べる. **2** 《米》〈車〉を徹底的に掃除する. **3** [普通は受身で] 〈兵士などを〉(特殊任務に)つかせる (*to; to do*).

*de·tailed /díːteɪld, dí·teɪld | díːteɪld, dɪtéɪld/ 形 (反 general) **1** 詳細な, 詳しく述べた[説明した]: a ~ examination 詳細な調査. **2** 細かな手をほどこした.

de·tail·ing /díːteɪlɪŋ, dɪtéɪl-/ 图 **1** (建築物・服・車などの)細部装飾. **2** 《米》車の徹底的な掃除.

*de·tain /dɪtéɪn/ 動 (**de·tains** /~z/; **de·tained** /~d/; **-tain·ing**) 〔他〕 **1** [しばしば受身で] 〈人を〉拘留[拘禁]する; 〈…を〉入院させておく. **2** 《格式》〈人〉を引き止める; 居残りさせる (☞ contain 単語の記憶).

*de·tain·ee /dìːteɪníː/ 图 Ｃ (政治的思想・活動による)抑留者, 拘留者.

de·tain·ment /dɪtéɪnmənt/ 图 Ｕ =detention 1.

de·tan·gle /dìːtǽŋgl/ 動 〔他〕 《主に米》〈髪〉のもつれをほどく.

*de·tect /dɪtékt/ **T3** 動 (**de·tects** /-tékts/; **-tect·ed** /~ɪd/; **-tect·ing**; 图 detéction) **1** (特に器具などを用いて)〈隠されているもの・病気など〉を**見つけ出す**, 探知する (discover); 〈…に〉気づく: Some forms of cancer are still difficult to ~. 今でも一部の癌(がん)は発見するのが難しい. **2** 〈犯罪など〉を見破る, 看破する. 【語源】ラテン語で「覆いを取り去る」の意.

de·tect·a·ble /dɪtéktəbl/ 形 見つけ出せる, 探知できる.

*de·tec·tion /dɪtékʃən/ 图 (動 detéct) Ｕ 見つけ出す[される]こと, 探知, 発見 (*of*), 見破ること, 発覚.

*de·tec·tive /dɪtéktɪv/ 图 (~s /~z/) Ｃ **刑事** (略 Det); 探偵: a private ~ 私立探偵.
detéctive stòry [nòvel] 图 Ｃ 推理[探偵]小説.
detéctive wòrk 图 Ｕ (時間をかけた)詳しい調査.

*de·tec·tor /dɪtéktə/ /-tə/ 图 Ｃ 検出器, 探知器: a

lie ~ うそ発見器 / a smoke ~ 火煙報知器.

dé·tente, de·tente /deɪtɑ́ːnt/ 《フランス語から》 图 ＣＵ (国家間の)緊張緩和, デタント.

*de·ten·tion /dɪténʃən/ 图 (~s /~z/) **1** Ｕ 拘留(期間), 拘禁 (detainment). **2** ＵＣ (罰として学校に)残されること, 居残り. **in deténtion** [形・副] 拘留されて; (罰として)学校に残されて.
deténtion càmp 图 Ｃ 捕虜[難民]収容所.
deténtion cènter 图 Ｃ **1** 少年院. **2** (不法移民などの)収容所.
deténtion hòme 图 Ｃ 《米》少年鑑別所.

*de·ter /dɪtə́ː | -tə́ː/ 動 (**de·ters** /~z/; **de·terred** /~d/; **-ter·ring** /-tə́ːr-/; 图 deterrence) 〔他〕 (脅し・恐怖・悪天候などが)〈…に〉(一するのを)**やめさせる**, 思いとどまらせる; 〈…を〉妨げる, 阻止する: Fear did not ~ him *from* rescu*ing* the drowning child. <V+O+*from*+動名> 彼は怖くてもひるまずおぼれかかった子供を助けた.

*de·ter·gent /dɪtə́ːdʒənt | -tə́ː-/ 图 ＣＵ **洗剤**: wash with synthetic ~s 合成洗剤で洗う / liquid [powdered] ~ 液体[粉末]洗剤. 関連 soap せっけん.

*de·te·ri·o·rate /dɪtí(ə)riərèɪt/ 動 (**-o·rates** /-rèɪts/, **-o·rat·ed** /-tɪd/, **-o·rat·ing** /-tɪŋ/; 反 ameliorate) 〔自〕 悪くなる, 低下する; 悪化して…になる (*into*).

de·te·ri·o·ra·tion /dɪtí(ə)riərèɪʃən/ 图 (反 amelioration) ＵＣ (品質などの)悪化; 低下.

de·ter·min·a·ble /dɪtə́ːmɪnəbl | -tə́ː-/ 形 (反 indeterminable) 《格式》決定できる, 確定できる.

*de·ter·mi·nant /dɪtə́ːmɪnənt | -tə́ː-/ 图 Ｃ **1** 《格式》決定する原因, 決定要素 (*of*). **2** 《生》決定子[素], 遺伝子. **3** 《数》行列式.

de·ter·mi·nate /dɪtə́ːmɪnət | -tə́ː-/ 形 (動 determine; 反 indeterminate) 《格式》限定された.

*de·ter·mi·na·tion /dɪtə̀ːmənéɪʃən | -tə̀ː-/ 图 (~s /~z/; 動 determine) **1** Ｕ **決断力**; 決心 (resolution), 決意, (強い)意志(の力): a man of courage and dogged ~ 勇気と不屈の意志のある人 / Her ~ *to* go to college never wavered. <Ｎ+*to* 不定詞> 大学へ入ろうという彼女の決心は揺らがなかった.

2 ＵＣ 《格式》決定; 判定: make a ~ *of* a date 日取りを決定する. **3** ＵＣ 《格式》(量・位置などの)測定; 確定 (*of*).

with determinátion [副] 断固として, 思い切って.

de·ter·mi·na·tive /dɪtə́ːmɪnèɪtɪv, -nət- | -tə́ːmɪnət-/ 形 Ｐ 《格式》決定する (*of*). —— 图 Ｃ = determiner.

*de·ter·mine /dɪtə́ːmɪn | -tə́ː-/ **T2** 動 (**-ter·mines** /~z/; **-ter·mined** /~d/; **-ter·min·ing**; 图 detèrminátion, 形 detérminate) 《格式》〔他〕 **1** (人が)〈調査・計算などをして〉〈事実・原因・影響など〉を, 明らかにする; 〈量・位置など〉を測定する: ~ the cause of death 死因を明らかにする / The Coroner ~*d when* the victim was killed. <V+O (*wh* 節)> 検死官は被害者がいつ殺されたのかを確定した.

2 [しばしば受身で] (特に物事が)(要因となって)〈…〉を**決定する**, 確定する: genetically ~*d* 遺伝子で決定された / Prices are ~*d by* demand. <V+O の受身> 物の値段は需要によって決まる.

3 〈日取りなど〉を決定する, 決める: The date for the general meeting has yet to be ~*d*. 総会の日取りはまだ決定していない. **4** 《格式》(…する)決心をする, 決意する; 〈…するか〉を決める (☞ decide 類義語).
【言い換え】She ~*d to* have the operation. =She ~*d that* she would have the operation. 彼女は手術をする決心をした. **5** (物事が)〈人〉に決心させる, 決意さ

る: Her letter ~d him to start at once. 彼女の手紙で彼はすぐに出発する決心がついた. — ⾃ 決定する, 決心する (on). 語源 ラテン語で「区切りをつける」の意 (☞ term 単語の記憶).

de·ter·mined /dɪtə́ːmɪnd | -tə́ː-/ 形 堅く決心した, 断固とした: a person of ~ character 強い性格の人 / ~ opposition 断固たる反対《置き換え》Beethoven was ~ to be a composer. <A+to 不定詞>= Beethoven was ~ (that) he would be a composer. <A+(that) 節> ベートーヴェンは作曲家になろうと堅く決心していた. **~·ly** 副 確固たる決意で.

de·ter·min·er /dɪtə́ːmɪnə | -tə́ːmɪnə/ 名 C 〖文法〗決定詞.

文法　決定詞

後続の(形容詞+)名詞の内容を限定する働きをする語で, 冠詞・指示形容詞・(代名詞および名詞の)所有格・他の形容詞の一部が相当する. determinative ともいう. 決定詞は冠詞すなわち a, an, the と類似の働きをする語で,「冠詞類」であると考えてもよい. 普通は次のような語が決定詞と呼ばれる: the; a, an; that, those; this, these; my; your; his; her; its; their; our; Bill's, the boy's ...; every; each; no; some; another; either, etc. これらは普通は名詞語群の中で最初に置かれ, 2 つ以上併用できないが, all, both, half, such など は決定詞の前にくることも可能である. たとえば all the five [many] white houses では the のほかにその前後にくる all とか many や数詞なども広く決定詞に含めてがある.

---

de·ter·min·ing /dɪtə́ːmɪnɪŋ | -tə́ː-/ 形 決め手となる, 決定[最終]的な: a ~ factor 決定要因.

de·ter·min·ism /dɪtə́ːmɪnìzm | -tə́ː-/ 名 U 〖哲〗決定論 (すべては前もって決められているとする).

de·ter·min·is·tic /dɪtə̀ːmɪnístɪk | -tə̀ː-/ 形 〖格式〗 1 決定論的な (科学では条件のもとで必ず決まった結果が得られることをさす; ☞ probabilistic). 2 (力などが)物事を決定する.

de·ter·rence /dɪtə́ːrəns | -tér-/ 名 (動 detér) U 〖格式〗防止, 阻止; 抑止(力): nuclear ~ 核の抑止力.

de·ter·rent /dɪtə́ːrənt | -tér-/ 形 引き止めるもの; 戦争[犯罪]を阻止するもの, 戦争抑止力〈核兵器など〉 (to): ☞ nuclear deterrent. — 名 A 妨げる, 引き止める; 戦争抑止の: ~ power 抑止力.

de·test /dɪtést/ 動 [進行形なし] 〖格式〗〈…〉を憎む, ひどく嫌う: She ~s speaking in public. 彼女は人前で話すのが嫌う / ~ liars. うそつきは大嫌いだ.

de·test·a·ble /dɪtéstəbl/ 形 〖格式〗憎むべき, ひどく嫌いな. **-a·bly** /-əblɪ/ 副 憎らしく.

de·tes·ta·tion /dìːtestéɪʃən/ 名 U 〖格式〗嫌悪.

de·throne /dɪθróʊn/ 動 他 1 〈人〉を権力[トップ]の座から退ける; 〈王・皇帝〉を廃する, 退位させる. 2 〖スポ〗〈人〉のチャンピオンの座を奪う.

de·throne·ment /dɪθróʊnmənt/ 名 U,C 失脚(させること); 廃位.

det·o·nate /détənèɪt/ 動 他 (大音響とともに)〈…〉を爆発させる. — ⾃ 爆発する.

det·o·na·tion /dètənéɪʃən/ 名 U,C 爆発(させること).

det·o·na·tor /détənèɪtə | -tə/ 名 C (爆弾の)起爆装置; 起爆剤.

de·tour /díːtʊə | -tʊə/ 名 C 回り道; 〈米〉迂回路: make [take] a ~ 回り道をする. — (-tour·ing /-tʊ(ə)rɪŋ/) ⾃ 〈主に米〉回り道をする (to). — 他 〈…〉を迂回する; 〈車など〉を迂回させる.

de·tox /díːtɑks | díːtɔks/ 名 U 〖略式〗 1 (アルコール・麻薬の)依存症患者更生治療. 2 有害物質除去; 解毒. — 動 〖略式〗=detoxify.

de·tox·i·fi·ca·tion /dìːtɑksəfɪkéɪʃən | -tɔ̀k-/ 名 U =detox.

de·tox·i·fy /dìːtɑ́ksəfàɪ | -tɔ́ks-/ 動 (-i·fies; -i·fied; -fy·ing) 他 1 〈…〉の依存症を治療する. 2 〈…〉から有害物質を除去する. — ⾃ 1 依存症を治療する. 2 有害物質を除去する.

de·tract /dɪtrǽkt/ 動 [次の成句で] **detráct from ...** [動] 他 [進行形なし] …の(価値・よさ・見ばえ)を減らす[損う]: Your poor writing ~s from the value of your ideas. 文章が下手でせっかくのアイデアの値打ちが下がっている.

de·trac·tion /dɪtrǽkʃən/ 名 U,C (価値などを)損うこと.

de·trac·tor /dɪtrǽktə | -tə/ 名 C [普通は複数形で] [主に新聞で] ⓦ 中傷する人.

de·train /dìːtréɪn/ 動 〖格式〗⾃ 列車から降りる. — 他 〈…〉を列車から降ろす.

det·ri·ment /détrəmənt/ 名 U 〖格式〗損害, 損失. **to the détriment of ...**=**to ...'s détriment** [副] 〖格式〗…を損なって. **without détriment to ...** [前] 〖格式〗…を損なわずに.

det·ri·men·tal /dètrəmént(ə)l⁻/ 形 〖格式〗(…に)有害な, 損害を与える (to). **-tal·ly** /-ṭəli/ 副 有害に.

de·tri·tus /dɪtráɪtəs/ 名 U 1 〖格式〗瓦礫, 残がい, ごみ. 2 〖地質〗岩屑(がんせつ)〈岩石の侵食などによってできた岩片・砂利・砂など〉.

De·troit /dɪtrɔ́ɪt/ 名 デトロイト《米国 Michigan 州南部の都市; 自動車工業で有名; ☞ 表地図 H3》.

de trop /dətróʊ/ 《フランス語から》 形 P 〖格式〗余計な, 無用の, じゃまな.

deuce¹ /d(j)úːs | djúːs/ 名 C 1 《主に米》〖トラ〗2 の札; (さいころの)2 の目 (☞ ace 1). 2 U,C (テニスなどの)ジュース.

deuce² /d(j)úːs | djúːs/ 名 [疑問語の後で; the ~] S 〖古風〗一体: What the ~ happened? 一体何が起ったのだ. **a déuce of a ...** [形] 〖古風〗ひどい...

deuc·ed /d(j)úːsɪd, -st | djuː-/ 〖古風, 略式〗形 A 実にいまいましい, ひどい. — 副 すごく, べらぼうに.

de·us ex ma·chi·na /déɪəsèksmɑ́ːkɪnə/ 名 [単数形で] 〖文〗(小説などで)事態に決着を付ける不思議な出来事.

deu·te·ri·um /d(j)uːtí(ə)riəm | djuːtíər-/ 名 U 〖化〗重水素《記号 D; 原子炉に用いる》.

Deu·ter·on·o·my /d(j)ùːṭərɑ́nəmi | djùːtərɔ́n-/ 名 申命(しんめい)記《旧約聖書中の一書》.

Deutsch·mark /dɔ́ɪtʃmɑ̀ːk | -mɑ̀ːk/ 名 C ドイツマルク《ドイツの旧通貨単位; 略 DM, D-mark》.

de·val·u·a·tion /dìːvæljuéɪʃən/ 名 U,C 〖経〗平価切り下げ.

de·val·ue /dìːvǽljuː/ 動 (-val·ues /-z/; -val·ued /-d/; -val·u·ing) 名 dèvàluátion 他 1 〖経〗〈通貨〉の平価を切り下げる (against): ~ the currency 平価を切り下げる. 2 〈人・作品など〉を低く評価する, けなす. — ⾃ 〖経〗平価切り下げを行う.

dev·as·tate /dévəstèɪt/ 動 他 [しばしば受身で] 1 〈人〉を打ちのめす, 圧倒する. 2 〈国土など〉を荒らす, 荒廃させる, …に大損害を与える.

dev·as·tat·ed /dévəstèɪtɪd/ 形 1 ショックを受けて, 打ちのめされて: I was simply ~ by the news. 私はそのニュースに大ショックを受けた. 2 荒廃して.

dev·as·tat·ing /dévəstèɪtɪŋ/ 形 1 壊滅的な, 荒廃させる: a ~ heat wave 猛烈な熱波 / a ~ effect 壊滅的な影響. 2 (知らせなどが)ショッキングな. 3 圧倒的な, 効果的な, 痛烈な. 4 〈文〉とてもすばらしい, すごい. **~·ly** 副 驚くほど, すごく.

dev·as·ta·tion /dèvəstéɪʃən/ 名 U 1 (国土の)荒らすこと, 荒廃; 惨害. 2 精神的大動揺.

dev·as·ta·tor /dévəstèɪtə | -tə/ 名 C 破壊者.

de・vel・op

/dɪvéləp/ 他動 (-vel・ops /~s/; -vel・oped /~t/; -op・ing) 名 dé・vélopment．

——— 自 他 の転換 ———

他 1 発達させる (to make (something) bigger and more important)

自 1 発達する (to become bigger and more important)

——— 他 1 〈…〉を発達させる，発展させる，進展させる；発育させる：Tom ~ed his father's business *from* a little shop *into* a large department store．<V+O+from+名・代+into+名・代> トムは父の事業を小さな店から大百貨店へと発展させた．

2 〈新製品・資源・土地など〉を開発する，作り出す：We ~ed nuclear energy for peaceful purposes. 我々は原子力を平和目的のために開発した．

3 〈能力など〉を伸ばす，〈趣味など〉を育てる，〈習慣など〉を身につける (acquire)：~ physical strength 体力をつける / Helen ~ed a taste for wine while studying in France. ヘレンはフランス留学中にワイン好きになった．

4 〈病気〉を発病させる，〈ないもの〉を発生させる，〈隠れているもの〉を明らかにする；：I think I'm ~ing a cold. どうも私はかぜ(をひいた)らしい / My car ~ed engine trouble. 私の車はエンジンの故障を起こした．**5** 〈主題・議論など〉を展開する，詳しく述べる：We will ~ this idea further in the next chapter. この考え方については次の章で詳しく述べることにする．**6** [写] 〈フィルム〉を現像する：~ the film ~ed フィルムを現像してもらう．

——— 自 1 **発達する**，発展する，発育する (grow)；〈関係などが〉強くなる：Blossoms ~ *from* buds. <V+from+名・代> 花はつぼみから生長する / Japan ~ed *into* the richest country in Asia. <V+into+名・代> 日本はアジアで最も豊かな国へと発展した / The baby panda is ~ing well. パンダの赤ちゃんは順調に成長しています．

2 〈病気・問題など〉が現われてくる，〈新事実〉が明らかになる：Cancer ~ed in his stomach. 彼は胃に癌ができた．**3** [副詞句を伴って] [写] 現像される．

語源 古(期)フランス語で「包みを解く」の意. そこから「隠れているもの[力]を伸ばす」，「発展させる」の意となった. ☞ envelop.

*de・vel・oped /dɪvéləpt/ 形 (反 undeveloped) 発達した，発育した，発展した；開発された (☞ developing)：a ~ country 先進国 / the ~ world 先進国(全体) / highly ~ skills 高度に発達した技能．

*de・vel・op・er /dɪvéləpə/ 名 (~s /~z/) 1 C 宅地[土地]開発[造成]業者；(コンピューター製品などの)開発者[業者]，製作者：a property ~ 不動産開発業者．2 U [写] 現像液[剤]．3 C [前に形容詞をつけて] 体[知能]の発育が…な人[子供]：a *late* ~ 発育の遅い子．

*de・vel・op・ing /dɪvéləpɪŋ/ 形 A 1 発展途上の，発展[発達]中の，発育中の：a ~ country 発展途上国 / the ~ world 発展途上国(全体)．**2** [写] 現像(用)の．

‡de・vel・op・ment /dɪvéləpmənt/ 名 (-op・ments /-mənts/; 動 devélop) 1 U **発達**，発育，発展，進展 (growth) (*from*)：one's personal ~ 自己啓発 / economic ~ 経済発展 / arrested ~ [滑稽] 発育不全 《年相応にふるまえない人に対して用いる》 / an important stage in the ~ of the mind and body of children 子供の心身の発達にとって重要な段階 / We studied the caterpillar's ~ *into* a beautiful butterfly. 私たちはその虫がきれいなちょうに育つのを調べた．

2 C (事件・情勢などの)進展，展開：new ~s at the summit conference 首脳会談での新しい進展．

3 U (新製品・資源・土地などの)開発，製作；(議論などの)展開：in [under] ~ 開発中で / The construction of a new highway will bring about great industrial ~ in this region. 新しい幹線道路を作ればこの地域では大いに産業が発展するだろう / the Department of Housing and Urban D— (米)住宅都市開発省 (department sec). **4** C (努力の結果[成果]；新製品[発明品，品種] (*from*, *of*)：the latest ~s in medical science 医学の最近の成果．**5** C 住宅団地 (housing development)；造成地．

*de・vel・op・men・tal /dɪvéləpmént̬l←/ 形 普通は A 発達[発育](上)の；開発の：~ psychology 発達心理学．**-tal・ly** /-t̬əli/ 副．

devélopment àrea 名 C (英)産業誘致地域．

de・vi /dévri/ 名 C [ヒンズー教] 女神．

de・vi・ance /dí:viəns/, **de・vi・an・cy** /dí:viənsi/ 名 U (格式) 逸脱(した行動)；性的変質．

†de・vi・ant /dí:viənt/ (格式) 逸脱した，異常な；変質的な．—— 名 C 逸脱した人；変質者．

de・vi・ate[1] /dí:vièɪt/ 動 自 (格式) 〈正しい進路・標準から〉それる，はずれる，離れる；逸脱する，偏向する (*from*)．

de・vi・ate[2] /dí:viət/ 形 名 C (米格式) = deviant．

†de・vi・a・tion /dì:viéɪʃən/ 名 U.C (格式) 〈正しい進路・標準から〉それること，逸脱(した行動)，偏向；[政] (党是から)はずれること (*from*)．**2** [統] 偏差(値)；[海] (羅針の)自差《自分の船体などの影響による誤差》：☞ standard deviation．

de・vi・a・tion・ism /dì:viéɪʃənɪzm/ 名 U [けなして] 逸脱主義，偏向主義．

de・vi・a・tion・ist /dì:viéɪʃ(ə)nɪst/ 名 C [軽蔑] 逸脱主義者；偏向主義者．

*de・vice /dɪváɪs/ 他動 (de・vic・es /~ɪz/; 動 de・víse) C 1 装置，仕掛け；からくり：a mechanical ~ 機械装置 / a safety ~ 安全装置 / a ~ *for* circulating water=a ~ *to* circulate water <N+to不定詞> 水を循環させる装置 <☞ tool 類義語>．**2** (格式) 工夫したもの，方策 (*for*)；企て，策略 (*to do*)．**3** 爆破装置，爆弾．**4** (格式) (文学・劇などの)技巧，趣向．**5** (格式) (紋章などの)図案，家紋．

léave … to …'s ówn devíces 動 他 〈…〉の思いどおりにやらせる，勝手にさせる．

*dev・il /dév(ə)l/ 名 (~s /~z/; 形 dévilish) 1 C 悪魔；[the D-] 魔王，サタン (Satan) (神の敵で地獄の王)：*The* ~ *made me do it.* (S) [滑稽] 悪魔がやらせたのだ，魔がさしたんだ《失敗などの言い逃れ》 / *Speak* [(主に英) *Talk*] *of the D—*, *and he will* [*is sure to*] *appear*. (ことわざ)(S) 悪魔の話をすると悪魔がやって来る(うわさをすれば影がさす)．語法 (S) (略式)では Speak [Talk] of the devil. で止めることが多い // *(The) ~ take the hindmost* (ことわざ) 遅い者は鬼に食われる(他人の事などかまっていられない) / *Better the ~ you know* (*than the ~* [*one*] *you don't*). (ことわざ)(S) 知らない悪魔より知っている悪魔の方がよい(未知の危険を冒すよりいやでもなじみの人[状況]を相手にする方が楽である) / *The ~ finds* [*makes*] *work for idle hands*. (ことわざ) ひまな人には悪魔が仕事をみつけてくれる(小人閑居して不善をなす)．**2** C (略式)手に負えないやつ，いたずらっ子；(古風，略式)悪魔のような人，極悪人：a *little* ~ (S) [滑稽] いたずらっ子，小悪魔．**3** C [前に形容詞をつけて] (S) (略式) やつ，人 (fellow)：(the) *poor* [*lucky*] ~ 気の毒な[運のいい]やつ．**4** [疑問詞の後に] *the* ~] (S) (古風) 一体

devil 1

What the ~ *are you doing?* 何やってんだ.
a [the] dévil of a .. [形] Ⓢ《古風》ものすごい…: We had *a* ~ *of a time.* 私たちはひどい目にあった. **Bé a dévil!** Ⓢ《英》《滑稽》《ためらっている人を促して》さあ, いいじゃないか: *Go on, be a* ~ *and have another drink!* さあさあもう1杯飲めよ. **be the (véry) dévil** [動] 🄐 《くだけた[いやな[にもの]》である. **between the dévil and the deep (blúe) séa** [形・副] 進退窮まって. 由来 この devil は「船の水線付近の板の継ぎ目」という船員用語で深い海すれすれのところに追い込まれて, の意. **give the dévil his dúe** [動] 🄐 いやな人[悪い人]でもよい点は認めてやる. **gó to the dévil** [動] 🄐《命令文で》Ⓢ《古風》とっとと行きやがれ. **hàve a [the] dévil of a jób [tíme] dóing** [動] Ⓢ《古風》…するのにひどく苦労する. **like the dévil** [副] Ⓢ《古風, 略式》猛烈に, 必死に. **pláy the dévil with ...** [動] 他 …をめちゃめちゃにする, さらに悪化させる. **the dévil's òwn lúck = the lúck of the dévil** [名] 大変な幸運. その結果: *There'll be the* ~ *to pay if we're late.* 遅れたらえらいことになるよ.
dev·iled /dév(ə)ld/ 形 (食物が)辛く味付けした.
déviled égg 名Ⓒ《普通は複数形で》デビルドエッグ《ゆで卵を縦に切り, 黄味をマヨネーズ・香辛料と混ぜ合わせて白味に詰めた料理》.
dév·il·fìsh 名 (複, ~, ~·es) Ⓒ いとまきえい; たこ, いか.
dev·il·ish /dév(ə)lɪʃ/ 形 (名 dévil) 1《文》悪魔のような, 極悪な. 2 いたずらっぽい. 3《略式》とてもやっかいな[難しい]. うっとうしい. — 副《古風, 略式》ひどく. **~·ly** 副《古風》ひどく.
dev·illed 形《英》= deviled.
dévil-may-cáre 形 🄐 (態度が)のんきな.
dev·il·ment /dév(ə)lmənt/ 名Ⓤ《文》いたずら心, ひどいいたずら.
dev·il·ry /dév(ə)lri/ 名 (**-il·ries**)《文, 主に英》= devilty.
dév·il's ádvocate /dév(ə)lz-/ 名《単数形で》《議論を面白くするため》わざと信じていない意見を唱える人: *He always plays (the)* ~. = *He's always the* ~. 彼はいつも異を唱える.
dévil's food càke 名Ⓒ.Ⓤ《米》(味・色ともに濃厚な)チョコレートケーキ.
dev·il·try /dév(ə)ltri/ 名 (**-il·tries**)《文, 主に英》1 Ⓤ = devilment. 2 Ⓒ.Ⓤ 極悪非道(の行為).
de·vi·ous /díːviəs/ 形 1 [けなして] (人・方法などが) よこしまな, 不正な. 2《格式》遠回りした, 曲がりくねった. **~·ly** 副 よこしまに; 遠回りして. **~·ness** 名Ⓤ よこしまさ.
de·vise /dɪváɪz/ 動 (**de·vis·es** /-ɪz/; **de·vised** /-d/; **de·vis·ing**) 名 device) 他 《…を》考案する, 考え出す; 発明[工夫]する: *The cook* ~*d a new method for [of] keeping the food warm.* その料理人は料理を保温する新しい方法を考え出した. **devise and bequéath** [動] 他《法》《…を》遺贈する.
de·vi·tal·i·za·tion /diːvàɪtəlɪzéɪʃ(ə)n | -lɑɪz-/ 名Ⓤ 生命力[活力]を奪うこと.
de·vi·tal·ize /diːvάɪtəlɑɪz/ 動 他 《…》から生命[活力]を奪う.
de·void /dɪvɔ́ɪd/ 形 🄟 w《格式》(…)に欠けている: *He is* ~ *of common sense.* 彼は常識がない.
dev·o·lu·tion /dèvəlúːʃən, dìːv-/ 名Ⓤ《格式》1 (後継者・地方自治体への)移管, 委譲 (*of*). 2 低下, 悪化.
dev·o·lu·tion·ist /dèvəlúːʃ(ə)nɪst, dìːv-/ 名Ⓒ 地方分権主義者. — 形 地方分権主義的な.
de·volve /dɪvάlv | -vɔ́lv/ 動 w《格式》1 🄐 (職責など)が(下位の者に)移る, かかってくる: *The control of*

Dewey 463

the armed forces ~*d on [upon] the Vice President.* 軍隊の統制は副大統領に移った. 2《法》(財産・不動産が)受け継がれる (*on, upon, to*). — 他《格式》《権限・職責など》を(…に)移す, 委譲する (*on, upon, to*).

Dev·on /dév(ə)n/ 名 固 デヴォン《英国 England 南西部の州》.
De·vo·ni·an /dɪvóʊniən/ 形《地質》デボン紀の.
***de·vote** /dɪvóʊt/ 動 (**de·votes** /-vóʊts/; **de·vot·ed** /-tɪd/; **de·vot·ing** /-tɪŋ/; 名 devotion, 形 devout) 他 (仕事・研究・目的などに)〈時間・金・努力など〉をささげる, すべて(…に)充てる: *more space to the problem* その問題にもっとスペースを割く / *He* ~*d all his time to improving [to the improvement of] his invention.* <V+O+*to*+動名[名・代]> 彼は全ての時間を彼の発明品の改良に費やした.
devóte onesèlf to ... [動] 他 …に専念する, …に身をささげる: *She* ~*d herself to her sick father.* 彼女は病気の父の世話をした.

***de·vot·ed** /dɪvóʊtɪd/ 形 1 🄐 献身的な, 愛情をささげた; 熱心な: a ~ *wife* 献身的な妻 / a ~ *friend* 親身になってくれる友人. 2 🄟 (…に)心している, 熱中して; (…)をたいへん愛して; (物事が)(…)を専ら扱って: *My sister is* ~ *to the baby.* <A+*to*+名・代> 妹は下の赤ちゃんをとても可愛がっている. **~·ly** 副 献身的に, 一心に; 熱心に.
+dev·o·tee /dèvətíː/ 名Ⓒ 1 熱心な人, 愛好者 (*of*). 2 熱心な信者 (*of*).
***de·vo·tion** /dɪvóʊʃən/ 名 (動 devóte) 1 Ⓤ (献身的な)愛情, 愛慕; 傾倒: *the* ~ *of a mother to her children* = *a mother's* ~ *to her children* 母親の子供に対する愛情. 2 Ⓤ 専念(すること), 献身: *The* ~ *of too much time to study will harm your health.* あまりに勉強に時間を割くと健康を損ねますよ. 3 Ⓤ 信仰, 信心. 4《複数形で》《格式》祈り, 祈祷(き̇ぅ).
de·vo·tion·al /dɪvóʊʃ(ə)nəl/ 形 (…)に(用いる)祈りの, 信仰(上)の, 信心の. — 名Ⓒ 短い祈り; 短い礼拝; 祈祷書.
***de·vour** /dɪváʊə | -váʊə/ 動 (**-vour·ing** /-váʊ(ə)rɪŋ/) 他 1 《…》をむさぼり食う, がつがつたいらげる: *The tiger* ~*ed its prey.* とらはえじきをむさぼり食った. 2 《…》をむさぼり読む, 夢中になって見る[聞く]: *I* ~*ed the stories of Sherlock Holmes.* 私はシャーロックホームズの話を夢中になって読んだ. 3《金などを》どんどん使う, 無駄にする. 4《文》(疫病・災害などが)《…》を滅ぼす, 壊滅させる, (火事が)焼き尽くす (destroy).
be devóured by ... [動] 他 (ある感情)で心がいっぱいである. **devóur ... with one's éyes** [動] 他《文》(…)を穴があくほど見る[観察する].
de·vour·ing /dɪváʊ(ə)rɪŋ/ 形《文》(感情などが)強烈な, 激しい.
***de·vout** /dɪváʊt/ 形 (動 devóte) 1 信心深い, 敬虔(けいけん)な. 2 🄐《文》(願いが)心からの. 3 🄐 熱烈な.
de·vout·ly /dɪváʊtli/ 副 1《格式》熱心に, 心から. 2 信心深く. 語法 believe, hope, wish などの動詞を修飾することが多い.
de·vout·ness /dɪváʊtnəs/ 名Ⓤ 信心深さ.
De Vries /dəvríːs/ 名 固 **Hu·go** /hjúːɡoʊ/ ~ ド フリース (1848-1935)《オランダの植物学者; 突然変異説を唱えた》.
dew /d(j)úː | djúː/ 名Ⓤ 露: *The* ~ *has fallen.* 露が降りた.
déw·bèr·ry /-bèri | -b(ə)ri/ 名 (**-ber·ries**) Ⓒ デューベリー《きいちごの一種》.
déw·dròp 名Ⓒ 露のしずく; 露のしずく状のもの.
Dew·ey /d(j)úːi | djúːi/ 名 固 **John** ~ デューイ (1859-1952)《米国の哲学者・教育者》.

Déwey (décimal) classificàtion [sỳstem] /[the ~]/ 〖図書館〗デューイ十進分類法.

déw·fall /-fɔ̀ːl/ 图 U 〖文〗露が降りること (露が降り始める) 夕暮れ時.

déw·làp /-læ̀p/ 图 C (牛などの)のどぶくろ、肉垂 (のどにたれさがった肉).

déw pòint 图 [the ~] 〖気象〗露点.

déw póond 图 C (英) 露池 (露・霧の水分を集める(人工)池).

dew·y /d(j)úːi | djúːi/ 形 (**déw·i·er**, -**i·est**) 〖文〗露を帯びた; 露にぬれた; (皮膚が)つやつやの.

déwy-éyed 形 [けなして] (感情が入って)涙目になった、涙もろい、感傷的な; うぶな.

dex·ter·i·ty /dekstérəti/ 图 U 器用さ; 機敏さ.

dex·ter·ous /dékstərəs, -trəs/ 形 W (手先・話し方の)器用な、巧みな; 機敏な (adroit). **~·ly** 副 器用に.

dex·trose /dékstrous/ 图 U 〖化〗ぶどう糖.

dex·trous /dékstrəs/ 形 =dexterous.

DfES /díːèfíːés/ 略 (英) =Department for Education and Skills 教育職業訓練省.

DH /díːéitʃ/ 略 =designated hitter.

Dha·ka /dǽkə/ 图 U =Dacca.

dhar·ma /dáːrmə, dáː- | dáː-/ 图 U 〖ヒンズー教・仏教〗法; 天の理法に従うこと.

Dhau·la·gi·ri /dàuləgíəri/ 图 固 ダウラギリ (ネパール中西部にあるヒマラヤ山脈の高峰群).

dho·bi /dóubi/ 图 C (インド)洗濯人.

dho·ti /dóuṭi/ 图 C ドーティー (ヒンズー教徒の男性が着ける腰布).

dhow /dáu/ 图 C ダウ (アラビア人の用いる帆船).

Di /díː/ 图 固 (女性の名; Diana の愛称).

DI /díːái/ 略 (英) Detective Inspector 警部.

di- /dai/ 接頭 「2, 2倍, 2重」の意: d*i*lemma ジレンマ; d*i*oxide 二酸化物.

di·a- /daiə/ 接頭 「通って、横切って; 完全に」の意: *dia*gnosis 診断.

*****di·a·be·tes** /dàiəbíːtiːz/ 発音 图 (形 diabétic) U 糖尿病.

⁺di·a·bet·ic /dàiəbéṭik⁻/ 形 糖尿病の; 糖尿病患者(用)の; 糖尿病が原因の. — 图 C 糖尿病患者.

di·a·bol·ic /dàiəbálik | -ból-⁻/ 形 =diabolical 1.

di·a·bol·i·cal /dàiəbálik(ə)l | -ból-⁻/ 形 1 残忍な、極悪非道な; 悪魔の〔による〕. 2 (略式, 主に英) ひどい、いやな. **-cal·ly** /-kəli/ 副 ひどく.

di·ab·o·lo /dæféboulou/ 图 C 空中ごま (遊戯).

di·a·chron·ic /dàiəkránik | -krón-⁻/ 形 〖言〗通時的な (↪ synchronic). **-chron·i·cal·ly** /-kəli/ 副 通時的に.

di·a·crit·ic /dàiəkríṭik⁻/ 形 =diacritical. — 图 C =diacritical mark.

di·a·crit·i·cal /dàiəkríṭik(ə)l⁻/ 形 区別のための.

diacrítical márk 图 C 分音符号、区分発音符 (ā, ǎ, ä, â ~ ˇ ¨ など).

di·a·dem /dáiədèm/ 图 C 〖文〗王冠、ダイアデム (帯状髪飾り).

di·aer·e·sis /daiérəsis/ 图 (複 **di·aer·e·ses** /daiérəsiːz/) C 〖言〗分音符 (二つの母音が連続するとき、後の母音について前の母音とは別音節であることを示す ¨ の符号; 例 naïve; ⇨ umlaut).

*****di·ag·nose** /dàiəgnóus, -nóuz/ 動 (**-ag·nos·es** /-iz/; **-ag·nosed** /~t, ~d/; **-ag·nos·ing** /dàiəgnóusiŋ/) 他 [しばしば受身で]〈人・病気を〉診断する; 〈原因・問題点を〉明らかにする: 〖言い換え〗My illness *was* ~*d as* pneumonia. <V+O+*as*+名の受身>=I *was* ~*d with* [*as* hav*ing*] pneumonia. <V+O+*with*+名 [*as*+動名] の受身> = 私の (私の病気は) 肺炎と診断された.

*****di·ag·no·sis** /dàiəgnóusis/ 発音 图 (複 **di·ag·no·ses** /-siːz/; 動 diágnòse, 形 diagnóstic) 1 U.C 〖医〗診断 (*of*); 診断書: make [give] a ~ 診断する. 2 U.C (問題点などの)究明, 診断.

⁺di·ag·nos·tic /dàiəgnástik | -nós-⁻/ 形 (图 diagnósis) 1 [普通は A] 〖医〗診断の[に用いる]. 2 原因究明の. 3 (特徴などが) (...の)特徴を示す (*of*).

di·ag·nos·tics /dàiəgnástiks | -nós-⁻/ 图 1 U 〖医〗診断法〖学〗. 2 〖複〗〖電算〗エラー [バグ] 診断プログラム; (画面に)示される診断結果.

di·ag·o·nal /daiǽgən(ə)l/ 形 対角線の, 対角を結ぶ; 斜線の, 斜めの (*to*); (布地などの)斜線 (模様) のある. — 图 C 〖幾〗対角線; 斜線: positive [negative] ~ 右上がり [右下がり] の斜線. **-nal·ly** /-nəli/ 副 斜めに.

⁺di·a·gram /dáiəgrǽm/ 图 (形 diagrammátic) C 図, 図形; 図表, 図式, 図解 (*of*): draw a ~ 図を描く. — 動 (**di·a·grams**; **di·a·gramed**, (英) **di·a·grammed**; **-gram·ing**, (英) **-gram·ming**) 他 〈...を〉図表で示す, 図解する: ~ a sentence 文(構造)を図で説明する.

di·a·gram·mat·ic /dàiəgrəmǽṭik⁻/ 形 (图 díagràm) [普通は A] 図形[図表, 図解, 図式]の. **-mat·i·cal·ly** /-kəli/ 副 図表[図式, 図解]で.

*****di·al** /dái(ə)l/

> ラテン語で「日 (day) の」の意 (↪ diary 語源); 「日時計」(↪ sundial) → 「時計の文字盤」→「ダイヤル」图 →「(ダイヤルを回して)電話をかける」動 となった.

— 图 (~**s** /~z/) C (時計の)文字盤, (各種計器の)目盛り盤; (ラジオ・電気器具・電話などの)ダイヤル (↪ push button): turn a ~ to the right ダイヤルを右へ回す.
— 動 (**di·als** /~z/; **di·aled**, (英) **di·alled** /~d/; **-al·ing**, (英) **-al·ling**) 他 1 (ダイヤル・押しボタンを使って)〈番号・人・会社・場所に〉電話をかける: Will you ~ 362-3061? 362局の3061番へかけてください (three six two, three 0 /óu/ six one と読む; ↪ cardinal number 語法(2)) / *D*~ the police at once. すぐ警察に電話をしなさい. 2 〈ダイヤルなどで〉〈...を〉調整する. — 自 電話をかける. (米) **díal 911**=(英) **díal 999** 動 自 (警察・消防署へ)緊急電話をする (日本の110番, 119番に相当する). 語法 911 は nìne òne óne, 999 は níne nìne níne と読む.

dial. 略 =dialect, dialectal.

⁺di·a·lect /dáiəlèkt/ 图 C,U (ある地域の)方言; (特定の階層などの)方言 (略 dial.): speak *in* (a) Southern ~ 南部の方言で話す.

di·a·lec·tal /dàiəléktl⁻/ 形 方言(特有)の (略 dial.).

di·a·lec·tic /dàiəléktik⁻/ 图 1 U または複数形で単数扱い 〖哲〗弁証法. 2 U 〖格式〗弁証法的対立. — 形 =dialectical.

di·a·lec·ti·cal /dàiəléktik(ə)l⁻/ 形 〖哲〗弁証(法)的な. **-cal·ly** /-kəli/ 副 弁証(法)的に.

dialéctical matérialism 图 U 〖哲〗弁証法的唯物論.

di·a·lec·ti·cian /dàiəlektíʃən/ 图 C 弁証家.

di·a·lec·tol·o·gy /dàiəlektálədʒi | -tól-/ 图 U 方言学, 方言研究.

díal·ing còde /dáiəliŋ-/ 图 C (英) =area code.

diálling tòne 图 (英) =dial tone.

di·a·log /dáiəlɔ̀ːg, -làg | -lɔ̀g/ 图 C,U (米) =dialogue.

díalog bòx 图 C 〖電算〗ダイアログボックス (プログラムユーザーの入力を受けつけるときに現れるウインドー).

⁺di·a·logue /dáiəlɔ̀ːg, -làg | -lɔ̀g/ 图 (~**s** /~z/)

C|U 1 (小説・映画などの)対話(の部分); 対話劇 (*between*)(☞monologue 2); 対話形式の会話.
2 (首脳など二者間の)対談, 意見交換, 会談 // ~s *between* teachers and students 教師と生徒間の対話 / The mayor tried to maintain a ~ *with* the citizens. 市長は市民との対話を保とうと努めた.

díalogue bòx 名C 《電算》=dialog box.
díal tòne 名C 《米》(電話の)発信音《電話がかけられることを知らせる》(《英》dialling tone).
dial-up 形《電算》ダイヤルアップ式の《電話回線で電算機の端末などと連絡する場合についていう》.
di·al·y·sis /daɪǽləsɪs/ 名U《医》透析.
di·a·man·té /dìːəmɑːntéɪ, -máːnteɪ/《フランス語から》形, 名U (人造ダイヤなどの)きらきら光る物で飾った(宝石).

*__di·am·e·ter__ /daɪǽməṭɚ, -tə-/ 名 (~s /-z/) C|U
1 直径(略 d.; ☞circle 挿絵); 言い換え The circle is three feet *in* ~.=The circle has a ~ of three feet. その円は直径 3 フィートある(★ in diameter では無冠詞). 関連語 radius 半径. **2** (光)倍率.

di·a·met·ri·cal /dàɪəmétrɪk(ə)l/ 形 直径の.
di·a·met·ri·cal·ly /dàɪəmétrɪkəli/ 副 完全に(対立して): ~ opposed [opposite] 正反対で.

*__di·a·mond__ /dáɪ(ə)mənd / dáɪə-/ 名 (-a·monds /-məndz/) **1** C|U ダイヤ(モンド)《4月の誕生石》; C ダイヤを用いた装身具; [形容詞的に] ダイヤモンド(製)の: D~ cuts ~. 《ことわざ》ダイヤモンドがダイヤモンドを削る《悪知恵などでしのぎを削る勝負》/ a ~ ring ダイヤの指輪. **2** C ダイヤモンド[ひし]形. **3** C 《トラ》ダイヤの札; [~s として時に単数扱い] ダイヤの組: the king of ~s ダイヤのキング. 関連語 club クラブ / heart ハート / spade スペード. **4** C 《野》内野 (infield); 野球場.

a díamond in the róugh [名] 《米》磨いてないダイヤモンド; 荒削りだが[振る舞いは乱暴だが]優れた素質のある[優しい]人 (《英》a rough diamond).

*__díamond anniversary__ 名C [普通は単数形で] **1** 《主に米》ダイヤモンド婚式, ダイヤモンド婚記念日《結婚 60[75] 周年の記念》(☞ wedding anniversary). **2** =diamond jubilee.

díamond·bàck 名C ひしもんがらがらへび《北米産》.
Díamond Hèad 名 ダイヤモンドヘッド《米国 Hawaii 州 Oahu 島南東部の岬をなす死火山》.
díamond júbilee 名C [普通は単数形で] 《英》(即位) 60 年記念祭.
díamond làne 名C 《米略式》(バス・タクシー・2 人以上で乗った車両)専用車線路 (HOV lane)《ダイヤモンド形の標識で識別している》.
díamond wédding annivérsary, 《主に英》**díamond wédding** 名C =diamond anniversary 1.

Di·an·a /daɪǽnə/ 名 固 **1** 《ロ神》ディアナ, ダイアナ《月と狩猟の女神; ☞右上写真; goddess 表》. **2** ダイアナ《女性の名, 愛称は Di》. **3** ダイアナ (1961–97) 《英国の(元)皇太子妃 (Princess of Wales); 1981 年 Charles 皇太子と結婚, 96 年離婚; Paris で交通事故死》.

Diana 1

Di·ane, Di·anne /daɪǽn/ 名 固 ダイアン《女性の名》.
di·a·pa·son /dàɪəpéɪz(ə)n, -s(ə)n/ 名C《楽》ダイアペーソン《パイプオルガンの全音域用音栓》.
di·a·per /dáɪ(ə)pɚ | dáɪəpə/ 名 **1** C 《米》(赤ん坊の)おむつ, おしめ (《英》nappy): DIAPER SERVICE 《掲示》レンタルおむつ. **2** U ひし形模様の(ある綿麻布). ── 動 他 《米》〈...〉におむつを当てる.

díaper bàg 名C 《米》育児バッグ《おむつ・哺乳びんなどを入れる》.
díaper pàil 名C 《米》(使用済みの)おむつ入れ.
díaper ràsh 名 U 《米》おむつかぶれ (《英》nappy rash).
di·aph·a·nous /daɪǽfənəs/ 形 《文》(布など)が透き通って見える.
di·a·pho·re·sis /dàɪəfərí:sɪs/ 名U《医》(特に人為的な多量の)発汗, 発汗療法.
di·a·pho·ret·ic /dàɪəfərétɪk⁺/ 形《医》発汗性の. ── 名C 発汗薬.

†**di·a·phragm** /dáɪəfræm/ 名 C **1** 《解》横隔膜. **2** ペッサリー《女性用避妊具》(Dutch cap). **3** 《物》(受話器・マイクなどの)振動板; 《写》(レンズの)絞り (stop). **4** (機械などの)仕切り板, 隔板, 隔壁.

di·a·phrag·mat·ic /dàɪəfræɡmǽtɪk⁺/ 形 横隔膜の, 膜の.
di·arch·y /dáɪɑːki | -ɑː-/ 名U 二頭政治.
di·a·rist /dáɪərɪst/ 名C 日記をつける人; 日誌係; 日記作家.

*__di·ar·rhe·a, -rhoe·a__ /dàɪərí:ə | -ríə/ 名U 下痢: I have severe [terrible] ~. 私はひどい下痢だ.

*__di·a·ry__ /dáɪəri/ 名 (-a·ries /-z/) C **1** 日記, 日誌 《☞類義語》: a ~ *for* 2005 2005 年の日記 / keep a ~ (習慣として)日記をつける / He forgot to write in his ~ that night. 彼はその夜は日記をつけ忘れた. **2** 《英》=calendar 3. 語源 ラテン語で「(食物・給料の)日々の割り当て」の意. それから「その記録」の意となった.

【類義語】diary が筆者自身の経験・出来事・感想などを中心にしたものをいうのに対して, journal は多少公的な記録に用いることが多い.

di·as·po·ra /daɪǽspərə/ 名 **1** [the D-] ディアスポラ《紀元前 538 年ごろのユダヤ人の離散》; 離散したユダヤ人(の移住した土地). **2** U 《格式》(集団などの)国外離散[移住]; 国外離散した集団[人々].
di·a·stase /dáɪəsteɪz, -steɪs/ 名U《生化》ジアスターゼ.
di·as·to·le /daɪǽstəli/ 名U《生理》心拡張(期).
di·a·ther·my /dáɪəθɚ̀ːmi | -θəː-/ 名U《医》透熱療法.
di·ath·e·sis /daɪǽθəsɪs/ 名 (複 -ses /-sìːz/) C **1** 《医》(ある病気にかかりやすい)素質, 体質. **2** 《言》(動詞などが示す)統語型, 関連構文.
di·a·tom /dáɪətɑm | -tɔm/ 名C《植》珪藻(\\\`けいそう\\\`).
di·a·to·ma·ceous /dàɪətəméɪʃəs⁺/ 形《植》珪藻類の: ~ earth 珪藻土.
di·a·tom·ic /dàɪətɑ́mɪk | -tɔ́m-⁺/ 形《化》二原子(性)の.
di·at·o·mite /daɪǽṭəmàɪt/ 名U《地質》珪藻土.
di·a·ton·ic /dàɪətɑ́nɪk | -tɔ́n-⁺/ 形《楽》全音階の: the ~ scale 全音階.
di·a·tribe /dáɪətràɪb/ 名C《格式》痛烈な非難[攻撃, 批評], 酷評 (*against, on*).
di·az·e·pam /daɪǽzəpæ̀m/ 名U《薬》ジアゼパム《精神安定剤; 商品名は Valium》.
dib·ber /díbə | -bə/ 名 -ba 名 =dibble.
dib·ble /díbl/ 名C 穴掘り器《土に小穴をあけて種ま

dibs

きなどに用いる先のとがった道具. ━━ 動 他 〈穴を〉掘る; 〈種子・苗などを〉穴を掘って〈まく〉〔植え込む〕 (in).

dibs /díbz/ 名 複 《米略式》権利: have first ~ on it それを一番にもらえる〔使える, する〕権利がある / D~ on the swing! ぶらんこは僕[私]の番だ.

+dice /dáis/ 名 (複 ~) 1 C [元は die³ の複数形] さいころ; 小立方体: throw [roll] the ~ さいころを投げる[ころがす]. 語法 普通は 2 個 1 組として用いるので, 単数形 die はあまり用いない. 2 U ダイス, さいころ遊び, さいくち: play ~ さいころ遊びをする. 3 (複数扱い) (野菜・肉などの)さいの目に切ったもの. **a thrów of the díce** 名 (略式) 賭け. **nó díce** 形 S 《主に米》(1) だめだ(拒否の返答). (2) むだで, うまくいかない. **the díce are lóaded for [agàinst] ...** 動 ⊜ ...は有利[不利]な立場にある. ━━ 動 他 (...を)さいの目に切る (up). ━━ ⊜ (ものを賭けて)さいころをふる (for). **díce with déath** 動 ⊜ (略式, 主に英) 大きな危険を冒(ホカ)す.

dic·ey /dáisi/ 形 (dic·i·er; -i·est) (略式, 主に英) 危険な, 危なっかしい; 不確かな.

di·chot·o·mous /daikάtəməs, -kɔ́t-/ 形 (格式) 二分(法)的な, 二分法の[による].

di·chot·o·my /daikάtəmi, dɪ- | -kɔ́t-/ 名 (-o·mies) C (格式) (正反対なものへの)二分(法): set up a ~ *between* theory and practice 理論と実践とに二分する.

di·chro·mat·ic /dàikroumǽṭɪk⁻/ 形 動 二色性の; 【医】二色性色覚の.

di·chro·ma·tis·m /dàikróumətizm/ 名 U 【医】二色性[型]色覚(2色ある識別する部分色盲).

+dick /dík/ 名 C 1 (卑) ペニス. 2 S =dickhead. 3 (古風, 米略式) 探偵. ━━ 動 (次の成句で) **díck ... aróund** 動 他 (米略式) 〈人〉をもてあそぶ; 〈人に〉欲しいものをじらして与えない.

Dick /dík/ 名 ⊕ ディック(男性の名; Richard の愛称; ☞ Tom 成句).

Díck and Jáne 名 ⊕ ディックとジェーン《特に 1930-60 年代米国の小学校用国語教科書の登場人物; 典型的な中流階級の男児と女児》.

dick·ens /díkɪnz/ 名 [疑問詞のあとで the ~ として] S (古風, 略式) 一体. **a díckens of a ...** (古風, 英略式) ... (**as**) ... **as the díckens** (古風, 米略式) とても(...な) (*as*) pretty [smart] *as the* ~ とてもかわいい[利口な]. **hàve a díckens of a tíme** 動 ⊜ S ひどく手間どる[苦労する] (*doing*).

Dick·ens /díkɪnz/ 名 ⊕ **Charles ~** ディケンズ (1812-70)《英国の作家》.

Dick·ens·i·an /dɪkénziən/ 形 ディケンズの(小説にあるような); ひどく古くさい, 不快な.

dick·er /díka/ 動 ⊜ -ka / -(er·ing -k(ə)rɪŋ/) (略式, 主に米) (駆け引きして)取り引きする, 値切る (*about, over*).

dick·ey /díki/ 名 C 1 ワイシャツの胸当て《婦人服の前飾り》. 2 =dickybird.

dick·head /díkhèd/ 名 C S (卑) 〔軽蔑〕 いやな男性.

Dick·in·son /díkɪns(ə)n/ 名 ⊕ **Emily** (**Elizabeth**) ディキンソン (1830-86)《米国の詩人》.

dick·less /díkləs/ 形 (卑) ふぬけな, いくじのない.

dick·y¹ /díki/ 形 (-i·er; -i·est) (古風, 英略式) 弱い, 病弱の: a ~ heart 弱った心臓.

dick·y² /díki/ 名 (**dick·ies**) C =(古風) dickey.

dícky bìrd 名 C (小児, 英略式) 小鳥ちゃん. **nót hèar a dickybird** 動 ⊜ S (古風, 英略式) 何も連絡がない[話していない].

dícky bòw /-bòu/ 名 C 《英略式》ちょうネクタイ.

di·cot·y·le·don /dàikàṭəlí:dn, -kɔ̀t-/ 名 C 【植】双子葉植物(☞ monocotyledon).

dict. 略 =dictionary.

dicta 名 dictum の複数形.

Dic·ta·phone /díktəfòun/ 名 C ディクタフォン《速記用口述録音機; 商標》.

＊dic·tate¹ /díkteɪt, dɪktéɪt | dɪktéɪt/ ★ 名詞の dictate² とのアクセントの傾向の違いに注意. 動 (dic·tates /díkteɪts, dɪktéɪts | dɪktéɪts/; dic·tat·ed /-ṭɪd/; dic·tat·ing /-ṭɪŋ/; dictátion, díctate²) 他 1 口述[口授]する, 〈...〉を口で言って書き取らせる 《☞ dictionary 単語の記憶》: The president often ~s letters *to* his secretary. その社長はよく秘書に手紙を口述する. 2 (権力により)〈法律・条件など〉を課する. 押しつける, 命令[指図]する (*that*): as ~d by the president 社長に命令されているように / The Allies ~d the terms of the treaty *to* Germany. 連合国はドイツに条約の条件を押しつけた / ~ *how* the money should be spent 金の使い方を指図する. 3 (物事が)〈...〉を決定する, 要求[規定]する, 〈...〉に影響する: Your choice should be ~d by your free will. 君の選択は君の自由意思でなされるべきだ / The Japanese constitution ~s *that* the people renounce war. 日本の憲法は国民は戦争を放棄すると規定している. ━━ ⊜ 1 命令[指図]する (*to*). 2 口述する, 口で言って書き取らせる (*to*). 3 (状況などが)影響する. 語源 ラテン語で「繰り返し言う」の意. **díctate to ...** 動 [しばしば受身で] (頭ごなしに)...に命令する, 指図する: I won't *be* ~*d to*. あたしろうしろうと命令されたくない.

dic·tate² /díkteɪt/ ★ 動詞の dictate¹ とのアクセントの傾向の違いに注意. 名 ⊕ (díctate¹) C [普通は複数形で] (格式) (良心などの)命令, 指図 (*of*).

dic·ta·tion /dɪktéɪʃən/ 名 (~s ⊕ dictate¹) 1 U 口述: take ~ 口述を書き取る. 2 U.C 書き取り, ディクテーション: an exercise in ~ =a ~ exercise 書き取りの練習. 3 U 命令, 指図.

＊dic·ta·tor /díkteɪṭa, dɪktéɪ- | dɪktéɪtə/ 名 (~s /-z/; 形 dictatórial) C 1 〔軽蔑〕 独裁者, 専制者: a merciless ~ 無慈悲な独裁者. 2 〔軽蔑〕 または (滑稽) 独裁的な人, ワンマン (☞ one-man 日英比較). 3 口述者.

＊dic·ta·to·ri·al /dìktətɔ́:riəl⁻/ 形 (名 díctator) 〔軽蔑〕 独裁者の, 専制的な; 尊大な, ワンマンな. **-al·ly** /-riəli/ 副 独裁的に; 尊大に.

＊dic·ta·tor·ship /díkteɪṭəʃip, dɪktéɪ- | dɪktéɪtə-/ 名 (~s /-s/) 1 C.U 独裁政治(政権); 独裁 (*of*). 2 C 独裁国家.

dic·tion /díkʃən/ 名 U 1 話し方. 2 〔言〕 ことばづかい, 語法, 言い回し (☞ dictionary 語源).

＊dic·tio·nar·y /díkʃənèri | -n(ə)ri/ 名 (-nar·ies /~z/) C 1 辞書, 辞典, 字引; 事典 (略 dict.): 'an English-Japanese [a Japanese-English] ~' 英和〔和英〕辞典 / a ~ *of* biology 生物学事典 / a walking ~ 生き字引 / consult [refer to] a ~ 辞書を引く / Look up the word in your ~. その語をあなたの辞書で引きなさい / There is no such word as "impossible" in my ~. 私の辞書には「不可能」などということばはない《フランスの皇帝ナポレオン (Napoleon) 一世の言ったことばと伝えられる》. 2 〔電算〕 辞書, ディクショナリー. 語源 ラテン語で「ことばの本」の意; ☞ diction.

単語の記憶 **《DICT》**(言う)

dictionary	(ことばの本)	→辞書
dictate	(繰り返し言う)	→書き取らせる
contra**dict**	(反対して言う)	→否定する
pre**dict**	(前もって言う)	→予言する

dic·tum /díktəm/ 名 (複 **dic·ta** /díktə/, ~**s**) C 1 (公式の)見解, 言明. 2 格言, 金言.

did¹

did¹ /(弱) dɪd; (強) díd/ (類音 dead) 動 **do**¹ の過去形 (《☞ -'d》).

A [直説法過去形] ★ 用法について詳しくは ☞ do¹.
1 [否定文で]: We ~ *not* go there yesterday. 私たちはきのうそこへ行かなかった.
2 [疑問文で]: D~ you finish it? 終わりましたか / What ~ he do after that? その後彼はどうしましたか.
3 /díd/ [be 動詞以外の動詞の代用として]: You should *write* as I ~ (=as I *wrote*). 私が書いたように書きなさい / "*Did* you *play* tennis when you were young?" "Yes, I ~." 「あなたは若い頃テニスをしましたか」「ええ, しました」 / "I *left* my umbrella at her house." "Oh, 「you ~ [~ you]?" 「彼女のうちに傘を忘れてきた」「あら, そうですか」 / "I *bought* a bicycle." "So ~ I." 「自転車を買ったよ」「僕もさ」(《☞ so¹ 9》).
4 語法 間接話法または複文において主節の述語動詞が過去時制のとき, 従属節において用いる (《☞ sequence of tenses 文法》) 言い換え She said she ~n't like cats. (=She said, "I *don't* like cats.") 彼女は「猫は好きじゃない」と言った / I thought that she ~n't know the truth. 彼女は真相を知らないと思った.
5 /díd/ [文中の述語動詞を強調する; ☞ do¹ 3 語法]: 金田 "I didn't break the vase." "Who ~ break it, then?" 「僕は花びんを割ってないよ」「じゃあ割ったのは一体だれだ」
6 [副詞(句)などが強調のため文頭にきたとき; ☞ inversion 文法] (1) (vi) (格式): Seldom ~ he visit his mother. 彼が母親に会いに行くことはめったになかった.

B [仮定法過去形] (事実はそうではないのだが)(仮に)…しない[でない]とするならば (not を伴って現在の事実と反対の条件を表わす): If I ~n't trust you, I *wouldn't* tell you the secret. もし私があなたを信用していないなら, その秘密を打ち明けたりはしません / If the sun ~ *not* shine, what *would* become of the earth? もし太陽が輝かないとしたら, 地球はどうなるだろう / She speaks *as if* [though] she ~ *not* know the truth. 彼女はまるで真相を知らないかのような話しぶりだ.

did²

did² /díd/ (類音 dead) 動 **do**² の過去形.

di·dac·tic /daɪdǽktɪk, dɪ-/ 形 (格式) [普通は軽蔑]
1 教訓的な. **2** 教師然とした, お説教がましい.
-dac·ti·cal·ly /-kəli/ 副 お説教がましく.

did·dle /dídl/ 動 (略式) (主に英) (主につまらないことで)〈人〉をだます; 〈…〉から〈金など〉をだまし取る (*out of*). — 自 (米) ぼんやり過ごす (*around*).

did·dly /dídli/, **did·dly-squat** /dídliskwàt | -skwɔ̀t/ 名 [否定文で]何も(…ない): *not* know ~ about …について何も知らない.

did·dums /dídəmz/ 間 (S) (英) [滑稽] よしよし(《子供などをなだめる際のことば》).

Di·de·rot /dìːdəróʊ | díːdəròʊ/ 名 **De·nis** /dəníː/ ~ ディドロ (1713-84)(《フランスの哲学者》).

did·ger·i·doo /dídʒə(r)ɪdúː/ 名 C ディジェリドゥー (《主にオーストラリアで使われる木管楽器》).

didn't

did·n't /dídnt/ (略式) **did**¹ **not** の短縮形
~ *not* (1) (i) 語法: The party ~ visit London. 一行はロンドンを訪れなかった / D~ the pole fall down? 柱は倒れませんでしたか / She went to Kyoto, ~ she? 彼女は京都へ行ったんですね (《☞ tag question 文法》) 言い換え "*Did* you *have* a good time at the beach?" "No, we ~." 「海水浴は楽しかったですか」「いいえ, 楽しくなかったです」

di·do /dáɪdoʊ/ 名 (~(e)s) C (米略式) 悪ふざけ.

didst /dídst/ 動 (古語) **do**² の二人称単数過去形.

die¹

die¹ /dáɪ/ (同音 Di, dye) (*dies* /~z/; *died* /~d/; *dy·ing* /dáɪɪŋ/; 名 death, 形 dead) 自
1 (動物が)死ぬ (植物が)枯れる (反 live) (過去形は 類義語): My grandfather ~d in 1995. 祖父は 1995 年に亡くなりました / These flowers will

---

| die | 死ぬ |
| | 枯れる |

soon ~. この花はもうすぐ枯れそうだ / The brave soldier ~d *for* his country. その勇敢な兵士は祖国のために死んだ.
2 [補語を伴って] …の状態で死ぬ: ~ happy [poor] 幸せのうちに[貧しさの中で]死ぬ / Those whom 「God loves [the gods love]」 ~ young. (ことわざ) 神の愛する者は若くして死ぬ(佳人薄命) / He ~d a hero. 彼は英雄として死んだ. **3** (火・光などが)消える; (愛情などが)さめる; (制度などが)滅びる, なくなる: The light is *dying*. 明かりが消えそうだ / Mary's love for Tom will never ~. トムに対するメアリーの愛情はさめることはないだろう / The painting technique ~d *with* him. その絵画の手法は彼の死とともに消えた. **4** (略式) (機械が)突然止まる, 動かなくなる: The computer ~d *on* me while I was still working. まだ仕事をしているうちにコンピューターが止まってしまった. **5** [nearly, almost, (米) just (about) を伴った現在形・過去形, または could have died の形で] (S) (略式) (驚き・恥ずかしさ・おかしさなどで)死ぬほど苦しむ, 死ぬかと思う (《☞ be dying of … (2), die laughing (成句)》): I *nearly* ~d *of* embarrassment. 私は恥ずかしくて死ぬ思いをした / She *could have* ~d *laughing*. 彼女は笑いこけた. **6** [進行形で] 衰える, 元気がなくなる. **7** [進行形で] (略式) …したくてたまらない (《☞ be dying 'for … [to do] (成句)》).

— 他 ☞ die 'a … [the] death (成句).

be dý·ing for … 動 他 (S) (略式) …が欲してたまらない: *I'm dying for* a drink. (酒を)1 杯飲みたくてたまらない. **be dý·ing of …** 動 他 (1) (病気で)死にかけている (《☞ 句動詞 die of … 1》). (2) (S) (略式) (空腹など)で死にそうである, ひどく…だ: I *was dying of* hunger [boredom]. 空腹[退屈]でたまらなかった. **be dý·ing to dó** 動 (S) (略式) …したくてたまらない: *I'm dying to* see that movie. あの映画が見たくてたまらない. **díe a déath** 動 他 die the death. **díe a … déath** 動 自 …な死に方をする (《☞ cognate object 文法》): The soldier ~d *a* glorious *death*. その兵士は華々しい死を遂げた. **díe by one's ówn hánd** 動 自 (文) 自殺する. **díe hárd** 動 (古い考えや習慣などが)なかなか消えない: Old habits ~ *hard*. 古くからの習慣はなかなか抜け切らない (《☞ die-hard》). **díe in one's béd** 動 自 寿命で死ぬ, (病気・老衰で)死ぬ. **díe in one's sléep** 動 自 眠っている間に死ぬ. **díe láughing** 動 自 (S) (略式) 笑いこける. **díe like a dóg** 動 自 (古風) みじめな死に方をする. **díe the [a] déath** 動 自 (略式, 主に英)(流行などが)すたれる, 消滅する; (芝居・試みなどが)急に駄目になる, 受けない. **díe with one's bóots òn** 動 自 仕事中に死ぬ, 殉職する. **I'd ráther díe (than dó)** (S) (…するぐらいなら)死んだほうがましだ, (…は)絶対にしたくない 言い換え I*'d rather* ~ *than* live with him. (=I'd die (first) rather than live with him.) 彼と同居するぐらいなら死んだほうがましだ. **Néver sày díe!** (S) (略式) 弱音(ᵏᵒ)をはくな. **to díe fòr** 形 (S) (略式) (物が)欲してたまらなくなるような.

--- **die**¹ の句動詞 ---

díe awáy 動 自 (音が)徐々に聞こえなくなる; (風・嵐などが)少しずつ静まる; (感情などが)さめる; (光などが)見えなくなる.

díe báck 動 自 (植物が)枯れて根だけ残る.

díe dówn 動 自 (音などが)小さくなる, 静まる; (興奮などが)おさまる; (火が)下火になる; (風などが)衰える: Gradually the noise from the party ~d *down*. パーティーの騒々しい音は次第に静かになった.

díe from … 動 他 (事故・けがなど)がもとで死ぬ: The policeman ~d *from* gunshot wounds. その警

官は弾丸の傷がもとで亡くなった.

*díe of ... [動] [他] **1** (…の病気)で死ぬ, …がもとで死ぬ: He ~*d of* cancer [hunger]. 彼は飢え[癌(がん)]で死んだ《☞ be dying of ... (成句) (1)》. **2** =die from ....

díe óff [動] [自] 次々と死ぬ, 死に絶える.

*díe óut [動] [自] **1** 死に絶える, 絶滅する: Dinosaurs suddenly ~*d out* about 65 million years ago. 恐竜は6500万年ほど前に突然絶滅した.
2 (習慣などが)廃(すた)れる: This bad practice will gradually ~ *out*. この悪習は次第になくなるだろう.
3 (雨・風などが)弱まる.

D

【類義語】**die** 死ぬことを意味する最も単刀直入なことば. **pass away** [on]「死ぬ」ということばを嫌って遠回しにいう言い方. **perish**《格式》または新聞でよく用いる語で, 激しい自然の力や外部からの暴力などや飢え・寒さ・火事などで苦しい死に方をすることをいう: Many people *perished* because of famine. 多くの人がききんで死んだ. また「故人」の意ではよく deceased を用いる: the memory of the *deceased* 故人の思い出.

die[2] /dáɪ/ [名] [C] 極印, 鋳型, 打ち抜き型.

die[3] /dáɪ/ [名] (複 **dice** /dáɪs/) [C]《格式, 主に米》さいころ. [語法] 成句以外は普通は複数形の dice を用いる《☞ dice [語法]》. **(as) stráight as a díe** [形・副] =(as) straight as an arrow《☞ arrow 成句》. **The díe is cást.** さいは投げられた(いよいよ始まった, もう後へは引けない)《☞ Rubicon》.

die-cast /dáɪkæ̀st | -kɑ̀:st/ [形] 鋳型鋳造された.

die-cast·ing /dáɪkæ̀stɪŋ | -kɑ̀:st-/ [名] [U] 鋳型鋳造.

díe·hàrd [名] [C] 頑強な抵抗者. — [形] [A] 頑強な: a ~ conservative 頑固な保守派.

díe-ìn [名] [C] ダイイン《参加者が犠牲者の真似をして死者のように横たわる抗議行動》.

di·er·e·sis /daɪérəsɪs | -íərə-, -érə-/ [名] (複 **di·er·e·ses** /-sì:z/) [C]《米》=diaeresis.

*****die·sel** /dí:s(ə)l, -z(ə)l | -z(ə)l/ [名] (~s /~z/) **1** [U] ディーゼル燃料. **2** [C]《略式》ディーゼル車[機関車, 船]. **3** [C] =diesel engine. — [形] (機械・乗り物などが)ディーゼルエンジンを動力とする; ディーゼル用の: a ~ locomotive ディーゼル機関車.

Die·sel /dí:s(ə)l, -z(ə)l | -z(ə)l/ [名] [固] **Rudolf** ~ ディーゼル (1858–1913)《ドイツの技術者; ディーゼル機関を発明》.

díesel-eléctric [形] ディーゼル発電機(付き)の.

díesel èngine [名] [C] ディーゼルエンジン.

díesel fùel [òil] [名] [U] =diesel 1.

‡**di·et**[1] /dáɪət/ [名] (**di·ets** /-əts/; [形] díetàry, dìetétic) **1** [C,U] 日常の食物, 常食 (*of*): a meat ~ 肉食 / A balanced ~ is good for you. バランスのとれた食事は健康によい.
2 [C] ダイエット, 食事[食餌(しょくじ)]療法, 食事制限; (療養・健康・美容などのための)規定食: a salt-free ~ 無塩食 / You must stick to your ~. 決まった食事以外はとらないように. **3** [単数形で] [けなして] (テレビ番組・娯楽など)決まって当てがわれるもの, お決まりのもの: fed on a ~ *of* pop music and video games ポピュラー音楽とビデオゲーム漬けになって.
be [gó] on a díet [動] [自] ダイエットをしている[する].
pút ... on a díet [動] [他] 〈人〉にダイエットをさせる.
— [動] [自] ダイエットをする.
— [形] [A] (飲食物が)低カロリーの, ダイエット…: a ~ cola ダイエットコーラ.

*****di·et**[2] /dáɪət/ [名] [C] **1** [普通は the D-] (日本・デンマークなどの)国会, 議会《☞ congress 表》: *The D*~ is now sitting. 国会は今開会中だ. **2**《古語》(特に昔の政治的・宗教的な)公式会議[会合].

+**di·et·ar·y** /dáɪətèri | -təri, -tri/ [形] ([名] díet[1]) [普通は [A]] (日々の)食事の; 食物の.

díetary fíber [名] [U] 食物繊維.

+**di·et·er** /dáɪəṭɚ | -tə/ [名] [C] 食事制限をしている人, ダイエットする人.

di·e·tet·ic /dàɪətéṭɪk←/, **-i·cal** /-k(ə)l←/ [形] ([名] díet[1]) [A]《格式》栄養(学)の; 規定食用の.

di·e·tet·ics /dàɪətéṭɪks←/ [名] [U] 栄養学.

di·et·ing /dáɪəṭɪŋ | -tɪŋ/ [名] [U] ダイエット(すること).

di·e·ti·tian, -ti·cian /dàɪətíʃən/ [名] [C] 栄養学者; 栄養士.

Die·trich /dí:trɪk/ [名] [固] **Mar·le·ne** /mɑəléɪnə | mɑ:-/ ~ ディートリッヒ (1904–92)《ドイツ生まれの米国の映画女優》.

diff /dɪ́f/ [名] [C,U]《米略式》=difference.

*****dif·fer** /dɪ́fɚ | -fə/ [動] (**dif·fers** /~z/; **dif·fered** /~d/; **-fer·ing** /-f(ə)rɪŋ/; [名] dífference, [形] dífferent) [自] [進行形なし] **1** 異なる, 違う (be different) (*between*)《☞ vary 1 [語法]; confer [単語の記憶]》: Tastes ~. 《ことわざ》人の好みはいろいろと違うもの / [言い換え] Your answer **~s** greatly ***from*** mine. <V+*from*+名・代> (=Your answer is greatly different from mine.) あなたの答えは私のとは大きく違う / The two sisters **~ *in*** looks. <V+*in*+名・代> その二人の姉妹は顔だちが違う / English **~s *from*** Japanese ***in*** hav***ing*** articles. <V+*from*+名・代+*in*+動名> 英語は冠詞があるという点で日本語と異なっている.
2 意見が合わない, 一致しない (disagree): They **~*ed on*** the method. <V+*on*+名・代> 彼らはやり方のことで意見が合わなかった / I **~ *with* [*from*]** Mr. Smith ***about* [*on, over*]** this problem. <V+*with* [*from*]+名・代+*about* [*on, over*]+名・代> 私はこの問題についてはスミス氏と考えが違います / Opinions ~ as to the legitimacy of the war. その戦争の正当性に関しては意見が分かれている.
dífer from ... to ... [動] [他] …によって違う: The number of parts of speech ~*s from* language *to* language. 品詞の数は言語によって異なる. [語法] …の部分に同じ名詞を入れる. **I bég to dífer.** [S]《格式》失礼ながら賛成いたしかねます (*with*).

‡**dif·fer·ence** /dɪ́f(ə)rəns/ [名] (**-fer·enc·es** /~ɪz/; [動] díffer, [形] dífferent, dìfferéntial) **1** [C,U] 違い, 相違, 相違点 ([反] similarity): a marked [subtle] ~ 著しい[微妙な]違い / There are lots of **~*s between*** Japan and the United States. 日本と米国との間には多くの相違がある / 「A **~ *in*** age [An age ~] doesn't matter. 年齢の違いは問題ではありません / What's the ~?《略式》どこが違うの(同じじゃないか).
2 [[U] または a ~] 差, 差額 (*of*): the 「**~ *in*** temperature [temperature ~] ***between*** England and Scotland イングランドとスコットランド間の気温の差.

> "What's the time ~ *between* Tokyo and San Francisco?" "Seventeen hours." 「東京とサンフランシスコの時差はどのくらいですか」「17 時間です」★ 表地図の脚注参照.

3 [C] [普通は所有格の後で複数形で] 意見の相違; 不和 (disagreement): They have *their* ~*s about* politics. 彼らの間には政治に関して意見の違いがある / I can't settle [resolve] *your* ~*s*. 私にはあなたがたの間の仲たがいをおさめることができません.
búry one's dífferences [動] [自] 不和や意見の相違などを水に流す.
for áll the dífference it [...] màkes [副] ほとんど違いがないので.
màke a dífference [動] [自] (1) 相違を生じる, 影響する, 重要である (*in, between*): It *makes* 「*a* big ~

[all the ~] which way you go. あなたがどちらへ行くかで話が大きく違ってきます / It ｢*makes* no [doesn't *make* any] ~ *to* me. それは私にとってはどうでもよいことだ. (2) 区別する.
Sáme dífference. ⓈⓁ (略式) 同じようなものだ〈相手の細かい区別立てなどに対することば〉.
sínk one's dífferences [動] ⓘ (英) ＝bury one's differences.
split the dífference [動] ⓘ (英) (要求・条件・値段などの) 中間を取る, 歩み寄る; 半分ずつ負担する.
téll the dífference [動] ⓘ (1) 見分ける, 区別する (*between*). (2) 違い[変化] がわかる.
with a dífference [形] (略式) [ほめて] (新しい)特色のある, 一味違った: a drama *with a* ~ 一味違った劇.

*dif·fer·ent /díf(ə)rənt/[形][動] differ, differ-entiate, [名] difference) **1** 違った, 異なった (⇔same): wear a ~ dress every day 毎日違う3服を着る / Baseball is very ~ *from* cricket. <A＋*from*＋名・代> 野球はクリケットとはかなり違っている / The two opinions are (slightly) ~ *in* this respect. <A＋*in*＋名・代> その2つの意見はこの点において(少し)違っている / She looks ~ today. 彼女は今日は別人のようだ.

> [語法] different に続く前置詞は from が普通であるが, (英) では to, (米) や (略式) では than も用いる. ただし後に節が続くときは than とする: May is quite a ~ girl *than* she was five years ago. <A＋*than*＋節> メイは5年前とはすっかり違った少女になっている / Students are quite ~ *than* [from how, from what, from the way] they used to be. 学生は以前とはすっかり変わった.

2 Ⓐ 別々の, 別個の; 別の (another) (*from*): boys in ~ age groups 別々の年齢層の少年たち / I consulted a ~ doctor. 私は別の医者に見てもらった.
3 Ⓐ [複数名詞とともに] いろいろな, さまざまな (various): There are ~ ways of giving up smoking. たばこをやめるにはいろいろな方法がある / D~ people have ~ ideas. 人それぞれの考えがあるものです. **4** [普通はⓅⓈ] (略式) 普通でない, 変わった.
thát's dífferent [副] それは違う, そんなことはない〈相手の言い分を否定し, その理由を述べる〉: [会話] "It's unfair. You let Bill come home late at night." "*That's* ~ . He's twenty." 「ビルの帰りが夜遅かったのに許すなんて不公平だ」「そんなことはない. 彼はもう20歳だから」

+dif·fer·en·tial /dìfərénʃəl←/[形]ⒸⓁ **1** (格式) (数量などの)差; (主に英) (賃金の)格差 (*between*). **2** ＝differential gear. **3** [数] 微分. ——[名] (difference) Ⓐ **1** (格式) 相違を示す, 差別的な. **2** [数] 微分の.

differèntial cálculus [名]Ⓤ[数] 微分学 (⇨integral calculus).
differèntial equátion [名]Ⓒ[数] 微分方程式.
differèntial géar [名]Ⓒ[機] 差動歯車.

*dif·fer·en·ti·ate /dìfərénʃièɪt/[名][動] dìf-ferèntiàte) **1** 区別をする, 見分ける: I cannot ~ *between* the twins. <V＋*between*＋名・代> 私にはその双子の見分けがつかない. **2** 差別をする (*between*). ——[他] **1** 〈…〉を区別する; 見分ける: Can you ~ a wolf *from* a dog? <V＋O＋*from*＋名・代> おおかみと犬の区別がつきますか. **2** (特徴などが) 〈…を〉(他から)区別する, 〈…〉の特徴となる: What ~s cheese *from* butter? チーズとバターはどこが違うのか. **3** [数] 〈…〉を微分する.

dif·fer·en·ti·a·tion /dìfərènʃiéɪʃ(ə)n/[名][動] dìf-feréntiàte) **1** ⓊⒸ 区別. **2** Ⓤ 分化, 差異化. **3**

Ⓤ[数] 微分.
dif·fer·ent·ly /díf(ə)rəntli/[副] 違ったように, 異なって: We think ~ (*from* them [(米) *than* them, *than* they do, (英) *to* them]). 私たちは(彼らと)考えが違う / five ~ colored cards 5枚のそれぞれ色の違うカード.
dif·fer·ing /díf(ə)rɪŋ/[形]Ⓐ (格式) 異なった, 相違する: ~ views on the problem その問題に関する異なる見解.

*dif·fi·cult /dífɪk(ə)lt, -kʌlt| -k(ə)lt/[形] (difficúlty) **1** 難しい, 困難な (⇔easy, simple) (⇨類義語): a ~ problem 難しい問題 / We've found the job ~. その仕事は私たちには難しいとわかった / *It is* very ~ *for* me *to* tell the difference. その相違を見分けるのは私には大変難しい / [言い換え] English is not so ~ *to* learn. ＜A＋*to* 不定詞＞＝English is not such a ~ language *to* learn. 英語はそれほど習得しにくいものではない. [語法] この場合も不定詞の動詞は他動詞で, 前の名詞がその意味上の目的語になる (⇨to³ B 6 [語法]). **2** 問題の多い, 苦しい; 都合の悪い: These are ~ times for farmers. 近ごろは農家にとっては苦しい時代だ / My friend makes life ~ for me. 私は友人に苦しい思いをさせられている. **3** (人が)扱いにくい, 気難しい; 気難しくする: a ~ child 扱いにくい子 / [言い換え] She is ~ *to* get along with. ＝She is a ~ person *to* get along with. ＝*It is* ~ *to* get along with her. 彼女は付き合いにくい人です / Don't be so ~! そんなに難しいことを言わないで.
【類義語】**difficult** 複雑で技術を要するような困難さをいう. 次の *hard* より少し堅苦しい語である. **hard** あらゆる意味の難しさについて用いられる意味の広い語であるが, 特に大きな労力や努力を要する難しさをいう. **troublesome** 複雑でしかも面倒な難しさをいう.

*dif·fi·cul·ty /dífɪk(ə)lti, -kʌl- | -k(ə)l-/[名] (-cul·ties /~z/; [形] difficúlt) **1** Ⓤ 難しさ, 難しいこと, 難儀 (⇔easiness, ease, facility): Do you understand the ~ of my job? 私の仕事の難しさがおわかりですか / Will there be any ~ *in* persuading him to try again? 彼を説得してもう一度やらせるのは難しいでしょうか.
2 Ⓒ [しばしば複数形で] 難事, 困難, 困難な点; 難局, 苦境: due to technical *difficulties* 技術上の問題により / have breathing *difficulties* 呼吸が困難である / The ~ is that nobody can explain it clearly. だれもそれをわかりやすく説明できないのは困ったことだ / We encountered many *difficulties in* feed*ing* the tropical fish. 熱帯魚を飼うにはいろいろと難しいことがありました / *Difficulties* arose during the construction of the subway. 地下鉄の建設にはいくつも障害が生じた.

──── コロケーション ────
cause *difficulties* 困難を引き起こす
face *difficulties* 困難に直面する
overcome *difficulties* 困難を克服する

3 Ⓒ 不和 (disagreement), いざこざ (trouble).
be in dífficulty [dífficulties] [動] ⓘ 困っている, 苦境にある: My firm *is in* financial ~ [*difficulties*] now. 私の会社は今金に困っている.
[gèt ìnto [encóunter, expérience] dífficulty [dífficulties] [動] Ⓐ 困難に陥る, 難儀する (*with*).
hàve dífficulty (ìn) dóing [動] …するのに骨折る[苦労する], …するのは困難だ: I *had* great [no] ~ (*in*) persuad*ing* him. 彼を説得するのに大変苦労した[苦労しなかった] / He has ~ (*in*) hear*ing*. 彼は耳が遠い. [語法] (1) have ~ *to* do のように to を伴った言い方はしない. (2) 名詞を伴うときは前置詞は with: I *have* ~ [*difficulties*] *with* some English

diffidence

sounds. 私は英語のいくつかの発音には苦労する.

rún ìnto dífficulty [dífficulties] [動] 圓 =get into difficulty [difficulties].

with dífficulty [副] かろうじて, やっとのことで: She answered my questions *with* ~. 彼女はどうやらこうやら私の質問に答えた.

withòut (àny) dífficulty [副] 難なく, 楽々と.

díf·fi·dence /dífədəns, -dns/ [名] (反 confidence) Ⓤ (格式) 遠慮がちなこと, 内気, 気おくれ; 自信のなさ.

*díf·fi·dent /dífədənt, -dnt/ [形] (反 confident) Ⓟ (格式) 遠慮がちな, 内気な, おずおずした; (…について)自信がない (*about*). **~·ly** [副] 遠慮がちに.

díf·fract /dɪfrǽkt/ [動] [物理] 他 〈音波・光波・電波などを〉回折する. ── 圓 〈音波・光波などが〉回折する.

díf·frác·tion /dɪfrǽkʃən/ [名] Ⓤ [物理] 回折.

*díf·fuse¹ /dɪfjúːz/ [動] (格式) 他 1 〈緊張・感情・権力などを〉弱める. 2 〈光・熱などを〉拡散[発散]させる; 〈液体・気体を〉拡散させる (☞ confuse 【単語の記憶】). 3 〈知識・情報などを〉広める, 普及させる. ── 圓 〈情報が〉広がる; 〈液体・気体などが〉拡散[発散]する.

dif·fuse² /dɪfjúːs/ [形] (格式) 1 拡散した, 広がった. 2 (けなして) 〈文体・話などが〉冗漫な. **~·ly** [副] 広く; 冗漫に. **~·ness** [名] Ⓤ 拡散; 冗漫.

dif·fúsed /dɪfjúːzd/ [形] 〈光が〉拡散した.

dif·fú·sion /dɪfjúːʒən/ [名] Ⓤ (格式) 1 拡散, 発散. 2 普及.

*dig /díg/ [動] (**digs** /~z/; 過去・過分 **dug** /dʌ́g/; **dig·ging**) 他 1 〈地面・穴などを〉掘る, 掘り起こす[返す]: ~ a hole [tunnel] 穴[トンネル]を掘る / The gardener is *digging* the ground in preparation for planting. その庭師は植え付けの準備に土地を掘り返しています. 2 〈土の中などから〉…を掘り出す, 発掘する: ~ *potatoes* じゃがいもを掘る. 3 〈探しもので〉〈手を〉つっ込む. 4 Ⓢ (古風, 俗) 〈…〉がわかる; 〈…〉が好きだ. 5 Ⓢ (米古風, 俗) 〈…〉に目を止める.

── 圓 1 土を掘る, 掘り抜く: ~ *in* the sand with a shovel シャベルで砂を掘る. 2 [副詞(句)を伴って] 捜し回る; 情報を捜す (*around*). 3 Ⓢ (古風, 俗) わかる. [語源] 古(期)フランス語で「溝 (dike) を掘る」の意.

díg a hóle for yoursèlf=díg onesèlf ìnto a hóle [動] 圓 (略式) 困難な状況に陥る(ようなことをする[言う]). **díg déep** [動] 圓 (1) 大金[装置, 援助]を提供する. (2) 徹底的に調べる[捜す].

---

dig の句動詞

díg for … [動] 他 …を探して掘る; …を探す.

díg ín [動] ❶ 〈肥料などを〉土中に混ぜ込む. ── 圓 1 (米略式) (せっせと仕事に取りかかる; Ⓢ 食べ始める. 2 食い込む. 3 〖軍〗ざんごうを掘って入る. 4 Ⓢ 立場を守る, ふんばる (*for*). **díg … ìn** [動] 他 〈物〉を…に突き立てる. **díg (déep) in one's pócket(s)** [動] 圓 =dig into one's pocket(s). **díg onesèlf ín** [動] 圓 =dig in 3.

díg ínto … [動] 他 1 (略式) …を詳しく調べる; …の中を捜す. 2 (略式) 〈資金など〉に手をつける. 3 〈物が〉…に食い込む. 4 (略式) …を食べ始める. **díg (déep) ìnto one's pócket(s)** [動] 圓 (大金の)身銭を切る.

díg … ìnto ── [動] 他 〈…〉を—に突き立てる: The child *dug* his fingers *into* the sand. その子は指を砂の中へ突っ込んだ. 2 〈肥料などを〉土に混ぜ込む.

díg óut [動] 他 1 (略式) 〈…〉を捜し出す (*of*); 〈情報などを〉捜し出す. 2 〈…〉を(—から)掘り出す (*of*).

díg óver [動] 他 〈地面を〉十分に掘り返す[耕す].

*díg úp [動] 他 1 〈物を〉掘り出す; 〈土地を〉掘り起こす; 発掘する: My dog *dug up* a bone. 私の犬が骨を掘り出した. 2 (略式) 〈事実などを〉探り当てる.

── [名] Ⓒ 1 (略式) 当てつけ, 当てこすり: take [have, make] a ~ *at* …… …にいやみを言う. 2 ひと突き (jab). 3 掘ること; (考古学の)発掘: go on a ~ 発掘(調査)に参加する. 4 [複数形で] (古風, 略式, 主に英) 下宿. 5 〖スポ〗(バレーボールの)床に落下直前のボールのすくい上げ. **gíve … a díg** [動] (略式) 〈人〉をつつく.

dig·e·ra·ti /dìdʒərɑ́ːti/ [名] [複] (滑稽) コンピューターの達人, デジタル派人間.

*di·gést¹ /daɪdʒést, dɪ-/ ★ 名詞の digest² とのアクセントの違いに注意. [動] Ⓐ (**di·gests** /-dʒésts/; **-gest·ed** /~ɪd/; **-gest·ing**) 他 1, 圓 では digéstion, digéstive. 他 1 〈食物〉を消化する: Food *is ~ed* in the stomach. <V+O の受身> 食物は胃の中で消化される. 関連 ingest 摂取する.

2 〈意味などを〉よく理解する, 会得する: Read the poem several times and ~ it. その詩を何回か読んで鑑賞しなさい. ── 圓 〈食物が〉消化される.

*di·gest² /dáɪdʒest/ ★ 動詞の digest¹ とのアクセントの違いに注意. [名] Ⓒ (格式) 要約, ダイジェスト; (小説などの)あら筋; 時事雑誌: a ~ of today's news きょうのニュースのダイジェスト.

di·gest·i·ble /daɪdʒéstəbl, dɪ-/ [形] (反 indigestible) 1 消化しやすい; おいしい. 2 理解しやすい.

*di·ges·tion /daɪdʒéstʃən, dɪ-/ [名] (圓 digest¹ 1, 圓) (反 indigestion) Ⓤ 消化, 消化作用; Ⓒ,Ⓤ 消化力: I have a good [poor] ~. 私は胃が丈夫だ[弱い].

*di·ges·tive /daɪdʒéstɪv, dɪ-/ [形] (圓 digest¹ 1) 1 Ⓐ 消化の, 消化力のある, 消化を助ける. ── [名] Ⓒ (英) =digestive biscuit.

digéstive bíscuit [名] Ⓒ (英) ダイジェスティブビスケット (全粒粉を使った軽くて甘いビスケット).

digéstive sỳstem [名] Ⓒ 消化(器)系 (口・胃・腸など).

*díg·ger /dígə | -gə/ [名] Ⓒ 1 掘る機械[人], 採掘機; 発掘者. 2 (豪略式) オーストラリア[ニュージーランド]人 (の兵士).

díg·ging /dígɪŋ/ [名] 1 Ⓤ 掘ること; 採掘: do some ~ 少し掘り起こす. 2 [複数形で] 鉱山, 金鉱.

dig·i·cam /dídʒɪkæm/ [名] Ⓒ デジカメ.

*dig·it /dídʒɪt/ [名] Ⓒ 1 (格式) 数字 (0 から 9 までのアラビア数字): a four-~ number = a number with four ~s 4 桁(ﾞ)の数字. 2 〖解〗(手・足の)指. [語源] ラテン語で「指」の意; 数を表わすのに指を使ったことから「数字」の意となった.

*dig·i·tal /dídʒətl/ [形] Ⓐ 1 デジタル式の; 数字で表示する (反 analogue): ~ display デジタル表示. 2 〖解〗指の, 指状の. 3 デジタルテレビ放送の.

dígital áudiotape [名] Ⓤ,Ⓒ デジタル録音テープ (☞ DAT).

dígital cámera [名] Ⓒ デジタルカメラ, デジカメ.

dígital clóck [名] Ⓒ デジタル置き[掛け]時計.

dígital cómpact cassétte [名] Ⓒ デジタルコンパクトカセット.

dígital cómpact dísc [名] Ⓒ デジタルコンパクトディスク.

dígital compúter [名] Ⓒ デジタルコンピューター. 関連 analog computer アナログコンピューター.

dígital divíde [名] [the ~] (主に米) 情報[デジタル]格差 (インターネットなどの利用者と非利用者の間に生じる).

dig·i·tal·is /dìdʒətǽlɪs, -téɪl-/ [名] 1 Ⓤ ジギタリス製剤 (強心剤など). 2 Ⓒ ジギタリス (薬草).

dig·i·tal·ly /dídʒətəli/ [副] デジタル方式で.

dígital móney [名] Ⓤ 電子マネー.

dígital recórding [名] Ⓒ,Ⓤ デジタル録音.

dígital sígnature [名] Ⓒ 〖電算〗デジタル署名.

dígital telévision [名] Ⓤ デジタルテレビ放送; Ⓒ デジタルテレビ (受像機).

dígital to ánalog convérter [名] Ⓒ デジタル

アナログ変換器《デジタルデータをアナログに変える》.

dígital vídeodisc 名 © デジタルビデオディスク (⇨ DVD).

dígital wátch 名 © デジタル腕時計.

dig·i·ti·za·tion /dìdʒətɪzéɪʃən | -taɪz-/ 名 U デジタル化.

dig·i·tize /dídʒətàɪz/ 動 他 〖情報〗をデジタル化する.

dig·i·tiz·er /dídʒətàɪzə | -zə/ 名 © デジタイザー《アナログ量を数値に変換する装置》.

⁺**dig·ni·fied** /dígnəfàɪd/ 形 品位のある, 気高い (noble); 威厳のある, 堂々とした.

dig·ni·fy /dígnəfàɪ/ 動 (-ni·fies; -ni·fied; -fy·ing; 形 dígnify) 他 〈…〉に威厳をつける; 〈…〉にもったいをつける: The house is dignified by [with] a great elm tree. その家は大きなにれの木があって重々しく見える.

⁺**dig·ni·tar·y** /dígnətèri | -təri, -tri/ 名 (-tar·ies) © 〖格式〗高官, 高位の人 (VIP); 〖教会の〗高僧.

⁎**dig·ni·ty** /dígnəti/ 名 (-ni·ties /~z/; 動 dignify) U
1 威厳, 品位; 体面: a person of ~ 気品のある人 / A great man can maintain [retain] his ~ in any state. 偉大な人はどんな状態においても威厳が保てる.
2 尊さ, 尊厳, 価値: human ~ 人間の尊厳. **3** 重々しさ, 荘厳. **be benéath …'s dígnity** [動] …の体面にかかわる. **stánd on one's dígnity** [動] 〖格式〗もったいぶる. **with dígnity** [副] 威厳〖尊厳〗をもって.

di·graph /dáɪɡræf | -ɡrà:f/ 名 © 〖音声〗2重字 (sh /ʃ/, ea/i:, e/ のように2字で1つの音を成す).

di·gress /daɪɡrés/ 動 自 〖格式〗〖話や文章で〗わき道へそれる, 本筋を離れる, 脱線する (from).

di·gres·sion /daɪɡréʃən/ 名 U.C 〖格式〗〖話や文章が〗横道にそれること, 余談; 脱線 (from).

di·gres·sive /daɪɡrésɪv/ 形 〖格式〗〖話や文章が〗横道にそれる, 脱線的な.

Di·jon /di:ʒá:n | dí:ʒɔn/ 名 ディジョン《フランス東部の都市》.

⁺**dike, dyke** /dáɪk/ 名 © **1** 堤防; 土手, 土手道. **2** 〖主に英〗溝(みぞ), 水路 (ditch) (⇨ dig 語源). **3** [差別] =lesbian.

dik·tat /dɪktá:t | díktæt/ 名 C.U 〖けなして〗〖敗者などに対する〗絶対的命令, 厳命.

⁺**di·lap·i·dat·ed** /dɪlǽpədèɪtɪd/ 形 〖建物などが〗荒れ果てた, 崩れかかった; 〖家具・車などが〗がたがたの.

di·lap·i·da·tion /dɪlæ̀pədéɪʃən/ 名 U 荒廃, 崩壊; 破損.

⁺**di·late** /dáɪleɪt, daɪléɪt | daɪléɪt/ 動 自 〖血管・瞳孔などが〗広がる, 膨張する. — 他 〖血管・瞳孔などを〗広げる, 膨張させる. **diláte on [upón] …** [動] 他 〖格式〗…を詳しく[長々と]話す[書く], …を敷衍(ふえん)する.

di·la·tion /daɪléɪʃən/ 名 U.C 膨張, 拡張.

dil·a·to·ry /dílətɔ̀:ri | -təri, -tri/ 形 〖格式〗のろい, 手間取る; 遅れた; 引き延ばしの (in).

Dil·bert /dílbət | -bət/ 名 ディルバート《漫画の主人公》.

dil·do /díldoʊ/ 名 (~(e)s) © **1** 人工ペニス, 張型《女性の自慰・同性愛用》. **2** 《俗》ばか, まぬけ.

⁎**di·lem·ma** /dɪlémə, daɪ-/ 名 © ジレンマ, 板挟み・窮地: face a ~ ジレンマに直面する / She was in a ~ (as to [about, over]) whether to defend the company or quit the job. 彼女は会社を弁護するか仕事をやめるかのジレンマに陥っていた. **be on the hórns of a dilémma** [動] 自 ジレンマに陥っている.

dil·et·tan·te /dìlətá:nṭi, -tæ̀n- | -tén- | 名 (複 ~s, dil·et·tan·ti /dìlətá:nti, -taɪ-/) 〖軽蔑〗 © ディレッタント《美術や文学の素人(しろうと)の愛好家》, 素人評論家. — 形 A ディレッタントの, 素人の.

dil·et·tant·is·m /dìlətá:nṭizm, -tén- | -tén- | 名 U 〖格式〗素人芸, 道楽.

dimension 471

dil·i·gence /dílədʒəns/ 名 U 〖格式〗勤勉, 精勤 (in): study with ~ 勤勉に学ぶ.

⁺**dil·i·gent** /dílədʒənt/ 形 〖格式〗勤勉な, 熱心な; せっせと励む 〖特に関心を持っていることに対して〗 (⇨ industrious); 〖仕事などが〗丹念な: a ~ pupil よく勉強する生徒 / She is very ~ in her work. 彼女は大変仕事熱心である. **~·ly** 副 精を出して, 熱心に.

⁺**dill** /díl/ 名 U ディル, いのんど《実や葉は香辛料》.

díll píckle 名 © (dill で味付けの)きゅうりのピクルス.

dil·ly /díli/ 名 © 〖古風, 米〗すばらしい人[物].

díl·ly bàg /díli-/ 名 ©, かご.

dil·ly·dal·ly /dílidæ̀li/ 動 (-dal·lies; -dal·lied; -ly·ing) 自 〖古風, 略式〗ぐずぐずする.

⁎**di·lute** /daɪlú:t, dɪ-/ 動 (di·lutes /-lú:ts/; di·lut·ed /-ṭɪd/; di·lut·ing /-ṭɪŋ/) 他 **1** 〖液体〗を〖水などで〗薄める, 希釈する (in): ~ whisky *with* water <V+O +with+名・代> ウイスキーを水で割る. **2** 〖価値・質などを〗弱める. — 自 〖水などで〗薄まる. — 形 A 〖酸などが〗薄めた; 希釈した.

di·lut·ed /daɪlú:ṭɪd, dɪ-/ 形 =dilute.

di·lu·tion /daɪlú:ʃən, dɪ-/ 名 **1** U 薄めること, 希釈 (with); © 薄めた液体. **2** U 〖価値・水準などの〗低下, 弱めること (of).

⁎**dim** /dím/ 形 (dim·mer; dim·mest) **1** 〖明かり・光・場所などが〗薄暗い: the ~ light of a lamp ランプの薄暗い明かり / The moonlight is ~ on hazy nights. かすみのかかった夜の月の光は薄暗い.
2 〖姿などが〗ぼんやりした; 〖音などが〗かすかな; 〖普通は A〗〖記憶が〗おぼろげな; 過ぎ去った, 昔の: We saw the ~ shape of a tower in the mist. 霧の中にぼんやりと塔の形が浮かんだ / I have only ~ memories of my father. 私は父のことはかすかに覚えているだけだ. **3** 〖見通しなどが〗はっきりしない, 見込み薄の. **4** 〖文〗〖目が〗かすんだ, よく見えない. **5** 〖略式, 主に英〗頭が鈍い. **in the dím and dístant pást** [副] 〖滑稽〗はるかかなたの昔(に). **táke a dím víew of …** [動] 他 …をよく思わない, …に賛成しない.
— 動 (dims; dimmed; dim·ming) 他 **1** 〈…〉を薄暗くする, ぼんやりさせる: She dimmed the lights of her room. 彼女は部屋の明かりを薄暗くした. **2** 〈感情・性質など〉を弱める; 〈記憶〉をおぼろげにする. **3** 〖米〗〖ヘッドライト〗を下に向ける 〖英〗dip. — 自 **1** 薄暗くなる, ぼんやりする; 〖文〗〖目が〗かすむ. **2** 〖感情などが〗弱まる, 衰える; 〖記憶が〗おぼろげになる.

dim. = diminutive.

Di·Mag·gio /dəmá:ʒioʊ, dɪmǽdʒi-/ 名 Joe ~ ディマジオ (1914-99)《米国のプロ野球選手》.

⁺**dime** /dáɪm/ 〖発音〗名 (~s /~z/) © 〖米・カナダ〗10セント貨 (⇨ coin 表): He had only three ~s left. 彼は30セントしか残っていなかった. 関連 quarter 25セント貨 / penny 1セント貨. 語源 ラテン語で「10分の1」の意. **be a díme a dózen** 〖米略式〗ありふれている, 価値がない (〖英〗be two [ten] a penny). 由来 1ダース10セント(という安物)の意. **on a díme** [副] 〖米式〗(1) 狭いスペースで; 短い距離で. (2) 急に: stop *on a* ~ すばやく止まる.

díme bàg 名 © 〖米俗〗10ドル分の麻薬の包み.

díme nóvel 名 © 〖米〗三文小説.

⁎**di·men·sion** /dɪménʃən, daɪ-/ 〖発音〗名 (~s /~z/) **1** © 局面, 様相 (aspect): a political ~ 政治的な(側)面 / add a new ~ to … …に新局面を加える.
2 © 〖普通は複数形で〗〖長さ・幅・厚さ〖高さ〗の〗寸法, 大きさ (size): a room with the following ~s: 18 ft. long, 14 ft. wide, 8 ft. high 次の寸法の部屋: 縦18フィート, 横14フィート, 高さ8フィート / What are the ~s of this box? この箱の寸法はどのくらいか. **3** C.U 〖普通は複数形で〗〖問題などの〗規模, 範囲; 重大性: a

dimensional

disaster of vast ~s 大規模な災害. **4** ⓒ 〖数・物理〗次元: the third ~ 第3次元.
di·men·sion·al /dɪménʃ(ə)nəl/ 形 〖合成語で〗…次元の: three-dimensional.
díme stòre 名 ⓒ 《米》日用[安物]雑貨店 (five and ten(-cent) store).
dim·e·ter /dímətə | -tə/ 名 ⓒ 〖詩学〗二歩格.
*__di·min·ish__ /dɪmínɪʃ/ 動 (-ish·es /~ɪz/; -min·ished /~t/; -ish·ing /~ɪŋ/ diminution) 自 減少する, 少なくなる: His interest in golf gradually ~ed. 彼はゴルフに対する興味をだんだんなくしていった.
── 他 **1** 〈…〉を減らす, 少なくする (lessen): The war ~ed the wealth of the country. 戦争はその国の富を減らした. **2** 〈人・業績など〉の重要性[権威]を下げる; 〈名誉・評判など〉を傷つける, おとしめる: His credit is greatly ~ed. 彼の信用はがたっと落ちた. 語源 ラテン語で「小さくする」の意 (☞ minute¹ [単語の記憶]).
di·min·ished /dɪmínɪʃt/ 形 〖格式〗(数量や重要性などの)減少した.
diminished responsibility [《米》**capácity**] 名 Ⓤ 〖法〗(精神障害による)限定責任能力《刑事責任が軽減される》.
di·mín·ish·ing retúrns /dɪmínɪʃɪŋ-/ 名 〖複〗〖経〗収穫逓減(3ﾋ)《ある限度を越すと努力に応じて利益が上がらなくなること, 一般的にも用いる》.
di·min·u·en·do /dɪmìn(j)uéndou | -nju-/ (反 crescendo) 形 副 〖楽〗ディミニュエンド《次第に弱く(なる)》. ── 名 (~s) ⓒ ディミニュエンドの音[一節].
dim·i·nu·tion /dìmən(j)úːʃən | -nju-/ 名 (diminish) ⓒⓊ 〖格式〗減少(額), 縮小 (of, in).
*__di·min·u·tive__ /dɪmínjʊtɪv/ 形 1 〖格式〗ごく小さい, 小型の, 小柄の. ── 名 ⓒ **1** 〖文法〗指小語 (-let や -ie のように小さいこと, かわいらしさを示す接辞をつけて作った語; 例 pig*let* 子豚, dogg*ie* わんわん》; 指小辞. **2** 愛称《親しみを表わす呼び名; Robert に対する Bob, Margaret に対する Meg や Peggy など; 略 dim.》.
diminutive súffix 名 ⓒ 〖文法〗指小接尾辞, 指小辞 (dogg*ie* (わんわん) の *ie* など》.
dim·i·ty /dímət̬i/ 名 Ⓤ 浮きしま綿布, ディミティー《ベッドカバーやカーテン用》.
dim·ly /dímə/ 副 薄暗く; ほんやりと, かすかに; おぼろげに.
dim·mer /dímə | -mə/ 名 ⓒ =dimmer switch.
dímmer switch 名 ⓒ **1** 調光器《照明の明るさを調節する装置》. **2** 《米》(自動車の)ヘッドライト減光スイッチ (《英》dip switch).
dím·ness 名 Ⓤ 薄暗さ.
dim·ple /dímpl/ 名 ⓒ **1** えくぼ. **2** (小さい)くぼみ. ── 動 (微笑して)えくぼを見せる.
dim·pled /dímpld/ 形 えくぼのある.
dim sum /dímsʌ́m/ 名 Ⓤ (中国料理の)点心《シューマイなど》.
dim·wit /dímwìt/ 名 ⓒ Ⓢ 〖略式〗まぬけ, とんま.
dim·wit·ted /dímwítɪd↲/ 形 Ⓢ 〖略式〗まぬけな.
†**din** /dín/ 名 Ⓤ または a ~ 〖連続的な〗やかましい音, 騒音: make a ~ やかましい音を立てる.
── 動 (dins; dinned; din·ning) 〖次の成句で〗
dín ... into ── 動 他 〈…〉を〈人〉に繰り返して覚えさせる.
Di·nah /dáɪnə/ 名 固 ダイナ《女性の名》.
di·nar /dɪná・ | diːnɑː/ 名 ⓒ ディナール《イラン・イラク・ヨルダンや旧ユーゴスラビアなどの通貨単位》.
*__dine__ /dáɪn/ (類音 dime) 動 (dines /~z/; dined /~d/; din·ing; diner) 自 〖格式〗ディナー (dinner) を食べる, 食事をする: I am going to ~ *with* Tom *at* a fancy restaurant this evening. 今晩はトムと高級レストランで食事をします. <V+前+名・代 +*at*+名・代> ── 他 〈人〉に食事のもてなしをする (☞ wine and dine (wine 動 成句)). 語源 ラテン語で'break fast' の意; ☞ breakfast 語源, dinner 語源.

dine の句動詞
díne on [off] ... 動 他 ⓦ 〖格式〗(特に高価なもの)を食事にとる.
díne óut 動 自 〖格式〗外食する; ディナーに招待されて出かける.
díne óut on ... 動 他 《主に英》〖滑稽〗(面白い経験・話など)を聞かせるために(食事に招待される; …の話をして人の注目を集める.

†**din·er** /dáɪnə | -nə/ 名 ⓒ **1** 《米》ダイナー《庶民向けレストランで多くは24時間営業; 食堂車に似せたものが外・内装に凝ったものもある》; 食堂車 (dining car). **2** 食事をする人; ディナー (dinner) の客.
di·ne·ro /dɪné(ə)roʊ/ 《スペイン語から》名 Ⓤ 〖略式〗お金.
Díners Càrd /dáɪnəz- | -nəz-/ 名 ⓒ ダイナーズカード《クレジットカードの一種; 商標》.
di·nette /daɪnét/ 名 ⓒ 《米》**1** (家の)小食堂. **2** =dinette set.
dinétte sèt 名 ⓒ 《米》(家の)小食堂用テーブルといすのセット.
ding¹ /díŋ/ 名 ⓒ 鐘の音. ── 動 自 〈鐘など〉鳴る. ── 他 〈鐘〉を鳴らす.
ding² /díŋ/ 《米略式》名 ⓒ (車体の)へこみ, 傷. ── 動 他 **1** 〈車体など〉の表面をへこませる. **2** 〈…〉を強打する.
ding-a-ling /díŋəlɪŋ/ 名 ⓒ Ⓢ 《米》ばか, まぬけ.
ding·bat /díŋbæ̀t/ 名 ⓒ =ding-a-ling.
ding·dong /díŋdɔ̀ːŋ | -dɔ̀ŋ/ 名 **1** じゃんじゃん, ごーんごーん《鐘の音》. **2** [a ~] 《英略式》激しい応酬[けんか]. **3** ⓒ 《米》ばか, まぬけ.
ding·er /díŋə | -nə/ 名 ⓒ 《米略式》〖野〗ホームラン.
†**din·ghy** /díŋ(g)i/ 名 (**din·ghies**) ⓒ **1** ディンギー《競走用の甲板のない小型ヨット; ☞ yacht 日英比較》. **2** 救命ボート; (娯楽用)小ボート; はしけ: a rubber ~ ゴムボート.
din·gi·ness /díndʒinəs/ 名 Ⓤ くすみ, 薄よごれ.
din·gle /díŋgl/ 名 ⓒ 〖文〗木の茂った小渓谷.

dinghy 1

din·go /díŋgoʊ/ 名 (~es) ⓒ ディンゴ《オーストラリア産の野生の犬》.
din·gus /díŋ(g)əs/ 名 ⓒ 《米略式》仕掛け, 装置; 何とかいうもの, あれ《名を忘れたときなどに用いる》.
din·gy /díndʒi/ 形 (**din·gi·er**; **-gi·est**) 〈衣類・建物・場所など〉くすんだ, すすけた, 薄汚い.
díning càr /dáɪnɪŋ-/ 名 ⓒ 《米》食堂車 (《英》restaurant car).
†**díning room** /dáɪnɪŋrùːm, -rùːm/ 名 (~s /~z/) ⓒ (家の)食堂, ダイニングルーム.
†**díning table** 名 ⓒ (家具としての)食卓 (☞ dinner table).
dink¹ /díŋk/ 動 自 《米》ぶらぶら過ごす (around).
dink² /díŋk/ 名 ⓒ 《米》ばか, まぬけ; いやなやつ.
dink³ /díŋk/ 名 ⓒ 《略式》ディンクス《共働きで子供のいない夫婦(の一方); *double [dual] income no kids* の略》.
dinkum ☞ fair dinkum.
dink·y¹ /díŋki/ 形 (**din·ki·er**; **-ki·est**) 〖略式〗**1** 《米》取るに足らない, ちっちゃな. **2** 《英》小さくてかわいい.
dink·y² /díŋki/ 名 (**dink·ies**) ⓒ =dink³.

din·ner /dínɚ | -nə-/ 名 (~s /-z/; 動 dine) 1 [U.C] ディナー (1日のうちでの主要な食事; ⇨ meal[1] 参考): make [cook, prepare, 《米》fix, get] ~ ディナーを作る / a Christmas ~ クリスマスディナー / have steak for ~ ディナーにステーキを食べる / go out for [to] ~ レストランに食事に行く / Will you come to ~ tomorrow? 明日ディナーに来ませんか / D~ is ready [served]. ディナーの用意ができました / We had [ate] a splendid ~ that evening. その晩は私たちはすばらしいディナーを食べた. 語法 形容詞に修飾される場合を除いては動詞の have や前置詞の at, to などの後では普通は冠詞をつけない.

会話 "What would you like for ~?" "I'd like roast beef if possible."「ディナーは何がいいですか?」「できればローストビーフがいいです」

2 [C] 晩餐(ばんさん)会; 夕食会 (dinner party) (⇨ after-dinner speech): They held [gave] a ~ for the new president. 彼らは新しい社長のために晩餐会を催した. 語源 古(期)フランス語で 'dine' の意.
be at dínner 動 (自) 食事中である. **éat one's dínners** 動 (自) 《英》(法学院会食に出て)法定弁護士 (barrister) の資格を取る. **invíte [ásk] ... to dínner** 動 (他) 〈人〉をディナーに招く. **móre ... than you've hád hót dínners** (形) [S] 《英俗》(滑稽) うんと沢山の... (経験などが豊富なことをいう). **thrów a dínner** 動 (自) 《略式》晩餐会を催す.
dínner bèll 名 [C] (学校などで)食事を知らせる鐘.
dínner dànce 名 [C] (夕食つきの)ダンスパーティー.
dínner jàcket 名 [C] (英) 略式夜会服, タキシード (《米》tuxedo) (略 DJ).
dínner làdy 名 [C] (英) (学校の)給食係(女性).
⁺**dínner pàrty** 名 [C] 夕食会.
dínner plàte 名 [C] ディナー皿 (⇨ plate 挿絵).
dínner sérvice [sèt] 名 [C] (正式な食事に用いる)食器類の一式.
⁺**dínner tàble** 名 [the ~] ディナーの席[機会]; (食事が用意された[食事中の])食卓 (⇨ dining table).
dínner thèater 名 [C] ディナーシアター (食事の後観劇のできるレストラン); [U] 食事の後の観劇.
dínner·time 名 [U] ディナーの時間.
di·no /dáɪnou/ 名 (~s) 《口》恐竜.
⁺**di·no·saur** /dáɪnəsɔ̀ɚ | -sɔ̀ː-/ 名 (~s /-z/) [C] 1 恐竜(古生物): a meat-eating ~ 肉食恐竜. 2 《軽蔑》巨大で時代遅れのもの; 時代遅れのがんこ者.
dint /dínt/ 名 [次の成句で] **by ~ of ...** [前] (《格式》) ...の力で, ...によって: He succeeded by ~ of hard work. 彼はせっせと働いたので成功した.
di·oc·e·san /daɪɒ́səs(ə)n | -ɔ́s-/ 形 A 司教[主教]管区の.
di·o·cese /dáɪəsɪs, -sìːs/ 名 [C] 司教[主教]管区 (⇨ cathedral).
di·ode /dáɪoud/ 名 [C] 《電工》ダイオード (半導体ダイオード・2極管など).
Di·og·e·nes /daɪɒ́dʒənìːz | -ɔ́dʒ-/ 名 ディオゲネス (古代ギリシアの哲学者; 樽に住んだとされる).
Di·o·ny·sus /dàɪənáɪsəs/ 名 (ギ神) ディオニュソス (酒の神; ⇨ god 表).
di·o·ra·ma /dàɪəráːmə, -rǽ- | -rɑ́ː-/ 名 [C] ジオラマ, 透視画.
di·ox·ide /dàɪɒ́ksaɪd | -ɔ́k-/ 名 [C,U] 《化》二酸化物.
di·ox·in /daɪɒ́ksɪ(ə)n | -ɔ́k-/ 名 [U.C] 《化》ダイオキシン (除草剤などに用いられる; 毒性が強い).
dip /díp/ 動 (**dips** /~s/; **dipped** /~t/; **dip·ping**) (他) 1 〈...〉をちょっと浸す, ちょっとぬらす: He *dipped* his hands *in* the basin. <V+O+前+名・代> 彼は両手をちょっと洗面器の中にひたした / She *dipped* the towel *into* the water and wiped the table. 彼女はタオルを水につけてテーブルをふいた. 2 (さじ・手などで)〈...〉をすくい上げる: She *dipped* some water 「*out of* [*from*] the bucket. 彼女はバケツから水をくみ出した. 3 〈翼など〉を下げる; 〈頭など〉をかがめる; 〈(英)〉〈ヘッドライト〉を下に向ける (《米》 dim). 4 〈家畜〉を(殺菌液に浸して)洗う, ゆすぐ; 〈ろうそく〉を作る. ― (自) 1 (水などに)ちょっと潜(もぐ)る. 2 (数量など)が(特に一時的に)下がる; (日など)が沈む (sink); (土地・道路など)が下方に傾斜する, 下る: The sun is going to ~ *below* the horizon. 今太陽が地平線に沈むところだ. 語源 deep (深い) と同語源で「深く下ろす」から「浸す」の意となった.

díp into ... [動] (他) (1) ...に手を入れて(お金などを)取り出す (for). (2) (貯金など)に手をつける. (3) ...をちょっと調べる; ...にざっと目を通す.

díp into one's pócket [動] (自) 身銭を切る.
― 名 1 [U.C] ディップ (味をつけたクリーム状の液体; クラッカーなどを浸して食べる). 2 [C] (数量など)が下がること, 下降; (土地などの)沈下, 傾斜, くぼみ: a ~ in prices 物価の下落 / take a ~ (人気など)が低下する / the ~s and rises *in* the road 道の上り下り. 3 [C] 《略式》ひと泳ぎ, (ちょっと)浸すこと; (頭など)を下げること: take [have, go for] a ~ *in* the lake 湖でひと泳ぎする. 4 [C] [S] 《米略式》ばか, まぬけ. 5 [U.C] (家畜の)殺菌液. 6 [a ~] ざっと調べる[目を通す]こと (*into*).
DIP /díp/ 名 [C] 《電工》ディップ (本体からむき出しにリード線の出ている IC 容器; *d*ual *i*n-line *p*ackage の略).
Dip., dip. 略 =diploma.
DipEd 略 =*Dip*loma in *Ed*ucation 教育学卒業証書.
diph·the·ri·a /dɪfθí(ə)rɪə/ 名 [U] 《医》ジフテリア.
diph·thong /dífθɔːŋ | -ɔŋ/ 名 [C] 1 《音声》二重母音 (つづり字と発音解説 16; monophthong). 2 =digraph.
⁺**di·plo·ma** /dɪplóumə/ 名 [C] 卒業[修了]証書; 学位記; 免状 (*in*) (略 Dip.): a high school ~ 高校の卒業証書. 語源 「(2つに折りたたんだ)公文書」の意.
⁺**di·plo·ma·cy** /dɪplóuməsi/ 名 (形 dìplomátic) [U] 1 外交: D~ is to do and say the nastiest things in the nicest way. 外交とは最も汚いことを最もきれいな方法で行なったり言ったりすることである // ⇨ shuttle diplomacy. 2 外交的手腕, 人扱いのうまさ, 如才なさ.
⁺**dip·lo·mat** /díploumæt/ 名 (**-lo·mats** /-mæts/; 形 dìplomátic) [C] 1 外交官: He is a ~ at the French embassy in Tokyo. 彼は東京のフランス大使館勤務の外交官です. 2 人扱いのうまい人, そつのない人.
⁺**dip·lo·mat·ic** /dìpləmǽṭɪk⁻/ 形 (名 diplomacy, díplomàt)

「diploma (公文書)」(⇨ diploma 語源) → 「外交文書(に関する)」 → 「外交の」 1

1 A [比較なし] 外交の, 外交上の; 外交官の: ~ sources 外交筋 // ⇨ diplomatic relations. 2 外交的手腕のある, 人扱いのうまい, 如才のない (*in*, *with*). **-mát·i·cal·ly** /-kəli/ 副 外交上, 外交的に; そつなく.
diplomátic bág 名 [C] 《主に英》=diplomatic pouch.
diplomátic còrps 名 [複 ~] [the ~; (英) 単数形でも時に複数扱い] 外交団 (ある国に駐在している外交官全員). ★ corps は単数形で /kɔ́ɚ | kɔ́ː/, また複数形で /kɔ́ɚz | kɔ́ːz/ と発音する; ⇨ corps.
diplomátic immúnity 名 [U] 外交官の免除特権 (外交官が逮捕・課税・荷物検査などを免れる権利).
díplomátic póuch 名 [C] 《米》外交用郵袋 (大使館と本国政府間の通信文書を運ぶ).

diplomátic relátions 名[複] 外交関係, 国交 (with): ‶break off [restore, establish] ~ 国交を絶つ[回復する, 樹立する].

Diplomátic Sèrvice 名[the ~] (英国の)外交部; [d- s-] 外交官(全体) ((米)) Foreign Service.

diplomátic tíes 名[複] =diplomatic relations.

di·plo·ma·tist /dɪplóʊmətɪst/ 名 C《古風》= diplomat.

dip·per /dípə | -pə/ 名 1 C 水中に潜る鳥(かわがらすなど). 2 C ひしゃく, しゃもじ (液体をすくう道具). 3 [the D-] 《主に米》北斗七星 (大ぐま座 (the Great Bear) の中の7つの星 (the Big Dipper)); 小北斗 (小ぐま座 (the Little Bear) の7つの星; ☞ polestar 挿絵) 《英》the Plough).

dip·py /dípi/ 形 (**dip·pi·er**, **-pi·est**) 《略式》狂った, いかれた; ばかな.

díp·shìt 名 C 《米卑》=dipstick 2.

dip·so /dípsoʊ/ 名 C《略式》=dipsomaniac.

dip·so·ma·ni·a /dìpsəméɪniə/ 名 U アルコール依存症.

dip·so·ma·ni·ac /dìpsəméɪniæk/ 名 C《医》アルコール依存症患者.

díp·stìck 名 C 1 計量棒(容器内の液体, 特に車のオイルの量を測る棒). 2 S《略式》ばか, まぬけ.

díp swìtch 名 C《英》= dimmer switch 2.

dip·tych /díptɪk/ 名 C 二枚折りの絵[彫り物](教会の祭壇などを飾る; ☞ triptych).

*__dire__ /dáɪə | dáɪə/ 形 (**dir·er** /dáɪ(ə)rə~/ -rə/; **dir·est** /dáɪ(ə)rɪst/) 1 (必要・危険などが)差し迫った; 非常な, 極度の; in ~ need of food 食糧が緊急に必要で / ~ poverty 極貧 / be in ~ straits ひどい窮地にある. 2 A 恐ろしい; 不吉な: a ~ warning 恐ろしい警告. 3 [普通は P]《略式》(質が)ひどい, ひどく低質な.

*__di·rect__ /dərékt, dàɪrékt/ 形 (**more** ~, **di·rect·er**; **most** ~, **di·rect·est**; 反 indirect) 1 [普通は A] ―直線の, 真っすぐの(straight); 直行する(単語の配置)): a ~ road 真っすぐな道 / a ~ flight from Tokyo to New York 東京からニューヨークへの直行便.

2 A [比較なし] 直接の, 直接的な, (熱・影響などが)じかの; (親族の)直系の: ~ contact 直接の接触 / as a ~ result of the storm 嵐の直接の結果として / ~ sunlight 直射日光 / ~ descendants 直系の子孫たち. 3 率直な, 単刀直入の (frank): a ~ answer 率直な返事 / a ~ manner 単刀直入の態度. 4 A 全くの, 絶対の: the ~ opposite 正反対.

— 副 真っすぐに, 直行して; 直接に: This plane flies ~ to London. この飛行機はロンドンへ直行する / The publisher sends the books ~ to the readers. 発行元はその本を読者に直送する.

— 動 (**di·rects** /-rékts/; **-rect·ed** /~ɪd/; **-rect·ing**; 名 diréction)

元来は「正しい方向に向ける」の意.
→(視線を)「向ける」 1
→方向を教える 4 →「指図する」 5
     (わき道にそれないように)
     「指揮する」 2, 3

1 [副詞(句)を伴って]〈視線・注意などを〉(...に)向ける; 〈ことば・批判などを〉(...に)向けて言う: Charles ~ed his eyes *toward* the building. <V+O+前+名・代> チャールズはその建物の方へ目を向けた / He ~ed all his energies *to* the completion of his own research. 彼は自分の研究の完成に全精力を傾けた / They ~ed their attacks *against* our seaports. 彼らは攻撃を我が海港に向けた / His remarks *were* not ~*ed at* us. <V+O+前+名・代の受身> 彼のことばは私たちに向けて言ったのではなかった.

2 <...>を指導する, 管理[監督]する (control): Mr. Smith ~ed my research (project). スミス先生は私の研究(計画)を指導してくれた.

3 《映画・演劇・テレビ番組などを》演出する, 監督する; 〈演奏を〉指揮する (conduct): Who ~s that new TV series? その新しい連続テレビ番組の演出者はだれですか.

4 《格式》〈人〉に(...への)道を教える (☞ guide 類義語): Can you ~ me *to* the Empire State Building? <V+O+*to*+名・代> エンパイアステートビルへ行く道を教えてくださいませんか. 5 [しばしば受身で]《格式》〈...〉を指図する, 命令する(order や command ほど意味は強くない; ☞ order 類義語) [言い換え] The general ~ed the soldiers to treat the prisoners well. = The general ~ed that the soldiers (should) treat the prisoners well. 将軍は兵士たちに捕虜をちゃんと扱うよう指図した(☞ should A 8). 6 《格式》〈手紙など〉を(...に)あてる (to) (‛address' 最初の囲み).

— 自 (映画などを)演出する.

dirèct áccess 名 U《電算》=random access.
dirèct áction 名 U 直接行動(ストライキ・デモなど).
dirèct cúrrent 名 U《電》直流 (略 DC). 関連 alternating current 交流.
dirèct débit 名 U,C《英》=automatic payment (☞ standing order 2).
dirèct depósit 名《米》U (給与)自動振込.
— 動 他 (給与)を自動振込する.
dirèct díscourse 名 U = direct narration.
dirèct eléctions 名[複] 直接選挙.
dirèct évidence 名 U《法》直接証拠. 関連 circumstantial evidence 状況証拠.
dirèct frée kíck 名 C《サッカー》直接フリーキック(ゴールが狙える; ☞ penalty kick).
dirèct hít 名 C (爆弾などの)直撃.

*__di·rec·tion__ /dərékʃən, daɪ-/ 名 (~s /~z/; 形 diréct, 形 diréctional)

「正しい方向に向けること」(☞ direct 囲み)―→「方向」1
                          →「指示」2

1 C,U 方向, (東西南北などの)方角 (☞ compass 挿絵); (活動・発展などの)方面, 傾向; (人生の)進路: in a northerly ~ 北に向かって / The ship sailed away *in* ‛that ~ [*the* ~ *of* Hawaii]. その船はあちら[ハワイの]方向へ行きました / go *in* the opposite [other, wrong] ~ 反対の[違った]方角へ行く / have a good [bad, poor] sense of ~ 方向感覚がよい[方向音痴だ] / The plane came from that ~. 飛行機はあちらの方向からやって来た / His business is expanding in ‛all ~s [every ~]. 彼の事業はあらゆる方面へと発展している / a step in the right ~ 正しい方向への第一歩 / pull [be pulled] in different [opposite] ~s 〈人・物事が〉両立しない[対立する]方向に向いて[引かれて]いる / Her life has ‛changed ~ [taken a new ~] since she turned 50. 50歳になってから彼女は人生が変わった[新たな生き方をし始めた].

2 C [普通は複数形で] (行動・道筋などの)指示, 指図; (薬・道具などの)使用法 (instructions): ask a policeman for ~*s to* the station おまわりさんに駅への道を尋ねる / The general gave ~*s that* the prisoners (*should*) *be* treated well. <N+*that* 節> 将軍は捕虜の待遇をよくするようにとの指示を与えた (☞ should A 8) / Follow the ~s on the bottle. びんに書いてある使用法どおりにすること / [金属] "Could [Can] you give me ~*s to* the Imperial Hotel?" "I'm afraid it's too complicated to explain. Why don't you take a

taxi?"「帝国ホテルへ行く道順を教えていただけませんか」「あいにく説明するには込み入っています。タクシーで行ったらいかがですか」 **3** Ⓤ 監督, 管理; 指導; 演出. **4** Ⓤ (人生の)方針, 目的意識.
in ...'s diréction [副] …の方を[へ]. **have nó sénse of diréction** [動] (1) 方向音痴である. (2) =lack direction. **láck diréction** [動] ⓐ (人生・仕事などについて)どうしたいのか目標がはっきりしていない. **ùnder ...'s diréction**=**ùnder the diréction of ...** [副] …の管理のもとで, …の指導で.

di·rec·tion·al /dərékʃ(ə)nəl, dar-/ 形 (名 diréction) [普通は A] 方向の; (通) 指向性の: a ~ antenna [aerial] 指向性アンテナ.

diréction fìnder 名 (通) 方向探知器.
diréction·less 形 ⓦ 方針[目標]がない.

*di·rec·tive /dəréktɪv, dar-/ 名 C (~s /-z/) C 指令(書). ─ 形 (格式) 指示をする, 指導的な.

*di·rect·ly /dəréktli, dar-/ 副 (反 indirectly) **1** 直接に, じかに: be ~ responsible for … …について直接責任がある / When I play Chopin, I speak ~ to people's hearts. 私がショパンを弾くときは直接人々の心に語りかけているのだ.

2 真っすぐに, 一直線に (straight); どこにも立ち寄らないで: He went ~ to the station. 彼は真っすぐに駅へ行った / Is there a bus that goes ~ to Baltimore? ボルチモア行きの直行バスはありますか.

3 ちょうど, まさに: almost ~ overhead ほとんど真上に / The church is ~ opposite our school. 教会は私たちの学校の真向かいにある. **4** (質問・答えなどで)率直[あからさま]に. **5** (古風) すぐに; ただちに. **diréctly àfter ...** [前] …のすぐ後に. ─ 接 しばしば drékli/ (英) …するとすぐに (directly after, as soon as).

diréct máil 名 Ⓤ ダイレクトメール (消費者などに直接郵送する宣伝郵便物).

diréct márketing 名 Ⓤ 直接販売(方式).

diréct méthod 名 [the ~] 直接教授法 (母国語を使わない外国語教授法).

diréct narrátion 名 Ⓤ 〖文法〗直接話法 (↩ narration 文法).

diréct·ness 名 Ⓤ 率直さ.
diréct óbject 名 C 〖文法〗直接目的語.

文法 直接目的語
他動詞が2つ目的語をとる場合, 動詞の表わす動作の直接の対象となる名詞・代名詞などで, 普通は物などを表わすほうの目的語をいう (↩ indirect object 文法). 直接目的語を主語とする受身の文については ↩ be² 文法 (2) (i).

---

*di·rec·tor /dəréktə, dar- | -tə/ 🔤 名 (~s /-z/) C **1** (映画・演劇・放送番組などの)**監督**, 演出家, ディレクター (↩ producer); (米) (音楽の)指揮者 (conductor): ↩ stage director.

2 (会社・組織の)**管理者**, 責任者; 重役, 取締役, 理事; 部長; (研究所などの)所長, (官庁の)局長, 長官 (略 D.); (論文などの)指導教員 ~ a board of ~s 重役会議, 理事会 / a personnel ~ 人事部長 / the ~ of an institute 研究所の所長. **a Diréctor of Stúdies** 名 (大学・語学学校などの)指導教員.

⁺**di·rec·tor·ate** /dəréktərət, dar-, -trət/ 名 C (英) 単数形でも時に複数扱い] 重役会, 理事会 (全体); (省庁の)局, 部, 課: the Food Safety D~ 食品安全局.

*diréctor géneral 名 (複 director generals, directors general) C (主に英) (大組織・公的機関などの)総裁, 長官.

di·rec·to·ri·al /dəréktɔ́:riəl, dàɪrek-⎯/ 形 A 監督[演出家]の.

Diréctor of Públic Prosecútions 名 [the ~] (英) 公訴局長官 (略 DPP).

diréctor's cút 名 C (上映用に編集する前の)監督の意図通りにとった映画, ディレクターズカット版.

di·rec·tor·ship 名 C (英) 管理者[重役]の職[任期].

*di·rec·to·ry /dəréktəri, daɪ-, -tri/ 🔤 名 (-to·ries /-z/) C **1** 電話帳 (telephone directory); 人名簿 (普通は住所なども併記してある); (会社などの)名簿.
2 (米) (ビルの)居住者表示板; (デパートの)店内案内図.
3 〖電算〗ディレクトリー (複数のファイルなどを収めたフォルダ; ↩ folder).

diréctory assístance 名 Ⓤ (米) 電話番号案内 ((英) directory enquiries).

diréctory enquíries 名 [複] [時に単数扱い] =directory assistance.

diréct propórtion 名 Ⓤ 〖数〗正比例.
diréct rúle 名 Ⓤ (中央政府による)直接統治.
diréct spéech 名 Ⓤ 〖文法〗=direct narration.
diréct táx 名 C,Ⓤ 直接税.
diréct taxátion 名 Ⓤ 直接課税.

dirge /dáːdʒ | dáːdʒ/ 名 C **1** 葬送歌, 哀[悲]歌. **2** (略式) のろくて悲しい[退屈な]歌[曲].

dir·i·gi·ble /dírɪdʒəbl, dəríʤə-/ 名 C 飛行船.

dirk /dáːk | dáːk/ 名 C (スコットランド兵士の)短剣.

dirn·dl /dáːndl | dáːn-/ 名 C ダーンドル (たっぷりしたギャザー[プリーツ]のスカート).

*dirt /dáːt | dáːt/ 🔤 (同音 dart) 名 (形 dírty) Ⓤ **1** 泥 (mud, earth); 土 (soil): Wash the ~ off your trousers. ズボンの泥を洗い落としなさい.

2 ほこり, ごみ (dust); 汚物, 汚いもの; 《英略式》糞: Her apron was covered with [in] ~. 彼女のエプロンには汚いものがいっぱいついていた. **3** (略式) 悪口, スキャンダル (on). **4** わいせつな文章[映像], いやらしいことば. (**as**) **cómmon as dírt** [形] 品のない. **díg úp [for] dírt** = (英) **díg the dírt** [動] 他 (人の)悪いネタを探し出す. **dísh the dírt** [動] ⓐ (略式) 悪いうわさを立てる (on, about). **dó ... dírt** [動] 他 (米略式) (人)に卑劣なことをする. **éat dírt** [動] ⓐ (米略式) 恥を忍ぶ. **hít the dírt** [動] ⓐ (略式) (危険をさけて)身を伏せる.

dírt·bàg 名 C (略式, 主に米) いやらしいやつ.
dírt bìke 名 C オフロードバイク.
dírt-chéap 形 (略式) ばか安い[く].
dírt fàrmer 名 C (米) (貧困な)自作農.
dirt·i·ly /dáːtəli | dáː-/ 副 汚く, 不潔に; 下品に.
dirt·i·ness /dáːtinəs | dáː-/ 名 Ⓤ 汚いこと, 不潔.
dírt póor 形 (米略式) 極貧の.
dírt ròad 名 C 舗装していない道路.
dírt tràck 名 C **1** (米) =dirt road. **2** オートバイの競走路 (石炭殻などを敷いてある).

*dirt·y /dáːti | dáː-/ 形 (dirt·i·er /-tiə/ | -tiə/; dirt·i·est /-tiɪst/, more ~; (dirt·i·er, dirt·i·est) **1** 汚い, よごれた, 泥だらけの (muddy); (仕事などが)体のよごれる: (反 clean) a ~ hand [room] 汚い手[部屋] / a ~ job よごれる仕事 / Her clothes were ~ with paint and oil. 彼女の服はペンキと油でよごれていた.

2 [普通は A] (映画・雑誌・冗談などが)いやらしい, 卑猥(ひわい)な: a ~ joke いやらしい冗談. **3** [普通は A] (道徳的に)汚い, 汚(けが)らわしい, 卑劣な; 下劣な (base), 不正な (unfair): ~ money 汚い金 / a ~ lie 卑劣なうそ / a ~ job [時に滑稽]いやな仕事 (↩ 1) / one's ~ little secret 汚らわしい秘密. **4** (米略式) 麻薬を含んだ[所持している]; (競技種目別の)競技者が薬物を不正使用している. **5** A (色が)くすんだ.
dó the dírty on ... [動] 他 (英略式) (人)に卑劣な[汚い]ことをする; (人)を裏切る. **gèt one's hánds dìrty** [動] ⓐ (1) 肉体労働をする. (2) 汚い[不正な]

ことをする. **gíve ... a dírty lóok** [動] [他] 《略式》〈人〉にいやな顔をする.
— [動] (**dirt·ies**; **dirt·ied**; **-y·ing**) [他] 〈...〉をよごす, 汚らしくする; 〈名声など〉を汚す. **dírty one's hánds** [動] [自] (不正などで)手を汚す (*with*).
— [副] [次の成句で] **dírty bíg** [**lárge**] [形] 《英略式》ひどくでかい. **dírty rótten** [形] Ⓢ ひどく汚い[不正な]. **plày dírty** [動] [自] 《略式》不正をする; (ゲームで)いかさまをする. **tálk dírty** [動] [自] 《略式》ひわいな話をする.

D

dírty blónd [形], [名] [C] くすんだブロンドの(人).
dírty bómb [名] [C] (放射性物質を含む)汚い爆弾.
dírty mínd [名] [a ～] 《英》すけべ心.
dírty òld mán [名] [C] 《略式》すけべおやじ.
dírty póol [名] [U] 《米略式》汚い行為.
+**dírty tríck** [名] **1** [複数形で] (政治的な)裏工作. **2** [C] (不親切で)汚い手[やり方]: play a ～ on ... ...を汚い手でだます.
dírty wéekend [名] [C] 《英略式》[普通は滑稽] (不倫などの)セックス目当ての[エッチな]週末.
dírty wórd [名] [C] 卑猥(ひわい)な言葉; [a ～] 禁句.
dírty wòrk [名] [U] **1** いやな[面倒な]仕事. **2** 《略式》不正行為: do a person's ～ 人の代わりに不正行為をする.
dis /dís/ [動] [他] 《俗》〈人〉を侮辱する, ばかにする.
dis- /dɪs, dìs/ [接頭] 「反対, 非..., 不..., 分離」などの意: *dis*appear 見えなくなる / *dis*grace 不名誉 / *dis*tance 距離.

> [語法] 反対の意味の dis- の語を肯定的な意味の語と対照させて用いるときには dis- のほうを強く発音するのが普通: The idea of starting before dawn has both *advántages* and *dísadvàntages*. 夜明け前に出発するという案にはメリットもデメリットもある.

***dis·a·bil·i·ty** /dìsəbíləṭi/ [名] (**-i·ties** /~z/) **1** [C,U] 身体障害; (一般に)障害, ハンディキャップ: people with *disabilities* 身体障害のある人々 / a ～ pension 障害年金 // ☞ learning disability. **2** [U] 障害者手当[給付金].
+**dis·a·ble** /dɪséɪbl/ [動] [他] **1** [しばしば受身で] (病気・事故などが)〈人〉を身体障害者にする: My uncle *was* ～*d* in the war. 私のおじは戦争で身体障害者になった. **2** 〈機械など〉を作動しないようにする, 使えなくする.
***dis·a·bled** /dɪséɪbld/ [形] **身体障害のある** 《時に差別的とされる handicapped を避けた語; ☞ challenged, impaired》, (一般に)障害のある; 身障者用の: severely ～ 重度の障害の(ある) / *the* ～ 身体障害者たち 《複数名詞のように扱われる; ☞ the[1] 3》. [語法] 最近は people with disabilities や disabled people などの表現がしばしば用いられる. // mentally ～ 知的障害のある / a ～ toilet 身障者用トイレ.
disábled lìst [名] [the ～] 〔野〕故障者リスト 《リストに載ると当分試合に出られない; [略] DL》.
dis·a·ble·ment /dɪséɪblmənt/ [名] [U,C] 《格式》身体障害者になる[する]こと; 障害(のあること).
dis·a·bl·ing /dɪséɪblɪŋ/ [形] (身体の)障害をもたらす, 能力を弱める: a ～ injury 身障者になるようなけが.
dis·a·buse /dìsəbjúːz/ [動] [他] 《格式》〈人〉の迷いを解く, 〈人〉から(迷信などを)取り去る: The event ～*d* the people *of* their superstition. 事件は人々を迷信から解放した.
***dis·ad·van·tage** /dìsədvǽnṭɪdʒ | -váːn-/ [T1] [名] (**-van·tag·es** /~ɪz/; [形] dìsadvantágeous; [反] advantage) [C,U] **不利な立場, 不利なこと**, ハンディキャップ; 弱み, デメリット (*of*): [言い換え] His poverty was a great ～ *to* him. =His poverty put [placed] him at a great ～. 貧しかったことが彼にとって非常な不利となった 《☞ dis- [語法]; merit [日英比較]》. **at a disadvántage** [形・副] 不利な立場で[に]. **be** [**wórk**] **to ...'s disadvántage** [動] ...にとって不利となる: My age *worked to my* ～. 私は年齢の点で不利だった.
— [動] [他] 〈人〉を不利にする.
***dis·ad·van·taged** /dìsədvǽnṭɪdʒd | -váːn-←/ [形] [A] (社会的に)恵まれない; [婉曲] **貧しい**: *the* ～ 恵まれない人々 《複数名詞のように扱われる; ☞ the[1] 3》.
dis·ad·van·ta·geous /dìsæ̀dvæntéɪdʒəs | -vɑːn-←/ [形] ([名] dìsadvántage; [反] advantageous) 不利な, 都合の悪い (*to, for*). **～·ly** [副] 不利に.
+**dis·af·fect·ed** /dìsəféktɪd←/ [形] 《格式》(組織などに)不満を抱いた, 離反した (*with, toward*).
dis·af·fec·tion /dìsəfékʃən/ [名] [U] 《格式》(組織などへの)不満, 離反 (*with, toward, to*).
dis·af·fil·i·ate /dìsəfílièɪt/ [動] [他] 〈...〉に(組織との)関係を絶たせる (*from*). — [自] 関係を絶つ.
dis·af·fil·i·a·tion /dìsəfìliéɪʃən/ [名] [U] 関係断絶.
dis·af·for·est /dìsæfɔ́ːrɪst, -əf- | -fɔ́r-/ [動] [他] 《主に英》 =deforest.
dis·af·for·es·ta·tion /dìsæfɔ̀ːrɪstéɪʃən, -əf- | -fɔ̀r-/ [名] [U] 《主に英》 =deforestation.
***dis·a·gree** /dìsəgríː/ [動] (**-a·grees** /~z/; **-a·greed** /~d/; **-gree·ing**; [名] dìsagréement) [自] **1** (人と)意見が合わない, (意見などに)同意しない, 異論を唱える; 《主に英》(行動・提案などを)是認しない: I ～ *with* you. <V+*with*+名・代> 私はあなたと意見が違う / The witnesses ～*d with* each other *about* [*over, on, as to*] the time of the accident. <V+*with*+名・代+前+名・代> 事件発生の時間について証人たちの意見が食い違った / I ～ *with* her proposal. 彼女の提案に反対である. **2** (話・報告・数字などが)一致しない: What the author says ～*s with* the facts. 著者の述べていることは事実と一致しない. **3** [主に Ⓢ] (気候・食べ物などが)体に合わない, 気持ち悪くさせる: Milk ～*s with* me. 牛乳は私の体に合わない. **I disagrée.** Ⓢ 私は不賛成です(ね).
dis·a·gree·a·ble /dìsəgríːəbl←/ [形] 《格式》**1** (物事が)不愉快な, いやな (unpleasant) (*to*): a ～ job [experience] いやな仕事[経験]. **2** [普通は [A]] (人が)非友好的な, 付き合いにくい; 気難しい, 怒りっぽい. **-a·bly** /-əbli/ [副] 不愉快に; いやになるほど.
***dis·a·gree·ment** /dìsəgríːmənt/ [名] (**-a·gree·ments** /-mənts/; [動] dìsagrée) **1** [U,C] (意見の)**不一致, 見解の相違; 異論** (*among*); (人との)**対立**, いさかい (*with*): There is (a) serious ～ *between* the two parties *about* [*over, as to, on*] the defense problem. 防衛問題について両党間には深刻な意見の対立がある. **2** [U] (報告・説明などの)不一致, 食い違い (*between*). **be in disagréement with ...** [動] [他] ...と意見が合わない; ...と食い違っている: We *are in* total ～ *with* them *about* [*as to, on*] this issue. この問題について我々は彼らと全く意見が違う.
+**dis·al·low** /dìsəláʊ/ [動] [他] [しばしば受身で] 〈要求・得点など〉を(公式に)承認しない, 却下する.
****dis·ap·pear** /dìsəpíə | -əpíə/ [T3] [動] (**dis·ap·pears** /~z/; **-ap·peared** /~d/; **-ap·pear·ing** /-əpí(ə)rɪŋ/; [名] dìsappéarance) [自] **1** [しばしば副詞(句)を伴って] **見えなくなる, 姿を消す**; 失踪(しっそう)[紛失]する 《☞ 類義語》: The snow will soon ～. 雪はじきになくなるだろう / I saw her ～ ***around*** [***round***] the corner. <V+前+名・代> 私は彼女が角を曲がって姿を消すのを見た / The jet ～***ed in*** the distance. ジェット機は遠くに消えた / The train ～***ed from*** view [sight]. 列車は視界から消えた / *the* ～*ed* (粛清などによる)消息不明者たち 《☞ the[1] 3》. **2** 消滅する, なくなる. **dó a disappéaring**

àct [動] (肝心な時に)姿をくらます, いなくなる.
【類義語】**disappear** 消えるという意味の一般的な語で, 突然消えることも, 徐々に消えることも意味する: The village *disappeared* from the map. その村は地図から消えた. **vanish** 突然, しばしば原因不明のまま完全に消えてなくなる: The fish in the pond have *vanished*! 池の魚が(突然)一匹もいなくなってしまったわねえ. **fade** 溶け込むように徐々に消えていく: The Ship *faded* (away) into the fog. 船は次第に霧の中に消えていった.

⁺**dis·ap·pear·ance** /dìsəpí(ə)rəns/ [名] [動] disappéar) **1** [U] 見えなくなること; [C,U] 失踪(しっそう), 紛失 (*from*). **2** [U] 消滅 (*of*).

⁺**dis·ap·point** /dìsəpɔ́ɪnt/ [12] [他] [名] dìsappóintment) **1** [しばしば受身で] ⟨人⟩を失望させる, がっかりさせる (反 satisfy (⇨ disappointed)): The news of her divorce greatly ~ed her family. 彼女の離婚の知らせは家族をひどくがっかりさせた / Have you ever been ~ed in love? 失恋したことがありますか. **2** ⟨期待など⟩を裏切る, ⟨計画⟩をくじく (upset): All my hopes were ~ed by his failure. 私の希望は彼の失敗で完全に断たれた. ― [自] 失望する, 期待を裏切る.

*__dis·ap·point·ed__ /dìsəpɔ́ɪnt̬ɪd⁻/ [形] **1** がっかりした, 失望した: a ~ look がっかりした表情 / She looked bitterly ~. 彼女はひどくがっかりした顔つきだった / He died a ~ man. 彼は失意のうちに死んだ / [言い換え] We were very ~ *at* [*by*, *about*] the news. <A+前+名・代>=We were very ~ *to* hear the news. <A+*to* 不定詞> その知らせを聞いて私たちは大変がっかりした / He was ~(*that*) he did not find her in the room. <A+(*that*) 節> 彼女が部屋にいなかったので彼はがっかりした (⇨ that² B 3 [構文]). **2** [限定] 期待・希望などがくじかれた, 挫折した: a ~ hope 当てはずれ.

be disappóinted in [**with**] **...** [動] [他] ⟨人・物事⟩に失望する: I *am* ~ *in* [*with*] my son. 息子にはがっかりした.

⁺**dis·ap·point·ing** /dìsəpɔ́ɪntɪŋ⁻/ [形] がっかりさせる, 期待はずれの, つまらない: ~ news (聞き手が)がっかりする知らせ. **~·ly** [副] がっかりさせるほどに[ように]; [文修飾語] がっかりしたことに(は).

*__dis·ap·point·ment__ /dìsəpɔ́ɪntmənt/ [名] (-point·ments /-mənts/; [動] dìsappóint) **1** [U] 失望, 期待はずれ, がっかりすること (*that*): express ~ *over* [*with*] the decision その決定に失望を表わす / His ~ *at* losing the game was painful to see. 試合に負けたときの彼の落胆ぶりは見ていてつらかった. **2** [C] がっかりさせる物[人], 案外つまらない物[事, 人]: The new ⸢teacher was [teachers were] a (great) ~ *to* [*for*] the class. 新任の先生(たち)はそのクラスの生徒にとっては(大変な)期待はずれだった / Oh, no! What a ~! あーあ, がっかりだ.

to ...'s disappóintment = to the disappóintment of ... [副] [文修飾語] ...ががっかり[失望]したことに(は) (⇨ to¹ 12): *To our* great ~, he did not come. 私たちは大変がっかりしたのだが, 彼は来なかった.

dis·ap·pro·ba·tion /dìsæprəbéɪʃən/ [名] [U] (格式) 不承知 (特に不道徳なことに対しての), 不賛成, とがめだて (disapproval).

⁺**dis·ap·prov·al** /dìsəprúːv(ə)l/ [名] [U] ([動] dìsappróve) いけないという気持ち, 不承知; 非難 (*of*): He shook his head *in* ~. 彼は賛成できずかぶりを振った / She reacted *with* ~. 彼女はとがめる態度を示した.

⁺**dis·ap·prove** /dìsəprúːv/ [動] [自] ([名] dìsappróval) いけないと思う, 認めない; 拒否する: He strongly ~d *of* our project. 彼は我々の計画に強い難色を示した / Her husband ~d *of* her going abroad. 夫は妻が外国へ行くのを嫌がった. ― [他] (格式) ⟨...⟩を認可しない.

dis·ap·prov·ing /dìsəprúːvɪŋ⁻/ [形] 不賛成である, 不満の; ⟨...⟩を認めない (*of*): a ~ look 不満気な顔. **~·ly** [副] 賛成しがたい, 不満気に.

⁺**dis·arm** /dɪsɑ́ːm, dɪz-|-ɑ́ːm/ [動] [自] (国などが)軍備を縮小[廃止]する; (核)武装を解除する. ― [他] ⟨...⟩から武器を取り上げる, ⟨...⟩の武装を解除する. **2** ⟨W⟩ (態度・行動などが)⟨人⟩の怒りに[敵意, 警戒心]を和(やわ)らげる; ⟨批判など⟩を鎮める. **3** ⟨爆弾⟩の信管を除く.

⁺**dis·ar·ma·ment** /dɪsɑ́ːməmənt, dɪz-|-ɑ́ːm-/ [名] [U] 軍備縮小; (核)武装解除: nuclear ~ 核軍縮. 関連 rearmament 再武装.

dis·arm·ing /dɪsɑ́ːmɪŋ, dɪz-|-ɑ́ːm-⁻/ [形] 怒り[敵意, 警戒心]を和(やわ)らげるような; 心をなごませる. 無邪気な. **~·ly** [副] 警戒心を和らげるように[ほどに].

dis·ar·range /dìsəréɪndʒ/ [動] [他] [普通は受身で] (格式) ⟨...⟩を乱す, 混乱させる.

dis·ar·range·ment /dìsəréɪndʒmənt/ [名] [U] (格式) (かき)乱すこと, 混乱; 乱脈.

⁺**dis·ar·ray** /dìsəréɪ/ [名] [U] (格式) 混乱; 乱雑 (*among*). **fàll into disarráy** [動] [自] (格式) 混乱する. **in disarráy** [副・形] (格式) 混乱して[た]; 乱れて[た], だらしなく. **thrów ... into disarráy** [動] [他] (格式) ⟨...⟩を混乱させる, 乱す.

dis·as·sem·ble /dìsəsémbl/ [動] [他] (格式) ⟨機械など⟩を分解する, ばらばらにする.

dis·as·sem·bly /dìsəsémbli/ [名] [U] (格式) 分解.

dis·as·so·ci·ate /dìsəsóʊʃièɪt, -siéɪt/ [動] [他] = dissociate.

*__dis·as·ter__ /dɪzǽstə |-zɑ́ːstə/ [名] (~s /-z/; [形] disástrous) [C,U] **1** (突然の)大災害, 惨事 (⇨ 類義語); (大きな)不幸, 災難: a man-made [natural] ~ 人[天]災 / suffer a ~ 被災する / Just then ~ struck. ちょうどその時災難が襲った. **2** (略式) 大失敗(である人)[もの]; 乱雑なもの, ひどい所. 語源 ラテン語で「星の位置の悪い, 不吉な」の意; もとは占星術のことば; (⇨ astro-). **a disáster waiting to háppen** [名] とてもひどくなりそうなもの. **'spéll disáster [be a disáster] for ...** [動] [他] ...に悪影響を及ぼす. **be a récipe for disáster** [動] 大失敗となる.

【類義語】**disaster** 台風・洪水・列車[航空機]事故・事業の失敗などのように, 自然の猛威や判断の誤り・不注意などによって, 思いがけず生命・財産を失ったりする大きな不幸を表わす. 特に, 多数の人間に突然降りかかった災厄に多く用いる. **calamity** *disaster* と同じく思いがけない大きな不幸を表わすが, 特に, それによる深い悲しみや悲惨な気持ちに重きをおく語で, 個人に降りかかった災厄にも用いる. **catastrophe** 悲劇的な結末・破局の意で, 取り返しのつかない損失などの終局・結果に重きをおく.

disáster àrea [名] [C] **1** 被災地. **2** [普通は a ~] (滑稽) 混乱状態(の所); 散物(所)[室].

disáster relíef [名] [U] 災害救援物資[金].

*__dis·as·trous__ /dɪzǽstrəs |-zɑ́ːs-/ [形] ([名] disáster) **1** 災害をもたらす, 災難を生じる, 悲惨な: a ~ war 悲惨な戦争 / It would be ~ *for* [*to*] our way of life. <A+*for* [*to*]+名・代> それは我々の生活に大災害をもたらすだろう. **2** 大失敗の, ひどくみじめな. **~·ly** [副] 悲惨に[ひどく(みじめに)].

dis·a·vow /dìsəváʊ/ [動] [他] (格式) ⟨...⟩を否認する.

dis·a·vow·al /dìsəváʊəl/ [名] [U,C] (格式) 否認.

⁺**dis·band** /dɪsbǽnd/ [動] [自] ⟨組・隊など⟩を解散させる. ― [他] ⟨組・隊など⟩を解散する.

dis·band·ment /dɪsbǽn(d)mənt/ [名] [U] 解散.

dis·bar /dɪsbɑ́ː|-bɑ́ː/ [動] (**dis·bars**; **dis·barred**; **-bar·ring** /-bɑ́ːrɪŋ/) [他] [普通は受身で] ⟨人⟩から弁護士の資格を剝奪(はくだつ)する (*from*).

dis·bar·ment /dɪsbɑ́ːmənt |-bɑ́ː-/ [名] [U] 弁護士資格剝奪.

⁺**dis·be·lief** /dìsbəlíːf, -bɪ-/ [名] [U] 信じ(ようとし)ないこと, 不信: suspend (one's) ~ (架空のものなどの実在を)一時信じ込む. **in** [**with**] **disbelíef** [副] 信じられないという風に, 疑って.

dis·be·lieve /dìsbəlíːv, -bɪ-/ [動] [進行形なし] (格

478 disbelieving

式》他《…》を信じない，疑う．語法 do not believe というほうが普通．— 自 信じない，疑う．**disbelíeve in ...**〖動〗他《格式》…の存在[価値]を信じない[疑う].

dis・be・liev・ing /dìsbəlíːvɪŋ, -brˉ-/ 形 《格式》〈表情など〉信じない〔ような〕，信用しない．~**・ly** 副 信じていないように．

dis・bur・den /dɪsbə́ːdn | -bə́ː-/ 動 他《…》から荷物を降ろす；〈…〉〈負担・責任など〉を取り除く(of).

dis・burs・al /dɪsbə́ːs(ə)l | -bə́ː-/ 名 C = bursement.

dis・burse /dɪsbə́ːs | -bə́ːs/ 動 他《格式》〈基金・資金・貯金などから〉〈助成金〉を支出する(for).

dis・burse・ment /dɪsbə́ːsmənt | -bə́ːs-/ 名 《格式》**1** U 支払．**2** C 助成金，出費．

disc /dísk/ 名 C **1** ディスク《compact disc, digital videodisc, laser disc, videodisc》；《古風》レコード盤(record). **2** = disk 1, 2, 3.

dis・card[1] /dɪskáəd | -káːd/ 動 他 **1** 〈不用品・衣服など〉を捨てる，処分する；〈信念など〉を放棄する：~ed cans（投げ）捨てられた缶（z̆）. **2**〖トラ〗札を捨てる．—自〖トラ〗札を捨てる．

dis・card[2] /dískaəd | -kɑːd/ 名 C **1** 捨てられたもの[人]. **2**〖トラ〗捨て札．

dísc bràkes 名 [複]《車などの》ディスクブレーキ(☞ drum brake).

+**dis・cern** /dɪsə́ːn, -zə́ːn | -sə́ːn, -zə́ːn/ 動 他 《進行形なし》《格式》**1**〈目以外の感覚で〉〈特に明白でない物事〉をさとる，認める，識別する：~ a difference 違いを見分ける / I soon ~ed that [why] she was lying. 私はすぐ彼女がうそをついていること〔理由〕を見抜いた． **2**〈遠くの物・音など〉を見つける，聞き取る：He ~ed a figure in the distance. 彼は遠くに人影を見つけた.

+**dis・cern・i・ble** /dɪsə́ːnəbl, -zə́ːn- | -sə́ː-, -zə́ː-/ 形 《反 indiscernible》《格式》はっきりと〉見てとれる；認識できる．**-i・bly** /-əbli/ 副 目に見えて．

+**dis・cern・ing** /dɪsə́ːnɪŋ, -zə́ːn- | -sə́ː-, -zə́ː-/ 形 《格式》〈物事〉を見抜く力のある，明敏な，違いのわかる：the ~ eye [ear] 目[耳]のよい人 / 《美術[音楽]に対して》/ the ~ 目の肥えた人たち (☞ the[1] 3).

dis・cern・ment /dɪsə́ːnmənt, -zə́ːn- | -sə́ː-, -zə́ː-/ 名 U 《格式》[ほめて] 鑑識眼，識別力.

*dis・**charge**[1] /dɪstʃáəʤ | -tʃáːʤ/ 名 《名詞の dis-charge[2] とのアクセントの違いに注意. 動 (dis・charg・es /~ɪz/; dis・charged /~d/; dis・charg・ing; 名 dís・charge[2])

元は「負担を取り除く」の意(☞ charge 囲み)から
→「拘束を取り除く」→「解放する」他 1
　　　　　　　　　→「解任する」他 2
→「中の物を放出する」→「排出する」他 3
　　　　　　　　　　　→「流れ出る」自 1

—他 **1** 《普通は受身で》〈病人〉を退院させる；〈軍人〉を除隊させる；〈囚人など〉を解放〔釈放〕する，放免する(release): He was ~**d** from the hospital [army]. <V+O+from+名・代の受身> 彼は病院を退院した[除隊させられた] / be conditionally ~**d**《英》条件付きで釈放される / A bankrupt《英》債務免除破産者．

2 [普通は受身で] 〈人〉を〔公務から〕解く，解雇する(dismiss): He was ~**d for** dishonesty. <V+O+for+名・代の受身> 彼は不正を働いてやめさせられた.

3〈液体など〉を排出する，流出させる；〈電〉〈電池〉を放電する，〈電池など〉を放電させる (反 charge); 〈傷口から〉血・水などを出す: A lot of waste was ~**d into** the river. <V+O+前+名の受身> 川に大量の廃液がたれ流された．**4** 《格式》〈義務・約束・責任など〉を遂行する，果たす(perform); 〈借金など〉を支払う(pay). **5** 《格式》

〈銃〉を発射する．**6**《格式》〈船や航空機〉が〈荷物・乗客〉を降ろす；〈船〉から荷物を降ろす．— 自 **1**〈液体・気体が〉流れ出る，〈川〉が注ぐ (into); 《電》放電する；〈傷口が〉うみを出す．**2** 《格式》〈銃〉が発砲する．**dis・chárge onesèlf**〖動〗自 《英》《完治前に》退院する.

*dis・**charge**[2] /dístʃɑːʤ, dɪstʃáəʤ | dístʃɑːʤ, dɪs-tʃáːʤ/ ★ 動詞の discharge[1] とのアクセントの違いに注意．名 動 dischárge[1]) **1** U,C 退院；除隊；解放，放免；免除；解任(from). **2** U,C《液体・気体の》排出，流出(from, of); 《川・貯水池から》流出物，うみ，鼻水，排水なもの．**3** U 《格式》《義務の》遂行(of); 《借金の》返済．**4** U,C《電》放電(反 charge). **5** U《格式》発砲．

*dis・**ci・ple** /dɪsáɪpl/ 名 C **1**（特に教祖の）弟子，信奉者(of)(☞ discipline 語源). **2** [しばしば D-] キリストの十二使徒の一人(☞ apostle).

dis・ci・ple・ship /dɪsáɪplʃɪp/ 名 U 弟子の身分．

*dis・**ci・pli・nar・i・an** /dìsəplɪnéəriən | -néər-/ 名 C しつけに厳しい人；[前に形容詞をつけて]規律に…の人.

*dis・**ci・pli・nar・y** /dísəplɪnèri | -nəri/ 形 (名 discipline) A **1** 懲戒の：~ measures [action] 懲戒処分 / a ~ committee 懲罰委員会. **2** 規律上の；しつけの.

*dis・**ci・pline** /dísəplɪn/ 名 (~s /~z/; 形 díscipli・nàry) **1** U しつけ，鍛錬，修養，訓練(training; 反 indiscipline): Young people need the ~ of hard work. 若い人は厳しい仕事で鍛えることが必要だ.
2 U 規律，統制 (order); 克己心；風紀: The ~ in this class is good. この組の生徒は規律正しい.

─ コロケーション ─
establish *discipline* 規律を固める
impose *discipline* 規律を課す
lack *discipline* しつけが足りない
maintain [keep] *discipline* 規律を維持する
tighten *discipline* 規律を強化する

3 C,U 訓練法(for); 行動規範．**4** U 懲戒，懲罰．**5** C 学問（分野），〖特に〗学科，（スポーツの）種目．語源 "disciple (弟子) の教育"の意.
— 動 他 **1**〈人〉を懲戒に付する，懲戒する(for). **2**（特に子供）をしつける，鍛える；訓練する．**dis・cípline onesèlf**〖動〗自 自分を鍛える，規律正しく（…）する: I must ~ *myself* to work harder. 私はもっと勉強するように自分を律する必要がある.

*dis・**ci・plined** /dísəplɪnd/ 形 規律正しい，（よく）鍛えられた；《方法など》厳格な.

dísc jòckey 名 C（ラジオの音楽番組やディスコなどの）ディスクジョッキー(略 **DJ**)《《格式》deejay》.

dis・claim /dɪskléɪm/ 動 他 **1** 《格式》〈責任・関係など〉を否認[否定]する．**2**《法》〈権利など〉を放棄する.

dis・claim・er /dɪskléɪmə | -mə/ 名 C《格式》否認声明（書），（否認・免責のための）断わり書き《製品などの広告に多く見られる》；《法》権利放棄声明（書）.

*dis・**close** /dɪsklóʊz/ 動 (dis・clos・es /~ɪz/; dis・closed /~d/; dis・clos・ing; 名 dísclósure) **1**〈秘密など〉を明らかにする，公表する，あばく；〈情報〉を[開示]する (reveal) (*to, wh* 節): The soldiers ~**d** *that* they had killed citizens. <V+O+*that* 節> 兵士たちは市民を殺したことを打ち明けた. **2** 他《覆い》を取って》〈…〉を見せる (*to*): The curtain rose to ~ a tall bronze statue. 幕が上がると大きな銅像が現われた.

*dis・**clo・sure** /dɪsklóʊʒə | -ʒə/ 名 (~s /~z/; 動 dis-clóse) **1** U,C《秘密などを》あばくこと，公表；《情報の》公開，開示(*of*). **2** C 発覚した事柄；公開情報.

*dis・**co** /dískoʊ/ 名 (~s /~z/) **1** C ディスコ(パーティー). **2** U《主に英》ディスコ音楽の装置．— 動 自 ディスコで踊る.

dis・cog・ra・phy /dɪskɑ́grəfi | -kɔ́g-/ 名 C ディスコグラフィー《作曲〔演奏〕家別などのレコード・CD の目録》.

dis・col・or,《英》**-col・our** /dɪskʌ́lə | -lə/ 動

(-or·ing, -our·ing /-l(ə)rɪŋ/) [他] 〈…〉を変色[退色]させる, 〈…〉の色をよごす. — [自] 変色する; 色あせる.
dis·col·or·a·tion /dìskʌ̀ləréɪʃən/ [名] **1** [U] 変色, 退色, 色あせ. **2** [C] しみ.
dis·col·ored /dɪskʌ́ləd | -ləd/ [形] 色あせた.
dis·com·bob·u·late /dìskəmbɑ́bjulèɪt | -bɔ́b-/ [動] [他] [滑稽] 〈…〉をまごつかせる.
dis·com·bob·u·lat·ed /dìskəmbɑ́bjulèɪṭɪd | -bɔ́b-/ [形] [滑稽] まごついた.
dis·com·fit /dɪskʌ́mfɪt/ [動] [他] 《文》〈人〉を少しまごつかせる, 当惑させる (embarrass).
dis·com·fit·ed /dɪskʌ́mfɪṭɪd/ [形] 《文》 当惑した.
dis·com·fit·ing /dɪskʌ́mfɪṭɪŋ/ [形] 《文》 当惑させる.
dis·com·fi·ture /dɪskʌ́mfətʃùə | -tʃə/ [名] [U] 《文》 少しばかりのうろたえ, 当惑 (*of*).
***dis·com·fort** /dɪskʌ́mfət | -fət/ [名] (**-com·forts** /-fəts | -fəts/) **1** [U] **軽い痛み**, (ちょっとした)不快 (*from, in*). **2** [U] 不安, 当惑 (*at*). **3** [C] [しばしば複数形で] 不快な事, 不便, 困難 (*of*).
— [動] [他] 〈…〉を不快[不安]にさせる.
dis·com·fort·ing /dɪskʌ́mfəṭɪŋ | -fət-/ [形] 不快[不安]な.
dis·com·mode /dìskəmóud/ [動] [他] 《格式》〈人〉に不便をかける (incommode); 〈人〉を困らせる.
dis·com·pose /dìskəmpóuz/ [動] [他] 《格式》〈…〉の(心の)落ち着きを失わせる, 〈…〉を不安にする.
dis·com·po·sure /dìskəmpóuʒə | -ʒə/ [名] [U] 《格式》 心の動揺, 不安, 当惑.
dísco mùsic [名] [U] =disco [名] 2.
dis·con·cert /dìskənsə́ːt | -sə́ːt/ [動] [他] [しばしば受身で] 〈人〉をまごつかせる; 不安にする.
dis·con·cert·ed /dìskənsə́ːṭɪd | -sə́ːt-←/ [形] まごついている; 不安な (*at; to* do).
⁺**dis·con·cert·ing** /dìskənsə́ːṭɪŋ | -sə́ːt-←/ [形] まごつかせる(ような). **~·ly** [副] まごつかせるほどに.
⁺**dis·con·nect** /dìskənékt/ [動] [他] **1** 〈電気・ガス・水・電話などの〉供給[接続]を断つ; 〈器具など〉を(…から)切り離す, 〈プラグなど〉を外す (*from*). **2** [普通は受身で] 〈人・家などへの(ガスなどの)供給を止める; 〈2 人〉の間の電話を切る. **3** [普通は受身で] (心理的に)〈人〉を(…から)切り離す (*from*). — [自] **1** (…との)接続を切る; (物が)切り離される, 接続が切れる (*from*). **2** (心理的に)関係が切れる (*from*). — [名] [C,U] 《米》 **1** (2 つのものの)相違, 不一致 (*between*). **2** 心理的な隔り (*from*).
dis·con·nect·ed /dìskənéktɪd←/ [形] **1** (話・文章などが)まとまりのない, 支離滅裂の. **2** 切り離された; (接続の)切れた, 供給を止められた (*from*).
dis·con·nec·tion /dìskənékʃən/ [名] [U,C] (電気・ガス・電話などの)供給停止; 分離, 切断.
dis·con·so·late /dɪskɑ́ns(ə)lət | -kɔ́n-/ [形] [W] 《格式》 ひどく悲しい, わびしい. **~·ly** [副] ひどく悲しく.
⁺**dis·con·tent** /dìskəntént/ [名] [U] (欲求)不満, 不平 (*at, about, over, with*); [C] 不満の原因. — [動] [他] 〈人〉に不満[不平]を抱かせる.
dis·con·tent·ed /dìskənténṭɪd←/ [形] (…に)不満のある (*with*).
dis·con·tent·ment /dìskənténtmənt/ [名] [U] = discontent.
dis·con·tin·u·a·tion /dìskəntìnjuéɪʃən/, **dis·con·tin·u·ance** /dìskəntínjuəns/ [名] [U] 《格式》 中断, 中止, 断絶; 廃止.
⁺**dis·con·tin·ue** /dìskəntínjuː/ [動] 《格式》 [他] 〈…〉を中断する, (途中で)やめる (do*ing*) (☞ stop 類義語); [普通は受身で] 〈製品〉の製造を中止する.
dis·con·tin·ued /dìskəntínjuːd←/ [形] 製造中止になった.
dis·con·ti·nu·i·ty /dìskɑ̀nṭɪn(j)úːəṭi | -kɔ̀n-tɪnjúː-/ [名] (**-i·ties**) [U,C] 《格式》 不連続(性), つながりのなさ; とぎれ (*between*).
dis·con·tin·u·ous /dìskəntínjuəs←/ [形] ([反] continuous) 《格式》 不連続の, 断続的な.
⁺**dis·cord** /dískɔəd | -kɔːd/ [名] ([反] harmony) **1** [U] 《格式》 不一致 (disagreement); 不和, 仲たがい: marital ～ 夫婦間の不和. **2** [U] 〘楽〙 不協和; [C] 不協和音. [語源] ラテン語で「心に合わない, 心から離れた」の意 (☞ record² [単語の記憶]).
dis·cor·dant /dɪskɔ́əḍənt, -dnt | -kɔ́ː-/ [形] [普通は [A]] 《格式》 調和[一致]しない; (音が)不協和な, 耳ざわりな. **stríke a discórdant nóte** [動] [自] 《文》 (物事が)場違いである; (人が)異を唱える.
dis·co·theque, dis·co·thèque /dískətèk, dìskəték/ 《フランス語から》 [名] [C] 《古風》 =disco 1.
***dis·count**¹ /dískaunt/ ★ 動詞の discount² とのアクセントの違いに注意. [名] (**dis·counts** /-kaunts/; [動] díscount²) **1** [C] **割引** (*for*); 割引率[額]; 〘商〙 (手形の)割引: cash ～ 現金割引.

> [会話] "Can you give me a ～ ***on*** this PC?" "We give a 20 percent ～ on all cash purchases." 「このパソコン割引してもらえますか」「現金の買い物はすべて 2 割引します」

2 [形容詞的に] 割引の, 格安の: a ～ price 割引価格 / a ～ ticket [fare] 割引切符[運賃] / a ～ card 割引購入カード. **at a díscount** [副・形] (1) (定価・額面以下に)割引して[た]. (2) (前よりも)軽視されて[た].
⁺**dis·count**² /dɪskáunt, dískaunt/ ★ 名詞の discount¹ とのアクセントの違いに注意. [動] ([名] díscount¹) [他] **1** 〈…〉を割引する, 割り引く; 〘商〙 〈手形〉を割り引いて売る[買う]: ～ summer wear heavily 夏物衣料を大幅に割引して売る. **2** 〈人の話など〉を割引して聞く; 〈事実・説など〉を軽視する (*as*); 〈可能性など〉を無視する.
dis·count·ed /dɪskáunṭɪd, dískaun-/ [形] [A] 割引の, 格安の.
dis·coun·te·nance /dɪskáunṭənəns/ [動] [他] 《格式》 **1** 〈…〉に賛成しない. **2** 〈…〉を当惑させる.
dis·count·er /dískaunṭə | -tə/ [名] [C] **1** =discount store. **2** 安売りする人.
díscount hòuse [名] [C] **1** =discount store. **2** 《英》 〘商〙 手形割引商会.
díscount ràte [名] [the ～] 公定歩合; 割引率.
díscount stòre [shòp, wàrehouse] [名] [C] 安売店, 量販店, ディスカウントストア.
dis·cour·age** /dɪskə́ːrɪdʒ | -kʌ́r-/ [動] (**-cour·ag·es** /～ɪz/; **-cour·aged** /～d/; **-cour·ag·ing**; [名] discóuragement; [反] encourage) [他] **1** 〈人〉に思いとどまるようにいう: His parents tried to ～ him ***from join***ing*** the army. <V+O+*from*+動名> 彼の両親は彼が軍隊に入るのを思いとどまらせようとした. [用法注意!] ～ him *to* join ...の型は用いない.
2 〈人〉に**自信[勇気]を失わせる**, 〈人〉を**がっかりさせる**, 落胆させる (*from*): His teacher's words ～*d* Tom. 先生のことばにトムはがっかりした. **3** 〈計画・行為など〉を思いとどまらせる, 妨げる, 〈…〉に反対する: ～ smoking [corruption] 喫煙[汚職]を止めさせる.
dis·cour·aged /dɪskə́ːrɪdʒd | -kʌ́r-/ [形] [普通は [P]] がっかり[落胆]して: Don't get ～; try again. がっかりしないで. もう一度やってごらん.
dis·cour·age·ment /dɪskə́ːrɪdʒmənt | -kʌ́r-/ [名] ([動] discóurage; [反] encouragement) **1** [U] がっかりさせ(られ)ること, 落胆; [C] がっかりさせるもの. **2** [U] 思いとどまらせること, 妨害; [C] 抑止するもの (*to*).
dis·cour·ag·ing /dɪskə́ːrɪdʒɪŋ | -kʌ́r-/ [形] ([反] encouraging) がっかりさせる(ような), 自信を失わせる

(about). **~・ly** 副 がっかりさせるよう[ほど]に.

dis・course¹ /dískɔɚs, dɪskɔ́ɚs | dískɔːs, dɪskɔ́ːs/ 名 **1** ⓤ 《格式》 討論, (まじめな)対話, 対談: public ~ 公開討論. **2** ⓒ 《格式》講話, 講演, 論説, 論文 (on, upon). **3** ⓤ 《言》談話: ~ analysis 談話分析

dis・course² /dɪskɔ́ɚs | -kɔ́ːs/ 動 《格式》演説[論述]する, 話す, 語る (on, upon).

discourse márker 名 ⓒ 《言》談話標識《会話・文章で発話者の態度などを示す, または連結機能などをもつ語句; 例えば well, however など》.

dis・cour・te・ous /dɪskɚ́ːtɪəs | -kɔ́ː-/ 形 《格式》失礼な, ぶしつけな, 不作法な (rude). **~・ly** 副 不作法に. **~・ness** 名 ⓤ 不作法.

dis・cour・te・sy /dɪskɚ́ːtəsi | -kɔ́ː-/ 名 (**-te・sies**) 《格式》 ⓤ 無礼, ⓒ 無礼な言行.

dis・cov・er /dɪskʌ́vɚ | -və/ 動 (**-cov・ers** /-z/; **-cov・ered** /-d/; **-er・ing** /-v(ə)rɪŋ/) ⓣ *discovery* ⓗ **1** 〈…〉を**発見する**, つきとめる, 〈…〉に気がつく; 〈…〉の楽しみに気づく, 〈…〉に興味をもつ: Radium *was* ~*ed by* Madame Curie. <V+O の受身> ラジウムはキュリー夫人によって発見された / He ~*ed that* he had lost his wallet on the way. <V+O (*that* 節)> 彼は途中で財布をなくしたことに気がついた / I ~*ed* him swim*ming* in the pool. <V+O+C (現分)> 私は彼がプールで泳いでいるのを見つけた / It *was* never ~*ed who* had stolen the money. だれがその金を盗んだのかついにわからなかった. 語法 it is who 以下を受ける形式主語; 動詞型は ⓗ V+O (*wh* 節) の受身>. **2** 〖普通は受身で〗〈有望な人〉を見出す, 発掘する. 語源 ラテン語で「覆い (cover) を取り除く」の意. **be discóvered to be [have bèen] ...** 動 …だ[だった]とわかる: He *was* ~*ed to be* [*have been*] dishonest. 彼は不誠実な人間だ[だった]とわかった.

dis・cov・er・er /dɪskʌ́v(ə)rɚ | -rə/ 名 ⓒ 発見者.

dis・cov・er・y /dɪskʌ́v(ə)ri/ 名 (**-er・ies** /~z/) ⓣ *discover*) **1** ⓤⓒ **発見**; (…に)気がつくこと; (新人の)発掘: 言い換え Madame Curie's ~ *of* radium = the ~ *of* radium *by* Madame Curie キュリー夫人のラジウム発見 / She was shocked at the ~ *that* he was a murderer. <N+*that* 節> 彼女は彼が殺人犯だったと知ってショックを受けた. **2** ⓒ 発見されたもの; 発掘された新人: Electricity is one of the greatest *discoveries* of humankind. 電気は人間の発見した最も重要なものの一つです. **3** ⓤ 《法》《証拠・書類などの》開示. **màke a discóvery** 動 ⓐ 発見する (about); 〈新人を〉発掘する: *make an* important scientific ~ 科学上の重要な発見をする.

dis・cred・it /dɪskrédɪt/ 動 (**-cred・its** /-dɪts/; **-it・ed** /-tɪd/; **-it・ing** /-tɪŋ/) ⓗ **1** 〈…〉の信用を傷つける: a thoroughly ~*ed* government 全く信用を失った政府. **2** 《格式》〈信憑(しんぴょう)性〉を失わせる. 名 **1** ⓤ 〈…〉を疑う, 信用しない. ━ 名 **1** ⓤ 不名誉 ⓒ 不名誉となる[もの人]. **be a discrédit to ...** 動 ⓗ …にとって不名誉である. **bríng discrédit on [to] ...** 動 ⓗ …の名を汚(けが)す. **to ...'s discrédit** 〖文修飾〗, 形 …の評判を落とすことに[落とすような].

dis・cred・it・a・ble /dɪskrédɪtəbl⁻/ 形 《格式》信用を傷つけるような, 恥ずべき.

dis・creet /dɪskríːt/ 形 **1** 《秘密・言動などについて》思慮のある, 慎重な; 注意を引かない 反 indiscreet): You should make ~ inquiries about the matter. その件についてはそっと調べた方がよい / He followed at a ~ distance. 彼は気づかれないように少し距離をおいて後をつけた. **2** 〖ほめて〗(宝石などが小さくて)目立たない. **~・ly** 副 慎重に; そっと; 目立たないように.

*⁺**dis・crep・an・cy** /dɪskrép(ə)nsi/ 名 (**-an・cies**)

ⓒⓤ 矛盾, 食い違い (*between*, *in*).

dis・crep・ant /dɪskrép(ə)nt/ 形 矛盾した.

dis・crete /dɪskríːt/ 形 〖普通は ⓐ〗《格式》分離した, (個々)別々の, 不連続の, ⓐ 不連続の. **~・ly** 副 不連続に. **~・ness** 名 ⓤ 不連続.

dis・cre・tion /dɪskréʃən/ 名 (形 *discrétionàry*) **1** 思慮分別, 慎重さ; 慎重な物腰 (反 indiscretion): You can count on her ~. 彼女は口は堅いと思ってよい / Viewer [Parental] ~ (is) advised. ご自分[親]の判断でご覧ください 《暴力・ヌードなどを含む放送の前に流れる警告文》 / D~ is the better part of valor. (ことわざ) 慎重さは勇気の大半である(君子危うきに近よらず). **2** 行動[判断, 選択]の自由[権限]: You may use [exercise] your own ~ as to when to start. いつ始めるかについてはあなたに判断を任せます. **at ...'s discrétion = at the discretion of ...** 副 …の判断[選択]で, …の計らいで: Tipping is *at* your ~. チップをやるかどうかはご随意に. **be the sóul of discrétion** 動 ⓐ 〖滑稽〗大変慎重である. **léave ... to the discrétion of ━ = léave ... to ━'s discrétion** 動 ⓗ ━ の判断に任せる. **the áge of discrétion** 名 分別年齢 《英米法では普通 14 歳》. **with discrétion** 副 慎重に.

*⁺**dis・cre・tion・ar・y** /dɪskréʃənèri | -ʃ(ə)nəri/ 形 (名 *discrétion*) 〖普通は ⓐ〗任意の, 自由裁量の.

discrétionary íncome 名 ⓤ 《経》裁量所得 《生活必要経費を除いた自由に使える所得》.

*⁺**dis・crim・i・nate** /dɪskrímənèɪt/ 〖13〗 動 (名 *discrimination*, 形 *discrimínatòry*) ⓐ **1** 差別する (*in*): This law ~*s against* [*in favor of*] women. この法律は女性を差別[優遇]するものだ. **2** 区別する, 見分ける: ~ *between* red *and* green 赤と緑を区別する. ━ ⓗ 〈…〉を区別する, 見分ける (*from*).

dis・crim・i・nat・ing /dɪskrímənèɪtɪŋ/ 形 〖ほめて〗(客・味覚などが)違いのわかる, 目の肥えた.

*⁺**dis・crim・i・na・tion** /dɪskrìmənéɪʃən/ 名 (形 *discrimináte*) **1** ⓤ 差別; 差別待遇 (*in*): racial ~ = ~ *on* the grounds *of* race 人種差別 / ~ *against* women = sex ~ (女性に対する)性差別 / ~ *in favor of* whites 白人に対する優遇 // ☞ positive discrimination, reverse discrimination. **2** ⓤ 識別力, センス: ~ *in* one's choice of books 良書を選ぶ見識. **3** ⓤⓒ 《格式》区別, 識別 (*between*).

*⁺**dis・crim・i・na・to・ry** /dɪskrímənətɔ̀ːri | -təri, -tri/ 形 (名 *discrimináte*) 差別的な (*against*).

dis・cur・sive /dɪskɚ́ːsɪv | -kɔ́ː-/ 形 《格式》《文体などが》話が次々に移る[展開する]; 散漫な. **~・ly** 副 散漫さ. **~・ness** 名 ⓤ 散漫さ.

dis・cus /dískəs/ 名 **1** ⓒ 円盤 《競技用》. **2** [the ~] 《スポ》円盤投げ.

dis・cuss /dɪskʌ́s/ 動 (**-cuss・es** /~ɪz/; **dis・cussed** /~t/; **-cuss・ing**; 名 *discússion*) ⓗ 〈…〉について**論じ合う**, 話し合う, 〈…〉を論議する, 審議[討議]する (talk about); 〈…〉を論じる, 検討する. 用法注意 discuss は他動詞であるから前置詞をつけて discuss *about* [*on*] a problem などというのは誤り): ~ how to ~ the problem *with* him. <V+O+*with*+名・代> その問題について彼と話し合ってきた / We ~*ed* joining the union. <V+O (動名)> 我々はその組合に加入することについて話し合った / They ~*ed* how to [they should] solve the problem. <V+O (*wh* 句・節)> 彼らはその問題をいかに解決するかについて討議した.

dis・cus・sant /dɪskʌ́s(ə)nt/ 名 ⓒ 討論(参加)者.

dis・cus・sion /dɪskʌ́ʃən/ 名 (~**s** /~z/; 動 *discúss*) ⓤⓒ 討議, 論じ合うこと, 議論, 論議, 審議 (*with*); ⓒ 論述, 論考 (*of*) (☞ argument 類語解説): After much ~ they settled the question. 討議を重ねた末彼らはその問題を解

決した / The committee had [held] a lively ~ *about* [*on*] the new project. 委員会は新計画について活発な論議を行なった / *Discussions* took place *between* the two brothers. 2人の兄弟の間で話し合いが行なわれた / The issue is open to ~. その件はまだ議論[検討]の余地がある ∥☞ panel discussion.

― コロケーション ―
end [**finish, close, conclude**] a *discussion* 議論を終わらせる
enter into a *discussion* (*with* ...) (...と)討議を開始する
start [**begin**] a *discussion* 討論を始める
「**take part** [**participate**] in a *discussion* 議論に加わる

be [**còme**] **úp for discússion** [動] 圁(議題が)審議される. **bríng ... úp for discússion** [動] 〈...〉を議題にもち出す, 審議する. **ùnder discússion** [形] 審議中で.

discússion gròup 名C (定期的に会合をもつ)討議集団;《インターネット》ディスカッショングループ.

+**dis·dain** /dɪsdéɪn/ (格式) 名U 軽蔑(的な態度) (contempt); 尊大さ: be treated with ~ 軽蔑された扱いをうける / She has great ~ *for* rude people. 彼女は不作法な人たちをひどく軽蔑している. ― 他 [進行形なし] **1** 〈...〉を軽蔑する, 侮(ホボ)る. **2** 〈...するの〉を恥と考える, ばかにして...しない (*to do*).

dis·dain·ful /dɪsdéɪnf(ə)l/ 形 軽蔑的な, 見下す (*of*); 尊大な. **~·ful·ly** /-fəli/ 副 軽蔑的に; 尊大に.

***dis·ease** /dɪzíːz/ 图 発音 (**dis·eas·es** /~ɪz/) **1** C|U (動植物の)**病気** (*of*) (☞ illness 類義語): suffer from a serious ~ 重い病気にかかる / My uncle developed heart ~. 私のおじは心臓病になった.

― ミニ語彙欄 ―
コロケーション
動+disease
carry (a) *disease* 病気の保菌者である
catch [**contract**,《略式》**come down with**] a *disease* 病気にかかる
cause (a) *disease* 病気をひき起こす
conquer (a) *disease* 病気を克服する
cure (a) *disease* 病気を治療する
eradicate (a) *disease* 病気を根絶する
fight [**combat**] (a) *disease* 病気と闘う
prevent (a) *disease* 病気を予防する
spread (a) *disease* 病気を広める
disease+動
a *disease* **breaks out** 病気が発生する
a *disease* **rages** 病気が猛威を振るう
a *disease* **spreads** 病気が広まる
a *disease* **subsides** 病気が収まる
形+disease
an **acquired** *disease* 後天的な病気
an **acute** *disease* 急性の病気
a **benign** *disease* 良性の病気
a **chronic** *disease* 慢性的な病気
a **congenital** *disease* 先天的な病気
a **hereditary** *disease* 遺伝する病気
「an **incurable** [a **fatal**] *disease* 不治の病
「an **infectious** [a **contagious**] *disease* 伝染病
a **malignant** *disease* 悪性の病気
a **mild** *disease* 軽い病気
a **serious** *disease* 重い病気
a **sexually transmitted** *disease* 性感染症

― *disease* のいろいろ ―
Álzheimer's disèase アルツハイマー病 / Básedow's disèase バセドー病 / Créutzfeld(t)-Jákob disèase クロイツフェルト・ヤコブ病 / Hánsen's disèase ハンセン病 / héart disèase 心臓病 / legionnáire's disèase 在郷軍人病 / Lóu Géhrig's disèase ルー・ゲーリック病 / mádców disèase 狂牛病 / Párkinson's disèase パーキンソン病

関連表現
be diagnosed 「as diabetic [**with diabetes**] (人が)糖尿病と診断される
be in (the) hospital 入院している
be sick [《英》**ill**] **in bed** 病気で寝ている
call in sick 病気で休むと電話する
feel sick to one's stomach 《米》吐き気がする
get well = recover (*from an illness*) (人が)病気が治る
have a medical checkup [**examination**] 検診を受ける
have a temperature 熱がある
see a doctor 医者に診てもらう
What seems to be the matter [**problem, trouble**]? どうされましたか

2 C (社会の)病弊;(精神・道徳などの)不健全. 語源 ラテン語で「安楽 (ease) がないこと」の意.

+**dis·eased** /dɪzíːzd/ 形 病気になった[かかった]; (社会などが)病んでいる, (精神が)不健全な.

dis·e·con·o·my /dìsɪkánəmi | -kɔ́n-/ 图 (-o·mies) C 《経》不経済; 費用増大の要因.

dis·em·bark /dìsɪmbáək, -em- | -báːk/ 動 圁 (人が)(旅行の目的地で)下船する, (飛行機などから)降りる (*from*) (反 embark). ― 他 〈人〉を(船から)上陸させる, 〈荷物〉を陸揚げする (*from*).

dis·em·bar·ka·tion /dìsembaəkéɪʃən | -baː-/ 語源 名U (格式) 下船, 上陸, 降機; 陸揚げ.

dis·em·bod·ied /dìsɪmbádɪd, -em- | -bɔ́d-/ 形 [普通は 限] **1** (声が)姿の見えない人からの. **2** (霊魂などが)肉体から遊離した: a ~ spirit 亡霊.

dis·em·bow·el /dìsɪmbáʊəl, -em-/ 動 (-bow·els; -bow·eled,《英》-bow·elled; -el·ing,《英》-el·ling) 他 **1** 〈人・動物〉の内臓を抜く, えぐり出す. **2**《文》〈...〉から中のものを(壊して)取り出す.

dis·em·bow·el·ment /dìsɪmbáʊəlmənt, -em-/ 名U 腸(ὡ)抜き.

dis·em·pow·er /dìsɪmpáʊə, -em- | -páʊə/ 動 他 [しばしば受身で] 〈人〉の力を取り去る[弱める].

+**dis·en·chant·ed** /dìsɪntʃǽntɪd, -en- | -tʃáːnt-/ 形 幻滅した (*with*).

dis·en·chant·ment /dìsɪntʃǽntmənt, -en- | -tʃáːnt-/ 名U 幻滅 (*with*).

dis·en·cum·ber /dìsɪnkʌ́mbə, -en- | -bə/ 動 (-ber·ing /-b(ə)rɪŋ/) 他 (格式) 〈人〉を解放する (*of*).

dis·en·fran·chise /dìsɪnfrǽntʃaɪz, -en-/ 動 他 (反 enfranchise) (主に米) 〈個人〉から公民権を奪う.

dis·en·fran·chised /dìsɪnfrǽntʃaɪzd, -en-/ 形 公民権を剥奪された.

dis·en·fran·chise·ment /dìsɪnfrǽntʃaɪzmənt, -en- | -tʃɪz-/ 名U (主に米) 公民権剥奪(ミシ).

dis·en·gage /dìsɪngéɪdʒ, -en-/ 動 他 (格式) **1** (とらえているものから)〈...〉を離す, ほどく, はずす (*from*). **2** (停戦して)〈軍隊〉を撤退させる (*from*). ― 圁 **1** (...から)離れる, はずれる (*from*). **2** (軍隊が)(停戦して)撤退する (*from*). **disengáge onesélf** [動] 圁 (格式) (人・束縛などから)離れる (*from*).

dis·en·gaged /dìsɪngéɪdʒd, -en-/ 形 (格式) (感情的に)とらわれていない, 自由な (*from*).

dis·en·gage·ment /dìsɪngéɪdʒmənt, -en-/ 名

482 disentangle

dis・en・tan・gle /dìsɪntǽŋgl, -en-/ 他 **1** 〈毛糸・ひもなど〉のもつれをほどく. **2** 〈もつれ・ごたごたから〉…を解き放す; 〈ごちゃごちゃになったもの〉を峻別(ﾚ)[整理]する (from). **disentángle onesèlf** 動 自 (混乱から)抜け出す (from).

dis・en・tan・gle・ment /dìsɪntǽŋglmənt, -en-/ 名 U もつれをほどくこと; 解放; 分離.

dis・en・thrall, (英) **-thral** /dìsɪnθrɔ́ːl, -en-/ 他 (文) 〈人〉を解放する (from).

dis・en・ti・tle /dìsɪntáɪtl, -en-/ 動 他 〈人〉から権利[資格]を剥奪する (to).

dis・e・qui・lib・ri・um /dìsìːkwəlíbriəm/ 名 U (格式) 不均衡, 不安定.

dis・es・tab・lish /dìsɪstǽblɪʃ, -es-/ 動 他 (格式) 〈教会・宗教〉を非国教化する.

dis・es・tab・lish・ment /dìsɪstǽblɪʃmənt, -es-/ 名 U (格式) (国教の)廃止.

dis・fa・vor, (英) **-fa・vour** /dìsféɪvɚ ｜ -və/ 名 U (格式) 嫌悪, 不賛成, 不人気:「look on [regard, view] … with ～ …を嫌う. 「be in [fáll into] disfávor 動 (格式) 嫌われている[嫌われる].

dis・fig・ure /dɪsfígjɚ ｜ -gə/ 動 (**-fig・ur・ing** /-gj(ə)rɪŋ, -g(ə)r-/) 〔しばしば受身で〕〈顔など〉を醜くする; 〈…の形[美観]〉を損(ﾞ)ねる.

dis・fig・ured /dɪsfígjɚd ｜ -gəd/ 形 醜くなった.

dis・fig・ure・ment /dɪsfígjɚmənt ｜ -gə-/ 名 U,C 醜くする[される]こと; 傷.

dis・for・est /dìsfɔ́ːrɪst ｜ -fɔ́r-/ 動 (英) ＝deforest.

dis・for・es・ta・tion /dìsfɔ̀ːrɪstéɪʃən ｜ -fɔ̀r-/ 名 U (英) ＝deforestation.

dis・fran・chise /dìsfrǽntʃaɪz/ 動 他 ＝disenfranchise.

dis・fran・chise・ment /dìsfrǽntʃaɪzmənt, -tʃɪz- ｜ -tʃɪz-/ 名 U ＝disenfranchisement.

dis・gorge /dɪsgɔ́ədʒ ｜ -gɔ́ːdʒ/ 動 (格式) 他 **1** Ⓦ 〈水・煙など〉を(大量に)吐き出す, 放出する (from, into); 〈川など〉が〈水〉を(…に)注ぐ (into). **2** Ⓦ 〈特に乗り物などが〉〈人〉をどっと(吐き)出す (from, into, onto). **3** 〈盗品など〉をしぶしぶ返す. **4** 〈食べた物〉を吐き出す. ― 自 〈川など〉が(…に)注ぐ (into).

+**dis・grace** /dɪsgréɪs/ 名 **1** U 不名誉, 不面目, 信用失墜, 恥 (shame) (of): Your behavior brought ～ on [to] our family. 君のふるまいはわが家の名を汚(ﾞ)した. **2** [a ～] Ⓢ 恥[不名誉]となる人[もの, こと], 恥さらし (to); ひどいこと. **be in disgráce** 動 自 面目を失っている; 不興をかっている (with). ― 動 他 **1** 〈…〉に恥をかかせる, 〈…〉の名を汚す. **2** 〔普通は受身で〕(不名誉な事で)〈人〉を失脚させる, (社会から)葬る.
disgráce onesèlf 動 自 恥ずべきことをする.

+**dis・graced** /dɪsgréɪst/ 形 面目を失った, 失脚した.

dis・grace・ful /dɪsgréɪsf(ə)l/ 形 不面目な; ひどい. **-ful・ly** /-fəli/ 副 不名誉に; ひどく.

+**dis・grun・tled** /dɪsgrʌ́ntld/ 形 不満な; 不機嫌な.

*****dis・guise** /dɪsgáɪz/ 動 (**dis・guis・es** /-ɪz/; **dis・guised** /-d/; **dis・guis・ing**) 他 **1** 〔しばしば受身で〕〈…〉を変装させる, 〈…〉の姿を変える (with); 〈声・筆跡など〉を他人のものに見せかける, 偽る: She was ～d as a nurse. ＜V+O+C (as+名)の受身＞ 彼女は看護師になりすましていた.
2 〈本心・感情など〉を隠す (hide), 〈事実など〉を偽る: one's sorrow sadness 悲しみを隠す / thinly ～d hostility 見え見えの敵意 / There is no disguising the fact that his illness is serious. 彼の病気の重いことは隠しようがない (☞ There is no doing (there¹ 成句)).
disguíse onesèlf 動 自 (…に)変装する: He ～d himself as a salesman. 彼はセールスマンになりすました.
― 名 (**dis・guis・es** /~ɪz/) U,C **1** 変装, 仮装; 変装に用いるもの[衣装]: a master of ～ 変装の名人 / 「put on [don] a ～ 変装する. **2** 見せかけ, 偽り, 口実: She made no ～ of her real intentions. 彼女は本当のねらいを隠しはしなかった. **in disguíse** [副・形] 変装して[た]; 形を変えて, 見てくれだけよくした.

*****dis・gust** /dɪsgʌ́st/ 名 U (むかむかするほどの)嫌悪, いやけ (with, for); 吐き気: I felt ～ at his behavior. 彼のふるまいを見たらむかむかした / The sight filled her with ～. その光景に彼女は嫌悪を覚えた / I can never smell cheese without ～. チーズをかぐと決まって胸がむかむかする. **in disgúst** [副] うんざりして. **(múch) to …'s disgúst** [副] 文修飾 …がうんざりしたことには.

― 動 (**dis・gusts** /-gʌ́sts/; **-gust・ed** /-ɪd/; **-gust・ing**) 他 〔進行形なし〕〈…〉をむかむかさせる; うんざりさせる: Your manners would ～ anyone. 君のお行儀では誰だって気分を悪くするだろう.

+**dis・gust・ed** /dɪsgʌ́stɪd/ 形 いやけがさした, 愛想を尽かした, うんざりした (to do, that). **be disgústed at [by, with] …** 動 …でむかむかする, …に愛想を尽かす[うんざりする]. **～・ly** 副 うんざりして.

*****dis・gust・ing** /dɪsgʌ́stɪŋ/ 形 むかつく, 愛想が尽きる, とてもひどい. **～・ly** 副 **1** むかむかさせるよう[ほど]に; とてもひどく. **2** 〔時に滑稽〕 きわめて, すごく.

*****dish** /díʃ/ 名 (**～・es** /~ɪz/) **1** C 皿, 深皿 (料理を盛り食卓へ運ぶ深い皿; ただし (米) では取り皿 (plate), 鉢 (bowl) をも指す. ☞ 類義語): a deep vegetable ～ 野菜を盛る深皿.

dishes (総称) (☞ 類義語)	dish (料理の盛り皿)	皿
	plate (各自の取り皿)	
	saucer (受け皿)	

2 [the ～es] 皿類, 食器類: Let me help you with the ～es. 皿洗いを手伝おう. 参考 食事に使った深皿 (dish), 取り皿 (plate), 鉢 (bowl), 受け皿と茶わん (cup and saucer), ナイフやフォークまで含む.

3 C 料理, 食物: Chinese ～es 中国料理 / This is my favorite ～. これは私の好きな料理です. **4** C 一皿[鉢]分の(料理) (dishful): She ate a whole ～ of salad. 彼女はサラダ一皿を残さず平らげた. **5** C 皿状の物[電波望遠鏡の反射板など], (衛星放送用の)アンテナ (satellite dish). **6** C (古風, 略式) セクシーな人. **dò [wásh] the díshes** 動 自 食器類を洗う (☞ do² 6 コーパス・キーワード).

― 動 他 (古風, 主に英) 〈望みなど〉をくじく. **dísh it óut** 動 他 (略式) [けなして] 他人を批判する: He can ～ it out but he can't take it. 彼は人の批判されるのはいやがる. **dísh óut** 動 他 (1) 〈食物〉を〈皿に〉取り分ける. (2) (略式) 〈…〉を(だれかれとなく)配る, 与える. 〈批判・罰など〉を加える. **dísh úp** 動 他 (1) 〈食べ物〉を皿に盛る. (2) [けなして] 〈議論など〉を持ち出す. ― 自 皿に盛る.

【類義語】**dish** 料理を入れて運んでくる大きい皿. 《米》では **platter** ともいう. **plate** dish から一人一人に取り分ける浅く平らな皿. 食卓に並べられる多くの皿は plate である (☞ plate 挿絵). サラダを入れるような深い入れ物は **bowl** と呼ばれる. **saucer** は cup の受け皿をいう (☞ cup 挿絵). なお皿類を総

dis·ha·bille /dìsəbíːl/ 《フランス語から》 名 U 《米》(特に女性の)着衣が不十分な状態: in (a state of) ~ 肌をあらわにして.

dis·har·mo·ni·ous /dìshɑəmóuniəs | -hɑː-/ 形《格式》不調和の, 不一致の.

dis·har·mo·ny /dìsháəməni | -hɑː-/ 名 U《格式》不調和, 不一致.

dish·cloth /—/ 名 (-cloths /-klɔ̀ːðz, -klɔ̀ːθs | -klɔ̀θs/) C 皿洗い布; (食器用)ふきん (☞ kitchen 挿絵).

dish dràin 名 =dish rack.

dis·heart·en /dìsháətn | -hɑ́ːtn/ 動 他 W 〈…を〉がっかりさせる, 落胆させる, くじけさす.

dis·heart·ened /dìsháətnd | -hɑ́ːtnd/ 形 W がっかりした, 落胆した.

dis·heart·en·ing /dìsháətnɪŋ | -hɑ́ːt-/ 形 W がっかりさせるような. **~·ly** 副 不当に, 不誠実に.

di·shev·eled, 《英》**di·shev·elled** /dɪʃév(ə)ld/ 形 《髪・服などが》乱れた, ぼさぼさの; 《人が》髪(服装)を乱した, だらしのない.

dish·ful /díʃfʊl/ 名 C =dish 4.

†**dis·hon·est** /dɪsɑ́nɪst, dìs- | -ɔ́n-/ 形 (名 dìshónesty) **1** 不正直な, 不誠実な. **2** A 《行為が》ずるい; 《金などが》不正に得た. **~·ly** 副 不正直に, 不誠実に; 不正に.

†**dis·hon·es·ty** /dɪsɑ́nəsti, dìs- | -ɔ́n-/ 名 (-es·ties) 名 dìshónest) U 不正直, 不誠実; U 不正行為.

dis·hon·or, 《英》**-hon·our** /dɪsɑ́nə, dìs- | -ɔ́nə/ 《格式》名 **1** U 不名誉, 恥 (shame): live in ~ 不名誉な生活を送る / bring ~ on one's family 家名に泥をぬる. **2** [a ~] 恥となるもの[こと]. — 動 (**-or·ing, -our·ing** /-n(ə)rɪŋ/) 他 **1** 〈…の〉名誉を汚(け)がす, 〈…に〉恥辱を与える. **2** (銀行が)〈手形の〉支払いを拒む: 〈約束などを〉破る: a ~ed bill 不渡り手形.

dis·hon·or·a·ble, 《英》**-hon·our·a·ble** /dɪsɑ́n(ə)rəbl, dìs- | -ɔ́n-/ 形《格式》不名誉な; 卑劣な.

dishónorable díscharge 名 C,U 〔軍〕懲戒除隊.

dis·hon·or·a·bly /dɪsɑ́n(ə)rəbli | -ɔ́n-/ 副《格式》不名誉に; 卑劣に.

dish·pan /—/ 名 C 《米》皿洗い容器.

díshpan hánds 名《複》《略式》荒れた手, 手荒れ.

dísh ràck 名 C 《米》(皿を乾かす)水切り器.

dísh ràg 名 C 《米》=dishcloth.

dísh tòwel 名 C 《米》(食器用)ふきん 《英》tea towel).

dish·ware /díʃwèə | -wèə/ 名 U 食器類.

dísh·wàsher 名 C (自動)食器洗い機 (☞ kitchen 挿絵); 皿洗い《人》.

díshwàshing líquid [detérgent] 名 U 《米》食器用洗剤(液) (《英》washing-up liquid).

dísh·wàter 名 U 皿を洗った汚い水: taste like ~ 《略式》(飲み物が)薄くてまずい (☞ dull 成句).

díshwater blónd 形 《古風, 米》《髪が》淡い茶色の.

dish·y /díʃi/ 形 (**dish·i·er**, **-i·est**) **1** 《米》(本などが)ゴシップの多い. **2** 《古風, 主に英》セクシーな.

dis·il·lu·sion /dìsɪlúːʒən/ 動 他〈人に〉幻滅を感じさせる; 〈人の〉迷いをさまさせる. — 名 U =disillusionment.

dis·il·lu·sioned /dìsɪlúːʒənd/ 形 (…に)幻滅を感じる (by): be ~ with politics 政治に幻滅を感じる.

dis·il·lu·sion·ment /dìsɪlúːʒənmənt/ 名 U 幻滅(感), 覚醒 (at, with).

dis·in·cen·tive /dìsɪnséntɪv/ 名 C 行動[意欲]を妨げるもの, 抑止要因 (to).

dis·in·cli·na·tion /dìsɪnklənéɪʃən/ 名 [単数形で] 《格式》気の進まないこと, いやけ (to do).

disjunct 483

dis·in·clined /dìsɪnkláɪnd/ 形 P 《格式》(…に)気が進まない (for), (…する)気にならない.

dis·in·fect /dìsɪnfékt/ 動 他 **1** 〈傷・器具・場所などを〉殺菌)消毒する. **2** 〔電算〕〈…から〉ウイルスを除去する.

dis·in·fec·tant /dìsɪnféktənt/ 名 U,C 殺菌[消毒]剤. — 形 殺菌作用のある, 消毒用の.

dis·in·fest /dìsɪnfést/ 動 他 《格式》〈家などから〉害虫[ねずみ]を駆除する (of).

dis·in·fla·tion·ar·y /dìsɪnfléɪʃənèri | -ʃ(ə)nəri/ 形 =deflationary.

dis·in·for·ma·tion /dìsɪnfəméɪʃən | -fə-/ 名 U (敵・国民などを惑わすために流す)偽情報, デマ.

dis·in·gen·u·ous /dìsɪndʒénjuəs/ 形《格式》全てを語っていない, 率直でない. **~·ly** 副 不正直に.

dis·in·her·it /dìsɪnhérɪt/ 動 他 **1** 〈…から〉相続権を奪う; 勘当する. **2** 〈…から〉文化[国民性など]を奪う.

dis·in·her·i·tance /dìsɪnhérətəns, -tns/ 名 U 相続権剥奪(はくだつ); 勘当.

*__dis·in·te·grate__ /dìsíntəgrèɪt/ 動 (**-te·grates** /-grèɪts/; **-te·grat·ed** /-tɪd/; **-te·grat·ing** /-tɪŋ/) 自 《機体などが》ばらばらになる; 《社会・家庭などが》崩壊する (into). — 他〈…を〉分解[崩壊]させる.

dis·in·te·gra·tion /dìsɪntəgréɪʃən/ 名 U 崩壊, 分解, 分裂 (of).

dis·in·ter /dìsɪntə́ː | -tə́ː/ 動 (**-in·ters**; **-in·terred**; **-ter·ring** /-tə́ːrɪŋ | -tə́ːr-/) 他 [普通は受身で]《格式》**1** 〈墓から〉〈死体を〉掘り出す. **2** [しばしば滑稽]〈事実などを〉発掘する, 〈昔のものを〉再び持ち出す.

dis·in·ter·est /dìsíntrəst, -tərest/ 名 U **1** 無関心 (in). **2** 利害関係のないこと, 公平無私.

dis·in·ter·est·ed /dìsíntrəstɪd, -tərèst-/ 形 **1** 私心のない, 公平な, 第三者による (fair). **2**《略式》無関心な, 興味がない (uninterested) (in). 語法 この意味では用いるのは誤りとされることがある. **~·ly** 副 私心なく, 公平に; 無関心に. **~·ness** 名 U 私心のないこと; 無関心.

dis·in·ter·ment /dìsɪntə́ːmənt | -tə́ː-/ 名 U《格式》(死体の)掘り出し; (事実などの)発掘.

dis·in·vest·ment /dìsɪnvés(t)mənt/ 名 U《英》〔経〕負の投資《投資引き上げなど》(《米》divestment).

dis·joint /dìsdʒɔ́ɪnt/ 動 他 **1** 〈…を〉ばらばらにする; 支離滅裂にする. **2** 《古風》〈…の〉関節をはずす. — 形 〔数〕(2つの集合が)交わりを持たない.

dis·joint·ed /dìsdʒɔ́ɪntɪd/ 形 つじつまが合わない, 一貫性を欠く. **~·ly** 副 まとまりなく. **~·ness** 名 U 支離滅裂.

dis·junct /dìsdʒʌ́(ŋ)kt, dísdʒʌŋ(k)t/ 名 C 〔文法〕文修飾語 《文全体を修飾してその形式や内容に対する話し手の判断を示す副詞語句》.

文法 文修飾副詞

文修飾副詞 (☞ sentence-modifying adverb) の一種で文全体についての話者の意見, 状況観察, 真偽・価値判断などを述べる副詞語句. frankly (speaking), generally (speaking), apparently, supposedly, fortunately, presumably, to one's regret などがそのいくつかの例である. 文修飾語は文の要素からは独立しているので, しばしば文頭に置かれ, 書くときはコンマで区切られることが多いが, 常にそうであるとは限らない (☞ 語法): *Happily*, he did not die. 幸いにも彼は死ななかった [He did not die *happily*. は「彼は幸福な死に方をしなかった」の意味となる] / *Certainly*, he will come. 確かに彼は来るだろう / *Unfortunately*, it is true. 残念ながらそれは事実だ / They were *evidently* satisfied. 彼らは確かに満足した.

語法 なお文修飾語が文尾にくる場合もあるが, その場合

484 disjunction

には話しことばではその前が下降調（☞つづり字と発音解説 93）で終わり，少し休止 (pause) がある．書く場合にはコンマで区切ることが多い：They were satisfied, evidently.

頻度を示す副詞などは文修飾語と語修飾語 (word-modifying adverb) との区別がはっきりしないことがある．例えば He *sometimes* goes to church. の sometimes は文全体を修飾しているとも，goes という動詞を修飾しているともいえる．

参考 この辞書では文修飾語として機能する副詞(語句)に 文修飾語 と表示している．

dis·junc·tion /dɪsdʒʌ́ŋ(k)ʃən/ 名 C,U **1** 〖格式〗(2つのものの間の)不一致，落差 (between). **2** 〖論〗選言(句) (or を含むもの).

dis·junc·tive /dɪsdʒʌ́ŋ(k)tɪv/ 形 〖文法〗(接続詞が)離接的な (or, either ... or など); 〖論〗選言的な．

* **disk, disc** /dísk/ (題音 desk) 名 (~s /~s/) (語法) 1, 3 は 《米》 disk, 《英》 disc のつづりが普通．2 では 《米》 《英》 ともに disk. C **1** (平らな)円盤; 円盤状のもの(硬貨・メダルなど); 丸い平盤の表面(太陽・月などの表面)：They attached a small ~ to the swan to keep track of it. 追跡調査にその白鳥に小さな円盤をつけた． **2** 〖電算〗ディスク(プラスチックの円盤状の記憶装置); フロッピーディスク (floppy disk). **3** 〖解〗円盤状組織; 椎間板: a slipped ~ 椎間板ヘルニア． **4** =disc 1. **slíp a dísk** [動] 自 椎間板ヘルニアになる．

dísk brákes 名 [複] =disc brakes.

dísk drìve 名 C ディスクドライブ(ディスクを回転させてデータを記録したり読み出したりする装置).

dis·kette /dɪskét/ 名 C =floppy disk.

dísk hàrrow 名 C 円板すき (rotary plow (tiller)) 《トラクター用農具》.

dísk jòckey 名 C =disc jockey.

* **dis·like** /dɪsláɪk, dɪs-/ 動 (dis·likes /~s/; dis·liked /~t/; dis·lik·ing) [進行形なし] 他 〈…を〉嫌う，〈…するの〉をいやがる： 言い換え A lot of children ~ spinach. (=A lot of children have a ~ of [for] spinach.) ほうれんそうを嫌いな子が多い / He ~s drink*ing* with his colleagues. <V+O (動名)> 彼は同僚と酒を飲むのが嫌いだ． ── 名 C,U 嫌いなこと[もの]，嫌悪(感) (*of, for*). **hàve a dìslíke of [for] ...** [動] 他 〈…〉が嫌いだ． **líkes and díslikes** 名 好きなこと[もの]と嫌いなこと[もの]，好き嫌い (☞ dis- 語法). **tàke a dislíke to ...** [動] 他 〈…〉が嫌いになる．

+ **dis·lo·cate** /dísloʊkèɪt, dɪslóʊkèɪt/ 動 他 **1** 〈…を〉脱臼(だっきゅう)させる: a ~*d* knee 脱臼した膝． **2** 〈計画・ダイヤなど〉を狂わせる．

+ **dis·lo·ca·tion** /dìsloʊkéɪʃən/ 名 U,C 脱臼(だっきゅう); 〈ダイヤ・生活などの〉混乱，狂い (*of, to*).

dis·lodge /dɪslɑ́dʒ | -lɔ́dʒ/ 動 他 〈…を〉(取り)はずす (remove); 〈場所・地位などから〉追い払う (*from*).

dis·lodg·ment 《主に英》**-lodge·ment** /dɪslɑ́dʒmənt | -lɔ́dʒ-/ 名 U 取りはずし; 追い出し．

dis·loy·al /dìslɔ́ɪəl⁺/ 形 不忠実な，不実な (*to*). **-al·ly** /-əli/ 副 不忠実に(も)．

dis·loy·al·ty /dìslɔ́ɪəlti/ 名 (**-al·ties**) U 不(忠)実 (*to*); C 不実な行為．

* **dis·mal** /dízməl/ 形 **1** (場所・状況などが)陰気な，暗い; 気味の悪い，荒涼とした: ~ weather いやな天気 / in a ~ voice 気味の悪い声． **2** (できばえなどが)惨めな，ひどい: a ~ failure さんざんたる失敗． 語源 古(期)フランス語で「悪い (mal) 日 (dis)」の意． **-mal·ly** /-məli/ 副 陰気に，不気味に; みじめに．

* **dis·man·tle** /dɪsmǽnṭl, dìs-/ 動 (**-man·tles** /~z/; **-man·tled** /~d/; **-man·tling**) 他 **1** 〈機械など〉を分解する; 〈…から〉装備を取り去る: The untrained should never ~ any electrical appliances. 素人は電化製品を分解してはいけない． **2** 〈制度など〉を徐々に廃止する． **3** 〈試合で〉〈相手〉を圧倒する．
── 自 (機械が)分解できる．

dis·man·tle·ment /dɪsmǽnṭlmənt, dìs-/ 名 U 分解，解体; 段階的廃止．

* **dis·may** /dɪsméɪ, dɪz-/ 名 U うろたえ，ろうばい; おびえ; (ひどい)落胆，失望: The news filled him with ~. その知らせで彼はうろたえた / They watched the scene in [with] ~. 彼らはおびえてその光景を見つめた / She showed no ~ at the news. 彼女はその知らせを聞いても少しもうろたえなかった． **to ...'s dismáy**=**to the dis·máy of ...** [副] 文修飾語 …がうろたえたことには．
── 動 他 〈…を〉うろたえさせる; 落胆させる．

dis·mayed /dɪsméɪd, dɪz-/ 形 うろたえた; おびえた，がっかりした: She was ~*ed* by [at, to hear] the news. その知らせを聞いて彼女はうろたえた．

* **dis·mem·ber** /dɪsmémbə | -bə-/ 動 (**-ber·ing** /-b(ə)rɪŋ/) 他 〈…の〉手足を切断する; 〈死体〉をばらばらにする; 〈国土・組織など〉を分割[解体]する．

dis·mem·ber·ment /dɪsmémbəmənt | -bə-/ 名 U 手足の切断; (国土・組織などの)分割．

* **dis·miss** /dɪsmís/ 中1 動 (**-miss·es** /~ɪz/; **dismissed** /~t/; **-miss·ing**; 名 **dismíssal**) 他

元は追い払うの意から
(考えを払い除ける)→「捨てる」 **1**
(職場から追い出す)→「解雇する」 **2**
(集団を追い払う)→「解散させる」 **3**

1 〈考えや思いなど〉を捨てる，退ける; 〈人・問題など〉を忘れ去る，無視する: He ~*ed* the idea *as* foolish [unrealistic]. <V+O+C (*as*+形)> 彼はその考えをばかばかしい[非現実的だ]と一蹴(いっしゅう)した．
2 〈…を〉解雇する，免職にする: The minister *was* ~*ed from* his position shortly after the scandal. <V+O+*from*+名/的受身> その汚職の後すぐにその大臣は解任された / The servant *was* ~*ed for be*ing dishonest [dishonesty]. <V+O+*for*+動名[名]の受身> 使用人は不正を働いたので解雇された． **3** 〈集会・クラスなど〉を解散させる，立ち去らせる (send away); 〈形式〉(権力者が)〈人〉を退出させる，さがらせる: Our teacher ~*ed* us early today. 先生は今日は早く授業をやめた / D–*ed*! 却下[棄却]せよ． **4** 〖法〗〈訴訟・号令〉． **5** 〖クリケ〗〈打者・チーム〉をアウトにする． **dismíss ... òut of hánd** [動] 他 〈…を〉一顧だにしない．

* **dis·miss·al** /dɪsmísəl/ 名 (~s /~z/; 名 dismiss) **1** U,C 解雇，免職，放校: unfair ~ 不当解雇． **2** U (考えなどの)放棄，無視 (*of*), U,C 〖法〗却下． **3** U,C 解散．

+ **dis·mis·sive** /dɪsmísɪv/ 形 (態度などが)一蹴(いっしゅう)するような，そっけない; (人・考えなどに対して)冷淡な (*of*). **~·ly** 副 そっけなく; 冷淡に．

dis·mount /dɪsmáʊnt, dìs-/ 動 《格式》自 (馬・自転車などから)降りる (get off) (*from*). ── 他 〈大砲など〉を銃座[台]から降ろす． ── /dísmaʊnt/ 名 C 《格式》降りること．

Dis·ney /dízni/ 名 個 Walt ~ ディズニー (1901-66) 《米国の動物・漫画映画製作者》.

Dis·ney·land /dízniǽnd/ 名 個 ディズニーランド (Disney の作った Los Angeles 近郊の遊園地).

Dísney Wórld 名 個 ディズニーワールド《米国 Florida 州にある遊園地》.

+ **dis·o·be·di·ence** /dìsoʊbíːdiəns, əbíː-/ 名 U 不従順，反抗; (命令・法律・規則への)違反 (*to*).

dis·o·be·di·ent /dìsoʊbíːdiənt, əbíː-⁺/ 形 不従順な，反抗的な，言うことを聞かない; 違反する (*to*). **~·ly** 副 反抗的に; 違反して．

dis·o·bey /dìsoʊbéɪ, -əbéɪ/ 動 他 〈…の〉言うことを

聞かない; 〈法律・命令などに〉背(そむ)く, 従わない. ― 圓 従わない.

dis・o・blige /dìsəbláɪdʒ/ 動 他 《格式, 主に英》〈人〉の希望に背(そむ)く; 〈人〉に迷惑をかける.

dis・o・blig・ing /dìsəbláɪdʒɪŋ/ 形 《格式, 主に英》不親切な, 非協力的な.

*__dis・or・der__ /dɪsɔ́ːrdə/ -ɔ́ːdə/ 名 ~s /-z/; 形 dìsórderly/ **1** ⓤ 混乱, 乱雑 (confusion): The room was *in* complete ~. 部屋はめちゃくちゃに散らかっていた. **2** ⓒⓤ 〈医〉〈心身の〉不調, 軽い病気, 障害: an eating ~ 摂食異常〈拒食症・過食症〉など. **3** ⓤ 社会的な騒動; 暴動: civil [public] ~ 無政府状態.

dis・or・dered /dɪsɔ́ːrdəd/ -ɔ́ːdəd/ 形 《普通 Ⓐ》混乱した, 雑乱な; 〈心身の〉調子の狂った.

dis・or・der・li・ness /dɪsɔ́ːrdərlinəs/ -ɔ́ːdə-/ 名 ⓤ 無秩序, 混乱状態; 騒乱状態.

dis・or・der・ly /dɪsɔ́ːrdərli/ -ɔ́ːdə-/ 形 (cf. disórder) **1** 無秩序の, 混乱した, 乱雑な. **2** 〈人や行動が〉無法な, 乱暴な; 〈場所・催しなどが〉騒々しい: drunk and ~ 酔っぱらって暴れた.

disórderly cónduct 名 ⓤ 〈法〉治安[風紀]紊乱(びんらん)行為.

disórderly hóuse 名 ⓒ 〈英法〉売春宿.

dis・or・ga・ni・za・tion /dìsɔːrɡənɪzéɪʃən/ -ɔ̀ː-ɡə-naɪz-/ 名 ⓤ 組織の破壊, 解体, 混乱.

+**dis・or・ga・nized** /dìsɔːrɡənáɪzd/ -ɔ́ː-ˈ-/ 形 混乱した, 秩序の乱れた; 〈人が〉計画性のない.

*__dis・o・ri・ent__ /dɪsɔ́ːrièent/ 《主に米》, **-en・tate** /-riəntèɪt/ 《英》動 他 〈…の〉方向感覚を狂わせる; 混乱させる, まごつかせる.

dis・o・ri・en・tat・ed /dɪsɔ́ːrièntèɪtɪd/ 形 《英》 = disoriented.

dis・o・ri・en・ta・tion /dìsɔːrièntéɪʃən/ 名 ⓤ 方向感覚の喪失(そうしつ); 混乱.

dis・o・ri・ent・ed /dɪsɔ́ːrièntɪd/ 形 《主に米》混乱して, まごついて, 方向がわからなくなって.

dis・o・ri・ent・ing /dìsɔ́:rièntɪŋ/ 形 《主に米》方向感覚を狂わせる; 混乱させる, まごつかせる.

dis・own /dɪsóʊn/ 動 他 《進行形なし》〈…〉と縁を切る; 〈…〉との関係を否認する.

dis・par・age /dɪspǽrɪdʒ/ 動 他 《格式》 〈遠回しに〉〈…〉をけなす, さげすむ; 〈…〉の評判を悪くする (*as*).

dis・par・age・ment /dɪspǽrɪdʒmənt/ 名 ⓤⓒ 《格式》けなし, 〈言おろし〉, 見くびり.

dis・par・ag・ing /dɪspǽrɪdʒɪŋ/ 形 〈批評・人などが〉悪口をいう, けなす (*about, of*). **~・ly** 副 けなして.

+__dis・pa・rate__ /dɪspərət, dɪspǽr-/ dɪspər-/ 形 《普通 Ⓐ》《格式》〈本質的に〉, 〈全く〉異種のもので構成された. **~・ly** 副 本質的に〉異なって.

*__dis・par・i・ty__ /dɪspǽrəṭi/ 名 (**-ties**) ⓤⓒ 《格式》相違, 〈特に〉大きな(不つり合い (*in*): the ~ *between* imports and exports 輸入と輸出の不均衡.

*__dis・pas・sion・ate__ /dɪspǽʃ(ə)nət/ 形 《ほめて》感情に動かされない; 冷静な, 公平な. **~・ly** 副 冷静に.

*__dis・patch__ /dɪspǽtʃ/ 動 (**-patch・es** /~ɪz/; **dis・patched** /~t/; **-patch・ing**) 他 《格式》 **1** 〈人・物〉を急送する, 派遣する; 〈手紙など〉を発送する: The letter *was ~ed to* the committee. <V+O+*to*+名・代の受身> その手紙は委員会に急送された. **2** 《滑稽》〈食物〉をかきこむ; 〈試合の相手〉に完勝する; 〈仕事など〉をさっさと片づける. **3** 〈人・動物〉を殺す.

― 名 **1** ⓒ 至急便[報]; 〈急送の〉公文書; 〈主に新聞で〉特派員報告: send a ~ *from* Paris *to* Moscow パリからモスクワに特報を送る. **2** ⓤ 《格式》急送, 急派, 特派 (*of*). **3** [the D- として新聞名で] …新聞. **be méntioned in dispátches** [動] 圓 《英》 《軍人が》殊勲者報告書に名前があがる (*for*).

with dispátch [副] 《格式》迅速に, てきぱきと.

dispátch bòx 名 ⓒ **1** [普通は the D- B- として]

displacement 485

（英国会の〉ディスパッチボックス〈議場中央の机に置かれた宣誓用書類などを入れる箱; 主だった議員がこのそばに立って発言する〉. **2** 《英》 = dispatch case.

dispátch càse 名 ⓒ 《古風, 米》 （公文書の〉送達箱.

dis・patch・er /dɪspǽtʃə/ -tʃə/ 名 ⓒ **1** 《米》 〈列車・バス・パトカーなどの〉配車係, 操車係. **2** 〈使いなどを〉急派する人; 〈手紙などの〉発送者.

dispátch rìder 名 ⓒ 《英》バイク便ライダー.

+**dis・pel** /dɪspél/ 動 (**dis・pels**; **dis・pelled**; **-pel・ling**) 他 〈心配・疑いなど〉を(立証して)ぬぐい去る, 晴らす.

dis・pens・a・ble /dɪspénsəbl/ 形 (⇔ indispensable) 〈人・物が〉なくても済む, 必ずしも必要でない.

dis・pen・sa・ry /dɪspéns(ə)ri/ 名 (**-sa・ries**) ⓒ **1** 〈病院などの〉調剤室 (☞ pharmacy). **2** 《古風》 〈学校・工場などの〉診療所, 医務室.

dis・pen・sa・tion /dìspənséɪʃən/ 名 《格式》 **1** ⓒⓤ 〈規則などの〉適用免除, 特別許可 (*to do*); 〈カトリック〉特免(状). **2** ⓤ 分配(の仕方) (distribution); 〈法の〉施行 (*of*). **3** ⓒ 〈特定の時代の〉宗教[政治]制度. **4** ⓤⓒ 天の配剤, 〈神の〉摂理.

*__dis・pense__ /dɪspéns/ 動 他 **1** 〈自販機・容器など〉が〈日用品・食品・飲料などの〉一定量を供給する; 〈…〉を分配する (*to*): This machine ~s green tea if you push the button. この機械はボタンを押すとお茶が出ます. **2** 〈正義・罰など〉を施す; 〈法律〉を施行する. **3** 〈薬〉を調合して与える. **dispénse with ...** [動] 他 (1) …なしで済ませる (do without ...): ~ *with* breakfast 朝食なしで済ます. (2) …を省く, 除く: ~ *with* the formalities 堅苦しいことは抜きにする. **dispénse with ...'s sérvices** [動] 〈人〉を解雇する.

*__dis・pens・er__ /dɪspénsə/ -sə/ 名 ⓒ ディスペンサー〈日用品・食品・飲料などを一定量ずつ取り出せる容器〉; 自動販売機: a cash ~ 《英》現金自動支払い機.

dis・péns・ing chémist /dɪspénsɪŋ-/ 名 ⓒ 《英》薬剤師; 〈時に所有格で〉薬局.

dis・pers・al /dɪspɜ́ːrs(ə)l/ -pɜ́ː-/ 名 ⓤ ⓦ 散布, 〈情報などの〉分散; 〈群集などを〉散らすこと.

*__dis・perse__ /dɪspɜ́ːrs/ -pɜ́ːs/ 動 (**dis・pers・es** /~ɪz/; **dis・persed** /~t/; **dis・pers・ing**) 圓 〈群集・雲などが〉分散する, 散らばる, 消える: After we finished high school, my friends all ~*d* in all directions. 高校卒業後私の友達は別れ別れになった.

― 他 **1** 分散させる, 〈四方に〉〈…〉を散らす (scatter); 〈雲〉を消散させる: ~ a crowd 群衆を追い散らす. **2** 〈人・物〉を分散して配置する.

+**dis・persed** /dɪspɜ́ːrst/ -pɜ́ːst/ 形 散らばった.

dis・per・sion /dɪspɜ́ːrʒən/ -pɜ́ːʃən/ 名 **1** ⓤ 《格式》分散(配置); 〈光〉分光 (*of*). **2** [the D-] = Diaspora 1.

di・spir・it・ed /dɪspírɪtɪd/ 形 ⓦ 落胆した, 意気消沈した. **~・ly** 副 落胆して.

di・spir・it・ing /dɪspírɪtɪŋ/ 形 ⓦ 落胆させる.

*__dis・place__ /dɪspléɪs/ 動 (**dis・plac・es** /~ɪz/; **dis・placed** /~t/; **dis・plac・ing**; 名 **displacement**) 他 **1** 〈特に災害などが〉〈人・動物〉を追いたてる, 〈通常の位置から〉〈…〉を移す, 〈骨〉を脱臼する: Many people *were ~d* after the great earthquake in Kobe. <V+Oの受身> 神戸では大震災後やむなく立ち退くことになった人が多い. **2** 〈…〉に取って代わる, 押しのける, 〈地位にある人〉をやめさせる: ~*d* workers 失職者. **3** 〈海〉〈船〉の…の排水量がある.

dis・pláced pérson 名 ⓒ 難民 （略 **DP**） (refugee).

+**dis・place・ment** /dɪspléɪsmənt/ 名 (**dis・pláce**) **1** ⓤ 取って代わ(られ)ること; 追い立てること, 〈強制〉立ち退き; 解職. **2** ⓤ または a ~] 〈海〉〈船

の)排水量; 《機》(エンジンの)排気量.

displácement actívity 名 C,U 《心》転位行動.

*dis·play /dɪspléɪ/ 動 名 (~s /-z/) 1 C,U 展示, 陳列 (exhibition); C 展示会, (曲芸などの)ショー: a ~ of French paintings フランス絵画の展示 / a firework(s) ~ 花火大会 / a flying ~ 航空ショー.
2 C 展示物, 陳列品《全体》: She looked at the ~ of toys in the store window. 彼女はショーウインドーのおもちゃを見た.
3 C ディスプレー《パソコンやワープロの文字や図形を表示する装置》: ☞ liquid crystal display. (データの)表示.
4 C (感情·性質などを)示すこと, 見せること (of); 《動》(求愛などの)誇示(行動). 5 C,U 見せびらかし: make a ~ of ...をひけらかす. **on display** [形·副] 陳列された[て], 展示中の[で]; 表われて, 示されて.
── (dis·plays /~z/; dis·played /~d/; -play·ing) 他 1 《...》を展示する, 見せる, 陳列する (☞ show 類語): Jewelry *was ~ed* in the show window. <V+O の受身> ショーウインドーには宝石類が陳列されていた.
2 《感情·性質など》をはっきりと示す (☞ show 類語); 見せびらかす: He *~ed* his ignorance *to* everyone by making that comment. <V+O+to+名·代> そう言ったために彼は皆に自分の無知をさらけだしてしまった. 3 《...》を表示する, (パソコンが)(データ)をスクリーンに表示する. ── 自 《動》誇示行動をする.
語源 ラテン語で「折り曲げた物を広げる」の意.

displáy cábinet [**càse**] 名 C ショーケース.
dis·please /dɪsplíːz/ 他 《格式》(...)を不機嫌にする, 怒らせる.
dis·pleased /dɪsplíːzd/ 形 P 《格式》(...に)腹を立てて, (...)が気に入らない (at, by, to do): He was ~ *with* his neighbor. 彼は隣人に腹を立てていた.
be nòt displéased [動] 《...》大満足[大喜び]である.
dis·pleas·ing /dɪsplíːzɪŋ/ 形 《格式》不愉快な, いやな (to). ~**·ly** 副 不愉快に.
+dis·plea·sure /dɪsplɛ́ʒɚ, dìs-|-ʒə/ 名 U 《格式》不愉快, 不満, 不機嫌, 立腹 (at).
dis·port /dɪspɔ́ɚt|-pɔ́ːt/ 他 [~ oneself として] 《古風》または《滑稽》遊び興じる.
+dis·pos·a·ble /dɪspóʊzəbl/ 形 [普通は A] 1 使い捨て(式)の. 2 処分できる, 自由に使える. 3 安っぽい, 粗末な. ── C [普通は複数形で]《主に米》使い捨て用品.

dispósable íncome 名 U 可処分所得《手取り所得》.
dis·pos·al /dɪspóʊz(ə)l/ 名 (~s /-z/) 1 U 処分, 処理; C 売却: waste ~=*the* ~ *of* waste 廃棄物の処理 / ~ by sale 売却処分. 2 U ごみ処理. 3 C 《米略式》ディスポーザー《流しの排水口に取り付けて, 生ごみを粉砕して下水に流す装置》(☞ kitchen 挿絵), 《garbage disposal, 《英》waste disposal》. 4 U 《格式》配置, 配列. **at ...'s dispósal**=**at the dispósal of ...** ...の自由になって, ...が勝手に使えて: I have $1000 *at my* ~. 自由に使える金を千ドル持っています / I'm *at your* ~. 喜んでお手伝いします.

dispósal bàg 名 C 《乗り物などの》汚物処理袋.
*dis·pose /dɪspóʊz/ 動 他 (dis·pos·es /-ɪz/; dis·posed /-d/; dis·pos·ing) 他 [普通は受身で] 《格式》1 《...》を配置する, (arrange) 《(単語の配置)》: Ten cruisers *were ~d for* battle. 10 隻の巡洋艦が戦闘配置についた. 2 《人》に(...する)気にさせ, ...したいと思わせる (☞ disposed): This rumor *~d us to* believe what he had said. このうわさで彼の言ったことは本当のような気がしてきた.

dispóse of ... [動] 他 《格式》(1) ...を処分する (get rid of), 捨てる: He has no right to ~ *of* the house. 彼にはこの家を処分する権利はありません. (2) ...を処理する, ...に始末をつける; (相手)を打ち負かす; (人·動物)を殺す. **dispóse ... to [towárd]** ── [動] 他 《格式》(物事が)(人)を──の気持ちにさせる (☞ disposed 2).

dis·posed /dɪspóʊzd/ 形 (反 indisposed) P 《格式》1 (...する)気がある, ...したいと思う: I am [feel] ~ *to* undertake the work. その仕事を引き受けてもよいと思います. 2 [副詞を伴って] (...に対して)──の気持ちである: He is *well* [*favorably*] ~ *toward* [*to*] us. 彼は私たちに好意的だ. 3 ...の傾向があって, ...しかねて: He was ~ *to* sudden fits of coughing. 彼は急激なせきの発作を起こしやすかった.

dis·pos·er /dɪspóʊzɚ|-zə/ 名 C 《米》= disposal 3.
dis·po·si·tion /dìspəzíʃən/ 名 《格式》1 C [普通は単数形で] 性質, 気質 (nature, temperament); 傾向 (tendency): a person with a cheerful [generous] ~ 陽気な[気前のよい]性質の人. 2 [a ~] (...したい)気持ち, 意向 (to; to do). 3 U,C 配置, 配列 (arrangement) (of). 4 U,C 《法》贈与.
dis·pos·sess /dìspəzés/ 他 [普通は受身で] 《格式》(...)から(土地·建物·所有権など)を奪う (of).
dis·pos·sessed /dìspəzést/ 形 土地[財産]を奪われた: *the* ~ 財産を奪われた人たち, 流民 (☞ the 3).
dis·pos·ses·sion /dìspəzéʃən/ 名 U 《格式》追いたて, 奪収.
dis·proof /dɪsprúːf/ 名 (~s) 《格式》U 反証をあげること, 反駁(はんばく) (of); C 反証となるもの.
dis·pro·por·tion /dìsprəpɔ́ɚʃən|-pɔ́ː-/ 名 U,C [または a ~] W 《格式》不均衡(な点) (between).
+dis·pro·por·tion·ate /dìsprəpɔ́ɚʃ(ə)nət, -pɔ́ː-⁻/ 形 (数量などが)不つり合いな, 不似合いな (to). ~**·ly** 副 不つり合いに[なほど].
dis·prov·a·ble /dɪsprúːvəbl/ 形 反証できる.
dis·prove /dɪsprúːv/ 他 《...》の反証をあげる, 〈考え·説など〉が誤っていることを示す, 論駁する.
dis·put·a·ble /dɪspjúːtəbl, dɪspjù-|-| (反 indisputable) 議論の余地ある, 疑わしい. **-a·bly** /-bli/ 副 《文修飾副》議論の余地があるが; 疑わしいが.
dis·pu·ta·tion /dìspjutéɪʃən/ 名 U,C dispute² の《格式》論争, 討論.
dis·pu·ta·tious /dìspjutéɪʃəs⁻/ 形 《格式》論争好きな, 論争的な. ~**·ly** 副 議論がましく.
dis·pu·ta·tive /dɪspjúːtəṭɪv/ 形 = disputatious.

*dis·pute¹ /dɪspjúː/ , díspjuːt/ ★ 動詞の dispute² とのアクセントの傾向の違いに注意. 動 名 (dis·putes /dɪspjúːts, díspjuːts/; 動 dispute²) 1 C,U 論争, 議論; 口論 (with) (☞ argument 類語): be open to ~ 議論の余地がある / The brothers had a heated ~ *about* [*over*] her marriage. 兄弟は彼女の結婚について激論を交わした.
2 C 紛争; 争議 (about, over, with): a ~ *between* Britain and Argentina 英国とアルゼンチンとの間の紛争 / a labor ~ 労働争議.
beyònd (**áll**) [《格式》 **withòut**] **dispúte** [副] 文修飾副 疑いなく, 確かに: This is *beyond* ~ the best book on Chinese history. これは疑いなく中国史に関する最良の本である. ── [形·副] 疑問の余地がない(形に).
in dispúte [形] (1) (物事が)論争[紛争]中の[で], 問題になって(いる): The reform plan is still *in* ~. その改革案はまだ討議中である. (2) 《人·company》が論争[争議]中[の]で: The local fishermen are *in* ~ *with* the government *over* compensation for water pollution. 地元の漁師たちは水質汚染の補償について政府と係争中だ.

*dis·pute² /dɪspjúːt/ ★ 名詞の dispute¹ とのアクセン

トの傾向の違いに注意. [動] (**dis·putes** /-pjúːts/; **dis·put·ed** /-ṭɪd/; **dis·put·ing** /-ṭɪŋ/; [名] dispúte¹, dìsputátion) [他] **1** 〈説・事実・主張など〉に**異議を唱える**, 反論する, 文句をつける, 〈…〉を疑問視する (*with*): They **～d** the referee's decision. 彼らはレフェリーの判定に抗議した / I don't **～ *that*** what he said is true. <V+O (*that* 節)> 彼が言ったことには異論はない.
2 〈…〉について**論争する**, **議論する** (argue): The issue *was* fiercely [hotly] **～d** in the Diet. <V+O の受身> その問題は国会で激しく議論された / They are ***disputing what to*** [they should] do next. <V+O (*wh* 句・節)> 彼らは次にどうしたらいいかを議論している.
3 [普通は受身で] 〈勝利・賞・領土など〉を得ようと争う. — [自] 論争する (argue); (…のことで)口論する (*about, over; with*).
dis·put·ed /dɪspjúːṭɪd/ [形] 論争の的(まと)となっている; 問題のある.
dispúted térritory [名] [C,U] (国家の間で)領有権未決の領土.
dis·qual·i·fi·ca·tion /dɪskwɑ̀ləfɪkéɪʃən, dìs- | -kwɔ̀l-/ [名] **1** [U] 資格剥奪(はくだつ) (*from*); 無資格, 不合格. **2** [C] 失格となる理由 (*for*).
⁺**dis·qual·i·fy** /dɪskwɑ́ləfàɪ, dìs- | -kwɔ́l-/ [動] (**-i·fies**; **-i·fied**; **-fy·ing**) [他] [しばしば受身で] 〈…〉の資格を剥奪(はくだつ)する, 〈…〉を出場停止とする; (不当にも)不適任と判定する: Her lack of experience *disqualified* her *for* the job. 彼女は経験不足でその職に就けなかった / He *was disqualified from* (taking part in) the contest. 彼はその競技の出場資格を失った.
⁺**dis·qui·et** /dɪskwáɪət, dìs-/ 《格式》 [名] [U] 不安, 心配 (*at, about, over*). — [動] [他] [普通は受身で] 〈人〉を不安にする, 〈人〉の心を乱す.
dis·qui·et·ing /dɪskwáɪəṭɪŋ, dìs-/ [形] 《格式》 不安にする(ような). **～·ly** [副] 不安にするよう[ほど]に.
dis·qui·si·tion /dìskwəzíʃən/ [名] [C] 《格式》 (長ったらしい)論文, 論説, 論考, 講演 (*on, about*)
Dis·rae·li /dɪzréɪli/ [名] [固] **Benjamin** ～ ディズレーリ (1804–81) 《英国の政治家; 首相 (1868, 1874–80)》.
⁺**dis·re·gard** /dìsrɪgɑ́ɚd | -gɑ́ːd/ [動] [他] 〈…〉を無視[軽視]する, なおざりにする (☞ neglect 類義語). — [名] [[U] または a ～] 無視, 軽視: show *a* total [complete] ～ *for* [*of*] ... …を完全に無視する.
dis·re·mem·ber /dìsrɪmémbɚ | -bə/ [動] [他] [自] 《米略式》 思い出せない, 忘れる.
dis·re·pair /dìsrɪpéɚ | -péə/ [名] [U] (建物などの)(手入れ不足による)破損(状態), 荒廃. ｢**be in** [**fáll ìnto**] **disrepáir** [動] [自] 荒れている[荒れる].
dis·rep·u·ta·ble /dɪsrépjuṭəbl, dìs-⁻/ [形] 評判のよくない, いかがわしい; 人聞きの悪い. **～·ness** [名] [U] 不評. **-ta·bly** /-bli/ [副] 評判悪く.
dis·re·pute /dìsrɪpjúːt/ [名] [U] 《格式》 不評, 悪評: bring ... into ～ …の評判を落とす / ｢be in [fall into] ～ 評判が悪い[悪くなる].
dis·re·spect /dìsrɪspékt/ [名] [U] 無礼, 失礼 (*to, toward*); (法などの)無視 (*for*). **nó disrespéct** (**to** ...), **but** — [副] [つなぎ語] [S] (…を)けなすわけではないが: *No* ～, *but* your idea will not work. 失礼ですが, お考えはうまく行かないでしょう. — [動] [他] 〈人〉に失礼なことをする, 無礼をはたらく.
dis·re·spect·ful /dìsrɪspéktf(ə)l⁻/ [形] 敬意を示さない, 失礼な, 無礼な (*to, toward*). **-ful·ly** /-fəli/ [副] 敬意を示さずに, 無礼に.
dis·robe /dìsróʊb/ [動] 《格式》 [時に滑稽] [自] 衣服[礼服]を脱ぐ. — [他] 〈…〉の衣服を脱がせる.
dis·rupt /dɪsrʌ́pt/ [動] (**dis·rupts** /-rʌ́pts/; **-rupt·ed** /～ɪd/; **-rupt·ing**; [名] disrúption, [形] disrúptive) [他] 〈会議・通信・交通など〉を**混乱させる**, 中断[妨害]する: Rail service *was* **～*ed by*** the storm. <V+O の受身> あらしで列車の便が混乱した.
⁺**dis·rup·tion** /dɪsrʌ́pʃən/ [名] [U,C] 混乱; 中断.
⁺**dis·rup·tive** /dɪsrʌ́ptɪv/ [形] 混乱を起こさせる, 妨害する. **～·ly** [副] 妨害となるよう[ほど]に.
diss /dís/ [動] [他] 《俗》 =dis.
⁺**dis·sat·is·fac·tion** /dìs(s)æ̀ṭɪsfǽkʃən/ [名] [U,C] 不満, 不平 (*with, at*).
⁺**dis·sat·is·fied** /dìs(s)ǽṭɪsfàɪd/ [形] 不満を抱いた, 不満な (*with, at*).
dis·sat·is·fy /dìs(s)ǽṭɪsfàɪ/ [動] (**-is·fies**; **-is·fied**; **-fy·ing**) [他] 〈…〉に不満[不平]を抱かせる.
⁺**dis·sect** /dɪsékt/ [動] [他] **1** 〈動物など〉を解剖[切開]する; 〈地域など〉を分割する. **2** 〈著書など〉を分析[検討]する.
dis·sec·tion /dɪsékʃən/ [名] **1** [U,C] 解剖, 切開; 分析 (*of*). **2** [C] 解剖[切開]された部分.
dis·sem·ble /dɪsémbl/ [動] 《文》 [自] 本心を隠す, しらを切る. — [他] 〈本心・計画など〉を隠す, 偽る.
⁺**dis·sem·i·nate** /dɪsémənèɪt/ [動] [他] 《格式》 〈思想・知識・ニュースなど〉を広める, 普及させる.
dis·sem·i·na·tion /dɪsèmənéɪʃən/ [名] [U] 《格式》 普及, 宣伝 (*of*).
dis·sen·sion /dɪsénʃən/ [名] [U,C] 《格式》 (特に組織内の)意見の相違, 不和 (*among, between*).
＊**dis·sent** /dɪsént/ [名] (**dis·sents** /-sénts/) **1** [U] (少数の人による)**不同意**, **異議** ([反] assent). **2** [C] 《米》 (少数意見の判事の)反対意見. **3** [U] 《古語》 英国国教会からの分離. — [動] ([反] assent) [自] 《格式》 (公式の考えなどと)意見を異にする, 同意しない; 《米》 (他の判事の判断に)反対する (*from*).
dis·sent·er /dɪsénṭɚ | -tə/ [名] [C] **1** 反対者. **2** [D-] 《英》 非国教徒 (Nonconformist).
dis·sent·ing /dɪsénṭɪŋ/ [形] [A] 《格式》 同意しない, 異議を唱える: a ～ voice 反対意見.
⁺**dis·ser·ta·tion** /dìsɚtéɪʃən | -sə-/ [名] [C] 論文; 博士[《主に英》 修士]論文 (*on*).
dis·ser·vice /dìs(s)ɚ́ːvɪs | -sə́ː-/ [名] [U] [しばしば a ～] 《格式》 ひどい仕打ち; 害: do ... *a* ～ = do *a* ～ *to* ... …に害を与える.
dis·sev·er /dɪsévɚ | -və/ [動] [他] 〈…〉を分離する.
dis·si·dence /dísəḍəns, -dns/ [名] [U] 不同意, 不賛成.
＊**dis·si·dent** /dísəḍənt, -dnt/ [名] (**-si·dents** /-ḍənts, -dnts/) [C] **反体制の人**; (組織内の)意見を異にする人. — [形] [A] 反体制(派)の; 意見を異にする.
dis·sim·i·lar /dìs(s)íməlɚ | -lə⁻/ [形] (…と)似ていない, 異なる (*from, to*).
dis·sim·i·lar·i·ty /dìs(s)ìməlǽrəṭi/ [名] (**-i·ties**) [U] 似ていないこと, 相違 (*between*); [C] 相違点.
dis·sim·i·late /dɪsíməlèɪt/ [動] [自] [他] 〔音声〕 〈…〉を異化する.
dis·sim·i·la·tion /dɪsìməléɪʃən/ [名] [U] 〔言〕 異化(作用).
dis·si·mil·i·tude /dì(s)sɪmílət(j)ùːd | -tjùːd/ [名] [U] 不同, 相違; [C] 相違点.
dis·sim·u·late /dɪsímjulèɪt/ [動] 《格式》 [自] しらを切る. — [他] 〈感情など〉を偽り隠す.
dis·sim·u·la·tion /dɪsìmjuléɪʃən/ [名] [U,C] 《格式》 (感情の)偽装; そらとぼけ.
⁺**dis·si·pate** /dísəpèɪt/ [動] 《格式》 [他] **1** 〈雲・霧など〉を散らす (scatter); 〈悲しみ・恐怖など〉を消す, 晴らす. **2** 〈時間・財産など〉を浪費する. — [自] (雲などが)消える.
dis·si·pat·ed /dísəpèɪṭɪd/ [形] 《古風》 放蕩(ほうとう)の, 道楽にふける, 酒色におぼれる.
dis·si·pa·tion /dìsəpéɪʃən/ [名] [U] 《格式》 **1** 消散, 消失, 雲散霧消 (*of*). **2** 浪費. **3** 《古風》 放蕩.
dis·so·ci·ate /dɪsóʊʃièɪt, -si-/ [動] ([反] associate) [他] **1** 〈人・物事〉を(…から)引き離す, 分離する. **2** 《格式》 〈…〉を(他と)分離して考える (*from*). **dissóciate**

oneself from ... [動] ...との関係を絶つ[否認する], ...に対して不支持[無関係]を表明する.

dis·so·ci·a·tion /dɪsòʊsiéɪʃən, -ʃi-/ [名] U (格式) 分離(作用[状態]) (from).

dis·sol·u·bil·i·ty /dɪsὰljubíləti | -sɔ̀l-/ [名] U 融解[解消]できること.

dis·sol·u·ble /dɪsάljubl | -sɔ́l-/ [形] (反 indissoluble) 解散できる, 溶解できる.

dis·so·lute /dísəlù:t/ [形] 《格式》ふしだらな.
  ~**·ly** [副] ふしだらに. ~**·ness** [名] U ふしだらさ.

*dis·so·lu·tion /dìsəlú:ʃən/ [名] (動 dissolve) [U または a ~] **1** (議会・組織などの)解散; (結婚などの)解消 (of). **2** 崩壊, 消滅 (of).

*dis·solve /dɪzɑ́lv | -zɔ́lv/ [動] (dis·solves /~z/; dis·solved /~d/; dis·solv·ing /~ɪŋ/) (動 dissolútion)
  1 〈…〉を溶かす (melt), 溶解する: Hot water ~s soap better than cold water. 水よりも湯がよくせっけんを溶かす / He ~d sugar *in* water. <V+O+*in*+名・代> 彼は砂糖を水に溶かした.
  2 〈議会〉を解散する; [普通は受身で] 〈契約など〉を解消する, 〈組織など〉を解散する: The Prime Minister has the power to ~ Parliament. 首相は議会を解散する権限を持つ. **3** 〈怒り・希望など〉を消滅させる; 〈問題など〉を解く. **4** 〈よごれなど〉を除去する.
  ─ [自] **1** 溶ける (☞ melt 類義語): Sugar ~s easily *in* hot water. <V+*in*+名・代> 砂糖は容易に湯に溶ける. **2** (議会などが)解散する; 〈契約など〉解消する. **3** 感情が抑え切れなくなる: She ~d *into* (in) tears [laughter]. 〈文〉 彼女はわっと泣き崩れた[ふきだした]. **4** (力などが)衰える, 消滅する, (問題・感情などが)消える (in). **5** 除去される.

dis·so·nance /dísənəns/ [名] U C **1** 《格式》(意見・考えなどの)不一致, 不調和, 不和. **2** 《楽》不協和(音) (反 consonance).

dis·so·nant /dísənənt/ [形] **1** 《格式》不一致の. **2** 『楽』不協和(音)の (反 consonant).

\+**dis·suade** /dɪswéɪd/ [動] (反 persuade) [他] 《格式》(説得して)〈…〉に思いとどまらせる, 断念させる: I tried to ~ her *from* marrying him. 私は彼女に彼との結婚を思いとどまらせようとした.

dis·sua·sion /dɪswéɪʒən/ [名] (反 persuasion) U 《格式》思いとどまらせること; (...するなという)忠告.

dis·syl·lab·ic /dàɪsɪlǽbɪk/ [形] = disyllabic.

dis·syl·la·ble /dàɪsíləbl, dís(ə)lə-/ [名] = disyllable.

dis·taff /dístæf | -tɑ:f/ [名] C (糸紡ぎの)糸巻き棒. **on the distaff side** [形・副] 《古風》母方の[で].

dis·tal /díst(ə)l/ [形] 〖解〗 遠位の, 末端の.

*dis·tance /dístəns/ [名] (dis·tanc·es /~ɪz/; [形] dístant) **1** U C 距離; U (距離の)隔たり: Can the ~ *between* planets be measured directly? 惑星間の距離は直接測定できるのか / I walked [ran] a long ~ today. きょうは長い距離を歩いた[走った] / "What is the ~ *from* here *to* New York?" "Well, let me see. About 100 miles." 「ここからニューヨークまでの距離はどのくらいありますか」「そうですね, およそ 100 マイルです」

─── コロケーション ───
cover a certain *distance* ある距離を踏破する
go [**come**] a certain *distance* ある距離を行く[来る]
keep [**maintain**] a certain *distance* ある距離を保つ
travel a certain *distance* ある距離を移動する

  2 [単数形で] 遠方, かなり離れた所[距離]: His house is [*some* ~ [quite a ~, *a good* ~ *away*] *from* the bus stop. 彼の家はバスの停留所からかなり遠い所にあります / That village is a great ~ *off* [*away*]. その村はかなり遠い / You may not have heard the noise from [at] that ~. そんなに離れていたのでは, その音は聞こえなかったのかもしれない. **3** U C (時間的)隔たり, 経過: I can't remember the event *at this* ~ *in* time. これだけの年月がたった今となってはその事件は思い出せません. **4** U C (人間関係の)疎遠, よそよそしさ (*between*). **5** U C 相違, 隔たり (*between*).

[語源] ラテン語で「離れて (☞ dis-) 立っていること (☞ 単語の記憶); stance)」.

at a dístance [副・形] ある距離を置いて[た], 少し離れて[た]; (時間的に)かなり経過した後で: This picture looks better *at a* ~. この絵はやや離れて見たほうがよい / My school is *at a* ~ *of* five miles *from* the station. 私の学校は駅から 5 マイル離れた所にある.

from a dístance [副・形] 遠くから, 離れた所から; (時間的に)かなり経過した後で: Mt. Fuji is more beautiful seen *from a* ~. 富士山は遠くから見たほうが美しい.

gó the (fúll) dístance [動] [自] 《略式》 **(1)** 〖スポ〗 完投[完走]する. **(2)** (難事などを)最後までやり抜く.

in [into] the dístance [副] 遠くに: What do you see *in the* ~? 遠くに何が見えますか.

kéep ... at a dístance [動] [他] 〈人〉を遠ざける, 近づけない; 〈…〉によそよそしくする.

kéep one's dístance [動] [自] **(1)** (...と)あまり親しくしない (*from*). **(2)** (...に)遠ざかっている, (...に)寄り近づかない, 車間距離を保つ (*from*).

kéep ...'s dístance from ─ [動] [他] ...を─から離しておく.

pùt some dístance betwèen ... and ─ [動] **(1)** ...と─の間に(安全な)距離を置く. **(2)** ...と─に一線を画する. **(3)** ...と─を疎遠にする.

withín shóuting dístance [副・形] 叫べば聞こえる所に, すぐ近くに.

─── [動] [他] **1** (気持ちの上で)〈…〉を遠ざける (*from*). **2** (競争などで)引き離す. **dístance onesélf from ...** [動] [他] ...と距離を置く; ...にかかわらない.

─── 単語の記憶 ───
《STANCE》 (立っていること)
  distance (離れて立っていること) → 距離
  circum**stance** (周囲に立つもの) → 事情
  con**stant** (しっかり立っている) → 不変の
  in**stance** (すぐ近くにあるもの) → 例
  sub**stance** (根底にあるもの) → **本質, 実質**
  stance (立った)**姿勢**

dístance lèarning [名] U (テレビ番組などを利用した)通信教育.

dístance rùnner [名] C 長距離走者.

*dis·tant /dístənt/ [形] (名 distance; 反 near) **1** (距離が)遠い, 離れている (☞ far 類義語): ~ countries 遠い国々 / a ~ journey 遠い旅 [言い換え] The station is about two miles ~ *from* here. <A+*from*+名・代> (= The station is about two miles away from here.) 駅はここからおよそ 2 マイル離れている. **2** (時間的に)遠い, 離れた: in the (dim and) ~ past 遠い昔 / a ~ memory (昔の)思い出. **3** 遠縁の (*from*); (類似性などが)わずかな; (血縁の)遠縁の: She is one of my ~ relatives. 彼女は私の遠い親戚です. **4** よそよそしい: Don't be so ~. そんなに水臭いこと言わないで. **5** (目つきなどが)遠くを見るような; 上の空の. **a dístant sécond** [名] 首位と大差の二位[次点]. ~**·ly** [副] **1** 遠く(で[に]); かすかに. **2** よそよそしく. **3** 遠縁で.

\+**dis·taste** /dɪstéɪst, dɪs-/ [名] U 嫌い, 嫌悪 (☞ dislike). **hàve a distáste for ...** [動] [他] ...を嫌う.

\+**dis·taste·ful** /dɪstéɪstf(ə)l, dɪs-/ [形] (仕事・出来事などが)不愉快な (unpleasant), いやな (to). [用法注意] tasteless と違い, 味や趣味については用いず.

tasteful, tasty の反意語ではない. **-ful・ly** /-fəli/ 副 不愉快に. **~・ness** 名 U 不愉快.

dis・tem・per[1] /dɪstémpə | -pə/ 名 U ジステンパー《犬・うさぎなどの伝染病》.

dis・tem・per[2] /dɪstémpə | -pə/ 名 U 《主に英》水性壁画用塗料; 泥絵の具.

dis・tend /dɪsténd/ 動 [医] 他 (内部の圧力によって) 〈身体の一部など〉をふくらませる. — 自 ふくらむ.

dis・tend・ed /dɪsténdɪd/ 形 [医] ふくらんだ.

dis・ten・sion, -tion /dɪsténʃən/ 名 U,C [医] (身体の一部の) ふくらみ, 膨張, 胃の膨満(ぼう).

†**dis・till,** 《英》**dis・til** /dɪstíl/ 動 (**dis・tills,** 《英》**dis・tils; dis・tilled; -till・ing**) 他 1 〈…〉を蒸留する (*from*); 〈ウイスキーなど〉を蒸留して造る. 2 〈実・根など〉から)精油を取る; 〈植物など〉から抽出する (*from*). 3 《格式》〈体験・書物などから〉〈思想など〉を引き出す, 〈…〉を抽出して〈─〉を作る (*from, into*). ─ 自 1 蒸留される. 2 したたる. 関連 brew ビールなどを醸造する.

dis・til・late /dístələt, -lèrt/ 名 C 蒸留物, 蒸留液.

dis・til・la・tion /dìstəléɪʃən/ 名 1 U 蒸留, (ウイスキーなどの)蒸留法 (*of*). 2 C,U (思想などの)精髄 (*of*).

dis・tílled wáter /dɪstíld-/ 名 U 蒸留水.

dis・till・er /dɪstílə | -lə/ 名 C 蒸留する人; (ウイスキーなどの) 醸造者(会社).

†**dis・till・er・y** /dɪstíləri/ 名 (**-er・ies**) C (ウイスキーなどの)蒸留製造所(会社) (☞ brewery).

***dis・tinct** /dɪstíŋ(k)t/ 形 (**more ~, -tinct・er; most ~, -tinct・est**) 動 distinguish; 反 indistinct) 1 別の, 違った, 異なった: ~ species 別種 / They are similar in form, but differ [entirely] ~ **from** each other. <A+*from*+名・代> それらは形は似ているがお互い全く別物だ.

2 はっきりした, 明瞭(めいりょう)な (clear); まぎれもない: have a ~ advantage はっきりした利点がある / He showed ~ lack of enthusiasm. 彼には明らかに熱意がなかった. 3 A 顕著な, 傑出している.

as distinct from ... [前] …とは異なって[た] (☞ **as** 副 2 の 2 番目の例文).

***dis・tinc・tion** /dɪstíŋ(k)ʃən/ 13 名 (~s /-z/; ☞ distinguish)

[区別] 1 →(他と区別をする)「特徴」2 →(優れた特徴)「優秀さ」3 →(優秀さの印)「栄誉」4

1 C 区別, 差異: There is no ~ *between* the two cases. この 2 つの事例に区別はない / **make** [**draw**] *a* clear ~ *between* right and wrong 善悪をはっきり区別する.

2 C (区別となる)特徴, 特質, 相違点 (difference); U (身分・性などによる)区別だて: What is the chief ~ *between* man and woman? 男女のいちばん大きな相違点は何ですか / She was kind to everyone without ~ *of* rank or wealth. 彼女は身分や財産を問わずだれにも親切だった. 3 U 《格式》優秀さ: a scientist of (great) ~ (大変)優れた科学者 / graduate with ~ 優等で卒業する. 4 C,U 名誉(の印) (honor), 殊勲; 称号; 優秀な成績: an academic ~ 学問上の肩書《博士など》/ enjoy [hold, have] the ~ of doing ... するという栄誉を担っている / She got *a* ~ in her English exam. 彼女は英語の試験で優れた成績を取った.

dis・tinc・tive /dɪstíŋ(k)tɪv/ 形 (動 distinguish) (他のものとの)区別を示す, 特色のある, 一風変わった (characteristic) (*of*): a ~ feature 顕著な特徴 / He has a ~ way of speaking. 彼は特徴のある話し方をする. **~・ly** 副 区別して, 弁別的に; 特殊に, 独特に. **~・ness** 名 U 区別性; 特殊さ, 特有さ, 独特さ.

dis・tínct・ly 副 (反 indistinctly) 1 はっきりと, 明確に: You should speak more ~. もっとはっきりものをしゃべりなさい / I ~ remember signing my name to the letter. 私はその手紙に署名をしたことをまざまざと覚えている. 2 まぎれもなく, 確かに. 3 [形容詞を強めて] はっきりそれとわかるほど, 本当に.

dis・tínct・ness 名 U 明瞭さ; 別であること.

***dis・tin・guish** /dɪstíŋ(g)wɪʃ/ 動 (**-guish・es** /~ɪz/; **-tin-guished** /~t/; **-guish・ing**) 他 distinction, distinct, distinctive) 1 〈…〉を区別する, 〈…〉と(─とを)見分ける[がつく]: The twins were so much alike that I could not ~ one *from* the other. <V+O+*from*+名・代> その双子はとてもよく似ていたので私には両者の見分けがつかなかった. 言い換え Can you ~ American English and British English? = Can you ~ American English *from* British English? (= Can you make [draw] a distinction between American English and British English?) アメリカ英語とイギリス英語を聞き分けることができますか.

2 [進行形なし] 〈物事が〉〈…〉の特徴を示す, 〈…〉を特徴づける (mark); 〈物事が〉〈…〉を(─と)区別する: Connie's husky voice ~*es* her *from* other girls. コニーは声がハスキーなのでほかの女の子と区別がつく. <V+O+*from*+名・代>

3 [進行形なし] 《格式》〈…〉をはっきりと認める[感知する], よく聞こえる[見える]: I could not ~ the signal in the fog. 霧で信号がよく見えなかった. 4 [~ oneself として] 目立つ: She ~*ed herself* by winning one award after another. 彼女は次々に賞をとって有名になった. ─ 自 [進行形なし] 見分ける: Can animals ~ *between* colors? 動物は色を見分けられるのか.

dis・tin・guish・a・ble /dɪstíŋ(g)wɪʃəbl/ 形 (反 indistinguishable) [普通は P] はっきりと聞こえる[見える]; 区別できる, 見分けのつく (*from*).

***dis・tin・guished** /dɪstíŋ(g)wɪʃt/ 形 1 (人・業績などが)著名な, 名高い (☞ famous 類義語); 顕著な; 抜群な: a ~ pianist 有名な[優れた]ピアニスト / He is ~ *for* his knowledge of Japanese painting. <A+*for*+名・代> 彼は日本画に造詣(ぞうけい)が深いことで有名だ. 2 (容貌(ぼう)・態度などが)威厳のある, 高貴な, 上品な.

dis・tin・guish・ing /dɪstíŋ(g)wɪʃɪŋ/ 形 A 区別を示す, 示差的な: a ~ feature 他から区別する特徴.

***dis・tort** /dɪstɔ́ət | -tɔ́ːt/ 動 (**dis・torts** /-tɔ́əts | -tɔ́ːts/; **-tort・ed** /-tɪd/; **-tort・ing** /-ṭɪŋ/; distortion) 他 1 〈事実・真理など〉をゆがめる, 歪曲(わいきょく)する: He has ~*ed* what I said. 彼は私が言ったことを曲げて伝えた. 2 〈顔・手足など〉をゆがめさせる, ねじる: Her face was ~*ed with* [*by*] pain. 彼女の顔は苦痛でゆがんだ. 3 〈映像〉をゆがめる, 〈音声〉をひずませる.

dis・tort・ed /dɪstɔ́ətɪd | -tɔ́ːt-/ 形 (見方・印象などが) ゆがんだ; (音などが)ひずんだ.

†**dis・tor・tion** /dɪstɔ́əʃən | -tɔ́ː-/ 名 (動 distórt) 1 U (事実などを)曲げて伝えること; C ゆがめられた話 (*of*). 2 U (顔・手足などを)ゆがめること; ねじれ. 3 U,C (映像などの)ゆがみ, (音声の)ひずみ; (エレキギターの)ディストーション.

***dis・tract** /dɪstrǽkt/ 動 他 〈人の注意をそらす, 〈注意〉をそらす, 〈…〉の気をまぎらす (☞ attract 【単語の記憶】): ~ ...'s attention (人の)注意をそらす / Television ~*ed* him *from* his worries. テレビで彼の心配はまぎれた.

***dis・tract・ed** /dɪstrǽktɪd/ 形 注意が散漫になって, 気の散った; 心配して, 取り乱して[た]: She was so ~ *with* [*by*] worry that she didn't hear the phone. 彼女は心配事に心を奪われていて電話が聞こえなかった. **~・ly** 副 集中しないで; 取り乱して.

dis・tract・ing /dɪstrǽktɪŋ/ 形 (物事などが)注意をそらす(ような), 気の散る.

†**dis・trac・tion** /dɪstrǽkʃən/ 名 1 C 注意をそらす

[気をまぎらす]もの(from); C《古風, 格式》気晴らし, 娯楽. **2** U 心の動揺, 混乱, 周章狼狽. **drive ... to distráction** [動] 他 〈…〉をいらだたせる.

dis·trac·tor /dɪstrǽktɚ | -tə/ 名 C (多項選択式テストの)選択肢.

dis·train /dɪstréɪn/ 動《法》自 差し押える(upon). ── 他《動産》を差し押える.

dis·traint /dɪstréɪnt/ 名 U 動産差し押え.

dis·trait /dɪstréɪ/《フランス語から》形 うわの空の.

⁺**dis·traught** /dɪstrɔ́ːt/ 形 取り乱した(with).

⁎**dis·tress** /dɪstrés/ 名 (distréssful) U **1** 大変な悩み, 悲痛, 苦悩, 深い悲しみ (☞ stress 語源) (to): Your carelessness has caused us great ~. あなたの不注意で私たちは大変苦しい目にあった.
2 苦難, 難儀 (trouble); 貧苦, 窮苦; 災難 (misfortune); (船・航空機の)遭難: a ship *in* ~ 難破船 / She *is in* economic ~. 彼女は金に困っている. **3**《格式》(肉体的)激痛. **be in distress** [動] 自 心を痛めている. **to …'s distress=to the distress of …** [副]《文修飾副》《格式》…が心を痛めることには(は).
── 動 他〈人〉を苦しめる, 悩ます: I am ~ed to hear of his death. 彼の死を聞いて心を痛めている / Don't ~ yourself. 心配しないで.

distréss càll 名 C =distress signal.

dis·tressed /dɪstrést/ 形 **1** 苦しむ(いる), 悩んで, 悲しんで (at, by). **2**《格式》(肉体的激痛で)苦しんでいる. **3**《家具などが》古く見せてある. **4**《古風, 主に英》(経済的に)困窮している. **5**《抵当流れになり》安く売りに出された.

dis·tress·ful /dɪstrésf(ə)l/ 形 (名 distress) 苦しめる, つらい, 悲惨な.

dis·tress·ing /dɪstrésɪŋ/ 形 苦しめる, つらい, 悲惨な. **~·ly** 副 悲惨に, みじめなほど.

distréss sìgnal 名 C 遭難信号 (Mayday など).

⁎**dis·trib·ute** /dɪstríbjuːt/ 動 (**-trib·utes** /-bjuːts | -bjuːts/; **-trib·ut·ed** /-t̬ɪd/; **-trib·ut·ing** /-t̬ɪŋ/; 名 distribútion, 形 distríbutive) 他〈…〉を配る, 分配する (deal), 配布する; 配達[配送]する;〈商品〉を流通させる, 卸す: He ~*d* his land *among* his children. <V+O+*among*+名・代> 彼は土地を子供たちに分けた / She usually *~s* presents *to* the children at the party. <V+O+名+*to*+代> 彼女はたいてい パーティーで子供にプレゼントを配る. **2** [しばしば受身で]〈…〉を分布させる, 配置する; 散布する (scatter): D~ the fertilizer evenly *over* the whole field. 肥料は畑全体にまんべんなくまきなさい.

dis·trib·ut·ed /dɪstríbjut̬ɪd/ 形 **1** 分布した. **2**《電算》分散型データ処理方式の.

⁎**dis·tri·bu·tion** /dɪstrəbjúːʃən/ 名 (~s /-z/; 形 distríbute) U.C **1** 分配, 配給, 配布;配達;《商》流通;《経》(富の)分配: the ~ *of* profit *「among* the partners *[to* the stockholders] 利益の出資者[株主]への分配 / the ~ system 流通機構.
2 分布, 配置: the ~ *of* cranes in the world 世界におけるつるの分布. **3**《統》(確率)分布.

dis·tri·bu·tion·al /dɪstrəbjúːʃ(ə)nəl⁺/ 形 **1**《商》(商品の)流通の. **2**《経》(富の)分配の.

dis·trib·u·tive /dɪstríbjut̬ɪv/ 形 (動 distríbute) [普通は 限定]**1** 分配の, 配給の; the ~ trades 流通業. **2**《文法》配分的な: a ~ pronoun 配分代名詞 (each など). **3**《数》分配の: the ~ law 分配法則.

⁎**dis·trib·u·tor** /dɪstríbjut̬ɚ/ 名 (~s /-z/) C **1**《商品の)配給[流通, 卸売]業者: a major ~ of daily goods 大手の日用品卸売業者. **2** 配電器; (エンジンの)ディストリビューター.

dis·trib·u·tor·ship /dɪstríbjut̬ɚʃɪp | -tə-/ 名 C [商]〈商品の〉配給[卸売]業者[会社].

⁎**dis·trict** /dɪ́strɪkt/ 名 (**dis·tricts** /-trɪkts/) C **1** (特色を持った)地方, 地域: a commercial ~ 商業地域 / a residential ~ 住宅地域.
2 地区, 管区, 区域《行政・教育・郵便・選挙などの必要から区分された地域》;《区分 類義語》: a school ~ 学区 / a police ~ 警察管轄地区 / an electoral ~ 選挙区 // ☞ District of Columbia. ── 動 他《米》〈…〉を地区分ける. 語源 ラテン語で「支配」の意; そこから「領主の支配の及ぶ地域」の意となった.

⁺**district attórney** 名 C [しばしば D- A-]《米》地区(首席)検事, 地方検事《連邦・州の地方裁判区の首席検事》;《略 D.A.》

district cóuncil 名 C《英》地区評議会.

district cóurt 名 C《米》(連邦)地方裁判所.

district núrse 名 C《英》地区(訪問)看護師.

⁎**Dis·trict of Co·lum·bi·a** /dɪ́strɪktəvkəlʌ́mbiə/ 名 [the ~] コロンビア特別区《米国 Maryland 州と Virginia 州の間の合衆国連邦政府の直轄地; 略 D.C., ⟨郵⟩ DC; 合衆国の首都 Washington と同一地域で, まとめて Washington, D.C. /díːsíː/ と呼ばれる; ☞ America 表; 表地図 I 4》.

⁺**dis·trust** /dɪstrʌ́st, dìs-/ 動 他〈…〉を信用しない, 疑う (mistrust より疑いの度合いが強い). ── 名 U または a ~] 不信感, 疑念: have a ~ *of* ... …を信用しない.

dis·trust·ful /dɪstrʌ́stf(ə)l, dìs-⁺/ 形 疑い深い, 〈…を〉信用しない (of). **-ful·ly** /-fəli/ 副 疑わしげに.

⁎**dis·turb** /dɪstə́ːb | -tə́ːb/ 動 (**dis·turbs** /~z/; **dis·turbed** /~d/; **-turb·ing**; 名 distúrbance) 他 **1**〈休息中・仕事中の人〉のじゃまをする;〈休息・睡眠など〉を妨げる (prevent 類義語): Don't ~ me when I'm resting. 休んでいるのにじゃまをしないでくれ / I'm sorry to ~ you. おじゃましてすみませんが.
2 〈人・心〉を不安にする, 悩ます: He *was* very *~ed* by your attitude. <V+O の受身> 彼はあなたの態度にとても心配していた (☞ very¹ 1 語法 (2)).
3《静かなもの》をかき乱す, 騒がせる;《書類など》を乱雑にする, 動かす; 〈動物など〉を驚かせ追い払う: The wind ~*ed* the trees in the garden. 風で庭の木がざわめいた.
── 自 (休息・睡眠などの)妨げとなる. じゃまをする: DO NOT DISTURB 起こさないでください《ホテルなどの部屋のドアにかける掲示》.

⁎**dis·tur·bance** /dɪstə́ːb(ə)ns | -tə́ː-/ 名 (**-tur·banc·es** /~ɪz/; 動 distúrb) **1** U.C 騒動, じゃま(となるもの), 妨害: create [cause] a public ~ 社会騒動を起こす. **2** U 乱された状態; 動揺, 不安;《心》精神[情動]障害.

⁎**dis·turbed** /dɪstə́ːbd | -tə́ː-/ 形 (反 undisturbed) **1** 悩んでる, 心配している (about). **2** 乱された, 不安定な. **3**《心》精神[情動]障害のある.

⁎**dis·turb·ing** /dɪstə́ːbɪŋ | -tə́ː-/ 形 不安にさせる, (心)を動揺させる: ~ news 不安なニュース. **~·ly** 副 不安にさせるほどに.

dis·u·nion /dɪsjúːnjən/ 名 U《格式》分離; 分裂.

dis·u·nite /dɪ̀sjuːnáɪt/ 動《格式》他〈…〉を離す; 分裂させる. ── 自 離れる; 分裂する.

dis·u·nit·ed /dɪ̀sjuːnáɪt̬ɪd⁺/ 形《格式》分裂した.

dis·u·ni·ty /dɪsjúːnət̬i/ 名 U《格式》不統一; 不和.

dis·use /dɪsjúːs/ 名 U 不使用, 廃止. **fàll into disúse** [動] 自 使用されない, 使われなくなる.

⁺**dis·used** /dɪsjúːzd⁺/ 形 使われなくなった, 廃れた.

di·syl·lab·ic /dàɪsɪlǽbɪk, dìs-⁺/ 形 2 音節の.

di·syl·la·ble /dáɪsɪləbl, dɪ́s(ɪ)l-/ 名 C 2 音節語 (☞ monosyllable).

⁎**ditch** /dɪ́tʃ/ 名 (~·**es** /~ɪz/) C (道路わきなどの)溝 (を), どぶ, 排水溝, 掘り割り: clear out the ~ どぶさらいをする. ── 動 他 **1**《略式》〈…〉を捨てる;〈人・恋人〉を見捨てる. **2**〈飛行機〉を水上に不時着させる;〈車〉を

ditch・wàter 名 U 溝のたまり水 (☞ dull 成句).
di・the・is・m /dáiθìizm/ 名 U 《神学》二神教.
di・the・ist /dáiθiist/ 名 C 《神学》二神論者.
⁺dith・er /díðə | -ðə/ 動 (**-er・ing** /-ð(ə)riŋ/) 自 〔軽蔑〕ためらう, 迷う, うろたえる (*about, over, on*). —名 [a ~] 〔心の〕迷い. **be (áll) in a díther=be áll of a díther** 〔動〕 自 〔略式〕迷っている.
dith・er・er /-rə | -rə/ 名 C 優柔不断な人.
dith・er・ing /díðəriŋ/ 名 U 《電算》ディザ(ーリング)《中間色を既定色のピクセルの組合わせで表現する技法》.
di・tran・si・tive /dàitrænsətiv, -zə-/ 形 《文法》(動詞が)二重目的語をとる.
dit・sy /dítsi/ 形 《米略式》頭の悪い, いかれた.
dit・to /dítou/ 名 (~s) C 1「同上」「同前」の意の符号《", " の符号で一覧表などで用いる》. 2 同上, 同前 (the same) 《一覧表などでは " で代用する; 圈 do.》. 3 複製, コピー, 複写. —副 S (…も)同じ(だ) (*for*): "I like ice cream." "*D~*." 「アイスが好きだ」「私も」
dítto màrk 名 =ditto 1.
dit・ty /díti/ 名 (**dit・ties**) C 〔滑稽〕短い単純な歌〔詩〕.
ditz /díts/ 名 S 《米》ばか, まぬけ.
dit・zy /dítsi/ 形 =ditsy.
⁺di・u・ret・ic /dàijurétik⁻/ 《医》 名 C 利尿剤. —形 利尿(作用)の, 排尿をうながす.
di・ur・nal /daiə́:n(ə)l | -ə́:-/ 形 1 《格式》日中の; 《生》日中活動性の; 《花が》昼開く 《反 nocturnal》. 2 《天》日周の. **-nal・ly** /-nəli/ 副 日中に.
Div 略 =division 4.
div. 略 =dividend, division 4, divorced.
⁺di・va /díːvə/ 名 C 《オペラの》プリマドンナ; 超一流の女性歌手, 歌姫.
di・va・gate /dáivəgèit/ 動 自 〔文〕さまよう.
di・va・lent /dàivéilənt⁻/ 形 =bivalent.
Di・va・li /diváːli/ 名 =Diwali.
di・van /divǽn, darvǽn/ 名 C 1 頭板 (äta) のないベッド, ソファーベッド (divan bed). 2 〔古風〕 ディバン 《壁ぎわに置く, ひじ掛けや背のない長いす; ☞ couch》.
dívan bèd 名 C =divan 1.

⁺dive /dáiv/ 動 (**dives** /~z/; 過去 **dived** /~d/, 《米》では **dove** /dóuv/; 過分 **dived**; **div・ing**) 自 1 (頭から先に水中へ)飛び込む (*in; off, from*): ~ *into* a pool プールに飛び込む. 2 水に潜(%)る, (潜水艦が)潜水する (*down*): go diving 潜水(ダイビング)に行く / He ~**d** [*dove*] *into* the cold water. <V+*into*+名・代> 彼は冷たい水に潜った / These women ~ *for* pearls. <V+*for*+名・代> この女性たちは真珠を採りに潜る.
3 (飛行機・鳥が)急降下する): An eagle ~d *down on* a mouse. わしが1羽急降下してねずみを襲った. 4 〔副詞(句)を伴って〕もぐり込む, 逃げ込む; 突進する, 頭から突っ込む, 飛びつく: The rabbit ~d *into* its hole. うさぎは穴に逃げ込んだ / I ~*d for* the ball but missed it. 私はボールめがけて飛びついたが捕れなかった. 5 〔新聞で〕(価格・利益などが)急落する (*from, to*). 6 〔略式〕(…に)手を突っ込む: He ~d *into* his pocket for the key. 彼は鍵を取ろうとしてポケットに手を突っ込んだ. 7 (仕事などに)熱心に〔急に〕取りかかる (*into*). 8 (サッカーなどで)(相手の反則を誘って)わざと倒れる.
dive ín 〔動〕 自 〔略式〕(1) 飛び込む (☞ 1). (2) (ある事に)熱心に〔急に〕取りかかる, 食べ始める: *D~ in*!

(S) さあ, 召し上がれ.
—名 (~**s** /~z/) C 1 飛び込むこと, 飛び込み, ダイビング: He *made* [*did*] a beautiful ~ *into* the pool. 彼はプールに見事なダイビングをした. 2 潜水. 3 (飛行機・鳥の)急降下; 急落, 急激な低下. 4 潜(%)り込むこと, 逃げ込み, 突進: The boy *made* a quick ~ *for* the doorway. 少年は玄関に向かってとんでいった. 5 (サッカーなどで)ダイブ. 6 《略式》安酒場, (いかがわしい)バー; 賭博場. **take a díve** 〔動〕 自 (1) (価値などが)急落する. (2) 《俗》《ボク》八百長でノックアウトされる.
díve-bòmb 〔動〕 他 1 〈…〉を急降下爆撃する. 2 《略式》(鳥が)〈獲物〉を急降下して襲う. —自 1 急降下爆撃する. 2 (体を丸めて)水に飛び込む.
díve bòmber 名 C 急降下爆撃機.
⁺div・er /dáivə | -və/ 名 C 潜水夫, ダイバー; ダイビング選手: a pearl ~ 真珠貝採りの潜水夫. 関連 skydiver スカイダイビングをする人.
di・verge /divə́ːʤ, dai- | -və́ːʤ/ 動 (反 converge) 自 1 分岐する, (放射状に)広がる (*from*). 2 《格式》(意見などが)分かれる; 逸脱する, はずれる (*from*).
di・ver・gence /divə́ːʤəns, dai- | -və́ː-/ 名 U,C 《格式》分岐; 逸脱; (意見などの)相違 (*of, between*).
di・ver・gent /divə́ːʤənt, dai- | -və́ː-/ 形 《格式》分岐する; (意見などが)異なる.
di・vers /dáivə(ː)z | -və(ː)z/ 形 A 〔古風〕種々の.
⁺di・verse /divə́ːs, dai- | daivə́ːs/ 形 (名 divérsity) さまざまの, 種々の; 異なった (*different*): There were very ~ views among the participants. 参加者の中にはさまざまな意見があった. **~・ly** 副 さまざまに, いろいろに; 異なって.
di・ver・si・fi・ca・tion /divə̀ːsəfikéiʃən, dai- | -və́ː-/ 名 U 多様化; C 変化, 変形; 多角経営.
di・ver・si・fied /divə́ːsəfàid, dai- | -və́ːsəfàid/ 形 多種多様な, 多角的な.
⁺di・ver・si・fy /divə́ːsəfài, dai- | -və́ː-/ 動 (**-si・fies** /~z/; **-si・fied** /~d/; **-fy・ing**) 他 〈…〉を**多様化させる**; 多角化する: You should ~ your interests and travel as much as you can. 幅広く興味を持てできる限り多くのことを学びなさい. —自 多様化する; 《商》多角経営をする, 事業を広げる (*into*).
⁺di・ver・sion /divə́ːʒən, dai- | -vá:ʃən/ 名 1 C,U わきにそらすこと; (方向などの)転換; (資金などの)流用, 横流し: the ~ of funds *from* the housing program 住宅計画からの資金の横流し. 2 C (注意などを)そらすこと; 陽動(作戦): create a ~ 人の注意をそらすことをする. 3 C 《格式》(気分の)転換, 気晴らし; 娯楽. 4 C 分水路, 排水路. 5 C 《英》迂回路 (detour).
di・ver・sion・ar・y /divə́ːʒənèri, dai- | -vá:ʃ(ə)nəri/ 形 〔普通は A〕注意をそらせる, 陽動の, 牽制(鉴於)の.
⁺di・ver・si・ty /divə́ːsəti, dai- | -vá:-/ 13 名 (**-si・ties** /~z/; divérse) U,C 〔しばしば a ~〕**多様性**, さまざまであること, 相違点: a great ~ *of* opinion かなり多様な意見 / ethnic ~ 人種的多様性.
⁺di・vert /divə́ːt, dai- | -vá:t/ 動 (**di・verts** /-vá:ts | -vá:ts/; **-vert・ed** /-id/; **-vert・ing** /-tiŋ/; 名 divérsion) 他 1 〈流れ・人など〉を(方向・道筋から)**…の進路を変える**; 〈…〉の用途を転換する: The flow of the river was ~ed *from* east *to* south. <V+O+*from*+名・代+*to*+名・代の受身> 川の流れは東から南へ変えられた / The government should ~ more funds *to* [*into*] social welfare. <V+O+*to* [*into*]+名・代> 政府は財源をもっと社会福祉に回すべきだ.
2 〈注意など〉を(…から)そらす, わきへ向ける: At that moment his attention was ~ed *from* the gun. <V+

diverticulum

O+from+名・代の受身》その瞬間彼の注意が銃からそれた. **3** 《電話》(人に)回す (to). **4** 《格式》〈…〉の気分を転換させる, 楽しませる.

di・ver・tic・u・lum /dàɪvətíkjuləm/ -və-/ 名 (複 **-la** /-lə/) C 《解》憩室《消化管にできる袋状の陥入》.

di・ver・ti・men・to /dɪvə̀ːtəméntou/ -və̀ː-/ 《イタリア語から》 名 (複 **di・ver・ti・men・ti** /-ti:/, ~s) C 《楽》ディヴェルティメント, 喜遊(きゆう)曲.

✝div・ert・ing /dɪvə́ːtɪŋ, daɪ-/ -və́ːt-/ 形 《格式》気晴らしになる, 楽しい.

di・vest /daɪvést, dɪ-/ 動 (他) 《格式》 **1** 〈…〉から《職・権限などを》奪う (of). **2** 《主に米》《持ち株・子会社などを》売却[分離]する (of). **divést onesélf of ...** 動 (他) 《格式》 《考え・幻想など》を捨てる; 《身につけているもの》を脱ぐ.

di・ves・ti・ture /daɪvéstətʃùə, dɪ-/ -tʃə/ 名 U 《米》 **1** 《職・権限などの》剝奪(はくだつ). **2** 《経》負の投資, 投下資本の引き揚げ 《英》disinvestment).

✣di・vide /dɪváɪd/ 🔴 動 (**di・vides** /-váɪdz/; **di・vid・ed** /-dɪd/; **di・vid・ing** /-dɪŋ/; 名 division)

━━ 自 他 の転換 ━━
(他) **1** 分ける (to make (something) separate into parts)
(自) **1** 分かれる (to separate into parts)

━━ 他 **1** 〈…〉を**分割する, 分ける** (up) (☞ separate² 類義語; individual). Mom ~d the cake into eight pieces. <V+O+into+名・代》ママはそのケーキを8つに分けた / The playground is ~d into three areas by white lines. <V+O+into+名・代の受身》グランドは白線で3つに区切られている.

2 〈…〉を**分離する, 隔てる**: The river ~s the town. 川がその町を分断している / The kitchen is ~d (off) from the dining area by a counter. <V+O(+off)+from+名・代の受身》台所はカウンターで食事をする所と区切られている.

3 〈…〉を**分配する, 分ける**; 〈時間など〉を配分する, 割り当てる (out, up): She ~d the candy equally between the two children. <V+O+前+名・代》彼女はそのキャンデーを2人の子供に均等に分けた / Let's ~ the profits among [us ourselves]. 利益は我々の間で分配しよう / D~ the bread with your friends. パンを友だちと分け合いなさい / You should ~ your time between work and play. 時間を勉強と遊びに割り振ったほうがよい.

4 〈数〉を(…で)**割る**; 〈数〉で(…を)割る: 言い換え D~ 15 by 5. <V+O+by+名・代》=D~ 5 into 15. <V+O+into+名・代》 15を5で割れ / Twelve ~d by three is [equals] four. 12を3で割ると4 (12÷3=4). 関連 add 足す / take, subtract 引く / multiply 掛ける.

5 〈人〉を**引き離す** (from); **分裂させる**, 〈…〉の間に不一致を起こす: The teachers were ~d on [over, about] the issue. <V+O+前+名・代の受身》先生たちはその問題をめぐって賛否が分かれていた. **6** 〈…〉を**分類する, 区分する**: ~ books according to subject 本を題目に従って分類する. **7** 《定規など》に等間隔の目盛りをつける. 関連 indivisible 分けられない.

━━ (自) **1** 分かれる, 分離する: The river ~s into two branches here. <V+into+名・代》川はここで2つに分かれる. **2** 割り算する; 《ある数》が《別の数》を割り切れる (into). **3** 《意見など》が対立する, 割れる: The class ~d [over] this question. クラスの生徒はこの問題で意見が分かれた. **4** 《主に英》《議会が》決を採る. **5** 《細胞が》分裂する.

divide and rúle [cónquer] 動 (自) 分割統治す

る. **divíde úp** 動 (他) 〈…〉を**分ける, 分配する** <V+O+代・代/V+up+名・代》D~ the cake up between [among] you. ケーキをあなたたちで分けなさい.

━━ 名 C **1** [普通は単数形で] 《大きな》相違, 溝, 分裂 (between); 《分離[転換]点》: ☞ digital divide. **2** 《主に米》分水嶺(れい)》: ☞ great divide. **divíde and rúle [cónquer]** [名] 分割統治《政策》.

di・vid・ed /dɪváɪdɪd/ 形 (反 undivided) **1** 分割された, 分離した: a ~ country 分断国家. **2** 分裂した; 意見[気持ち]が分かれた: United we stand, ~ we fall. 《ことわざ》団結すれば立ち, 分裂すれば倒れる.

divided híghway 名 C 《米》中央分離帯のある幹線道路《英》dual carriageway.

✣div・i・dend /dívədènd, -dənd/ 🔴 名 (**-i・dends** /-dèndz, -dəndz/) C **1** 《株の》配当金, 利益配当《額[率]》: a big ~ 多額の配当金. **2** 《副》被除数《反 divisor). **3** 特別手当, 期末報奨金. **4** 《英》トトカルチョの賞金. **páy [bríng] dividends** 動 (自) 《略式》 後に利益[好結果]を生む.

di・vid・er /dɪváɪdə/ -də/ 名 C **1** 仕切り, 分割する物. **2** C 仕切りページ. **3** [複数形で] 分割コンパス, ディバイダー: a pair of ~ ディバイダー1丁.

di・víd・ing líne /dɪváɪdɪŋ-/ 名 C [普通は単数形で] 《物事・集団・土地の境界[区分]線 (between).

div・i・na・tion /dìvənéɪʃən/ 名 U 《格式》予言(能力), 占い; 勘.

✣di・vine /dɪváɪn/ 形 (名 divinity) **1** A 神の; 神格の; 神から授かった: ~ intervention 神の救い, 天祐 / ~ judgment 神の裁き. **2** [普通は A] 神聖な (holy); 神のような, 神々しい; 宗教上の: a ~ service 礼拝(式). **3** 《古風, 略式》すばらしい, すてきな《特に女性が用いる). ━━ 名 C 《古風》聖職者. **the Divine** [名] (1) 神 (God). (2) 人間の崇高なもの. ━━ 動 (他) **1** 《文》〈意図など〉を読み取る (that, wh 節); 占う. **2** 占い棒 (divining rod) で《水脈, 金鉱》を発見する. ━━ (自) 《文》水脈を探る (for).

Divíne Cómedy 名 個 [The ~] 神曲《イタリアの詩人ダンテ (Dante) 作の大叙事詩).

di・vine・ly /dɪváɪnli/ 副 神の力で; 神のように; 《古風, 略式》すばらしく《特に女性が用いる).

Divíne Óffice 名 [the ~] 《キ教》聖務日課《日々定時にささげる祈り》.

di・vin・er /dɪváɪnə/ -nə/ 名 C **1** (divining rod で) 水脈・鉱脈を探す人. **2** 占い師.

divíne ríght 名 U または a ~] **1** 神権(説): the ~ of kings 《史》王権神授説. **2** 《略式》当然の権利.

✝div・ing /dáɪvɪŋ/ 名 U 飛び込み; 潜水, ダイビング: ☞ scuba [skin] diving. 関連 skydiving スカイダイビング.

díving bèetle 名 C ゲンゴロウ《水生昆虫).

díving bèll 名 C 潜水鐘(しょう) 《つり鐘型の潜水器》.

díving bòard 名 C 飛び込み板.

díving sùit 名 C 潜水服.

di・vín・ing ròd /dɪváɪnɪŋ-/ 名 C 占い棒《昔水脈・鉱脈の探知に用いた》.

✣di・vin・i・ty /dɪvínəti/ 名 (**-i・ties**; 形 divine) **1** U 神学 (theology): Doctor of D~ 神学博士(の学位). **2** U 神性; 神の力. **3** C 神. **4** [the D-] 《キリスト教の》神 (God). **5** U 《米》白いクリーム菓子.

divínity schóol 名 C 《米》神学校.

di・vis・i・ble /dɪvízəbl/ 形 (反 indivisible) P 《数》割り切れる (by, into); 分けられる, 分割できる.

✣di・vi・sion /dɪvíʒən/ 名 (~s /-z/; 動 divide) **1** U または a ~] **分割, 分裂**; 《生》分裂: ~ of powers 権力の分立 (三権分立) / the ~ of a year into four seasons 1年を4つの季節に分けること / make a clear ~ between public and private matters 公私を峻別(しゅんべつ)する. **2** U または a ~] 分配, 配分 (distribution) (between,

among): This is not a fair ~ of the profit. これは公平な利益配分ではない.
3 ⓒ 分けられたもの, 一部, 区分 (⇨ part 類義語); 〖植〗門 (⇨ family 5). **4** ⓒ 〖英〗単数形でも時に複数扱い〗局, 〖米〗課; 〖陸軍〗略 div., Div; ⇨ corps 参考). **5** ⓒ 分けるもの, 境界(線) (between). **6** ⓒⓊ 意見の対立, 不一致, 相違 (within, between): heal the ~s 意見の対立を解消する. **7** Ⓤ 割り算, 除法. 関連 addition 足し算 / subtraction 引き算 / multiplication 掛け算. **8** ⓒⓊ 〖英〗(議会の)採決. **9** ⓒ 〖スポ〗(技量・体重・年齢別などの)クラス, 級; ディビジョン (リーグの下の区分).
(**a**) **divísion of lábor** 〖名〗分業.
⁺**di·vi·sion·al** /dɪvíʒ(ə)nəl/ 〖形〗〖A〗 局[課, 師団]の; 〖スポ〗ディビジョンの.
divísion bèll 〖名〗ⓒ 〖英〗(議会の)採決開始の鐘.
divísion lòbby 〖名〗ⓒ 〖英〗(議会の)採決ロビー.
divísion sígn 〖名〗ⓒ 除法記号 (÷). 関連 multiplication sign 乗法記号 (×).
⁺**di·vi·sive** /dɪváɪsɪv/ 〖形〗意見の対立を起こす, 不和を生む. **~·ly** 不和を起こすように. **~·ness** 〖名〗Ⓤ 意見の対立.
di·vi·sor /dɪváɪzɚ | -zə/ 〖名〗ⓒ 〖数〗除数 (反 dividend); 〖数〗約数.
⁺**di·vorce** /dɪvɔ́ɚs | -vɔ́ːs/ 🔢 〖名〗(**di·vorc·es** /~ɪz/) **1** ⓒⓊ 離婚, (親子などの)離縁: (a) ~ by mutual consent 協議離婚 / the ~ rate 離婚率 / Sophie got [obtained] a ~ from her husband. ソフィーは夫と離婚した. 関連 marriage 結婚. **2** ⓒ 分離, 断絶 (separation). **súe ... for divórce** 〖動〗他 (配偶者に)離婚訴訟を起こす.
— 〖動〗(**di·vorc·es** /~ɪz/; **di·vorced** /~t/; **di·vorc·ing**) 他 **1** 〈夫・妻〉を離婚する, 離縁する; 〈夫婦を〉離婚させる: He has legally ~d his wife. 彼は妻と正式に離婚した / John and I were ~d two years ago. <V+Oの受身> ジョンと私とは2年前に離婚した. **2** [普通受身で] 〈…〉を分離[区別, 絶縁]する (from). — 自 離婚する. 関連 marry 結婚する.
di·vor·cé /dɪvɔ̀ɚséɪ, -síː | -vɔ̀ː-/ 《フランス語から》 〖名〗ⓒ 〖米〗離婚した男.
⁺**di·vorced** /dɪvɔ́ɚst | -vɔ́ːst/ 〖形〗 **1** 離婚した (略 div.): a ~ man [woman] 離婚した男性[女性] / He is ~ from Mary. <A+from+名・代> 彼はメアリーと離婚している. **2** 分離[遊離, 絶縁]した: be ~ from reality 現実離れしている. **gèt divórced** 〖動〗自 (…と)離婚する (from).
di·vor·cée, di·vor·cee /dɪvɔ̀ɚséɪ, -síː | -vɔ̀ː-/ 《フランス語から》 〖名〗ⓒ 離婚した女性; 離婚した人.
div·ot /dívət/ 〖名〗ⓒ 〖ゴルフ〗(打球の際に)削り取られた芝生.
⁺**di·vulge** /dɪváldʒ, daɪ-/ 〖動〗他 〖格式〗〈秘密〉を漏らす (to): ~ one's sources (情報の)出所を明かす.
div·vy /dívi/ 〖動〗(**div·vies; div·vied; -vy·ing**) 他 〖略式〗〈…〉を分配する, 山分けする (up). — 〖名〗ⓒ 〖英略式〗ばか者.
Di·wa·li /dɪwáːli/ 〖名〗Ⓤ ディワーリー《秋に行なわれるヒンズー教の灯明祭り》.
Dix·ie /díksi/ 〖名〗〖米略式〗南部諸州《特に南北戦争以前に奴隷を所有した南東部諸州》.
Dix·ie·land /díksilænd/ 〖名〗Ⓤ ディキシーランド《古典的なジャズの一種》.
DIY /díːàɪwáɪ/ 〖略〗〖英〗=do-it-yourself.
diz·zi·ness /dízinəs/ 〖名〗Ⓤ めまい.
⁺**diz·zy** /dízi/ 〖形〗(**diz·zi·er; -zi·est**) **1** めまいがする, ふらふらする: a ~ spell 一瞬のめまい / I feel ~. 私はめまいがする. **2** 〖A〗 目がくらむような: a ~ height 目がくらむような高さ / the ~ heights [滑稽] 高い地位. **3** 当惑[混乱]した. **4** 〖略式, 主に米〗(女性が)ぬけていて物忘れする. — 〖動〗(**diz·zies; diz·zied;**

do 493

-zy·ing) 他 〈…の〉目をくらませる.
diz·zy·ing /dízɪɪŋ/ 〖形〗〖A〗 目がくらむような.
⁺**DJ** /díːdʒèɪ/ 〖名〗ⓒ **1** DJ, ディスクジョッキー 《disc jockey の略》. **2** 〖英略式〗=dinner jacket.
Dja·kar·ta /dʒəkɑ́ɚtə | -káː-/ 〖名〗=Jakarta.
djel·la·bah, djel·la·ba /dʒəláːbə/ 〖名〗ⓒ ジュラバ《北アフリカなどのフードつきの男性用の長い上着》.
Dji·bou·ti /dʒɪbúːti/ 〖名〗固 ジブチ《アフリカ東部の共和国》.
djinn /dʒín/ 〖名〗ⓒ =jinni.
DL 〖略〗=disabled list.
DLitt /díːlít/ 〖略〗=Doctor of Literature [Letters] (⇨ doctor).
DM 〖略〗=Deutschmark.
DMA 〖略〗=direct memory access 〖電算〗直接メモリーアクセス《主記憶とディスク装置などとの間のデータの伝送を CPU を介さず直接に行なう方式》.
D-mark /díːmɑ̀ɚk | -màːk/ 〖略〗=Deutschmark.
DMs 〖略〗=Doctor Martens.
D Mus /díːmás/ 〖略〗=Doctor of Music 音楽博士.
DMV /díːèmvíː/ 〖略〗=Department of Motor Vehicles (米国の州政府の)自動車局《免許発行を行なう》.
DMZ 〖略〗=demilitarized zone (⇨ demilitarize).
⁺**DNA** /díːènéɪ/ 〖名〗Ⓤ 〖生化〗DNA, デオキシリボ核酸《生物の細胞の核の中にある遺伝子の本体》.
DNÁ fíngerprint 〖名〗ⓒ DNA [遺伝子]指紋.
DNÁ prófiling 〖名〗Ⓤ DNA 鑑定(法) (profiling).
Dnie·per /níːpɚ | -pə/ 〖名〗固 [the ~] ドニエプル川《ロシア中西部に発し黒海に注ぐ川》.

⁺**do**¹ /(弱) (子音の前では) dʊ, (母音の前では) du; (強) dúː/ 《同音 〖米〗 #dew, 〖米〗 #due; 類音 #duke》 ~ を代動詞としての用法はここで扱う.《三単現 **does** /(弱形) dəz; (強形) dáz/; 過去 **did** /(弱形) dɪd; (強形) díd/》

語法 助 この do 自身には特別な意味はないが be 以外の動詞に伴って次のような働きをする《⇨ auxiliary verb 文法》, have¹ 語法 の囲み (3), (4)》.

① [否定文をつくる]	1
② [疑問文をつくる]	2
③ [強調]	3, 4
④ [動詞の代用として]	[代動詞]

1 [**否定文をつくる**]: I *do not* [*don't*] know him. 私は彼を知らない / He *does not* [*doesn't*] drink. 彼は飲まない / Mr. White *did not* [*didn't*] attend the party. ホワイトさんはパーティーに出席しなかった / I *don't have* any money. 私にはお金がない / *Do not* [*Don't*] *lie*. うそをついてはいけない / *Do not* [*Don't*] *be afraid*. 恐れるな《否定の命令文では do は be にも伴う; ⇨ be¹ A 語法 (3); imperative mood 文法 (2)》.

語法 do を用いない否定の命令文は 〖文〗 (⇨ not (1) (iii) 語法): *Lead* us *not* into temptation, but deliver us from evil. 我を試みに遇(あ)せず, 悪より救い出したまえ《聖書のことば》.

2 (1) [**疑問文をつくる**]: *Do* you *understand*? わかりますか / *Does* she *teach* English? 彼女は英語を教えていますか / Where *did* you *find* it? それをどこで見つけましたか / What *does* he *sell*? 彼は何を売っているのですか / Why *don't* we *have* lunch together tomorrow? あしたいっしょにお昼食べない.

語法 (1) 否定の場合は ⇨ not (1) (ii).
(2) 主語が疑問詞のときには do は用いない: *What happened?* 何が起こったんだ / *Who broke* the

vase? だれが花びんを壊したのか.

(2) [感嘆を表わす]: *Didn't* she *dance* well! 彼女は実に見事に踊ったじゃないか. [語法] 否定の疑問文の形で下降調で話すのが普通; ☞ rhetorical question [文法].
3 /dúː/ [文中の述語動詞を強調する; ☞ emphasis [文法] (1) [語法]].

> [語法] **強調の do**
> (1) do /dúː/, does /dʌ́z/, did /díd/ のように常に強く発音し, その後の動詞を少し弱く発音する.
> (2) 相手が否定ないし消極的な態度をとっているときなどに, 自分の考えを強く主張する場合に用いる: I *dó remèmber* it quite well. いや今でも本当に覚えています《I *remember* it. の強調》/ Yet it (=the earth) *dóes mòve*. それでもやはりそれ(=地球)は動く《Yet it *moves*. の強調》/ She *díd trỳ* hard, but she was not successful. 彼女は確かに一生懸命に努力したのだが, うまくいかなかった《She *tried* hard, ...の強調》/ *Dó còme* in. さあ入ってよ《Please *come* in. の強調; 遠慮したりしてなかなか入ろうとしない相手への勧誘》.
> (3) 強調の命令文では do は be にも伴う《☞ be[1] A [語法] (3), imperative mood [文法] (3)》: *Dó bè* quiet. どうか静かにしてくださいな《*Be* quiet. の強調; なかなか静かにしない相手に向かって》.

4 [副詞(句)などが強調のため文頭にきたとき; ☞ inversion [文法] (1) (vi)]: [言い換え] *Rarely do* I *go* there. (=I *rarely go* there.) そこにはめったに行かない / [言い換え] *Never did* I *know* such a fool. (=I *never knew* such a fool.) 私はあんなばかなやつは初めてだ.

— [代動詞] /dúː/ (三単現 **does** /dʌ́z/; 過去 **did** /díd/; 過分 **done** /dʌ́n/; **do·ing**) [語法] **be** 動詞以外の動詞の代用として《☞ pro-verb》.
1 [前に出た述語動詞の代わりとして]: He *thinks* as I *do* (=as I *think*). 彼の考えは私(の考え)と同じだ / She *studied* harder than he *did* (=he *studied*). 彼女は彼よりもよく勉強した.

> [語法] (1) 動詞が目的語を持つ場合はその全体の代用となる: Jane *likes classical music* and Bill *does* too (=*likes classical music* too). ジェーンはクラシック音楽が好きで, ビルも同じだ.
> (2) 助動詞の後に代動詞の do を用いるのは《英略式》: I haven't *read* this yet but I *will do* (so) (=I will *read it*). 私はこれをまだ読んでいないけれど読むつもりだ.《米》では do を省く(《英》でも可能): I haven't *read* this yet but I *will*.

2 [疑問文の答えで] [語法] do /dúː/, does /dʌ́z/, did /díd/ のように普通は強く発音される: "Do you *love him*?" "Yes, I *do* (=I *love him*)."「あなたはあの人が好きですか」「はい, 好きです」/ "Does she *play the piano*?" "Yes, she *does* (=she *plays the piano*)."「彼女はピアノを弾きますか」「ええ, 弾きます」/ "Did they *come* to see you?" "No, they *didn't* (=they *didn't come*)."「彼らはあなたに会いに来ましたか」「いいえ, 来ませんでした」/ "Who *broke this vase*?" "Jane *did* (=Jane *broke it*)."「だれがこの花びんを壊したのですか」「ジェーンです」
3 [付加疑問で] [主に Ⓢ]: You live in Kyoto, *don't* you? 京都に住んでいるんですよね / He *doesn't love* his wife, *does* he? 彼は奥さんを愛していないのじゃないの. [語法] 主節が肯定文ならば付加疑問では don't, doesn't, didn't を用い, 主節が否定文ならば do, does, did を用いるのが普通《☞ tag question [文法] (1); auxiliary verb [文法] (4)》.
4 [相手の話に相づちを打つとか賛成の意を表わして]: "I *saw* lots of lions in Kenya." "Oh, *did* you?"「僕はケニアでライオンをたくさん見たよ」「へえ, そうかい」/ "I never *drink* wine." "Oh, *don't* you?"「私はワインは全然飲みません」「ほう, そうですか」《☞ auxiliary verb [文法] (5)》/ "John likes singing." "So he *does*."「ジョンは歌うのが好きだ」「そのとおりだ」《☞ so[1] 8》.
5 [so や neither で始まる応答の文などで《☞ so[1] 9 [語法], neither [副] [語法] (1), nor 2 [語法]》]: "I *like* chocolate very much." "*So do* I. (=I *like* chocolate, too.)"「私はチョコレートが大好き」「私も好きよ」/ "I *did* not *go* there yesterday." "*Neither* [*Nor*] *did* I. (=I *did* not *go*, either.)"「私はきのうはそこに行かなかった」「私も行かなかった」[語法] do は主語の前に出る《☞ inversion [文法] (1) (v)》.
6 [動作を示す動詞の代表形として特に what で始まる関係詞節に用いて《☞ emphasis [文法] (5)》]: *What* he *did* with your book was (to) hide it. 彼が君の本をどうしたかというと隠したんだ / *What* they are *doing* is ruining the economy. 彼らがしているのは経済をだめにすることだ.

> [参考] 辞書によっては成句などで, have a mind to *do* (...する気がある)や keep on *doing* (...し続ける)のように, 動詞の代表形に用いる《この辞書では **have a mind to** do や **keep on** doing の形で示す》.

‡do² /dúː/ ([同音]《米》#dew,《米》#due; [類音] #duke) [動] (三単現 **does** /dʌ́z/; 過去 **did** /díd/; 過分 **done** /dʌ́n/; **do·ing**)

> 基本的には「ある行為をする」の意.
>
> | | |
> |---|---|
> | ① (事柄・動作・行為を)する | [他] 1, 2, 3 |
> | ② 仕上げる | [他] 4 |
> | ③ してやる, 与える | [他] 5 |
> | ④ 始末する | [他] 6 |
> | ⑤ 行動する | [自] 1 |
> | ⑥ 暮らす | [自] 2 |
> | ⑦ 間に合う | [自] 3 |

— [他] **1** 〈...〉を**する**, 行なう: You can *do* it by yourself. それはあなた一人でできる / You *did* it! やったね(おめでとう), でかした / What are you *doing* now? あなたは今何をしているの《★ What do you *do*? Ⓢ は「あなたの職業[仕事]は何ですか」の意》/ What are you going to *do* after college? 大学を出たら何をしますか / Is there anything I can *do for* you? <V+O+*for*+名・代> 何か手伝うことがありますか / There's nothing we can *do about* John's schoolwork. <V+O+*about*+名・代> ジョンの成績はどうしようもない / *Do what* you like. <V+O (*wh* 節)> 自分の好きなことをやりなさい.
2 〈動作・行為〉を**する**, 行なう;《略式》〈食事〉をする; 〈映画〉を見る.

> [語法] 動作を示す名詞か the, some, much などを伴った動名詞を目的語とする: They did the *trip* in two days. 彼らはその旅行を 2 日でした / You *do the* shop*ping* and I'll *do the* cook*ing* [wash*ing*]. あなたは買い物をしてください. 私は料理[洗濯]をしましょう / The novelist *did a lot of* writing last year. その小説家は昨年はたくさん書いた.

3 〈任務・義務など〉を**果たす**; 〈最善〉を尽くす: She *did* her work very well. 彼女は自分の仕事を大変立派に果たした / Maggie *did* her best [utmost] in the race. マギーはレースでベストを尽くした.
4 [完了形または受身で]《略式》**仕上げる**, 終える (finish): I'*ve done* it. それはやってしまった / She *has* just *done* the laundry. 彼女はちょうど洗濯を終えたと

ころだ / We've *done* read*ing*. Now let's write our papers. <V+O (動名)> 読むことは終了した. こんどは自分たちで作文を書いてみよう / *Is* your homework *done* yet? <V+O の受身> もう宿題は済んだの.
5 〈…に〉〈よいこと〉をしてやる, (…に)〈益・害など〉を与える, もたらす: Will you *do* me a favor? <V+O+O> お願いがあるのですが / This medicine will *do* (you) good. <V+(O+)O> この薬は効く / Bob's success ***does*** credit ***to*** his family. <V+O+*to*+名・代> ボブの成功は一家の名誉になる.
6 〈…〉を始末する, 処理する.

[コーパス・キーワード]
目的語による意味の変化 1 《☞ corpus》
特定の目的語と結びついて, 料理する (cook), きれいにする (clean), …の役割をする, 演じる (play), 解く (solve), Ⓢ《英》勉強する (study) などいろいろな意味を表わす: The steak *is* well *done*. <V+O の受身> そのステーキはよく焼けている《☞ well-done》/ Please ***do your room*** yourself. 自分の部屋は自分で片づけてくださいよ《☞ do one's [the] room (room [名] 成句)》/ Mother ***did the dishes*** right after supper. 母は夕食のあとすぐに皿を洗った《☞ do the dishes (dish [名] 成句)》/ Nelly spent nearly an hour ***doing her face***. ネリーはお化粧をするのに1時間近くもかけた / I can't ***do*** this ***sum***. この計算問題ができない.

7 〈…〉をこしらえる, 作り上げる.

[コーパス・キーワード]
目的語による意味の変化 2 《☞ corpus》
(1) 目的語によって, 書く (write), 描く (paint), 製作する (produce), 提供する (provide), 歌う (sing) などの意味になる: That writer ***does*** a few ***novels*** every year. あの作家は毎年2, 3編の小説を書く / They ***did*** a ***film*** on animals. 彼らは動物映画を作った / We're ***doing*** a one-act ***play*** at the school festival. 私たちは学園祭で一幕物の劇を上演するつもりだ / That restaurant doesn't ***do lunch*** on Sundays. あのレストランは日曜日には昼食を出さない.
(2) 間接目的語を伴うことがある: *Do us* a report on that subject.(=*Do* a report on that subject *for* us.) その問題について私たちにレポートを出してくれ.

8 〈ある距離〉を行く (cover), 〈…〉の速度で進む[を出す]; 《略式》〈…〉を見物する: He *did* ten miles on the first day of his trip. 彼は旅行の第1日目に10マイル進んだ / I *did* America in a month. 私はアメリカを1か月かけて旅行した. **9** [主に Ⓢ] 〈人〉に間に合う; 〈…〉にとって十分である: Ten pounds will *do* me for the moment. 差し当たり10ポンドもあれば間に合うだろう. **10** 《略式》〈時〉を過ごす; 〈刑期〉を務める. **11** 《英略式》〈…〉をだます (cheat); 痛めつける (hurt). **12** 《俗》〈…〉に強盗に入る. **13** [普通は受身で] Ⓢ《英俗》〈…〉を罰する, 検挙する, 有罪とする (*for*). **14** 《略式》〈…〉の物まねをする. **15** 《米略式》〈…〉に加わる, 参加する. **16** 〈…〉を扱う, もてなす. **17** 《俗》〈麻薬〉を常用する. **18** 〈…〉とセックスする. **19** 〈…〉を認める, 許す.
— [自] **1** 行動する, ふるまう; する: *Do* as you're told. Ⓢ 言われたようにしなさい《子供に向かって》/ *Do* unto others as you would have them *do* unto you. あなたが他の人からしてもらいたいと思うようにあなたも他の人にしなければいけない《聖書のことば》.
2 [普通は副詞を伴って] 暮らす, やっていく (*with*) (get along); (事が)進行する, (植物が)育つ: Bill is *doing* beautifully. <V+副> ビルは立派にやっている / How are you *doing*? 《略式》元気ですか / Mother and child are both *doing* well [nicely]. (産後)母子ともに元気です / He is *doing* very well ˹in his business [at school]. 彼は商売のほう[学校]では大変順調だ / My business *did* well. 私の商売はうまく運んだ.
3 [進行形なし] [しばしば will とともに] [主に Ⓢ] **間に合う, 役に立つ, 適当である**《☞ do for … (句動詞)》: That *will do*.=That'*ll do*. それでよい, それで十分だ; Ⓢ いいかげんにしなさい《子供に向かって》/ This ***will do*** nicely ***as*** [***for***] a chair. <V+C(*as* [*for*]+名)> これはいすにちょうどいい / [言い換え] That *won't do*.=That *will* never *do*. 《主に英》それじゃあだめだ / [会話] "When is it convenient for you?" "Any weekend *will do*." 「いつがご都合よろしいですか」「週末ならいつでも結構です」
4 [doing の形で] Ⓢ《略式》起こ(ってい)る: What's *doing* there? そこで何が起こっているんですか / There is nothing *doing* in a small town like this. こんな小さい町では何も(おもしろいことが)起こらない.
be dóne dóing [動] 《米》…は済んだ: I'*m done* talk*ing*. 私の話は済んだ.
be dóne fòr [ín] [動] [自] 《略式》参っている, へとへとだ, もうだめだ[役に立たない]; 死にそうだ.
be dóne with … [動] [他] …を済ませてしまう; …と縁を切る: *Are* you *done with* this book? この本はお済みですか.
be sómething to dó with … [動] [他] =have something to do with … 《☞ have[1] 成句》.
be to dó with … [動] [他] =have to do with … 《☞ have[1] 成句》.
cán't be dóing with … [動] [他] 《英略式》…を我慢できない.
could [can] dó with … [動] [他] Ⓢ (飲食物・金・休憩・入浴など)が必要である, …があるとよい, …が欲しい (want) 《☞ do with … (句動詞) 2》: Oh, I *could do with* a cup of coffee. ああコーヒーが一杯飲みたいなあ / These shoes *could do with* a shine. この靴は一度磨いたほうがよい.
dó it [動] [自] 《俗》[婉曲] セックスをする.
dó or díe [動] [自] 《格式》必死の努力をする.
dò wéll ☞ well[1] [副] 成句.
hàve dóne with … [動] [他] …を済ませてしまう; …と縁を切る: Oh, *have done with* it! 《英》ほら, さっさとやってしまいなさいよ.
hàve sómething to dó with … ☞ have[1] 成句.
hàve to dó with … ☞ have[1] 成句.
Hów do you dó? ☞ how[1] 成句.
màke dó [動] [自] 間に合わせる.
màke dó with … =màke … dó [動] [他] (手近な物など)で間に合わせる: I'll have to *make* ˹my old overcoat *do* [*do with* my old overcoat] this winter. この冬は古いオーバーで間に合わせなくては.
màke dó withòut … [動] [他] …なしで済ませる: I didn't have time to go buy any butter today. You'll have to *make do without* (it). きょうはバターを買いに行く暇がなかった. なしで済まさないとね 《☞ go and do (go[1] 成句) [語法] (2)》. [語法] 《英》では目的語を省略することがある.
Nó, you dón't. Ⓢ だめだ《人を制止するとき》.
Thát dóes it! Ⓢ (1) これでよし. (2) もうたくさんだ.
Thát's dóne it! Ⓢ《英》しまった, もうだめだ.
Thát should [òught to] dó it. Ⓢ それで完了だ.
Thát would nèver dó. Ⓢ そんなことはあって[起こって]ほしくはないのだが.
Whát can I dó for yòu? Ⓢ 何を差し上げましょうか, 何かご用でしょうか《店員などが客などに言うことば; ☞ Can [May] I help you? (help [動] 成句) [語法]》.
Whát … dòing —? Ⓢ [しばしば非難の意を表わして] どうして(…が)—か: *What* are you *doing* up so late at night? どうしてこんな夜遅くまで起きているんだ / *What*'s that knife *doing* on my chair? どうしてそのナ

D

イフが私のいすの上にある.

Whát ... dòing with —? (1) (人が)…をどう(処置)しているのか (⇨ do with ... (句動詞) 1). (2) どうして(人が)…などを持っているか: *What* is that child *doing with* your watch?—Don't you need it? どうしてあの子があなたの腕時計をしているの—もう要らないの?.

Whát have you dóne to ...? [動] 他 …はどうした: *What have you done to* your glasses? They're broken. めがねはどうしたの. これでいうよ ⇨ do with ... (句動詞) 語法 (2)).

Whát will [do] you do for ...? Ⓢ (食糧・収入など)の手配[入手, 工面]はどうするんですか.

Will dó. Ⓢ いいですよ《依頼に対して》.

do² の句動詞

*__dò awáy with ...__ 動 他 1 …を捨て去る, 取り除く (get rid of), …を廃止する《受身 be done away with》: We should *do away with* outdated ideas. 古い考えは捨てるべきだ. 2 《略式》殺す (kill).

dó by ... 動 他 (人)に対してふるまう; …を扱う: She *did* well *by* me. 彼女は私にとてもよくしてくれた / Do as you would be *done by*. 《ことわざ; 主に英》他の人にしてもらいたいと思うことを人にもしてあげなさい (⇨ do² 自 1).

dó dówn 動 他 《英式》〈人・物事〉の悪口をいう, 〈…〉をけなす: *do oneself down* 卑下する.

*__dó for ...__ 動 他 1 …に間に合う; …の代わりをする: This room will *do for* my study. この部屋は私の書斎に使える[なる]. 2 《英古風》…のために家事をする. 3 [普通は受身で]《英俗》だめにする, 殺す (kill); 罰する. 4 [普通は受身で]《古風》…をへとへとに疲れさせる; 酷使する.

*__dó ... for —__ 動 他 1 [much, a lot, something, what などを目的語として]《略式》〈…の程度〉だけ—のためになる, —に〈役立つ事〉をしてやる[もたらす, 与える]; 〈…の程度〉だけ—の役に立つ[見せる]: The discovery of a new dish *does more for* human happiness than the discovery of a new star. 新しい料理を発見するほうが新しい星を発見するよりずっと人類の幸福に役立つ / I don't think that hat *does anything for* you. その帽子は君には似合わないと思う. 2 [what を目的語として]《略式》〈…〉をやって(必需品など)を手に入れる: ⇨ what will you do for ...? (句動詞).

dó ín 動 他 《略式》 1 〈…〉を殺す (kill): *do oneself in* 自殺する. 2 [普通は受身で]〈…〉を(へとへとに)疲れさせる. 3 《英》〈体〉を痛める.

dó óut 動 他 1 〈部屋〉を装飾する (in, with). 2 《略式, 主に英》〈部屋・庭など〉をすっかりきれいにする, 掃除する; 〈机・棚など〉を整理する.

dó ... óut of — 動 他 [しばしば受身で]《略式》(金・機会・職場など)を〈…〉からだまして取り上げる(奪う): He was *done out of* his promotion. 彼はうまく謀られて昇進をじゃまされた.

dó óver 動 他 1 《米》〈…〉をやり直す: You have to *do* your composition *over*. 君は作文を書き直す必要がある. 2 《英》〈部屋・壁・壁などをきれいにし直す, 改装する; 作り直す. 3 《英式》〈人〉を襲う, たたきのめす. 4 [普通は受身で]《英式》〈場所〉から物を盗む.

dó ... to — [something などを目的語として]《略式》…に〈…〉をする, 〈影響〉を及ぼす, (人)を興奮[動揺]させる: Her song *did something to* me last night. 昨夜彼女の歌にしびれた // ⇨ what have you done to ...? (句動詞).

dó úp 動 他 1 〈…〉を(きちんと)包む, 結ぶ; 〈髪〉をきちんと束ねる: *Do it up* securely. しっかりと包んで[結んで]ください. 2 〈ボタン・靴ひも・衣服など〉を留める: *Do up* your zipper. チャックを閉めなさい. 3 《英》〈家・部屋など〉の手入れをし, 修理する; 〈衣服など〉を直す: They decided to *do up* their kitchen. 彼らは台所を修理することにした. 4 [*do oneself up* としてまたは受身で]《略式》着飾る, めかす. —自《衣服など》留められる: This dress *does up* in [《英》at] the back. このドレスは背中を留めるようになっている.

*__dó with ...__ 動 他 1 [疑問詞 what とともに]…を(どう)処置[処理]する; 扱う (⇨ What ... doing with —? (成句)): I don't know *what* to *do with* this money. この金をどうしたらいいかわからない / 言い換え *What* did you *do with* your summer vacation? = *What* did you *do with* yourself during the summer vacation? 夏休みはどうされましたか.

語法 (1) *What is done with* ...? の形で受身可. (2) *What have you done with* my camera? Ⓢ は「私のカメラはどうした」,「カメラをどこに置いてきた」の意味から「カメラはどこにあるか」の意味になり, 答えは It's on the shelf. (棚の上にある)のようになる. *What have you done to* my camera? となれば「カメラに何をしたのか」ということで意外な変化を意味し「こわした[改造した]のではないか」の含みをもつ.

2 [普通は can, have to とともに] …で済ませる; [cannot, could not とともに]《古風, 英》…に我慢する: *Can* you *do with* a light lunch? 軽い昼食で済ませてくれますか. 3 ⇨ could [can] do with ... (成句).

*__dó without ...__ 動 他 1 [普通は can, have to とともに] …なしで済ませる: We *can't do without* a heater in this cold weather. こんな寒い天気ではストーブなしではやっていけない / We *had to do without* oil during the war. 我々は戦時中は石油なしで済まさなければならなかった. 語法 目的語を省略することがあり, その場合は次のようなアクセントとなる: If you don't like the cake, you *can dó withóut*. そのケーキがいやならなしで済ませなさい. 2 [can, could とともに] Ⓢ《皮肉》(よけいなことなど)がないほうがよい: I *can do without* your advice. ご忠告は結構です.

do³ /dúː/ 名 (**do's, dos**) 1 Ⓒ《略式》大騒ぎ. 2 Ⓒ《略式, 主に英》パーティー, 催し. 3 Ⓒ《英俗》だますこと, 詐欺(含). 4 Ⓒ《米略式》= hairdo. 5 Ⓤ《俗》糞, うんち. **dós and dón'ts** [名] すべきこととしてはいけないこと, 規則. **Fáir dó's!**《英略式》フェアにやろうよ.

do⁴ /dóu/ 名 [単数形で]【楽】ド《全音階の第 1 音》.

do. /dítou/《古風》= ditto.

D.O.A. /díːòuéɪ/《米》= dead on arrival 来院時(すでに)死亡.

do·a·ble /dúːəbl/ 形《略式》する[行なう]ことのできる.

dob /dáb | dɔ́b/ 動 他《略式, 英・豪》〈…〉を密告する (in; to).

d.o.b. = date of birth 生年月日.

dob·bin /dábɪn | dɔ́b-/ 名 Ⓒ おとなしい馬, 駄馬.

Dob·bin /dábɪn | dɔ́b-/ 名 固 ドビン (男子名; Robert の愛称; またしばしば子供の物語で馬の名前).

Do·ber·man(n) (pin·scher) /dóubəmən(pínʃə) | -bəmən(pínʃə)/ 名 Ⓒ ドーベルマン《ドイツ産の軍用犬・警察犬》.

Do·bro /dóubrou/ 名 (~s) Ⓒ ドブロ《金属の反響板の付いたアコースティックギター; 商標》.

doc /dák | dɔ́k/ 名 Ⓒ 1 [普通は呼びかけで]《略式》医者, 先生 (doctor). 2 = document¹.

do·cent /dóusənt/ 名 Ⓒ《米》 1 (博物館などの)案内人, ガイド. 2 大学の(非常勤)講師.

doc·ile /dás(ə)l | dóusaɪl/ 形 素直な, 従順な; 扱いやすい. —**·ly** 副 従順に.

do·cil·i·ty /dɑsíləṭi | dou-/ 名 Ⓤ おとなしさ, 従順さ.

*__dock¹__ /dák | dɔ́k/ 名 (~s /~s/) Ⓒ 1 ドック《造船や船

の修理の設備: a floating ~ 浮きドック // ☞ dry dock, wet dock. **2** (米) 埠頭(ふとう), 波止場. **3** [普通は複数形で] 港湾(施設); 造船所. **4** (米) (トラック・貨車用の)積み降ろし(プラット)ホーム. **be in dóck** [動] (自) ドックに入っている; (車などが)修理に出されている. **gó ìnto dóck** [動] (自) ドックに入る.
— 動 他 **1** 〈船〉をドックに入れる (at, in). **2** 〈宇宙船・パソコン〉などをドッキング[結合]させる (with). — 自 **1** 〈船が〉ドックに入る (at, in). **2** 〈宇宙船・パソコン〉などが)ドッキングする (with).

dock[2] /dák | dók/ 名 [the ~] (刑事法廷の)被告席. **be in the dóck** [動] (自) 裁判を受けている.

dock[3] /dák | dók/ 名 C **1** 〈動物の〉尾の心(の部分). **2** 切り尾. — 動 他 **1** 〈尾〉などを短く切る. **2** 〈賃金〉などを減らす (off; from); 〈人〉から〈給料〉などをさっぴく (of). **3** 〈人〉から〈楽しみ〉などを奪う (of).

dock[4] /dák | dók/ 名 U,C すいば, すかんぽ, ぎしぎし《葉の大きな多年草》.

dock·er /dákə | dókə/ 名 C 《主に英》=longshoreman.

dock·et /dákɪt | dók-/ 名 **1** (米) 〖法〗 (訴訟事件の)審理予定表, 審議項目. **2** (商) 内容摘要; 荷札. — 他 〈...〉に明細票[荷札]をつける.

dócking stàtion 名 C (電算) ドッキングステーション《ノート型パソコンの底部・後部に装着する拡張キット》.

dóck·land 名 U または複数形で (英) 港湾地域.

dóck·side 名 [the ~] 船着き場の隣接地.

dóck wòrker 名 C 港湾労働者.

dóck·yàrd 名 C 造船所.

Dóc Mártens 名 (複) =Doctor Martens.

*__doc·tor__ /dáktə | dóktə/ 名 (~s /~z/) C **1** (一般的に)医者, 医師; (外科医・歯科医などに対して)内科医; [the doctor's として] 医院: a woman ~ 女医 / That boxing match was ordered stopped by the ~. そのボクシングの試合はドクターストップがかかった. [日英比較] 「ドクターストップ」は和製英語 // Is there a ~ in the house? お客様の中にお医者さんはいらっしゃいませんか《劇場などで急病人が出たときに医者をさがすことば》. [関連] physician 内科医 / surgeon 外科医 / dentist 歯科医 / nurse 看護師 / patient 患者. [参考] (米)では外科医, 歯科医, 獣医も Doctor と呼びかけるが (英)では内科医以外の医者は Mr [Miss, Mrs, Ms] Smith のように呼びかける.

	医者
doctor	博士

(会話) "I have a headache, D~." "Let me check your throat. Well, you have a cold." 「先生, 頭痛がするんですけど」「のどをみてみましょう. ははあ, かぜですね」

——— コロケーション ———
call [send for] a *doctor* 医者を呼ぶ
go to the *doctor* 医者に[診てもらいに]行く
see [consult] a *doctor* 医者にかかる

2 博士 (形 dóctoral): a D~ of Laws 法学博士 (略 LLD) / a D~ of Literature [Letters] 文学博士 (略 LittD, DLitt) / a D~ of Medicine 医学博士 (略 MD) / a D~ of Philosophy 博士(号) 《博士課程修了者に与えられる》(略 PhD, DPhil) [参考] この philosophy は「学問」の意 / a D~ of Science 理学博士 (略 DSc) / He took a ~'s degree at the University of Chicago. 彼はシカゴ大学で博士号をとった. [語法] 1, 2では敬称として姓(と名)の前に Dr., Dr をつける (☞ Dr.'). [関連] master 修士 / bachelor 学士. **3** (略) 修理屋. [語源] ラテン語で「教師」の意.

be (júst) whàt the dóctor órdered [動] (自) 成分・元気回復などに)まさに必要なものだ.

— 動 (-tor-ing /-təriŋ, -triŋ/) 他 **1** (略式) 〈...〉に手を加える, 改竄(かいざん)する (up); 〈飲食物など〉に毒・薬などを入れる (with). **2** 〈病気・人〉の治療をする. **3** (英) 〈動物〉を去勢する (neuter). — 自 (略式) 医者をする.

doc·tor·al /dáktərəl, -trəl | dók-/ 形 (dóctor 2) A 博士の: a ~ degree 博士号.

†**doc·tor·ate** /dáktərət, -trət | dók-/ 名 C 博士号: a ~ in literature 文学博士号.

Dóctor Mártens /-máːtnz | -máːtɪnz/ 名 (複) ドク(ター)マーティンズ《丈夫な編上げ靴; [略] DMs; 商標》.

doc·tri·naire /dàktrɪnéə | dòktrɪnéə/ 形 (格式) (軽蔑) 空理空論の, 教条(主義)的な.

doc·tri·nal /dáktrɪn(ə)l | dɔktráɪ-, dɔktrɪ-/ 形 (dóctrine) A (格式) 教義上の; 学説上の.

*__doc·trine__ /dáktrɪn | dók-/ 名 (~s /~z/; 形 dóctrinal) **1** C (米) (政策上の)原則, 主義, 綱領: a defense ~ 防衛政策 // ☞ Monroe Doctrine. **2** U,C 教義, 教理; 学説: preach a ~ 教義を説く.

doc·u·dra·ma /dákjudrà:mə | dók-/ 名 C ドキュメンタリー[再現]ドラマ.

*__doc·u·ment__[1] /dákjumənt | dók-/ ★ 動詞の document[2] との発音の違いに注意. **口** 名 (-u·ments /-mənts/; 動 dócument[2], 形 dòcuméntary) C **1** (証拠となる公的な)文書, 書類; 文献: display ~s on screen スクリーン上に表示する / file an official ~ 公文書をファイルする. **2** (電算) 文書ファイル.

†**doc·u·ment**[2] /dákjumènt | dók-/ ★ 名詞の document[1] との発音の違いに注意. 動 (名 dócument[1]) 他 〈...〉を文書で証明する; 〈...〉に典拠をあげる (with); 〈新聞・映画など〉で〈...〉を詳細に記録する (wh 節): a well-~ed thesis 典拠が明示されている論文.

*__doc·u·men·ta·ry__ /dàkjuméntəri, -tri | dòk-/ 名 (-ta·ries /~z/) C (映画・テレビなどの)ドキュメンタリー, 記録物 (on, about): a TV ~ テレビのドキュメンタリー.
— 形 (名 dócument[1]) A **1** 文書の; 証書の: ~ proof [evidence] 文書による裏付け. **2** 事実を記録した: a film 記録映画.

†**doc·u·men·ta·tion** /dàkjumentéɪʃən, -mən- | dòk-/ 名 U **1** (証拠)文書, 資料(全体) (for); (パソコン・ソフトなどの)添付文書, 説明書. **2** 書類による証明; 文書化 (of).

doc·u·soap /dákjusòup | dók-/ 名 C (英) 〈病院・空港など〉の実在の人々の生活をもとにしたテレビ番組.

DOD /díːòʊdíː/ 名 [the ~] =Department of Defense (☞ department 表).

dod·der /dádə | dódə/ 動 (-der·ing /-dərɪŋ, -drɪŋ/) (自) よろよろする[歩く].

dod·der·ing /dádərɪŋ, -drɪŋ | dód-/ 形 (年を取って)よろよろした.

dod·der·y /dádəri, -dri | dód-/ 形 (dod·der·i·er; -i·est) =doddering.

dod·dle /dádl | dódl/ 名 [a ~] (英略式) とても簡単なこと: an absolute ~ 全く楽なこと.

*__dodge__ /dádʒ | dódʒ/ 動 (dodg·es /~ɪz/; dodged /~d/; dodg·ing) 他 **1** 〈...〉を(ひらりと)よける, 避ける (avoid): He ~d the blow. 彼はひらりとその一撃をかわした. **2** (略式) 〈責任・困難〉などからずるく逃げる (doing), 〈税金〉などをごまかす (evade); 〈質問〉などをはぐらかす: ~ the issue 問題を回避する / She cunningly ~d all responsibility. 彼女はずる賢くも全責任を逃れた. — 自 C [副詞(句)を伴って] ひらりと身をかわす.
— 名 C **1** [普通は a ~] 身をかわすこと: make a ~ 身をかわす. **2** (略式) (税金などの)ごまかし, 言い抜け: a tax ~ 税金逃れ.

dódge·bàll 名 U (米) ドッジボール《球技》.

Dódge Cíty /dádʒ- | dódʒ-/ 名 (固) ドッジシティー

498 dodgem

(Kansas 州の市; かつて治安の悪い町として有名だった).

dodg・em /dάdʒəm | dɔ́dʒ-/ 名《英》 1 [the ~s] ドッジャム《遊園地で小型電気自動車をぶつけ合う遊び》. 2 C《ドッジャムに使う》電気自動車.

dódgem càr 名 C《英》=dodgem 2.

†**dodg・er** /dάdʒɚ | dɔ́dʒ-/ 名 《略式》うまく逃れる[ごまかす]人: a tax ~ 脱税者／☞ draft dodger.

dodg・i・ness /dάdʒinəs | dɔ́dʒ-/ 名 U《英略式》ずるさ; 危ないかしさ; あてにならないこと.

†**dodg・y** /dάdʒi | dɔ́dʒ-/ 形 (dodg・i・er; -i・est)《英略式》 1 [否定文で]; あてにならない; 怪しげな. 2 危なっかしい, 危険な. 3 (機械が)よく動かない; (体の一部が)弱い. 4 質の悪い, 格好悪い.

do・do /dóudou/ 名 (~(e)s) C 1 ドードー《絶滅した大型の飛べない鳥》; [比喩] 時代遅れの人[物]. 2《略式, 主に米》うすのろ, ばか者. (as) déad as a [the] dódo [形]《略式》絶滅した; 全く時代遅れで.

doe /dóu/ 名 (複 ~(s)) C 《雌ジカ・ウサギなどの》雌: a hare 雌うさぎ. 関連語 buck 雄.

Doe ☞ John Doe.

DOE /díːòuíː/ 名 [the ~]《米》=Department of Energy エネルギー省.

dóe-èyed 形 あどけない目をした.

do・er /dúːɚ | dúːə/ 名 C 実践者, 実行者《口先だけの人に対して》: ☞ evildoer, wrongdoer.

‡**does**[1] /(弱) dəz; (強) dάz/ 助 do¹ の三人称単数現在形. ★ 用法について詳しくは ☞ do¹.

1 [否定文で] Mr. Smith「~ *not* [*doesn't*] *smoke*. スミスさんはたばこを吸わない.

2 [疑問文で] D~ she *like* skiing? 彼女はスキーが好きですか／Where ~ he *want* to go? 彼はどこへ行きたがっているのですか.

3 /dάz/ [be 動詞以外の動詞の代用として]: I cannot *sing* as well as she ~ (=as she *sings*). 私は彼女のようにはうまく歌えない／"*Does* your brother *play* tennis, too?" "Yes, he ~." 「君のお兄さんもテニスをするの」「はい, します」／"She *plays* the piano at concerts." "Oh, 'she ~ [~ she]?'" 「彼女は音楽会でピアノを弾いてるんだ」「へえ, そうかい」／"Maggy *has* a cat." "So ~ Tommy." 「マギーは猫を飼っているよ」「トミーもだよ」

4 /dάz/ [文中の述語動詞を強調する]: He ~ *have* faults, but I love him. 彼は確かに欠点はあるけれど私は彼が好きだ.

5 [副詞(句)などが強調のため文頭に来たとき; ☞ inversion 文法 (1) (vi)]《略式》[言い換え] *Not only* ~ he *teach* at school, but he (also) writes for the newspaper. (=He *not only teaches* at school, but he (also) writes for the newspaper.) 彼は学校で教えているだけでなく新聞に記事も書いている.

―― リスニング ――
does の後に母音で始まる語が続くと, その母音と does の語末の /z/ と続けて「ザ」行の音のように聞こえる. does it /dάzɪt/ は「ダズィト」, does he /dάziː/ は「ダズィー」のように聞こえ,「ダズ・イット」「ダズ・ヒー」とは発音しない.

‡**does**[2] /dάz/ 動 do² の三人称単数現在形.

‡**does・n't** /dάz(ə)nt/《略式》**does' not** の短縮形 (☞ not (1) (i) 語法): My daughter ~ *like* apples. うちの娘はりんごを好まない／D~ Tom *leave* tomorrow? トムは明日出発しないのですか／Mary *hates* physics, ~ she? メアリーは物理が大嫌いですね／"Does your brother play golf?" "No, he ~." 「あなたのお兄さんはゴルフをやりますか」「いいえ, やりません」

doff /dάf, dɔ́:f | dɔ́f/ 動 (反 don) 他《古風》《帽子などを》脱ぐ.

‡**dog** /dɔ́ːg, dάg | dɔ́g/ 名 (~s /~z/) 1 C 犬《☞ 次ページの挿絵》; 雄犬: This ~ never barks. この犬は決してほえない／Love me, love my ~. (ことわざ) 私が好きなら, 私の犬もかわいがって.

―― コロケーション ――
breed *dogs* 犬を飼育する
feed a *dog* 犬にえさをやる
have [keep] a *dog* 犬を飼う
pet a *dog* 犬をなでてやる
tie a *dog* **to** ... 犬を...につなぐ
walk a *dog* 犬を散歩させる

参考 (1) 特に英国では犬は「人の最良の友」(man's best friend)と言われ, 忠実 (fidelity) の象徴とされる (☞ cat¹ 日英比較).
(2) 犬の代表的な名前は Fido と Rover.
★ 鳴き声については ☞ cry 表.

―― dog のいろいろ ――
guíde dòg, Séeing Éye dòg 盲導犬／**húnting dòg** 猟犬／**políce dòg** 警察犬／**shéepdòg, shépherd dòg** 羊の番犬／**sníffer dòg** 捜査犬／**wátchdòg, guárd dòg** 番犬

関連 puppy 子犬／hound 猟犬. 2 C おおかみやきつねの雄. 3 [the ~s]《英略式》ドッグレース. 4 C《略式, 主に米》おそまつな物; [差別] 醜い女. 5 C《古風, 略式》いやなやつ; [前に形容詞をつけて] ...なやつ (fellow): You *lucky* ~! 運のいいやつだねえ. 6 C《米略式》質の悪いもの. 7 C つかみ道具; [普通は複数形で] =andiron. 8 [複数形で]《俗》足. 9 C《略式》ホットドッグ.

(a cáse of) dóg èat dóg 名 (生き馬の目を抜くような)過酷な競争. **a dóg's bréakfast [dínner]** ☞ dog's breakfast. **(as) síck as a dóg** [形] S とても気分が悪い. **cáll óff the [one's] dóg** [動] 自《略式》(相手への)攻撃[批判]をやめる. **dréssed úp like a dóg's dínner** [形]《英略式》けばけばしく[はでに]着飾って. **Gíve a dóg a bád náme.** (英ことわざ) 悪い評判が立つとなかなか消えない. **gó to the dógs** [動] 自《略式》(国・組織などが)だめになる, 落ちぶれる; 堕落する. **léad a dóg's lífe** dog's life. **like a dóg with a bóne** [副] 一心不乱に. **nót háve a dóg's chánce** [動] 自《略式》まるで見込みがない. **pùt ón the dóg** [動] 自《古風, 米》気取る, 見栄をはる.

―― 動 (dogs; dogged; dog・ging) 他 1 [しばしば受身で] (不運などが)〈...〉について回る. 2 〈...〉のあとをつける. 3《米略式》〈人〉をあざける (on). 4《米俗》〈...〉をひどく打ち負かす. **dog it** [動] 自《米略式》手を抜く.

Dóg and Dúck 名 個《犬と家鴨(ぁ')》《英国で一般的なパブの名》; [比喩] 一般大衆.

dóg and póny shòw 名 C《米略式》手の込んだ[派手な]宣伝[キャンペーン].

dóg bíscuit 名 C 犬用のビスケット.

dóg・càrt 名 C 1 軽装 2 輪馬車. 2 (大型犬の引く)小型 2 輪車.

dóg・càtch・er 名 C《米》野犬捕獲人 (《英》warden).

dóg còllar 名 C 1 犬の首輪. 2《略式》(牧師の)白い立ちカラー.

dóg dàys 名 [複] [しばしば the ~]《文》 1 土用, 暑中《7月初めから8月中ごろまで; 大犬座の主星シリウス (Dog Star) が太陽と共に昇る時期》. 2 停滞期 (of).

dóg-èared 形 (本などの)ページの隅の折れた.

dóg-èat-dóg 形 A (仲間どうしで)われわれに私欲を追求する, 食うか食われるかの.

dog-eat-dog 499

dogs

| beagle | bloodhound | boxer | bulldog |

| bullterrier | cocker spaniel | collie | corgi |

| dackshund | Dalmatian | Eskimo dog / husky | fox terrier |

(米) German shepherd
(英) Alsatian

Great Dane

greyhound

Labrador retriever

| mastiff | peckingese | pointer | Pomeranian |

| poodle | pug | Saint Bernard | Scottish terrier / Scotch terrier |

| setter | spitz | Yorkshire terrier |

dóg-ènd [名] [C] 《英略式》 **1** くず, 取るに足らない物. **2** (たばこの)吸いがら.

dóg·fìght [名] [C] **1** 犬のけんか(のような激しい争い), 闘犬; 乱闘. **2** (戦闘機の)空中戦.

⁺**dóg·fìsh** [名] (複 ～) [C] 小型ざめ.

⁺**dog·ged** /dɔ́:gɪd, dɑ́g- | dɔ́g-/ [形] [普通は [A]] [ほめて] 頑強な, 不屈の, 粘り強い. **～·ly** [副] 粘り強く. **～·ness** [U] 不屈, 粘り強さ.

Dóg·ger Bánk /dɔ́:gə- | dɔ́gə-/ [名] [固] [the ～] ドッガーバンク《北イングランドの東方にある浅堆(せんたい)》.

dog·ger·el /dɔ́:g(ə)rəl, dɑ́g- | dɔ́g-/ [名] [U] へぼ詩; 滑稽詩.

dog·gie /dɔ́:gi, dɑ́gi | dɔ́gi/ [名] [C] 《小児》 わんわん.

dóggie bàg [名] [C] 食べ残し持ち帰り袋《レストランで客に渡す》. [由来] 犬などのペットにやるという口実で持ち帰ったことから.

doggie bag

dóggie pàddle [名] [U] ＝dog paddle.

dog·go /dɔ́:gou, dɑ́g- | dɔ́g-/ [副] [次の成句で] **líe dóggo** [動] [自] 《古風》 身をひそめている.

dog·gone /dɔ́:ggɔ̀:n, dɑ́g- | dɔ́ggɔ̀n/ 《米古風, 略式》 [動] [他] 〈…〉をのろう 《damn の遠回しな言い方》: *D～* it! [S] ちぇっ!, いまいましい! ── [形] [A] いまいましい. ── [副] ひどく. ── [感] ちぇっ!, ちくしょう!

dóg·góned [形] [副] ＝doggone.

dog·gy /dɔ́:gi, dɑ́gi | dɔ́gi/ [名] (**dog·gies**) [C]＝doggie. ── [形] (**dog·gi·er**; **-gi·est**) **1** 犬の(ような). **2** 犬好きの.

dóggy bàg [名] ＝doggie bag.

dóggy pàddle [名] ＝dog paddle.

dóggy stỳle [名] [C] 《略式》 (性交体位の)後背位.

dóg hàndler [名] [C] 警察犬専門の係官.

⁺**dóg·hòuse** [名] (**-hous·es** /-hàuzɪz/) [C] 《米》 犬小屋 (☞ kennel [参考]). **in the dóghouse** [形] 《略式》 面目を失って, 機嫌を損ねて (*with*).

do·gie /dóugi/ [名] [C] 《米》 母なし子牛.

dóg·lèg [名] [C] (道路・走路などの)急に曲がった所, (ゴルフ場の)ドッグレッグ《フェアウェーのくの字形の部分》. ── [形] [A] くの字形の. ── [動] (**-leg·ged**; **-leg·ging**) [自] 急に曲る, くの字形に進む.

dóg·lìke [形] 犬のような; 忠実な.

⁺**dog·ma** /dɔ́:gmə, dɑ́g- | dɔ́g-/ [名] (複 **～s, dog·ma·ta** /-məṭə/) **1** [C,U] (教会などが定めた)教義; 信条. **2** [C] [軽蔑] 独断的な考え.

⁺**dog·mat·ic** /dɔ:gmǽṭɪk, dɑg- | dɔg-/ [形] **1** [軽蔑] 独断的な; 教条主義的な (*about*). **2** 教義上の, 信条に関する. **-mat·i·cal·ly** /-kəli/ [副] 独断的に.

dog·ma·tis·m /dɔ́:gmətìzm, dɑ́g- | dɔ́g-/ [名] [U] [軽蔑] 独断主義, 独断的態度; 教条主義.

dog·ma·tist /dɔ́:gməṭɪst, dɑ́g- | dɔ́g-/ [名] [C] [軽蔑] 独断論者, 独断家; 教条主義者.

dog·ma·tize /dɔ́:gmətàɪz, dɑ́g- | dɔ́g-/ [動] [自] [軽蔑] 独断的に言う (*about*).

dóg·nàp /-næ̀p/ [動] [他] (実験用に売るため)〈犬〉を盗む.

do-good·er /dú:gùḍə | -gúdə/ [名] [C] [普通は軽蔑] 独善的な慈善家, お節介な人.

dóg pàddle [名] [U] [普通は the ～] 《略式》 犬かき(泳ぎ): do *the* ～ 犬かきで泳ぐ.

dóg ròse [名] [C] のいばら《生け垣に多い野ばら》.

dógs·bòdy [名] (**-bod·ies**) [C] 《英略式》 雑用係, 下働き《人》.

dóg's bréakfast [dínner] [名] [a ～] 《英略式》 めちゃくちゃ: make *a* ～ *of* … …をめちゃくちゃにする.

dóg shòw [名] [C] ドッグショー.

dóg·slèd [名] [C] 犬ぞり.

dóg's lìfe [名] [a ～] みじめな生活: lead [live] *a* ～ みじめな生き方をする; [皮肉] (飼犬のように)気楽に暮らす.

Dóg Stàr [名] [固] [the ～] シリウス (Sirius).

dóg's-tòoth víolet [名] [C] ＝dogtooth violet.

dóg tàg [名] [C] 犬の鑑札; 《米俗》 (兵士の)認識票.

dóg-tíred [形] [普通は [P]] 《略式》 へとへとに疲れて.

dóg·tòoth [名] (複 **dog·teeth** /-tì:θ/) [C] **1** 犬歯. **2** 〔建〕 犬歯飾り.

dógtooth víolet [名] [C] 片栗(かたくり).

dóg·tròt [名] [C] [普通は単数形で] 小走り. ── [動] (**-trots**; **-trot·ted**; **-trot·ting**) [自] 小走りで行く.

dóg wàrden [名] [C] 《英》 ＝dogcatcher.

dóg·wàtch [名] [C] 〔海〕 折半直《午後 4 時–6 時または午後 6 時–8 時の交替当直》.

dóg·wòod [名] [C,U] はなみずき《北米原産の花木; 米国 North Carolina 州の州花》.

dogwood

doh /dóu/ [名] ＝do⁴.

DoH /dí:òuéɪtʃ/ [略] [the ～] 《英》 ＝Department of Health 保健省.

d'oh /dóu/ [感] [滑稽] だはっ《ばかげた失敗に気づいたときに言う》.

Do·ha /dóuhɑ:/ [名] [固] ドーハ《カタール (Qatar) の首都》.

DOHC [略] ＝double overhead camshaft (自動車などの)ツインカム(エンジン).

doi·ly /dɔ́ɪli/ [名] (**doi·lies**) [C] ドイリー《花びん・ケーキなどの下に敷く小さい敷物; レース・紙などで作る》.

***do·ing** /dú:ɪŋ/ [動] **do²** の現在分詞および動名詞.
── [名] (～**s** /～z/) **1** [複数形で] 行動, ふるまい; (社会的な)活動, 出来事: These ～*s* will get you into trouble! こういうことをしていると困ったことになるよ. **2** [U] する[した]こと, 仕業: This must be (all) her (own) ～. これは(すべて)彼女のしたことにちがいない. **3** [複数形で単数または複数扱い] 《英略式》 (例の)もの, あれ《名前を知らない[思い出せない]ものをさす》. **táke some [a lót of] dóing** [動] [自] 奮闘努力がいる.

⁺**dó-it-yoursélf** [形] [A] 日曜大工(用品)の, 素人が自分で作る(ための) (《略》《英》 DIY): a ～ kit 日曜大工用の修理工具セット. ── [名] [U] 日曜大工《仕事》.

dol. [略] ＝dollar(s).

Dol·by /dɔ́:lbi | dɔ́l-/ [名] [U] ドルビー方式《テープの雑音を少なくする方式; 商標》.

dol·ce /dóultʃeɪ/ [副] [形] 〔楽〕 甘美に[な], ドルチェ.

⁺**dol·drums** /dóuldrəmz | dɔ́l-/ [名] [複] [the ～] (赤道付近海上の)無風帯. **in the dóldrums** [形] (人が)ふさぎ込んで; (物事が)沈滞して.

⁺**dole** /dóul/ [名] **1** [the ～] 《英》 失業手当: go [be] on *the* ～ 失業手当を受け(始め)る[受けている]. **2** [C] 《古風》 (慈善団体による)施し物 《金・食物・衣服など》. **the dóle quèue** [名] 《英》 (1) 失業手当を受け取る人の列. (2) 失業者(総)数. ── [動] [次の成句で] **dóle óut** [動] [他] 《略式》 (複数の人に)〈金・食物など〉を与える, 配る (*to*).

dole·ful /dóulf(ə)l/ [形] [W] 悲しげな, 悲しい (sad); 憂いに沈んだ. **-ful·ly** /-fəli/ [副] 悲しげに.

Do·lit·tle /dú:lɪṭl/ [名] [固] [Dr. ～] ドリトル先生《動物のことばがわかる医者; 童話の主人公》.

***doll** /dɑ́l, dɔ́:l | dɔ́l/ (類音 dull) [名] (～**s** /～z/) [C] **1** 人形: Helen was playing with a ～. ヘレンはお人形遊びをしていた // ☞ rag doll. **2** 《古風, 略式》 [普通は軽蔑] (頭の弱い)かわいこちゃん; [差別] (かわいい)女の子. **3** 《米略式》 いい人. [語源] Dorothy がなまったもの.
── [動] [次の成句で] **be [gèt] dólled úp＝dóll onesèlf úp** [動] [自] 《略式》 着飾る.

dol・lar /dάlə | dɔ́lə/ (類音) duller (dull の比較級) 名 (~s /-z/) C ドル. 参考 米国・カナダ・オーストラリア・ニュージーランドなどの通貨単位; 100 セント (cents) ; $, ＄, 略 dol.; ☞ ＄, pound¹ 参考. money 表: This book costs fifteen ~s. この本は 15 ドルする / Now ten ~s buys less than five ~s did ten years ago. 今や 10 ドルでは 10 年前に 5 ドルでできたほどの買い物もできない (☞ concord 文法 (4)).

2 C **1** ドル紙幣; I handed him a ~ (as a) tip. 私は彼にチップとして 1 ドルを渡した.

3 [the ~] ドル相場; 米国の貨幣制度: The ~ has risen [fallen] against the yen. ドルが円に対して高く[安く]なった(ドル高[ドル安]になった). 語源 昔貨幣が鋳造された Bohemia の地名から.

a [the] sìxty-fóur-thóusand-dóllar quéstion 名 (略式)(答えるのが難しい)重要な問題. 由来クイズ番組で最難問の賞金が 6 万 4 千ドルだったことから. **féel [lóok] like a míllion dóllars** 動 自 (略式, 主に米) 素晴らしい気分である[すばらしく見える].

dóllar diplòmacy 名 U ドル外交; 金力外交.
dol・lar・i・za・tion /dὰlərɪzéɪʃən | dɔ̀lǝraɪz-/ 名 U (通貨の)ドル(建て)化.
dol・lars-and-cents /dάləz(ə)nsénts | dɔ́ləz-/ 形 (米) 金銭的に(みて).
dóllar sìgn 名 C ドル記号 ($, ＄). **sée dóllar sìgns** 動 (答えるのが難しい)金(もうけ)になると考える.
dóll・hòuse 名 (-hous・es /-hàʊzɪz/) C (米) 人形の家 (おもちゃ); 小さな家.
dol・lop /dάləp | dɔ́l-/ 名 C (略式)(アイスクリームなどの)ひと塊; スプーン 1 杯分; 少量; かなりの量 (of). ― 動 他 (副詞(句)を伴って) (略式)(アイスクリームなどを)すくい取る[よそう, 落とす] (into, onto).
dóll's hòuse 名 C (英) =dollhouse.
dol・ly /dάli | dɔ́li/ 名 (**dol・lies**) C **1** (小児) お人さん. **2** (荷物運搬用の)台車. **3** (映画・テレビカメラの)移動車.
Dol・ly /dάli, dóʊli | dɔ́li/ 名 **1** ドリー (女性の名; Dorothy の愛称). **2** ドリー (世界初のクローン羊の名).
dólly bìrd 名 C (古風, 英略式)[時に軽蔑] きれいな(服を着た)女, かわいこちゃん.
dol・men /dóʊlmən | dɔ́lmen/ 名 C (考古学) ドルメン (巨石を使った太古の民族の遺物).
do・lor /dóʊlə | dɔ́lə/ 名 U (文) 深い悲しみ.
do・lour /dóʊlə | dɔ́lə/ (英) =dolor.
dol・phin /dάlfɪn, dɔ́ːl- | dɔ́l-/ 名 (~s /-z/) C いるか, まいるか; しいら (海産魚).

| dolphin (鼻先がとがった)まいるか | いるか |
| porpoise (鼻先が丸い)ねずみいるか | |

dol・phi・nar・i・um /dὰlfəné(ə)riəm | dɔ̀l-/ 名 C (水族館の)いるかのプール[水槽].
dólphin-sàfe 形 イルカを傷つけずに漁獲した.
dolt /dóʊlt/ 名 C (古風) うすのろ.
-dom /dəm/ 接尾 [名詞語尾] **1** 「…の地位, 領地」の意: kingdom 王国. **2** 「…の状態」の意: freedom 自由. **3** 「…の集団」の意: officialdom 公務員(全体).
do・main /doʊméɪn, -də-/ 名 C **1** (格式)(学問・思想・活動などの)分野, 領域; 勢力範囲: This problem is outside [within] my ~. この問題は私の専門外[内]である. **2** (文) 領有. 1学 public domain 1. **3** (数) 変域, 領域. **4** (電算) ドメイン (インターネット上の一つの単位として管理されるグループ): a ~ name ドメイン名.
do・maine /doʊméɪn, də-/ 名 C ぶどう園; ドメーヌ (フランス, 特にブルゴーニュのワイン生産業者).
dome /dóʊm/ 名 (~s /-z/) C **1** (半球状の)円屋根, 円天井, ドーム: the ~ of a famous cathedral 有名な大聖堂のドーム. **2** 半球形のもの, 円頂; (俗) (特にはげた)頭. 語源 ラテン語で「家」の意 (☞ domestic 語源).

domed /dóʊmd/ 形 円屋根のある; 半球形の.
***do・mes・tic** /dəméstɪk/ 12 形 (動) dómes・tic・àte)

元来は「家の」の意 (☞ dome 語源).
「家(庭)の」**2** → (自分の所の)
→ 「国内の, 自国の」**1**
→ (家で世話をされていて)「飼いならされた」**3**

1 A 国内の, 自国の; 自国製[産]の (反 foreign): ~ news 国内ニュース / a ~ flight (航空機の)国内便 / ~ wines 国産のワイン.
2 A 家庭の, 家事の; 家庭用の: ~ troubles 家庭内のいざこざ / a ~ relations court = a court of ~ relations (米) 家庭裁判所.
3 家庭的な, 家事が好きな: I am not the ~ type so I hate housework. 私は家庭的タイプではないので家事は嫌いで. **4** A (動物などが)飼いならされた (tame) (反 wild): ~ animals 人間に飼いならされている動物 (ペット, 家畜 (牛・馬・羊など).
― 名 C **1** (古風)(家の)使用人. **2** (英略式) 家族[夫婦]間のけんか.
-mes・ti・cal・ly /-kəli/ 副 国内的に, 自国で; 家庭向きに.
***do・mes・ti・cate** /dəméstɪkèɪt/ 動 (形 dómestic) 他 **1** (動物を)飼いならす (tame). **2** (人を)家庭的にする, 家になれさせる. **3** (植物を)栽培可能にする.
do・mes・ti・cat・ed /dəméstɪkèɪtɪd/ 形 **1** (動物が)飼いならされた. **2** (人が)家庭的な, 家事好きな.
doméstic hélp 名 C =domestic 1.
do・mes・tic・i・ty /dòʊmestɪ́səti, dɔ̀m-/ 名 U Ⓦ 家庭生活; 家庭的なこと, 家庭への愛着.
doméstic pártner 名 C (主に米) 同棲の相手.
doméstic scíence 名 U =home economics.
doméstic sérvice 名 U 使用人の仕事.
doméstic víolence 名 U 配偶者間[家庭内]暴力, ドメスティックバイオレンス.
dom・i・cile /dάməsàɪl, -s(ə)l | dɔ́m-/ 名 C (格式) 住所, 住居; (法) 居住地 (実際そこに住んでいるとは限らない).
dom・i・ciled /dάməsàɪld, -s(ə)ld | dɔ́m-/ 形 Ⓟ (法) 居住している (in).
dom・i・cil・i・ar・y /dὰməsílièri | dɔ̀mɪsíliəri/ 形 A (格式) 居住の, 住居への[での]: ~ visits [services, care] (医者などの)家庭訪問.
***dom・i・nance** /dάmənəns | dɔ́m-/ 名 U 優越, 優勢 (in); 支配 (of, over).
***dom・i・nant** /dάmənənt | dɔ́m-/ 形 (動 dóminàte)
1 支配的な, 権力を握った; 優位を占めている (in): ~ members 有力会員たち / The ~ opinion was against the direct tax. 支配的な意見は直接税に反対だった. **2** 卓越した, 顕著な; (山・塔などが)そびえている: the ~ hill in the city 市の中に高くそびえる丘. **3** (生) 優性の (反 recessive). ― 名 C **1** (楽) 第 5 音, 属音. **2** (生) 優性(形質).
***dom・i・nate** /dάmənèɪt | dɔ́m-/ 12 動 (-i・nates /-nèɪts/, -i・nat・ed /-tɪd/, -i・nat・ing /-tɪŋ/; 名 dòminátion, domínion, 形 dóminant) 他 **1** (力ずくで) 〈…を〉支配する, 威圧する; 〈…に〉君臨する, 優位を占める: He tried to ~ other people. 彼はほかの人たちを支配しようとした / Her heart was ~ed by ambition. <V+O の受身> 彼女の心は野心にとりこになっていた. **2** 〈…を〉決定づける, 〈…に〉影響を与える, 〈…の〉中心を占め

dom·i·nat·ing /dámənèɪtɪŋ | dɔ́m-/ 形 〖普通は A〗(人・性格が)周囲を圧倒する,影響力の強い.

dom·i·na·tion /dàməneɪʃən | dɔ̀m-/ 名 U 支配,統治 (of, over); 優勢.

dom·i·na·tor /dámənèɪtə | dɔ́mənèɪtə/ 名 C 支配者.

dom·i·na·trix /dàmənéɪtrɪks | dɔ̀m-/ 名 C (SMプレーなどの)女王,クイーン.

dom·i·neer·ing /dàməní(ə)rɪŋ | dɔ̀m-/ 形 横暴な,威圧的な.

Do·min·i·ca /dəmíni:kə, dəmínɪkə | dəmíni:kə, dɔ̀mɪníː-/ 名 固 ドミニカ(国)(西インド諸島ドミニカ島の共和国).

Do·min·i·can /dəmínɪk(ə)n/ 形 1 (カトリック教会の)ドミニコ会の. 2 ドミニカ共和国の. ― 名 C 1 ドミニコ会の修道士. 2 ドミニカ共和国人.

Dominican Republic 名 〖the ~〗ドミニカ共和国 (Hispaniola 島東部を占める共和国; 首都 Santo Domingo ☞ 表地図 I 6).

*__do·min·ion__ /dəmínjən/ 名 〖古 dóminàte〗 1 U (文)支配権,主権; 支配 (rule): have [hold] ~ over ……を支配する. 2 C (格式)領土 (territory); 所有地. 3 〖D-〗(昔の英連邦の)自治領.

Dominion Day 名 U Canada Day の旧称.

dom·i·no /dámənòʊ | dɔ́m-/ 名 〖複 ~(e)s〗 1 〖複数形で単数扱い〗ドミノ (28 枚のこまでの点合わせをする遊び). 2 C ドミノのこま (木・象牙(ぞう)製などで長方形; 並べてドミノ倒しにも使う).

dominoes 1 dominoes 2

dómino effèct 名 〖単数形で〗ドミノ効果 (特に政治的な連鎖反応; ☞ knock-on effect).

dómino thèory 名 〖the ~〗ドミノ理論 (共産主義化などが次々と隣接地域に波及するという説).

+**don**[1] /dán | dɔ́n/ 動 (dons; donned; don·ning) 反 doff〗(格式)〈服〉を着る,〈帽子〉をかぶる.

don[2] /dán | dɔ́n/ 名 C (特に英国の Oxford 大学, Cambridge 大学の)先生,教官.

Don[1] /dán | dɔ́n/ 名 固 ドン (男性の名; Donald の愛称).

Don[2] /dán | dɔ́n/ 名《スペイン語から》名 C 1 …さま (英語の Sir, Mr. に相当する). 2 [d-] (スペインの)貴族,紳士. 3 [d-] (略式)(マフィアの)首領,ドン.

Don[3] /dán | dɔ́n/ 名 〖the ~〗ドン川 (アゾフ海にそそぐロシア西部の川).

Do·ña /dóʊnjə/ 名《スペイン語から》名 C 1 …夫人 (英語の Mrs. に相当する). 2 [d-] (スペインの)(貴)婦人.

Don·ald /dán(ə)ld | dɔ́n-/ 名 固 ドナルド (男性名; 愛称は Don).

Dónald Dúck 名 固 ドナルドダック (Walt Disney のアニメ・漫画に登場するあひる).

*__do·nate__ /dóʊneɪt, doʊnéɪt | doʊnéɪt/ 動 (do·nates /dóʊneɪts, doʊnéɪts | doʊnéɪts/; do·nat·ed /-tɪd/; do·nat·ing /-tɪŋ/; ⇒ donátion) ⊕ 1 (慈善事業などに)〈…〉を寄付する,寄贈する: My uncle ~d ten thousand dollars *to* the Red Cross. 〈V+O+*to*+名・代〉私のおじは赤十字に1万ドル寄付した. 2 〈血液・臓器〉を提供する: The girl's mother ~d one kidney *to* her daughter. 少女の母親は片方の腎臓を娘に提供した. ― 自 寄付[寄贈]をする (*to*).

*__do·na·tion__ /doʊnéɪʃən/ 名 (~s /~z/; ⇒ dónàte) 1 U.C 寄付,寄贈 (☞ present[3] 類義語): The widow *made a* ~ of five thousand dollars *to* the college. 未亡人は大学に5千ドルの寄付をした. 2 C 寄贈された物品,寄付品. 3 U.C (血液・臓器などの)提供 (☞ blood donation).

*__done__ /dán/ (同音 dun[1,2]) 動 **do**[2] の過去分詞.

― 形 〖P〗 1 済んだ,終わりになった: Well ~! よくやった / I'll be ~ in about a quarter of an hour. 15分ぐらいで終わります (☞ do[2] 成句). 2 〖しばしば合成語で〗(食物が)料理された,焼けた: The toast is ~. トーストが焼けました. 関連 well-done (肉などが)よく火の通った. 3 社会的に認められる: the ~ thing (英)礼儀[習慣]にかなったこと; 常識. **Dóne!** 感 よしきた,承知した.

dóne déal 名 〖a ~〗(略式)決定事項.

do·nee /doʊní:/ 名 C 受贈者,寄付を受ける者.

dóne·ness 名 U (肉などの)焼け具合.

dong[1] /dɔ́ːŋ | dɔ́ŋ/ 名 C 1 ごーん(鐘の音). 2 (卑)ペニス.

dong[2] /dɔ́ːŋ | dɔ́ŋ/ 名 C (複 ~) C ドン(ベトナムの通貨単位).

don·gle /dáŋɡl | dɔ́ŋ-/ 名 C 〖電算〗ドングル (ソフトの違法コピー防止装置).

don·jon /dándʒən | dɔ́n-/ 名 C (城の)天守閣.

Don Juan /dàndʒúːən, -ˌhwáːn | dɔ̀n-/ 名 1 ドンファン (多くの女性を誘惑し地獄に落とされたスペインの伝説的な貴族). 2 C (略式)女たらし.

*__don·key__ /dáŋki, dɔ́ːŋ- | dɔ́ŋki/ 名 C 1 ろば (ass[1] の日常語). 参考 米国の民主党の象徴となる (☞ elephant 参考). ★鳴き声については ☞ cry 表. 2 (略式)ばか者,とんま.

dónkey dérby 名 C (英)ろばによるレース.

dónkey èngine 名 C (船の)補助機関.

dónkey jàcket 名 C (英)(厚手の防水)作業衣.

donkey 1

dónkey's yèars 名 〖複〗(略式)ずいぶん長い間. 由来 years はロバの耳 (ears) が長いことにかけた.

dón·key·wòrk 名 U (略式)単調な骨折り仕事 ((米) grunt work).

Don·na /dánə | dɔ́nə/ 名 固 ドナ (女性の名).

don·nish /dánɪʃ | dɔ́n-/ 形 (主に英)(世事にうとい)大学の先生のような,学究的な,堅苦しい.

*__do·nor__ /dóʊnə | -nə/ 13 名 (~s /~z/) C 1 (血液・臓器などの)提供者,ドナー: a heart ~ 心臓提供者 / a ~ organ 提供臓器 (☞ blood donor). 2 寄付をする者[団体, 国], 寄贈者.

dónor càrd 名 C ドナーカード (死亡時の臓器提供承諾カード).

dó-nòthing (略式)形 A 無為無策の. ― 名 C 怠け者.

Don Qui·xo·te /dànki(h)óʊti, dànkwíksət | dɔ̀nkwíksət, -khóʊti/ 名 1 ドンキホーテ (スペインの作家セルバンテス (Cervantes) 作の同名の小説の主人公; 多くの冒険や失敗をする理想主義的・非現実的な騎士; ☞ Sancho Panza). 2 C 非現実的な理想家,誇大妄想狂.

don't[1] /dóunt/ **1** Ⓢ 《略式》 **do**[1] **not** の短縮形《☞ not (1) (i) 語法》: I ~ like cats. 私は猫が嫌いです / D~ you love him? 彼が好きではないのですか / The students know the truth, ~ they? 学生たちは真相を知ってますね / D~ talk like that. そんな口をきくな / "Do they work on Sundays?" "No, they ~." 「彼らは日曜日に働きますか」「いいえ、働きません」 **2** Ⓢ 《非標準》 does[1] not の短縮形: He ~ know you. あいつはおれを知らねえ.

don't[2] 名 Ⓒ してはならないこと、禁止事項: three ~s in table manners 食卓の作法における3つの「べからず」。関連 must しなければならないもの[こと].

dón't knòw 名 Ⓒ 《主に新聞で》(アンケートで)「わからない」という回答者; だれに投票するか決めていない人.

do‧nut /dóunət, -nʌt | -nʌt/ 名 Ⓒ 《主に米》= doughnut.

doo‧bie /dú:bi/ 名 Ⓒ 《米俗》マリファナタバコ.

doo‧dad /dú:dæd/ 名 Ⓒ 《米略式》 **1** あれ、あの(なんとかいう)もの《名前を思い出せない[知らない]物をいうとき》. **2** 安物の飾り.

doo‧dah /dú:da:/ 名 Ⓒ 《英略式》= doodad.

doo‧dle /dú:dl/ 名 Ⓒ (考えごとなどをしているときの)いたずら書き. — 動 自 **1** いたずら書きをする. **2** 《米》時間をつぶす.

dóodle‧bùg 名 Ⓒ **1** 蟻地獄. **2** 《米》鉱脈[水脈]探知器《占い棒など》. **3** 《英略式》(ナチスドイツが用いた)飛行爆弾.

dóo‧dly-squàt /dú:dli-/ 名 Ⓤ = diddly-squat.

doo-doo /dú:dù:/ 《小児》名 Ⓤ うんち. **in déep dóo-doo** = in deep shit 《☞ shit 名 成句》. — 動 自 うんちをする.

doo‧fus /dú:fəs/ 名 Ⓒ 《略式、主に米》愚か者.

doo‧hick‧ey /dú:hìki/ 名 Ⓒ 《米略式》= doodad.

⁺**doom** /dú:m/ 名 Ⓤ **1** (不幸 などの恐ろしい)運命 《☞ fate 類義語》; 悲運の予感: What (awful) ~ awaits us? どんな(不吉な)運命が我々を待ちかまえているやら. **2** 破滅 (ruin), 死 (death): The arrival of the CD spelled ~ for the record. CDの登場はレコードの終焉(しゅうえん)を意味した / He went to [met] his ~. 彼は死の道をたどった. **dóom and glóom** 名 絶望的な状態. — 動 他 《普通は受身で》⟨…⟩の運命を(不幸な結果に)定める; ⟨…⟩を運命づける: He was ~ed to die [death]. 彼は死ぬ運命にあった / Your experiment is ~ed to failure [fail]. 君の実験は必ず失敗する.

⁎**doomed** /dú:md/ 形 **不幸な運命の, 必ず失敗する**: a ~ marriage 破綻の運命の結婚.

dóom-làden 形 宿命[破滅]を暗示する, 不吉な.

dóom‧sày‧er /-sèɪə | -ə/ 名 Ⓒ 《主に米》災厄を予言する人.

dooms‧day /dú:mzdèɪ/ 名 Ⓤ **1** 《普通は D-》最後の審判の日 《☞ Last Judgment》. **2** (核戦争による)世界の破滅; 破局: ~ weapons 世界を破滅させる(核)兵器. **till dóomsday** 副 《略式》永久に.

dóomsday cùlt 名 Ⓒ 世界の終末が来ると信じる宗教団体《しばしば集団自殺などもする》.

doom‧ster /dú:mstə | -stə/ 名 Ⓒ 《英》= doomsayer.

doom‧y /dú:mi/ 形 (**doom‧i‧er**; **-i‧est**) 不吉な.

⁺**door** /dɔ́ː | dɔ́:/ 名 (~s /-z/) Ⓒ **1** 軒 **ドア**, 戸, 扉. 日英比較 英米のドアは内側に開くことが多い: Someone is knocking on [at] the ~. だれか戸をたたいている / Close the ~ behind you. 入ったら[出たら]ドアを閉めてください / Stand clear of the ~(s). 《危険ですから》ドアのそばに立たないように《バスなどの掲示》.

— コロケーション —
close [**shut**] a *door* ドアを閉める
get the *door* 《米》ドアを開閉する; 応対する
lock [**unlock**] a *door* ドアの鍵をかける[開ける]
open a *door* ドアを開ける
slam [**bang**] a *door* ドアをばたんと[乱暴に]閉める

— door のいろいろ —
fólding dóor アコーディオンドア / **Frénch dóors** フランス窓 / **revólving dóor** 回転ドア / **slíding dóor** 引き戸 / **swínging dóor** 自在ドア / **trápdoor** (天井などの)跳ね上げ戸, (床・舞台などの)上げぶた

2 《普通は単数形で》 **戸口**, 出入り口 (doorway): He was waiting for me *at* the ~. 彼は戸口で私を待っていた / Come through the front [back] ~. 表[裏]の戸口から入ってください.

3 1戸, 1軒, 1部屋: He lives *a few* ~s from us. 彼はうちから2, 3軒先に住んでいる / Mr. Smith lives *two* ~s down [up, along, away]. スミス氏は2軒先に住んでいる《☞ next door》. **4** 門戸, …に至る道: a ~ *to* success 成功への道.

ánswer the dóor 動 自 《玄関のベル・ノックなどに応じて》取り次ぎに出る.

be on the dóor 動 自 《略式》出入り口で(受付・切符切りなどの)仕事をする.

clóse [**shút**] **the dóor on …** 動 他 …に対して戸を閉めて入らせない; (交渉など)を受けつけない, …に門戸を閉ざす: After 1639 Japan *closed* the ~ *on* foreign trade. 1639年以後日本は外国貿易に対して門戸を閉ざした.

(**from**) **dóor to dóor** 副 (1) 1軒ごとに: The salesman walked around (*from*) ~ *to* ~. そのセールスマンは(各家庭を)1軒ずつ歩いて訪ねて回った. (2) ドア[玄関]からドア[玄関]まで; (旅行などの)出発地点から到着地点まで.

láy … at —**'s dóor** = **láy … at the dóor of** — 動 《格式》⟨罪・過去など⟩を—の責任にする.

léave the dóor ópen 動 他 ドアを開けておく; (討論や交渉の)余地を残しておく (*for*).

líe at …'s dóor 動 (責任などが)…にある.

ópen dóors 動 自 (1) (…に)機会を与える (*for*).

ópen the dóor 動 他 (1) (…を)可能にする, (…への)道を開く (*to*). (2) = open doors.

òut of dóors 副 戸外に[で, へ], 野外に[へ] (outdoors): Children should play *out of* ~s. 子供は外で遊ぶのがよい. 語法 《米》では outdoors のほうが普通.

shów … the dóor 動 他 (ドアを指して)⟨…⟩に出て行ってくれと言う, ⟨…⟩を追い出す.

shów [**sée**] **… to the dóor** 動 他 ⟨…⟩を(丁重に)ドアまで送る.

shút [**slám**] **the dóor in …'s fáce** 動 (…の)面会[話し合い]を断わる; (…に)門前払いをくわせる.

⁺**dóor‧bèll** 名 Ⓒ 戸口のベル, ブザー.

dóor chèck [**clòs‧er** /-klòʊzə | -zə/] 名 Ⓒ ドアクローザー《ドアがゆっくり閉まるための部品》.

dó-or-díe 形 Ⓐ 必死の《覚悟の》.

dóor‧jàmb 名 Ⓒ (戸口の)わき柱.

dóor‧kèeper 名 Ⓒ 門衛, 門番.

dóor‧knòb 名 Ⓒ ドアの取っ手《丸い形のもの》.

dóor‧knòcker 名 Ⓒ 《玄関の》たたき金.

dóor‧man /-mən/ 名 (**-men** /-mən/) Ⓒ (ホテルなどの)ドアボーイ《荷物を運んだりタクシーを呼んだりする》《《英》porter》. 日英比較 「ドアボーイ」は和製英語.

dóor‧màt 名 Ⓒ **1** (玄関前の)靴ぬぐい. **2** 《略式》ばかにされても文句もいわない者, 意気地なし.

dóor‧nàil 名 《次の成句で》(**as**) **déad as a dóornail** 形 《略式》完全に死んで, (場所が)静まりかえっていて.

dóor‧plàte 名 Ⓒ 表札《普通はしんちゅう製》.

dóor‧pòst 名 Ⓒ = doorjamb.

door prize 名ⓒ《米》《パーティー・劇場などで》入場時に渡されたくじの当選賞品.

door・sill 名ⓒ《ドアの》敷居.

†**door・step** /dɔ́ːrstèp/ 名ⓒ **1** 戸口の上がり段: She stood *on* the ～. 彼女は戸口の階段に立っていた. **2**《英略式》厚切りのパン. **on [at] …'s dóorstep** 副 (1) …の《家の》すぐ近くに. (2) …の影響が及ぶ如くに.

door・step・ping /dɔ́ːrstèpɪŋ/ 名《英》《軽蔑》《新聞記者などの》しつこい張り込み. ── 形 Ⓐ しつこく張り込む.

door・stop, -stòpper 名ⓒ **1**《扉の》あおり止め, 戸도. **2** 戸当て《ドアが壁に当たらないように壁や床などにつけるゴムの器具》.

door-to-door 形 Ⓐ, 副 家から家への (house-to-house), 戸別《訪問》の; 宅配の, 家まで迎えに来る.

*door・way /dɔ́ːrwèɪ | dɔ́ː-/ 名 (～s /-z/) ⓒ **1** 戸口, 玄関口, 出入口: Don't stand in the ～. 戸口に立ちふさがらないでください. **2** 門戸, …へ至る道: the ～ *to* success 成功への道.

door・yard 名ⓒ《米古風》戸口[玄関]の前の庭.

doo-wop /dúːwɑ̀p | -wɔ̀p/ 名Ⓤ ドゥーワップ《1950年代の米国で流行したコーラススタイル》.

doo・zy, doo・zie /dúːzi/ 名 (-zies) ⓒ《米略式》とてもよい[悪い], 妙な[もの], 際立ったもの.

do・pa・mine /dóʊpəmìːn/ 名Ⓤ《生化》ドーパミン《脳内の神経伝達物質》.

†**dope** /dóʊp/ 《略式》名 **1** Ⓤ 麻薬; 興奮剤; 《睡眠》薬: a ～ *test* ドーピングテスト. **2** まぬけ, とんま. **3** [the ～] 《秘密の》情報 (on). **4** Ⓤ クリーム状の剤. ── 他《人・動物などに》麻薬[興奮剤, 睡眠剤]を与える; ドーピングする; 《食物・飲料に》麻薬[興奮剤, 睡眠剤]を混ぜる. **be dóped úp** 動《略式》薬[麻薬]が効いている, 意識がもうろうとしている. **dóp out** 動 他《米俗》〈…〉を理解する; 〈答えなど〉を見いだす, 〈案など〉を考え出す. ── 形《米俗》すばらしい.

dope fiend 名ⓒ《俗》麻薬常用者, ヤク中.

dope・hèad 名ⓒ《俗》= dope fiend.

dope・pùsher 名ⓒ《俗》麻薬[ヤク]の売人.

dope・ster /dóʊpstɚ | -stə/ 名ⓒ《米略式》《選挙・競馬などの》予想屋.

dop・ey /dóʊpi/ 形 (**dop・i・er**; **-i・est**)《略式》**1** 麻薬を吸った《ような》; ぼっーとした. **2** まぬけな.

dop・ing /dóʊpɪŋ/ 名Ⓤ ドーピング《競技成績をあげるための薬物使用》.

dop・pel・gang・er /dɑ́pəlgæ̀ŋɚ | dɔ́p(ə)lgæ̀ŋə/《ドイツ語から》名ⓒ **1** 生きている人の精霊, 生霊(ｼﾞｮｳ). **2** うり二つの人.

Dóp・pler effèct /dɑ́plɚ- | dɔ́plə-/ 名 [the ～]《物理》ドップラー効果《波源の相対運動による観測波長の変化》.

Dóppler rádar 名ⓒ ドップラーレーダー《ドップラー効果により目標の速度を測る》.

dop・y /dóʊpi/ 形 =dopey.

Do・ra /dɔ́ːrə/ 名 ドラ《女性の名》.

Do・ri・an /dɔ́ːriən/ 名《古代ギリシャの》ドーリア人.

Do・ric /dɔ́ːrɪk | dɔ́r-/ 形 ドリア式の: the ～ order ドリア様式《最古のギリシャ式建築》《☞ order 13》.

Dor・is /dɔ́ːrɪs | dɔ́r-/ 名 ドリス《女性の名》.

dork /dɔ́ːrk | dɔ́ːk/ 名ⓒ《米略式》**1** まぬけ. **2** ペニス.

dork・y /dɔ́ːrki | dɔ́ː-/ 形 (**dork・i・er**, **-i・est**)《米略式》まぬけな.

dorm /dɔ́ːrm | dɔ́ːm/ 名ⓒ《略式》= dormitory.

dor・man・cy /dɔ́ːrmənsi/ 名Ⓤ 休眠状態.

†**dor・mant** /dɔ́ːrmənt/ 形 休止状態にある (inactive), 不活発な; 潜在している《☞ dormitory 語源》: a ～ volcano 休火山 / lie [remain] ～《動植物

が》休眠[冬眠]している; 《物事が》忘れ去られている.

dor・mer《**window**》/dɔ́ːrmɚ | dɔ́ːmə-/ 名ⓒ 屋根窓《屋根裏部屋の明かり取り》《☞ house 挿絵》.

dormice 名 dormouse の複数形.

dor・mie /dɔ́ːrmi | dɔ́ː-/ 形 =dormy.

†**dor・mi・to・ry** /dɔ́ːrmətɔ̀ːri | dɔ́ːmətəri, -tri/ 13 (-ries) ⓒ **1**《米》寮, 寄宿舎 (《略式》dorm, 《英》hall of residence 《☞ hall 成句》). **2** 共同寝室. **3**《英》=dormitory suburb [town]. 語源 ラテン語で「眠る場所」の意; dormant と同語源.

dórmitory sùburb [tòwn] 名ⓒ《英》《郊外の》ベッドタウン (《米》bedroom suburb).

Dor・mo・bile /dɔ́ːrməbìːl | dɔ́ː-/ 名ⓒ《英》ドーモビール《キャンピングカー; 商標》.

dor・mouse /dɔ́ːrmàʊs | dɔ́ː-/ 名 (複 **dor・mice** /-màɪs/) ⓒ やまね《ねずみの仲間; 冬眠する》.

dor・my /dɔ́ːrmi | dɔ́ː-/ 形《ゴルフ》《マッチプレーで》残りのホール数と同数勝ち越した, ドーミーの.

Dor・o・thy /dɔ́ːrəθi, dɑ́r- | dɔ́r-/ 名 固 ドロシー《女性の名; 愛称は Dolly; ☞ doll 挿絵》.

dor・sal /dɔ́ːrs(ə)l | dɔ́ː-/ 形《解》《動物の》背[背部]の; 《植物の》背面の: a ～ fin《魚の》背びれ.

Dor・set /dɔ́ːrsɪt | dɔ́ː-/ 名 固 ドーセット《英国 England 南西部の州》.

dor・sum /dɔ́ːrsəm | dɔ́ː-/ 名 (複 **-sa** /-sə/) ⓒ《音声学》後舌面.

do・ry¹ /dɔ́ːri/ 名 (**do・ries**) ⓒ 平底船《たら漁用》.

do・ry² /dɔ́ːri/ 名 (**-ries**) ⓒⓊ 的鯛(ﾏﾄｳﾀﾞｲ).

DOS /dɑ́s, dɔ́ːs | dɔ́s/ 名 =disk operating system《電算》DOS《コンピュータ操作のソフトウェア; 商標》.

†**dos・age** /dóʊsɪdʒ/ 名ⓒ [普通は単数形で] 1 回分の投薬[服用]量: a high [low] ～ 大量[小量] の服用量.

***dose** /dóʊs/ 名 (**dos・es** /-ɪz/) ⓒ **1**《薬の》1 服《1 回分の》服用量 (*of*); 《医》《1 回の》放射線量: a high [low] ～ 大量[小量] の服用量 / Take three ～s a day. 1 日に 3 回服用のこと. **2**《特にいやなことの》体験の 1 回分, 一定量: suffer from a bad ～ *of* flu ひどいかぜをひく / in small ～s 少量ずつ[で]; 短時間だけ. **3**《俗》性病. **like a dóse of sálts** 副《古風, 英略式》すばやく. ── 他《薬を》投薬する: ～ oneself (*up*) *with* cough syrup せき止めシロップを飲む.

dosh /dɑ́ʃ | dɔ́ʃ/ 名Ⓤ《英略式》金 (money).

do-si-do /dóʊsidóʊ/ 名 [単数形で] ドシド《スクエアダンス; 背中合わせに回って踊る》. ── 動 自 ドシドを踊る.

DOS pròmpt 名ⓒ《電算》DOS プロンプト.

doss /dɑ́s, dɔ́ːs | dɔ́s/ 動 自《英略式》《次の成句で》**dóss aróund [abòut]** 動 自 何もしないで過ごす. **dóss dówn** 動 自 雑魚(ｻﾞｺ)寝する, ごろ寝する. ── 名 [a ～] たやすいこと, ちょろい仕事.

doss・er /dɑ́sɚ | dɔ́sə/ 名ⓒ《英略式》浮浪者.

dóss-hòuse 名ⓒ《俗》安宿 (《米》flophouse).

dos・si・er /dɑ́siɚ, dɔ́ːs- | dɔ́si-/ 名ⓒ《事件・人物の》調査書一式, 関係書類 (file) (*on, of*).

dost /(弱) dəst; (強) dʌ́st/ 動《古語》do¹ の二人称単数現在形.

Dos・to・yev・sky /dɑ̀stəjéfski | dɔ̀stɔiéf-/ 名 **Fyo・dor** /fjóʊdə | -də/ **Mi・khai・lo・vich** /mɪkáɪlɔʊvɪtʃ/ ～ ドストエフスキー (1821-81)《ロシアの小説家》.

***dot** /dɑ́t | dɔ́t/ 名 (**dots** /dɑ́ts | dɔ́ts/) ⓒ **1**《小さな》点, ポツ (point)《i や j の点, 小数点など》; Ⓢ《インターネットのアドレスの》ドット(.): a tie with blue ～s 青色の水玉模様のついたネクタイ / Put three ～s when you omit a word or phrase. 語句の省略の際には点を 3 つ打て. 関連 polka dots 水玉模様. **2** 小さな《点のような》もの; 小量. **3**《モールス信号の》短音, 「トン」《・で表わす; ☞ dash, Morse code》. **connèct the dóts** 名 点結び《点を線で結び最後に絵ができあがる子供の遊び》. **on the dót** 副《略式》時間ちょうどに;

at two (o'clock) *on the* ～＝*on the* ～ of two (o'clock) 2 時きっかりに.
— [動] (dots /dɑ́ts | dɔ́ts/; dot·ted /-ṭɪd/; dot·ting /-ṭɪŋ/) [他] **1** 〈…〉に点を打つ: You should ～ an "i" just above it. "i" の点は真上に打ちなさい《☞ 成句》. **2** (物が)〈…〉に点在する; [しばしば受身で] (物を)〈…〉に点在させる; 〈物〉を散在させる (*about, around*), 少量つける (*on, over*): The pond *was dotted with* fallen leaves. 池には落ち葉が点々と浮かんでいた. **3** 〈…〉を点で描く, 点でおおう. **dót one's [the] i's** /áɪz/ **and cróss one's [the] t's** /tíːz/ [動] [自]《略式》(1) 細部まで気を配る. (2) (わかりきったことを)くどくど説明する. [由来] i に点を打ち t に横棒を引く, の意.

dot·age /dóuṭɪdʒ/ [名] [U] 溺(でき)愛 (*on*). **in one's dótage** [副・形] [滑稽] もうろくして.

dot·ard /dóuṭəd | -təd/ [名] [C] もうろくしている人.

dot-com, dot.com, dot·com /dɑ̀tkɑ́m | dɔ̀tkɔ́m←/ [名] [C], [形] [A] インターネット関連企業(の), ドットコム(の).

dote /dóut/ [動] [次の成句で] **dóte on [upòn] …** [動] [他] (人・物)をやたらとかわいがる, 溺愛する.

doth /(弱) dəθ; (強) dʌ́θ/ [助]《古語》do[1] の三人称単数現在形 (does).

dot·ing /dóuṭɪŋ/ [形] [A] 愛におぼれた, 溺愛する: a ～ father 子に甘い父親. **～·ly** [副] 溺愛して.

dót mátrix prìnter [名] [C]〘電算〙ドット(マトリックス)プリンター《文字を点の集合にして打ち出す印字機》.

+**dot·ted** /dɑ́ṭɪd | dɔ́t-/ [形] 点(線)の; 水玉(模様)の.

dótted líne [名] [C] 点線 (……). [関連] solid line 実線 / broken line 破線. **sígn on the dótted líne** [動] [自]《略式》正式に同意する. [由来] 契約書などの署名欄(の点線の上)に署名する, の意.

dot·ty /dɑ́ṭi | dɔ́ti/ [形] (**dot·ti·er; -ti·est**)《古風, 略式》**1** 気がふれた; 愚かな. **2** 夢中で (*about*).

‡dou·ble /dʌ́bl/ [形] [比較なし] [普通は [A]] **1** 二重の, 複(式)の; 対になった; 2 人用の: a ～ advantage 二重の利点 / a ～-page advertisement 見開き広告 / This room has ～ windows. この部屋は二重窓です. [関連] single 単式の / triple 3 重の.

> [会話] "How do you spell your name?" "M-O-O-D-Y /ém dʌ̀bl óu díː wáɪ/, Moody."「お名前はどうつづりますか」「エム, オー 2 つ, ディー, ワイで Moody です」 ★《主に英》では同一の文字・数字・電話番号・記号などが 2 つ重なるときは double … と読む.

2 2 倍の《[略] dbl.》: a ～ whisky ダブルのウィスキー(1 杯) / This material is ～ width. この生地はダブル幅になっている. [語法] double には定冠詞・所有格などの前に置く用法がある《これを [副] と見ることもできる; ☞ twice 2 [語法] (1)》: at ～ *the* speed 2 倍の速力で / Pay ～ *the* sum. その 2 倍の金額を払ってください / The cost of living is ～ *what* it was then. 生活費は当時の 2 倍になっている. [関連] triple 3 倍の / quadruple 4 倍の. **3** 二様の; (ことばなどが)二様に解釈される, あいまいな; (言行に)裏表のある: lead a ～ life 二重生活をする / This word has a ～ meaning. この語にはどちらともとれる意味がある. **4** (花が)八重(咲き)の: ～ tulips 八重咲きのチューリップ. [関連] single 一重の.
— [副] **1** 2 倍(だけ) (twice); 二重に(なるように), 二様に: I'll pay ～. 倍額払いましょう《☞ [形] 2 [語法]》/ bend ～ 大きく身をかがめる / fold a card ～ カードを 2 つに折る / She was almost bent ～ with age. 彼女は年のせいでまるで二つ折りにしたように腰が曲っていた. **2** 2 人で(いっしょに), 2 つで, 対で: sleep ～ (一つのベッドに) 2 人いっしょに寝る / ride ～ on a bicycle 自転車に相乗りする. **sée dóuble** [動] [自] ☞ see[1] 成句.
— [名] (～s /～z/) **1** [U] 2 倍(の数[量]), 倍額; 2 倍のもの: Six is the ～ of three. 6 は 3 の 2 倍だ. **2** [C] 生き写しの人; (俳優の)替え玉 (*for*): She is her mother's ～. 彼女は母親にそっくりだ. **3** [複数形で単数扱い] (テニス・卓球などの)ダブルス(の試合): women's ～*s* 女子ダブルスの試合. [関連] singles シングルス. **4** [C]〘野〙二塁打: a ground rule ～ エンタイトルツーベース. [関連] single 単打 / triple 三塁打. **5** [C] [しばしば the ～] 二連勝; ダブル優勝[受賞]: go for *the* ～ 二連勝を目指す. **6** [C] (ホテルなどの)2 人部屋, ダブル[ツイン](ルーム). **7** [C] ダブル《普通の 2 倍の量のウイスキーなど》: Make it a ～. ダブルにしてね. **8** [C]《略式》＝daily double. **9** [C]〘トラ〙(ブリッジの)ダブル《相手の失点または得点を倍加させる》. **10** [C] (ダーツで)標的の 2 つの同心円の間に当てること.
at the dóuble [副]《英略式》＝on the double.
dóuble or nóthing [(《英》) **quíts**] [名] (賭(か)け事で)今までの取り分が, 勝てば 2 倍, 負ければゼロになるような勝負.
on the dóuble [副]《米略式》急ぎ足で; 早く.
— [動] (**dou·bles** /～z/; **dou·bled** /～d/; **dou·bling**)

> [自] [他] の転換
> [他] **1** 2 倍にする (to make (something) twice as much or as many)
> [自] **1** 2 倍になる (to become twice as much or as many)

— [他] **1** 〈…〉を2 倍にする; 〈…〉の 2 倍ある: You may ～ the dose if your headache is too bad. 頭痛がひどければ服用量を倍にしてもよい. **2** 〈…〉を二重にする, 二つに折り重ねる (*over, up*): *D*～ the blanket. 毛布を二つ折りにしなさい. **3**《米》(けんかなどで)〈こぶし〉を握る. **4**〘海〙〈岬など〉を回る. **5**〘トラ〙(ブリッジで)〈相手のビッド〉にダブルをかける.
— [自] **1** 2 倍になる, 倍増する (*in*): The population of the town *has* ～*d* in twenty years. その町の人口は 20 年で倍増した. **2** 二役を務める, 兼用になる (*up*); 代役をする (*for*): This room ～*s as* a dining room. この部屋は食堂兼用だ. **3**〘野〙二塁打を打つ (*to*). **4**〘トラ〙(ブリッジで)ダブルをかける. **5** ダブルデートをする (double-date).
dóuble báck [動] [自] (もと来た道を)引き返す.
dóuble óver [動] [自] ＝double up (1).
dóuble úp [動] [自] (1) (おかしさや痛みで)体を二つに折り曲げる. (2)《略式》(物を)共用する (*on*), (人と)(部屋などを)共にする (*with*). — [他] 〈体など〉を二つ折りにする: be ～*d up* [*over*] *with* laughter [pain] 笑いころげる[痛みで体を折り曲げる].

dóuble àct [名] [C]《主に英》(コメディアンなどの)コンビ.

dóuble-áction [形] (銃が)複動式の.

dóuble ágent [名] [C] 二重スパイ.

dóuble bár [名] [C]〘楽〙(楽譜の)複縦線.

dou·ble-bar·reled,《英》**-bar·relled** /dʌ́blbǽrəld←/ [形] [A] **1** 二重銃身の, 二連発式の. **2**《英》(姓が)ハイフン付きで二つの部分からなる《例えば Day-Lewis のような姓》. **3**《米》(計画などが)二重の目的をもった. **4** [主に新聞で] 二つの部分からなる;《米》(攻撃などが)強力な, 徹底的な.

dóuble báss /-béɪs/ [名] [C] ダブルベース, コントラバス (contrabass, bass).

dóuble béd [名] [C] ダブルベッド.

dóuble bíll [名] [C] (映画などの) 2 本立て.

dóuble bínd [名] [C] [普通は単数形で] 板ばさみ, ジレンマ.

dóuble-blínd [形]〘医〙二重盲式の《薬物・治療法の効果の調査で, 誰がその対象か被験者・実験者いずれにもわからない方式》.

dóuble blúff [名] [C] 裏の裏をかく策《うそと思わせておいてことば通りにすることなど》.

dóuble-bógey 動 他 〖ゴルフ〗〈あるホール〉をダブルボギーで上がる.

dóuble bóiler 名 C 二重鍋《料理用》.

dóuble bónd 名 C 〖化〗二重結合.

dóuble-bóok 動 他 〖しばしば受身で〗〈部屋・座席など〉の予約を二重に受けつける《⇨ overbook》. ― 自 二重に予約を受けつける.

dóuble-bóoking 名 U,C 予約の二重受けつけ.

double-breast·ed /dʌ́blbréstɪd⊢/ 形 (上着などが)両前の, ダブルの《⇨ single-breasted》.

dóuble chéck 名 C 再点検, 再検査 《on》.

dóuble-chéck 動 他 〈…〉を再点検[再検査]する. ― 自 再点検[再検査]を行なう.

dóuble chín 名 C 二重あご.

dóuble clíck 名 C 〖電算〗ダブルクリック.

dóuble-clíck 動 〖電算〗自 (アイコンなどを)ダブルクリックする 《on》. ― 他 〈…〉をダブルクリックする.

dóuble-clútch 動 (米) **1** (自動車の)ダブルクラッチを使う. **2** 〖野〗送球をもたつく.

dóuble créam 名 U (英) =heavy cream 《⇨ single cream》.

dóuble cróss 名 C 裏切り, 寝返り.

dóuble-cróss 動 他 〈…〉を裏切る.

double-cross·er /dʌ́blkrɔ́ːsə | -krɔ́sə/ 名 C 裏切り者.

dóuble dágger 名 C 〖印〗二重短剣符, ダブルダガー (‡).

dóuble dáte 名 C (主に米) ダブルデート 《2組の男女がいっしょにするデート》.

dóuble-dáte (主に米) 動 自 ダブルデートをする 《with》. ― 他 〈…〉をダブルデートする.

dóuble-déaler 名 C 《略式》裏表のある人.

dóuble-déaling 名 U 《略式》二枚舌. ― 形 A 裏表のある.

double-deck·er /dʌ́blděkə | -kə/ 名 C **1** (主に英) 2階付きのバス. **2** (主に米) (3枚のパンを使った)2段重ねのサンドイッチ. ― 形 A 2階[2段, 2層]の.

dóuble-dénsity dísk 名 C 〖電算〗倍密度ディスク《記録容量が両面で720[640]キロバイトのもの》.

dóuble-dígit 形 A (米) 2桁(けた)の.

dóuble dígits 名 [複] (米) 2桁の数.

dóuble-díp (米) 名 C **1** アイスクリームのダブル. **2** 二重取り《給料と年金などの》. ― 動 自 二重稼ぎをする.

dóuble dóor 名 C 両開きの扉[戸].

dóuble Dútch 名 U [時に d- d-] 《略式》 **1** (英) ちんぷんかんぷん(なこと). **2** (米) ダブルダッチ 《2本の縄をとぶ縄跳び; ⇨ jump rope》.

dóuble dúty 名 C [次の成句で] **dò dóuble dúty** 〖動〗 自 (米) 二つの役目[機能]を果たす 《as》.

dóuble-dýed /-dáɪd⊢/ 形 **1** 二度染めの. **2** (人が)徹底した.

dóuble éagle 名 C (米) 〖ゴルフ〗アルバトロス《パーより 3打少ない》.

dóuble-édged 形 **1** (剣などの)両刃の. **2** (意見などが)賛否両方にとれる; (物事が)相反する2つの面[目的, 効果]をもつ: a ~ sword [weapon] もろ刃の剣(ぬる)《メリットと同時にデメリットのあるもの》.

dou·ble en·ten·dre /dúːblɑːntáːndr(ə)/ 《フランス語から》名 C **1** 2通りの意味(その1つは普通は性的な意味)にとれる語[句].

dóuble éntry 名 U 〖簿〗複式記帳法.

dóuble expósure 名 U 〖写真〗二重露出.

dóuble-fáced 形 二心のある, 不誠実な.

dóuble fáult 名 C 〖テニスなどの〗ダブルフォールト《連続2回のサーブの失敗; 相手の得点になる》.

dóuble féature 名 C (米) (映画の)2本立て.

dóuble-fígure 形 (主に英) =double-digit.

dóuble fígures 名 [複] (主に英) =double digits.

dóuble fírst 名 C (英) (大学の)2科目最優等《生》.

dóuble-gláze 動 他 (英) 〈窓・家など〉をペアガラスにする.

dóuble-glázed 形 (英) (窓・家などが)ペアガラスの.

dóuble-glázing 名 U (英) ペアガラス(窓)《断熱のためガラスが二重になっている》.

dóuble-héad·er /dʌ́blhéd⊢ | -də/ 名 C **1** (米) (野球などの)ダブルヘッダー. **2** (機関車2台が引く)二重連列車.

dóuble hélix 名 C 〖生化〗(DNA の)二重らせん.

dóuble-húng 形 (窓が)上げ下げ式の.

dóuble indémnity 名 U (米) 〖保〗災害倍額支払い特約《事故による死亡の場合》.

dóuble íntegral 名 C 〖数〗二重積分.

dóuble jéopardy 名 C 〖米法〗二重の危険《同一の犯罪で被告を再度裁判にかけること; 米国では Fifth Amendment により禁止》.

dóuble-jóinted 形 [普通は P] (前後左右に自由に動く)二重関節をもった.

dóuble-knít 形 二重編みの.

dóuble májor 名 C (米) 2つの専攻(をもつ学生).

dóuble negátion [négative] 名 U,C 〖文法〗二重否定.

文法 二重否定

文中で否定を表わす語や否定を表わす接頭辞・接尾辞が繰り返されることをいう. 二重否定は論理的に考えれば, マイナスとマイナスでプラスになるように肯定になるわけであるが, 実際のことばの場合には, 単純な肯定と全く同じ意味になるとは限らない.

　Their plan was *not* ↘ *un*successful. ↗ 彼らの計画は不成功だったわけではない《Their plan was successful.《彼らの計画は成功だった》ほど積極的な肯定ではない》/ I *don't* ↘ *deny* it. ↗ 私はそれを否定はしない《積極的に肯定するわけでもない》.

次のような表現も一種の二重否定と考えられる：
There was *no*body present who *didn't* know it. 居合わせた人の中ではそれを知らない者はいなかった.

---

dóuble óbelisk 名 C =double dagger.

dóuble-páned /-péɪnd⊢/ 形 (窓が)ペアガラスの.

dóuble-párk 動 [普通は受身で] 〈車〉を他の車と並べて駐車させる《駐車違反》. ― 自 二重駐車する.

dóuble pláy 名 C 〖野〗併殺, ダブルプレー.

dóuble pneumónia 名 U 〖医〗両側肺炎.

dóuble-quíck 〖英略式〗形 駆け足の; 大急ぎの: in ~ time 大急ぎで. ― 副 駆け足で; 大急ぎで.

dóuble quótes 名 [複] 二重引用符《" " の符号》.

dóuble róom 名 C =double 6.

dóuble-síded 形 (コピーなどが)両面の; 二面を持つ.

dóuble-spáce 動 他 (行間に1行分をあけて)〈…〉をダブルスペースでタイプ[印刷]する.

dóuble-spáced 形 ダブルスペースの[でタイプした].

⁺**dóuble-spéak** 名 U =double-talk.

⁺**dóuble stándard** 名 C 二重規準《相手によって扱いなどを変える(不公平な)やり方; 特に女性に対して男性より厳しい道徳観》.

dóuble stéal 名 C 〖野〗ダブルスチール, 重盗.

dóuble-stóp 動 (-stops; -stopped; -stop·ping) 自 〖楽〗(弦楽器で)重音奏法をする.

dou·blet /dʌ́blət/ 名 C **1** ダブレット《15-17世紀ごろ流行した男性用の胴衣; ⇨ costume¹ 挿絵》. **2** (よく似たもの)の対の片方; 〖言〗二重語《同語源で形・意味の異なる語》.

dóuble táke 名 C [次の成句で] **dò a dóuble táke** 〖動〗自 (喜劇役者などが)少したってから気がついて

dóuble-tàlk 名 U わけのわからない[人を煙にまく]しゃべり方; あいまいなこと. ― 動 他 〈…〉を煙にまく, 煙にまいて―させる (into).

dóuble-tàlker 名 C 煙にまく話し方をする人.

dóuble-tèam 動 他《スポ》〈相手選手〉を2人でマークする.

dóuble·thìnk 名 U 二重思考《矛盾した考えなどを同時に受け入れること》.

dóuble tíme 名 U **1** (休日出勤などでの)給料2倍支給. **2** (米)《軍》駆け足.

dóuble-time (米略式) 形 A 大急ぎの, (速さが)2倍の. ― 副 大急ぎで.

dóuble-tóngu·ing /-tʌŋɪŋ/ 名 U (吹奏楽器の)ダブルタンギング.

dóuble vísion 名 U 複視《物が二重に見える》.

dóuble whámmy 名 C (略式) 二重の災難, 災難に次ぐ災難, ダブルパンチ.

dóuble whóle nòte 名 C (米)《音》2全音符 = (英) breve.

dóuble-wìde tráiler 名 C (米) 2台連続の移動住宅.

dóuble yéllow líne 名 C **1** (米)(道路の)センターライン. **2** (英) 駐車禁止(を示す黄色の2本線).

dou·bloon /dʌblúːn/ 名 C (スペイン・中南米などの昔の)ダブロン金貨.

†**dou·bly** /dʌ́bli/ 副 **1**[形容詞の前に置いて]2倍に; いっそう…に: be ~ careful 念には念を入れる / To make ~ sure, I locked the door. 念には念を入れて私はドアに鍵(ぎ)をかけた. **2** 二重に, 二様に; 二つの点で.

*️**doubt** /dáʊt/ T3 名 (doubts /dáʊts/; 形 doubtful) U,C 疑い, 疑念 (反 belief); 疑問, 不審 [言い換え] There is some ~ (about [as to]) whether she'll come. <N+(about [as to])+whether 節> (=It is doubtful whether she'll come.) 彼女が来るかどうか多少疑問だ / There's no ~ who did it. <N+wh 節> だれがそれをしたかについて疑問はない [言い換え] I have no ~ about your success. =I have no ~ (that) you will succeed. <N+(that) 節> あなたが成功するのは間違いないと思っている 《☞ 動 語法 (1)》. There is no ~ as to what will happen after that. その次どうなるかははっきりしている.

[金話] "We've got to work harder." "No [There's no] ~ about it."「もっとしっかりやらなくちゃだめだ」「それは確かだ」

―――― コロケーション ――――
cast [throw] doubt on ... …に疑いをかける
clear up [dispel] a doubt 疑いをはらす
express [voice] doubts [(a) doubt] (about ...) (…について)疑念を表明する
have (one's) doubts (about ...) (…に)疑念をもつ
raise doubts [(a) doubt] (about ...) (…について)疑いの念を起こさせる

beyònd (a [àny]) dóubt = **beyònd áll dóubt** [副] 文修飾語 (格式)疑う余地なく, 確かに《☞ beyond a shadow of (a) doubt (shadow 成句)》: We believe beyond ~ that you are innocent. 我々はあなたが無実であることを堅く信じている.

beyònd (a) réasonable dóubt [副]《法》少しの疑いをも容れる余地なく.

cáll ... into dóubt [動] 他 = call ... in [into] question《☞ question 名 成句》.

in dóubt [形] (1) (物事が)不確かで, 疑わしい: Her ability is still in (some) ~. 彼女の力についてはまだ(少し)疑問がある. (2) (人が)疑念をもって (about): If

doubtful 507

[When] in (any) ~, don't (do it). (少しでも)迷っているならしないことだ.

léave nò dóubt that ... [動] …であることは確かだ.

nò dóubt [副] 文修飾語 (1) 恐らく, 多分 (probably); [譲歩的に一応認めて] (…だろう): You were right, no ~, but I wanted to do it (in) my way. 恐らく君の言う通りだったかもしれないが, 私はそれを私のやり方でやりたかったのだ. (2) 確かに《= without (a) doubt 語法》: No ~ she will be in time for the train. きっと彼女は列車に間に合うだろう.

ópen to dóubt [形] = in doubt (1).

withòut (a) dóubt [副] 文修飾語 (格式)疑いなく, 確かに: He will finish it by then without ~. 彼はきっとその時までにそれを終わらせるだろう. 語法 without (a) doubt, undoubtedly は no doubt, doubtless よりも意味が強い.

― 動 (doubts /dáʊts/; doubt·ed /-tɪd/; doubt·ing /-tɪŋ/) 他 [進行形なし] 〈…〉を疑い, 疑わしいと思う (反 believe); おぼつかないと思う《☞ 類義語》[言い換え] I ~ him [his word]. = I ~ if [whether] he is telling the truth. <V+O (if [whether] 節)> 彼が本当のことを言っているかどうか怪しい / She ~ed very much whether [that] her husband would come back to her. <V+O (whether [that] 節)> 彼女は夫が自分の所へ帰ってくるかをかなり疑ぶんでいた / Do you ~ (that) he will succeed? <V+O ((that) 節)> 彼の成功は危ないと思いますか / I don't ~ (that) Bob loves me. ボブが私を愛していることは信じて疑わない [金話] "Think it will clear up this afternoon?" "I ~ it." 「午後晴れると思うかい」「怪しいね」

語法 (1) doubt の次にくる接続詞は一般に肯定文では if, whether を用い, that は否定文, 疑問文のときが多い.
(2) 肯定文で (that) 節を用いると強い不信を表わす: [言い換え] I ~ (that) she will come. (=I don't think she will come.) 私は彼女は来ないと思う.

doubt (…ではないらしいと思う)	疑う
suspect (…であるらしいと思う)	

dóubt onesèlf [動] 他 自信をなくす, 自分がまちがっているのではないかと思う.

【語源】ラテン語で「2とおりの考えを持つ」の意.

【類義語】**doubt** はっきりした証拠や確信などがないので, 「…ではないらしい」と疑う: I doubt (if [whether, that]) he is a detective. 彼が刑事かどうか疑わしい. **suspect** 疑いを抱かせるような怪しい「不審な」点があるので, 「…であるらしい, …ではないか」と疑う. 普通はよくないこと, 望ましくないことに用いる: I suspect that he is an impostor. 彼はどうもぺてん師らしい.

doubt·er /dáʊtə | -tə/ 名 C 疑う人.

*️**doubt·ful** /dáʊtf(ə)l/ 形 (名 doubt) **1** (物事が)疑わしい, はっきりしない, あやふやな [言い換え] It is ~ whether [if] he will pass the examination. (=I doubt whether he will pass the examination.) 彼が試験に受かるかどうかわかりません / It is ~ that they will arrive on time. きっと彼らは時間どおりには来ないだろう 《☞ doubt 動 語法 (1)》.
2 [普通は P] (人が)疑いを抱いている, 疑わしく思っている; 迷っている: I am ~ of his motives. <A+of+名・代> 私は彼の動機に疑いを持っている / I am ~ about [what to [what] he should] do for her. <A+about+wh 句・節> 彼女のためにどんなことをしたらいいか彼は迷っている [言い換え] I felt ~ about accepting it. <A+about+動名> = I felt ~ about whether to accept it or not. それを受けていいかどうか迷った. **3**

doubting Thomas

Ⓐ 〔人・物などが〕怪しげな, 疑わしい: a ~ character いかがわしい人物. **4** Ⓟ 〔主に新聞で〕〔スポーツ選手などげがなどで〕出場[出演]が不確実で〔危ぶまれて〕(*for*).
-ful・ly /-fəli/ 副 疑わしげに.

doubt・ing Thómas /dáutɪŋ-/ 名 (~ **Thom-as・es** /-ɪz/) © 〔古風〕疑い深い人. 由来 キリストの弟子トマスがキリストの復活を容易に信じなかったことから.

doubt・less /dáutləs/ 形《格式》**1** 恐らく, 多分 (*probably*): You are ~ aware of his absence. 彼がいないことは恐らくお気づきのことでしょう. **2** 疑いもなく, 確かに (~ *without* (a) *doubt* (doubt 名 成句 [語法])): He is ~ the best player on our team. 彼がうちのチームでいちばんの選手であることは間違いない.
~・ly 副 =doubtless.

douche /dú:ʃ/ 名 © 〔普通は単数形で〕〔医療などのための〕注水, 膣洗浄(水); 〔膣〕洗浄器. ── 動 他 〈…に〉注水する. ── 自 〔膣の〕洗浄をする.

dóuche bàg 名 © 〔差別〕ばか, くそたれ.

Doug /dág/ 名 ダグ〔男性の名; Douglas の愛称〕.

†**dough** /dóu/ 名 Ⓤ **1** こね粉; 生パン; 〔練り粉状の〕かたまり. **2** 〔古風, 略式〕金銭, 現なま.

dóugh・bòy 名 © 〔古風, 米〕〔第一次大戦の〕歩兵.

†**dough・nut** /dóunʌt/ 名 © ドーナツ; ドーナツ形のもの. **dò dóughnuts** 動 自 〔米略式〕〔遊びで〕車をスピンさせる.

dough・ty /dáuti/ 形 (**dough・ti・er**; **-ti・est**) 〔普通は Ⓐ〕〔文〕〔主に新聞で〕勇敢な, 勇猛で不屈な.

dough・y /dóui/ 形 (**dough・i・er**; **-i・est**) こね粉[生パン]のような; 生焼けの; 〔皮膚が〕青白い.

Doug・las /dáɡləs/ 名 ⓐ ダグラス〔男性名; 愛称は Doug〕.

Dóuglas fír 名 © アメリカとがさわら, ダグラスもみ.

†**dour** /dúɚ, dáuɚ | dúə, dáuə/ 形 (**dour・er** /dú(ə)rɚ, dáu(ə)rɚ | -rə/; **dour・est** /dú(ə)rɪst, dáu(ə)rɪst/) **1** 〔人が〕むっつりした, 気難しい. **2** 〔物事が〕陰気な, 暗い, 活気[面白味]のない.
~・ly 副 気難しく.

†**douse** /dáus/ 動 他 **1** 〈…〉に水をかけて消火する (*with*). **2** 〈水・油などを〉…にぶっかける (*in*, *with*), 〈水などに〉…をつける (*in*). **3** 〈明かり〉を消す.

†**dove**¹ /dáv/ 名 © **1** はと. 参考 pigeon の中で特に小さい種類を指すことが多い; 📖 pigeon 表; 無邪気・優しさの象徴と考えられている; 📖 olive branch 由来. ★ 鳴き声については 📖 cry 表. **2** 〔政〕はと派〔穏健派〕の人 (反 hawk¹).

dove² /dóuv/ 動 〔米〕dive¹ の過去形.

dove・cote /dávkòut/, **dove・cot** /dávkàt | -kòt/ 名 © はと小屋.

Do・ver /dóuvɚ | -və/ 名 **1** the **Strait(s) of** ~ ドーバー海峡〔英国 England とフランスの間の海峡; 📖 裏地図 G 6〕. **2** ドーバー〔England 南部のドーバー海峡に臨む都市; 📖 裏地図 G6〕. **3** ドーバー〔米国 Delaware 州の州都〕.

dóve・tàil 動 他 **1** 〈…〉をぴったり適合させる (*with*, *into*). **2** 〔木工〕〈…〉をありつぎにする (*together*).
── 自 〔緊密に〕ぴったり合う, ぴったりはまる (*with*, *into*).
── 名 © =dovetail joint.

dóvetail jòint 名 © 〔木工〕ありつぎ.

dov・ish /dávɪʃ/ 形 〔政〕hawkish に対し派的な.

dow・a・ger /dáuədʒɚ | -dʒə/ 名 © **1** 〔略式〕〔威厳のある, 裕福な〕年配の女性. **2** 〔王侯の〕未亡人: the「queen (~ queen) 皇太后.

dowd・i・ly /dáudəli/ 副 〔軽蔑〕だらしなく.

dowd・i・ness /dáudinəs/ 名 Ⓤ 〔軽蔑〕だらしなさ.

dowd・y /dáudi/ 形 (**dowd・i・er**; **-i・est**) 〔軽蔑〕〔女性の〕身なりのさえない; 〔服装が〕ぱっとしない.

dow・el /dáuəl/ 名 © 〔木工〕合わせくぎ, だぼ.

dow・er /dáuɚ | dáuə/ 名 © 〔法〕寡婦産《亡夫の遺産のうち未亡人の受けつぐ部分》.

Dów Jónes Áverage [Índex] /dáudʒóunz-/ 名 〔the ~〕〔株〕ダウ平均〔指数〕.

☆down¹ /dáun/

基本的には「低い方へ」の意.

① 低い方へ[に], …の下[流]へ[に]; …を下って
　　　　　　　　　　　　　　副 **1, 2, 3, 4**; 形 **1**; 前 **1, 2**
② 遠く[周辺]へ, 話し手から離れて　副 **5**; 前 **3**
③ 小さい[少ない]ものへ　　　　　副 **6**
④ 弱って　　　　　　　　　　　　副 **7**; 形 **4**

── 副 〔比較なし〕(反 up) **1** 〔高い所から〕低い方へ, 下（の方）へ, 降りて, 地面へ; 〔立っているものを〕横に, 倒して〔移動や運動を表わす〕: The sun is going ~. 太陽が沈もうとしている / The ship went ~ to the bottom. 船は海底に沈んだ / He jumped ~ from the tree. 彼は木から飛び降りた / Please sit ~. お座りください / He was knocked ~ by the champion. 彼はチャンピオンに打ち倒された.

2 低い所に[で], 下方に〔位置を表わす; 📖 形 **1**〕; 〔ある面を〕下にして: The balloon stayed ~ for some time, and then began to go up again. 気球はしばらく低くとどまっていたが, それから上昇しはじめた / You should keep this side of the box ~. 箱のこの面は下にしておいたほうがよい.

3 〔流れの〕下流へ[に], 下手(しもて)へ[に]; 〔過去から〕下って: We sailed ~ toward the sea in a small boat. 私たちは小舟で流れを下って海まで行った / the history of China ~ to the nineteenth century 19 世紀までの中国の歴史.

4 〔地理的に見て〕低い方へ[に], 〔北から〕南へ[に]: Many people go ~ to the seaside in summer. 夏には海岸に行く人が多い / We traveled as far ~ as Chile. 私たちはチリまで旅行した.

5 Ⓢ 〔近くから〕遠く〔周辺〕へ; 話し手から離れて, 話し手の注意を向けているものから離れた方へ; 〔英〕〔特にオックスフォード・ケンブリッジ〕大学を離れて (*from*)〔帰郷・卒業する場合〕: He drove ~ to the hotel. 彼はホテルの方へ車で行った / I'll meet you ~ at the station tomorrow. あす駅で会いましょう〔📖 up **5** 最後の例文〕.

6 〔大きい[高い]ものから〕小さい[少ない]ものへ, 〔数量・地位などが〕下がって (*by*); 〔重要な[忙しい]人から〕重要でないの[人]へ: Count *from* 100 ~ *to* 20. 100 から 20 まで逆に数えなさい〔📖 countdown〕/ The temperature will go ~ to zero tonight. 今夜気温は零度に下がるだろう / from the richest ~ *to* the poorest Ⓢ いちばんの金持ちから最も貧しい人たちまで.

> **コーパスキーワード**
> 「動詞＋down **6**」のいろいろ〔📖 corpus〕
> **bóil dówn** 煮詰まる[める] / **cút dówn** 切り詰める / **grínd dówn** すりつぶす / **márk dówn** 値下げする / **nárrow dówn** 制限する / **pláy dówn** 小さく扱う

7 〔力が〕弱って, 〔勢いが〕衰えて; 〔気持ちが〕沈んで: The wind has died ~. 風が静まった / The fire is burning ~. 火の勢いが衰えてきている / The train slowed ~. 列車はスピードを落とした / The work wore him ~. その仕事で彼は参ってしまった.

> **コーパスキーワード**
> 「動詞＋down **7**」のいろいろ〔📖 corpus〕
> **bréak dówn** 故障する / **cálm dówn** 静まる / **cóol dówn** 冷静する / **quíet dówn** 静かになる / **rún dówn** 〔時計が〕止まる / **túrn dówn** 〔火・音を〕小さくする

8 押さえつけて, 抑圧して: The government put ~

the strike. 政府はストライキを制圧した.
9 しっかりと《「固定する」意の動詞とともに用いる》; (紙に)書き留めて[留められて]: I have your telephone number ~ in my address book. 住所録にあなたの電話番号を書き留めている.

コーパスキーワード
「動詞＋down 8, 9」のいろいろ《☞ corpus》
cópy dówn 写し取る / **hòld [kèep] dówn** 抑圧する / **húnt [rùn] dówn** 追い詰める / **tráck dówn** 突き止める // **pín [stíck] dówn** 固定する / **tíe dówn** 縛りつける / **wríte [pùt, nóte, márk] dówn** 書き留める

10 [S] 即金[頭金]で: pay ~ 即金で払う. **11** (汚れを落として)きれいに: hose one's car ~ ホースで車をきれいに洗う. **12** (飲食物を)(胃の中へ)飲み込んで: get the pill ~ 丸薬を飲み込む. **13** (クロスワードパズルの列を)縦に ([反] across): I can't do five ~. 5 の縦が解けない. [語源] 古(期)英語で「丘《☞ downs》から(下って)」の意.
dòwn belów [副] (1) すぐ下に, ずっと下方へ《☞ below [副] 1 の例》. (2) 地下[船倉]に.
dówn cóld [pát] [副] 完璧(かんぺき)に.
dówn thròugh … [前] [W] (ある時期)の間中ずっと: ~ *through* the years その年月の間ずっと.
dòwn únder [副・形・名]《略式》オーストラリア[ニュージーランド](へ[に, で, の]). [由来] 英国などからみると両国が地球上で下側に位置しているから.
Dówn with …! [S] (不要だから)…を追放[廃止]せよ!, …を倒せ!《☞ [感]》.
úp and dówn ☞ up [副] 成句.
— /daʊn/ [前] ([反] up) **1** …を下って, …の下(の方)へ, …を降りて, …の下流へ《移動や運動を表わす》: run ~ the steps [hill] 階段[丘]を駆け降りる / Tears ran ~ her face. 涙が彼女の顔を伝わって落ちた / We went ~ the Mississippi. 私たちはミシシッピー川を下った.
2 …の下(の方)に, …の下手に《状態を表わす》: The bridge is about a mile ~ the stream. その橋は流れの約 1 マイル下流にある.
3 (道など)に沿って(離れた方へ), …を (along); …を通って向こうの端へ[行ったところに]: We walked ~ the street. 我々は通りをずっと歩いていった《下り坂の意ではない》/ He went ~ the garden. 彼は庭の向こうの端へ行った / The bathroom is ~ the hall. 洗面所は廊下を(ずっと)行ったところ[先]にある. **4** …の間ずっと: ~ the years その年月を通じて. **5** [S]《英略式》…へ (to), …で (at, in): go ~ the pub パブへ行く.
úp and dówn … ☞ up [前] 成句.
— /dáʊn/ [形] [比較なし] ([反] up) **1** [P] 低い所で[に], 下に降りて; (立っているものが)横になって, 倒れて: The moon was ~. 月は沈んでいた / The river is ~. 川の水は引いている / Meg is up, but not yet ~ (= downstairs). メグは起きているがまだ降りてきていない《階上の寝室から服装を整えて階下にきていない; ☞ bedroom [参考]》/ The flagpole is ~. 旗ざおが倒れている.
2 [A] 下方への, 下向きの, 下り坂の: the ~ escalator 下りのエスカレーター / a ~ slope 下り坂.
3 [A] (交通機関が)商業地域行きの;《英》下りの: a ~ train 下りの列車.
4 [P]《略式》気落ちして, 元気のない; 病気で (*with*): He was very ~ after failing the test. その試験に落ちて彼は大変落胆していた.
5 頭金の; 現金の: ☞ down payment.
6 [P] (値段などが)下がって; (ある金額だけ)損して: ⌐Eggs are [The price of eggs is] a bit ~ *from* last week. 卵が先週より少し下がっている / I found myself ⌐$50 ~ [~ $50] last night. 昨夜 50 ドル使っていた.
7 [P] (試合で)(…点)リードされて: The team was ⌐ten runs ~ [~ (by) ten runs] in the top of the fifth inning. チームは 5 回の表に 10 点リードされていた.
8 [P] (日付・名前などが)記入されて (*on*); (人が)名前が(名簿[予定表]に)記載されて, (会などが)予定されて (*for*): You're ~ (*on* the list) ⌐*for* a speech [*to* speak] at the meeting. あなたはその会でスピーチをする予定と(名簿に)記されている. **9** [P] [S]《略式》完了して, 済んで; 〚野〛アウトになって: Five days ~, two to go. 5 日が過ぎて残りは 2 日だ / One ~ and two to go. ワンアウト[一死]であと 2 人だ. **10** [P] (コンピューターが)作動しないで, 動かないで. **11** [S]《米俗》(…に)同意して, オーケーで (*with*).
be dówn and óut [動] [自]《略式》落ちぶれている, 金に困っている.
be dówn for … [動] [自] …をする人として記名[登録]されている, …することになっている《☞ 8》.
be dówn on … [動] [他] [S]《略式》…を批判している, 嫌っている.
be dówn to … [動] [他] (1)《主に英》…が原因である; …の責任[せい]である; …次第である. (2) [S] (金などが)少なくなって…だけになっている.
be [còme,《英》gò] dówn with … [動] [他] (病気)で寝込んでいる[寝込む], …にかかっている[かかる].
còme dówn to … [動] [他] =be down to … (1).
— [動] (downs /~z/; downed /~d/; down·ing) [他]
1 [W] 〈…〉を飲み干[下]す, さっと食べる: ~ a glass of beer in one gulp 1 杯のビールを一気に飲み干す.
2 [主に新聞で]〈…〉を(打ち)倒す; 〈飛行機〉を撃ち落とす; 打ち負かす. **3** 〈柱など〉を倒す, 落とす. **dówn tóols** [動] [自]《英》仕事をやめる; ストライキをする.
— [名] ([反] up) [C] **1** (道などの)下り; 不運《☞ ups and downs (up [名] 成句)》. **2** =downer. **3** 〚アメフト〛ダウン. **hàve a dówn on …** [動] [他]《英略式》…に反感を抱く, …を嫌う.
— [感] [命令・警告を表わして] 座れ, 降りろ, 伏せろ, 頭を下げろ: *D*~ in front, please. (後ろの人が見えるように)前の人は座って[頭を下げて]下さい / *D*~, Rover! [S] ローバー, お座り《攻撃的な犬に向かって》.
down[2] /dáʊn/ [名] [U] (水鳥の)綿毛, 羽毛《羽軸のないもの》; うぶ毛. [関連] feather 羽軸のある羽.
down- /dáʊn/ [接頭] [名詞・動詞・形容詞・副詞をつくる]「下に, 劣って, 悪い」の意: *down*stairs 階下に / *down*grade 格下げする / *down*side 欠点.
dówn-and-dírty [形]《米略式》**1** (競争などが)なりふり構わぬ. **2** (態度などが)かざらない, あけすけな.
dówn-and-óut [形] 落ちぶれ果てた. **—** [名] [C]《主に英》路上生活者.
dówn-and-óut·er /-áʊṭɚ | -tə/ [名] [C] =down-and-out.
dówn-at-héel [形] みすぼらしい, だらしない(服装をした)《☞ down at (the) heel(s) (heel[1] [名] 成句)》.
dówn·bèat [形] ([反] upbeat) **1** 陰気な, 悲しい, 憂鬱(ゆううつ)な. **2** 感情を抑えた, 冷静な; くつろいだ.
— [名] [C] **1** 〚楽〛ダウンビート, 下拍《小節の第 1 拍の強いビートおよびそれを示す指揮棒の降りおろし; ☞ upbeat》. **2** (踊るのでなく聴くための)電子音楽.
dówn·càst [形] [普通は [P]] [W] しおれて, がっかりして; (視線が)下に向いた.
dówn·dràft,《英》**-dràught** [名] [C] **1** 下降気流; (煙突から室内への)吹き込み. **2** (景気などの)落ち込み.
Dówn Éast [副]《略式》ニューイングランド(特にメイン州)で[へ].
Dówn Éast·er /-íːstɚ | -stə/ [名] [C]《略式》ニューイングランド(特にメイン州)の人.
dówn·er /dáʊnɚ | -nə/ [名] [C]《略式》**1** [普通は複数形で] 鎮静剤《特にバルビツール系; ☞ upper》. **2** [普通は a ~] 気を滅入らせること[状況, 人]. **be on**

a dówner [名] 落ち込んでいる；失敗している．

†dówn·fàll [名] [U] 失脚；没落のもと．**be ...'s downfall** [動] …の破滅のもとなる．

dówn·fìeld [副][形]《米スポ》敵陣へ向かって(の)．

†dówn·gràde [名] [C] 下り坂[調子] (*IIP* on the down grade (grade 成句)). ─ [動](反)upgrade) 他 **1**〈職員など〉を降職する，左遷(ﾂﾞ)する；〈...〉の等級を落とす，格下げする (*from, to*). **2**〈人・もの〉を軽んずる．

dówn·héart·ed [形] [普通は P] 落胆した．

†dówn·hìll (反 uphill) 副 坂の下へ，下って：walk [run] ~ 坂を歩いて[走って]下る．**gò downhíll** [動] **1** 坂を下る，悪くなる，さびれる． **2** [A] 坂を下る，下り坂の；滑降スキー競技(用)の． **2** [P] (略式)(そ れまでに比べて)楽で，たやすい．**be (áll) downhíll**＝**be downhíll àll the wáy** [動] (1) あとは(最後 まで)ずっと楽だ．(2) 悪くなる．─ [名] [U] (スキーの)滑降；[C] 滑降スキー競技．

dównhill skíing [名] [U] (スキーの)滑降，ダウンヒル．

dówn·hòme [形] [A] (米)田舎風の，素朴な．

***Dów·ning Strèet** /dáʊnɪŋ-/ [名] 固 ダウニング街 (London の首相官邸がある地区)；英国政府．[関連] White House ホワイトハウス，米国政府．

down·light·er /dáʊnlàɪtɚ | -tə/ [名] [C] (英) ダウン ライト (天井などから下向けにあてられるスポットライト)．

down·load /dáʊnlòʊd/ [動][電算] [名] 他《データ・プログ ラムなど》をダウンロードする〈端末などへ移す〉 (*from, off*). ─ [名] [U] ダウンロード(すること)；[C] ダウンロードし たもの 〈データ・ファイルなど〉．

dówn-màrket (反 upmarket) [けなして] [形] [普通 は A] 〈店・商品など〉が大衆向けの． ─ [副] 安っぽく．

†dówn pàyment [名] [C] (分割払いの)頭金，手付 金：make a ~ on ... の頭金を払う．

†dówn·plày [動] 他 (マスコミなどが)〈...〉を軽視する，小さ な扱いですます (play down).

†dówn·pòur [名] [しばしば単数形で] どしゃ降り．

dówn·rànge [副] (ミサイルなどが)予定飛行経路に 沿って．

†dówn·rìght [形] (普通は悪いことが)徹底的な，全 くの． ─ [副] (普通は悪いことが)徹底的に，全く．

dówn·rìver [副] 河口に向かって[近く]；川下(ﾋﾞ)へ．

downs /dáʊnz/ [名] [複] (英) (小高い)高原地 (*IIP* down[1] [語源])； [the D-] ダウンズ (England 南部の丘 陵草原地名)．

dówn·scàle [形] [普通は A] (米) 安い，大衆向けの (down-market) (反 upscale)；低所得の． ─ [動] 他 **1** ＝downsize 1. **2**〈...〉を簡素[廉価]にする．

dówn·shìft [動] 自 **1** (米) シフトダウンする． **2** (景 気などが)悪くなる．**3** 働きすぎをやめる，(収入は減っても)楽しむ生活に切り換える． ─ [名] [C] **1** (米) シフ トダウン． **2** 余裕をもった生活への切り換え．

†dówn·sìde [名] [C] [普通は単数形で] 〈物事の〉否定的 な面，欠点，好ましくないところ (*of*).

dówn·sìze [12] [動] 他 **1**〈自動車〉を小型化する． **2** 〈人員など〉を削減する，〈事業・コンピュータシステムなど〉を 縮小する． ─ [自] 削減[縮小]する．

dówn·sìz·ing [名] [U] 人員削減，事業縮小．

dówn·slòpe [名] 下り坂． ─ [副] [形] 下り坂で[の]．

dówn·spòut [名] [C] (米) (屋根から地面における)縦雨 どい (drainpipe).

Dówn's (sỳndrome) /dáʊnz-/ [名] [U] [医] ダウ ン症(候群)．

dówn·stàge (反 upstage) [副] 舞台前方で[に]． ─ [形] [A] 舞台前方の．

***dówn·stàirs** /dáʊnstéɚz | -stéəz/ (反 upstairs) [副] 階下へ[に]，階下で：Let's go ~ for dinner. ディナーを食べに下に行こう / ~ bedroom [参考] / He is study-ing ~. 彼は下の部屋で勉強している． ─ [形] [A] 階下の：

the ~ room [phone] 階下の部屋[電話]． ─ [名] [the ~ として単数扱い] 階下(の部屋)(全体)．

dówn·stàte¹ [副] (反 upstate) (米) 州の南部の[に，へ]．

dówn·stàte² [名] [U] (米) 州の南部．

†dówn·strèam (反 upstream) [副] 下流に (*of, from*)；流れを下って． ─ [形] **1** [経] 下流部門 の． **2** 下流の；流れを下った．

dówn·swìng [名] [C] **1** [ゴルフ] ダウンスイング (クラブ を振りおろす動作)． **2** ＝downturn.

Dówn sỳndrome [名] [U] (米) ＝Down's (syn-drome).

dówn·tèmpo [名] [U] ＝downbeat 2.

dówn·tìme [名] [U] **1** ダウンタイム (機械・コンピュー ターの休止時間)． **2** (略式) (人の)休息時間，休暇．

dówn-to-éarth [形] ほめて 実際的な；さばけた．

***dówn·tòwn** /dáʊntáʊn⁻/ [12] (反 uptown) (主に 米) 町の中心街へ[に]，商業地区へ[で]，繁華街へ [で]：go ~ 繁華街へ出かける． ─ [名] 町の中心街の，商業地区の，繁華街の： Tokyo 東京都心． ─ [名] (~s /-z/) [C,U] 町の中心街，商業地区，繁華街 (英) city [town] centre). [日英比較] 日本語の「下 町」とは意味が異なる．**from dówntówn** [副] (バスケ) 3点シュートの位置から．

dówn·trènd [名] [C] [経] (景気などの) 下降(傾向)．

dówn·tròdden [形] (権力者などに)いためつけられた．

†dówn·tùrn (反 upturn) [名] [C] [普通は単数形で] (物価などの)下降；(景気などの)悪化 (*in*).

dòwn únder *IP* down¹ 成句．

***dówn·ward** /dáʊnwəd | -wəd/ [13] (反 upward) 副 **1** 下の方へ，下向きに；下降して，悪くなって：face ~ うつぶせになる / I was looking ~ to the bottom of the valley. 私は谷底を見下ろしていた / The water runs ~ to the pond. 水は池に流れ込む / He went ~ in life. 彼は落ちぶれていった． **2** (下位に至るまで)以下；...以降：from the president ~ 社員以下で(全員)． ─ [形] [比較なし] 下方への，下向きの；悪化する：a ~ slope 下り坂 / He is entering a ~ course in life. 彼の生活はだんだんすさんでいく．

dówn·ward·ly móbile /dáʊnwədli- | -wəd-/ [形] [滑稽] 下降移動の(社会的・経済的に下向きの)，生 活レベルが下降している．

dówn·wards /dáʊnwədz | -wədz/ [副] ＝down-ward.

dówn·wìnd [副][形] 風下に[の]．

dówn·y /dáʊni/ [形] (**down·i·er**; **-i·est**) 綿毛 の；柔らかい；綿毛でおおわれた，ふかふかした．

dow·ry /dáʊ(ə)ri/ [名] (**dow·ries**) [C] (新婦[新郎]の) 結婚持参金．

†dowse¹ /dáʊz/ [動] 自 (占い棒で)地下の水脈[鉱脈]を 探る (*for*).

dowse² /dáʊs/ [動] ＝douse.

dóws·er /dáʊzə | -zə/ [名] [C] (占い棒で)地下の水脈 [鉱脈]を探る人；占い師．

dóws·ing ròd /dáʊzɪŋ-/ [名] [C] 占い棒．

dox·ol·o·gy /dɑksɑ́ləʤi | dɔksɔ́l-/ [名] (**-gies**) [C] [キ教] 頌栄(ｼﾖｳ), 栄光の賛歌．

doy·en /dɔ́ɪən, -en/ [名] [C] [普通は単数形で] (格式) 〈団体などの〉古参，長老 (米) dean) (*LD* doyenne): the ~ of literary critics 文芸批評の第一人者．

doy·enne /dɔɪén, dwɑ:jén | dɔɪén, dwɑːén/ [名] [C] [普通は単数形で] (格式) 古参，長老〈女性〉: the ~ of newscasters ニュースキャスターの第一人者．

Doyle /dɔ́ɪl/ [名] 固 **Sir Arthur Co·nan** /kóʊnən/ ~ ドイル (1859-1930) 〈英国の推理作家; *LD* Sher-lock Holmes).

doy·ley /dɔ́ɪli/ [名] [C] (英) ＝doily.

doz. ＝dozen(s).

doze /dóuz/ 動 自 居眠りする, うたた寝する, まどろむ.
dóze óff 動 自 うとうとと眠り込む. ── 名 [a ~] 居眠り (nap): have a ~ 居眠りする.

doz·en /dázn/ (類音 doesn't) 11 名 (~s /-z/) © ダース (12 個; 略 doz., dz.; ☞ gross²): These eggs are ¥150 a ~. この卵は 1 ダース150円です.

> 語法 (1) 前に数字や several, many などの数を表わす語 (some を除く) があるときには dozen を複数形にしない: A gross is twelve ~. 1グロスは12ダースだ / How many ~ do you want? 何ダース必要ですか.
> (2) 次に名詞が来るときには of をつけず, dozen を形容詞的に用いる: three ~ bottles of wine ワイン 3 ダース / several ~ pencils 鉛筆数ダース / A ~ doughnuts are a few too many for me. 1ダースのドーナツは私には多すぎます.
> (3) ただし次に定まった人・物を示す代名詞や「the+名詞」などが来るときには of がつく: I'll take 「a ~ [two ~] of them [the eggs]. それ[その卵]を1ダース [2ダース]いただきます.
> (4) 正確に「12個」でなく,「10個ほど[余り]」の意味のことも多い (☞ baker's dozen, long dozen): a [several, a few] ~ people 10人[数十人]ほどの人.

by the dózen [副] (1) ダース単位で, 1ダースいくらで: Apples are sold by the ~. りんごは 1 ダース単位で売られている (☞ the¹ 4). (2) 何ダースも, 何十も.
dózens (and dózens) of ... [形] (略) 多数の..., 何十人, 個) もの...: ~ s of times 何度も何度も / D~s of people attended the party. そのパーティーには多数の[何十人もの]人が出席した.
a hálf dózen (...) (主に米) =**hálf a dózen (...)** 半ダースの, 6人[個]の...; 6人[個]くらいの, たくさんの: Can I have *a half* ~ (eggs), please? 卵を半ダースいただけますか. 語法 次に代名詞,「the+名詞」などが来るときには of をつける: A half ~ of them [the eggs] were bad. それら[その卵]の半ダースがくさっていた.
in dózens [副] (1) 1ダースずつ: Pack the cups *in* ~s. 茶わんを1ダースずつ詰めなさい. (2) 多数で.

doz·i·ly /dóuzɪli/ 副 うとうとと.
doz·i·ness /dóuzinəs/ 名 Ⓤ 眠気.
doz·y /dóuzi/ 形 (**doz·i·er**; **-i·est**) **1** 眠い; 眠そうな; 眠くなるような. **2** (英略式) 頭の鈍い.
DP /díːpíː/ 略 =data processing, displaced person.
DPhil /díːfíl/ 略 (主に英) =Doctor of Philosophy (☞ doctor).
dpi 略 [電算] =dots per inch (プリンターの解像度).
DPT /díːpìːtíː/ 名 Ⓤ ジフテリア, 百日ぜき, 破傷風のワクチン (*d*iphtheria, *p*ertussis, *t*etanus の略) (DTP).
dpt. 略 =department.
Dr.¹, (主に英) **Dr¹** /dáktə | dòktə/ 略 =doctor. **1** ...先生 (医者の敬称): *Dr.* White ホワイト先生. **2** ...博士 (博士 (doctor) の学位を持つ人の名につける敬称): *Dr.* Schweitzer シュヴァイツァー博士.
Dr.², (主に英) **Dr²** [街路名で] =drive 名 9.
drab /dræb/ 形 (**drab·ber**; **drab·best**) **1** 単調な, おもしろみのない (dull): a ~ life 退屈な生活. **2** (さえない)茶色の. ── 名 Ⓤ **1** (さえない)茶色. **2** ドラブ (淡褐色のラシャ). **~·ness** 名 Ⓤ 単調さ.
drabs /dræbz/ 名 ☞ dribs 成句.
drachm /dræm/ 名 Ⓒ =dram 1.
drach·ma /drækmə/ 名 (複 ~s, **drach·mae** /-miː/) Ⓒ **1** ドラクマ (現代ギリシャの旧通貨単位・通貨制度). **2** (古代ギリシャの)ドラクマ銀貨; (重量単位の)ドラクマ.
dra·co·ni·an /drəkóuniən, dreɪ-/ 形 (格式) (法律・処置などが)極めて厳しい, 過酷な.

---

drag 511

Drac·u·la /drækjulə/ 名 固 ドラキュラ (怪奇小説に登場する吸血鬼の伯爵).
draft¹, (英) **draught** /dræft | dráːft/ 名 (**drafts, draughts** /dræfts | dráːfts/; 動 draft²)

> 元来は「引く」の意で, drag, draw と同語源.
> → (線・図面を引く) → 「下書き」1
> → (引き入れる) → (空気を入れる) → 「すき間風」2
> → → 「通風装置」3
> → (液体を入れる) → 「飲むこと」5
> → ((金を引き出す)) → 「為替手形」4

1 [(英)でも普通は draft] Ⓒ **下書き**, 草稿 (sketch); 設計図, 図面 (plan); [形容詞的に] 下書きの, 原案の: a [the] final ~ 最終稿[案] / a ~ copy [proposal] 草稿[草案] / make a (first [rough]) ~ *of* a letter 手紙の下書きを書く / The ~ was drawn up by Mr. Green. 私はグリーン氏に設計図を作ってもらった.
2 Ⓒ (不快な)すき間風; 通風, (煙突・ストーブなどの)通気: Don't sit in a ~. 風が通っている所に座るな.
3 Ⓒ 通風装置, 通風口: Will you open the ~ of the stove? ストーブの通気孔を開けてくれませんか.
4 [(英)でも普通は draft] Ⓒ 為替手形, 小切手 (check): draw [make] a ~ *for* £500 on a bank 銀行あてに500ポンドの手形を振り出す.
5 Ⓒ (格式) (ひと息に)飲むこと; (ひと息に)飲む量, (水薬の)1 服; (文) 水薬: drink at one ~ ひと息に飲む.
6 [(米)でも普通は draught] Ⓒ (魚の網を)引くこと; ひと網の漁獲高. **7** [the ~] (主に米) 徴兵(制度) (conscription). **8** Ⓒ 選抜された一団, 選抜隊; 【軍】分遣隊; Ⓤ [普通は the ~] (主に米) 徴募兵 (全体). **9** Ⓤ [普通は単数形で] (米) (プロスポーツの)ドラフト (新人選手の獲得制度). **10** Ⓤ 生ビール. **11** [単数形で] (海) (船の)喫水.

by draft [副] 手形で. **in draft (fòrm)** [形・副] (案などが)草案の[で]. **on draft** [形・副] (ビールなどが)たる出しの: beer on ~ 生ビール (draft beer).
── 形 **1** Ⓐ (馬・牛などが)牽引(用)の: a ~ horse 荷馬. **2** (ビールなどが)たる出しの, 生の.

draft² /dræft | dráːft/ 動 (名 draft¹) 他 **1** ⟨...の⟩草案を書く, ⟨...を⟩立案する; ⟨...の⟩設計図などを作る: ~ a law [普通は受身で] (米) 徴兵する (into); (ドラフト制で)⟨選手を⟩採る. **3** (主に英) ⟨...を⟩選抜する, 特派する (in; into).

dráft béer 名 Ⓤ 生ビール.
dráft bòard 名 Ⓒ (米) 徴兵委員会.
dráft càrd 名 Ⓒ (米) 徴兵カード.
dráft dòdger 名 Ⓒ (軽蔑) 徴兵忌避者.
draft·ee /dræftíː | dràːf-/ 名 Ⓒ (米) 徴兵[召]集兵.
draft·er /dræftə | dráːftə/ 名 Ⓒ (文書・法律の)起草者; 製図者.
dráft pìck 名 Ⓒ ドラフトで選ばれた選手.
drafts·man, (英) **draughts-** /dræftsmən | dráːfts-/ 名 (**-men** /-mən/) Ⓒ **1** 起草者, 立案者, (公)文書作製者. **2** 製図者[工]. **3** デッサンのすぐれた人[画家].
dráfts·man·shìp 名 Ⓤ 起草[製図]者の腕前.
draft·y, (英) **draught·y** /dræfti | dráːfti/ 形 (**draft·i·er, draught·i·er; draft·i·est, draught·i·est**) (部屋・建物などが)すき間風の入る.
drag /dræg/ 動 (**drags** /~z/; **dragged** /~d/; **drag·ging**) 他 **1** ⟨重い物を⟩引っ張る, (のろのろと)引きずる (☞ pull 類義語; draft¹ 囲み): They are *dragging* the net aboard. 彼らは船に網を引き上げている / She walked *dragging* her feet. 彼女は足を引きずりながら歩いた. **2** (困難・争いなどに)⟨...を⟩引きずり込む

drag-and-drop

((☞ drag ... into — (句動詞)): Japan *was dragged into* a useless war. 日本は無益な戦争に引きずり込まれた / ~ ... *to the ground* ...を引きずり倒す. **3** 〈人を〉(無理やり)連れて行く: ~ *oneself out of the pool* しぶしぶ[やっと]プールから上がる / We could hardly ~ the children *away from* the amusement park. 遊園地から子供たちを引き離すのは一苦労だった. **4** 〈川などを〉さらう: The police *dragged* the river for the missing pistol. 警察はその川をさらってなくなったピストルを捜した // drag anchor (☞ anchor 成句). **5** 〖電算〗〈マウスを〉ドラッグする;〈マウスなどで〉〈画面上のものを〉移動させる.

— 自 **1** 引きずられる,引っ張られていく: Her gown *dragged behind* her. <V+*behind*+名・代> 彼女はガウンのすそを引き連れて歩んだ. **2** のろのろ進む,落後する;〈時間・仕事・演芸などが〉だらだら長引く: The movie *dragged* terribly. その映画はえらく長ったらしかった / He *dragged (along) behind* the others during the climb. 彼は登山中,ぐずぐずと他の人の後に続いた.

drag の句動詞

drág alóng 動 他 〈...を〉引きずって行く. — 自 〈物が〉引きずられて行く (☞ 自 2).
drág dówn 動 他 **1** 〈物・水準などを〉引き下げる;〈人を〉堕落させる,おちぶれさせる (*to*). **2** 〈人を〉弱らせ,憂うつに[がっかり]させる.
*****drág ín** 動 他 **1** 〈...を〉引きずり込む,引き入れる <V+名・代+*in* / V+*in*+名>: Help me ~ *in* this carpet. このカーペットを(引き)入れるのを手伝って. **2** 〈関係ない話などを〉持ち出す: You always ~ *in* your hobby. 君はいつも自分の趣味のことを持ち出す.
drág ... ínto — 動 他 **1** 〈...を〉―に引きずり込む (☞ 句動 2). **2** 〈関係ない話などを〉―に持ちこむ: He ~s politics *into* everything. 彼は何にでも政治の話を持ち出す.
drág ... ínto dóing 動 他 〈人を〉無理やり...させる.
*****drág ón** 動 自 だらだらと長びく: The discussion *dragged on* 「*for hours* [*into the night*]. 討議は延々と何時間も[夜中まで]長びいた.
drág óut 動 他 **1** 長引かせる: He *dragged* the discussion *out* for hours. 彼はその議論を数時間にわたって引き延ばした. **2** 〈...を〉引きずり出す;〈真相などを〉(...から)聞き出す (*of*).
drág úp 動 他 **1** 〈...を〉引きずり上げる. **2** 〈いやな話題などを〉持ち出す,むし返す. **3** 《英略式》[しばしば滑稽]〈子供を〉いいかげんに育てる.

— 名 **1** [a ~] 足手まとい,じゃまもの;〖C〗〈車輪の〉輪止め: *a* ~ *on* my career 私の出世のじゃまになるもの. **2** [a ~]《略式》つまらない[やっかいな]もの[こと],退屈な人; 〖U〗《英略式》退屈な長旅: The party was *a drag*. パーティーはつまらなかった. **3** 〖C〗《略式》たばこの一服: take *a* ~ *on* a cigarette たばこを吸う. **4** 〖C〗《略式》《男[女]が着る》女[男]の服装; 女装,男装: *in* ~ 女装[男装]して. **5** 〖U〗《米略式》影響(力) (*with*). **6** 《米略式》通り. **7** 〖U,C〗 = main drag. **8** 〖C〗引きずること; 〖U〗《空》抗力. **8** 〖C〗引きずる物; 大まぐわ.
— 形《略式》女装[男装]の(した).
drág-and-dróp〖電算〗動 他 〈アイコンなどを〉ドラッグアンドドロップする《アイコンをドラッグ移動する》.
— 形 Ⓐ ドラッグアンドドロップ(式)の.
drag·ger /drǽgə | -gə/ 名 〖C〗 トロール船.
drag·gled /drǽgld/ 形《文》= bedraggled.
drag·gy /drǽgi/ 形 (**drag·gi·er, -gi·est**)《略式》**1** のろのろ[だらだら]した. **2** 退屈な,うんざりする.
drág·nèt 名 〖C〗 **1** 底引き網. **2**《警察の》捜査網.
*****drag·on** /drǽgən/ 名 (~s /~z/) 〖C〗 **1** ドラゴン,竜 《翼・つめを持ち火を吐くという伝説上の動物》. **2**《英略式》[軽蔑] きつい人,厳格な監視役《特に高齢女性》.
cháse the drágon 動 自《俗》麻薬をやる.
drágon brèath 名 〖U〗[滑稽] ひどい口臭.
drágon-flỳ 名 (**-flies**) 〖C〗 とんぼ.
drágon làdy 名 〖C〗[滑稽] 猛女,こわい女.

dragon

*****dra·goon** /drəgúːn/ 名 〖C〗《古風》重装備騎兵,竜騎兵. — 動 他 Ⓦ《略式》〈人に〉無理やり...させる: I was ~*ed into* helping her with the housework. 私は強引に彼女の家事を手伝わされた.
drág quèen 名 〖C〗《略式》《俗》ホモ.
drág ràce 名 〖C〗 ドラッグレース《自動車,特に hot rod の加速競争》.
drág ràcing 名 〖U〗 ドラッグレース(をすること).
drag·ster /drǽgstə | -stə/ 名 〖C〗 ドラッグレース用自動車.
drág strìp 名 〖C〗《米》ドラッグストリップ《drag race 用の直線コース》.
*****drain** /dréin/ 🔢 動 (**drains** /~z/; **drained** /~d/; **drain·ing**; 名 **dráinage**)

自 の転換
⊕ **1** 排水する (to cause (a river, area, etc.) to become dry; to cause (water) to flow off)
⊕ **1** 排水される (to become dry; to flow off)

— 他 **1** 〈...を〉排水する,〈...から〉〈水などを〉除く,〈地域・建物などに〉排水設備を施す; (...から)〈水などを〉抜く: The playground should be ~*ed by* digging a ditch across it. <V+O の受身> あの運動場は溝を掘り渡して排水しなければならない / She ~*ed* the tank *of* oil. <V+O+*of*+名> 彼女はタンクの油を抜いた / *D*~ the water *from* [*out of*] the tank. <V+O+*from* [*out of*]+名・代> タンクの水を出しなさい / well-~*ed* soil 水はけのよい土壌. **2** 〈...の〉水気を切る,〈...の〉水分をとる: Will you ~ the vegetables? 野菜の水を切ってくれますか. **3** 〈...を〉消耗させる,使い果たす;〈...から〉〈力・富などを〉奪う;《文》[普通は受身で]〈...から〉〈血の気などを〉失わせる: The war ~*ed* Japan *of* its people and money. その戦争は日本から人命や金を奪い取った. **4** Ⓦ〈容器を〉空にする,飲み干(ほ)す.

— 自 **1** 排水される;〈水が〉流れる: This river ~s *into* the Pacific Ocean. <V+*into*+名・代> この川は太平洋に注ぐ / The flood is beginning to ~. 出水は引き始めている. **2**〈容器などが〉水分がとれる,乾く: These glasses ~ easily. このグラスはすぐ水気が切れる. **3** [副詞(句)を伴って]《文》〈血の気などが〉ひく (*from, of; away*);〈怒りなどが〉消える;〈力・富などが〉徐々になくなる.
drain awáy [**óff**] 動 他 (1) 〈水などが〉排水する. (2)〈体力・富などが〉徐々になくなる,尽きる. — 自 〈水などを〉流出させる. **dráin drý** 動 他 〈水を切って〉乾かす; 《格式》〈グラスなどを〉(飲み)干す,あける. — 自 乾く.
— 名 (~s /~z/) **1** 〖C〗 排水管,下水道(管);《英》《路面の》排水口;《米》grate; [複数形で] 下水施設: The ~ in the sink is blocked [clogged]. 流しの排水管がはまっている. **2** 〖C〗〈流し・浴槽などの〉排水口《英》plughole. **3** [a ~]〈財貨などの〉流出; [(たえず)減少[消耗]させるもの: *a* ~ *of* national wealth *to* foreign countries 国富の海外流出 / Looking after her mother has been *a great* ~ *on* her strength. 母親の世話で彼女は体力をひどく消耗した ∥ ☞ brain drain. **4** 〖C〗 《医》 排液[排膿]管. **gò dòwn the dráin** 動 (1)《略式》むだになる. **thrów** [**póur**] **móney dòwn the dráin** 動

drain・age /dréɪnɪdʒ/ 〖動〗 drain) ① 排水. ② 排水装置; 排水路. ③ 下水; 〖医〗排液〖膿〗.
dráinage bàsin 〖名〗 =catchment area 1.
dráin・bòard 〖名〗 C 〖米〗(台所の)水切り板〖台〗.
drained /dréɪnd/ 〖形〗[普通は P] 疲れきった;〖文〗血の気をなくした (of).
drain・er /dréɪnə | -nə/ 〖名〗 C ① 水切り器〖台〗. ② 〖略式〗世話のかかる人〖特に子供〗.
dráin・ing bòard 〖名〗 C 〖英〗=drainboard.
dráin・pìpe 〖名〗 C ① 排水管, 下水管. ② 縦雨どい(〖米〗downspout).
dráinpipe tròusers 〖名〗 [複] 〖英〗脚にぴったり合った細い男性用ズボン.
Dráize tèst /dréɪz-/ 〖名〗 [the ~] ドレイズ試験〖化粧品などの刺激性試験; 兎などを使って調べる〗.
drake /dréɪk/ 〖名〗 C あひる〖かも〗の雄鳥. 関連 duck あひる〖かも〗の雌鳥.
Drake /dréɪk/ 〖名〗 固 **Sir Francis ~** ドレーク (1540?-96)〖英国の航海者; 1588年スペインの無敵艦隊を破った〗.
dram /drǽm/ 〖名〗 C ① ドラム〖重量の単位; $1/16$ オンス, 約 1.77 グラム; 〖☞〗 pound[1] 表〗; =fluid dram. ② 〖米〗〖薬〗ドラム〖重量の単位; $1/8$ 薬用オンス, 約 3.89 グラム〗. ③ 〖主にスコ〗(酒の)少量, ひと口.
DRAM /drǽm, díːrǽm/ 〖名〗 C 〖電算〗ダイナミックメモリ〖RAM[1] の一種; *dynamic random-access memory*の略〗.

*****dra・ma** /dráːmə, drǽmə | dráːmə/ 〖名〗(~s/-z/;〖形〗 dramatic, 〖動〗 drámatize) ① C 劇, 戯曲, 演劇(〖☞〗 play 〖名〗 4): the text of a ~ 劇の台本 / act a ~ 芝居を上演する / a music ~ by Wagner ワグナー作の音楽劇. 関連 comedy 喜劇 / tragedy 悲劇.
② U 演劇, 劇文学: a ~ critic 演劇批評家 / a ~ school 演劇学校 / study American ~ アメリカ演劇を勉強する. ③ U.C 劇的事件(の連続); 劇的興奮, ドラマ: Napoleon's life was full of (high) ~. ナポレオンの一生は(劇的な)ドラマの連続であった. 語源 ギリシャ語で「行為」の意. **màke a dráma òut of ...** 〖動〗 他 (ささいなこと)をおおげさに扱う.
Dram・a・mine /drǽməmìːn/ 〖名〗 U.C ドラマミン〖乗り物酔い防止薬; 商標〗.
dráma quèen 〖名〗 C 〖軽蔑〗 ① 物事を劇的に見せたがる人〖特に女性〗. ② ホモ.

*****dra・mat・ic** /drəmǽtɪk/ 〖形〗(〖名〗 dráma) ① 劇的な; 目ざましい, 印象的な; 感動的な: a ~ victory 劇的な勝利をとげる.
② A [比較なし] 劇の, 戯曲の, 演劇の, 脚本の: ~ works 演劇作品. ③ P [けなして]芝居がかった, おおげさな (theatrical). **-mat・i・cal・ly** /-kəli/ 〖副〗 劇的に; めざましく.
dramátic írony 〖名〗 U 劇的アイロニー〖観客にはわかるが登場人物にはわからないせりふなどの裏の意味(がもたらす効果)〗.
dra・mat・ics /drəmǽtɪks/ 〖名〗 ① U 演出法, 演技.
② [複数扱い] 〖軽蔑〗芝居がかった言動 (histrionics).
③ [複数扱い] 素人(しろうと)芝居.
dram・a・tis per・so・nae /drǽmətɪspəsóʊniː, dráːm-, -naɪ | -pə-/ 《ラテン語から》 〖名〗 [the ~] 〖格式〗 ① [複数扱い] (劇の)登場人物. ② [単数扱い] 配役表.
dram・a・tist /drǽmətɪst/ 〖名〗 C 劇作家.
dram・a・ti・za・tion /drǽmətɪzéɪʃən | -taɪz-/ 〖名〗 U.C 劇化, 脚色; U おおげさな扱い.
dram・a・tize /drǽmətàɪz/ 〖動〗 他 ① 〈...〉を劇にする, 脚色する. ② [けなして] 〈...〉を劇的に表現する. ③ 〖主に米〗〈...〉を劇的に[生々しく]表現する. ― 自 [けなして] おおげさに表現する.
dram・a・tur・gy /drǽmətə̀ːdʒi | -tə̀ː-/ 〖名〗 U 劇作術[法]; ドラマトゥルギー.

---

draw 513

Dram・bu・ie /drǽmbjúːi/ 〖名〗 U.C ドランブイ〖ウイスキーベースのリキュール; 商標〗.
dram・e・dy /drǽmədi, dráː- | dráː-/ 〖名〗(**-e・dies**) C 〖略式〗(テレビの)コメディードラマ.

*****drank** /drǽŋk/ 〖類音〗 drunk) 〖動〗 drink の過去形; 〖米〗drink の過去分詞.

⁺**drape** /dréɪp/ 〖動〗 他 ① 〈カーテン・布など〉をたらしてかける,〈コートなど〉をはおる (*around, over, across*); (布などで)おおう, 飾る (*with, in*): 〖言い換え〗~ a flag *around* [*over*] the coffin = ~ the coffin *with* [*in*] a flag 棺に旗でおおう. ② 〈手足など〉をだらりとたらす, もたせかける (*over, around*): ~ 「one's arms [oneself] *over* a fence 腕[体]を塀にもたせかける. ― 〖名〗 ① [普通は複数形で] 〖主に米〗(厚い)カーテン (curtain). ② (布地の)垂れ具合; 裁ち方. ③ (スカートなどの)ドレープ〖ゆったりとしたひだ〗.

⁺**drap・er** /dréɪpə | -pə/ 〖名〗 C 〖古風, 英〗呉服屋, 反物商〖人・店〗.
drap・er・y /dréɪpəri/ 〖名〗(**-er・ies**) ① U [普通は複数形で] (美しい)ひだのある織物〖掛け布・垂れ幕・カーテン・服地など〗. ② [普通は複数形で] =drape 1. ③ U 〖古風, 英〗織物, 服地(〖米〗dry goods); 織物販売業.
dras・tic /drǽstɪk/ 〖形〗 ① 抜本的な, 徹底的な, 思い切った: We need more ~ measures to prevent global warming. 地球の温暖化を防ぐにはもっと思い切った策が必要だ. ② (不足などが)深刻な, 重大な. **-ti・cal・ly** /-kəli/ 〖副〗 徹底的に, 思いきって.
drat /drǽt/ 〖動〗 他 (**drats; drat・ted; drat・ting**) 他 〖古風, 略式〗(*damn* の婉曲語から): D~ (*it*)! いましい. 語法 しばしば感嘆詞的に用いる.

-'d rath・er /drǽðə | drə̀ːðə/ 〖略式〗**would rather, had rather** の短縮形 (〖☞〗 rather[1] 成句).
drat・ted /drǽtɪd/ 〖形〗 〖古風, 略式〗いましい.
*****draught** /drǽft | dráːft/ 〖名〗 〖英〗=draft[1].
dráught・bòard 〖名〗 C 〖英〗=checkerboard.
draughts /drǽfts/ 〖名〗 〖英〗=checkers.
dráughts・man /-mən/ 〖名〗(**-men** /-mən/) C 〖英〗=draftsman.
draught・y /drǽfti | dráːfti/ 〖形〗 〖英〗=drafty.
Dra・vid・i・an /drəvídiən/ 〖形〗 (南インド・スリランカの)ドラビダ人[語族]の. ― 〖名〗 C ドラビダ人; U ドラビダ語族.

*****draw** /dróː/ 〖同音〗〖英〗drawer[1]; 〖類音〗jaw) 〖T1〗 〖動〗(**draws** /-z/; 過去 **drew** /drúː/; 過分 **drawn** /dróːn/; **draw・ing**) 他

```
「引く」²
 ┌→ (真っすぐに動かす) → 「(線を)引く」1 → 「描く」
 │                                              1
─┼→ (中のものを外へ) → 「引き出す」3 → 「得る」4
 │                   (競技から引き上げる) →
 │                                       「引き分ける」10
 └→ (一か所に) → 「引き寄せる, (注意を)引く」5
```

① 〈線〉を引く;〈絵・図〉を描く, 〈...〉の絵をかく〖鉛筆・ペン・クレヨンなどで〗; (ことばで)描写する: D~ a straight line. 直線を引く〖言い換え〗 I'll ~ you a rough map. = I'll ~ a rough map *for* you. <V+O+O>=I'll ~ a rough map *for*+名・代〉あなたに略図を書いてあげよう / The little boy *drew* a picture [boat] on the board. 少年は黒板に絵[船]を描いた / The characters in Shakespeare's dramas are well *drawn*. シェークスピア劇の登場人物はみごとに描かれている.

draw (鉛筆・ペン・クレヨンなどで)	(絵を)描く
paint (絵の具で)	

② 〈...〉を引く, 引っ張る, 引っ張って動かす (〖☞〗 pull 類義語; draft[1] 囲み): ~ a bow 弓を引く / D~ the

draw

curtains. カーテンを引いて. 語法「開く」(open) ことも「閉じる」(close) ことも意味する // Two horses *drew* the carriage. 2頭の馬がその馬車を引いた / D~ your chair *closer to* the fire. <V+O+副+*to*+名・代> いすをもっと火の近くに引き寄せなさい.

3 〈物を〉(…から)引き出す, 取り出す; 〈歯を〉抜く; 〈水などを〉くみ出す; 〈けん銃などを〉抜く; 〈預金を〉引き出す, おろす (on); 〈くじなどを〉抜く: ~ a cork *out of* a wine bottle <V+O+前+名・代> ワインのびんのコルク栓を抜く / He *drew* an envelope *out of* his pocket. 彼はポケットから封筒を取り出した / She *drew* water *from* the well. 彼女は井戸から水をくみ出した / The robber *drew* a gun on me. 強盗はけん銃を抜いて私に突きつけた.

4 〈支持・慰めなどを〉得る, 〈称賛・批判などを〉受ける, 〈反応などを〉もたらす (from); 〈給料などを〉受け取る; 〈利子などを〉生む: ~ a pension 年金を受給する / He *drew* a lot of comfort *from* his friend's kind words. <V+O+前+名・代> 彼は友人の親切なことばに大いに慰められた / His splendid performance *drew* enthusiastic applause *from* the audience. 彼の華麗な演奏は聴衆の熱狂的なかっさいを博した. **5** 〈注意・関心を〉引く (attract); 〈人などを〉引き寄せる, 引き付ける, 〈涙などを〉誘う; [普通は受身で] 〈人を〉無理に〈話題などに〉引き入れる (into), 〈人に〉しゃべらせる (about, on): The strange picture *drew* my attention. その不思議な絵は私の注意をひいた / What *drew* her (*back*) *to* politics? <V+O(+*back*)+前+名・代> 彼女はどうして(また)政治に関心をもったのか. The accident *drew* a great crowd. その事故にたくさんの人々が集まった / The story *drew* tears *from* us [our eyes]. その物語を聞いて我々は涙を誘われた. **6** 〈息・たばこの煙を〉吸う, 〈ため息を〉つく: *draw* a deep breath 深呼吸をする. **7** 〈くじを〉引く; 〈くじで〉〈賞品・相手を〉引き当てる, 《トラ》〈札を〉引く (from): ~ lots くじを引く / ~ a prize くじで賞品を当てる / Japan *was* [《英》*were*] *drawn* '*to* play [《英》*against*] Russia in the World Cup last year. 昨年のワールドカップで日本は抽選でロシアと試合をすることになった. **8** 〈結論・教訓などを〉引き出す (from). **9** 〈比較・区別などを〉する (between). **10** [しばしば受身で] 〈主に英〉〈試合を〉引き分けにする (☞ drawn 1): The game *was drawn* (at) 3-3 [three all, three-three]. 試合は3対3で引き分けた. **11** 〈文書を〉作成する (up); 〈宛に〉〈手形などを〉振り出す (on). **12** 〈血・膿(%)などを出させる; 〈鳥などのはらわたを〉抜く. **13** 《海》〈船が〉(ある高さの)喫水がある. **14** 〈金属などを〉圧延加工する. **15** 〈お茶を〉せんじ出す. ― 自 **1** 絵を描く: He ~s well. 彼は絵がうまい. **2** [副詞(句)を伴って] 〈W〉〈次第に移動する, 来る, 行く, 近づく: Christmas is ~*ing near* [close]. クリスマスが近い. **3** 〈主に英〉引き分けになる (tie) (*with, against*): The teams *drew* (3-3 [three all, three-three]). 両チームは(3 対3 で)引き分けた. **4** (パイプ・煙突などが)煙[風]を通す: The chimney ~s well. その煙突は吸いこみがよい. **5** 《格式》〈たばこなどを〉吸う (on). **6** 〈けん銃などを〉抜く. **7** 〈お茶などが〉出る. **8** 〈煙突・暖炉が〉空気を吸い込む.

draw の句動詞

dráw ahéad 動 自 (…より)先行する (of).
dráw alongsíde 動 他 W …に追いつく, 並ぶ.
dráw apárt 動 自 離れていく, 離反する: The boat was seen to ~ *apart from* the others. そのボートが他から離れていくのが見えた. ― 他 **1** 〈カーテンを〉両側へ開ける. **2** 〈人を〉引き離す.
dráw asíde 動 他 **1** W 〈人を〉わき[片すみ]へ連れていく (ないしは話すために): The coach *drew* him *aside* and gave him some advice. コーチは彼をわきに呼んでアドバイスをした. **2** 〈カーテンなどを〉一方に引き寄せて[開ける].

dráw awáy 動 自 **1** (…から)離れる, 去って行く: The child *drew away* from her mother. その子は母から離れた. **2** (競走などで…)を引き離す (from). ― 他 〈…を〉引き離す, 引っ込める (from).
dráw báck 動 他 〈…を〉引き戻す, 引っ込める; 〈カーテンなどを〉引いて開ける: I *drew back* the curtain. 私はカーテンを開けた. ― 自 **1** 後方へ下がる, 身を引く, しりごみする: ~ *back in* horror ぞっとして後ずさりする. **2** 〈事業などから〉手を引く: They *drew back from* the commitment. 彼らはその約束を引っ込めた.
dráw dówn 動 他 〈ブラインドなどを〉引き降ろす.
dráw for … 動 他 …を得る[当てる]ためにくじを引く; 〈くじで〉…を決める.
dráw ín 動 他 **1** 〈…を〉引き入れる, 引っ込める. **2** 〈息を〉吸い込む. **3** [しばしば受身で] 〈…を〉引き寄せる, 誘い込む: ~ *in* a net (張った)網を引き寄せる / We invited him to work with us, but he refused to *be drawn in*. 私たちは彼に一緒にやらないかと言ったが, 誘いにのらなかった. **4** 〈…を〉描く. ― 自 **1** W (車などが)道路ばたに寄る; (列車などが)到着する. **2** (日が)短くなる, 暮れる (反 draw out).
dráw … **ínto** ― 動 他 〈…を〉―に引っぱり込む, 誘い込む (doing): I don't want to *be drawn into* their quarrel. 私は彼らの口論に巻き込まれたくない.
dráw óff 動 他 **1** (たるなどから)〈液体を〉抜き取り, 注ぎ]出す (from). **2** 〈軍隊などを〉撤退させる.
dráw ón 動 他 **1** 〈…に〉(話すよう)促す, 勧める, 誘い込む (with): She *drew* the child *on* to tell her what had happened. 彼女は子供を促して何があったか話させた. ― 自 W《英格式》(冬・夜などが)だんだん過ぎ去る.
dráw on … 動 他 **1** …に頼る, …を利用する; 〈預金などを〉引き出す: The writer *drew on* actual incidents for ideas. その作家は実際の出来事を着想に利用した. **2** 《格式》〈たばこなどを〉吸う (☞ 自 5). **3** 《文》〈服を〉着る, 〈手袋を〉はめる.

***dráw óut** 動 他 **1** 〈…を〉引き伸ばす (stretch); 〈時間的に〉延長する (prolong) <V+名・代+*out* / V+*out*+名> (☞ drawn-out): They tried to ~ *out* the meeting. 彼らは会議を引き伸ばそうとした. **2** (誘いをかけて)〈…に〉しゃべらせる (about, on); 〈恥ずかしがっている人の〉気持ちをほぐす: Your encouragement will ~ her *out*. あなたが勇気づけてやれば彼女は自由に話すでしょう. **3** 〈…を〉引き[誘い]出す (☞ 3); 〈真相などを〉聞き出す (of). **4** 〈金を〉引き出す. **5** 〈歯を〉抜く. ― 自 **1** (列車などが)(駅などから)出発する (of); (車が)路肩から本線へ出る, 横道から本線へ出る: The train *drew out* just as they reached the station. 彼らが駅に着いたそのとき列車は出て行った. **2** (日が)長くなる, 延びる (反 draw in).

***dráw úp** 動 自 **1** (車などが)止まる (stop): 「A car [We] *drew up at* the entrance. 1台の車[私たちの車]が入り口に止まった. **2** 整列する.
― 他 **1** 〈文書・案などを〉作成する; 〈…の〉草案を作る <V+名・代+*up* / V+*up*+名>: ~ *up* a contract 契約書を作成する. **2** 〈…を〉引き寄せる; 引き上げる <V+名・代+*up* / V+*up*+名>: ~ *up* one's knees ひざを抱える, 体を丸める / She *drew up* the curtain. 彼女は(舞台の)幕を引き上げた. **3** [しばしば受身で] 〈兵士を〉整列させる.
dráw onesélf úp (**to one's fúll héight**) 直立する, (誇らしげに[怒って])まっすぐ立つ. **dráw úp to** … 動 他 …に近づく; 〈車などが〉…へ来て止まる: The taxi *drew up to* me. タクシーが私のところに止まった. **dráw** … **úp to** …を…に引き寄せる: Why not ~ your chair *up to* the fireplace? いすを暖炉のそばに寄せませんか.
dráw upòn … 動 他 =draw on ….

——名(~s /-z/) C 1 (主に英)(勝負などの)引き分け (with, against): The game ended in a ~. その試合は引き分けに終わった. 2 くじ引き, 抽選 (米 drawing) (for); 抽選で決まった試合: He won the first prize on the first ~. 彼は1回目のくじで一等賞を得た. 3 人を引き付けるもの[人], 人気のあるもの[人], 呼び物 (drawing card) (for): The movie [actor] is a great (box-office) ~ with young women. その映画[俳優]は若い女性に大変人気がある. 4 (たばこなどの)一吸い: take [have] a ~ on one's pipe パイプをふかす. 5 (ペンなどで)描くこと, 素描. 6 = draw play. 7 = draw poker. 8『ゴルフ』ドロー《左曲球》. beát ... to the dráw [動] 他 (1) 《...》より早くピストルを抜く. (2) 《...》の機先を制する, 《...》を出し抜く. be quíck [fást] on the dráw [動] 自 (1) けん銃を抜くのがすばやい. (2) (略式)理解[返答]が早い. be slów on the dráw [動] 自 (1) けん銃を抜くのが遅い. (2) (略式)理解[返答]が遅い. cáll it a dráw [動] 自 引き分けにする. the lúck of the dráw ☞ luck 成句.

dráw·báck 名 C 欠点, 短所, 不利な点 (of, to).
dráw·brìdge 名 C はね橋, つり上げ橋.
dráw·dòwn 名 C 削減, 縮小, 低下.
***drawer**[1] /drɔ́ː/ 名 -er は例外的に /ɔː/ /ɔː/ と発音する. drawer[2] との発音の違いに注意.(同音(英) draw) 13 名(~s /-z/) C 1 (たんす・机などの)引き出し (☞ chest 成句): open [shut] a ~ 引き出しを開ける[閉める].
draw·er[2] /drɔ́ːɚ | drɔ́ːə/ 名 C 1 (ペンなどで)描く人; 製図する[工] (drafter, draftsman 2); [商]手形振出人. 2 引く人, 引っ張る人; (水などを)くむ人, くむもの.
drawers /drɔ́ːɚz | drɔ́ːz/ 名 [複] (古風) ズボン, ズロース (underpants); (下着).
***draw·ing** /drɔ́ːɪŋ/ 名(~s /-z/) 1 C 絵(鉛筆・ペン・クレヨンなどで描いたもの); 図: a line ~ 線画 / make a ~ 絵[図]を描く / This is a ~ of my sister. これは私の妹を[妹が]かいた絵だ. 関連 painting 絵の具で描いた絵. 2 U (ペンなどで)絵を描くこと; 製図. 3 C (主に米)くじ引き, 抽選 (draw).
+**dráwing bòard** 名 C 画板, 製図板. báck to the dráwing bòard [副] (計画などの)振り出しに戻って; [感嘆詞的に] 一からやり直しだ. on the dráwing bòard [形] 計画[立案]中で[の].
dráwing càrd 名 C (米) = draw 名 3.
dráwing pìn 名 C (英) = thumbtack.
dráwing pòwer 名 U (米) 集客力.
+**dráwing ròom** 名 C 1 (古風) 応接間, 客間. 2 (米) (鉄道の)個室. 語源 元来は withdrawing room ((食卓から)引き下がった部屋)の意.
+**drawl** /drɔ́ːl/ 動 (母音をのばして)《...》をゆっくりと発音する: ~ (out) one's words ことばを長く引っ張るような(まのびした)口調で話す. ——名 [単数形で] ゆっくりした話しぶり: a Southern ~ (米)南部のゆったりした話しぶり.

✱drawn /drɔ́ːn/ 動 draw の過去分詞.
——形 1 (主に英)(勝負なしの, 引き分けの: a ~ game 引き分け試合. 2 (顔などが)引きつった; (人が)やつれた, 悩んでいる: look (pale and) ~ (青白く)やつれている. 3 (カーテン・ブラインドなどが)引かれた, 降ろされた. 4 (けん銃などが)抜かれた. féel dráwn to [towàrd] ... [動] 他 ...に魅力を感じる.
dráwn bútter 名 U (米) (ソース用の)溶かしバター(しばしばハーブ・調味料を加える).
drawn-out /drɔ́ːnáʊt⁻/ 形 長々とした, 長引いた: ☞ long-drawn-out.
dráw plày 名 C 『アメフト』ドロープレー《パスするとみせかけランニングバックにボールを渡す》.
dráw pòker 名 U 『トランプ』ドローポーカー《手札を換え

dream 515

られる》.
dráw·strìng 名 C (衣服や袋の)引きひも.
dray /dréɪ/ 名 C (昔の横枠のない低い)大荷馬車.
***dread** /dréd/ 動 (dreads /dréːdz/; dread·ed /-ɪd/; dread·ing /-dɪŋ/) 他 《前途の危険など》を非常に恐れる, 怖れる, ひどく心配する: A burned child ~s the fire.(ことわざ)やけどをした子供は火を恐れる(羹(あつもの)に懲(こ)りて膾(なます)を吹く) / My daughter ~s consulting a doctor. <V+O (動名)> 私の娘は医者に見てもらうのを怖がる / He ~ed his parents finding out. 彼は両親にばれるのではないかと心配した / He ~ed (that) he might be dismissed. <V+O ((that) 節)> 彼は首になりはしないかとびくびくしていた. dréad to thínk ... [動] 他 (S) ...を考えると怖くなる: I ~ to think what this party will cost. このパーティーにいくらお金がかかるかと思うと恐ろしくなる. 語法 この言い方以外では dread が <V+O (to 不定詞)> の動詞型をとることはまれ.
——名 (dreads /dréːdz/) 1 U または a ~ (将来の危険などに対する)恐怖, 不安, 心配 (☞ fear 類義語): They live in constant ~ of floods. 彼らは絶えず洪水の心配をしながら暮らしている / The prospect of meeting him filled me with ~. 彼に会うと思うと私は恐怖でいっぱいになった. 2 C 恐ろしいもの, 恐怖の的. 3 [複数形で] = dreadlocks. háve a dréad of ... [動] 他 ...を恐れる. ——形 (文) = dreaded.

+**dread·ed** /drédɪd/ 形 A 非常に恐ろしい; (略式)[時に滑稽] ああ忌まわしい[いまかしき].

+**dread·ful** /drédf(ə)l/ 形 (主に英) 1 ひどく不快な; (気分・容姿などが)最悪な: The service of the restaurant was really ~. そのレストランのサービスは本当に最悪だった. 2 A 実にひどい: make a ~ mistake ひどい誤りを犯す. 3 [普通は A] 恐ろしい, 怖い (fearful): a ~ accident 恐ろしい事故.
~·ly /-fəli/ 副 1 (略式) ひどく, とても (terribly); ひどく悪く: I'm ~ busy today. きょうはひどく忙しい. 2 恐ろしく.
dréad·lòcks 名 [複] ドレッドロックス《髪を細く束ねて縮らせたヘアースタイルの一種》(dreads).
dread·nought /drédnɔːt/ 名 C (20世紀初頭の)大型戦艦.

dreadlocks

***dream** /dríːm/ 名 (~s /-z/; 形 dreamy) 1 C (眠っているとき見る)夢 (about): the land of ~s 夢の国; 眠り / a recurring ~ 繰り返し見る夢 / Sweet [Pleasant] ~s! 楽しい夢を(おやすみなさい) / have a strange ~ 不思議な夢を見る / I often see my mother in (my) ~s. 私の夢の中によく母が出てくる / He seemed to have just woken up from a ~. 彼はたった今夢からさめたばかりのようだった.
2 C (実現したいと思っている)夢, 理想: My ~ is to be a diplomat. 私の夢は外交官になることだ / Don't give up on your ~s. 夢を捨てるな / "I have a ~ ..." 「私には夢がある...」《黒人の将来への強い希望を表わした King 牧師の演説の最初のことば》 / Her ~ of playing the part of Juliet came true. ジュリエットの役を演じたいという彼女の夢が実現した / He achieved [realized] his ~ of becoming a pilot. 彼はパイロットになりたいという夢を実現した. 3 C 夢想, 空想 (daydream); [普通は単数形で] (現実に目の向かない)夢想状態, 夢うつつ: be [live, go around] in a ~ [けなして] 夢心地でいる[暮らす, 過ごす]. 4 [所有格の後で] (...の)理想の物[人]; [a ~] [普通は (S)] (略式) すばらしい物事[人]: He is the man of my ~s. 彼は私の理想の男性です. 5

[形容詞的に] 夢のような, 夢のようにすばらしい, 理想的な: a ～ vacation in Hawaii 夢のようなハワイの休日. [語源] 古(期)英語で「喜び, 音楽」の意.
a bád dréam [名] (本当と思えないほど)ひどいこと, 悪夢のようなこと. **be (lìke) a dréam còme trúe** [動] [自] まるで夢みたい(にすばらしいこと)である: Visiting Paris *was* (*like*) *a* ～ *come true*. パリを訪れることができたのはまるで夢みたいだった. **beyònd ...'s (wíldest) dréams** [形・副] …の夢想[予想]もしないほどによい[よく]. **in one's (wíldest) dréams** [副] [普通は否定語とともに] 途方もない夢の中でさえ, ちっとも: *Never in my wildest* ～ did I imagine that I would win! 決して私は自分が勝つなどとは思いもしなかった (☞ inversion [文法] (1) (vi)). **In your (wíldest) dréams!** Ⓢ《略式》そんなことできっこない[夢物語だ]よ. **lìke a dréam** [副] [普通は Ⓢ]《略式》見事に, 完ぺきに; 容易に: go [run] *like a* ～ (車などが)快調に走る. ―[形] (夢の中のように)不思議な.

― [動] (dreams /~z/; 過去・過分 dreamed /dríːmd, drémt/, dreamt /drémt/; dream·ing) [語法]《米》では dreamed のほうが普通. [自] **1** (眠って) **夢を見る**: I never ～. 私は全然夢を見ない / The crew often *～ed about* [*of*] their homes. <V+*about* [*of*]+名・代> 船員たちはよく故郷の夢を見た.
2 夢想にふける; (…になることを)夢みる, 空想する: spend time *～ing* 空想にふけって時を過ごす / I often *～ed of* [*about*] becom*ing* a great inventor like Edison. <V+*of* [*about*]+動名> 私はエジソンのような大発明家になることをよく夢見たものだ.
3 [否定文で] **想像する** (☞ [他] 3): Cinderella *never ～ed of* marry*ing* a prince. <V+*of*+動名> シンデレラは王子と結婚するなどとは夢にも思わなかった / I *wouldn't* ～ *of* allow*ing* her to go alone. Ⓢ 彼女を一人で行かすなど考えられない[とんでもない]ことだ.
― [他] **1** 〈…という〉**夢を見る**, 夢で〈…〉を見る: I *～ed* (*that*) I was flying high above the clouds. <V+O ((*that*) 節)> 私は雲の上高く飛んでいる夢を見た.
2 〈…〉を**夢見る**, 空想する: She *～s that* she will be a famous pianist. <V+O (*that* 節)> 彼女は有名なピアニストになることを夢見ている.
3 [否定文で] 〈…〉を**想像する**, 考えてみる (☞ [自] 3): I *never ～ed that* I would be the winner of the competition. <V+O (*that* 節)> 私はコンテストで優勝するなどとは夢にも思っていなかった.
dréam a ... dréam [動] [自] …な夢を見る (☞ cognate object [文法]): ～ *a* happy *dream* 楽しい夢を見る. [語法] have a ... dream のほうが普通. **dréam awáy** [動] [他] 〈時〉をぼんやりと過ごす. **Dréam ón!** Ⓢ《略式》[皮肉] 無理だよ, (かないそうもないような)夢ばかり見ていろよ. **dréam úp** [動] [他]《略式》〈とんでもない計画・口実など〉を考え出す. **Whó would have dréamed it?** Ⓢ《略式》驚いたねえ.

dréam·bòat [名] [C]《古風, 略式》とても魅力的な人.
****dreamed** /dríːmd, drémt/ [動] dream の過去形および過去分詞.
+dréam·er [名] [C] **1** [普通は軽蔑] 夢想家, 非現実的な人; 白中夢にふける人. **2** 夢見る人.
dream·i·ly /dríːmɪli/ [副] 夢心地で, ぼんやりと.
dream·i·ness /dríːminəs/ [名] [U] 夢心地.
dréam·lànd [名] **1** [a ～] 夢のように美しい場所. **2** [[U] または a ～]《主に英》[けなして] 夢の国, 夢想. **3** [U]《略式》眠り.
dréam·less [形] [A] (眠りが)夢を見ない, 深い.
dréam·lìke [形] 夢のような, おぼろげな.
****dreamt** /drémt/ [動] dream の過去形および過去分詞.
dréam tèam [名] [C] 最強チーム, ドリームチーム.
dréam tìcket [名] [C] **1** [主に新聞で] (選挙での)理想的な正副の候補者[組合わせ]. **2** 最高のチャンス.
dréam wòrld [名] [C] 空想[理想]の世界.
+dream·y /dríːmi/ [形] (dream·i·er; -i·est; [名] dream) **1** (表情などが)夢見るような, 空想にふけった; (人・考えなどが)実際的でない. **2** (光景・音楽などが)夢のような, 心のなごむ. **3** 夢の中にいるような; (記憶などが)おぼろげな. **4**《古風, 略式》(人・物事が)すばらしい.
drear /dríə | dríə/ [形]《詩》=dreary.
drear·i·ly /drí(ə)rəli/ [副] ものさびしく, わびしく.
drear·i·ness /drí(ə)rinəs/ [名] [U] ものさびしさ.
+drear·y /drí(ə)ri/ [形] (drear·i·er; -i·est) **1** ものさびしい, わびしい, 暗い (gloomy); 荒涼とした: a ～ winter day ものさびしい冬の日. **2**《略式》(仕事などが)退屈な, おもしろくない.
dreck /drék/ [名] [U]《略式》くず, くだらないもの.
+dredge[1] /drédʒ/ [動] [他] 〈港湾・河川〉をしゅんせつする; 〈底の泥〉をさらい上げる (*for*). ― [自] しゅんせつする; 底の泥をさらい上げる (*for*). **drédge úp** [動] [他] (1) [普通はけなして] 〈不快なことなど〉を蒸し返す, 持ち出す. (2) 〈…〉を思い起こす. (3) (しゅんせつ機で)〈…〉をさらう (*from*). ― [名] [C] =dredger 1.
dredge[2] /drédʒ/ [動] [他] (粉を)〈…〉に振りかける, まぶす; (…に)〈粉・砂糖など〉を振りかける (*on*): [言い換え] ～ a cake *with* sugar=～ sugar *over* a cake ケーキに砂糖をまぶす.
dredg·er /drédʒə | -dʒə/ [名] [C] **1** しゅんせつ機[船]. **2** 粉振り器 (砂糖などを振りかけるための容器).
dregs /drégz/ [名] [複] **1** (液体の底に残る)おり, かす. **2** [普通は the ～] 少量の残り; くずのような連中: *the* ～ *of* society [humanity] 社会[人間]のくず. **drínk [dráin] ... to the drégs** [動] [他] 〈…〉を1滴残らず飲み尽くす.
drei·del /dréɪdl/ [名] [C] ドライデル (各面にヘブライ文字が書かれた四角いこま).
Drei·ser /dráɪzə, -sə | -zə, -sə/ [名] [固] **Theodore (Herman Albert)** ～ ドライサー (1871–1945) (米国の小説家).
+drench /dréntʃ/ [動] [他] [しばしば受身で] 〈…〉をずぶぬれにする; 液体に浸す; (香水などを)〈…〉にたっぷりかける[つける] (*in*): I *was ～ed to* the skin *with* rain. 私は雨でずぶぬれになった.
drenched /dréntʃt/ [形] ずぶぬれの (*with, in*); たっぷりかけられた (*in*).
drench·ing /dréntʃɪŋ/ [形] どしゃぶりの.
Dres·den /drézd(ə)n/ [名] [固] ドレスデン (ドイツ東部の工業都市).

****dress** /drés/

元来は「調(ととの)える」の意味 →「身なりを調える」→「衣服を着せる」→「衣服」となった.

― [名] (～·es /~ɪz/) **1** [C] **婦人服**, ドレス, ワンピース (☞ one-piece [日英比較], put on (put 句動詞)表, wear 表): What a nice ～! 何てすてきなドレスなのでしょう / This ～ is too long [tight] for me. このワンピースは私には長[きつ]すぎる.

コロケーション
change one's *dress* ドレスを替える, 着替える
make a *dress* ドレスを作る
put on a *dress* ドレスを着る
take off a *dress* ドレスを脱ぐ
try on a *dress* ドレスを試着する
wear a *dress* ドレスを着ている

dress のいろいろ
évening drèss 夜会服 / **hóusedrèss** (女性の)家庭着 / **matérnity drèss** 妊婦服 / **mórning drèss**

《英》(男性の)昼用礼服 / nátional dréss 民族衣装 / wédding drèss ウェディングドレス

2 Ⓤ (一般的に)**服装**, 衣服: formal ~ 正装 / informal [casual] ~ 普段着 / nineteenth century ~ 19世紀の服装 / Oriental ~ 東洋風の服装 / I don't care much about ~. 私は服装をあまり気にしない.
3 [形容詞的に] 衣服の; 正装の(必要のある): a ~ shoe [suit] 正装用のくつ[スーツ] // ☞ dress sense.
── 動 (dresses /~ɪz/; dressed /~t/; dress·ing; 反 undress) 他 (⊘ dressed) 1〈子供などに〉**服を着せる**, 身じたくをさせる(in): Kate is ~ing her doll. ケイトは人形に服を着せている / She ~ed her daughter for skiing [the party]. 彼女は娘にスキー[パーティー]用の服を着せた. **2** [進行形なし]〈…〉に衣服を与える, ある服装をさせる; [デザイナーなどが]〈…〉の服を作る: He came to the party ~ed as a woman. 彼は女装してパーティーに来た / She is ~ed by a promising young designer. 彼女が着る服は有望な若手デザイナーが作っている. **3**〈傷の手当てをする,〈…〉に包帯をする. **4**(手を加えて)〈…〉を用意して[準備]しておく(prepare); (臓物などを除いて)〈鳥・かになど〉を調理用にさばく (☞ cooking dress); 〈サラダに〉ドレッシングをかける: a ~ed chicken 下ごしらえした鶏. **5**(格式)〈…〉を美しく飾る, 〈髪を〉調(ととの)える; 〈馬の毛を〉すく: ~ the store window for their Christmas sale 店にクリスマスセールの飾りつけをする. **6**〈皮〉をなめす, 〈石材・木材など〉を仕上る. **7**〈軍〉〈兵士〉を整列させる.
── 自 **1** 服を着る, 身じたくをする: He always ~es well [badly]. 彼はいつもよい[悪い]身なりをしている / Lucy ~ed warmly for hiking. <V+for+名・代> ルーシーはハイキング用に暖かく着込んだ. **2** [進行形なし] (ある)服装をしている: ~ fashionably 流行の服を着ている / He ~ed in his best suit. 彼はいちばんいい背広を着ていた. **3** 正装する: We never ~ for the opera or concerts these days. このごろはオペラやコンサートへ正装していくことは少ない. **4**〈軍〉整列する.
dréss dówn [動] 自 着飾らない, 普段着にする (for). ── 他 〈…〉をしかる (scold).
dréss onesèlf [動] 自 服を着る, 身じたくをする: Is your daughter old enough to ~ herself yet? 娘さんはもう自分で服を着られる年齢になりましたか.
dréss úp [動] 自 (1) 正装[盛装]する (for). (2) (特に子供が)仮装する (as, in). ── 他 (1)〈…〉に仮装させる (as, in), 正装[盛装]させる. (2)〈話など〉を粉飾[潤色]する (as).
†**dres·sage** /drəsάːʒ | drésɑːʒ/ 名 Ⓤ (特に馬術競技での)調馬(演技).
dréss cìrcle 名 Ⓒ [普通は the ~] (主に英)劇場の特等席(《2階正面席》. 由来 この席の客は evening dress を着たことから.
dréss cóat 名 Ⓒ 燕尾(えんび)服.
dréss còde 名 Ⓒ 服装規定.
*†**dressed** /drést/ 形 **1** 衣服を着た; [様態の副詞を伴って] (…な)服装をした: I'm not ~ yet. 私はまだ服を着ていません / be fully ~ (上から下まで)衣服を全部身につけている / be smartly [shabbily, poorly] ~ きちんとした[見すぼらしい]服を着ている.
2 Ⓟ (ある(色)の衣服を)身につけて, (…の)服装をして: Kate was ~ in white [a new suit]. ケイトは白い服[新しい服]を着ていた (⊘ [語法] 名 8 [語法]).
be dréssed to kíll [動] 自 (略式)(異性の目を引くために)着飾っている, めかしこんでいる.
be dréssed (úp) to the nínes [動] 自 (《略式, 主に英》めかしこんでいる.
gèt dréssed [動] 自 服を着る, 身じたくをする: I got ~ and went downstairs. 服を着ると階下に下りた.
dress·er¹ /drésɚ | -sə/ 名 Ⓒ **1** [前に形容詞をつけて] 服装[着こなし]が…の人: Susie is the best [worst] ~ in our class. スージーは私たちのクラスでいちばん着こなしがうまい[へただ]. **2** 着つけをする人, (劇場の)衣装方.
dress·er² /drésɚ | -sə/ 名 Ⓒ **1** (米)(鏡付き)化粧たんす, ドレッサー; 化粧台. **2** (英)食器棚.
†**dress·ing** /drésɪŋ/ 名 **1** Ⓤ.Ⓒ (サラダなどにかける)ソース, ドレッシング: ☞ French dressing, salad dressing, Thousand Island dressing. **2** Ⓤ.Ⓒ (米)(鳥料理の)詰め物 (stuffing). **3** Ⓤ.Ⓒ 傷の手当て(用品); 包帯, ガーゼ; 軟こう. **4** Ⓤ 着つけ, 身じたく; 飾りつけ.

dréssing-dówn 名 [次の成句で] **gíve ... a dréssing-dówn** [動] 他 (古風, 略式)〈…〉を厳しくしかる. **gèt a dréssing-dówn from ...** [動] 他 (古風, 略式)…から厳しくしかられる.

dréssing gòwn 名 Ⓒ (主に英)部屋着, ガウン(就寝前や起床後パジャマの上に着る; くつろいだ部屋着にも用いる; (米)で bathrobe よりも上等なものを指す).

†**dréssing ròom** 名 Ⓒ **1** 試着室. **2** (劇場の)楽屋; (競技場などの)更衣室. **3** (寝室の隣の)化粧室.

†**dréssing tàble** 名 Ⓒ 化粧テーブル, 鏡台 (☞ bedroom 挿絵) (vanity table).

dréssing-úp 名 Ⓤ (英) = dress-up.

dréss·màker 名 Ⓒ ドレスメーカー, (婦人服の)洋裁師. 関連 tailor 男子服の仕立師. ── 形 A (婦人服の)女性的な柔らかい線の.

dréss·màking 名 Ⓤ 婦人服仕立て, 洋裁.

dréss rehéarsal 名 Ⓒ (本番と同じ条件で行なう)仕上げの舞台げいこ, 総ざらい.

dréss sènse 名 Ⓤ (服の)着こなしのセンス.

dréss shìrt 名 Ⓒ (正装用)ワイシャツ.

dréss ùniform 名 Ⓒ.Ⓤ 〈軍〉礼装.

dréss-ùp 名 Ⓤ (米)(子供の)変装ごっこ, 仮装[扮装]遊び.

dress·y /drési/ 形 (dress·i·er; -i·est) (略式) 1 (服装が)あらたまった, エレガントな, しゃれた; (会合などが)正装を必要とする. 2 (人が)服装にこる, 着飾る.

*§**drew** /drúː/ 〔類音 droop, Jew〕 動 draw の過去形.

†**drib·ble** /drɪ́bl/ 動 自 1〈…〉をしたたらせる, 少しずつたらす (into, onto, over). 2〈球〉〈ボール〉をドリブルする. ── 他 1 [副詞(句)を伴って] したたる, ぼたぼたたれる. 2 (赤ちゃんなどが)よだれをたらす (drool). 3 ゆっくり[少しずつ]出る (out). 4〈球〉ドリブルする. ── 名 1 Ⓒ したたり; 少量 (of). 2 Ⓤ (主に英) よだれ (saliva). 3 Ⓒ 〈球〉ドリブル.

drib·let /drɪ́blət/ 名 Ⓒ ほんの少量: in ~s ほんの少しずつ.

dribs /drɪ́bz/ 名 [次の成句で]. **in dríbs and drábs** [副] (略式) 少しずつ.

*§**dried** /drάɪd/ 動 dry の過去形および過去分詞.

── 形 A 乾燥した, 干した: ~ milk 粉ミルク / ~ fruit [flowers] ドライフルーツ[フラワー].

dríed-úp 形 干上がった; (老齢などで)しなびた.

*§**dri·er¹** /drάɪɚ | drάɪə/ 形 dry の比較級.

*§**dri·er²** /drάɪɚ | drάɪə/ 名 Ⓒ = dryer².

*§**dries** /drάɪz/ 動 dry の三人称単数現在形.

*§**dri·est** /drάɪɪst/ 形 dry の最上級.

*†**drift** /drɪ́ft/ 動 (drifts /~s/; drift·ed /~ɪd/; drift·ing) 自 1 (空中・水面などを)漂流する, 漂う: The boat ~ed across the bay. <V+前+名・代> そのボートは湾を横切って漂流した / They ~ed down the river. 彼らは流れに乗って川を下った / The lifeboat ~ed with the current. 救命ボートは潮に乗って漂流した. 2 [副詞(句)を伴って] (人などが)あてもなく動く, ふらふら進む; さまよう; (漠然と)時を過ごす: My nephew ~ed from job to job. 私のおいは職を転々と

driftage

した / He ~ed aimlessly *through* life. 彼は人生を何の目的もなしにぶらぶらと過ごした. **3** 〈状況などに〉押し流されて行く, 知らず知らずのうちに(…に)なる: let things ~ 事態を成り行きにまかせる / The two countries ~ed *into* war. 両国はずるずると戦争へ引き込まれた. **4** 〈価値・価格などが〉ゆるやかに変動する. **5** 〈雪などが〉吹き積もる, 吹き寄せられる: The snow has ~ed *around* the gate. 雪が門のあたりに吹き積もった. **6** 〈音が〉聞こえてくる. ― 他 **1** 〈…〉を漂流させる, 漂わせる; 押し流す: The wind ~ed the raft *toward* the dangerous rocks. 風はいかだを危険な岩の方へと吹き流した. **2** 〈雪など〉を吹き寄せる, 吹き積もらす: The wind ~ed the snow. 風が雪の吹きだまりを作った. 語源 古(期)英語で drive と同語源.

drift apárt [動] 〔自〕 (人が)互いに疎遠になる. **drift ín** [動] 〔自〕 ひょっこり(入って)来る. **drift óff** (**to sléep**) [動] 〔自〕 いつの間にか眠る.

― 图 (drifts /drífts/) **1** 〔C〕〈雪・砂・落ち葉などの〉吹き寄せられたもの; 漂うもの, 漂流物; 〈氷河による〉漂積物: a ~ *of* snow [sand] 雪[砂]の吹きだまり(⇨ snow-drift) / a ~ *of* cloud across the sky 空に流れる雲 / a ~ *of* dead leaves 風に吹き寄せられた落ち葉. **2** 〔U,C〕漂流, 吹き流れること: the ~ *of* the raft いかだの漂流. **3** [the ~] 趣旨, 大意 (*of*): catch [get, follow] the ~ 〔略式〕要旨を理解する. **4** 〔C,U〕〈人・物事の〉絶え間ない動き, 流れ (*from, to, into*); 傾向, 大勢 (tendency): the ~ *of* modern history 現代史の流れ / a policy of ~ 成り行きまかせの政策 / the general ~ *toward* conservatism 保守化傾向. **5** 〔C〕(花の)大群. **6** 〔U〕=continental drift.

drift·age /dríftɪdʒ/ 图 〔U〕漂流(物), (船の)流程.

drift·er /dríftɚ/ |-tə/ 图 〔C〕 **1** 〔普通は単数で〕住所・職業を転々と変える人, 流れ者. **2** 流し網漁船.

drift íce 图 〔U〕流氷.

drift·nèt 图 〔C〕流し網.

drift·wòod 图 〔U〕流木; 室内装飾用流木.

*****drill**[1] /drɪl/ 图 (~s /~z/) 〔C〕ドリル, きり, 穴あけ器: an electric ~ 電動ドリル / A ~ is used for making holes. きりは穴をあけるのに用いられる.

― 動 (drills /~z/; drilled /~d/; drill·ing) 〔他〕 (ドリルで)〈…〉に穴をあける; 〈穴〉をあける; 穴をあけてくトンネルなど〉を掘る: The dentist ~ed (a hole in) her tooth. 歯科医は彼女の歯に穴をあけた. ― 〔自〕 穴をあける; 掘削(な?)する: They intended to ~ *for* oil. 彼らは穴をあけて石油を掘り当てようとした.

*****drill**[2] /drɪl/ 图 (~s /~z/) **1** 〔U,C〕反復練習, 訓練, 練習, けいこ, ドリル(⇨ practice 類義語): pronunciation ~ =~ *in* pronunciation 発音練習. **2** 〔U,C〕軍事教練; 防災訓練. **3** [the ~] 〔古風, 英〕(物事をやる)正しい方法, 手順.

― 動 (drills /~z/; drilled /~d/; drill·ing) 〔他〕 **1** 〈学生など〉に反復練習させる, 〈…〉に(繰り返して)覚えさせる; 〈事実など〉を(…に)教え込む: The teacher ~ed the class *in* math all morning. <V+O+*in*+名・代> 先生は午前中ずっとクラスに数学の練習問題を繰り返しさせた / Mr. Smith ~ed irregular verbs *into* his pupils. <V+O+*into*+名・代> スミス先生は不規則動詞を生徒にたたき込んだ. **2** 〈兵士など〉を訓練[教練]する: a well-~ed rescue team よく訓練された救助隊. ― 〔自〕 訓練を受ける.

drill[3] /drɪl/ 图 〔C〕種まき機(種まき用の)溝(ミ), 筋まきの列. ― 動 〔他〕 〈種〉を筋まきする.

drill[4] /drɪl/ 图 〔U〕ドリル〈丈夫な綾織綿布〉.

drill·ing plàtform /dríliŋ-/ 图 〔C〕(油田の)海洋掘削(ミ?)作業台.

drill·màster 图 〔C〕 **1** (軍隊の)教練係(の)下士官. **2** 厳しく教え込む人.

drill sèrgeant 图 〔C〕 練兵係軍曹.

drill tèam 图 〔C〕 閲兵行進部隊.

dri·ly /dráɪli/ 副 =dryly.

*****drink** /drɪŋk/ 图 (~s /~s/) **1** 〔U,C〕 (食べ物に対して)飲み物, 飲料: soft ~s 清涼飲料 / bottled ~s びん詰めの各種飲料 / Are you satisfied with the food and ~ at this hotel? このホテルの飲食物[食事]に満足していますか(⇨ food 1 日英比較).

2 〔U,C〕アルコール性飲料, 酒, ワイン; 〔U〕(過度の)飲酒癖: I'd like a ~ before dinner. 食事の前にお酒がほしい / I'll fix [make, mix] you a ~. 何かお酒を作ってあげましょう / Don't say it was just a joke over ~s. 酒の上のことだったなんて言わないでよ / He is given to ~. 彼は酒びたりだ.

3 〔C〕 ひと飲み; 1杯, ひと口: Let's have a ~. 1杯飲もうか / Can I buy [stand] you a ~? 1杯おごりましょうか / John had a ~ *of* water and began to speak. ジョンは水を1杯飲んでから話し出した. **4** [複数形で]〔英〕 飲み会. **5** [the ~] 〔略式〕海, 湖, (大きな)川.

drive ... to drink [動] 〔他〕 〔しばしば滑稽〕〈…〉を酒びたりにさせる; 〈…〉を(酒びたりになるほど)いらいら[うんざり]させる. **go óut for a drink** [動] 〔自〕 飲みに出かける. **take to drink** [動] 〔古風〕酒びたりになる.

― 動 (drinks /~s/; 過去 drank /drǽŋk/; 過分 drunk /drʌ́ŋk/, 〔米〕ではまた drank; drink·ing; ⇨ drunken の項) 〔他〕: I want something to ~. 何か飲み物が欲しい / She *drank* two cups of coffee. 彼女はコーヒーを2杯飲んだ / What are you ~*ing*? 何を飲んでいますか(相手に酒の代わりをおごるときなど) / She *drank* the milk *hot*. <V+O+C(形)> 彼女は牛乳を暖めて飲んだ.

> 会話 "Would you like something cold to ~?" "Oh, yes. Thank you." 「何か冷たいものでもお飲みになりますか」「ああ, それはありがたい」

drink (液体を口から直接飲む)	
have (茶・コーヒーなどを飲む)	
eat (スプーンなどを使って飲む)	飲む
swallow (飲みこむ)	
take (薬を飲む)	

2 〈水分〉を吸収する; 〈気体〉を吸う: The dry soil *drank* in [*up*] the rain immediately. 乾いた土がすぐさま雨を吸い込んだ / Crawling out of the cave, they *drank* in the fresh air. 洞穴からはい出してきて彼らは新鮮な空気を吸い込んだ.

― 〔自〕 **1** 飲む: eat and ~ 飲み食いする. 日英比較 日本語とは語順が逆 // Who has been ~*ing from* my cup? <V+*from*+名・代> だれが私のカップで飲んじゃったの.

2 酒を飲む; (特に)大酒を飲む: I neither smoke nor ~. 私は酒もたばこもやりません / My uncle ~s. おじは酒飲みだ / Don't ~ and drive. 飲酒運転するな, 飲んだら乗るな(標語).

drink onesèlf ... [動] 酒を飲んで…の状態になる: ~ *oneself* to death 酒を飲みすぎて死ぬ / 言い換え ~ *oneself* stupid [silly, unconscious] (略式) =~ *oneself* into 「a stupor [oblivion] 何もわからなくなるまで飲む. **drink ... ùnder the táble** [動] 〔他〕 〔略式〕(一緒に飲んで)〈…〉を酔いつぶす; …以上に酒をよく飲む.

―――― **drink** の句動詞 ――――

drink awáy 動 〔他〕 〈悩みなど〉を酒を飲んで忘れる[まぎらす]; 酒を飲んで〈時間〉を失う[費やす].

drink dówn 動 〔他〕 〈…〉を(一気に)飲み干す.

drink ín 動 他 〈水分〉を吸収する (☞ 他 2);《文》〈…〉を熱心に聞く[眺める], 〈…〉に聞きほれる, 見とれる.

*****drínk to ...** 動 他 〈…〉を祈って乾杯する: Let's ~ to his success. 彼の成功を祈って乾杯しよう. **I'll drink to thát.** (S)《略式》それに同感だ, そのとおりだ.

*****drink úp** 動 他 〈…〉を飲み干す; 吸い上げる <V+名・代+up / V+up+名>: D~ up your milk. 牛乳を全部飲みなさい.
— 自 飲み干す: D~ up! さあ飲み干して.

drink・a・ble /dríŋkəbl/ 形 (反 undrinkable) **1** 飲める, 飲用に適する. **2**《ワイン・ビールが》おいしい.

drink dríving 名 U《英》=drunk driving.

⁺drink・er /dríŋkə | -kə/ 名 C **1**[前に飲み物を表わす名詞をつけて]《いつも》…を飲む人: a coffee ~ コーヒーを飲む人. **2** 酒飲み: a heavy [hard] ~ 大酒飲み / a social ~ 酒づき合いの上手な人.

drink・ing /dríŋkɪŋ/ 名 U 飲むこと; 飲酒. — 形 A 飲用の; 飲酒の, よく酒を飲む: a ~ companion [friend] 飲み友達.

drínking chòcolate 名 U《英》インスタントココア.

drínking fòuntain 名 C (公園などの)飲用噴水泉 (water fountain).

drínking hòrn 名 C 角製の酒杯.

drínking pròblem 名 C《米》アルコール依存症: have a ~ アルコール依存症である.

drínking sòng 名 C 酒宴の歌.

drínking-úp tìme 名 U《英》飲み干しの時間(パブで閉店後も酒を飲み終えるまでいてもいい時間).

⁺drínking wàter 名 U 飲料水.

drínk pròblem 名 C《英》=drinking problem.

drinks machíne /dríŋks-/ 名 C《英》飲み物の自動販売機.

drínks pàrty 名 C《英》(知人を招いての)飲み会.

*****drip** /dríp/ 動 (drips /~s/; 過去・過分 dripped /~t/; drip・ping) 自 〈液体〉が垂れる, 〈水などが〉ぽたぽた落ちる, 〈蛇口・ノズルが〉しずくを落とす: Water is *dripping* (*down*) *from* the ceiling. <V+(down)+from+名・代> 天井から水が垂れてる / The faucet is *dripping onto* the ground. 蛇口から地面に水が滴(した)っている. — 他 〈液体〉のしずくを垂らす, したたらす: This pipe ~s oil. このパイプから油が垂れてる. **be dríp・ping with ...** [動] 他 (1) …でびしょぬれだ; 言い換え His forehead *was dripping with* sweat. (=Sweat was dripping from his forehead.) 彼の額から汗が滴っていた. (2)《文》…でいっぱいだ: His letter *was dripping with* sarcasm. 彼の手紙は皮肉たっぷりだった.
— 名 (~s /~s/) **1** [単数形で] しずくが落ちること, したたり; C しずく: She fixed the ~ of the faucet. 彼女は蛇口の水もれを直した. **2** U ぽたぽた落ちる音: the ~ of the rain on the roof 屋根に当たる雨音. **3** C 《医》点滴, 点滴装置[剤]《米》IV): He was put *on* a ~ last night. 彼は昨夜点滴を受けた. **4** C《略式》つまらない人, 覇気(ﾊき)のないやつ. 語源 drop と同語源.

drip-drý 形[普通は A]〈衣服・生地が〉絞らずにつるしておくとしわができずに乾く, アイロン掛け不要の (wash-and-wear). — 動 (-dries; -dried; -dry・ing) 他 〈…〉を絞らずに乾かす. — 自 〈衣服が〉絞らずに乾く.

drip fèed 名 **1** C =drip 3. **2** U,C 少しずつの注入[投入].

drip-fèed 動 (-feeds; -fed; -feed・ing) 他 **1**《医》〈…〉に点滴をする. **2**〈…〉を少しずつ与える.

drip filter 名 C コーヒーフィルター.

drip・ping /drípɪŋ/ 名 **1** U《米》では複数形で》(焼き肉などから出る)垂れ汁. **2** C したたり(落ちること). — 形 しずくの垂れるほど: a ~ tap 水のしたたる蛇口. — 副 しずくの垂れるほど: be ~ wet ずぶぬれになっている.

drip・py /drípi/ 形 (drip・pi・er, -pi・est) **1**《略式》

---

drive 519

感傷的な, めそめそした. **2** 水の垂れる.

*****drive** /dráɪv/ 動 (drives /~z/; 過去 drove /dróʊv/; 過分 driv・en /drív(ə)n/; driv・ing) 他

「追いやる, 駆り立てる」**4** が元の意味.
→ (馬車を)「御す」→〈車を〉「運転する」**1**
→ (運転して)「乗せて行く」**2**
→ (力ずくで動かす)「無理に…させる」**3**

1〈車など〉を**運転する** (☞ drift 語源): He ~s his car to work every day. 彼は毎日車で通勤する / My father *drove* a taxi in his youth. 父は若いころはタクシーの運転手だった / What car do you ~? どんな車を持っていますか. 関連 ride (車に)乗る. **2**(個人の車などで)〈…〉を乗せて行く: I will ~ you *home*. <V+O+副> お宅まで車でお送りしましょう / He *drove* me *to* the hotel. <V+O+to+名・代> 彼は私を車でホテルまで送ってくれた. **3**〈人〉を(ある状態などに)追いやる, 追い込む; 〈人〉に無理に…させる (force), どうしても…しないわけにはいかなくする: Rain *drove* us *into* the house. <V+O+into+名・代> 雨が降ってきたので私たちはしかたなく家に入った / 言い換え Anger *drove* them *to* violence. <V+O+to+名・代>=*Driven* by anger, they resorted to violence. 怒りのあまり彼らは暴力をふるった / What *drove* him *to* drink? 彼はなぜ酒びたりになったんだ 《☞ drink 名 成句》/ 言い換え Her son's death *drove* her mad. <V+O+C (形)>=Her son's death *drove* her *out of* her mind. 息子の死で彼女は気が狂った. **4**〈人・動物〉を追い立てる, 駆り立てる: ~ the cattle to market 牛を市場へ追っていく / They *drove* the enemy *from* [*out of*] the country. 彼らは敵を国から追い払った. **5**[しばしば受身で](水力・電力などで)〈機械〉を動かす: This device *is driven* by electricity. この装置は電動だ. **6**〈〈くぎなど〉を打ち込む, 〈ねじなど〉を締め込む; 〈トンネル・井戸など〉を掘る, 〈穴〉をあける; 〈鉄道〉を貫通させる: ~ the posts deep into the ground くいを地中に深く打ち込む / A tunnel *was driven* through the hill. その山にはトンネルが貫通した. 関連 screwdriver ねじ回し. **7**《球》〈…〉を強打する; 《ゴルフ》〈ボール〉をドライバーで打つ. **8**〈商売など〉を活発に営む; 〈取引など〉を決める (☞ drive a hard bargain (bargain 名 成句). **9**〈…〉を酷使する: ~ oneself too hard 働き[勉強し]すぎる. **10**(風が)〈…〉を吹き動かす, (水が)押し流す (*along*): A strong wind *drove* the ship *onto* the reef. 強風のため船は暗礁に乗り上げた.

— 自 **1** 車を運転する; [普通は副詞(句)を伴って] ドライブする; 〈自動車などで〉行く (☞ 他 2): D~ carefully. 気をつけて運転しなさい / How about *driving around* the city? <V+前+名・代> 市内一周ドライブはどうですか / We *drove to* Chicago. 我々は車で車でシカゴへ行った. 関連 ride 馬や自転車・バス・列車などの乗り物に乗る. **2**[副詞(句)を伴って]〈車・船などが〉疾走する, 突進する; 激しくぶつかる; 〈雲などが〉飛ぶ: ~ *along* the highway 幹線道路を突っ走る / The car *drove into* a telephone pole. 車は電柱にぶつかった / The rain *was driving into* his face [*against* the window]. 雨が彼の顔に[窓に]激しく降りつけていた. **3**《球》強打する; 《ゴルフ》ドライバーで打つ.

be dríving at ... [動] 他 [what を目的語にして]《略式》…をする[言う]つもりだ: *What are* you *driving at*? 何を言う気だ[言いたいんだ]. **drive ... hóme** [動] 他 (1) 〈…〉を車で家まで送る (☞ drive 動 他 2). (2) 《略式》〈要点など〉を(十分に)納得[理解]させる: The teacher tried to ~ the grammatical point *home to* her pupils. 先生はその文法の要点を生徒にわからせようと努

力した．(3) 〈くぎなど〉を深く打ち込む．**drive with a léad** /léd/ **fóot** [動] (自)《米略式》車をハイスピードで飛ばす．由来 アクセルを鉛のように重い力で踏むことから．**lèt drive at ...** [動] (他) ...をねらって投げる[打つ].

---drive の句動詞---

***drive awáy** [動] (他) **1** 〈...〉を追い払う; 〈雲・不安など〉を吹き飛ばす〈V＋名・代＋away / V＋away＋名〉: He drove the dog away. 彼はその犬を追い払った. **2** 〈人〉を車で送って行く; 〈車〉を運転して去る.
── (自) 車を運転して去る; 〈車が〉走り去る: Bill drove away without even saying good-bye. ビルはさようならも言わずに車で走り去った.

drive awáy at ... [動] (自) ...に精を出す.
drive báck [動] (自) 車を運転して帰る. ── 〈...〉を追い返す.
drive ... báck on ── [動] (他) 〈...〉にやむなく―を使わせる.
drive ín [動] (他) **1** 〈打点〉をあげる. **2** 〈知識など〉をたたき込む. **3** 〈くぎなど〉を打ち込む.
***drive óff** [動] (他) **1** 〈...〉を追い払う: They managed to ~ off the enemy. 彼らはなんとか敵を追い払った. **2** 〈人〉を車に乗せて運び去る.
── (自) **1** 車を運転して去る (drive away): I saw a car ~ off after the accident. 事故の後一台の車が走り去るのを見た. **2** 〖ゴルフ〗最初の1打を打つ.
drive ón [動] (自) 〈止まらずに〉運転を続ける. ── (他) 〈人〉を〈行動に〉駆り立てる.
drive óut [動] (他) 〈...〉を追い出す, 駆逐する (of).
── (自) 車で出かける.
drive úp [動] (自) 車でやってくる (to). ── (他) 〈物価など〉を押し上げる.

── (名) (~s /-z/) **1** ⓒ ドライブ, (自動車などでの)旅行: a pleasant ~ along country roads いなか道の楽しいドライブ. **2** ⓒ 〈車に乗って行く〉道のり: The hill is a twenty-minute ~ from here. その山はここから車で20分です (⇨ -s' 文法 (2) 語法). 関連 ride 馬や自転車・バス・列車などの乗り物に乗って行く道のり / walk 歩いて行く道のり. **3** 〔単数形で〕(ある目的のための)努力, 運動; (敵地への)攻撃: an economy ~ 節約運動[キャンペーン] / to raise money [for traffic safety] 募金[交通安全]運動を始める. **4** ⓒ 〖電算〗ドライブ《ディスクなどの記憶媒体を作動させる装置》: a CD-ROM ~ CD-ROMドライブ. **5** Ⓤ 〔ほめて〕元気, 精力; 迫力, やる気: She's got a lot of ~. 彼女はやる気満々だ. **6** U,C 〖機〗駆動装置: (a) front-wheel ~ 前輪駆動. **7** ⓒ 〖球〗強打, ドライブ; 〖ゴルフ〗ドライバーでの一打, 飛打; (球の)飛距離. **8** ⓒ 駆り立てること, 追い立てること; C,U 〖心〗(本能的な)欲求, 衝動. **9** ⓒ =driveway; 〔地名で D-〕(小さな)通り《略 Dr., Dr》: at 25 Brook D~ ブルック通り25番地に. **10** ⓒ 《英》(トランプの)トーナメント, ...ドライブ.

gó for a drive [動] (自) ドライブに出かける (⇨ go for a ride 成句): They went for a ~ to Niagara Falls. 彼らはナイアガラの滝へドライブに行った.
táke a drive [動] (自) ドライブをする: I took a ~ in a new car. 新しい車でドライブした / Let's take a short ~ this afternoon. お昼からちょっとドライブしましょう.
táke ... (óut) for a drive [動] (他) 〈...〉をドライブに連れて行く: I'll take you for a ~ in the country. いなかへドライブに連れて行ってあげよう.

drive-awáy (cár) /-/ (名) ⓒ 《米》車の輸送の必要な車: a ~ company 車の輸送会社.
drive-bý (形) 〔走行中の車からの〕: a ~ shooting 走行中の車からの銃撃. ── (名) ⓒ (A) 走行中の車からの銃撃.
†**drive-ín** (形) (A) 車で乗り入れのできる, ドライブイン式の: a ~ theater [restaurant, bank] ドライブイン式の劇場[食堂, 銀行]. ── (名) ⓒ ドライブイン《車に乗ったまま利用できる銀行・食堂・野外の映画館など》.

日英比較 日本でいう「ドライブイン」に相当するのは drive-in restaurant や roadside restaurant; 《米》では truck stop, 《英》では pull-in, transport cafe ともいう. 英語の drive-in は「車に乗ったまま用が足せる」の意で, 車に乗ったまま食事ができるレストランや車に乗ったまま見られる野外の映画館などを指す.

driv·el /drív(ə)l/ (名) Ⓤ 〔けなして〕たわごと. ── (動) (**driv·els**; **driv·eled**, 《英》-**elled**; -**el·ing**, 《英》-**el·ling**) (自) 〔普通は進行形で〕たわごとを言う (on; about).

***driv·en** /drív(ə)n/ (動) drive の過去分詞.
── (形) **1** やる気満々の, 取りつかれた(ような). **2** 吹き積もった.
-driv·en (形) 〔合成語で〕...主導の: market-~ publishing 市場主導の出版.
drive-ón (形) (A) 《フェリーなど》車のまま乗れる.

***driv·er** /dráivə | -və/ (名) (~s /-z/) ⓒ **1** (車などの)**運転手[士]**(⇨ chauffeur), 《英》(機関車の)機関士《米》engineer); 〔前に形容詞をつけて〕運転するのが...の人: a taxi ~ タクシーの運転手 / Can you take us to the Elm Hotel, ~? 運転手さん, エルムホテルまで行ってくれますか. 語法 呼びかけで driver を使うと失礼ととられることがある // 言い換え John is a good driver. (= John is good at driving.) ジョンは車の運転がうまい. 関連 cabdriver 《米》タクシーの運転手. **2** 〖電算〗ドライバー《プリンターなどの接続機器をコントロールするプログラム》. **3** 〖ゴルフ〗ドライバー《長打用のクラブ》. **4** 牛追い, 馬方, カウボーイ.

dríver's educátion, dríver's éd (名) Ⓤ 《米》安全運転教育.
†**dríver's license** (名) ⓒ 《米》運転免許証(《英》driving licence): an international ~ 国際運転免許証.
dríver's séat (名) ⓒ 〔普通は the ~〕運転席(《英》driving seat). 関連 passenger seat 助手席. **be in the dríver's séat** 人を指図する立場にある.
dríver's tést (名) ⓒ 《米》=driving test.
drive sháft (名) ⓒ 〖機〗駆動軸.
drive-thróugh, drive-thrú 〔主に米〕(形) (A) ドライブスルーの, 車のまま中に入れる. ── (名) ⓒ ドライブスルーの店〔銀行など〕.
drive tíme (名) Ⓤ, (A) (朝夕の車による)通勤時間(の): a ~ radio show 通勤時のラジオ番組.
drive-úp wíndow (名) ⓒ 車に乗ったまま利用できる〔銀行・食堂などの〕受付窓口.
†**drive·way** (名) ⓒ 私有車道; 車回り《公道から車庫または玄関口まで通じる私有地内の道》; ⇨ 匍匐挿絵》の物.

日英比較 英語には日本でいう「ドライブウェー」(自動車用の有料道路)という意味はない.

driveway

†**driv·ing** /dráiviŋ/ (名) Ⓤ (車の)運転; 運転の仕方: do a lot of ~ よく車を運転する / safe ~ 安全運転 / careless ~ 不注意な運転 // ⇨ drunk driving. **dríving ùnder the ínfluence** = **dríving while intóxicated** (名) 《米》〖法〗飲酒運転(略 DUI, DWI; 通例後者のほうが罪が重い). **dríving withòut dúe cáre and atténtion** (名) 《英》〖法〗運転者注意義務違反. ── (形) (A) **1** 推進する, 精力的な: the ~ force behind the economy 経済の推進力. **2** (雨が)猛烈な, 激しい. **3** 運転の.

dríving bèlt 名 C 伝動ベルト.
dríving dístance 名 [次の成句で] **within dríving distance of ...** [前] ...から車で行ける所に.
⁺**dríving lícence** 名 C (英) =driver's license.
dríving ránge 名 C ゴルフ練習場.
dríving schòol 名 C 自動車学校[教習所].
dríving sèat 名 C =driver's seat.
dríving tèst 名 C 運転免許試験.
dríving whèel 名 C [機] 動輪.

⁺**driz·zle** /drízl | 発音に注意/ 🔊 puzzle リスニング (囲み). 名 **1** U 霧雨, こぬか雨. **2** C 《(ドレッシングなどを)ふりかけること. — 動 自 [it を主語として; ☞ it¹ A 2] 霧雨が降る. — 他 (食物に)〈ドレッシングなどを〉ふりかける (over); 〈…に〉かける (with).

driz·zly /drízli/ 形 (**driz·zli·er**; **-zli·est**) 霧雨が降る, こぬか雨模様の.

Dr. Martens ☞ Doctor Martens.

drogue /dróug/ 名 C **1** [空] (着陸時の)減速用パラシュート. **2** [軍] (空対空射撃練習用の)吹き流し.

drógue párachute 名 =drogue 1.

droid /drɔ́ɪd/ 名 C (主に米) ロボット(のような人間).

droll /dróʊl/ 形 (**droll·er**; **droll·est**) 滑稽な, おどけた.

droll·er·y /dróʊləri/ 名 (-**er·ies**) U.C おどけたしぐさ; 冗談, 滑稽.

droll·ness /dróʊlnəs/ 名 U 滑稽さ.

drol·ly /dróʊl(l)i/ 副 おどけて.

-drome /dròʊm/ 接尾 [名詞語尾] (古風)「広い特別な施設」の意: aero*drome* 飛行場.

drom·e·dar·y /drámədèri | drɔ́mədəri, -dri/ 名 (**-dar·ies**) C ひとこぶラクダ (Arabian camel) (☞ camel 写真).

⁺**drone** /dróʊn/ 名 C **1** [普通は単数形で] ぶーんという音 (*of*); 単調な話; [楽] 持続低音 (バグパイプの)低音管. **2** (みつばちの)雄ばち(針かなく働かない). [関連] bee 働きばち. **3** [普通は複数形で] 怠け者, 居候 (いそうろう). **4** 退屈な仕事をする人. **5** (遠隔操作の)無人機[車, 船]. — 動 自 **1** ぶーんとうなる[音を出す] (☞ cry 表 beetle). **2** [けなして] 単調に(長々と)話す (*on; about*).

dron·go /dráŋɡoʊ | drɔ́ŋ-/ 名 C 《豪略式》ばか, まぬけ.

drool /drúːl/ 動 自 **1** よだれを垂らす (dribble). **2** (物事に)うつつを抜かす (*over*). — 名 U よだれ.

⁺**droop** /drúːp/ 動 自 **1** (力なく)垂れる, うなだれる, 〈草木が〉しおれる: He sat down sadly, his shoulders ~*ing*. 彼は肩を落として沈み込んで座った. **2** (元気が)衰える, 弱る; しょんぼりする; 伏し目になる: Her spirits ~*ed* when she heard the sad news. その悲しい知らせを聞いたとき彼女の気持ちは悲しみに打ち沈んだ. — 名 [単数形で] (頭などを)垂れていること (*of*).

droop·y /drúːpi/ 形 (**droop·i·er**; **-i·est**) (ひげが)垂れ下がって; しょげた.

☆**drop** /dráp | drɔ́p/ 🔊 (**drops** /~s/; **dropped** /~t/; **drop·ping**)

─── 自他 の転換 ───
自 **1** 落ちる (to fall)
他 **1** 落とす (to make or let (something) fall)

— 自 **1** 落ちる, 落下する (fall に対して, drop は突然思いがけなく落ちる意味を持つ); 〈値段などが〉下がる: A book *dropped from* the shelf. <V+*from*+名・代> 本が棚から落ちた / The fruit *dropped down to* the ground. <V+*down*+前+名・代> 木の実が地面に落ちた.

2 〈液体が〉滴 (しだ)る落ちる, ぽたぽたと落ちる: Rain began to ~ *from* the dark clouds. <V+*from*+名・代> 雨が黒い雲から降り始めた / Tears *dropped from* her eyes. 彼女の目から涙がぽたぽたと落ちた.

drop 521

3 (落ちるように, ばったりと)倒れる; くずおれる, へたばる, へとへとに疲れる: He *dropped into* the chair. <V+*into*+名・代> 彼はいすにどさっと座り込んだ / She was so tired she felt she would ~. 彼女は大変疲れていたので倒れてしまいそうに低くなった / Don't work until you ~. へとへとになるまで働くな.

4 〈値段・温度・位置などが〉下がる, 〈人口などが〉減少する, 〈声などが〉低くなる; 〈勢いなどが〉衰える, 弱くなる (*from*): The price of eggs will soon ~. 卵の値段はまもなく下がるだろう / The wind *dropped*. 風が静まった / The doctor's voice *dropped to* a whisper. <V+*to*+名> 医者の声はささやくように低くなった. **5** [副詞(句)を伴って] 〈崖などが〉(急勾配で)下っている: The road ~*s into* the valley. 道は谷間に向かって急な下りになっている. **6** 終わる; 消える: Let the matter ~. 問題を打ち切りにしよう.

— 他 **1** 〈…を〉落とす, 降ろす; 投げ[射]落とす; 〈郵便〉を投函する; 〈液体を〉ぽたぽたと落とす; 〈ズボンを〉(わざと)降ろす (冗談または口語にして): Don't ~ the cup. その茶わんを落とさないように / I *dropped* my wallet somewhere. 私は財布をどこかに落とした / The bombers *dropped* bombs *on* the ship. <V+O+*on*+名・代> 爆撃機はその船を爆撃した.

2 〈勢いなどを〉衰えさせる; 〈程度・数量・音調などを〉下げる: The driver *dropped* his speed. 運転手は速度を落とした / She *dropped* her voice *to* a whisper. <V+O+*to*+名・代> 彼女は声を落としてささやいた.

3 (車などから)〈客・荷物などを〉降ろす, 送り届ける (反 pick up): Please ~ me at the bank. <V+O+前+名・代> 銀行の所で降ろしてください. **4** 〈習慣・計画・勉強科目などを〉やめる (give up); 〈人と〉絶交する; 〈要求などを〉取り下げる; 〈問題・話題・事件などを〉打ち切る: ~ everything その事を放り出す / He *dropped* his habit of smoking in public. 彼は人前でたばこを吸う習慣をぱったりやめた / Let's ~ the subject. その話はやめにしよう. **5** 〈…を〉脱かす, 省略する (omit); [普通は受身で] 除名する, 解雇する: Your name *was dropped from* the list. 君の名前は名簿から落ちていた. **6** 〈ことばなどを〉漏らす, 〈…を〉口にする: She *dropped* me a hint.=She *dropped* a hint *to* me. 彼女は私にそっとヒントを与えてくれた (☞ to¹ 3 [語法]). **7** (略式) 〈人を〉殴り倒す. **8** (略式) (賭 (か) け事などで)〈金を〉なくす. **9** 〈ゲーム・試合〉に負ける. **10** (略式) 〈…を〉落とす. **11** 〈体重を〉落とす.

dróp déad [動] (1) (略式) 急死する. (2) [命令文で] (俗) うるさい, とっととうせろ. **lèt dróp** ☞ let² 成句.

═══════════ **drop** の句動詞 ═══════════
dróp aróund 動 自 (米) =drop by.
dróp awáy 動 自 **1** いつとはなしに減少する, (関心・支持などが)なくなっていく. **2** 脱落する. **3** (地面などが)急に傾斜している[低くなる].
dróp báck 動 自 =drop behind.
dróp behínd 動 自 (仲間などから)遅れる.
dróp behìnd ... 動 他 ...より遅れる.
☆**dróp bý** 動 自 (ついでの折などに)立ち寄る, ちょっと訪ねる: Junko missed school today, so I'm going to ~ *by* on my way home. 純子がきょう学校を休んだから, 帰りに寄ってみます / (金服) "**D**~ *by* for a drink sometime." "Okay, I will. Thanks. Bye." 「いつか1杯やりに来いよ」「そうするよ, ありがとう. じゃあ」
☆**dróp bý ...** 動 他 (主に米) ...に立ち寄る: I'm going to ~ *by* her house on my way home. 帰りに彼女の家に寄っていくつもりだ.
☆**dróp ín** 動 自 ちょっと立ち寄る: If you are free, why not ~ *in* and have a cup of coffee? お暇でしたらちょっと寄ってコーヒーを飲んでいきませんか / I wish he

wouldn't ~ *in* [*on*] me [*at* my house] so often. 彼にこうしょっちゅううちへ来られたら困るんだが. 語法「人」には on, 「家」には at を用いる.
dróp ínto ... 動 他 1 (知らぬうちに)(ある状態)に陥る. …に立ち寄る.
*****dróp óff** 動 自 1 落ちる; (ボタンなどが)取れる: One of her shoes *dropped off*. 彼女の靴の片方が脱げた. 2 離れていく; 減る; 脱落する: Attendance always ~ *s off* during the rainy season. 雨期の間はいつも出席が減る. 3 《英略式》(うとうと)眠ってしまう.
── 他 1 〈人・荷物〉を(車から)降ろす <V+名・代+*off* / V+*off*+名>: D~ me *off at* school. 学校の所で降ろしてね. 2 (一を訪ねて)〈…〉を置いて行く.
dróp óff ... 動 他 …から落ちる: The book *dropped off* his lap. 本が彼のひざから落ちた.
*****dróp óut** 動 (名 drópòut) 自 1 (学校を)中途退学する; (競争などから)脱落する, 落後する; 抜ける: Tom *dropped out* (*of*) school when he was sixteen. トムは 16 のときに中途退学をした. 2 [けなして] (体制・社会などから)離脱する; 逃避する. 3 (ことばなどが)すたれる.
dróp óver 動 自 =drop by.
dróp róund 動 自 《英》=drop by.

── 名 (~s /~s/) 1 C [雨などの]しずく, 水滴 (☞ drip 語源): ~*s of* rain 雨のしずく / a ~ *of* blood 1 滴の血 / Every ~ *of* this wine is precious. このワインは 1 滴 1 滴が貴重だ / He drank the sake to the last ~. 彼は酒を最後の 1 滴まで飲んだ. 関連 dewdrop 露のしずく / raindrop 雨のしずく / teardrop 涙のしずく.
2 C [普通は a ~] (値段・温度などの)低下, 降下; 減少: There was *a* sudden ~ *in* (the) temperature. 温度が急に下がった / I took *a* large ~ *in* salary when I changed jobs. 私は転職で給料が大きく減った.
3 C [普通は a ~ として否定文で]《略式》(酒などの)ほんの 1 杯; ほんの少しの量, 微量: He doesn't have *a* ~ *of* mercy in him. ひとかけらの情けもない / I have *not* touched *a* single ~ for a month. 私は 1 か月の間 1 滴の酒も飲んでいない.
4 C 落ちること, 落下; 急な坂, 急斜面; [a ~] 落ちる高さ, 垂直距離 (*of*): The plane made *a* ~ *of* 300 feet. 飛行機は 300 フィート降下した. 5 C (物資の)投下, 配達; 落とされた物, 投下物: The Red Cross made *a* ~ *of* medical supplies to the flood victims. 赤十字は洪水の被災者たちに医薬品を投下した. 6 C しずくの形をしたもの(ペンダント・イヤリングなど); [普通は複数形で] (菓子の)ドロップ (*of* cough drop); [複数形で]《医》点滴薬: eye ~*s* 目薬. 7 C 落ちる仕掛け;《主に米》(郵便などの)差し入れ口: a book ~ 書籍返却箱.
at the dróp of a hát 副 待ってましたとばかり; すぐに. **dróp by dróp** 副 1 滴ずつ, 少しずつ. **gèt [hàve] the dróp on ...** 動 他《米》…より優位に立つ. **have hàd a dróp tòo múch** 動 自《略式》(飲みすぎて)酔っ払っている. **in dróps** 副 1 滴ずつ; ゆっくりと. (ònly) **a dróp in the búcket** [《英》ócean] 大海の一滴, 焼け石に水; 足らない量. **tàke a dróp** 動 自 (1) (酒を)1 杯飲む. (2) 下がる (☞ 名 2).
dróp-bòx 名 C《米》書類受け (営業終了後用).
dróp clòth 名 C《米》(ペンキ塗りなどの)よごれよけシート《家具などにかける》(《英》dustsheet).
dróp-dèad 形 A, 副《略式》すごい[く], すばらしい[く]: ~ gorgeous 突き刺すような魅力のある, うっとりする.
dróp-dòwn ménu 名 C《電算》ドロップダウンメニュー《クリックするとオプションが示される》.
dróp gòal 名 C《ラグビー》ドロップゴール《ドロップキックできめたゴールで得点は 3 点》.

dróp-ìn 形 A (約束なしで)ふと立ち寄れる. ── 名 C,U《電算》ドロップイン《データ移動中に情報を誤って加えること》.
dróp-in cèntre 名 C《英》立ち寄りセンター《失業者・ホームレスの人などが気軽に立ち寄れる福祉施設》.
dróp-kìck 名 C《ラグビーなど》ドロップキック (《米》placekick).
dróp-kìck 動 他〈ボール〉をドロップキックする; ドロップキックで得点を入れる. ── 自 ドロップキックする.
dróp·let /drápᵊlət/ 名 C 小滴 (*of*).
dróp-òff 名 C 1 急な下降, 断崖. 2 衰え, 減少 (*in*). 3 (車などから降りる地点; (物の)預かり場所.
── 形 A (物を)降ろす場所に指定された.
*****dróp-òut** 名 C 1 (学校の)中退退学者. 2 C [けなして] (体制・社会などからの)離脱者; 逃避者. 3 C,U《電算》ドロップアウト《データ移動中に情報を誤って一部消失すること》.
drop·per /drápɚ | drɔ́pə/ 名 C 点滴器, スポイト.
drop·pings /drápɪŋz | drɔ́p-/ 名 [複] (鳥・獣の)糞.
drop scòne 名 C 小型のホットケーキ.
dróp shòt 名 C《テニスなど》ドロップショット.
drop·sy /drápsi | drɔ́p-/ 名 U《古風》水腫(ニー)(症).
dróp·tòp 名 C《略式》=convertible.
dróp vólley 名 C《テニス》ドロップボレー《ボールに逆回転を与えてネット際に落とすボレー》.
dross /drɑ́s, drɔ́ːs | drɔ́s/ 名 U 1《文》くず; 役立たず(の連中). 2 (溶けた金属の)浮きかす.
*****drought** /dráʊt/ 名 (**droughts** /dráʊts/) C,U 干ばつ, 日照り; D~ turned the region into a desert. 干ばつでその地方は砂漠のようになった.
drouth /dráʊθ/ 名 C,U《米》=drought.

*****drove**¹ /dróʊv/ 動 drive の過去形.

⁺**drove**² /dróʊv/ 名 C 1 [普通は複数形で] (一団となって動く)群衆, 大量の物 (*of*): in ~*s* 大挙して. 2 (牛・豚・羊などの)群れ (*of*) (☞ group 類義語).
drov·er /dróʊvɚ | -və/ 名 C 家畜の群れを市場へ追って行く人; 家畜商.
*****drown** /dráʊn/ 動 (**drowns** /~z/; **drowned** /~d/; **drown·ing**) 自 おぼれ死ぬ, 水死する: A girl ~*ed in* the pond yesterday. <V+名・代> 少女がきのう池でおぼれ死んだ / A ~*ing* man will catch [clutch] *at* a straw.《ことわざ》おぼれる者はわらをもつかむ. 日英比較 日本語の「おぼれる」は死ぬことも死にそうなることも意味するが, 英語の drown は死ぬことを意味する. 死にそうになることは nearly [almost] drown か He was *drowning*. (彼はおぼれかけていた)のように言う.
── 他 1〈…〉を溺死(ﾃﾞ)いさせる, 水死させる: The boys ~*ed* the cat *in* the river. <V+O+前+名・代> 少年たちは猫を川に沈めて殺した. 2〈…〉を浸水[冠水]させる: Hundreds of fields were ~*ed by* the flood. 洪水で何百もの畑が冠水した. 3 (液体を)〈…〉にたっぷりかける, (液体に)つける (*with*): ~ the cereal *in* milk コーンフレークに(たっぷり)牛乳をかける. 4 (音などが)他の(音)を消す (*out*). **be drówned** 動 自 おぼれ死ぬ. **be drówning in ...** 動 他《略式》(大量の物事)に埋まっている, 圧倒されている. **drówn onesèlf** 動 自 入水自殺をする (*in*).
drowse /dráʊz/ 動 自 うとうとする, 居眠りする.
drows·i·ly /dráʊzɪli/ 副 うとうとと, 眠そうに.
drows·i·ness /dráʊzinəs/ 名 U 眠気, 眠さ.
⁺**drows·y** /dráʊzi/ 形 (**drow·si·er, -si·est**) 1 眠い, 眠そうな (sleepy); 眠気を誘う: She looks ~. 彼女は眠そうな顔をしている. 2 眠っているような, 活気のない, 静かな: a ~ village 眠ったような村.
Dr Pép·per /-pépɚ | -pə/ 名 U,C ドクターペッパー《甘口のルートビア (root beer) の一種; 商標》.
Dr. Seuss /-súːs/ 名 固 スース博士 (1904-91)《米国の作家・挿絵画家; 本名 Theodor Seuss Geisel》.

drub /drʌ́b/ (drubs; drubbed; drub·bing) 他 《略式》〈…〉を大敗させる, やっつける.

drub·bing /drʌ́bɪŋ/ [次の成句で] **gèt [hàve, tàke] a (góod) drúbbing** [動] (自)《略式》たたきのめされる; ボロ負けする. **gíve ... a (góod) drúbbing** [動] 他《略式》〈…〉をたたきのめす; 〈…〉を(てんぱんに)負かす, やっつける.

drudge /drʌ́dʒ/ 名 C (単調で骨の折れる仕事を)こつこつとする人, あくせく働く人. ── 動 自 (いやな仕事を)こつこつとする, あくせく働く *(away; at)*.

drudg·er·y /drʌ́dʒ(ə)ri/ 名 U (単調な)骨折り仕事.

***drug** /drʌ́g/ (飜訳 drag) 名 (~s /~z/) C **1** 麻薬; 覚醒剤, 興奮剤 《ヘロインやコカイン, 時にはアルコールやたばこをも指す》; 常用癖を生じさせるもの: take [use, 《俗》do] ~s 麻薬を飲む[打つ] /

drug	麻薬
	薬剤・薬品

He was dropped from the team for using ~s. 彼は麻薬の使用でチームからはずされた // ⇨ **hard drug**.
2 薬, 薬剤, 薬品 《薬 (medicine) の材料になる》: put ... on ~s (医者が)…に薬を処方する. 語法 現在では1の意味に使うことが多いので, 「薬」の意味では medicine を使うのが無難. **a drúg on the márket** [名] (あり余って)売れない商品. 由来 5 の drug は飽きられ(て無用になっ)た品物, という古い意味. **be on drúgs** [動] 他 麻薬をやっている; 薬を服用している.
── 動 (drugs; drugged; drug·ging) 他 **1** 〈…〉に薬を服用させる; 〈…〉に麻(酔)薬をませる. **2** 〈飲食物〉に麻(酔)薬を加える.

drúg a·bùse /əbjùːs/ 名 U (快楽目的の)薬物乱用.

drúg àddict 名 C 麻薬常用者.

drúg addìction 名 U 麻薬中毒.

drúg bàron 名 C 麻薬王.

drúg czàr 名 C 《米》ドラッグツァーリ, 麻薬撲滅大帝《政府によって任命される担当長官の俗称》.

drúg dèaler 名 C 麻薬密売人.

Drúg Enfórcement Administràtion [the ~] 《米》麻薬取締局 《略 DEA》.

drugged /drʌ́gd/ 形 麻薬を飲んだ. **be drúgged óut** [動] 自 《米》麻薬を常用している. **be drúgged úp (to the éyeballs)** [動] 自 《主に英》薬づけになっている.

drug·get /drʌ́gɪt/ 名 C,U 粗い織物でできた敷物.

drug·gie /drʌ́gi/ 名 C 《略式》麻薬常用[中毒]者.

drug·gist /drʌ́gɪst/ 名 C 《米》**1** 《古風》薬剤師; 薬屋(人) (pharmacist, 《英》chemist). **2** ドラッグストアの経営者.

drug·gy /drʌ́gi/ 名 (-gies) C =druggie.

drúg lòrd 名 C 麻薬密売組織の親玉.

drúg misùse 名 U 《英》=drug abuse.

drúg pùsher [pèddler] 名 C 《略式》=drug dealer.

drummer 523

drúg rehabilitàtion [rèhab] 名 U 《米》麻薬更正者の社会復帰[リハビリ].

drúg rùnner 名 C 麻薬密輸入者.

drúg squàd 名 C 《主に英》警察の麻薬捜査班.

***drúg·store** /drʌ́gstɔ̀ː|-stɔ̀ː/ 名 (~s /~z/) C 《米》ドラッグストア 《薬局 (pharmacy) があるほか化粧品・たばこ・文房具・本・写真用品なども売っていて, 簡単な食事もできる店》. ⇨ 挿絵. I bought a razor, soap, and film *at* the ~. 私はかみそりとせっけんとフィルムをドラッグストアで買った.

drúgstore cówboy 名 C 《米略式》ドラッグストアのまわりや街路にたむろする若者; (女性をひきつけようと)服装だけカウボーイの格好をしている者.

drúg tràfficking 名 U 麻薬密売.

dru·id /drúːɪd/ 名 [しばしば D-] ドルイド僧 《古代ガリヤおよびケルト族の僧》; ドルイド教信者.

***drum** /drʌ́m/ 名 (~s /~z/) **1** C ドラム, 太鼓: a bass ~ 大太鼓 / beat a ~ ドラムをたたく / He plays the ~(s) in the jazz band. 彼はジャズバンドでドラムを受け持っている. **2** C 太鼓の形をしたもの 《ドラム缶, (ワイヤーロープの)殻胴, (ウインチの)巻胴など》: an oil ~ ドラム缶. **3** [単数形で] 太鼓(のような)音; どんどんいう音 *(of)*. **4** [the ~] =eardrum. **béat [báng] the drúm** [動] 自 (…)を盛んに支持[宣伝]する *(for)*.
── 動 (drums /~z/; drummed /~d/; drum·ming) 自 ドラム[太鼓]を打つ; どんどん[とんとん]たたく: Don't ~ *on* the table *(with* your fingers). テーブルを(指で)とんとんたたかないでください 《⇨ 他》. ── 他 〈足・指など〉でどんどん[とんとん]とたたく: ~ one's fingers *on* the table 指でテーブルをとんとんたたく 《不安・いらいらを表わすしぐさの場合もある》. **drúm ... ínto ―** [― 's héad] [動] 他 [しばしば受身で] 〈…〉を一にやかましく教え込む. **drúm ... óut (of ―)** [動] 他 [普通は受身で] 〈…〉を(―から)追放する. **drúm úp** [動] 他 (鳴り物入りで) 〈…〉を呼び集める, 獲得する; (宣伝などによって)〈商売など〉を活気づける.

drúm·bèat 名 C **1** ドラム[太鼓]の音; ドラム[太鼓]をたたくこと. **2** (一連の)警鐘, 批判, 圧力 *(of)*.

drúm bràke 名 C [普通は ~s] (自動車の)ドラムブレーキ 《⇨ disc brakes》.

drúm·fire 名 U 《軍》集中砲火; (質問などの)連発.

drúm kìt 名 C 《主に英》=drum set.

drúm machìne 名 C ドラムマシーン 《打楽器の音を出すシンセサイザー》.

drúm màjor 名 C 軍楽隊長 《行列の先頭に立ってバトンを振る》; 《主に米》行進楽隊のリーダー.

drúm ma·jor·ètte /-mèɪdʒərét/ 名 C 《主に米》バトンガール 《⇨ baton twirler》. [日英比較] 「バトンガール」は和製英語.

***drum·mer** /drʌ́mə | -mə/ 名 (~s /~z/) C ドラマー, ドラム[太鼓]奏者.

soda fountain
ソーダ水売り場

drugstore

drum·ming /drʌ́mɪŋ/ 名 U [または a ~] **1** ドラム [太鼓] を打つこと[音]. **2** とんとんという連続音 (of).

drum'n'bass /drʌ́mənbéɪs/ 名 U 《楽》ドラムンベース《ダンス音楽》.

drum·roll 名 C (重要な発表などを盛り上げる)ドラム [太鼓]の連打.

drúm sèt 名 C 《米》ドラム一式.

drúm·stick 名 C **1** ドラム[太鼓]のばち. **2** 《料理》鶏[七面鳥]の足.

‡drunk /drʌ́ŋk/ (類音 drank) 動 drink の過去分詞.
— 形 (drunk·er; drunk·est) P **1** 酔った，酔っ払った: dead [blind] ~ 泥酔して / He often came home very [blind] ~. 彼はよく大変酔っ払って家に帰ってきた / She got ~ on wine. 彼女はワインで酔っ払った. **2** 酔いしれて, 我を忘れて: Bob was ~ with success. ボブは成功して有頂天になっていた. (as) **drúnk as a skúnk** [《英》**lórd**] [形] ひどく酔っ払って. **drúnk and incápable** [《法》**disórderly**] [形] 酔って手のつけられない(ふるまいをする). **drúnk òut of one's mínd** ひどく酔って正気を失って. — 名 C **1** 酔っ払い，のんべえ，飲んだくれ. **2** 《略式》大酒を飲むこと, 酒盛り.

drunk·ard /drʌ́ŋkəd | -kəd/ 名 C 大酒飲み.

drúnk driver 名 C 《米》飲酒運転をする人.

drúnk driving 名 U 《米》《法》飲酒[酔っ払い]運転 (《英》drink driving).

drunk·en /drʌ́ŋkən/ 形 A **1** 酔っ払った, 酔った, 飲んだくれの: a ~ man 酔っ払った男 / Peggy's ~ husband ペギーの飲んだくれの亭主. **2** 酔ったあげくの, 酔ったいたちの: a ~ argument [sleep] 酔っ払って口論する[眠り込む]こと / a ~ party 大酒の宴. 語源 元来は drink の過去分詞. **~·ly** 副 酔って, 酒の上で. **~·ness** 名 U 酔っていること; 酒びたり.

drúnken dríving 名 U 《主に米》《法》=drunk driving.

drunk·om·e·ter /drʌ̀ŋkámətə | -kɔ́mətə/ 名 C 《米》飲酒探知器 (= Breathalyser).

drúnk tànk 名 C 《米略式》泥酔者留置場.

Dru·ry Lane /drʊ́(ə)ri léɪn/ 名 固 ドルリーレーン《London 中央部にある王立劇場》.

ruth·ers /rʌ́ðəz | -ðəz/ 名 [複] 《米略式》好み, 自由選択: have one's ~ 好きなようにする.

‡dry /dráɪ/ 形 (dri·er, dry·er; dri·est, dry·est) **1** 乾いた, 湿ってない (反 wet); 水気が不足の: ~ wood 乾いた木材 / ~ skin うるおいのない肌 / Keep your clothes ~ to prevent mold. かび防止のため服は湿気のつかないようにしておきなさい.
2 日照り続きの, 雨の降らない (反 wet, rainy): ~ weather 日照り / a ~ season 乾季.
3 水のなくなった; (インク・燃料などが)出ない; 涙[つば, たん]の出ない; (牛などが)乳が出ない: a ~ well 水のかれた井戸, 油の出ない油井(ゅ) / a ~ cough (たんの出ない)からぜき / with ~ eyes 涙ひとつこぼさずに (🏳 dry eye). **4** 《略式》のどが渇いた (thirsty); (仕事などが)のどの渇く; I am pretty ~. かなりのどが渇いた. **5** [普通 A] [ほめて] (冗談などが)さりげない, まじめな顔で言った: ~ humor とぼけた顔でいうユーモア, 皮肉なユーモア. **6** 無味乾燥な, おもしろみのない (dull); そっけない, 冷ややかな; ありのままの: a ~ subject 退屈な話題 / a ~ voice W そっけない[冷たい]声. **7** (ワインなどが)辛口の (反 sweet); (ビールが)後味のすっきりした. A (トーストなどが)バター[ジャム]をつけていない. **8** 《略式》(州などが)酒の販売を禁じている (反 wet): My hometown is ~. 私の生まれた町では酒の販売が禁じられている. 日英比較 日本でいう「ドライ」のような「割り切った, 打算的な」という意味はない. これに相当する英語は businesslike,

calculating など (🏳 wet 形 日英比較).
còme ùp drý 動 自 《米》失敗する. **gò** [**rùn**] **drý** 動 自 水がかれる, (乳・乳などが)出なくなる. **mílk** [**súck**] **... drý** 動 他 🏳 milk ... dry (milk 動 成句). **There was nòt a drý éye in the hóuse.** [しばしば滑稽] 聴衆全員が泣いた[感動した].
— 動 (dries /~z/; dried /~d/; dry·ing)
自 の転換
他 **1** 乾かす (to make (something) dry)
自 **1** 乾く (to become dry)
— 他 **1** (…を)乾かす, 乾燥させる, 干す (反 wet): ~ one's hair 髪を乾かす / ~ one's clothes 服を干す. **2** (ふいて)(…の)水気をとる, ふく: ~ the dishes with a dishcloth <V+O+前+名·代> ふきんで皿をふく / D~ your hands on the towel. タオルで手をふきなさい.
— 自 **1** (…が)(水が)かれる, 乾燥する: This undershirt dries quickly. この下着は乾きが早い. **2** 《略式, 主に英》(俳優が)せりふを忘れる.

dry の句動詞
drý óff 動 自 乾く; 体を乾かす[ふく]. — 他 (…を)乾かす; 体などをふく: ~ oneself off with a towel タオルで体をふく.
drý óut 動 自 **1** すっかり乾く; 水分がすっかりなくなる. **2** (タオルで)体をふく. **3** 《略式》(アルコール依存者が)治療を受けて酒を断つ. — 他 **1** (…を)すっかり乾かす. **2** (アルコール依存者が)酒を絶たせる.

‡drý úp 動 自 **1** (水分が)蒸発してなくなる; (川・井戸などが)すっかり乾く, 干上がる; (貯え・力などがなくなる): The pond dried up last summer. この前の夏にこの池は水がなくなりました. **2** [普通は命令文で] S 《略式》おしゃべりをやめる. **3** (途中で)ことばに詰まる; =dry 自 2. **4** 《英》(洗った後)皿をふく. — 他 **1** (…を)干上がらす <V+名·代 +up / V+up+名>: The well has been dried up by the long spell of fine weather. 好天が続いて井戸が干上がった. **2** 《英》(洗った皿などを)ふく.

— 名 (dries) **1** C 乾かすこと, 乾燥. **2** [the ~] 《主に英》乾いた場所; 乾燥期.

dry·ad /dráɪəd, -æd/ 名 C 《ギ神》ドリュアス《木の精》.

drý bàttery 名 C 乾電池 (🏳 battery 1).

drý cèll 名 C 乾電池 (🏳 battery 1).

drý-cleàn 動 他 (…を)ドライクリーニングする.

drý cleàner 名 C ドライクリーニング屋《人·店》: a ~'s (ドライ)クリーニング店.

drý cleàning 名 U **1** ドライクリーニング. **2** ドライクリーニングをした[する]衣類.

Dry·den /dráɪdn/ 名 固 **John** ドライデン (1631–1700)《英国の詩人・劇作家》.

drý dòck 名 C 乾ドック《排水可能なドック》.

dry·er[1] /dráɪə | dráɪə/ 形 dry の比較級.

dry·er[2] /dráɪə | dráɪə/ 名 C [しばしば合成語で] 乾燥器[機]; (ヘア)ドライヤー; 乾燥する人; 乾燥剤: put the wet laundry in the clothes ~ 洗濯物を乾燥機に入れる // 🏳 spin dryer. 参考 dryer だけだと洗濯物の乾燥機を意味するのが一般的. 髪を乾かすドライヤーは普通 hairdryer または blow-dryer という.

drý·est /dráɪɪst/ 形 dry の最上級.

drý éye 名 U 《医》乾き目, ドライアイ.

drý-éyed 形 (dri·er-eyed, more ~; dri·est-eyed, most ~) P (人が)泣いていない.

dry dock

drý fárming 名 U (米) 乾地農法.
drý flý 名 C ドライフライ (水面に浮かべて釣る毛針).
drý gínger 名 U ドライジンジャー (ウイスキーなどと割って飲むしょうが風味の飲料).
drý góods 名 (複) **1** 乾物 (穀類・たばこ・コーヒー・乾燥野菜など). **2** (米) 織物, 服地 (英) drapery).
drý-húmp 動 (卑) (着衣のまま)〈...〉に性器をこすりつける. ― 自 (着衣のまま)性器をこすりつける.
drý íce 名 U ドライアイス.
drý lánd 名 U (海などに対して)陸地.
drý láw 名 C (米) 禁酒法.
drý·ly 副 さりげなく; そっけなく, 冷淡に.
drý martíni 名 U.C ドライマティーニ (martini の一種).
drý méasure 名 U 乾量 (☞ measure 8 および表).
drý mílk 名 U 粉ミルク, 粉乳.
drý·ness 名 U **1** 乾燥(状態); 雨の降らない状態; のどが渇くこと. **2** さりげなさ; 冷淡.
drý núrse 名 C 赤ん坊に乳を与えない子守女. 関連 wet nurse 乳を与える乳母.
drý·póint 名 C ドライポイント (腐食液を用いない銅版画用彫針); C.U ドライポイント銅版画(技法).
drý-róasted 形 からいりした.
drý rót 名 U (木材の)乾燥腐敗(を起こす菌).
drý rún 名 C (略式)(軍事)予行演習, リハーサル.
drý-shód 形 (文) 足(靴)をぬらさないで.
drý spéll 名 C 乾季; 不況期.
drý·stóne wáll 名 C (英) モルタルを用いない石壁.
drý súit 名 C ドライスーツ (二層の潜水服).
drý·wáll (米) 名 U 乾式壁. ― 動 〈...〉を乾式壁にする. ― 自 乾式壁にする.
drý wásh 名 C (米) 水の流れていない川床.
DSc /díːèssíː/ 略 =Doctor of Science (☞ doctor).
DSO /díːèsóu/ 略 (英) =Distinguished Service Order 殊勲章.
DSP /díːèspíː/ 略 =digital signal processing [processor] (電算)デジタル信号処理(処理装置).
DSS /díːèsés/ 略 (英) =the Department of Social Security 社会保障省.
DST /díːèstíː/ 略 =daylight saving time.
d.t., DT /díːtíː/ 名 =d.t.'s.
DTI /díːtiːái/ 略 =the Department of Trade and Industry 貿易産業省.
DTP /díːtiːpíː/ 略 **1** =desktop publishing. **2** =DPT.
d.t.'s, D.T.'s, DT's /díːtíːz/ 名 (複) [the ~] (滑稽) =delirium tremens.
Du. =Dutch.
***du·al** /d(j)úːəl | djúː-/ 形 A 二重の; 二元の: have ~ nationality 二重国籍をもつ.
dúal-bánd 形 A (携帯電話が)デュアルバンド対応の (2つの周波帯に対応し, 2か国以上で使用可能).
dúal cárriageway 名 C (英) =divided highway.
dúal cítizenship 名 U 二重国籍.
du·al·ism /d(j)úːəlìzm | djúː-/ 名 U (哲) 二元論.
du·al·i·ty /d(j)uːǽləṭi | djuː-/ 名 U (格式) 二重[二元]性.
dúal-púrpose 形 二つの目的をもつ[に役立つ].
***dub**[1] /dʌ́b/ 動 (dubs /~z/; dubbed /~d/; dub·bing) 他 **1** [しばしば受身で] [特に新聞で]〈...〉にあだ名をつける, 〈...〉を (as): Chicago is dubbed "the Windy City." シカゴは「風の町」と呼ばれている. **2** (文) (国王が剣で肩を軽くたたいて)〈...〉にナイト爵 (knight)を授ける. ― 名 C (米俗) どじ, 能なし.
***dub**[2] /dʌ́b/ 動 (dubs /~z/; dubbed /~d/; dub·bing) 他 [しばしば受身で] (映)〈...〉に吹き替えのせりふを

duck-dive 525

入れる, (映画・テープ)に音楽などを二重録音する; 〈録音したもの〉を再録音[ダビング]する: The French film was not *dubbed into* Japanese. そのフランス映画は日本語に吹き替えられなかった.
dub[3] /dʌ́b/ 名 U ダブ (1) レゲエ (reggae) のカラオケで新曲風にアレンジした曲 (dub music) (2) レゲエのリズムに乗せて歌う西インド諸島の詩).
dub·bin /dʌ́bɪn/ 名 U 防水, 保革油.
dub·bing /dʌ́bɪŋ/ 名 U.C 吹き替え, ダビング.
du·bi·e·ty /d(j)uːbáːəṭi | djuː-/ 名 U (格式) 疑わしさ, 疑念.
***du·bi·ous** /d(j)úːbiəs | djúː-/ 形 **1** (人や行為が)怪しげな, いかがわしい; (物事が)疑わしい, はっきりしない; A [しばしば皮肉] 額面通りに受けとれない: a ~ character 怪しい人物 / a ~ compliment さほどでないお世辞 / a ~ honor ありがたくない名誉. **2** [普通は P] (人が)疑いを持って, 半信半疑で: I'm highly ~ *about* [*of*] his chances of success. 私は彼の成功の見込みを大変疑問に思っている. **~·ly** 副 疑わしげに; 怪しげに. **~·ness** 名 U 疑わしさ; 怪しげなこと.
Dub·lin /dʌ́blɪn/ 名 ダブリン (Ireland 東部の都市; アイルランド共和国の首都; ☞ 裏地図 C 5).
Dub·lin·er /dʌ́blɪnɚ | -nə/ 名 C ダブリン市民.
dúb mùsic ☞ dub[3].
du·cal /d(j)úːk(ə)l | djúː-/ 形 名 A (格式) 公爵の; 公爵らしい.
duc·at /dʌ́kət/ 名 C ダカット金貨 (昔欧州で使用).
***duch·ess** /dʌ́tʃəs/ 名 C [しばしば D-] (英国の)公爵夫人[未亡人]; 女公爵 (☞ peerage 表).
***duch·y** /dʌ́tʃi/ 名 (duch·ies) C 公爵領, 公国 (duke, duchess の領地).
***duck**[1] /dʌ́k/ 名 (題音 dock) (~s /~s/, ~) **1** C あひる, かも (がちょうより小さく首が短い; ☞ goose 挿絵); あひる[かも]の雌鳥: a wild ~ かも / a domestic ~ あひる / a flock of ~s あひる[かも]の一群. ★鳴き声については cry 表. 関連 drake あひる[かも]の雄鳥; duck·ling あひるの子. **2** U あひる[かも]の肉. **3** C [時に ~s] S (英略式) かわいい人 (愛称・呼びかけに用いる). **4** C (クリケ) (打者の) 0 点. 語源 古(期)英語で「水に潜るもの」の意; ☞ duck[2]. **be (like) wáter óff a dúck's báck** 動 自 (略式)(批判・経験などが)何の効き目もない, かえるの面に水のごとくである. 由来 かもの背の羽毛は水をはじくことから. **bréak the dúck** 動 (失敗続きの後)再びうまくいく. **dúcks and drákes** 名 水切り遊び (水面に平たい小石を投げる). **gèt [hàve] (àll) one's dúcks in a rów** 動 自 (主に米) 準備を整える[整えている]. **pláy dúcks and drákes with ...** 動 他 (略式) (金など)を湯水のように使う; (英) ひどい扱いをする. **táke to ... like a dúck to wáter** 動 他 ...にすぐなじむ, ...に自然に慣れる. 由来 かもが水を好むのと同じように好きになる, の意.
duck[2] /dʌ́k/ 動 自 **1** 頭をひょいと下げる; (強打などから)身をかわす: D~ under my umbrella. 私の傘に入りなさい / D~! 危い, かがめ. **2** [副詞(句)を伴って] 素早く動く[消える]. **3** 〈...〉水に潜る, 〈...〉を水に潜らせる (語源). ― 他 **1** 〈頭〉をひょいと下げる, 〈体〉をちょいとかがめる. **2** (ひょいと水に)〈...〉をつける, 突っ込む (in). **3** (略式) [普通は打ち消して] 〈難問・責任など〉を避ける, 〈人〉をさける. **dúck óut of ...** 動 他 ...から気づかれないように出て行く; (略式) 〈責任など〉を避ける. ― 名 C 頭を下げ[身をかがめ]ること; ひょいと水に潜ること.
duck[3] /dʌ́k/ 名 U ズック; [複数形で] ズック製ズボン.
dúck-billed plátypus 名 C =platypus.
dúck·bòards 名 (複) (ぬかるみに敷く)渡し板.
dúck-dive 動 自, 名 C (あひるのように)真っすぐ飛び込む(こと).

dúck-dúck-góose 名 U《米》ダックダックグース《子供が輪になってやる遊び》

duck·ing /dʌ́kɪŋ/ 名 U ひょいと水に潜ること；[ボク] ダッキング《身をかがめてよけること》. **gíve ... a dúcking**《人を水中に突っ込む》. **gèt [hàve] a (góod) dúcking**[動] 自 ずぶぬれになる.

dúcking stòol 名 C 水責め椅子《昔の刑具》.

duck·ling /dʌ́klɪŋ/ 名 1 C あひるの子, 子がも. 2 U あひるの子[子がも]の肉.
[関連] duck あひる.

dúck·pins 名 U ダックピンズ《小さめのボールを用いる bowling に似たゲーム》.

ducks /dʌ́ks/ ⇨ duck¹³; duck³.

dúck shòot 名 C《米俗》楽にできる仕事, 朝飯前.

dúck sóup 名 U《古風, 米略式》たやすい[朝飯前の]こと; 扱い[だまされ]やすいやつ, (いい)カモ.

dúck·tàil 名 C《米俗》ダックテール《両側を長くして後ろになでつけ, 後部で合わせるかもの尾に似た髪型》.

dúck·wàlk 動 自《外股で》あひるのように歩く.

dúck·wèed 名 U あおうきくさ.

duck·y¹ /dʌ́ki/ 形 (**duck·i·er**, **-i·est**)《古風, 米略式》 1 完璧な, ばっちりの. 2 かわいらしい, おもしろい.

duck·y² /dʌ́ki/ 名 (**duck·ies**) C =duck⁴.

†**duct** /dʌ́kt/ 名 C 管, 輸送管; 送水管, 送風管; (地下の)電線管, ダクト; [解] 導管.

duc·tile /dʌ́ktl | -taɪl/ 形《格式》1 (金属が)展性のある. 2 (人が)柔順な.

duc·til·i·ty /dʌktíləti/ 名 U《格式》展性.

dúct·less glánd 名 C [解] 内分泌腺②.

dúct tàpe 名 U《米》ダクトテープ《強い粘着力をもつシルバーグレーのクロステープ; 配管工事・家電修繕用》.

†**dud** /dʌ́d/ 名 C《略式》1 役に立たない物[人]; 不発弾. 2 [複数形で]《古風, 俗》衣類. ── 形《略式》役立たずの: a ~ check 価値のない[にせの]小切手.

†**dude** /d(j)úːd | djúːd/ 名 C《俗》1《主に米》男, やつ《guy》: Hey ~! おい. 2《米》《西部の牧場に遊びに来る》東部の都市からの観光客; 気どり屋.

dúde rànch 名 C《米》《西部の》観光用牧場.

dud·geon /dʌ́dʒən/ 名 [次の成句で] **in hígh dúdgeon** [副]《格式》ひどく立腹して.

*****due** /d(j)úː | djúː/ (同音 dew,《米》#do¹·²·³) ❶ 形 (比較なし) (反 undue)

> 元来は「当然支払うべき」2 の意 (⇨ duty [語源])
> ┌「当然なすべき」3 ┬→「正当な」4
> │   └→「予定されている」1

1 叙 ...するはずになって; 到着する予定で: She is ~ **to** speak for the class. <A+to 不定詞> 彼女はクラスを代表して演説することになっています / The book is ~ (to be) out in the fall. その本は秋に出る予定だ / The express is ~ (in) at 10:00. その急行は 10 時着の予定です / When is your baby ~? 赤ちゃんはいつ生まれるの / He was ~ back an hour ago. 彼は 1 時間前に戻っているはずだった.

2 叙 (負債などが)**支払わなければならない**; 支払期日が来ている, 満期で;《主に米》(宿題・本などが)提出[返却]期日が来て (⇨ overdue): the money (which is) ~ (**to**) Mr. Smith <A+(to+)名・代> スミスさんに払うべき金 / When is the rent ~? 家賃[部屋代, 地代]はいつ払うことになっていますか / The debt is ~ on Nov. 30. その借金は 11 月 30 日が支払い期日です.

[語法] (1) 普通は「物事+(be=)due+to+人」の型であるが, 特に《米》で to が落ち, その場合 due を前置詞とみることができる: I think fifty dollars in traveling expenses is ~ (**to**) me. 旅費のうち 50 ドルは私に払ってもらえると思う.

(2) 人が主語になって「...を当然与えられるべきで」の意になることもある: I'm still ~ **ten dollars [two weeks' vacation]**. 私はまだ 10 ドル[2 週間の休暇]をもらえるはずだ / She's ~ (**for**) a raise soon. 彼女は間もなく昇給になる (⇨ 1).

3 叙 (敬意・感謝などが)**当然払わなければならない**: Respect is ~ (**to**) one's elders. <A+(to+)名・代> 年上の者には当然敬意を払うべきである / Our thanks are ~ (**to**) Mr. Long. 私たちはロング氏に感謝する義務がある. **4** 限《格式》正当な, 当然与えられるべき (proper); 十分な (sufficient): the ~ reward of her efforts 彼女の努力に対する正当な報酬 / give the matter ~ consideration その件を十分考慮する.

be dúe for ...[動] 他 ...を受けることになっている.

be dúe to ...[動] 自 ...の結果である, ...のためである (⇨ due to の項目): His success was ~ to diligence. 彼の成功は勤勉のたまものでした.

be pást dúe[動] 自 支払い期限[締切]が過ぎている.

dúe prócess (of láw) 名《米》正当な法の手続き.

dúe to ...⇨ due to の項目.

in dúe cóurse [tíme][副] そのうちに, やがて; 事が順当に運んで[運べば]: Our town will grow into a large city in ~ course [time]. 我々の町はそのうちに発展して大都会になるだろう.

with (áll) dúe respéct[副] [文修飾語] Ⓢ《丁寧》敬意は…ありますが, そうではあるが《相手と考えが違うことを述べようとするときに用いる》: With all ~ respect, I can't agree with you. どう考えてもあなたの意見に賛成しかねます.

── 名 **1** [単数形で所有格とともに] 当然与えられる[報い]べきもの[金額]: Respect is the old man's ~. 世間の尊敬こそはその老人が当然受けるべきものである. **2** [複数形で] 会費, 組合費; 料金, 使用料 [税] (⇨ tax 類義語). **gíve ... ...'s dúe**[動]《好ましくないものでも》...を正当に扱う: To give Tom his ~, he did try to work harder. トムを正当に評価して言えば彼は確かにがんばろうとはした. **páy one's dúes**[動] 自 [普通は完了形で] (苦しくともやるべきことをやる; (苦労を重ねるなどして)尊敬[地位]を獲得する.

── 副 [方角が]正しく, 真...: ~ south 真南に.

dúe bìll 名 C《米》商品[サービス]券.

dúe dàte 名 C [普通は単数形で] 満期日, 支払い期限;《図書などの》返却日; 出産予定日.

†**du·el** /d(j)úːəl | djúː-/ 名 C **1** 決闘, 果たし合い. **2** (2 者間の)争い, 闘争: a pitchers' ~ 投手戦 / The two teams fought a ten-inning ~. 両チームは 10 イニングにわたる熱戦を展開した. ── 動 (**du·els; du·eled**,《英》**du·elled**, **-el·ing**,《英》**-el·ling**) 自 決闘する; 争う (with).

du·el·er,《英》**-el·ler** /d(j)úːələ | djúːələ/ 名 C 決闘者.

du·el·ing,《英》**-el·ling** /d(j)úːəlɪŋ | djúː-/ 名 U 決闘をすること.

du·el·ist,《英》**du·el·list** /d(j)úːəlɪst | djúː-/ 名 C =dueler.

du·en·na /d(j)uːénə/ 名 C《昔スペイン・ポルトガルで》良家の子女を監督した女性 (chaperon).

†**du·et** /d(j)uːét | djuː-/ 名 C [楽] 二重奏[唱](曲), デュエット (⇨ solo 表).

†**due to**《子音の前では》 /d(j)úːtu | djúː-, (母音の前では) -tu/ 前 ...のために, ...が原因で: The river banks collapsed ~ heavy rain. 豪雨のため堤防が決壊した. [語法] 前置詞としては because of や owing to のほうがふつうと言う人がいる.

†**duff¹** /dʌ́f/ 名 C **1** 干しぶどう入りのプディング. **2**《米俗》尻: get off one's ~ (ぐだぐだせずに)まじめにやる. **ùp the dúff** 形《英俗》妊娠して.

duff² /dʌ́f/ 形《英略式》くだらない, 役に立たない, 壊れ

た. ── 動 他 《ゴルフ》〈ボール〉を打ちそこなう, ダフる.
dúff úp [動] 他 《英略式》〈人〉をめった打ちにする.

duf·fel /dÁfəl/, **duf·fle** /dÁfl/ 名 **1** ⓊⓊ 目の粗いラシャ. **2** ⓒ 《米》《キャンプなどの》携用品一式. **3** ⓒ =duffel [duffle] bag [coat].

dúffel [dúffle] bàg 名 ⓒ ダッフルバッグ《ズック製の円筒型のバッグ; キャンプ用など》.

dúffel [dúffle] còat 名 ⓒ ダッフルコート.

duf·fer /dÁfə | -fə/ 名 ⓒ 《古風, 略式》ばか, 能なし; 下手な人《特に》(at).

*__dug__ /dÁg/ 《同音 Doug》 動 **dig** の過去形および過去分詞.

du·gong /d(j)ú:gɑŋ, -gɔ:ŋ | -gɔŋ/ 名 ⓒ ジュゴン《水生哺乳類》.

dúg·out 名 ⓒ **1** 《野》ダッグアウト. **2** 丸木舟. **3** 防空[待避]壕(ごう).

dúgout canòe 名 ⓒ =dugout 2.

duh /dá:/ 間 《米略式》(そんなの)わかりきったことだ.

DUI /dí:jù:áɪ/ 略 《米》 =driving under the influence 飲酒運転《☞ driving の項》.

du jour /d(j)u:ʒúə | dju:ʒúə/ 形《名詞の後について》本日の; 今日[はやり]の: soup ~ 本日のスープ《メニューで》. 由来 フランス語 for of the day の意味.

*__duke__ /d(j)ú:k/ 名 ⓒ 《形》(dúcal) 《しばしば D-》 **1** 《英国の》公爵《貴族の最高位; 略 **D.**; ☞ peerage 表》: the D~ of Edinburgh エジンバラ公《現英国女王 Elizabeth 二世の夫君》. **2** 《欧州の公国の》元首. **3** 《複数形で》《古風, 俗》こぶし, げんこつ. 語源 ラテン語で「指導者」の意. ── [次の成句で] **dúke it óut** 《米略式》けんかする.

duke·dom /d(j)ú:kdəm | djú:k-/ 名 ⓒ **1** 公爵の位[身分]. **2** 公爵領, 公国.

dul·cet /dÁlsɪt/ 形 Ⓐ 《文》《耳に》快い, 甘美な. **...'s dúlcet tónes** 名《滑稽》...の甘い口調[声].

dul·ci·mer /dÁlsəmə | -mə/ 名 ⓒ **1** ダルシマー《2本のつちで鳴らされる台形の金属性の楽器》. **2** ダルシマー《ギターに似たアメリカの民俗楽器》.

*__dull__ /dÁl/ 《同音 doll》 **13** 形 (**dull·er**; **dull·est**) **1** 退屈な, つまらない《反 interesting》; 平凡な: a ~ lesson つまらない授業 / I always find Mrs. Smith ~. スミス夫人にはいつもうんざりする.
2 《普通は Ⓐ》〈色・音が〉はっきりしない; 〈空・天気が〉曇った, どんよりした (cloudy); 鈍い, ぼんやりした《反 bright, clear》: a ~ sky 曇り空 / The candle gave a ~ light. ろうそくが鈍い光を放っていた / The peach fell to the ground with a ~ sound. 桃はどすんと鈍い音をたてて地面へ落ちた. **3** Ⓐ 《痛みなどの感覚が》鈍い: I have a ~ pain in my back. 背中に鈍痛がする. **4** 活気のない, 不活発な, 《商売などが》不振な, 元気のない, 《動作が》鈍い: a ~ town 活気のない町. **5** 《刃などが》鈍い, なまくらの (blunt) 《反 sharp》: a ~ weapon 鈍器 / The edge of this knife is ~. このナイフの刃はよく切れない. **6** 《古風》〈頭の〉鈍い, 鈍感な《☞ foolish 類義語》《反 bright, sharp, keen》.
(**as) dúll as dítchwater [díshwater]** 形 《略式》全くつまらない. **Néver [There's néver] a dúll móment.** 《しばしば滑稽》楽しくて[忙しくて]どうしようもない, 何が起こるかわからない.
── 動 他 〈色など〉曇らせる; 〈音・痛みなど〉を弱くする; 〈感覚・活動など〉を鈍くする. ── 自 鈍くなる, ぼんやりする.

dull·ard /dÁləd | -ləd/ 名 ⓒ 《古風》のろま.

dull·ness /dÁlnəs/ 名 Ⓤ **1** 退屈. **2** 鈍さ. **3** 不活発さ; 元気のなさ.

dul·ly /dÁ(l)li/ 副 **1** 退屈するほど, つまらなく. **2** 鈍く. **3** 元気なく.

du·ly /d(j)ú:li/ 副 **1** 時間[予想]どおりに, 滞りなく. **2** 《格式》正しく, しかるべく.

Du·mas /d(j)u:má:/ 名 固 **Al·ex·an·dre** /æ̀lɪg-

zá:ndrə/ ~ デュマ《フランスの小説家・劇作家父子; 父は通称大デュマ (Dumas père | péə/; 1802-70); 息子は通称小デュマ (Dumas fils /fí:s/; 1824-95)》.

*__dumb__ /dÁm/ 《同音 dam, dump》 形 (**dumb·er** /-mə | -mə/; **dumb·est** /-mɪst/) **1** 《略式, 主に米》《物事が》ばかげた (stupid): play ~ ばかの[知らない]ふりをする. **2** 《普通は Ⓟ》《文》《人が》ロをきこうとしない (silent), 《驚きなどで》ロもきけない: be struck ~ with amazement 驚いてロもきけない. **3** 《比較なし》《古風》ロのきけない; 物を言わない: a deaf and ~ person 聾啞(ろうあ)者 / ~ animals 物を言えない動物. 語法 人に用いると, 時に差別語となる; 代わりに speech-impaired を使うほうがよい. 関連 blind 盲目の / deaf 耳が聞こえない / mute (耳が聞こえないために)口のきけない. **4** Ⓐ 《文》《行為が》ことばを伴わない, 無言の. **5** 《電算》《端末装置が》データ処理能力をもたない. ── 動 [次の成句で] **dúmb dówn** [動] 他 《略式》(けなして)〈教科書・放送など〉の内容のレベルを下げる.

dúmb·àss 名 ⓒ 《米》大ばか(な).

dúmb·bèll 名 ⓒ **1** 《普通は複数形で》ダンベル, 亜鈴《ボディービル用具》. **2** 《略式, 主に米》ばか, まぬけ.

dùmb blónde 名 ⓒ 《差別》頭の弱い〈金髪〉美人.

dùmb clúck 名 ⓒ 《俗》ばか, まぬけ.

dumb·found /dÀmfáund/ 動 他 〈人〉を啞然(あぜん)とさせる.

dumb·found·ed /dÀmfáundɪd/ 形《口がきけないほどショックを受けた, 啞然(あぜん)とした》: I was ~ at [by, to hear] the news. その知らせにショックを受けた.

dúmb·hèad 名 ⓒ 《米略式》ばか, まぬけ.

dùmb lúck 名 Ⓤ 《略式》予期しない幸運.

dumb·ly /dÁmli/ 副 無言で, 黙々と.

dúmb·ness 名 Ⓤ **1** 《略式》愚かさ. **2** 口がきけないこと; 無言.

dum·bo /dÁmboʊ/ 名 (~s) ⓒ 《略式》ばか.

Dum·bo /dÁmboʊ/ 名 固 ダンボ《Disney のアニメに登場する大きな耳で空を飛ぶ象》.

dúmb shòw 名 Ⓤⓒ 無言の身ぶり; パントマイム.

dúmb·strùck 形 =dumbfounded.

dùmb términal 名 ⓒ 《電算》ダム[単能]端末《情報処理能力がなく入出力しかできない》.

dúmb·wàiter 名 ⓒ **1** 料理・食器運搬用の小型エレベーター《《英》 food lift》. **2** 《米》 =lazy Susan.

dum·dum /dÁmdÀm/ 名 ⓒ ダムダム弾《命中すると拡大して傷を広げる》.

dum·bum /dÁmdÀm/ 名 ⓒ 《俗》ばか, まぬけ.

dum·found /dÀmfáund/ 動 =dumbfounded.

*__dum·my__ /dÁmi/ 名 (**dum·mies**) ⓒ **1** 模造品, 《展示用の》型見本; モデル[マネキン]人形. **2** 《人の言いなりになる》手先, あやつり人形; 《名目だけの》トンネル《ダミー》会社. **3** 《略式, 主に米》ばか者. **4** 《英》《赤ん坊の》おしゃぶり《米》 pacifier》. **5** 《単数形で》《トラ》《ブリッジの》ダミー《の手》. **6** 《俗》無口な人, だんまり屋; 《差別》口のきけない人. **7** 演習用の不発弾. **8** 《英》《スポ》ディフェンスをつる[だます]動き. ── 形 Ⓐ にせの, まがいの; 名目上の: a ~ director 肩書きだけの重役. ── 動 (-mies, -mied, ~·ing) [次の成句で] **dúmmy úp** [動] 自 《米略式》黙る, 口をきかない.

dúmmy hànd 名 ⓒ =dummy 5.

dúmmy rùn 名 ⓒ 予行演習, リハーサル.

*__dump__ /dÁmp/ 《同音 damp》 **13** 動 (**dumps** /~s/; **dumped** /~t/; **dump·ing**) 他 **1** 《略式》〈ごみなど〉を《投げ》捨てる, どさっと投げ出す[落とす]: The truck ~ed the dirt on the ground. トラックは土を地面に投げ捨てた. <V+O+前+名・代> / The wastes were ~ed into the sea. <V+O+前+名・代の受身> 廃棄物は海中に投棄された. **2** 《略式》〈人など〉を《見》捨てる, 首にする; 預ける, 押しつける; 〈車などから〉降ろ

す; 〈考え・方針など〉を放棄する: She ~ed her child *on* her mother for the weekend. 彼女は週末は母親に子供を押しつけていった. **3** 〖商〗〈商品〉を(外国市場へ)投げ売りする, ダンピングする. **4** 〖電算〗〈メモリーの内容〉を(ディスクなどに)移す, ダンプする. ── 自 **1** ごみを捨てる. **2** 〖商〗〈商品〉をダンピングする. **dúmp on ...** [動] 他 (米略式) (1) ...につらく当る, ...をこきおろす. (2) 悩みごとをぶちまける. (3) 〈計画など〉を妨げる. ── 名 C **1** [しばしば合成語で]ごみ捨て場; ごみの山, 廃棄場 (⇨ refuse dump). **2** (略式) 汚い場所. **3** 〖軍〗臨時集積場(の食糧・弾薬). **4** 〖電算〗ダンプ《ディスクなどにメモリの内容をコピーすること[したもの]》. **5** (俗) くそをすること, 脱糞: take a ~ くそをする.

dúmp bìn 名 C (英) バーゲン品を山積みにした展示ケース.

dump·er /dʌ́mpə | -pə/ 名 C **1** (主に米)〈危険物の不法な〉投棄人[会社], 処理業者. **2** (米)〈ごみ収集所の〉ごみ容器. **3** (英) =dump truck. **gó into the dúmper** [動] 自 (米略式) だめになる.

dúmper trùck 名 C (英) =dump truck.

dump·ing /dʌ́mpɪŋ/ 名 U **1** (ごみの)投げ捨て, 投棄 (*of*). **2** [商] 投げ売り, ダンピング, (不当)廉売.

dúmping gròund 名 C (しばしば不法な)ごみ捨て場;〈不要物・問題児などの〉集まる所, はきだめ (*for*).

dump·ling /dʌ́mplɪŋ/ 名 C **1** ゆでだんご《肉のつけあわせやスープに入れたりする》;〈果物入り〉プディング, 〈水〉ギョーザ. **2** (略式) ずんぐり太った人.

dumps /dʌ́mps/ 名 [複] [次の句で] (**dówn**) **in the dúmps** [形] 意気消沈して, ふさぎ込んで.

Dump·ster /dʌ́m(p)stə | -stə/ 名 C (時に d-)(米) ダンプスター《金属製大型ごみ容器; 商標》(英) skip).

Dúmpster dìving 名 U ごみ箱あさり.

dúmp trùck 名 C (米) ダンプトラック, ダンプカー(英) dumper truck). [日英比較] この意味で「ダンプカー」を使うのは和製英語.

dump·y /dʌ́mpi/ 形 (**dump·i·er**; **-i·est**) (略式)〈人が〉ずんぐりした.

dun[1] /dʌ́n/ 形 (**dun·ner**; **dun·nest**) 焦げ茶色の. ── 名 U 焦げ茶色.

dun[2] /dʌ́n/ 動 (**duns**; **dunned**; **dun·ning**) 他〈人〉にやかましく借金の返済を迫る.

Dun·can /dʌ́nkən/ 名 固 **1** ダンカン《男性の名》. **2** **Is·a·do·ra** /ɪ̀zədɔ́:rə/ ~ ダンカン(1878-1927)《米国の女性舞踊家》.

dunce /dʌ́ns/ 名 C (古風) のろま, うすのろ.

dúnce's càp /dʌ́nsɪz-/ とんがり帽子《昔, 出来の悪い生徒にかぶらせた円錐形の紙帽子》.

Dun·dee càke /dʌ̀ndí:-/ 名 C,U (英) ダンディーケーキ《アーモンドで飾ったフルーツケーキ》.

dun·der·head /dʌ́ndəhèd | -də-/ 名 C (古風, 略式) ばか者.

†**dune** /d(j)ú:n | djú:n/ 名 C 砂丘 (sand dune).

dúne bùggy 名 C =beach buggy.

†**dung** /dʌ́ŋ/ 名 U 〈牛・馬などの〉ふん, こやし.

dun·ga·ree /dʌ̀ŋgərí:/ 名 [複数形で] **1** (英) ダンガリー《デニムの作業服[ズボン]》: a pair of ~s ダンガリー1着. **2** (古風, 米) =jeans.

dúng bèetle 名 C ふんころがし.

Dún·ge·ness cráb /dʌ́ndʒənès-/ 名 C,U (米) アメリカ地方蟹《食用》.

dun·geon /dʌ́ndʒən/ 名 C (城内の)土牢(ろう).

Dúngeons & Drágons 名 固 ダンジョンズ・アンド・ドラゴンズ《米国のロールプレイングゲーム; 商標》.

dúng·hill 名 C ふん[こやし]の山.

Dun·hill /dʌ́nhɪl/ 名 固 ダンヒル《英国の紳士服・紳士用品・喫煙具などのメーカー》.

dunk /dʌ́ŋk/ 動 他 **1** 〈パンなど〉を〈コーヒー・紅茶など〉につける; 〈人・物〉を水にちょっと浸す[沈める] (*in, into*). **2** [バスケ] 〈ボール〉をダンクショットする. ── 名 C **1** 浸すこと; 泳ぐこと. **2** =dunk shot.

Dún·kin' Dó·nuts /dʌ́ŋkɪn-/ 名 固 ダンキンドーナツ《米国のドーナツのチェーン店》.

Dun·kirk /dʌ́nkɑːk | -kɑːk/ 名 固 ダンケルク《フランス北部の海港; 第二次大戦で英軍が撤退をした》.

dúnk shòt 名 C [バスケ] ダンクショット《ジャンプしてリングの上からボールをたたき込むようにして入れる》.

dúnk tànk 名 C ダンクタンク《ボールが的に当たると人が水中に落ちるゲーム; チャリティーのため行なわれる》.

Dun·lop /dʌ́nlɑp | -lɔp/ 名 固 **1** ダンロップ《英国のタイヤのメーカー》. **2** ダンロップ《英国のゴルフ・テニス用品のメーカー》.

dun·nage /dʌ́nɪʤ/ 名 U 〖海〗荷敷(に), ダンネージ《積荷の損傷を防ぐパッキング》.

†**dun·no** /dənóʊ/ 動 S (俗) =(I) don't know.

dun·ny /dʌ́ni/ 名 C (豪略式) 便所《特に野外の》.

†**du·o** /d(j)ú:ou | djú:-/ 名 (**~s**) C **1** 二重奏[唱](曲) (⇨ solo 表). **2** [新聞で] 〈芸人などの〉二人組. **3** 二つ一組; 対(つい).

du·o·dec·i·mal /d(j)ù:ədésəm(ə)l | djù:-/ 形 12進法の. 関連 decimal 10進法の.

duodena 名 duodenum の複数形.

du·o·de·nal /d(j)ù:ədí:n(ə)l | djù:-/ 形 〖解〗十二指腸の: a *duodenal* ulcer 十二指腸潰瘍(かいよう).

du·o·de·num /d(j)ù:oʊdí:nəm | djù:-/ 名 (複 **du·o·de·na** /-nə/, **~s**) C 〖解〗十二指腸.

du·o·logue /d(j)ú:ələːɡ, -lɑ̀ɡ | djú:ələɡ/ 名 C (格式) (2人の)対話.

du·op·o·ly /d(j)u:ɑ́pəli | dju:ɔ́p-/ 名 (**-po·lies**) C 〖経〗(売手)複占《2社による市場の独占》; 複占の2社.

du·pat·ta /dʊpʌ́tə/ 名 C ドゥパッタ《インド人女性のスカーフ》.

dupe[1] /d(j)ú:p | djú:p/ 名 C **1** だまされやすい人, まぬけ. **2** 〈人の〉手先. ── 他 [しばしば受身で]〈人〉をだます; 〈人〉をだまして...させる (*into doing*).

dupe[2] /d(j)ú:p | djú:p/ 名 C, 形 A, 動 =duplicate[1,2].

dú·ple tìme /d(j)ú:pl- | djú:pl-/ 名 U 〖楽〗2拍子.

du·plex /d(j)ú:pleks | djú:-/ 名 C **1** 2軒1棟建ての家《2軒が境の壁を共有している》(英) semidetached). **2** =duplex apartment. ── 形 A **1** 2重の. **2** 〖建物の〗重層式の. **2** 二重通信方式の.

dúplex apártment 名 C (米) 重層式アパート《1戸が上下2階続きになっている》.

†**du·pli·cate**[1] /d(j)ú:plɪkət | djú:-/ 名 C 複製, 複写, 写し; 合い札. **in dúplicate** [副・形] (正副)2通にして. ── 形 A 全く同様の, 複製[写]の; 対をなす, 二重の: a copy 副本, 写し / ~ keys 合い鍵(ぎ).

du·pli·cate[2] /d(j)ú:plɪkèɪt | djú:-/ 動 他 **1** しばしば受身で]〈...〉を複製[複写]する, 〈書類など〉の写しを取る. **2** (格式)〈...〉を(むだに)くり返す, 再現する.

du·pli·ca·tion /d(j)ù:plɪkéɪʃən | djù:-/ 名 U 複製, 複写; (格式) (むだな)くり返し.

du·pli·ca·tor /d(j)ú:plɪkèɪtə | djú:plɪkèɪtə/ 名 C (古風) 複写機.

du·plic·i·tous /d(j)u:plísətəs | dju:-/ 形 (格式) 裏表のある, 二枚舌の, 陰ひなたのある.

du·plic·i·ty /d(j)u:plísəti | dju:-/ 名 U (格式) (言動に)裏表のあること, 二枚舌, 陰ひなた.

Du Pont /d(j)u:pɑ́nt | dju:pɔ́nt/ 名 固 デュポン《米国の総合化学メーカー》.

du·ra·bil·i·ty /d(j)ù:(ə)rəbíləti | djùər-, djɔ̀:r-/ 名 U 耐久性[力]; 永続性.

*****du·ra·ble** /d(j)ú(ə)rəbl | djúər-, djɔ́:r-/ 13 形 耐久性のある, 丈夫な; 永続的な: ~ cloth 長もちする布. ── 名 (**~s** /-z/) [複数形で] =durable goods.

dúrable góods 名 [複] (米) 耐久(消費)財《車・家

蔵庫・家具など)((英) consumer durables).
du·ra·bly /d(j)ú(ə)rəbli | djúər-, djɔ́:r-/ 副 永続的に; 丈夫に.
Du·ra·cell /d(j)ú(ə)rəsèl | djúər-/ 名 デュラセル《米国の電池メーカー》.
du·ral·u·min /d(j)ʊrǽljʊmɪn | djʊ(ə)r-/ 名 U ジュラルミン《合金の一種》.
*__du·ra·tion__ /d(j)ʊréɪʃən | djʊ(ə)r-/ 名 U 《格式》持続期間; 持続: popularity of long [short] 〜 長[短]期間の人気. **for the duration** [副] (1) (...の)間中(ずっと) (of). (2) 終わり[完了, 《古風》終戦まで; 長い間ずっと.
Dü·rer /d(j)ú(ə)rə | djúər/ 名 **Al·brecht** /á:lbrekt | ǽl-/ ~ デューラー (1471-1528)《ドイツルネサンス最大の画家・版画家》.
du·ress /d(j)ʊrés | djʊ(ə)r-/ 名 U 《格式》強迫; 監禁. **ùnder duréss** [副] 《格式》強迫されて.
du·rex /d(j)ú(ə)reks | djúər-, djɔ́:r-/ 名 《複 ~》 [しばしば D-] **1** C 《英》コンドーム《商標》. **2** U 《豪》セロハンテープ《商標》.
Dur·ham /də́:rəm | dʌ́r-/ 名 C ダラム《英国 England 北部の州; その州都》.
*__dur·ing__ /d(j)ú(ə)rɪŋ | djúər-, djɔ́:r-/ 前 ...の間ずっと, ...の間中《特定の期間通じて動作・状態が続いていることを示す》: I stayed in Paris 〜 the vacation. 休みの間ずっとパリに滞在していた. 語法 この場合 during の代わりに throughout を用いると「ずっと」の意味が強くなる. (2) during と for との違いについては ☞ for 前 A 5 語法 (2) / 言い換え We talked about our tour 〜 our meal. (=We talked about our tour while (we were) having [eating] our meal.) 食事の間私たちは旅行のことを話した.
2 ...の間のいつかに《その期間中のある一点で動作・状態が生じたことを示す》: A friend of mine came to see me 〜 the day. 昼間友人が私に会いにきた / D〜 the night the rain changed to snow. 夜の間に雨が雪に変わった. 語法 during の代わりに in を用いてもよいが, during のほうが「ずっと続いている期間(のあるとき)」という感じが強い. 語源 元来は「続く」という動詞 dure の現在分詞で, 「...の続く間」の意.
Dur·rell /də́:rəl | dʌ́r-/ 名 **Lawrence** 〜 ダレル (1912-90)《英国の詩人・小説家》.
du·rum /d(j)ú(ə)rəm | djúər-, djɔ́:r-/ 名 U デュラム小麦《マカロニ・スパゲッティの原料》.
*__dusk__ /dʌ́sk/ 名 形 dúsky) **1** U 夕暮れ, たそがれ(twilight がさらに暗くなった状態): D〜 fell. 《文》 夕暮れになった. **2** U 《文》 dawn 夜明け.
at dúsk [副] 日暮れに.
dusk·y /dʌ́ski/ 形 (**dusk·i·er**, -**i·est**; 名 dusk) 《文》 **1** 薄暗い; (色が)黒ずんだ. **2** [差別] (肌が)黒い.
Düs·sel·dorf /d(j)ú:s(ə)ldɔ̀:rf | dús(ə)ldɔ̀:f/ 名 デュッセルドルフ《ドイツ西部の都市》.
*__dust__ /dʌ́st/ 名 形 dústy) **1** U ほこり, ちり: The table is covered with 〜. テーブルはほこりだらけになっている / D〜 tends to collect in the corner. 隅にはほこりがたまりやすい / D〜 thou art, unto 〜 shalt thou return. 《聖》 なんじは塵なればちりに帰るべきなり.
2 U (もうもうとあがる)砂[土]ぼこり; 土煙: a cloud 土煙 / brush 〜 off [from] ......からほこりを払う / The truck raised a cloud of 〜 as it went down the street. トラックは道中をほこりをもうもうと土煙を立てた. **3** U 粉末, 粉末状のもの(花粉・金粉など): gold 〜 金粉. 関連 sawdust おがくず. **4** [a 〜] ほこりを払うこと: give the table a 〜 テーブルのほこりを払う.
(as) drý as dúst [形] よく乾いた, 全くつまらない.
bíte the dúst [動] 自 《略式》 (1) [滑稽](ばったり倒れて)死ぬ; 消える. (2) 敗北する; 《機械など》が動かなくなる. 由来 聖書のことば. **éat ...'s dúst** [動] 自 (競争などで)(...)に負ける, 劣る: *Eat my* 〜! [命].

─ 動 (**dusts** /dʌ́sts/; **dust·ed** /~ɪd/; **dust·ing**) **1** 〈...の〉ほこり[ちり]を払う,〈ほこりなど〉を払う(*from, off*): *D*〜 the table once again. もう 1 度テーブルのほこりを払ってくれ. 関連 brush ブラシをかける / sweep 掃(は)く / scrub 強くこする / wipe ふく. **2** 〈粉などを〉〈...に〉まく, 振りかける; (表面に)〈粉などを〉まく 言い換え He 〜ed the cake *with* sugar. =He 〜ed sugar *over* [*onto*] the cake. 彼はケーキに砂糖を振りかけた. **3** 《俗》〈...〉を打ち負かす, やっつける. ─ 自 ちり払いをする. **dúst dówn** [**óff**] [動] 他 (1) 〈...〉のちりを払う. (2) 〈長い間使わなかったもの〉を使い始める,〈長い間しなかったこと〉をやり始める. **dúst onesèlf dówn** [**óff**] [動] 自 (1) (着ている服の)ほこり[ちり]を払う. (2) 失敗[災難]から立ち直る.

dúst bàll 名 C 《米略式》 (隅などにたまる)ほこりの玉.
+**dúst·bin** 名 C 《英》 ごみ入れ缶, くず缶(《米》 garbage can, trash can).
dústbin màn 名 C 《英略式》=dustman.
dúst bòwl 名 C 黄塵(こうじん)地帯《砂あらしなどが激しい》; [the D- B-] 《米国中南部の》黄塵地帯.
dúst bùnny 名 C =dust ball.
dúst càrt 名 C 《英》=garbage truck.
dúst còver 名 C **1** ほこりよけカバー. **2** 《米》= dust jacket. **3** =dustsheet.
dúst dèvil 名 C 《砂漠などの》塵(ちり)旋風.
dust·er /dʌ́stər | -tə/ 名 C **1** はたき; ふきん, ぞうきん. **2** 《米》ダスター, 掃除服《ほこりよけ用》. **3** 《米略式》=dust storm. **4** 《殺虫剤などの》散布器. **5** 《殺虫剤などを》空中散布する人. **6** 《野》ビーンボール.
dúst jàcket 名 C 本のカバー(jacket) (☞ cover 名 2 日英比較).
dúst·less 形 ほこりの(立た)ない.
dúst·man /-mən/ 名 (-**men** /-mən/) C 《英》 ごみ回収人, 清掃業者(《米》 garbage collector).
dúst mìte 名 C ちりだに《アレルギーを引き起こす》.
dúst mòuse 名 C =dust ball.
dúst·pàn 名 C ちり取り, ごみ取り.
dúst·shèet 名 C 《英》=drop cloth.
dúst stòrm 名 C 砂あらし.
dúst tràp 名 C ほこり[ちり]がたまる場所.
dúst·ùp 名 C 《英俗》けんか, 口論, 殴り合い.
+**dúst·y** /dʌ́sti/ 形 (**dust·i·er**; **dust·i·est**; 名 dust) **1** ほこりっぽい, ほこり[ちり]まみれの. **2** 灰色がかった, くすんだ: 〜 pink くすんだピンク. **3** 《文》生気のない; つまらない; (返事が)はっきりしない.
*__Dutch__ /dʌ́tʃ/ 形 オランダの; オランダ人の; オランダ系のオランダ語の; オランダ風の(略 D., Du.; ☞ Netherlands 表): the 〜 language オランダ語 / Her husband is 〜 の言語. 彼女のご主人はオランダ人です. **gò Dútch** [動] 自 各自の費用は自分で払う, 割り勘にする (*with*): We went 〜 *for* lunch. 私たちは昼食を割り勘にした.
─ 名 **1** U オランダ語(略 D., Du.; ☞ Netherlands 表).

2 [the ~ として複数扱い] オランダ人《全体》, オランダ国民《☞ the¹ 5 語法 ⑶》: The ~ were brave fighters. オランダ人は勇敢な戦士だった.

in Dútch [形]《古風, 米》不興を買って《with》.
Dútch áuction [名] ⓒ 逆競売, せり下げ売り.
Dútch bárn [名] ⓒ 《英》壁のない物置小屋.
Dútch cáp [名] ⓒ 《英略式》女性用避妊具, ペッサリー (cap, diaphragm).
Dútch cóurage [名] Ⓤ 《略式》酒の上のから元気.
Dútch élm disèase [名] Ⓤ にれ立ち枯れ病.
Dutch·man /dʌ́tʃmən/ [名] (-men /-mən/) ⓒ **1** オランダ人[系]の男性《☞ Netherlands 表》. **2** 《主に米》(継ぎ目などの)穴ふさぎ, 埋め木. **(and [or]) I'm a Dútchman!** 《古風, 英》(もしそうなら[でなかったら])首を賭けてもいい《不信を表わしたり断言を強める表現》.
Dútch óven [名] ⓒ 《古風》**1** ふた付き焼き肉なべ; (前の開いた)金属製肉焼き器. **2** れんが製かまど.
Dútch tréat [名] Ⓤ.ⓒ 《米》自分の費用は自分で払う[割り勘の]会[食事, 映画, 芝居].
Dútch úncle [名] 《次の成句で》**tálk (to ...) like a Dútch úncle** [動](人を)厳しく諭す[しかる].
Dútch·wòman [名] (-wom·en /-wìmən/) ⓒ オランダ人[系]の女性.
du·ti·a·ble /d(j)úːtiəbl | djúː-/ [形] 税金のかかる.
du·ti·ful /d(j)úːtifəl | djúː-/ [形]《格式》本分を守る, 忠実な, 従順な. **-ful·ly** /-fəli/ [副] 忠実に.

***du·ty** /d(j)úːti | djúː-/ **T1** [名] **(du·ties** /-z/; [形] dútiful) Ⓒ.Ⓤ **1** (法律的·道義的な)**義務, 本分**; 義理: This is our ~ *to* our country. これは私たちの国に対する義務です / He has a strong sense of ~. 彼は強い義務感を持っている.

2 [しばしば複数形で]**職務**, 任務, 務め: official ~ 公務 / the *duties* of a policeman 警官の任務 / go (above and) beyond one's [the call of] ~ 任務以上のことをする / She has fully performed her *duties as* an English teacher. 彼女は英語の先生としての務めを立派に果たしてきた / I must go now—~ calls. もう失礼しなければ. しなければならないことがありますので / D~ before pleasure. 《ことわざ》楽しみの前に仕事.

──コロケーション──
do [perform, carry out, discharge] one's *duty* 義務を果たす
neglect [shirk] one's *duty* 務めを怠る
「take on [assume] a *duty* 職務を引き受ける

3 (商品·印紙などに対する)税, 関税《☞ tax 類義語》: customs *duties* 関税 / a ~ *on* foreign goods 外国商品に対する関税. 語源 元来は「...に払うべきもの」の意; ☞ due 語源.
be (in) dúty bóund to dó [動]《格式》...する義務[義理]がある.
dò dúty for [as] ... [動] ⓘ (物が)...の代用になる.
gó on [òff] dúty [動] ⓘ 勤務につく[を終える].
òff dúty [形].[副] (兵士·警官などの)**勤務時間外で, 非番で**: I'm *off* ~ now. 私は今は非番です.
on dúty [形].[副] (兵士·警官などの)**勤務時間中で, 当直で**: Which nurse is *on* night ~ this week? どの看護師が今週夜勤ですか.
òut of dúty [副]義務として, 義務感で; 義理で.
dúty-bóund [形] Ⓟ 《格式》(...する)義務があって《☞ be (in) duty bound to do (duty 成句)》.
⁺**dúty-frée** [形] 税金[関税]のかからない; 免税品を売る: a ~ shop 免税店. ── [副] 免税で. **1** [名] Ⓒ.Ⓤ 免税(商品). **2** Ⓒ 免税店. **3** Ⓤ 《英》免税制度.
dúty òfficer [名] ⓒ 当直警官[将校].
du·vet /d(j)uːvéɪ, d(j)uː.veɪ | djúː.veɪ/ [名] ⓒ 《主に英》キルトの掛けぶとん; 《米》comforter.

dúvet dày [名] ⓒ 《英略式》仮病欠勤日, ずる休み.
⁺**DVD** /díː.viː.díː/ [名] ⓒ DVD, ディーヴィディー《CDの記憶容量を飛躍的に増大させたディスク; *d*igital *v*ideo-*d*isc または *d*igital *v*ersatile *d*isc の略》.
DVD player [名] ⓒ DVD プレーヤー.
DVD-R /díː.viː.díː.áː | -áː/ [名] ⓒ DVD-R《データの保存が1回のみ可能な DVD; *d*igital *v*ideodisc *r*ecordable または *d*igital *v*ersatile *d*isc *r*ecordable の略》.
DVD-RW /díː.viː.díː.àːdʌ́blju: | -àː-/ [名] ⓒ DVD-RW《繰り返しデータの書き換えが可能な DVD; *d*igital *v*ideodisc *r*ewritable または *d*igital *v*ersatile *d*isc *r*ewritable の略》.
DVLC /díː.viː.èl.síː/ [略] [the ~]《英》=Driver and Vehicle Licensing Centre 運転免許センター.
Dvo·řák /(d)vɔ́ːrʒæk | (d)vɔ́ː-/ [名] **An·to·nín** /ɑ́:ntounìːn/ ~ ドボルザーク (1841–1904)《チェコの作曲家》.
DVT /díː.viː.tíː/ [略]=deep vein thrombosis.
⁺**dwarf** /dwɔ́ːrf | dwɔ́ːf/ [名] **(複 ~s** /-s/, **dwarves** /dwɔ́ːrvz | dwɔ́ːvz/) ⓒ **1** (童話などの)**小人**《魔力があり, 地下に住み, 金属細工が得意》《類義語》giant): *Snow White and the Seven Dwarfs* 白雪姫と7人の小人たち《童話の題名》. 語法 現実の人間に対して用いるのは不適切で差別的. **2** 矮性の[植]物. **3** 《天》矮星《(\)》. ── [形] Ⓐ 小型の; (植物が)矮性の. ── [動] 他 **1** [しばしば受身で](対照によって)...を小さく見せる. **2** ...の成長を妨げる.
【類義語】**dwarf** 体の各部分がアンバランスに発育した人で, 普通頭が大きく足が短い. **midget** 全体のバランスはとれているが, 背が極端に低い人.

dwarf·is·m /dwɔ́ːrfɪzm | dwɔ́ːf-/ [名] Ⓤ《医》小人症.
⁺**dwarves** /dwɔ́ːvz | dwɔ́ːvz/ [名] dwarf の複数形.
dweeb /dwíːb/ [名] ⓒ 《米俗》ダサいやつ; ガリ勉.
⁺**dwell** /dwél/ [動] **(dwells** /-z/; 過去·過分 **dwelt** /dwélt/, **dwelled** /-d, -t/; **dwell·ing**) ⓘ [副詞(句)を伴って] 《文》住む, 居住する (live) (in, at).
déll on [upòn] ... [動] ⓗ **(1)** ...を長く[くよくよ]考える, ...について(くどくど)話す[書く]. **(2)** Ⓦ (目が)...に留まる.
⁺**dwell·er** /dwélər | -lə/ **T3** [名] ⓒ [しばしば合成語で]住人, 居住者: city ~s 都市の住人.
⁺**dwell·ing** /dwélɪŋ/ [名] **(~s** /-z/) ⓒ 《格式》住居, 住宅: my humble ~ 拙宅.
dwélling hòuse [名] ⓒ 《英》《法》住宅《店や事務所に対して》.
dwelt /dwélt/ [動] dwell の過去形および過去分詞.
DWI /díː.dʌ̀blju:.áɪ/ [略] 《米》=driving while intoxicated 飲酒運転《☞ driving 成句》.
⁺**dwin·dle** /dwíndl/ [動] ⓘ だんだん小さくなる; 次第に減少する; 衰える: His money ~*d* (*away*) *to* nothing. 彼の金はついに底をついてしまった.
dwind·ling /dwíndlɪŋ/ [形] 次第に減少する[衰える].
DX còd·ing /díː.èkskòudɪŋ/ [名] Ⓤ 《写》ディーエックスコーディング《カメラが自動的にフィルムの感度·枚数を認識するための情報; 商標》.
dy·ad /dáɪæd, -əd/ [名] ⓒ 2個ひと組のもの.
dy·ad·ic /daɪædɪk/ [形] ⓒ 2部分[個]からなる; 《電算》(関数などが) 2つの引数を持つ.
⁺**dye** /dáɪ/ (同音 die¹.².³) [名] **(~s** /-z/) Ⓤ.ⓒ **染料**: artificial [natural] ~s 人工[天然]染料. **a dye job** [名]《略式》染髪.
── [動] **(dyes** /-z/; **dyed** /-d/; **dye·ing**) 他 〈...〉を染める, 〈...〉に色をつける: She ~*d* her white handkerchief pink. <V+O+C (形)> 彼女は自分の白いハンカチをピンクに染めた.
dyed /dáɪd/ [形] 染め(られ)た.
dýed-in-the-wóol [形] **1** [普通は Ⓐ] [普通は軽蔑] 徹底した, 根っからの. **2** 織る前に染められた.

dye·ing /déɪɪŋ/ 名 U 染色(法); 染め物業.
dy·er /dáɪɚ | dáɪə/ 名 C 染め物師, 染め物屋.
*__dy·ing__ /dáɪɪŋ/ (同音 dyeing) 動 die¹ の現在分詞および動名詞.
 ── 形 **1** 死にかかっている, (植物が)枯れかかっている; 滅びかけている: the ~ 今にも死にそうな人たち《複数名詞のように扱われる》; ⇨ the¹ 3) / a ~ tree 枯れかかっている立ち木 / a ~ breed ⇨ breed 名. **2** A 死ぬときの, 臨終の, (ものごとの)最後の, 終末の: her ~ wish 彼女の死に際の願い / a ~ oath 死にぎわの[厳粛な]誓約 / the ~ minutes of a game 試合の最後の数分. **3** さに終わろうとしている; (今にも)消え[暮れ, つぶれ, 滅び]ようとしている. **be dýing for ...** ⇨ die¹ 成句. **be dýing to** dó ⇨ die¹ 成句. **to [till] one's dýing dáy** [副] 死ぬまで. ── 名 U 臨終, 死.
dyke¹ /dáɪk/ 名 動 = dike.
dyke² /dáɪk/ 名 C 《略式》[差別] レズ(ビアン).
Dyl·an /dílən/ 名 固 Bob ~ ディラン (1941-) 《米国のフォークロックシンガー・ソングライター》.
*__dy·nam·ic__ /daɪnǽmɪk/ 形 **1** (人が)活動的な, 精力的な: a ~ person 活動的な人. **2** 動的な, ダイナミックな; 絶えず変化する, 流動的な: a ~, developing economy ダイナミックに発展している経済. 関連 static 静的な. **3** 【物理】動力の; 力学(上)の. **4** 【文法】 (動詞・形容詞などが)動作を表わす: ⇨ dynamic verb. ── 名 C 《格式》(社会・経済などの)変動の原動力 (of). **·i·cal·ly** /-ɪkəli/ 副 **1** ダイナミックに; 活動的に. **2** 動力的に, 力学的に.
dy·nam·ics /daɪnǽmɪks/ 名 **1** [複] (ある状況での)力関係, 変動の仕方: ⇨ group dynamics. **2** U 【物理】力学; 動力学. 関連 statics 静力学. **3** [複] 【楽】強弱(の変化).
dynámic vérb 名 C 【文法】動作動詞.

文法 **動作動詞**

動詞を意味・用法で区別した場合の一つ. 始めと終わりがあって, 意志で制御できるような動作や出来事などを表わし, 状態動詞(⇨ stative verb 文法)に対する. この種の動詞は, 一般に次のような特徴を持っている.
(1) 進行形で用いることができる 《⇨ be² A 文法》: They *are playing* baseball. 彼らは野球をしている. ただし進行形になりうる動詞がすべて動作動詞に含まれるとは言えない.
(2) 命令形に用いられる: *Learn* how to swim. 泳ぎを覚えなさい.
(3) 使役の意味を持つ動詞と共に用いられる: We *persuaded* her *to try* again. 私たちは彼女にもう一度やってみるように説得した.
(4) 様態などを表わす副詞と共に用いられる: He *spoke* slowly. 彼はゆっくり話した.

---

dz. 531

なお, 形容詞と名詞は性質・状態・存在物などを示すのが普通で, 状態性が優勢であるが, be 動詞と共に述語的に用いられたとき, 動作動詞と同じようにふるまうものが一部ある: I wonder why they *are being* so kind to me today. なぜ彼らは今日は私にこんなに親切にしてくれるんだろうか / *Be* kind to Bill. ビルに親切にしてあげなさい / He *is being* a nuisance deliberately. 彼はわざとうるさくしている.

---

*__dy·na·mis·m__ /dáɪnəmìzm/ 名 U **1** [普通はほめて](人が)活動的なこと; 活(動)力. **2** 劇的な変化.
*__dy·na·mite__ /dáɪnəmàɪt/ 名 U **1** ダイナマイト: explode the ~ ダイナマイトを爆破する. **2** (強い反応を呼び起こす)衝撃的[ぶっそう]なこと; 《略式》[ほめて] すごい迫力の人[もの]. ── 動 他 〈...〉をダイナマイトで爆破する. ── 形 《略式》すばらしい, すごい.
*__dy·na·mo__ /dáɪnəmòʊ/ 名 (~s) C **1** 発電機 (generator) 《⇨ bicycle 挿絵》. **2** 《略式》精力的[タフ]な人: a human ~ 活動的な人. **3** (他に対して)強い影響力のあるもの, 原動力.
dy·nas·tic /daɪnǽstɪk | dɪ-/ 形 [普通は A] 《格式》王朝の, 王家の.
*__dy·nas·ty__ /dáɪnəsti | dín-/ 名 (-nas·ties) C **1** 王朝, 王家; (権力者の)一門, 名門; ...王朝時代.
*__d'you__ /djuː/ 形 S 《略式》 **do¹ [did¹] you** の短縮形: D'*you* know him? 彼を知っていますか.
dys- /dɪs/ 接頭 「悪化, 不良, 困難など」の意: *dys*pepsia 消化不良.
dys·en·ter·y /dísəntèri | -təri, -tri/ 名 U 赤痢.
dys·func·tion /dɪsfʌ́ŋ(k)ʃən/ 名 C **1** 【医】機能不全[障害]. **2** 【社】逆機能.
dys·func·tion·al /dɪsfʌ́ŋ(k)ʃ(ə)nəl/ 形 **1** 【医】機能不全[障害]の. **2** 【社】逆機能の.
dys·lex·i·a /dɪsléksiə/ 名 U 【医】失読症 (word blindness)《文字を正しく認識できない》. 関連 aphasia 失語症.
dys·lex·ic /dɪsléksɪk/ 形 【医】失読症の. ── 名 C 【医】失読症の患者.
dys·pep·sia /dɪspépʃə, -siə | -siə/ 名 U 【医】消化不良 (indigestion).
dys·pep·tic /dɪspéptɪk/ 形 **1** 【医】消化不良(性)の. **2** 《古風》機嫌の悪い, 怒りっぽい. ── 名 C 【医】消化不良の人.
dys·to·pi·a /dɪstóʊpiə/ 名 C (ユートピアに対して)ディストピア, 暗黒郷 (反 utopia).
dys·tro·phy /dístrəfi/ 名 U = muscular dystrophy.
dz. /dʌ́z(ə)n(z)/ 略 = dozen(s).

e E

e¹, E¹ /iː/ [名] (複 **e's, es, E's, Es** /~z/) **1** [C] イー《英語アルファベットの第 5 文字》. **2** [U,C] [E] 〖楽〗 ホ音, ホ調. **3** [C] [E] (成績の) E, 条件付き合格 (☞ grade 表).

e² [略] 〖数〗 *e* (自然対数の底: ≒2.71828, 〖数〗 exponent (上付き数字が使えない時の代用; 例: 1.2e−12=1.2×10^{-12}).

*__E²__ [略] **1** 東 (east). **2** = eastern, 《英》〖電〗 earth 4, 〖物理〗 energy, 《俗》 Ecstasy, 《英》 E number.

e- /iː/ [接頭] 「電子の (electronic)」「インターネット関連の」の意 (☞ email, e-commerce).

‡each /iːtʃ/

基本的には「おのおの(の)」の意.
① それぞれの [形]
② それぞれ(は) [代] 1, 2
③ それぞれ [副]

— [形] それぞれの, めいめいの, おのおのの, 各….

[語法] **each 形容詞の使い方**
(1) 数えられる名詞の単数形につける. every が全体を考えた上で 1 つ 1 つのものを示すのに対して, each は全体に関係なく 1 つ 1 つのものを取り上げて示す (☞ all [形] [語法], every 1 [語法]): *E*~ person may try twice. 各人とも 2 回やってよろしい / *E*~ one of us has *his or her* own house. 私たちはみんな家を持ってます / There are small stores on ~ side of the street. 通りの両側に小さな店が並んでいる.
(2) [S] 《略式》では each (+単数名詞)を複数の代名詞で受けることがあるが, 避けたほうがよい: *E*~ member of the class must do *their* very best. クラスの 1 人 1 人が最善を尽くすべきだ; また *his or her* very best は《やや格式》.

éach and évery ∴ [形] それぞれの, 各….

— [代] **1** (不定代名詞) **それぞれ,** めいめい, 各自.

[語法] **each 代名詞の使い方**
(1) 単数扱いが原則である (☞ all, both): *E*~ *has his or her* own taste. めいめい自分の好みがある / I gave ten dollars to ~. 私はみんなに 10 ドルずつやった / *E*~ *of* you *has* to play well, or the team will lose. 君たちはみんなしっかりプレーをしろ, そうでないとチームは負けるぞ / *E*~ *of* them gave *his or her* [《略式》 *their*] opinion. 彼らの 1 人 1 人が意見を述べた (☞ [形] [語法] (2)).
(2) [S] 《略式》では「each+of+(長い)複数名詞」の形のときには複数扱いをすることもある: *E*~ *of* the two successful boys *has* [*have*] won a prize. 合格した 2 人の少年のそれぞれが賞をもらった.

2 [複数形の名詞・代名詞と同格に用いて] …は[を, に]**それぞれ,** …は[を, に]めいめい (☞ all [代] 2, both [代] 2): *We* [*They*] ~ have a car. 我々[彼ら]はそれぞれ車を持っている / *Tom, Mary,* and *Betty* ~ write a letter to their parents every week. トムとメアリーとベティーはそれぞれ毎週両親に手紙を書いている. [語法] 複数の主語のときには複数として扱われる. **éach and áll** [代] 各自がみんな. **èach óther** ☞ each other の項目. **éach to one's ówn** 《古風, 英》 =《米》 **to éach one's ówn** 考え方[好み]は人それぞれ.

— [副] **1 つにつき, それぞれ:** [言い換え] These books cost five dollars ~. =*E*~ of these books costs five dóllars. この本はどれも 1 冊 5 ドルです / The boys were given two pieces of cake ~. 少年たちはめいめいお菓子を 2 つずつもらった.

‡each oth·er /iːtʃʌ́ðɚ | -ʌ́ðə/ [代] 《不定代名詞》

1 互いを[に] 《互いに相手を[に](…する[し合う])の意; ☞ one another》: We love ~. 私たちはお互いに愛し合っています / The boys began to blame ~. 少年たちはお互いに非難し始めた / My parents looked at ~. 両親はお互いに顔を見合わせた / They knew ~*'s* weaknesses. 彼らはお互いの欠点を知っていた.

[語法] **each other の使い方**
(1) 所有格 each other's 以外では動詞または前置詞の目的格として用い, 主語としては用いない.
(2) 2 人[2 つの物]のときは each other, 3 人以上[3 つ以上の物]のときは one another が原則だが, 必ずしも守られていない.
[用法注意!] (1) each other は代名詞であるから副詞のように使うのは誤り: ×Let's talk *each other* about this. ○Let's talk *to each other* about this. これについてお互いに話し合おう.
(2) meet, marry, similar to の目的語には普通は each other を用いない.

2 次々(に): She piled the books on top of ~. 彼女は本を次々に重ねた.

リスニング
each の前に子音で終わる音があると each の始めの /iː/ はその子音と結合する. また each の後に母音で始まる語が続くと語末の /tʃ/ はその母音といっしょになって「チャ」行のような音となる. 従って love each other /lʌ́viːtʃʌ́ðɚ/ は「ラヴィーチャザー」のように聞こえ,「ラヴ・イーチ・アザー」とは発音しない.

éach wáy [形] [副] 《英》 (競馬などで)複勝式の[で].

*__ea·ger__ /íːgɚ | -gə/ [形] (more ~; most ~) **1** [P] **熱望して(いる);** しきりに…したがって(いる): People were ~ *for* peace. <A+*for*+名・代> 人々は平和を熱望していた / They are ~ *to* go abroad. <A+*to* 不定詞> 彼らは何とかして外国へ行きたいものだと考えている / She is ~ *to* please. 彼女はしきりに人に気にいられたいと願っている / [言い換え] The boss is ~ *for* us *to* learn to use computers. <A+*for*+名・代+*to* 不定詞> = 《格式》 The boss is ~ *that* we (*should*) learn to use computers. <A+*that* 節> 所長はしきりと我々にコンピューターの使い方を覚えてもらいたがっている (☞ should A 8).

2 (人・表情などが)**熱心な;** (欲望などが)激しい, 強烈な; 熱中して行動した: He looked at the picture with ~ eyes. 彼は熱心な目つきでその絵を見た. [語源] ラテン語で「鋭い」の意; ☞ vinegar [語源].

【類義語】**eager** 非常に熱心にあることをしたいと希望することを表わす: He is *eager* to learn how to drive a car. 彼は自動車の運転をしきりと習いたがっている. **anxious** 切望しながらも結末に多少の不安を持っている気持ち: I am *anxious* to know the truth. 私は真相がとても知りたい. **earnest** 現在抱いている気持ちあるいは現在の態度がまじめで真剣であることを意味し, *eager* がこれからすることに対する熱望を表わすのと異なる: He is *earnest* about his studies. 彼は(現在やっている)勉強に熱心だ.

éager béaver [名] [C] 《略式》 [時にけなして] 仕事熱心な人, 仕事の虫.

⁺**éa·ger·ly** [副] 熱心に; しきりに, 切に: I'm ~ awaiting

your manuscript. 私は君の原稿を心待ちにしている.
éager·ness 名 ⓤ 熱望; 熱心さ (*for, about*). **in one's éagerness to dó** 副 しきりに…したがって, …したさのあまり. **with éagerness** 副 熱心に.

†**ea·gle** /íːgl/ ★発音については ☞ single リスニング (囲み). 名 ⓒ **1** わし: The ~ does not catch flies. 《ことわざ》わしははえを捕らえぬ(大人物は小事にかかわらない) / An old ~ is better than a young crow. 《ことわざ》老いたわしでも若いからすよりはよい(腐っても鯛(ホェ)) // ☞ bald eagle. ★鳴き声については ☞ cry 名. 関連 eaglet わしの子. **2** 《ゴルフ》イーグル(基準打数(par)より2つ少ない打数で1ホールを終えること; ☞ birdie, bogey²). ── 他 《ゴルフ》〈ホール〉をイーグルで上がる.

éagle éye 名 ⓒ 《普通は単数形で所有格の後で》とてもよい視力; 観察眼の鋭さ.
éagle-èyed 形 とてもよい視力の, 観察眼の鋭い.
ea·glet /íːglət/ 名 ⓒ わしの子[ひな], 子わし. 関連 eagle わし.

-e·an /íːən/ 接尾 [名詞につく形容詞・名詞語尾]「…の(人), …に属する(人)」の意: a European 欧州人.

*ear¹ /íə | íə/ 《類音》air, *err, error, heir, year》 名 (~**s** /~z/) **1** ⓒ **耳**, 外耳 (☞ head 挿絵): the inner [outer, middle] ~ 内[外, 中]耳 / We hear with our ~s. 私たちは耳で音を聞く / He whispered in my ~. 彼は私の耳もとでささやいた / A word in your ~. ちょっと耳を拝借 / My ~s are ringing. 耳鳴りがする / I couldn't believe my ~s when I heard the news. その知らせを聞いたときは我が耳を疑った.

――― コロケーション ―――
clean one's *ear* 耳を掃除する
cover one's *ears* 耳をふさぐ
prick up one's *ears* (動物が)耳を立てる; (人が)耳をそばだてる
strain one's *ears* (to hear) 耳を澄ます
syringe …'s *ear* …の耳を洗浄する

2 ⓒ 聴力, 聴覚; [an ~] 音を聞き分ける力: He has keen [sharp] ~s. 彼の聴覚は鋭い / She has an ~ for music. 彼女は音楽がわかる. 関連 eye 視力. **3** ⓒ 《普通は単数形で》傾聴, 注意. **be áll éars** 動 🅐 《略式》一心に耳を傾けている. **bénd …'s éar** 動 🅐 ⓢ …に《悩み事などを》えんえんとしゃべる, (うんざりするほど)しゃべりまくる. **be óut on one's éar** 動 🅐 《略式》首になる, 追放される. **be úp to one's éars** 動 🅐 (厄介なことなどに)深くかかわっている, (借金で)首が回らないでいる (*in*); (恋愛・仕事などに)のめりこむ, 忙殺されている (*in*). **clóse one's éars to …** 動 他 =shut one's ears to …. **cóme to …'s éar** = **cóme to the éar of …** 動 🅐 …の耳に入る, …に聞こえる. **…'s éars are búrning** は自分のうわさをされていると思っている. **…'s éars are flápping** (英略式) …は人の話に聞き耳を立てている. **féel one's éars búrning** 動 🅐 だれかが自分のうわさをしていると思う(日本でいう「(うわさをされて)くしゃみをする[が出る]」に相当). **gèt an éar fúll** 動 🅐 ⓢ 《英略式》耳がはれ上がるほど殴(ダく)られる. **gíve … a thíck éar** 動 🅐 ⓢ 《英略式》〈…の〉耳がはれ上がるほど殴(ダく)る. **gò ín (at) óne éar and óut (at) the óther** 動 🅐 《略式》右の耳から左の耳へ抜ける, 聞いたことが素通りしていく. **háve [kéep] an [one's] éar to the gróund** 動 🅐 《略式》情報通である, 世論の動向に注意する. **háve … cóming óut of one's éars** 動 🅐 《略式》〈…を〉腐るほど持っている. **háve nóthing [cótton] betwéen the éars** 動 🅐 頭が空っぽである. **háve [gét]「…'s éar [the éar of …]** 動 🅐 (有力な人に)自分の言い分を聞いてもらえる, (人に)目をかけられる.

kéep [háve] one's éars òpen 動 🅐 注意深く[耳を澄まして]聴く, 気をつけている, 注意している (☞ keep one's eyes open (eye 成句)). **lénd an éar to …** 動 […に]耳を貸す[傾ける], …を好意をもって聞く. **méet the éar** 動 🅐 聞こえる, 耳に入る. **on one's éar** 副 興奮状態に, びっくりして, 大騒ぎで; いらだって: set [turn] the music industry *on its* ~ 音楽業界をあっと言わせる. **pláy [síng] … by éar** 動 他 暗譜で[聞き覚えで]〈…〉を演奏する[歌う]. **pláy it by éar** 動 🅐 臨機応変に行動する. **réach "…'s éar [the éar of …]** = come to …'s ear. **shút one's éars to …** 動 …を聞こうとしない. **smíle [grín] from éar to éar** 動 🅐 満面に笑みを浮かべる. **tálk …'s éar òff** 動 🅐 (米)しゃべり過ぎて〈人〉をうんざりさせる. **with [ónly] hálf an éar** 副 (略式)あまり注意を払わずに, 聞き流して.

ear² /íə | íə/ 名 ⓒ (麦・稲などの)穂. (とうもろこしの)実.
éar·àche 名 ⓒ,ⓤ 耳の痛み. 語法 (米)では ⓒ, (英)では ⓤ として扱われるのが普通: 《米》have an ~ =《英》have ~s 耳が痛い. 関連 headache 頭痛 / stomachache 腹痛 / toothache 歯痛.
éar·dròp 名 [複数形で] (耳の中にたらす)点耳薬.
éar·drùm 名 ⓒ 鼓膜, 中耳.
eared 形 /íəd | íəd/ [普通は合成語で] …の耳を持った: a long-~ dog 耳の長い犬 (☞ dog-eared).
éar·flàp 名 ⓒ (帽子の)耳おおい (防寒用).
ear·ful /íəfʊl | íə-/ 名 うんざりするほどのうわさ話; 小言: get [give …] *an* ~ 小言を言われる[…に小言を言う].

†**earl** /áːl | áːl/ 名 ⓒ (英国の)伯爵 (☞ peerage 表). 関連 countess 伯爵夫人; 女伯爵.
Earl /áːl | áːl/ 名 アール(男性の名).
earl·dom /áːldəm | áːl-/ 名 ⓒ 伯爵の地位[身分]; 伯爵領.

*ear·li·er /áːliə | áːliə/ (反 later) 副 **1** [early の比較級] より早く, より前に: We arrived ~ *than* they did. 私たちは彼らより早く着いた / He went to school ~ *than* usual. 彼はいつもより早く学校へ行った.
2 以前に: This is based on an experience I had ~. これは私が以前得た経験に基づくものです. **éarlier ón** 副 前もって (反 later on).
── 形 [early の比較級] **1** より早い, より早めの: Is there an ~ train? もっと早く出る列車はありますか. **2** (少し)以前の.

*ear·li·est /áːliıst | áːli-/ [次の成句で] **at the (vèry) éarliest** 副 [しばしば否定文で] (どんなに)早くとも (反 at the latest): The meeting won't be held until next week *at the* ~. その会合は早くても来週までは開かれない.

ear·li·ness /áːlinəs | áːli-/ 名 ⓤ 早いこと; 早期.
éar·lòbe 名 ⓒ 耳たぶ.

*ear·ly /áːli | áːl-/ 形 (**ear·li·er** /-liə | -liə/; **ear·li·est** /-liıst/) **1** Ⓐ (時期が)早い, 初期の, 若いころの (反 late): ~ spring 早春 / in ~ times 昔 / ~ marriage 早婚 / ~ potatoes はしりのじゃがいも / In his ~ days [years] he was known as a great pianist. 若いころ彼は優れたピアニストとして知られていた / The war broke out in the ~ (part of the) nineteenth century. その戦争は19世紀の初期に起こった. The plane flew at fast ~ speed 速度. / quick 動作が素早い. **2** (人・時刻などが) **早い**, 早めの (反 late): 「make it [get] an ~ night 早寝する / You are very ~ this morning. けさはずいぶんお早いですね / It's still too ~ to get up. まだ起きるには早すぎる / My father is an ~ riser. 私の父は早起きです / The tragedy occurred in the ～ hours of the morning. その悲劇は朝早くに起こった / The bus was five minutes ～. バスは5分早く到着した. [関連] fast 速度が速い. **3** [A] 《格式》 近い将来の, 近々の, 早めの: We are looking forward to your ～ reply. 早めのご返事を期待しております. **It's éarly ˈdáys (yèt) [in the dáy].** Ⓢ まだどうなるかよくわからない, 時期尚早である.

— [副] (**ear·li·er** /-liɚ | -liə/; **ear·li·est** /-liɪst/) (時刻・時期などが)早く, (普通より)早めに ([反] late): ～ in life 幼いころに / They started ～ in the morning. 彼らは朝早く出発した / Mother gets up (*the*) *earliest* in my family. 母は家中でいちばん早起きです《☞ the¹ 1 (4) [語法]》/ Winter will come ～ this year. 今年は冬の来るのが早いだろう / *E*～ to bed and ～ to rise (makes a man healthy, wealthy, and wise). 《ことわざ》早寝早起き(すれば健康で, 金持ちで賢明になる)《フランクリン(Franklin)のことば》. ★ 比較級 earlier の用法は ☞ earlier. **as éarly as ...** [副] 早くも...のころに: The story was well-known *as* ～ *as* the eighteenth century. その話は早くも18世紀にすでに有名だった. **éarly ón** [副] 早いうちに, 早くから.

Early Américan [名] [U], [形] アーリーアメリカン様式(の)《植民地時代の米国の建築・家具様式》.

éarly bìrd [名] [C] [滑稽] **1** 早起きの人《次のことわざに由来》: The ～ catches [gets] the worm. 《ことわざ》早起き鳥は虫を捕らえる(早起きは三文の得). **2** (会などに)定刻より早く来る人.

éarly clósing [名] [U] 《英》 午後閉店《普通は水[木]曜日》.

éarly retírement [名] [U] 早期退職: take ～ 早期退職する.

éarly wárning [名] [[U] または an ～], [形] 早期警報[警戒](の): an ～ system 早期警戒装置.

+**ear·màrk** [動] [他] [普通は受身で] 〈資金など〉を(ある目的のために)取っておく (*for, as*). — [名] [C] [普通は複数形で] 《米》 特徴, 目印.

éar·mùffs [名] [複] 防寒用耳当て.

⁑**earn** /ɚ́ːn | ə́ːn/ ([同音] urn) [T1] [動] (**earns** /～z/; **earned** /～d/; **earn·ing**) [他] **1** 〈金〉を稼ぐ, 働いて〈...〉を得る: He ～*s* one hundred thousand dollars a year. 彼は年収10万ドルである.
2 〈利益など〉を生む: The book ～*ed* a million dollars in a month. その本は1ヶ月で100万ドルの収益をあげた.
3 〈名声など〉を得る, (行為などが)〈人に〉〈名声など〉をもたらす; (努力の結果)〈感謝・報酬など〉を受けるに値する: He ～*ed* the title. 彼はそのタイトルを獲得した / His dedication ～*ed* him everyone's respect. <V+O+O> 彼はひたむきだったのでみんなの尊敬をかち得た《☞ dative verb [文法]》. — [自] 稼ぐ. [語源] 古(期)英語で「取り入れをする」の意.

earned rún /ɚ́ːnd- | ə́ːnd-/ [名] [C] 〔野〕 (投手の)自責点.

earned rún àverage [名] [C] 〔野〕 防御率《9イニングあたりの自責点; [略] ERA》.

+**earn·er** /ɚ́ːnɚ | ə́ːnə/ [名] [C] 稼ぎ手; もうかる仕事: high [low] wage ～*s* 高[低]額所得者 / a nice little ～ 《英略式》すごくいいもうけ口.

***ear·nest¹** /ɚ́ːnəst | ə́ː-/ [形] まじめな, 真剣な; 熱心な《☞ eager 類義語, serious 類義語》: an ～ pupil まじめな生徒 / be ～ **about** education <A+about+名・代> 教育に熱心である / It is his ～ desire to become a doctor. 医者になるのが彼の強い願いだ.

— [名] [次の成句で] **in éarnest** [副・形] (1) 本格的に[な], 本式に[の]: The election campaign began *in* ～. 選挙戦が本格的に始まった. (2) まじめに[な], 本気で[の]: I'm *in* (*dead*) ～. 本気で言っています.

ear·nest² /ɚ́ːnəst | ə́ː-/ [名] [an ～] **1** 前兆; しるし (*of*). **2** ＝earnest money.

+**éarnest·ly** [副] まじめに, 真剣に; 熱心に; 本格的に.

éarnest mòney [名] [U] 《主に米》 手付金.

éarnest·ness [名] [U] まじめ, 真剣さ, 熱心.

***earn·ings** /ɚ́ːnɪŋz | ə́ːn-/ [名] [複] 稼ぎ高, 所得; 利益, もうけ: She managed to save half (of) her ～. 彼女はやりくりして稼ぎの半分をためた. [関連] income 収入 / salary 給料 / wage 賃金.

éarnings per sháre [名] [複] 1株あたりの利益《[略] EPS》.

éarnings-reláted [形] 《英》 所得に応じた: an ～ pension scheme 所得額比例支給年金計画.

Earp /ɚ́ːp | ə́ːp/ [名] [固] **Wy·att** /wáɪət/ ～ アープ (1848–1929)《米国の保安官; 拳銃の名手として知られる; ☞ OK Corral》.

éar·phòne [名] [複数形で] イヤホン, ヘッドホン(の耳にあたる部分); [C] 電話の受話器: use ～*s* イヤ[ヘッド]ホンを使う / listen through ～*s* イヤ[ヘッド]ホンで聴く.

éar·pìece [名] [C] **1** イヤホン (earphone); (電話の)受話器. **2** [普通は複数形で] (眼鏡の)耳づる《☞ glasses 挿絵》.

éar·plùg [名] [C] [普通は複数形で] 耳栓(みみせん).

+**éar·rìng** [名] [C] [しばしば複数形で] イヤリング, 耳飾り: wear pierced ～*s* ピアスのイヤリングをしている.

ear·set /íɚsèt | íə-/ [名] [C] イヤーセット《電話の受話器を持たずに会話するためのマイクつきイヤホン》.

éar·shòt [名] [U] 声[音]の届く範囲. **òut of éarshot** [副・形] 呼んでも聞こえない所に. **withìn éarshot** [副・形] 呼べば聞こえる所に.

éar·splìtting [形] 耳をつんざくような.

⁑**earth** /ɚ́ːθ | ə́ːθ/ [名] (～**s** /～s/; [形] éarthen, éarthly, éarthy) **1** [U] [the ～ [E-] または冠詞をつけずに] **地球** 《☞ planet 挿絵; world 類義語》: *The* ～ goes around the sun. 地球は太陽の周りを回る / In old times people thought that *the* ～ was flat. 昔は人々は地球が平らだと思っていた / orbit [circle] *the* ～ (衛星が)地球を回る. [関連] sun 太陽 / moon 月 / star 星. **2** [the ～ または [U]] (空や海に対して)大地, 地, 地面, 陸 (ground, land) ([反] sky, sea) 《☞ ground¹ 類義語》: Coal lies below *the* ～. 石炭は地下に埋まっている. **3** [U] 土, 土壌: rich ～ 肥えた土. **4** [C] [普通は単数形で] 《英》 (電気器具の)アース《[略] E》(《米》 ground). **5** [C] 《主に英》 (きつね・あなぐまなどの)穴, 隠れ場所. **6** [the ～] 《略式, 主に英》 大金, とてつもない金: charge *the* ～ 大金を請求する / cost *the* ～ 大金がかかる. **7** [U] (天国・地獄に対して)この世, 現世. **8** [C] 〔化〕 土類(どるい)《希土類元素などを含む金属(酸化物)群》.

earth	地球; 世界
	大地, 地面
	土

bríng ... (báck) dówn to éarth (with a búmp [báng]) [動] [他] 〈...〉を現実(の世界)に引き戻す.

còme báck [dówn] to éarth (with a búmp [báng]) [動] [自] (夢からさめて)現実の世界に戻る.

dówn to éarth [形] 現実[実際]的な; 率直な.

Éarth to .... Ⓢ 《米》 もしもし...さん聞いてる?《上の空の相手に注意を促す; 宇宙船との交信をまねた表現》.

gó [rún] to éarth [動] [自] 《英》 ＝go to ground (ground¹ 成句).

líke nóthing on éarth [副] 《英略式》 ひどく気持ち悪く[変に, 不調に, すばらしく].

on éarth [副] (1) [疑問詞を強めて] Ⓢ **一体**: Who *on* ～ are you? 一体あなたはだれですか. (2) **地上の[に], この世で**: I am the happi*est* man *on* ～. 私はこの世で最も幸福な男だ. [語法] 普通は最上級を強調する. (3) [否定を強めて] 全然, ちっとも.

rún ... to éarth [動] 他 《英》〈...〉を追い詰める;突き止める;やっと捜し出す.
— [動] 他 《普通は受身で》《英》《電》アースする(《米》ground).
éarth・bòund [形] 1 地表を離れられない. 2 世俗的な,想像力の欠けた. 3 地球に向かって[をめざす].
Éarth Dày [名] U アースデイ,地球の日《環境保全・自然保護などを考える日;4月22日》.
éarth・en /ˈɚθ(ə)n; ˈəː-/ [形] (名 earth) A 陶器の(床・壁などが)土の.
éarthen・wàre [形][名] U 陶器(の),土器(の).
éarth・i・ness /ˈɚθinəs; ˈəː-/ [名] U 粗野なこと.
éarth・ling /ˈɚθlɪŋ; ˈəːθ-/ [名] C 人間(SFなどで),地球人.

*éarth・ly /ˈɚθli; ˈəːθ-/ [形] (名 earth; 反 unearthly)
A 1 《疑問文・否定文を強めて》《略式》可能な,考えられる: There's no ~ reason for it. それには全く何の理由もない. 2 《文》地上の;この世の,俗世間の(反 heavenly): an ~ paradise この世の楽園. hàven't an éarthly [動] 《英略式》全く見込みがない《後にchance や hope が省略されたもの》.
éarth mòther [名] C (大地の象徴としての)地母神,母なる大地《☞ Mother Earth》;《略式》《しばしばけなして》(理性的・合理的というよりも)母性的な女性.
éarth mòver [名] C 地ならし機,ブルドーザー.

*éarth・quake /ˈɚθkwèɪk; ˈəːθ-/ [名] (~s /-s/) C 地震 (《略式》quake); 言い換え A severe ~ hit [struck] Alaska yesterday. = There was [They had] a severe ~ in Alaska yesterday. きのうアラスカで激しい地震があった. 関連 epicenter 震源地.

――― コロケーション ―――
forecast [predict] an earthquake 地震を予知[予報]する
record an earthquake (地震計で)地震を記録する

éarth scìence [名] C,U 地球科学.
éarth-shàttering, éarth-shàking [形] 世界をゆるがすような;きわめて重大な.
Éarth Súmmit [名] 単《the ~》地球サミット《1992年に Rio de Janeiro で開催された'環境と開発に関する国連会議'の通称》.
éarth・ward /ˈɚθwəd; ˈəːθwəd/ [形] 地球に向かっている. — [副] = earthwards.
éarth・wards /ˈɚθwədz; ˈəːθwədz/ [副] 地球に向かって.
éarth・wòrk [名] C 《普通は複数形で》(昔,防衛を目的として築かれた)土塁.
éarth・wòrm [名] C みみず.

+éarth・y /ˈɚθi; ˈəː-/ [形] (earth・i・er, -i・est; 名 earth) 1 土の,土質の,土のような. 2 粗野な (coarse),卑猥(ひわい)な,低俗な. 3 《米略式》素朴な,陽気な,のびのびとした.
éar trùmpet [名] C (昔の)らっぱ型補聴器.
éar・wàx [名] U 耳あか.
éar・wig /ˈɪəwɪg; ˈɪə-/ [名] C はさみむし(昆虫).

*éase /iːz/ [名] (~s /-ɪz/) U 1 容易さ,簡単さ,平易《☞ with ease 成句》(反 difficulty): for ~ of use [application] (格式)使いやすくするため.
2 気楽さ,安楽,くつろぎ;安心;(心・態度の)落ち着き: lead [live] a life of ~ 安楽な暮らしをする / They live in ~. 彼らは裕福な暮らしをしている / Everybody admired her ~ of manner. 彼女の自然な態度に皆が感心した. ラテン語で「(近くにあって)手が届きやすい」の意; ☞ disease 語源.

at (one's) éase [形・副] (1) 気楽で,くつろいで,安楽に: He was lying at ~ on the sofa. 彼はくつろいでソファーに横になっていた. (2) 安心して: You may set your mind at ~. ご安心ください.

féel [be] at éase [動] 自 落ち着く,安心する: I feel at ~ with him [in his company]. 私は彼といると落ち着いた気持ちになれる.
íll at éase [形] 落ち着かずに,不安で.
pút [sét] ... at (...'s) éase = pút [sét] ...'s mínd at éase [動] ...を安心させる.
Stánd at éase. = At Éase. [軍] 休め!
tàke one's éase [動] 自 《古風》休む,くつろぐ.
with éase [副] 容易に,やすやすと (easily): He did it with ~. (= He did it easily.) 彼はそれを簡単にやってのけた.
— [動] (eas・es /-ɪz/; eased /-d/; eas・ing)

――― 自 他 の転換 ―――
他 1 和らげる (to make (something) less painful, troublesome, etc.)
自 1 和らぐ (to become less painful, troublesome, etc.)

— 他 1 〈仕事など〉を容易にする;〈苦痛など〉を和らげる,〈気持ちなど〉を楽にさせる,〈重荷など〉を〈...〉から取り除いて軽く[楽に]する: 言い換え The medicine ~d her pain. = The medicine ~d her of [the] her pain. <V+O+of+名・代> その薬が彼女の苦痛を軽くした / His mind was ~d by the news. <V+O の受身> その知らせで彼の心は楽になった.
2 〈...〉をそっと動かす (away, in, off, across, along): ~ the door open <V+O+C (形)> ドアをそっとあける / E~ the desk into the room. 机をそっと部屋の中に入れてくれ. 3 〈問題・規制など〉を緩和する,減少させる: ~ the food shortage 食糧不足を改善する. 4 〈ねじ・帯など〉をゆるめる: ~ one's grip 握った手[支配力]をゆるめる. 5 〈価格など〉を下落させる.
— 自 (緊張などが)和らぐ,ゆるむ;[副詞句]を伴って]ゆっくり進む;(価格などが)下落する;(痛み・重荷などが)軽くなる;(雨・風などが)収まる: My headache ~d (away [off]). 頭痛は和らいだ. éase óff [úp] [動] 自 (1) (状態・厳しさなどが)和らぐ. (2) (仕事などの)手をゆるめる;(...に対する)厳しさ[圧力]をゆるめる (on). (3) (雨・風などが)収まる,弱まる. éase oneself [動] 自 (1) (体を)楽にする,くつろぐ. (2) 《副詞(句)を伴って》そっと...する;(仕事などに)徐々に慣れる (into): He ~d himself into the chair. 彼はゆっくりといすにかけた.
éase one's wáy through ... [動] 他 ...をゆっくり通り抜ける. éase óut [動] 自 (車などが)ゆっくり移動する. éase ... óut [動] 他 〈人〉を(そっと[うまく])辞職させる.
ea・sel /ˈiːz(ə)l/ [名] C 画架,(黒板などの)台.
ease・ment /ˈiːzmənt/ [名] U 《法》地役権《他人の土地の通行権など》.

*eas・i・ly /ˈiːz(ə)li/ [副] (反 uneasily) 1 容易に,たやすく,楽に;簡単に,すぐに: We can solve this problem ~. 私たちにこの問題を楽に解けます. 2 《普通は最上級を強めて》確かに,疑いなく: It's ~ the best. それは確かにいちばんよい. 3 [can, could, may, might と共に] 文修飾語 もしかしたら;恐らく: Smoking can all too ~ become an addiction. 喫煙は十分中毒症状にまでなり得る. 4 気楽に,のんきに. còme éasily to ... [動] 他 ...には楽々とできる[たやすいことである],...に向いている.

eas・i・ness /ˈiːzinəs/ [名] (反 uneasiness) U 1 容易さ,易しいこと. 2 気軽さ,気楽,のんき;安楽;ゆったりとした態度;(気持ちの)余裕.

*east /iːst/ 《頭韻》yeast [名][形] éastern, éasterly (反 west) 1 [the ~ または U] 東,東方; [the ~] 東部《略 E;☞ compass 挿絵; north 日英比較》: The sun rises in the ~. 太陽は東から昇る / They went to the ~. 彼らは東へ行った / The wind is

eastbound

blowing from [in] the ~. 風は東方から吹いている/ On a map, the ~ is on the right. 地図では東は右だ. 関連 north 北 / south 南 / west 西.
2 [the E-] 東洋, アジア（特に中国, 韓国, 日本を）; 東欧, 旧東側(陣営)《旧共産圏諸国》;《米》米国東部《広くはミシシッピー川以東の地域, 狭くは Maine 州から Maryland 州まで》. 関連 Far East 極東 / Middle East 中東 / Near East 近東 / Orient 東洋. **Dówn East** [副]《米》ニューイングランドへ[で]. ――[名]《米》ニューイングランド. 語法 特に東部の Maine 州を指すことが多い. **éast by nórth** [名] 東微北(略 EbN). **éast by sóuth** 東微南(略 EbS). **Éast-Wést relátions** [名] 東西関係. **in the east of ...** [前] ...の東に. **to the éast of ...** [前] ...の東の方に(cf. to¹ 1 語法): There was an old castle to the ~ of the town. その町の東の方に古い城があった.

――[形] A [比較なし]《時に E-] 東の, 東部の, 東方の; 東向きの, 東風の(cf. north 形): on the ~ coast [side] 東海岸[東側]に / an ~ wind 東風《英国では寒風》.

――[副][しばしば E-] 東に, 東へ, 東方へ: The house faces ~. その家は東向きです / The wind is blowing ~. 風が東に吹いている《西風だ》/ Austria is (situated) ~ of Switzerland. オーストリアはスイスの東にある. **báck Éast** [副]《米略式》(西部から見て)東部へ[で]. **óut Éast** [副]《略式》東で[に], 東の方で[に].

éast·bound [形]《乗り物などが》東向きの[回りの].

Éast Chína Séa [名] [the ~] 東シナ海《中国・台湾・九州・南西諸島に囲まれた黄海の南の海》. 関連 the South China Sea 南シナ海.

Éast Cóast [名] [the ~]《米国の》東海岸《大西洋岸, 特に Washington, D.C. より北の地域; cf. West Coast》.

Éast Énd [名] [the ~]《英》イーストエンド《London 東部の一帯; かつては労働者階級の人が多い工業・港湾地区だった; cf. West End》.

Éast Énd·er [名] C 《英》イーストエンドの住人; イーストエンド生まれの人.

*__Eas·ter__ /íːstə | -tə/ [名] U,C 復活祭 (Easter Sunday [《主に英》Day])《キリストの復活を祝う記念祭で, 春分の日以後の満月のあとの次の日曜日, 満月の日が日曜日のときはその次の日曜日》; 復活祭(直前[直後])のころ[時期]. 関連 Good Friday 聖金曜日 / Holy Week 聖週間.

Éaster básket [名] C 復活祭のかご, イースターバスケット《ゼリービーンズ, 小さな卵やうさぎの形のチョコレートなどの菓子を入れたかご; 米国で復活祭の朝に戸外に隠し置いて子供たちに探させる》.

Éaster Búnny [名] [単数形で] 復活祭のうさぎ《復活祭に贈り物を持ってくるとされる想像上のうさぎ》.

Éaster Dáy [名]《主に英》= Easter.

Éaster égg [名] C イースターエッグ《復活祭の贈り物や飾りに用いる彩色した卵; 米国では子供が色をぬりそれを親が隠して子供が探す; 英国ではチョコレートや砂糖などを卵形にした菓子のこともある》.

Éaster Ísland [名] 固 イースター島《巨石遺跡で有名な南太平洋の島》.

Easter eggs

Éaster líly [名] C 《植》白百合(ゆり), (特に) 鉄砲百合.

east·er·ly /íːstəli | -tə-/ [形] A 東(寄り)の, 2 (風が)東からの. ――(-er·lies) [名] 東風.

Éaster Móndày [名] U 《英》復活祭明けの月曜日《Easter の翌日の月曜日で公休日 (bank hol-

iday); cf. holiday 表》.

*__east·ern__ /íːstən | -tən/ [形] [名] east, 反 western] **1** A [しばしば E-] 東の; 東からの; 東向きの; 東への(略 E; cf. north 形). 語法: the ~ sky 東の空 / on the ~ side 東側に / an ~ wind 東風. 関連 northern 北の / southern 南の / western 西の.

2 [E-] 東洋の《特に中国, 韓国, 日本の》: E~ culture 東洋の文化. 関連 Western 西洋の. **3** [E-]《米》米国東部の; 東部諸州の. **4** [E-] 旧東側の, 東欧の, 旧共産圏の.

Éastern Chúrch [名] [the ~] 《東方》正教会《ロシア・東欧・ギリシャなどを中心とするキリスト教の宗派; 通称ギリシャ正教(会)》((Eastern) Orthodox Church).

Éastern Dáylight Tìme [名] U 《米》東部夏時間《略 EDT》.

East·ern·er /íːstənə | -tənə/ [名] C 《米》東部地方の住民, 東部出身の人.

Éastern Hémisphère [名] [the ~] 東半球.

éastern·mòst [形] 最東(端)の.

Éastern Órthodox Chúrch [名] 固 [the ~] 東方正教会 (Eastern Church).

Éastern Róman Émpire [名] 固 [the ~] 東ローマ帝国《ローマ帝国が 395 年東西に分裂し Constantinople を首都として成立した帝国; 1453 年滅亡; cf. history 参考》.

Éastern (Stándard) Tìme [名] U 《米》東部(標準)時 (E(S)T; cf. 表地図).

Éastern Stár [名] [the Order of the ~] 東方の星(結社)《フリーメーソンを模した米国の慈善団体》.

Éaster Súndày [名] = Easter.

Éast Gérmany [名] 固 (旧)東ドイツ(cf. Germany).

Éast Índia Còmpany [名] [the ~] 東インド会社《17-19 世紀東洋貿易・植民に従事した, 特に英国の会社》.

Éast Ín·dies /-índiz/ [名] [複] [the ~] 東インド諸島 (Malay Archipelago の別称).

East·man /íːstmən/ [名] 固 イーストマン *George* ~ (1854-1932)《米国の発明家・実業家; Kodak カメラを発明した》.

éast-northéast [名] [the ~] 東北東《略 ENE; cf. compass 挿絵》. ――[形] 東北東の.

Éast Ríver [名] [the ~] イーストリバー《New York の Manhattan 島と Long Island の間の海峡》.

Éast Síde [名] 固 [the ~] イーストサイド《米国 New York 市 Manhattan 島の Fifth Avenue より東の地区; Central Park 付近は Upper East Side と呼ばれる高級住宅・商店街, 島の南端付近は Lower East Side と呼ばれる移民街・芸術家街》.

éast-southéast [名] [the ~] 東南東《略 ESE; cf. compass 挿絵》. ――[形] 東南東の.

⁺**east·ward** /íːstwəd | -wəd/ (反 westward) [副] 東の方へ, 東に向かって, 東向きに. ――[形] A 東の方への, 東に向かう, 東向きの.

⁺**east·wards** /íːstwədz | -wədz/ [副]《英》= eastward.

*__eas·y__ /íːzi/ [形] (**eas·i·er** /-ziə | -ziə/; **eas·i·est** /-ziɪst/; [名] ease).

基本的には「楽な」2 の意. 物事が楽にできることから「易しい」1 の意となった.

1 易しい, 簡単な, 容易な; 安易な; (人・ものが)...しやすい(反 hard, difficult): 言い換え This book is ~ *(for me) to read.* <A+(for+名・代)+to 不定詞>=*It is ~* *(for me) to read this book.* この本は(私には)読みやすい(cf. for B 1) / It is an ~ problem to solve. それを解くのは簡単な問題だ / The work was *easier*

than I had thought. この仕事は思ったより易しかった / Tom is ~ *to* deceive. <A+*to* 不定詞> トムはだましやすい. [語法] この意味では to 以下の動詞は他動詞で, 前の名詞や代名詞はその意味上の目的語になる (☞ to³ B 6 [語法]) // The city center is ~ *of* access. <A+*of*+名·代> 市の中心部へはたやすく行ける / make ~ decisions 安易に決定する.
2 気楽な, 安楽な, くつろいだ (☞ comfortable 類義語) ([反] uneasy): with an ~ mind 安心して / He lives [leads] an ~ life. 彼は安楽に暮らしている / He spoke in an ~ manner. 彼は気楽な態度で話した. **3** 《略式》(人が)こだわらない, おおらかな, 寛大な: You should be [go] *easier on* her. 彼女にはもっと寛大にしてやりなさい. **4** ゆっくりした, 急がない: an ~ pace ゆっくりした足どり. **5** 《略式》(特に女性が男性関係で)だらしない: a woman of ~ virtue 《古風》ふしだらな女. **6** [A] だまされやすい, (攻撃などに)さらされやすい, 言いなりになる: ~ prey [game, meat] いいかも / an ~ target for criticism 批判のいい的. **be éasy on the éar [éye]** [動] [自] 《略式》 聞いて[見て]快い[楽しい]. **Ì'm éasy.** [S] 《主に英》どちらでも構いません. **on éasy strèet** [副] 《古風, 略式, 主に米》金に困らずに, 裕福に. **on éasy tèrms** [副] 《英》分割払いで; 〚商〛低金利で. **Thàt's [It's] éasy for yóu to sày.** [S] 言うだけなら簡単だ.
— [副] (**eas·i·er** /-ziə | -ziə/; **eas·i·est** /-ziɪst/) **1** たやすく, 容易に: *E*~ come, ~ go. [S] 得やすいものは失いやすい(悪銭身につかず) / *Easier* said than done. [S] 《ことわざ》言うは易し行なうは難し.
2 気楽に, 安心して; ゆっくりと (☞ take it easy (成句)): *E*~*!* 落ち着いて[気をつけて, そっと]やれ / sleep [breathe, rest] ~ 安心してねる[安心する].
còme éasy [動] [自] (人にとって)簡単である (*to*).
Éasy dóes it. [S] ゆっくりやれ; 慎重にやれ.
gò éasy [動] [自] 《略式》(仕事などを)のんびりやる.
gò éasy on ... [動] [他] [普通は命令文で] 《略式》 (1) …を控えめに使う[飲む, 食べる]. (2) (人·もの)を大事に扱う; …をお手柔らかに扱う.
gò éasy with ... [動] [他] =go easy on ... (1).
Stánd éasy. 〚軍〛(楽にして)休め.
táke it [thìngs] éasy [動] [自] 《略式》 (1) のんきに構える; のんびりやる: *Take it* ~. 気に[くよくよ]するな; [S] かっかするな. (2) [命令文で] 《米》さよなら, じゃあね 《親しい者の別れのことば》.

éasy-cáre [形] 手入れの楽な, (洗濯後)アイロン不要の.

éasy cháir [名] [C] 安楽いす.

éasy·góing [形] (**more** ~, **easi·er·go·ing**; **most** ~, **eas·i·est·go·ing**) [ほめて] のんびりした, こせこせしない, あくせくしない, おっとりした; (物事に)こだわらない, むとんちゃくな.

éasy lístening [名] [U] イージーリスニング音楽.

éasy móney [名] [U] 《略式》楽に[不正に]もうけた金, 悪銭, あぶく銭.

eas·y-pea·sy /íːzipíːzi←/ [形] 《英略式, 主に小児》とても易しい.

eat /íːt/ [動] (**eats** /íːts/; 過去 **ate** /éɪt | ét, éɪt/; 過分 **eat·en** /íːtn/; **eat·ing** /-ṭɪŋ/) [他] **1** 〈…〉を食べる (☞ 類義語), 〈スープ〉を吸う[飲む] (☞ drink 表; soup [日英比較]): What did you ~ for breakfast? あなたは朝食に何を食べましたか / Do you have anything to ~? 何か食べるものがありますか / You must ~ soup without making any noise. スープは音を立てないで飲まなければいけません. **2** [進行形なし] 〈…〉を常食とする: What do lions ~? ライオンは何を食べるのか. **3** [進行形で] 《略式》(物事が)〈人〉を悩ませる, いらいらさせる: What's ~*ing* him? [S] あいつはどうしてあんなにいらいらしているのだろう. **4** (必要以上に)消耗する, 使い尽くす; (虫などが)〈…〉を食い荒らす, 〈穴〉をあける; 腐食させる; 浸食する: The acid has *eaten* a hole in the metal plate. 酸が金属板に穴をあけた. **5** 《米略式》〈損害など〉を甘受する; 負担する.
— [自] 食べる; 食事をする; [副詞(句)を伴って] 破壊する, 食いちらす, 消耗する: ~ and drink 飲み食いする (☞ drink [動] [自] [日英比較]) / ~ right 《米》健康な食生活をする / We *ate* and drank heartily. 我々はたっぷり食べたり飲んだりした / *E*~, drink, and be merry (for tomorrow we die)! 《ことわざ》食べて飲んで浮かれ騒げ(どうせ明日をも知れぬ身だ) 《今を楽しく過ごせ, の意》/ What time shall we ~? 何時に食事にしようか. **éat ... alíve** [動] [他] 《略式》 (1) 〈人〉を簡単に支配する, 食い物にする. (2) [しばしば受身で] (虫などが)〈人〉をさす, かむ. **éat ... for bréakfast** =eat ... alive (1). **Éat me!** 《卑》畜生, くそ食らえ. **eat oneselfsíck** [動] [自] 《略式》 (…を)食べすぎて具合が悪くなる (*on*). **éat one's héad òff** [動] [自] (馬が)飼い主を食いつぶす(ほどえさ代がかさむ); 大食いする, がつがつ食べる. **éat one's héart òut** [動] [自] (1) [命令文で; 有名人の名と共に] 《略式》[滑稽] …よりもうんとよい, …なんて目じゃない. (2) 《英》 (…で)悲嘆に暮れる (*for*). **éat one's wórds** [動] [自] 《略式》前言を取り消す. **éat ... òut of hóuse and hóme** [動] [他] 《略式》[滑稽] 大食いして〈…〉の家計を圧迫する, 〈…〉の財産を食いつぶす. **hàve ... éating òut of one's hánd** [動] [他] 《略式》〈人〉を従順にさせる, 〈人〉を言いなりにする. **I cóuldn't éat anóther thíng** [S] 腹一杯だ. **I'll éat my hát if ....** [S] 《古風》…だったら首をやる 《決してそんなことはない》.

eat の句動詞

éat awáy [動] [他] 〈…〉を食い荒らす; 浸食する; (さびなどが)腐食する; 破壊する. — [自] 浸食する; 悩ませる, 心配させる (*at*).
éat ín [動] [自] (外食ではなく)家で食事をする.
éat ìnto ... [動] [他] (蓄えなど)に食い込む; …を腐食する.
***éat óut** [動] [自] (家ではなく)外で食事をする, 外食する: Mike ~*s out* almost every night. マイクはほとんど毎晩外食だ.
***éat úp** [動] [他] **1** [主に [S]] 〈…〉を食べ尽くす <V+名·代+*up* / V+*up*+名>: He *ate up* the steak and ordered another. 彼はそのステーキを平らげてもう 1 つ注文した. **2** 《略式》 〈金·時間など〉を使い尽くす. **3** [普通は受身で] 《略式》[けなして] (感情などが)心をいっぱいにする, 夢中にさせる: She *is eaten up with* jealousy. 彼女はしっとのとりこになっている. **4** 〈人〉を怒らせる, 悲しませる. **5** 〈ある距離〉を一気に進む. — [自] [主に [S]] 食べ尽くす. **éat it úp** [動] [自] 《略式》大いに楽しむ.

【類義語】**eat** 食べ物を食べることを表わす一般的なことば. **have**「食べる」のほかに「飲む」,「(たばこなどを)吸う」という広い意味を持つ: I'd like to *have* a ham sandwich and a cup of coffee. 私はハムサンドとコーヒーをいただきます. **take**「栄養物をとる」,「薬を服用する」という意味に用いられる: *Take* this medicine after each meal. 毎食後この薬を飲みなさい; 《格式》ではまた「食事をとる」の意味で *take* lunch (昼食をとる)のように用いられる.

eat·a·ble /íːṭəbl/ [形] [P] **1** 《略式》(食べ物が)食べられる 《古くなったり腐ったりしていない; ☞ edible》. **2** おいしく食べられる, 食べておいしい.

****eat·en** /íːtn/ ([同音] Eton) [動] **eat の過去分詞.**

⁺**eat·er** /íːṭə | -tə/ [名] [C] **1** 食べる人[動物]; [前に形容詞をつけて] 食べるのが…の人: a *big* [*heavy*] ~ 大食家 / a *light* [*small*] ~ 小食家. **2** 《英略式》=eating apple.

eat·er·y /íːṭəri/ [名] (**-er·ies**) [C] 《略式, 主に米》[滑

稽] 食堂, レストラン.

eat·ing /íːtɪŋ/ [名][U] 食べること, 食事: ～ and drinking 飲食 (☞ drink [動][自] [日英比較]).

éating àpple [名][C] 生食用りんご (☞ cooking apple).

éating disòrder [名][C] 摂食障害 (過食症 (bulimia) や拒食症 (anorexia) など).

éat-in kítchen [名][C] 《米》 ダイニングキッチン.

eats /íːts/ [名] [複] 《略式》 (特にパーティー用の)食べ物.

⁺**eau de co·logne** /óʊḍəkəlóʊn/ 《フランス語から》 [名][U] オーデコロン.

eau de toi·lette /óʊḍətwɑːlét/ 《フランス語から》 [名][C] (複 **eaux de toilette** /～/) オードトワレ (オーデコロンと香水の中間のもの).

eau-de-vie /óʊḍəvíː/ 《フランス語から》 [名][C] (複 **eaux-de-vie** /óʊ(z)-/) ブランデー, オードヴィー.

eaves /íːvz/ [名] [複] (家の)軒, ひさし.

⁺**éaves·dròp** [動] (**-drops**; **-dropped**; **-dropping**) [自] 盗み聞きする, (故意に)立ち聞きする (*on*). [関連] overhear ふと耳にする.

éaves·dròp·per [名][C] 盗み聞きする人.

éaves tròugh [名][C] 《主にカナダ》 軒樋(のきどい).

⁺**ebb** /éb/ [名][U] **1** [普通は the ～] 引き潮 (*of*) ([反] flow): *the* ～ and flow (潮の)満ち干; (人生などの)盛衰. **2** (勢いなどの)衰え, 減退. **at a lów ébb**=**at** [**on**] **the ébb** [形] 下り坂で, 不振で; 引き潮で. ― [動][自] (潮が)引く ([反] flow); 《格式》 (勢いなどが)衰える, (色などが)薄れる (*away*): ～ and flow 潮が満ちたり引いたりする; (運などが)変動する.

ébb tìde [名][C] 引き潮 ([反] flood tide).

EbN [略] =east by north (☞ east 成句).

E·bó·la (vìrus) /ɪbóʊlə-/ [名][U] エボラウイルス (出血熱の原因となるウイルス).

E·bon·ics /iːbɑ́nɪks | -bɔ́n-/ [名][U] [しばしば e-] エボニックス (米国の黒人英語).

eb·o·ny /ébəni/ [名][U] 黒檀(こくたん) (南インド・セイロン産の木材で高級家具用); 《文》 黒檀色, 漆黒.
― [形] 黒檀の; 《文》 黒檀色の, 漆黒の.

é-bòok /íː-/ [名][C] 電子本, 電子書籍.

EbS [略] =east by south (☞ east 成句).

e·bul·lience /ɪbʊ́ljəns, ɪbʌ́l-/ [名][U] 《格式》 (元気・熱意などの)横溢(おういつ); はつらつさ.

⁺**e·bul·lient** /ɪbʊ́ljənt, ɪbʌ́l-/ [形] 《格式》 沸き立つ; (元気・感情などで)あふれるばかりの.

é-bùsiness /íː-/ [名][U] =e-commerce.

EC /íːsíː/ [略] **1** [the ～] =European Community. **2** =East Central (ロンドンの郵便区のひとつ).

é-càsh /íː-/ [名][U] 電子マネー.

*__ec·cen·tric__ /ɪkséntrɪk, ek-/ [形] **1** (人・行為などが) 常軌を逸した, 風変わりな, 奇妙な, エキセントリックな: ～ behavior 常軌を逸した行動. **2** (円・球などが他と) 中心を異にする, 偏心の; 〔天〕 (軌道が)離心的な. [関連] concentric 同心の. ― [名][C] 変人, 奇人.
-cen·tri·cal·ly /-kəli/ [副] 風変わりに, 奇妙に.

⁺**ec·cen·tric·i·ty** /èksentrísəṭi/ [名] (**-i·ties**) [しばしばけなして] [U] 風変わり, 常軌を逸していること; [C] [普通は複数形で] 風変わりな言動, 奇行.

Éc·cles càke /éklz-/ [名][C] 《英》 エクルズケーキ (干しぶどう入りの丸い焼き菓子).

Ec·cle·si·as·tes /ɪklìːziǽstiːz/ [名] [固] 〔聖〕 伝道の書 (旧約聖書の一書).

ec·cle·si·as·tic /ɪklìːziǽstɪk⁻/ [名][C] 《格式》 (キリスト教の)聖職者, 牧師. ― [形] =ecclesiastical.

⁺**ec·cle·si·as·ti·cal** /ɪklìːziǽstɪk(ə)l⁻/ [形] [普通は [A]] 教会の; 牧師の.

ECG /íːsìːdʒíː/ [略] 〔医〕 《主に英》 =electrocardiogram, electrocardiograph (《米》 EKG).

⁺**ech·e·lon** /éʃəlɑ̀n | -lɔ̀n/ [名] 《格式》 **1** [C] (組織や指揮系統などの)段階, 階層: the upper ～*s* 上層部. **2** [U,C] (飛行機・船・軍隊などの)梯形(ていけい)編成.

e·chid·na /ɪkídnə/ [名][C] 〔動〕 はりもぐら (豪州・ニューギニア産).

ech·i·na·ce·a /èkənéɪsiə/ [名][U] 〔植〕 むらさきばれんぎく (北米産; きく科; 免疫機能を高める働きがある).

*__ech·o__ /ékoʊ/ [動] (**ech·oes** /～z/; **ech·oed** /～d/; **-o·ing**) [自] [しばしば副詞(句)を伴って] **反響する**, こだまする, 鳴り響く: [言い換え] The music **～*ed in*** the empty hall. =The empty hall **～*ed with*** [***to***] the music. <V+前+名・代> がらんとした会場にその音楽が鳴り渡った / The thunder **～*ed back*** from the mountains. 雷鳴が山々から反響して戻ってきた / It ～*es* around here. Ⓢ このあたりは音が反響する / Her words ～*ed* in my mind [head]. 彼女の言葉が私の心に響いていた. ― [他] **1** 《文》 (賛同して)〈人のことば〉をまねる, 繰り返す (repeat); 〈...〉を反映する; 模倣する. **2** 〈音〉を反響する: The valley ～*ed* (*back*) my voice. 谷に私の声がこだました.
― [名] (～**es** /～z/) [C] **1** こだま, やまびこ: We heard the ～ of our voices from the other side of the valley. 私たちの声のこだまが谷の反対側から聞こえた.
2 反響, 反応; 共感, 共鳴; 名ごり (*of*): His speech found an ～ in the hearts of many people. 彼の演説は多くの人の共感を得た. **3** 模倣, 繰り返し.

Ech·o /ékoʊ/ [名] [固] 〔ギ神〕 エコー (空気と土との間に生まれた森の精; ナルキッソス (Narcissus) への恋がかなわず, 体はやせ細って消え, 声だけが残った).

écho sòunder [名][C] 音響測深器[装置].

é·clair /eɪkléə | -kléə/ 《フランス語から》 [名][C] エクレア (チョコレートをかけた細長いシュークリーム).

é·clat /eɪklɑ́ː/ 《フランス語から》 [名][U] 《文》 大成功; かっさい; 名声; 見せびらかし.

⁺**ec·lec·tic** /ekléktɪk, ɪk-/ 《格式》 [形] **1** 折衷主義の, 折衷的な. **2** 取捨選択する. **3** (趣味・意見などが)広い. ― [名][C] 折衷主義者.

ec·lec·ti·cal·ly /-tɪkəli/ [副] 《格式》 折衷して.

ec·lec·ti·cis·m /ekléktəsìzm, ɪk-/ [名][U] 《格式》 折衷主義.

⁺**e·clipse** /ɪklíps/ [名] **1** [C] 〔天〕 (太陽・月の)食: a total ～ *of* the sun 皆既日食 / a partial ～ 部分食 / a lunar [solar] ～ 月[日]食. **2** [単数形で] (名声・権威・影響力などの)失墜 (*of*). **gó ìnto eclípse** [動] [自] 《格式》 (影響力などが)弱まる, 失墜する. **in eclípse** [形] 《格式》 (名声などが)失墜して. ― [動][他] [しばしば受身で] **1** 〔天〕 (天体が)〈他の天体〉を食する. **2** 《格式》 〈競争者〉をしのぐ; 〈...〉の影を薄くする.

e·clip·tic /ɪklíptɪk/ [名] [the ～] 〔天〕 黄道.

ec·o- /ékoʊ, íːk-/ [接頭] 「生態; 環境」の意: *eco*cide 環境破壊 / *eco*logy 生態学.

ec·o·cide /ékoʊsàɪd, íːk-/ [名][C] 環境破壊 (環境汚染による生態系破壊).

éco-frìendly [形] 環境にやさしい[無害な].

éco·làbel [名][C] エコラベル (製品の環境への配慮を示す).

E. co·li /íːkóʊlaɪ/ [名][U] 大腸菌.

⁺**ec·o·log·i·cal** /èkəlɑ́dʒɪk(ə)l, ìːk- | -lɔ́dʒ-⁻/ [形] [A] 生態学の, 生態学的な; 生態上の; (生物の)環境の; (運動などが)環境保護の: ～ destruction 生態[環境]破壊 / ～ groups 環境保護団体.

ec·o·log·i·cal·ly /èkəlɑ́dʒɪkəli, ìːk | -lɔ́dʒ-/ [副] [時に [文修飾語]] 生態学的には; 生態上から見れば: ～ sound [friendly] 生態学的に健全な.

⁺**e·col·o·gist** /ɪkɑ́lədʒɪst | ɪkɔ́l-/ [名][C] 生態学者; 環境保護論者.

⁺**e·col·o·gy** /ɪkɑ́lədʒi | ɪkɔ́l-/ [T3] [名][U] **1** 生態; (生物の)環境, 自然環境: *E*～ before economy. 経済の前に環境を (環境保護の標語). **2** 生態学 (生物とそ

の環境との関係を研究する).

éco‧màrk 名 C エコマーク(環境にやさしい製[商]品につけられるマーク).

e-comm /íːkàm | -kɔ̀m/ =e-commerce.

é-cómmerce /íː-/ 名 U (インターネットによる)電子商取引(略 e-comm).

e‧con /íːkɑn | íːkɔn/ 名 U S 経済学(economics).

e‧cón‧o‧box /ɪkɑ́nəbɑks | ɪkɔ́nəbɔks/ 名 C (米) 経済車(燃費のよい小型車).

e‧con‧o‧met‧rics /ɪkɑ̀nəmétrɪks | ɪkɔ̀n-/ 名 U 計量経済学.

*__ec‧o‧nom‧ic__ /èkənɑ́mɪk, iːk- | -nɔ́m-◂/
← **ecónomy** 1; 反 **uneconomic**) 1 [比較なし] A 経済(上)の: ~ climate 経済環境 / ~ growth 経済成長 / ~ powers 経済大国 / the ~ policy of the government 政府の経済政策 / the Organization for E~ Cooperation and Development 経済協力開発機構 (略 OECD). 関連 **economical** 経済的な.
2 A 経済学の: ~ principles 経済学の諸原則.
3 利益の上がる, もうかる; 実利的な.

+__ec‧o‧nom‧i‧cal__ /èkənɑ́mɪk(ə)l, iːk- | -nɔ́m-◂/
⦿ 形 (名 **economic** 2, 3; 反 **uneconomical**) [ほめて] 経済的な, 節約になる, 徳用の; (人が)倹約家の; (ことばなどが)むだのない: an ~ heater 経済的なストーブ(燃料をくわない) / He is ~ of [with] his time. 彼は自分の時間を惜しんで使う / He is ~ with the truth. 彼はなかなか本当のことは言わない. 関連 **economic** 経済(上)の. ~‧ly /-kəli/ 副 1 文修飾節 経済的には, 経済的に言えば. **2** 経済的に, 節約して; むだなく.

Económic and Mónetary Únion 名 経済通貨同盟(EU 内の経済・通貨の調整・統合を推進する構想; 略 EMU).

económic cýcle 名 C 経済の周期, 景気循環.

económic mígrant 名 C 経済的移住者(経済的向上を求めて移動する人; refugee と区別される).

económic réfugee 名 C 経済難民(迫害から逃れるのではなくよりよい暮らしを求めて出国する難民).

*__ec‧o‧nom‧ics__ /èkənɑ́mɪks, iːk- | -nɔ́m-◂/ 名 形
ecónomic) 1 U 経済学 (略 econ.): home ~ 家政学; 家庭科. **2** [複; 時に単数扱い] (一国の)経済状態; 経済面: the ~ of a project 企画の経済面.

*__e‧con‧o‧mist__ /ɪkɑ́nəmɪst | ɪkɔ́n-/ 名 (-o‧mists /-mɪsts/) 1 C 経済学者. **2** [the E-] 『エコノミスト』 (英国の政治・経済週刊誌).

e‧con‧o‧mize /ɪkɑ́nəmàɪz | ɪkɔ́n-/ 動 (名 **ecónomy** 2, 3) (時間・労力・金などを)経済的に使う, 節約する (on), 経費を節減する.

e‧con‧o‧miz‧er /ɪkɑ́nəmàɪzə | ɪkɔ́nəmàɪzə/ 名 C 倹約家; (火力・燃料などの)節約装置.

*__e‧con‧o‧my__ /ɪkɑ́nəmi | ɪkɔ́n-/ ⦿ 名 (-o‧mies /-z/; 2, 3 では **ecónomical**, 1 では **ecónomic**; 2, 3 では 動 **ecónomize**) **1** U [しばしば the ~] 経済(社会・家庭などの経済); C 経済組織, 経済機構: the Japanese ~ 日本の経済 / This project will improve our town's ~. この計画は町の経済を改善するだろう.
2 U 節約, 倹約: ~ of time [labor] 時間[労力]の節約 / We should try to practice ~. 我々は節約に努めねばならん. 関連 **waste** 浪費.
3 C 節約, 倹約した行ない: a false ~ みせかけの節約 / *economies* of scale 〖経〗規模の経済(大量生産による費用の節約) / It's an ~ to go by bus instead of taking a taxi. タクシーで行く代わりにバスで行くのは節約になる / By making various *economies* they managed to buy a house of their own. いろいろと節約をして彼らは自分たちの家を何とか持てた. **4** =economy class. **5** [形容詞的に] 経済的な, 徳用の, 安い (cheap); 節約の: the ~ size 経済サイズ / an

~ pack 徳用パック / ~ cars 省エネの車 / have [be on] an ~ drive 節約の努力をする. 語源 ギリシャ語で「家の管理」の意.

ecónomy cláss 名 U (旅客機の)エコノミークラス, 普通席((米) coach class). 関連 **first class** 1 等(席). —形 エコノミークラス[普通席]の[で].

ecónomy cláss sýndrome 名 U エコノミークラス症候群(deep vein thrombosis の別名).

èco‧pólitics 名 U 環境保護政策.

èco‧sphère 名 C (宇宙の生物生存圏, 特に地球上の)生物層, 生態圏.

èco‧sýstem 名 C 『生態学』生態系.

èco‧térrorism 名 U 環境テロ(1) 環境保護を推進するために行なわれる破壊行為 (2) 政治目的で自然環境を破壊するテロ行為).

èco‧térrorist 名 C 環境テロリスト.

èco‧tóurism 名 U エコツーリズム(環境保護の重要性を参加者に認識してもらうためのツアー).

e‧cru /éɪkruː, éː-/ 名 U, 形 淡褐色(の).

*__ec‧sta‧sy__ /ékstəsi/ 名 (-sta‧sies; 形 **ecstátic**) **1** U C 有頂天, 無我夢中: うっとりとした状態 ⦿ stand 単語の記憶: sexual ~ 性的絶頂 / in an ~ of joy うれしくて有頂天. **2** C U (宗教的)法悦. **3** U C [E-] エクスタシー(特に若者の用いる幻覚剤; 略 E). 語源 ギリシャ語で「その場から連れ去られること」の意 (⦿ stand 単語の記憶). **gó ìnto écstasies òver [abóut]** ... 動 他 (略式) ...に有頂天になる.

*__ec‧stat‧ic__ /ɪkstǽtɪk/ 形 (名 **écstasy**) 有頂天[夢中]の; うっとりした, (宗教的に)忘我の (*over, about, at*). ~‧**i‧cal‧ly** /-kəli/ 副 有頂天で.

ECT /íːsìːtíː/ 名 =electroconvulsive therapy((⦿ electroshock therapy).

-ec‧to‧my /éktəmi/ 接尾 [名詞語尾] 〖医〗「...切除 (手術)」の意: append*ectomy* 虫垂切除(手術).

ec‧tóp‧ic prégnancy /ektɑ́pɪk- | -tɔ́p-/ 名 U C 〖医〗子宮外妊娠.

ECU, E‧cu, e‧cu /éɪkjuː/ 名 (~s /-z/, ~) C エキュー(Euro の旧称; European Currency Unit の略).

Ec‧ua‧dor /ékwədɔ̀ə | -dɔ̀ː/ 名 固 エクアドル(南米北部の共和国; 首都 Quito /kíːtoʊ/). 語源 スペイン語で equator の意; 赤道直下の国.

ec‧u‧men‧i‧cal /èkjuménɪk(ə)l, iːk-◂/ 形 (格式) 全世界キリスト教の, キリスト教(会)統一の. **-i‧cal‧ly** /-kəli/ 副 全世界キリスト教(会)的に.

e‧cu‧men‧is‧m /ekjúːmənìzm | íː-/ 名 U (格式) 全世界教会主義[運動].

*__ec‧ze‧ma__ /éksəmə/ 名 U 〖医〗湿疹(と...).

ed /éd/ 名 U S (米略式) (...)教育(科目名).

Ed /éd/ 名 固 エド(男性の名; Edgar, Edmund, Edward, Edwin の愛称).

ed. =edited (by)(編者を示す), edition, editor, education.

*__-ed__[1] /ɪd, əd, d, t/ 接尾 [規則動詞の過去形および過去分詞の語尾].

文法 **規則活用**

　動詞の原形に -ed をつけて過去形・過去分詞をつくる活用をいう. 規則活用をする動詞を規則動詞 (regular verb) という.

(1) つづり字の上での注意.

(i) 発音しない -e で終わる語は -d だけをつける: hope → hop*ed* / serve → serv*ed*.

(ii) 子音字 +y で終わる語は y を i に変えて -ed をつける: cry → cri*ed* / study → stud*ied*.

(iii) アクセントのある 1 字の短母音字+1 字の子音字で終わる語は語尾の子音字を重ねて -ed をつける: beg

→ begg*ed* / omit → omit*ted*.
(iv) c で終わる語は k を加えて -ed をつける: picnic → picnic*ked*.
上の規則によらないで過去形および過去分詞をつくる活用を不規則活用という.
(2) 発音上の注意.
(i) /t/, /d/ で終わる動詞では -ed は /ɪd, əd/ と発音される. count → count*ed* /káʊntɪd/, skate → skat*ed* /skéɪtɪd/, crowd → crowd*ed* /kráʊdɪd/
(ii) /t/ 以外の無声子音 /p/, /k/, /f/, /θ/, /s/, /ʃ/, /tʃ/ で終わる動詞では -ed は /t/ と発音される. hope → hop*ed* /hóʊpt/, kick → kick*ed* /kíkt/, stuff → stuff*ed* /stÁft/, place → plac*ed* /pléɪst/, push → push*ed* /pʊ́ʃt/, touch → touch*ed* /tÁtʃt/
(iii) /d/ 以外の子音 /b/, /ɡ/, /v/, /ð/, /z/, /ʒ/, /dʒ/, /m/, /n/, /ŋ/, /l/ および母音で終わる動詞では -ed は /d/ と発音される. sob → sobb*ed* /sÁbd | sɔ́bd/, beg → begg*ed* /béɡd/, save → sav*ed* /séɪvd/, bathe → bath*ed* /béɪðd/, use → us*ed* /júːzd/, judge → judg*ed* /dʒÁdʒd/, aim → aim*ed* /éɪmd/, dine → din*ed* /dáɪnd/, belong → belong*ed* /bəlɔ́ːŋd | -lɔ́ŋd/, smile → smil*ed* /smáɪld/, free → free*d* /fríːd/, obey → obey*ed* /əbéɪd/, snow → snow*ed* /snóʊd/, clear → clear*ed* /klíəd | klíəd/, soar → soar*ed* /sɔ́əd | sɔ́ːd/

-ed² /ɪd, əd, d, t/ 接尾 名詞につく形容詞語尾「…を持った, …の特徴のある」の意: bearded あごひげのある / talented 才能のある. ★発音上の注意については ☞ -ed¹ 文法 (2).

E·dam /íːdæm, -dæm/ 名 U.C エダムチーズ《オランダ原産の固く丸いチーズ; 赤いろうでコーティングしてある》.

Ed·die, Ed·dy /édi/ 名 固 エディー《男性の名; Edgar, Edmund, Edward, Edwin の愛称》.

⁺**ed·dy** /édi/ 名 (**ed·dies**) C (水・空気・ほこりなどの)渦巻き. ── 動 (**ed·dies; ed·died; -dy·ing**) 自 《文》渦巻く; 渦巻いて流れる.

Ed·dy /édi/ 名 固 =Eddie.

e·del·weiss /éɪdlvàɪs/ 名 (複) C エーデルワイス《高山植物》.

e·de·ma, oe·de- /ɪdíːmə/ 名 (複 -ma·ta /-tə/) U 《医》水腫, 浮腫.

E·den /íːdn/ 名 **1** 固 《聖》エデンの園 (the Garden of Eden, Paradise).

参考 エホバ (Jehovah) の神が人類最初の男女アダム (Adam) とイブ (Eve) とを造って住まわせた楽園. 神はここの「禁断の木の実」(forbidden fruit) を食べることを禁じたが, 2 人は悪賢い蛇の誘惑に負けて食べたため, 神の怒りに触れてエデンの園から追われた《☞ original sin, Adam 写真》.

2 C 楽園 (paradise). 語源 ヘブライ語で「喜び」の意.

Ed·gar /édɡə | -ɡə/ 名 固 エドガー《男性の名; 愛称は Ed, Eddie, Eddy, Ned, Neddie または Neddy》.

‡**edge** /édʒ/ 名 (**edg·es** /~ɪz/)

「刃」² → (刃のように鋭いもの) → 「鋭さ」 4
       → (2 つの面の接線) → (境目) → 「端, へり」 1

1 C [普通は単数形で] **へり, 端, 縁**; (村などの)はずれ: the ~ *of* a cup 茶わんの縁 / the ~ *of* a table [ruler] テーブル[定規]の端 / the water's ~ 水辺 / They live at [on] the ~ *of* the village. 彼らは村はずれに住んでいる.

2 C 刃先, 刃: the ~ of a razor かみそりの刃 / This knife has no ~. このナイフは切れない / put an ~ on the knife ナイフの刃を研ぐ. **3** C [普通は the ~] (悪いことの)瀬戸際, 危機: bring the animal to *the* ~ *of* extinction その動物を絶滅の危機にさらす.
4 [単数形で] (欲望・言葉・議論などの)鋭さ, 痛烈さ, 激しさ (*of*); (演奏・話などの)面白味: have *an* ~ to [in] one's voice 声にとげとげしさがある / Spices give *an* ~ *to* the appetite. 香辛料は食欲を増進する. **5** [単数形で] (感情などの)少しの量: There was *an* ~ *of* anger in his words. 彼の言葉には怒りが少し読み取れた. **6** [単数形で; しばしば the ~] 優勢, 有利 (*on, over*): lose the competitive ~ 競争力をなくす. **be on édge** [動] 自 いらいらしている. **be on the édge of** ... [動] 自 …の寸前である. **be rough around the édges** [動] 自 = have rough edges. **gò óver the édge** [動] 自 頭がおかしくなる. **hàve róugh édges** [動] 自 (1) (人が)少々の欠点[かど]がある. (2) (演技・作品などが)未完成[荒削り]である. **hàve [an] édge on [òver] ...** [動] 他 《略式》…に少し勝っている, …より少し有利である. **on the édge** [形・副] (1) 頭がおかしくなりそうな. (2) 危険な立場に(身を置いて). **on the édge of one's séat [cháir]** [形・副] 夢中で, 興奮して. **tàke the édge òff ...** [動] 他 …を和らげる, 弱める; …の興をそぐ.

── 動 (**edg·es** /~ɪz/; **edged** /~d/; **edg·ing**) 自 [副詞(句)を伴って] (体を斜めにして)じりじりと進む, 割り込む (*across, in, toward*); (価格などが)じりじりと変動する (*up, down*): I ~*d* past the onlookers *to* the scene of the accident. <V+前+名・代+*to*+名・代> 見物人のわきを事故現場までじりじりと進んだ.
── 他 **1** [普通は受身で] ⟨...に⟩ [縁] をつける; (物が) ⟨...の⟩へり[ふち]となる; ⟨...に⟩刃をつける: The tablecloth *was* ~*d* with lace. <V+O+*with*+名・代の受身> そのテーブル掛けにはレースの縁取りがしてあった. **2** ⟨...⟩をそろそろずらす, 少しずつ(注意深く)(横に)動かす (*across, toward*): ~ the piano *through* the door ピアノを横にずらしてドアから出す. **3** ⟨草⟩を刈り込む. **4** 《米》《スポ》(わずかな点差で) ⟨...⟩を破る (*out*). **5** ⟨スキー・スケート⟩のエッジをきかす. **édge one's wáy** [動] 自 [副詞(句)を伴って] 体をはすにして少しずつ進む (*in, through, toward*) [コーパス・キーワード] ⇨ way¹. **édge óut** [動] 他 ⟨人⟩を(地位などから)じりじりと押しのける (*of*); 《米》⟨...⟩にわずかな差で勝つ.

-edged /édʒd/ 形 [合成語で] …の刃の: a sharp-edged sword 鋭い刃の剣.

édge·wise, 《英》 -wàys 副 斜めに, 横に, 横から; へり[縁]の外[前]に向かって. **cannót gèt a wórd in édgewise [《英》édgeways]** [動] 自 《略式》(おしゃべりな人のために)ことばを挟む(余地がない).

edg·i·ly /édʒɪli/ 副 いらいらして; とげとげしく.

edg·i·ness /édʒinəs/ 名 U いらいら; とげとげしさ.

edg·ing /édʒɪŋ/ 名 U.C 縁飾り, (花壇などの)へり.

⁺**edg·y** /édʒi/ 形 (**edg·i·er, more ~; edg·i·est, most ~**) **1** 《略式》いらいらした (*about*); とげとげしい.
2 (音楽・著作などが)強烈な, 面白い.

edh, eth /éð/ 名 C エズ《(1) ð [Ð] の字; 古英語・中英語やアイスランド語などのアルファベットの一つ. (2) 音声記号の ð》.

⁺**ed·i·ble** /édəbl/ 13 形 (反 inedible) (物が)食べら

る, 食用に適する (≒eatable): ~ mushrooms 食用きのこ. ──名 [複数形で] 食用品.

e・dict /íːdɪkt/ 名 C (格式) **1** 布告, 勅令. **2** [主に滑稽] 命令.

ed・i・fi・ca・tion /èdəfɪkéɪʃən/ 名 U (格式) または [滑稽] (徳性などを)高めること; 教化, 啓発.

ed・i・fice /édəfɪs/ 名 C (格式) **1** [滑稽] (堂々とした)大建築. **2** (思想)体系, (伝統の)制度.

ed・i・fy /édəfàɪ/ 動 (-fies, -fied, -fy・ing) 他 (格式) または [滑稽] 教化する.

ed・i・fy・ing /édəfàɪɪŋ/ 形 (格式) または [滑稽] 啓発的な, ためになる; [否定文で] 楽しい, 愉快な.

Ed・in・burgh /édnbə:rə, -rou /édɪnbə̀(ː)rə/ 名 固 エジンバラ《英国 Scotland 南部の都市; Scotland の首都; ☞裏地図 E 4》.

Ed・i・son /édəs(ə)n/ 名 固 **Thomas Al・va** /ǽlvə/ ~ エジソン (1847-1931) 《米国の発明家》.

ed・it /édɪt/ 動 (ed・its /édɪts/; -it・ed /-tɪd/; -it・ing /-tɪŋ/; 名 edition) 他 **1** 〈本・辞書・雑誌・フィルム・テープ・コンピューター用のデータなどを〉**編集する**, 編纂する; 〈本文を〉校訂する; 〈原稿に〉手を加える: The dictionary was ~ed by Prof. Smith. 〈V+O の受身〉その辞書はスミス教授によって編集された. **2** 〈…を〉責任編集する. ── 自 編集する. **édit óut** [動] 〈原稿・映画などを〉編集で削除する (of). ──名 C 編集(作業).

edit. =edited, edition, editor.

ed・it・ed /édɪtɪd/ 形 編集された, 手を加えられた (略 ed., edit.).

E・dith /íːdɪθ/ 名 固 イーディス 《女性の名》.

e・di・tion /ɪdíʃən/ 名 (類音 édit) C **1** (本・雑誌・新聞などの)**版** (1回に発行される部数全体, またはその一冊) (略 ed., edit.): the first ~ 初版 / a revised ~ 改訂版. The book went through ten ~s. その本は 10 版を重ねた. 語法 増補または改訂した場合を edition, 内容を変えずにただ増刷した場合を printing, impression という. **2** (本の)版, 型, 体裁: a library ~ 図書館(大型)版. **3** (シリーズ番組・記事の)一回分: an omnibus ~ (一週間分などの)一括放送; 総集編.

ed・i・tor /édəṭɚ | -tə/ 名 (~s /~z/; 略 editorial) **1** (本・新聞・雑誌・ラジオ[テレビ]番組などの)**編集者**, 編集主任, 編集長 (略 ed., edit.): letters to the ~ 読者の投稿 / the chief ~ 編集長, 編集主幹. **2** (新聞・雑誌などの特定部門の)**部長**, (新聞などの)論説委員. **3** [電算] エディター (テキスト編集プログラム).

ed・i・to・ri・al /èdətɔ́ːriəl/ 形 名 èditórialize **1** C (新聞などの)**社説**, 論説 (英語 leader, leading article).
──形 (名 éditor) 編集(上)の, 編集者の; [普通は A] 社説(論説)の: ~ policy 編集方針 / the ~ staff 編集部員(全体).

ed・i・to・ri・al・ize /èdətɔ́ːriəlàɪz/ 動 名 èditórial 自 (社説で)意見を述べる.

ed・i・to・ri・al・ly /èdətɔ́ːriəli/ 副 [時に 文修飾語] **1** 編集上, 編集者として. **2** 社説として; 社説で.

éditor in chíef 15 名 (複 editors in chief) C 編集長, 編集主幹.

éditor・ship 名 U 編集者の職[任期, 技量].

édit suíte 名 C (英格式) ビデオ編集室.

Ed・mon・ton /édmən(t)n/ 名 固 エドモントン 《カナダ南西部 Alberta 州の州都》.

Ed・mund /édmənd/ 名 固 エドモンド 《男性の名; 愛称 Ed, Eddie, Eddy, Ned, Neddie または Neddy》.

EDP /íː.díː.píː/ 略 =electronic data processing.

EDT /íː.díː.tíː/ 略 =Eastern Daylight Time.

edu /édʒuː/ 略 [.edu の形でインターネットで] =educational institution 教育機関.

ed・u・ca・ble /édʒʊkəbl/ 形 教育[学習]可能な.

ed・u・cate /édʒʊkèɪt/ 動 (-u・cates /-kèɪts/; -u-

Edwardian 541

cat・ed /-tɪd/; -u・cat・ing /-tɪŋ/; 名 èducátion) 他 **1** [しばしば受身で] 〈人を〉**教育する**, 〈子供〉を学校へやる (in) (☞ introduce 単語の記憶)): He was ~d at Harvard University. 彼はハーバード大学で教育を受けた. **2** 〈人〉**を教える, 教化する**: ~ young people on [about] the importance of nature conservation 若者に自然保護の重要性について教える. **3** 〈…を〉**養成する**; 訓練する: ~ the ear to good music よい音楽を聴く耳を養う. 語源 ラテン語で「(その人の持っている能力を)導き出す」の意 (☞ introduce 単語の記憶).

ed・u・cat・ed /édʒʊkèɪṭɪd/ 形 **1** [しばしば合成語で] A **教育を受けた**, 教育[教養]のある (略 educ.). 反 un-educated): ~ people 教育のある人たち / a well-~ person 十分な教育を受けた人 / Harvard-~ ハーバード大学で教育を受けた. **2** 訓練された, 熟達した: have an ~ ear for classical music クラシック音楽を聞く耳がある. **3** A (推測などが)経験[知識]に基づいた: an ~ guess 経験による推測.

ed・u・ca・tion /èdʒʊkéɪʃən/ T1 名 (略 éducàte, 名 èducátional) **1** U **教育**; [時に an ~] 教育による知識[教養, 能力, 精神的発達] (略 ed., educ.): a college ~ 大学教育 / compulsory ~ 義務教育 / the Department of E~ (米)教育省 / a board of ~ (米)教育委員会 ((英)an education committee).

コロケーション
complete one's *education* 教育課程を終える
give (…) an *education* =**provide** (an) *education* for … (人に)教育を施す[受けさせる]
have [**get, receive**] **a good** *education* よい教育を受ける; 立派な教養を身につける
neglect the *education* of … (人)の教育を怠る

2 U 教育学, 教育法 (☞ pedagogy): a college of ~ (英)教員養成大学 ((米)a teachers college). **3** C [an ~] 勉強になる経験 (to, for).

education のいろいろ
adúlt educátion 成人教育 / **còeducátion** 男女共学 / **contínuing educátion** 生涯教育 / **fórmal educátion** 公式(学校)教育 / **líberal educátion** 一般教養教育 / **phýsical educátion** 体育 / **rèeducátion** 再教育 / **séx educátion** 性教育

ed・u・ca・tion・al /èdʒʊkéɪʃ(ə)nəl/ 形 (名 èducátion) **1** [比較なし] **教育上の**, 教育(のための) (略 educ.): ~ levels [standards] 教育水準 / ~ television 教育テレビ / an ~ establishment 教育施設. **2** 教育的な, 教訓となる: ~ experience 有益な経験.

ed・u・ca・tion・al・ist /èdʒʊkéɪʃ(ə)nəlɪst/ 名 C (英格式) 教育者[家]; 教育学者 ((米)educator).

ed・u・ca・tion・al・ly /èdʒʊkéɪʃ(ə)nəli/ 副 [時に 文修飾語] 教育上は, 教育的に.

ed・u・ca・tion・ist /èdʒʊkéɪʃ(ə)nɪst/ 名 C (英格式) =educationalist.

ed・u・ca・tive /édʒʊkèɪṭɪv | -kət-, -kèɪt-/ 形 (格式) 教育に役立つ; 教育の.

ed・u・ca・tor /édʒʊkèɪṭɚ | -tə/ 名 C (格式, 主に米) 教育者, 教師; 教育学者 ((英)educationalist).

ed・u・tain・ment /èdʒʊtéɪnmənt/ 名 U 教育娯楽番組(映画, ソフト) (☞ infotainment).

Ed・ward /édwəd | -wəd/ 名 固 エドワード 《男性の名; 愛称は Ed, Eddie, Eddy, Ned, Neddie, Neddy または Ted, Teddy》.

Ed・war・di・an /edwɔ́ədiən | -wɔ́ː-/ 形 [普通は A]

(英国の)エドワード7世時代 (1901-10) の. ― 名 C エドワード7世時代の人.

Ed·win /édwɪn/ 名 固 エドウィン(男性の名; 愛称は Ed, Eddie, Eddy, Ned, Neddie または Neddy).

-ee /iː/ 接尾 1 [他動詞につく名詞語尾]「…される人」の意(⇨ -er¹, -or): employee 雇われた人. 2 [形容詞, 動詞, 名詞につく名詞語尾]「ある状態[関係]にある人」の意: absentee 欠席者 / refugee 難民.

EEC /íːsíː/ 略 =European Economic Community《1994年以降は European Union》.

EEG /íːdʒíː/ 略 =electroencephalogram, electroencephalograph.

eek /iːk/ 感《略式》《滑稽》キャーッ, げっ《驚き・恐怖を表わす》.

*__eel__ /iːl/ 名 (~s /-z/, ~) C うなぎ. (as) slíppery as an éel 形 (1) ぬるぬるしてつかまえにくい. (2) [けなして] (人が)扱いにくい, 信用のおけない.

e'en /iːn/ 副《詩》=even¹.

ee·nie, mee·nie, mi·nie, moe /íːnimíːnimáɪmóu/ 略 だれにしようかな《鬼ごっこの鬼を決める時などに使う》; ★ eeny, meeny, min(e)y, mo ともつづる.

EEO /íːíːóu/ 略 =equal employment opportunity 雇用機会均等.

EEOC /íːíːòusíː/ 略 =Equal Employment Opportunity Commission《米》雇用機会均等委員会.

-eer /ɪə | ɪə/ 接尾 [名詞語尾]「…する人, …関係者, …を専門に扱う人」の意: engineer 技師 / mountaineer 登山家. 語法 悪い意味を持つことがある: profiteer 暴利をむさぼる者 / racketeer ゆすり屋.

e'er /ɪə | ɪə/《詩》=ever.

*__ee·rie__ /í(ə)ri/ 形 (ee·ri·er; -ri·est) 気味の悪い, ぞっとするような.

ee·ri·ly /í(ə)rəli/ 副 気味悪く.

ee·ri·ness /í(ə)rinəs/ 名 U 気味の悪いこと.

eff /éf/ 動 自 [次の成句で] **éff and blínd** 動 《英俗》または [滑稽]ののしる, 毒づく. **éff óff** 動 自《英単》うせろ, 消える (fuck off) (fuck of f から).

ef·face /ɪféɪs/ 動 他《格式》〈文字・印などを〉(こすり)消す, 削除する; 〈いやな思い出・印象などを〉ぬぐい去る. **efface oneself** 動 自《格式》目立たないようにふるまう (⇨ self-effacing).

*__ef·fect__ /ɪfékt/ 類音 affect) T1 名 (**ef·fects** /ɪfékts/; 形 efféctive, efféctual)

ラテン語で「作られたもの」の意 → 「結果」2 → (結果をもたらす力) →「効力」, 「影響」1

1 C,U **効果, 影響**;〈薬などの〉効き目,〈法律などの〉効力; [普通は単数形で]〈形・色などによる〉効果, 印象, 感じ: a ripple ~ 波及効果 / side ~s〈薬の〉副作用 / the greenhouse ~ 温室効果 / have the opposite ~ 逆効果になる / Our advertising campaign produced [achieved] the desired ~. 我々の宣伝キャンペーンは望み通りの効果があった / Your advice has no ~ on them. あなたの忠告は彼らには何の効き目もない.

2 C,U **結果**〈ある原因 (cause) から生ずるもの〉: cause and ~ 原因と結果 / He's suffering from the ~s of overwork. 彼は過労の結果病気になっている. 3 [複数形で]《格式》または《法》動産: personal ~s 身の回り品. 4 [複数形で][劇・映]〈音響・色彩などの〉効果: sound [color] ~s〈音響[色彩]効果〉/ special ~s 特殊効果. 5 [普通は単数形で][理] 物理現象, 効果.

cóme [gó] into efféct 動 自〈法律・規則などが〉効力を発する; 実施[施行]される.

for effect [副・形] [けなして] 効果をねらって: She cried just for ~. 彼女は思わせぶりに泣いてみせた.

in efféct [副]文修飾詞(見かけはそうでなくても)実際には, 事実上: His reply was in ~ a refusal. 彼の返事は事実上は拒絶だった. ― 形 〈法律・規則が〉効力ある, 有効で.

pút [bríng] ... into efféct 12 動 他 〈…〉を実行する, 実施する: The plan was immediately put into ~. その計画は直ちに実行に移された.

take efféct 動 自 効力を生ずる,〈法律が〉発効する: This medicine will take ~ within an hour. この薬は1時間以内に効く.

to góod [líttle, nó] effect [副] 効果的に[ほとんど効果なく, 全く効果なく].

to the effect that ... [接]《格式》…という趣旨の, …の目的で: I sent him a letter to the ~ that I could not help him. 私は彼を援助できない旨の手紙を送った.

to this [thát] effect [副・形]《格式》この[その]趣旨で[の]: words to that ~ そのような意味合で.

with efféct [副] (1) 効果的に. (2)《格式》効力を発して: with ~ from January 1 1月以降効力を発して / with immediate ~ すぐさま効力を発して.

― 動 (**ef·fects** /ɪfékts/; **-fect·ed** /~ɪd/; **-fect·ing**) 他《格式》〈変化・変化などを〉生じさせる (cause);〈目的などを〉果たす, 遂(と)げる: ~ a cure 治療の効果をあげる / ~ a change 変化をもたらす.

*__ef·fec·tive__ /ɪféktɪv/ T1 形 (名 effect; 反 ineffective) 1 (期待している)効果のある, 有効な; 印象的な [類義語]: be ~ **against** cancer がんに効く / The government adopted ~ measures to prevent such disasters. 政府はこのような災害を防ぐために有効な手段を講じた / The President's speech was very ~. 大統領の演説は非常に効果的だった. 2《格式》〈法律などが〉実施されて, 効力のある: The law becomes ~ from May 1. その法律は5月1日から効力を生じる. 3 A 実際の, 事実上の (actual): the ~ ruler 事実上の支配者.

[類義語] **effective**「効果が期待できる」の意: an effective plan 効果を期待できる計画. **effectual**「非常に効き目がある」の意: The plan is effectual. 計画は非常に効き目がある. **efficient**「効率的な」の意: an efficient organization 効率のよい組織. **efficacious**「薬・治療などが効力のある」の意.

*__ef·fec·tive·ly__ /ɪféktɪvli/ 副 1 有効に, 効果的に: We need employees who know how to communicate ~. 人とうまく話のできる従業員が必要だ. 2 文修飾詞 (見かけはそうでなくても)事実上は (in effect): The two groups are ~ the same. その二つの集団は実質同じものだ.

*__ef·fec·tive·ness__ 名 U 効果のあること, 有効(性).

ef·fec·tu·al /ɪféktʃuəl/ 形 (名 effect; 反 ineffectual)《格式》〈言動・計画・方法などが〉有効な, 効果のある(⇨ effective 類義語):〈法律などが〉効力を有する. **-al·ly** /-əli/ 副 有効に, 効果的に.

ef·fec·tu·ate /ɪféktʃuèɪt/ 動 他《格式》〈事態を〉引き起こす;〈目的などを〉果たす (effect).

ef·fem·i·na·cy /ɪfémənəsi/ 名 U [けなして]〈男性またはその行動の〉めめしさ, 柔弱, 優柔不断.

ef·fem·i·nate /ɪfémənət/ 形 [けなして]〈男性はその行動が〉めめしい, 男らしくない, 柔弱(にゃく)な. **~·ly** 副 めめしく, 軟弱に.

ef·fer·ent /éfərənt/ 形 (反 afferent) 〈生〉〈血管が〉輸出性の;〈神経が〉遠心性の.

ef·fer·vesce /èfəvés/ | èfə-/ 動 自〈炭酸水などが〉泡立つ,〈ガスなどが〉泡となって出る.

ef·fer·ves·cence /èfəvés(ə)ns | èfə-/ 名 U[格式]泡立ち; 興奮, はつらつさ, 活気.

ef·fer·ves·cent /èfəvés(ə)nt | èfə-/ 形《格式》1〈炭酸水などが〉泡立つ. 2〈人・行動が〉興奮した; 生き生き[はつらつ]とした. **~·ly** 副 泡立って; 興奮して.

ef·fete /ɪfíːt, ef-/ 形《格式》1 衰退した; 精力の尽きた. 2〈男性が〉弱々しい; めめしい. **~·ly** 副 弱々しく.

ef·fi·ca·cious /èfəkéɪʃəs/ 形《格式》または《滑稽》(薬・治療など)効能のある (⇨ effective 類義語). **~·ly** 副 有効に.

†**ef·fi·ca·cy** /éfɪkəsi/ 名 U《格式》効き目, 効能.

*__ef·fi·cien·cy__ /ɪfíʃənsi/ 名 (形 efficient; 反 inefficiency) 1 U (自分の持つ)能力, 有能さ; 効力: Your salary will depend on your ~. あなたの給料は能力次第です. 2 U 能率; 〔物理・工学〕(機械の)効率: fuel ~ 燃費 / improve [increase] ~ 能率を上げる. 3 C 〖複数形で〗省力[効果]化(の方法). 4 C《米》=efficiency apartment.

efficiency apàrtment 名 C《米》簡易[能率, 一室]アパート《家具付きの一部屋と最小限の炊事・洗面・浴用の設備とからなる》.

efficiency èxpert 名 C 能率[生産性]向上技師《企業などの最大限の能率の達成をはかる》.

*__ef·fi·cient__ /ɪfíʃənt/ T1 形 (名 efficiency; 反 inefficient) 1 (方法など)効果のある, 有効な; (機械など)効率のよい (⇨ effective 類義語): energy-*efficient* machines エネルギー効率のよい機械 / This method is more ~ than the old one. この方法は以前の方法よりも効率がいい.

2 人 有能な, 腕のよい, てきぱきと仕事をする: an ~ nurse [secretary] 有能な看護師[秘書]. **~·ly** 副 有能に; 能率的に, 効果的[有効]に.

ef·fi·gy /éfədʒi/ 名 (-fi·gies) C 1 (憎まれ者に似せた木・紙などでできた)人形(ﾆﾝｷﾞｮｳ) (of). 2《格式》肖像, 彫像. **búrn [háng] ... in éffigy** 動 他〈...〉の人形を焼く[縛り首にする](憎しみや怒りのろいを表わす).

ef·fing /éfɪŋ/ 形《英卑》〖婉曲〗忌々しい《語句の強調に用いる》. ── 副 いまいましく.

ef·flo·res·cence /èfləɾés(ə)ns/ 名 U《格式》開花(期); 《文芸》の開花, 隆盛(期).

ef·flu·ent /éflu:ənt| éfluənt/ 名 U.C《格式》(工場などの)廃液, 廃水; 汚水.

ef·flux /éflʌks/ 名 U《化》(気体・液体の)流出.

*__ef·fort__ /éfət| éfət/ T1 名 (**ef·forts** /éfəts| éfəts/) 1 U.C 努力, 骨折り; 骨の折れること (⇨ 類義語): an ~ of will 意志の力 / It did not take [require] much time or ~. それはあまり時間や努力を必要としなかった / She put a lot of ~ *into* her work. 彼女は仕事に大いに力を入れた / 〖言い換え〗His ~ *to* solve the problem failed. 〈N+*to* 不定詞〉= His ~ *at* solv*ing* the problem failed. 彼は問題解決に努力したが失敗した (⇨ to¹ C (4) 語法) / It was quite an ~ to get them to agree. 彼を同意させるのは一と苦労した. 2 C 努力の成果; 労作: That's quite a good [bad, poor] ~. それはかなりいいでき[駄作]だ. 3 C 《ある目的達成のための集団での》活動: international relief ~s 国際救援活動.

be wòrth the éffort 動 自 努力のしがいがある.

in an [one's] éffort to dó 副 ...しようと努力して, ...しようと努力するあまり.

màke 「an éffort [éfforts] 動 自 努力する, 骨を折る; (気乗りはしないが)やってみる: I will *make* every ~ *to* find him. 彼を探し出すためにあらゆる努力をいたしましょう. 語法 「an effort is [efforts are] made の形で受身にできる.

tàke áll the effort òut of ... 動 他 ...をうんと楽にする, はるかに...を易しくする.

through ...'s éfforts 副 ...の尽力により.

with (an) éffort 副 W 骨を折って, 苦労して.

without éffort 副 骨を折らずに, 楽に.

〖類義語〗**effort** ある目的を達するための努力: He made an *effort* to be punctual. 彼は時間を守ろうと努力した. **endeavor** *effort* よりも意味が強く改まった感じの語で, 持続的に行なう努力: He made an *endeavor* to improve the situation. 彼は事態を改善しようと努力した.

†**éffort·less** 形〖普通は A〗(ほめて)努力したように見えない; 楽々とした, 無理のない, 自然な. **~·ly** 副 苦もなく, 楽々と.

ef·fron·ter·y /ɪfrʌ́ntəɾi/ 名 U《格式》厚かましさ. **hàve the effróntery to dó** 動《格式》厚かましくも...する.

ef·ful·gence /ɪfʊ́ldʒəns, ef-, -fʌ́l-|-fʌ́l-/ 名 U《文》光輝.

ef·ful·gent /ɪfʊ́ldʒənt, ef-, -fʌ́l-|-fʌ́l-/ 形《文》光り輝く.

ef·fu·sion /ɪfjúːʒən/ 名 1 U.C (話や文章などで)おおげさな感情の表現, ほとばしり (*of*). 2《格式》(液体・気体の)流出, 浸出; C 流出物 (*of*).

ef·fu·sive /ɪfjúːsɪv/ 形 (言動が)感情過多の, おおげさな. **~·ly** 副 おおげさに. **~·ness** 名 U おおげさ.

EFL /íː èfél/ 名 =English as a Foreign Language 外国語としての英語(教授法) (⇨ ESL).

EFT /íː èftíː/ 名 =electronic funds transfer.

EFTA, Efta /éftə/ 略 =European Free Trade Association 欧州自由貿易連合, エフタ.

*__e.g.__ /íː dʒíː/ 略 例えば《for example に相当するラテン語 exempli gratia の略語で /fərɪgzǽmpl| -záː m-/ と発音されることも多い》: There are several gases in the atmosphere, ~, oxygen, nitrogen, and hydrogen. 大気中には例えば酸素, 窒素および水素のような何種類かの気体がある.

*__e·gal·i·tar·i·an__ /ɪgæ̀lɪté(ə)riən|-/ 形 平等主義の: an ~ society 平等社会. ── 名 C 平等主義者.

e·gal·i·tar·i·an·is·m /ɪgæ̀lətéə)riənɪzm/ 名 U 平等主義.

*__egg__¹ /ég/ 名 (~s /-z/) 1 C 卵; C.U 鶏卵; 料理した卵 (⇨ bacon 成句, ham¹ 成句): a boiled [poached] ~ ゆで[落とし]卵 / a fried ~ 目玉焼き / a raw ~ 生卵 / ~s over easy《米》両面を軽く焼いた卵 / You've (got) (some) ~ on your chin. あごに卵がついているよ.

〘会話〙"How would you like your ~s?" "Scrambled, please." 「卵はどのように料理いたしますか」「いり卵にしてください」《レストランなどで》.

── コロケーション ──
beat [whisk] an egg 卵をかきまぜる[泡立てる]
boil an *egg* **(hard [soft])** 卵を(固く[半熟に])ゆでる
break [crack] an egg 卵を割る
「**sit on [hatch]** an *egg* (動物が)卵を抱く[かえす]

〖関連〗white 白身 / yellow, yolk 黄身.

2 C =egg cell. 3 C《略式, 古風》人: a good ~ 頼れるやつ, いい人. 4 C 卵形の物. **an égg and spóon ràce** 名 スプーンレース《卵をスプーンに載せて走る》. **(as) súre as éggs is éggs**《古風, 英略式》確かに, 間違いなく. **cán·'t èven bóil an égg** 動 自《滑稽》(卵もゆでられない)全く料理が下手のある. **gèt 「hàve] égg on [àll òver] one's fáce** 動 自《略式》(へまをして)きまりの悪い思いをする, 面目を失う. **láy an égg** 動 自 (1)(動物が)卵を産む. (2)《米略式》失敗に終わる. **pùt 「hàve] áll one's éggs in óne básket** 1 つのことにかけをかける: Don't *put* all your ~s in one basket.《ことわざ》卵を全部 1 つのかごに入れるな《危険は分散させよ》. **téach one's grándmother [gránny] to súck éggs** 動 いらぬ口出し《釈迦(ｼｬｶ)に説法》をする. **wálk on éggs** 動 自 =walk on eggshells (⇨ eggshell 成句).

egg² /ég/ 動〖次の成句で〗**égg ón** 動 他 〈人〉をそその

かす, (…するように)けしかける (to do).
égg·bèater 名 C **1** 卵泡立て器. **2** (米俗) ヘリコプター.
égg cèll 名 C 卵子, 卵細胞.
égg crèam 名 C (米) エッグクリーム (牛乳・チョコレートシロップ・炭酸水で作る飲み物).
égg cùp 名 C ゆで卵立て (食卓用).
égg·hèad 名 C (略式) [軽蔑または滑稽] 知識人, インテリ (highbrow).
egg·nog /égnɑ̀g | -nɔ̀g/ 名 U.C エッグノッグ (鶏卵・牛乳・砂糖を混ぜ酒類を加えた飲み物; 米国でクリスマス・新年に飲む).
égg plànt 名 **1** C.U (主に米・豪) なす (フットボール大にもなる) ((英) aubergine). **2** U なび色.

eggbeater

eggcups

égg ròll 名 C (米) 春巻(はるまき) (中国料理) ((英) spring roll).
égg ròlling 名 U 卵ころがし (復活祭の時期に行なわれるゲームで Easter eggs を割らずにころがした者が勝ち; White House の芝生で催されるものが有名).

eggplant 1

éggs Bénedict 名 U エッグズベネディクト (マフィンにハムと半熟卵をのせてソースをかけたもの).
égg·shèll 名 C.U 卵の殻, 薄い黄色(のペンキ). ━形 卵の殻のような; 淡黄色の: ~ china 薄手の磁器 / ~ paint つや消しペンキ. **wálk on éggshells** 動 自 [しばしば進行形で] 注意深く[慎重に]行動する.
égg tìmer 名 C ゆで卵用砂時計 (約 3 分間).
égg tòoth 名 C 卵歯(らんし) (鳥・爬虫類などがかえるとき卵を破って出るのに用いるくちばし[鼻]の先の小突起).
égg white 名 C.U 卵の白身, 卵白.
***e·go** /í:goʊ, ég-/ 名 (~s /-z/) C **1** [普通はけなして] 自尊心; うぬぼれ: boost [bruise] …'s ~ (人)の自尊心を増長させる[傷つける] / He has a big ~. 彼は自尊心[うぬぼれ]が強い. **2** [心] 自我, エゴ. 関連 id イド.
e·go·cen·tric /í:goʊséntrɪk, èg-/ 形 自己中心的な, 利己的な. ━ 名 C 自己中心的な人. **-tri·cal·ly** /-kəli/ 副 自己中心的に.
e·go·cen·tric·i·ty /í:goʊsentrísəṭi, èg-/ 名 U 自己中心, 自己本位.
e·go·is·m /í:goʊìzm, ég-/ 名 U **1** 利己主義, 自分本位[勝手]. **2** [哲] 利己説, 利己主義. 関連 altruism 利他主義.
e·go·ist /í:goʊɪst, ég-/ 名 C 利己主義者; 自分勝手な人.
e·go·is·tic /í:goʊístɪk, èg-/, **-ti·cal** /-tɪk(ə)l/ 形 利己主義の; 自分勝手[わがまま]な. **-cal·ly** /-kəli/ 副 自分勝手に.
e·go·ma·ni·a /í:goʊméɪniə, èg-/ 名 U 極端[病]な自己中心癖.
e·go·ma·ni·ac /í:goʊméɪniæk/ 名 C 極端[病]的に自己中心の人.
e·go·tis·m /í:goʊtìzm, ég-/ 名 U 自分のことばかり話す[書く]自己中心癖 (やたらに I, my, me など一人称の代名詞を使うこと); うぬぼれ.
e·go·tist /í:goʊtɪst, ég-/ 名 C 自分ばかり話す[書く]人; 自己中心的な人; うぬぼれ屋.
e·go·tis·ti·cal /í:goʊtístɪk(ə)l, èg-/, **-tis·tic** /-tɪk/ 形 自分勝手な; 利己主義の; うぬぼれた.
-cal·ly /-kəli/ 副 自分本位に.
égo trìp 名 C (略式) 利己的な行為; 自分勝手な行動: He is on an ~. 彼は自分勝手にふるまっている.
e·gre·gious /ɪɡríːdʒəs/ 形 [普通は A] (格式) 実にひどい, 言語道断な, とてつもない: an ~ mistake 大間違い. **-ly** 副 とてつもなく.
e·gress /í:ɡres/ 名 (格式) **1** U 出て行くこと; 外に出る権利 (反 ingress). **2** C (古風) 出口.
e·gret /í:ɡrət/ 名 C (各種の)白さぎ.
E·gypt /í:dʒɪpt/ 名 固 エジプト (アフリカ北東部の国; 正式名はエジプトアラブ共和国 (the Arab Republic of Egypt); 首都 Cairo).
E·gyp·tian /ɪdʒíp ʃən/ 形 エジプトの; エジプト人の. ━ 名 C エジプト人.
E·gyp·tol·o·gist /í:dʒɪptɑ́lədʒɪst | -tɔ́l-/ 名 C エジプト学者.
E·gyp·tol·o·gy /í:dʒɪptɑ́lədʒi | -tɔ́l-/ 名 U エジプト学.
***eh** /éɪ, é | éɪ/ ★ 普通は上昇調 (☞ つづり字と発音解説 94) で発音される. 間 S (略式, 主に英・カナダ) **1** …でしょう (同意を求める) ((米) huh?): It's curious, eh? どうです, 奇妙でしょう.
2 えっ, 何だって (軽い驚き・疑いなどを示して, 相手のことばの繰り返しを求める): Eh? What did you say? えっ, 何ですって.
ei·der /áɪdɚ | -də/ 名 C けわたがも (北欧沿岸産のかも).
éi·der·dòwn U けわたがもの羽毛; C (古風) (けわたがもの綿毛を詰めた)羽ぶとん ((米) comforter).
Éif·fel Tówer /áɪf(ə)l-/ 名 固 [the ~] エッフェル塔 (Paris にある鉄塔 (320 m)).
éi·gen·vàlue /áɪɡən-/ 名 C [数] 固有値.
Ei·ger /áɪɡɚ | -ɡə/ 名 固 [the ~] アイガー (スイス中部の山 (3970m)).
***eight** /éɪt/ (同音 (米) ate) 代 (数詞) [複数扱い] 八つ, 8人, 8個; 8ドル[ポンド, セント, ペンスなど] (☞ number 表): E~ were found. 8人[8個]が見つかった. 関連 eighth 8番目の.
━ 名 (**eights** /éɪts/) **1** C (数としての) **8**: Lesson E~ 第 8 課 / E~ and ~ is [makes, equals, are, make] sixteen. 8 と 8 で 16 (8+8=16) / Three times ~ is twenty-four. 8 の 3 倍は 24 (3×8=24) (☞ time 11 英比較) / Forty divided by ~ equals [is] five. 40 割る 8 は 5 (40÷8=5).
2 U **8時**; 8分; 8歳: children of ~ 8 歳の子どもたち / School begins at ~. 学校は 8 時に始まる. **3** C 8 の数字; 8 つ[8 人, 8 個]ひと組もの; エイト (8 本オールのボートおよびその選手たち). **5** C [トラ] 8 の札.
have hád òne óver the éight 動 自 (古風, 英) 飲み過ごしている, 少し酔っぱらっている.

関 連	
eight	(8 本オールのボートのチーム)
nine	(野球のチーム)
eleven	(フットボール・クリケットのチーム)
fifteen	(ラグビーのチーム)

━ 形 **1** 8 つの, 8 人の, 8 個の: ~ times 8 回, 8 倍 / She is ~ years old. 彼女は 8 歳です. **2** P 8 歳で: I went to America when I was ~. 私は 8 つのときアメリカへ行った.
éight bàll 名 C (米) [玉突き] エイトボール (8 の字を書いた黒い玉を最後に落とすゲーム). **behìnd the éight bàll** 副・形 (米略式) 苦しい立場に置かれて[た] (持ち玉をすべて落とすまでは最初に当てられないことから).
***eigh·teen** /éɪtí:n/ (類音 eighty) 代 (数詞) [複数扱い] **18**, 18人, 18個; 18ドル[ポンド, セント, ペンスなど] (☞ number 表, -teen, teens).
━ 名 (~s /-z/) **1** C (数としての)**18**. **2** U (24

間制で) 18 時, 18 分; 18 歳. **3** [C] 18 の数字. **4** [C] 18 [18 人, 18 個]ひと組のもの.
— [形] **1** 18 の, 18 人の, 18 個の. **2** [P] 18 歳で. **3** [18 と書いて] ((英)) (映画が)18 歳未満入場禁止の.

⁑eigh·teenth /èɪtíːnθ←/ [形] **1** [普通は the ~; ☞ the¹ 1 (4)] **18 番目の, 第 18 の** ((18th とも書く; ☞ number 表, ordinal number [文法])). **2** 18 分の 1 の.
— [名] (~s /~s/) **1** [普通は the ~] **18 番目の人[もの]**; (月の) 18 日 ((18th とも書く; ordinal number [文法] (2))).
2 [C] **18 分の 1**, ¹/₁₈ ((☞ cardinal number [文法] (6))).
3 [18 と標示して] ((英)) 18 歳未満入場禁止映画.
— [副] 18 番目に[として].

18–30 hòlidays /éɪtiːnθɜ́ːṭi- | -θɜ́ː-/ [名] [複] ((英)) (18–30 歳の人々の参加する)グループ旅行.

éigh·teen [18]-whéel·er /éɪtìːn-/ [名] [C] ((米)) トレーラートラック.

⁑eighth /éɪtθ, éɪθ | éɪtθ/ ★ 実際の発音は「エイッ」のように聞こえる. [形] **1** [普通は the ~; ☞ the¹ 1 (4)] **8 番目の, 第 8 の**, 8 位の ((☞ number 表, eight, ordinal number [文法])): *the* ~ floor ((米)) 8 階, ((英)) 9 階 ((☞ floor [語法])) / *the* two hundred and ~ line 208 番目の行 / *The* ~ month of the year is August. 1 年の 8 番目の月は 8 月です.
2 8 分の 1 の: an ~ part 8 分の 1 の部分.
— [名] (**eighths** /éɪtθs, éɪts | éɪtθs/) **1** [普通は the ~] **8 番目の人[もの]**, 8 位の人[もの], 第 8 号.
2 [普通は the ~] (月の) **8 日**, ようか ((8th とも書く)): on *the* ~ of April＝on April 8 4 月 8 日に ((April 8 は April (*the*) *eighth* と読む; ☞ ordinal number [文法] (2))).
3 [C] **8 分の 1**, ¹/₈ ((☞ cardinal number [文法] (6))): an [one] ~ ¹/₈ / three ~*s* ³/₈. — [副] ＝eighthly.

éighth·ly [副] [つなぎ語] 8 番目に[として].

éighth nòte [名] [C] ((米)) 〔楽〕 8 分音符 (((英)) quaver).

800 nùmber [lìne] /éɪthʌ́ndrəd-/ [名] [C] ((米)) フリーダイヤル ((1–800 とダイヤルする)) (toll-free number, ((英)) 0800 ((o-eight-hundred)) number [line]).

***eight·i·eth** /éɪṭiəθ/ [形] **1** [普通は the ~; ☞ the¹ 1 (4)] **80 番目の, 第 80 の** ((80th とも書く; ☞ number 表, ordinal number [文法])). **2** 80 分の 1 の.
— [名] (~s /~s/) **1** [普通は the ~] **80 番目の人[もの]**.
2 [C] **80 分の 1**, ¹/₈₀ ((☞ cardinal number [文法] (6))).
— [副] 80 番目に[として].

⁑eight·y /éɪṭi/ ([類音] eighteen) [代] ((数詞)) [複数扱い] **80**, 80 人, 80 個; 80 ドル[ポンド, セント, ペンスなど] ((☞ number 表, -ty²)).
— [名] (**eight·ies** /~z/) **1** [C] (数としての) **80**; 80 の数字. **2** [U] 80 歳. **3** [C] 80 [80 人, 80 個]ひと組のもの. **4** [複数形で the または所有格の後で] 80 年代; 80 歳代; (速度・温度・点数などの) 80 番[度, 点]台 ((しばしば 80(')s とも書く)): in *the* (nineteen) *eighties* [1980(')s] 1980 年代に ((☞ -s¹ [文法] (1) (ii))) / in *one's eighties* 80 歳代で.
— [形] **1 80 の**, 80 人の, 80 個の. **2** [P] 80 歳で.

eight·y-six, 86 /éɪṭisíks/ [動] [他] ((米略式)) (レストランなどで)〈料理〉を出すのを止める; 〈客〉を追い返す.

Ei·leen /aɪlíːn | áɪliːn/ [名] [固] アイリーン ((女性の名)).

Ein·stein /áɪnstaɪn/ [名] **1** [固] **Albert** ~ アインシュタイン (1879–1955) ((ドイツ生まれの米国の物理学者)).
2 [C] ((略式)) (アインシュタインのような)天才 (genius).

Ei·re /é(ə)rə/ [名] [固] エール ((Ireland のゲール語名)).

Ei·sen·how·er /áɪz(ə)nhàʊə | -hàʊə/ [名] [固] **Dwight** /dwáɪt/ **David** ~ アイゼンハワー (1890–1969) ((米国の第 34 代大統領 (1953–61))).

ei·stedd·fod /aɪstéðvɔːd | -vɔd/ [名] [C] アイステズボド ((ウェールズ (Wales) で毎年 8 月に開かれる詩人と音楽家の集い)).

⁑ei·ther /íːðə, áɪðə | áɪðə, íːðə/

> 基本的には「どちらか一方」の意.
> ① どちらか一方(の) [形] **1**, [代] **1**
> ② [either ... or — で] ...か—か [接] **1**
> ③ [否定文で] どちらも(...ない) [形] **2**, [代] **2**
> ④ [否定文で] ...もまた(—ない) [副] **1**
> ⑤ [either ... or — で否定文で] ...も—も(...ない) [接] **2**
> ⑥ どちらの...も [形] **3**

— [形] [単数形の名詞につけて] **1** (2 つ[2 人]のうち) **どちらか(一方)の**; どちらの...でも, どちらでも任意の ((☞ whether [語源])): Take ~ apple. どちらかのりんごを取りなさい / You may invite ~ boy. どっちの少年を招待してもいいよ. [語法] 「3 つ[3 人] 以上のうちどれでも」の意味には any を用いる ((☞ any [形] 2 [語法])).

either both

2 [否定文で] **どちらの...も—ない**; 両方とも...でない ((☞ neither [形])): [言い換え] I do*n't* like ~ dog. (＝I like *neither* dog.) 私はどちらの犬も好きではない. **3** どちらの...も, 両方の: There was a chair at ~ end of the long table. 長い机の両端にそれぞれいすが置かれていた.

> [語法] 3 の意味では特に side, end, hand などと用いるが, both (＋複数名詞)や each (＋単数名詞)を用いることも多い: There were chairs at *both* ends of the long table. / There was a chair at *each* end of the long table.

èither wáy [副] (1) どちらのしかたでも: The word "economic" has two pronunciations (/èkənɑ́mɪk/ and /ìːkənɑ́mɪk/) and you can pronounce it ~ *way*. 「economic」という語には (/èkənɑ́mɪk/ と /ìːkənɑ́mɪk/ の) 2 つの発音がありどちらに発音してもよい / could go ~ *way* (可能性は)五分五分だ / within 10 minutes ~ *way* プラスマイナス[おおよそ] 10 分以内で. (2) [つなぎ語] どちらにしても: *E*~ *way*, I don't believe him. どっちみち私は彼のことばを信じない.

— [副] **1** [先行する否定的表現に続く否定文で] **...もまた** (—しない[でない]) ((☞ neither [副])): I do*n't* like this, and I do*n't* like thát, ~. これも気に入らないしあれも気に入らない / [言い換え] If she does*n't* go, Í wo*n't* (go) ~. (＝If she does*n't* go, *neither* will I.) 彼女が行かないのなら私も行かない / "I wo*n't* go to the party." "Me ~." Ⓢ ((米)) 「パーティーには行きません」「私も(行きません)」

> [語法] (1) 「...もまた」の言い方
> 肯定文では too, also, as well または so を用いる: If she goes, I'll go, *too*.＝If she goes, I'll *also* go. ＝If she goes, I'll go *as well*.＝If she goes, *so* will I. 彼女が行くのなら私も行こう ((☞ too¹ 1, also 1)).

E

either-or

(2) 「…もまた」の意味がかかる語が強く発音される (🖙 also 語法 (3), too¹ 語法 (2) 注意).

2 [先行する肯定的表現に続く否定文で]《略式》その上 (…でもない), それも[といっても] (…ではない): He won a sum of money, and *not* such a small sum, ~. 彼はお金を手にしたが, それもそんなに小額ではない.

— /í:ðə, áɪðə/ /áɪðə, í:ðə/ 接 1 [either … or — として肯定文で] (2つのうち)…かまたは一か, どちらか一方《🖙 neither 接》: I will give you ~ an apple *or* an orange, but not both. りんごかオレンジのどちらかをあげるが, 両方はあげない [名詞と名詞] / E~ you *or* I must go. あなたか私かどちらかが行かなければならない[代名詞と代名詞] / A door must be ~ open *or* shut.《ことわざ》戸は開いているか閉まっているかのどちらかだ (一度に2つのことはできない) [形容詞と形容詞] / If you need my help, ~ call *or* write to me. 私の助けがいるなら電話するか手紙をよこしなさい [動詞と動詞] / E~ you come with me, *or* you stay here. 私と一緒に来るかここに残るかのどちらかだ [節と節].

語法 (1) either A or B では, A と B は同じ品詞の語か同じ資格の句・節が普通.
(2) **either A or B と数**
either A or B の形が主語であるとき, それに続く動詞の人称や数は B の名詞または代名詞に呼応するのが普通《🖙 concord 文法 (8)》: E~ you *or* he has to go. あなたか彼かどちらかが行かなければならない.
(3)《略式》では選択肢が3つになることがある: He'll leave on vacation ~ this morning, (*or*) tonight, *or* tomorrow. 彼は今朝か今夜かあすのいずれかに休暇で出かける.

---

2 [either … or — として否定文で]…も—も (…でない)《🖙 neither 接》: 言い換え She ca*nn*ot speak ~ French *or* German. (=She can speak *neither* French *nor* German.) 彼女はフランス語もドイツ語も話せない. 語法 *both* and — が否定されたときの部分否定と比較: She ca*nn*ot speak *both* French *and* German. Only French. 彼女はフランス語もドイツ語も話せるというわけではない. フランス語だけだ.

— 代 (不定代名詞) 1 (2つ[2人]のうち)どちらか一方, どちらでも: E~ of you may go. あなたがた(2人)のうちどちらか(1人)は行ってもよい / E~ will do. どちらでもよい.

語法 (1) **either の数**
either は普通は単数扱い. ただし《略式》で特に「either+of+複数(代)名詞」の形のときには複数扱いになることもある: *Is either* of them [the men] a spy? =《略式》*Are* ~ of them [the men] spies? あの2人[2人の男]のうちどちらかがスパイなのか.
(2) 「3つ[3人]以上のうちどれでも」の意味には any を用いる《🖙 any 代 語法》.

---

2 [否定文で] どちらも…ない, 両方とも…ない: 言い換え I don't want ~. (=I want *neither*.) 私は両方とも欲しくない / 言い換え She didn't know ~ of the boys. (=She knew *neither* of the boys.) 彼女はその(2人の)少年のどちらも知らなかった. 語法 *both* の否定を表わす *both* と比較《🖙 *both* 代 3 語法》: I don't want *both*. Just give me one. 両方は欲しくない. どちらか一方だけください.

éither-ór 形 A 二者択一の: an ~ situation 二者択一を迫られている状況[場合].

⁺**e·jac·u·late** /ɪdʒækjʊlèɪt/ 動 他 1〖生理〗〈精液〉を射精する. 2《古風》〈…〉と不意に叫びだす. — 自 1〖生理〗射精する. 2《古風》突然叫ぶ.

e·jac·u·la·tion /ɪdʒækjʊléɪʃən/ 名 1 U,C〖生理〗射精. 2 C《古風》突然の叫び, 絶叫.

⁺**e·ject** /ɪdʒékt/ 動 他 1《格式》〈人〉を(力ずくで)追い出す; 追放する, 排斥する (*from*); get ~*ed* (スポーツなどで)退場になる. 2 〈カセットなど〉を取り出す (*from*). 3 〈液体・煙など〉を噴出[排出]する (*from*). — 自 1 (飛行機から)緊急脱出する (*from*). 2 (カセットなどが)出てくる (*from*).

e·jec·tion /ɪdʒékʃən/ 名 U,C《格式》追い立て, 追放, 排斥, 退場(処分).

ejéction 《英》**e·jéc·tor** /ɪdʒéktə | -tə/ **sèat** 名 C 〖航空機の〗飛び出し座席 (緊急脱出用).

eke /í:k/ 動 [次の成句で] **éke óut** [動] 他 〈不足〉を(十分でないが)補う, 〈金・食料など〉を節約して長もちさせる (*by, with*). **éke óut a (báre) líving [exístence]** [動] 自 かろうじて生計を営む. **éke óut a prófit** [動] 自 かろうじて利益を得る. **éke óut a víctory** [動] 自 辛勝する.

EKG /í:kèɪdʒí:/ 略《米》=electrocardiogram, electrocardiograph《元来はドイツ語の Elektrokardiogramm の略》.

el, El /él/ 名 C [普通は単数形で]《米略式》高架鉄道 (elevated railway の短縮形).

⁺**e·lab·o·rate¹** /ɪlǽbərət, əl-/ ★ 動詞の elaborate² との発音の違いに注意. 形 (動 eláborate²) [普通は A] 1 苦心して作った[仕上げた]; 手の込んだ, 精巧な: an ~ design 凝ったデザイン / an ~ excuse 巧妙な言い訳. 2 慎重に計画[準備]した.

⁺**e·lab·o·rate²** /ɪlǽbərèɪt, əl-/ ★ 形容詞の elaborate¹ との発音の違いに注意. 動 自 (形 eláborate¹)《格式》詳細に述べる, 磨きをかける: ~ *on* [*upon*] an idea 計画を詳しく述べる[練る]. — 他〈…〉を苦心して作り上げる; 精巧に仕上げる; 〈文章など〉を練る. 語源 ラテン語で「大いに努める (labor)」の意.

eláb·o·rate·ly 副 苦心して, 念入りに; 精巧に.
eláb·o·rate·ness 名 U 入念さ; 精巧さ.

e·lab·o·ra·tion /ɪlæ̀bəréɪʃən, əl-/ 名 1 U 入念に仕上げること, 丹精; 精巧, 詳述; 手の込んでいること. 2 C 苦心の大作; (追加した)詳細.

é·lan /eɪlɑ́:ŋ/《フランス語から》名 U〖文〗[ほめて] 活力, 気力, 熱情.

e·land /í:lənd/ 名 (~s, ~) C イランド, おおれいよう《南アフリカ産の鹿に似た獣》.

⁺**e·lapse** /ɪlǽps, əl-/ 動 自 [進行形なし]《格式》〈時が〉たつ, 経過する (*pass*).

e·lápsed tíme /ɪlǽpst, əl-/ 名 U 経過時間;〖電算〗経過[応答]時間 (ジョブの処理にかかる時間).

⁺**e·las·tic** /ɪlǽstɪk, əl-/ 名 1 U ゴムひも; ゴム入り生地: a piece of ~ ゴムひも 1 本. 2 C《米》=rubber band. — 形 1 弾力性のある, (ゴムで)伸縮自在の; しなやかな [⇨ flexible 類義語]: an ~ string ゴムひも. 2 (考え方などが)融通の利く, ものにこだわらない. 3〖経〗弾力性のある: ~ price 弾力的価格 (需要の変化に応じ変化する). -**ti·cal·ly** /-kəli/ 副 弾力的に.

e·las·ti·cat·ed /ɪlǽstɪkeɪtɪd, əl-/ 形《英》=elasticized.

elástic bánd 名 C《英》=rubber band.

e·las·tic·i·ty /ɪlæ̀stɪ́səṭi, ì:læs-/ 名 U 弾力, 弾性; 伸縮性; 融通の利くこと; 〖経〗弾力性.

e·las·ti·cized /ɪlǽstəsàɪzd, əl-/ 形 (織物の)伸縮性のある.

E·las·to·plast /ɪlǽstəplæ̀st | -plɑ̀:st/ 名 C,U《英》=Band-Aid.

⁺**e·lat·ed** /ɪléɪṭɪd, əl-/ 形 意気揚んな, 大喜びで, 大得意 (*at, by*; *to do*): He was ~ that he had won first prize. 彼は 1 等賞を得て大得意だった. **~·ly** 副 意気揚んに.

e·la·tion /ɪléɪʃən, əl-/ 名 U 意気揚々; 大得意.

El·ba /élbə/ 名 固 エルバ《イタリア本土と Corsica 島の

間の小島; ナポレオン (Napoleon) が最初に流された所. ☞ able² 最後の例文).

*el·bow /élbou/ ⦿ (~s /-z/) C 1 ひじ (☞ arm¹ 挿絵);(服の)ひじの部分: Don't stick your ~s out. ひじを張らないでください. 関連 tennis elbow (テニスなどで痛めた)ひじの痛み. **2** ひじの形をしたもの ⟪鉄管などの屈曲部分⟫: an ~ joint ひじ継手 (☞ bow¹ 状に曲がる部分) の意. **at ...'s élbow = at the élbow of ...** [副・形] ...の手もとに[の], ...のすぐそばに[の]. **gét the élbow** [動] ⦅英略式⦆⟨人⟩に縁を切られる, 絶交される; 首にされる. **gíve ... the élbow** [動] 他 ⦅英略式⦆⟨人⟩と縁を切る, 絶交する; ⟨人⟩を首にする. **úp to the élbows** [形] (仕事などに)没頭して, 忙殺されて.
— 動 (el·bows /-z/; el·bowed /-d/; -bow·ing) 他 ⦅けなして⦆⟨...⟩をひじで押す[突く] 言い換え He ~ed me aside. ⟨V+O+副⟩＝He ~ed me out of the way. ⟨V+O+前+名・代⟩ 彼は私をひじで押しのけた. **élbow one's wáy** [動] 自 ⦅副詞(句)を伴って⦆ ひじで押しのけて進む (in, through, to) (☞ way¹ コーパス・キーワード).

élbow grèase 名 ⓊⓊ ⦅略式⦆ 力仕事, つらい仕事 ⦅特に物を洗ったり磨いたりする労働⦆.

élbow·ròom 名 ⓊⓊ (自由に動けるだけの)場所, ゆとり, 余地; 活動の自由.

*el·der¹ /éldɚ | -də/ 形 ⦅old の比較級; ☞ eldest⦆ **1** A 〘兄弟・姉妹の関係で〙 (...より)年上の, 年長の (older) ⦅反 younger⦆: ~ brother 日英比較, sister 日英比較: my ~ brother [sister] 私の兄[姉]. 語法 elder is older than and used to compare two people. P の用法はない. **2** [the ~ または the E- として] ⦅格式⦆ ⦅同名または同姓の人・父子・兄弟など⦆ 年上の, 年取ったほうの ⦅反 younger⦆: the ~ Smith = Smith the ~ 父親[兄]のスミス. **3** 長老の (☞ elderly).
— 名 (~s /-z/) 1 [the ~ または所有格とともに] ⦅格式⦆ 年長者, 年上の人; 先輩: Respect your ~s. 年上の人[先輩]たちを敬いなさい. 言い換え She is three years my ~. = She is three years ~ than me. 彼女は私より 3 歳年上です / Which is the ~ of the two? 2 人のうちどちらがお兄さん[お姉さん]ですか. **2** Ⓒ 元老, (部族・教会などの)長老: the village ~s 村の古老たち. **élders and bétters** [所有格とともに] 目上の人 [先輩]たち (☞ better¹ 名 2).

el·der² /éldɚ/ 名 Ⓒ にわとこ(の木).

élder abùse /-əbjù:s/ 名 Ⓤ 老人虐待.

el·der·ber·ry /éldɚbèri | -dəbèri, -b(ə)ri/ 名 (-ber·ries) Ⓒ にわとこの実[木].

élder·càre 名 Ⓤ ⦅米⦆ 老人介護.

élder·flòwer 名 Ⓒ にわとこの花.

*el·der·ly /éldɚli | -də-/ 形 ⦅丁寧⦆ 年配の, 初老の; お年寄りの: an ~ woman 初老の人 / Be kind to the ~. お年寄りには親切に ⦅複数名詞のように扱われる⦆ (☞ the³ 3). 語法 しばしば old に対する[婉曲として用いられる (☞ old 類義語).

élder státesman 名 Ⓒ 政界の長老, ⦅組織などの⦆相談役, 有力者.

el·dest /éldɪst/ 形 ⦅old の最上級; ☞ elder¹⦆ A 〘兄弟・姉妹の関係で〙 最年長の, 最年長の ⦅反 youngest⦆: my ~ brother [sister] 私の最年長の兄[姉] / my ~ son [daughter] 私の長男[長女].
— 名 [the ~ または所有格とともに] 最年長者.

El Do·ra·do /èldərá:dou/ 名 (~s) **1** ⓝ 黄金郷 ⦅南米 Amazon 河岸にあるとされた⦆. **2** Ⓒ 宝の山.

El·ea·nor(e) /élənɚ | -nə/ 名 女 エリナー ⦅女性の名; 愛称は Nell, Nellie, Nelly または Nora⦆.

e·lect /ɪlékt, əl-/ ⦅類音⦆ erect 動 (e·lects /ɪlékts, əl-/; e·lect·ed /-ɪd/; e·lect·ing) 名 [形も同形, 他 elective] 他 **1** (投票などにより) ⟨...⟩を(一に)選挙する, 選出する, 選ぶ (☞ choose 表, 類義語; elegant 語源): ~ a chairman 議長を選出する / 言い換え They ~ed him mayor. ⟨V+O+C (名)⟩＝They ~ed him **to** be mayor. ⟨V+O+C (to 不定詞)⟩ 彼らは彼を市長に選んだ / We ~ed Mr. Long (**as**) our leader. ⟨V+O+(**as**+名)⟩ 我々はロング氏を指導者に選んだ (☞ as 前 語法) 言い換え Kennedy was ~ed **to** the presidency in 1960. ⟨V+O+to+名の受身⟩＝Kennedy was *elected* president in 1960. ケネディは 1960 年に大統領に選ばれた. 語法 (1) 補語となる役職名は普通は冠詞をつけない. (2) 正式の役職名でないときには as がつくこともある. **2** ⦅格式⦆ ⟨...すること⟩に進んで決める (decide): ~ to wait for a year 1 年待つことにする.

単語の記憶 《**LECT**》(選ぶ)
elect (選び出す) → 選挙する
col**lect** (共に選ぶ) → 集める
intel**lect** (選び出す能力) → 知性
neg**lect** (選ぶことをしない) → 怠る
se**lect** (別に選び出す) → 選ぶ

— 形 ⦅格式⦆ 当選した; 選ばれた. 語法 普通は当選したがまだ就任していない場合に用い, the president-elect 大統領当選者, のように名詞の後につけて用いる (☞ designate²).
— 名 [the ~ または所有格の後で複数扱い] ⦅格式⦆ (特に)選ばれた人たち, エリート (elite); 特権階級: God's ~ ⦅神学⦆ 神の選民.

*e·lec·tion /ɪlékʃən, əl-/ ⦅類音⦆ erection 12 名 (~s /-z/; ~·ed) ⓊⒸ **選挙** (する[される]こと), 選ぶ[選ばれる]こと; 選出, 当選: a general [local] ~ 総[地方]選挙 / a presidential ~ 大統領選挙 / an ~ campaign 選挙運動 / We were happy to hear of White's ~ **to** the presidency. ホワイト氏が会長に当選したのを聞いて私たちは喜んだ / The committee members are chosen by ~. 委員は選挙で選ばれる.

—— コロケーション ——
decide [swing] an *election* 選挙のゆくえを決定づける[左右する]
have [hold] an *election* 選挙を行なう
lose an *election* 選挙に負ける
rig an *election* ⦅略式⦆ 不正選挙をする
run [⦅英⦆ stand] for *election* 立候補する
win an *election* 選挙に勝つ

Eléction Dày 名 Ⓤ ⦅米⦆ 総選挙日 ⦅4 年ごとの大統領選挙の日; 11 月の第 1 月曜日の次の火曜日; 法定祝日 (legal holiday); ☞ holiday 表⦆.

e·lec·tion·eer /ɪlèkʃəníɚ, əl- | -níə/ 名 Ⓒ 選挙運動者[員].

e·lec·tion·eer·ing /ɪlèkʃəní(ə)rɪŋ, əl- | -ní-/ 名 Ⓤ 選挙運動.

e·lec·tive /ɪléktɪv, əl-/ 形 ⦅動 elect⦆ **1** [普通は A] ⦅格式⦆ ⟨役職など⟩が選挙によって決められる. **2** [普通は A] ⦅格式⦆ 選挙権を有する. **3** ⦅米⦆ ⟨学科目が⟩選択の ⦅⦅英⦆ optional⦆, ⦅反 compulsory⦆. **4** [普通は A] ⦅格式⦆ ⟨手術など⟩が随意の, 急を要しない. — 名 Ⓒ ⦅米⦆ 選択科目.

+e·lec·tor /ɪléktɚ, əl- | -tə/ 名 Ⓒ [普通は複数形で] **1** 選挙人, 有権者. **2** ⦅米⦆ 大統領[副大統領]選挙人. 参考 米国の大統領選挙では間接選挙で有権者は選挙人に投票し, 自分を支持する選挙人を多く獲得した候補者が大統領に選ばれる.

*e·lec·tor·al /ɪléktərəl, əl-, -trəl/ 形 A 選挙の; 選挙人の: an ~ district 選挙区 / an ~ system 選挙制度.

eléctoral cóllege 名 **1** [the ~; しばしば E-C-; 単数または複数扱い] ⦅米⦆ ⦅副⦆ 大統領選挙委員団

《各州選出の数百人の選挙人から成る; ☞ elector 参考》. **2** ⓒ (政党・労組などの)選挙人団.

eléctoral régister [**róll**] 图 [the ~]《英》選挙人名簿.

eléctoral vóte 图 ⓒ (米国の)大統領選挙人による投票《形式的なもの; ☞ popular vote》.

***e·lec·tor·ate** /ɪléktərət, əl-, -trət/ 图 (**-tor·ates** /-tərəts, -trəts/) ⓒ 《英》単数形でも時に複数扱い》選挙民(全体), 選挙母体, 有権者: The ~ has spoken. 選挙民は判定を下した.

E·lec·tra /ɪléktrə, əl-/ 图 固 〖ギ神〗エレクトラ《Agamemnon の娘, 弟 Orestes に母とその情人を殺させ父のかたきを討った》.

Eléctra còmplex 图 [the ~] 〖心〗エレクトラコンプレックス《女の子が無意識のうちに母親に反発し父親を慕う傾向》. 関連 Oedipus complex エディプスコンプレックス.

***e·lec·tric** /ɪléktrɪk, əl-/ 形 (图 **eléctricity**, 動 **eléctrify**) **1** [普通は Ⓐ] [比較なし] 電気で動く, 電動の: an ~ car [guitar] 電気自動車[エレキギター] / an ~ shaver [razor] 電気かみそり.
2 [普通は Ⓐ] [比較なし] 電気の; 電気を[で]生ずる, 電気を帯びた: an ~ spark 電気の火花 / an ~ fence 通電柵《動物を近寄らせない》. 語法 electric は直接電気自体に関係し「電動の, 電気を[で]生ずる」の意, electrical は直接関係は薄く「電気に関する」の意. **3** 電撃的な, わくわく[はらはら]させる: an ~ atmosphere 熱狂的な雰囲気. 語法 ギリシャ語で「こはくをこすると生ずる」の意. ──图 Ⓤ (s) 《略式》 **1** 電気(の供給); [the ~s で複数形に]《英略式》電気設備[配線, 回路].

***e·lec·tri·cal** /ɪléktrɪk(ə)l, əl-/ 形 [普通は Ⓐ] [比較なし] 電気に関する(☞ electric 語法): ~ engineering 電気工学 / ~ apparatus 電気装置 / ~ appliances 電化製品. **-cal·ly** /-kəli/ 副 電気で, 電気の作用で.

eléctrical stórm 图 ⓒ《主に米》雷雨《英》electric storm).

eléctrical tápe 图 ⓒ《米》絶縁テープ.

eléctric blánket 图 ⓒ 電気毛布.

eléctric blúe 形 鋼青色の. ──图 Ⓤ 鋼青色.

eléctric cháir 图 [the ~] 電気いす(による死刑)《略式》the chair)《☞ electrocute》.

eléctric chárge 图 Ⓒ,Ⓤ 〖物理〗電荷.

eléctric cúrrent 图 Ⓤ,Ⓒ 電流.

eléctric éel 图 ⓒ 電気うなぎ《南米産》.

eléctric éye 图 ⓒ《略式》光電管《photoelectric cell》.

eléctric fíeld 图 ⓒ 〖物理〗電場.

⁺**e·lec·tri·cian** /ɪlèktrɪ́ʃən, əl-, ìːlek-/ 图 ⓒ 電気技師; 電気工.

***e·lec·tric·i·ty** /ɪlèktrɪ́səti, əl-, ìːlek-/ ⅡⅠ 图 (形 eléctric) Ⓤ **1** 電気; 電流: turn on [off] the ~ 電気を入れる[切る] / This machine runs on ~. この機械は電気で動く / This village didn't have ~ in those days. 当時この村に電気はなかった.

―― コロケーション ――
conduct *electricity* (物体が)電気を通す
consume *electricity* 電気[電力]を消費する
disconnect *electricity* 電源を切る
generate [**produce**] *electricity* 発電する
use *electricity* 電気[電力]を使う
waste *electricity* 電気[電力]を浪費する

2 (集団的に広がる)極度の興奮.

eléctric líght 图 ⓒ 電灯; Ⓤ 電灯光.

eléctric shóck 图 ⓒ 電撃, 感電《略式》shock): get an ~ 感電する.

eléctric shóck thèrapy 图 Ⓤ =electroshock therapy.

eléctric stórm 图 ⓒ《英》=electrical storm.

e·lec·tri·fi·ca·tion /ɪlèktrəfɪkéɪʃən, əl-/ 图 Ⓤ (鉄道・地域などの)電化.

e·lec·tri·fied /ɪléktrəfàɪd, əl-/ 形 Ⓐ (柵(さく)などが)電気の流れた.

⁺**e·lec·tri·fy** /ɪléktrəfàɪ, əl-/ 動 (**-tri·fies**; **-tri·fied**; **-fy·ing**; 形 **eléctric**) 他 **1** 〈人〉を興奮[熱狂]させる. **2** 〈鉄道・地域など〉を電化する. **3** [普通は受身で]〈物体〉に電気をかける[通す].

e·lec·tri·fy·ing /ɪléktrəfàɪɪŋ/ 形 興奮[熱狂]させるような.

e·lec·tro- /ɪléktrou, əl-/ 接頭 「電気(と)」の意: *electro*magnetic 電磁石の.

elèctro·cárdiogràm 图 ⓒ 〖医〗心電図《略 ECG,《米》EKG》.

elèctro·cárdiogràph 图 ⓒ 〖医〗心電計《略 ECG,《米》EKG》.

elèctro·convúlsive thérapy 图 Ⓤ =electroshock therapy.

e·lec·tro·cute /ɪléktrəkjùːt, əl-/ 動 [普通は受身で]〈人〉を感電(死)させる; 電気いすで死刑にする.

e·lec·tro·cu·tion /ɪlèktrəkjúːʃən, əl-/ 图 Ⓤ,Ⓒ 感電(死); 電気いすによる死刑.

⁺**e·lec·trode** /ɪléktroud, əl-/ 图 ⓒ [しばしば複数形で]〖電〗電極(棒).

e·lec·tro·en·ceph·a·lo·gram /ɪlèktrouɪnséfələɡræm, -en-|-kéf-, -séf-/ 图 ⓒ 〖医〗脳波図, 脳電図《略 EEG》.

e·lec·tro·en·ceph·a·lo·graph /ɪlèktrouɪnséfələɡræf, -en-|-kéfələɡràːf, -séf-/ 图 ⓒ 〖医〗脳波計《略 EEG》.

e·lec·trol·y·sis /ɪlèktrɑ́ləsɪs, əl-|-trɔ́l-/ 图 Ⓤ 〖化〗電気分解;(むだ毛・腫瘍(しゅよう)の)電気除去法.

e·lec·tro·lyte /ɪléktrəlàɪt, əl-/ 图 ⓒ 〖化〗電解物[質, 液]《硫酸銅など》.

elèctro·mágnet 图 ⓒ 〖物理〗電磁石.

⁺**elèctro·magnétic** 形 [普通は Ⓐ] 〖物理〗電磁石の, 電磁気の: ~ waves 電磁波.

electromagnétic fíeld 图 ⓒ 〖物理〗電磁場, 電磁界.

elèctro·mágnetism 图 Ⓤ 〖物理〗電磁気(学).

e·lec·trom·e·ter /ɪlèktrɑ́məṭə, əl-|-trɔ́məṭə/ 图 ⓒ 電位計.

⁺**e·lec·tron** /ɪléktrɑn, əl-|-trɔn/ 图 (~s /-z/) ⓒ 〖物理〗電子, エレクトロン. 関連 neutron 中性子 / proton 陽子.

eléctron gùn 图 ⓒ (陰極線管の)電子銃.

⁺**e·lec·tron·ic** /ɪlèktrɑ́nɪk, əl-|-trɔ́n-ˈ/ 形 [普通は Ⓐ] [比較なし] **1** 電子工学の, エレクトロニクスの: ~ industries エレクトロニクス産業. **2** 電子の; 電子装置[コンピューター]による: an ~ circuit 電子回路. **-i·cal·ly** /-kəli/ 副 電子装置により.

electrónic bánking 图 Ⓤ エレクトロニックバンキング《コンピューターなどで電子化された銀行業務》.

electrónic dáta pròc·ess·ing 图 Ⓤ 〖電算〗電子データ処理《略 EDP》.

electrónic engineéring 图 Ⓤ 電子工学.

electrónic flásh 图 Ⓒ,Ⓤ 〖写〗ストロボ(ライト).

electrónic fúnds tránsfer 图 Ⓤ 電子資金移動《コンピューターによる資金移行決済; 略 EFT》.

electrónic máil 图 Ⓤ =e-mail.

electrónic máilbox 图 ⓒ 電子郵便受.

electrónic móney 图 ⓒ 電子マネー.

electrónic mónitoring 图 Ⓤ 《米》コンピューター監視システム.

electrónic músic 图 Ⓤ 電子音楽.

electrónic órganizer 图 ⓒ 電子手帳.

electronic publishing 名 U 電子出版《情報の記録媒体としてフロッピーディスク，CD-ROM, IC カードなどを用いた出版》.

*e·lec·tron·ics /ɪlèktrάnɪks, əl-ǀ-trɔ́n-/ 名 **1** U 電子工学，エレクトロニクス；電子工業． **2** [複数扱い] 電子回路，電子装置．

electronics industry 名 C,U 電子産業．
electronic warfare 名 U 電子戦(争).
electron lens 名 C 【電子工】電子レンズ.
electron microscope 名 C 電子顕微鏡.

e·lec·tro·plate /ɪléktrəplèɪt, əl-/ 動 [しばしば受身で]〈…〉に電気めっきをする． — 名 U 電気めっきをした物《銀器など》.

e·lec·tro·plat·ing /ɪléktrəplèɪtɪŋ, əl-/ 名 U 電気めっき.

e·lec·tro·shock /ɪléktrəʃὰk, əl-/ 名 **1** U,C 電撃, 感電, 電気ショック． **2** =electroshock therapy.

electroshock therapy 名 U 【医】電撃療法，ショック療法《脳内に電流を通す精神障害療法；EST》.

el·e·gance /éləɡəns/ 名 (形 élegant; 反 inelegance) U **1** 優雅さ, 上品, 高尚《➡ grace 類義語》． **2** (思考・計画などの)簡明さ．

*el·e·gant /éləɡənt/ (顕音 árrogant) 形 (名 élegance; 反 inelegant) **1** 優雅な, 高尚な；気品のある，上品な《➡ grace 類義語》: an ~ lady 上品な婦人 / an ~ jacket 品のよい上着 / She has ~ manners. 彼女は物腰が上品だ． **2** (思考・計画などが)簡明な．
語源 元来は「注意深く選ばれた」の意で elect と同語源． -**ly** 副 優雅に, 上品に；簡明に．

el·e·gi·ac /èlɪdʒάɪək ⁻/ 形《文》哀愁を帯びた；哀歌(調)の, 挽歌(ばんか)(形式)の.

el·e·gy /éladʒi/ 名 (-e·gies) C 悲歌《死者を悼む》, 挽歌(ばんか), 哀歌.

***el·e·ment** /éləmənt/ 名 (-e·ments /-mənts/; 形 èleméntal, èleméntary) **1** C [普通は複数形で] 要素，成分: Hard work is a key ~ **of** [**in**] success. 勤勉は成功するための基本的な要素である．

2 C 【化】元素: Iron and copper are ~s. 鉄と銅は元素である． **3** C [しばしば複数形で] [けなして] (社会の)構成分子: the criminal ~s in the city 都市の犯罪分子． **4** [the ~s] [滑稽] 自然の力；暴風雨: be exposed to the ~s 風雨にさらされる / brave the ~s 悪天候をものともしない． **5** C [普通は単数形で] (電熱器などの)抵抗線, 電熱線, 加熱部． **6** [the ~s] (学問の)原理 (principles); 初歩, 基礎: the ~s of physics 物理学の原理[初歩]． **7** C 【数】(集合の)要素． **8** C 地・水・火・風の四大元素の一つ． **an** [**the**] **element of** …形 多少の…: an ~ of doubt [truth] 多少の疑い[真実]． **be in one's element** 動 自 自分の適所にいる；自分の本領を発揮できる《水中の魚のように》． **be out of one's element** 動 自 不得意である；不向きな環境にいる《陸に上がった魚のように》．

el·e·men·tal /èləméntl ⁻/ 形 (名 élement) [普通は A] **1** 根本[本質]的な． **2** 【化】元素の；要素の． **3** 《格式》自然力の；すさまじい．

el·e·men·ta·ry /èləméntəri, -tri ⁻/ 形 (名 élement) [A] 初歩の，基本の，初等の《反 advanced》: ~ education 《米》初等教育 / ~ mathematics 初等数学． **2** 簡単な，単純な: That's really ~. それはごく簡単なことだ．

elementary particle 名 C 【物理】素粒子.
elementary school 名 C 《米》小学校《6-3-3 制または 8-4 制の学校制度の初めの 6[8]年制の学校，あるいは 4 年制中間学校 (middle school) に入る前の 4 年制の学校; ➡ school 表および 参考》(grade school, 《英》primary school).

element of the sentence 名 C 【文法】文の要素.

文法 文の要素
　文を組み立てている基本的な要素で，主語・述語動詞・目的語・補語・修飾語句をいう．文の要素のうち，修飾語句以外のものは文の骨組みになり，文の主要素と呼ばれることがある．文の主要素の構成のしかたによって文を分類する５つの型に分かれる．詳しくは ➡ 動詞型・形容詞型・名詞型の解説《巻末》.
参考 この辞書では主語は S, 述語動詞は V, 目的語は O, 補語は C と略す.

***el·e·phant** /éləf(ə)nt/ 名 (-e·phants /-f(ə)nts/, ~; 形 èlephántine) C 象《➡ bull¹, cow¹》: an African [Indian] ~ アフリカ[インド]象 / E~s never forget.《ことわざ》象は物事を忘れない《象は記憶力がよい》/ ➡ pink elephant, white elephant. 関連 trunk 象の鼻 / tusk きば / ivory 象牙. ★鳴き声については ➡ cry 表. 参考 米国の共和党の象徴とされている《➡ donkey 参考》.

el·e·phan·ti·a·sis /èləfəntάɪəsɪs, -fæn-/ 名 U 【医】象皮病.

el·e·phan·tine /èləfæntiːn, -taɪn⁻/ 形 (名 élephant) **1**《格式》または [滑稽] 巨大でぶざまな；ぎこちない, のろい． **2** 象の(ような).

elephant seal 名 C 象あざらし.

*el·e·vate /éləvèɪt/ 動 (-e·vates /-vèɪts/; -e·vat·ed /-tɪd/; -e·vat·ing /-tɪŋ/; 名 èlevátion) **1** [普通は受身で]〈…〉を**昇進させる**，〈地位など〉を向上させる: He was ~**d to** party chair. <V+O+to+名の受身> 彼は党首の座に昇った． **2**〈心など〉を高揚させる, 高める: Good books ~ your mind. よい本は心を豊かにしてくれます． **3**〈量など〉を増加[増大]させる；〈血圧・体温など〉を上昇させる． **4**〈…〉を(持ち)上げる．

el·e·vat·ed /éləvèɪtɪd/ 形 [普通は A] 《格式》 **1** 周りより高い，(鉄道などが)高架の，(数値が)通常より高い． **2** 高尚な, 気高い, 品位のある: an ~ style of speech 格調の高い演説． **3** (地位が)高い．

elevated railroad 名 C 《米》高架鉄道《《米略式》el》(Chicago のものが有名，略 L).

elevated railway 名 C 《英》= elevated railroad.

el·e·vat·ing /éləvèɪtɪŋ/ 形《格式》精神を向上させる，ためになる，高尚な.

el·e·va·tion /èləvéɪʃən/ 名 (動 élevàte) **1** [単数形で] 高さ, 海抜 (of). **2** U,C 《格式》高めること；向上；上昇；昇進 (to). **3** C 《格式》小高い所，丘 (heights). **4** C 【建】立面図, 正面図． **5** [単数形で] 【測量】仰角；射角． **6** U 《格式》気高さ，高尚さ.

*el·e·va·tor /éləvèɪtə ǀ -tə/ 名 (~s /-z/) C **1** 《米》**エレベーター**, 昇降機《《英・豪》lift》: go up [down] in an ~ エレベーターで上がる[下がる] / We took an ~ to the fifth floor. 私たちはエレベーターに乗って 5 階へ行った《➡ floor 2 語法》/ "Does this ~ stop at the seventh floor?" "I'm afraid not."「このエレベーターは 7 階に止まりますか」「いいえ止まりません」

2 (航空機の)昇降舵(だ)《➡ airplane 挿絵》. **3** (穀物などの)つり上げ機[装置]；大穀物倉庫.

elevator music 名 U 《米略式》[けなして] 公共の場などで流れる(退屈な)音楽.

***e·lev·en** /ɪlév(ə)n, əl-/ 代 《数詞》[複数扱い] **11**, 11 人, 11 個, 11 ドル[ポンド，セント, ペンスなど]《➡ number 表》: E~ were present. 11 人が出席していた. 語源 ゲルマン語で原義は「(指で 10 数えて)残り 1」の意; ➡ twelve 語源. 関連 eleventh 11 番目の.

— 名 (~s /-z/) **1** C (数としての) **11**: Lesson ~ 第

11課 / Fifty-five divided by ~ is [equals] five. 55 を11で割ると5 (55÷11=5) / E~ times eight is eighty-eight. 8の11倍は88 (11×8=88) (⇨ time 11 【英比較】).
2 ⓤ **11時, 11分; 11歳**: The runners started at ~. 走者たちは11時に出発した / a girl of ~ 11歳の少女. **3** ⓒ 11の数字. **4** ⓒ 11 [11人, 11個]ひと組のもの; [英] 単数形でも時に複数扱い] (フットボール・サッカー・クリケット・ホッケーの)チーム (⇨ eight 表).
— 形 **1 11の, 11人の, 11個の**: E~ children were playing in the playground. 遊び場では11人の子供が遊んでいた. **2** ℗ **11歳で**: I left Japan when I was ~. 11歳のとき私は日本を離れた.

eléven-plús 名 [the ~] (英) イレブンプラス (小学校卒業時(11-12歳)に行なわれていた中等教育進学適性試験).

e·lev·ens·es /ɪlév(ə)nzɪz, əl-/ 名 ⓤ (英略式, 古風) 午前11時ごろの軽食, お茶.

✱e·lev·enth /ɪlév(ə)nθ, əl-/ 形 **1** [普通は the ~; ⇨ the¹ 1(4)] **11番目の, 第11の** (11th とも書く; ⇨ number 表, ordinal number 文法): *the* ~ lesson 第11課 / *the* ~ floor (米) 11階, (英) 12階 (⇨ floor 2 語法) / *the* seven hundred (and) ~ person 711番目の人 / *The* ~ month of the year is November. 1年の11番目の月は11月です. **2 11分の1**の. **at the elevénth hóur** [副] 終わり間際に, きわどいときに. 由来 新約聖書の「マタイ伝」から.
— 名 (**e·lev·enths** /ɪlév(ə)n(θ)s, əl-/) **1** [普通は the ~] **11番目の人[もの]; (月の)11日** (11th とも書く): on *the* ~ *of* November = on November 11(*th*) 11月11日に / November 11 is November (*the*) *eleventh* と読む(⇨ ordinal number 文法 (2)).
2 ⓒ **11分の1, 1/11** (⇨ cardinal number 文法 (6)): three ~s ³/₁₁.
— 副 [つなぎ語] 11番目に [として].

elf /élf/ 名 (複 **elves** /élvz/) ⓒ 小妖精 ⦅森・穴などに住み人間にいたずらをするといわれる⦆.

ELF /íːɛ́léf/ 略 =extremely low frequency.

elf·in /élfɪn/ 形 小妖精の(ような), 小さく繊細な; いたずらっぽくてかわいい.

elf·ish /élfɪʃ/ 形 小妖精の(ような); いたずら好きな.

El·gar /élɡə | -ɡɑː/ 名 固 エルガー **Sir Edward** ~ (1857-1934) ⦅英国の作曲家; ⇨ pomp 成句⦆.

El Gre·co /elɡrékou/ 名 固 エル=グレコ (1541-1614) ⦅クレタ島生まれのスペインの画家⦆.

e·lic·it /ɪlísɪt, əl-/ 動 他 [格式] ⟨真理・事実など⟩をなんとかして引き出す; ⟨返事・秘密など⟩を聞き出す, (うまく)誘い出す (*from*).

e·lic·i·ta·tion /ɪlìsətéɪʃən, əl-/ 名 ⓤ [格式] 引き[聞き]出すこと, 誘い出すこと.

e·lide /ɪláɪd, əl-/ 動 他 [言] ⟨発音のとき⟩⟨音や音節⟩を省略する, 脱落させる; [格式] ⟨区別など⟩を無視する.

el·i·gi·bil·i·ty /èlɪdʒəbíləti/ 名 ⓤ (選ばれる)資格のあること, 適任, 格格; 有資格. [反] ineligibility.

✱el·i·gi·ble /élɪdʒəbl/ 形 [反] ineligible) **1 資格がある, 必要な条件を満たしている, 適任の, 格格の** 12 Smith is ~ *for* promotion. <A+*for*+名・代> スミスは昇進する資格がある / Anyone over 20 is ~ *to* vote in Japan. <A+*to* 不定詞> 日本では20歳以上の人は投票権がある. **2** ⓐ (結婚相手として)望ましい: an ~ bachelor 夫として望ましい ⦅独身⦆男性.

E·li·jah /ɪláɪdʒə, əl-/ 名 固 [聖] エリヤ ⦅紀元前9世紀のヘブライの預言者⦆.

✱e·lim·i·nate /ɪlímənèɪt, əl-/ 13 動 (-nates /-nèɪts/; -i·nat·ed /-tɪd/; -i·nat·ing /-t̬ɪŋ/) 他 elīmi·nátion) **1** [格式] ⟨不要物など⟩**を除去する**, 排除する ⟨…⟩; 他 [数] 消去する: Waste material *is* ~d *from* the body. <V+O+*from*+名・代の受身> 老廃物は体から除去される. **2** [普通は受身で] (競技・選挙戦などで)~を失格にさせる, 敗退させる (*from*). **3** ⟨敵など⟩を(冷酷無惨に)殺す, 「消す」.

e·lim·i·na·tion /ɪlìmənéɪʃən, əl-/ 名 動 elīminàte) **1** ⓤ [格式] 除去, 削除 ⟨*of*⟩, 消去(法): by a process of ~ 消去法で. **2** ⓒⓤ 失格[敗退]させること ⟨*from*⟩. **3** ⓤ ⟨敵など⟩を「消す」こと ⟨*of*⟩. **4** ⓤ [生理] 排泄.

El·i·nor /élənə | -nə/ 名 固 エリナー ⦅女性の名; 愛称 は Nell, Nellie, Nelly または Nora⦆.

El·i·ot /éliət/ 名 固 **1** エリオット ⦅男性の名⦆. **2 George** ~ エリオット (1819-80) ⦅英国の女流小説家; 本名 Mary Ann Evans⦆. **3 Thomas Stearns** /stə́ːnz | stɑ́ːnz/ ~ エリオット (1888-1965) ⦅米国生まれの英国の詩人⦆.

e·li·sion /ɪlíʒən/ 名 ⓒⓤ [言] (音や音節の)省略, 脱落.

✱e·lite /eɪlíːt, ɪl-/ ⦅フランス語から⦆ 名 (**e·lites** /-líːts/) **1** ⓒ [しばしば the ~; 複数扱い] [しばしば軽蔑] **エリート, えり抜きの人たち, 精鋭**: The country is run by a small ~. その国は少数のエリートに支配されている. **2** [形容詞的に] エリートの, えり抜きの: an ~ force 精鋭部隊. **3** ⓒ エリート(タイプライターの活字の大きさ; 1インチで12字). 関連 pica パイカ.

e·lit·is·m /eɪlíːt̬ɪzm, ɪl-/ 名 ⓤ [けなして] エリート主義; エリート意識.

✱e·lit·ist /eɪlíːt̬ɪst, ɪl-/ 形 [けなして] エリート(主義)の. — 名 ⓒ [軽蔑] エリート主義者.

e·lix·ir /ɪlíksə, əl- | -sə/ 名 ⓒ **1** [文] 不老不死の薬 ⟨*of*⟩. **2** (問題解決の)特効薬 ⟨*for*⟩. **3** [薬] エリキシル(剤) ⦅薬品を飲みやすくする甘味のあるアルコール溶液⦆.

E·li·za /ɪláɪzə, əl-/ 名 固 イライザ ⦅女性の名; Elizabeth の愛称⦆.

E·liz·a·beth /ɪlízəbəθ, əl-/ 名 固 **1** エリザベス ⦅女性の名; 愛称は Bess, Bessie, Bessy, Beth, Betsy, Betty, Eliza, Elsie, Lisa, Liz, Lisa, Lizzie または Lizzy⦆. **2** ~ **I** /-ðəðəfɪ́ːst | -fáːst/ ⟨⇨ ordinal number 文法 (3)⟩ エリザベス一世 (1533-1603) ⦅England およ び Ireland 女王 (1558-1603)⦆. 参考 生涯結婚しなかったので Virgin Queen (処女王)と呼ばれた ⦅⇨ America 表 Virginia⦆. **3** ~ **II** /-ðəsék(ə)nd/ エリザベス二世 (1926-) ⦅英国の現女王 (1952-)⦆.

✱E·liz·a·be·than /ɪlìzəbíːθ(ə)n, əl-/ 形 [普通は ④] エリザベス一世時代の. — 名 ⓒ エリザベス一世時代の人, エリザベス朝の文人[政治家].

elk /élk/ 名 (~(s)) ⓒ ⦅英⦆ へらじか⦅北欧・アジア産⦆ ⦅米⦆ moose; ⦅米⦆ =wapiti.

Elks /élks/ 名 [the ~] ⦅米⦆エルクス慈善保護会 (1867年設立).

El·len /élən/ 名 固 エレン ⦅女性の名⦆.

El·ling·ton /élɪŋtən/ 名 固 **Duke** ~ (デューク)エリントン (1899-1974) ⦅米国のジャズピアニスト・作曲家⦆.

e·lipse /ɪlíps, əl-/ 名 ⓒ [格式] 省略, 格言 (ぎん).

el·lip·sis /ɪlípsɪs, əl-/ 名 (複 **el·lip·ses** /-siːz/) **1** ⓒⓤ [文法] 省略. **2** ⓒ 省略記号 ⟨...⟩.

文法 省略

文の一部を省略することをいう. 日本語でも英語でも1度述べられたことや, 前後関係などから周囲の状況などわかっていることを省略するのが普通である. 日本語と英語で省略のしかたが共通している場合もあるが, 相違点も

い. 次に英語の省略について概略を述べる.
(1) 省略を品詞別に分類すると次のようになる.
(i) 名詞：I stayed at my uncle's (house). 私はおじの家に泊まった / The pencil is John's (pencil). この鉛筆はジョンのだ. 語法 この場合は (pencil) を省略するのが普通 (☞ absolute possessive 文法) / Are you a student?—Yes, I am (a student). あなたは学生ですか——ええ, そうです.
(ii) 代名詞：(You) Come over here. こちらへいらっしゃい [命令文] / (I) Thank you. ありがとう [主語 I の省略] / There is someone below (who) wants to see you. 階下にあなたに会いたい人がいます[関係代名詞の省略; ☞ contact clause 文法 (2)].
(iii) 動詞：Run as fast as you can (run). できるだけ速く走りなさい / Can you swim?—Yes, I can (swim). 泳げますか——ええ, 泳げます (☞ auxiliary verb 文法 (3)) / You can stay here if you want to (stay). もしここにいたければいてもよい.
(iv) 形容詞：I am not so young as I was (young). 私はかつてほど若くはない / This is good.—Is it (good)? これはよい[おいしい]——ああそうですか.
(v) 前置詞：I must work (for) a few years. 私は2, 3年間働かなければならない (☞ for 前 A 5 語法).
(vi) 接続詞：Do you know (that) he is in (the) hospital now? あなたは彼が今入院しているのを知っていますか (☞ that² A 1 (1) 語法).
(2) 省略を文の要素で分類すると次のようになる.
(i) 主部：(You) Sit down. (I) Thank you. / (I) Beg your pardon? 何とおっしゃいましたか.
(ii) 述部：Who did it?—John (did it). だれがそれをしたのだ——ジョンです.
(iii) 主部と述部動詞：会話やことわざなどに多い. When (she was) young, she was very pretty. 彼女は若いころはとてもかわいかった / How are you?—(I am) Fine, thank you. いかがですか——ありがとう, 元気です / (Are you) Going shopping? お買い物ですか / Do you know him?—No(I don't know him). 彼をご存じですか——いいえ / Better once than never. (=It is better to do it once than never to do it.) (ことわざ) 全然しないよりは一度でもしたほうがよい.
(3) 言いたくないことや, 言う必要のないことを示す場合, または会話の中断した部分などを省略する場合は "Excuse me, but ...."のように, 書くときに平叙文では普通は4個のピリオド, 疑問文では '...?'のように3個のピリオドと疑問符で表わす.

el·lip·soid /ɪlípsɔɪd, e-/ 名 C (数) 楕円体(面).
el·lip·soi·dal /ɪlɪpsɔ́ɪdl, èlɪp-⁻/ 形 楕円体の.
el·lip·tic¹ /ɪlíptɪk, əl-/, **-ti·cal¹** /-tɪk(ə)l/ 形 (格式) 長円形の, 楕円(ﾀﾞｴﾝ)形の.
el·lip·tic² /ɪlíptɪk, əl-/, **-ti·cal²** /-tɪk(ə)l/ 形 1 (文法) 省略の[した]. 2 (格式) (ことばなどが) 省略[含み] が多くてわかりにくい. **-cal·ly** /-kəli/ 副 はしょって, かして, あいまいに, わかりにくく.
Él·lis Ís·land /élɪs-/ 名 固 エリス島(New York 湾の小島; かつてヨーロッパからの移民はここから入国した).
⁺**elm** /élm/ 名 1 C にれ(の木). 2 U にれ材.
El Ni·ño /el-ní:njou/ 名 (~s) U.C (気象) エルニーニョ(ペルー沖の暖かい海流によって海面温度が急上昇する現象; 暖冬や冷夏など異常気象の原因とされる; ☞ La Niña).
el·o·cu·tion /èləkjú:ʃən/ 名

elm 1

else 551

U (格式) 発声法, 演説法, 朗読法.
el·o·cu·tion·ar·y /èləkjú:ʃənèri, -ʃ(ə)nəri/ 形 (格式) 発声法[演説法, 朗読法](上)の.
el·o·cu·tion·ist /èləkjú:ʃ(ə)nɪst/ 名 C (格式) 発声法の教師; 演説法の専門家; 雄弁家.
e·lon·gate /ɪlɔ́:ŋɡeɪt, əl-/ ɪ́:lɔːŋɡeɪt-/ 他 〈物〉を長く伸ばす. — 自 (物が) 長く伸びる.
e·lon·gat·ed /ɪlɔ́:ŋɡeɪtɪd, əl-/ ɪ́:lɔːŋɡeɪtɪd-/ 形 (物が) 長く伸ばされた, 細長い.
e·lon·ga·tion /ɪlɔ̀:ŋɡéɪʃən/ ɪ̀:lɔːŋ-/ 名 1 U 延長, 伸長, 伸び. 2 C 延長部分(絵の線など).
e·lope /ɪlóʊp, əl-/ 自 (...と) 駆け落ちする (with), (男女が)駆け落ちする.
e·lope·ment /ɪlóʊpmənt, əl-/ 名 U.C 駆け落ち.
el·o·quence /éləkwəns/ 名 U (格式) 1 [ほめて] 雄弁, 能弁; 雄弁法; 修辞法: a woman of ~ 弁舌さわやかな女性. 2 表現の豊かさ[巧みさ].
⁺**el·o·quent** /éləkwənt/ 形 (格式) 1 [ほめて] 雄弁な, 弁舌さわやかな; 人の心を動かす: an ~ speaker 雄弁な話し手. 2 (行動などが) 表現力のある, 表現豊かな. **~·ly** 副 雄弁に, 弁舌さわやかに; 表情豊かに.
El Pas·o /elpǽsoʊ/ 名 固 エルパソ(米国 Texas 州西部の都市).
El·sa /élsə/ 名 固 エルサ(女性の名).
El Sal·va·dor /elsǽlvədɔ̀ər/ -dɔ̀:-/ 名 固 エルサルバドル(中米西部の共和国; 首都 San Salvador).
⁎**else** /éls/ 形 [不定代名詞や疑問詞などの後につけて] そのほかの, 他の, (...に)加えての (besides); (...とは)別の (but, except, than): No one ~ came here. ほかにはだれもここに来ませんでした / Do you have anything ~ to say? ほかに何かお話しになることがありますか / Who ~ can answer my question? だれかほかに私の質問に答えられる方はいますか / What ~ can you do? ほかに何ができますか / Whatever else you do now, you have to finish your homework today. ほかに何かすることがあっても今日のうちに宿題をしなさい.

語法 (1) 人を示す場合には不定代名詞の後では else's /élsɪz/ として所有格にできる: I put on someone ~'s hat instead of my own. 私は (自分のでなく) だれかほかの人の帽子をかぶってしまった / This isn't my umbrella; it's somebody ~'s. これは私の傘でなく, だれかほかの人のです(☞ absolute possessive 文法). (2) else 形 副 および else's の主要な結合形は次の通り (★ which else とは言わない)

1) anybody, anyone; somebody, someone; everybody, everyone; nobody, no one; anywhere, somewhere, everywhere, nowhere	+else
2) who, what, where, how, why	
3) whatever, wherever	
4) anybody, anyone; somebody, someone; everybody, everyone; nobody, no one	+else's (car)
5) who	

ほかに much else, little else, all else などがある

Ánything élse? (S) ほかに何かお入り用のもの[付け加えたいこと]がありますか. **if nóthing élse** (S) ともかく, 少なくとも.
— 副 [some-, any-, no- のつく副詞や疑問副詞などの後につけて; ☞ 形 語法 (2)] そのほかに, 他に, (...に)加えて (besides); (...とは)別に (but, except, than):

It cannot be bought *anywhere* ~. (=It can be bought *nowhere* ~.) それはほかの場所では買えない / *How* ~ can I get there? ほかにどんな方法でそこに行けるでしょう / *Where* ~ can I go? ほかにどこへ行けるというのか.

or élse [接] (1) [命令文または must, have to, had better などを含む文の後で] そうでないと, そうしないと《[⇨or 3]語法》:*Drive* slowly, *or* ~ she will get carsick. ゆっくり運転してください, でないと彼女が気分が悪くなりますので. (2) もしそうでないとしたら: (*Either*) it *must* be in the locker, *or* ~ I've lost it. ロッカーの中にあるにちがいない. そうでなければなくしてしまったんだ.

[語法] Ⓢ (略式)では or else の後を省略して, 「そうしないとどんなことになるかわからない」 という警告や脅迫を (時に冗談として) 表わすことがある: Shut up, *or* ~! 黙れ. さもないと(ひどい目にあうぞ).

‡else·where /éls(h)wèə | èlswéə, élswèə/ [副] ほかの場所で[へ], どこかよそで: This custom is still observed in Scotland and ~. この習慣はスコットランドやその他の場所で今でも見られる / You will have to look ~ for further information. これ以上のことを知ろうと思ったらほかのところを探さなければならないでしょう.

El·sie /élsi/ [名] 圄 エルシー 《女性の名; Alice, Elizabeth の愛称》.

ELT /í:èltí:/ [略] (英) =English language teaching ([⇨teaching]).

e·lu·ci·date /ɪlúːsədèɪt, əl-/ [格式] 他 〈不可解な事·問題など〉を明らかにする, はっきりと説明する. —自 明らかにする, 説明する.

e·lu·ci·da·tion /ɪlùːsədéɪʃən, əl-/ [名] Ⓤ,Ⓒ (格式) 明解な説明, 解説, 解明.

⁺e·lude /ɪlúːd, əl-/ 他 (格式) **1** (うまく) 身をかわして〈...〉を避ける, 逃れる. **2** (欲しい物などが)〈人〉の手に入らない; 〈人〉にとってとらえにくい, 理解できない; 思い出せない: His name ~s me. 彼の名が思い出せない.

⁺e·lu·sive /ɪlúːsɪv, əl-/ [形] (うまく)逃れる; 手に入れにくい, わかりにくい; 思い出せない. **~·ly** [副] とらえどころがなく. **~·ness** [名] Ⓤ とらえどころのないこと.

elves 名 elf の複数形.

E·ly·sian /ɪlíʒən, əl-| -ziən/ [形] (文) 極楽の; 楽土の; この上なく幸福な: the ~ fields 理想郷; 至福.

E·ly·si·um /ɪlíʒiəm | -ziəm/ [名] 《複 ~s, E·ly·si·a /-ziə/》 **1** 圄 (ギリシャ神話) 極楽 (英雄·善人が死後に住むといわれる). **2** Ⓒ (文) (幸福の) 理想郷, Ⓤ 至福.

em- /ɪm, em/ [接頭] =en- (b-, m-, p- で始まる語の前の変形): *em*bitter つらくする / *em*power ...に権限を与える.

‡‡em /(弱) əm, (/p/, /b/ の後では) m/ (同音 *am¹,²) [代] 《人称代名詞; 第三人称·複数·目的格》 Ⓢ (略式) [語法] them の代わりにくだけた会話で用いられる.

―――リスニング―――
'em は話しことばでよく them の代わりに使われ, 常に弱く /əm/ と発音される. 'em の前に子音で終わる語があると /ə/ はその子音と結合される. take 'em /téɪkəm/, feed 'em /fíːdəm/ は「テイカム」, 「フィーダム」《(米)ではまた「フィーラム」》 (/d/ については [⇨発音解説 44 注意]) のように聞こえる. 'em が them の代わりだということを知っていないと話が聞き取れない.

1 [他動詞の直接目的語として] 彼らを, あの人[男, 女] たちを, それ(ら)を: You see the two *girls* over there? Do you know 'em (=the girls)? あそこに女の子が2人いるよね. 知ってる / I have some *books* on history, but I can't remember where I left 'em (=the books). 歴史の本は何冊かあるけど, どこに置いてきたのか忘れた.

2 [他動詞の間接目的語として] 彼(女)らに, あの人(女)らに, それらに: Just look at those poor *birds*. Why don't you give 'em (=the birds) something to eat? あのかわいそうな小鳥をちょっと見て. 何か食べ物をあげたら.

3 [前置詞の目的語として]: I have three *brothers*, but I don't like playing with 'em (=my brothers). 兄弟が3人いるがいっしょに遊びたくない.

[語源] 中(期)英語の hem (=them) の h が落ちたもの.

e·ma·ci·ate /ɪméɪʃièɪt/ [動] 他 〈人·動物〉をやせ衰えさせる. —自 やせ衰える.

e·ma·ci·at·ed /ɪméɪʃièɪtɪd/ [形] (人·動物が)病気·飢餓で)やせ衰えた, やつれた.

e·ma·ci·a·tion /ɪmèɪʃiéɪʃən/ [名] Ⓤ 衰弱.

e·mail, e-mail, E-mail /íːmèɪl/ [名] Ⓤ 電子メール (electronic mail) 《個々のメッセージを指す場合は five emails のように Ⓒ; [⇨snail mail]》. —[動] 他 〈人〉に電子メールを送る, 〈...〉を電子メールで送る: I'll ~ you back and let you know about it. 返信してそのことをお知らせします.

電子メールの書式

```
⑴ TO:
⑵ CC:
⑶ BCC:
⑷ Subject:

⑸ Tony,
.............................................
.............................................
.............................................
⑹ Reiko
   reiko@abc.ne.jp
```

(1) 宛先 (TO): メールの送信先のアドレスを入力する. 複数指定することも可能で, その場合はセミコロン (;) で区切って入力する. (2) カーボンコピー (CC): 同報メール (同じ内容を同時に送信する)の送信先のアドレスを入力する. 受信者は自分以外に誰に送信されたかを知ることができる. (3) ブラインドカーボンコピー (BCC): 同報メールであるが, 受信者には BCC に入力された宛先がわからないようになっている. (4) 件名 (Subject): メールの主題を書く. ここに RE: とあれば返信であることを, FWD: とあれば転送であることを示す. (5) 本文 (Body): 1行60文字程度で改行するのが読みやすい. 段落を区切る時は空行を一つ作る. 手紙と同様に, Dear Tony と始めてもよいが, 親しい人同士では名前だけで済ませることも多い. 内容は簡潔に書くことが基本. そのため, メールの文章では BTW (=by the way (ところで)), CU (=see you (じゃあね)), THX (=thanks (ありがとう)) のような略語も多用される. (6) 署名 (Signature): 親しい人同士では, Reiko のように普通はファーストネームだけで済ませる. [参考] メールで使う顔文字は emoticon という.

émail address [名] Ⓒ (電算) 電子メール[E メール]アドレス 《電子メールの送配でネットワーク上の個人を特定する 'name @ site address' の形のアドレス情報》.

⁺em·a·nate /éménèɪt/ [動] 自 (格式) (光·音·香りなどが) 出る (issue); (感情などが) にじみ出る (from). —他 〈光·音·香り〉などを出す.

em·a·na·tion /èménéɪʃən/ [名] (格式) Ⓤ 発散, 放射 (from); Ⓒ 放散物, 放射物.

⁺e·man·ci·pate /ɪménsəpèɪt/ [動] 他 (格式) (法律·政治·社会的に)〈人〉を解放[釈放]する (from).

e·man·ci·pat·ed /ɪménsəpèɪtɪd/ [形] 解放された, 釈放された; (女性が)伝統にとらわれない.

e·man·ci·pa·tion /ɪmènsəpéɪʃən/ [名] Ⓤ (格式) 解放(する[される]こと) (from).

Emancipátion Proclamátion [名] [the ~] 《米史》奴隷解放令 《Lincoln が発し, 1863年1月1日発効》.

e·man·ci·pa·tor /ɪmænsəpeɪtə| -tə/ 名 ⓒ 解放者. the Gréat Emáncipator 偉大なる解放者 《Abraham Lincoln を指す》.

e·mas·cu·late /ɪmǽskjʊlèɪt, em-/ 動 [しばしば受身で] **1** 〖格式〗⟨…⟩を無気力にする，弱くする；〈文章・法律など〉を骨抜きにする. **2** 〖医〗⟨…⟩を去勢する.

e·mas·cu·la·tion /ɪmæskjʊléɪʃən, em-/ 名 Ⓤ 〖格式〗無気力化；骨抜きにすること；〖医〗去勢.

em·balm /ɪmbáːm, em-/ 動 [しばしば受身で] 〈死体〉に香料を詰めて腐敗を防ぐ.

em·balm·er /ɪmbáːmə, em- | -mə/ 名 ⓒ 死体の防腐処置をする人.

⁺em·bank·ment /ɪmbǽŋkmənt, em-/ 名 ⓒ (鉄道，道路の)築堤，堤防，土手；盛り土.

*em·bar·go /ɪmbáːgoʊ, em- | -báː-/ 名 (~es /~z/) ⓒ **1** 禁輸，通商禁止；(船舶の出入港禁止の)令: an oil ~ on [against] Japan 日本に対する石油の禁輸. **2** (報道などの)制限[禁止]. **impóse** [**pút, pláce**] **an embárgo on …** 動 …を禁輸する，…の輸出を禁ずる；…を禁止する. **líft** [**remóve, 〖格式〗ráise**] **an embárgo** 動 禁輸を解除する，(通商)を解禁する；(…の)出入港禁止を解く；(報道などの)制限[禁止]を解く (on, from). —— 動 他 **1** ⟨…⟩を禁輸とする，禁止する；〈商船〉の出入港禁止を命ずる. **2** ⟨報道など⟩を制限[禁止]する.

*em·bark /ɪmbáːk, em- | -báːk/ 他 動 (em·barks /~s/; em·barked /~t/; -bark·ing, -bark·ing) em·bar·ka·tion /èmbəkéɪʃən | -baː-/ disembark) 自 (船・航空機に)乗り込む，乗船する；船出する，旅立つ (on): The tourists ~ed for Europe. <V+for+名・代> 観光客たちはヨーロッパへ向けて乗船[出航]した. **2** (新事業などに)乗り出す，始める: He ~ed on [upon] a new career as a politician. <V+on [upon]+名・代> 彼は政治家として新たに身を立てた. —— 他 〈乗客・荷物など〉を(船・飛行機に)乗り込ませる，積み込む.

⁺em·bar·ka·tion /èmbɑəkéɪʃən | -baː-/ 名 ⓒ (embárk，反 disembarkation) Ⓤ.ⓒ **1** (船・航空機に)乗り込ませる[乗り込む]こと，搭乗，乗組，積み込み. **2** (新事業への)乗り出し (on, upon).

embarkátion càrd 名 ⓒ 出国(記録)カード. 関連 immigration card 入国(記録)カード.

⁺em·bar·rass /ɪmbǽrəs, em-/ 動 他 (em·bar·rass·es; -rass·ment) 他 **1** [しばしば ~ oneself として] ⟨人⟩を困惑させる，⟨…⟩にきまりの悪い[恥ずかしい，気まずい]思いをさせる (☞ embarrassed): 言い換え He ~ed her to enter a room full of strangers. ＝She was ~ed to enter a room full of strangers. 知らない人のいっぱいいる部屋に入るので彼女はきまりが悪かった. **2** ⟨人・会社など⟩の財政困難にする；〈政府・政治家など〉を窮地に陥れる.

*em·bar·rassed /ɪmbǽrəst, -em-/ 形 きまりの悪い[恥ずかしい]思いをした (☞ ashamed)，きまりの悪い (about, at, by): an ~ silence きまりの悪い沈黙 / financially ~ 〖滑稽〗金のない，借金を負って / I was very ~ **to** find I'd forgotten my wallet. <A+to 不定詞> 財布を忘れたのに気がついてとてもばつの悪い思いをした / I was too ~ **to** ask for clarification. 私はあまりにきまりが悪くて説明を求められなかった.

*em·bar·rass·ing /ɪmbǽrəsɪŋ, em-/ 形 気まずい思いをさせる，(人を)どぎまぎ[まごまご]させるような；やっかいな，(政党などにとって)厄介な，難題の: an ~ situation 気まずい[立場]. **~·ly** 副 どぎまぎ[まごまご]させるほど，気まずい思いをさせるくらい.

*em·bar·rass·ment /ɪmbǽrəsmənt, em-/ 名 (-rass·ments /-mənts/; 動 embárrass) **1** Ⓤ 気まずさ，恥ずかしさ: She couldn't hide her ~ **at** his rudeness. 彼女は彼の行儀の悪さに気まずさを隠せなかった. **2** ⓒ 妨害，じゃま; [an ~] 当惑させる人[もの]，頭痛の種 (to). **3** ⓒ 財政困難: financial ~ 財政逼迫. **an embárrassment of ríches** 名 あり余る豊かさ，(あれもよいこれもよいという)ぜいたくな悩み.

embrace 553

*em·bas·sy /émbəsi/ 名 (-sies /~z/) ⓒ **1** [しばしば E-] **大使館**: the British E~ in Tokyo 東京の英国大使館. 関連 ambassador 大使 / legation 公使館 / consulate 領事館. **2** ⓒ 大使館員(全体).

*em·bat·tled /ɪmbǽtld, em-/ 形 〖格式〗[普通は 限] (人・組織など)絶えず悩まされている，苦境にある；敵に包囲された.

⁺em·bed /ɪmbéd, em-/ 動 (em·beds /-bédz/; -bed·ded /-dɪd/; -bed·ding /-dɪŋ/) 他 [しばしば受身で] ⟨…⟩を埋める，はめ込む；〈考え・感情など〉を(心などに)深く留める；〖文法〗〈節など〉を埋め込む；〖電算〗〈ファイルなど〉を埋め込む: be embedded in one's memory 記憶の底に留まる. —— 自 はまる，埋め込まれる.

⁺em·bel·lish /ɪmbélɪʃ, em-/ 動 他 **1** ⟨…⟩を装飾する，飾る (decorate) (with). **2** 〈物語など〉を潤色する，⟨…⟩に尾ひれをつける (with).

em·bel·lish·ment /ɪmbélɪʃmənt, em-/ 名 Ⓤ 装飾的すること，潤色；ⓒ 飾り，装飾品.

em·ber /émbə | -bə/ 名 ⓒ [普通は複数形で] **1** (まき・石炭などの)燃えさし，燃え残り. **2** (感情・思い出などの)名残，余韻.

em·bez·zle /ɪmbézl, em-/ 動 他 ⟨公金など⟩を使い込む，横領する. —— 自 使い込み[横領]をする.

em·bez·zle·ment /ɪmbézlmənt, em-/ 名 Ⓤ 使い込み，横領.

em·bez·zler /ɪmbézlə | -lə/ 名 ⓒ 横領者.

em·bit·ter /ɪmbítə, em- | -tə/ 動 (-ter·ing /-tərɪŋ, -trɪŋ/; 形 bitter) 〈人〉に苦い思いをさせる，〈恨みなど〉を募らせる；〈人〉の感情を害する，憤激させる.

em·bit·tered /ɪmbítəd, em- | -təd/ 形 感情を害した，憤った，敵意をいだいた.

em·bit·ter·ment /ɪmbítəmənt, em- | -tə-/ 名 Ⓤ 〖格式〗(苦しみなどの)激化；憤激.

em·bla·zon /ɪmbléɪz(ə)n, em-/ 動 他 [普通は受身で] **1** ⟨盾など〉を紋章で飾る，⟨…⟩に紋章を入れる (across, on, with). **2** ⟨…⟩を(派手に)飾る (with)，〈デザインなど〉を目立つように示す (on).

⁺em·blem /émbləm/ 名 ⓒ 印(じるし)，象徴，表象 (symbol)；記章 (badge)；シンボルマーク (☞ symbol 1 日英比較): an ~ of peace 平和の象徴.

em·blem·at·ic /èmbləmǽtɪk / 形 [普通は Ⓟ] (格式) 象徴的な，(…の)を象徴する (of).

*em·bod·i·ment /ɪmbádəmənt, em- | -bɔ́d-/ 名 [the ~] 〖格式〗化身，権化；(思想・原則などの)具体的表現: He is the ~ of health. 彼は健康そのものだ.

⁺em·bod·y /ɪmbádi, em- | -bɔ́di/ 動 (-bod·ies; -bod·ied; -y·ing) 他 **1** 〈思想・感情など〉を形に表わす，具体的に表現する，具体化する: ~ the ideals **in** the new constitution 新憲法の中に理想を具体化する. **2** 〖格式〗⟨…⟩を取り入れる，盛り込む.

em·bold·en /ɪmbóʊld(ə)n, em-/ 動 他 (形 bold 1) [しばしば受身で] 〖古風，格式〗大胆にする，勇気づける，励まして…させる (to do).

em·bo·lis·m /émbəlìzm/ 名 ⓒ 〖医〗塞栓(そくせん)症.

em·boss /ɪmbɔ́ːs, em-, -báːs | -bɔ́s/ 動 他 [普通は受身で] ⟨金属・紙・革など⟩に浮き彫り細工[エンボス加工]を施す (with)，⟨模様・図案⟩を浮き出しにする (on).

em·bossed /ɪmbɔ́ːst, em-, -báːst | -bɔ́st/ 形 浮き彫り細工を施した (with)，⟨模様などが⟩浮き出した (on).

*em·brace /ɪmbréɪs, em-/ 動 (em·brac·es /~ɪz/; em·braced /~t/; em·brac·ing) 他 **1** ⟨…⟩を抱き締める，抱擁する (hug): The mother ~d her child. その母親は子供を抱き締めた. **2** 〖格式〗⟨申し出など⟩を喜んで受ける (accept). **3** 〖格式〗⟨主義・信仰など〉を奉ずる，いだく，信ずる. **4** [進行形なし] 〖格式〗⟨…⟩を含む，包含する (include) (☞ all-embracing).

— 自 抱き合う: They shook hands and ~d. 彼らは握手して抱き合った。 語源 古(期)フランス語で「両腕(☞ brace 語源)の中へ(em-)」の意.

—名 (em·brac·es /-ɪz/) 1 C 抱擁: in a close ~ しっかりと抱き合って。 2 [単数形で] (申し出などの)受け入れ; (主義などの)信奉.

em·bra·sure /ɪmbréɪʒɚ, em-│-ʒǝ/ 名 C 【建】(戸口・窓の前の)朝顔形; (朝顔形の)銃眼.

em·bro·ca·tion /èmbroukéɪʃən/ 名 U,C 《格式, 主に英》(筋肉痛鎮静用の)塗布薬[液].

*em·broi·der /ɪmbrɔ́ɪdɚ, em-│-dǝ/ 動 (-der·ing /-drɪŋ, -drɪŋ/) 他 1 〈…〉にししゅうをする; (模様などを)縫い込む: She ~ed 'her name on the cap [the cap with her name]. 彼女は帽子に自分の名前を縫い込んだ。 2 〈話などに〉尾ひれをつける (with). — 自 1 ししゅうをする. 2 (話などに)尾ひれをつける (on).

em·broi·dered /ɪmbrɔ́ɪdǝd, em-│-dǝd/ 形 ししゅうをした; 縫い込んだ.

*em·broi·der·y /ɪmbrɔ́ɪdǝri, em-, -dri/ 名 (-der·ies) 1 C,U ししゅう, 縫い取り: ~ hoop ししゅう用の丸枠. 2 U (話などの)尾ひれ.

em·broil /ɪmbrɔ́ɪl, em-/ 動 他 [しばしば受身で] 〈人を〉(争いなどに)巻き込む (in); 〈人を〉他人と関係させる (with).

*em·bry·o /émbriòʊ/ 名 (~s /~z/) C 1 胎児(人は妊娠 8 週間以内); 【生】胚(ﾊｲ). 2 (計画などの)初期の段階. 関連 fetus 妊娠 8 週間以後の胎児. in émbryo [形] 未発達の, 未完成の; 準備中の.

em·bry·ol·o·gist /èmbriálǝʤɪst│-ɔ́l-/ 名 C 発生学者; 胎生学者.

em·bry·ol·o·gy /èmbriálǝʤi│-ɔ́l-/ 名 U 発生学; 胎生学.

em·bry·on·ic /èmbriánɪk│-ɔ́n-/ 形 (普通は 限定) 胎児の, 胚(ﾊｲ)の; 未発達の.

em·cee /émsí:/ 名 C 《米略式》(バラエティ番組などの)司会者 (master of ceremonies, 《英》 compère).
— 動 他 〈番組〉を司会する. — 自 司会を務める.

e·mend /i:ménd, ɪm-/ 動 他 〈書籍の本文など〉を校訂する, 修正する.

e·men·da·tion /ì:mendéɪʃən/ 名 U 校訂, 修正; C [しばしば複数形で] 校訂個所 (to).

*em·er·ald /émǝrǝld/ 名 1 C エメラルド (緑色の宝石; 5 月の誕生石). 2 U エメラルド色, 鮮緑色. 3 [形容詞的に] エメラルドの, エメラルド[鮮緑]色の.

émerald gréen 名 U エメラルド色, 鮮緑色.
— 形 エメラルド[鮮緑]色の.

Émerald Ísle 名 固 [the ~] 《文》エメラルドの島 (Ireland の異名).

*e·merge /ɪmɚ́:ʤ│ɪmɚ́:ʤ/ 動 (e·merg·es /-ɪz/; e·merged /~d/; e·merg·ing; 1 では 名 émergence) 自 1 (物などから)出現する, 現われる (come out); [主に新聞で] (…として) 頭角を現わす: The figures of two men ~d from the forest. 2 人の男の姿が森から現われた / The rookie ~d as a real slugger. <V+from+名・代> / <V+as+名> その新人選手は本格的な強打者として頭角を現わした. 2 (事実などが)明らかになる, (問題など)が生ずる: A few important facts ~d after the investigation was closed. 調査終了後 2, 3 の重要な事実が明るみに出た / It later ~d that the match had been fixed. その試合は八百長だったと後で明らかになった. 3 (難局・危機などを)切り抜ける, 脱出する (from).

*e·mer·gence /ɪmɚ́:ʤǝns│ɪmɚ́:ʤ-/ 名 U 出現, 発生: her ~ as a new leader 新しい指導者としての彼女の出現.

*e·mer·gen·cy /ɪmɚ́:ʤǝnsi│ɪmɚ́:ʤ-/ 名 (-gen·cies /~z/) U,C 緊急事態, 緊急時, 非常の出来事: ~ evacuation 緊急避難 / an ~ case 救急箱; 急患 / ~ stairs 非常階段 / call an ~ meeting 緊急の会議を招集する / make an ~ landing 緊急着陸する / The government declared a state of ~ in the flooded area. 政府は洪水地域に非常事態を宣言した / Please push this button in an ~. 非常の場合にはこのボタンを押してください. 語源 ラテン語で「(思いがけなく)現われる(事)」の意.

emérgency bràke 名 C 《米》サイドブレーキ (《英》 handbrake).

emérgency còrd 名 C 《米》(列車の)緊急[非常]停止用コード (《英》 communication cord).

emérgency èxit 名 C 非常口.

emérgency médical technícian 名 C 救急医療技士 (略 EMT.

emérgency nùmber 名 C 緊急電話番号, 緊急連絡先 (☞ dial 名 成句).

emérgency ròom 名 C 《米》救急治療病棟[病室] (《英》 casualty) (略 ER, E.R.).

emérgency sérvices 名 [複] [the ~] 《英》救急隊《警察・消防・救急医療など》.

e·mer·gent /ɪmɚ́:ʤǝnt│ɪmɚ́:ʤ-/ 形 (文) 現われ出る, 新生の, (国など)が)新興の.

e·merg·ing /ɪmɚ́:ʤɪŋ│ɪmɚ́:ʤ-/ 形 新興の, 発展中の.

e·mer·i·ta /ɪmérǝtǝ/ 形 =emeritus (女性にいる).

e·mer·i·tus /ɪmérǝtǝs/ 形 名誉退職の: a professor ~ =an ~ professor 名誉教授 / Professor E~ at Yale エール大学名誉教授.

Em·er·son /émɚsǝn│émǝ-/ 名 固 Ralph Waldo /wɔ́:ldoʊ/ ~ エマーソン (1803-82) 《米国の思想家・詩人》.

em·er·y /émǝri/ 名 U 金剛砂.

émery bòard 名 C 爪やすり.

émery pàper 名 U 金剛砂を用いた)紙やすり.

e·met·ic /ɪmétɪk/ 形; 【医】嘔吐(ﾄ)を催させる.
— 名 C 催吐剤, 吐剤.

*em·i·grant /émɪgrǝnt/ 名 C (他国への)移住者, 移民 (日本から見て). ~s from Japan to Brazil ブラジル行きの日本移民 (日本から見て). 語源 Brazil から見るときは immigrants to Brazil from Japan となる (immigrant 表).

*em·i·grate /émɪgrèɪt/ 動 (-i·grates /-grèɪts/; -i·grat·ed /-tɪd/; -i·grat·ing /-tɪŋ/; 名 èmigrátion; 反 immigrate) 自 (他国へ)移住する: They ~d from Japan to Brazil during the 1920s. <V+from+名+to+名> 彼らは 1920 年代に日本からブラジルへ移民した.

em·i·gra·tion /èmɪgréɪʃən/ 名 U,動 émigrate; 反 immigration) 1 U,C (他国への)移住, 移民; 出国 (from, to). 2 U (他国への)移民(者)(全体).

é·mi·gré /émɪgrèɪ/ 《フランス語から》名 C (政治的な)亡命者.

Em·i·ly /émǝli/ 名 固 エミリー《女性の名》.

*em·i·nence /émǝnǝns/ 名 1 U (格式) (地位・身分などの)高いこと, 高位; (特に科学・芸術面の)著名: win [achieve, attain] ~ as a pianist ピアニストとして名をあげる. 2 C (古風) 小高い所, 高台. 3 [E-] 猊下(ｹﾞｲｶ)(カトリック教会の枢機卿(ｽｳｷｷｮｳ)の尊称; ☞ majesty 語法): His [Your] E~ 猊下 《間接に指す[直接呼びかける]とき; 2 人以上のときは Their [Your] Eminences; His Eminence は 略 H.E.).

émi·nence grise /éɪmɪnà:nsgrí:z/ 《フランス語から》名 (複 éminences grises /~/) C 《格式》黒幕, 陰であやつる人物.

*em·i·nent /émǝnǝnt/ 形 《格式》 1 (地位・身分の)高い; 著名な, 高名な (as, in) (☞ famous 類義語)): an ~ violinist 著名なバイオリニスト. 2 A (才能・素

質(などが)優れた, 抜きん出た: a person of ～ virtue 優れた人格者.

éminent domáin 名 U 《米法》土地収用権《政府が私有財産を強制収用する権利》.

+**éminent・ly** 副 《格式》[ほめて] 極めて, 非常に.

*e・mír /ɪmíə, eɪ- | emíə/ 名 C (イスラム教国の)首長, 王族.

e・mír・ate /émərət, -rèɪt/ 名 C (emir の治める)首長国; 首長の地位.

em・is・sar・y /émesèri | émɪs(ə)ri/ 名 (**-sar・ies**) C《格式》密使.

*e・mis・sion /ɪmíʃən, iːm-/ 名 (～s /-z/; 動 emít)《格式》 1 U (光・熱・におい・ガスなどの)放射, 発散, 排出: reduce the ～ of carbon dioxide from factories 工場の二酸化炭素の排出を減らす. 2 C 放射[放出, 排出]物: auto ～s 自動車の排気ガス / ～ control 排気規制 / ～ standards (汚染物質の)排出基準.

+**e・mit** /ɪmít, iːm-/ 動 (**e・mits**; **e・mit・ted**; **e・mit・ting**; 名 emíssion) 他《格式》 1《光・熱・におい・音など》を発する, 発散する. 2《意見など》を述べる.

Em・ma /émə/ 名 固 エマ《女性の名; 愛称は Emmie および Emmy》.

Em・mie, Em・my[1] /émi/ 名 固 エミー《女性の名; Emma の愛称》.

Em・my[2] /émi/ 名 (～s) C《米》エミー賞《年次最優秀テレビ番組・演技者などに与えられる》.

e・mol・lient /ɪmáljənt | ɪmɔ́l-/ 形《格式》 1 A (皮膚)を柔らかにする, 荒れ止めの: ～ cream 柔軟クリーム. 2 (表現などが)怒りなどを和らげる, なだめる. ── C《格式》(皮膚)軟化薬《荒れ止めクリームなど》.

e・mol・u・ment /ɪmáljumənt | ɪmɔ́l-/ 名《普通は複数形で》《英格式》報酬, 手当, 俸給.

é-mòney /iː-/ 名 U =electronic money.

e・mote /ɪmóʊt/ 動《格式》芝居じみたふるまいをする, 大げさにふるまう.

e・mo・ti・con /ɪmóʊtɪkɑ̀n | -kɔ̀n/ 名 C《電算》顔文字, エモーティコン《ASCII 文字を組み合わせて作った, 人の顔に似せた図; 電子メールなどで感情表現に用いる; 通例《英米では右側を下にして見る》:-) (笑顔), :-((渋面); ☞ smiley》.

*e・mo・tion /ɪmóʊʃən/ 名 (～s /-z/; 形 emótional, emótive) 1 C (強い)感情, 情緒 《☞ feeling 類義語; motion 単語の記憶》: control one's ～ 感情を抑制する / Joy, grief, fear, hate, love, rage and excitement are ～s. 喜び, 悲しみ, 恐れ, 憎しみ, 愛, 怒りおよび興奮は感情である.

2 U 感動, 興奮: He spoke with strong [deep] ～. 彼はひどく興奮して話した.

*e・mo・tion・al /ɪmóʊʃ(ə)nəl/ 形 (名 emótion; 反 unemotional) 1 (ことばなどが)感情に訴える, 感動的な: an ～ speech 感情に訴える演説 / It was an ～ scene. それは感動的な場面であった.

2《時にけなして》感情的な, 感傷性の, 情緒的な《すぐに怒ったり泣いたりする》; 感情的にふるまった: get ～ easily 感情に流される. 3 A 感情の, 情緒の: an ～ illness 情緒的な病 / ～ disturbances 情緒障害.

e・mo・tion・al・is・m /ɪmóʊʃ(ə)nəlìzm/ 名 U《時にけなして》感激性; 感情過多.

e・mo・tion・al・ly /ɪmóʊʃ(ə)nəli/ 副《時に 文修飾》感情的に(は); 感情に動かされて.

emótion・less 形 感情のない; 無表情な.

+**e・mo・tive** /ɪmóʊtɪv/ 形 (名 emótion) [普通は A] 感情に訴える, 感情をかきたてる; 感動的な. **～・ly** 副 感情的に(言って).

em・pa・na・da /èmpənɑ́ːdə/ 名《スペイン語から》 C エンパナーダ《パイ皮包み; スペイン・中南米料理》.

em・pan・el /ɪmpǽn(ə)l, em-/ 動 他《格式》=impanel.

em・pa・thet・ic /èmpəθéṭɪk◂/ 形 =empathic.

emphasis 555

em・path・ic /empǽθɪk, ɪm-/ 形 感情移入の.

em・pa・thize /émpəθàɪz/ 動 自《心》感情移入する; 共感する (with).

+**em・pa・thy** /émpəθi/ 名 U《心》感情移入; 共感 (for, with).

+**em・per・or** /émp(ə)rə | -rə/ 名 (～s /-z/; 形 impérial) C 皇帝《帝国 (empire) を治める人》; 天皇: a Roman ～ ローマ皇帝 / the E～ Showa 昭和天皇 / His Majesty the E～ 皇帝[天皇]陛下. 関連 empress 女帝, 皇后 / king 王. 語源 ラテン語で「支配者」の意.

émperor pènguin 名 C 皇帝ペンギン.

*em・pha・ses /émfəsìːz/ 名 emphasis の複数形.

*em・pha・sis /émfəsɪs/ 名 (複 **-ses** /-sìːz/; 動 émphasize, 形 emphátic) U,C 1 強調 (stress), 重点を置くこと, 重要視: He spoke *with* (great) ～ *on* the need for a change. 彼は変革の必要性を(大いに)強調した. 2《文法》強調.

文法 強調

文中のある語句の意味を特に強調したり他の語句との対比を示したりすることをいう. 次のような方法がある.

(1) 強調したい語を特に強く発音して. 印刷する場合にはイタリック体の活字 (italics) を用いる: *Jóhn* went to London. ジョンがロンドンへ行ったのです《Tom や Jim たちではない》/ John *wént* to London. ジョンはロンドンへ行ったのです《ロンドンから帰ったのではない》/ John went to *Lóndon*. ジョンはロンドンへ行ったのです《パリやニューヨークへ行ったのではない》/ I *cán* /kǽn/ swim. 泳げますとも《普通は can にはアクセントはない》/ George *wás* there. 確かにジョージはそこにいた. 語法 ただし be 以外の本動詞を強調する場合にはその前に強く発音される助動詞 do /dúː/, did /díd/ を置く《☞ do[3]》: I *did* sèe a bear in the mountains. 僕は本当に山でくまを見たんだ / *Dó* sìt down. さあ, どうぞお座りください.

(2) 語順を変えて, つまり倒置によって: *Never did* he return to his village. 彼は2度と村に帰らなかった《普通の語順は He never returned to his village.; ☞ inversion 文法 (1) (vi)》/ *Down came* the rain in torrents. 雨がどしゃ降りに降ってきた 《普通の語順は The rain came down in torrents.》/ *This* I believe. これが私の信念だ《普通の語順は I believe this.; ☞ word order 文法 (2) (ii) (d)》.

(3) 同じ語句を繰り返して: He *ran and ran*. 彼は走りに走った / She waited for *hours and hours*. 彼女は何時間も何時間も待った《☞ and 7》.

(4) It is [was] ... that 構文または It is [was] ... wh 節の強調構文によって《☞ it[1] A[3]》: *It was* a car *that* John bought. ジョンが買ったのは車だった / *It is* you *who* [*that*] are in the wrong. 間違っているのはあなたですよ / *It was* last Sunday *that* I saw her in front of the church. 彼女に教会の前で会ったのはこの前の日曜日だった.

(5) wh 節《普通は what 節》is [was]... の構文によって《☞ it[1] A[6]》: *What* John bought *was* a car. ジョンが買ったのは車だった / *What* hurts *is* my left leg. 痛むのは左脚です / *What* Bill did last week *was* (to) paint the fence. ビルが先週したのは塀にペンキを塗ることだった / *Where* I saw Mary *was* in Boston. 私がメアリーに会ったところはボストンでした.

(6) 再帰代名詞を用いる場合. -self に強調がおかれる: I did it *mysélf*. 僕はそれを自分でやったのだ / She is kindness *itsélf*. 彼女は本当に親切だ.

(7) 修辞疑問を用いて: Who knows? だれが知ろうか《知っている者がいるはずがない》.

emphasise

語源 ギリシャ語で「外面に現われたもの」の意. **pút [pláce, láy] (an) émphasis on [upón] ... [動]** ...を強調する; ...に重点を置く, ...を重視する: Our school *puts* [*places, lays*] great ~ *on* the teaching of English. わが校は英語教育を特に重視している. **語法** (an) emphasis is put [placed, laid] on ... の形で受身にできる.

*em·pha·sise /émfəsàɪz/ [動] (英) =emphasize
*em·pha·size /émfəsàɪz/ [他] (-pha·siz·es /-ɪz/; -pha·sized /-d/; -pha·siz·ing; [名] émphasis) [他] 〈...〉を強調する; 力説する; 〈事実など〉を目立たせる; 〈語句〉を強めて言う [言い換え] She ~*d* the importance of education.=She ~*d how* important education was. <V+O+ (wh 節)>=She ~*d that* education was important. <V+O (that 節)> 彼女は教育の重要性を力説した.

*em·phat·ic /ɪmfǽtɪk, em-/ [形] [名] émphasis) **1** 強調した[された], 強意の; 語気の強い, きっぱりとした: be ~ *about* [*on*] the need of energy conservation エネルギーの節約の必要性を強調する. **2** 〈信念など〉が強固な, はっきりとした: an ~ opinion はっきりとした意見. **3** [普通は A] 〈勝利など〉が確実な, 目立つ: an ~ victory 圧勝.

-em·phat·i·cal·ly /ɪmfǽtɪkəli, em-/ [副] **1** 強調して; 力強く; 断固として. **2** 全く, 断然.

em·phy·se·ma /èmfəzíːmə, -síː-/ [名] U [医] 肺気腫(しゅ).

*em·pire /émpaɪɚ, -paɪə/ [名] (~s /-z/; [形] impérial) **1** C [しばしば E-] 帝国 (普通は多数の民族を含み, 1人の皇帝に治められ, 王国 (kingdom) より広い国): the Roman [Russian] E- ローマ[ロシア]帝国. **2** C 巨大企業組織. **3** U (古風, 格式) 帝政, 絶対支配権.

émpire builder [名] C [しばしばけなして] 勢力[領土]拡張を図る人.

émpire building [名] U [しばしばけなして] 勢力[領土]の拡張.

Empire State [名] [the ~] エンパイアステート (米国 New York 州の俗称).

Empire State Building [名] [the ~] エンパイアステートビル (New York 市の Manhattan 区にあり, 102 階, (テレビ塔を含めて) 449 m).

Empire State of the South [名] [the ~] 南部の帝国州 (米国 Georgia 州の俗称).

*em·pir·i·cal /ɪmpírɪk(ə)l, em-/ [形] A 経験的な, 実証[実験]に基づく: ~ evidence 経験に基づく証拠. -cal·ly /-kəli/ [副] 実証[経験]的に; 経験的に基づき.

em·pir·i·cism /ɪmpírəsìzm, em-/ [名] U (格式) 経験[実証]主義; [哲] 経験論 (人間の知識がすべて経験に由来するとする考え). ⇨ rationalism, tabula rasa).

em·pir·i·cist /ɪmpírəsɪst, em-/ (格式) [名] C 経験[実証]主義者; [哲] 経験論者. ── [形] 経験[実証]主義の; [哲] 経験論の.

em·place·ment /ɪmpléɪsmənt, em-/ [名] C (普通は複数形で) [軍] (砲などの)据え付け場所[台座].

*em·ploy /ɪmplɔ́ɪ, em-/ [動] (em·ploys /-z/; em·ployed /-d/; -ploy·ing; [名] employment)

「ふり向ける, 充当する」が元の意.
→ 〈人を〉「雇う」**1**
→ 〈物を〉「使う」**2**

── [他] **1** 〈人〉を雇う, 雇用する (⇨ hire 類義語): The restaurant ~*ed* a new cook. そのレストランは新しい料理人を雇った / John was ~*ed as* a clerk. <V+O +C (*as*+名)の受身> ジョンは店員として雇われた / [言い換え] She is ~*ed in* an advertising agency. <V+O+in+名・代の受身> (=She is employed by an advertising agency.) 彼女は広告会社に勤めている / We ~*ed* Jane *to* baby-sit our son. <V+O+C (*to* 不定詞)> 息子のベビーシッターにジェーンを雇った. **2** (格式) 〈物・知識など〉を使う (use); [主に受身で] 〈時間・能力など〉を利用[活用]する: Steel is ~*ed for* many purposes. 鋼鉄はいろいろな目的に使われる / He ~*ed* this knowledge in business. 彼は事業にこの知識を活用した. **be employed in dóing** [動] 他 ...するのに忙しい, せっせと...をしている. ── [名] [次の成句で] **be in...'s employ=be in the employ of ...** [動] (古風, 格式) ...に雇われている, ...に勤めている (work for ...).

em·ploy·a·ble /ɪmplɔ́ɪəbl, em-/ [形] (反 unemployable) **1** (普通は P) [人] 雇うのにふさわしい. **2** (格式) 利用[活用]できる, 使える.

*em·ploy·ee /ɪmplɔ́ɪíː, em-, -plɔ́ɪíː/ [名] 従業員, 社員, 使用人: government ~s 公務員 / FOR EMPLOYEES ONLY 従業員専用 (提示).

─── コロケーション ───
fire [(格式) **dismiss**, (略式, 主に英) **sack**] an *employee* 従業員を解雇する[くびにする]
hire [**take on**, (格式) **engage**] an *employee* 従業員を雇う
train an *employee* 従業員を訓練[教育]する

*em·ploy·er /ɪmplɔ́ɪɚ, em-, -plɔ́ɪə/ [名] /-z/; 反 employee) C 雇い主, 雇用者; 使用者: ⇨ equal opportunity employer.

*em·ploy·ment /ɪmplɔ́ɪmənt, em-/ [名] (-ploy·ments /-mənts/; [動] emplóy; 反 unemployment) **1** U 雇用, 雇う[雇われる]こと: full ~ 完全雇用 / terms and conditions of ~ 雇用条件 / E- is expected to rise this year. 今年は雇用が増大すると見込まれている. **2** U 職業, 仕事 (人に雇われて従事するもの; ⇨ occupation 類義語): seek ~ 職を探す / All the graduates have found ~. 卒業生は全員就職口が見つかった. **3** U (格式) 使用する[される]こと, 利用する[される]こと: the ~ *of* solar energy 太陽エネルギーの利用. **4** C (格式) (趣味としての)活動, 仕事. **be in emplóyment** [動] (自) 就職している. **be òut of [withòut] emplóyment** [動] (自) 失業している.

employment àgency [名] C 職業安定所, (私設の)職業紹介所.

em·po·ri·um /ɪmpɔ́ːriəm, em-/ [名] (複 ~s, em·po·ri·a /-riə/) C **1** (米) 大店舗, (...の)デパート (特定の品物の大規模小売店の名前に用いる): Guitar E- ギターの大専門店. **2** (古風, 格式) [しばしば滑稽] (デパート式の)大規模商店, 百貨店. **3** 商業の中心地.

*em·pow·er /ɪmpáʊɚ, em-, -páʊə/ [動] (-er·ing /-páʊ(ə)rɪŋ/; [名] pówer) [他] **1** [しばしば受身で] (格式) 〈...〉に(...する)権限[能力]を与える (*to* do). **2** 〈人〉の地位を向上させる.

em·pow·er·ing /ɪmpáʊ(ə)rɪŋ, em-/ [形] (経験などが)人に力[自信]をつけさせる.

*em·pow·er·ment /ɪmpáʊɚmənt, em-, -páʊə/ [名] U (格式) **1** 権限付与. **2** (人に)力をつけさせる[自立させる]こと, 自己実現の促進, 地位向上.

*em·press /émprəs/ [名] C **1** (君主としての)女帝: Her Majesty the E- 女王[皇后]陛下. **関連語** emperor 皇帝 / queen 女王. **2** 皇后.

emp·ti·ly /ém(p)təli/ [副] 空虚に, むなしく; 無意味に.

*emp·ti·ness /ém(p)tinəs/ [名] U または an ~] 空虚, むなしさ, U (土地などが)人けのないこと (*of*); [単数形で]

《文》何もない広大な場所[空間].

*emp・ty /ém(p)ti/ 形 (emp・ti・er /-tiə‐ | -tiə‐; emp・ti・est /-tiɪst/) 1 [比較なし] からの, (中に)何もない; (建物が)空き家の, 入っていない (反 full)(☞ 類義語): an ~ house 空き家 / an ~ street 人通りのない街路 / We found the box (standing) ~. 私たちはその箱がからっぽなことを知った / An ~ sack cannot stay upright.(ことわざ)からの袋は真っすぐに立てない(中身のない人間は自立できない)/ The train was nearly ~ of passengers. 列車にはほとんど乗客がいなかった / How many beans can you put in an ~ bag? —One. After that the bag isn't ~. からの袋には豆が何粒入れられるか—1粒. そのあとはもうからではなくなるから(☞ riddle). 2 内容[値打ち]の乏しい, 無意味な;空虚な: an ~ promise から約束 / words ~ of meaning 無意味な語句 / feel [be] ~ むなしい, 悲しい. 3《略式》空腹の (hungry). 語源 古(期)英語で「暇な」の意.
— 動 (emp・ties /-z/; emp・tied /-d/; -ty・ing)

他他の転換
他 1 からにする (to make (something) empty)
自 1 からになる (to become empty)

— 他 1〈中身・場所など〉をからにする, …の中身をあける (反 fill): ~ a box 箱をからにする / ~ one's glass グラスを飲み干す / E~ your pockets (of their contents). <V+O(+of+名)> ポケットの中身を出しなさい. 2〈中身〉を(…に)移す;〈…の中身〉を(…に)あける: ~ the water from [out of] the bucket into another<V+O+前+名・代+前+名・代> 水をその桶から別のに移す / Who emptied (out) my wallet onto the table? 僕の財布の中身をテーブルの上にあけたのはだれ.
— 自 1 からになる, (人が) emptied (of people) after the play.<V (+of+名・代)> 芝居が終わると劇場はからになった. 2 (川が)注ぐ; (液体などが)流れ出る (from, out of): The Danube empties (out) into the Black Sea. ドナウ川は黒海に注ぐ. **émpty óut** [動] すっかりからにする, あける. — 自 すっかりからになる (of). — 名 (emp・ties) [普通は複数形で] 《略式》空きびん[コップ]; 空き箱.
【類義語】empty 単にからっぽで中に何もない: an empty room 家具も住む人もいない部屋. vacant 本来そこに存在するはずの人や物がない: a vacant room (アパート・ホテルなどの)空室.

⁺émpty-hánded 形 P 手ぶらで, から手で; 何の収穫もなく.

émpty-héaded 形《略式》頭のからっぽな, 無知で愚かな.

émpty nést 名 C《米》子供が独立して夫婦だけになった状態: ~ syndrome 空(ク)の巣症候群 (子どもが巣立った夫婦にみられる精神不安定な状態).

émpty nést・er /-néstə‐ | -tə/ 名 C [しばしば複数形で]《米》(子が巣立って)家に残された親.

EMS /íːèmés/ 略 =European Monetary System.
EMT /íːèmtíː/ 略 =emergency medical technician.

e・mu /íːmjuː/ 名 (複 ~s)) C エミュー (だちょうに似たオーストラリア産の飛べない大鳥).

EMU /íːèmjúː, íːmjuː/ 略 =Economic and Monetary Union.

*em・u・late /émjulèɪt/ 動 1《格式》〈…に〉負けまいと努力する;〈…を〉見習ってがんばる. 2《電算》エミュレートする〈他機種のプログラムを実行できる

emu

ように変換する〉.

em・u・la・tion /èmjuléɪʃən/ 名 U 1《格式》負けまいとする努力, (見習って)がんばること (of). 2《電算》エミュレーション (of).

em・u・la・tor /émjulèɪtə‐ | -tə/ 名 C《電算》エミュレーター〈他機種のプログラムを実行できるよう変換する装置[ソフトウェア]〉.

e・mul・si・fi・er /ɪmʌ́lsəfàɪə‐ | -fàɪə/ 名 C《化》乳化剤, 乳化物.

e・mul・si・fy /ɪmʌ́lsəfàɪ/ 動 (-si・fies; -si・fied; -fy・ing)《化・料理》他〈…を〉乳剤[乳状]にする.
— 自 乳化する.

⁺e・mul・sion /ɪmʌ́lʃən/ 名 C,U 1《化・薬》乳剤;乳状液. 2《写》感光乳剤. 3 エマルジョンペンキ〈建物内部に塗るペンキ; 乾くと光沢がなくなる〉.

emúlsion páint 名 C,U =emulsion 3.
EN /íːén/ 略 =Enrolled Nurse.

en- /ɪn, en/ 接頭 [動詞をつくり] 1 [形容詞・名詞につく] 「…にする」の意: enable 可能にする. 2 [名詞・動詞につく] 「…の中に入れる」の意: endanger 危険にさらす. 語法 b-, m-, p- で始まる語の前では em- となる.

-en¹ /(ə)n/ 接尾 [形容詞・名詞につく動詞語尾] 「…にする, …になる」の意: blacken 黒くする / sharpen 鋭くする / lengthen 長くする.

-en² /(ə)n/ 接尾 [物質名詞につく形容詞語尾] 「…製の, …から成る, …質の」の意: golden 金色の / silken 絹の.

*en・a・ble /ɪnéɪbl, en-/ 動 (-a・bles /-z/; -a・bled /-d/; -a・bling /-ˈéɪbl‐/) 他 1〈物事が〉〈人・生物に〉…できるようにする,〈…に〉…する力を与える. 言い換え Airplanes ~ us to go around the world in a few days.<V+O+C (to 不定詞)> (=Thanks to airplanes, we are able to go around the world in a few days.) 飛行機を使うと2, 3日で世界一周ができる. 2〈事〉を可能にする, 容易にする. 3〈…の資格[権限]〉を与える. 4《電算》〈…を〉作動可能にする.

-en・a・bled /ɪnéɪbld, en-/ 接尾 [名詞につく形容詞語尾] 「(機器・プログラムなどが)…を使える, …対応の; …で操作される」の意: Internet-enabled mobile phones ウェブ対応の携帯電話.

en・a・bler /ɪnéɪblə‐, en- | -blə/ 名 C 1《けなして》イネーブラー, 助長者〈アルコール依存者などに甘い態度をとってかえって悪癖を助長する人〉. 2 目的達成[実現]を可能にするもの[人].

en・a・bling 形 A 事を可能にする;《法》(特別な)権能を与える: ~ legislation 授権法.

*en・act /ɪnǽkt, en-/ 動 (en・acts /-ǽkts/; -act・ed /-ɪd/; -act・ing; 名 enáctment) 他 [しばしば受身で] 1《法》〈…を〉(法律として)制定する, 規定する: The Diet failed to ~ the bill. 国会はその法案を可決できなかった. 2《格式》〈劇など〉を上演する;〈役〉を演ずる.

⁺en・act・ment /ɪnǽktmənt, en-/ 名 (~s; enáct) 1 U,C《法》(法律の)制定; C 法令, 法規 (of). 2 U,C《格式》(劇の)上演 (of).

⁺e・nam・el /ɪnǽm(ə)l/ 名 U,C エナメル(塗料), ほうろう; (陶器の)上薬; (歯の)ほうろう質. — 動 (-nam・els, -nam・eled, 《英》-nam・elled; -el・ing, 《英》-el・ling) 他 [しばしば受身で]〈…に〉エナメルを塗る[かぶせる]; 〈…に〉上薬をかける, 〈…に〉ほうろうをかける.

enámel・ware 名 U エナメル引きの金属製品, ほうろう容器 (台所用品など).

en・am・ored, /ɪnǽməd | -məd/ 形 P [しばしば否定文で]《格式》または《滑稽》〈…〉にすっかり夢中である (of, with).

en bloc /ɑːmblɑ́(ː)k | -blɔ́k/《フランス語から》副《格式》ひとまとめにして, 一括して: resign ~ 総辞職する.

en・camp /ɪnkǽmp, en-/ 動《格式, 主に英》自 野

営する. ― 他 [普通は受身で]〈…〉を野営させる.
en·camp·ment /ɪnkǽmpmənt, en-/ 名 C《軍などの》野営地.

†**en·cap·su·late** /ɪnkǽpsəlèɪt, en- | -sjuː-/ 動 他 1《格式》〈事実・考えなど〉を要約する, 切り詰める (in). 2〈…〉をカプセルに入れる, さやに入れる.

en·cap·su·la·tion /ɪnkæpsəléɪʃən, en- | -sjuː-/ 名 U,C《格式》要約; 凝縮; カプセルに入れること (of).

†**en·case** /ɪnkéɪs, en-/ 動 他 [しばしば受身で]《格式》〈…〉を入れる; 包む (in).

en·cash /ɪnkǽʃ, en-/ 動 他《英格式》〈証券・手形など〉を現金化する, 現金で受け取る.

-ence /(ə)ns/ 接尾 [名詞語尾]〖形 -ent〗「性質・状態」を示す: absence 不在 / silence 静けさ.

en·ceph·a·li·tis /ɪnsèfəláɪtɪs, en- | ensèf-/ 名 U《医》脳炎.

en·ceph·a·lon /ɪnséfəlàn, en- | enséfəlɔ̀n/ 名《複 -la /-lə/》 C《解》脳.

†**en·chant** /ɪntʃǽnt, en- | -tʃɑ́ːnt/ 動 他 [しばしば受身で] 1〈…〉をうっとりさせる, 魅惑する (charm); 大いに喜ばせる (delight): The prince *was ~ed by* [*with*] the beautiful girl. 王子はその美少女にうっとりとした. 2《文》〈…〉に魔法をかける.

en·chant·ed /ɪntʃǽntɪd, en- | -tʃɑ́ːnt-/ 形 1 うっとりとした, 魅惑された; 大いに喜んだ. 2《文》〈場所などが〉本当には思えない程すばらしい. 3《文》魔法をかけられた.

en·chant·er /ɪntʃǽntɚ, en- | -tʃɑ́ːntə/ 名 C《文》魔法使い (↪ enchantress 2); 魅惑する者.

†**en·chant·ing** /ɪntʃǽntɪŋ, en- | -tʃɑ́ːnt-/ 形 うっとりさせるような, 魅惑的な, 楽しい. **~·ly** 副 うっとりさせるように, 魅惑的に; 楽しく.

en·chant·ment /ɪntʃǽntmənt, en- | -tʃɑ́ːnt-/ 名 1 U,C 魅惑; 魅力; 楽しみ. 2 U《文》魔法をかけられ）ること. 3 C《文》魔法, 魔術.

en·chant·ress /ɪntʃǽntrəs, en- | -tʃɑ́ːn-/ 名 C《文》 1 [普通は単数形で] 魅惑的な女性. 2 魔法使いの女, 魔女 (↪ enchanter).

en·chi·la·da /èntʃəlɑ́ːdə/ 名 C エンチラーダ《メキシコ料理の1種; ひき肉を詰めたトルティーヤ (tortilla) にチリソースをかけたもの》. **the bíg enchiláda** [名]《米略式》最高の人[もの], 重要人物. **the whóle encháda** [名]《米略式》全て（の状況）.

en·ci·pher /ɪnsáɪfɚ, en- | -fə/ 動 他〈通信内容〉を暗号にする, 暗号化する.

†**en·cir·cle** /ɪnsɚ́ːkl, en- | -sɚ́ː-/ 動 他 [しばしば受身で]〈…〉を取り囲む (surround) (by, with).

en·cir·cle·ment /ɪnsɚ́ːklmənt, en- | -sɚ́ː-/ 名 U 囲む[まれる]こと, 包囲; 周りを回ること.

encl. 略《商》=enclosed (↪ enclose 1); enclosure 3.

†**en·clave** /énkleɪv, ɑ́ŋ- | én-/ 名 C 飛び領土《自国内に入りこんでいる他国または他民族の領土; ↪ exclave》; 周囲から孤立した少数民族集団[地域], 異種文化圏.

*__en·close__ /ɪnklóʊz, en-/ 12 動 他 (**en·clos·es** /~ɪz/; **en·closed** /~d/; **en·clos·ing**) 名 enclósure》他 1〈…〉を同封する, 封入する《過去分詞 略 encl.》: E~ return postage. 返信料同封のこと / I ~ my photo *with* this letter.〈V+O+with+名・代〉この手紙に私の写真を同封しております〈言い換え〉 We ~ our 2007 catalogue.=E~d is our 2007 catalogue.=《格式》E~d please find our 2007 catalogue. 当社の2007年度のカタログを同封いたします.
2 [しばしば受身で]〈…〉を《塀や壁で》囲む (surround) (in);〈…〉に囲いをする: They ~d the yard *with* a wall.〈V+O+with+名・代〉彼らは庭を塀で囲った.

en·closed /ɪnklóʊzd, en-/ 形 [普通は A]《修道院

なんど》禁域[禁区]の.

†**en·clo·sure** /ɪnklóʊʒɚ, en- | -ʒə-/ 名 (動 enclóse) 1 C 囲い地, 構内. 2 C (土地に)囲いをすること, 囲い込み (of). 3 C《格式》手紙の同封物《略 encl.》.

†**en·code** /ɪnkóʊd, en-/ 動 他 [しばしば受身で]〈普通文〉を暗号文にする;《電算》〈情報など〉をコード化する《反 decode》;《言》〈語句など〉を正しく表現する.

en·co·mi·um /enkóʊmiəm/ 名《複 ~s, **en·co·mi·a** /-miə/》 C《古風, 格式》称賛, 賛辞.

†**en·com·pass** /ɪnkʌ́mpəs, en-/ 動 他 1《格式》〈多様な物〉を含む (include). 2〈…〉をとり囲む; 包む.

†**en·core** /ɑ́ːnkɔɚ | ɔ́ŋkɔ̀ː/《フランス語から》感 アンコール!《演奏者に向かってもう1度演奏などを求める叫び声や拍手》. ― 名 C アンコールに応じた再演: call [yell out] for an ~ アンコールと大声で言う. ― 動 自《略式》アンコールの演奏をする[歌を歌う].

†**en·coun·ter** /ɪnkáʊntɚ, en- | -tə/ 動 (**-coun·ters** /~z/; **-coun·tered** /~d/; **-ter·ing** /-t̬ərɪŋ, -trɪŋ/) 他《格式》 1〈敵・危険・困難など〉に遭遇する, 出くわす: The ship *~ed* a heavy storm on her [its] return voyage. 船は帰りの航海でひどいあらしにあった. 2 (偶然)〈…〉に出会う,〈…〉とばったり顔を合わせる.
― 名 (~s /~z/) C《格式》《敵・危険・困難などとの》遭遇, 交歓; (偶然の)出会い: a chance ~ 偶然の出会い / a sexual ~ 性交渉 / the first ~ *between* the party leaders 初の党首顔合わせ / I had a close ~ *with* a bear. 熊と遭遇したが, 何とか逃げた.

encóunter gròup 名 C《精神医》出会い集団, エンカウンターグループ《集団療法のためのグループで, 参加者は相互に自己をさらし, 他のメンバーと人格的交わりを深めて自己実現を促進する》.

*__en·cour·age__ /ɪnkɚ́ːrɪdʒ, en- | -kʌ́r-/ 12 動 (**-cour·ag·es** /~ɪz/; **-cour·aged** /~d/; **-cour·ag·ing**) 名 encóuragement; 反 discourage》他 1〈…〉を励ます, 勇気づける (cheer); 奨励する: No one ~d her. 彼女を元気づける者はいなかった / The teacher ~d the child to study harder. 〈V+O+C (to 不定詞)〉先生はその子供にもっと勉強するように励ました / She has always *~d* me *in* my studies. 〈V+O+in+名・代〉彼女はいつも私の研究を励ましてくれた. 語法〉〈V+O+C (to 不定詞)〉はこれからすることを励ますとき,〈V+O+in+名・代〉は今していることを励ますときに用いる.
2〈物事〉を助長する, 促進する.〈言い換え〉Warmth and rain ~ the growth of plants.=Warmth and rain ~ plants *to* grow.〈V+O+C (to 不定詞)〉暖かさと雨は植物の成長を促進する.

*__en·cour·aged__ /ɪnkɚ́ːrɪdʒd, en- | -kʌ́r-/ 形 P 元気の出た, 励まされた: I was ~ *at* [*by*] the news.〈A *at* [*by*]+名・代〉=I was ~ *to* hear the news.〈A *to* 不定詞〉私はその知らせを聞いて元気が出た.

*__en·cour·age·ment__ /ɪnkɚ́ːrɪdʒmənt, en- | -kʌ́r-/ 名 (**-age·ments** /-mənts/; 動 encóurage; 反 discouragement》 U,C 勇気づけること, 激励する[される]こと, 奨励, 促進 (of; to do);C 奨励[刺激]となるもの: Meg's words were a great ~ *to* him. メグのことばは彼に大きな励みとなった.

†**en·cour·ag·ing** /ɪnkɚ́ːrɪdʒɪŋ, en- | -kʌ́r-/ 形《反 discouraging》励みとなる, 奨励する, 激励となる: She added a few ~ words. 彼女は励みになることばを少しかけてくれた. **~·ly** 副 励ますように, 激励して.

†**en·croach** /ɪnkróʊtʃ, en-/ 動 自《格式》《権利など》を侵害する (on, upon); 侵略[侵入]する; (海が)浸食する.

en·croach·ment /ɪnkróʊtʃmənt, en-/ 名《格式》 1 U,C 侵害 (on, upon); 侵略, 侵入; 侵食. 2 C 侵略地, 侵食地.

en·crus·ta·tion /ènkrʌstéɪʃən/ 名 U =incrustation.

en·crust·ed /ɪnkrʌ́stɪd, en-/ [形] 皮殻(状のもの)で覆われた，皮殻を形成した；(…を)かぶせた，ちりばめた (*with, in*).

en·crypt /ɪnkrípt, en-/ [動] [他] [普通は受身で] 〈…〉を暗号[コード]化する.

en·cryp·tion /ɪnkrípʃən, en-/ [名] [U] 暗号[コード]化.

en·cum·ber /ɪnkʌ́mbɚ, en- | -bə/ [動] (**-ber·ing** /-b(ə)rɪŋ/) [他] [普通は受身で] 《格式》 **1** 〈…〉をじゃまする；〈…〉の運動[活動など]を妨害する；じゃま物で〈場所〉をふさぐ；〈…〉の足手まといになる：She *was ~ed with* [*by*] a heavy suitcase. 彼女は重いスーツケースをさげて動きがとれなかった. **2** 〈…〉に(負債などを)負わせる (*with*).

en·cum·brance /ɪnkʌ́mbrəns, en-/ [名] [C] 《格式》じゃま物[者]，やっかい物[者]，足手まとい.

-en·cy /(ə)nsi/ [接尾] [名詞語尾] ([形] -ent)「性質・状態」を示す：consist*ency* 一貫性 / frequ*ency* しばしば起こること.

en·cyc·li·cal /ɪnsíklɪk(ə)l, en-/ [名] [C] 〘カトリック〙回勅《ローマ教皇が送る全司教への通達状》.

Encyclopáedia Bri·tán·ni·ca /-brɪtǽnɪkə/ [名] [固] [the ~] 『ブリタニカ大百科事典』《最古・最大の英語百科事典》.

⁺**en·cy·clo·pe·di·a,** 《英》 **-clo·pae·di·a** /ɪnsàɪkləpíːdiə, en-/ [名] [C] 百科事典；専門事典.

en·cy·clo·pe·dic, 《英》 **-clo·pae·dic** /ɪnsàɪkləpíːdɪk, en-←/ [形] [普通は [A]] 百科事典的な；[ほめて] (知識が)幅広い，博学の.

en·cy·clo·pe·dist, 《英》 **-clo·pae·dist** /ɪnsàɪkləpíːdɪst, en-/ [名] [C] 百科事典編集[執筆]者.

end /énd/ ([類音] #and) [名] (ends** /éndz/) [C]

> 基本的には「終わり」**1** の意.
> →(物の終わりの部分) →「端」,「先」**2**
> →(程度・状態の終わり) →「限度」**6**
> →(人生の終わり) →「死」**5**
> →(最終のねらいとするもの) →「目的」**3**

1 [普通は単数形で；しばしば the ~] **終わり，**最後；終わりの部分，結末 ([反] beginning)；(行為・存在などの)終止，廃止；(人生の)終わり，死：by *the ~ of* the year [month] 年末[月末]までに / call for an ~ *to* selling cigarettes to children 子ども達にたばこを売るのをやめるように要求する / At *the ~ of* the letter, he says he needs money. 手紙の終わりで彼は金が要ると言っている / This is *the ~ of* the story. これで話は終わりです / This means *the ~* of all hope. これですべて望みがなくなった / There's no ~ in sight *to* the war. その戦争はまだ終わりが見えない.
2 端，先；末端：the ~ *of* a stick＝a stick's *end* 棒の先 / the tail ~ 末端，尾部 / the voice at the other ~ *of* the phone [line] 電話の相手の声 / They were sitting at opposite *~s of* the bench. 彼らはベンチの両端に座っていた / Turn to the right at the ~ *of* this hallway. この廊下の突き当りを右に曲がってください / His house was at the far ~ *of* the street. 彼の家は通りのはずれにあった // ☞ either [形] 3 [語法].
3 [しばしば複数形で] 《格式》目的，目標 (aim)：He attained [gained, achieved] his ~(*s*). 彼は目的を達した / What is the ~ of life? 人生の目的は何か / *to* this [that] ~ こういう[そういう]目的で / for one's own *~s* 私的な目的のために. **4** [普通は単数形で] 《略式》(事業などの)部門，面；方面，側：Take care of the advertising ~. 広告(関係の)部門を面倒見てくれ. **5** [普通は単数形で] 《文》 [しばしば婉曲] 最期，死 (death)：☞ meet one's end (成句). **6** 限度，限り，際限：She's the (absolute) ~! Ⓢ 《英略式》彼女には困ったもんだ / She's the living ~! Ⓢ 《米》彼女には困ったもんだ《彼女は最高だの意味にもなる》/ We are at the ~ *of* our food supplies [patience]. 我々は食糧の貯えが尽きた[我慢の限度にきた]. **7** 〘スポ〙(攻撃・守備の)サイド；〘アメフト〙エンド. **8** [しばしば複数形で] (主に細長いものの)切れ端，くず；残り物.

at ...'s ènd [副] …の側では：What's the weather like *at your ~*? Ⓢ そっちの天気はどう《電話などで》.

at the énd of the dáy [副] [つなぎ語] Ⓢ 《主に英》あらゆる点を考慮に入れると；結局(は).

be an énd in itsélf [動] [自] それ自体が目的である.

be at an énd [動] [自] 終わ(ってい)る.

be the énd of the wórld [動] [自] [普通は否定文で] Ⓢ (物事が)大変な不幸[打撃]だ.

bríng ... to an énd＝bríng an énd to ... [動] [他] …を終わらせる：He *brought* his speech *to an ~*. 彼は演説を終えた. [語法] 前者は … is brought to an end の形で受身にできる.

cóme [《格式》**dráw**] **to an énd** [動] [自] (ゆっくり)終わる：Finally his speech *came to an ~*. ついに彼の演説も終わりとなった.

ˈ**cóme to** [**méet**] **a bád** [《英》 **sticky**] **énd** [動] [自] 自業自得でひどい目にあう，みじめな死に方をする.

énd ón [副] 端と端とが向き合って；先端を自らに向けて：collide ~ *on* (列車が)正面衝突する.

énd to énd [副] 端と端とをつなげて.

from énd to énd [副] 端から端まで.

gét the shórt énd of the stíck [動] [自] いやなことをさせられる，不当な扱いを受ける.

gò óff the déep énd [動] [自] 《主に米》愚か[無鉄砲]な事をする；狂う；《英略式》かっとなる. [由来] プールの深いほうに入る，の意.

gó to sùch [**thòse**] **énds to** dó [動] …するのにそこまで努力する，そこまでして…しようとする.

gó to the énds of the éarth to dó [動] …するためならどこへでも行く；どんなことをしてでも…する.

in the énd [副] [つなぎ語] (1) ついに，とうとう (at last)：The doctor treated the patient as best he could but *in the ~* the patient died. 医者は患者にできるだけの治療をしたが，患者はついに死亡した. (2) 結局のところ，要するに (☞ finally 類義語)：*In the ~*, you have no one to blame but yourself. 要するにあなたは自分を責めるしかない.

júmp [**díve, plúnge**] **ín at the déep ènd** [動] [自] 《略式，主に英》難しい[不慣れな]事を急にやる.

kéep [**hóld**] **one's énd ùp＝kéep** [**hóld**] **úp one's énd** [動] [自] 《英略式》(困難な状況で)役目を十分に果たす；がんばり通す.

màke (**bóth**) **énds méet** [動] [自] 収支をあわせる，収入に応じた暮らしをする.

méet one's énd [動] [自] Ⓦ (非業の)死をとげる.

néver [**nót**] **hèar the énd of ...** [動] [他] …をいつまでもむしかえされる[聞かされる]，…で絶えず悩まされる.

nó énd [副] Ⓢ 《略式》非常に (very much).

nó énd of ... [形] Ⓢ 《略式》際限がないほどの…，たくさんの…；この上ない….

on énd [副] (1) 直立して：The terrible sight made my hair stand *on ~*. その恐ろしい光景を見て身の毛がよだった. (2) 引き続いて：It rained for days *on ~*. 何日も立て続けに雨が降った.

pùt an énd to ... [動] [他] …を終わらせる，…をやめる：[言い換え] I tried to *put an ~ to* the quarrel. (＝I tried to end the quarrel.) 私はそのけんかをやめさせようとした.

pùt an énd to ˈ**it àll** [**one's lífe, onesèlf**] [動] [自] 自殺する.

the énd of the líne [**róad**] [名] 《略式》(忍耐などの)限界；破局.

E

thrów ... ín at the déep énd [動] 他 《普通は受身で》《略式, 主に英》〈...〉に難しい[不慣れな]事を急にやらせる.

to nó end [副・形] むだに (in vain).
to the énd [副] 最後まで.
to [until] the énd of tíme [副]《文》永遠に.

— 動 (ends /éndz/; end·ed /-ɪd/; end·ing)

- 自 終わる (to finish)
- 他 終える (to make (something) finish)

— 自 **終わる**, おしまいになる (反 begin) (☞ 類義語): When will the fair ~? その博覧会はいつ終わりますか / The road ~s here. <V+副> 道はここで行き止まりだ / World War II ~ed in 1945. <V+前+名・代> 第2次世界大戦は1945年に終わった / **~ by** quoting <V+by+動名> 引用で (スピーチを) 締めくくる / The play ~ed with a chorus. その劇は合唱で終わった.

— 他 〈...〉**を終える**, やめる; 〈...の終わり [締めくくり]になる (反 begin): She ~ed her story with a sigh. 彼女は物語を終えてため息をついた / Try to ~ your discussion as soon as possible. できるだけ早く議論を終えてくれ. **énd it àll** [動] 自《略式》自殺する. **the [a] ... to end all ...** [名] [前の...は単数, 後の複数] あらゆる...の中で〈...〉の..., 最大[最善, 最悪, 極度]の...: a party to end all parties どんなパーティーよりもすばらしいパーティー. 由来 the war to end all wars 「全ての戦争を終わりにする戦争」(第一次世界大戦の標語から).

end の句動詞

***énd in ...** 動 自 〈...〉で終わりになる, ...に終わる: Our attempt to persuade him ~ed in failure. 我々の彼を説得する企ては失敗に終わった.

***énd úp** 12 動 自《略式》〈...に〉終わる, 最後は〈...に〉なる; 最後は〈...に〉着く: ~ up (as) president of the company 最後は会社の社長になる / ~ up broke 最後は無一文になる / If you do such a thing, you'll ~ up in prison. そんなことをしたら, しまいには刑務所に入ることになるぞ. **énd up dóing** [動]《略式》結局...する: I ~ed up (by) apologizing to the boss. 私は結局上司に謝罪することになった.

***énd with ...** 動 他 ...で終わる: The day ~ed with a storm. その日はあらしで暮れた.

【類義語】**end** 「終わる」,「終える」という意味の最も一般的な語で, 普通は予定されていたことが終了する意味を持つ: The program ended at 3 p.m. その番組は午後 3 時に終わった / He ended his speech. 彼は演説を終えた. **finish** 予定していたことを完結する意味で, 特に最後の仕上げをして終える感じを表わす: I have just *finished* my paper. 今論文を書き終えたところだ. なお finish は他動詞としては end よりも普通で, 自動詞としては end よりも《略式》. **conclude** 何か結末や決定をつけて話・会などをやめる意味で: He *concluded* his lecture by saying that .... 彼は ... と言って講義を終えた. **terminate** 限界や期限が来て, または境界を来て終わるという感じを表わす: The contract *terminates* on Oct. 10. その契約は 10 月 10 日に切れる.

***en·dan·ger** /ɪndéɪndʒɚ, en- | -dʒə/ 動 (-dan·gers /~z/; -dan·gered /~d/; -ger·ing /-dʒ(ə)rɪŋ/) 他 (= dánger) 〈...〉を危険にさらす: Smoking ~s your health. 喫煙は健康によくない.
2 〈動植物〉を絶滅にさらす.

en·dan·gered /ɪndéɪndʒɚd, en- | -dʒəd/ 13 形 **1** 危険にさらされた. **2** (動植物が) 絶滅しそうな: an ~ species 絶滅寸前の種(⌝), 絶滅危惧(⌝)種.

en·dan·ger·ment /ɪndéɪndʒɚmənt, en- | -dʒə-/ 名 U **1** 危険にさらすこと. **2** (動植物の) 絶滅の危惧.

⁺**en·dear** /ɪndíɚ, en- | -díə/ 動 (**-dear·ing** /-díər-ɪŋ/) 他《格式》〈...〉をかわいく思わせる, 慕わせる: ~ oneself to ... ...に好かれる / Her smile ~s her to everybody. 彼女の笑顔にはだれもが親しみを覚える.

⁺**en·dear·ing** /ɪndíər(ə)rɪŋ, en-/ 形《格式》かわいらしい, 愛らしい. **~·ly** 副 かわいらしく, 愛らしく.

en·dear·ment /ɪndíɚmənt, en- | -díə-/ 名《格式》**1** U 親愛; 寵愛(⌝ょ⌝): a term of ~ 愛情を表わす呼びかけの表現 (darling, dear など). **2** C 《普通は複数形で》愛情を示す行為 [ことば].

⁺**en·deav·or, (英) en·deav·our** /ɪndévɚ, en- | -və/ 《格式》(**-deav·ors, (英) -deav·ours** /~z/, **-deav·ored, (英) -deav·oured** /~d/, **-or·ing, (英) -our·ing** /-v(ə)rɪŋ/) 自 (真剣に) **努力する** (☞ try 類義語): He ~ed to arrange an agreement between the two countries. <V+to 不定詞> 彼は両国間の協定をまとめようと努力した. 語源 古(期) フランス語で「義務を果たす」の意.

— 名 (~s /~z/) C,U (困難なことなどをする懸命な) 努力; 活動, 計画《⇒ effort 類義語》: despite ...'s best ~s ...の最善の努力にもかかわらず / The government made every ~ to stop inflation. <N+to 不定詞> 政府はインフレを止めようとあらゆる努力をした.

en·dem·ic /ɪndémɪk, en-/ 形《格式》(病気が) 一地方 [集団] 特有の, 風土性の (in, to); W (差別などが) ひどく蔓延(⌝)した.

énd·gàme 名 C 《普通は単数形で》**1** 《チェス》終盤. **2** (物事の) 大詰め, 最終局面.

⁺**end·ing** /éndɪŋ/ 名 (~s /~z/) C **1** (物語・映画などの) **終わり, 終結**; 結末: a story with a happy ~ ハッピーエンドで終わる物語. **2** (文法) (活用) 語尾.

en·dive /éndaɪv/ 名 C,U **1** エンダイブ, きくぢしゃ (サラダ用). **2** 《米》きくにがな (《英》chicory).

⁺**end·less** /éndləs/ 形 **1** 終わりのない, 無限の, 果てしない; 長々とした. A 《略式》無数の: an ~ ocean 果てしない大洋 / Their argument seemed ~. 彼らの議論はいつ終わるかわからなかった. **2** (機) 切れ目のない, 循環する, エンドレスの: an ~ tape [belt] エンドレステープ [ベルト]. **~·ly** 副 無限に, 果てしなく.

énd lìne 名 C 《スポ》エンドライン.

énd·nòte 名 C (本の) 巻末 [章末] の注.

en·do·crine dis·rupt·er /éndəkrɪndɪsráptɚ | -kràɪndɪsráptə/ 名 U 内分泌攪乱(⌝)化学物質, 環境ホルモン.

éndocrine glànd 名 C 《解》内分泌腺.

en·do·cri·nol·o·gy /èndəkrɪnɑ́lədʒi | -nɔ́l-/ 名 U 内分泌学.

en·dog·a·my /endɑ́gəmi | -dɔ́g-/ 名 U 《社》特定社会単位内の内婚(制), 族内婚.

en·dor·phin /ɪndɔ́ɚfɪn | -dɔ́ː-/ 名 C 《生化》エンドルフィン (鎮痛作用を持つ神経伝達物質).

⁺**en·dorse** /ɪndɔ́ɚs, en- | -dɔ́ːs/ 動 (**en·dors·es** /~ɪz/; **en·dorsed** /~t/; **en·dors·ing**) 名 endórse·ment) 他 **1**《格式》(行動・意見などを) **支持する**, 是認する; 推薦する; (広告で) 〈商品〉を推奨する: The committee ~d party's proposal. 委員会は党の提案の支持を決めた. **2** 〈小切手〉に裏書きする. **3** 《普通は受身で》《英》〈運転免許証〉に違反事項を記入する.

en·dorse·ment /ɪndɔ́ɚsmənt, en- | -dɔ́ːs-/ 名 (動 endórse) U,C 《格式》は是認 (approval), 承認, 保証; 賛成; 支持, 推薦. **2** (小切手などの) 裏書き. **3** 《英》(運転免許証などの) 違反事項 (の記入).

en·do·scope /éndəskòʊp/ 名 C 《医》内視鏡. **en·dos·co·py** /ɪndɑ́skəpi | -dɔ́s-/ 名 U,C 《医》内視鏡検査 (法), 内視法.

⁺**en·dow** /ɪndáʊ, en-/ 動 (名 endówment) 他 **1** 〈大学・病院など〉に基金を寄付する, 財産を贈る: He ~ed the hospital *with* a large sum of money. 彼はその病院に多額の寄付をした. **2** 《普通は受身で》《格

式》《人に(能力・才能などを)授ける；《人に(物を)与える(with)．

*en・dow・ment /ɪndáʊmənt, en-/ 名 (-dow-ments /-mənts/) 1 C|U (大学・病院などへの)寄付金: Our university received a large ~ from the foundation. 私たちの大学はその財団から多額の寄付金を受けた. 2 U 寄贈, 寄付. 3 C 〖格式〗《普通は複数形で》素質, 才能.

endówment mòrtgage 名 C 《英》〖保〗養老保険契約付き抵当権.

endówment pòlicy 名 C 《英》〖保〗養老保険(証券).

énd pàper 名 C 〖製本〗(本の)見返し.

énd pòint 名 C 終(了)点.

énd pròduct 名 C 《普通は単数形で》最終生産物(of).

⁺énd resúlt 名 C [普通は the ~] 最終結果 (of).

énd tàble 名 C 側卓(ソファーやいすのそばに置く).

en・due /ɪnd(j)úː, en-| -djúː/ 動 他 〖格式〗= endow 2.

en・dur・a・ble /ɪnd(j)ύ(ə)rəbl, en-| -djʊər-, -djɔːr-/ 形 (反 unendurable) [しばしば否定語とともに] 〖格式〗我慢できる, 耐えられる.

*en・dur・ance /ɪnd(j)ύ(ə)rəns, en-| -djʊər-, -djɔːr-/ 名 (動 endúre) U 1 忍耐, 我慢, 辛抱; 忍耐力, 持久力: come to the end of one's ~ 我慢の限界にくる. 2 《物の》耐久性. beyònd endúrance [副・形] 我慢できないほど(の).

endúrance tèst 名 C 耐久テスト.

*en・dure /ɪnd(j)úə, en-| -djύə, -djɔː/ 動 (-dures /-z/; en・dured /-d/; en・dur・ing /-d(j)ύ(ə)rɪŋ | -djύər-/; 名 endúrance) 〖格式〗他《苦しみ・痛みを》我慢する; 辛抱する, 耐え忍ぶ; [特に否定文で]《人・不快な事を》がまんする, 平気でいる 《☞ bear¹ 類義語》: ~ a hard life 苦しい生活を耐え忍ぶ / We could not ~ hearing [to hear] the groans of the victims. <V+O (動名 (英) to 不定詞)> 犠牲者のうめき声を聞くのに耐えなかった. — 自 持ちこたえる, 長もちする (last); 生きのびる: Her fame will ~ forever. 彼女の名声は永久に消えないであろう. 語源 ラテン語で「固くする, 持ちこたえる」の意.

en・dur・ing /ɪnd(j)ύ(ə)rɪŋ, en- | -djύər-, -djɔːr-/ 形 [普通は A] 永続する, 永久的な (lasting); 我慢強い: ~ fame 不朽の名. -ly 副 永続的に; 我慢強く.

énd ùser 名 C 〖電算〗(コンピューター・ソフトウェアの)一般使用者, エンドユーザー; (製品の)末端消費者.

énd・ways, 《主に米》-wìse /-wàɪz/ 副 端を上[前]に向けて, 縦に.

énd zòne 名 C 〖アメフト〗エンドゾーン(ゴールラインとエンドラインの間の得点ゾーン).

ENE /íːènéː/ 略 = east-northeast.

en・e・ma /énəmə/ 名 〖医〗1 浣腸(かんちょう). 2 浣腸液[剤].

*en・e・my /énəmi/ 名 (-e・mies /~z/) 1 C 敵, かたき; 敵対者 (反 friend): a political ~ 政敵 / He always treats me like an ~. 彼はいつも私を目のかたきにする / He made a lot of enemies in business. 彼は商売上の敵をたくさん作った / Love your enemies and pray for your persecutors. 敵を愛し, 迫害する者のために祈れ《新約聖書のことば》. 2 [the ~; 《英》単数または複数扱い] 敵軍, 敵兵: The ~ fired first. 敵が先に発砲した / The ~ was [《英》 were] driven back. 敵は撃退された《☞ collective noun 文法》.

━━━ コロケーション ━━━
attack the enemy 敵を攻撃する
beat [overcome, conquer] the enemy 敵に打ち勝つ, 敵を征服する
deceive the enemy 敵の目を欺く

enforcer 561

face [confront] the enemy 敵と向かい合う

3 C 〖文〗(...に)害となるもの; (...の)敵 (of, to): a public ~ 社会の敵《凶悪犯人など》 / a natural ~ 天敵. 4 [形容詞的に] 敵の, 敵国の: an ~ plane [ship] 敵機[艦] / ~ forces 敵軍. be one's ówn wòrst énemy [動] 自 (欠点・愚行によって)自分で自分の首をしめる. màke an énemy of ... [動] 他 ...を敵にまわす.

*en・er・get・ic /ènədʒétɪk, | ènə-ˊ/ 形 (名 énergy) 《人が》精力的な, 活気に満ちた, 活動的な, エネルギッシュな; 《活動が》エネルギーのいる: an ~ politician 精力的な政治家. -i・cal・ly /-kəli/ 副 精力的に, 力強く, 元気いっぱいに, エネルギッシュに.

*en・er・gize /énədʒàɪz | énə-/ 動 他 (名 énergy) 1 《...に》精力を与える; 活動的にする. 2 [普通は受身で] 《...を》作動させる; 《回路に》電圧を加える.

en・er・giz・ing /énədʒàɪzɪŋ | énə-/ 形 精力的な[活動的]にする.

*en・er・gy /énədʒi | énə-/ 〘1〙 名 (-er・gies /~z/; 形 ènergétic, 動 énergize) 1 U 精力, 元気, 気力, 活気 《☞ power 類義語》: with ~ 元気に, 力をこめて / a waste of ~ 精力の浪費 / He is full of ~. 彼は精力に満ちあふれている / I just don't have the ~ to get out of bed. <N+to 不定詞> ベッドから起き上がる気力も(出)ないよ.

2 [複数形で所有格とともに] 活動力, 行動力: concentrate one's energies on ... ...に精力[エネルギー]を集中させる / He applied [devoted] all his energies to the project. 彼はその企画に全精力を傾けた.

3 U 〖物理〗エネルギー(略 E); エネルギー資源: solar ~ 太陽エネルギー / an ~ crisis エネルギー危機 / ~ efficiency エネルギー効率 / This engine will save ~. このエンジンは省エネになるだろう.

énergy-sàving 形 エネルギー節約の, 省エネの.

en・er・vate /énəvèɪt | énə-/ 動 他 [しばしば受身で] 〖格式〗《...の》気力を弱める, 元気を奪う.

en・er・vat・ed /énəvèɪtɪd | énə-/ 形 〖格式〗気力を失った, 無気力な.

en・er・vat・ing /énəvèɪtɪŋ | énə-/ 形 気力を失わせる.

en・er・va・tion /ènəvéɪʃən | ènə-/ 名 U 〖格式〗気力を失うこと.

en・fant ter・ri・ble /ɑːŋfɑ́ːnterí:bl/ 《フランス語から》名 (複 en・fants ter・ri・bles /~/) C 《普通は the ~》〖格式〗[しばしば滑稽] 型破りの[過激]な(若い)人, (周囲を騒がす)問題児革命, 異端児 (of).

en・fee・ble /ɪnfíːbl, en-/ 動 他 〖文〗féeble) 《普通は受身で》《人》を衰弱させる (weaken).

en・fee・bled /ɪnfíːbld, en-/ 形 〖文〗衰弱した.

en・fold /ɪnfóʊld, en-/ 動 他 〖文〗《...を》包む; 《腕に》抱く (in, with).

*en・force /ɪnfɔ́ːs, en- | -fɔ́ːs/ 〘3〙 動 (en・forc・es /-ɪz/; en・forced /-t/; en・forc・ing; 名 enfórce-ment) 他 1 《法律などを》施行する, 実施する: The U.S. will ~ economic sanctions against Japan. <V+O+against+名・代> 米国は日本に経済制裁を実施する予定である. 2 《規則などを》無理強いする, 押しつける: The coach ~d a strict training program on me. コーチは私に厳しい練習計画を強く命じた.

en・force・a・ble /ɪnfɔ́ːsəbl, en- | -fɔ́ːs-/ 形 P 実施できる; 強制される.

en・forced /ɪnfɔ́ːst, en- | -fɔ́ːst/ 形 強制的な.

*en・force・ment /ɪnfɔ́ːsmənt, en- | -fɔ́ːs-/ 名 (動 enfórce) U 1 《法律などの》施行, 執行: rigid [strict] ~ of the law 法律の厳格な施行. 2 強制.

en・forc・er /ɪnfɔ́ːsə, en- | -fɔ́ːsə/ 名 C 1 《法律な

562 enfranchise

との)執行者, 実施者; 強制する人. **2** 《スポ》《米》エンフォーサー《相手チームにすごみをきかすラフプレーヤー》.

en·fran·chise /ɪnfrǽntʃaɪz, en-/ 動 《反 disfranchise》他 [普通は受身で]《格式》**1**〈…〉に参政[選挙]権を与える. **2**〈奴隷など〉を解放する.

en·fran·chise·ment /ɪnfrǽntʃɪzmənt, en-, -tʃɪz/ 名 U《格式》参政[選挙]権賦与; 解放.

eng. =engine, engineer, engineering.

*__Eng.__ **1** イングランド(England). **2** 英語(の)(English).

*__en·gage__ /ɪngéɪdʒ, en-/ 動 (**en·gag·es** /~ɪz/; **en·gaged** /~d/; **en·gag·ing**; 名 engágement; 反 disengage)

> 古(期)フランス語で「抵当に入れて(約束する)」の意
> → 「拘束する」「約束する」
>   → (結婚の約束)→「婚約させる」(☞ engaged 1))
>   → (雇用の契約)→「雇う」**2**
>   → (仕事で拘束)→「従事させる」(☞ engaged 2))

他 **1**《格式》〈注意など〉を引く;〈時間など〉を取る;〈人〉を(話など に)引き込む(draw): The picture ~d her attention. その絵は彼女の注意は引きつけられた / One man ~d me *in* conversation while the other stole my wallet. <V+O+*in*+名・代> 1 人の男が私を話に引き込んでもう 1 人の男が私の財布を盗んだ.

2《格式, 主に英》〈人〉を雇う(☞ hire 類義語): The firm ~d a few men *to* make a survey. <V+O+C (*to* 不定詞)> 会社は数人の男を雇い調査をさせた / They ~d the boy *as* a guide. <V+O+C (*as*+名)> 彼らはその少年を案内人として雇った. **3**《格式》〈歯車など〉をかみ合わせる;〈クラッチ・ギヤ〉を入れる. **4**《格式》〈敵〉と交戦する, 〈軍隊〉を交戦させる. **5**《古風, 格式, 主に英》〈部屋・席など〉を予約する(reserve), 手配する. ─ 自《格式》**1** (…)に従事する; 関係する; 参加する: After finishing school he ~d in foreign trade. 卒業後彼は外国貿易に従事した. **2**〈人・物〉に関わる, 関心を持つ (*with*). **3** 〈歯車などが〉かみ合う (*with*). **4** 交戦する (*with*). **engáge onesèlf to ...** 動 …と結婚する.

*__en·gaged__ /ɪngéɪdʒd, en-/ 形 [普通は P] **1** [比較なし] 婚約している: an ~ couple 婚約した二人 / Jack and Betty are ~ (*to* be married). <A+*to* 不定詞> ジャックとベティーとは結婚する / Helen is ~ *to* John. <A+*to*+名・代> ヘレンはジョンと婚約している.

2 [比較なし] 《格式》 (仕事などに)従事して, 忙しい (busy), 暇がない (*on*, *upon*, *with*);(時間が)ふさがっていて, 予定があって: He is ~ *in* medical research. <A+*in*+名・代> 彼は医学の研究に従事している / My uncle is ~ *in* writing a novel. <A+*in*+名・代> 私のおじはせっせと小説を書いているところだ / I'm otherwise ~. 先約があります. **3**《英》(電話が)話し中で(《米》busy);《英》(トイレが)使用中で(《米》occupied) (take 他 7 用例): The number [line] is ~. お話し中です《交換手のことば》.

engáged tòne 名 C《英》=busy signal.

*__en·gage·ment__ /ɪngéɪdʒmənt, en-/ 名 (**-gage·ments** /-mənts/; 動 engáge) **1** C [普通 単数形で] 婚約(期間): announce one's ~ 婚約を発表する / Tom broke off his ~ *to* Liz. トムはリズとの婚約を破棄した.

2 C《格式》(会合などの)約束; 予約;《文書による》取り決め, 契約(☞ appointment 類義語): I have several previous [prior] ~s. いくつか先約があります. **3** U 従事, 用事, 用務. **4** C,U《軍》交戦(期間), 合戦 (*with*). **5** U 関わり, 関心を持つこと (*with*). **6** U 雇い入れ (employment); 雇用(期間). **7** U 〈歯車などの〉かみ合い.

engagement rìng 名 C 婚約指輪. 日英比較 「エンゲージリング」は和製英語. 関連 wedding ring 結婚指輪.

*__en·gag·ing__ /ɪngéɪdʒɪŋ, en-/ 形 人を引き付ける, 魅力のある (attractive), 愛嬌のある: an ~ smile 魅力的な笑顔. **~·ly** 副 愛想よく.

En·gels /éŋ(g)əlz/ 名 **Frie·drich** /fríːdrɪk/ ~ エンゲルス(1820-95)《ドイツの社会主義者》.

*__en·gen·der__ /ɪndʒéndə, en-|-də/ 動 (**-der·ing** /-dərɪŋ, -drɪŋ/) 他《格式》〈事態・感情〉を引き起こす, 発生させる.

*__en·gine__ /éndʒɪn/ 名 (~s /~z/) C **1** エンジン, 機関; 発動機(略 eng.; ☞ motorcycle 挿絵): a jet ~ ジェットエンジン / a steam ~ 蒸気機関 / a rocket ~ ロケットエンジン / ~ trouble エンジンの故障.

─ コロケーション ─
start [switch on] an *engine* エンジンを始動させる[かける]
stop [turn off, switch off] an *engine* エンジンを切る
warm up an *engine* エンジンを暖める

2 機関車 (locomotive): drive an ~ 機関車を運転する. **3** [普通は単数形で]《格式》道具, 兵器, 原動力: an ~ *of* destruction 破壊の道具. 語源 ラテン語で「生まれつきの才能(によって産み出されたもの)」の意.

éngine blòck 名 C=cylinder block.

-en·gined /éndʒɪnd/ 形 [合成語で] …エンジンの: a four-*engined* plane 四基エンジンの飛行機.

éngine driver 名 C《古風, 英・豪》《機関車の》機関士, 運転士 (driver,《米》engineer).

*__en·gi·neer__ /èndʒəníə|-níə/ T 名 (~s /~z/) C **1** 技師, エンジニア, 技術者(の);《略 eng.》: an electrical ~ 電気技師 / a civil ~ 土木技師. **2** 〈船・航空機の〉機関士;《米》《機関車の》機関士, 運転士(《英》engine driver). **3**《軍》工兵. **4**《英》修理工. **5**《陰の》工作者, 推進役 (*of*).

─ (**-gi·neers**; **-gi·neered**; **-neer·ing** /-ní(ə)rɪŋ/) 他 **1** [しばしばけなして]〈陰謀などを〉たくらむ, 〈…の〉裏面に工作をする: The explosion was ~ed by radicals. <V+O の受身> 爆発は過激派によって企てられたものだ. **2** [普通は受身で]《工》〈…〉を設計[建設]する: This bridge is very well ~ed. この橋はよく設計されている. **3** 〈…の〉遺伝子の構造を変える.: genetically ~ed plants 遺伝子操作をした植物.

*__en·gi·neer·ing__ /èndʒəní(ə)rɪŋ/ 名 U **1** 工学, 工学技術(《略》eng.).

─ engineering 1 のいろいろ ─
electrónic engineéring 電子工学(☞ electrical) / **genétic engineéring** 遺伝子工学 / **húman engineéring** 人間工学 / **mechánical engineéring** 機械工学

2 土木工学; 土木工事 (civil engineering).

éngine ròom 名 C《船などの》機関室.

*__En·gland__ /íŋglənd, íŋlənd/ 名 形 Énglish) 名 **1** イングランド《Great Britain 島の南東部を占める地方; 首都 London;《略》Eng.; ☞ 裏地図》. 参考 この意味では Scotland と Wales は含まれない.

イングランド	England
イングランド人	Englishman, Englishwoman
イングランド(人)の	English

2 英国 (the United Kingdom). 語法 England は本来 1 の意味で, この用法は不正確だがしばしば言う (☞ English 形 3 語法).「アングル族の土地 (Angles' land)」の意; ☞ Angle 語源.

*En·glish /ínglɪʃ, íŋlɪʃ/ 形 1 Ⓤ **英語**; (学科としての)英語, 英文学 (略 E, Eng.): American ~ アメリカ英語 / British ~ イギリス英語 / standard ~ 標準英語 (☞ つづり字と発音解説 1) / What is the ~ for "mizu" か 「水」に当たる英語は何ですか / ☞ King's [Queen's] English. 語法「世界各地のさまざまな英語」の意味で複数形の Englishes を使うことがある.

2 [the ~ として複数扱い] **イングランド人**《全体; スコットランド人・アイルランド人・ウェールズ人に対して》; 英国人, 英国民《全体; ☞ 形 3 語法》《☞ the¹ 5 語法》: *The* ~ like tea. イングランド[英国]人は紅茶が好きだ. 関連 Scottish スコットランド人 / Irish アイルランド人 / Welsh ウェールズ人. **in pláin Énglish** [副] わかりやすいことばで[文修飾節] わかりやすく[平たく]言えば. **tálk Énglish** [動] (略式)わかりやすいことばで話す.

―― 形 (名 Éngland) **1** A **英語の** (略 E, Eng.): an ~ word 英語の単語 / the ~ language 英語.
2 イングランドの; イングランド人の (☞ England 表): ~ folk songs イングランドの民謡.
3 英国の (British); 英国人の. 語法 この意味に用いるのは正確ではないがしばしば使われる (☞ England 2 語法).

Énglish bréakfast 名 ⒸⓊ [普通は単数形で] イギリス風朝食(ベーコンエッグにマーマレードつきトースト・紅茶などが出る; ☞ continental breakfast).

Énglish Canádian 名 Ⓒ イギリス系カナダ人; 英語を日常語とするカナダ人.

Énglish Chánnel 名 圓 [the ~] イギリス海峡, 英仏海峡(England とフランスの間の海峡; ☞ 裏地図 E 6) (the Channel).

Énglish Héritage 名 圓 イングリッシュ・ヘリテッジ(イングランドの遺跡・歴史的建造物の保護管理のため 1984 年に設立された特殊法人).

Énglish hórn 名 Ⓒ (米)〔楽〕 イングリッシュホルン(木管楽器) (英) cor anglais).

*En·glish·man /íngliʃmən, ínlɪʃ-/ 名 (-men /-mən/) Ⓒ **1 イングランド人**, イングランド人の男性(スコットランド人・アイルランド人・ウェールズ人に対して; ☞ England 表): When two *Englishmen* meet, they always talk about the weather. イングランド人が 2 人出会うときは、いつも天気のことを話題にする. 関連 Scotsman スコットランド人 / Irishman アイルランド人 / Welshman ウェールズ人. **2 イギリス人**, 英国人; イギリス[英国]の男性 (☞ English 形 3 語法).

Énglish múffin 名 Ⓒ (米) イングリッシュマフィン((英) muffin)(平たい円形のパンで, 薄く 2 つに切ってトーストにする; ☞ muffin 挿絵).

Énglish-spéaking 形 A 英語を話す: the ~ peoples 英語国民 (米・英・カナダ・オーストラリア人など).

*En·glish·wom·an /ínglɪʃwùmən, ínlɪʃ-/ 名 (-wom·en /-wìmən/) Ⓒ **1 イングランドの女性** (☞ England 表): *Englishwomen* in the Victorian period were not supposed to show their ankles. ビクトリア朝の女性は足首を人目にさらしてはいけなかった. **2 イギリス人**, 英国人; イギリス[英国]の女性 (☞ English 形 3 語法).

en·gorge /ɪngɔ́ədʒ, en-|-gɔ́ːdʒ/ 動 他 [普通は受身で]〈身体の一部〉を充血させる (*with*).
en·gorged /ɪngɔ́ədʒd, en-|-gɔ́ːdʒd/ 形《格式》あふれた, 一杯の; ふくれ[腫(ｈ)れ]あがった; 〔医〕充血した (*with*).
en·gorge·ment /ɪngɔ́ədʒmənt, en-|-gɔ́ːdʒ-/ 名 Ⓤ《格式》あふれること; 〔医〕充血.

---

*en·grave /ɪngréɪv, en-/ 動 他 **1** [しばしば受身で]〈金属など〉に〈文字など〉を彫る; 〈文字など〉に…に彫り込む〖言い換え〗 The student's name *is* ~*d* on the medal. = The medal *is* ~*d* with the student's name. その学生の名前がメダルに彫り込まれている. **2** [受身で] (格式) 〈心・記憶など〉に〈…〉を刻み込む: The scene *is* ~*d in* [on] my memory. その光景は私の記憶に刻み込まれている. **3** (印刷・版画用)〈銅版など〉に彫る; 〈…〉を彫った版で印刷する[刷る] (〈高級な印刷・紙幣などに使う〉(手彫りの)彫刻凹版をさす).

en·grav·er /ɪngréɪvɚ, en-|-və/ 名 Ⓒ 彫版師.
en·grav·ing /ɪngréɪvɪŋ, en-/ 名 **1** Ⓒ 版画; (版画・印刷用の)版(木) (*of*). **2** Ⓤ 彫版(術).

en·gross /ɪngróʊs, en-/ 動 他 [しばしば受身で]〈人〉の注意[心, 時間]を奪う; 熱中させる: He *was* deeply ~*ed in* the novel. 彼はすっかりその小説に夢中になっていた. **engróss onesèlf in ...** [動] ⊜ …に熱中する, 夢中になる.
en·grossed /ɪngróʊst, en-/ 形 P (…に)夢中の, 熱中した (*in, with*).
en·gross·ing /ɪngróʊsɪŋ, en-/ 形 (物事が)人の心を奪う, おもしろくてたまらない.

*en·gulf /ɪngʌ́lf, en-/ 動 他 (文) **1** (強い感情などが)〈人〉を襲う: He *was* ~*ed* by grief 彼は悲しみに包まれていた. **2** [しばしば受身で] (炎などが)〈人・船など〉を飲み[包み]込む; (戦争などが)〈国など〉を巻き込む: *be* ~*ed in* flames 炎に包まれる / The whole country *was* ~*ed in* civil war. 国全土が内乱に陥っていた.

*en·hance /ɪnhǽns, en-|-háːns/ 113 動 (en·hanc·es /~ɪz/; en·hanced /~t/; en·hanc·ing; 名 enháncement) 〈価値・評価・魅力・力など〉を高める, 増す. ☞ improve 類義語: ~ the reputation 名声を高める / Computers ~ workers' efficiency. コンピューターで働き手の能率が高まる.
en·hanced /ɪnhǽnst, en-|-háːnst/ 形 (文)〔電算〕(性能・機能などが)強化[拡張]された.

*en·hance·ment /ɪnhǽnsmənt, en-|-háːns-/ 名 ⒸⓊ (格式) 高揚, 増進 (*of*).
en·hanc·er /ɪnhǽnsɚ, en-|-hánsə/ 名 Ⓒ (外観などを)高めるもの: a flavor ~ 味をよくするもの.

e·nig·ma /ɪnígmə/ 名 Ⓒ [普通は単数形で] なぞ (riddle); なぞの人, 不思議な物[事].
e·nig·mat·ic /ènɪɡmǽtɪk/ 形 なぞのような, 解き難い; (人物が)得体の知れない, 不思議な: an ~ smile なぞめいたほほえみ. **-i·cal·ly** /-kəli/ 副 なぞのように, 不可解に.

en·join /ɪndʒɔ́ɪn, en-/ 動 他 **1** (格式)〈人〉に(…するよう)命令する (*to do*). **2** (米法)禁止する (*from*).

*en·joy /ɪndʒɔ́ɪ, en-/ 動 (en·joys /~z/; en·joyed /~d/; -joy·ing; 名 enjóyment)
他 **1** 〈…〉を**楽しむ**, 〈…〉を喜ぶ, 〈…〉を楽しい: ~ life 人生を楽しむ / I really ~*ed* your party. パーティーは本当に楽しかった(パーティーに招かれて帰るときのことば) / I have ~*ed* talk*ing* to you. ＜V+O (動名)＞ あなたとお話しして楽しかった. I hope you'll ~ it. そのワインはとてもおいしいと思いました. 召しあがってみてください(物を贈るときなど).

2 (格式)〈よいものを〉持っている, 享受する: ~ good health 健康に恵まれている / We ~ freedom in this country. この国には自由がある / We still ~ an advantage over them. 我々は依然として彼らより有利だ. **Enjóy!** ⓢ (略式) どうぞ(楽しんでください)(相手に物を差し出すとき): Here's your beer. E~! はい, ビールです, ごゆっくり.

enjóy onesèlf [動] ⊜ 愉快に過ごす, 楽しい思いをする〖言い換え〗 E~ *yourself*! (=Have a good time!) 楽しんで(きて)ね, 愉快に過ごしなさい / We really ~*ed* *ourselves* at the seaside. 私達は海辺でとても楽しく過ごした.

en·joy·a·ble /ɪndʒɔ́ɪəbl, en-/ 形 (物事・経験などが)楽しい, おもしろい, 愉快な: It was a very ~ evening. Thank you very much. とても楽しい晩でした. どうもありがとうございました《パーティーの客が帰るときのあいさつなど》. **-a·bly** /-əbli/ 副 楽しく, 愉快に.

en·joy·ment /ɪndʒɔ́ɪmənt, en-/ 名 (動 enjóy) **1** U 楽しむこと, 喜ぶこと, 満足: spoil ...'s ~ (人)の楽しみを台無しにする. **2** C [普通は複数形で]《格式》楽しみ, 楽しみ[喜びを与えるもの, 満足させるもの] (pleasure), 快楽: various ~s in life 人生におけるいろいろな楽しみ. **3** U《格式》(よいものを)持っていること, 享受 (of).

en·large /ɪnlɑ́ədʒ, en-|-lɑ́ːdʒ/ **13 (en·larg·es** /-ɪz/; **en·larged** /-d/; **en·larg·ing**) 動 large, enlárgement 他《...を》大きくする, 広くする, 拡張する (expand); [普通は受身で]〈写真など〉を引き伸ばす; 〈本〉を増補する: Reading a newspaper will ~ your knowledge of the world. 新聞を読むと世間に関する知識が広がる / I'll have this picture ~ed. この写真を引き伸ばしてもらうつもりだ.
— 自 **1** 大きくなる, 拡大する, 広がる. **2**《格式》(補足して)詳しく述べる (elaborate) (on, upon).

en·large·ment /ɪnlɑ́ədʒmənt, en-|-lɑ́ːdʒ-/ 名 (動 enlárge) **1** C 引き伸ばした写真 (of). **2** U C 拡大は an ~ 拡大, 増大, 拡張; (家の)増築; (写真の)引き伸ばし; (本の)増補, 敷衍(ふえん) (of).

en·larg·er /ɪnlɑ́ədʒɚ, en-|-lɑ́ːdʒə/ 名 C 〔写〕引き伸ばし機.

en·light·en /ɪnláɪtn, en-/ 動 他 [進行形なし]《格式》〈人〉を啓蒙する, 〈人〉の目を開かす; 教える (about, as to, on): ~ the ignorant 無知な人たちを啓蒙する (⇨ the¹ 3). 語源 元来は「明るくする」の意; ⇨ light, lighten¹.

en·light·ened /ɪnláɪtnd, en-/ 形 [普通は A] [ほめて] 啓発された; 見識のある; (正しい知識のある); (事情に)明るい: ~ opinions [attitudes] 見識のある意見[態度].

en·light·en·ing /ɪnláɪtnɪŋ, en-/ 形《格式》啓蒙的な; はっきりさせる (about): an ~ lecture 啓発的な講義.

en·light·en·ment /ɪnláɪtnmənt, en-/ 名 **1** U《格式》啓発, 啓蒙, 教化 (on); 《仏教・ヒンズー教》悟り. **2** [the E-] (18世紀西欧の)啓蒙運動.

en·list /ɪnlíst, en-/ 動 自 兵役に入る, 応募する (as): ~ in the army 陸軍に入隊する. — 他 **1** [普通は受身で]〈人〉を兵籍に入れる, 〈人〉に組織などに入るよう説得する (in, into). **2**《格式》〈協力・同情などを得る, 〈...〉の力を借りる: ~ ...'s help ...の援助を得る.

en·list·ed man /ɪnlístɪd-, en-/ 名 C《米》下士官兵《男性および女性下士官または応募兵》.

enlísted wòman 名 C《米》下士官女兵《女性; 下士官または応募兵》.

en·list·ment /ɪnlístmənt, en-/ 名 U C **1** 兵籍編入; 募兵, 入隊; 兵籍[入隊]期間. **2** 支援獲得.

en·liv·en /ɪnláɪv(ə)n, en-/ 動 他《 live³》〈人・催し物など〉に活気を与える, 元気づける, 景気づける.

en masse /ɑːnmǽs/《フランス語から》副 一団になって, いっしょに.

en·meshed /ɪnméʃt, en-/ 形 P《格式》(困難などに)巻き込まれて (in, with).

en·mi·ty /énməti/ 名 (**-mi·ties**) U C 敵意, 悪意, 恨み; 敵対感情 (between, toward).

en·no·ble /ɪnóubl, en-/ 動 他 (形 nóble) **1** [普通は受身で]《格式》〈...〉を気高くする, 高尚にする. **2** 〈...〉を貴族にする.

en·no·ble·ment /ɪnóublmənt, en-/ 名 U《格式》気高くすること; 授爵.

en·no·bling /ɪnóublɪŋ, en-/ 形《格式》気高くする.

en·nui /ɑːnwíː|ɑ́ːnwiː/《フランス語から》名 U《文》倦怠(けんたい), 退屈, 手もちぶさた.

E·noch /íːnɑk|-nɔk/ 名 固 イーノック《男性の名》.

e·nol·o·gy, oe- /iːnɑ́lədʒi|-nɔ́l-/ 名 U ワイン醸造学《研究》.

e·nor·mi·ty /ɪnɔ́əməti|-nɔ́ː-/ 名 (**-mi·ties**)《格式》 **1** U [普通は the ~] 極悪さ, (困難などが)途方もなく大きいこと (of). **2** C [普通は複数形で] (凶悪な)犯罪行為, 凶行 (of).

e·nor·mous /ɪnɔ́əməs|-nɔ́ː-/ **12** 形 巨大な, 莫大(ばくだい)な 類義語: an ~ building 巨大建築物 / an ~ amount of money 莫大な金額 / make an ~ effort 多大な努力をする. 語源 ラテン語で「標準 (norm) からはずれている」の意.

e·nor·mous·ly 副 [しばしば S] 非常に, とても: an ~ successful writer 大成功した作家.

e·nor·mous·ness /ɪnɔ́əməsnəs|-nɔ́ː-/ 名 U 大きさ.

※e·nough /ɪnʌ́f, ən-/ 副 **1** 十分に, (...に)必要なだけ, (...するに)足るだけ. 語法 修飾する形容詞・副詞・動詞のあとに置く: Is the room large ~ to practice [for practicing] judo? 部屋は柔道をするのに十分な広さがありますか / The matter has been discussed ~. そのことは十分討論された / You're old ~ to know better. あなたの年ではもっと物わかりがよいはずだ (⇨ to³ B 5) / It's not good ~. 十分ではない, これではだめだ 言い換え The box is light ~ *for* a child *to* carry. (= The box is so light *that* a child can carry it.) 箱は子供が持てるほど軽い. **2** まずまず, かなり: The present situation is bad ~ but I'm afraid it will get worse. 現状も相当ひどいがさらに悪くなるのではないかと思う (⇨ well enough (wéll¹ 成句). ★ oddly [curiously, strangely] *enough*, sure [fair, right, fair] *enough* などはそれぞれの副詞・形容詞の用例・成句で扱っている. cánnot ∴ enóugh = can néver ... enóugh いくら...しても足りない: I *can never* thank you ~. お礼の申し上げようもありません.

— /ɪnʌ́f, ən-/ 形 [比較なし] (...に)十分な(量[数]の), (...に)足る, (...する)だけの《⇨ 類義語》: That's (quite) ~. それで十分だ; [普通は子どもに対して] もうやめなさい, いいかげんにしなさい.

──── リスニング ────
enough の前に子音で終る語があると enough の始めの /ɪ/ はその子音と結合して, wide enough /wáɪdɪnʌ́f/ は「ワイディナフ」, more than enough /mɔ́əðənɪnʌ́f/ は「モアザニナフ」のように聞こえる. 「ワイド・イナフ」「モア・ザン・イナフ」のように発音しない.

語法 (1) 普通は数えられない名詞と数えられる名詞の複数形とともに用い, 名詞の前後どちらにも置かれるが, 後に置くのは一般的ではない: We have ~ time (*to* finish it). = We have time ~ (*to* finish it). (それを終えるのに十分時間がある / He did not have 「~ money [《古風》money ~] to buy the book. 彼はその本を買うだけのお金がなかった / There are ~ players for a game. 試合ができるだけの人が入る.
(2) 数えられる名詞の単数形とともに用いる場合は名詞は無冠詞で形容詞的になり, enough は後に置かれるが, 一般的ではない: I was fool ~ (=foolish *enough*) to believe him. 私は愚かにも彼を信じた.

móre than enóugh [形] 十二分の, 必要以上の; 多すぎる(ほどの): There is *more than* ~ money for our trip. 我々の旅行にはあり余るほどの金がある. 「**nòt nearly** [**nówhere nèar**] **enóugh** [形]《略式》と

ても十分とはいえない，…どころではない．
— [代]《不定代名詞》(…に)十分(な量[数])，(…するに)足るだけのもの; たくさん (*of*): I earn just ～ *to* support my family. 私は家族を養っていくだけの分を稼いでいます / We don't even have ～ *to* finish the job. その仕事をするのに必要な人数[物，金，材料など]さえない．

> [会話] "Will you have some more fruit?" "I've had ～. Thank you."「もっと果物を召し上がりませんか」「ありがとうございます．もう十分いただきました」

cannót dó enóugh of ... 《略式》…をいくら—しても足りない: I *can't* get ～ *of* this marvelous scenery. このすばらしい景色はいくら見ても飽きない． **Enóugh abòut ....** Ⓢ …のこと(を話すの)はやめにしよう． **Enóugh is enóugh!** Ⓢ もうたくさんだ，いいかげんにしろ． **Enóugh of thìs!**＝《米》**Enóugh alréady!** Ⓢ もうたくさんだ; そんなことはよせ． **Enòugh sáid!** Ⓢ なるほど，わかった，(それ以上言わなくても)わかってるって． **have hàd enóugh** [動] [自] Ⓢ (…は)もうたくさんだ (*of*). **móre than enóugh** [代] 十二分(の量)，必要以上; 多すぎるほど(の量)． **quìte enóugh** [代] Ⓢ うんざりするほど十分．

【類義語】**enough** 「数量が必要や希望を満たすのに十分な」の意． **sufficient** *enough* よりも格式ばった語で，「使わねばならないだけ，必要を満たすのに十分な」の意で，程度について用いることが多い: He has *sufficient* reason to resign. 彼には辞職する十分な理由がある / He is not getting *sufficient* nourishment. 彼は十分な栄養をとっていない． **adequate**「特定の目的に足りるだけの」の意で，必要最小限だけはあるという含みを持つことがあり，数や量だけでなく性質・資格などにも用いられる: *adequate* grounds for a lawsuit 訴訟を起こすのに十分の根拠． **ample** あり余るほどたっぷり十分，の意: We have an *ample* supply of food. 私たちには食糧の持ち合わせがたっぷりある．

en pas·sant /àːmpaːsáːŋ | ɑːmpǽsɑːŋ/ 《フランス語から》[副]《文》ところで，ついでながら．

en·quire /ɪnkwáɪə, en- | -kwáɪə/ [動]《主に英》＝inquire.

en·qui·ry /ɪnkwáɪ(ə)ri, en-, énkwəri | ɪnkwáɪəri, en-/ [名]《主に英》＝inquiry.

⁺**en·rage** /ɪnréɪdʒ, en-/ [動] [他] [しばしば受身で]《文》〈人〉を激怒させる: He *was* ～*d* to hear the news. 彼はその知らせを聞いてかっとなった．

en·rap·ture /ɪnrǽptʃə, en- | -tʃə/ [動] (**-rap·tur·ing** /-tʃ(ə)rɪŋ/) [他] [普通は受身で]《格式》〈…〉をうっとりさせる，狂喜させる，有頂天にする．

en·rap·tured /ɪnrǽptʃəd, en- | -tʃəd/ [形]《格式》うっとりした，有頂天になった．

⁺**en·rich** /ɪnríʧ, en-/ [動] [他] **1** 〈味・香り・色彩など〉を濃厚にする; 〈食品〉の栄養価を高くする; 〈土地〉を肥やす (*with*): ～*ed* food 栄養強化食品． **2** 〈心・精神など〉を豊かにする: Reading ～*es* the mind. 読書は我々の心を豊かにする． **3** 《格式》〈…〉を富ませる，豊富にする． **4** 〔物理〕〈放射性元素〉を濃縮する: ～*ed* uranium 濃縮ウラン．

⁺**en·rich·ment** /ɪnríʧmənt, en-/ [名] [U] 豊か[豊富]にすること; (食品の栄養価の)強化; 充実．

⁺**en·roll,** 《英》**en·rol** /ɪnróʊl, en-/ [T3] [動] [自] 会員になる; 入学[入隊]する: ～ *in* [*for*, 《英》*on*] the summer English course 夏期英語コースの登録をする / About 300 students will ～ *in* [*at*] our school next year. 来年は約 300 人の学生が我々の学校に入学する予定だ． — [他] 〈…〉を名簿に登録する (register)，会員にする; 入学させる; 兵籍に入れる (*as, in,* 《英》*on*).

En·rólled Núrse /ɪnróʊld-, en-/ [名] [C]《英》準看護師 (《米》licensed practical nurse) (《略》EN).

en·roll·ee /ɪnròʊlíː, en- | ènroʊ-/ [名] [C]《主に米》入会者，入学者; 在籍者，登録者．

en·roll·ment, 《英》**-rol-** /ɪnróʊlmənt, en-/ [名] **1** [U] 記載; 登録; 入会，入学，入隊． **2** [C] 入会[入学，入隊]者数; 在籍[登録]者数．

en route /ɑːnrúːt | ɔn-/ 《フランス語から》[副] 途中; 途上で (on the way) (*from, to,* 《英》*for*).

en·sconce /ɪnskáns, en- | -skɔ́ns/ [動] [他] [受身または ～ oneself で普通は副詞(句)を伴って]《文》(快適[安全]な所に)〈…〉を落ち着かせる (*at, on*): He *was* ～*d in* the sofa. 彼はソファーにゆったりと座っていた．

⁺**en·sem·ble** /ɑːnsáːmbl | ɔnsɔ́m-, ɑːnsáːm-/ [名] [C] **1** [《英》単数形でも時に複数扱い]〔楽〕アンサンブル，合奏団《個々のパートを受け持って演奏する小楽団》; 合奏曲; 合奏，合唱; 踊り手の一団; (劇の)共演者団: a string ～ 弦楽合奏団． **2** [普通は単数形で]《格式》アンサンブル《調和のとれたひとそろいの婦人服》． **3** [普通は単数形で]《格式》(各部分を総合的に考えた)全体，全体的効果．

⁺**en·shrine** /ɪnʃráɪn, en-/ [動] [他] [普通は受身で副詞(句)を伴って]《格式》〈権利・伝統など〉を大切に保存する; 〈…〉を神殿[社]に祭る (*in*).

en·shroud /ɪnʃráʊd, en-/ [動] [他]《文》**1** 〈…〉を包む，覆い隠す (*in*). **2** 〈…〉をわかりにくくする．

⁺**en·sign¹** /éns(ə)n, -saɪn | -saɪn/ [名] [C] 旗，国旗; 海軍旗; 《米》記章．

en·sign² /éns(ə)n/ [名] [C]《米》海軍少尉．

en·sile /ensáɪl/ [動] [他] 〈生牧草〉をサイロに貯蔵する．

en·slave /ɪnsléɪv, en-/ [動] [他] [しばしば受身で] **1** 〈人〉を奴隷にする． **2** 《格式》〈人など〉をとりこにする (*to*).

en·slave·ment /ɪnsléɪvmənt, en-/ [名] [U] 奴隷にすること (*of*); 《格式》奴隷状態 (*to*).

en·snare /ɪnsnéə, en- | -snéə/ [動] (**en·snar·ing** /-snéə)rɪŋ/) [他] [しばしば受身で]《格式》〈人〉を陥れる; 誘惑する; 〈…〉をわなにかける (*in*).

⁺**en·sue** /ɪnsúː, en- | -s(j)úː/ [動] [自] [進行形なし]《格式》(当然の結果として)続いて起こる，続く (follow): What will ～ *from* this? これからどうなるのだろうか．

⁺**en·sú·ing** [形] [A] 次の; 続いて起こる: the ～ panic その結果起こった大混乱 / in the ～ year その翌年に．

en suite /ɑːnswíːt/ 《フランス語から》[形] [副]《英》(部屋などが)ひとそろい[組]の[で]，付属して: an ～ bathroom (寝室に続く)浴室．

en·sure** /ɪnʃʊ́ə, en-, -ʃə́ː | -ʃɔ́ː, -ʃʊ́ə/ ([同音] ⁺insure) [動] (**en·sures** /～z/; **en·sured** /～d/; **en·sur·ing** /-ʃʊ́(ə)rɪŋ/; [形] sure) [他]《格式，主に英》**1** 〈…〉を確実にする; 確実に…になるようにする，〈…であること〉を確かめる; 保証する (guarantee): Please **～ *that your seat belt is fastened. <V＋O (*that* 節)> 座席のベルトをお締めになったかどうかお確かめください / We cannot ～ ⌈his success [*that* he will succeed]. 彼の成功は保証できない． **2** 〈…〉を確保する; 〈人に〉〈…〉が確実に手に入るようにする: [言い換え] This job will ～ my son a good income.＝This job will ～ a good income *for* my son. この仕事で息子に十分な収入が確保できるでしょう．

ENT /íːèntíː/ [略]〔医〕＝ear, nose, and throat 耳鼻咽喉(いんこう)(科).

-ent /(ə)nt/ [接尾] ([名] -ence, -ency) **1** [形容詞語尾]「性質・状態」を示す: frequ*ent* たびたびの / sil*ent* 物音のしない / differ*ent* 異なった． **2** [名詞語尾]「…する人[もの]」の意: deterr*ent* 抑止力 / resid*ent* 居住者．

⁺**en·tail** /ɪntéɪl, en-/ [動] [他] **1** 《格式》〈労力・出費〉を要する，伴う; (必然的に)伴う． **2** 〔法〕《古語》〈不動産〉の相続人を限定する．

⁺**en·tan·gle** /ɪntǽŋgl, en-/ [動] ([反] disentangle) [他] [普通は受身で副詞(句)を伴って] **1** 〈人〉を(困難などに)巻き込む (*in*); 〈人〉を(…と)掛かり合いにする (*with*). **2** 〈…〉をからませる，もつれさせる (*in, with*).

en·tán·gled [形] (困難などに)巻き込まれた，かかわり

E

566　entanglement

合った; からまった, もつれた: become [get] ～ in [with] …… …とかかわり合いになる; …にからまる, 巻きこまれる.

en·tan·gle·ment /ɪntǽŋɡlmənt, en-/ 名 **1** C [しばしば複数形で] (物事の)紛糾, ごたごた; (もつれた)男女の関係. **2** U もつれ(させること); もつれ. **3** C [しばしば複数形で] 《英》《軍》有刺鉄条網.

entendre 名 ☞ double entendre.

en·tente /ɑːntάːnt/ 《フランス語から》名 U.C (政府間の)協約, 協商.

entente cor·di·ále /-kɔːrdiάːl | -kɔː-/ 《フランス語から》名 U 和親協商.

***en·ter** /éntə | -tə/ (類音 inner) 動 (**en·ters** /～z/; **en·tered** /～d/; **-ter·ing** /-tərɪŋ, -trɪŋ/; 名 éntrance[1], éntry) 他 **1** [普通は受身なし] 《格式》〈場所〉に入る (go into, come into); 〈弾丸など〉が〈体内などに入り込む; 〈ある時期・段階など〉に入る; 〈考えごとが〉頭に浮かぶ, 〈感情など〉が〈声など〉に入る: ～ the room 部屋に入る / You are not allowed to ～ the building without permission. 許可なく建物に入ってはいけません / The negotiations have ～ed their 'third day [final stage]. 交渉は3日目[最終段階]に入った / The idea never ～ed his head. その考えは彼の頭に浮かばなかった.

2 [受身なし]〈…〉に加わる, 加入する, 入学する, 入会する; 〈競技など〉に参加する, 出場する;〈仕事など〉につく; …を始める: ～ a contest [competition] コンテスト[競争]に参加する / ～ the army 陸軍に入隊する / I ～ed this school [college] two years ago. この学校[大学]に2年前に入学した / Some foreign firms ～ed the market. その市場には外国の会社がいくつか参入した / ～ politics 政界に入る / ～ negotiations 交渉を始める. **3** 〈名前・日付など〉を記入する (in, into), 〈…〉を〈コンピューターに〉確定入力する (in, into); 〈コンピューターシステム〉を使う: ～ … on the list …を名簿に載せる / He ～ed (up) all the expenses in his account book. 彼はすべての出費を会計簿に記入した. **4** 〈…〉を入らせる, 入学[入会]させる; (競技などに)参加させる, 出場させる: Mr. Smith ～ed his horse for [in] the Derby. スミス氏はダービーに自分の馬を出場させた. **5** 《格式》〈苦情・抗議・請願など〉を訴え出る, 申し立てる; (証拠として)〈…〉を提出する;〈問題など〉に触れる, 論じる: ～ a plea of not guilty 無罪を訴える. **6** (人・物が)〈人生〉に現われる: She has changed a lot since Jerry ～ed her life. 彼女はジェリーに会ってからずいぶん変わった.

— 自 入る; 登場する; 加わる; 参加[出場]する: He ～ed through [by] the window. <V+前+名・代> 彼は窓から入った. 関連 exit 退場 / exeunt (2人以上が)退場.

enter の句動詞

énter for ... 動 他 (試験や競技など)に参加登録をする.

énter ... for [in] — 動 他 〈…〉を(試験や競技など)に登録する, 〈…〉に一の試験を受けさせる.

énter ínto ... 動 他 《格式》**1** (仕事・談話・交渉など)に従事する, 取りかかる, (契約・契約など)を結ぶ (with): ～ into a contract 契約を結ぶ. **2** [受身なし] [普通は否定文で] (計画・考慮)の中に入る: That did not ～ into our calculations. それは私たちの計算の中に入っていなかった. **3** (人の気持ちに)共鳴する, 同感する: He ～ed into the spirit of things [it]. 彼は(場の)雰囲気にとけこんだ.

énter upòn [on] ... 動 他 《格式》**1** (仕事など)に取りかかる. **2** (ある時期・段階など)に入る.

— 名 U 《電算》(キーボードの)確定入力[エンター]キー.

en·ter·i·tis /èntəráɪtɪs/ 名 U 《医》腸炎.

énter kèy 名 C 《電算》(キーボード上の)エンターキー.

***en·ter·prise** /éntəpràɪz | -tə-/ 名 (**-ter·pris·es** /～ɪz/)

語源は「手に取る」→「手を出す」→「企て」**2**
　　　　　　　　　→ (企てを行なうもの)「企業」「会社」**1**
　　　　　　　　　→ (企てを行なう意欲)「冒険心」**3**

1 C 企業, 会社; U 企業活動: a government [state] ～ 国営企業 / private ～s 民間企業 / smaller ～s 中小企業.

2 C 企て, (困難[重要]な新規の)事業: a joint ～ 共同事業. **3** U [ほめて] 進取の気性, 冒険心: have the spirit of ～ 進取の気性がある.

énterprise cùlture 名 C.U 企業心文化《事業をおこすことが奨励される社会の風土》.

énterprise zòne 名 C 産業振興地域.

en·ter·pris·ing /éntəpràɪzɪŋ | -tə-/ 形 [普通は A] [ほめて] 進取の気性に富んだ, 冒険心のある; 行動的な. **～·ly** 副 進取の気性をもって.

***en·ter·tain** /èntətéɪn | -tə-/ 動 (**-ter·tains** /～z/; **-ter·tained** /～d/; **-tain·ing** /-téɪnɪŋ/; 名 èntertáin·ment)

元来は「維持する」の意. → (持つ) → 「心に抱く」**3**
　　　　　　　　　　→ (受け入れる) → 「もてなす」**2** → 「楽しませる」**1**

— 他 **1** 〈…〉を楽しませる, おもしろがらせる (amuse) (☞ contain 単語の記憶): The comedian's jokes ～ed us all. その喜劇役者のジョークは私たちみんなを楽しませた / She ～ed us with an interesting anecdote. <V+O+with+名・代> 彼女は私たちにおもしろい逸話を話して楽しませてくれました.
2 〈客〉をもてなす, (自宅に)招待する; (食事などに)招待する: Mr. Smith ～ed clients over the weekend. スミスさんはよく顧客を週末に家に招いてもてなした. **3** [進行形なし]《格式》〈感情・意見・希望など〉を心に抱く. — 自 楽しませる; 歓待する, (自宅に)客を招待する.

***en·ter·tain·er** /èntətéɪnə | -tétɪnə/ 名 C エンターテイナー, 芸人; 楽しませる人.

en·ter·tain·ing /èntətéɪnɪŋ | -tə-ˊ/ 形 楽しませる, おもしろい (☞ interesting 表). — 名 U (仕事上の)もてなし, 接待.

***en·ter·tain·ment** /èntətéɪnmənt | -tə-/ 名 (**-tain·ments** /-mənts/; 動 èntertáin) **1** C.U 娯楽, 楽しみ, 慰み; 《格式》余興, 演芸: read mysteries *for* ～ 楽しみに推理小説を読む / live ～ ライブ演芸 / a musical [theatrical] ～ 音楽[演劇]の余興 / ～ value 娯楽としての価値.

2 U 《格式》(客の)接待, もてなし: Mrs. Long cared about the ～ of her guests. ロング夫人はお客のもてなしに気を配っていた.

***en·thrall**,《英》**en·thral** /ɪnθrɔ́ːl, en-/ 動 (**en·thralls**,《英》**en·thrals**; **en·thralled**; **-thrall·ing**) 他 [普通は受身で] (物語などが)〈…〉の心を奪う, 〈…〉を魅惑する; 夢中にさせる.

en·thralled /ɪnθrɔ́ːld, en-/ 形 心奪われて, 夢中になって (by, with).

en·thrall·ing /ɪnθrɔ́ːlɪŋ, en-/ 形 心を奪うような, 魅惑的な.

en·throne /ɪnθróʊn, en-/ 動 他 **1** [普通は受身で]《格式》〈…〉を王位につける; 司教にする. **2** [しばしば受身で][滑稽]〈思想・人など〉をあがめる, 祭り上げる.

en·throne·ment /ɪnθróʊnmənt, en-/ 名《格式》U 即位; C 即位式.

***en·thuse** /ɪnθ(j)úːz, en-/ 動 自 (…のことを)夢中になって話す (about, over). — 他 〈…〉を熱っぽく語る (that); [普通は受身で]〈…〉を熱中[熱狂]させる (by, with).

en·thused /ɪnθ(j)úːzd, en-/ 形 P 熱中[熱狂]した.

***en·thu·si·asm** /ɪnθ(j)úːziæzm, en-/ 13 名 (~s /-z/; 複 enthusiásts) 1 U 熱中, 熱心, 熱狂: her lack of ~ for dancing 彼女がダンスに熱心でないこと / **with** … 熱中して, 熱心に / They share my ~ for sports. 彼らは私と同様にスポーツに熱中している.

― コロケーション ―
arouse *enthusiasm*　熱意をあおる
dampen …'s *enthusiasm* for ―　…の―への熱意
feel *enthusiasm* for [about] …　…に熱烈な興味を覚える[熱中する]
lose *enthusiasm* for …　…への熱意を失う
show *enthusiasm*　熱中する
work up *enthusiasm* for …　…への熱意が出る

2 C 《所有格とともに》《格式》熱中しているもの.
語源 ギリシャ語で「神に取りつかれた」の意.

***en·thu·si·ast** /ɪnθ(j)úːziæst, en-/ 名 (-si·asts /-æsts/) C ファン (fan), 熱狂者; …マニア, …狂 (for) (☞ mania 日英比較): a car ~ カーマニア.

***en·thu·si·as·tic** /ɪnθ(j)ùːziǽstɪk, en-/ 形 (名 enthusiásm) 熱烈な, 熱心な, 熱狂的な: ~ supporters 熱烈な支持者 / She is ~ *about* ballet. <A+*about*+名・代> 彼女はバレエに熱中している.
-as·ti·cal·ly /-kəli/ 副 熱烈に, 熱狂的に.

en·tice /ɪntáɪs, en-/ 動 《通例副詞(句)を伴って》誘う, 誘惑する: ~ people *away from [back into]* the region 人をその地域から離れる[その地域に戻る]よう仕向ける / She ~*d* me to stay away from school. 私は彼女にそそのかされて学校を休んだ.
en·tice·ment /ɪntáɪsmənt, en-/ 名 1 U 誘惑. 2 C 《しばしば複数形で》誘惑するもの.
en·tic·ing /ɪntáɪsɪŋ, en-/ 形 誘惑するような, 心を誘う. **~·ly** 副 気を引くように, 魅惑的に.

★en·tire /ɪntáɪɚ, en-, éntəɪɚ | ɪntáɪə, en-/ 形 (名 entírety) A [比較なし] 1 **全体の,** まるまるの (☞ whole 類義語): hear the ~ story 話の一部始終を聞く / an ~ day 丸1日. 2 全くの (complete). 3 完全な; 欠けていない.

***en·tire·ly** /ɪntáɪɚli, en- | -táɪə-/ 副 《しばしば S》 1 全く, すっかり (completely); もっぱら, ひたすら (☞ very¹ 囲み): It is ~ his fault. それは全く彼の過失だ / I ~ agree with you. 私はあなたと全く同じ意見です / She did it ~ for money. 彼女がそうしたのはもっぱら金のためだ.

2 [否定文で] 全く…であるというわけではない《部分否定を表わす》: I am *not* ~ satisfied. 私は完全に満足しているわけではない.

en·ti·re·ty /ɪntáɪ(ə)rəti, en-, -táɪəti | -táɪərə-, -táɪrəti/ 名 (形 entíre) [the ~]《格式》全体 (*of*). **in its entírety** [副]《格式》そっくりそのまま.

en·ti·tle /ɪntáɪṭl, en-/ 動 (-ti·tles /-z/; -ti·tled /-d/; -ti·tling /-tlɪŋ/) 1 《しばしば受身》…に(―する)**権利[資格]を与える**: I *am* not ~*d to* attend the meeting. <V+O+C (to 不定詞) の受身> 私は会合には出席する資格がない / I think I *am* ~*d to* extra money. <V+O+to+名・代の受身> 私は臨時手当をもらう権利があると思う.

2 [通例受身]《…に(―という)表題をつける, …と称する, 題名を ~ is ~*d How to Learn English.* <V+O+C (名) の受身> その本は「英語の学び方」という題がついている.

en·ti·tle·ment /ɪntáɪṭlmənt, en-/ 名 1 U,C 《格式》(与えられた)資格, 権利 (*to; to do*); C 給付金: welfare ~s 福祉を受ける権利. 2 C =entitlement program.

entítlement prògram 名 C《米》エンタイトルメント《一定の資格を持つ受給者に給付金などを与える政府の策; 老齢年金・社会保護など》.

***en·ti·ty** /énṭəṭi/ 名 (-ti·ties)《格式》 1 C 実在物, 実体: a physical ~ 物理的実体 / a political ~ 国家, 政体. 2 U 実在.

en·tomb /ɪntúːm, en-/ 動 《普通は受身で》《文》 〈…〉を墓に入れる, 葬る; 〈…〉を埋める (*in*).
en·to·mo·log·i·cal /èntəməládʒɪk(ə)l | -lɔ́dʒ-ᵉ/ 形 昆虫学的な, 昆虫学上の.
en·to·mol·o·gist /èntəmálədʒɪst | -mɔ́l-/ 名 C 昆虫学者.
en·to·mol·o·gy /èntəmálədʒi | -mɔ́l-/ 名 U 昆虫学.

⁺**en·tou·rage** /à:ntʊrá:ʒ | ɔ́ntʊrà:ʒ, à:n-/《フランス語から》 名 C [普通は単数形で; 所有格とともに] [(英) 単数形でも時に複数扱い] 側近の人々〈全体〉 (*of*).

en·trails /éntreɪlz/ 名 [複] (人間・動物の)内臓, 腸; (物の)内部, 中身.

⁺**en·trance**¹ /éntrəns/ 12 名 (en·tranc·es /-ɪz/; 動 énter) 1 C **入り口** (反 exit), 玄関, 戸口: *at the front [back, side]* ~ 正面[裏, 横]の入り口で / Let's meet at the main ~ *to [of]* the museum. 博物館の正面入口で会いましょう.

2 C,U《普通は単数形で》**入場, 登場; 入学, 入会; 入ること, 入(ˊ)れること** (反 exit); (新生活などに)入ること, 門出, 就職; 登場 (*into*): His ~ *into* the race for governor gave us a surprise. 彼が知事選に立候補したので私たちは驚いた. 3 U **入る権利**: gain [obtain] ~ *to* … …に入ることができる / I was refused ~ *to* the meeting. 私はその会〈場〉への立ち入りを拒否された.
màke an [one's] éntrance [動] 自 (俳優などが)登場する, 入る: *make a grand* ~ 威風堂々と現われる.

⁺**en·trance²** /ɪntrǽns, en- | -trá:ns/ 動 《しばしば受身で》《文》〈人〉をうっとりさせる, 魅了する (*by, with*).
en·tranced /ɪntrǽnst, en- | -trá:nst/ 形 《文》(…) にうっとりして (*by, with*).
éntrance examinàtion 名 C,U 入学[入社]試験 (*of, for, to*).
éntrance fèe 名 C 入場料; 入会[入学]金.

en·tranc·ing /ɪntrǽnsɪŋ, en- | -trá:ns-/ 形《文》うっとりさせる(ような), 魅惑的な.

⁺**en·trant** /éntrənt/ 名 C (競技などの)参加者;《主に英》新入生, 新入社員, 新入会員 (*to*).

en·trap /ɪntrǽp, en-/ 動 (en·traps; en·trapped; -trap·ping) 他 《しばしば受身》《格式》〈…〉をわなにかける (trap) (*by, in*); 〈人〉を陥れる, だまして…させる (*into*).
en·trap·ment /ɪntrǽpmənt, en-/ 名 U《格式》わなにかけること[かかること];《法》おとり捜査.

en·treat /ɪntríːt, en-/ 動 他《格式》〈…〉に嘆願する, 〈…〉するよう熱心に頼む (*for; to do*).

en·treat·y /ɪntríːti, en-/ 名 (-treat·ies) U,C《格式》折り入って[たって]の願い; 嘆願, 哀願.

en·tree, en·trée /á:ntreɪ/《フランス語から》名 1 C《主に米》(食事の)メインの料理;《主に英》アントレー《ディナーで魚と肉との間に出す料理》. 2 U,C 《格式》(社交界への)入場(許可), 入場権 (*into, to*).

⁺**en·trench** /ɪntréntʃ, en-/ 動 《普通は受身または ~ oneself で》〈自分〉の立場を固める (*in*).
en·trenched /ɪntréntʃt, en-/ 形 《しばしばけなして》(習慣・信念などが)確立した, 凝(ˊ)り固まった (*in*).
en·trench·ment /ɪntréntʃmənt, en-/ 名 U 《しばしばけなして》(習慣・信念などの)確立, 固守; C 《普通は複数形で》ざんごう, とりで.

en·tre nous /à:ntrənúː/《フランス語から》副 S 《格式》または《滑稽》ここだけの話だが, ないしょで.
en·tre·pot /á:ntrəpòʊ/ 名 C《格式》貨物集散地.

⁺**en·tre·pre·neur** /à:ntrəprənə́ː-, -n(j)ʊ́ɚ | ɔ̀n-trəprənə́ː-, à:n-/《フランス語から》名 C 企業家, 起業

家, 事業家.

en・tre・pre・neur・i・al /ɑ̀ːntrəprənəːriəl, -n(j)úə(r)-|ɔ̀ntrəprənə́ːr-, ɑ̀ːn-/ 形 [普通は A] 企業家の, 事業家らしい: ~ spirit 企業家精神.

èntreprenéur・ship 名 U 企業家の身分[活動].

en・tro・py /éntrəpi/ 名 U 1 [物理] エントロピー《物質系の無秩序の度合いを数量化したもの》. 2 《格式》《宇宙全体におけるエネルギーの漸進的一様[平衡]化の仮説》. 3 《格式》崩壊, 無秩序, 混乱.

⁺en・trust /ɪntrʌ́st, en-/ 動 〈...をゆだねる, 〈人〉に委任する: [言い換え] We cannot ~ the work [secret] to him. ＝ We cannot ~ him with the work [secret]. 彼にはその仕事[秘密]を託せない.

⁎en・try /éntri/ 名 (en・tries /~z/; 動 énter) 1 U.C 加入, 加盟, 参加; 入ること, 入場権 [許可]: grant ~ 入場[入国]を認める / (a) forced ~ (ビルなどへの)不法侵入 / Japan's ~ into the United Nations 日本の国連加盟 / NO ENTRY《車両》進入禁止, 入場禁止《掲示》; ⇨ no 3) / We gained ~ to that area. 我々はその地域に入ることを許された / The army was refused ~ to the city. 軍隊は町へ入るのを拒否された.
2 C 《競技などの個々の》参加者, 出品物; [普通は単数形で] 《全体の》参加者[出品物]数: There were sixty entries for the marathon. そのマラソンには60人が参加した / We have a large ~ for the race. その競走には多数の参加者がある. 3 U 《データなどの》入力; C 《帳簿などへの》記載, 記入. 4 C 記載事項, 見出し語 (in). 5 C 入り口 (entrance), 玄関, 門; 《英》《建物の間の》路地. **màke an éntry in ...** 動 他 ...に記入する. **màke an [one's] éntry into [to] ...** 動 他 ...に入る.

éntry fòrm 名 C 《競技などの》出場[参加]申し込み用紙.

en・try・ism /éntriɪzm/ 名 U 《英》《けなして》《破壊を意図した》政治組織への潜入《活動》.

éntry-lèvel 形 A 下級職の, 初歩の; 《機械などが》初心者向けの.

éntry pèrmit 名 C 入国許可.

En・try・phone /éntrifòun/ 名 C 《英》エントリーホン《マンションなどのインターホン; 商標》.

éntry vìsa 名 C 入国査証[ビザ].

éntry・wày 名 C 《米》入り口.

en・twine /ɪntwáɪn, en-/ 動 他 [しばしば受身で]〈...〉を絡み[巻き]合わせる (with, in). ― 自 絡み合う.

e・nu・cle・ate /iːn(j)úːklièɪt | iːnúː-/ 動 他 《医》〈...〉を摘出する.

e・nuff /ɪnʌ́f, ən-/ 形《非標準》《俗》＝enough.

É nùmber /íː-/ 名 C E 番号, 食品添加物表示番号《食品の添加成分を示した E で始まる番号》.

e・nun・ci・ate /ɪnʌ́nsièɪt/ 動《格式》他 1〈語〉をはっきりと発音する. 2〈理論・主義など〉を宣言[発表]する. ― 自 はっきりと発音する.

e・nun・ci・a・tion /ɪnʌ̀nsiéɪʃən/ 名 U.C《格式》1 発音《のしかた》. 2《考え・意見などの》表明, 発表.

e・nure /ɪnjúə | ɪnjúə/ 動《法律》＝inure.

⁺en・vel・op /ɪnvéləp, en-/ 動 他〈...〉を包む, 覆《つつ》う, 囲む (in, with) (⇨ develop 語源).

⁎en・ve・lope /énvəloʊp/ 名 (~s /~s/) C 1 封筒: Put another stamp on the ~. 封筒にもう1枚切手をはってください // ⇨ SASE, s.a.e. ★ 封筒のあて名の書き方については ⇨ address¹. 2 包み, 覆い (of) (⇨ envelop). 3 《数》包絡線. **on the báck of an énvelope** 副《計画などが》未完成で, 未決定で; 《計算などを》急いで, 大ざっぱに. **púsh the énvelope** 動 自《米略式》《...の》限界[枠]を越えてがんばる (of).

en・vel・op・ment /ɪnvéləpmənt, en-/ 名 U 《格式》包むこと; 包囲.

⁺en・vi・a・ble /énviəbl/ 形 動 envy; 反 unenviable) 《普通は A》うらやましい; 《人》をうらやましがらせる: be in an ~ position うらやましい立場にいる. **-bly** /-əbli/ 副 うらやましい[ねたましい]ほどに.

⁺en・vi・ous /énviəs/ 形 動 énvy) 《人が》うらやましい, うらやましげな; ねたみ深い, しっと深い (⇨ jealous 類義語): an ~ look うらやましげな顔つき / He was ~ of his friend's success. 彼は友人の成功をねたんでいた. **~・ly** 副 うらやましげに; ねたんで.

⁎en・vi・ron・ment /ɪnváɪ(ə)rənmənt, en-, -váɪərn-|-váɪ(ə)rən-/ T1 名 (-ron・ments /-mənts/; 形 envìronméntal) 1 [the ~]《自然の》環境; C《地理的》条件: the Ministry of the E~《日本の》環境省 / cause irreparable damage to the ~ 環境に回復不能の損害を与える.

― コロケーション ―
clean up the environment 環境を浄化する
pollute the environment 環境を汚染する
protect [preserve] the environment 環境を守る

2 C.U《人間的な》環境, 周囲《の事情》(⇨ surroundings 類義語);《電算》動作環境: social ~ 社会環境 / the home ~ 家庭環境 / a pleasant working [learning] ~ 快適な労働[学習]環境 / live in a safe ~ 安全な環境で暮らす.

⁎en・vi・ron・men・tal /ɪnváɪ(ə)rənméntl, en-, -váɪərn-|-váɪ(ə)rən-/ 形 名 environment) A 環境の, 環境による; 周囲《の事情》からの: ~ issues 環境問題 / ~ pollution 環境汚染, 公害 / ~ protection [destruction] 環境保護[破壊] / an ~ group 環境保護団体 / ~ influences 周囲の影響力.

envirónmental ímpact státement 名 C 環境影響評価[アセスメント]報告.

en・vi・ron・men・tal・is・m /ɪnváɪ(ə)rə(n)méntəlɪzm, en-, -váɪərn-|-váɪ(ə)rən-/ 名 U 環境保護《主義》.

⁺en・vi・ron・men・tal・ist /ɪnváɪ(ə)rənméntəlɪst, en-, -váɪərn-|-váɪ(ə)rən-/ 名 (-tal・ists /-lɪsts/) C 環境保護論者; 環境問題専門家.

en・vi・ron・men・tal・ly /ɪnváɪ(ə)rənméntəli, en-, -váɪərn-|-váɪ(ə)rən-/ 副 環境的に(は): an ~ sensitive area 環境面で影響を受けやすい地域.

envìronmentally-fríendly 形《製品などが》環境に優しい.

Envirónmental Protéction Àgency 名 [the ~]《米》環境保護局 (略 EPA).

environment-fríendly 形 ＝environmentally-friendly.

en・vi・rons /ɪnváɪ(ə)rənz, en-, -váɪərnz|-váɪ(ə)rənz/ 名 複 [普通は所有格とともに]《格式》《都市の》近郊, 郊外.

⁺en・vis・age /ɪnvízɪdʒ, en-/ 動 (-vis・ag・es /~ɪz/, -vis・aged /~d/, -vis・ag・ing) 他《未来》を心に描く; 予測[予想]する: ~ great success in business 事業の大成功を心に描く / I can't ~ them getting married. <V+O+C(現分)> 彼らが結婚するなんて想像できない / It's ~d that the talks will take place in Beijing. 話し合いは北京で行なわれると考えられる.

en・vi・sion /ɪnvíʒən, en-/ 動 他《主に米》＝envisage.

⁎en・voy /énvɔɪ/ 名 (~s /~z/) C《特命を帯びた》使節; 使者;《全権》公使 (ambassador と minister の間の資格): send ... as a special ~ of the Japanese government ...を日本政府の特使として派遣する.

***en·vy** /énvi/ [動] (**en·vies** /~z/; **en·vied** /~d/; **-vy·ing**; [形] énviable) [他] 〈人・物〉をうらやむ, 〈人の×(...)〉をうらやましがる; ねたむ: I ~ you! あなたがうらやましい / [言い換え] I ~ your success. =I ~ you your success. <V+O (代)+O (名)> あなたの成功がうらやましい / I don't ~ you the job of dealing with such a difficult problem. Ⓢ あなたがこんなむずかしい問題を処理しなくてはいけないなんて, 私でなくてよかった. [語源] ラテン語で「斜めに見る」の意.

— [名] (**en·vies** /~z/; [形] énvious) **1** [U] ねたみ, しっと, 羨望(せんぼう): I feel no ~ ***at*** [*of*] his good fortune. 私は彼の幸運が少しもうらやましくない. **2** [the ~] ねたみの種; 羨望の的: His beautiful daughters were *the* ~ *of* all. 彼の美しい娘たちはみんなの羨望の的であった.
with énvy [副] ねたみで.

***en·zyme** /énzaɪm/ [名] (~s /~z/) [C] 〔生・化〕 **酵素**.

e·on /íːən/ [名] [C] [普通は複数形で] 非常に長い期間; 何(百)万年: ~*s* ago はるか昔に.

E111 /ìːwʌ̀nɪlév(ə)n, -əl-/ [名] [C] E111 《EU 加盟国民が他の加盟国で医療を受ける時に提出する書類》.

E·os /íːɑs | -ɔs/ [名] [固] 〔ギ神〕 エオス 《あけぼのの女神; ☞ goddess 表》.

-e·ous /⁻ iəs/ [接尾] [形容詞語尾] =-ous.

EP /ìːpíː/ [名] [C] イーピー盤 《毎分 45 回転のレコード》.

EPA /ìːpìːéɪ/ [略] =Environmental Protection Agency.

ep·au·let, 《英》 **-lette** /èpəlét, épəlèt/ [名] [C] [普通は複数形で] 肩章 《将校制服の肩飾り; ☞ Perry 写真》.

é·pée /eɪpéɪ, ép-/ 《フランス語から》 [名] [C] 〔フェン〕 エペ 《先のとがった試合用の剣》.

épée

ep·en·the·sis /epénθəsɪs, ɪ-/ [名] (複 **-ses** /-sìːz/) [C] 〔言・音〕 挿入字, 挿入音.

ep·en·thet·ic /èpənθéṭɪk⁻/ [形] (音・文字などが)挿入的な.

e·phem·er·a /ɪfémərə, ef-/ [名] [複] 短命なもの; (短命な)収集品 《切符・ポストカードなど》.

e·phem·er·al /ɪfém(ə)rəl, ef-/ [形] 《格式》 短命な, つかの間の, はかない. **-al·ly** /-rəli/ [副] 短命に(も).

E·phe·sians /ɪfíːʒ(i)ənz/ [名] 〔聖〕 エペソ[エフェソ]書, エペソ人への手紙 《新約聖書中の 1 書》.

ep·ic /épɪk/ [名] (~s /~s/) [C] **1** 大作 《小説・映画など》, 叙事詩的作品. **2** 叙事詩. **3** [時に滑稽] 雄壮なこと. [関連] lyric 叙情詩. — [形] [A] 叙事詩的な; 雄大な, 壮大な; 勇壮な, 勇ましい; 《略式》 並はずれた.

ep·i·cene /épəsìːn/ [形] 《格式》 男女両性の(特徴を有する).

ep·i·cen·ter, 《英》 **-cen·tre** /épɪsènṭə | -tə/ [名] [C] [普通は単数形で] 〔地質〕 (地震の)震央, 震源地; 《格式》 中心, 中核.

ep·i·cure /épɪkjʊ̀ə | -kjʊ̀ə, -kjɔː/ [名] [C] 《文》 美食家, 食通.

ep·i·cu·re·an /èpɪkjʊríːən⁻/ [形] 《文》 食道楽の, 美食家の, (料理が)美食家向きの, 快楽主義の.
— [名] [C] 《文》 食道楽, 快楽主義者.

ep·i·dem·ic /èpɪdémɪk⁻/ [名] (~s /~s/) [C] **1** 流行病, 伝染病 (*of*). **2** (病気・犯罪などの)流行 (*of*).
— [形] **1** (一般に)流行している: reach ~ proportions (悪いことが)ひどく広がる[はやる]. **2** (病気が)流行性の, 伝染する.

ep·i·de·mi·o·log·i·cal /èpɪdìːmiəlɑ́ʤɪk(ə)l | -lɔ́ʤ-⁻/ [形] 疫学の, 流行病学の.

ep·i·de·mi·ol·o·gist /èpɪdìːmiɑ́ləʤɪst | -ɔ́l-/ [名] [C] 疫学者, 流行病学者.

ep·i·de·mi·ol·o·gy /èpədìːmiɑ́ləʤi, -dèm- | -ɔ́l-/ [名] [U] 疫学, 流行病学.

ep·i·der·mal /èpɪdə́ːm(ə)l | -dɜ́ː-⁻/ [形] 〔解〕 表皮の, 上皮の.

ep·i·der·mis /èpɪdə́ːmɪs | -dɜ́ː-/ [名] [[U] または an ~] 〔解〕 表皮, 上皮.

ep·i·du·ral /èpɪd(j)ʊ́(ə)rəl | -djʊ́ər-⁻/ [名] [C] [普通は単数形で] 〔医〕 (分娩のときなどの)硬膜外麻酔(法).

ep·i·glot·tis /èpɪglɑ́ṭɪs | -glɔ́t-/ [名] [C] 〔解〕 喉頭蓋(こうとうがい) 《物を飲み込むとき気管をふさいで肺を守る》.

ep·i·gone /épəgòʊn/ [名] [C] 父祖のような才能のない子孫; (思想家・芸術家などの)亜流, エピゴーネン.

ep·i·gram /épɪgræ̀m/ [名] [C] 警句; 風刺詩.

ep·i·gram·mat·ic /èpɪgrəmǽṭɪk⁻/ [形] 警句的な; 風刺(詩)的な. **-mát·i·cal·ly** /-kəli/ [副] 警句的に; 風刺的に.

ep·i·graph /épɪgræ̀f | -grɑ̀ːf/ [名] [C] 《格式》 **1** (像などの)碑文, 碑銘. **2** (書物の巻頭の)題辞.

⁺**ep·i·lep·sy** /épəlèpsi/ [名] [U] 〔医〕 てんかん.

ep·i·lep·tic /èpəléptɪk⁻/ 〔医〕 [形] [A] てんかんで起こる; てんかん(性)の. — [名] [C] てんかん患者.

ep·i·log /épəlɔ̀ːg, -lɑ̀g | -lɔ̀g/ [名] [C] 《米》 =epilogue.

ep·i·logue /épəlɔ̀ːg, -lɑ̀g | -lɔ̀g/ [名] ([反] prologue) **1** [C] (詩・物語・劇などの)結びのことば[部分], エピローグ (*to*). **2** [単数形で] 《文》 (一連の出来事の)結末.

E·piph·a·ny /ɪpífəni/ [名] **1** [U,C] 顕現日 《東方の三博士 (Magi) の前にキリストが姿を現わした日を祝う; 1 月 6 日; ☞ Twelfth Day [Night]》. **2** [C] [e-] 《文》 本質[重要性]の突然の理解[意識], ひらめき.

e·pis·co·pa·cy /ɪpískəpəsi/ [名] 〔キ教〕 **1** [U] 監督[司教, 主教]制度. **2** [the ~; 《英》 単数または複数扱い] 監督[司教, 主教]団.

e·pis·co·pal /ɪpískəp(ə)l/ [形] [A] 〔キ教〕 **1** 監督[司教, 主教]の. **2** [E-] 聖公会の.

Epíscopal Chúrch [名] [the ~] 聖公会.

E·pis·co·pa·li·an /ɪpìskəpéɪliən⁻/ [形] [A], [名] [C] (特に米国とスコットランドの)聖公会の(会員).

e·pis·co·pate /ɪpískəpət, -pèɪt/ [名] **1** [C] 監督[司教, 主教]の職[任期]. **2** =episcopacy 2.

e·pi·si·ot·o·my /ɪpìziɑ́ṭəmi | -ɔ́t-/ [名] [U] 〔医〕 会陰(えいん)切開(術) 《出産を助けるため行う》.

ep·i·sode** /épəsòʊd/ [名] (**-i·sodes** /-sòʊdz/; [形] èpisódic) [C] **1** エピソード; 挿話的な出来事[事件]: the most interesting ~ ***in [*of*] his life 彼の一生で最も興味のあるエピソード. **2** 連続ドラマ[小説]の 1 編; (劇や小説中の)挿話: Join us again tomorrow for the next ~ *of* 'Love and Life'. あすまた「愛と人生」の続きをどうぞ. **3** 〔医〕 (重い)症状の発現.

ep·i·sod·ic /èpəsɑ́ḍɪk | -sɔ́d-⁻/ [形] ([名] épisòde) 《格式》 **1** 挿話的な, エピソード風の; 時おり起こる. **2** (小説・番組などが)挿話の多い. **-sod·i·cal·ly** /-kəli/ [副] 気まぐれに; エピソード風に.

ep·i·stax·is /èpɪstǽksɪs/ [名] [U] 〔医〕 鼻(び)(出)血.

e·pis·te·mo·log·i·cal /ɪpìstəməlɑ́ʤɪk(ə)l, ep- | -lɔ́ʤ-⁻/ [形] 〔哲〕 認識論の; 認識論的な.

e·pis·te·mol·o·gy /ɪpìstəmɑ́ləʤi, ep- | -mɔ́l-/ [名] [U] 〔哲〕 認識論.

e·pis·tle /ɪpísl/ [名] **1** [C] 《格式》 または [滑稽] (長文の)手紙, 書簡. **2** [the E~(s)] 〔聖〕 (新約聖書の)使徒書簡 (*to*).

e·pis·to·lar·y /ɪpístəlèri, ep- | -ləri/ [形] [A] 《格式》 手紙[書簡]の; (小説などが)書簡体の.

ep·i·taph /épətæ̀f | -tɑ̀ːf/ [名] [C] (墓)碑銘; 碑文.

ep·i·thet /épəθèt/ [名] [C] 《格式》 **1** 形容語[辞] 《人または物の特性を適切に表現するために使う形容詞: the *coldhearted* murderer の coldhearted など》. **2** 通り名 《Alexander *the Great* 「アレクサンドロス大王」の the Great など》. **3** 侮辱語, 軽蔑の言葉: a racial ~ 民族蔑視語.

e·pit·o·me /ɪpítəmi, ep-/ 名 [the ~] (…の)典型 [縮図], 権化(ごんげ): *the* ~ *of diligence* 勤勉の権化.

e·pit·o·mize /ɪpítəmàɪz, ep-/ 動 [進行形なし]《格式》〈…〉の縮図[典型]である.

e plu·ri·bus u·num /iːplú(ə)rɪbəsjúːnəm, éɪplú(ə)rɪbəsúːnəm/《ラテン語から》《格式》多数からきたひとつ; 多くの州の連合でできた1つの政府《米国の国璽に一部の硬貨の標語》.

ep·och /épək, épɑk | íːpɔk, ép-/ 13 名 ⓒ 1《格式》新紀元, (画期的な)時代, 時期《☞ *period* 類義語》: The dictator's death marked the end of an ~. その独裁者の死で一つの時代が終わった. 2【地質】世(紀) (period)の下位区分; ☞ *era* 表】.

époch-màking 形 [普通は Ⓐ]《格式》(出来事が)新時代を開く, 画期的な; 空前の.

ep·o·nym /épənɪm/ 名 ⓒ《格式》名祖(なおや)《国民・土地などの名前の起こりとなった人》.

e·pon·y·mous /ɪpánəməs | ɪpɔ́n-/ 形 Ⓐ《格式》(登場人物が)ある作品の題名となった, (人が)あるものの名の由来となった; 名祖(なおや)の. **~·ly** 副 名祖として.

ep·ox·y /ɪpáksi, ep- | ɪpɔ́k-/ 名 Ⓤ【化】(樹脂). — 動《米略式》エポキシで…をくっつける.

epóxy rèsin 名 Ⓤ【化】エポキシ樹脂《接着剤などに用いる》.

EPROM /íːprɑm | -prɔm/ 名 ⓒ【電算】イーピーロム, 消去プログラム可能 ROM《*e*rasable *p*rogrammable *r*ead-*o*nly *m*emory の略》.

ep·si·lon /épsəlɑ̀n, -lən | epsáɪlən/ 名 ⓒ エプシロン《ギリシャ語アルファベットの第5文字 ε, E; ☞ *Greek alphabet* 表》.

Ep·som /épsəm/ 名 エプソム《英国 London の南の町; Derby 競馬の開催地; ☞ 裏地図 F 6》.

Épsom sàlts 名 【複】エプソム塩《下剤などに用いる》.

é-pùblisher 名 ⓒ 電子出版者[社].

é-pùblishing /-/ 名 Ⓤ 電子出版.

EQ /íːkjúː/ 名 ⓒ 情動[感情知性]指数, '心の知能指数' (IQ に対し感情の把握・制御能力を示す; *e*motional *q*uotient の略).

eq·ua·bil·i·ty /èkwəbíləti, ìːk-/ 名 Ⓤ《格式》平静, 落ち着き; 一様, むらのなさ.

eq·ua·ble /ékwəbl, íːk-/ 形 《格式》1 (気持ちが)平静な, 落ち着いた, おだやかな. 2 (気候などが)一様な, むらのない, 安定した. **-bly** /-bli/ 副《格式》平静で.

‡e·qual /íːkwəl/ 形 (名 equality, 動 équalize; 反 unequal) 1 [比較なし]《数・量・価値などが》等しい, 同等の, 匹敵する《☞ *same* 類義語》: two ~ *parts* 2つの等しい部分 / two boys *of* ~ *height* 同じ背の高さの2人の少年 / The two cities are roughly ~ *in* size. <A+*in*+名・代> その2つの都市は大きさがほぼ同じだ / Two times three is ~ *to* six. <A+*to*+名・代> 3の2倍は6 (2×3=6).

2 平等の, 対等の, 互角の: ~ *pay* 等しい給与 / an ~ *right to vote* 平等の投票権 / ~ *opportunity* [opportunities] 機会均等(の原則[方針]) / Human beings are born ~. 人間は生まれたときは平等である.

3 Ⓟ《格式》(人が…に)耐える, 処世できて; (…するだけの)資格がある: I am [My health is] not ~ *to* the task. <A+*to*+名・代> 私[私の健康]ではその仕事ができない. ラテン語で「平らな」の意.

áll (óther) things bèing équal 副 Ⓢ 文修飾語 (他の)条件が変わらなければ, このぶんならば. **on (an) équal fóoting (with ...)** = **on équal térms (with ...)** [副] Ⓢ (…と)同じ条件で, (…と)対等で. **Sóme are móre équal than óthers.** 一部の人間は他の人間よりもっと平等に恵まれている《一部の人間はよりよい待遇を受ける》.

— 名 (~s /-z/) ⓒ 同じ価値の人[もの]; [the ~] 匹敵するもの (*of*): 言い換え Her wit is without ~. = She has no ~ *in* wit.《格式》機知では彼女にかなう者はいない.

— 動 (e·quals /-z/; e·qualed, 《英》e·qualled /-d/; e·qual·ing, 《英》e·qual·ling) 他 [進行形なし] 1 〈…〉に等しい: Two and two ~s four. 2足す2は4 (2+2=4) / Four times five ~s twenty. 5の4倍は20 (4×5=20) 〈☞ *time* 11 日英比較〉.

2 [しばしば受身で] 〈…〉に匹敵する, 〈…〉に劣らない; 〈最高記録など〉に並ぶ; 〈…(に匹敵すること)〉を成しとげる: The quality of the membership *is* ~*ed* only by the quality of the service. <V+O の受身> 会員の質に劣らずすぐれているのはサービスの質である / He ~ed the Olympic record. 彼はオリンピック記録と同じ記録を作った. 3 〈ある結果〉を招く: Hard work ~s success. 一生懸命働けば成功することになる.

Équal Emplóyment Opportúnity Commission 名 [the ~]《米》雇用機会均等委員会 (略 EEOC).

‡e·qual·i·ty /ɪkwɑ́ləti | ɪkwɔ́l-/ 13 名 (形 equal; 反 inequality) Ⓤ 等しいこと, 同等 (*between*, *with*): ~ *of opportunity* 機会の均等 / *racial and sexual* ~ 人種および男女の平等.

Equálity Stàte 名 [the ~] 平等州 《Wyoming 州の俗称; 女性の参政権が最初に認められたところ》.

e·qual·i·za·tion /ìːkwəlɪzéɪʃən | -lɑɪz-/ 名 Ⓤ (大きさ・数などを)等しくすること, 均等[平等]化 (*of*).

‡e·qual·ize /íːkwəlàɪz/ 動 (形 équal) 他 〈…〉の大きさ[数など]を等しくする, 同等にする (*with*, *to*); 平等にする, 一様にする. — 自《主に英》(特にサッカーで)相手と同点にする (tie).

e·qual·iz·er /íːkwəlàɪzə | -zə/ 名 ⓒ 1 等しくするもの. 2《米略式》拳銃. 3 [普通は単数形で] 《主に英》〖スポ〗同点になる得点. 4〖電工〗イコライザー《ステレオなどで周波数帯域に出力を調節する》.

‡e·qual·ly /íːkwəli/ 副 (反 unequally) 1 等しく, 同様に: The three boys are ~ bright. その3人の少年は同じくらい頭がよい.

2 平等に, 等しく: treat the members ~ 会員を平等に扱う / Divide it ~. それを平等に分けよ.

3 つなぎ語《格式》同様に, それと同時に: We must build more roads. But ~ (important), we have to protect people from the noise and pollution caused by traffic. もっと道路を建設しなければならない. しかし同様に大事なのは車の騒音や汚染から人々を守らなければならないということだ.

équal opportúnity emplòyer 名 ⓒ 機会均等雇用主《人種・皮膚の色・宗教・性別・出身国による差別扱いをしない雇用者》.

Équal Ríghts Améndment 名 [the ~]《米》(憲法の)男女平等修正法案 (略 ERA).

équal sìgn, 《英》**équals sìgn** 名 ⓒ【数】等号 (=).

e·qua·nim·i·ty /ìːkwənímət̬i, èk-/ 名 Ⓤ《格式》(困難な状況での心の)平静, 落ち着き.

‡e·quate /ɪkwéɪt/ 動 他 〈…〉を(…と)等しいとみなす, 同等視する: He ~s license *with* [*and*, *to*] liberty. 彼は放縦を自由と同じだと思っている. — 自 匹敵する, 等しい (*to*, *with*).

‡e·qua·tion /ɪkwéɪʒən, -ʃən/ 名 (~s /-z/) 1 ⓒ 〖数〗等式, 方程式: a mathematical ~ 数式 / a chemical ~ 化学反応式 / an ~ of the second degree 2次方程式 / the right-hand [left-hand] side of an ~ 等式の右辺[左辺] / solve a set of simultaneous ~s 連立方程式を解く. 関連 linear 1次の / quadratic 2次の / cubic 3次の. 2 ⓒ [普通は the ~] (いくつかの要因が絡む)問題[状況]: 「enter (into) [come into] the ~ = be part of *the* ~ 問題になっている. 3 Ⓤ (両者が)等しいとすること, 同等視: make the ~ of *wealth with happiness* = make the ~

between wealth and happiness 富と幸福を同一視する.

e・qua・tor /ikwéitə | -tə/ 图 (形 èquatórial) [the ~, the E-] 赤道 (⇨ zone 挿絵); be right *on the* ~ 赤道直下にある. 語源 ラテン語で「(地球を南北に)等分するもの」の意; ⇨ Ecuador 語源.

e・qua・to・ri・al /ìːkwətɔ́ːriəl, èk-/ 形 (图 equator) [普通は A] 赤道の; 赤道付近の(ような); 非常にむし暑い: ~ rainforests 赤道付近の熱帯雨林.

Équatorial Guínea 图 赤道ギニア《アフリカ西部の共和国》.

Équatorial Guín・e・an /-gíniən/ 图 赤道ギニアの人. ── 形 赤道ギニアの.

eq・uer・ry /ékwəri, ikwéri/ 图 (**eq・uer・ries**) C (英国王室の)侍従 (*to*).

e・ques・tri・an /ikwéstriən, ek-/ 形 (图 equestrienne) 馬術の, 乗馬の. ── 图 (格式) 馬に乗る人; 騎手.

e・qui- /íːkwɪ, ékwɪ, -kwə/ 接頭「等しい」の意: *equi*nox 彼岸の中日 / *equi*valent 同等の.

e・qui・an・gu・lar /ìːkwiǽŋgjʊlə | -lə/ 形 等角の.

e・qui・dis・tant /ìːkwədístənt⁻/ 形 P (格式) (…から)等距離の (*from, between*).

e・qui・lat・er・al /ìːkwəlǽtərəl, -trəl⁻/ 形 A 等辺の: an ~ triangle 正三角形. ── 图 等辺形.

e・qui・lib・ri・um /ìːkwəlíbriəm, èk-/ 图 U または an ~ 《格式》平均, つり合い, 平衡; (心の)平静.

e・quine /íːkwaɪn, ék-/ 形 《格式》馬の(ような); 馬に関する.

e・qui・noc・tial /ìːkwənɔ́kʃəl, èk- | -nɔ́k-⁻/ 形 [普通は A] 《格式》彼岸(のころ)の.

e・qui・nox /íːkwənɔ̀ks, ék- | -nɔ̀ks/ 图 C [普通は the ~] 彼岸の中日《昼と夜の長さが同じになる時》, 分(点): *the* autumn(al) [vernal, spring] ~ 秋[春]分.

*e・quip** /ikwíp/ 動 (**e・quips** /~s/; **e・quipped** /~t/; **e・quip・ping**; 图 equipment) 他 1 [しばしば受身で] 〈人〉に身じたくをさせる;〈設備などを〉〈…に〉備える;〈船・軍隊などを〉装備する (*for*): This submarine is *equipped with* missiles. <V+O+*with*+名・代の受身> この潜水艦にはミサイルが装備されている / This ambulance *is equipped to* deal with any emergency. <V+O+*to* 不定詞の受身> この救急車はどんな緊急事態にも対処できる装備がついている.

2 (必要な能力を)授ける (*with*): ~ them to deal with difficult situations 彼らが困難な事態に対処できるようにする / The course won't ~ you *for* the job. この科目をとっただけではその仕事につけるわけではありません. 語源 古(期)フランス語で「船出(の準備)する」の意.

*e・quip・ment** /ikwípmənt/ 图 (動 equip) U 1 **設備, 備品**, 装備; 必要品《全体》: a useful piece of ~ *for* the kitchen 台所で役に立つ備品 / office ~ 事務所用の備品 / camping ~ キャンプ用具 / The ship has radar ~. その船にはレーダー装置がある.

2 《格式》装備(すること), したく, 準備: the ~ *of* ships *with* radio 船に無線を装備すること. 3 素質, 資質: the intellectual ~ 知的能力.

eq・ui・poise /ékwəpɔ̀ɪz, íːk-/ 图 U (心の)平静, 平衡(状態).

e・quipped /ikwípt/ 形 [普通は副詞を伴って] 準備の整った, 身に(…の)「素養」を持った (*with*); a well [poorly] ~ expedition 準備が充分整っていた[いなかった]遠征 / He's best ~ *to* answer the question. 彼はその質問に答えるのに最も適している.

*eq・ui・ta・ble** /ékwətəbl/ 形 (反 inequitable) 《格式》公平な, 公正な, 正当な. **-ta・bly** /-təbli/ 副 公平に, 正当に.

eq・ui・ty /ékwəti/ 图 (**-ui・ties** /~z/) 1 U (格式) 公平, 公正 (fairness) (反 inequity). 2 U.C (商)(担保などを除く)純資産額; 株価; [複数形で] 普通株. 3 U 〔法〕衡平法. 4 [E-] =Actors' Equity Association.

e・quiv・a・lence /ikwívələns/ 图 U.C 《格式》同等, 同量, 同数, 同価値, 同価値.

e・quiv・a・len・cy /ikwívələnsi/ 图 1 C.U = equivalence. 2 [形容詞的に用いて] (高校などを卒業していない人が高校などと)同等の学力のある (⇨ GED).

*e・quiv・a・lent** /ikwívələnt/ 形 [比較級なし] 同等の, 同量の, 同数の, 同価値の; (…に)相当する: ~ amounts of salt 同量の塩 / One mile is ~ *to* 1.6 kilometers. <A+*to*+名・代> 1 マイルは 1.6 キロメートルに相当する (one point six kilometers と読む): cardinal number 文法 (6), number 文法 語法 / Her silence was ~ *to* consent. 彼女が黙っていたのは承認したも同然であった. 語源 ラテン語で「同じ (equi-) 価値(⇨ value)の」の意.

── 图 (**-a・lents** /-ləntṣ/) C 同等物, 価値の等しい(もの); 同義語; 相当語(句): The English ~ *of* the Japanese "inu" is "dog." 日本語の「犬」に相当する英語は 'dog' である. **~・ly** 副 同等に, 同程度に[同価値]で.

e・quiv・o・cal /ikwívək(ə)l/ 形 (反 unequivocal) 《格式》1 両方の意味にとれる, あいまいな (わざと)あいまいにした (⇨ obscure 類義語). 2 (情報・行動などが)不確かな, はっきりしない (uncertain), いかがわしい. **-cal・ly** /-kəli/ 副 あいまいに.

e・quiv・o・cate /ikwívəkèit/ 動 (自) 《格式》わざといまいなことばを使う; ごまかす (*about*).

e・quiv・o・ca・tion /ikwívəkéiʃən/ 图 U.C 《格式》わざとあいまいなことばを使うこと; (ことばの)ごまかし.

***er** /ə, ʌː/ 感 《英》えー, あのー《主に米》uh》《ことばにつかえたときに発する》: Is there a gentleman here named ─ ─ Mr. Iwasaki? こちらに, えー, 岩崎さんという方はいらっしゃいますか / "Will you be available this afternoon?" "Well, I should be free by about ─ ─ four." 「今日の午後は空いていますか」「そうですね, ええと, 4時頃までには暇になるはずです」

ER /íːɑ́ː | -ɑ́ː/ 略 《米》=emergency room.

***-er¹** /ə | ə/ 接尾 1 音節または一部の 2 音節の**形容詞・副詞の比較級の語尾** ((⇨ comparison 文法, more²)): Show me a larg*er* one. もっと大きいのを見せてください / This box is much heavi*er* than that one. この箱はあれよりずっと重い / The wind blew hard*er* and hard*er*. 風はますます激しく吹いた. ★比較級の用法については さらに ⇨ comparative degree.

***-er²** /ə | ə/ 接尾 1 [動詞につく名詞語尾] 「…する者[物]」の意(⇨ -ee): hunt*er* 狩りをする人 / learn*er* 学習者 / dry*er* ドライヤー.

2 [名詞語尾] 「(…に)従事する者, (…に)関係する者, …学者」の意: farm*er* 農園主 / hatt*er* 帽子屋. 3 [名詞語尾] 「…に住む人」の意: London*er* ロンドン市民. 4 [名詞語尾] 「…をもつ物, …である物」の意: double-deck*er* 2階建てバス.

*e・ra** /í(ə)rə, érə | íərə/ 图 (~s /~z/) C 1 (重要な出来事などにより特色づけられる)**時代**, 年代 (*of*) (⇨ period 類義語): in the Showa ~ 昭和時代に / This invention marks the beginning of a new ~. この発明は新時代の幕を画するものである.

2 紀元の: the Christian ~ キリスト紀元. 3 〔地質〕代《年代区分の最上位でいくつかの紀 (period) からなる》.

関連	
era	代
period	紀
epoch	世

ERA /íːɑ́ːrí | -ɑ́ː(r)íː/ 略 =Equal Rights Amendment, earned run average.

e・rad・i・cate /irǽdəkèit/ 動 《格式》〈病気・問題などを〉根こそぎにする; 根絶する, 一掃する (*from*).

e・rad・i・ca・tion /irǽdəkéiʃən/ 图 U 《格式》根

絶, 絶滅, 一掃 (of).

*e·rase /ɪréɪs | ɪréɪz/ 動 (e·ras·es /~ɪz/; e·rased /~t | ~d/; e·ras·ing; e·rásure) 他 1 〖電算〗消去する; 〈録音・録画内容〉を消す, 〈テープ〉の内容を消す; 〈記憶などから〉ぬぐい去る: ~ the memory *from* one's mind <V+O+*from*+名・代> 思い出を記憶からぬぐい去る / All the data were ~d *from* the file by mistake. すべてのデータが誤ってファイルから消去された.
2 《主に米》〈…〉を消し去る, ぬぐって消す; 削除する: *E*~ the blackboard. 《米》黒板をふきなさい 《英》Clean the blackboard.) / His name has been ~d *from* the list. <V+O+*from*+名・代の受身> 彼の名は名簿から削られている. **3** 《格式》〈効力など〉を無にする; 帳消しにする.

*e·ras·er /ɪréɪsɚ | -zə/ 名 (~s /~z/) C **1** 《主に米》消しゴム 《英》rubber: a pencil with an ~ 消しゴムのついた鉛筆. **2** 黒板ふき: He erased the writing from the blackboard with an ~. 彼は黒板ふきで板書した文字を黒板から消した.

E·ras·mus /ɪrǽzməs, er-/ 名 De·si·de·ri·us /dèzɪdí(ə)riəs/ ~ エラスムス (1466?-1536) 《オランダの人文学者; 文芸復興の先覚者》.

e·ra·sure /ɪréɪʃɚ | -ʒə/ 名 (動 erase) 《格式》 **1** U 消去すること (of). **2** C 削除箇所 [語句], 消し跡.

Er·a·to /érətòu/ 名 〖ギ神〗エラトー 《叙情詩・恋愛の女神; the Muses の一人》.

er·bi·um /ə́ːbiəm | ə́ː-/ 名 U 〖化〗エルビウム 《希土類元素; 記号 Er》.

ere /éə/ 〖古語・詩〗前 …の前に (before). ― 接 …する前に, しないうちに.

Er·e·bus /érəbəs/ 名 Mount ~ エレバス山 《南極ロス島にある活火山》.

*e·rect /ɪrékt/ 形 (類語 elect) 形 (名 eréction) **1** 直立した, 真っすぐの (upright); 〈毛髪など〉が逆立った (☞ correct 単語比較): stand ~ directly / an ~ posture 直立の姿勢. **2** 〖生理〗勃起(ʹʀ ̫)した.
― 動 (e·rects /ɪrékts, ər-/; e·rect·ed /~ɪd/; e·rect·ing) 他 《格式》 **1** 〈…〉を建てる, 建設する (build): A magnificent church *was* ~*ed* in the town. <V+O の受身> すばらしい教会が町に建てられた. **2** 〈…〉を直立させる, 真っすぐにする, 〈テントなど〉を張る. **3** 〈組織・制度など〉を創設する.

e·rec·tile /ɪréktl | -taɪl/ 形 〖生理〗勃起(ʹʀ ̫)性の.

*e·rec·tion /ɪrékʃən, ər-/ 名 (動 eréct) **1** C 〖生理〗勃起(ʹʀ ̫): get [have] an ~ 勃起する [している]. **2** U 《格式》建設, 組み立て (of). **3** C 《格式》《滑稽》建築物, 建物.

erect·ly 副 直立して, 真っすぐに.

eréct·ness 名 U 直立, 垂直.

e·res·u·me, e·rés·u·mé /íːrèzʊmeɪ | -zjuː-/ 名 C 電子履歴書 (electronic resume の略).

erg /ə́ːɡ | ə́ːɡ/ 名 C 〖物理〗エルグ 《エネルギーおよび仕事の単位》.

er·ga·tive /ə́ːɡətɪv | ə́ː-/ 〖言〗形 能格の 《(1) 他動詞にも自動詞にも用いられる動詞 (を他動詞として用いた文) を表わす; 例: He opened the door. の He や open (開ける, 開く) などの動詞 (2) エスキモー語・バスク語などの他動詞文の主語の格についていう》.
― 名 C 能格 (の語).

érgative vérb 名 C 能格動詞.

文法 能格動詞
英語には同じ語形で自動詞にも他動詞にも用いられる動詞が多い. この中で, 次の (1) (2) の boil, open のように基本的には同じ意味を有していて, 自動詞用法で主語になるものが, 他動詞用法では目的語による使い方ができる動詞を能格動詞と呼ぶ.

(1a) The kettle *boiled*. (やかん(の水)が沸いた)
(1b) I *boiled* the kettle. (私はやかんを沸かした)
(2a) The door *opened*. (ドアがあいた)
(2b) Bill *opened* the door. (ビルがドアをあけた)
日本語の訳語では, 自動詞用法の (a) の boil と open がそれぞれ「沸く」「あく」になるのに対し, 他動詞用法の (b) のときは「沸かす」「あける」となり, 普通, 語尾が異なる. 本書では, この自他の関係を明確に示して英語の基本的な特徴に注意を喚起するために, 主要な能格動詞の冒頭に 自 他 の転換 欄を設け, たとえば boil は 自 の訳語「沸く」に (to become hot enough to turn into steam), また 他 の訳語「沸かす」に (to make (a liquid) hot enough to turn into steam) とあるように, 訳語＝語義を説明する英語の言い換えを添えることにした.

er·go /ə́ːɡoʊ | ə́ː-/ 《ラテン語から》副 《格式》または《滑稽》それゆえに (therefore).

er·go·graph /ə́ːɡəɡrǽf | ə́ːɡəɡrɑ̀ːf/ 名 C 作業記録器, エルゴグラフ 《筋肉の作業能力・疲労度などの計測記録器》.

er·gom·e·ter /ə́ːɡámətɚ | ə́ːɡɔ́mətə/ 名 C エルゴメーター 《運動器具についた運動量測定装置》.

er·go·nom·ic /ə́ːɡənámɪk | ə́ːɡənɔ́m-/ 形 人間工学的な. -nom·i·cal·ly /-kəli/ 副 人間工学的に.

er·go·nom·ics /ə́ːɡənámɪks | ə́ːɡənɔ́m-/ 名 U 人間工学.

er·gon·o·mist /ə́ːɡánəmɪst | ə́ːɡɔ́n-/ 名 C 人間工学研究者.

Er·ic /érɪk/ 名 エリック 《男性の名》.

er·i·ca /érɪkə/ 名 C エリカ 《つつじ科エリカ属の各種小木; heath の一種》.

Er·i·ca /érɪkə/ 名 エリカ 《女性の名》.

Er·ic(s)·son /érɪksən/ 名 Leif /líːf/ ~ エリクソン 《1000 年頃のノルウェーの探検家; ヨーロッパ人として最初に北米海岸に到達したと言われる》.

Er·ie /í(ə)ri/ 名 Lake ~ エリー湖 《米国とカナダとの間の湖; ☞ Great Lakes, 表地図 H 3》.

Érie Canál 名 [the ~] エリー運河 《北米の Hudson 川と Erie 湖を結ぶ》.

ERM /íːàːr em | -àː(r)-/ 略 =(European) Exchange Rate Mechanism.

er·mine /ə́ːmɪn | ə́ː-/ 名 (複 ~s, ~) **1** U アーミンの毛皮 《英国では裁判官の法服などに用いる》. **2** C おこじょ, アーミン, 白てん 《冬季に毛色が赤褐色から白色に変わったもの; 毛皮で外套(ʹ ̫)を作る; ☞ stoat》.

ermine 2

Er·nest /ə́ːnəst | ə́ː-/ 名 アーネスト 《男性の名; 愛称は Ernie》.

Er·nie /ə́ːni | ə́ː-/ 名 アーニー 《男性の名; Ernest の愛称》.

*e·rode /ɪróʊd, ər-/ 動 (e·rodes /ɪróʊdz, ər-/; e·rod·ed /~ɪd/; e·rod·ing /~dɪŋ/; erósion; 形 erósive) 他 [しばしば受身で] **1** 〈風雨などが〉〈…〉を浸食する; 〈岩・金属〉を腐食する: The coast is being ~*d away* by the waves. <V+O+*away* の受身> 海岸が波で浸食されている. **2** 《W》〈権威・権利など〉を侵す, むしばむ, 徐々に破壊する; 〈価値など〉を低下させる.
― 自 腐食される; 浸食される; むしばまれる, 徐々になくなる; 〈価値など〉低下する.

e·rog·e·nous /ɪrɑ́dʒənəs, ər- | ɪrɔ́dʒ-/ 形 A 性的刺激に敏感な: ~ zones 性感帯.

-e·roo /ərúː/ 〖接尾〗《米》動詞から名詞をつくり「派手な [すごい]…」を表わす.

Er·os /érɑs, í(ə)r- | íərɔs, ér-/ 名 **1** 〖ギ神〗エロス 《アフロディテ (Aphrodite) の子で恋愛の神; ☞ ed

表; Cupid 写真). **2** Ⓤ 性愛.

e·ro·sion /ɪróuʒən, ər-/ 名 (動 eróde) Ⓤ 浸食; 腐食; 崩壊, 減少; 低下 (of).

e·ro·sive /ɪróusɪv, -zɪv/ 形 (動 eróde) 浸食[腐食]性の.

*__e·rot·ic__ /ɪrάtɪk, ər- | ɪrɔ́t-/ (作品などの)性愛を扱った, 性的刺激の強い; 好色な, エロチックな (☞ sexual 類義語): ~ films 性愛を扱った映画.

e·rot·i·ca /ɪrάtɪkə, ər- | ɪrɔ́t-/ 名 (複) [しばしば単数扱い] エロ本[写真].

e·rot·i·cal·ly /ɪrάtɪkəli, ər- | ɪrɔ́t-/ 副 エロチックに.

e·rot·i·cism /ɪrάtəsìzm, ər- | ɪrɔ́t-/ 名 Ⓤ エロチシズム, 好色性.

*__err__ /éə, ə́ː | ə́ː/ 動 (**err·ing** /ə́ːrɪŋ, é(ə)r- | ə́ːr-/; érror) 自 《古風, 格式》 誤る, 間違う, 間違って…する (in). 語源 ラテン語で「さまよう」の意. **érr on the side of …** [動] 《格式》…に失する, …すぎる: It's still better to ~ *on the side of* caution. 慎重すぎる ほうがまだよい(不注意よりも)よい. **To érr is húman, to forgíve, divíne.** 過ちを犯すは人の常, これを許すのは神の心 (Pope のことば).

*__er·rand__ /érənd/ 名 Ⓒ **1** 使い, 使い走り (☞ 3 番目と 4 番目の成句). **2** (使い)の用向き, 用件. **an érrand of mércy** [名] 《文》 [諧謔] 困っている人を援助にゆくこと. **gó [be sént] on a fóol's érrand** [動] むだ足を運ぶ[運ばせられる], 骨折り損をする[させられる]. **rún [gó on, dò] érrands [an érrand]** [動] (…の)使い走りをする (*for*); 《米》 自分の買物などで走り回る. **sénd … (óut) on an érrand** [動] …を使いにやる.

er·rant /érənt/ 形 **1** 《格式》 または 《諧謔》 正道からはずれた, 道を誤った; 不貞の. **2** 《古語》 (冒険を求めて)遍歴の.

errata erratum の複数形.

*__er·rat·ic__ /ɪrǽtɪk, er-/ 形 [普通はけなして] むら気の, とっぴな; 不規則な, 不安定な. **-rát·i·cal·ly** /-kəli/ 副 気まぐれに, 不規則に.

er·ra·tum /erάːṭəm, ɪr-, ər-, -réɪ-/ 《ラテン語から》 名 (複 **er·ra·ta** /-ṭə/) Ⓒ [普通は複数形で] 《格式》 (訂正を要する)誤り, 誤字, 誤植: an ~ slip 正誤表.

*__er·ro·ne·ous__ /ɪróuniəs, ər-/ 形 《格式》 (érror) (ことば・考えなどが) 誤った (mistaken), 間違った (wrong). **~·ly** 副 誤って, 間違って.

*__**er·ror**__ /érə | érə/ 《語源 air, ear, *err, heir》 名 (~s /-z/; err, erróneous) **1** ⒸⓊ 誤り, 間違い; 過失 (☞ mistake 類義語): an ~ of judgment 判断の誤り / ~s *in* spelling つづりの間違い / a computer ~ コンピューターの誤り / He *made [committed]* a gross [serious, grave, grievous] ~. 彼はひどい間違いをした / Correct ~s, if any. 誤りがあれば訂正. **2** Ⓤ 考え違い, 思い違い, 錯誤: human ~ 人為的誤り. **3** Ⓒ 《野》 エラー, 失策. **in érror** [副・形] 《格式》 間違って; 考え違いをして (*about*). **sée the érror of one's wáys** [動] 自 《文》 または [諧謔] 自らの過ちに気づく.

érror mèssage 名 Ⓒ エラーメッセージ(コンピューターなどで操作ミスをした時に画面に表示される).

er·satz /éəzɑːts | éəsæts/ 《ドイツ語から》 形 [普通は Ⓐ] 《古風》 [しばしばけなして] 代用の; 《文》 人工の.

Erse /ə́ːs | ə́ːs/ 名 Ⓤ アース語(アイルランドのゲール語).

erst·while /ə́ːst(h)wàɪl | ə́ːstwàɪl/ 形 《格式》 昔の, かつての.

e·ruc·ta·tion /ìːrʌktéɪʃən, èr-/ 名 ⒸⓊ 《格式》 おくび, げっぷ (belch).

er·u·dite /érudàɪt/ 形 《格式》 学問のある, 博学な. **~·ly** 副 該博に.

er·u·di·tion /èrudíʃən/ 名 Ⓤ 《格式》 博学.

*__e·rupt__ /ɪrʌ́pt, ər-/ 動 (**e·rupts** /ɪrʌ́pts/; **e·rupt·ed** /-ɪd/; **e·rupt·ing** /-ɪŋ/) 自 (e eruption) **1** (火山が)噴火する, 爆発する: A seabed volcano suddenly ~*ed off* the coast. 沖合いで突然海底火山が噴火した. **2** (病気・発疹(ほっしん)・騒動などが)突然起こる (*in, into*); 急に…生える: ~ *into* laughter 急に笑いだす. **3** 《医》 (歯が)生える. — 他 〈…〉を噴出[爆発, 発生]させる.

*__e·rup·tion__ /ɪrʌ́pʃən, ər-/ 名 (動 erúpt) ⒸⓊ **1** (火山の)爆発, 噴火; (溶岩などの)噴出. **2** (怒り・笑いの)爆発. **3** 《医》 発疹(ほっしん); 出る歯.

Er·ving /ə́ːvɪŋ | ə́ː-/ 名 **Julius Winfield ~** アーヴィング(1950–　)《米国のバスケットボール選手》.

-er·y /əri | əri/ 《名詞語尾》 **1** 「…の性質, …の状態, …の境遇」の意: bravery 勇敢さ / slavery 奴隷の身分. **2** 「…類, …全体」の意: machinery 機械類 / scenery 風景. **3** 「…の場所, …製造所, …店」の意: bakery パン屋 / grocery 食料雑貨店. **4** 「…業, …術」の意: archery 弓術 / fishery 漁業.

er·y·sip·e·las /èrəsípələs/ 名 Ⓤ 《医》 丹毒.

e·ryth·ro·cyte /ɪríθrəsàɪt, ər-/ 名 Ⓒ 《解》 赤血球.

*__-es__[1] /ɪz, əz/ 接尾 名詞の複数形の語尾 (☞ -s[1] 文法).

*__-es__[2] /ɪz, əz/ 接尾 動詞の三人称単数現在形の語尾 (☞ -s[2] 文法).

E·sau /íːsɔː/ 名 《聖》 エサウ(1杯のあつものと引きかえに弟に相続権を売った男).

*__es·ca·late__ /éskəlèɪt/ 動 (**-ca·lates** /-lèɪts/; **-cat·ed** /-ṭɪd/; **-ca·lat·ing** /-ṭɪŋ/; èscalátion) **1** (戦争などが)悪化[エスカレート]する, 拡大する: The quarrel ~*d into* a fight. ＜Ｖ+*into*+名＞ 口論はついに取っ組み合いになってしまった. **2** (物価・賃金などが)急上昇する (*into*). — 他 **1** 〈戦争など〉を段階的に拡大させる. **2** 〈物価・賃金など〉を急上昇させる.

es·ca·la·tion /èskəléɪʃən/ 名 ⒸⓊ 段階的拡大[強化]; 増大 (*in, of*).

*__es·ca·la·tor__ /éskəlèɪṭə | -ṭə/ 名 Ⓒ **1** エスカレーター: go up [down] on the ~s エスカレーターで上る[下がる]. **2** 《法》 エスカレーター条項(賃金などの伸びを規定した契約の一項目).

es·ca·lope /éskəlòup | -lɔ̀p/ 名 Ⓒ 《主に英》 《料理》 エスカロップ(薄切り肉などのソテーまたはフライ).

es·ca·pade /éskəpèɪd, èskəpéɪd/ 名 Ⓒ 脱線的な行動; とっぴな行為; いたずら; 《米》 浮気.

*__es·cape__ /ɪskéɪp, es-/ 動 (**es·capes** /-s/; **es·caped** /-t/; **es·cap·ing**) 自 **1** (…から)逃げる, 逃亡する; 脱出する (*through, over*): I ~*d with* nothing but the clothes on my back. 私は着の身着のまま脱出した. [言い換え] Some prisoners ~*d from* jail. ＜Ｖ+*from*+名・代＞ (=Some prisoners made an [their] ~ from jail.) 囚人数人が刑務所から脱走した. **2** (液体・ガス・光・熱などが)漏れる, 抜ける; 《文》 (ことばなどが)思わずもれる: Gas ~*d from [out of]* the joint of the pipes. ガスがパイプの継ぎ目から漏れた. **3** 《電算》 (画面などを)中断する[させる] (*from, out of*).
— 他 [受身なし; ☞ be[2] B 文法 (2) (vi)] **1** 〈危険・束縛など〉を逃れる, 免れる, 避ける; 〈…〉から脱出する: None of us can ~ death. 私たちのだれも死を免れることはできない / [言い換え] We narrowly ~*d* punishment. =We narrowly ~*d* be*ing* punished. ＜Ｖ+Ｏ (動名)＞ 我々はかろうじて罰せられないですんだ. 語源 通例 1 はすでにている状態から逃れる意味なのに対して 他 1 はそういう状態にならないようにする, の意. **2** (物が)人(の注意など)を免れる, 〈記憶などに〉残らない: The name of that street ~s me. その通りの名前を思い出せない / Nothing ~*d* her notice [attention]. 何事も彼女の目から逃れることはなかった. **3** (ことば・ため息などが)〈…〉から出る, 漏れる. **There's nó escáping the fáct that ….** …という事実は認めなければならない. 語源 ラテン語で「外套(がいとう)を脱ぎ捨て

── 名(～s /~z/) 1 ＵＣ 逃亡, 逃走; 脱出 (from, out of): an ~ vehicle 逃亡車 / his ~ route 彼の逃亡経路.
2 ＵＣ (危険などを)免れること, 脱すること: have a narrow [lucky] ~ from disaster 災害をかろうじて[運よく]免れる. 3 Ｕ [しばしば an ~] 現実逃避(の手段): (an) ~ from reality 現実逃避. 4 Ｃ 逃れる手段; 避難装置, 非常口: There's no ~ from it. これを逃れる方法はない. 5 Ｃ (ガス·水などの)漏れ: an ~ of gas ガス漏れ. 6 Ｕ =escape key. **màke góod one's escápe** 動 恒 うまく逃れる.

escápe àrtist 名Ｃ 縄抜け芸人; 脱獄の名人.
escápe clàuse 名Ｃ 免責条項.
es·caped /ɪskéɪpt, es-/ 形 Ａ 逃亡した.
es·cap·ee /ɪskèɪpíː, -, èskeɪ-/ 名Ｃ 脱獄者; 逃走者.
escápe hàtch 名Ｃ (航空機·潜水艦などの)緊急避難口.
escápe kèy 名Ｃ【電算】エスケープキー《画面を中断したり, 終了させるキー》.
escápe mèchanism 名Ｃ【心】逃避機制.
escápe velócity 名ＵＣ【物理】脱出速度《ロケットが地球などから離脱するときの速度》.
es·cap·is·m /ɪskéɪpɪzm, es-/ 名Ｕ 現実逃避; 逃避主義.
es·cap·ist /ɪskéɪpɪst, es-/ 名Ｃ 現実逃避者.
── 形 Ａ 現実逃避(主義)の.
es·ca·pol·o·gist /èskəpάlədʒɪst | -pɔ́l-/ 名Ｃ 縄[かご]抜けの曲芸師.
es·ca·pol·o·gy /èskəpάlədʒi | -pɔ́l-/ 名Ｕ 縄[かご]抜けの曲芸[技術].
es·car·got /èskɑːgóu | ɪskάː-, es-/《フランス語から》名(～s /-(z)/) Ｃ エスカルゴ《食用かたつむり》.
es·ca·role /éskəròul/ 名ＣＵ (米) =endive 1.
es·carp·ment /ɪskάːpmənt, es- | -kάːp-/ 名Ｃ 急斜面; 断崖(がけ).
es·cheat /ɪstʃíːt, es-/ 名Ｃ【法】不動産復帰《相続人のない財産が米国は州に, 英国は国王に帰属すること》.
Esch·er /éʃə | éʃə/ 名 M(aurits) C(ornelis) ~ エッシャー (1898-1972)《オランダのグラフィックアーティスト; 幾何学を応用したださし絵で有名》.
Esch·e·rich·i·a co·li /èʃəríkiəkóulaɪ/ 名 =E. Coli.
⁺**es·chew** /ɪstʃúː, es-/ 他《格式》〈悪いことなどを〉避ける, 慎む (avoid).
⁺**es·cort¹** /éskɔːt | -kɔːt/ ★動詞の escort² とのアクセントの違いに注意. 名 (es·corts /-kɔːts | -kɔːts/; 動 escort²) Ｃ 1 [(英)単数形でも時に複数扱い] 護衛者(一行)《一人一人にも全体にも用いる》; 護衛機[艦](隊): That carrier entered the port with an ~ of five frigates. 空母はフリゲート艦5隻の護衛で入港した. 2《古風》(パーティーなどへの)付き添い人《主に男性》; 雇われてパーティーなどに付き添う女性, コンパニオン《☞ escort agency》; 売春相手の女性[男性]: Emmie's to the party was a tall, handsome man. エミーに付き添ってパーティーへ行ったのは背の高いハンサムな男だった. **ùnder éscort** 副 護衛のもとに, 護衛[送]されて: under police ~ 警察に護衛されて.
⁺**es·cort²** /ɪskɔ́ːt, es- | -kɔ́ːt/ ★名詞の escort¹ とのアクセントの違いに注意. 動 (es·corts /-kɔ́ːts | -kɔ́ːts/; -cort·ed /-tɪd/; -cort·ing /-tɪŋ/; 名 escort¹) 他〈…を〉護衛する, 警護する, 護送する: The premier was ~ed by five policemen. <V+O の受身> 首相は5人の警官に護衛されていた. 2 [副詞(句)を伴って]〈人〉を〈…へ〉送り届ける, 案内する;《古風》〈男性が〉〈女性に〉付き添う: Tom ~ed Nancy to her house. トムはナンシーを家まで送り届けた.

éscort àgency 名Ｃ 社交場へ同伴する若い男女の紹介所《☞ escort¹ 2》.
éscort sèrvice 名Ｃ =escort agency.
es·cri·toire /èskrətwάː | -twάː/《フランス語から》名Ｃ (引き出し付きの)書き物机.
es·crow /éskrou/ 名Ｕ【法】条件付き発効証書《第三者が条件が満たされるまで保管する証書》.
es·cu·do /ɪskúːdou, es-/ 名 (～s) Ｃ エスクード《ポルトガルの旧通貨単位》.
es·cutch·eon /ɪskʌ́tʃən, es-/ 名Ｃ【紋章】盾(形)の紋地.
ESE =east-southeast.
⁺**-ese** /íːz, íːs | íːz/ 接尾 1 [形容詞語尾]「…国[地方]の; …語の」の意: Chinese 中国(語)の / Japanese 日本(語)の.
2 [名詞語尾]「…人, …語」の意: Chinese 中国人[語] / Japanese 日本人[語]. 3 [名詞語尾] [しばしばけなして]「…特有の文体」の意: journalese 新聞語法.
é-signature /íː-/ 名Ｃ =digital signature.
⁺**Es·ki·mo** /éskəmòu/ 名 (複 ~(s))《古風》1 Ｃ エスキモー《北米や東シベリアの北極地方に住む民族》. 2 Ｕ エスキモー語. ── 形 エスキモー(人)の.
　語法 カナダのエスキモーはこの語を軽蔑的とみなし, Inuit を使う.
Éskimo dòg 名Ｃ エスキモー犬《そり犬の一種; ☞ dog 挿絵》.
es·ky /éski/ 名Ｃ (豪) 携帯用クーラーボックス.
ESL /íːèsél/ 略 =English as a Second Language 第二言語としての英語. 関連 EFL 外国語としての英語 / ESOL 外国語としての英語.
ESN /íːèsén/ 略 =educationally subnormal 教育的に標準以下の.
ESOL /íːsɑl | -sɔl/ 略 =English for Speakers of Other Languages 外国語としての英語. 関連 EFL 外国語としての英語 / ESL 第二言語としての英語.
⁺**es·o·ter·ic** /èsətérɪk⁻/ 形《格式》深遠な; 難解な. **-tér·i·cal·ly** /-kəli/ 副 深遠に; 難解に.
ESP 1 =extrasensory perception. 2 =English for Specific [Special] Purposes 特定[特殊]目的の英語《科学技術用や商業通信用など》.
esp. =especially.
es·pa·drille /éspədrɪl/《フランス語から》名Ｃ エスパドリーユ《縄底の軽いズック靴》.
es·pal·ier /ɪspǽliə, es-, -ljeɪ | -lièɪ, -ljə/ 名Ｃ 垣樹棚, 果樹棚栽培の果樹.
es·pe·cial /ɪspéʃəl, es-/ 形 Ａ《格式》特別な, 格別の (special): for your ~ benefit 特にあなたのために. 語源 special と同語源.

⁺**es·pe·cial·ly** /ɪspéʃəli, es-/ 中 副 1 特に, 特別に, とりわけ《略 esp.》: I like going hiking, ~ in the fall. 私は特に秋にハイキングに行くのが好きだ / He ~ likes music. 彼は特に音楽が好きだ / This is ~ for you. 特別にあなたにこれをさしあげます / Nara is worth visiting, ~ if you like old temples. 奈良は訪れる価値があるよ, 特に古寺が好きなら. 語法 文頭では用いない.
2 [否定文で] 特に…であるというわけではない《部分否定を表わす》: It is not ~ hot today. きょうはとりわけ暑いというほどではない / "Do you like cats?" "Not ~." (S)「猫は好きかい」「別に」
Es·pe·ran·tist /èspəréntɪst, -rάːn-/ 名Ｃ エスペラント語学者; エスペラント語の普及に熱心な人.
Es·pe·ran·to /èspəréntou, -rάːn-/ 名Ｕ エスペラント語《人工の国際語》.
⁺**es·pi·o·nage** /éspiənὰːʒ, -nὰːdʒ/《フランス語から》名Ｕ スパイ行為: industrial ~ 産業スパイ(活動).

es・pla・nade /ésplənὰːd/ és|pləneɪd/ 名 C （海岸・湖畔の）広い遊歩道、ドライブウェー.

ESPN /íːèspíːén/ 略 イーエスピーエヌ（アメリカのスポーツ専門のケーブルテレビ; Entertainment and Sports Programming Network の略）.

es・pous・al /ɪspáʊz(ə)l/ 名 U as an ~ 《格式》（主義などの）支持, 擁護 (of).

+**es・pouse** /ɪspáʊz, es-/ 動 他 《格式》《主義・説など》を信奉する, 支持する.

es・pres・so /esprésoʊ/ 名 (~s) UC エスプレッソコーヒー（粉末に蒸気を通して作る濃いコーヒー）.

es・prit /esprí:, ɪs-/ 《フランス語から》 名 U 精神; 機知, 才気.

esprit de córps /-dəkóːr/ -kóː/ 《フランス語から》 名 U 《格式》団体精神, 団結心.

es・py /ɪspáɪ, es-/ 動 (**es・pies**; **es・pied**; **-py・ing**) 他 《文》《…》を見つける.

Esq. /éskwaɪər, ɪskwɑːr-| ɪskwáɪə, es-/ 《古風, 主に英》…様, …殿 (Esquire の略) 語法 手紙のあて名や公式文書などで氏名の後につける敬称: John Smith, Esq. ジョンスミス様[殿]. 《米》では弁護士に対して用いる. 普通は Mr. John Smith という.

-esque /ésk/ 接尾 [名詞につく形容詞語尾]「…の様式の, …風の」: picturesque 絵のような.

Es・quire /éskwaɪər, ɪskwɑːr-| ɪskwáɪə, es-/ 1 《まれ》 =Esq. 2 名 『エスクワイア』《米国の男性月刊誌》.

-ess /əs, ɪs, es/ 接尾 [名詞につく名詞語尾]「女性・雌」を示す: princess 王女 / lioness 雌ライオン.
語法 現在では stewardess など不必要で男女を区別する語は用いない ☞ flight attendant 参考.

*   **es・say**[1] /éseɪ/ 名 (~s /-z/) C（学校の）作文, レポート; 随筆; 小論, 評論: an ~ on literature [modern civilization] 文学[近代文明]論 / The teacher told the students to write an ~ about their excursion. 先生は生徒たちに遠足について作文を書くようにと言った.

es・say[2] /eséɪ, -/ 名 《格式》C試み, 企て; 努力 (effort) (in, into). ─ 動 他 《…》を試みる (try).

es・say・ist /éseɪɪst/ 名 C 随筆家, エッセイスト.

éssay quèstion 名 C 論文[記述]式問題.

*   **es・sence** /és(ə)ns/ 名 **es・senc・es** /-ɪz/; 形 esséntial) **1** [the ~] 本質, 神髄: Kindness is the (very) ~ of human love. 親切心(こそ)は人間愛の本質だ. **2** UC （植物から抽出した）精, エキス, エッセンス《主に料理用》: vanilla ~ バニラエッセンス. **be of the éssence** 動 自 《格式》非常に重要である: Speed [Time] is of the ~. できる限り速くすることがきわめて重要だ. **in éssence** 副 文修飾語 《格式》本質において, 本来は.

*   **es・sen・tial** /ɪsénʃəl, es-/ 11 形 （名 ésence; 反 inessential）**1** 欠かせない, 肝心の, きわめて重要な: ~ services 生活に不可欠な公益事業《水道・ガス・電気など》/ Good food is ~ for [to] health. <A+for [to]+名+形> 栄養に富む食物は健康にぜひとも必要だ / 言い換え It is ~ that you do the work at once.＝It is ~ for you to do the work at once. 君はその仕事をすぐする必要がある. **2** A 本質的な, 根本的な: The ~ meaning of the play was that crime does not pay. その劇の真意は犯罪は引き合わないということだった. **3** 精の, エキスの.
─ 名 (~s /-z/) [the ~s] 本質的な要素, 不可欠なもの; 要点: the bare ~s さりげずの必需品 / the ~s of economics 経済学の要点.

esséntial ámino ácid 名 C 《生化》必須(不可欠)アミノ酸.

es・sen・tial・ly /ɪsénʃ(ə)li, es-/ 副 **1** 本質的に, 本質的には: Americans are ~ friendly people. アメリカ人は本来親切な国民だ.

2 文修飾語 本質的には, 本来は: E~, the two are

different things. 本質的にはその2つは別の物だ. **3** どうしても, ぜひとも (necessarily).

esséntial óil 名 UC 精油.

Es・sex /ésɪks/ 名 固 エセックス（England 南東部の州）.

Es・so /ésoʊ/ 名 固 エッソ《米国の ExxonMobil 社系列の石油会社; 商標》.

EST /íːèstíː/ 略 **1** 《米》＝Eastern Standard Time. **2** ＝electroshock therapy.

est. 略 **1** ＝established. **2** ＝estimated.

*   **-est** /ɪst, əst/ 接尾 **1** 1音節および一部の2音節の形容詞・副詞の最上級の語尾（形 comparison 文法, most 語法）: Bob is the tallest in our class. ボブは私たちのクラスでいちばん背が高い / Who can run (the) fastest in this class? このクラスではだれがいちばん速く走れるか. **★最上級の用法についてはさらに** ☞ superlative degree 文法. **2** 《古風》または《聖》動詞の二人称単数形の語尾（例 knowest）.

*   **es・tab・lish** /ɪstǽblɪʃ, es-/ 11 動 (**-lish・es** /-ɪz/; **-tab・lished** /-t/; **-lish・ing**; 名 estáblishment) 他 **1** 《…》を設立する, 創立する, 樹立する; 設置する; 制定する (set up)《過去分の例 est.》;（関係などを）打ち立てる (with) (☞ found[2] 類義語); stand 単語の記憶: ~ contacts コネをつける / The English ~ed colonies in America. イギリス人はアメリカに植民地を樹立した / This college was ~ed in 1901. <V+O の受身> この大学は1901年に創立された.

2 《格式》《…》を確証[立証]する: 言い換え She ~ed her innocence. ＝She ~ed that she was innocent. <V+O (that 節)> 彼女は自分の無実を立証した / The police couldn't ~ where he had been. <V+O (wh 節)> 警察は彼がどこにいたか立証できなかった. **3** 〈習慣・先例・名声など〉を確立する, 固める; (一般に)認めさせる: John ~ed a name for himself as a professional golfer. <V+O+as+名> ジョンはプロゴルファーとしての名声を確立した. **4** [受身で] 〈人〉を（地位・職業・場所などに）落ち着かせる, 据える; 定住させる: They are ~ed in their new house. 彼らは新居に落ち着いている. 語源 ラテン語で「しっかり立たせる」の意 (☞ stand 単語の記憶). **estáblish onesélf** 動 自 (1) 身を落ち着ける, おさまる, 定住する (as, in). (2) （…として）身を立てる, 開業する (as) (☞ 4). (3) （自然と）確立する, 設立される.

*   **es・tab・lished** /ɪstǽblɪʃt, es-/ 形 A 確立した, 確定した; 設立[制定]された; 定評のある; 国教の（略 est.）: ~ customs （社会に）確立した慣習 / the ~ church 国教会 / an ~ fact 既成事実. **gèt [becòme] estáblished** 動 自 (1) （人が）（新しい職業・場所などで）はつらつとしている. (2) （植物が）根づいてよく成長する.

*   **es・tab・lish・ment** /ɪstǽblɪʃmənt, es-/ 12 名 (**-lish・ments** /-mənts/; 動 estáblish) **1** U 設立, 創立; 制定; 確立: the ~ of a school 学校の創立. **2** C 《格式》設立物, 施設《軍隊・病院・学校・会社・店舗など》: military ~s 軍事施設. **3** [the ~, 普通は the E-; 《英》単数または複数扱い] [しばしばけなして] 支配階級[体制]: the political ~ 政界.

*   **es・tate** /ɪstéɪt, es-/ 12 名 (**es・tates** /-téɪts/) **1** U 《法》財産; 遺産: personal ~ 動産 / real ~ 不動産. **2** C 地所《いなかの大きな土地で大邸宅のあるものをいう》(☞ stand 単語の記憶). **3** C 《英》団地: a housing ~ 住宅団地. **4** U 《古語》状態. **5** 名 《英》＝estate car.

estáte àgency 名 C 《英》不動産会社 (《米》real estate agency).

+**estáte àgent** 名 C 《英》不動産業者《土地・建物などを扱う》(《米》realtor, real estate agent); 不動産店.

estáte càr [名] [C] 《英》=station wagon.
estáte dùty [名] [C,U] 《英》=estate tax.
estáte sále [名] [C] エステートセール《故人の家で行なわれる家具や衣類のセール》.
estáte tàx [名] [C,U] 《米》遺産税《遺産に対して相続前に課される; ☞ inheritance tax》.
*__es·teem__ /ɪstíːm, es-/ [名] [U] 《格式》尊敬, 尊重 (respect) (*for*): He gained everyone's ~. 彼はだれからも尊敬を受けた. **hóld ... in estéem** [動] [他] 《格式》〈…〉を尊敬する, 〈…〉を(—と)評価する: The students *hold* Professor Green *in* high [great] ~. 学生はグリーン教授を非常に尊敬している. — [動] [他] [進行形なし] 《格式》 **1** 〈…〉を尊敬[尊重]する, 尊ぶ (respect). **2** 《古風》〈…〉を(価値のあるものと)考える, 思う (consider): I ~ *it* a great honor *to* speak to you. お話しできることを大変光栄に思います / We would ~ *it* a favor *if* you could make a short speech. 少しスピーチをしてくださるとありがたいのですが.
es·teemed /ɪstíːmd, es-/ [形] 《格式》尊敬されている: a highly ~ composer 非常に尊敬されている作曲家.
es·ter /éstɚ | -tə/ [名] [U] 〘化〙エステル《酸・アルコールから水のとれた形の化合物》.
Es·ther /éstɚ | -tə/ [名] [固] エスター《女性の名》.
es·thete /ésθiːt | íːs-/ [名] 《米》=aesthete.
es·thet·ic /esθéṭɪk/ [形] 《米》=aesthetic.
es·thet·i·cal /esθéṭɪk(ə)l/ [形] 《米》=aesthetical.
~·ly /-kəli/ [副] 《米》=aesthetically.
es·the·ti·cian /èsθətíʃən/ 《米》=aesthetician.
es·thet·ics /esθéṭɪks/ [名] 《米》=aesthetics.
es·ti·ma·ble /éstəməbl/ [形] 《格式》尊敬[尊重]すべき.
*__es·ti·mate__[1] /éstəmət/ ★動詞の estimate[2] との発音の違いに注意. [T1] [名] (**-ti·mates** /-məts/; [動] ésti·màte[2]) [C] **1** 見積もり, 見込み; (価値などの)評価 (*of*); 〘統〙推定値: an outside ~ 最大限の見積もり / a conservative ~ 控えめな見積もり. **2** [しばしば複数形で] 見積書 (*for*). **at [as] a róugh éstimate** [副] [文修飾語] ざっと見て, 大ざっぱに見積もると. **máke an éstimate of ...** [動] [他] …を見積もる; …を評価する; …を批評する.
*__es·ti·mate__[2] /éstəmèɪt/ ★名詞の estimate[1] との発音の違いに注意. [動] (**-ti·mates** /-mèɪts/; **-ti·mat·ed** /-ṭɪd/; **-ti·mat·ing** /-ṭɪŋ/; [名] éstimate[1], èstimátion) [他] [進行形なし] 〈…の大きさ・値段・価値・速度など〉をざっと(—と)見積もる, 評価する《過去分詞は [略] est.》; (大まかに)〈…〉と判断する (judge): [言い換え] We *~d* his losses *at* $1000. <V+O+*at*+名・代>= We *~d that* his losses were $1000. <V+O (*that* 節)> 我々は彼の損害を1千ドルと見積もった / It *is ~d that* the damage was over one million dollars. <V+O(*that* 節)の受身> 損害は100万ドル以上と判断される / The room *is ~d to* be 20 feet long. <V+O+C (*to* 不定詞)の受身> その部屋は奥行き20フィートと考えられる / First, *~ how* long it will take to finish the work. <V+O (*wh* 節)> まずその作業を終えるのにかかる時間を見積もることだ.
es·ti·mat·ed /éstəmèɪṭɪd/ [形] [A] 推定[見積り]の: an ~ 30,000 people およそ3万の人々.
es·ti·ma·tion /èstəméɪʃən/ [名] ([動] éstimàte[1]) 《格式》 **1** [U] (価値の)判断, 意見; [C] 評価, 見積もり (*of*). **2** [U] 尊敬, 尊重 (respect, esteem). 「**còme dówn [gò dówn, fáll] in ...'s estimátion** [動] 《格式》…の評価が下がる. 「**còme úp [gò úp, ríse] in ...'s estimátion** [動] 《格式》…の評価が上がる. **in ...'s estimátion=in the estimátion of ...** [副] [文修飾語] 《格式》…の見るところでは[考えでは].
es·ti·ma·tor /éstəmèɪṭɚ | -tə/ [名] [C] 評価者.
Es·to·ni·a /estóʊniə/ [名] [固] エストニア(共和国)《バルト海に面する東欧の共和国》.
Es·to·ni·an /estóʊniən/ [形] エストニア(人)の. — [名] **1** [C] エストニア人. **2** [U] エストニア語.
es·trange /ɪstréɪndʒ, es-/ [動] [他] 《格式》〈人〉の気持ちをそらす, 〈…〉を離反させる, よそよそしくさせる.
es·tranged /ɪstréɪndʒd, es-/ [形] 《格式》 **1** [普通は [A]] [新聞で] 別居中の (*from*). **2** 仲たがいした, 疎遠になった, 心が離れた (*from*).
es·trange·ment /ɪstréɪndʒmənt, es-/ [名] [U,C] 《格式》仲たがい, 疎遠 (*from, between*).
es·tro·gen /éstrədʒən | íːs-, és-/ [名] [U] 《主に米》〘生〙エストロゲン《女性ホルモンの一種》.
+__es·tu·ar·y__ /éstʃuèri | -tjuəri/ [名] (**-ar·ies**) [C] (幅の広い)河口; 入り江.
éstuary Énglish [名] [U] (テムズ川)河口域英語《ロンドンやイングランド東南部で話される新しいタイプの階級性の薄い英語》.
ET /íːtíː/ [略] =Eastern Time, extraterrestrial.
-et /ɪt, ət/ [接尾] [名詞語尾]「小さい…」の意: bull*et* 弾丸 / pack*et* 小さな包み.
e·ta /éɪṭə, íː- | íː-/ [名] [C] エータ《ギリシア語アルファベットの第7文字 η, H; ☞ Greek alphabet 表》.
ETA /íːtìːéɪ/ [略] =estimated time of arrival 到着予定時刻. [関連] ETD 出発予定時刻.
e-tail /íːteɪl/ [名] [U] 〘電算〙ネット小売り(業).
e-tail·er /íːteɪlɚ | -lə/ [名] [C] 〘電算〙ネット小売業者. [語源] *e*lectronic と re*tailer* の混成語.
e-tail·ing /íːteɪlɪŋ/ [名] [U] =e-tail.
+__et al.__ /etáːl, eṭǽl | etǽl/ 《ラテン語から》 [副] およびその他の人たち(で)《論文・法律文などで用いる; ☞ etc. [語法] (6)》.
*__etc.__ /etséṭərə, -trə/ 《ラテン語から》 [略] [W] …など, その他: lions, tigers, leopards, *etc.* ライオン, とら, ひょうなど.

> [語法] (1) 英語の and so forth [on] (☞ so[1] 成句) に相当するラテン語 et cetera の略.
> (2) 日常の文章では普通 and so forth [on] を用いる.
> (3) 日本語の「…など」ほど一般的には用いられず, むしろ具体的な名を列挙するほうがよい.
> (4) etc. の前にはコンマを打つ.
> (5) 列挙するものが多数になる場合などは etc., etc. と重ねて用いることがある.
> (6) 人についていうときには et al. を使う.

et cet·er·a /etséṭərə, -trə/ 《ラテン語から》 [S] …など, その他 (and so forth [on]) ([略] etc.). ★用法については ☞ etc. [語法].
+__etch__ /étʃ/ [動] [他] **1** 〈銅板など〉にエッチングをする, エッチングで描く《酸で金属板に絵・模様などを刻む版画》; 〈模様など〉を刻む (*in, on, onto*). **2** [受身で] 《文》〈…〉を脳裏に焼き付ける (*in, on*); [普通は受身で] 〈顔〉に(苦悩など)を くっきり刻む (*with*). — [自] エッチングする.
etched /étʃt/ [形] エッチングをした, 模様などを刻んだ.
etch·er /étʃɚ | étʃə/ [名] [C] エッチング[銅板]画家.
etch·ing /étʃɪŋ/ [名] [U] エッチングの技法; [C] エッチング(の作品).
ETD /íːtìːdíː/ [略] =estimated time of departure 出発予定時刻. [関連] ETA 到着予定時刻.
*__e·ter·nal__ /ɪtɚ́ːn(ə)l | ɪtə́ː-/ [形] ([名] etérnity) **1** [比較なし] 永遠の, 永久の (everlasting); [A] 不朽の; 不変の: ~ truths [love] 永遠の真理[愛] / an ~ student [滑稽] (就職しようとしない)万年学生. **2** [A] 《略式》果てしない, ; 相変わらずの: Stop your ~ grumbling! いつまでもぐちをこぼすのはやめなさい.
Etérnal Cíty [名] [the ~] 永遠の都《Rome のこと》.

e·ter·nal·ly /ɪtə́ːnəli | ɪtə́ː-/ 副 永久に, 永遠に; いつまでも: be ~ grateful 《格式》大変感謝している. **2** [進行形とともに] 《略式》いつも[しょっちゅう]…してばかりいる (always) (☞ be² A 1 (3)): They *are* ~ quarreling. 彼らはいつもけんかばかりしている.
etérnal tríangle 名 [the ~] (男女の)三角関係.
†**e·ter·ni·ty** /ɪtə́ːnəti | ɪtə́ː-/ 名 **1** U 《格式》永遠, 永久, 永続性: for (all) ~ 永遠に. **2** U 《格式》(いつまでも続く)死後の世界, 来世. **3** [an ~] 《略式》(いつまでも続くような)長い時間.
etérnity rìng 名 C 《主に英》エタニティリング (切れ目なく宝石をはめこんだ細い指輪; 永遠を象徴する).
eth ☞ edh.
-eth /ɪθ, əθ/ 接尾 《古語》または《聖》動詞の三人称単数形の語尾 (例 goeth).
eth·a·nol /éθənɔ̀ːl | -nɔ̀l/ 名 U【化】= ethyl alcohol.
Eth·el /éθ(ə)l/ 名 固 エセル《女性の名》.
e·ther /íːθə | -θə/ 名 **1** U エーテル (溶剤・麻酔剤). **2** [the ~] (電波が伝わる)空中; 《詩》天空, 青空.
e·the·re·al /ɪθí(ə)riəl/ 形 **1** 《格式》この世のものとも思われぬ, 幼(ネ)なる. **2** ごく軽い; 希薄な. **-al·ly** /-əli/ 副 この世のものでないように; ごく軽く.
E·ther·net /íːθənèt | -θə-/ 名 U【電算】イーサネット《LANのためのケーブル網[規格]; 商標》.
eth·ic /éθɪk/ 名 [単数形で] 倫理, 道徳律.
*__eth·i·cal__ /éθɪk(ə)l/ 形 (反 unethical) **1** A [比較なし] 道徳上の (☞ moral 類義語); 倫理的な; 倫理学の~: ~ problems 道徳上の諸問題.
2 道徳的な, 道義にかなった (moral): *It's* not ~ *for* you *to* work for both companies. あなたが両方の会社の仕事をするのは道義的ではない. **~·ly** /-kəli/ 副 **1** 倫理的に, 道徳[道義]的に. **2** 文修飾副 倫理的には, 道義的にいうと.
éthical invèstment 名 U 良心的投資《環境[人権, 動物保護]など一定の倫理基準を満たした企業にのみ投資すること》.
*__eth·ics__ /éθɪks/ 名 **1** [複数扱い] (個人・ある社会・職業の)道徳原理, 倫理, 道義, 徳義, モラル: professional ~ 職業倫理 / a code of ~ 道徳律. **2** U 倫理学, 倫理.
E·thi·o·pi·a /ìːθióupiə/ 名 固 エチオピア《アフリカ北東部の国》.
E·thi·o·pi·an /ìːθióupiən/ 形 エチオピアの; エチオピア人の. ── C エチオピア人.
*__eth·nic__ /éθnɪk/ 形 **1** A 民族的な, 人種的な: ~ troubles [conflicts] 民族紛争 / ~ groups 民族集団 / an ~ joke ある民族[人種]を笑いものにする冗談. **2** A ~系の: ~ Turks トルコ系の人々. **3** (料理・服装などの)民族(風)の, 民族[種族, 人種]特有の: an ~ costume 民族衣装 / ~ cooking エスニック料理.
── 名 C 《米》(独特の風俗・文化を保つ)少数種族[民族]の一員. **-ni·cal·ly** /-kəli/ 副 民族(学)的に(は).
éthnic cléans·ing /-klénzɪŋ/ 名 U 《新聞で; 婉曲》民族浄化《ある民族[宗教]集団が他のものを追放・殺害する企て》.
eth·nic·i·ty /eθnísəti/ 名 U.C 《格式》民族性.
éthnic minórity 名 C 民族[人種]的少数派.
eth·no·cen·tric /èθnouséntrɪk/ 形 自民族中心[優越]主義の.
eth·no·cen·tric·i·ty /èθnousentrísəti/ 名 U 自民族中心[優越]主義であること.
eth·no·cen·tris·m /èθnouséntrɪzm/ 名 U 自民族中心[優越]主義[思想].
eth·no·cide /éθnousàɪd/ 名 U.C (文化的同化政策としての)特定民族集団の文化の破滅.
eth·nog·ra·pher /eθnάgrəfə | -nɔ́grəfə/ 名 C 民族誌学者.

EU 577

eth·no·graph·ic /èθnəgrǽfɪk/, **-i·cal** /-fɪk(ə)l/ 形 民族誌学の, 民族誌学的な. **-gráph·i·cal·ly** /-kəli/ 副 民族誌学的に.
eth·nog·ra·phy /eθnάgrəfi | -nɔ́g-/ 名 U 民族誌学.
eth·no·log·i·cal /èθnəlάdʒɪk(ə)l | -lɔ́dʒ-/, **-log·ic** /-dʒɪk/ 形 民族学的な. **-cal·ly** /-kəli/ 副 民族学的に.
eth·nol·o·gist /eθnάlədʒɪst | -nɔ́l-/ 名 C 民族学者.
eth·nol·o·gy /eθnάlədʒi | -nɔ́l-/ 名 U 民族学.
e·thol·o·gy /iːθάlədʒi | -θɔ́l-/ 名 U (動物)行動学.
†**e·thos** /íːθɑs | -θɔs/ 名 [単数形で] 《格式》エトス《ある個人や社会の持つ精神・気風・倫理観・風潮など》(*of*).
eth·yl /éθ(ə)l/ 名 U,形【化】エチル(基)の.
éthyl álcohol 名 U【化】エチルアルコール.
eth·yl·ene /éθəlìːn/ 名 U, 形【化】エチレン(基)(の).
éthylene glý·col /-gláɪkɔːl | -kɔl/ 名 U エチレングリコール (不凍液に用いる).
é-tìck·et /íː-/ 名 C 電子チケット[航空券].
e·ti·o·lat·ed /íːtiəlèɪtɪd/ 形 《文》青白い, 弱った; 【植】(光が当たらず)白くなった.
e·ti·o·la·tion /ìːtiəléɪʃən/ 名 U 《文》青白くなる[すること], 虚弱化;【植】(光を与えない)黄化.
e·ti·o·log·i·cal /ìːtiələdʒɪk(ə)l | -lɔ́dʒ-/ 形【医】病因の; 病因学的な. **-cal·ly** /-kəli/ 副 病因学的に.
e·ti·ol·o·gy /ìːtiάlədʒi | -ɔ́l-/ 名 (**-o·gies**) U.C【医】病因; 病因学 (*of*).
†**et·i·quette** /étɪkət, -kèt/ 名 U **1** 礼儀作法, エチケット: wedding ~ 結婚式の作法 / a breach of ~ 不作法. **2** (専門職者間の)礼儀, 仁義, 不文律: medical ~ 医者どうしの道義. 語源 ticket (付け札)と同語源のフランス語から (☞ ticket 語源),「規定事項を記した札」→「規定された事柄」→「礼儀作法」となった.
Et·na /étnə/ 名 固 **Mount ~** エトナ山《イタリア Sicily 島にある活火山》.
E·ton /íːtn/ 名 固 イートン《英国 England 中南部の町; ☞ 裏地図 F 6; Eton College の所在地》.
Éton Cóllege 名 固 イートン校 (Eton にある有名な public school).
E·to·ni·an /iːtóuniən/ 形 イートン校の. ── 名 C イートン校生徒[卒業生]: an old ~ イートン校出身者.
é·touf·fée, e·touf·fee /ètuːféɪ/ 《フランス語から》名 U エトゥフェ《ざりがに・野菜・香辛料の煮込み料理》.
E·tru·ri·a /ɪtrú(ə)riə/ 名 固 エトルリア《イタリア中央部にあった古代国》.
E·trus·can /ɪtrʌ́skən/ 形 エトルリア(人)の. ── 名 **1** C エトルリア人. **2** U エトルリア語.
-ette /ét/ 接尾 [名詞語尾] **1**「小さいもの」の意: kitchenette 簡易台所. **2**《古風》「女性」の意: suffragette 女性の婦人参政権論者 (☞ usherette 語法; -ess 語法). **3**「模造…(品)」の意: leatherette 模造革.
et tu /ettúː/ 《ラテン語から》間 《滑稽》[後に人の名を伴って] (…)お前もか: ~ *Brute!* ブルータスお前もか.
é·tude /éɪt(j)uːd | -tjuːd/ 《フランス語から》名 C【楽】練習曲, エチュード.
et·y·mo·log·i·cal /ètəməlάdʒɪk(ə)l | -lɔ́dʒ-/ 形 [普通は A] 語源的な, 語源(学)上の. **-cal·ly** /-kəli/ 副 語源的に.
et·y·mol·o·gist /ètəmάlədʒɪst | -mɔ́l-/ 名 C 語源学者, 語源研究家.
et·y·mol·o·gy /ètəmάlədʒi | -mɔ́l-/ 名 (**-o·gies**) **1** U 語源; 語源学. **2** C (ある語の)語源(の説明).
EU /íːjúː/ 略 [the ~] = European Union.

eu·ca·lyp·tus /jùːkəlíptəs/ 名 (複 ~·es, eu·ca·lyp·ti /-taɪ/) ⓒ ユーカリ, ユーカリの木《オーストラリア原産の常緑の巨木》; ⇒ koala).

eucalýptus òil 名 ⓤ ユーカリ油 (医薬用).

Eu·cha·rist /júːkərɪst/ 名 [the] 《キ教》聖餐(せいさん)，《カトリック》聖体(祭儀)《キリストの体のしるしとしてのパンとぶどう酒の儀式》; ⇒ Mass, Holy Communion, sacrament).

Eu·cha·ris·tic /jùːkərístɪk‐/ 形 《キ教》聖餐の;《カトリック》聖体の.

eu·chre /júːkə | -kə/ 名 ⓤ《トラ》ユーカー《ゲームの名前》. — 動 他《米俗》出し抜く.

Eu·clid /júːklɪd/ 名 ユークリッド《紀元前300年ごろのギリシャの数学者・物理学者》.

Eu·clid·e·an /juːklídiən/ 形 ユークリッド幾何学の(⇒ non-Euclidean).

eu·di·om·e·ter /jùːdiɑ́mətə | -ɔ́mətə/ 名 ⓒ《化》ユージオメーター.

Eu·do·ra /juːdɔ́ːrə/ 名 **1** ユードラ《女性の名》. **2** ユードラ《電子メールを扱うソフトウェア; 商標》.

Eu·gene /juːdʒíːn, júːdʒiːn/ 名 ユージン《男性の名; 愛称は Gene》.

eu·gen·ic /juːdʒénɪk/ 形 《生》優生(学)の, 優生学的な, 優れた性質を受け継ぐ.

eu·gen·ics /juːdʒénɪks/ 名 《生》優生学.

eu·lo·gist /júːlədʒɪst/ 名 ⓒ《格式》称賛[賛美]者.

eu·lo·gis·tic /jùːlədʒístɪk‐/ 形《格式》称賛の, ほめたたえる. **-ti·cal·ly** /-kəli/ 副 称賛して.

eu·lo·gize /júːlədʒaɪz/ 動《格式》他《…》を称賛する, ほめたたえる (as). — 自 称賛する, ほめたたえる.

eu·lo·gy /júːlədʒi/ 名 (-lo·gies) ⓤ 称賛 (praise), 賛美; ⓒ 称賛のことば《特に故人に対するもの》.

eu·nuch /júːnək/ 名 ⓒ《昔の東洋などの》宦官(かんがん).

eu·phe·mism /júːfəmìzm/ 名 ⓤ《修辞》婉曲語法《例えば死ぬことを pass away, トイレに行きたいときは, May I use the [your] bathroom? というなど》; ⓒ 婉曲語 (for).

eu·phe·mis·tic /jùːfəmístɪk‐/ 形《修辞》婉曲法の, 婉曲な. **-mís·ti·cal·ly** /-kəli/ 副 婉曲に.

eu·pho·ni·ous /juːfóʊniəs/ 形《格式》(ことばが)口調のよい.

eu·pho·ni·um /juːfóʊniəm/ 名 ⓒ ユーフォニウム《金管楽器》.

eu·pho·ri·a /juːfɔ́ːriə/ 名 ⓤ (一時の)幸福感.

eu·phor·ic /juːfɔ́ːrɪk | -fɔ́r-/ 形 (一時の)幸福感にあふれた. **-phór·i·cal·ly** /-kəli/ 副 しあわせ一杯に.

Eu·phra·tes /juːfréɪtiːz/ 名 [the ~] ユーフラテス川《トルコ北東部に源を発し, トルコ・シリア・イラクなどを流れて Tigris 川と合流し, ペルシャ湾 (Persian Gulf) に注ぐ大河; その流域は古代文明発祥の地; ⇒ Babylonia, Mesopotamia》.

Eur. 略 =Europe, European.

Eur·a·sia /jʊ(ə)réɪʒə, -ʃə/ 名 ユーラシア《ヨーロッパとアジアとを含む大陸》. 語源 *Europe* と *Asia* の混成語; ⇒ blend 2.

Eur·a·sian /jʊ(ə)réɪʒən, -ʃən/ 形 ユーラシア(大陸)の;《古風》欧亜混血の. — 名 ⓒ《古風》欧亜混血児.

eu·re·ka /jʊríːkə/ 感《古風》または [しばしば滑稽に] 見つけたぞ!, わかった! (I have found it.). 参考 アルキメデス (Archimedes) が王冠の金の純度を測る方法を入浴中に発見したときのギリシャ語の叫び声.

eu·rhyth·mic /juːríðmɪk/ 形 =eurythmic.

eu·rhyth·mics /juːríðmɪks/ 名 =eurythmics.

Eu·rip·i·des /jʊrípədìːz/ 名 エウリピデス (480-406 B.C.)《ギリシャの悲劇詩人》.

***Eu·ro, eu·ro** /jʊ́(ə)roʊ/ 名 (~s /-z/) ⓒ ユーロ《ECUに代わって1999年導入された欧州連合の共通通貨; 記号 €》.

ユーロ紙幣

Eu·ro- /jʊ́(ə)roʊ/ 接頭「(西)ヨーロッパの[と]...」「ヨーロッパ連合 (European Union), ヨーロッパ共同体 (European Community)」の意.

Eu·ro·bond /jʊ́(ə)roʊbɑ̀nd | -bɔ̀nd/ 名 ⓒ《経》ユーロ債《表示通貨発行国外で発行される債券; 特に米ドル建てのもの》.

éuro cènt 名《ユーロ》セント《euro の補助単位; = 1/100 euro》.

Eu·ro·cen·tric /jʊ̀(ə)roʊséntrɪk‐/ 形 [けなして] ヨーロッパ(人)中心の.

Eu·ro·cheque /jʊ́(ə)roʊtʃèk/ 名 ⓒ ユーロチェック《ヨーロッパ諸国で通用するクレジットカード; 元来は商標》.

Èuro·cómmunism 名 ⓤ ユーロコミュニズム《西欧諸国の共産党の自主・自由・民主路線》.

Eu·ro·crat /jʊ́(ə)rəkræ̀t/ 名 ⓒ《略式》[主に新聞で; 普通は軽蔑] European Community の(高級)官僚.

Eu·ro·cur·ren·cy /jʊ́(ə)roʊkə̀ːrənsi | -kə̀ːr-/ (-ren·cies) ⓒ《経》ユーロカレンシー, ユーロマネー《特にヨーロッパの銀行に預金された外貨》.

Eu·ro·dol·lar /jʊ́(ə)roʊdɑ̀lə | -dɔ̀lə/ 名 ⓒ [普通は複数形で]《経》ユーロダラー《ヨーロッパの銀行に預金されているドル》.

Eu·ro·e·lec·tion /jʊ́(ə)rəɪlèkʃən, -əl- | jʊ̀ərɪlék-, -əl-/ 名 ⓒ 欧州議会選挙.

Eu·ro·mar·ket /jʊ́(ə)roʊmɑ̀ːkɪt | -mɑ̀ː-/ 名 ⓒ 欧州共同市場 (European Economic Community の別称); ユーロ市場《ユーロマネーやユーロ債の金融市場》.

Euro-MP /jʊ́(ə)roʊèmpíː/ 名 ⓒ 欧州議会議員.

Eu·ro·pa /jʊ(ə)róʊpə/ 名《ギ神》エウロペー《フェニキアの王女; Zeus が彼女に恋し, 白い牡牛(おうし)となって連れ去った》.

***Eu·rope** /jʊ́(ə)rəp/ 名 (形 Européan) 固 **1** ヨーロッパ, 欧州《Eur.; ⇒ continent[1] 参考》. **2** ヨーロッパ連合. **3**《英》《英国を除いた》欧州.

***Eu·ro·pe·an** /jʊ̀(ə)rəpíːən‐/ 形 (名 Éurope) **1** ヨーロッパの, 欧州の, ヨーロッパ風の; ヨーロッパ[欧州]人の《略 Eur.》: ~ countries ヨーロッパ諸国. **2** ヨーロッパ連合の.
— 名 (~s /-z/) ⓒ **1** ヨーロッパ人, 欧州人; [the ~s] ヨーロッパ[欧州]人《全体》; ⇒ the[1] 5). **2**《英》ヨーロッパ連合支持者.

Européan Commíssion 名 固 [the ~] 欧州委員会 (EU の執行機関).

Européan Commúnity 名 固 [the ~] ヨーロッパ[欧州]共同体 (European Union の前身; 略 EC).

Européan Cúrrency Ùnit 名 ⓒ エキュー (⇒ ECU).

Européan Económic Commúnity 名 固 [the ~] ヨーロッパ[欧州]経済共同体 (European Community の構成機構の1つでしばしばその別称・旧称となる; 通称 Common Market; 略 EEC).

Européan Exchánge Ràte Mèchanism 名 [the ~] ヨーロッパ為替レート機構.

Européan Mónetary Sỳstem 名 [the ~] 欧州通貨制度《略 EMS》.

Européan Párliament 名 固 [the ~] 欧州議会

会 (European Union の政策審議機関; 各加盟国から選ばれた議員から成る).

Européan plàn 名 [the ~] (米) ヨーロッパ方式《ホテルで部屋代と食費とを別勘定にする方式》; ☞ American plan).

＊Éuropean Únion 名 個 [the ~] ヨーロッパ[欧州]連合 (1993年 European Community が改組発展した連合体; 略 EU).

Eu·ro·phile /júːroʊfaɪl/ 名 C (英) 欧州連合強化に積極的な人.

eu·ro·pi·um /jʊ(ə)róʊpiəm/ 名 U 【化】 ユウロピウム (金属元素; 記号 Eu).

Éuro-scèptic 名 C (英) 欧州連合強化に消極的な人.

Eu·ro·star /júːroʊstɑ̀ː | -stɑ̀ː-/ 名 ユーロスター (Eurotunnel を通りロンドンとパリなどを結ぶ列車).

Éuro·tràsh 名 U (俗) (軽蔑) ユーロトラッシュ (特に米国で遊び暮らすヨーロッパの若い有閑族).

Eu·ro·tun·nel /jú(ə)roʊtʌ̀nl/ 名 ユーロトンネル (the Channel Tunnel) (英仏海峡の海底トンネル); ユーロトンネル社.

Eu·ro·vi·sion /jú(ə)roʊvìʒən/ 名 個 ユーロビジョン (西ヨーロッパ諸国の提携のテレビ放送網).

Eu·ryd·i·ce /jʊrídəsi/ 名 個 【ギ神】 エウリュディケ (夫のオルフェウス (Orpheus) が黄泉 (よみ) の国 (Hades) から救い出そうとしたが, 約束に背いて夫が出口で振り返ったのでまたやみの中へ消えた).

eu·ryth·mic /jʊ(ə)ríðmɪk/ 名 リズム体操の.

eu·ryth·mics /jʊ(ə)ríðmɪks/ 名 U (時に複数扱い) リズム体操.

Eu·stá·chi·an tùbe /juːstéɪʃ(i)ən-/ 名 C 【解】 耳管, エウスタキー管 (中耳から咽頭 (いんとう) へ至る管).

Eu·ter·pe /juːtə́ːpi | -tə́ː-/ 名 【ギ神】 エウテルペー (叙情詩・音楽の女神; the Muses の一人).

＊eu·tha·na·si·a /jùːθənéɪʒiə/, -ziə/ 名 U 安楽死.

eu·tha·nize /júːθənaɪz/ 動 他 安楽死させる.

eu·then·ics /juːθénɪks/ 名 U 環境改善学.

eu·tro·phic /juːtróʊfɪk | -trɔ́f-/ 形 (湖などが) 富栄養化した.

eu·tro·phi·ca·tion /juːtròʊfɪkéɪʃən | -trɔ̀f-/ 名 U (湖などの) 富栄養化.

eu·tro·phy /júːtrəfi/ 名 U (湖などの) 富栄養 (水質汚染による).

E·va /íːvə/ 名 エバ (女性の名).

e·vac·u·ate /ɪvǽkjuèɪt/ 動 (-u·ates /-èɪts/; -u·at·ed /-tɪd/; -u·at·ing /-tɪŋ/; 発音 evàcuátión) 他 1 〈人・物を〉立ち退 (の) かせる, 疎開 [避難] させる; 〈軍隊を〉撤退させる (from); 〈場所を〉無人にする [立ち退く]: The children were ~d to one country during the war. <V+O+to+名・代の受身> 子供たちは戦争中, いなかに疎開させられた. 2 (格式) 〈腸などが〉〈便を〉排泄 (はいせつ) する (of). — 自 立ち退く; 避難する.

e·vac·u·a·tion /ɪvæ̀kjuéɪʃən/ 名 (動 evácuàte) U.C 立ち退き; 撤退, 撤兵; 避難, 疎開 (from, to); (格式) 排泄.

e·vac·u·ee /ɪvæ̀kjuíː/ 名 C 疎開者, 避難民.

e·vade /ɪvéɪd/ 動 他 1 〈責任・義務などを〉回避する; 〈逮捕・起訴を〉免れる: ~ (paying) taxes 脱税する. 2 攻撃などをかわす; 〈質問などを〉はぐらかす; 〈人を〉避ける. 3 (格式) (成功などが)〈人〉からすりぬける, 〈真実などが〉〈人〉にわからない.

e·val·u·ate /ɪvǽljuèɪt/ 動 他 (-u·ates /-èɪts/; -u·at·ed /-tɪd/; -u·at·ing /-tɪŋ/; 発音 válue, evàluátion) 他 〈...を〉評価する, 査定する, 値踏みする: How do you ~ his ability? 彼の能力をどう評価しますか.

e·val·u·a·tion /ɪvæ̀ljuéɪʃən/ 名 (動 eváluàte) U.C 評価(表), 査定, 値踏み: a fair ~ 公平な評価.

e·val·u·a·tive /ɪvǽljuèɪtɪv | -ət-/ 形 (格式) 評価を下す, 値踏みの.

ev·a·nes·cence /èvənés(ə)ns/ 名 U (文) 消失; はかなさ.

ev·a·nes·cent /èvənés(ə)nt⁻/ 形 (文) (次第に)消えてゆく; つかの間の, はかない.

＊e·van·gel·i·cal /iːvændʒélɪk(ə)l, èv-⁻/ 形 1 A 福音書 (Gospel) の, 福音伝道の. 2 [しばしば E-] A 福音主義の; 〈教会が〉福音派の. 3 主義[運動]の普及に熱心な. — 名 福音主義者; 福音派の人.

E·van·gel·i·cal·is·m /ìːvændʒélɪkəlɪzm/ 名 U 福音主義.

e·van·ge·lis·m /ɪvǽndʒəlɪzm/ 名 U 1 福音伝道. 2 福音主義 (キリスト新教の一派で形式よりも信仰を重んずる).

e·van·ge·list /ɪvǽndʒəlɪst/ 名 C 1 (福音)伝道師. 2 [E-] 福音書 (Gospel) の著者の1人 (Matthew, Mark, Luke または John).

e·van·ge·lis·tic /ɪvæ̀ndʒəlístɪk⁻/ 形 1 福音伝道(者)の. 2 [E-] 福音書の著者の.

e·van·ge·lize /ɪvǽndʒəlaɪz/ 動 他 〈...に〉福音を説く; 〈...を〉キリスト教に帰依 (きえ) [改宗] させる. — 自 福音を説く.

Ev·ans /évənz/ 名 個 1 エヴァンズ (英米人に多い姓). 2 Mary Ann → エヴァンズ (☞ Eliot 2).

＊e·vap·o·rate /ɪvǽpərèɪt/ 動 自 1 蒸発する. 2 (希望・計画などが)消えてなくなる. — 他 〈...を〉蒸発させる.

e·váp·o·ràt·ed mílk /ɪvǽpərèɪtɪd-/ 名 U 無糖練乳, エバミルク.

e·vap·o·ra·tion /ɪvæ̀pəréɪʃən/ 名 U 蒸発(作用); 蒸発乾燥.

＊e·va·sion /ɪvéɪʒən/ 名 U.C 1 (責任・義務などの)回避, 忌避 (of). 2 言い抜け, 逃げ口上.

＊e·va·sive /ɪvéɪsɪv/ 形 (責任・義務などを)回避する; 言い逃れの, ごまかしの. **tàke evásive áction** 【動】 自 (危険などからの)回避行動をとる; (人に)会うのを避ける. **～·ly** 副 回避的に; 言い逃れに. **～·ness** 名 U 責任回避; 言い逃れ.

＊eve /íːv/ 名 1 C [普通は E-] (祭日など特別な日の)前夜, 前日; 前夜祭: Christmas E~ クリスマスイブ / on New Year's E~ 大みそかに. 2 [the ~; 新聞で] (重要な事件などの)直前: on the ~ of the revolution 革命の直前に. 3 C (詩) 晩, 夕方 (evening). 語源 evening の短縮形.

Eve /íːv/ 名 1 個 【聖】 エバ, イブ [エホバ (Jehovah) の神がアダム (Adam) の肋骨 (ろっこつ) の1本から造った最初の女性; ☞ Eden, Adam 写真]. 2 イブ (女性の名).

Ev·e·lyn /év(ə)lɪn, íːv-/ 名 個 エブリン, イーブリン (女性もしくは男性の名).

＊e·ven¹ /íːv(ə)n/ 副

基本的には「強調」を表わす.
① ...でさえ　　1
② さらに　　　2
③ それどころか　3

1 (...で)さえ, (...に)すら: He gets up early ~ on holidays. 彼は休日でさえも早く起きる / I have never ~ héard of such a book. そんな本のことは聞いたことさえない(まして読んだことはない) / E~ a child can answer it. 子供でも答えられる. 語法 (1) even は最後の例のように名詞・代名詞も修飾する. 普通は修飾する語の前に置かれる. (2)「...でさえ」という意味がかかる語が強く発音される (☞ at least (least¹ 成句 語法)).

2 [比較級を強めて] さらに, なお, いっそう (still): This

580 even

flower is ~ prett*ier* than thát one. この花はあの花よりきれいだ. 語法 even があることによって, That flower is pretty. という意味が含まれ,「あの花も美しいが, この花のほうがそれにもまして美しい」という意味になる // He can do it ~ *better*. 彼はさらに上手だ.
3 それどころか: Mary dislikes Tom,「~ hátes him [hátes him ~]. メアリーはトムが嫌いだ. いや, 憎んでいるとさえ言える / She is willing,「~ éager [éager ~], to help you. 彼女はあなたの手助けをする気になっている, というより喜んで手助けするつもりだ.
èven as ... [接]《格式》…する[した]まさにそのときに.
èven íf ... [接] ☞if 成句.
èven léss [副] [否定を示して]《格式》なおさら(…しない), まして(…でない): I hate butter cookies and like chocolate ones ~ *less*. バタークッキーはきらいだ. ましてやチョコレートクッキーは好きではない.
èven nów [副] ☞now 成句.
èven só [副] つなぎ語 Ⓢ そうであっても: This book contains some mistakes; ~ *so*, it is very useful. この本には多少の誤りがある. そうであっても有益である.
èven thén [副] ☞then 成句.
èven though ... [接] ☞though 接 成句.
èven with [前] …があっても.

*__**e·ven²**__ /íːv(ə)n/ 形 (**more** ~; **most** ~; 反 uneven)

「平らな」1 →（高低がない）→「均等な」3
　　　　　→（均等に二分できる）→「偶数の」5
　　　　　→（立場が対等な）→「貸し借りのない」6

1 平らな, 水平な; なめらかな (☞flat¹ 類義語): an ~ surface 平らな表面 / After so much ~ country, I was glad to see mountains. 平らな土地をたくさん見た後なので山が見えてうれしかった.
2 同じ高さの, 同じ平面の; (…と)平行の: Soon the water became ~ *with* my knees. やがて水は私のひざと同じ高さになった.　**3** 均等な, (試合などが)互角の; (可能性が)五分五分の: They took ~ shares of the money. 金を均等に分けた / 言い換え His chances are ~. =He has [stands] an ~ chance. 彼の勝ち目は五分五分だ / The two teams are ~ now. 両チームは今同点だ.　**4** むらのない, (温度・速度などが)一様な, (並び方などが)規則的な; 均一の; 《文》(気分・声などが)平静な, 落ち着いた: an ~ color むらのない色.　**5** 偶数の (反 odd); 端数のない: an ~ number 偶数 / an ~ hundred=a hundred ~ ちょうど百.　**6** Ⓟ《略式》(金銭的な)貸し借りのない; (仕返しなどの後で)おあいこの: We are ~ now, aren't we? これで貸し借りなくなったね.
an éven pláying fíeld=an éven field [名] (経済的に)公平な競争の場, フェアスタートライン; on *an* ~ *field* 公平な条件で.　**bréak éven** [動] 損得なしに終わる.　**gét [be] éven with ...** [動] ⑯ Ⓢ《略式》…に仕返しをする: I'll get ~ *with* you *for* this insult! この屈辱はきっと仕返ししてやるからな.

— 動 ⟨…⟩を平らにする, 平坦にする; 同じに[等しく]する.　**éven óut** [動] (1) 平ら[一定]にする. (2) 同等[平等]にする.　— ⓐ (1) 平ら[一定]になる.　**éven úp** [動] ⑯ ⟨…⟩を均一にする, ならす; ⟨競争・得点など⟩を同等にする.　— ⓐ 均一になる; 同等になる.

e·ven³ /íːv(ə)n/ 名 U.C《詩》夕べ (evening), 晩.
éven bréak 名 [an ~]《米略式》平等の機会.
éven chánce 名 [an ~] 五分五分の可能性[賭け] (*of*) (☞even² 形 3 の第 2 例).
éven·hánded 形 公平な, 公明正大な.　~**·ly** 副 公平に.

*__**eve·ning**__ /íːvnɪŋ/ 名 (~**s** /~z/) U.C **1** 晩, 夕方, 夕暮れ; 宵(*よい*)《日の入りご》

ろは一日の仕事の終了から寝るときまで; ☞day 表; eve 関連): early in the ~=in (the) early ~ 夕方(早く) / late in the ~=in (the) late ~ 晩に, 夕方遅く (★ late at night は夜 7 時から 9·10 時前後あたりを言う; これに対し late at night は夜 10 時から 2 時ごろを指す) / the late ~ sun (英国などの)夕方遅くの太陽.

語法 evening と前置詞
(1)「夕方に」では前置詞は in を用いるが,「特定の日の夕方に」では on を用いる (☞day 語法, morning 語法, afternoon 語法; on 前 3 語法): I had a date with Fred *on* Saturday ~. 土曜日の晩フレッドとデートをした / We met *on* the ~ *of* January 2. 私たちは 1 月 2 日の晩に会った 《January 2 は January (the) second と読む; ☞ordinal number 文法 (2)》.
(2) 前置詞を伴わずに this, yesterday, tomorrow, every, next などとともに副詞句を作る: This work must be finished *by tomorrow* ~. この仕事は明晩までに終えなければならない / We have supper at six *every* ~. 毎晩 6 時に夕食を食べる / We had rain *this [yesterday, last]* ~. 今晩[ゆうべ]雨が降った.
(3)《米略式》では on を省略することがある.

2 [形容詞的に] 夕方の: an ~ concert 夕べの音楽会 / an ~ meal《主に英》夕食.　**3** Ⓒ 夜会; (催し物の)夕べ: a musical ~ 音楽の夕べ.　**4** [the ~]《文》(人生の)最後の期間: in the ~ of one's life 晩年に.
gòod évening ☞good evening の項目.
màke an évening of it [動] ⓐ《略式》(外食・飲酒・観劇などで)晩を楽しく過ごす.
the óther évening [副] 数日前の晩[夕方].
— 感《略式》こんばんは, おやすみ《夕方から晩にかけて人に会ったときや別れるときのあいさつ》.

évening cláss 名 Ⓒ (成人向け)夜間学級 (in).
évening dréss 名 **1** Ⓒ (すそ長の)イブニングドレス《女性用》.　**2** Ⓤ 夜会服《女性用および特に黒の男性用の正装》.
évening gówn 名 Ⓒ《主に米》=evening dress 1.
évening páper 名 Ⓒ 夕刊.
évening práyer /-préə | -préə/ 名 Ⓤ =even-song.
eve·nings /íːvnɪŋz/ 副《主に米》(いつも)晩に.
évening schóol 名 U.C 夜間学校, 夜学.　関連 day school 昼間の学校.
évening stár 名 [the ~] 宵の明星《日没後西に見える明るい星; 普通は金星 (Venus) を指す》.　関連 the morning star 明けの明星.
évening wéar 名 Ⓤ =evening dress 2.
é·ven·ly 副 **1** 平らに; 均等に.　**2** 一様に, むらなく.　**3** 互角に.　**4** 平静に.
éven móney 名 Ⓤ 対等[同額]の賭(*か*)け(金).
It's éven móney. Ⓢ (可能性は)五分五分だ.
é·ven·ness 名 Ⓤ 水平; 平等, 均等性; むらのないこと; 互角であること; 平静.
éven ódds 名 [複]《主に米》=even chance.
e·vens /íːv(ə)nz/《主に英》名 [複] =even chance.
éven·sòng 名 Ⓤ [しばしば E-] (英国国教会の)夕べの祈り; [カトリック] 晩課.
éven stéphen [stéven] 形《略式》**1** 借金のない.　**2** (試合が)同点の, 五分五分の.

*__**e·vent**__ /ɪvént/ 名 (**e·vents** /ɪvénts/, əv-/; **1** では éventful のみ Ⓒ **1** (重要[異例]な)出来事, 事件; 行事, 催し(物), イベント: a sequence [chain, series] of ~ 一連の出来事 / What were the chief ~s of last year? 昨年の主な出来事は何でしたか / It was quite an ~. それは大変な出来事だった / It is easy to be wise after the ~.《ことわざ》事が起こった後

で賢くなるのは容易だ(愚者の後知恵) / An unusual ~ occurred [took place]. あるまれにみる出来事が起きた.

event (重要で注目に値する)	出来事
happening, **occurrence** (思いがけない)	
incident (付随的に起こる小さな)	
accident (不慮の)	

2 (競技の)種目, 1 試合: a team ~ 団体競技 / The 100 meter breaststroke will be tomorrow's main ~. 100 メートル平泳ぎが明日の主要種目だ // ☞ field event, track events.

at áll evènts [副] [つなぎ語] 《主に英》とにかく, いずれにせよ: It may not happen, but *at all* ~*s*, there will be no great loss. そんなことにはならないだろうが, いずれにせよ大して損はしないだろう.

a túrn of evénts [名] (意外な)事の成り行き.

in ány evènt [副] [つなぎ語] とにかく, いずれにしても: I don't know if I can finish in time or not, but *in any* ~ I'll call you. 期限までにできるかどうかわかりませんが, とにかくお電話します.

in éither evènt [副] [つなぎ語] いずれにしても.

in thát evènt [副] [つなぎ語] 《格式》その場合には.

in the evént [副] [文修飾語] 《格式, 主に英》実際には, 結局は.

in the nórmal cóurse of evénts [副] 通常は.

in the (**unlíkely**) **evént of** ... [前] 《格式》(万一) ...の際[場合]には (in case of ...).

in the (**unlíkely**) **evént that** ... [接] 《格式》もしも...のときには.

[単語の記憶] 《VENT》(来る)

event	(外に出てくる) → 出来事
adventure	(出来事) → 冒険
convention	(集まること) → 世間のしきたり
invent	(出くわす) → 発明する
prevent	(先に来る → じゃまをする) → 防ぐ
venture	(出来事) → 冒険

éven-témpered [形] (気質の)穏やかな, 平静な.

e·vent·ful /ɪvéntf(ə)l, əv-/ [形] ([名] evént 1; [反] uneventful) (重要な)出来事の多い, 波乱に富んだ.

-ful·ly /-fəli/ [副] 波乱に富んで.

éven·tìde [名] [U] 《詩》夕暮れ.

e·vent·ing /ɪvéntɪŋ, əv-/ [名] [U] 《英》(クロスカントリーなどを含む)馬術競技大会.

e·ven·tu·al /ɪvéntʃuəl, əv-/ [形] ([名] evèntuálity) [A] (当然の結果として)いつかは起こりうる, 最終的な, 結局の: the ~ failure of ...'s business 来るべくして来た(人)の商売の失敗.

e·ven·tu·al·i·ty /ɪvèntʃuǽləṭi, əv-/ [名] (-i·ties; [形] evéntual) [C] 不測の事件, 万一の場合: I am ready for any ~. 私はどんなことになろうと準備はできている.

e·ven·tu·al·ly

/ɪvéntʃuəli, əv-/ [T2] [副] **1** [しばしば [つなぎ語]] **結局(は), 最後には** (finally): They ~ got married. = They got married ~. 彼らは最終的には結婚した / We waited for Jane to come, but ~ we went shopping without her. 私たちはジェーンが来るのを待っていたが結局彼女を連れずに買物に行った.

2 [文修飾語] そのうちに(は), いずれ(は): *E*~, he'll find out. そのうち彼にもわかりますよ.

e·ven·tu·ate /ɪvéntʃuèɪt, əv-/ [動] [自] 《格式》または [誇張] (...の)結果になる, 結局(...に)終わる (*in*).

ev·er

/évə | évə/ [副]

基本的には「常に」の意.

① [疑問文で] いつか, 今までに 1
② [否定語とともに] どんなときでも 2
③ [最上級; 比較級とともに] 今までで; 今までよりも 3
④ [条件を表わして] いつか 4
⑤ [強意で] 一体 5

1 [疑問文で] **いつか(ある時に); 今までに.**

[会話] "Does he ~ complain?" "No, never. [Yes (, sometimes).]" 「彼が不平を言うことがありますか」「いいえ, 全然[ええ(時々)あります]」/ Aren't you ~ lonely? 寂しい思いをすることはありませんか. ★ この場合 ever は日本語に訳さなくてもよい // "***Have you*** ~ been in [to] New York?" "No, never. [Yes, I have.]" 「(今までに)ニューヨークにいた[行った]ことがありますか」「いいえ, ありません[はい, あります]」/ "Have you ~ visited [Did you ~ visit] the Tower of London?" "Yes, once [twice]." 「ロンドン塔へ行ったことがありますか」「ええ 1 度[2 度]あります」 [語法] 肯定の答えでは ever を用いない.

[語法] *Did you ever* ...? は動詞が hear, see, imagine, dream などの場合, 驚きとか不信を表わすのに用いることもある古風な表現: *Did you* ~ hear of such a thing? そんなことって聞いたことがあるかい.

2 [否定語とともに] **どんなときでも** (...しない, ...でない), 決して (...しない, ...でない); 今までに(...した[であった]ことがない) (☞ never): *None* of us have [has] ~ seen it. 我々のだれもそれを見たことがない / *Nothing* ~ happens in this town. この町では全く何事も起こらない. [語法] never とともに用いるのは《略式》の強調したいい方: I *never* ~ smoke. Ⓢ 私はたばこは決して吸わない.

3 [最上級とともに] **今まで[かつて]...したうちで; [比較級とともに] 今までよりも, 今までになく; [原級または名詞とともに]** [W] **いつも**: This is the tall*est* tree that I ~ saw [have ~ seen]. これは私が今まで見た中でいちばん高い木だ / She looked *more beautiful* ***than*** ~. 彼女は今までにないほど美しく見えた.

[語法] 最上級や the first の直後に用いて「これまでの中で」の意を表わす: [言い換え] He is the great*est* wrestler ~ [《英》the great*est* ~ wrestler]. (=He is the great*est* wrestler that ~ lived.) 彼はこれまでで最も偉大なレスラーだ.

4 [条件を表わす節の中で] **いつか**: *If* you ~ visit London, please call at my office. もしいつかロンドンへいらっしゃることがありましたら私の事務所へお寄りください / *If* I ~ have another chance! いつかもう一度チャンスがあったらなあ.

5 [強意語として] 《古風, 英略式》**一体** 《疑問詞を強める》: *Who* ~ did it? 一体だれがそれをしたのだろう / *What* ~ can it be? 一体あれは何だろう / *When* ~ did you see him? あなたが彼に会ったのは一体いつのことですか. [語法] この意味では whatever, whenever, whichever, whoever のように 1 語でも書くが, 分けて書くほうがよいとされている. why ever は常に分けて書く.

6 Ⓢ 《米・豪略式》本当に 《(助)動詞+主語+ever ...! の形で用いて感嘆の意を強める》: [言い換え] *Was* she ~ angry! (=Wasn't she angry!) 彼女の怒ったのなんのって(すごかったよ) / *Can* Bill ~ hit that ball! ビルはあのボールがよく打てるもんだ.

áll ... èver dó [**dóes**] **is** — Ⓢ [けなして] ...はしょっちゅう—してばかりいる: *All* she ~ does is (to) buy hats. 彼女ったら帽子ばかり買っている / *All* I ~ get *is* small change. 手に入るのはいつも小銭ばかりだ.

(as) ... as éver [副] 相変わらず…, いつまでも…; いつものように…: She was *as* beautiful *as* ~. 彼女は相変わらず美しかった.

as ... as éver — cán [副] 《古風, 略式》(—が)できるだけ…. [語法] as ... as ~ can の強調形.

as ... as éver líved [wás] [副] 今までにないくらい…である, 非常に…である: He is *as* great a man *as* ~ *lived* [*was*]. 彼は非常に偉大な人だ.

as éver [副] 《主に英》 いつものように, 相変わらず.

As éver, 親愛なる…より 《手紙の結びのあいさつ; ☞ complimentary close》.

Díd you éver? [感] 《古風, 略式》 まさか (Did you *ever* see [hear] the like? などの短縮されたもの; ☞ 1 の 2 番目の [語法]).

éver and anón [副] 《詩》 時おり.

éver mòre ... [副] 《格式》 さらに…, ますます….

èver síince ☞ since [副] 成句.

éver sìnce ... ☞ since [接] 成句.

éver so ... [副] [S] 《英略式》 非常に…, とても…: Thank you ~ *so* much. ほんとにありがとう.

éver sùch a ... [S] 《英略式》 非常に…: He's ~ *such a* good boy. 彼はとてもよい子だ.

for éver (and éver) ☞ forever の成句と [語法].

hárdly [scárcely] éver [副] めったに…しない, めったに…でない (almost never) (☞ always 囲み; likely 囲み): My aunt *hardly* ~ attends parties. 私のおばはめったにパーティーに出ない.

if éver thère wás (òne) [副] [強意表現として] [S] まぎれもなく, 全く: He was a great man *if ever there was one*. 彼は確かに偉人だった (☞ one² [代] 1).

Yóurs éver, =**Éver yóurs,** 《古風, 英略式》 =As ever,.

ev·er- /évɚ | évə/ [接頭] [形容詞・現在分詞の前につけて合成語をつくる] 常に(…の), 絶えず(…の): an *ever*-patient mother 変わることなく忍耐強い母親 / the *ever*-increasing demand for electric power 増え続ける電力需要.

Ev·er·est /év(ə)rɪst, -vərèst/ [名] **1** [固] **Mount ~** エベレスト山 《ヒマラヤ山脈の Nepal と Tibet との境にある世界最高峰 (8844 m)》. **2** [C] 《英》 最大の難関, 難事(業).

ev·er·glade /évɚglèɪd | évə-/ [名] **1** [C] [しばしば複数形で] 湿地, 沼沢(しょうたく)地. **2** [the Everglades] エバグレーズ 《Florida 州南部の大湿原》.

Éverglade Stàte [名] [the ~] エバグレード州 《米国 Florida 州の俗称》.

+**ev·er·green** /évɚgrìːn | évə-/ [形] (樹木が)常緑の (反 deciduous); いつまでも新鮮な; (作品が)不朽の; 人気[体力]の衰えない. — [名] [C] 常緑樹.

Évergreen Stàte [名] [the ~] 常緑州 《米国 Washington 州の俗称》.

ev·er·last·ing /èvɚlǽstɪŋ | èvəlɑ́ːst-ˈ/ [形] **1** 《格式》 永遠の, 永久に続く; 不朽の: ~ fame 不朽の名声. **2** [A] 《略式》 [けなして] 果てしのない, ひっきりなしの: her ~ complaints 彼女のきりのないぐち. **3** 長もちする, 耐久性のある: ~ flowers 永久花 《枯れても形と色を保つ》. **the Everlásting** [名] 《文》 永遠なるもの, 神. **~·ly** [副] 永久に; 果てしなく; しょっちゅう.

+**ev·er·more** /èvɚmɔ́ɚ | èvəmɔ́ː/ [副] 《文》 永久に (forever). **for evermóre** [副] 《文》 =forever 1.

‡**ev·ery** /évri/ [形] [A]

① どの…も	1
② 毎…, …ごとに	2
③ [否定文で] どの…も—というわけでは(ない)	3

—リスニング—

every および every で始まる everyone, everything などの語の前に子音があると始めの /e/ は前の子音と結合して search every place /sɚ́ːtʃévri pléɪs/, like everyone /láɪkévriwʌ̀n/, eat everything /íːtévrɪθɪŋ/ などは「サーチェヴリプレイス」,「ライケヴリワンヌ」,「イーテヴリスィング」(《米》ではまた「イーレヴリスィング」)のように聞こえる.「サーチ・エヴリ・プレイス」,「ライク・エヴリワン」,「イート・エヴリスィング」のように発音しない. (/t/ の発音については ☞ つづり字と発音解説 44 [注意]).

1 [数えられる名詞の単数形につけて] **どの…も, すべての** (☞ all [形] の囲み): *E~* window is (=All the windows are) closed. 窓はどれも閉まっている / I have read ~ book on my father's bookshelves. 私は父の本棚の本はどれもみんな読んだ / He knows ~ member on the baseball team. 彼はその野球チームの全選手を知っている / I have tried ~ way. 私はすべての方法を試みた.

[語法] **every の使い方 1**
(1) 数えられる名詞につける all が全体をまとめて示すのに対して, every は 1 つ 1 つのものを考えた上で, 全体として述べるのに用いられる (☞ each [形] [語法]).
(2) every の前に冠詞はつかないが, 《格式》では(代)名詞の所有格は前につく: *Tom's* ~ word (=*E~* word of Tom's) was false. トムのことばはすべてうそであった / *His* ~ wish (=All his wishes) came true. 彼の願いはすべて実現した.
(3) every の次に名詞が 2 つ(以上)きても単数として扱う: *E~ man* and *woman* visits a doctor occasionally. だれでも時々医者へ行く.
(4) every+単数名詞は単数の代名詞で受けるが, 《略式》では複数の代名詞で受けることがある: *E~* candidate must write *their* [*his*, 《格式》 *his or her*] name in full. 受験者は姓名を略さずに書きなさい. この代名詞の選択の問題はしばしば複数形にして避けられる: *All* candidates must write *their* names in full. (☞ he¹ 2, they 1 [語法] (1)).
(5) ☞ every one¹ (成句) [語法] (2).

2 [T2] **毎…, …ごとに**: He goes there ~ day [morning, week, month, year]. 彼は毎日[毎朝, 毎週, 毎月, 毎年]そこへ行く (★ 次と比較: *all* day 1 日中 / *all* morning 午前中ずっと).

[語法] **every の使い方 2**
(1) 主に数詞とともに用いる.
(2) 「every+基数 [few]」には複数名詞が続き,「every+序数」には単数名詞が続く: ~ few days 数日ごとに / ~ ˈten minutes [tenth minute] 10 分毎に / The Olympic Games take place ~ ˈfour years [fourth year]. オリンピックは 4 年ごとに開かれる / ˈ*E~* fifth person [One person in ~ five] in this country has a car. この国では 5 人に 1 人は車を持っている.

3 [否定文で] どの…も—というわけでは(ない) 《部分否定を表わす; ☞ partial negation [文法]》: [言い換え] *E~* ↘ girl cannot be a ballerina. ↗ =*Not* ~ gìrl can be a ballerina. どの女の子もバレリーナになれるというわけではない(なれる子もいればなれない子もいる) / I *don't* know ~ ↘ one of you. ↗ 私はあなたがたのだれでも知っているというわけではない(知らない人もいる).

[語法] (1) 下降上昇調のイントネーションが用いられる (☞ つづり字と発音解説 95).

(2) 次の全部否定の文と比較せよ: *No girl here will be a ballerina.* ここにいるどの女の子もバレリーナにはならないだろう / *I know none of you.* あなたがたはだれも知らない.

4 [大きな全体の部分について] (…の)どの一も1つ残らず[ことごとく]《言い換え》He enjoyed ~ minute of the game. (=He enjoyed 「the whole [all of the] game.) 彼は試合の一瞬一瞬を楽しんだ. 《語法》この意味では全体よりも個々のものを強調した言い方で「all＋複数名詞」で言い換えられる. **5** [help, chance, hope などの抽象名詞とともに]ありとあらゆる, 可能な限りの; 十分な: She showed me ~ (possible) kindness. 彼女は私に最大限の親切を示してくれた / There is ~ reason to believe it. それを信じる十分な理由がある.

èvery lást … [形] [単数名詞を伴って] (略式)(最後のものに至るまで)あらゆる…: *E~ last ticket for the game has been sold.* その試合の入場券は完売した.

èvery nów and thén [agáin] ☞ now 成句.

èvery óne¹ [代] (…の)だれもかれも, どれもこれも: *E~ one of the soldiers was killed.* 兵士たちは1人残らず殺された / *I've read ~ one of these books.* 私はこれらの本を1冊残らず読んだ.

《語法》(1) 強めるときは every single one (of …) となる.
(2) every には代名詞用法がないから「彼らのだれもかれも」を every of them とはできず, every one of them とする; each の場合は代名詞用法もあるので each of them, each one of them の両用法が可能である.

èvery òne² [代] =everyone.

èvery óther … [形] [数えられる名詞の単数形につけて] (1) **1つおきの**: Our uncle comes to see us ~ other day [week, month, year]. おじさんは1日[1週, 1月, 1年]おきに私たちを訪ねてくる. (2) ほかのすべての: *E~ other* student went to the theater except you. あなた以外のすべての学生が観劇に行った.

èvery sécond … [形] =every other … (1).

èvery síngle … [形] =every last ….

èvery so óften ☞ often 成句.

èvery whích wày ☞ way¹ 成句.

*ev·ery·bod·y /évribὰdi, -bʌ̀di ｜ -bɔ̀di/ [代]《不定代名詞》

1 だれでもみな, めいめいがみな (everyone) 《☞ every 1 《語法》》.

《語法》**everybody の使い方**
(1) 単数として扱われる; everyone よりもくだけた感じの語: *E~ knows the news.* だれでもみなそのニュースを知っている / *She was loved by ~ in the village.* 彼女は村のみんなからかわいがられていた / *Supper is ready, ~.* みなさん夕食のしたくができましたよ.
(2) 特に(略式)では everybody, everyone を複数の代名詞で受けることもある: *E~ knows their job, don't they?* みんな自分の務めを心得ているね 《☞ every 1 《語法》》.
(3) 命令文では次のような用法が可能: *E~ [Everyone](,) shut your [their] eyes.* みなさん目を閉じて.
(4) *everybody in the village* という言い方はよいが, everybody の後に of を続けて *everybody of the boys* とは言えない 《☞ everyone 1 《語法》(2)》.

2 [否定文で] **だれでもみな…というわけでは(ない)** 《部分否定を表わす; ☞ partial negation 《文法》》《言い換え》*E~ cannot be a hero.* = *Not ~ can be a hero.* だれもが英雄になれるものではない(なれる人もいなれない人もいる) / *I don't know ~ in this town.* この町の人をみな知っているわけではない(知っている人も

いれば知らない人もいる).

《語法》(1) 下降上昇調のイントネーションが用いられる 《☞ つづり字と発音解説 95》.
(2) 次の全部否定の文と比較せよ: *Nobody can be a hero.* だれも英雄になることはできない / *I know nobody in this town.* この町の人はだれも知らない.

éverybody whò is ánybody [名] 重要な[ファッショナブルな]人はみな.

*ev·ery·day /évridèɪ/ [形] A **1 毎日の**, 日々の; 日常の: ~ life 日常生活 / ~ conversation 日常会話 / ~ words 日常語. 《語法》副詞の every day (毎日) 《☞ day 成句》と区別すること.
2 ふだんの, ありふれた; 平凡な: in ~ clothes ふだん着で / ~ occurrences 日常茶飯事.

ev·ery·man /évrimæ̀n/ [名] [単数形で] [しばしば E-]《文》普通の人, 凡人.

*ev·ery·one /évriwʌ̀n/ [代]《不定代名詞》

1 だれでもみな, めいめいがみな (everybody).

《語法》**everyone の使い方**
(1) 用法は everybody と同じ 《☞ everybody 1 《語法》》: *E~ (in the village) praises the boy.* (村の)だれもみなその少年をほめる / *There is a seat for ~ in the room.* 部屋には全員が座れるだけの席がある / *Experience is the name ~ gives to their mistakes.* 経験とはすべての人が自己の失敗に与える名である 《英国の作家 Wilde のことば》.
(2) everyone の後に of を続けて *everyone of the boys* とは言えず, every one の形になる: *every one of the boys* 少年のだれもかれも 《☞ every one¹ (every 成句)》.

2 [否定文で] **だれでもみな…というわけでは(ない)** 《部分否定を表わす; ☞ partial negation 《文法》》: 《言い換え》*E~ is not honest.* =*Not ~ is honest.* だれもがみな正直とは限らない / *I don't like ~ in my class.* 私はクラスのみんなが好きというわけではない.

《語法》(1) 下降上昇調のイントネーションが用いられる 《☞ つづり字と発音解説 95》.
(2) 次の全部否定の文と比較せよ: *No one is honest.* だれも正直ではない 《言い換え》*I don't like anyone in my class.* =*I like no one in my class.* 私はクラスのだれも好きではない(全員嫌いだ).

éveryone whò is ányone [名] =everybody who is anybody 《everybody 成句》.

ev·ery·plàce [副] 《米略式》=everywhere.

*ev·ery·thing /évriθìŋ/ [代]《不定代名詞》

1 何でもみな, 何もかも, すべての事[物]: *He thinks he knows ~.* [けなして] やつは自分にはわからないことはないと思いこんでいる.

《語法》**everything の使い方**
(1) 単数として扱われる 《☞ every 1 《語法》》: *E~ is now ready for you.* 何もかももうあなたのために用意ができている / *I've tried ~, but nothing works.* あれこれやってみたがどれもうまくいかない / *E~ comes to him who waits.* 《ことわざ》万事は待つ人のところにやって来る(待てば海路の日和(ひより)あり).
(2) everything を修飾する形容詞はその後へ置く 《☞ attributive use 《文法》 (2) (i), something [代] 1 《語法》 (2), anything [代] 1 《語法》 (2), nothing [代] 1 《語法》

(2)): Tell me ~ *important* about it. それについて重要なことは何もかも話しなさい.

2 [否定文で] 何でもみんな…というわけでは(ない) 《部分否定を表わす; ☞ partial negation [文法]》: [言い換え] *Not* ~ in life is pleasant.↘=*E*~ ↘ isn't pleasant in life.↗ 人生は何でもみんな楽しいというわけにはいかない(楽しいこともあれば楽しくないこともある) / You can*not* take ~.↘ 何もかも取ることはできませんよ(少しは残しておきなさい).

[語法] (1) 下降上昇調のイントネーションが用いられる《☞ つづり字と発音解説 95》.
(2) 次の全部否定の文と比較せよ: He says *nothing* is pleasant in life.↘ 人生には何も楽しいものはないと彼は言う / She will do *nothing* of the kind.↘ 彼女はそんなことはしないだろう.

and èverything [代] Ⓢ その他何やかや, …など (and so on). **befòre éverything** [副] 何はさておき. **éverything you (álways [éver]) wánted to knów abòut ...., but ⌈néver dàred (to) ásk [were afráid to ásk]** [名] [滑稽] (人にはちょっと聞けない)…のすべて(が分かる本[もの]) 《本・記事などの宣伝の文句》. **hàve éverything góing for** one ☞ going [形] 成句.

— [名] [U] [普通は主格補語として] 最も大切なこと[もの, 人]: Mozart's music is [means] ~ *to* me. モーツァルトの音楽こそ私にとってはすべてだ / Maybe money isn't ~, but it's a wonderful substitute. たぶん金がすべてというわけではないだろう. しかしすばらしい代用品だ 《☞ [代] 2》.

‡ev·ery·where /évri(h)wèə | -wèə/ [副] **1** どこでも, どこに[へ]でも, 至る所で[に] (《米略式》 everyplace): We looked ~ for the boy. その少年をあちこちくまなく捜した / Today cellphones are ~. 今日携帯電話はどこにでもある.

[語法] (1) 名詞的に用いることがある: *E*~ looks beautiful in the spring. 春になるとどこも美しく見える[主語として].
(2) 接続詞的に用いることがある: *E*~ (=Wherever) you go, you meet Japanese people. どこへ行っても日本人に会う.

2 [否定文で] どこでもみんな…というわけでは(ない) 《部分否定を表わす; ☞ partial negation [文法]》: You can*not* watch television ~ ↘ in that country.↗ その国ではどこでもテレビが見られるわけではない(見られる所もあれば見られない所もある).

[語法] (1) 下降上昇調のイントネーションが用いられる《☞ つづり字と発音解説 95》.
(2) 次の全部否定の文と比較せよ: You can*not* watch television *anywhere* in that country.↘ =*Nowhere* in that country can you watch television.↘ その国ではどこへ行ってもテレビが見られない.

e·vict /ɪvíkt, əv-/ [動] [他] [普通は受身で] (法的に)〈借地人など〉を立ち退(の)かせる (*from*).

e·vic·tion /ɪvíkʃən, əv-/ [名] [U,C] 立ち退かせる[される]こと (*from*): an ~ order (裁判所の)立ち退き命令.

‡ev·i·dence /évədəns, -dns, -dèns | -d(ə)ns/ [T1] [名] (-i·denc·es /~ɪz/) **1** [U] 証拠 《立証するために必要なもの》; 〘法〙 証拠物件 《☞ proof》: a piece of ~ 1つの証拠(品) / direct [circumstantial] ~ 直接[状況]証拠 / negative ~ 何かが起きなかったという証拠 / Is there any scientific ~ *for* [*against*] his statement? 彼の言っていることを裏付ける[くつがえす]科学的な証拠が何かありますか / There was no hard ~ *that* he had been in the theater at that time. <N+*that* 節> その時刻に彼が劇場にいたという確かな証拠はなかった / She had strong ~ *to* support her claim. <N+*to* 不定詞> 彼女には自分の主張を裏付ける強力な証拠があった.

コロケーション
be [constitute] *evidence* **(*of* [*for*] ...)** (…の)証拠である[となる]
collect [gather] *evidence* 証拠を固める
destroy *evidence* 証拠を隠滅する
find [discover] *evidence* **(*of* [*for*] ...)** (…の)証拠を見つける
provide [produce] *evidence* 証拠を提示する
weigh [consider, examine] *evidence* 証拠を調べる
withhold [suppress] *evidence* 証拠を伏せる

2 [U] (証人の)証言: Mrs. Long gave her ~ without looking up. ロング夫人は顔を上げずに証言を述べた. **3** [U,C] (…の)形跡(けいせき), 跡: We found ~ ⌈*of* someone having [*that* someone had] entered the house. だれかが家に入った形跡が見つかった. [語源] ラテン語で「はっきり見える[わかる]もの」の意 《☞ evident》.

gíve évidence [動] [自] (1) 証拠を述べる, 証言する 《☞ 2 の例文》. (2) (事実などが)物語る, (…の)証拠となる. **gíve [béar, shów] évidence of ....** [動] [他] …の形跡がある. **in évidence** [形] 《格式》 はっきり見えて: Emma was much *in* ~ during the party. パーティーの間中エマの存在は特に人目を引いた. **—** [副] 証拠[証人]として: be used *in* ~ 証拠として使用される. **on the évidence of ....** [前] …の証言に基づいて; …を証拠[根拠]にすれば. **túrn Státe's évidence** (《米》)=**túrn Kíng's [Quéen's] évidence** (《英》) [動] [自] 〘法〙 訴追免除証言を行なう 《減刑を受けるために共犯者が仲間に不利な証言をすること》.

— [動] [他] [普通は受身で] 《格式》〈…〉を明示する, 〈…〉の証拠となる (*by*): as ~*d* by … …で明らかなように.

ev·i·dent** /évədənt, -dnt, -dènt | -d(ə)nt/ [形] (周囲の状況などから)明白な, 明らかな; (だれの目にも)それとわかる (*from*) 《☞ obvious 類義語; evidence [語源]》: an ~ mistake 明らかな間違い / ***It was* ~ *to all of us ***that*** he was innocent. <A+*to*+名・代> 彼が無実であることは私たちすべてにとり明らかだった 《☞ that² A 2》 / Her excitement was **~ *in*** her voice. <A+*in*+名・代> 彼女が興奮している様子は声に表われていた.

ev·i·den·tial /èvədénʃəl←/ [形] 《格式》 証拠の; 証拠に基づく; 証拠となる.

***ev·i·dent·ly** /évədəntli, -dnt-, -dènt- | -d(ə)nt-/ [副] [文修飾語] **1** 明らかに, 明白に (clearly); 《格式》 間違いなく: [言い換え] He was ~ surprised when he bumped into me. (=It was *evident* that he was surprised when he bumped into me.) 私にぶつかったとき彼は明らかに驚いていた. **2** [文修飾語] どうやら(…らしい): *E*~, his business has failed. どうやら彼は事業に失敗したらしい / [会話] "Was he guilty?" "*E*~." 「彼は罪を犯したのか」「どうやらね」 [語法] (1) It is *evident* that … と言い換えられない. (2) 《米》 では èvidéntly というアクセントになることがある.

***e·vil** /íːv(ə)l/ [形] (e·vil·er, 《英》 e·vil·ler, more ~; e·vil·est, 《英》 e·vil·lest, most ~) **1** (考え・行動などが)邪悪な, よこしまな, 悪い; 有害な 《☞ bad 類義語》: ~ thoughts よこしまな考え / an ~ tongue 毒舌; 中傷者 / ~ spirits 悪霊(あくりょう)ども. **2** 不快な, いやな: an ~ smell いやな臭い. **3** [A] 《格式》 運の悪い, 不吉な: in an ~ hour たまたまそのとき魔がさして 《悪いことをしたときなどにいう》. **fáll on évil dáys** [動] [自] 《格

式)不運な目にあう; 落ちぶれる. **pùt óff the évil hóur [dáy]** [動] 📀 [しばしば滑稽](結局せざるを得ないいやなことを先延ばしにする. **the Évil Òne** [名] 《古風》悪魔(Devil).

── [名] (~s /-z/) [格式] **1** ⓤ 邪悪, 悪; 悪事: good and ~ 善悪 / do ~ 悪事をなす / They returned ~ for good. 彼らは恩を仇で返した / Hear no ~, see no ~, speak no ~. 《ことわざ》悪い事は聞くな, 見るな, 口にするな(見ざる聞かざる言わざる). **2** ⓒ 災い, 災害; 害悪; 弊害: the ~s of drinking 飲酒の害 / a necessary ~ 必要悪 / Of two ~s choose the lesser. 《ことわざ》悪いことが2つあれば小さい方をとれ.

évil·dóer [名] ⓒ《古風》悪事を行なう者, 悪人.

évil éye [名] 《古風》悪意の目つき, 悪魔の目(にらまれると災難が来るという). **give ... the evil eye** [動] 📀 〈人〉をいやな目で見る.

e·vil·ly /íːvəli/, -vəli/ [副] 《格式》邪悪に; 《略式》ひどく.

évil-mínded [形] 腹黒い, 意地の悪い, 〈物事を〉悪意にとる; 〈ことばなどを〉わいせつな意味にとる.

e·vince /ɪvíns/ [動] ⓗ 《格式》〈感情・性質などを〉表わす, 示す.

e·vis·cer·ate /ɪvísərèɪt/ [動] ⓗ 《医》〈…〉から内臓を抜く; 《格式》本・制度などを骨抜きにする.

e·vis·cer·a·tion /ɪvɪ̀səréɪʃən/ [名] ⓤ 《医》内臓摘出; 《格式》制度などを骨抜きにすること.

E·vi·ta /evíːtə/ [名] エヴィータ(女性の名).

ev·o·ca·tion /èvoʊkéɪʃən, ìː-/ [名] ⓤⓒ 《格式》〈感情・記憶などを〉呼び起こすこと[もの], 喚起 (of).

e·voc·a·tive /ɪvɑ́kətɪv/ ɪvɔ́k-, əv-/ [形] 《格式》《しばしば誉めて》〈感情・記憶などを〉呼び起こさせる, 喚起する: music ~ of the 1950s 1950年代を思い出させる音楽. **~·ly** [副] 〈記憶などを〉呼び起こすように.

*****e·voke** /ɪvóʊk, əv-/ [動] (**e·vokes** /-s/; **e·voked** /-t/; **e·vok·ing**) ⓗ 《格式》〈感情・反応などを〉呼び起こす, 呼びさます: The film ~s memories of my childhood. その映画は子供の頃の記憶を呼び起こす.

*****ev·o·lu·tion** /èvəlúːʃən, ìː-/ [名] 🔟 [名] 《生》《動》 evólve ⓤ **1** 《生》進化, 進化論 (of): human ~ 人間の進化. / the theory of ~ 進化論. **2** 《徐々に起こる》発展, 進展: the ~ of airplanes *from* the Wright brothers *into* jets ライト兄弟の時代からジェット機に至る航空機の発達.

*****ev·o·lu·tion·ar·y** /èvəlúːʃənèri, ìː-/-ʃ(ə)nəri/ ← [形] [名] évolútion [普通は ⒶⒸ] 《生》進化の, 進化論的な; 《格式》発展の.

ev·o·lu·tion·ist /èvəlúːʃ(ə)nɪst, ìː-/ [名] ⓒ 進化論者.

*****e·volve** /ɪvɑ́lv/ ɪvɔ́lv/ [動] (**e·volves** /-z/; **e·volved** /-d/; **e·volv·ing**) [名] èvolútion) 📀《生》進化する; 発展する, 進展する (*out of*): What man ~d *from*? <V+*from*+名·代> 人間は何から進化したのか / The situation ~d *into* a critical stage. <V+*into*+名·代> 情勢は危機的な段階に進展した.

── [動] 〈…〉を発展[展開]させる; 《生》進化させる: ~ a unique culture 独特の文化を発達させる.

ewe /júː/ [名] ⓒ (成長した)雌羊. 関連 ram 雄羊.

ew·er /júːə/ [名] ⓒ (昔の広口の)水差し.

ex[1] /éks/ [名] (~·**es**, ~**'s**) ⓒ [普通は所有格とともに単数形で] 《略式》前の夫 (ex-husband); 前の妻 (ex-wife).

ex[2] /éks/ [前] **1** 《商》…渡しで[の]: ~ warehouse 倉庫渡しで. **2** 《英》…なしで[の]: ~ dividend 配当落ちで[の].

ex-[1] /ɪks, eks/ [接頭] 「外へ, 外に」の意: 反 in-[1]: exclude 締め出す / external 外部の.

ex-[2] /éks/ [接頭] 「前の, 前[元]…」の意: *ex*-president 前大統領 / *ex*-wife 前の妻. 語法 (1) ハイフンをつける. (2) 存命中の人に用いる (⇒ late [形] 3).

ex. 略 =example.

*****ex·ac·er·bate** /ɪgzǽsəbèɪt, eg-/ -sə-/ [動] ⓗ Ⓦ 《格式》〈病気・よくない事態などを〉悪化させる.

ex·ac·er·ba·tion /ɪgzæ̀səbéɪʃən, eg-/ -sə-/ [名] ⓤ 《格式》(病気・よくない事態などの)悪化 (of).

*****ex·act** /ɪgzǽkt, eg-/ [形] exáctitude, 反 inex·act) [比較なし] **1** [普通は Ⓐ] 正確な (⇒ correct 類義語); act 単語の記憶: the ~ number [time] 正確な数[時間] / an ~ copy [replica] of a Rodin ロダン(の彫刻)の正確な複製 / Try to remember the ~ meanings of words. 単語の正確な意味を覚えるようにしなさい / Is her account ~? 彼女の説明は正確かな.

2 まさにその (*of*) ─ the opposite まさに正反対の[人[物, こと]) / say the same thing 《略式》全く同じことを言う / That's the ~ word (that) I was looking for. それはまさに私の求めていたことばだ. **3** 厳密な; 精密な: Weather forecasting is not an ~ science. 天気予報は精密科学ではない(から, はずれることがある) / ~ observation 精密な観察. **4** きちょうめんだ: He is ~ in his work. 彼は仕事がきちょうめんだ. **to be exáct** [副] 文修飾語 ⓢ 《格式》(もっと)正確に言えば: To be ~, the baby is five months and two days old. 正確に言うと赤ちゃんは5か月と2日だ. ── [名] exác-tion) ⓗ 《格式》**1**〈約束・謝罪・犠牲などを〉強要する, 強いる;〈復讐〉をする (*on*);〈金などを〉厳しく取り立てる (*from*). **2** 〈仕事などが〉〈人〉を必要とする.

ex·act·ing /ɪgzǽktɪŋ, eg-/ [形] [普通は Ⓐ] きつい要求をする, 厳しい; 〈仕事などが〉努力[注意力, 技量など]を要する, 骨の折れる. **~·ly** [副] 厳しく.

ex·ac·tion /ɪgzǽkʃən, eg-/ [名] (動 exáct) 《格式》ⓤ (金などの)取り立て (*from*); ⓒ 強制的に取り立てる金.

ex·ac·ti·tude /ɪgzǽktət(j)ùːd, eg-/ -tjùːd/ [名] [形] exáct; 反 inexáctitude] ⓤ《格式》正確[精密]さ, 厳密.

*****ex·act·ly** /ɪgzǽk(t)li, eg-/ [副] **1** 正確に (は); ちょうど, きっかり; まさしく: ~ the opposite まさに正反対の(もの[人]) / "Where [E~ where] did you find it?" ⓢ 正確にはどこでそれを見つけましたか / The train arrived 「~ at [at ~] five. その列車はちょうど5時に到着した / That's ~ what he said. それはまさに彼の言ったとおりのことだ / I don't 「know ~ [~ know]. はっきりとはわかりません.

2 ⓢ [yes の意味の返事を強めて] (まさに)そのとおり: 金言 "They left for New York suspiciously suddenly, didn't they?" "E~." 「彼らはおかしなことに突然ニューヨークへ向けて出発したんですね」「そのとおり」

nòt exáctly [副] (1) [返答で] 必ずしもそうではない, 少し違う: 金言 "Do you mean that he's dishonest?" "Well, *not* ~, but …." 「彼は不正直だということ?」「いや, そういうわけじゃないけど, ただ…」

(2) ⓢ《略式》[滑稽・けなして] 少しも…ない: Her boyfriend is *not* ~ bright, is he? 彼女のボーイフレンドって全然頭よくないわよね.

exáct·ness [名] ⓤ 正確さ.

*****ex·ag·ger·ate** /ɪgzǽdʒərèɪt, eg-/ [動] (**-ger·ates** /-rèɪts/; **-ger·at·ed** /-tɪd/; **-ger·at·ing** /-tɪŋ/; [名] exàggerátion) ⓗ 〈…〉を誇張する, 大げさに言う; 《文》過大視する; きわだたせる: ~ the importance of the problem その問題の重要性を誇張する / The announcement greatly [grossly, wildly] ~d the number of casualties. その発表は死傷者数を大いに誇張していた. ── 📀 大げさ[オーバー]な言い方をする, 誇大に言う: I'm not *exaggerating*. 大げさに言っているんじゃない. 日英比較「大げさな」,「誇張した」という

586　exaggerated

意味で「オーバー」というのは和製英語（⇨ overの日英比較）．

ex・ag・ger・at・ed /ɪgzǽdʒərèɪtɪd, eg-/ 形 A 誇張した，大げさな；不自然な，わざとらしい．～・ly 副 誇張して，大げさに；わざとらしく．

ex・ag・ger・a・tion /ɪgzæ̀dʒəréɪʃən, eg-/ 名（動 exággerate）1 C（普通は単数形で）大げさなことば，誇張した表現：It is no ～ to say that well begun is half done. 始めがうまくいけば半分仕上がったも同然と言っても決して過言ではない．2 U 誇張，大げさに言うこと：speak without ～ 誇張なしに話す．

ex・alt /ɪgzɔ́ːlt, eg-/ 動 他（格式）1〈神など〉を賛美する．2〈人〉の地位を高める；〈地位など〉を高める．

ex・al・ta・tion /èɡzɔːltéɪʃən, èksɔː-/ 名 U（格式）1 大得意；有頂天．2 ほめそやすこと，賛美（of）．3〈地位などを〉高める［高められる］こと，昇格．

ex・alt・ed /ɪgzɔ́ːltɪd, eg-/ 形（格式）1（普通は A）〈地位などが〉高い；位の高い．2（普通は P）大得意の，有頂天の．

ex・am /ɪgzǽm, eg-/ 名（～s /~z/）C 1（略式）試験（《格式》examination）；（米）《試験》の問題用紙；解答用紙：When will [can] we know the ～ results? 試験の結果はいつわかりますか / We are going to have {an English [a history] ～ tomorrow. あす英語［歴史］の試験がある / "How was [How did you do on (《英》in] Mr. West's ～?" "I'm sure I didn't make it." 「ウェスト先生の試験どうだった？」「ダメだと思う」

ミニ語彙欄

コロケーション

動＋exam
- **cheat on**（《英》in）an *exam*　試験でカンニングする
- **fail** an *exam*　試験に落ちる
- **give**（...）an *exam*（in ―）（人に）(―の)試験を行なう
- **pass** an *exam*　試験に合格する
- **prepare** [**make up**] an *exam*　試験（問題）を作成する
- **prepare** [**study**] **for** an *exam*　試験勉強をする
- **take** [**do**, 《英格式》**sit**] an *exam*　試験を受ける

exam＋動
- an *exam* **starts** [**begins**]　試験が始まる
- an *exam* **finishes** [**is over**]　試験が終わる

形＋exam
- a **difficult** [**stiff**] *exam*　難しい試験
- an **easy** *exam*　やさしい試験
- an **essay** *exam*　論述試験
- a **multiple-choice** *exam*　多肢選択式試験
- an **open-book** *exam*　持込み可の試験
- an **oral** *exam*　口述試験
- a **surprise** *exam*　抜き打ち試験
- a **true-false** *exam*　○×試験
- a **written** *exam*　筆記試験

exam のいろいろ
cívil-sérvice exàm 公務員試験 / énd-of-térm[-yéar] exàm 学期［学年］末試験 / éntrance exàm 入学［入社］試験 / fínal exàm （米）学期［学年］末試験 / mákeup exàm 再［追］試験 / mídterm exàm 中間試験 / móck exàm 模擬試験 / plácement exàm クラス分け試験

関連表現

- **announce** the *exam* **results**　試験結果を発表する
- **apply** (**for admission**) **to** a university　大学に出願する
- **do badly** [**well**] **on**（《英》in）an *exam*　試験で

悪い[いい]成績を取る
- **get an A on**（《英》in）the test　そのテストでAを取る
- **get 80 (points) out of a hundred**　百点満点で80点を取る
- **get「100 percent**（《英》**full marks**] **in** physics　物理で満点を取る
- **give ... a quiz** [**short test**]　（人）に簡単な試験をする
- **grade**（《英》**mark**）*exam* papers　答案を採点する
- **have** an *exam* **in** [**on**] ...　...の試験がある
- **have an interview with** ...　...の面接をする［受ける］
- **send in** one's **application form**　願書を送る

2（米）診察，検査：an eye ～ 目の検査．

ex・am・i・na・tion /ɪgzæ̀mənéɪʃən, eg-/ 名（~s /~z/；動 exámine）1 U,C 検査，調査；C 診察：The water of this well needs ～. この井戸の水は検査が必要だ / The theory doesn't bear ～. その理論は論拠が薄弱である（⇨ bear¹ 他 7）/ I have to have a medical ～. 私は健康診断を受けなければならない / The doctor did a thorough (physical) ～ **of** the patient. 医師は患者に対して徹底的な健康診断を行なった．2 C W（格式）試験（*in*）（《略式》exam）：an entrance ～ 入学［入社］試験 / Tom's performance **on** [(主に英) **in**] that ～ was good [poor]. トムのその試験の成績はよかった［悪かった］．

examination（特に適性を見るための本格的な）	試験
test（特に習得の程度を見るための）	
quiz（簡単なテスト）	

3 U,C 《法》尋問（*of*）．
on [**upòn**] **clóser** [**fúrther**] **examinátion** [副] さらによく調べてみると；さらによく調査［検査］のうえで．**ùnder examinátion** [形]（物事が）調査［検討］中で；（人が）尋問を受けて．

examinátion pàper 名 C（英格式）試験問題；試験答案．

☆ex・am・ine /ɪgzǽmɪn, eg-/ 動（-am・ines /~z/；-am・ined /~d/；-am・in・ing /名 exàminátion）他 1〈...〉を調べる，検査する，調査する；検討する；〈人〉を診察する（⇨ 類義語）：The police were *examining* their bags. 警官たちが彼らのかばんを調べていた / They ～*d* the room **for** evidence. ＜V＋O＋for＋名・代＞ 彼らは証拠を捜して部屋を調べた / We should ～ **how** the accident happened. ＜V＋O (wh 句・節)＞ どのようにその事故が起きたかを調べるべきである．2（普通は受身で）（格式）〈学生など〉に（学科の）試験をする：The children were ～*d* **in** history. 生徒たちは歴史の試験をされた．3《法》〈...〉を尋問する（*on*）．語源 ラテン語で「てんびんで量る」の意．

【類義語】**examine** 事実や物の状態・性質などを調べたり検査することを表わす一般的な語．**investigate** 新事実を見出したり事実の誤りがないことを確かめるために手順を踏んだ調査をすること：The police are *investigating* his death. 警察は彼の死を調査している．**inspect** 誤りや不備がないかどうかを専門的立場から綿密に検討し調べること：The customs officials *inspected* our passports. 税関の役人が私たちの旅券を検閲した．

ex・am・i・nee /ɪgzæ̀məníː, eg-/ 名 C（反 examiner）（格式）調べられる人，受験者，受験生．

☆ex・am・in・er /ɪgzǽmɪn(ə)nɚ, eg- | -mɪnə/ 名（反 examinee）C（口頭試問の）試験官；審査官，検査官．

exám pàper 名 C ＝examination paper.

＊ex·am·ple /ɪgzǽmpl, eg- | -zɑ́ːm-/ [名] (〜s /~z/) [C] **1** (代表的・典型的な)例, 実例 (《略》 ex.; ☞ 類義語): a classic [typical, prime] 〜 典型的な例 / be [provide] an obvious 〜 一つの明白な例である[になる] / cite 〜*s* 実例を引きあいに出す / Please give me a concrete [specific] 〜. 具体例を教えてください / Let's take baseball as an 〜. 野球を例にとってみよう / This is a good 〜 *of* a traffic accident caused by carelessness. これは不注意による交通事故のよい例である.
2 [普通は単数形で] [ほめて] 手本, 模範, 手本[模範]となる人[行為] (model): He is an [a good] 〜 ***to*** us all of an honest man. 彼は私たちみんなにとって正直者のよいお手本だ. [語源] ラテン語で「(見本として)取り出したもの」の意; ☞ sample [語源].
fóllow ...'s exámple＝fóllow the exámple of ... [動] ...の例にならう; ...を手本とする.
for exámple [副] [つなぎ語] 例えば (for instance) (☞ e.g.): There are a lot of old cities in Italy—Rome and Naples, *for* 〜. イタリアには多くの古い都市がある. 例えばローマとナポリだ / Many animals have good hearing. Dogs, *for* 〜, can hear much better than we can. 動物には耳のよいものが多い. 例えば犬は人間よりずっと耳がいい.
gíve an exámple of ... [動] [他] ...の例をあげる: *Give an* 〜 *of* a city that flourished in the Middle Ages. 中世において栄えた都市の例を一つあげなさい.
léad by exámple [動] [自] 手本を示す.
máke an exámple of ... [動] [他] (人)をみせしめに罰する, ...を懲(こ)らしめる.
sét ... an [a góod] exámple＝sét an [a góod] exámple to ... [動] [他] 〈人に〉よい手本となる: Her success *sets a good* 〜 *to* us all. 彼女の成功は私たちみんなのよい手本だ.

リスニング
example は単独では「エグザンポー」のように聞こえる. しかし example の前に子音で終わる語があると example の始めの /ɪ/ はその子音と結合する. また example の後に母音で始まる語が続くと語末の /l/ はその母音と結びついて「ラ」行の音のようになる. an example of adventures は「アネグザンプラヴァドヴェンチャーズ」のように聞こえ,「アン・エグザンプル・アヴ・アドヴェンチャーズ」とは発音しない.

【類義語】**example** 物事・活動・状態などの一般的な原則などを具体的に示す代表的な実例: a good *example* of his honesty 彼の正直さを示す好例. **instance** 一般的なものを具体的に示す例の意では *example* とほぼ同じであるが, 代表的な例としてではなく単に個別的な事例としてあげる場合に用いることが多い: an *instance* of kindness 親切さの一例. **case** 実際にある例または(特に好ましくないことの) 1 例となる場合: a classic *case* 典型的な例. **sample** 具体的な物質や物体, 特に商品などに関して, 同種類の他の物も同じであることを示すための見本: a *sample* of the brandy ブランデーの見本. **specimen** 主として, 科学的・技術的な検査や調査研究などのために用いる見本, 標本: a blood *specimen* 血液の標本.

ex·as·per·ate /ɪgzǽspərèɪt, eg-/ [動] [他] 〈人〉をいらいらさせる, 怒らせる: John *was* 〜*d by* [*at*, *with*] her slowness. ジョンは彼女がのろいので腹を立てた.
ex·as·per·at·ed /ɪgzǽspərèɪṭɪd, eg-/ [形] いらいらした, 怒った (*with*, *by*, *at*): The 〜 employees went on strike. 怒った従業員たちはストライキを行った. **〜·ly** [副] 腹の立つほど; 怒って, いらいらして.
ex·as·per·at·ing /ɪgzǽspərèɪṭɪŋ, eg-/ [形] (物事が)ひどく腹立たしい. **〜·ly** [副] ひどく腹立たしいほど.
ex·as·per·a·tion /ɪgzæ̀spəréɪʃən, eg-/ [名] [U] 激しく怒ること, 憤激.
Ex·cal·i·bur /ekskǽləbə | -bə/ [名] [固] エクスキャリバー (Arthur 王の名剣).

ex ca·the·dra /èkskəθíːdrə/ 《ラテン語から》 [形] [副] 《格式》 [しばしばけなして] (声明・命令などが)権威[職権]による[よって], 権威に基づいた[て].
＋ex·ca·vate /ékskəvèɪt/ [動] [他] **1** 〈うずもれたもの〉を発掘する. **2** 《格式》〈穴〉を掘る; 〈トンネルなど〉をくり[掘り]抜く. — [自] 発掘する; 《格式》 穴を掘る.
ex·ca·va·tion /èkskəvéɪʃən/ [名] **1** [U,C] 〔考古〕発掘; [C] 発掘物, 出土品. **2** [U] 《格式》 穴掘り; [C] ほら穴; 切り通し, 掘り割り. **3** [C] [普通は複数形で] 発掘現場, 発掘跡.
ex·ca·va·tor /ékskəvèɪṭə | -tə/ [名] [C] **1** ＝power [steam] shovel. **2** 発掘者; 掘削者.
＊ex·ceed /ɪksíːd, ek-/ [T1] [動] (**ex·ceeds** /-síːdz/; **-ceed·ed** /-ḍɪd/; **-ceed·ing** /-ḍɪŋ/; [名] excéss[1]) [他] 《格式》 **1** [進行形なし] 〈...〉より大きい[多い], 〈...〉を上回る, 越える, 超過する (☞ proceed [単語の記憶]): His success 〜*ed* (all) our expectations. 彼の成功は我々の(すべての)期待を上回るものであった / Our income **〜*ed*** our expenditure(s) ***by*** one hundred dollars this month. <V+O+*by*+名・代> 今月の収入は支出より 100 ドル多かった. **2** 〈限度・程度など〉を越す, 超過する: Your luggage 〜*s* the weight limit. あなたの手荷物は重量制限をオーバーしている.
ex·ceed·ing /ɪksíːḍɪŋ, ek-/ 《古語》 [形] 非常な; 並々ならぬ. — [副] 非常に.
＋ex·ceed·ing·ly /ɪksíːḍɪŋli, ek-/ [副] 《古風, 格式》 非常に, きわめて (very より意味が強い); 《古語》 度を越えて: an 〜 good breakfast きわめておいしい朝食.
＋ex·cel /ɪksél, ek-/ [動] (**ex·cels**; **ex·celled**; **-cel·ling**; [形] éxcellent) [自] [進行形なし] 《格式》 優れている, 秀でる, 抜きん出る: 〜 *at* sports スポーツに秀でる / He 〜*s in* music. 彼は音楽に優れている / The girl 〜*s at* play*ing* the violin. その少女はバイオリンの演奏が優れている. [語法] 性質の場合には in, 行動の場合には at を用いることが多い. **excél onesèlf** [動] [自] 《英》 いつもよりうまくやる; [滑稽] いつもよりひどくやる.
＊ex·cel·lence /éks(ə)ləns/ [名] ([形] éxcellent) [U] 優れていること[性質], 優秀さ, すばらしさ (*in*, *at*): academic 〜 学問的な優秀さ // ☞ a center of excellence (center [名] 成句).
＋Ex·cel·len·cy /éks(ə)lənsi/ [名] (**-len·cies**) [C] 《格式》 閣下 《大臣・大使・知事・司教およびその配偶者などに対する敬称》: His [Her] 〜 閣下(夫人) 《間接に指すときに; 《略》 H.E.》 / Your 〜 [*Excellencies*] 閣下[両閣下] 《直接呼びかけるとき》 / Their *Excellencies* 両閣下. ★ 用法については ☞ majesty [語法].
＊ex·cel·lent /éks(ə)lənt/ [形] ([動] excél, [名] éxcellence) 優れた, 優秀な; すばらしい; (成績が)優の (☞ grade 1 表): in 〜 condition すばらしい状態で / an 〜 meal 極上の食事 / Her speech was absolutely 〜. Ⓢ 彼女の演説はとてもすばらしかった. — [感] Ⓢ よろしい, 大変結構 《承認・満足などを表わす》. **〜·ly** [副] 優れて, すばらしく, 立派に.
ex·cel·si·or /ɪksélsiɔ̀ə, ek-, -siə | -siɔ̀ː, -siə/ [感] さらに高く! 《米国 New York 州の標語》.
＊ex·cept /ɪksépt, ek-, ək-/ ([類音] accept) [前] ...以外は, ...を除いて(は), ...のほかは: No one was absent 〜 John [him]. ジョン[彼]以外にはだれも欠席者はいなかった / He goes to school every day 〜 Sunday. 彼は日曜日以外は毎日学校に行く / I have nothing to declare 〜 my genius. 私には自分の天才以外には申告するものは何もありません 《Wilde が New York の税関で言ったことば》.

[語法] (代)名詞以外を目的語にとることがある: They don't do anything 〜 what I tell them to do. 彼らは私が言うこと以外は何もしない 《目的語は名詞節》 /

I seldom go by bus ～ when it rains. 雨の日以外はめったにバスに乗らない《目的語は副詞節》/ I've done nothing ～ eat and sleep this week. 今週は食べて寝るほかは何もしなかった《目的語は動詞》/ She never came to visit ～ to borrow something. 彼女が来るのはいつも何かを借りるためだった《目的語は不定詞》/ You cannot lose ～ ˹through your own carelessness [by being careless]. 不注意による以外は負けるはずがない《目的語は前置詞句》.

excépt for ... [前] (1) …(があるの)を除いては, …以外(の点で)は: Your speech was very good ～ *for* a few errors in pronunciation. あなたの演説は 2, 3 の発音の誤り以外はとてもよかった.

[語法] A except B は同じ種類の A と B が比較されて共に表現されているときに用いるのに対し, A except for B では A と B は種類が違い「(部分的に) B の点を除けば A である」の意に用いる; ただし except for を except と同じ意味に用いることもある: I managed to answer all the questions ～ [～ *for*] the last one. 最後のを除いて全部の問題になんとか答えた.

(2) …がなければ, …がなかったならば (☞ but for (but 成句) [語法]).

excépt that ... [接] (1) …ということを除けば, …は別にして (except for the fact that ...): We know nothing ～ *that* he did not come home that night. 私たちは彼がその夜帰宅しなかったということ以外は何も知らない. (2) [主に [S]] …ということがなければ: I would be glad to come, ～ (*that*) I've got a cold. ご一緒したいところですが, でも風邪をひいていて.

— [動] (**ex·cepts**; **-cept·ed**; **-cept·ing**; [名] excéption) [他] [普通は受身で] [W] 《格式》 <…>を除く, 除外する (exclude): Tom *is* ～*ed from* the list. トムはリストから除外されている. **... excépted** [名詞の後で] 《格式》 …は除外して: Everyone worked very hard, Bob ～*ed*. みんな懸命に働いた. ボブは別として.

— [接] [S] 《略式》 …ということがなければ, ただし… (only): I would buy this watch, ～ it's too expensive. この時計を買いたいところだが高すぎる.

ex·cept·ing /ɪkséptɪŋ, ek-, ək-/ [前] 《格式》 …のほかは, …を除いて (except). [語法] except より格式ばった語.

*__ex·cep·tion__ /ɪksépʃən, ek-, ək-/ [T1] [名] (～**s** /~z/; [動] excépt, [形] excéptional) [C,U] 例外, 例外の場合[事]: There are three ～*s to* this rule. この規則には例外が 3 つある / The ～ proves the rule. 《ことわざ》例外があるということは規則のある証拠. **be nó excéption** [動] [自] 例外ではない. **be the excéption ˹ràther than [nót] the rúle** [動] [自] 通例というよりむしろ例外である. **be the excéption that próves the rúle** [動] [自] [S] 規則があることを示す例外的な人[もの]である: Most young people use cellular phones, but he *is the* ～ *that proves the rule*. 多くの若者が携帯電話を使うがそれは彼には当てはまらない. **màke an excéption** [動] [自] 例外とする, 特別扱いにする. **màke nó excéption(s)** [動] [自] 例外としない, 特別扱いにしない. **tàke excéption to ...** [動] [他] (1) …に腹を立てる. (2) …に異議を申し立てる, …に反対する. **with the excéption of ...** [前] …を除いては, …のほかは (except, except for). **withòut excéption** [副] 例外なく.

ex·cep·tion·a·ble /ɪksépʃ(ə)nəbl, ek-, ək-/ [形] 《格式》 異議の余地がある, 問題のある (objectionable).

*__ex·cep·tion·al__ /ɪksépʃ(ə)nəl, ek-, ək-/ [形] ([名] excéption; [反] unexceptional) **1** [ほめて] 特別に優れた: ～ ability [quality] 並はずれた能力[質]. **2** 《格式》 例外的な; まれな, 異常な (unusual): an ～ case 例外的な場合 / in ～ circumstances 例外的な状況で. **3** (精神や身体に障害を持つ)特殊な.

ex·cep·tion·al·ly /ɪksépʃ(ə)nəli, ek-, ək-/ [副] 特に優れて, 並はずれて; [文修飾語] 《格式》 例外的に: play ～ well 特によい演技[演奏, プレー]をする.

*__ex·cerpt__[1] /éksəːpt, égz- | -səːpt/ [名] (**ex·cerpts** /éksəːpts, égz- | -səːpts/) [C] (書物・映画・楽譜などからの)抜粋, 抄録, 引用句; (論文などの)抜き刷り (*of*): an ～ *from* a journal 機関誌からの抜粋.

ex·cerpt[2] /eksə́ːpt, egz-, éksəːpt, égzəːpt | eksə́ːpt/ [動] [他] [普通は受身で] <…>を抜粋する (*from*).

*__ex·cess__[1] /ɪksés, ek-, ək-, ékses/ ([類音] #access) [名] (～**·es** /~ɪz/; [動] excéed, [形] excéssive, éxcess[2]) **1** [[U] または an ～] 超過(分), 超過額[量], 余分 (☞ access [単語の記憶]): *an* ～ *of* imports *over* exports 輸出に対する輸入の超過 / Any ～ in payment will be returned. お支払い金額の超過分はお返しいたします. **2** [複数形で] 《格式》 度を過ぎた行為, やりすぎ (*of*). **3** [U] 《格式》 過度; 不節制. **4** [U] 《英》 〘保〙 超過額 《被保険者の自己負担になる》. **in excéss of ...** [T2] [前] 《格式》 …より多く, …を越えて: a debt *in* ～ *of* $10,000 1 万ドル以上の借金. **to excéss** [副] 過度に, よけいに: He drinks *to* ～. 彼は酒を飲みすぎる.

— [動] 《米格式》 <…>を解雇する.

⁺**ex·cess**[2] /ékses, ɪksés, ek-/ [形] ([名] excéss[1]) [A] 余分の; 《格式》 制限外の: ～ fare 乗り越し料金 / ～ fat 余分な脂肪.

éxcess bággage [名] **1** 重量オーバーの手荷物 (excess luggage). **2** 《略式》 余計なもの, 心配の種.

*__ex·ces·sive__ /ɪksésɪv, ek-, ək-/ [形] ([名] excéss[1]) [けなして] 過度の, 多すぎる; 法外な ([反] moderate): ～ charges 法外な料金 / Their demands were ～. 彼らの要求は度を越していた. **～·ly** [副] 過度に; 甚だしく: *excessively* high taxes 法外な税金.

‡**ex·change** /ɪkstʃéɪndʒ, eks-/ [T3] [動] (**ex·chang·es** /~ɪz/; **ex·changed** /~d/; **ex·chang·ing**) [他] **1** <…>を交換する, <…>を(—と)取り替える; 取り交わす (*with*): ～ ideas [information] 意見[情報]をかわす / ～ contracts (《主に英》 特に住宅購入の)契約書を交わす / ～ houses (休暇中に)家を交換する / ～ the shirt *for* a smaller size そのシャツを小さいサイズのと取り替える / The children ～*d* presents at the Christmas party. 子供たちはクリスマスパーティーで互いにプレゼントを贈り合った / John and I ～*d* seats. 私はジョンと席をかわった. [語法] この構文では目的語は複数形 (☞ change [動] [他] 2 [語法]) // He ～*d* the picture *for* the record. <V+O+*for*+名・代> 彼はその絵をレコードと交換した.
2 <…>を(外国の通貨と)交換する: I'd like to ～ all these dollars *for* yen. <V+O+*for*+名> このドルを全部円と交換したいのですが.

— [名] (**ex·chang·es** /~ɪz/) **1** [U,C] 交換; 交換留学[相互訪問](制度) (*with*); [C] (情報などの)やりとり; 《格式》 口論 (*of*); 〘軍〙 交戦 (*of*): an ～ *of* prisoners 捕虜の交換 / a fair ～ 対等な交換 / a heated ～ 激しいことばの応酬 / an Australian girl on an ～ オーストラリアからの交換女子留学生 / There was a friendly ～ *of* opinions [views] *between* the two parties. 両者間で友好的な意見の交換があった.
2 [U] 為替; 両替; [C] 為替相場: foreign ～ 外国為替 / the rate of ～ 為替相場, 為替レート / a bill (of ～) 為替手形. **3** [C] [しばしば E-] 取引所: the stock ～ 証券取引所. **4** [C] =telephone exchange.
in exchánge for ... [前] …と交換に, …と引き換えに: They sent us butter *in* ～ *for* jam. 彼らはジャムと交換にバターを送ってきた.

ex·change·a·ble /ɪkstʃéɪndʒəbl, eks-/ [形] 交換で

きる, 取り替えられる.

exchánge bànk [名] [C] 外国為替銀行.

exchánge prògram [名] [C] 交換留学プログラム.

***ex·change rate** /ɪkstʃéɪnʤrèɪt, eks-/ [名] (~s /~rèɪts/) [C] **為替相場, 為替レート.**

exchánge ràte méchanism [名] [U] 為替相場メカニズム[機構]; [the E- R- M-] ヨーロッパ為替相場メカニズム[機構] (《略》 ERM).

exchánge stùdent [名] [C] 交換(留)学生.

ex·cheq·uer /ékstʃekɚ, ɪkstʃékɚ, eks- | ɪkstʃékə, eks-/ [名] **1** [the E-] 《英》 [主に新聞で] 財務省 (the Treasury) (《米国の the Department of Treasury に相当》). **2** [the ~] 国庫, 公庫. **the Cháncellor (of the Exchéquer)** ☞ chancellor 成句.

⁺**ex·cise**[1] /éksaɪz/ [名] [U,C] 〔経〕 国内消費税, 物品税: ~ (duty) *on* beer ビール消費税.

ex·cise[2] /ɪksáɪz, ek-/ [動] [他] 〔医〕 〈腫瘍(しゅよう)・臓器など〉を切除する; 《格式》 〈語句など〉を削除する (*from*).

éxcise tàx [名] [C] 《米》 物品税.

ex·ci·sion /ɪksíʒən, ek-/ [名] **1** [U] 〔医〕 切除, 摘出; 《格式》 削除. **2** [C] 〔医〕 切除されたもの; 《格式》 削除されたもの.

ex·cit·a·bil·i·ty /ɪksàɪṭəbíləṭi, ek-/ [名] [U] 興奮しやすさ, 激しやすさ.

ex·cit·a·ble /ɪksáɪṭəbl, ek-/ [形] (人・動物が)興奮しやすい, すぐかっとなる.

ex·ci·ta·tion /èksaɪtéɪʃən, -sə-/ [名] [U] 《格式》 刺激(すること), 興奮(状態).

***ex·cite** /ɪksáɪt, ek-/ [動] (**ex·cites** /-sáɪts/; **ex·cit·ed** /-ṭɪd/; **ex·cit·ing** /-ṭɪŋ/; [名] excítement) [他] **1** [進行形なし] 〈人〉を**興奮させる,** 刺激する; わくわくさせる; 動揺させる, 不安にさせる (☞ excited): The news ~*d* me. そのニュースは私をわくわくさせた. **2** 《格式》 〈感情など〉を起こさせる, 呼び起こす; 〈興味〉をそそる; 〈評判・うわさなど〉をひきおこす; 〈人〉を(性的に)刺激する: His story ~*d* curiosity *in* everyone. 彼の話はすべての人の好奇心を呼び起こした. **3** 〔生理〕 〈組織・器官など〉を刺激する, 興奮させる; 〔物理〕 〈原子〉を励起する. **excíte onesèlf** [動] [自] 興奮する.

ex·cit·ed** /ɪksáɪṭɪd, ek-/ [形] **興奮した;** わくわくした; やっきになった; 動揺した, 不安な (*about*); (性的に)刺激された: in an ~ tone of voice 興奮した口調で / Don't get ~. 興奮しないで / The children were ~ *by* the scene. 子供たちはその光景を見てわくわくした / The players were terribly ~ *about* winning the pennant. 選手たちは優勝旗を獲得してすっかり興奮していた / The girls were all ~ *at* the thought of meeting the actor. 少女たちはその俳優に会えると思ってわくわくしていた / Jimmy'll be very **~ *to see you. <A+*to* 不定詞> ジミーはあなたに会えば感激するだろう.

be nóthing to gèt excíted abòut [動] [自] [S] 《略式》 (映画・本などが)たいしたことない, つまらない.

~·ly [副] 興奮して; わくわくして; 動揺して.

***ex·cite·ment** /ɪksáɪtmənt, ek-/ [名] (**-cite·ments** /-mənts/; [動] excíte) **1** [U] **興奮;** わくわくする[させる]こと; 刺激; (興奮した)騒ぎ, (人心の)動揺 (*of, at*): be flushed with ~ 興奮して紅潮する / The report caused [aroused] great ~ among the students. その報告は学生の間に大変な興奮を巻き起こした. **2** [C] 《格式》 興奮させるもの[事件], 刺激: the ~*s* of city life 都会生活のいろいろな刺激.

in (one's) excítement [副] **興奮して,** 興奮のあまり: They were jumping about *in* (*their*) ~. 彼らは興奮して跳び回っていた.

***ex·cit·ing** /ɪksáɪṭɪŋ, ek-/ [形] **興奮させる,** はらはらさせるような; 胸がわくわくするような (☞ interesting 表): an ~ adventure movie わくわくする冒険映画.

~·ly [副] 興奮させて, 刺激的に.

excl. [略] =excluding, exclusive.

⁺**ex·claim** /ɪkskléɪm, eks-/ [動] [W] [他] (強い感情をこめて突然)〈...〉と叫ぶ, (大声で)〈...〉と言う (☞ shout 類義語): "We won!" the boys ~*ed*. 「勝ったぞ」と少年たちは叫んだ / He ~*ed that* it was a terrible noise. 彼は何とやかましい音だと突然大声で言った. [語法] 感嘆文を間接話法にするときの伝達動詞として用いられる. ― [自] (苦痛・怒り・驚き・喜びなどで突然)叫ぶ: ~ *in* delight 喜んで叫ぶ.

ex·cla·ma·tion /èkskləméɪʃən/ [名] [C] (驚き・喜び・抗議などの)叫び, 絶叫; 感嘆; 叫び声; 感嘆詞 (*of*).

exclamátion pòint 《米》 [《主に英》 **màrk**] [名] [C] **1** 感嘆符. **2** 《略式》 大きな影響となること: put an ~ *on* the game 試合に大きく影響する.

> [文法] **感嘆符**
> 句読点の一種で, (!) の記号. 感嘆を表わし, 次のような用法がある.
> (1) 感嘆文の終わりに用いられる: How tall he is! 彼は何と背が高いのだろう / What a brave man (he is)! 何と(彼は)勇敢な人なのだろう.
> (2) 感嘆詞またはそれに準ずる語句とともに用いる: Oh! おお / Oh, dear! おやおや / Bravo! うまいぞ.
> (3) 命令文やその他の文で意味を強めることがある: Get out! 出て行け / It's good! とてもいい.

ex·clam·a·to·ry /ɪksklǽmətɔ̀ːri, eks- | -təri, -tri/ [形] ([動] excláim) [W] 絶叫的な, 感嘆の.

exclámatory sénten ce [名] [C] 〔文法〕 感嘆文.

> [文法] **感嘆文**
> 文を意味の上から分類した場合の一種であるが, 広い意味では驚き・喜び・悲しみなどの感嘆を表わす文はすべて感嘆文とよばれる(例: Beautiful! 美しい! / Ouch! 痛い! / That sounds great! すばらしい!). しかし狭い意味では, what または how で始まり (☞ what[1] [形] 2 [語法], how[1] [副] 4 [語法]), 書く場合には文の終わりに感嘆符をつける文をとくに感嘆文と呼ぶ. 感嘆文の終わりは下降調で発音される (☞ つづり字と発音解説 93). 感嘆文は疑問文とは違って平叙文と同じく <主部+述部> の語順をとる (☞ inversion [文法] (1) (ii)): *What* a lovely girl she is! ↘ 何てかわいい女の子でしょう / *What* foolish things they have done! ↘ 何てばかなことを彼らはやったのだろう / *How* fast that car goes! ↘ あの車は何と速く走るのだろう.
> なお *What* a scene! (何という景色[ありさま]だろう)や *How* nice! (何てすてきでしょう)のように主部と述語動詞(特に be の場合)が省略されることも多い.

ex·clave /ékskleɪv/ [名] [C] (主権国からみた)飛び領土 (本土から離れて他国内にある領土; ☞ enclave).

ex·clude** /ɪksklúːd, eks-/ [T1] [動] (**ex·cludes** /-klúːdz/; **ex·clud·ed** /-ḍɪd/; **ex·clud·ing** /-ḍɪŋ/; [名] exclúsion, [形] exclúsive; [反] include) [他] 《格式》 **1** 〈...〉を**締め出す,** (仲間などから)**除外する,** 入れない (shut out); 除く (leave out); 《英》 退学させる: They **~*d the boy ***from*** their group. <V+O+*from*+名・代> 彼らはその少年を仲間からのけ者にした / No one will *be* ~*d* because of race, religion, or sex. <V+O の受身> だれも, 人種, 宗教, 性別を理由に締め出されることはない. **2** [普通は否定文で] 〈可能性など〉を排除する, 全く許さない: We *cannot* ~ the possibility that she was murdered. 彼女が殺害されたという可能性も捨てきれない. [語源] ラテン語で「閉め (-clude) 出す (ex-)」の意 (☞ include [単語の記憶]).

⁺**ex·clud·ing** /ɪksklúːḍɪŋ, eks-/ [前] ...を除いて (《略》 excl.) ([反] including): Sixteen people attended, ~ the organizers. 幹事を除いて 16 人が出席した.

ex·clu·sion /ɪksklúːʒən, eks-/ 名 (動 exclúde) (反 inclusion) U.C 除外, 締め出す[される]こと, 排除; C (契約などで)除外される事項; U (英) 退学: the ~ *of* minorities *from* the peace talks 和平交渉からの少数民族の締め出し / an ~ zone 立入り禁止地域. **to the exclúsion of ...** [前] …を除外して, …を締め出して(しまうほど).

ex·clu·sion·ar·y /ɪksklúːʒənèri, eks- | -n(ə)ri/ 形 (格式) 排他的な.

*****ex·clu·sive** /ɪksklúːsɪv, eks-/ 13 形 (動 exclúde) (反 inclusive) **1** [普通は A] 独占的な, 専用の; 独自の: an ~ interview 独占会見 / This car is for the president's ~ use. この車は社長の専用車です.
2 排他的な; 非開放的な: an ~ school 入学資格がやかましい学校.
3 (店などが)高級な, ほかにはないような; 専門的な: an ~ hotel 高級[一流]ホテル. **4** P 相入れない; 矛盾する: The two concepts are mutually ~. この 2 つの概念は相入れないものだ. **be exclúsive to ...** [動] (英) …に限定されている, …にしかない. **exclúsive of ...** [前] …を除いて. ━━ 名 C (新聞などの)独占記事, 特ダネ, スクープ; 独占権.

*****ex·clu·sive·ly** /ɪksklúːsɪvli, eks-/ 副 もっぱら, 全く…だけ (only): This offer is intended ~ for the newspaper readers. この特価は本紙の読者専用です.

exclúsive·ness, ex·clu·siv·i·ty /èkskluːsívəti/ 名 U 高級さ; 排他(性), 独占.

exclúsive ór 名 U C (論) 排他的「あるいは」(命題 A,B の一方のみが真のとき A or B が真になる場合; ☞ inclusive or).

ex·com·mu·ni·cate /èkskəmjúːnəkèɪt/ 動 他 【キ教】 (人を)破門する; 除名する (*for*).

ex·com·mu·ni·ca·tion /èkskəmjùːnəkéɪʃən/ 名 U.C 【キ教】 破門, 除名.

ex·con /ékskán | -kɔ́n/ 名 (略式) 前科者.

ex·co·ri·ate /ɪkskɔ́ːrièɪt, ɪks-/ 動 他 **1** (まれ, 格式) 〈本・芝居などを〉酷評する. **2** 【医】 〈…の〉皮を傷つける[はぐ].

ex·co·ri·a·tion /ɪkskɔ̀ːriéɪʃən, ɪks-/ 名 C.U **1** (まれ, 格式) (本・芝居などの)酷評すること. **2** 【医】皮を傷つけること.

ex·cre·ment /ékskrəmənt/ 名 U (格式) 糞便.

ex·cre·men·tal /èkskrəméntl/ 形 (格式) 糞便の, 排泄(はいせつ)の.

ex·cres·cence /ɪkskrés(ə)ns/ 名 C (文) [けなして] 邪魔物 (*on*) (建物など); 【病】病的増殖物, 突出物 (いぼ・こぶなど).

ex·cre·ta /ɪkskríːtə, eks-/ 名 複 (格式) 排泄物.

⁺ex·crete /ɪkskríːt, eks-/ 動 他 〈…を〉排泄(はいせつ)する. ━━ 自 排泄する.

ex·cre·tion /ɪkskríːʃən, eks-/ 名 U.C (格式) **1** U 排泄(作用). **2** C.U 排泄物.

ex·cre·to·ry /ékskrətɔ̀ːri | ɪkskríːtəri, eks-, -tri/ 形 (格式) 排泄の.

*****ex·cru·ci·at·ing** /ɪkskrúːʃièɪtɪŋ, eks-/ 形 (痛みが)激しい, 強烈な; 耐えがたい. **~·ly** 副 耐えがたいほど; 強烈に.

ex·cul·pate /ékskʌlpèɪt/ 動 他 〈人を〉無罪にする; 〈人の〉身のあかしを立てる.

ex·cul·pa·tion /èkskʌlpéɪʃən/ 名 U (格式) 無罪にすること.

ex·cul·pa·to·ry /ɪkskʌ́lpətɔ̀ːri, | -təri, -tri/ 形 (格式) 無実を証明する.

⁺ex·cur·sion /ɪkskə́ːʒən, eks- | -kə́ːʃən/ 13 名 C **1** (団体の)観光旅行, 遠足, 短期旅行; 遊覧旅行; 周遊(割引)旅行 (☞ travel 名 3 表, current 単語の記載): We went on a day ~ *to* the lake. 私達はその湖へ日帰り旅行をした. **2** (買い物などに)出向くこと. **3** (格式) (体験や理解のための)試み (*into*).

ex·cus·a·ble /ɪkskjúːzəbl, esk-/ 形 (反 inexcusable) [普通は P] (言動が)許される, 許してもよい.

*****ex·cuse**¹ /ɪkskjúːz, eks-/ ★ 名詞の excuse² との発音の違いに注意. 動 (**ex·cus·es** /~ɪz/; **-cused** /~d/; **-cus·ing** 名 excúse²) 他

ラテン語で「非難を取り除く」の意から, 「許す」1, 「免ずる」2 → (事柄が人の行為を許す根拠となる) → 「弁解になる」3

1 〈人・行為を〉許す, 勘弁する, 大目に見る (☞ forgive 表, 類義語]): I cannot ~ her. 彼女を許せない / 言い換え He wouldn't ~ my carelessness. =He wouldn't ~ me *for* be**ing** careless. <V+O+*for*+動名> 彼は私の不注意を許してくれない / 言い換え Please ~ me *for* call**ing** you up so early in the morning. <V+O+*for*+動名>=(格式) Please ~ my call**ing** you up so early in the morning. <V+O (動名)> こんな早朝ご電話で申しわけありません / Please ~ my terrible voice. I have a cold. ひどい声でごめんなさい. かぜをひいているので / He can be ~d *for* being late. He had an accident. 彼が遅れたのは大目にみよう. 事故にあったのだから.

2 [しばしば受身で] 〈義務・借金・出席などを〉免ずる; 〈人〉を(…から)免除する, 〈人〉の退席を許す: He *was* ~d *from* do**ing** the homework. <V+O+*from*+動名の受身> 彼は宿題をしなくて済んだ / 言い換え She *was* ~d *from* violin practice. <V+O+*from*+名・代の受身>=(主に英) She *was* ~d violin practice. <V+O+O の受身> 彼はバイオリンのけいこをしなくて済んだ / I hope you'll ~ me. 失礼したいと思いますが ((パーティーから帰りたいとき)) / May I be ~d? <V+O の受身> 失礼してよろしい[お手洗いに行っていい]でしょうか (目上[年下]の者が途中で席をはずすときや子供がトイレに行きたいときの遠回しの表現) / Can I be ~d? もう席を離れてもいい? 参考 英米の多くの家庭では食後, 子供は親の許可がなくては食卓を離れられない / You 'may be [are] ~d. もう行って'よろしい. **3** [普通は否定文で] (事情が)〈…の〉弁解になる: Nothing can ~ your delay. 君が遅れたことについてどんな弁解も通じない / His ignorance does not ~ his mistake. 知らなかったからといって彼が間違ったのが通るわけではない.

Excúse me. 感 S **(1)** ごめんなさい, 失礼しました, すみません 《人に失礼なことをしたり, ミスをして謝るときに言う》(Pardon me.; (英) Sorry.). 語法 これに対する受け答えは That's all right. (どういたしまして)とか Don't worry about it. または Never mind. (お気になさらないで)とか Excuse me /míː/. (こちらこそ)などと言う. 日英比較 日本語の軽いお礼の意味の「すみません」に相当するのは Thank you.
(2) 《丁寧》 ちょっと失礼, ごめんください 《人に道をあけてもらったり, 座をはずしたりするときに言う》.

語法 (1) 2 人以上のときは *Excuse us.* と言う: Would you ~ us? It's about time we went home. 失礼します. そろそろ帰る時間ですので《夫婦そろって帰るときなど》.
(2) これに対する受け答えは普通 Certainly. か Of course. か (主に米) Sure. と言う.

Excúse me? S (主に米) すみませんがもう一度おっしゃってください (I beg your pardon?, Pardon (me)?; (主に英) Sorry?). 語法 上昇調で発音される (☞ つづり字と発音解説 94).

会話 "Would you like some coffee?" "E~ me?" "I said, 'Would you like some coffee?'" "Oh, thank you. Yes, please.”「コーヒーはいかがですか」「すみません, 何とおっしゃったのですか」「『コーヒーはいかがですか』と申したのです」「どうも. はい, いただきます」

Excúse me, (but) ... [副] Ⓢ《丁寧》失礼ですが (...していただけますか); すみませんが (...してもよろしいですか)《知らない人に話しかけたり, 異議を唱えたりするときに言う》: *E~ me, but* could you tell me the way to the station? ちょっとすみませんが駅へ行く道を教えてくださいませんか / *E~ me,* may I put my books here? すみませんがここに本を置かせていただけますか / *E~ me, but* I'm afraid you are not correct. 失礼ですが, あなたの考えは間違っているのではないでしょうか.

Excúse me (for líving [bréathing])! Ⓢ すいませんねえ, 悪うございましたねえ《相手が不快なことを言ったときに用いる表現》.

excúse onesèlf [動] [自] (1) 断わって中座する (*from*). (2) 弁解する, 謝る. (3) 辞退する (*from*).

if you'll excúse me, ... [副] [文修飾語] すみませんが: *If you'll ~ me,* I've got work to do. 申しわけありませんが失礼します. 仕事がありますので.

*__ex·cuse__[2] /ɪkskjúːs, eks-/ ★ 動詞の excuse[1] との発音の違いに注意. [名] (**ex·cus·es** /~ɪz/; [動] excúse[1]) [C] **1** 言いわけ, 弁解, 言い分; 口実; 容赦, 勘弁 (*for*): That is no ~. それは言いわけにはならない / 「You have [There is] no *~ for* be*ing* lazy. 怠けていたことに対する弁解などありはしない / What's your ~ this time? 今回の言い分は何ですか / The salesman's visit gave me a good ~ *to* stop my work. <N+*to* 不定詞> セールスマンが来たので私は仕事を中断するよいロ実ができた.

コロケーション
accept ...'s *excuse* (人の)言いわけを受け入れる
look for an *excuse* for ... ...の言いわけをさがす
offer an *excuse* for ... ...の言いわけをする
reject ...'s *excuse* (人の)言いわけを拒む

2 [複数形で] (欠席などの)おわびのことば: Please *make my ~s* at the meeting tomorrow. 出席できませんので, 明日の集会でよろしくお伝え下さい.
3 [前に形容詞をつけて]《格式》申し分程度のもの[人]: a poor ~ *for* a paper 論文とは名ばかりのもの. **4**《米》(保護者などからの)欠席届 (《英》sick note).

by wày of excúse=in excúse [副] 言いわけに, 弁解として.

màke 「an excúse [excúses] for ... [動] [他] ...の言いわけをする: He *made* many *~s for* be*ing* late. 彼は遅くなったことに対していろいろと言いわけをした.

màke one's excúses [動] [自] (欠席・中座などの)言いわけをする, わびる.

èx-diréctory [形]《英》=unlisted 1.

ex·ec /ɪgzék, eg-/ [名] [C]《略式》=executive 1.

ex·e·cra·ble /éksəkrəbl/ [形]《格式》実にいやな, 忌まわしい. **-cra·bly** /-krəbli/ [副] 大変ひどく.

ex·e·crate /éksəkrèɪt/ [動] [他]《文》[普通は受身で] <...>を忌み嫌う, ひどく嫌う; 痛烈に非難する.

éx·e·cut·a·ble fíle /éksəkjùːṭəbl-/ [名] [C]〔電算〕実行可能ファイル《通例, exe で終わるファイル名を持つプログラムファイル》.

*__ex·e·cute__ /éksɪkjùːt/ [動] (**-e·cutes** /-kjùːts/; **-e·cut·ed** /-ṭɪd/; **-e·cut·ing** /-ṭɪŋ/; [名] èxecútion, [形] exécutive) [他] **1** [しばしば受身で] <人>を処刑する, 死刑にする: The murderer *was ~d.* <V+O の受身> その殺人犯は処刑された / He *was ~d for* murder. <V+O+*for*+名・代の受身> 彼は殺人犯として処刑された.
2《格式》<命令・計画など>を実行する, <職務など>を果たす (carry out): ~ the plan 計画を実行する / The nurse *~d* the doctor's orders. その看護師は医師の命令を実行した. **3**《格式》<難しいこと>をうまくこなす; <ダンスのステップ>を踏む; <芸術作品>を制作する: ~ the landing skillfully 着陸をうまくこなす. **4**〔電算〕<プログラムの命令など>を実行する. **5**〔法〕<遺言・契約など>を執行する, 履行(りこう)する; <法律>を実施する, 施行する; <証書>を作成する: Congress makes laws; the President *~s* them. 議会が法律を作り大統領がそれを施行する.

⁺**ex·e·cu·tion** /èksɪkjúːʃən/ [名] ([動] éxecùte) **1** [U,C] 処刑, 死刑執行: The ~ *of* the murderers will take place tomorrow. 殺人犯たちの処刑は明日行なわれる. **2** [U]《格式》(職務などの)遂行, (命令・計画などの)実行, (約束の)履行(りこう): ~ *of* duties 職務の遂行. **3** [U]《格式》困難なことをうまくこなすこと; (芸術作品の)制作. **4** [U]〔法〕(遺言の)執行 (*of*); (法律・判決などの)実施; 強制執行, 差し押さえ. **5** [U,C]〔電算〕(プログラム指示の)実行.

ex·e·cu·tion·er /èksɪkjúːʃ(ə)nə | -nə/ [名] [C] 死刑執行人.

__ex·ec·u·tive__ /ɪgzékjuṭɪv, eg-/ [T1] [名] (~s /~z/) **1 [C] [《英》単数形でも時に複数扱い] (企業などの)**管理職(員)**, **役員**; **重役(陣)**; **経営者**, 経営陣《個人にも全体にも用いる》: the chief ~ 社長 / The parking spaces nearest the door are reserved for *~s.* ドアにいちばん近い駐車場所は重役専用だ. **2** [the ~;《英》時に複数扱い] (政府の)行政部; 《米》[the E-] 行政長官《大統領や各州知事》;《主に英》組合執行部: ☞ Chief Executive.
— [形] ([動] éxecùte) [A] **1** [比較なし] **管理の**, **経営の**; 管理[経営]にかかわっている; 管理権限[能力]のある; 執行力のある: ~ talents 管理の手腕 / an ~ position in a company 会社における管理職の地位 / an ~ committee [board] 執行委員会 / an ~ secretary 事務総長[局長] / an ~ director (会社・団体の)常務理事.
2 [比較なし] 行政(上)の, 行政的な: an ~ officer 行政官; 社長, 役員;〔軍〕副官 / the ~ branch of government (国・自治体の)行政府[部門], (狭義の)政府 // ☞ executive privilege. [関連] administrative 行政の / judicial 司法の / legislative 立法の. **3** 管理職(用)の; 高級な: an ~ dining room 管理職用の食堂.

Exécutive Mánsion [名] [固] [the ~]《米》大統領官邸《一般には the White House と呼ばれる》.

exécutive órder [名] [C] 行政命令, 大統領令《行政機関・大統領の発する命令・規則で法律と同等の効力を有するもの》.

exécutive prívilege [名] [U,C]《米》(機密保持に関する)行政特権, 大統領特権.

exécutive séssion [名] [C] (米国上院などの, 通例非公開の)幹部会議.

⁺**ex·ec·u·tor** /ɪgzékjuṭə, eg- | -tə/ [名] [C]〔法〕指定遺言執行人.

ex·e·ge·sis /èksəʤíːsɪs/ [名] (複 **ex·e·ge·ses** /-siːz/) [C,U]《格式》(文献の)綿密な解釈, (特に聖書の)解釈, 釈義 (*of*).

ex·em·plar /ɪgzémplə, eg- | -plɑː/ [名] [C]《格式》**1** 模範, 手本 (*of*). **2** 典型, 見本 (*of*).

⁺**ex·em·pla·ry** /ɪgzémpləri, eg-/ [形]《格式》**1** 模範的な, りっぱな. **2** [A] みせしめの.

ex·em·pli·fi·ca·tion /ɪgzèmpləfɪkéɪʃən/ [名]《格式》[U] 例証, 模範; [C] 標本, 適例.

⁺**ex·em·pli·fy** /ɪgzémpləfàɪ/ [動] (**-pli·fies**; **-pli·fied**; **-fy·ing**) [他]《格式》<...>のよい例となる; <...>を実例で示す, 例示する.

*__ex·empt__ /ɪgzém(p)t, eg-/ [形] [P]《格式》(...を)免除された, 免れた (free): a student ~ *from* tuition 授業料を免除されている学生. [関連] tax-exempt《米》免税の. — [動] [他]《格式》<人>の(義務・仕事・支払いなどを)免除する: Disabled students *are ~ed from* gym. 体

E

の不自由な生徒は体育の授業を免除される.

ex·emp·tion /ɪgzém(p)ʃən, eg-/ 名 《格式》 **1** 《米》(個人の)所得控除 (《英》 personal allowance). **2** U.C (義務の)免除: ~ *from* taxes = tax ~ 免税.

＊ex·er·cise /éksəsàɪz | -sə-/ 名 (**-er·cis·es** /-ɪz/)

> ラテン語で「家畜を小屋から追い出して(働かせる)」の意→「行使」5→「運動」1→(能力向上のための運動)「練習」2→「練習問題」3

1 U.C (身体の)**運動**, 体操: get [do, take] two hours' ~ every day 毎日 2 時間の運動をする / Regular ~ is good for your health. 定期的な運動は健康によい / Jogging is too much ~ for a person with a weak heart. ジョギングは心臓の弱い人にはきつすぎる運動だ. **2** C [普通は複数形で] **練習**, けいこ, 実習 (lesson), 訓練 (☞ practice 類義語); [単数形で]《格式》(ある目的のための)活動, 作業 (*in*): piano ~s ピアノの練習 / do gymnastic ~s 体操をする / do ~s *in* oral English 英語の話し方の練習する. **3** C **練習問題**, 課題; 練習曲 (*for*): There are ~s *in* composition [grammar] after each lesson. 各課の終わりに作文[文法]の練習問題がある. **4** C [普通は複数形で]軍事演習, 教練. **5** U または an ~ 《格式》(権力の)行使, (効果的に体･精神力などを)働かすこと, (能力の)発揮: the ~ *of* caution 注意力を働かすこと. **6** [複数形で]《米格式》儀式: commencement [graduation] ~s 卒業式. **an éxercise in futílity** [名] まったく役に立たない行為. **the óbject of the éxercise** [名] (一見むだとも思える行動などの)真の目的. **on éxercise** [副･形] 軍事教練中[の].

— 動 (**-er·cis·es** /-ɪz/; **-er·cised** /-d/; **-er·cis·ing**) 自 運動する, 練習する: My brother ~s every day. 兄は毎日運動をしている.

— 他 **1** 〈…〉に運動させる, 練習させる, 〈…〉を訓練する(train) (*in*): This machine helps them ~ their leg muscles. (機械)装置は彼らが脚の筋肉を鍛えるのを助ける. / He hired a man to ~ his horses. 彼は馬の調教に 1 人の男を雇った. **2**《格式》〈権力〉を行使する, 〈役目など〉を果たす; 〈影響など〉を及ぼす: We can ~ our rights as citizens at any time. 私たちはいつでも市民としての権利を行使することができる. / E~ caution when [in] turning corners. 角を曲がる時には注意しなさい. **3**《格式》〈器官･精神力など〉を働かせる, 用いる. **4** [普通は受身で]《格式》[しばしば滑稽] 〈…〉を悩ませる, 心配させる (worry): I've been very much ~*d about* my own future. 私は自分自身の将来についてとても悩んでいる.

éxercise …'s mínd = **éxercise the mínd of …**. [動] 〈…〉を悩ませる, …を苦しめる.

éxercise bìcycle 名 = exercise bike.

éxercise bìke 名 C 室内運動用固定式自転車.

éxercise bòok 名 C 練習帳 (《主に英》= notebook 1.

＊ex·ert /ɪgzə́ːt, eg- | -zə́ːt/ 動 (**ex·erts** /-zə́ːts | -zə́ːts/; **-ert·ed** /-ţɪd/; **-ert·ing** /-ţɪŋ/) 他 《格式》〈権力など〉を行使する, 〈影響〉を及ぼす; 〈力など〉を加える: He tried to ~ his influence *on* the congressmen. 彼は下院議員に影響力を行使しようとした. **exért oneself** [動] 〈権力など〉を行使する (大いに)努力する; がんばる.

ex·er·tion /ɪgzə́ːʃən, eg- | -zə́ː-/ 名 U.C 《格式》力を出すこと; 努力; U (力の)発揮; (権力の)行使.

ex·e·unt /éksiʌnt, -siant/ 《ラテン語から》 動 《劇》(2 人以上が)退場する《舞台指示; 脚本のト書きで原形のみ用いる》. ☞ exit, enter).

/-ámniːz | -óm-/ 《格式》全員退場.

ex·fo·li·ant /eksfóuliənt/ 名 C.U 皮膚摩擦材, スクラブ剤(洗顔料).

ex·fo·li·ate /eksfóuliеɪt/ 動 自 他 《皮膚などが》剥離する. — 他 《皮膚など》を剥離させる.

ex·fo·li·a·tion /eksfòuliéɪʃən/ 名 U (皮膚の)剥離.

ex grá·ti·a /eksgréɪʃ(i)ə/ 《ラテン語から》 形 [普通は A], 副 W 《格式》(法的義務からではなく)好意の[で], 任意の[で].

ex·ha·la·tion /èks(h)əléɪʃən/ 名 (反 inhalation) 《格式》 U (息･煙など)を吐き出すこと; C 吐き出されたものなど.

＊ex·hale /ekshéɪl/ 動 (反 inhale) 《格式》 自 息を吐く.— 他 〈息･煙など〉を吐き出す; 〈ガス･臭いなど〉を発散する.

＊ex·haust /ɪgzɔ́ːst, eg-/ 動 (**ex·hausts** /-ɔ́ːsts/; **-haust·ed** /-ɪd/; **-haust·ing** /-ɪŋ/) 他 **1** 〈…〉を**疲れ果てさせる**, 消耗させる: The long war ~*ed* the country. 長い戦争でその国の人々は疲弊した / He *was* ~*ed* by his long walk. <V+O の受身> 彼は長い間歩いて疲れ果てた. **2** 〈…〉を使い果たす, 尽きさせる, からにする: ~ all possibilities あらゆる可能性を試す / He ~*ed* his savings [strength]. 彼は貯金[体力]を使い果たした. **3** 〈研究題目など〉を余すところなく研究する[述べる]: He ~*ed* the subject. 彼はその題目に関することはすべて研究した[言いつくした]. 語源 ラテン語で「水をくみ出す, 枯らす」の意. **exháust onesélf** [動] 自 疲れ切る.

— 名 **1** U = exhaust gas. **2** C = exhaust pipe. **3** [the ~] = exhaust system.

＊ex·haust·ed /ɪgzɔ́ːstɪd, eg-/ 形 **1** 疲れ切った, へとへとになった (*from, by*) (☞ tired 類義語): Anne looks ~. アンはとても疲れているようだ. **2** 使い尽くされた, 消耗した.

exháust gàs [fùmes] 名 U 排気ガス.

＊ex·haust·ing /ɪgzɔ́ːstɪŋ, eg-/ 形 〈心身を〉疲れさせる, 消耗させる.

＊ex·haus·tion /ɪgzɔ́ːstʃən, eg-/ 名 (動 exháust) U **1** (極度の)疲労; 疲労困憊(ﾊﾟｲ): nervous ~ ノイローゼ / physical [mental] ~ 肉体的[精神的]疲労 / with ~ 疲労して. **2** 《格式》使い尽くすこと, 枯渇: the ~ *of* natural resources 天然資源を使い果たすこと.

＊ex·haus·tive /ɪgzɔ́ːstɪv, eg-/ 形 (動 exháust) 徹底的な, あらゆる可能性を 1 つずつあたる (thorough), 完全な (complete): an ~ inquiry 徹底的な調査. **~·ly** 副 徹底的に, 余すところなく.

exháust pìpe 名 C 排気管 (☞ motorcycle 挿絵).

exháust sỳstem 名 [the ~] 排気装置.

＊ex·hib·it /ɪgzíbɪt, eg-/ 動 (**-hib·its** /-zíbɪts/; **-it·ed** /-ţɪd/; **-it·ing** /-ţɪŋ/; 名 exhibition) 他 **1** [しばしば受身で] 〈…〉を**展示する**, 陳列[出品, 公開]する (☞ show 類義語): Many famous old paintings *are* ~*ed at* [*in*] that gallery. その画廊では多くの古い絵画が展示されている. **2** W 《格式》(人前で)〈…〉を見せる, 示す; 見せびらかす; 〈感情など〉を表わす (☞ show 類義語): He ~*ed* great talent in his childhood. 彼は子供のころ大変な才能を示した. **3**《法》〈物件･書類〉を(証拠として)提出[提示]する. — 自 出品する (*at, in*).

— 名 C **1**《米》展示会 (show, exhibition). **2** 出品物, 陳列品, 展示品. **3**《法》証拠物件[書類]. **on exhíbit** [形･副] 陳列[出品]中で.

＊ex·hi·bi·tion /èksəbíʃən/ 名 (~s /-z/; 動 ex·híbit) **1** C 《主に英》展覧会; 展示会 (show); 博覧会; (動物･植物などの)品評会; U 発表 (*of*): Many art ~*s* are held in the fall. 秋には多くの美術展がある / The company held [put on] an ~ *of* the new

machines. その会社は新しい機械の展示会を開いた. 関連 exposition 大規模な博覧会.
2 [単数形で](人前で)見せること, 発揮(すること): an ~ of rudeness 無礼な態度を示すこと / It's a good opportunity for the ~ of your talents. あなたの才能を示すいい機会だ. **3** C (英)奨学金. **4** C 模範演技[演奏]. **màke an exhibítion of onesélf** (けなして) 恥さらしな(真似)をする. **on exhibítion** [形・副] 陳列[出品]されて.

ex·hi·bi·tion·er /èksəbíʃ(ə)nə | -nə/ 名 C (英)奨学生.

ex·hi·bi·tion·is·m /èksəbíʃnìzm/ 名 U **1** [普通はけなして] 目立とうとすること, 自己顕示(癖). **2** [心] 露出症, 露出癖.

ex·hi·bi·tion·ist /èksəbíʃ(ə)nɪst/ 名 C **1** [普通はけなして] 目立ちたがり屋, 自己顕示欲の強い人. **2** [心] 露出症患者. —形 自己顕示欲の強い.

ex·hi·bi·tion·is·tic /èksəbìʃənístɪk⁻/ 形 **1** [普通はけなして] 目立ちたがり屋の, 自己顕示欲の強い. **2** [心] 露出症の, 露出症的な.

exhibítion màtch [gàme] 名 C 公開模範試合, 非公式試合, オープン戦.

†**ex·hib·i·tor** /ɪgzíbɪtə, eg- | -tə/ 名 C (展覧会などの)出品者.

ex·hil·a·rate /ɪgzílərèɪt, eg-/ 動 他 (格式) 〈…の〉気分をうきうきさせる, 〈…を〉陽気にする.

ex·hil·a·rat·ed /ɪgzílərèɪtɪd, eg-/ 形 (格式) うきうきした気分の, 陽気な.

ex·hil·a·rat·ing /ɪgzílərèɪtɪŋ, eg-/ 形 (格式) 気分をうきうきさせるような, 陽気にするような. **~·ly** 副 気分をうきうきさせるように[ほど].

ex·hil·a·ra·tion /ɪgzìlərèɪʃən, eg-/ 名 U (格式) 気分を引き立たせること; うきうきした気分, 陽気 (of).

†**ex·hort** /ɪgzɔ́ːt, eg- | -zɔ́ːt/ 動 他 (格式) 〈…に〉熱心に説く, 勧める (urge); 訓戒する: He ~ed me to study harder. 彼は私にもっと勉強するように勧めた.

ex·hor·ta·tion /èksɔətéɪʃən, eg-; èɡzɔː-, -ksɔː-/ 名 U.C (格式) 熱心な勧め, 奨励, 勧誘; 訓戒.

ex·hu·ma·tion /èks(h)juːméɪʃən, eg-/ 名 C.U (格式) (死体の)発掘.

ex·hume /ɪgzúːm, eg- | eks(h)júːm/ 動 他 [普通は受身で] (格式) (死因調査などで)〈死体を〉発掘する, 〈墓から〉掘り起こす.

éx·húsband 名 C 前の夫, 先夫 (《略式》 ex) (☞ ex-² 語法 (2)).

ex·i·gence /éksədʒəns/ 名 = exigency.

ex·i·gen·cy /éksədʒənsi/ 名 (-gen·cies) (格式) **1** C [普通は複数形で] 切迫した事情, 緊急な必要, 急務 (of). **2** U 急を要する場合, 危急.

ex·i·gent /éksədʒənt/ 形 (格式) **1** (事態が)危急の, 急迫した. **2** (人が)多くを要求する.

ex·ig·u·ous /ɪgzíɡjuəs, eg-/ 形 (格式) ごくわずかな.

†**ex·ile** /éɡzaɪl, éksaɪl/ 名 (~s /~z/) **1** U (国外への)追放, 流刑; 亡命: [主に新聞で] 長期の国外[異郷]生活[労働]: live [be] in ~ 亡命生活を送る / The president *went into* ~. 大統領は亡命した / He was sent [forced] *into* ~. 彼は国外に追放された.
2 C 亡命者; [主に新聞で] 国外[異郷]生活[労働]者: an ~ *from* home 故国からの亡命者. —動 他 [普通は受身で] 〈…を〉(本国から)追放する; 亡命させる: He *was* ~*d from* his native land *to* a remote country. 彼は故国から遠い土地へ追放された.

ex·iled 形 A (本国から)追放された.

ex·ist /ɪɡzíst, eɡzíst/ 動 (exists /-ɪsts/; -ist·ed /-ɪd/; -ist·ing /-ɪŋ/; 名 existence, 形 existent) 自 [進行形なし] **1 存在する**, 実在する (be) (in): Ghosts do not ~. 幽霊は存在しない / No life ~*s on* the moon. 月に生物はいない / The school ceased to ~ last year. 学校は昨年なくなった.
2 生存する, 生きている (live); (ひどい状況で)暮らしていく (for): No living thing can ~ without water. どんな生物も水なしでは生きられない / We cannot ~ *on* such [a small salary [poor food]. <V+on+名・代> 我々はこんな安い給料[ひどい食事]では生きていけない.

単語の記憶 《SIST》(立つ)
exist	(外に立つ) → **存在する**
assist	(そばに立つ) → 助力する
consist	(いっしょに立つ) → (…から)成る
insist	(…の上に立つ) → 主張する
persist	(ずっと立つ) → あくまで通す
resist	(…に対して立つ) → …に抵抗する

†**ex·is·tence** /ɪɡzístəns, eg-/ 名 (動 exist) **1** U 存在, 存在すること; 実在: He could not believe in the ~ *of* God. 彼は神の存在が信じられなかった.
2 U 生存, 生きていること: the struggle for ~ 生存競争 / Water is necessary for our very ~. 我々がまさに生きていくには水が必要である.
3 [形容詞とともに単数形で] (普通はよくない)生活, 暮らし (life): lead *a* miserable ~ みじめに暮らす.
cáll … ìnto exístence [動] 他 《文》 〈…を〉生み出す, 成立させる.
còme ìnto exístence [動] 自 生まれる; 成立する: This is how that great empire *came into* ~. こうしてその偉大な帝国が生まれた.
gò óut of exístence [動] 自 なくなる, 消える.
in exístence [形] 現存の, 存在する: It is the oldest wooden building *in* ~. それは現存する最古の木造建築だ.

†**ex·is·tent** /ɪɡzístənt, eg-/ 形 (動 exist; 反 nonexistent) (格式) 現存する; 現在の (present). —名 C 〖哲〗 存在物.

ex·is·ten·tial /èɡzɪsténʃəl⁻/ 形 A **1** (格式) 実存の, 存在に関する. **2** 〖哲〗 実存主義の.

ex·is·ten·tial·is·m /èɡzɪsténʃəlìzm/ 名 U 〖哲〗 実存主義.

ex·is·ten·tial·ist /èɡzɪsténʃ(ə)lɪst/ 名 C 〖哲〗 実存主義者. —形 〖哲〗 実存主義(者)の.

existéntial quántifier [óperator] 名 C 〖論〗 存在記号, 特殊記号.

†**ex·ist·ing** /ɪɡzístɪŋ, eg-/ 形 A 現在の (present), 現行[従来]の: A drastic change must be made in the ~ tax system. 今の税体系は思いきった変更が必要だ.

†**ex·it** /éɡzɪt, éksɪt/ 名 (**ex·its** /éɡzɪts, éksɪts/; 反 entrance) C **1** (建物・高速道路などの)出口: a fire ~ 火災の際の非常出口 / an emergency ~ 非常口. **2** [普通は単数形で] (格式) 退出; (役者の)退場; 離脱; 退陣 (from): make a quick ~ 急いで退出[退場]する. —動 自 **1** 《ラテン語から》 (1人が)退場する (from): E~ Hamlet. ハムレット退場 《舞台指示; 脚本のト書きで用いる》. 語法 exit は三人称単数の主語の前にきて, 三単現 -s をつけない. 関連 enter 登場 / exeunt (2 人以上が)退場. **2** (格式) 立ち去る (go out) (from, through); 離脱する. **3** 〖電算〗 (プログラムを)終了する. —他 **1** (格式) 〈…を〉立ち去る; 《米》〈高速道路〉を出る. **2** 〖電算〗 〈プログラム〉を終了する.

éxit pòll 名 C (投票の)出口調査.

éxit strátegy 名 C 出口戦略 (危害や不利益を被ることなく危険な状況から撤退しようとする計画).

éxit vìsa 名 C 出国査証[ビザ].

ex·o- /éksou/ 接頭 「外部の」の意: *exo*gamy 族外婚.

Ex·o·cet /éksousèt/ 名 C エグゾセ 《フランス製対艦巡航ミサイル; 商標》.

éx·o·crìne glánd /éksəkrɪn-, -krìːn-/ 名 C 〖生理〗 外分泌腺.

ex·o·dus /éksədəs/ 图 1 [単数形で]《格式》または [滑稽]（大勢の人の）脱出，集団移動；（移民などの）大量出国 (*from, to*): a mass ~ 大量脱出. **2** [the E-] エジプト出国《Moses の率いるイスラエル人がエジプトを去りイスラエルへの長い旅に出たこと》; [E-]《聖》出エジプト記《イスラエル人のエジプト出国を記した 1 編》.

ex of·fi·ci·o /èksəfíʃiòu/《ラテン語から》形 副《格式》職権上の(の): an ~ member 職務上委員になっている者.

ex·og·a·my /eksɑ́gəmi/ -sɔ́g-/ 图 U《社》族外婚.

ex·on·er·ate /ɪgzɑ́nərèɪt, eg-/ -zɔ́n-/ 他《格式》〈人〉を無罪にする；〈人〉を〈嫌疑・責任などから〉免れさせる (*from, of*).

ex·on·er·a·tion /ɪgzɑ̀nəréɪʃən, eg-/ -zɔ̀n-/ 图 U《格式》無実の罪を晴らすこと；〔義務の〕免除，免責

ex·or·bi·tance /ɪgzɔ́ːrbətəns, eg-, -tns/ -zɔ́ː-/ 图 U《格式》〈欲望・要求・値段などの〉法外さ，過度.

ex·or·bi·tant /ɪgzɔ́ːrbətənt, eg-, -tnt/ -zɔ́ː-/ 形《格式》〈欲望・要求・値段などが〉法外な，途方もない. **~·ly** 副 法外に，途方もなく.

ex·or·cise /éksɔːrsàɪz/ -sɔː-/ 動 他 **1**〈…から〉悪魔・幽霊〉をはらう (*from*);〈人・場所〉をはらい清める，〈…〉の厄払い[魔よけ]をする. **2**〈悪い記憶など〉を払い去る.

ex·or·cism /éksɔːrsɪ̀zm/ -sɔː-/ 图 U,C（悪魔払いの）祈禱(とう)（術）；悪い記憶［経験］を払い去ること.

ex·or·cist /éksɔːrsɪst/ -sɔː-/ 图 C（悪魔払いの）祈禱(とう)師.

ex·or·cize /éksɔːrsàɪz/ -sɔː-/ 動 他 = exorcise.

***ex·ot·ic** /ɪgzɑ́tɪk, eg-/ -zɔ́t-/ 形 **1**[普通はほめて]異国風の；異国情緒のある；風変わりな: This town has an ~ atmosphere. この町には異国情緒がある. **2** 外国産の，外来の（特に熱帯のものをいう）(foreign).

ex·ot·i·ca /ɪgzɑ́tɪkə, eg-/ -zɔ́t-/ 图 複 異国風のもの（特に芸術・文学作品）.

ex·ot·i·cal·ly /ɪgzɑ́tɪkəli, eg-/ -zɔ́t-/ 副[普通はほめて]異国風に；風変わりに.

exótic dáncer 图 C《古風》ストリッパー.

ex·ot·i·cism /ɪgzɑ́təsɪ̀zm, eg-/ -zɔ́t-/ 图 U,C[普通はほめて]異国風；異国情緒.

***ex·pand** /ɪkspǽnd, eks-/ 動 **(ex·pands** /-pǽndz/; **-pand·ed** /-ɪd/; **-pand·ing**) 图 ex·pánse, expánsion, 形 expánsive）

━━━ 自 他 の転換 ━━━
自 **1** 広がる (to become larger)
他 **1** 広げる (to make (something) larger)

━━ 自 **1** 広がる，ふくらむ (swell), 膨張する；〔花が〕開く；〔顔が〕ほころびる〔反〕 contract): The city is ~*ing* rapidly. その市は急速に大きくなりつつある / Metal ~*s* when (it is) heated. 金属は加熱によって膨張する. **2** 拡張する，拡大する；発展する: The small shop ~*ed into* a large department store. <V+O+前+名・代> その小さな店は大きなデパートになった. **3** 詳しく述べる: Our teacher ~*ed on* the causes of the American Revolution. 先生は米国独立戦争の原因について詳しく述べた. **4**（人が）打ち解ける，心を開く. ━━ 他 **1**〈…〉を広げる (spread out); 膨張させる〔反〕 contract): Heat ~*s* metals. 熱は金属を膨張させる. **2**〈…〉を拡張する，拡大する (extend): He ~*ed* his business. 彼は商売を拡張した. **3**〈議論など〉を発展させる (*into*). **4**《数》〈式〉を展開する.

ex·pand·a·ble /ɪkspǽndəbl, eks-/ 形 拡張できる，拡大できる (*to*); 発展性のある.

ex·pánd·ed polystýrene /ɪkspǽndɪd-, eks-/ 图 U《主に英》発泡スチロール.

ex·pánd·ing úniverse thèory /ɪkspǽnd-ɪŋ-, eks-/ 图 [the ~]《天》膨張宇宙論.

***ex·panse** /ɪkspǽns, eks-/ 图 動 expánd） C（大きな）広がり: the blue ~(*s*) of the sky 広々とした青空.

***ex·pan·sion** /ɪkspǽnʃən, eks-/ 图（~*s* /-z/; 動 expánd) **1** U 膨張；the ~ *of* gases 気体の膨張. **2** U 拡張，拡大；広がること: territorial ~ = ~ *of* territory 領土の拡張. **3** U 展開；発展 (*into*): the ~ *of* trade 貿易の発展. **4** C 拡大[версиのされたもの，発展してできたもの；《数》展開式.

ex·pan·sion·ar·y /ɪkspǽnʃənèri, eks-/ -ʃ(ə)nəri/ 形[時にけなして] 商売[領土]拡張の.

expánsion bòard 图 C《電算》拡張ボード.

expánsion càrd 图 C《電算》拡張カード《スロットに挿入して用いる付加回路を載せた基板》.

ex·pan·sion·ism /ɪkspǽnʃənɪ̀zm, eks-/ 图 U [時にけなして]（領土・商売の）拡張主義.

ex·pan·sion·ist /ɪkspǽnʃ(ə)nɪst, eks-/ 图 [時にけなして] 形 拡張主義の. ━━ 图 C 拡張主義者.

expánsion slòt 图 C《電算》拡張スロット《拡張カードを挿入するコンピューター本体のスロット》.

expánsion tèam 图 C《米》《スポ》（リーグ拡大に伴う）新加盟チーム.

***ex·pan·sive** /ɪkspǽnsɪv, eks-/ 形（動 expánd) **1**《格式》打ち解けた，心の広い，開放的な: with an ~ gesture 手を広げて. **2** A 広々とした，広大な (broad). **3** 広範囲にわたる；詳しく述べた. **4**（時期・経済など）発展的な，膨張的な. **~·ly** 副 打ち解けて；開放的に；広く，詳しく述べて. **~·ness** 图 U 打ち解けること；開放的であること；広大さ；詳しく述べること.

ex·pat /èkspǽt/ 图 C（略式）=expatriate[1].

***ex·pa·ti·ate** /ɪkspéɪʃièɪt, eks-/ 動 自《格式》詳細に述べる[書く] (*on, upon, about*).

ex·pa·tri·ate[1] /ekspéɪtriət, ɪks-, -triət/ -pǽtriət, -péɪ-/ 图 C 国外移住者；祖国を捨てた人. ━━ 形 A 国外に移住した.

ex·pa·tri·ate[2] /ekspéɪtrièɪt, ɪks-, -pǽtri-, -péɪ-/ 動 自（国外に）移住する. ━━ 他 〈人〉を国外に追放する.

***ex·pect** /ɪkspékt, eks-/ 動 **(ex·pects** /-pékts/; **-pect·ed** /-ɪd/; **-pect·ing**; 图 expectátion, expéctancy, 形 expéctant) 他

「心の中で待ち受ける」《☞ 語源》の意から
→「（楽しみにして）期待する」**2**
→「（当然のこととして）期待する」**3** → 「予期する」**1** → (…と思う) → 「するつもり」**4**

1〈…〉を**予期する**，多分〈…（する）だろう〉と思う，〈人〉が…することを予測する［予定に入れる］〔類義語〕prospect【単語の記憶】): We ~ a very cold winter this year. 今年の冬は多分非常に寒いだろう / He fully [half] ~*s* *to* pass the next exam. <V+O (to 不定詞)> 彼は次の試験では絶対[ひょっとしたら]受かると思っている / [言い換え] I ~ him *to* come. <V+O+C (to 不定詞)> =I ~ (*that*) he'll come. <V+O ((*that*) 節)> 彼はやって来ると思う.

2[しばしば進行形で]〈よい事〉を**期待する**，待ち受ける；〈人・物〉が来る［着く］ものと思う: I was ~*ing* a letter *from* her. <V+O+前+名・代> 私は彼女の手紙を待っていた / [言い換え] I was ~*ing* you to come last night. <V+O+C (to 不定詞)> =I was ~*ing* (*that*) you would come last night. <V+O ((*that*) 節)> ゆうべはおいでになるかと待っていました / What time *is* Mr. Long ~*ed* back? <V+O+C (形)の受身> ロングさんはいつお帰りになるかと思う.

3〈…〉を(当然のこととして)**期待する**;〈人〉に…してほしいと思う: They ~ higher wages for their work. 彼らは自分たちの仕事に対してもっと高い賃金を期待している / The parents ~*ed* too much *of* [*from*] their son. <V+O+*of* [*from*]+名・代> その両親は息子に期待し

すぎた / England ~s every man *to* do his duty. <V+O+C (*to* 不定詞)> 英国は各人がその本分を尽くすことを期待する《英国の提督ネルソン (Nelson) が Trafalgar の海戦のときに掲げた信号のことば》 [言い換え] I ~ed you *to* have worked harder. =I ~ed you *to* work harder, but you didn't. あなたのことだからもっと働いてくれると思ったのに《☞ to³ G 文法》. **4** …するつもりだ: I ~ *to* attend the meeting. 私はその会に出席するつもりだ. [語源] ラテン語で「…を求めて外を見る」の意《☞ prospect¹ [単語の記憶]》

as expécted [副] 思っていたとおり, 案の定.

as might be expécted of ... [副] [文修飾語] さすが …らしく.

be expécted to dó [動] …すると思われている, …するはずだ; [丁寧な要請を表わして] …してください: This team *is* ~*ed to* win the championship. このチームは優勝すると思われている / You *are* ~*ed to* be here at eight tomorrow. 明日は8時に来てください.

be expécting (a báby) [動] (期待して)(女性が)出産予定である: She *is* ~*ing* again. 彼女はまたおめでただ. [語法] 遠回しに言うときには a baby を省略する.

be (ónly) to be expécted [動] 予期されることである, 当然[普通]のことだ: Such a result *was to be* ~*ed.* このような結果は当然予想された.

Hów do [can] you expéct ...? Ⓢ …なんて無理だって.

I expéct ... [進行形なし] Ⓢ (略式, 主に英) …だと思う (I think ...): I ~ there are some candles somewhere in the house. 家のどこかにろうそくがあるはずだ / "Will he run for election?" "*I* ~ *sò* [*nót*]." 「彼は選挙に出馬するだろうか」「する[しない]と思う」《☞ so⁶ 6, not (5)》

Whát (élse) do [can] you expéct? Ⓢ 当然ですね, それ以上望めませんよ.

【類義語】**expect** 十分な理由があって, 何かが起きる(またはわれわが来る)ものと信じること. よいことにも悪いことにも使う: I *expect* a storm. あらしになりそうだ. **anticipate** 予期する点では *expect* と同じであるが, それによって喜び(または不安)を感じるという意味が加わる. 時には, 予想に基づいて何かを行う意にもなる: I *anticipate* trouble. 面倒なことになりそうで(不安)だ.

ex·péc·tan·cy /ɪkspékt(ə)nsi, eks-/ 图 (動 expéct) Ⓤ (よいことへの)期待; 見込み, 予期.

⁺**ex·péc·tant** /ɪkspékt(ə)nt, eks-/ 形 (動 expect) **1** 期待して(待って)いる, (…を)予期している. **2** 回 まもなく(母[父]親)になる(人): an ~ mother (出産の近い)妊婦. ~**·ly** 副 期待して, 待ち受けて.

*****ex·pec·ta·tion** /èkspektéɪʃən/ 田 图 (~s /-z/; 動 expéct) **1** Ⓤ または 複数形で] 予期, 予想, 見込み; 期待: the ~ *of* life 平均余命 (life expectancy) / They began the job without much ~ *of* success. 彼らは大した成功の見込みもないのにその仕事を始めた / I have no (great) ~ *of* pass*ing* the examination. 私は試験にパスするとはとても思えない.

2 回 [普通は複数形で] **期待されるもの[こと]**: raise ~s 期待を抱(い)かせる / We have high [great] ~s *for* our children. 私たちは子供たちに大いに期待している.

agàinst [cóntrary to] (áll) expectátions [副] [文修飾語] (全く)予想に反して: *Against* (*all*) ~*s*, Tom got good marks this term. (全く)予想に反してトムは今学期よい成績をおさめた.

belów expectátions [形] 予想を下回って.

beyònd (áll) (one's) expectátions [副] 期待していた以上に, 予想外に.

còme úp to [líve úp to, méet] ...'s expectátions [動] [しばしば否定文で] …の期待にそう: The concert did*n't* come up to our ~*s.* コンサートは我々の期待どおりにはいかなかった.

fàll shórt of ...'s expectátions [動] …の期待を裏切る.

in (the) expectátion of ... [前] …を期待して, …を見越して: He ran up huge debts *in* ~ *of* his father's legacy. 彼は父親の遺産を当てにして莫大(㊀)な借金をこしらえた / He left the country *in* ~ *of* war. 彼は戦争が起こるのを見越して国を離れた.

in líne with expectátions [形・副] 予想通りで.

My expectátion is that ... 私の予想では…です.

ex·péct·ed /ɪkspéktɪd, eks-/ 形 A (反 unexpected) 予期[期待]される; (来ると)見込まれた.

ex·péc·to·rant /ɪkspéktərənt, eks-, -trənt/ 图 Ⓤ [医] 去たん薬.

ex·péc·to·rate /ɪkspéktərèɪt, eks-/ 動 ⓘ (格式) つば[たん, 血など]を吐く.

ex·pé·di·en·cy /ɪkspíːdiənsi, eks-/, **-di·ence** /-diəns/ 图 Ⓤ,Ⓒ (反 inexpediency, -dience) (格式) 便宜, 好都合; 方便, 便法.

⁺**ex·pé·di·ent** /ɪkspíːdiənt, eks-/ 形 (反 inexpedient) [しばしば (正しくないとしても)好都合で, 便宜的な; 適した, 有効な. — 图 回 (便宜的な)手段; 方便, (臨機の)処置: by the ~ *of* phoning 電話して. ~**·ly** 副 便宜上, 方便として.

ex·pe·dite /ékspədàɪt/ 動 他 (格式) (行動・計画などを)**促進する**, はかどらせる.

ex·pe·dit·er, -di·tor /ékspədàɪtə | -tə/ 图 回 (格式) (生産・荷物積み出しの)促進係.

*****ex·pe·di·tion** /èkspədíʃən/ 图 (~s /-z/; 形 èxpedítionàry) **1** 回 探検, 遠征, (調査・研究などのための)旅行; (時に滑稽) 遠出, お出かけ: make [go on] an ~ *to* the South Pole 南極探検に行く / be out on a shopping ~ 買い物にお出かけしている.

2 回 [(英) 単数形でも時に複数扱い] 探検隊, 遠征隊: He was a member of the ~ *to* Mount Everest. 彼はエベレスト探検隊の一員だった. **3** Ⓤ (格式) 急速, 迅速: with *expedition* 迅速に.

ex·pe·di·tion·ar·y /èkspədíʃənèri | -ʃ(ə)nəri/ 形 (图 èxpedítion) A 遠征の, 探検の: an ~ army [force] 海外派兵隊. [軍] 海外派兵隊.

ex·pe·di·tious /èkspədíʃəs⁻/ 形 (格式) 迅速な, 素早い. ~**·ly** 副 迅速に, 素早く.

ex·pe·di·tor /ékspədàɪtə | -tə/ 图 回 =expediter.

⁺**ex·pel** /ɪkspél, eks-/ 動 (**ex·pels** /-z/; **ex·pelled** /-d/; **-pel·ling**; 图 expúlsion) 他 **1** [普通は受身で] (…を)(組織・国などから)**追い出す**, 追い払う; 追放する: Tom *was expelled from* school (*for* cheating on his exam). <V+O+*from*+名・代(+*for*+動名)の受身> トムは(カンニングをして)退学処分になった. **2** (空気・ガスなど)を排出する, 吐き出す.

⁺**ex·pend** /ɪkspénd, eks-/ 動 (图 expénditure, expénse) 他 (格式) (時間・労力・金などを)費やす, 消費する (spend); 使い果たす (on, in)《☞ spend [語源]》.

ex·pénd·a·ble /ɪkspéndəbl, eks-/ 形 (格式) 消費してもよい; (戦略上)犠牲[使い捨て]にしてもよい.

*****ex·pen·di·ture** /ɪkspéndɪtʃə, eks- | -tʃə/ 图 (~**di·tures** /~z/; 動 expénd) Ⓤ,Ⓒ (格式) **1** 支出, 経費, 費用: public ~ 公費 / monthly ~*s* 毎月の支出額 / the ~ of money *on* education 教育に対する支出. [関連] income 収入. **2** (時間・労力などの)使用, 消費: with an immense ~ *of* energy 莫大なエネルギーを費やして.

*****ex·pense** /ɪkspéns, eks-/ 田 图 (**ex·pens·es** /-ɪz/; 動 expénd) Ⓤ,Ⓒ **1** 支出金; **費用**, 出費: *at* great [considerable, vast] ~ 多額の[かなりの, 莫大(㊀)な]費用をかけて / *at* little [no] ~ ほとんど[全く]費用をかけずに / Think of the ~. 費用がかかりすぎるよ.

———— コロケーション ————

defray ...'s *expenses* …の経費を支払う

expense account

incur *expenses* 出費を招く
reduce *expenses* 経費を切り詰める
reimburse *expenses* 経費を払い戻す
share the *expenses* 経費を分担する
spare no *expense* 金に糸目をつけない

2 [複数形で] (…に必要な)経費, …費: travel(ing) ~s 旅費 / medical ~s 医療費 / cover [meet] the ~s of a large household 大家族の家計費を賄う.
3 ⓒ [普通は単数形で] 費用のかかること[こと]: The maintenance of that garden is a great ~. その庭園を維持するのには大変費用がかかる.

(**áll) expénses páid** [形・副] 全額支給で, (会社などが)費用を負担した[して]: an *all* ~*s paid* trip 旅費全額会社[他人]持ちの旅行.

at one's (ówn) expénse [副] 自費で; 自分を犠牲にして: She studied in America *at her own* ~. 彼女は自費でアメリカで勉強した.

at ...'s expénse [副] (1) …の費用で: He traveled around the world *at* the firm'*s* ~. 彼は会社持ちで世界一周旅行をした. (2) (冗談などを)…をだしにして: He told a joke *at my* ~. 彼は私をからかって冗談を言った. (3) …を犠牲にして.

at the expénse of ... [副] (1) …を犠牲にして, …という犠牲を払って: He did it *at the* ~ *of* his health. 彼は自分の健康を犠牲にしてそれをした. (2) (冗談などが)…をだしにして. (3) …の費用で.

cléar one's expénses [動] 自 出費分の金を稼ぐ.
gó to gréat [a lót of] expénse to dó [動] …するのに大金を使う.
gó to the expénse of dóing [動] …することに金を使う.
nó expénse spáred [副] 金に糸目をつけず.
on expénse [副] (会社などの)経費で: put it *on* ~*s* それを経費で落とす.
pút ... to gréat [a lót of] expénse [動] 他 (…)に大金を使わせる: I'm sorry to have *put* you *to* such *a lot of* ~. とんだ散財をおかけしてしまってすみません.
pút ... to the expénse of — **[dóing]** [動] 他 —(するの)に(…)に金を使わせる.

expense accóunt [名] ⓒ (給料外の)必要経費 《出張旅費・交際費など会社の負担となるもの》: 「put ... on [charge ... to] —'s ~ …を—の必要経費とする.

※ex·pen·sive /ɪkspénsɪv, eks-/ [形] (反 inexpensive, cheap) **1** (品物などが)高価な, 費用のかかる.

expensive (品質の割にまたはとこ ろ具合からみて)	(値段が)高い
costly (品質がよいからまたは珍しいか ら)	

Do you have a less ~ car? もっと安い車はありますか / That watch is too ~ for me to buy. その時計はあまり高価で私には買えない. **2** 損失の大きい, 高くつく: an ~ mistake 手痛い誤り. **-·ly** [副] 費用をかけて.

※ex·pe·ri·ence /ɪkspíəriəns, eks-/ [名] 🔲 (-ri·enc·es /-ɪz/) 🔲 inexperience) **1** Ⓤ 経験, 体験; 経験による知識[能力] (*of*): a lawyer with [of] considerable ~ 経験豊かな弁護士 / lack of ~ 経験不足 / get [gain] teaching ~ 教職経験を積む / learn *by [from, through]* ~ 経験から学ぶ / know [speak] *from* ~ 経験からわかっている[語る] / We have thirty years' ~ *in* this field. わが社はこの分野では30年の経験がある / In my ~, this method is very useful. 私の経験によればこの方法は非常に役に立つ / E~ is the best teacher. 《こと

わざ》経験は最高の教師(人は他人の忠告などよりも自分の経験によることでよく学ぶ).
2 ⓒ 経験[体験]したこと, 心に残ったこと (*of, with*): quite an ~ *for* me 私にとってすごい[すごい]経験 / We had a shocking ~ on our trip. 我々は旅行でショッキングな経験をした / I can never forget the ~s I had during my stay in America. 私はアメリカに滞在中の経験は決して忘れられない. **3** [the ... ~ として] (特定の集団の持ち味ある)体験: *the* black [female] ~ (集団としての)黒人[女性]の経験. 語源 ラテン語で「試みる」の意; experiment, expert と同語源.

— [動] (-ri·enc·es /-ɪz/; -ri·enced /-t/; -ri·enc·ing) 他 〈…〉を経験する, 体験する, 〈…〉に(出)あう; 〈痛みなどを〉感じる: ~ war firsthand 戦争を直接体験する / In life, you ~ both joy and sorrow. 人生では喜びも悲しみも経験する / We have ~*d* many hardships on our journey. 我々は旅行中多くの困難にであった.

※ex·pe·ri·enced /ɪkspíəriənst, eks-/ [形] (反 inexperienced) 経験を積んだ, 経験のある; 老練な, ベテランの (☞ veteran 日英比較): an ~ teacher [nurse] ベテランの教師[看護師] / She is ~ *in* [*at*] teach*ing*. <A+*in* [*at*]+動名> 彼女は教職の経験がある.

ex·pe·ri·en·tial /ɪkspìəriénʃəl, eks-⁻/ [形] 《格式》経験(上)の, 経験に基づいた.

※ex·per·i·ment¹ /ɪkspérəmənt, eks-/ ★動詞の experiment² との発音の違いに注意. 🔲 [名] (**-i·ments** /-mənts/; 米) expériment², 形 expèriméntal) ⓒⓊ 実験, 試み (test) (*with; to do*) (☞ experience 語源): by ~ 実験を通して / try an ~ 試しにやってみる / do [carry out, perform] 「chemistry ~s [~*s in* chemistry] 化学実験をする / conduct a new ~ *on* human subjects 人を被験者として新しい実験を行なう.

※ex·per·i·ment² /ɪkspérəmènt, eks-/ ★名詞の experiment¹ との発音の違いに注意. 🔲 (**-i·ments** /-mènts/; **-ment·ed** /-tɪd/; **-ment·ing** /-tɪŋ/; 米) expériment¹, 形 expèrimentátion) 自 実験する, 試みる (*in*): He ~*ed on* animals. <V+前+名・代> 彼は動物実験をした / The engineer ~*ed with* a new method. 技師は新しい方法を試してみた.

※ex·per·i·men·tal /ɪkspèrəméntl, eks-⁻/ [形] ([名] expériment¹) 実験の, 実験に基づく; 実験用の; 試験的な: ~ methods 実験的な方法 / ~ psychology [design] 実験心理学[計画法] / ~ rats 実験用のラット. **-tal·ly** /-təli/[副] 実験的に; 試験的に; 試しに.

ex·per·i·men·ta·tion /ɪkspèrəmentéɪʃən, eks-, -mən-/([米) expèrimentátion) Ⓤ 《格式》実験; 実地練習 (*with, in, on*).

ex·per·i·men·ter /ɪkspérəmèntɚ/ -tə/ [名] ⓒ 実験者; 試みる者.

※ex·pert¹ /ékspəːt/ -pəːt/ (**ex·perts** /-pəːts/ -pəːts/; 米) éxpert²) ⓒ 専門家; 熟練者, 達人, ベテラン (*in*) (☞ veteran 日英比較): the advice of the ~*s on* agriculture 農業の専門家の助言 / She is an ~ *at* teaching English to children. 彼女は子供に英語を教えるベテランだ. 語源 ラテン語で「試みられた, 経験のある」の意; ☞ experience 語源.

※ex·pert² /ékspəːt, ekspə́ːt, ɪks-/ ékspəːt, ekspə́ːt, ɪks-/ [形] ([名] éxpert¹) (反 inexpert) 熟達した, 老練な (skillful) (*in, on*); 専門家の, 専門的な: an ~ skier スキーのベテラン / She has become ~ *at* taking pictures. <A+*at*+動名> 彼女は写真をとるのがとても上手になった.

※ex·per·tise /èkspəːtíːz/ -pəː-/ 🔲 [名] Ⓤ 専門的知識, 専門的な意見[技術], 老練: They have no ~ *in* operat*ing* the machine. 彼らにはその機械を操作する専門的技術がない.

éx·pert·ly [副] 巧妙に, 上手に.
éx·pert·ness [名] Ⓤ 熟練, 老練.
expert sýstem [名] ⓒ 《電算》エキスパートシステム

《特定分野の情報を有し,人間の思考に近い問題処理を行なうプログラム》.

expért witness 名 C (法廷で証言する)鑑定人.

ex・pi・ate /ékspièɪt/ 動《格式》他〈罪〉を償う. ― 自 (罪を)償う (*for*).

ex・pi・a・tion /èkspiéɪʃən/ 名 U《格式》(罪の)償い.

ex・pi・ra・tion /èkspəréɪʃən/ 名 U《格式》(期限・権利などの)満期,終了;期限切れ (*of*).

expirátion dàte 名 C (米)(食品などの)賞味[販売]期限,(カード・免許などの)使用[有効]期限 (↪ best 形 成句, pull date) ; (契約などの)満期(日).

*__ex・pire__ /ɪkspáɪə, eks- | -páɪə/ 動 (**ex・pires** /~z/; **ex・pired** /~d/; **ex・pir・ing** /-páɪ(ə)rɪŋ/-, 名 expirátion) 自 **1** 期限切れとなる (run out), 失効する, 満期になる,(任期が)終了する;賞味[有効]期限が切れる: This passport has already ~*d*. このパスポートはもう有効期限が過ぎている / The date on these eggs has already ~*d*. この卵は賞味有効期限が過ぎている. **2**《文》息を引き取る,死ぬ (die). **3**〖医〗息を吐く.

ex・pi・ry /ɪkspáɪ(ə)ri, eks-/ 名 U (英) =expiration.

expíry dàte 名 C (英) =expiration date.

*__ex・plain__ /ɪkspléɪn, eks-/ 動 (**ex・plains** /~z/; **ex・plained** /~d/; **-plain・ing**, 名 explanátion, 形 explánatòry) 他 **1**〈…〉を説明する: Will you ~ the rule (*to* me) ? ＜V＋O(＋*to*＋名・代)＞ その規則を(私に)説明してくれませんか / The teacher ~*ed* (*to* us) *why* the moon waxes and wanes. ＜V(＋*to*＋名・代)＋O(*wh*句・節)＞ 先生は(私たちに)なぜ月が満ちたり欠けたりするのかを説明してくれた / I ~*ed* (*to* her) *that* I couldn't stay any longer. ＜V (＋*to*＋名・代)＋O (*that* 節)＞ 私は(彼女に)もうこれ以上滞在できないことを説明した. **2**〈…〉を弁明[釈明]する;(事情が)〈…〉の説明[言いわけ,説明]となる: That does not ~ 「his absence [*why* he was absent]. それは彼の欠席の弁解にならない. ― 自 説明する;弁明[釈明]する. 語源 ラテン語で「平ら (plane) にする」の意.

expláin awáy [動] 他 〈疑惑・不安など〉を(大したことないと)説明して片づける. **expláin onesélf** [動] 自 (1) 自分の考えをはっきり説明する.(2)(怒っている人に)自分の立場[行為]を弁明する. **háve a lót of expláining to dò** [動] (…に)責任がある (*for*).

*__ex・pla・na・tion__ /èksplənéɪʃən/ 名 (~s /~z/; 動 expláin) U.C 説明,解説,弁明,弁解: give [provide, offer] an ~ (*for* [*of*] ...) (…の)説明[弁明]をする / I want a satisfactory ~ *for* [*of*] your conduct. 私はあなたの行為に対して満足のいく説明が聞きたい / His ~ *that* a solution would take time didn't satisfy anyone. ＜N＋*that* 節＞ 解決には時間がかかるという彼の弁明にはだれも納得しなかった. **in explanátion of ...** (格式) =**by wáy of explanátion for ...** [前] …の説明[弁解]として. **máke** [(格式) **rénder**] **an explanátion** [動] 自 説明する. **withòut (fúrther) explanátion** [副] (それ以上の)説明なしに,(それ以上の)理由も言わずに.

+**ex・plan・a・to・ry** /ɪksplǽnətɔ̀:ri, eks- | -təri, -tri/ 形 (動 expláin) [普通は A] 説明の,説明に役立つ.

ex・ple・tive /ékspləṭɪv | ɪksplíːt-, eks-/ 名《格式》(強い感情・ののしりを表わす)乱暴な感嘆詞,ののしりのことば(Dear me!, My goodness!, Damn! など).

ex・pli・ca・ble /ɪksplɪ́kəbl, eks-, éksplɪkə-/ 形 (反 inexplicable) P (格式) (行為などが)説明のできる,解説できる. **-a・bly** /-kəbli/ 副 説明できる形で.

ex・pli・cate /éksplɪkèɪt/ 動《格式》〈文学作品・思想など〉を詳細に解説[解析]する.

ex・pli・ca・tion /èksplɪkéɪʃən/ 名 U.C《格式》(文学作品・思想・理論などの)詳細な説明[解析].

*__ex・plic・it__ /ɪksplísɪt, eks-/ 形 **1** (性・暴力に関して)露骨な: a sexually ~ movie 性描写の露骨な映画. **2** 明白な,はっきりとことばに表わされた (clear) (反 implicit): an ~ threat あからさまな脅迫. **3** (人が)はっきりと[隠さずに]ものを言う: She was ~ *about* why she did it. 彼女はなぜそれをしたのかはっきりと言った. **~・ly** 副 露骨に;はっきり,明白に. **~・ness** 名 U 露骨なこと;明白さ;率直さ.

*__ex・plode__ /ɪksplóʊd, eks-/ 動 (**ex・plodes** /-plóʊdz/; **ex・plod・ed** /-dɪd/; **ex・plod・ing** /-dɪŋ/, 名 explósion, 形 explósive)

― 自他 の転換 ―
自 **1** 爆発する (to go off)
他 **1** 爆発させる (to make (a bomb) go off)

― 自 **1** (爆弾などが)爆発する,破裂する;《文》大きな音をたてる: Several bombs ~*d*. 爆弾が数個爆発した. **2** (感情などを)爆発させる;(感情などが)爆発する: He ~*d with* [*in, into*] rage. ＜V＋前＋名＞ 彼は怒りでかっとなった. **3** (人口などが)爆発的に増える. **4** (暴動などが)突然起こる;(人などが)急に…しだす (*into*) ; 急速に動く.

― 他 **1**〈爆弾など〉を爆発させる,破裂させる (blow up) ;〈…〉と激怒して言う: They ~*d* bombs in front of the building. 彼らはその建物の前で爆弾を破裂させた. **2**〈迷信など〉を打破する;〈学説〉を覆(くつがえ)す.

ex・plód・ed díagram [**víew**] /ɪksplóʊdɪd-, eks-/ 名 C〖機〗(機械などの)分解組立図.

*__ex・ploit__[1] /ɪksplɔ́ɪt, eks-/ ★ 名詞の exploit[2] とのアクセントの違いに注意. 動 (**ex・ploits** /-plɔ́ɪts/; **-ploit・ed** /-tɪd/; **-ploit・ing** /-tɪŋ/; 名 èxploitátion) 他 **1** (けなして)〈人・事態など〉を(利己的に)利用する,食い物にする,搾取する: The workers in the factory were ~*ed*. その工場の労働者は搾取されていた. **2**〈…〉を(十分に)活用する;〈資源〉を開発する,開拓する (*for*) : ~ natural resources 天然資源を開発する.

ex・ploit[2] /ékplɔɪt/ ★ 動詞の exploit[1] とのアクセントの違いに注意. 名 C [普通は複数形で] 偉業,手柄,功績.

ex・ploit・a・ble /ɪksplɔ́ɪṭəbl, eks-/ 形 活用[開発]可能な;食い物にできる,搾取できる.

ex・ploi・ta・tion /èksplɔɪtéɪʃən/ 名 U (動 exploit[1]) U **1** (利己的な)利用,搾取 (*of*). **2** 開発;活用 (*of*).

ex・ploit・a・tive /ɪksplɔ́ɪṭəṭɪv, eks-/ 形 (利己的に)利用する,搾取する.

ex・ploit・er /ɪksplɔ́ɪṭə, eks- | -tə/ 名 C 搾取する人.

ex・ploit・ive /ɪksplɔ́ɪṭɪv, eks-/ 形 =exploitative.

*__ex・plo・ra・tion__ /èksplə:réɪʃən/ 名 (~s /~z/; 動 explóre) U.C 探検,探検旅行;(実地の)調査,探索;(問題などの)探究 (*into*) ;〖医〗診査: plan an ~ *of* the Antarctic 南極大陸の探検を計画する.

ex・plor・a・to・ry /ɪksplɔ́:rətɔ̀:ri, eks- | -plɔ́:rətəri, -tri/ 形 (動 explóre) 探検の,下調べの;〖医〗診査の.

*__ex・plore__ /ɪksplɔ́:, eks- | -plɔ́:/ 動 (**ex・plores** /~z/; **ex・plored** /~d/; **ex・plor・ing** /-plɔ́:rɪŋ/; 名 èxplorátion, 形 explóratòry) 他 **1**〈…〉を探検する;(実地の)調査する: ~ the region around the South Pole 南極周辺の地域を探検する. **2**〈問題など〉を探究[調査]する: The subject has not yet *been* fully ~*d*. その問題はまだ十分に探究されていない. **3** ⓦ (手などで)〈…〉を探す,探る. ― 自 探検する;調査する (*for*) : go exploring 探検[調査]に行く.

*__ex・plor・er__ /ɪksplɔ́:rə, eks- | -rə/ 名 C 探検家.

*__ex・plo・sion__ /ɪksplóʊʒən, eks-/ 名 (~s /~z/; 動 explóde) **1** C.U 爆発,爆発音;爆発 — 核爆発 / an ~ *of* dynamite ダイナマイトの爆発. **2** C 爆発的な増加[成長] (*of, in*) : a population ~ 人口の爆発的増加. **3** C (怒り・笑いなどの)爆発,激発;(暴動などの)勃発: an ~ *of* laughter (大)爆笑. **4** C.U (学説などの)破砕,打破 (*of*).

explosive

*ex·plo·sive /ɪksplóʊsɪv, eks-/ 形 動 explóde) 1 爆発(性)の: an ~ device 爆発装置, 爆弾 / ~ materials 爆発物. 2 (情勢などが)爆発寸前の, 一触即発の; (問題が)議論の沸騰する. 3 (普通は A) 爆発的な[急激に]増加[成長]する. 4 (感情が)爆発しそうな, かっとなりやすい: an ~ temper すぐかっとなる性質. 5 (力・音などが)強大な, 強烈な, ものすごい.
— 名 (~s /-z/) C,U 爆発物, 爆薬: high ~s 高性能爆薬. 関連 plastic explosive プラスチック爆薬. ~·ly 副 爆発的に; 危機をはらんで; 急激に; 激高して. ~·ness 名 U 一触即発性.

ex·po /ékspoʊ/ 名 (~s /-z/) C (略式) =exposition 1.

*ex·po·nent /ɪkspóʊnənt, eks-/ 名 C 1 (格式) 説明者, 解釈者, 唱道者: a leading ~ of this theory この理論の有力な唱道者. 2 名人, 達人; 典型[代表]的な人[もの] (of). 3 数 指数.

ex·po·nen·tial /èkspənénʃəl⁻/ 形 A 1 (数) 指数(関数)の: an ~ increase in population 人口の爆発的増加. -tial·ly /-ʃəli/ 副 幾何級数的に.

*ex·port¹ /ɪkspɔ́ət, , eks-, ékspɔət ǀ ɪkspɔ́ːt, eks-, ékspɔːt/ ★名詞の export² とのアクセントの傾向の違いに注意. 他 動 (ex·ports /ɪkspɔ́əts, eks-, ékspɔəts ǀ ɪkspɔ́ːts, eks-, ékspɔːts/; -port·ed /-tɪd/; -port·ing /-tɪŋ/; 名 éxport², èxportátion; 反 impórt¹) 1 ⟨…⟩を輸出する (to): Japan imports raw materials and ~s manufactured goods. 日本は原料を輸入し加工品を輸出している. 2 ⟨思想・制度など⟩を(外国などに)伝える. 3 『電算』⟨…⟩をエクスポートする(データを他で使えるようにフォーマットする). — 自 輸出をする (to). 語源 ラテン語で「外へ運び出す」の意 (☞ 単語の記憶; ex-¹).

単語の記憶 《PORT》(運ぶ)
export	(外へ運び出す) →	輸出(する)
import	(中へ運び入れる) →	輸入(する)
report	(運び戻す) →	報告(する)
sport	(仕事から人を遠ざける) →	スポーツ
support	(下から運び上げる) →	支える
transport	(他の場所に運ぶ) →	輸送(する)
portable	持ち運びできる	
porter	運ぶ人	

*ex·port² /ékspɔət ǀ -pɔːt/ ★動詞の export¹ とのアクセントの違いに注意. 名 (ex·ports /-pɔəts ǀ -pɔːts/; 動 expórt¹; 反 impórt²) 1 (集合的に) 輸出品; 輸出の: the ~ of wool 羊毛の輸出 / an ~ market 輸出市場 / He is engaged in ~. 彼は輸出業に従事している. 2 C (しばしば複数形で) 輸出(品): Last year total ~s exceeded imports. 昨年は輸出総額が輸入総額を上回った // ☞ invisible exports.

ex·por·ta·tion /èkspɔəteɪʃən ǀ -pɔː-/ 名 動 expórt¹; 反 importátion) U 輸出(する) (to).

⁺ex·port·er /ɪkspɔ́ətə, eks- ǀ -pɔ́ːtə/ 名 C 輸出業者, 輸出国 (of; 反 impórter).

*ex·pose /ɪkspóʊz, eks-/ 動 (ex·pos·es /-ɪz/; ex·posed /-d/; ex·pos·ing; 名 expósure) 他 1 ⟨…⟩を(日光・風雨などに)さらす; (危険などに)さらす; (異文化・影響などに)触れさせる (☞ compose 単語の記憶): It can be dangerous to ~ our skin to the sun's rays. <V+O+to+名・代> 肌を太陽光線にさらすと危険なことがある / The soldiers were ~d to the enemy's fire. <V+O+to+名・代の受身> その兵士たちは敵の砲火にさらされた.
2 ⟨…⟩を人目にさらす, 露出する; ⟨感情など⟩をあらわにする: The dog growled and ~d its fangs. 犬はうなってきばをむいた.
3 ⟨秘密・犯罪など⟩を暴露する, あばく (as): The newspaper ~d the mayor's illegal financial dealings. 新聞は市長の不法な金融取り引きをあばいた. 4 『写』⟨フィルムなど⟩を露出[露光]する.

expóse onesèlf [動] 自 性器を露出する (to) (☞ indecent exposure).
expóse onesèlf to ... [動] 他 (危険など)に身をさらす; ⟨…⟩を受ける.

ex·po·sé /èkspoʊzéɪ ǀ ekspóʊzeɪ/ 《フランス語から》 名 C (醜聞などの)暴露(記事), 摘発, すっぱ抜き (of).

⁺ex·posed /ɪkspóʊzd, eks-/ 形 風雨[危険, 攻撃など]にさらされた; 露出した.

⁺ex·po·si·tion /èkspəzíʃən/ 名 (格式) 1 C 博覧会 (expo) (普通は exhibition よりも大規模・国際的なもの): a world ~ 万国博覧会. 2 U,C (詳細な)説明, 解説 (of).

ex·pos·i·tor /ɪkspázətə, eks- ǀ -pózətə/ 名 C (格式) 説明[解説]者.

ex·pos·i·to·ry /ɪkspázətɔ̀ːri, eks- ǀ -pózətəri, -tri/ 形 (格式) 説明[解説]の, 説明[解説]的な.

ex post fac·to /èkspòʊstfǽktoʊ/ 《ラテン語から》 形 (格式) 事後の[に]; 過去にさかのぼった[て]: an ~ law 『法』 遡及(きゅう)法.

ex·pos·tu·late /ɪkspástʃʊlèɪt, eks- ǀ -pós-/ 動 自 (格式) いさめる, 忠告する (on, about, against, with).

ex·pos·tu·la·tion /ɪkspàstʃʊléɪʃən, eks- ǀ -pòs-/ 名 (格式) U 忠告; C 忠言, いさめ(のことば).

*ex·po·sure /ɪkspóʊʒə, eks- ǀ -ʒə/ 名 (~s /-z/; 動 expóse) 1 U,C (日光・風雨などに)さらす[さらされる]こと; (危険などに)身をさらすこと; (企業などの)損失可能状態; (異文化・影響などに)触れること: Long ~ of the skin to strong sunshine is harmful. 肌を強い日光に長く当てると有害です / He got lost on Mt. Fuji in February and died of ~. 彼は2月に富士山で道に迷い寒気に身をさらして死んだ.
2 U,C (秘密・悪事などの)暴露, 発覚, 露見: The bank feared the ~ of its financial difficulties. 銀行は経営の悪化が発覚するのを恐れていた / There were ~s of corruption in the newspapers almost every day. 新聞にはほとんど毎日汚職の暴露記事が載っていた. 3 U (テレビ・雑誌などで)人目につくこと, 注目; C,U (好意的) 登場: get media ~ マスコミで顔を売り出す. 4 C 『写』(フィルムの)ひとこま: a 36-~ roll (of film) = a roll of 36-~ film 36枚どりのフィルム. 5 U,C 『写』露出, 露光時間: a double ~ 二重露出 / an ~ meter 露出計. 6 [an ~] (家・部屋の)向き: a house with an eastern ~ 東向きの家.

*ex·pound /ɪkspáʊnd, eks-/ 動 (格式) 他 ⟨…⟩を詳しく説明する (to). — 自 (…について)詳述する (on).

éx-président 名 C 前大統領, 前会長[社長, 学長] (☞ ex-² 語法 (2)).

*ex·press¹ /ɪksprés, eks-/ 他

「はっきりと表現する」 1 →「はっきりした」 形 2 →(目的がはっきりした)→「特別な」 形 3 →(特別仕立ての)→「急行の」 形

— 動 (-press·es /-ɪz/; ex·pressed /-t/; -press·ing; 名 expréssion, 形 expréssive) 他 1 ⟨考え・感情など⟩を表現する, (ことばなどで)言い表わす (in, by, through) (☞ press¹ 単語の記憶): E~ your feelings freely. あなたの感じていることを自由に表現しなさい / 言い換え Tears ~ed her sorrow. (=Tears were an expression of her sorrow.) 涙で彼女の悲しみがよくわかった / She ~ed no wish to walk with me. <V+O+to+名・代> 彼女はそんな願いを私には少しも言わなかった / Words cannot ~ how happy I am. <V+O (wh 節)> 私がどんなに幸福かをことばで言い表せない / I can't ~ (to you) how frightened I was at that time. (そのときどんなに怖かったか(あなたに))とてもことばでは言えな

い. **2** 《米》〈…〉を急送する (to). **3** [しばしば受身で]〚数〛〈…〉を(符号で)表わす, 示す (in, as). **4** 〈液体〉を絞[しぼ]り出す; 〈女性が〉〈乳〉を搾り出す. 【語源】ラテン語で「(中のものを)外へ押し出す」の意 (☞ press¹) 【単語記憶法】. **expréss onesèlf**〖動〗（自）(1) 思うことを述べる; 〈芸術作品などで〉自己を表現する (by, through). (2) 〈感情などが〉…に表われる (in).

***ex·press²** /iksprés, èksprés⁺/ 〖形〗**A** **1** [比較なし] 急行の; 速達の; 至急運送便の; 《米》〈サービス・対応などが〉素早い: an ~ bus [elevator] 急行バス[エレベーター] / an ~ letter 速達の手紙 (a special delivery letter). **2** 〖格式〗明白な, はっきりした (clear): It was his ~ wish that mourners send no flowers. 弔問客は花を送らないようにというのが彼のたっての希望であった (send は原形; ☞ should 8 【語法】). **3** 〖格式〗(目的・意図が)特別な (special): They were sent for the ~ purpose of exploring the area. 彼らはその地域を探検するという特別の目的で派遣された.

── 〖名〗(~·es /-ɪz/) **1** 〖C〗 [普通は単数形で]急行列車 (express train), 急行便, 急行バス, 急行エレベーター: I am going to take the 8:30「Osaka ~ [~ for [to] Osaka]. 私は 8 時 30 分の大阪行きの急行列車に乗ることになっている / Murder on the Orient E－『オリエント急行殺人事件』(クリスティー (Christie) の推理小説; ☞ Orient Express). **2** 〖U〗 速達便; 至急運送便. **3** 〖C〗《米》至急運送会社.

by expréss 〖副〗急行で; 速達で; 至急運送便で: We traveled to New York by ~. 私たちは急行でニューヨークへ行った / Shall I send the letter by ~? その手紙を速達で送りましょうか.

── 〖副〗急行で; 速達で; 至急運送便で; 特別に: send a letter ~ 手紙を速達で送る.

expréss còmpany 〖名〗〖C〗至急運送便会社.
expréss delívery 〖名〗〖U〗速達便.

***ex·pres·sion** /ikspréʃən, eks-/ 〖名〗(~s /-z/; 〖名〗**1** 〖U〗〖C〗 (ことばなどによる)**表現**: freedom of ~ 表現の自由 / the ~ of ideas 思想の表現 / artistic ~ 芸術的な表現 / A sigh is an ~ of sadness. 〖格式〗ため息は悲しみの表われだ.

2 〖C〗〖U〗 **表情, 顔つき**: a serious ~ 真剣な顔つき / There was an ~ of happiness [disappointment] on her face. 彼女の顔には幸福[失望]の表情が浮かんでいた. **3** 〖C〗 **言い回し, 語句**: set [fixed] ~s 決まり文句 / There are some awkward ~s in your composition. あなたの作文にはぎこちない表現がある. **4** 〖U〗 **表現力, 表現[感情]の豊かさ**: Put more ~ into your singing. 歌い方をもっと表情豊かにしなさい. **5** 〖C〗〖数〗記号, 式. **beyónd [pàst] expréssion** 〖副〗〖形〗言いようもないほど(の). **find expréssion in** ..〖動〗他 …となって表わされる: His satisfaction found ~ in a broad smile. 彼の満足感は満面の笑みとなって表われた. **gíve expréssion to** ...〖動〗他 〈感情〉を表現する, 表わす 〖言い換え〗He gave ~ to his grief. (=He expressed his grief.) 彼は悲しみをことばに表わした. **if yóu'll excúse [forgíve, párdon] the expréssion** 〖S〗こう申してはなんですが, このような言い方をお許し願えるなら. **with expréssion** 〖副〗表現豊かに, 感情を込めて.

ex·pres·sion·ism /ikspréʃənìzm, eks-/ 〖名〗〖U〗 [しばしば E-] 〖美・楽・文学〗表現主義 (事物や経験よりも感情を表現しようとする主義). 【関連】impressionism 印象主義.

ex·pres·sion·ist /ikspréʃ(ə)nɪst, eks-/ 〖名〗 [しばしば E-] 〖名〗〖C〗 表現主義の作家[芸術家]. ── 〖形〗 [普通は〖A〗] 表現主義の.

expréssion·less 〖形〗無表情の, 表情の乏しい; (声などが)感情を示さない. **~·ly** 〖副〗無表情に.

---

extend 599

***ex·pres·sive** /iksprésɪv, eks-/ 〖形〗〖動〗expréss; inexpressive) **1** 表情に富む, 表現力に富む, 意味ありげな: ~ gestures 表情に富むしぐさ / Barbara's face is very ~. バーバラの顔は非常に表情豊かだ. **2** 〖P〗〖W〗 〖格式〗(感情などを) ~ を表現している: a look ~ of relief. 安堵(をんど)の気持ちが現われた表情.
~·ly 〖副〗表情たっぷりに, 意味ありげに. **~·ness** 〖名〗〖U〗 表現[表情]の豊かさ.

expréss làne 〖名〗〖C〗《米》(高速道路の)追い越し[高速]車線.

expréss·ly 〖副〗〖格式〗明白に, はっきりと; 特別に, わざわざ.

expréss màil 〖名〗〖U〗《米》エキスプレスメール(郵政公社の速達便).

ex·pres·so /iksprésoʊ, eks-/ 〖名〗〖C〗 =espresso.
expréss póst 〖名〗〖U〗《英》=express delivery.
expréss tràin 〖名〗〖C〗急行列車 (express).
expréss·way 〖名〗〖C〗《米・豪》高速(自動車)道路 (freeway, thruway, (英) motorway) 〖略〗expwy; ☞ highway 【日英比較】: We drove our car along the ~. 私たちは高速道路を車でとばした.

ex·pro·pri·ate /ikspróʊprièɪt, eks-/ 〖動〗他 〖格式〗〈土地など〉を取り上げる, (公用に)収用する; 〈他人の所有物〉を不法に奪う (from); 〈人〉から〈土地などを〉没収する (of).

ex·pro·pri·a·tion /ikspròʊpriéɪʃən, eks-/ 〖名〗〖U〗〖C〗 〖格式〗取り上げ, 収用; 没収 (of).

ex·pro·pri·a·tor /ikspróʊprièɪtər, eks- | -tə/ 〖名〗〖C〗 〖格式〗収用[没収]者.

***ex·pul·sion** /ikspʌ́lʃən, eks-/ 〖名〗 (~s /-z/; 〖動〗 expél) 〖U〗〖C〗〖格式〗**追放, 国外退去; 除名; 排除, 除去, 排出**: ~ from school 放校.

ex·punge /ikspʌ́ndʒ, eks-/ 〖動〗他 〖格式〗〈語・名前〉を(本・リストから)消す, 削る, 削除する; 〈いやなこと〉を(記憶から)消し去る (from).

ex·pur·gate /ékspərgèɪt | -pə-/ 〖動〗他 〖格式〗〈書物などの〉不穏当な部分を削除する.

ex·pur·gat·ed /ékspərgèɪtɪd | -pə-/ 〖形〗〖格式〗(書物などが)不穏当な表現などを削除された.

ex·pur·ga·tion /èkspərgéɪʃən | -pə-/ 〖名〗〖U〗〖C〗 〖格式〗(不穏当な部分の)削除.

expwy 〖略〗=expressway.

***ex·quis·ite** /ɪkskwízɪt, eks-, ékskwɪz-/ 〖形〗**1** きわめて見事な, 非常に美しい; 優美な: lace of an ~ design すばらしい模様のレース / These violets have an ~ fragrance. このすみれは非常によい香りがする. **2** 精巧な, 絶妙な: ~ workmanship 精巧な細工. **3** (感覚が)鋭い, (好みが)洗練された. **4** 〖文〗(苦痛などが)激しい; (楽しみなどが)非常に大きい. **~·ly** 〖副〗精巧に; 非常に. **~·ness** 〖名〗〖U〗 見事さ; 精巧, 鋭さ.

éx-sérvice·man /-mən/ 〖名〗 (-men /-mən/) 〖C〗 《主に英》退役軍人 (《米》veteran).

éx-sérvice·wòman /-wʊm·ən/ -wùmən/) 〖C〗 《主に英》退役女性軍人 (《米》veteran).

ext. 〖略〗=extension 2, exterior, external.

ex·tant /ékstənt, ekstǽnt/ 〖形〗〖格式〗(古い書類などが)今なお残っている, 現存の (existent).

ex·tem·po·ra·ne·ous /ekstèmpəréɪniəs⁺/ 〖形〗 〖格式〗即席の, 即席作の. **~·ly** 〖副〗即席に. **~·ness** 〖名〗〖U〗即席.

ex·tem·po·re /ikstémpəri, eks-/ 〖形〗〖副〗〖格式〗(原稿などの)用意なしの[に], 即席の[に].

ex·tem·po·ri·za·tion /ikstèmpərɪzéɪʃən, eks- | -raɪz-/ 〖名〗〖U〗〖C〗〖格式〗即席の演説, 即興の演奏.

ex·tem·po·rize /ikstémpəràɪz, eks-/ 〖動〗自他〖格式〗即席演説をする, 即興[アドリブ]演奏をする.

***ex·tend** /iksténd, eks-/ 〖12〗 (**ex·tends** /-téndz/;

extendable

-tend・ed /~ɪd/; -tend・ing (名 exténsion, extént, 形 exténsive) 自 [副詞(句)を伴って] 1 広がる, 延びる (across, through); 及ぶ, 届く (beyond, into): This hiking park ~s (for) many miles. <V+(for+)名> このハイキングコースは何マイルも続いている (★ many miles は副詞的に機能する) / The desert ~s from the hills to the sea. <V+from+名・代+to+名・代> 砂漠は丘から海まで広がっている / French influence began to ~ throughout [over the whole of] Europe. <V+前+名・代> フランスの影響が全ヨーロッパに及び始めた. 2 (時間などが)継続する, (...に)わたる (from, to, for, over, into, beyond).
— 他 1 〈...〉を拡張する, 拡大する, 広げる: The city is planning to ~ the park. 市は公園を拡張する計画だ. 2 〈...〉を延長する〈《期間などを》(by, until) (☞ tend' 【単語の記憶】): They are planning to ~ the railroad to the next town. <V+O+前+名・代> 彼らは隣町まで鉄道を延長することを計画している / He ~ed his stay in the United States (for) another year. 彼は米国での滞在をもう 1 年延長した. 3 [格式] 〈親切などを〉(人に)及ぼす, 施す; 〈謝意・弔意などを〉(人に)述べる, 表わす: ~ ˈa welcome [an invitation] (to ...) (...を)歓迎[招待]する / They always ~ ˈevery kindness to their neighbors [their neighbors every kindness]. 彼らはいつも近所の人々にとても親切している. 4 Ⓦ 〈手足などを〉伸ばす, 広げる (stretch out); 〈綱などを〉張る: E~ your arms. あなたの両腕を伸ばしなさい / John ~ed his hand to the boy. ジョンは(握手を求めて)少年に手を差し伸べた / They ~ed the rope across the street. 彼らは道にロープを渡した. 5 [普通は受身または ~ oneself で] 〈人・動物〉に全力を出させる: The horse was fully ~ed in the race. 馬はレースで全力を出した. 6 〈点差・ゲーム差などを〉広げる (to, by).

ex・tend・a・ble /ɪkstɛ́ndəbl, eks-/ 形 延長できる, 延ばせる.

*ex・tend・ed /ɪkstɛ́ndɪd, eks-/ 形 ⓐ 長時間[長期]にわたる, 長い; 延ばした, 広げた, 拡張した; 詳細な.

*exténded fámily 名ⓒ 拡大家族《夫婦子供のほかに近親も同居する家族》. 関連 nuclear family 核家族.

*ex・ten・sion /ɪkstɛ́nʃən, eks-/ 発音 名 (~s /~z/; 動 exténd) 1 ⓒ 延ばした[広げた]部分, 延長[拡張]部分; 建て増し, 延長時間[期間] (on): They built an ~ to the office. 彼らは事務所を建て増しした.
2 ⓒ (電話の)内線 (略 ext.); (親子電話の)子機: Give me ~ 460, please. 内線 460 番をお願いします 《460 は four six o(h) /óu/ または four sixty と読む; ☞ cardinal number 文法 (2)》.
3 [Ⓤ または an ~] (道路・鉄道・期間などの)延長; 繰り延べ (to): the ~ of a road [railroad] 道路[鉄道]の延長.
4 [Ⓤ または an ~] (力・影響などが)拡張する[される]こと, 拡大: The king dreamed of the ~ of his kingdom to the west. 王は王国の西方への拡張を夢みていた. 5 ⓒ (電気の)延長コード; [複数形で] つけ毛. 6 Ⓤ (大学の)公開教育(部). 公開講座 (university extension). 7 Ⓤ [医] (腕・脚を)伸ばすこと, 伸展: at full ~ 十分に伸ばして. 8 【電算】拡張子 (.exe, .txt などファイル名のピリオド以降でファイルの種別を表わす》; 【論】外延 (denotation). 9 Ⓤ [格式] (人に)(...を)与えること; the ~ of credit to customers 客への信用貸し. **by exténsion** 副 拡大して, ひいては; 更に踏み込んで.

exténsion còrd 名ⓒ (米)(電気の)延長コード.
exténsion còurse 名ⓒ (米) 大学公開講座《夜間講座・通信講座なども含む》.
exténsion làdder 名ⓒ 繰出し式はしご.
exténsion lèad /-lìːd/ 名ⓒ (英) =extension cord.
exténsion nùmber 名ⓒ 内線番号.

*ex・ten・sive /ɪkstɛ́nsɪv, eks-/ 形 (動 exténd; 反 intensive) 広範囲にわたる, 広い; 大規模な, 大量の: ~ damage 広範な損害 / ~ reading 多読. **~・ly** 副 広範囲にわたって. **~・ness** 名Ⓤ 広さ.

ex・ten・sor /ɪkstɛ́nsə, eks- | -sə/ 名ⓒ 【解】伸筋.

*ex・tent /ɪkstɛ́nt, eks-/ 発音 (動 exténd) [単数形で, 普通 the ~ で] 1 程度, 範囲, 限度; (問題などの)大きさ; (負傷などの)ひどさ: the ~ of one's patience 我慢の限界 / the ~ of the damage 損害の大きさ / The ~ and accuracy of his knowledge are amazing. 彼の知識の広さと正確さは驚くほどだ / I don't really know to what ~ he can be trusted. 彼がどの程度まで信用できるか私にはまるでわからない.
2 広がり, 広さ, 大きさ (size), 長さ: I could see the full ~ of the valley from the top of the cliff. がけの上から谷の全景が見渡せた.
in extént [副] 大きさは, 広さは: The ground is several acres in ~. その土地は数エーカーの広さがある.
to a gréat [lárge] extént [副] 大部分は.
to a gréater extént [副] それより大きい程度で.
to a lésser extént [副] それより程度は小さいが.
to sóme [a cértain, a límited] extént [副] ある程度は: The rumor is true to some ~. うわさはある程度本当だ.
to súch an extént that ... [接] ...するほどひどく[まで]に, あまりに—なので...: She worried about it to such an ~ that she became ill. 彼女はそのことを非常に気に病んで病気になった.
to the extént of ... [前] ...の程度[限度]まで; ...するほどまでに.
to the extént that ... [接] (1) =to such an extent that .... (2) ...する限りにおいて[場合には].

ex・ten・u・ate /ɪkstɛ́njuèɪt, eks-/ 動 他 [格式] 〈罪などを〉軽くする, 酌量(しゃくりょう)する; (事情などが)〈...の言いわけになる: extenuating circumstances 酌量すべき事情.

ex・ten・u・a・tion /ɪkstɛ̀njuéɪʃən, eks-/ 名 Ⓤ [格式] 情状酌量, (罪の)軽減; ⓒ 酌量すべき事情.

*ex・te・ri・or /ɪkstí(ə)riə, eks- | -riə/ 名ⓒ 1 [普通は単数形で] (建物の)外部, 外面 (outside); (人の)外観 (反 interior). 2 (映画などの)屋外場面; 野外風景.
— 形 1 [普通は Ⓐ] 外部の, 外側の; 屋外(用)の (略 ext.; ☞ external 類義語》(反 interior): the ~ surface 外面 / the ~ walls of the house 家の外壁 / ~ paint 屋外用ペンキ. 2 Ⓟ (...の)外側にある (to).

extérior ángle 名ⓒ 【数】外角.

ex・ter・mi・nate /ɪkstə́ːmənèɪt, eks- | -tə́ː-/ 動 他 〈...〉を根絶[絶滅]する, 皆殺しにする; 駆除する.

ex・ter・mi・na・tion /ɪkstə̀ːmənéɪʃən, eks- | -tə̀ː-/ 名 Ⓤ,ⓒ 根絶, 絶滅, 皆殺し; 駆除 (of).

ex・ter・mi・na・tor /ɪkstə́ːmənèɪtə, eks- | -tə́ːmənèɪtə/ 名ⓒ 害虫駆除業者; 殺虫剤.

ex・tern /ɛ́kstə:n/ 名ⓒ (米) (企業などで短期間経験を積む)実習大学生. — 動 自 (大学生が)実習する.

*ex・ter・nal /ɪkstə́ːn(ə)l, eks- | -tə́ː-/ ★ internal と対照させるときには /ɛ́kstən(ə)l/. 形 (反 internal) 1 外部の, 外面の, (装置などの)外付けの; 外[外部]からの; [医] 体外の; Ⓟ (...の)外にある (to) 《略 ext.; ☞ 類義語》: the ~ walls of a building 建物の外壁 / an ~ modem 外付けモデム / ~ form 外形 / the ~ ear 外耳 / ~ influences 外部からの影響 / ~ wounds 外傷.
2 対外的な, 国外の: ~ affairs 対外国事情 / ~ trade 海外貿易. 3 (薬が)外用の: FOR EXTERNAL USE ONLY 外用薬《薬のラベル》. 4 (英) (試験の)学外者(の出場者)の: an ~ examination (examiner) 学外試験[試験官]. 5 [複数形で] [格式] 外部; 外形, 外観: the ~s of religion 宗教の外面的形式

《儀式など》/ judge a person by ~s 人を外見で判断する.
【類義語】**external** 内部と対照して,外から見た「外部」をいう: the *external* appearance of the house 家の外観. **exterior** 物の「外側」「外面」をいい,それが物の一部を構成することを含意する: the *exterior* walls 外壁(建物などの一部).

ex·ter·nal·i·ty /ὲkstə:néləṭi | -tə-/ 图 U《格式》外部[外面]の性質.

ex·ter·nal·i·za·tion /ɪkstə̀:nəlɪzéɪʃən, eks-|-tə̀:nəlaɪz-/ 图 C,U《格式》具体化,外面化 (*of*).

ex·ter·nal·ize /ɪkstə́:nəlàɪz, eks-|-tə́:-/ 動 他 **1**《格式》〈感情〉を具体的に表現する,外面化する. **2**《心》〈ある原因に帰して〉〈失敗など〉を正当化する.

ex·ter·nal·ly /ɪkstə́:nəli, eks-|-tə́:-/ 副 **1** 外部に[から]; 体外に. **2** 対外的に. **3**《英》学外的に.

+**ex·tinct** /ɪkstíŋ(k)t, eks-/ 形 **12** 图《生物》などが死に絶えた,絶滅した; 〜消滅した; 〈習慣・言語などが〉廃(すた)れた; 〈火・希望など〉消えた: an ~ volcano 死火山.

ex·tinc·tion /ɪkstíŋ(k)ʃən, eks-/ 图 U **1** 死滅,絶滅,消滅,廃止: face ~=be threatened with ~=be on the edge [brink, verge] of ~ 絶滅の危機に瀕(ひん)している. **2**《格式》鎮火; 〈希望など〉を失わせること.

ex·tin·guish /ɪkstíŋgwɪʃ, eks-/ 動 他《格式》**1**〈火・光など〉を消す (put out): The fire *was* soon ~*ed*. その火事は間もなく鎮火された. **2**〈希望など〉を失わせる.

ex·tin·guish·er **13** 图 C 消火器 (fire extinguisher).

ex·tir·pate /ékstəpèɪt|-tə(:)-/ 動 他《格式》〈犯罪など〉を根絶[絶滅]する.

ex·tir·pa·tion /ὲkstəpéɪʃən|-tə(:)-/ 图 U 根絶(すること[されること]),絶滅.

+**ex·tol** /ɪkstóul, eks-/ 動 (**ex·tols**; **ex·tolled**; **-tol·ling**) 他〈…〉をほめる,激賞する: ~ the winner *as* a hero 勝者を英雄とほめそやす. **extól the vírtues [mérits, bénefits] of ...** 動 他《格式》…の長所を激賞する.

ex·toll /ɪkstóul, eks-/ 動《米》=extol.

ex·tort /ɪkstɔ́ət, eks-|-tɔ́:t/ 動 他〈金〉をゆすり取る; 〈約束・自白など〉を無理強いする (*from*).

+**ex·tor·tion** /ɪkstɔ́əʃən, eks-|-tɔ́:-/ 图 U 強奪,ゆすり; 強要.

ex·tor·tion·ar·y /ɪkstɔ́əʃənèri, eks-|-tɔ́:ʃ(ə)nəri/ 形 =extortionate.

ex·tor·tion·ate /ɪkstɔ́əʃ(ə)nət, eks-|-tɔ́:-/ 形《けなして》〈価格など〉法外な,強要的な. **~·ly** 副 法外に〈高く〉.

ex·tor·tion·er /ɪkstɔ́əʃ(ə)nə|-tɔ́:ʃ(ə)nə/ 图 C =extortionist.

ex·tor·tion·ist /ɪkstɔ́əʃ(ə)nɪst, eks-|-tɔ́:-/ 图 C 強要者,強奪者.

ex·tra /ékstrə/ 形 **1** A **余分な** (additional); 臨時の: an ~ charge [fee] 割増料金,追加料金 / an ~ train 増発[臨時]列車 / work an ~ five hours 5 時間余計に働く / The game went into ~ innings. 試合は延長戦に入った. **2** P 別勘定で: Meals are ~. 食事は別料金です.

— 副《略式》余分に; 〔形容詞・副詞の前で〕特に; 〔名詞の後で〕割増しで: pay ~ for a better seat もっとよい席をとるために余分に払う / an ~ good [special] deal とてもいい買い物 / work ~ hard 人一倍頑張る / I was charged three dollars ~. 3 ドル余分に請求された.

— 图 (~s /-z/) C **1** 〔しばしば複数形で〕**割増料金**,追加料金; 割増[追加]料金の必要なもの,オプション; 必要以上の[特別の]もの[こと],追加,付けたし: optional ~s オプションで追加料金を払うもの / Breakfast is an ~ at this hotel. 当ホテルでは朝食は別料金をいただきます. **2**〔映画などのエキストラ(俳優). **3**〔無料の〕サービス. **4**〔新聞の〕臨時版,号外.

ex·tra- /ékstrə/ 接頭 (反 intra-) 「...外の,...の範囲外; 〔略式〕特に...」の意: *extra*curricular 正課以外の / *extraordinary* 異常な.

éxtra-bàse hít 图 C《野》長打 (二・三・本塁打).

*ex·tract[1] /ɪkstrǽkt, eks-/ ★ 名詞の extract[2] とのアクセントの違いに注意. 動 (**ex·tracts** /-trǽkts/; **-tract·ed** /-ɪd/; **-tract·ing**) 图 éxtract[2], extráction) 他 **1**《格式》〈歯など〉を引き抜く,抜き取る; 〈物〉を取り出す (pull out); 《≈ attract 単語の記憶》: I had a tooth ~*ed* at the dentist's. 私は歯医者で歯を抜かれた / The surgeon ~*ed* a bullet *from* the wound. <V+O+*from*+名・代> 外科医は傷口から弾丸を抜き取った.

2〈成分など〉を抽出する,搾(しぼ)り出す: She ~*ed* as much juice as possible *from* the fruit. <V+O+*from*+名・代> 彼女はその果実からなるべく汁を搾った. **3**〈情報・自白・金など〉を〔無理に〕引き出す: He ~*ed* the secret *from* the secretary. 彼はその秘書から無理やり秘密を聞き出した. **4**〈章句など〉を抜粋する,抜き出す,引用する. **5**《数》〈数の根を求める,開く.

extráct oneself from ... 動 他〈場所・状況〉から抜け出す,何とか逃れる.

ex·tract[2] /ékstrækt/ ★ 動詞の extract[1] とのアクセントの違いに注意. 图 (動 extráct[1]) **1** U,C 抽出物,エキス,エッセンス (*of*): vanilla ~ 《米》バニラエッセンス. **2** C 抜粋,引用(章)句: ~s *from* our textbook 私たちの教科書から抜粋したもの.

ex·trac·tion /ɪkstrǽkʃən, eks-/ 图 (動 extráct[1]) **1** U,C 抜き取り,引き抜き,摘出; 抽出: the ~ of a tooth 抜歯. **2** U 血統,系統: an American *of* Japanese ~ 日系アメリカ人.

ex·trac·tor /ɪkstrǽktə, eks-|-tə/ 图 C **1** 搾り出し器; 取り出し装置. **2**《英》=extractor fan.

extráctor fàn 图 C《英》〔排気用の〕換気扇.

ex·tra·cur·ric·u·lar /ὲkstrəkəríkjʊlə|-lə-/ 形〔普通は A〕正課以外の,課外の. **extracurricular activities** [名] (1) 課外活動,クラブ活動. (2)〔滑稽〕正規の職務でない活動; 不倫.

ex·tra·dit·a·ble /ékstrədàɪṭəbl/ 形《格式》〈犯罪が〉犯人を引き渡すことのできる.

+**ex·tra·dite** /ékstrədàɪt/ 動 他《格式》〈外国からの逃亡犯人など〉を〔本国官憲に〕引き渡す; 〈…〉の引き渡しを受ける (*from, to*).

ex·tra·di·tion /ὲkstrədíʃən/ 图 U,C〔逃亡犯人の〕引き渡し.

extra judícial 形 A《格式》司法権の及ばない,裁判によらない; 〈見解・告白など〉法廷外の.

èxtra légal 形《格式》法の枠外の.

èxtra lingúistic 形《言》言語面(学)外の.

èxtra márital 形 A〔性関係が〕婚外の,不倫の: ~ relations 婚外交渉 / an ~ affair 浮気.

ex·tra·mu·ral /ὲkstrəmjú(ə)rəl|-/ 形 (反 intramural)〔普通は A〕**1**《格式》〔組織・都市などの〕区域外の. **2**《米》《競技など》〈学校[学外]対抗の; 《英》大学構外の; 学外者対象の; 本務外の: ~ courses 公開講座.

ex·tra·ne·ous /ɪkstréɪniəs, eks-/ 形《格式》**1** 無関係の (*to*). **2** 外部からの,外来の,異質の.

èxtra·nèt 图 C《電算》エクストラネット《同種企業間のコンピューターネットワーク》.

ex·traor·di·naire /ɪkstrɔ̀ədənéə, eks-|-trɔ̀:dɪnéə/ 形〔名詞の後で〕〔しばしば滑稽〕非凡な,卓越した: a violinist ~ 卓越したバイオリン奏者.

+**ex·traor·di·nar·i·ly** /ɪkstrɔ̀ədənérəli, eks-|-trɔ̀:d(ə)nərəli/ 副 **1** 並はずれて,法外に,非常に: an ~ clever child 非常に賢い子. **2** 異常に〔文修飾〕驚くべきことに: behave ~ 異常な行動をとる.

***ex·traor·di·nar·y** /ɪkstrɔ́ədənèri, eks-|-trɔ́:d(ə)nəri/ 形 **1** 並はずれた,異常な,とっぴな (反 ordinary): quite [most] ～ 《英》全く異常な[変わった] / Two hundred and fifty kilograms is an ～ weight even for a sumo wrestler. 250 キロというのは相撲取りとしても並はずれた体重だ / Leonardo da Vinci was a man of ～ genius. レオナルド ダ ビンチは並はずれた天才だった / It was ～ that he did not come. 彼が来ないとは珍しいことだった. **2** [A] 《格式》特別の, 臨時の: an ～ general meeting 臨時総会. **3** [名詞の後で] 《格式》特命の: an ambassador ～ 特命大使. **Hów extraórdinary!** [S] 《英》何てことだ《驚いて》.

ex·trap·o·late /ɪkstrǽpəlèɪt, eks-/ [動] [他] **1** 《格式》〈事〉を(既知の事実から)推測する (*from*); 〈既知の事実〉を使って推測する. **2** 〔数・統〕〈未知の数値〉を(既知の数値などから)外挿(がいそう)する (*from*). ― [自] **1** 《格式》(既知の事実から)推測する (*from, to*). **2** 〔数・統〕外挿する《☞ interpolate》.

ex·trap·o·la·tion /ɪkstræ̀pəléɪʃən, eks-/ [名] [U,C] 《格式》推測 (*from*); 〔数・統〕外挿(法).

ex·tra·sén·so·ry percéption /èkstrəséns(ə)ri⁻/ [名] [U] 超感覚的知覚, 霊感《略 ESP》.

èxtra·terréstrial [形] [普通は [A]] 地球外の, 大気圏外の. ― [名] [C] 地球外生物, 宇宙人《略 ET》.

èxtra·tèrritórial [形] [A] 《格式》国の領土外の; 〔法〕治外法権(上)の.

ex·tra·ter·ri·to·ri·al·i·ty /èkstrətèrətɔ̀ːriǽləṭi/ [名] [U] 〔法〕治外法権.

éxtra tíme [名] [U] 《主に英》＝overtime 3.

éxtra·ùterine prégnancy [名] [U,C] 〔医〕子宮外妊娠.

⁺**ex·trav·a·gance** /ɪkstrǽvəgəns, eks-/ [名] [U] ぜいたく, 浪費; とっぴさ, 途方もなさ; [C] ぜいたく品; とっぴな言動.

⁺**ex·trav·a·gant** /ɪkstrǽvəgənt, eks-/ [形] **1** [時にけなして] 浪費する, むだ使いする (*with*); ぜいたくな, 豪勢な. **2** (言動などが)とっぴな; [普通は [A]] (要求などが)法外な. **3** (物が)はでな, 豪華な. **～·ly** [副] 浪費して; ぜいたくに; 途方もなく, 法外に.

⁺**ex·trav·a·gan·za** /ɪkstræ̀vəgǽnzə, eks-/ [名] [C] [普通は単数形で] 豪華絢爛(けんらん)な催し[ショー].

èxtra·vehícular [形] 《格式》宇宙船外(用)の.

ex·tra·vert /ékstrəvə̀ːt | -və̀ːt/ [名] [形] ＝extrovert.

èxtra vírgin [形] (オリーブ油が)エクストラヴァージンの.

*__ex·treme__ /ɪkstríːm, eks-/ [T1] [形] ([名] extrémity) [比較なし] **1** [普通は [A]] **極度の, 極端な, 例外的な; 非常に厳しい, ひどい**: ～ poverty 極度の貧困 / an ～ penalty 《格式》極刑 / I was in ～ pain. 私は激痛を感じた.
2 (考え・人などが)**過激な, 極端な, 度の過ぎた, 強硬な**: an ～ case 極端な事例 / He belongs to the ～ left. 彼は極左派に属している / She is always ～ ***in*** her views. <A＋*in*＋名・代> 彼女は考えがいつも極端だ.
3 [A] **いちばん端の, 先端の**: the ～ north [south] 最北端[南端] / the ～ edge of the city 市のいちばん端 / The soupspoon is always on the ～ right. スープのスプーンはいつも右の端にある.
― [名] (～s /～z/) [C] [普通は複数形で] **極端なもの; 極端な行為[手段, 状態], 両極端; 極度**: We experienced the ～***s of*** heat and cold. 我々は暑さと寒さの両極端を経験した / *E*～*s* meet. 《ことわざ》両極端は相通ずる. **gó [be dríven] to extrémes** [動] [自] 極端に走る, 極端なことをする. **gó from óne extrème to the óther＝gó to the ópposite extrème** [動] [自] もう一方の極端に走る, 正反対の行動をとる. **in the extréme** [副] [形容詞の後で] 《格式》極端に, 極度に (extremely). **táke [cárry] ... to extrémes [an extréme]** [動] [他] 〈…〉に関して極端なやり方をする.

*__ex·treme·ly__ /ɪkstríːmli, eks-/ [副] **きわめて, 極端に; とても.** [語法] very よりも意味が強い《☞ very¹ 囲み》: It is ～ difficult to solve the problem. その問題を解決するのはきわめて困難である / The situation is ～ dangerous. 情勢は非常に危険だ.

extrémely lów fréquency [名] [U] 〔通信〕極低周波《略 ELF》.

extréme spòrt [名] [C,U] 極限のスポーツ《急流下り・バンジージャンプなどの危険を伴うスポーツ》.

extréme únction [名] [U] 〔カトリック〕終油の秘跡《臨終の時に聖油を塗ること》.

extremis ☞ in extremis の項目.

⁺**ex·trem·is·m** /ɪkstríːmɪzm, eks-/ [名] [U] (政治[宗教]上の)過激主義.

ex·trem·ist /ɪkstríːmɪst, eks-/ [普通はけなして] [名] [C] 過激主義者, 過激派. ― [形] [A] 過激主義の.

ex·trem·i·ty /ɪkstréməṭi, eks-/ [名] (-i·ties; [形] extréme) 《格式》 **1** [C] 先端, 末端 (end): the southern ～ 南端. **2** [C] [普通は複数形で] 手足: the lower [upper] *extremities* (人間の)脚[腕]. **3** [U,C] 極端, 極度, …の極み《喜び・悲しみ・痛みなど》; 窮境, 窮地: in ˹an ～ [the *extremities*] *of* pain 極度の痛みを感じて. **4** [複数形で] 極端な残虐行為, 過激な言動, 非常手段: resort to *extremities* 非常手段に訴える.

ex·tri·cate /ékstrəkèɪt/ [動] [他] 《格式》(危険などから)救出する, 助け出す (*from*). **éxtricate onesèlf from ...** [動] [他] 《格式》…から脱する.

ex·tri·ca·tion /èkstrəkéɪʃən/ [名] [U] 《格式》救出.

ex·trin·sic /èkstrínzɪk, ɪks-, -sɪk⁻/ [形] ([反] intrinsic) 《格式》 **1** [A] (刺激・原因などが)外部(から)の. **2** 固有でない, 非本質的な; 無関係な (*to*).

ex·tro·ver·sion /èkstrəvə́ːʒən | -və́ːʃən/ [名] [U] ([反] introversion) 〔心〕外向性.

⁺**ex·tro·vert** /ékstrəvə̀ːt | -və̀ːt/ ([反] introvert) [名] [C] **1** 〔心〕外向性の人. **2** 社交家. ― [形] 《主に英》＝extroverted.

ex·tro·vert·ed /ékstrəvə̀ːṭɪd | -və̀ːt-/ [形] **1** 〔心〕外向性の. **2** 社交的な.

ex·trude /ɪkstrúːd, eks-/ [動] [他] 《格式》〈…〉を押し出す, 突き出す; [普通は受身で] 〔機〕〈金属・プラスチックなど〉を型から押し出して形成する (*from*).

ex·tru·sion /ɪkstrúːʒən, eks-/ [名] [C,U] 《格式》押し出し, 突き出し; 〔機〕成型(されたもの).

⁺**ex·u·ber·ance** /ɪgzúːb(ə)rəns, eg- | -z(j)úː-/ [名] [U] (あふれんばかりの)活気, 満ちあふれていること; 繁茂.

⁺**ex·u·ber·ant** /ɪgzúːb(ə)rənt, eg- | -z(j)úː-/ [形] (あふれんばかりに)活気のある, 豊富な; (飾りなど)華麗な, 多彩な; (植物などが)生い茂る, 繁茂した: an ～ imagination 豊かな想像力 / ～ vegetation 生い茂った植物. **～·ly** [副] あふれんばかりに, 元気に; 豊富に.

⁺**ex·ude** /ɪgzúːd, eg- | -z(j)úːd/ [動] 《格式》 [他] 〈自信など〉にあふれる; 〈汁・香りなど〉をにじみ出させる, 発散させる. ― [自] (自信などが)あふれ出る; (汁などが)にじみ出る, 発散する (*from*).

ex·ult /ɪgzʌ́lt, eg-/ [動] 《格式》 [自] 大喜びする, 有頂天になる; 勝ち誇る: ～ *over* [*at*] good luck 幸運を喜ぶ / ～ *in* [*at*] victory 勝利に有頂天になる. ― [他] 〈…〉と大喜びして言う.

ex·ul·tant /ɪgzʌ́ltənt, eg-/ [形] 《格式》大喜びの; 勝ち誇った (*at*). **～·ly** [副] 大喜びで; 大得意で.

ex·ul·ta·tion /èksʌltéɪʃən, ègz-/ [名] [U] 《格式》歓喜, 大喜び (*at*); 大得意; 勝ち誇り (*over*).

éx-wífe [名] [C] 前の妻, 先妻 (《略式》ex) 《☞ ex- [語法] (2)》.

-ey /i/ [接尾] [名詞につく形容詞語尾]「…を含む, …に似た」などの意: clayey 粘土のような《☞ -y¹》.

*__eye__ /áɪ/ ★ 例外的な発音. ([同音] ay(e), I²) [名] (～s /～z/) [C] **1** [普通は複数形で] **目,** 眼 《☞

head 挿絵); ひとみ: She has blue [dark, brown] ~s. 彼女は青い[黒い, 茶色い]目をしている / Her ~s were wide open. 彼女は目を大きく開けていた(目を丸くしていた)《驚きの表情》/ Where are your ~s? お前の目はどこについてる《ぼやけやすな》. 参考 (1) ひとみの色は髪の色とともに, 身分証明書などに記入する身体的特徴として扱われる; ☞ hair 参考 . (2) 黒いひとみはしばしば brown や dark で表わされる《☞ black eye》. 他には blue, gray, green, hazel などの色がある.

─ コロケーション ─
close [shut] one's eyes 目を閉じる
lose an **eye** 視力を失う, 失明する
open one's **eyes** 目を開ける
rest one's **eyes** 目を休ませる
strain one's **eyes** 目を凝らす

2 [しばしば複数形で] 視力, 視覚, 視線: My grandfather has weak ~s. 祖父は視力[目]が弱い / He is blind in the left ~. 彼は左の目が見えない / He cast an ~ on an old vase on the table. 彼は机の上の古い花びんに視線を向けた / E~s right [left, front]! 【軍】頭(かしら)右[左, 中] / This report is for your ~s only. このレポートは他人には見せないでください. 関連 ear 聴力.
3 [普通は単数形で] 観察力, (ものを)見分ける[鑑賞する]力, 眼力: a batting ~ 【野】選球眼 / Helen has a sharp ~. ヘレンは観察力が鋭い. **4** [普通は複数形で] 目つき, 目もと. **5** 目の形をしたもの《針の目・ホックの留め穴・ロープなどの先の輪など》; 【気象】(台風の)目: the ~ of a needle 針の目 / the ~ of the storm 嵐の目 / the ~ of a potato じゃがいもの芽《が出た部分》.

Àll éyes are [fócus] on ... [新聞で] 世間[みんな]が...に注目している.
an éye for an éye ☞ for 前 A 6 最後の例文.
be áll éyes [動] 自 (主に S) 《略式》(全身を目のようにして)一心に見る, 目を皿のようにする.
be at [in] the éye of the stórm [動] 自 不和[論争]の原因である.
befòre ...'s (véry) éyes [副] (S) ...の見ている前で; 公然と.
be ùp to one's [the] éyes in ... [動] 他 《略式》(仕事に)埋もれている; (借金などに)深くはまり込んでいる.
cannót belíeve one's éyes [動] 自 (S) 自分の目が信じられない, 本当とは思えない.
cást ˈan éye [one's éye(s)] òver ... [動] 他 《略式》...にざっと目を通す.
cátch ...'s éye [動] 他 (物が)...の目に留まる; (人が)...と目が合う《☞ eye-catching》.
cláp éyes on ... [動] 他 =set eyes on ....
clóse one's éyes to ... [動] 他 =shut one's eyes to ....
dó ... in the éye [動] 他 《英略式》〈人〉をだます.
dróp one's éyes [動] 自 (恥ずかしくて)視線を落とす, 目を伏せる.
éye of the wínd = **wínd's éye** [名] [the ~] 風の吹いてくる方向.
éye to éye [形・副] (...と)差し向かいで《with》.
féast one's éyes on ... [動] 他 ...を見て楽しむ.
fíx [fásten] one's éyes on [upòn] ... [動] 他 《格式》...に目[視線]を注ぐ, ...をじっと見つめる.
gét one's éye ìn [動] 自 《英・豪》【球】ボールの動きに目を慣らす.
gét the 《英》 glád) éye [動] 自 《略式》色目を使われる.
gíve ... the éye [動] 他 《主に米》〈人〉をじろりと[冷たい目で]見る.
gíve ... 《英》 glád) éye [動] 他 《略式》〈人〉に色目を使う.
hàve an éye [a góod] éye for ... [動] 他 ...を見る目がある, ...の目が高い.

hàve an éye to ... [動] 他 ...に目をつけている, 注目している; ...を目的としている.
hàve eyes bígger than one's stómach = one's eyes are bigger than one's stomach.
hàve eyes in the báck of one's héad [動] 自 (S) 《略式》後ろに目がついている, 何でもお見通しである.
hàve éyes ónly for ... [動] 他 =only have eyes for ....
hàve ˈhálf an [óne] éye on ... [動] 他 (何かをしながら)...にも(同時に)目をやる, ...を横目で見る.
hàve one's éye on ... [動] 他 (...)に目をつける; 〈人〉を見張る.
hít ... (right) ˈbetwèen the éyes [in the éye] [動] 他 〈...〉にとって明白である; 〈人〉に強い印象[ショック]を与える.
if ... had hálf an éye ...がもっと利口だったら.
in frónt of ...'s (véry) éyes [副] =before ...'s very eyes.
in ...'s éyes = **in the éyes of ...** [副] 文修飾語 ...の見るところでは, ...の考えでは: in the ~s of the law 法律に従えば / in the ~s of the public [world] 世間[世界]の人の目には.
kéep a clóse [shárp] éye on ... [動] 他 ...を厳しく監視する, ...を見守る.
kéep one's éye on the báll [動] 自 《略式》(間違えないように)(常に)気をつける.
kéep an [one's] éye on ... [動] 他 《略式》...から目を離さないでいる, ...を見張っている(watch); ...に目をつけている: You must always keep a watchful ~ on these children; they are not good swimmers. この子供たちから目を離すな. みんな泳ぎは得意じゃないから.
kéep an éye òpen [òut] for ... [動] 他 ...を見張っている; ...に注意する; ...を用心して探す.
kéep one's éye ìn [動] 自 《英・豪》【球】ボールに対する目を養っておく.
kéep one's éyes òpen [fíxed, pèeled, 《英》skínned] [動] 自 (S) 気をつけている, 注意している; (...に)目を光らせている《for》.
láy éyes on ... [動] 他 (S) =set eyes on ....
líft (úp) one's éyes [動] 自 見上げる《to》.
lóok ... in the éye [fáce] [動] 他 ☞ look 成句.
lówer one's éyes [動] 自 =drop one's eyes.
màke éyes at ... [動] 他 《略式》〈人〉に色目を使う.
méet ...'s éye(s) [動] (1) ...の目をそらさずに見返す. (2) 〈驚くべき光景などが〉...の目に入る.
nárrow one's éyes [動] 自 目を細める《まぶしいときまたは敵意・疑念・詰問の表情》.
óne in the éye (for ...) [名] (S) 《英》(...にとっての)痛手, みじめな敗北《話し手はよいことだと考えている》.
one's éyes are bígger than one's stómach [bélly] = **one's éyes are tòo bíg for one's stómach [bélly]** (S) 取りすぎて食べきれない.
ónly hàve éyes for ... [動] 他 (特定の異性)にしか興味がない, ...のこと以外には目もくれない.
ópen ...'s éyes to ─ [動] 他 ...に対して...の目を開かせる, ...に─を理解させる: This serious illness opened my ~s to the meaning of life. この重い病気で私の生命に対する目が開いた.
ópen ...'s éyes wíde [動] 他 (驚きで)目を見開く.
róll one's éyes [動] W 目玉をくるりと動かす《驚き・非難などを表わす; ☞ roll 動 3》.
rún ˈan éye [one's éye(s)] òver ... [動] 他 = cast ˈan eye [one's eye(s)] over ....
sèe éye to éye with ... [動] 他 [しばしば否定文で] (─に関して)...と意見が一致する《about, on》.
sèt éyes on ... [動] 他 [しばしば否定文で] (S) ...を(特に初めて)見る, ...に会う《see》.

shút one's éyes to … [動] [他] …を見て見ぬふりをする; …を見ようとしない.
stríke the [one's] éye [動] [自] 目につく, 目立つ.
tàke one's éyes òff … [動] [普通は否定文で] ((略式)) …から目を離す: He could*n't take his ~s off* her. 彼は(魅了されて)彼女から目が離せなかった.
the éyes of the wórld are on … =All eyes are on ….
thére is móre to [in] … than méets the éye …には見かけ以上の価値[理由, 問題]がある, …には一見しただけではわからないところがある: This problem seems easy, but *there is more to* it *than meets the ~*. この問題は一見易しそうだが, 実際は見かけ以上に複雑だ.
through …'s éyes=through the éyes of … [副] …の観点[考え]から.
to …'s èye(s) [副] [文修飾語] [S] …の目には[考えでは].
ùnder …'s éye=ùnder the éye of … [副] …の監視のもとで.
with an éye to [for, on] the máin chánce [副] ((英・豪)) ☞ main chance 成句.
with an éye to [towàrd] (dóing) … [副] …をする目的で, …を目当てに: He came up to Tokyo *with an ~ to* start*ing* a new life with her. 彼は彼女と新しい人生を始めようと考えて東京へやって来た.
with hálf an éye [副] ちらっと見ただけで, たやすく.
with ⌈hálf an [óne] éye on … [副] …にも(同時に)目をやりながら, …を横目で見ながら.
with one's éyes clòsed [shùt] [副] 目を閉じたままでも[つぶっていても], いとも簡単に; 事情[情勢]を知らずに, やみくもに.
with one's éyes òpen [wíde ópen] [副] (困難などを)承知[覚悟]の上で.
— [動] **(eyes; eyed; eye·ing, ey·ing)** [他] **1** (もの欲しそうにまたは不審そうに)じろじろ見る. **2** ((米)) 〈人〉に色目を使う. **éye úp** [動] [他] ((英略式)) =[動] 2.

éye appèal [名] [U] ((米略式)) 人目を引くこと, 見ばえ.
⁺**éye·bàll** [名] [C] 眼球. **be ùp to one's éyeballs** =be up to one's ears ((ear[1] 成句)). **éyeball to éyeball** [副] 顔と顔をつき合わせて, けんか腰で (*with*). — [形] 顔をつき合わせた. — [動] [他] **1** ((略式)) 〈…〉をよくよく見る. **2** 〈長さなど〉を目測する.
éye bànk [名] [C] 角膜銀行, アイバンク.
éye-bàth [名] [C] 洗眼用コップ.
*__eye·brow__ /áɪbràʊ/ [名] (~s /~z/) [C] [普通は複数形で] まゆ, まゆ毛 ((☞ head 挿絵)): pluck one's ~*s* まゆ毛を抜く. **be ùp to one's éyebrows** [動] [自] =be up to one's ears ((ear[1] 成句)). **knít one's éyebrows** [動] [自] ((文)) まゆを寄せる, まゆをひそめる ((困惑・不機嫌の表情)). **ráise one's éyebrows** [動] [自] まゆを上げる (*at*) ((驚き・非難・疑惑・失望などの表情)).

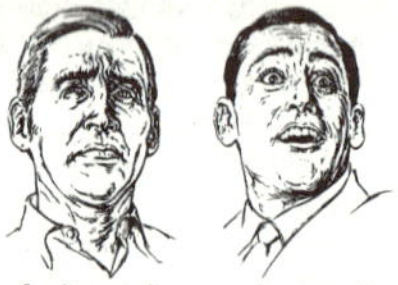
knit one's eyebrows　　raise one's eyebrows

éyebrow pèncil [名] [C,U] ペンシル状のまゆ墨.
éye càndy [名] [U] ((略式)) 一見魅力的な人[もの], 見た目だけの人, 見掛け倒し.
éye-càtcher [名] [C] 人目を引くもの.
⁺**éye-càtching** [形] 人目を引く. **~·ly** [副] 人目を引くように.
éye chàrt [名] [C] 視力検査表.
éye còntact [名] [U] 視線を合わせること ((欧米では相手と話すとき視線を合わせるのが礼儀とされる)): make [avoid] ~ *with* … …と視線を合わせる[合わせない].
éye·cùp [名] [C] **1** 洗眼コップ. **2** アイカップ ((遮光のため腕状になったカメラや顕微鏡の接眼部)).
-eyed /àɪd/ [形] [合成語で] …の目をした, 目が…の: one-*eyed* 片目の / sharp-*eyed* 目の鋭い.
éye dòctor [名] [C] 目医者.
éye·dròpper [名] [C] 目薬さし.
éye·dròps [名] [複] 目薬: use ~ 目薬を使う.
eye·ful /áɪfʊ̀l/ [名] **1** [C] 目に入った物 ((水・ほこりなど)): get an ~ *of* dust 目にほこりが入る. **2** [an ~] ((古風)) 人目を引くもの, (特に)目のさめるような美人. **gèt [hàve] an éyeful (of …)** [動] [S] (興味を引く[とんでもない]ものなどを)見る.
éye·glàss [名] [C] めがねのレンズ; 片めがね; =eyepiece; [複数形で] ((主に米)) めがね (glasses): a pair of ~*es* めがね 1 個.
⁺**éye·làsh** [名] [C] [普通は複数形で] まつげ: false ~*es* つけまつげ. **flútter one's éyelashes** [動] [自] [滑稽] (女性が)色目を使う.
éye·less [形] 目のない; 盲目の.
eye·let /áɪlət/ [名] **1** [C] (靴などの)ひも穴; はと目. **2** [U] 装飾的小穴のある布.
éye lèvel [名] [U] 目の高さ: *at* ~ 目の高さに[で].
⁺**eye·lid** /áɪlɪd/ [名] [C] [普通は複数形で] まぶた.
éye·lìner [名] [U] アイライナー ((目の輪郭を強調するための化粧品)); [C] =eyeliner pencil.
éyeliner pèncil [名] [C] (ペンシル状の)アイライナー.
éye-òpener [名] [C] [普通は an ~] **1** 目を見張らせること[もの]; はっと思わせる新事実 (*to*). **2** ((米)) 朝酒.
éye-opening [形] 目を見張らせるような.
éye·pàtch, éye pàtch [名] [C] 眼帯.
éye·pìece [名] [C] (顕微鏡・望遠鏡などの)接眼[対眼]レンズ.
eye·pop·per /áɪpɑ̀pə | -pɔ̀pə/ [名] [C] ((略式)) 目を見張らせるもの, あっといわせるもの; すごい美人.
eye-pòp·ping /-pɑ̀pɪŋ | -pɔ̀p-/ [形] ((略式)) 目の玉がとび出すほどの; びっくりさせる; わくわくさせる.
éye rhỳme [名] [U,C] 〘詩学〙 視覚韻 ((母音の発音が異なっても, つづりの上では押韻しているように見えるもの; 例 move, love)).
éye·shàde [名] [C] まびさし ((光から目を保護する)).
éye shàdow [名] [U,C] アイシャドー.
éye·shòt [名] [U] 目の届く距離[範囲], 視界: beyond [out of] ~ (of …) (…の)目の届かない所に.
⁺**eye·sight** /áɪsàɪt/ [名] [U] 視力, 視覚: have good [bad, poor] ~ 目がいい[悪い].
éye sòcket [名] [C] 眼窩(がんか).
éye·sòre [名] [C] 目ざわり(な建物[場所]).
éye·stràin [名] [U] 目の疲れ, 眼精疲労: suffer from ~ 目が疲れる.
éye tòoth [名] (複 **-tèeth**) [C] 犬歯, 糸切り歯 (canine tooth). **give one's eye teeth ⌈for … [to dó]** [動] [S] …の[…する]ためならどんな犠牲も惜しまない.
éye·wàsh [名] ((英)) **1** [U,C] 目薬, 洗眼水. **2** [U] ((古風, 略式)) ごまかし, いんちき, でたらめ.
éye·wèar [名] [U] ((格式)) めがね (glasses).
⁺**éye·wìtness** [名] [C] (犯罪・事故などの)目撃者, 証人: an ~ *to* a murder 殺人の目撃者 / an ~ account of the crime その犯罪の目撃者の証言.
ey·ing /áɪɪŋ/ [動] eye の現在分詞および動名詞.
eyot /éɪt, éɪət/ [名] [C] ((英)) 河中島.
ey·rie, ey·ry /áɪ(ə)ri, é(ə)ri/ [名] (**ey·ries**) [C] ((英)) =aerie.
E·ze·ki·el /ɪzíːkiəl/ [名] [固] エゼキエル ((紀元前 6 世紀ユダ王国末期の預言者)); 〘聖〙 エゼキエル書 ((エゼキエルの預言を収録した旧約聖書の一書)).
e-zine /íːzìːn/ [名] [C] メールマガジン, 電子雑誌. [語源] electronic と magazine の混成語.
Ez·ra /ézrə/ [名] [固] エズラ ((紀元前 5 世紀末のユダヤの指導者の一人)); 〘聖〙 エズラ記 ((旧約聖書の一書)).

f F

f¹, F¹ /éf/ (**f's, fs, F's, Fs** /~s/) 1 [C,U] エフ(英語アルファベットの第6文字). 2 [U] [F] [楽] ヘ音, ヘ調. 3 [C] [F] (成績の)不可 (☞ grade 表).

f² =forte².

***F** 1 華氏の (Fahrenheit). 2 (英) =Fellow of (☞ fellow 2), fine¹ 5. 3 =false.

***f.** 1 女の, 雌の; 女性, 雌 (female). 2 =(and the) following (page [line]) ...ページ[行]以下. 3 =feet, feminine, folio, foot.

***F.** 1 女性(の), 雌(の) (female). 2 =February, franc(s), Friday.

fa /fá:/ [名] [単数形で] [楽] ファ《全音階の第4音》.

FA /éféɪ/ [名] [the ~] (英) = Football Association. ★ ☞ sweet FA.

FAA /éfèɪéɪ/ [名] [the ~] = Federal Aviation Administration (米) 連邦航空局《運輸省の一局》.

fab /fǽb/ [形] (古風, 略式) すばらしい, すてきな (fabulous).

Fa・bi・an /féɪbiən/ (英) [形] [A] フェビアン協会の. ── [名] [C] フェビアン協会会員.

Fábian Society [名] ⓢ [the ~] フェビアン協会《英国の漸進(ౕ)的社会主義思想団体》.

†**fa・ble** /féɪbl/ [名] [形] **fábulous**) 1 [C] 寓話(ఽ)《動物などを擬人化して教訓を含んだ物語》: Aesop's F~s イソップ物語. 2 [U] 伝説, 説話; 神話. 3 [C,U] 作り話, うそ (lie).

fa・bled /féɪbld/ [形] [A] 《主に文》寓話にある; 物語[伝説]で名高い (for); 架空の, 想像上の.

Fa・bre /fá:brə/ [名] /ʒá:ɹ; ʒɔ́ɹ/ **Hen・ri** /ɑ:nrí; ɔ́nri/ ~ファーブル (1823-1915)《フランスの昆虫学者》.

***fab・ric** /fǽbrɪk/ [名] (~s /~s/) 1 [C,U] 織物 (cloth): woolen ~s 毛織物 / weave a ~ 織物を織る. 2 [U] 生地. 3 [the ~] (基本)構造, 組織: the ~ of society 社会の組織. 4 [the ~] (建物の)骨組み, 基本構造《屋根・壁・床など》 (manufacture).

fab・ri・cate /fǽbrɪkèɪt/ [動] 1 〈うそなど〉を作り上げる, でっちあげる; 〈書類など〉を偽造する. 2 〈道具・装置など〉を作る, 製作する (manufacture).

fab・ri・ca・tion /fæ̀brɪkéɪʃən/ [名] 1 [U] 偽造, でっちあげ. 2 [C] 作り事, うそ; 偽造物. 3 [U] 製作.

fábric sòftener [英] **conditioner**] [名] [C,U] 柔軟仕上げ剤《洗濯のときに用いる》.

***fab・u・lous** /fǽbjuləs/ [形] [名] **fáble**) 1 (略式) すばらしい: We had a ~ time at the party. そのパーティーはとてもおもしろかった. 2 [A] (格式) 途方もなく大きい [多い], うそのような: ~ wealth 巨額の富. 3 [A] (文) 伝説上の, 伝説の.

fáb・u・lous・ly [副] 信じられないほどよく; 非常に: ~ rich 途方もなく金持ちの.

fa・cade, fa・çade /fəsá:d/ [名] [C] 1 (建物の)正面 (front). 2 [普通は単数形で] (事物の)見かけ, 外見; 見せかけの.

face /féɪs/ ([類似] **faith**) **11** [名] (**fac・es** /~ɪz/; [形] **fácial**) 1 [C] 顔《頭部の前面の目・鼻・口のある部分だけをさす; ☞ head 図》: She has a lovely round ~. 彼女はかわいい丸顔をしている / He had scratches all over his ~. 彼は顔じゅうひっかき傷だらけだった / He pressed his ~ against the window trying to look into the shop. 彼は店内をのぞこうとして窓に顔を押しつけた.

── コロケーション ──
hide [cover] one's *face* 顔を隠す[覆う]
powder one's *face* 顔におしろいをつける
wash one's *face* 顔を洗う

2 [C] 顔つき (look), 表情: a smiling ~ 笑い顔 / an angry ~ 怒った顔 / You don't have to tell me. I can see it on your ~. 言わなくてもいいよ. 君の顔を見ればわかる / You should have seen Jane's ~ when she saw what a mess the room was in. ⓢ 部屋がめちゃめちゃなのを見た時のジェーンの顔を見せたかったよ.

3 [C] 表面 (surface), 表(ఽ়); (建物などの)正面 (front) (⇔ back); (山・がけの)切り立った面 (of); (立方体などの)面; (道具の)使用面, (ラケットなどの)打つ面: the ~ of the earth 地表 / the ~ of a card トランプの表 / the ~ of a watch 時計の文字盤. 4 [C] うわべ, 外観 (appearance). 5 [C] (活動などの)側面 (aspect); [the ~] (物事の)様子, 様相: the ugly ~ of capitalism 資本主義の醜い側面. 6 [C] [形容詞を伴って] (...な)人: a famous [well-known] ~ 有名人 / a new [different] ~ 新顔 / the same old ~s いつもの面々. 7 [C] (鉱山)切羽(ౕ), 採鉱の現場. 8 [C] =typeface.

be nót jùst another [a] prétty fáce [動] (自) ⓢ [滑稽] 見かけだけじゃない, 能力もある.

blów úp in ...'s fáce [動] (企てなどが)突然失敗に終って...の面目を失わせる.

bring ... fáce to fáce with ― [動] 他 〈...〉を〈敵・困難・問題など〉に直面させる.

còme fáce to fáce with ... [動] 他 〈敵・困難・問題など〉に直面する.

cróss ...'s fáce [動] (ある表情が)...の顔をよぎる.

face dówn [dównward(s)] [副] 顔[表]を下にして[向けて]: Put your answer sheet ~ *down*. 解答用紙を表を下にして置きなさい.

fáce to fáce [副] (...と)面と向かって, 差し向かいで (*with*): I have something to talk with you about ~ *to* ~. あなたと二人だけでじっくり話したいことがある.

fáce úp [úpward(s)] [副] 顔[表]を上にして[向けて]: Lay four cards ~ *up*. 4枚のカードを表を上にして置きなさい.

féed one's fáce [動] 自 (略式) 食べる.

flý in the fáce of ... [動] (物事が)...に反する, ...を無視する; (人が)...に公然と反抗する.

from the fáce of the éarth [副] =off the face of the earth.

gèt ìn ...'s fáce [動] ⓢ ...に(あれこれ)口出しする.

gèt óut of my fáce [動] [命令文で] ⓢ 邪魔をするな, 口出しするな.

hàve one's fáce lífted [動] 自 顔の(しわをとる)美容整形をしてもらう.

hàve the fáce (to dó) [動] 〔英略式〕厚かましくも[ずうずうしくも]...する.

in ...'s fáce [副] (1) まともに(受けて): We had the sun in our ~s. 私たちは日光をまともに受けていた. (2) (人)の面前で, 公然と: She laughed in my ~. 彼女は面と向かって私をばかにした. 語法 laugh や sneer のような軽蔑を表わす動詞とともに用いられる.

in the fáce of ... [前] (1) ...に直面して; ...に向かい合って: He remained calm in the ~ of great danger. 彼は大きな危険に直面しながらも落ち着いていた. (2) ...にもかかわらず.

in your [略式] **yer**] **fáce** [形] (言動などが)あからさまな, 歯に衣を着せない.

lóse fáce [動] 自 面目を失う (*with*) (⇔ save face): Your father will *lose* ~ if you don't keep your promise. あなたが約束を守らないとお父さんの立場がなくなりますよ.

màke fáces [a fáce] =púll fáces [a fáce] [動] 自 顔をしかめる, いやな顔をする; おどけた顔をする: She makes [pulls] ~s [a ~] at that man. 彼女はその男を見るといやな顔をする.

máke ...'s fáce fàll [動] ...をがっかりさせる, (気分)を沈ませる.

òff the fáce of the éarth [副] (突然)この世から(消えて), 完全に(なくなって): disappear [vanish] off the ~ of the earth この世から突然いなくなる[姿を消す].

on one's fáce [副] うつぶせに (反 on one's back): He fell on his ~. 彼はうつぶせに倒れた.

on the fáce of it [副] [文修飾節] 見かけでは, 一見したところ.

on the fáce of the éarth [副] [最上級を強めて] この世で.

pùt ón a bráve [góod, bóld] fáce [動] 自 平気な顔を装う, (うわべを)とりつくろう.

pùt a bráve [góod, bóld] fáce on ... [動] 他 ...に対して平然としている.

pùt one's fáce òn [動] 自 (略式)(滑稽) 化粧する.

sáve one's fáce [動] 面目を保つ (反 lose face): He saved ~ with his girlfriend by beating his rival. 彼はライバルに勝ってガールフレンドに対して面目を保った.

sèt one's fáce agàinst ... [動] 他 (古風, 主に英) ...に断固として反対する (oppose).

...'s fáce dòesn't fít (英) ...が〈組織・仕事など〉に合わない, 向いていない.

...'s fáce is a pícture (S) (主に英) ...がひどく怒った[驚いた, 変わった]表情をする (☞ picture 名 8).

shów one's fáce [動] 自 [普通は否定文で] (会合などに)顔を出す, 姿を現わす.

Shút your fáce! [動] (S) (略式) 黙れ.

thrów ... (báck) in —'s fáce [動] 他 (略式) —の〈助言・好意など〉をはねつける.

(stráight) to ...'s fáce [副] (略式) ...に面と向かって, ...の面前で, 公然と (反 behind ...'s back): Did he say such a thing to your ~? (S) 彼はあなたに面と向かってそんなことを言ったのですか.

whát's his [her] fáce [名] (S) あの何とか言う人, 例のあの人 〈名前を忘れて思い出せない男[女]の人をさす〉.

— [動] (fac.es /-ɪz/; faced /-t/; fac.ing) 他 1 〈建物など〉〈...に〉面する, 〈人が〉...に向かい合う: sit facing each other 向かい合って座る / My room ~s the north. 私の部屋は北に面している.

2 ...(人)に〈災難・困難など〉に直面する, 〈...に〉立ち向かう; 〈事実など〉を直視する; 〈いやな人〉と向き合う; 〈人〉を〈災難・困難など〉に直面させる, 立ち向かわせる (☞ face ... with — (句動詞)): He ~d death with no fear. 彼は何の恐れもなく死に立ち向かった / She ~d [was ~d with] severe difficulties. 彼女はきびしい困難に直面した / He refused to ~ the fact that he was defeated. 彼は自分が負けたという事実を認めようとしなかった. 3 [cannot とともに] 〈いやな事など〉をする気になる; 〈人〉に会う気になる: I can't ~ working with such a person. 私はこんな人といっしょには仕事はできない / He couldn't ~ his family after causing such a scandal. そんな不祥事を起こし彼は家族に合わせる顔がなかった. 4 (試合で)〈相手(チーム)〉と対戦する. 5 (危険・困難などが)〈人〉に迫る, 〈人〉の前に立ちはだかる: The problem that ~s us is serious. 我々が直面している問題は深刻だ. 6 [しばしば受身で]〈壁など〉の上塗りをする, 〈表面の仕上げをする〉 (with); 〈服・襟などの縁取りをする.

— 自 [副詞(句)を伴って] 面する, 向く: Our house ~s south. 私の家は南向きだ.

be fáced with ... [動] 他 ...に直面する: be ~d with a difficult situation 困難な状況にある / I was ~d with an unpleasant choice. 私はいやな選択を迫られていた. 2 (建物が)...で上張りされている.

Léft [Ríght] fáce! [感] (米軍) 左向け左[右向け右].
(Lèt's fáce it= (Lèt's fáce (the) fácts (S) (略式)(いやな事などを)素直に認める(ことにしよう).

―― face の句動詞 ――

fáce dówn [動] 他 (主に米) 〈...〉を(にらんで)威圧[圧倒]する, やりこめる, 黙らせる.

fáce óff [動] 自 1 (米略式) 対決する. 2 『アイスホッケー』フェイスオフ (face-off) で試合を開始する.

*fáce úp to ... [動] 他 ...に真っ正面から立ち向かう; 〈厳しい現実など〉を直視する (受身 be faced up to): You've got to face up to the fact that Jim will never come back. あなたはジムが帰ってこないという現実を受け入れねばならない.

fáce ... with — [動] 他 [しばしば受身で] 〈...〉に〈事実・証拠など〉をつきつける, 直視させる.

fáce càrd [名] C (米) トランプの絵札 (英) court card).

fáce-clòth [名] (-cloths /-klɔ̀ːðz, -klɔ̀ːθs | -klɔ̀ːθs/) C (英) =washcloth.

fáce-crèam [名] U.C 美顔クリーム.

-faced /féɪst/ [形] [合成語で] ...の顔をした: red-faced 赤ら顔の / sad-faced 悲しい顔をした.

fáce flànnel [名] C (英) =washcloth.

*fáce・less [形] [普通は軽蔑] 個性[人間らしさ]のない, 〈組織など〉が没個性の, だれとも分からない.

fáce-lìft [名] C 1 (しわなどをとる)顔の美容整形. 2 [普通は a ~] (建物の外装など)の改修, 模様がえ: give the store a ~ 店を改修する.

fáce màsk [名] C 1 (スポーツなどで顔面を保護する)マスク, 面 (☞ catcher 挿絵). 2 (米) =face pack.

fáce-òff [名] C 1 (米略式) 対決 (between) (☞ face off (face 句動詞)). 2 『アイスホッケー』フェイスオフ (向かい合った2人の間にパックを入れて試合を開始すること), 試合開始.

fáce pàck [名] C (英) 美顔用パック.

fáce pàint [名] U.C 顔用の絵の具.

fáce pàinting [名] U 顔に(扮装やカモフラージュのため)絵の具をぬること (ハロウィーンなどで子供がよくする).

fáce-plàte [名] 1 〖機〗(旋盤の)面板(ﾒﾝﾊﾞﾝ). 2 〖機〗 定盤. 3 (ダイバーなどの)ヘルメットののぞき窓.

fáce pòwder [名] U.C 化粧パウダー.

fáce-sàver [名] C 面目を立てるもの.

fáce-sàving [形] [普通は A] 顔[メンツ]を立てる.

fac・et /fǽsɪt/ [名] C 1 (物事の)面, 側面 (aspect) (of). 2 (宝石の)結晶体・宝石の).

-fac・et・ed /fǽsɪtɪd/ [形] [合成語で] ...面体の; ...側面のある: multi-faceted 多面的な.

fáce tìme [名] U (米) (メールなどでなく直接顔を合わす時間; (実際に仕事をしているかどうかは別として上司[同僚]にアピールするために)職場にいる時間.

fa・ce・tious /fəsíːʃəs/ [形] [普通は軽蔑] (場違いで)こっけいな, おかしな; 不まじめな. -ly [副] こっけいに, 不まじめに. ~・ness [名] U こっけいさ; 不まじめ.

fáce-to-fáce [形] A 面と向かっての, 差し向かいでの. 面と向かって.

*fáce vàlue [名] U.C 額面価格 〈公債などの表面に記載してある額〉. táke ... at (...'s) fáce vàlue [動] 他 〈...〉を額面どおりに受け取る[信用する].

fa・ci・a /féɪʃiə/ [名] =fascia.

*fa・cial /féɪʃəl/ [形] (類 face) [普通は A] 顔の; 顔に用いる: a ~ resemblance 顔が似ていること / a ~ mask 美顔用パック / ~ cream 美顔クリーム. —[名] C 顔面マッサージ, 美顔術. -ly /-ʃəli/ [副] 顔に関しても.

fácial scrùb [名] C 洗顔用スクラブ 〈顆粒入りの洗顔料〉.

fac・ile /fǽsl | -saɪl/ [形] [普通は軽蔑] 1 (人・言動が)軽薄な, うわべの. 2 A (格式) (あまりにも)たやすく, 楽に

できる，安易な．**3** 流ちょうな；器用な．

+**fa·cil·i·tate** /fəsílətèɪt/ [T1] [動] ([名] facílity) [他] [特に物事を主語として]《格式》〈…〉を容易にする；楽にする；促進する，助長する．

fa·cil·i·ta·tion /fəsìlətéɪʃən/ [名] [U] 容易にすること，簡易化；助長，促進．

fa·cil·i·ta·tor /fəsílətèɪtə | -tə/ [名] [C]《格式》**1** 補助者，まとめ役．**2** 促進するもの．

fa·cil·i·ty** /fəsíləṭi/ [T1] [名] (-i·ties /~z/; [動] facílitàte) **1** [C] [普通は複数形で] **施設，設備；便宜，便**：transportation *facilities* 交通の便 / leisure *facilities* レジャー施設 / sports *facilities*=facilities for*** sports スポーツ施設．**2** [C] [普通は単数形で] (機器などの)特別な装置[機能]；(制度などの)特別サービス，特約 (*to do*)：This software has an automatic virus-detection ～．このソフトはウイルス自動探知機能が付いている．**3** [[U] または a ～]《格式》能力，(容易に行なえる)才能，腕前 (talent)：She has [shows] *a* ～ *for* [*in*, *with*] language. 彼女には語学の才能がある．**4** [C] [普通は複数形で] [S] [婉曲] 便所．**5** [U]《格式》容易さ ([反] difficulty)：with great ～ 楽々と．

fac·ing /féɪsɪŋ/ [名] **1** [U,C] (壁・建物の)化粧仕上げ(面)．**2** [U,C] (衣服の)へり取り；[複数形で] (ジャケット・コートの襟・そでの)縫い取り．**—** [形] [A] 反対側の：the ～ page 反対側のページ．**—** [副] 向かい合って．

-fac·ing /féɪsɪŋ/ [形] [合成語で] 向きが…の：south-*facing* 南向きの．

fac·sim·i·le /fæksíməli/ [名] **1** [C] (筆跡・絵画などの)原物どおりの複写，模写 (*of*)．**2** [U,C]《格式》= fax．**in facsímile** [副] 複写で，原物そのままに．**—** [形] [A] 複写の．[語源] ラテン語で「似たもの (☞ similar) を作れ」の意；☞ fact [単語の記憶]．

fact** /fǽkt/ [名] (**facts** /fǽkts/; [形] fáctual) **1** [C] **事実**，実際にあった(と信じられている)こと (*of*, *in*)：This book deals with ～*s* ***about Japanese history. この本は日本史に関する事実を扱っている / She did well ***given*** [***in view of***] ***the ～ that*** she is only ten. <N+*that* 節> 彼女は 10 才にすぎないことを考えるとよくやった (☞ that² A 4; apposition [文法]) / hard ～*s* 動かぬ[厳しい]事実．

コロケーション
- **conceal** [**hide, cover up**] a *fact* 事実を(覆(おお)い)隠す
- **deny** the *fact* that … …という事実を否定する
- **discover** a *fact* 事実を発見する
- **distort** [**misinterpret**] the *facts* 事実をゆがめる[誤解する]
- **face** ˹a *fact* [the *fact* that …]˺ 事実[…という事実]を直視する (☞ (Let's) face (the) facts (face [動] 成句))
- **ignore** the *fact* that … …という事実を無視する
- **stick** [**keep**] to the *facts* 事実から離れない

2 [U] **現実の話** (reality)，事実，真実 (truth)《想像・理想・理論などに対して》([反] fiction)：Which part of the story is ～ and which is fiction? その物語のどの部分が事実でどの部分が創作なのですか．
[語源] ラテン語で「なされたこと，行為」の意．

[単語の記憶] 《FACT》(作る，する)
- **fact** (なされたこと) → **事実**
- **fact**or (結果を作るもの) → **要因**
- **fact**ory (作る所) → **工場**
- **fac**simile (同じに作れ) → **模写**
- bene**fact**or (善をなす人) → **恩人**
- manu**fact**ure (手で作る) → **製造する**

a fáct of lífe [名] 人生の現実，厳しい現実．

(and) thàt's [it's] a fáct! [前言を強調して] [S] 本当だってば．

áfter the fáct [副・形] 事後に[の]，後になって．

as a màtter of fáct [副] [つなぎ語] [S] (1) **実を言うと**《予想に反して・意外にもなどの気持ちが含まれることが多い》：[会話] "Who was elected?" "Well, *as a matter of* ～, I was." 「だれが当選したのですか」「いや，それが実は私なんですよ」(2) ところが実際は，事実は，実際のところは《直前の発言と異なる意見やそれを否定するような事柄を述べる》：He looked confident, but *as a matter of* ～ he was scared. 彼は自信ありげに見えたが，本当のところはこわかったのだ．(3) [前言を強調して] それどころか，いやむしろ：Tom is not a lazy boy. *As a matter of* ～, he works hard. トムは怠け者ではない．それどころかよく働く．

Fáct ís …《略式》=The fact is (that) ….

fácts and fígures [名] [複] 正確な情報；詳細．

for a fáct [副] [S] =for certain (☞ certain 成句)．

gét one's fácts stràight [rìght] [動] (批判・議論をする前に)事実をしっかり確認する．

in (áctual) fáct [副] (1) [文修飾語] **実際は，事実上は**，本当に《強調したり，本当かどうか尋ねるときに用いる》：He is the president of the company *in* ～, but not in name. 彼は事実上はその会社の社長だが名目上はそうではない．(2) [つなぎ語] **ところが実際は，事実は**《直前の発言と異なる意見やそれを否定するような事柄を述べる》：Everyone thinks he is a nice person, but *in* ～ I don't trust him. 彼はいい人だと思われているけれど実は私は信用していない．(3) [つなぎ語] [前言を強調して] **いやむしろ，それどころか**：He wasn't very helpful. *In* ～, all this resulted from his carelessness. 彼は大して助けにならなかった．それどころかこれはみな彼の不注意から起こったのだ．

in póint of fáct [副] [つなぎ語] [S] 実のところ，実際は．[語法] in fact より強調的．

Is thát a fáct? [S] (相手の発言に驚いて)本当なのか．

The fáct is (that) …=**The fáct of the màtter is (that) …** [S] **実は…です**：*The* ～ (*of the matter*) *is* (*that*) I don't love her. 実は彼女を愛していないのです．

The fáct remáins (that) … …という事実は依然として残る，…ということは否定できない．

the fácts of lífe [名] (1) [婉曲] (特に子供たちに教える)性知識．(2) 人生の現実 (☞ a fact of life)．

fáct-fìnder [名] [C] (争議などの)実情調査員．

+**fáct-fìnding** [形] [A] 実情調査の：a ～ committee [mission] 実情調査委員会[使節団]．

***fac·tion**¹ /fǽkʃən/ [名] ([形] fáctional) **1** [C] (政党・組織などの中の)**派閥**，党派；徒党 (*of*)．**2** [U]《格式》党派心，派閥根性；党派の争い，派閥争い．

fac·tion² /fǽkʃən/ [名] [U,C] 実話小説，ドキュメンタリー小説[映画，ドラマ]．[語源] *fact*+*fiction*．

+**fac·tion·al** /fǽkʃ(ə)nəl/ [形] ([名] fáction¹) 派閥の．

fac·tion·al·is·m /fǽkʃ(ə)nəlìzm/ [名] [U] 派閥主義．

fac·ti·tious /fæktíʃəs/ [形]《格式》人為的な，不自然な；見せかけの．

fac·ti·tive /fǽktəṭɪv/ 〔文法〕[形] 作為の：～ verbs 作為動詞《VOC 型の make, cause, think, call など》．**—** [名] [C] 作為動詞．

facto ☞ de facto の項目，ipso facto の項目．

fac·toid /fǽktɔɪd/ [名] [C]《米》些末なニュース[情報]．

fac·tor** /fǽktə | -tə/ [T1] [名] (～**s** /~z/) [C] **1** (ある結果を生ずる)**要因，要素** (☞ fact [単語の記憶])：the *deciding* ～ 決定要素 / Honesty was the crucial [key] ～ ***in his success. 正直が彼の成功した最も重要な要因であった / Ability is the only ～ considered in promoting employees. 能力が社員の昇進にあたって考慮される唯一の要素である．**2** 〔数〕因数 (*of*)．**3**

[普通は a ~]（増減の）度合，率；〔尺度のある〕レベル，係数: suntan cream with *a* protection ~ *of* 22 レベル22の日焼け止めクリーム // ☞ windchill factor. **4**〖生〗因子. **5** 債権買取り業者. **by a fáctor of** *…* *…*倍． **6** [副]〔数字を伴って〕…倍(だけ): Prices have increased *by a* ~ *of* three. 物価は3倍に上がった．
— 動 (-tor·ing /-tərɪŋ, -trɪŋ/) ⊕ **1** 〈…〉を（要因として）計算に入れる (*in*; *into*); 〈…〉を（要因として）除外する (*out*). **2** (米) =factorize.

fáctor anàlysis 名 U〖数・統〗因子分析（法）．
fáctor VIII /-éɪt/ 名 〖生化〗第 VIII 因子 ⑭ (哺乳類の血液凝固の因子で，血友病患者に投与される).
fac·to·ri·al /fæktɔ́:riəl/ 形 C〖数〗階乗 (n 以下全ての自然数の積；n! と表わし /én fæktɔ́:riəl/ と読む).
fac·tor·ing /fæktərɪŋ, -trɪŋ/ 名 U C 債権買取り業.
fac·tor·i·za·tion /fæktərɪzéɪʃən, -raɪz-/ 名 U〖数〗因数分解.
fac·tor·ize /fæktəraɪz/ 動 ⊕〖数〗〈…〉を因数分解する．

*fac·to·ry /fæktəri, -tri/ 名 (**-to·ries** /~z/) **1** C（機械で大量生産する）**工場**，製作所 (☞ fact 【単語の記憶】): manage [operate] a ~ 工場を経営する / close [shut down] a ~ 工場を閉鎖する / My uncle works in a car ~. 私のおじは自動車工場で働いている．

factory	(工場（最も一般的な語）)	
mill	(原材料を製造する工場)	
plant	(大規模な工場)	工場
works	((普通は完成品を製造しない) 大規模な工場)	

2 [形容詞的に]工場の: a ~ worker 工員．
fáctory fàrm 名 C (英)（食肉・鶏卵などを大量生産する）促成飼育場．
fáctory fàrming 名 U (英) 促成飼育．
fáctory flòor 名 [the ~] 工場の作業現場; 工場労働者たち. **on the fáctory flòor** [副] 平(ﾋﾗ)工員の間で[に]．
fáctory-màde 形 工場製の．
fáctory òutlet 名 C メーカー直営店．
fáctory shìp 名 C 工船（加工設備を持つ漁船）．
fac·to·tum /fæktóʊtəm/ 名 C〖格式〗または〔滑稽〕雑用をする人[召し使い]．
fáct shèet 名 C（ある問題についての）主要事実記載書，概要報告書．
⁺fac·tu·al /fæktʃuəl/ 形 (名 fact) 事実(上)の；事実に基づく．**-al·ly** /-əli/ 副 事実上；事実に基づいて．

*fac·ul·ty /fækəlti/ **11** 名 (**-ul·ties** /~z/)

「能力」**3**，「機能」**4** → (能力・才能の一分野) → (学問の一分野) → (大学の「学部」**1** → (学部の構成員) → 「教員（全体）」**2**

1 C [しばしば F-] (大学の)学部: the F~ *of* Law＝the Law F~ 法学部．
2 C [普通は the ~] (主に米) (大学の)(学部)教員（全体）: a member of *the* ~ (一人の)学部教員 / a ~ meeting 教授会 / *the* ~ and staff 教職員．

■語法 (1) (米)では大学の1学科の教員や高校の教員にも用いる．
(2) (英)では教員の一人一人を考えに入れるときは複数扱いとなることがある (☞ collective noun 文法): Our ~ is [*are* (all)] excellent. 本学の教員はすべて優秀な人たちです．

3 [単数形で]〖格式〗(人・動物の)能力，才能，手腕 《☞ ability 類義語》: a ~ *for* music 音楽の才能 / He has a ~ *for* [*of*] mak*ing* other people happy. 彼は他人を楽しませる才能がある．
4 C〖格式〗(身体各器官の)**機能** (function); (精神的・身体的)能力: the ~ *of* speech [sight, hearing] 言語能力[視覚，聴覚] / He's in full possession of all *his faculties*. 彼の心身の機能は衰えていない．

FÁ Cúp /éfeɪ-/ 名 [the ~] FA カップ（FA加盟チームによる年次勝抜き競技会）．
*fad /fæd/ 名 C 一時的な流行，ブーム，熱狂 (*for*): a passing ~ 一時のはやり．
fad·di·ness /fædinəs/ 名 U (英)（食べ物の）好き嫌い．
fad·dish /fædɪʃ/ 形 **1** 一時的流行[熱狂]の. **2** =faddy. **~·ness** 名 U 一時的熱中；好き嫌い．
fad·dy /fædi/ 形 (**fad·di·er; -di·est**) (英略式)〖軽蔑〗〔特に食べ物が〕好き嫌いが激しい (*about*).
*fade /feɪd/ 動 (**fades** /feɪdz/; **fad·ed** /-dɪd/; **fad·ing** /-dɪŋ/) ⊜ **1** (音・光・記憶・名声・希望・若さなどが)徐々に消えてなくなる，衰える，薄らぐ; (姿が)消えていく (*from*, *out of*) (☞ disappear 類義語): The sound ~*d* (*away*) *into* the distance. ＜V+前+名・代＞その音は遠くに消えていった．
2 (色が)あせる: This material ~*s* when (it is) washed. この生地は洗うと色があせる．
3 (花が)しぼむ，しおれる: The roses have ~*d*. ばら(の花)がしおれた. **4** (人が)衰弱する[死ぬ]. **5** (チーム・選手が)勢いがなくなる. — ⊕〈…〉の色をあせさせる: Sunshine ~*d* the carpet. 日光でじゅうたんが色あせた．

─── **fade** の句動詞 ───
*fáde awáy 動 ⊜ **1** (薄れて)消え去る，(名声・力などが)衰える，(次第に)弱っていく: As the sun rose, the stars ~*d away*. 日が昇るにつれて星は消えていった. **2** (人が)衰弱する[死ぬ]．
fáde ín 動 ⊜〖映・テレビ〗(画像が)次第に現われる；(音が)次第に大きくなる (☞ fade-in). — ⊕〈画面〉を次第に明るくする；〈音〉を次第に大きくする．
*fáde óut 動 ⊜〖映・テレビ〗(画像が)次第に消えていく；(音が)次第に小さくなる (☞ fade-out). — ⊕〈画面〉を次第に暗くする；〈音〉を次第に小さくする．

fáde-awáy 名 C **1**〖古風〗〖野〗スクリューボール. **2**〖バスケ〗フェイドアウェイ（ゴールから離れるようにジャンプして打つショット）．
fáde-ín 名 C〖映・テレビ〗溶明，フェイドイン；(音が)次第に大きくなること (☞ fade-out).
fáde-óut 名 C〖映・テレビ〗溶暗，フェイドアウト；(音が)次第に小さくなる(って消える)こと (☞ fade-in).
fae·cal /fí:k(ə)l/ 形 (英) =fecal.
fae·ces /fí:si:z/ 名 [複] (英) =feces.
fa·er·ie, fa·er·y /féɪəri, fé(ə)ri/ 名 C〖古語〗=fairy 1.
Fáer·oe [**Fár·oe**] **Íslands** /fé(ə)roʊ-/ 名 圃 [複] [the ~] フェロー諸島（アイスランドと Great Britain の間の21の島からなる火山島群；デンマーク領）．
faff /fæf/ 動〔次の成句で〕**fáff abóut** [**aróund**] 動 ⊜ (英略式) だらだらと時間を過ごす．
fag /fæg/ 名 **1** C = faggot 1. **2** C (英略式)紙巻きたばこ. **3** [a ~] (英略式) いやな[つまらない]仕事. **4** C〖古風，英〗(パブリックスクールで)上級生に使われる下級生. (**fags; fagged; fag·ging**) ⊜〖古風，英〗(パブリックスクールで)下級生が上級生の雑用をする (*for*).
fág énd 名 (略式) **1** C (英)(紙巻きたばこの)吸い殻 (cigarette butt). **2** [the ~] (主に英) 終わりの(部分); (会話などの)つまらない[どうでもよい]一部分 (*of*).
fagged /fægd/ 形 P (英略式) くたくたに疲れて (*out*).

I cán't be fágged. 《英略式》くたくてで[うんざりして]やる気がおこらない (to do).

fag·got, 《米》**fag·ot** /fǽgət/ 图 C **1** 《米俗》[軽蔑] おかま, ホモ. **2** 《英》肉だんご. **3** 《英俗》[軽蔑] いやな女. **4** 《古風》薪(結)の束, まだの束.

fág hàg 图 C 《俗》[軽蔑] ホモとつきあう女.

fah /fɑː/ 图 [単数形で] =fa.

Fahr·en·heit /fǽrənhàɪt/ 略 形 [名詞・数字の後に用いて] 華氏の(略 F): 100°F 華氏 100 度 (one hundred degrees Fahrenheit と読む) / The boiling point of water is 212°F, and the freezing point is 32°F. 水の沸点は華氏 212 度で, 氷点は華氏 32 度である. 参考 英米では気温や体温を計るとき, 特に断わっていないときは摂氏を単位を示すが, 摂氏の使用も増加している. 関連 Celsius, centigrade 摂氏の. ── 图 U 華氏温度.

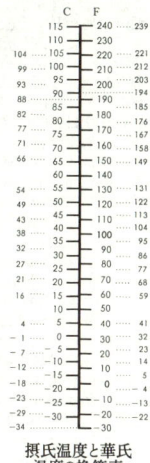

$$C = \frac{5}{9}(F-32) \quad F = \frac{9}{5}C + 32$$

C	F
115	240 — 239
110	230
104 —	220 — 221
100	212
99 —	210 — 211
95	203
90	194
88 —	190 — 190
85	185
80	176
77 —	170 — 171
75	167
70	158
66 —	150 — 151
65	149
60	140
55	131
50	122
49 —	120 — 120
45	113
41 —	110 — 106
40	104
38 —	100 — 100
35	95
32 —	90 — 90
30	86
25	77
20	68
15	59
10	50
5 —	40 — 41
0	32
−5	23
−10	14
−12 —	10 — 10
−15	5
−18 —	0 — 0
−20	−4
−23 —	−10 — −10
−25	−13
−29 —	−20 — −20
−30	−22
	−30

摂氏温度と華氏温度の換算表

*****fail** /féɪl/ 園音 hail, #whale) 動 (**fails** /~z/; **failed** /~d/; **fail·ing**) 图 fáilure)

「基準に足りなく期待を裏切る」の意から
┌ (力不足に終わる) → 「失敗する」自 1
│ → 「落第させる」他 1
└ (期待に背く) → 「怠る」自 2
　　　　　　 → 「働かない」自 3
　　　　　　 → 「役に立たない」他 2

── 自 **1 失敗する**, しくじる (反 succeed, pass): All their attempts to climb the mountain ~ed. その山に登ろうとする彼らの試みはすべて失敗した / He ~ed *in* French [*on* his driving test]. <V+*in* [*on*]+名・代> 彼はフランス語の試験[運転免許試験]に落ちた. 語法 試験の場合は in [on] のないほうが普通 (☞ 1) // *Failed* (成績の)不可 (☞ grade 表) / We ~ed *to* persuade Mr. Brown. <V+*to*不定詞> 我々はブラウン氏を説得するのに失敗した.

2 (…するのを)怠る, しそこなう, …しない: He ~ed *in* his duty [responsibility]. <V+*in*+名・代> 彼は義務[責任]を怠った / 書き換え John often ~s *to* keep his promises. <V+*to*不定詞> ジョンは約束を守らないことがよくある.

3 (機械・器官などが)働かない; 動かない, 故障する; (事業が)行き詰まる, 破産する: The brakes ~ed. ブレーキがきかなかった / Both engines ~ed. 両方のエンジンが故障した / Several banks will ~ this year. 今年はいくつかの銀行がつぶれるだろう. **4** (供給・収穫などが)不足[欠乏]する: The crops ~ed that year. その年は不作だった. **5** (力・健康・視力・記憶力などが)衰える, 弱る: ~*ing* sight 衰えてきた視力 / Then his courage ~ed. その時彼の勇気は消え失せた. 書き換え His health is ~*ing* fast.=He is fast ~*ing* in health. 彼の健康は急速に衰えている. **6** (雨が)雨季に降らない.

── 他 **1** (教師が)(学生を)(試験に)**落第させる**; (学生が)《科目・単位などを》**落とす**, …で落第点を取る (反 pass): The examiner ~ed two-thirds of the candidates. 試験官は志願者の3分の2を落とした / Mr. Smith ~ed me *in* history. <V+O+*in*+名・代> スミス先生は歴史で私に落第点をつけた / He ~ed math [his driving test]. 彼は数学を落とした[運転免許試験に落ちた](☞ 1 語法).

2 (いざというときに)(…)の役に立たない, (…)の期待に背(*)く, 失望させる (disappoint): He ~ed me when I needed his help. 彼の助けが欲しいときに彼は私を見殺してた / My legs ~ed me and I fell down. 脚がきかなくなって私は倒れた / Words ~ed me. 私はことばが出なかった / Her courage ~ed her after all. 《主に文》とうとう彼女の勇気がくじけた.

I fáil to sée [understánd] ... 《格式》(失礼ながら)…を理解しかねます: I ~ *to* see why you don't agree. あなたがどうして同意されないのかわかりかねます.

if áll élse fáils 副 ほかに方法がなければ.

Néver fáils, ... いつも…なんだ.

nót [néver] fáil to dó 必ず…する: 言い換え Don't ~ *to* let me know. (=Don't forget to let me know.=Be sure to let me know.=Let me know without fail.) きっと知らせてくれ / Never ~s *to* accept my advice. 彼女は私の忠告を必ず受け入れる. 語法 not fail to do は1回きりの行為, never fail to do は習慣的行為を表わす.

── 图 C (試験の)落第; **withóut fáil** 副 間違いなく, きっと, 必ず: I'll attend the meeting *without* ~. 間違いなくその会には出席します.

failed /féɪld/ 形 A 失敗した: a ~ poet 詩人になりそこねた人.

*****fail·ing** /féɪlɪŋ/ 图 C [普通は複数形で] (ちょっとした)欠点, 弱点. ── 前 …が(い)ないので; …が(い)ない場合には. **fáiling thát** 副 [普通は or の後で, 前言に付け加えて] さもなければ; もしそれができぬならば.

fáil-sàfe 形 A **1** (万一の事故に対する)安全装置のついた[働く]. **2** (計画などが)絶対確実な.

*****fail·ure** /féɪljə | -ljə/ 発音 图 (~s /~z/; 動 fail) **1** U (事業・計画などの)**失敗**; (試験の)落第, (選挙などの)落選 (反 success) (*of*): ~ *in* an examination 試験に落ちること / Our plan ended [resulted] in ~. 我々の計画は失敗に終わった.

2 C 失敗したこと; 失敗者[作], 落第者, 落選者 (反 success): The attack was a dismal ~. その攻撃はみじめな失敗だった / She was a complete [total] ~ as an actress. 彼女は女優としては全く落第だった / There will be some ~s in the next examination. 次の試験には数人の落第者が出るだろう.

3 U,C (必要なことを)しないこと, 不履行, 怠慢 (*of*): I was disappointed by his ~ *to* help me. <N+*to*不定詞> 彼が私を助けてくれなかったのでがっかりした.

4 U,C (機能などの)**停止**, 故障 (*in*): a power ~ 停電 / heart ~ 心不全, 心臓まひ / He began to notice the gradual ~ of his health. 彼は自分が次第に衰えていくのを感じた. **5** U,C 不足, 欠乏, 不十分: (a) crop ~ 不作. **6** U,C 破産.

fain /féɪn/ 副 《古語》喜んで; むしろ(…したい).

*****faint** /féɪnt/ 同音 feint[1,2] 形 (**faint·er** /-t̬ə | -tə/; **faint·est** /-t̬ɪst/) **1** (音・色・光・表情・においなどが)かすかな, ほのかな, 弱い, 薄い: a ~ light [smile] かすかな光[微笑] / The dying man said something in a ~ voice. その死にかかった男はかすかな声で何か言った.

2 (考え・記憶などが)ほんやりした, (望みなどが)かすかな (dim, vague): a ~ feeling ほんやりした思い / a ~ hope かすかな望み / I don't have the ~*est* (idea) where it is. 《略式》私はそれがどこにあるのか全く見当もつかない. **3** (体力・体の動きなどが)弱々しい; 意気地のない: The beating of her heart became ~. 彼女の心臓の鼓動は弱くなった. **4** P めまいがして, 気が遠くなって; 疲れて, (体が)弱って: He felt ~ and fell. 彼はめまいがして倒れた / The children were ~ *with* [*from*] hunger. 子供たちは空腹のためふらふらしていた. **5** [普

通は [A] 気のない, 熱意のない: a ～ attempt 本気でない試み.

— [動] (**faints** /féɪnts/; **faint·ed** /-ṭɪd/; **faint·ing** /-ṭɪŋ/) [自] **失神する**, 気が遠くなる, 卒倒する; 《略式》弱る: Some graduates *～ed from* (the) heat during the ceremony. <V+*from*+名·代> 式の最中に数人の卒業生が暑さで倒れた / I nearly [almost] *～ed* when I saw all the blood. Ⓢ その血を見て私はあやうく気絶するところだった. — [名] [a ～] 気絶, 失神: fall (down) in *a* (*dead*) ～ (完全に)気を失って倒れる.

fáint·hèart·ed [形] 気乗りのしない; 意気地のない, 気の弱い. **be nót for the fáinthearted** [動] [自] [滑稽] おくびょう者には向かない (☞ the[1] 3).

fáint·ly [副] かすかに, ほのかに; 力なく, 弱々しく.

fáint·ness [名] [U] かすかなこと, 弱さ, 弱々しさ; 意気地なさ; めまい, 失神.

＊＊**fair**[1] /féɚ | féə/ ([同音] fare; [類音] fear, hair, #where) [T1] [形] (**fair·er** /fé(ə)rɚ | -rə/; **fair·est** /fé(ə)rɪst/)

元来は古(期)英語で「美しい」の意.
→(明るい)→(空が)「晴れた」**4**
　　　　　→(人が)「金髪の」;「色白の」**5**
→(汚れのない, 清らかな)→「公正な」**1** →「規則にかなった」**2**
　　　　　→(立派な)→(望ましい)→「かなりの」**6**

1 公正な, 正しい, 公平な, 正当な; 公平にふるまった, フェアな ([反] unfair) (☞ 類義語): a ～ judge [trial] 公正な裁判官[裁判] / a ～ question もっともな質問 / ～ employment 公正雇用 / You are not quite ～ *to* [*on*] me. <A+*to* [*on*]+名·代> あなたは私に対して少し不公平です / [言い換え] It is not ～ to give him such a high salary. =It is not ～ that we should give him such a high salary. 彼にそんな高い給料を払うのは正当ではない / It's ～ to say that he is not guilty. 彼に罪はないと言ってさしつかえない / All's ～ in love and war. 《ことわざ》Ⓢ 恋と戦争ではすべてが正当(恋と戦争は手段を選ばない) / The umpire is not being ～ today. 審判は今日は公平にふるまっていない.

2 〖スポ〗**規則[ルール]にかなった**; 〖野〗**フェアの** ([反] foul): a ～ ball フェアボール / His blow was ～. 彼のパンチはルールにかなっていた.

3 [A] **(推測などが)おそらく正しい, (可能性などが)ありそうな**; [主に [P]] **(成績などが)まずまずで, 平均的で** (average): I have a ～ idea of the answer. 答がだいたいわかっている / Her performance was no more than ～. 彼女の演技[演奏]はまあまあでしかなかった.

4 晴れた, 天気がよい; (風が)順風の ([反] foul): a ～ sky 晴天 / The weather will be ～. 晴れるだろう.

5 (人·髪の毛が)**金髪の, 淡黄褐色の**; (皮膚が)**白い**: Fanny has ～ hair and ～ skin. ファニーは金髪で白い肌をしている.

fair, blond(e)	髪は金髪か淡黄褐色で, 肌は白く目は青か灰色
dark, brunet(te) (☞ hair 表)	髪は黒か黒褐色で, 肌は浅黒く目は黒か黒褐色

6 [A] 《略式, 主に英》**(数·量が)かなりの, 相当な** (considerable): a ～ distance かなりの距離 / There were a ～ *number of* people in the hall. ホールにはかなりの数の人がいた / I have a ～ way to go. やることがかなり残っている. **7** 《文》美しい (beautiful), 麗(うるわ)しい. **8** [A] 《略式》全くの, 本当の (real) 《強調語として》: It's a ～ treat to see you again. また会えてとってもうれしいよ. **9** [A] (約束などが)もっともらしい, うわべだけの: a ～ promise うわべだけの約束. **Bè fáir!** Ⓢ 《主に英》余り厳しく言う[する]な. **be [lóok, séem] sèt fáir** [動] [自] 《古風》(1) (天気が)好天が続きそうである. (2) 《英格式》(...に)有利な状況にある (*for*); ...しそうである (*to do*): We *are set* ～ *to* win the game. 我々は試合は勝ちそうだ. **Fáir dó [dós, dó's].** [感] 《英略式》公平にやろう (相手に正当な扱いを要求する). **Fàir enóugh!** [感] Ⓢ 《主に英》結構だ, オーケーだ; まあいいでしょう (相手の意見や行為に対する同意の表現として用いられるが, 時にいやいやながらの同意を表わす): [会話] "I'll do the cooking and you clean up afterwards. OK?" "*F～ enough!*"「私が料理をするから後片づけをして, いい?」「了解」 **Fáir's fáir.** [感] Ⓢ 公平にやろう (抗議や注意として). **It's ònly fáir ˹to dó [that ...]˺** ...(するの)はまったく当然である. **to be fáir = lét's be fáir** [副] [文修飾語] Ⓢ 公平に言えば. **with one's ówn fàir hánd(s)** [副] Ⓢ 《英》[滑稽] (わざわざ)自分の手で, 独力で.

— [副] (**fair·er** /fé(ə)rɚ | -rə/; **fair·est** /fé(ə)rɪst/) **1** 公明正大に; 規則[ルール]を守って: They fought ～ in the game. 彼らは正々堂々と戦った. **2** まともに; まさしく. **fáir and squáre** [副·形] (1) 公明正大に[な], 正々堂々と(した). (2) まともに; 間違いなく, 確かに: hit it ～ *and square* それをまともに打つ. **(I [You]) cán't sày fáirer (than thát).** Ⓢ 《英》これ以上は無理だ[譲れない]. **pláy fáir** [動] [自] 正々堂々の勝負をする; 公正な態度をとる (*with*).

【類義語】**fair** 最も一般的な語で, 自己の利益や偏見に左右されずすべての人·事を平等に扱うことを意味する: The game was not *fair*. その試合は公平ではなかった. **just** 自己の気持ちや個人の利害に影響されることなく, しかるべき基準に正しく合致してふるまうことをいう: Was the sentence *just?* その判決は公正であったか. **impartial** 一方の側に特に好意を示して他方に不利を与えることなく, 公平であること: An umpire must be *impartial*. 審判は公平でなくてはならない.

＊**fair**[2] /féɚ | féə/ ([同音] fare; [類音] fear, hair, #where) [名] (～s /～z/) [C] **1 (農産物·家畜の)共進会, 品評会.** [参考] 祭日などに定期的に開かれ, 優秀なものには賞が与えられる. 会場には見せ物や屋台が並んで賑わう: The state [county] ～ was held last week. 先週州[郡]の農産物[家畜]品評会が開かれた.

2 [時に F-] **博覧会, 見本市, 展示会**: a book ～ 書籍展示会, ブックフェア / a world's ～ 万国博覧会 / job [careers] ～ 就職相談会 / We are having an international trade ～ this month. 今月は国際貿易見本市を開いている. **3** 《英》(移動して公園などで催される)屋外娯楽ショー (各種の乗り物·ゲーム機·屋台などが並ぶ) (funfair, 《米》carnival). **4** 慈善市, バザー. **5** 《英》定期市. [語源] ラテン語で「祭」の意.

fáir cómment [名] [C,U] Ⓢ もっともな発言[批判].

fáir cópy [名] [C] 《英》清書(したもの).

fáir dín·kum /-díŋkəm/ [形] [副] Ⓢ 《豪》本当の[に].

fáirer séx ☞ fair sex.

fáir gáme [名] [U] 解禁になった猟の鳥獣 (☞ game 7); 批判[攻撃, もの笑い]の対象[的(まと)], かも (*for*).

fáir·gròund [名] [C] **1** [普通は複数形で] 品評会会場, 博覧会会場; 屋外ショーの会場. **2** 〖野〗フェアグラウンド.

fáir-háired [形] 金髪の, ブロンドの (blond).

fáir-hàired bóy [名] [C] 《古風, 米略式》(目上の者の)お気に入り (《英略式》blue-eyed boy).

fair·ing /fé(ə)rɪŋ/ [名] [C] フェアリング (空気·水の抵抗を減らすために飛行機·船などにつける流線形のおおい).

fáir·lèad /-lìːd/ [名] [C] 〖海〗フェアリード (係留索を切れないよう導く金具).

＊＊**fair·ly** /féəli | féə-/ ([類音] fairy, ferry) [副] **1** [形容詞·副詞を強めて] **かなり, 相当に**; まあまあ, まずまず (☞ 類義語; very[1] 囲み): She is a ～

good singer. 彼女は歌がけっこううまい / This is a ~ interesting book. これはなかなかおもしろい本だ / He can speak English ~ well. 彼は英語をまあまあうまく話せる. 語法 rather と違って比較級や too の前では使えない.
2 公正に; 公平に, 正しく: We are not treated ~. 我々は公平な扱いを受けていない. **3** [動詞の前に用いて]《古風, 主に英》全く (completely), 本当に, まるで…するかのように: The walls ~ shook with his laughter. 彼の笑い声で壁が震えんばかりだった. **fáirly and squárely** [副] =fair and square (☞ fair¹ 成句).
【類義語】**fairly** 好ましい意味で「やや, かなり」という場合に用いられる: This is a fairly easy book. これはかなり易しい本だ(だから適している). **rather** fairly よりも意味が強い. 悪い意味で, 不適当・不愉快などの感じをこめた「やや, かなり」の意味で使われることが多いが, よい意味のときもある: This is a rather easy book. これは少し易しすぎる本だ(だから不適当だ) / It's rather cold today, but I think it'll be fairly warm tomorrow. きょうは少し寒いが, あすはかなり暖かくなると思う. **pretty** よい意味でも悪い意味でもかなりの程度であることを表わす. ましてばしば very の意味になる: I am pretty sure. 私にはかなり確信がある.
fáir-mínded [形] 公正な, 公平な, 偏見のない.
***fáir·ness** [名] **1** 公正[公平]であること. **2** 皮膚の白いこと, 金髪であること. **in (áll) fáirness** [副] 文修飾語 公正を期して言えば (to).
***fáir pláy** [名] [U] 正々堂々の試合ぶり, 公明正大な行動, フェアプレー. (反 foul play).
fáir [fáirer] séx [the ~]《古風》または《滑稽》女性《全体》. 語法 軽蔑的と受け取る女性もいる.
fáir sháke [名] [C]《米略式》公平な扱い[機会].
fáir-to-míddling [形]《略式》まあまあの.
fáir tráde [名] [U] 公正取引.
***fáir·wày** [名] [C] [普通は the ~]《ゴルフ》フェアウェー(tee と green の間の芝生の区域). ☞ golf 挿絵.
fáir-wèather [形] [A] 都合のよいときだけの: a ~ friend いざというとき頼りにならない友人.
***fair·y** /féǝri/ (同音 #ferry) [名] (**fair·ies** /-z/) **1** [C] 妖精(ようせい), 仙女. 参考 ヨーロッパの民話に登場する fairy は美しい小人(こびと)の姿をし, 背中にちょうちょのような羽根があり魔力を持っている. fairyland に住み, 地上の花から花へと飛び回り, 時々人間にいたずらをすると言われる《☞ tooth fairy, nymph》. **2** [形容詞的に] 妖精のような, 優美な: a ~ shape 妖精のような姿. **3**《俗》《軽蔑》ホモ.

fairies 1

fáiry càke [名] [C]《英》小さなスポンジケーキ.
fáiry gódmother [名] [C]《困った時に思いがけず》助けてくれる親切な女性. 由来 シンデレラ (Cinderella) 物語に出てくる魔法使いから.
fáiry·lànd [名] **1** [U] おとぎの国, 妖精の世界《☞ fairy 参考》. **2** [a ~] この上なく美しい所, 桃源郷.
fáiry líghts [名] [複]《英》(装飾用の)豆電球.
fáiry tále [stòry] [名] [C] **1** おとぎ話, 童話: Every man's life is a ~ written by God's fingers. すべての人の人生は神の手で書かれた童話だ《Andersen のことば》. **2** 作り話, うそ (lie).
fáiry-tàle [形] [A] おとぎ話のような; (美しさなどが)夢のような.
fait ☞ au fait の項目.

fake 611

fait ac·com·pli /féɪtəkɑmplí:, fét-, -kɔ́mpli:/《フランス語から》[名] (複 **faits ac·com·plis** /féɪtəkɑmplí: | féɪzəkɔ́mpli:, féz-/) [C] [普通は単数形で]《格式》既成事実.
***faith** /féɪθ/ (類音 face) [名] (~**s** /-s/; [2] fáithful) **1** [U] 信頼, 信用 (trust)《証明できるかどうかにかかわらず信じる気持ち》; ☞ trust 類義語: accept [take] ... on ~...をうのみにする / I have lost ~ in the doctor. 私はもうあの医者を信用していない / That experience destroyed [restored] her ~ in science. その経験で彼女の科学に対する信頼が崩れた[回復した].
2 [U] [C] 信仰, 信念 (belief), 確信: His ~ in God is genuine. 彼の神に対する信仰は本物である / Teachers should give their children the ~ that tomorrow will be brighter and happier. <N+that 節> 教師は子供たちに, あすはもっと明るく幸福になるという確信を与えねばならない《☞ that² A4; apposition 文法》.
3 [U] 信義, 誠実, 誠意; 誓約, 約束: I'll never break ~ with you. 私は決してあなたとの信義を破りません / She kept ~ with me. 彼女は私との約束を守った. **4** [C] 宗教, 教義: the Muslim ~ イスラム教.
an áct of fáith [名] 人を信頼した行為.
gíve one's fáith [動] 自 (...と)約束をする, (...に)誓約をする (to).
háve fáith in ... [動] 他 ...を信じている, ...を信仰する: We have ~ in him. 私たちは彼を信用している.
in bád fáith [副] 不誠実に, 裏切って.
in góod fáith [副] (結果はどうであれ)誠意をもって; 疑念をもたずに, (相手を)信用して.
pín one's fáith on ... [動] 他 ...を固く信じる.
pút one's fáith in ... [動] 他 ...を信用する.
fáith community [名] [C] 信仰集団, 宗教団体.
***faith·ful** /féɪθf(ə)l/ [形] (名 faith; 反 faithless, unfaithful) **1** (人・職務などに)忠実な (loyal), 誠実な (sincere); (犬が)飼い主によくなつく; (人・車などが)頼りになる: a ~ friend 誠実な友人 / a ~ worker 勤勉な労働者 / a ~ correspondent 定期的に手紙を書く人 / She was ~ to her promise. <A+to+名・代> 彼女は約束を誠実に守った / He is ~ in carrying out his duties. <A+in+動名> 彼は職務に忠実だ.
2 正確な (accurate), (事実に)忠実な (to): a ~ copy 原物そっくりの複写 / This book gives a ~ account [description] of life during the war. この本は戦時中の生活を忠実に記している. **3** (...に)貞節な, 浮気をしない (to). ── 名 **1** [the ~; 複数扱い; ☞ the¹ 3] 熱心な信者[支持者]たち: the ~ party 一党の支持者たち. **2** [C] 忠実な支持者[信者等].
***faith·ful·ly** /féɪθfəli/ [副] (反 unfaithfully) **1** 忠実に, 誠実に: She promised ~ that she would be on time. 彼女は時間を守ると堅く約束した. **2** 正確に. **Yóurs fáithfully,**《格式, 主に英》敬具《手紙の結びのあいさつ; ☞ yours の ☞》.
fáith·ful·ness [名] [U] **1** 忠実, 誠実 (to). **2** 正確. **3** 貞節.
fáith hèaler [名] [C] 信仰治療師.
fáith hèaling /-híːlɪŋ/ [名] [U] 信仰療法.
fáith·less [形] (反 faithful)《格式》**1** 信義のない, 不(誠)実な; 当てにならない. **2** 神を信じない. **~·ly** [副] 不(誠)実に. **~·ness** [名] [U] 不(誠)実; 不信仰.
fa·ji·ta /fəhíːtə/ [名] [普通は複数形で] ファヒータ《細長く切った牛肉・鶏肉を焼いてマリネにした料理》.
***fake** /féɪk/ (**fakes** /-s/; **faked** /-t/; **fak·ing**) [他] **1** <...>を偽造する; でっちあげる; ~を模造する: a famous sculpture 有名な彫刻を偽造する. **2** (...のふり)[芝居]をする (pretend). **3**《スポ》<相手>にフェイントをかける. ── 自 **1** (見せかけの)芝居をする. **2**《スポ》フェイントをかける. **fáke it** [動] 自 ふりをする. **fáke ... óut** [動]

faker

他《米》〈人〉を出し抜く.
— 名 (~s /~s/) C 1 偽物, いんちき: a ~ of Dali's ダリの偽物. 2 偽者, いかさま師. 3 《スポ》フェイント.
— 形 [普通は A] 1 偽(物)の (反 genuine): a ~ antique 骨董(とう)品の偽物. 2 模造の, 人工の: ~ fur 人工毛皮. 3 いつわりの: a ~ smile 作り笑い.

fak·er /féɪkə | -kə/ 名 C 偽造者; ぺてん師.
fa·kir /fékɪə | fəkíə/ 名 C (イスラム教・ヒンズー教の) 行者, 托鉢(はつ)僧.
fa·la·fel /fəlá:f(ə)l/ 名 (複 ~) C,U フェラーフェル(すりつぶし味つけしたそら豆(まめ)の揚げ物).
fal·con /fǽlk(ə)n, fɔ́:l- | fɔ́:(l)-/ 名 C たか, はやぶさ.
fal·con·er /fǽlkənə | fɔ́:(l)kənə/ 名 C たか匠.
fal·con·ry /fǽlk(ə)nri, fɔ́:l- | fɔ́:(l)-/ 名 U たかの訓練法; たか狩り.
Fálk·land Ís·lands /fɔ́:kland-/ 名 固 [複; the ~] フォークランド諸島(アルゼンチン南東沖の英国植民地).
Fálklands Wár /fɔ́:kləndz-/ 名 固 [the ~] フォークランド紛争(1982年に起きたフォークランド諸島をめぐるイギリスとアルゼンチンの紛争).

＊**fall**¹ /fɔ́:l/ (類音 fault, hall, haul) 名 (~s /~z/) 1 U,C 《米》秋 (autumn). 語法 《米》では fall も autumn もともに使われる (☞ month 表): (early [late] ~ 初[晩]秋 / Fruits become ripe *in* (*the*) ~. 秋にはいろいろな実が実る(☞ season 語法, common noun 文法 語法 (1)).

【語法 前置詞を省く場合】
しばしば前置詞を伴わずに副詞句を作る: They are going to marry *this* [*next*] ~. 彼らは今年[来年]の秋に結婚する予定だ / A great earthquake hit Mexico *last* ~. 去年の秋にメキシコで大地震があった(☞ next 形 1 語法 (2), last¹ 形 1 語法 (2)).

2 [形容詞的に]《米》秋の, 秋向きの: ~ winds 秋風 / ~ dresses 秋の服 / the ~ semester 秋学期.
語源 木の葉が落ちる(☞ fall² 1) 季節なので fall と呼ぶようになった(☞ spring¹ 語源).

＊**fall**² /fɔ́:l/ (類音 fault, hall, haul)

「落ちる」動 1, 「落ちること」名 1
├ →(葉が落ちること)→「秋」fall¹
├ →(水が落ちること)→「滝」名 5
├ →倒れる 動 2, 「転倒」名 2, 「没落」名 4
├ →「下がる」動 3, 「低下」名 3 →(上から下がる)→「垂れる」動 6
└ →(ある状態におちいる)→「…になる」動 4

— 動 (falls /~z/; 過去 fell /fél/; 過分 fall·en /fɔ́:lən/; fall·ing) 自 1 (物・人が)落ちる(☞ drop 動 自 1); (雨・雪などが)降る: Suddenly rain began to ~. 突然雨が降りだした / The leaves have all fallen. 葉が全部落ちてしまった / Newton saw an apple ~ *from* the tree. ＜V＋前＋名・代＞ニュートンはりんごが木から落ちるのを見た / The car *fell in* [*into*] a lake. 車は滑って湖に落ちた.

2 (人が)**倒れる**, 転ぶ, (家などが)倒壊する: ~ *on* the ice 氷の上に倒れる / ~ *on* [*to*] one's knees ひざまずく / He slipped and *fell on* [*to*] the ground. ＜V＋前＋名・代＞彼は滑って地面に倒れた.

3 (温度・値段・数量などが)下がる, 減る, 低くなる; (声・音が)低くなる; (風などが)弱まる (反 rise): Stock prices *fell* sharply [steeply]. 株価が急激に下がった / The temperature has *fallen* five degrees. 温度が5度下がった / Her voice *fell* (*to* a whisper) when she began the story. 彼女はその話を始めると声をひそめた / The wind *fell* during the night. 夜中に風が弱まった.

4 (…の状態に)なる: ~ open (本などが)偶然ひらく / He *fell* asleep. ＜V＋C(形)＞彼は眠り込んだ / The pupils *fell* silent when the teacher entered the room. 先生が部屋に入ってくると生徒たちは静かになった ∥ ~ fall to pieces (piece 名 成句).

5 (政府などが)崩壊する, 倒れる; (選挙区などで)他の政党に敗北する; (都市などが)陥落する: At last the castle *fell* to the enemy. ついに城は敵の手に落ちた.

6 [副詞(句)を伴って](主に文)垂れる, (幕などが)下りる (drop) (反 rise): Her hair *fell over* [*to*] her shoulders. ＜V＋前＋名・代＞彼女の髪は肩の上に[肩まで]垂れていた / The curtain *fell* at 10 p.m. (芝居の)幕は午後10時に下りた. **7** [副詞(句)を伴って] 属する, 分類される (*within*). **8** (主に文)(やみ・静けさなどが覆うように)やって来る, おりる; (時節などが)到来する(☞ fall on [upon] … (句動詞) 1)): Night is ~ing *upon* the village. 村に夜が訪れてきた / *Easter fell* early this year. 今年は復活祭が早かった(☞ Easter). **9** (光・影が)(…)に落ちる, さす (*across*, *over*). **10** (土地が)傾斜する, 下がる (*off*): The land ~s *toward* the river. 土地は川の方へ下降している. **11** (目・視線が)下を向く; (顔が急に)曇る, (気分が)沈む: Pete's face [spirits] *fell* at her words. 彼女のことばにピートの顔色[気持ち]は沈んだ. **12** (文)(ことばなどが)発せられる, 出る: Angry words *fell from* his lips. 怒りのことばが彼の口から出た. **13** (文)(傷ついて)倒れる, 戦死する.

fáll flát ☞ flat¹ 副 成句. **lèt fáll** ☞ let² 成句.

— **fall の句動詞** —

fáll abóut 動 自《英略式》笑いころげる (*at*): We *fell about* (laughing). 私たちは笑いころげた.
fáll awáy 動 自 1 (格式)(土地などが)急な下り坂になっている (*to*). 2 (英)(数などが)減る; (音・感情・力などが)弱まる. 3 (…)からはずれて落ちる (*from*).
fáll báck 動 自 1 (文)(群集などが)後ろに下がる, 後ずさりする; (軍隊が)退却する (*to*). 2 (英)(物価・量などが)下がる, 減少する. **fáll báck on** [**upòn**] … 動 他 (最後の手段として)…に頼る, …をよりどころにする: I have nothing to ~ *back on*. 私は何も頼りにするものがない.

＊**fáll behínd** 動 自 (行進・支払い・学業などに)遅れる, 滞伍する (*on*): Don't ~ *behind* with your rent. 部屋代を滞納しないように.

＊**fáll behìnd** … 動 他 (行進・学業などで)…より遅れる, …に追い越される: He is studying hard so he won't ~ *behind* the rest of the class. 彼はクラスのみんなに遅れないよう一生懸命勉強している.

＊**fáll dówn** 動 自 1 倒れる, 転ぶ: He *fell down* on the ice and hurt his leg. 彼は氷の上で転んで脚を傷めた.
2 [進行形で](建物などが)崩れ落ちる; (計画・理論などが)くずれる, 失敗する: London Bridge is ~*ing down*. ロンドン橋が落ちる(遊戯の歌, 英国の童謡集 *Mother Goose's Melodies* の中のことば) / That's where the peace proposal ~s *down*. そこが和平の提案のだめな点だ. **fáll dówn on** … 動 他 (略式)(試験・仕事などに)失敗する: He has been ~*ing down on* the job recently. 最近彼は仕事がうまくいっていない.

＊**fáll dòwn** … 動 他 (階段などを)落ちる; …に垂れ下がる: He *fell down* the stairs. 彼は階段から落ちた / Her long hair *fell down* her back. 彼女の長い髪は背中に垂れていた.

＊**fáll for** … 動 他 (略式) 1 …に夢中になる, (急に)惚れ込む: Laura *fell for* a sailor and ran away with him. ローラは船員にほれて駆け落ちした. **2** (計略にはまる, (話などに)だまされる: The enemy *fell for* our trick. 敵は我々の計略にはまった.

fáll ín 動自 **1** 中に落ちる; (屋根などが)落ち込む; めり込む: The moment I ran out the door, the roof *fell in*. 私が戸口から走り出したとたんに屋根が落ちた. **2** 《文》(人と)いっしょになって歩く (*alongside*, *beside*). **3** 《軍》整列する. **fáll ín behind ...** 動他 (人の後に)並ぶ[ついて歩く]. **fáll ín with ...** 動他 (1) ...にふと出会う, (しばしば悪い仲間)と仲良くなる (受身 be fallen in with): At Waseda he *fell in with* a group of would-be writers. 早稲田で彼は自称作家連中と知り合った. (2) (計画・提案など)に同意する: The club members all *fell in with* my proposal. クラブの会員は全員私の提案に同意した.

*__fáll ínto__ 動他 **1** (ある部類)に入る; 分かれる: They ～ *into* five groups [categories]. それらは5つのグループ[部門]に分かれる. **2** (急に)...となる, ...に陥る: She *fell into* a rage. 彼女は急に怒りだした / He *fell into* bad habits. 彼は悪いくせがついた. **3** (偶然に)...を始める (*begin*): We *fell into* conversation on the plane. 私たちは機内で話し込んだ. **4** (ベッド・両腕の中などに)飛び込む.

*__fáll óff__ 動自 **1** 減少する, 低下する; 衰える: Consumption of electricity has *fallen off* (*from*) last month's figure). 電力消費量が(先月の数字より)減少した. **2** (ボタンなどが)(とれて)落ちる.

*__fáll óff ...__ 動他 ...から落ちる, (ボタンなどが)...からとれて落ちる: Mary *fell off* her bicycle. メアリーは自転車から落ちた / A fork *fell off* the table. フォークがテーブルから落ちた.

*__fáll on [upón] ...__ 動他 **1** (休日・誕生日などが)...に当たる (⇨ 自 6): The Fourth of July ～*s on* a Monday this year. 7月4日(独立記念日)は今年は月曜日だ. **2** (弾丸・パンチ・光・音などが)...に(打ち)当たる, 落ちる; (目・視線が)...に(ふと)向く: His eye [glance] *fell on* the picture on the wall. 壁の絵が彼の目に留まった. **3** 《文》...に襲いかかる; ...を抱きしめる; (食物を)むさぼり食う: Fear *fell upon* us all. 恐怖が私達を襲った / The dog *fell on* a hare. 犬は野うさぎに飛びかかった. **4** 《格式》(仕事・責任・費用などが)...にふりかかる: All the expenses will ～ *on* the sponsor. 全費用は後援者にかかる. **5** 《アクセントなどが》...にある.

*__fáll óut__ 動自 **1** 外へ落ちる; (歯・毛などが)抜ける: When I opened the refrigerator, an apple *fell out*. 冷蔵庫を開けたらりんごが落ちた. **2** 《英》(...と)仲たがいする, けんかする: He *fell out with* Betty over the problem. 彼はその問題でベティーと仲が悪くなった. **3** 《格式》たまたま...となる (*happen*): It (*so*) *fell out that* he could not get there in time. たまたま彼は間に合わなかったのだ (⇨ it¹ A 5). **4** 《軍》隊列から離れる, 分かれる. **fáll óut of ...** 動他 **1** ...から落ちる: The baby bird *fell out of* its nest. ひな鳥は巣から落ちてしまった. **2** (状態・感情などを)徐々に失う: ～ *out of* favor (with ...) (...に)気に入られなくなる.

fáll outsìde ... 動他 ...の範囲外である.

*__fáll óver__ 動自 転ぶ; (高い物が)倒れる: Ann *fell over* and hurt herself. アンは転んでけがをした / Look out! That billboard's going to ～ *over*! 気をつけろ. その掲示板が倒れるぞ.

*__fáll óver ...__ 動他 **1** ...の上に倒れ[重ね]かかる; ...につまずいて[ぶつかって]転ぶ: Her grandfather *fell over* the tricycle. 彼女の祖父は三輪車に足を引っかけて転んだ. **2** ...から転がり落ちる (縁などを越して): The truck *fell over* a cliff into the river. トラックはがけから川の中に落ちた. **fáll óver onesélf** 動自 《略式》...しようと躍起になる (*to do*).

*__fáll thróugh__ 動自 **1** (計画などが)挫折(ざせつ)する; 失敗する: His plan *fell through*. 彼の計画は挫折した. **2** (開いた穴などを)通り抜けて落ちる.

*__fáll to ...__ 動他 **1** (仕事など)に取りかかる; 《主に文》...し始める: They *fell to* work at once. 彼らはすぐに仕事に取りかかった / He *fell to* think*ing* about his childhood. 彼は子供のころに思いをめぐらし始めた. **2** 《格式》(仕事・責任などが)...にふりかかる: It *fell to* me to take care of the children. 私が子供たちの面倒を見るはめになった. **3** ...に垂れ下がる (⇨ 自 6).

fáll ùnder ... 動他 **1** ...に該当する, ...の部門に入る: That ～*s under* a different heading. それは別の項目に入る. **2** ...の影響下に入る.

―― 名 (～s /-z/) **1** C 落ちること, 落下, 降下 (反 rise); 降雨[雪], 落下物, 降雨[雪]量; [a ～] 落下距離, 落差 (*of*); 落ち方 (*of*): a ～ *from* a horse 落馬 / Can you explain the ～ *of* an apple? りんごが落ちるわけを説明できるか / We had a heavy ～ *of* snow last winter. この前の冬は大雪だった. 関連 rainfall 雨量 / snowfall 降雪(量).

Humpty Dumpty sat on a wall, / Humpty Dumpty had a great ～. ハンプティーダンプティーは塀の上に座っていた. ハンプティーダンプティーは勢いよく落っこちた 《英国の童謡集 *Mother Goose's Melodies* の中の歌》.

2 C 転倒: She was injured in a ～. 彼女は転んでけがをした / He had [took] a bad [nasty] ～ on the ice. 彼は氷の上でひどく転んだ.

3 C 低下, (物価・賃金の)下落 (反 rise): There will be no sharp ～ *in* prices this year. 今年の物価は急には下がるまい / Will you check the ～ *in* temperature? 温度の低下を調べてください.

4 [単数形で] 没落, 滅亡 (反 rise), 陥落; 崩壊, 転落, 堕落: the ～ *of* the Soviet Union ソ連の崩壊 / a ～ *from* favor [grace] 支持[尊敬]を失うこと.

5 [複数形で] 滝 (*waterfall*): Niagara F～*s* ナイアガラの滝. 語法 固有名詞のときは普通は単数扱い.

6 C 《レス》フォール. **7** [the F-] 《聖》人類の堕落; アダムとイブの原罪. **bréak ...'s fáll** (木の枝などが)...の落下のショックをやわらげる. **táke a [the] fáll** 動自 《米略式》(...に代わって)罪をかぶる (*for*).

fal·la·cious /fəléɪʃəs/ 形 《格式》誤った, うその. ～·**ly** 副 誤って.

*__fal·la·cy__ /fæləsi/ 名 (-la·cies) **1** C 誤った考え. **2** U,C 《格式》語謬(ごびゅう), 誤った推論.

fáll·bàck 名 万一の場合の代わりの手段, 頼みの綱; 予備品, 代替物. ―― 形 A 予備の, 代替の.

⁂**fall·en** /fɔ́ːlən/ 動 *fall²* の過去分詞.

―― 形 A **1** 落ちた, 倒れた: ～ leaves 落ち葉. **2** 堕落した, 《古風》(女性が)ふしだらな; 死んだ: a ～ angel 堕落した天使(地獄に落とされた天使) / the ～ 《格式》戦死者たち (複数名詞扱い; 意 the¹ 3).

fáll gùy 名 C 《略式, 主に米》だまされやすい人; 身代わりにされた人 (*scapegoat*).

fal·li·bil·i·ty /fæləbíləti/ 名 (反 infallibility) U 誤りやすいこと, 誤りを免れない性質.

fal·li·ble /fǽləbl/ 形 (反 infallible) [主に P] [比較なし] 誤りがちで.

fálling-óff 名 = falloff.

fálling-óut 名 (複 fallings-, -outs) C 《略式》仲たがい, 不和 (*over*): have a ～ (with ...) (...と)けんかする (*quarrel*).

fálling stár 名 C 流れ星 (*shooting star*).

fáll lìne 名 C 瀑(ばく)布)線(台地の始まりを示す線で, 滝・急流が多い).

fáll·òff 名 [a ～] 減少, 低下 (*in*, *of*).

fal·ló·pi·an tùbe /fəlóʊpiən-/ 名 C 《解》(輸)卵管, ファロピオ管.

fáll·òut 名 U **1** 放射性降下物(核爆発後の), 死の灰. **2** (予期せぬ)影響, 副産物; 後遺症 (*from*).

fállout shélter 名C 核シェルター(原爆や放射性降下物からの避難用) (shelter).

fal・low /fǽlou/ 形 1 (土地が)休閑中の, (耕したが)作付けていない. 2 (期間などが)活動しない.

fállow déer 名C ダマ鹿(か)(淡黄褐色の鹿; ヨーロッパ産で夏は白い斑点(はん)を生ずる).

*__false__ /fɔ́ːls/ 形 (fáls・er; fáls・est; 名 falsehòod, fálsity) 1 (話・情報・広告・見込みなどが)間違った, 正しくない; (命題が)偽の(反 true): ~ news 誤報 / a ~ economy (かえって不経済な)間違った倹約 / ~ arrest [imprisonment] 不法逮捕[監禁] / a ~ sense of security 誤って安全だと思いこむこと, 油断 / That rumor proved (to be) ~. そのうわさはデマだとわかった. 2 うその, 偽りの, 不正の: ~ tears 偽りの涙 / ~ modesty 見せかけのけんそん / a ~ positive [negative] 偽陽性[陰性] / use a ~ name 偽名を使う / She made a statement to the police. 彼女は警察にうその供述をした. / The documents he showed were ~. 彼が示した書類は偽物だった.
3 本物でない, 偽の; 人造の(反 real, genuine): ~ coins 偽硬貨 / ~ teeth 入れ歯, 義歯 (dentures).
4《格式》不誠実な, 不実な; 裏切り行為の: Emmie was unable to be ~ *to* her husband. <A+to+名・代> エミーは夫を裏切ることができなかった / Better an open enemy than a ~ friend. 《ことわざ》不実の友より公然たる敵の方がましだ. 5 A 軽率な: take a ~ step へまをやる / One ~ move and I'll shoot! へたに動くと撃つぞ. **give a fálse cólor to ...** 動 ...の事実を曲げて伝える, ...をゆがめる. **in a fálse position** 副 不本意な立場に.
── 副 [次の成句で] **pláy ... fálse** 動 〈人〉をだます, 裏切って浮気をする.

fálse accóunting 名U《英》不正経理[会計].

fálse alárm 名C 間違って出た警報; 根拠のないこと[話].

fálse bóttom 名C (トランクなどの)二重底(秘密に物を入れる); 上げ底(箱などの).

fálse cógnate 名C =false friend.

fálse dáwn 名C 期待はずれなこと[もの].

fálse fríend 名C (外国語の中の)類型[音]異義語 (例えば英語の claim と日本語の「苦情」の意味の「クレーム」は false friends; ☞ claim 名 日英比較).

fálse・hòod 名 (形 false)《格式》 1 虚偽, うそをつくこと(反 truth). 2 C うそ (lie).

fálse・ly 副 誤って; 偽って; 不正に.

fálse móve 名C 軽率な動き[失敗]; (事故や失敗につながる)誤った行為[動作].

fálse・ness 名U 誤り偽り; 偽り.

+**fálse stárt** 名C 1《スポ》フライング: make a ~ フライングをする. 日英比較 この意味では flying start より普通.「フライング」は和製英語. 2 誤った第一歩, 出だしの失敗[やり直し].

fálse stép 名C つまずき, 失策: make [take] a ~ 足を踏みはずす; へまをやる.

fal・set・to /fɔːlsétou/《楽》名 (~s) C,U (男性の)裏声, ファルセット: in a ~ (voice) 裏声で. ── 副, 形 裏声で[の].

fal・sies /fɔ́ːlsiz/ 名[複]《略式》フォールシーズ(胸を豊かに見せるためのブラジャーに入れるパッド).

fal・si・fi・a・ble /fɔ́ːlsəfàiəbl/ 形 (学説・理論の)反証可能な.

fal・si・fi・ca・tion /fɔ̀ːlsəfɪkéɪʃən/ 名U,C (書類などの)偽造, 変造 *(of)*; (事実の)歪曲.

+**fal・si・fy** /fɔ́ːlsəfài/ 動 (**-si・fies**; **-si・fied**; **-fy・ing**) 他 1〈書類など〉を偽造[変造]する;〈事実〉を偽って伝え, 歪曲する. 2〈学説・理論〉が誤りであることを立証する, 反証する.

fal・si・ty /fɔ́ːlsəti/ 名 (形 false) U《格式》虚偽(性), 誤っていること.

Fal・staff /fɔ́ːlstæf | -staːf/ 名 Sir **John** ~ フォルスタッフ (Shakespeare の作品に登場する陽気で機知に富む肥満した騎士).

Fal・staff・i・an /fɔːlstǽfiən | -staːf-/ 形 (人が)フォルスタッフ的な.

+**fal・ter** /fɔ́ːltɚ | -tə/ 動 (**-ter・ing** /-tərɪŋ, -trɪŋ/) 自 1 (力・勢いが)弱まる, 衰える. 2 ためらう, たじろぐ, (決心などが)ひるむ: Don't ~ *in* your resolution. 決心がゆらいではいけない. 3 《主に文》口ごもる, (声が)震える, とぎれる. 4《文》よろける; つまずく: ~ *on* the stairs 階段でよろける.

fal・ter・ing /fɔ́ːltərɪŋ, -trɪŋ/ 形 弱まっている; 不安定な, たどたどしい. **-・ly** 副 不安定に; たどたどしく; 口ごもりながら.

+**fame** /féɪm/ 名 (形 fámous) 1 U 名声, 有名なこと, 声望: ~ and fortune 名声と富 / a writer of great ~ 高名な作家 / be anxious for ~ 有名になりたがる. **còme** [**ríse, shóot**] **to fáme**=**gáin** [**win, achíeve**] **fáme** 動 自 有名になる. **of ... fáme** 形 ...で有名な: Dr. Fleming *of* penicillin ~ ペニシリン(の発見)で有名なフレミング博士.

famed /féɪmd/ 形Ⓦ 有名な, 名高い (famous): He is ~ *for* his learning. 彼は学識により名高い.

fa・mil・ial /fəmíljəl, -liəl/ 形 (名 family) A《格式》家族の, 家族間の; (病気などが)家族特有の.

*__fa・mil・iar__ /fəmíljɚ | -liə/ 名 familiárity, 動 familiárize; 反 unfamiliar) 1 (物事が人に)よく知られている, なじみ深い (well-known); ありふれた: a ~ face なじみの顔 / the ~ voice of a famous star 有名なスターのよく聞き慣れた声 / an all-too-*familiar* problem (残念ながら)あまりにもありふれた問題. The song is ~. <A+to+名・代> その歌はよく知っている / She [Her face] seems vaguely ~, but I can't quite recall why. 彼女[彼女の顔]は何となくなじみがあるような気がするがなぜだかよく思い出せない.
2 P (人が見たり聞いたりして...を)知っている, (...に)なじみがある: 言い換え I'm not very ~ *with* this part of Tokyo. <A+with+名・代> =This part of Tokyo isn't very ~ to me. 私は東京のこの辺りはあまりよく知らない / Are you ~ *with* the rules of baseball? あなたは野球のルールを(いちおう)知っていますか. 語法 (1) この意味では 1 と違って必ずしも詳しく知っていることは意味しない. (2) 疑問文・否定文で使われることが多い.
3 打ち解けた, くだけた; [けなして] なれなれしい: a ~ conversation 打ち解けた会話 / Jane is too ~ *with* my husband. <A+with+名・代> ジェーンはうちの亭主にあまりにもなれなれしい. 語源 ラテン語で「家庭 (family) の」の意. **be on famíliar térms** 動 自 (...と)親しい仲である (*with*).
── 名C 1 =familiar spirit. 2《古風》親友.

fa・mil・i・ar・i・ty /fəmìliǽrəti/ 名 (**-i・ties**; 形 famíliar) 1 U (時に a ~) よく知っていること, 知識; なじみ深さ: his ~ *with* English literature 英文学についての彼の知識. 2 U 親しみ, 親交; 心安さ (*of*); U,C (けなして) なれなれしさ: F~ breeds contempt. 《ことわざ》心安くなりすぎると侮(あなど)りを生むということ. **with familiárity** 副 なれなれしく.

fa・mil・i・ar・i・za・tion /fəmìliərɪzéɪʃən | -raɪz-/ 名U 親しませる[習熟させる, なじませる]こと.

fa・mil・iar・ize /fəmíljəràɪz/ 動 (形 famíliar) 1 〈人〉に(...に)親しませる, よく知らせる: They ~*d* the newcomer with the rules. 彼らは新人に規則を教えた. 2〈物事〉を(人に)普及させる. **famíliarize oneself with ...** 動 ...に精通する.

fa・mil・iar・ly /fəmíljɚli | -liə-/ 副 なれなれしく; His father is ~ 「known as [called] Bob. 彼の父の通称はボブだ.

famíliar spírit 名C (魔女などに仕える)使いの精.

使い魔.

fam·i·ly /fǽm(ə)li/ 名 (-i·lies /~z/; 形 famíl-ial) 1 C 家族, 世帯 (☞ familiar 語源); 夫[妻]と子供: a single-parent ~ 片親家族 / support [feed] a ~ 家族を養う[食べさせる] / 言い換え There are four people in my ~. = We are a ~ of four. 私の家族は4人です / Her ~ is small [large]. 彼女の家族は少ない[多い] / This dog is like a member of the ~. この犬はその家族の一員のようなものです / There are three thousand *families* in this town. この町には3千世帯ある / All háppy *fámilies* resémble each other; each únháppy ~ is unháppy in its own way. すべての幸福な家庭はお互いに似通っているが不幸な家庭はめいめいそれなりに違った不幸があるものだ (Tolstoyのことばから). 語法 特に（英）で家族の一人一人を指すときには単数形でも複数扱いとなることがある (☞ collective noun 文法): 言い換え "How *is* [(英) *are*] your ~?" "They *are* all fine, thank you." 「おうちのみなさんはいかがですか」「ありがとう, 皆元気です」

2 C|U [(英) 単数形でも時に複数扱い](一家の)**子供たち**: raise [bring up] a ~ 子供を育てる / start a ~ (夫婦が)第一子をもうける / They are planning on having a large ~. 二人は子供をたくさんつくるつもりでいる / How *is* [(英) *are*] your ~? お子さんたちはいかがですか（夫婦などに対して）.

3 [形容詞的に] **家族の**; **家庭用の**, **家族向けの**: ~ life 家庭生活 / a ~ car 自家用車, ファミリーカー / a ~ restaurant 家族向けのレストラン.

4 C|U [(英) 単数形でも時に複数扱い] **一族**, 親族, 一家; U **家柄**: an old ~ in this district この地方の旧家 / We visited the town because we have some ~ there. その町を訪れたのはそこに身内の者がいるからです / a man of respectable ~ 立派な家柄の男 / the ~ estate 先祖代々伝わる家屋敷. **5** C (共通の祖先から出た)一族, 種族, 民族; (生) 科; (言語の)語派: the cat ~ ねこ科. ★ 生物学上の分類は上位から kingdom (界), phylum (門), 植物は追加の division (綱), order (目), family (科), genus (属), species (種)の順になる. 学名はラテン・ギリシャ語で属・種の順に記すことが多い (Homo sapiens では Homo が属名, sapiens が種名). **be óne of the fámily** [動] グループのれっきとした一員[仲間]である. **in the** [(米) **a**] **fámily wáy** [形・副](古風)[婉曲] 妊娠して. **rún in the** [...] **fámily** [動] (素質が)家系に遺伝している. **She's [He's] fámily.** (略式) あの人は身内です.

fámily Bíble 名 [the ~] 家庭用聖書(出生・死亡・婚姻などを記録する余白ページのついた大型聖書).

fámily círcle 名 U [普通は the ~] ごく身内の人たち, 近親者 (全体).

fámily crédit 名 U (英)(低所得家庭に対する)児童家族手当.

fámily dóctor 名 C かかりつけの医者.

fámily jéwels 名 [複] (俗)[滑稽] 睾丸.

fámily mán 名 C **1** 家庭を大事にする男, マイホーム主義者. **2** 所帯持ちの男.

fámily náme 名 C (名に対して) 姓 (☞ name 参考).

fámily plánning 名 U 家族計画 (birth control): a ~ clinic 家族計画クリニック[相談所].

fámily práctice 名 U (米) 家庭医療(年令・性別を問わず一般的な健康問題を扱う医療部門).

fámily practítioner 名 C (主に英) 家庭医, ホームドクター (family doctor).

fámily róom 名 C **1** (米) 娯楽室, 居間. **2** (英) (ホテルの)家族部屋 (パブで子供も入れる)家族室.

fámily trée 名 C 家系図 (☞ 下の図).

fámily válues 名 [複] (伝統的な家族の価値観).

*fam·ine /fǽmɪn/ 名 (~s /~z/) U|C **ききん**, (深刻な)食料不足: face [suffer] ~ ききんに直面する[苦しむ] / ~ relief ききん救済.

fam·ished /fǽmɪʃt/ 形 P (略式) 腹ぺこで.

*fa·mous /féɪməs/ 形 (名 fame) **1 有名な**, 名高い (☞ 類義語); A 評判の: a ~ singer 有名な歌手 / The town is ~ *for* its old castle. <A+for+名・代> その町は古い城があるので有名だ / Miami is ~ *as* a winter resort. <A+*as*+名・代> マイアミは避寒地として有名です / *the* (rich and) ~ (金持ちの)有名人たち (複数名詞のように扱われる; ☞ the¹ 3). **2** A (古風)(事が)めざましい; すばらしい.

fámous lást wórds 名 [感嘆詞的に] 滑稽・皮肉 S そうでしょうとも, それはどうかな (相手の自信たっぷりの発言に対する不信などを表わす; ☞ last word).

【類義語】**famous** よい意味で用いる最も一般的な語で, 多くの人々に知られている意味. **well-known** *famous* とほぼ同じ意味に用いることも多いが, 悪い意味で有名な場合にも用いる. **celebrated** 賞をもらった顕著な業績があることなどで有名なこと. **renowned** 語り伝えになっているような有名さをいう. 主に歴史上の人物や名所・旧跡などに用いる. *famous* よりも意味が強い. **eminent** 専門的な分野などにおいて他の人々よりひときわ抜きん出ていて有名なこと. **noted** その学識・技術・業績などが優れていて人々に注目されていること. 従ってある専門分野での有名さを意味し, *famous* ほど一般的な知れ渡り方をする意味ではないことが多い. **distinguished** 優れていることを世間に認められ, 尊敬を受けているような有名さをいう. この語はしばしば有名だとされている本人のいる場所で, その人に言及するときに儀礼的な意味をこめて用いられる. **notorious** 悪い意味で, 悪名高く有名なこと.

*fa·mous·ly /féɪməsli/ 副 **1** よく知られているように. **2** (古風, 英) うまく: get on [along] ~ 仲よくやる.

*fan¹ /fǽn/ (醗音 fun) 名 (~s /~z/) C **ファン**, 愛好者: baseball [basketball] ~s 野球[バスケットボール]ファン / a big Giants ~ 巨人の大ファン / a movie [jazz] ~ 映画[ジャズ]の愛好者 / The ~s became excited when Ichiro went to the plate. 観客はイチローが打席に向かうと興奮した.

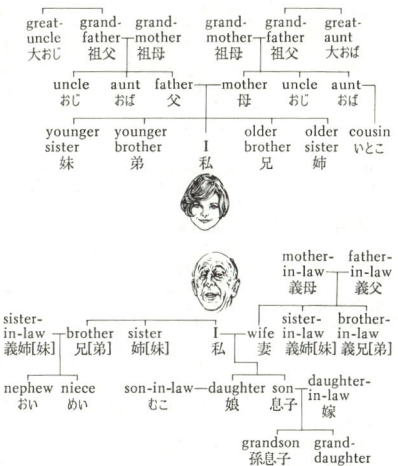

family trees

fan

会話 "Is your father still a ~ *of* the Beatles?" "Yes, he is crazy about their songs."「君のお父さんは今でもビートルズのファンなの」「うん, ビートルズナンバーに夢中なんだ」

語源 fanatic を短縮した形.

***fan**² /fǽn/ ((頭音 fun) 名 C **1** 扇風機；[機]送風機: turn on the ~ 扇風機をかける. **2** うちわ, 扇, 扇子(おうぎ); 扇形のもの: a folding ~ 扇子.
— 動 (**fans** /~z/; **fanned** /~d/; **fan·ning**) 他 **1** (扇などで)〈...〉をあおぐ；〈(燃え立たせるために)火〉に風を送る；〈風〉が〈...〉にそよそよ吹く: He *fanned* himself *with* a newspaper. ＜V+O+*with*+名·代＞ 彼は(顔を)新聞であおいだ. **2** 〈感情など〉をあおる；〈...〉をかき立てる: ~ a boy's curiosity 少年の興味をかき立てる. **3** 〈...〉を扇形に広げる (*out*). **4**《野》〈バッター〉を三振にとる. — 自 **1** 《軍隊など》が扇形に広がる (*out*). **2** 《野》三振する.

fa·nat·ic /fənǽtɪk/ 名 C **1**《軽蔑》熱狂者, 狂信者(☞ fan¹ 語源): a religious ~ 熱狂的な信者. **2** マニア (enthusiast): a model plane ~ 模型飛行機マニア. — 形 = fanatical.

***fa·nat·i·cal** /fənǽtɪk(ə)l/ 形《軽蔑》熱狂的な, 狂信的な: She is ~ *about* cleanliness. 彼女は度を越してきれい好きだ. **-i·cal·ly** /-kəli/ 副 熱狂して, 狂信的に.

fa·nat·i·cis·m /fənǽtəsìzm/ 名 U《軽蔑》狂信.
fán bèlt 名 C (自動車の)ファンベルト.
fan·ci·a·ble /fǽnsiəbl/ 形《英》性的魅力のある.

***fan·ci·er** /fǽnsiə | -siə/ 名 C《普通は合成語で》(花·鳥·犬などの)愛好家: a pigeon ~ 鳩(はと)愛好家.

***fan·ci·ful** /fǽnsɪf(ə)l/ 形 (名 fáncy)《格式》**1**《軽蔑》空想的な, 非現実的な; (人が)空想にふける, 気まぐれな. **2** (装飾などが)風変わりな, 奇抜な. **-ful·ly** /-fəli/ 副 空想的に; 気まぐれに; 奇抜に.

***fán club** 名 C (スターなどの)ファンクラブ, 後援会.

***fan·cy** /fǽnsi/

「空想」名 2, 3 (☞ 語源)
→「空想の」形 5 →(空想的な) →(意匠をこらした) →「装飾的な」形 1
→(気まぐれな思い) →(一時の好み) →「好み」名
→「好む」動 1
→(空想する) →「思う」動 2

— 形 (**fan·ci·er** /-siə | -siə/; **fan·ci·est** /-siɪst/) **1** (こまごまとした)装飾的な, 意匠をこらした, はでな: a ~ cake 飾りのついたケーキ, デコレーションケーキ. 日英比較「デコレーションケーキ」は和製英語語で, 英語では場合に応じて fancy [wedding] cake のように言う // a ~ button 飾りボタン / a ~ costume はでな衣装 / This pattern is too ~ for me. 私にはこの柄(がら)ははですぎます. **2**《普通は限定》高級な, 豪勢な；《軽蔑》(食料品などが)極上の, 特選の: a ~ restaurant 高級レストラン / ~ sauces 特選のソース. **3** A《英》(値段が)法外な. **4** (考え·器具などが)凝った, 手の込んだ, 大げさな; (動きなどが)曲芸的な: ~ flying 曲乗り飛行. **5** 空想の, 気まぐれな: a ~ name 気まぐれつけた名前.

nóthing fáncy 代 (特別なものが何も加わっていない)ごく単純[平凡]なもの.

— 動 (**fan·cies** /~z/; **fan·cied** /~d/; **-cy·ing** /-siɪŋ/) 他 **1**《略式, 主に英》〈...〉を好む, 〈...〉が気に入る (like)；〈...〉が欲しい, 〈...〉(人)に(性的に)ひかれる (want); ひいきする: Do you ~ a cup of coffee? コーヒーはいかが / Do you ~ eat*ing* out tonight? ＜V+O(動名)＞ 今晩は外食したくないかい.

2《文》〈何となく〉〈...〉と思う, 想像する；〈人·物〉が...と思える気がする: He *fancied* that somebody was calling his name. 彼はだれかに名前を呼ばれているような気がした / I *fancied* it *to* be a large castle. 私はそれが大きな城であるように思った.言い換え She *fancies* her son (*to* be) dead.＝She *fancies that* her son is dead. 彼女は息子が死んだものと思っている.

3《英》〈...〉が勝つ[うまくいく]と思う: 言い換え Which horse do you ~ *in* [*for*] the next race?＝Which horse do you ~ *to* win the next race? 次のレースでどの馬が勝つと思うか / I don't ~ her chances of getting the job. 彼女が採用される見込みはないと思う. **4** [命令文で] S《やや古風, 略式》(まあ)〈...〉を考えてごらん(驚きだ): F~ meeting you here! 君にここで会うとは(驚きだ) / F~ your [you] com*ing* all the way from New York. ニューヨークからわざわざ来てくれるなんて(うれしい). **fáncy onesélf (as) ...** 動《略式》自分が(...だと)想像する；《英》《軽蔑》(...だと)うぬぼれる.
Fáncy (thát)! 間 S《英》こりゃあ驚いた!

— 名 (**fan·cies** /~z/; 形 fánciful) **1** [単数形で] 好み, 愛好 (to): The novel suited the ~ of most readers. その小説は大部分の読者の好みに合った / I have a sudden ~ *for* some chocolate. 何だか急にチョコレートが食べたい. **2** U (気まぐれな)空想, 幻想；空想力(☞ imagination 類義語): a world of ~ 空想の世界. **3** C 空想したもの；(気まぐれな)考え, 思いつき；(漠然とした)感じ: a passing ~ 一時の思いつき / I have a ~ *that* he will never come. 何だか彼は来ないような気がする. **4** U《普通は複数形で》《英》ケーキ(飾りつけのついた小さいもの). 語源 fantasy の短縮形；phenomenon と同語源. **as [when, whenèver] the fáncy tákes ...** 副《...の気が向いたときに》: She only works *when* the ~ *takes* her. 彼女は気が向けば働く[勉強する]. **cátch [tàke, tíckle] ...'s fáncy** 動 (物が)...の気に入る, 好みに合う: The watch *caught* the child's ~. その時計はその子のお気に入りとなった. **take a fáncy to ...** 動 他 (わけもなく)...が好きになる: The little girl *took a ~ to* the teddy bear displayed in the window. その少女はウインドに陳列されていたくまのぬいぐるみが気に入った.

fáncy drèss 名 U《英》仮装服.
fáncy drèss párty 名 C《英》＝costume party.
fáncy fóotwork 名 U 複雑なフットワーク；[比喩]巧みなやり方[ごまかし].
fáncy-frèe 形 (特に独身で)自由気ままな.
fáncy góods 名《複》《英》＝notion 3.
fáncy màn 名 C《古風》愛人(男性).
fáncy-pánts 形《米略式》有能な, やり手の.
fáncy wòman 名 C《古風》愛人(女性).
fáncy·wòrk 名 U 手芸品), 編み物, ししゅう.
fán dànce 名 C 扇を使って踊るソロのヌードダンス.
fan·dan·go /fændǽŋgoʊ/ 名 (~(e)s) **1** C ファンダンゴ(スペイン·南米の陽気な舞踏とその曲). **2** U,C ばかげたこと, 大騒ぎ.

***fan·fare** /fǽnfeə | -feə/ 名 **1** C《楽》ファンファーレ(華やかなトランペットなどの合奏). **2** U,C [主に新聞で](歓迎·導入などの際の)派手な騒ぎ: with a [much] ~ 鳴り物入りで.

fan·fic /fǽnfɪk/ 名 C,U《略式》ファンフィクション(テレビドラマなどのファンが二次的に創作する物語).

***fang** /fǽŋ/ 名 C きば(肉食動物などの鋭いもの); (蛇の)毒牙(どくが). 関連 tusk 象などの長く曲がったきば.

fán hèater 名 C (電気)ファンヒーター.
fán lètter 名 C ファンレター.
fán·light 名 C **1**《主に英》明かり取り窓(ドアの上部などの)(《米》transom). **2**《米》扇形の窓.
fán màil 名 U ファンレター(全体).
fan·ny /fǽni/ 名 (**fan·nies**) C **1**《米俗》しり. **2**《英俗》女性器, あそこ.
Fan·ny /fǽni/ 名 固 ファニー《女性の名》.

Fánny Ád·ams /-ǽdəmz/ [名] [次の成句で]
swéet Fánny Ádams =sweet FA.
fánny pàck [名] [C] 《米》ウエストポーチ (《英》 bum bag).
Fan·ta /fǽnṭə/ [名] [U,C] ファンタ 《米国製の清涼飲料; 商標》.
fan·tab·u·lous /fæntǽbjuləs/ [形] 《略式》すごくすばらしい.
fan·ta·si·a /fæntéɪʒ(i)ə | -ziə/ [名] [C] 〖楽〗幻想曲; 接続曲.
⁺**fan·ta·size** /fǽnṭəsàɪz/ [動] ([名] fántasy) [自] (時に性的な)空想にふける (*about, over*). — [他] 〈...〉を[と]空想する (*that*).

fanny pack

***fan·tas·tic** /fæntǽstɪk/ [形] ([名] fántasy) **1** 《略式》とてもすばらしい, すてきな: You won first prize? *F*～! Ⓢ 1 等賞だって? すばらしい! 《応答などで》/ a ～ view すばらしい眺め / You look ～ in that dress. その服を着るとあなたはすてきよ. **2** 《略式》 (量などが)想像を絶する, とてつもない: Some foreign companies pay their executives ～ salaries. 外国の会社の中には管理職にとてつもない給料を払っているところがある. **3** [普通は [A]] 風変わりな, 奇異な: a ～ dress 風変わりなドレス. **4** (考えなどが)空想的な, 現実離れした.
fan·tas·ti·cal /fæntǽstɪk(ə)l/ [形] =fantastic 3. **-tás·ti·cal·ly** /-kəli/ [副] 途方もなく; 異様に.
fan·ta·sy** /fǽnṭəsi/ [名] (**-ta·sies** /～z/; [形] fantástic, [動] fántasìze) **1** [C,U] 空想, 幻想; 白昼夢 (☞ imagination 類義語; fancy [語源]): have ***fantasies about winning the gold medal 金メダルの獲得を空想する / live in a ～ world 空想の世界に住む. **2** [a ～ または [U]] 空想[幻想]の産物: A talking dictionary is no longer *a* ～. 音の出る辞書はもはや夢ではない. **3** [C,U] 空想[幻想]文学(作品), ファンタジー.
⁺**fan·zine** /fǽnziːn/ [名] [C] ファン雑誌.
fao [略] =for the attention of ... ...様宛て (☞ attention 成句).
FAO /éfèɪóʊ/ [略] [the ～] =Food and Agriculture Organization (国連の)食糧農業機構.
FAQ /éfèɪkjúː, fǽk/ [名] (～**s** /éfèɪkjúːz, fǽks/) [C] [普通は複数形で] 〖電算〗よく出る質問 《ホームページ上などでよくある質問と答えを集めたもの; *f*requently *a*sked *q*uestion(s) の略》.

****far** /fάɚ | fάː/ ([同音] 《英》 fa; [類音] fur) [副] (比 **far·ther** /fάɚðɚ | fάːðə/, **fur·ther** /fə́ːðɚ | fə́ːðə/; 最 **far·thest** /fάɚðɪst | fάː-/, **fur·thest** /fə́ːðɪst | fə́ː-/) ★ farther, farthest; further, furthest についてはそれぞれの項目を参照.

基本的には「遠くに」の意.	
① (場所・距離が)遠くに	1
② (時間・程度が)はるかに	2

1 (場所・距離が) 遠くに, 遠くへ, はるかに ([反] near) (☞ 類義語): We didn't go very ～ because it began to rain. 雨が降り始めたので我々はそんなに遠くへは行かなかった / ***How*** ～ did you walk? どのくらい歩きましたか (☞ how far (成句)) / The moon was ～ ***above*** the horizon. 月は水平線のはるか上にあった.

[語法] (1) 上の例文のように 1 の意味では far は主として疑問文・否定文に用いる. 肯定文では as [so, too] far や far away となることが多いので, We went *far*. (我々は遠くへ行った) / The church is *far from* here. (教会はここから遠い)の代わりに《略式》ではそれぞれ We went *a long way*. / The church is *a long way from* here. という.
(2) この意味では《米》では比較級に farther, 最上級に farthest, 《英》では further, furthest が好まれる.

2 (時間・程度などが)はるかに, 大いに, ずっと (☞ 類義語): Jim studied ～ ***into*** the night. ジムは夜遅くまで勉強した / Her results were ～ ***above*** [***below***] average. 彼女の成績は平均よりずっと上[下]であった / These shoes are ～ too small for me. この靴は私にはあまりにも小さすぎる / Gold is ～ heav*ier* than iron. 金は鉄よりずっと重い. [語法] (1) 最後の例のように far は very と違って比較級を強めることもできる. (2) この意味では比較級には further を用いる. farther, 最上級の farthest や furthest はあまり使われない.
as fàr as ... [接] ...である限り[範囲]では: The field was white *as* ～ *as* the eye could see. 見渡す限り野原は真っ白だった / I'll help you *as* ～ *as* I can. 私はできる限りあなたを援助します / *As* ～ *as* Í know, Tom has never made such a mistake. Ⓢ 私の知る限りではトムはそんな間違いをしたことがない. — [前] (1) ...まで(も) 《最終の目的地を示すとは限らない》: We drove *as* ～ *as* Chicago on Tuesday. 火曜日にはシカゴまで車で行った. (2) ...ほど遠くまで, ...と同じ距離だけ: I didn't go *as* ～ *as* you. 私はあなたほど遠くまでは行かなかった. (3) ...するところ[程度]までは: We've got *as* ～ *as* finding the cause of the trouble, but we haven't found a solution yet. 故障の原因を突きとめるところまでは来たが解決策を見いだすには至っていない. (4) Ⓢ 《米略式》 ...に関しては (with regard to ...).
as fàr as it góes [副] [文修飾語] それなりに(は).
as fár báck as ... [前] ずっと以前の...に(まで): The novel was written *as* ～ *back as* 1910. その小説は早くも 1910 年に書かれた. — [接] (過去にさかのぼって)...である限りでは: He lived in that house from *as* ～ *back as* I can remember. 彼は私の記憶にある限り以前からその家に住んでいた.
by fár [副] [比較級・最上級などを強めて] はるかに, ずっと: Australia is *larger by* ～ than Japan. オーストラリアは日本よりはるかに大きい / This is *by* ～ *the better*. こちらのほうがずっとよい / Baseball used to be *by* ～ *the most popular* sport in Japan. かつて野球は日本では飛び抜けて人気のあるスポーツであった.
cárry ... tòo fár [動] [他] 〈いたずらなど〉をやりすぎる, 〈冗談など〉の度が過ぎる.
fár and awáy [副] =by far.
fár and wíde=**fár and néar** [副] あらゆる所に[を] (everywhere), 至る所に[を].
fár awáy [副] はるか遠くに: She lives ～ *away* from here. 彼女はここからはるか遠い所に住んでいる.
fár báck [副] ずっと以前(に): How ～ *back* does this go? これはどこまでさかのぼれるか.
fàr bè it from mé to dó Ⓢ 私は...するつもりは全くない: *F*～ *be it from me to* tell you what to do, but I would not accept the invitation. あなたに指図する気は全くありませんが, 私ならその招待には応じません.
fár from ... [T1] ...にはほど遠い, ...どころか(全く反対), とても...でない. [語法] (1) 後に(代)名詞や動名詞のほかに形容詞を伴うことができる: His answer was ～ *from* satisfactory. 彼の回答は満足なものとはほど遠かった(きわめて不満足だった) / [会話] "Did you like the movie?" "*F*～ *from* it!" Ⓢ「映画よかった?」「とんでもない」 (2) 主節に対する副詞的修飾語になる場合は (so) far from ... ともなる: *F*～ *from* hesitat*ing*, she willingly offered to help me. ちゅうちょするどころか彼女は喜んで私を援助してくれると言った.
fár óff [副] ずっと遠くに 《時間的にも用いる》: The raft has drifted ～ *off from* the shore. いかだは岸からずっと遠くへ漂流した / Graduation is not ～ *off*. 卒業ももう間もなくだ.

F

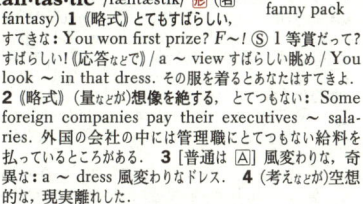

Faraday

gó as [so] fàr as to dó [動] …しさえする:She went as [so] ~ as to call him a liar. 彼女は彼をうそつきとまで言った 日英比較 lie² 名

gò fár, gó tòo fár ☞ go¹ 成句.

hòw fár [副] (1) どれだけ(遠く)？"How ~ is it from the airport to the hotel?" "Not ~. It's about 10 kilometers."「空港からホテルまでどのくらいありますか」「遠くはありません．およそ 10 キロです」 (2) どのくらいまで: I don't know how ~ to trust him. 彼をどこまで信用できるか私にはわからない．

ìn so [as] fár as … [接][格式]…の限りにおいては, …の限りで: In so ~ as you are loyal to us, we will support you. あなたが我々を裏切らない限り我々はあなたを支持しよう．

I wóuldn't gò thát fàr. = **I wóuldn't gò so [as] fàr as to sáy that.** Ⓢ そこまではいえないでしょう (同意が無理なときの文句).

nòt fàr óff [out, wróng, shórt] [形][略式](答えなどが)(あまり)はずれていない, 当たらずといえども遠からず．

so fár 🔑 [副] (1) [só fàr] 今までは, これまでは: So ~, no survivors have been found. 今までのところ生存者は発見されていない． (2) そこまで, その点まで: You can only go so ~ (and no further). そこまで, それ以上はだめです．

so fàr as … [前][普通は否定文で](☞ as far as …) (1) …までは: We didn't go so ~ as Boston. 私たちはボストンまでは行きませんでした． (2) …ほど遠くまで: I cannot swim so ~ as you. 私はあなたほど遠くまでは泳げない． (3) …するところ[程度]まで．
— [接] …の限りでは (as far as …): So ~ as I know, he is honest. 私の知っている限りでは彼は正直です．

so fàr as it góes [副] …as far as it goes.

Só fàr, sò góod. Ⓢ これまでは万事うまくいった(が先行きはわからない).

táke … tòo fár [動] ⊕ =carry … too far.

thús far [副][格式] そこ[ここ]までは (☞ thus 3).

— [形][比 **fár·ther** /fáːðɚ | fáː.ðə/, **fúr·ther** /fɚ́ːðɚ | fəː.ðə/; 最 **fár·thest** /fáːðɪst | fáː-/, **fúr·thest** /fɚ́ːðɪst | fəː-/] 遠い, はるかな (distant). 語法 **FAR** の用法は [文] (be 動詞の後で使う用法は ☞ 語法 [語法] (1)): a ~ country はるかな国 / the ~ northern tip of Hokkaido 北海道の最北端． **2** Ⓐ (2つのうち)離れた, 向こう側の: the ~ bank of the river 川の対岸 / The children ran to the ~ side of the playground. 子供たちは遊び場の向こう側へ駆けて行った． **3** Ⓐ (主義などが)極端な: the ~ right [left] 極右[左]．
【類義語】**far** 距離・時間・関係などが非常に離れていることを表わす: far into the future 遠い未来に. **faraway, far-off** 距離的・時間的に遠く離れていることを表わし, far (形)の使い方は普通は肯定文で 形 として用いられないが, その代わりに用いられる: a faraway [far-off] place 遠く離れた場所. **distant** 漠然と遠方を意味することもあるが, 距離が測れるときに使う: It is 2 miles distant from here. それはここから 2 マイルの距離にある. **remote** 中心と考えられる地点から離れてへんぴな所を意味する: a remote village (都会または話し手の住んでいる所から)遠く離れた村．

Far·a·day /fǽɚədèɪ/ [名] 圖 Michael ~ ファラデー (1791-1867)《英国の物理・化学者》.

†**far·a·way** /fáːrəwéɪ/ [形] Ⓐ **1** 遠くの, 遠方の (☞ far 類義語): a ~ town 遠い昔[将来]の町 / I'd like to travel to ~ countries. 遠くの国に旅行したい． **2** (目つきなどが)ぼかんとした, 夢見るような: She spoke with a ~ look in her eyes. 彼女は夢見るようなまなざしで話した．

†**farce** /fáːs/ [名] **1** Ⓒ⋃ 笑劇． **2** Ⓒ 茶番, 茶番じみたしゃれ．

far·ci·cal /fáːsɪk(ə)l | fáː-/ [形] 笑劇の，

-cal·ly /-kəli/ [副] ばかげて．

__fare__ /féɚ | féə/ [同音] fair¹,², [類音] fear, hair, hare, #where 🔑

```
        ┌─ (行くための料金)「運賃」名 1 →
「行く」─┼─ (運賃を払う人)「乗客」名 2
        └─ (やっていく) 動 → (食べる)→「食事」名 4
語源
```

— 名 (~s /-z/) **1** Ⓒ (乗り物の)**運賃**, 料金, バス代, 電車賃《米》carfare《☞ price 類義語》: a taxi ~ タクシー料金 / air ~s 航空料金 / a one-way [round-trip] ~ 《米》片道[往復]運賃 / a children's ~ 小児運賃 / Children travel (at) half ~. 小児運賃は半額 / F~s, please. 料金をお願いします(切符をお切らせ願います)《車内での車掌のことば》/「How much [What] is the ~ from Osaka to Akita by special express train? 大阪から秋田までの特急の料金はいくらですか． **2** Ⓒ (特にタクシーの)乗客 (passenger). **3** Ⓤ (娯楽などで)提供されるもの, 出し物, (テレビ番組などの)内容． **4** Ⓤ Ⓦ (レストランなどの)食べ物, 料理: a bill of ~ メニュー．語源 古(期)英語で「行く, 旅する」の意; ferry と同語源．

— 動 (**far·ing** /féə(ə)rɪŋ/) 自 [格式] (人が)やっていく．語法 well, badly など様態の副詞を伴うことが多い: She ~d well [badly] in the interview. 彼女は面接をうまくこなした[しくじった] / How did you ~ in the speech contest? スピーチコンテストはどうでした？

__Far East__ /fáːɚíːst | fáː(r)íːst⁻/ [名] 圖 [the ~] 極東《アジア東部の太平洋に面した地域を指し, 日本・中国・タイ・ミャンマー・マレーシア・インドネシア・ベトナム・フィリピンを含む》. 関連 Middle East 中東 / Near East 近東．

Fár Éastern [形] 極東の．

fáre bèater [名] Ⓒ [略式] 無賃乗車する人．

fáre stàge [名] Ⓒ 《英》(バスなどの)同一料金区間．

fáre-thee-wèll, fáre-you-wèll [名] [米略式][次の成句で] **to a fáre-thee[you]-wèll** 完璧に, 徹底的に．

†**fare·well** /féɚwél | féə-⁻/ [感] [古風] さらば!, ごきげんよう!《☞ good-bye 類義語》: F~ till we meet again! さらば, また会う日まで. 語源 fare +well¹. 元来は命令形《☞ welfare 語源》.

— 名 Ⓒ,Ⓤ [古風] いとまごい, 別れ, 別れ[告別]のことば: say one's ~s 別れのあいさつをする / A F~ to Arms 『武器よさらば』《Hemingway の小説の題名》. **bíd [sáy] farewéll to …** = **bíd … farewéll** [動] ⊕ (格式) …に別れを告げる．——お別れの, 告別の．

farewéll párty [名] Ⓒ 送別会．

fár-fétched [形] (話などが)信じがたい; こじつけの．

fár-flúng [形] [普通は Ⓐ] 遠方の, 広範囲にわたる．

Far·go /fáːɚɡoʊ | fáː-/ [名] 圖 ファーゴ《米国 North Dakota 州最大の都市》．

fár·góne [形] Ⓟ [略式] **1** (病気などが)ひどく進行して (in), ひどく酔って[狂って]． **2** ひどく悪化して．

fa·ri·na /fərí:nə/ [名] Ⓤ 穀粉《プディングなど用》．

far·i·na·ceous /færənéɪʃəs⁻/ [形] 穀粉の．

__farm__ /fáːm | fáːm/ [名] (~s /-z/) **1** Ⓒ (作物を栽培する)**農場**, 農園: a fruit ~ 果樹園 / His whole family works on a ~. 彼の家族はみな農場で働いている． 日英比較 日本の畑などとは違ってかなり広い農場をいい, 家屋・納屋などの建物も含む．

farm	農場(作物を育てる)
	飼育場(家畜・魚などを育てる)

2 (家畜・家禽(きん)の)飼育場, 牧場, 養殖場: a fish

養魚場 / a chicken ～ 養鶏場. **3** (農場にある)農家 (farmhouse). **4** 〔野〕二軍(チーム), ファーム. 語源 ラテン語で「定まった支払い」の意. それから「地代」の意になった.
— 動 他 〈土地〉を耕作する; 飼育場として使う; 〈…〉を栽培[飼育, 養殖]する: My father ～s sixty acres. 私の父は60エーカーの土地を耕作している. — 自 農業をする, 農場[酪農]を経営する: My uncle ～s in California. 私のおじはカリフォルニアで農業をしている.

fárm óut 動 他 (1) 〈仕事〉を下請けに出す (to). (2) 〔主に英〕〈子供〉を預ける (to).

fárm bèlt 名 C 農業地帯, 農業地域.

***farm·er** /fάːmɚ | fάː-/ (音節 firmer (firm² の比較級)) 名 (~s /~z/) C 農園主, 農場経営者(自分で農場 (farm) を経営している); ☞ peasant 語法 農民: a péanut ～ ピーナッツ農園主 / George Washington was a ～ in Virginia. ジョージ ワシントンはバージニアの農場経営者であった.

Fármer Jóhn 名 商 ファーマー ジョン (アメリカの製肉会社).

fármers' màrket 名 C (農民による)農作物直売市.

fármer('s) tàn 名 S 〔米〕農夫[土方]焼け.

fárm hànd 名 C 農場労働者.

fárm hòuse 名 C (-hous·es /-hàuzɪz/) C (農場付近の)農場主の住宅, 農家.

fármhouse lòaf 名 C 〔英〕(上方が円形の)大型の食パン.

***farm·ing** /fάːmɪŋ | fάːm-/ 名 U 農業 (agriculture より略式), 農場経営; 飼育, 養殖: organic ～ 有機農業 / chicken ～ 養鶏.

fárm lànd 名 U または複数形で 農地.

fárm stèad 名 C 〔主に米〕農場(土地建物一切).

fárm tèam 名 C 〔野球などの〕ファーム, 二軍.

fárm yàrd 名 C 農場の構内, 農家の庭(農家と納屋などに囲まれている).

Fárn·bor·ough Áir Shòw /fάːnbə(ə)rə-rou- | fάːnb(ə)r-/ 名 [the ～] ファーンバラ航空ショー (イングランド南部のファーンバラで1年おきに開かれる).

Fár·oe Íslands /féə(ə)rou-/ ☞ Faeroe Islands.

***fár-óff** 形 A はるかかなたの, 遠く離れた (☞ far 類義語); はるか昔[将来]の.

***fár-óut** 形 **1** 〔略式〕とても変わった; 斬(ざん)新な, 前衛的な. **2** 〔古風, 俗〕すごくいかす, かっこいい.

far·ra·go /fərάːgou/ 名 (~es, ~s) C 〔格式〕〔軽蔑〕寄せ集め(たもの) (of).

Far·ra·khan /fάːrəkἀːn | fӕrəkӕn/ 名 圆 Louis ～ ファラカーン (1933-) (米国の黒人イスラム教団体 the Nation of Islam の指導者).

***fár-réaching** 形 (効果・影響などが)遠くまで及ぶ, 全面的な, 多大な.

far·ri·er /fӕriə | -riə/ 名 C 蹄鉄(ていてつ)工.

fár-séeing = farsighted.

Far·si /fάːsi | fάː-/ 名 U (イランの言語としての)ペルシャ語.

fár·síghted 形 **1** 〔主に米〕遠視の, 遠目の利く(〔英〕longsighted; 反 nearsighted). **2** [ほめて] 先見の明のある; 先を見越した (反 short-sighted). ~·**ly** 副 先を見越して. ~·**ness** 名 U **1** 〔米〕遠視. **2** 先見の明.

***fart** /fάːt | fάːt/ 動 自 〔卑〕屁(へ)をする. **fárt aróund** [〔英〕**abóut**] 動 自 〔略式〕ぶらぶら時を過ごす. — 名 C **1** 〔卑〕屁(へ)(☞ taboo word). **2** [特に an old ～ として] 〔俗〕〔軽蔑〕嫌な[くだらない, 退屈な]やつ.

***far·ther** /fάːðɚ | fάːðə (同音 father)/ 副 [far の比較級] **1** さらに遠く(に), もっと先に: We went ～ into the cave. 我々はさらに穴の奥に入っていった / They moved ～ *away from* the fire. 彼らは火のところからさらに遠くへ移った. **2** に(進んで), (further):

take a plan one step ～ 計画をさらに一歩進める. **3** つなぎ語 〔米〕なおそのうえに, さらに (further).
— 形 [far の比較級] A さらに遠く(の), もっと先の: The car stopped at the ～ end of the street. 車は通りの向こうの端で止まった / The nearer the church, the ～ *from* God. 〈A+from+名・代〉 〔ことわざ〕教会に近いほど神からは遠くなる.

***fár·thest** /fάːðɪst | fάː-/ 副 [far の最上級] 最も遠くに; 最も, 一番: Who can throw the ball (the) ～? だれが一番遠くまでボールを投げられるか (☞ the¹ 1 (4) 語法 (2)). — 形 [far の最上級] A 最も遠くの; 最長の: Neptune is the ～ planet *from* the sun. 海王星は太陽から最も遠い惑星である. **at (the) fárthest** 副 遠く[遅く]とも.

far·thing /fάːðɪŋ | fάː-/ 名 C 〔英〕ファージング (1961年に廃止された 1/4 ペニーの小銅貨).

FAS 略 = fetal alcohol syndrome.

fas·ci·a /féɪʃ(ɪ)ə/ 名 C **1** 〔建〕鼻隠し(板); 〔英〕(店の)看板. **2** (車の)計器盤 (dashboard). **3** 〔解剖〕筋膜.

***fas·ci·nate** /fӕsənèɪt/ 動 [進行形なし] 他 〈…〉を魅了する (charm), 〈…〉の心をひきつける: The beautiful scenery ～s every traveler. その美しい景色はどの旅人をも魅惑する. — 自 興味をそそる.

***fas·ci·nat·ed** /fӕsənèɪṭɪd/ 形 [普通は P] 魅了されて, うっとりして; 興味をそそられて: He was ～ *with* [*by*] her beauty. 彼は彼女の美しさに心を奪われた / She was ～ *to* know his opinion. 彼女は彼の意見をぜひとも知りたかった.

***fas·ci·nat·ing** /fӕsənèɪṭɪŋ/ 形 魅惑的な, すばらしい: an absolutely ～ woman とても魅力的な女性(★強意の副詞として very は用いない) / It is ～ *to* climb high mountains and watch wild flowers. 高山に登って野生の花を見るのは実にすばらしい. ~·**ly** 副 魅惑的に; 興味をそって.

fas·ci·na·tion /fӕsənéɪʃən/ 名 **1** U または a ～ 魅せられること, 魅了: in [with] ～ うっとりして / have a ～ *for* [*with*] ... (人が)…に魅力を感じる. **2** C,U 魅惑[魅力]のあるもの; 魅感, 魅力: hold [have] a ～ *for* ... (物事が)(人)を魅了する.

***fas·cis·m** /fӕʃɪzm/ 名 U [しばしば F-] ファシズム.

***fas·cist** /fӕʃɪst/ 名 C **1** [しばしば F-] ファシスト, [F-] (イタリアの)ファシスト党員. 関連 Nazi ナチ党員. **2** 〔略式〕〔軽蔑〕独裁的な人; 極右の人. — 形 [しばしば F-] ファシズムの; ファシスト党(員)の.

***fash·ion** /fӕʃən/ 名 (~s /~z/; 形 fashionable) **1** U,C (ある時代の・ある地方の)流行: a [the] ～ *for* short skirts 短いスカートの流行 / Some people are apt to *follow* every new ～. 次々と新しい流行を追いかけたがる人がいます.

2 C 流行しているもの, ファッション; U ファッション業[研究]: Paris ～s パリのファッション / This is the latest ～. これが最新の流行です / a ～ magazine [show] ファッション雑誌[ショー].

3 [単数形で]〔格式〕しかた, やり方, 流儀(☞ method 類義語): He ate *in a* rapid ～. 彼はすばやく食べた. 語源 ラテン語で「作られたもの」の意.

àfter [ìn] a fáshion 副 なんとか, どうにかして.

àfter [ìn] the fáshion of ... 前 〔格式〕…流で, …にならって; …をまねて.

be áll [quíte] the fáshion 動 自 大流行である.

còme into fáshion 動 自 流行してくる.

gò óut of fáshion 動 自 流行遅れになる; すたれる: Long skirts will soon *go out of* ～. ロングスカートはじきに流行遅れとなるでしょう.

in fáshion 形 流行して: This style of hat is now *in* ～. この型の帽子が今流行だ.

-fashion

like it's going òut of fáshion [副]《略式》大いに、むやみやたらに.

òut of fáshion [12] [形] 流行遅れの[で], 廃れて[た]: Your dress is already *out of* ~. あなたの服はもう流行遅れですね.

sét [stárt] **a** [**the**] **fáshion** [動] (自) 流行を生み出す: It isn't really designers who *set the* ~. 流行を作り出すのは実はデザイナーではない.

―― [動] (他)《格式》**1**（材料を使って）形作る (*from, out of, into*). **2** [普通は受身で]〈態度・意見などを〉形成する (a shape).

-fash·ion /fəʃən/ [接尾]《副詞語尾》「…のように、…式に」の意: dress schoolgirl-*fashion* 女生徒風の格好をする.

***fash·ion·a·ble** /fǽʃ(ə)nəbl/ [形] [名 fáshion) **1** 流行の, はやりの, ファッショナブルな: a ~ dress 流行の婦人服 / It has become ~ *for* [*among*] young men to wear their caps backward. 若い男性の間では帽子を後ろに向けてかぶるのがはやっている. **2** 上流社会の(人に人気のある), 高級な: a ~ restaurant 高級レストラン. **3** (人が)流行の先端を行く. **-a·bly** /-nə-bli/ [副] 流行に従って[を追って].

fáshion desìgner [名] C ファッションデザイナー.
fáshion hòuse [名] C ファッションハウス《高級な流行服を製作する会社》.
fash·ion·ist·a /fæʃəníːstə/ [名] C 《主に新聞で》ファッションに関心の強い人, ファッション業界の人.
fáshion plàte [名] C 《略式》常に流行服を着る人.
fáshion sènse [名] U ファッションセンス.
fáshion shòw [名] C ファッションショー.
fáshion stàtement [名] C 自己主張するファッション: make a ~ 服装で自分を主張する.
fáshion vìctim [名] C 《略式》流行の犠牲者,(似合わないのに)絶えず流行を追いかける人.

***fast**¹ /fǽst | fɑ́ːst/ (類語 first)

```
「固着した」[形] 4 →「堅く」[副] 3 →（力をこめて）
  →「速く」[副] 1,「速い」[形] 1
  →（普通より速い）→「進んでいる」[形] 2
  →（次々と続く）→「ひっきりなしに」[副] 2
```

―― [形] (fast·er; fast·est; 4では fásten) **1** 速い, 急速な, すばやい; 時間がかからない, 急ぎの (反 slow)《☞ 類義語》: a ~ horse [runner] 足の速い馬[人] / a ~ train 快速[急行]列車 / a ~ reader 読書の速い人 / a ~ pitcher 速球投手 / at a ~ pace 速いペースで / a ~ response すばやい回答 / a ~ trip 急ぎの旅行. 関連 early 時刻や時期が早い.

fast (人や物の速度が速い)	
rapid (動きや動作が急激な)	
quick (行動がすばやい)	速い
swift (動きがなめらかで軽快な)	
speedy (仕事や行動などが敏速な)	

2 P (時計が)進んでいる, 早い (反 slow): This clock is three minutes ~. この時計は3分進んでいる. **3** A [比較なし] 高速用の;《スポ》(グランド・走路などの)スピードの出る;《写》(フィルムの)高感度な, (レンズが)高速撮影用の: a ~ road 高速(自動車)道. **4** 固着した, ぐらつかない (secure) (反 loose); 堅く閉まった: Make sure that the knot is ~. 結び目がしっかりしているか確かめなさい / Keep a ~ hold on your handbag. ハンドバッグをしっかりつかんでいなさい. **5** 変色しない,

(色が)あせない;《文》(心が)変わらない, 忠実な (loyal): a ~ color あせない色 / a ~ friendship 変わらぬ友情. 関連 colorfast 色のあせない. **6** 活気に満ちた, 享楽的な;《古風》(女性が)ふしだらな: a ~ way of life 活気にあふれた生活の仕方. **7**《略式》(金などが)楽に得た: a ~ buck あぶく銭. **8** [しばしば合成語で] (…に)耐性のある: acid- ~ 耐酸性の.

fást and fúrious [形・副] すごいスピードで[の]; (遊びなどが)エキサイティングな[に]; にぎやかな[に]. **màke … fást** [動] (…を)しっかりとつなぐ, 結び付ける: He tied the pole ~ to the gate. 棒を門柱にしっかりとつないだ.

―― [副] (fast·er; fast·est) **1** 速く, 急速に (反 slowly); (定刻より)早く: He talks too ~. 彼はあまりにも早口だ / Tom ran (*the*) ~*est* in his class. ＝Tom ran ~*er* than any other student in his class. (＝Tom was the ~*est* runner in his class.) クラスではトムがいちばん速く走った (☞ the¹ 1(4)語法) / How ~ that horse is running! あの馬は何て速く走っているのだろう. 語法 how とともに文頭にくるとき以外は fast は常に動詞の後にくる(☞ quick [副] 語法). slow [副] 語法 // Bad news travels ~. 《ことわざ》悪いうわさは伝わるのが速い (悪事千里を走る).
2 短時間のうちに, 急速に; ひっきりなしに: Cellphones are ~ becoming a necessity. 携帯電話は急速に必需品になってきている / The news followed ~. 次々と知らせが入ってきた.
3 堅く, しっかりと, ぐっすりと: He bound the ropes ~. 彼は綱をしっかりと縛った / My sister is ~ asleep. 妹はぐっすり眠っている. **fàst bý …** [前]《文》…のすぐ近くに. **hóld fást** [動] (自) (1) しっかりとつかむ(握る): Hold ~ to the rail. 手すりにしっかりつかまりなさい. (2) (原則などに)固執する (to). **Nót sò fást!** [副] Ⓢ (1) そんなに急ぐな, もっと慎重に. (2) まだまだですよ(まだ実現していない). **pláy fást and lóose** [動] (自) 《古風》いいかげんな態度をとる, (人の愛情などを) もてあそぶ (*with*). **stánd fást** [動] (自) (1) しっかりと立つ. (2) (…に関して)断固として譲らない: The delegates *stood* ~ *against* the unreasonable demand. 代表者たちは相手の理不尽な要求に屈せずにがんばった.

【類義語】**fast** と **rapid** は同じように用いられることも多いが, *fast* は動いている人や物に重点が置かれるのに対し, *rapid* は動きや動作そのものの速さに重点が置かれる: a *fast* car 速い車, 高速車 / *rapid* progress 急速な進歩. **quick** 速度よりもむしろ行動のすばやさに重点を置く: *quick* action すばやい行動. **swift** 速度の速さに加えて, なめらかな動きを意味する: *swift* change 급な変化. **speedy** 速度の速さにも, 行動のすばやさにも用いられる: a *speedy* recovery from sickness 病気からの早い回復.

fast² /fǽst | fɑ́ːst/ [動] (自) (宗教上の理由で)断食する. ―― [名] C 断食; 断食期間: go on a ~ 断食を始める. **bréak a** [**one's**] **fást** [動] (自) 断食をやめる; 朝食をとる (☞ breakfast 語源).

fást-ácting [形] (麻薬が)効き目の速い.
fást·bàck [名] C **1** ファーストバック《屋根から後部が流線形のスタイル》. **2** ファーストバック車.
fást·báll [名] C《野》速[直]球, ストレート. 日英比較「ストレート」は和製英語.
fást bréak [名] C (バスケットボールなどの)速攻.
fást brèeder reàctor [名] C《原子物理》高速増殖炉.
fást dày [名] C 断食日, 精進日.

***fas·ten** /fǽsən | fɑ́ːs(ə)n/ [12] [動] (fas·tens /~z/; fas·tened /~d/; -ten·ing /~/; 反 unfasten) (他) **1** 〈衣服などを〉(ボタンなどで)留める, 締める;〈物を〉(…に)しっかり留める, 固定する, 縛る (*to*; ☞ tie 類義語): Please ~ your seat belts. シートベルトを締めてください / He ~*ed* the two boards *together with* a rope. ＜V+O+*together*+前+名・代＞ 彼はその2枚の板をロープでしっかり縛った / My father ~*ed* a shelf *to* the wall. ＜V+O+*to*+前+名・代＞ 父は壁に棚を取り付けた.

2 〈戸・窓など〉をしっかり閉める: Make sure that the doors and windows *are* ~*ed* before you go out. <V+O の受身> 出かける前にドアや窓の戸締まりを確かめなさい. 3 〈腕・脚など〉を(…のまわりに)ぴったりからませる; 〈歯など〉を(…に)くい込ませる (*onto, into*): The child ~*ed* her arms *around* her mother's neck. その子供は母親の首に腕でしがみついた. 4 〈注意・視線など〉を(…に)しっかりと向ける, 集中する: The pupils ~*ed* their eyes *on* the teacher. 生徒たちはじっと先生の方へ目を向けた. 5 〈責任など〉を(…に)押しつける (*on*).
— [自] (衣服などが)(ボタンなどで)留まる; (戸などが)閉まる, (鍵が)かかる: The dress ~*s* at [down] the front. そのドレスは前で留める / This door will not ~. この戸はどうしても閉まらない. **fásten dówn** [動] [他] 〈ふた・へりなど〉をしっかりしめる, 留める. **fásten on** [**ònto, upòn**] **...** [動] [他] (1) (考えなど)に注目し利用する; とびつく; (注意などが)…に集中する: He ~*ed on* the new idea. 彼はその新しい考えにとびついた. (2) …をしっかりつかまえる; (人)にまとわりついて離れない. **fásten úp** [動] [他] 〈…〉を堅く縛る; くぎづけにする; (ボタンなどで)留める, 〈ボタン〉を留める. — [自] (ボタンなどが)留まる.

fas·ten·er /fǽsnə | fɑ́ːsnə/ [名] [C] 留める[締める]物, ファスナー, ジッパー, クリップ, スナップ; 留め[締め]金具: Please help me do up the ~. ファスナーを締めるのを手伝ってください.

fas·ten·ing /fǽsnɪŋ | fɑ́ːsn-/ [名] [C] 締め具, 留め金具《かんぬき・錠・ひも・ピンなど》.

+**fást fóod** [名] [U,C] ファーストフード.

fást-fóod [形] [A] (食堂などが)ファーストフードの.

fást-fórward [名] [U] (ビデオなどの)早送り(ボタン). [関連] rewind 巻き戻し. — [動] [他] 〈テープ〉を早送りする. — [自] 早送りする; (途中を飛ばして)先へ進む (*to*).

+**fas·tid·i·ous** /fæstídiəs/ [形] きちょうめんな (*about*); [時に軽蔑] 気難しい; 潔癖な. **~·ly** [副] きちょうめんに; 潔癖に. **~·ness** [名] [U] きちょうめんさ; 潔癖.

fást láne [名] [C] [普通は the ~] 高速[追越]車線. **in the fást láne** [副・形] 華やかで刺激に満ちて[た]: life *in the* ~ (出世した人などの)華麗な[刺激的な]生活.

fást·ness [名] [C] 《文》 要塞(さい), 隠れ家.

fást-páced [形] テンポの速い, ことが次々に起こる.

fást-tálk [動] [他] 《主に米》〈人〉を早口で言いくるめる.

fást-tàlker [名] [C] 口車に乗せるのがうまい人.

fást-tálking [形] 早口で言いくるめる.

fást tràck [名] [C] (出世などのための)手早い手段[コース]: on the ~ 出世コースに乗って.

fást-tràck [形] [A] 昇進の早い, 出世街道の, 手っ取り早い. — [動] [他] 〈…〉を昇進させる; 優先させる.

fást wórker [名] [C] 《略式》 (特に男女関係で)手の早い人.

****fat** /fǽt/ ([類音] hat, fact) [形] (**fat·ter** /-ṭə | -tə/; **fat·test** /-ṭɪst/; [動] fátten) **1** 太った, 肥えた, ずんぐりした ([反] thin, lean): a ~ man 太った男 / a ~ chicken 太らせた鶏《食肉市場用》 / get ~ 太る. [語法] 英米では太っていることはマイナスイメージなので, あからさまな fat の代わりに large (大きい), (a little) overweight ((少し)太り過ぎ), heavy (重い), stout (肥えた), plump (ふっくらとした)などの婉曲表現がある《☞ 類義語》.
2 脂肪の多い, 脂(あぶら)っこい ([反] lean): ~ meat 脂肪の多い肉, 脂身.
3 [普通は [A]] (財布などが)ふくれた; (形が)厚い, 大きい: He must have a ~ purse. 彼はふところが暖かいに違いない / a ~ dictionary 分厚い辞書 / a ~ lip 《略式》(殴られて)はれ上がった唇. **4** [A] 《略式》 高額[多額]の: a ~ income 多額の収入. **5** 《略式》 [ほめて] すばらしい, いかす《★ phat ともつづる》: ~ beats すてきな音楽. **6** (地味の)肥えた (fertile); (仕事などが)実入りの多い.
(**a**) **fát chánce** [名] 《略式》 [皮肉] ほとんど無理な[ありえない]こと (*of*)《★ Fat chance (of that)! としてしばしば感嘆詞的に用いる》. **a fát lót** [副] 《略式》 たいして[全然]…しない. **a fát lót of ...** [形] [S] 《略式》 [皮肉] 少しも…でない, 全然…ない: *A* ~ *lot of* good that'll do you! そんなものは全く君のためにならない. **gròw fát on ...** [動] [他] …で金持ちになる, 肥え太る.
— [名] ([形] fátty) **1** [U] 脂肪《人や動物の体のまたは食品の》; [U,C] 脂身, 脂肉; 植物油脂: be high [low] in ~ 脂肪分が多い[少ない] / cut the amount of ~ in one's diet 食事での脂肪分を減らす.
2 [U,C] (料理用の)油; 牛脂: potatoes fried in deep ~ 油で揚げたじゃがいも《☞ fry[1] [日英比較]》. **3** [U] 余分なもの[金]: trim the ~ in the budget 予算の無駄金を削る.
lìve òff [**on**] **the fát of the lánd** [動] [自] (あまり働かずに)ぜいたくな暮らしをする. **rùn** [**gò**] **to fát** [動] [自] (人が)太(りがちであ)る. **The fát is in the fíre.** とんだことになってしまった, 今に面倒なことになるぞ.
【類義語】**fat**「脂ぎって太っている」ことで軽蔑的な感じを伴うことがある. **overweight** はその婉曲表現. **stout** がっしりした体つきをいうが, 今では fat の婉曲表現で, 特に中年を過ぎた人に用いられる. **plump**「かわいらしくふっくらと太った」の意味で, 女性や子供について使われる. **obese** 格式語で, 不健康なほどひどく太っている, の意. **chubby**「ぽっちゃりと太った」の意味で, 赤ん坊や子供について使われる. **flabby** fat より軽蔑的な言い方でぶよぶよした肉を連想させる. **podgy** fat より軽蔑的な言い方で, 特に手・指の太さに使われる. **tubby** 太って背も低い人を親しみをこめて言う場合に使われる.

***fa·tal** /féɪṭl/ [形] ([名] fatálity) **1** 致命的な, 命取りの《生き返る可能性のないことを意味する》(*for*): a ~ disease 不治の病 / The wound was [proved] **~ to** her. <A+*to*+名・代> その傷は彼女の命取りとなった.
2 (悪影響をもたらして)重大な, 取り返しのつかない, 決定的な (*to*); 〘電算〙 (エラーが)プログラムを停止させる: You have made a ~ mistake. 君は取り返しのつかないミスをしてしまった.

fa·tal·is·m /féɪṭəlìzm/ [名] [U] 運命論.

fa·tal·ist /féɪṭəlɪst/ [名] [C] 運命論者.

fa·tal·is·tic /fèɪṭəlístɪk←/ [形] 運命(論)的な. **-ti·cal·ly** /-kəli/ [副] 運命(論)的に.

+**fa·tal·i·ty** /feɪtǽləṭi, fə-/ [名] (**-i·ties**; [形] fátal) **1** [C] (事故・戦争などによる)死 (death); 死者. **2** [U] 宿命; 諦観. **3** [U] (病気の)不治; 致死性[率].

fa·tal·ly /féɪṭəli/ [副] 致命的に; 決定的に.

fát·bàck [名] [U] 《米》 脂肪背《豚の脇の上部の脂身》.

fát càt [名] [C] 《略式》 [軽蔑] (政党へ献金する)大金持ち; 高給取り; 大物, お偉方.

fát cíty [名] [次の成句で] **be in fát cíty** [動] [自] 《古風, 米略式》 大金持ちである.

***fate** /féɪt/ ([同音] fete; [類音] hate) [名] (**fates** /féɪts/; [形] fáteful) **1** [[U] または the ~s として] [時に F-] (逃れられない)運命(の力), 宿命《☞ 類義語》: by a (strange) turn [twist] of ~ (ふしぎな)運命のめぐりあわせで / It is my ~ to be unhappy. 不幸になるのが私の宿命だ.
2 [C] [普通は単数形で] 行く末, 将来, 結末: Who has the right to *decide* our ~? 我々の将来を決める権利などだれにあるか(だれにもありはしない). **3** [C] 非運; 死, 破滅: A terrible ~ awaited the hero. 恐ろしい死がその英雄を待っていた. **4** [the Fates] 〘ギ神・ロ神〙 運命の三女神. [語源] ラテン語で「(予言者によって)語られたこと」の意. **a fáte wòrse than déath** [名] [しばしば滑稽に] とてもいやな[恐ろしい]経験: suffer *a ~ worse than death* ひどい目にあう. (**as**) **súre as fáte** [副] 《略式》 必ず, 間違いなく.
【類義語】**fate** 神などの意思によって定められた, 避けられない運命. 特に不運な宿命の意に用いることが多い. **destiny** *fate* と同様に避けられない運命の意であるが, 必ずしも悪い運命とは限ら

fated

ない. **doom** 不幸な, または悲惨な終局的運命.

fat・ed /féɪtɪd/ 形 1 P 運命づけられて: 言い換え The lovers were ~ to be unhappy. ＝It was ~ that the lovers would be unhappy. 恋人たちは不幸になる運命だった. **2** ＝ill-fated.

fate・ful /féɪtfəl/ 形 [fate] [普通は A] 運命を決する(ような), 決定的に重要な, 宿命的な: the ~ day 運命を決する日. **～・ly** /-fəli/ 副 宿命的に; 致命的に.

fát fàrm 名 C (米略式)(やせるための)減量教室.

fát-frée 形 脂肪のない, 無脂肪の.

fát・hèad 名 C (略式) ばか, うすのろ.

fát-héad・ed 形 (略式) ばか[うすのろ]な.

＊**fa・ther** /fάːðɚ | -ðə/ (同音 (英) farther) 名 (~s /-z/; fátherly) 1 C 父, 父親(☞ family tree 図): He is the ~ of three (children). 彼は 3 人の子供の父親です / Jill's real [natural] ~ ジルの実の父親 / Like ~, like son. (ことわざ) この父にしてこの子あり(かえるの子はかえる). 関連 mother 母; stepfather 継父; paternal 父の.

語法 (1) 家族の間では father を固有名詞のように大文字かで, 冠詞のなく使われることが多い. この用法はやや格式ばっている: F~ has gone fishing. 父は釣りに出かけました. (2) 子供には呼びかけには Dad, Daddy などを用いるのが普通. いずれも大人も用いるが Daddy は子供っぽい(☞ mother 語法(2)). (3) 時に father-in-law もさす.

2 C [普通は the ~] 創始者, 開祖, 生みの親: Galileo is the ~ of modern science. ガリレオは近代科学の創始者です / George Washington is said to be the ~ of his country. ジョージワシントンはアメリカの国父であるといわれています. **3** [F-] 神父, …師(カトリックの神父に対する敬称; 略 Fr); (初期教会の)教父: (the) Holy F~ ローマ法王 / F~ Smith スミス神父. **4** [しばしば Our [the] F-] 天の父, キリスト教の神: Our F~ in heaven, hallowed be thy name. 天におられる私たちの父よ, 御名(みな)が崇(あが)められますように (Lord's Prayer の冒頭). **5** [複数形で] (格式) 先祖, 祖先. **6** C [普通は複数形で] (地域・団体などの)長老たち, 年長の人たち: the city ~s 市(議会)の長老たち. **7** C 父親的存在. ～ a bit of hòw's your fáther 名 (英略式) (滑稽) 性行為, セックス. from fáther to són 副 代々.

— 動 (-ther・ing /-ð(ə)rɪŋ/) 他 1 〈…〉の父となる; 父として(…のように)世話をする. **2** Ⓦ 〈…〉を創始する: ~ an idea あるアイデアを考えた. **fáther ... ón** — 動 (英略式) 〈…〉の父親のは…だと言う; 〈…〉を―が始めたと言う.

Fáther Chrístmas 名 固 (英) ＝Santa Claus.
fáther fìgure 名 C (後輩の)よき相談相手(父親代わりとして頼りになる人) (to, for).
fáther・hòod 名 U 父であること; 父性.
＋**fáther-in-lǎw** 名 (複 fathers-in-law, ~s) C 夫[妻]の父, 義父, しゅうと (☞ family tree 図, father 語法(3)).
fáther・lànd 名 [単数形で] 祖国, 父祖の地.
fáther・less 形 父(親)の(い)ない.
fá・ther・ly 形 (名 father) [普通は A] [ほめて] 父親のような; 父としての[親身の]助言.
Fáther's Dày 名 U.C 父の日 (6月の第 3 日曜日).
Fáther Tíme 名 時の翁(おきな) (鎌(かま)と砂時計を持った老人として表わされる).
＋**fath・om** /fǽðəm/ 名 (~s) C (海) ひろ(水深を測る単位; 6 フィート, 1.83 メートル): ten ~s deep 深さ 10 ひろ. — 動 (進行形でしばしば否定文で) 〈人の意図など〉を見抜く, 十分理解する (out): I couldn't ~ (out) why she was crying. なぜ彼女が泣いているのか私はわからなかった.

fáthom・less 形 (文) 測ることができない, 底知れない; 不可解な, 計り知れない.

＊**fa・tigue** /fətíːg/ 名 (~s /-z/) 1 U (極度の)疲れ, 疲労 (tiredness); [普通は名詞の後に用いて] (注意力を保つための)意欲の減退, …疲労: He became ill with ~. 彼は疲労で病気になった / The laborers were suffering from ~ after all their hard work. 重労働の後なので労働者たちは疲れ切っていた / ☞ compassion fatigue. **2** U (物理) (金属などの)疲労: metal ~ 金属疲労. **3** [複数形で] 作業衣, 戦闘用軍服. **4** [複数形で] (懲罰的な)雑役, 内務作業.

— 動 (fa・tigues /~z/; fa・tigued /-d/; fa・ti・guing) 他 (格式) 〈…〉を疲労させる (☞ fatigued, tired 類義語).

fa・tigued /fətíːgd/ 形 P (格式) 疲れて, 疲労して (☞ tired 類義語).

fatígue pàrty 名 C (軍) 雑役[作業]班.
fa・ti・gu・ing /fətíːgɪŋ/ 形 (格式) 疲労させる, 辛い.
fát・less 形 (食事・肉の)脂肪(分)のない.
fát・ness 名 U 肥満.
fat・so /fǽtsoʊ/ 名 (~・es) C ＝fatty.
fát・ted /fǽtɪd/ 形 P 太らせた (☞ kill the fatted calf (calf 成句)).
fat・ten /fǽtn/ 動 [時に ~ up として] 他 **1** 〈家畜〉を太らせる(畜殺のため); (滑稽) 〈人〉を太らせる. **2** 〔軽蔑〕〈利益など〉を大きくする, ふやす. ― 自 太る.
fat・ten・ing /fǽtnɪŋ/ 形 〈食べ物〉が人を太らせる.
fat・tish /fǽtɪʃ/ 形 やや太った, 太りぎみの.
fat・tist /fǽtɪst/ 形 (略式) 太った人に対し差別的な.
＊**fat・ty** /fǽti/ 形 (fat・ti・er /-ʧiɚ | -ʧiə/, -ti・est /-ʧiɪst/) 名 (太り) 1 〈食物などの〉脂肪分の多い, 脂っこい: ~ soup 脂っこいスープ. **2** 脂肪を含む, 脂肪質の.
— 名 (fat・ties /~z/) C (略式) [軽蔑] 太っちょ, でぶ (主に子供が用いる).

fátty ácid 名 C (化) 脂肪酸.
fat・u・ous /fǽtʃuəs/ 形 (格式) 愚かな, 愚鈍な. **～・ly** 副 愚かに(も). **～・ness** 名 U 愚かさ.
fat・wa(h) /fǽtwɑː/ 名 C ファトワー (イスラム教指導者が発する法令).
fau・cet /fɔ́ːsɪt/ 名 C (主に米) 蛇口, 栓, コック ((bathroom 挿絵, kitchen 挿絵); (英) tap): turn on [off] a ~ 蛇口をひねって開ける[閉める].
Faulk・ner /fɔ́ːknɚ | -nə/ 名 個 William ~ フォークナー (1897-1962) (米国の作家).

＊**fault** /fɔ́ːlt/ (同音 halt) 名 (faults /fɔ́ːlts/; 形 fáulty) **1** U [普通は所有格とともに] (過失の)責任, 罪: It's yóur ~. それはあなたの責任だ(悪いのはあなただ) / It is mý ~ that we are late. 私たちが遅れるのは私のせいです [言い換え] The ~ lies with him. ＝The ~ is his. ＝It's his ~. (＝He is to blame.) その責任は彼にある. 用法注意 He has the [a] ~ とは言わない / He failed the test, but it was his own ~ for not working harder. 彼は試験に落ちたが, それはもっと一生懸命に勉強しなかった彼の責任です.

2 C (人・物事の)欠点, 欠陥, 短所 (反 merit); (主に英) (製品の)きず: Everybody has both merits and ~s. だれにでも長所と短所とがある / There are too many ~s in your reasoning. あなたの論法には欠陥が多すぎる. **3** C 誤り, 過失, おちど (error, mistake): a ~ in addition 足し算の間違い (★ mistake が普通). **4** C [地質] 断層; [電] (回線・回路の) 故障, 漏電. **5** C [球] フォールト (サーブの失敗); a double ~ ダブルフォールト. 語源 古(期)フランス語で「不足」の意.

be at fáult 動 自 (1) 責任がある, 悪い: He was at ~ for even suggesting such a thing. そんなことをほのめかしただけでも彼に責任があった. (2) 間違って

Maybe my memory *is at* ~. 私の記憶が間違っているのかもしれない.

find fáult with ... [動] 他 ...の欠点[あら]を探す, にけちをつける (criticize): He is always *finding* ~ *with* others. 彼はいつも他人のあらばかり探している (☞ be² A 1 (3)).

through nó fáult of one's ówn [副] 自分が悪いわけではないのに.

to a fáult [副] Ⓦ (長所について)過度に, あまりにも.
— 動 [しばしば疑問文・否定文で] ...のあらを探す: His performance was hard to ~. 彼の演奏[演技]は文句のつけようがなかった.

fáult·finding 名 Ⓤ [普通は軽蔑] あら探し, 難癖をつけること. — 形 あら探しばかりする.

fault·i·ly /fɔ́:ltəli/ 副 不完全に; 誤って.

+**fáult·less** 形 欠点のない, 申し分のない (perfect) (反 faulty): a ~ performance 申し分のない演奏[演技]. **~·ly** 副 申し分なく. **~·ness** 名 Ⓤ 申し分のないこと.

fáult tòlerance 名 Ⓤ [電算] フォールトトレランス 《故障が起きても動作に支障がないこと》.

+**fault·y** /fɔ́:lti/ 形 (**fault·i·er**; **-i·est**) 名 fault; 反 faultless) (機械などが)欠陥[欠点]のある, 不完全な; (推論・判断などが)誤った: a ~ memory 不完全な記憶 / The connection was ~. 結合部分に欠陥があった.

faun /fɔ́:n/ 名 Ⓒ [ローマ神] ファウヌス 《田野・森林の神で, 上半身は人間で下半身はやぎの姿をしている; ギリシャ神話の satyr に当たる》.

+**fau·na** /fɔ́:nə/ 名 (複 ~s, **fau·nae** /-ni:/) Ⓤ.Ⓒ (普通は 一つの) (一地域または一つの時代特有の)全動物, 動物相. 関連 flora 全植物, 植物相.

Faust /fáʊst/ 名 ファウスト 《ドイツの 16 世紀の人物; 伝説・文学, 特に Goethe の同名の戯曲に登場して, 全知全能を望み悪魔 Mephistopheles に魂を売る》.

Fau·vis·m /fóʊvɪzm/ 名 Ⓤ [芸] フォーヴィスム, 野獣主義.

fau·vist /fóʊvɪst/ 名 Ⓒ 野獣派画家, フォーヴ.

faux /fóʊ/ 形 A (主に米) 人造の, にせの.

faux pas /fóʊpɑ́:/ 《フランス語から》 名 (複 ~ /-z/) Ⓒ (格式) (社交上の)失敗, 不作法; 失言.

fá·va bèan /fɑ́:və-/ 名 Ⓒ (米) そら豆 (《英》 broad bean).

fave /féɪv/ 《口語, 略式》 名 Ⓒ お気に入りの人[物] (favorite). — 形 お気に入りの.

*****fa·vor, 《英》 fa·vour** /féɪvə | -və/ 名 (~s /~z/; 形 fávorable, 《英》 fávourable; 反 disfavor) **1** Ⓒ **親切な行ない**, 世話: He doesn't want to be paid. He's doing this *as a* ~ *to* us. 彼は金が欲しいんじゃない. 好意でやってくれている / owe ... a ~ ...に恩義を受けている (☞ ask a favor of ...(成句), do ... a favor (成句)).

2 Ⓤ (相手の希望・計画などに対する)**好意**; 親切 (☞ goodwill 1): At last he could *win* ~ *with* his boss. とうとう彼は上司に気に入ってもらえた / He was a great help to us. We must *return* the ~. 彼がとても力になってくれた. 彼の好意に報いなくては.

3 Ⓤ **引き立て, 支援** (support); **人気**: This dictionary is *gain*ing ~ *with* [*among*] teachers. この辞書は先生たちに人気が出てきている / Your ~ will be much appreciated. お引き立ていただけたら大変ありがたく存じます. **4** Ⓤ えこひいき, 偏愛: show ~ to ... ...をえこひいきする / obtain a position through ~ 情実で地位を得る. **5** Ⓒ (米) (パーティーの)記念品. **6** [複数形で] (古風) [婦人の (女性の性交への同意)].

ásk a fávor of ... =**ásk ... a fávor** [動] 他 ...に頼みごとをする, ...にお願いする (☞ ask 他 2): I have a ~ *to* ask (*of*) you. お願いがあります. 語法 ... is asked a favor, a favor is asked of ... の形で受身にできる.

会話 "May I *ask a* ~ *of* you?" "Certainly [Sure]." "Would you mind lending me ten thousand yen?" (丁寧) 「お願いがあるのですが」「いいですよ」「1 万円貸していただけますか」

be in [òut of] fávor [動] 自 気に入られて[嫌われて]いる (*with*).

be thánkful [gráteful] for smáll fávors [動] 自 最悪の事態でないことをありがたく思う.

càll ín a fávor 借りを返し求める.

dó ... a fávor=**dò a fávor for ...** [動] 他 ...に親切にする, ...の願いを聞き入れる: *do* oneself *a* ~ 自分のために(なることを)する / *Do* me *a* ~ and be quiet! Ⓢ (英) 頼むから静かにしてよ.

会話 "Would [Could] you *do* me *a* ~?" "Yes, if I can." (丁寧) 「お願いしたいことがあるのですが」「えぇ, 私にできることでしたら」

Dó me [us] a fávour! Ⓢ (英) ばか言うな!

fàll from fávor [動] 自 =fall from grace (☞ grace 成句).

fàll óut of fávor [動] 自 (...に)嫌われる (*with*).

find fávor [動] 自 気に入られる, かわいがられる (*with*).

gò óut of fávor [動] 自 流行遅れになる, 廃れる.

in fávor of ... [前] (1) ...に賛成して, ...に味方して, ...を支持して: They voted *in* ~ *of* the new law. 彼らは新しい法律に賛成投票した / They are *in* ~ *of* your plan. 彼らはあなたの計画に賛成だ. (2) ...の利益となるように, ...のために: The jury ruled [found] *in* ~ *of* the company. (格式) 陪審は当会社に有利な評決をした. (3) ...のほうを選んで: The city abandoned streetcars *in* ~ *of* buses. 市は路面電車を廃止してバスにした. (4) ...を受取人として.

in ...'s fávor [形] (1) ...に気に入られて: Helen is *in* his ~. ヘレンは彼のお気に入りだ. (2) ...に有利で.
— [副] (1) ...のために, ...の有利になるように: The computer made an error of $1000 *in my* ~. コンピューターが千ドルの間違いをして私は得をした. (2) ...を受取人として.

lóok with fávor on ... [動] 他 (格式) ...に賛成する, ...に賛意を表する.

lóse fávor [動] 自 嫌われる, あいそをつかされる (*with*).

nót dò ... àny fávors=**dó ... nó fávors** [動] 他 ...の得にならないことをする: You won't be *doing* yourself any ~*s* (by) putting off your homework. 宿題を後回しにしてもいいことはないよ.

— 動 (**fa·vors**, 《英》 **fa·vours** /~z/; **fa·vored**, 《英》 **fa·voured** /~d/; **-vor·ing**, 《英》 **-vour·ing** /-v(ə)rɪŋ/) 他 **1** 〈...に〉好意を示す; 支持する, 〈...を(より)〉好む. 〈...に〉賛成する, 援助する: The President ~*ed* that project. 大統領はその計画を支持した / Fortune ~*s* the brave. 運は勇敢な者たちに味方する.

2 〈...を〉えこひいきする, 偏愛する, 〈...に〉目をかける; 〈...の〉ために便宜をはかる: The mother ~*ed* her youngest child. その母親は末っ子を特にかわいがった. **3** (状況などが)〈...に〉有利[好都合]である: The weather ~*ed* us. 天候は我々に幸いした. **4** (格式) (好意で)〈人に〉(...をして)あげる, 〈人に〉(...に)恵む: Ladies and gentlemen, Miss White will now treat us *with* a few words. みなさん, ホワイトさんがこれからお話くださいます. **5** 〈痛む手足など〉をいたわる. **6** (古風, 主に米) (人が)〈親など〉に(顔つきが)似る: She ~*s* her father. 彼女は父親似だ.

*****fa·vor·a·ble, 《英》 fa·vour·a·ble** /féɪv(ə)rəbl/ 形 (名 fávor; 反 unfavorable) **1** (意見などが)

favorably

好意的な; 賛成している; 親切な: a ~ answer 好意的な返事 / He's ~ *to* the scheme. 彼はその計画に賛成である / He sent a ~ report on Ms. Long's business. 彼はロングさんの事業について好意的な報告書を送った. **2** (…にとって)好都合な, 有望な, 有利な (*to*); 好ましい: a ~ wind 順風 / on ~ terms 有利な条件で / The weather was ~ *for* our flight. <A+*for*+名・代> 天候は我々の飛行に好都合だった / He made a ~ impression on us. 彼は我々によい印象を与えた.

*fa·vor·a·bly, (英) **fa·vour·a·bly** /féɪv(ə)rəbli/ [副] (反 unfavorably) **1** 好意的に: Our teacher spoke ~ of Jane. 先生はジェーンについては好意的な口ぶりでした. **2** 有利に, 都合よく, 順調に.

fa·vored, (英) **fa·voured** /féɪvərd/ [形] **1** 好意[好感]を持たれた; 気に入られた. **2** 優遇[えこひいき]された (☞ most-favored-nation status). **3** (チームなどが)有望な, 勝ちそうな. **4** (場所などが)恵まれた, 望ましい. **5** [合成語で] (才能などに)恵まれた (*with*).

*fa·vor·ite, (英) **fa·vour·ite** /féɪv(ə)rɪt/ [形] (名 fávor) A [比較なし] 語法 favorite はそれ自体最上級的な意味を持つので most をつけない. (いちばん)お気に入りの, いちばん好きな (most loved), ひいきの: his ~ son 彼のお気に入りの息子 / Who is your ~ singer? あなたのいちばん好きな歌手はだれですか.

—— [名] (-vor·ites, -vour·ites /féɪv(ə)rɪts/) C **1** お気に入りの人[物], 人気者, 好きな物 (*with*): Mary is everybody's ~. メアリーはみんなの人気者だ / This dish is his ~. この料理は彼のいちばんの好物だ. **2** (先生・親などが)ひいきにしている人; 寵臣. **3** [普通は the ~] (競技などの)優勝候補, (競馬などの)本命 (☞ outsider): He is *the* firm ~ *to* become president. 彼は大統領[社長]候補の大本命だ. **pláy fávorites** [動] (自) (米) えこひいきする.

fávorite són [名] C 地元の名士, 人気者; (米) 自州の代議員の支持がある大統領候補.

fa·vor·it·is·m, (英) **-vour-** /féɪv(ə)rɪtìzm/ U えこひいき, 情実; 偏愛.

*fa·vour /féɪvər/ -və/ [名] [動] (英) =favor.

*fa·vour·a·ble /féɪv(ə)rəbl/ [形] (英) =favorable.
*fa·vour·a·bly /féɪv(ə)rəbli/ [副] (英) =favorably.
*fa·vour·ite /féɪv(ə)rɪt/ [形] [名] (英) =favorite.

fawn¹ /fɔːn/ [名] **1** C 子鹿(ば) (1 歳以下). 関連 deer 鹿. **2** U 淡黄褐色. —— [形] 淡黄褐色の.

fawn² /fɔːn/ [自] **1** ご機嫌を伺う, へつらう (*on*, *over*). **2** じゃれつく (犬が尾を振るように) (*on*).

*fax /fæks/ [名] (~·es /-ɪz/) **1** C ファックス(通信文・写真), 電送写真 (facsimile); U ファックス(伝送方法), 写真電送: send [receive, get] a ~ ファックスを送る[受け取る] / Will you **send** this *by* ~? これをファックスで送ってくれませんか. **2** C ファックス装置.

—— [動] (fax·es /-ɪz/; faxed /-t/; fax·ing) (他) <…> を (人に)ファックスで送る, 写真電送する (*through*, *over*, *across*); <人・場所など>にファックスを送る: Please ~ the order *to* us. <V+O+*to*+名・代> =Please ~ us the order. <V+O+O> 注文をファックスで送って下さい / Could you ~ me at my office? ファックスを私の職場にあててくれませんか.

fáx machine [名] C =fax 2.

fay /feɪ/ [名] C (詩) 妖精 (fairy).

faze /feɪz/ [動] (他) [普通は否定文で] (略式) <…> の心を動揺せしめる, うろたえさせる, 困らす.

†FBI /éfbìːáɪ/ [略] [the ~] =Federal Bureau of Investigation (米国の)連邦捜査局.

FC /éfsíː/ [略] =Football Club サッカークラブ[チーム].
FCC /éfsìːsíː/ [略] [the ~] =Federal Communications Commission 連邦通信委員会.

FCO /éfsìːóʊ/ [略] [the ~] (英) =Foreign and Commonwealth Office 外務(連邦)省.
FDA /éfdìːéɪ/ [略] [the ~] (米) =Food and Drug Administration.
FDIC /éfdìːàɪsíː/ [略] [the ~] (米) =Federal Deposit Insurance Corporation 連邦預金保険公社.
FE /éfíː/ [略] (英) =further education.
fe·al·ty /fíː(ə)lti/ [名] U (主に文) (昔の臣下の主に対する)忠誠, 忠節.

*fear /fɪər/ [名] (類音 fair¹,², fare, hear, here) (~·s /~z/; [形] fearful) U.C **1** 恐れ, 恐怖, 畏怖 (☞ 類義語): the ~ *of* death 死の恐怖 / He has a great ~ *of* snakes. 彼はヘビがすごく怖い / shake with ~ 恐怖に震える / You need not feel so much ~. 君はそんなに怖がる必要はない.

2 不安, 心配 (anxiety); (よくないことの起こる)可能性 (likelihood), 懸念(ニュー): She shows no ~ *for* the future. 彼女は将来への不安を見せていない / *There is no* ~ *of* rain today. きょうは雨の心配はない / Isn't there any ~ *of* his refus*ing*? 彼が断わる恐れはないだろうか / *My* ~*s that* he might fail proved to be unfounded. <N+*that* 節> 彼が失敗するのではないかという私の不安は結局杞憂(いう)に過ぎなかった.

┌─ コロケーション ──────────────┐
| **allay** …'s **fears** …の不安をやわらげる |
| **arouse** *fear* 恐れを抱かせる |
| **confirm** …'s worst **fears** …の最も恐れていたことを裏づける, …にとって最悪の事態を示す |
| **dispel** …'s **fears** …の不安を消し去る |
| **fuel** *fears* 不安をあおる |
| **overcome** one's **fears** 不安を克服する |
└──────────────────────────┘

語源 古(期)英語で「突然の攻撃[危険]」の意.

be in féar of … [動] (他) …を恐れている, …を心配している.

for féar of … [前] …を恐れて, …が心配で; …のないように: We don't live in a high-rise apartment *for* ~ *of* earthquakes. 私たちは地震が怖いので高層マンションに住みません.

for féar of dóing [前] …しないように, …するといけないので: I didn't go skiing *for* ~ *of* catching cold. 私はかぜをひくといけないのでスキーには行かなかった.

for féar (that) … [接] …しないように, …するといけないので: I didn't tell you the truth *for* ~ *that* you *would* [*might*] be angry. あなたが怒るといけないと思って本当のことは言わなかった.

in féar (and trémbling) [副] びくびく[おどおど]して.

in féar of one's lífe [副・形] 自分の身の安全を心配して, びくびくして.

líve in (dáily [cónstant]) féar of … [動] (他) (日々[たえず]) …を心配して暮らしている.

Nó féar! (英略式) まさか!, そんなことするもんか!

pùt the féar of Gód into … [動] (他) (略式) …をふるえあがらせる.

withòut féar or fávor [副] (格式) 公平に, えこひいきなく.

—— [動] (**fears** /~z/; **feared** /~d/; **fear·ing** /fí(ə)rɪŋ/) (他) [進行形なし] **1** <…> を気づかう, 心配する, 危ぶむ: ~ the worst 最悪の事態を気づかう / Paul ~*ed* (*that*) he *would* [*might*] fail. <V+O((*that*) 節)> ポールは失敗しないかと心配だった / Some people are ~*ed* dead. <V+O+C (形)の受身> 何人か死者が出た恐れがある.

2 <…> を恐れる, 怖がる (be afraid of): Animals ~ fire. 獣は火を怖がる / The soldiers did not ~ (the) danger. 兵士たちは危険を恐れなかった / The boys ~*ed to* enter the cave. <V+O (to 不定詞)> (格式) 少年たちはほら穴に入るのが怖かった. —— (自) 心配する

気づかう: My parents ~ed for my safety. 両親は私の無事を願っていた / Never ~!=F~ not!《古風》心配無用.

I féar ... Ⓢ 《格式》(残念ながら)...ではないかと思う(☞ hope 囲み): I ~ so [not]. 残念ながらそうらしい[そうではないらしい].

【類義語】**fear**「恐れ・恐怖」を表わす最も一般的な語. **dread** 危険またはいやなことを予想するときの恐れの気持ち. **fright** 突然ぎょっとするような短い時間の恐怖. **terror** 体がふるえ上がるほどの大きい時間の恐怖. **horror** 身の毛がよだつような、またひどくいやな感じを伴った恐怖. **alarm** 今まで気がつかなかった危険に急に気がついたときの恐れ. **panic** 急に人々の間に広がって、人々がうろたえて非理性的な行動をとるような恐怖. しばしば根拠のない恐怖.

****féar·ful** /fíəfəl | fíə-/ 形 (名 fear; 反 fearless) **1** Ⓟ《格式》(人が)恐れて、怖がって、心配して: People were ~ of the danger. <A+of+名·代> 人々はその危険を恐れていた / <言い換え> They were ~ of being detected by the police. <A+of+動名> = They were ~ that they would [might] be detected by the police. <A+that 節> 彼らは警察に探知されはしないかと心配だった. **2**《格式》おびえた、びくびくした(frightened): The girl answered with a ~ look on her face. 少女はおびえた表情で答えた. **3** Ⓐ《古風、略式》ひどい、ものすごい: a ~ mess ものすごい混乱. **4** Ⓐ《古風》恐ろしい、ぞっとするような: a ~ accident 恐ろしい事故. **~·ly** 副 **1** おそるおそる、怖がって、こわごわ. **2**《古風、略式》ひどく、とても. **~·ness** 名 Ⓤ《格式》怖がっていること; 恐ろしさ.

****féar·less** 形 (名 fearful) (何ものも)恐れない; 大胆不敵な: a ~ soldier 恐れを知らない兵士 / He's ~ of the result. 彼は結果を恐れていない. **~·ly** 副 恐れることなく、大胆に. **~·ness** 名 Ⓤ 大胆不敵さ.

****féar·some** /fíəsəm | fíə-/ 形《格式》恐ろしい; ぞっとする.

fea·si·bil·i·ty /fìːzəbíləti/ 名 Ⓤ 実行できること、可能性 (of): a ~ study 実行可能性の調査.

****fea·si·ble** /fíːzəbl/ 形 実行できる、可能な (possible): a ~ plan 実行可能な計画 / It is not economically ~ to build a factory here. ここに工場を建てるのは経済的に無理だ.

fea·si·bly /fíːzəbli/ 副 実行可能に、うまく.

****feast** /fíːst/ 名 (feasts /fíːsts/) 形 festive, festal) **1**《豪華な》祝宴、宴会: give [hold] a ~ 祝宴を催す / Enough is as good as a ~.《ことわざ》十分[必要量]あればごちそうも同様 / a midnight ~ ☞ midnight 2 用例.
2 (目・耳などを)楽しませるもの、楽しみ: The music was a ~ for our ears. その音楽は私たちの耳を楽しませてくれた. **3** (宗教的な)祝祭、祭日、祝日: a fixed ~ 固定祝日 (クリスマスなど) / a movable ~ 移動祝日《復活祭(Easter) など》. **féast or fámine** 名 あり余るか無かのどちらか; 両極端. ── 動 ⬤ **1** おいしい物を[たらふく]食べる (on, upon). **2** 祝宴に加わる、ごちそうにする. ⬤ **1** 〈目・耳などを〉楽しませる: They were ~ing their eyes on the beautiful scene. 彼らはその美しい光景に見とれていた. **2**《普通は受身で》《格式》<...>にごちそうする, <...>をもてなす (with).

****feat** /fíːt/（同音 feet）名 (feats /fíːts/) Ⓒ 偉業、功績、手柄; 目ざましい行為; 離れ業、妙技: accomplish [achieve] a ~ 偉業を成し遂げる / an impressive ~ of engineering 工業技術の見事な偉業[成果] / Getting him to agree was no mean ~. 彼の同意をとりつけるのは至難の業だった.

****feath·er** /féðə | -ðə/（類音 #whether）名 (~s /~z/)形 feathery) Ⓒ 〈鳥の〉羽毛, 羽〈羽軸のあるもの〉; 羽飾り; [形容詞的に] 羽毛を詰めた: a ~ pillow 羽毛まくら / Fine ~s make fine birds.《ことわざ》羽毛が美しければ鳥も立派な姿に見える(馬子にも衣装). 関連 down 羽

feature 625

軸のない羽 / plumage feather の集まったもの.
a féather in ...'s cáp 名 ...にとって誇り[名誉]となること、...の手柄. 由来 成功をたたえて羽飾りをつけた北米先住民などの慣習から. **(as) líght as a féather** [形]〈羽毛のように〉非常に軽い. **in fíne [hígh, fúll] féather** [形·副] 上機嫌で; 元気で、好調で. **màke the féathers flý** [動] ⬤ =make the fur fly (☞ fur 成句). **rúffle ...'s féathers** [動] ...を少し怒らせる、いらだたせる. 由来《鳥が怒ったりすると羽毛を逆立てる》ことから. **smóoth ...'s rúffled féathers** [動] ...に冷静さを取り戻させる. **You could have knócked me dówn with a féather.**《古風》いや驚いたのなんって、(驚きのあまり)ひっくりかえるところだった.
── 動 (feath·er·ing /-ð(ə)rɪŋ/) ⬤ **1** 〈矢〉に矢羽根をつける (with). **2** 〈ボート〉〈オール〉を水平に返す.
féather one's (ówn) nést [béd] [動] ⬤ (地位などを利用して)私腹を肥やす. 由来 鳥が自分の巣に羽を敷くことから.

féather béd 名 Ⓒ **1** 羽毛入りマットレス (をしいたベッド). **2** 安楽な境遇[状態].
féather·bèd 動 (-er·beds; -bed·ded; -bed·ding) ⬤《米》[けなして]〈農民·企業〉を(補助金·税優遇で)援助する、過保護にする; <人>を水増し雇用する.
féather·bèdding 名 Ⓤ [けなして] 水増し雇用.
féather bóa 名 Ⓒ ボア(女性用)羽毛製襟巻き).
féather·bràin 名 Ⓒ ばか者.
féather·bràined 形 ばかな、ばかげた.
féather dùster 名 Ⓒ 羽ぼうき、羽のはたき.
****feath·ered** /féðəd | -ðəd/ 形 羽毛の、羽根のついた.
our féathered friends 名 [滑稽] 鳥類.
féather-líght 形 きわめて軽い、非常に軽い.
****féather·wèight** 名 Ⓒ **1**《ボクシングなどの》フェザー級の選手. **2** 取るに足らない人[物].
feath·er·y /féð(ə)ri/ 形 (名 feather) **1** 羽毛で覆われた. **2** 柔らかくて軽い.

***fea·ture** /fíːtʃə | -tʃə/ T1 名 (~s /~z/)

> ラテン語で「作られたもの」の意から「顔のつくり」3,「顔だち」4 → (物の)「特徴」1 → (他と際立っているもの) → 「呼び物」2 となった.

1 Ⓒ (著しい)**特徴**, 特色: safety ~s 安全上の特色 / geographical ~s 地理上の特徴 / a common ~ of e-mail software 電子メールソフト(ウェア)の一般的特色 / have a lot of useful ~s〈物が〉多くの役に立つ特色を備えている / Earthquakes are a ~ of life in Japan. 地震は日本の生活につきものである.
2 Ⓒ (番組中の)**呼び物**、目玉; 特別記事《新聞·雑誌などの》;《古風》=feature film: Her dance was the main ~ on the program. 彼女の踊りはそのプログラムの呼び物だった / The magazine will run a special ~ on [about] global warming. その雑誌は地球の温暖化についての特別記事を掲載する予定だ.
3 Ⓒ 顔のつくり(の 1 つ)《目·鼻·口·耳など》: Her mouth is her best ~. 彼女は口もとがいちばん美しい.
4 [複数形で] 顔立ち、目鼻だち、容貌: fine ~s (小作りで)上品な顔立ち / a boy with handsome ~s 美少年.
── 動 (fea·tures /~z/; fea·tured /~d/; fea·tur·ing /-tʃ(ə)rɪŋ/) ⬤ 〈映画·番組が〉〈俳優〉を主演[主役]とする; 〈映画などが〉〈俳優〉を...の役で出す;〈事件など〉を大きく取り上げる, (主題として) 扱う, 描く; (劇場などが)<...>を上演[上映]する; <商品など>を大々的に宣伝する, <商品など>を特色[売り物]にする: The program will ~ a famous actor (as a dancer). その

番組では有名な俳優を(ダンサーとして)主役に迎えることになっている / The prince's wedding will be ~d in tomorrow's newspaper. <V+Oの受身> 王子の結婚式は明日の新聞で大きく取り上げられるだろう. ― 自 主要[重要]部分を占める; ひとまず目立つ; (映画などで) 主役を演じる: Fish certainly ~(s) in the Japanese diet. 魚は日本人の食生活で大きな役割を果たしている.

†**féature film** 名 C [映](映画館で上映される)長編(劇)映画, 本編, 主要上映[公開]作品.

féature-léngth 形 (映画・読み物が)長編の.

féature·less 形 おもしろみのない, 何の変哲もない.

féature stóry 名 C 特別[特集]記事 (⇒ cover story).

***Feb.** 略 2月 (February).

feb·rile /fíːbrəl, féb- | -braɪl/ 形 1 《文》熱狂的な, 熱気を帯びた. 2 [医] 熱病の; 熱から起こる.

‡**Feb·ru·ar·y** /fébruèri, fébju- | fébruəri, -bju(ə)ri/ 名 (-ar·ies /-z/) U.C 2月 (略 F., Feb.; ⇒ month 表および 会話 囲み): We have a lot of snow in ~. 2月には雪が多い / Washington was born on ~ 22, 1732. ワシントンは 1732 年 2 月 22 日に生まれた (February 22 は February (the) twenty-second と読む; ⇒ ordinal number 文法 (2)) / ~ has 29 days in leap years. うるう年には 2 月は 29 日ある.

fe·cal, 《英》**fae·cal** /fíːk(ə)l/ 形 [普通は A] 〔格式〕糞便(ふんべん)の.

fe·ces, 《英》**fae·ces** /fíːsiːz/ 名 複 〔格式〕糞便(ふん ぺん), 排泄(せつ)物.

feck·less /fékləs/ 形 (人が)無気力な; 無責任な. ~·**ly** 副 無気力に. ~·**ness** 名 U 無気力さ.

fe·cund /fíːkənd, fí- / 形 〔格式〕多産な; 肥沃(ひよく) な, 豊饒(じょう)の; (想像力などが)豊かな.

fe·cun·di·ty /fɪkʌ́ndəṭi/ 名 U 〔格式〕多産, 肥沃; (想像力などの)豊かさ.

‡**fed** /féd/ (類音 head) 動 feed の過去形および過去分詞.
― 形 [次の成句で] **féd úp** [形] P (略式) (...に)うんざりして, いらいらして 《*about*, 《英》*of*》: I got ~ up (*with* waiting so long) and left. 私は(長く待つことに)うんざりして立ち去った / I'm ~ up with his complaints. あいつの泣き言にはうんざりだ.

Fed¹ /féd/ 名 C 《米略式》 FBI の捜査官.

Fed² /féd/ 名 [the ~] 《米略式》=Federal Reserve.

fed. 略 =federal, federation 1.

‡**fed·er·al** /fédərəl, -drəl/ 形 A 1 連邦の, 連合の (略 fed.): a ~ republic 連邦共和国 / the ~ system 連邦制度 / The United States is a ~ union. アメリカ合衆国は連邦制の連合国家である. 2 [しばしば F-] (米国などで州政府に対して)連邦政府の (⇒ state 4): the F~ Constitution 米国憲法 / the F~ Government 連邦政府 / the F~ court 連邦裁判所 / ~ taxes 国税. 参考 他国の National (国立の), 英国の Royal (王立の)などに相当するもので, 連邦機関[組織, 権能]を示す名称に冠して用いられる. 3 [F-] 《米史》(南北戦争当時の)北部連合の, 北軍の: the F~ army 北部連邦同盟軍, 北軍. 関連 Confederate 南軍の. 4 《英》ヨーロッパ連合の.

Féderal Aviátion Administràtion 名 [the ~] (米国)連邦航空局 (略 FAA).

Féderal Búreau of Investigàtion 名 [the ~] (米国)連邦捜査局 (略 FBI).

Féderal Communicátions Commìssion 名 [the ~] (米国)連邦通信委員会 (略 FCC).

Féderal Depósit Insúrance Corporàtion 名 [the ~] (米国)連邦預金保険公社 (略 FDIC).

Féderal Express 名 固 フェデラルエクスプレス(社) (米国の宅配便会社; 略 FedEx).

†**féd·er·al·ism** /fédərəlìzm, -drə-/ 名 U 連邦主義[制度].

†**féd·er·al·ist** /fédərəlɪst, -drə-/ 名 C 1 連邦主義者. 2 [F-] 《米史》北部連邦同盟支持者; 連邦党員.
― 形 連邦主義(者)の.

Féderalist Párty 名 固 [the ~] 《米史》連邦党 (独立当初の政党; 強力な中央政府の樹立を唱えた).

fed·er·al·ly /fédərəli, -drə-/ 副 連邦的に, (連邦)政府によって.

Féderal Repúblic of Gérmany 名 固 [the ~] ドイツ連邦共和国 (ドイツの公式の名称; ⇒ Germany).

Féderal Resérve 名 [the ~] =Federal Reserve Board [System].

Féderal Resérve Bànk 名 [the ~] (米国)連邦準備銀行 (中央銀行に相当し, 全国に 12 行ある; 略 FRB).

Féderal Resérve Bòard 名 [the ~] (米国)連邦準備制度理事会 (Federal Reserve Bank を監督する; 略 FRB).

Féderal Resérve Sỳstem 名 [the ~] (米国)連邦準備制度 (略 FRS).

Féderal Státes 名 複 [the ~] (南北戦争当時の)北部連邦同盟諸州. 関連 Confederate States of America 南部連邦同盟諸州.

fed·er·ate /fédərèrt/ 動 自 連邦[連合]に加わる, 合同する (*with*).

†**fed·er·at·ed** /fédərèɪṭɪd/ 形 連邦[連合]制の: a ~ state 連邦国家.

***fed·er·a·tion** /fédəréɪʃən/ 名 (~s /-z/; 略 féder·àte) 1 C 連邦, 連合(体), 連盟, 同盟; 連合政府 (略 fed.): A ~ was formed *between* the two countries. 両国の間に連合が形成された. 2 U 連合すること, 連邦化, 同盟; [the F-] (オーストラリア植民地の)連邦化 (1901 年).

Fed·Ex /fédèks/ 略 =Federal Express.

fe·do·ra /fɪdɔ́ːrə/ 名 C フェドラ (フェルト製の中折れ帽).

‡**fee** /fíː/ (類音 feed, feet, ‡he) 名 (~s /-z/) C 1 [普通は複数形で] 謝礼, 報酬 (主に医者や弁護士など専門職の人に払うもの; ⇒ pay 類義語): lawyer's [legal] ~s 弁護料 / God heals and the doctor takes the ~. 神が病気を治し, 医者が治療代を取る (Franklin のことば).
2 料金; 入場料, 手数料, 会費, 入会金: an entrance ~ 入学[会]金; 入場料 / school ~s 授業料 / a rental ~ レンタル料 / book ~s 教材費 / I pay an annual membership ~ of 2,000 yen to the club. 私はそのクラブに年会費 2,000 円を払っている.

会話 "How much is the admission ~?" "4,500 yen for an adult and 2,500 yen for a child." 「入場料はいくらですか」「大人は 4500 円, 小人は 2500 円です」

feeb /fíːb/ 名 C 《米俗》低能, あほう.

***fee·ble** /fíːbl/ 形 (fee·bler; fee·blest) 動 enfeeble) 1 (体力が)弱い, 衰弱した; 弱々しい: a (weak and) ~ old man 弱々しい老人. 2 (光・音などが)かすかな, 微弱な: a ~ cry for help 助けを呼ぶかすかな声. 3 (内容の)乏しい, 説得力のない: a ~ excuse 下手な言いわけ. 4 (意志の)弱い, 弱気な.

féeble-mínded 形 1 優柔不断の, おどおどした. 2 〔差別〕精神薄弱の; 知能の低い. ~·**ness** 名 U 優柔不断; 〔差別〕精神薄弱.

féeble・ness 名 ⓤ 弱さ, 力なさ; かすかなこと; 説得力のなさ.

fee・bly /fíːbli/ 副 弱々しく, 力なく; かすかに.

***feed** /fíːd/ (類音 he'd, heed) 動 (feeds /fíːdz/; 過去・過分 fed /féd/; feed・ing /-dɪŋ/) 他

「食物を与える」1 [☞ 語源]
「(養分を与える) → (必要不可欠なものを)
→ 補給する」2, 3
→ (食欲を満たす) → (要求・必要を)「満足させる」「楽しませる」7
→ (食物を与える)「供給する」2, 3

1 〈赤ん坊・病人などに〉**食物を与える**; 授乳する; 〈動物に〉えさをやる; 〈家族を〉養う, 〈ペットなどを〉飼う; 〈植物に〉肥料をやる; 〈動物などに〉〈食物・えさを〉与える: She ~s her baby with a spoon. 彼女は赤ん坊にさじで食事を与える / He had a large family to ~. 彼には養うべき大家族があった / I ~ my dog twice a day. 私は1日2回犬にえさをやる / DO NOT FEED THE ANIMALS 動物にえさを与えないでください《動物園などの掲示》/ During the winter they ~ the cattle *on* hay. <V+O+*on*+名・代> 冬の間は干し草を牛のえさにする / 言い換え They are ~*ing* hay to the cattle. <V+O+名・代>＝They are ~*ing* the cattle hay. <V+O+O> 彼らは牛に干し草を食べさせている.
2 〈…に〉〈必要な物を〉〈絶えず〉供給する, 〈…に〉〈原料・燃料などを〉補給する, 〈…に〉〈物を〉補給[供給]する, 送り込む; 言い換え She *fed* the meter *with* two coins. <V+O+*with*+名・代>＝She *fed* two coins *into* the meter. <V+O+*into*+名・代> 彼女はパーキング(駐車場など)のメーターに2回コインを(さらに)入れた. **3** 〈データ・信号などを〉機械に送り込む, (特に定期的に)〈人に〉〈情報などを〉提供する; 〈人に〉〈情報などを〉提供する; 〈テレビ・ラジオ番組を〉供給する: The data *was fed into* a computer. そのデータはコンピューターにインプットされた / 言い換え They *fed* Bill false information.＝They *fed* Bill *with* false information. 彼らはビルにうそらの情報を伝えた. **4** (徐々に)〈管・針金などを〉通す, 入れる (*in*; *into*, *through*). **5** 〈人・動物の〉食物源[となる. **6** 〈小川などが〉流れ込む. **7** 〈耳・目などを〉楽しませる; 〈欲望・常習癖などを〉満足させる, 〈感情などを〉強める, あおり立てる: ~ one's ego 自尊心を満足させる / Music ~s our imagination. 音楽は想像力を豊かにする. **8** 〈役者に〉せりふ・冗談のきっかけを与える (*to*). **9** 《球》〈味方に〉パスを送る.
— 自 **1** 〈動物・赤ん坊が〉ものを食べる: Horses are ~*ing* in the stable. 馬がうまやでえさを食べている / On the hillside, there are some sheep ~*ing on* the grass. 丘の中腹で羊が草を食べている. 語法 赤ん坊以外の人やペットの犬・猫の場合には eat を使う. 人に feed を使うとっけない言い方になる《[☞ 語法]》. **2** 〈流れが〉〈川・湖などに〉注ぐ (*into*). 語源 food と同語源.

féed onesèlf [動] 自 (人手を借りずに)食事をする: Can your little one ~ *himself* [*herself*] yet? お宅のお子さんはもうひとりで食事ができますか.

──**feed の句動詞**──
féed ìnto ... 動 他 …に流れ[入り]込む; 合流する; (影響などが)…に及ぶ.
féed on [òff] ... 動 他 …をえさとする, 〈赤ん坊が〉…を食べ物とする ([☞ 1]); 〈感情などが〉…によって強まる [けなして] …を食い物にする, 利用する: Some whales ~ *on* plankton. 鯨にはプランクトンをえさとするものもある.
féed úp 動 他 〈…に〉うまいものをたっぷり食べさせる, 〈…を〉太らせる: Now that her son has got over his illness, she is ~*ing* him *up*. 息子が病気から回復したので彼女はたっぷり食事[栄養]をとらせている. **be féd úp with** [☞ fed 形] 成句.

---

feel 627

— 名 (feeds /fíːdz/) **1** ⓤⓒ えさ, 飼料; 〈赤ん坊の〉食物の場合は food を使う (☞ 語法); ⓤ 肥料: We don't have enough ~ for the cows. 牛にやる十分なえさがない. 語法 人やペットの犬・猫の場合は food を使うことが多い. **2** ⓒ [英] 〈乳児への〉授乳, 食事を与えること 《米》feeding); (動物が)えさを食べること: The tiger in this cage has two ~s a day. この かごの中の虎は1日に2回えさを食べる. **3** 《機》ⓒ 〈燃料などの〉給送口[管, 装置]; ⓤ 〈機械の〉原料, 燃料. **4** ⓒ 《米》(テレビ・ラジオ番組の)供給; 番組供給システム. **5** ⓒ [英] 《劇》(喜劇役者の)引き立て役 〈せりふやジョークのきっかけを与える〉. **6** ⓒ (古風, 略式) ごちそう, 食事.

***féed・back** /fíːdbæk/ 名 ⓤ **1** 反応, 感想, 意見 《使用者・消費者などからメーカーなどへの》(*from*): *get* ~ *on* a product その製品の感想を聞く. **2** 《電・生・心》フィードバック: positive [negative] ~ 正[負]のフィードバック. **3** ハウリング 《マイクなどのキーンという騒音》.

féed・bàg 名 ⓒ 《米》(馬の鼻先につるす)かいば袋 《英》nosebag.

***féed・er** /fíːdə | -də/ 形 **1** 〈道路・鉄道などが〉支線の, ローカルの: a ~ line [bus] for the *Shinkansen* 新幹線(駅)へのローカル線[バス]. **2** 〈学校・チームなどが〉人材の供給源となる: a ~ school (中高の)上級学校へ生徒を多く送り出す学校.
— 名 (~s /-z/) ⓒ **1** えさ箱, かいばおけ. **2** (機械の)原料供給装置, フィーダー. **3** [前に形容詞をつけて] 食べるのが…の動物[人]; [前に名詞をつけて] …を食べる動物[人]: This elephant is a heavy ~. この象はよくえさを食う. **4** (幹線道路に通じる)支線道路; 支線 《航空路・鉄道の》; 川の支流: This flight is a ~ *for* international departures. この便は国際線に連絡しているローカル便です. **5** 《米》肥育用の家畜. **6** 《英》よだれかけ; 哺乳(ちゅう)びん (nursing bottle).

féed gràin 名 ⓤ 飼料用穀物.

féed・ing /fíːdɪŋ/ 名 ⓒ 《米》(乳児への)授乳 《英》feed); ⓤ 食物[えさ]を与えること.

féeding bòttle 名 ⓒ 《主に英》= nursing bottle.

féeding frénzy 名 ⓒ (さめなどが)狂ったように餌を奪い合う[むさぼる]こと; (過熱した)報道合戦.

féeding gròund 名 ⓒ 〈動物の〉えさ場.

Féeding of the Fíve Thóusand 名 [the ~] [滑稽] 大勢に食べさせねばならない事態 《キリストが5つのパンと2匹の魚で5000人に食べさせたという聖書中の話から》.

***feel** /fíːl/ (類音 feel¹, heal, he'll, field, *wheel) 動 (feels /-z/; 過去・過分 felt /félt/; feel・ing)

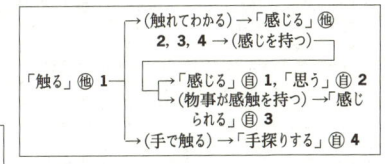

「触る」他 1 → (触れてわかる) → 「感じる」他
2, 3, 4 → (感じを持つ)
→ 「感じる」自 1, 「思う」 2
→ (物事が感触を持つ) → 「感じられる」自 3
→ (手で触る) → 「手探りする」自 4

— 自 **1** (自分が…と)**感じる**, (気分が)…である: I *felt* very cold [sad]. <V+C (形)> ひどく寒かった[悲しかった] / She *felt* hurt at his words. <V+C (過分)> 彼女は彼のことばで気を悪くした / I know (exactly) how you ~. ⓢ あなたの気持ちは(よく)わかりますよ.

金言 "How do you ~ [How are you ~*ing*] today?" "I ~ [I'm ~*ing*] much better now, thank you." 「きょうは具合はいかがですか」「おかげさまでずっとよくなりました」

feeler

2 (感じとして…と) **思う**; (自分が…と) 感じられる: I ~ certain that he will come. <V+C(形)> 私は確かに彼が来ると思う / We all ~ sure of his success. 我々はみんな彼の成功を確かなものだと思っている / How do you ~ *about* it? <V+*about*+名・代> それについてあなたはどう思いますか / She ~s strongly *about* this issue. 彼女はこの問題についてはっきりした意見を持っている / I *felt* quite a new man. <V+C(名)> 自分がすっかり生まれ変わったような気持ちになった.

3 (進行形なし) (物が…と) 感じられる, 触ると…のように感じる: The air here ~s fresh. <V+C(形)> このあたりの空気はさわやかだ / Your hand ~s cold. あなたの手は冷たい / It ~s nice *to* be out in the countryside. いなかに来ると気持ちがいい. [語法] it is to 以下を受ける形式主語; 動詞型は <V+C(形)> [関連] look …のように見える / sound '…のように聞こえる.

4 (…を) 手探りする, (手探りで) 探す: I *felt* in my pocket *for* the ticket. <V+*for*+名・代> 私はポケットの中の切符を探した / I *felt around* [*about*] in the dark room *for* the door. <V+*around* [*about*]+*for*+名・代> 私は暗い部屋の中でドアを手探りで探した.

5 感覚がある, 感じる力がある: A dead man cannot ~. 死んだ人には感覚がない. **6** 同情する, あわれむ; 共鳴する: I ~ *for* you. 心中をお察しします.

— 他 **1** (手・指などで) (…に) **触る**, (…を) 触ってみる [調べる]; (…かどうかを) 触って確かめる: She *felt* her sick child's forehead. 彼女は病気の子の額に触ってみた / Just ~ *how* soft this sweater is! <V+O(*wh*節)> このセーターがどんなに柔らかいかちょっと触ってごらん.

2 (普通は受身・進行形なし) (…が―するのを感じる; …が―するのに気づく: I *felt* the house shake. <V+O+C(原形)> 私は家が揺れるのを感じた / She *felt* her heart beat*ing* wildly. <V+O+C(現分)> 彼女は心臓が激しく打つのを感じた. [語法] (1) 現在形不定詞をとるときと現在分詞をとるときの意味の違いについては ([⇒] verb of perception [文法] [語法]). (2) しばしば can, could とともに用いる ([⇒] see 他 1 [語法] 囲み); I *felt* [*could* ~] myself blushing. 私は自分の顔が赤くなるのを感じた.

3 (進行形なし) (物があるのを感じる, 感じでわかる, (…に) 感じる, 気づく; (心に) 喜び・怒りなどを覚える: ~ pain 痛みを覚える / I can ~ his anger. 私には彼が怒っているのがわかる / Do you ~ the wind? 風が吹いているのを感じますか. [語法] しばしば can, could とともに用いる ([⇒] see 他 1 [語法] 囲み); I (*can*) ~ a pebble in my shoe. 私は靴に小石が入っているのがわかる / I *felt* hope at his words. 彼のことばを聞いて希望がわいた.

4 (進行形なし) (何となく) (…を) 思う, 感じで~, (…だと) 思う, (…という) 気がする: I ~ *that* he will come. <V+O (*that*節)> 彼が来るような気がする / I *felt* it my duty to do so. 私はそうするのが私の義務だと思った. [語法] it is to 以下を受ける形式目的語; 動詞型は <V+O(名)> [言い換え] I *felt* his idea *to* be selfish. <V+O+C(*to*不定詞)>＝I *felt* that his idea was selfish. 私は彼の考えが利己的だと思った. **5** (…を) 痛切に感じる, (…が) (身に) こたえる, 思い知らす: I really ~ the cold [heat]. 寒さ [暑さ] がこたえる / I *felt* his death deeply. 彼の死をいたく惜しんだ.

féel as if [thòugh] … [動] [進行形なし] まるで…のような気がする; (物事が) …のように感じられる: I *felt as if* [*though*] I were dreaming. 私は夢を見ているような気がした / It *felt* (to me) *as if* something terrible was going to happen. (私は) 何か恐ろしいことが起こるような気がした.

féel one's wáy [動] ⓘ (1) 手探りで進む ([⇒] way¹ [コーパス・キーワード]). (2) 用心して行動する [ふるまう].

féel onesélf [動] ＝feel like oneself ([⇒] oneself 成句).

— **feel の句動詞**

féel lìke … [動] **1** (自分が) …のように感じる; (物が) …のような手触り [感じ] がする: I *felt like* a fool, going to the party in jeans when everyone else was so dressed up. ほかの人たちがみんな着飾っているのに自分だけジーンズでパーティーに出てまるでばかみたいだった / It ~s (*to me*) *like* fur. それは (私には) 毛皮のような手触りだ / Today ~s *like* fall. きょうは秋のような感じだ / What does it ~ *like* to be all alone? 全く (ひとりぼっち) というのはどんな感じですか. **2** (どうやら) …らしい: It ~s *like* rain. 雨になりそうな感じだ. **3** (仕事・行為 など) したいような気がする, (飲食物 など) が欲しい気がする: Do you ~ *like* a cup of tea? お茶を 1 杯いかがですか.

féel lìke dóing … [動] …したいような気がする: I have heartburn and I don't ~ *like* eating. 胸やけがして食べる気がしない.

féel óut [動] 他 (米略式) (…の) 意向を探る, (…に) 打診する: Could you ~ the president *out* on the question of a wage hike? 賃上げの問題について社長の意向を打診していただけますか.

féel úp [動] 他 (略式) (いやらしく) (女性) の体に触る.

féel úp to … [動] 他 [普通は否定文・疑問文で] (略式) (仕事 など) に耐えられそうな気がする, …をやれそうに思う: I don't ~ *up to* (doing) this task. とてもこの仕事はやっていけそうもない.

— 名 **1** [単数形で] 手触り, 感じ, 感触; (場所 などの) 雰囲気: It is soft to the ~. それは手触りが柔らかい / I don't like the sticky ~ of the handle. その柄のべとべとした感じがいやだ. **2** [a ~] (略式) (ちょっと) 触ること: Can I have a ~ (of this)? (これに) ちょっと触っていい?

by féel [副] (手の) 感触で; 手探りで. **cóp a féel** [動] ⓘ Ⓢ (米略式) (いやがる相手の) 体を触る. **gèt a féel for …＝gèt the féel of …** [動] (略式) …の感じをつかむ, …に慣れる. **hàve a féel for …** [動] 他 (略式) …の才 [能力] がある, …を理解する力がある.

feel・er /fíːlɚ | -lə/ 名 Ⓒ [普通は複数形で] **1** [動] 触角, 触毛. **2** (相手の意向を知るための) 探り, 打診: put [send] out ~s (*about* …) (…について) 打診する, 探りを入れる.

féel-góod [形] Ⓐ (映画・音楽 など) 楽しめる, 愉快な.

féelgood fàctor [名] [the ~] (英) (大衆の) 楽観的ムード, 好景気感.

feel・ing /fíːlɪŋ/ ([類音] feeding) 名 (~s /-z/) **1** Ⓒ (心・体の) **感じ**, 気持ち, 心持ち; (漠然とした) 感じ, 予感; 意識: a ~ of hunger [happiness] 空腹 [幸福] 感 / a ~ of gratitude 感謝の気持ち / I know the ~. Ⓢ お気持ちは分かります, お察しします (相手の悩みを聞かされた時に言う) / [会話] "I don't ever want to go with you again." "The ~'s mutual." 「君とは二度といっしょに行きたくない」「こちらも (同じ気持ち) だ」 [言い換え] I have *a ~ (that)* something terrible will happen. <N+(*that*)節> (=I feel (that) something terrible will happen.) 何か恐ろしいことが起こるような気がする ([⇒] that² A 4 [構文]).

2 [複数形で] (理知に対して) **感情**, 気持ち ([⇒] [類義語]): She is a woman of strong ~s. 彼女は感性が豊かだ / Oh, I'm sorry! No hard ~s, I hope. あ, すみません. 悪く思わないでください.

— コロケーション —

arouse [cause, stir up] (strong) *feelings* (強い) 感情をかきたてる

express [show, display] one's *feelings* 感情 [気持ち] を表わす

harbor … *feelings* toward(s) ― …な感情を―に抱く

hide [conceal, mask] one's *feelings* 感情[気持ち]を隠す
hurt ...'s *feelings* (人の)感情を傷つける
spare ...'s *feelings* (人の)感情を傷つけない(よう配慮する)

3 [C,U] [しばしば単数形で] (直感的な)意見 (opinion): What is the general [popular] ～ ***about*** this matter? このことに対する一般の人の考えはどうですか / They asked him what his ～*s* were ***on*** the financial crisis. 彼らは彼に金融危機についての意見を尋ねた. **4** [U] 感覚, 触感; 触れること: I have lost all ～ in my hands. 私は(両)手の感覚をすっかり失ってしまった. **5** [U] 同情, 思いやり; 愛情: She shows no ～ *for* poor children. 彼女は貧しい子供たちに何の同情も示さない. **6** [[U] または複数形で] 興奮, 感動, (怒りなどの)激情: bad [ill] ～(*s*) 反感, 怒り, 恨み / *F*～*s* are running high. 人々の怒り[興奮]が高まっている. **7** [a ～] 感受性, 感性, (芸術などに対する)理解力, 感覚: The painter has *a* keen ～ *for* color. その画家は色彩感覚が鋭い. **8** [単数形で] (場所などの)雰囲気.
hàve a féeling for ... [動] [他] …の才[能力]がある.
with féeling [副] 感情をこめて; しみじみと.
— [形] ([反] unfeeling) **1** [A] 感情のこもった; 心からの. **2** 感じやすい, 思いやりのある.
【類義語】**feeling** 「理性」に対する「感情」の意で最も普通の語. **emotion** 怒り・愛・憎しみなどの強い感情をいう: She wept with *emotion*. 彼女は感きわまって泣いた.

féel·ing·ly [副] 感情をこめて, しみじみと.

fée-pày·ing [形] [A] ((英)) (学生・客などが)料金を払っている; (学校などが)授業料が必要な.

‡feet /fíːt/ ([同音] feat; [類音] heat, #wheat) [名] **foot** の複数形.

+feign /féɪn/ [動] [他] ((格式)) 〈…〉に見せかける, 〈…〉を装う, 〈…〉のふりをする (☞ pretend 類義語): ～ ignorance 知らないふりをする.

feint[1] /féɪnt/ [名] [C] (ボクシング・バレーなどの)フェイント; 見せかけ, ふり (pretense): make a ～ フェイントをかける. — [動] [自] フェイントをかける, 攻撃のふりをする (*at, against; to* do). — [他] 〈…〉にフェイントをかける.

feint[2] /féɪnt/ [形] [普通は [A]] ((英)) (用紙などが)色の薄い罫(け)線の入った.

+feist·y /fáɪsti/ [形] (**feist·i·er; -i·est**) 元気のある, 精力的な.

fe·la·fel /fəláːf(ə)l/ [名] [C,U] =falafel.

feld·spar /fél(d)spàə | -spàː/ [名] [U] 〔鉱物〕 長石.

fe·lic·i·tate /fəlísətèɪt/ [動] [他] ((格式)) 〈…〉を祝う, 祝賀する (*on, upon*).

fe·lic·i·ta·tions /fəlìsətéɪʃənz/ [名] [複] ((格式)) 祝辞; [感嘆詞的に] おめでとう (congratulations).

fe·lic·i·tous /fəlísəṭəs/ [形] ([反] infelicitous) ((格式)) (表現・選択などが)適切な. **～·ly** [副] 適切に.

fe·lic·i·ty /fəlísəṭi/ [名] (**-i·ties**) ((格式)) **1** [U] 非常な幸福, 至福. **2** [U] (表現などの)適切さ; [複数形で] 適切な[うまい]表現.

fe·line /fíːlaɪn/ [形] **1** 猫[ねこ科]の. **2** ((主に文)) (外観・動作などが)猫のような; しなやかな. — [名] [C] ねこ科の動物 ((猫・とら・ライオン・ひょうなど)).

Fé·lix the Cát /fíːlɪks-/ [名] [固] フィリックス ((米国の漫画の主人公である黒い猫)).

‡fell[1] /fél/ ([類音] hell, felt, fill) [動] **fall**[2] **の過去形.**

+fell[2] /fél/ [動] [他] **1** 〈木〉を切り倒す. **2** ((文)) 〈人〉を打ち倒す, 投げ倒す.

fell[3] /fél/ [名] [C] ((北部イングランド)) (ごつごつした)岩山, 山地, 高原; 山.

fell[4] /fél/ [形] [A] ((文)) 残忍な, 恐ろしい. **at [in] óne féll swóop** [副] 一挙に.

+fel·la /félə/ [名] [C] [S] ((略式)) =fellow 1, 4.

fel·la·ti·o /fəléɪʃiòʊ/ [名] [U] フェラチオ ((男性器に対する口淫; ☞ cunnilingus)).

fel·ler /félə | -lə/ [名] [C] ((略式)) =fellow 1, 4.

Fel·li·ni /fəlíːni/ [名] [固] **Fe·de·ri·co** /fèdəríːkoʊ/ ～ フェリーニ (1920–93) ((イタリアの映画監督)).

***fel·low** /féloʊ/ [T3] [形] [A] **仲間の, 同僚の, 連れの**: a ～ countryman 同国人 / a ～ student 学友 / My ～ citizens, ... 国民のみなさん ((大統領の呼びかけなどで)).
— [名] (～**s** /～z/) [C] **1** ((古風, 略式)) 男, やつ (man). [語法] (1) 親愛・軽蔑などの感情が込められることが多い: My dear ～! おい君 ((呼びかけ)) / Poor ～, he has no friends. かわいそうに, あいつは友達がいない / He's a funny ～. あいつはおもしろいやつだ. (2) 今では代わりに fella, feller が用いられる. **2** ((主に米)) 奨学金を受けている大学院生; ((英)) (大学の)特別研究員, フェロー ((略 F)); ((主に英)) (学会の)特別会員; (大学の)評議員. **3** [普通は複数形で] ((古風)) 仲間, 連れ, 同僚: his ～*s* 彼の仕事[遊び]仲間. **4** ((略式)) ボーイフレンド.
[語源] 古(期)英語で 「共同の仕事のために金を出し合う仲間」の意.

féllow féeling [名] [[U] または a ～] 仲間意識, 共感, 相互理解 (*for, with*).

féllow·mán [名] (**-men** /-mén/) [C] (仲間としての同じ)人間(どうし), (特に身近な)人(々), 同胞.

+fel·low·ship /féloʊʃìp/ [名] **1** [C] 団体, 組合, クラブ ((共通の信仰・利害・趣味などを持つ人たちの)); [U] (団体の)会員であること. **2** [C] ((主に米)) (大学院生の)研究奨学金[基金]; ((英)) (大学の)特別研究員の地位: award [receive] a ～ 奨学金を出す[もらう]. **3** [U] 仲間意識, 連帯感; 仲間であること, 交際: a church united in ～ and love 連帯と愛とで結ばれている教会.

féllow tráveler [名] [C] **1** (旅の)道連れ. **2** [普通は軽蔑] (特に共産党の)同調者, シンパ.

fel·on /félən/ [名] [C] 〔法〕 重罪犯人.

+fel·o·ny /féləni/ [名] (**-o·nies**) [C,U] 〔法〕 重罪 ((殺人・放火・強盗など; ☞ misdemeanor)).

fel·spar /félspàə | -spàː/ [名] [U] =feldspar.

‡felt[1] /félt/ [動] **feel の過去形および過去分詞.**

felt[2] /félt/ [名] [U] フェルト. — [形] フェルト(製)の: a ～ hat フェルト帽.

félt márker [名] [C] マジック(インキ), マーカー.
[日英比較] 「マジック(インキ)」は和製英語. ただし Magic Marker という商標名はある.

félt típ, félt-tip(ped) pén [名] [C] フェルトペン, サインペン, マジック(ペン).

fem. [略] =feminine, female.

***fe·male** /fíːmeɪl/ [T1] ([反] male) [形] **1** (雄に対して) **雌の**; (男性に対して)**女性の, 女の; 女性特有の** ((略 f., F., fem.; ☞ feminine [語法])): a ～ dog 雌犬 / a ～ flower 雌花 / the ～ sex 女性 / a ～ student 女子学生 / ～ education in Japan 日本の女子教育. **2** 〔機〕 (部品が)凹型の, 雌の: a ～ plug 雌の差し込み.

female	雌(の)
	女性(の)

— [名] (～**s** /～z/) [C] (雄に対して)**雌**; (男性に対して)**女性, 女** ((略 f., F., fem.; ☞ woman 類義語)). [語法] female, male は書類などで性別を示す場合以外は通例動物に用いる. 名詞として人間に用いると軽蔑的になることが多いので避けた方がよい. 職業について言う場合は通例 a *woman* doctor (女医; a *female* doctor とは言わない), a *male* doctor (男性の医師; a *man* doctor とは言わない) のように言う. **～·ness** [名] [U] 女性であること.

fémale cóndom [名] [C] 女性用コンドーム.

***fem·i·nine** /fémənɪn/ [形] ([反] masculine) **1** 女性

の, 女の: ~ beauty 女性美 / traditional ~ roles 伝統的な女性の役割. 語法 female と違って人にだけ用いる《☞ masculine 語法》. **2** 女らしい; (男性が)女性のような, 女性的な: a ~ gesture 女らしいしぐさ. **3** 【文法】女性の《略 f., fem.》.
— 名 C 【文法】女性名詞, 女性形.

féminine énding 名 C 〖韻〗女性行末《行末の音節が無アクセント》.

féminine génder 名 U 〖文法〗女性《☞ gender 文法 (1)》.

féminine hýgiene 名 U [しばしば形容詞的に] 女性衛生: ~ products 女性衛生用品.

féminine rhýme 名 C 〖韻〗女性韻《アクセントのない음節で終わる二[三]重韻; nótion と mótion など》.

+**fem·i·nin·i·ty** /fɛməníːnəṭi/ (反 masculinity) U [普通はほめて] 女らしさ; 女性であること.

+**fem·i·nism** /fémənìzm/ 名 U 男女同権主義, 女性解放論, 女権拡張運動.

***fem·i·nist** /fémənɪst/ 名 (**-i·nists** /-nɪsts/) C 男女同権主義者; 女権拡張論者, フェミニスト《★「女性にやさしい男」という意味はない》: 女権拡張主義者, 女権拡張論者.
— 形 男女同権主義(者)の, フェミニズムの: the ~ movement 女性解放運動 / ~ literature フェミニズム文学.

fem·i·nize /fémənàɪz/ 動 他 **1** 〈…〉を女性向けにする; 女性的にする. **2** (人員配置などで)女性を登用する[重視する]. — 自 女性的になる.

femme /fém/ 名 C 〖俚〗レズビアンの女役(の).

femme fa·tale /fémfətǽl, fæm- | fæmfətáːl/ 《フランス語から》名 (複 **femmes fa·tales** /~(z) ~/) 妖しい魅力を持つ女, 妖婦(*ふ*).

femora 名 femur の複数形.

fem·o·ral /fém(ə)rəl/ 形 〖解〗大腿骨(だいたい)の.

fe·mur /fíːmə | -mə/ 名 (複 ~**s**, **fem·o·ra** /fém(ə)rə/) C 〖解〗大腿骨(だいたい).

***fen**[1] /fén/ 名 C,U (特に England 中東部の)沼地, 沼沢地, 湿地帯.

fen[2] /fén/ 名 (複 ~) C 分(ぶん)《中国の通貨単位; 100分の1元 (yuan); ☞ money 表》.

FEN /éfíːén/ 略 [the ~] =Far East Network 米軍極東放送網《現在は AFN》.

***fence** /féns/ 名 (**fenc·es** /~ɪz/) C **1** 柵(さく), 囲い, 垣, フェンス;《馬術の障害柵》: They「put up [built] a ~ around the garden. 彼らは庭の周りに柵を設けた / John jumped over the ~. ジョンは柵を跳び越えた / Good ~s make good neighbors.《ことわざ》よい垣根はよい隣人を作る《親しき仲にも礼儀あり》. 関連 hedge 生け垣. **2** 〖略式〗盗品売買者, 故買屋. 語源 defence を短縮した形.
be on the fénce 動 自 =sit on the fence.
còme dówn òff the fénce 動 自 どっちつかずの態度をやめる, 日和見(ひより)をやめる. **còme dówn on óne side of the fènce or the óther** [動 自] どちらか一方を支持する. **còme dówn on the right síde of the fénce** [動 自] 旗色のよいほうにつく. **ménd (one's) fénces** [動 自] 仲直りする (with). **on the òther [sàme] síde of the fénce** [副·形] (人と)違う[同じ]立場[状況]に. **sít on the fénce** [動 自] 〖軽蔑〗(どういう行動をとろうかと)形勢を見る, 日和見(ひより)をする. 由来 垣根の上に座った様子から, の意.
— 動 (**fenc·es** /~ɪz/; **fenced** /~t/; **fenc·ing**) 他 **1** 〈…〉を囲いをする, 〈…〉に柵[垣, 塀]を巡(めぐ)らす (around): He ~d his field. 彼は自分の畑に囲いをした. **2** 〖略式〗〈盗品〉を売買する. — 自 **1** フェンシングをする. **2** (人の質問などに)うまくかわす (with). **3** 〖略式〗盗品を売買する. **fénce ín** 他 〈…〉を囲い込む;〖普通は受身で〗〈人〉を束縛する. **fénce óff** [動 他] 〈…〉を囲い[柵]で仕切る (from).

fence-mènding 名 U (政治・外交などの)関係修復. — 形 U 関係修復の(ための).

fenc·er /fénsə | -sə/ 名 C フェンシング選手, 剣士.

fénce-sitter 名 C 日和見(ひより)主義者.

fénce-sìtting 名 U 日和見主義.

+**fenc·ing** /fénsɪŋ/ 名 U **1** フェンシング. **2** 垣根, 塀《全体》; 垣根[塀]の材料.

+**fend** /fénd/ 動 [次の成句で] **fénd for onesélf** [動] 自活する, 独力で何とかやっていく. **fénd óff** [動] 他 〈打撃·質問など〉をかわす, 受け流す, しのぐ.

+**fend·er** /féndə | -də/ 名 C **1** 《米》フェンダー,《車輪の》泥よけ《英》wing《☞ car 挿絵》;《電車などの》排障(緩衝)器 (bumper);《自転車の泥よけ》《英》mudguard《☞ bicycle 挿絵》. **2** 炉格子《暖炉の前に置き, 燃える石炭が落ちるのを防ぐ柵(さく)》. **3** (船の)防舷(ぼうげん)物《接岸時の衝撃緩和用に船側につるすロープや古タイヤなど》.

fénder-bènder 名 C 《米略式》(車の軽い)接触事故: I had a ~ today. 今日車をぶつけてしまった.

fen·es·trat·ed /fénəstrèɪṭɪd/ 形 〖建〗窓[開口部]のある.

fen·es·tra·tion /fènəstréɪʃən/ 名 U 〖建〗窓割り, 主窓意匠[設計]; 〖建〗採光用開口, 明かり採り窓; 〖医〗開窓術《聴骨などの穿孔(せんこう)》; 〖昆〗有窓.

feng shui /fə́ŋʃúːi, fə́ŋfwéɪ/ 名 U 風水《中国の民間伝承で住居や墓地を選定する術》.

fen·land /fénlænd/ 名 C,U =fen[1].

fen·nel /fén(ə)l/ 名 U ういきょう《香辛料・薬用にするせり科の植物》.

fen·u·greek /fénjʊgrìːk/ 名 C ころは《種をスパイスとして使う草》.

fe·ral /fí(ə)rəl/ 形 **1** 〖格式〗野生化した; 自然のままの: ~ dogs 野犬. **2** 〖文〗凶暴な, 野蛮な.

Fer·di·nand /fə́ːdənænd | fə́ː-/ 固 フェルナンド (1452-1516)《スペインのアラゴン・カスティリャ王; コロンブス (Columbus) の航海を援助した》.

Fer·mat /feəmá | faməǽt/ 固 **Pierre** /pieə | -eə/ **de** /də/ ~ フェルマー (1601-65)《フランスの数学者》.

fer·ma·ta /feəmáːtə | feə-/ 名 (複 ~**s**, **-te** /-teɪ/) C 〖楽〗延音(記号), フェルマータ《記号 ⌒, ⌣》.

Fer·mat's lást théorem /feəmáːz | feə-/ 名 〖数〗フェルマーの最終定理《「n が 2 より大きい自然数のとき $x^n + y^n = z^n$ は整数解をもたない」というもの; 1994 年に証明された》.

+**fer·ment**[1] /fə(ː)mént | fə(ː)-/ 動 他 **1** 〈…〉を発酵させる. **2** 〖格式〗〈騒ぎ・紛争〉を引き起こす. — 自 **1** 発酵する. **2** 〖格式〗(騒ぎなどが)発展する.

+**fer·ment**[2] /fə́ːment | fə́ː-/ 名 U 騒ぎ; 動揺: political ~ 政治的動乱. **in (a státe of) férment** [形] 大騒ぎして, 沸き立って. 由来 発酵(によって発熱・発泡)して, の意から.

fer·men·ta·tion /fə̀ːmentéɪʃən, -mən- | fə̀ː-/ 名 U 発酵(作用).

Fer·mi /féəmi, fə́ː- | -fə́ː-/ 名 **En·ri·co** /enríːkoʊ/ ~ フェルミ (1901-54)《イタリア生まれの米国の物理学者》.

+**fern** /fə́ːn | fə́ːn/ 名 C,U しだ植物, しだ.

fern·y /fə́ːni | fə́ː-/ 形 (**fern·i·er**, more ~; **fern·i·est**, most ~) しだの茂った, しだ状の.

+**fe·ro·cious** /fəróʊʃəs/ 形 **1** どうもうな, 凶暴な, 乱暴な: a ~ animal 凶暴な動物. **2** 大変な, 厳しい, ひどい: ~ heat ひどい暑さ. **~·ly** 副 どうもうに; ひどく. **~·ness** 名 U どうもうさ.

fe·roc·i·ty /fərásəṭi | -rɔ́s-/ 名 U どうもう, 凶暴; 激しさ (violence).

Fer·ra·ri /fərɑ́ːri/ 名 C フェラーリ《イタリア製のレー

†**fer·ret** /férɪt/ 图 C フェレット《けなががいたちの畜産品種で，毛は白く目が赤い；うさぎ・ねずみなどを穴から追い出すために飼育される》. ― 動 自 [普通は go ferreting で] フェレットを使って狩りをする. ― 他 フェレットを使ってねずみなどを狩り出す. **ferret** (**about** [**around**]) (**in** [**among**] ...) **for** ― 動 他 《略式》…を求めて(…と)捜し回る. **ferret óut** [動] 他 《略式》〈…〉を捜し出す，〈問題のある人物など〉を追い出す；〈秘密など〉をかぎ出す.

fer·ric /férɪk/ 形 鉄質の，鉄分を含む，鉄の.

Fér·ris whèel /férɪs-/ 图 C《主に米》(遊園地などの)大観覧車 (big wheel).

fer·rite /férart/ 图 U フェライト《強磁性の鉄酸化物》.

fer·ro·con·crete /fèroukánkriːt | -kɔ́n-/ 图 U 鉄筋コンクリート (reinforced concrete).

fer·ro·mag·net·ic /fèroumægnétɪk⁺/ 形 《物理》強磁性の.

fer·rous /férəs/ 形 《化》鉄の；鉄を含む.

fer·rule /férəl/ 图 C (つえ・こうもり傘などの)石突き；(ナイフの柄などの)金輪(かなわ).

*__**fer·ry**__ /féri/ 图 (**fair·y**) #**fairy**, 類音 **fairly**) 图 (**fer·ries** /~z/) C 1 フェリー，連絡船；渡し舟 (ferryboat): take a ~ フェリーで行く / a railroad ~ 鉄道連絡船 / a car ~ カーフェリー. 2 渡し場，渡船場. 3 (海外への)飛行機の空輸(業務). [語源] **fare** と同語源.

by férry=**on a férry** [副] フェリーで (☞ **by** 前 2 語法): We crossed the channel *by* [*on a*] ~. 私たちは連絡船で海峡を渡った.

― 動 (**fer·ries** /~z/; **fer·ried** /~d/; **-ry·ing** /-riɪŋ/) 他 〈…〉を船で渡す；(定期的に)空輸する；(特に短距離について)〈人・物〉を(車で)運ぶ: The people *were ferried across* the river. <V+O+*across*+名・代の受身> 人々は川を船で運ばれた / The plane *ferries* cars *between* England and America. <V+O+*between*+名・代> その飛行機は英国と米国の間で自動車を空輸する / The school bus *ferried* students *from* their homes *to* the school. <V+O+*from*+名・代+*to*+名・代> スクールバスは生徒たちを家から学校まで運んだ. ― 自 フェリー(ボート)で渡る: The travelers *ferried across* the channel. 旅行者たちはフェリー(ボート)で海峡を渡った.

férry·bòat /féribòʊt/ 图 C =ferry 1.

fer·ry·man /férimən/ 图 (**-men** /-mən/) C 渡船業者；渡し守.

*__**fer·tile**__ /fɔ́ːtl | -taɪl/ 13 形 (图 fertility, 動 fertilize) **1** (土地が)肥えた，肥沃(ひよく)な (反 barren, sterile, infertile); (作物が)よくできる; (生物の)多産の (☞ confer 単語の記憶): ~ land [soil] 肥沃な土地[土壌] / land ~ *in* rice <A+*in*+名・代> 米のよくできる土地. **2** [普通は A] (人・心などが)発想の豊かな，着想に富んだ: a ~ imagination 豊かな想像力 / a ~ mind 着想豊かな心 / an idle man who is ~ *in* excuses いろいろと言いわけを考え出す怠け者. **3** A (場所・状況などが)良い結果を生む，実り多い，温床となる: (a) ~ ground for politicians [the antigun movement] 政治家[銃規制運動]が育ちやすい土壌. **4** 繁殖力のある; (女性が)妊娠可能な; 受精[受粉]した (反 sterile, infertile): a ~ egg 受精卵，有精卵.

Fértile Créscent 图 固 [the ~] 肥沃な三日月地帯《古代オリエントの中心であった Nile 川と Tigris 川とペルシャ湾を結ぶ農業地帯》.

fer·til·is·er /fɔ́ːtəlàɪzə | fɔ́ːtəlàɪzə/ 图 《英》= fertilizer.

fer·til·i·ty /fɔːtíləti | fə-/ 图 (形 fertile) (反 infertility, sterility) U (土地の)肥沃(ひよく)さ；(生物の)多産；受精[生殖，繁殖]能力；(動物の)多産；(着想などの)豊かさ: receive ~ treatment 不妊治療を受ける.

fertílity drùg 图 C 排卵誘発剤.

fer·til·i·za·tion /fɔ̀ːtəlɪzéɪʃən | fɔ̀ːtəlaɪz-/ 图 U **1** 受精，受胎；受粉: external ~ 体外受精. **2** (地味を)肥沃にすること；施肥.

fertilizátion mémbrane 图 C 《動》受精膜《受精後に卵の周りに形成され，他の精子の侵入を防ぐ》.

*__**fer·til·ize**__ /fɔ́ːtəlàɪz/ 動 他 **1** 〈…〉を受精[受胎，受粉]させる. **2** 肥料を与えて〈土地〉を肥やす，肥沃(ひよく)にする.

*__**fer·til·iz·er**__ /fɔ́ːtəlàɪzə | fɔ́ːtəlàɪzə/ 图 (~s /~z/) U.C 肥料 (☞ manure): organic [chemical] ~ 有機[化学]肥料 / apply ~ 肥料を施す.

fer·ven·cy /fɔ́ːv(ə)nsi | fɔ́ː-/ 图 U 熱烈，熱情.

*__**fer·vent**__ /fɔ́ːvənt | fɔ́ː-/ 形 [普通は A] 熱烈な，強烈な: a ~ admirer [supporter] 熱烈な崇拝者[支持者] / a ~ belief 熱い信念. **~·ly** 副 熱烈に.

fer·vid /fɔ́ːvɪd | fɔ́ː-/ 形 [普通は A] 《格式》熱情的な，熱烈な. **~·ly** 副 熱烈に.

*__**fer·vor,**__ (英) **fer·vour** /fɔ́ːvə | fɔ́ːvə/ 图 U 熱情，熱意.

fess /fés/ 图 [次の成句で] **féss úp** [動] 自 《米略式》(自分がした過ちなど)を認める，白状する (confess) (*to*).

-fest /fést/ 图 [合成語で] 《略式》(にぎやかな)…の集い[祭り]: songfest 歌の集い.

fes·tal /féstl/ 形 (图 feast, féstival) 《格式》祭の；陽気な，楽しい.

fes·ter /féstə | -tə/ 動 (**-ter·ing** /-tərɪŋ, -trɪŋ/) **1** (憎しみなどが)増す，募(つの)る. **2** (傷口が)うむ，(食物・ごみなどが)腐る.

*__**fes·ti·val**__ /féstəv(ə)l/ 图 (~s /~z/; 形 féstive, féstal) **1** C [しばしば F-] (定期的な一連の)催し物，…祭，フェスティバル《特に年に一度行なわれるもの》: hold a music ~ 音楽祭を催す / the Snow F- in Sapporo 札幌の雪祭り.

2 C 祝日，祭日；祝祭，祝い: Christmas is a church ~. クリスマスは教会の祭日です.

†**fes·tive** /féstɪv/ 形 (图 feast, féstival) 祝祭の，お祝いの；お祭り気分の，陽気な: the ~ season 祝いの季節《Christmas のころ》/ a ~ occasion お祝いの日《誕生日など》/ a ~ board ごちそうの盛られた食卓.

*__**fes·tiv·i·ty**__ /festívəti | -ti-/ 图 (**-i·ties**) **1** U お祭り気分，陽気，歓楽. **2** [複数形で] お祝いの催し[行事].

*__**fes·toon**__ /festúːn/ 图 C [普通は複数形で] 《格式》花綱，花綱飾り《美しい花や色紙などで作ったひも飾り》. ― 動 他 [特に受身で] 〈部屋など〉を花綱で飾る (*with*).

fé·ta (**chéese**) /féɪtə(-)/ 图 U フェタチーズ《白くて柔らかいギリシャ原産のチーズ；やぎや羊の乳から作る》.

fe·tal, (英) **foe·tal** /fíːtl/ 形 A 胎児 (fetus) の: ~ movements 胎動.

fétal álcohol sỳndrome 图 C《医》胎児期アルコール症候群《妊娠中の母親のアルコール過飲による精神遅滞・異常小頭症など》(略 FAS).

fétal posítion 图 [the ~] (手足を縮めて胸元に引き寄せ体を丸めた)胎児型姿勢.

*__**fetch**__ /fétʃ/ 動 (**fetch·es** /~ɪz/; **fetched** /~t/; **fetch·ing**) 他 **1** 《主に英》〈物を行って取ってくる，行って〈人〉を連れてくる[呼んでくる]；〈人に〉〈…〉を取って[持って]来てやる [語法] 《米》では (**1**) または田舎風の語: I'll ~ Nelly. (行って)ネリーを連れて行きます. [語法] fetch の代わりに go (and) fetch ということもある // He ~ed some water *from* the well. <V+O+*from*+名・代> 彼は井戸へ行って水をくんできた [言い換え] Please ~ a chair *for* him. <V+O+*for*+名・代>=

fetching

Please ~ him a chair. <V+O+O> どうぞあの方にいすを持ってきてください(🖙 for 前 A 1 語法). **2** (主に競売で商品が)ある値で売れる: The picture ~ed two hundred dollars. その絵は200ドルで売れた. **3** (英)〈血・涙などを出させる;〈ため息などを〉漏らす: The sight ~ed tears *from* their eyes. その光景を見て彼らは涙を流した / She ~ed a deep sigh [breath]. 彼女は深いため息をついた. **4** (英略式)〈...に〉パンチをくらわす. **fétch and cárry** [動] 自 (人のために)雑用をする (for). **fétch úp** [動] (英略式) 自 (1) [副詞(句)を伴って] (思わぬ所に)到着する (*in*, *at*). (2) 吐く, もどす. ─ 他 〈...〉を吐く. ─ 名 [次の成句で] **pláy fétch with ...** 物を投げて(犬に)取ってこさせる.

fétch·ing 形 (古風) 魅力的な, 見栄えのよい. **~·ly** 副 魅力的に, うっとりするほど.

†**fete, fête** /féɪt/ ≪フランス語から≫ 名 © **1** (米) 祝祭 (festival); 祝日, 祭日. **2** (英・豪)(資金集めのための)戸外の催し[バザー]. ─ 動 他 [普通は受身で] (宴を張って)〈...〉を歓待する, もてなす.

fet·id /fétɪd/ 形 (格式) 悪臭を放つ, 臭い.

†**fet·ish** /fétɪʃ, fí:-/ 名 © **1** (心) 性的な喜びを満たす対象物[行為]; 性器以外のものに対する性的興味[欲求], フェチ: a leather ~ 革製品に対する性的偏愛. **2** [普通は軽蔑] (病的な)執着, 執念, 性癖 (*for*). **3** 呪物(じゅぶつ) (霊力を持っているものとして未開人に崇拝されるもの). **màke a fétish abòut [for] ...** = **màke a fétish of ...** [動] ...を盲目的に崇拝する, ...に熱狂する.

fet·ish·ism /fétɪʃɪzm/ 名 ⓤ **1** (心) フェティシズム, 拝物性愛(性的倒錯の一種). **2** 呪物(じゅぶつ)崇拝, 物神(ぶっしん)崇拝.

fet·ish·ist /fétɪʃɪst/ 名 © (心)拝物性愛者; 呪物崇拝者.

fet·ish·is·tic /fètɪʃístɪk⁻/ 形 フェティシズムの, 拝物性愛の; 呪物崇拝の.

fet·lock /fétlàk | -lòk-/ 名 © 球節(馬の足のけづめ毛の生える部分); けづめ毛.

fet·ter /féṭɚ | -tə/ 名 [普通は複数形で] 足かせ (shackle); (文) 束縛, 拘束(するもの). **in fétters** [形・副] 捕らわれの身で, 束縛されて. ─ 動 (-ter·ing /-ṭərɪŋ/) 他 〈...〉に足かせをはめる; (文)〈...〉を束縛する.

fet·tle /féṭl/ 名 [次の成句で] **in fíne [góod] féttle** [形・副] (古風, 略式) 元気な[すばらしい状態]で.

fet·tuc·ci·ne, -ni /fètutʃí:ni/ ≪イタリア語から≫ 名 ⓤ フェットチーネ (細いひもひも状のパスタ).

†**fe·tus, fóe·tus** /fí:ṭəs/ 名 © 胎児 (妊娠8週間以後). 関連 embryo 妊娠8週間以内の胎児.

†**feud** /fjú:d/ 名 © 不和, 反目, 積もる恨み (特に2人[家族, 両派]の間の長年にわたるもの) (*between*, *with*, *over*). ─ 動 自 反目する (*with*, *over*).

†**feu·dal** /fjú:dl/ 形 **1** A 封建(制度)の; 封建時代の; 領地の: a ~ lord 領主, 大名. **2** 封建的な.

feu·dal·is·m /fjú:dəlìzm/ 名 ⓤ 封建制度, 封建主義.

feu·dal·is·tic /fjù:dəlístɪk⁻/ 形 封建制度の; 封建的な.

féudal sýstem 名 [the ~] 封建制度.

*†**fe·ver** /fí:vɚ | -və/ 名 féverish) **1** [ⓤ または a ~] (病気の)熱, 発熱 (平熱 (normal temperature) よりも高いもの; 🖙 heat 表): She's running a ~. 彼女は熱が出ている / Tom is in bed with a ~. トムは熱を出して寝ています / He has a high [mild, slight] ~. 彼は高い[少し]熱がある. **2** ⓤ 熱病: Many people died of ~. 多くの人々が熱病で死んだ. **3** ⓤ [ⓤ または a ~] [主に合成語で] (略式)熱中, 熱狂, フィーバー: gold ~ 金鉱熱. **in a féver of ...** [前]...に浮かされて, ...で興奮して.

féver blìster 名 © (米) = cold sore.

fe·vered /fí:vɚd | -vəd/ 形 A (文) **1** (病的な)熱のある; 熱病にかかった: her ~ brow 彼女の熱の出た額. **2** ひどく興奮した[心配した]; 猛烈な, 異常な: a ~ imagination 妄想.

†**fe·ver·ish** /fí:v(ə)rɪʃ/ 形 (名 féver) **1** 熱のある, 熱っぽい; 熱病の, 熱による: I feel ~ today. きょうはなんだか熱っぽい. **2** 興奮した, 猛烈な, 大あわての; 心配した: ~ activity 大わらわの活動 / with ~ haste 大急ぎで. **~·ly** 副 熱病にかかって; 興奮して, 大あわてで. **~·ness** 名 ⓤ 熱病; 大あわて.

féver pìtch 名 ⓤ または a ~] (興奮などの)最高潮: at *(a)* ~ 最高潮の, 熱狂的な[に] / **ríse to [reach]** *(a)* ~ 最高潮に達する.

*‡**few** /fjú:/ (同音 †phew, (英) †whew; 類音 hew, hue) 形 (**few·er**; **few·est**)

基本的には「わずかの」の意.
① [a ~] 少しではあるが...(がある)　　1
② [a をつけずに] 少しの...(しかない)　　2

語法 (1) 数えられる名詞の複数形とともに用いられる(🖙 little' 形 最初の語法). (2) few を 🄿 に用いることは (格式) ではまれ.

1 [比較なし] [a ~] 少しではあるが...(がある), 少数の, 多少の (🖙 some 類義語; all 形 2番目の囲み): I have a ~ friends. 私には友人が少しはいる / A ~ people were in the room. 少数の人がその部屋にいた / He will be there in a ~ days. 数日のうちに彼はそこへ来るだろう.

a few (少数の)	少しではあるが...(がある) 《肯定的意味》
a little (少量の)	

2 [a をつけずに] (やや格式) 少しの...(しかない), ...はほとんどない, ほんのわずかの《数が少ないことを示す; 🖙 all 形 2番目の囲み》(⇔ many): a ~ negative sentence 文法 (2)): a person of ~ words 口数の少ない人 / He has ~ friends. 彼は友人が少ない ✳ He doesn't have many friends. が (S)では普通) / F~ children were in the room. 部屋にはほとんど子供がいなかった (言い換え) I have so ~ eggs left that I can't give you even one. = I have too ~ eggs left to give you even one. 卵はほとんど残っていないのでーつもあげられない / Such examples are ~. (格式) このような例はほとんどない / Mike made three ~er mistakes than Laura. マイクの間違いはローラより3つ少なかった / She made the ~est mistakes. 彼女が間違いがいちばん少なかった.

few (数が少ない)	少しの...(しかない) 《否定的意味》
little (量が少ない)	

語法 (1) 1 と 2 の違いは話し手の気持ちの問題で, 必ずしも数の大小によるわけではない. 仮に試験で数個の間違いをしたときでも, I'm happy that you made *so few* mistakes. と言えばほめたことになるし, I must point out that you've made *a few* mistakes. と言えば間違いがあったと主張していることになり, 場合によっては責める気持ちも含まれる(🖙 little' 形 2 語法).
(2) 次の例のように限定的な場合は a が the などに代えられる: for *the* first ~ minutes 最初の数分間 / He is one of *the* ~ people who have climbed that mountain. 彼はあの山に登ったことのある数少ない人の1人だ / They've traveled a great distance in *the* last ~ days. 彼らはここ数日の間に長い距離を旅行した / I go to town *every* ~ days [weeks]. 私は数日[数週間]ごとに町へ行く (🖙 every 2 語法 (2)).

a féw mòre ... 🖙 more¹ 形 成句.
a féw mòre 🖙 more¹ 代 成句.

a góod féw ... [形] =quite a few ...
a véry féw ... [形] ごくわずかだが[少ないが]...: We have only *a very* ~ eggs left. ごくわずかだが卵が残っている.
as féw as ... 《数を伴って》わずか...しか, ...だけ《数が少ないことを強調する》: As ~ *as* five pills could make you addicted. わずか5錠でも中毒(症状)になりうる.
be féw and fár betwéen [動] (自)(数が)少ない, わずかしかない; まれ[まばら]である.
nò féwer than ... ...ほども (as many as ...): *No* ~*er than* ten pupils were absent yesterday. きのうは10人もの生徒が欠席した.
nòt a féw ... [形] 《格式》少なからずの..., かなりの...: *Not a* ~ pupils have bicycles. かなりの生徒が自転車を持っている.
ònly a (véry) féw ... =**jùst a féw ...** [形] ほんのわずかな[少数]の..., ほとんどない. 語法 few 图 2 とほぼ同じ意味だが, もっと普通に用いる: *Only a* ~ people understood it. それがわかる人はほとんどいなかった.
quite a féw ... 12 [形] 相当多くの... 言い換え There were *quite a* ~ white people there. (= There were a considerable number of white people there.) そこにはかなりの白人がいた.
sòme féw ... [形] (1) 少数の.... (2) かなりの数の....
véry féw ... [形] ほとんど...ない《☞ 图 2 の最初の例文》. 語法 few は of を用いると《やや格式》になるのでvery few ... の形で用いることが多い: *Very* ~ voters supported that party. その政党を支持した有権者はほとんどいなかった.
whàt fèw ... [形]《複数名詞とともに》わずかではあるが全部の...: Henry contributed *what* ~ books he had to the library. ヘンリーは持っていたわずかの本をみな図書館に寄付した.

— 代《不定代名詞》

1 [a ~] 少数, 少数のもの[人], 多少 (some): I have read *a* ~ *of* the books. その本のうち何冊かは読んだ / I saw *a* ~ *of* my old friends. 私は古い友人2, 3人に会った / *A* ~ are lost. なくなったものが少しはある.

2 [a をつけず]《やや格式》少数[少ない]ないもの[人], ほんのわずかしか(い)ないもの[人], ほとんど(い)ないもの[人]《反 many》: Very ~ were absent. 欠席した人はほとんどいなかった《☞ **very few ...** [形] 成句》/ *F*~ *of* my friends live in Tokyo. 私の友人で東京に住んでいる者はほとんどいない.

語法 この 代 の few は数えられる名詞の複数形の代わりに用い, 複数として扱う. また 形 に示した成句の多くに 代 の用法もある点に注意: *Only a* ~ *of* the students understood it. 学生の中でそれがわかるものはほとんどいなかった《☞ **only a few ...** [形] 成句》の例文》.

3 [the ~] 少数の人たち, (少数の)選ばれた人たち《反 the many》: the chosen ~ 少数の選ばれた人たち / think only of the interest of *the* ~ 少数の人の利益だけを考える.
hàve a féw (tòo mány) [動] 《普通は現在完了形で》《略式》(ビールなどを)何杯か(酔っぱらうほど)飲む: He *has* already *had a* ~ (*too many*) in another pub. 彼は別のパブでもうかなり飲んできた.
précious féw [代]《ごくわずかの人[もの] (*of* ~ précious 形》. **to náme [méntion] (bùt) a féw** [副]《例の後に用いて》(ほんの)2, 3例をあげると. **whàt fèw** [代] [複数扱い] わずかばかりものも全部: *What* ~ they had *were* stolen. 彼らが持っていたわずかばかりのものが全て盗まれた.

fey /féɪ/ [形] 《文》《時にけなして》(人・行動が)気まぐれな, 風変りな; 現実離れした.
Feyn·man /fáɪnmən/ [名] [固] Richard ~ ファインマン (1918-88) 《米国の物理学者》.
fez /féz/ [名] (複 **fez·zes** /-ɪz/, ~**·es**) [C] トルコ帽《中東諸国の赤色で黒のふさつきのつばのない男性用帽子》.
ff. =fortissimo.
†**ff.** [略] =(and the) following (pages [lines]) ...ページ[行]以下: See p.10 *ff.* 10 ページ以下を参照せよ.
†**fi·an·cé** /fìː.ɑːnséɪ, fiɑ́ːnseɪ | fiɒ́nseɪ/ 《フランス語から》[名] [C] 《普通は所有格の後で》(女性からみた)婚約者 [フィアンセ].
†**fi·an·cée** /fìː.ɑːnséɪ, fiɑ́ːnseɪ | fiɒ́nseɪ/ 《フランス語から》[名] [C] 《普通は所有格の後で》(男性からみた)婚約者 [フィアンセ].
†**fi·as·co** /fiǽskoʊ/ [名] (~**s**, 《米》~**es**) [C,U] 《計画などの》大失敗: end in a ~ 大失敗に終わる.
fi·at /fíːæt, -ət | fáɪæt/ [名] [C,U] 《格式》(権威者からの)命令, 厳命; 認可.
Fi·at /fíːɑːt | -ət, -æt/ [名] [C] フィアット《イタリア製の乗用車; 商標》.
fib /fíb/ [名] ⓈＣ《略式》[C] 《軽い》うそ: tell ~*s* うそをつく 《☞ **lie**² [日英比較]》. — [動] (**fibs; fibbed; fib·bing**) (自) うそをつく (*about*).
fib·ber /fíbə | -bə/ [名] [C] 《略式》軽いうそをつく人 《☞ **lie**² [日英比較]》.
*†**fi·ber,** 《英》**fi·bre** /fáɪbə | -bə/ [名] (~**s** /-z/; [形] **fibrous**) **1** [U] 繊維質, 繊維組織, 人工繊維; (布の)生地: synthetic ~ 合成繊維 / optical ~ 光ファイバー / dietary ~ (健康増進のための)食物繊維 / a fabric of coarse ~ 粗い生地の繊維. **2** [C] 繊維: cotton [wool] ~*s* 木綿[羊毛]の繊維 / nerve [muscle] ~*s* 神経[筋(肉)]繊維. **3** [U] 《格式》性質; 精神力, 根性: strong moral ~ 強い道義的精神. 「**with évery fíber [to the véry fíber] of óne's béing** [副]《文》心底から, 強烈に思う[感じる]」.
fiber·bòard [名] [U] 繊維板《木材繊維を圧搾した用材; 建築用》.
fiber·fìll [名] [U] (ふとんなどの)合成繊維の詰め物.
fiber·glàss [名] [U] 繊維ガラス (glass fiber).
fiber·óptic [形] 光ファイバーの[による]: ~ cables 光ファイバーケーブル.
fiber óptics [名] [U] 光ファイバー (optical fiber) による情報伝達.
fiber·scòpe [名] [C] [光] ファイバースコープ《光ファイバーを用い, 胃などの内部を観察する装置》.
*†**fi·bre** /fáɪbə | -bə/ [名] 《英》=fiber.
fi·broid /fáɪbrɔɪd/ [形] 繊維性(状)の. — [名] [C] [医] 子宮筋腫.
fi·bro·si·tis /fàɪbrəsáɪtɪs, fɪb-/ [名] [U] [医] 結合組織炎.
fi·brous /fáɪbrəs/ [形] (图 fíber) 《格式》繊維質[状]の.
fib·u·la /fíbjʊlə/ [名] (複 **fib·u·lae** /fíbjʊlìː/, ~**s** /-z/) [C] [解] 腓骨(ひこつ).
FICA /fáɪkə, fíː- | fíː-/ [略] 《米》=Federal Insurance Contributions Act 連邦年金拠出法.
-fi·ca·tion /fɪkéɪʃən/ [接尾] [-fy で終わる動詞につく名詞語尾; -fy] 「...にすること, ...化」の意: mòdifi·cátion (変更) ← módify. 語法 2 つ前の音節に第 2 アクセントがある.
fiche /fíːʃ/ [名] (複 ~(**s**)) [C,U] =microfiche.
*†**fick·le** /fíkl/ [形] [けなして] 気まぐれな, 移り気の; (天候などが)変わりやすい. ~**·ness** [名] [U] 気まぐれ.
*†**fic·tion** /fíkʃən/ [名] (~**s** /-z/; [形] **fictitious**, **fictional**) **1** [U] (文学の一部門としての)小説, 創作《反 story¹ 類義語》《反 nonfiction》: Fact [Truth] is stranger than ~. 《ことわざ》事実は小説より奇なり.
2 [C,U] 作り話《反 fact》; 作り事, 虚構, フィクション: The story of the lost prince was (a) pure ~. 行方不明になった王子の話というのは全くの作り話だった.

634 fictional

†**fic·tion·al** /fíkʃ(ə)nəl/ 形 (名 fiction) 架空の; 創作上の: a purely ~ character 全く架空の人物.

fic·tion·al·i·za·tion /fíkʃ(ə)nəlɪzéɪʃən | -laɪz-/ 名 C,U 小説化 (of).

fic·tion·al·ize /fíkʃ(ə)nəlàɪz/ 動 他 〈事実〉を小説化する, フィクション化する.

fic·ti·tious /fɪktíʃəs/ 形 1 うその, 虚偽の. 2 創作上の: a ~ island 架空の島.

fic·tive /fíktɪv/ 形 《格式》架空の; 虚構の.

†**fid·dle** /fídl/ 動 自 1 いじる. 2 《略式》バイオリンを弾く. ― 他 《数字・金額などを》ごまかしてせしむる: ~ the books 帳簿をごまかす. **fiddle aróund** [《英》**abóut**] [動] 自 ぶらぶらと過ごす. **fiddle (aróund [《英》abóut]) with ...** [動] 自 ...をもてあそぶ, 《機械など》をいじる. **fiddle while Róme búrns** [動] 自 大事をよそに安逸にふける. [由来] Nero がローマが燃えているのを眺めて竪琴(きん)を弾いていたという故事から. ― 名 1 《略式》バイオリン《特にジャズやポピュラー音楽で使用するもの》. 2 《英》いかさま, 詐欺. 3 [a ~] 細かい調節; 器用さを要する面倒な事. **(as) fit as a fiddle** [形] 《略式》とても元気で, ぴんぴんして. **be on the fiddle** [動] 自 《略式, 主に英》不正に金を得る, ごまかす. **pláy [be] sécond fíddle** [動] 自 人の下につく, わき役を務める (to). [由来] 合奏で第二バイオリンを弾く, の意から.

fiddle·bàck 名 C 背がバイオリンの形の椅子.

fid·dle·dee·dee /fídldɪːdíː/, **-de·dee** /fídldɪdíː/ 間 じれったいな, ばっかばかしい! (Nonsense!).

fid·dle·fad·dle /fídlfædl/ 《古風》― 名 U ばかげたこと. ― 動 自 から騒ぎする. ― 間 くだらない.

fiddle·hèad 名 C 1 《米》ぜんまい《食用》. 2 《海》渦巻形の船首飾り.

†**fid·dler** /fídlə | -lə/ 名 C 《略式》バイオリン弾き《人》(violinist): F~ on the Roof 『屋根の上のバイオリン弾き』《ミュージカルの題名》. 2 詐欺師, ペテン師.

fiddle·sticks 間 《古風》ばかばかしい!

fid·dling /fídlɪŋ/ 名 U バイオリン演奏. ― 形 A つまらない, くだらない.

fid·dly /fídli/ 形 (**fid·dli·er**; **-dli·est**) 《英》1 手先の器用さを要する, 手間のかかる. 2 つまらない.

†**fi·del·i·ty** /fɪdéləṭi, faɪ-/ 名 (反 infidelity) U 1 《配偶者への》貞節; 忠実, 忠誠 ((7) dog (参考) (1)): fidelity to a leader 指導者に対する忠誠. 2 《格式》《翻訳・再生・写しなどの》正確さ; 忠実度 (to): (7) high fidelity.

fidg·et /fídʒɪt/ 動 自 そわそわ[もじもじ]する (around). **fidget with ...** [動] 他 ...をもてあそぶ. ― 名 C 《略式》落ち着きのない人《特に子供》. **hàve [gèt] the fídgets** [動] 自 《略式》そわそわする.

fidg·et·y /fídʒəṭi/ 形 《略式》そわそわする.

Fi·do /fáɪdoʊ/ 名 《米》ファイドー《飼い犬によくつける名; (7) Rover, Polly》.

fi·du·ci·ar·y /fɪd(j)úːʃièri | -dj úːʃiəri/ 《法》名 C 受託者, 被信託者. ― 形 信託されている[に基づく].

fie /faɪ/ 間 《古謡》または《滑稽》おやまあ《怒りや不賛成を表わす》: F~ on you! まあ, いやだね!

fief /fiːf/ 名 C 《封建時代の》封土, 領地.

fief·dom /fíːfdəm/ 名 C 《主に文》封土.

‡**field** /fíːld/ 名 (**fields** /fíːldz/)

「野原」6 → 《区切られた土地》
 → 《農業用の》「畑」1
 → 《特定の区画》「使用地」3; 「競技場」2
 → 《比喩(&)的に, 区切られた領域》「分野」4

1 C 畑, 田; 牧草地: a rice ~ = a ~ of rice たんぼ, 稲田 / Some people are working in the ~s. 何人かの人が畑で働いている. [関連] cornfield 《米》とうもろこし畑, 《英》小麦畑.

2 C [普通は合成語で] 競技場; 《トラックに対して》フィールド; 球場; [the ~; 《米》単数または複数扱い] 《野・クリケ》守備側, 内・外野陣(7) infield, outfield): a football ~ フットボール場 // (7) playing field. [関連] track トラック《陸上》/ track and field 陸上競技.

3 C [主に合成語で] 《ある目的のための》使用地, 広場; 《鉱物などの》産地: an oil ~ 油田.

4 C 《研究・活動の》分野, 領域: the ~ of physics 物理学の領域 / Many scientists are working in this ~. この分野では多くの科学者たちが研究している / The problem is outside my ~. その問題は私の専門外だ.

5 C 《レンズなどの》視野: a ~ of vision 視野 / the telescope's ~ of view 望遠鏡の視野.

6 C [普通は合成語で] 《立ち木のない生えない》野原; 《水・雪などの》一面の広がり: ~ flowers=flowers of the ~ 野の花 《(7) ice field, snowfield 雪原. 7 C 《主に文》戦場 (battlefield): a ~ of battle 戦場. 8 [the ~] 現場, 実地《実験室や研究所に対して》; [形容詞的に] 現場[実地]で研究する. 9 C [普通は the ~; 《英》単数形でも時に複数扱い] 全競技者; 互いに競い合っている人《会社, 製品》《全体》《競馬》全出走馬《人気馬を含む場合もある》. 10 C 《電算》《データの》記録指定域, 欄, フィールド. 11 C 《物理》界: a magnetic ~ 磁場. 12 C 《図案・模様などの》地: a design of a golden crown on a blue ~ 青地に金色の王冠のデザイン.

a fíeld of fíre [名] 《軍》射界, 射程範囲. **hóld the fíeld** [動] 自 《...に対して》負けない, 一歩も退かない (against). **léad [be ahéad of] the fíeld** [動] 自 《競技・活動などで》先頭を切る[切っている] (in). **léave the fíeld (cléar) for ...=léave ... in posséssion of the fíeld** [動] 他 《競争で》...《人》に勝ち[成功]を譲る. **pláy the fíeld** [動] 自 《略式》いろいろな《分野の》ことに手を出す; 複数の異性と付き合う. **tàke the fíeld** [動] 自 守備につく. ― 動 自 [普通は進行形で] 《野・クリケ》《野手として》守備する; 打球をとる[さばく]. ― 他 1 《野・クリケ》《打球》をとる, さばく. 2 《チーム》を出場させる; 《政党が》候補者を公認する, 立てる; 《軍隊》を動員する. 3 《質問・電話など》をうまくさばく.

field còrn 名 U 《米》《飼料用の》とうもろこし.

field dày 名 C 1 《米》《学校などの》運動会の日. 2 《略式》《存分に》楽しめる日, 《したいことができる》好機: have a ~ 大いに楽しむ, 《批判などして》大騒ぎする.

†**field·er** /fíːldə | -də/ 名 C 《野・クリケ》野手. [関連] infielder 内野手 / outfielder 外野手.

fielder's chóice 名 C 《野》野選, フィルダーズチョイス《打者を1塁でアウトにできるのに, 塁上の走者を刺殺しようとする[して両者を生かしてしまう]こと》: The batter advanced to first base on the ~. 打者は野選によって1塁に進んだ《日本では意味が限定されて打者がゴロを打って1塁でアウトにできた他の走者をアウトにしようとして失敗した時のみ野選がとられている》.

field evènt 名 C 《スポ》フィールド種目《やり投げ・跳躍など》. [関連] track event トラック種目.

field glàsses 名 [複] 双眼鏡.

field góal 名 C 《バスケ・アメフト》フィールドゴール.

field gùide 名 C 野外観察図鑑.

field hànd 名 C 農業労働者.

field hóckey 名 U 《米》ホッケー (《英》hockey).

field hóspital 名 C 野戦病院.

field hòuse 名 C 《米》屋内競技場.

field·ing /fíːldɪŋ/ 名 U 《野・クリケ》守備.

Fiel·ding /fíːldɪŋ/ 名 個 **Henry** ~ フィールディング

(1707–54)《英国の作家》.

field màrshal [名] [C] [しばしば F- M-]《英》陸軍元帥(《米》general of the army).

field·mòuse [名] (-mice /-màɪs/) [C] 野ねずみ.

field òfficer [名] [C] 佐官《大佐・中佐・少佐》.

fields·man /fíːldzmən/ [名] (複 **-men** /-mən/) [C]《英》=fielder.

field spòrts [名] [複]《英》野外スポーツ《狩猟・釣りなど》.

field tèst [名] [C] (新製品などの)実地試験.

field-tèst [動] [他] 〈新製品など〉を実地試験[テスト]する.

field trìal [名] [C] =field test.

field trìp [名] [C] 校外見学, 実地研究旅行.

field·wòrk [名] [U] **1** 野外研究《生物学者・考古学者などの》, 実地調査, フィールドワーク: do ～ フィールドワークを行なう. **2** 畑[野良(のら)]仕事.

field·wòrker [名] [C] 野外研究[実地調査]者.

fiend /fíːnd/ [名] [C] **1** [名詞の後で]《略式》(…が)大好きな人, …狂: a golf ～ ゴルフ狂. **2** [W] 悪魔のような(残酷な)人. **3**《文》悪魔.

fiend·ish /fíːndɪʃ/ [形] [普通は [A]] **1**《略式》(計画などが)手の込んだ, 抜け目のない; (問題などが)ひどくやっかいな, 最悪の. **2** 悪魔のような, 残酷な. **～·ly** [副] ものすごく; 残酷に. **～·ness** [名] [U] 残酷さ; 巧妙さ.

***fierce** /fíəs | fíəs/ [形] (**fierc·er**; **fierc·est**) **1** (風雨・暑さ・感情などが)ものすごい, 猛烈な, 激しい: a ～ storm 猛烈なあらし / a ～ battle 激戦 / The competition was very ～. 競争は実に激しかった.
2 どうもうな, たけだけしい: a ～ tiger 猛虎(もうこ) / He looked ～. 彼は恐ろしい顔をしていた. **sòmething fierce** [副] [S]《米略式》ものすごく; 大声で. [語源] ラテン語で「野生の, 野蛮な」の意. **～·ly** [副] 猛烈に, ひどく; どうもうに. **～·ness** [名] [U] 猛烈さ; どうもうさ.

fi·er·i·ly /fáɪ(ə)rəli/ [副] 火のように; 激しく.

fi·er·i·ness /fáɪ(ə)rinəs/ [名] [U] 熱烈さ; 激しさ.

†**fi·er·y** /fáɪ(ə)ri/ [形] (**fi·er·i·er**; **-i·est**; [名] fire) [普通は [A]] [W] **1** 熱烈な; (気の)荒い, (性格の)激しい; 激しやすい: a ～ temper 激しい気性 / a ～ speech 火を吐くような演説. **2** 火の, 火のような; 燃えるような(赤の): a ～ furnace あかあかと燃えている炉 / The sky was ～ *with* the setting sun. 空は夕日で燃えるようだった. **3** (味が)ひりひりと辛い.

fi·es·ta /fiéstə/ 《スペイン語から》[名] [C] (スペイン・ラテンアメリカなどの)宗教的祝祭; 《略式》祭り; パーティ.

FIFA /fíːfə/ 《フランス語から》[名] [固] 国際サッカー連盟 (Fédération Internationale de Football Association の略).

fife /fáɪf/ [名] [C] 横笛《主に軍楽隊が用いる》.

****fif·teen** /fɪftíːn←/ ([類音] fifty) [代]《数詞》[複数扱い] **15**, 15 人, 15 個; 15 ドル[ポンド, セント, ペンスなど] (☞ number 表, -teen, teens).
— [名] (～s /～z/) **1** [C] (数としての) **15**. **2** [U] (24 時間制で) 15 時, 15 分; 15 歳. **3** [C] 15 の数字. **4** [C] 15 [15 人, 15 個]ひと組のもの; [《英》単数形でも時に複数扱い] ラグビーのチーム (☞ eight 表). **5** [U]〔テニス〕フィフティーン, 「15」.
— [形] **1** **15 の**, 15 人の, 15 個の. **2** [P] 15 歳で.

****fif·teenth** /fɪftíːnθ←/ [形] **1** [普通は the ～; ☞ the¹ 1 (4)] **15 番目の, 第 15 の** (15th とも書く; ☞ number 表, ordinal number [文法]): *the* ～ lesson 第 15 課. **2** 15 分の 1 の.
— [名] (～s /～s/) **1** [単数形で普通は the ～] **15 番目の人[もの];** (月の) **15 日** (15th とも書く; ☞ ordinal number [文法] (2)).
2 [C] **15 分の 1**; $^1/_{15}$ (☞ cardinal number [文法] (6)).
— [副] [つなぎ語] 15 番目に[として].

****fifth** /fɪfθ/ [形] **1** [普通は the ～; ☞ the¹ 1 (4)] **5 番目の,** 第 5 の, 5 位の (5th とも書く; ☞ number 表, ordinal number [文法]): *the* ～ lesson 第 5 課 / *the* ～ floor《米》5 階,《英》6 階 (☞ floor [語法]) / *the* five hundred and ～ line 505 番目の行 / Beethoven's *F*～ Symphony ベートーベンの第五交響曲 / *The* ～ month of the year is May. 1 年の 5 番目の月は 5 月だ. **2** 5 分の 1 の: a ～ part 5 分の 1 の部分.
— [名] (～s /～s/) **1** [単数形で普通は the ～] **5 番目の人[もの],** 5 位の人[もの], 第 5 号.
2 [単数形で普通は the ～] (月の) **5 日**(いつか) (5th とも書く): I was born 「on *the* ～ of June [on June 5], 1979. 私は 1979 年 6 月 5 日に生まれた (June 5 は June (*the*) *fifth* と読む; ☞ ordinal number [文法] (2)).
3 [C] **5 分の 1**, $^1/_5$ (☞ cardinal number [文法] (6)): a [one] ～ $^1/_5$ / three ～*s* $^3/_5$. **4** [C]《米》5 分の 1 ガロン《酒類の容量単位》. **tàke [plèad] the Fífth** [動] [自]《米》[しばしば滑稽] 黙秘する, 返答を拒む (*on*). [由来] the Fifth とは, the Fifth Amendment のこと. — [副] =fifthly.

Fífth Améndment [名] [the ～]〔米憲法〕第 5 修正個条《刑事裁判でいかなる人も自分に不利な証言を拒否できる》.

Fífth Ávenue [名] [固] 五番街《米国 New York 市の目抜き通り; 一流の商店が立ち並ぶ》.

fifth cólumn [名] [C] 第五列, 第五部隊《戦時にスパイ行為などで敵国の進撃を助ける一団》.

fifth cólumnist [名] [C] 第五列団の隊員.

fifth-gènerátion compùter [名] [C] 第 5 世代コンピューター《一種の人工知能》.

fifth·ly [副] [つなぎ語] 5 番目に[として].

fifth whéel [名] [C]《米》**1**《略式》余計な人, 邪魔者. **2** トレーラー用の牽引装置. **3** [時に ～ trailer] (牽引タイプの)キャンピングトレーラー.

***fif·ti·eth** /fífiəθ/ [形] **1** [普通は the ～; ☞ the 1 (4)] **50 番目の, 第 50 の** (50th とも書く; ☞ number 表, ordinal number [文法]). **2** 50 分の 1 の.
— [名] (～s /～s/) **1** [単数形で普通は the ～] **50 番目の人[もの]**.
2 [C] **50 分の 1**, $^1/_{50}$ (☞ cardinal number [文法] (6)).
— [副] 50 番目に[として].

****fif·ty** /fífti/ ([類音] fifteen) [代]《数詞》[複数扱い] **50,** 50 人, 50 個; 50 ドル[ポンド, セント, ペンスなど] (☞ number 表, -ty²).
— [名] (**fif·ties** /～z/) **1** [C] (数としての) **50**. **2** [U] 50 分; 50 歳. **3** [複数形で the または所有格の後で] 50 年代; 50 歳代; (速度・温度・点数などの) 50 番台[度台, 点台] (しばしば the 50's [50s] とも書く): in *the* (nineteen) *fifties* [*1950's, 1950s*] 1950 年代に (☞ -s¹ [文法] (1) (ii)) / in *one's* (early [late]) *fifties* 50 歳代(前半[後半])で. **4** [C] 50 の数字. **5** [C] 50 [50 人, 50 個] ひと組のもの. **6** [C] 50 ドル[ポンド]紙幣.
— [形] **1** **50 の**, 50 人の, 50 個の. **2** [P] 50 歳で.

fifty-fifty [副] [S]《略式》(分け前が)半々に, 折半で: split the cost ～ 費用を折半する. **gò fifty-fifty** [動] [自] [S]《略式》(…と)負担[分け前]を半々にする, 割り勘にする (*with*); (…を)折半する (*on*). — [形] [S]《略式》五分五分の: a ～ chance 五分五分の可能性.
on a fifty-fifty básis [副] [S]《略式》対等で.

fifty pénce [名] [C]《英》50 ペンス硬貨.

†**fig** /fíg/ [名] **1** [C] いちじく(の実[木]); =fig tree. **2** [a ～ として副詞的に; 否定文で]《古風, 略式》ちっとも: I don't care [give] *a* ～ *about* it. そんなことはどうでもいい.

fig. [略] **1** 図 (figure): *Fig.* 10 第 10 図. **2** =figurative, figuratively.

****fight** /fáɪt/ ([類音] height, #white) [動] (**fights** /fáɪts/; 過去・過分 **fought** /fɔ́ːt/; **fight·ing** /-ṭɪŋ/) [自] **1** **戦う,** 戦争をする; **殴り合う,** 格闘す

る: Two boys were ～*ing* in the park. 2人の少年が公園でけんかしていた / Did your grandfather ～ in the war? あなたのおじいさんは戦争に行きましたか / Japan ***fought against*** [***with***] the United States in World War II. <V＋前＋名・代> 日本は第二次世界大戦で米国と戦った.

[語法] (1) against のほうが with よりも敵対の意味が強い.
(2) fight with … にはまた次の例文のように「…に味方して戦う」という意味もある. このときの with のアクセントは少し強い: Britain ***fought with*** [***alongside***] France ***against*** Germany. <V＋前＋名・代＋前＋名・代> 英国はフランスとともにドイツと戦った.

[言い換え] The people of the country ***fought to*** be free. <V＋*to* 不定詞>＝The people of the country ***fought for*** freedom. その国の人たちは自由のために戦った.
2 口論する, 言い争う, 口げんかをする (quarrel): They ***fought over which*** way to take. <V＋前＋*wh*句> どっちの道を行くかで彼らは争った / My sister and I often **～ *about who*** will do the dishes. <V＋前＋*wh*節> 妹と私はどちらが皿を洗うかでよくけんかする.
3 奮闘する, 努力をする; (貧困・偏見などと)闘う: We are ***～ing to*** secure peace. <V＋*to* 不定詞> 我々は平和を達成するためにがんばっている / Since the operation the little girl has been ～*ing for* her life. <V＋前＋名・代> 手術以来少女は重態である[生死の境をさまよっている] / Even a saint has to ～ ***against*** temptation. 聖者でさえ誘惑と闘わねばならない. **4** (地位・賞などを求めて)激しく競う, 争う (*for*); (ボクシングで)試合する.
— [他] **1** 〈…〉と戦う, 戦争をする; 〈戦いなど〉を交える, する: That unit did not ～ the enemy. その部隊は敵とは戦わなかった. **2** 〈災害・犯罪など〉に立ち向かう, 対抗する; 〈病気など〉と闘う; 〈感情〉を抑える: ～ a storm あらしに立ち向かう / The firefighters bravely *fought* the fire. 消防士たちは勇敢に消火にあたった / She is ～*ing* ill health. 彼女は病苦と闘っている. **3** 〈…〉と激しく競う, 争う; 〈選挙〉を戦う; (ボクシングで)〈相手〉と対戦する (*for*). **4** 〈…〉と口論する.
fight a ... báttle [**wár**] [動] [自] …な[の]戦いをする (☞ cognate object [文法]): The labor union is ～*ing a* losing *battle* ˹*over* this issue [*against* the president]. この争議に関しては[社長相手では]労組は勝ち目がない. **fight for bréath** [動] [自] 息せき切る, あえぐ. **fight lìke ˹cáts and dógs** [**cát and dóg**] [動] [自] 激しくけんかをする, 犬猿の仲である. **fight it óut** [動] [自] 決着がつくまで戦う[言い争う]. **fight one's wáy** [動] [自] 戦いながら前進する; 奮闘して進む (☞ way[1] [コーパス・キーワード]). **fight to the fínish** [**déath**] [動] [自] 決着がつくまで戦う. **fight tóoth and náil** [動] [自] 必死に戦う.

fight の句動詞

*__fight báck__ [動] [自] 反撃する, 抵抗する (*against, at*): After being on the defensive for months, the ruling party began to ～ *back*. 何か月も守勢に立った後与党は巻き返しに出た. — [他] 〈感情など〉を抑える: I was unable to ～ *back* my tears. 私は涙をこらえることができなかった.
fight dówn [動] [他] ＝fight back.
fight óff [動] [他] 〈…〉を寄せつけない; 撃退する: Our company has to ～ *off* a lot of foreign competition to survive. わが社は生き残るため多くの外国の競争相手を撃退しなければならない.
fight ón [動] [自] 戦い続ける.
fight óut [動] [他] 〈争いなど〉に決着をつける, 解決する (☞ fight it out (成句)).
*__fight òver ...__ [動] [他] …をめぐって(言い)争う (☞ [自] 2).

— [名] (**fights** /fáɪts/) **1** [C] 戦い, 戦闘; 闘争; 競争 (*between, over*) (☞ 類義語): a snowball ～ 雪合戦 / a ～ ***for*** higher pay＝a **～ *to*** obtain higher pay <N＋*to* 不定詞> 賃上げ闘争 / Mr. Long faces a hard ～ *for* reelection. ロング氏は再選に向けての厳しい戦いに直面している / We must not forget the ～ ***against*** pollution. 公害との闘いを忘れてはならない.

コロケーション
lose [**win**] **a** *fight* 戦いに負ける[勝つ]
provoke a *fight* 争いを起こす
start [**get into**] **a** *fight* 争いを始める
stop a *fight* 争いをやめさせる
wage a *fight* けんかをする

2 [C] 格闘, 殴り合い, けんか; (ボクシングやレスリングの)試合 (*between, against*): a free ～ 乱闘 / get into a (fist) ～ 殴り合いを始める / Mý dog had a **～ *with*** hís dog. 私の犬が彼の犬とけんかした. [関連] bullfight 闘牛 / cockfight 闘鶏 / dogfight 犬のけんか, 乱闘.
3 [C] 口げんか, 口論 (*about*): She had a ～ ***with*** her parents last night. 彼女は昨晩両親と口論した.
4 [U] 闘志, 戦意, ファイト (fighting spirit); 戦闘力: They didn't show any ～. 彼らは全然戦意を見せなかった / He had plenty of ～ left in him. 彼にはまだ多くの闘志が残っていた.
a fight to the fínish [**déath**] [名] 勝負がつくまでの戦い, 死闘, デスマッチ. **hàve a fight on one's hánds** [動] [自] (目的の達成のために)奮闘する必要がある. **píck a fight with ...** [動] [他] …にけんかを売る. **pùt úp a góod** [**póor**] **fight** [動] [自] 善戦[苦戦]する.
【類義語】**fight**「戦い, 争い」を表わす一般的な語だが, 身体を用いての接近戦を指して参加者個人に重点を置くことが多い. **struggle** 障害などを克服するための身体的・精神的な激しい努力や苦闘: a bitter *struggle* against misfortune 不幸な運命との苦闘. **strife** 不和・反目が激しく, 絶えず敵意を抱き合っている状態: labor *strife* 労働争議.

*__fight·er__ /fáɪṭɚ | -tə/ [名] (～s /～z/) [C] **1** 戦闘機. [関連] bomber 爆撃機. **2** (ボクシングの)選手, プロボクサー (prizefighter); [前に形容詞をつけて] ボクシングが…の人: Tom is a *good* ～. トムはボクシングが強い. **3** 戦士, 闘士; [よい意味で] 闘志のある人: ～*s against* cancer 癌(がん)と戦っている人たち 《医師や科学者たち》. **4** けんか好きの人.
fighter-bómber [名] [C] 〔軍〕 戦闘爆撃機.
fighter plàne [**àircraft, jèt**] [名] [C] 戦闘機.
fight·ing /fáɪṭɪŋ/ [形] [A] 戦う; 好戦的な, けんか腰の: ～ spirit 闘志 / ～ words [talk] けんかを売るような[挑戦的な]ことば[話し方]. **be fighting fit** [動] [自] 《英》 とても元気である. — [名] [U] 戦い, 戦闘, 交戦.
fighting chàir [名] [C] 《米》 〔釣〕 船上で大物の魚を釣るための甲板に固定した回転椅子.
fighting chánce [名] [a ～] (努力次第で得られる)成功の見込み: We have *a* ～ *of* escap*ing*. 逃げられる見込みはある.
fight-or-flíght reàction [名] [the ～] 〔生理〕 闘争-逃走反応 《交感神経が働きアドレナリンが分泌され血圧・心拍数が増大する》.
fig lèaf [名] [C] **1** (彫刻などの陰部を覆う)いちじくの葉の覆い. **2** (不都合・不正などを)覆い隠すもの.
fig·ment /fígmənt/ [名] [次の成句で] **a figment of one's imaginátion** [名] 想像の産物.
fig trèe [名] [C] いちじくの木.
†**fig·u·ra·tive** /fígjʊrəṭɪv/ [形] **1** 比喩(ひゆ)的な, 転義

の《[略] fig.》: a ~ meaning 比喩的な意味. [関連] literal 文字どおりの / metaphorical 比喩的な. **2**〖美〗具象的な ([反] abstract[1]). **~·ly** [副] 比喩的に, 比喩的な意味に《[略] fig.》: The word "fight" is used *figuratively* here. 「戦う」という語はここでは比喩的な意味で使われている. [関連] literally 文字どおりに.

****fig·ure** /fígjɚ, -gjʊə | -gə/ [T1] [名] (~s /~z/)

ラテン語で「作られたもの」の意.
→(形)─┬→(人の形)→「姿」**5**→「人物」**3**
　　　　└→「図」**4**→(記号)→「数字」**1**

1 [しばしば複数形で] (統計などの)**数字**, 数値, 額; (アラビア) **数字**《0 から 9 までの数字》; (数字の)位, …けた: population [unemployment] ~*s* 人口[失業者数] / monthly sales ~*s* 月間売り上げ数 / the ~ four 数字の 4 / Arabic ~*s* アラビア数字 / a ten-~ telephone number 10 けたの電話番号 / (in) single [double, three, four] ~*s* 1 [2, 3, 4] けたの数字(で) / in round ~*s* 端数は切り捨てて. [関連] number 数.
2 [C] **金額**, 価格 (price): I got the book for a low ~. 私はその本を安い値段で手に入れた.
3 [C] [普通は形容詞·名詞を伴って] **人物**, 重要人物; …的存在の人, …を象徴するタイプ: a *public* ~ 有名人 / one of the *greatest* ~*s* in French history フランスの歴史上の大人物の一人 / a *mother* ~ 母親的存在 / an *authority* ~ =a ~ *of* authority 権威を感じさせる人 // ☞ father figure.
4 [C] **図**, 図解《[略] fig.》; 図案, 模様; 〖幾〗図形 (☞ form 類義語): *F*~ 1 第 1 図 / beautiful ~*s* in cloth 布地の美しい模様 / This ~ shows the structure of the building. この図はその建物の構造を示している.
5 [C] (人の) **姿**, 人影; (体の)格好, (特に女性の)体型, スタイル; 風采(ふうさい), 容姿; 外形: watch one's ~ (太らないよう)体型を気にする / I saw a ~ approaching in the distance. 遠くから人影が近づいてくるのが私に見えた / Meg is past forty now, but she's kept her ~. メグはもう 40 歳を過ぎているがまだスタイルがよい / Dancing is good for the ~. ダンスはスタイルをよくするのにいい (☞ style 3 [日英比較]). **6** [C] (彫刻·絵画などの)人物像, 彫像; 動物の像: a ~ *in* marble 大理石の像. **7** [複数形で] 計算, 算数: [言い換え] I am poor at ~*s*. = I have no head for ~*s*. 私は計算が下手だ. **8** [C] 〖ダンス·スケート〗フィギュア《1 単位をなす連続の運動》.
a figure of fún [名]《英》もの笑いになる人, 笑い者. **a figure of spéech** [名] 比喩(ひゆ), ことばのあや. **a fine figure of a mán [wóman]** [名]《古風》または [滑稽] 堂々たる風采の男性[女性]. **cùt a ... figure** [動] [自]《文》…に見える, …の姿を呈する: He *cut a* fine [poor] ~ in company. 彼は人なかで立派に[みすぼらしく]見えた. **figure of éight** [名]《英》=figure eight. **give (...) an exáct figure** [動] (人に)正確な数字[金額]を言う[示す]. **pùt a figure on ...** [動] [他] …の正確な数字[金額]を言う.
— [動] (**fig·ures** /~z/; **fig·ured** /~d/; **fig·ur·ing** /-gj(ə)rɪŋ, -gjʊ(ə)r- | -g(ə)r-/) [自] **重要な地位を占める**, (…として)現われる (*as*): Mike told his girlfriend that she wouldn't **~** prominently ***in*** his plans for the future. <V+*in*+名·代> マイクはガールフレンドに, 特に将来の結婚相手として考えてはいないと言った. — [他]
1 [進行形なし]《略式》〈…だ〉と**思う**, **考える**; 〈人·物〉が(…だと)**判断する**: He **~*d*** (***that***) his son was cutting school. <V+O ((*that*) 節)> 彼は自分の息子が学校をさぼっていると考えた / They ~*d* there was no hope. 彼らは望みがないと判断した. **2**《米》〈…〉を計算する; 見積もる. **Gò figure!** Ⓢ《米》信じられない. **Thát [It] figures.** Ⓢ やっぱり(思ったとおりだ); もっともなことだ, なるほどね.

figure の句動詞
fígure ín [動] [他]《米》〈…〉を計算に入れる.
fígure on ... [動] [他] Ⓢ《主に米》…を見込む, 予期する; …をもくろむ, (…する)つもりである; …を当てにする.
***fígure óut** [T2] [動] [他] **1** 〈…〉を**理解する** (understand); 〈…〉の行動を理解する <V+名·代+*out*/V+*out*+名>: I couldn't *figure out* what he had said. 私には彼の言ったことがどうしてもわからなかった. **2** 〈問題〉を解決する; 〈解決策など〉を考え出す. **3** 〈…〉を計算して(合計を)出す.
fígure úp [動] [他]《古風》〈…〉を計算[合計]する.

fig·ured /fígjɚd, -gjʊəd | -gəd/ [形] [A]《格式》小さな模様のある.
fígure éight [名] [C]《米》8 の字型《結び方·模様など》(《英》figure of eight).
⁺fígure·hèad [名] [C] **1** 名目上の最高責任者. **2** 船首像《昔船首に飾った全[半]身の木製の女性像》.
fígure of spéech [名] [C] ☞ a figure of speech (figure [名] 成句).
fígure skàte [名] [C] [普通は複数形で] フィギュア用スケート靴 (☞ skate[1] [日英比較]).
fígure skàter [名] [C] フィギュアスケートをする人[選手].
fígure skàting [名] [U] フィギュアスケート.
fig·u·rine /fìgjʊríːn, -gər-/ [名] [C] (金属·陶土などで作った)小立像, 人形.
Fi·ji /fíːdʒiː/ [名] [固] フィジー《フィジー諸島 (Fiji Islands) などから成る南太平洋の独立国》.
Fi·ji·an /fíːdʒiən, fɪdʒíː- | fɪdʒíː-/ [形] フィジー諸島(人)の; フィジー語の. **—** [名] [C] フィジー諸島人; [U] フィジー語.
fil·a·ment /fíləmənt/ [名] [C] (電球の)フィラメント; 細糸; 繊維.
fi·lar·i·a /fɪlé(ə)riə/ [名] (複 **-i·ae** /-riìː/) [C] 糸状虫, フィラリア《フィラリア症の原因をなす線虫》.
fil·a·ri·a·sis /fìləráɪəsɪs/ [名] [U] 〖医〗糸状虫症, フィラリア症.
fil·bert /fílbɚt | -bət/ [名] [C]《主に米》はしばみ; はしばみの実 (hazelnut).
filch /fíltʃ/ [動] [他]《略式》〈あまり金目でないもの〉をくすねる, ちょろまかす (*from*).
****file**[1] /fáɪl/ ([類音] #while) [T1] [名] (~s /~z/) [C] **1** **ファイル**, とじ込み(帳), 書類ばさみ; 書類整理箱[棚]: a back ~ of *The New York Times*「ニューヨークタイムズ」のバックナンバーのファイル / I keep all my old tax returns in this ~. 私は古い納税申告書を全部このファイルに整理している.
2 (項目別の)**書類**, **記録**《資料として整理·ファイルされたもの》(*of*, *on*); 〖電算〗ファイル《整理して収録された情報》: a club membership ~ クラブ会員関係書類 / access a data ~ (パソコンなどの)データファイルにアクセスする / open [close] a ~ ファイルを開く[閉じる] / copy a ~ ファイルをコピーする / save a ~ ファイルを保存する. [語源] ラテン語で「糸(でとじられた文書)」の意.
ópen [hàve, hóld, kéep] a file on ... [動] [他] …に関する記録を始める[保存しておく]. **on file=on the files** [形·副] (ファイルに)整理されて; (公式に)記録されて: We keep all the data *on* ~. データはすべて整理して保存している.
— [動] [他] **1** 〈書類など〉を(とじ込んで)**整理する**: Will you **~** (***away***) these papers? <V(+*away*)+O> これらの書類を整理してくれませんか. **2** 〖法など〗〈告訴など〉を(当局に)提起する, 〈願書など〉を提出する (*with*): They ~*d* (a) suit against the company. 彼らはその会社を告訴した. **3** 〈記事〉を(新聞社などに)送る. — [自] 〖法など〗(当局に)申し込み[申請]をする: She ~*d* (*with* the

court) *for* divorce. 彼女は(裁判所に)離婚の申し立てをした.

*file² /fáil/ (頭音 #while) 名 (~s /~z/) C (人・物などの)縦列, 列は a ~ *of* children 子供の列. 関連 rank 横列. (**in**) **single** [**índian**] **file** [副] 1 列で; 続々と; 次々に. ── 動 (**files** /~z/; **filed** /~d/; **fíl·ing**)
自 [副詞(句)を伴って](縦に)1 列になって進む[歩く] (*into, past*): The boys ~*d in* quietly. 少年たちは静かに1 列になって入ってきた.

*file³ /fáil/ 名 C やすり: a nail *file* つめやすり. ── 動 他 〈...〉にやすりをかける, やすりで磨く (*away, through*): He ~*d* the nails smooth. 彼はつめをやすりで磨いてなめらかにした. **file dówn** [動] 他 〈...〉にやすりをかけて(表面を)削る[磨く].

file càbinet 名 C (米) (書類などの)整理用キャビネット (《英》filing cabinet).

file clérk 名 C (米) 文書整理係 (《英》filing clerk).

file exténsion 名 C 【電算】ファイル拡張子.

file mànager 名 C 【電算】ファイル管理プログラム.

file·nàme 名 C 【電算】ファイル名.

file sèrver 名 C 【電算】ファイルサーバー《ネットワーク上のファイル管理装置[システム]》.

file trànsfer 名 C 【電算】ファイル転送.

fil·i·al /fíliəl/ 形 普通は A (格式)子としての, 親に対する: ~ piety 親孝行 / ~ duty 子としての義務.

†**fil·i·bus·ter** /fíləbʌ̀stɚ | -tə/ 名 C (長演説による)議事妨害. ── 動 (**-ter·ing** /-tərɪŋ, -trɪŋ/) 自 議事進行を妨害する.

fil·i·gree /fíləgrì/ 名 U (金銀の)細線細工.

fil·ing¹ /fáilɪŋ/ 名 U とじ込み, 書類整理.

fil·ing² /fáilɪŋ/ 名 [複数形で] やすりの削りくず.

filing càbinet 名 C (英) = file cabinet.

filing clèrk 名 C (英) = file clerk.

Fi·li·pi·na /fíləpíːnə/ 名 C フィリピン人《女性》. ― 形 フィリピン人女性の. (☞ Filipino)

*Fil·i·pi·no /fíləpíːnoʊ/ 名 (~s /~z/) C フィリピン人《男性または女性; (☞ Filipina). U フィリピン語.
── 形 フィリピン(人[語])の.

*fill /fíl/ (同音 Phil; 類音 hill, fell) 動 (**fills** /~z/; **filled** /~d/; **fíll·ing**)

自 他 の転換
他 1 満たす (to make (something) full)
自 1 いっぱいになる (to become full)

── 他 1 〈入れ物などを〉満たす, 〈場所・空間を〉(物や人で)いっぱいにする, 〈...〉にぎっしり詰める, 〈人のために〉〈容器〉を満たしてやる; 〈音・光・においなどが〉...に充満する, 〈風が〉〈帆〉をいっぱいに張る (反 empty): 言い換え Children ~*ed* the room. = The room was ~*ed with* children. <V+O+*with*+名・代の受身> 部屋が子供でいっぱいになった / Jill ~*ed* the bottle *with* hot water. <V+O+*with*+名・代> ジルはびんにいっぱいお湯を入れた / F~ the glass full. <V+O+C(形)> グラスをいっぱいにしてください / 言い換え F~ this glass *for* me. <V+O+*for*+名・代> = F~ me this glass. <V+O+O> このグラスにいっぱいついでください.
2 〈空間・地位など〉を(物で)占める, うずめる, 〈穴など〉をふさぐ; 〈歯〉を充塡(ﾒﾝ)する: You must ~ the crack *with* something. <V+O+*with*+名・代> その裂け目は何かでふさぐ必要がある / The vacancy *was* already ~*ed*. <V+O の受身> 欠員はすでに補充された.
3 〈心〉を(喜び・悲しみなどで)満たす, いっぱいにする: The sight ~*ed* my heart *with* anger. <V+O+*with*+名・代> その光景を見て私の心は怒りでいっぱいになった / Jane was ~*ed with* joy to see Tom home safe after his long voyage. <V+O+*with*+名・代の受身> トムが長い航海の後に無事に帰ってきたのを見てジェーンの胸は喜びであふれた. 4 〈時間〉を(...して)過ごす: Lisa ~*ed* the time (*by*) reading a while. リーサは週刊誌を読んで時間をつぶした. 5 〈職務・役割など〉を果たす: ~ the role of an editor 編集者の任務を果たす. 6 (主に米)〈要求・必要〉を満たす; 〈注文〉に応じる: ~ a prescription 処方薬を調合する / We cannot ~ such orders. 我々はそんな注文には応じきれない.
── 自 1 いっぱいになる, 満ちる: The stadium soon ~*ed*. 競技場はすぐ満員になった / His heart ~*ed with* sorrow. <V+*with*+名・代> 彼の心は悲しみで満ちた. 2 〈帆が〉風をはらむ. **fill onesèlf** [動] 自 (略式)(飲食物で)腹をいっぱいにする (*with*).
語源 古(期)英語で full と同語源.

---

fill の句動詞

*fill ín 動 他 1 〈用紙・空所〉に書き込む, 〈必要事項〉を記入する <V+名・代+*in* / V+*in*+名>: F~ *in* the blanks *with* the correct words. 空所に正しい語を記入せよ / F~ *in* your name and address on this form, please. この用紙の空所に住所と名前を記入してください. 2 (略式)〈人〉に(最近の)〈必要な〉情報などを教える (*on*): Please ~ me *in on* the details. 詳しい説明をしてください. 3 〈穴など〉をふさぐ; 〈図形など〉を塗りつぶす. 4 〈暇〉をつぶす. ── 自 (臨時に)代わりをする (*for*).

*fill óut T1 動 他 1 〈書類など〉に書き込む <V+名・代+*out* / V+*out*+名>: Please ~ *out* this form. この用紙に記入してください. 2 〈...〉を(加筆して)ふくらませる. ── 自 (略式)〈顔などが〉ふっくらする, (体に)肉がつく, 太る.

*fill úp 動 他 1 〈...〉をいっぱいに満たす; 〈空間や場所〉をうめる, ふさぐ <V+名・代+*up* / V+*up*+名>: F~ it [her] *up*, please. 満タンにしてください《ガソリンスタンドで》; ☞ gender 文法 (3) / The tank is ~*ed up with* gasoline. タンクはガソリンでいっぱいだ / F~ *up* my glass. 私のグラスにいっぱいついでくれ / We had nothing to ~ *up* our time *with*. 時間つぶしにすることが何もなかった(手持ちぶさただった). 2 (略式)〈人〉に満腹感を与える. 3 (古風, 英)〈用紙欄など〉に記入する.
── 自 いっぱいになる (*with*): The pond ~*ed up* after the rain. 池は雨が降って満水になった. **fill (onesèlf) úp** [動] 自 = fill oneself (成句).

── 名 1 [所有格の後で] 思う存分, 腹いっぱい; 許容量: eat [drink] one's ~ 思う存分食べる[飲む]. 2 [a ~](容器に)いっぱいの量, 1 盛り: a ~ of tobacco パイプでのたばこ 1 服. **have hád one's fíll of ...** [動] ...に飽き飽きしてしまう.

filled góld 名 U (米)金メッキ, かぶせ金 (rolled gold).

†**fill·er** /fílə | -lə/ 名 1 C,U (新聞・放送などの)埋めくさ, つなぎ. 2 U (食品の量を増やす)混ぜ物; (クッションなどの)詰め物. 3 U (穴をふさぐ)目止め剤.

filler càp 名 C (英)(車の)燃料注入口のふた.

*fil·let /fílɪt, fɪléɪ | fílɪt/ 名 C,U 【料理】ヒレ肉《牛・豚の腰の肉で極上》, (魚肉の)切り身. ── 動 他 〈魚・肉〉を切り身にする.

fill-ín 名 [a ~] (略式)代理(人).

†**fill·ing** /fílɪŋ/ 名 1 C,U 詰め物; (パン・サンドイッチなどの)中身. 2 C (歯科の)充塡(ﾒﾝ)材《金など》. ── 動 腹にたまる, 食べごたえのある.

filling stàtion 名 C = gas station.

fil·lip /fíləp/ 名 [a ~] (W) 刺激 (*to, for*): give a ~ *to* ... ...を活気づける.

fill-úp 名 C (自動車を)満タンにすること.

fil·ly /fíli/ 名 (**fil·lies**) C 1 雌の子馬《4歳未

滴). 関連 colt 雄の子馬 / mare 雌馬. **2** 《古風》[差別] (活発な)若い女, 小娘.

***film** /fílm/ 图 〈~s /~z/〉

「薄膜」**3** → 〈フィルムの薄膜〉→ 「フィルム」**1** → 〈写真〉→ 〈映画〉**2**

1 [U,C] 〖写〗フィルム: a roll of ~ フィルム1本 / (a) fast ~ 高感度フィルム / a twenty-four exposure ~ 24枚撮りフィルム / This camera is not loaded with ~. このカメラにはフィルムが入っていない.

会話 "I'd like to get this ~ developed." "O.K. You can pick up your pictures any time after six tomorrow." 「このフィルムを現像してほしいんですが」「いいですよ. 明日6時以降ならいつでも受け取れます」

――― コロケーション ―――
develop *film* フィルムを現像する
put new *film* in one's camera 新しいフィルムをカメラに入れる
「remove *film* from [take *film* out of] one's camera カメラからフィルムを取り出す

2 [C] 《主に英》(個々の)映画《米》movie, motion picture); [U] 《英》映画(製作), 映画産業: a ~ made [shot] by an Italian cameraman イタリアのカメラマンが撮影した映画 / the ~ industry 映画産業 / see a news ~ ニュース映画を見る / show a ~ 映画を上映する / My father is in ~s. 父は映画の仕事をしている. **3** [C] [普通は単数形で] 〔表面の〕薄膜, 薄皮 (*形* filmy); [U] 〔食品包装用の〕ラップ: The pond was covered with a ~ of oil. 池の表面は油の薄い膜で覆われていた. **4** [C] 薄がすみ, (目の)かすみ. **on film** [副] フィルムに記録[撮影, 録画]されて: The whole experiment was recorded on ~. 実験はすべてフィルムに記録された. ――― 動 他 **1** 〈ビデオ(映画用)カメラで〉…を撮る, 〈映画など〉を撮影する; 〈小説など〉を映画化する: This picture *was* ~*ed* in Hawaii. この映画はハワイで撮影された / She ~*ed* her child swimming in the pool. 彼女は子供がプールで泳いでいるところを撮影した / Some of Agatha Christie's detective stories *were* ~*ed*. アガサ クリスティーの推理小説のいくつかは映画化された. **2** 〈…〉を薄膜で覆う. ――― 自 **1** 〈映画の〉撮影をする: ~ on location ロケ地で撮影する. **2** 薄皮が生ずる; かすむ, ぼやける: The pond ~*ed over* with thin ice. 池は薄氷で覆われていた.

film clìp 图 [C] 〖テレビ〗フィルムクリップ.
film·dom /fílmdəm/ 图 [U,C] 映画界[産業].
film fèstival 图 [C] 映画祭.
film·gòer 图 [C] 《主に英》=moviegoer.
film·ic /fílmɪk/ 形 《格式》映画の(ような).
***film·ing** 图 [U] 映画製作.
***film·màker** 图 [C] 映画製作者.
film noir /fílmnwɑ́ː | -nwɑ́ː/ 图 [C] 〖映〗フィルムノワール《暗鬱なスリラー映画》.
film premi·ère /fílmprɪmíə | -prémièə/ 图 [C] (新作映画の)プレミアショー.
film stàr 图 [C] 《主に英》=movie star.
film·strìp 图 [C] (教材用の)映画スライド; (教材用の)短編映画.
film·y /fílmi/ 形 (**film·i·er**, **-i·est**) 图 film 3) 〔普通は [A]〕 (布地が)透けるほど薄い; かすんだ.
fi·lo /fíːloʊ, fáɪloʊ/ 图 [U] 《英》=phyllo dough.
Fi·lo·fax /fáɪloʊfæks/ 图 [C] ファイロファックス《システム手帳; 商標》.
fil·ter /fíltə | -tə/ 〖同音〗philter, philtre) 图 〈~s /~z/〉

1 [C] ろ過器[装置], 水こし: The water is cleaned by a ~. 水はろ過器で浄化される. **2** 〔カメラの〕フィルター; 〔たばこの〕フィルター; 〔電波・音波の〕ろ波器; 〖電算〗フィルター. **3** 《英》左折[右折]許可を示す矢印信号.

――― 動 (**fil·ters** /~z/; **fil·tered** /~d/; **-ter·ing** /-tərɪŋ, -trɪŋ/) 他 **1** 〈…〉をろ過する, こす: The water must *be* ~*ed through* a cloth to remove the dirt. <V+O+through+名・代の受身> その水はごみを除くには布でこさねばならない.

――― 自 **1** [副詞(句)を伴って] (液体などが)しみ込む; (光・音などが)漏れる, 差し込む; (群衆などが)徐々に移動する: Moonlight ~*ed through* the thin curtain *into* the room. <V+前+名・代> 月の光が薄いカーテンを通して部屋に差し込んでいた / The crowd ~*ed into* the park. 群衆が次第に公園に入り込んできた. **2** [副詞(句)を伴って] (情報などが)徐々に知れ渡る, 漏れる (*into, through, to*). **3** 《英》(車が)緑色の矢印信号に従って左折[右折]する; 分流して合流する (*in*) 《米》merge). **filter óut** [動] 他 (1) 〈…〉をろ過して取り除く; 〈光〉を(フィルターで)遮断する. (2) 〈不適格な人[物]〉を取り除く.

filter bèd 图 [C] (水処理用の)ろ床, ろ過池[タンク].
filter pàper 图 [C] ろ紙, こし紙.
filter tìp 图 [C] フィルター(付きの紙巻きたばこ).
filter-tipped 形 (紙巻きたばこが)フィルター付きの.
***filth** /fílθ/ 图 [U] **1** 《略式》みだらな(ことば[絵]), 卑猥(%)なもの. **2** 汚物, 不潔なもの.
filth·i·ly /fílθɪli/ 副 不潔に, 汚らしく, みだらに.
filth·i·ness /fílθinəs/ 图 [U] 不潔, みだらさ.
***filth·y** /fílθi/ 形 (**filth·i·er**, **-i·est**) **1** 不潔な, よごれた: Take those ~ shoes off! そのきたない靴を脱いで. **2** 《略式》みだらな, 卑猥な. **3** 《英略式》(天候が)ひどい. ――― 副 《略式》すごく, ひどく: ~ rich 大金持ちの[で] / ~ dirty ひどく汚い.
fil·trate /fíltreɪt/ 图 [U] 《格式》ろ過液[水].
fil·tra·tion /fíltréɪʃən/ 图 [U] 《格式》ろ過(作用).
fin[1] /fín/ 图 〈~s /~z/〉 [C] **1** (魚の)ひれ: a tail [caudal] ~ 尾びれ. **2** ひれ状のもの; (航空機の)垂直安定板 (〖☞ airplane 挿絵〗); (レーシングカーの)水平翼. **3** 《英》=flipper 2.
fin[2] /fín/ 图 [C] 《米略式》5 ドル札.
fi·na·gle /fənéɪgl/ 動 《略式》他 〈…〉をせしめる; 〈人〉からだまし取る (*out of*). ――― 自 ごまかす.
fi·na·gler /fənéɪglə | -glə/ 图 [C] 《略式》詐欺師.
fi·na·gling /fənéɪglɪŋ/ 图 [U] 《略式》だまし(取り).
***fi·nal** /fáɪn(ə)l/ 〘17〙 形 (图 finálity, 動 fínalize)
[比較なし] **1** [A] 最後の, 最後の (〖☞ last[1] 類義語〗): the ~ act of a play 芝居の最後の(幕) / the ~ round 最終回, (競技の)決勝.
2 最終的な, 決定的な: the ~ ballot 決選投票 / The board will have the ~ decision [say]. 委員会が最終決定を出す / The judgment was ~. その判決[判断]は最終的なものだった, それが確定判決となった / I won't lend you the money, and that's ~! S 君には金は貸さない, 絶対にね!

――― 图 〈~s /~z/〉 **1** [C] 決勝戦; [複数形で] 決勝リーグ[トーナメント]: The team won the ~ and advanced to the ~s. そのチームは準決勝に勝って決勝に進出した. 関連 semifinal 準決勝戦 / quarterfinal 準々決勝戦. **2** [C] 《米》学期[学年]末試験; [普通は複数形で] 《英》(大学の)最終試験: I have 「a biology ~ [*a* ~ *in* biology] tomorrow. 明日生物学の期末試験がある.

――― 単語の記憶 《**FIN**》(終わり) ―――
final	最後の
finance	(決済する) → 財政
fine[1]	(完成された) → すばらしい
fine[2]	(決着をつける) → 罰金

640 finale

fin‌ish	(終わりにする)	→ 終える
confine	(限界内にまとめる)	→ 限る
define	(限界をはっきりさせる)	→ 定義する
infinite		限りのない
infinitive	(人称・数・時制に限定されない)	→ 不定詞
refine	(さらに仕上げる)	→ 精製する

fi·na·le /fənǽli, -ná:- | -ná:-/ 名 C 1《楽》終楽章, フィナーレ.《劇》最後の幕. 2(劇的な出来事などの)結末, 大団円 (to).

fi·nal·ist /fáinəlist/ 名 C 決勝戦出場選手[者].

fi·nal·i·ty /fainǽləṭi/ 名(形 final) U《格式》最終的なこと[態度]; 結末, 終局, 決着 (of): speak with ~ きっぱりと言う.

fi·na·li·za·tion /fàinəlizéiʃən | -laiz-/ 名 U 完成[完了, 決着]させること.

fi·nal·ize /fáinəlàiz/ 動(形 final) 他 《...》を完成させ, 仕上げる;《...》に決着をつける: The committee ~d the reconstruction plans. 委員会は再建計画を最終決定した.

*fi·nal·ly /fáinəli/ 副 1 ついに, とうとう (at last); ようやく, やっと, 結局 (in the end)(⇒類義語): We waited and waited, and ~ he came. 我々は待ちに待ってようやく彼がやって来た / Her plane ~ took off three hours late. 彼女の飛行機は 3 時間遅れてやっと飛び立った.

2 つなぎ語 最後に, 終わりに当たって(最後の論点や質問を提示したり, 最後の項目に言及するときに用いる): F~, I would like to say a few words about next month's meeting. 最後に来月の会について申し上げたいと思います. 3《格式》最終的に, 決定的に; 永久に: We have ~ settled the matter. 我々はその問題をすっかり解決した.

【類義語】**finally, after all, at last, in the end** いずれも「結局」という意味で用いるが, 使い方が異なる. **after all** 最初の決意・計画・期待・予測などが正反対に変わった場合に用いる: I intended to come to your party, but I have a lot of homework, so I won't be able to come *after all*. あなたのパーティーにおじゃまするつもりでしたが, 宿題が多くあって結局出席できません. **at last** 長い間待ち望んでいたことがいろいろと努力を重ねた結果ついに実現したことを表わす: The escaped prisoner cried, "*At last* I'm free!" 脱走に成功した囚人は「ついに自由になったぞ!」と叫んだ. **in the end** 長い時間的経過の末に結末として, の意味: She had to work very hard, but she passed her exam *in the end*. 彼女は一生懸命勉強しなければならなかったが, 結局試験に合格した. **finally** は *at last, in the end* 両方の意味に用いることができる.

final sácrifice 名 C [the ~] ⇒ sacrifice 名 成句.

final solútion 名 [the ~, しばしば the F- S-] 最終的解決《ナチスの欧州ユダヤ人絶滅計画》.

final stráw 名 [the ~] =last straw.

*fi·nance /fáinæns, fainǽns, fi-/ 名 (fi·nanc·es /-iz/; 形 fináncial) 1 U 財政, 財務, 財政学: the Minister [Ministry] of F~=the F~ Minister [Ministry] (日本の)財務大臣[省] / high ~ 大型の財政[金融取引] / an expert in ~ 財政の専門家.

2 [複数形で] 財源, 財力; 資金運用, 財政状態: The city's ~s are not sound. 市の財政状態は良好ではない / My ~s won't cover 《英》 run to) (buying) a second car. 私の財力では 2 台目の車は持てない. 3 U (資金の調達), 融資 (for). ラテン語で「負債などに決着をつける」の意(⇒ final 単語の由来).

— 動 (fi·nanc·es /-iz/; fi·nanced /-t/; fi·nanc·ing) 他《...》に資金を調達する, 融資する: The college *is ~d by* the state. <V+O の受身> その大学は州[国]立だ.

finance chàrge 名 C (ローンなどの)手数料, 金利.

finance còmpany [《英》 hòuse] 名 C (特に企業相手の)金融会社.

*fi·nan·cial /fainǽnʃəl, fi-/ 《T》 形(名 fináance)[比較なし] 財政上の, 財務の; 金融の; 財界の: ~ difficulties 財政困難 / a ~ success 金銭的にもうけること / ~ aid 《米》(学生への)奨学金 / ~ incentive 勤労[特殊業務]報奨金 / a ~ institution《経》金融機関 / ~ markets《経》金融市場 / the ~ world 財界.

*fi·nan·cial·ly /fainǽnʃəli, fi-/ 副[時に文修飾語] 財政的に(は): The movie turned out to be ~ successful. その映画は金銭的には成功した.

Fináncial Tímes 名 圖『フィナンシャルタイムズ』(英国の全国版日刊経済紙).

*fináncial yéar 名 C [普通は the ~]《英》= fiscal year.

fin·an·cier /fìnənsíə | fainǽnsiə/ 名 C 財政家, 財務官; 金融業者, 融資[出資]者; 資本家.

fi·nanc·ing /fáinænsiŋ, fainǽns-, fi-/ 名 U 資金調達; 融資業.

finch /fíntʃ/ 名 C フィンチ《太めのくちばしを持ち, 鳴き声の美しいひわ・あとり類の小鳥; ⇒ bullfinch》.

*find /fáind/ 動 (finds /fáindz/; 過去・過分 found /fáund/; find·ing) 他

```
                    ┌→「ふと見つける」2
                    │
「見つける」─ →「見つかる」6
                    │          ┌→「得る, 手に入れる」5
                    └→(見つける)─→「捜し出す」1
                               │
                               └→「発見する」3→「知る」4
```

1 [進行形なし] <なくしたものを>捜し出す, <人など>を(捜して)見つけ出す; <人に×なくしたもの>を見つけて[捜し出して]やる (反) lose): She lost her hat but *found* it soon. 彼女は帽子をなくしたがすぐに見つけた / I can't ~ my key. 鍵が見つからない[言い換え] Please ~ me my overcoat.=Please ~ my overcoat *for* me. <V+O+*for*+名・代> どうか私のオーバーを捜してください(⇒ for 前 A 1 [語法]) / We *found* the missing girl wander*ing* around in the woods. <V+O+C(現分)> 行方不明の女の子が森をさまよっているのを見つけた.

2《...》を**ふと見つける;**《...》が(であるのを)**発見する**,《...》にたまたま)出会う;《時・月・日などが》<人など>が《...してしる(のを)見い出す<時が主語で「ある時に...している」の意》: I *found* the key on the floor. その鍵は床の上にあった / I *found* my sister doing yoga. <V+O+C(現分)> 私は妹がヨガをやっているのを見つけた / The boy *was found* dead [injured] in the woods. <V+O+C(形・過分))の受身> 少年は森の中で死んで[けがをして]いるのを発見された / Friday evening *found* the girl walking along the beach. 金曜の夕方少女は浜辺を歩いていた.

3 (調査・研究して)<未知の事>を**発見する,** <答えなど>を見つけ出す; (調べて)<...>だと**知る:** I've *found* it! 見つけたぞ! (⇒ eureka) / The doctor *found that* the patient had stomach cancer. <V+O (*that* 節)> 医者は患者が胃癌(%)になっているのを発見した.

4 (経験して)<...>が(...だと)**知る**, わかる, 悟る; (試してみて)<...>が(...だと)**わかる:** I *found* the book easy. <V+O+C (形)> その本は(読んでみて)易しいとわかった. 用法注意 easy (形容詞)と easily (副詞)との違いに注意: I *found* the book easily. その本はすぐに見つかった (2 の意の例文) / I *found* an easy book. 私はやさしい本を見つけた // I called at his house but *found* him *out*. 彼の家を訪ねたが彼は不在だった / We *found* the money *gone*. <V+O+C (過分)> 金は盗まれていることがわかった[言い換え] We *found* her *to* be very clever.<V+O+C (*to* 不定詞)>=We *found* (*that*) she

was very clever. <V+O (*that*)節> 彼女がとても利口であることがわかった / They *found* it necessary *to* [*that* they should*] start at once. 彼らはすぐ出発することが必要だと知った. 語法 (1) it は to 以下または that 以下を受ける形式目的語; 動詞型は <V+O+C (形)>. (2) 次の受身も可能: *It was found* necessary *to* [*that* they should*] start at once.

会話 "How did you ~ Switzerland?" "Fantastic!" 「スイスはいかがでしたか」「すばらしかったですよ」

5 [進行形なし]《必要なもの》を得る, 手に入れる; <恋人など>を見つける: satisfaction in voluntary work ボランティア活動に充足感を持つ / Where did he *find* the money? 彼はどこでその金を手に入れたのか / We couldn't ~ (the) time to see the garden. その庭を見学する時間がなかった.

6 [受身で, または you, one を主語として; 進行形なし] <…が見つかる[ある]>(ことを知る). 語法 「見つけ出す」の意味が弱まって,「存在」を示す there は [are] …の構文に近い意味を表わす: [言い換え] *You* won't ~ much water around here.=There isn't much water (to *be found*) around here. このあたりには水がありません / This sort of bird can *be found* everywhere in Japan. この種の鳥は日本中どこにでもいる. **7** [進行形なし]《法》<裁判・陪審で>く人>を(…と)判決[評決]する: The jury *found* him guilty [not guilty]. 陪審は彼を有罪[無罪]と評決した. **8** [進行形なし]<物が><…>に達する, 当たる: ~ its mark [target] <矢・弾など>的に当たる. **9** [進行形なし]《法》(…に有利[不利]な)判決[評決]を下す (*for*, *in favor of*, *against*).

áll found [古風, 英] 食事・部屋・衣服などを支給されて<使用人の雇用条件など>: Wages £100 and *all found*. 賃金 100 ポンドに部屋・食事付き.

find it in onesèlf to dó [動] =find it in one's heart to do (☞ heart 成句).

find one's wáy [動] [自] (1) 何とかして行く, 努力して進む, たどり着く: ~ *way*¹ コーパス・キーワード. (2) <川などが>(…に)達する (*to*).

find onesèlf [動] [自] (1) [副詞(句)・形容詞(句)などを伴って] 自分が(…には[…である])のに気づく: When I woke up, I *found myself* in the hospital. 目が覚めたら私は病院にいた. (2) [しばしば滑稽] 自己の才能[進むべき方向]を知る: He finally *found himself* as a cook. 彼はやっとコックとしての天分を見出した.

find ... in — [動] 他 (1) <活動など>に<喜びなど>を見出す, 経験する: I *found* a good friend *in* Lynn. (交際してみたらリンはよい友達だった.
(2) ~ <…>だとわかる

fìnd óut T1 [動] 他 **1** <…>を**見つけ出す**, 発見する, つきとめる. 語法 調査・熟考・観察などの結果, 事実・実情などを知ることをいう. 従って落とし物を見つけ出す意味には用いない <V+名・代+out / V+out+名>: Could you ~ *out how* to get there? そこへ行く方法を調べてもらえませんか / Please ~ *out when* [*at what* time] the plane takes off. 飛行機がいつ[何時に]出るか調べてください / I *found out* (*that*) her name was Mary. 彼女の名前がメアリーだとわかった. **2** <…>の正体を見抜く: We have *found* him *out*. 彼の正体[悪事]を見破った.
— [自] (調べて)事実を知る: Before you employ him, you'd better ~ *out about* his past. 彼を雇う前に過去のことを調べておいたほうがいいですよ.

— 名 (**finds** /fáɪndz/) [C] [しばしば a ~] 見つけた物[人], 掘り出し物;《鉱山など》の発見: That restaurant was *a* real ~. あのレストランは全くのめっけ物だった / I made *a* great [lucky] ~ in the store the other day. 私は先日その店ですばらしい[運よく]掘り出し物をした.

fine 641

fínd·er /fáɪndɚ | -də/ 名 [C] **1** 発見者, 拾得人: F~s keepers (losers weepers). (S)《略式》見つけた人の物(, なくした人のは泣く者)《子供たちがよく使うことば》. **2** =viewfinder.

fin de siè·cle /fǽndəsiékl/《フランス語から》形 [A] (19) 世紀末の; 世紀末(退廃)的な.

*****find·ing** /fáɪndɪŋ/ T2 (~s /-z/) [C] [しばしば複数形で] **1** (調査・研究による)結論, 調査[研究]結果: The commission's ~s indicated that carelessness (had) caused the accident. 委員会の結論では事故の原因は不注意ということだった. **2**《法》判決, (陪審の)評決.

*****fine**¹ /fáɪn/《類音》find) T2 形 (**fìn·er**; **fìn·est**)

「完成された」の意 (☞ final 単語の記憶) から,
「すばらしい」**1**
├→「優れた」**2** →（体調がよい）→「元気な」**3**
│   →（状況がよい）→「申し分ない」**4**
└→（隅々まで配慮が行き届いた）→「細かい」**5**

1 [普通は A] **すばらしい**, 見事な, 立派な; 美しい, 洗練された; 豪勢な, はなやかな: a ~ building すばらしい建物 / a ~ play ファインプレー / *finer* feelings 気高い気持ち<愛情・親切心・忠誠など> / ~ features 美しく整った容貌(鬣) / He has grown up to be a ~ gentleman. 彼は成長して立派な紳士になった.

2 **優れた**, 上手な; 精巧な: a ~ singer 優れた歌手 / ~ works of art 優れた芸術作品.

3 [P] [比較なし] [主に (S)] **元気な**, 健康で; 気分がいい: He looked ~ this morning. 彼はけさ元気そうだった.

会話 "Hello! Hòw áre you?" "F~, thánk you, and yóu?" 「やあ, お元気ですか」「おかげさまで, 元気です. あなたは」

4 [P] [比較なし] [主に (S)] **申し分ない**, 結構な《申し出を断わるときや怒りを示すときにも用いる》.

会話 "How about going fishing tomorrow?" "That's ~ (*with* [*by*, *for*] me)."「あす釣りに行かない」「いいよ」/ "Have you finished it?" "Yes. F~."「それをやり終えましたか」「はい」「よろしい」/ "When would be convenient for you?" "Tuesday would be ~."「いつご都合よろしいですか」「火曜日がいいですね」

5 [普通は A] <粒など>細かい《反 coarse); <糸・髪などが>細い, <鉛筆の芯(乏)が>細線用の《略 F); <布地などが>きめ細かい; <刃などが>鋭い: ~ dust 細かいほこり / a ~ thread 細い糸 / (a) ~ texture きめの細かい織物 / A ~ rain was falling. こぬか雨が降っていた.

6 [A] 繊細な, 微妙な;《感覚が》鋭敏な: the *fine*(*r*) details [points] 細かな点 / a ~ distinction 微妙な相違 / ~ tuning《ラジオ・テレビ・通信》(波長などの)微調整. **7**《天気が》晴れた (clear); ~ a ~ day 晴れた日. **8** [A]《略式》《皮肉》結構な, ひどい. **9** (ことば・文章などが)きどった, 凝った; (うわべは)聞こえのよい. **10** 混じり物のない: ~ gold 純金.

nót to pùt tóo fine a póint on it [副] [しばしば滑稽] 文修飾 はっきり[露骨に]言えば.

óne fine dáy [**mórning**] [副] 《物語などで過去または未来にも使う》天候は無関係に.

— [副] **1** (S) 立派に, うまく; 申し分なく: That will suit me ~. それは私にはとても好都合だ / He's doing ~. 彼は元気にして[よくやって]いる / It'll do me ~. 私にはそれで十分だ. **2** [合成語で] 細かく, 微妙[精巧]

に: a ~-drawn distinction 微妙な差異. **cút it [things] fíne** [動] 自 《略式》(時間などが)ぎりぎりである, 余裕がない.
— [動] [次の成句で] **fíne dówn** [動] 他 《英》細かく[薄く]する; 《樂などを》よくする, 磨く.

***fine**² /fáɪn/ (願連 find) 名 (~s /-z/) C 罰金, 科料: impose [pay] a ~ for illegal parking 駐車違反の罰金を支払う]. 語源 ラテン語で「決着をつける」意から「罰金」となった(⇨ final [単語の記憶]).
— [動] (fines /-z/; fined /-d/; fin·ing) 他 《…》に罰金を科する, (…のかどで)人を〈ある額〉の料金に処する: The judge ~d her ten dollars. <V+O+O> 裁判官は彼女に10ドルの罰金を科した / He was ~d five pounds for drunken driving. <V+O+O+for+名・代の受身> 彼は酔っ払い運転のかどで5ポンドの罰金を科せられた.

***fíne árt** 名 1 U または the ~s] 美術(絵画・彫刻・建築など). 2 U 美術品(全体). 3 [単数形で] 巧妙な[洗練された]わざ. **hàve [gèt] ... dówn to a fìne árt** [動] 他 《略式》 〈…〉を完璧にやれる[やるこつを心得ている].

Fí·ne Gáel /fíːnə-/ 名 固 統一アイルランド党《アイルランド共和国の二大政党の一つ》.

fine-gráin 形 【写】 (フィルムが)微粒子の.
fine-gráined 形 きめの細かい; 【写】 =fine-grain.
fine·ly 副 1 細かく, 微細に; 微妙に; 精密に. 2 立派に, 見事に.

***fine·ness** 名 U 1 細かさ, 細さ. 2 精密さ; 繊細さ(心・感覚などの).
fine prínt 名 U =small print.
fin·er·y /fáɪn(ə)ri/ 名 U 《格式》はでな服装, 装飾品.
fines herbes /fiːn(z)éəb/, -(z)éab/ 名 《フランス語から》 U [時に複数扱い] フィーヌゼルブ《ソースやスープの香味料》.
fi·nesse /fənés/ 名 U 巧みな技巧, 手腕; 巧みさ.
— [動] 〈…〉を策略を用いてうまく処理する; 《米》〈…〉を巧みにこなす. — 自 策略を用いる.
fin·est /fáɪnəst/ 名 [the ~; 複数扱い] 《特に New York 市の》警察, 警官たち.
fine-tòoth [fine-tòothed] cómb 名 C 目の細かいくし. **gò óver [thróugh] ... with a fine-tòoth(ed) cómb** [動] 他 〈…〉を入念[綿密]に調べる, しらみつぶしに探す.
fine-túne [動] 〈…〉を微調整する.
fine-túning 名 U 微調整.
Fín·gal's Cáve /fíŋg(ə)lz-/ 名 固 フィンガルの洞窟(⽗)《Scotland 西部 Hebrides 諸島にある》.

***fin·ger** /fíŋgə-/ -gə/ 名 (~s /-z/) C 1 (手の)指 (⇨ hand 挿絵). 日英比較 finger は親指 (thumb) を含むことも含まないこともある. 指を数えるときには親指は含まれず, 例えば third finger というと薬指のこと: She felt the doll with her ~s. 彼女は人形を指で触ってみた / The child was counting on his ~s. そ

finger (手の指)	
thumb (手の親指)	指
toe (足の指)	

の子は指を使って数えていた (⇨ count¹ 挿絵). 関連 digit (手・足の)指. 2 手袋の指. 3 指状のもの, (指のような)突出部 (of). 4 フィンガー《空港の細長い乗降・送迎デッキ》. 5 指幅《グラスに注ぐ酒の量を測る単位》.
búrn one's fíngers [動] 自 (余計な事をして)痛い目にあう.
clíck one's fíngers [動] 自 =snap one's fingers.
cróok one's fínger at ... [動] 〈…〉に対し指を曲げて招く (⇨ come 1 挿絵).
cróss one's fíngers [動] 自 人さし指の上に中指を重ねる《幸運や厄よけを願うしぐさまたはうそをついた罪を消してもらうため背後でするしぐさ》.
gèt one's fínger òut [動] 自 S 《英略式》 =pull one's finger out.
gèt [hàve] one's fíngers búrned [動] 自 =burn one's fingers.
gíve ... the fínger [動] 他 《主に米》〈…〉に》手の甲を向けて中指を立てる《話し相手をばかにするときなどの侮辱的で下品なしぐさ; 《英略式》では人さし指を立てることがあり, これを put two fingers up at ... という》.

cross one's fingers

give ... the finger    *put two fingers up at ...*

háve a fínger in the [évery] píe [動] 自 《略式》何にでも首をつっこむ; いろいろなことにちょっかいを出す.
hàve ítchy fíngers =hàve stícky fíngers [動] ⇨ sticky の成句.
háve [kéep] one's fínger on the púlse of ... [動] 他 〈…〉についての最新の情報に通じている.
kéep one's fíngers cròssed [動] 他 中指を人さし指に重ねて(いる), 幸運を祈る (⇨ cross one's fingers): I'm keeping my ~s crossed that he'll come home safe. 私は彼が無事に帰ってくるのを祈っている / Please keep your ~s crossed for me. 私の成功を祈ってください.
láy a fínger on ... [動] 他 [普通は否定文・条件文で] (敵意を持って)〈…〉に指で触れる, 〈…〉に手を出す; 〈…〉に危害を加える; ⇨ put the finger on ... .
nót lìft [ráise] a fínger [動] 自 指1本動かさない, 何の努力もしない: He won't lift a ~ to help us. 彼は少しも我々を助けようとはしない.
póint the [a] fínger at ... [動] 他 (非難の対象として)〈…〉を指さす, 〈…〉を非難する: point the ~ of suspicion at ... ... を疑う / He pointed ⌈an accusing finger [the ~ of blame] at me. 彼は私を非難した.
púll one's fínger òut [動] 自 S 《英略式》てきぱきと仕事を始める, 精を出す.
pút [láy] one's fínger on ... [動] 他 [普通は否定文で] 〈…〉を見つける; 〈…〉をはっきり指摘する.

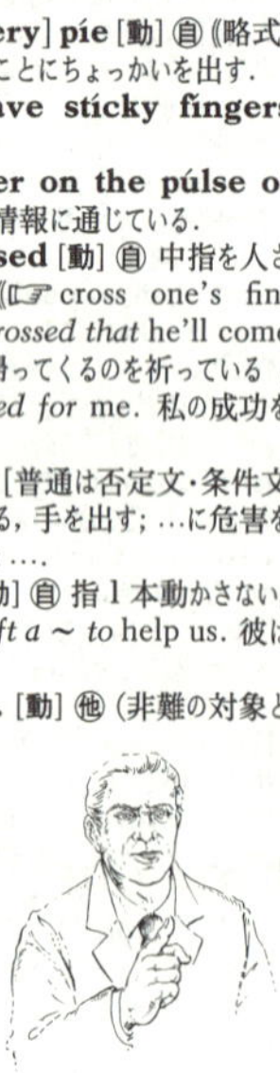

point the [a] finger at ...

pút [láy] the fínger on ... [動] 他 《俗》〈…〉を(警察に)密告する, たれ込む.
pùt twó fíngers ùp at ... [動] 他 《英略式》 =give ... the finger.
rún one's fíngers through one's háir [動] 他 指で髪をすく[いじる]《緊張・当惑などのしぐさ》.
sháke one's fínger [動] 自 (相手に向かって)立てた人さし指を2, 3 回振る《警告・非難のしぐさ; ⇨ 次ページ挿絵》 (at).
slíp through ...'s fíngers [動] 自 (好機などが)〈…〉か

するりと逃げる、なくなる.

snáp one's fín·gers [動] 自 指をぱちんと鳴らす (☞ snap 動 自 1).

twíst [wráp] ... aròund one's líttle fínger [動] 〈…〉を意のままにあやつる、手玉にとる.

wórk one's fíngers to the bóne [動] 自《略式》一生懸命に働く、身を粉にする.

— 他 (-ger·ing /-g(ə)rɪŋ/) 1 〈…〉を指で触る; 〈楽器などを〉指で弾(ひ)く. 2《略式》〈…〉を密告する (to).

fínger·bòard 名 C (ギターなどの)指板.

fínger bòwl 名 C フィンガーボール《食事のときの指洗い用の器》.

-fin·gered /fíŋgəd | -gəd/ 形 [合成語で] …本指の, …な指をした: three-fingered 3本指の / long-fingered 長い指をした.

fínger fòod 名 U.C 指でつまんで食べる食べ物《にんじん・ラディッシュ・フライドチキンなど》.

fínger hòle 名 C 指穴《管楽器・電話のダイヤル・ボウリングのボールなどの》.

fin·ger·ing /fíŋg(ə)rɪŋ/ 名 U.C (楽器の)運指法, 指使い.

fin·ger·ling /fíŋgəlɪŋ | -gə-/ 名 C さけの幼魚.

fínger màrk 名 C 汚れた指跡.

fínger-nàil 名 C (手の)指のつめ (☞ toenail).

háng ón by one's fíngernails [動] 自 かろうじて失敗[危険]を免れる, 必死の思いでがんばる.

fínger-pàint 動 自 フィンガーペイントで描く.

fínger pàinting 名 U フィンガーペインティング画(法), 指絵画法で描いた絵.

fínger pàints 名 複 フィンガーペイント《特に子供が指で描く時に用いるゼリー状の絵の具》.

fínger·pick 名 C 《楽》指につけるピック.

fínger·pick·ing 名 U 《楽》フィンガーピッキング《ギターなどの弦楽器をピックを使わず, 指先で奏する方法》.

fínger plàte 名 C 《英》指板《手あかで汚れないようにドアの取っ手の周囲につける板》.

fínger-pòint·ing /-pɔ̀ɪntɪŋ/ 名 U 《米俗》(しばしば不当な)告発をすること, 指弾.

fínger pòst 名 C (指形の)道標, 道しるべ.

fin·ger·print 名 C 1 [普通は複数形で] 指紋 (print): leave (one's) ~s 指紋を残す / take a person's ~s 人の指紋を取る. 2 顕著な特徴. **...'s fíngerprints are on [àll óver]** — …の影響が — [一全般に]見られる. — 動 他 〈人〉の指紋を取る; 〈物・場所〉から指紋を採取する.

fínger pùppet 名 C =puppet 2.

fínger spélling 名 U 手話《聴覚障害者に対し指でつづりを表わすことによる伝達方法》.

fínger·stàll 名 C 《英》指サック.

fínger·tìp 名 C [普通は複数形で] 指先. **to one's fíngertips** [副]《英》完全に. **háve ... at one's fíngertips** [動] 他 〈…〉が手近にあ(ってすぐに利用できる); 〈…〉を熟知している.

fin·ick·y /fíniki/ 形《けなして》 1 いやに気にする, 気難しい (about). 2 (仕事などが)細心の注意を要する.

fin·is /fínɪs/ 名 C (本・映画などの)終わり, 完.

fin·ish /fíniʃ/ 《同語 Finnish》 動 (-ish·es /~ɪz/; fin·ished /~t/; -ish·ing)

―― 自 他 の転換 ――

他 1 終える (to make (something) come to an end)

自 1 終わる (to come to an end)

finish 643

―― 他 1 〈…〉を終える, 済ます, 完了する《☞ end 類義語; final 単語の記憶》: Have you ~ed your work? 仕事は済んだの / He ~ed school in March. 彼は3月に学校を卒業した / He ~ed his speech by thank**ing** the audience. <V+O+by+動名> 彼は聴衆に感謝してスピーチを終えた / I haven't ~ed read**ing** this book. <V+O(動名)> この本をまだ読み終えていない. 語法 <V+O(to 不定詞)> の動詞型はとらない.

2 〈飲food物〉を食べ[飲み]終える, 平らげる; 〈本〉を読み[書き]終える; 〈手紙〉を書き終える; 〈物〉を使い切る: He's ~ed his cake. 彼はケーキを平らげた / Have you ~ed the book yet? その本はもう読み[書き]終わったの.

3 〈…〉の仕上げをする; 〈…〉に磨きをかける: This work is beautifully ~ed. <V+O の受身> この作品は美しく仕上がっている. 4 =finish off 3. 5 〈レース〉を(…位で)ゴールインする (in).

―― 自 1 終わる, 済む, おしまいになる; 〈仕事など〉を終える, 済ます: School ~es before noon today. 《主に英》きょうは昼前に学校が終わる / The program ~es **with** the national anthem. <V+O+with+名・代> 番組は国歌で終了する / Let me ~. 最後まで聞いてください.

2 (レースで)ゴールインする (☞ goal 日英比較): Mark ~ed **first** [second, third] in the race. <V+C(形)> マークはレースで1[2, 3]着でゴールインした.

be fínished [動] 自 (1) (仕事・話などを)済ませて(しまって)いる, やめてしまう; (人などと)縁が切れている: Are you ~ed (with your work)? (お仕事が)もうお済みですか. (2)《略式》(人・関係などが)終わっている, だめになっ(ている); (物が)尽きている. (3) (仕事が)仕上がっている; (食べ物が)平らげられている.

gèt ... fínished [動] 他 〈物事〉を終えてしまう: I'd like to get the copying ~ed by noon. コピーを昼前に終わらせたい.

the fínishing tóuch(es) [名] (仕事・絵画などの)最後の仕上げ(の一筆): ☞ touch 名 4 最初の例文.

―― finish の句動詞 ――

fínish óff 動 他 1 〈仕事〉を完成する; 〈…〉の仕上げをする. 2 〈…〉を使い切る, 〈飲food物〉を平らげる. 3《略式》〈…〉をやっつける, 殺す; すっかり参らせ[疲れさせ]る. ―― 自 終わりにする, やめてする (with, by). **fínish óff ...「with — [by dóing]** [動] 他 〈…〉を—して[して]終わりにする: ~ off lunch **with** coffee 昼食の終わりにコーヒーを飲む.

fínish úp 動 他 〈…〉を終える; 〈…〉を仕上げる; 〈飲food物〉を平らげる. ―― 自 1 (仕事を)終わりにする, やめにする: OK, men, let's ~ **up** and go home. よし, みんな, おしまいにして家に帰ろう. 2《主に米》最後には(…に)なる: You will ~ **up** dead [apologizing to her]. 結局は死ぬ[彼女に謝る]ことになるよ. **fínish úp in ...** [動] 自《主に英》最後には…に入る, 結局…に行き着く; …という羽目になる: The reckless driver ~ed **up** in the hospital. 無謀な運転手は結局入院する羽目となった. **fínish úp「with ... [by dóing]** [動] 自 …で[して]終わる, 最後には…に[…すること]になる: You'll ~ up **by** apologizing to her. 結局彼女に謝ることになるよ.

*****fínish with ...** 動 他 [普通は完了形で] 1 …が用済みになる, …の用を済ます;《略式》…と関係を絶つ, 別れる: Have you ~ed with this book? この本はもうお済みですか / Have you ~ed with her? 彼女とは別れたのですか. 2〈目下の者など〉を扱い[処罰し]終える.

―― 名 (~·es /~ɪz/) 1 C [普通は単数形で] (競走の)ゴール(地点), 決勝点 (finish line) (☞ goal 表, 日英比較); 終わり, 最終局面: Dozens of photographers were waiting *at* the ~. ゴールでは何十人というカメラマンが待ち構えていた / The race ended in a close [tight] ~. レースは大接戦だった. **2** ⓒⓊ 仕上げ, 磨き；仕上げ材[方法]: a glossy ~ 光沢仕上げ / This work lacks ~. この製品は仕上げがまだだ.

fin·ished /fíniʃt/ 形 (反 unfinished) **1** ⓟ 終わりになった, 力尽きた(☞ be finished (finish 動 成句)). **2** Ⓐ 終えた；完成した, 仕上がった；洗練された.

fin·ish·er /fíniʃə-|-ʃə/ 名 ⓒ (レースの)完走者.

fin·ish·ing line /fíniʃiŋ-/ 名 [the ~] (英) = finish line.

finishing school 名 ⓒⓊ (古風)(良家の女子のための)教養学校, 花嫁学校.

finish line 名 [the ~] (競走の)ゴール: reach [cross] the ~ first [second] 1 [2] 着でゴールインする(☞ goal 表, 日英比較).

fi·nite /fáɪnaɪt/ 形 **1** (格式) 限定されている, 有限の(反 infinite). **2** [文法] 定形の.

finite fórm 名 ⓒ [文法] 定形.

文法 定形

主語の人称・数によって語形が定まる動詞の形をいい, 非定形に対する. 節の中の述語動詞には普通は定形動詞が1つなければならない. 例えば次の文における be 動詞は主語の人称・数によってそれぞれ am, are, is, was, were のように語形が定められているので定形である: I *am* a student. 私は学生です / You *are* a student. / Tom *is* a student. / We [You, They] *are* students. / I *was* a student. / You *were* a student. / We [You, They] *were* students.

定形を持つ動詞を定形動詞 (finite verb) という. 定形には現在形・三人称単数現在形・過去形がある.

---

finite vérb 名 ⓒ [文法] 定形動詞(☞ finite form 文法).

fink /fiŋk/ (古風, 米略式) 名 ⓒ 密告者; いやなやつ. —動 密告する (on).

Fin·land /fínlənd/ 名 ⓖ フィンランド《ヨーロッパ北部の共和国；首都 Helsinki》.

フィンランド	Finland
フィンランド人	Finn
フィンランド語	Finnish
フィンランド(人・語)の	Finnish

Finn /fin/ 名 ⓒ フィンランド人, フィンランド系人(☞ Finland 表).

Finn·ish /fíniʃ/ (☞ Finland 表) 形 **1** フィンランドの；フィンランド人の. **2** フィンランド語の. —名 **1** Ⓤ フィンランド語. **2** [the ~ として複数扱い] フィンランド人(全体)；フィンランド国民.

fi·ord /fiɔ́ːd, fíːɔːd; fí:ɔːd, fió:d/ 名 ⓒ =fjord.

fir /fɔ́ː|fɔ́ː/ 名 **1** ⓒ もみの木, もみの木 (クリスマスツリーに使われる). **2** Ⓤ もみ材.

fir cóne 名 ⓒ もみの木の実.

★fire¹ /fáɪə|fáɪə/ 名 (~**s** /~z/; 形 **fiery**) **1** Ⓤ **火**, 火炎(☞ light¹ 名 4)；火花: Animals are afraid of ~. 動物は火を恐れる / F~ is a good servant but a bad master.《ことわざ》良くしつけても使いが悪い主人である《火の扱いに注意しないと災害をもたらす》.
2 ⓒⓊ **火事**, 火災: a forest ~ 山火事 / F~! 火事だ! / [言い換え] Two big ~s broke out last night. = There were two big ~s last night. ゆうべ大火事が2件あった.
3 ⓒ (暖房用・炊事用などの) **火**, かまどの火, たき火, 炉火: an open ~ おおいのない(壁炉の)火 / put out a ~ 火を消す / lay a ~ (暖炉の中に紙や薪を置いて)火をおこす用意をする / light [make, build, start] a ~ 火をつける[おこす] / Please warm yourself by [at] the ~. どうぞ火におあたりください.
4 Ⓤ 砲火, 銃火, 射撃: cease ~ 砲撃を停止する / return (...'s) ~ (...に)撃ち返す / The enemy opened ~ *on* us. 敵は我々に砲撃を開始した / We exchanged ~ with the enemy. 我々は敵と砲火を交えた. 関連 gunfire 発砲. **5** ⓒ (英) 暖房装置(ヒーター・ストーブなど): a gas ~ ガスストーブ. **6** Ⓤ (燃えるような)熱情, 情熱, 激怒 (*of*): with ~ in one's belly (格式) 熱意[やる気]をもって / Their hearts [eyes] were full of ~. 彼らの心[目]には熱情がみなぎっていた.

be in the líne of fíre [動] =be on [in] the firing line(☞ firing line 成句).

bréathe fíre [動] ⓐ (略式) 悪態をつく, 激怒する.

buíld a fíre ùnder ... [動] ⓗ =light a fire under ...

cátch ((米) ón) fíre [動] ⓐ (1) 火がつく: Wooden houses catch ~ easily. 木造家屋は火がつきやすい. (2) 活気づく, 人気が出る.

dráw fíre [動] ⓐ (案などが)(...に)批判される.

dráw ...'s fíre [動] (しばしば意図的に)...の怒り[非難, 注意]を自分に向けさせる.

fíght fíre with fíre [動] ⓐ 相手と同じ手段[論法]で対抗する.

fíre and brímstone [名] 地獄の責め苦.

gó through fíre (and wáter) [動] ⓐ (古風) あらゆる困難をものともしない (*for*).

háng fíre [動] ⓐ (計画・会議などが)遅延する, ぐずつく, 手間取る；(人が)行動を起こさず, 待つ.

hóld (one's) fíre [動] ⓐ 発砲[非難, 事]をひかえる.

líght a fíre ùnder ... [動] ⓗ Ⓢ (米) (怠慢な人)をせきたてる.

máke úp a fíre [動] ⓐ 火に燃料をつぎ足す.

on fíre [形・副] (1) 燃えて(いる), 火災を起こして: When we arrived, the ship was *on* ~. 私たちが到着したとき船は火災を起こしていた. (2) 興奮[熱中]して (*with*). (3) (体の一部が)ひりひり痛んで.

pláy with fíre [動] ⓐ 危険なことをする.

sèt fíre to ... = **sét ... on fíre** [動] ...に火をつける, 放火する: The police arrested the man who had [set ~ to the house [set the house on ~]. 警察はその家に火をつけた男をつかまえた. 語法 ... is set fire to, ... is set on fire の形で受身にできる.

stárt [(米) sét] a fíre [動] ⓐ 火事[火災]を起こす.

ùnder fíre [形・副] (1) 砲火にさらされて(いる) (*from*). (2) (略式) 厳しい非難を浴びて(いる).

Whére's the fíre? (略式) なぜそんなに急ぐのか.

—動 (**fires** /~z/; **fired** /~d/; **fir·ing** /fáɪ(ə)rɪŋ/) ⓗ **1** 〈銃・弾丸などを〉**発射する**, 発砲する；〈矢〉を射る (*on, into*): Someone ~d a gun. だれかが銃を撃った / The criminal ~d his gun *at* a policeman. <V+O+*at*+名・代> 犯人は一人の警官に向けてけん銃を発砲した. **2** 〈...〉を首にする, 解雇する (*from*) (dismiss): The manager ~d the cook *for* theft. <V+O+*for*+名・代> 支配人はそのコックが盗みをしたので首にした. **3** 〈...〉に火をつける <V+O> つける 名詞は首に. **3** 〈興味・想像力などを〉刺激する, かき立てる；〈人を(感情に)燃え立たせる (*with*): The scene ~d his blood. その光景に彼の血が沸いた. **4** 〈焼き物を〉焼く: Bricks are ~d in a kiln. れんがはかまどで焼かれる. **5** 〈...〉に火をつける (set fire to): The mob ~d the building. 暴徒はその建物に火をつけた. **6** 〈質問・非難〉を浴びせる: The audience ~d questions *at* the lecturer. 聴衆は講演者に質問を浴びせかけた.

—ⓐ **1** 発砲する, 発射する；(銃が)火を吹く, (弓が)矢を放つ: The enemy ~d *at* [*on*] us. <V+*at* [*on*]+名・代> 敵は我々に向けて発砲した. **2** (エンジンが)

る，点火する． **fire awáy [ahéad]** [動] [自] [普通は命令文で] [S] ⦅略式⦆(さっさと)質問[話]を始める． **fire báck** [動] [自] (1) (銃などで)撃ち返す． (2) (…に)言い返す (*at*). — [他] 〈答えなど〉を激しく返す (*at*). **fire óff** [動] [他] (1) 〈弾〉を発射する，撃ち尽す． (2) 〈抗議文・要求など〉をすぐに送りつける; 〈質問など〉を連発する． **fire úp** [動] [他] (1) [しばしば受身で] 〈人〉を興奮させる，(感情で)燃え立たせる (*about*); 〈感情〉をかき立てる． (2) ⦅米⦆ 〈…〉に火をつける; 〈エンジン〉をかける．

fire alàrm [名] [C] 火災警報; 火災報知機．

fire ànt [名] [C] 針あり ⦅刺されると焼けるように痛い⦆．

+**fire·àrm** [名] [C] [普通は複数形で] ⦅格式⦆ 小火器，銃器 ⦅ライフル・ピストルなど⦆．

fire·bàll [名] [C] **1** 火の玉; (原子爆弾の爆発の際に生ずる)火球． **2** ⦅米⦆ 〔野〕 豪速球． **3** ⦅略式，主に米⦆ 熱血漢，精力家．

fire·bòat [名] [C] ⦅米⦆ 消防艇．

fire·bòmb [名] [C] 焼夷(しょうい)弾． — [動] [他] 〈…〉を焼夷弾で攻撃する．

fire·bòmb·ing [名] [U] 焼夷弾による攻撃．

fire·brànd [名] [C] **1** 扇動者 ⦅ストライキなどの⦆． **2** たいまつ．

fire·brèak [名] [C] (森林・草原中の)防火線[帯] ⦅樹木を切り払ったりした地帯⦆．

fire-brèathing [形] (話し方や態度が)恫喝(どうかつ)的な．

fire·brìck [名] [C] 耐火れんが．

+**fire brigàde** [名] [C] **1** ⦅米⦆ (私設の)消防団． **2** [単数形でも時に複数扱い] ⦅英⦆ ＝fire department．

fire·bùg [名] [C] ⦅米略式⦆ 放火魔．

fire chìef [名] [C] ⦅米⦆ 消防署長．

fire còmpany [名] [C] **1** ⦅米⦆ 消防隊． **2** ⦅英⦆ 火災保険会社．

fire·cràcker [名] [C] 爆竹 ⦅祝典などに用いる⦆．

+**fire depàrtment** [名] [C] ⦅米⦆ (機構としての)消防署 (⦅英⦆ fire service [brigade])．

fire·dòg [名] [C] ＝andiron．

fire dòor [名] [C] 防火扉．

fire drìll [名] [C,U] 火災避難訓練．

fire-èater [名] [C] **1** 火食い術師． **2** ⦅略式⦆ けんか[議論]好きな人．

fire-èating [名] [U] 火食い術．

fire èngine [名] [C] 消防(自動)車 (fire truck)．

fire-èngine réd [名] [U], [形] あざやかな赤(の)．

fire escàpe [名] [C] 火災避難装置 ⦅非常階段・避難ばしごなど⦆．

fire èxit [名] [C] 火災の際の非常出口．

fire extìnguisher [名] [C] 消火器．

fire·fight [名] [C] [主に新聞で] 銃撃戦．

fire·fìghter [名] [C] 消防士 (fireman)． [語法] 女性解放運動家が fireman の代わりに用いることを主張して公用語となった (☞ gender [文法] (2) [語法])．

fire fighting [名] [U] **1** 消防，消火活動． **2** (突然の故障・事件などに対する)緊急対応[対策](活動)．

fire·flỳ [名] (**-flies**) [C] ほたる (⦅米⦆ lighting bug)． [関連] glowworm つちぼたる．

fire·gùard [名] [C] ⦅主に英⦆ ＝fire screen．

fire hòse [名] [C] 消火ホース．

fire·hòuse [名] (**-hous·es** /-hàʊzɪz/) [C] ⦅米⦆ ＝fire station．

fire hỳdrant [名] [C] 消火栓 (⦅米⦆ fireplug)．

fire ìrons [名] [複] 炉辺用具 ⦅火ばしなど⦆．

fire·lìght [名] [U] 火明かり ⦅暖炉・たき火などの⦆．

fire·lìghter [名] [C] ⦅英⦆ ＝fire starter．

fire lìne [名] [C] [普通は複数形で] ⦅米⦆ (火災現場の)消防非常線; 防火帯．

fire·man /fáɪəmən | fáɪə-/ [名] (**-men** /-mən/) [C] **1** 消防士， 消防隊員[団員] (☞ firefighter [語法]; gender [文法] (2) [語法])． **2** かまたき，ボイラーマン; ⦅米⦆ 〔海軍〕 機関兵． **3** ⦅俗⦆ 〔野〕 救援投手，火消し役．

fire màrshal [名] [C] ⦅米⦆ **1** (ある州や市の)消防部長． **2** (工場などの)防火管理[責任]者．

+**fire·place** /fáɪəplèɪs | fáɪə-/ [名] [C] (部屋の壁の中に作り付けた)暖炉: The family gathered by the ～. 家族の者は暖炉のそばに集まった． [参考] わが国のいなかのいろりと同じように，英米の家庭の一家だんらんの中心となる場所． fireplace の上部には飾り棚がついている．これが mantelpiece (炉棚)で， ろうそく立て・置物・写真などが飾ってあり，わが国の床の間に相当する (☞ hearth)．

fire·plùg [名] [C] ⦅米略式⦆ ＝fire hydrant．

+**fire·pòwer** [名] [U] **1** 〔軍〕 火力(量) ⦅部隊・兵器の威力⦆． **2** [主に新聞で] (活動)能力; 財力．

fire pràctice [名] [C,U] ⦅英⦆ ＝fire drill．

fire·pròof [形] 建物が防火の，(服地などが)耐火性の． — [動] [他] 〈…〉を耐火性[構造]にする．

fire-ràiser [名] [C] ⦅英⦆ 放火魔 (arsonist)．

fire-ràising [名] [U] ⦅英⦆ 放火．

fire-resistant [形] 耐火[難燃]性の．

fire-retàrdant [形] [主に [A]] (素材が)難燃性の．

fire sàle [名] [C] 焼け残り品の特売; 大安売り．

fire scrèen [名] [C] ⦅米⦆ (暖炉の前の)囲い (⦅英⦆ fireguard)．

fire sèrvice [名] [C] [普通は the ～] ⦅英⦆ ＝fire department．

fire·sìde [名] **1** [C] [普通は the ～] 炉端 ⦅しばしば一家だんらんの象徴⦆． **2** [形容詞的に] 炉端の; 打ち解けた，一家だんらんの: a ～ chat ⦅米⦆ 大統領などの炉辺談話 ⦅政見談話(の放送)⦆．

fire stàrter [名] [C] ⦅米⦆ たきつけ(に使う燃えやすい物質) (⦅英⦆ firelighter)．

fire stàtion [名] [C] (建物・施設としての)消防署．

fire·stòrm [名] [C] **1** 火事あらし ⦅大火・原子爆弾によって引き起こされる熱風⦆． **2** ⦅米⦆ [主に新聞で] (怒り・抗議などの)激発 (*of*)．

fire tòwer [名] [C] ⦅米⦆ 山火事監視塔．

fire tràil [名] [C] ⦅豪⦆ ＝firebreak．

fire·tràp [名] [C] 燃えやすい建物; 非常口のない建物．

fire trùck [名] [C] ⦅米⦆ ＝fire engine．

fire wàlking [名] [U] 火渡り ⦅火の中や焼け石の上をはだしで歩く; 宗教儀式・裁判法として行なわれるもの⦆．

fire·wàll [名] [C] **1** 防火壁． **2** 〔電算〕 ファイアウォール ⦅ネットワークへの不正侵入を防ぐシステム⦆．

fire·wàrden [名] [C] ⦅米⦆ (森林地の)消防監督官．

fire·wàtcher [名] [C] (空襲時などの)火災監視人．

fire·wàter [名] [U] ⦅略式⦆ [滑稽] 火酒 ⦅ウイスキーなどの強い酒⦆．

+**fire·wòod** [名] [U] まき，薪(たきぎ)．

+**fire·wòrk** [名] **1** [C] [普通は複数形で] 花火 (☞ Fourth of July [参考]); [複数形で] 花火大会: a ～*s* display 花火大会． **2** [複数形で] ⦅略式⦆ (感情などの)火花，かんかんに怒ること; はなばなしさ．

fir·ing /fáɪ(ə)rɪŋ/ [名] **1** [U] 発砲[射]． **2** [C,U] 解雇．

firing lìne [名] [the ～] 〔軍〕 砲列，最前線(部隊)． **be on [(⦅英⦆) in] the firing lìne** [動] [自] 砲火にさらされている; 攻撃[非難]の的になっている．

firing pìn [名] [C] (鉄砲・地機雷・砲弾などの)撃針．

firing rànge [名] [[U] または a ～] 射撃訓練場; 射程．

firing squàd [名] [C] [(⦅英⦆) 単数形でも時に複数扱い] 銃殺隊．

firm[1] /fə́ːm | fɜ́ːm/ ([類音] farm) [T1] [名] (～s /～z/) [C] [(⦅英⦆) 単数形でも時に複数扱い] (小規模の)会社 (☞ 類義語)，商社 (*of*): run [manage, operate] a commercial ～ 商社を経営する / He works for a law ～. 彼は法律事務所で働いている．

【類義語】**firm** 比較的小規模の会社，商社をいう． **company** 普通は物を作ったり売ったりする会社をいう． **corporation** 法人として認められている会社をいう．この順に格式ばった

firm 語となる。

firm[2] /fə́ːm | fə́ːm/ (類音 farm) 形 (**firm·er**; **firm·est**; 反 infirm) **1** 堅い, 頑丈な, 堅固な (⇒ hard 類義語): ~ ground 堅い地面, 大地 / a ~ mattress 固めのマットレス. **2** しっかりした, ぐらつかない (steady); 堅実な, 力強い: ~ faith 堅い信仰 / a ~ handshake 力強い握手 / He walked with ~ steps. 彼はしっかりとした足どりで歩いた / Fran and Sue remained ~ friends. フランとスーは依然として大の仲良しだった. **3** 最終的な, 確定した, 確実な: a ~ offer 最終的な申し出 / ~ evidence 確実な証拠. **4** 断固たる, 厳格な; きっぱりとした: He is ~ with his daughter. 彼は娘に厳しい. **5** [普通は P] (物価・市況などが)変動しない, 安定している: The yen remained ~ against the dollar. 円はドルに対していぜん堅調だった. **a firm hánd** [名] 厳しいしつけ[管理]: keep a ~ hand on ... ...をしっかりと管理する. **be on firm gróund** [動] 確かな基盤[基礎]の上に立っている, 確かな論拠がある. [語源] ラテン語で「確実な」の意; ⇒ affirm [語源], confirm [語源].
── 動 他 ⟨...⟩ ~ the soil around a plant 草木のまわりの土を固める. ── 自 固まる, (価格などが)安定する (up). **firm úp** [動] 他 (1) (筋肉などを)引き締める. (2) (契約などを)確定する, つめる; (価格などを)安定させる.
── 動 [次の成句で] **hóld firm** [動] 自 (格式) しっかりとがんばる; どこまでも守る: Hold ~ to your beliefs. どこまでも信念[信仰]を貫け. **stánd firm** [動] 自 (格式) 断固として譲らない (against, on).

fir·ma·ment /fə́ːməmənt | fə́ː-/ 名 [the ~] **1** (文)大空, 天空. **2** [主に新聞で] (活動の)領域.

***firm·ly** /fə́ːmli | fə́ːm-/ 副 **1** しっかりと, 堅固に: Keep both feet ~ on the ground. 両足をしっかりふみしめなさい. **2** 断固として, きっぱりと, かたく: Ted ~ said "No." テッドはきっぱりと「いやだ」と言った.

***firm·ness** 名 U **1** 堅さ; 力強さ. **2** しっかりした態度[考え].

firm·ware 名 U 『電算』ファームウェア (ハードウェアに組み込まれた ROM などのコンピュータ操作プログラム).

***first** /fə́ːst | fə́ːst/ (類音 fast, thirst) 形 **1** [普通は the ~] **1番目の**, 第1の, 1位の, 最初の(1つ・1人)の (1st とも書く; ⇒ the[1] ordinal number 語法), one[1], ordinal number 文法): the ~ lesson 第1課 / the ~ floor (米) 1 階, (英) 2 階 (⇒ floor 挿絵および 語法) / one hundred (and) ~ person 101 番目の人 / The ~ letter of the English alphabet is "A." 英語のアルファベットの最初の文字は「A」だ / Tom is ~ in his class. トムはクラスで1番だ. **2** 最初の, 初めの, 先頭の (1つ[1人]とは限らない) (反 last); (ある時点より)すぐ次の: She is ~ in line for tickets. 彼女が券を買う列の先頭だ / The ~ two days of my trip were this week. 私の旅行の初めの2日は雨降りだった [言い換え] Betty was the ~ girl to come. =Betty was the ~ girl who came. ベティーが最初にやって来た女の子だった (⇒ that[1] 代 1 語法 (2)) / I'll go back to London by the ~ train. 始発列車でロンドンに戻ります (『すぐの列車』の意にもなる). **3** 最も重要な, 最高の, 一流の: (the) ~ prize 1 等賞 / What is your ~ concern now? 今あなたが最も関心のあることは何ですか. **4** (ギヤの)ローの: ⇒ first gear. **(at) first hánd** [副] 直接に, じかに. **at first sight [glánce]** [副] ⇒ sight [glance] 成句. **first thing** [副] S (朝起きたら[仕事などの開始後は])第一に, 真っ先に: I'll do it ~ thing (in the morning). あすの朝一番にそれをします. **for the first tíme** [副] 初めて (反 for the last time): The boy saw an elephant for the ~ time in his life. 少年は生まれて初めて象を見た.
in the first pláce [副] つなぎ語 (1) [文頭で; 順次に話すときに] まず第一に (firstly): 言い換え In the ~ place, a statesman must be healthy. (= First of all a statesman must be healthy.) まず第一に政治家は健康でなければならない. (2) S [主に文尾で] (事の)初めに, まず第一に; そもそも, 何よりも [しばしばもとの目的・理由などに関連して用いる]: I didn't want to meet him in the ~ place. 私はもともと彼に会いたくなかった.
nót hàve the first ... [動] 他 少しの...もない.
nót knòw the first thíng abòut ... [動] 他 S ...について何も知らない, ...のことは何もわからない.
(the) first ... but óne [twó] [形] 最初から2[3]番目の....
── 副 **1 1番目に**, 第1に, 1位に: Who's going to finish ~? だれが1着になるだろうか / He ranked ~. 彼は1位を占めた. **2 最初に**, まず初めに (反 last): SAFETY FIRST. 安全第一 (標語) / Ladies ~. まず女性からお先に(男性は後) / F~ come, ~ served. (ことわざ)先に来た者から順に応待される(先着順, 早い者勝ち) / First things ~. S (ことわざ)大切なことをまず最初に (最初の first は 形 3 の用法). **3 つなぎ語** 第一に, まず最初に (スピーチや文章でいくつかの理由・項目・論点をあげる際に, その最初のものであることを示す) (⇒ firstly 動): There are several reasons. F~, I am too busy. いくつかの理由があります. まず第一に, 私は忙しすぎます. 用法注意 この意味で at first は用いない. **4** 初めて: It was ten years ago when I ~ met you [met you ~]. 私が初めてあなたに会ったのは10年前だった. **5** S (略式) (...よりは)まず―, (...するくらいなら)むしろ― (rather) (反対の気持ちを強く表す): Steal? No! I'd starve ~. 盗みをする? とんでもない. それなら飢え死にしたほうがましだ.
còme first [動] 自 (1) (...にとって)何よりも重要である (with). (2) 1位[着]になる, 優勝する.
first and lást [副] あらゆる点で; 何にもまして.
first of áll [副] S つなぎ語 まず第一に, 最初に: F~ of all I must warn you not to drink the water here. 何はさておき, ここでは水を飲まないよう申し上げなければなりません.
first óff [副] S (略式) まず最初に.
first úp [副] S (英略式) まず最初に.
pút ... first [動] 他 ⟨...⟩を最優先する.
── 名 (firsts /fəːsts | fəːsts/) **1** C [単数形で普通は 名] **第1の人[もの]**, 1番目の人[もの], 1位の人[もの], 第1号 (反 last) (⇒ former[1] 語法): Elizabeth the ~ =Elizabeth Ⅰ エリザベス一世 (⇒ ordinal number 文法) / He was the ~ to arrive. <N+to 不定詞> 最初に到着したのは彼だった. **2** [単数形で普通は the ~] (月の) **1日**, ついたち (1st と略す): May Day is celebrated on the ~ of May [on May 1]. 5月祭[メーデー]は5月1日に行なわれる (May 1 は May (the) first と読む; ⇒ ordinal number 文法 (2)). **3** [the ~; 後に know, hear を含む節を伴って] S (...する最初のとき) ..., 初めて...するとき: She told me about the party last night. That was the ~ (that) I (had) heard of [about] it. 彼女は昨夜私にパーティーのことを話したが, 私がそれを初めて耳にしたときだった / The ~ I knew was a call from your friend Bill one hour ago. 私が最初に知ったのは1時間前の友人のビルからの電話だった. **4** C [普通は a ~] 初めてのこと[快挙], 前人未到の記録. **5** C (競技の)第1位, 優勝者. **6** C (英) 第一級(大学卒業の優等 (honours) 試験で最上位の成績): get a ~ in physics 物理学の(優等試験)1級をとる. **7** U (野) 一塁 (first base). **8** U (車) ロー

ヤ) (first gear): put a car in ~ 車のギヤをローにする.
at fírst [副] 最初のうちは, 初めは: At ~ I wanted to go skiing, but then I changed my mind. 最初はスキーに行きたかったのだが, その後気が変わった.
fírst amóng équals [名] 同輩内の指導[責任]者.
from fírst to lást [副] 初めから終わりまで.
from the (véry) fírst [副] 初めから: I was dubious *from the ~*. 私は最初から疑っていた.

†**fírst áid** 名 U 応急手当, 応急処置: give a person ~ (人)に応急手当を施す.
fírst-áid 形 A 応急の: ~ treatment 応急手当.
fírst áid·er /-éɪdɚ | -də/ 名 C 《英》応急手当の心得のある人.
fírst bálcony 名 C 《米》 =dress circle.
fírst báse 名 U 《野》 一塁 (first) (☞ base¹ ⁴ 語法, infield): Who is *on ~*? 一塁ランナー[一塁手]はだれですか. **「gét to [réach, màke] fírst báse** 動 (1) 一塁に出る. (2) [普通は否定文で]《古風, 米略式》出だしからうまくいく; (S) (特に女性と)キス・抱擁の第一段階まで進む (*with*).
fírst báseman 名 C 《野》一塁手 (☞ infielder).
fírst-bórn 形 A, 名 C 《古風》第一子(の).
fírst cláss 名 1 U 第一種郵便物《《米》では封書・はがきなど, 《英》では差出人の希望による速達扱いの郵便物》. 2 U (乗り物などの)一等; 一流: sit in ~ ファーストクラスに乗る. 関連 second class 二等(席) / cabin class 船の二等 / tourist class 船の三等, 旅客機の普通席 / economy class, 《米》coach class 旅客機の普通席 / business class 旅客機のビジネスクラス (ファーストクラスとエコノミークラスの中間). 3 C =first 6.
*****fírst-cláss** /fɚ́ːs(t)kláes | fɑ́ːs(t)klɑ́ːs←/ 形 A 1 一流の, 最高級の, 最上の; 《英》(優等試験で)第一級の (☞ first 6): a ~ hotel 一流のホテル. 関連 second-class 二流の / third-class 三流の.
2 (乗り物などの)一等の; (郵便などの)第一種[類]の《英国では速達, 米国では普通郵便》: a ~ carriage 一等車. — 副 一等で; 第一種(郵便)で: travel ~ 一等で旅行する.
fírst-cóme, fírst-sérved bàsis [次の成句で] **on a fírst-cóme, fírst-sérved bàsis** [副] 先着順に.

fírst cóusin 名 C いとこ (cousin) (☞ second cousin, family tree 図).
fírst-dày cóver 名 C 《英》《郵》初日カバー《発行初日の消印が切手に押してある封筒; 収集の対象》.
fírst-degrée 形 A 1 《米》(犯罪の)第 1 級の (最も罪の重いもの). 2 (やけどなどが)第 1 度の《3 段階中最も軽いもの》: a ~ burn 第 1 度熱傷.
fírst-degrèe múrder 名 U《米法》第 1 級謀殺《情状酌量の余地のないもの》.
fírst dówn 名 C 《アメフト》ファーストダウン《(1) 1 回の攻撃権を構成する 4 回の攻撃の第 1 (2) 4 回の攻撃でボールを 10 ヤード進めること; 新たに攻撃権を得る》: for ~ 10. ファーストダウン残り 10 ヤード.
fírst edítion 名 C 初版(本); (新聞の)第一版.
fírst-edítion 形 A.
fírst-éver 形 A 《史上》初の: the ~ woman President 女性大統領第 1 号.
fírst fámily 名 [the ~; しばしば F-F-] 《米》大統領一家.
fírst fínger 名 C =forefinger, index finger.
fírst-fóoting 名 U 《スコ》元旦最初の訪問客として家に入ること.
fírst frúits 名 [複] 1 初物, 初収穫《昔は感謝のしるしに神に供えた》. 2 最初の成果 (*of*).
fírst géar 名 U (自動車などの)ローギヤ (first).
fírst generátion 名 [the ~] 1 第一世代《特に米国への移民または移民の子の世代, 二世》. 2 最初

fiscal year 647

何かをした人々. 3 (機器などの)第一世代 (*of*).
fírst-generátion 形 第一世代の.
fírst hálf 名 C [普通は the ~] (試合の)前半.
†**fírst-hánd** 形 A 直接得た, (情報などが)じかの. 関連 secondhand また聞きの. — 副 直接に, じかに.
†**fírst lády** 名 C [普通は the ~] 1 [しばしば the F-L-] 《米》大統領[州知事]夫人. 2 (ある分野の)女性第一人者 (*of*).
fírst lánguage 名 C 第 1 言語, 母語 (☞ second language).
fírst lieuténant 名 C 《米》陸[空]軍中尉.
fírst líght 名 U 明け方 (dawn): *at ~* 明け方に.
*****fírst·ly** /fɚ́ːstli | fɚ́ːst-/ 副 つなぎ語 第一に, まず最初に: There are several reasons why we can't do it. F~, it costs too much. それができない理由はいくつかあります. 第一に, 費用がかかりすぎます. 語法 列挙するときに用いられるが, その場合でも first, second(ly), third(ly), … last(ly) のような形よりも first を使うのがよいとされている (☞ first 副 3).
fírst máte 名 C 《海》一等航海士.
†**fírst náme** 名 C (姓に対し個人の)名, ファーストネーム (☞ name 参考).
fírst-náme 形 [次の成句で] **be on ˈa fírst-náme básis** [《英》fírst-náme térms] [動] 自 (姓でなく名で呼び合う)親しい間柄である.
Fírst Nátion 名 C 《カナダ》(アメリカ大陸の)先住民(集団).
†**fírst níght** 名 C 1 (演劇などの)初日《シーズン中で最も華やかな日》. 2 [F-N-] 《米》ファーストナイト《大みそかの夜に行われる家族向けの酒ぬきのパーティー》.
fírst-níght 形 A (演劇などの)初日の.
fírst offénder 名 C 初犯者.
fírst ófficer 名 C (商船の)一等航海士.
†**fírst pérson** 名 [the ~] 1 《文法》第一人称 (☞ person 文法). 2 小説などの一人称を用いる文体.
fírst-pérson 形 A 第一人称の[による].
fírst prínciples 名 [複] 第一[根本]原理.
†**fírst-ráte** 形 1 一流の, 最上の, すばらしい: a ~ hotel 一流ホテル. 関連 second-rate 二流の / third-rate 三流の. 2 体調がとてもよい.
fírst réading 名 C [しばしば the F-R-]《議会》第一読会《普通は 名称と番号のみの形で議案を議会に提出すること》.
fírst refúsal 名 C 《英》(最初の)先買権 (*on*).
fírst schóol 名 C 《英》初等学校《5-8, 9 歳対象》.
Fírst Státe 名 [the ~]《連邦加入》第 1 州《米国 Delaware 州の俗称; 合衆国憲法を批准した最初の州であることから》.
fírst stríke 名 C (核兵器による)先制攻撃.
fírst stríng 名 [the ~] 一線級[一流]の人[もの].
fírst-stríng 形 A《スポ》一線級の, 一軍の, レギュラーの. 関連 second-string 二線級の.
fírst-tìme búyer 名 C 《主に英》初めての不動産[家屋]を購入する人.
Fírst Wórld 名 [the ~] 第一世界《豊かな先進工業国; ☞ Third World》.
fírst-wórld 形 A 第一世界の.
Fírst Wórld Wár 名 固 [the ~] =World War I.
firth /fɚ́ːθ | fɚ́ːθ/ 名 C [しばしば F-] 《主にスコ》入り江, 湾; 河口.
fír-trèe 名 C もみの木 (fir).
*****fis·cal** /físk(ə)l/ 形 A [比較なし]《格式》財政上の, 会計の: ~ 2005 2005 会計年度. — 名 C (イタリアなどの)検察官. **-ly** /-kəli/ 副 財政[会計]上.
†**físcal yéar** 名 C [普通は the ~] 会計年度《米国政府では 10 月 1 日から翌年 9 月 30 日まで; 英国では

普通4月6日から4月5日まで)((英) financial year). 関連 calendar year 暦年 / school year 学年.

fish /fíʃ/ 名 (複 ~, ~·es /-ɪz/; 形 fishy) 語法 普通は複数形に fish を用い、種類をいうときには fishes を用いることもある. **1** Ⓒ 魚(☞ animal 表): John caught five [a lot of] ~. ジョンは5匹[たくさん]の魚をとった / The ~(es) in the lake include trout, carp, and eels. その湖の魚にはます, こい, うなぎが / There are「(plenty) more (good) [(plenty) of other] ~ in the sea. Ⓢ (ことわざ)海にはまだ(いい)魚がたくさんいる(好機を逸しても落胆するな). 関連 fry 幼魚.
2 Ⓤ **魚肉**(☞ meat 参考): F~ is cheap today. きょうは魚が安い / We had ~ for dinner. 我々はディナーに魚を食べた. **3** Ⓒ (略式)やつ, 人 (fellow); (古)かも: a cold ~ 冷たい(つきあいにくい)やつ /「an odd [a queer] ~ (古風, 英)変なやつ. **4** [the Fishes] 魚座(星座) (Pisces). **be nèither fish nor fówl** (略式)どっちつかずである, はっきりしない. **drínk like a físh** [動] (自) (略式)(習慣的に)大酒を飲む. **fish and chíps** ☞ fish and chips の項目. **have bígger** [**óther**] **fish to frý** [動] (自) (略式)ほかに大切な用事がある. **like a físh òut of wáter** [形] 陸(*r*)へ上がった魚[河童(*r*(*r*))]のような, 勝手が違った. ★ ☞ big fish.
—動 (fish·es /-ɪz/; fished /-t/; fish·ing) (自) **1** 魚を捕らえる, 釣りをする 《fishing 類義語》: They ~ for salmon in the sea. <V+for+名・代> 彼らは海でさけをとる. **2** [副詞(句)を伴って](略式)探る (search), (情報などを)探り出そうとする (about, around): ~ for information 情報を探り出す / He ~ed in his pocket for a piece of paper. 彼は紙きれを出そうとしてポケットを探った. —(他) **1** (格式)〈川・池など〉で釣りをする[魚をとる]: They ~ed the lake. 彼らはその湖で魚をとった. **2** <…>を(手で)取り[引き]出す: He ~ed a silver coin *out of* [*from*] his pocket. 彼はポケットから銀貨を1枚取り出した.
fish in tróubled wáters [動] (自) どさくさに紛れてうまいことをする, 火事場どろぼうを働く. 由来 荒れた海で魚を捕る, の意から.
Físh or cút báit! Ⓢ (米)(やるのかやらないのか)はっきり決めろよ, さっさとやれ.
fish óut [動] (他) (略式)(<…>を)(水中などから)引っ張り出す (*from*, *of*); 探り出す, 取り出す.
fish úp [動] (他) <…>を引き上げる; 見つけ出す.
gò físhing [動] (自) 魚をとりに行く, 釣りに行く: I went ~*ing* in the river yesterday. きのう川に魚をとりに行った(☞ fishing 類義語).

fish and chips /fíʃəntʃíps/ 名 (主に英)魚のフライとフライドポテトの付け合わせ(英国の大衆食; 通例 fish and chip shops で買って食べる).

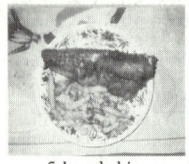

fish and chíp shòp 名 Ⓒ (fish and chips の店 (fish and chip が形容詞的に働くため chips と s がつかないことに注意).

fish and chips

fish·bòwl 名 Ⓒ **1** 金魚鉢. **2** プライバシーのない場所[状態]: live *in a* ~ プライバシーのない生活をする.
fish·bur·ger /fíʃbə̀ːgə | -gə/ 名 Ⓒ フィッシュバーガー(肉のかわりに魚のフライを使ったハンバーガー).
fish càke 名 Ⓒ フィッシュケーキ(魚のすり身とじゃがいもをすりつぶして揚げたもの).
***fish·er·man** /fíʃəmən | -ʃə-/ 名 (-men /-mən/) Ⓒ 漁師(特に男性), 漁夫; (趣味の)釣り人 (angler): That ~ caught a big trout. あの漁師は大きなますをとった.

***fish·er·y** /fíʃəri/ 名 (**-er·ies**) Ⓒ **1** [普通は複数形で]漁場: offshore *fisheries* 近海漁場. **2** 養魚場. **3** 漁業.
fish-èye léns 名 Ⓒ 魚眼レンズ.
fish fàrm 名 Ⓒ 養魚場.
fish fàrming 名 Ⓤ 魚の養殖, 養魚.
fish fìnger 名 Ⓒ (英) =fish stick.
fish frý 名 Ⓒ (米)フィッシュフライ(魚をフライにして食べる屋外の食事会; 資金集めが目的の会).
fish·hòok 名 Ⓒ 釣り針.
***fish·ing** /fíʃɪŋ/ 名 Ⓤ 魚とり, 釣り; 漁業(《類義語》: My uncle is very fond of ~. おじはとても釣りが好きだ / a ~ ground 漁場. **2** [the ~] 釣れる可能性, 漁獲.
【類義語】 fishing は魚を捕らえる意味の最も一般的な語で, 捕らえる手段は釣りざおと釣り針を用いても, 網でも, 手づかみでも何でもよく, また生活のために捕らえることも趣味として捕らえることも含まれる. angling はさおと釣り針を用いて魚を釣ること, 特にスポーツや趣味として釣釣りをすること.
fishing dèrby 名 Ⓒ (米)釣りの競技会.
fishing expedìtion 名 [次の成句で] **be on a fishing expedìtion** [動] (米式)(秘密などを)探り出そうとしている.
fishing lìne 名 Ⓒ,Ⓤ 釣り糸.
fishing pòle 名 Ⓒ (米) =fishing rod.
fishing ròd 名 Ⓒ 釣りざお (rod).
fishing tàckle 名 Ⓤ 釣り道具一式.
fish kèttle 名 Ⓒ 魚の丸煮用の長い鍋.
fish knìfe 名 Ⓒ 魚肉用ナイフ(☞ knife 挿絵).
fish mèal 名 Ⓤ 魚粉(乾魚の粉末で肥料・家畜飼料用).
fish·mon·ger /fíʃmÀŋgə | -gə/ 名 Ⓒ (古風, 主に英)魚屋(人またはその店).
fish·nèt 名 **1** Ⓒ 魚網. **2** Ⓤ 網目の布地: ~ stockings [(英) tights] 網目のストッキング.
fish·plàte 名 Ⓒ (レールの)継ぎ目板.
fish·pònd 名 Ⓒ 養魚池.
fish sàuce 名 Ⓤ 魚醤(ʎ̠ʊ̠)(魚を発酵させて作る).
fish slìce 名 Ⓒ (英) =(slotted) spatula.
fish stick 名 Ⓒ (米)フィッシュスティック(細長い魚の切り身のフライ) ((英) fish finger).
fish stòry 名 Ⓒ (米俗式)ほら話 (tall tale).
fish-tàil 動 (自) (米)(車がスリップして後部を左右に振る, (飛行機が着陸時に減速のため)尾翼を左右に振る.
fish·tànk 名 Ⓒ (魚の飼育・観賞用の)水槽.
fish·wìfe 名 (-wives) Ⓒ (古風)(軽蔑)口汚い女.
fish·wòrm 名 Ⓒ みみず (釣りの餌).
fish·y /fíʃi/ 形 (**fish·i·er**; **-i·est**) **1** (略式)(話などが)疑わしい, 怪しい, うさんくさい: There is something ~ *about* this deal. この取引はどこかうさんくさい. **2** (におい・味・形などが)魚のような(名 fish). **smèll físhy** [動] (自) うさんくさい.
fis·sile /fís(ə)l | -saɪl/ 形 (生)裂けやすい, 分裂性の; (物理)核分裂性の.
fis·sion /fíʃən/ 名 Ⓤ 分裂; (生)分裂; (物理)核分裂 (nuclear fission).
fis·sure /fíʃə | -ʃə/ 名 Ⓒ (岩石などの深い)裂け目.
***fist** /físt/ 名 (**fists** /fists/) Ⓒ **1** 握りこぶし, げんこつ, 鉄拳(*)): a ~ fight こぶしでのなぐり合い / He struck the table with his ~.=He struck his ~ on the table. 彼はげんこつでテーブルをたたいた / He clenched [or doubled] his ~s. 彼はこぶしを握りしめた. **2** 握りこぶし形の指【この辞書で使われている ☞「参照せよ」など, ☞ index 名 5】. **hóld òut one's clénched fists** [動] (自) ぎゅっと握りしめた両こぶしを差し出す(戦う構え). **sháke one's físt** [動] (自) <…>に向かってこぶしを振る(激しい怒り・挑戦のしぐさ) (*at*).

hold out one's clenched fists　　shake one's fist

fist·ful /fístfùl/ 名 C ひとつかみ(の量) (of).
fist·i·cuffs /fístɪkʌ̀fs/ 名 [複] 《古風》または《滑稽》こぶしをふるってのなぐり合い.

*fit[1] /fít/ (発音 hit) 動 (**fits** /fíts/; **fit·ted** /-tɪd/, 《米》ではまた **fit**; **fit·ting** /-tɪŋ/) 語法 2, 4 の意味では《米》でも過去・過去分は fitted が普通。また受身では fitted が用いられる. 他

「...に合う」 1 →「合わせる」 2 →〈ぴたりと合わせる〉→「取り付ける」 4

---

1 [受身・進行形なし (☞ be[2] B 文法 (2) (vi))]〈物事が〉〈寸法・型・目的などの点で〉〈...〉に**合う**; 〈事実・描写・地位などに〉合致する, 〈...〉にかなっている: This dress ~s me very well. このドレスは私にぴったりだ / This button does not ~ the button hole. このボタンはボタン穴にはまらない / The expression exactly ~s my feelings. その表現は私の気持ちを表わすのにぴったりだ.
2 [進行形なし]〈時間・寸法・目的などの点で〉〈...〉を〈一に〉**合わせる**; 〈人〉に合わせて〈衣服など〉を作る[調整する]; 《格式, 主に英》〈人〉を〈...に〉適するようにする: I will ~ my schedule *to* yours. 私の予定をあなたの予定に合わせましょう /《V+O+to+名・代》 I was fitted *for* a new coat. 《V+O+for+名・代の受身》私は新しいコートの仮縫いをしてもらった [言い換え] Only hard training will ~ you *for* such a long race. 《V+O+for+名・代》= Only hard training will ~ you *to* run such a long race. 《V+O+C (to不定詞)》 そのような長いレースができるようになるには厳しい練習をするしかない / He is fitted *for* the job. 彼はその仕事に適している / Because of his experience Tom is fitted *to* do the job. 彼はその仕事に向いている 《V+O+C (to不定詞)の受身》経験があるのでトムはその仕事をするのに向いている (☞ fitted 3).
3 〈...〉をぴたりとはめる, 差し込む; 収める: She *fitted* a key *in* [*into*] the lock. 《V+O+in[into]+名・代》彼女はかぎを鍵穴へ差し込んだ / Can you ~ all the books *in* [*into*] one box? この本全部が一つの箱に収まりますか / She *fitted* the pieces *together*. 《V+O+副》彼女はその部品を組み立てた.
4 〈器具など〉を取り付ける, 〈場所など〉に〈...〉を備える, 設置する: I fitted new lights *to* [*onto*] my car. 《V+O+前+名・代》自動車に新しいライトを取り付けた / We have fitted new locks *on* all the doors. 私たちは全部のドアに新しい錠を取り付けた / Shall we ~ the room *with* a new carpet? 部屋に新しいカーペットを敷きましょうか.

— 自 [進行形なし]〈体などに〉合う, 適合する; ぴったりまる (in, into, onto, through, under; together); 和する, なじむ (with): This coat ~s very well. この上着はぴったり合う / The door does not ~. 戸がうまく合わない / I feel something doesn't ~ here. ここには何かおかしくしっくりしないものがあるような気がする. **fit onesélf for ...**［動］〈仕事など〉に備える.

---

fit の句動詞

fit ín 動 自 きちんと合う, 調和する; なじむ. — 他 **1** 〈...〉を適合させる (with). **2** 〈...〉をはめ込む. **3** 〈...〉のために時間［場所］の都合をつける, 〈人・物事〉をうまく予

定に組み入れる: Mr. Smith can ~ you *in* on Friday afternoon. スミス氏は金曜日の午後ならあなたにお会いできます. **fit ín with ...**［動］他 ...に適合する, 一致する; 〈人〉とうまくやって行く.
fit ínto［動］他 〈場所・集団・区分など〉にうまくおさまる［入る, なじむ, 合う］, あてはまる (☞ 他 3).
fit ... ínto [in] — 他 〈人・物事〉を〈予定・時間など〉に組み入れる.
fit óut［動］他 **1** 〈部屋など〉に〈必要品〉を備え〈付け〉る, 〈人〉に〈必要なもの〉をあてがう: My uncle *fitted* me *out with* what I needed for college. 私のおじは私が大学へ行くのに必要なものを全部そろえてくれた. **2**（寸法を測って）〈人〉に特別な服を着せる (with).
fit úp［動］他 **1**《英》= fit out 1. **2** S《英略式》〈...〉にぬれぎぬを着せる (for).

— 形 (**fit·ter** /-tə | -tə/; **fit·test** /-tɪst/; 反 unfit) **1**（訓練や練習の結果）体の調子がよい, 健康で (for; to do) (☞ healthy 類義語); (病後に)元気になって: She is physically ~. 彼女は（シェイプアップして）体調がよい / 言い換え I keep ~ by playing tennis. = Playing tennis keeps me ~. テニスをやっているので私は健康だ / I feel ~ again. もうすっかり元気は戻りました.
2 [普通は P]（ある目的・状況などに）ぴったりで, 適当で, (...に)適して, ふさわしい (☞ proper 類義語): a dress ~ *for* a princess 〈A+for+名・代〉王女にふさわしい服装 言い換え Barbara is not a ~ person *to* teach children. = Barbara is not ~ *to* teach children. 〈A+to 不定詞〉バーバラは子供たちを教えるのに向いた人ではない / I haven't found a house ~ *for* you *to* live in. 〈A+for+名・代+to 不定詞〉あなたが住むのにふさわしい家がまだ見つからない (☞ for 前 B 1).
3（社会的規範からみて）当を得た (right), 穏当な 言い換え *It is* not ~ *for* you *to* say so. = *It is* not ~ *that* you *should* say that. あなたがそう言うのは穏当でない (☞ that[2] A2; should A7 (1)).　**4** P《略式》...するばかりで, 今にも...しそうで: fruit ~ *for* gathering 収穫するばかりになっている果実 / be ~ *to* drop《古風, 英》今にも倒れそうである / She was ~ *to* burst with laughter. 彼女は今にも笑いだしそうであった.　**5** [副詞的に] ...するばかりに: shout ~ *to* wake *the dead*《古風》（死人も起きそうなほど）大きな声で叫ぶ (☞ the[1] 3).　**6**《英略式》セクシーな. sèe [thínk] **fit** (*to dó*) [動] そうするのがよいと判断(して)〜する: The chairman has the right to decide the matter as he sees [thinks] ~. 議長は適宜裁量する権限を持っている. **be in a fit státe [condítion]**［動］自（ある事ができるほど）元気である (to do). **fíghting fít**［形］とても元気で. **fit for a kíng [quéen]**［形］最上級の, すばらしい. **fit to be tíed**［形］S《主に米》ひどく怒って［心配して, 動揺して], 逆上して. **fit to búst [búrst]**［副］[動作を強調して]《英略式》大いに, 非常に: laugh [cough] ~ *to* bust ひどく笑う［せき込む］. — 名 [単数形で] **1** [普通は形容詞を伴って a ~] (よい［悪い］)合い具合(のもの)〈衣服など〉: This sweater is *a good* [*poor*] ~. このセーターはぴったり合う［合わない］. **2**《格式》(二者の間の)適合性 (between).

*fit[2] /fít/ (発音 hit) 名 (**fits** /fíts/) C **1**（病気の）発作, ひきつけ, 差し込み; 気絶: have a '~ *of* coughing [coughing ~] 急にせき込む / fall down in a ~ 発作で倒れる. **2**（感情の）発作; 一時的興奮: in ~s *of* laughter 大爆笑して / in a ~ *of* anger 腹立ちまぎれに. **by [in] fíts and stárts**［副］発作的に; とぎれとぎれに. **gíve ... a fít**［動］他《略式》〈...〉をびっくりさせる; 〈...〉を怒らせる. **hàve ... in fíts**［動］〈...〉を大笑いさせる. **hàve [thrów] a fít**［動］自 (1) 発作を起こす. (2) S《略式》とてもびっくりする［心配する］; か

fitful

んかんに怒る.

fit·ful /fítfəl/ 形 W 発作的な, 気まぐれな; 断続的な: a ～ sleep 浅い眠り. **～·ly** /-fəli/ 副 発作的に, 気まぐれに; (時々)思い出したように.

fit·ment /fítmənt/ 名 C [しばしば複数形で] (英) 家具; 備品.

fit·ness 名 U 1 健康であること, フィットネス: physical ～ 体調のよさ, 体の健康. 2 適合[適格]性, 適切さ(*for, to do*).

fítness cènter 名 C スポーツクラブ.

*****fit·ted** /fítɪd/ 形 1 P ...付きの: a bicycle ～ *with* a carrier 荷台付きの自転車. 2 A (服が)体の線にぴったり合わせた, (英)(家具・カーペットなどが)ぴったり合わせた, はめ込みの. 3 P (...に)適している, 向いている(*to* (⇨ fit¹ 動 他 2)).

fítted shéet 名 C フィットシーツ.

fit·ter /fítə|-tə/ 名 C 1 組み立て工(機械・部品などの). 2 着付け人(仮縫いの).

*****fit·ting** /fítɪŋ/ 名 C 1 [普通は複数形で] 付属品; (移動可能な)備品, 家具類(洗濯器・レンジ・棚など): electrical ～s 電気器具. 関連 fixture 据え付け品. 2 (仮縫いの)着付け, 試着: I'd like to have two ～s. 仮縫いを2回してもらいたいのですが. — 形 (格式) 適当な (suitable), 似合いの, ふさわしい: in ～ terms うまいことばで / It would not be ～ to invite him to the wedding. 彼を結婚式に招くのは適切ではないかもしれない. **～·ly** 適切に, ふさわしく.

-fit·ting /fítɪŋ⁻/ 形 A [合成語で] 服の具合が...の: loose-fitting ゆるめの.

fítting ròom 名 C (衣服の)試着室.

Fitz·ger·ald /fɪtsdʒérəld/ 名 固 フィッツジェラルド Francis Scott ～ (1896-1940) 《米国の作家》.

*****five** /fáɪv/ 代 (数詞) [複数扱い] 五つ, 5人, 5ドル [ポンド, セント, ペンスなど] (⇨ number 表): F～ left and ～ remained. 5人が去り5人が残った / Only ～ were present. たった5人しかいなかった. — 名 (～s /-z/) 1 C (数としての) 5: Lesson *Five* 第5課 / F～ and ～ is [makes, equals, are, make] ten. 5と5では10 (5+5=10) / F～ from eleven is [leaves] six. 11から5を引くと6 (11-5=6). 2 U 5時, 5分; 5歳: The train left *at* ～ *past* ～. 列車は5時5分過ぎに発車した / a child *of* ～ 5歳の子供. 3 C 5の数字. 4 C 5人, 5個]ひと組のもの. 5 C (トラ)5の札. **gíve ... (a) fíve** 動 他 [しばしば命令文で] (S) (略式)(喜びのしるしとして)...にハイタッチのあいさつをする (⇨ high five). **táke fíve** 動 自 (S) (略式) 5分間休む, ちょっと休む. — 形 1 **5つの**, 5人の, 5個の: ～ times 5回, 5倍 / There are ～ apples in the box. 箱の中には5つある / It took ～ months to build the bridge. その橋を造るのに5か月かかった. 2 P 5歳で: My mother died when I was ～. 私が5つのとき母が亡くなった.

five-and-tén, five-and-díme 名 C (古風, 米) = dime store.

five-a-síde 名 U (英) 5人制のサッカー.

fíve-dày wéek 名 C [a ～] 週休2日制.

fíve-fìnger díscount 名 C (米略式) 万引き.

five·fòld 形 副 5倍の[に], 五重の[に].

fíve o'clòck shádow 名 C [a ～] (朝そった後に)夕方ひげが伸びかけたひげ.

five·pence /fáɪfp(ə)ns, fáɪv-/ 名 (英) 5 ペンス(の価) (⇨ p²); C 5 ペンス貨.

five·pen·ny /fáɪfp(ə)ni, fáɪv-/ 形 (英) 5 ペンスの: a ～ piece 5 ペンス貨.

*****fiv·er** /fáɪvə|-və/ 名 C (米略式) 5 ドル紙幣; (英略式) 5 ポンド紙幣.

fives /fáɪvz/ 名 U (英) ファイブズ(2-4人で行なう handball に似た球技).

fíve-spòt 名 C (古風, 米) 5 ドル紙幣.

fíve-stár 形 A (ホテル・レストランなどが)最高級の.

fíve-stár géneral 名 C (米) 陸軍大将.

fíve W's and óne [an] H 名 [複; the ～] (ジャーナリズム) 5つの W と1つの H (who, what, when, where, why と how; ニュースの前文に盛り込まねばならない要素).

fíve-yèar plán 名 C 5 か年計画(旧ソ連などの).

*****fix** /fíks/ TI 動 (**fix·es** /-ɪz/; **fixed** /-t/; **fix·ing**; fixátion, fíxture) 他

```
「固定する」4
    ↓
  「決定する」3 → (動かさない)  → (心に)「留める」
    ↓            (視線を)「じっと向ける」7
  →(きちんとする)→「修理する」1
                 「用意する」2
```

1 〈...を〉**修理する**, 繕(つくろ)う (⇨ repair¹ 類義語); 〈問題を〉解決する: He ～ed the bicycle *for* me. <V+O+for+名・代> 彼は自転車を直してくれた / How long will it take to get this camera ～ed? このカメラを修理してもらうのにどのくらい時間がかかりますか.

2 (略式, 主に米) 〈...を〉**用意する**, 〈食事などの〉したくをする (prepare), 〈人に〉〈...を〉用意してやる; 〈部屋などを〉かたづける; 〈髪などを〉整える: [言い換え] She ～ed a meal *for* us. <V+O+for+名・代> = She ～ed us a meal. <V+O+O> 彼女は私たちに食事を用意してくれた / F～ your room. 部屋を整頓(せいとん)しなさい / She's ～ed her hair [face]. 彼女は髪を整えた[化粧した].

3 〈日取り・価格などを〉**取り決める, 決める**, 〈価格を〉決める; 〈会合などを〉取り決める, 〈...の〉手はずを整える: I ～ed the time and place for the meeting. 私はその会合の時と場所を決めた / They ～ed the price *at* five dollars. <V+O+at+名・代> 彼らはその値段を5ドルに決めた / We've ～ed a meeting *for* Friday. <V+O+for+名・代> 私たちは会合の日を金曜日にした / We haven't ～ed *where to go* yet. <V+O (wh句)> 私たちはまだどこへ行くか決めてない / He ～ed to meet her on Sunday. <V+O (to 不定詞)> 彼は彼女と日曜日に会うことに決めた.

4 〈物を〉(...に)**固定する**, 据え付ける, (しっかりと)取り付ける (反 move): I ～ed a shelf *to* the wall. <V+O+前+名・代> 私は棚を壁に取り付けた / He proudly ～ed his nameplate *on* the door. 彼は誇らしげに表札を玄関に打ちつけた. 5 (略式) 〈競争などで〉八百長を仕組む; 〈...に〉(不正な)圧力をかける, 〈人を〉買収する: ～ a race 八百長レースを仕組む / ～ an election 選挙で買収行為をする. 6 (略式) 〈...に〉仕返しをする, 〈...を〉やっつける. 7 〈...を〉(心に)留める; 〈目・心などを〉集中させる, 凝らす, 向ける; じっと見つめる; 〈物事に〉注意などを〉引き付ける: You should ～ the date *in* your mind. その年月日をよく覚えておきなさい / She ～ed her eyes *on* me. 彼女は私を見つめていた / He ～ed me *with* an angry stare. 彼は怒った目で私をじっと見た. 8 〈罪・責任などを〉〈人に〉負わせる, 着せる: He ～ed the blame *on* me. 彼はその罪を私に負わせた. 9 (米略式)〈動物を〉去勢する. 10〈化・生〉〈...を〉定着させる; 〈染色などの〉色止めをする. 11 (米略式)〈傷・身体の部位を〉治療する, 直す. **be fíxed on ...** [dóing] 動 他 (略式) (...することに)集中する, ...を固めて考える. **be fíx·ing to dó** 動 (S) (米) ...しようとする; ...するつもりだ: We're ～ *ing* to go swimming this afternoon. 私たちは今日の午後泳ぎに行くつもりだ.

― **fíx** の句動詞 ―

fíx on [upòn] ... 動 他 (ある日時・金額などに)決める, (日取りなどを)決める; ...を選ぶ: They've ～ed *on* October 10 for the party. 彼らはパーティーの日取りを10月10日に決めた.

*fix úp [動] [他] 1 〈…〉を修理[改造]する，手直しする <V+名・代+*up* / V+*up*+名>: It's an old house, but it'll look nice after you ～ it *up*. それは古い家だが手入れすればよくなるでしょう．
2 〈細目など〉を決める；〈会合・切符など〉の手配をする <V+名・代+*up*/V+*up*+名>; 《英》〈…すること〉に取り決める (*to* do): The company *～ed up* the plane tickets for me. 会社が私のために航空券を用意してくれた / Have you *～ed up where to* go? <V+*up*+*wh* 句> もうどこへ行くか決めましたか． **fix … úp with** — [動] [他] Ⓢ 《略式》 1 〈人〉に(必要なもの)をあてがう，用意してやる: I'll ～ him *up with* a room in the hotel. 彼にホテルの部屋を取ってやろう． 2 〈人〉に(デートの相手など)をあてがう．

— [名] [C] [普通は a ～] 1 《略式》 困った立場: get oneself into *a* ～ 苦境に陥る / I'm really *in a* (fine) ～. 本当にやっかいなことになった． 2 (その場での)修理，調整，解決． 3 《略式》 八百長(試合)；不正工作． 4 《略式》 麻薬の注射；(欲しい[元気づける]ものの)ある分量 (dose) (*of*). **gèt a fíx on …** [動] [他] (1) (人・物)の位置をつきとめる． (2) 《略式》 (状況など)を理解する．

fix·ate /fíkseɪt/ [動] [自] [次の成句で] **fíxate on …** [動] [他] …にこだわる，執着する．

fix·a·ted /fíkseɪṭɪd/ [形] [P] (…に)病的にこだわる，(異常なまでに)執着して (*on*); 〖心〗 固着している．

fix·a·tion /fɪkséɪʃən/ [名] ([動] fix) [C] 病的な執着，固執 (*about, on, with*); 〖心〗 固着．

fix·a·tive /fíksəṭɪv/ [名] [U,C] 固定剤；定着剤．

*__fixed__ /fíkst/ [形] 1 固定した，定着した，据え付けの (*in, on*): a ～ seat 据え付けの座席 / a ～ focus camera 固定焦点カメラ / The bench is *～ to* the floor. <A+前+名・代> そのベンチは床に据え付けられていた． 2 決まった，確固たる (firm)，不動の；安定した: a ～ income 定収入 / ～ assets 〖商〗 固定資産 / ～ charge 固定料金 / ～ costs 〖商〗 固定費(用) / a ～ policy 不動の政策 / sell [buy] at a ～ price 定価で売る[買う] / have ～ ideas [opinions] *about* [*on*] … …に対して固定観念をもつ． 3 [A] (視線・表情が不自然に)動かない: a ～ stare 凝視． 4 《略式》 八百長の，不正工作された． 5 [P] Ⓢ 《略式》 (必要なものの)備え[準備]がある (*for*).

fixed cápital [名] [U] 〖商〗 固定資本．

fix·ed·ly /fíksɪdli/ [副] Ⓦ じっと(見て)；断固として．

fixed-póint [形] 1 《格式》 定点の． 2 〖電算〗 固定小数点式の．

fixed stár [名] [C] 恒星 (☞ star [語法]).

fix·er [名] 1 [C] 《略式》 買収をする人，八百長をさせる人，黒幕；(不正な)圧力をかける人． 2 [C] 《英》 (問題などの)調停人，(取引などの)まとめ役． 3 [U] 〖写〗 定着液[剤]；色止め染料．

fix·er-úpper [名] [C] 《米略式》 ぼろ家[車など].

fix·ings /fíksɪŋz/ [名] [複] 1 《米略式》 [the ～] 料理のつけ合わせ (野菜・パンなど) (《英》 trimmings)；成分，要素；装飾品． 2 《英》 (固定する)金具．

fix-it [名] [U] [しばしば形容詞的に] 《米略式》 修理[調整](の).

fix·i·ty /fíksəṭi/ [名] [U] 《格式》 固定；確固不動．

fix·ture /fíkstʃɚ | -tʃə/ [名] (～s /~z/; [動] fix) [C] 1 [普通は複数形で] (室内などの)据え付け品，建具，造作，設備: gas and electric light *～s* ガスと電灯の設備 / the *～s* and fittings 《英》 (家・建物の)設備調度品一式． [関連] fitting 付属品，備品． 2 (競技などの)開催予定日；《英》 (期日の確定した)競技大会． 3 《略式》 (地位・場所などに)定着した人，(…の)主(ぬし)，名物: a (permanent) ～ at our school わが校の主．

fizz /fíz/ [動] [自] (飲み物が)しゅーという，しゅーと泡立つ，(マッチなどが燃えはじめに)しゅーと音を出す． — [名] [U] 1 しゅーという音． 2 炭酸ガスの泡，発泡；発泡性；生気，活気． 3 《英略式》 発泡性飲料，シャンペン: gin ～ ジンフィズ．

fizz·i·ness /fízinəs/ [名] [U] しゅーと泡立つこと．

fiz·zle /fízl/ [動] [自] かすかにしゅーという． **fízzle óut** [動] [自] 《略式》 (途中で)失敗する，立ち消えになる．
— [名] [C] 1 しゅーと音を出すこと． 2 (大)失敗．

fizz·y /fízi/ [形] (**fizz·i·er**; **-i·est**) (飲み物が)泡立つ，しゅーと音を立てる ([反] flat): a ～ drink 《英》 発泡性ソフトドリンク．

fjord /fjɔ́ɚd | fíːɔːd, fjɔ́ːd/ [名] [C] フィヨルド (高い断崖(だんがい)の間に入り込んだ峡湾；ノルウェー海岸に多い).

fjord

FL 〖米郵〗 =Florida.

fl. [略] 1 =flourished …ごろ活躍[活動] (生没年不明の人の活躍時期・年代を示す). 2 =floor, fluid.

Fla [略] =Florida.

flab /flǽb/ [名] [U] 《略式》 [軽蔑] ぜい肉．

flab·ber·gast /flǽbɚgæ̀st | -bəgɑ̀ːst/ [動] [他] [普通は受身で] 《略式》 〈…〉をびっくり仰天させる，〈…〉のどぎもを抜く．

flab·bi·ness /flǽbinəs/ [名] [U] 《略式》 [軽蔑] たるみ；締まりのなさ．

flab·by /flǽbi/ [形] (**flab·bi·er**; **-bi·est**) 《略式》 [軽蔑] 1 (筋肉などが)ゆるんだ，たるんだ (☞ fat 類義語). 2 (議論などが)だれた；効果のない．

flac·cid /flǽ(k)sɪd/ [形] 1 《格式》 たるんだ，ゆるんだ． 2 〖生〗 (筋肉が)弛緩(しかん)した．

flac·cid·i·ty /flæ(k)sídəṭi/ [名] [U] 〖生〗 弛緩(性).

flack[1] /flǽk/ 《米略式》 [名] [C] 広報係 (press agent). — [動] [自] 広報係を勤める (*for*).

flack[2] /flǽk/ [名] [U] =flak.

*__flag__[1] /flǽg/ ([類音] frog) [名] (～s /~z/) 1 [C] 旗: the national ～ 国旗． ★ 米国とカナダの国旗は表(おもて)地図を，英国，オーストラリア，ニュージーランドの国旗は裏地図を参照 (☞ Stars and Stripes, Union Jack; golf 挿絵) / a ～ of convenience 便宜置籍国旗 (税金のがれに他国に登録した船が揚げる登録国旗) // ☞ red [white] flag.

コロケーション
fly a *flag* (長時間)旗を掲げる (状態; ☞ fly the flag (成句))
hoist [**run up**] a *flag* 旗を揚げる (動作)
lower a *flag* 旗を降ろす
wave a *flag* 旗を振る (☞ 成句)

2 [the ～] 国家，団体: be loyal to *the* ～ 国家に忠実である． 3 [C] 記章 (募金者などに与えられる). 4 [C] 《米》 (郵便受けについた)旗(状の部分) (☞ mailbox [参考]). 5 [C] (タクシーの)空車標識． 6 [C] (犬の)ふさふさした尾． **flý the flág** [動] [自] 愛国心[支持，信念]を表明する． **kéep the flág flýing** [動] [自] 愛国心[信念]を貫ぬく；(競技などで)自国[団体]のために活躍する． **shów the flág** [動] [自] =fly the flag. **ùnder the flág of …** [前] …の旗の下に，…の指揮下で． **wáve the flág** [動] [自] =fly the flag.
— [動] (**flags**; **flagged**; **flag·ging**) [他] 1 〈…〉に(目立つように)印をつける． 2 [普通は受身で] 〈…〉に旗を立てる． **flág dówn** [動] [他] 〈タクシーなど〉を手を振って止める: ～ *down* a cab タクシーを止める[拾う].

flag[2] /flǽg/ [名] [C] あやめ属の植物；きしょうぶ．

flag[3] /flǽg/ [動] (**flags**; **flagged**; **flag·ging**) [自] (気力などが)衰える，なえる；(興味などが)薄れる．

F

flag

flag⁴ /flǽɡ/ 名 C 板石, 敷石 (flagstone).
flág bèarer 名 C 旗手; (社会運動の)指導者.
flág càrrier 名 C 一国を代表する航空[船]会社.
flág dày 名 C (英) 慈善事業の基金募集の日街頭で胸につける小旗を売る日; (米) = flag day.
Flág Dày 名 U (米) 国旗制定記念日 (1777 年に国旗が制定されたことにちなむ; 6 月 14 日).
flagella 名 flagellum の複数形.
fla·gel·lant /flǽdʒələnt/ 名 C (格式) むち打つ人.
fla·gel·late /flǽdʒəlèɪt/ 動 他 (格式) 〈…〉をむち打つ.
flag·el·la·tion /flǽdʒəléɪʃən/ 名 U (格式) (宗教上の)苦行・刑罰としてのむち打ち; (SM の)むち打ち.
fla·gel·lum /fləʤéləm/ 名 (複 **fla·gel·la** /-lə/, ~s) C (バクテリア・原生動物などの)鞭(むち)毛.
flág fòotball 名 U (米) フラッグフットボール (アメリカンフットボールの変種; 相手選手の身に着けた旗を奪ってその回数をはばむ; ☞ touch football).
flagged /flǽɡd/ 形 敷石が敷き詰められた.
flag·ging /flǽɡɪŋ/ 形 衰え[なえ]かけた, だれ気味の.
flag·on /flǽɡən/ 名 C フラゴン (ふた・口・取っ手がついていて, 食卓用や聖餐(さん)式用); 大型ワインびん.
flág pòle 名 C 旗ざお (flagstaff).
***fla·grant** /fléɪɡrənt/ 形 A (悪事が)目にあまる, 露骨な, ひどすぎる: a ~ foul 露骨な反則.
flagrante delicto ☞ in flagrante delicto の項目.
flagrant·ly 副 露骨に.
†**flág·shìp** 名 C **1** 旗艦 (指揮官の乗っている艦).
2 [普通は単数形で] (会社・グループの)看板商品[サービス, 店など] (of).
flág·stàff 名 C (格式) 旗ざお (flagpole).
flág·stòne 名 C 敷石, 板石.
flág stòp 名 C (米) (バス・列車の)信号停車所 (合図のあるときだけ停車).
flág-wàving 名 U (軽蔑) 熱狂的愛国心の宣伝.
†**flail** /fleɪl/ 動 **1** 腕を振り回す, 足をばたばたさせる (around, away). **2** やみくもにやる. **3** 穀物をからざおで打つ. — 他 **1** 〈腕〉を振り回す, 〈足〉をばたばたさせる. **2** 〈穀物〉をからざおで打つ; 〈人〉を(棒で)たたく.
— 名 C からざお (脱穀用の農具).
*__flair__ /fléə | fléa/ 名 **1** [しばしば a ~] 鋭い眼識[勘]; 才能, センス (for). **2** U 品(のよさ).
*__flak__ /flǽk/ 名 U **1** (略式) (手厳しい)批判, 非難: get [take, come in for, catch] a lot of ~ (from ...) (...)からの)激しい非難をあびる. **2** 対空砲火.
*__flake__ /fléɪk/ 名 (形 flaky) C 薄片, 薄いかけら: ~s of snow 雪片 / ~s of old paint はげ落ちた古いペンキの薄片. **2** フレーク (薄片の穀物質の食品). 関連 cornflakes コーンフレーク. **3** S (米略式) 変人.
— 動 **1** 薄片となって落ちる; (ペンキ・皮膚などが)ぼろぼろになる (off); (魚肉などが)フレーク状にほぐれる: This paint ~s in heat. このペンキは熱をあてるとはげる. — 他 〈魚肉など〉をフレーク状にほぐす; 〈ペンキ・さびなどを〉落とす (off). **fláke óut** [動] **1** (くたくたになって)寝込む; 気絶する. **2** (米) (人)にとばくしたことを言う[する], 物忘れする (on).
flák jàcket 名 C 防弾チョッキ.
flak·y /fléɪki/ 形 (**flak·i·er**; **-i·est**; 名 flake) **1** (パイなどが)薄片状の; はげ落ちやすい, (ペンキ・皮膚が)ぼろぼろにはげた: ~ pastry 薄い生地を重ねたペイストリー. **2** S (略式, 主に米) (人などが)風変わりな, あてにならない.
flam·bé /flɑːmbéɪ | flɑ́ːmbeɪ/ 形 《フランス語から》[名詞の後に付けて] (菓子などが)フランベの《ブランデーをかけ火をつけた》: steak ~ フランベにしたステーキ.
— 名 U C フランベにした料理[菓子].

flam·béed /flɑːmbéɪd | flɑ́ːmbeɪd/ 形 = flambé.
flam·boy·ance /flæmbɔ́ɪəns/ 名 U 華麗; はで.
†**flam·boy·ant** /flæmbɔ́ɪənt/ 形 華麗な; (態度などが)はでな, (服などが)けばけばしい, 極彩色の. **~·ly** 副 華麗に, けばけばしく.
*__flame__ /fléɪm/ (複 flame) 名 (~s /~z/) **1** U C 炎, 火炎 (☞ 類義語): inflame 燃やす: Natural gas gives off a blue ~. 天然ガスは青い炎を出す. **2** C 炎のような輝き[色彩]. **3** C (文) 燃える思い, 激情: the ~s of love 愛の熱情. **4** C (電算) 中傷[攻撃]メール.
an óld fláme [名] 昔の恋人.
búrst into fláme(s) [動] ぱっと燃え上がる.
fán the fláme(s) [動] 炎をあおる; (感情などを)かき立てる, 加熱させる (of).
in fláme(s) [形·副] 炎となって, 燃えて: The hotel went up in ~s. そのホテルは炎上した.
— 動 (flames /-z/; flamed /-d/; flam·ing) **1** 燃え上がる, 炎を出す: The logs ~d brightly. 丸太が赤々と燃え上がった. **2** W (文) ぱっと赤くなる; (情熱・怒りなどで)燃える: His face ~d (red) with excitement. 彼の顔は興奮でぱっと赤くなった. **3** W (文) (紅葉·夕日などが)炎のように輝く, 照り映える: (with). **4** 〔電算〕中傷メールなどを送りつけて攻撃する. — 他 〔電算〕(電子掲示板などで)〈相手〉を攻撃する《文を全部大文字を用いて書いたりする》.
fláme óut [動] **1** (1) (飛行機のエンジンが)止まる. (2) (主に米) (はでに)しくじる.
fláme úp [動] **1** (1) 燃え上がる: Suddenly the fire ~d up. 突然火はぱっと燃え上がった. (2) (顔が)赤くなる; (激情が)燃え上がる.
【類義語】flame ろうそくの炎のように舌のような形をした一つの炎: the *flame* of a candle ろうそくの炎. blaze 勢いよく燃え盛る大きな火: the *blaze* of a burning building 燃えている建物の炎. flicker ちらちらと燃える炎: the *flicker* of a candle (消えぎわの)ろうそくの火. flare 短い時間ぱっと燃え上がる炎: the *flare* of a match マッチの炎.
fla·men·co /fləméŋkoʊ/ 《スペイン語から》 名 (~s) U C フラメンコ (スペインの情熱的な踊り・歌曲).
fláme·òut 名 C **1** 〔空〕フレームアウト (ジェットエンジンが突然止まること). **2** (主に米) 突然の(大)失敗.
fláme·pròof, fláme-resístant 形 耐炎性の.
fláme-retárdant 形 難燃性の.
fláme·thròw·er /fléɪmθròʊə | -θròʊə/ 名 C 火炎放射器, 火炎噴射器.
†**flam·ing** /fléɪmɪŋ/ 形 A **1** 燃え立つ, 火を吐く. **2** (色彩が)燃えるように赤い. **3** (感情·口論などが)激しい: a ~ row 大げんか. **4** S (略式) 全くの; ひどい: a ~ idiot どうしようもないばか. **be in a fláming témper** [動] 激怒している, かられている.
fla·min·go /fləmíŋɡoʊ/ 名 (~s, ~es) C フラミンゴ, べにづる.
flam·ma·ble /flǽməbl/ 形 (反 nonflammable) 可燃性の, 燃えやすい. 語法 inflammable も用いられるが, 「燃えにくい」という意味に誤解されやすいので, ラベル·掲示などでは flammable が用いられる.
flan /flǽn/ 名 C U (米) フラン (カラメルをのせたカスタード) (crème caramel); (英) フラン (果物·チーズなどの入ったパイの一種; ☞ pie 参考).
Flan·ders /flǽndəz | flɑ́ːndəz/ 名 固 フランドル, フランダース 《フランス北部·ベルギー·オランダにまたがる North Sea 沿岸の地方; ☞ Fleming¹, Flemish》.
flange /flǽndʒ/ 名 C (車輪の)輪縁(ふち), (レールの)出縁(ふち), (鉄管などの端・接合部分の)つば.
*__flank__ /flǽŋk/ 名 C **1** 横腹, わき腹; わき腹肉. **2** (建物·山などの)側面; (部隊·チームなどの)側面: a ~ attack 側面攻撃. — 動 **1** [しばしば受身で] 〈...〉の側面にある[置く]; 両わきを護衛する: The street is ~ed (on both sides) by [with] tall buildings. その通

りの両側に高い建物が立ち並んでいる / The President appeared ~ed by his bodyguards. 大統領がボディーガードに護衛されて現われた. **2** «敵の側面に回る.

flánk·er 名 C 《ラグ・アメフト》フランカー.

*flan·nel /flǽn(ə)l/ 名 **1** U フラノ; (米)ネル: ~ trousers フラノ[ネル]のズボン. **2** (複数形で) フラノ製品(ズボンなど); ネル製品(ズボン下・パジャマなど). **3** C (英)タオル, 手ぬぐい((米) washcloth). **4** U (英略式)(言い逃れの)おべっか, たわごと. ― 動 (**flan·nels** /~z/; **flan·neled**, (英) **flan·nelled**; -**nel·ing**, (英) -**nel·ling**) 自 (英略式)(言い逃れに)うまいことを言って[書く].

flan·nel·et(te) /flæ̀nəlét/ 名 U 綿ネル.

*flap /flǽp/ 動 (**flaps** /~s/; **flapped** /~t/; **flap·ping**)
他 **1** «…»をはためかす, ばさばさと振る, はためかせる; «腕・手など»を上げ下げする. 語法 一方が固定しまたは垂れ下がった布・紙・薄片がはたはたと動く場合に用いる: The wind *flapped* the sail. 風で帆がはためいた / The bird was *flapping* its wings. 鳥は翼を羽ばたかせていた. **2** (平たい物)で«…»をたたく, 平手で打つ; (平たい物)ではたく: He *flapped* the towel *at* the fly. 彼はタオルではえをたたいた[払った].
― 自 **1** はためく, ばたばたする, 垂れ下がってひらひらする: There were many flags *flapping* in the wind. たくさんの旗が風にはためいていた / The curtain *flapped against* the window. <V+*against*+名・代> カーテンがばたばたと窓に当たった.
2 羽ばたく; (大きな鳥が)ゆっくりと飛ぶ: The eagle *flapped away*. <V+*away*> わしは羽ばたいて飛び去った / The cranes *flapped* over the lake. つるが湖の上を飛んでいた. **3** (平たい物で)たたく (*at*), 平手で打つ. **4** (英略式) はらはら[そわそわ]する (*about*).

fláp one's líps [gúms] 動 S ぺちゃくちゃ意味もなくしゃべる.

― 名 (~s /~s/) **1** C (ひらひらと)垂れ下がる物, (ポケットの)垂れぶた; (封筒の)折り返し; (机などの)垂れ板. **2** C (航空機の)フラップ, 下げ翼(☞ airplane 挿絵). **3** [a ~] (略式) はらはら, そわそわ, うろたえ; (米)抗議. **4** C (普通は単数形で) はためき(の音); 羽ばたきの音; (平たい物で)ぴしゃりと打つこと, 平手打ち.

flaps 1

be in a fláp [動] 自 (英略式) はらはら[そわそわ]している, うろたえている (*over*). **gèt ínto [in] a fláp** [動] 自 (略式) はらはら[そわそわ]する; うろたえる (*over*).

fláp·jàck 名 **1** C (米) パンケーキ. **2** U (英)(オート麦などで作る)ビスケット.

flap·per /flǽpə | -pə/ 名 C (古風, 略式) フラッパー(1920年代に型破りの服装・行動を気取った娘).

*flare /fléə | fléə/ 動 (**flares** /~z/; **flared** /~d/; **flar·ing** /flé(ə)rɪŋ/) 自 **1** (炎が)燃え上がる, ぱっと[ゆらゆらと]燃える: The candle ~*d* in the breeze. ろうそくの火がそよ風でゆらゆらと揺れた. **2** (感情・暴動などが)爆発する, 急に起こる. **3** (朝顔形に)広がる; (スカート・ズボンなどが)フレア[すそ広がり]になっている (*out*).
― 他 **1** (スカート・ズボンなど)をフレア[すそ広がり]にする; (鼻の穴)を広げる. **2** «…»にちらりあうように言う. **fláre óut at …** [動] 自 (米)突然(人)に怒る, かみつく. **fláre úp** [動] 自 (1) 燃え上がる. (2) かっと怒る (*at*); (暴動など)勃発する; 激しさを増す. (3) (病気などが)再発する, 急に悪化する.

― 名 (~s /~z/) **1** C 閃光(災)装置[信号], 照明弾(屋外用)照明: send up a ~ 照明弾を打ち上げ[光]((☞ flame 類義語)). **2** C [普通は単数形で] 燃え上がる炎, 揺らめく[ゆらゆら揺れる]光. **3** C [普通は a ~] すその広がり, (スカートの)フレア. **4** (複数形で) (略式) フレアズボン.

flared /fléəd | fléəd/ 形 (スカートなどが)フレアのついた.

fláre pàth 名 C 照明路(飛行機が離着陸する).

fláre-ùp 名 C **1** ぱっと燃え上がること. **2** かっと怒ること; (問題などの)急激な再燃; (病気などの)再発.

flar·ing /flé(ə)rɪŋ/ 形 ゆらゆら[めらめら]燃える.

*flash /flǽʃ/ «頭音 flesh, flush, fresh» 動 (**flash·es** /~ɪz/; **flashed** /~t/)

┌─ 自 他 の転換 ─────────────────┐
│ 自 **1** ぱっと光る (to produce a sudden bright │
│ light)   │
│ 他 **2** ぴかっと光らせる (to make (something) pro- │
│ duce a sudden bright light)   │
└────────────────────────────────┘

― 自 **1** ぱっと光る, ひらめく; W (目などが)(怒りなどで)きらり[ぎらり]と光る: Lightning ~*ed*. 稲妻がぴかっと光った / Her eyes ~*ed with* anger. <V+*with*+名・代> 彼女は怒りで目をきらりと光らせた.
2 (考えなどが心に)ぱっと浮かぶ, ひらめく: A good idea ~*ed into* [*across*, *through*] my mind. <V+前+名・代> よい考えが心にぱっと浮かんだ / His life ~*ed* before his eyes. 人生のさまざまな場面が突然目に浮かんだ(死などに直面して). **3** [副詞(句)を伴って] さっと過ぎ[飛び]去る: An express train ~*ed by* [*past*] (us). 急行列車がさっと通り過ぎた / Time ~*es by*. 時はあっという間に過ぎる. **4** [副詞(句)を伴って] (映像・ニュースなどが)(画面・スクリーンに)突然写し出される, 繰り返し出る (*up*, *across*, *on*, *onto*). **5** (略式)(男性が)性器を露出させる.

― 他 **1** «人»に«…»をぱっと知らせる, 点滅[フラッシュ]で合図する (*across*, *on*, *to*); (感情など)をちらりと[ぱっと]表わす: They ~*ed* a signal. 彼らは明かりを点滅させて合図した / «言い換え» She ~*ed* a smile *at* him. <V+O+*at*+名・代> =She ~*ed* him a smile. <V+O+O> 彼女は彼ににっこり笑った.
2 «…»をぴかっと光らせる, きらめかす (*into*, *toward*); (目・顔)を輝かせる: He ~*ed* a light *at* the object in the dark. <V+O+前+名・代> 彼は暗やみの中のその物体をぴかっと照らした. **3** «…»をちらりと[ぱっと]見せる; 見せびらかす: ~ one's money (*around*) お金を見せびらかす / The policeman ~*ed* his badge. 警官はバッジをちらっと見せた. **4** (映像など)を(スクリーンに)突然映し出す. **5** (ニュース)を急送する: The news *was* ~*ed* all over [*across*] Japan. そのニュースはたちまち日本中に伝わった. **6** (略式)(男性が)«人»に性器を露出する.
flásh báck [動] 自 (1) (記憶・思い出が)ふと昔に返る (*to*). (2) (映画で)過去の場面に転じる. (3) W (怒ってすぐに)言い返す. **flásh fórward** [動] 自 (映画などで)(場面が)未来に転じる (*to*). **flásh on …** [動] 他 (米略式)…に(ふと)気づく. **flásh ón and óff** [動] 自 (信号などが)点滅する.

― 名 (~**es** /~ɪz/) **1** C ぱっと出る光, ひらめき, 閃光(ホネネッ); (点滅・旗による1回の)合図: a ~ of lightning 稲妻のひらめき.
2 C [しばしば a ~] (考えなどの)ひらめき, ちらっと(心に)浮かぶこと: have *a* ~ of inspiration 名案がひらめく.
3 C U (カメラの)フラッシュ(装置) (flashlight); フラッシュ撮影: ~ photography フラッシュ撮影 / I took these pictures with a ~. 私はこれらの写真をフラッシュを使ってとった. **4** C (テレビなどの)ニュース速報 (newsflash). **5** C (略式)ちらっと見る[見せる]こと. **6** C (英)(軍隊の)記章. **7** C =flashlight 1. **8** U (略式)誇示, 見せびらかし. **a flásh in the pán** [名] S (たまたまの)成功, まぐれ(当たり). 由来 (火打ち石銃の)火皿の中の発火の急から空発に終わる, の意. **(as) quíck as a flásh** [形・副] (応答などが)すばやく[く]. **in a flásh=líke a flásh** [副] たちまち.

flashback

— 形 (flásh·er; ~·est) 1 (略式) [しばしば軽蔑] けばけばしい, はでな; (人が)成金趣味の: a ~ building けばけばしい建物. 2 Ⓐ [しばしば合成語で] あっという間の, 突発的な: a ~ warning とっさの警告 / ~ freezing (食品の)瞬間冷凍.

flásh·back 名 1 Ⓒ,Ⓤ (映画・小説などでの)フラッシュバック(の場面)《回想場面などの突然の繰り返し》: in (a) ~ フラッシュバックで. 2 Ⓒ 過去の出来事を突然鮮明に思い出すこと; (薬物による)幻覚の再現: have a ~ *to* the moment of the accident 事故の瞬間を急に思い出す. 3 Ⓒ 逆火(ぎゃっか)《バーナーなどの火が逆流すること》.

flásh·bulb 名 Ⓒ (写) 閃光(せんこう)電球, フラッシュの球.

flásh·burn 名 Ⓒ 閃光火傷《爆発・激しい炎によるやけど》.

flásh càrd 名 Ⓒ フラッシュカード《文字・数字・絵をかいたカード; 生徒に瞬間的に見せて識別練習する》.

flash·er /flǽʃɚ | -ʃə/ 名 Ⓒ 1 (略式) 露出狂(男性). 2 (交通信号・車などの)点滅装置《ウィンカー・ブレーキなど》.

flásh flóod 名 Ⓒ 鉄砲水.

flásh-fréeze 動 他 〈食品〉を瞬間冷凍する.

flásh gùn 名 Ⓒ フラッシュガン《カメラの閃光(せんこう)装置》.

flash·i·ly /flǽʃɪli/ 副 (略式) (軽蔑) けばけばしく.

flásh·light /flǽʃlàɪt/ 名 (-lights /-làɪts/) Ⓒ 1 (主に米) 懐中電灯《(英) torch》: turn on a ~ 懐中電灯をつける. 2 (主に英) (カメラの)フラッシュ(装置) (flash).

flásh pòint 名 1 Ⓒ (暴動が発生しがちな)危険地帯; Ⓒ,Ⓤ (がまんの)限界. 2 Ⓒ (化) 引火点.

flash·y /flǽʃi/ 形 (flash·i·er; -i·est) (略式) (軽蔑) 1 (安物で)けばけばしい, きんぴか(きんきら)の. 2 (人が)これ見よがしに高級品を身につけた. 3 かっこよさそうな.

flask /flǽsk | flɑ́ːsk/ 名 Ⓒ 1 (実験用の)フラスコ; (携帯用の)水筒 (*of*). 2 (英) =thermos bottle.

★**flat**¹ /flǽt/ (類音) fret) 形 (flat·ter /-tə/; flat·test /-tɪst/; 動 flátten)

「平らな」1 → (体が地面に平らな) → 「大の字になって」2
              → (ぺしゃんこの) → 「パンクした」3

1 平らな, 平たい, 平べったい, でこぼこのない; (靴の)かかとのない(低い); (パンなどが)厚みのない(☞ 類義語): flatter (than)(反) uneven: a ~ wall 平らな壁 / ~ dishes 平たい皿 / The top of the hill is ~. その丘の頂上は平らである(☞ flatfoot).

2 [比較なし] 大の字になって, (ぺったり)横になって; (壁などに)ぴったり接して: Stand with your back ~ ***against*** the wall.《A＋前＋名・代》背中を壁にぴったりつけて立て(☞ 副 1).

3 (タイヤ・ボールなどが)パンクした, 空気が抜けた: The tire went ~. タイヤがパンクした // ☞ flat tire. 4 つまらない, 退屈な (dull); 単調な, 平板な; (色・絵などが)深み(陰影)のない; (ペンキが)光沢のない: a ~ speech つまらない演説 / in a ~ voice 感情を出さない)単調な[そっけない]声で / Everything went ~ after you left. あなたがいなくなってからは万事がつまらなくなった. 5 (ビール・炭酸飲料が)気の抜けた (反 fizzy); (主に英) (電池が)切れた: This beer is [has gone] ~. このビールは気が抜けている / The battery is [has gone] ~. バッテリーがあがってしまった. 6 きっぱりとした, あらわさまな: Helen gave him a ~ refusal [denial]. ヘレンは彼にきっぱりと拒絶[否認]した. 7 Ⓐ (料金などが)均一の: a ~ fee 均一報酬 // ☞ flat rate. 8 (市場などが)不活発な, 人気が悪い / 脳波図などが)一定に波のない. 9 (楽) [調名の後につけて] フラットの, 変音の, 半音下の((記号 ♭)) (普通は Ⓟ) (楽器・声・人などが)正しい音より低い(音を出す): a sonata in B ~ major 変ロ長調のソナタ.（関連）sharp シャープの. 10 (経営組織などが)階層的でない. **(and) that's that [thát's] flát!** Ⓢ (英式式) これは絶対だ[決心は変わらない]: I won't do it, *and that's* ~! とにかくやらないといったらやらない. **be flát on one's báck** [動] 自 (1) ぺったりあおむけになっている. (2) 病気でふせっている.

— 名 (flats /flǽts/) 1 [the ~] 平らな部分, 平面; *the* ~ *of* the hand 手のひら. 2 Ⓒ [普通は複数形で] 平地, 平原, 低湿地. 3 Ⓒ (略式, 主に米) =flat tire. 4 Ⓒ (楽) フラット, 変音(半音低い音); 変音記号(♭)（関連）sharp シャープ. 5 Ⓒ (舞台背景物のわく張り物, フラット. 6 [複数形で] (米略式)(女性用)かかとの低い靴. 7 (米) (果物販売・苗木用)平箱; [a flat of ~ として] 一皿(分). **on the flát** [副・形] 平地で[に, の].

— 副 1 平らに, 平たくなって(☞ 形 2): Hold your hands out ~. 両手を(平らに)開いて差し出しなさい / He was lying ~ *on* the ground. 彼はぺったりと地面に寝ていた.

2 [時間表現の後で] (略式) (驚いたことに)…きっちり, ちょうどに, (わずか)…で: He ran 100 meters in 11 seconds ~. 彼は100メートルを11秒フラット[ちょうど]で走った. 3 (略式) きっぱりと; 全く, すっかり: He's ~ broke. 彼は一文[すっかんぴん]だ. 4 (楽) フラットで, 半音低く.

fáll flát [動] 自 (1) ばったりと倒れる: She *fell* ~ on her face [back]. 彼女はうつぶせ[あおむけ]にばったりと倒れた. (2) (計画が)ふざまに失敗する; (冗談・話・演技が)相手にさっぱり通じない, 受けない.

flát óut [副] (略式) (1) 全(速)力で. (2) Ⓢ (主に米) 率直に, きっぱりと; 全く. — [形] Ⓟ 疲れ切った.

gò flát agáinst ... [動] 他 Ⓢ (英) 〈人・意向など〉に全く逆らう, …をてんで無視する.

láy ... flát [動] 他 〈…〉を(打ち)倒す, なぎ倒す, 倒壊させる: His blow *laid* me ~ on my back. 彼の一撃で私はあおむけに倒れた.

téll ... flát [動] 他 Ⓢ (英) 〈…〉にきっぱりと言う.

【類義語】**flat** 表面に凸凹がなく平らであることを意味する. 水平であるか斜めであるかなどの面の方向には関係がない: The top of a desk must be *flat*. 机の表面は平らでなくてはならない. **level** 水平であることを意味する: An airport must be built on *level* ground. 飛行場は水平な土地に造らなくてはならない. **even** 面が均一的に平らであるかまたは水平であることを意味する. また面が他の面と同じ高さであることも表わす: Some of the boards have warped, and so the floor isn't *even*. 板の何枚かが反っていて床が平らでない. **smooth** 磨いたりなどした結果がめらかであること: *smooth* paper つるつるした紙.

★**flat**² /flǽt/ (類音) fret) 名 (flats /flǽts/) (英) 1 Ⓒ マンション, アパート《共同住宅の同じ階の数室で一世帯が使っているもの》(☞ mansion (日英比較)) (米) apartment): rent a ~ アパートを貸す[借りる] / let a ~ アパートを貸す / live in a ~ アパートに住む. 2 [the ~s] フラット式の共同住宅, マンション, アパート. **a blóck of fláts** 名 (英) フラット式の共同住宅, マンション, アパート ((米) apartment house [building]): She lives on the second floor of *a block of* ~s. 彼女はあるアパートの3階に住んでいる(☞ floor (語法)).

flát-bèd 形 Ⓐ (主に米) (トラックなどが)平台[平床]型の. 名 Ⓒ 平台トラック(貨車).

flátbed scánner 名 Ⓒ フラットベッド型スキャナー.

flát-bòat 名 Ⓒ 平底船《浅瀬の荷物運搬用》.

flát-bóttomed 形 (船が)平底の.

flát càp 名 Ⓒ (英) =cloth cap.

flát·càr 名 Ⓒ (米) 長物(ながもの)車《屋根も側面もない平台型貨車》.

flát-chésted 形 (女性が)ペチャパイの.

flát·fish 名 (複 ~, ~·es) Ⓒ (かれいなどの)平たい魚.

flát·fòot 名 **1** (複 -feet /-fiːt/) [複数形で] 扁平足. **2** (複 ～s, -feet) C 《俗》警官, おまわり.

flát-fóoted 形 **1** 扁平足の. **2** 《略式》のろまの; ぶざまな, へまな. **3** 《略式》こまやかな気配りのない, 鈍重な. **cátch ... flát-fóoted** 動 他 [しばしば受身で] 《古風, 米》〈...〉の不意を襲う. 由来 つま先立っていない, 用意のできていない状態. をつかまえる, の意.

flát·ìron 名 C 《古風》(昔の)アイロン, ひのし.

flát·lànd 名 C (丘や谷のない)平坦地.

flát·lèt 名 C 《英》小型アパート.

flát·lìne 形 [次の成句で] **gò flátline** 動 自 《米略式》死ぬ(脳波図が水平になることから); 〈機器など〉がダウンする. ― 動 自 《略式》**1** 死ぬ. **2** [主に新聞で]低調となる.

flát·ly 副 **1** きっぱりと, にべもなく: ～ refuse にべもなく断わる. **2** 活気なく, 単調に; そっけなく.

flát·màte 名 C 《英》アパートの(同じ部屋に住む)同居人(《米》roommate).

flát·ness 名 U **1** 平らなこと. **2** つまらぬこと; 単調さ; そっけなさ.

flát·pàck 名 C 《英》組み立て家具.

flát ràce 名 C 平地競走 (特に競馬).

flát ràcing 名 U (障害物のない)平地競馬. 関連 steeplechase (野外障害)障害物競走.

flát ràte 名 C 均一料金, 定額料金(電話や通話回数によらず日々一定額を払うもの).

†**flát·ten** /flǽtn/ 名 (flat¹ 形) 動 (flat·tens /-tnz/; flat·tened /-d/; -ten·ing, -tning /-tnɪŋ/) 他 **1** 〈...〉を平らにする: Iron is ～ed with a hammer. 鉄はハンマーで平らにされる. **2** 〈...〉をぺちゃんこにする, 破壊する: My house was ～ed by the earthquake. 私の家は地震でぺちゃんこになった. **3** 《略式》〈人〉をなぐり倒す; (ゲームなどで)完全に負かす. ― 自 平らになる.

flátten óut 動 他 〈...〉を平らにする[打ち伸ばす]. ― 自 (飛行機が)水平になる. **flátten onesèlf agàinst ...** 動 他 〈塀・ドアなど〉にぴったり身を寄せる, はりつく.

flat·tened /flǽtnd/ 形 P (人のことばで)落ち込んで, へこんで.

*__flat·ter__ /flǽtə | -tə/ 《類音》flutter) 動 (flat·ters /-z/; flat·tered /-d/; -ter·ing, -tring /-trɪŋ/) flátter(y)
他 **1** 〈...〉にお世辞を言う, おべっかを使う, こびへつらう, 追従(ﾂｲｼｮｳ)を言う: He is always ～ing his boss. 彼はいつも上司にお世辞を言っている (⇒ be² A 1 (3)) / She ～ed Mrs. Smith **about** [**on**] her dancing. <V+O+about[on]+名・代> 彼女はスミス夫人に踊りがお上手ですねとお世辞を言った.

2 〈...〉を大げさにほめる, うれしがらせるようなことを言う; [しばしば受身で] 〈人〉を喜ばす, 満足させる, 得意にさせる: Oh, you ～ me. まあうれしいことを言ってくれますね(口がお上手ですね) / 言い換え I am ～ed by [at] your invitation. <V+O+with+名・代の受身> = I am ～ed **to** be invited. = I am ～ed **that** you have invited me. ご招待頂き光栄です.

会話 "This is the best meal I've ever eaten!" "Don't try to ～ me." 「これは今まででいちばんおいしい食事ですよ」「お世辞を言わないでくださいよ」

3 (絵・写真・衣服などが)〈...〉を実物以上によく見せる: This photo ～s Meg. この写真はメグの実物よりよい. ― 自 〈衣服などが〉人を引き立たせる. 語源 古(フランス語で「平らな(flat)手でなでてやる」の意. **flátter onesèlf** 動 自 うぬぼれる (on): Don't ～ yourself. 《S》うぬぼれるな. **flátter onesèlf (that) ...** 動 自 うぬぼれて...と思う, と自負[自賛]する: I ～ myself (that) I'm the best golfer in the club. 自慢じゃないが私はクラブでいちばんゴルフがうまいと思っている.

flat·ter·er /flǽtərə | -rə/ 名 C お世辞を言う人, おべっかを使う人, 口のうまい人.

†**flat·ter·ing** /flǽtərɪŋ, -trɪŋ/ 形 (絵・写真・衣服などが)実物以上によく見せる; お世辞の, うれしがらせる. **～·ly** 副 見映えよく.

flat·ter·y /flǽtəri, -tri/ 名 (動 flátter) U お世辞, へつらい, 追従(ﾂｲｼｮｳ)(⇒ compliment¹ 表): F～ will get you nowhere [anywhere, everywhere]. 《S》お世辞を言ってもだめだよ[お世辞とわかっていても悪くない].

flát tíre 名 C パンクしたタイヤ (flat): I [My car] had a ～. 私の車がパンクした.

flát·tòp 名 C **1** (男性の短い)角刈り. **2** 《米略式》空母, 航空母艦.

flat·u·lence /flǽtʃʊləns/ 名 U 《格式》**1** 鼓腸(ﾁｮｳ) (ガスがたまって腹の張ること); 鼓腸による不快感. **2** 《軽蔑》(ことばの)仰々しさ.

flat·u·lent /flǽtʃʊlənt/ 形 《格式》**1** 鼓腸(ﾁｮｳ)の. **2** 《軽蔑》(ことば・態度などが)大げさな.

flat·ware /flǽtwèə | -wèə/ 名 U 《米》銀(めっき)食器類《ナイフ・スプーンなど》(cutlery). **2** 平皿類.

Flau·bert /floʊbéə | flóʊbeə/ 名 Gus·tave /gʊstáːv/ フローベール (1821–80) 《フランスの小説家》.

†**flaunt** /flɔːnt/ 動 他 **1** [普通は軽蔑] (誇らしげに)〈...〉を見せびらかす, 誇示する: **If you've got it, ～ it.** 《S》《滑稽》良い点(美貌・財産・能力など)は隠さことはない. **2** 〈規則・慣習など〉を無視する. 語法 flout との混同とする見方もある. **fláunt onesèlf** 動 自 挑発的にふるまう, 刺激的な格好をする.

flau·tist /flɔ́ːtɪst/ 名 C 《英》= flutist.

fla·vo·noid /fléɪvənɔ̀ɪd/ 名 C 『生化』フラボノイド(植物色素の一種).

*__fla·vor__, 《英》**fla·vour** /fléɪvə | -və/ 名 (～s /-z/) C.U **1** (味と香りを含めた)風味; (独特の)味 (taste), 香り; (食べ物・食品の)種類: candy with a chocolate ～ チョコレートの味のするキャンディ / Add (a) lemon ～ to the tea. お茶にレモンの風味を加えなさい / We sell five ～s of ice cream. 当店では5種類のアイスクリームを売っております (⇒ ice cream 会話).

2 [普通は単数形で] 味わい, 趣(ｵﾓﾑｷ), 気味; 特色: a castle with the ～ **of** the Middle Ages 中世の趣のある城. **(the) flávor of the mónth [wéek]** 名 目下一番人気の出ているもの[人].

― 動 (**fla·vors**, 《英》**fla·vours** /-z/; **fla·vored**, 《英》**fla·voured** /-d/; -**vor·ing**, 《英》-**vour·ing** /-v(ə)rɪŋ/) 他 〈...〉に風味[香り]を添える, 味をつける; 〈...〉に趣を添える: The soup was ～ed **with** lemon. <V+O+with+名・代の受身> スープはレモンの香りが加えられていた.

fla·vored /fléɪvəd | -vəd/ 形 **1** [合成語で] ...の味をつけた: strawberry-～ いちご風味の. **2** (食品が)風味のある.

fla·vor·ful, 《英》**fla·vour·ful** /fléɪvəf(ə)l | -və-/ 形 風味に富む; 味の良い.

fla·vor·ing, 《英》-**vour-** /fléɪv(ə)rɪŋ/ 名 **1** U 味付け, 調味. **2** U.C 調味料, 薬味.

*__fla·vour__ /fléɪvə | -və/ 名 動 《英》= flavor.

†**flaw** /flɔː/ 名 C **1** きず, 割れ目: a ～ in a jewel 宝石のきず. **2** (理論などの)欠陥; (人格の)問題点: a fatal ～ in his character 彼の人格の重大な欠点. ― 動 他 [普通は受身で] 〈...〉にきずをつける; 〈...〉を損う.

†**flawed** /flɔːd/ 形 欠陥のある, 問題のある, 欠点[欠陥]のある: a ～ masterpiece 小さな欠陥があるがすぐれた大作品.

†**fláw·less** 形 きずのない, 欠点のない; 完璧(ｶﾝﾍﾟｷ)な. **～·ly** 副 完璧に.

flax /flæks/ 名 U 亜麻(ｱﾏ); 亜麻の繊維.

flax·en /flǽks(ə)n/ 形 《文》(髪の)亜麻色の, 淡黄褐色の.

flay /fleɪ/ 動 他 **1** 《格式》〈...〉を酷評する, こき下ろす. **2** 《格式》〈獣〉の皮をはぐ. **3** 《文》〈...〉を激しくむち

fl dr 略 =fluid dram.

†flea /flíː/ 名 C のみ《吸血昆虫》. **a fléa in one's éar** [名]《英略式》耳の痛いこと, 苦言, あてこすり: send ... (away) with a ~ in ...'s ear 耳をかすことを言って(人)を追い払う. **(as) fít as a fléa** [形]《略式, 主に英》元気で, ぴんぴんして.

fléa-bàg 名 C 1 《主に米》安ホテル, 安宿. 2《英》汚れた[いやな]人[動物]. ━形 うすぎたない.

fléa-bìte 名 C 1 のみの食った跡. 2《主に英》わずかな痛み; ささいなこと[出費].

fléa-bìtten 形 のみに食われた; きたない, みじめな.

fléa còllar 名《犬・猫などの》のみよけ首輪.

fléa màrket 名 C のみの市《露天の古物市》, がらくた市, フリーマーケット.

fléa-pìt 名 C《古風, 英略式》《滑稽》うすぎたない映画館[劇場].

†fleck /flék/ 名 C 1 斑点(%), 斑紋《皮膚などの》(of); そばかす (freckle). 2 小片, 少量 (of).

flecked /flékt/ 形 P 斑点のある, まだらの: The wall was ~ with blood. 壁には点々と血の跡があった.

†fled /fléd/ 動 flee の過去形・過去分詞形.

fledged /flédʒd/ 形《ひな鳥が》羽毛の生えそろった, いつでも飛べるようになった.

fledg·ling, fledge·ling /flédʒlɪŋ/ 名 C 羽の生えたひな鳥, 駆け出しの若者. ━形 A《制度などが》生まれたての, (人が)駆け出しの.

†flee /flíː/ 動《屈形 fleed; 顕型 free, fleet》 (flees /-z/; 過去・過分 fled /fléd/; flee·ing; 名 flight²) 1 (危険を避けたり敗退して)逃げる, 逃れる; 身を引く《諸法》普通は過去形 fled が使われる: He *fled from* the angry bull. <V+前+名> 彼は怒り狂った雄牛から逃れた / The enemy *fled into* the forest. 敵は森の中へ逃げ込んだ. 2 消えうせる (vanish). ━他 《...》から逃れる, 避ける. **flée the cóuntry** [動] 自 国外に逃亡する.

†fleece /flíːs/ 名 1 C 羊毛; 1頭[1刈り]分の羊毛. 2 U 羊毛状の裏地用布地. 3 C《英》フリースのジャケット. ━動 他 1《羊の毛を刈る. 2《略式》《人から金銭を》だまし取る, 巻き上げる (out of).

fleec·y /flíːsi/ 形 (fleec·i·er, -i·est) 羊毛で覆われた, ふわふわした.

†fleet¹ /flíːt/ 名 (fleets /flíːts/) C [《英》単数形でも時に複数扱い] 1 艦隊; 船団: a ~ made up of a carrier and three destroyers 航空母艦1隻と駆逐艦3隻からなる艦隊 / the United States Sixth F~ in the Mediterranean Sea 地中海にある米国の第6艦隊. 関連 squadron 小艦隊. 2 [普通は the ~] (一国の)海軍. 3 (飛行機・バスなどの, 一企業の)保有船舶[車輌, 航空機]: a ~ of taxis タクシーの一団. 《諸源》古(期)英語で「浮かぶ (float) もの」の意.

fleet² /flíːt/ 形 (fleet·er; fleet·est)《古風》速い: be ~ of foot 足が速い.

fléet àdmiral 名 C《米》海軍元帥.

†fleet·ing /flíːtɪŋ/ 形 A 素早く過ぎていく, つかの間の, はかない: get [catch] a ~ glimpse of ... をちらっと見る. **~·ly** 副 ほんの少しの間.

Fléet Strèet /flíːt-/ 名 1 固 フリート街《London の街路; かつて新聞業の中心であった》. 2 U ロンドン[英国]の新聞界.

Flem·ing¹ /flémɪŋ/ 名 C フラマン人《フランドル (Flanders) またはフラマン語を話すベルギー人》.

Flem·ing² /flémɪŋ/ 名 固 フレミング 1 Sir Alexander ~ (1881-1955)《スコットランドの細菌学者; ペニシリンを発見 (1928); Nobel 生理学医学賞 (1945)》. 2 Ian ~ (1908-64)《英国の作家; James Bond を主人公にした一連のスパイ小説の作者》.

Flem·ish /flémɪʃ/ 形 フランドル[フランダース] (Flanders) の; フラマン人の; フラマン語の. ━名 1 U フラマン語, フランドル[フランダース]語《ベルギーで話されるオランダ語に近いことば》. 2 [the ~ として複数扱い] フラマン人《全体》 (the Flemings).

※flesh /fléʃ/ 《顕型 flash, fresh》 名《形 fléshy》 1 U (人または動物の)肉; (人の)素肌, (果物・野菜の)(果)肉, 葉肉: A wolf lives on ~. おおかみは肉食だ. 2 [the ~]《文》肉体 (body); 肉欲: The spirit is willing, but *the* ~ is weak. 心は熱しているも肉体は弱し《聖書のことば》. **flésh and blóod** [名] (1) (機械でなく)生身の人間, 人間性, 人情: more than ~ *and blood* can stand [bear] 人間としてとても耐えられない. (2) [所有格とともに] 肉親: my own ~ *and blood* 私の肉親. **gó the wáy of áll flésh** [動] 自《文》死ぬ; 他の人と同様に苦しみ悩む. **in the flésh** [副《略式》]生身で; (テレビなど)実物[生](で); 自ら: I've never met him *in the* ~. 彼本人に直接会ったことは一度もない. **máke ...'s flésh crèep [cràwl]** [動] (人)をぞっとさせる, (人)に身の毛をよだてさせる. **préss the flésh** [動] 自《滑稽》(選挙運動などで)多くの人と握手をする. **pùt flésh on ...** [動] 他《英》...を充実させる, ...に肉付けする. ━ 動《肉などを肉付けする (out; with).

flésh-cólored 形《白人の肌のように》淡いピンクの.

flésh-èating 形 [普通は A] 肉食の.

flésh·ly (**flésh·li·er, -li·est**) A《格式》肉体の, 肉欲の; 官能的な.

flesh·pots /fléʃpɑ̀ts | -pɔ̀ts/ 名 [複]《滑稽・軽蔑》歓楽街.

flésh wòund /-wùːnd/ 名 C (骨・臓器に達しない)浅い傷.

flesh·y /fléʃi/ 形 (flesh·i·er, -i·est; 名 flesh) 1 肉付きのよい, 太った: ~ arms ぽっちゃりした腕. 2 肉の, 肉質の. 3 (果実などが)多肉質の.

fleur-de-lis, -lys /flɜ̀ːdəlíː | flɜ̀ː-/ 名 (複 fleurs-de-lis, -lys /-(z)/) ゆり紋章《ゆり[アイリス]の花の形をしたフランス王室の紋章》.

※flew /flúː/《顕型 flu, flue》《顕型 flute》動 fly¹ の過去形.

†flex /fléks/ 動 他《手足などを曲げる, 動かす, 《...》の屈伸運動をする《準備運動に》. **fléx one's múscles** [動] 自 ☞ muscle 成句. ━名 C,U《英》電気のコード《《米》 cord》.

flex·i·bil·i·ty /flèksəbíləṭi/ 名 U 1 しなやかさ, 融通性, 適応性. 2 曲げやすいこと, 柔軟性.

†flex·i·ble /fléksəbl/ 形 (反 inflexible) 1 柔軟な, 融通のきく: a ~ plan 融通のきく計画 / ~ working hours 融通のきく労働時間 / Be more ~. もっと柔軟な態度をとりなさい. 2 曲げやすい, たわみやすい: a ~ cord 自由に曲がるコード. 【類義語】 flexible 折り曲げたりたたいたりして元の形に戻る場合に限らない場合にも用いる. elastic 伸ばしても元に戻る場合に用いる.

†flex·i·bly /fléksəbli/ 副 柔軟に; 融通がきいて; 曲げやすく.

flex·or /fléksə | -sə/ 名 C《解》屈筋.

flex-time /flékstàɪm/ 《米》, **flex·i-time** /fléksi-/《英》 U 自由勤務時間制, フレックスタイム《出勤・退社時などを従業員が選択できるシステム》: 【会話】 "I hear that your company has adopted ~." "Yes, so we can go to work any time between 9:00 and 10:30." 「君のところフレックス制なんだって」「うん, 9時から10時半の間に出社すればいいんだ」

flib·ber·ti·gib·bet /flíbəṭidʒɪbɪt | -bə-/ 名 C《古風, 軽蔑》軽薄でおしゃべりな人, あてにならない人.

†flick /flík/ 動 (flicks /~s/; flicked /~t/; flick·ing) 他 1《...》を急に[ぱっと]動かす[振る]: The snake ~ed its tongue. 蛇は舌をちろちろ動かした. 2 (指先などで)

を軽く払いのける，払い落とす《*off*, *away*; *from*》: He ~ed a speck of fluff *off* his hat. 彼は帽子の綿ごみを払った／He ~ed his ashes *into* the ashtray. 彼はこの灰を灰皿の中に指先にたたいて落とした． **3**《…》(むちなどで)軽く打つ；《むちなどを(…に)打ちつける《*at*》: He ~ed his horse *with* the whip. 彼は馬にびしゃりとむちをあてた． **4** (指先などで)パチンと動かす: ~ a switch *on* [*off*] スイッチをパチンと入れる[切る]／~ the knife blade open ナイフの刃をパチンと開く． ── 自 《副詞(句)を伴って》(左右・上下などに繰り返し)動く：**flick through ...** 動 他 (本などの)ページをぱらぱらめくる，ざっと…に目を通す． ── 名 **1** C 《普通は単数形で》軽く打つこと，ちょいと動かすこと: at [*with*] the ~ of a switch スイッチをちょっと押すと[押すだけで]． **2** C 《古風，主に米俗》(1本の)映画． **3** [the ~s]《古風，英》映画館． **hàve a flíck through ...** 動 他 (本などに)ざっと目を通す．

+**flick・er**[1] /flíkə | -kə/ 動 (-er・ing /-k(ə)rɪŋ/) 自 **1** (明かりが)ゆらゆらする，ちらちらする，明滅する: The light ~ed for a moment and then went out. 明かりはしばらくちらちらしてから消えた． **2** (旗などが)ひらひらする，(木の葉が)そよぐ，(影などが)よぎる；(まぶたなどが)ぴくぴく動く，(影などが)一瞬浮かぶ[よぎる], ちらつく《*across*, *through*, *on*》；(目が)さっと見る《*over*, *toward*》． ── 名 C《普通は単数形で》(明かりの)ゆらめき，明滅；(映像などの)点滅《☞ **flame** 類義語》; [a ~]《希望・喜び・後悔などの》一瞬の感情[表情], ひらめき《*of*》．

flick・er[2] /flíkə | -kə/ 名 C はしぼそきつつき《北米産の鳥》．

flíck knìfe 名 C《英》= switchblade.

flied /fláɪd/ 動 **fly**[1] 自 7 の過去形および過去分詞．

+**fli・er, fly・er** /fláɪə | fláɪə/ 名 C **1** 飛行士，パイロット；(飛行機の)旅客，利用客； 《略式》飛行機． **2** (広告の)ちらし，ビラ． **3** 足の速い[高速の]もの[人]；急行列車[バス]；[前に形容詞をつけて]飛ぶのが…のもの: a poor ~ 飛ぶのが下手な虫[鳥]． **4**《米略式》投機，やま: take a ~ やまを張る． **5** 《略式》 = flying start 1.

***flies**[1] /fláɪz/ 動 **fly**[1] の三人称単数現在形.
── 名 **fly**[1] の複数形.

***flies**[2] /fláɪz/ 名 **fly**[2] の複数形.

flies[3] /fláɪz/ 名 [複]《劇》(大道具・ライトを操作格納する)舞台天井.

***flight**[1] /fláɪt/ (同音 fright) 中3 名 (**flights** /fláɪts/; 動 fly[1])

「飛ぶこと」 3 →(飛行機による)「空の旅」 **1** → (飛行機の)「便」 **2**
→ (一団となって飛ぶもの)「鳥の群れ」 **5**
→ (一気に飛べるもの)ひと続きの「階段」 **4**

1 C 空の旅，飛行機旅行[コース]: a long-distance [nonstop, direct] ~ 長距離[直通]飛行／It's only an hour's ~ from here. ここから飛行機でほんの1時間です／Have a good [pleasant] ~. 楽しい空の旅を《飛行機旅行の人を送ることば》． 関連 spaceflight 宇宙飛行．**2** C (飛行機の)便: announce the departure of ~ 708 708便の出発を告げる．★708は séven o(h)/òu/ éight と読む《☞ **cardinal number** 文法》// All ~s *from* Tokyo *to* Okinawa were canceled due to the typhoon. 台風のため東京発沖縄便は全便欠航となった．

会話 "Are there any non-stop ~s *to* Warsaw?" "I'm afraid not. You'll have to change planes at Moscow." 「ワルシャワへの直行便はありますか」「申し訳ありませんが，モスクワで乗りつぎになります」

3 U 飛ぶこと，飛行(経路)；飛行能力: the ~ of an arrow 矢が飛ぶこと／He studied the ~ (patterns) of birds. 彼は鳥の飛び方を研究した．

4 C 階段《方向の変わらないひと続きの》: a ~ of stairs [steps] ひと登りの階段／Her room is four ~s up. 彼女の部屋は4つ階段を上がった所にある.

landing 踊り場
step 段
flight 階段
tread 踏み板
riser け上げ
flight[1] 4

5 C (《文》(飛ぶ鳥の)一隊；飛行機の一隊《☞ group 類義語》: a ~ of wild geese 飛ぶがんの群れ／several ~s of bombers 数編隊の爆撃機． **6** C (思考・想像などの)飛躍: a ~ of fancy 奔放なる空想． **7** U《主に文》(時間の)早い経過．

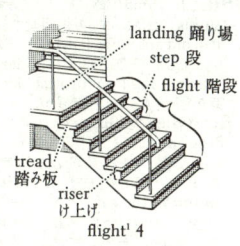

cáll a flíght 動 搭乗の案内をする．
in flíght 形・副 飛んでいる，飛行中で: a man-made satellite in ~ 飛行中の人工衛星.
in the fírst [tóp] flíght 形・副 抜群の[で]；先頭に立った[て] 《*of*》.
pùt ... to flíght 動 他《古風》(敵など)を敗走させる．
tàke a [one's] flíght 動 自 飛行する，飛ぶ: She will *take a* ~ *to* New York next week. 彼女は来週ニューヨークへ飛びます.
tàke flíght 動 [自] **(1)** 飛び立つ． **(2)** (想像・気力などが)飛翔[高揚]する．

flight[2] /fláɪt/ 名 (動 flee) [U または a ~]敗走，逃走；脱出《*from*》；《経》(資本などの)逃避，流出: a ~ of capital (abroad) 資本の(国外)逃避． **pút ... to flíght** 動 他《古風》(人)を敗走させる． **tàke (to) flíght** 動 他《英》逃亡する．

flíght attèndant 名 C (航空機の)客室乗務員． 参考 女性解放運動の影響で purser や stewardess を含めてこう呼ぶのが普通．

flíght bàg 名 C 航空バッグ．
flíght contròl 名 **1** U 航空管制；航空管制官《全体》． **2** C 航空管制塔[所]．
flíght crèw 名 C [《英》単数形でも時に複数扱い](航空機の)搭乗員．
flíght dàta recòrder 名 C = flight recorder.
flíght dèck 名 C (空母の)飛行甲板；(飛行機の)操縦室．
flíght・i・ness /fláɪtinəs/ 名 U 気まぐれなこと．
flíght・less 形 (鳥・虫が)飛べない．
flíght lieuténant 名 C《英》空軍大尉．
flíght pàth 名 C (航空機などの)飛行経路．
flíght recòrder 名 C《空》フライトレコーダー，飛行データ記録装置 (black box).
flíght sèrgeant 名 C《英》(空軍の)上等兵曹．
flíght sìmulàtor 名 C《空》フライトシミュレーター，模擬飛行装置．
flíght tèst 名 C (航空機・飛行装置の)飛行試験． ── 動 他 (航空機などの)飛行試験を行なう．
flight・y /fláɪti/ 形 (flight・i・er, more ~; flight・i・est, most ~) [軽蔑](特に女性が)浮かついた；気まぐれな．
flim・flam /flímflæm/ 名《古風，略式》**1** U でたらめ，たわごと． **2** C《普通は単数形で》ぺてん，ごまかし． ── 動《略式》(…)をだます．
flim・si・ly /flímzəli/ 副 もろく，弱く．

flim·si·ness /flímzinəs/ 名 U 薄っぺらなこと, もろさ.

+flim·sy /flímzi/ 形 (**flim·si·er**; **flim·si·est**) **1** (布・生地などが)薄っぺらな; (建物・道具などが)もろい (frail). **2** (口実・理由などが)薄弱な, 説得力がない: a ~ excuse 見え透(す)いた言いわけ.

+flinch /flíntʃ/ 動 自 しりごみする, ひるむ, たじろぐ (shrink) (at); (...するのを躊躇する (from): The brave man did not ~ from danger. その勇敢な男は危険にもしりごみしなかった / The President never ~ed from (making) hard political choices. 大統領は厳しい政策の選択をすることをためらわなかった.

*fling /flíŋ/ 動 (**flings** /~z/; 過去・過分 **flung** /flʌ́ŋ/; **fling·ing**) 他 **1** [副詞(句)を伴って] (力まかせに)<...>を投げる, 投げつける, ほうり出す (☞ throw 類義語); <言葉・非難・視線などを>投げかける: He **flung** his sweater *on* [*onto*] the sofa. <V+O+前+名・代> 彼はセーターをソファーの上へほうり投げた / He **flung** a stone *at* me. 彼は私に石を投げつけた / The police **flung** him *in* [*into*] jail without any explanation. 警察はなんの説明もなしに彼を拘置所にほうりこんだ. **2** [副詞(句)を伴って] <頭・腕などを>振り回す, 乱暴に振る: She **flung** her arms *around* my neck. 彼女はさっと私の首に抱きついた. **3** <ドア・窓などを>突然 (...の状態に)する: She **flung** the door *open* and went out. 彼女は戸を乱暴に開けて出ていった.

fling onesélf 動 自 [副詞句を伴って] 身を投げ出す; さっと入る, 突進する: She **flung** herself *out of* the room. 彼女は部屋からさっと出て行った.

fling onesélf at ... 動 他 =throw oneself at ... (throw 成句). **fling onesélf into ...** 動 他 (1) ...の中へ飛び込む. (2) ...に本腰を入れる, 没頭する. **fling úp one's hánds in hórror** 動 自 ぞっとして両手を上げる, ひどく動揺した様子を見せる.

---fling の句動詞---
fling awáy 動 他 <...>を振り捨てる, 振り飛ばす.
fling báck 動 他 <頭>をさっと後ろに反らせる.
fling óff 動 他 <...>を捨てる, 振り捨てる; 脱ぎ捨てる.
fling ón 動 他 <...>を(急いで雑に)着る.
fling óut 動 他 **1** <手・腕などを>さっと出す. **2** (主に英) <...>を捨てる, 処分する. **3** (主に英) <人>を(組織などから)追い出す.

— 名 C **1** [しばしば a ~] (略式) はめをはずして楽しむこと[時]; (軽い)浮気: Let's take a trip and have one last ~ after graduation. 卒業したら旅行して思いきりはめをはずそう. **2** 投げ飛ばすこと, ほうり投げること. **have** [**táke**] **a flíng at ...** 動 他 ...を試みる.

flint /flínt/ 名 C **1** (昔の)火打ち石. **(as) hárd as (a) flínt** [形] (石のように)冷たい, 冷酷な.

flint-lòck 名 C (昔の)火打ち石銃.

flint·y /flínti/ 形 (**flint·i·er**, **-i·est**) **1** 火打ち石のような; 堅い; 冷酷な, 血も涙もない: a ~ heart 冷酷な心. **2** 火打ち石でできた[を含む].

*flip /flíp/ 動 (**flips** /~s/; **flipped** /~t/; **flip·ping**) 他 **1** (つめの先などで)<...>をはじく, ひょいとひっくり返す, めくる; (軽く)ぽんと打つ[動かす]; ぽいと投げる: Let's ~ a coin to decide who goes first. コインをはじいてどちらが先に行くか決めよう (☞ head 7) / He **flipped** the ash *off* his cigar. <V+O+*off*+名・代> 彼は葉巻きの灰をぽんと落とした / She **flipped** the lid of the box *open*. <V+O+C (形)> 彼女は箱の蓋をパチンと開けた.

2 <器具などのスイッチをパチンと押す[回す]: He **flipped** *on* [*off*] the bedside lamp. <V+*on* [*off*]+O> 彼はベッド脇のランプをパチンとつけた[消した]. — 自 **1** ひっくり返る; めくれる. **2** =flip out (句動詞). **3** (略式) 夢中になる, 驚く, 狂喜する: The girls all **flipped** *over* Beatles. 若い娘たちはみんなビートルズに夢中になった.

flip búrgers 動 自 (略式) ファーストフード店で働く.

---flip の句動詞---
flip for ... 動 他 **1** コインをはじいて...を決める: Let's ~ *for* the right to go first. コインをはじいて先に行く権利を決めよう. **2** (略式) <人>を好きになる.
flip óff 動 他 (米俗) <人>に向けて中指を立てる (☞ give ... the finger (finger 成句)).
flip óut 動 自 (略式) **1** かっとなる, 動揺する, たまげる. **2** 熱狂する, おかしくなる.
flip óver 動 他 **1** <レコードなどを>さっと裏返す, ひょいとひっくり返す: She **flipped** the fried egg *over*. 彼女は目玉焼きをひょいとひっくり返した. **2** <ページなどを>ぱらぱらとめくる. — 自 ひっくり返る, 向きをひょいと変える; めくれる.
flip thróugh ... 動 他 <本など>にぱらぱらと目を通す, 走り[拾い]読みする.

— 名 C **1** 指ではじくこと; ぽんと打つこと: give a coin a ~ コインを指ではじく. **2** とんぼ返り.
— 形 (**flip·per**; **flip·pest**) (略式) =flippant.
— 感 くそっ, うわっ, げっ! (不快や驚きを表わす).

flip chàrt 名 C フリップチャート (講演などで使う 1 枚ずつめくれる大型の解説用用品).

flip-flòp 名 C **1** [普通は複数形で] ゴムぞうり, サンダル ((米) thong). **2** (米略式) 心変わり (on). **3** (主に米) 逆さ宙返り. — 動 自 (米略式) 心変わりする (on).

flip·pan·cy /flípənsi/ 名 U ふまじめ, 軽薄.

flip·pant /flípənt/ 形 ふざけた, ふまじめな, 軽薄な. **~·ly** 副 ふまじめに.

flip·per /flípə | -pə/ 名 C **1** ひれ状の足 (海がめの足・鯨類の前ひれ・ペンギンの翼など). **2** (潜水用の)足ひれ, 水かき. **3** (米) フライ返し.

flip phòne 名 C 折りたたみ式携帯電話.

flip·ping /flípɪŋ/ 形 副 (S) (英) ひどい[く].

flip sìde 名 C [普通は the ~] **1** (物事の)マイナス面, 反対の面 (of, to). **2** (古風) レコードの B 面.

flip-tòp 形 (缶が)引上げぶた式の. — 名 C 引上げぶた(式の缶).

*flirt /flə́ːt | flə́ːt/ 動 (男女が)ふざける, いちゃつく. **flirt with ...** 動 他 (1) ...とたわむれに恋をする, 浮気をする. (2) (気まぐれに)ふと...と考えてみる; (危険などを軽く)もてあそぶ: He ~ed *with* the idea of moving to Osaka. 彼はふと大阪へ移ってみようかなと考えてみた. — 名 C 浮気な女[男].

flir·ta·tion /flə:téɪʃən | flə:-/ 名 **1** U.C (男女の)ふざけ, 恋愛遊戯; 浮気. **2** C (あることを)気まぐれに考えてみること, なまかじりをすること (with).

flir·ta·tious /flə:téɪʃəs | flə:-/ 形 (性的に)気を引くような, 気のあるそぶりを見せる. **~·ly** 副 気を引くように. **~·ness** 名 U いちゃつき.

flirt·y /flə́ːti | flə́ːti/ 形 (略式) **1** =flirtatious. **2** (服などが)セクシーな.

*flit /flít/ 動 (**flits**; **flit·ted**; **flit·ting**) 自 **1** [副詞(句)を伴って] (鳥・はち・ちょうなどが)すいすい[ひらひら]飛ぶ, 飛び回る (around, about): Butterflies were *flitting* from flower to flower. ちょうが花から花へ飛び回っていた. **2** 次々に[さっと]移る; 次々と引っ越す. **3** (表情・考えなどが)さっとよぎる (across, through, into). — 名 C 夜逃げ: do a moonlight ~ 夜逃げする.

fliv·ver /flívə | -və/ 名 C (古風, 米略式) 安物の(古い)車[飛行機].

*float /flóʊt/ 動 (**floats** /flóʊts/; **float·ed** /-tɪd/; **float·ing** /-tɪŋ/)

―― 自他 の転換 ――
自 1 浮く (to stay on the surface of a liquid)
他 1 浮かべる (to make (something) stay on the surface of a liquid)

―― 自 1 浮く, 浮かぶ (反 sink) (☞ fleet¹ 類語) (along, down, past): Wood ~s, but iron sinks. 木は浮くが鉄は沈む / Is there any metal which ~s on water? <V+前+名・代> 水に浮く金属がありますか / A balloon ~ed across the sky. 気球が空を漂っていった. 2 [副詞(句)を伴って] 漂う (drift, (音・においてなどが)流れる (up, down, through; into); (考えなどが心に)浮かぶ: The boat ~ed out to sea. ボートは海へ漂い出た. 3 [副詞(句)を伴って] (人が)さまよい歩く, ぶらぶらする; (居場所・職などを変えて)転々とする. 4 (文) 優雅に歩く. 5 (商) (為替相場が)自由に変動する. 6 (略式) (考えなどが)うまくいく, 受け入れられる.
―― 他 1 <…>を浮かべる; 浮かせる; 流す: The children ~ed toy ships on the pond. <V+O+前+名・代> 子供たちは池におもちゃの船を浮かべた. 2 <考え・案などを>提示する (to). 3 (商) <会社・事業計画などを>起こす, 始める; <株式>を公開する. 4 (商) <通貨>を変動相場にする. 5 (米) <不渡り小切手>を振り出す (bounce); <人に×貸し付け>を行なう. flóat abóut [aróund] [動] 自 (1) [特に現在進行形で] (うわさなどが)広まる: There are rumors of bribery and corruption ~ing around. 贈収賄のうわさが広まっている. (2) (探し物などが)(どこかに)ころがっている, ある. (3) (略式) (人が)ぶらぶらする; 転々とする.
―― 名 1 (パレードの)山車(だし); =milk float. 2 (米) アイスクリームを浮かせた飲み物. 3 浮く物, いかだ; (釣り糸や漁網用の)浮き, (水量などを調節するための)浮球, フロート; (水泳用の)浮き袋, 救命具, (水上機の)フロート (☞ seaplane 挿絵). 4 (英) (つり銭のための)小銭. 5 (商) 株式公開.

float 1

floa·ta·tion /floutéɪʃən/ 名 U.C =flotation.
float·er /flóʊṭɚ | -tə/ 名 C 1 (米) (会社の)何でも屋. 2 (視野に現われる)浮遊物 (眼球のガラス体に生じる濁りで虫が飛んでいるように見える物体).
float·ing /flóʊṭɪŋ/ 形 [普通は A] 1 浮かんでいる, 浮遊の; 流動的な, 一定していない, 変動的な: a ~ population 流動人口 / ~ exchange rates 変動為替レート / ~ capital (経) 流動資本. 2 (医) (臓器・骨などが)遊離したa ~ kidney 遊走腎.
flóating-póint 形 (電算) 浮動小数点式の: ~ representation 浮動小数点表示.
flóating vóter 名 C 浮動投票者.
flóat·plàne 名 C フロート(付き)[浮舟型]水上機.

*flock¹ /flάk | flɔ́k/ 名 (~s /~s/) C 1 (羊・やぎ・鳥などの)群れ (☞ group 類義語): a ~ of sheep 羊の群れ / ~s and herds 羊と牛(全体). 2 人の群れ, 群衆 (crowd) (of). 3 [普通は単数形で] (格式) または (滑稽) (教会の)信者たち, 会衆. in flócks [副] 大勢で.
―― 動 (flocks /~s/; flocked /~t/; flock·ing /~ɪŋ/) 自 [副詞(句)を伴って] 群れを成す, 群がる (around); 群れを成して行く[来る]: Sheep usually ~ together. <V+副> 羊は普通は群れをなす / Fans ~ed to the playoff game. <V+前+名・代> ファンが優勝決定戦に押し寄せた.
flock² /flάk | flɔ́k/ 名 U 1 毛くず, 綿くず, ぼろくず (《詰め物用》). 2 (米) 粉末状の毛綿くず (壁紙などの装飾用).

flooded 659

flock·ing /flάkɪŋ | flɔ́k-/ 名 U =flock².
flóck wallpaper 名 U フロック壁紙.
floe /flóʊ/ 名 C (大きな)浮氷, 流氷 (ice floe).
*flog /flάg | flɔ́g/ 動 (flogs; flogged; flog·ging) 他 1 <…>をむち打つ. 2 (略式, 主に英) <…>を売る, 売りつける (to). flóg a déad hórse [動] 自 [進行形で] (S)(略式) むだ骨を折る. flóg … to déath [動] 他 =flog to death (2). flóg … to déath [動] 他 (1) (略式, 主に英) <…>をしつこく[うんざりするほど]繰り返す. (2) <…>を酷使する.
flog·ging /flάgɪŋ | flɔ́g-/ 名 U.C むち打ち (体罰).

*flood /flΛd/ 13

元来は「流れること」の意 (flow と同語源; ☞ influence 単語の配達) →「あふれて流れ出ること[もの]」→「洪水」名 1 →「水浸しにする」動 他 となった.

―― 名 (floods /flΛdz/) 1 C.U 洪水, 大水, 出水: The heavy rain caused a ~ in the lower part of the city. その大雨は市の低地帯を水浸しにした. 2 C あふれること, はんらん, 充満; 多量: The actress received a ~ of fan letters. その女優は山のようなファンレターを受け取った. 3 [the F-] ノアの大洪水 (the Deluge) (☞ Noah 参考). in flóods of téars [副] (主に英) さめざめと泣いて. befóre the Flóod [副] (英) (滑稽) 大昔(に). in flóod [形] はんらんして, 洪水となって.
―― 動 (floods /flΛdz/; flood·ed /-dɪd/; flood·ing /-dɪŋ/)

―― 自 他 の転換 ――
他 1 水浸しにする (to make (a river) overflow: to cause (an area) to be filled with water)
自 1 はんらんする (to overflow: to be filled with water)

―― 他 1 <地域・建物など>を水浸しにする, <川・池など>をはんらんさせる: The river ~ed the village. 川は村を水浸しにした / The rain ~ed the stream. 雨はその小川をはんらんさせた / Three hundred houses were ~ed. <V+O の受身> 300戸の家が浸水した / Don't ~ the bathroom. 浴室を水浸しにしないで. 2 (大量・多数の物・人が)<…>に殺到する, 押し寄せる; <考え・感情などが>(人)にどっと押し寄せる; <…>に(手紙などを)殺到させる, (場所・市場など)を(…で)あふれさせる: Applicants ~ed the office. 応募者たちは事務所に殺到した / Our office was ~ed with letters of complaint. <V+O+with+名・代の受身> 事務所には苦情の手紙が殺到した / The American market is ~ed with cheap Japanese products. アメリカの市場は安い日本製品であふれている. 3 (光などが)<…>に充満する; <…>を(光などで)満たす. 4 <エンジンのキャブレター>にガソリンを入れ過ぎ(て故障させる).
―― 自 1 はんらんする, 水浸しになる: This river ~ed (over) last month. この川は先月はんらんした. 2 (大量・多数の物が)どっと来る, 殺到する: Movie fans ~ed in. <V+in> 映画ファンが殺到した / Complaints about the program ~ed into the TV station. <V+前+名・代> その番組についての苦情がテレビ局にどっと押し寄せた / After the war, immigrants ~ed into America from Asia. 戦後アジアからアメリカへ移民が押し寄せた. 3 (光などが)どっと差し込む (into); (感情などが)どっと押し寄せる (over). 4 (エンジンが)ガソリンが入り過ぎ(て故障する). flóod báck [動] 自 (記憶)がまざまざと蘇る. flóod óut [動] 他 [普通は受身で] <人>を洪水で立ち退(の)かせる. flóod with téars [動] 自 (顔中が)涙で濡れる.

flood·ed /flΛdɪd/ 形 1 水浸しになった. 2 (エン

floodgate

ンが)過剰に燃料を入れすぎた.

flood·gate 名 C [しばしば複数形で] (大きな湖・川の)水門; (怒り・悲しみなどの)はけ口, 出口. **open the floodgates** [動] 自 (1) 急に(…の)きっかけをつくる (for, to). (2) (抑えていた感情の)はけ口を開く (of).

†**flood·ing** /flʌdɪŋ/ 名 U 洪水, はんらん.

flood·light 名 C [普通は複数形で] 投光照明灯, 投光器; U フラッドライト, 投光照明 (建物の外観・夜間試合などの夜間照明用). 関連 spotlight スポットライト. ― (-lights); 過去・過分 -light·ed, -lit /-lɪt/; -light·ing [普通は受身で] (…を)投光照明で照らす.

flood·lit 投光照明灯で照らされた.

flood plain 名 C 氾濫原 (洪水時に水でおおわれる).

flood tide 名 (反 ebb tide) C 満ち潮, 満潮.

flood·water 名 U または複数形で 洪水の水.

flood·way 名 C 放水路.

★**floor** /flɔə | flɔː/ (同音 flaw; 類音 flaw, flow) 名 (~s /-z/) **1** C [普通は単数形で] 床, フロア (反 ceiling): the ~ space 床面積 / The ~ was covered with dust. 床はほこりをかぶっていた / Don't sit *on* the ~. 床の上に座ってはいけない / I wish I could sink through the ~. 私は(恥ずかしくて)穴があったら入りたい.

― コロケーション ―
clean the *floor* 床を掃除する
mop the *floor* 床をモップでふく
sweep the *floor* 床を掃く
wax the *floor* 床にワックスをかける

2 C (建物の)階, フロア (略 fl.); (ある階の)部屋, 住人(全部): I did some shopping *on* the second ~. 私は 2 階(《英》3 階)でちょっと買い物をした / The fifth ~ is going to have a party tomorrow night. このマンションの 5 階で明日の夜パーティーを開きます.

語法 挿絵のように《米》では 1 階から上へ the first floor (1 階), the second floor (2 階), the third floor (3 階)のように数え, 《英》では the ground floor (1 階), the first floor (2 階), the second floor (3 階)のように数える.

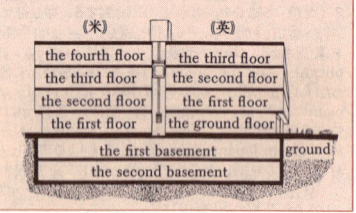

《米》	《英》
the fourth floor	the third floor
the third floor	the second floor
the second floor	the first floor
the first floor	the ground floor
the first basement	ground
the second basement	

3 C [普通は単数形で] (海・洞窟・谷などの)底: the ~ of the ocean 海の底. **4** [the ~] 議員席, 討論の場; 聴衆; (議会などでの)発言権: get [have] *the* ~ 発言権[発言の機会]を持つ / questions from *the* ~ 聴衆からの質問. **5** [単数形で]《商》(物価・賃金などの)最低限度, 下限: put a ~ under … …の下限を定める. 関連 ceiling 上限. **6** C [普通は単数形で] (特別の目的のための)フロア; (作業などの)現場;《英》(証券取引所の)立会所;《米》(工場の)pit: the dance ~ ダンスフロア / the factory [《英》shop] ~ 工場の作業現場. **7** C《英》(自動車の)床面;《米》floorboard. **gó through the flóor** [動] 自 (一方的に)話し続ける. **hóld the flóor** [動] 自 (価格などが)床を割る. **móp the flóor with …** [動] 他《米略式》(論争などで)人をさんざんにやっつける. **ópen … to the flóor** [動] 他

会場[フロア]の出席者[聴衆]に(討論など)への参加を許す. **take the flóor** [動] 自 (1) (議会などで)話し始める; 討論に加わる. (2) (…と)ダンスを始める (*with*). **wipe the flóor with …** [動] 他《英略式》= mop the floor with ….

― (floor·ing /flɔːrɪŋ/) 他 **1** (…)に床を張る: ~ the room *with* tile その部屋をタイルの床にする. **2** 《略式》〈相手〉を床に打ち倒す; 〈人〉を(完全に)やり込める, 困惑させる, まごつかせる. **flóor it** [動]《米略式》(アクセルをいっぱいに踏んで)車を猛スピードで走らせる.

†**flóor·bòard** 名 C **1** [普通は複数形で] 床板. **2**《米》(自動車の)床面《の部分》.

flóor·clòth 名 C 床の敷物 (脂布・リノリウムなど).

flóor éxercise 名 U (体操の)床運動.

†**flóor·ing** /flɔːrɪŋ/ 名 U 床板, 床張り材; 床.

flóor làmp 名 C (床の上に置く)スタンド, フロアランプ 《英》standard lamp (☞ living room 挿絵). 日英比較「フロアスタンド」は和製英語.

flóor lèader 名 C《米》(政党の)院内総務.

flóor-lèngth 形 C 床に届く長さの.

flóor mànager 名 C **1**《テレビ》フロアマネージャー (スタジオでディレクターの指示に従って出演者を監督・指揮する). **2** = floorwalker.

flóor mòdel [sàmple] 名 C《米》店の展示品 (家電製品・家具など; 後で安くして売られる).

flóor plàn 13 C (建物・部屋の)平面図, 間取り(図).

flóor pòlish 名 U 床磨き剤[液].

flóor shòw 名 C (ナイトクラブなどの)余興, フロアショー.

flóor·wàlker 名 C《主に米》(デパートなどの)売り場監督《英》shopwalker.

floo·zy, floo·zie /flúːzi/ 名 (floo·zies) C《古風》(性的に)ふしだらな女; 売春婦.

★**flop** /flɑp | flɔp/ 動 (flops /-s/; flopped /-t/; flop·ping) 自 **1** [副詞(句)を伴って] (疲れたりして)どさっと坐る[倒れ込む]: Tired from the day's work, he *flopped down into* the chair. <V+*down*+前+名・代> 一日の仕事で疲れて, 彼はいすにどさっと腰を下ろした. **2** [副詞(句)を伴って] どさり[ばたっ]と落ちる; ばたばた[ぎこちなく]動く; <髪などが>ばさりとたれる: Her long hair ~s about over her shoulder. 彼女の長い髪が肩にばさっとかかっている. **3**《略式》(公演・本などが)完全に失敗する. ― 他 (…)をどさっと投げる; ばたりと動かす: He *flopped* himself *down*. 彼はどさっと腰を下ろした. ― 名 C **1**《略式》完全な失敗(作): His new novel was a complete ~. 彼の新しい小説は全くの失敗作だった. **2** [普通は単数形で] ばたりと倒れる[どさっと落ちる]こと[音]; with a ~ どさっと, ばさっと. **3** = flop-house. ― 副 どさっ[ばたっ]と: He fell ~ into the chair. 彼はいすにどさっと倒れこんだ.

flóp·hòuse 名 (-hous·es /-hàʊzɪz/) C《米俗》安ホテル, 安宿《英》doss-house.

flóp·pi·ness /flɑpinəs | flɔpi-/ 名 U だらりとしていること.

flop·py¹ /flɑpi | flɔpi/ 形 (flop·pi·er, more ~; flop·pi·est, most ~) **1** だらりと垂れる; やわらかい, 曲げやすい: a ~ hat つばの垂れ下がる帽子. **2**《英略式》(人が)ぐったりした.

flop·py² /flɑpi | flɔpi/ 名 (flop·pies) C《略式》= floppy disk.

flóppy dísk 名 C《電算》フロッピーディスク (コンピューター用のデータを蓄えるプラスチック製磁気円盤; 略 FD)《floppy, disk》. 関連 diskette (小型)フロッピーディスク / hard disk ハードディスク.

flóppy dísk drìve 名 C《電算》フロッピーディスク装置 (略 FDD).

flo·ra /flɔːrə/ 名 (複 ~s, flo·rae /-riː/) U.C [普通は the ~] 《植》(一地方・時代特有の)全植物, 植物相.

flúid óunce 名 C 液量オンス《液量 (liquid measure) の単位；=8 fluid drams；米国では $1/16$ pint，英国では $1/20$ pint；略 **fl oz**；☞ **measure** 表》．

⁺fluke¹ /flúːk/ 名 C [普通は単数形で]《略式》幸運，まぐれ当たり：by a ～ まぐれで / It's only a ～. まぐれだよ．

fluke² /flúːk/ 名 C 鯨の尾びれ《左右の一方》.

fluk·y, fluk·ey /flúːki/ 形 (**fluk·i·er; -i·est**)《略式》まぐれ(当たり)の．

flume /flúːm/ 名 C 人工水路，《材木などを流す》用水路．

flum·mox /flʌ́məks/ 動 他 [普通は受身で]《略式》〈人〉を困らせる，まごつかせる，混乱させる (confuse).

⁺flung /flʌ́ŋ/ 動 **fling** の過去形および過去分詞．

flunk /flʌ́ŋk/ 動《略式，主に米》1〈試験など〉をしくじる，〈…〉で赤点を取る：I ～ed math. 数学(の単位)を落としちゃった．2〈学生〉に落第点をつける． — 自《試験などで》失敗する，落第する．**flúnk óut** 動《略式，主に米》成績不良で退学になる (of).

flun·ky, flun·key /flʌ́ŋki/ 名 (**flun·kies, flun·keys**) C 1《軽蔑》卑屈なおべっか使い．2《古風》制服を着た使用人．3 雑用をする人，下働き．

fluo·res·cence /flɔːrés(ə)ns/ 名 U 蛍光(性).

⁺fluo·res·cent /flɔːrés(ə)nt/ 形 蛍光性[色]の．

⁺fluoréscent líght [lámp, túbe] 名 C 蛍光灯．

⁺fluo·ri·date /flɔ́ːrədèɪt/ 動 他 [普通は受身で]〈飲料水など〉にフッ化物を入れる《虫歯を防ぐため》.

fluo·ri·da·tion /flɔ̀ːrədéɪʃən/ 名 U フッ化物添加．

fluo·ride /flɔ́ːraɪd/ 名 U,C《化》フッ化物．

fluo·rine /flɔ́ːriːn/ 名 U《化》フッ素《非金属元素；記号 F》.

fluo·ro·car·bon /flɔ̀ːroʊkáːb(ə)n | -káː-/ 名 C《化》フルオロカーボン《日本では一般にフロン(ガス)と呼ばれている》；☞ **chlorofluorocarbon**).

flur·ry /flə́ːri | flʌ́ri/ 名 (**flur·ries**) C 1 [普通は a ～]《活動・推測などの》一時的な突発，あわただしい動き，混乱；《電話・手紙などの》殺到 (of). 2 突風；[普通は複数形で]《一時的な降雪[吹雪]》，にわか雨[雪] (of). — 動 (**flur·ries; flur·ried; -ry·ing**) 他 [しばしば受身で]〈…〉をあわてさせる，ろうばいさせる．

⁺flush¹ /flʌ́ʃ/《同音 **flash**》動 (**flush·es** /~ɪz/; **flushed** /~t/; **flush·ing**)

┌─ 自 他 の転換 ─────────────────┐
│ 自 1 どっと流れる (to flow away)   │
│ 他 1 水をどっと流す (to make (water) flow away) │
└─────────────────────────┘

(ぱっと飛び立つ；☞ **flush³**) →《急に...する》
　→《急に水がふき出す》→「どっと流れる」1
　→《急に明るくなる》→「赤らむ」2

— 自 1〈水が〉どっと流れる，ほとばしる；〈水が〉あふれる；〈水洗便所などの〉水をどっと流す；〈トイレの水が〉流れる：The water ～ed out in torrents.〈V+副〉水が奔流となって流れ出た / Please ～ after using. 使用後は水を流してください《水洗便所の注意書き》/ This toilet won't ～ properly. このトイレはうまく水が流れない．

2〈顔が〉赤らむ，ぽっと赤くなる，紅潮する，ほてる（☞ [類義語]）：Susan ～ed with joy.〈V+with+名〉スーザンは喜びで顔を紅潮させた / He ～ed at the question. 彼はその質問にかっとなった / George ～ed deep red with embarrassment.〈V+C(形)〉ジョージは恥ずかしくて顔は真っ赤になった．

— 他 1〈トイレに〉水をどっと流す (out)；〈…〉を水で洗い流す (out, away)；〈体の一部〉を洗い流してきれいにする：～ the medicine *down* the toilet〈V+O+前+名・代〉薬をトイレに流す / ～ hot water *through* the pipe パイプに湯を流す / Don't forget to ～ the toilet.

トイレの水を流すのを忘れないように．2 [普通は受身で]〈顔〉を紅潮させる（☞ **flushed** 1）；赤く染める：The sunset ～ed the sky. 夕日が空を赤く染めた．3 [普通は受身で]〈人〉を得意にさせる（☞ **flushed** 2）．4《電算》〈バッファーのメモリーなど〉をフラッシュする［捨てる］．

— 名 (～·es /~ɪz/) C 1 [普通は単数形で]《顔などの》紅潮，赤面；《赤い》輝き：a ～ on the girl's cheeks 少女のほおの赤らみ / the ～ of dawn 夜明けの．2 C [普通は単数形で] 突然の感情，意気揚々：have a ～ of excitement 突然興奮する / the ～ of victory 勝利の興奮．3 C [普通は a ～] 水をどっと流すこと；水洗い；《トイレの》水洗(装置)：You should give the pipe a ～ with hot water. そのパイプはお湯で1回洗い流したほうがよい．4 C《植物の》若い芽，若草，若葉．**in the first [fúll] flúsh of ...** …の最初(盛り)の勢いで．

[類義語] **flush**, **blush** ともに顔が赤くなることに用いるが，**flush** は興奮・感情の高まりあるいは運動の後などで赤くなることに，**blush** は間違いをしたときの恥ずかしさ・はじらい・困惑による赤面に用いることが多い．

flush² /flʌ́ʃ/ 形 (**flush·er; flush·est**) 1 同一平面の，同じ高さの (level). 2 P《略式》《金を》たっぷり持って (with). — 副 1 平らに，同じ高さに：This switch fits ～ into the wall. このスイッチは壁にすっぽり埋め込まれている．2《略式》まともに：I hit him ～ on the jaw. 彼のパンチが彼を直撃した．

flush³ /flʌ́ʃ/ 動 他 1〈犯人・動物など〉を《隠れ家・巣から》追い立てる，狩り出す (out; from, out of). 2〈鳥〉をぱっと追い立て飛び立たせる． — 自《鳥が》ぱっと飛び立つ（☞ **flush¹** 囲み）．

flush⁴ /flʌ́ʃ/ 名 C《トランプ》手ぞろい，フラッシュ《ポーカーで同種の札がそろうこと；☞ **royal flush**》．

flushed /flʌ́ʃt/ 形 1《顔が》赤くなって；《人が》顔を紅潮させて：Her cheeks were ～ *with* fever. 彼女のほおは熱のため赤くなっていた．2 興奮して，得意になって：F～ *with* one success, he bought more stocks. 一回うまくいったのに味をしめて彼はもっと株を買った．

flúsh tòilet 名 C 水洗便所．

flus·ter /flʌ́stɚ | -tə/ 動 (**-ter·ing**) 他 [しばしば受身で]〈人〉をあわてさせる；めんくらわせる：When I realized I'd lost my ticket, I got all ～ed. 切符をなくしたことがわかって私はすっかりうろたえた．

— 名 U [しばしば a ～]《米》あわてふためくこと，うろたえること：all in a ～ すっかりあわてて．

flus·tered /flʌ́stɚd/ 形 うろたえて，混乱して．

flute /flúːt/ 名 C 1 フルート，横笛：play the ～ フルートを吹く．2 細長いシャンパングラス．

flut·ed /flúːṭɪd/ 形 装飾用の縦溝を彫った．

flut·ing /flúːṭɪŋ/ 名 U《円柱などの》縦溝型の飾り．

flut·ist /flúːṭɪst/ 名 C《米》フルート奏者《《英》**flautist**》.

⁺flut·ter /flʌ́ṭɚ | -tə/ 動 (**-ter·ing** /-ṭərɪŋ/) 自 1《鳥が》羽ばたきする；羽ばたいて飛ぶ，ひらひらと飛ぶ：Some butterflies were ～ing about. 数匹のちょうがひらひらと飛んでいた．2《旗などが》はためく，ひらひらする，翻(ひるがえ)る：The Rising Sun was ～ing in the wind. 日の丸の旗が風にはためいていた．3 [副詞(句)を伴って] はらはらする，そわそわ動き回る．4《心臓・脈などが》どきどきする． — 他《鳥が》〈羽〉をばたばた動かす；《旗》をはためかす，ひらひら動かす；《女性が》〈まつ毛〉をぱちぱちさせる《相手に魅力を振りまくように》(at)：The canary ～ed its wings at the sound. カナリアはその音に羽をばたばたさせた．

— 名 1 C [普通は単数形で] 羽ばたき；はためき，翻ること：the ～ of wings 羽ばたき．2 [単数形で]《略式》胸のときめき，心の動揺：in a ～ あわてて，どきどきして．3 C《医》心臓の異常鼓動．4 C《英略式》賭(か)け《特に競馬の》：have a ～ on the horses 馬に賭けた．5 U フラッター《テープやレコードの録音の再生音の

むら; ☞ wow²). **6** ⓤ ⦅空⦆ フラッター⦅飛行機の翼などに起こる異常振動の一種⦆. **cáuse a flútter** [動] 人々を騒がせる. **pút ... in [ìnto] a flútter** [動] ⦅…⦆をまごまぎ[びっくり]させる.

flútter·bòard 名 ⓒ ⦅米⦆ ⦅泳⦆ ビート板.

flútter kìck 名 ⓒ ⦅泳⦆ ⦅クロール泳法などの⦆ばた足.

flu·vi·al /flúːviəl/ 形 ⦅地質⦆ 河川の, 河川の作用ででき た; ⦅生⦆ 河川に生ずる[住む].

flux /flʌ́ks/ 名 **1** ⓤ 流動, 流転; 変転. **2** ⦅単数形で⦆ ⦅物理⦆ 流れ, 束流: a ~ of neutrons 中性子束. **3** ⓤ ⦅化⦆ ⦅精錬などの⦆融剤, 媒溶剤, フラックス. **be in (a státe of) flúx** [動] ⓘ 絶えず変化している, 流動的である.

‡**fly**¹ /flái/ ⦅類音⦆ flight, fry) 動 (flies /~z/; 過去 **flew** /flúː/; 過分 **flown** /flóun/; **fly·ing**; ☞ 動 7; 名 flight¹)

────── ⓘ ⓗ の転換 ──────

ⓘ **1** 飛ぶ (to move or travel through the air)
ⓗ **2** 飛ばす (to make (something) move or travel through the air)

─── ⓘ **1** [しばしば副詞(句)を伴って] ⦅鳥・飛行機などが⦆ **飛ぶ** (up); 飛行する: Birds ~. 鳥は飛ぶ / Sparrows were ~*ing* around. すずめが飛び回っていた / An eagle was ~*ing above* the valley. <V+前+名・代> 1 羽のわしが谷の上を飛んでいた / This airplane *flies across* the Pacific. この飛行機は太平洋を横断飛行する.

2 飛行機で行く, 空の旅をする; 飛行機を操縦する: ⦅言い換え⦆ He'll ~ home next Saturday. <V+副>(=He'll take a flight home next Saturday.=He'll go home by plane next Saturday.) 彼は次の土曜日に飛行機で帰ります / She has *flown around* the world several times. <V+前+名・代> 彼女は数回世界一周の空の旅をした / We *flew from* New York *to* London. 我々はニューヨークからロンドンへ飛行機で行った (☞ by plane (plane¹ 成句)). 語法

3 [しばしば副詞(句)を伴って] 飛ぶように過ぎる (by, past); **大急ぎで行く** (hurry) (across, out of); 急いで立ち去る: ~ *down* the stairs <V+前+名・代> 階段を駆け下りる / Time flies. ⦅ことわざ⦆ 時は飛ぶように過ぎ去る⦅光陰矢のごとし⦆ / Her brother *flew* to her rescue. <V+to+名> 兄は彼女の救助に駆けつけた / She *flew to* meet her husband. <V+to 不定詞> 彼女は夫に会うために飛ぶように走っていった / I must ~. 今すぐおいとましなきゃ. **4** ⦅旗・髪などが⦆翻る, 風になびく (wave), 風で飛ぶ: Her long hair was ~*ing* in the wind. 彼女の長い髪が風になびいていた / The paper *flew out of* his hand. 彼が持っていた新聞が風で飛んだ. **5** さっと動く, 突然…になる: The door flew open[shut]. 戸がさっと開いた[閉じた] / He *flew into* a rage. 彼はかっと怒った. **6** ⦅文⦆ 逃げる (from) (☞ flee 語法). **7** ⦅過去・過分 flied /fláid/⦆ ⦅米⦆ ⦅野⦆ フライを打つ. **8** ⦅うわさなどが⦆広まる (around, about). **9** ⦅米式⦆ ⦅計画・考えなどが⦆役立つ, 良い, 受け入れられる.

─── ⓗ **1** ⦅ある距離・海などを⦆飛行機で飛ぶ; ⦅人・荷物を⦆飛行機で運ぶ (into, out of): We flew the Pacific. 我々は太平洋を飛んだ / Three hundred people *were flown to* Germany. <V+O+前+名・代の受身> 300 人の人たちがドイツへ飛行機で送られた.

2 ⦅鳥・飛行機を⦆飛ばす, 飛行機を操縦する; ⦅たこを⦆揚げる, ⦅旗を⦆掲げる: The Wright brothers *flew* an airplane for the first time in history. ライト兄弟は史上初めて飛行機を飛ばした / Children were ~*ing* kites. 子供たちはたこを揚げていた / The ship *flies* the Japanese flag. その船は日本の国旗を掲げている / ~ a mission ☞ mission 成句. **3** ⦅ある航空会社の⦆飛行機を利用する: ~ British Airways 英国航空を使う. **4** ⦅文⦆ ⦅…から⦆逃げる, ⦅…を⦆避ける (flee).

fly hígh [動] ⓘ (1) 高く飛ぶ. (2) ⦅進行形で⦆ 有頂天になる; 成功する.

fly in the fáce of ... [動] ⓗ ⦅権威・常識など⦆に真っ向から反抗する.

fly to bíts [動] ⓘ こっぱみじんに飛び散る.

gò flýing [動] ⓘ 投げ出される.

lèt flý [動] ⓘ (1) ⦅弾丸・矢・石など⦆を*飛ばす*, 放つ: The hunter *let* ~ an arrow *at* the deer. 猟師は鹿(ⓢ)をねらって矢を放った. (2) ⦅悪口⦆を浴びせる (at). (1) 弾を撃つ (at). (2) ⦅急に人を⦆攻撃する, 悪口を浴びせる (at).

knóck ... flýing [動] ⓗ ⦅英略式⦆ =send ... flying (1).

sénd ... flýing [動] ⓗ (1) ⦅打ち当たって⦆⦅人・物⦆をひっくり返す, ⦅突き⦆飛ばす, 飛び散らす. (2) ⦅鳥など⦆を飛び立たせる; ⦅敵など⦆を逃走させる: They *sent* the enemy ~*ing*. 彼らは敵を追い散らした.

────── **fly の句動詞** ──────

flý at ... 動 ⓗ …に襲いかかる, …を攻撃する.
flý into ... 動 ⓗ 突然⦅ある状態⦆になる (☞ ⓗ 5).
flý ón 動 ⓘ ⦅乗り継ぎをして⦆さらに先へ飛行機で行く (to).
flý óut 動 ⓘ **1** 飛び出す; 急にどなり始める. **2** ⦅野⦆ フライを打ってアウトになる (☞ ⓘ 7).

─── 名 (flies) ⓒ **1** ⦅野⦆ フライ, 飛球: catch a ~ フライを捕える / a long ~ 大きなフライ / ☞ sacrifice fly, pop fly. **2** ⦅英⦆ ではしばしば複数形で ⦅ズボンなどの⦆ファスナー, ボタン隠し: Tom, your *flies are* [~ is] undone! トム, 社会の窓が開いているよ. **3** テントの垂れ布 (flysheet); ☞ flies³.

on the flý [副] (1) 飛んでいる(ところを), 飛行中で: catch a ball *on the* ~ ボールをフライで捕る. (2) ⦅米略式⦆ ⦅ほかの事をしながら⦆大急ぎで. (3) ⦅電算⦆ プログラムの作動中に.

*‡**fly**² /flái/ ⦅類音⦆ flight, fry) 名 (flies /~z/) ⓒ **1** はえ; 飛ぶ虫: catch a ~ はえをつかまえる. ★羽虫については ☞ cry 語義. **2** ⦅釣り用の⦆毛針, 蚊針. **a [the] flý in the óintment** [名] ⦅略式⦆ 玉にきず, 楽しみをぶち壊してしまうもの. 由来 旧約聖書から. **a flý on the wáll** [名] 隠れて⦅気づかれずに⦆観察する[聞いている]人. **like flíes** [副] ⦅略式⦆ 大量に: die (fall, drop (off), go down) *like flies* ⦅虫けらのように⦆多数が[ぼたぼたと]死んでいく[倒れる]. **Nó [Thère are nó] flíes on ...** ⦅英略式⦆ Ⓢ …は全く抜けめがない, つけ入るすきがない. 由来 …にははえの止まるすきもない, の意.

would nót húrt [hárm] a flý [動] ⓘ ⦅略式⦆ ⦅虫も殺せないほど⦆優しい, おとなしい.

fly³ /flái/ 形 **1** ⦅古風, 主に英⦆ 人にだまされない, 抜け目のない. **2** ⦅米俗⦆ いかす, かっこいい.

flý-awày 形 ⦅髪が⦆軟らかくてまとまりにくい.

flý báll 名 ⓒ ⦅野⦆ フライ, 飛球.

flý-blòwn 形 ⦅英⦆ (1) ⦅肉などに⦆はえが卵を産みつけた, うじのわいた. **2** 汚い, 古びた, ほろほろの; 陳腐な.

flý-bòy 名 ⦅古風, 米⦆ パイロット.

flý bridge 名 ⓒ ⦅海⦆ ⦅普通の船橋の屋根の上の⦆露天船橋.

flý·by 名 (~s) ⓒ **1** ⦅飛行機・宇宙船による目標物の⦆接近探査飛行. **2** ⦅米⦆ =flyover 2.

flý-by-nìght 形 Ⓐ ⦅軽蔑⦆ ⦅金銭問題で⦆信用のおけない: ~ loans 夜逃げしそうな, 危ない融資のことから. ── 名 ⓒ 信頼できない人, 怪しげな企業.

flý càsting 名 ⓤ ⦅釣⦆ フライキャスティング⦅長くて柔軟な竿を用いて毛針を投げること⦆.

flý·càtcher 名 ⓒ ひたき⦅⦅アメリカ大陸産の⦆たいらちょう⦅飛んでいる昆虫を食べる小鳥⦆.

flý-drìve vacátion [《英》**hòliday**] 名 C 飛行機・レンタカー・宿泊がセットになった休暇(プラン).

fly·er /fláɪɚ | fláɪə/ 名 =flier.

flý-fìsh 動 自 毛[フライ]で釣る.

flý-fìshing 名 U 毛[蚊]針釣り, フライフィッシング.

flý hálf 名 C 《ラグ》フライハーフ《スクラムの側面に位置するハーフバックポジション(の選手)》.

flý-ìn 名 C (目的地までの)乗り入れ飛行. ── 形 飛行機[ヘリコプター]で乗り入れ.

fly·ing /fláɪɪŋ/ 形 A 1 飛ぶことのできる; 空を飛ぶ, 飛行の. 2 大急ぎの, あわただしい: a ~ trip [visit] あわただしい旅行[訪問]. **nót gìve a flýing fúck** [動] 自 S 《卑》 とも思わない (*about*). ── 名 U 飛行 (flight) (☞ false start 日英比較).

flýing bòat 名 C 飛行艇.

flýing bùttress 名 C 《建》飛び控え, 飛び梁(はり).

flýing cólors 名 (複) 翻る旗; 勝利の旗印; 大成功. **with flýing cólors** [副] 見事に; 大成功で.

flýing dóctor 名 C (オーストラリアなどの)飛行派遣医師 《遠隔地の急患に飛行機などで往診する》.

Flýing Dútchman 名 固 [the ~] さまよえるオランダ船 《喜望峰付近に荒天時に出没したと伝えられるオランダの幽霊船》; さまよえるオランダ人 《その船長; 最後の審判の日まで航行する運命にあるという》.

flýing fish 名 C とびうお.

flýing fóx 名 C =fruit bat.

flýing jácket 名 C 《英》フライングジャケット 《暖かい裏地の付いた短い革のジャケット》.

flýing júmp [léap] 名 C 高い跳躍; 走り幅とび.

flýing ófficer 名 C 《英》空軍中尉.

flýing pícket 名 C 《主に英》(他の工場などに)スト参加を促すオルグ.

flýing sáucer 名 C 《古風》空飛ぶ円盤 (☞ UFO).

flýing schòol 名 C,U 航空[飛行]学校.

flýing squàd 名 C [普通は the F- S-] 《英》特別機動隊, 緊急派遣隊.

flýing stárt 名 C 1 助走スタート 《カーレースなどで出発点図前にスタートラインの手前からスタートすること》; (また) 《競走などでの》フライング (flier) (☞ false start 日英比較). 2 好調な出だし. **gèt óff to [hàve] a flýing stárt** [動] 自 《略》好調なスタートを切る.

flýing sùit 名 C 《ポケットの沢山ついた》飛行服.

flýing táckle 名 C 《ラグ・アメフト》フライングタックル 《飛びかかってするタックル》.

flý·lèaf (-leaves /-lì:vz/) C 見返しの遊び 《書物の巻頭・巻末の白紙》, 遊び紙.

flý-on-the-wáll 形 A (テレビ番組などが)人々の自然な様子を映した, 本人に気づかれずに撮影した.

flý·òver 名 C 1 《立体交差の》上の道路, 高架道路; 跨線(こせん)橋, 陸橋 《米》overpass; 反 underpass). 2 [普通は単数形で] 《米》パレード飛行, 展示[儀式]飛行 《儀式・祭典のアトラクションとして編隊を組んで観衆の頭上を低空飛行すること》(《英》flypast).

flý·pàper 名 U,C はえ取り紙.

flý·pàst 名 C 《英》 =flyover 2.

flý·pòst·ing 名 U 《英》ビラを(無許可な場所に)こっそり貼ること.

flý ròd 名 C 《釣》毛針釣り用のさお, フライロッド.

flý·shèet 名 C 《テントの防水・日よけ用》外張り布.

flý spèck 名 C 1 小さい点. 2 はえの糞(ふん)のしみ.

flý-spèckled /-spèkt/ 形 《主に米》はえの糞(ふん)のしみのついた.

flý spràv 名 U,C はえ取りスプレー.

flý swàtter 名 C はえたたき.

flý-tìpping 名 U 《英》ごみの不法投棄.

flý tràp 名 C 食虫植物; はえとり器.

flý wèight 名 C 《ボクシングなどの》フライ級の選手.

flý whèel 名 C はずみ車 《回転調節用》.

focus 665

***FM** /éfém/ 名 U FM (放送), 周波数変調(放送) (frequency modulation の略; ☞ AM¹): enjoy music on 87.6 (=eighty-seven point six) ABC FM (周波数 87.6 の) ABC の FM で音楽を聞く.

fnarr /fnáə- | fná:/ 感 S 《英》《滑稽》きわどーい! 《相手の発言が性的な意味にもなるときに言う》.

f-nùm·ber /éfnàmbə- | -bə/ 名 C 《写》 f 数, F ナンバー 《レンズの口径に対する焦点距離の比率》.

FO /éfóu/ 略 [the ~] 《英》 =Foreign Office.

⁺**foal** /fóul/ 名 C 《特に 1 歳未満の》馬[ろば]の子, 子馬. 関連 horse 馬. **in fóal** 形 《馬・ろばが》妊娠して. ── 動 自 (馬・ろばが)子を産む.

⁺**foam** /fóum/ 名 U 1 泡 (bubble が集まってかたまりとなったもの), 泡沫(ほうまつ) (froth); 泡つば; 泡汗: the ~ of beer ビールの泡. 2 泡状物質, フォーム 《ひげそり・入浴用など》; 消化用の泡. 3 =foam rubber. ── 動 自 1 泡立てる: Beer ~s when it's poured. ビールは注ぐと泡立てる. 2 (馬などが)泡を吹く. **be fóaming at the móuth** [動] 自 (口から泡を飛ばして)かんかんに怒っている.

fóam rúbber 名 U 気泡ゴム, フォームラバー.

foam·y /fóumi/ 形 (**foam·i·er**; **-i·est**) 泡の, 泡状の; 泡立つ, 泡だらけの.

fob¹ /fáb | fɔ́b/ 動 (**fobs**; **fobbed**; **fob·bing**) [次の成句で] **fób óff** [動] 他 《人・要求など》をはねつける, 無視する. **fób ... óff on [ònto]** ─ [動] 他 《偽物・不良品など》を(人)につかませる. **fób ... óff with** ─ [動] 他 《人》に(偽物・不良品など)をつかませる; 《人》を(偽りの約束など)でうまくはぐらかす.

fob² /fáb | fɔ́b/ 名 C 鍵輪につけた飾り; 懐中時計の鎖(リボン, ひも); 《ズボンのポケットから垂らす》.

FOB, f.o.b. 《商》 =free on board 本船渡しで(の).

fób wàtch 名 C 懐中時計.

fo·cac·cia /foʊkáːtʃ(i)ə | -kátʃiə/ 《イタリア語から》 名 U フォカッチャ 《ハーブとオリーブ油で味つけしたパン》.

⁺**fo·cal** /fóuk(ə)l/ 形 (focus). A 1 焦点の; 中心となっている: a ~ plane 《写》焦平面 / a ~ issue 焦点となっている問題 / ~ attention (awareness) 関心の中心. 2 《医》病巣の: ~ infection 病巣感染.

fócal lèngth [dístance] 名 [the ~] 焦点距離 (focus) (*of*).

⁺**fócal pòint** 名 C [しばしば the ~] 1 《レンズの》焦点 (*of*). 2 《活動・興味・話題などの》中心 (*of*).

fo·ci /fóusaɪ/ 名 focus の複数形.

fo'c'sle /fóuksl/ 名 C =forecastle.

★fo·cus /fóukəs/ 動 (**-cus·es, -cus·ses** /-ɪz/; **fo·cused, fo·cussed** /-t/; **-cus·ing, -cus·sing**) 自 1 《...に》注意[関心]を集中する, 重点[主眼]をおく, はっきりとものを考える: You should ~ **on** something more realistic. <V+*on*+名・代> もっと現実的なものに興味を向けたほうがよい. 2 《関心・疑惑などが》《...に》集中する: All eyes ~ed *on* me. すべての視線が私に注がれた. 3 焦点[ピント]が合う; 焦点を合わせる (*on*).

── 他 1 《注意・努力・感情など》を《...に》集中させる, 向ける; 《提案など》の焦点を絞(し)る: They ~ed their attention [mind] *on* that problem. <V+O+*on*+名・代> 彼らはその問題に焦点を絞(し)って考えた / Efforts are now ~ed *on* saving energy. 今エネルギーの節約に努力が注がれている.

2 《...に》《─》の焦点[ピント]を合わせる; 《光など》を一点に集める: I ~ed 'my camera [the lens] *on* the dog. <V+O+*on*+名・代> 私はカメラ[レンズ]のピントをその犬に合わせた.

── 名 (複 ~·es /-ɪz/, fo·ci /fóusaɪ/; 形 fócal) 1 [単数形で; しばしば the ~] (興味・関心などの)中心; 特別な注意, 注目, 重視: *the ~ of* worldwide attention 世界的注目の的 / the ~ of concern 関心の的 / the ~ of the trouble 紛争の焦点 / The ~ of the discussion was **on** the meaning of education. 議論の中心は教育の意味に向けられていた / Many university students seem to lack ~ these days. 最近の大学生は目的意識が欠けているように見える.

2 C 焦点, ピント(合わせ); 焦点距離 (focal length): the ~ of a lens レンズの焦点(距離). 語源 ラテン語で「暖炉」の意から「火が燃える点」の意味になった. ⇒ fuel 語源

focal length 焦点距離
focus 焦点
focus 2

bríng [gét] ... ìnto fócus [動] 他 〈...〉に焦点[ピント]を合わせる; 〈...〉を明確にする; 〈...〉に関心を集める: I tried to *bring* the flower *into* ~. 私はその花にピントを合わせようとした. 語法 ... is brought into focus の形で受身にできる.: The plight of the refugees was *brought into* ~. 難民の窮状が浮き彫りになった.

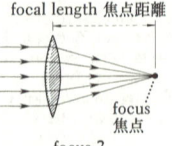

còme ìnto fócus [動] 自 焦点が合う.

in fócus [形] 焦点[ピント]が合って: The image was *in* ~. 像はピントが合っていた.

òut of fócus [形] 焦点[ピント]が(は)ずれて: The picture of the tower was [went] *out of* ~. 塔の写真はピンぼけだった[になった].

fo·cused, (英) fo·cussed /fóukəst/ 形 明確な目標のある, 目的意識をもった; 〈映像などが〉鮮明な.

fócus gròup 名 C フォーカスグループ《新製品・政治などについて討論する消費者代表の集団》.

⁺fod·der /fádɚ | fódə/ 名 U 家畜の飼料, かいば; 〈員数を満たすための〉使いすての[いくらでも代わりのある]人員[物]; 〈マスコミの〉ネタ⇒ cannon fodder.

⁺foe /fóu/ 名 C 〔文〕敵 (enemy), かたき.

FoE 略 =Friends of the Earth 《⇒ friend 成句》.

foehn /féɪn, féɪn | féɪn/ 《ドイツ語から》名 U,C 〔気象〕フェーン《山の斜面を吹き下ろす乾燥した暖かい風》.

foe·tal /fí:tl/ 形 (英) =fetal.

foe·tus /fí:təs/ 名 (英) =fetus.

⁺fog /fág, fɔ́:g | fɔ́g/ 《類語 hog》 13 名 (~s /~z/; 形 fóggy) **1** U 霧, もや, 〈たばこなどの〉立ちこめた煙 (⇒ 表): The mountain was covered with light ~. 山は薄い霧で覆われていた / A thick blanket of ~ covered the valley. 濃い霧が谷一面にかかっていた / The ~ cleared [lifted]. 霧が晴れた. 語法 いろいろな状態の霧をいうときには C となることもある (⇒ rain 名 1 語法): We had a dense [heavy, thick] ~ last night. ゆうべは霧が濃かった.

| fog (視界のきかないほどの濃い霧) | 霧 |
| mist (湿気を含んだ薄い霧) | |

2 U,C 〔写〕〈ネガの〉曇り, かぶり. **in a fóg** [副・形]《略式》当惑して, 途方に暮れて; 五里霧中で.

— 動 (fogs; fogged; fog·ging) 他 **1** 〈窓・めがねなどを〉曇らせる (*up*); 〔写〕〈ネガを〉曇[かぶ]らせる. **2** 〈...〉を霧[もや]で覆う; [受身で] The airport was *fogged in*. 空港は霧で視界がきかなかった. **3** 〈問題などを〉ぼかす, あいまいにする: ~ the issue 問題点をあいまいにする. **4** 〈...〉を混乱させる. — 自 **1** 〈窓・めがねなどが〉曇る (*up*). **2** 〈霧[もや]が立ちこめる.

fóg·bànk 名 C 濃霧, 霧の峰《海上などにかかる》.

fóg·bòund 形《人・乗り物・交通・空港が》濃霧で立ち往生して[閉ざされて]いる.

fo·gey /fóugi/ 名 C =old fogy.

fog·gi·ly /fágəli, fɔ́:g- | fɔ́g-/ 副 霧がかかって; ぼんやりと.

⁺fog·gy /fági, fɔ́:gi | fɔ́gi/ 形 (**fog·gi·er, -gi·est**; 名 fog) **1** 霧[もや]の立ちこめた: a ~ day 霧の立ちこめた日. **2** もうろうとした, ぼんやりした; 〔写〕曇った, かぶっている. **the fóggiest (idéa)** [名] [否定文で] ぼんやりした考え: I didn't have *the foggiest* (*idea*) where to go next. 次はどこへ行けばよいのか私にはさっぱりわからなかった.

Fóggy Bóttom 名 U フォギーボトム《米国国務省の所在地; Washington D.C. にある》.

fóg·hòrn 名 C 霧笛《濃霧のときに船が鳴らす笛》: a voice like a ~ 〔滑稽・軽蔑〕耳ざわりの大きい声.

fóg light (米), **fóg làmp** (英) 名 C 〈自動車の〉フォグライト, 霧灯.

fo·gy /fóugi/ 名 (**fo·gies**) C =old fogy.

föhn /fə́:n, féɪn | fə́:n/ 名 U,C =foehn.

FOIA /éfòuàɪéɪ/ 略 =Freedom of Information Act.

foi·ble /fɔ́ɪbl/ 名 C [普通は複数形で]《格式》〈愛嬌(あいきょう)のある〉ちょっとした弱点, 欠点, 短所; 変わった癖.

foie gras 名 U =pâté de foie gras.

⁺foil¹ /fɔ́ɪl/ 名 **1** U 金属の薄片《leaf または厚いもの》, はく, ホイル《紙状の金属片で覆った紙》: bake potatoes *in* aluminum ~ アルミはくに包んでじゃがいもを焼く / The vegetables were wrapped *in* ~. 野菜はホイルに包まれていた. 関連 tinfoil すずはく / gold foil 金ぱく. **2** C [しばしば a ~] 〈...の〉引き立て役《物・人》(*for, to*).

foil² /fɔ́ɪl/ 動 他 [しばしば受身で]〈相手・計画などを〉くじく, 失敗させる; 〈...〉の裏をかく (*in*).

foil³ /fɔ́ɪl/ 名 C 〔フェン〕フルーレ, フォイル《切っ先にたんぽをつけた剣》; [複数形で] フルーレ《種目》.

foist /fɔ́ɪst/ 動 [次の成句で] **fóist (óff) ... on [upòn]** — 動 他〈いやなもの[こと]を〉~に押しつける; 〈偽物などを〉~につかませる: ~ inferior goods on customers 客に劣悪な商品をつかませる / He tried to ~ (*off*) his difficulties on me. 彼は自分のいざこざを私に押しつけようとした.

fol. 略 =folio(s), followed, following.

⁂fold¹ /fóuld/ 《類語 hold》 12 動 (**folds** /fóuldz/; **fold·ed** /~ɪd/; **fold·ing**; 反 unfold) 他 **1** 〈紙・布などを〉折りたたむ, 折り重ねる, 〈端などを〉折り曲げる, 〈傘を〉たたむ, すぼめる (反 open, spread); 折り畳む: ~ the shirts neatly. シャツをきちんとたたみなさい / F~ the paper *in* half. 〈V+O+前+名・代〉紙を半分に折りなさい / She ~*ed* an origami *into* a boat. 彼女は折り紙を折って船を作った / F~ the letter *into* quarters. 手紙を四つ折りにしてください.

2 〈手・腕などを〉組む; 〈...〉を〈両腕に〉抱える; 〈両腕を〉巻きつける: He ~*ed* his arms. 彼は腕組みをした / She ~*ed* her child *in* her arms [*to* her breast]. 〈V+O+前+名・代〉彼女は子供を両腕に[胸に]抱き締めた / The girl ~*ed* her arms *around* [*about*] her mother's neck. 少女は母の首に抱きついた.

3 〈...〉を包む, くるむ; 〈紙などを〉巻きつける, 〈...〉で包む: She ~*ed* the baby *in* the blanket. 〈V+O+前+名・代〉=She ~*ed* the blanket *around* the baby. 彼女は赤ん坊を毛布にくるんだ / The hill was ~*ed in* clouds. 〈V+O+前+名・代の受身〉山は雲で覆われていた. **4** 〈事業などを〉やめる. — 自 **1** 折りたためる, 折り重ねる: Does this bed ~? このベッドは折りたためますか / The chairs ~ flat. そのいすは平たくたためる. **2** 〈事業などが失敗して〉〈芝居などが〉上演中止になる; やめる. **3** 〈疲労などで〉脚が立たなくなる, くずおれる, へたる. **with fólded árms** ⇒ arm¹ 成句.

― fold の句動詞 ―

fóld awáy 動 他 〈...〉を折りたたんで小さくする.
— 自 小さく折りたためる.

fóld báck 動 他 〈端など〉を折り返す. ― 自 折り返せる.

fóld dówn 動 他 〈...〉を折り曲げる[たたむ]. ― 自 折り曲がる.

fóld ín 動 他 〖料理〗〈とき卵など〉を(泡立ちを保って)切るように混ぜ込む[入れる].

fóld ... ínto ― 動 〖料理〗〈とき卵など〉を(他の材料)に切るように混ぜ入れる[合わせる].

fóld óut 動 自 〈折りたたんだものが〉開く, 広がる (to).

***fóld úp** 動 他 1 〈...〉を(きちんと)折りたたむ, たたみ込む <V+名・代+*up* / V+*up*+名>: She ~ed the letter *up*. 彼女は手紙を折りたたんだ / *F*~ it *up* in tissue paper. これを薄葉紙で包みなさい. 2 〈事業など〉をやめる, 〈店〉をたたむ.

― 自 1 折りたためる: This chair ~s up easily. このいすは簡単に折りたためる. 2 〈事業・劇など〉が失敗する. 3 《略式》(笑い・苦痛で)腹をかかえる, 体を折り曲げる.

― 名 C 1 折りたたみ, 折り目; [普通は複数形で](衣服などの)ひだ, (皮膚の)たるみ: make a small ~ 小さく折り曲げる / the ~s in [*of*] a dress 服の折り目 / in loose ~s ゆったりとしたひだになって. 2 《主に英》(地形などの)くぼみ; 山ひだ; 〖地質〗(地層の)褶曲(しゅうきょく).

fold² /fóʊld/ 名 C 1 (家畜の, 特に羊の)おり, 囲い. 2 [the ~] (教会の)信者たち, 会衆 (flock); 同じ信念を持つ人たち; 自分を保護してくれる所[仲間]. **bríng ... báck to the fóld** 動 〈...〉を元の信仰[政党]に戻す. **léave [stráy] from the fóld** 動 自 元の信仰[政党]から離れる. **retúrn [cóme báck] to the fóld** 動 (格式)元の家に帰る; 元の信仰[政党]に戻る. 由来 羊 (教会の信者たち)の帰り[教会]に戻る, の意から.

-fold /fóʊld/ 接尾 1 [形容詞語尾]「...倍の」の意: two*fold* 2倍[2重]の. 2 [副詞語尾]「...倍に」の意: three*fold* 3倍[3重]に.

fóld·awày 形 A 折りたたみ式の: a ~ bed 折りたたみ式ベッド.

+**fóld·er** /fóʊldə | -də/ 名 C 1 紙[書類]挟み. 2 〖電算〗フォルダー(のアイコン).

fóld·ing /fóʊldɪŋ/ 形 A 折りたたみ(式)の: a ~ bed [chair] 折りたたみ式ベッド[いす] / a ~ screen びょうぶ.

fólding dóor 名 C アコーディオンドア.

fólding móney 名 U 《米略式》紙幣, お札(ふだ).

fóld·òut 名 C (本・雑誌の)とじ込み, 折り込みページ. ― 形 (たたんだものを)広げる方式の.

fo·ley /fóʊli/ 形 《主に米》〖映〗効果音を付け加える.

fo·li·a·ceous /fòʊliéɪʃəs⁻/ 形 葉状の, 葉型の.

fo·li·age /fóʊliɪʤ/ 名 U (1本の木の)葉(全体).

fóliage plànt 名 C 観葉植物.

fo·li·o /fóʊliòʊ/ 名 (~s) 1 C 二つ折り紙; 二つ折り判の本(週刊誌の倍の大きさで, 最も大版の本; 略 fol.). 2 U 二つ折り判: in ~ 二つ折り判[で]. 3 C ページ数(写本などの一方のみにページ数が付けてある)一葉.

***folk** /fóʊk/ 類音 fork, hawk/ 名 (~s /-s/) 1 C [複数扱い][《主に米》では複数形で]《略式》人々 (people). 語法 folk(s) として「世間一般の人々」, 修飾語をつけて「特定の人々」を示すが, 後者を使うのが普通: old ~ 老人たち / country ~ 〈文〉いなかの人々 / Idle ~ have (the) least leisure. (ことわざ)怠け者がいちばん暇がない.

2 [複数形で][普通は所有格とともに]《略式》**家族**, 身内, 親族; 《主に米》両親: The Old *F*~s at Home 『故郷の人々』《フォスター (Foster) の曲名》 / How are your ~s? お宅のみなさんはいかがですか. 3 [複数形で呼びかけとして] S 《略式》(ねえ)みんな, (ちょっと)みなさん. 4 U =folk music. ― 形 A 民間の, 通俗の; 民俗の, 民族的な: a ~ remedy 民間療法.

fólk dánce 名 C フォークダンス, 民俗[郷土]舞踊; フォークダンス曲.

fólk dáncer 名 C フォークダンスをする人.

fólk dáncing 名 U フォークダンスを踊ること.

fólk etymólogy 名 U,C 民間語源(説).

fólk guitár 名 C 〖楽〗フォークギター.

fólk héro 名 C (ある地域社会の)民衆的英雄(たとえば ☞ Casey Jones).

folk·ie /fóʊki/ 名 C 《略式》フォーク歌手; フォークファン. ― 形 フォークミュージックの.

***folk·lore** /fóʊklɔ̀ː/ 名 U 民間伝承(風俗・習慣・伝説・ことわざなど); 民俗学.

folk·lor·ist /fóʊklɔ̀ːrɪst/ 名 C 民俗学者.

fólk médicine 名 U (薬草などを用いた)民間療法.

fólk mémory 名 C,U 民衆の記憶(その土地の人々の間で忘れられないこと).

fólk músic 名 U 民族[郷土]音楽; フォーク(ミュージック)(ギターを用いて歌う民謡調の音楽).

fólk sínger 名 C フォーク[民謡]歌手.

fólk sóng 名 C フォーク[民謡]歌.

folk·sy /fóʊksi/ 形 (folk·si·er, -si·est) 《略式》1 《主に米》素朴な, 気取らない, くだけた, 気さくな. 2 民芸風の, 素朴(な生活)を装った. 自然派ぶった.

fólk tále 名 C 民話, 伝説物語.

fólk wày 名 C [普通は複数形で] 習俗, 風俗.

foll. =following.

fol·li·cle /fɑ́lɪkl | fɔ́l-/ 名 C 〖解〗小胞; 毛嚢(もうのう), 毛穴.

***fol·low** /fɑ́loʊ | fɔ́l-/ 類音 hollow 動 (fol·lows /~z/; fol·lowed /~d/; fol·low·ing)

基本的には「後に続く」の意.
→ (事柄が)「(...の)後に続く」 他 2, 自 2; 「続いて起こる」 2 → 「当然...となる」 自 4
→ 「...について行く」 他 1; 「後から行く[来る]」 自 1 → 「追う」 他 5
→ 「たどる」 他 3
→ (追従する) → 「従う」 他 4
→ (筋を追う) → 「理解する」 他 6, 自 3

― 他 1 〈...〉の**後についていく**, 〈...〉に従う[伴う]: The boy ~ed his mother. その男の子は母親の後についていった / The tourists ~ed the guide. 旅行者らはガイドについていった / The general *was* ~*ed by* two soldiers. <V+Oの受身> 将軍には兵士が2人いった / The child ~ed me to the park. <V+O+前+名・代> その子供は公園まで私についてきた / My car ~ed his. 私の車は彼の車の後に続いた.

2 (順序として)〈...〉の**後に続く**, 〈...〉の後に来る; (結果として)〈...〉の後に起こる, 〈...〉の次に来る (反 precede); (地位・職業などで)〈...〉の跡を継ぐ: 言い換え Summer ~s spring. =Spring is ~*ed by* summer. <V+Oの受身> 春の後に夏が来る / One failure ~ed another. 次から次へと失敗が重なった / The meeting *was* ~*ed by* [*with*] tea. 会の後はお茶になった / He ~ed his father *into* the teaching profession. <V+O+*into*+名・代> 彼は父にならって教職に就いた.

3 〈道など〉を**たどる**, 〈...〉に沿っていく, 〈標識など〉に従って行く; 〈計画・方針〉について行く; 〈道など〉に沿っていく, 〈物事が〉ある傾向・道筋などをたどる, 〈...〉に従う; (本・映画などが)〈経歴・発展など〉を追う, 扱う, たどる: *F*~ this road to the end of the next block. <V+O+*to*+名・代> この道路を次のブロックの端まで行きなさい / We cannot ~ your plan any longer. 我々はもうこれ以上あなたの計画についていけない / My career did not ~ the normal pattern. 私のキャリアは普通の経歴をたどってはきませんでした / The movie ~s American soldiers during

the Vietnam war. その映画はベトナム戦争当時のアメリカ人兵士を扱っている.
4 〈風習・忠告・命令など〉に従う, 服する;〈宗教など〉を信奉する, 模範とする,〈例などに〉ならう: ~ one's intuition 直感に従う / ~ a person's example (人)の例にならう / ~ one's heart 自分の本心に従って行動する / She won't ~ my advice. 彼女はどうしても私の忠告を聞こうとしない / The people willingly ~ed the new leader. 人々は喜んで新しい指導者に従った / F~ the instructions. 指示に従いなさい.
5 …を (一緒になるために)〈...〉の後を追っていく, 追跡する, (to): F~ that car! あの車を追え / He was being ~ed by the police. <V+O の受身> 彼は警察に追われていた.
6 [しばしば否定文・疑問文で] 〈話など〉を理解する (understand),〈話の筋を追う,〈人の話を聞き取る: All the pupils were able to ~ the teacher's explanation. 全生徒が先生の説明についていけた / I beg your pardon? I cannot ~ you. すみませんがおっしゃることがわかりません. **7** 〈獲物など〉を目で追う;〈話など〉を注意して聞く;〈演奏者・朗読文〉を譜面[文面]で追う: The lion ~ed every movement of the zebra. ライオンはしまの一挙一動を目で追った. **8** 〈...〉に関心がある, 興味を持って研究する[たどる],〈スポーツチームなど〉に注目している: I'm ~ing the lawsuit. その裁判の成り行きに注目している. **9** 〈格式〉〈職業〉に従事する, たずさわる;〈ある生き方〉をする: ~ the sea [stage, law] 船乗り[俳優, 弁護士]になる.
— 自 **1** 後から行く[来る], ついていく, 続く: Fall passed and winter ~ed. 秋が去り, 続いて冬がやって来た / We ~ed close behind. <V+behind> 我々はぴったりと後に続いた / A dog was ~ing along behind Meg. <V(+副)+behind+名・代> 1 匹の犬がメグのすぐあとについていた.
2 続く, 続いて起こる;続いて起こる: They saw more of each other in the months that ~ed. 彼らはそれに続く何か月かの間にもっとよく会(うようにな)った / No one can tell what will ~. 次に何が起こるかわかりはしない / His death ~ed soon after his wife's. <V+前+名・代> 妻の死後まもなく彼は死んだ / Nothing ~ed from his efforts. 彼の努力は何にもならなかった.
3 [しばしば否定文・疑問文で] 理解する (understand), 人の話についていく: I don't quite ~. 私にはよくわかりません.
4 [普通 it を主語として; ☞ it¹ A 5; 普通は進行形なし]〈格式〉当然の結果として…となる, 当然, …という結論になる: *From* this evidence it ~s (*that*) he is not the murderer. この証拠から当然彼は殺人犯ではないということになる.
as fóllows [副・形]〈格式〉次のとおり, 次のように: The members are *as* ~*s*: .... 会員は次のとおりである / He spoke to the audience *as* ~*s*: .... 彼は次のように聴衆に話しかけた. [語法] as follows の後にはコロン (:) を置くのが普通.
There fóllows ... その後に…が続く[ある] (☞ there¹ 2): *There* ~*ed* a heated discussion. その後激論が起こった.
to fóllow [副] 次の料理として;後で来ることになって: *To* ~, I'd like coffee. 後はコーヒーをいただけますか / There's ice cream *to* ~. この後アイスクリームが出ます.
with ... to fóllow [副] 後に…が続く: I'll have fish *with* fruit *to* ~. 魚を食べて後は果物にします.

——follow の句動詞——
fóllow abóut〈英〉=follow around.
fóllow alóng 動 自 (...に合わせて)いっしょに読む[歌う] (*with*).
*fóllow aróund 動 他〈人〉につきまとう <V+名・

代+*around*>: Meg always ~s her mother *around*. メグはいつも母親につきまとっている.
fóllow on ... 動 …の後から続く, すぐ後を追う: One disaster ~ed on another. 次々に災害が続いた.
*fóllow thróugh 動 (名 fóllow-through) 自 **1** 最後までやり抜く: We must ~ *through* with this cleanup campaign. この浄化運動は最後までやり抜かなければならない. **2** (クラブ・バット・ラケットなどで球を打った後)完全に振り切る, フォロースルーを行なう.
— 他 〈...〉を最後までやり通す.
*fóllow úp 動 他 〈...〉をさらに続けていく, 引き続いて押し進める; 〈...〉の追跡調査[継続管理]をする; 本腰を入れて取り組む <V+名・代+*up*> / V+*up*+名・代>: I like photography, and I want to ~ it *up* after retirement. 私は写真が好きで定年後は身を入れてやるつもりです / We'll ~ *up* your suggestion. あなたのご提案を真剣に検討いたします. **fóllow úp on ...** 動 他 〈...〉の追跡調査をする;〈提案・苦情など〉に適切[真剣]に対応[処理]する: We try to ~ *up* on customers' complaints. 当店ではお客様の苦情に適切な処理をするよう努めております.
fóllow (úp) ... with ── 動 (名 fóllow-ùp) 他 〈...〉の後にさらに─を続ける[行なう, 言う]: That salesman ~*ed up* his phone call *with* a visit. そのセールスマンは電話をかけた後さらに訪問までした.

【類義語】**follow**「後を追う」という意味の一般的な語. **pursue** 逃げようとするものをつかまえるために執拗に追跡すること. **chase** 積極的に逃げようとするものを, *pursue* よりも接近して速く激しく追いかけること. **run after** 追いかけることであるが, 追われる側は必ずしも逃げようという気持ちがあるわけではない.

*fol·low·er /fάlouɚ | fɔ́louə/ 名 (~s /~z/) C 従者, 随員, 家来, (...の)信奉者, 信者;弟子;熱心なファン, 党員, 追う人: the ~s of the king 王の従者たち / the ~s of Newton ニュートンの門弟 / a dedicated ~ of baseball 熱心な野球ファン.

*fol·low·ing /fάlouɪŋ | fɔ́l-/ T2 形 A 1 [the ~] [比較なし] 次の, 以下の, 次に続く (略 f., ff., fol., foll.) (反 preceding): *the* ~ chapter 次の章 / He died in 'the ~ month [the month ~]. 彼はその翌月に死んだ. **2** 〈海〉順風の, 追い風の;〈潮の流れが〉都合のよい, 順潮の: a ~ wind 順風.
— 前 …に次いで, …の後で;…の結果: F~ the ceremony, refreshments were served. 式典の後茶菓子が出た.
— 名 **1** [the ~ として単数または複数扱い] 次のこと[もの], 次の人(たち);以下: *The* ~ *is* his explanation. 以下が彼の説明である / The witness had *the* ~ to say. 証人は次のように述べた [言い換え] *The* ~ *were* present at the party: .... 次の者が会に出席していた. [語法] しばしば後にコロン (:) を置いて具体的内容や例を示す. **2** C [普通は単数形で] 従者[随員, 家来]たち, 門弟ども (全体): a politician with a large ~ 大勢の子分を持った政治家.

*fóllow-òn 形 A **1** 継続する, 次の. **2** (コンピューターなどの)次の開発段階にある[つながる]. — 名 C,U 後続(するもの) (*to*).
fóllow-the-léader,〈英〉**fóllow-my-** 名 U 大将ごっこ 《大将役のする動作を他のものがまねる子供の遊び》: play ~ 大将ごっこをする;(他のみんなが)同じようにまねをする, 右へならう.
*fóllow-thróugh 形 動 (動 fóllow through) U,C **1** フォロースルー 《ゴルフ・野球・テニスなどで, 打球の後に腕を伸ばして振り切ること》. **2** (計画・任務などの)完遂, 完全実行, 仕上げ.
*fol·low-up /fάlouʌp | fɔ́l-/ 名 (~s /~s/;動 fóllow up) **1** C,U (成果をあげるための)引き続いての処置, 追

跡(調査), 追加措置; 〘医〙(手術後などの)継続管理: The government is doing a ~ *on* the health of veterans. 政府は復員軍人の健康の追跡調査を行なっている. **2** [C] (本・映画・製品などの)後に続くもの, 続編, (新聞記事などの)続報, 追跡記事 (*to*), 追い討ちの質問. ― [形] [A] 引き続いての, 追跡の, 追いかけの《勧誘・訪問など》; 継続管理の; 続報の: a ~ examination 追跡検査.

+**fol·ly** /fάli | fɔ́li/ [名] (**fol·lies**) **1** [U,C] 《格式》 愚かさ, 愚劣 ([反] wisdom); 愚かな行ない[考え], 愚行: It would be (a) ~ to pass up the opportunity. その機会を逃すのは愚かなことだ. **2** [C] 《英》 (巨額を投じた)無用の[奇抜な]建築物[事業]. **3** [Follies として] (派手な衣装の踊り子たちの)レビュー.

fo·ment /foumént, fóument | foumént/ [動] [他] 《格式》 〈不和・騒ぎなど〉を促進[助長]する.

fo·men·ta·tion /fòumǝntéɪʃǝn, -men-/ [名] [U] 《格式》 (不平・不満・騒ぎなどの)醸成, 助長, 誘発.

*__fond__ /fάnd | fɔ́nd/ ([類音] fund) [形] (**fond·er**; **fond·est**) **1** [P] (…が)好きで, (…を)好んで: She is ~ *of* children. <A+*of*+名・代> 彼女は子供好きだ / Henry is ~ *of* play*ing* baseball. <A+*of*+動名> ヘンリーは野球をするのが好きだ. [語法] 持続的な好みを示し, like よりも意味が強く「度を越して好き」なときに用いることもある; ☞ fondness.
2 [A] 愛情の深い, 優しい; (記憶などが)懐かしい: a ~ mother 子供に甘い母親 / a ~ glance [smile] 愛情のこもった視線[ほほえみ] / ~ memories 楽しい思い出 / a ~ farewell なごり惜しい別れ. **3** [A] (考え・望みなどが)虫のいい, 甘い, あさはかな: a ~ hope 虫のいい望み. [語源] 中(期)英語で「愚かな」の意; ☞ fun [語源].

fon·dant /fάndǝnt | fɔ́n-/ [名] [U,C] フォンダン《口に入れるとすぐ溶ける糖菓》.

fon·dle /fάndl | fɔ́n-/ [動] [他] 〈…〉をかわいがる, 愛撫(あいぶ)する.

+**fónd·ly** [副] **1** 愛情を込めて, 優しく; 懐かしく: be ~ remembered 懐かしく思い出される. **2** [文修飾語] あさはかにも, たあいなく.

fónd·ness [名] [[U] または a ~] 愛情, いつくしみ, 溺愛(できあい) (*for*); 好み (*for*).

fon·due, fon·du 《フランス語から》 /fɑnd(j)úː, fάnd(j)uː | fɔ́nd(j)uː/ [名] [C,U] フォンデュ《なべにチーズをワインで溶かし, パンを浸して食べるスイス料理; または小さく切った肉・野菜などを熱いソースに浸して食べる料理》.

font[1] /fάnt | fɔ́nt/ [名] [C] **1** (教会の)洗礼盤, 聖水盤. **2** 《格式》 源泉, 源 (source).

font[2] /fάnt | fɔ́nt/ [名] [C] 〘印〙 フォント (fount[2]) 《同一型の活字の 1 そろい》.

⁑**food** /fúːd/ [名] ([類音] who'd[1, 2, 3, 4]) (**foods** /fúːdz/) **1** [U] 食物, (飲み物に対して)食べ物, 食糧; [C,U] (個々の種類の)食品, 加工食品 (☞ feed [語源], foster [語源]): ~ and drink 飲食物 / ~, clothing, and housing [shelter] 衣食住. [日英比較] 以上 2 例とも日本語と語順が逆 (☞ drink [自] [日英比較]) // health ~(*s*) 健康食品 / frozen ~(*s*) 冷凍食品 / 「an item [three items] of ~ 食品 1 点[3 点] / dog ~ ドッグフード / natural [processed] ~*s* 自然[加工]食品 / canned ~*s* 缶詰の食品類 / Fix plenty of ~ for the picnic. ピクニックのために十分な食糧を準備しなさい / Beef and tomatoes are his favorite ~*s*. 牛肉とトマトは彼の大好きな食べ物です / You must cut down on fatty ~*s*. あなたは脂肪分の多い食物を減らさなければならない. [関連] seafood 海産物. **2** [U] (心などの)糧(かて); (思考・反省の)材料; えさ, えじき: ~ *for* the soul 心の糧 / ~ for thought 反省材料, 考えるべき事柄. **be òff one's fóod** [動] [自] 食欲がない.

fóod àdditive [名] [C] 食品添加物.

Fóod and Drúg Administràtion [名] [固] [the ~] 食品医薬品局《米国厚生省の一局; [略] FDA》.

fóod bànk [名] [C] 《米》 食糧銀行《寄付された食糧を困窮者に配るための施設》.

+**fóod chàin** [名] [C] [普通は the ~] 〘生態〙 食物連鎖.

fóod còlor [名] [C] 食品用染料, 着色剤.

fóod còloring [名] **1** [U] (食品の)着色. **2** [C] 着色剤.

fóod còupon [名] [C] 《米》 =food stamp.

fóod còurt [名] [C] 《米》 フードコート《ショッピングセンターなどで, ファーストフードの屋台が集中し, しばしば共有の食事空間を備えた一画》.

fóod drìve [名] [C] フードドライブ《困窮者に配るために缶に入った食料を持ち寄る企画》.

food·er·y /fúːḍǝri/ [名] [C] 《米略式》 レストラン.

fóod gròup [名] [C] 食品群.

fóod hàll [名] [C] 《主に英》 (デパートの)食料品売場.

food·ie /fúːḍi/ [名] [C] 《略式》 料理や食べ物に関心のある[凝る]人, 食通, グルメ.

fóod lìft [名] [C] 《英》 =dumbwaiter 1.

+**fóod pòisoning** [名] [U] 食中毒.

+**fóod pròcessor** [名] [C] フードプロセッサー《食品を高速で切ったり, つぶしたりする電動調理器具》.

fóod sèrvice [名] [U] フードサービス(業) 《料理を作って提供する業務》.

+**fóod stàmp** [名] [C] 《米》 食糧(割引)切符, 食券《低所得者に対して政府が発行する》.

+**fóod·stùff** [名] (~s) [C,U] [普通は複数形で] 《格式》 食糧, 食材《粉・砂糖・油・チーズ・牛乳など》.

fóod vàlue [名] [U] (食品の)栄養価.

foo·fa·raw /fúːfǝrɔ̀ː/ [名] [U,C] 《米略式》 (つまらないことでの)大騒ぎ; 安っぽい装身具.

*__fool__[1] /fúːl/ ([類音] who'll[1, 2]) [名] (~**s** /~z/; [形] fóolish) [C] **1** ばか者, 愚か者: [言い換え] He was a ~ to do such a thing. =He was ~ enough to do such a thing. =He was enough of a ~ to do such a thing. そんなことをするとは彼もばかだった (☞ to[3] B 2) / He is no ~. 彼は(愚か者どころか)なかなかどうして賢いやつだ (☞ no [形] 2) / Where is that ~ *of* a secretary? あのばかな秘書はどこにいるのだ (☞ of 19) / *F*~*s* rush in where angels fear to tread. 《ことわざ》 天使が足を踏み入れるのを恐れる所へも愚か者は飛び込む / No [There's no] ~ like an old ~. 《ことわざ》 年取ったばかほどのばかはいない(老人の愚かな振舞いは, 若い人の場合より愚かに見える) / He is being a ~. 彼は馬鹿なこと[ふり]をしている. **2** 道化者, 道化師《王侯・貴族に仕えてこっけいなことをして人を楽しませた》.
[語源] 元来はラテン語で「ふいご」の意; それから「ふいごのように頭のからっぽな」の意味になった.

áct the fóol [動] [自] =play the fool.

ány fòol can ... Ⓢ 誰でも…できる.

be nóbody's [nó òne's] fóol = be nó fóol [動] [自] 抜け目がない, 簡単にだまされない.

féel [look] like a fóol [動] [自] ばかみたいに感じる[見える].

màke a fóol of ... [動] [他] (人)がばかに見えるようにする, (人)を笑いものにする; (人)をだます: He *is* always *making a* ~ *of* me. 彼はいつも私をばかにしている (☞ be[2] A 1 (3)). [語法] …が複数名詞の場合は make fools of ... となる. ... is made a fool of の形で受身にできる.

màke a fóol of onesèlf [動] [自] ばかなまねをする, 笑いものになる.

Mòre [The mòre] fóol you [him, her, them] (if ...) Ⓢ 《主に英》 (もし…したら)あなた[彼, 彼女, 彼ら]はばかだ: *More* [*The more*] ~ *you if* you believe [believed] her. 彼女を信じる[た]としたら(なお

さら)ばかだ. 語法 if 節の代わりに「to believe [to have believed] her とか for believing her と言うことがある.

pláy the fóol [動] 自 ばかなまねをする; ふざける.
súffer fóols (gládly) [動] 他 [否定文で]《英》ばかなことを黙って見ている.
── 形 A S 《米》ばかな (foolish): ~ ideas ばかな考え.
── 動 他 1〈人〉をだます (deceive), だまして…させる, 欺く: ~ oneself 思い違いをする / They ~ed the boy *into* stealing his father's watch. 彼らはその少年をだまして父親の時計を盗ませた / He ~ed me out of all my money. 彼は私をだましてお金をみんな巻き上げた. **2**(予想外のことで)〈…〉を驚かす. ── 自 ふざける; 冗談を言う: I was only [just] ~ing. S ただ冗談に言っただけ.
fóol aróund [《英》**abóut**] [動] 自 (1) (のらくら暮らす, ぶらぶら), ばかなまねをする. (2) もて遊ぶ, いじくり回す (*with*). **fóol aróund** [《英》**abóut**] **with** … [動] 他《略式》(1) …をいじくる, …をもてあそぶ; (既婚者)と浮気する. **Nó fóoling**. 本当の事だ, 嘘じゃないよ. **You còuld have fóoled me!** S そうかそんなばかな, まさか.

fool² /fúːl/ 名 C|U (普通は合成語で)《主に英》フール(煮つぶした果物にクリームを混ぜた冷菓): ☞ strawberry fool.

fóol·er·y 名 (-er·ies)《古風》**1** U 愚かなふるまい. **2** C ばかな言動, 愚行.
fóol·hàrdiness 名 U 向こう見ずなこと, 無鉄砲.
fóol·hàrdy 形 (-har·di·er, -di·est) 向こう見ずの, 無鉄砲な.

***fool·ish** /fúːlɪʃ/ 形 名 fool ばかな, 愚かな, ばかげた, 愚かにも…する (反 wise); [普通は P] ばつの悪い, ばかに見える (☞ silly) [言い換え] It's ~ *of* you *to* love a man like Jim. = You are ~ *to* love a man like Jim. ジムのような男を愛するなんてお前ちゃばかだ (☞ of 12) / Don't be ~. ばかなまねは[考え]はよせ / A learned [lə́ːnɪd] fool is more ~ than an ignorant fool. 学者ばかは無学ばかよりいっそう愚かである (Molière の言葉) / He's being ~ about this. 彼はこの件について愚かな態度をとっている / feel ~ ばつが悪い. **~·ly** 副 (反 wisely) **1** 愚かに, ばからしく. 文修飾節 愚かにも, ばかなことに, …するのは愚かである: *Foolishly*, Laura married Tom. ローラは愚かにもトムと結婚した. **~·ness** 名 U 愚かさ.
【類義語】**foolish** 判断力・常識が欠けていることで, 必ずしも頭が悪いという意味は含まれない. **stupid** 生まれつき頭が鈍くて能力・理解力が低いこと. **silly** 精神的な欠陥はないが, 人の笑いになるくらいに常識はずれのばかげた行動をすること. **dull** 生まれつき, または過労や病気のせいで頭の働きが鈍いこと.

fóol·pròof 形 **1** (規則などが)間違えようのない: a ~ plan 成功間違いなしの計画. **2** (機械などが)だれでも扱える, 使いやすい: a ~ camera 全自動のカメラ.
fools·cap /fúːlskæp/ 名 フールスキャップ, 大判洋紙《《米》では約 16×13 インチ,《英》では 17×13½ インチ》.
fóol's góld 名 U **1** 金に似た鉱物(黄銅鉱・黄鉄鉱など). **2** 見かけ倒しのもの.
fóol's páradise 名 [次の成句で] **be [líve] in a fóol's páradise** [動] 自《格式》幸福の幻想に酔う, (現実を知らず)うかれている.

***foot** /fút/ 名 (複 feet /fíːt/, 2 ではときに《略式》で ~)

```
          ┌→ (単位として, 足の長さ) → 「フィート」2
「足」1 ─┼→ (足に相当する部分) →
          │    「底の部分」3 →「末席」4
          └→ (足の機能) → 「歩み」5
```

1 C 足(足首 (ankle) から下の部分; ☞ leg 表, 挿絵): Man has two *feet*. 人間は2本足である / He hurt his left ~ when he fell. 彼は倒れたときに左足をけがした.

─── コロケーション ───
shuffle one's *feet* 足をひきずって歩く
stamp one's *feet* 足を踏み鳴らす
step on …'s *foot* (人の)足を踏む
tap one's *feet* 足をこつこつと鳴らす

2 C フィート(長さの単位; 12インチ, 30.48センチ; 数字の後に ' をつけて表わす;〖略〗 ft.; ☞ yard¹ 表): an eight-~ pole 8フィートの棒(《~-s¹》文法)(語法)/ The bridge is three hundred *feet* long. その橋は300フィートの長さがある / She is [stands] five *feet* [~] three inches (=5′3″) tall. 彼女は5フィート3インチの身長があります. 語法 数詞の後では feet も foot も用いるが大きい数字の後では feet が普通. **3** [the ~] (物の)底の部分, 基部, 根元, (山の)ふもと; (寝台などの)足のほう; (靴下などの)足の部分: *the ~ of* a page ページの下の部分(反 footnote) / *the ~ of* a pillar 柱の根元 / *the ~ of* the stairs 階段の上がり口 / *the ~ of* a bed ベッドのすそ. **4** [the ~] 末席; 最後部 (反 head): sit down at *the ~ of* the table 末席につく. **5** U《文》歩み, 足どり (step). **6** C《詩》詩脚(詩の1行を成す単位).

at the fóot of … [前] …の下部に, …のふもとに.
be rún [rúshed] (cléan) óff one's féet [動] 自《主に英》大変忙しい(☞ run … off …'s feet (run の句動詞 run … off ─ 成句))).
drág one's féet [動] 自 (1) (のろのろと)足を引きずって歩く. (2)《略式》仕事をのろのろ[いやいや]する.
fáll at …'s féet [動] …の前にひざまずく(懇願したり敬意を示すため).
fáll [lánd] on one's féet [動] 自 困難をうまく切り抜ける; 運がいい.
féet fírst [副] [滑稽] 死んで.
fínd one's féet [動] 自 (1) (子供などが)立てるようになる; 一人前になる: You are old enough to *find your feet*. お前ももう子供ではない, しっかりしろ. (2) 新しい環境になじむ, 落ち着く.
gèt [hàve] a [óne, one's] fóot in the dóor [動] 自 (組織などに)入り込む; きっかけをつかむ.
gèt [hàve] … báck on one's féet [動] 他〈…〉に健康[自信]をとりもどさせる, 立ち直らせる.
gèt [hàve] cóld féet [動] 自《略式》おじけづく[づいている].
gèt óff on the wróng [ríght] fóot [動] 自《略式》出だしがうまくいかない[うまくいく]; (人との)関係をまずい[よい]形で始める (*with*).
gèt [hàve] one's féet wèt [動] 自《略式, 主に米》(新しいことに)積極的に係わり始める, 初めて(経験)する. 由来 足をぬらして川を渡り始めることから.
gèt to one's féet [動] 自 立ち上がる.

┌─── 「立ち上がる」のいろいろな表現 ───┐
gèt to one's féet=rise to one's féet 立ち上がる: All the students *got to their feet* when the teacher entered. 先生が入ってくると生徒たちは全員立ち上がった.

jùmp to one's féet=léap to one's féet 跳び上がる, ぱっと立ち上がる: They *jumped* [*leaped*] *to their feet* at the alarm. 警報を聞いて彼らは跳び上がった.

scrámble to one's féet あわてて[急に]立ち上がる: The boy fell down, but *scrambled to his feet*. その少年は転んだがあわてて立ち上がった.

spring to one's féet 跳び起きる, さっと立ち上がる: He *sprang to his feet* when he heard the

scream. 彼はその叫び声を聞いて跳び起きた.
stágger to one's féet よろよろと立ち上がる: The drunken man *staggered to his feet*. 酔っ払いはよろよろと立ち上がった.
strúggle to one's féet 必死に立ち上がろうとする, やっとのことで立ち上がる: The old man *struggled to his feet*. 老人は必死に立ち上がろうとした.

háve a fóot in ˹bóth cámps [éach cámp] [動] 両方の陣営にかかわる, 中立[どっちつかず]である.
háve bóth [one's] féet on the gróund [動] =keep both [one's] feet on the ground.
háve féet of cláy [動] 隠れた欠陥[弱点]がある.
háve twó léft féet [動] 《略式》とても不器用である.
hélp ... to ...'s féet [動] 他 〈...〉を助けて立ち上がらせる.
kèep bóth [one's] féet on the gróund [動] 足が地についている, 慎重[現実的]に行動する.
kèep (on) one's féet [動] 倒れない, 真っすぐ立っている[歩く]《滑りやすい所などで》.
My fóot! [感]《古風》まさか!, とんでもない!
óff one's féet [副・形] 立っていられなくなって; 座って, 横になって.
on fóot [副・形] (1) 歩いて, 徒歩で: 金田 "Do you go to school by bus?" "No, I go (there) on ~." 「あなたは学校へバスで行きますか」「いいえ, 私は歩いて通学します」 語法 go on foot は go by bus, go by train などに対して用いられる言い方で, 普通は I walk to school. という // How long does it take *on* ~? (バスを使わずに)歩いたらどのくらいかかりますか. (2)《事件が》起こって; 《計画などが》進行中で.
on one's féet [形・副] (1) 立って; (話すのに)立ち上がろうとして; 歩いて: I have been *on my* ~ all morning and I am very tired. 午前中ずっと立っていたので疲れてしまった / He is still a little unsteady *on his* ~. 彼はまだ少し足元が不安定です. (2) (病後に)起きて, 元気になって: I think he will be back *on his* ~ in a week. 1週間後には彼は元気になるでしょう. (3) (経済的に)ひとり立ちして, 自立して.
pick one's féet úp [動] 自 (S) (足を引きずらないで)ちゃんと歩く, きびきびと歩く.
pùt a fóot wróng [動] 自 《特に否定文で》《主に英》間違える; へまをする; 失言する.
pùt one's bést fòot fórward [動] 自 全力を尽くす.
pùt one's féet úp [動] 自 (1) (腰かけているときに)両足を高い所にのせる. (2) 《略式》体を休める, くつろぐ.
pùt one's fóot dówn [動] 自 (1) 断固たる態度を示す, 強く反対する. (2) 《主に英》=put one's foot to the floor.
pùt one's fóot ˹in one's móuth [《主に英》in it] [動] 自 へまをする; 失言する.
pùt one's fóot to the flóor [動] 自 《米略式》車のスピードを出す.
sèt fóot in ... [動] 他 ...に入る.
sèt fóot on [upòn] ... [動] 自 ...の上に足を踏みいれる, ...に足跡をしるす: Here men from the planet earth, First *set* ~ *upon* the moon—July 1969, A.D. 惑星地球からの人間, ここ月に第一歩をしるす. 西暦 1969 年 7 月《アポロ 11 号の乗員が月面に置いた金属板に刻まれたことば》.
sét ... on ...'s féet [動] 他〈人・経済など〉を独り立ちし[自立]させる.
sít at the féet of ... =**sít at ...'s féet** [動]《文》...の教えを受ける; (有名な人の)弟子になる.
síx feet únder [形]《略式》地中に埋葬されて.
stánd on one's ówn (twó) féet [動] ひとり立ちする, 自立[独立]する.

stárt óff on the wróng [ríght] fóot [動] 自 =get off on the wrong [right] foot.
thínk on one's féet [動] 自 即座に考える[答える, 行動する].
to one's féet ☞ get to one's feet 囲み.
ùnder (...'s) féet [形] (...の)邪魔になって.
vóte with one's féet [動] 自 退去して意思表示をする.

—[動]《次の成句で》**fóot the bíll** ☞ bill¹ 成句.

⁺**fóot·age** /fútɪdʒ/ [名] [U] **1** (ある出来事を示す)映画(フィルム), 映画の場面. **2** フィート数で示した長さ; 平方フィートで示した建物[店舗]の面積.

fóot-and-móuth dìsease [名] [U] 口蹄疫(こうていえき) 《牛・羊の口・ひづめの伝染病》.

★**foot·ball** /fútbɔːl/ [名] (~s /-z/) **1** [U] フットボール. 参考 米国では普通アメリカンフットボール (American football) を指し, 英国ではサッカー (soccer), ラグビー (rugby) を指す (☞ eight 表): a ~ game [《英》match] フットボールの試合 (☞ game¹ 語法) / ~ players フットボールの選手たち / They played ~ after school. 彼らは放課後フットボールをした.

football	フットボール
	フットボール用のボール

2 [C] フットボール用ボール, サッカー[ラグビー]ボール. **3** [C] 議論[不和]の種として利用されるもの.

Fóotball Associàtion [名] 固 [the ~] (英国の)サッカー協会 (略 FA).

⁺**fóot·ball·er** /fútbɔːlər/ [名] (~s /-z/) [C]《英》(プロの)サッカー[フットボール]選手 (soccer player).

fóotball hòoligan [名] [C] 《英》サッカーフーリガン《サッカーの試合で暴力的な行為をするファン》.

⁺**fóot·ball·ing** /fútbɔːlɪŋ/ [形] A 《英》フットボール[サッカー](競技)の.

Fóotball Lèague [名] 固 [the ~] サッカー連盟《イングランドとウェールズにおける大規模なプロサッカーチームの統合機関》.

fóotball pòols [名] 複 [the ~]《英》サッカー賭博.
fóot·bàth [名] [C] 足湯, 足浴; 足が泥まみれ.
fóot bràke [名] [C] (自動車の)フットブレーキ.
fóot·brìdge [名] [C] 歩行者用の橋, 歩道橋.
fóot-drág·ging /fútdrægɪŋ/ [名] [U] わざと遅らせること (on).
-**fóot·ed** /fútɪd/ [形]《合成語で》足が...の, ...足の: a four-~ animal 四つ足の動物.
fóot·er /fútɚ/ [-tɚ] [名] [C] **1**《電算》フッター《ワープロの各ページの下に表示される文字列》(☞ header). **2** [U]《英》フットボール[サッカー](をすること).
-**fóot·er** /fútɚ/ [-tɚ] [名]《合成語で》身長[長さ]...フィートの人[物]: a six-~ 身長 6 フィートの人.
fóot·fàll [名] [C|U]《文》**1** 足音. **2** [単数形で] (店の)来客者数.
fóot fàult [名] [C] 《球》フットフォールト《サーブの際ラインを踏んだりする反則》.
fóot·gèar [名] [U] はき物類(靴・靴下など).
⁺**fóot·hìlls** [名] [複] 山のふもとの小丘; 山脈のふもとの丘陵地帯.
⁺**fóot·hòld** [名] [C] **1** 足がかり, 足場. **2** [普通は単数形で] しっかりした立場, よりどころ (in): get [gain, establish] a ~ 足場を得る[固める]. 関連 handhold 手がかり.
fóot·ie /fúti/ [名] [U]《英略式》フットボール, サッカー.
⁺**fóot·ing** /fútɪŋ/ [名] **1** [U] (普通有格の後で) 足場, 足がかり: He lost [missed] his ~. 彼は足場を失った / Watch your ~. 足元に気をつけて. **2** [U] (確かな)地

位，身分，立場；間柄，関係． **3** [C]（橋などの）土台，基礎． **be on ... fóoting** [動] [自]（—とは）…の間柄[関係，立場]である：I *am on* ⌜an equal ~ *with* [the same ~ *as*] the president. 私は社長とは対等の間柄である． **gèt [gáin] a (súre) fóoting** [動] [自] 足場[確固たる地位]を得る (*in*). **on a fírm [sólid, sóund] fóoting** [形・副] 確かな基盤の[で]. **on a wár fóoting** [副・形] 臨戦[戦時]体制で[の]. **regáin one's fóoting** [動] 体勢を立て直す．

foo·tle /fúːṭl/ [動] [自]《略式》ぶらぶら過ごす (*about, around*).

fóot·lìghts [名] [複] フットライト，(舞台の)脚光．

foot·ling /fúːtlɪŋ/ [形] [A]《古風》くだらない，ばかげた．

fóot·lòcker [名] [C]《米》(特に兵士がベッドの足元に置く)小型トランク．

fóot·lòose [形]《古風》足の向くままの，身軽な，自由な． **fóotloose and fáncy-frée** [形] [P] 気楽で勝手気ままな．

foot·man /fʊ́tmən/ [名] (**-men** /-mən/) [C] (制服を着た)従僕《客の取り次ぎ・食卓での給仕などをした》.

fóot·màrk [名] ＝footprint.

+**fóot·nòte** [名] [C] **1** 脚注；補注． **2** 補足(説明)；付け足し：as a ~ *to* ... …の補足として．
— [動] [他] 〈…〉に脚注をつける．

+**fóot·pàth** [名] (**-paths** /-pæ̀θs, -pæ̀ðz | -pɑ̀ːðz/) [C]《主に英》＝footway.

fóot pèdal [名] [C] 足踏みペダル．

+**fóot·prìnt** [名] [C] **1** [普通は複数形で]（人・動物の）足跡． **2** コンピューターの床[机上]に占める面積．

fóot pùmp [名] [C] 空気ポンプ《自転車用など》.

fóot·ràce [名] [C] 徒競走，駆けっこ．

fóot·rèst [名] [C] 足のせ台，足置き，フットレスト．

foot·sie /fʊ́tsi/ [名] [次の成句で] **plày fóotsie** [動] [自]《略式》(1)（…に）足をそっと触れ合わせていちゃつく (*with*). (2)《米》（…と）なれ合う，ぐるになる (*with*).

fóot·slòg·ging /-slɑ̀gɪŋ, -slɔ̀ːg- | -slɔ̀g-/ [名] [U]《略式》くたくたになって長距離を歩く[歩き回る]こと．

fóot sòldier [名] [C] 歩兵；(会社などでの)下働き．

fóot·sòre [形]《やや文》(長く歩いて)足を痛めた，靴ずれのできた．

+**foot·step** /fʊ́tstèp/ [名] [C] [普通は複数形で] **1** 足音． **2** 足跡 (step)：leave ~*s* 足跡を残す． **3** 歩幅． **fóllow (in) ...'s fóotsteps** [動] …の例にならう，…の志を継ぐ．

fóot·stòol [名] [C] 足(のせ)台．

fóot·wày [名] [C]《米》細道；《英》歩道（☞ house 挿絵）(《英》footpath).

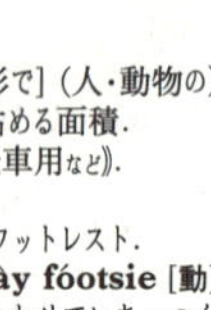
footstool

+**fóot·wèar** [名] [U] はき物類《靴・靴下など》.

fóot·wèll [名] [C] (車の運転席・助手席の)足下の空間．

fóot·wòrk [名] [U] (球技・ボクシング・踊りなどの)フットワーク；(機敏な)反応：fancy ~ 軽快なフットワーク．

foo yong /fùːjɔ́ːŋ | -jɔ́ŋ/ 《中国語から》 [名] [C]〘中国料理〙芙蓉蟹(ふようはい)，かに玉．

fop /fɑ́p | fɔ́p/ [名] [C]《古風》[軽蔑] しゃれ男．

fop·pish /fɑ́pɪʃ | fɔ́p-/ [形]《古風》[けなして]（男が）おしゃれの，にやけた．

‡**for** /(弱) fɚ | fə; (強) fɔ́ɚ | fɔ́ː/ ([同音] #fore, #four; [類音] #fork, #fort, #her)

基本的には「…のために」の意．
[前] ① [利益，目的，用途] …のために[の]；…に[の] **A 1, 2, 3; 7**
② [時間，距離] …の間 **5**
③ [代理，交換] …の代わりに，…と引き換えに **4, 6**
④ [行き先] …に向かって **8**
⑤ 支持して **11**
⑥ [関連，対象] …について，…にとって；…に対して **9, 10; 12**
⑦ …の理由で **13**
⑧ [for＋名・代＋to 不定詞で] **B 1, 2**
[接] [理由を示して] …というわけは

— [前] **A 1** [受益対象・受け取り相手などを示して] …のために；…に与えるために[の]，(手紙などが)…あての；…に雇われて：I write ~ children [a magazine]. 私は子供[雑誌]のために原稿を書いている / Smoking is bad ~ your health. 喫煙は体に悪い / Can I do anything ~ you? 何かお役に立つことはございませんか / A party was held ~ Mr. and Mrs. White. ホワイト夫妻のためにパーティーが開かれました / This letter is ~ you. この手紙はあなたあてです / Tom, there's a call ~ you. トム，君に電話だよ / Flora bought a new tie ~ Tom. フローラはトムに新しいネクタイを買った．

[語法] 上の文は ＜V＋O＋*for*＋名・代＞ の文型であるが，動詞を授与動詞として扱い，間接目的語を用いて言い換えると次のようになる：Flora bought Tom a new tie. ＜V＋O＋O＞. 間接目的語を用いた言い換えができるのは，それが人間・動物・組織を表わすときに限られる．従って次の文は言い換えられない：They bought a new computer ~ the office. 彼らは事務所用に新しいコンピューターを買った（☞ indirect object [文法], dative verb [文法], to[1] 3 [語法]).

2 [目的・追求・準備などを示して] …のために，…をしに，…を得るために，…を求めて；…に備えて，…を直すために：die ~ one's country 祖国のために死ぬ / Let's go out ~ a walk in the park. 公園へ散歩に行こう / They fought ~ independence. 彼らは独立のために戦った / He came to me ~ help. 彼は助けを求めて私のところへ来た / I studied very hard ~ the examination. 私は懸命に試験勉強をした / "Who are you waiting ~ /fɔ̀ɚ | fɔ̀ː/?" "I'm waiting ~ /fɚ | fə/ John." 「だれを待ってるの」「ジョンを待ってるの」/ What did you do that ~? どうしてそんなことをしたんだ．

3 [用途・適合などを示して] …向きに[の]，…用に[の]；…に適した：What did you have ~ breakfast? 朝食には何を食べましたか / This is no place ~ a child like you. ここはお前のような子供の来る所じゃない / This is a car ~ young people. これは若者向きの車です / This fish is not fit ~ human consumption. この魚は食用にならない / He is the right man ~ the job. 彼こそまさにその仕事の適任者だ / Baseball [Beer] isn't ~ me. 《略式》 野球[ビール]は私の好みには合わない / "What's this tool ~?" "It's ~ cut*ting* wood (with)." (＝It's *to* cut wood (with).)「この道具は何に使うの」「木を切るためです」

4 [代理・代表などを示して] …の代わりに；…を代表して；…を表わして[表わす]：Because he was poor, he used to use a box ~ a chair. 彼は貧しくて，いすの代わりに箱を使っていたものだ / Mary spoke ~ her classmates. メアリーは級友を代表してしゃべった / My aunt will take care of our baby ~ us while we are away. 留守中赤ん坊の面倒は叔母が代わりに見てくれます / The stars of the Australian flag are [stand] ~ the Southern Cross. オーストラリア国旗の星は南十字星を表わす / What is the word ~ "rose" in Japanese? 日本語で「rose」は何といいますか．

5 [時間・距離などを示して] …の間；(金額などが)…まで(の)，…分だけ：We stayed there ~ three months. 私たちはそこに 3 か月滞在しました / I've been here ~ a week. 私はここに来て1週間になります / We walked ~ miles. 私たちは何マイルも歩きました / The train will not arrive ~ two hours. 列車は2時間は到着しないだろう / F~ miles and miles there's nothing but trees. 何マイルもの間, 木のほかは何もありません.

語法 (1) 最後の2例のように否定文や文頭にくるとき以外は, この意味の for は省略できる: 言い換え I stayed there ~ three days. =I stayed there three days. 私はそこに3日間滞在した.
(2) for がある動作や状態が続いた「長さ」を示すのに対して, during はある動作や状態があった「時期」を示すのに重点が置かれる (⇨during 1): My father was in the hospital ~ five weeks *during* the summer. 父は夏に5週間入院していた.

6 [交換・取り引き・代償・報酬・報復などを示して] …と引き換えに, …と取り替えに; (商品などに)対して; …の金額で, …で; (好意・親切などに)対して: Will you give me your radio ~ my bicycle? 君のラジオを僕の自転車と取り替えっこしないか / He is working ~ less than 5 dollars a day. 彼は日給5ドル以下で働いている / I paid 200 dollars ~ the watch. 私はその時計に200ドル払いました / These eggs are two hundred yen ~ six. この卵は6個で200円です / I don't have the money ~ a new computer. 新しいコンピューターが買えるほどの金はありません / I bought it ~ 10 dollars. 私はそれを10ドルで買った. 語法 この場合の for は「交換」の意味で支払った金額を示す. これに対し, I bought it *at* 10 dollars. は買った時点での値段を表わし, その後値段が変わっている可能性もある. ∥ We thanked him ~ his kindness. 私たちは彼の親切に感謝した / An eye ~ an eye, and a tooth ~ a tooth. 目には目を, 歯には歯を (自分に加えられた損害と同等の報復を加える意味; 旧約聖書のことば).

7 [指定の日時・祝日などを示して] …に[の]; …の時に; …を祝うために: The wedding has been fixed ~ May 5. 結婚式は5月5日に決まっている / Who won the Nobel Peace Prize ~ 1995? 1995年のノーベル平和賞はだれが受賞しましたか / I gave him a baseball glove ~ his birthday. 彼の誕生祝いにグローブをあげた.

8 [目的地・行き先などを示して] …に向かって, …へ行くために[の] (⇨bound⁴): a train [passengers] ~ Boston ボストン行きの列車[乗客] / This express is ~ Paris only. この急行はパリ直行だ(他には停車しない) / They made a rush ~ the exit. 彼らは出口へ殺到した. 語法 to は行き先を示すだけで, そこまでの到達の含意はない (⇨to¹ 前 2). 次と比較: I caught the 9:00 train ~ London. 9時のロンドン行きの列車に乗った / I caught the 9:00 train *to* London. 9時の列車に乗ってロンドンへ行った (9:00 は nine の意で読む).

9 …について(は), …に関しては, …の場合には; [普通は形容詞の後に用いて] …にしては, …の割には: F~ more information please contact our website. 詳しくはわが社のウェブサイトにお問い合わせください / Fortunately ~ me, the train was late, too. 私にとって運がよかったことに列車も遅れていた / So much ~ that topic. その話題についてはそこまでにしよう / F~ a tall building this method will be suitable. 高い建物の場合にはこの方法が適しているであろう / The weather was rather *cold* ~ September. 9月にしては幾分寒かった / She knows a lot about Israel ~ a Japanese. 彼女は日本人にしてはイスラエルのことをよく知っている.

10 [しばしば too+形容詞[副詞]や(形容詞[副詞, 名詞]+) enough の後に用いて] …にとって(は) (⇨too² 副 1, enough 副 1): This is quite good *enough* ~ me. 私にはこれでもう十分です / The scenery was *too* beautiful ~ words. 景色があまりにも美しくてことばでは表わせなかった / Living conditions ~ the refugees were very bad. 難民にとっての生活環境は劣悪だった / This room is not big *enough* ~ our grand piano. この部屋はグランドピアノが置けるほど広くない.

11 …を支持して, …に賛成した (反 against): Will you vote ~ the Conservative Party? あなたは保守党に投票しますか / Are you ~ /fɔ́ə/ |fɔ́ː/ or *against* (the proposal)? ↘ 君の(提案に)賛成ですか, 反対ですか (⇨つづり字と発音解説 97) / She's all ~ going shopping. 彼女は買い物に行くことに大賛成だ.

12 [好み・趣味・愛情などの対象を示して] …に対して(は): I feel sorry ~ him. 私は彼を気の毒に思う / My brother has a taste ~ music. 兄の趣味は音楽が好きだ / She has a weakness ~ strawberries. 彼女はいちごには目がない.

13 …の理由で, …のせいで, …で; [比較級の後に用いて] …の結果として: He was rewarded ~ saving the girl's life. 彼はその少女の命を救ったのでほうびをもらった / She couldn't speak ~ laughing. 彼女は笑いこらえて口もきけなかった / We danced ~ joy. 私たちはうれしくて躍り上がった / I took a nap after lunch and felt 「all the [much (the)] *better* ~ it. 昼食後に昼寝をしたらずっと気分がよくなった.

14 [each, every や数詞の前に用い, 対比割合を示して] …に対して: F~ *every* three members who attended the meeting, there were two who did not. その会に出席した会員と欠席者の割合は3対2だった. **15** [前後に同じ名詞を用いた …for … の形で] …に対して…を対応させると, (地位などで)同等の…を比べると: person — person 1人対1人で比べると / word — word 逐語(ちく)的に. **16** …として (as): They chose him ~ their leader. 彼らを リーダーに選んだ / He was left ~ dead on the mountain. 彼は死んだものとして山に置き去りにされた. 語法 この文では形容詞が for の目的語になっている.

B [for+名詞・代名詞+to 不定詞の形で] **1** [不定詞の表わす行為や状態の主体を表わし] …が(—することを[で], —するためには, —するための), …にとって(—するのが) (⇨to¹, of 12): [主語として] F~ him *to* go there is impossible. (格式) 彼がそこへ行くなんてできないことだ / [形式主語 it の後で] 言い換え It is important ~ you *to* go there. =F~ you *to* go there is important. (=It is important that you (should) go there.) あなたがそこへ行くことが大切です (⇨it¹ A 4).

語法 次のような文では for … の句は形容詞を修飾していて, その後に切れ目が考えられる: 言い換え It is bad ~ you *to* smoke. (=Smoking is bad ~ you.) たばこを吸うのは君の体に悪い (⇨A 1).

[主格補語として] The idea is ~ us *to* meet on Monday. 私たちは月曜日に会おうと考えてます / [動詞の後で] I am waiting ~ the shop *to* open. 私は店が開くのを待っています (⇨A 2) / [目的を表わして] I have brought the books ~ you *to* examine. 私はこの本をあなたに調べてもらおうと思って持ってきたのです / [形容詞を修飾して] Is English difficult ~ you *to* learn? あなたは英語を学ぶのは難しいですか / [副詞を修飾して] The box is too heavy ~ her *to* lift. この箱はとても重くて彼女には持ち上げられない / [名詞を修飾して] Here is another book ~ you *to* look at. あなたに見せたい本がこにもう1冊ある / [than の後で] Nothing would surprise his parents more *than* ~ him *to* pass the exam. 彼が試験に受かることほど彼の両親が驚くことはないだろう / [推測の根拠を表わして] Someone must have helped him ~ him *to* have finished the assignment in one hour. 彼が宿題を一時間で終えたからには誰か手を貸したにちがいない. 語法 存在を表わす there は主語のように感じられるので, 次のような構文もある: It is possible ~ there to be a compromise between them. 彼らの間に妥協が生まれる可能性はある． **2**［主に it is の後に用いて］(…するのは)…にふさわしい，…の義務である：It is not ~ me to say how you should spend your money. あなたの金の使い方に私はとやかく言えない．

às for ... ⇨ as for の項目．

be (ín) for it［動］(自)《略式》ひどい目にあう［しかられる］ことになる (⇨ be in for ... (in 形 成句))．

bùt for ... ⇨ but 成句．

for áll ...［前］(1) …にもかかわらず，…があっても (in spite of)．《言い換え》~ all that それにもかかわらず / F~ all her faults, I love her still. (=Though she has faults, I love her still.) 彼女にはいろいろ欠点があるが，それでもやはり私は彼女が好きです． (2) …(が大したものでない)ことを考慮して：F~ all the progress you've made, you might as well never have started trying to be a guitarist. 今までの進歩から見る限り君はギタリストになろうとしたのが間違いだったようだ．——［接］［しばしば文を伴って］…にもかかわらず，…だけれども (although).

for àll ... cáre ⇨ care［動］成句．

for àll Í knòw ⇨ know［動］成句．

——［接］《等位接続詞》《文》というわけは，なぜなら《⇨ because 類語》: He felt no fear, ~ he was a brave man. 彼は恐ろしいとは思わなかった，なぜなら彼は勇気のある男だったので / F~ if you forgive others the wrongs they have done, your heavenly Father will also forgive you. なぜなら，もしあなたがたが人の過ちを許すなら，天の父もあなたがたの過ちを許されるだろう《聖書 マタイ伝 6-14》．　［語法］for　は前に述べられていることの(判断)理由を述べる時に用いる改まった感じの語で，会話やくだけた文では用いない．先行する節の後にコンマ，セミコロンなどを置いてその後で用いるのが普通だが，文頭に来て独立した文を導くこともある．

for.［略］=foreign.

†**for·age** /fɔ́ːrɪdʒ | fɔ́r-/［動］(食糧などを)捜し回る，あさる (for); (…を)ひっかき回して捜す (about, around). ——［名］**1** Ⓤ (牛馬の)飼料． **2** Ⓤ または a ~］(食糧などを)捜し回ること．

fórage càp［名］Ⓒ《歩兵の》略帽．

for·ag·er /fɔ́ːrɪdʒɚ | fɔ́rɪdʒə/［名］Ⓒ 食糧徴発隊員．

fór·ag·ing pàrty /fɔ́ːrɪdʒɪŋ- | fɔ́r-/［名］Ⓒ 食糧徴発隊．

†**for·ay** /fɔ́ːreɪ | fɔ́r-/［名］Ⓒ **1** 侵略，略奪：「go on [make] a ~ (into ...) (…へ)略奪に行く． **2**《慣れないことへの》手出し，一時的な関心 (into). **3**《略式》出かけること (into, to). ——［動］侵略する，略奪する (into);《普段行かないところに》出かける．

*__for·bade__ /fəbǽd, fɔə- | fə-, fɔː-/, *(古風)* **for·bad** /fəbǽd | fə-/ forbid の過去形．

for·bear[1] /fɔəbéə, fə- | fɔːbéə, fə-/［動］*(古風)* **(for·bears;** 過去 **for·bore** /-bɔ́ə | -bɔ́ː/; 過分 **for·borne** /-bɔ́ən | -bɔ́ːn/, **-bear·ing** /-béə(ə)rɪŋ/) 他 …すること)を控える，こらえる (to do). ——(自) 控える，こらえる (from).

for·bear[2] /fɔ́əbèə | fɔ́ːbèə/［名］=forebear.

for·bear·ance /fɔəbéə(ə)rəns | fɔː-/［名］Ⓤ 忍耐，自制；寛容．

for·bear·ing /fɔəbéə(ə)rɪŋ, fə- | fɔː-/［形］*(古風)* 忍耐強い；寛容．

*__for·bid__ /fəbíd, fɔə- | fə-, fɔː-/ ［T2］［動］**(for·bids** /fəbídz, fɔə- | fə-, fɔː-/; 過去 **for·bade** もしくは **for·bad** /-bǽd/, **for·bid**; 過分 **-bid·den** /-bídn/, **-bid**; **-bid·ding** /-dɪŋ/) 他 **1** (…)を禁じる，(…)が(—するのを)禁止する；(…に×—を)許さない《⇨ 類義語》:《言い換え》Her father *forbade* their marriage. =Her father *forbade* them *from* marrying. <V+O+from+動名> 彼女の父は二人の結婚を許さなかった / The law ~s parking here. <V+O(動名)> ここでは法律により駐車禁止 / We can't ~ him [his] attending the meeting. 私たちは彼がその会合に出席するのを禁止することはできない /《言い換え》We ~ you entry to this room. <V+O+O> =We ~ you to enter this room. <V+O+O+C (to 不定詞)> =We ~ you [your] entering this room.《格式》我々は諸君がこの部屋に入ることを禁止する．

［語法］次の文のように否定の命令文を間接話法にするときの伝達動詞として用いる　《⇨ narration 文法 (3)》:《言い換え》The doctor *forbade* the man to smoke. <V+O+C (to 不定詞)>《間接話法》(= The doctor said to the man, "Don't smoke."《直接話法》) 医者は男にたばこを吸わないようにと言った．

2《格式》(物事が)〈…〉を妨げる，できなくする (prevent): Lack of time ~s full treatment of the subject here. 時間が足りないのではこのテーマを十分に扱うことはできない．　**Gód forbíd!=Héaven forbíd!**［感］Ⓢ そんなことのないように!，そんなことがあってたまるか!　**Gód [Héaven] forbíd that ...** 願わくは…ということのありませんように《⇨ subjunctive present 文法 (2)》: God [Heaven] ~ that another war should break out! どうか再び戦争が起こりませんように．

［類義語］**forbid** 「禁ずる」という意味の一般的な語で，特に親・主人・教師などのように権威のある者が個人的に禁止の命令を与えることを意味する: The mother *forbade* her child to leave the house. 母親は子供が家から出るのを禁じた． **prohibit** 格式ばった語で，法律・規則などの公的権威によって禁ずること；禁煙です: Smoking in movie theaters is *prohibited*. 映画館内では禁煙です． **ban** 宗教的・道徳的などの基準に従って禁ずること: Nuclear tests should be *banned*. 核実験は禁止されるべきである．

*__for·bid·den__ /fəbídn, fɔə- | fə-, fɔː-/［動］forbid の過去分詞．

——［形］**1** (規則などで)禁じられた，禁制の；(…に)立ち入り禁止の (for, to): a ~ place 立ち入り禁止の場所 /《言い換え》Smoking is ~ here. =We [You] are ~ to smoke here. <A+to 不定詞>=It is ~ to smoke here. ここは禁煙です． **2**《活動・話題などが》タブーの，禁じられているため魅力のある: ~ fruit 禁断の果実．

Forbídden Cíty［名］［the ~］《北京の》紫禁城，故宮《城壁で囲まれた内城；明清時代は一般人禁制》．

forbídden frúit［名］ⓊⒸ **1**《旧約》禁断の木の実《エデンの園に生えていた知恵の木の実》（⇨ Eden, Adam's apple）． **2**《文》禁じられている楽しみ．

forbídden gróund [térritory]［名］Ⓤ 踏み込んではならない土地；禁じられた話題．

for·bid·ding /fəbídɪŋ, fɔə- | fə-, fɔː-/［形］危険で近づけない；(人・外見・態度などが)厳しい，怖い，人を寄せつけない．　**~·ly**［副］不気味に；厳しく．

forbore［動］forbear[1] の過去形．

forborne［動］forbear[1] の過去分詞．

‡**force** /fɔ́əs | fɔ́ːs/ ［頻出］ fourth, horse) ［動］ **(forc·es** /-ɪz/; **forced** /-t/; **forc·ing**) 他 **1** 〈人〉に(…することを)強(し)いる，強制する；〈…〉に無理に[やむなく]…させる《⇨ 類義語》: Nobody ~d me. I decided by myself. 誰の強制でもない，私じぶんで決めた / They ~d him *to* sign the letter. <V+O+C (to 不定詞)> 彼らは彼に無理やり手紙に署名させた / Bad health ~d him *to* resign. 健康上の理由で彼は辞職せざるを得なかった / The islanders *were* ~d *to* leave their homes *by* the eruption of the volcano. <V+O+C (to 不定詞)の受身> 火山の爆発で島民は家を離れねばならなかった / The coach ~d him *into* resigning. <V+O+into+動名の受身> コーチは

任に追い込まれた.
2 〈…〉を力で[強引に]進ませる, 押し込む: I had to ～ the clothes *into* my small suitcase. <V+O+前+名・代> 私は小さなスーツケースに服を押し込まなければならなかった / The government ～*d* a bill *through* the legislature. 政府は議会で法案を強引に通した.
3 〈…〉を力ずくでする, 無理にする; 〈門・ドア・錠など〉を押し[こじ]開ける: ～ a lock 錠前をこじ開ける / They ～*d* (an) entry *into* the house. <V+O+*into*+名・代> 彼らはその家に押し入った / He ～*d* the door open. <V+O+C (形)> 彼はドアをこじ開けた. **4** 〈声・笑いなど〉を無理に出す[作る]: ～ a smile 無理に笑おうとする. **5** 〈…〉を促成栽培する.
fórce báck [動] [他] 〈涙・衝動など〉を抑える.
fórce dówn [動] [他] (1) 〈…〉を押さえつける. (2) 〈飲食物〉を無理して口に入れる[食べさせる]. (3) 〈飛行機〉を強制着陸させる.
fórce ... from [òut of] ― [動] [他] (1) 〈…〉を―から力ずくで奪う; 〈自白など〉を―に強要する. (2) 〈人〉を―から離れさせる[引き離す].
fórce ... on [upòn] ― [動] [他] 〈物事〉を―に押しつける: Her parents ～*d* marriage *on* her. 両親は彼女に結婚を押しつけた.
fórce onesèlf on [upòn] ... [動] [他] (男性が)〈女性〉をレイプする.
fórce onesèlf to dó [動] 無理して…する.
fórce one's wáy [動] [自] 無理やりに進む (☞ way[1] [コーパス・キーワード]).
fórce one's hánd [動] …に不本意なことをさせる, 行動をせかす.
fórce thróugh ... [動] [他] 〈提案・法案など〉を強引に押し通す.
fórce úp ... [動] [他] 〈物価など〉を上昇させる.
Fórce yoursèlf (to dó ...)! [動] [S] 《英》(遠慮なく)是非どうぞ(…してください).
【類義語】**force** 抵抗を押し切り無理に…させるという意味の一般的な語. 暴力による強制などの非常に強い意味にも用いる: He *forced* the child to jump into the cold water. 彼はその子を無理やり冷たい水の中へ飛び込ませた. **compel** *force* よりはやや弱く, 暴力行使を意味することは少ないが, いやがったり抵抗したりするのを無理に…させる, の意: Public opinion *compelled* him to resign. 世論のために彼はいやおうなしに辞任するはめになった. **oblige** *compel* よりもさらに意味が弱く, 義務や必要上やむをえず…させる, の意: I was *obliged* to get up early to catch the first train. 一番列車に乗るために私はしかたなく早起きした. **constrain** 本来は制約・拘束などの力で強制することであるが, *compel* とほぼ同じ意味に用い, 比較的頻度の少ない語: Conscience *constrained* him to confess his crime. 良心の痛みに耐えかねて彼は罪を自白した.
― [名] (**forc·es** /~ɪz/; [形] fórcible) **1** [U] **暴力, 腕力**; 武力, 軍事力: brute ～ 暴力 / Do not use [employ] ～. 暴力を用いてはいけない / They resorted to ～. 彼らは暴力に訴えた / He took it from her *by* ～. 彼はそれを力ずくで彼女から奪った / Conflicts among nations should not be settled by ～ (of arms). 国際間の紛争は武力行使で解決してはならない.
2 [U,C] (物理的な)**力**, 作用; **勢い**, 威力 (☞ power [類義語]): the ～ of the wind 風の力 / the ～ of gravity 重力 / the ～*s* of nature 《文》 自然の力 (あらし・地震など) / The ～ of the current carried the bridge away. 流れの勢いが橋を押し流してしまった / The waves were beating against the cliff with tremendous ～. 波が激しく絶壁に打ちつけていた.
3 [C] **部隊**, 兵力; [the (armed) ～s として] **軍隊** 《特に《米》では陸軍を, 《英》では陸・海・空軍をいう》; [the ～] 警察; (共同行動をする人々の)一団, 総勢, 要員 《全体》: a naval ～ 海軍 / the air ～ 空軍 / a UN peace-keeping ～*s* 国連平和維持軍 / be in *the* ～*s* 軍隊に入っている / our sales ～ 当社の販売要員.
[関連] police force 警察(力) / task force 機動部隊.
4 [U,C] (精神的な)**力**, 気力; (他に与える)**影響力**, 説得力, 強制力; 効果, 効力: ～ of mind [will] 精神力 [意志の力] / a ～ for good 善へ向かわせる力 / the ～ of public opinion 世論の力 / by [through] ～ of circumstances やむをえない事情で / the ～*s* of evil 悪い影響力を持つ人[もの] / the ～ of law 法の拘束力 / the ～ of personality 人間としての力 / We are apt to do things **by** [**from, out of**] ～ **of** habit. 我々は習慣(の力)[惰性]でものごとをしがちである. **5** [C] (影響力のある)勢力, 勢力のある人[もの]: [言い換え] a driving ～ =a ～ to be reckoned with 強い影響力を持つ人[もの]. **6** [C] [普通は単数形で数字の前に用いて] 風力 …: a ～ 8 gale 風力 8 の強風 (☞ Beaufort scale). [語源] ラテン語で「強い」の意; ☞ fort [語源], forte[2].
bréak the fórce of ... [動] [他] (墜落など)の衝撃をやわらげる.
bríng ... ìnto fórce [動] [他] =put ... into force.
by [through] fórce of ... [前] …の力で, …によって (☞ 4).
còme ìnto fórce [動] [自] (法律などが)実施される, 効力を発する.
in fórce [形] (法律などが)有効で, 施行されて. ― [副] (加勢のため)大挙して.
jóin [combíne] fórces [動] [自] (…と)協力[提携]する (*with*).
pút ... ìnto fórce [動] [他] 〈法律など〉を実施[施行]する.
+**forced** /fɔ́ɚst | fɔ́ːst/ [形] **1** [A] 強行の, 無理強いの: a ～ march 強行軍 / ～ labor 強制労働. **2** 不自然な; こじつけの: a ～ laugh 作り笑い. **3** 促成栽培の.
fórced lánding [名] [C] (飛行機の)不時着.
fórce-féed [動] (-**feeds**; 過去・過分 -**fed** /-féd/; -**feed·ing** /-dɪŋ/) [他] 〈…〉に(食事・えさを)無理に食べさせる; 〈…〉に(知識などを)無理やり詰め込む (*with*).
fórce fìeld [名] [C] 〘物理〙 力の場; (SF などに出てくる)目に見えない力のはたらく障害区域.
+**force·ful** /fɔ́ɚsf(ə)l | fɔ́ːs-/ [形] (性格などが)強い, 強力な; (議論などが)説得力がある. **-ful·ly** /-fəli/ [副] 説得力をもって, 強力に. **～·ness** [名] [U] 説得力のあること, 力強さ.
force ma·jeure /fɔ̀ɚsmɑːʒə́ː | fɔ̀ːsmæʒə́ː/ 《フランス語から》 [名] [U] 〘法〙 不可抗力; 強圧的力.
fórce·mèat [名] [U] (料理の詰め物用)味付け肉.
fórce-òut [名] [C] 〘野〙 封殺, フォースアウト.
fórce plày [名] [C] 〘野〙 フォースプレー 《走者が封殺されるプレー》.
for·ceps /fɔ́ɚsəps, -seps | fɔ́ː-/ [名] [複] 鉗子(かんし), ピンセット 《外科・歯科用器具》: a pair of ～ 鉗子一本.
+**forc·i·ble** /fɔ́ɚsəbl | fɔ́ː-/ [形] ([名] force) [A] **1** 無理強いの, 力ずくの, 強制的な: a ～ search 強制捜査. **2** 効果的な. **-i·bly** /-əbli/ [副] 力ずくで, 強制的に.
+**ford** /fɔ́ɚd | fɔ́ːd/ [名] [C] (川などの)歩いて[車で]渡れる所, 浅瀬. ― [動] [他] 〈川など〉を歩いて[車で]渡る.
Ford /fɔ́ɚd | fɔ́ːd/ [名] **1** [固] **Gerald** ～ フォード (1913–2006) 《米国の第 38 代大統領》. **2** [固] **Henry** ～ フォード (1863–1947) 《米国の自動車製造家》. **3** [C] フォード 《米国 Ford 社製の車; 商標》. **4** [固] **John** ～ フォード (1895–1973) 《米国の映画監督》.
Fórd Foundàtion [名] [固] フォード財団 《Henry Ford によって設立された慈善事業団体; 基金は教育・文化・科学・慈善事業などに使われている》.
fore /fɔ́ɚ | fɔ́ː/ [名] [次の成句で] **cóme [be] to the fóre** [動] [自] 前面に出てくる[いる]; 目立ってくる[いる], 頭角を現わす. **bríng ... to the fóre** [動] [他] 〈…〉を

F

前面に出す;目立たせる. ― 形 A 1 前面の, 前の (反 hind)(☞ forth 語源). 2 (空)前部の, 機首の近くの; (海)船首の (反 aft). ― 副 (空)前部に[へ], (海)船首に (反 aft). ― 感 (ゴルフ)(球が)いくぞ! 気をつけろ!.

fore- /fɔ́ɚ/ fɔ́ː/ 接頭 (時間・位置などで)「前, 先, 前もって」の意: forecast 予報 / forehead 額.

†**fóre·àrm** 名 C 前腕(ひじ (elbow) から先; ☞ arm¹ 挿絵).

fòre·ármed 形 (困難などに)あらかじめ備えて(☞ forewarn).

fóre·bèar 名 C [普通は複数形で](格式)先祖, 祖先.

fore·bod·ing /fɔɚbóʊdɪŋ/ 名 U.C (不吉な)予感, 虫の知らせ, 凶事の前兆 (that): have a sense of ~ 不吉な予感. ― 形 (文)不吉な(前触れの).

fóre·brain 名 C (解)前脳 (主に大脳からなる).

*__fore·cast__ /fɔ́ɚkæst | fɔ́ːkɑ̀ːst/ 他 T1 名 予報, 予想, 予測; 天気予報 (weather forecast): listen to the ~ 予報を聞く / a sales ~ 販売高予測 / a ~ *of* 2% economic growth 2%の経済成長予測.

会話 "What's the ~ for tomorrow?" "They say it will be fine but with scattered clouds." 「明日の天気予報はどう?」「晴れ時々曇りだって」.

― 動 (fore·casts /fɔ́ɚkæsts | fɔ́ːkɑ̀ːsts/; 過去・過分 -cast, -cast·ed /-ɪd/; -cast·ing) 他 (天候・自然現象などを)予報する;〈...〉を予想する, 予測する(☞ 類義語): Rain has been ~ for tomorrow. <V+O の受身> あすは天気予報では雨です / The weather bureau ~ (*that*) we would have a dry summer this year. <V+O (*that*) 節> 気象庁は今年の夏は雨が少ないと予報していた / The unemployment rate is ~ *to* increase by 3%. <V+O+C (*to* 不定詞) の受身> 失業率は3%増加すると予想される. 語源 fore- (前もって) + cast (投げる). ☞ broadcast 語源.

【類義語】**forecast** 推測によって天候や将来のことを予測する. **foretell** ごく日常的なことを予言する. **predict** 事実・経験・自然法則などに基づいて推測して予言する. **prophesy** 神がかった超人的な能力によって予言する.

‡**fóre·càst·er** 名 C (天気)予報官, (経済などの)予測をする人.

fore·cas·tle /fóʊksl/ 名 C (海)船首楼(内の水夫室)(船首部の高くなった甲板の下の部屋)(fo'c'sle).

fóre·chèck 動 自 (アイスホッケー)フォアチェックする(相手の攻撃を相手陣内で防御する).

fore·close /fɔɚklóʊz | fɔ́ː-/ 動 (法)(抵当物を)抵当流れにする, (抵当権設定者に)請戻し権を失わせる (*on*). ― 他 1 (法)(抵当物)を抵当流れにする. 2 (格式)(可能性など)を排除する.

fóre·clòsure 名 U.C (法)抵当物請戻し権喪失.

fóre·còurt 名 C 1 (英)(建物の)前庭 (*of*). 2 (テニスなどの)フォアコート(サービスラインとネットとの間).

fóre·dèck 名 C (海)前部甲板.

fóre·dóomed 形 (格式)あらかじめ(失敗に)運命づけられた (*to*).

fóre·father 名 C [普通は複数形で所有格とともに](特に男性の)祖先, 先祖 (ancestor); 先人.

†**fóre·finger** 名 C [しばしば所有格とともに]人さし指 (index finger)(☞ hand 挿絵): He shook his ~ at me. 彼は私に向けて人さし指を振った(注意の合図).

fóre·fòot 名 (-feet /-fiːt/) C (英)(動物の)前足.

†**fóre·frònt** 名 [the ~] 最前部; 第一線. **in [at] the fórefront of ...** [前] ...の最前線[最先端]に[で]; ...の中心[先頭]となって: The issue was in *the* ~ of my mind. その問題は私の心にひっかかっていた.

fòre·gáther 動 (-er·ing /-ð(ə)rɪŋ/) 自 =foregather.

fore·gó 動 (-goes; 過去 -went /-wént/; 過分 -gone /-gɔ́ːn | -gɔ́n/; -go·ing) =forgo.

fòre·góing 形 A [the ~] (格式) 先の, 前の; 前述の (反 following). **the foregóing** 名 [単数または複数扱い] (格式) 前記[前述]のもの.

foregone 動 forego の過去分詞.

fór(e)gone conclúsion 名 [a ~] 初めからわかりきっている結論, 目に見えている結果.

*__fóre·gròund__ 名 [the ~] 1 (風景・写真・絵画などの)前景; back-ground 背景 / middle distance 中景. 2 いちばん目立つ[重要な]位置, 最前面 (*of*). **in the fóreground** [形・副] (1) 前景で[に]; 目立つ[重要な]位置で[に]. (2) (電算)フォアグラウンドで[に]. ― 動 他 前面に置く, 目立たせる.

fóre·hànd 名 (反 backhand) [単数形で](テニスなどの)フォアハンド, 前打ち: She has a strong ~. 彼女はフォアハンドが強い. ― 形 A フォアハンド[前打ち]の.

*__fóre·head__ /fɔ́ɚhèd, fárɪd, fɔ́ːr- | fɔ́ːhèd, fɔ́rɪd/ 名 (**foreheads** /fɔ́ɚhèdz, fárɪdz, fɔ́ːr- | fɔ́ːhèdz, fɔ́rɪdz/) C 額, 前額部 (brow)(☞ head 挿絵): a high [low] ~ 広い[狭い]額. 参考 人間の性格・感情を示す部分とされている. **rúb one's fórehead** [動] 自 額をこする(思い出そうとするときのしぐさ).

rub one's forehead

*__for·eign__ /fɔ́ːrən | fɔ́r-/ 形 1 [比較なし] 外国の, 外国人の (略 for.) (反 domestic, home); 外来の, 在外の. A 対外的な: ~ countries 諸外国 / a ~ language 外国語 / a ~ correspondent 海外特派員 / ~ trade [travel] 外国貿易[旅行] / ~ students 外国人学生, 留学生 (☞ overseas 語法 (2)) / ~ aid 対外援助(資金) / ~ policy 外交政策 / His wife seems to be ~. 彼の奥さんは外国人らしい. 2 P (格式) (...とは)相いれない, 無関係で; 知らない, 未知の: Flattery is ~ *to* his nature. へつらうということは彼の性質とは相いれない. 3 A (格式) 外部からの, 異質の: a ~ body [object] in the eye 目に入った異物(ごみなど). 語源 ラテン語で「戸外の」の意.

fóreign affáirs 名 [複] 外務, 外政: the Minister of *Foreign Affairs* 外務大臣. 関連語 home affairs 内務.

Fóreign and Cómmonwealth Òffice 名 [the ~] (英) 外務(連邦)省 (略 FCO).

*__fór·eign·er__ /fɔ́ːrənɚ | fɔ́rənə/ 名 (~s /-z/) C 1 外国人 (☞ 類義語): Be kind to ~s. 外国人には親切にしよう. 2 見知らぬ人, 部外者.

【類義語】**foreigner** 外国から旅行または移住してきた人. この語は過去において「よそ者」というような疑惑と軽べつの感じを持っていたので, 現在でもそのようなニュアンスが残っており, people from USA とか Americans のように具体的な国籍を表わす語を使うほうが無難. **immigrant** ある国に定住するか, あるいはしようとしている *foreigner* をいう. この語のほうが *foreigner* よりも無色の語. 帰化して国籍を取得した後でも, 言語・風俗などの違いが感じられる間は *immigrant* と呼ばれることが多い. **alien** ある国に住んでいて, まだ国籍を取得していない人をいう. 公的に外国人を指す語としても使う.

*__fóreign exchánge__ 名 1 U.C 外国為替(取引)(略 FX): the value of the yen on the ~ markets 外国為替市場の円相場. 2 U 外貨. 3 C (学生の)交換留学(制度) (exchange).

Fóreign Légion 名 [the ~] (軍隊の)外人部隊.

fóreign mínister 名 C 外務大臣.

fóreign·ness 名 U 外来性; 異質.

†**Fóreign Óffice** 名 [the ~] (英) 外務省(正式

は ☞ Foreign and Commonwealth Office; FO). 関連 Home Office (英)内務省.
Fóreign Sécretary 名 [the ~]外務大臣(正式には Secretary of State for Foreign and Commonwealth Affairs (☞ secretary 成句)). 関連 Home Secretary (英)内務大臣.
Fóreign Sérvice 名 [the ~](米国国務省の)外務職員局 ☞ Diplomatic service).
fóre·knówledge 名 U (格式) 予知, 先見 (of).
fóre·lèg 名 C (動物の)前肢.
fóre·lòck 名 C (人・馬の)前髪: Take time by the ~. (ことわざ)(文) 時は前髪を捕らえよ(好機を逃すな). **túg [tóuch] one's fórelock** 動 (英)(けなして)(目上の者などに)ぺこぺこする (to). 由来 昔, 身分の高い人に会ったときの礼として前髪をさわったことから.
+**fore·man** 名 /fɔ́ː-/ (-men /-mən/) C 1 (労働者の)親方, 職工長. 2 陪審長.
fóre·màst 名 C (海)前檣(ぜんしょう).
fóre·mòst 形 1 A [the ~]第1位の, 一流の: *the* ~ *scholar* 一流の学者. 2 まっさきの (among). **first and fóremost** 副 真っ先に, なによりも.
fóre·nàme 名 C (格式)(姓に対して)名 (first name).
fóre·nòon 名 [the ~](古風)午前 (morning).
+**fo·ren·sic** /fərénsik/ 形 A 1 (犯罪の)科学捜査の, 法医学の: ~ medicine 法医学 / ~ evidence 法医学的な証拠(血液・指紋など) / ~ science (警察の)科学捜査, 犯罪(捜査)科学. 2 法廷の; 討論の.
fo·ren·sics /fərénsiks/ 名 1 U 犯罪捜査科学. 2 [複数扱い]科学捜査研究所, 鑑識; 法医学的な証拠[事実].
fòre·ordáin 動 他 (格式)[普通は受身で]あらかじめ〈…〉を運命づける.
fóre·pèrson 名 =foreman 2; forewoman 2.
fóre·plày 名 U (性行為の)前戯.
fóre·quàrters 名 [複](動物の)前肢.
+**fóre·rùnner** 名 C /fɔ́ː-/ 1 先駆(者), (…の)はしり; 先祖 (of). 2 前ぶれ, 前兆 (of).
fore·sail /fɔ́ːseil, -s(ə)l | fɔ́ː-/ 名 C 前檣(ぜんしょう)帆.
+**fóre·sàw** /fɔ̀ːsɔ́ː | fɔ̀ː-/ 動 foresee の過去形.
+**fore·see** /fɔ̀ːsíː | fɔ̀ː-/ 動 他 (fore·sees /-z/; 過去 fore·saw /-sɔ́ː/; 過分 fore·seen /-síːn/; -see·ing) 名 fóresìght 〈先のこと〉を見通す, 見越す, 予知[予測]する: ~ difficulties 困難を予測する / He *foresaw* (*that*) there would be trouble, and he was right. 彼はもめごとがあるのを見越していたがそのとおりになった / No one can ~ *what* will happen next. 次に何が起こるかだれにも見通せない.
+**fore·see·a·ble** /fɔ̀ːsíːəbl | fɔ̀ː-/ 形 (先のことが)予見[予知]できる. **in the foreséeable fúture** 副 予見できる[近い]将来に, まもなく; 当分は. **for the foreséeable fúture** 副 当分(は).
+**fore·seen** /fɔ̀ːsíːn | fɔ̀ː-/ 動 foresee の過去分詞.
fóre·shádow 動 他 Ⓦ 〈将来の事など〉を予示する, 〈…〉の前兆となる.
fóre·shòre 名 [単数形で; しばしば the ~](英)前浜(まえはま), なぎさ, いそべ.
fóre·shórten 動 他 1 (絵)(遠近法によって)〈…〉の奥行きを縮めて描く, 遠見(とおみ)に描く. 2 (格式)〈…〉を縮小[短縮]する.
fóre·shórtened 形 (絵)(遠近法によって)奥行きを縮めて描いた; (格式)短縮[縮小]された.
+**fóre·sìght** 名 (動) fôresée) U [ほめて]先を見通す力, 先見(の明), 洞察; 将来に対する配慮: She had the ~ *to* study Italian. 彼女は先を見通してイタリア語を勉強した. 関連 hindsight あと知恵.
fóre·skìn 名 C (陰茎の)包皮.
+**for·est** /fɔ́(ː)rəst | fɔ́r-/ 名 U C 森, (大)森林; 森林地帯: a natural ~ 自然林 / I like taking walks in the ~. 私は森を散歩するのが好きです // ☞ forest fire.

forest (野獣の住むような人里離れた天然の大森林)	森
wood(s) (小動物の住む人里近くの森)	

a fórest of ⋯ [形](文) 林のように立ち並ぶ[突き出る] ⋯: *a* ~ *of* masts in the harbor 港に林立するマスト. **cannót sée the fórest for the trées** [動] 自 (米) 木を見て森を見ない; 小事にとらわれて大局を見失う ((英) cannot see the wood for the trees).
+**fòre·stáll** 動 他 (格式)〈…の機先を制する, 〈…〉を未然に防ぐ, 出し抜く.
for·es·ta·tion /fɔ̀(ː)rəstéiʃən | fɔ̀r-/ 名 U 植林.
for·est·ed /fɔ́(ː)rəstɪd | fɔ́r-/ 形 樹木に覆われた.
for·est·er /fɔ́(ː)rəstə | fɔ́rəstə/ 名 C 1 森林(監督)官. 2 森林労働者.
fórest fìre 名 C 山火事, 森林火災.
fórest flóor 名 C (生態)林床(りんしょう)((林地地表面の土壌と有機堆積物の層)).
fórest lànd 名 U C 森林地.
fórest ránger 名 C (主に米) 森林監視員.
+**for·est·ry** /fɔ́(ː)rəstri | fɔ́r-/ 名 U 林学; 林業.
Fórestry commíssion 名 [the ~](英)森林管理委員会((米国の Forest Service に相当)).
Fórest Sérvice 名 [the ~](米)森林管理局.
fóre·tàste 名 [a ~](格式)(将来の事の)まえもっての経験; 予兆, 前触れ (of).
fóre·téll 動 (~s; 過去・過分 -told /-tóuld/; ~ing) 他 (文)〈…〉を予言する (☞ forecast 類義語).
fóre·thóught 名 U あらかじめ払う考慮; (将来に対する)深慮, 用心 (to do).
fóre·tóld 動 foretell の過去形および過去分詞.
fóre·tòp 名 C (海) 前檣(ぜんしょう)楼, フォアトップ.
+**for·ev·er, for ev·er** /fərévə | -və/ 副 1 [しばしば文末に用いて]永久に, 永遠に, いつまでも: I will remember you ~. いつまでもあなたのことを忘れません / *The Stars and Stripes F*~『星条旗よ永遠なれ』(Sousa 作曲の行進曲; 名前の後に用いて賛美・支持を表わす用法). 語法 この意味では(米)では forever と 1 語に, (英)では for ever と 2 語につづるのが普通. 2 [普通は文中で進行形とともに用いて] Ⓢ (略式)いつも(…してばかりいる), しょっちゅう(…している) (always): She *is* ~ complaining. 彼女はしょっちゅう文句を言っている (☞ be² A 1 (3)). 語法 この意味では強い非難の気持ちが含まれ, (米)(英)ともに forever と 1 語につづる. 3 [しばしば名詞的に用いて] Ⓢ (略式)ひどく長い時間. 4 [形容詞の前に用いて]常に. **forever and a dáy** [副·名] Ⓢ 延々と(長い間). **foréver [for éver] and éver** 副 永久に(物語などに用いる). **gò ón foréver** [動](道などが)大変長く続く. **táke (…) foréver** [動] Ⓢ (略式)すごく時間がかかる: It *took* (me) ~ *to* finish it. それを仕上げるのにひどく時間がかかった. 語法 女性がよく用いる表現.
forèver·móre 副(文)=forever 1.
fóre·wárn 動 他 [しばしば受身で]〈…〉にあらかじめ警告する (*of, about, against*); 〈…〉に〈…だ〉と前もって注意する (*that*): F~*ed* is forearmed. (ことわざ)事前の警告は事前の武装に等しい(備えあれば憂(うれ)いなし).
fóre·wárn·ing 名 U C 警告, 注意.
forewent 動 forego の過去形.
fóre·wòman 名 (-wom·en /-wìmən/) C 1 職長(女性). 2 (法)陪審長(女性).
fóre·wòrd 名 C 序文(しばしば著者以外の者が書く) (*to*). 関連 preface (著者が書く)序文.
for·ex /fɔ́ːreks | fɔ́ː-/ 名 U (商) = foreign ex-

change.

+for·feit /fɔ́ɚfɪt | fɔ́ː-/ [動] [他] (罰や結果として)〈…〉を喪失する, 没収される, 〈権利など〉を失う: a ~*ed* game 没収試合. — [名] [C] (罰として)没収される[支払う]もの, 罰金; 代償(として失われるもの). **by fórfeit** [副] (試合などの)没収によって. — [形] [P] 《法》 没収されて (*to*).

for·fei·ture /fɔ́ɚfɪtʃɚ | fɔ́ːfɪtʃə/ [名] [U,C] 《法》 (財産の)没収; 失権 (*of*).

for·gath·er /fɔɚgǽðɚ | fɔːgǽðə/ [動] (-er·ing /-ð(ə)rɪŋ/) [自] 《格式》 集まる; 付き合う.

*for·gave /fɚgéɪv | fə-/ [動] forgive の過去形.

*forge[1] /fɔ́ɚdʒ | fɔ́ːdʒ/ [動] (forg·es /~ɪz/; forged /~d/; forg·ing; [名] fórgery) [他] 1 〈関係など〉を形成する; 〈地位など〉を築きあげる (*with*); 〈案など〉をまとめあげる: ~ a friendly relationship 友好関係を築く.
2 〈文書・署名など〉を偽造する: ~ a passport パスポートを偽造する. 3 (金属を)熱して〈…〉を作る. — [名] [C] かじ屋《仕事場》; 鉄工場, 製鉄所; 炉.

forge[2] /fɔ́ɚdʒ | fɔ́ːdʒ/ [動] [自] 1 [W] ぐんぐんと進む; どんどん続ける (*ahead, into, through, on*). 2 どんどん先頭に出る[成功する] (*ahead; with*).

forg·er /fɔ́ɚdʒɚ | fɔ́ːdʒə/ [名] [C] 偽造者[犯人].

+forg·er·y /fɔ́ɚdʒ(ə)ri | fɔ́ː-/ [T3] [名] (-er·ies; [動] forge) 1 [U] 偽造, 贋造(がんぞう). 2 [C] 偽物; 偽物文書.

⁑for·get /fɚgét | fə-/ [動] (for·gets /fɚgéts | fə-/; 過去 for·got /-gɑ́t | -gɔ́t/; 過分 for·got·ten /-gɑ́tn | -gɔ́tn/, for·got; -get·ting /-ṭɪŋ/; [形] forgétful) [他] [普通は進行形なし] 1 〈…〉を忘れる, 〈過去のことなど〉が思い出せない ([反] remember): 'I've *forgotten* [I ~] his address. 私は彼の住所を忘れてしまった. [語法] Ⓢ では I've forgotten の意味で単に I forget を用いることが多い // He never ~*s* a face. 彼は人の顔をよく覚えている / I'll never ~ the look on your face. Ⓢ 君の表情は決して忘れない / I'll never ~ visit*ing* this museum. <V+O (動名)> 私はこの博物館を訪れたことを決して忘れないだろう (☞ 2 [語法]) / I 'completely [《略式》 clean] *forgot* [was completely *forgetting*] (*that*) you were coming. <V+O (*that* 節)> 君が来るのをすっかり忘れてた / 'I've *forgotten* [I ~] *how to* use this camera. <V+O (*wh* 句)> このカメラの使い方が思い出せない / He has *forgotten where* he put his umbrella. <V+O (*wh* 節)> 彼はどこに傘を置いたか忘れた.
2 〈…するの〉を忘れる; 〈…するの〉を怠る, し忘れる ([反] remember): [言い換え] Don't ~ *to* turn out the light. <V+O (*to* 不定詞)> (=*Remember to* turn out the light.) Ⓢ 明かりを消すのを忘れないでね / Don't ~ *to* leave a tip. Ⓢ チップを置くのを忘れるなよ / Oh, I almost *forgot to* mail this letter. ああ, もう少しでこの手紙を出すのを忘れるところだった / Don't ~ (*to* bring) the money. Ⓢ お金を(持ってくるのを)忘れないように (☞ 3) / Don't ~ (*that*) you have to prepare for the English test. <V+O (*that* 節)> Ⓢ 英語のテスト勉強をするのを忘れないようにね / [言い換え] Aren't you *forgetting* something?=Haven't you *forgotten* something? Ⓢ 何かお忘れじゃありませんか.

> [語法] <V+O (*to* 不定詞)> の動詞型はこれからしなければならないことを忘れる, の意味, 一方 <V+O (動名)> の動詞型は過去にあったことを忘れる, という 1 の意味に用いられ, will never *forget* ... ing の形になることが多い. (☞ remember 2 [語法])

3 〈持ち物など〉を(置き)忘れる, 忘れてくる[いく] (☞ leave[1] [他] 3); 買い忘れる: He *forgot* his umbrella and went back for it. 彼は傘を置き忘れて取りに戻った / Don't let me ~ the report. その報告書を忘れないように(私に)言って[注意して]ください / Don't ~ me. Ⓢ 私を忘れないで連れていって / Have you *forgotten* anything? 何も忘れ物はありませんか. 4 〈…〉を(故意に)考えない[やめる]ことにする; 気にしない, 不問に付す: Let's ~ 'the past [our quarrel]. 過去[けんか]のことは水に流そう.
— [自] [普通は進行形なし] 忘れる; 気にしない: before I ~ 忘れないうちに(言っときますが) / Please give me a call on Friday evening. Don't ~. Ⓢ 金曜の夜に電話して. 忘れないでね / She seemed to have ***forgotten about*** her promise. <V+*about*+名・代> 彼女は約束のことを忘れてしまっていたようだった / You can ~ ***about*** buy*ing* a new computer. <V+*about*+動名> Ⓢ 新しいコンピューターの購入は考えないでくれ.
[語法] 「…する予定を忘れる」または「…した事実を忘れる」の意にもなる: He *forgot about* buy*ing* a newspaper. 新聞を買うのを[買ったことを]忘れた.
(...) and dón't (you) forgét it! Ⓢ (…なんだ)このことは覚えてろ《怒りを含む言い方》. **Forgét it.** Ⓢ (1) (そのことは)気にしなくていいよ; もういい, (いや)何でもない; やめてくれ. (2) だめだ《提案・申し出などを拒絶することば》. **forgét onesèlf** [動] [自] 《文》 (1) (怒りなどで)我を忘れる; みっともない[おろかな]ことをする; 《英》 (…に)没頭する (*in*). (2) 自分のこと[利害]を考えない. **forgét thát** Ⓢ (1) [前言を訂正して] いや, もとい. (2) =Forget it (2). **nót forgétting ...** [前] 《英》 …をも含めて, そして…もあって.

for·get·ful /fɚgétf(ə)l | fə-/ [形] ([動] forgét) 1 (物を)忘れやすい, よくもの忘れをする: get ~ もの忘れをするようになる. 2 [P] 《格式》 (…を)忘れて, 怠りがちで (*of*). **~·ly** /-fəli/ [副] うっかり忘れて, 忘れっぽくて. **~·ness** [名] [U] 忘れやすいこと; 健忘症.

forgét-me-nòt [名] [C] 忘れな草 《信実・友愛の象徴; 米国 Alaska 州の州花》.

forget-me-not

for·get·ta·ble /fɚgéṭəbl | fə-/ [形] ([反] unforgettable) [しばしば滑稽] すぐ忘れられる, おもしろく[よく]ない.

for·giv·a·ble /fɚgívəbl | fə-/ [形] (過失などが)許されてよい, 大目に見てよい.

*for·give /fɚgív | fə-/ [動] (for·gives /~z/; 過去 for·gave /-géɪv/; 過分 for·giv·en /-gív(ə)n/; for·giv·ing) [進行形なし] [他] 1 〈過ちや罪を犯した人〉を許す, 勘弁する; 〈人の〉〈過ち・罪〉を許す, 〈言動〉を大目に見る (☞ 類義語): [言い換え] She ***forgave*** the boy ***for*** his rudeness. <V+O+*for*+名・代> =She ***forgave*** the boy ***for*** be*ing* rude. <V+O+*for*+動名>=She *forgave* the boy his rudeness. <V+O+O> 彼女は少年が不作法なのを許してやった / I'd never ~ myself if anything happened to my parents. もし両親に何かあったら私は自分を許せない[自分のせいだ] / "Sorry for being late." "You're *forgiven*." Ⓢ「遅くなってすみません.」「許してあげるよ」

> [会話] "*F*~ me *for* be*ing* late."=“*F*~ my lateness.” "Don't worry about it." 「遅くなって申しわけありません」「気にしないで」

forgive, pardon, excuse (過失や罪などをとがめない)	許す
allow, let (許可する, やらせてやる)	

2 《格式》 〈負債〉を免除する. — [自] 許す: *F*~ and forget. 《ことわざ》 許して忘れよ(過ぎたことは水に流

せ). **could [can, may, might] be forgíven for dóing** …するのは無理もないことだ: Many adults *could be forgiven for* think*ing* that teenagers are sometimes unreasonable. 多くの大人たちが 10 代の子供たちが時として聞き分けがないと考えるのも無理はない. **Forgíve me [my ígnorance] (for dóing), (but …)** [S] ((格式)) (…して)失礼です[無知なことを言います]が(…) ((しばしばいらだち・不賛成などを表わすときの丁寧な表現)): *F*～ *me* (*for* saying so), *but* you're mistaken. 失礼ですが, 誤解されているのではありませんか.

【類義語】**forgive** 個人的な同情で人の罪を許すこと: I'll *forgive* the boy for breaking the window. 私は少年が窓ガラスを割ったことを許してやる. **pardon** 元来公的な機関が罪人を許すこと; 個人的な関係で用いるときは *forgive* や *excuse* よりも大げさな許し方をいう. **excuse** ささいな過ちや失礼を許す意味: Please *excuse* my hat. 帽子をかぶったままで失礼します.

*__for·giv·en__ /fəgív(ə)n | fə-/ [動] **forgive** の過去分詞.

⁺**for·gíve·ness** [名] [U] 許す[許される]こと, 容赦, 勘弁; 寛大さ: ˹ask for [beg] ～ 許しを求める.

for·giv·ing /fəgívɪŋ | fə-/ [形] ([反] unforgiving) **1** (快く)許す, 寛大な; (…を)とがめ立てしない (*of*). **2** (製品などが)誤っても大きな問題にならない, 下手でも使える.

for·go /fɔəgóu | fɔː-/ [動] (**for·goes**; 過去 **for·went** /-wént/; 過分 **for·gone** /-gɔ́ːn | -gɔ́n/; **-go·ing**) [他] ((格式)) 〈機会など〉を(あえて)断念する, 見送る, 犠牲にする; 差し控える. [語法] 過去形は((まれ)).

forgone [動] forgo の過去分詞.

‡**for·got** /fəgát | fəgɔ́t/ [動] **forget の過去形および過去分詞.**

‡**for·got·ten** /fəgátn | fəgɔ́tn/ [動] **forget の過去分詞.** — [形] [普通は [A]] 忘れられた.

*__fork__ /fɔ́ək | fɔ́ːk/ ([類音] folk, hawk) [名] (**～s** /～s/) **1** [C] (食事用の)**フォーク**: (a) knife, ～ and spoon (ひと組の)ナイフとフォークとスプーン ((☞ and 1 [語法] (1))) / a salad [carving] ～ サラダ[肉]用フォーク. **2** [C] くま手; またぐわ. [関連] hayfork, pitchfork 干し草用くま手. **3** [C] (道路・川の)分岐点; 分岐したもの ((道路・川など)); (木などの)また: Turn left at the ～ in the road. 分れ道を左に曲がりなさい. **4** [the ～s] (自転車などの)ホーク ((☞ bicycle 挿絵)). **stíck a fórk in …** [動] [他] [S] ((米)) [滑稽] (人)をお払い箱にする.

fork 1

— [動] [自] [進行形なし] **1** (道路・川が)分岐する (*off*). **2** (人が分岐点で)曲がる (*off*). — [他] **1** 〈…〉をフォーク[くま手]で運ぶ[持ち上げる] (*into, onto*). **2** 〈…〉をまたぐわで掘る[埋める]. **fórk óut [((米)) óver, úp]** [動] ((略式)) [他] 〈金〉をしぶしぶ払う (*for, on*). — [自] しぶしぶ金を払う (*for*).

fórk·bàll [名] [C] ((野)) フォークボール.

forked /fɔ́əkt | fɔ́ːkt/ [形] [普通は [A]] フォーク状の, またに分かれた, 分岐した: ～ lightning いく筋かに分かれた稲妻, 叉状(さじょう)電光 // ☞ speak with a forked tongue (tongue 成句).

fork·ful /fɔ́əkfùl | fɔ́ːk-/ [名] (複 **～s, forks·ful** /fɔ́əksfùl | fɔ́ːks-/) [C] フォークひとすくい(の量) (*of*).

fórk·lìft (trùck) [名] [C] フォークリフト ((重い荷物を積み降ろしするフォーク型のつり上げ機)).

for·lorn /fəlɔ́ən | fəlɔ́ːn/ [形] (**more ～, for·lorn·er; most ～, for·lorn·est**) ((文)) **1** (人が)見捨てられた; 孤独な, 心細気な. **2** (場所が)荒れ果てた, 荒涼とした. **3** [普通は [A]] (望み・試みなどが)見込みのない, むなしい; 絶望的な: a ～ hope むなしい望み. **～·ly** [副] ((文)) 心細気に; 荒涼として; むなしく.

‡**form** /fɔ́əm | fɔ́ːm/ ([類音] foam, home, phone) [名] (**～s** /～z/; [形] fórmal)

「形」**4** →「形態」**1**
→「形式」**2** →「書式」**3**
→「種類」**1** →(類別) →「学年」**8**
→(人の形) →「人影」**5**
→「体型」**6**
→(様態) →「調子」**7**

1 [C] (現われ方などの違いによる)**種類, 形態,** タイプ (type): There are several ～*s of* government. 政治の形態にはいくつかある / Steam is one of the ～*s of* water. 水蒸気は水の形態の 1 つだ.

2 [C,U] (内容に対して)**形式, 型** ([反] content); [U] 表現形式, 様式; [C] ((文法)) 形式; 語形: a dictionary in electronic ～ 電子辞書 / You must not insist on ～ at the expense of content. 形式にこだわりすぎて中味を忘れてはいけない // form of address ((☞ address³)).

3 [C] **書式,** ひな形, **書き込み用紙, 書類:** complete an order ～ 注文用紙に記入する / We need your signature *on* this ～. この用紙にあなたの署名が必要です / Please help me (to) fill out [in] this ～. この用紙に記入するのを手伝ってください.

4 [U,C] **形, 外形** ((☞ 類義語, shape 表)): When will the project take concrete ～? ((格式)) その計画はいつはっきりした形になるのですか.

5 [C] **人影, 人体, 物の影, 物体:** Suddenly a ～ appeared at the door. 突然戸口に人影が現われた / We saw the dark ～*s* of trees. 黒い木の影がみえた.

6 [C] (人の)**体型, 外観,** フォーム; (鋳)**型:** his sister's slender ～ 彼の姉のすらっとした体型.

7 [U] (運動選手などの)**調子,** コンディション; **元気:** He was *in* [((英)) *on*] good [great] ～ yesterday. 彼はきのうは調子がよかった[元気だった] / John is *in* bad [poor] ～ this season. ジョンは今シーズンは不調だ.

8 [C] ((古風, 英)) (中学校の)**学年** ((first form から sixth form まである)) (((米)) grade): Tom is now in the fifth ～. トムは今中学 5 年生だ ((☞ sixth form)). **9** [U,C] ((主に英)) (習慣・作法による)**やり方, 形式, 様式. 10** [U] ((古風)) または [滑稽] **礼式, 作法:** bad ～ 不作法. **11** [U] ((英略式)) **犯罪記録, 前科.**

as a mátter of fórm [副] 形式上, 儀礼上.

in fórm ((主に米)) ＝**on fórm** ((主に英)) [形・副] (スポーツ選手などが)調子がよい[よく].

in the fórm of … [前] …の形で; …の姿をして: The roof was built *in the* ～ *of* a triangle. 屋根は三角形に作られた.

òff fórm＝**òut of fórm** [形・副] (スポーツ選手などが)調子が悪い[く].

on présent [cúrrent] fórm [副] [文修飾語] 現在までの状況[成績]で判断すると.

tàke the fórm of … [動] [他] …の形をとる; …の形とな(って現われ)る: The meeting will *take the* ～ *of* a debate. その会合は討論会形式になる予定だ.

— [動] (**forms** /～z/; **formed** /～d/; **form·ing**; [名] formátion)

[自] [他] の転換
[他] **1** 形造る (to make (something or someone) move into a particular form or shape)
[自] **1** 形を成す (to move into a particular form or shape)

— [他] **1** 〈物〉を**形造る**; 〈ある形〉を**作り出す**; 〈物〉を(ある形に)作り上げる, **形成する:** The children ～*ed* a circle and sang together. 子供たちは輪になって一緒に歌った / The boy ～*ed* the sand *into* the shape of a

ship. <V+O+*into*+名> その少年は砂を船の形に作り上げた. **2** [進行形なし] 構成する; <…>になる: Humans ~ social groups. 人間は社会集団を形成する / Rice ~*s* the basis of our daily diet. 米は我々の毎日の食事の基本である / Water ~*s* ice at 0°centigrade. 水は0度で氷になる《0°Cと略し, zero degrees centigrade と読む》. **3** <…>を組織する, 結成する: ~ a cabinet 組閣する. **4** <考え>をまとめる, <思想>を抱く, 思い浮べる: ~ an opinion 考えをまとめる / ~ an impression 印象を得る. **5** <交際・関係など>を結ぶ; <人物・能力・品性など>を形成する, 鍛える; <習慣>をつける: ~ a friendship 親交を結ぶ / Our character *is* ~*ed* through education. 人格は教育によって形成される. **6**〖文法〗<文・語>を組み立てる; <変化形>を作る.
— 自 **1**〘(物)が形を成す; (列・群集などが)形成される; (ある形に)なる〙: Ice ~*ed* on the pond. 池に氷が張った / Clouds are ~*ing* over the mountain. 山の上に雲がかかっている / The volunteers ~*ed* (*up*) *into* a line. <V+(*up*+)*into*+名> ボランティアたちは1列になった. **2** (考えなどが)生まれる, 浮かぶ: A good idea ~*ed* in my mind. 私の心によい考えが浮かんだ.

┌─── 単語の記憶 《**FORM**》(形) ───┐
form	形
formal	(型にはまった) → 公式の
formula	(小さな型) → 公式
con**form**	(共に形を作る) → 順応する
in**form**	(心の中に形を作る) → …に告げる
per**form**	(完全に形を作る) → 実行する
re**form**	(再び形を作る) → 改革する
trans**form**	(形を他へ移す) → 変える
uni**form**	(1つの形) → 制服

【類義語】**form** 最も一般的な語で, 具体的あるいは抽象的のいずれを問わず, ある種のものに特有の形・形式をいう: Architects must pay attention to *form*. 建築家は形(式)に気を配らなくてはならない. **shape** 普通は具体的な形, 特に立体の形を意味し, 特に個々のものに特有の形をいうのに対し, **form** は, あるもの(種)のもの全体に共通の形・形式をいうのに対し, 個々のものに特有の形をいう: It has the *shape* of the letter S. それはS字形をしている. **figure** 線や面で囲まれた図形や姿で, 特にその輪郭に重点をおく場合に用いる語: a geometrical *figure* 幾何学的図形.

forma ☞ pro forma の項.

***for·mal** /fɔ́ːm(ə)l | fɔ́ː-/ **T1** [形] (名 form, formality, 動 fórmalize) **1** 公式の, 正式の, 儀礼的な (☞ form 単語の記憶) (反 informal, casual): a ~ contract 正式な契約 / ~ dress 礼服 / a ~ visit 公式訪問 / ~ wear 正装《タキシードや夜会服など》 / a ~ party 格式ばったパーティー《夜会服やタキシードなどを着ていくような》.
2 (話し方・行動などが)格式ばった, 堅苦しい, 改まった, 格式的な《参考として☞「この辞書の使い方」6.2 (格式)》(反 informal): ~ language 改まった話し方 / Don't be so ~! そう改まらないで(もっとくだけて).
3 [A] (教育が)正規の, 学校での; 体系化された: ~ education 正規の(学校)教育. **4** 形式的な, 形の上での; うわべ(だけ)の: a ~ likeness 外形上の類似. **5** [A] 《形の模様が》幾何学的な, 左右対称の. — 名 [C]《米》正式の舞踏会; 夜会服, イブニングドレス.

form·al·de·hyde /fɔːmǽldəhàɪd | fɔː-/ 名 [U]〖化〗ホルムアルデヒド(防腐・消毒剤); =formalin.

for·ma·lin /fɔ́ːm(ə)lɪn/ 名 [U]〖化〗ホルマリン(formaldehyde の水溶液で防腐・消毒剤).

for·mal·ism /fɔ́ːməlɪ̀zm/ 名 [U] (芸術・宗教などの)形式主義.

for·mal·ist /fɔ́ːməlɪst/ 名 [C] 形式主義者. — 形 [普通は限定] 形式主義の.

for·mal·is·tic /fɔ̀ːməlɪ́stɪk | fɔ̀ː-/ 形 =formalist.

***for·mal·i·ty** /fɔːmǽləṭi | fɔː-/ 名 (**-i·ties**) [限] fórmal; 反 informality) **1** [C] [普通は複数形で]正式の手続き, 慣習: observe the *formalities* 形式を守る. **2** [a ~] 形式的なこと, 儀礼的行為. **3** [U] 形式ばっていること; 堅苦しさ: without ~ 格式ばらずに.

for·mal·i·za·tion /fɔ̀ːməlɪzéɪʃən | fɔ̀ːməlaɪ-/ 名 [U] 正式化, 公式にすること; 形式化.

for·mal·ize /fɔ́ːməlàɪz/ 動 (他) (限 fórmal) <…>を正式[公式]にする; <…>の形を整える.

fórmal lánguage 名 [C] (自然言語に対して, 数学・論理学などの)形式言語.

***for·mal·ly** /fɔ́ːməli | fɔ́ː-/ (同音《英》formerly) 副 (反 informally) **1** 正式に, 公式に; [時に 文修飾] 形式上, 形の上で(は): The committee ~ announced that it had elected Mr. Smith as chairman. 委員会はスミス氏を委員長に選出したことを正式に発表した. **2** 格式ばって; 儀礼ばって, 堅苦しく.

fórmal óbject 名 [C]〖文法〗形式目的語 (☞ it[1] B3〖文法〗).

fórmal súbject 名 [C]〖文法〗形式主語 (☞ it[1] A4〖文法〗).

for·mant /fɔ́ːrmənt | fɔ́ː-/ 名 [C]〖音声〗フォルマント(音声波のスペクトル分析における特定周波数の集中帯; 母音の音質を決定する).

***for·mat** /fɔ́ːmæt | fɔ́ː-/ 名 (**for·mats** /-mæts/) [C,U] **1** (会合などの)形式, 構成, 計画: The ~ of the interview has not been decided. 面接の形式は決定していない. **2** 《本・機器などの》体裁, 型, 判; 〖電算〗フォーマット, 書式. — 動 (**for·mats**; **-mat·ed** /-tɪd/; **-mat·ting** /-tɪŋ/) (他) **1** 〖電算〗<ディスク>を初期化する; <データ>をあるフォーマット[書式, 形式]に配列する. **2** <本など>をある体裁[型, 版]にする.

***for·ma·tion** /fɔːméɪʃən | fɔː-/ 名 (~*s* /-z/; 動 form) **1** [U] 構成, 編成, 形成: the ~ *of* a Cabinet 組閣 / the ~ of one's character 自己の人格の形成. **2** [C,U] 隊形;〖球〗フォーメーション: ~ flying [flight] 編隊飛行 / *in* ~ (飛行機などが)編隊を組んで. **3** [C,U] 組成物, 構成物; 形態;〖地質〗層.

for·ma·tive /fɔ́ːmətɪv | fɔ́ː-/ 形 [A]《格式》(人格などを)形成する; (形成期に)重要な: ~ influences (人の)発達に大切な影響 / He spent his ~ years in London. 彼は成長期をロンドンで過ごした.

for·mat·ted /fɔ́ːmæṭɪd | fɔ́ː-/ 形 **1**〖電算〗初期化した, フォーマットに配列された. **2** ある体裁になった.

for·mat·ting /fɔ́ːmæṭɪŋ/ 名 **1**〖電算〗初期化, フォーマット配列. **2** ある体裁に作ること.

***for·mer**¹ /fɔ́ːmə | fɔ́ːmə/ **T1** 形 **1** [A] [比較なし] 以前の, 前の;《格式》昔の: members of our club 以前の当クラブ会員 / John is one of my ~ students. ジョンは私より以前教えていた学生の1人です / You're looking more like *your* ~ *self*. もとのあなたになりつつある. 記 present 現在の.
2 [比較なし] [the ~ として代名詞的に]《格式》前者, 前のもの (反 the latter): I prefer Noh to Kabuki, because the ~ is more abstract than the latter. 歌舞伎より能が好きなので, 前者(能)のほうが後者(歌舞伎)より抽象的だからです.

┌───────────────────┐
│ 語法 (1) the former, the latter は2つのものに用い, 3つ以上のものは the first, the second, the third のようにいう《ただし ☞ latter 1 語法》.
│ (2) the former, the latter とも単数名詞を受けるときは単数扱い, 複数名詞を受けるときは複数扱いとなる.
└───────────────────┘

3 [A] [the ~] 前者の, 前のほうの (反 the latter): the ~ view 前者の意見. **in fórmer tímes [yéars]** 副《格式》昔(は), 以前は.

form·er² /fɔ́ːmə/ |fɔ́ːmə:| 名 C (古風, 英) [序数詞の後で] (中学)…年生: a sixth ~ 中学6年生.

***for·mer·ly** /fɔ́ːməli/ |fɔ́ːmə-/ (同音) (英) formally) 副 以前は; 昔は (反 latterly): This castle was ~ owned by a nobleman. この城は昔はある貴族のものでした.

fórm-fèed 名 C 【電算】フォームフィード(プリンター上での出力を改ページさせること).

fórm·fitting 形 (服が)身体にぴったり合った.

For·mi·ca /fɔːmáɪkə/ |fɔː-/ 名 U フォーマイカ(家具・内装用耐熱性合成樹脂(合板); 商標).

fór·mic ácid /fɔ́ːmɪk-/ |fɔ́ː-/ 【化】 蟻酸(ぎさん).

***for·mi·da·ble** /fɔ́ːmɪdəbl/ |fɔ́ː-/ 形 1 驚異的な, 強力な, すごい; 恐るべき: a ~ enemy 恐るべき敵 / a ~ intellect すばらしい知性. 2 侮(あなど)り難い, 手ごわい: a ~ task 手に負えそうにない仕事. **-da·bly** /-dəbli/ 副 驚異的に; 恐ろしく.

fórm·less 形 Ⓦ (一定の)形のない, ぼんやりした; (計画などが)はっきりしない, 整っていない. **~·ly** 副 形がなく, ぼんやりと. **~·ness** 名 U 無形, 漠然.

fórm lètter 名 C (印刷した)同文の手紙.

fórm ròom 名 C (英) (ホームルームの)教室.

fórm tèacher 名 C (英) 学級担任の教師.

***for·mu·la** /fɔ́ːmjulə/ |fɔ́ː-/ 名 (複 ~s /-z/, 名 1 で for·mu·lae /-juliː/ |fɔ́ː-:/) C fórmulae, 形 fórmuláic) 1 [単数形で] (問題解決のための)方式, 案; 決まったこと. 絶対に成功する方法はない / The two sides tried to work out a ~ for a cease-fire. 両者は停戦案を見つけ出そうと努めた.

2 C (数)公式, 定式, 式; 【物理・化】式; (薬・飲み物などの)製法, 処方, 調合の仕方 (☞ form 単語の記憶)): a ~ for calculating the density 密度を計算する公式 / The chemical ~ for water is H₂O. 水の化学式はH₂Oである. 3 U (競走車などの)フォーミュラ, 公式規格 (エンジンの排気量などによる分類): F~ One フォーミュラワン, F 1 (最高規格のレーシングカー(のカーレース)). 4 U (主に米) 乳児用調整粉乳. 5 C 決まった言い方, 決まり文句 (How do you do? (はじめまして), Excuse me. (失礼します), Thank you. (ありがとう), など). 語源 ラテン語で「小さな形 (form)」の意.

***for·mu·lae** /fɔ́ːmjuliː/ |fɔ́ː-:/ 名 formula の複数形.

for·mu·la·ic /fɔ̀ːmjuléɪɪk/ |fɔ̀ː-/ 形 (fórmula) (格式) (軽蔑) 決まり文句から成る, 陳腐な.

***for·mu·late** /fɔ́ːmjulèɪt/ |fɔ́ː-/ 動 (-mu·lates /-lèɪts/; -mu·lat·ed /-tɪd/; -mu·lat·ing /-tɪŋ/; 名 fórmula, fórmulátion) 他 1 (提案・計画などを)案出する, 編み出す: The government has been unable to ~ a sensible foreign policy. 政府は適切な外交政策を打ち出せないでいる. 2 (ことばを選んで)〈主張・意見〉を明確にのべる, 順序立てて説明する: ~ a clear statement of one's political goals 政治目標を明確に述べる. 3 [しばしば受身で] 〈…〉を調合する.

***for·mu·la·tion** /fɔ̀ːmjuléɪʃən/ |fɔ̀ː-/ 名 (動 fórmuláte) 1 U (提案・計画などの)案出 (of). 2 U 明確に述べること, 順序立てて説明すること; C 明確な陳述, 明確な説明. 3 U (薬などの)調合; 製造; C 調合薬; 製品.

for·ni·cate /fɔ́ːnəkèɪt/ |fɔ́ː-/ 動 (自) (文) (けなして) 婚外性交する (with).

for·ni·ca·tion /fɔ̀ːnəkéɪʃən/ |fɔ̀ː-/ 名 U (文) (けなして) 婚外の性交渉.

for·ni·ca·tor /fɔ́ːnəkèɪtə/ |fɔ́ː-nəkèɪtə/ 名 C (文) (けなして) 婚外の性交渉者.

fór·prófit 形 A 〖商〗 営利(目的)の, 利益追求の.

***for·sake** /fəséɪk/ |fə-/ 動 (for·sakes /-s/; 過去 for·sook /-súk/; 過分 for·sak·en /-séɪk(ə)n/; for·sak·ing) 他 (文) 1 〈親しい人など〉を見捨てる (☞ abandon

---

fortify 681

類義語). 2 〈習慣など〉をやめる, 捨てる; 〈研究・趣味など〉をあきらめる, 断念する; 〈場所〉を放棄して去る.

for·sooth /fəsúːθ, fə-/ |fə-/ 副 (古語) 確かに.

For·ster /fɔ́ːstə/ |fɔ́ːstə/ 名 個 E(dward) M(organ) ~ フォースター (1879-1970) (英国の作家).

for·swear /fɔːswéə/ |fɔːswéə/ 動 (for·swears; 過去 for·swore /-swɔ́ə/ |-swɔ́ː/; 過分 for·sworn /-swɔ́ːn/ |-swɔ́ːn/; -swear·ing /-swé(ə)rɪŋ/) 他 (文) 〈…〉を誓って[断然]やめる: ~ bad habits [drinking] 悪習[飲酒]を誓って絶つ.

For·syth /fɔːsáɪθ, fɔəsáɪθ/ |fɔː-sarθ, fɔə-sárɪθ/ 名 個 Frederick ~ フォーサイス (1938-) (英国のサスペンス小説作家).

for·syth·i·a /fəsíθiə, -sáɪθ-/ |fɔː-/ 名 U.C れんぎょう(庭木).

***fort** /fɔət/ |fɔːt/ (同音 (英) fought, *forte¹) 名 (forts /fɔəts/ |fɔːts/) C 1 とりで, 要塞(えさい) (☞ fortress): attack a ~ とりでを攻撃する. 2 (米) (常設の)陸軍駐屯地. 語源 ラテン語で「強い」の意: force と同語源. **hóld** (米) **dówn**) **the fórt** 動 (自) (S) (職場・家庭などで)人の留守を預かる (for). 由来 「とりでを守る」の意から.

forte¹ /fɔət, fɔ́ːteɪ/ |fɔː-teɪ, fɔ́ːt/ 名 C (普通は単数形で所有格とともに, しばしば否定文で) 得意, 得手(えて).

for·te² /fɔ́ːteɪ, -ti/ |fɔː-/ 《イタリア語から》 副 (楽) フォルテ(で), 強音[声]で. 関連 piano ピアノで, 弱く. —— 形 (楽) フォルテの(強い, 強音声の). —— 名 C (楽) 強音[声]部. ★ piano² 語源.

for·te·pia·no /fɔ̀ətɪpjǽnoʊ/ |fɔ̀ː-ti-/ 名 (~s) C フォルテピアノ (18世紀に流行した初期のピアノ).

***forth** /fɔəθ/ |fɔːθ/ 副 (文) 1 前へ, 先へ (forward); 外へ (out): set ~ 出発する. 2 (時間的に) (…)以後 (on, onward): from that day ~ その日以来. 語源 fore と同語源. **and só fórth** ☞ so¹ 成句. **báck and fórth** ☞ back 成句.

Forth /fɔəθ/ |fɔːθ/ 名 個 the Firth of ~ フォース湾(スコットランド南東部の北海の入江).

Fórth Brídge 名 個 [the ~] フォース橋(スコットランドのフォース湾にかかる長大な鉄道橋): be like painting the ~ (英) (仕事などが)切りがない.

***forth·com·ing** /fɔ̀əθkʌ́mɪŋ/ |fɔ̀ːθ-/ 形 (格式) 1 Ⓐ もうすぐ来る, きたる, 今度の: the ~ elections 来たるべき選挙. 2 P [普通は否定文で] 手近に(得られて) (ready), 利用できて: New funds were not ~. 新しい財源のめどはつかなかった. 3 P [しばしば否定文で] (情報提供で)進んで教えたがる, 気さくに話に応じる (about).

***forth·right** 形 率直な, 無遠慮な, あけすけな (in): in a ~ manner あけすけに. **~·ness** 名 U 率直(さ).

forth·with /fɔ̀əθwíθ/ |fɔ̀ːθ-/ 副 (格式) 直ちに.

***for·ti·eth** /fɔ́ətiəθ/ |fɔ́ː-/ 形 1 [普通は the ~; ☞ the¹ 1(4)] 40番目の, 第40の (☞ number 表, ordinal number (文法)). 2 40分の1の.

—— 名 (~s /-s/) 1 [普通は the ~] 40番目の人[もの]. 2 40分の1, 1/40 (☞ cardinal number (文法) (6)). —— 副 つなぎ語 40番目に[として].

for·ti·fi·ca·tion /fɔ̀ətɪfɪkéɪʃən/ |fɔ̀ː-/ 名 1 U 要塞化. 2 C [普通は複数形で] 防御工事, とりで, 要塞(ようさい). 3 U (食物の)栄養強化.

for·ti·fied /fɔ́ətɪfàɪd/ |fɔ́ː-/ 形 1 要塞化した. 2 (飲食物から)ビタミン[アルコール分]を強化した.

fórtified wíne 名 U.C 補強ワイン(シェリーなどのワインにブランデーなどを加えてアルコール度を高めたもの).

***for·ti·fy** /fɔ́ətəfàɪ/ |fɔ́ː-/ 動 (-ti·fies; -ti·fied; -fy·ing) 他 1 〈…〉に防御工事を施す; 〈…〉を要塞(ようさい)化する (against; with). 2 〈立場・決意など〉を強固にする, (肉体的・精神的に)〈人〉を強くする (strengthen) (against; with). 3 [普通は受身で] 〈食品・酒の栄養

価[アルコール分]を強化する[高める] (with).
fortiori ⇨ a fortiori の項目.
for・tis・si・mo /fɔɚtísəmòu / fɔ:tís-/《イタリア語から》副《楽》フォルティシモで《きわめて[ごく]強く, 最強音[声]で; 關連 pianissimo ピアニシシモで, ごく弱く. —形《楽》フォルティシモの.
for・ti・tude /fɔ́ɚtə̀t(j)ù:d / fɔ́:tətjù:d/ 名 U《格式》(逆境・苦痛などに耐える)我慢強さ, 不屈の精神: with ~ 我慢強く.
Fòrt Knóx /-náks/ -nɔ́ks/ 名 個 フォートノックス《Kentucky 州中北部にある軍用地; 合衆国金塊貯蔵所がある》. **be like Fórt Knóx**[動]《自》《滑稽》(建物・地域などが)厳重で出入りができない.
†fort・night /fɔ́ɚtnàɪt / fɔ́:t-/ 発音 C [普通は単数形で] 《主に英》2 週間, 14 日: once a ~ 隔週で. 語源 fourteen nights がつまったもの. **in a fórtnight's tíme**[副]《主に英》2 週間後に.
fórt・nìght・ly 形[《主に英》2 週間に 1 回(の), 2 週間ごとに[の]; 隔週発刊の (biweekly).
Fort・num and Ma・son /fɔ́ɚtnəmən(d)méɪsən / fɔ́:t-/ 名 個 フォートナム アンド メーソン《英国 London の高級食料品デパート》.
FORTRAN, For・tran /fɔ́ɚtræn / fɔ́:-/ 名 U 【電算】フォートラン《プログラム言語; formula と translation の混成語; ⇨ blend 名 2》.
†for・tress /fɔ́ɚtrəs / fɔ́:-/ 名 C 要塞《ょぅさぃ》《大規模で永久的なもの, または fort の集合体》; 要塞都市.
for・tu・i・tous /fɔɚt(j)ú:əṭəs / fɔ:tjú:-/ 形《格式》思いがけない, 偶然の: 類義 ~・ly 副.
†for・tu・nate /fɔ́ɚtʃ(ʊ)nət / fɔ́:-/ 形 (fórtune; 反 unfortunate) (人が)幸運な, 運のよい; 恵まれている; (物事が)幸運をもたらす (lucky)(⇨ fortune 類義語 ★): the less ~ 恵まれない人々 (⇨ the[1] 3) [言い換え] I was ~ (enough) to escape the accident without injury. ⟨A+to 不定詞⟩ =I was ~ that I escaped the accident without injury. ⟨A+that 節⟩ =It was ~ that I escaped the accident without injury. 私は運よく無傷でその事故を逃れた / That was ~ for him. ⟨A+for+名・代⟩ それは彼にとっては幸運だった.
†for・tu・nate・ly /fɔ́ɚtʃ(ʊ)nəṭli / fɔ́:-/ 副 文修飾語 (反 unfortunately) 幸運にも, 運よく: 言い換え F~, we saw a light in the distance. (=It was fortunate that we saw a light in the distance.) 運よく遠くに明かりが見えた / F~ for us, it began to clear up. 我々にとってありがたいことに(は)天気がよくなってきた.
‡for・tune /fɔ́ɚtʃən / fɔ́:-/ 発音 名 (~s /-z/; 名 fórtunate)

「運」2 → (特によい運を指して) 「幸運」3 → 「富」1
(⇨ chance 最初の囲み, luck 囲み)

1 C [普通は単数形で時に所有格とともに] 富, 財産 (wealth); 《略式》大金: He married the woman for her ~. 彼は財産目当てにその女性と結婚した // small fortune.

─ コロケーション ─
amass a fortune   一財産を蓄える
cost a (small) fortune   (相当の)大金がかかる
inherit a fortune   一財産を相続する
lose a fortune   財産を失う
make a fortune   一財産作る
pay a fortune   大金を支払う
spend a fortune (on ...)   (...に)大金を使う
win a fortune   (くじなどで)一財産を当てる

2 U 運 (luck); 運命: good [ill, bad] ~ 幸[不]運.
3 U 幸運, 幸せ, 果報 (反 misfortune)(⇨ 類義語★)

I had the good ~ to obtain his help. ⟨N+to 不定詞⟩ 私は幸運にも彼の助力が得られた. 4 C [普通は複数形で] (運の)盛衰, 浮き沈み: ~s of war 武運. 5 [F-] 運命の女神: F~'s wheel=the wheel of F~ 運命の女神の車輪; 運命 / F~ favors the brave. 《ことわざ》幸運は勇者に味方する. **séek one's fórtune**[動]《自》(故郷や家などを離れ)成功[出世]しようとする, 一旗あげようとする. **téll ...'s fórtune**[動]《...の運命を占う (⇨ fortune-teller).

【類義語】 fortune 思いがけず起こる幸運で, 周囲の状況などを含めた運命に都合のよい状況を意味する. luck よりも重要[重大なこと]に用いることが多い. luck fortune よりもくだけたことばで, 賭け事のように何の因果関係もない全くの幸運をいう.
★ 幸運の反対は, fortune は misfortune, lucky の反対は unlucky の違いの相違も同じである.

fórtune còokie 名 C 占いクッキー《中華料理店で食事後に配られるおみくじの入ったクッキー》.
Fórtune 500 /-fáɪvhʌ́ndrəd/ 名 [the ~] フォーチュン 500 社《米国の経済誌 Fortune が毎年掲載する世界の企業の売上高上位 500 社のリスト; 大企業の代名詞として用いる》.
fórtune hùnter 名 C《軽蔑》財産目当てで結婚(しようと)する人; 楽に財産を得ようとする人.
fórtune-tèller 名 C 占い師, 易者.
fórtune-tèlling 名 C 占い, 易.
Fort Worth /fɔ́ɚtwɚ́:θ / fɔ́:twɚ́:θ/ 名 個 フォートワース《米国 Texas 州北部の都市》.

‡for・ty /fɔ́ɚti / fɔ́:-/ [同音《英》#forte[2]; 類音 fourteen] 数 (数詞) [複数扱い] **40**, 40 人, 40 個; 40 ドル[ポンド, セント, ペンスなど] (⇨ number 表, -ty[2]).
─ 名 (for・ties /-z/) 1 C [数としての] **40**.
─ U 40 分; 40 歳: Life begins at ~. 《ことわざ》人生は 40 から. 3 [複数形で the または所有格の後で] 40 年代, 40 歳代; (速度・温度・点数などの) 40 番台[度合, 点台] (しばしば the ['40s] [40s] とも書く): in the nineteen) forties [1940's, 1940s] 1940 年代に (⇨ -s[1] (1) (ii)) / in one's (early [late]) forties 40 歳代(前半[後半])で. 4 C 40 の数字. 5 C [40, 40, 40 個] ひと組のもの. 6 U 【テニス】フォーティー, 「40」(3 番目のポイント).
─ 形 1 40 の, 40 人の, 40 個の. 2 P 40 歳の.
fórty-fíve 名 C《略式》1 45 口径のピストル (.45 とも書く). 2 45 回転のレコード (45 とも書く).
for・ty-nin・er /fɔ́ɚṭinámɚ / fɔ́:tinámə/ 名 C《米略式》1849 年の金鉱熱 (gold rush) に浮かれて California に殺到した人たち.
fórty wínks 名 [複] [しばしば単数扱い] 《略式》(短い) 昼寝. **cátch [hàve] fórty wínks** [動] 《略式》(短い) 昼寝をする.
‡fo・rum /fɔ́:rəm/ 名 (複 ~s /-z/) C 1 (テレビ・新聞・インターネットなどでの)公開討論の場, フォーラム; 公開討論会 (on): hold a ~ 公開討論会を開く / This page provides [is] a free ~ for discussion. このページは自由に公開討論する場を提供する. 2 (古代ローマの)公開大広場《公事集会所用》.

‡for・ward /fɔ́ɚwəd / fɔ́:wəd/ 発音 副 1 前方へ[に], 先へ (反 backward); 目立つように: ~ lean ~ 身を乗り出す / The girl stepped ~ to welcome the Queen. 少女は前へ出て女王を歓迎した. 2 (計画などが)前進して, 進展して: find a way ~ 前進する方法を見つける / Will political reform go ~ in the country? その国の政治改革は前進するだろうか. 3 将来に向かって, 今後の(こと)に (反 backward): look ~ 将来に目を向ける (⇨ look forward to ... (look 句動詞)). 4 [名詞の後に用いて]《格式》(時間的に)(...)以後に: from this time ~ 今後に[から先 / from that day ~ その日以後. 5 (日付などについて)早めて, 繰り上げて (⇨ bring forward (bring 句動詞) 1). 6 【海】船首の(方)に; (飛行機で)(...)の前の方に

に (*of*). 語源 fore＋ward.

forward of ... 前《格式》...の前[前方]に (in front of ...): stand ～ *of* the memorial 記念碑の前に立つ.

gò fórward 動 自 (1) 前進する: He *went* ～ to receive his medal. 彼はメダルを受けとるために進み出た. (2) 進歩する(☞ 2); (競争などで)勝ち進む (*to*, *into*). (3) (時計が夏時間など)(1 時間)早くなる.

pùt fórward ☞ put 句動詞.

── 形 **1** A [比較なし] **前方への**, 前向きの; 前方の, 〖海〗船首の (反 backward): a ～ roll (体操の)前転 / ～ and backward movements 往復運動. **2** 【将来に向けての】, 積極的な; 進歩した: ～ planning 将来計画. **3** P [否定文で] (人が仕事・計画などで)進んで, はかどって: We're *no further* ～ with the negotiations. 交渉はほとんどはかどっていない. **4** 《格式》(特に若い人が)でしゃばった, ずうずうしい.

── 副 (**for·wards** /-wədz/ | -wədz/, **-ward·ed** /-tɪd/, **-ward·ing** /-dɪŋ/) 他 **1** 《郵便など》を**転送する**; 《格式》〈...〉を進める, 発送する (send): Please ～ my mail *to* this address. <V+O+*to*+名・代> 郵便はこの住所へ転送してくださるようお願いします. **2** 《格式》〈...〉を進める, 促進する, はかどらせる.

── 名 C 〖球〗フォワード, 前衛 (略 fwd). 関連 halfback ハーフバック / fullback フルバック.

fór·ward·er /-də/ | -də/ 名 C 回送[通運]業者.

fór·ward·ing addrèss 名 C (郵便などの)転送先のあて名: leave a ～ 転送先の住所を残す.

fórward líne 名 C (サッカーなど)フォワードライン.

fórward-lòoking 形 [ほめて] 前向きの, 将来を考えた, 進歩的な.

fórward márket 名 C 【商】先物取引市場.

fórward·ness 名 U 《格式》でしゃばった振舞, 生意気.

fórward páss 名 C 〖アメフト〗フォワードパス(敵のゴールの方向にボールをパスすること).

for·wards /fɔ́əwədz/ | fɔ́ːwədz/ 副 《英》=forward.

fórward slàsh 名 C 《英》=slash 4.

fórward-thìnking 形 =forward-looking.

forwent 動 forgo の過去形 (★ 使用はまれ).

fos·sick /fásɪk | fɔ́s-/ 動 自 《豪》(多くの物から)あさる.

fos·sick·er /fásɪkə | fɔ́sɪkə/ 名 C 《豪》あさる人.

*__fos·sil__ /fás(ə)l | fɔ́s-/ ── 名 (～s /-z/; 名 **fóssilize** □) **1** 化石: a long ～ record 長い化石の記録 // living fossil. **2** 《略式》〖軽蔑〗(時代遅れの)老人.

†**fóssil fùel** 名 C,U 化石燃料(石油・石炭など).

fos·sil·i·za·tion /fàsəlɪzéɪʃən | fɔ̀səlaɪz-/ 名 U 化石化; 時代遅れになること; 固定化.

fos·sil·ize /fásəlàɪz | fɔ́s-/ 動 (名 fóssil) 他 [普通は受身で] 〈...〉を化石にする; 時代遅れにする; 固定化する. ── 自 化石になる; 時代遅れになる; 固定化する.

fos·sil·ized /fásəlàɪzd | fɔ́s-/ 形 **1** 化石になった. **2** 時代遅れの; 固定化した.

*__fos·ter__ /fástə, fɔ́:s- | fɔ́stə/ 動 (**fos·ters** /~z/; **fos·tered** /~d/; **-ter·ing** /-tərɪŋ, -trɪŋ/) 他 **1** W (技能・感情・関係などを)**育成する**, 助長する: ～ [an ear for music [an interest] 音楽を聞き分ける力[興味]を育てる. **2** (実子でない者を)**養育する**; (血縁関係にない者を)世話する: They ～*ed* the orphan. 彼らはその孤児を育てた. ── 自 養い子を養育する. 参考 英国で「養い子を養育する」の意で普通に adopt は「法的手続きをとって養子[女]にする」という意味. 語源 古(期)英語で「食べ物 (food) を与えて養う」の意.

── 形 A (血縁でなく)**養育による**, 養い...: a ～ brother [sister] 乳きょうだい / a ～ parent 育ての親, 里親 (**foster father** (養父) または **foster mother** (養母)) / a ～ child 養い子, 里子 (**foster daughter** (養女) または **foster son** (養子)の場合もある // a ～ home 養家, (里子などの)依託扶養家庭. 語源 foster-child のように子供を置く場合もある.

Fos·ter /fástə, fɔ́:s- | fɔ́stə/ 名 **1** フォスター **Stephen Col·lins** /-káːlɪnz | -kɔ́l-/ ～ (1826-64)(米

found 683

国の歌曲の作詞・作曲家). **2 Jo·die** /dʒóʊdi/ ～ (1962-) (米国の女優).

Fos·ter's /fástəz, fɔ́:s- | fɔ́stəz/ 名 C フォスターズ(オーストラリアで最もポピュラーなラガービール; 商標).

*__fought__ /fɔ́:t/ (同音 《英》 fort, 《英》 †**forte**¹; 類音 thought) 動 **fight** の過去形および過去分詞.

*__foul__ /fáʊl/ (同音 fowl; 類音 howl, how'll) 形 (**foul·er**; **foul·est**) **1** 〈におい・味などが〉**とてもやな**; [普通は A] (ことばが)みだらな, 口汚ない; S 《主に英》ひどい, 不快な: *foul*-tasting tea いやな味の紅茶 / There's a ～ smell in this room. この部屋はとてもいやなにおいがする / 言い換え Don't use ～ language. = Don't have a ～ mouth. 汚いことばで話すな. **2** 不潔な, 汚い, よごれた (dirty) (反 clean): Let's open the window and let out the ～ air. 窓を開けて汚い空気を出そう. **3** 〖スポ〗**規則[ルール]に反した**, 反則の; 〖野〗**ファウルの** (反 fair): a ～ blow 反則の打撃 / a ～ ball [fly, grounder] ファウルボール[フライ, ゴロ]. **4** [普通は A] 《主に英》(機嫌が)悪い: She was in a ～ mood [temper] this morning. 彼女は今朝不機嫌だった. **5** (天候などが)悪い, 荒れた (反 fair): ～ weather 悪天候. **6** 《文》不正な, 悪い (wicked); 残忍な. **7** 不正に, 違法に; 〖野〗ファウルになるように). **crý fóul** 動 自 不正だと抗議する[騒ぐ]. **fàll [rùn] fóul of ...** 動 他 (人・当局など)とごたごた[争い]を起こす; (法など)に触れる. ── 他 **1** 〖スポ〗反則して(相手)を妨害する; 〖野〗(球)をファウルする. **2** 〈...〉をよごす, 汚くする; 汚染する; (犬など)が糞で(道)をよごす (*up*). **3** (綱などが)〈...〉にからむ; (綱などを)からませる (*up*). ── 自 **1** 〖スポ〗反則をする; 〖野〗ファウルを打つ. **2** (綱などが)もつれる, からむ (*up*). **fóul óut** 動 自 〖スポ〗反則で退場する; 〖野〗ファウルを捕らえられてアウトになる. **fóul úp** 動 《略式》他 〈...〉をだめ[めちゃめちゃ]にする. ── 自 だめになる, へまをやる. ── 名 C 〖スポ〗反則 (*against*, *on*); 〖野〗ファウル(ボール).

fóul báll 名 C 〖野〗ファウル(ボール).

fóul líne 名 C 〖野・バスケ〗ファウルライン.

foul·ly /fáʊ(l)li/ 副 **1** 口汚なく; 汚なく. **2** 《文》残忍に.

foul-mouthed /fáʊlmáʊðd⁻/ 形 口汚い.

fóul·ness 名 U **1** 汚なさ; 口汚なさ. **2** 《文》邪悪.

fóul pláy 名 U **1** 暴行, 凶行; 殺人: suspect ～ (警察などが)殺人ではないかと疑う. **2** 不正行為, ずるいやり方 (fair play). **3** 〖スポ〗反則.

fóul-témpered 形 不機嫌な; 怒りっぽい.

fóul típ 名 C 〖野〗ファウルチップ.

fóul-ùp 名 C 《略式》混乱, へま; (機械の)不調, 故障.

*__found__¹ /fáʊnd/ 動 **find** の過去形および過去分詞.

*__found__² /fáʊnd/ (**founds** /fáʊndz/; **found·ed** /~ɪd/; **found·ing**; 名 **foundátion**) 他 **1** [しばしば受身で] 〈基金を出して〉〈組織・施設など〉を**設立する**, 創立する; 〈町・建物など〉を建設する (☞ 類義語): They collected funds and ～*ed* a school. 彼らは基金を集めて学校を設立した / When *was* this town ～*ed*? <V+O の受身> この町が建設されたのはいつですか. **2** [普通は受身で] 〈理論などの〉根拠を(...に)置く; 〈建物など〉を(...の)基礎の上に建てる: His argument *is* ～*ed on* [*upon*] facts. 彼の議論は事実に基づいている. 語源 ラテン語で「底, 基盤」の意: fund と同語源.

【類義語】**found** 新しく設立して基礎を作る, の意. それに要する資金 (fund) の調達の意味を含むことが多い. **establish** 設立して基礎を確実な安定した (stable) ものにするという意味. ★それぞれの語の 語源 を参照.

found³ /fáʊnd/ 動 他 〈金属〉を鋳る; 鋳造する.

foundation

foun·da·tion /faʊndéɪʃən/ 名 (~s /-z/; 動 found², 形 fùndaméntal)

「基盤を据えること」
├─(組織体の)「設立」3 →(設立されたもの)
│   「財団」2
└─「基礎」1 →(比喩(%)的に)「根拠」4

1 C [しばしば複数形で] (建物の)基礎, 土台; (物事の)基盤 (for) (☞ base¹ 類義語): lay the ~(s) of a building 建物の基礎を据える / The ~ of free nations is democracy. 自由諸国の基盤は民主主義である / [言い換え] The new discovery *shook* [*rocked*] the ~*s* of the accepted theory.＝The new discovery *shook* [*rocked*] the accepted theory *to its* ~*s*. その新発見は従来の説を根底から揺るがした.
2 C [しばしば F- として固有名詞をつくる] (…)財団, (…)基金(病院・学校・研究所などの維持のために寄付された資金または団体は非営利組織), (寄付金などによる)施設, 団体, 組織: the Ford F~ フォード財団.
3 U,C 設立, 創立: The ~ of this university dates back to the 17th century. この大学の創立は17世紀にさかのぼる. **4** C 《格式》根拠, よりどころ: a rumor without ~ 根も葉もないうわさ. **5** U,C ＝foundation cream. **6** U 《英》幼児学校の初学年. **have no foundátion (in fáct)** 動 《格式》全く事実無根である.

foundátion còurse 名 C 《英》基礎講座(大学1年生などを対象とした広い分野にわたる講座).
foundátion crèam 名 U,C 化粧下地クリーム.
foundátion gàrment 名 C 《古風》(体形を整えるための)女性用下着[コルセット・ガードルなど].
foundátion stòne 名 C (定)礎石(記念のことばを刻んで公共建築物の定礎式に据える); 基礎 (*of*).

***found·er¹** /faʊndə | -də/ 名 (~s /-z/) C 創立者, 建設者: the ~ of the college 大学の創設者.
foun·der² /faʊndə | -də/ 動 (-der·ing /-dərɪŋ, -drɪŋ/) 《格式》**1** (計画・事業などが)(ある理由で)失敗する, 行き詰まる (*on*). **2** (船が)浸水[沈没]する (*on*).
founder mémber 名 C 《英》(組織などの)設立時のメンバー (*of*) (《米》charter member).
found·ing /faʊndɪŋ/ 名 U 設立, 創立.
***foundìng fáther** 名 C **1** [しばしば複数形で]《格式》創立[設立]者 (*of*). **2** [普通は F- F-s] (1787年の)アメリカ合衆国憲法制定者たち.
found·ling /faʊndlɪŋ/ 名 C 《古風》拾い[捨て]子.
found·ry /faʊndri/ 名 (**found·ries**) C 鋳造所, ガラス工場.
fount¹ /faʊnt/ 名 C 《文》または《滑稽》(知識などの)泉, 源 (source): a ~ of information 情報の源.
fount² /faʊnt/ 名 C 《英》[印] ＝font².

***foun·tain** /faʊntn, -tɪn | -tɪn/ 名 (~s /-z/) C **1** 噴水, 噴水池; 水しぶき; 上に噴き上げるもの: Several children were playing in the ~. 数人の子供が噴水で遊んでいた. **2** ＝drinking fountain. **3** 《文》水源, 源泉, 源 (source). **the Foúntain of Yóuth** [the ~] 青春の泉(青春を取り戻させるという伝説の泉).
foun·tain·head 名 [単数形で]《文》源泉; (情報などの)源 (*of*).
foun·tain pèn 名 C 万年筆: write with a ~ 万年筆で書く.

***four** /fɔə | fɔː/ (同音 fore, #for; 類音 fork, fort) 代 《数詞》[複数扱い] 四つ, 4人, 4個; 4ドル[ポンド, セント, ペンスなど] (☞ number 表): F~ went there, but only two returned. そこへは4人行ったが2人しか帰ってこなかった / F~ *were* found. 4人[4個]が

見つかった. 関連 fourth 4番目の.
—名 (~s /-z/) **1** C (数としての) **4**: Book F~, Lesson F~ 第4巻, 第4課 / F~ and ~ is [make(s), equals, are] eight. 4足す4は8 (4＋4＝8) / F~ from nine [Nine minus ~] is [leaves] five. 9引く4は5 (9－4＝5).
2 U **4時, 4分; 4歳**: a girl of ~ 4歳の少女 / School is over *at* ~. 学校は4時に終わる / It's ~ past seven. 7時4分過ぎです. **3** C 4の数字. **4** C 《英》単数形でも時に複数扱い] 4つ[4人, 4個]で1組, フォア(4本オールのボートおよびその選手たち); a coach and ~ 4頭立て馬車. **5** C 《トラ》4の札. **6** C 《クリケ》4点打. **háve fóur on the flóor** 動 4速である. **màke úp a fóur** 動 自 ＝make up a foursome (☞ foursome 成句). **on áll fóurs** 形・副 四つんばいになった[で]: go [get] down *on all* ~s 四つんばいになる.
—形 **1** 4つの, 4人の, 4個の: ~ times 4回, 4倍 / There are ~ colleges in this city. この市には4つ大学がある / We are ~ in all. 私たちはみんなで4人です. **2** 4歳で.
4 P 4以降で.
4 名 《略式》[Eメールで] ＝for.

four-by-fóur 名 C 四輪駆動車(4×4とも書く).
four-cýcle 形 《エンジンが》4サイクルの.
four-éyed 形《差別》めがねをかけた.
four-éyes 名 [単数扱い; めがねをかけた人への呼びかけ] 《主に小児》《差別》めがねさん.
4-F /fɔəéf | fɔː(r)éf/ 名 C (米国徴兵選抜検査で)兵役不適格者(の分類).
fóur flùsh 名 C 《ポーカー》フォアフラッシュ(同じ組の札が4枚しかない下位の手).
fóur-flùsh·er /-flʌʃə | -ʃə/ 名 《米略式》虚勢を張る人, はったり屋(『フラッシュくずれの手ではったりをかます人』の意から).
fóur·fóld 形 副 4倍の[に]; 4重の[に].
4GL 名 ＝fourth-generation language.
4-H /fɔəéɪtʃ | fɔː(r)-/ 名 U 《米》4H (head, heart, hands, health の向上を目ざす農村青年教育機関).
Fou·ri·er /fʊəriè | -/ 名 フーリエ **Jo·seph** /ʒoʊzéf/ ~ (1768–1830) 《フランスの物理学者・数学者》.
Fóurier análysis 名 U 《物理》フーリエ解析.
Fóurier sèries 名 [the ~] 《数》フーリエ級数.
fóur-léaf [《英》**-léaved**] **clóver** 名 C,U 四つ葉のクローバー(見つけた者に幸運が訪れるとされる).
fóur-lètter wórd 名 C **1** 四文字語, 卑猥(%)語 (cunt や fuck など4文字のものが多いことから; しばしば放送などではピー音, 書く場合には f-などのふせ字が用いられる; ☞ taboo word, f-word). **2** [普通は単数形で]《滑稽》不快感, 禁句.
fóur-òh-fóur, 404 /fɔəòʊfɔə | fɔː(r)òʊfɔː/ 形 P 《俗》[軽蔑・滑稽] コンピューター音痴で; 無知で (404 はインターネットで, 求めるページが見つからない時のエラー番号).
401 K /fɔəòʊwʌnkéɪ | fɔː(r)-/ 名 U 《米》401 K (よんまるいち ケー) (給料天引き退職金積立て制度).
fóur-òne-óne, 411 /fɔəòʊwʌnwʌn | fɔː(r)-/ 名 [the ~]《米俗》情報.
four-plex /fɔəpleks | fɔː-/ 名 C 《米》4世帯住宅.
fóur-póster (béd) 名 C (昔の)四柱式ベッド (☞ canopy 挿絵).
fóur·score 形 《古語》80の (eighty); 80歳の.
Fóur Séasons 名 固 [The ~] 「四季」(Vivaldi 作曲の4つのバイオリン協奏曲).
fóur·some /fɔəsəm | fɔː-/ 名 C 《普通は単数形で》《英》単数形でも時に複数扱い] 4人組(ゲームや競技などで特に男女2人ずつの); 4人1組でするゲーム, 4人競技. 関連 twosome 2人組 / threesome 3人組. **màke úp a fóursome** 動 自 (トランプなどで)

一組ができるように(参加)する.

four·square 形 **1** (建物が)真四角(で堅固)な. **2** (格式)しっかりした, 断固とした. ── 副 (格式)はっきりと; 断固として; 堅固に: stand ~ behind a person 人をしっかり支持する.

four-star¹ 形 A (ホテル・レストランなどが) 4つ星の, 高級の, 優秀な; 【米】四つ星の: four-star general.

four-star² 名 U (英)ハイオク, プレミアムガソリン.

four-star géneral 名 C (米)陸軍大将.

four-stròke éngine 名 C 4サイクルエンジン.

four·teen /fɔ̀ətíːn | fɔ̀ː-/ (頻音 forty) 代 (数詞)[複数扱い] **14**, 14人, 14個; 14ドル[ポンド, セント, ペンスなど] ([☞ number 表, -teen, teens)).
── 名 (~s /-z/) **1** C (数としての)**14**. **2** U (24時間制で)14時, 14分; 14歳. **3** C 14の数字. **4** C [14人, 14個ひと組のもの.
── 形 **1** 14の, 14人の, 14個の. **2** P 14歳の.

four·teenth /fɔ̀ətíːnθ | fɔ̀ː-/ 形 **1** [普通は the ~; ☞ the¹ 1 (4)] **14番目の, 第14の** (14th とも書く; ☞ number 表, ordinal number 文法): the ~ lesson 第14課. **2** 14分の1の.
── 名 (~s /-s/) **1** [単数形で普通は the ~] **14番目の人[もの]**; (月の)**14日** (14th とも書く; ☞ ordinal number 文法 (2)).
2 C **14分の1**, ¹⁄₁₄ (☞ cardinal number 文法 (6)).
── 副 つなぎ語 14番目に.

fourth /fɔ́ərθ | fɔ́ːθ/ (同音 forth, 類音 force, horse) 形 **1** [普通は the ~; ☞ the¹ 1 (4)] **4番目の, 第4の, 4位の** (4th とも書く; ☞ number 表, four, ordinal number 文法): the ~ lesson 第4課 / the ~ floor 《米》5階, 《英》4階 (☞ floor 挿絵および 語法) / the four hundred and ~ person 404番目の人 / The ~ month of the year is April. 1年の4番目の月は4月だ.
2 4分の1の: ~ a part of the liquid その液体の4分の1. **3** 〔車〕第4速の.
── 名 (~s /-s/) **1** [単数形で普通は the ~] **4番目の人[もの]**, 4位の人[もの], 第4号.
2 [単数形で普通は the ~] (月の)**4日**: The party was held on「the ~ of May [May 4]. パーティーは5月4日に行われた (May 4 は May (the) fourth と読む; ☞ ordinal number 文法 (2)).
3 C (主に米) **4分の1**, ¹⁄₄ (quarter) (☞ cardinal number 文法 (6)): a [one] ~ ¹⁄₄ / Three ~s of the population is white. 人口の4分の3は白人である. **4** [the F-] (米)=Fourth of July. **5** U (車)(ギヤの)第4速. ── 副 =fourthly.

fóurth-cláss 形 副 (米) 第4郵便物の[で].

fóurth diménsion 名 [the ~] 第4次元(特にSFで3つの次元つまり縦・横・高さのほかの次元と考えられる時間); [単数形で]日常経験外のこと.

fóurth estáte 名 [しばしば the F-; E-] 第四階級, 言論界, ジャーナリズム(の人々), マスコミ.

fóurth-generàtion lánguage 名 [単数形で]〔電算〕第4世代言語 (略 4GL).

fóurth·ly 副 つなぎ語 4番目に[で].

Fóurth of Julý 名 [the ~] (米) 独立記念日(7月4日) (Independence Day). 参考 花火 (fireworks) あり, パレードで賑う.

fóur-whèel dríve 名 U, 形 (車) 四輪駆動(の) (略 4WD); C 四輪駆動車. 関連 front-wheel drive 前輪駆動.

fóur-whèeler 名 C (遊園地などの)小型四輪車; (略式)四輪駆動車.

fóur-whèeling 名 U (小型四輪車に乗ること.

fo·ve·a /fóuviə/ 名 (複 **-ve·ae** /-viː/) 〔解〕(網膜の)中心窩(ここに像を結ぶと最もよく見える).

fracture 685

*†**fowl** /fául/ 名 (複 ~(**s**)) **1** C 鶏(特に成長した鳥), 家禽(かきん)(肉を取るために飼う七面鳥など). 関連 chicken 鶏のひな / poultry 家禽. **2** U 鶏肉, 鳥肉 (☞ meat 参考). 語源 古(期)英語で「鳥」の意.

fówl pèst 名 U 鶏ペスト.

*†**fox** /fáks | fɔ́ks/ 名 (複 ~·**es** /~ɪz/, ~; 形 fóxy) **1** C きつね(ずるくて悪賢い動物とされている). ★鳴き声については ☞ cry 表. 関連 vixen きつねのめす. **2** U きつねの毛皮. **3** C (米俗) (セクシーな)いい女. **4** [a ~] [普通は軽蔑] (きつねのように)ずるい人. **crazy like a fox** 〔形〕(米)わざと狂っているようにふるまう.
── 動 他 (略式)(主に英) …をまごつかせる; だます.

Fox /fáks | fɔ́ks/ 名 個 フォックス **1 George ~** (1624-91)(イングランドの宗教家; Society of Friends の創立者). **2** フォックス(米国の放送局).

Fóx and the Grápes 名 [The ~]「狐と葡萄」 (Aesop 物語の中の一つ; ☞ sour grapes).

fóx·glòve 名 C,U ジギタリス, きつねのてぶくろ(薬用・観賞用植物).

fóx·hòle 名 C **1** 単独壕(ごう) (1-2 人用で地表に掘る弾よけ穴). **2** きつねの巣穴.

fóx·hòund 名 C フォックスハウンド(きつね狩り用の猟犬; 俊足で鼻が鋭敏).

fóx·hùnt 名 C きつね狩り; (きつね狩り用の)狩猟隊.

fóx·hùnter 名 C きつね狩りをする人; きつね狩り用の馬.

fóx·hùnting 名 U きつね狩り ((英) hunting).

fóx térrier 名 C フォックステリア(短毛種のテリア; もとはきつねを穴から狩り出すのに用いた; ☞ dog 挿絵).

fóx·tròt 名 C フォックストロット(軽快な社交ダンスの一種, およびその曲). ── 動 (**-trots; -trot·ted** /-tɪd/; **-trot·ting** /-tɪŋ/) 自 フォックストロットを踊る.

fox·y /fáksi | fɔ́ksi/ 形 (**fox·i·er, -i·est; ☞ fox**) **1** (外見が)きつねのような; 悪賢い. **2** (略式, 主に米) (女性が)色っぽい, セクシーな.

*†**foy·er** /fɔ́ɪə, fɔ́ɪer | fɔ́ɪeɪ/ 名 C **1** (劇場・ホテルなどの)休憩室, ロビー. **2** (米) 玄関の広間[小部屋].

FPA /éfpì:éɪ/ 略 =Family Planning Association 家族計画協会.

FPO /éfpì:óʊ/ 略 =Field Post Office 野線郵便局, Fleet Post Office 艦隊郵便局.

FPU /éfpì:júː/ 略 〔電算〕 =floating-point unit 浮動小数点ユニット.

*†**Fr** 略 =franc(s), France, French.

Fr.¹, **Fr.** 略 =father 名 3, Frau.

fr. 略 =franc(s), from.

Fra /frɑ́ː/ 名 …師 (修道士の名の前に用いる称号).

fra·cas /fréɪkəs | frǽkɑː/ 名 [単数形で]けんか, 騒ぎ.

frac·tal /fréktl/ 名 C, 形 〔数〕次元分裂図形(の), フラクタル(の)(どんな細部を見ても同じ構造が現われる図形).

*†**frac·tion** /frǽkʃən/ 名 C **1** わずかな部分, ごく一部; ほんの少し: a small ~ of one's income 収入の一部 / for a ~ of a second ほんの一瞬(の間). **2** 〔数〕分数, 分数式: a decimal ~ 小数 / a common [vulgar] ~ 常分数 / an improper ~ 仮分数. 語源 ラテン語で「壊れた」の意; fragile, fragment と同語源.

*†**frac·tion·al** /frǽkʃ(ə)nəl/ 形 **1** [普通は A] W わずかの. **2** 〔数〕分数の, 分数式の. **3** 〔化〕分別の, 分留の. **-al·ly** /-ʃ(ə)nəli/ 副 ごくわずかに, 微妙に.

frac·tious /frǽkʃəs/ 形 [けなして] (子供などが)怒りっぽい, 気難しい, むずかる; W 反抗的な, 言うことを聞かない. **~·ness** 名 U 怒りっぽさ.

*†**frac·ture** /frǽktʃə | -tʃə/ 名 (~**s** /-z/) **1** C,U 〔医〕骨折: a compound [simple] ~ 複雑[単純]骨折 / suffer [sustain] a ~ 骨折する. **2** C (骨などの)割れ目, ひび. ── 動 (**frac·tur·ing** /-tʃ(ə)rɪŋ/) 他 **1** 〈体

fractured の一部を骨折する, 折る; 《…》にひびを入らせる. **2**《格式》《組織など》を分裂させる. **3**《普通は受身で》《文法規則など》を無視する, 破る. ─ ⓐ **1** 骨折する, 折れる; ひびが入る. **2**《格式》分裂する.

frac·tured /fræktʃəd | -tʃəd/ 形《普通は A》**1** 骨折した, ひびの入った. **2**《格式》分裂した. **3**《ことばが》文法的に不完全な, ブロークンの.

frag /fræɡ/ 動 (**frags**; **fragged**; **frag·ging**) ⓣ《米俗》《敵》を打ちのめす《軍隊・コンピュータゲーム仲間の間などで用いる》.

*__frag·ile__ /frǽdʒəl | -dʒaɪl/ 13 形 (▷ fragility) **1** 壊れやすい, もろい (▷ fraction 類義)：FRAGILE 割れ物注意《小包などの表示》/ a ~ vase 壊れやすい花びん. **2** 《新聞で》《状態・関係など》が**不安定な**, もろい; はかない：a ~ economy もろい経済 / a ~ government 政権基盤の弱い内閣. **3**《容姿など》が繊細な, きゃしゃな;《体質など》虚弱な, かよわい. **4** ⓢ《英》《しばしば滑稽》《二日酔いなどで》気持ちの悪い, 体調が悪い.

fra·gil·i·ty /frədʒíləti/ 名 (形 frágile) ⓤ 壊れやすさ, もろさ, 不安定さ.

*__frag·ment__ /fræɡmənt/ ★動詞 fragment² との発音の傾向の違いに注意. 名 (**frag·ments** /-mənts/; 動 frágment², 形 frágmentàry) ⓒ 破片, 断片, かけら;《話など》の一部分, 断章 (▷ fraction 類義); part meaning); 残存物：The vase broke into ~s. 花びんはこなごなになった / I could catch only ~s of their conversation. 私は彼らの話をとぎれとぎれにしか聞き取れなかった.

*__frag·ment__² /fræɡmént, fræɡmént | fræɡmént/ ★名詞 fragment¹ との発音の傾向の違いに注意. 動 (名 frágment¹) ⓐ 断片になる, ばらばらになる (into). ─ ⓣ《しばしば受身で》《…》を断片にする, ばらばらにする.

frag·men·tar·y /fræɡmənteri | -təri, -tri/ 形 (名 frágment¹)《情報・記憶など》断片的な, 切れ切れの.

frag·men·ta·tion /fræɡməntéɪʃən/ 名 ⓤ 断片化, ばらばらになること, 分裂 (of).

fragmentátion bòmb [grenàde] 名 ⓒ 破砕性爆弾[手榴弾]《破裂と同時に細かく砕ける》.

frag·ment·ed /fræɡméntɪd, fræɡmént- | fræɡmént-/ 形 ばらばらになった, 分裂した：a ~ society 分裂した社会.

*__fra·grance__ /fréɪɡrəns/ 名 (**-granc·es** /-ɪz/) ⓒ,ⓤ 芳香, 香気 (▷ smell 類義)：the ~ of flowers 花の芳香. **2** ⓒ《特に広告で》香水 (perfume).

*__fra·grant__ /fréɪɡrənt/ 形 香りのよい, 芳香のある, 芳(ﾗ)しい：The air of the garden was ~ with the scent of roses. 庭の空気はばらの香りでかぐわしかった. **~·ly** 副 芳香を放って, 芳しく.

fráid·y-càt /fréɪdi-/ 名 ⓒ =scaredy-cat.

*__frail__ /fréɪl/ 形 (**frail·er**; **frail·est**) **1**《老いて》弱々しい, かよわい：~ health 丈夫でないこと. **2** 壊れやすい, もろい.

frail·ty /fréɪlti/ 名 (**frail·ties**) **1** ⓤ 弱々しさ, ひ弱, 虚弱さ. **2** ⓤ《性格上の》もろさ, 弱さ; ⓒ 弱点：F~, thy name is woman. 弱き者よ, なんじの名は女なり《シェイクスピア (Shakespeare) 作の悲劇 Hamlet の中のことば》/ human frailties 人間的弱さ.

*__frame__ /fréɪm/ 名 (題 flame) (**~s** /-z/) ⓒ **1**《窓など》の枠; 額縁;《普通は複数形で》《眼鏡の縁, フレーム (▷ glasses 挿絵)：a picture ~ 額縁 / a window ~ 窓枠 (▷ window 挿絵). **2**《建造物・機械など》の骨組み, 枠組み; 《普通は単数形で》《主に文》《人間・動物の》骨格, 体格：the ~ of a house [ship] 家[船]の骨組み / a bed ~ ベッドの骨組み / a man「with a large ~ [of large ~]」 He has a small ~. 彼は小柄な男です. **3**《普通は単数形で》《考えなど》の枠組み, 基盤 (for);《社会・組織などの》機構 (framework). **4** 冷床 (cold frame). **5**《テレビ》のフレーム. **6**《電算》《インターネットのページなどの》フレーム. **7**《ボウリング》フレーム《10 フレームで 1 ゲームとなる》. **8**《英》《玉突き》《玉》を入れる 三角形の枠. **a fráme of réference** 名《分析や判断のための》基準体系, 思考の枠組み, 準拠枠. **in a [the] ... fráme of mínd** [形・副] …の気分で, …の気持ちで：She was in a happy ~ of mind at the dinner. 彼女は晩餐(ばん)のときには楽しい気分だった 〖言い換え〗She was not in the right ~ of mind for the job. = She was in no ~ of mind to do the job. 彼女にはその仕事をする気分になれなかった. **in the fráme** 形《英》(1)《昇進・成功などの》見込みが十分あって, 考慮[注目]されて(いる) (for)：the name in the ~ 注目されている人. (2)《殺人などに》に係わりをもって (for). **òut of the fráme** 形《英》《昇進などの》見込みのない, はずれて.

─ 動 (**frames** /-z/; **framed** /-d/; **fram·ing**) ⓣ **1**《普通は受身で》《…》を枠にはめる, 《…》に縁をつける (as)：She had her father's photograph ~d. 彼女は父の写真を額縁に入れてもらった / The lawn was ~d by a swath of <V+O の受身> 芝生は周囲をチューリップで囲まれていた / She stood ~d in the doorway. 彼女は戸口にきれいに納まる形で立っていた. **2**《略式》《特に受身で》《…》をわなにかける, 陥れる (for)：I've been ~d. 私ははめられた. **3**《格式》《考えなど》を言い表わす;《計画などを立案する, 工夫する：~ a splendid plan すばらしい計画を立てる.

-framed /fréɪmd/ ⁻/形《合成語で》…の縁取りのある; …な体格の：red-framed spectacles 赤いフレームの眼鏡 / a small-framed man 小柄な男.

fráme hóuse 名 ⓒ《主に板張りの》木造家屋.

fram·er /fréɪmə/ 名 ⓒ《憲法などの》立案者.

fráme-úp 名 ⓒ《略式》陰謀, わな.

*__frame·work__ /fréɪmwɜːk | -wɜːk/ 名 (~s /-s/) ⓒ **1**《建築物のための》枠組み, 基盤, 骨組; 《抽象的な》構想 (of)：These principles provide a ~ for an agreement. この原則が合意の枠組みになる. **2** 組織, 体制, 機構：a social [political] ~ 社会[政治]構造. **3** 骨組み, 枠組み (of)：a steel ~ 鉄の骨組み.

Fran /frǽn/ 名 個 フラン《女性の名; Frances の愛称》.

franc /frǽŋk/ (同音 frank, Frank) 名 (~s /-s/) ⓒ **1** フラン《フランス・ベルギーの旧通貨単位》. **2** フラン《スイスの通貨単位; 100 サンチーム (centime); 略 fr., Fr; ▷ money 表》.

★France¹ /fréns | frɑ́ːns/ 名 個 (形 French) フランス《ヨーロッパ西部の共和国; 首都 Paris; 略 Fr》. 語源「Frank 族の土地」の意.

フランス	France
フランス人	Frenchman, Frenchwoman
フランス語	French
フランス(人・語)の	French

France² /fréns | frɑ́ːns/ 名 個 **A·na·tole** /à:nə-tóːl | -tóʊl/ ~ フランス (1844-1924)《フランスの作家》.

Fran·ces /frǽnsɪs | frɑ́ːn-/ 名 個 フランシス《女性の名; 愛称は Frannie, Franny》.

*__fran·chise__ /fræntʃaɪz/ 名 **1** ⓒ,ⓤ フランチャイズ《親会社が地域の業者に与える販売・営業特権》,《国が会社などに与える》営業免許, 特権;《テレビ番組などの》放映権：under ~ フランチャイズを得て. **2** ⓒ 販売[営業]免許を与えられた事業[会社], フランチャイズ店：operate a ~ チェーン店を経営する. **3** ⓒ《米》《プロのスポーツリーグへの》加盟権; 加盟権を得たチーム. **4** ⓤ 《または単数形で》《格式》参政権, 選挙権. ─ 動 ⓣ

など〉のフランチャイズ[営業免許]を与える[売り渡す].

fran·chi·see /frǽntʃaɪzíː/ [名] [C] フランチャイズ[営業免許]を得た者[業者].

fran·chis·er /frǽntʃaɪzɚ | -zə/, **fran·chi·sor** /frǽntʃaɪzɔ́ɚ | -zɔ́ː/ [名] [C] フランチャイズ[営業許可]を売る者[業者].

Fran·cis /frǽnsɪs | fráːn-/ [名] [固] フランシス《男性の名; 愛称は Frank, Frankie》.

Fran·cis·can /frænsískən/ [形] フランシスコ(修道)会の. ── [名] [C] フランシスコ会修道士; [the ~s] フランシスコ会《1209 年 St. Francis が創始した修道会》.

Fráncis Férdinand [名] [固] フランツ フェルディナント (1863–1914)《オーストリア皇太子; その暗殺が第一次世界大戦の端緒となった》.

Fráncis (of As·sí·si /-əsísi, -əsíː- | -əsíː-/) [名] [固] **St.** ~ (アッシジの)聖フランチェスコ《☞ St. Francis》.

Franck /fráːŋk | frɔ́ŋk/ [名] [固] **Cé·sar** /seɪzáɚ | -záː/ ~ フランク (1822–90)《フランスの作曲家》.

Fran·co /frǽŋkoʊ/ [名] [固] **Fran·cis·co** /frænsískoʊ/ ~ フランコ (1892–1975)《スペインの軍人・独裁者》.

Fran·co- /frǽŋkoʊ/ [接頭] **1** フランス(人)の. **2** フランスと…: the *Franco*-German border フランスとドイツの国境.

fran·co·phone /frǽŋkəfòʊn/ [形] フランス語を話す; フランス語圏の. ── [名] [C] フランス語を話す人.

Fránco-Prússian Wár [名] [固] [the ~] 普仏戦争《1870–71 年のプロイセンとフランス間の戦争》.

fran·glais /frɑːŋgléɪ | frɔ́ŋgleɪ/ [名] [U] [時に F-]《略式》フラングレ《英語からの借用語の多いフランス語》.

frank**[1] /frǽŋk/ ([同音] franc, Frank[1, 2]; [類音] flank, flunk) [T3] [形] (**frank·er, more** ~; **frank·est, most** ~) 率直な, 隠しだてをしない, ざっくばらんな《☞ 類義語》: I'd like to hear your ~ opinion. あなたの率直な意見を聞きたい / He is quite **~ *with me ***about*** everything. <A+*with*+名・代+*about*+名・代> 彼はどんなことでも私に全く隠しだてしない. [語源] ラテン語で「Frank 族の(ように自由な)」の意; 彼らが Gaul 地方における自由民だったことから.

to be (pérfectly) fránk (with you) [副] [文修飾語] Ⓢ (言いにくいことだが)率直に言えば, 実は《☞ to[3] B 7》: *To be* ~ (*with you*), I don't like your proposal. 実はあなたの案は気に入りません《★ let me be frank ともいう》.

【類義語】**frank** 自分の考えや気持ちなどを自由に表現して遠慮しないこと: a *frank* opinion 率直な意見. **candid** 意見の表明に言い逃れやごまかしがなく, 時に相手にとって耳が痛いほど真っ正直なこと: a *candid* opinion 腹蔵のない意見. **open** ざっくばらんな率直さを意味するが, *candid* ほどの誠実さは表わさない: her *open* admiration for me 彼女の私に対する率直な称賛. **outspoken** 遠慮なくずけずけ言う場合に用いるが, 必ずしも悪い意味ではない: *outspoken* comments 遠慮のないことば.

frank[2] /frǽŋk/ [動] [他] [しばしば受身で] 〈郵便物〉に(無料)郵便印を押す, 〈…〉を料金別納にする.

frank[3] /frǽŋk/ [名] [C] 《米》 =frankfurter.

Frank[1] /frǽŋk/ [名] [固] **1** フランク《男性の名; Francis の愛称》. **2 Anne** ~ フランク (1929–45)《ユダヤ系ドイツ人の少女; 『アンネの日記』の作者》.

Frank[2] /frǽŋk/ [名] [C] フランク人; [the ~s] フランク族《Rhine 川流域に住んでいたゲルマン族; ☞ France [語源], frank[1] [語源]》.

Fran·ken·stein /frǽŋkənstàɪn/ [名] **1** [固] フランケンシュタイン《怪奇小説の主人公; 自分の造った怪物 (Frankenstein('s monster)) のために破滅した》. **2** [C] [時に Frankenstein's monster として] 創作者の手に負えなくなる発明.

Frank·fort /frǽŋkfɚt | -fət/ [名] [固] フランクフォート《米国 Kentucky 州の州都》.

Frank·furt /frǽŋkfɚ(ː)t | -fə(ː)t/ [名] [固] フランクフルト《ドイツ中部の都市》.

frank·furt·er /frǽŋkfɚṭɚ | -fətə/ [名] [C] フランクフルトソーセージ (《米》 frank[3], wiener).

Fran·kie /frǽŋki/ [名] [固] フランキー《男性の名; Francis の愛称》.

frank·in·cense /frǽŋkɪnsèns/ [名] [U] 乳香《ユダヤ人が祭式などに用いた香料》.

fránk·ing machìne /frǽŋkɪŋ-/ [名] [C] 《主に英》 郵便料金別納証印刷機 (《米》 postage meter).

Frank·ish /frǽŋkɪʃ/ [形] フランク族[語]の. ── [名] [U] フランク語.

Frank·lin /frǽŋklɪn/ [名] [固] **Benjamin** ~ フランクリン (1706–90)《米国の政治家・発明家・著述家》.

Franklin

***frank·ly** /frǽŋkli/ [副] **1** 率直に, あからさまに: If you have anything you want to say, you had better speak out ~. 言いたいことがあったら率直に言いなさい. **2** [文修飾語] **率直に言うと**: *F*~ [Quite ~], I cannot afford to buy the car. 正直言ってその車は買えません.

fránkly spéaking [副] [文修飾語] 率直に言うと.

fránk·ness [名] [U] 率直(さ): with ~ 率直に.

Fran·nie, Fran·ny /frǽni/ [名] [固] フラニー《女性の名; Frances の愛称》.

fran·tic** /frǽnṭɪk/ [形] **1** 半狂乱となった《苦しみ・悲しみ・怒りなどで》, 血迷った: ~ cries for help 半狂乱になって助けを求める叫び声 / She was [got, became, grew] **~ *with worry. <A+*with*+名・代> 彼女は心配で気が狂いそうになっていた[なった]. **2** 大あわての, 取り乱した: a ~ rush 殺到. **-ti·cal·ly** /-kəli/ [副] 狂乱して; 大あわてで.

frap·pé /fræpéɪ | frǽpeɪ/ [名] [C] **1** フラッペ《果汁を半ば凍らせたデザートまたはかき氷にアルコールを入れた飲み物》. **2** 《米》 濃いミルクセーキ. ── [形] (氷で)冷やした.

Frá·ser fìr /fréɪzɚ- | -zə-/ [名] [C] フレーザーもみ《北米産; クリスマスツリーに使われる》.

frat /frǽt/ [名] [C] 《米略式》 =fraternity 1: a ~ boy 男子大学生社交クラブの会員.

fra·ter·nal /frətɚ́ːn(ə)l | -tə́ː-/ [形] [普通は [A]] 《格式》 **1** 友愛の, 友好的な; 同好の. **2** 兄弟(間)の (brotherly). **-nal·ly** /-nəli/ [副] 兄弟として; 兄弟のように.

fratérnal twín [名] [C] [普通は複数形で] 二卵性双生児(の 1 人). [関連] identical twin 一卵性双生児.

\+**fra·ter·ni·ty** /frətɚ́ːnəṭi | -tə́ː-/ [名] (**-ni·ties**) **1** [C] 《米》 男子大学生社交クラブ《通例 fraternity house に住み, ギリシャ文字 2, 3 字をその名称とする; ☞ Greek》. [関連] sorority 女子学生の社交クラブ. **2** [C] [しばしば the ~; 《英》 単数形でも時に複数扱い] 仲間, 同好者, 同業者: *the* medical [writing] ~ 医者[文筆家]仲間. **3** [U] 《格式》 友愛, 同胞愛.

fratérnity hòuse [名] [C] 《米》 (大学・高校の)男子学生クラブハウス《寮を兼ねる》, 友愛会館.

frat·er·ni·za·tion /frǽṭɚnɪzéɪʃən | -tənaɪz-/ [名] [U] 親交; [けなして] (敵国民などとの)付き合い (*with*).

frat·er·nize /frǽṭɚnàɪz | -tə-/ [動] [自] 親しく交わる; [けなして] (敵国の者などと)付き合う (*with*).

frát hòuse [名] [C] 《米俗》 =fraternity house.

frat·ri·cid·al /frǽtrəsáɪdl←/ [形] [A] 《格式》 兄弟[姉妹, 同郷人]殺しの; 骨肉相はむ.

frat·ri·cide /frǽtrəsàɪd/ [名] 《格式》 [U] 兄弟[姉妹, 同郷人]殺し《行為》; [C] 兄弟[姉妹, 同郷人]殺し《人》.

Frau /fráʊ/ 《ドイツ語から》 [名] (複 **Frau·en** /fráʊən/)

ⓒ …夫人, …の奥さま(英語の Mrs. または呼びかけの madam に相当する; 略 Fr).

fraud /frɔ́ːd/ 图 (**frauds** /frɔ́ːdz/) **1** Ⓤ 詐欺, 欺瞞(ぎまん): get money by ~ 金を詐取する. **2** Ⓒ 詐欺行為, ぺてん: a tax ~ 脱税行為. **3** Ⓒ 詐欺師; まがい物: feel (like) a ~ 自分を偽っている気分である.

Fráud Squàd 图 [the ~] (英国の警察の)会社詐欺取締班.

fraud·ster /frɔ́ːdstə | -stə/ 图 Ⓒ 《主に英》詐欺師.

fraud·u·lence /frɔ́ːdʒʊləns/ 图 Ⓤ 詐欺, 不正.

fraud·u·lent /frɔ́ːdʒʊlənt/ 厖 [普通は A] 詐欺の, 不正の; 偽造の. **~·ly** 副 不正に.

fraught /frɔ́ːt/ 厖 **1** P (よくないことに)満ちて, (危険などを)伴って: a voyage [an enterprise] ~ with danger 危険をはらんだ航海[事業]. **2** (主に英) 困った, 心配して; (事が)心配な, 不安な, 緊張した. **fráught with méaning** [形] 何か意味のある.

Fräu·lein /frɔ́ɪlain/《ドイツ語から》 图 (複 ~) Ⓒ …嬢, お嬢さん, 令嬢(英語の Miss に相当する).

fray[1] /fréɪ/ 動 **1** すり切れる, ほつれる. **2** (気分が)いらいらする. — 他 **1** (布などを)使ってほろぼろする, (…)の端をすり切らす, (…)をほつれさせる. **2** (神経)をすり減らす, いらいらさせる. **fráy at [aróund] the édges [séams]** [動] (自) (関係・組織などが)不安定になる, (ばらばらに)崩れる.

fray[2] /fréɪ/ 图 [the ~] [しばしば滑稽] けんか, 騒ぎ, 争い, 競争; 刺激的な活動: enter [join] the ~ 争い[活動]に加わる / be [stay] above the ~ 争いに加わらない.

frayed /fréɪd/ 厖 ぼろぼろになった, ほつれた; (神経が)すり減った, いらいらした.

fraz·zle /fræzl/ 图 [a ~] (の状態), 《英略式》丸焼け: be worn [burned] to a ~ すっかりくたくたになって[焼けこげて]いる.

fraz·zled /fræz(ə)ld/ 厖 《略式》くたびれ果てた; 《英略式》よく焼けた.

FRB /éfɑːrbíː | -ɑː-/ 厖 **1** =Federal Reserve Bank. **2** =Federal Reserve Board.

freak /fríːk/ 厖 A 変わった, 異常な, 珍しい: a ~ accident めったにない異常な事故 / ~ weather 異常な天候. — 图 Ⓒ **1** (略式) …狂, ファン, マニア: a computer ~ コンピューターオタク / a health ~ 健康志向マニア / ☞ control freak. **2** (軽蔑) 変人, 変わり者. **3** (時に差別) 奇形, 変種; 異例のこと. **a fréak of fáte [fórtune, chánce]** [名] 《主に文》全くの偶然. **a fréak of náture** [名] (1) 造化の戯れ[奇形の物など]. (2) 突然の予期せぬ出来事. — 動 [時に ~ out として](略式) (自) ひどく反応[興奮]する, 怒り狂う, キレる, 突然不安になる, おじけづく. — 他 (…)をひどく興奮[動揺]させる.

freak·ing /fríːkɪŋ/ 厖 A, 副 《米俗》ひどい[ひどく], べらぼうな[に] (~ fucking の代用形).

freak·ish /fríːkɪʃ/ 厖 異常な, とっぴな; 奇形の. **~·ly** 副 異常に. **~·ness** 图 Ⓤ 異常さ.

fréak-òut 图 Ⓤ 《略式》異常な反応[行動].

fréak shòw 图 Ⓒ フリークショー《奇形の人や動物を見せる》; (人の興味を引く)異様な演技[出来事].

freak·y /fríːki/ 厖 (**freak·i·er**, **-i·est**) Ⓢ 《略式》異常な, かわった; とっぴな; 気味の悪い.

freck·le /frékl/ 图 Ⓒ [普通は複数形で] そばかす, (顔の)しみ.

freck·led /frékld/, **freck·ly** /frékli/ 厖 そばかす[しみ]のある.

Fred /fréd/ 图 ⓔ フレッド《男性の名; Alfred, Frederic(k)の愛称》.

Fred·dy /frédi/ 图 ⓔ フレディー《男性の名; Alfred, Frederic(k)の愛称》.

Fred·er·ic, Fred·er·ick[1] /frédərɪk/ 图 ⓔ フレデリック《男性の名; 愛称は Fred, Freddy》.

Fred·er·ick[2] /frédərɪk/ 图 ⓔ ~ **the Great** フリードリッヒ大王(1712-86)《プロイセン第 2 代の王(1740-86)》.

Fred·er·icks·burg /frédərɪksbɔ̀ːg | -bɔ̀ːɡ/ 图 ⓔ フレデリックスバーグ《米国 Virginia 州北東部の都市; 1862 年南軍に北軍が敗れたところ》.

Fréd Pérry 图 ⓔ フレッド・ペリー《英国製のテニスウェア・スポーツウェア; 商標; トレードマークは月桂樹》.

free /fríː/ 厖 ([類音] flee, flea, freak, three) 厖 (**fre·er**; **fre·est**) 图 **freedom**)

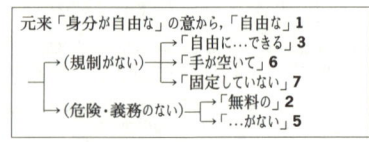

元来「身分が自由な」の意から、「自由な」**1**
→ (規制がない) → 「自由に…できる」**3**
→ 「手が空いて」**6**
→ 「固定していない」**7**
→ (危険・義務のない) → 「無料の」**2**
→ 「…がない」**5**

1 自由な, 自主独立の; 束縛のない, 監禁されていない: ~ countries 自由主義諸国 / a ~ election 自由選挙 // ☞ free speech.

2 [比較なし] 無料の, 無税の; (料金などを)免れて: a ~ ticket 無料切符 / ADMISSION FREE 入場無料《掲示》 / ~ imports 無税の輸入品 / The facility is ~ **to** [**for**] us. <A+to [for]+名・代> 私たちにはその施設は無料です / You can see the picture ~ **of chárge**. その映画は無料で見られる (☞ duty-free).

3 P 自由に…できる, 勝手に…してよい: You are ~ **to** use this room. <A+to 不定詞> この部屋を使うのはあなたの自由です(自由に使えます) / John is ~ **to** play now. ジョンは今は自由に遊んでよい.

4 (自由に)入れる[通れる], 開放された (open), 障害のない: a ~ passage 自由に通れる通路 / All our students have ~ access to this room. 生徒はみな自由にこの部屋に入れます.

5 P [比較なし] (危険・じゃま・制約などが)ない, (…の)おそれがない: Her life is quite ~ **from** care. 彼女の生活は全く苦労がない / These vegetables are organically grown and ~ **of** chemicals. これらの野菜は有機栽培で, 農薬が含まれていない / The port is ~ **of** ice. その港には氷が張らない.

6 [比較なし] 空いて, 暇で; (用具などが)使用されていない, (部屋などが)空いて: ~ time 暇な時(間) / Are you ~ **for** dinner tonight? 今晩は食事がとれる時間がありますか / Do you have a ~ morning this week? 今週は午前中に予定のない日がありますか / Do you have any rooms ~? 空部屋がありますか. **7** 固定しないで, ついていない, (手・足が)自由に動かせる; (…)を離れて (**of**): one's ~ hand 空いている方の手 / The dog was [got, broke] ~. 犬はつないでなかった[放された] / One end of the rope was ~. 綱の一方が結ばれていなかった.

8 (慣習・権威などに)とらわれない, 自由な: ~ composition 自由作文 / a ~ translation (語句にとらわれない)自由訳, 意訳 / ☞ free spirit. **9** P [時にけなして] (度を超すほど)物惜しみしない, 好きなように[むやみに] …する: be ~ **with** money 金離れがよい / My uncle is ~ **with** his advice. 私のおじはやたらと忠告してくれる. **10** のびのびした, くつろいだ (easy); (古風) なれなれしい. **11** (化) 遊離した.

Fèel frée! Ⓢ どうぞ遠慮なく(して下さい): **会話** "May I use your telescope?" "*Feel* ~!" 「あなたの望遠鏡をお借りしてもいいですか」「どうぞ遠慮せずに」

fèel frée to dó 13 [動] [しばしば命令形で] Ⓢ 自由に…してよい: If you want more information, please *feel* ~ *to* ask us. もっとお知りになりたければ, どうぞご遠慮なく私どもにお尋ねください.

for frée [副] 《略式》無料で, ただで: I got this old

TV *for* ~ from my uncle. この中古テレビをおじからただでもらった.
frée and éasy [形] 屈託のない; くつろいだ.
I'll téll you thát for frée. Ⓢ 言っておくけどね《批判的な発言を強調するときに用いる》.
It's a frée cóuntry. Ⓢ [普通は滑稽] ここは自由な国さ(束縛されないよ)《言動の制約を受けたときの返答》.
màke frée with ... [動] [他]《英》…を勝手に使う.
sèt ... frée (from —) [動] [他] 〈…〉を(—から)解放する; 〈…〉を(—から)釈放する: She *set* the bird ~ *from* the cage. 彼女はかごからその鳥を放してやった.
— [副] **1 無料で,** ただで: Members are admitted ~. 会員は無料で入れます / They're giving away samples ~. 無料で見本を配っている. **2** 自由に, 束縛がなく: struggle ~ もがいて自由になる / pull one's arm ~ 引っ張って腕をふりほどく / run ~ (動物が)自由に走り回る / walk [go] ~ (釈放されて)自由の身となる. **3** (ねじなどが)ゆるんで; はずれて. **bréak frée** [動] [自] (…から)自由になる, 逃れる (*from, of*) (☞ [形] 7). **frée and cléar** [副] 借り[制限]なしで, すっかり. **wórk (onesèlf) frée** [動] [自] (ねじなどが)ゆるくなる.
— [動] (**frees** /~z/; **freed** /~d/; **free·ing**) [他] **1** 〈…〉を(—から)自由にする, (束縛などから)解放[釈放]する; (困難などから)救う, 免れさす: She opened the cage and ~*d* the birds. 彼女はかごを開けて鳥を放した / The general **~*d*** the people ***from*** slavery. <V+O+*from*+名・代> 将軍はその人々を奴隷から解放した.
2 〈…〉から(不要なもの・不快なものを)取り除く (rid): **~** one's mind ***of*** worry <V+O+*of*+名・代> 心から心配を取り除く / She opened the window to **~** the kitchen *of* the smell. 彼女は台所からにおいを消すために窓を開けた / A couple of aspirins will **~** you ***from*** the pain. <V+O+*from*+名・代> アスピリンを2錠飲めば痛みがとれるだろう. **3** (物事が)〈人〉に(自由に)…できるようにする (*up*); 〈想像力など〉を自由にはばたかせる: Hiring a housekeeper ~*d* her *to* concentrate on her job. 家政婦を雇ったので彼女は仕事に専念できるようになった. **4** =free up (☞ 成句). **frée úp** [動] [他] (1) 〈時間・金など〉を利用可能にする, 取って[空けて]おく (*for; to* do). (2) =[動] 3.
-free /frí:ˊ/ [接尾] [名詞につけて]「…のない」: tax-*free* 免税の[で] / lead-*free* 無鉛の.
frée ágent [名] [C] 自由に行動できる人; 《主に米》自由契約者[選手, 俳優], フリーエージェント.
frée-as·só·ci·ate /-əsóuʃièɪt, -si-/ [動] [自] 自由連想を行なう.
free associátion [名] [U] **1** 〔心〕自由連想法《被験者に考えや連想を自由に言わせる》. **2** 自由な結社.
frée·bàse 《略式》[名] [U] 純化コカイン. — [動] [自] 純化コカインを吸う. — [他] 〈コカイン〉を純化して吸う.
⁺**free·bie** /frí:bi/ [名] [C] 《略式》ただの物; [形容詞的に] 無料の: on a ~ 無料で / a ~ trip 無料[招待]旅行.
frée·bòard [名] [C,U] 〔海〕乾舷《水線から上甲板の面までの距離》.
free·boot·er /frí:bù:ṭə | -tə/ [名] [C] 略奪者.
frée·bórn [形] 《古風》奴隷でなく生まれた.
Frée Chúrch [名] [C] 《英》非国教派教会.
Frée Chúrch of Scótland [名] [固] [the ~] スコットランド自由教会《安息日厳守主義で知られる》.
freed·man /frí:dmən/ [名] (**-men** /-mən/) [C] (奴隷の身分から解放された)自由民.
⁑free·dom /frí:ḍəm/ [T3] [名] (**~s** /~z/; [形] free) **1** [U] **自由,** 束縛のないこと, 自主独立; [しばしば所有格とともに] 釈放, 自由の身 (☞ 類義語): ~ ***of*** speech 言論の自由 / ~ *of* the press 出版[報道]の自由 / ~ *of* choice 選択の自由 / academic ~ 学問(研究)の自由. ★ 自由の種類をいうときは複数形を用いる: basic ~*s* 基本的自由 / the ~*s* of citizens 市民の自由. **2** [U] 行動の自由, のびのできること; 気まま, 無遠慮: express one's opinions with ~ 遠慮せずに自分の意見を述べる / I want the ~ *to* do what I like. 自分のやりたいことをする自由が欲しい. **3** [the ~] 出入りの自由, 自由使用権: The students have *the* ~ of the library. 学生は図書館を自由に利用できる. **4** [U] (義務・心配・じゃまなどが)ないこと, 免除, 解放: ~ *from* poverty 貧困からの解放. **fréedom of informátion** [名] 情報公開. **gíve ... ...'s fréedom** [動] [他] (裁判ざたにせずに)〈…の〉離婚の求めに応じる. **gíve ... the fréedom of the cíty [tówn]** [動] [他] 《英》〈…を〉名誉市民にする.
【類義語】**freedom** 最も広い意味を持ち, 抑圧も拘束もなく自由を得ていることを意味する: *freedom* of religion 宗教[信仰]の自由. **liberty** *freedom* よりやや改まった感じの語; ほぼ同じ意味で用いることも多いが, まだ抑圧され拘束されていて自由がないか, あるいは自由がおびやかされる危険のあることを暗示することがある: Give me *liberty*, or give me death! われに自由を与えよ, しからずんば死を与えよ《Patrick Henry のことば》. **license** 自分のしたいことをする「放縦」の意: sexual *license* 性的放縦.
⁺**fréedom fìghter** [名] [C] (専制政治と戦う)自由の戦士《支持者の用いる好意的呼び方; ☞ terrorist》.
Fréedom of Informátion Àct [名] [固] [the ~] 《米》情報公開法《政府情報の原則公開を定める; 1966年制定; [略] FOIA》.
fréedom sòng [名] [C] (体制への)抗議の歌.
⁺**frée énterprise** [名] [U] 自由企業体制.
frée fáll [名] **1** [U] 自由落下《重力のみによる》; パラシュートが開くまでの降下. **2** [[U] または a ~] (価格の)暴落: *in* ~ 暴落して / go into (*a*) ~ 暴落する.
frée-fàll [動] [自] 自由落下する; 急落する.
frée-fàlling [形] 暴落する.
frée-flóating [形] [A] **1** 自由に動く[漂う]; (為替相場などが)変動的な. **2** 主義[組織]に縛られない, 中立的な. **3** (不安が)漠然とした.
Free·fone /frí:fòun/ [名] [U] =Freephone《商標》.
frée-for-àll [名] [単数形で] 《略式》飛び入り自由の競技[討論]; 無統制[野放し]状態; 乱闘(騒ぎ).
frée-fòrm [形] [A] (作品・討論などが)形式の自由な.
frée gíft [名] [C] (販売促進のための)景品.
frée·hànd [形] [A], [副] (器具を用いず)手描きの[で].
frée hánd [名] [a ~] 自由裁量. **gèt [hàve] a frée hánd** [動] [自] 自由裁量権を得る[がある] (*in, with*). **gíve ... a frée hánd** [動] [他] 〈…に〉行動の自由を与える.
frée·hòld 《英》〔法〕[名] [U,C] (不動産の)自由保有権 (*of, on*). — [形] 自由保有(権)の. — [副] 自由保有で.
frée·hòlder [名] [C] 《英》〔法〕(不動産の)自由保有権保有者.
frée hòuse [名] [C] 《英》フリーハウス《特定のビールではなく数種のビールを扱う居酒屋・パブ; ☞ tied house》.
⁺**frée kíck** [名] [C] 〔サッカーなど〕フリーキック.
⁺**frée·lànce** [形] [普通は [A]], [副] (作家・俳優・記者などが)自由契約の[で]. — [動] [自] 自由契約で仕事をする. — [名] [C] フリーで仕事をする人, フリーランサー.
frée·lànc·er [名] [C] =freelance.
frée·lóad [動] [自] 《略式》[軽蔑] やたらと人にたかる; 居候(いそうろう)をする (*on, off*).
frée·lóad·er [名] [C] 《略式》[軽蔑] たかり屋; 居候(いそうろう).
frée lóve [名] [U] 《古風》自由恋愛.
frée lúnch [名] [C] 無料の昼ごはん; 代償なしにもらえるもの: There's no (such thing as a) ~. 《ことわざ》Ⓢ [滑稽] ただで[努力しないで]手に入るいいものなんてない.
⁎free·ly /frí:li/ [副] **1 自由に,** じゃまされずに; 意訳で; 容易に: You can enter and leave the library ~. 皆

F

さんは自由に図書館に出入りできる / This information is ~ available. この情報は簡単に手に入ります。
2 遠慮なく; 進んで, 喜んで: Speak ~. 遠慮せずに話しなさい / I ~ admit that I was wrong. 私が間違っていたと率直に認めましょう。**3** 気前よく, 惜しげもなく。
frée·man /fríːmən/ 名 (-men /-mən/) C **1** 《英》名誉市民 (*of*). **2** 《古風》(奴隷でない)自由民。
frée márket 名 《経》(自由競争で価格が決まる)自由市場: a ~ economy 自由市場経済(機構)。
frée marketéer 名 C 自由市場主義者。
Free·ma·son /fríːmèɪsn/ 名 C フリーメーソンの会員《会員相互の友愛と善行を重んじる国際的な秘密結社の会員》(Mason).
Free·ma·son·ry /fríːmèɪsnri/ 名 U **1** フリーメーソンの主義[制度, 慣行]; フリーメーソン《全体》(Masonry). **2** [f-] 暗黙の友愛, 仲間意識 (*of*).
frée párdon 名 C 《英》《法》恩赦, 特赦。
frée páss 名 C 無料入場券; 無賃乗車券。
frée périod 名 C 《英》(学校の)自由時間。
Frée·phòne 名 U 《英》受信人払いの電話, フリーダイヤル《会社が負担》(☞ toll-free).
frée pórt 名 C 自由港。
Frée·pòst 名 U 《英》(郵便の)料金受取人払い。

‡**frée·er** /fríːə | -ə/ 形 *free* の比較級。

frée rádical 名 C 《化》遊離基, フリーラジカル《癌(*ガン*)の発生に絡むとされる》。
frée-ránge 形 A (鶏などが)放し飼いの; (卵・肉が)放し飼いの鶏の (☞ battery 5).
frée réin 名 C 自由裁量 (☞ rein 2).
frée ríde 名 C 労せずに得る利益[利便]: get [take] a ~ on … …でただ乗りのようなことをする。
free·si·a /fríːʒiə | -ziə/ 名 C 《植》フリージア。
frée skáte [skáting prógram] 名 U 《フィギュアスケート》のフリープログラム。
frée spéech 名 U 言論の自由。
frée spírit 名 C [普通は単数形で] (しきたりにとらわれない)自由人, 気ままな人。

‡**fre·est** /fríːɪst/ 形 *free* の最上級。

frée·stánding 形 **1** (建物などが)支えなしで立っている。**2** (組織などが)独立の, 他に依存しない。
⁺**frée·style** 名 **1** [単数形で] 自由形(の競泳); (レスリングなどの)フリースタイル競技; [形容詞的に] フリースタイルの。関連 backstroke 背泳ぎ / breaststroke 平泳ぎ。**2** C 即興で歌うラップ。— 副 フリースタイルで。
frée·thínker 名 C [ほめて] 自由思想家。
frée·thínking 名 U, 形 《古風》自由思想(の)。
frée thrów 名 C 《バスケ》フリースロー。
frée-to-áir 形 《英》(テレビ番組が)視聴料無料の。
Free·town /fríːtaʊn/ 名 固 フリータウン《シエラレオネの首都》。
frée tráde 名 U, 形 自由貿易(の)。
frée vérse 名 U 自由詩。
frée vóte 名 C 《英》(党に縛られない)自由投票。
frée·wàre 名 U 《電算》フリーウェア《無料で使えるソフトウェア》(☞ shareware).
‡**frée·way** /fríːweɪ/ 名 (~s /-z/) C 《米》高速道路 (☞ highway 《日英比較》; 《英》motorway): drive along a ~ 高速道路を車で行く。
frée·wheel 動 ⾃ (下り坂などで)車[自転車]を惰性で走らせる。— 名 C (自転車の)自由回転装置。
frée·wheel·ing 形 A 《略式》自由奔放に行動する, 気ままな; 規則に縛られない。
⁺**frée wíll** 名 U 自由意志(説). **of one's ówn frée wíll** [副] 自分の自由意志で。
frée wórld 名 [the ~] 自由世界《非共産圏》。

***freeze** /fríːz/ (同音 frieze) 動 (**freez·es** /-ɪz/; 過去 **froze** /fróʊz/; 過分 **fro·zen** /fróʊz(ə)n/; **freez·ing**; 反 unfreeze)

─── 自他 の転換 ───
自 **1** 凍る (to change into ice)
他 **1** 凍らせる (to cause (something) to change into ice)

── 自 **1** (物が)凍る, 凍りつく; (植物が)霜で枯れる (*up*): The lake *froze*. 湖が凍った / The juice has *frozen* solid. <V+C(形)> ジュースがこちこちに凍った / Water ~s at zero degrees Celsius. 水は摂氏0度で凍る (☞ Fahrenheit 表). 関連 thaw, melt 溶[解]する。
2 [it を主語として; ☞ it¹ A 2] (気温が)氷点下になる, 氷が張る: It *froze* hard last night. <V+副> ゆうべは(水が張るほど)ひどく冷え込んだ。
3 (S) (人が)凍えるほど寒い, 凍死する: I am *freezing*! 寒くて凍(*コゴ*)えそうだ。**4** (機具などが)(凍って)動かなくなる, (コンピュータースクリーンが)反応しなくなる, フリーズする: The engine has *frozen*. エンジンが凍って動かなくなった / The screen has *frozen*. 画面が反応しなくなった。**5** (凍りつくように)堅くなる, こわばる; (体が)すくむ, ぞっとする: My blood *froze* at the sight. その光景を見て血が凍った[ぞっとした]。**6** 急に立ち止まってしゃっとする): "F~!" the gunman said. 「動くな!」と殺し屋は言った。**7** [副詞(句)を伴って] 冷蔵(*れいぞう*)がきく: Does this food ~ well? この食べ物は冷凍がききますか。

── 他 **1** (…)を凍らせる; 凍(*コゴ*)えさせる: The very low temperature *froze* the water in the lake. 非常に低い気温で湖の水が凍った。
2 (食べ物など)を冷凍する: They *froze* meat to eat a month later. 彼らは1か月後に食べる肉を冷凍した。**3** (資産・物価・賃金など)の…, (…)の運用を禁止する。**4** (…)を凍結[寒ざ]で動かなくする; (コンピュータースクリーン)をフリーズする。**5** (映像)をコマ止めする。**be frózen** 成句。**frèeze óut** [動] 他 (人)を(活動などから)締め出す (*of*). **frèeze óver** [動] 自 一面に氷が張る。**frèeze …'s blóod =màke …'s blóod frèeze** [動] (恐怖などで)…をぞっとさせる。**frèeze to déath** [動] 自 凍え死ぬ; (S) 凍えるほど寒い (☞ frozen 成句). ─ 他 (…)を凍死させる。**frèeze úp** [動] 自 (1) 凍りつく; (機具などが)(凍って)動かなくなる。 (2) (緊張して)こちこちにあがる。 ─ 他 (…)を凍りつかせる。

── 名 C **1** (物価・賃金などの)凍結; (活動などの)停止 (*on*): a nuclear ~ 核兵器の凍結 / a price ~ 価格凍結。**2** [普通は単数形で] 《米》(夜間の)冷え込み; 氷結 《英》(氷点下になる)厳寒(期), 寒波: There was a big ~ last week. 先週はひどい冷え込みがあった。

frèeze-dríed 形 冷凍乾燥の。
frèeze-drý 動 (**-dries**; **-dried**; **-dry·ing**) 他 [普通は受身で] (食品)を冷凍乾燥する。
frèeze-fràme 名 U (映像の)コマ止め; C コマ止め[静止]画面。 ─ 他 (映像)をコマ止めする。
***freez·er** /fríːzə | -zə/ 名 (~s /-z/) C **1** 冷凍庫 (deep freeze) (☞ kitchen 挿絵): keep frozen food in a ~ 冷凍庫に冷凍食品を保存する。関連 refrigerator, 《略式》fridge 冷蔵庫。
2 《米》(冷蔵庫内の)冷凍室, フリーザー。
frèezer bág 名 C 冷凍用ポリ袋。
frèezer compártment 名 C 《英》=freezer 2.
⁺**freez·ing** /fríːzɪŋ/ 形 **1** 凍るような, 凍りつくように寒い: It's ~ tonight. 今夜は凍えるほど寒い。**2** A 摂氏0度以下の; 着氷性の。 ─ 名 U 摂氏0度: It's well below ~ outside. 外は0度を相当下回っている。
frèezing cóld 形 =freezing 1.
frèezing póint 名 **1** U 摂氏0度。**2** C [しば

しば the ~》氷点. 参考 水の氷点は華氏32度, 摂氏0度（☞Fahrenheit 表）. 関連 boiling point 沸点 / melting point 融点.

Fre·ge /fréigə/ 名 Gottlob /gɔ́ːtloup/ ~ フレーゲ (1848-1925)《ドイツの数学者；数理論理学の祖》.

*__freight__ /fréit/ 名 12 (freights /fréits/) **1** ⓤ 《水上運送・陸上運送・空輸の》貨物, 積み荷《☞cargo, goods》, 貨物運送: The truck is loaded with heavy ~. トラックは重い荷を積んでいる / Our company also handles ~. 当社は貨物輸送も扱います. **2** ⓤ 《貨物の》運賃. **3** ⓒ 《米》= freight train. **by (áir [séa]) fréight** [副]《航空[海上]》貨物便で: We sent the order (by) air ~. 注文品を航空便で送りました《by を略すことがある》. ── 動 他 **1** 〈…〉を運送する, 積み出す. **2** 《普通は受身で》《文》〈ことばなど〉に〈意味・感情などを〉込める《with》.

fréight càr 名 ⓒ 貨車《英》goods waggon》: an enclosed ~ 有蓋(ゆうがい)貨車《英》van) / an open ~ 無蓋貨車《英》truck, waggon).

†__fréight·er__ /fréitə/ -tə/ 名 ⓒ 貨物船；貨物機.

fréight·lin·er 名 ⓒ 《英》コンテナ専用貨物列車 (liner (train))《商標》.

fréight tòn 名 ⓒ 運賃トン《普通は40立方フィートの容積トン》.

fréight tràin 名 ⓒ 貨物列車《英》goods train).

Fré·mont /fríːmɑnt/ -mɔnt/ 名 John C. ~ フリーモント (1813-90)《米国の軍人・探検家》.

*__French__ /fréntʃ/ 形 (名 France) **1** フランスの, フランス人の, フランス製の, フランス系の《略 Fr；☞France 表》: a ~ Canadian フランス系カナダ人 / She is ~. 彼女はフランス人[系]です.
2 フランス語の: the ~ language フランス語 / She speaks Japanese with a ~ accent. 彼女はフランス語なまりで日本語を話す.
── 名 **1** ⓤ フランス語《☞France 表》: Canadian ~ カナダのフランス語 / Both ~ and English are spoken in Canada. カナダではフランス語も英語も話されている.
2 《the ~ として複数扱い》**フランス人**《全体》, フランス国民《☞the⁵ 5 語法》；フランス人: The ~ love art. フランス人は芸術を愛好する. **Párdon [Excúse] my Frénch.** ⓢ きたない言葉を使って失礼.

Frénch béan 名 ⓒ 《英》= green bean.
Frénch bráid 名 ⓒ 《米》編み込みのお下げ髪《英》French plait).
Frénch bréad 名 ⓤ フランスパン.
Frénch Cánada 名 ⓤ フランス系カナダ《フランス系人が優位を締める地域, 特に Quebec 州》.
Frénch Canádian 名 **1** ⓒ フランス系カナダ人. **2** ⓤ = Canadian French.
Frénch chálk 名 ⓤ チャコ《洋裁で布地に線を引くのに用いられるチョーク》.
Frénch dóors 名 《複》= French windows.
Frénch dréssing 名 ⓤ 《米》フレンチドレッシング《酢・油・塩・香料入りのサラダドレッシング》；《米》マヨネーズとケチャップを混ぜた（オレンジ色の）ドレッシング.
Frénch frý 名 ⓒ 《普通は複数形で》《米》フレンチフライ, フライドポテト《細長く切ったじゃがいもの揚げ物》《英》(potato) chips). 日英比較 普通 fried potato とは言わないが, French-fried potatoes と呼ぶことがある. ── 動 他 《普通は受身で》〈…〉をフレンチフライにする.
Frénch Guiána /-giǽnə/ -giɑ́ː-/ 名 固 仏領ギアナ《南米北東岸にあるフランスの海外領》.
Frénch hórn 名 ⓒ フレンチホルン《渦巻き形でバルブ付きの金管楽器；単に horn ともいう》.
Frénch kiss 名 ⓒ フレンチ［ディープ］キス《舌と舌をからめ合うキス》. ── 動 自 〈…に〉フレンチキスをする.
Frénch léave 名 ⓤ 《古風》無断退出[欠勤].

frequent flier 691

Frénch létter 名 ⓒ 《古風, 英》= condom.
Frénch lóaf 名 ⓒ 《英》= French stick.
*__Frénch·man__ /fréntʃmən/ 名 (-men /-mən/) ⓒ フランス人；フランス人《男性》《☞Frenchwoman, France 表》: Helen's boyfriend is a ~. ヘレンの恋人はフランス(系)人です.
Frénch pláit 名 ⓒ 《英》= French braid.
Frénch pólish 名 ⓤ フランスワニス《家具用》. ── 動 他 〈家具〉にフランスワニスをぬる.
Frénch Quàrter 名 [the ~] フレンチクォーター《米国 Louisiana 州 New Orleans 市の一画で元々フランス人が定住した地域》.
Frénch Revolútion 名 [the ~] フランス革命 (1789-99)《王制が倒れ共和制となった》.
Frénch Riviéra 名 固 [the ~] = Riviera.
Frénch séam 名 ⓤ 《裁縫の》袋縫い.
Frénch stíck 名 ⓒ 《英》フランスパン (French bread) の細長いひと塊.
Frénch tóast 名 ⓤ フレンチトースト《牛乳と卵に浸しフライパンで焼いたトースト》.
Frénch wíndows 名 《複》フランス窓《庭やバルコニーに面した観音開きのガラス窓；ドア兼用》.
*__Frénch·wom·an__ /fréntʃwùmən/ 名 (-women /-wìmən/) ⓒ フランス人[系]の女性《☞Frenchman, France 表》.
*__fre·net·ic__ /frənétɪk/ 形 熱狂的な, ひどく活発な, せわしい. **-net·i·cal·ly** /-kəli/ 副 熱狂して, せわしく.

French windows

†__fren·zied__ /frénzid/ 形 Ⓐ 熱狂した, ひどく興奮した, 必死の. **~·ly** 副 熱狂的に.

†__fren·zy__ /frénzi/ 名 ⓒⓤ 《しばしば a ~》狂乱(状態), 乱心；熱狂；突然のせわしい動き: a shopping ~ 買い物騒ぎ[合戦] / ☞feeding frenzy. **in a frénzy** [形・副]《…のあまり》狂気のようになって, 大騒ぎして (of).

Fre·on /fríːɑn/ -ɔn/ 名 ⓤ フレオン, フロン(ガス)《無色無臭のガスで冷媒・スプレー用；商標》.

freq. = frequency, frequently.

*__fre·quen·cy__ /fríːkwənsi/ 名 (-quen·cies /-z/; 形 fréquent¹；反 infrequency) **1** ⓤ《時に a ~》《たびたび行われる》回数, 頻度, 度数: The ~ of crime in this town is high [low]. この町における犯罪の発生率は高い[低い].
2 ⓤ しばしば起こること, 頻繁さ: the ~ of earthquakes in Japan 日本における地震の頻発さ. **3** ⓒⓤ《物理・無線》周波数(帯)《略 freq.》: high [low] ~ 高[低]周波. **with increásing fréquency** [副] ますます頻繁に.

fréquency distribùtion 名 ⓒ 《数・統》度数[頻度]分布.

fréquency modulátion 名 ⓤ = FM.

*__fre·quent¹__ /fríːkwənt/ 形 ★動詞の frequent² とのアクセントの違いに注意. 11 比較 形 frequency, frequent²；反 infrequent) たびたびの, たびたび起こる, 頻繁な；Ⓐ しばしば…する(人), 常習的な: ~ visits to Japan 日本へのたびたびの訪問 / a ~ visitor to Japan 日本をしばしば訪れる人 / Typhoons are ~ in Japan. 日本には台風がしょっちゅう来ます. 語源 ラテン語で「混んでいる」の意.

*__fre·quent²__ /fríːkwént/ 動 他 ★形容詞の frequent¹ とのアクセントの違いに注意《形 frequent¹》《格式》〈…〉にしばしば行く, 〈…〉を頻繁に訪問する.

fréquent flíer 名 ⓒ 飛行機をよく利用する客, 《特に航空会社の》マイレージサービスに登録された乗客《搭乗距離の累計に応じて特典が得られる》；[形容詞的に] マイ

レージサービスの.

fre·quent·ly /fríːkwəntli/ 副 **1** しばしば, たびたび (often), しきりに (国 freq.; ☞ always 囲み): He ~ visits the place. 彼はよくその場所を訪れる. 語法 often に比べて特に短期間に頻繁に行なわれることを示す. **2** [複数名詞とともに] …のことが多い: Children ~ dislike carrots. 子供はにんじんが嫌いなことが多い.

fres·co /fréskou/ 名 (~(e)s) **1** C (しっくい壁面に水彩で描いた)フレスコ壁画. **2** U フレスコ画法.

fresh /freʃ/ (類音 flash, flesh) 形 (**fresh·er**; **fresh·est**; 動 fréshen)

```
          →（口にするものが）「新鮮な」1 →
「新しい」3→  →「生の」2→（下略でない）
          →「塩気のない」6
          →（新しい感じを与える）→「鮮明
             な」5→「さわやかな」4
```

1 新鮮な, みずみずしい, できたての; (野菜・花など取り) [摘み]たての (反 stale): ~ eggs 生みたての卵 / ~ fruit 新鮮な果物 / Eat ~ vegetables. 新鮮な野菜を食べなさい / Is this milk ~? この牛乳は新しいですか(古くなっていませんか) / This bread is ~ *from* [*out of*] the oven. <A+*from* [*out of*]+名・代> このパンはかまどから出したてだ / Jane is ~ *out of* college. ジェーンは大学を出たて(の) 成句.

2 A [比較なし] **生の**(塩漬けや冷凍でない): ~ fruit 生の果物 / ~ meat 生肉.

3 [普通は A] [比較なし] 新しい, 最新の; 新規の, 新規まき直しの, 別な; (服が)おろしたての, ぱりっとした, 清潔な; 新しい [evidence] 新しい考え [証拠] / make a ~ start 再出発する / Is there any ~ news of the crash? 墜落事故について新しいニュースはないか / I'll make a ~ cup of coffee. 新しくコーヒーを1杯いれましょう.

4 さわやかな, すがすがしい; (天気が)冷涼な, ひんやりとした; (風が)冷たく強い: The air was ~ and cool. 空気はさわやかで冷たかった // ☞ fresh air.

5 (印象などが) **鮮明な**, 生々しい; (表情などが)生き生きとした, 若々しい, 元気な, 活発な; (色が)鮮明な: ~ impression 生々しい印象 / a ~ complexion 健康そうな顔色 / She always looks ~, even after working all night. 徹夜した後でさえ彼女はいつ見ても元気そうです // fresh in …'s mind (☞ mind 名 3用例).

6 A [比較なし] (水などが)**塩気のない** (反 salt): ~ water 真水, 淡水. **7** P (略式) ずうずうしい: gèt [bé] ~ *with* …(人)に生意気な口をきく; (古風)(異性)に対してなれなれしくする. ― 副 新しく, 新たに; [合成語で] …したての (⇔ freshly): ~-baked bread 焼きたてのパン / ~-ground coffee ひきたてのコーヒー. **frésh òut of** … [形] S (略式, 主に米) …を使い [売り]尽くしたばかりで (☞ 形 1).

†**frésh áir** 名 C (戸外の)新鮮な空気. **in the frésh áir** [副] 野外で.

fresh·en /fréʃən/ 動 (形 fresh) 他 **1** (物)を新鮮にする, さっぱりさせる; <…の>外見を新たにする, 模様変えをする (up). **2** (主に米) (飲物)に液体[(特に)アルコール]を注ぎ足す (up; with). ― (風が)強くなる, 冷たくなる. ~ **onesèlf úp** [動] (1) (入浴・着替えなど)さっぱりする, こざっぱりする (2) (浴)(oneself) úp [動] 他 (1) (入浴・着替えが)(人)をさっぱりした気分にさせる: A shower will ~ you *up*. シャワーを浴びたらさっぱりしますよ. (2) = brush up.

fresh·en·er /fréʃ(ə)nə|-ʃ-/ 名 C,U [主に合成語で] (…を)新鮮にする物: (an) air ~ 芳香スプレー[剤].

fresh·er /fréʃə|-ʃə/ 名 C (英略式)(大学・短大の)新入生; 1年生.

fresh-fàced 形 初々しい[若々しい]顔をした.

†**frésh·ly** /fréʃli/ 副 [過去分詞を修飾して] 新たに, 新しく (☞ fresh 副): ~ bakéd bread 焼きたてのパン.

†**frésh·man** /fréʃmən/ 名 (-men /-mən/) C (米) (大学・高校の)1年生, 新入生 (女子学生も含む; ☞ senior 表); (英) (単科)大学・専門学校の)1年生: a ~ *at* the University of Tokyo 東京大学の1年生. 日英比較 日本では新入社員も「フレッシュマン」ということがあるが, 英米では普通 freshman とは言わない.

frésh·ness 名 U 新鮮さ; 新しさ; さわやかさ.

†**frésh·wàter** 形 淡水(性)の, 淡水産の: ~ fish 淡水魚. 関連 saltwater 塩水の.

Fres·no /fréznou/ 名 固 フレズノ (米国 California 州中部の都市).

†**fret**[1] /frét/ 動 (**frets** /fréts/; **fret·ted** /-tɪd/; **fret·ting** /-tɪŋ/; 形 frétful) 自 (…のことで)やきもきする, いらだつ; 悩む; (赤ん坊が)ぐずる (*for*). 言い換え He kept *fretting about* [*over*] his defeat. = He kept *fretting that* he had been defeated. 彼は負けたことでずっとくよくよしていた.

fret[2] /frét/ 名 C (楽) (ギターなどの)フレット (指板上の音程を決める仕切り).

fret·ful /frétf(ə)l/ 形 (動 fret[1]) いらだった, 気難しい, ぐずる. **-ful·ly** /-fəli/ 副 いらだって, ぐずって. **~·ness** 名 U いらだち.

frét sàw 名 C (引き回し細工用の)糸のこ.

fret·ted /frétɪd/ 形 **1** 雷文(らいもん)で飾った; 格子模様にした. **2** (ギターなどに)フレット (fret[2]) をつけた.

frét·wòrk 名 U (雷文などの)引き回し細工; (天井などの)雷文細工.

Freud /fróɪd/ 名 固 Síg·mund /zíːgmʊnt/ ~ フロイト (1856-1939) (オーストリアの精神分析学者).

Freud·i·an /fróɪdiən/ 形 **1** フロイトの, フロイト学派の. **2** (発言・行動などが主に性的な)潜在意識から生じた, つい本心の出た.

Freud·i·an·is·m /fróɪdiənìzm/ 名 U フロイト学説, 精神分析学説.

Fréudian slíp 名 C 本心が出た失言.

*Fri. 金曜日 (Friday).

fri·a·ble /fráɪəbl/ 形 [格式] 砕けやすい, もろい.

fri·ar /fráɪə|fráɪə/ 名 C (カトリック) 托鉢修道士 (世間に出て旅をした; ☞ monk).

Fríar Túck /-tʌ́k/ 名 固 修道士のタック (Robin Hood の話などに登場する太って陽気ななんくさ修道士).

fri·ar·y /fráɪəri/ 名 (-ar·ies) C 修道士の修道院.

fric·as·see /fríkəsìː/ 名 C,U フリカッセ (鶏・子牛・うさぎなどの細切り肉をホワイトソースで煮込んだ料理). ― 動 (~s; -as·seed; -see·ing) 他 (肉)をフリカッセ料理にする.

fric·a·tive /fríkətɪv/ 音声 名 C 摩擦音 (/f/, /v/, /θ/, /ð/, /s/, /z/, /ʃ/, /ʒ/, /h/). ― 形 摩擦音の.

frick·ing /fríkɪŋ/ 形, 副 (米略式) =freaking.

†**fric·tion** /fríkʃən/ 名 **1** U 摩擦: the ~ of the rope *against* the fence ロープがフェンスに当たって[こすれて]起きる摩擦. **2** U,C あつれき, 不和 (*with*); trade [economic] ~ *between* Japan and the United States 日米間の貿易[経済]摩擦.

fríction tàpe 名 U (米) 絶縁テープ.

*Fri·day /fráɪdeɪ, -di/ 名 (~s /-z/) ★ 詳しい説明は ☞ Sunday. **1** 金曜日 (略 F., Fri.; ☞ week 表; proper noun 文法 (4) (i)): Today is ~ [a cool ~]. 今日は金曜日[涼しい金曜日]だ / *on* ~ (いつも)[大抵])金曜日に(は); (この前[次]の)金曜日に / *on* ~*s* = every ~ いつも金曜日に / last [next] ~ (この前[次]の)金曜日に (1) 米英では一般に週給制なので, 金曜日の午後に給料をもらう. (2) 13日の金曜日 (Friday the thirteenth) は不吉だという迷信がある.

2 [形容詞的に] 金曜日の: on ~ morning [afternoon] (この前[次]の)金曜日の朝[午後]に (☞ on 前 3

fridge /fríʤ/ 名 (frídg·es /~ɪz/) C《米》(refrigerator): Put the milk in the ~. 牛乳を冷蔵庫に入れてください. 関連 freezer 冷凍庫. 語法《米》では refrigerator の方が普通.

fridge-freezer 名《英》冷凍冷蔵庫.

frídge màgnet 名 C (冷蔵庫につける)メモ止め用マグネット.

fried /fráɪd/ 動 fry¹ の過去形および過去分詞.
— 形 1 油でいためた[揚げた], フライにした, (卵が)目玉焼きにした: ~ chicken フライドチキン. 2《米俗式》へとへとに疲れた. 3《米俗》酔った, ラリった.

Frie·dan /friːdǽn, friːdn/ 名 固 Betty ~ フリーダン (1921-2006)《米国の女性解放運動の指導者》.

Fried·man /fríːdmən/ 名 固 Milton ~ フリードマン (1912–)《米国の経済学者》.

friend /frénd/ 名 (friends /fréndz/; 形 friend·ly) C 1 友, 友人《⇒ 類義語》: my ~ Sam 私の友人のサム / a pen ~《英》ペンフレンド (pen pal) / a family ~=a ~ of the family 家族ぐるみでつきあっている友だち / Tom is *a ~ of mine*. トムは私の友だちです《初めての人のことを話題にするとき; ⇨ of mine (mine¹ 成句)》/ We are great [good, close] ~s. 我々は親友だ / Kate and I are *just (good) ~s.* ⓢ ケートと僕は別に特別な関係じゃないよ[ただの友だちだよ].

2 味方 (反 enemy), 後援者, 支持者; 友好[同盟]国: He was a good ~ *of* the poor. 彼は貧しい人たちのよい味方であった《⇨ the³ 3》/ The President is a ~ *of* the arts. 大統領は芸術のよき理解者である / I'm *no ~ of* Fascism. 私はファシズムには断固反対だ.

3 連れ, 仲間, 同志: A [The] dog is man's best ~. 犬は人間の最良の友である. / You're among ~s here. みんなここにいるのは仲間だ.

4 [*our* [*your*] ~ などの形で名前を知らない無礼な人を指して] ⓢ [皮肉または《滑稽》] (例の)やつ; [演説などでの呼びかけで] (格式) 皆さん, 友よ; [名前を知らない人に親しみをこめて呼びかけるとき my ~ として] あなた: *my* learned ~《英》博学なる友《法廷などでの弁護士どうしの敬称》/ *Our* ~ next door is noisy. 隣のやつはうるさい. **5** [F-] フレンド会員 (俗に Quaker という; ⇨ Society of Friends).

語源 古(期)英語で「愛する人」の意.

a fríend in néed 名 ⇨ in need (need 名 成句) の用例.

be fríends (agàin) [動] ⟨自⟩ 仲直りする.

be fríends with ... [動] ⟨他⟩ ...と親しい: I have been ~s with his family for a long time. 私はずっと前から彼の家族とは親しくしています.

Fríends of the Éarth 名 地球の友《世界規模の環境保護団体》.

màke fríends [動] ⟨自⟩ (1) 友だちができる: Tom is a lively boy and *makes* ~ easily. トムは元気のよい少年ですぐ友だちができる. (2) 仲直りする.

màke fríends with ... [動] ⟨他⟩ ...と親しくなる: I *made* ~s with an American woman at the party. 私はパーティーである米国人の女性と親しくなった.

the bést of fríends 名 この上なくよい友だち同士.

Whát are fríends fór?=Thát's what fríends are fór. [礼を言う友人に対して] ⓢ 友だちだから当たり前だろう.

With fríends líke that [yóu], whó nèeds énemies? ⓢ《滑稽》友だちともあろうものが(ひどいことをする[言う]).

【類義語】**friend** 最も一般的な語で, 敵意を抱いていない人という意味から, 親しい愛情を持っている人までのすべての人に用いられ, 日本語の「友人」よりは範囲が広い. **acquaintance** 面識があり, ことばを交わす程度の人間の友人. また friend と対比される場合には friend ほど付き合いの深くない知人をいう. **companion** 親しい友人, または単なる知人のいずれにも用いるが, いずれの場合も同意している友人, または同じ場所にいる友人のことを表わす. **comrade** 苦楽を共にする友人・同志のこと. **pal** 仲間や友人を表わすくだけた感じの語.

fríend·less 形 《文》友のない, 孤独な.

fríend·li·ness /fréndlinəs/ 名 U 友好, 親善.

friend·ly /fréndli/ 形 (**fríend·li·er** /-liɚ | -liə/; **fríend·li·est** /-liɪst/; 名 friend; 反 unfriendly) **1** (...に対して)好意的な, 親切な, 優しい; 人なつっこい; 好意的にふるまう: a ~ welcome 温かい歓迎 / a ~ smile 人なつっこい笑い顔 / a ~ atmosphere 友好的な雰囲気 / Emmie is ~ *to* [*toward*] everybody. エミーはだれにでも親切です / That was ~ *of* you. どうもご親切に.

2 (...と)親しい, 友人関係にある, 友好的な, 親しい態度の (反 hostile): a ~ nation 友好国 / a ~ game [match] 親善試合 / (a) ~ rivalry 友好的な競争 / a ~ takeover《商》合意の上の企業買収 / You must be ~ *with* your neighbors. <A+*with*+名・代> 近所の人とは仲よくしなければなりません / I am on ~ terms *with* Dr. Long. 私はロング博士とは親しい間柄です.

3 味方の, (...を)支持する.
— 名 (**fríend·li·es**) C《英》親善試合.

-friend·ly /fréndli/ 形 [合成語で] ...にやさしい, ...に好都合の, ...本位の: a user-*friendly* computer 使いやすいコンピューター / environment-*friendly* products 環境にやさしい製品.

fríendly fíre 名 U《軍》友好爆撃[砲撃, 射撃]《味方に被害を与える誤爆・誤射》.

fríendly society 名 C《英》共済組合.

friend·ship /fré(n)dʃɪp/ 名 (~s /~s/) **1** C (個々の)友情, 交友関係[期間] (with, between); U 友愛; (友人としての)交際, 友情: a close [lasting, lifelong] ~ 親しい[長く続く, 一生涯の]友情 / Nothing is as valuable as ~. 友情ほど貴重なものはない / I will never forget our ~. 私は決して私たちの友情を忘れません / She has Bill's ~. 彼女はビルを友だちにしている.

━━ コロケーション ━━
destroy a *friendship* (友人たちの)仲を裂く, 絶交させる
cement a *friendship* 固い友情を結ぶ
form [**strike up**] a *friendship* 友だちになる

2 U,C (国などの間の)親交, 友好関係: promote ~ *with* ... ...との友好を促進する.

fri·er /fráɪɚ | fráɪə/ 名 = fryer.

fries /fráɪz/ 動 fry¹ の三人称単数現在形.
— 名 [複] 《主に米》フライドポテト (French fries).

Frie·sian /fríːʒən | -ziən/ 名 C 《主に英》=Holstein.

frieze /fríːz/ 名 C《建》フリーズ, 小壁《彫刻を施すことが多い》; (学校などの)装飾画[模様].

frig /fríɡ/ 動 [次の成句で] **fríg abóut [aróund]** [動] ⓢ《卑, 主に英》ぶらぶら[ちんたら]する. — ⟨他⟩ ⟨人⟩をぞんざいに扱う.

frig·ate /frígət/ 名 C **1**《海軍》フリゲート艦《小型・中型の高速軍艦・護衛艦》. **2** (18-19 世紀の)木造の快速帆走軍艦.

frígate bìrd 名 C 軍艦鳥《ぐんかんどり》.

frig·ging /frígɪŋ/ 形 A, 副 ⓢ《卑》くそいまいましい[く], ひどい[く].

frigate 2

fright /fráɪt/ 名 (動 frighten, 形 frightful) **1** U (突然の)恐怖, 激しい驚き; [単数形で] 恐ろしい経験《⇨

fear 類義語》. **2** [単数形で]《古風, 略式》ひどく醜い[こっけいな]人[物]. **gèt [hàve] a fríght** [動] [自] 恐怖に襲われる, ぎょっとする. **gèt [hàve] the fríght of one's lífe** [動] [自]《略式》死ぬほどびっくりする. **gíve ... a fríght** [動] [他] 〈…を〉恐れさす[どきりとさせる]. **gíve ... the fríght of one's lífe** [動] [他]《略式》〈人を〉死ぬほどびっくりさせる. **lóok a fríght**《古風, 略式》ひどい, 変である. **tàke fríght** [動] [自] (1) [W] ぎょっとする, おびえる (*at*). (2) おじけづく, ひるむ. **with [in] fríght** [副] 怖がって, びくびくして.

fright·en** /fráɪtn/ [動] (**fright·ens** /~z/; **fright·ened** /~d/; **-en·ing**; [名] fright) [他] **1** [しばしば受身で]〈…〉を怖がらせる, ぎょっとさせる, びっくりさせる (☞ 類義語): The barking dog *~ed* the mailman. 吠えかかる犬に郵便配達はびっくりした / The mother and her daughter *were **~ed by the earthquake. <V+O の受身> 母親と娘は地震に肝(きも)をつぶした.
2 〈…〉を脅かす, 脅かして…させる: The ringing of the bell ***~ed*** the thieves ***away*** [***off***]. <V+O+*away* [*off*]> ベルが鳴ったのでどろぼうたちはびっくりして逃げ去った / The political instability *is* ***~ing away*** [***off***] investors. <V+*away* [*off*]+名> 政情不安のせいで投資家たちはびくついて寄りつかないでいる / They ***~ed*** him ***into*** giv*ing* false evidence. <V+O+*into*+動名> 彼らは彼を脅かして偽証させた / They ***~ed*** him ***out of*** go*ing* with them. <V+O+*out of*+動名> 彼らは彼を脅かしていっしょに来させないようにした. **fríghten ... òut of ...'s wíts＝fríghten the lífe òut of ...** [動] [他]《略式》…をひどくびっくりさせる.
【類義語】**frighten** 突然恐怖心を起こさせること. **scare** *frighten* とほぼ同意であるが, よりくだけた感じの語であり, また *frighten* よりも広い意味で子供が用いることばでもある. **terrify** 恐怖心を強調する語で, しばしば自制心を失うほどの恐怖心を起こさせることを意味する.

fright·ened** /fráɪtnd/ [形] **1** おびえた, ぎょっとした, 怖がった: The ~ child began to cry. おびえた子は泣きだした / [言い換え] They *were* ~ ***at the ghost. ＝They *were* ~ ***to*** see the ghost. 彼らは幽霊を見てぎょっとした (☞ to³ B 2) / I *was* ~ ***that*** the car might fall off the cliff. 私は車ががけから落ちるのではないかとぞっとした // ☞ frighten 1. **2** [P] (いつも…を)怖がって: My sister is ~ *of* snakes. 妹は蛇を怖がる.

> [語法] frightened の後には by, at, about, of といった前置詞が来る. by は広く特定の人・物事と共に, at は出来事や考えなどと共に用いるのに対し, of は afraid の場合と同様, 普通は一般的で永続的な人・物事と共に用いる. about は将来のことに用いる: She *was* ~ *by* [*at*] the sound. 彼女はその物音におびえた / She *was* very ~ *of* (meet*ing*) strangers. 彼女は見知らぬ人(に会うの)をとても怖がっていた / She *was* ~ *about* the idea of climbing over the fence. 彼女はその柵をよじ登って越えることを考えておびえた.

be fríghtened to déath Ⓢ ひどくおびえる.

fríghten·er [名] [次の成句で] **pùt the fríghteners on ...** [動] [他]《古風, 英略式》(人)を脅す, ゆする.

***fright·en·ing** /fráɪtnɪŋ/ [形] ぎょっとさせるような, 驚くべき: a ~ sight 驚くべき光景 / It is ~ to think of the harmful effects of smoking. 喫煙の弊害を考えると恐ろしくなる. **~·ly** [副] 恐ろしく;《略式》ひどく.

⁺**fright·ful** /fráɪtf(ə)l/ [形] ([名] fright)《古風, 主に英》**1** [A] 恐ろしい, ぞっとするような: a ~ sight 恐ろしい光景 / a ~ argument ものすごい口論. **2**《略式》ひどい, いやな, 大変な: The weather was ~. ひどい天気だった. **~·ly** /-fəli/ [副] ひどく, とても. **~·ness** [名] [U] 恐ろしさ, ひどさ.

frig·id /fríʤɪd/ [形] **1** [しばしばけなして] (女性が)不感症の. **2**《格式》寒さが厳しい, 極寒の. **3**《文》冷ややかな, 冷淡な, よそよそしい.

fri·gid·i·ty /frɪʤídəṭi/ [名] [U] **1** [しばしばけなして] (女性の)不感症. **2**《文》冷淡, よそよそしさ.

frig·id·ly /fríʤɪdli/ [副]《文》冷淡に.

frígid zòne [名] [the ~] 寒帯 (☞ zone 挿絵).

fri·jo·le /friːhóʊli/ [名] (~**s** /~z/) [C] [普通は複数形で] フリホーレ(ス)《メキシコ料理に多い豆の一種》.

⁺**frill** /fríl/ [名] **1** [C] フリル, ひだ飾り. **2** [複数形で] 無用の飾り, 余分なもの[サービス] (☞ no-frills).

frilled /fríld/ [形] [A] フリル[ひだ飾り]のついた.

fríll(ed) lízard [名] [C] えりまきとかげ《豪州産》.

frill·y /fríli/ [形] (**frill·i·er**; **-i·est**) [普通は [A]] フリルのついた, ひだ飾りのついた.

***fringe** /fríndʒ/ [名] (**fring·es** /~ɪz/) [C] **1** (布・肩掛けなどの)へりの房, 房べり; (物の)縁取り: the ~ of a rug じゅうたんの縁飾り.
2 (一般に)縁, へり, 周辺: There was a road on the ~(*s*) *of* the forest. 森の周辺には道があった. **3** (組織・活動領域などの)周辺(部); (政治・文化・集団内の)非主流派 (☞ lunatic fringe): substandard language spoken on the ~(*s*) *of* society 社会の周辺部で話される非標準的なことばづかい. **4**《英》(女性の)切り下げた前髪 (《米》bang). ― [形] [A] 周辺的な, 非主流の, (重要性などが)二次的な. ― [動] [他] [普通は受身で]〈…〉に縁をつける, 房で飾る: The road was ~*d with* trees on either side. 道の両側に並木が立っていた.

frínge bènefit [名] [C] [普通は複数形で]〔経〕付加給付《有給休暇・健康保険など》; 予想外の余禄(よろく).

⁺**fringed** /fríndʒd/ [形] 房飾りのついた.

frínge thèater [名] [U]《英》実験演劇, 前衛劇.

fring·ing /fríndʒɪŋ/ [名] [U] 房飾り(の素材).

frip·per·y /fríp(ə)ri/ [名] (**-per·ies**) [[U] または複数形で] [けなして] 安ぴか物; 不要な飾り[物].

Fris·bee /frízbi/ [名] [C,U] フリスビー《投げ合って遊ぶプラスチック製の円盤; 商標》; フリスビー遊び.

Fris·co /frískoʊ/ [名] [固]《略式》＝San Francisco.

fri·sée, fri·sé /friːzéɪ | fríːzeɪ/ [名] [U] ＝endive 1.

frisk /frísk/ [動] [他] (警官などが)〈人〉の体を服の上から触って(武器などを)捜す, ボディチェックする (《米》*down*). ― [自]《古風》(動物が)跳ね回る, (じゃれて)飛び回る (*around*).

frisk·i·ly /frískɪli/ [副] 快活に, うきうきと.

frisk·i·ness /frískinəs/ [名] [U] 陽気, 快活さ.

frisk·y /fríski/ [形] (**frisk·i·er**; **-i·est**)《略式》**1** 元気に飛び回る, じゃれる; 快活な, 陽気な; ふざける. **2** 性的に興奮した.

fris·son /friːsɔ́ːŋ | fríːsɔŋ/《フランス語から》[名] [C] [普通は単数形で]《文》身ぶるい, スリル (*of*).

Fri·tos /fríːṭoʊz/ [名] [固] フリトズ《米国製のコーンチップス; 商標》.

frit·ter¹ /fríṭɚ | -tə/ [名] [C] 揚げ物, フリッター《薄切りの果実・肉などに小麦粉などの衣をつけて油で揚げたもの》.

frit·ter² /fríṭɚ | -tə/ [動] (**-ter·ing** /-ṭərɪŋ, -trɪŋ/) [次の成句で] **frítter awáy** [動] [他] [けなして]〈時間・金・精力など〉をむだに使う (*on*).

fritz /fríts/ [名] [次の成句で] **on the frítz** [形・副]《米略式》(電気製品が)故障して, 不調で.

fri·vol·i·ty /frɪváləṭi | -vɔ́l-/ [名] (**-i·ties**) [けなして] **1** [U] 浅薄さ, 軽薄さ. **2** [C] 軽々しい言動, あさはかな言動, くだらないこと.

⁺**friv·o·lous** /frív(ə)ləs/ [形] [けなして] あさはかな, 不まじめな, 軽薄な; つまらない, くだらない. **~·ly** [副] あさはか[不まじめ]に. **~·ness** [名] [U] あさはか[軽薄]さ.

frizz, friz /fríz/ [動]《略式》[他]〈毛髪など〉を縮らせる. ― [自] (毛髪などが)縮れる. ― [名] [U] [けなして] 縮れ(毛).

friz·zle¹ /frízl/ [動] [名] ＝frizz.

friz·zle[2] /frízl/ [動] [S] 《略式》 [他] 〈肉など〉を油でじゅうじゅういためる[焼く，揚げる]; 〈ベーコンなど〉をかりかりにいためる[焼く] (*up*). — [自] (焼いた肉などが)じゅうじゅう音を立てる，焦げる (*up*).

frizz·y /frízi/ [形] (**frizz·i·er**; **-i·est**) [けなして] 縮れ毛の; 細かく縮れた.

fro /fróu/ [副] [次の成句で] **tó and fró** [副] あちらこちらへ，行ったり来たり: Children are running *to and* ~. 子供たちがあちらこちらへ走り回っている.

frock /frák | frɔ́k/ [名] [C] **1** 《古風》(女性用の)ワンピース. **2** 修道士の服《そでが広く丈が長い》.

fróck còat [名] [C] (紳士用の)フロックコート《19 世紀に着用された》.

+**frog** /fráɡ, frɔ́:ɡ | frɔ́ɡ/ [名] [C] **1** かえる. ★ 鳴き声については ☞ cry 表. [関連] bullfrog 牛がえる / toad ひきがえる. **2** [F-] 《略式》 [差別] フランス人《かえるを食用とすることから》. **hàve a fróg in the [one's] thróat** [動] [自] 《略式》(一時的に)声がしわがれている.

fróg·fìsh [名] [C] **1** 躄魚(いざりうお). **2** 鮟鱇(あんこう)類の各種.

fróg kìck [名] [C] (平泳ぎの)かえる足.

fróg·man /-mæ̀n, -mən/ [名] (**-men** /-mèn, -mən/) [C] (専門職としての)ダイバー，潜水夫[兵，工作員]《男性および女性》.

fróg·màrch [動] [他] 《主に英》〈人〉を後ろ手に押さえ引っ立てる.

Fróg Prínce [Kíng] [名] [固] [The ~] かえるの王子[王様]《Grimm 童話の一話; 魔法でかえるに変身させられていた王子が王女の口づけでもとの姿に戻る》.

fróg·spàwn [名] [U] (ゼリー状の)かえるの卵.

+**frol·ic** /frálɪk | frɔ́l-/ [動] (**frol·ics**; **frol·icked**; **frol·ick·ing**) 《文》 [自] はしゃぎ回る，浮かれ騒ぐ (*around, about, over*). — [名] [C,U] [しばしば複数形で] ふざけ，戯れ，浮かれ騒ぎ.

frol·ic·some /frálɪksəm | frɔ́l-/ [形] 《主に文》 ふざけて跳ね回る，陽気な.

＊＊from /(弱) frəm; (強) frám, frʌ́m | frɔ́m/ [前]

基本的には「…を基点に，…から」の意.
① [運動の出発点] …から 1
② [時間・順序の始まり] …から 2
③ [隔たり・区別を示して] …から(離れて) 3, 8
④ [出所を示して] …から(来た); …出身の 4
⑤ [変化を示して] …から(変わって) 5
⑥ …が原因で 6
⑦ [原料を示して] …から 7

1 [運動などの出発点を示して] …から ([反] to); [視点を示して] …から(見ると).

[語法] (1) from が to と反対に運動の出発点を表わすのに対して，off は「…から離れたほうへ[に]」の意味を持つ (☞ off [前] 1): They started ~ London. 彼らはロンドンから出発した / It was hanging ~ the branch. それは木の枝からぶら下がっていました / *F*~ the top of the hill you can see the whole town. あの丘の上から町全体が見える.
(2) from の目的語には，本来の名詞・代名詞のほかに，副詞または前置詞付きの副詞句が用いられることも多い: How far is it ~ *here to* the station? ここから駅までどのくらいありますか / He picked up a pin ~ *under the table*. 彼はテーブルの下からピンを拾い上げた.
(3) from A to B の形で用いられるとき名詞から冠詞が省略されることがある; 特に A, B に同じ名詞が用いられる場合は省略されて成句化する: The bee moved ~ flower *to* flower. はちは花から花へと移っていった / We went ~ store *to* store looking for a new computer. 私たちは新型のコンピューターを探して店を次々と回った.

2 [時間・順序の始まり・起点・範囲を示して] …から; [数量・値段などの下限を示して] (下は)…から ([反] to, until, till, through): We go to school ~ Monday *to* [《米》 *through*] Friday. 月曜日から金曜日までは学校へ行く (☞ through [前] 3) / I enjoyed the movie ~ begin*ning to* end. その映画を初めから終わりまで楽しく見た / He worked ~ morning *till* night. 彼は朝から晩まで働いた (☞ till[1] [前] 1 [語法] 囲み) / "Teenagers" means boys and girls ~ thirteen *to* [《米》 *through*] nineteen. 「ティーンエージャー」とは 13 歳から 19 歳までの少年少女の意味である / Lunch hours are ~ 11:00 a.m. *to* 2:00 p.m. 昼食の時間は午前 11 時から午後 2 時までです. [日英比較] 「学校は 8 時[8 日]から始まる」というような場合には begin *at* eight [*on* the eighth] のようにいう (☞ begin [自] [語法]) // We have cheese ~ $2 a pound. 当店ではチーズは 1 ポンド 2 ドルからあります / We saw ~ ten *to* twenty yachts. 10 艘(そう)から 20 艘ぐらいのヨットを見た. [語法] このような場合 from A to B 全体が一つの数詞のように扱われて名詞を修飾している.

3 [隔たりなどを示して] …から(離れて); [分離・除去などを示して] …から，…から離して; [隔離・解放などを示して] …から，…することを(やめる[防ぐ]): The town is three miles (away) ~ here. その町はここから 3 マイル離れています / He wanted to live somewhere not far ~ his office. 彼は仕事場から遠くない所に住みたいと思った / She is absent ~ school. 彼女は学校を欠席している / He took the toy (away) ~ the boy. 彼はその子からおもちゃを取り上げた / Take 6 ~ 10. 10 から 6 を引きなさい / The young man saved a child ~ drown*ing*. その青年は子供がおぼれそうになっているのを助けた.

[構文] 「動詞＋人＋from＋doing」をとる動詞
[例] Business *prevented* me *from* attend*ing* the meeting. 用事で私はその会に出られなかった.
ban 禁止する / **deter** やめさせる / **discourage** 思いとどまらせる / **inhibit** 禁じる / **keep** させない / **prohibit** 禁じる / **stop** やめさせる

4 [出所・由来・生産地・出身地・所属などを示して] …から(来た)，…からの，…に由来する; …出身の，…生まれの: I got an e-mail ~ my uncle. おじさんからメールをもらいました / This passage is ~ the Bible. この一節は聖書からの引用です / A strange sound was heard ~ within. 中から変な物音が聞こえた / I'm not ~ around here. 私はこの辺の者ではありません.

[会話] "Where are you ~ /fràm, frʌ̀m | frɔ̀m/?" "Florida." 「出身地はどちらですか」「フロリダです」

5 [変化を示して] …から (変わって[変えて]—へ): The sky suddenly changed ~ blue *to* gray. 空は急に青から灰色に変わった / He grew ~ a weak boy *into* his nation's best marathon runner. 彼は体の弱い少年から国で一番のマラソン走者に成長した / This book has been translated ~ English *into* Japanese. この本は英語から日本語に翻訳された.

6 …が原因で，…の理由で，…の結果: He died ~ a wound. 彼は傷がもとで死んだ / He is weak ~ hunger. 彼は空腹で弱っている / He was tired ~ the hike. 彼はハイキングで疲れていた.

7 [原料・材料を示して] …から，…で.

[語法] from は製品になったときに材料の質がかなり変化しているときに用いる (☞ of 8 [語法]): Wine is made ~ /frəm/ grapes. ワインはぶどうから造ります /

696　fromage frais

What is bread made ~ /frǎm, frʌ̀m | frɔ̀m/? パンは何で作りますか.

8 [区別・相違を示して] …から, …と: Can you tell a cherry tree ~ a peach tree? あなたは桜の木と桃の木の区別ができますか / How does the violin differ ~ the viola? バイオリンはビオラとどう違うのですか. **9** …に基づいて, …から〈判断して〉; …を手本にして: We do it only ~ habit. 私たちはそれをただ習慣でしているだけです / F~ what I heard, nobody seemed happy about it. 私の聞いたところから察するとだれもそのことを喜んでいないようだった. **fár from ...** ☞ far 成句. **from ... ón** [副] …からずっと: ~ then [that day] on その後[あの日から]ずっと // ☞ now 名 成句.

fro·mage frais /froʊmɑ́ːʒfréɪ | frɔ-/ 《フランス語から》名 Ⓤ フレッシュチーズ.

Fromm /fróʊm | frɔ́m/ 名 ⓅEr·ich /érɪk/ ~ フロム (1900–80)《ドイツ出身の米国の精神分析学者》.

frond /frɑ́nd | frɔ́nd/ 名 Ⓒ (しだ・しゅろなどの)葉; (海草・地衣などの)葉状体.

*front /frʌ́nt/ 名 (fronts /frʌ́nts/; 形 fróntal)

ラテン語で「額(ひたい)」の意.
→〈顔〉→〈顔に表われる表情から〉「態度」**5**
→〈前面に位置するものから〉「前部」**1**→「前線」**3**

1 Ⓒ [普通は the ~] **前部**, 前面, 正面, (裏に対する)表(おもて) (反 back, rear), [the ~ または所有格とともに] (胸などの)体の前部, (行列などの)先頭; (本の)巻頭; (建物の)正面, 側(面); (物の)最も重要な部分: the ~ of the car 車の前部 / lie on one's ~ うつぶせになる[寝る] / spill coffee *down* the ~ of one's shirt シャツの前の部分にコーヒーをこぼす / Decorations were put up *on* the ~ of the building [house]. 建物[家]の正面に飾り付けが行なわれた. 語法 front はあるものの前の部分をいい, 日本語の「前」とは違って離れた前方は意味しない.「建物から離れた前方に」を意味するときは *in front of* the building という (☞ in front of ... (成句), at [in] the front of ... (成句)). 日英比較 ホテルの「フロント」は和製英語で, 英語では (front [reception]) desk.

2 Ⓒ [普通は単数形で] 活動領域, 分野, 方面: problems *on* the educational ~ 教育面の問題 / on the domestic ~ [新聞で]国内では. **3** Ⓒ 〔気象〕前線: a cold ~ 寒冷[温暖]前線. **4** Ⓒ [普通は a ~]《悪事などの》隠れみの, カムフラージュ (*for*); (表面上の)看板: That pawnshop was *a* ~ *for* smugglers. その質屋は密輸業者たちの隠れみのだった. **5** Ⓒ [普通は単数形で形容詞を伴って] 顔(つき), 態度: put on a bold ~ (☞ 成句). **6** Ⓒ (戦いの)前線, 戦線 (front line); 戦地; (政治的)戦線: the Pacific F~ 太平洋戦線 / the National Liberation F~ 国民解放戦線 / present a unified ~ 共同戦線を張る. **7** Ⓒ (湖・川・海岸などに)面している所; [the ~]《英》散歩道(海・湖などに面した): a hotel *on* the lake ~ 湖に面したホテル. 関連 seafront 海岸の遊歩道 / waterfront 河岸(がし).

at the frónt of ... [前] (1) …の前列に, …の前部に: John sat *at* the ~ *of* the class. ジョンはクラスの前列に座った. (2) …の正面で: *at the* ~ *of* the museum 博物館の正面で (☞ in front of ... 語法).

be sént [gó] to the frónt [動] 自 出征する.

frónt and cénter《米》[形・副] (問題などが)最優先で, 最大関心事で (☞ front-and-center). — 感 ⓢ もっと近くに寄ってよく聞け《号令》.

in frónt [副・形] 前に[の], 方前に[で]: I walked *in* ~. 私は先に立って歩いた / I sat *in* ~. 私は前の席に座った (☞ *in* (the) *front*). — [副] = out front (1), (2).

in frónt of ... [前] (1) (場所が) …の前に[を]《反 behind》, …の正面に《反 at the back of ...》, …の前方に[を]: sit *in* ~ *of* a computer コンピューターを使う / I stood *in* ~ *of* the teacher. 私は先生の前に立った / There is a large cherry tree right *in* ~ *of* the building. 建物の真正面に大きな桜の木がある.

in [at] the front　　in front of
of the keyboard　　the keyboard

語法 in [at] the front of ... は「あるものの前[正面]に」を示し, in front of ... は「…から離れた前方[正面]に」を表わす (☞ front 名 1 語法). 次の文を比較: A dog ran *in* ~ *of* the car and was hit. 犬がその車の前方を走って車にはねられた / Bill sat *in the* ~ *of* (= in the front seat of) the car. ビルは車の前の席に座った.

(2) (人のいる)前で, 面前で: Don't use such words *in* ~ *of* the teacher. 先生の前でそんなことを使ってはいけません. (3) (時間・問題などが)(人)の前にひかえて, (人)を待ち受けて.

in (the) frónt [副・形] (車の)運転席に[の]; 前の席に[の]: ☞ in front 最後の例文, in front of ... 語法 最後の例文.

in the frónt of ... [前] = at the front of ...

on áll frónts [副] あらゆる面[領域]で.

òut frónt [副] (1) (建物の)表に[で], 外に. (2) (競争などで)先頭に立って. (3) (劇場の)観客席で[へ], 観客にまじって. (4) (略式) 率直に.

òut in frónt [副] (1) はるか前(方)に. (2) (競争などで)はるかに先頭に立って.

òut the frónt [副]《英方式》= out front (1).

「pút ón [shów, presént] a bóld [bráve] frónt [動] 自 大胆に構える, 平気な顔をする (☞ 5).

ùp frónt [副] (1) = in (the) front. (2) (略式) 前払いとして (☞ up-front). (3) (略式) はっきりと, 明白に. (4) (略式) 〔スポ〕フォワード[センター]の位置で.

— 形 Ⓐ **1** [比較なし] 前部にある, 前面の, 正面の, 最前部の, 表の (反 back, rear): the ~ garden 前庭 / a ~ view 正面からの眺め. **2** 隠れみの[カムフラージュ, 見せかけ]の. **3** 〔スポ〕フォワード[センター]の(位置)の. **4** 〔音声〕(母音が)前舌の (反 back): ~ vowels 前舌母音.

— 動 他 **1** 〈…〉に面する, 向く: The hotel ~s the lake. ホテルは湖に面している. **2** [普通は受身で] 〈建物〉の正面を覆う: be ~ed with glass 正面がガラス張りである. **3** 〈組織〉の表看板[代表者]になる; 〈バンドなど〉を率いる, 〈テレビ・ラジオ番組〉の司会をする. — 自 **1** [副詞(句)を伴って] 面する, 向く (*on, onto*). **2** 《略式》 隠れみの[カムフラージュ]の役目をする (*for*).

frónt·age /frʌ́ntɪdʒ/ 名 Ⓒ (建物の)正面, 間口, 軒先; 自 空き地(街路・水際に面する).

fróntage ròad 名 Ⓒ 《米》側道 (幹線道路に沿った沿線交通用道路).

+**fron·tal** /frʌ́ntl/ 形 (比較 front) Ⓐ 《格式》正面の, 前面の; (批判などが)正面きっての, 手厳しい; 〔医〕前頭部の

frontal system 名《気象》前線帯.

front-and-center 形 A《米》(問題などに)最優先の, 最大関心事の. 語法 この用法では front and center とつづる (⇒ front 名 成句).

front bench 名 [the ~(es)]《英》下院の前方席(に座る大臣と与野党幹部)《全体; ⇒ backbench》.

front-bench·er /-béntʃə-/ -tʃə/ 名 C《英》《下院の前方席に座る大臣, 与野党幹部 (⇒ backbencher).

front burner 名《次の成句で》**on the front burner**《略式, 主に米》最優先事項で, 最大関心事で.

front court 名 U《バスケ》フロントコート(相手側コートで戦う攻撃プレーヤーのフォワードとセンター).

front desk 名 C(ホテルなどの)フロント, 受付 (《英》 reception (desk)) (⇒ hotel 挿絵; front 名 1 日英比較).

†**front door** 名 C [普通は単数形で] 正面玄関.

front end 名 C (車などの)前部. 2《電算》フロントエンド (ユーザーが直接使用する記憶装置・ソフトなど).

front-end 形 A 1. 最初の; 契約時の. 2.《電算》フロントエンドの.

front-end loader 名 C《主に米》先端にショベルをもつ積込み機.

***fron·tier** /frʌntíə, frʌn- | frʌ́ntɪə, frʌntíə/ 発音 名 (~s /-z/) 1 [the ~] フロンティア, 辺境(特に17–19世紀北米西部の未開拓地と開拓地の境界地方): They lived in log cabins *on the* ~. 彼らは辺境地帯の丸太小屋に住んでいた. 2 C《格式, 主に英》国境(地方), 辺境 (*with*): cross the ~ by car 車で国境を越える / on [at] the ~ *between* Russia and China ロシアと中国の国境で. 語法 この意味では border を用いるのが普通. frontier を使うと境界を挟んだ両者の間に敵対関係が存在することを暗示することが多い. 3 C [普通は複数形で] (学問などの)最先端, 新分野: on the ~s of science 科学の最先端で.

「**push back** [**extend**] **the frontiers** 動 自 新発見をする, 最先端を行く (*of*) (⇒ push back the limits (limit 名 成句)).

— 形 A 国境[辺境]の; 国境に近い.

fron·tiers·man /frʌntíəzmən, frʌn- | frʌ́ntɪəz-/ 名 (-men /-mən/) C (19世紀の米国の)辺境開拓者(男性).

frontier spirit 名 U 開拓者精神[気質]《米国の国民性の一つの特質とされている》.

fron·tiers·wom·an /frʌntíəzwùmən, frʌn- | frʌ́ntɪəz-/ 名 (-wom·en /-wìmən/) C (19世紀の米国の)辺境開拓者(女性).

fron·tis·piece /frʌ́ntɪspìːs/ 名 C [普通は単数形で] (本の)口絵.

†**front line** 名 [the ~] (戦いの)前線, 戦線 (front, line); (活動などの)最前線, 第一線. **be in** [**at, on**] **the front line** (1) (最)前線にいる. (2) 批判[攻撃]の矢面に立っている.

front-line 形 A 前線の; 第一線の.

front load·er /-lòʊdə- | -də/ 名 C 前から出し入れできる機器(洗濯機・乾燥機など).

front man 名 C [普通は単数形で] 1 組織の代表者, 看板役; (隠れみのの存在として)表向きの人物. 2 (バンドなどの)リーダー, リードボーカル; (英》(テレビ番組の)司会者.

front matter 名 U (本の)前付け(扉・序文・目次など).

front money 名 U 前金; (事業などの)着手資金.

front of·fice 名 [the ~] (組織の)首脳部.

front-of-house 名 U《英》《劇》(劇場の)観客席(全体); (観客に対応する)表方業務. — 形 表方の.

front page 名 C [普通は単数形で] (新聞の)第一面: make the ~ 第一面に載る.

***front-page** /frʌ́ntpéɪʤ/ 形 A (ニュースが)第一面で扱う(ような), 重大な: a ~ article 第一面記事.

front room 名 C《古風, 主に英》居間 (living room).

front-run·ner 名 C (競走などの)トップグループの走者[馬]; 有力候補, 本命.

front-run·ning 名 U 有力[本命]視.

front-wheel drive《車》名 U 前輪駆動; C 前輪駆動車 (略 FWD). 関連 four-wheel drive 四輪駆動. — 形 前輪駆動の.

front yard 名 C《米》(家の)前庭.

frosh /fráʃ | fróʃ/ 名 (複) C《古風, 米略式》(高校・大学の)新入生.

***frost** /frɔ́ːst, fráːst | frɔ́st/ 名 1 U 霜, 霜柱: Flowers die when (the) ~ comes. 霜が降りると花は枯れる / F~ has formed on the ground. 地面に霜ができた. 語法 いろいろな状態の霜をいうときには U となることもあるが: 「an early [a late] ~ 早[遅]霜 / There was a hard [heavy, severe] ~ this morning. けさはひどい霜が降りた. 2 C (霜が降りるほどの)寒気, (氷点下の)冷え込み: We'll have (a) ~ tomorrow morning. あすの朝は冷え込むだろう. **...degree(s) of frost** 名《英》氷点下…度(氷点が 0℃ または 32℉): 「We had [There was] 18 degrees of ~ this morning. けさは氷点下 18度だった (摂氏の場合はマイナス18°, 華氏の場合では 32−18＝14℉ (マイナス 10℃) に相当; ⇒ Fahrenheit 表). — 動 他 1《主に米》(ケーキなどに)砂糖の衣をかける (ice). 2 ⟨…⟩を霜で覆う (*over, up*). 3《米》《髪などを》部分脱色する. 4 ⟨ガラスなどの面を〉霜でつや消しにする. — 自 (物が)霜で覆われる, 凍る (*over, up*).

Frost /frɔ́ːst, fráːst | frɔ́st/ 名 ® Robert ~ フロスト (1874–1963)《米国の詩人》.

Frost Belt 名 [the ~] (米) フロストベルト, 降霜地帯《米国北(東)部の厳冬地帯; ⇒ Sunbelt》.

frost·bite 名 U 霜焼け, 凍傷.

frost·bit·ten 形 霜焼け[凍傷]にかかった.

frost·ed /frɔ́ːstɪd, fráːst- | frɔ́st-/ 形 [普通は A] 1《主に米》砂糖を白くまぶした. 2 (霜に似て)きらきら光る. 3《主に文》霜で覆われた; 霜害を受けた. 4《米》(髪が)部分脱色した.

frosted glass 名 U すりガラス.

frost-free 形 (冷蔵庫が)霜のつかない.

frost heave 名 U 凍上《土中の水分が凍って地面を押し上げること》.

frost·i·ly /frɔ́ːstəli, fráːst- | frɔ́st-/ 副 冷淡に, よそよそしく.

frost·i·ness /frɔ́ːstɪnəs, fráːst- | frɔ́st-/ 名 U 冷淡さ.

†**frost·ing** /frɔ́ːstɪŋ, fráːst- | frɔ́st-/ 名 U 1《主に米》砂糖の衣(ケーキの上にかける) (icing). 2 (ガラスなどの)つや消し. **the frosting on the cake** 名《主に米》= the icing on the cake (⇒ icing 成句).

frost line 名 C [普通は単数形で] 地下凍結線, 凍結深度《霜の地中浸透限度》.

***frost·y** /frɔ́ːsti, fráːsti | frɔ́sti/ 形 (**frost·i·er**; **-i·est**) 1 凍るほど寒い; 霜で覆われた. 2 冷ややかな, 冷淡な.

***froth** /frɔ́ːθ, fráːθ | frɔ́θ/ 名 1 [U または a ~] (ビールなどの)泡, 泡沫; (病気で口から吹く)泡. 2 U [軽蔑] (中身のない)話. **a froth of...** 泡立ったような[細かい]多くの…. — 動 自 1 泡立つ (*up*); (病気で)口から泡を吹く. 2《略式》激怒する. — 他 ⟨…⟩を泡立たせる (*up*). **froth at the mouth** 動 自 (1) (病気で)口から泡を吹く. (2)《略式》激怒する.

froth·i·ly /frɔ́ːθɪli, fráːθ- | frɔ́θ-/ 副 泡立って; 空虚

に.

froth·i·ness /frɔ́:θinəs, fráθ- | frɔ́θi-/ 图 U 泡の多いこと; [軽蔑] 浅薄なこと.

froth·y /frɔ́:θi, fráθi | frɔ́θi/ 形 (**froth·i·er; -i·est**) **1** 泡(のような), 泡の多い, 泡だらけの. **2** [軽蔑] 空虚[浅薄]な, くだらない. **3** (衣服などの)軽くて薄い生地の.

frou-frou /frú:fru:/ 图 C (婦人服のフリルなどの)凝った装飾.

*__frown__ /fráun/ 動 (**frowns** /~z/; **frowned** /~d/; **frown·ing**) 自 しかめっ面をする, まゆをひそめる, いやな顔をする (☞ 類義語); 難しい顔をする (at): Mom ~ed when she saw my muddy shoes. お母さんは私の泥だらけの靴を見ていやな顔をした. **frówn on [upòn]** ... [動] 他 [しばしば受身で] ...に対して渋い顔をする, ...に難色を示す: Kissing in public is ~ed on [upon] in this country. 人前でのキスはこの国ではひんしゅくを買う.
—— 图 (~s /~z/) C [普通は単数形で] しかめっ面, 渋い顔, 不快·不機嫌·失望などの表情): He looked at me with a ~. 彼は渋い顔をして私を見た.
【類義語】**frown** 不賛成·困惑などを考え込むときにまゆをひそめて渋い顔をする. **scowl** ひどい不快感·不機嫌·いらだち·怒りなどを表わして, まゆをひそめてきつい顔をする. **glower** 不機嫌に怒った顔でにらみつける.

frows·ty /fráusti/ 形 (**frows·ti·er; -ti·est**) (略式, 主に英) (けなして) (部屋が)むっとする, 空気のこもった.

frow·zy /fráuzi/ 形 (**frow·zi·er; -zi·est**) (米) [けなして] **1** (人·衣服などが)むさくるしい, 薄汚い. **2** (部屋が)むっとする, 空気のこもった.

fro-yo /fróujou/ 图 C.U (米略式) =frozen yogurt.

*__froze__ /fróuz/ 動 freeze の過去形.

*__fro·zen__ /fróuz(ə)n/ 動 freeze の過去分詞.
—— 形 **1** 凍った, 冷凍した; 凍結した, 極寒の: ~ fish [meat] 冷凍魚[肉] / ~ food 冷凍食品. **2** (経) (預金などが)凍結された. **be frózen (stiff)** [動] 自 (S) (人が)ひどく寒い(思いをする), 凍えそうだ. **be frózen to déath** [動] 自 (1) =be frozen (stiff). (2) 凍え死ぬ. **be frózen with féar [térror, fríght]** [動] 自 恐怖で身動きできない.

frózen yógurt 图 C.U フローズンヨーグルト (ヨーグルトから作った氷菓で低脂肪).

FRS /éfɑːes/ -à:(r)és/ 略 **1** =Federal Reserve System. **2** (英) =Fellow of the Royal Society (☞ Royal Society).

fruc·ti·fi·ca·tion /frʌktəfɪkéɪʃən/ 图 U (格式) (植物の)結実.

fruc·ti·fy /frʌ́ktəfaɪ/ 動 (**-ti·fies; -ti·fied; -fy·ing**) (格式) 自 (植物が)実を結ぶ. —— 他 〈...〉に実を結ばせる.

fruc·tose /frʌ́ktoʊs/ 图 U 果糖.

+**fru·gal** /frúːg(ə)l/ 形 倹約な, 節約した; (食事などが)質素な, つましい: live a ~ life 節約した生活をする.

fru·gal·i·ty /fruːgǽləti/ 图 U 倹約; 質素.

fru·gal·ly /frúːgəli/ 副 節約して; つましく.

‡**fruit** /frúːt/ (盛言 flute) 图 (**fruits** /frúːts/; 形 frúːtful, frúity) **1** U 果物, フルーツ: ripe [fresh] ~ 熟した[新鮮な]果物 / ~ juice 果汁 / a piece of ~ 果物 1 個 (☞ piece 图 1 臨法) / Do you eat much ~ and vegetables? あなたは果物や野菜をたくさん食べますか / They grow ~ here. ここでは果物を栽培している / Apples, peaches and strawberries are ~. りんご, 桃, いちごは果物である. 臨法 果物の種類をいうときは C となることもある: They sell tropical ~s (=various kinds of tropical ~) at that store. あの店ではいろいろな熱帯の果物を売っている. また The potato is not a fruit. (じゃがいもは果物ではない)のように be 動詞のあとでも C となる.

fruit (一般的に)	(大きめで汁があり柔らかいもの)	果実
	berry (小さくて汁があり柔らかなもの)	
	nut (硬くて汁がないもの)	

2 C.U (植) 果実, 実: The ~s of the rose are red. ばらの実は赤い. **3** C (俗, 主に米) (差別) おかま, ホモ. **4** C [普通は複数形で] (文) 収穫, 産物, 実): the ~s of the earth [nature] 大地の実り (穀物·果物·野菜など). **5** C [しばしば複数形で] (努力·研究などの)結果, 成果, 成功: the ~(s) of one's labor(s) 勤労の成果. **6** [old ~ として] (古風, 英戯語) おい, 君 (男友だちへの呼びかけに用いる). 語源 ラテン語で「楽しみ」の意. **béar frúit** [動] 自 (1) (努力などが)成果をあげる·実を結ぶ. (2) 実がなる. **in frúit** [形] (植) 実がなった[ている]. —— 動 自 (植) 結実する, 実を結ぶ.

frúit bàt 图 C おおこうもり (果物を食べる).

fruit·càke 图 **1** C フルーツケーキ (干しぶどう·くるみなどの入った菓子). **2** C (略式) (軽蔑) 頭のおかしい人. **(as) nútty as a frúitcake** [形] (略式) 全く気の狂った.

frúit cócktail [**cùp**] 图 C =fruit salad.

fruit·er·er /frúːtərə/ | -rə/ 图 C (古風, 主に英) 果物商(人).

frúit flỳ 图 C **1** みばえ (果物につく害虫). **2** しょうじょうばえ (遺伝の実験によく使われる).

+**fruit·ful** /frúːtf(ə)l/ 形 (名 fruit; 反 fruitless, unfruitful) **1** (仕事·研究などが)実りの多い, 成果のある: a ~ meeting 実りある会合. **2** (文) (土地が)豊作をもたらす, 地味の肥えた; (果樹が)よく実を結ぶ. **~·ly** /-fəli/ 副 実り多く, 効果的に, 有効に. **~·ness** 图 U 実りの多いこと, 有効: (文) 豊作をもたらすこと.

+**fru·i·tion** /fruːíʃən/ 图 U (格式) (希望などの)達成, 実現; 成果. **cóme to fruítion** = **be bróught to fruítion** [動] (格式) 実現する.

frúit knífe 图 C 果物用ナイフ (☞ knife 挿絵).

+**fruit·less** /frúːtləs/ 形 (反 fruitful) (格式) (企て·努力などが)結果を生まない, 成果のない, むなしい (useless): ~ attempt むだな試み. **~·ly** 副 かいなく, むなしく. **~·ness** 图 U むなしさ.

frúit machìne 图 C (英) スロットマシン (果物の絵の組み合わせで賞金が決まる) ((米) slot machine).

frúit sálad 图 C.U フルーツサラダ (各種フルーツを切りもりあわせ, 時にシロップやジュースをかけてゼリーで固めたりして食べるデザート).

frúit sùgar 图 U (化) 果糖.

*__fruit·y__ /frúːti/ 形 (**fruit·i·er; -i·est**; 图 fruit) **1** 果物に似た, 果物の味[香り]がする, 果物の多く入った; (ワインが)ぶどうの風味の強い. **2** (米略式) 狂った. **3** [ほめて] (声などが)豊かな, 朗々とした. **4** (英略式) (話などが)卑猥(な), きわどい.

frump /frʌmp/ 图 C (軽蔑) やぼったい女性.

frump·ish /frʌ́mpɪʃ/ 形 =frumpy.

frump·y /frʌ́mpi/ 形 (**frump·i·er; -i·est**) (軽蔑) (女性·服装などが)古くさい, やぼったい.

*__frus·trate__ /frʌ́streɪt | frʌstréɪt, frʌstréɪt/ 動 (**frus·trates** /-streɪts | -stréɪts, -stréɪts/; **frus·trat·ed** /-streɪtɪd | -stréɪtɪd, -stréɪtɪd/; **frus·trat·ing** /-streɪtɪŋ | -stréɪtɪŋ, -stréɪtɪŋ/; **frus·tra·tion**) 他 [しばしば受身で] **1** 〈...〉を欲求不満にさせる, 〈人〉に挫折(?)感を起こさせる: Jim was ~d because the manager didn't let him pitch. <V+O の受身> ジムは投手を投げさせてもらえなかったので挫折感を持った. **2** W (計画などを)挫折させる, 〈...〉の裏をかく; 〈人〉の計画を失敗させる: Illness ~d his plans for the trip. 病気で彼の旅行の計画は挫折した.

frus·trat·ed /frʌ́streɪtɪd | frʌstréɪt-, frʌstréɪt-/ 形 **1** 欲求不満の; 挫折感を抱いた; A (人が)(...として)挫

折(ざっ)した; (感情が)満たされない: a ～ actor [poet] 俳優[詩人]になりそこねた人 / She felt ～ at [with] the monotony of her work. 仕事が単調なので彼女は不満が高じていた. **2** (性的に)欲求不満の.
frus·trat·ing /frÁstreɪtɪŋ | frʌstréɪt-, frÁstreɪt-/ 形 (人に)不満を抱かせるような, 悔しい思いをさせる(ような), いらだたしい. ～**·ly** いらいらするぐらいに.

†**frus·tra·tion** /frʌstréɪʃən/ 名 (動 frústrate) **1** U.C 欲求不満, フラストレーション, 挫折感(at): His ～ with his job gradually increased. 彼の仕事に対する彼の欲求不満は次第に増大した / sexual ～ 性的欲求不満. **2** U (格式)挫折(ざ̋っ), 失敗 (of). **in [with] frus·trátion** [副] いらいらして.

‡**fry**¹ /fráɪ/ (類音 fly, fried, fright) 動 (**fries** /-z/; **fried** /-d/; **fry·ing**) 他 **1** 〈…〉を油でいためる[揚げる], 〈卵〉を目玉焼きにする, (フライパンなどで)油をひいて焼く(□ cooking 囲み): This fish is fried well. <V+O の受身> この魚はよく揚がれている

fry	油でいためる
	油で揚げる

日英比較 fry は日本語の油でいためる場合にも油に浸して揚げる場合にも用いられるので, 天ぷらのように揚げることをはっきりいう場合には deep-fry, fry … in deep fat のようにいう. **2** (米俗)〈罪人〉を電気椅子にかける.

— 自 **1** 油でいため[揚げ]られる, 焼ける: The liver is ～ing. レバーがいためられている / Shrimps ～ easily. えびはすぐ揚がる. **2** (米俗)〈罪人が〉電気椅子にかかる. **3** (略式) 日焼けする.

— 名 (**fries**) C **1** [普通は複数形で](米) フレンチフライ (french fry). **2** フライ (料理). **3** (米)(戸外での)フライ料理の会食.

fry² /fráɪ/ 名 [複数扱い] (ふ化したばかりの)幼魚; (滑稽)子供たち(□ small fry). 関連 fish 魚.

fry·er, fri·er /fráɪə | fráɪə/ 名 C **1** フライ用なべ: a deep (fat) ～ 深い揚げなべ(□ deep-fry). **2** (米) フライ用若鶏.

†**fry·ing pàn** 名 C フライパン. **júmp [léap] óut of the frýing pàn (and) ínto the fíre** 動 自 S 一難去ってまた一難, 小難を逃れて大難に陥る. 由来 フライパンから飛び出して火の中へ, の意.

frý pàn 名 C (米) =frying pan.

frý-ùp 名 C (英略式)(卵・ベーコン・ソーセージ・じゃがいもなどをいためた)手軽な料理(を作ること).

FSLIC 略 (米) =Federal Savings and Loan Insurance Corporation 連邦貯蓄貸付保険公社.

f-stóp /éf-/ 名 C (写) F ナンバー表示による絞り, F ストップ.

Ft 略 [地名に用いて] =Fort (□ fort 1).

FT, F/T 略 =full time.

†**ft.** 略 フィート (□ foot 2).

FTC /éftí:sí:/ 略 [the ～] 連邦取引委員会 (Federal Trade Commission の略; 日本の公正取引委員会にあたる米国政府機関).

FT Index /éftí:-/ 略 [the ～] =FTSE Index.

FT 100 Sháre Ìndex /éftí:wánhándrəd-/ 略 [the ～] =FTSE Index.

FTP, ftp /éftí:pí:/ 略 =File Transfer Protocol 〔電算〕ファイル転送プロトコル. — 動 他 〈ファイル〉を転送プログラムを用いて送る.

FTSE Ìndex /fútsi-/ 名 [the ～] ファイナンシャルタイムズ 100 種総合指数の略 (FTSE は Financial Time Stock Exchange の略; 英国の代表的な株価指数; □ Financial Times).

fuch·sia /fjú:ʃə/ 名 **1** U 赤紫色. **2** C.U フクシア (観賞用小低木). — 形 赤紫色の.

fuck /fʌ́k/ S (卑) 動 自 [感嘆詞的に] くそったれ, 畜生! (人前で口にしてはいけないとされる語).

— 他 **1** [感嘆詞的に] くそったれ, こん畜生!: F～ you! このくそ野郎! / F～ it! ちくしょう / F～ me! 《主に英》すげえ, びっくりだぜ. **2** 〈…〉とセックスする.

─── **fuck** の句動詞 ───

fúck aróund [abóut] 動 S (卑) 自 時間をむだに使う, ばかげたことをする. — 他 (主に英)〈人〉をひどく扱う, こけにする.

fúck óff S (卑) 自 [普通は命令文で] うせろ; 邪魔をしない. — 他 〈人〉からいらいらさせる, 怒らせる.

fúck óver 動 他 S (米卑)〈人〉をひどい目にあわせる.

fúck úp 動 S (卑) 他 〈…〉を台なし[ぶちこわし]にする; 〈人〉を混乱させる, 狂わせる. — 自 しくじる.

fúck with … 動 他 S (卑)〈人〉を怒らせる, こけにする; 〈物〉をいじくりまわす.

────────────

— 名 **1** [the ～] [語気を強めたり怒り・驚きなどを表わして] 全く, ちくしょう: What the ～ are you doing? 何をしてやがるんだ / Get the ～ out of here! とっとっとうせろ. **2** C [普通は単数形で] セックス, 一発. **3** =fucker. **4** C セックスの相手. **nót gíve [cáre] a (flýing) fúck** 動 S (卑) 何とも思わない (about).

fúck áll 名 U (英卑) 何も…ない (nothing).

fucked /fʌ́kt/ 形 S (卑) (成功のチャンス・物が)ぶっこわれた, だめになった.

fucked-úp /fʌ́ktʌp⁺/ 形 S (卑) すっかり混乱した [だめになった]; めちゃくちゃので; (主に米) (酒・麻薬で)酔っぱらった[て]. 語法 P の用法では fucked up とつづる.

fúck·er /fʌ́kə | -kə/ 名 C S (卑) ばか(者), あほ.

fúck·fàce 名 C (卑, 主に英) =fucker.

fúck·hèad 名 C S (米卑) ばか(者), あほ.

‡**fuck·ing** /fʌ́kɪŋ/ 形 A, 副 S (卑) くそいまいましい, ひどい[く]; すごい[く]. 語法 特に意味なく用いられ, 語気を強めたり怒りなどの感情を表わす. **fúcking wéll** [副] S (卑, 主に英) [命令・怒りの表現を強めて] 絶対に, 必ず.

fúck·ing Á /fʌ́kɪŋ éɪ/ 感 S (卑) すげえ, たまげた.

fuck-óff /fʌ́kɔ:f | -ɔf/ 形 (英卑) すげえ.

fúck-ùp 名 C S (卑) 混乱, ごたごた; ばか(者).

fúck·wit 名 C S =fucker.

fud·dle /fʌ́dl/ 名 (略式, 主に英) 動 他 [しばしば受身で]〈人〉を混乱させる, 怒らせる. — 名 [a ～] (頭などの)混乱: in a ～ 頭が混乱している.

fud·dled /fʌ́dld/ 形 ぼっとなった.

fud·dy-dud·dy /fʌ́didʌdi/ (古風, 略式) [軽蔑] 名 (-dud·dies) C 時代遅れの人. — 形 A (考えなどが)時代遅れの.

fudge /fʌ́dʒ/ 名 **1** U ファッジ (砂糖・バター・牛乳・チョコレートで作った柔らかいキャンデー; (米) ケーキ・アイスクリームにのせる柔らかいチョコレート). **2** [a ～] (主に英)(けなして)ごまかし, でたらめ. — 動 (けなして) 他 〈…〉をごまかす, でっちあげる: ～ the issue 問題をあいまいにする. — 自 あいまいな態度をとる, ごまかす (on).

— 感 ばかな, 何てこと.

fudg·y /fʌ́dʒi/ 形 (fudg·i·er; -i·est) (米) チョコレート味でべとべとした.

fuehrer □ führer.

‡**fu·el** /fjú:əl/ 名 12 (～s /-z/) U **1** 燃料: solid ～ 固形燃料 / a ～ tank 燃料タンク / ～ consumption 燃料消費 / nuclear ～ 核燃料 / We have little ～ for this winter. 今年の冬の燃料がほとんどない / diesel ～ ディーゼル油. 語法 燃料を用いるときは C となることもある: ～(s) such as coal, oil and gas 石炭, 石油, ガスなどの燃料 / fossil ～s 化石燃料 (石油・石炭など).

─── コロケーション ───
consume fuel 燃料を消費する

run out of *fuel* 燃料がなくなる
save *fuel* 燃料を節約する
supply ... with *fuel* = **supply** *fuel* **to ...** ...に燃料を補給する
use *fuel* 燃料を使う
waste *fuel* 燃料を浪費する

2 [主に新聞で]（感情などを）たきつけるもの, あおるもの (*for*): add more ~ to inflation インフレに(さらに)油を注ぐ《☞ 成句》. 語源 ラテン語で「暖炉」の意; focus と同語源. **ádd fúel to the fíre [flámes]** [動] ⓐ 火に油を注ぐ,（事件などを）あおり立てる《☞ 2》.
—— [動] (**fu·els** /-z/; **fu·eled**, 《英》**fu·elled** /-d/; **-el·ing**,《英》**-el·ling**) ⓗ **1** ⓦ [主に新聞で]〈よくない状況・感情など〉を強める, 悪化させる, あおる: ~ speculation 憶測をあおる. **2**〈...〉に燃料を補給する[積み込む] (*up*). —— ⓐ 燃料補給をする (*up*).

fúel cèll [名]【電】燃料電池.
fúel-efficient [形]（車などが）燃費のよい.
fúel-injécted [形] 燃料噴射の.
fúel injèction [名] Ⓤ 燃料噴射(方式).
fúel òil [名] Ⓤ 燃料油,（特に）重油, 軽油.
fug /fʌ́g/ [名][単数形で]《英略式》(室内での)むっとした状態, よどんだ空気 (*of*).
fug·gy /fʌ́gi/ [形] (**fug·gi·er**, **-gi·est**)《英略式》(部屋などが)むっとする, 空気のこもった.
fu·gi·tive /fjúːdʒət̬ɪv/ [名] Ⓒ 逃亡者, 脱走者; 亡命者 (*from*). — [形] **1** Ⓐ 逃亡中の, 逃亡した; 亡命の. **2**《文》つかの間の, 一時の.
fugue /fjúːg/ [名] Ⓒ【楽】フーガ, 遁走(とんそう)曲.
füh·rer, fueh- /fjúː(ə)rɚ | -rə/ [名] [the F-] 総統 (Adolf Hitler の称号).
-ful[1] /f(ʊ)l/ [接尾] [形容詞語尾]「...に満ちた, ...の多い, ...の性質を有する」の意: *beautiful* 美しい / *forgetful* 忘れっぽい. 語法 -ly がついた副詞の発音は /fəli/ となる.
-ful[2] /fʊ̀l/ [接尾] [名詞語尾]「...1 杯, ...1 杯の(量)」の意: *cupful* カップ 1 杯(の量) / *spoonful* スプーン 1 杯(の量) / *an armful of* books ひとかかえの本.
Ful·bright /fʊ́lbraɪt/ [名] ⓖ **James William ~** フルブライト (1905-95)《米国の政治家》.
Fúlbright Schòlar [名] Ⓒ フルブライト(奨学金で留学した)学者.
Fúlbright Schòlarship [名] Ⓤ フルブライト奨学金《米国と他国との大学生・教員の交換留学奨学金》.
ful·crum /fʊ́lkrəm, fʌ́l-/ [名] (複 **~s**, **ful·cra** /-krə/) Ⓒ **1**【物理】(てこの)支点; てこまくら. **2** [普通は単数形で] ⓦ《格式》(活動などの)重要部分, 要 (*of*).
*__**ful·fill**, 《英》**ful·fil** /fʊlfíl/ [動] (**ful·fills**, **ful·fils** /-z/; **ful·filled** /-d/; **ful·fill·ing**; [名] **fulfillment**) ⓗ **1**〈希望・予言など〉を実現する, 遂げる;〈義務などを〉果たす;《格式》〈約束〉を履行する (carry out);〈期限・仕事〉を完了する: ~ one's hopes [dream] 希望[夢]をかなえる / ~ a role [function] 役割[職務]を果たす / Try to ~ your obligations. 義務を果たすように努力しなさい. **2**〈条件〉を満たす,〈目的など〉にかなう: ~ the conditions [requirements] その条件を満たす. **3**〈仕事など〉が〈人〉を満足させる,〈人〉に充足感を与える.

fulfill oneself [動] ⓐ 自己の実力[能力]を十分に発揮する.

ful·filled /fʊlfíld/ [形] (人などが)満足した, 充足感をもった.
ful·fill·ing /fʊlfílɪŋ/ [形] (仕事・関係などが)満足した, 充足感のある.
*__**ful·fill·ment**, 《英》**-fil-** /fʊlfílmənt/ [名] ⓗ (**ful·fill**) Ⓤ 満足(感): a sense [feeling] of ~ 達成感 / find ~ 充足感を見い出す. **2** Ⓤ,Ⓒ 実現, 達成; 履行(りこう), 遂行: ~ *of* a wish 望みの実現.

*__**full** /fʊ́l/ [形] (**full·er**; **full·est**) **1** いっぱいの[で], 満ちた (反 **empty**)《☞ **fill** 類語》: a ~ glass いっぱい入ったコップ / Don't speak with your mouth ~. 口をいっぱいにしたまま話してはいけません / How ~ should I fill this glass? このコップにどの位いっぱいにすればよろしいですか / The bottle is half ~. びんには半分入っている / a classroom ~ *of* pupils 生徒でいっぱいの教室 / My mug is ~ *of* beer! 私のジョッキはビールでいっぱいだ! / The people were ~ *of* life and joy. 人々は活気と歓喜に満ちていた.

2 Ⓐ (数量・分量などが)まるまる(...だけ)の, 完全な; 最大限の, 正式の: a ~ hour まる 1 時間 / ~ employment 完全雇用 / ~ details 完全な詳細 / a ~ member 正会員 / at ~ speed 全速力で / thirty miles=a ~ thirty miles まる 30 マイル / the cherry trees in ~ bloom 満開の桜 / I'll tell you the ~ story. 何から何までお話します / I got ~ marks *in* [*for*] history.《主に英》私は歴史の(試験)で満点をとった.

3 Ⓟ Ⓢ《略式》腹いっぱいで; 胸いっぱいで.

会話 "Would you like some more?" "No, thank you. I'm ~."「もっといかがですか」「もう結構です. おなかがいっぱいです」

4 豊かな, 充実した;（服が）ゆったりした; [普通は Ⓐ] ふっくらした, 太った, 肥満体の: a ~ day いろいろとやることのある[忙しい]日 / I lead [have a ~] life 充実した生活[人生]を送る / a ~(*er*) figure [婉曲] 肥満体 / She is ~ in the face. 彼女はふっくらした顔をしている. **5** (酒などが)こくのある;（光・色などが）強烈な, 強い;（音などが）豊かな: a ~ flavor 豊かな風味. **6** Ⓟ〈...で〉頭がいっぱいで, 夢中で: She is ~ of her own affairs. 彼女は自分のことで頭がいっぱいです. **be fúll of it [cráp, shít]** [動] ⓐ ⓦ《卑》うそをつく, 大ぼらである, 大話である. **be fúll of oneself** [動] ⓐ《略式》《軽蔑》自分のことばかり考えている; うぬぼれている. **be fúll úp** [動] ⓐ《英》(1)《略式》満腹である.(2) いっぱいである, ぎっしり詰まっている. **to the fúllest** [副] = to the full《☞ 名 成句》.

—— [副] **1** まともに, ちょうど (straight) (*on*): The beam of light caught him ~ *in* the face. 光線が彼の顔をまともにとらえた. **2** 十分に, 完全に: I knew ~ well that he wouldn't come. 私は彼が来ないことをよく知っていた.

—— [名] [the ~] 全部, 十分; 真っ盛り. **in fúll** [副] 全部, 略さずに, すっかり: payment *in* ~ 全額払い / Sign your name *in* ~. 名前を略さずに(姓名ともに)書きなさい. **to the fúll** [副] 十分に, 心ゆくまで.

*__**fúll·bàck** [名] Ⓒ,Ⓤ【球】フルバック, 後衛. 関連 forward フォワード / halfback ハーフバック.
fúll béam [名] Ⓤ = high beam.
fúll-blóod·ed [形] **1** Ⓐ 純血種の. **2** 威勢のいい; 熱心な, 激しい.
*__**fúll-blówn** [形] **1** Ⓐ 全面的な, 本格的な: ~ AIDS (最終段階に)病状の進んだエイズ. **2** (花が)満開の.
fúll bóard [名] Ⓤ《主に英》(ホテルなどで)全食付きの宿泊. 関連 half board (一泊 2 食付き.
fúll-bòd·ied [形] (ワインなどが)こくのある;（音が）豊かな.
fúll bóre [副]《米》全(速)力で.
fúll-bóre [形] Ⓐ《米》全(速)力の.
fúll-cólor [形] Ⓐ フルカラー(印刷)の.
fúll-cóurt préss [名] [単数形で]《米》【バスケ】コートディフェンス;《略式》全面攻勢[圧力].
fúll-créam [形]《英》全乳の《脱脂しない》.

fúll dréss 名 U 正装, 礼装(男性は燕尾(び)服に白いちょうネクタイ; 女性はすその長いドレス).

fúll-dréss 形 A 正装の, 礼装着用の; 正式[本式]の: a ~ rehearsal 本[舞台]げいこ.

fúll·er's éarth /fúləz-│-ləz-/ 名 U フラー土(原油から不純物を取り除くために用いる).

fúll-fáce 形 (写真などが)正面を向いた (⇒ in profile (profile 成句)); 顔をすべて覆(お)う[守る].

fúll-fásh·ioned /-fǽʃənd/ 形 (米)(ストッキング・セーターなどが)体にぴったり合うよう編んだ ((英)fully-fashioned).

fúll-fát 形 A (英)(牛乳・チーズなどの)脂肪分を抜いてない.

fúll-fíg·ured 形 (婉曲)(女性が)ふくよかな, 豊満な.

fúll-flédged 形 (主に米)立派に一人前になった, 資格十分な; 本格的な; (幼鳥が)羽毛の生えそろった (飛べる) ((英)fully-fledged).

fúll-fróntal 形 (普通は A) 1 (ヌード(写真)が)正面まる見えの; すべてをさらけ出した. 2 (略式)(攻撃などが)全面的な, まっこうからの.

fúll-grówn 形 (主に米)十分に成長[発育]した, すっかり大人になった ((英)fully-grown).

fúll hóuse 名 C (普通は単数形で) 1 (劇場などの)大入り満員. 2 (トラ) フルハウス(ポーカーで3枚の同位の札と2枚の同位の札との手).

fúll-léngth 形 A 1 (写真・肖像画・鏡などが)全身の, 全身をうつす; (カーテンなどが)床まで届く, (ドレスなどが)足首までとどく; (袖が)手首まで届く. 2 (本・映画などが)省略なしの, 通常の長さの. — 副 全身をまっすぐ伸ばして, 長々と.

fúll lóck 名 U (英) ハンドルをいっぱいに切って.

fúll márks 名 (複) (英) 1 (試験の)満点 (⇒ mark¹ 5): get full marks, give ... full marks (for —) (⇒ mark¹ 成句). 2 (主に S) 称賛 (to, for).

full món·ty /fúlmὰnti│-mὰn-/ 名 [the ~] (略式, 主に英) [滑稽] ひとそろい全部. **do the fúll mónty** (英略式) 人前で全裸になる.

fúll móon 名 [単数形で] 満月 (⇒ moon 語法), phase 挿絵).

fúll náme 名 C (略さない)氏名(例えば J. F. Kennedy に対して John Fitzgerald Kennedy; ⇒ name 参考).

fúll nélson 名 C (レス) フルネルソン. 関連 half nelson ハーフネルソン.

full·ness, (英)ful·ness /fúlnəs/ 名 U 満腹, 満ちること; 充実; (音などの)豊かさ; 完全さ; ふくよかさ, ゆったりしていること. **in the fúllness of tíme** 副 W (格式) 時満ちて, いつかは.

fúll-ón 形 (英略式) 極端な, はなはだしい; P (人が)熱心すぎる.

fúll-páge 形 A (記事・広告などが)全ページ(大)の.

fúll proféssor 名 C (米) 正教授 (⇒ professor).

fúll-scále 形 A 1 (攻撃などが)全面的な, 本格的な; (研究などが)完全な. 2 (モデル・絵などが)実物大の.

fúll-sérvice 形 A (米)(ガソリンスタンドなどが)すべて店でやってくれる, フルサービスの.

fúll-síze(d) 形 A (一連のものの中で)最大の, フルサイズの; 等身[実物]大の; (ベッドなどが)フルサイズの(54×76インチのもの).

fúll stóp 名 C (英)(文法) ピリオド, 終止符 (⇒ period (文法)); (米)(英) period). **cóme to a fúll stóp** [動] (自) 完全に停止する; 行き詰まる. — 感 (英) =period.

fúll-térm 形 (格式) 臨月の; (赤ちゃんが)月満ちて生まれた.

fúll-thróat·ed /-θróutɪd/ 形 A 大声を出しての.

fúll tíme 名 U (英) フルタイム, 試合終了(決まった時間内で試合をする競技で). 関連 half time ハーフタイム.

fun 701

***fúll-time** /fúltáɪm⁻/ 形 フルタイムの, 常勤の, 専任の(普通は週35時間以上働く); (学生が)全日制の, 学業中心の: a ~ employee 正社員 / a ~ mother [(米) mom] 専業主婦. 関連 part-time 非常勤の. **a fúll-time jób** 名 C 1 (普通は単数形で) 常勤の仕事. 2 (略式) 時間のとられる無給の仕事. — 副 フルタイムで, 常勤で, 専任で.

fúll-tím·er 名 C 常勤者, 専任者.

***ful·ly** /fó(ɒ)li│fóli/ 副 1 **十分に**, 完全に: ~ aware 十分に認識した / ~ recover 完全に回復する / ~ discuss 十分に討論する / The party was ~ equipped for mountain climbing. 隊は十分な登山装備をしていた.
2 (数詞の前において) W (格式) まるまる, たっぷり: The task will take ~ three weeks. その仕事はたっぷり3週間はかかろう. 3 (否定文で) 全く...であるというわけではない(部分否定を表わす): What the lecturer said was *not* ~ understood by the audience. 講師が話したことを聴衆が全部理解したわけではない.

fúlly-dréssed 形 P (靴まで)何もかも身につけて.

fúlly-fáshioned 形 (英) =full-fashioned.

***fúlly-flédged** 形 (英) =full-fledged.

fúlly-grówn 形 (主に英) =full-grown.

ful·mi·nate /fúlmənèɪt, fʌl-/ 動 (自) (格式) どなりつける, 激しく非難する (*against, about, at*).

ful·mi·na·tion /fùlməneɪʃən, fʌl-/ 名 C,U (格式) 猛烈な非難 (*against*).

ful·ness /fúlnəs/ 名 U (英) =fullness.

ful·some /fúlsəm/ 形 (格式) [けなして] (お世辞などが)度のすぎた, 大げさな, 鼻につく (*in*). **~·ly** 副 大げさに. **~·ness** 名 U 大げさ.

Ful·ton /fúltn/ 名 **Robert** ~ フルトン(1765-1815) (米国の技術者・発明家; 蒸気船を設計・建造した).

Fú Man·chú mústache /fúːmæntʃúː-/ 名 C フーマンチューひげ, なまずひげ, 八の字ひげ.

***fum·ble** /fʌmbl/ 動 (自) 1 手探りで捜す; いじくり回す (*at*): ~ in the briefcase *for* the key かばんの中の鍵(か)を手探りで捜す / She ~*d with* the lock. 彼女はがたがた錠前を開けようとした / I was fumbling *about [around]* in the dark. 私は暗がりの中をごそごそ捜した. 2 物をぎこちなくこなう; [野・アメフトなど] ファンブルする (*with*). 3 口ごもる (*with*): ~ *for* the right words 言いよどむ. — 動 (他) 1 〈...〉を不器用にいじくる; 〈物をつかみそこなう〉; [野・アメフトなど] 〈ボール〉をファンブルする. 2 〈...〉をぎこちなく言う. — 名 1 [野・アメフトなど] ファンブル. 2 [単数形で] ぎこちない手の扱い.

fum·bling /fʌmblɪŋ/ 形 ぎこちない, へまな. — 名 C (普通は複数形で) =fumble 2.

***fume** /fjúːm/ 13 名 (複数形で) (においの強い[有毒な])煙, 蒸気, 排気ガス. — 動 (自) 1 ぷりぷりする, かっかする (*at, about, over*); 当たりちらす (*at*). 2 発煙する, けむる. — 他 〈...〉をいらだたせる.

fu·mi·gate /fjúːmɪɡèɪt/ 動 (他) (消毒・殺虫のために)〈...〉をいぶす, 燻蒸(くんじょう)消毒する.

fu·mi·ga·tion /fjùːmɪɡéɪʃən/ 名 U 燻蒸(消毒[殺虫]).

***fun** /fʌn/ (類似 fan¹,², fund) 名 (形 funny) U (遊び・スポーツなどの) **楽しさ**, おもしろさ; 戯れ, ふざけ; 楽しさを与えてくれるもの, おもしろいもの[人]: Try it! It's (a lot of [great]) ~. やってごらん. (とても)おもしろいよ / It wasn't any ~ [It was no ~] *playing [to* play] in the park. 公園で遊ぶのは全然おもしろくなかった / What ~ it is to ride a horse! 馬に乗るのは何と楽しいことだろう / He is full of ~. 彼はおもしろいことばかり言う[する] / He is great [good] ~ (to be with). 彼はとてもおもしろい人だ(一緒にいてとても楽しい人だ). [用法注意]

形容詞を伴っても a great [good] ~ とはならない(不定冠詞をつけない). 語源 中(期)英語で「ばか(な)」の意; fond と同語源.

be nòt mý idèa of fún [動] (自) [主に (S)] 面白いと思わない(*☞* one's idea of … (idea 成句)).

for fún [副] おもしろ半分に; 楽しみのために: Nancy learned Chinese characters just *for* ~. ナンシーはほんのおもしろ半分に漢字を習った.

for the fún of it [副] =for fun.

fún and gámes [名] [略式] (1) お遊び; 楽しいこと. (2) [滑稽] 難儀.

hàve fún [動] (自) おもしろく遊ぶ, 興じる: The children were *having* ~ *with* the dog. 子供たちはおもしろがって犬とふざけていた / Have ~! 楽しんでらっしゃい (遊びに行く人などに対して).

hàve one's fún [動] (自) したい[好きな]ことをして楽しむ.

in fún [副] (悪意でなく)戯れに, ふざけて.

líke fún [副] [文頭で] (S) [古風, 米] (…だなんて)とんでもない, 絶対…でない (like hell).

màke fún of … = **póke fún at …** [動] (他) …をからかう; あざ笑う: [言い換え] The boys *made* ~ *of* the newcomer. (= The boys played a joke on the newcomer.) 少年たちはその新入生をからかった.

sóund lìke fún [動] (自) おもしろそうだ (*☞* sound like … (sound¹ 句動詞囲み)).

— [形] [A] [略式] 楽しい, 愉快な: a ~ trip レジャー旅行 / a ~ person おもしろい人.

***func·tion** /fʌ́ŋkʃən/ [T1] [名] (~s /-z/; [形] fúnctional) **1** [U.C] (そのもの本来の)働き, 機能, (本来の)作用; 職務, 職能, 役目: the heart's ~ 心臓の機能 / The ~ of education is to develop the mind. 教育の働きは精神を発達させることである / the ~s of a principal 校長の職務. **2** [C] 儀式, 式典, 祭典 (ceremony); 宴会, 社交上の会合: The Queen attended the ~. 女王はその式典に臨席された. **3** [a ~] (格式) (あることの)結果, せい; 相関関係(にあるもの); [数] 関数 (*of*): The difficulty of the text is a ~ of average word length. 文章の難易度は単語の平均的な長さによって決まる. **4** [電算] 機能, ファンクション. 語源 ラテン語で「成し遂げる」の意.

— (**func·tions** /-z/; **func·tioned** /-d/; **-tion·ing** /-ʃ(ə)nɪŋ/) (自) **1** [しばしば副詞(句)を伴って] (機械などが)働く, 作用する; [否定文で] (人が)正常に活動する: This engine does not ~ well in cold weather. <V+副> このエンジンは寒いとよく動かない. **2** 役目を果たす: This watch can also ~ *as* a calculator. この時計は計算器の役目もする.

⁺**func·tion·al** /fʌ́ŋk(ʃ)ənəl/ [形] ([名] fúnction) **1** 機能本位の, (装飾的でなく)実用的な: The furniture was not ornamental but ~. その家具は装飾よりも機能本位のものであった. **2** (正常に)機能する, 動く: Is this engine ~? このエンジンは(実際に)動くのですか. **3** [A] 機能的な, 機能(上)の. **4** [格式] 役に立つ, 潤滑油となる (*to*).

fúnctional fóod [名] [U.C] (健康増進の)機能性食品.

fúnctional illíterate [名] [C] [主に米] 機能的文盲者(仕事・実務に必要な読み書き能力のない者).

func·tion·al·ism /fʌ́ŋk(ʃ)ənəlɪzm/ [名] [U] (格式) (建築・家具などの)機能主義.

func·tion·al·ist /fʌ́ŋk(ʃ)ənəlɪst/ [名] [C] 機能主義者. — [形] 機能主義の.

func·tion·al·i·ty /fʌ̀ŋk(ʃ)ənǽləti/ [名] [U] 実用性; 機能性; [U.C] [電算] 機能.

func·tion·al·ly /fʌ́ŋk(ʃ)ənəli/ [副] **1** 機能上; 職務上. **2** 機能本位に, 実用的に.

func·tion·ar·y /fʌ́ŋ(k)ʃənèri | -ʃ(ə)nəri/ [名] (**-ar·ies**) [C] [格式] [軽蔑] (重要な仕事の担当でない)職員, 役人.

func·tion·ing /fʌ́ŋk(ʃ)ənɪŋ/ [名] [U] 機能性.

fúnction kèy [名] [C] [電算] ファンクションキー.

fúnction wòrd [名] [C] [文法] 機能語(冠詞・代名詞・前置詞・接続詞・助動詞・関係詞などの文法的な関係を示す語). 関連 content word 内容語.

***fund** /fʌ́nd/ [発音] fond) [12] [名] (**funds** /fʌ́ndz/) **1** [C] 基金, 資金; [しばしば the F-] (組織としての)基金(団体): set up a relief ~ 救済基金を設立する / We have no ~ *for* buying library books. 図書館の本を買う資金がない // *☞* Save the Children Fund, World Wide Fund for Nature.

2 [複数形で] 手持ち資金; 財源: government ~s 政府資金 / raise ~s 資金を集める / lack of ~s 資金不足 / I am too *short of* [*low on*] *~s* to make the down payment. (略式) 頭金を払うには手持ち資金が足りません. **3** [a ~] (知識などの)蓄え (store): The explorer had a ~ of exciting stories. その探検家はわくわくする話をたくさん知っていた. 語源 ラテン語で「底, 基礎」の意; *☞* found² 語源. **in fúnds** [形] [格式] お金のある.

— (**funds** /fʌ́ndz/; **fund·ed** /-ɪd/; **fund·ing**) (他) **1** (…に)資金援助する: This university *is* ~*ed by* the government. <V+Oの受身> この大学は政府の助成金を受けている. **2** [経] (一時借入金)を長期公債する.

***fun·da·men·tal** /fʌ̀ndəméntl⁻/ [T1] [形] ([名] foundátion) **1** [普通は [A] 基礎の(basic), 基本的の, 根本的な; 本質的な: a ~ difference 基本的な差 / ~ principles 基本原理 / ~ human rights 基本的人権. **2** 必須の, 欠くことのできない, 重要な: Patience is ~ *to* success. <A+*to*+名・代> 忍耐こそは成功に欠くことができないものである. **3** [A] [物理] 基本の: ~ particles 素粒子.

— [名] (~s /-z/) [C] [普通は the ~s として] 基本, 基礎; 原則, 原理: learn *the ~s of* physics 物理学の基本を学ぶ.

***fun·da·men·tal·is·m** /fʌ̀ndəméntəlɪzm/ [名] [U] 原理主義(聖書の創造説を文字どおりに信じ進化論を全く排する主義), 根本主義; (宗教・思想上の)基本原理の厳守.

***fun·da·men·tal·ist** /fʌ̀ndəméntəlɪst/ [名] [C] 原理[根本]主義者. — [形] 原理[根本]主義(者)の.

***fun·da·men·tal·ly** /fʌ̀ndəméntəli/ [副] **1** 根本[本質的]に. **2** [文修飾] 基本的には, 元来は: ~ *wrong* [*flawed*] 根本的に間違いの[欠陥のある].

fund·er /fʌ́ndɚ | -də/ [名] [C] 資金提供者[団体].

⁺**fund·ing** /fʌ́ndɪŋ/ [名] [U] 資金(提供), 財政支援 (*of*): get state ~ *for* a project 事業への州の財政支援を得る.

fúnd mànager [名] [C] (保険会社などの)資金運用担当者.

fúnd-ràis·er [名] [C] 資金集めのための催し(パーティーなど); 資金調達(担当)者.

***fúnd-ràis·ing** [名] [U] 資金調達, 募金, カンパ.

***fu·ner·al** /fjúːnərəl/ [13] [名] (~s /-z/; [形] fúnereal) **1** [C] 葬式, 葬儀, 告別式: hold a decent ~ 世間並みの葬式をする / attend a ~ 葬儀に列席する. **2** [形容詞的] 葬式の, 葬儀の: ~ services 葬儀 / ~ expenses 葬儀の費用. **be ‥'s fúneral** [動] (S) (略式) …の問題[責任]である.

fúneral diréctor [名] [C] [格式] 葬儀屋 (undertaker).

fúneral hòme [名] [C] 葬儀店(遺体の防腐処理や葬儀の準備などをする) (funeral parlour).

fúneral màrch [名] [C] 葬送行進曲.

fúneral pàrlour [名] [C] =funeral home.

fu·ner·ar·y /fjúːnərèri, -n(ə)rəri/ 形 A (格式) 葬式[埋葬]の.

fu·ne·re·al /fjuːní(ə)riəl/ 形 1 (名 fúneral)(格式) A 葬式にふさわしい, しめやかな. **2** 陰気な: at a ~ space のろのろと. **~·ly** /-əli/ 副 しめやかに; 陰気に.

fún fàir 名 C (英) = fair³.

fún·fèst 名 C (略式) 懇親会, お楽しみ会.

fun-filled /fʌnfɪld/ 形 おもしろずくめの.

†**fun·gal** /fʌ́ŋg(ə)l/ 形 1 普通は A (生) きのこの(ような); 〖医〗菌の, 菌による.

fungi 名 fungus の複数形.

fun·gi·ble /fʌ́ndʒəbl/ 〖法〗形 代替可能な. ― 名 C [普通は複数形で] 代替可能物.

fun·gi·ci·dal /fʌ̀ndʒəsáɪdl, fʌ̀ŋgə-¯/ 形 殺菌[防かび]用]の.

fun·gi·cide /fʌ́ndʒɪsàɪd, fʌ́ŋgə-/ 名 C,U 殺菌剤, 防[除]かび薬.

fun·goid /fʌ́ŋgɔɪd/ 〖生〗かび[きのこ]に似た; 〖医〗菌性の.

fun·gous /fʌ́ŋgəs/ 形 = fungal.

†**fun·gus** /fʌ́ŋgəs/ 名 (複 fun·gi /fʌ́ndʒaɪ, fʌ́ŋgaɪ, ~·es/) U,C 1 きのこ. 2 菌類(細菌・さび病菌・うどんこかびなど).

fún hòuse 名 C (主に米) (遊園地などの)びっくりハウス.

fu·nic·u·lar (ráilway) /fjuːníkjʊlə-, -lə-/ 名 C (登山用)ケーブルカー.

†**funk¹** /fʌŋk/ 名 U 1 〖楽〗ファンク《強烈なリズムの黒人のジャズが基本の音楽》. **2** (米略式) 体臭.

funk² /fʌŋk/ 名 [単数形で] (古風, 略式, 主に米) 悲しみ, 心配, 怒り. **be in a (blúe) fúnk** 動 自 (米略式) (気分が)落ち込んでいる; (古風, 英略式) おじけづいている (*about*). ― 動 (古風, 英略式) 〈…を〉ためらう, しりごみする.

funk·y /fʌ́ŋki/ 形 (funk·i·er, -i·est) (略式) **1** (主に米) [ほめて] 一風変わった, いかす. **2** 〖楽〗ファンク調の, ファンキーな. **3** (米略式) 悪臭のする.

fún-lòving 形 (人が)遊び好きな.

†**fun·nel** /fʌ́nl/ 名 C **1** じょうご. **2** (主に英) 煙突《機関車・汽船などの》. ― 動 (**fun·nels**; **fun·neled**, (英) **fun·nelled**; **-nel·ing**, **-nel·ling**) 自 [副詞(句)を伴って] (大勢の人・大量のものなどが)狭い場所を通る. ― 他 **1** (じょうごで)〈…〉を注ぐ, (狭い所を通して)〈…〉を入れる; (狭い所が)〈…〉を通す. **2** 〈金・情報など〉を(…を通じて)送る (*to*).

fun·nies /fʌ́niz/ 名 [the ~] (略式, 主に米) (新聞の)漫画のページ.

fun·ni·ly /fʌ́nəli/ 副 おかしく, 滑稽に; 妙に. **fúnnily enóugh** 副 文修飾語 S = funny enough (⇒ funny 副 成句).

fun·ni·ness /fʌ́ninəs/ 名 U おかしさ; 奇妙さ.

†**fun·ny** /fʌ́ni/ 形 (類語 honey) (**fun·ni·er** /-niə-/ -niə/; **fun·ni·est** /-niɪst/ 名 fun) **1** おかしな, 滑稽な, おもしろい, おかしくわらえるような(⇒ *interesting* 類語): a ~ story おもしろい話 / She made a ~ face. 彼女はおどけた顔をした / His joke wasn't ~ at all. 彼の冗談はちっともおかしくなかった / She *saw the* ~ *side of* my mistake. 彼女は私の間違いの滑稽な面に目を向けた(とがめだてしなかった).

2 [主に S] 奇妙な, 変な (*strange*): This fish has a ~ smell. この魚は変なにおいがする. / *It's a* ~ *thing* [*how*] I can't remember her name. S 彼女の名前を思い出せないのは変だ. / It's a ~ old world. 世間では奇妙なことが起こるものだ. / She saw the ~ side of my mistake. と言ったときに 1 と 2 の意味の区別を次の形で尋ねることがある: "Something *funny* happened today." "F~ strange (英) peculiar or ~ ha-ha?" 「今日おかしなことがあった」「それって奇妙という意味なの, それとも滑稽になってこと?」 **3** (略式) 怪しげな, いんちきな: There's

something ~ about the case. その事件にはどこかおかしなところがある. **4** P (略式) (気分・調子が)すぐれない, (英略式)(頭が)少々おかしい: I feel ~ today. きょうは調子がおかしい. **5** P (英略式) 生意気な; よそよそしい: Don't get ~ *with* me! S ふざけないで. **gò fúnny** 動 自 (略式)(機械などが)調子がおかしくなる, (英略式)頭がおかしくなる. **I'm nót bèing fúnny bùt …** S (冗談ではなくまじめな話 …). **It's [That's, This is] nòt fúnny.** S 笑いごとじゃない. **Thát's fúnny.** S (わけがわからず)変だな, 奇妙だ. **The fúnny thing is …** S おかしい[奇妙な]のは…だ. **Véry fúnny!** S [皮肉] おもしろいよ; 笑いごとじゃないよ. **Whàt's so fúnny?** S 何がそんなにおかしいんだい?

― 副 滑稽に; 奇妙に. **fúnny enóugh** 副 文修飾語 S (米) おかしな[奇妙な]ことに(は).

fúnny bòne 名 [単数形で] (略式)(ひじの)尺骨の端《ぶつけるとびりっとひびく》; ユーモア感覚: tickle a person's ~ …を笑わせる.

fúnny bùsiness 名 U あやしげな取引, 不正行為; 妙なまね, おかしな行動.

fúnny fàrm 名 C (略式)[差別][滑稽] 精神病院.

fúnny-lòoking 形 (略式) 妙なかっこうをした.

fúnny·màn /-mæ̀n/ 名 (-**men** /-mèn/) C [新聞で] お笑い芸人, コメディアン(男性).

fúnny mòney 名 U (略式) にせ札[金]; 不正に入手した金, 価値の不安定な金.

fúnny pàpers 名 [複] (米略式)(新聞の)漫画欄.

fúnny·wòman /-wə̀mən, -wɪ̀mən/ 名 C [新聞で] お笑い芸人, コメディアン(女性).

fun-packed /fʌ́npǽkt/ 形 = fun-filled.

Fún Rùn 名 C ファンラン《募金を目的としたマラソン大会》.

*fur /fəː | fəː/ (同音 fir; 類音 far, *her) 名 (~s /-z/; furry) **1** U (犬・猫などの) 柔らかいふさふさした毛: The girl stroked her cat's ~. 少女は猫の毛をなでた.

2 U,C (柔らかい)毛皮; U 毛皮に似せた合成織物: a ~ coat 毛皮のオーバー / clothes made of ~ 毛皮製の服. **3** C 毛皮製品, 毛皮の上着[コート]: a fox ~ きつねの毛皮の製品 / She wore expensive ~s. 彼女は高い毛皮をまとっていた. **4** U (やかん・鉄パイプ・やかんなどの)あか (scale). **5** U (病気のときの)舌苔(ぜつたい). **màke the fúr flý** 動 自 大げんか[大騒ぎ]する; (事を)大騒ぎを引き起こす. **The fúr begíns [stárts] to flý.** 大騒ぎが始まる.

― 動 (furs; furred; fur·ring /fə́ːrɪŋ | fə́ːr-/) (英) 他 [普通は受身で] 〈湯沸かしなど〉に湯あかをつける; 〈舌〉に舌苔を生じさせる; 〈血管〉を詰まらせる (up). ― 自 湯あかがたまる; (血管が)詰まる (up).

fur. 略 = furlong(s).

fur·bished /fə́ːbɪʃt | fə́ː-/ 形 (古くなったものを)磨いた, (外観をよくするのに)手入れした.

Fu·ries /fjú(ə)riz/ 名 [複] [the ~] 〖ギ·ロ神〗三人姉妹の復讐(ふくしゅう)の女神.

*fu·ri·ous /fjú(ə)riəs/ 形 (名 fúry) **1** P 怒り狂う, 激怒した (*about*) (⇒ *angry* 類語): She was ~ *with* [*at*] you for what you did. <A+*with* [*at*]+名·代+*for*+名·代> 彼女はあなたのしたことですごく腹を立てていた / I am ~ *that* you have been so careless. <A+*that* 節> お前が不注意だったことに怒っているのだ.

2 [普通は A] 猛烈な, 激しい, 荒れ狂う: a ~ struggle 猛烈な闘争 / drive at a ~ speed 猛スピードで車を走らせる. **~·ly** 副 怒り狂って; 猛烈に.

furl /fəːl | fəːl/ 動 (反 unfurl) 他 (文) 〈旗・帆など〉を巻き上げる; 〈傘など〉をたたむ.

furled /fəːld | fəːld/ 形 巻いた, たたまれた.

fur·long /fə́ːlɔːŋ | fə́ːlɔŋ/ [名] [C] ファーロング《競馬で用いる長さの単位; 1/8 マイル, 201.17 メートル; [略] fur.》.

fur·lough /fə́ːloʊ | fə́ː-/ [名] [C,U] (特に軍人の)長期休暇; 《米》(会社員の)一時帰休; (囚人の)一時仮出所. ― [動] [他] 《米》〔商〕〈人〉に休暇を与える; 〈…〉を一時帰休させる. **on fúrlough** [副・形] 休暇で.

+**fur·nace** /fə́ːnəs | fə́ː-/ [名] [C] 炉, かまど; 高炉; 《主に米》暖房炉, ボイラー. **be (lìke) a fúrnace** [動] [自] [S] ものすごく暑い.

***fur·nish** /fə́ːnɪʃ | fə́ː-/ [T2] [動] (**-nish·es** /~ɪz/; **fur·nished** /~t/; **-nish·ing**) [他] **1** [しばしば受身で] 〈家・部屋〉に**家具を備える**[取り付ける] (☞ furniture [語源]): The room *was* **~ed** *with* luxurious furniture. <V+O+*with*+名・代の受身> その部屋はぜいたくな家具が備え付けてあった.

2 《格式》(必要な物を)〈…〉に**供給する** (supply); 〈物〉を供給する, 与える: The sun *~es* enormous energy. 太陽は莫大(ばくだい)なエネルギーを供給する / The river **~es** this town *with* water. <V+O+*with*+名・代> その川はこの町に水を供給している.

+**fur·nished** /fə́ːnɪʃt | fə́ː-/ [形] ([反] unfurnished) 家具付きの: a fully ~ apartment すべての家具付きのアパート.

+**fur·nish·ings** /fə́ːnɪʃɪŋz | fə́ː-/ [名] [複] (家・部屋の)備品, 造作, 家具《furniture よりも意味が広く, 浴室・カーテン・カーペット・絵画・ガス・水道なども含む; ☞ fixture, soft furnishings》.

***fur·ni·ture** /fə́ːnɪtʃə | fə́ːnɪtʃə/ [T1] [名] [U] **家具**, 備品, 調度《テーブル・ベッド・ソファー・戸棚など; ☞ bedroom, living room 挿絵》.

> [語法] 数えるときには次のようにいう: a *piece* of ~ 家具 1 点 (☞ piece 1 [語法]) / There were three *pieces* [*articles*] of ~ in the room. その部屋には家具が 3 点あった.

I bought some antique ~ for my room. 自分の部屋用にアンティークの家具を少々買いました / There is too much [little] ~ in his house. 彼の家には家具がありすぎる[なさすぎる]. **párt of the fúrniture** [名] [滑稽] 長い間住んで[働いて]いる人. [語源] 古(期)フランス語で「備え付け (furnish) られたもの」の意.

+**fu·ror** /fjʊ́(ə)rɔə | fjʊ́ərɔː, fjɔ́ːr-/ [名] [[U] または a ~] 《米》熱狂; (世間の)憤激 (*over, about*).

+**fu·rore** /fjʊ́(ə)rɔə | fjʊ(ə)rɔ́ːri, fjʊ́ərɔː/ [名] [[U] または a ~] 《英》=furor.

furred /fə́ːd | fə́ːd/ [形] 毛皮(状の物)で覆われた; 舌苔(ぜったい)を生じた.

fur·ri·er /fə́ːriə | fʌ́riə/ [名] [C] 毛皮商人; 毛皮加工業者.

+**fur·row** /fə́ːroʊ | fʌ́r-/ [名] [C] **1** (うねの間の)すじ, 溝(みぞ), あぜ溝; (車などの)わだち. **2** (顔, 特に額の)しわ. **plów ˈa lónely [one's ówn] fúrrow** [動] [自] 《英》《文》独力で仕事をする, 独自の道を行く. ― [動] [他] **1** [W] 〈額など〉にしわを寄せる. **2** 〈…〉に溝[わだち]を立てる, (すきで)すく. ― [自] [W] しわが寄る.

fur·rowed /fə́ːroʊd | fʌ́r-/ [形] [W] しわが寄った: have a ~ brow (心配して)額にしわを寄せている.

+**fur·ry** /fə́ːri | fə́ːri/ [形] (**fur·ri·er**; **-ri·est**; [名] fur) **1** [普通は [A]] 柔毛質の; 毛皮(状のもの)で覆われた: ~ friends 《略式》[滑稽] 動物. **2** 舌苔(ぜったい)の生じた.

fúr sèal [名] [C] おっとせい (☞ seal² 表).

‡**fur·ther** /fə́ːðə | fə́ːðə/ ([類音] farther, father) [T2] [副] [far の比較級] **1** **なおそのうえに**, さらに: You must examine it ~. それはさらに調べなければなりません. **2** (距離・時間が)さらに遠く(に), もっと先に (farther): ~ *back* さらに後方に; さらに過去にさかのぼって / two years ~ *on* さらに 2 年経って / I've never been ~ north than Sapporo. 札幌より北へ行ったことがない. **3** [つなぎ語] 《格式》さらにまた, そのうえ. [語法] この意味では furthermore のほうを多く用いる. **fúrther and fúrther** [副] [副詞(句)の前に用いて] だんだん(と). **fúrther to …** [前] [W] 《英格式》…に関して(述べれば)《主に商用文で用いる》. **gò fúrther** [動] [自] さらに進める[述べる] (*with*); 長持ちする; 多くの人に行きわたる: *go* a step [stage] ~ さらに一歩進む. **gó nò fúrther**=**nót gò àny fúrther** [動] [自] (情報・秘密などが)広まらない[広がらない]. **táke … fúrther** [動] [他] 〈…〉をさらに先へ進める, もっと突っこんで行なう: *take* the matter ~ 問題をもっと徹底して検討する.

― [形] [far の比較級] [A] **1** **それ以上の**, なおいっそうの: ~ 50 meters [dollars] さらに 50 メートル[ドル] / Wait until ~ notice. 追って通知があるまで待て / Did you get ~ information? それ以上の情報を得ましたか / Do you have any ~ questions to ask? ほかに何か質問がありますか. **2** もっと遠くの, さらに先の (farther).

― [動] (**fur·thers** /~z/; **fur·thered** /~d/; **-ther·ing** /-ð(ə)rɪŋ/; [名] fúrtherance) [他] 〈…〉を**促進する**, 助長する, 進める (promote): He tried to ~ his career. 彼はキャリアアップしようとした.

fur·ther·ance /fə́ːð(ə)rəns | fə́ː-/ [名] ([動] fúrther) [U] 《格式》助長, 助成, 促進: *in* (*the*) ~ *of* public welfare 公共の福祉を促進するために.

+**fúrther educátion** [名] [U] 《英》社会人教育《大学へ行かない人たちのための》.

***fur·ther·more** /fə́ːðəmɔ̀ə | fə̀ːðəmɔ́ː/ [T1] [副] [つなぎ語] 《格式》なお, そのうえ, さらに (☞ besides 類義語): I am not ready to leave yet. *F*~, I wonder if it's a good idea to go at all. まだ出かける用意ができていない. それに行くのがよいかどうかわからない.

fúrther·mòst [形] 《格式》最も遠い (farthest) (*from*).

+**fur·thest** /fə́ːðɪst | fə́ː-/ [副] [形] [A] [far の最上級] **1** 最も遠くに[の] (farthest) (*away; from*). **2** (程度・時間などが)最大限に[の]. **the fúrthest thíng from …'s mínd** [名] …の思ってもみないこと.

+**fur·tive** /fə́ːṭɪv | fə́ː-/ [形] [けなして] こそこそした; ひそかな, 内密の: I had a ~ glance in his direction. 私は彼のいる方をそっと見た. **~·ly** [副] こそこそと; ひそかに, こっそりと. **~·ness** [名] [U] こそこそしていること.

Furt·wäng·ler /fʊ́ətwɛŋlə, -veŋ- | fʊ́ətveŋlə/ [名] [固] **Wil·helm** /vílhelm/ ~ フルトベングラー (1886–1954) 《ドイツの指揮者》.

***fu·ry** /fjʊ́(ə)ri/ [名] ([形] fúrious) **1** [[U] または a ~] [W] **激しい怒り**, 憤激, 激怒 《rage よりも強い》 (*at*): We were filled *with* ~. 我々は激しい怒りに燃えた. **2** [a ~] (感情の)激しさ; [U] 《文》(天候などの)激しさ, 猛威: in *a* ~ of excitement とてもわくわくして / the ~ of the storm 嵐の激しさ.

flý ìnto a fúry [動] [自] 急に激しく怒る.

in a fúry [副・形] かっとなって.

lìke fúry [副] 《古風, 略式》猛烈に, 激しく.

furze /fə́ːz | fə́ːz/ [名] [U] =gorse.

+**fuse**[1] /fjúːz/ [名] [C] 〔電〕ヒューズ (☞ confuse [単語の記憶]): change a ~ ヒューズを取り替える. **blów a fúse** [動] [自] (1) ヒューズを飛ばす. (2) [S] 《略式》激怒する. **hàve [be on] a shórt fúse** [動] [自] 《略式》すぐに怒る. **líght a fúse** [動] [自] [主に新聞で] 事態を悪化させる. ― [動] [他] **1** 〈…〉を合同[連合]させる, (1 つに)合わせる (*into, together, with*). **2** 《格式》〈金属〉を溶かす; 融合させる (*into, with*). **3** 《英》〈…〉のヒューズをとばす. ― [自] **1** 合同[連合]する, (1 つに)合わさる (*into, together, with*). **2** 《格式》(金属が)溶ける; 融合する. **3** 《英》ヒューズがとぶ.

fuse[2] /fjúːz/ [名] [C] (爆弾などの)信管; 導火線: a time

〜 時限信管.
fúse bòx 名 C ヒューズ箱.
fused /fjúːzd/ 形 **1** ヒューズのついた. **2** 〖医〗(骨・指などが)癒着した.
fu・se・lage /fjúːsəlɑːʒ, -zə-/ 名 C (飛行機の)胴体, 機体 (⇨ airplane 挿絵).
fú・sel (òil) /fjúːz(ə)l/ 名 U 〖化〗フーゼル油 《アルコール発酵の副産物; 有毒》.
fu・si・lier /fjùːzəlíər | -líə/ 名 C (昔の)火打ち石銃兵.
fu・sil・lade /fjùːsəláːd | fjùːzəléɪd/ 名 C 〖格式〗一斉射撃; (質問などの)連発, 矢つぎばや (of).
†**fu・sion** /fjúːʒən/ 名 **1** U または a 〜] 融合, 連合 (of). **2** U 溶解; 融解; =nuclear fusion. **3** U または a 〜] フュージョン《ジャズやロックなど異なる音楽を融合したもの》.
fúsion bòmb 名 C 水素爆弾 (hydrogen bomb).
fúsion jàzz 名 U =fusion 3.
*****fuss** /fás/ 13 〖形 fussy〗U または a 〜] (つまらないことに対する)**大騒ぎ**, ひともんちゃく; 仰々しさ, やきもきすること (*about, over*): I don't see what all the 〜 is about. なぜこんな大騒ぎをしているのかわからない. **a fúss abòut nóthing** 名 空騒ぎ. **'kíck úp [màke, ráise] a fúss** 名] 〖格式〗文句を言ってひと騒動起こす, (怒って)大騒ぎする (*about, over*). **màke a fúss òver** [〖英〗**of**] ... 動 他 ...をちやほやする, ...の世話を焼く. ——動 自 **1** (つまらないことに)大騒ぎする, やきもきする (*about, around, over, with*); 世話を焼き過ぎる (*over*). **2** (...を)いらいらながら〖神経質に〗いじる (*with*). **3** 〖米〗(赤ん坊が)むずかる. ——他 〖英略式〗人を騒がせる, やきもきさせる; 〈...〉のじゃまをする〖気をちらせる〗. **be nòt fússed** 動 自 S 〖英略式〗どちらでも[何でも]構わない (*about*).
fúss・bùdget 名 C 〖古風, 米〗から騒ぎする人; こうるさい人.
fuss・i・ly /fásəli/ 副 〖軽蔑〗(つまらないことに)大騒ぎして, (大げさに)やきもきして; (服装などに)いやに凝って.
fuss・i・ness /fásɪnəs/ 名 U 〖軽蔑〗大騒ぎをすること; (服装などの)凝りすぎ.
fúss・pòt 名 C 〖英略式〗=fussbudget.
†**fuss・y** /fási/ 形 (**fuss・i・er**; **-i・est**; 〖軽蔑〗**1** (つまらないことに)騒ぎ立てる; 小うるさい; 〖米〗(赤ん坊が)むずかる: a 〜 eater 食べ物にうるさい人 / He is very 〜 *about* his food. 彼は食べ物にとてもやかましい. **2** (服装などが)凝りすぎた, ごてごてした. **3** (行動・動きなどが)神経質な. **be nòt fússy** 動 自 S (略式)〖どちら[どれ]でも〗気にしない, 構わない.
fus・tian /fástʃən | -tiən/ 名 U **1** ファスチアン織《厚手で目の粗い綿織物》. **2** 〖文〗〖軽蔑〗おおげさなこと. ——形 A **1** ファスチアン織の. **2** 〖文〗〖軽蔑〗(文体が)大げさな.
fus・ti・ness /fástɪnəs/ 名 U 〖軽蔑〗〖古風〗かび臭さ; 時代遅れ.
fus・ty /fásti/ 形 (**fus・ti・er**; **-ti・est**) 〖古風〗**1** (部屋・服などが)かび臭い, むっとする. **2** (略式) 古くさい, 時代遅れの.
fut. 略 =future.
fu・thark /fúːθɑːk | -θɑːk/, **-thorc**, **-thork** /-θɔːk | -θɔːk/ 名 C フサルク《ルーン文字のアルファベット》.
fu・tile /fjúːtl, -taɪl | -taɪl/ 形 役に立たない, むだな: 〜 efforts 徒労.
fu・til・i・ty /fjuːtíləti/ 名 U 無益, 無用 (*of*): an exercise in 〜 (⇨ exercise 成句).
fu・ton /fúːtɑn | -tɔn/ 〖日本語から〗名 C **1** 布団. **2** マットレス様の敷き布団(兼ソファー).
***fu・ture** /fjúːtʃə | -tʃə/ 13 名 (〜s /-z/) **1** [the 〜] 未来, 将来 (略 fut.); 今後(起こること), これから先: look to *the* 〜 未来に目を向ける / discuss *the* 〜 of mankind [Japan] 人類[日本]の未来について話し合う / You should provide for *the* 〜. 将来に備えたほうがよい (貯金などして). 関連 present 現在, past 過去.
2 C 〖普通は単数形で〗前途, 将来性; 未来を担う人[物] (*of*): a man with a (promising) 〜 将来性のある男 / a bleak 〜 わびしい将来 / He has a great [bright] 〜 ahead of him. 彼の前途には明るい未来がある. **3** [U または a 〜] 成功の見込み: There's no 〜 in this project. この企画には成功の見込みはない. **4** [複数形で]〖商〗先物. **5** [the 〜]〖文法〗未来, 未来時制 (略 fut.; ⇨ will¹ 1 〖文法〗). 関連 present 現在, past 過去. 語源 ラテン語で「これからあろうとする(もの)」の意.
in fúture 副 〖英〗 =in the future (2).
in the dístant fúture 副 遠い将来に.
in the fúture 副 (1) 未来に, 将来(に): No one can tell what will happen *in the* 〜. 将来は何が起こるかだれにもわからない. (2) 〖米〗(今までとは違って)今後は, 〖英〗=in future): Don't do that *in the* 〜. これからはしないように (注意するのに).
in the néar [immédiate, nót too dístant] fúture 副 近い将来に, 遠からず (soon): I hope to hear from her *in the near* 〜. 近いうちに彼女から便りがあると思います.
whát the fúture hólds [will bríng] 名 将来起こること.
——形 〖名 futurity〗A **1** 未来の, 将来の (略 fut.); 今後の, これから先の: 〜 flights これからあとの飛行便 / a 〜 problem 今後の問題 / She is Tom's 〜 wife. 彼女は将来トムの奥さんになる人だ / Let's keep the money for 〜 use. その金は将来の支出に備えてとっておこう. 関連 present 現在の / past 過去の. **2** 〖文法〗未来の, 未来時制の (略 fut.; ⇨ will¹ 1 〖文法〗).
fúture pérfect fórm 名 [the 〜]〖文法〗未来完了形 (⇨ have² 3 〖文法〗).
fúture pérfect progréssive fórm 名 [the 〜]〖文法〗未来完了進行形 (⇨ been¹ 1 (3) 〖文法〗).
fúture progréssive fórm 名 [the 〜]〖文法〗未来進行形 (⇨ be² A 3).
fúture-pròof 動 他 〈...〉を将来にわたって使用できるようにする.
——形 (物が)将来にわたって使用可能な.
fúture shòck 名 C フューチャーショック《目まぐるしい社会変化・技術革新についていけないこと》.
fútures màrket 名 C 〖商〗先物市場.
fúture ténse 名 [the 〜]〖文法〗未来時制 (⇨ will¹ 1 〖文法〗).
fu・tur・ism /fjúːtʃərìzm/ 名 U 〖芸〗未来派; 未来主義.
fu・tur・ist /fjúːtʃərɪst/ 名 C **1** 未来学者. **2** 〖芸〗未来派の芸術家[作家]. ——形 〖芸〗未来派の.
fu・tur・is・tic /fjùːtʃərístɪk/ 形 **1** 前衛的な, 奇をてらった. **2** A (物語などが)未来を扱った. **-i・cal・ly** /-ɪkəli/ 副 前衛的に; 未来(に)に.
fu・tu・ri・ty /fjuːtjú(ə)rəti | -tjúər-/ 名 (**-ri・ties**; 形 future) **1** U (まれ)未来, 将来. **2** C 〖格式〗未来の出来事. **3** C 〖米〗出生以前から出走登録する競馬.
fu・tur・ol・o・gist /fjùːtʃərɑ́lədʒɪst | -rɔ́l-/ 名 C 未来学者.
fu・tur・ol・o・gy /fjùːtʃərɑ́lədʒi | -rɔ́l-/ 名 U 未来学.
futz /fáts/ 動 自 [次の成句で] **fútz aróund** 〖米式〗(怠けて)ぶらつく; いじくる, もて遊ぶ (*with*).
fuze /fjúːz/ 名 C 〖米〗=fuse².
fuzz¹ /fáz/ 名 **1** U または a 〜] けば, ちぢれ毛の塊; 綿毛, 産毛(ｳﾌﾞｹﾞ). **2** U 〖米〗綿ほこり. **3** C ぼやけた

[はっきりしない]もの. ── 動 他 [普通は受身で]⟨…⟩をけばだたせる; ぼかす.

fuzz[2] /fÁz/ 名 [the ~; 《英》時に複数扱い] 《古風, 俗》[軽蔑] 警察, マッポ (1960-70 年代に用いられた).

fuzz·i·ly /fÁzəli/ 副 ぼやけて.

fuzz·i·ness /fÁzinəs/ 名 Ⓤ 不鮮明.

⁺**fuzz·y** /fÁzi/ 形 (**fuzz·i·er**; **-i·est**) **1** (映像・音・輪郭・考えなどが)ぼやけた, はっきりしない: a ~ snapshot ピンぼけのスナップ写真. **2** けばのような, けばだった; 産毛(うぶげ)の; (毛が)縮れた. **3** 難解な. **wárm (and) fúzzy** [形] 《略式》心地よい.

fúzzy lógic 名 Ⓤ 『電算』ファジー論理, あいまい論理.

fúzzy thèory 名 Ⓤ 『電算』ファジー理論, あいまい理論.

fwd 略 =forward 名.

FWD 略 =front-wheel drive.

FWIW, fwiw 略 [E メールで] =for what it's worth 一応言っとくけど, 念のため, ちなみに.

f-word /éfwə̀ːd | -wə̀ːd/ 名 [the ~] 《略式》[婉曲] f で始まることば (fuck のこと).

fwy 略 《米》=freeway.

FX 略 **1** =special effects. **2** =foreign exchange.

FY 略 《米》=fiscal year.

-fy /-fàɪ/ 接尾 [名詞・形容詞につく動詞語尾]「…にする, …化する」の意: beautify 美しくする / solidify 凝固させる. (名 -ficátion)

FYA, fya 略 [E メールで] =for your amusement 楽しんでいただくために.

FYI, fyi 略 [E メールで] =for your information (⇨ information 成句).

g G

g¹, G¹ /dʒíː/ 名 (複 g's, G's, Gs /~z/) U,C 1 ジー《英語アルファベットの第 7 文字》. **2** [G]《楽》ト音《ドレミ唱法のソの音》, ト調.

g², G² /dʒíː/ 名 《物理》重力 (gravity); 重力加速度.

g³ 略 =gram(s).

G³ 略 =German, good, ⓈⓇ grand 名 2.

G⁴ /dʒíː/ 名 C, 形《米》《映》一般向き(の)《general の略》.

g, g. 略 =gender, gulf.

G. 略 =gulf.

GA¹《米郵》=Georgia¹.

GA² =General Assembly.

GA³ /dʒíː éɪ/ =General American.

Ga. =Georgia¹.

gab /gǽb/ 《略式》名 U 無駄口, おしゃべり. **háve the gíft of (《英》the) gáb** 《動》口が達者である. ― 動 (gabs; gabbed; gab·bing) 自 むだ口をきく, おしゃべりをする (on, away; about).

gab·ar·dine /ɡǽbədìːn | ɡæ̀bədíːn←/ 名 1 U ギャバジン布《目の細かいあや織り地》. **2** C 名 U ギャバジン製(レイン)コート. **3** C (中世ユダヤ人の)長い外衣.

gab·ble /ɡǽbl/ 動 《略式》自 (わけのわからないことなどを)早口にしゃべる (on, away; about). ― 他 (…を)まくしたてる (out). ― 名 1 (数人の)わけのわからないおしゃべり; (がちょうなどの)ガーガー鳴く声.

gab·by /ɡǽbi/ 形 (gab·bi·er, -bi·est) 《略式》おしゃべりな (talkative).

gab·er·dine /ɡǽbədìːn | ɡæ̀bədíːn←/ 名 =gabardine.

gab·fest /ɡǽbfèst/ 名 C《米略式》おしゃべり[雑談](の集い), 長話.

ga·ble /ɡéɪbl/ 名 C《建》破風(ぜ), 切妻(ぎづ).

ga·bled /ɡéɪbld/ 形《建》破風造りの, 切妻のある.

Ga·bon /ɡæbóʊn/ 名 ɡǽbən ガボン《アフリカ西部の共和国》.

Gab·o·nese /ɡæ̀bəníːz←/ 名 (複 ~) C ガボン人. ― 形 ガボン(人)の.

Ga·bri·el /ɡéɪbriəl/ 名 1 ガブリエル《男性の名》. **2** 《聖》大天使ガブリエル《マリアにキリストの受胎を告知した》.

gable

gad¹ /ɡǽd/ 動 (gad·ded; gad·ding) [次の成句で] **gád abóut [aróund]** 動 自 《略式》(楽しみを求めて)ほっつき歩く.

Gad, gad² /ɡǽd/ 間 ええっ, まあ, とんでもない!《軽い驚きを表わす》.

gád·abòut 名 C《略式》遊び歩く人.

Gad·da·fi =Gadhafi.

gád·flỳ 名 (-flies) C 1《軽蔑》小うるさい人. **2** (うし)あぶ.

gad·get /ɡǽdʒɪt/ 名 C (時に実用性の疑われる)機械, 装置; 小道具《かん切り・栓抜きなど; ☞ tool 類義語》: electric ~s 電気器具.

gad·ge·teer /ɡæ̀dʒɪtíə | -tíə/ 名 C 新しいもの好き.

gad·get·ry /ɡǽdʒɪtri/ 名 U (けなして)(ちょっとした)最新の機械装置, 小道具(類)(全体).

Gad·ha·fi /ɡədɑ́ːfi, -dǽfi, kə- | ɡə-/ 名 自 **Mu·**

am·mar al- /múvəmɑːrǽl/ ~ カダフィ (1942-)《リビアの政治指導者》.

Gae·a /dʒíːə/ 名《神》ガイア, ゲー《大地の女神》.

Gael /ɡéɪl/ 名 C ゲール人 (Ireland や Scotland の高地地方の人).

Gael·ic /ɡéɪlɪk/ 形 ゲール人[語]の. ― 名 U ゲール語 (Ireland や Scotland の高地地方の言語).

gaff /ɡǽf/ 名 (~s) C 1 魚かぎ《大きな魚を陸揚げするときに使う》. **2**《英俗》(人の)家, フラット. **blów the gáff** 動 自 《英俗》(うっかり)秘密を漏らす. ― 動 他 〈魚を〉魚かぎで陸揚げする.

gaffe /ɡǽf/ 名 C (社交上の)失言, 失態, 失敗.

gaf·fer /ɡǽfə | -fə/ 名 C 1 (映画の)照明係. **2**《略式》[滑稽] じいさん. **3**《英略式》(労働者の)監督.

gag /ɡǽɡ/ 動 (gags; gagged; gag·ging) 他 〈…に〉さるぐつわをはめる (with); 〈…の〉言論を抑圧する: bound and gagged (手足を縛られさるぐつわをはめられた. ― 自 1 (のどに食べ物を詰まらせて)もどす, 吐き気を催す (on). **2** ギャグ[冗談]を言う. **3**《略式》(不当なことに)むかっ腹を立てる. **Gág me (with a spóon)!** Ⓢ《米》やだー, へどが出そうだ. ― 名 C 1《略式》(喜劇俳優の)入れぜりふ, ギャグ; だじゃれ, 冗談=for a 冗談に. **2** さるぐつわ; (歯科などの治療用の)開口器. **3** 口止め; 言論抑圧 (on).

ga·ga /ɡɑ́ːɡɑː/ 形 P《略式》1 夢中で, うつつをぬかして (about, over, for). **2** ぼけた, もうろくした: go ~ 頭がぼける.

Ga·ga·rin /ɡəɡɑ́ːrɪn/ 名 C **Yu·ry** /júəri/ ~ ガガーリン (1934-68)《旧ソ連の宇宙飛行士; 1961 年人類最初の宇宙飛行をなし遂げた》.

gage¹ /ɡéɪdʒ/ 名 C 1 抵当, 担保. **2** 挑戦のしるし《中世の騎士が戦い・決闘を挑む地面に投げた手袋こてなど》 gauntlet¹ 成句; 挑戦.

gage² /ɡéɪdʒ/ 名 C, 動 他《米》=gauge.

gág·ging òrder /ɡǽɡɪŋ-/ 名 C =gag order.

gag·gle /ɡǽɡl/ 名 C 1 [普通は a ~] がちょうの群れ (of). **2**《略式》騒々しい連中[一団] (of).

gág òrder 名 C (法廷で審議中の事柄の)報道禁止令, 箝口(ホンʊ)令.

gág rùle 名 C《米》(議会などでの)発言制限規則.

Gai·a /ɡáɪə, ɡéɪə/ 名 =Gaea.

gai·e·ty /ɡéɪəti/ 名 (-e·ties)《古風》1 U 愉快なこと, 陽気. **2** [複数形で] お祭り騒ぎ.

gai·ly /ɡéɪli/ 副 1 はでに, 華やかに; 陽気に, 明るく: ~ colored birds あざやかな色の鳥. **2** よく考えずに, 軽率に.

✱gain /ɡéɪn/《類音 game》 中 動 (gains /~z/; gained /~d/; gain·ing; 形 gáinful) 他

| 「得る」 1 | → | 「もたらす」 3 |
| (数量を加える) | → | 「増す」 2 | → | (時計が)「進む」 4 |

1 〈有利なもの・利益など〉を得る, 獲得する; 〈勝利など〉を手にする; もうける (earn) 《反 lose》《☞ get 類義語》: ~ wealth 富を得る / He ~ed his living as a clerk. 彼は事務員として生計を立てた / She ~ed some valuable experience *from* the job. <V+O+*from*+名·代> 彼女はその仕事で価値のある経験を積んだ / There is nothing to be ~*ed from* worrying about it. <V+O+*from*+動名の受身> そのことを心配しても得るところは何もない.

2 〈スピード・力・重さなど〉を増す, 加える: ~ speed 速度を増す / The yen ~ed strength against the dollar today. 今日円はドルに対して高くなった / I've ~ed five pounds. 私は 5 ポンド体重が増えた. **3**《物事が》〈…を〉もたらす; 〈人に〉〈…を〉得させる: Her appearance ~ed

gainer

the audience's attention. 彼女が現われて聴衆の注意を引いた / This book will ～ him a reputation. この本で彼は名声を得るだろう. **4** (時計が)〈…〉だけ進む(⇔lose): This watch ～s ten seconds a day. この時計は1日に10秒進む. **5** (努力の結果)〈場所に〉達する: ～ the summit 頂上をきわめる.

— ⓐ **1** 利益を得る, もうける: He ～ed in the end *by* [*from*] his honesty. <V+*by* [*from*]+名・代> 正直だったので結局彼は得をした / No one will ～ *by* [*from*] obey**ing** the new rule. <V+*by* [*from*]+動名> 新規則に従って得する者はいないだろう. **2** (価値などが)上がる. **3** (時計が)進む (*by*) (⇔lose).

gáin in ... [動] ⊕ (力・経験・自信など)をより多く得る, …が増す: ～ *in* wisdom 知恵がつく.

gáin on [**upòn**] ... [動] ⊕ …に追い迫る: ～ (two meters) *on* the leader 先頭に (2 メートル)近づく.

— ⓒ (～s /-z/) **1** Uまたは複数形で 利益, もうけ (⇔loss): for ～ (やや格式) 利益を得るために / ill-gotten ～s [滑稽] 不正利得 / No pain, no ～. [ことわざ] 苦痛なければ得ることなし, 身体を鍛える[勝利をつかむ]には(練習の)苦痛に耐えねばならない.

2 C,U (量・価値などの)増加; 前進, 進歩: a ～ *in* weight 体重の増加 / a ～ *of* six yards 6 ヤードの前進(フットボールなどで) / ～s *in* medical technology 医療技術の進歩.

gain·er /géɪnə | -nə/ ⓒ **1** 獲得者; 利得者; 勝利者. **2** (飛び込みの)逆とんぼ返り.

gain·ful /géɪnf(ə)l/ 厖 (ⓒ gain) [普通は Ⓐ] (格式) 利益のある, 有利な, 有給の. **-ful·ly** /-fəli/ 剾 利益のあるように, 有利に, 有給で.

gain·say /gèɪnséɪ/ 動 (**gain·says** /-z/; 過去・過分 **gain·said** /-sérd, -séd/; **-say·ing**) ⊕ [普通は否定文で] 〈格式〉〈…〉を否定する, 認めない (deny).

Gains·bor·ough /géɪnzbə:rə | -b(ə)rə/ 图 ⓑ **Thomas** ～ ゲーンズボロ (1727-88) 《英国の肖像・風景画家》.

gait /géɪt/ 图 [単数形で] W 歩きぶり, 足どり.

gai·ter /géɪtə | -tə/ 图 ⓒ [普通は複数形で] (ボタンでとめる)ゲートル《足首・すねのおおい; 布・革製》.

gal /gæl/ 图 ⓒ (古風, 略式, 主に米) =girl.

gal. 略 =gallon(s).

ga·la /géɪlə | gá:-, géɪ-/ 图 ⓒ お祭り, 祝祭, 祝賀会; (英) (水泳などの)競技会. — 厖 Ⓐ お祭り[祝い]の, 祝賀会の: a ～ night 特別公演の夕べ《特別招待日・特別記念公演など》 / a ～ performance (有名人が出席する)特別 [チャリティー]公演.

ga·lac·tic /gəlǽktɪk/ 厖 《天》銀河(系)の.

ga·lac·tose /gəlǽktous/ 图 Ⓤ《化》ガラクトース《乳糖の成分》.

Gal·a·had /gǽləhæd/ 图 ⓑ ギャラハッド《アーサー王伝説の円卓の騎士; Holy Grail を見つける》.

gal·an·tine /gǽləntì:n/ 图 Ⓤ ガランティン《骨を抜いて詰め物をした冷肉[魚]料理》.

Ga·lá·pa·gos Islands /gəlá:pəgòus- -lǽpəgəs-/ 图 ⓑ [the ～] ガラパゴス諸島《南米エクアドル西方の同国領の島々; 珍しい動物が多い》.

Ga·la·ti·a /gəléɪʃ(i)ə/ 图 ⓑ ガラテヤ《小アジア中部の古代王国; のちローマ帝国属国》.

Ga·la·tian /gəléɪʃ(i)ən/ 厖 ガラテヤ(人)の. — 图 ⓒ ガラテヤ人; [複数形で単数扱い] 《聖》『ガラテヤ人への手紙』, 『ガラテヤ書』.

***gal·ax·y** /gǽləksi/ 图 (**-ax·ies** /-z/) **1** [the G-] (天) 銀河, 天の川 (the Milky Way); 銀河系. **2** C (天) (銀河系外の)銀河, 星雲, 小宇宙. **3** Ⓒ (略式) (美人・名士などの)華やかな集まり, きらびやかな一群: a ～ of stars きら星のようなスターの一団.

Gal·braith /gǽlbreɪθ/ 图 ⓑ **John Kenneth** ～

ガルブレイス (1908-) 《米国の経済学者》.

+gale /géɪl/ 图 ⓒ **1** 強風, 大風《風力7~10または秒速14-28m; storm より弱い ⇨ **wind**¹ 類義語》; (海上の)暴風: It was blowing a ～. 大風が吹いていた. **2** (感情・笑いなどの)激発, あらし: ～s *of* laughter 爆笑(の渦).

gále-fòrce 厖 Ⓐ (風が)とても強い. — 剾 強風で.

Ga·len /géɪlən/ 图 ⓑ ガレノス (129?-199)《ギリシャの医学者》.

ga·len·i·cal /gəlénɪk(ə)l, geɪ-/ 图 Ⓒ《医》生薬.

Gal·i·lee /gǽlɪlì:/ 图 ⓑ **1** ガリラヤ《イスラエル北部の地域; 聖書の史跡が多い》. **2** **The Sea of** ～ ガリラヤ湖《イスラエル北部の湖》.

Ga·li·le·o Ga·li·le·i /gǽləlí:ou gǽləléɪi:, -léɪou-/ 图 ⓑ ガリレオ (1564-1642)《イタリアの天文学者; 地動説の正しいことを証明した》.

+gall¹ /gɔ́:l/ 图 Ⓤ (略式) ずうずうしさ: have the ～ *to* do ずうずうしくも…する / Of all the ～! 何と失礼な. **2** (古風) 苦い思い, 憎しみ. **3** (古語) 胆汁 (bile). — 動 ⊕ (…)をいらだたせる, 怒らせる. — 图 Ⓒ (皮膚の)すりむけ; (馬の)くらずれ.

gall² /gɔ́:l/ 图 ⓒ 虫こぶ, 虫癭《かし・ぬるでなどの葉・枝などに昆虫が卵を産みつけた巣》.

gall. 略 =gallon(s).

gal·lant¹ /gǽlənt/ 厖 **1** (古風) または (文) 勇ましい, 勇敢な (brave); (結果的には失敗するが)勇猛果敢な. **2** (古風) (物事が)立派な, 堂々とした; 華美な.

gal·lant² /gəlǽnt, gǽlənt/ 厖 (古風) 女性に対して親切[丁重]な. — 图 Ⓒ (古風) 女性に親切[丁重]な男; (古語) しゃれ男, だて男.

gal·lant·ly¹ /gǽləntli/ 剾 (古風) 勇ましく.

gal·lant·ly² /gəlǽntli, gǽlənt-/ 剾 (古風) (女性に対して)丁重に.

gal·lant·ry /gǽləntri/ 图 Ⓤ (格式) **1** 勇敢, 武勇. **2** (女性に対する)いんぎんさ.

gáll blàdder 图 Ⓒ《解》胆嚢.

gal·le·on /gǽliən/ 图 Ⓒ ガリオン船《15-17 世紀ごろのスペインの3[4]層甲板の大帆船》.

gal·le·ri·a /gæləríːə/ 图 Ⓒ ガレリア《商店街などの屋根がついてガラスで囲まれているプロムナード》.

gal·le·ried /gǽlərid/ 厖 桟敷[回廊]のある.

***gal·ler·y** /gǽl(ə)ri/ 图 (**-ler·ies** /-z/) **1** Ⓒ 美術館; 美術品展示室; 画廊: the National G-- (London の)国立美術館. **2** Ⓒ (劇場・教会などの)上に突き出た座席; 天井桟敷(きもぜん)《最も安い席》; ⇨ **theater** 挿絵; [the ～; 複数扱い] 天井桟敷の観客. **3** Ⓒ 廊下(特に片側に窓があるもの), 回廊. **4** Ⓒ 細長い部屋: ⇨ **shooting gallery**. **5** Ⓒ (鉱山などの)横坑道, 地下道. **6** [単数形で] (よく似た人・物の)群れ, 集まり (*of*). **pláy to the gállery** [動] ⓐ 大向こうに受けるように演ずる; 大衆受けをねらう.

+gal·ley /gǽli/ 图 Ⓒ **1** ガレー船《昔奴隷や囚人にこがせた軍船》. **2** (船・飛行機の)調理室. **3** (印) 《活字組版をうえる浅い盆》; =galley proof.

gálley pròof 图 Ⓒ (印) 校正刷り, ゲラ刷り.

+Gal·lic /gǽlɪk/ 厖 **1** フランス(人)の, フランス的な. **2** ガリア (Gaul) の; ガリア人の.

gal·li·cis·m /gǽləsìzm/ 图 Ⓒ [しばしば G-] (他言語への)フランス語からの借用語[語句].

gall·ing /gɔ́:lɪŋ/ 厖 いらだたせる, 腹立たしい.

gal·li·vant /gǽləvænt/ 動 ⓐ [普通は進行形で] (略式, 古風) [滑稽] 遊び回る (*about, around*).

+gal·lon /gǽlən/ 图 (～**s** /-z/) Ⓒ ガロン《液量 (liquid measure) の単位; 米国では 4 クォート, 約 3.8 リットル, 英国では 4 クォート, 約 4.5 リットル; 略 gal., gall., 複数形は gals., galls.; ⇨ **measure** 表》: 30 miles per ～ 1 ガロンにつき 30 マイル《ガソリンの燃料消費率を示す; 略 30 mpg》. **by the gállon** [副] ガロン単位で, 1

gal・lop /gǽləp/ 動 ⓐ **1** (馬が)全速力で駆ける; (騎手が)馬を全速力で駆けさせる; (略式) (人が)早足で行く: The horse [rider] ~ed across the field. その馬[騎手]は全速力で野原を横切った. **2** (略式) (物事が)急速に進行する, (仕事などを)大急ぎですませる (through). ― ⓑ 〈馬〉を全速力で駆けさせる. **gállop ahéad** 動 ⓐ (...よりも)急速に進歩する (of). ― 名 **1** [a ~] (馬の)競走駆け足, 襲歩, ギャロップ; 疾駆: break into a ~ ギャロップで駆けだす. **2** ギャロップ駆け足での乗馬. **at a gállop**=**at [in] fúll gállop** 副 (1) ギャロップで. (2) (略式) 全速力で, 急速に.

gal・lop・ing /gǽləpɪŋ/ 形 Ⓐ (インフレ・病気などが)急速に進行する.

gal・lows /gǽlouz/ 名 (複 ~, -es) Ⓒ 絞首台. **sénd ... to the gállows** 動 ⓑ ⟨...⟩を絞首刑にする.

gállows hùmor 名 Ⓤ (死・病気など深刻な事態を茶化す)ブラックユーモア, 気味悪い冗談.

galls. 略 =gallons (☞ gallon).

gáll・stòne 名 Ⓒ 胆石.

Gal・lup /gǽləp/ 名 ⓖ George ~ ギャラップ (1901-84)《米国の統計学者》.

Gállup pòll 名 Ⓒ ギャラップ世論調査(商標).

Ga・lois /ɡælwáː | ɡælwɑ́ː/ 名 ⓖ É・va・riste /èɪvərɪ́st/ ~ ガロア (1811-32)《フランスの数学者》.

ga・loot /ɡəlúːt/ 名 Ⓒ (古風, 米) ぶざまなやつ.

ga・lore /ɡəlɔ́ː | -lɔ́ː/ 形 (略式) たくさんの, 豊富な. [語法] She has friends ~. (彼女は友達が多い)のように名詞の後に用いる.

ga・losh /ɡəláʃ | -lɔ́ʃ/ 名 Ⓒ [普通は複数形で](ゴムの)オーバーシューズ (overshoe)《悪天候用》.

gals. 略 =gallons (☞ gallon).

Gals・wor・thy /ɡɔ́ːlzwə̀ːði | -wə̀ː-/ 名 ⓖ John ~ ゴールズワージー (1867-1933)《英国の作家》.

ga・lumph /ɡəlʌ́mf/ 動 ⓐ (人を伴って)(略式)騒々しく[どたばた]歩く; 意気揚々と歩く.

gal・van・ic /ɡælvǽnɪk/ 形 **1** 直流電気の《電池によって生ずる》. **2** (格式)(動作などが)電気ショックを受けたような; 衝撃的な, どきっとさせる.

gal・va・nis・m /ɡǽlvənɪzm/ 名 Ⓤ 直流電気.

gal・va・ni・za・tion /ɡæ̀lvənɪzéɪʃən | -naɪz-/ 名 Ⓤ **1** 刺激. **2** 亜鉛メッキ.

gal・va・nize /ɡǽlvənàɪz/ 動 ⓑ **1** 〈人〉を刺激する, にわかに元気[活気]づかせる (into). **2** 〈...〉に亜鉛メッキをする; ~ iron 亜鉛引き鉄板.

gal・va・nom・e・ter /ɡæ̀lvənάmətə | -nɔ́mətə/ 名 Ⓒ 検流計《微弱な電流を計る; ☞ -meter¹》.

Ga・ma /ɡǽmə | ɡúːmə/ 名 ⓖ **Vas・co** /véskou/ **da** /də/ ~ ガマ (1469?-1524)《ポルトガルの航海者; 喜望峰航路を発見した (1498)》.

Gam・bi・a /ɡǽmbɪə/ 名 ⓖ [the ~] ガンビア《アフリカ西部の共和国》.

Gam・bi・an /ɡǽmbɪən/ 形 ガンビア(人)の. ― 名 Ⓒ ガンビア人.

gam・bit /ɡǽmbɪt/ 名 Ⓒ **1** (言動の)手初め, (優位に立つための)策略, 作戦: an opening ~ (話などの)切り出し. **2** (会話などの)きっかけ. **3** 《チェス》さし始めの手《ポーン (pawn) などを捨てごまにする》.

gam・ble /ɡǽmbl/ 動 (同綴 #gambol) 動 (gam・bles /-z/; gam・bled /-d/; gam・bling) ⓐ **1** 賭(か)けをする, 賭博(とばく)をする: You must not ~ at cards. <V+at+名・代> トランプで賭けてはいけない / He is addicted to **gambling on** horse races. <V+on+名・代> 彼は競馬で賭けるのがやめられない. **2** 危険を冒(おか)す; 当てにする: ~ with one's family's happiness 家族の幸福を危うくする / We can't ~ on the bus('s) being on time. バスが時間どおりに来るかどうかは

当てにならない. **3** (株)に投機する (in). ― ⓑ **1** (...に)⟨金など⟩を賭ける (on); 賭け事で失う (away). **2** ⟨...⟩に一か八(ばち)か望みをかける: I'm gambling (on the fact) that they don't know the secret. 私は彼らがそ の秘密を握っていないほうに賭けている 《★ on the fact を省略しない場合は ⓑ 2 の例となる》.

― 名 (~s /-z/) Ⓒ [普通は a ~] 賭け事, ばくち; 一か八かの冒険: Trying to steal home is always a real ~. ホームスチールはいつも一か八かの賭けだ. **tàke a gámble** 動 ⓐ 一か八かの冒険をする (on).

gam・bler /ɡǽmblə | -blə/ 名 Ⓒ ばくち打ち《人》.

gam・bling /ɡǽmblɪŋ/ 名 Ⓤ 賭け事, 賭博, 一か八かかけること: a ~ den 賭博場.

gam・boge /ɡæmbóʊʤ, -búːʤ/ 名 Ⓤ **1** ガンボージ, 雌黄(しおう)《熱帯アジア産の樹脂; 絵の具になる》. **2** 雌黄色.

gam・bol /ɡǽmb(ə)l/ 動 (~s; -boled, (英) -bolled; -bol・ing, (英) -bol・ling) ⓐ [副詞(句)を伴って](主に文) 跳ね[飛び]回る, ふざける, はしゃぐ (about, around). ― 名 Ⓒ 跳ね回る[ふざける]こと.

gám・brel ròof /ɡǽmbrəl-/ 名 Ⓒ 腰折れ屋根《傾斜が二段になった屋根》.

game 709

*****game¹** /ɡéɪm/ (類音 gain) 名 (~s /-z/)

> 元来は「楽しみ」の意. 「遊戯」**1** → (楽しみの)「競技」, 「試合」**2**
> → (試合のやり方) → 「計略」**6**
> → (特にスポーツとしての狩り) → 「獲物」**7**

1 Ⓒ **遊戯**, 娯楽, ゲーム; 遊び; ゲーム用品: children's ~s 子供の遊び / theory of ~s ⌈ゲーム(s) theory ⌋/ ☞ video game, computer game, board game // play a word ~ ことば遊びをする / We used to play ~s like tag. 私たちは昔鬼ごっこのような遊びをよくした. **2** Ⓒ **試合**, 競技, 勝負, (野球などの)ゲーム差; [the ~ として単数または複数扱い; しばしば the G~s] (国際的な)競技会: a ~ **of** skill 腕のものをいうゲーム / a losing ~ 勝ち目のない試合 / a tied ~ 引き分け試合 / The ~ is yours. 勝負は君の勝ちだ / The Giants are now three ~s behind the Carp. ジャイアンツはいまカープに 3 ゲーム差をつけられている / The 2004 Olympic G~s were [was] held in Athens. 2004 年年オリンピック大会はアテネで開かれた / "How did yesterday's soccer ~ go?" "England won by a score of 3-0 (=three to nothing)." 「きのうのサッカーの試合はどうだった」「3 対 0 でイングランドが勝った」《☞ zero 語法 (2)》.

ミニ語彙欄

コロケーション

動+game

⌈**call off [cancel]** a game⌋ 試合を中止する
have a game (**of** ...) (トランプ・チェス・野球などの)試合をする
lose a game 試合に負ける
play [have] a game 試合をする
start a game 試合を始める
⌈**take part [play]** in⌋ a game 試合に出る
throw a game 試合にわざと負ける
watch a game 試合を見る
win a game 試合に勝つ

形+game

an **all-star** game オールスター戦
an **away** game アウェーの試合
a **big** game 大きな試合
a **called** game コールドゲーム
a **close** game 互角の試合

an exciting *game* はらはらする試合
a fixed *game* 八百長
a heated *game* 白熱した試合
a home *game* ホームの試合
a one-sided [lopsided] *game* 一方的な試合
a play-off *game* プレーオフの試合
a regular *game* 公式戦
a rough *game* 荒っぽい試合

game のいろいろ

báll gàme 《米》野球 / **bóard gàme** 盤上でするゲーム / **cárd gàme** トランプ遊び / **chámpionship gàme** 選手権試合 / **compúter gàme** コンピューターゲーム / **cónfidence gàme** 信用詐欺 / **dáy gàme** デーゲーム / **eliminátion gàme** 勝ち抜き戦 / **exhibítion gàme** オープン戦, 非公式試合 / **grúdge gàme** 遺恨試合 / **níght gàme** ナイター / **práctice gàme** 練習試合 / **vídeo gàme** テレビゲーム

[関連表現]

I **played [had]** a *game* **of** tennis [chess] **with** Ted. テッドとテニス[チェス]の試合をやった
The *game* **is not worth the candle.** 《ことわざ》骨折り損のくたびれもうけ
The *game* **is over.** ゲームセットだ
The Olympic *Games* **take place every four years.** オリンピックは4年ごとに開かれる
What's the score? スコアはどうなってますか.

[語法] 《米》では baseball, basketball, football のように -ball がつく競技の試合には game を用い, golf, tennis などには match を用いる傾向がある. 《英》では米国起源の競技以外は一般に match が用いられるが, 漠然と「試合」の意で game を用いることもある.

3 [C,U] **ゲーム**《1試合, 特に1セット中の》: She won the first ~ of the set. 彼女はそのセットの第1ゲームを取った / *G*~ [One ~] all. ワンゲームオール《どちらも1ゲームずつ取った》. [参考] テニスでは game が集まって1セット (set) に, set が集まって1試合 (match) になる《☞ game point》: ***G~***, set and match *to* Hewitt. (この試合は)ヒューイットの勝利です《テニスのマッチポイント (match point) が決まった時のアナウンス》. **4** [単数形で] (試合の途中の, または勝利に必要な)得点; [所有格と共に] 勝負の仕方[腕前], 試合ぶり: In the third inning the ~ was tied (four to four). 3回には(4対4の)同点だった / He plays a good [poor] ~ of cards. 彼はトランプがうまい[下手だ] / You have improved your ~. 腕をあげたね. **5** [C] 遊び, 冗談: It's not just a ~ to me. それは遊びなどではない. **6** [C] [普通は単数形で] 《略式》計略, たくらみ: The ~'s up. Ⓢ 計略は失敗した, 万事休す, それまでだ / So that's your (little) ~! そうかそれが君の魂胆というわけか / What's your ~? Ⓢ 何をたくらんでいるんだ, どういうつもりなんだ // ☞ waiting game. **7** [U] (猟の)獲物; 猟鳥[獣]の肉 // ☞ big game. **8** [複数形で時に単数扱い] 《英》体育 (physical education). **9** [C] [普通は単数形で] 《略式》職業, 仕事.

a gáme of chánce [名] 賭け事. **a gáme that twó can pláy** [名] (相手に対して)双方とも[やられた方も]使える手 (☞ Two can play at that game. (two [代] 成句)). **ahéad of the gáme** [副・形] 《米》有利で, 優勢で. **béat [pláy] ... at his [her] ówn gáme** [動] [他] 〈相手〉をその得意なやり方で負かす, 〈...〉のお株を奪う. **be néw to this [the] gáme** [動] [自] (人が)慣れていない, 新参[不慣れ]である. **be óff one's gáme** [動] [自] いつもより試合運びがへたである, 調子が悪い. **be on the gáme** [動] [自] 《英俗》売春をしている. **gìve the gáme awáy** [動] [自] (うっかり)秘密(の計画)を漏らす. **... gòt gáme** 《米略式》(人が)勝つ力がある, うまい. **It's (áll) pàrt of [in] the gáme.** それも織り込まれていることだ《驚くにはあたらない》. **plày (sílly) gámes** [動] [自] (…を)もてあそぶ[いいかげんに扱う], (…と)かけひきをする (*with*). **pláy ...'s gáme** [動] (知らないうちに)…の有利になるようなことをする, …の手に乗る. **pláy the gáme** [動] [自] (1) 公明正大に行動する, 公正である. (2) ルールを守って勝負する. **the ónly gáme in tówn** [名] 《主に米》唯一の選択肢.

— [動] [次の成句で] **gáme the sýstem** [動] [自] 《米》 =play the system (system 成句).

game[2] /géɪm/ [形] **1** 勇敢な, 闘志のある, 不屈の. **2** [P] (進んで…する)元気[気力]がある (*for*; *to* do). **I'm gáme.** Ⓢ (相手の誘いに応じて)よしやろう.

game[3] /géɪm/ [形] [A] 《古風》(人が)足の悪い (lame); (ひざ・足などが)(古傷のせいで)痛む, 不自由な (gammy).

gáme bìrd [名] [C] [普通は複数形で] 猟鳥.

Gáme Bòy [名] [固] ゲームボーイ《小型のゲーム機; 商標》.

gáme·còck [名] [C] (雄の)闘鶏, しゃも.

gáme físh [名] [C] 釣りの対象となる魚《特にかかった時に強い抵抗を示すもの; さめなど》.

gáme·kèeper [名] [C] 狩猟場番人.

gáme·ly [副] 勇敢に, 果敢に; 乗り気で.

gáme pàrk [名] [C] 《英》 =game reserve.

gáme plàn [名] [C] **1** (試合前に練る)作戦計画. **2** (長期にわたる)行動方針, 戦略.

gáme·plày [名] [U] ゲームプレー《コンピュータ[テレビ]ゲームのストーリー展開と操作方法》.

gáme pòint [名] [C,U] (テニスなどの)ゲームポイント《1ゲームの勝ちを決めるポイント; ☞ game[1] 3 [参考], match point》.

gam·er /géɪmə | -mə/ [名] [C] 《略式》 **1** ゲームおたく, ゲーマー. **2** 《米》〘スポ〙いい働きをする選手.

gáme resèrve [《米》**presèrve**] [名] [C] 動物保護区.

gáme shòw [名] [C] (テレビの)ゲーム番組.

games·man·ship /géɪmzmənʃɪp/ [名] [U] [しばしば軽蔑] (心理作戦に基づく反則すれすれの)かけひき.

gáme(s) ròom [名] [C] (ホテルなどの)娯楽室.

gáme(s) thèory [名] [U] ゲーム理論《得点を最大に, 損失を最小にする数学理論》.

ga·mete /gǽmiːt, gəmíːt/ [名] [C] 〘生〙配偶子.

ga·met·ic /gəmétɪk, -míːt-/ [形] 〘生〙配偶子の.

gáme wàrden [名] [C] 動物保護区の管理者.

gam·ey /géɪmi/ [形] =gamy.

gam·in /gǽmɪn/ [名] [C] 《古風》浮浪児.

ga·mine /gǽmiːn, gæmíːn/ [名] [C] **1** おてんば娘, ボーイッシュな少女. **2** 《古風》浮浪少女. — [形] おてんば娘の(ような), ボーイッシュで魅力的な.

gám·ing [名] [U] 賭博(とばく) (gambling).

+**gam·ma** /gǽmə/ [名] [C] ガンマ《ギリシャ語アルファベットの第3字 γ, Γ; ☞ Greek alphabet 表》.

gámma glóbulin [名] [U] 〘医〙ガンマグロブリン《血漿(しょう)に含まれるたんぱく質の一種; はしか・風疹・ポリオなどの予防・治療薬に利用される》.

gámma radiàtion [名] [U] 〘物理〙ガンマ放射線.

gámma rày [名] [複数形で] 〘物理〙ガンマ線.

gam·mon /gǽmən/ [名] [U] 《英》ガモン《塩漬けまたは薫製にした, 豚の背からももにかけての肉》.

gam·my /gǽmi/ [形] (**gam·mi·er**; **-mi·est**) [普通は [A]] 《古風, 英略式》(ひざ・足などが)不自由な.

gam·ut /gǽmət/ [名] [the ~] **1** 全範囲, 全般: run *the* (whole) ~ *of* hardship あらゆる苦労を経験する. **2** 〘楽〙全音階, 全音域.

gam·y /géɪmi/ [形] (**gam·i·er**; **-i·est**) **1** 鳥獣の肉の味がする. **2** (鳥獣の肉が)いたみかけてにおう.

-ga·my /gəmi/ [接尾] [名詞語尾]「結婚, 性的結合」の意: monog*amy* 一夫一婦(制) ★ 直前の音節に第一アクセントがくる.

gan·der /gǽndə | -də/ [名] **1** [C] がちょうの雄, がんの雄. [関連] goose がちょうの雌. **2** [a ~] [S] 一べつ (glance): have [take] *a* ~ (*at* …) (…を)ちょっと見る.

Gan·dhi /gáːndi, gǽn-/ [名] [固] ガンジー **1 Mo·han·das Kar·am·chand** /mòʊhəndáːs kʌ̀rəmʧʌ́nd/ ~ (1869–1948)《インドの独立運動の指導者; その非暴力・不服従運動は他の独立運動やアメリカ公民権運動にも大きな影響を与えた; 敬称マハトマ ガンジー (Mahatma Gandhi)》. **2 In·di·ra** /ɪndírə, índərə/ ~ (1917–84)《インドの女性政治家; 首相 (1966–77, 1980–84)》.

G & T /ʤíːəntíː/ [名] [C,U]《略式》ジントニック.

***gang** /gǽŋ/ [名] (~**s** /~z/) [C]

> go と同語源で「一団となって進む」から「一団」**3** →「仲間」**2** →(悪人の仲間) →「一味」**1**

1 [《英》単数形でも時に複数扱い] (悪党などの)**一味**, 暴力[ギャング]団; (特に 10 代・20 代の男子の)非行[不良]グループ; [形容詞的に] 非行グループの: a motorcycle ~ 暴走族 / a ~ *of* robbers 盗賊の一味. [日英比較]「一人のギャング」は gangster という.

2 [普通は単数形で]《略式》**仲間**, 連中; (特に 10 代の)遊び仲間: Let's invite the (whole) ~ to a party. 連中をパーティーに招待しよう. [日英比較] この意では日本語の「ギャング」と違って悪い意味ではない. 一人一人は a gang member.

3 [《英》単数形でも時に複数扱い] (労働者などの)**一団**: A ~ *of* workers *was* [*were*] digging a ditch. 労働者の一団が溝を掘っていた. — [動] [自] 徒党を組む, 集団で行動する (*together*). **gáng úp on [agàinst] …** [動] [他] 一団となって[ぐるになって]…に対抗する; 集団で…に暴力を振るう, …を袋だたきにする.

gáng bàng [名] [C] **1**《略式》乱交. **2**《卑》輪姦.

gáng-bàng《卑》[動] [自] 輪姦(りんかん)する. — [他] 〈…〉を輪姦する.

gáng·bàng·er [名] [C] **1**《卑》輪姦する人. **2**《米》ギャング (gang) の一員.

gang·bust·er /gǽŋbʌ̀stə | -tə/ [名] [次の成句で] **lìke gángbusters** [副] [自]《米略式》勢いよく.

Gan·ges /gǽnʤiːz/ [名] [固] [the ~] ガンジス川《Bengal 湾に注ぐインド北部の大河》.

gáng·lànd [名] [U] ギャングの世界, 暗黒街; [形容詞的に] 暗黒街の: a ~ boss 暗黒街のボス.

ganglia [名] ganglion の複数形.

gan·gling /gǽŋglɪŋ/ [形] (特に男の子が)ひょろ長い.

gan·gli·on /gǽŋgliən/ [名] ([複] ~**s**, **gan·gli·a** /-gliə/) [C] **1**〔解〕神経節. **2**〔医〕節腫.

gan·gly /gǽŋgli/ [形] =gangling.

gáng·plànk [名] [C] タラップ《船や航空機の乗降用の板[橋]; ☞ gangway》.

gáng ràpe [名] [C] 輪姦.

gáng-ràpe [動] [他] 〈…〉を輪姦(りんかん)する.

gan·grene /gǽŋgriːn/ [名] [U]〔医〕壊疽(えそ), 脱疽.

gan·gre·nous /gǽŋgrənəs/ [形]〔医〕壊疽の, 壊疽にかかった.

gangplank

gang·sta /gǽŋstə/ [名] [C]《米俗》ギャング (gang) の一員.

gángsta ràp [名] [U] ギャングスターラップ《セックスや暴力などを歌うラップ音楽》.

gang·ster /gǽŋstə | -stə/ [名] [C] ギャング (gang) の一員, 暴力団員: a ~ film ギャング映画.

gáng·wày [名] [C] **1** (船の)舷門《停泊中の舷側の出入り口》; タラップ《普通は gangplank の大型のもの》. **2**《主に英》(劇場・乗り物などの)座席の間の通路 (aisle). — [感] [S] 通路[道]をあけて!

gan·ja /gáːnʤə, gǽn-/ [名] [U]《俗》=marijuana.

gan·net /gǽnɪt/ [名] [C] **1** かつおどり《飛行力に優れた海鳥》. **2**《英略式》食いしん坊, 大食い.

gant·let /gɔ́ːntlət, gáːnt- | gǽnt-/ [名] =gauntlet[1,2].

gan·try /gǽntri/ [名] (**gan·tries**) [C] 構台《移動起重機を支える》; 〔鉄〕跨(こ)線橋; クレーン形構造物《ロケットなどの組み立てや操作に用いる》.

GAO /ʤíːèɪóʊ/ [略] =General Accounting Office.

gaol /ʤéɪl/ [名] [動]《英》=jail.

gáol·bìrd [名] [C]《古風, 英略式》=jailbird.

gaol·er /ʤéɪlə | -lə/ [名] [C]《古風, 英》=jailer.

gap** /gǽp/ [名] (~**s** /~s/) [C] **1 裂け目**, すきま; とぎれ, 空白; 欠落: a ~ ***in the wall 壁の裂け目 / a ~ *in* the market (売れると思われる)商品の欠如 / fill a ~ *in* the conversation 会話のとぎれを埋める / close [stop] a ~ すきまをふさぐ; 欠陥を補う.

2 (距離・時間などの)**隔たり**; (意見などの)**相違**, ずれ; 断絶, ギャップ: a ~ *of* ten kilometers 10 キロメートルの隔たり / a wide ~ ***between*** supply ***and*** demand 需要と供給の大きなずれ《☞ supply [名] 3 [日英比較]》/ a perception ~ 認識のずれ / We have to narrow [bridge, close] the ~ *between* our points of view. 我々の間の見解の隔たりを狭めなければならない // ☞ generation gap. **3** 山あいの道, 峠道. [語源] gape と同語源.

Gap /gǽp/ [名] [固] [The ~] ギャップ《米国の洋服メーカー; 商標》.

⁺**gape** /géɪp/ [動] [自] **1** [しばしば軽蔑] 大口を開けてじっと見る, 口を開けて見とれる《驚きから; ☞ gap [語源]》: They ~*d at* the burned-out building. 彼らはぽかんと口を開けて焼けおちた建物を見た. **2** (穴・傷口などが)大きく開く: ~ open ぽっかり穴があく. — [名] [C] 口を開けて見とれること.

gap·ing /géɪpɪŋ/ [形] [普通は [A]] 大きく開いている: a ~ hole [wound] ぱっくり開いた穴[傷口].

gáp-tòothed [形] 歯間にすきまのある, すき歯の.

gáp yèar [名] [C]《英》ギャップイヤー《大学進学前にとる一年間の休み; 仕事・旅行・社会勉強などをする》.

gar /gáə | gáː/ [名] (~(**s**)) [C] ガー《北米淡水産ガーパイク科の長い吻(ふん)をもつ細長い硬骨魚》.

***ga·rage** /gəráːʒ, -ráːʤ | gǽraːʒ, -raːʤ/ [T2] [名] (**ga·rag·es** /~ɪz/) [C] **1** (車の)**ガレージ**, 車庫《囲いのついたもの; ☞ house 挿絵》: Put the car into the ~. 車をガレージに入れてください. [関連] carport 囲いのない自動車置き場.

garage	車庫
	(ガソリンスタンドを兼ねた)車の修理工場

2 (車の)修理工場《ガソリンスタンドも兼ねることが多い》(service station). **3**〔楽〕ガラージュ《ソウルの要素をとり入れたハウス音楽》. [語源] フランス語で「保護する場所」の意. — [動] [他] 〈車〉を車庫に入れる[入れておく].

garáge bànd [名] [C] ガレージバンド《ガレージで練習するようなアマチュアのロックバンド》.

garáge sàle [名] [C]《主に米》中古[不要]品セール《自宅のガレージで行なう; ☞ yard sale》.

ga·ram ma·sa·la /gáːrəmməsáːlə/ ≪ヒンディー語から≫ [名] [U] ガラムマサラ《インド料理香辛料》.

garb /gáəb | gáːb/ 《文》[名] [U] 服装, 衣装《特に職業・時代・国柄に特有のもの》. — [動] [他] [普通は受身で] 〈…〉に着せる (*in*).

G

gar·bage /gάːbɪdʒ | gάː-/ [T2] [名][U] **1** (主に米)(主に台所の)生ごみ, くず, 廃物 (trash, (英) rubbish); ごみ捨て場, ごみ入れ: collect ~ ごみを集める / take out the ~ ごみを出す / dispose of one's [the] ~ ごみを処理する. **2** (俗式)下らないもの[こと]: talk a load of ~ たわごとを並べる. **3** [電算]無意味[不適切]なデータ. **gárbage ín, gárbage óut** 入力データが間違っていればアウトプットもおかしくなる (略 GIGO).

gárbage bàg [名][C] (米) 大型のごみ袋.
gárbage càn [bìn, pàil] [名][C] (米) 屋外のごみ入れ, ごみバケツ (英) dustbin).
gárbage collèction [名] ごみの回収.
gárbage collèctor [名][C] (米) ごみ回収人, 清掃業者 ((英) dustman).
gárbage dispòsal [名][C] (米) 料理くず[生ごみ]処理機, ディスポーザー (流し口に取りつけて野菜くずなどを粉砕して流す) ((英) waste disposal).
gárbage dùmp [名][C] (米) ごみ捨て場.
gárbage màn [名] (-men /-mèn/) [C] (米) =garbage collector.
gárbage pìckup dày [名][C] ごみ収集日.
gárbage trùck [名][C] (米) ごみ回収車 ((英) dustcart).

gar·bán·zo (bèan) /ɡɑːbάːnzoʊ(-) | ɡɑːbǽn-/ [名] (~s) [C] ひよこ豆 (chick-pea).

gar·ble /ɡάːbl | ɡάː-/ [動][他] (事実などを)(故意に)ゆがめる, <情報を>誤って伝える.

gar·bled /ɡάːbld | ɡάː-/ [形] (伝言・話などが)混乱した, 意味不明の; 聞き[読み]取りにくい; 文字化けした: ~ e-mail 文字化けしたEメール.

Gar·cí·a Lor·ca /ɡɑːsí:əlɔ́ːkə | ɡɑːsí:-/ [名] Fe·de·ri·co /fèdərí:kou/ ガルシア・ロルカ (1898-1936) 《スペインの詩人・劇作家》.

Gar·cí·a Már·quez /-mάːkez, -kes | -mάː-/ [名] Gabriel ~ ガルシア・マルケス (1928-) 《コロンビアの小説家; Nobel 文学賞》.

gar·çon /ɡɑːsɔ́ːn | ɡɑːsɔ́n/ 《フランス語から》 [名][C] (特にフランス料理店の)給仕, ボーイ.

Gar·da /ɡάːdə | ɡάː-/ [名] [the ~] アイルランド警察.

__gar·den__ /ɡάːdn | ɡάː-/ [名] (~s /-z/) [C] **1** (C) (植物を植えてある)庭園, 庭 (☞ 類義語); [形容詞的に] 庭の; 庭芸の: a large ~ 大きな[広い]庭 / We have only a small ~. うちには小さな[狭い]庭しかない. 語法 広さをいうときは [U] に用いることもある: We don't have much ~. うちにはあまり広い庭がない / Everything in the ~ is lovely [rosy]. (ことわざ) (英) 庭のものはすべて美しい(万事うまく行っている).

― コロケーション ―
lay a *garden* 庭園を設計する, 造園する
「look after [tend] a *garden* 庭を手入れする
plant a *garden* (with ...) 庭に(...を)植える
water a *garden* 庭に水をまく
weed a *garden* 庭の雑草をむしる

garden (植物を植えた庭園)	
yard (建物の周りの空き地面)	庭
court (建物や塀で囲まれた中庭)	

― garden のいろいろ ―
flówer gàrden 花園 / hérb gàrden ハーブ園 / kítchen gàrden (英) 家庭菜園 / róck gàrden ロックガーデン / róof gàrden 屋上庭園 / róse gàrden ばら園 / végetable gàrden 菜園

2 [C] (家庭)菜園 ((英) kitchen garden): This tomato came from our ~. このトマトはうちの菜園で取れたものだ. **3** [C] [複数形で] 公園, 遊園地 (park): botanical [zoological] ~ 植物[動物]園. **4** [地名で Gardens として] (英) …通り, …街 (略 Gdns). **5** [C] [主に合成語で] 野外の軽飲食店: a beer ~ ビアガーデン. **6** [単数形で] 肥沃な(耕作の)地; the ~ of England イングランドの穀倉地帯 (Kent 州のこと). **léad ... úp [(米) dówn] the gárden páth** [動] (他) (略式) <...>を惑わす, だます. ―― [動] (自) 園芸をする, 庭いじりをする.

【類義語】 **garden** 住宅に付属していて木や草花や野菜を植えてある土地をいう. **yard** 敷地内の建物の周りの空き地面を指し, (米) では芝生になっていたり, 草花や木が植えてある. (英) では舗装されていることもある. 子供たちが遊ぶのは garden ではなく yard.

gárden apártment [名][C] (米) ガーデンアパート(低層の庭付きの棟).
+**gárden cènter** [名][C] 大型園芸店 (花・種苗・野菜・園芸用品などがそろっている).
gárden cíty [名][C] (英) 田園都市 (公園・緑地などが計画的に多く取り入れられた都市).
*__gar·den·er__ /ɡάːdnə | ɡάː-/ [名] (~s /-z/) [C] 庭師, 園丁, 植木屋 (趣味に)庭作りをする人; [前に形容詞をつけて] 庭園を作るのが…の人: a good ~ 花卉[植木]作りがうまい人.

gárden flát [名] (英) =garden apartment.
gar·de·ni·a /ɡɑːdí:niə | ɡɑː-/ [名][C] くちなしの(常緑低木); くちなしの花.
gar·den·ing /ɡάːdnɪŋ | ɡάː-/ [名][U] 造園術; 園芸, ガーデニング.
Gárden of Éden [名] **1** [the G-] エデンの園 (☞ Eden). **2** [単数形で] 楽園, 楽しいこと.
gárden párty [名][C] 園遊会, ガーデンパーティー ((米) lawn party).
gárden shéd [名][C] 庭の物置小屋.
Gárden Státe [名] [the ~] 庭園州 《米国 New Jersey 州の俗称》.
gárden súburb [名][C] (英) =garden city.
gárden-varíety [形] (米) 普通の, ありふれた.
Gar·field /ɡάːfiːld | ɡάː-/ [名] ガーフィールド《米国の漫画に登場するぐうたらな猫》.
Gar·gan·tu·a /ɡɑːɡǽntʃuə | ɡɑːɡǽntjuən/ [名] ガルガンチュア《Rabelais の小説『ガルガンチュア物語』に登場する大食漢の巨人》.
gar·gan·tu·an /ɡɑːɡǽntʃuən | ɡɑːɡǽntjuən/ [形] (W) (食事の量・食欲などが)ものすごい, 大量の; 巨大な (gigantic).
gar·gle /ɡάːɡl | ɡάː-/ [動] うがいをする: ~ with salt water 塩水でうがいをする. ― [名] **1** [C,U] うがい液[薬]. **2** うがいをする音. **3** [a ~] うがい.
gar·goyle /ɡάːɡɔɪl | ɡάː-/ [名][C] 【建】屋根の水落とし口《ゴシック建築で怪物の形をしている》.
Gar·i·bal·di /ɡæ̀rəbɔ́ːldi | ɡὰː-/ [名] Giu·sep·pe /dʒuːzépi/ ガリバルディ (1807-82) 《イタリアの将軍; 国家統一に貢献した》.
+**gar·ish** /ɡé(ə)rɪʃ | ɡéər-/ [形] (けなして) ぎらぎら光る, けばけばしい, はでな. **~·ly** [副] ぎらぎら光って; けばけばしく. **~·ness** [名][U] ぎらぎら光ること, けばけばしさ.
+**gar·land** /ɡάːlənd | ɡάː-/ [名][C] (飾り・勝利のしるしとして頭につけたり首にかける)花輪, 花の冠. ―― [動] (他) (主に文) [普通は受身で] <...>に花輪をかぶせる; <...>を花輪で飾る (with).
Gar·land /ɡάːlənd | ɡάː-/ [名][C] **Judy** ~ ガーランド (1922-69) 《米国の映画女優》.
*__gar·lic__ /ɡάːlɪk | ɡάː-/ [名][U] にんにく, ガーリック: two cloves of ~ にんにく2かけ.
gárlic bréad [名][U] ガーリックブレッド (にんにくで香り付けしたバターをぬったパン).
gar·lick·y /ɡάːlɪki | ɡάː-/ [形] にんにくの味[におい]の.

gárlic prèss 名 C にんにくつぶし器.

*__gar·ment__ /gáəmənt | gáː-/ 名 (__gar·ments__ /-mənts/) C〖格式〗(一点の)衣服: a ~ in the latest fashion 最新流行の服 / ☞ foundation garment. 関連 undergarment 下着.

gárment bàg 名 C ガーメントバッグ《衣服持ち運び用の折りたたみバッグ》.

†__gar·ner__ /gáənə | gáːnə/ 動 (__-ner·ing__ /-n(ə)rɪŋ/) 他〖格式〗〈情報など〉を集める, 蓄える (from).

†__gar·net__ /gáənɪt | gáː-/ 名 1 C ざくろ石, ガーネット《宝石; 1月の誕生石》. 2 U ガーネット色, 深紅色.

†__gar·nish__ /gáənɪʃ | gáː-/ 動 他 1 〈…〉を飾る, 装飾する. 2〖料理〗につま[付け合わせ]を添える: The cook ~ed the dish with parsley. 料理人は料理のつまとしてパセリを添えた. 3 = garnishee. ━名 C〖料理〗のつま, つけ合わせ.

__gar·nish·ee__ /gɑ̀ənɪʃíː | gɑ̀ː-/ 動 他〖米〗〖法〗〈債権・給料など〉を差し押さえる.

__gar·nish·ment__ /gáənɪʃmənt | gáː-/ 名 C U〖米〗〖法〗債権差し押さえ通告.

__gar·ret__ /gǽrət/ 名 C (むさ苦しい)屋根裏部屋《☞ attic 参考》.

†__gar·ri·son__ /gǽrəs(ə)n/ 名 C〖軍〗1〖英〗単数形でも時に複数扱い〗守備隊, 駐屯〖ところ〗.2〖普通は受身で〗〖軍〗〈都市などに〉守備隊を置く (with); 〈部隊などが〉…に守備隊として駐屯する; 〈部隊を〉駐留させる (in, on).

__Gar·ri·son__ /gǽrəs(ə)n/ 名 William ~ ギャリソン (1805-79)《米国の奴隷解放運動家》.

__gar·rotte__ /gərɑ́t | -rɔ́t/ 動 他〈人〉を絞首刑にする. ━名 C (鉄環による)絞首刑具.

__gar·ru·lous__ /gǽrələs/ 形〈くだらないことを〉よくしゃべる, 口数の多い. ~·__ly__ 副 ぺらぺらと口数多く. ~·__ness__ 名 U よくしゃべること.

__gar·ter__ /gáətə | gáːtə/ 名 1 C 靴下留め, ガーター《脚に巻く》. 2 C〖米〗(ガーターベルトの)靴下つり(〖英〗suspender). 3 [the G-] ガーター勲章 (the Order of the Garter)《英国の最高勲章》.

gárter bèlt 名 C〖米〗ガーターベルト《女性用靴下留め; ウエストに締める》(〖英〗suspender belt).

gárter snàke 名 C ガーター蛇《北米産; 無毒》.

__Gar·vey__ /gáəvi | gáː-/ 名 __Mar·cus__ /máəkəs, máː-/ ~ ガーヴィー (1887-1940)《米国の黒人運動指導者》.

__Gar·y__ /gé(ə)ri | géəri/ 名 ゲーリー《男性の名》.

*__gas¹__ /gǽs/ (類音 guess, gasp) 変化 名 (~·es, ~·ses /-ɪz/; 形 gáseous, gássy) 1 U 気体, 《空気以外の》ガス, 気体のもの; 排気ガス CFC ~ フロンガス《☞ chlorofluorocarbon》/ G~ can move about freely. 気体は自由に動き回る. 語法 気体の種類をいうときには C: Air is a mixture of ~es. 空気は種々の気体の混合物. 関連 liquid 液体 / fluid 流動体 / solid 固体.

2 U ガス《燃料・暖房用》; [形容詞的に] ガス(使用)の: natural ~ 天然ガス / cook with [on] ~ ガスで調理する / túrn ón [óff] the ~ ガスをつける[消す] / She put a kettle on the ~. 彼女はガスにやかんをかけた. 3 U 毒ガス (poison gas): tear ~ 催涙ガス. 4 U〖手術などで使う〗麻酔ガス. 5 U《やや古風, 略式》〖軽蔑〗むだ話, ほら. 6 [a ~]〖米略式〗とても楽しいこと[もの, 人]. 7 U〖米略式〗(胃腸内の)ガス, おなら(〖英〗wind). 語法 ギリシャ語の chaos からの連想で作られた語. __páss gás__ 動〖婉曲〗おならをする. ━動 (__gas·ses; gassed; gas·sing__) 他 〈…〉をガスで攻撃する[殺す]〗ガス中毒させる. ━自 〖古風, 略式〗ぺらぺらとむだ話をする (away; about).

*__gas²__ /gǽs/ (類音 guess, gasp)〖米〗名 1 U ガソリン (gasoline): get ~ ガソリンを補給する / We've run out of ~. ガソリンが切れてしまった. 2 [the ~] = gas pedal. __rún óut of gás__ 動 自〖米〗精力を使い果たす. __stép on the gás__ 動 自〖米略式〗(1) (自動車の)アクセルを踏む, スピードを出す. (2) 急ぐ. ━動 (__gas·ses; gassed; gas·sing__) 他〈車に〉ガソリンを補給する (up). ━自〖自〗ガソリンを補給する (up).

gás bàg 名 C〖略式〗〖軽蔑〗おしゃべり(人).

gás bràcket 名 C (壁の)ガス灯受け.

gás bùrner 名 C ガスの火口〖くち〗, ガスバーナー.

gás càp 名 C〖米〗フュエルリッド, ガソリン注入口(〖英〗petrol cap).

gás chàmber 名 C ガス室《処刑・安楽死用》.

gás chrò·ma·tóg·ra·phy /-kròʊmətɑ́grəfi | -tɔ́g-/ 名 U〖化〗ガスクロマトグラフィー《混合物をガス化してその成分を調査する方法》.

gás còoker 名 C〖英〗ガスレンジ, ガス調理器.

gás cỳlinder 名 C ガスボンベ.

__gas·e·ous__ /gǽsiəs/ 形 (名 gas¹)〖化〗気体の, ガス(状)の: a ~ state ガス状.

gás fíre 名 C〖英〗= gas heater.

gás-fíred 形〖古風〗ガス使用の: a ~ boiler ガス(式)のボイラー.

gás fítter 名 C〖英〗= pipe fitter.

gás-gùzzler 名 C〖米略式〗ガソリンを食う車, 高燃費車.

gás-gùz·zling /-gʌ̀zlɪŋ/ 形〖米略式〗〈車が〉ガソリンを食う, 高燃費の.

†__gash__ /gǽʃ/ 名 C 長く深い切り傷, 深手 (in, on); 大きく深い穴. ━動 他〈手・足など〉を深く切る.

gás hèater 名 C〖英〗ガスストーブ.

gás hòlder 名 C〖英〗= gas tank 2.

__gas·i·fi·ca·tion__ /gæ̀səfɪkéɪʃən/ 名 U ガス化, 気化.

__gas·i·fy__ /gǽsəfàɪ/ 動 (__-i·fies; -i·fied; -fy·ing__) 他〈…〉をガス化[気化]する. ━自 ガス化[気化]する.

__gas·ket__ /gǽskɪt/ 名 C ガスケット《ガス漏れなどを防ぐパッキング》. __blów a gásket__ 動 (1)〖略式〗かっとなる. (2) (エンジンが)ガス漏れする.

gás làmp 名 C ガス灯.

gás lìght 名 U ガス灯の光; C ガス灯.

gás líghter 名 C 1 ガスライター. 2 ガス点火器.

gás-lìt 形 ガス灯で照らされた.

gás màin 名 C ガス(供給)本管.

gás màn 名 (-men /-mèn/) C〖略式〗ガス会社の人, ガス検針員, ガス工事人.

†__gás màsk__ 名 C 防毒[ガス]マスク (mask).

gás mèter 名 C ガスのメーター.

__gas·o·hol__ /gǽsəhɔ̀ːl | -hɔ̀l/ 名 U ガソホール《アルコール入りガソリン; ガソリンの代替品》.

*__gas·o·line, -o·lene__ /gǽsəlìːn, gæ̀səlíːn/ 名 U 〖米〗ガソリン(〖英〗gas², petrol): fill up the tank with ~ ガソリンを満タンにする.

gásoline èngine 名 C〖米〗ガソリンエンジン《機関》(〖英〗petrol engine).

gásoline gàge 名 C〖米〗燃料計.

__gas·om·e·ter__ /gæsɑ́mətə | -sɔ́mətə/ 名 C〖英〗= gas tank 2.

gás òven 名 C ガスレンジ[オーブン].

*__gasp__ /gǽsp | gáːsp/ 動 (__gasps__ /~s/; __gasped__ /~t/; __gasp·ing__) 自 1 あえぐ, 息を切らす; (恐怖・驚きで)息をのむ, 息が止まる: She ~ed for breath [air]. <V+for+名・代> 彼女は息が苦しくてあえいだ / He ~ed in [with] horror at the sight. <V+in [with]+名+at+名・代> 彼はその光景にぞっとして息をのんだ.

gasp (特に驚き・恐怖などで)	あえぐ
pant (特に激しい運動の後などで)	

2 [進行形で] [S] 《英》(飲み物・タバコなどを)ひどく欲しがって; のどがひどく乾いて (*for*). ― [他] 〈…〉を[と]あえぎながら[びっくりして]言う: He ~*ed out* a few words. 彼はあえぎながら二言三言言った.
― [名] (~s /~s/) [C] あえぎ, 息切れ: She looked at the picture and gave [let out] a ~ ***of*** amazement. 彼女はその絵を見て驚嘆のあまり息をのんだ. **at the [one's] lást gásp** [形・副] 疲れ果てて; 息を引き取る間際に; 最後[土壇場]に[で]: at the last ~ of winter 冬の終わりに. **to the [one's] lást gásp** [副] 息を引き取るまで; 最後まで.

gás pèdal [名] [C] 《米》(車の)アクセル (accelerator).

gás pèrmeable léns [名] [C] 酸素透過性コンタクトレンズ.

gasp·ing·ly /gǽspɪŋli/ [副] あえぎながら, 息を切らせて.

gás pìpe [名] [C] ガス管.

gás pòisoning [名] [U] ガス中毒.

gás pòker [名] [C] (棒状の)ガス点火器.

gás pùmp [名] [C] 《米》(ガソリンスタンドの)給油ポンプ.

gás rànge [名] [C] ガスレンジ《料理用》.

gás rìng [名] [C] 《英》ガスレンジの円形バーナー.

G

gás·ser /gǽsə | -sə/ [名] [C] 《略式》とびきりすばらしい[おもしろい]もの[人].

***gas·ses** /gǽsɪz/ [名] **gas**[1] の複数形.

gas·si·ness /gǽsinəs/ [名] [U] ガスの多いこと.

+**gás stàtion** [名] [C] 《米》ガソリンスタンド, 給油所. [日英比較] 「ガソリンスタンド」は和製英語.

gás stòve [名] [C] ガスレンジ, ガス台《料理用》; ガスストーブ《暖房用》.

gas·sy /gǽsi/ [形] (**gas·si·er**; **-si·est**; [名] gas[1]) **1** ガス(状)の; (飲み物が)(泡となる)ガスを多く含んだ. **2** 《米略式》(お腹に)ガスがたまった. **3** 《略式》おしゃべりの.

gás tànk [名] [C] **1** 《米》(自動車・飛行機などの)ガソリンタンク (《英》petrol tank) (☞ motorcycle 挿絵). **2** ガスタンク (《英》gasholder, gasometer).

+**gas·tric** /gǽstrɪk/ [形] [A] 〔医〕胃(部)の: the ~ juices 胃液 / ~ acid 胃酸.

gástric úlcer [名] [C] 胃潰瘍(かいよう).

gas·tri·tis /gæstráɪṭɪs/ [名] [U] 〔医〕胃炎.

gas·tro·en·ter·i·tis /gæ̀strouèntəráɪṭɪs/ [名] [U] 〔医〕胃腸炎.

gas·tro·in·tes·ti·nal /gæ̀strouɪntéstən(ə)l←/ [形] 〔解〕胃腸(内)の.

gas·tro·nome /gǽstrənòum/ [名] [C] 《文》美食家, 食通, グルメ (gourmet).

gas·tro·nom·ic /gæ̀strənɑ́mɪk | -nɔ́m-←/ [形] [A] 《格式》美食の, 食道楽の. **-nom·i·cal·ly** /-kəli/ [副] 食道楽的に.

gas·tron·o·my /gæstrɑ́nəmi | -trɔ́n-/ [名] [U] 《格式》美食法, 食道楽.

gas·tro·pod /gǽstrəpɑ̀d | -pɔ̀d/ [名] [C] 〔動〕腹足類の動物《かたつむり・なめくじなど》.

gas·tro·scope /gǽstrəskòup/ [名] [C] 胃カメラ.

gás tùrbine [名] [C] 〔機〕ガスタービン.

gás wèll [名] [C] 天然ガス井(せい) (well).

gás·wòrks [名] [複] [時に単数扱い] ガス製造所, ガス工場.

gat /gǽt/ [名] [C] 《略式》銃, ピストル (gun).

***gate** /géɪt/ ([同音] gait) [名] (**gates** /géɪts/) [C] **1 門**, 通用門, 城門; 出入り口, 改札口, ゲート, (空港の)搭乗口; 扉, 木戸: open a ~ 門を開ける / stand at the ~ 門の所に立っている / I went through the ~(*s*). 私は門を通り抜けた. [語法] 門の扉が 2 つ以上ある場合はしばしば複数形をとる. 従って gates といっても門が 1 つしかないこともある // Passengers on flight 447 should proceed to ~ (number) five. 447 便のお客様は 5 番ゲートにお進みください《空港のアナウンス》. [関連] tollgate (有料道路などの)料金徴収所 / starting gate (競馬の)ゲート. **2** (運河・ドックなどの)水門; 〔スキー〕旗門. [関連] floodgate 水門. **3** 《英》(試合・コンサートなどの)入場者数; [普通は単数形で] 入場料総額 (gate money): The ~ has been down [low] this season. 今シーズンは入場者が少なかった. ― [動] [他] 《英》(大学などで)〈学生〉を外出禁止処分にする (*for*).

-gate /gèɪt/ [名] [合成語で] …スキャンダル, …疑獄《人名や組織名につけて政治的スキャンダルを表わす》. [語源] Watergate (ウォーターゲート事件)より.

gâ·teau /gɑːtóu | gǽtou/ 《フランス語から》 [名] (複 **gâ·teaux** /gɑːtóuz | gǽtouz/, ~s) [U,C] 《英》(上等の)クリームケーキ.

gáte-cràsh [動] [自] 《略式》(パーティーなどに)招待状なしで押しかける. ― [他] 《略式》(招待状なしで)〈パーティーなど〉に押しかける (crash).

gáte-cràsh·er [名] [C] 《略式》(パーティーなどに)招待状なしで押しかける人.

gát·ed commúnity /géɪṭɪd-/ [名] [C] 《米》ゲーテッドコミュニティー《治安のためフェンスなどで囲み, 門で警備員が出入りをチェックする(高級)住宅地》.

gáte·fòld [名] [C] (雑誌・本の)折り込みページ.

gáte·hòuse [名] (**-hous·es** /-hàuzɪz/) [C] (公園などの)門番小屋, 守衛詰め所; 門楼; (ダムなどの)水門小屋.

gáte·kèeper [名] [C] **1** (企業などの)職務[情報]管理者, 仕入れ品[先]管理者. **2** (企業の)お客様窓口. **3** 門衛, 門番.

gáte·lèg táble [名] [C] 折り畳み式テーブル.

gáte mòney [名] [U] (競技会などの)入場料総額.

gáte·pòst [名] [C] 門柱.

Gates /géɪts/ [名] [固] **Bill** ~ ゲイツ (1955–)《米国の実業家; Microsoft 社を創立》.

+**gáte·wày** [名] **1** [C] (塀・垣などの)出入り口, 通り口 (*to*). **2** [単数形で] (…に至る)道; 手段 (*to*); (乗り継ぎのための)主要な空港. **3** [C] 〔電算〕ゲートウェー《複数のネットワークを相互に接続するハードウェアおよびソフトウェア》.

****gath·er** /gǽðə | -ðə/ [T1] [動] (**gath·ers** /~z/; **gath·ered** /~d/; **-er·ing** /-ð(ə)rɪŋ/)

[自] [他] の転換
[他] **1** 集める (to make (people or things) come together in one place or group)
[自] **1** 集まる (to come together in one place or group)

― [他] **1** 〈…〉を**集める**, 寄せ集める (*from*) (☞ 類義語): ~ the pieces of the broken dish 割れた皿の破片を集める / The child ~***ed*** his toys ***together*** [***up***]. <V+O+*together* [*up*]> その子供はおもちゃをかき集めた / She ~***ed*** a lot of children ***around*** [***round***] her [herself]. <V+O+*around* [*round*]+名・代> 彼女は周りに大勢の子供を呼びよせた.
2 〈花・果実など〉を**摘み取る**, 採集する (*from*); 〈作物〉を取り入れる: How many shells have you ~*ed?* いくつ貝殻を拾ったの.
3 〈速力・力など〉を**加える**, 増す: The car ~*ed* speed. 車はスピードをあげた. **4** 〈事実・情報など〉を(徐々に)収集する, 得る; [進行形なし] [S] 〈事柄〉を(…から)判断する, 〈…〉と推測する: *From* his words I ~*ed* (*that*) he did not know the truth. 彼のことばから私は彼が本当のことを知らないとみた. **5** 〔洋裁〕〈…〉にギャザーを寄せる (☞ 成句 gather in); 〈額〉にしわを寄せる: ~ the skirt at the waist スカートのウエストにひだをつける. **6** 〈衣服など〉を(体の周りに)ぴったり引き寄せる, 巻く (*around*, *round*). **7** 〈力・勇気など〉を奮い起こす; 〈考えなど〉を集中する (*together*).
― [自] **1** (3 人以上が)集まる, 群がる: ***G~ around*** [***round***], boys and girls. <V+副> みなさん周りに集

まって / The clouds were ～*ing*. 雲が集まって[空が曇って]きていた / A crowd **～ed around** him. <V+前+名・代> 群衆が彼の周りに集まった. **2** 《文》(次第に)増す; (だんだん)たまる, 蓄積する; (不安・夕やみなどが)募(つの)る, 深まる: A storm is ～*ing*. ひとあらし来そうだ / Tears of relief ～*ed in* my mother's eyes. 母の目には安堵(あんど)の涙がたまった.

be gáthered to one's fáthers [動] [自] 《古風》死ぬ.

gáther ín [動] [他] (1) 《文》〈…〉を収穫する, 〈…〉の取り入れをする. (2) (ギャザーを寄せて)〈衣服〉をつめる.

gáther onesèlf (togéther) [動] [自] (困難に立ち向かうため)気を落ち着かせる[引き締める].

gáther úp [動] [他] (1) 〈…〉を拾い[寄せ]集める; 〈衣服など〉を引き寄せる. (2) 《古風》〈人〉を抱き寄せる.

— [名] [C] [普通は複数形で] 〔洋裁〕 ひだ, ギャザー.

【類義語】**gather** 最も一般的な語で広く散らばっているものを1か所に集めること, またはそれらが1か所に集まることをいう: We *gathered* shells. 我々は貝殻を拾い集めた. **collect** 注意深く選んで, しかも組織的に集めることをいう: My hobby is *collecting* stamps. 私の趣味は切手の収集です. **assemble** やや格式ばった語で, 人に用いられる場合にはある目的のために集める[集まる]こと: The members were *assembled* in the hall. 部員たちがホールに集められた. 物に用いられた場合には, 単に集めるだけでなく組み立てることをいう: The police *assembled* the fragments of the bomb. 警察は爆発物の破片を集めて組み立てた. **get together** 人が集まる意味の最もくだけた感じの語: Let's *get together* again sometime. またいつか会おうよ.

gath·ered /gǽðəd | -ðəd/ [形] ひだ[ギャザー]をよせた.

*__gath·er·ing__ /gǽð(ə)rɪŋ/ [名] (～s /~z/) [C] **1** **集まり**, つどい, 集会《打ち解けた人たちの非公式の集まりに用いられる; ☞ meeting 類義語》: a social ～ 懇親会 / The President made a speech at a ～ of lawyers. 大統領は弁護士の集まりでスピーチをした. **2** ひだ, ギャザー (gather). — [形] [A] 《主に文》(あらし・暗やみなどが)間近に迫った: a ～ storm 迫り来るあらし.

ga·tor /géɪṭɚ | -tə/ [名] [C] 《米略式》わに (alligator).

Ga·tor·ade /géɪṭərèɪd/ [名] [固] ゲータレード《スポーツドリンク; 商標》.

Gátor Bòwl [名] [the ～] 《米》ゲーターボウル《Florida で毎年一回行なわれる大学フットボールの試合》.

GATT /gǽt/ [名] [固] ガット, 関税と貿易に関する一般協定《General Agreement on Tariffs and Trade の略; 1995 年から WTO となる; ☞ acronym》.

Gát·wick Áirport /gǽtwɪk-/ [名] [固] ガトウィック空港《英国 London 南部の空港》.

gauche /góʊʃ/ 《フランス語から》 [形] (**gauch·er**, **more ～**; **gauch·est**, **most ～**) 気のきかない, ぎこちない, 洗練されていない, 不器用な. **～·ly** [副] ぎこちなく. **～·ness** [名] [U] ぎこちなさ.

gau·cho /gáʊtʃoʊ/ [名] (～s) [C] ガウチョ《南米のパンパのカウボーイ》.

Gau·dí /gaʊdí: | gáʊdi/ [名] [固] **An·to·ni·o** /æntóʊnìoʊ/ ～ ガウディ (1852–1926)《スペインの建築家》.

gaud·i·ly /gɔ́:ḍəli/ [副] [文修飾語] けばけばしく.

gaud·i·ness /gɔ́:ḍinəs/ [名] [U] けばけばしさ.

+**gau·dy** /gɔ́:ḍi/ [形] (**gau·di·er**; **-di·est**) けばけばしい, はでで俗っぽい[安っぽい].

*__gauge__ /géɪdʒ/ ★ au は例外的に /eɪ/ と発音する. ([同音] gage) [名] **1** [C] **計器**, ゲージ: The pressure in the tube was measured by a ～. 管内の圧力は計器で測定された.

gauge のいろいろ
dépth gàuge 水深計 / **gásoline gàuge** 燃料計 / **óil préssure gàuge** 油圧計 / **préssure gàuge** 圧力計 / **ráin gàuge** 雨量計 / **wínd gàuge** 風力計

2 [a ～ として] 判断基準, 評価方法 (*of*). **3** [C] 標準規格, 標準の寸法; (針金などの)太さ, (鉄板などの)厚さ; (銃の)口径. **4** [C] 〔鉄〕 軌間: ☞ broad [standard, narrow] gauge. — [動] [他] **1** (計器を使って)〈…〉を測定する. **2** 〈…〉を推測する; 〈…〉と判断する (*wh* 節).

gáuge prèssure [名] [U] 〔物理〕 ゲージ圧《圧力計で計った圧力で, 大気圧との差》.

Gau·guin /goʊgǽŋ | góʊgæŋ/ [名] [固] **Paul** ～ ゴーギャン (1848–1903)《フランスの画家》.

Gaul /gɔ́:l/ [名] **1** [固] ガリア《現在のフランスを中心とする古代ローマ帝国の領地》. **2** [C] ガリア人.

+**gaunt** /gɔ́:nt/ [形] (**gaunt·er**; **gaunt·est**) **1** (病気・心配などで)やせこけた, やつれた. **2** (場所が)荒涼とした.

+**gaunt·let**[1] /gɔ́:ntlət/ [名] [C] 長手袋《乗馬・剣道用や作業用など》; こて《中世の騎士が用いた手の防具》.

píck [táke] úp the gáuntlet [動] [自] 挑戦に応じる. **thrów dówn the gáuntlet** [動] [自] 挑戦する. [由来] 中世の騎士が挑戦のしるしにこてを投げたことから.

gaunt·let[2] /gɔ́:ntlət/ [名] [C] 向かい合って二列に並ぶ人々. **rún the gaúntlet** [動] [自] (多くの人の批判・怒りなどの)攻撃を受ける, 危険な立場に立つ (*of*).

gáunt·ness [名] [U] やつれ; 荒涼.

gauss /gáʊs/ [名] (複 ～, ～·**es**) [C] 〔物理〕 ガウス《磁気誘導の単位》.

Gauss·i·an /gáʊsiən/ [形] ガウスの: ～ curve [distribution] 〔統〕 ガウス曲線[分布]《正規分布(の曲線)》.

Gau·ta·ma /gáʊṭəmə, góʊ-/ [名] [固] ゴータマ《釈迦牟尼(しゃかむに); Gautama は姓, 名は Siddhartha》.

gauze /gɔ́:z/ [名] [U] **1** (綿・絹などの)薄織物, 紗(しゃ); ガーゼ: a ～ curtain レースのカーテン. **2** 《米》包帯 (bandage). **3** (虫よけ用などの)金網.

gáuze bàndage [名] [C] 《米》 =gauze 2.

gauz·y /gɔ́:zi/ [形] (**gauz·i·er**; **-i·est**) ガーゼ[レース]のような; 薄く透き通る.

‡**gave** /géɪv/ [動] **give の過去形.**

gav·el /gǽv(ə)l/ [名] [C] (司会者・裁判長などの)つち《静粛を命ずるときに卓上をたたく》.

gavel

ga·votte /gəvɑ́t | -vɔ́t/ [名] [C] ガボット《フランスで昔, 流行した活発なダンスおよびその曲》.

gawd /gɔ́:d/ [名] [感] 《文, 略式》 = god《god のくずれた発音を示す綴りで, いらだち・驚きなどを表わす》.

gawk /gɔ́:k/ [動] [自] 《略式》 [軽蔑] ぽかんと眺める (*at*).

gawk·i·ly /gɔ́:kɪli/ [副] ぎこちなく.

gawk·i·ness /gɔ́:kinəs/ [名] [U] ぎこちなさ.

gawk·y /gɔ́:ki/ [形] (**gawk·i·er**; **-i·est**) [軽蔑] (特に体のひょろ長い若者が)(動きなどの)ぎこちない.

gawp /gɔ́:p/ [動] [自] 《英略式》 [軽蔑] =gawk.

*__gay__ /géɪ/ ([類音] gate) [形] (**gay·er**; **gay·est**; 1 では [名] gáyness, 2, 3 では [名] gáiety) **1** (特に男性が)**同性愛の**, ホモ[ゲイ]の: the ～ community ゲイ社会[集団]. **2** 《古風》はでな, 華美な, 華やかな: ～ colors はでな色. **3** 《古風》陽気な, 快活な《☞ merry 類義語》. — [名] (～s /~z/) [C] **同性愛者**《特に男性》, ホモ, ゲイ. [関連] lesbian 同性愛の女性.

gay·dar /géɪdɑɚ | -dɑ:/ [名] [U] [S] 《略式》 [滑稽] ゲイを見分ける能力.

gáy·ly [副] =gaily.

gáy·ness [名] ([形] gay) [U] 同性愛であること, ホモ[ゲイ]であること《☞ gaiety》.

gáy ríghts 名[複] 同性愛者の人権.

Ga·za (Strip) /gáːzə-/ 图 [the ~/] ガザ(地区) (Palestine 南西部のイスラエル占領地区; 1994年より暫定自治開始).

*gaze /géɪz/ 動 (gaz·es /~ɪz/; gazed /~d/; gaz·ing) 自 じっと見つめる〈感心・喜び・興味・あこがれの気持ちでまたは考え込んで〉; ☞ stare 表]: ~ *into* ...'s face <V+前+名·代> ...の顔をじっと見つめる / He was *gazing at* the setting sun. 彼は夕日をじっと見つめていた.

— 名 [単数形で] じっと見つめること, 凝視: a steady ~ 凝視 / fasten [fix] one's ~ on ....をじっと見つめる / I was unable to hold his accusing ~. 私は彼のとがめるようなまなざしに耐えられなかった / His eyes met the ~ of a young man. 彼は彼を見つめる若者と目が合った.

ga·ze·bo /gəzéɪbou | -zíː-/ 名 (~s) C (庭園などの)あずまや; 見晴らし[展望]台.

ga·zelle /gəzél/ 名 (複 ~(s)) C ガゼル《小型のれいよう》.

*ga·zette /gəzét/ 名 C 1 新聞 (newspaper). [語法] 今は正式の新聞名として the Westminster *Gazette* のように用いる. 2 (英) 官報, 公報. — 動 (英格式) [普通は受身で] 〈任命·異動などを〉官報に公示する. 2 〈軍人を〉任命[配属]する (to).

gaz·et·teer /gæzətíə | -tíə/ 名 C 地名辞典; [地図帳の]地名索引.

ga·zil·lion /gəzíljən/ 名 C (略式) 莫大(ばくだい)な数.

gaz·pa·cho /gəzpáːtʃou | gæs-/ 名 ガスパチョ《トマト·きゅうり·たまねぎ·香辛料·オリーブ油·酢などを入れたスペイン料理の冷たいスープ》.

ga·zump /gəzʌ́mp/ 動 [普通は受身で] (英) 〈不動産の買い手に〉合意した価格をつり上げて他の人に売る.

ga·zun·der /gəzʌ́ndə | -də/ 動 [普通は受身で] (英) 〈不動産の売手に〉大幅に値下げさせる.

Gb 略 =gigabyte.

*GB /dʒíːbíː/ 略 グレートブリテン島; 英国 (Great Britain).

GBH /dʒíːbìː·éɪtʃ/ 略 =grievous bodily harm.

Gbyte 略 =gigabyte.

GC /dʒíːsíː/ 略 = George Cross.

g.c.d., G.C.D. /dʒíːsìː·díː/ 略 =greatest common divisor.

GCE /dʒíːsìː·íː/ 略 = General Certificate of Education (☞ certificate 成句).

GCSE /dʒíːsìː·èsíː/ 略 = General Certificate of Secondary Education (☞ certificate 成句).

g'day /gədéɪ/ 間 [豪略式] = good day 1.

Gdns 略 =Gardens (☞ garden 4).

*GDP /dʒíːdìːpíː/ 略 国内総生産 (gross domestic product) (☞ GNP).

gds. 略 =goods 1.

GE /dʒíːíː/ 略 =General Electric.

*gear /gíə | gíə/ 重要 名 ⟨~s /~z/⟩

「道具一式」2 → 「装置」3 →(特に歯車のついた機械装置から) → 「歯車」1

1 C,U ギヤ, 歯車: a car with four ~s 4段ギヤの車 / (a) reverse ~ バックギヤ / in second ~ セカンドギヤで / change down [up] into third ~ サードギヤに下げる[上げる] / change [(英) shift] ~(s) from low to high ギヤをローからトップへ変える (☞ 成句) / put a car in ~ 車のギヤを入れる / grind [crash] the ~ ギヤをきしませる / The car started [came to a halt] with a crashing change of ~s. 車はギヤをがちゃがちゃさせながら動き出した[止まった]. // ☞ worm gear. 2 U (ある目的の)道具一式, 用具ひとそろい; 装備, 装具: camping ~ キャンプ用具一式 / sports ~ スポーツ用品 / soldiers *in* combat ~ 戦闘装備をした兵士たち. 3 U [主に合成語で] (機械)装置: communications ~ 通信機器. 4 U (略式)(流行の)服. 5 U (略式)持ち物. 6 U (略式)麻薬〈特にヘロイン〉. **chánge [[米] shíft] géar** [動] 自 (1) 変速する. (2) 手法[調子]を変える. **gèt [clíck] ìnto géar** [動] 自 歯車がかみ合ってくる; (事業などが)軌道に乗る. **in géar** [形·副] ギヤが入って; 順調で. **in hígh [(英) tóp] géar** [形·副] (1) (車が)高速で. (2) (人·物事が)快調で, 順調で. **in lów [(英) bóttom] géar** [形·副] (1) (車が)低速で. (2) (人·物事が)調子が悪くて. **òut of géar** [形·副] ギヤが入ってない; 作動しないで, 調子が狂って.

— 動 (gear·ing /gíə)rɪŋ/) 他 1 〈ギヤで〉〈機械を〉連動させる (to). 2 [しばしば受身で] 〈...〉を(...に)適合させる; (...に合わせて)調整する (to, toward, for; to do): This dictionary is ~ed to the needs of Japanese learners. この辞書は日本人学習者向きに作られている. — 自 ギヤがかかる, 歯車がかみ合う (with). **géar onesélf úp** [動] 心の準備をする (for, to; to do). **géar úp** [動] [普通は受身で] 〈...〉を準備する (for, to; to do). — 自 (1) シフトアップする. (2) (...の)準備をする (for, to; to do).

géar·bòx 名 C (自動車の)変速装置.

géar chànge 名 C ギヤチェンジ.

gear·ing /gíə)rɪŋ/ 名 U 1 ギヤの取り付け(方法); ギヤ(全体), 伝導装置. 2 (英)(経) 資金調達力比率.

géar lèver 名 C (英) =gearshift.

géar·shìft 名 C (米) (自動車·自転車などの)変速レバー, ギヤ転換装置 (☞ bicycle 挿絵).

géar stìck 名 C (英) =gearshift.

geck·o /gékou/ 名 (~s) C やもり.

GED /dʒíːìːdíː/ 略 C (米) (高校を出ていない人のための)高校卒業認定資格 《General Equivalency Diploma の略》.

gee /dʒíː/ 間 (略式, 主に米) おや, まあ, すごーい 《若い人のことば》.

gee·gaw /dʒíːgɔː/ 名 C =gewgaw.

gee-gee /dʒíːdʒìː/ 名 C (英小児)お馬さん.

geek /gíːk/ 名 C (俗) 変人; (コンピューター)おたく.

geek·y /gíːki/ 形 変な.

*geese /gíːs/ 名 goose の複数形.

gee-whiz /dʒíː(h)wíz | -wíz/ 間 (米略式) = gee. — 形 世間をあっと言わせるような, すばらしい.

geez(e) /dʒíːz/ 間 [しばしば G-] くそ! (jeez) 《Jesus の婉曲表現》.

*gee·zer /gíːzə | -zə/ 名 C (古風, 略式) やつ(特に風変わりな老人).

Geh·rig /gérɪg/ 名 固 **Lou** /lúː/ ~ ゲーリッグ (1903–41) 《米国の野球選手》.

Gei·ger cóunter /gáɪɡə- | -ɡə-/ 名 C ガイガー計数管《放射能測定器》.

G8 /dʒíːéɪt/ 略 =Group of Eight 8か国蔵相会議.

gei·sha /géɪʃə/ 《日本語から》 名 C 芸者.

*gel /dʒél/ 名 C 1 (整髪用などの)ジェル; [主に合成語で] ゲル, 膠化(こうか)体 《ゼリーなど》. 2 C (照明用)ゼラチン(フィルター).

— 動 (gels; gelled; gel·ling) 自 1 =jell. 2 (人と)(仕事上)うまが合う (with). 3 (整髪用の)ジェルを髪につける.

gel·a·tin /dʒélətn, -tɪn | -tɪn/ (主に米), **-tine** /-tɪn, -tìːn | -tìːn/ (主に英) 名 1 U ゼラチン, にかわ. 2 U (照明用)ゼラチン.

ge·lat·i·nous /dʒəlǽtənəs, -tn-/ 形 にかわ状の.

ge·la·to /dʒəláːtoʊ/ 《イタリア語から》 名 (複 ~ti

/-ţiː/, ~s) C ジェラート《イタリア風の柔らかいアイスクリーム》.

geld /géld/ 他 〈動物を〉去勢する.
+**géld·ing** /géldɪŋ/ 名 C 去勢馬.
gel·id /dʒélɪd/ 形 極寒の; 凍るような.
gel·ig·nite /dʒélɪgnàɪt/ 名 U ゼリグナイト《強力な爆薬の1種》.
*__gem__ /dʒém/ 名 C **1** 宝石 (jewel)《特にカットして磨いた宝石》. **2** 貴重[大切]なもの[人], 至宝, 珠玉: an absolute ~ 最高にすばらしいもの[人].
ge·mein·schaft /gəmáɪnʃɑːft/《ドイツ語から》名 (複 **-schaf·ten** /-tən/) C〔しばしば G-〕共同社会, ゲマインシャフト《親密な相互の感情を特徴とする自然的に発生した有機的社会関係に基づく集団》.
gem·i·nate /dʒémənèɪt/ 動 他〈…を〉二重にする; 対に並べる. — 自 二重になる; 対に並ぶ. — 形 /-nət/ 一対の, 二つなりの;〔言〕重子音の重複した.
*__Gem·i·ni__ /dʒémənài, -niː/ 名 **1** ふたご座《星座》; 双子(ごう)宮 (the Twins)(□ zodiac 挿絵). **2** C ふたご座生まれの人.
gem·ol·o·gist /dʒémɑ́lədʒɪst | -mɔ́l-/ 名 C 宝石学者.
gem·ol·o·gy /dʒémɑ́lədʒi | -mɔ́l-/ 名 U 宝石学.
Gém Státe 名〔the ~〕宝石州《米国 Idaho 州の俗称》.
gem·stone /dʒémstòʊn/ 名 C 宝石の原石.
gen /dʒén/ 名〔普通は the ~〕《古風, 英略式》情報 (on). — 動〔次の成句で〕**gén úp**〔動〕《古風, 英略式》自 情報を得る (on). — 他〔しばしば受身で〕〈…に〉情報を与える (on).
Gen. 略 **1**《米》陸[空]軍大将;《英》陸軍大将;将軍;将官 (general). **2** =Genesis 1.
-ge·nar·i·an /dʒəné(ə)riən/ 接尾 [10年を単位とする語について]「…歳代の人」: octogenarian 80歳代の人.
gen·darme /ʒɑ́ːndɑəm | -dɑːm/ 名 C フランスの憲兵.
*__gen·der__ /dʒéndə | -də/ 名 (~s /-z/) C,U **1**《格式》(社会的・文化的に見た)性別; 〔集合的〕男性[女性]たち: ~ roles 男女の役割. **2**〔文法〕性.

文法 性

生物学的な性 (sex) の区別に対して, 文法上の区別をいう. 現代英語では文法上の性は名詞・代名詞に限られ, しかも生物学的な区別とほぼ一致している. 男性・女性・通性・中性の4種に分かれる.
(1) **男性** (masculine gender) と**女性** (feminine gender) はそれぞれ人間の男性・女性および高等動物の雄・雌を表わす. 単数名詞の場合, 男性は he, 女性は she で受ける. 複数のときは they で受ける. 男性名詞と女性名詞とは, boy 少年—girl 少女 / brother 兄, 弟—sister 姉, 妹 / king 王—queen 女王 / cock おんどり—hen めんどり, のように全く別語で表わされる場合と, 男性名詞に接尾辞をつける prince 王子—princess 王女 / hero 英雄, 物語の主人公—heroine 女傑, 物語の女主人公, のような場合がある.
(2) **通性** (common gender) は男性[雄]も女性[雌]も表わし, he も she も用いられるが, 性別が特に問題とならないときや一般的な言い方をするときには人に対しては he or she または書くときは he/she, s/he のような形を用いる. また elephant (象), whale (鯨) などのように大きな動物の通性名詞は it で受けることがある.
通性の名詞の性別を特に明らかにしたいときには, 次のように男性または女性を表わす語をつけることがある: boy [male] student 男子学生—girl [female] student 女子学生 / he-goat 雄のやぎ—she-goat 雌のやぎ / peacock 雄のくじゃく—peahen 雌のくじゃく.
また元来は男性名詞であったが, dog (犬), lion (ライオン), tiger (とら) のように通性として用いられる語がある.

語法 女性解放運動の結果, 性差別的な表現を避けるため, 従来から使われていた -man のつく語を嫌って, chairman (議長) → chair*person*, chair / fire*man* (消防士) → fire*fighter* / police*man* (警官) → police *officer* / English*man* (イングランド人) → English *people* のように言いかえることがある (□ -person 語法, man 2 語法).
(3) **中性** (neuter gender) は, 無生物や性別のはっきりしない下等動物・植物または抽象名詞のように元来性別のないものを表わし, 単数名詞の場合は it で, 複数名詞の場合は they で受ける: stone(s) 石 / star(s) 星 / tree(s) 木 / height 高さ / safety 安全.
人間または高等動物でも男女の性別がはっきりしないときには中性として扱われ it が用いられることがある: Somebody is knocking at the door. Go and see who *it* is. だれかがドアをノックしています. 行ってだれだか見てきなさい (□ it¹ A 1 (1) 語法).
また, 無生物・下等動物あるいは抽象名詞でも男性または女性として扱われることがある. 特に船・航空機や国・都市は女性として扱われることがあり, また自分の使用している乗用車や器具なども時として女性として扱われることがある (□ she¹ 2, 3): Fill *her* up. (車を)満タンにして下さい《ガソリンスタンドで男性の使う言い方》.

---

génder bènder 名 C《略式》(異性の服装・ふるまいをして)性差をぼかす人《ポップ歌手など》.
génder discriminàtion 名 U 性差別.
génder gàp 名〔the ~〕男女差, ジェンダーギャップ《社会的・文化的行動[態度]にみられる男女間の差》.
génder idèntity disòrder 名 C,U〔心〕性同一性障害.
gender-néutral 形 (単語・ことば使いが)男女差を表わさない《fireman のかわりに firefighter を使うなど》.
génder-specífic 形 男性または女性に限った.
*__gene__ /dʒíːn/ 名 (~s /-z/) C〔生〕遺伝子: a ~ for obesity 肥満遺伝子 / She believes that breast cancer is in the ~s. 彼女は乳癌(がん)は遺伝によると信じている.
Gene /dʒíːn/ 名 ジーン《男性の名; Eugene の愛称》.
ge·ne·a·log·i·cal /dʒìːniəlɑ́dʒɪk(ə)l | -lɔ́dʒ-/ 形 系図の, 家系の: a ~ tree (木の枝をかたどった)系図, 系統樹 (□ family tree). **-cal·ly** /-kəli/ 系図上, 家系的に.
ge·ne·al·o·gist /dʒìːniɑ́lədʒɪst, -niǽl- | -niǽl-/ 名 C 系図学者, 系図屋.
ge·ne·al·o·gy /dʒìːniɑ́lədʒi, -niǽl- | -niǽl-/ 名 (**-o·gies**) **1** C (人間の)家系, (動植物・言語などの)系統, 系統図, 家系図 (family tree). **2** U 系図学; 系統学.
géne bànk 名 C 遺伝子銀行, ジーンバンク.
géne màp 名 C〔遺〕遺伝子地図.
géne màpping 名 U〔遺〕遺伝(子)地図作成, 遺伝子マッピング《染色体の遺伝子の相対的位置の決定》.
géne pòol 名 C〔遺〕ジーンプール《集団の有する遺伝子全体》.
gen·era 名 genus の複数形.
*__gen·er·al__ /dʒén(ə)rəl/ **①**

ラテン語で「種類全体の」の意から 形 2「一般の」の意となった (□ generate 単語の記憶). また「全体を統括する(軍人)」の意から 名「将軍, 大将」となった.

— 形 (副 géneralize, 名 générálity) **1** (詳細でなく)概略の, 概括的な (反 detailed); 漠然とした: in ~ terms 概括的なことばで, 漠然と / a ~ impression 漠

漠然とした印象 / the ~ location 近くのどこか / They had a ~ idea of the situation. 彼らは状況を大体把握していた / Could you give us a ~ outline of your plan? あなたの計画の概略を述べていただけますか.
2 (特殊でなく)**一般の**, 全般的な (反 specific); (一部でなく)全体の, すべて[多く]の人の (反 individual, particular): a topic of ~ interest 一般の人の興味を引く話題 / There was ~ agreement that nuclear tests should be prohibited. 核実験は禁止すべきだということで意見が一致していた / Dissatisfaction with the government's farm policy is pretty ~. 政府の農業政策への不満がかなり広まっている.
3 Ⓐ (専門的でなく)**一般的な** (反 special); 総合的な; 雑多な; 普通の, 通常の: a ~ hospital 総合病院 / ~ principles 原則 / a ~ magazine 総合雑誌 / ~ affairs 庶務 / a ~ clerk (雑事務をする)庶務係. **4** Ⓐ [しばしば G- で官職名の後で] …長(官), 総…: the ~ secretary 事務総長 / ~ Attorney General.
— 名 (~s /~z/) Ⓒ (米) 陸[空]軍大将, (英) 陸軍大将; 将軍; 将官 (略 Gen.): G~ Grant グラント将軍 / ~ of the air force (米) 空軍元帥 / ~ of the army (米) 陸軍元帥 ((英) field marshal) / ☞ lieutenant general. 関連 admiral 海軍大将.

in géneral [副] 文修飾語 **一般に**, 普通は, たいてい (generally): *In* ~, old people are early risers. 一般に年寄りは早起きだ. — [形] [名詞の後で] 一般の, 大概の: Little girls *in* ~ like dolls. たいていの女の子はお人形が好きだ.

Géneral Accóunting Òffice 名 固 [the ~] (米国の)会計検査院 (略 GAO).
géneral admíssion 名 Ⓤ, 形 (コンサートやスポーツの)自由席(の); ~ tickets 自由席券.
Géneral Américan 名 Ⓤ(音声) 一般米語 (略 GA).
géneral anesthétic 名 ⒸⓊ 全身麻酔薬.
Géneral Assémbly 名 [the ~] [単数または複数扱い] **1** 国連総会 (略 GA). **2** (米国のいくつかの州の)州議会. **3** (長老教会などの)総会, 大会.
Géneral Certíficate of (Sécondary) Educátion 名 ⓊⒸ ☞ certificate 成句.
géneral cóunsel 名 Ⓒ (企業の)法律顧問; (総合的な法律相談をする)弁護士事務所.
géneral delívery 名 Ⓤ (米) 局留め(扱い); (郵便局の)局留め郵便課 ((英) poste restante).
参考 封筒に書く場合は次のように示す:
John Smith
c/o *General Delivery*
Main Post Office, Miami, FL
フロリダ州マイアミ市中央郵便局局留め, ジョンスミス行

géneral educátion 名 [単数形で] 一般教育.
*__géneral eléction__ 名 Ⓒ 総選挙.
Géneral Eléction Dày 名 Ⓤ (米) =Election Day.
Géneral Eléctric 名 固 ゼネラルエレクトリック《米国の電気製品メーカー; 略 GE》.
géneral héadquarters 名 [複] [時に単数扱い] 総司令部 (略 GHQ).
*__gen·er·al·ise__ /dʒénərəlàɪz/ 動 (英) =generalize.
gen·er·al·ist /dʒénərəlɪst/ 名 Ⓒ 多方面の知識をもつ人, 万能選手.
gen·er·al·i·ty /dʒènərǽləṭi/ 名 (-ties) 形 géneral (格式) **1** Ⓒ [普通は複数形で] 一般論, 一般原則, 概論, 一般的な話: talk *in generalities* 大ざっぱに話す. **2** [the ~ として複数扱い] 大部分, 大半 (*of*). **3** Ⓤ 一般的なこと, 一般性.

*__gen·er·al·i·za·tion__ /dʒènərələzéɪʃən/ -laɪz-/ 名 (動 géneralìze) **1** Ⓤ 一般化; 総合; 概括; 帰納. **2** Ⓒ (しばしば早まった) 一般論, 帰納的結論: sweeping ~s 大ざっぱな一般論 / make ~s about … …を一般化する.
*__gen·er·al·ize__ /dʒénərəlàɪz/ 動 (-al·iz·es /-ɪz/, -al·ized /~d/; -al·iz·ing) 形 géneral, gèneralizátion) 自 **1** 括して言う, 一般論として言う, (しばしば早まって)結論を下す[出す] (*from*): Collect more data before you ~ *about* the phenomenon. <V+ *about*+名> その現象について一般化する前にもっとデータを集めなさい. **2** 漠然と言う. — 他 **1** ⟨…⟩を一般化して言う, 一般化する. **2** (格式) ⟨一般原理⟩を引き出す, 帰納する (*from*).
*__gen·er·al·ized__ /dʒénərəlàɪzd/ 形 一般の, 全体的な (general); 一般化した, 広まって(いる)(病気などが)全身に広がった.
géneral knówledge 名 Ⓤ (深くはないが)常識的な[広い]知識; 広く知られていること.

*__**gen·er·al·ly**__ /dʒénərəli/ 副 **1** 文修飾語 **普通(は), 一般に**, 通例 (usually) (☞ always 囲み): G~, pitchers aren't good batters. 一般にピッチャーはいいバッターではない. **2** **広く, 多くの人に, 世間一般に**: a ~ accepted idea 広く受け入れられている考え / Her proposal was ~ supported. 彼女の提案は広く支持された / It is ~ believed that he died in the plane crash. 彼がその飛行機事故で死んだと一般に信じられている. **3** **おおむね, 概して**; [複数形とともに] たいてい…だ[する]: Japanese college students ~ know a little English. 日本の大学生はたいてい少しは英語を知っている. **4** 一般的に: speak ~ 一般的に話す.

génerally spéaking [副] 文修飾語 **一般的に言うと, 概して言えば**: G~ *speaking*, this part of Japan has a mild climate. 一般的に言って日本のこの地方の気候は温和だ.

géneral mánager 名 Ⓒ [普通は the ~] 局長, 部長, 支店長など (略 GM).
géneral méeting 名 Ⓒ 総会.
Géneral Mótors 名 固 ゼネラルモーターズ《米国の乗用車・トラックのメーカー; 略 GM》.
géneral pártner 名 Ⓒ 無限責任組合員[社員].
Géneral Póst Òffice 名 [the ~] (中央)郵便本局; (英) 通信省 (Post Office の旧称) (略 GPO).
géneral práctice 名 ⒸⓊ (主に英) 一般診療(一般開業医の診療); (弁護士の)一般営業; Ⓒ 診療所.
géneral practítioner 名 Ⓒ 一般開業医 (略 G. P.). 関連 specialist 専門医.
*__géneral públic [populátion]__ 名 [the ~; (英) 単数または複数扱い] 一般大衆.
géneral-púrpose 形 Ⓐ 多目的の, 用途の広い: a ~ computer 汎用コンピューター.
géneral·shíp 名 Ⓤ (大将[将軍] の)統率力[手腕].
géneral stáff 名 [the ~; (英) 単数または複数扱い] 参謀, 幕僚 (全体).
géneral stóre 名 Ⓒ (米) (特にいなかの)雑貨店.
*__géneral stríke__ 名 Ⓒ ゼネスト, 総罷業.
*__gen·er·ate__ /dʒénərèɪt/ 動 (-er·ates /-rèɪts/; -er·at·ed /-ṭɪd/; -er·at·ing /-ṭɪŋ/) 他 **1** ⟨利益・収入・感情・行動・事態など⟩を生み出す, 引き起こす: This project will ~ a lot of profit. この計画は多くの利益をもたらすだろう. **2** ⟨電気・熱など⟩を発生させる, 起こす (☞ 単語の記憶): ~ electricity 電気を起こす.

単語の記憶 《GEN》(生む)	
generate	生み出す
generation	(同じ元から生まれたもの)→同時代の人々
general	(種族全体の)→一般の

generous	(貴族の生まれの)	→ 気前のよい
genius	(生まれながらの能力)	→ 天才
gentle	(生まれのよい)	→ 温和な
genuine	(生まれつきの)	→ 正真正銘の
hydro**gen**	(水を生み出すもの)	→ 水素
nitro**gen**	(硝石を生み出すもの)	→ 窒素
oxy**gen**	(酸を生み出すもの)	→ 酸素

***gen‧er‧a‧tion** /dʒènəréɪʃən /-z/ 名 (~s /-z/)

「生み出すこと」の意から、(同じもとから生まれたもの)→「(家族の)一代」 3 →「一世代」 2 →「同時代[世代]の人々」 1

1 C [英] 単数形でも時に複数扱い] 世代, 同時代の人々;[普通は単数形で](思想などを共有する)同世代の人々;…族(☞ 単語の記憶): the younger ~ 若い世代の人々 / a new ~ of writers 新世代の作家たち / My ~ is worried about the worsening environment. 我々の世代は環境悪化を心配している.
2 C 一世代(子が成長し, 結婚し, 子を持つまでの約30年間): That style was in fashion a ~ ago. そのスタイルは一世代前に流行していた.
3 C (家族の)一代: The picture shows three ~s—Grandfather, Father and me. その写真には三世代–祖父と父と私が写っている / This jewel has been in my family for ~s. この宝石は代々わが家に伝わるものだ. 4 C 世代, 型, タイプ(機械などで同一時期に属するもの): fifth ~ computers 第5世代のコンピューター. 5 U (電気・熱などの)発生, 生成; [生] 生殖, 出産: the ~ of electricity by water power 水力発電.
from generátion to generátion [副] 代々.
generátion gàp 名 [the ~] 世代の断絶.
Generátion X /-éks/ 名 U X世代 《アメリカで1960年代半ばから70年代半ばに生まれた世代》.
Generátion Ý /-wáɪ/ 名 U Y世代《アメリカで1980年代から90年代にかけて生まれた世代》.
gen‧er‧a‧tive /dʒén(ə)rətɪv, -nəreɪ-/ -n(ə)rə-/ 形 生成する, 生み出す力のある; [生] 発生の; 生殖の.
génerative grámmar 名 C,U [言] 生成文法.
***gen‧er‧a‧tor** /dʒénəreɪtə/ -tə/ 名 (~s /-z/) C 1 発電機 (dynamo). 2 (考えなどを)生み出す人 (of).
***ge‧ner‧ic** /dʒənérɪk/ 形 1 [生] 属 (genus) の. 2 (格式) 一般的な, 総称的な; [主に米] (製品などが)商標登録をされていない, ノーブランドの: a ~ term 総括的な名称. 3 [文法] 総称的な. **-ner·i·cal·ly** /-kəli/ 副 属に関して; 一般[総称]的に.
genéric númber 名 U [文法] 総称数 (☞ generic use 文法 (1)).
genéric úse 名 U [文法] 総称的な用法.

文法 総称的用法

主に次の2つの場合にいう.
(1) 名詞が, 個々の物ではなくて, ある種属・種類全体を一般的に指して「…というもの」という意味を表わすのに用いられる用法をいう. こうした用法の名詞の数を総称数 (generic number) といい, それには総称単数と総称複数がある. (以下の例で言えば3が総称複数形で, 他は総称単数).

数えられる名詞 (C) の場合, 例えば「とら」一般について「とらはどうもう動物である」ということを表わすのに英語では普通3以外に次の言い方が可能である.
  1. *The* tiger is a fierce animal. (☞ the¹ 7)
  2. *A* tiger is a fierce animal. (☞ a² 3)
  3. *Tigers* are fierce animals.
この中で最も普通に使われるのは1で, 1はやや格式ばった

言い方である.
数えられない名詞 (U) の場合には無冠詞の単数形が総称的用法になる: I like *music*. (私は音楽が好きです) / *Butter* is expensive nowadays. (このごろバターは値段が high.)
(2) 人称代名詞の we, you, they および不定代名詞の one が, 人称・数の区別をこえて, 不特定の一般の人々を指すのに用いられる用法をいう. この場合の人称を総称人称 (generic person) という. 文法的にはそれぞれ本来の人称 (☞ person 文法) の扱いを受ける: *One* should love *one's* country. 人は自分の国を愛すべきである / *We* are not naturally bad. 人は生まれつき悪い人ではない / *You* never can tell. だれにもわからない / *They* say that he is in (the) hospital. 彼は入院しているそうだ.
以上の one, we, you, they がいずれも全く同じに用いられるわけではなく, 多少意味合いの違いがある. one は改まった感じで暗に話し手[著者]自身を指す場合が多く, we は自分をも含めた言い方なので多少けんそんした感じ, they は一人称・二人称が除外された言い方なので, うわさとか, あるいは場所的に限定された場合に用いられる.

***gen‧er‧os‧i‧ty** /dʒènərɑ́səti, -rɔ́s-/ 名 (-**·ties**) [形 génerous] 1 U 気前のよさ (to, toward). 2 U 寛大, 寛容, 雅量 (in). 3 C 寛大な[気前のよい]行為.
***gen‧er‧ous** /dʒén(ə)rəs/ 形 [名 gènerósity] 1 気前のよい, 物惜しみしない; 気前よくふるまう (☞ generate 単語の記憶): He is ~ *with* his money. <A+with+名·代> 彼は金を出し惜しみしない / She was very ~ *to* her guests. <A+to+名·代> 彼女は客に対してとても気前がよかった.
2 寛大な, 寛容な; 度量の大きい; 寛大にふるまう: He was usually ~ *in* judg*ing* the people around him. <A+in+動名> 彼は周囲の人を判断する時にたいてい寛大であった / *It* is very ~ *of* you *to* forgive him. 彼を許してあげるとは大変心が広いですね (☞ of 12). 3 豊富な (plentiful), (普通品が)大きい. 語源 ラテン語で「貴族の生まれの」の意 (☞ generate 単語の記憶).
~·ly 副 気前よく; 寛大に; 豊富に.
gen‧e‧sis /dʒénəsɪs/ 名 (複 **gen·e·ses** /-sìːz/) 1 [G-] [聖] 創世記《天地の創造を記した最初の1編; 略 Gen.》. 2 C [普通は the ~] (格式) 起源, 起こり (origin) (of).
géne-splíc·ing /-splàɪsɪŋ/ 名 U 遺伝子組み換え, 遺伝子接合.
géne thèrapy 名 U [医] 遺伝子治療.
ge‧net‧ic /dʒənétɪk/ 形 遺伝子の; 遺伝学的な: ~ diseases 遺伝病. **-i·cal·ly** /-kəli/ 副 遺伝子的に; 遺伝学的に: ~ transmitted diseases 遺伝病.
genétically módified [engineered] 形 (食品・作物などが)遺伝子組み換えの (☞ GM¹).
genétic códe 名 C [生] 遺伝暗号[情報].
genétic enginéering 名 U 遺伝子工学, 遺伝子操作.
genétic fíngerprint 名 C 遺伝子指紋 (DNA fingerprint).
genétic fínger·prìnt·ing /-prìntɪŋ/ 名 U DNA [遺伝子]鑑定(法).
ge‧net‧i‧cist /dʒənétəsɪst/ 名 C 遺伝学者.
***ge‧net‧ics** /dʒənétɪks/ 名 U 遺伝学.
genétic scréening 名 U 遺伝学的スクリーニング《予防のための個人の遺伝病の発見》.
Ge‧ne‧va /dʒəníːvə/ 名 1 ジュネーブ《スイス西部の都市; 国際赤十字社の本部がある》. 2 Lake ~ ジュネーブ湖《スイスとフランスの国境にある中央ヨーロッパ最大の湖》.
Genéva Convéntion 名 [the ~] ジュネーブ条

約 《戦時中の傷病兵・捕虜などの取り扱いを協定した条約》.

Gen·ghis Khan /dʒéŋgɪská:n, géŋ-/ [名] [固] チンギスハン, ジンギスカン(成吉思汗) (1162–1227)《モンゴルの王; アジアとヨーロッパ東部を征服した》.

ge·ni·al /dʒí:niəl/ [形] **1** 親切な, 優しい; 陽気で人付き合いのよい (*toward*). **2** (気候などが)温和な, 温暖な.

ge·ni·al·i·ty /dʒì:niǽləṭi/ [名] (-i·ties) **1** [U] 親切, 陽気, 愛想よさ; 温暖. **2** [C] 親切な行為.

ge·ni·al·ly /dʒí:niəli/ [副] 親切に, 陽気に.

ge·nie /dʒí:ni/ [名] (複 ~s, **ge·ni·i** /dʒí:niàɪ/) [C] = jinni.

+**gen·i·tal** /dʒénəṭl/ [名] [複数形で] 《格式》 生殖器; 外陰部. ── [形] [A] 生殖の, 生殖器の: the ~ organs 生殖器.

gen·i·ta·lia /dʒènətéɪljə/ 《ラテン語から》 [名] [複] 〘医〙 生殖器, 外陰部.

gen·i·tive /dʒénəṭɪv/ [形] 〘文法〙 属格の, 所有格の: the ~ case 属格, 所有格. ── [名] [C] [しばしば the ~] 〘文法〙 属格, 所有格.

gen·i·to·u·ri·nar·y /dʒènəṭoujʊ́(ə)rənèri | -jʊ́ərənəri, -jɔ́:r-/ [形] 〘医〙 泌尿生殖器の.

G

ge·nius** /dʒí:njəs, -niəs/ [T3] [名] (~·es /~ɪz/) **1** [C] 天才《人; ☞ generate [単語の記憶]》; 特殊な才能のある人: a **~ *in [*at*] mathematics 数学の天才 / 「You don't have to be a ~ [It doesn't take a ~] to see that the plan won't work. Ⓢ その計画がうまく行かないのは誰の目にも明らかだ.

2 [U] 天才《非凡な創造的才能》: a person of ~ 天才 / *G*~ is one percent inspiration and ninety-nine percent perspiration. 天才とは1パーセントの霊感と99パーセントの発汗である《米国の発明家エジソン (Edison) のことば》.

3 [a ~] [時に皮肉に] (…の)才能, 天分: Mary has *a* ~ *for* music [say*ing* the wrong thing]. メアリーには音楽の[まずいことをいう]天分がある. **4** [the ~] (土地・人などの)守り神 (*of*). **5** [the ~] 《格式》 (時代・国民・言語などの)特質, 神髄, 精神 (*of*).

one's évil [góod] génius [名] 人に付きまとう悪い[よい]霊; 悪い[よい]影響力を及ぼす人. **Yóu are a génius.** Ⓢ 感動した, すばらしい.

génius ló·ci /-lóusaɪ/ 《ラテン語から》 [名] [単数形で] [しばしば the ~] 《略式》 (土地の)気風, 雰囲気.

Gen·o·a /dʒénouə, dʒenóuə/ [名] [固] ジェノバ, ジェノア《イタリア北部の港市; ☞ jeans [語源]》.

gen·o·ci·dal /dʒènəsáɪdl←/ [形] 大量虐殺の.

+**gen·o·cide** /dʒénəsàɪd/ [名] [U] (人種・国民などの計画的な)大量虐殺, 皆殺し.

ge·nome /dʒí:noum/ [名] [C] 〘生〙 ゲノム《生物の生活維持に必要な最少限の遺伝子群を含む染色体の一組》.

ge·no·type /dʒí:nətàɪp, dʒén-/ [名] [C] 〘遺〙 遺伝子型.

***gen·re** /ʒá:nr(ə)/ 《フランス語から》 [名] (~s /~z/) **1** [C] 《格式》 (文学・芸術作品などの)形式, 様式, ジャンル; 種類, 類型: listen to different ~*s* of music 様々な音楽を聞く. **2** [U] 〘美〙 風俗画.

gent /dʒént/ [名] **1** [C] 《古風, 略式》 または [滑稽] 紳士 (gentleman). **2** [複数形で] ☞ gents.

+**gen·teel** /dʒentí:l/ [形] **1** 気取った, 上品ぶった: live in ~ poverty 貧乏なのに見栄(え)を張った生活をする. **2** 《古風》 生まれ[家柄]のよい, 上流の. **~·ly** /-tí:(l)li | -tí:lli/ [副] 上品ぶって.

gen·tian /dʒénʃən/ [名] [C] りんどう属の植物《山地に生える; その根から胃腸薬を採る》.

géntian víolet [名] [U] ゲンチアナバイオレット《染料; 火傷・虫刺されの消毒剤にもなる》.

gen·tile /dʒéntaɪl/ [名] [C] [しばしば G-] 異教徒《特にユダヤ人から見た非ユダヤ教徒; ☞ heathen》. ── [形] [A] [しばしば G-] 異教徒[非ユダヤ教徒]の.

gen·til·i·ty /dʒentíləṭi/ [名] [U] 《格式》 **1** [ほめて] 上流風, 上品な態度. **2** 良家の出, 上流階級の身分. **3** 上品ぶった態度.

***gen·tle** /dʒénṭl/ [形] (**gen·tler** /-tlə | -tlə/; **gen·tlest** /-tlɪst/)

> 元来は「名門に生まれた」の意《☞ generate [単語の記憶]》. それにふさわしく「おっとり優しい」ことから一般的に「優しい」**1**, 「穏やかな」**2** となった《☞ kind¹ 囲み》.

1 優しい, 親切な, 温和な; おとなしい, (動物などが)従順な; 優しくふるまう《☞ generate [単語の記憶]》: a ~ heart 優しい心 / He is **~ *with*** children. <A+*with*+名・代> 彼は子供たちに優しい.

2 穏やかな, 静かな; 緩(ゆる)やかな: a ~ wind 穏やかな風 / a ~ touch 軽く触れること / a ~ curve 緩やかなカーブ.

géntle·fòlk(s) [名] [複] 《古語》 良家の人たち.

****gen·tle·man** /dʒénṭlmən/ [名] (**-men** /-mən, -mèn/; [形] géntlemanly) [C] **1** [ほめて] 紳士, 立派な男: a perfect ~ 申し分のない紳士 / He is no ~. 彼が紳士だなんてとんでもない《☞ no [形] 2》/ I expect you to behave like a ~. あなたが紳士らしくふるまうことを期待します. [関連] lady 淑女.

> [語法] 英国では以前は家柄のよい, gentry に属する人, 地位・富のある人, 富と余暇のある教養人のことをいった. 今日では英米とも, 人格が立派で, いわゆる「紳士的な男性」に用いられる古風な響きの語.

2 《丁寧》 男性, 男の方, 殿方《man に対して用いられる敬語》: This ~ wants to talk to you. この(男の)方があなたとお話ししたいそうです. [関連] lady 女性. **3** Ⓢ 《米略式》 (上院・下院の)男性議員.

Géntlemen! 《格式》 (1) 皆さん, 諸君《男だけの聴衆に呼びかけることば; ☞ sir 1; Ladies and gentlemen! (lady 成句)》. (2) 拝啓, 謹啓《会社あての商用文などの書き出しに用いる》.

géntleman-at-árms [名] (複 **gentlemen-**) [C] 《英》 護衛武官《儀式のときの王[女王]の護衛》.

géntleman fármer [名] [C] 《英》 趣味で農業を営む上流人; (経営を人に任せる)農園主.

géntleman·ly [形] ([名] géntleman) 紳士的な.

géntleman's agréement [名] [C] 紳士協定《互いに相手を信頼してかわす口約束》.

***gen·tle·men** /dʒénṭlmən, -mèn/ [名] gentleman の複数形.

géntlemen's agréement [名] [C] =gentleman's agreement.

***gen·tle·ness** /dʒénṭlnəs/ [名] [U] 優しさ, 温和; 穏やかさ; 緩(ゆる)やかなこと: The dog's ~ made it a good companion for children. 犬はおとなしかったので子供たちのよい遊び相手となった.

géntle·wòman [名] (**-wom·en** /-wìmən/) [C] 《古語》 **1** 上流婦人, 貴婦人. **2** 《米》 (上院・下院の)女性議員.

***gent·ly** /dʒéntli/ [副] 穏やかに, 優しく, 静かに; 緩やかに: She spoke ~ to the children. 彼女は子供たちに優しく話しかけた. **Géntly dóes it!** Ⓢ 《英略式》 そっと[ゆっくり]やれ, あわてるな《☞ Easy does it. (easy [副] 成句)》.

gen·tri·fi·ca·tion /dʒèntrəfɪkéɪʃən/ [名] [U] (スラム街などの)高級住宅化.

gen·tri·fy /dʒéntrəfàɪ/ [動] (**-tri·fies**; **-tri·fied**; **-fy·ing**) [他] [普通は受身で] 〈…〉を高級住宅化させる; 上流化させる.

gen·try /dʒéntri/ 名 U [普通は the ~ として複数扱い] 1 《古風, 主に英》上流階級の人たち《全体》; 貴族階級 (nobility) の次の階級》: the landed ~ 地主階級.

gents /dʒénts/ 名 [複] [普通は the ~ として単数扱い] 《英略式》=men's room.

gen·u·flect /dʒénjuflèkt/ 動 自 《格式》(礼拝のため)片ひざ[両ひざ]を曲げる (*in front of*).

gen·u·flec·tion /dʒènjufkʃən/ 名 U.C 《格式》(礼拝のため)片ひざ[両ひざ]を曲げること.

*****gen·u·ine** /dʒénjuɪn/ 12 形 1 正真正銘の, 本物の《ロ real 類義語》《反 fake, false, imitation》《ロ generate 単語の記憶》: a ~ diamond 本物のダイヤモンド / ~ democracy 真の民主主義 / This is a ~ picture by Millet. これは正真正銘ミレーの絵だ. 2 心からの, 誠実な: a ~ friend 誠実な友 / ~ sympathy 心からの同情. **the génuine árticle** [名] 本物《人にも用いる》. 語源 ラテン語で「生まれつきの」の意.
—— 名 U 本物. **~·ly** 副 真に, 紛れもなく; 心から. **~·ness** 名 U 真実性; 誠実さ.

ge·nus /dʒíːnəs/ 名 (複 **gen·er·a** /dʒénərə/) C 《生》属 (ロ family 5); 《略式》種類, 部類 (kind).

Gen X /dʒénéks/ 名 U 《略式》=Generation X.

ge·o- /dʒíːou/ 接頭 「地球, 土地」の意: *geology* 地質学 / *geography* 地理学.

ge·o·cen·tric /dʒìːouséntrɪk/ 形 地球を中心とした; 地球の中心から見た[測った].

ge·o·chem·is·try /dʒìːoukémɪstri/ 名 U 地球化学《地球の化学的研究》.

ge·ode /dʒíːoud/ 名 C 《地》晶洞, がま, ジオード.

ge·o·des·ic /dʒìːədésɪk/ 形 測地帯の. —— 名 C 《数》測地線《曲面上の 2 点を結ぶ最短曲線》.

géodesic dóme 名 C 《建》ジオデシックドーム《測地線に沿って直線構造物を連結した軽量なドーム》.

Geoff /dʒéf/ 名 圖 ジェフ《男性の名; Geoffrey の愛称》.

Geof·frey /dʒéfri/ 名 圖 ジェフリー《男性の名》.

ge·og·ra·pher /dʒiágrəfə | -ɔ́grəfə/ 名 C 地理学者.

*****ge·o·graph·i·cal** /dʒìːəgrǽfɪk(ə)l/, **-ic** /-fɪk/ 形 (名 *geógraphy*) A 地理学(上)の, 地理(学)的な: the ~ features of the area その地域の地理的特徴. **-cal·ly** /-kəli/ 副 地理(学)的に.

*****ge·og·ra·phy** /dʒiágrəfi | -ɔ́g-/ 12 名 (形 **gèográphic**(*al*)) 1 U 地理学, 地理: human ~ 人文地理学 / physical ~ 自然地理学. 2 [the ~] (ある場所の)地理, 地勢, 地形; 《略式》(建物内などの)配置, 間取り: the ~ of the campus 構内の様子, キャンパスの地理. 語源 ロ geo-, -graphy.

†**ge·o·log·i·cal** /dʒìːəládʒɪk(ə)l | -lɔ́dʒ-/, **-ic** /-dʒɪk/ 形 A 地質学の. **-cal·ly** /-kəli/ 副 地質学上(に).

ge·ol·o·gist /dʒiálədʒɪst | -ɔ́l-/ 名 C 地質学者.

†**ge·ol·o·gy** /dʒiálədʒi | -ɔ́l-/ 名 U 地質学; 地質.

gèo·magnétic 形 地磁気の.

*****ge·o·met·ric** /dʒìːəmétrɪk/, **-ri·cal** /-k(ə)l/ 形 1 幾何学の. 2 幾何学的な: a ~ pattern 幾何学模様. **-cal·ly** /-kəli/ 副 幾何学的に.

géometric méan 名 C 《数》相乗[幾何]平均.

géometric progréssion 名 C 《数》等比数列.

†**ge·om·e·try** /dʒiámɪtri | -ɔ́m-/ 名 U 幾何学; 幾何図形的配列: plane [solid] ~ 平面[立体]幾何学. 関連 mathematics 数学 / arithmetic 算数 / algebra 代数. 語源 ロ geo-, -metry.

gèo·phýsical 形 地球物理学の.

gèo·phýsicist 名 C 地球物理学者.

gèo·phýsics 名 U 地球物理学.

gèo·polítical 形 地政学の.

gèo·polítics 名 U 地政学《地理的条件と政治現象との関係を研究する学問》.

Geor·die /dʒɔ́ədi | dʒɔ́ː-/ 名 C 英国タインサイド (Tyneside) 出身者[住民]; U タインサイド方言.

George /dʒɔ́ədʒ | dʒɔ́ːdʒ/ 名 圖 1 ジョージ《男性の名》. 2 St. ~ ロ St. George. 3 ~ II /-ðəsékənd/ (ロ ordinal number 文法 (3)) ジョージ二世 (1683–1760)《英国王 (1727–60); ロ America 表 Georgia》. 4 ~ III /-ðəθɔ́ːd | -ðɔ́ː-/ ジョージ三世 (1738–1820)《英国王 (1760–1820)》. 5 ~ V /-ðəfífθ/ ジョージ五世 (1865–1936)《英国王 (1910–36)》. **By Géorge!** 《古風》《S》本当に! まったく!《驚き・賛成・新しい発見などを表す》.

Géorge Cróss 名 [the ~]《英》ジョージ十字勲章《きわめて勇敢な行為の民間人に与えられる, 略 GC》.

Géorge Médal 名 [the ~]《英》ジョージ勲章《勇敢な行為に与えられるが George Cross ほど大きな名誉ではない; 略 GM》.

George·town /dʒɔ́ədʒtaun | dʒɔ́ː-/ 名 圖 ジョージタウン 1 米国の首都ワシントン (D.C.) の住宅地. 2 ガイアナ (Guyana) の首都. 3 カリブ海北部 Cayman Islands の中心をなす港町.

geor·gette /dʒɔədʒét | dʒɔː-/ 名 U ジョーゼット《薄地の絹のクレープ》.

Geor·gia¹ /dʒɔ́ədʒə | dʒɔ́ː-/ 名 圖 ジョージア《米国南東部の州; 略 Ga., 〖郵〗GA; ロ America 表, 表地図 H 4》.

Geor·gia² /dʒɔ́ədʒə | dʒɔ́ː-/ 名 圖 ジョージア《女性の名》.

Geor·gia³ /dʒɔ́ədʒə | dʒɔ́ː-/ 名 圖 グルジア《黒海とカスピ海の間にある共和国》.

Geor·gian¹ /dʒɔ́ədʒən | dʒɔ́ː-/ 形 ジョージア州(人)の. —— 名 C ジョージア州人.

Geor·gian² /dʒɔ́ədʒən | dʒɔ́ː-/ 形 1 ジョージ五世時代の《20 世紀初期の英国の文芸様式》. 2 ジョージ一, 二, 三世時代の《18 世紀の英国の建築・美術様式》.

Geor·gian³ /dʒɔ́ədʒən | dʒɔ́ː-/ 名 C グルジア人; U グルジア語. —— 形 グルジア(人[語])の.

gè·o·stá·tion·ar·y /dʒìːoustéɪʃənèri | -ʃ(ə)nəri/, **ge·o·syn·chro·nous** /dʒìːousíŋkrənəs/ 形 (人工衛星が)地球から見て静止状態の: a ~ satellite 静止衛星.

ge·o·ther·mal /dʒìːouθɔ́ːm(ə)l | -θɔ́ː-/ 形 地熱の: a ~ plant 地熱発電所.

ger. =gerund.

Ger. =German, Germany.

Ger·ald /dʒérəld/ 名 圖 ジェラルド《男性の名; 愛称は Jerry》.

ge·ra·ni·um /dʒəréɪniəm/ 名 C ゼラニウム.

†**ger·be·ra** /gə́ːbərə, dʒə́ː- | dʒə́ː-, ɡə́ː-/ 名 C ガーベラ《きく科の多年草》.

ger·bil /dʒə́ːb(ə)l | dʒə́ː-/ 名 C あれちねずみ.

†**ger·i·at·ric** /dʒèriǽtrɪk/ 形 1 A 老年医学の. 2《略式》《軽蔑》老人の, 年寄りの.

ger·i·a·tri·cian /dʒèriətríʃən/ 名 C 老人病医.

ger·i·at·rics /dʒèriǽtrɪks/ 名 U 老人医学.

geriátric wárd 名 C 老人病棟.

*****germ** /dʒə́ːm | dʒə́ːm/ 13 名 1 C ばい菌; 細菌, 病原菌. 2 [the ~] 芽生え, 始まり; 根源: the ~ of war 戦争の源. 3 C 《生》胚種(はいしゅ), 胚芽.

*****Ger·man** /dʒə́ːmən | dʒə́ː-/ 名 形 Gérmany) 1 ドイツの; ドイツ人の, ドイツ系の; ドイツ製の(略 G, Ger.): a ~ flag ドイツの旗 / ~ food ドイツ料理 / My car is ~. 私の車はドイツ製だ / His wife is ~. 彼の奥さんはドイツ(系)人だ. 2 ~ language ドイツ語の. —— 名 (~s /~z/) 1 C ドイツ人, ドイツ系人: Many ~s live in this town. この町には大勢のドイツ(系)人が

German Democratic Republic

住んでいる. **2** [the ~s] ドイツ人《全体》, ドイツ国民《☞ the¹ 5 語法》: *The ~s are industrious.* ドイツ人は勤勉だ. **3** Ⓤ ドイツ語《略 G, Ger.》: *My brother studies ~ in college.* 私の兄は大学でドイツ語の勉強をしている.

Gérman Democrátic Repúblic 名 圉 [the ~] ドイツ民主共和国《旧東ドイツの公式名》.

ger·mane /dʒəméɪn | dʒɜ́ː-/ 形《格式》《考え・発言などが》密接な関係のある, 適切な 《to》.

Gérman Émpire 名 圉 [the ~] ドイツ帝国《1871年ビスマルクにより成立; 第一次大戦後解体》.

Ger·man·ic /dʒə(ː)mǽnɪk | dʒɜ́ː-/ 形 **1**《様式・行動などが》ドイツ(人)的な. **2** ゲルマン語の; ゲルマン民族の: ~ languages ゲルマン諸語《英語・ドイツ語・オランダ語など》. ― 名 Ⓤ ゲルマン語《略 Gmc》.

Ger·man·is·m /dʒə́ːməniːzm | dʒɜ́ː-/ 名 Ⓤ **1** ドイツ精神[魂], ドイツ人気質(かたぎ). **2** ドイツびいき.

Ger·man·ist /dʒə́ːmənɪst | dʒɜ́ː-/ 名 Ⓒ ドイツ[文学, 文化]研究者[学者]; ドイツ主義者.

ger·ma·ni·um /dʒə(ː)méɪniəm | dʒɜ́ː-/ 名 Ⓤ ゲルマニウム《元素記号 Ge》.

Ger·man·ize /dʒə́ːmənaɪz | dʒɜ́ː-/ 動 他 自 ドイツ風にする[なる], ドイツ化する.

Gérman méasles 名 Ⓤ 風疹(ふうしん) (rubella).

Gérman shépherd 名 Ⓒ《主に米》《ジャーマン》シェパード《警察犬などに用いる; ☞ dog 挿絵》《英》Alsatian》.

☆Ger·ma·ny /dʒə́ːm(ə)ni | dʒɜ́ː-/《派 形 Gérman》名 圉 ドイツ《ヨーロッパ中北部の国; 正式名 Federal Republic of Germany; 1949年東西に分裂, 90年統一; 首都 Berlin; 略 Ger.》.

gérm cèll 名 Ⓒ《生》生殖細胞, 胚細胞.

ger·mi·ci·dal /dʒə̀ːməsáɪdl | dʒɜ̀ː-/ 形 殺菌(性)の.

ger·mi·cide /dʒə́ːməsaɪd | dʒɜ́ː-/ 名 Ⓒ Ⓤ 殺菌剤.

ger·mi·nal /dʒə́ːmən(ə)l | dʒɜ́ː-/ 形《格式》《発達の》初期段階の; 生殖細胞[胚細胞]の.

†ger·mi·nate /dʒə́ːmənèɪt | dʒɜ́ː-/ 動《生》《種が》芽を出す, 《植物が》生長し始める; 《格式》《考え・感情などが》芽ばえる. ― 他《生》《種に》芽を出させる, 《植物を》生長させる; 《格式》《考えなどを》芽ばえさせる.

ger·mi·na·tion /dʒə̀ːmənéɪʃən | dʒɜ̀ː-/ 名 Ⓤ《生》芽を出すこと, 発芽; 《格式》《考えなどが》萌芽(ほうが).

gérm wárfare 名 Ⓤ 細菌戦.

Ge·ron·i·mo /dʒəránəmòu | -rɒ́n-/ 名 圉 ジェロニモ《1829-1909》《北米先住民族のアパッチ族の長》.

― 感 ウォーッ《落下傘部隊員が飛び降りる時の掛け声; 子供が高い所から飛び降りる時に真似をする》.

ger·on·toc·ra·cy /dʒèrəntákrəsi | -rɔ́ntək-/ 名 **1** Ⓤ 老人支配(政治). **2** Ⓒ 老人支配国家.

ge·ron·to·log·i·cal /dʒərɑ̀ntəládʒɪk(ə)l | -rɔ̀ntəlɔ́dʒ-/ 形 老年学の.

ger·on·tol·o·gist /dʒèrəntálədʒɪst | -rɔ́nt-/ 名 Ⓒ 老年学者.

ger·on·tol·o·gy /dʒèrəntálədʒi | -rɔ́nt-/ 名 Ⓤ 老年学; 老化現象の研究.

ger·ry·man·der /dʒérɪmæ̀ndə, gér- | -də/ 動 (-der·ing /-dərɪŋ, -drɪŋ/)《政》《軽蔑》他 選挙区を自党に有利に改める. ― 自 選挙区を自党に有利に改める. 《由来》19世紀の Massachusetts 州知事 Gerry /géri/ が自党に有利に改変した選挙区の形が salamander に似ていたので《☞ salamander 挿絵》.

ger·ry·man·der·ing /dʒérɪmæ̀ndərɪŋ, -drɪŋ- | dʒér- | -də-/ 名 Ⓤ ゲリマンダー《自党に有利な選挙区改定》.

Gersh·win /gə́ːʃwɪn | gə́ː-/ 名 圉 George ~ ガーシュウィン (1898-1937)《米国の作曲家》.

Ger·trude /gə́ːtruːd | gə́ː-/ 名 圉 ガートルード《女性の名》.

ger·und /dʒérənd/ 名 Ⓒ《文法》動名詞《☞ -ing² 文法》《略 ger.》.

ge·run·di·al phráse /dʒəríndiəl-/ 名 Ⓒ《文法》動名詞句《☞ phrase 文法 (1) (iv)》.

ge·sell·schaft /gəzélʃɑːft/《ドイツ語から》名 (複 ~s, -schaf·ten /-fɑːʃtən/) Ⓒ [しばしば G-] 利益社会, ゼルシャフト《諸個人間の人為的な結合を特徴とする合理的・機械的な社会関係(に基づく集団)》.

ge·stalt /gəʃtɑ́ːlt | -ʃtǽlt/ 名 Ⓒ《心》ゲシュタルト《部分の寄せ集めでなく, 全体としてまとまった構造》.

Gestált psychólogy 名 Ⓤ ゲシュタルト[形態]心理学《個々の部分の全体として認識を重視》.

Ge·sta·po /gəstɑ́ːpou | -ǽ-/《ドイツ語から》名 圉 [the ~ として単数または複数扱い] ゲシュタポ《ナチスドイツの秘密国家警察》; Ⓒ [g-] (一般に)秘密警察. ― 形 Ⓐ 秘密警察の.

ges·ta·tion /dʒestéɪʃən/ 名 **1** Ⓤ《医》妊娠. **2** [単数形で]《医》妊娠期間. **3** Ⓤ《格式》《計画などの》準備期間[過程].

gestátion pèriod 名 [単数形で] =gestation 2.

ges·tic·u·late /dʒestíkjulèɪt/ 動《格式》《興奮してまたは適切な言葉が見つからず》身ぶりで表わす[話す].

ges·tic·u·la·tion /dʒestìkjuléɪʃən/ 名《格式》身ぶりで表わすこと, 身ぶり.

☆ges·ture /dʒéstʃə | -tʃə/ 名 (~s /-z/) **1** Ⓒ Ⓤ (自分の気持ちを示す)身ぶり, 手まね; (演劇の)しぐさ《☞ charade》: *He made a beckoning ~.* / *She raised her hand in a ~ of farewell.* 彼女は手をあげて別れの気持ちを示した《☞ good-bye 挿絵》. **2** Ⓒ (気持ちなどの)印, 意志表示: *I invited Mr. Hill as a ~ of friendship.* 私は友情の印にヒルさんを招待した. **3** Ⓒ (心にもない)そぶり, ジェスチャー; 外交辞令: *It was only a ~; he didn't really help me.* それは単なるジェスチャーで彼は私を助けてはくれなかった.

by gésture 副 身ぶりで, 手まねで.

― 動 (ges·tur·ing /-tʃərɪŋ/) 自 身ぶり[手ぶり]をする: *She ~d for* [*to*] *me to keep quiet.* 彼女は私に静かにしているようにと身ぶりで合図した. ― 他 《人に》身ぶり[手ぶり]で表わす 《to》; 《人》に身ぶりで指図する: *She ~d me over* [*to the window*]. 彼女は身ぶりでこっちへ[窓の所に]来いと私を呼んだ.

ge·sund·heit /gəzúnthaɪt, -zúnt-/《ドイツ語から》感《米》お大事に《くしゃみをした人に対して; ☞ sneeze 参考》.

☆get /gét/ 動 (gets /géts/; 過去 got /gát | gɔ́t/; 過分 got, 《米》ではまた got·ten /gátn | gɔ́tn/; get·ting /-tɪŋ/) ★「持つ」の意味の have ['ve] got については ☞ have got の項目, また「…しなければならない」の意味の have ['ve] got to … については ☞ have got to の項目.

――リスニング――

get の後に母音で始まる語が続くと, その母音と語末の /t/ とが結合して「タ」行《米》ではまた「ラ」行》のつづり字と発音解説 44 注記》の音のように聞こえる. get off /gétɔ́ːf/「ゲトーフ」《米》ではまた「ゲローフ」》のように, get out of it /gètəṭəvɪ́t/ は「ゲタウタヴィト」《米》ではまた「ゲラウラヴィト」》のように聞こえる.「ゲット・オーフ」,「ゲット・アウト・オヴ・イット」とは発音しない.

基本的には「手に入れる」の意.
他 ① 受ける, 得る; つかまえる	1, 2, 3, 8
② 取ってくる; 持って行く	4, 10
③ (被害を)受ける	5
④ …を―にする; …を―させる	6, 7

	⑤ …がわかる	9
[自]	① …になる，…するようになる	1, 4
	② 着く	2
	③ …される	3

— [他] [普通は受身なし] **1** 〈…〉を**受ける，受け取る**，もらう (receive); 〈ある行為〉をしてもらう (☞ [他] 5): She ～*s* music lessons twice a week at her school. 彼女は週 2 度学校で音楽の授業を受ける / I ***got*** a letter ***from*** my aunt. <V+O+*from*+名・代> おばから手紙をもらった / I *got* a call *from* Meg this morning. けさメグから電話があった / I wrote to her, but *got* no reply. 彼女に手紙を書いたが返事が来なかった.

2 〈…〉を**買う**，(金を払って)手に入れる (*for*) (buy), 〈人に〉〈…〉を買ってやる; 〈新聞〉を定期購読する，とる: I *got* a new hat at the department store. デパートで新しい帽子を買った / *G～* stamps at the vending machine over there. 切手はあちらの自動販売機で買ってください / [言い換え] *G～* me a Coke. <V+O+O> =***G～*** a Coke ***for*** me. <V+O+*for*+名・代> コーラを買ってよ (☞ for [前] A 1 [語法]).

3 〈…〉を**得る，手に入れる**，かせぐ (☞ 類義語); 〈考え・印象・感情など〉を持つようになる; 〈雨・雪・晴天など〉になる [見舞われる]: How did you ～ the money? どうやってそのお金を手に入れたんだ / He *got* (the) first prize in the race. 彼はそのレースで 1 等賞を得た (☞ prize[1] [語法]) / You will ～ the chance to see him at the party. そのパーティーに行けば彼に会うチャンスがあるでしょう / I *got* an "A" in math. 私は数学で A をとった / When you add three and nine, you ～ twelve. 3 と 9 を足すと 12 となる / I *got* the feeling that something was wrong. 私は何か変だという印象を持った / The Kanto district will be *get*ting rain this weekend. 関東地方はこの週末雨になるでしょう.

4 〈…〉を**取ってくる，持って[連れて]くる** (bring), 〈人に〉〈…〉を持って[取って]来てやる: [言い換え] ***G～*** a chair ***for*** me. <V+O+*for*+名・代> =G～ me a chair. <V+O+O> いすを持ってきてください (☞ for [前] A 1 [語法]) / She has to go and ～ her child from school. 彼女は子供を学校に迎えに行かなければならない.

5 〈病気〉にかかる; 〈罰・傷・損害など〉を受ける; 〈ある行為〉をされる (☞ [他] 1; give [他] 10 [語法] (2)): I've *got* a bad cold. ひどいかぜをひいた / ～ a year (in prison) ***for*** robbery 強盗で 1 年の刑を受ける / ～ a bad cut on the back 背中にひどい傷を受ける / ～ a good scolding for being late 遅れてたっぷりしかられる.

> [コーパスキーワード]
> 「**get+動作名詞**」**のいろいろ** (☞ corpus)
> (1) <得る，(うまく)…する; …してもらう (☞ [他] 1)>: **gèt a glímpse of …** …をちらりと見る / **gèt a góod lóok (at …)** (…を)よく見る / **gèt a góod stárt** よいスタートを切る / **gèt some [a líttle] rést [sléep]** (少し)休む[眠る] / **gèt a (phýsical) chéckup** (身体の)検査をしてもらう / **gèt a ríde [líft]** 乗せてもらう / **gèt a sháve** ひげをそってもらう.
> (2) <受ける; …される (☞ [他] 5)>: **gèt a shóck [surpríse]** ショックを受ける[驚かされる] / **gèt a spánking** 尻をたたかれる / **gèt a whípping** むちで打たれる.

6 /gèt/ [補語を伴って] 〈…〉を(ある状態に)する; [過去分詞を伴って] 〈必要なこと〉をしてしまう: She is *getting* breakfast ready. <V+O+C (形)> 彼女は朝食のしたくをしている / Don't ～ your hands dirty. 手を汚してはいけない / Can you ～ the clock ***going*** again? <V+O+C (現分)> 時計をまた動かすことができますか / Can you ～ your work ***finished*** by noon? <V+O+C (過分)> 正午までに仕事を終えられますか.

7 /gèt/ [過去分詞を伴って] 〈…〉を—させる[—してもらう] (☞ [他] 6, 12); [to 不定詞を伴って] 〈…〉に—させる[—してもらう] (☞ causative verb [文法]): / I'll ～ the children ***dressed***. <V+O+C (過分)> 子供たちに服を着せます / I must ～ my hair *cut*. 髪を刈ってもらわなくちゃ / Let's ～ her ***to*** try the new dish. <V+O+C (*to* 不定詞)> 彼女にその新しい料理をやらせてみよう.

8 〈…〉を**つかまえる，捕らえる，つかむ** (catch); (電話などで) 〈人〉と**連絡をつける**，〈放送局など〉を受信する; 〈電車など〉に乗る; Ⓢ 〈電話など〉に出る，応答する (answer): ～ a thief どろぼうを捕らえる / *G～* your sister on the phone. お姉さんを電話に出して / *G～* ***me*** extension 301, please. <V+O+O> 内線 301 につないでください / We can't ～ Channel 12. 12 チャンネルは入りません / Can you ～ Sydney on that radio? そのラジオでシドニーの放送が聴けますか / ～ the last train 最終電車に乗る.

9 《略式》 〈…〉が**わかる** (*wh* 節) (understand) (☞ know 類義語); 聞き取る (catch): I've *got* you [it]. わかった (☞ get it (成句)) / I'm sorry, I didn't ～ your name. すみませんがお名前が聞き取れませんでした.

10 [副詞[句]を伴って] 〈…〉を**持って[連れて]行く，動かす，運ぶ**: ***G～*** all the chairs ***upstairs***. <V+O+副> いすをみんな 2 階に運びなさい / How can I ～ this parcel *home*? この包みはどうやったら家に持って帰れるだろうか / ***G～*** your car ***into*** the garage. <V+O+前+名・代> 車を車庫へ入れなさい / She *got* her baby *to* bed. 彼女は赤ん坊を寝かしつけた.

11 [進行形なし] 《略式》 〈人〉をやっつける，殺す (kill), 〈人〉に傷を負わせる; 〈人〉に仕返しをする (*for*); 参らせる，(議論などで)負かす; 〈人〉をかつぐ，びっくりさせる; 悩ます，いら立たせる; 感動させる，魅惑する: This puzzle has *got* me. このパズルには弱った / You've *got* me there! Ⓢ わかんない，降参だ，こりゃ一本とられたな / He is out to ～ me. 彼はどうしても私をこらしめるつもりでいるんだ / It (really) ～*s* me the way she talks to me. Ⓢ 彼女の口のきき方には(まったく)頭にくる / I *got* him good. Ⓢ 彼をうまくかついでやった.

12 /gèt/ [過去分詞を伴って] 〈…〉を—される (☞ 7): He had a fight and *got* his arm *broken*. 彼はけんかをして腕を折られた. ★ 次の文と比較: He fell down and *broke* his arm. 彼は転んで腕を折った // We *got* our roof *blown* off in the gale last night. 昨夜の強風で家の屋根が吹き飛ばされた.

13 〈人の〉〈食事〉のしたくをする (prepare); 食べる (have): [言い換え] He *got* the children their breakfast this morning. =He *got* breakfast *for* the children this morning. けさ彼は子供たちの朝食のしたくをした.

14 《略式》 〈…〉を打つ，〈…〉に当たる[当てる]; 〈…〉で影響を受ける[痛む]: He *got* the fox *on* [*in*] the leg with a rock. 彼はきつねの脚に石を当てた.

15 〈…〉の代金を払う，〈…代〉を出す: That's all right. I'll ～ it. いいよ，私が払うから.

— [自] **1** (ある状態に)**なる** (become): Don't ～ angry. <V+C (形)> 怒るな / It was raining hard and I *got* wet. 激しく雨が降っていて私はぬれてしまった / It's *getting* warmer. だんだん暖かくなってきている / I hope you'll ～ well soon. 早くよくなるように祈ります / He *got* badly *drunk*. <V+C (過分)> 彼はひどく酔った / They *got married*. 彼らは結婚した.

2 [副詞(句)を伴って] (場所に) **着く**，行く，(地位などに)達する (☞ get to … (句動詞)); (ある距離を)移動する; (仕事などが…まで)進む: You'll ～ there by three o'clock. 3 時までにはそこへ着きますよ / We *got* home at six. 私たちは 6 時に家に帰った / I *got* halfway along the road when I realized I had left my camera behind. 私は半分くらい行って[来て]からカメラを忘れたことに気がついた / How far did you ～ ***with*** your work? <V+*with*+名・代> 仕事はどの程度進みましたか / How far have you *gotten* [《英》 *got*] *with* your

G

724 get

homework? Ⓢ 宿題はどこまで進んだの. 語法「移動する」の意で, しばしば about, across, in, out, through などの前置詞・副詞を伴って用いられる. この辞書ではこの種の結合は成句または句動詞として各々別個に扱っている.

3 [過去分詞とともに] **…される:** The naughty child *got scolded* [*punished*]. その悪童はしかられた[罰せられた].

語法 受身の助動詞 be のように用いるが, be よりも get による受身のほうがくだけた感じ. 疑問文・否定文では一般動詞と同じ扱い (☞ be² B 文法 (1) ★).

4 [to 不定詞とともに] (…)**するようになる** (☞ come 7); (機会があってまたは許されてうまく)**…できる, …する(ことが認められる), …する機会がある:** You will soon ~ *to* like him. あなたはじきに彼が好きになるでしょう / When did you ~ *to* know him? 彼とはいつ知り合いになりましたか / He's *getting to* be a naughty boy. 彼はいたずらっ子になってきた / I ~ *to* see Paris now that I have won the lottery. 宝くじに当たったのでパリ見物ができる / She never ~*s to* use the new computer. 彼女は新しいコンピューターを使わせてもらえない. **5** [現在分詞とともに] …し始める (begin): 金類 "Let's ~ *going*?" "Yes, let's." 「さあ出かけ[始め]ましょうか」「ええ, そうしましょう」 語法 後に続く現在分詞は普通は going と moving. **6** (時刻に)なる (to); (時間に)近づく (toward).

gèt ahéad (of…) ☞ ahead 成句. **gèt… dóne** [動] 他 (1) 《必要なこと》をしてしまう, 仕上げる (☞ 他 7). I must ~ this work *done* by this evening. 私はこの仕事をきょうの夕方までにやってしまわなければならない. (2) 《人に》…をしてもらう (☞ 他 7). **gèt dóne with…** [動] 他《略式》…を済ます, 片付ける (☞ 自 5). **gèt góing** [動] 自 出かける; 《物事を》始める (☞ 自 5). **gèt… góing** [動] 他 《…を》動き出させる, 始動させる; 《人に》《話などを》始めさせる (☞ 他 6). **gèt it** [動] 自 (1) 理解する, わかる; わかる［耳を］貸す: a joke. G~ *it*? それはジョークだ. わかるね. (2) (推測などが)当たる, (クイズなどの答えが)正解だ: You've got *it*. その通り. (3) [ʻI'll get *it*として] (かかってきた電話に)私が出ます. (4) 罰を受ける, しかられる (*for*). **gèt thére** [動] 自 Ⓢ 《略式》(努力して)目的を達する, 成功する, うまくいく[やる]; [進行形で] うまくつきつつある. **gèt thís** [挿入的に] 《驚くことを言う前置きとして》なんと, 聞いてくれよ. **gèt to dó** [動] ☞ 4. **gèt to dóing** [動] 《略式》(徐々に)…するようになる: After my grandmother died, I *got to* think*ing* about something she once said. 祖母が死んでから, 私は祖母が昔話したことを考えるようになった. **gèt to the stáge [póint] where…** [動] [進行形で] (悪い状態)に達する: Things are *getting to the stage where* we can no longer overlook the problem. もうその問題は無視できない状態に来ている. **Gét you [him, her, them]!** [感] Ⓢ 《俗》《滑稽》(偉ぶる人などについて)は大変結構なことで, あきれれね. **gèt what's cóming to** one [動] 自 《略式》当然の報いを受ける (☞ on e² 3 語法 (4)). **gèt whàt fór** [動] 自 《英略式》しかられる, お目玉をくらう. **gèt with ít** [動] 自 時代に遅れずについて行く. **have['ve] gót** ☞ have got の項目. **have['ve] gòt to dó** ☞ have got to の項目. **You [Wé] gèt…** Ⓢ 《略式》…がある[いる] (There is [are] …): Nowadays *you* ~ a lot of children reading science fiction. 最近 SF を読む子が多い.

get の句動詞

gèt abóut [動] 自 **1** 歩き回る (go about), 動き回る; (あちこち)旅行する. **2** 《英》(うわさなどが)広まる.

*gèt acróss [動] 自 **1** 渡る: The bridge had been destroyed, so we could not ~ *across*. 橋が壊されていたので私たちは渡れなかった. **2** (発言などが)伝わる; 考え[話]を(相手に)わからせる (*to*).
— 他 [受身なし] 《考え・言いたいこと》を**理解させる,** 伝える <V+名・代+*across*>: He could not ~ his joke *across to* his students. 彼は学生に冗談を理解させることができなかった.
2 《…》を**渡らせる** <V+名・代+*across*>: He *got* the bicycle *across* with difficulty. 彼は自転車を苦労して向こう側へ運んだ.

*gèt acróss… [動] 他 《橋など》を渡る, 横切る; 《国境など》を越える: They managed to ~ *across* the river. 彼らは何とか川を渡ることができた.

gèt… acróss— [動] 他 《…に》《橋など》を渡らせる.
*gèt áfter… [動] 自 **1** 《略式》…を責める, しかる; (早く…してくれと)…にせがむ: My mother is always *getting after* me *for* my mistakes. 母はいつも私の間違いを責めているがみがみ言った. She *got after* her husband *to* tie up the old newspapers. 彼女は夫に早く古新聞を縛ってくれとがみがみ言った. **2** …の後を追う.

*gèt alóng [動] 自 **1 暮らしていく,** やっていく: How are you *getting along*? いかがお暮らしですか / Can we ~ *along on* such a small salary? こんな安い給料でやっていけるだろうか / I can't ~ *along with* this new computer. この新しいコンピューターは使い勝手が悪い[うまく使いこなせない].
2 仲よくやっていく, (うまく)**折り合っていく:** Do you think your father and I can ~ *along together* [*with* each other]? あなたのお父さんと私がいっしょにお互いにうまくやっていけると思いますか
3 先へ進む, 進歩する, (仕事などが)はかどる; (仕事を)進める (*with, in*): How are you *getting along with* your studies? 研究の進み具合はいかがですか. **4** [しばしば進行形で] Ⓢ 去る, 出発する: I'd better ~ [*be getting*] *along* now. もう行かないと. **gèt alóng (wéll) withòut…** [動] 他 …の助けなしでも(うまく)やっていける. **Gèt alóng (with you)!** 《英略式》 (1) 行っちまえ, うせろ. (2) 冗談でしょ, まさか.

*gèt aróund [動] 自 **1** 歩き回る, 動き回る, (社交的に)あちこちに出歩く; よく旅行する; Ⓢ 多くの人と性的関係を持つ, 遊びまくる: I'm old and can't ~ *around* much. 私は年であまり歩き回れない.
2 (うわさなどが)広まる: It *got around* that the president was ill. 社長が病気だという話が広まった.

gèt aróund to… [動] …する機会[ひま]ができる; (やっと)…に取りかかる (受身 be gotten [got] around to): I finally *got around to* writ*ing* to my parents. やっと両親に手紙を書いた.

*gèt aróund… [動] 他 **1** (困難など)に打ち勝つ, 対処する; (法律・税金など)をうまく逃れる, (事実)を言い逃れる: He couldn't find any way of *getting around* his problems. 彼は問題を乗り越える方法を見つけられなかった / You can't ~ *around* the fact that you lied. あなたは嘘をついたという事実を逃れられない.
2 (人)を説得して考えを変えさせる, (人)を丸めこむ.
3 …の周りに集まる; …を回って行く.

*gèt at… [動] 他 **1** (手を伸ばすなどして)…に届く, …を手に入れる; …に取りかかる (受身 be got at): Put this medicine where small children can't ~ *at* it. この薬は小さい子供の(手)が届かない所に置いてね.
2 …を突き止める; …を解明する (受身 be got at): We found it hard to ~ *at* the truth of the matter. 私たちはそのことの真相を突き止めるのに手間どった.
3 《略式》…を暗示する, ほのめかす. 語法 主に次の形で用いる: What *are* you *getting at*? 何が言いたいんだ, (それは)どういう意味だ. **4** [普通は進行形で] 《英略式》

…をからかう; …を非難する. **5** [しばしば受身で] 《略式》(人)を買収する.

gèt awáy 【動】《名》gétawàuy 〖自〗 **1 逃げる**, 逃走する; (旧習などから)抜け出す: Have the thieves *gotten away*? 泥棒たちは逃げてしまったのか / I couldn't ~ *away from* the party. パーティーから抜け出せなかった.

2 立ち去る, 離れる(ことができる): He couldn't ~ *away (from* the office) at five. 彼は5時に(会社を)出ることができなかった. **3** 《略式》休暇をとる: I want to ~ *away from* work. 仕事を離れて休みたい.

— 〖他〗(…から)〈…〉を**奪い取る**, 取り去る; 引き離す 〈V+名・代+*away*〉: How can we ~ the ball *away from* the dog? どうすれば犬からボールを取り戻せるかな.

Gèt awáy (with you)! 〖S〗《略式》(1) あっちへ行け, うせろ. (2)《英》冗談だろ, まさか.

gèt awáy from … 【動】〖他〗(事実など)から逃れる, …を避ける[認めない]; (本筋など)からそれる: There's *no getting away from* it. それは否定できない.

gèt awáy from it àll 【動】〖自〗《略式》(休暇を取ったりして)日常生活のわずらわしさから逃れる.

gèt awáy with … 【動】〖他〗 (1) **…を持ち逃げする**, …を連れて逃げる: The bank robber *got away with* five million yen. その銀行強盗は500万円を持って逃走した. (2) (よくないこと)を(聞きされずに)うまくやる, まんまと…の罰を逃れる, …しても何ら罰を受けずに済む: In Japan it is very hard to commit a crime and ~ *away with* it. 日本では罪を犯して(捕まらず)逃げおおせるのは非常に難しい / He *got away with* cheating on an exam. 彼は試験でカンニングをしても見つからなかった. (3) (軽い叱責・罰など)だけで免れる[済む]. (4) 〖S〗(自信・個性・社会的地位などのおかげで)人のできないことができる, …しても許される: Only Smith could ~ *away with* wearing a T-shirt at work. スミスなら仕事中にTシャツを着ていても許されるんだ.

the óne that gòt awáy 【名】惜しくも逃した物[人, 機会].

gèt báck 【動】〖自〗 **1 戻る**, (家に)帰る (*to*); 政権の座に返り咲く (*in*): I don't know when Jack'll ~ *back from* work. ジャックがいつ仕事から帰ってくるかわからない / Do you want to ~ *back into* your old job? もとの仕事に戻りたいのですか.

2 [しばしば命令文で] 〖S〗 後ろへ下がる: G~ *back*! 下がれ.

— 〖他〗 **1** [受身なし] 〈…〉**を取り戻す** 〈V+名・代+*back* / V+*back*+名〉: I must ~ the money *back* from him. その金を彼から取り戻さなければならない.

2 〈…〉を(元へ)**戻す**, 〈人〉を送り帰す 〈V+名・代+*back*〉: You have to ~ these books *back to* the library in a week. あなたはこれらの本を1週間で図書館に返さなければなりません. **3** 《略式》〈人〉に仕返しをする (*for*).

gèt báck at … 【動】〖他〗《略式》(人)**に仕返しをする**: I'll ~ *back at* him *for* this. 彼のこの仕返しをしてやる.

gèt báck to … 【12】【動】〖他〗 (1) 〖S〗 (考えたり調べたりして)後で(人)に返事をする: I'll ~ *back to* you as soon as I can. できるだけ早くご返事します《電話口などで》. (2) (もとの話題など)に戻る.

gèt báck togèther 【動】〖自〗(男女が)よりを戻す.

gèt behínd 【動】〖自〗(支払いなどに)遅れる: We *got behind with [in]* our work. 私たちは仕事が遅れた.

gèt behínd … 【動】〖他〗(人・事)を支援する, 励ます.

gèt bý 【動】〖自〗 **1 何とかやっていく**[切り抜ける] (manage): He can ~ *by on* a small income. 彼はわずかの収入でやっていける.

2 通り抜ける: Let me ~ *by*, please. 道をあけて[通して]ください. **3** (人の)目を逃れる, うまく[罰せられずに]逃れる; (手持ちのもので)切り抜ける (*in, with*).

gèt bý … 【動】〖他〗 **1** (難所)を通り抜ける. **2** …の目を逃れる; …に認められる.

gèt dówn 【動】〖自〗 **1** (高いところから)**降りる**: The kitten couldn't ~ *down from* the tree. 子猫は木から降りられなかった. **2** (子供が食後に)食卓を離れる. **3** 身をかがめる: ~ *down on* one's knees ひざまずく. **4** がっかりする, 落ち込む. **5** 《俗》上手に踊る.

— 〖他〗 **1** 〈…〉**を降ろす** 〈V+名・代+*down*〉: G~ the books *down from* the top shelf. 一番上の棚から本を降ろしなさい.

2 [受身なし] 《略式》(人)**をがっくりさせる**, 弱らせる 〈V+名・代+*down*〉: His low grades *got him down*. 成績が悪くて彼は憂鬱(<ruby>ゆううつ<rt></rt></ruby>)になった / Don't let it ~ you *down*. そんな事でくよくよすることはないよ. **3** 〈…〉を(やっと)飲み下す. **4** 〈…〉を書き取る.

gèt dówn to … 【動】〖他〗…**に本気で[真剣に]取りかかる**: He finally *got down to* his studies. やっと彼は勉強に取りかかった / I must ~ *down to* repairing the house. 家の修繕に取りかからなければ.

gèt dówn … 【動】〖他〗…を降りる: He had difficulty *getting down* the fire escape. 彼は避難ばしごを苦労して降りた.

gèt ín 【動】〖自〗 **1 中に入る**: The burglar *got in* through the window. 強盗は窓から侵入した.

2 (乗用車・タクシー・列車・バスなどに)**乗る** (《☞ get on 表》): I caught a taxi and *got in*. 私はタクシーを拾って乗り込んだ. **3** (列車・飛行機などが)到着する. **4** 当選する, 政権につく. **5** 入場する; 入学[入会]する. **6** 帰宅する.

— 〖他〗 **1** 〈…〉**を中に入れる**, (車などに)乗せる 〈V+名・代+*in*〉: She *got* the children *in* at once. 彼女は子供たちをすぐ中に入れた (《☞ get ín —語法》).

2 (作物など)を取り入れる; (商品)を仕入れる; (金など)を集める, 取り立てる 〈V+名・代+*in* / V+*in*+名〉: Please ~ the laundry *in*—it's raining. 洗濯物を入れてください, 雨が降っています. **3** (予定など)を組み入れる; (ことば)を差し挟む. **4** (人)を入学させる. **5** (医者・職人などを(家に)呼ぶ. **6** 〈…〉を提出する.

gèt ín fírst 【動】 機先を制して最初にする[言う] (*with*). **gèt ín on …** 【動】《略式》…に参加する, 加わる (《☞ get in on the act (act 名 成句)》). **gèt … ín on —** 【動】〈…〉を—に参加させる. **gèt ín with …** 【動】〖他〗《略式》(人)と親しくなる; (人)に取り入る.

gèt in … 【動】〖他〗 (乗用車・タクシー・列車・バスなどに)**乗る** (《☞ get on 表》) (反 get out of …) (受身 be got into): I *got in* a taxi. 私はタクシーに乗った / Please ~ *in* the back. 後ろ(の座席)に乗ってください.

gèt ínto … 【動】〖他〗 **1 …の中に入る**; (列車などが)…に到着する: How did the thief ~ *into* the house? どうやって泥棒は家に入ったのだろう.

2 (乗用車・タクシー・エレベーターなどに)**乗る** (《☞ get on 表》) (反 get out of …) (受身 be got into): My aunt and I *got into* Tom's car. おばと私はトムの車に乗った. **3** (よくない状態)になる[始める], (けんかなど)を始める, (習慣)が身につく: ~ *into* a rage かっとなる / ~ *into* a traffic jam 交通渋滞に巻き込まれる / ~ *into* the habit of smoking 喫煙の習慣がつく / He *got into* drugs and ruined his life. 彼は麻薬に手を出して一生を台無しにした. **4** …を(苦労して)身に着ける[着る, はく]: I can't ~ *into* these pants. 〖S〗 このズボンは(きつくて)はけない. **5** (学校・会など)に入る; (議会)の議員に選出される; …に就職する. **6** (やり方など)に慣れる 《略式》…に興味を持つ, …にのめりこむ. **7** 《略式》(ある考えが)

726 get

(人)にとりつく，…に影響を及ぼす：What's *got into* Sam? ⓢ (あんなことをするなんて)サムはいったいどうしたんだ．**8** 《略式》…を話し始める．

*gét ... ìnto — 動 他 **1** 〈…〉を—の中に入れる：I can't ~ all these books *into* the bag. この本全部はかばんに入りきれない．[語法] この場合 in を用いることもある．He got the key *in* the keyhole. 彼は鍵(葉)を鍵穴に差し込んだ．
2 〈…〉を(悪い状態)にする：~ oneself *into* trouble 困った立場になる / ~ ... *into* trouble 〈人〉に迷惑をかける．**3** 〈人〉を(学校など)に入学させる．

*gèt óff 動 自 **1** (列車・バス・旅客機・船・馬・自転車などから)降りる (反 get on)；(駅で)降りる：Helen *got off at* the next stop. ヘレンは次の停留所で降りた．

| get off (...) (列車・バス・旅客機などの公共の大型の乗り物から) | 降りる |
| get out (of ...) (タクシー・乗用車など小型の乗り物から) | |

2 出発する，出かける；離れる：The train finally *got off* an hour late. 列車は1時間遅れでやっと出発した / It's time we *got off* to school. 学校へ行く時間だ (☞ time 7 語法)．**3** (軽い刑罰・けがなどで)逃れる，免れる：He *got off* with a fine [warning]. 彼は罰金[警告]で済んだ．**4** (終業・休暇などで)仕事から離れる，退社する：I ~ *off* at five. 私は5時に退社する．**5** 眠りにつく．**6** (英略式) (異性同士が)(性的に)親しくなる (*together*)．**7** (米俗) オルガスムに達する．
— 他 **1** 〈…〉を脱ぐ，取る，外す (take off) <V+名・代+*off*>：G~ your wet clothes *off*. ぬれた服を脱ぎなさい．**2** 〈人〉を送り出す；〈手紙など〉を送る (*to*)：~ the kids *off* to school 子供を学校へ送り出す．**3** 〈人〉に罰を免れさせる．**4** 〈赤ちゃんなど〉を寝つかせる．**5** 〈ある曜日など〉を休みにする．**6** (米俗) 〈…〉をオルガスムに達せさせる．**gèt it óff with ...** 動 他 (米略式) (異性)と親しくなる，性的関係に入る．**Gèt óff!** ⓢ 《私に)さわるな，近寄るな．**gèt óff éasy [líghtly, chéaply]** 動 自 《略式》軽い罰で済む．**Gèt óff my báck!** ⓢ ほっといてくれ．**gèt óff on ...** 動 他 (略式) (特に性的に)…に興奮する，酔いしれる．**gèt óff to** ~ 動 他 …なすべり出しをする：*get off to* a good start (☞ start 図 成句)．**gèt óff with ...** 動 他 (英略式) = get it off with .... **téll ... whère to gèt óff=téll ... whère ... can gèt óff** 動 他 ⓢ (略式) 〈…〉をしかりつける (無作法や不品行などに対して)．**Whére does ... gèt òff dóing —?** ⓢ 《主に米)—するとは何様のつもりなんだ．

*gèt óff ... 動 他 **1** (列車・バス・旅客機・船・馬・自転車など)から降りる (☞ get off 表) (反 get on ...; get onto ...)：He *got off* the bus and took the subway. 彼はバスを降りて地下鉄に乗った．**2** (屋根・はしごなど)から降りる；(場所・電話など)から離れる：~ *off* the main street and take a shortcut 大通りからはずれて近道をする / G~ *off* those apples! そのりんごに触るな！**3** 〈仕事〉から離れる；〈話題など〉を終わりにする，〈話〉をそらす，〈論点〉からはずれる；…を免れる．

*gét ... òff — 動 他 **1** 〈…〉を—から取りはずす；〈…〉を—から降ろす：G~ your dirty hands *off* that book! その本に汚い手で触るな．**2** 〈借り・金など〉を—から借りる [借りる]．**3** 〈病気など〉を—からもらう．

*gèt ón 動 自 **1** (列車・バス・旅客機・船・馬・自転車など)に乗る (反 get off)：The bus arrived and we *got on*. バスが着いたので私たちは乗り込んだ．

| get on (...), get onto ... (列車・バス・旅客機など大型の公共の乗り物に) | 乗る |
| get in (...), get into ... (タクシー・乗用車など小型の乗り物に) | |

2 暮らしていく；(なんとか)やっていく (get along)；《主に英》仲よく(うまく)やっていく (*together*)：How are you *getting on*? いかがお暮らしですか．
3 (主に英) 仕事(仕事など)にはかどる (get along)；(仕事など)を進める，(中断していた事)を続ける (*with*)：John is *getting on* well at school. ジョンは学校の勉強が順調にいっている．
4 [進行形で] (略式) (人が)年を取る；(時が)たつ，遅くなる：Dad *is getting on* in years. 父も年を取ってきた．**5** (主に英) 成功[繁盛]する：~ *on* in the world 立身出世する．**6** (主に英) 急ぐ．
— 他 **1** 〈…〉を身に着ける；取り付ける <V+名・代+*on* / V+*on*+名>：G~ your coat *on*. 上着を着なさい．**2** 〈乗り物〉に乗せる．
gèt it ón 動 自 (米) セックスする．
gèt ón to ... =get onto ....
gèt ón for ... 動 他 [進行形で] (主に英) …に近づく：It's *getting on for* midnight. もうすぐ真夜中だ．
gèt ón (wéll) withòut ... 動 他 =get along (well) without ....
gèt ón with ... 動 他 (1) …を続ける，…をどんどんやる：*Get on with* your work! 仕事[勉強]を(中断しないで)続けなさい．(2) 《主に英》〈人〉と仲よくやっていく：He is easy to ~ *on with*. 彼は付き合いやすい．
Gèt ón with it! ⓢ (略式) 急げ．
Gèt ón with you! ⓢ (英略式) まさか．
Gèt ón with your life! (過去の事は忘れて)やり直しなさい．
lét ... gèt ón with it 動 他 (1) [命令文で] (結果がどうなろうと)〈人〉の勝手にさせる．(2) 〈人〉に自力でやらせる．

*gèt ón ... 動 他 **1** (列車・バス・旅客機・馬・自転車など)に乗る (☞ get on 表) (反 get off ...)：If you're going to Osaka, *get on* this train. もし大阪へ行くのならこの列車に乗りなさい．**2** …に選出される，…の一員になる．**3** (テレビ・ラジオなど)に出る．**4** (懸案事項など)にとりかかる．
gèt ... òn — 動 他 **1** 〈…〉を—に乗せる．**2** 〈人〉を—の一員に選ぶ．**3** 〈人〉を(テレビ・ラジオなど)に出す．

*gèt ónto [ón to] ... 動 他 **1** (列車・旅客機・馬など)に乗る；(…の上)にあがる (☞ get off ...)：He *got onto* the bus at 42nd Street. 彼は42番通りでバスに乗った．
2 (人)のごまかし(秘密)を見つける；…をつきとめる，(米)…を理解する．**3** (主に英) (電話・手紙で)〈人〉に連絡する．**4** (新しい問題・仕事など)にとりかかる，進む．**5** …に選出[任命]される，…の一員になる．**6** (テレビ・ラジオなど)に出る．

*gèt óut 動 自 **1** (外に)出る，(車から)降りる (☞ get off 表) (反 get in)；(社交などで)外出する：G~ *out*! 出て行け．**2** 逃げ出す，(組織などから)抜け出す (*of*)：I *got out* just in time. 私はうまく間に合って逃げ出せた．**3** (秘密などが)漏れる，知れ渡る：How did the news ~ *out*? そのニュースはどうして漏れたのだろう．**4** It *got out that* Mr. Smith was going to resign. スミス氏が辞任するということが知れ渡った．
— 他 **1** 〈…〉を(外に)出す，追い出す，取り出す (take out)；〈栓・げじ・歯など〉を抜き取る，抜く <V+名・代+*out*/V+*out*+名>：He *got out* his pen and signed the check. 彼は万年筆を出して小切手にサインした / Can you ~ this stain *out*? このしみは取れますか．
2 〈本など〉を出版する；〈書類など〉を提出する；生産する <V+名・代+*out* / V+*out*+名>：We've got to ~

this book *out* next month. この本は来月出版しなければならない. **3** 〈人〉が逃げ出すのを助ける. **4** 〈本など〉を(図書館から)借り出す. **5** 〈ことば〉をやっと発する, 言う. **6** 〈答など〉を見出す. **7** 〈人〉を失職[下野]させる.

Gèt óut! Ⓢ《米》ばかな, まさか.

***gèt óut of …** [動] [他] **1** …から出る, (衣服など)を脱ぐ: I *got out of* the bathtub and reached for my towel. 私は湯ぶねから出てタオルに手を伸ばした.

2 (乗用車・タクシー)から降りる《☞ get off 表》([反] get in [into] …).

3 …を避ける, (…すること)を免れる, …せずにすませる([受身] be got out of): She tried to ~ *out of* (going to) the party. 彼女はパーティー(へ出るの)を避けようとした.

4 …から逃れる; …の届かぬ所に行く: I *got out of* the burning building just before it collapsed. 私は燃えている建物から崩れる直前に逃れた. **5** (習慣など)から抜け出る, …を捨てる.

Gèt óut of hère! Ⓢ (1) ここから出て行け, うせろ. (2) ばかな, まさか《信じられない気持ちを表わす》.

***gèt … óut of —** [動] [他] **1** —から〈…〉を出す, 取り出す, 抜き取る: He *got* his wallet *out of* his pocket. 彼はポケットから財布を取り出した / Can you ~ this stain *out of* my shirt? このしみをワイシャツから取れますか. **2** (人)から〈真相など〉を聞き出す; —から〈利益・楽しみなど〉を得る. **3** 〈…〉に—(すること)を免れさせる.

gèt óver** [動] [自] **1** 乗り越える, (向こうへ)渡る; (訪ねて)行く: They ***got over to the other side while the tide was out. 潮が引いているうちに彼らは向こう側へ渡った / *G~ over* here. Ⓢ こっちへ来てくれ.

2 (物事が)終わる.

— [他] **1** (相手に)〈考えなど〉を理解させる, 伝える <V+名・代+*over*>: You have to ~ this message ***over to*** the students. このことを学生にわからせることが必要だ. **2** 〈いやな仕事など〉をし終える. **3** 〈人など〉を乗り越えさせる, 渡らせる; 〈物〉を届ける, 渡す (*to*): We *got* the dogs *over* first. 私たちは最初に犬を渡らせた.

gèt … óver (and dóne) with [動] [他]《略式》〈いやな仕事など〉をし終える (get over). [語法] with には目的語がつかない: We'll be glad to ~ this job *over with*. この仕事を片づけてしまったらうれしいだろう.

***gèt óver …** [動] [他] **1** (困難など)に打ち勝つ, …を克服する; (病気・痛手など)から回復する, 立ち直る: Mrs. Long never *got over* the shock of her son's death. ロング夫人は息子が死んだショックから立ち直れなかった / Have you *got over* your cold yet? もうかぜは治りましたか.

2 …を乗り越える: How is he going to ~ *over* that high fence? あの高い垣根を彼はどうやって乗り越えるつもりなのか. **3** (昔の恋人など)のことを忘れる. **Gèt óver it!** Ⓢ ほっといてくれ, いいかげんにしろ. **I cán't [cóuldn't] gèt óver …** Ⓢ《略式》…には驚いて[参って]いる, …とは信じられない: I just *can't* ~ *over* how stupid Sam was. サムがあんなばかな奴だったとは驚いた.

gèt … óver — [動] [他] 〈…〉に(柵(さく)など)を越えさせる, (橋・川など)を渡らせる.

***gèt róund** [動] [自]《英》=get around.

gèt róund … [動] [他]《英》=get around ….

gèt thróugh** [動] [自] **1** (目的地に)達する, 届く; (相手に電話などで)通じる, 連絡ができる; (相手に)考えなどを理解させる: The supplies didn't ~ ***through to the refugees. 糧食は難民にまで届かなかった / I tried to call you last night but couldn't ~ *through*. あなたに昨晩電話したが通じなかった / I just couldn't seem to ~ *through to* him. 私の話を彼にどうも理解してもらえなかったようだ.

2《主に米》(仕事などを)やり終える (finish): What time will you ~ *through* today? きょうはいつ(仕事が)終わりますか. **3** 通り抜ける, (水などが)(穴などから)入り込む, 抜ける. **4** (議案などが)通過する; (試験に)通る, 合格する. **5** (困難・病気などを)切り抜ける; 何とかやってゆく. **6** (選手・チームが)(…の段階まで)勝ち進む (*to*).

— [他] **1** 〈…〉を通り抜けさせる, (穴などに)通す: I couldn't ~ my finger *through*. 私は指を通すことができなかった. **2** 〈…〉を合格させる; 〈議案など〉を通過させる. **3** 〈…〉を(目的地に)届ける; (相手に)〈考えなど〉を理解させる: I can't seem to ~ *it through to* him *that* I love him. 彼のことが好きだということがわかってもらえないみたい《☞ it[1] B 3》. **4** 〈選手・チーム〉を(…の段階まで)勝ち進ませる (*to*).

gèt thróugh with … [動] [他] (1) …をやり終える, 仕上げる ([受身] be got through with): I don't know when I'll ~ *through with* this pile of papers. この書類の山をいつ片づけられるかわからない. (2)《略式》(言葉・暴力で)…をやっつける.

***gèt thróugh …** [動] [他] **1** …を通り抜ける: The train *got through* the tunnel without any trouble. 列車は無事にトンネルを通過した.

2 (試験)に通る; (議会)を通過する: Bill *got through* his exam all right. ビルは試験に無事にパスした.

3 (困難など)を切り抜ける, 乗り切る: Can these plants ~ *through* a cold winter? これらの植物は寒い冬を越せるだろうか.

4 (仕事など)を終える, やり遂げる ([受身] be got through): I am trying to ~ *through* this math homework tonight. この数学の宿題を今夜中に終えるつもりだ. **5** (金など)を使い果たす; (飲食物)を平らげる.

***gèt … thróugh —** [動] [他] **1** 〈…〉に—を通り抜けさせる: I managed to ~ the box *through* the window. 私はその箱を窓から入れることができた. **2** 〈人〉を(試験)に合格させる; 〈案など〉を(議会など)で通過させる. **3** 〈人〉に(困難など)を切り抜けさせる.

***gét to …** [動] [他] **1** …に着く; (ある段階など)に達する《☞ arrive 類義語》; (人)に連絡をする: They *got to* New York last week. 彼らは先週ニューヨークに到着した / How can I ~ *to* the station? 駅へはどう行けばよいでしょうか.

2《略式》(人)の心にじんとくる; (人)の身にしみる; (人)をいら立たせる, 怒らせる: Laura's words *got to* him. ローラのことばは彼にこたえた.

3 …に取りかかる, 着手する: ~ *to* work in earnest 真剣に仕事に取りかかる.

Whére has … gòt to? Ⓢ《米》…はどこに行ったのか.

gét … to — [動] [他] 〈…〉を—に到着させる: The train *got* him *to* Tokyo just before noon. その列車で彼は正午直前に東京に着いた.

gèt togéther** [動] ([名] gét-togèther) [自] **1** (人が)集まる《☞ gather 類義語》: Let's ~ ***together with the Hills one of these days. そのうちヒル夫妻と集まろうじゃないか / More than 100, 000 people *got together* in Central Park. 10万人以上の人たちがセントラルパークに集まった. **2** 意見が一致する (*with*, *on*). **3**《略式》恋愛[性的]関係になる. — [他] 〈人〉を集める; 〈お金〉をかき集める; 〈案・会合など〉をうまくまとめる, 整える. **gét onesèlf [Ⓢ it] togéther** [動] [自]《略式》立ち直る, ちゃんとする.

gèt únder … [動] [他] …の下に入る, …の下を通る: Won't you ~ *under* my umbrella? 私の傘に入りませんか.

***gèt úp** [動] [自] **1** 起床する, 起きる: I *got up* early this morning. けさは早く起きた.

2 立ち[起き]上がる: They ***got up*** (***from*** the sofa) when I entered the room. 私が部屋へ入って行くと彼

G

らは(ソファーから)立ち上がった. **3** 上る, 登る; (馬などに)乗る. **4** (突風・あらしなどが)起こる, (風・火などが)激しくなる.
— 他 **1** 〈人〉を起こす, 起床させる: Can you ~ me *up* at six tomorrow? あすは私を6時に起こしてくれませんか. **2** 〈…〉を立ぞ[起き]上がらせる. **3** 〈…〉を準備[組織]する; 整える, 〈話など〉を作り上げる: Let's ~ *up* a party for the freshmen. 新入生のためのパーティーを準備しよう. **4** (低い所から高い所へ)〈…〉を上げる: Can you ~ it *up to* the fourth floor? それを4階に上げられますか. **5** 〈速度など〉を増す; 〈勇気・食欲など〉を出す (ロ get up steam (steam 名 成句)). **6** [しばしば受身で][英]〈人〉を装わせる (*in*); 扮装(穢)させる (*as*).
  gèt it úp [動] (自) (略式) 勃起する. **gèt it úp for ...** [動] (自) (略式) 〈S〉…に夢中になる. **gèt oneself úp** [動] (自) 身なり・髪などを整える, 装う (*in*); (…に)扮装する (*as*).

*gèt úp ...** — 動 他 …を上がる, …に登る: My car couldn't ~ *up* the hill. 私の車ではその山は登れないだろう.
  gèt ... úp — 動 他 〈…〉を…に登らせる[運び上げる].
*gèt ... úp to ...** — 動 他 **1** (温度など)〈…〉まで上がる: The temperature *got up to* eighty degrees. 温度は80度まで上がった. **2** …に近づく, 到達する; …に追いつく; …へ行く. **3** (英略式) (いたずらなど)をする.

【類義語】**get**「手に入れる」という意味では最も広い意味で用いられる, 格式ばらない語. **obtain** 強く欲しているものを努力して手に入れることで, *get* よりも格式ばった語: We *obtain* knowledge through books. 我々は読書して知識を得る. **acquire** *get* よりも格式ばった語で, 時間をかけて自分の力で手に入れること: He *acquired* a fine collection of coins. 彼はみごとな硬貨のコレクションを築いた. **gain** 大きな努力をして勝ち取ること, もしくは少しずつ獲得していくこと: They *gained* great esteem after a long struggle. 彼らは長い苦闘の末大きな尊敬を得た.

gèt·at·a·ble /ɡéṭəṭəbl/ 形 [普通は P] (物が)手に入れやすい; (人が)近づきやすい; (場所が)到達できる.
⁺**gèt·a·way** /ɡéṭəwèɪ/ 名 [普通は単数形で] **1** 逃走する: a ~ car 逃走車 / They made a successful ~. 彼らはまんまと逃走した. **2** (短期)休暇; 保養地.
gèt-gò [次の成句で] **from the gét-go** [副] (米略式) 最初(の時)から.
gèt-óut 名 U (略式, 主に英) (窮地からの)脱出, 回避(策), 逃避(手段), 逃げ口上. **... as áll gèt-out** [副] 最高に[極端に].
gèt-óut clàuse 名 C =escape clause.
gèt-rìch-quíck 形 A (略式) 一攫(穢)千金的な: ~ fever 成金(一攫)熱.
get·ter /ɡéṭɚ | -tə/ 名 C **1** [合成語で] 得る人[物]: ロ vote-getter. **2** [電工] ゲッター.
gèt-togéther 名 C (get togéther) [形式ばらない]集まり; 親睦(穢)会.
Get·tys·burg /ɡéṭɪzbə̀ːɡ | -bə̀ːɡ/ 名 固 ゲティズバーグ (米国 Pennsylvania 州南部の町).

> 参考 リンカン (Lincoln) 大統領が1863年にこの地で行なった the Gettysburg Address と呼ばれる演説中の "We here highly resolve ... that government of the people, by the people, for the people, shall not perish from the earth." (我々はここに…人民の, 人民による, 人民のための政治はこの世から滅ぼしてはならないと固く決心する)ということばは有名 (ロ shall 5).

⁺**gèt·úp** 名 C (略式) (異様な)身なり.
gèt-ùp-and-gó 名 U (略式) 積極性, やる気; 元気, 熱意, 活力.
ge·um /dʒíːəm/ 名 C だいこんそう(属) (ばら科植物).
gew·gaw /ɡjúːɡɔː/ 名 C (略式) 安ぴか物 (特に宝飾品).
gey·ser¹ /ɡáɪzə/ | ɡíːzə, ɡáɪ-/ 名 C 間欠泉 (一定の間隔で噴出する温泉).
gey·ser² /ɡíːzə | -zə/ 名 C (英) 自動湯沸かし器.
Gha·na /ɡáːnə/ 名 固 ガーナ (アフリカ西部の共和国).
Gha·na·ian /ɡɑːnéɪən/ 形 ガーナ(人)の. — 名 C ガーナ人.
ghast·li·ness /ɡǽstlinəs | ɡáːst-/ 名 U ものすごさ; (略式) ひどいこと.

geyser¹

⁺**ghast·ly** /ɡǽstli | ɡáːst-/ 形 (ghást·li·er, more ~; ghást·li·est, most ~) **1** ひどく悪い, とてもいやな: a ~ failure ひどい失敗. **2** (ぞっとするほど)恐ろしい (horrible), 身の毛もよだつ. **3** P 青ざめた, 死人のような: He looked ~. 彼は真っ青な顔をしていた. **4** [普通は P] 具合の悪い (ill); 気の動転した.
ghat /ɡɑːt, ɡɔːt/ 名 C (インド) **1** (沐浴(穢)者が利用する) 川岸への階段. **2** 川岸の火葬場.
Ghats /ɡɑːts/ 名 [複] [the ~] ガーツ山脈 (インドの Deccan 高原の両側を走る2つの山脈).
GHB /dʒíːeɪtʃbíː/ 名 U GHB, ガンマヒドロキシ酪酸塩 (麻酔作用のある designer drug; gamma hydroxybutyrate の略).
ghee /ɡíː/ 名 U ギー (インド料理用のバター).
gher·kin /ɡə́ːkɪn | ɡə́ː-/ 名 C (酢漬け用の)とげのある小さなきゅうり (米国・西インド諸島産).
⁺**ghet·to** /ɡéṭoʊ/ 名 (~s, ~es) C **1** [しばしば差別] (黒人・プエルトリコ人などの)貧民[スラム]街, ゲットー. **2** (昔の)ユダヤ人街. **3** 孤立した集団(の地区); おとしめられた[差別・制限された]状況.
ghétto blàst·er /-blæstə | -blɑ̀ːstə/ 名 C (古風, 略式) [しばしば軽蔑] 大型のラジカセ (街頭へ持ち出して大音量でロックなどを流す).
ghet·to·ize /ɡéṭoʊàɪz/ 動 他 **1** 〈…〉を貧民街に住ませる; 貧民街化する. **2** (差別) 〈…〉を閉じ込める.
⁺**ghost** /ɡóʊst/ 名 (ghosts /ɡóʊsts/; 形 ghostly) C **1** 幽霊, 亡霊: People say that old house is haunted by a ~. あの古い家には幽霊が出るというううわさだ / He looks as if he's seen a ~. 彼はまるで幽霊でも見たような顔つきだ. **2** [単数形で] 幻影, かすかな名残り[形跡]: He is a mere ~ of his former self. 彼には昔の面影はない / I noticed the [a] ~ of a smile around her eyes. 私は彼女の目がわずかに笑ったのに気づいた / There was not a ~ of a sound. 物音ひとつしなかった. **3** [光・テレビ] ゴースト, 第2映像. **4** =ghostwriter. 語源 古(期)英語で「魂」の意. **gìve úp the ghóst** [動] (自) (1) (婉曲) 死ぬ. (2) (滑稽) (車・器具などが)動かなくなる; (人が)あきらめる, やる気をなくす (on). **láy a [the] ghóst** [動] (自) (1) 悪霊を追い払う. (2) (略式) (心に取りついていた)不安[ショック]を取り除く[克服する], 悩み[いやな思い出]を一掃する[忘れる] (of). **nót hàve [stánd] a [the] ghóst of a chánce of dóing** [動] …する見込みが少しもない.
— 動 他 (自) =ghostwrite.
ghóst·bùster 名 C ゴーストを退治する人.
Ghóst Dànce 名 固 ゴーストダンス (19世紀末に北米西部の先住民の一派が行なった宗教的な集団舞踏).
ghost·ing /ɡóʊstɪŋ/ 名 U [テレビ] ゴースト(発生).
⁺**ghost·ly** /ɡóʊstli/ 形 (ghóst·li·er, more ~; ghóst·li·est, most ~; 名 ghost) **1** 幽霊のような,

幽霊の出そうな. **2** (形・姿が)ぼおっとした. ― [副] 幽霊のように.

ghóst stòry [名] [C] 怪談, 幽霊話.

ghóst tòwn [名] [C] 無人の町, ゴーストタウン.

ghóst tràin [名] [C] 《英》 幽霊電車 《遊園地の乗物》.

ghóst·wrìte [動] (-**writes** /-ràɪts/; -**wrote** /-ròʊt/; -**writ·ten** /-rìtn/) [他] 〈作品〉を代作する. ― [自] 代作をする (*for*).

ghóst·wrìter [名] [C] ゴーストライター, 代作者.

ghoul /gúːl/ [名] [C] **1** 墓をあばいて死肉を食うといわれる悪鬼. **2** [軽蔑] 死体[残忍なこと]に興味を示す人.

ghoul·ish /gúːlɪʃ/ [形] [軽蔑] 残忍な, ぞっとする; いやな. **～·ly** [副] 残忍に(も). **～·ness** [名] [U] 残忍さ.

GHQ /ʤíːèɪtʃkjúː/ [略] =general headquarters.

+**GI** /ʤíːáɪ/ [名] (複 **GIs, GI's**) **1** [C] 米軍兵士, 米兵 《元来は government issue の略; 兵士は官給品を用いることから》. **2** [形容詞的に] 軍隊の; 兵隊の: a ～ haircut ジーアイカット 《短い刈り方》.

Gia·co·met·ti /ʤɑːkəméṭi | ʤæk-/ [名] [固] **Al·ber·to** /ælbéəṭoʊ | -béə-/ ～ ジャコメッティ 《スイスの彫刻家・画家》.

***gi·ant** /ʤáɪənt/ [名] (**gi·ants** /ʤáɪənts/; [形] gigántic) [C] **1** 傑出した人, 偉大な人; [主に新聞で] **大企業[組織]**: He is one of the musical ～*s* of the century. 彼は今世紀の傑出した音楽家の一人である / an economic ～ 経済大国. **2** 巨人 《神話・伝説などに現われる》 ([反] dwarf). **3** 大男; 巨大な動物[植物].
― [形] [A] [比較なし] **1** 巨大な (☞ huge [類義語]): ～ industries 巨大産業 / a ～ step [leap, stride] 飛躍的進歩. **2** [動植物に用いて] 大[ジャイアント]…; ☞ giant panda.

gi·ant·ess /ʤáɪənṭəs/ [名] [C] 大女.

gíant kìller [名] [C] 《英》 大物食い 《強豪を倒す選手やチーム》.

gíant pánda [名] [C] 大パンダ, ジャイアントパンダ.

Gíant's Cáuseway [名] [固] [the ～] ジャイアンツコーズウェイ, 巨人の土手道 《北アイルランド北岸の約 3 マイルにわたって主に六角形の柱状玄武岩の並んだ岬》.

gíant sequóia [名] [C] =sequoia 2.

gíant slálom [名] [C] 〔スキー〕 大回転(競技).

gíant stár [名] [C] 〔天〕 巨星 《直径と光度が非常に大きい恒星》.

gib·ber /ʤíbə | -bə/ [動] (-**ber·ing** /-b(ə)rɪŋ/) [自] **1** (おびえたりして)わけのわからないことを(早口に)しゃべる (jabber). **2** (猿などが)きゃっきゃっという[鳴く] (☞ cry 表 ape, monkey). ― [他] 〈…〉と早口で意味不明に話す. ― [名] [U] わけのわからないおしゃべり; きゃっきゃっという声.

gíb·ber·ing /ʤíb(ə)rɪŋ/ [形] [A] 《英》 [しばしば滑稽] (おびえたりして)わけのわからないことをしゃべる: a ～ wreck ひどくびくついている人.

gib·ber·ish /ʤíb(ə)rɪʃ/ [名] [U] 《略式》 わけのわからないことば[こと], ちんぷんかんぷん.

gib·bet /ʤíbɪt/ [名] [C] (昔の)絞首人のさらし柱, 絞首台.

gib·bon /gíbən/ [名] [C] てながざる.

Gib·bon /gíbən/ [名] [固] **Edward** ～ ギボン (1737–94) 《英国の歴史家》.

gibe /ʤáɪb/ [名] [C] あざけり, 愚弄(ぐろう) (*about, at*). ― [動] [自] あざける, 愚弄する (*at*). ― [他] 〈…〉と言ってあざける.

GÍ Bìll /ʤíːáɪ-/ [名] [the ～] 《米略式》 復員兵援護法 《復員兵に対する大学教育資金や住宅資金・起業資金の給金を定めたもの; 1944 年成立》.

gib·lets /ʤíbləts/ [名] [複] 鳥の臓物 《食用》.

Gi·bral·tar /ʤɪbrɔ́ːltə | -tə/ [名] [固] ジブラルタル 《スペイン南端の港町》. **the Róck of Gibráltar** [名] (1) (スペイン南端の岬にある)ジブラルタルの岩山. (2) 《英》 頼りになる人[もの]. **the Stráit of Gibráltar** ジブラルタル海峡 《スペインとモロッコの間の海峡》.

Gib·son /gíbs(ə)n/ [名] [固] **Mel** /mél/ ～ ギブソン (1956–) 《米国生まれのオーストラリアの俳優》.

gid·di·ly /gíḍəli/ [副] めまいがするほど; 目がくらんで, ふらふらして; 《古風》 軽薄に.

gid·di·ness /gíḍinəs/ [名] [U] めまい.

+**gid·dy**[1] /gíḍi/ [形] (**gid·di·er**; **-di·est**) **1** わくわくする, 活気にあふれた: be ～ *with* success 成功に浮かれている. **2** めまいがする; [A] 目の回るような: feel ～ めまいがする / a ～ height 目が回るほど高い所. **3** 《古風》 [軽蔑] うわついている: a ～ child 軽薄な子供.

gid·dy[2] /gíḍi/ [動] [次の成句で] **gíddy úp** [動] [自] (馬に向かって)進め, はいよ!

Gide /ʒíːd/ [名] [固] **An·dré** /ɑːndréɪ/ ～ ジッド, ジード (1869–1951) 《フランスの作家》.

Gid·e·on /gíḍiən/ [名] **1** [固] 〔聖〕 ギデオン 《イスラエルの士師(しし)でイスラエル民族をミディアン人から救った》. **2** [C] 国際ギデオン協会 (Gideons International) 会員 《学校・ホテルなどに聖書を寄贈する》.

Gídeon Bíble [名] [C] 国際ギデオン協会寄贈の聖書.

Giel·gud /gílgʊd | gíːl-, gíl-/ [名] [固] Sir (**Arthur**) **John** ～ ギールグッド (1904–2000) 《英国の俳優・プロデューサー; Shakespeare 劇の演技で有名》.

GIF /gíf, ʤíf, ʤíːàɪéf/ [名] 〔電算〕 [U] ジフ(形式); [C] ジフ形式の画像(ファイル) (*G*raphic *I*nterchange *F*ormat の略).

***gift** /gíft/ [名] (**gifts** /gífts/) [C]

> 古(期)英語で give と同語源. 「贈り物」**1** →(天から与えられたもの) →「才能」**2**.

1 贈り物, ギフト, プレゼント (☞ present[3] [類義語]): a birthday [Christmas, graduation] ～ 誕生日[クリスマス, 卒業祝い]の贈り物 / a free ～ 景品, おまけ / I hope you'll like the small ～ I'm sending today. きょうお送りするちょっとした贈り物がお気に召せばよいのですが / This Japanese doll would make a nice ～ for Meg. この日本人形はメグへのプレゼントによさそうだ.
2 (天賦の)**才能**: a man of many ～*s* 多才の人 / He has a ～ ***for*** music. 彼には音楽の才能がある. **3** [普通は単数形で] 《英略式》 割安なもの; 楽に手に入るもの, もうけもの (*to*). **a gift from Gód [the gód(s)]** [名] 棚からぼたもち. **Gód's gift to ...** [名] [しばしば皮肉] …にとって打って付けの人[物], …に横柄な人: He thinks he's *God's* ～ *to* women. 彼は女性にもてるとうぬぼれている. **in the gift of ... =in ...'s gift** [形] 《英格式》 …が与える権限をもっている, …の裁量権内の[で]. **the gíft of tóngues** [名] (1) 〔聖〕 異言(いげん)の賜物, 言語の特賜 《使徒たちの語ることばが, 言語を異にする聞き手のそれぞれの言語で語ったかのように理解されたこと》. (2) 語学の才能; 弁舌[弁論]の才.
― [動] [他] 《略式》 〈人〉に(…の)贈り物をする (*with*).

gíft certìficate [名] [C] 《米》 商品券 (《英》 token).

+**gift·ed** /gíftɪd/ [形] **1** (生まれつきの)才能のある, 天分のある: be ～ *with* rare talents まれな才能に恵まれている / be ～ 「*in* music [*at* learning languages] 音楽[語学]の才能がある. **2** (特に子供が)知能の高い: a program for ～ children 英才教育.

gíft hòrse [名] [次の成句で] **Dón't [Néver] lóok a gíft hòrse in the móuth.** Ⓢ 《ことわざ》 もらい物のあらを探すな. [由来] 馬の歯を見ると年がわかることから.

gíft shòp [名] [C] 贈答品専門店, みやげ物店.

gíft tòken [vòucher] [名] [C] 《英》 =gift certificate.

gíft·wàre [名] [U] ギフト(用)商品.

gíft wràp [名] [U] 贈答用包装紙.

gift-wràp 動 (-wraps; -wrapped; -wrap·ping) 他 [普通は受身で]〈…に〉贈り物用の包装をする《リボンに巻いたりして》: Would you like it *gift-wrapped*? ご進物用にお包みいたしましょうか. 日英比較 英米の商店の包装は日本のように見栄えのするものではなく, ごくあっさりしている. 贈り物用に包装に特に念入りな包装を頼むときには別料金を払うのが普通.

gift-wràpped 形 贈答用包装紙で包んだ.
gift-wràpping 名 U = gift-wrap.
*****gig**[1] /gíg/ 名 (~s /-z/) C **1** 〔ジャズなどの〕**生演奏**, ライブ, ギグ: play [do, have] a ~ 生演奏をする. **2**《米略式》(短期の)仕事, アルバイト.
— 動 (gigs; gigged; gig·ging) 自 〔ジャズなどの〕生演奏をする.
gig[2] /gíg/ 名 C **1**《古風》1頭立て2輪馬車. **2**〘海〙(船に積んである)小型ボート.
gig[3] /gíg, dʒíg/ 名 C《略式》= gigabyte.
gig·a·byte /gígəbàit/ 名 C〘電算〙ギガバイト (10億バイト)《略 Gb; ☞ byte》.
gíga·flòp(s) /-flɔ̀p(s)/ 名 U〘電算〙ギガフロップス《コンピューターの演算速度を表わす単位; 毎秒 2^{10} (約10億)回の浮動小数点演算を行なう速度》.
gíga·hèrtz 名 C ギガヘルツ, 10億ヘルツ.
gi·gan·tic /dʒaɪɡǽntɪk/ 形《名 gíant》巨人のような, 巨大な; 膨大な《類義語》: a ~ ship 巨大な船. **-ti·cal·ly** /-kəli/ 副 巨大に; 非常に.
*****gig·gle** /gígl/ 動 (gig·gles /-z/; gig·gled /-d/; gig·gling) 自 くすくす笑う《類義語》: She ~s *at* [*about*] anything. <V+*at* [*about*]+名・代>彼女は何を見てもくすくす笑う.
— 名 (~s /-z/) **1** C くすくす笑い: I heard a ~ from my daughter's room. 娘の部屋からくすくす笑いが聞こえた. **2** [the ~]《略式》くすくす笑いが止まらないこと: give ... the ~s を くすくす笑い続けさせる / get [have] the ~s くすくす笑いが止まらない. **3** [a ~]《英略式》おもしろいこと[もの]: for *a* ~ ふざけて.
gig·gly /gígli/ 形 (gig·gli·er; -gli·est) [しばしば軽蔑] くすくす笑う(くせのある).
GIGO /gárgou/ 名 U〘電算〙ガイゴー, ギゴ, ごみ入れごみ出し (garbage in, garbage out《☞ garbage 成句》の略).
gig·o·lo /dʒígəlòu, ʒíɡ-/ 名 (~s) C **1** [軽蔑](年上の女に養われる男, ひも. **2** (女性の相手をする)男性のダンサー.
Gí·la mónster /híːlə-/ 名 C アメリカ毒とかげ《米国南西部産の40-50センチメートルの毒とかげ》.
Gil·bert /gílbət | -bət/ 名 **1** ギルバート《男性名》. **2** Sir William Schwenck /ʃwéŋk/ ~ ギルバート (1836-1911)《英国の喜歌劇作家; ☞ Savoy operas》.
+gild /gíld/ 動 (gilds; 過去・過分 gild·ed, gilt /gílt/; gild·ing) 他 **1**〈…〉に金ぱくをかぶせる, 金めっきをする;〈…〉を飾る, 粉飾する. **2**《文》〈…〉を金色に輝かせる. **gild the líly** 動 自 (既に十分)美しいものによけいな手を加える, かえって醜くする.
gild·ed /gíldɪd/ 形 A **1** 金ぱくをきせた; 金ぴかの. **2**《文》裕福な, 上流階級の.
Gílded Áge 名 [the ~]《米史》金ぴか時代《南北戦争後の好況期 (1865-1900); Mark Twain らの風刺小説の題名にちなむ呼び名》.
gild·er /gíldə | -də/ 名 C 金めっき師.
gild·ing /gíldɪŋ/ 名 U 金ぱく(をかぶせること); 金めっき材料.
Gil·ga·mesh /gílgəmèʃ/ 名 固 ギルガメシュ《シュメールとバビロニアの神話の英雄》.
gill[1] /gíl/ 名 C [普通は複数形で] **1** 魚のえら. **2** きのこのかさの裏側のひだ. **be** [**gò**] **gréen** [**pále**, **white**] **abòut** [《米》**aròund**] **the gílls** 動 自《古風, 略式》[滑稽](恐怖や病気で)顔が青白い[青ざめる]; きっしりする.
gill[2] /dʒíl/ 名 C ジル《米》では液量 (liquid measure) の単位で 1/4 パイント, 約 0.12 リットル;《英》では液量および乾量 (dry measure) の単位で 1/4 パイント, 約 0.14 リットル;《☞ measure 表》.
Gil·lette /dʒɪlét/ 名 C ジレット《米国製の安全かみそり替え刃; 商標》.
gil·lie /gíli/ 名 C《スコ》(狩猟家などの)案内人.
+gilt[1] /gílt/ 動 gild の過去形および過去分詞. — 名 **1** U 金ぱく, 金粉. **2** [複数形で]《英》〘株〙優良株《証券》. **tàke the gílt òff the gíngerbrèad** 動 自《英略式》魅力を薄れさせる. — 形 金ぱくを張った; 金めっきをした.
gilt[2] /gílt/ 名 C (子供を産んでいない)若い雌豚.
gìlt-édged 形 **1** (証券などが)優良の; 確実な. **2** 金縁の.
gim·bals /gímb(ə)lz, dʒím-/ 名 [複] ジンバル《羅針盤などを水平に保つ装具》.
gim·crack /dʒímkræk/《主に英》形 A 安ぴかの, 見かけ倒しの. — 名 C 安ぴか物.
gim·let /gímlɪt/ 名 C **1** きり《T字形の取っ手があり》: have 「eyes like ~ [~ eyes] 人を射るような鋭い目付きをしている. **2** ギムレット《ジン[ウォッカ]とライムジュースのカクテル》.
gim·me /gími/ 名 S《非標準》= give me. — 名《米略式》たやすいこと, 楽勝.
+gim·mick /gímɪk/ 名 C [しばしば軽蔑](手品・いかさまなどの)仕掛け, たね; 人の注目を引くことを主眼とただけのもの, (目新しいだけの)子供だましの品[手], 小細工.
gim·mick·ry /gímɪkri/ 名 U [軽蔑] 人の注目を集めるための手(を使うこと).
gim·mick·y /gímɪki/ 形 [軽蔑] 人目を引くための.
gimp /gímp/ 名 C [差別] 足の不自由な人.
gimp·y /gímpi/ 形《略式》(人が)足の不自由な; (足が)不自由な.
+gin[1] /dʒín/ 名 U,C ジン《強い酒の一種》: ~ and tónic ジントニック.
gin[2] /dʒín/ 名 C **1** = cotton gin. **2** = gin trap. — 動 (gins; ginned; gin·ning) 他 綿繰り機にかけて〈綿〉の種を取る.
gin[3] /dʒín/ 名 U = gin rummy.
+gin·ger /dʒíndʒə | -dʒə/ 名 **1** しょうが. **2**《略式》精力, 元気. **3** 赤[橙]褐色; (髪の)赤色. — 形 **1** A しょうがの味のする. **2** 赤[橙]褐色の; 赤毛の. — (-ger·ing /-dʒ(ə)rɪŋ/)《英》[次の成句で] **gín·ger úp** 動 他 〈…〉を活気づける.
gínger ále 名 U,C ジンジャーエール《しょうがで味をつけた清涼飲料》.
gínger béer 名 U,C ジンジャービール《しょうが・砂糖・酵母で発酵させた清涼飲料; 時にアルコールを含む》.
gínger·brèad 名 **1** U しょうが入り菓子パン[ビスケット]. **2** しょうがと糖蜜入りケーキ. **3** (建物などの)けばけばしい装飾. — 形 けばけばしい.
gìngerbread mán 名 C 人の形をしたしょうが入り菓子パン.
gínger gròup 名 C [単数形でも時に複数扱い]《英》(幹部を突き上げる)積極派《政党など》.
+gin·ger·ly /dʒíndʒəli | -dʒə-/ 副《主に文》非常に用心深く[く], きわめて慎重に[に].
gínger nùt 名 C《英》= gingersnap.
gínger·snàp 名 C《米》しょうが入りクッキー.
gin·ger·y /dʒíndʒ(ə)ri/ 形 (少し)しょうがに似た(味の); しょうが色の.
ging·ham /gíŋəm/ 名 U ギンガム《一種の棒じままたは格子じまの綿布またはリンネル》.
gin·gi·vi·tis /dʒìndʒəváɪtɪs/ 名 U〘歯〙歯肉炎.
gink·go, ging·ko /gíŋkou/ 名 (~es) C いちょう

gín mìll [名] [C] 《米俗》(安)酒場, (いかがわしい)バー.
gi·nor·mous /dʒaɪnɔ́ːməs | -nɔ́ː-/ [形] 《英略式》[滑稽] すごくでかい.
gín rúmmy [名] [U] 〘トラ〙 ジンラミー《2 人で行なうラミーの一種》.
Gins·berg /gínzbəːg | -bəːg/ [名] [固] **Allen** ～ ギンズバーグ (1926–97)《米国のビート世代の代表的詩人》.
gin·seng /dʒínseŋ/ [名] [U] ちょうせんにんじんの根《薬用》.
gín slíng [名] [C] ジンスリング《ジンに水・砂糖・香料などを加えたカクテル》.
gín tràp [名] [C] (獣などを捕える)わな (gin).
Gio·con·da /dʒoʊkɑ́ndə | -kɔ́n-/ [名] [固] **La** /lɑː/ ～ ジョコンダ《モナリザ (Mona Lisa) の別名》.
Giot·to /dʒɑ́ṭoʊ | dʒɔ́t-/ [名] [固] ジョットー (1266?–1337)《イタリアの画家・建築家》.
gíp·py túmmy /dʒípi-/ [名] [U] 《英略式》(熱帯地方旅行者のかかる)下痢.
gip·sy /dʒípsi/ [名] [C] =gypsy.
gi·raffe /dʒəræ̂f | -rɑ́ːf/ [名] (複 ～(s)) [C] きりん.
gird /gə́ːd | gə́ːd/ [動] (**girds**; 過去・過分 **gird·ed, girt** /gə́ːt | gə́ːt/; **gird·ing**) [他] **1** (帯などを)〈…に〉巻きつける, (帯で)〈…を〉締める (*with*); 身に帯びる (*on*). **2** 〈…を〉とり囲む (*with*). **gírd (onesèlf) (úp) for …** [動] [他] (戦いなど)に備える.
gird·er /gə́ːdə | gə́ːdə/ [名] [C] 〘建〙(鉄製の)けた, はり.
gir·dle /gə́ːdl | gə́ː-/ [名] [C] **1** ガードル《婦人用下着》. **2** 帯; (帯のように)取り巻くもの. **3** 〘解〙 帯(たい): the pelvic ～ 骨盤帯. **—** [動] [他] 《文》〈…を〉とり囲む.
****girl** /gə́ːl | gə́ːl/ [名] (～**s** /～z/) **1** [C] **女の子, 少女;** 未婚の若い女性, 娘: That's my ～! よくやった《親が娘をほめるときなど》. [関連] schoolgirl 女子生徒 / woman 大人の女性 / boy 男の子.
2 [形容詞的に] **女子の**: a ～ student 女子学生.
3 [C] [しばしば所有格とともに] **娘** (daughter): This is *my* little ～. これはうちの娘です. [関連] boy 息子. **4** [the ～s] (女性の)女友達たち; [C] [所有格の後で] 《古風》=girlfriend 1. **5** [C] 《古風》女の使用人; 女子従業員. [語法] office ～ (女子事務員), sales*girl* (女店員)のように普通は合成語として用いるが, 性差別語として反発する人もある (☞ gender [文法] (2)). **6** [C] [差別] (大人の特に若い)女性; [複数形で呼び掛けで] [S] みなさん 《女性が同年代(以下)の女性に対して用い, 男性が用いると性差別的とされる》; [複数形で] [しばしば滑稽] お嬢さん, ねえちゃん《市の売り子・芸人などの女性に対する呼び掛け》. **7** [C] (動物の)雌; [形容詞的に] 雌の; [呼び掛けで] おまえ. [語源] 中(期)英語では男女の別なく「若者」の意に用いられた. **My gírl.** [S] 《古風》 ねえ, 君《目下の女性に対する呼び掛け》. **(you) gó, gìrl!** [S] 《米略式》そのとおり[調子], いいぞ, がんばれ(女の子)《女性・女の子に対する賛同・励ましのことば》.
gírl Fríday [名] (複 **girls Friday, girl Fri·days**) [C] 忠実な女性の助手[部下].
***girl·friend** /gə́ːlfrènd | gə́ːl-/ [名] (**-friends** /-frèndz/) [C] **1** (男性が付き合っている)**女友達,** ガールフレンド; (男性にとっての)恋人; [婉曲] 愛人 (☞ lover [語法]): Tom took his ～ out on Saturday night. トムは土曜日の夜ガールフレンドを(デートに)連れ出した. [関連] boyfriend 男友達. **2** 女性同士の友達.
gírl guíde [名] [C] 《古風, 英》=guide 4.
Gírl Guídes [名] [the ～ として単数または複数扱い] 《古風, 英》=guide 5.
girl·hood /gə́ːlhʊ̀d | gə́ːl-/ [名] [U] 少女時代[期]; 少女であること: She spent her ～ in London. 彼女は少女時代をロンドンで過ごした. [関連] manhood 男性の成人時代 / womanhood 女性の成人時代 / childhood 子供時代 / boyhood 少年時代. **in one's gírlhood** [副] 少女時代に.
girl·ie /gə́ːli | gə́ː-/ [形] **1** [A] 《略式》(雑誌などが)女性のヌード写真を載せた. **2** [軽蔑] 女の子みたいな, かまとぶった. **3** [S] 女の子っぽい, 少女用の. **—** [名] [C] 《古風》[差別] おい, ねえちゃん《男が使う呼び掛け》.
girl·ish /gə́ːlɪʃ | gə́ːl-/ [形] 少女らしい, 少女のような; 少女向きの. **～·ly** [副] 少女らしく; 女の子のように. **～·ness** [名] [U] 少女らしさ.
gírl scòut [名] [C] 《米》ガールスカウト (Girl Scouts) [少女団]の一員 (《英》girl guide).
Gírl Scòuts [名] [the ～ として単数または複数扱い] 《米》ガールスカウト, 少女団 (《英》Girl Guides).
girl·y /gə́ːli | gə́ː-/ [形] =girlie.
gi·ro /dʒɪ́(ə)roʊ | dʒáɪ(ə)r-/ [名] (～**s**) 《英》 **1** [U] ジャイロ《ヨーロッパの郵便[銀行]振替制度》: pay by ～ ジャイロで払い込む. **2** [C] ジャイロ小切手《福祉給付金用》.
girt[1] [動] gird の過去形および過去分詞.
girt[2] /gə́ːt | gə́ːt/ [動] [他] 〈馬など〉に腹帯をつける.
girth /gə́ːθ | gə́ːθ/ [名] **1** [U,C] (木などの)周囲の寸法, 太さ; 《主に文》(人の)胴回りの寸法. **2** [C] (馬の)腹帯 (《米》cinch).
gis·mo /gízmoʊ/ [名] [C] =gizmo.
Gis·sing /gísɪŋ/ [名] [固] **George** ～ ギッシング (1857–1903)《英国の作家》.
gist /dʒíst/ [名] [the ～] 要点, 要旨: get [catch] *the* ～ *of* a story 話の要点をつかむ.
git /gít/ [名] [C] 《英俗》能なし, ばか.
gite /ʒíːt/ [名] [C] 《英》(フランスのバカンス用)別荘.
****give** /gív/ [動] (**gives** /～z/; 過去 **gave** /géɪv/; 過分 **giv·en** /gív(ə)n/; **giv·ing**) [他]

基本的には「与える」の意.	
① 与える	1, 2, 3, 4
② 手渡す, 差し出す	5, 6
③ 示す, 伝える	7
④ (注意・関心を)向ける	8
⑤ (会を)催す	9
⑥ (動作・行為を)する	10

1 (ただで)〈…に〉〈—を〉**与える,** あげる, くれる, やる, 贈る, 〈名誉・権利など〉を授ける; 〈…〉を供給する (☞ gift 囲み): [言い換え] My aunt ***gave*** the doll ***to*** me. <V+O+*to*+名・代> =My aunt *gave* me the doll. <V+O+O> おばが私にその人形をくれた (☞ indirect object [文法] (1), to[1] 3 [語法]).

[語法] (1) 上の文を受身の文にすると次のようになる: The doll *was given* me by my aunt. (直接目的語を主語としたとき) / I *was given* the doll by my aunt. (間接目的語を主語としたとき)《★ 実際に用いられる文としては間接目的語を主語にするほうが普通; ☞ be[2] B [文法] (2) (i)》.
(2) 《英》では直接目的語の it が短い人称代名詞 me, him, her などの間接目的語とともに用いられるときはそれらの前に来ることが多い: I *gave it* him [her]. 私はそれを彼[彼女]にやった / G～ *it* me. それを私にください. 《米》では I *gave it to* him [her]. / *Give it to* me. というのが普通.

The widow has *given* all her husband's books *to* the city library. その未亡人は夫の本を全部市の図書館に寄贈した / This dam ～*s* (us) water and electricity. このダムは(私たちに)水と電気を供給してくれる.
2 (認めて)〈…〉を**与える,** 許す; 《略式》〈論点など〉を譲る, 〈…〉が事実であることを認める: Who *gave* them permission to go out? <V+O+O> 誰が彼らに外出許可を与えたのか / Please ～ me a chance to go abroad. 私に外国へ行く機会を与えてください / I'd ～

their marriage six months at (the) most. Ⓢ《略式》彼らの結婚はもってもせいぜい半年だろう.

リスニング

give の後に母音で始まる語が続くと, give の /v/ とその母音とが結合して「ヴァ」行の音に聞こえる. give up /gìvʌ́p/ は「ギヴァップ」, give us a chance /gívəsətʃǽns/ は「ギヴァサチャンス」と聞こえる.「ギヴ・アップ」,「ギヴ・アス・ア・チャンス」とは発音しない.

3 〈喜び・苦痛など〉を**与える**, 〈損害など〉をこうむらせる; 〈結果・効果など〉を生む, もたらす; 〈罰・課題など〉を課す**:** The results will ～ you satisfaction. <V+O+O> その結果はあなたを満足させるだろう / I wonder what *gave* you that idea? どうしてそんなふうに考えたの / The teacher *gave* us a lot of homework. 先生は私たちに宿題をたくさん出した.
4 Ⓢ (…と引き換えに)〈物〉を**与える**, 売る; 〈金〉を**支払う** (pay)**:** She ***gave*** me the hat ***for*** ten dollars. 彼女は10 ドルでその帽子を譲ってくれた《★ 次と比較せよ: She ***gave*** me ten dollars ***for*** the hat. <V+O+O+*for*+名・代> 彼女はその帽子を 10 ドルで買ってくれた》/ I ***gave*** one thousand pounds ***for*** this picture. <V+O+*for*+名・代> 私はこの絵に 1 千ポンド払った /「How much [What price] did you ～ *for* the piano? いくらでそのピアノを買ったの / I'd ～ anything [a lot, the world, my right arm, my eyeteeth] *for* the position. その地位が得られるなら何でもするよ.
5 〈…〉を**手渡す** (hand over); 〈…〉を**預ける**, 引き渡す, 委託する; 〈薬〉を処方する**:** She *gave* him a package to mail. <V+O+O> 彼女は郵便で出すように彼に小包を渡した / He ***gave*** his baggage ***to*** a porter. <V+O+*to*+名・代> 彼はポーターに手荷物を預けた.
6 〈…〉を(**差し)出す**; [受身なし] 〈手など〉を差し伸べる**:** She *gave* us our coffee. <V+O+O> 彼女は私たちにコーヒーを出してくれた / The girl got up and *gave* him her hand. 少女は立ち上がって彼に手を差し出した.
7 〈…〉を**示す** (show), 提示する; 〈…〉を**伝える**, 述べる; (人に)〈病気〉を移す**:** ～ one's opinion 意見を述べる / G～ us a better example. <V+O+O> もっとよい例をあげてくれ / The list of candidates *was given* in yesterday's newspaper. <V+O の受身> 候補者一覧はきのうの新聞に載っていた / [言い換え] Don't ～ the baby your cold. = Don't ～ your cold ***to*** the baby. <V+O+*to*+名・代> 赤ちゃんにかぜを移さないように.
8 〈注意など〉を**向ける**, 〈信頼〉を寄せる; 〈時間・生命など〉を当てる, ささげる**:** G～ the brakes special attention. <V+O+O> ブレーキに特に注意せよ / He ***gave*** his life ***for*** his country. <V+O+*for*+名・代> 彼は国のために命をささげた.
9 〈会など〉を**催す**, 開く (hold); 〈演技など〉を演ずる, 行なう**:** I'll be *giving* a party tomorrow evening. あすの晩パーティーを開きます / G～ us a song! <V+O+O> 私たちに一曲歌ってよ.
10 [動作を表す名詞を目的語として]〈動作〉をする, 〈声など〉を出す; (…に)〈行為〉を行なう**:** She *gave* a cry of pain. 彼女は苦痛の叫び声をあげた《次と比較: *have* a (good) cry (思う存分)泣く》/ The car *gave* a jolt and stopped. 車はがたんと揺れて止まった / She *gave* her child a kiss. <V+O+O> 彼女は子供にキスした / I *gave* the door a push. 私はドアをひと押しした.

[語法] (1) He *gave* a jump. は「彼は(思わず)跳び上がった」の意で, この場合 give は意図的でない動作を表わす. 一方, He *took* a jump. は「彼は(意図的に)跳び上がった」の意で, take は普通意図的行為を表わす.
(2)「(ある行為を)される」意の get の用法と比較: A car *gave* him a bad knock. 車が彼にひどくぶつかった / He *got* a bad knock from a car. 彼は車にひどくぶつけられた // The teacher *gave* him a good scolding. 先生は彼をひどくしかった / He *got* a good scolding from the teacher. 彼は先生にひどくしかられた.
[用法注意!] この意味では間接目的語を <*to*+名・代> の形にすることはできない. 例えば Tom *gave* a push *to* the door. は誤り.

コーパス・キーワード

「give (+名・代)+動作名詞」のいろいろ《☞ corpus》
(1) <V+O (+*of*+名)>**: gíve a gróan** うめく / **gíve a sígh of relíef** ほっとため息をつく / **gíve a (fríendly) smíle** (親しげに)にっこりする / **gíve a yáwn** あくびをする / **gíve a yéll** 大声を張り上げる.
(2) <V+O+O>**: gíve him a cáll** [《英》**ríng**] 彼に電話をする / **gíve the róom a góod cléaning** 部屋をよく掃除する / **gíve her a bíg húg** 彼女をぎゅっと抱き締める / **gíve the báll a (hárd) kíck** ボールを(強く)ける / **gíve … a nód** …にうなずく / **gíve him a pínch on the chéek** 彼のほおをつねる / **gíve Bíll a ríde [líft] (hóme)** ビルを(家まで)車に乗せてやる / **gíve her a fríendly wínk** 彼女に親しげなウインクを送る
[語法] 一般に次の意味特徴がある ((i), (ii) は (2) のみ). (i) 人の行なう意図的動作, (ii) 間接目的語で表わされる人・物への働きかけ, (iii) 長時間にわたらない動作.

11 (電話を)〈…〉につなぐ**:** Could you ～ me Miss White, please? ホワイトさんにつないでくださいませんか.
12 〈…に〉〈判決など〉を言い渡す**:** The judge *gave* him life. 裁判官は彼に終身刑を言い渡した. **13** [目的語+to 不定詞を伴って; しばしば受身で]《格式》〈人〉に…させる**:** We *are given to* believe that she will resign. 私たちは彼女が辞任すると思っている / ☞ give … to understand (that) — (understand 成句). **14**《格式》(乾杯のあいさつで)〈人々に〉〈…〉のための乾杯を提案する; 〈聴衆などに〉〈来賓など〉を紹介する**:** Ladies and gentlemen, I ～ you the couple. みなさん, お二人のために乾杯[拍手]を. **15**〔数〕(計算の結果)〈ある数〉を出す**:** 72 divided by 8 ～*s* 9. 72 割る 8 は 9. **16**《古風》〈…との間に〉〈子〉を生む**:** She *gave* him two sons. 彼女は彼との間に 2 人の男の子をもうけた.
— [自] **1** (金・品物を)与える, やる, 寄贈する**:** She ～*s* freely [generously]. 彼女は気前よく人に物[金]を与える / Our country has to ～ ***to*** the Third World. <V+*to*+名・代> 我が国は第三世界に援助する必要がある. **2** (圧力などに)くずれる, つぶれる, へこむ, たわむ; 譲歩する; 心を開く; (戸などが)押すと開く**:** The ice *gave* under our feet. 氷は私たちの足もとから割れた / Something's got to ～. (緊張状態が爆発して)ひどいことになるに違いない, このままではすまない / Someone's got to ～ on this point. この点でだれかが譲らねばならない. **3** [命令文で] (知っていることを)言う. **be gíven to …** ☞ given [形] 2. **Dón't gìve me thát.** Ⓢ《略式》うそつけ, 信じないよそんなこと. **gíve and táke** [動] [自] (同等の条件で)やりとりをする, 譲り合う, 妥協し合う; (友好的に)話し合う《☞ give-and-take》. **gíve as góod as one géts** [動] [自]《略式》(相手に)負けずにやり返す. **gíve it to … (stráight)** [動] [他] Ⓢ《略式》(1) …をしかりとばす; 殴る. (2) (いやなことを)はっきり言う**:** G～ *it to* me *straight*. (遠慮せずに)はっきり言ってくれ. **Gíve me ….** Ⓢ (1) (電話で)〈…〉につないでください《☞ [他] 11》. (2)《略式》私は〈…〉のほうがよい**:** G～ *me* Chopin (any time [day]). ショパンがいちばんいい[聞きたい]. **gíve onesèlf to …** [動] [他] (1) =give oneself up to … (1)《☞ give

up (句動詞) 成句). (2) 《古風》(女性が)(男性に)体を許す. **gíve or táke ...** …(ほど)前後[増減, 上下]しても: It will be finished by 2005, ～ *or take* a year. それは 1 年ほど前後しても 2005 年までには終了するだろう. **gíve ... whát fór** [動] [他] 《古風, 略式》〈…を〉しかりつける, 懲(こ)らしめる. **I'll [I] gíve you thát,** Ⓢ それはそうだ[認める]が…: He's old, *I* [*I'll*] ～ *you that*, but he's very tough. Ⓢ 彼は年を取っていることは認めるよ. しかしなかなか丈夫だ. **Whát gíves?** Ⓢ 《略式》(驚きを示して)どうしたんだ.

give の句動詞

***gíve awáy** [動] [他] **1** (気前よく)〈…〉を**与えてしまう**, 寄付する; 〈賞・景品など〉を渡す, 配る (*to*) <V+名・代+*away* / V+*away*+名>: She *gave away* all her party dresses. 彼女は自分のパーティー用の服を全部人にやってしまった. **2** 〈秘密・手品の種など〉を(故意または偶然に)明かす, 漏らす; 〈人〉を裏切る, 密告する (*to*). **3** (物事が)〈…〉の正体を明らかにする. **4** (結婚式で)〈花嫁〉を花婿に引き渡す. **5** 〈好機・勝利など〉を逃す. **gíve onesèlf awáy** [動] [自] 正体[馬脚]を現わす.

gíve báck** [動] [他] (持ち主に)〈…〉を**返す**, 戻す (return); 回復[取り戻]させる <V+名・代+*back* / V+*back*+名>: *G*～ the camera ***back to me if you aren't going to use it. 使わないのならそのカメラを返してくれ / I hope the summer vacation will ～ me *back* my health. 夏休みでまた健康を取り戻せるだろう.
— [自] (お礼の)お返しをする (*to*).

gìve ín** [動] [自] **降参する**, 屈する; 折れて(相手・希望などに)従う, (感情などに)負ける: We will never ～ ***in to the hijackers' demands. 我々は乗っ取り犯たちの要求には屈しない. — [他] 《英》(―に)〈…〉を提出する, 差し出す (hand in) (*to*).

gíve of ... [動] [他] 《格式》(時間・金など)を惜しみなく与える: ～ *of* oneself (人に)身をささげる.

***gìve óff** [動] [他] 〈煙・熱・光など〉を**発する**, 出す: Roses ～ *off* a sweet smell. ばらは香りがよい.

gíve ònto [on] ... [動] [他] 《格式》(窓・戸などが)…に面する, 通じる.

***gìve óut** [動] [他] **1** 〈用紙・本・ビラなど〉を**配る**, 分配する, 〈助言など〉を与える <V+*out*+名 / V+名・代+*out*>: ～ *out* the test papers 試験問題を配る / They are 「*giving out* food [*giving* food *out*] *to* the homeless. 彼らは家のない人たちに食料を配っている (☞ the[1] 3). **2** 〈煙・におい・光・音など〉を発する (give off). **3** [しばしば受身で] 〈…〉を公表する (publish), 発表する: It *was given out that* the president was ill. 大統領の病気が公表された. — [自] (食料・燃料・力などが)尽きる, なくなる (run out); (エンジンなどが)動かなくなる, 止まる: The car stopped when the gas *gave out*. ガソリンがなくなると車は止まってしまった / After I had run five miles, my legs *gave out* (*on* me). 5 マイル走ったら足が動かなくなった.

gìve óver [動] [他] **1** (管理してもらうために)〈…〉を渡す, 預ける; 譲る: He *gave* his art collection *over to* Mr. Long for safekeeping. 彼は保管のために自分の美術収集品をロングさんに預けた. **2** [しばしば命令文で] Ⓢ 《英略式》やめる (stop) (do*ing*). — [自] [しばしば命令文で] Ⓢ 《英略式》やめる: Do *give over*! やめろ.
gíve onesèlf óver to ... [動] [他] =give oneself up to ... (☞ give up 成句). **gíve ... óver to —** [動] [他] (1) [普通は受身で] 《格式》〈場所・時間など〉を(ある用途・目的)に当てる: This evening will *be given over to* dancing. 今夜は最後までダンスで過ごすことになるだろう. (2) 〈生涯など〉を—にささげる.

gìve úp** [動] [他] **1** 〈習慣など〉を**やめる** (stop); 〈…〉を**断念する** <V+*up*+名>: ～ *up* the idea of (going to) college 大学進学を断念する / You'd better ～ ***up smok*ing*. たばこをやめなさい / They didn't ～ *up* hope. 彼らは望みを捨てなかった.
2 〈病人など〉をあきらめる, 見放す; 〈…〉は来ないものとあきらめる (☞ abandon 類義語) <V+名・代+*up*>: He has been *given up* by the doctors. 彼は医者たちに見放された / You mustn't ～ him ***up for*** [***as***] lost [dead]. 彼が行方不明[死んだ]とあきらめてはいけない.
3 〈犯人〉を**引き渡す**; 〈席など〉を(…に)**譲る**, 明け渡す: He ***gave*** himself ***up*** (***to*** the police). 彼は(警察へ)自首した. **4** 〈子供・恋人など〉との関係を絶つ; 〈仕事など〉をやめる, 放棄する. **5** 《略式》=give up on (成句). **6** 〈…〉を(…に)ささげる, 当てる (*to*).
— [自] (解けない[やれない]として)あきらめる, 断念する, 降参する: Don't ～ *up*! Try again. あきらめるな, もう一度やってみろ / I ～ *up*. Ⓢ 降参 《クイズに答えられないときなど》. **gìve it úp for ...** [動] [他] Ⓢ 《略式》(人)に大きな拍手を送る. **gíve onesèlf úp to ...** [動] [他] (1) …にふける, 熱中する; …に身をささげる. (2) (感情など)に身をゆだねる (☞ [他] 3). **gìve úp on ...** [動] [他] (1) …にもはや期待しない, 見切りをつける. (2) (人)の生存をあきらめ(て捜索をやめ)る.

— [名] [U] 弾力性; (人の)順応性.

gíve-and-gó [名] [C] 《米》〘バスケ・ホッケー〙ギブアンドゴー(プレー)《パスしたあと, 直ちにネットやゴールの方にカットインして, リターンパスを受けるプレー》.

gíve-and-táke [名] [U] 《略式》(公平な条件での)やりとり, 交換; 妥協 (compromise) (☞ give and take (give [動] 成句)); (両者の)譲り合い.

+**gíve·awày** [名] 《略式》 **1** [a ～] (正体・本音などを)うっかりもらして[ばらして]しまうもの, 動かぬ証拠: The expression on his face was *a* dead [clear] ～ that he was guilty. 彼の表情から彼にやましいところがあることがわかった. **2** [C] (販売促進用の)景品, おまけ, 無料サンプル. **at gíveaway príces** [副] ただ同然で.

gíve·bàck [名] 《米》 [C] **1** 既得権返還《組合が賃上げなどと引換えに既得権を放棄すること》. **2** 割戻金.

‡giv·en /gív(ə)n/ [動] **give の過去分詞**. — [形] **1** [A] 決められた, 一定の, 与えられた: at any ～ time いつ(いかなる時)でも / We gathered at the ～ time and place. 私たちは決められた時間に決められた場所へ集まった. **2** [P] 《格式》(…に)ふけって, …しがちで: He is ～ *to* drinking. 彼は酒をよく飲む. **táke ... as gíven** [動] [他] 〈…〉を前提[確かなこと]として考える. — [前] もし…があれば; …を考慮に入れれば: *G*～ health, nothing is impossible. 健康さえあれば不可能なものはない. — [接] もし…と仮定すれば: *G*～ *that* the radius is 4 ft, find the circumference. 半径を 4 フィートとすると円周はいくらか. — [名] [C] 既知のもの[条件], 前提条件.

gíven náme [名] [C] 《主に米》(姓に対して個人の)名 (☞ name [参考] (1)).

+**giv·er** /gívə | -və/ [名] [C] 与える人, 贈与者; [前に形容詞をつけて] 与えるのが…の人 (*to*): He is a *generous* ～. 彼は人に気前よく物[金]を与える人だ.

giv·ing /gívɪŋ/ [形] やさしい, 思いやりのある.

Gi·za /gíːzə/ [名] [固] ギザ《エジプト Cairo 付近の, Nile 川に臨む町; ピラミッドとスフィンクスで知られる》.

giz·mo /gízmoʊ/ [名] [C] 《略式》ちょっとした装置[仕掛け], 何とかいう物, あれ; 小道具.

giz·zard /gízəd | -zəd/ [名] [C] 砂嚢(さのう), 砂ぎも《鳥の第 2 胃袋》. **stíck in ...'s gízzard** [動] 《やや古風》=stick in ...'s throat (3) (☞ throat 成句).

Gk. [略] =Greek.

gla·cé /glæséɪ | glǽseɪ/ 《フランス語から》 [形] [A] (果物などが)砂糖の衣をかけた.

+**gla·cial** /gléɪʃəl/ [形] **1** 氷の; 氷河(期)の: the ～ period [epoch] 氷河期. **2** 非常に冷たい; 冷淡な. **3** (動きが)非常に遅い.

gla·cial·ly /ɡléɪʃəli/ 副 氷河作用で; 遅々として.
gla·ci·a·tion /ɡlèɪʃiéɪʃən/ 名 U 〖地質〗氷河作用.
gla·cier /ɡléɪʃə | ɡléɪsiə, ɡléɪ-/ 名 C 氷河.

*****glad**[1] /ɡlǽd/ 形 (**glad·der**, **more ~**; **glad·dest**, **most ~**; 動 **gládden**) **1** P うれしい, 喜ばしい 《反 sad》 (☞ pleased 囲み; happy 類語義); ありがたく思って: We were ~ *about* [*for*] the news. <A+*about* [*for*]+名·代> 私たちはそれを聞いて喜んだ / I'm very ~ *to* see you. <A+*to* 不定詞> あなたに会えて大変うれしい(よくおいでくださいました) (☞ to³ B 2) / I'm ~ (*that*) *nobody* won't hurt in the accident. <A+(*that*) 節> 事故でけがをしなくてよかったですね (☞ that² B 3 囲み) (言い換え) I'd be ~ *of* your help with these bags. <A+*of*+名·代> =I'd be ~ *if* you could help me with these bags. このかばんを運ぶのを手伝ってもらえるとありがたいのですが.

〖語法〗(1) この意味では glad だけ単独では用いず, 上の例文のように後に副詞句[節]が続く.
(2) I'm very *glad of seeing you*. のように glad of の後に動名詞を続けることはできない.

2 P [比較なし] (丁寧) 喜んで…する: I'd be (only too) ~ *to* help you. <A+*to* 不定詞> (とても)喜んでお手伝いします. 〖語法〗次のように独立しても用いる: 〖金屬〗 "Will you come with me?" "Sure. I'd be ~ to."「いっしょに来ませんか」「ええ, 喜んで」 (☞ ellipsis 文法(1)(iii)). **3** A (古風) (知らせなどが)喜ばしい, 楽しい; (表情などが)うれしそうな.

glad[2] /ɡlǽd/ 名 C (略式) グラジオラス (gladiolus).
glad·den /ɡlǽdn/ 動 (形) glad; (反) sadden 他 (古風) <人の心>を喜ばす.
glade /ɡléɪd/ 名 C 〖文〗林間の空き地.
glád hànd 名 [the ~] (うわべだけの)暖かい歓迎.
glád-hànd 動 (何か下心があって)<…>を大歓迎する. — 名 大歓迎する.
glad·i·a·tor /ɡlǽdièɪtə | -tə/ 名 C (古代ローマの)剣闘士(市民の娯楽のため他の剣闘士や猛獣と戦った).
glad·i·a·to·ri·al /ɡlædiətɔ́ːriəl⁻/ 形 剣闘(士)の; 論争を好む, 闘争的な.
glad·i·o·la /ɡlǽdióʊlə/ 名 C =gladiolus.
glad·i·o·lus /ɡlædióʊləs/ 名 (複 **glad·i·o·li** /-laɪ/, **~·es**, (米) **~**) C グラジオラス 《球根植物》.
glád·ly 副 (反 sadly) 喜んで; うれしそうに: I will come ~. 喜んで伺います.
glád·ness 名 U (反 sadness) 喜び, うれしさ.
glád ràgs 名 [複] (古風, 略式) 晴れ着, 一張羅(いっちょうら).
Glad·stone /ɡlǽdstoʊn | -stən/ 名 C グラッドストン・バッグ (まん中から両側に開く旅行かばんの一種).
Glad·ys /ɡlǽdɪs/ 名 グラディス 《女性の名》.
glam /ɡlǽm/ 名 U, 形 (略式) = glamor(ous).
glam·or /ɡlǽmə | -mə/ 名 (米) = glamour.
glam·or·i·za·tion /ɡlæmərɪzéɪʃən | -raɪz-/ 名 U 魅力的にすること, 美化.
glam·or·ize /ɡlǽmərɑ̀ɪz/ 動 他 <人·物>に魅力を添える; (軽蔑) <物>を美化する.
*****glam·or·ous** /ɡlǽm(ə)rəs/ 形 (名 glámour) (人·物事が)魅力のある; 華やかな, 魅惑的な, 色っぽい: a ~ actress 魅力的な女優. **~·ly** 副 魅惑的に.
glam·our /ɡlǽmə | -mə/ 名 U (形 glámorous) (うっとりとさせる)魅力, 魔力; 華やかさ (*of*). **2** (特に女性の)性的魅力. 〖語法〗(米) でも glamor より glamour とつづるほうが普通. — 形 A = glamorous.
glámour gìrl [**bòy**] 名 C 魅力的[セクシー]な若い女性[男性]. 〖英比說〗日本語でいう「グラマー」のように胸の豊かさだけをさす意味はない.
glámour-pùss 名 C (俗) 魅惑的な顔だちの人 (特に女性).

*****glance** /ɡlǽns | ɡlɑ́ːns/ 動 (**glanc·es** /~ɪz/; **glanced** /~t/; **glanc·ing**) 自 **1** [副詞(句)を伴って] ちらっと見る, ひと目見る; ざっと読む: She ~d *back*. <V+副> 彼女はちょっと振り返って見た / (言い換え) He ~d *at* her face. <V+前+名·代> (=He had [took] a glance at her face.) 彼は彼女の顔をちらりと見た / He ~d *over* [*at*, *through*] the letter. 彼は手紙をざっと見た / She ~d *down* the schedule. 彼女は(手元の)時間割を見た. **2** きらりと光る (*off*, *on*). **glánce óff** 動 (球·打撃などが)当たってそれる, かする. **glánce òff …** 動 他 (球·打撃などが)…に当たってそれる, …をかすめる: The blow ~d off his shoulder. その一撃は彼の肩をかすめた.

— 名 (**glanc·es** /~ɪz/) C **1** ちらっと見ること, ざっと目を通すこと, ひと目, 一見 (☞ 類義語): exchange ~s 視線を交わす / steal a ~ at / A ~ *at* his face showed that he was sick. 彼の顔をちらっと見ただけで彼が病気であることがわかった. **2** (文) 閃光(せんこう), きらめき.

at a glánce 副 ひと目で: I could see *at a* ~ that they were in love. 二人が愛しあっているということがひと目でわかった.
at first glánce 副 一見したところ[最初の印象]では.
gíve … a glánce 動 他 <人>をちらりと見る.
tàke [**hàve**, **shóot**, **cást**, **thrów**] **a glánce at …** 動 他 …をちらりと見る: The man *took* a *quick* ~ *at* the clock. 男は時計をちらっと見た.

〖類義語〗**glance** 名詞としては, 何かの方向にちらっと目を向けることで, give, cast, take, throw などの動詞と結び付く: He gave me a suspicious *glance*. 彼は疑い深い目でちらっと私の方を見た. **glimpse** glance した結果ちらっと見えた不完全な光景や姿などの意で, catch, get, have などの動詞と結び付く: I caught a *glimpse* of the lake on the way. 途中で湖の(一部)がちらっと見えた.

glanc·ing /ɡlǽnsɪŋ | ɡlɑ́ːns-/ 形 A (打撃が)かすめた, それた: a ~ blow かすめた[軽い]一撃. **~·ly** 副 (打撃が)かすめて; (言及が)それとなく.
*****gland** /ɡlǽnd/ 名 (**glands** /ɡlǽndz/) C 〖解〗腺(せん): a lymph ~ リンパ腺 / sweat ~s 汗腺.
glandes 名 glans の複数形.
glan·du·lar /ɡlǽndʒʊlə | -dʒʊlə/ 形 [普通は A] 腺(のような), 腺のある.
glándular féver 名 U (英) 〖医〗腺熱(せんねつ), 単核症.
glans /ɡlǽnz/ 名 (複 **glan·des** /ɡlǽndiːz/) C 〖解〗亀頭.

*****glare** /ɡléə | ɡléə/ 動 (**glares** /~z/; **glared** /~d/; **glar·ing** /ɡlé(ə)rɪŋ/) 自 **1** (怒って)にらみつける: He ~d *at* me. <V+*at*+名·代> 彼は私をにらみつけた. **2** [副詞(句)を伴って] ぎらぎら光る, まぶしく輝く: The summer sun ~d *down on* us. <V+副+前+名·代> 夏の太陽がぎらぎらと我々に照りつけた. **3** (誤りなどが)ひどく目立つ. — 他 <憎悪·敵意など>を表してにらむ.
gláre defiance at … 動 他 …を挑むようににらみつける. — 名 **1** U [しばしば the ~] まぶしい光, ぎらぎらする光; けばけばしさ: *the* ~ *of* the sun ぎらぎらする日光. **2** C 怒った顔[目つき]. **in the** (**fúll**) **gláre of publícity** 副·形 (特に好ましくないことで)世間[マスコミ]の注目を浴びて.
gláre ìce 名 U (米) (表面が鏡のように)なめらかでつるつるの氷, 鏡氷.

gláre scrèen 图C 反射防止スクリーン《目の疲労の軽減にコンピューターの画面に装着するフィルター》.

+**glar・ing** /gléǝriŋ/ 形 **1** [普通は A][軽蔑](欠点などが)目立つ, はなはだしい: a ~ mistake ひどい誤り. **2** ぎらぎら輝く, まぶしい; (色などが)けばけばしい. **3** にらみつけるような. **~・ly** 副 はなはだしく; ぎらぎら輝いて.

Glas・gow /glǽskou, -gou | glɑ́ːzgou/ 图 グラスゴー《英国 Scotland 南部の都市; ☞ city 表, 裏地図 D 4》.

glas・nost /glǽsnoust | -nɔst/ 《ロシア語から》图 U グラスノスチ, 情報公開.

****glass** /glǽs | glɑ́ːs/ 图 (~・es /-ɪz/; 形 glássy) **1** U ガラス: a sheet [pane] of ~ ガラス 1 枚 / This bottle is made of ~. このびんはガラス製だ.

―――― glass 1 のいろいろ ――――
cút gláss カットガラス / fíbergláss 繊維ガラス / gróund gláss すりガラス / pláte gláss (上質の)板ガラス / sáfety gláss 安全ガラス / shéet gláss 板ガラス / stáined gláss ステンドグラス

2 [形容詞的に] **ガラスの**, ガラス製の: a ~ bottle ガラスびん / a ~ eye 義眼 / a ~ house ガラスの家《☞ house¹ 1 最後の例文》. **3** C [しばしば合成語で] **コップ**, グラス. 参考 普通は冷たい飲み物を入れる ☞ cup 参考; milk 日英比較: a brandy ~ ブランデーグラス / Take care not to break the ~es. コップを割らないように注意しなさい. 関連 wineglass ワイングラス / mug マグ, ジョッキ.

―― コロケーション ――
clink glasses （乾杯で)グラスをカチッと鳴らす
empty [**drain**] one's glass グラスを空ける
fill [**refill**] a glass with ... グラスに…を(再び)注ぐ
put down one's glass グラスを置く
raise [**hoist**] one's glass (**to** ...) ⓢ (…のために)乾杯のグラスを持ち上げる[掲げる]

4 C コップ[グラス] 1 杯分 (glassful): He drank three ~es of milk. 彼はミルクを 3 杯飲んだ《☞ piece 語法》. **5** [複数形で] ☞ glasses. **6** [単数形で] 窓ガラス; [古風]鏡; [the ~] (英古風)晴雨計(の気圧で); magnifying glass. **7** U ガラス器類: ~ and china ガラス器と陶器類. **8** [単数形で] (額縁・警報器・時計などの表面の)ガラスのカバー).
ùnder gláss 副 (英)温室で, フレームで.
― 動 他〈…にガラスをはめる (in, over).

Glass /glǽs | glɑ́ːs/ 图 圈 Philip ~ グラス (1937-)《米国の minimalism の作曲家》.

gláss・blòwer 图C ガラス吹き工[職人].

gláss céiling 图C [普通は単数形で]ガラスの天井《特に女性に対する無形の昇進差別》: She hit the ~ in her company. 彼女は会社で昇進差別にあった.

gláss clòth 图C ガラス器用ふきん; U ガラス織物.

gláss cùtter 图C ガラス切り《用具および職人》.

glássed-ín 形 A (サンルームなど)ガラス張りの.

***glass・es** /glǽsɪz | glɑ́ːs-/ 《複数》 gloss, grass/ 图[複] **1** めがね: a pair of ~ めがね 1 個《この形では単数扱い》/ dark ~ サングラス (sunglasses) / take off one's ~ めがねをはずす / Does your father wear ~? あなたのお父さんはめがねをかけているの《☞ wear 表》/ He puts on (his) ~ when he reads. 彼は本を読むときめがねをかける《☞ put on (put 句動詞)表》. **2** 双眼鏡

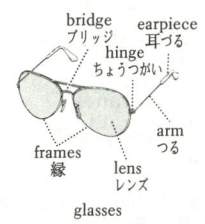

(field glasses); オペラグラス (opera glasses).

gláss fìber 图 **1** U =fiberglass. **2** C ファイバー[スパン]グラス《加熱して引き伸ばしたもので, ガラス細工などに用いる》.

gláss・fùl /glǽsfùl | glɑ́ːs-/ 图C コップ[グラス] 1 杯(の量) (glass): 「a ~ [two ~s] of water コップ 1 杯[2 杯]の水.

gláss・hòuse 图 (-hous・es /-hàuzɪz/) **1** C (主に英)(大きな)温室 (greenhouse). **2** [the ~] (英略式)軍刑務所. **3** C ガラス工場.

gláss jàw 图C (特にボクサーの)弱いあご; ノックアウトパンチに弱いこと: have a ~ すぐにノックアウトされる.

gláss・pàper 图 U (ガラス粉を塗布した)紙やすり; ガラス紙《ガラス繊維製》. ― 動 自 他〈…)紙やすりをかける.

gláss・wàre 图 U ガラス製品類, ガラス食器類.

gláss wóol 图 U ガラス綿《ろ過・絶縁用など》.

glass・y /glǽsi | glɑ́ːsi/ 形 (glass・i・er, -i・est; 图 glass) **1** ガラス状の; (水面が)鏡のようにきらきら輝く. **2** (目などが)とろんとした, どんよりした.

glássy-èyed 形 とろんとした目をした.

Glas・we・gian /glæswíːʤən, glæz- | glɑ́ːz-/ 形 图C グラスゴー (Glasgow) の(市民[出身者]).

glau・co・ma /glaukóumə, glɔː-/ 图 U 緑内障.

glau・cous /glɔ́ːkəs/ 形[植] 薄灰[青]色の; 薄灰[青]色で白粉をふいた.

***glaze** /gléɪz/ 動 他 **1** 〈焼き物〉に上薬をかける; 〈食べ物〉につや[照り]をつける (over; with). **2** 〈…〉にガラスをはめる. **3** 〈道路など〉に薄氷を張らせる. ― 自 **1** (目などが)とろんとする (over). **2** C,U 〈焼き物の〉つや出し, 上薬; (絵画などの)上塗り(剤). **2** C,U (パイなどの)照り, グレーズ. **3** C つやのある表面. **4** C 薄氷.

glazed /gléɪzd/ 形 **1** ガラスをはめた. **2** 上薬をかけた, つやをつけた. **3** (目が)生気のない, とろんとした.

gla・zier /gléɪʒɚ | -zɪə/ 图C ガラス屋(人).

glaz・ing /gléɪzɪŋ/ 图 U **1** ガラス取付け工事. **2** (窓用)ガラス. **3** 上薬.

***gleam** /gliːm/ 動 (gleams /~z/; gleamed /~d/; gleam・ing) 圁 **1** (暗い中で)光る, ほのかに光る; きらめく: We saw a lighthouse ~ing in the distance. 遠くで灯台が光っているのが見えた. **2** [副詞(句)を伴って](感情が)(目や顔に)さっと浮かぶ, ひらめく; (目・顔などが)(感情で)輝く, 光る: Pleasure ~ed in her eyes.= Her eyes ~ed with pleasure. 喜びの輝きが彼女の目にあらわれた.

― 图(~・s /~z/) C **1** (暗い中の)光; かすかな光; 閃光(ｾﾝｺｳ): the ~ from a distant lighthouse 遠くの灯台の光 / the ~ of dawn 暁の微光. **2** [単数形で](希望などの)光, (機知などの)ひらめき: a ~ of hope かすかな望み.
a gléam in ...**'s éye** (1) (ある人が秘かに目論見としての)…の目のきらめき. (2) …が心中ひそかに[漠然と]期待をかけている人[もの]. (3) ⓢ (…から見ると)まだ生まれていない子供; ほんの若造.

gleam・ing /gliːmɪŋ/ 形 (きらりと)光る.

+**glean** /gliːn/ 動 他 **1** [格式]〈情報など〉を(苦労して)拾い集める: ~ facts from books から事実を拾い集める. **2** 〈落ち穂〉を拾う. ― 自 落ち穂を拾う.

glean・er /gliːnə | -nə/ 图C 落ち穂拾い(人): The G~s『落ち穂拾い』《ミレー (Millet) の絵》.

glean・ings /gliːnɪŋz/ 图[複] (丹念に集めた)資料[情報], 拾遺集; 拾い集めた落ち穂.

glebe /gliːb/ 图 **1** C (英)[宗] 教会の所有地. **2** [the ~] (古語) 大地, 土地.

***glee** /gliː/ 图 **1** U 歓喜 (joy) (at) 《時に他人の不幸・失敗を喜ぶことを指す》: laugh with ~ 大喜びして笑う. **2** C 三声[四声]の合唱曲.

glée clùb 图C (米)(男声)合唱団, グリークラブ.

+**glee・ful** /gliːf(ə)l/ 形 大喜びの, うれしそうな, 愉快な.

-ful・ly /-fəli/ 副 大喜びで.

glen /glén/ 名 C 峡谷, 谷間(特にスコットランドとアイルランドのものをいう).

Glenn /glén/ 名 John H(er・schel) /hɚ́ːʃəl | hɑ́ː-/ ~, Jr. グレン(1921-)((米国最初の宇宙飛行士 (1962), 民主党連邦上院議員 (1975-99); スペースシャトルで再び宇宙飛行 (1998))).

glib /glíb/ 形 (glib・ber; glib・best) [軽蔑] 1 (人が)口の達者な. 2 (ことばなどが)口先だけの; 調子のよい. ~・ly 副 ぺらぺらと. ~・ness 名 U 口のうまさ.

*glide /gláɪd/ 自 [しばしば副詞(句)を伴って] 滑る, 滑るように進む[飛ぶ]; 滑走する (on; across, over); グライダーで滑空する; (鳥が翼を動かさずに)滑空する(☞ slide 類義語): Skiers ~d down the slope. スキーヤーたちが斜面を滑り下りた. glíde bý 自 (文)(時などが)経過する. — 名 C 1 滑り, 滑走, 滑空. 2 〖楽〗スラー (slur). 3〖音声〗わたり音.

*glid・er /gláɪdɚ | -də/ 名 C グライダー: ☞ hang glider.

glid・ing /gláɪdɪŋ/ 名 U グライダー飛行.

glim・mer /glímɚ | -mə/ 名 C 1 かすかな光, 微光; 点滅する光: the first ~ of dawn 暁の最初の微光. 2 (感情などの)かすかなしるし: a ~ of hope かすかな望み. — 動 (-mer・ing /-m(ə)rɪŋ/) 自 1 ちらちら光る, 点滅する; かすかに光る[輝く]: the lights ~ing in the distance 遠方でちらちら光っている明かり. 2 (文)(感情が)(目や顔に)かすかに表われる.

glim・mer・ing /glím(ə)rɪŋ/ 名 C [しばしば複数形で] =glimmer 1, 2.

*glimpse /glím(p)s/ 名 (glimps・es /~ɪz/) C ちらりと見る[見える]こと, 一見(☞ glance 類義語); 短い経験 (into): a ~ of the new China 新しい中国をかいま見ること / Let me have a quick ~ at your newspaper, please. ちょっと君の新聞を見せてくれませんか. cátch [gèt, hàve] a glímpse of ... 動 他 ...が ちらりと見える: We caught [got, had] a ~ of the castle from the window of our train. 列車の窓からその城が一瞬目に入った. — (glimps・es /~ɪz/; glimpsed /~t/; glimps・ing) 他 (...)がちらりと見える; (主に文)(...)を少し知る, かいま見る: I ~d the robber as he fled. 強盗が逃げるのをちらっと見た.

glint /glínt/ 動 自 きらめく, きらきら光る; (目がある感情を表わして)光る (with); (光が)反射する (off, on). — 名 C きらめき; (ある感情を示す目の)光: There was a ~ of anger in his eyes. 彼の目に怒りの(色)がちらりと見えた[浮かんだ].

glis・sade /glɪsɑ́ːd, -séɪd/ 名 C 〖登山〗グリセード(ピッケルで制動しながら降りること); 〖バレエ〗グリセード(足を滑らせること). — 動 自 グリセードで下る; グリサードで踊る.

glis・san・do /glɪsɑ́ːndoʊ | -sǽn-/ 名 (複 glis・san・di /-diː/, ~s) C 〖楽〗グリッサンド(指を滑らせるように奏すること). — 副, 形 グリッサンドで(演奏する).

*glis・ten /glís(ə)n/ 自 (濡れた物などが)きらきら光る: Her eyes ~ed with tears. 彼女の目は涙で光っていた.

glitch /glítʃ/ 名 C (略式)(機械などの)軽い故障, (計画などの)つまずき; (電流の異常による)誤信号.

*glit・ter /glítɚ | -tə/ 動 (glit・ters /~z/; glit・tered /~d/; -ter・ing /-ṭərɪŋ, -trɪŋ/) 自 (星や金(%)がぴかぴか光る, きらきら輝く; (目が)(感情で)輝く 言い換え Stars were ~ing in the night sky. = The night sky was ~ing with stars. <V+with+名・代> 夜空には星がきらきら輝いていた. 言い換え All that ~s is not gold. = All is not gold that ~s. (ことわざ) 光るものが必ずしも金ではない(☞ partial negation 文法). — 名 1 U きらめき, 輝き: the ~ of the jewels 宝石の輝き. 2 U きらびやかさ, 華麗; 派手さ. 3 U 小さな輝く装飾品. 4 [単数形で](感情を示す目の)輝き.

glit・te・ra・ti /glìṭərɑ́ːṭi/ 名 [the ~; 複] [しばしば軽蔑] (華やかな)有名人たち(俳優・歌手など). 語源 glitter と literati の混成語.

*glit・ter・ing /glíṭərɪŋ, -trɪŋ/ 形 A ぴかぴか光る, きらきら輝く; (経歴などが)輝かしい. ~・ly 副 華麗に.

glíttering príze 名 C 輝く栄冠, 最高の地位.

glit・ter・y /glíṭəri/ 形 (略式)きらきら輝く; すばらしい.

glitz /glíts/ 名 U (略式)華やか, けばけばしさ, 派手さ.

glitz・y /glítsi/ 形 (glitz・i・er; -i・est) (略式)きらびやかな, けばけばしい.

gloam・ing /glóʊmɪŋ/ 名 [the ~] 《文》たそがれ(時).

*gloat /glóʊt/ 自 [軽蔑] 満足そうに眺める, ほくそえむ; いい気味だと思って見る (over, about). — 名 [単数形で] にんまり眺めること; ほくそえむこと (over).

gloat・ing・ly /glóʊṭɪŋli/ 副 満足そうに.

glob /glɑ́b | glɔ́b/ 名 C (略式)小滴, (丸い)塊.

*glob・al /glóʊb(ə)l/ 形 1 形 (globe) 1 地球(規模)の, (全)世界的な (worldwide): ~ travel 世界旅行 / a ~ war 世界戦争 / a ~ depression [problem] 全世界的な不況[問題] / The energy crisis is ~. エネルギー危機は世界的だ / ☞ global village. 2 (格式)全体[包括]的な: take a ~ view of ... ...を全体的に見る. 3 球形[状]の. 4 〖電算〗システム[プログラム, ファイル]全体の.

glob・al・is・m /glóʊbəlìzm/ 名 U 地球全体を考慮に入れる政策[見方], グローバリズム.

glob・al・ist /glóʊbəlɪst/ 名 C 地球全体を考慮に入れる人. 形 地球全体を視野に入れた.

glob・al・i・za・tion /glòʊbəlɪzéɪʃən | -laɪz-/ 名 U 地球規模化, 世界化.

glob・al・ize /glóʊbəlàɪz/ 動 他 (...)を全世界に広める; (産業など)を地球規模化する. — 自 世界[地球]規模化する.

glob・al・ized /glóʊbəlàɪzd/ 形 地球規模化した.

glob・al・ly /glóʊbəli/ 副 1 地球全体に, 全世界的に: Temperatures have been lower than usual ~. 地球全体として気温が例年より低かった. 2 全体的に, 包括的に.

Glóbal Posítioning Sỳstem 名 U [その機械をさすときは C] 全地球測位システム(衛星からの電波で自らの位置を確認するシステム, 略 GPS).

glóbal víllage 名 [the ~] [主に新聞で] 地球村(通信・交通手段の発達で村のように情報がすみずみまで行き渡り, 狭くなった世界).

*glób・al wárm・ing /glóʊb(ə)lwɔ́ːmɪŋ | -wɔ́ːm-/ 名 U 地球温暖化(greenhouse effect によるもの).

*globe /glóʊb/ 名 (複 ~s /~z/; 形 glóbal) C (~s /~z/) 1 地球儀: The teacher turned the ~ and pointed to Iceland. 先生は地球儀を回してアイスランドを指した. 2 [the ~] (主に文)地球(☞ world 類義語): travel (all) around the ~ 世界一周旅行をする / Let's eliminate nuclear weapons from the ~. 地上から核兵器をなくそう. 関連 hemisphere 半球. 3 (主に文)球, 球体 (ball); 天体, 天球. 4 (主に文)球形のガラス器(電球・金魚鉢など).

glóbe árti・choke 名 C =artichoke 1.

glóbe・fish 名 (複 ~, ~・es) C ふぐ (puffer).

Glóbe Théatre 名 [the ~] グローブ座, 地球座(1599 年 London に建てられた Shakespeare 劇の初演劇場; 1997 年に復原).

glóbe-tròtter 名 C (略式)世界各地を旅行する人.

globe-trot・ting /glóʊbtrɑ̀ṭɪŋ | -trɔ̀t-/ 形 (略式) U 世界各地を旅行すること. 形 世界各地を旅行する.

glob・u・lar /glɑ́bjʊlɚ | glɔ́bjʊlə/ 形 球状の, 球形の; 小球体から成る.

glob・ule /glɑ́bjuːl | glɔ́b-/ 名 C (液体などの)小球体, 小滴, つぶ.

glob·u·lin /glábjʊlɪn | glób-/ 图 U 〖生化〗グロブリン（単純蛋白質の一群の称）,（特に）血清グロブリン.

glock·en·spiel /glákənspìːl | glók-/ 图 C グロッケンシュピール, 鉄琴《旋律打楽器》.

glogg /glɑ́g/ 图 C《米》グロッグ《ブランデー・アーモンド・レーズンを加えたホット赤ワイン》.

glom /glám | glɔ́m/ 動（**~s; glommed; glom·ming**）他 〈…〉をかっぱらう. ― 自（…に）くっつく;《考え・流行など に》かぶれる（*onto*）.

*__gloom__ /glúːm/ 图 形 glóomy, 動 1《主に文》薄暗, 薄暗さ: in the gathering ~ 夕闇迫る中で.
2（心の）憂鬱(ﾕｳ); 陰気;《場所・状況の》暗さ: an atmosphere (full of) ~ and doom 暗く絶望的な雰囲気 / She fell into ~. 彼女は意気消沈した. **cást a glóom òver ...** 動 他《格式》〈人〉に悲しみをもたらす;〈物事〉に暗い影を落とす.

gloom·i·ly /glúːmɪli/ 副 陰気に; ふさぎ込んで.

gloom·i·ness /glúːmɪnəs/ 图 U 陰気（さ）, ふさぎこみ.

*__gloom·y__ /glúːmi/ 形（**gloom·i·er** /-miə | -miə/; **gloom·i·est** /-mɪɪst/; 比較）1 憂鬱(ﾕｳ)な, ふさぎ込んだ, 悲観的な: a ~ prospect 暗い前途 / He felt ~ *about* the future.〈A+*about*+名・代〉将来のことを思うと彼は憂鬱だった.
2 薄暗い, 陰気な;〈空・天候など が〉暗い雲でおおわれた: a ~ room [house] 薄暗い部屋［家］.

gloop /glúːp/ 图 U《英略式》=glop.

glop /glɑ́p/ 图 U《米略式》どろっと［ねちょっと］したもの; まずい食べ物.

glop·py /glɑ́pi | glɔ́pi/ 形（**glop·pi·er; glop·pi·est**）《米略式》どろっとした,〈食べ物が〉まずい.

Glo·ri·a /glɔ́ːriə/ 图 固 グローリア《女性の名》.

glo·ri·fi·ca·tion /glɔ̀ːrəfɪkéɪʃən/ 图 U 美化, 称賛, 賛美《神の栄光をたたえること》（*of*）.

glo·ri·fied /glɔ́ːrəfàɪd/ 形 美化された: His "villa" is only a ~ cabin. 彼の「別荘」は小屋をよく言ったものにすぎない.

*__glo·ri·fy__ /glɔ́ːrəfàɪ/ 動（**-ri·fies; -ri·fied; -fy·ing**）他（图 glóry）1〔しばしば軽蔑〕〈…〉を（実際以上に）立派に見せる, 美化する. 2《文》〈人の行為など〉を称賛する,〈神〉の栄光をたたえる;〈神〉の栄光を称える.

*__glo·ri·ous__ /glɔ́ːriəs/ 形（图 glóry）1 栄光ある; 光り輝く, 華々しい; 荘厳な, 神々しい: a ~ hero 誉れ高き英雄 / a ~ triumph 華々しい勝利.
2 すばらしい, 見事な,〈天気が〉暖かくて快晴の;《略式》とても楽しい: It was a ~ morning. すばらしい朝だった / We had a ~ time. すてきなひとときでした. 3 A《皮肉に》ひどい: a ~ mistake 見事な誤り. **~·ly** 副 光り輝くように, 華々しく; 見事に, すばらしく.

Glórious Revolútion 图 [the ~]《英史》名誉革命（1688–89年に James 2世を追放し William 3世と Mary 2世の共同統治を開始）.

*__glo·ry__ /glɔ́ːri/ 图（**glo·ries** /-z/; 形 glórious, 動 glórify）1 U 栄光, 栄華, 誉れ: to the (greater) ~ of ...《格式》…の（一層の）栄誉のために / win [achieve] ~ 栄誉を得る / get all the ~ 栄誉を独り占めする / bask [bathe] in ...'s reflected ~ （身近な人の）栄誉に七光［浴する,（人の）功績のおかげで自分も鼻が高い.
2 U 栄華, 全盛,（繁栄の）絶頂: ancient Rome in its (former) ~ 全盛期の古代ローマ.
3 C〔しばしば複数形で〕誇りとなるもの: one of the *glories* of English literature 英文学の偉業の1つ / Winning that prize was the crowning ~ of her life. その賞を獲得したことは彼女にとってこの上ない栄誉だった. 4 U 壮観, 美観: the ~ of the setting sun 落日の壮観 / Niagara Falls in all its ~ ナイアガラの滝のすばらしい全景［絶景］. 5 U《文》（神に対する）賛美, 感謝: give ~ to God 神をたたえる. **be cóvered in [with] glóry**＝**cóver onesèlf with glóry**

[動]自 栄光に輝く. **Glóry (bé)!**《古風》これは驚いた. 由来 Glory be to God を短縮したもの. **gó to glóry** 動〔古風〕婉曲 天国へ行く, 死ぬ. **in (áll) one's glóry** 形 得意の絶頂の［で］（⇨2, 4）. ― 動（**-ries; -ried; -ry·ing**）次の成句で. **glóry in ...** 動 W《文》…に大喜びする;〈他人の不幸・苦しみなど〉を（見て）喜ぶ.

glóry dàys 图 複〔主に新聞で〕（過去の）栄光の時代, 絶頂［全盛］期.

glóry hòle 图 C《略式》がらくたをしまう部屋［棚］.

*__gloss__[1] /glɑ́s, glɔ́ːs | glɔ́s/ 图 1 U または a ~〕つや, 光沢;［形容詞的に］光沢（仕上げ）の: a ~ finish 光沢仕上げ（⇨ mat[2]）. 2 U または a ~〕見かけのよさ, 見せかけ. 3 U〔しばしば合成語で〕光沢を与えるもの（⇨ lip gloss）; =gloss paint. **pùt a glóss on ...** 動 他 (1)〈…〉につやをかける. (2) 〈…〉のうわべを飾る. **take the glóss òff ...** 動 他 …の興をそぐ. ― 動 他〈…〉に光沢をつける. **glóss óver** 動 他 (1)〈…〉をうまく言い逃れる, 取り繕う. (2)〈…〉に目をつぶる.

gloss[2] /glɑ́s, glɔ́ːs | glɔ́s/ 图 C 1（巻末などの）語句注解, 注釈（*on*）. 2 説明; 解釈（*on*）. ― 動 他〈…〉を注解する,〈…〉に注釈を加える.

glos·sa·ry /glɑ́s(ə)ri, glɔ́ːs- | glɔ́s-/ 图（**-sa·ries**）C 本の巻末の用語集;〈術語など〉の小辞典.

gloss·i·ness /glɑ́sɪnəs, glɔ́ːs- | glɔ́s-/ 图 U つややかさ; 体裁のよさ.

glos·so·la·li·a /glɑ̀səléɪliə, glɔ̀ː- | glɔ̀s-/ 图 U 異言(ｹﾞﾝ)（を語る［力］）, 舌がかり《宗教的興奮［恍惚(ｺｳｺﾂ)]に伴うわけのわからない発語［能力］》;《聖》異言の賜物(ﾀﾏﾓﾉ) 《gift of tongues (gift 成句)》.

glóss páint 图 U つや出しペンキ.

*__gloss·y__ /glɑ́si, glɔ́ːs- | glɔ́s-/ 形（**gloss·i·er; -i·est**）光沢［つや］のある;〈雑誌などが〉光沢仕上げの;〔軽蔑〕見かけのよい. ― 图（**gloss·ies**）C 1《主に英》=glossy magazine. 2 光沢仕上げの写真.

glóssy magazíne 图 C《主に英》豪華雑誌《つや出し上質紙を用いた》;《米》slick.

glot·tal /glɑ́tl | glɔ́tl/ 形 声門の;《音声》声門音の. **關連**《音声》声門音（[h]）.

glóttal stóp 图 C《音声》声門閉鎖音（[ʔ]）.

glot·tis /glɑ́tɪs | glɔ́t-/ 图 C《解》声門.

Glouces·ter /glɑ́stə, glɔ́ː- | glɔ́stə/ 图 固 グロスター《英国 England 南西部の都市; ⇨ 裏地図 E6）.

Glouces·ter·shire /glɑ́stəʃə, glɔ́ː- s- | glɔ́stəʃə/ 图 固 グロスターシャー《Gloucester を州都とする州》.

*__glove__ /glʌ́v/《発音》（颯音 grab）图 C 1〔普通は複数形で〕手袋《普通5本の指の部分が分かれもの》: a pair [two pairs] of ~s 1組[2組]の手袋 / rubber [leather] ~s ゴム［革］手袋 / Put on ~s. 手袋をはめなさい / He is wearing ~s. 彼は手袋をはめている（⇨ put on (put 句動詞表, wear 表) / Take off your ~s. 手袋をはずしなさい. **關連** mitten 二またの手袋.
2《野》グローブ;《ボク》グラブ (boxing glove): The ball popped out of the third baseman's ~. ボールは三塁手のグローブからこぼれた. **關連** mitt ミット. **fít (...) like a glóve** 動 自（…が）〈人〉にぴったりと合う. **take the glóves òff**＝**tàke óff the glóves** 動 自（争いなどで）本気になる.《⇨ 1 最後の例文》. **The glóves are óff.** 《争いなどで》本気でやるつもりで, 容赦しないぞ. ― 動 他《米》〈…〉をグローブで捕る.

glóve compàrtment [bòx] 图 C（自動車のダッシュボードにある）小物入れ.

gloved /glʌ́vd/ 形〔普通は A〕（手が）手袋をした.

glóve pùppet 图 C《英》=puppet 2.

*__glow__ /glóʊ/《颯音》grow）動（**glows /~z/; glowed /~d/; glow·ing**）自 1（炎・煙を出さずに）真っ赤に焼ける;（燃えるように）輝く: The hot iron ~ed red.＜V

+C(形)> 熱い鉄は赤く輝いていた / The western sky ~**ed** with color. <V+with+名> 西の空は真っ赤に輝いていた / Lights were still ~*ing* in several rooms at 3 a.m. 午前3時でも明かりがともっている部屋がいくつかあった.
2 (ほおが)紅潮する;(運動の後などで体が)ほてる;(激情などで心が)燃える: She ~*ed* with pleasure. <V+with+名> 彼女は喜びで紅潮した.
— 名 [単数形で] **1** 白熱, 赤熱;燃えるような色: the red ~ *of* a sunset 真っ赤な夕焼け.
2 [しばしば a ~] (ほおの)赤らみ;(体の)ほてり: *a* ~ *of* excitement on the boy's cheeks 興奮している少年のほおの紅潮 / He was all in *a* ~ after his hot bath. 彼はふろ上がりで体がぽかぽかしていた. **3** 熱情,(感情の)高まり;満足感: feel the ~ *of* love 愛の喜びを感じる.

glow·er /ɡláuə | ɡláuə/ 動 (**-er·ing** /ɡláu(ə)rɪŋ/ 自) しかめっ面をする,(怖い顔で)にらむ (*at*) (⇨ **frown** 類義語). — 名 [単数形で] 怖い顔, にらむこと.

glow·er·ing /ɡláu(ə)rɪŋ/ 形 A W 空 **1** (空などが)雲行きの怪しい. **2** (顔つきなどが)にらみつける. ~**·ly** 副 しかめっ面をして,(怖い顔をして)にらんで.

*glow·ing /ɡlóuɪŋ/ 形 **1** (普通は A) (ことばなどが)熱烈な, ほめそやすような: speak *warmly* [well] *of* ... in ~ terms [colors] …を絶賛する. **2** 白熱している, 真っ赤な. **3** (色などが)燃えるような, 鮮やかな. **4** ほてっている,(ほおが)紅潮している. ~**·ly** 副 真っ赤に輝いて;熱烈に.

glow-in-the-dark /ɡlóuɪnðədɑ́ək, -dá:k/ 形 (ボールなどが)暗いところで光る.

glów·wòrm 名 C つちぼたる. 関連 firefly ほたる.

glu·ca·gon /ɡlú:kəɡɑ̀n | -ɡɔ̀n/ 名 C 生化 グルカゴン(膵臓(ポ)から分泌されるホルモン).

+**glu·cose** /ɡlú:koʊs/ 名 U **1** 化 グルコース, ぶどう糖. **2** 水あめ.

***glue** /ɡlú:/ 類形 grew) (~**s** /~z/; 形 ɡlúey) U C 接着剤, のり, にかわ;(人などを)結びつけるもの: stick two sheets of paper together with ~ 2枚の紙をくっつける / sniff ~ 接着剤をかぐ, シンナー遊びをする.
— 動 (**glues** /~z/; **glued** /~d/; **glu·ing, glue·ing**) 他 **1** ⟨…⟩を接着剤でつける, のり[にかわ]でつける: He ~*d* two pieces of wood *together*. <V+O+*together*> 彼は2つの木片を接着した / G*~* it *to* [*onto*] the box. <V+O+*to* [*onto*]+名・代> それを箱にのりでくっつけなさい. **2** [(be) ~*d* to ...として] (はげ式) …にくっついたままで(ある), …に注意を集中して(いる): *be* ~*d to* the spot (驚いたりして)身動きできない / 言い換え Her eyes *were* ~*d to* the TV. = She had her eyes ~*d to* the TV. 彼女の目はテレビにくぎづけだった.

glúe èar 名 U (英) 医 かわ耳(中耳の感染症のため, 耳管が閉塞している状態).

glúe snìffer 名 C シンナー遊びをする人.

glúe snìffing 名 U シンナー遊び.

glu·ey /ɡlú:i/ 形 (**glu·i·er; -i·est**) のり[にかわ]のような;粘りつく;のり[にかわ]を塗った.

glug /ɡlʌ́ɡ/ 動 (**glugged; glug·ging**) (略式) 自 (液体が)ごぼごぼと音をたてる. — 他 ⟨…⟩をごぼごぼと注ぐ;ごくごく飲む.

+**glum** /ɡlʌ́m/ 形 (**glum·mer; glum·mest**) むっつりした, ふさぎ込んだ. ~**·ly** 副 むっつりとして.

+**glut** /ɡlʌ́t/ 名 C [普通は a ~] (供給)過剰, 過多 (*of*).
— 動 (**gluts; glut·ted; glut·ting**) 他 [しばしば受身で] (商品などを)⟨…⟩に過度に供給する (*with*). **glút oneself with** [**on**] ... …をたらふく食べる.

glu·tám·ic ácid /ɡlu:tǽmɪk-/ 名 U 生化 グルタミン酸.

glu·ta·mine /ɡlú:təmìn/ 名 U 生化 グルタミン.

glu·ten /ɡlú:tn, -tɪn/ 名 U 化 グルテン (小麦などに含まれる粘着性のたんぱく質).

glu·ti·nous /ɡlú:tənəs/ 形 粘着性の, 粘つく.

glut·ton /ɡlʌ́tn/ 名 C **1** (軽蔑) 大食家. **2** (略式) (仕事などを)あきずにする人, …好き: *a* ~ *for* work 仕事の鬼. **a glútton for púnishment** 名 (自虐的と思えるほど)苦痛[苦労]をいとわない人, 頑張り屋.

glut·ton·ous /ɡlʌ́tənəs/ 形 (軽蔑) 大食いの, 食い意地の張った. ~**·ly** 副 たらふく.

glut·ton·y /ɡlʌ́təni/ 名 U (格式) (軽蔑) 大食, 暴飲暴食.

glyc·er·in(e) /ɡlís(ə)rɪn/ 名 U グリセリン.

glyc·er·ol /ɡlísərɔ̀:l | -rɔ̀l/ 名 U = glycerin(e).

gly·co·gen /ɡláɪkədʒən/ 名 U 生化 グリコーゲン.

Glynde·bourne /ɡláɪndbɔ̀ən/ 名 グラインドボーン (南英で夏に催すオペラフェスティバル).

GM[1] /dʒì:ém/ 形 A 遺伝子組み換えの (genetically modified の略): ~ foods 遺伝子組み換え食品.

GM[2] /dʒì:ém/ 名 = general manager, General Motors, (英) George Medal.

***gm.** /ɡrǽm/ 略 グラム (gram(s)).

G-man /dʒí:mæ̀n/ 名 (**G-men** /-mèn/) C (古風, 米) ジーメン (FBI の捜査官; Government man の略).

GMAT /dʒí:èmǽt/ 略 = Graduate Management Admissions Test 経営大学院入学適性試験.

Gmc = Germanic.

GMO /dʒì:èmóʊ/ 名 (~**s**) C 遺伝子組み換え植物 [動物] (genetically modified organism の略).

***GMT** /dʒì:èmtí:/ 略 グリニッジ標準時 (Greenwich Mean Time) (⇨ UTC).

gnarl /nɑ́əl/ 名 C 木のこぶ, 節(た).

gnarled /nɑ́əld/ 形 **1** (木が)節だらけの[こぶだらけの]. **2** (手・指が)節くれだった;しわだらけの.

gnarl·y /nɑ́əli/ 形 **1** = gnarled. **2** (S) (米俗) ひどい, やっかいな;とてもいい, すばらしい.

gnash /nǽʃ/ 動 [しばしば滑稽] 歯ぎしりする. **gnásh one's téeth** 動 [しばしば滑稽] 歯ぎしりして怒る[悔しがる].

gnat /nǽt/ 名 C ぶよ.

gnaw /nɔ́:/ 動 他 ⟨…⟩をかじる, 繰り返しかじる (*away*); かじって⟨穴⟩をあける: Rats ~*ed* a hole *in* [*through*] the wall. ねずみが壁をかじって穴をあけた. — 自 **1** かじる;すり減らす (*away*; *at*, *on*). **2** 苦しめる (*away*; *at*).

gnaw·ing /nɔ́:ɪŋ/ 形 A (苦痛などが)食い入るような, じわじわとこたえる;絶え間ない.

gneiss /náɪs/ 名 U 鉱物 片麻岩.

***gnome**[1] /nóʊm/ 名 C **1** 地の精 (地中の宝を守ると信じられていたしわだらけの老人の小人);地の精の像 (庭に置く). **2** (略式) 金融の専門家.

gnome[2] /nóʊm/ 名 C (文) 金言, 格言 (maxim).

gno·mic /nóʊmɪk/ 形 A (文) 寸言的な;含みのある.

***GNP** /dʒí:ènpí:/ 略 国民総生産 (gross national product) (⇨ GDP).

gnu /n(j)ú:/ 名 (複 ~**s**) C ヌー, うしかもしか (南アフリカ産の草食獣).

GNVQ /dʒì:ènvì:kjú:/ 略 = General National Vocational Qualification (英国の)一般職業資格.

gnome

***go**[1] /ɡóʊ/ (同音 (米) Gogh; 類形 goat) 動 (**goes** /~z/; 過去 **went** /wént/; 過分 **gone** /ɡɔ́:n, ɡɑ́n | ɡɔ́n/; **go·ing**) 自 ★ went については ⇨ **wend** 参考.

基本的には「話し手のいる所から去って行く」という意味 (⇨ **1** 語法) (反) come).

① 行く; 進む	1
② 去る	2, 7
③ 到達する	3
④ (ある場所に)置かれる	4
⑤ (ある状態に)なる, (ある状態で)ある	5, 6
⑥ 進行する	8

1 [普通は副詞(句)を伴って] **行く,** 出かける ([反] come); 進む, 動く; Ⓢ トイレへ行く: I *went* there three years ago. <V+副> 私は3年前にそこへ行った / "Do you ***go to*** school by bus or on foot?" "I walk." <V+*to*+名>「学校へはバスなの, それとも歩いて行くの?」「歩いて行くよ」(☞ on foot (foot [名] 成句) [語法]) / She has ***gone to*** America. 彼女はアメリカへ行っている (☞ have gone to ... (gone 成句) (1)) / I have never *gone to* Australia. 《米》私はオーストラリアへ行ったことがない (☞ have gone to ... (gone 成句) (2)). [語法] go は話し手を中心に考えて,「...の方へ行く」という意味. 相手を中心とした話し方に用いる come との違いは ☞ come 2 [語法] // The car was *going* (at) 50 miles an hour. その車は時速 50 マイルで走っていた / You could *go* (a lot) further and fare (a lot) worse. 《ことわざ》(もっと)先へ行っても(もっと)悪くなるかもしれない(欲を出して危険を冒すよりも現状で満足した方がよい).

★「...しに行く」などの意の go for ..., go doing, go on ... については ☞ go for ... (句動詞), go doing (成句), go on ... (句動詞).

2 去る, 立ち去る (leave) ([反] come); 出発する, 行動を始める: I'm afraid I should [must] *go* [be *going*] now. もうおいとましなければなりません / Spring has *gone* and summer has come. 春が去り夏がやって来た / [言い換え] Ready, set [《英》steady], *go*!=One, two, three, *go*! 〘スポ〙位置について, 用意, どん!.

3 [進行形なし] [副詞(句)を伴って] (...に)至る, 到達する (*from*): Will this rope ***go to*** the bottom of the well? <V+*to*+名・代> このロープは井戸の底まで届くだろうか / His knowledge of law doesn't *go* very deep. 彼の法律の知識はあまり深くはない.

4 [進行形なし] [副詞(句)を伴って] (物が...に)**置かれる;** 入る, 納まる; (よく)合う: The bread ***goes on*** a small plate of its own. <V+前+名・代> パンは専用の小皿に置くんだ / "Where does this cup *go*?" "It ***goes in*** that cupboard."「このカップはどこに置くの」「あの食器棚に」/ This book is a little too big to ***go into*** my bag. この本は少し大きすぎてかばんに入らない.

5 (ある状態に)なる: He *went* red with anger. <V+C (形)> 彼は怒って真っ赤になった / He *went* gray [bald, blind]. 彼はしらが交じりになった[頭がはげた, 目が見えなくなった] / Eggs soon *go* bad in hot weather. 卵は暑いとすぐ腐る / Something *went* wrong with my watch. 私の時計はどこかおかしくなった. [語法] 普通はよくない状態になるときに用いる (☞ come 10 [語法]).

6 (ある状態で)ある, いつも...である; ...のままである (☞ come 10 [語法]): The people in that area used to *go* naked. <V+C (形)> その地域の人たちは昔は裸で暮らしていた / His efforts *went un*noticed. 彼の努力は気づかれずに終わった. [語法] 否定的意味の形容詞, 特に接頭辞 un- のつく過去分詞が補語になることが多い // ☞ go hungry (hungry 成句).

7 (人・物事が)**消え去る,** なくなる, 盗まれる; (時が)**過ぎ去る;** 廃止[放棄]される, 解雇される; だめになる, 崩れる, すり切れる; Ⓢ [婉曲] 死ぬ: I wish this pain would *go* (*away*). この痛みがとれるとよいのだが / All my money is [has] *gone*. 金はみんな(使って)なくなってしまった (☞ be² D, gone [形] 1) / Easy come, easy *go*. 《ことわざ》得やすいものは失いやすい(悪銭身につかず) / A vacation *goes* quickly. 休暇はすぐ過ぎる / His sight is *going*. 彼は視力を失いかけている / He's *gone*. 彼は死んで[いなくなって]しまった / These old chairs will *have to go*. この古いいすは処分する必要がある. [語法] 最後の例のような場合特に must, have to, can を伴う.

8 [副詞(句)を伴って] (物事が)**進行する;** 発展する, 展開する: [言い換え] *How* are things *going*?=*How*'s it *going*?=《古風》*How goes* it? Ⓢ 調子はどうだい / *How* did your interview *go*? 面接はどうだった.

9 (機械などが)動く, 作動する: The air conditioner is still *going*. エアコンはまだ動いている.

10 [副詞(句)を伴って] (...のように)動作をする; (...と)鳴く, 鳴る, (音を)立てる: The boy *went* like this with his head. その子はこんな風に頭を動かした / Cats *go* "meow." 猫は「にゃあ」と鳴く / "Bang!" *went* the pistol. ピストルが「ばーん」と鳴った. [語法] 以上 2 例の go, went は [他] ともとれる (☞ [他] 1) // There *goes* the bell. ほら鐘[ベル]が鳴っている. [語法] 主語は the bell (☞ inversion [文法] (1) (iii)).

11 [進行形なし] [副詞(句)を伴って] (文句・節などが)...となっている, ...と言われて[書かれて]いる: The tune *goes* (something) like this. メロディーは(大体)こんな具合だ / Practice makes perfect, as the saying *goes*. ことわざにも言うとおり習うより慣れよだ / The story *goes* (that) he ran away from home. 彼は家出したという話だ. [語法] この go は [他] ともとれる (☞ [他] 1).

12 (金・時間などが)使われる, 費やされる: All his money *went on* books. 彼はあり金をすべて本につぎ込んだ.

13 (手紙などが)発送される; (問題などが)提出される; (人に)渡る, (...の)ものとなる; (かぜなどが)うつる; 与えられる; (ある値段で)売られる (*at*): Are you sure the parcel *went* by special delivery? その包みが速達で出されたのは確かですか / All her money *went to* her nephew. 彼女の金はすべておいのものとなった / First prize *went to* Mary. 1 等賞はメアリーに与えられた / The car *went for* a good price. その車はよい値段で売れた.

14 [進行形なし] 《略式》認められる, 受け入れられる; 通用する, (...として)通る; 流布している: He *goes by* the name of ginger George. 彼は赤毛のジョージという名前で通っている / Anything *goes*. 何でもありだ / What(ever) she says *goes*. Ⓢ 彼女の言うことは何でも通る.

15 (手段などに)訴える: The two nations *went to* war. 両国は戦争を始めた.

16 [to 不定詞とともに] (...するのに)役立つ: This will *go to* prove her innocence. これは彼女の無実を証明するのに役立つだろう.

17 [副詞(句)を伴って] (ある金額を)支払う気がある (*to*).

— [他] [受身なし] **1** 〈音〉を出す (☞ [自] 10); Ⓢ 《略式》〈...〉と言う (直接話法の伝達動詞): Then he *goes*, "What for?" するとあいつ「なんで?」とくるんだ. **2** 《略式》〈金〉を払う (*for*); 賭ける (*on*); 〘トラ〙(ブリッジで)〈札〉を宣言する (bid). **3** 《略式》〈飲食物〉を楽しむ, 〈...〉が欲しい. **4** 《米》重さが...ある. **5** 〈道(筋)〉を行く, 進む. **6** 〈...〉に耐える.

as ... gò [**gòes**] 《略式》普通の...と比較すれば, ...並から言うと. [語法] 複数の名詞か [U] の名詞がこの句の主語になる: He's quite good, *as boys go*. 男の子としてはなかなか行儀がいい.

be góing [動] [自] (1) 行くところである; 行くつもりである: [言い換え] We'*re going* to the park.=We'*re going* to go to the park. 私たちは公園に行くところだ / We'*re going* to France this summer. 今年の夏はフランスへ行くことにしている. (2) 《略式》利用できる, 入手できる; 売られている (☞ going [形] 3): Are there any jobs *going*? 何か仕事がありますか / I'll have what'*s going*. あるもの[皆さんと同じ(食べ[飲み])もの]をください.

be gòing to dó ☞ going to の項目.

be góne ☞ gone [形].

Dòn't (èven) gó thère. Ⓢ その話はごめんだ.

gò ahéad ☞ ahead 成句.

gó and dó [動] Ⓢ (1) ...しに行く (go to do) (☞ and 9): *Go and* buy some bread. パンを買いに行って.

G

go

語法 (1)《略式》では go to buy ... というよりも普通の言い方．また命令文では *Go and buy* ..., あるいは《主に米》では *Go buy* ... のように言うのが普通．
(2)《略式》ではしばしば I'll *go see* ... の *and* を省略する: Somebody is at the door. I'll *go see* who it is. だれか玄関に来た．だれが来たか見てきます．
(3) 過去を表わすときは両方の動詞を過去形にするが，*and* は省略できない: He *went and saw her*. 彼は彼女に会いに行った．

(2)《略式》驚いたことに…(まで)する: You've really *gone and done it*. とんでもないことをしてくれたね．

gó ánywhere [動] 自 =get anywhere (anywhere 成句).

gó báckward ⇨ backward 成句.

gò fár [動] 自 (1) 遠く[へ]行く． (2) [普通は否定文で] (金・食物・衣服 *など*が)長くもつ，使いでがある (⇨ go a long way (way¹ 成句))． (3) 大いに役立つ[効果がある] (*to, toward*)． (4) 成功する．

gò dóing [動] 自 (1) …しに行く: We *went swimming* in the river. 私たちは川へ泳ぎに行った / Let's *go skating on* the pond. 池へスケートに行こう．
用法注意 *doing* の後の前置詞は方向を示す *to* ではなく場所を示す *on, in* などを用いる．特に娯楽や趣味で出かけるときにこの言い方をする．

コーパス・キーワード

go doing (1) のいろいろ (⇨ corpus)
gò bóating ボートこぎに行く / gò clímbing 登山に行く / gò híking ハイキングに行く / gò húnting 狩猟に行く / gò jógging ジョギングに行く / gò sáiling ヨット乗りに行く / gò shópping 買い物に行く / gò skíing スキーに行く

(2) …しながら行く[進む]: She *went home sobbing*. 彼女はすすり泣きながら家に帰った． (3) [否定の命令文で] ⓈⓉ (愚かにも)…してしまう，…をやらかす: Don't *go boasting* like that. そんな風に自慢するんじゃないよ．

gò hót and cóld [動] 自 (1) (病気で)体温が上下する． (2) どきっとする． (3) = blow hot and cold (blow¹ 成句).

gó it [動] 自《古風，英》猛烈に進む[やる]．

gò alóne [動] 自 独力でやる[始める]．

Gó, màn, gó!《略式》[ミュージシャンなどに呼びかけて] やれやれ，いけいけ．

gò tòo fár [動] 自 度が過ぎる，やり過ぎる．

to gó [形] [名詞の後につけて] (1) (時間・距離 *など*が)残されている，残りが…, あと…: We still have two years *to go*. あと2年ある． (2)《米略式》(店内などで飲食するのでなく)持ち帰りで: For here or *to go*? こちらでおめしあがりですか，それとも持ち帰りですか / Two hot dogs *to go*, please. ホットドッグ，2個持ち帰りで．

Where do we go from here? (事態打開のため)次はどう[何を]するのか．

go の句動詞

gò abóut [動] 自 1 歩き回る (walk about), 動き回る; (あちこちへ)旅行する． 2 = go around 1, 3, 4． 3《英》(船が)船首を回す．

***gó abóut ...** [動] 他《略式》 1 (仕事 *など*)をする，続ける: He *went about his job* as usual. 彼はいつものように仕事をした．
2 (物事)を始める，取りかかる: I'd like to open an account, but I don't know how to *go about* it. 口座を開きたいが，どうしていいかわからない．

gó abòut dóing [動] …し始める: I don't know how to *go about* opening a bank account. 私は銀行口座の開き方がどうにもわからない．

gó acróss [動] 自 横切る，横切って(…へ)行く (*to*).

***gó acróss ...** [動] 他 …を横切る，渡る: We *went across* the river by ferry. 連絡船で川を渡った．

gó áfter ... [動] 他 1 …の後を追う (follow): A squad car *went after his car*. パトカーが彼の車を追った． 2 (職・賞 *など*)を得ようとする; …を求める，探す． 3 (項目などで)順番が…の後にくる．

***gó agáinst ...** [動] 他 1 …に逆らう，反対する (⇄ go along with ...): I was *going against* my father's wishes when I became a teacher. 父の願いに反して私は教師になった．
2 (勝負 *など*が)…に不利になる: The game was *going against* us. 試合は我々に不利になっていた． 3 (事が)…に反する，合わない: Everything you said *goes against* common sense. 君の発言すべてが非常識だ．

***gó alóng** [動] 自 1 歩いて行く，進む; (会合 *など*へ)行く (*to*): Let's talk as we *go along*. 歩きながら話しましょう．
2 [普通は *as* の後に用いて] やっていく，計画にそって進める，続ける; [副詞(句)を伴って] (事が)進む: You'll be able to find your own way *as you go along*. やっていくうちに自分の道が見つかるでしょう / Everything is *going along* nicely. すべてうまくいっている．

gó alóng with ... [動] 自 1 …と協調する，…に従う; …に賛成する (*on*) (⇄ go against ...): I *went along with* the committee's decision. 私は委員会の結論に同調した． (2) …といっしょに行く; (物が)…に付随する: I *went along with* him as far as the station. 私は駅まで彼に同行した．

Gó alóng with you!《古風，英》ばか言え，まさか．

***gó aróund** [動] 自 1 [普通は進行形で] (うわさなどが)広まる，(病気 *など*が)はやる: There's a strange virus *going around*. 奇妙なウィルスがまん延している．
2 ひと回りする，(みんなに)行き渡る: Is there enough food to *go around*? みんなに行き渡るだけの食べ物がありますか． 3 (人と)出歩く，(異性と)付き合う (*together*): Meg has been *going around* with Tom lately. メグは最近トムと付き合っている． 4 動き回る，(…に)回り，…の状態でいる; (人・場所を)訪ねる; (曲などが)絶えず(頭に)浮かぶ: He *went around* in jeans. 彼はジーンズですごした / She *went around* telling lies about him. 彼女は彼についてでたらめをふりまいて回った / We *went around* to John's house after the game. 試合の後ジョンの家に寄った． 5 回転する． **Whát gòes aróund cómes aróund.** 悪い[良い]事をするとその報いがある．チャンスはまた巡って来る．

***gó aróund ...** [動] 他 1 …を回る，回って行く[行く]; …を包む: The earth *goes around* the sun. 地球は太陽の周りを回る． 2 [普通は進行形で] (うわさ・病気 *など*が)…に広がる[はやる]． 3 (ベルトが)…をひと回りする; (食べ物などが)…に行き渡る．

gó at ... [動] 他《略式》 1 …をせっせとやる，がつがつ食べる． 2 …に襲いかかる; …を(はげしく)非難する (*with*)． **gó át it** [動] 自《略式》激しくやり合う．

***gó awáy** [動] 自 1 立ち去る，(特に休暇で)出かける: *Go away* and leave me alone! あっちへ行って私をひとりにして / I'm *going away* to Karuizawa for a few days. 数日軽井沢へ出かけるつもりだ / Rain, rain, *go away*, Come again another day. Little Johnny wants to play. 雨，雨，行っちゃえ，また別の日に来てくれ．ジョニー坊やは遊びたい《英国の童謡集 *Mother Goose's Melodies* の歌》．
2 (痛み・問題 *など*が)(消えて)なくなる: My toothache has finally *gone away*. 歯痛がやっとおさまった． 3 …から逃げ出す[回避する]．

***gó báck** [動] 自 1 (家などに)帰る，後退する; (元の話題・習慣などに)戻る; (商品・本などが)返却される: He came here at ten and *went back* at eleven. 彼は10時にここに来て11時に帰った / Turn up the lights. I don't want to *go back* in the dark. 明かりをもっと強くしてくれ. 暗いなかを家に帰りたくない《米国の作家 O. Henry の臨終のことばとされる》/ He *went back to* studying after the program finished. 彼はその番組が終わると勉強に戻った / There's no *going back*. [S] もう後戻りはできないよ. **2** (…まで)さかのぼる: The story *goes back to* the sixteenth century. その話は 16 世紀までさかのぼる. **3** (時計が)(冬時間で)(1 時間)遅くなる. **4** (人と)(何年も)友人(どうし)である: John and I *go back* a long way. ジョンと僕は長いつきあいだ. **gó báck for …** [動] [他] …を取りに戻る. **gó báck on …** [動] [他] (約束)を破る; (人)を裏切る: He *went back on* his word. 彼は約束を破った.

gó befóre [動] [自] (物事が)先行する.

gó befòre … [動] [他] **1** …に先行する. **2** (裁判官)の前に出頭する; (問題などが)…に提出される.

gó behìnd … [動] [他] …(の後ろ)に隠れる.

gó betwèen … [動] [他] …の間に入る[置かれる]; …の間を往復する[通う].

gó beyónd … [動] [他] **1** …の範囲を越える: Don't *go beyond* your instructions. 与えられた指示を守れ. **2** …を越えて進む.

***gó bý** [動] [自] **1** (年月が)たつ: Three years have *gone by* since that incident. その事件から 3 年の歳月が過ぎた. [関連] bygone 過去の. **2** 通り過ぎる. **3** (機会・過失などが)見逃される: Why did you let such a good chance *go by*? どうしてそんな好機を見逃したのか.

****gó by …** [動] [他] **1** **…の前[そば]を通り過ぎる;** 《米》 …に立ち寄る: Bill has just *gone by* the window. ビルが今窓の横を通り過ぎた. **2** …に従って行動[判断]する; …に頼る: *go by* appearances 外見で判断する / There was no rule to *go by*. 頼るべき規則はなかった.

****gó dówn** [動] [自] **1** **降りる,** 下る ([反] go up); (…まで)行く, 至る: He *went down* ⌈in the elevator [by elevator]. 彼はエレベーターで(下に)降りた / The boys ***went down to*** the riverside. 少年たちは川岸まで降りた. **2** (物価・温度などが) **下がる** (*to*); (風などが)弱くなる; (明かりが)暗くなる ([反] go up): Prices will never *go down*. 物価は下がるまい / The temperature *went down* during the night. 気温は夜のうちに下がった. **3** (太陽・月が)**沈む** (set), (船が)沈む; (飛行機が)墜落する《☞ come down (come 句動詞) 1》: We must arrive at the village before the sun *goes down*. 日没前に村に着かねばならない / A jetliner ***went down in*** the mountains. ジェット機が山中に墜落した. **4** **低くなる, 倒れる:** She *went down* ⌈in a heap [with a bump]. 彼女はどっと[どすんと]倒れた / He *went down* on one knee. 彼は片ひざをついた. **5** [副詞(句)を伴って] (話などが)…に受け入れられる; 記憶[記録]される (*as*): His speech *went down* well [badly] *with* the audience. 彼の講演は聴衆の受けがよかった[悪かった]. **6** 質が低下する; (人・物が)評価が下がる (*in*). **7** (はれ・洪水などが)引く; (タイヤなどが)しぼむ: Has the swelling *gone down*? はれは引きましたか / The floods are *going down*. 大水は引いてきている. **8** (飲食物などが)のどを通る. **9** (試合で)(…に)敗れる; 下位(リーグ)に落ちる (*to*). **10** (コンピューターが)ダウンする; (機械が)故障する. **11** [S] 《略式》 (事が)起こる: What's *going down*? 調子はどう. **12** 南[《英》いなか]へ行く (*to, from*); 《古風, 英》 大学を離れる[去る] (*from*). **13** 《英俗》 投獄される. **gó dówn in …** [動] [他] (後世)に伝わる, (記録)に記される (*as*): Our victory will *go down in* history. 我々の勝利は歴史に残るだろう. **gó dówn in the wórld** [動] [自] 落ちぶれる. **gó dówn on …** [動] [他] 《卑》 …にオーラルセックスをする. **gó dówn to …** [動] [他] (期間・範囲などが)…まで及ぶ; (本が)…まで扱う. **gó dówn with …** [動] [他] 《英略式》 (病気)にかかる.

gó dówn … [動] [他] **1** …を下る; (通り・廊下など)を進む. **2** [S] 《英略式》 (店・パブなど)へ行く.

***gó for …** [動] [他] **1** …を取り[呼び]に行く; (活動)をしに出かける: Shall I *go for* the doctor? 医者を呼びに行きましょうか / We *went for* a swim [drive]. 水泳[ドライブ]に出かけた《☞ go doing (成句) (1)》. **2** …を支持する; …を選ぶ; 《略式》 …を好む: I don't *go for* jazz. 私はジャズは好きではない / I could [would] *go for* a drink. 1 杯やりたい. **3** …を目ざす, 得ようとする (go after …). **4** …に襲いかかる; (ことばで)…を攻撃する. **5** [S] (物事が)…に当てはまる: He'll have to rest, and that *goes for* you, too. 彼は休む必要があるが, それはあなたにも当てはまる. **6** [普通は have a lot [nothing, not much] going for one として] 有利である[ない], 強味がある[ない]. **7** …の目的に使われる; (…の程度に)役立つ: Half of my money *went for* food. 私の金の半分は食費に消えた / All his effort *went for* nothing. 彼の努力は全て水泡に帰した. **8** …で売られる《☞ [自] 13》. **Gó fòr it!** [S] 《略式》 それいけ, がんばれ.

gó fórward ☞ forward [副] 成句.

****gó ín** [動] [自] **1** **中へ入る** ([反] go out): Tom *went in* but I remained outside. トムは中に入ったが私は外にいた. **2** (栓・鍵(かぎ)などが)ぴったり納まる: This cork is too big; it won't *go in*. このコルクは大きすぎて(びんの口に)入らない. **3** (太陽・月が)雲に隠れる. **4** 理解される. **5** 〘クリケ〙 打席に入る.

gó ín for … [動] [他] (1) (趣味・仕事などとして)…をする; …(すること)に熱中する: What sports do you *go in for*? どんなスポーツをしますか. (2) (入院して治療)を受ける; 《英》 (試験)を受ける; (競走)に参加する: Ten people *went in for* the hurdles. 10 人が障害物競走に参加した. (3) 《英》 (職業)を志す.

gó ín with … [動] [他] …に加わる (join).

***gó in …** [動] [他] **1** (部屋など)に入る: Bob *went in* the restaurant. ボブはレストランに入った. **2** (栓・鍵(かぎ)などが)ぴったり…に合う.

****gò ínto …** [動] [他] **1** **…の中に入る,** (仕事・入院などで)…に入る《☞ [自] 4》: I *went into* the room. 私はその部屋に入った. **2** …を話題にする, 論じる; …を(詳しく)調べる: *go into* the question その問題を調べる / He didn't *go into* detail(s). 彼は詳細は言わなかった. **3** (仕事など)につく; (職業として)…に従事する: *go into* business 実業界に入る. **4** (精力・金・時間などが)…につぎ込まれる: Many years of work have *gone into* improving the dictionary. この辞書の改善[改訂]に多くの年数がかけられている. **5** (ある状態)になる; (行動)を始める: *go into* hysterics ヒステリーを起こす. **6** [進行形なし] (他の数)に含まれる, …を割れる: Three *goes into* six twice. 3 で 6 を割ると 2. **7** …に衝突する, ぶつかる. **8** 〘電算〙 (ファイルなど)を開く.

gó óff** [動] [自] **1** 立ち去る, 出発する; (郵便で)送られる; (俳優が)退場する: They've ***gone off to Italy ***for*** a vacation. 彼らはイタリアへ休暇に出かけた. **2** (爆薬などが)**爆発する,** (銃砲が)突然火を吹く; (警報器・目覚まし時計が)鳴り響く: The gun *went off* by accident. 銃が暴発した. **3** (明かりが)**消える;** (ガス・水道・暖房などが)止まる ([反] go on): The lights *went off* at eleven. 電灯は 11 時に消えた / The heater suddenly *went off*. 突然暖房が切れた. **4** [副詞(句)を伴って] (事が)運ぶ, 起こる: The conference *went off well* [*badly*]. 会議はうまくいった[いかなかった]. **5** 《英》 (食べ物などが)腐る. **6** 《英》 (質などが)落ちる. **7** [S] 《英》 寝入る. **8** 《英》 (痛みなどが)消える. **gó óff ìnto …** [動] [他] 急に…(の状

態)になる. **gó óff on …** [動] [他] 《米略式》…に怒りを爆発させる. **gó óff with …** [動] [他] 《略式》(1) …と駆け落ちする. (2) …を持ち逃げする.

gó óff … [動] [他] 《英略式》 **1** (飲食物など)をやめる, 断つ. **2** …に興味を失う, …が嫌になる.

gó ón [動] [自] **1** (先へ)**進む**; (話などを)続ける: Don't stop. Please *go on*. 止まらないで, 先へ進んで / *Go* straight *on* and you'll see a white building on your left. 真っすぐ行くと左に白い建物が見えます.
2 [普通は進行形で] (事件などが)**起こる**, (行事などが)行なわれる: What's *going on* here? 何事だ, どうしたんだ / Something secret *was going on* behind the scenes. 舞台裏で何か秘密のことが行なわれていた.
3 (時が)**経過する**: As time *went on*, he got worse. 時間がたつにつれて彼の容態は悪くなった.
4 [副詞(句)を伴って] 《略式》(行動などを)**続ける**, (好ましくない)態度をとり続ける; (…について)しゃべり続ける (*about*); 《英》(人に)小言を言い続ける (*at*): Your parents will be very sad if you *go on* like that. いつまでもそんなことをしているとご両親は悲しむでしょう.
5 (明かりが)つく; (ガス・水道などが)出る, (暖房などが)つく ([反] go off): The lights *went on* at seven. 電灯は7時についた / This heater won't *go on*. このヒーターはどうしてもつかない.
6 続く (continue): The bad weather *went on* for a long time. 悪天候が長く続いた. **7** [副詞(句)を伴って] 《英略式》(仕事などが)(うまく)進む; (人が)(うまく)やっていく (*with*). **8** (舞台・番組などに)出演する. **9** 〘スポ〙(試合に)補欠で出る.
be góing ón (for) … [動] [他] (ある年齢・時刻など)に近づく: He *is going on* (*for*) seventy. 彼はもう70歳になりかけている.
gó ón (ahéad) [動] [自] (人よりも)先に行く.
gó ón dóing [動] …し続ける: He *went on* danc*ing* for hours. 彼は何時間も踊り続けた.
gó ón to … [動] [他] …へ進む[移る]: Let's *go on to* the next lesson. 次の課へ進みましょう.
gó ón to dó [動] 次に…する: He *went on to* say that the problem was hard to solve. 彼はさらにことばを続けてその問題は解決が難しいと言った.
gó ón with … [動] [他] (一時中断の後)…を続ける: *Go on with* your work. 仕事を続けて.
Gó ón! Ⓢ さあさあ, がんばって; (じゃ)いいよ.
Gó ón (《古風》 with you)! Ⓢ 《英》 まさか, うそ.
to be góing ón with＝to gó ón with [形・副] [something, enough や金額などとともに] 《英略式》 さしあたりの用に(当てられる): I'll give you *something to be going on with*. さしあたり要るだけあげよう.

gó on … [動] [他] **1** (旅行など)に行く: I want to *go on* a trip [hike]. 私は旅[ハイキング]に出かけたい. **2** [普通は否定文・疑問文で] (話・証拠など)を頼りにする: The police don't have any leads to *go on*. 警察には頼りになるような手がかりがなかった. **3** (薬)の使用を始める. **4** (金が)…に使われる (☞ [自] 12). **5** (テレビなど)に出演する. **6** (乗り物など)に乗る.

gó óut [動] [自] **1** **出て行く**; (遊び・社交などのために)外出する; ([反] come in, go in) (☞ outside [副] [語法]): *go out* shopping 買い物に出かける / The boy *went out* to play. 少年は遊びに外へ出た / I'm just ***going out for*** my boy. 息子を迎えに出かけるところだ.
2 [しばしば進行形で] (異性と)**付き合う**, デートする (*with*; *together*): Steve has been *going out with* Jane for two years. スティーブはジェーンと2年間付き合っている.
3 (火などが)**消える**; (潮が)引く ([反] come in): The light *went out* suddenly. 急に明かりが消えた. **4** (物事が)すたれる. **5** 発送される; 《主に英》 放送[公表]される. **6** (敗れて)退場する (*of*); 《英》(…に)敗れる (*to*). **7** (金が)支出される. **8** ストをする. **9** [副詞(句)を伴って] 《文》(時が)過ぎる. **gó óut for …** [動] [他] 《米》(チーム)への入部[入団]を志願する, …の候補者となる. **gó óut to …** [動] [他] (1) (遠隔地)におもむく: They *went out to* India as missionaries in 1911. 彼らは1911年にインドに宣教師として出かけた. (2) (気持ちなどが)…へ向かう: My heart *went out to* the starving children in Africa. アフリカの飢えた子供たちを気の毒に思った.

gó óut of … [動] [他] **1** …**から出る**: Three women *went out of* the house. 3人の女がその家から出て行った. **2** …でなくなる: *go out of* fashion 流行遅れとなる. **3** (熱意などが)…から消える[なくなる].

gó óver [動] [自] **1** (通り・川・海などを)**渡って[通って]** (向こう側に)行く, 近寄る; 訪ねる (*to*): I *went over* to talk to a friend. 私は友人と話すために近寄った. **2** [副詞(句)を伴って] 《米》(話などが)受け入れられる: His speech *went over well* [*big*] *with* members. 彼の話は会員の受けがよかった. **3** (他のチーム・政党・やり方などに)移る, (好みなどが)変わる: *go over from* the Labour Party *to* the new party 労働党から新党へ移る. **4** 〘放送〙(他の人・場所に)切り換える (*to*).

gó óver … [動] [他] **1** …**を渡る, 越える**: *Go over* the first bridge on your left. 左手の最初の橋を渡りなさい.
2 …**を調べる, 捜索する**; …**を検討[下見]する**: *go over* a house before buying it 買う前に家を下見する.
3 …**を繰り返す**, …**を復習する**: *go over* a lesson again 授業を復習する / I *went over* the song until I could play it by heart. 私はそらで弾けるようになるまでその曲を繰り返し練習した. **4** …を掃除[きれいに]する.

gó róund [動] [自] ＝go around.
gó róund … [動] [他] ＝go around ….

gó thróugh [動] [自] **1** 通り[突き]抜ける; (次へ)進む (*to*). **2** (法案などが)承認される: The bill *went through* without a hitch. その法案は首尾よく可決された. **3** (取引きなどが)成立する. **4** (書類などを)通読する.
gó thróugh with … [動] [他] (事)を(なんとか)やり遂げる, やり通す: They decided not to *go through with* the contract. 彼らは契約をしないことに決めた.

gó thróugh … [動] [他] **1** …**を通り抜ける, 貫通する**; …**を通って行く**: We *went through* the woods. 私たちは森を通り抜けた[通って行った]. [語法] この例のように go through … は通り抜けたときにも, まだ通り抜けて行く途中にも使える // I can't get the thread to *go through* the eye of the needle. 私は針の目に糸が通せない.
2 (苦しみなど)**を経験する, 耐え忍ぶ**; (儀式など)に参加する; (手続きなど)を経る ([受身] be gone through): *go through* a lot of hardships 多くの苦難を耐え忍ぶ / Love is like (the) measles: we all have to *go through* it. 恋ははしかのようなもの. 我々はみなそれを通り抜けねばならない.
3 …**を詳細に調べる**; …をくまなく探す ([受身] be gone through): They *went through* the thief's pockets. 彼らはどろぼうのポケットを念入りに調べた.
4 (繰り返し)…**を練習する, 復習する**; (リストなど)を通して見る[読む]; …を検討する ([受身] be gone through): The director made the actor *go through* the scene again. 監督は俳優にそのシーンをもう一度練習させた.
5 (法案などが)(議会など)を通過する; (問題の処理などを)…を通して行なう. **6** (貯え・金など)を使い果たす. **7** (衣服など)に穴があくまで着る[使う], (靴)をはきつぶす. **8** (考えが)(心)をよぎる. **9** (本が)(…版)を重ねる.

gó to … [動] [他] **1** …**へ行く**; …へ通う (☞ [自] 1).

2 …に至る, 届く (☞ 3). 3 (賞・金などが)…に与えられる (☞ 13). 4 (意見・援助などを求めて)…のところへ行く; …に訴える (☞ 15).

―― コーパス・キーワード ――
「**go to ＋名詞**」のいろいろ (☞ corpus)
(1) gò to béd ベッドへ行く / gò to chúrch 教会へ行く / gò to (a) cláss 授業に出る / gò to cóllege [(a) univérsity] 大学へ行く / gò to (the) hóspital 病院へ行く / gò to the móvies 映画へ行く / gò to séa 船旅に出る / gò to tówn 町へ行く / gò to wórk 仕事[会社]へ行く.
(2) gó to the expénse of dóing ... することに金を使う / gò to extrémes 極端なことをする / gò to cóurt 訴えを起こす / gò to píeces ばらばらになる; 参る / gò to the pólls 投票に行く / gò to rúin 滅びる / gò to sléep 寝つく / gò to wár 戦争を始める

Gó to it! Ⓢ 《米略式》 どんどんやれ; がんばれ.

***gó togéther 動 自 1** いっしょに行く, 同時に生じる[起こる]: Bob and Jane went to the store *together*. ボブとジェーンはいっしょにその店へ行った.
2 [進行形なし] つり合う, 調和する; 相伴う, 併存する: Bacon and potatoes *go together* well. ベーコンとポテトはよく合う. **3** 《古風》 (異性が) 付き合う.

gó towàrd ... 動 他 (金などが) …に役立てられる, …の支払いに当てられる (doing).

***gó únder 動 自 1** 破産する, 失敗する: His firm *went under* last year. 彼の会社は昨年つぶれた.
2 (船などが) 沈む: The ship *went under* with several passengers still on board. 船はまだ何人かの乗客を乗せたまま沈んでしまった. **3** 麻酔がきく.

gó ùnder ... 動 他 …の下を通る.

***gò úp 動 自 1 上る, 登る;** (幕などが) 上がる (反 go down); (…まで)届く (☞ go to ...(句動詞)): I *went up* on foot. 私は歩いて上った.
2 (物価・温度などが) 上がる, 高くなる (反 go down): The price of eggs is *going up*. 卵の値段が上がっている / The temperature will *go up* in the afternoon. 午後には気温が上がるだろう.
3 (建物が)建つ; (掲示などが)立てられる: How many new houses have *gone up* this year? 今年は新しい家が何軒建ちましたか. **4** (爆発で)吹き飛ぶ; 燃えてしまう: *go up* in flames 炎上する. **5** (歓声などが)あがる (from). **6** (明かりが)明るくなる. **7** 北[《英》都会]へ行く (to, from); 《古風, 英》大学へ行く. **8** 《英》上位(リーグ)に上がる.

gó úp in the wórld [動] 自 《古風》 出世する.

***gó úp ... 動 他** …を登る, …に上がる: Have you ever *gone up* Tokyo Tower? 東京タワーに登ったことがありますか (☞ climb [日英比較]).

***gó úp to ... 動 他 1** …まで行く, …に近寄る: I *went up to* the front door and rang the bell. 私は玄関へ行ってベルを鳴らした / I *went up to* the statue and looked at it carefully. 彫像に近寄って詳しく見た.
2 …にまで上がる, …に達する: The temperature will *go up to* 30°C today. きょうは気温が30度まで上がるだろう (30°C は thirty degrees Celsius [centigrade] と読む; ☞ centigrade [参考]).

***gó with ... 動 他 1** …といっしょに行く: I'd like to *go with* you. あなたとごいっしょしたいのですが.
2 [進行形なし] …と調和する, 似合う: This tie *goes* very well *with* your shirt. このネクタイはあなたのシャツにとてもよく似合う. **3** [副詞(句)を伴って] (物事が)…にとって(ある具合に)進行する: Everything *went* well [*badly*, *wrong*] *with* our project. すべてのことがプロジェクトにとってうまくいった[まずくなった]. **4** …に付属する: This printer *goes with* the computer. そのコンピューターを買うとこのプリンターがつく. **5** …(するこ

goal 743

と)に付随する: Sickness often *goes with* poverty. 貧困にはしばしば病気が伴う. **6** …に同調[同意]する; 《主に米》…を選ぶ. **7** [普通は進行形で] 《古風, 略式》(異性)と付き合う; …と性関係を持つ. **gó with it [that] 動 自** 《米略式》 状況を受け入れる, そのまま続ける.

gó withóut ... 動 [しばしば can, have to とともに] …(することなしで)済ませる, …がないのを我慢する (do without ...): He *can't go without* wine (for) even a day. 彼はワインなしでは一日も過ごせない. 語法 目的語を省略することがあるが, その場合は次のようなアクセントとなる: If you don't like the bread, you *can go withóut*. そのパンがいやなら, 食べなくていい.

―― 名 (～es /-z/) 1 Ⓒ 試み (try); 機会: at [in] one *go* 1回で / (on one's) first *go* 最初の1回目で. **2** Ⓒ [普通は所有格とともに] (ゲームなどで)(…する)番(turn): It's *mý gó*. 私の番だ. **3** Ⓤ 《英》精力, 元気: ˈbe full of [have a lot of] *gó* 元気いっぱいである. **4** Ⓒ 《英略式》発病, 発作. **5** Ⓒ [普通は単数形で] 《古風, 英》(困った)事態. **be a gó [動] 自** Ⓢ 《米》オーケーである; 「よし」だ. **be àll the gó [動] 自** 《古風》大流行である. **be (a) nó gó [動] 自** Ⓢ だめだ. **gíve ... a gó [動] 他** Ⓢ 〈…〉を一応やってみる. **hàve a gó [動]** [自] (1) 〈…〉をやってみる (*at*). (2) 《主に英》 (…)に不平を言う; (…)を非難する (*at*). (3) Ⓢ 《主に英》犯罪者を捕まえようとする. (4) Ⓢ 《主に英》 (人を)襲う (*at*). **It's àll gó.** Ⓢ 《英》ひどく忙しい. **màke a gó of ... [動] 他** 《略式》…を成功させる. **òn the gó [形]** 《略式》絶えず活動して, とても忙しい: have several projects *on the go* 《英》いくつかの計画を手がけている. ―― 形 Ⓟ 《略式》順調で: ☞ All systems (are) go! (system 成句).

go² /góʊ/ 名 Ⓤ 碁, 囲碁: play ～ 碁を打つ.

goad /góʊd/ 動 他 **1** 〈…〉をせきたてる (*on*); 刺激する, 刺激して …させる (*into*). **2** 〈家畜など〉を突き棒で追い立てる. ―― 名 Ⓒ **1** (家畜などを追う)突き棒. **2** 刺激するもの (*to*).

***gó-ahéad 名** [the ～] (計画などに対する)許可, ゴーサイン (*for*; *to do*): give (a person) the ～ (人に)オーケーを出す / get the ～ 許可を得る. ―― 形 Ⓐ **1** 積極的な, 進取的な. **2** 《米》(得点などが)相手をリードする.

***goal** /góʊl/ (類音 gold) 名 (～s /-z/) Ⓒ **1** [しばしば所有格とともに] (努力などの)**目標**, 目的: a long-term [short-term] ～ 長期[短期]目標 / What is *your* ～ in life? 君の人生の目標は何か / Our ～ this year is to increase sales by 15%. 我々の今年の目標は売り上げを 15% 増すことだ.

―― コロケーション ――
pursue a *goal* 目標を追求する
reach [**attain**, **achieve**] a *goal* 目標に到達する
realize a *goal* 目標を実現[達成]する
set (…) a *goal* (…に)目標を定めて(やる)

2 (サッカー・ホッケーなどの) **ゴール**; (ゴールに入れた) **得点** (☞ score 表): shoot at the ～ ゴールにシュートする / miss the ～ ゴールをはずす / head [kick] the ball into an open ～ ヘディングで[キックして]キーパーの抜けたゴールにボールを蹴り入れる / Our team won the game by two ～s to one. うちのチームは 2対1 でその試合に勝った // ☞ own goal. 関連 penalty goal ペナルティーキックによる得点.

goal (サッカー・ホッケーなどの)	ゴール
finish (line) (競走の; ☞ 3)	

3 (競走などの)ゴール.

goal difference

日英比較 この意味では goal は主にレースの到達目標の意味で用いられ、具体的な決勝点は finish (line) という。また「ゴールイン(する)」は和製英語で、英語としては finish か reach [cross] the finish line という。

gét [kíck, máke, scóre, shóot] a góal 動 ⓐ 得点する、1 点をとる。 **kéep góal=be in góal** 動 ⓐ 《主に英》ゴールキーパーをつとめる (for).
góal dífference 名 Ⓤ 得失点差.
goal·ie /góʊli/ 名 Ⓒ 《略式》=goalkeeper.
*goal·keep·er /góʊlkìːpə | -pə/ 名 ～s /-z/ Ⓒ 《球》ゴールキーパー (keeper).
góal kèeping 名 Ⓤ ゴールキーパーの守備.
góal kìck 名 Ⓒ 《サッカー》ゴールキック.
góal·less 形 無得点の:a ~ draw 0 対 0 の引き分け.
góal lìne 名 Ⓒ 《球》ゴールライン.
góal·mòuth (-mouths /-màʊðz/) Ⓒ [普通 the ~] 《球》ゴールマウス(ゴール直前の空間).
góal·pòst 名 Ⓒ [普通は複数形で] 《球》ゴールポスト. **móve the goalposts** 動 《英略式》[けなして] 勝手に[自分に都合よく] 規則を変える.
góal·tèndèr 名 《米》=goalkeeper.
góal·tènd·ing /-tèndɪŋ/ 名 Ⓤ 《米》《バスケ》ゴールテンディング (シュートされたボールが最高点に達した後ブロックする反則); 《ホッケーなど》=goal keeping.
go-aròund 名 1 Ⓒ 《米略式》口論、激論. 2 [the ~] 生ぐらかし、言いのがれ. 3 Ⓒ《空》着陸復行.
*goat /góʊt/ 名 (goats /góʊts/) Ⓒ 1 やぎ: a billy [nanny] ~ 雄[雌]やぎ / G~s are kept for their milk, flesh, and hair. やぎを飼うのは乳・肉・毛をとるためだ。 ★ 鳴き声については ☞ cry 表. kid 子やぎ. 2 [the G-] やぎ座《星座》(Capricorn). 3 Ⓒ《略式》《軽蔑》好色漢:an old ~ すけべじじい. **áct [pláy] the góat** 動 《略式》ばかなことをする. **gét ...'s góat** 動 Ⓢ 《略式》...をいらだたせる.
góat chèese 名 Ⓤ やぎ乳チーズ.
goa·tee /goʊtíː/ 名 Ⓒ 《下あごの》やぎひげ.
góat·hèrd 名 Ⓒ やぎ飼い.
góat·skìn 名 U,C Ⓒ やぎ皮; Ⓒ やぎ皮の袋.
gob¹ /gáb | gɔ́b/ 名 Ⓒ 1 《略式》《ねばねばした》かたまり (of); Ⓒ《普通は複数形で》《米俗》多数、大量 (of). —名 (gobs; gobbed; gob·bing) 他《英俗》(つばなどを)吐く (spit).
gob² /gáb | gɔ́b/ 名 Ⓒ 《英俗・卑》口: Shut your ~ ! Ⓢ うるせえ、だまれ.
gob·bet /gábɪt | gɔ́b-/ 名 Ⓒ 1 小片、ひときれ(食物などの)ひと口. 2 (テキストの)抜粋.
*gob·ble¹ /gábl | gɔ́bl/ 動《略式》他 1 〈...〉をがつがつ食う (up, down). 2 〈金などを〉使い尽くす; 〈会社などを〉吸収する (up). —ⓐ がつがつ食う.
gob·ble² /gábl | gɔ́bl/ 動 ⓐ (七面鳥が)ごろごろ鳴く (☞ cry 表 turkey); 七面鳥のような声を出す. —名 Ⓒ 七面鳥の(ような)鳴き声.
gob·ble·dy·gook, gob·ble·de·gook /gábldigùːk, -gʊ̀k | gɔ́b-/ 名 Ⓤ 《略式》《軽蔑》(官庁などの)堅苦しくわかりにくいことば; (パソコンなどの)文字化け.
gob·bler /gáblə | gɔ́blə/ 名 Ⓒ 《米略式》雄の七面鳥.
⁺**go-betwèen** 名 Ⓒ 仲介者、仲裁人; 媒酌人 (for).
Go·bi /góʊbi/ 名 ⓐ [the ~] ゴビ砂漠 《中国とモンゴルにまたがる砂漠》.
gob·let /gáblət | gɔ́b-/ 名 Ⓒ 脚(ⁿ)付き杯、ゴブレット《ワイン用》.
gob·lin /gáblɪn | gɔ́b-/ 名 Ⓒ (醜い)悪鬼; 小鬼.
gób·smàcked 形 Ⓢ《英俗》ぶったまげて.
gób·stòpper 名 Ⓒ《英》=jawbreaker 2.
gó·càrt 名 Ⓒ 1 ゴーカート (kart). 2 手押し車.
go-cart·ing /góʊkàːtɪŋ | -kàːt-/ 名 Ⓤ ゴーカート乗り.

*god /gád | gɔ́d/ 名 (gods /gádz | gɔ́dz/) 1 [G-; 無冠詞単数形で] 《キリスト教・イスラム教などの》神、造物主(☞ lord 1): the kingdom of G~ 神の国 / pray to G~ 神に祈る / believe in [worship] G~ 神を信じる[崇拝する] / Jesus was called the Son of G~. イエスは神の御子(½)と呼ばれた / I have sworn before Almighty G~ to tell the truth. 私は全能の神の前で真実を述べると誓った. 語法 God を指す人称代名詞も He, His, Him のように大文字で始めることが多い.

2 Ⓒ 《一神教以外の》神、男神 (☞ goddess); 神のような人、偶像; (人が)最重要とみなすもの: the ~ of music and poetry 音楽と詩の神 / the Greek and Roman ~s ギリシャとローマの神々 / He makes a ~ of money. 金こそ彼が崇拝するものだ.

神の司るもの	ギリシャ神話	ローマ神話
天	Zeus	Jupiter
音楽、詩歌、予言など	Apollo	Apollo
商業、旅行	Hermes	Mercury
愛	Eros	Cupid
戦争	Ares	Mars
太陽	Helios	Sol
海	Poseidon	Neptune
火と鍛冶(かじ)	Hephaestus	Vulcan
酒	Dionysus	Bacchus
黄泉(よみ)の国	Hades	Pluto

the Greek and Roman gods

3 [the ~s] 天命、運. 4 [the ~s]《古風、英略式》天井桟敷(ぺんじき)(の)観客).

by Gód《古風》副 必ず. —感 なんと、まさか; 畜生 (☞ swear 表). **for Gód's sàke** (☞ sake¹) 成句. **Gód (almíghty [in héaven])!** 感 Ⓢ = My God! **Gód gíve me stréngth!** 感 Ⓢ いいかげんにしろ!、がまんならん. **Gód Sáve the Quéen [Kíng]!** ☞ save¹ 成句. **Gód willing** 副《古風》神がそうお望みならば、事情が許せば. **Mỳ [Góod, Ôh] Gód!=Ôh my Gód!** 感 Ⓢ《略式・卑》《そっ、ひえー; まさか!、まあ(困った)!、大変!》《驚き・恐怖・いらだちなどを表わす》. **pláy Gód** 動 [けなして] (人が)神のように振る舞う、何でも思い通りにできると考える. **There is a [nó] Gód.** Ⓢ《滑稽に》世も末だ!. **to Gód** 副《swear, hope, wish, pray などの動詞の後につけて》Ⓢ 本当に、絶対に《強意を表わす》.

Go·dard /goʊdáː | gɔ́dɑː/ **Jean-Luc** /ʒɑ̀ːnlúːk/ (1930-) ゴダール《フランスの映画監督》.
gód·áwful 形 A《略式》とてもひどい (terrible).
gód·chìld 〘名〙 (-chil·dren /-tʃɪldrən/) Ⓒ《普通は所有格とともに》名づけ子、教子(¹ʰ)、洗礼に立ち会った子(godson または goddaughter; ☞ godparent).
gód·dámmit 感《卑》畜生《ののしり》☞ taboo word).
⁺**god·damn, 《主に米》-dam** /gá(d)dém ⁻ | gɔ́(d)dæm/ 形 副 =goddamned.
⁺**god·damned** /gá(d)dém ⁻ | gɔ́(d)dæmd/ Ⓢ《卑》形《普通は A》くそいまいましい、ひどい、とんでもない《damned の強調; ☞ taboo word》. —副 ものすごく、とんでもなく、どえらく.
God·dard /gádəd | gɔ́dɑːd/ **Robert ~** (1882-1945) 米国のロケット開発者.
gód·dàughter 名 Ⓒ 名づけ娘、教女.
*god·dess /gádəs | gɔ́d-/ 名 (~·es /-ɪz/) Ⓒ 1 女神(☞ god): the ~ of love 愛の女神. 2 美女.

女神の司るもの	ギリシャ神話	ローマ神話
結婚, 女性	Hera	Juno
愛, 美	Aphrodite	Venus
知恵, 芸術など	Athena	Minerva
月, 狩猟	Artemis	Diana
農業	Demeter	Ceres
あけぼの	Eos	Aurora

the Greek and Roman goddesses

こがれの的になる女性: a screen ~ (女性)の映画スター.

gód·fà·ther 图 **1** C (男の)名親, 教父. **2** C [しばしば G-]《略式》(犯罪組織の)黒幕[ボス], ゴッドファーザー; [the ~][新聞で]創始者, 生みの親 (*of*). **3** [the G-]「ゴッドファーザー」《米国のマフィア映画名》.

Gód-fèaring 形 《普通は A》《古風》信心深い.

gód-for-sàk·en /-fəsèıkən | -fə-/ 形 《けなして》(場所が)荒れ果てた, 寂しい.

Gód-gìven 形 《A》天与の, 絶対的な; 絶好の.

Gód·hèad 图 [the G-]《格式》神 (God); U 神性.

gód·hood /gádhʊd | gɔ́d-/ 图 U 神性, 神格.

Go·di·va /ɡədáıvə/ 图 ❹ **Lady ~**《英伝》ゴダイバ《夫の課す重税を廃止させるため白昼裸で馬に乗って町中を走ったとされる領主の妻》.

gód·less 形 《普通は A》《古風》《けなして》神を信じない; 不信心な, 不敬な; 邪悪な. ~**·ly** 副 神を信じないで; 邪悪に. ~**·ness** 图 U 不信心, 邪悪.

gód·like 形 《普通は A》《古風》神のような (divine).

gód·li·ness /gádlinəs | gɔ́d-/ 图 U 信心深いこと, 神を敬うこと.

gód·ly 形 (**gód·li·er**; **-li·est**; 反 ungodly)《普通は A》《古風》神を信じる, 信心深い.

gód·mòther 图 C (女の)名親, 教母.

gó·dòwn 图 C (インド・東南アジアの)倉庫.

gód·pàrent 图 《普通は所有格とともに》名親, 教父[母] (godfather または godmother; 生まれた子供の洗礼式で名を与え, その宗教教育に責任を持つ人).

gód·sènd 图 [a ~] 思いがけないもうけもの, 棚ぼた (*for, to*).

Gód's gíft 图 《次の成句で》**Gód's gift to mén [wómen, mankínd]**《略式》神が男性[女性, 人類]に与えた贈り物《自分が魅力的だとうぬぼれている女性[男性]を軽蔑的にさす》: He thinks he is ~ *to women*. 彼は自分が女にもてるとうぬぼれている.

Gód slòt 图 [the ~]《英略式》宗教番組.

gód·sòn 图 C (男の)名づけ子, 教子(きょうし).

Gód·spéed, gód- 图 U《古風》(特に道中の)幸運: wish ... ~ の無事を祈る.

Gód squàd 图 [the ~]《俗》《普通は軽蔑》(キリスト教の)布教グループ.

Gód's trúth 图 U 絶対的真理[真実].

God·win Aus·ten /gádwɪnɔ́ːstɪn | gɔ́dwɪnɔ́s-/ 图 ❹ ゴドウィン オースティン (K2) 《Kashmir にある標高世界第 2 位の山》.

go·er /góʊə | góʊə/ 图 C 《主に英》 **1**《略式》(走りの)速い車[馬]; うまく行きそうな計画. **2** S 《古風》[差別]尻軽[淫乱]な女.

-go·er /gòʊə | gòʊə/ 图 C 《合成語で》(ある場所へ)よく行く人: a church*goer* 教会に通う人.

Goe·the /ɡə́ːtə, ɡéɪ- | ɡə́ː-/ 图 ❹ **Jo·hann** /jóʊhɑːn/ **Wolf·gang** /válfɡɑːŋ | vɔ́lf-/ **von** /fɑn | fən/ ~ ゲーテ (1749–1832)《ドイツの詩人・作家》.

go·fer /góʊfə | -fə-/ 图 C《略式》使い走り.

go-get·ter /gòʊgétə | -tə/ 图 C 《略式》《普通はほめて》やり手, 敏腕家, やり手.

go-get·ting /gòʊgétɪŋ/ 形 やり手の.

gog·gle /gágl | gɔ́gl/ 動 ⓘ《古風, 略式》(驚いて)目をむく; 目をみはる (*at*). ― 形 A ぎょろ目の.

góggle bòx 图 [the ~]《英略式, 英略式》テレビ.

góggle-èyed 形《略式》(驚いて)目をむいて, 目を丸くして(の).

góg·gles 图 [複] ゴーグル《ライダー・スキーヤーなどがかける》; 水中めがね.

Gogh 图 ❹ **van Gogh**.

gó-gò 形 A **1**(ディスコ・ナイトクラブでセクシーな踊りをする; (音楽が)ディスコ風の. **2**《米略式》いけいけの, (経済が)成長期の.

$\star$go·ing /ɡóʊɪŋ/ 動 go¹ の現在分詞. **be góing** ☞ go¹ (成句). **be góing to** dó ☞ going to の項目.
― 图 **1** [しばしば所有格とともに] 行くこと, 出発; 去ること (反 coming): *His ~ made the little girl cry*. 彼が出て行ったので少女は泣いた. **2**(仕事などの)速さ, 進行ぶり:《言い換え》The ~ is slow [hard, rough]. = It's slow [hard, rough]. ⓢ なかなか進まない/ That's good [not bad] ~. それは(なかなか)大した進行ぶり[成功]だ. **3** [しばしば the ~](道路・馬場などの)状態. **héavy góing** 图《補語的な》困難[退屈]なこと[もの]; 手こずること[人]: You'll find the novel very *heavy* ~. その小説はとても読みづらいだろう. **When the góing gèts tóugh, the tóugh gèt góing**.《ことわざ》困難な状況になるとタフな人がいっそう頑張り出す. **while the góing is góod** 副 状況が悪くならないうちに.
― 形 **1** 現行の, 現在行なわれている, 通例の: The ~ rate for this job is 100 dollars a day. この仕事の賃金の相場は 1 日 100 ドルだ. **2** A (機械などが)(調子よく)動いている, 運転[作動]中の; (事業などが)うまくいっている: a ~ concern 活動中の[もうかっている]企業[商店など]. **3**(特に[最上級の形容詞+]名詞の後に置いて)《略式》現在入手に入る, 現存する: This is the *best* digital camera ~. これは今のところ最もいいデジカメだ.

Góing, góing, góne! さあ(ほかの方)ありませんか, ありませんか, はい落札しました《競売人のことば》. **have 「a góod thíng [sómething] góing**《動》ⓘ うまくいっている, もうかっている (*with*). **have 「a lót [plénty, éverything] góing for** one 《動》ⓘ (人などが)利点をたくさんもっている: This dictionary *has a lot* (*of things*) ~ *for it*. この辞書にはいい点がいろいろある. **have nóthing góing for** one 《動》ⓘ 何の利点もない. **have sómething [a thíng] góing**《動》ⓘ《略式》恋愛[性的]関係にある (*with*).

-go·ing /ɡòʊɪŋ/ 图 形《合成語で》(ある場所)へよく行く(こと): the theater*-going* public 観劇層.

góing-óver 图 [a ~]《略式》**1** 調査, 検査; 点検修理; (部屋などを)きれいにすること: give the papers *a* good ~ 書類によく目を通す. **2**《英》ひどく殴ること.

góings-ón 图 [複]《略式》《しばしばけなして》(いかがわしい)行動, ふるまい; (奇妙な)出来事.

$\star$go·ing to /子音の前では/ gòʊɪŋtu, (母音の前では) -tu/ [<be going to 不定詞> の形で]

① ...しに行くところだ	1
② ...するところだ	2
③ ...するつもりだ	3
④ (意志と無関係で)...しそうだ	4

1 ...しに行くところだ (☞ go¹ 動 1; be going (go¹ 成句)).

2 (いま) ...するところだ, ...しかかっている: I'm just ~ visit Mr. White in (the) hospital. (これから)入院中のホワイトさんのお見舞いに行くところだ / That's what I *was* ~ say. 私が言おうとしていたのはそのことです.

3 (人の) ...するつもりだ, ...することにしている《普通は近い将来の計画・予定・意志などを表わす; ☞ will¹ 2 (1)

[語法]**:** We're ～ spend our holidays in Hawaii this year. 今年は休暇をハワイで過ごすつもりだ / *Are* you ～ sleep all day? 一日中寝ているつもりなの(いいかげんに起きなさい) / He *was* ～ tell the police who had threatened him. 彼はだれに脅迫されたのか警察に言うつもりだった. ★ しばしば実際にはしなかったことを意味する. **4** (人・物事が)…しそうだ; もうすぐ…する[になる]《人の意志と関係なく起こると見込まれる近い未来の出来事を表わす》**:** Tomorrow *is* ～ be another hot day. あすもまた暑い一日になりそうだ.

goi·ter, 《英》 **goi·tre** /gɔ́ɪṭɚ | -tə/ [名] [U,C] 〘医〙甲状腺腫(しゅ).

gó-kàrt [名] [C] 《英》=go-cart 1.

‡gold /góʊld/ [名] (形 gólden) **1** [U] 金(きん)《元素記号 Au》, 黄金**:** mine ～ 金を採掘する / prospect for ～ 金を試掘する / This chain is made of ～. この鎖は金製だ.
2 [形容詞的に] 金製の, 金の; 金色の《☞ golden [語法]》**:** a ～ watch 金時計 / a ～ coin 金貨. **3** [U] 金貨; 金製の装身具; 《文》富, 財宝**:** All the ～ in the world cannot buy the beauty of such a scene. こんな美しい景色は世界中の金を積んでも買えない. **4** [U,C] 金色, 黄金色**:** the ～ *of* the woods in fall 秋の林の黄金色. **5** [C,U] =gold medal.
(as) góod as góld [形] 《略式》(子供が)大変行儀がよい. **stríke góld** [動] [自] 金鉱を発見する; [新聞で] (富・幸運などをもたらす)望みのものを見つける.

Gold·berg /góʊl(d)bɚːg | -bəːg/ [名] [固] ゴールドバーグ **1 Rube** ～ (1883–1970) 《米国の漫画家; ☞ Rube Goldberg》. **2 Whoop·i** /(h)wúpi/ ～ (1949–) 《米国の黒人女優》.

góld·brìck 《米略式》 [名] [C] (特に仮病をつかって)勤務をさぼる人. **─** [動] [自] 勤務をさぼる.

gold·bricker /góʊldbrìkɚ | -brìkə/ [名] [C] = goldbrick.

góld càrd [名] [C] (クレジットカードの)ゴールドカード.

góld dìgger [名] [C] **1** 《略式》[軽蔑] 男をたらしこむ金目当ての女. **2** 《古風》金採掘者.

góld dísc [名] [C] 《英》=gold record.

góld dùst [名] [U] 砂金**:** be (like) ～ 《主に英》(入手が困難で)とても貴重である.

***gold·en** /góʊldn/ [形] (名 gold) **1** 金色の, 黄金色の**:** ～ brown 薄茶色の / the ～ sun 金色に輝く太陽 / Emma has ～ hair. エマは金髪だ. [語法] golden は通例比喩(ゆ)的に「金色の」,「金のように貴重な」の意味に用い,「金製の」の意味には普通は gold を用いる.
2 [普通は [A]] (金のように)貴重な; 絶好の, すばらしい**:** a ～ opportunity 絶好の機会 / a ～ boy [girl] (実力と人気を兼ね備えた)売れっ子 / one's ～ days 全盛期 / Speech is silver, silence is ～. 《ことわざ》雄弁は銀, 沈黙は金 // ☞ prime time [日英比較]. **3** [普通は [A]] 《文》金の, 金製の**:** a ～ ring 金の指輪.
be gólden [動] [自] [S] 《米略式》(人が)前途有望だ.

⁺gólden àge [名] **1** [C] [普通は単数形で] 黄金時代, 最盛期 (*of*). **2** [the ～] 〘ギ・ロ神〙黄金時代《人類が最も幸福だったという伝説の時代; ☞ silver age》.

gold·en-ag·er /góʊldnèɪʤɚ | -ʤə/ [名] [C] 《米》[婉曲] (特に 65 歳以上の引退した)老人.

gólden anniversary [名] [C] **1** 《米》金婚式[記念日]《結婚 50 周年; ☞ wedding anniversary》. **2** 《英》=golden jubilee.

gólden éagle [名] [C] いぬわし.

Gólden Fléece [名] [固] [the ～] 〘ギ神〙金の羊毛《Jason 率いる Argonauts が持ち帰った》.

Gólden Gáte [名] [固] [the ～] 金門峡《California 州の San Francisco 湾と太平洋の間の海峡》.

Gólden Gàte Brídge [名] [固] [the ～] 金門橋《Golden Gate にかかるつり橋》.

Golden Gate Bridge

Gólden Glóbe Awàrds [名] [固] [the ～] ゴールデングローブ賞《米国で映画・テレビの優秀作品に与えられる》.

gólden góal [名] [C] 《主に英》〘サッカー〙ゴールデンゴール《延長戦での決勝ゴール》.

gólden góose [名] [C] 〘ギ伝説〙金の卵を産むがちょう《1 日 1 個ずつで辛抱しきれぬ持主が一挙に金を得ようとして殺した》.

gólden hándcuffs [名] [複] 《略式》(社員に対する)特別優遇措置, 黄金の手錠《自社に引き留めておくために特定の社員に払う高額の給与などの好条件》.

gólden hándshake [名] [C] 《略式》多額の退職金; (定年前退職者への)割増退職金.

gólden helló [名] [C] 《英》(引き抜かれて入る社員に支払われる)高額の支度金.

gólden júbilee [名] [C] 《英》(即位) 50 年記念祭.

gólden méan [名] [the ～] 中庸, 中道.

gólden óldie [名] [C] 《略式》懐メロ; 懐かしの映画.

gólden párachute [名] [C] 《略式》(合併などの際役職者に支払われる)多額の退職金.

gólden ráisin [名] [C] 《米》サルタナ《種なし干しぶどうの一種》(《英》sultana).

gólden retríever [名] [C] ゴールデンレトリーバー《体毛が黄金色の中型犬》.

gólden·ròd [名] [C] あきのきりんそう《北米に多いきく科の植物; 米国 Kentucky 州・Nebraska 州の州花》.

gólden rúle [名] **1** [the ～] 〘聖〙黄金律. [参考] 新約聖書にある次のおきてをいう**:** Do unto others as you would have them do unto you. あなたが他の人からしてもらいたいと思うことをあなたも他の人にしなさい. **2** [C] [普通は単数形で] (守らねばならぬ)重要な原則.

gólden séction [名] [the ～] 黄金分割《線分を a:b=b:(a+b) に二分すること; 美的効果が最大という》.

gólden sháre [名] [C] 《英》黄金株《政府による 51% 以上の持ち株》.

Gólden Stàte [名] [the ～] 黄金の州《米国 California 州の俗称; 金が発見されたことから》.

gólden sýrup [名] [U] 《英》精製糖みつ.

gólden wédding annivèrsary, 《英》 **gólden wédding** [名] [C] =golden anniversary.

gólden yèars [名] [複] 老後; 楽しい時, 最盛期 (*of*).

góld fèver [名] [C] (gold rush の)金鉱熱, 黄金熱.

góld·field [名] [C] [普通は複数形で] 採金[金鉱]地.

góld-filled [形] 〘宝飾〙金張りの.

góld·finch [名] [C] ごしきひわ.

⁺góld·fish [名] (複 ～, ～·es) [C] 金魚.

góldfish bòwl [名] [C] =fishbowl.

góld fóil [名] [U] 金ぱく《☞ foil¹》.

Góld Glóve Awàrds [名] [固] [the ～] ゴールドグラブ賞《米国大リーグで各守備位置の最優秀の野手に与えられる賞; 日本ではゴールデングラブ賞にあたる》.

Gol·ding /góʊldɪŋ/ [名] [固] **William** ～ ゴールディング (1911–93) 《英国の小説家》.

góld léaf [名] [U] 金ぱく《☞ foil¹》.

***góld méd·al** /góʊldmédḷ/ [名] [C] 金メダル. [関連] silver medal 銀メダル / bronze medal 銅メダル.

góld médalist [名] [C] 金メダリスト.

góld mìne [名] [C] **1** 金山, 金鉱. **2** 《略式》宝の山, ドル箱; (情報などの)宝庫. **be sítting on a góld mìne** [動] [自] (それと気づかずに)貴重な物を所有

する.

góld pláte 名 U 金めっき; 金製食器類((全体)).
góld-pláted 形 金めっきの.
góld récord 名 C ((米))ゴールドディスク((特定枚数のシングル盤・アルバムが売れたアーティスト・グループに贈られるフレームに入った金製のレコード)).
góld-rímmed 形 ((普通は A))(めがねの)金縁の.
góld rùsh 名 C ゴールドラッシュ, 金鉱熱((新金鉱地への殺到; 1849年の California の金鉱熱が有名; ☞ forty-niner)); 一攫千金を夢みての殺到.
góld·smith 名 C 金細工師.
Gold·smith /góʊldsmɪθ | góʊld-/ 名 固 Oliver ~ ゴールドスミス(1728–74)((英国の作家)).
góld stàndard 名 ((the ~))((経))金本位制.
góld stár 名 C ゴールドスター((学校で優秀な答案や宿題に対して与えられる金色の星形シール)).
go·lem /góʊləm/ 名 C ((米略式))ばか, まぬけ.
*__golf__ /gɑ́lf, gɔ́ːlf | gɔ́lf/ ((醗音 gulf)) 名 U ゴルフ: play (a round of) ~ ゴルフを(1 ラウンド)する. 語源 オランダ語で「球を打つ棒」の意. ── 動 自 ゴルフをする. **gò gólfing** [動] 自 ゴルフに行く.
Golf /gɑ́lf, gɔ́ːlf | gɔ́lf/ 名 固 ゴルフ((フォルクスワーゲン社製の乗用車)).
+**gólf bàll** 名 C **1** ゴルフボール. **2** (電動タイプライターの)活字を配した金属球(☞ **daisy wheel**).
gólf càrt 名 C ゴルフカート((ゴルフ場でゴルフバッグを運ぶ手押し車または電動の車)).
+**gólf clúb** 名 C **1** (ゴルフ用の)クラブ(club). **2** ゴルフ[カントリー]クラブ((団体およびその建物)).
+**gólf còurse** 名 C ゴルフ場(course).
*__golf·er__ /gɑ́lfɚ, gɔ́ːlf- | gɔ́lfə/ 名 ((~s /~z/)) C ゴルフをする人, ゴルフ選手; ((前に形容詞をつけて))ゴルフが…の人: be a *good* [*poor*] ~ ゴルフが上手[下手]だ.
+**golf·ing** /gɑ́lfɪŋ, gɔ́ːlf- | gɔ́lf-/ 名 U ゴルフ(をすること). ── 形 ゴルフ(用)の.
gólf lìnks 名 ((複 ~)) ゴルフ場((特に海岸沿いの)).
gólf shìrt 名 C ((米))ポロシャツ.
Gol·go·tha /gɑ́lgəθə | gɔ́l-/ 名 固 ((聖))ゴルゴタ((Calvary のヘブライ語名; 「頭蓋(がい)骨」の意)).
Go·li·ath /gəláɪəθ/ 名 **1** C ((時に g-))大力無双の男, 巨人; 大組織[会社]. **2** ((聖))ゴリアテ((David に殺された大男のペリシテ人戦士)).
gol·li·wog /gɑ́liwɑ̀g | gɔ́liwɔ̀g/ 名 C ((古風))((差別))真っ黒な顔をしたグロテスクな人形.
gol·ly[1] /gɑ́li | gɔ́li/ 間 ((古風, 略式))へえ, 何とまあ((驚きなどのことば)). **by gólly** [間] ((古風, 略式))ほんとに.
gol·ly[2] /gɑ́li | gɔ́li/ 名 C ((米略式)) = golliwog.
Go·mor·rah, -rha /gəmɔ́ːrə, -mɑ́rə | -mɔ́rə/ 名 固 ((聖))ゴモラ((古代 Palestine の死海南岸にあった町; Sodom と共に滅ぼされた)).

-gon /gàn | gən/ 接尾 [名詞語尾]「…角形」の意: hexagon 六角形.
go·nad /góʊnæd/ 名 C ((解))生殖腺.
-go·nal /gən(ə)l/ 接尾 [形容詞語尾]「…角形の」の意: hexagonal 六角形の.
gon·do·la /gɑ́ndələ | gɔ́n-/ 名 C **1** ゴンドラ((かいでこぐ小舟; イタリアの Venice の名物)). **2** (軽気球・飛行船・ロープウェーの)ゴンドラ.
gon·do·lier /gɑ̀ndəlíɚ | gɔ̀ndəlíə/ 名 C ゴンドラの船頭.

*__gone__ /gɔ́ːn, gɑ́n | gɔ́n/ 動 go[1] の過去分詞.

have góne to … 動 他 (1) …へ行っている, …へ行ってしまった((ここにはいない))(☞ **have been at …**, **have been in …** ((been[1] 成句))): My mother *has* ~ *to* the beauty shop. 母は美容院に行っている / I *have* ~ *to* the library. 図書館へ行ってます((書き置きで)) / My father's ~ *to* London. 父はロンドンへ発った. (2) ((米))…へ行ったことがある(have been to …): I've ~ *to* India twice. インドへ2度行っている / Have you ever ~ *to* China? 中国へ行ったことがありますか.
── 形 P **1** 過ぎ去った, (時期が)過ぎた; なくなった: Spring is ~. 春は過ぎ去った / When I came back, my bag was ~. 戻ってみるとバッグがなくなっていた / "How long will you be ~?" "About a month." 「何日ぐらい行っているの」「1 か月ぐらいです」 **2** [婉曲]死んでしまった: My old friends are all ~. 私の昔の友達はみな死んでしまった. **3** ((略式))(酒・麻薬に)影響されて, 酔って. **4** ((英略式))妊娠…か月(far along): She's five months ~. 彼女は妊娠5か月だ. **fár góne** [形] = far-gone. **be góne on …** [動] 他 ((古風, 略式))…に夢中である.
── 前 ((英略式))(時間・年令が)…を過ぎて(past): It's ~ ten. 10時を過ぎている.

gon·er /gɔ́ːnɚ, gɑ́nɚ | gɔ́nə/ 名 [a ~]((略式))(助かる)見込みのない人.
Góne with the Wínd 名 固『風と共に去りぬ』((Margaret Mitchell の小説(1936)(に基づく映画))).
*__gong__ /gɑ́ŋ, gɔ́ːŋ | gɔ́ŋ/ 名 C **1** どら, ゴング. **2** ((英略式))[新聞で](特に軍人の)勲章(medal).
Góng Shòw 名 固 [The ~]『ザ・ゴングショー』((米国の演芸コンテスト番組; 下手だとゴングが鳴って退場)).
gon·na /gɔ́ːnə, gɑ́nə | gɔ́nə, gənə/ ((略式)) = going to. 語法 going to のくだけた発音を示す綴りで, 次には原形が来る.
gon·or·rhe·a, (英) -or·rhoe·a /gɑ̀nərí:ə | gɔ̀nərí:ə/ 名 U ((医))淋(リン)病.
gón·zo /gɑ́nzoʊ | gɔ́n-/ 形 ((米略式)) **1** 狂った, いか

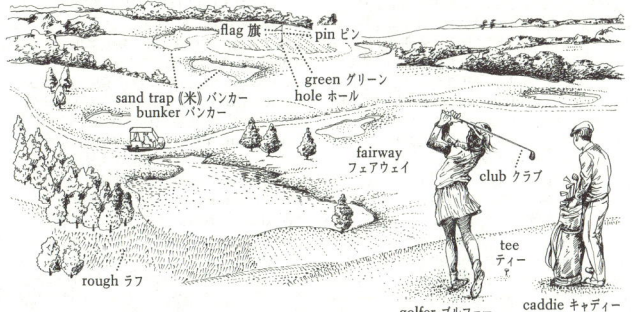

れた. **2** (報道が)きわものの, 偏向した: ~ journalism [journalist] きわもの的な新聞報道[報道を書く記者].

goo /gúː/ [名] [U] 《略式》 **1** (のりのように)べたつく物. **2** [けなして] 感傷; センチメンタルなことば.

goo·ber /gúːbɚ | -bə/ [名] [C] 《米略式》 **1** ピーナッツ. **2** [差別] ばか, まぬけ.

‡good /gʊ́d/ [形] (比 **bet·ter** /bétɚ | -tə/; 最 **best** /bést/) ★ better, best についてはそれぞれの項目を見よ.

基本的には「よい」(優れた) **1**, (善良な) **2** の意.
→(適切で)→「適している」**6**→「正当な」**4**
　　　　　　　　　　　　　　→「上手な」**3**
→(快適で)→「うまい」**10**
　　　　　→「楽しい」**5** →「とても親しい」**12**
→(健全で)→「(体に)よい」**8**
　　　　　→「丈夫な」**11**

1 (質・内容などが)**よい**, 上等な, 立派な; (貨幣が)本物の; (成績が)良の (《[略] G; ☞ grade 表》): ~ books 良書 / a ~ reputation よい評判 / a ~ family 良家 / very ~ (成績の)良の上 / ~ English 正しい英語《俗語・方言・外国なまりなどのない, 教養ある人が使う英語》/ "Is her work ~?" "Not ~ enough, I'm afraid." 「彼女の出来はいい?」「いまひとつだね」

2 (道徳的に)**よい**, 善良な; (子供などが)行儀のよい ([反] bad, ill); 敬虔(けいけん)な: a ~ husband [wife] よい夫[妻] / lead [live] a ~ life まともな生活をする / Be a ~ boy [girl]. よい子にしていなさい / a ~ Catholic 敬虔なカトリック教徒 / ~ deed 善行《特に一日一善の善行》/ *The* ~ die young. 《ことわざ》善良な人たちは若死にする (佳人薄命)《複数名詞のように扱われる; ☞ the¹ 3》.

3 上手な, うまい; 有能な; (…が)得意で ([反] bad, poor): [言い換え] You speak ~ Japanese. =You are a ~ speaker of Japanese. =You are ~ ***at*** speak***ing*** Japanese. <A+*at*+動名> 日本語がお上手ですね / She is ~ ***at*** tennis. <A+*at*+名・代> 彼女はテニスがうまい / He is very ~ ***with*** his hands. <A+*with*+名・代> 彼はとても手先が器用だ / He is ~ *with* children. 彼は子供の扱いがうまい.

[語法]「…するのが上手だ」というときには「…する者」の意味を持つ名詞の前に good をつけて表わすことが多い (《☞ bad 6 [語法], poor 4 [語法]》): a ~ *dancer* [*swimmer*] ダンス[水泳]のうまい人 / a ~ *driver* 運転の上手な人 / a ~ *cook* 料理が上手な人.

4 (理由・証拠などが)正当な, 妥当な, 有力な: I have ~ reasons for doing so. そうするもっともな理由がある.

5 楽しい, 快い; 好ましい, うれしい; 魅力的な (《☞ have a good time (成句)》): ~ news 吉報 / I was glad to have such ~ company. とても楽しい仲間がいてよかった / It's ~ to see you again. またお会いできてうれしい.

6 (目的に)適している, 適切な, 向いている; 《主に米》(人によって)都合のよい: ~ advice 適切な忠告 / [言い換え] This mushroom is not ~ ***to*** eat. <A+*to* 不定詞> =It is not ~ to eat this mushroom. このきのこは食べられない / This place is ~ ***for*** camping. <A+*for*+名> ここはキャンプに適している / He is a ~ man *for* the job. 彼はその仕事に適任だ / Next Sunday is no ~ *for* me. こんどの日曜日は都合が悪い.

7 親切な, (…に)親切にする, 心の優しい (kind); 寛大な (*about*): She is very ~ ***to*** her neighbors. <A+*to*+名・代> 彼女は近所の人にとても親切ですよ / [言い換え] It's very ~ *of* you *to* say so. =You are very ~ [kind] to say so. 《格式》そう言ってくださるなんてとても優しい方ですね (《☞ nice 2; of 12》).

8 [P] (体・健康などに)よい, ためになる, 有益な: Getting up early is ~ ***for*** your health. <A+*for*+名・代> 早起きは健康によい / Morning walks are ~ *for* you. 朝の散歩は健康によい.

9 [A] [a ~ として] 十分な, かなりの, 相当な; たっぷり[まる]…分の: *a* ~ day's work たっぷり一日分の仕事 / have *a* ~ rest 十分に休む / There's a ~ chance of snow tonight. 今夜は雪が降る可能性が十分にある / It took me *a* ~ ten hours to finish it. それを仕上げるのにたっぷり 10 時間はかかった. [語法] 《略式》では他の形容詞を副詞的に修飾しそれを強調することがある: *a* ~ *long* time かなり長い時間.

10 (食品などが)うまい; 新鮮な: ~ sandwiches おいしいサンドイッチ / The meat is still ~. その肉はまだ悪くなっていない. **11** 丈夫な, 強い, 健全な: I'm in ~ health. 私は健康だ / His eyesight is pretty ~. 彼の視力はかなり確かなものだ. **12** [A] とても親しい: a ~ friend 親友, 仲よし. **13** (経済上)信用できる: a ~ debt 優良貸付. **14** (通貨などが)本物の. **15** [A] [称賛のことばで] (《☞ good old … (成句)》): *G*~ man! That's the way to go! でかしたぞ, その調子. **16** 〔球技〕(ボールが)インの.

リスニング
good のあとに母音で始まる語が続くと, その母音と語末の /d/ とが結合して「ダ」行 (《米》ではまた「ラ」行) の音のように聞こえる. good evening /gʊ̀díːvnɪŋ/ は「グッディーヴニング」のように, good old days /gʊ́dòʊlddéɪz/ は「グッドーウデイズ」のように聞こえ,「グッド・イーヴニング」,「グッド・オウルド・デイズ」とは発音しない (《☞ つづり字と発音解説 64》).

áll in góod tíme [副] Ⓢ 《英》(今すぐではないが)そのうちに, (然るべき)時が来たら《要求などに対する返事としてしばしば単独に用いる》.

as góod as … [副] [形容詞・動詞・過去分詞の前に用いて] …も同然で, …も同じで: *as* ~ *as* new 新品同様で / *as* ~ *as* finished 終わったも同然で.

be àny góod at … [動] [他] …が多少はできる. [語法] 普通は否定文・疑問文または条件節で用いる: I *am not any* ~ *at* tennis. 私はテニスが全然だめだ.

be as góod a pláce [tíme] as ány [動] [普通は Ⓢ] (完全ではなく)まあまあいい所[時間](など)である (《☞ as … as any (as 成句)》).

be as góod as it géts [動] [自] 《略式》(状況などが)これ以上よくなりそうにない; きわめて良い.

be ˈgóod enòugh [sò góod as] to dó [動] 《格式》親切にも…する[してくれる] (《☞ to³ B 5》): He *was* ~ *enough to* take us to the station. 彼は親切にも私たちを駅まで案内してくれた / Would you *be* ~ *enough to* lend me your encyclopedia? Ⓢ 《古風》あなたの百科事典を貸していただけませんか.

be góod to gó [動] [自] Ⓢ 準備ができている.

be nó góod [動] [自] 《略式》ろくな人間でない.

be nó góod at … =be nót mùch [vèry] góod at … [動] [他] …が得意でない.

be tóo góod for … [動] [他] …にはもったいない.

be tóo góod ˈto be trúe [to lást] [動] 《略式》話がうますぎ(て本当[続く]とは思えないほどであ)る.

féel góod [動] [自] 気分がよい; 元気がよい: I *feel* pretty ~ today. きょうはとても気分がよい.

gòod and … /gʊ̀dn/ [副] 《略式》とても…: I'm ~ *and* tired today. きょうはとても疲れた.

gòod and réady [形] しかるべく準備ができて.

góod for … [形] (1) (券・証明書などが)…の間有効で; (物・人が)…の間もつ[生きられる]: This ticket is ~ *for* another six months. この券はあと 6 か月有効だ. (2) …に有効で, …に効き目がある (《☞ 8》): This medicine is ~ *for* a cold. この薬はかぜに効く. (3) …の役に立つ (《☞ 6》): He's ~ *for* nothing. 《略式》彼

は何の役にも立たない (☞ good-for-nothing). (4)《略式》《物事を》提供でき(そうである), 支払う[貸す]ことができる: What [How much] is she ~ for? 彼女はいくら出せるだろうか. —《感》《略式》…よくやった!, …おめでとう: G~ for you! おめでとう, えらいぞ.

góod for a láugh[形]《S》《話なども》笑わせてくれる.
góod òld ∴ [形] (1) [名前につけて好感・称賛などを表わす]: G~ old Jim! ジムはいいやつだよくやった]. (2) 懐かしい…; 古きよき…《いろいろな感情を込めて》: the ~ old days 古きよき時代 // ☞ good old boy. (3) 楽しい.
góod on ...《感》《略式, 主に豪》=good for ....
Háve a góod òne.《S》よい一日を《別れるときのことば》.
háve a góod tíme[動]《自》楽しく過ごす, 楽しい思いをする: We had a very ~ time at her birthday party. 彼女の誕生日のパーティーはとても楽しかった.
hóld góod[動]《自》《法律などが》有効である, 適用される, 当てはまる: The rule holds ~ in this case. その規則はこの場合も適用される.
if you knów what's góod for you[副]《S》我が身のためを思うなら《脅しに用いて》.
in góod tíme[副] (1)《決められた》時間どおりに (punctually). ちょうどよい時に. (2)《決められた時間よりも》早めに (early)《for; to do》.
It's a góod thíng (that) ....《英》…というのはよいことだ.
lóok góod[動]《自》(1) (人が)かっこうよく見える;《服などが》似合う《言い換え》You look ~ in that dress. = That dress looks ~ on you. そのドレスはあなたに似合う / Lookin' ~!《米俗》いけてるじゃん. (2)《物・考えが》よく思える, (事が)順調に進みそうである. (3) [しばしば否定文で]《物事が》妥当と思われる.
máke góod[動]《他》(1)《損害・不足などを》償う, 埋め合わせる;《借金を》返済する: They made ~ the loss. 彼らはその損害の埋め合わせをした. (2)《...を》成し遂げる, 達成する,《約束などを》果たす;《主張などを》立証する: make ~ one's escape 首尾よく逃げる. (3)《主に英》《...を》修理[修復]する. (4) [新聞で] 成功する.
máke góod on ...[動]《他》《略式, 主に米》《約束などを》果たす;《契約などを》履行(ﾘｺｳ)する;《借金などを》返す.
Thát's [Thére's a góod bóy [gírl].=Whàt a góod bóy [gírl]! いい子だね, いい子だから: Stop crying now. That's [There's] a ~ girl. さあ泣くのはおやめ. いい子だね.《語法》犬に対しては次のように言う: There's a good dog!
Thát's a góod òne.《S》おもしろい冗談だね《相手の話を信じていないときに示して》.
Thàt's góod! それは結構だ《喜び・満足を表わす》.
Vèry góod. ☞ very¹ 成句.

—《感》《S》よろしい, 結構, よかろう《承認・満足など》: "I've reserved a room for you at the Grand Hotel." "G~!"「グランドホテルに部屋を取っておきました」「それはどうも」 / "They say you can rent skis there." "Oh, ~!"「そこでスキーが借りられるそうです」「それはよかった」.

—《名》**1**《U》[しばしば some, any, no, much とともに] 役立つこと, ため (use): What ~ is it?= What's the ~ of it?《略式》それが何の役に立つのか=《言い換え》That's no ~.=That isn't any ~.《S》それはだめだ[むだだ, 役に立たない] / Advice isn't much ~ to me. I need money. 助言なんか大して私には役立たない. 私はお金が必要なのだ.
2 [the または所有格の後で] 利益, 幸福, ため (benefit, advantage)《反 harm》: for the public (common, general) ~《格式》公共の利益のために / I'm telling you this for your own ~. 私はあなた(自身)のためになると思ってこう言っているのですよ / She's too clever for her own ~. 彼女は利口すぎて, それがかえって不利になっている. **3**《U》善, よいこと;《人の》徳; よい点

(merit)《反 bad》: There is no ~ in him. 彼には善良なところは少しもない. **4** [the ~] [複数扱い] 善人たち《☞形 2 最後の例文》.
be úp to nó góod[動]《自》《略式》悪いことをしている《企(たくら)んでいる》.
cóme to nó góod[動]《自》まずい結果に終わる.
dó góod[動]《自》(1) [しばしば some, any, no, a lot of などとともに] 役に立つ, 効き目がある: Do you think it will do any ~? それが少しでも役立つと思いますか. (2) よいことをする; 親切にする.
dò ... (a wórld [the wórld, a pówer] of) góod[動]《他》《非常に》《人》のためになる: Milk will do you ~. 牛乳はあなたの体によいだろう / Much ~ may it do you.《普通は皮肉》大いに役立つことだろうよ.
for góod (and áll)[副] 永久に, これを最後に: He left Japan for ~. 彼は永久に日本を去った.
for the góod of ...[前] …の《利益》のために.
it is nó góod dóing ... してもむだだ《☞ it¹ A 4》: It is no ~ (your) discussing the problem.（あなたが）その問題を議論してもむだだ.
to the góod[副・形] [しばしば数量を示す名詞の後に置いて] (1) 貸し越しとして, 純益として. (2) [しばしば all to the good として] 有利な, 好都合な.

—《副》《米略式》よく (well).

gòod afternóon[感]《格式》こんにちは!, さようなら!《午後に人と会ったときまたは別れるときのあいさつ》: G~, Mrs. Brown! ブラウン先生, こんにちは.

《語法》(1) 現在では古風な感じで, good morning や good evening ほどに頻繁に使われない.
(2) 後に相手の名前で呼びかけるのが普通.
(3) 親しい者どうしでは hello とか hi のほうが普通.

Góod Bóok, góod bòok[名][the ~]《古風》または《滑稽》聖書 (the Bible).

***good-bye, good-by** /gù(d)bái/《感》《S》さようなら!, ごきげんよう!, では最も普通のお別れのあいさつ; 近くまた会う人にも当分会えそうにない人にも用いる; 電話の話の終わりにも用いる;《☞類義語》G~ and good luck! さようなら, お元気で / G~ till we meet again! また会う日まで, さようなら.《語源》God be with ye (=you).（神があなたとともにいますように）が縮まったもの; good となったのは good night などの影響.

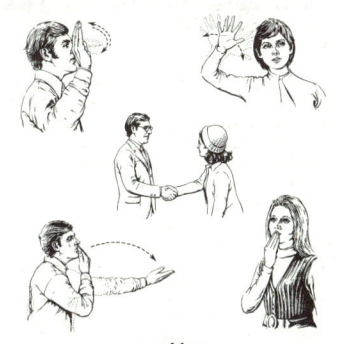

good-bye

—《名》(~s /-z/)《C》別れのあいさつ, いとまごい, さようなら: Have you said all your ~? お別れのあいさつはすっかり済ませましたか.
sáy [wáve] good-býe[動]《自》《人に》別れを告げる;

good day

（物を）あきらめる (to): I'm afraid it's time to say ~. そろそろおいとましなければなりません.
【類義語】**Good-bye!** 最も普通の別れのあいさつ. **So long!** 親しい者どうしで使う. **Bye-bye!** 主に子供どうしか大人が子供に向かって使う. **See you!** くだけた会話で使う. じきにまた会うという含みがある. **See you later!** そのうちまた会うという含みで使うが, いつかわからないとき, あるいは会う見込みのないときにも使う. **Farewell!** 改まった古風な語.

†**gòod dáy** 感 Ⓢ **1** (主に豪・米) おはよう! (good morning); こんにちは! (good afternoon). **2** (古風, 主に英) (hello); ごきげんよう (good-bye).

*__good deal__ /gù(d)díːl/ 代 (不定代名詞) [a ~] たくさん, 多量な (a great deal): He reads *a ~*. 彼はかなりたくさん本を読む.

a góod déal of ... 形 (略式) たくさんの..., 多量の...: I've spent *a ~ of* money on books. 私は書物に相当金を使いました. ── 副 [*a ~*] 大変, 非常に; はるかに: I feel *a ~* better today. 今日はずっと気分がよい / He has traveled *a ~*. 彼はずいぶん旅行した.

good eve·ning /gùdíːvnɪŋ/ 感 Ⓢ (格式) こんばんは!, さような ら! (夕方から晩にかけて人に会ったときまたは別れるときのあいさつ): *Good evening*, Meg! こんばんは, メグ / *Good evening*, and welcome to ABC's 9 o'clock news. こんばんは, ABC 9時のニュースです. 語法 (1) 後に相手の名前を呼びかけるのが普通. (2) 親しい者どうしでは hello とか hi と言うことが多い.

góod fáith 名 Ⓤ 誠意: show ~ 誠意を示す // in (all) ~ (☞ faith 成句). ── 形 誠実な.

góod-fèlla 名 Ⓒ (略式, 主に米) (マフィアなどの)暴力団員, ギャング.

góod-for-nóthing 形 Ⓐ (人が)何の役にも立たない, ごくつぶしの. ── 名 Ⓒ 役に立たない人, ごくつぶし.

Góod Fríday 名 Ⓤ.Ⓒ 聖金曜日 (復活祭 (Easter) 前の金曜; キリストの受難記念日; 英国の公休日 (bank holiday); ☞ holiday 表).

góod gúy 名 Ⓒ (米略式) いいやつ[男], (西部劇などの)善玉, 善人.

góod-héart·ed 形 心のやさしい, 親切な (kind), 寛大な (generous).

Gòod Hópe 名 固 **the Cape of ~** 喜望峰(ぼう)(アフリカ最南端の岬; ☞ Gama, cape¹).

góod húmor 名 Ⓤ 上機嫌.

góod-húmored 形 (反 ill-humored) 上機嫌の, 気さくな. **~·ly** 副 機嫌よく.

good·ie /gúdi/ 名 Ⓒ = goody.

góod·ish /gúdɪʃ/ 形 [a ~ として] (英略式) **1** まあまあの, 悪くはない. **2** (数量・距離などが)かなりの.

góod lífe 名 Ⓒ [the ~] 単純[自然]な生活; (物質的に恵まれた)よい暮らし, 裕福な生活.

góod-lóoker 名 Ⓒ (略式) 美形, 美人.

*__good-look·ing__ /gúdlúkɪŋ⁻/ 形 美貌(ぼう)の, 顔立ち[容姿]のよい (☞ beautiful 類義語).

góod lóoks 名 [複] 美貌.

*__good luck__ /gúdlák/ 名 Ⓤ 幸運.

── 感 ご成功を, いってらっしゃい, がんばってね! (試験・旅行・難しいことなどを人に向かって; ☞ cross one's fingers (finger 成句) 挿絵).

Góod lúck (to you)! = I wish you good lúck! [感] Ⓢ 幸運をお祈りします, がんばって (試験などに行く人を励ますとまたは); お元気で (旅行する人・会えなくなる人などへのあいさつ): You're having an exam tomorrow, aren't you? *Good luck!* あしたは試験ね. がんばって. (日英比較) 日本語の 「がんばって」 を直訳した Try hard. のような言い方はしない.

Góod lúck to ... Ⓢ (どうせだろうが)...のしたいようにさせたらよい (私の知ったことではない).

góod·ly 形 Ⓐ **1** (古風) (数・量が)相当な[たくさん]の. **2** (古語) きれいな, みごとな.

*__good morn·ing__ /gù(d)mɔ́ːnɪŋ | -mɔ́ː-/ 感 Ⓢ (格式) おはよう(ございます)!, こんにちは!; さようなら! (午前中に人と会ったときまたは別れるときのあいさつ): *Good morning*, John! ジョン, お早う[こんにちは]. 語法 (1) 後に相手の名前を呼びかけるのが普通. (2) 親しい者どうしでは hello とか hi と言うことが多い.

góod náture 名 Ⓤ 気立てのよさ, 親切さ.

góod-nátured 形 (反 ill-natured) 気立てのよい, 人のいい, 親切な, 温厚な: a ~ girl 気立てのよい少女 / a ~ discussion 和やかな話し合い. **~·ly** 副 親切に. **~·ness** 名 Ⓤ 気立てのよさ, 温厚.

*__good·ness__ /gúdnəs/ 名 Ⓤ **1** (人柄の)よさ, 人徳, 親切(なこと), 優しさ: No one can doubt his ~. 彼の人柄のよさを疑うものはあるまい. **2** 美点, 長所; (食品の)栄養分. **3** (婉曲) = god 1 (特に感嘆詞的に用いる). ~ を知る).

Góodness grácious (mé)! = Góodness (mé)! = My góodness! = Óh, my góodness! [感] えっ, なんと!, まあ!; まったくもう! (驚き・いらだちなどを表わす).

Góodness knòws ☞ know 成句.

hàve the góodness to dó [動] (格式) 親切にも...してくれる: *Have the ~* to speak more politely to my wife! 妻にはもっと丁寧に話してくれ.

òut of the góodness of one's héart [副] 親切心から.

to góodness [副] = to God (☞ god 成句).

*__good night, good·night__ /gù(d)náɪt/ 感 Ⓢ おやすみ(なさい)!, さようなら! (晩や夜の別れのあいさつ; すぐまた会う人に対して用いる): *Good night*, see you tomorrow. おやすみ, またあした.
── 名 Ⓒ おやすみのあいさつ.

góod óffices 名 [複] (権力者による)尽力, 調停.

góod òld bóy 名 Ⓒ (米略式) (特に南部の)田舎者.

*__goods__ /gúdz/ 名 [複] 語法 数詞では数えできない. **1** **商品**, 製品, 品物 ((略式) gds.); (米) 織物, 服地 (dry goods): They sell various kinds of ~ at that store. あの店ではいろいろな品物を売っている. **2** 家財; 所有物; (金・証券以外の)動産: household ~ 家財(道具) / a country's ~ and services 一国の財貨やサービス. **3** (英) (特に鉄道の)貨物, 積み荷 (freight): send ~ by train 荷物を鉄道便で送る. **4** [the ~] Ⓢ (古風, 英) 望ましい人[物]. 語源 元来は「よい (good) 物」の意. **delíver [còme úp with] the góods** [動] (略式) 約束を果たす, 期待にこたえる. 由来 品物を配達する, の意. **gèt [hàve] the góods on ...** [動] 他 (主に米) (人)の悪行の確かな証拠を握る[握っている], しっぽをつかむ[つかんでいる]. **goods and cháttels** ☞ chattel 成句.

Góod Samáritan 名 ☞ Samaritan 成句.

góod sénse 名 Ⓤ 良識, 分別.

Góod Shépherd 名 [the ~] (聖) よき羊飼い (キリストのこと).

góod-sízed 形 かなり大きめの.

góods tràin 名 Ⓒ (英) = freight train.

góod-témpered 形 (反 ill-tempered) 優しい, おとなしい.

góod-tìme Chàrlie 名 Ⓒ (古風, 米略式) 陽気な楽天家, 道楽者.

góod-tìme gìrl, góod-tìme gàl 名 Ⓒ (古風, 略式) 快楽を追い求める女(の子), プレイガール.

*__good·will__ /gúdwíl⁻/ 名 Ⓤ **1** 好意, 親切心 (favor よりも積極的な援助しようとする態度を示す) (反 ill will): show ~ *to* [*toward*] ... 人に好意を示す.

2 ⓤ 親善, 友好: a ~ visit 親善訪問. **3** ⓤ (店の)株, のれん; 信用, 得意. **4** [G-] ⓐ (米) グッドウィル《就労が困難な障害者などのため古い衣服・家具などを集めこれを修理する仕事を与え, Goodwill shops で売る団体》.

góod wórd 名 **1** [a ~] 好意的なことば: have a ~ (to say) for ... (☞ word 成句). **2** [the ~] (米) よい知らせ (good news): What's the ~? 何かいいことある《返事を期待しない漠然としたあいさつのことば》.

góod wórks 名 [複] 慈善行為, 善行.

good·y /gúdi/ 名 (**good·ies**) ⓒ (普通は複数形で)《略式》**1** おいしいもの; キャンデー, 糖菓; 特にいい物[事]《楽しみ・ぜいたく品など》. **2**《主に英》(小説・映画などの)善玉, 正義の味方. — 感《略式, 主に小児》うまくいったぞ, しめた, やったぜ.

góody bàg 名 ⓒ《略式》**1**(パーティー用)お楽しみ袋,(プレゼント用)商品詰め合わせ. **2**(販売促進用に配る)景品.

Good·year /gúdjɪə, -dʒɪə | -djə/ 名 ⓐ グッドイヤー《米国に本拠を置く世界最大のタイヤメーカー》.

góod·y-góod·y /gúdigúdi/ 名 (**-good·ies**) ⓒ《軽蔑》《略式》道徳家ぶった人;《主に小児》ぶりっ子.

góody-twó-shòes 名 ⓒ《略式》= goody-goody.

goo·ey /gúːi/ 形 (**goo·i·er; -i·est**)《略式》**1**(菓子などが)甘くてねばねばする. **2**《けなして》ひどく感傷的な.

goof /gúːf/ 名 (~**s**) ⓒ《略式, 主に米》**1** まぬけ, とんま. **2** へま, 失敗. — 自《略式, 主に米》 自 へまをする (up). — 他《...》しそこなう (up). **góof aróund** 動 自《略式, 主に米》ふざける, ばかげたことをする(《英》mess about). **góof óff** 動 自《略式, 主に米》のらくらする, なまける.

góof·ball 名 ⓒ《米略式》どじ, まぬけ.

góof-òff 名 ⓒ《略式, 主に米》怠け者, さぼり屋.

góof-úp 名 ⓒ《略式, 主に米》へま, しくじり, どじ.

goof·y /gúːfi/ 形 (**goof·i·er; -i·est**)《略式, 主に米》ばかな, まぬけな; ふざけた.

Goo·gle /gúːgl/ 名 ⓐ グーグル《インターネットの検索エンジン; 商標》. — 動 他《時に g-》(...を)グーグル[インターネット]で検索する[調べる]: ~ new terms 新語を検索する.

goo·gly /gúːgli/ 名 ⓒ《クリケ》(打者の予想を裏切る)くせ球. **bówl ... a góogly** 動《人を》あざむくような質問をする.

goo·gol /gúːgɔːl | -gɔl/ 名 ⓒ《数学》10 を 100 乗じた数 (10^{100}).

góogol·plèx /-plèks/ 名 ⓒ《数学》10 を 10^{100} 乗じた数.

goo goo /gúːgùː/ 名 ⓒ ブーブー《赤ん坊の立てる音》.

goo-goo /gúːgùː/ 形《米》(目つきが)好色な, 色っぽい: make ~ eyes at ...(人)に色目を使う.

gook /gúːk/ 名《米》**1** べたべたするもの. **2**《差別》アジア人.

goo·ly, goo·lie /gúːli/ 名 ⓒ (普通は複数形で)《英卑》きんたま.

goon /gúːn/ 名 ⓒ《略式》**1**《古風》まぬけ, ふざけたやつ. **2**《主に米》《軽蔑》用心棒, 暴力団員.

goop /gúːp/ 名 ⓤ《米略式》どろりとした[べとべとした]物.

***goose** /gúːs/ 名(複 **geese** /gíːs/) **1** ⓒ がちょう《あ

---

gorge 751

ひる (duck) よりは大きく首が長いが, 白鳥 (swan) よりは小さく首が短い;「とんま」のイメージがある》; がちょうの雌. ★鳴き声については ☞ cry 表. 関連 gander がちょうの雄 / gosling がちょうの子.

goose	がちょう (domestic goose)
	がん, かり (wild goose)

2 ⓒ がん, かり(渡り鳥)(wild goose). ★鳴き声については ☞ cry 表 wild goose. **3** ⓤ がちょうの肉. **4** (複 ~**s**) ⓒ《古風, 略式》とんま, まぬけ. **be a sílly góose** [動]《古風》《略式》まぬけをする; 大馬鹿だ. **cóok ...'s góose** [動]《略式》人の希望[計画]に水を差す. **kíll the góose that láys [láid] the gólden ég g(s)** [動]《目先の利益のために》将来の大きな利益を犠牲にしてしまう. 由来 金の卵を産むがちょうを殺して腹から全部の卵をいっぺんに取ろうとした, イソップ物語の男の話から. — 動 他《米卑》(いたずらで)〈人〉の尻をつつく.

goose·ber·ry /gúːsbèri, gúz- | gúzb(ə)ri/ 名 (**-ber·ries**) ⓒ グズベリー, 西洋すぐり(の実); すぐり. **pláy [be a] góoseberry** [動]《古風, 英略式》《滑稽》(2 人きりになりたい)恋人たちの邪魔をする.

góose bùmps 名[複]《米略式》鳥肌(寒さ・恐ろしさなどでできる): get ~ 鳥肌が立つ.

góose·dòwn 名 ⓤ がちょうの羽毛.

góose ègg 名 ⓒ《米略式》(競技の)零点, ゼロ; 大きなこぶ.

góose·flèsh 名 ⓤ《主に英》= goose bumps.

góose·nèck lámp 名 ⓒ 自由に首の曲がる電気スタンド.

góose pìmples 名 [複] = goose bumps.

góose stèp 名 ⓒ [しばしば the ~] [しばしばけなして] ひざを曲げないで足を高く上げて進む歩調. — 動 自 (兵隊が)ひざを曲げずに足を高く上げて行進する.

GOP /dʒíːòupíː/ 名《米》= Grand Old Party.

go·pher /góufə | -fə/ 名 **1** ⓒ ほりねずみ, ほりりす《地下生活をする北米産の動物; ほお袋がある》. **2** [しばしば G-]《電算》ゴーファー《インターネットの情報検索プログラム》. **3** ⓒ = gofer.

Gor·ba·chev /gɔ́ːəbətʃɔːf, gɔː-bətʃɔːf/ 名 ⓐ **Mi·khail**, **mɪkáɪl, míː-** kàɪl, ほお袋がある; **Ser·gey·e·vich** /seəgéɪjəvɪtʃ | seə-/ ~ ゴルバチョフ (1931–)《旧ソ連大統領 (1990–91); ノーベル平和賞受賞 (1990)》.

Gór·di·an knót /gɔ́ːdiən- | gɔː-/ 名 **1** [the ~] ゴルディオスの結び目《フリュギア (Phrygia /frídʒiə/) のゴルディオス (Gordius /gɔ́ːdiəs | gɔː-/) 王の結んだ結び目; これを解く者はアジアの王となるとの託宣があったが, Alexander 大王は剣を抜いて切断した》. **2** ⓒ《格式》難問. **cút the Górdian knót** [動] 思い切った手段で難問を解決する, 一刀両断にする.

Gor·di·mer /gɔ́ːdɪmə | gɔː-/ 名 ⓐ **Na·dine** /neɪdíːn, nə-/ ~ ゴーディマー (1923–)《南アフリカ共和国の女流小説家; Nobel 文学賞 (1991)》.

Gor·don /gɔ́ːdn | gɔː-/ 名 ⓐ ゴードン《男性の名》.

***gore**[1] /gɔ́ː | gɔː/ 動 (~**s** /-z/; ~**d** /-d/; **gor·ing** /gɔ́ːrɪŋ/) 他 [しばしば受身で]《牛・いのししなどが》〈...〉を角[きば]で突き刺す.

gore[2] 名 ⓤ《文》(傷口から出た)血の固まり, 血のり.

gore[3] /gɔ́ː | gɔː/ 名 ⓒ 三角ぎれ《スカート・帆・傘張りなどに用いる》.

+gorge /gɔ́ːdʒ | gɔːdʒ/ 名 ⓒ **1** 峡谷, 山峡(☞ valley 類義語). **2**《古語》のど (throat). **màke ...'s**

górge rìse [動] (人を)むかむかさせる; (人に)嫌悪(#^{お})感[怒り]を抱かせる. **...'s górge rises** [動] (人が)むかつく (at). ── [普通は he 受身で] [〜 oneself としてまたは受身で] (食べ物を)腹一杯詰め込む (on, with). ── [自] たらふく食べる (on).

*gor·geous /gɔ́ːdʒəs | gɔ́ː-/ [形] 1 (略式) すばらしい, すてきな; とても美しい[魅力的な], とても楽しい: The weather was 〜. すごくいい天気だった / G〜 girls were dancing. すごくかわいい娘(#^{こ})たちが踊っていた. 2 [普通は A] 華麗な, 絢爛(#^{けんらん})の, 色とりどりの (colorful): a 〜 dress 絢爛豪華な衣装. 日英比較 日本語の「ゴージャス」に含まれる「ぜいたくな, 豪華な」という意味に相当する英語は luxurious. **〜·ly** [副] すばらしく, すてきに; 華麗に.

Gor·gon /gɔ́ːgən | gɔ́ː-/ [名] 1 [ギ神] ゴルゴン (頭髪が蛇で, 見る人は恐怖のあまり石に化したといわれる3人姉妹の1人; ☞ Medusa). 2 [g-] (略式) 恐ろしい[醜い]顔の女, いやな感じの女.

Gor·gon·zo·la /ˌgɔːgənzóulə | ˌgɔː-/ [名] U ゴルゴンゾラチーズ (イタリア産チーズの一種).

*go·ril·la /gərílə/ [名] C 1 ゴリラ. 2 (俗) 乱暴で醜い男.

Gor·ki, Gor·ky /gɔ́ːki | gɔ́ː-/ [名] **Max·im** /mǽksɪm/ 〜 ゴーリキー (1868-1936) (ロシアの作家).

gorm·less /gɔ́ːmləs | gɔ́ːm-/ [形] (英略式) ばかな, のろまな.

gorse /gɔ́ːs | gɔ́ːs/ [名] U はりえにしだ (furze).

gor·y /gɔ́ːri/ [形] (**gor·i·er; -i·est**) 1 [普通は A] (略式) 残酷な, ぞっとする: a 〜 film 残酷映画 / the 〜 details [しばしば滑稽] むごたらしいことを事細かに述べる. 2 (文) 血だらけの, 血みどろの.

*gosh /gɔ́ʃ | gɔ́ʃ/ [感] (古風, 略式) えっ, おや, まあ!, きっと! (驚きまたは誓いの叫び): G〜, it's hot in here! ひえー, 何て暑いんだ, この中は.

gos·ling /gázlɪŋ | gɔ́z-/ [名] C がちょうの子. 関連 goose がちょう.

gó-slòw [名] C (英) 怠業戦術, サボタージュ (米 slowdown) (☞ sabotage 日英比較).

*gos·pel /gáspəl | gɔ́s-/ [名] (〜s /〜z/) 1 C [しばしば the G-] 福音書 (新約聖書の最初の4書で, キリストの生涯と教えを記録したもの): *the* G〜 *according to* (St.) Matthew [Mark, Luke, John] マタイ[マルコ, ルカ, ヨハネ]伝. 2 [the G-] (キリストの説いた) 福音, キリスト教の教義: preach [spread] *the* G〜 福音を説く [広める]. 3 C [普通は単数形で] 信条, 主義 (of). 4 U (略式) =gospel truth. 5 U ゴスペル (米国南部の黒人宗教音楽). **táke [accépt] ... as góspel** [動] 他 〈...〉を真理と思い込む.

góspel mùsic [名] U =gospel 5.
góspel trúth [名] [the 〜] 絶対的な真理.

gos·sa·mer /gɑ́səmə | gɔ́səmə/ [名] U 1 小くもの糸 (空中に浮遊したり茂みなどにかかっているもの). 2 (文) 繊細なもの; 薄い布地. ── [形] くもの糸のような, 薄くて軽い; (文) 繊細な.

*gos·sip /gɑ́sɪp | gɔ́s-/ [名] (〜s /〜s/; 形 góssipy) 1 U C [普通は単数形で] 世間話, 陰口, (新聞·雑誌の) ゴシップ: idle 〜 根も葉もないうわさ話 / juicy [hot] 〜 おもしろいうわさ話. 2 C うちとけた会話, おしゃべり: have a 〜 (with ...) (...と)おしゃべりする. 3 C [軽蔑·滑稽] 人のうわさ話の好きな人, おしゃべり. 語源 古(期)英語で洗礼の「名親 (godparent)」の意で, そこから「親しい人」「親しい人どうしのうわさ話」の意味になった. ── [動] 自 人のうわさ話をする; 雑談する (with, about).

góssip còlumn [名] C (新聞などの)ゴシップ欄.
góssip còlumnist [名] C (新聞などの)ゴシップ欄執筆者.

góssip míll [名] [the 〜] うわさ話を言いふらす人々, 「ゴシップ工場」.
góssip·mònger [名] C =gossip 3.
gos·sip·y /gɑ́sɪpi | gɔ́s-/ [形] (**gos·sip·i·er; -i·est**) (略 góssip) [普通は A] (略式) [普通は he 受身で] うわさ話の好きな, おしゃべりな, (話·記事などが) ゴシップの多い; 雑談風の, 軽い.

*got /gɑ́t | gɔ́t/ (類音 gut) [動] get の過去形および過去分詞. **have gót ...** ='ve gót ... =gót ... ☞ have の項目. **have gót to dó** ='ve gót to dó = gót to dó ☞ have got to の項目.

got·cha /gɑ́tʃə | gɔ́tʃə/ [感] (略式) 1 つかまえたぞ, やったぞ (I've got you. のつまったもの). 2 わかった.

goth /gɑ́θ | gɔ́θ/ [名] 1 U ゴス (ロック) (うなるような低音を基調とした英国のロック). 2 C ゴスファン [心酔者] (白いメークと濃いアイシャドーに黒の服をまとう).

Goth /gɑ́θ | gɔ́θ/ [名] C 1 ゴート人; [the 〜s] ゴート族 (3-5世紀にローマ帝国に侵入し, 現在のイタリア·フランス·スペインに王国を建設した Teuton 族の一派). 2 C 野蛮人, 乱暴者.

Goth·am /gɑ́θəm/ [名] (略式) ゴサム (New York 市の俗称).

*Goth·ic /gɑ́θɪk | gɔ́θ-/ [形] 1 [建] ゴシック様式の. 2 [芸] ゴシック派の (しばしば中世を背景にグロテスクな怪奇趣味を扱った). 3 [印] ゴシック字体の. 4 ゴート人[語]の. 5 無教養[野暮, 野蛮]な. ── [名] U 1 [建] ゴシック様式. 2 [印] ゴシック字体 (☞ type[1] 参考). 3 ゴート語. 4 [g-] =goth.

Góthic árchitecture [名] U ゴシック建築 (12-16世紀ごろ西欧で広く行われた垂直の線を強調する建築様式; ☞ cathedral 写真).

gó-to gùy [名] C (米略式) (チームを引っ張る) 主力選手, 大黒柱.

gó-to-mèeting [形] (服が) 教会行きの, よそ行きの.

got·ta /gɑ́tə | gɔ́tə/ 1 S (略式, 主に米) **got to** の短縮形. 語法 (1) くだけた発音を示す綴りで have [has] got to ... のときに用いる: I've 〜 go back. 帰らなくっちゃ. (2) have, has が省略されることがある: You 〜 do the job. 君がその仕事をしなくちゃ. 2 (非標準) have [has] got a の短縮形: I 〜 dog. おれ犬飼ってる.

*got·ten /gɑ́tn | gɔ́tn/ [動] (主に米) **get** の過去分詞. 語法 (米) では「持っている」(have)と「...しなければならない」(must)の意味以外では got ではなく gotten のほうが普通は: I've 〜 a new car. 新しい車を手に入れた (=買った) / I've *got* a new car. 新しい車を持っている (言い換え) I've *got* to leave. (=I have to leave.) もう行かなくちゃ.

gouache /gwɑ́ːʃ | gʊáʃ/ [名] 1 U グワッシュ画法 (アラビアゴムを混ぜた水彩絵の具を使う). 2 C グワッシュ水彩画.

Gou·da /gáʊdə, gúː- | gáʊ-/ [名] U ゴーダチーズ (オランダ産のくせのないチーズ).

+**gouge** /gáʊdʒ/ [名] C 丸のみ; (丸のみであけた)穴, 溝. ── [動] 他 1 〈...〉を丸のみで彫る (out); (乱暴に) 〈穴〉をあける (in); 〈目玉など〉をえぐり出す (out). 2 (主に米) 〈人〉から金を強要する, ゆすり取る.

gou·lash /gúːlɑːʃ | -læʃ/ [名] U C グーラッシュ (ハンガリー風の味の濃いシチュー).

Gould /gúːld/ [名] **Glenn** /glén/ (**Herbert**) 〜 グールド (1932-82) (カナダのピアニスト·作曲家).

gourd /gɔ́əd | gʊəd/ [名] C 1 ひょうたん(の実). 2 ひょうたんで作った容器.

gour·mand /gʊ́əmɑːnd | gʊ́əmənd/ 《フランス語から》[名] C [しばしば軽蔑] 食い道楽《人》.

+**gour·met** /gʊ́əmeɪ | gʊ́ə-/ 《フランス語から》[名] C 食通, 美食家, グルメ《人》. ── [形] 食通(用)の.

gout /gáʊt/ [名] U 痛風.

gout·y /gáʊti/ [形] (**gout·i·er; -i·est**) 痛風の, 痛風にかかった.

gov., Gov. [略] =government, governor.

*gov・ern /gávən/ |-vən/ 12 動 (gov・erns /~z/; gov・erned /~d/; -ern・ing) 他 1 〈国・国民など〉を治める, 統治する, 支配する(⇨ 類義語): A king ~s the country. その国は王が治めている. 2 《公共機関など》を管理する, 運営する: The university is ~ed by the state. <V+O の受身> その大学は国立[州立]だ.
3 《行動》を左右する;《現象など》を支配する;《古風》《感情など》を抑える: Policies are often ~ed by public opinion. <V+O の受身> 政策はしばしば世論によって左右される / She could not ~ her emotions. 彼女は自分の激情を抑えられなかった. 4 〖文法〗《動詞・前置詞が》〈目的語〉を支配する. ── 自 治める, 統治する; 管理する: The king ~ed well. 王は上手に国を治めた. 語源 ギリシャ語で「船のかじをとる」の意.
【類義語】govern 権力を統治することで, 秩序の維持, 福祉の増進などのよい意味も含まれる. rule 権力を用いて, 直接的にまたはしばしば専制的に支配すること. reign 君主の地位を占めることで, 必ずしも権力の行使を含まない(⇨ reign 動 1).

⁺gov・er・nance /gávənəns/ |-və-/ 名 U 《格式》統治, 支配.

⁺gov・ern・ess /gávənəs/ |-və-/ 名 C (昔の住み込みの)家庭教師《女性》(⇨ preparatory school 2 参考, school¹ 表).

⁺gov・ern・ing /gávənɪŋ/ |-və-/ 形 A 統治[管理]する, 統治[管理]の; 支配的な: the ~ party 与党 / a ~ principle 指導原則, 根本方針.

góverning bódy 名 C (学校・病院などの)理事会.

*gov・ern・ment /gávə(n)mənt, -vəm-/ -v(ə)nm-, -vəm-/ 名 (-ern・ments /-mənts/) ~ góvern, gòvernméntal) 1 C [しばしば the G-]《英》単数形でも時に複数扱い 政府;《米》内閣 (Govt., Gov., govt., Govt.; ⇨ administration 1): the Japanese G~ 日本政府 / under the last ~ 前政権のもとで / The ~ is[《英》are] discussing the problem. 内閣はその問題を討議している(⇨ collective noun 文法) // ⇨ central [local] government.

── コロケーション ──
attack a government 政府を攻撃する
form a government 組閣を行なう
head [lead] a government 首班を務める
overthrow a government 政府を倒す
resign from the government 大臣をやめる

2 U 政治, 統治, 支配; 政体, 政治形態: democratic ~ 民主政治 / military ~ 軍事政権 / local ~ 地方自治 / ~ of the people, by the people, (and) for the people 人民の, 人民による, 人民のための政治(⇨ Gettysburg). 3 《形容詞的に》政府の: a ~ minister 大臣 / a ~ policy 政府の政策. 4 U (公共機関の)管理, 運営. 5 U 〖文法〗支配.
in góvernment 形 政権について, 与党[政府]の.

*gov・ern・men・tal /gàvə(n)méntl, -vəm-/ -v(ə)nm-, -vəm-⁻/ (⇨ góvernment) A 1 政府の, 政治(上)の: a ~ system 政治組織. 2 官営[国営]の.

góvernment héalth wárning 名 C 《英》健康警告《たばこなどに表示される法定の警告文》.

Góvernment Hóuse 名 [the ~] 《英連邦》の総督官邸.

góvernment íssue 形 《米》[しばしば G- I-] 政府発行[配給]の, 官給の (⇨ GI).

góvernment secúrity 名 C [普通は複数形で] 政府証券, 公債証券.

*gov・er・nor /gávə(n)ə, -vənə/ -v(ə)nə/ 名 (~s /~z/; 1 でまた gùbernatórial) C 1 [時に G-] 《米国の州の》知事 (abbr. gov., Gov.): the G~ of New York State ニューヨーク州知事.
2 《英国の植民地の》総督: the former ~ of the colony その植民地の前総督. 3 統治者, 支配者 (ruler). 4 《主に英》〈官庁・学校・銀行などの〉長官, 理事, 総裁, 所長: a board of ~s 理事会. 5 〖機〗調速機; 調整機. 6 《英略式》= guvnor.

Góvernor-Géneral 名 (複 Gov・er・nors-, ~s) C [しばしば the ~]《英国の植民地・自治領の》総督《オーストラリア・カナダ・ニュージーランドなどでは名目上の元首である英国王の代理となる名誉職》(of).

góvernor・ship 名 U 知事の職[地位, 任期].

govt., Govt. 略 = government.

*gown /gáʊn/ 名 (~s /~z/) C 1 《女性用の》ガウン《パーティーなどの正装に着るロングドレス》: a wedding ~ ウェディングドレス. 2 《ひと続きですそ長い》法服, 僧服;《大学教授などの》ガウン;《医者の手術着》;《入院用のガウン》: an academic ~ 大学のガウン《教員・学生の正装》/ a surgeon's ~ 手術着 / ⇨ cap and ~《⇨ cap 名 成句》. 3 = dressing gown.

goy /gɔ́ɪ/ 名 (複 goy・im /gɔ́ɪɪm/, ~s) C 《軽蔑》《ユダヤ人から見た》異邦人, 異教徒.

Go・ya /gɔ́ɪə/ 名 Fran・cis・co /frænsískoʊ/ de /də/ ~ ゴヤ (1746-1828)《スペインの画家》.

⁺G.P. /ʤí:pí:/ 略 = general practice, general practitioner.

GPA /ʤí:pí:éɪ/ 略 = grade point average.

GPO /ʤí:pí:óʊ/ 略 = General Post Office.

GPS /ʤí:pí:és/ 略 = Global Positioning System.

gr. 略 = grain(s), gram(s), gross².

Gr. 略 = Greece, Greek.

*grab /gréb/ 名 (擬音 glove) 13 動 (grabs /~z/; grabbed /~d/; grab・bing) 他 1 〈…〉をひっつかむ, つかみ取る, つかみ取ろうとする, ひったくる(⇨ take 類義語》: He grabbed me by the arm. <V+O+by+名> 彼は私の腕をぎゅっとつかんだ(⇨ the¹ 2 語法) / The thief grabbed the purse from a woman. <V+O+from+名> どろぼうは女性からハンドバッグをひったくった. 2 《略式》《しばしば滑稽》《飲食物・睡眠など》を急いで取る; 《座などを》横取りする. 3 《略式》《機会を》逃さずに捕らえる. 4 S 《略式》〈物事が〉人の心を捕らえる, 〈人に〉興味を覚えさせる: How does that idea ~ you? その案はどうですか. ── 自 ひっつかむ, ひっつかもうとする: ~ at an opportunity 好機をつかむ / He grabbed at the money on the desk. 彼は机の上のお金をつかもうとした(⇨ at 3 語法). 1 ひったくり, わしづかみ; 横領, 略奪. 2 〖機〗グラブ《物をつかんで引き上げる装置》. máke a gráb at [for] … 動 他 …をひっつかもうとする. úp for grábs 形 《略式》《だれにでも》容易に手に入る.

gráb bàg 名 《米》1 C 福袋《中の品物をつかませて賞品とする》(《英》lucky dip). 2 ~ 《米》(略》運次第のもの[こと]. 3 [a ~] 種々雑多なもの (of).

gráb bàr 名 C 《浴室の壁に取り付ける》つかまり棒.

grab・ble /grǽbl/ 動 自 手探りする[で捜す]; 四つんばいになる[になって探す] (for).

grab・by /grǽbi/ (grab・bi・er, grab・bi・est) 《略式》欲の深い, 強欲な, がめつい.

gráb ràil 名 C 《乗物などの》手すり.

*grace /gréɪs/ 名 (grac・es /~ɪz/; 形 gráceful, grácious) 1 U 優雅, しとやかさ, 上品さ, ゆかしさ(⇨ 類義語》; 洗練; 《正しく振舞う》雅量, 潔さ: A good dancer moves with ~. よいダンサーはしなやかな動きをする.
2 U 好意, 親切; 恩恵, 恩恵: an act of ~ 好意のある親切な行為. 3 C [普通は複数形で] 美点, 魅力; たしなみ: learn the social ~s 社交上のたしなみをつける // ⇨ saving grace. 4 U 《支払》猶予: a period of ~ = a ~ period 《支払》猶予期間 / I'll give you a

week's [day's] ~. あなたに1週間[1日]の猶予を与えよう《仕事・支払いなどの期限を指して》. **5** Ū 神の恵み, 恩寵(おんちょう); 恩寵の影響[結果], 恵みを受けた状態: by [through] the ~ of God 神の恵みによって / die in a state of ~ 神の恵みに浴して死ぬ / There but for the ~ of God, go I [we]. 《ことわざ》神の恩寵がなかったら自分(たち)もあんな風になっていただろう《他人の罪や失敗を評して》. **6** Ū C 《食事のときの》短いお祈り: 金話 "Who will say ~ this evening?" "It's my turn."「今晩はだれがお食事のお祈りをするの」「僕の番だよ」 日英比較 わが国の「いただきます」「ごちそうさま」のあいさつにある程度当たる (☞ blessing 4). **7** [G-] 閣下(夫人)《公爵(夫人)や大司教に対する敬称》: His [Her] G~ 閣下(夫人)《間接に指すときに用いる》/ Your G~ 閣下(夫人)《直接に呼びかけるときに用いる》. **8** [the Graces] 【ギ神】3人の美の女神. **9** C =grace note.

fall from gráce [動] ⓘ 《目上の人の》不興を買う, うしろだてを失う; 神の恩寵を失う, 堕落する. — [名] 《所有格とともに》不興(を買うこと), 失脚, 堕落.

hàve the (góod) gráce to dó [動] (1) 親切に…する. (2) 潔く…する, …するだけのたしなみをもつ.

in …'s góod [bád] gráces=in the góod [bád] gráces of … [形・副] 《人》に好かれて[嫌われて].

with 「(a) bád [an íll] gráce [副] しぶしぶと.

with (a) góod gráce [副] 快く; 潔く.

— [動] ⓣ **1** …を優美にする, 飾る. **2** 《出席して》〈…〉に光彩[色どり, 花〉を添える, 栄誉を与える[賜る] (with, by).

【類義語】grace, graceful は動作・ふるまいなどが上品であることを意味し, 生まれつき備わっているもの. elegance, elegant は訓練や修養の結果, 後天的に備わった人為的な優雅さ.

Grace /gréɪs/ 图 グレース《女性の名》.

⁺**grace·ful** /gréɪsf(ə)l/ 形 [名 grace; 反 graceless] **1** 《動きなどが》優雅な, しとやかな, 上品な, 《形が》美しい (☞ grace 類義語): a ~ dance 優美な踊り. **2** 《ことば・態度などが》礼儀[礼節]正しい, 殊勝な; 《謝罪などが》率直な, 潔い: a ~ apology 潔い謝罪. **-ful·ly** /-fəli/ 副 優雅に, 上品に; 礼儀にかなって; 潔く. **~·ness** 名 Ū 優雅さ, 上品さ; 潔さ.

gráce·less 形 [反 graceful] **1** 品のない. **2** ぶざまな, ぎこちない. **3** 無作法な, 失礼な. **-ly** 副 下品に; 無作法に. **~·ness** 名 Ū 下品さ; 無作法.

gráce nòte 名 C 【楽】装飾音 (grace).

⁺**gra·cious** /gréɪʃəs/ 形 [名 grace] **1** 《特に目下の者に》優しい, 親切な; 丁寧な: She is ~ to everyone. 彼女はだれにも優しい. **2** 《普通は Ⓐ》《裕福で》優雅な, ゆったりとした: ~ living 優雅な生活. **3** 《神が》恵み深い (merciful) (to). **4** Ⓐ 《格式》仁慈深い《王族やその行為について一種の敬語として用いる》: Her Majesty Queen Elizabeth 尊(とうと)きエリザベス女王陛下. — 間 《古風》おや!, まあ!; 誓って!《驚き・強調などを表わす》: Good [Goodness] G~! / G~ me! **-ly** 副 優しく, 親切に. **~·ness** 名 Ū 優しさ, 親切さ.

grack·le /grǽkl/ 名 C 《おおむくどりもどき》《鳥》.

grad /grǽd/ 名 C 《米略式》=graduate¹. — 形 Ⓐ 《略式》大学院の.

grad·a·bil·i·ty /grèɪdəbɪləṭi/ 名 Ū 等級付けができること.

grad·a·ble /gréɪdəbl/ 形 【文法】等級付けのできる, 段階的な《形容詞などが比較変化などで程度の大小を問題にすることができる》.

gra·da·tion /greɪdéɪʃən, grə-/ 名 《格式》(変化・進展などの)段階, 等級, グラデーション; (計器の)目もり; Ū C 段階的変化: subtle ~s in [of] color 微妙な色の違い.

⁺**grade** /gréɪd/ ⓘ 名 (grades /gréɪdz/; 形 grádual) C

「段階」 (☞ 語源) → 「等級」**3**
→ (学校内の等級) → 「学年」**2**
→ (学業の等級) → 「成績」**1**

1 《特に A, B, C などの》成績, 評点 (☞ mark¹ 名 5): I got 「a good ~ [a ~ of 90] in English. 私は英語でよい成績[90点]を取った / G~s are important, but they are not everything. 成績は大事だが, それがすべてではない / 金話 "What [How] was your ~?" "I got another D."「成績はどうだった」「また D だよ」

A (excellent)	優
B (good)	良
C (satisfactory)	
D (just passed)	可
E (conditionally passed)	条件付き合格
F (failed)	不可

2 《米》《小・中学校, 時には高校の》学年, 学級《6-3-3学制ないし 8-4 学制の1年から12年までを通して数える》(《英》form); 同学年の生徒《全体》: "What ~ are you *in* now?" "I am *in (the)* eighth ~."「今何年生ですか」「8年生[中学2年]です」(☞ school¹ 表および 参考). 関連 class クラス.

3 《品質・位階などの》等級, (組織などの)階級; (知能・課程などの)程度; 同一等級[階級, 程度]に属するもの: ~ A A級 / a poor [low] ~ of milk 品質の悪い牛乳. **4** 《特に音楽での》実技試験(のレベル). **5** 《米》《道路・鉄道などの》勾配(こうばい) (《英》gradient); 坂.

語源 ラテン語で「段階, 度合い」の意; ☞ centigrade 語源, graduate², degree 囲み.

máke the gráde [動] ⓘ 《略式》基準に達する, 合格する, 成功する. **on the úp [dówn] gráde** [形] 上り[下り]調子で; よく[悪く]なって《特に《米》では downgrade, upgrade と1語に書く》.

— [動] (grades /gréɪdz/; -d·ed /-dɪd/; grad·ing /-dɪŋ/; 名 gradátion) ⓣ **1** 〈…〉に等級をつける, 段階に分ける (into): The eggs are ~d by [according to] size. <V+C+by [according to]+名> 卵は大きさで等級がつけられている. **2** 《主に米》〈…〉を採点する; 〈生徒に×…〉の成績をつける. **3** 〈道路の〉勾配をゆるくする.

gráde cròssing 名 C 《米》平面の交差点, 踏切 (《英》level crossing).

grad·ed /gréɪdɪd/ 形 Ⓐ **1** グレード[学習到達度]別の. **2** 勾配(こうばい)のついた.

gráded réader 名 C 《外国語学習者のために読みやすくした》グレード別読本.

gráde pòint àverage 名 C 《米》【教育】学業成績平均値《評点 A, B, C, D, F をそれぞれ 4, 3, 2, 1, 0 の数値に換算して平均を出したもの; 4·0 (four-point 0 /oʊ/ と読む)が最高. 略 GPA》.

grad·er /gréɪdə | -də/ 名 C **1** 《米》〔序数詞とともに〕…学年生《《英》former》 (☞ school¹ 表): a fourth ~ 小学4年生 / a seventh ~ 7年生[中学1年生] / an eleventh ~ 高校2年生. ★大学の1[2, 3, 4]年生については ☞ senior 表. **2** 等級をつける人; 《主に米》評点者.

gráde schòol 名 C 《古風, 米》=elementary school.

⁺**gra·di·ent** /gréɪdiənt/ 名 C **1** 《道路・鉄道などの》

勾配(こうばい), 傾斜度 (《米》grade): a road with a ~ of 1 in 10 10 分の 1 [10%]の勾配の道. **2** (温度・気圧などの)変化度, 差異.

grad·ing /gréɪdɪŋ/ 名 U 採点, 成績評価.

grád schòol 名 C,U 《米略式》=graduate school.

*__grad·u·al__ /grǽdʒuəl, -dʒəl/ 形 (名 grade) **1** 徐々の, 段階的な, 漸進的な: a ~ increase 漸増 / a ~ change in climate 徐々に進む気候の変化 / The improvement in quality has been ~ but steady. 品質は徐々にではあるが着実に改善されつつある. **2** (勾配(こうばい)が)ゆるやかな.

grad·u·al·is·m /grǽdʒuəlìzm, -dʒəl-/ 名 U 漸新主義[政策], 穏健改革主義[政策].

*__grad·u·al·ly__ /grǽdʒuəli, -dʒəli/ 11 副 だんだんと, 次第に, 徐々に: His health is ~ improving. 彼の健康は次第に回復しきている.

*__grad·u·ate__¹ /grǽdʒuət/ ★動詞の graduate² との発音の違いに注意. 名 (-u·ates /-uəts/; 動 gráduàte²) C **1** 卒業生(《略式》 grad): a ~ of Harvard University=a Harvard ~ ハーバード大学の卒業生 / a ~ in law [chemistry]=a law [chemistry] ~ 法学部[化学科]の卒業生. / a high school ~ 高校卒業者. 語法 《英》では大学の卒業生に限って使う. 《米》では大学以外の各種の学校の卒業生にも用いる. **2** 《米》大学院生 (graduate student, 《英》 postgraduate). 関連 undergraduate 学部学生. — 形 A 《米》**1** 大学院の (《英》 postgraduate). **2** 教育課程を終えた: a ~ nurse (看護婦学校出身の)正規看護師.

*__grad·u·ate__² /grǽdʒuèɪt/ ★名詞の graduate¹ との発音の違いに注意. 動 (-u·ates /-uèɪts/; -u·at·ed /-tɪd/; -u·at·ing /-tɪŋ/; 名 gráduate¹, gràduátion) 自 言い換え Ben ~d from Yale (with a degree) in physics. <V+from+名・代> =Ben ~d in physics at Yale. <V+at+名・代> ベンはエール大学の物理学科を卒業した.

語法 《英》では大学を卒業するときに限って用い、それ以外のときは leave school (☞ school¹ 成句) と言うのが普通だが、《米》では大学以外の各種の学校を卒業するときにも用いる.

2 [ほめて] (高いレベルへ)進歩[移行]する (from, to). — 他 **1** 《主に米》〈...〉を卒業させる: Our university ~s 500 students every year. うちの大学からは毎年 500 人が卒業する / She was ~d from college in 1970. <V+O+from+名・代の受身> 彼女は 1970 年に大学を卒業した. 受身の構文は格式ばった言い方で, 普通は She graduated from ... のように言う. **2** 〈...〉に等級をつける; 段階別に配列する (into). **3** 〈...〉に目盛りをつける. 語源 ラテン語で「学位を与える」の意; grade と同語源.

grad·u·at·ed /grǽdʒuèɪtɪd/ 形 **1** 等級[段階]別になった, 累進的な: a ~ system of taxation 段階的な徴税制度 / a ~ pension (scheme) 《英》累進年金(制度). **2** 目盛りのある: a ruler ~ in inches インチで目盛りのある定規.

gráduate schòol 名 C,U 《米》大学院.
gráduate stùdent 名 C 《米》大学院生.

*__grad·u·a·tion__ /grædʒuéɪʃən/ 名 (~s /-z/; 動 gráduàte²) **1** U 卒業 (《米》では大学の, 《英》ではそれ以外の学校にも用いる): After [Upon] ~ from college, he got a job in Canada. 大学を卒業すると, 彼はカナダで職を得た.

2 C,U 卒業式; 学位授与式: I was sick and couldn't attend my own ~. 私は病気で自分の卒業式に出席できなかった. **3** [形容詞的に] 卒業(式)の: a ~ ceremony 卒業式 / a ~ day 卒業式の日. **4** C 目盛りをつけること; C 目盛り.

勾配(こうばい), 傾斜度 (《米》grade): a road with a ~ of 1 in 10 10 分の 1 [10%]の勾配の道. **2** (温度・気圧などの)変化度, 差異.

Grae·co- /grékoʊ, gríː-/ 接頭 《主に英》=Greco-.

†**graf·fi·ti** /grəfíːtiː, græ-/ 名 複 [しばしば単数扱い] (壁などの)落書き.

graft¹ /græft | gráːft/ 動 他 **1** 《医》〈組織〉を移植する (onto). **2** 〈...〉を接(つ)ぎ木する (on, onto); 〈思想・慣習など〉を合体[融合]させる (onto). — 自 **1** 移植手術を行なう. **2** 接ぎ枝をする. — 名 **1** C 《医》移植組織片. **2** 接(つ)ぎ穂, 接ぎ枝; 接ぎ木. 関連 skin graft 皮膚移植.

graft² /græft | gráːft/ 名 U 《主に米》汚職, 不正所得. — 動 自 収賄[汚職]する. — 他 〈人から〉わいろを受け取る (off).

graft³ /græft | gráːft/ 名 U 《英略式》(骨の折れる)仕事. — 動 自 汗水たらして働く (away).

gra·ham /grǽm, gréɪəm | gréɪəm/ 形 A (パンなどが)全粒粉で作られた: a ~ cracker 全粒クラッカー.

Gra·ham /gréɪəm/ 名 グレアム (男性の名).

Grail /gréɪl/ 名 [the ~] =Holy Grail.

*__grain__ /gréɪn/ T3 名 (~s /-z/) **1** C (穀物・砂・塩などの)一粒: several ~s of wheat 小麦数粒.

2 U 穀物, 穀類 (《米》corn): fields of ~ 穀物畑 / import ~ from Canada カナダから穀物を輸入する. **3** [a ~] ごく少量, 微量: There isn't a ~ of truth in his accusations. 彼の非難には真実のかけらもない 事実無根だ. **4** U,C [しばしば the ~] 木目(もくめ)(の方向); きめ, (肉・服地の)繊維; (写真印画の)粒子: wood with a fine [coarse] ~ きめの細かい[粗い]木材. **5** C グレイン《重量の単位; 約 0.06 グラム; gr.; ☞ pound¹ 表》.

be [gó, cút] agàinst the gráin [動] 自 性に合わない; 意に反する.

grained /gréɪnd/ 形 **1** 木目[石目]のある. **2** [普通は合成語で] 粒[きめ]が...の, 粒状の: fine-~ sand 粒の細かい砂.

gráin èlevator 名 C 《米》大穀物倉庫.

grain·y /gréɪni/ 形 (grain·i·er, -i·est) (特に写真印画の)粒子の粗い, ざらざらした; 木目模様の.

*__gram__ /grǽm/ 名 (同音) (~s /-z/) C グラム (0.035 オンス (ounce), 略 g, gm., gr.): This camera 「weighs 600 ~s [is 600 ~s in weight]. このカメラは 600 グラムの重さがある. 関連 kilogram キログラム / milligram ミリグラム.

-gram /grǽm/ 接尾 [名詞語尾] 「書いたもの, 描いたもの」の意(☞ program 単語の記憶): mónogràm 組み合わせ文字 / télegràm 電報. 語法 2 つ前の音節に第一アクセントがくる.

grám càlorie 名 C 《物理》グラムカロリー, 小カロリー(☞ calorie 参考).

*__gram·mar__ /grǽmɚ | -mə/ (類音 glamour) 名 (~s /-z/; 形 grammátical) **1** U 文法; 文法学 (☞ program 単語の記憶); prescriptive [descriptive, school] ~ 規範[記述, 学校]文法. **2** U (文法面から見た個人の)ことばづかい, (正しい)語法: His ~ is shockingly bad. 彼のことばづかいはひどい. **3** C 文法書, 文典, ギリシャ語で「書いたもの」の意.

grámmar bòok 名 C =grammar 3.

gram·mar·i·an /grəmé(ə)riən/ 名 C 文法家, 文法学者.

†**grámmar schòol** 名 C,U **1** 《英》グラマースクール (小学校を卒業した者に対して主に大学へ進学することを目的として教育する 5 年制の公立学校; 大学進学者はさらに 2 年の予備教育を受ける; ☞ school¹ 表). **2** 《古風, 米》=elementary school.

*__gram·mat·i·cal__ /grəmǽtɪk(ə)l/ 形 (名 grámmar; 反 ungrammatical) **1** A [比較なし] 文法(上)の: ~ mistakes [gender] 文法上の誤り[性]. **2** 文法にかなった, 文法的に正しい.

gram·mat·i·cal·i·ty /grəmæ̀ṭɪkǽləṭi/ [名] [U] 〘言〙文法にかなっていること, 文法性 (*of*).

gram·mat·i·cal·ly /grəmǽṭɪkəli/ [副] 文法的に(は); 文法にかなって(正しく).

*__gramme__ /grǽm/ [名] 《英》=gram.

Gram·my /grǽmi/ [名] (複 ~s, -mies) [C] グラミー賞《優秀なレコードなどに与えられる米国の賞》.

gram·o·phone /grǽməfòʊn/ [名] [C] 《英, 古風》蓄音機 (《米》 phonograph).

gramp /grǽmp/, **gramps** /grǽm(p)s/ [名] (複 **gramps**) [C] [主に呼びかけで] [S] 《略式》おじいちゃん.

gram·pus /grǽmpəs/ [名] [C] **1** はなごんどう《いるかの一種》; しゃち. **2** 《英》息づかいの荒い人.

Grám's stáin /grǽmz-/, **Grám stáin** /grǽm-/ [名] [U] 〘生〙グラム染色法.

gran /grǽn/ [名] [C] 《英略式》おばあちゃん.

gra·na·ry /gréɪn(ə)ri, grǽn- | grǽn-/ [名] (-**a·ries**) **1** [C] 穀物倉; 穀倉地帯 (*of*). **2** [G- として形容詞的に] 《英》全粒小麦で作った: G~ bread 麦芽粒入りのパン《商標》.

*__grand__ /grǽnd/ [形] (**grand·er**; **grand·est**; [名] grándeur) **1** 壮大な, 雄大な; 荘重な, 堂々たる; 大がかりな: a ~ palace 壮大な宮殿 / a ~ style 壮麗なる文体 / a ~ plan 遠大な計画 / on a ~ scale 盛大に. **2** [A] (人などが)偉大な, 立派な: a ~ gentleman 立派な紳士. **3** [軽蔑] 尊大な, 気位の高い, もったいぶった: ~ noblemen 気位の高い貴族たち. **4** 《略式》すばらしい, すてきな: What ~ weather! いい天気だなあ / That would be ~. そりゃいいね《相手の提案に賛成するときのことば》. **5** [A] 完全な (complete): a grand total of ... (☞ total 成句). **6** 重要な, 重大な: the ~ question 重要な問題. **7** [称号で G-] [A] 最高位の. **a [the] gránd òld mán** [名] [時に G- O- M-] (ある分野の)長老, 重鎮, 大御所 (*of*). — [名] [C] 《略式》**1** =grand piano. **2** (複 ~) 《米》千ドル; 《英》千ポンド (《略》G).

gran·dad /grǽndæ̀d/ [名] [C] 《略式》=granddad.

gran·dad·dy /grǽndæ̀ḍi/ [名] (-**dad·dies**) [C] 《米略式》=granddaddy.

gránd·àunt [名] [C] 父[母]のおば, 大おば.

Gránd Cányon [名] [固] [the ~] グランドキャニオン《米国 Arizona 州の Colorado 川の大峡谷で国立公園; ☞ 表地図 E 4》.

Grand Canyon

Gránd Cányon Stàte [名] [the ~] グランドキャニオン州《米国 Arizona 州の俗称》.

Gránd Céntral Stàtion [名] [固] グランドセントラル駅《ニューヨークの Manhattan にある 2 大鉄道駅の 1 つ; ☞ Penn Station》.

*__grand·child__ /grǽn(d)ʧàɪld/ [名] (-**chil·dren** /-ʧìldrən/) [C] 孫.

gránd·chìldren [名] grandchild の複数形.

*__grand·dad__ /grǽndæ̀d/ [名] (-**dads** /-dæ̀dz/) [C] 《略式》**1** おじいちゃん (grandpa). **2** じいさん, じじい《老人への呼びかけに用いる; 失礼な言い方》.

grand·dad·dy /grǽndæ̀ḍi/ [名] (-**dad·dies**) 《米略式》**1** [C] おじいちゃん (grandpa). **2** [the ~] (...の中で)最初[最大]の例[人, もの] (*of*).

⁺**grand·daugh·ter** /grǽndɔ̀ːṭɚ | -tə/ [名] [C] 孫娘, 女の孫 (☞ family tree 図).

gránd dúchess [名] [C] 大公妃; (女性の)大公.

gránd dúke [名] [C] 大公《大公国の君主》.

grande dame /grɑ́ːn(d)dɑ́ːm/ [名] [C] (**grande(s) dames** /~/) 年配の貴婦人.

gran·dee /grændíː/ [名] [C] **1** 《古風》大公《スペイン・ポルトガルの最高貴族》. **2** 高官, 実力者.

⁺**gran·deur** /grǽnʤɚ | -ʤə/ [名] ([形] grand) [U] 壮大, 雄大; 壮麗, 壮観 (*of*); 偉大, 威厳.

*__grand·fa·ther__ /grǽn(d)fɑ̀ːðɚ | -ðə/ [名] (~s /~z/) [C] 祖父 (☞ family tree 図): The old man is my「~ on my father's side [paternal ~]. その老人は私の父方の祖父だ. — [動] [他] 〈人・会社など〉を新規則の適用から除外する.

grándfather clàuse [名] [C] 祖父条項《新規則[法令]への適用除外を規定した条項》.

grándfather clóck [名] [C] グランドファーザー時計《おもりと振り子で動く大時計; 普通は床の上に置き, 高さ 2m 近いものが多い》.

grand-father clock

gránd finále [名] [C] (オペラなどの)大詰め, 大団円.

gran·dil·o·quence /grændíləkwəns/ [名] [U] 《格式》[軽蔑] 大げさなことば, 大言壮語.

gran·dil·o·quent /grændíləkwənt/ [形] 《格式》[軽蔑] (ことばづかいなどが)大げさな; (人が)大言壮語する.

⁺**gran·di·ose** /grǽndiòʊs/ [形] [軽蔑] 壮大な, 大げさな, 仰々しい.

gránd júror [名] [C] 〘米法〙大陪審員.

⁺**gránd jú·ry** [名] [C] 〘米法〙大陪審, 起訴陪審《12–23 人から成る; ☞ petit jury》.

gránd·kìd [名] [C] 《米略式》孫.

Gránd Láma [名] [C] =Dalai Lama.

gránd lárceny [名] [U] 〘米法〙重窃盗罪《200 ドル以上の物の窃盗罪》.

gránd·ly [副] 壮大に; 立派に; もったいぶって.

*__grand·ma__ /grǽn(d)mɑ̀ː/ [名] (~s /~z/) [C] 《略式》[時に軽蔑] おばあちゃん, ばあさん (☞ grandpa).

grand mal /grɑ̀ːn(d)mɑ́ːl | grɑːnmǽl/ 《フランス語から》[名] [U] 〘医〙てんかん, 大発作.

grand·ma·ma /grǽn(d)mɑ̀ːmə | -məmɑ̀ː/ [名] [C] [S] 《古語》おばあちゃん (grandma).

gránd máster [名] **1** [C] チェスのチャンピオン, 名人. **2** [G- M-] (騎士団などの)団長.

*__grand·moth·er__ /grǽn(d)mʌ̀ðɚ | -ðə/ [名] (~s /~z/) [C] 祖母 (☞ family tree 図): Ann is my「~ on my mother's side [maternal ~]. アンは私の母方の祖母だ. **teach one's grándmother (to súck éggs)** [動] [自] 《英略式》既によく知っている[できる]人に教える, 釈迦(しゃか)に説法をする.

Gránd Nátional [名] [the ~] グランドナショナル《英国 Liverpool で毎年開催の大障害競馬》.

gránd·ness [名] [U] 雄大(さ); 壮大(さ); 偉大, 立派さ; 堂々たること.

Gránd Òld Párty [名] [固] [the ~] 《米》共和党 (Republican Party) の俗称 (《略》GOP).

Gránd Òle Óp·ry /-òʊlɑ́pri | -ɔ́p-/ [名] [固] グランドオールオプリー《米国のカントリー音楽のラジオ番組》.

gránd ópening [名] [C] 《米》(店などの)大開店.

gránd ópera [名] [U,C] グランドオペラ《主に悲劇で, 歌以外のせりふを含まない大がかりなオペラ》.

*__grand·pa__ /grǽn(d)pɑ̀ː/ [名] (~s /~z/) [C] 《略式》[時に軽蔑] おじいちゃん, じいさん (☞ grandma).

grand·pap·py /grǽn(d)pæ̀pi/ [名] [C] 《米略式》おじ

いちゃん (grandfather).

grand·par·ent /grǽn(d)pè(ə)rənt/ 名 © 祖父, 祖母; [複数形で] 祖父母.

gránd piáno 名 © グランドピアノ, 平型ピアノ. 関連 upright piano アップライトピアノ.

grand prix /grá:ŋpri: | grɔ́n-/《フランス語から》名 (複 **grands prix** /grá:ŋpri:- | grɔ́n-, ~/) © [しばしば G-P-] **1** グランプリレース (国際的な長距離自動車レース・自転車レースなど). **2** グランプリ, 大賞.

grand slám 名 © **1** 〘野〙満塁ホーマー; 〘テニス・ゴルフなど〙グランドスラム (1 シーズン中の主な競技会の優勝の独占).〘トラ〙〘ブリッジで〙の完全得点 (⇨ little slam).

grand·son /grǽn(d)sÀn/ 名 © 孫息子, 男の孫 (⇨ family tree 図).

grands prix 名 grand prix の複数形.

gránd stánd 名 © (競馬場・競技場などの) 正面特別観覧席, 貴賓(きひん)席. — 動 © スタンドプレーをする.

gránd·stànd·ing 名 ⓤ 《米》(派手な) スタンドプレー (をすること).

grándstand pláy 名 © 《米》スタンドプレー (観客の目を引くようなわざとらしい [大げさな] プレー). 日英比較 「スタンドプレー」は和製英語.

gránd tótal 名 © 総計.

gránd tóur 名 **1** © [滑稽] 建物の中を案内すること: take ... on a ~ of the house A, his home の中を案内して回る. **2** [the ~] 大旅行 (英米の上流の子弟教育の仕上げとして昔なされた欧州巡遊).

grand·ùncle 名 © 父[母]のおじ, 大おじ.

grand ú·ni·fied théo·ry /-jú:nəfàɪd-/ 名 © 〘物理〙大統一理論 (素粒子の強い相互作用, 弱い相互作用, 電磁相互作用を統一的に記述する理論).

grange /grémdʒ/ 名 © 《英》(いろいろな付属建物のある) 農場;(いなかの) 地主の邸宅 (しばしば屋敷名の一部として).

gran·ite /grǽnɪt/ 名 ⓤ 花崗(こう)岩, みかげ石.

Gránite Státe [the ~] 花崗岩州 (米国 New Hampshire 州の俗称).

gran·ny, gran·nie /grǽni/ 名 (**gran·nies** /~z/) © (略式) [時に軽蔑] おばあちゃん (grandma). — 形 ^A (略式) (英) 老人用の; 老婦人用の (スタイル)の: ~ **glasses** ばあさん風の (丸) 眼鏡.

gránny flát 名 © 老人用の付属住宅.

gránny knót 名 © 縦結び (ほどけやすい).

gra·no·la /grənóʊlə/ 名 ⓤ 《米》グラノーラ (押しつぶし麦に干しぶどう・ナッツ・赤砂糖を混ぜた朝食). — 形 ^A (略式) 〘滑稽〙(人の) 政治的に自由な考えをもち健康志向で環境のことを考えている. ヒッピー風の.

[*]**grant** /grǽnt | grá:nt/《原音 grunt》名 (~**s** /-ts/) © (交付された) 補助金, 助成金; 奨学金 (toward): a government ~ **for** research 政府の研究助成金 / apply for a ~ **to** study abroad <N+to 不定詞> 留学の奨学金に応募する / live on a ~ (**from** ...) (...からの) 奨学金で生活する.
— 動 (**grants** /grǽnts | grá:nts/; **grant·ed** /-tɪd/; **grant·ing** /-tɪŋ/) 他 **1** (格式)《願いなどを》聞き届ける, かなえる, 承諾する; (許可を) 与える [言い換え] He ~ed our request. = He ~ed us our request. <V+O+O> 彼は我々の願いを聞き入れてくれた / Please ~ us permission to go there. どうか我々にそうする許可を与えてください / The company ~**s** four weeks leave **to** every employee. <V+O+to+名・代> 会社はすべての従業員に 4 週間の休暇を認めている.
2 (格式)《金品・権利などを》与える, 授与する, 交付する; 譲渡する: The Government should ~ public workers the rights to strike. <V+O+O> 政府は官公労にストライキ権を与えるべきだ / He was ~ed a pension. <V+O+O の受身>=A pension was ~ed to him. <V+O+to+名・代の受身> 彼は

757

年金を交付された.

3 [進行形なし] 〈...〉を認める, 仮に...だと認める (admit): He works hard, I ~ you (that). 彼がよく働くことは認める [言い換え] We ~ his honesty. = We ~ that he is honest. <V+O (that 節)> 我々は彼が正直だと認める.

(**even**) **gránted** [**gránting**] (**that**) ... [接] (やや格式) ...だとしても, ...は認めるにせよ, ...なのは確かだが: G~ed that he's a great success in business, it doesn't mean he'd be a good mayor. 確かに彼は実業家としては大成功しているかもしれないが, 立派な市長になるとは限るまい. 語法 granted, granting の後に名詞を伴って [前] として用いることもある: G~ed [G~ing] your premises, I don't think your conclusion is right. あなたの前提は認めるがその結論は正しいと思わない.

Gód gránt (that) ... (神に祈って) 願わくは ...となりますように (⇨ subjunctive present 文法 (2)).

gránted, (...,) but — そのとおり (...) ですがしかし—《相手の意見を一応認めた上で反論することば》: G~ed, we've been very successful this year, but can we do it again next year? 今年は大成功だったことは認めよう. しかし来年もまたそういくだろうか.

tàke ... for gránted [動] (慣れっこになって)〈人・物事〉の真価がわからなくなる, 特に注意する[ありがたく思う]こともないと考える.

tàke it for gránted (that) ... [動] (...ということを)当たり前のことと思う, (...なのは) 当然のことと決め込む: We took it for ~ed that he would come. 我々は彼が来るのは当然だと思った.

Grant /grǽnt | grá:nt/ 名 **Ulysses Simp·son** /sím(p)s(ə)n/ ~ グラント (1822–85)《米国の将軍・政治家, 南北戦争当時の北軍の総司令官; 第 18 代大統領 (1869–77), ⇨ president 表》.

grant·ee /grǽntí: | grà:n-/ 名 © (奨学金などの) 受給者, 受領者.

gránt-in-áid 名 © (複 **grants-**) 助成金.

gránt-main·táined 形《英》(学校が) 政府から財政補助を受ける.

gran·u·lar /grǽnjʊlə | -lə-/ 形 (格式) 粒 (状) の; (表面が) 粒々の.

gran·u·late /grǽnjʊlèɪt/ 動 他 [普通は受身で] 〈...〉を粒 (状) にする; ざらざらにする.

grán·u·làt·ed súgar /grǽnjʊlèɪtɪd-/ 名 ⓤ グラニュー糖.

gran·ule /grǽnju:l/ 名 © 小粒, 細粒, 微粒.

[*]**grape** /gréɪp/ 名 (~**s** /-s/) ©,ⓤ ぶどう (1 粒の実) (⇨ vine 挿絵): a bunch of ~s ぶどう 1 房 / Wine is made from ~s. ワインはぶどうから作られる. 関連 raisin 干しぶどう / vine ぶどうの木 [つる].

[*]**grape·frùit** 名 (複 ~(**s**)) © グレープフルーツ (北米南部の特産で, 夏みかんに似た実がぶどうの房状につく).

grápe hyàcinth 名 © ムスカリ (ゆり科の植物).

grápe jùice 名 ⓤ グレープジュース, ぶどうの果汁 (⇨ juice 日英比較).

grápe sùgar 名 ⓤ ぶどう糖.

[*]**grápe·vìne** **1** [the ~] (秘密の) 情報ルート. **2** © ぶどうの木 [つる]. **héar ... on [through] the grápevine** [動] 他 うわさ [口コミ] で〈...〉を耳にする.

grapefruits

[*]**graph** /grǽf | grá:f, grǽf/ 名 (~**s** /-s/) © グラフ, 図表: draw a ~ グラフを描く // ⇨ bar graph. **máke a gráph of ...** [動] 他 ...をグラフにする [で示す].

【単語の記憶】《GRAPH》〈書く〉
graph（書いたもの）→ グラフ
para**graph**（わきに書いた印）→ 段落
photo**graph**（光で書くもの）→ 写真
tele**graph**（遠くから書くもの）→ 電報

-graph /græf | grɑːf, -græf/ 接尾 [名詞語尾]「…を書いた[描いた]もの」「…を書く[描く, 記録する]器具」の意: phono**graph** 蓄音機 / photo**graph** 写真.

graph·eme /ɡrǽfiːm/ 名 C [言] 書記素（つづり字の体系における最小単位）.

*__graph·ic__ /ɡrǽfɪk/, __-i·cal__ /-k(ə)l/ 形 1（特に不快なことの描写が）生々しい, 露骨な, 絵を見るような, どぎつい, 生き生きとした: a ~ account of the operation 微に入り細にわたった手術の記述 / Make it ~. 一目で見てわかるようにして. 2 Ⓐ 図表による, 図解の, グラフで示した; 文字の, 文字による. 3 Ⓐ 図面の, グラフィック(アート)の. — 名 C 説明用の図表, 挿絵. **-cal·ly** /-kəli/ 副 1 生々しく, 絵を見るように, 生き生きと. 2《格式》図表によって, 図解で, グラフで示して.

gráphical úser interface 名 C [電算] グラフィカルユーザーインターフェース（アイコンなどを用いたユーザーとのインターフェース; 略 GUI）.

gráphic árts 名 [複]（書・画・版画・写真・美術印刷などの）工芸美術.

gráphic desígn 名 U グラフィックデザイン（絵・写真を文字と組み合わせたりする技術）.

gráphic desígner 名 C グラフィックデザイナー.

gráphic equálizer 名 C [音響] グラフィックイコライザー（可聴周波数帯域をいくつかの帯域に分け, それぞれの帯域の信号レベルを増減できるようにした周波数特性補正装置）.

gráphic nòvel 名 C 劇画（特に SF やファンタジーものが多い）.

graph·ics /ɡrǽfɪks/ 名 1 U 製図法, 図解法. 2 [複] = graphic arts; computer graphics.

gráphics bòard [càrd] [電算] グラフィックボード[カード]（コンピューターに組み込むと画像処理が加速される）.

*__graph·ite__ /ɡrǽfaɪt/ 名 U 石墨, 黒鉛（鉛筆の芯（し）・原子炉の減速材・機械の潤滑剤用）.

gra·phol·o·gist /ɡræfɑ́lədʒɪst | -fɔ́l-/ 名 C 筆跡鑑別家.

gra·phol·o·gy /ɡræfɑ́lədʒi | -fɔ́l-/ 名 U 筆跡学.

gráph pàper 名 U グラフ用紙, 方眼紙.

-gra·phy /ɡrəfi/ 接尾 [名詞語尾]「書法, 画法; 記録」の意: photo**graphy** 写真術 / geo**graphy** 地理学. 語法 直前の音節に第一アクセントが来る.

grap·nel /ɡrǽpnəl/ 名 C [海] 四つ爪（いかり）, 引っ掛けいかり; （爪のついた）鉄かぎ.

grap·pa /ɡrɑ́ːpə | ɡrǽpə/《イタリア語から》 名 U,C グラッパ《イタリアのブランデー》.

*__grap·ple__ /ɡrǽpl/ 動 自 取っ組み合う; （問題などの）解決に取り組む: The two wrestlers ~ed with each other. 2人のレスラーはむんずと組み合った.

gráp·pling ìron [hòok] /ɡrǽplɪŋ-/ 名 C = grapnel.

*__grasp__ /ɡræsp | ɡrɑːsp/ 動 (**grasps** /~s/; **grasped** /~t/; **grasp·ing**) 他 1〈…〉をしっかりつかまえる, 握りしめる; 〈機会など〉をつかむ (☞ take 類義語) [言い換え] He tightly ~ed the girl's hand. = He tightly ~ed the girl by the hand. <V+O+by+名> 彼は（握手するため）少女の手をしっかり握った (☞ the¹ 語法).
2 [進行形なし]〈意味〉をつかむ, 把握する, 〈…〉を[が]知る 類義語: I cannot ~ the meaning of this sentence. この文の意味がわからない.
— 自 1 つかもうとする: The boy ~ed at the chain.
<V+at+名・代> 少年は鎖をつかもうとした / A drowning man will ~ at a straw.（ことわざ）おぼれる者はわらをもつかむ (☞ at 3 語法). 2《機会など》に飛びつく, 喜んで受け入れる: He ~ed at my offer. 彼は私の申し入れに飛びついてきた.
— 名 [普通は単数形で] 1 〈意味の〉把握, 理解, 理解力; 手の届く範囲: He has a good [poor] ~ of English. 彼は英語がよくわかる[わからない]. 2《主に文》支配, 統制; 所有. 3 しっかりつかむこと, 強い握り; take a firm ~ on …. しっかりおさえる / She released her ~. 彼女は握った手をはなした.

beyònd …'s grásp 副 (1) (人の)理解を越えて: This problem is beyond my ~. この問題は私には理解できない. (2) (人の)手の届かないところに. **within …'s grásp** 副 (1) (人の)手の届くところに. (2) (人の)理解できる範囲に.

grasp·ing /ɡrǽspɪŋ | ɡrɑ́ːsp-/ 形《軽蔑》貪欲（どんよく）な; 金に汚い (greedy).

*__grass__ /ɡræs | ɡrɑːs/ 類義語 glass, grasp) 名 (~·es /~ɪz/) 1 C,U 草（葉の細いもの）, 牧草 (☞ graze¹ 図解); C a blade of ~ 草の葉 / Cattle feed on ~. 牛は草を食べる. 語法 種類をいうときは C. 特に weed 雑草 / tree 木 / bush, shrub 低木.
2 U [普通は the ~] 芝生; 草地, 草原; 牧草地: cut [mow] the ~ 草[芝]を刈る / Keep off the ~. 芝生に入らないでください. 3 U (テニスの) 芝のコート. 4 [複数形で] 高い茎の草本, いね科の植物（穀草・あし・竹を含む）. 5 U《俗》マリファナ (marijuana). 6 C《英略式》《軽蔑》密告者, たれ込み屋. **lèt the gráss gròw ùnder one's féet** [動] [普通は否定文で] ぐずぐずして好機を逃がす. 由来 足の下に草が生えるほどぐずぐずしている, の意. **pút … óut to gráss** [動] 他 （略式）（特に老齢のため）〈人〉を引退させる. — 動 他 1〈…〉に草[芝]を生やす (over). 2《米》〈家畜〉を放牧する. — 自《英略式》密告する (on).

gráss úp 動 他《英略式》〈…〉を密告する (to).

gráss cóurt 名 C [テニス] グラスコート《芝生張りのコート》 clay [hard] court).

gráss·hòpper 名 C ばった, いなご (☞ locust 1 参照); きりぎりす.

*__gráss·lànd__ 名 U または複数形で] 大草原; 牧草地.

gráss-róots 形 Ⓐ 一般大衆の, 草の根の: ~ opinion 一般大衆の意見 / a ~ movement 草の根運動.

*__gráss róots__ 名 [複] [the ~] 一般大衆, 草の根: This movement began at the ~. この運動の草の根[一般大衆]から始まった.

gráss skìing 名 U 草スキー, 芝スキー.

gráss skìrt 名 C（女性ダンサーなどの）腰みの.

gráss snàke 名 C ヨーロッパやまかがし, あおへび（無毒のへび）.

gráss wídow 名 C《滑稽》夫が留守中の妻.

grass·y /ɡrǽsi | ɡrɑ́ːsi/ 形 (**grass·i·er**; **grass·i·est**; C grass) 草に覆われた: a ~ field 草地.

*__grate¹__ /ɡreɪt/（同音 great) 名 (**grates** /ɡréɪts/) C 1（炉の）火格子（ひごうし）. 2（窓・排水口などの）鉄格子 (grating).

+__grate²__ /ɡreɪt/ 動 他 1〈チーズ・人参など〉をおろす, すりつぶす (into): ~ cheese チーズをおろす. 2〈…〉をきしらせる. 3 Ⓦ〈…〉と低い耳ざわりな声で言う. — 自 1 きしる, きしむ (on, against). 2（神経などに）さわる, （人の）感情を害する: That kind of music ~s on my ear [nerves]. ああいう音楽は耳ざわりだ[神経にさわる].

*__grate·ful__ /ɡréɪtf(ə)l/ 12 形 (反 ungrateful) 1 P 感謝する, ありがたく思う (for) 類義語: [言い換え] We are ~ (to you) for your help. <A (+to+名・代)+for+名・代> = We are ~ that you helped [will help] us. <A+that 節> あなたのご援助に対して私たちは感謝しております / He was deeply ~ to get support from so many people. <A+to+

定詞> 彼は多くの人に支持され大変ありがたく思った / I'd be most ~ if you could send us a copy of your book. 貴著を1部お送りいただければ幸甚です《非常に丁寧なお願い》. politeness 囲み). **2** Ⓐ 感謝を表わす. **3** 《古風》心地よい. **-ful・ly** /-fəli/ 副 感謝して, ありがたく.

【類義語】**grateful** しばしば人の親切な行為に対して感謝すること: I am *grateful* to Mary for her help. 私はメアリーの援助に対して感謝している. **thankful** しばしば神・自然・運命などに対して, 自分の幸運を感謝すること: We were *thankful* for the good harvest. 我々は豊作に感謝した.

grát・er /gréɪṭɚ | -tə/ 名 C おろし金(器).
gratia ☞ ex gratia の項目.
grat・i・fi・ca・tion /græ̀tǝfɪkéɪʃən/ 名《格式》**1** Ⓤ 満足させること, 喜ばせること (*of*); 満足感: to a person's ~ …が喜んだことに(は). **2** Ⓒ 喜ばせるもの.
grat・i・fied /grǽtǝfaɪd/ 形《格式》喜んで, 満足して: She was ~ *to* see the good results [*that* she got good results]. 彼女は好成績を見て[あげたことを]喜んだ.
*__grat・i・fy__ /grǽtǝfaɪ/ 動 (**-fies, -fied, -fy・ing**) ⓗ《格式》**1**《普通は受身で》〈人〉を喜ばせる, 満足させる (satisfy): We *were gratified with* [*at*, *by*] the results. 我々はその結果に満足した. **2**〈欲望など〉を満たす, 満足させる: She reads the newspaper only to ~ her curiosity. 彼女が新聞を読むのはただ自分の好奇心を満たすためだけだ.
grat・i・fy・ing /grǽtǝfaɪɪŋ/ 形《格式》満足な, 喜ばしい, 愉快な. **~・ly** 副 心地よく.
gra・tin /grɑ́ːtn | grǽtæn/《フランス語から》名 Ⓤ《料理》グラタン(☞ au gratin).
grat・ing¹ /gréɪtɪŋ/ 名 Ⓒ 格子(窓・排水口など の).
grat・ing² /gréɪtɪŋ/ 形〈音など〉がきしる, 耳ざわりな;〈性格など〉人をいらいらさせる. **~・ly** 副 きしるように.
grat・is /grǽtɪs, grɑ́ːt-/ 副 無料で[の] (free).
*__grat・i・tude__ /grǽtǝt(j)ùːd | -tjùːd/ 名《反 ingratitude》Ⓤ 感謝(の気持ち), 謝意 (*for*): express one's deepest ~ *to* …に最大の感謝の意を表わす / I owe her a debt of ~. 私は彼女に恩義がある. **in grátitude for ...** [前] …に感謝して. **with grátitude** [副] 感謝して.
*__gra・tu・i・tous__ /grǝt(j)úːǝṭǝs | -tjúː-/ 形 **1** 不必要な, 根拠のない, いわれのない. **2** 無料[無償]の. **~・ly** 副 不必要に. **~・ness** 名 Ⓤ 不必要.
gra・tu・i・ty /grǝt(j)úːǝṭi | -tjúː-/ 名 (**-i・ties**) Ⓒ《格式》**1** 祝儀, 心付け, チップ (tip): NO GRATUITIES ACCEPTED お心付け[チップ]はご遠慮いたします《掲示》. **2**《英》退職・除隊の際の慰労金.
*__grave__¹ /gréɪv/ 名 (**~s** /-z/) Ⓒ **1** 墓, 墓地; 墓穴: dig a ~ 墓を掘る / We visited our grandfather's ~. 私たちはおじいさんのお墓参りをした.

grave（一般的な）	墓
tomb（墓石のある大がかりな）	

2[しばしば the ~]《主に文》死, 破滅: life beyond *the* ~ あの世 / one's early [*late*]死に / follow one's wife to *the* ~ 妻の後を追うように死ぬ.
(as) sílent as the gráve [形] 全く沈黙した, 口が堅い. **díg one's ówn gráve** [動] ⓐ 墓穴を掘る; 自滅する. **háve óne fóot in the gráve** [動] ⓐ《口語》《滑稽》棺おけに片足を突っ込んでいる, 死にかけている. **ríse from the gráve** [動] ⓐ 生き返る. **róll [túrn] (óver) in one's gráve** [動] Ⓢ《故人が》墓の下で嘆く[怒る].
grave² /gréɪv/ 形 (**gráv・er, gráv・est**; 名 grávity 2, 3) **1** 重大な; 危機的な; 〈懸念など〉強い: ~ news 重大ニュース / a ~ mistake 重大な間違い / a ~ illness 重病 / The patient's condition is ~. 患者の容態は非常に悪い / She had ~ doubts about the safety standards. 彼女は安全基準に強い疑念をもった. **2** 厳粛のある, 重々しい, まじめな(☞ serious 類義語): a ~ woman 厳粛のある女性 / a ~ voice 重々しい声. 語源 ラテン語で「重い」.

grave³ /gréɪv, grɑ́ːv | grɑ́ːv/, **gráve áccent** 名 Ⓒ 低アクセント記号(`).
gráve・díg・ger 名 Ⓒ 墓掘り(人).
*__grav・el__ /grǽv(ə)l/ 名 Ⓤ 砂利, バラス《stone より小さく sand より大きい; 道路修理などに用いる》☞ stone 類義語》: a ~ path 砂利道. ━ 動 (**-els**;《英》**-els; -eled**,《英》**-elled**; **-el・ing**,《英》**-el・ling**) ⓗ〈道などに〉砂利を敷く.
grav・eled,《英》**-elled** /grǽv(ə)ld/ 形〈道などが〉砂利を敷いた.
grav・el・ly /grǽvəli/ 形 **1**〈声が〉がらがらの. **2** 砂利(の多い), 砂利を含む; 砂利でできた.
gráve・ly 副 **1** 重大に, 非常に: be ~ ill in (the) hospital 重病で入院している. **2** まじめに, 重々しく.
grav・en /gréɪv(ə)n/ 形 Ⓟ《文》(心に)刻まれた.
gráven ímage 名 Ⓒ《文》偶像 (idol).
gráve róbber 名 Ⓒ 墓泥棒[荒し].
gráve・síde 名 Ⓒ, Ⓐ 墓地のかたわら(での): at the ~(埋葬に際し)墓地のかたわらで.
gráve・stóne 名 Ⓒ 墓石(☞ tombstone 写真).
*__gráve・yàrd__ 名 Ⓒ **1** 墓地. **2**(不用品の)廃棄場.
gráveyard shíft 名 Ⓒ《主に米》(交替勤務での)深夜勤務(をする人々).
gra・vim・e・ter /grǝvímǝṭɚ | -tǝ/ 名 Ⓒ《物理》重力計.
grav・i・tas /grǽvǝtɑ̀ːs, -tæ̀s/ 名 Ⓤ《格式》重々しさ, 威厳.
grav・i・tate /grǽvǝtèɪt/ 動 ⓐ [副詞(句)を伴って]《格式》(自然と)引き寄せられる (*toward, to*).

gravestone

grav・i・ta・tion /græ̀vǝtéɪʃən/ 名 Ⓤ《物理》重力, 引力(作用): the law of ~ 引力の法則. **2** 引き付けられること (*toward, to*).
*__grav・i・ta・tion・al__ /græ̀vǝtéɪʃ(ə)nəl/ 形《物理》重力の, 引力の: a ~ field 重力場.
grávitational cónstant[the ~]《物理》重力定数.
*__grav・i・ty__ /grǽvǝti/ 名 (2, 3 では grave²) Ⓤ **1**《物理》重力(☞ G, G²); 引力; 重量: Things fall to the ground because of the force of ~. 物は引力によって落下する //☞ center of gravity, specific gravity. **2** 重大さ, 容易ならぬこと: the ~ of the oil shortage 石油不足の重大さ. **3**(態度・ことばなど の)まじめさ, 真剣さ.
gra・vure /grǝvjúɚ | -vjúə/ 名 =photogravure.
*__gra・vy__ /gréɪvi/ 名 Ⓤ **1** グレービー《肉汁で作るソース(たれ)》; 肉汁(肉を料理するときに出る). **2**《略式, 主に米》ぼろもうけ, 「うまい汁」.
grávy bòat 名 Ⓒ(舟形の)肉汁ソース入れ.
grávy tràin 名 Ⓒ《略式》ぼろもうけ口. **gét [clímb, be] on the grávy tràin** [動] ⓐ《略式》ぼろもうけをする.

*__**gray**,《英》**grey**__ /gréɪ/《類音 grade, grape, great》形 (**gráy・er,**《英》**grey・er; gráy・est**,《英》**grey・est**) **1** 灰色の, グレーの, ねずみ色の: ~ clothes グレーの服 / The sky was ~. 空は灰色だった.

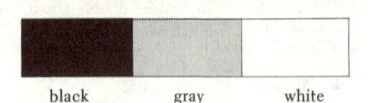

black　gray　white

2 (髪の毛が)しらが(混じり)の; 《普通は A》(人が)しらが(混じり)の: His hair [He] has turned [gone] ~. 彼の髪の毛がしらがになった. **3** どんよりした, 薄暗い; 陰気な, 憂鬱(ゆううつ)な: a ~ life 暗い人生. **4** (顔色が)青白い, 血の気のない: Suddenly her face turned [went] ~. 突然彼女は血の気を失った. **5** 《軽蔑》退屈な; 特徴のない: a ~ city 殺風景な都市. **6** A 老齢者の: the ~ vote 高齢者票 / the ~ dollar [《英》pound] 高齢者層の(使える)金.
— 图 (~s /-z/) **1** U.C 灰色, ねずみ色, グレー: G~ is produced by mixing black and white. 灰色は黒と白を混ぜるとできる. **2** U 灰色の服[布]. **3** C 灰毛の馬; 灰色の動物《特に猫・鯨》. — 動 自 《空など》灰色[ねずみ色]になる, (髪が)白くなる, (人が)白髪になる.

gráy área 图 C どちらとも決め難い areas.
gráy·beard 图 C 《文》 《しばしば軽蔑》 老人.
gráy·ing 图 [the ~] (社会などの)高齢化 (of).
gray·ish, 《英》 **grey·ish** /ɡréɪɪʃ/ 形 灰色[ねずみ色]がかった.
gráy márket 图 [単数形で] **1** 灰色市場(非合法すれすれの闇で)取り引き. **2** 《株》グレーマーケット(公開直前の株の取り引き).
gráy mátter 图 U **1** 《解》 (大脳の)灰白(かいはく)質 (⇒ white matter). **2** 《略式》 頭脳, 知力.
gráy·ness, 《英》 **gréy·** 图 U 灰色(の状態); 単調さ; 青白さ.
Gráy Pánthers 图 圈 グレーパンサー 《老人の権利拡大を目指す戦闘的な運動団体》.
gráy pówer 图 U (政治的な)老人パワー.

graze¹ /ɡreɪz/ 動 (graz·es /-ɪz/; grazed /-d/; graz·ing) 自 **1** (家畜が)牧草を食う (on): The cattle are *grazing* in the pasture. 牛が牧場で草を食べている. **2** 《略式》頻繁に間食をする. **3** 《略式》テレビのチャンネルを頻繁に変える. — 他 **1** (家畜が)牧場の草を食べる. **2** 〈家畜〉に牧草を食わせる, 放牧する (in, on). 《古期》英語で grass と同語源.

graze² /ɡreɪz/ 動 他 **1** 〈皮膚など〉をすりむく (against, on). **2** 〈…〉をかすめる. — 自 かすめて通る (against, along). — 图 かすり傷.
gra·zier /ɡréɪʒɚ | -ziə/ 图 C 牧畜業者.
graz·ing /ɡréɪzɪŋ/ 图 U **1** 放牧: ~ land 放牧地. **2** 牧草(地). **3** (家畜が)牧草を食べること.
GRE /dʒíːɑ̀ːíː | -ɑ̀ː-/ 图 [the ~] (米) = Graduate Record Exam 《大学院に出願する際に受験を要求される試験》.

grease¹ /ɡriːs/ 图 U **1** グリス《潤滑油などに用いる》. **2** 獣脂; (皮膚に出る)脂, 脂肪: wash the ~ off the plate 皿から脂を洗い落とす.
grease² /ɡríːs, ɡríːz/ 動 他 〈…〉にグリスを塗る [さす]; 〈なべなど〉に獣脂[油]をしく.
grèase·báll 图 C 《米俗》うすぎたないやつ.
grèase gún 图 C グリス差し.
grèase mónkey 图 C 《略式》 [時に軽蔑] 整備士, 機械工.
grease·paint /ɡríːspèɪnt/ 图 U ドーラン 《俳優がメーキャップに用いる油性おしろい》.
grèase·próof páper 图 U 《英》 ろう紙, パラフィン紙 (《米》 waxed paper).
greas·er /ɡríːsə, ɡríːzə | -sə, -zə/ 图 C **1** グリスを差す人. **2** 《米》 [差別] ラテンアメリカ人, 《特に》メキシコ人. **3** 《古風, 俗》 (長髪の)暴走族の若者.

greas·i·ly /ɡríːsəli, -zə-/ 副 脂っぽく, 脂っこく; お世辞たらたらで.
greas·i·ness /ɡríːsinəs, -zi-/ 图 U 脂っぽいこと, べたべた; 口先のうまさ.
greas·y /ɡríːsi, -zi/ 形 (greas·i·er; -i·est) **1** 脂(あぶら)を塗った, 脂でよごれた; (肌・髪などが)脂っぽい: ~ plates 脂でよごれた皿. **2** [けなして] 〈食べ物が〉脂の多い, 脂っこい. **3** 《軽蔑》 〈態度・ことばが〉べたべたした, お世辞たらたらの. **4** (道路などが)滑りやすい.

grèasy póle 图 C 《略式》油脂棒《油を塗ってそれに登ったりする遊戯具》. **clímb úp the gréasy póle** [動] 自 《略式》 (出世などで)困難な道を進む.
grèasy spóon 图 C 《略式》 [しばしば軽蔑] 《特に揚げ物を出す》小さな安食堂.

*great /ɡreɪt/ (同音 grate¹·²) 形 (great·er /-tɚ | -tə/; great·est /-tɪst/)

「大きい」**1**
→ (価値が大きい) → 「偉大な」**2** → 「立派な」**6**
→ 「すばらしい」**3** → 「最適な」**6**
→ (重要度が大きい) → 「重大な」**5** → 「非常な」**4**

1 《普通は A》 (規模・程度などが)**大きい** (⇒ big 表, 類義語); 《数・量が》たくさんの, 多数の, 多量の; 《時間・距離》が長い; 《動植物名で》 《同種のうち》大型の: a ~ river 大河 / ~ joy 大きな喜び / the ~ majority of people 大部分の人々 / the ~est happiness of the ~est number 最大多数の最大幸福 《英国の哲学者Benthamのことば》 / live to a ~ age 高齢まで生きる.
2 偉大な, りっぱな, 偉い: a ~ king 偉大な王 / Mozart was a ~ composer. モーツァルトは偉大な作曲家であった / He was not considered ~ by his colleagues. 彼は同僚から偉いとは思われていなかった.

───リスニング───
great の後に母音で始まる語が続くと, その母音と語末の /t/ が結合して 《米》 では「タ」 《米》 では「ラ」のつづり字と発音解説 44 《注意》 の音のように聞こえる. great-aunt /ɡréɪtænt/ は「グレイタント」《米》 ではまた「グレイラント」のように, great-uncle /ɡréɪtʌ̀ŋkl/ は「グレイタンクー」のように, It's great of you to help us. /ɪtsɡréɪtəvjuːtəhélpəs/ は「イッグレイタヴュートゥハウパス」《米》 ではまた「イッグレイラヴュー…」のように聞こえる. 「グレイト・アント」, 「グレイト・アンクル」, 「イッツ・グレイト・アヴ・ユー・トゥ・ヘルプ・アス」とは発音しない.

3 S 《略式》 **すばらしい**, すてきな; 元気な, 調子の良い: A ~ [G~] catch! ナイスキャッチ! (⇒ nice 形 1 日英比較) / It's ~ to see you again. また会えて最高だ / It was ~ of you to help us. 手伝ってくれてありがとう (⇒ of 12) / I feel just ~. 気分は最高だ. 語法 時に皮肉に用いて軽蔑・いらだちを表わす: "It's just started to snow." "That's just ~; we can't go out again!" 「雪が降り出したよ」「全くもう, また出かけられない」

会話 "I've just become a father!" "Hey, that's ~ [Oh, ~]! Congratulations." 「いま父親になったばかりだ」「それはすばらしい. おめでとう」

4 A 非常な, 大変な, 本当の意味での: a ~ success 大成功 / take ~ care 細心の注意を払う / She is a ~ admirer of Bach. 彼女はバッハの大ファンだ / Tom is a ~ friend of mine. トムは私の親友だ.
5 A 重大な, 重要な (important); [the ~] 最も重要な, 主要な (反 little): It's the ~est issue facing us. それは我々が直面する最も重要な問題だ / The ~ attraction at the exhibition is Picasso's work. 展覧

会の最大の呼び物はピカソの作品だ. **6** 《略式》(...に)最適な, 役に立つ: This dictionary is ～ *for* the students. <A+for+名詞> この辞書は学生にぴったりだ. **7** P《略式》(...に)巧みで, (...が)うまい; (...に)詳しい; 熱心で: He's ～ *at* tennis. 彼はテニスが上手だ / She's ～ *with* babies. 彼女は赤ん坊の扱いがうまい. **8** A [the G-] [歴史的な建造物・事件などについて] 名高い..., 大...; [固有名詞などの後につけて] 大王, 大帝: Alexander *the* G～ アレキサンドロス大王 / ☞ Great Wall of China. **9** A [地位][身分]の人. **be a gréat òne for ...**[動]...に熱心である, 凝っている (doing) (☞ one² F 2). **Grèat héavens [Scótt]!**[感]《古風, 略式》これは驚いた, おやまあ. **gréat with chíld** [形]《文》妊娠して. **The great「advantage of ... [thing abóut ...] is that ...** ...の最大の利点[長所]は...である. ─ 名 C [普通は複数形で] 重要人物, 大物, 花形, (レコードの)名盤; [the ～ として複数扱い] 名士連: *the* ～ *and the good* [滑稽] お歴々. **gréat and smáll** [名] 貴賎(½æ),あらゆての人々. ─ 副 S 《略式》 とてもすごく; [形容詞を強調して] すごく: What a ～ *big fish*! 何てでっかい魚なんだろう 《★ huge, enormous の場合は《英》で huge [enormous] ～ の語順となる》.

great- /ɡréɪt/ [接頭] 「(...より)1親等へだてた」の意. [語法] (1) grand- で始まる親族名に aunt, uncle, niece, nephew につく: a great-aunt 大おば. (2) 1代遠ざかるごとに great- をひとつふやす: a great-great-grandfather おじいさんの祖父, 高(½)祖父.

gréat ápe 名 C 類人猿《ゴリラ・チンパンジーなど》.
gréat-àunt 名 C 大おば《☞ family tree 図》.
Gréat Bárrier Rèef 名 [the ～] グレートバリアリーフ《オーストラリア Queensland 州東岸の世界最大のさんご礁》.
Gréat Básin 名 [the ～] グレートベースン《米国西部の大盆地》.
Gréat Béar 名 [the ～] 大ぐま座《星座; polestar 挿絵; Arctic 語源》.
*****Great Brit-ain** /ɡrèɪtbrítn/ 名 **1** グレートブリテン島《大西洋と北海 (North Sea) との間の島; England, Scotland および Wales に分かれ Northern Ireland とともに英国 (the United Kingdom) を成す; ⒢ GB, Gt.Br., Gt.Brit.; ☞ 裏地図》. **2** 英国 (the United Kingdom). [語法] この意味で用いるのは正確ではない. [語源] 昔対岸のフランス北部の Brittany 地方が Little Britain (小ブリテン) と呼ばれていたことと対比してこのように名づけられた.
Gréat Chárter 名 [the ～]《英史》大憲章《1215年 John 王に対して貴族が勝ち取った約束; これで英国の立憲政治の基礎ができ, 国民の権利と自由が確保された》(Magna Carta).
gréat círcle 名 C 大円《球の中心を通る平面と球面とが交わってできる円》; (地球上の)大圏《地球の中心を通る平面と地球の表面とが交わってできる円》.
gréat-còat 名 C《特に兵士が着る》厚地の外套(芍).
Gréat Dáne 名 C グレートデーン《大型のデンマーク種の犬; ☞ dog 挿絵》.
*****gréat déal** /ɡrèɪtdíːl/ 代《不定代名詞》[a ～] たくさん, 多量 (a good deal): Don't worry; there's *a* ～ left for you. 心配するな. 君の分はたくさんある.
a gréat déal of ... [形] たくさんの..., 多量の...: *A* ～ *of* money was wasted. 多額の金が浪費された. [語法] 後に続く名詞は U.
─ 副 [*a* ～] 大変, 非常に: Cabbages have become *a* ～ cheaper. キャベツがとても安くなった.
Gréat Depréssion 名 [the ～]《1929年米国に始まった》大恐慌.
gréat divíde 名 C **1** 大分水界; [the G-D-] 北アメリカ大陸分水界《Rocky 山脈のこと》. **2** [the ～]

---

greedy-guts 761

断絶 (between). **cróss the gréat divíde** [動] 自 《婉曲》死ぬ, 幽明境を異にする.
Gréat Divíding Ránge 名 [the ～] 大分水山脈《オーストラリア東海岸を南北に走る山脈》.
Great-er /ɡréɪtə|-tə/ 形 [都市名に冠して] 大...: ～ London 大ロンドン《都市とその周辺地域を含めて》.
gréatest cómmon divísor 名 [the ～]《数》最大公約数 (⒢ g.c.d., G.C.D.). 関連 least common multiple 最小公倍数.
great-grand- /ɡréɪtɡræn(d)/ [接頭] 曾(そう)..., ひ...《祖父[祖母]—祖父よりもう1つ隔たっている親族関係を表わす; ☞ great-. 語法》: great-grandchild 曾孫(½ʒ), ひ孫 / great-granddaughter 女のひ孫, ひ孫娘 / great-grandparent 曾祖父[母].
Gréat Lákes 名 複 [the ～] 五大湖《米国とカナダの国境にある5つの湖; ☞ 表地図 H 3》.
Gréat Làke Stàte 名 [the ～] 大湖州《米国 Michigan 州の俗称》.
*****gréat-ly** /ɡréɪtli/ 副 [しばしば動詞(の過去分詞)の前に用いて]《格式》非常に, 大いに: Professor White is ～ *admired* by all the students. ホワイト教授は全学生に非常に尊敬されている / We were ～ *impressed* by their hospitality. 我々は彼らの歓待に非常に感動した.
†**gréat-ness** 名 U **1** 偉大さ, 偉さ, 立派なこと: the ～ of Jesus Christ イエスキリストの偉大さ. **2** 重大さ, 重要性.
Gréat Pláins 名 複 [the ～] 大草原《米国およびカナダの Rocky 山脈以東に広がる草原地帯; ☞ 表地図 F 3》.
Gréat Pówers 名 複 [the ～]《世界の》列強.
Gréat Sált Láke 名 [the ～] グレートソルトレーク《米国 Utah 州北西部にある浅い塩水湖》.
Gréat Smóky Móuntains, Gréat Smókies 名 複 [the ～] グレートスモーキー山脈《米国 Appalachian 山脈の一山系》.
gréat-úncle 名 C 大おじ《☞ family tree 図》.
Gréat Wáll of Chína 名 [the ～] 万里の長城.
Gréat Wár 名 [the ～]《古風》第一次世界大戦.
gréat whíte shárk 名 C ほほじろざめ《人食いざめ》.
Gréat Whíte Wáy 名 [the ～] 不夜城《Times Square 付近の劇場地区の俗称》.
grebe /ɡríːb/ 名 C かいつぶり《水鳥》.
Gre-cian /ɡríːʃən/ 形《文》(古代)ギリシャ風の.
Grécian nóse 名 C ギリシャ鼻《横から見て額から鼻柱までほぼ一直線》《☞ nose 挿絵》.
Grec-o- /ɡrékoʊ, ɡríː-/ [接頭]「ギリシャの」の意.
Grèco-Róman 形《古代》ギリシャ・ローマの.
Grèco-Ròman wréstling 名 U グレコローマンスタイルレスリング《上半身だけで戦う》.
*****Greece** /ɡríːs/《同音 grease¹, ﬩grease²》名 (形 Greek) ギリシャ《ヨーロッパ南東部, Balkan 半島南端の共和国; 首都 Athens; 古代文明の中心地; ⒢ Gr.》.
†**greed** /ɡríːd/ 名 (形 greedy) U《軽蔑》欲ばり, 貪欲(½ʒ); 食い意地地: ～ *for* money 金銭欲.
gréed-hèad 名 C《俗》欲ばり(人).
gréed-i-ly /ɡríːdəli/ 副 がつがつと; 欲ばって.
gréed-i-ness /ɡríːdinəs/ 名 U 食欲さ; 食い意地.
†**greed-y** /ɡríːdi/ 形 (greed-i-er; greed-i-est; 名 greed) (軽蔑) **1** 貪欲(½ʒ)な, 欲ばりの; with ～ eyes 物欲しげな目で / He's ～ *for* money. 彼は金に貪欲だ. **2** 食いしんぼうな: She's not hungry, just ～. 彼女は空腹でのはない, ただ食い意地がっているだけだ.
gréedy-gùts 名 (複 ～) 《略式, 主に英》食いしんぼう, 大食い《特に子供のことば》.

Greek /gríːk/ 形 (名 Greece) ギリシャの; ギリシャ人の; ギリシャ語の (略 Gk., Gr.): ~ civilization ギリシャ文明 / ~ myths ギリシャ神話.
— 名 (~s/-s/) 1 C ギリシャ人; [the ~s] ギリシャ人(全体): the ancient ~s 古代ギリシャ人.
2 U ギリシャ語 (略 Gk., Gr.): classical ~ 古代ギリシャ語. 3 C (米)(名前にギリシャ語アルファベットを用いた)学生社交クラブの会員 (▷ Phi Beta Kappa). It's (áll) Gréek to me. (略式) 私にはちんぷんかんぷんだ.

Greek álphabet 名 [the ~] ギリシャ語アルファベット.

A α	alpha	I ι	iota	P ρ	rho
B β	beta	K κ	kappa	Σ σ ς	sigma
Γ γ	gamma	Λ λ	lambda	T τ	tau
Δ δ	delta	M μ	mu	Υ υ	upsilon
E ε	epsilon	N ν	nu	Φ φ	phi
Z ζ	zeta	Ξ ξ	xi	X χ	chi
H η	eta	O o	omicron	Ψ ψ	psi
Θ θ	theta	Π π	pi	Ω ω	omega

Gréek cróss 名 C ギリシャ十字(4本の腕が同じ長さ).
Gréek gód 名 C (略式) とてもハンサムな男.
Gréek-létter fratérnity [sorórity] 名 C (米)男子[女子]ギリシャ文字クラブ《大学などでギリシャ語アルファベットを用いて命名した学生の友愛と社交のクラブ; Phi Beta Kappa がその例》.
Gréek Órthodox Chúrch 名 固 [the ~] ギリシャ正教会《特にギリシャの Eastern Church》.
Gréek sálad 名 U.C グリークサラダ《フェタチーズをのせ、オリーブオイルベースのドレッシングをかけたサラダ》.

*green /gríːn/ 形 (green·er; green·est) 1 緑色の, グリーンの; (草木・野山が)青々とした (▷ blue 日英比較); (冬・クリスマスが)雪の降らない (▷ white 形 4): a ~ dress 緑色の服 / The grass is (always) ~er on the other side of the fence. (ことわざ) 隣の芝生はいつも青い《他人のものはよく見える》.
2 (果実が)熟れていない, まだ青い; (木が)生(ざ)の: ~ fruit 熟してない果物 / G~ wood doesn't catch fire easily. 生の木は簡単には火がつかない.
3 環境を保護する[にやさしい]; 環境保護に関心のある[関係する]; [G-] 緑の党の: a ~ consumer 環境にやさしい消費者 / ~ politics 緑の政策, 環境保護政策.
4 (略式)(経験・技術などが)未熟な, 世間知らずの; だまされやすい: The boy is still ~ at his job. その少年はまだ仕事に未熟だ. 5 [普通は P](顔色が)青白い; turn [go] ~ 顔色が青ざめる. 6 若々しい, 活気に満ちた. 7 (文) 生き生きした; (記憶などが)生々しい. **be gréen with énvy [jéalousy]** 動 自 ひどくしっとして[ねたんで]いる (▷ green-eyed).
— 名 (~s /-z/) 1 U 緑, 緑色, グリーン (▷ spectrum 挿絵); (交通信号の)青色, 緑色: light ~ 淡緑色. 関連 (1) 色あいの種類をいうときには C. (2) 交通信号の順序については ▷ traffic light 参考.
2 [複数形で](略式) 野菜, 青物; (米)(装飾用の)緑の葉: fresh ~s 新鮮な青野菜. 3 U 緑の服: a young lady in bright ~ 緑色の服を着た若い女性. 4 C =bowling green; 〘ゴルフ〙 グリーン (putting green) (▷ golf 挿絵). 5 C 草地, 緑地, 芝生; [町などの]共有地. 6 C [G-] 緑の党(党員[支持者]). 7 U (米略式)金(⻘).
— 動 他 1 〈都市などを〉緑化する (up). 2 〈組織に〉環境(保護)を認識させる.
gréen áudit 名 C (企業などの)環境監査.
gréen·báck 名 C (米略式) ドル紙幣(裏が緑色).

gréen béan 名 C さやいんげん《(英) French bean》.
gréen·bèlt 名 C.U (都市周辺の)緑地帯.
Gréen Berét 名 C グリーンベレー《対ゲリラ戦などを目的とする特殊部隊の隊員》.
gréen cárd 名 C (米) グリーンカード(外国人の永住・就労許可証); (英) グリーンカード(運転者用の海外自動車保険証).
Greene /gríːn/ 名 固 Graham ~ グリーン (1904-91)《英国の小説家》.
*gréen·er·y /gríːnəri/ 名 U 青葉, 緑樹(全体).
gréen-éyed 形 緑色の目をした; しっと深い. **the gréen-éyed mónster** [名][滑稽] しっと, やきもち.
gréen fée 名 C (主に英) =greens fee.
gréen·fìeld 形 C (英) (用地が)未開発の.
gréen-fíngered 形 (英) 園芸の才能がある.
gréen fíngers 名 [複] (英) =green thumb.
gréen·flý 名 (複 ~, -flíes) C (緑色の)あぶらむし.
gréen·gàge /gríːngèɪdʒ/ 名 C 西洋すももの一種《ジャムの材料》.
gréen·grócer 名 C (主に英) 青物商人, 八百屋(人・店): at the ~'s 八百屋で (▷ absolute possessive 文法 (1)).
gréen·hórn 名 C (略式, 主に米) 初心者, 青二才; だまされやすい人.
*gréen·house /gríːnhàʊs/ 13 名 (-hous·es /-hàʊzɪz/) C 温室: a ~ plant 温室植物.
gréenhouse effèct 名 [the ~] 温室効果《大気中の二酸化炭素などの増加によって地表の温度が上昇する現象; ▷ global warming》.
gréenhouse gàs 名 C 温室効果ガス《二酸化炭素・メタンなど》.
gréen·ie /gríːni/ 名 C (略式) [しばしば軽蔑] 環境保護運動家, 環境保護論者.
gréen·ing 名 1 U 緑化 (of). 2 [the ~; 新聞で] 環境保護の意識を高めること (of).
gréen·ish /gríːnɪʃ/ 形 緑色がかった.
gréen·kèeper 名 C (英) =greenskeeper.
Gréen·land /gríːnlənd/ 名 固 グリーンランド《大西洋北部の世界最大の島; デンマークの自治領》.
Gréen·land·ic /gríːnlǽndɪk/ 名 U, 形 グリーンランド語(の).
gréen·líght 動 他 (略式) 〈計画などに〉ゴーサインを出す.
gréen líght 名 1 C 緑の信号灯, 青信号. 関連 red light 赤の信号 / yellow light 黄の信号. 2 [the ~] (計画などに対する)許可, 認可: get the ~ ゴーサインをもらう / give … the ~ …にゴーサインを出す.
gréen·máil 名 U 〘証券〙 グリーンメール《買い占められた株を買い戻すことまた買い戻しに使った金》.
gréen mán 名 [the ~] (英略式)(人が歩く形をした)青信号.
gréen manúre 名 U 緑肥, 草肥(ぞう)《肥料にするため緑のまま土にすきこむクローバーなどの青草》.
Gréen Móuntains 名 固 [the ~] グリーン山脈《米国 Appalachian Mountains の一部》.
Gréen Móuntain Stàte 名 [the ~] グリーンマウンテン州《米国 Vermont 州の俗称》.
gréen·ness 名 U 1 緑色なこと. 2 環境(保護)意識.
gréen ónion 名 C (米) =scallion.
gréen páper 名 C [しばしば G- P-] (英) 緑書《政府試案を記した審議用小冊子; ▷ white paper》.
*Gréen Pàrty 名 [the ~] 緑の党《特にヨーロッパの)環境保護を訴える政党》.
Gréen·péace 名 固 グリーンピース《急進的な国際環境保護団体》.
gréen pépper 名 C ピーマン, ししとうがらし (▷ red pepper).
gréen póund 名 [the ~] 緑のポンド《EUの農産物

の支払いに用いられるポンドの為替相場).
gréen revolútion 名 [the ~] **1** 緑の革命(高収量品種栽培による農業生産性の向上). **2** 環境保護意識の高まり.
gréen·ròom 名 C (劇場の)楽屋, 出演者控室.
gréen sálad 名 C,U (レタスなどの)グリーンサラダ.
gréens fèe /gríːnz-/ 名 C (米)ゴルフ場使用料.
gréen shòe 名 U (株)グリーンシュー(企業株の完売後の追加販売).
gréen shòots 名 [複] (英)[主に新聞で] (景気などの)回復の兆(*きざ*)し.
gréens·kèeper 名 C (米)ゴルフ場管理人.
Gréen·sléeves /gríːnslìːvz/ 名 グリーンスリーヴズ(16 世紀末から伝わる英国の流行歌謡).
gréen stúff 名 U (米俗)お札(*さつ*), 札びら.
gréen téa 名 U 緑茶(⇨ tea 囲み比較説).
gréen thúmb 名 [a ~], (米)園芸の腕前[才能] ((英) green fingers): have a ~ 園芸が得意である.
gréen végetable 名 C [普通は複数形で] 青野菜(キャベツ・ほうれん草など).
gréen·wàsh 動 自 環境問題に配慮するふりをする.
gréen·wày 名 C (米)緑道(遊歩道).
Green·wich /grénɪdʒ, grín-/ 名 グリニッジ(英国 London 東部の自治区; 有名な王立天文台があった; ここを通る子午線 (meridian) が経度 0°となっている; ⇨ 裏地図 G 6).
Gréenwich Méan Tìme 名 U グリニッジ標準時 (Greenwich にあった王立天文台を基準とする英国の標準時; 略 GMT; ⇨ standard time).
Gréenwich Víllage /-vɪlɪdʒ/ 名 グリニッチヴィレッジ(米国 New York 市 Manhattan 区の地域; 以前は芸術家・作家などが多く住んだ).
green·y /gríːni/ 形 =greenish.
*greet /gríːt/ 動 他 (greets /gríːts/; greet·ed /-tɪd/; greet·ing /-tɪŋ/) 戦 **1** 〈人〉にあいさつする; 〈…〉を出迎える: He ~ed me *with* a smile. <V+O+*with*+名・代> 彼は私を笑顔で迎えた. **2** [普通は受身で](ある態度で)〈物事・人〉を迎える, 〈…〉に応じる: The champion *was* ~ed enthusiastically. チャンピオンは熱烈な歓迎を受けた. **3** [しばしば受身で] (光景・音などが)〈人の目・耳など〉に入る, ふれる: As she entered the room, she *was* ~ed by a strong smell of coffee. 彼女が部屋に入っていくとコーヒーの強いにおいがした.
gréet·er /-tə| -tə/ 名 C (店などで)出迎える人.
*greet·ing /gríːtɪŋ/ 名 (~s /-z/) **1** C,U あいさつ; 出迎え(の動作): a friendly ~ 親しいあいさつ / exchange ~s あいさつを交わす / raise one's hand in ~ あいさつに手をあげる.
2 C [普通は複数形で] (時候などの)あいさつのことば; (手紙などの)よろしくということば: Christmas ~s クリスマスのごあいさつ / Please give [send] my ~s *to* your family. どうかご家族の皆さまによろしくお伝えください / G~s! (感嘆詞的に) (古風) (滑稽) こんにちは. **3** (手紙の書き出しのことば) (salutation) (⇨ letter 図, salutation 語法).
gréeting [(英) **gréetings**] **càrd** 名 C (誕生日・クリスマスなどの)祝賀状, 賀状.
Greg /grég/ 名 グレッグ(男性の名; Gregory の愛称).
gre·gar·i·ous /grɪɡé(ə)riəs/ 形 (人が)社交的な; 集団を好む; (生) 群居[群生]する. **~·ly** 副 群れをなして. **~·ness** 名 U 群れたがること.
Gre·gó·ri·an cálendar /ɡrɪɡɔ́ːriən-/ 名 [the ~] グレゴリオ暦(1582 年法皇グレゴリウス (Gregory) 十三世が制定した現行の太陽暦).
Gregórian chánt 名 U,C (カトリック)グレゴリオ聖歌.
Greg·o·ry /ɡréɡəri/ 名 **1** グレゴリー(男性の名; 愛称 Greg). **2** ~ XIII /-ðə́ːθtíːnθ| -θə́ː-/

グレゴリウス十三世 (1502-85) (⇨ Gregorian calendar).
GR8 略 [E メールで] =great.
grem·lin /grémlɪn/ 名 C グレムリン(機械類の故障を引き起こすとされる想像上のいたずら好きな小悪魔).
Gre·na·da /ɡrənéɪdə/ 名 固 グレナダ (Windward 諸島の島国; 1983 年クーデターが起き米軍が介入した).
*gre·nade /ɡrɪnéɪd/ 名 C 手投げ[手榴(*りゅう*)]弾 (hand grenade); 小銃擲(*てき*)弾.
Gre·na·di·an /ɡrənéɪdiən/ 名 C グレナダ人. ― 形 グレナダ(人)の.
gren·a·dier /ɡrènədíə|-díə/ 名 C (英) 近衛(*このえ*)歩兵第 1 連隊兵士; [the Grenadiers] =Grenadier Guards.
Grenadier Gúards 名 [the ~] (英) 近衛(*このえ*)歩兵第 1 連隊.
gren·a·dine /ɡrènədíːn, ɡrénədìːn/ 名 U グレナディン(ざくろの汁).
Grésh·am's láw /ɡréʃəmz-/ 名 U (経) グレシャムの法則 (Bad money drives out good. (悪貨は良貨を駆逐する) という法則).
***grew** /ɡrúː/ (同音 glue, group) 動 **grow** の過去形.
***grey** /ɡréɪ/ 形 名 動 (英) =gray.
***grey·hòund** 名 C グレーハウンド(足の速い猟犬; ⇨ dog 挿絵).
Gréyhòund Bús 名 C グレーハウンドバス(全国的な路線網を持つ米国のバス会社の長距離バス; 商標).
grey·ish /ɡréɪɪʃ/ 形 (英) =grayish.
gréy·ness 名 (英) =grayness.
***grid** /ɡríd/ 名 C **1** (鉄)格子, 鉄柵(*さく*) (排水口・窓などの). **2** (地図などの)基盤目. **3** [普通は the ~] (高圧線の)送電網; ガスの配管網. **4** スターティング・グリッド(カーレースでスタート時に出走車が並ぶコース上の格子模様).
grid·dle /ɡrídl/ 名 C (料理用の丸い)鉄板焼き盤. ― 動 他 〈…〉を鉄板で焼く.
gríddle càke 名 C (米) ホットケーキ (pancake).
gríd·iron 名 **1** C (肉・魚などを焼く)焼き網 (grill). **2** C (米) アメリカンフットボール競技場(多数の平行線が引いてある); U (米略式) アメリカンフットボール.
***grid·lock** /ɡrídlàk|-lɔ̀k/ 名 U (市街地交差点での)交通渋滞, (組織網の機能まひ), (議論などの)行き詰まり (deadlock): be in ~ with …… …を相手に(対立解消の)手詰り状態にある.

gridiron 1

grid·locked /ɡrídlàkt|-lɔ̀kt/ 形 交通渋滞して; 手詰り状態で.
***grief** /ɡríːf/ 名 (~s /-s/; grieve, 形 grievous) **1** U,C 深い悲しみ, 悲嘆(⇨ 類義語): die of ~ 悲しみのあまり死ぬ / The parents suffered terrible ~ *at* [*over*] the loss of their only child. 両親は一人っ子を亡くしてひどく嘆き悲しんだ. **2** C [普通は単数形で] 悲しみのもと, 嘆きの種 (to); (口語式) 難題, 悩み(事). **còme to gríef** [動] 自 (略式) 事故を起こす, 転ぶ, ぶつかる; (人・計画などが)失敗する. **gèt gríef** [動] 自 (略式) 小言を言われる. **gíve … gríef** [動] 他 (略式)〈人〉にがみがみ小言を言う (*about*, *over*).
Góod gríef! [感] S (略式) おやまあ(驚きや不快の表現).
【類義語】 grief ある特定の不幸に対する比較的短時間の非常に強い悲しみの情を表わす: Meg's *grief* at the loss of her

mother 母を失ったメグの悲しみ. **sadness** 失望感によるさびしさを伴った悲しみ: The news filled her with *sadness*. その知らせを聞いて彼女はもの悲しさでいっぱいになった. **sorrow** 悲しみを表わす格式ばった語で、何かに対する思いとともに後悔や残念の気持ちも表わす: the *sorrow* of parting 別れの悲しみ.

grief-strick·en [strúck] 形 悲しみにうちひしがれた, 悲嘆に暮れた (at, by).

Grieg /gríːg/ 图 **Ed·vard** /édvəd/ -vaːd/ ~ グリーグ (1843-1907) ((ノルウェーの作曲家)).

†**griev·ance** /gríːv(ə)ns/ 图 CU 不平(の種), 苦情 (のもの) (against): a sense of ~ 不愉快 / ~ procedure 苦情申し立ての方法. **núrse** [**hárbor**] **a griévance** [動] 自 不平[不満]を抱く (against).

†**grieve** /gríːv/ 動 (自) (深く)悲しむ, 悲嘆に暮れる: The mother ~d over her child's death. 母親は子供の死を深く悲しんだ / He was still *grieving* for his dead friend. 彼はまだ亡くなった友人のことを悲しんでいた. ── (他) **1** 〈…を〉(深く)悲しませる, 嘆かせる: It ~s me to say so, but she is to blame. こう言うのはつらいが, 彼女が悪い. **2** 〈人の死などを〉(深く)悲しむ.

grieved /gríːvd/ 形 P 文 嘆き悲しんで (at, by, to do).

griev·ous /gríːvəs/ 形 (图 grief) A 格式 **1** 悲しむべき; つらい: a ~ betrayal まことしやかな裏切り. **2** 重大な, ひどい: a ~ error 大変な誤り / a ~ wound ひどい傷. **~·ly** 副 嘆かわしいほどに; ひどく.

gríevous bódily hárm 图 U 英法 重傷 (略 GBH).

grif·fin /gríf(ə)n/, **grif·fon** /gríf(ə)n/ 图 C ((ギ神)) グリフィン ((わしの頭・翼とライオンの胴体とを持った怪獣)).

grift /gríft/ 動 ⓔ (米略式) 金でだます, たかる.

grift·er /-tə | -tə/ 图 C (米略式) ぺてん師.

†**grill**[1] /gríl/ 動 (~s /~z/) (他) **1** (英) グリル ((肉などを上から焼くレンジ台の装置)) ((米 broiler))で: Put the meat under the ~ for 10 minutes. 肉を10分グリルで焼きなさい. **2** グリル (肉・魚などを焼く焼き網) (gridiron). **3** グリル (焼き肉などの料理を出すレストラン; 特にホテルまたはクラブの食堂を指す). **4** (グリルで焼いた)焼き肉[魚]料理. ── 動 (他) **1** 〈肉・魚〉をグリル[焼き網]で焼く; 焼く, あぶる ((米 broil)) (⇒ roast 表; cooking 囲み). **2** 略式 〈…〉を厳しく尋問する, 締めあげる (about, on). ── 自 〈肉などが〉焼かれる.

grille, grill[2] /gríl/ 图 C **1** (銀行・切符売り場などの)格子窓, 格子戸. **2** =radiator grille.

gríll·ed chéese 图 C (米) グリルドチーズ ((両面を焼いたチーズサンドイッチ)).

grill·ing /gríliŋ/ 图 **1** C (厳しい)尋問. **2** U 焼くこと.

gríll pàn 图 C (英) グリルパン (肉汁の受け皿).

gríll·ròom 图 C =grill[1] 3.

*__**grim**__ /gríːm/ ((同音 Grimm, 類音 grin)) 形 (**grim·mer**; **grim·mest**) **1** (状況・知らせなどが)厳しい, 不快な, 暗い, 気がめいる; 気味の悪い: a ~ story 気味の悪い話 / Things are looking ~ for our team. うちのチームには状況が厳しそうだ. **2** (表情・態度などが)固い, いかめしい, 怖い(顔)の, 深刻な (場所・建物などが)陰気な: a ~ person こわもての者 / a ~ expression 怖い表情 / with a ~ smile 固い陰気な[硬い]笑いを浮かべて. **3** A (決心・行動などが)妥協しない, 断固とした; ~ determination やりぬく決意. **4** 格式, 主に英 質[出来]の悪い, ひどい. **5** P (英略式) 加減の悪い, 気分がすぐれない. **like grím déath** [動] 死にものぐるいで: hang [hold] on (to …) *like* ~ *death* (…)に必死にしがみつく.

†**grim·ace** /gríməs, griméis/ 動 (自) しかめ面をする (at). ── 图 C W 顔をゆがめること, しかめ面. **màke grímaces** [動] ⓒ しかめ面をする.

grime /gráim/ 图 あか, ほこり, すす; 汚れ.

grím·ly 副 厳しく, いかめしく; 断固として; すごく.

Grimm /gríːm/ 图 **Ja·kob** /jɑ́ːkəp | -kɔp/ (1785-1863), **Wil·helm** /vílhelm/ ~ (1786-1859) グリム ((ドイツの言語・文献学者の兄弟; 共同で民間説話を収集しグリム童話集 (Grimm's Fairy Tales) をまとめた)).

grím·ness 图 U 厳しさ, 暗さ; 気味悪さ.

Grím Réaper 图 [the ~] 文 死神.

grim·y /gráimi/ 形 (**grim·i·er**; **-i·est**) ひどくよごれた, すすだらけの, 汚い.

*__**grin**__ /gríːn/ ((類音 grim)) 動 (**grins** /~z/; **grinned** /~d/; **grin·ning**) (自) (歯を見せて)にっこり笑う, うれしそうに[にたりと]笑う (喜び・興味・賛成・満足などの表情) (⇒ laugh 挿絵および類義語): The child *grinned* 'with delight [delightedly]. その子はうれしくてにっこりした / What are you *grinning at*? <V+at+名・代> 何をそんなににこにこ笑っているのか. **grín and béar it** [動] 苦笑して我慢する. **grín from éar to éar** [動] 顔中口にして笑う (大喜びの表情), 相好(そ)を崩す (⇒ Cheshire cat 囲み).

── 图 (~s /~z/) C (歯を見せて)にっこり笑うこと, にやにや[にたり]笑うこと: The pitch hit the batter's helmet, but his ~ showed us that he was all right. 投球が打者のヘルメットに当たったが, 打者がにこっと笑ったので何でもないことがわかった. **táke** [**wípe**] **the grín óff …'s fáce** [動] 略式 (人・物事が)…の満足げな笑いをやめさせる, …をしゅんとさせる; (人が)笑いをやめる. **with a grín** [副] にっこり[にやっと]笑って.

Grinch /gríːntʃ/ 图 **1** グリンチ ((米国の童話に登場する架空の意地悪な生き物)); C [普通は g-] 怒りっぽい人, 人をしらけさせる[興ざめな]やつ.

*__**grind**__ /gráind/ 動 (**grinds** /gráindz/; 過去・過分 **ground** /gráund/; **grind·ing**) (他) **1** 〈穀物など〉をひいて粉にする (up); 〈歯〉などで砕く; (米) 〈肉〉をひく, ひいて(粉などをつくる (from): G~ wheat *into* flour. <V+O+into+名> 小麦をひいて粉にしなさい 言い換え I'll ~ you some coffee. <V+O+O> = I'll ~ some coffee *for* you. <V+O+for+名・代> コーヒーをひいてあげよう (⇒ for 前 A1 語法). **2** 〈…〉をぎしぎしいわせる, 激しくこすりつける (together); (強く)押しつける, 踏みつける (in; into): He often ~s his teeth in his sleep. 彼は寝ている時によく歯ぎしりをする (⇒ grind one's teeth (tooth 成句)). **3** 〈刃物など〉を研(と)ぐ, 〈ガラスなど〉を(研磨機で)磨く (with): She is ~*ing* a lens. 彼女はレンズを磨いている / He *ground* his knife *on* the grindstone. <V+O+on+名・代> 彼はといしでナイフを研いだ. 関連 ground glass すりガラス. **4** 〈器具など〉を手回しで動かす: ~ a coffee mill コーヒーミルを回す. ── (自) **1** こすれる, ぎしぎしいう (together; against). **2** [副詞(句)を伴って] (車など)音をたてて[ゆっくり]動く[進む]. **3** [しばしば副詞(句)を伴って] (ひかれて)粉になる, ひける (to, into). **4** 粉をひく: The mills of the gods ~ slow but sure. (ことわざ) 神の石うすはゆっくりだが必ず粉にする (天罰はいつか必ず下る). **5** 略式 こつこつ努力する (away; at). **grínd dówn** [動] (他) (1) 〈…〉をひいて粉にする, すりつぶす. (2) 〈人〉をひどく苦しめる; しいたげる. **grínd ón** [動] 自 (退屈なことなどが)だらだらと続く. **grínd óut** [動] (他) (1) 〈…〉を(ひいて)粉にする. (2) (軽蔑) 〈作品など〉を機械的に作り出す; 〈音楽など〉を流し続ける. (3) (米略式) 〈…〉を(努力して)達成する. (4) W 〈…〉とがなりたてる. (5) 〈たばこ〉の火をもみ消す. **grínd the fáces of the póor** [動] (他) しばしば滑稽 貧しい人々をしいたげる. **grínd to a hált** [**stándstill**] [動] (自) (車など)車輪をきしませて止まる; (交通・産業などが)次第に止まる[行き詰まる]. ── 图 **1** [単数形で] 略式 つらい仕事[勉強], 単調な仕事; (レース)の長く疲れるコース[走り]: the daily ~ of housework 毎日の退屈な家事. **2** [単数形で] (機械の)耳ざわりな音. **3** C (米略式)がり勉 (英略式 swot).

grind·er /gráɪndə | -də/ 名 C **1** ひく道具, 粉砕機. **2** (刃物の)研(と)ぎ器; 研ぎ屋. **3** (米)=submarine 2.

grind·ing /gráɪndɪŋ/ 形 A **1** きしむような, ぎしぎしいう: come to a ~ halt 失速して完全に止まる. **2** (苦境・貧困などが)終わり[よくなること]のない, ひどい.

grínd·stòne 名 C 回転といし, 丸いし. **kéep one's [...'s] nóse to the gríndstone** 動 (略式)自分が[...の]...を休みなしに働く[働かせる].

grin·go /gríŋgoʊ/ 名 (~s) C [差別] (中南米・スペインで)外(国)人 (特に米国[英国]人).

gri·ot /gríːoʊ/ 名 C グリオ (西アフリカ諸部族で, 口碑の伝承にあずかる楽人階級の者).

*grip /gríp/ 名 (~s /-s/) **1** C [普通は単数形で] つかむこと, 握ること; つかむ力, 握力; 握り方; [U または a ~] (タイヤ・靴などの) 吸着力: He 'let go [loosened] his ~ **on** [**of**] the rope. 彼はロープを握っていた手を放した[緩めた]. **2** [単数形で] (人の注意を)引く力; 支配(力); (人・物を無力にする)威力: have [keep] a (firm) ~ **on** [**over**] ... ...を(しっかり)コントロールしている / She couldn't escape the ~ of that bad habit. 彼女はその悪習から逃れることができなかった. **3** [単数形で] 理解(力), 把握: get a ~ **on** [**of**] the subject テーマを把握する. **4** C (道具などの)握り, グリップ; 取っ手, 柄 (handle). **5** C (英) ヘアピン (hairgrip). **5** C (映画などの)撮影助手. **6** C (古風)旅行かばん. **7** [the ~] = grippe. **be in the gríp of** ... 動 他 ...の支配下にある: The whole district *was in* the ~ *of* a heat wave. その地方全体が熱波に襲われていた. **cóme** [(英) gèt] **to gríps with** ... 動 他 ...に真剣に取り組む; ...を理解する. **gèt** [**tàke**] **a gríp on** ... 動 他 ...をつかむ[言い換えると He *got* [*took*] *a* firm ~ *on* the pole. (=He gripped the pole firmly.) 彼は柱にしっかりつかまった. **gèt** [**kèep, tàke**] **a gríp (on onesèlf)** 動 (自) (s) (あわてた時に)自分の感情を抑える, 自制する. **lóse one's gríp** 動 (自) (うっかり)手を放す; 支配力[理解力]を失う (*on*). — 動 (grips /-s/; gripped /-t/; grip·ping) 他 **1** (...を)ぎゅっと握る, つかむ; (タイヤ・靴が)(路面を)しっかりつかむ: The frightened child *gripped* his mother's hand. おびえた子は母親の手をぎゅっとつかんだ. **2** (注意などを)引く, (人)の心をとらえる: This story really ~s the reader. この話は本当に読者の心を引き付ける. **3** (不安などが)(...)を襲う. — 自 **1** ぎゅっと握る. **2** (タイヤ・靴が)路面をしっかりつかむ; (ブレーキが)かかる.

*gripe /gráɪp/ 動 (自) (略式)不平を言う, ぼやく (*at, about*). — 名 **1** C (略式) 不平 (*about*). **2** [the ~s] (古風) (急な激しい)腹痛, 差し込み.

grípe wàter 名 U (英)腹痛止め水薬 (幼児用).

grip·ing /gráɪpɪŋ/ 形 (腹痛が)激しい.

grippe /gríp/ 名 [the ~] (古語) インフルエンザ.

grip·ping /grípɪŋ/ 形 (話・映画などが)興味のある, おもしろい. **~·ly** 副 おもしろく.

*gris·ly /grízli/ 形 (gris·li·er; -li·est) (死体・事件などが)ぞっとするような, 身の毛もよだつ.

grist /gríst/ 名 U 製粉用の穀物. **(àll) gríst for** [(英) **to**] ... **'s** [**the**] **míll** ...の利益になるもの.

gris·tle /grísl/ 名 U (食肉の)すじ. U,C (略式)=cartilage.

gris·tly /grísli/ 形 (gris·tli·er; -li·est) 形 (食肉の)すじの多い.

gríst·mill 名 C (特に注文に合わせてひく)製粉所.

*grit /grít/ 名 **1** U (すべり止めにまく)砂利; (目・靴などに入る)砂. **2** (略式) 勇気, 肝っ玉. — 動 (grits; grit·ted; grit·ting) 他 (凍結路に)砂利をまく. **grít one's téeth** 動 (1) 歯を食いしばる (怒り・苦痛を抑える表現に); ぐっとこらえる, 勇気を出す.

grits /gríts/ 名 [複] [時に単数扱い] (米) 粗びきとうもろこし (南部でかゆ (porridge) にして食べる).

grit·ter /grítə | -tə/ 名 C (英) =salt truck.

*grit·ty /gríti/ 形 (grit·ti·er; -ti·est) **1** 砂[小石]の入った, 砂だらけの. **2** 勇気のある, 意志の強い. **3** (描写などが)現実直視の, 生々しい(迫力ある).

griz·zle /grízl/ 動 (自) (英略式)(幼児が)ぐずる, むずかる; ぶつぶつ言う (*about*).

griz·zled /grízld/ 形 A (文)灰色がかった, 灰色の; しらが混じりの.

griz·zly /grízli/ 名 (griz·zlies) C =grizzly bear.

grízzly bèar 名 C はいいろぐま (北米西部産の大くま).

*groan /gróʊn/ (同音 grown) 動 (groans /-z/; groaned /-d/; groan·ing) (自) **1** (苦しみ・痛み・不満・快感などで)うめく, うなる (*at*) (☞ moan 類 1); (格式)(重荷・圧制などで)うめき苦しむ: The injured man *~ed with* pain. <V+with+名> けがをした人は痛みのあまりうめいた / The people *~ed under [beneath]* the tyrant. <V+under [beneath]+名・代> 圧制者の下で国民はうめき苦しんでいた. **2** (物が)きしむ; (テーブルなどが)ぎいぎいと音を立てるほどいっぱいでいる: This shelf is *~ing with* [*under the weight of so many*] books. この棚はきしむほど本がたくさんのっている. **3** 不平をこぼす, ぐちをこぼす (*about, over*). — 他 (...)とうめく[ぐちをこぼす] (*that*). **gróan ínwardly** 動 (自) (表に出さずに)内心残念がる[がっくりする], 歯ぎしりする. — 名 (~s /-z/) C **1** うめき声, うなり声: 'give [let out, utter] a ~ うめく, うなる / We heard the ~s of wounded soldiers. 私たちは負傷した兵士たちのうめき声を聞いた. **2** 不平不満の声. **3** (文) ぎいぎいいう音, うなるような音 (木・金属がきしる音).

groat /gróʊt/ 名 C グロート (英国の昔の 4 ペンス銀貨).

groats /gróʊts/ 名 [複] ひき割り麦 (☞ grits).

gro·bag /gróʊbæg/ 名 C (英) (袋入り)培養土.

*gro·cer /gróʊsə | -sə/ 名 (~s /-z/) C 食料雑貨商人 《缶詰・穀物・野菜類・乳製品などの食料品のほかに, せっけん・マッチ・たばこなどの家庭用品も売る商人); 食料雑貨屋(人・店): a ~'s (米) store [(英) shop] 食料雑貨店 (米) grocery) (☞ absolute possessive 文法 (1)). 類義 greengrocer (英) 青物商人.

*gro·cer·y /gróʊs(ə)ri/ 名 ① (-cer·ies /-z/) **1** [複数形で] 食料雑貨類: I bought the *groceries* for the week. 1週間分の食料雑貨を買った.
2 C (米)食料雑貨店 (grocer's (store [(英) shop])): I bought some cans of fruit at the ~. 私は食料品店で果物の缶詰を買った. — 形 A 食料雑貨(店)の.

grócery càrt 名 C (米)ショッピングカート.

grócery shópping 名 U 食料雑貨の買い物: do the ~ 日用品の買い物をする.

grócery stòre 名 C (米) =grocery 2; スーパー.

gro·ce·te·ri·a /gròʊsətí(ə)riə/ 名 C (米・カナダ)セルフサービスの食料雑貨店.

gro·dy /gróʊdi/ 形 (gro·di·er; -di·est) (s) (米俗, 主に小児)いやな, むかつく.

grog /grág, gró:g/ 名 U **1** グロッグ (ラム酒など強い酒を水で割った飲み物). **2** (略式) (一般に)酒.

grog·gy /grági, gró:gi/ 形 (grog·gi·er; -gi·est) [普通は P] (疲れ・病気・睡眠不足・酒などで)足もとのふらつく, グロッキーになった, ぼーっとした.

*groin /gróɪn/ 名 C **1** 鼠径(ネい)部, もも付け根; (男性の)股間(ホン) (☞ leg 挿絵). **2** =groyne.

grom·met /grámɪt | gróm-/ 名 C **1** はと目 (布・皮などにひもを通す穴となる金属または輪). **2** (英)グロメット (子供の耳に入った水を抜く棒).

*groom /grúːm, grúm/ 名 C **1** =bridegroom.

2 馬丁. ― 動 他 **1** 〈馬・犬など〉を手入れする; 〈猿などが〉〈…の〉毛づくろいをする. **2** 〈…〉の身なりをきれいにする. **3** 〈芝・走路など〉の整備をする; 〈木など〉の整枝をする. **4** 〈人〉を訓練する, 仕込む (for, as; to do). ― 自 **1** 〈猿などが〉毛づくろいをする. **2** 身なりを整える.

groomed /grúːmd, grúmd/ 形 [普通は副詞に伴って]《略式》身なりを整えた, 身だしなみが…の.

groom·ing /grúːmiŋ, grúm-/ 名 ⓤ 身だしなみ(をよくすること); 〈馬など〉の手入れ; 毛づくろい.

grooms·man /grúːmzmən, grúmz-/ 名 (-men /-mən/) ⓒ 《米》花婿の付添い(男性).

*****groove** /grúːv/ 名 (~s /-z/) ⓒ **1** (木・金属などにつけた)細い溝(ᄼᡒ), (レコードの)溝. **2** 決まりきった筋道, 常道. **3** 《略式》(ジャズなどの)乗りのいいリズム, グループ. `gèt ínto [be (stúck) in] a gróove` 動 自 習慣にはまる[はまっている]. `in the [a] gróove` 形 《略式》(1) 〈ジャズ〉を軽快に演奏して;〈スポーツなどで〉快調で. (2)《古風》流行の先端を行って, いかして. ― 動 他 〈…〉に溝を彫る.

grooved /grúːvd/ 形 溝のある, 溝のついた.

groov·y /grúːvi/ 形 (groov·i·er; -i·est)《古風, 略式》いきな, かっこいい.

*****grope** /gróup/ 動 自 **1** 手探りする, 手探りで探(ᄼᡒ)る (about, around); 手探りで進む (through, toward): He ~d for his shoes in the dark. 彼は暗やみで靴を手探りで探した. **2** (ことば・解決策などを)手探りで求める, 暗中模索する: They're groping for [after] a clue to the case. 彼らはその事件の手がかりを捜している. ― 他 《略式》《軽蔑》〈女〉の体をまさぐる, 〈…〉に痴漢をする. **grópe one's wáy** 動 自《副詞(句)を伴って》手探りで進む (across, along, past). ― 名 ⓒ《略式》《軽蔑》愛撫(ᡒ), おさわり: have a ~ 痴漢をする.

grop·er /gróupɚ/ -pə/ 名 ⓒ《略式》痴漢(人).

grop·ing·ly /gróupɪŋli/ 副 手探りで.

Gro·pi·us /gróupiəs/ 名 **Walter** ~ グロピウス (1883–1969)《ドイツ生まれの米国の建築家》.

gros·beak /gróusbiːk/ 名 ⓒ グロスビーク《頑丈な円すい形の口ばしを持つ鳥の総称》.

gros·grain /gróugreɪn/ 名 ⓤ グログラン《リボンなどに用いる絹またはレーヨンのうね織り生地》.

*****gross**¹ /gróus/ 《類音》growth) 形変 形 (gross·er; gross·est)

```
「大きい」5 →(大まかな, 大ざっぱな)
       ┌→(全体的な)→「総体の」1
       ├→「粗野な」「いやな」3, 4 →(程度の悪い)
       └→「甚だしい」2
```

1 Ⓐ [比較なし]総体の, 全体の (total); 風袋(ᄼᡒ)とともの (反 net): the ~ amount 総額 / ~ income [sales] 総収入[売上高].
2 Ⓐ《格式》(不正などが)甚だしい, 目に余る: a ~ mistake ひどい間違い / a ~ insult 甚だしい侮辱.
3 (言動などが)下品な, 粗野な: ~ language 下品なことば. **4** Ⓢ 嫌な, むかつく, ひどい. **5** (fat); (ばかりで)太った. ― 他 《控除前の》総計で, 税込みで. ― 名 ⓒ《主に米》総額, 総収入. ― 動 他 〈…〉の総収益をあげる. **gróss óut** 動 他 Ⓢ《米》〈下品な言動〉で〈人〉をむかつかせる, うんざりさせる.

gross² /gróus/ 名 (複 ~)《主に商》グロス(12 ダース, 144 個; 略 gr.): two ~ of pencils 鉛筆 2 グロス. **by the gróss** 副 1 グロス単位で.

*****gróss doméstic próduct** 名 [the ~]《経》国内総生産(略 GDP).

*****gróss·ly** 副 大いに, ひどく. 語法 よくないことを強調する: be ~ underpaid ひどく低賃金である.

gróss márgin 名 ⓒ 売上総利益, 粗(ᄼᡒ)利益.

*****gróss nátional próduct** 名 [the ~]《経》国民総生産(略 GNP).

gróss·ness 名 ⓤ 下品, 粗さ; ひどさ, 途方もなさ.

gróss-óut Ⓐ, 名 ⓒ Ⓢ《主に米》むかつかせる(もの).

gróss prófit 名 ⓒ =gross margin.

gróss re·céipts /-rɪsíːts/ 名 [複] 総受領高.

gróss wéight 名 ⓤ 総重量《風袋(ᄼᡒ)を含む》. 関連 net weight 正味の重量.

*****gro·tesque** /groutésk/ 形 **1** 異様な, 奇怪な, ショッキングな. **2** グロテスクな, 怪奇な, 醜悪な; ちぐはぐな. ― 名 ⓒ **1** 怪奇な物[姿, 人]. **2** [the ~]《芸》グロテスク風, 怪奇主義的様式. **~·ly** 副 異様に; グロテスクに.

grot·to /grátou/ grót-/ 名 (~es, ~s) ⓒ **1** ほら穴, (庭などに作った)岩屋《人工の洞くつ》. **2** ほこら.

grot·ty /gráti/ gróti/ 形 (grot·ti·er, -ti·est) Ⓢ《英略式》汚らしい, ひどい; いやな, むかつく.

grouch /gráutʃ/ 《略式》 名 ⓒ **1** 不機嫌な人, 不平家. **2** 不満(の種), 気に入らないこと (about, against). ― 動 自 ぶつぶつ(不満を)言う (about).

grouch·i·ness /gráutʃinəs/ 名 ⓤ 不機嫌さ.

grouch·y /gráutʃi/ 形 (grouch·i·er; -i·est)《略式》(特に疲れて)不機嫌な, すねた; ぶつぶつ言う.

☆ground¹ /gráund/ 名 (grounds /gráundz/)

```
「地面」1
  ┌→(目的を持った地面)→「場所」4 →(区画された場所)→「土地」「敷地」3
  ├→(土, 土壌)→「土地」2
  └→(土台)→「根拠」5
```

1 [the ~] 地面《⚠類義語》: The ~ was covered with deep snow. 地面は深い雪で覆われていた / The injured bird fell to the ~. 傷ついた鳥は地面に落ちた.
2 ⓤ 土壌: rich ~ 肥えた土壌 / sandy ~ 砂地 / open ~ (木や建物のない)開けた土地 / The ~ is too dry for growing vegetables. この土壌は野菜を栽培するには乾燥しすぎている.
3 [複数形で](建物の周りの)土地; 敷地: the school ~s 学校の構内 / the ~s of the palace 宮殿の敷地.
4 ⓒ (ある目的のために使う)場所, …場,《英》運動場, グラウンド. 語法 (1) この意味では普通は合成語として用いる.(2) 特に《米》では複数形で用いる.
```
―――― ground 4 のいろいろ ――――
báttleground 戦場 / búrial gròund 埋葬地, 墓地 / físhing gròunds 漁場 / húnting gròunds 猟場 / paráde gròund 閲兵場 / pláyground (学校の)運動場; 遊び場; 行楽地;《米》(公共の)運動場《英》recreátion gròund)
```

5 [ⓤ または複数形で]根拠, 理由: on legal ~s 法律上の理由で / There is no ~ for thinking so. そう考える根拠は全くない / He has good ~(s) for complaint. 彼には苦情を言う十分な理由がある / You have sufficient ~s **to** sue. <N+to不定詞>君には訴えを起こす十分な根拠がある. **6** ⓤ 立場, 見解, 主張: take [occupy] the moral high ~ 高い道徳的立場をとる // ⚠ common ground, middle ground. **7** ⓤ (研究・議論などの)分野, 領域. **8** ⓒ [普通は単数形で]《米》(電気器具の)アース《英》earth). **9** ⓒ (図案などの)下地, 下塗り;（織物などの)地色. **10** ⓤ 海底: touch ~ (船が)水底に接する, 座礁する. **11** [複数形で](コーヒーなどの)かす.

abòve gróund 副 形 地上で[の].
be búrned to the gróund ⚠ burn 成句.
belòw gróund 副 形 地下で[の].
be on dángerous [sáfe] gróund 動 自 (あ

など)で差し障りがある[無難に済ます].

bréak gróund [動] (自) (1) 土地を耕す. (2) 着工[着手]する. (3) =break new [fresh] ground.

bréak néw [frésh] gróund [動] (自) 新天地を切り開く; 新しい分野に踏み出す.

chánge one's gróund [動] (自) =shift one's ground.

cóver ... gróund [動] (自) (1) ...の距離を行く: He *covered* a lot [great deal] of ~ that day. 彼はその日ずいぶん遠くまで行った[進んだ]. (2) (報告などが)...の範囲にわたる, ...までを扱う.

cút the gróund from ùnder ...'s féet [動] ...の足をすくう, ...の計画の裏をかく.

drive ... into the ground [動] (他) =run ... into the ground.

fall to the ground [動] (自) (1) 地面に落ちる(⇒図1). (2) 失敗する.

from the gróund úp [副] 基礎(のところ)から, 完全に, 徹底的に.

gáin gróund [動] (自) (1) 進歩する, 進出する; 優勢になる, 普及する. (2) (...に)追い迫る (*on*).

gèt óff the ground [動] (自) 離陸する; (うまく)スタートする. ― (他) 〈計画など〉を(うまく)スタートさせる.

give ground [動] (自) 後退する; 負ける (*to*).

go óver the sáme (óld) ground [動] (自) 言い古された問題を論じる[繰り返す].

go to ground [動] (自) (英) (犯人などが)身を隠す.

hít the gróund [動] (自) (略式) 地面に伏せる[倒れる].

hít the gróund rúnning [動] (自) (略式) (1) 十分に準備してから[順調に]始める. (2) どんどんやる.

hóld one's gróund [動] (自) (1) (兵士が)自分の陣地を守る. (2) 自分の立場[意見]を固守する.

lóse gróund [動] (自) 退く; 負ける, 不利な立場に立つ (*to*); 人気がなくなる(健康が)衰える.

máke úp gróund [動] (自) =gain ground (2).

on óne's ówn [famíliar, hóme] gróund [副] 勝手知ったところで; 自分の土俵で.

on the ground [副] (1) (空中に対して)地上で. (2) (主に新聞で) 一般の人々の間に; (戦争などの)現場で, その場で.

on (the) grounds of ... [前] ...の理由で (because of...): She was pardoned *on the ~s of* her youth. 彼女は若いという理由で許された.

on the grounds that ... [接] ...という理由で (because): He was dismissed *on the ~s that* he was lazy. 彼は怠け者であるとの理由で首になった.

prepáre the gróund [動] (自) 発展の基礎を作る (*for*).

rún ... into the ground [動] (他) (1) 〈人〉を疲れ切らせる: *run* oneself *into the* ~ 疲れ果てる. (2) 〈...〉をやりすぎる, 必要以上[極端なまで]にやりすぎる.

rún ... to gróund [動] (他) (英) 〈...〉を見つけ出す.

shíft the gróund [動] (自) 立場[意見]を変える.

stánd one's gróund [動] (自) =hold one's ground.

thrów ... to the ground [動] (他) 〈...〉を投げとばす.

wórk ... into the ground [動] (他) =run ... into the ground (1).

― [動] (**grounds** /gráundz/; **ground·ed** /-ɪd/; **ground·ing**) (他) **1** [普通は受身で] 〈航空機・操縦士〉を地上に留(ど)まらせる, 飛行させない: All planes *were* ~*ed* because of the dense fog. <V+O の受身> 濃霧のため飛行機はすべて地上に待機させられた / The pilot *was* ~*ed* because of poor eyesight. その パイロットは視力が弱いために地上勤務にさせられた. **2** [普通は受身で] 〈...〉に根拠を置く, 基礎を与える: My opinion *is* ~*ed on* facts [*in* fact]. 私の意見は事実に基づいている. **3** [しばしば受身で] 〈子供など〉に外出を禁じる《罰として》: My father says I'm ~*ed* until my grades go up. 私の成績が上がるまで外出禁止だと父は言う. **4** (米) (電) アースする ((英) earth). **5** [普通は受身で] 〈人〉に(...の基礎を)教える, (...の)手ほどきをする (*in*, *in*). **6** [普通は受身で] 〈船〉を座礁(しょう)させる (*on*, *in*). ― (自) (船が)浅瀬に乗り上げる, 座礁する: Our ship ~*ed on* a hidden rock. 船は暗礁に乗り上げた. **gróund óut** [動] (自) (野) 内野ゴロを打ってアウトになる. ― [形] A **1** 地面の[地表]の; 地上の(勤務)の. **2** (英) 一階の (⇒ ground floor).

【類義語】 **ground** 地球の固い表面部, 「地面」の意味で, その上[表面]での状態や活動について述べるときに用いる. **land** 「土地」の意味では, 農業用または地所・庭園用などの土地を表わすことが多い. **earth** 空に対する「大地」の意味が中心であるが, 次の *soil* とは「土」の意味にも用いられる. **soil** 作物などの生育のための「土壌」の意.

***ground**[2] /gráund/ [動] **grind** の過去形および過去分詞.

― [形] **1** [しばしば副詞を伴って] 粉にした, ひいた: ~ pepper 粉こしょう / freshly ~ coffee ひきたてのコーヒー. **2** A すった(⇒ ground glass); 研(と)いだ.

gróund báit 名 C (英) (水底にまく)寄せ餌(え).

gróund báll 名 (野) ゴロ (grounder) (⇒ fly[1]).

gróund béef 名 U (米) 牛(ぎゅう)のひき肉 ((英) mince).

ground·bréaking 形 **1** (作品・研究などが)先駆となる, 草分けの. **2** 起工の, 鍬(くわ)入れの.

gróund clóth 名 C (米) 防水布《キャンプ用など》((英) groundsheet).

gróund contról 名 U (空) (宇宙船・航空機の)地上管制(設備); 管制官(全体).

gróund cóver 名 U 被覆植物《地表を覆う》.

gróund crèw 名 C [(英) 単数形でも時に複数扱い] (空港の)地上整備員(全体) ((英) ground staff).

gróund·ed 形 **1** 自分を見失わない; 自制心がある. **2** 根拠のある. **3** 外出を禁じられて.

gróund·er /gráundɚ | -də/ 名 C (野) =ground ball.

+**gróund flóor** 名 C (主に英) 1 階 ((米) first floor) (⇒ floor 挿絵および 語法). **gèt [be] ín on the gróund flóor** [動] (自) (仕事などに)最初から参加する[している]; 有利で重要な立場にいる.

gróund fórces 名 [複] (軍) 地上部隊.

gróund gláss 名 U **1** ガラス粉. **2** すりガラス.

gróund·hòg 名 C (米) =woodchuck.

Gróundhog Dáy 名 U (米) グラウンドホッグデー《2月2日のこと; 晴れなら春は遠く曇りなら近いとされる》.

+**ground·ing** /gráundɪŋ/ 名 **1** [a ~] 基礎知識[訓練] (*in*). **2** C (主に米) (罰としての)外出禁止. **3** U.C 飛行[出航]禁止. **4** U 自分を見失わないこと: a sense of ~ しっかりした自覚.

ground·less 形 根拠のない, 事実無根の, いわれのない: a ~ fear 根拠のない恐れ, 杞憂(きゆう) / a ~ rumor 根も葉もないうわさ, デマ. **~·ly** 副 根拠なく.

+**gróund lével** 名 U 地上; 一階: *at* ~ 一階に.

ground·ling /gráundlɪŋ/ 名 C 地位の低い人; (昔の劇場で)いちばん安い席の客.

gróund·nùt 名 C (主に英) =peanut 1.

gróund óut 名 C (野) 内野ゴロによるアウト.

gróund plán 名 C **1** (建築物の)平面図. **2** 基礎計画, 概案 (*for*).

gróund rént 名 U.C (主に英) 地代, 借地料.

gróund rúle 名 C **1** [普通は複数形で] (行動の)基本原則 (*for*, *of*). **2** (スポ) グラウンドルール《グラウンドの特殊な事情によって定める》.

ground·sel /gráun(d)s(ə)l/ 名 C U (植) のぼろぎく.

gróund·shèet 名 C (英) =ground cloth.

grounds·keeper /gráundz-/ 名 C 《米》(公園・競技場などの)管理人, 整備員.

grounds·man /-mən/ 名 (-men /-mən/) C 《主に英》=groundskeeper.

ground speed 名 U 《空》(航空機の)対地速度 (☞ airspeed).

ground squirrel 名 C じりす(地上で生活し穴を掘るりす).

ground staff 名 C [単数形でも時に複数扱い] 《英》 1 競技場管理人[整備員](全体). 2 =ground crew.

ground stroke 名 C 《テニス》グラウンドストローク(《地面にバウンドした球を打つこと》).

ground·swell 名 [単数形で] 1 (世論などの)高まり, 盛り上がり (of). 2 大うねり, (暴風などの)余波.

ground·water 名 U 地下水.

⁺**ground·work** 名 U [普通は the ~] 基礎, 準備作業, 根回し (for).

ground zero 名 U 1 (核爆発などの)爆心地; [時にG-Z-] グラウンドゼロ(2001年9月11日の同時多発テロ事件で崩壊したニューヨーク世界貿易センタービルの跡地). 2 (変化・活動などの)中心地 (of).

⁺**group** /grúːp/ 名 (~s /-s/) C [《英》単数形でも時に複数扱い] 1 群れ, グループ, 小集団 (☞ 類義語); 群, 群: A ~ of children was [were] playing baseball in the park. 子供たちの一団が公園で野球をしていた / The birds flew away **in** ~**s**. 鳥たちはいくつかの群れを成して飛び去った.
2 (特定の目的・類似点を持つ)集団, 団体; 分派; 同好会; 企業グループ; [形容詞的に] 集団: a pressure ~ 圧力団体 / an interest ~ 利益団体 / They form an ethnic ~. 彼らは1つの民族集団だ. / ~ activity グループ活動. 関連 age-group 年齢層. 3 (歌手・演奏者などの)グループ: a pop ~ ポップグループ. 4 (動物・植物分類上の)群; 《化》団, 基; 《地》群; 《言》語派.

— 動 (groups /-s/; grouped /-t/; group·ing)

[自他 の転換]
(他) 1 一団とする (to make (people or things) form into a group or groups)
(自) 1 一団となる (to form into a group)

— 他 1 〈...〉を一団とする, 集める; グループ[一緒]にする, 群れにする (with): He ~ed the family for a picture. 彼は写真をとるために家族を集めて並ばせた / The cattle were ~ed together. <V+O+together の受身> 牛はひとまとめにされた.
2 [副詞(句)を伴って] 〈...〉を分類する, (...に)グループ分けする: He ~ed the stamps he had collected **into** six types. <V+O+into+名・代> 彼は収集した切手を6つの種類に分類した.

— 自 [副詞(句)を伴って] 一団となる, 集まる: The children ~ed together at the entrance. <V+副> 子供たちは入口に集まった / All the players ~ed around [round] their captain. <V+around [round]+名・代> 選手たちはみんな主将の周りに集まった (☞ around 最初の 語法).

group ourselves [**yourselves, themselves**] [動] (自) グループを作る, 集まる (around): We ~ed ourselves into fours. 4人ずつのグループになった.

【類義語】**group** 最も普通の語で, 人・動物・物などの集まりをいう. **herd** 集まって草などを食べ移動したりしている家畜の群れのこと. **flock** 羊・やぎ, または鳥の群れ. **school** 魚・鯨などのまとまりのある群れ. **flight** 飛ぶ鳥の群れ. **swarm** みつばち・虫の群まり. **drove** 牛・豚・羊などの群れ. **pack** 猟犬・おおかみの群れ. **shoal** 魚の大群.

group captain 名 C 《英》空軍大佐.

group dynamics 名 [複] [単数扱い] 集団力学 《人間集団内の力関係》.

group home 名 C グループホーム 《障害者などが集まってケアを受けながらいっしょに暮らせる家》.

group·ie /grúːpi/ 名 C (ロック歌手などの)有名人を追い回す(特に少女の)ファン, 追っかけ, 「親衛隊」.

⁺**group·ing** /grúːpɪŋ/ 名 1 C (特により大きな集団の中の)集団, グループ (of). 2 U グループ分け.

group insurance 名 U 《主に米》団体保険.

Group of Eight 名 固 [the ~] 先進8か国蔵相会議 《カナダ・フランス・ドイツ・英国・イタリア・日本・米国・ロシア; G8》.

group practice 名 C,U グループ診療(医) 《同じビル内での総合的な医療に携わる医師たち》.

group preposition 名 C 《文法》群前置詞.

文法 群前置詞
前置詞の働きをする句で, 句前置詞 (phrase preposition) ともいう. 次のようなものがある: He was absent **on account of** illness. 彼は病気のため欠席した / Thoughts are expressed **by means of** language. 思想は言語によって表現される / **In spite of** her illness she came to meet me at the station. 病気だったのに彼女は私を駅に迎えに来てくれた / **According to** the paper there was a fire near my uncle's house last night. 新聞によれば昨夜おじの家の近くで火事があったそうだ.
以上のほかに, **for the sake of** ...のために / **in case of** ...の場合には / **with regard to** ...に関しては / **in front of** ...の前に / **in place of** ...の代わりに / **in addition to** ...に加えて / **as to** ...について / **owing to** ...のために / **due to** ...のために / **out of** ...の外に, などがある.
参考 この辞書では重要な群前置詞は独立した見出し語として扱って詳しく説明している.

group theory 名 U 《数》群論.

⁺**group therapy** 名 U (精神医学の)集団療法.

group·think 名 U 《主に米》集団(順応)思考 《集団による意思決定; しばしば不十分な検討で結論に至る》.

group·ware 名 U 《電算》グループウェア 《LAN に効率的な作業環境を提供するソフトウェア》.

⁺**grouse**¹ /gráʊs/ 名 (複) C 1 らいちょう 《日本と違って欧米では猟鳥》. 2 U らいちょうの肉.

grouse² /gráʊs/ 《略式》 (自) 不平を言う (about).
— 名 C 不平.

grout /gráʊt/ 《建》 名 U グラウト 《タイルなどの継ぎ目に使うモルタルの一種》. — 動 他 〈...〉にグラウトを詰める.

grouse¹ 1

⁺**grove** /gróʊv/ 名 (~s /-z/) 1 C (レモン・オリーブなどの)果樹園. 関連 orchard 柑橘(かんきつ)類以外の果樹園. 2 C 《文》小さい林, 木立ち (of). 3 [G- として地名で](並木)道, ...通り.

grov·el /grάv(ə)l | gróv-/ 動 (**grov·els**; **grov·eled**, 《英》**grov·elled**; **-el·ing**, 《英》**-el·ling**) (自) 腹ばいになる, ひれ伏す; 《軽蔑》卑下する, ぺこぺこする (to, before): ~ around [about] (物捜しで)はい回る.

grov·el·er, 《英》**-el·ler** /grάv(ə)lɚ | gróv(ə)lə/ 名 C 《軽蔑》おべっか使い(人), 卑屈な人.

grov·el·ing, 《英》**-el·ling** /grάv(ə)lɪŋ | gróv-/ 形 《軽蔑》卑屈な, こびを売るような.

⁺**grow** /gróʊ/ 《類音 glow》 動 (**grows** /~z/; 過去 **grew** /grúː/; 過分 **grown** /gróʊn/; **grow·ing**) 名 U **growth**)

[自他 の転換]
(自) 1 生える (to be alive and develop)
(他) 1 栽培する (to make (plants) develop)

「大きくなる」の意から,「成長する」自 1
→〈次第にある状態になる〉→「…になる」自 4
→〈成長させる〉→「栽培する」他 1

— 自 1 成長する, 大きくなる: Children ~ rapidly. 子供が大きくなるのは速い / The ostrich ~s to a height of eight feet. ダチョウは成長すると8フィートの高さになる / You have let your hair [nails] ~ too long. 君は髪の毛[つめ]を長く伸ばしすぎだ / I've grown five centimeters in the past year. この1年で5センチ背が伸びた.
2〈草木が〉**生える**, 育つ, 生長する; 繁殖する;〈結晶が〉生成する: A tall tree ~s in his garden. 大きな木が彼の家の庭に生えている / These plants ~ from seeds. この植物は種から育つ / Rice ~s wild here. 稲はここでは野生だ.
3 増大する; 発達する, 発展する: Their discontent was ~ing. 彼らの不満はつのっていった / Japan's influence in Asia grew. アジアにおける日本の影響力が増大した / The girl has grown in confidence. 少女は自信がついた.
4〈次第に〉**…になる** (become, get);〈だんだんと〉…するようになる (come to): It was ~ing darker. だんだん暗くなっていった / His face grew pale. 彼の顔は青くなった / You'll probably ~ to love her. 君はたぶん彼女が好きになるだろう.
— 他 1〈…〉**を栽培する**; 生長させる, 育てる;〈…〉を繁殖させる;〈結晶〉を生成させる: He ~s tomatoes in his garden. 彼は菜園でトマトを作っている / He ~s eggplants from seed. 彼はなすを種から栽培している.
2〈髪の毛・つめ〉を伸ばす,〈ひげなど〉を生やす: ~ a beard ひげを生やす / I want to ~ my hair long. 私は髪を長く伸ばしたい.
3〈事業・経済など〉を拡大する.

grów on trées [動] 自 [否定文で] (S)(略式)(そこらの木になるように)簡単に手に入る: Money doesn't ~ on trees.《ことわざ》金のなる木はない.

grów (úp) to be ... [動] 成長して…になる (☞ grow up (句動詞)): The boy grew up to be a statesman. その少年は成長して政治家になった.

---grow の句動詞---

grów apárt 動 自 =drift apart (☞ drift 成句) (from).

grów awáy from ... 動 自 …と疎遠になる,…との間が冷たくなる;(習慣など)から抜け出す.

*grów ínto ... 動 他 **1** 成長[発展]して…になる, 次第に…になる: She has grown into a fine young woman. 彼女は立派な若い女性に成長した. **2** 成長して〈衣服など〉が着られるようになる: My son will ~ into my coat in a couple of years. 2, 3年もすれば息子は私の上着が着られるようになる. **3**〈仕事など〉に慣れて[上達して]くる.

*grów on [upòn] ... 動 他 **1**〈物〉が…の心を次第につかんでくる,…に好かれるようになる,大事にされるようになる: This place has grown on me. この土地は私の気に入るようになった. **2**〈習慣など〉の…の身についてくる: The ridiculous habit was ~ing on her. 彼女はその奇妙な癖がだんだんとひどくなっていた.

*grów óut of ... 動 他 **1** 体が成長して…が合わなくなる (☞ grow into ... 2): The boy grew out of his clothes. その少年は大きくなって服が合わなくなった. **2**〈成長して〉〈悪癖など〉をやめる; …から脱却する: Finally, he grew out of wetting the bed. 彼はやっとおねしょをしなくなった. **3** …から生ずる: Most prejudices ~ out of ignorance. たいていの偏見は無知から生ずる.

grów óver ... 動 他〈植物が〉…一面に生える.

***grów úp** 動 自 **1 成長する, 大人になる** (☞ grown(-up)): What are you going to be when you ~ up? 大きくなったら何になるつもりですか / G~ up! (S) もっと大人になりなさい! **2**(習慣が)生まれてくる,(事態が)生じる.

***grow·er** /gróuə | gróuə/ 名 (~s /-z/) C **1 栽培者**,[普通は合成語で](花・果物・野菜などを)育てる人: a rice ~ 稲作をする人. **2**[前に形容詞をつけて]生長が…の植物: a rapid [slow] ~ 早[晩]生植物.

grow·ing /gróuɪŋ/ 形 A **1 増大する, つのる**: with ~ concern ますます心配で / A ~ number of people are choosing to stop smoking. 禁煙を決意する人が増えつつある. **2** 生長[成長]する; 発育盛りの: a ~ boy [girl] 育ち盛りの少年[少女].

grówing páins 名 [複] **1** 成長(期神経)痛. **2**(新計画などの)初期の困難.

grówing sèason 名 C (植物・農作物の)生長期.

***growl** /gráʊl/ 動 自 (犬・くま・とらなどが)うなる (at) (☞ cry 表 bear, dog, tiger);(人が)うなるような声で[怒ったように]言う;(雷が)ごろごろ鳴る: The dog ~ed at the mailman. 犬はその郵便集配人に向かってうなった. — 他 (w) 〈…〉をうなる声で言う (at): He ~ed (out) his answer. 彼はがみがみと答えた. — 名 C うなり声 (snarl); ごろごろ鳴る音: give a ~ うなる.

growl·er /gráʊlə | -lə/ 名 **1** C うなる動物[人, 物]; がみがみ言う人. **2** 小さな氷山.

***grown** /gróʊn/ (同音 groan) 動 grow の過去分詞.
— 形 **1** A [比較なし] (大人に)成長した: a ~ man 大人(の男). 語法 「年だけは大人だが」の語感を伴う. **2** [合成語で] …に成長した; (木や草が)茂った, (…で)栽培した, …の産の: full-~ 十分に成長した / home-~ 国産の. **grówn úp** [形] 大人になって, 成長した (☞ grown-up¹ 語法).

***grown-up¹** /gróʊnʌp⁻/ 形 A **1** 大人の; 成熟した: a ~ son 成人した息子. 語法 P のときは grown up と分けて書くのが普通. **2** 大人らしい; 大人っぽい: ~ behavior 大人っぽいふるまい. **3** 大人にふさわしい, 大人向けの.

***grown-up²** /gróʊnʌp/ 名 C 大人 (adult)《特に子供に対してまたは子供が用いる》: All ~s were once children—although few of them remember it. 大人もみななかつては子供だった. でもそれを覚えている大人はほとんどいないんだ《サンテグジュペリ (Saint-Exupéry) の『星の王子様』の子供に対して書かれた前書きのことば》.

***growth** /gróʊθ/ (類音 gross) 動 (~s /-s/; 動 grow) **1** U または a ~ 増加, 増大 (increase); 成長; 拡大: a rapid ~ of [in] population=(a) rapid population ~ 人口の急速な増加 / a high economic ~ rate 高い経済成長率 / zero ~ ゼロ成長 / a ~ industry 成長産業.
2 U **発展, 発達** (development): intellectual ~ 知的発達 / The ~ of industry in this country is amazing. この国の産業の発展は目覚ましい.
3 U **成長, 発育, 成育: the ~ of rice 稲の生長 / Childhood is a period of rapid ~. 子供時代とは急速な発育の時期である. **4** C.U 成長する[した]もの, 発生物(草木・毛髪・おでき など); 腫瘍(しゅよう): a week's ~ of beard 1週間で伸びたあごひげ / a cancerous ~ 癌腫(がんしゅ).

grówth fàctor 名 C (生化) 成長因子, 発育因子《微量で生長[成長]を促す物質》; ビタミン・ホルモンなど.

grówth hòrmone 名 C (生化) 成長ホルモン.

groyne /gróɪn/ 名 C (土) (海岸侵食防止用の)小突堤, 防砂堤.

Groz·ny /ɡrázni, ɡróːz- | ɡróːz-/ 名 固 グロズヌイ

シア南部チェチェン共和国の首都).

grub /grʌ́b/ 名 1 ⓤ《略式》食べ物: G~'s up! 食事だよ. 2 ⓒ 地虫, うじ虫. ― 動 (grubs; grubbed; grub·bing) ⓣ《米略式》1《草木》を根こそぎにする;《鳥などが》〈虫〉をほじくり出す (up, out). 2 もらう, 拝借する. ― ⓘ《副詞(句)を伴って》地面を掘り返す, 掘って捜し回る;《略式》〈情報など〉を捜し回る (about, around; for).

grub·bi·ness /grʌ́binəs/ 名 ⓤ 汚なさ, いかがわしさ.

⁺**grub·by** /grʌ́bi/ 形 (grub·bi·er; -bi·est) 汚い, うすよごれた;《活動》あさましい, いかがわしい: Keep your ~ hands to yourself! 汚れた手でさわらないで.

grúb·stàke 名 ⓒ《米略式》(利益分配を見返り条件とする)援助資金.

⁺**grudge** /grʌ́dʒ/ 名 ⓒ 恨み, 憎しみ: a ~ fight [match]《ボクシングなどの》遺恨試合 / bear [have, hold, harbor,《米》carry] a ~ against ...《人》に恨みを持つ / I bear him no ~ for what he said about me. 彼が私について言ったことを何も根にもってはいない. ― 動 ⓣ 1《人》に〈...〉を与えるのをいやがる, 惜しむ: He ~s (giving) a penny to a beggar. 彼はこじきに1文やるのも惜しむ / He ~d his servants their food. 彼は使用人に食べ物を与えるのも惜しかった. 2〈...〉をねたむ;《ねたんで》〈...〉が持つのを認めたがらない: He ~s me my success. 彼は私の成功をねたんで認めようとしない.

⁺**grudg·ing** /grʌ́dʒɪŋ/ 形 いやいやながらの, しぶしぶの; ...したがらない. **~·ly** 副 しぶしぶ, 仕方なく.

gru·el /grú:əl/ 名 ⓤ オートミールのかゆ.

gru·el·ing,《英》**-el·ling** /grú:əlɪŋ/ 形 へとへとに疲れさせる, 厳しい, つらい. **~·ly** 副 厳しく.

grue·some /grú:səm/ 形 ぞっとする, 身の毛のよだつ, ものすごい. **~·ly** 副 ぞっとするほど.

⁺**gruff** /grʌ́f/ 形 (gruff·er; gruff·est)《人・態度が》ぶっきらぼうな;《声が》どら声の, しゃがれた, 不快そうな. **~·ly** 副 荒々しく, ぶっきらぼうに. **~·ness** 名 ⓤ 荒々しさ, ぶっきらぼうさ.

⁺**grum·ble** /grʌ́mbl/ 動 ⓘ 1《おもしろくないので》ぶつぶつ不平を言う (about, at, over);《略式》complain表: 金縛 "How are you today?" "Mustn't ~." Ⓢ《英》「元気?」「まあまあだ」 2《文》《雷などが》とどろく, ごろごろ鳴る. ― 名 ⓒ 1 不平, 苦情 (about, at, over). 2《雷などが》とどろく, ごろごろ鳴る音 (of).

grum·bler /grʌ́mblɚ | -blə/ 名 ⓒ 不平を言う人.

grum·bling /grʌ́mblɪŋ/ 形 ぶつぶつ不平を言う.

grúmbling appéndix 名 [a ~]《英》時々痛む盲腸[虫垂].

grump /grʌ́mp/ 名 ⓒ《略式》気難しい人.

grump·i·ly /grʌ́mpɪli/ 副《略式》不機嫌に.

grump·i·ness /grʌ́mpinəs/ 名 ⓤ 不機嫌.

⁺**grump·y** /grʌ́mpi/ 形 (grump·i·er; -i·est)《略式》気難しい, 不機嫌な.

⁺**grunge** /grʌ́ndʒ/ 名 1 ⓤ グランジロック《エレキギターのひずんだ音色が特徴》. 2 グランジ《1990年代初期流行の汚い感じを出したファッション》. 3《米略式》汚れ.

grun·gy /grʌ́ndʒi/ 形 (grun·gi·er; -gi·est)《米略式》よごれて臭い, 汚い, ひどい, ぼろい.

⁺**grunt** /grʌ́nt/ 名 ⓒ 1 ぶうぶう[ぶつぶつ]言う声 (of). 2《米俗》歩兵. ― 動 ⓘ《豚·らくだなどが》ぶうぶう言う;《cry 表 pig, camel》;《不満·苦立ち·退屈などで》ぶつくさ言う,《苦痛で》うなる《☞ complain表》. ― ⓣ 不平そうに〈...〉と言う;〈...〉を〈一に〉ぶつぶつ言う (to).

grúnt wòrk 名 ⓤ《米略式》単調でつまらない仕事《《英》donkeywork》.

Gru·yère /gru:jéɚ | grú:jeə/ 名 ⓤ グリュイエールチーズ《スイス産》.

gryph·on /gríf(ə)n/ 名 ⓒ = griffin.

G7 /dʒí:sév(ə)n/ 略 = Group of Seven《先進7か国蔵相·中央銀行総裁会議》.

GSM /dʒí:ɛsém/ 略 = Global Systems for Mobile Communication 世界移動電話規格.

gsoh 略 = good sense of humor ユーモアを解する良識《新聞の個人広告欄で用いる》.

g-spot /dʒí:spà:t | -spɔ̀t/ 名 ⓒ ジースポット《女性の性感帯の中心とされる》.

GST /dʒí:ɛstí:/ 略 = Goods and Services Tax 物品サービス税.

G-string /dʒí:strɪ̀ŋ/ 名 ⓒ ジーストリング《陰部のみをおおうひも付き下着や水着》.

G suit 名 ⓒ《空》耐加速度服, Gスーツ.

GT /dʒí:tí:/ 略《自動車が》GTの《高速長距離走行に適する; Gran Turismo /grá:nturízmou | græn-/《グランツーリングカー》の略》.

Gt. Br., Gt. Brit. 略 = Great Britain.

GTI /dʒí:tí:áɪ/ 略《自動車が》GTIの《高速走行用の燃料噴射装置をもつ》.

GU 略 = Guam.

gua·ca·mo·le /gwà:kəmóuli/ 名 ⓤ グアカモーレ《アボカドをつぶして作ったメキシコ料理》.

Gua·dal·ca·nal /gwà:dəlkənǽl/ 名 固 ガダルカナル《太平洋南西部のSolomon諸島の島》.

Gua·de·loupe /gwá:dəlù:p/ 名 固 グアドループ《西インド諸島東部 Leeward 諸島南部の島》.

Guam /gwá:m/ 名 固 グアム《太平洋上のMariana諸島の主島; 米領; 略 GU》.

Guang·zhou /gwà:ŋdʒóʊ | gwæŋʒóʊ/ 名 固 広州《中国南部広東省の省都; 旧称 Canton》.

gua·nine /gwá:ni:n/ 名 ⓤ《生化》グアニン.

gua·no /gwá:nou/ 名 ⓤ グアノ《海鳥やこうもりの糞が堆積して石灰状になったもの; 肥料に用いる》.

⁺**guar·an·tee** /gæ̀rəntí:/ 動 名 (~s /-z/) 1 ⓒ 《製品などの》保証 (against): This camera「comes with [carries] a two-year [a ~ for two years]. このカメラは 2 年間の保証付きだ. 2 保証となるもの; 保証書: Honesty is no ~ of success. 正直だといって成功するとは限らない / I can't give you a [There's no] ~ (that) he'll be back next week. <N+(that) 節> 彼が来週戻るという保証はできない / Effort is some ~ against failure. 努力すれば失敗しないですむだろう. 3 担保(物件): offer a ~ 担保を提供する. 4 保証人, 引受人 (guarantor). 5《法》被保証人 (☞ guarantor). **ùnder guar·antée**《副·形》保証(期間)中での.

― 動 (-an·tees /-z/; -an·teed /-d/; -tee·ing) ⓣ
1〈...〉を保証する;〈...〉と請け合う, 約束する;〈人に〈...〉を確約する《☞ warrant 類 : 言い換え》: He ~d to pay my debts. <V+O (to 不定詞)> = He ~d that he would pay my debts. <V+O (that 節)> 彼は私の負債を払うことを保証してくれた / He ~d me a long vacation. <V+O+O> 彼に私は長期の休暇を与えると請け合った / This battery is ~d to last for two years. <V+O+C (to 不定詞)の受身> この電池は 2 年もつことが保証されている / This food is ~d free of additives. <V+O+C(形)の受身> この食品は無添加の保証[表示]がある.

2〈人〉に〈...に対して〉保証をする;〈人の債務など〉の保証人になる;《米》〈...〉を〈一から〉守る[保護する]: The company ~d me against loss. <V+O+against+名·代> その会社が私の損害に対する保証をしてくれた. 3〈物事が〉〈...〉の成功を保証する: Effort is ~s success. 努力すればきっと成功する. **be guaranteed to dó** 動《皮肉》《物事が》決まって...する.

⁺**guar·an·teed** /gæ̀rəntí:d⁻/ 形 Ⓐ 保証済み[付き]の: a ~ stock 保証株.

guar·an·tor /gæ̀rəntɔ́ɚ | -tɔ́:/ [名] [C] 〘法〙保証人 (☞ guarantee [名] 5): a personal ～ 身元保証人.

guar·an·ty /gǽrənṭi/ [名] (-an·ties) [C] (米) 〘法〙保証 (guarantee), 担保; 保証契約.

guard /gάɚd | gά:d/ [名] (**guards** /gάɚdz | gά:dz/) **1** [C] **警備員**, ガードマン; 守衛, 番人; 衛兵; (1 人または 1 団の)護衛, ボディーガード (☞ ward [語源]): a security ～ 保安要員 / change [relieve] the ～ 守衛[衛兵]を交替する / Three ～s were watching the gate. 3 人の警備員が門を見張っていた / The President's ～s are stationed [posted] in front of the entrance. 大統領のボディーガードは入口に配置されている. [日英比較] 「ガードマン」は和製英語. **2** [C] (主に米) (刑務所の)看守 ((英) warder). **3** [U] 見張り, 監視. **4** [C] [しばしば合成語で] 防衛物 (手すり・機械のカバー・車の泥よけなど): shin ～s すね当て (野球・アイスホッケーなどの). [関連] fireguard 暖炉の前の囲い / mudguard 泥よけ. **5** [C] [しばしば the ～] [(英) 単数形でも時に複数扱い] 警備隊; (英) 近衛(このえ)兵 (全体); [the Guards] 近衛連隊. [関連] vanguard 前衛 / rear guard 後衛. **6** [C] 〘スポ〙防御の構え[姿勢]: keep up one's ～(s) 防御の構えをする. **7** [C] (英) (列車の)車掌 ((米) conductor). **8** [C] 〘アメフト・バスケ〙ガード. **9** [C] [G-] (アイル略式) (国家警察の)警官.

a guárd of hónor [名] 儀杖(ぎじょう)兵 (全体).

cátch ... òff guárd [動] [他] 〈人〉の不意を突く.

kéep guárd [動] [自] 見張りをする, 警戒する: Three soldiers were *keeping* ～ *over* the prisoners. 3 人の兵士が捕虜を監視していた.

lówer [dróp, lèt dówn] one's guárd [動] [自] 防御の姿勢を解く.

móunt (a) guárd [動] [自] ＝keep guard.

òff guárd [形・副] (1) 非番で. (2) ＝off one's guard.

òff one's guárd [形・副] 油断して.

one's guárd is dówn [úp] (1) 人が警戒していない[いる]. (2) 人が批判に備えていない[いる].

on guárd [形・副] (1) 当番で. (2) 歩哨(ほしょう)に立って. (3) ＝on one's guard.

òn one's guárd [形・副] 用心して, 見張って: Be *on your* ～ *against* pickpockets. すりに用心しなさい.

stánd guárd [動] [自] ＝keep guard.

táke ... òff guárd [動] [他] ＝catch ... off guard.

the Chánging of the Guárd [名] (英) 衛兵交代式 (Buckingham 宮殿で行なわれる).

thrów ... òff guárd [動] [他] 〈人〉の不意を突いて油断させる.

ùnder (ármed [clóse, héavy]) guárd [形・副] (武装した者に[厳重に])監視[護送]されて.

— [動] (**guards** /gάɚdz | gά:dz/; **guard·ed** /-ḍɪd/; **guard·ing** /-ḍɪŋ/) [他] **1** 〈…〉を守る, 守護する; 守秘する: ～ a secret 秘密を守る / Soldiers are ～*ing* the king's palace. 兵士たちが国王の宮殿を守っている / These goggles ～ your eyes ***against*** [***from***] dust. <V+O (名・代)+*against* [*from*]+名・代> このゴーグルは砂ぼこりから目を守る. **2** 〈…〉を見張る, 監視する: ～ prisoners 囚人を見張る. **3** 〘スポ〙〈相手〉を防ぐ, ガードする.

— [自] 用心する, 警戒する (☞ defend 類義語): You must ～ ***against*** mistakes [catch***ing*** cold]. <V+*against*+名・代[動名]> 間違え[かぜをひか]ないように注意しなきゃいけない.

guárd dòg [名] [C] 番犬 (watchdog).

guard·ed /gάɚḍɪd | gά:d-/ [形] ([反] unguarded) (ことばなどが)慎重な, 用心深い. **～·ly** [副] 慎重に.

guárd·hòuse [名] (-hous·es /-hàuzɪz/) [C] 衛兵所; (兵営の)留置場.

guard·i·an /gάɚḍiən | gά:-/ [名] (～s /～z/) [C] **1** (格式) 保護者, 守護者: the ～ *of* Western civilization 西洋文明の担い手. **2** 〘法〙後見人. [関連] ward 被後見人.

Guard·i·an /gάɚdiən | gά:-/ [名] [固] [The ～] 『ガーディアン』(英国の日刊紙).

guárdian ángel [名] **1** [C] 守護天使; 他人を保護する[助ける]人. **2** [the Guardian Angels] [固] ガーディアンエンジェルズ (New York 市の地下鉄から始まった市民ボランティアによる犯罪予防グループ).

guárdian·shìp [名] [U] 保護, 守護; 〘法〙後見人の地位[役割, 任期].

guárd·ràil [名] [C] **1** 手すり. **2** (米) ガードレール ((英) crash barrier). **3** 補助レール (脱線防止用).

guárd·ròom [名] [C] 衛兵室; (兵営の)留置室.

guards·man /gάɚdzmən | gά:dz-/ [名] (**-men** /-mən/) [C] 衛兵; (米) 州兵; (英) 近衛(このえ)兵.

guárd's ván [名] (英) ＝caboose 1.

Guar·ne·ri·us /gwaənéə(ə)riəs | gwa:-/ [名] [C] グァルネリウス (イタリア製のバイオリンの名器).

Gua·te·ma·la /gwὰ:ṭəmά:lə⁻/ [名] [固] グアテマラ (中米の共和国; 首都 Guatemala City).

Guátemala Cíty [名] [固] グアテマラシティー (グアテマラの首都).

gua·va /gwά:və/ [名] [C] グアバ, ばんじろう (熱帯アメリカ産の低木); グアバの実 (ジャム・ゼリー用).

gu·ber·na·to·ri·al /g(j)ù:bənətɔ́:riəl | -bə-⁻/ [形] ([名] góvernor 1) [A] (格式) 知事の, 地方長官の.

Guc·ci /gú:tʃi/ [名] [固] グッチ (イタリアのかばん・靴などのメーカー).

guck /gʌ́k/ [名] (米) ＝gunk.

gud·geon /gʌ́dʒən/ [名] (複 ～) [C] ガッジョン (ヨーロッパ産の小魚; 釣りのえさになる).

guerilla [名] [C] ＝guerrilla.

Guer·ni·ca /gwéənɪkə | g(w)ɜ́:-/ [名] [固] ゲルニカ (スペイン北部の町; スペイン内乱中ドイツ軍の無差別爆撃で潰滅 (1937 年 4 月), これを主題にして Picasso は同名の大作 (1937) を描いた).

guern·sey /gɜ́:nzi | gɜ́:n-/ [名] [C] **1** [G-] ガーンジー種の乳牛. **2** 毛糸編みのジャケット. **gét [be gíven] a guérnsey** [動] [自] (豪) ほめられる.

guer·ril·la, gue- /gərílə/ [名] (～s /～z/) [C] **ゲリラ兵, 不正規兵**: ～ warfare ゲリラ戦.

guess /gés/ ([類音] gas[1, 2], guest) [T1] [動] (**guess·es** /～ɪz/; **guessed** /～t/; **guess·ing**) [他] **1** 〈…〉を**推測する**; 〈…〉と推量する; 〈…〉の見当をつける (*from*) (☞ think 類義語): [言い換え] I ～***ed*** her age ***at*** [***as***] *forty*. <V+O+*at* [*as*]+名・代> ＝I ～***ed*** her ***to*** be forty. <V+O+C (*to* 不定詞)> ＝I ～***ed*** (***that***) she was forty. <V+O ((*that*) 節)> 私は彼女の年を 40 歳と見当をつけた / [言い換え] I can't ～ ***which*** team will win. <V+O (*wh* 節)> (＝It's hard to ～ *which* team will win.) どちらのチームが勝つか見当がつかない / G～ *who* [*what, when, where, which, how*]? だれ[何, いつ, どこ, どっち, どう]だと思う? / You'll never ～ *how* much I made today! [S] 今日のもうけはすごいぞ!

2 〈…〉を**考えて当てる**, 解き当てる: They ～*ed* her intentions. 彼らは彼女のねらいを見抜いた.

— [自] (…を)**推測する** (*about, as to*); 言い当てる: If you don't know the answers, ～. もし答えがわからなければ推測してみなさい / He ～*ed* right [wrong]. <V+C (形)> 彼はうまく言い当てた[当てそこなった].

guéss at ... [動] [他] …を言い当ててみる, 推測してみる: I ～*ed at* the length of the bridge, but I didn't ～ right. その橋の長さを当ててみようとしたが, 当たらなかった (☞ at 3 [語法]).

Guéss whát! [S] あのさ, 聞いてくれよ (相手が驚くようなことを言う前に用いる).

I guéss ... (S)(略式, 主に米) (1) ...でしょうね, ...だ と思う: I ~ you're right. あなたの言うとおりでしょうね / [会話] "Is she absent today?" "I ~ sò [nót]." 「彼女はきょうは欠席ですか」「そう[そうじゃない]みたいね」(⇨ so! 6 [語法], not (5)). ともいう. (2) 時には I ~ を省略して G~ so [not]. ともいう. (2) 文の終わりにつけて用いることもある: You're tired, I ~. お疲れになったでしょう. (2) (なんとなく)...しようと思う: I'm very tired, so I ~ I'll go to bed earlier. とても疲れているので, 早めに寝ようと思う. (3) ...のようだ, ...らしい.

kéep ... guéssing [動] 他 (略式)〈人〉をはらはらさせる,〈人〉に気をもませる.
── 名 (~·es /-ız/) C 推測, 推量: My ~ is (that) it'll turn out all right. (S) 私の予想ではそれはうまくいく / September is a good ~ for the next meeting. 次の会合は9月というのがいい線だ / I'll give you three ~es. (S) 3回答えるチャンスをやるから当ててごらん.

at a (róugh) guéss [副] (S)〈当て〉推量で(は).
be ánybody's [ányone's] guéss (S) だれにもわからないことである: It's anybody's ~ when she'll come. 彼女がいつ来るかは誰にもわからない.
máke [give, (米) táke, (英) hàve, házard] a guéss [動] 推測する, 推量する (as to; that): make an educated ~ 経験に基づく推測をする / I took a (wild [rough]) ~ at the answer. 私は(全くの[大ざっぱな])当て推量で答を言ってみた.
Yóur guéss is as góod as míne. (S) (あなたと同様)私にもよく分からない.

guéss·ing gàme /gésɪŋ-/ 名 C 1 あてっこ遊び (ある物(たとえば数・動物など)を頭に思い浮かべ, 相手が一連の質問をしてそれを当てる). 2 (略式) 自分が知りたいことをわざと隠されている状況.

guess·ti·mate¹ /géstəmət/ 名 C (略式) 推測での見積り, 当て推量. [語源] guess と estimate の混成語; ⇨ blend 名 2.

guess·ti·mate² /géstəmèɪt/ 動 他 (略式)〈...〉を推測で見積もる, 当て推量する. ── 自 当て推量する.

guéss·wòrk 名 U 当てずっぽう, 当て推量: by (pure) ~ (全くの)当て推量で.

*****guest** /gést/ 名 (guests /gésts/) C 1 客 (個人の家庭に招かれた客; ごちそうする[おごる]相手; ⇨ visitor 表); (劇場・レストランなどへの)招待客: an unwelcome [uninvited] ~ 来てほしくない[招かれざる]客 / We're having ~s for [to] dinner tomorrow. うちではあす夕食に客を招待する / I'd like you to be my ~. (勘定は)私がもちしますからね. [関連] host, hostess 客をもてなす男性, 女性.
2 (ホテルなどの)泊まり客, 宿泊人 (⇨ visitor 表); (個人の家の)下宿人: There were only a few ~s in the hotel. ホテルには少数の宿泊客しかいなかった // páy·ing guest. 3 (会議・都市などへの)来客, 来賓; (テレビ番組などへの)特別出演者, ゲスト: [会話] "Who's today's ~ on the show?" "World-famous actor Kevin Costner (is)."「このショー[番組]の今日のゲストはだれですか」「世界的に有名な俳優のケビン・コスナーです」 4 (短期間人訪問)者. 5 (短期間人訪問)者. 6 [電算] ゲストユーザー (ネットワークの一時利用者). [語源] ラテン語で「よそ者」の意.
a gúest of hónor [名] (式・パーティーなどの)主賓.
Bé my guést. (S) どうぞご自由に: [会話] "Mind if I use your phone?" "Be my ~." 「電話を貸していただけませんか」「ええどうぞ」
── 形 A 1 招待された, ゲストの: a ~ speaker 来賓講演者 / make a ~ appearance (on ...) (...に)特別出演する. 2 来客用の: ~ towels 来客用タオル.
── 動 自 (番組などにゲストとして出演する (on).

guést béer 名 U,C (英) 期間限定販売の(他社の)ビール.

guést bòok 名 C 芳名録, 宿帳.
+guést hòuse 名 C 1 (別棟の)ゲストハウス, 迎賓館. 2 (英) 小ホテル, 民宿.
guést night 名 C (クラブなどで)非会員を招いてよい夜会.
guést ròom 名 C (泊まり客用の)寝室.
guést-stár 動 自 (ドラマなどに)ゲスト出演する.
guést wòrker 名 C (外国人)出稼ぎ労働者.
Gue·va·ra /ɡəvάːrə/ 名 Che /tʃéɪ/ ゲバラ (1928-67)《アルゼンチン生まれのキューバの革命家》.
guff /ɡʌf/ 名 U (略式) ばか話, たわごと.
guf·faw /ɡʌfɔ́ː/ 名 C 高笑い, (下品な)ばか笑い (⇨ laugh 類義語)). ── 動 自 ばか笑いする (at).

Gúg·gen·heim Muséum /ɡʊɡənhὰɪm-/ 名 固 [the ~] グッゲンハイム美術館 《New York 市にある美術館》.

GUI /dʒíː.juː.άɪ, ɡúː.iː/ 名 =graphical user interface.

*****guid·ance** /ɡάɪdəns, -dns/ 名 (動 guide) U 1 (教育・職業・結婚問題などでの)指導, 助言, ガイダンス: parental ~ 親による指導 / vocational ~ 職業指導 / She gave Bill ~ on [about] his career choices. 彼女はビルの進路の選択について助言した / John studies [under the ~ of Prof. Long [under Prof. Long's ~]. ジョンはロング教授の指導下で研究している.
[日英比較] 新入生[社員]などへの説明会なども「ガイダンス」ということがあるが, 将来への方向付けの指導の場合は英語では orientation という. 2 (ミサイルなどの)誘導.

gúidance còunselor 名 C (米) 学習[生活]指導カウンセラー ((英) guidance teacher).

gúidance tèacher 名 (英) =guidance counselor.

*****guide** /ɡάɪd/ [発音] 名 (guides /ɡάɪdz/) C 1 案内人, ガイド: He hired a ~. 彼は案内人を雇った / He acted 'as my ~ [as a ~ for me]. 彼は私の案内役を務めてくれた / "Will we have a local ~?" "No, but a tour ~ from Japan will take you around."「現地でガイドはつくんですか」「いいえ, でも日本からの添乗員が御案内します」
2 ガイドブック, 案内書, 手引き; 指導書, 入門書 (guidebook) (for): a ~ to France フランス(旅行)のガイドブック / A G~ to Good Cooking 『おいしい料理の手引き』(書名).
3 (行動などの)指針, 道しるべ, 目安 (to, as to); 手本: Let your conscience be your ~. 君の良心を行動の指針とせよ / He took the spirit of fair play as his ~. 彼はフェアプレーの精神を規範とした. 4 (英) ガイド (Guides) の一員 (a girl scout). 5 [the Guides として単数または複数扱い] (英) ガイド, 少女団 ((米) Girl Scouts).

── 動 (guides /ɡάɪdz/; guid·ed /-dɪd/; guid·ing /-dɪŋ/; 名 gúidance) 他 1〈人〉を案内する, 導く (道順や事情を知っている人が同行して案内する; ⇨ 類義語)); 〈乗物など〉を誘導する: A boy ~ed us. 少年が私たちを案内した / The dog ~ed its blind master to the station. <V+O+前+名・代> その犬は目の見えない主人を駅まで導いた / John ~d me around London. ジョンがロンドンを案内してくれた. 2〈人の行動に〉影響を与える,〈行動などの〉指針となる,〈...〉を指導する: He was ~d by his conscience. 彼は良心に導かれて行動した. 3〈組織など〉を管理する,〈...〉のかじ取りをする; 〈人〉を〈...に〉切り抜けさせる (through).

【類義語】 **guide** 人につきっきりで案内する: She guided the blind man across the street. 彼女はその盲人の男に連れ添って通りを渡らせてあげた. **lead** 先頭に立って人を連れて案内する: You lead and I'll follow. 先に行って案内してください, 後からついていきますから. **direct** 道順・方向を説明して指し示すこと: Could you direct me to the post office, please? (格式) 郵便局までの道順を教えていただけませんか.

guide lead direct

guíde·bòok [名] [C] ガイドブック，旅行案内書，手引き; 指導書，入門書 (*to*) (guide).

guíd·ed míssile /gáɪḍɪd-/ [名] [C] 誘導ミサイル.

guíde dòg [名] [C] 《英》 =Seeing Eye dog.

guíded tóur [名] [C] ガイド付き旅行[見学].

***guide·lines** /gáɪdlàɪnz/ [名] [複] (政策などの)**指針**，ガイドライン (*on, for*): issue [draw up, lay down] ～ ガイドラインを示す.

guíde nùmber [名] [C] 〖写〗(ストロボなどの)ガイドナンバー，露光係数.

guíde·pòst [名] [C] 道しるべ，道標; 指針.

guíde wòrd [名] [C] (辞書などの)欄外見出し語.

guíd·ing líght /gáɪḍɪŋ-/ [名] [C] 目標[模範]となる人.

guíding príncíple [名] [C] 指導原理.

***guild** /gíld/ [名] (**guilds** /gíldz/) [C] (近代の)**同業組合**; 親睦(しんぼく)団体，…会; (中世の)商人団体，ギルド.

guil·der /gíldə | -də/ [名] [C] ギルダー《オランダの旧通貨単位; 100 セント (cents)》.

guíld·hàll [名] **1** [the G-] ロンドン市庁舎. **2** [C] (中世の)ギルド集会場.

guile /gáɪl/ [名] [U] 《格式》こうかつさ; 悪だくみ.

guile·ful /gáɪlf(ə)l/ [形] 《格式》こうかつな.

guíle·less [形] 《格式》ずるくない，悪だくみをしない，正直な. **～·ly** [副] 正直に. **～·ness** [名] [U] 正直さ.

guil·le·mot /gíləmàt | -mɔ̀t/ [名] [C] うみすずめ，うみばと《海鳥》.

guil·lo·tine /gílətì:n, gìlətí:n/ [名] [C] **1** ギロチン，断頭台: send ... to the ～ …に斬首刑を言い渡す. **2** 《英》(紙などの)裁断機. **3** 《英》(議案の)審議打ち切り. ― [動] [他] **1** 〈…〉の首をギロチンで切る. **2** 《英》〈審議〉を打ち切る.

***guilt** /gílt/ ([同音] gilt) [T3] [名] ([形] guílty) [U] **1 罪悪感，気のとがめ**: a sense of ～ 罪悪感 / a ～ complex 罪の意識の強迫観念 / feel ～ *about* [*at, for, over*] ... …について気がとがめる.

2 有罪，罪があること ([反] innocence): His ～ was proved by a lot of evidence. 彼の有罪は多くの証拠によって立証された. **3** (悪行に対する)**責任** (blame): The ～ lies with her in this matter. この件では責任は彼女にある.

lày [pùt] a guílt trìp on ... [動] [他] 《略式》(人)に罪悪感を覚えさせ(ようとす)る (☞ guilt-trip).

― [動] [他] 《米略式》罪悪感をいだかせて〈人〉に…させる: My parents ～*ed* me *into* help*ing* at their shop. 両親はうしろめたい気持ちにさせて私に店の手伝いをさせた.

guilt·i·ly /gíltəli/ [副] 罪ありげに; 気がとがめて.

guilt·i·ness /gíltinəs/ [名] [U] 罪深さ，うしろめたさ.

guílt·less [形] (…の)罪のない，無罪の (*of*). **～·ly** [副] 罪がなく.

guílt-rìdden [形] 罪悪感にさいなまれた (*over, about*).

guílt-tríp [動] (**-trips**; **-tripped**; **-trip·ping**) [他] 《略式》〈人〉に罪悪感をもたせる (*into*) (☞ lay [put] a guilt trip on ... (guilt 成句), guilt [動]).

guilt·y** /gílti/ [形] (**more ～, guilt·i·er** /-tiə | -tiə/; **most ～, guilt·i·est** /-tiɪst/; [名] guilt) **1 身に覚えのある，罪悪感がある，やましい**: a ～ look 身に覚えのありそうな顔つき / have a ～ conscience うしろめたさがある / I feel ～ ***about forget***ting*** my promise. <A+*about*+動名> 私は約束を忘れたことで気がとがめている.

2 有罪の，(…の)**罪を犯した** ([反] innocent): the ～ party 《格式》罪を犯した[責任のある]人 / He is **～ *of*** a crime. <A+*of*+名・代> 彼は犯罪を犯している / The jury found her ～ (*of* murder) as charged. 陪審は(殺人について)告発どおり彼女を有罪とした / G～. 有罪; Not ～. 無罪《判決などで》 // ☞ plead (not) guilty (plead 成句). **3** (過ちなどを)**犯した**: Who is ～ *of* (mak*ing*) this error? だれがこの誤りを犯したのか.

guin·ea /gíni/ [名] [C] ギニー《現在の 1 ポンド 5 ペンスに相当する英国の昔の金額》; 1 ギニー金貨.

Guin·ea /gíni/ [名] [固] ギニア《アフリカ西部の海岸地方，共和国; 旧仏領》.

Guin·ea-Bis·sau /gínibɪsáʊ/ [名] [固] ギニアビサウ《アフリカ西海岸にある共和国》.

guínea fòwl [名] [C] ほろほろちょう《アフリカ原産の食用鳥》.

+**guínea pìg** [名] [C] **1** てんじくねずみ，モルモット《しばしばペット・実験材料となる; 日本でいう「モルモット」は全く別種の marmot に由来》. **2** 実験材料《生物や物》; 実験材料となる人，「モルモット」(*for*).

Guin·ness /gínɪs, gɪnés/ [名] [U,C] ギネス《英国産の黒ビール; 商標》.

Guínness Wórld Récords [名] [固] [the ～] ギネスブック《元は英国の Guinness 社が毎年発行していた各種の世界記録集の現在の書名; 旧書名は Guinness Book of Records》.

+**guise** /gáɪz/ [名] [C] ふり，見せかけ; 仮装: in different [various] ～*s* 姿形をいろいろ変えて. **in [ùnder] the guíse of ...** [前] …を装って.

***gui·tar** /gɪtáə | -tá:/ [名] (**～s** /～z/) [C] **ギター**: He was playing the ～. 彼はギターを弾いていた.

guitar のいろいろ

acóustic guitár アコースティックギター / **clássical guitár** クラシックギター / **eléctric guitár** エレキギター / **fólk guitár** フォークギター / **stéel guitàr** スチールギター

***gui·tar·ist** /gɪtá:rɪst/ [名] (**-tar·ists** /-rɪsts/) [C] **ギター奏者**，ギタリスト.

gulch /gʌ́ltʃ/ [名] [C] 《米》峡谷.

gul·den /gú:ld(ə)n | gʊ́l-/ [名] (～(**s**)) [C] =guilder.

***gulf** /gʌ́lf/ ([類音] golf) [名] (**～s** /～s/) **1** [C] [地名でしばしば G-] **湾** (☞ bay¹ 表; [略] g., G.): the G～ of Mexico メキシコ湾. **2** [the G-] 《米》メキシコ湾; ペルシャ湾. **3** [C] (両者間の)**溝**(みぞ)，**隔たり**: the ～ *between* blacks and whites 黒人と白人の溝 (☞ black [名] 2 [語法]). **4** [C] (地表の)深い割れ目 (chasm).

Gúlf Stàtes [名] [the ～] **1** 《米》メキシコ湾岸諸州 (Florida, Alabama, Mississippi, Louisiana, Texas の 5 州). **2** ペルシャ湾岸諸国 (Iran, Iraq, Kuwait, Saudi Arabia, Bahrain, Qatar, United Arab Emirates, Oman の 8 か国).

Gúlf Strèam [名] [固] [the ～] (メキシコ)湾流《メキシコ湾・Florida 半島沖付近から北米大陸東岸を北進し北大西洋へ向かう暖流; 特に North Carolina 沖から北の部分をさす; ☞ 表地図 I 4》.

Gúlf Wár [名] [the ～] 湾岸戦争《1991 年のイラクとアメリカなどの戦い》.

Gúlf Wár Sỳndrome [名] [U] 湾岸戦争症候群《参戦兵士に見られる頭痛・記憶障害など》.

gull /gʌ́l/ [名] [C] **1** かもめ (seagull). **2** 《文》だまされやすい人，「かも」. ― [動] [他] 《文》〈…〉をだます.

gul·let /gʌ́lɪt/ [名] [C] 食道; のど. **stíck in ...'s gúllet** [動] (物事が)…に受け入れ難い，…の気にくわない.

gul·ley /gÁli/ 名 C =gully.
gull·i·bil·i·ty /gÀləbíləṭi/ 名 U だまされやすさ.
gull·i·ble /gÁləbl/ 形 だまされやすい; 鵜呑(うの)みにする. **-i·bly** /-ləbli/ 副 鵜呑みにして.
Gúl·li·ver's Trávels /gÁləvəz‐ | -vəz-/ 名 ガリバー旅行記《Swift の風刺小説 (1726)》.
gúll-wing 形 《車のドアが》ガルウィング型の《上方へはね上がる》.
gul·ly /gÁli/ 名 (**gul·lies**) C 1 《水の流れによって作られた》小峡谷《⇨ mountain 挿絵; valley 類義語》. 2 溝(みぞ), 下水.
gulp /gÁlp/ 動 他 1 《飲食物》を一気に飲み込む, ごくごく飲む: He ~*ed* down a glass of water and ran out. 彼は水を 1 杯ぐいっと飲んで走って出ていった. 2 〈息〉を大きく吸い込む(*in*). ― 自 (息)をのむ《驚きなどで》.
gúlp báck [動] 他 《感情・涙》を抑える, こらえる.
gúlp for áir [**bréath**] [動] 自 大きく空気を吸う[息をする].
― 名 1 ごくり[がぶり]と飲める分量《の液体》, ひと口[ひと息]分: take a ~ of air 大きく息を吸い込む. 2 ぐっと飲むこと. **at a gúlp**=**in óne gúlp** [副] ひと飲みに, 一気に.

gum¹ /gÁm/ 《類音 gun》 名 (~s /-z/; 形 gúmmy) 1 U チューインガム (chewing gum): chew ~ ガムをかむ. 2 U ゴム樹液 《ゴムの木から採れるねばねばした液》(《主に英》ゴムのり. 関連 rubber ゴム. 3 C =gum tree. 4 C 《英》=gumdrop.
― 動 (**gums**; **gummed**; **gum·ming**) 他 《主に英》〈…〉をゴムのりでつける (*together*; *to*, *onto*); 〈…〉にゴムのりをつける: ~ *down* the flap of an envelope 封筒の口にのりで封をする.
gúm úp [動] 他 《略式》〈機械など〉を動かなくする《*動作などを*台なしにする》.

gum² /gÁm/ 名 《普通は複数形で》歯ぐき.

gum³ /gÁm/ 名 [次の成句で]
By gúm! [感] S 《古風》おやおや《驚き》.

gúm·báll 名 C 《米》球型のチューインガム.
gum·bo /gÁmboʊ/ 名 (~s) 1 C オクラ《さやは食用となる》. 2 U,C ガンボ《オクラでとろみをつけた米国南部のスープ; ⇨ Cajun 形》.
gúm·bóil 名 C 歯肉下の膿瘍(のうよう).
gúm·bóot 名 C 《普通は複数形で》《古風, 英》ゴム長靴 (Wellington boot).
gúm·dròp 名 C ガムドロップ, グミ《ゼラチンなどで作るゼリー状のキャンディー》.
gum·my¹ /gÁmi/ 形 (**gum·mi·er**; **-mi·est**; 名 gum¹) 粘着性の; ゴム(性)の.
gum·my² /gÁmi/ 形 (**gum·mi·er**; **-mi·est**) 《笑みが》歯ぐきを見せた.
gump·tion /gÁm(p)ʃən/ 名 U 《古風, 略式》1 気転; 良識. 2 積極性, やる気 (*to* do).
gúm·shòe 名 C 《米》刑事, でか.
gúm trèe 名 C 1 ゴムの木. 2 《主に豪》ユーカリの木 (eucalyptus). **be úp a gúm trèe** [動] 自 《英略式》窮地に陥っている.

*gun /gÁn/ 《類音 gum》 名 (~s /-z/) C 1 **銃**, 鉄砲; 大砲; **けん銃**, ピストル: a ~ goes off 銃が発射される / a ~ battle 銃撃戦.

― コロケーション ―
aim [**point**] a *gun* (at ...) (…に)銃口を向ける
carry a *gun* 銃を携帯する
draw [**hold**] a *gun* (on ...) 銃を(抜いて)(…に)きつける
fire a *gun* (at ...) (…に向けて)発砲する
load a *gun* 銃に弾を込める
shoot a *gun* 銃を撃つ
unload a *gun* 銃の弾を抜き取る

― **gun** のいろいろ ―
áir gùn 空気銃 / **hándgùn** 《米》けん銃 / **machíne gùn** 機関銃 / **shótgùn** 散弾銃

2 《銃砲の》発射; [the ~] 《合図の》号砲, 礼砲, 祝砲. 3 《銃・ピストルの形をした》注入器, 噴霧器: a spray *gun* 吹き付け器, 噴霧器. 4 《米略式》けん銃使い《a hired ~ 金で雇われる殺し屋. 5 《米略式》《臨時の》助っ人. 6 《英》銃猟隊の一員.
be góing gréat gúns [動] 自 《略式》とても調子よくいっている; ばりばりやっている. **hóld** [**pùt**] **a gún to …'s héad** [動] (人《の頭》)に銃を突きつける; 《略式》(人)をおどす. **júmp the gún** [動] 自 (1) 《競走で》号砲より先に飛び出す, フライングする. 日英比較 この意味の「フライング」は false [flying] start とも言う. (2) 《略式》早まったことをする, 先走る.
spíke …'s gúns [動] 《英》…(の計画)のじゃまをする, …の力をそぐ. **stíck to** [《**米**》**stánd by**] **one's gúns** [動] 自分の立場を固守する; 自説を曲げない. **ùnder the gún** [形・副] 《米略式》せっぱつまって, 追いつめられて (*to* do). **with** (**áll** [**bóth**]) **gúns blázing** [副] 《略式》全力を尽くして, 躍起になって.
― 動 (**guns**; **gunned**; **gun·ning**) 他 《米略式》〈車のエンジン〉をふかす. **gún dówn** [動] 他 〈人〉を《容赦なく》銃で撃つ, 射殺する. **gún for …** [動] [進行形で] 《略式》…を(やっつけようと)つけねらう; 《地位などを》ねらう. **gún it** [動] 《米略式》車で飛ばす.

gún·bòat 名 C 砲艦.
gúnboat diplómacy 名 U 武力外交. 由来 紛争地点に砲艦を派遣して威圧したことから.
gún càrriage 名 C 《大砲を載せる》砲車.
gún contròl 名 U 銃規制.
gún·dòg 名 C 《英》=bird dog.
gún·fìght 名 C けん銃の撃ち合い; 銃撃戦.
gún·fìghter 名 C ガンマン.
⁺gún·fìre 名 U 発砲; 砲火[砲撃].
gunge /gÁndʒ/ 名 U, 動 《英略式》=gunk.
gung-ho /gÁŋhóʊ⁺/ 形 《略式》言うほどにはなしに》《異常に》熱心な, がむしゃらな, 後先も考えない (*about*, *for*).
gunk /gÁŋk/ 名 U 《略式》ぬるぬる[ねばねば]して汚ないもの. [次の成句で] **be gúnked úp** 《米略式》(べとべとしたもので)詰まる (*with*).
gunk·y /gÁŋki/ 形 《略式》ぬるぬる[べとべと]して汚ない.
gún lòbby 名 [the ~] 《米》銃擁護圧力団体.
⁺gún·man /gÁnmən/ 名 (**-men** /-mən/) C 《主に新聞で》銃強盗; 殺し屋; テロリスト.
gún·mètal 名 U 砲金《銅とすずと亜鉛の合金》; 砲金灰色《青みを帯びた赤灰色》.
gun·nel /gÁn(ə)l/ 名 C =gunwale.
⁺gun·ner /gÁnə | -nə/ 名 C 1 砲手. 2 《英国の》砲兵隊員.
gun·ner·y /gÁn(ə)ri/ 名 U 砲術, 射撃法.
gun·ny /gÁni/ 名 《米》1 C =gunnysack. 2 U 粗い麻布, ズック.
gúnny·sàck 名 C 《米》麻製の丈夫な袋, 南京袋 (gunny).
gún·plày 名 U ピストルの撃ち合い; ガンさばき.
⁺gún·pòint 名 [次の成句で] **at gúnpoint** [副] けん銃を突きつけ(られ)て.
gún·pòwder 名 U 火薬.
Gúnpowder Plót 名 [the ~] 《英史》火薬陰謀事件《1605 年 11 月 5 日 Guy Fawkes らが企てた議会爆破の陰謀; ⇨ Guy Fawkes Night》.

gún・rùnner 名 C 銃砲類の密輸入者.
gún・rùnning 名 U 銃砲類の密輸入.
gún・shìp 名 C 武装ヘリコプター.
gún・shòt 名 1 C 発砲, 射撃; 銃声; U (発射された)弾丸; ~ wounds 銃撃による傷, 銃創. 2 U 弾丸距離, 射程; be out (of) ~ 射程内[外]に.
gún・shỳ 形 1 〔猟犬が〕銃声を怖がる. 2 〔米〕(過去の苦い経験のために)警戒心の強い.
gún・slìng・er /-slìŋə-|-nə/ 名 C 〔米略式〕銃の名手,「用心棒」.
gún・smìth 名 C 1 鉄砲かじ. 2 けん銃販売者.
gun・wale /ɡʎn(ə)l/ 名 C 〔海〕(甲板のある船の)舷縁(げん); (ボートなど無甲板の船の船べり).
gup・py /ɡʎpi/ 名 C (-pies) グッピー 〔熱帯魚〕.
gur・gle /ɡə́ːgl|ɡə́ː-/ 動 自 1 〔水などが〕ごぼごぼ流れる, ごぼごぼ音を立てる. 2 〔赤ん坊が気持ちよさそうに〕のどを鳴らす. 3 〔おなかが〕鳴る. — 名 C ごぼごぼいう音; 〔赤ん坊がうれしそうに〕のどを鳴らす音.
gur・ney /ɡə́ːni|ɡə́ː-/ 名 C 〔米〕(病院で患者を運ぶ)ストレッチャー〔車付きのベッド〕.
gu・ru /ɡú(ə)ruː|-/ 名 C 1 〔ヒンズー教の〕導師. 2 《略式》〔主に新聞で〕指導者, 専門家, 師,「教祖」.
Gus /ɡʎs/ 名 固 ガス 〔男性の名; Gustavの愛称〕.
⁺gush /ɡʎʃ/ 動 自 1 〔副詞(句)を伴って〕ほとばしり出る,〔穴などからどっと〕噴出する (down): Blood ~ed (out) from the wound. 傷口からどっと血がほとばしった / Water ~ed out of the pipe. 水が管から噴出した. 2 〔軽蔑〕大げさにしゃべる[ほめる] (over). — 他 〈…〉をほとばしらせる, 噴出させる. 2 〔軽蔑〕〈…〉を大げさにしゃべる[ほめる]. — 名 1 C 〔しばしば a ~〕ほとばしり, 噴出: a ~ of hot water 熱湯の噴出. 2 C 〔しばしば a ~〕〔感情などの〕ほとばしり: a ~ of anger どっと込み上げた怒り. 3 U 大げさなほめたたえ〔熱意〕.
gush・er /ɡʎʃə|-ʃə-/ 名 C 噴出油井.
gush・ing /ɡʎʃɪŋ/ 形 〔略式〕〔軽蔑〕大げさにしゃべりたてる, ほめたてる. **~・ly** 副 大げさに.
gush・y /ɡʎʃi/ 形 (gush・i・er; -i・est) =gushing.
gus・set /ɡʎsɪt/ 名 C 補強用三角きれ, まち 〔衣服・手袋などに用いる〕.
gus・sy /ɡʎsi/ 動 〔次の成句で〕**gússy úp** 動 〔古風, 米略式〕着飾る (for). — 他 〈…〉を飾りたてる (with).
⁺gust /ɡʎst/ 名 1 C 一陣の風, 突風 (⇒ wind¹ 類義語); 〔感情などの〕激発 (of). 2 自 突風が吹く.
gus・ta・to・ry /ɡʎstətɔ̀ːri|-təri, -tri/ 形 味覚の.
Gus・tav, Gus・tave /ɡʎstɑːv|ɡʎs-/ 名 固 グスタブ, グスタフ 〔男性の名; 愛称は Gus〕.
gus・to /ɡʎstoʊ/ 名 U 心からの楽しみ. **with (gréat) gústo** 副 熱心に, いかにも楽しく[おいしく]そうに.
gus・ty /ɡʎsti/ 形 (gust・i・er; -i・est) 突風の吹く.
⁺gut /ɡʎt/ 名 (guts /ɡʎts/) 1 〔複数形で〕〔略式〕はらわた, 腸, 内臓 (bowels); 〔the ~〕消化管, 腸. 2 〔the guts〕《略式》(機械などの)本体, 心臓部分; (問題の)核心 (of). 3 〔複数形で〕《略式》勇気, 根性, ガッツ; 決断力: Have more ~s! もっと勇気を出せ[根性を持て]/ I didn't have the ~s to say that to my boss. 上司に対してそんなことを言う勇気がなかった / It takes (a lot of) ~s to do so. そうするには(大変な)勇気がいる / He showed a lot of ~s. 彼は大いに根性を発揮した.
〖日英比較〗 日本語の「ガッツ」に比べて英語の guts はあまり品のよくない語で, 改まった場面では使用しないほうが無難. 4 U てぐす; ガット, 腸線 〔テニス用ラケットやギターなどの張り糸〕 (catgut). 5 C 〔略式〕(特に大きな)腹: a beer ~ ビール腹.

búst a gút 動 〔略式〕(1) 必死に頑張る (to do). (2) 大笑いする. **háte …'s gúts** 〔略式〕…をひどく嫌う. **have a féeling in one's gúts that …** 〔略式〕 直感的に…という気がする. **I'll háve …'s gúts for gárters.** 〔英略式〕(人)をひどい目にあわせるぞ. **spíll one's gúts** 動 自 〔米略式〕すべてを打ちあける. **slóg [crý, rún, swéat, work] one's gúts óut** 動 自 〔略式〕くたくたになるまで働く.
— 名 A 〔略式〕勘による, 直感で本能的な: a ~ feeling 直感 / a ~ reaction 本能的な反応, 思わず[何となく]やってしまう行動. **at gút lével** 副 勘で.
— 動 (guts /ɡʎts/; gut・ted /-tɪd/; gut・ting /-tɪŋ/) 他 1 〈動物・魚〉のはらわたを取る, さばく. 2 〔普通は受身で〕〈建物など〉の内側[中身]を破壊する, 中をすっかり焼く. 3 〈…〉から主要部を抜き取(って変え)る.

gút còurse 名 C 〔米俗〕(大学で単位の取りやすい)楽勝科目.
Gu・ten・berg /ɡúːtnbə̀ːɡ|-bə̀ː-/ 名 固 **Jo・hann** /jóʊhɑːn/ — グーテンベルク (1398?-68) 〔ドイツの活版印刷術の発明者〕.
gút・less 形 〔略式〕根性がない, 腰抜けの, 臆病な.
guts・y /ɡʎtsi/ 形 (guts・i・er; -i・est) 〔略式〕 1 大胆な; 根性のある. 2 風味の強い, 力強い.
gut・ted /ɡʎtɪd/ 形 1 〔建物が〕完全に壊れた. 2 P S 〔英略式〕すっかり落ち込んで, ショックを受けて.
⁺gut・ter /ɡʎtə|-tə-/ 名 1 C 〔屋根の〕とい; (道路沿いの)溝. 2 〔the ~〕〔普通は軽蔑〕どん底状態[生活]; どん底の社会: the language of the ~ = ~ language 野卑な言葉 / pick … up out of the ~ …をどん底から救い出す. 3 C 〔ボウリング〕ガ(ー)ター 〔レーン両わきの溝〕. — (-ter・ing /-tərɪŋ, -trɪŋ/) 自 〔文〕(ろうそくの炎が)ちらちらする, なびく. **gútter óut** 動 自 〔しけり込むようにして終わる.
gut・ter・ing /ɡʎtərɪŋ, -trɪŋ/ 名 U 〔英〕雨どい.
gútter préss 名 〔the ~〕〔英〕〔軽蔑〕低俗新聞.
gútter・snìpe 名 C 〔古風〕下層階級〔スラム街〕の(粗暴な)子供; 最下層社会の人.
gut・tur・al /ɡʎtərəl, -trəl/ 形 (声や音が)のどの奥から出された(ような), しわがれた.
gut・ty /ɡʎti/ 形 〔米略式〕=gutsy.
gút-wrènching 形 断腸の思いの.
guv /ɡʎv/ 名 C 〔客への呼びかけで〕S 〔英略式〕だんな.
guv・nor, guv'nor /ɡʎvnə|-nə-/ 名 C S 〔英略式〕 1 親方; おやじ. 2 〔古風〕=guv.
⁺guy¹ /ɡáɪ/ 〖同音 guide〗〖類音 gem〗 名 (~s /-z/) C 1 《略式》(…な)やつ, 男: a nice (regular) ~ いいやつ (⇒ good [bad] guy) / He is the kind [sort] of ~ you can trust. やつはとてもできる(たぐいの)人間だ (⇒ a kind of (kind¹ 成句〖語法〗)) / you ~s 〔米〕君たち 〔呼びかけ; また y'all〕. 〖語法〗複数形は 〔米〕 では女性に対しても使われる〔言い換え〕 Are you ~s hungry? = Are you hungry, ~s? 君たちおなかがすいたか. 2 〔英〕 (Guy Fawkes Night に焼かれる人形). **Nó móre Mr. Níce Gùy!** もはや紳士[いい人]ぶってはいられない. — 動 他 〔古風〕(まねをして)〈…〉を笑いものにする.
guy² /ɡáɪ/ 名 C 張り綱, 支え線 (guy rope).
Guy /ɡáɪ/ 名 固 ガイ 〔男性の名〕.
Guy・an・a /ɡaɪǽnə, -ɑ́ːnə/ 名 固 ガイアナ 〔南米北東岸にある共和国〕.
Gúy Fáwkes Nìght /ɡáɪfɔ́ːks-/ 名 U.C 〔英〕ガイ・フォークス祭 〔11月5日; 火薬陰謀事件 (Gunpowder Plot) の首謀者 Guy Fawkes の人形を焼いて花火をする; Bonfire Night ともいう〕.
gúy ròpe 名 C =guy².
guz・zle /ɡʎzl/ 動 〔略式〕〔普通は軽蔑〕他 〈…〉をがぶがぶ飲む; 〔英〕がつがつ食う. — 自 暴飲[暴食]する.
guz・zler /ɡʎzlə-/ 名 C 1 〔略式〕大酒飲み, 大食漢. 2 =gas-guzzler.
⁺gym /dʒím/ 〖同音 Jim〗〖類音 gem〗 名 (~s /-z/) 〔略式〕 1 C 体育館, ジム (gymnasium): play basketball in the ~ 体育館でバスケットをする. 2 U (学科としての)体育, 体操; 〔形容詞的に〕体育の,

運動(用)の (gymnastic). 語法 体育 (physical education)の意で用いるのは主に《米》: a ~ class 体育の授業[クラス] / We have ~ in the fifth period. 私たちは5時間目に体育の授業がある.

gym・kha・na /dʒɪmkáːnə/ 名 C 《英》馬術大会; 《米》自動車競技会, ジムカーナ.

⁺gym・na・si・um /dʒɪmnéɪziəm/ 囲 名 (複 ~s, **gym・na・si・a** /dʒɪmnéɪziə/) C 《格式》体育館; ジム (gym). 語源 ギリシャ語で「裸で鍛える」の意.

gym・nast /dʒímnæst/ 名 C 体操選手.

gym・nas・tic /dʒɪmnǽstɪk/ 形 A 体操の.

⁺gym・nas・tics /dʒɪmnǽstɪks/ 名 U 1 [時に複数扱い] 体操: rhythmic ~ 新体操. 2 (特に知的な)機敏さ, 柔軟性: mental [verbal] ~ 頭の回転の早さ[ことばの巧みさ]. 3 軽業.

gým shòe 名 C [普通は複数形で] (ゴム底の)運動靴, スニーカー.

gým slìp 名 C 《英》そでなしの上着《昔の女生徒用の制服》.

gy・ne・co・log・i・cal, 《英》**-nae-** /gàɪnɪkəládʒɪk(ə)l | -lɔ́dʒ-⁺/ 形 婦人科(学)の.

gy・ne・col・o・gist, 《英》**-nae-** /gàɪnɪkálədʒɪst | -kɔ́l-/ 名 C 婦人科医.

⁺gy・ne・col・o・gy, 《英》**-nae-** /gàɪnɪkálədʒi | -kɔ́l-/ 名 U 婦人科学.

gyp¹ /dʒíp/ 《米略式》名 C ペテン, 詐欺(商品).
— 動 (**gyps; gypped; gyp・ping**) 他 〈人〉をだます, だまして〈人〉から〈金を〉巻き上げる (out of).

gyp² /dʒíp/ 名 [次の成句で] **gíve ... gýp** [動] 他 《英略式》〈人〉をこっぴどくしかる, こらしめる; 〈傷など〉〈人〉を苦しめる, 〈…に〉〈すごく〉痛い思いをさせる.

gyp・sum /dʒípsəm/ 名 U 石こう.

⁺gyp・sy, gip・sy /dʒípsi/ 名 (-sies) C 1 [しばしば G-] ジプシー. 参考 もとインドから出た民族でヨーロッパ各地に集団的に散在. 伝統的にはほろ馬車を住まいとして放浪し, 髪の毛が黒く皮膚は浅黒く, 占い・音楽師などを業とするとされた. 2 放浪癖の人. 語源 Egyptian が縮まったもの; 古くは誤ってエジプトの出と考えられた.

gýpsy mòth 名 C まいまいが《森林の害虫》.

gy・rate /dʒáɪreɪt | dʒaɪréɪt/ 動 自 1 旋回する; [しばしば滑稽] (人が)セクシーに体をくねらせる. 2 (通貨などが)急激に変動する.

gy・ra・tion /dʒaɪréɪʃən/ 名 U.C [しばしば複数形で] 旋回, 回転.

gyre /dʒáɪə | dʒáɪə/ 動 自 他 《文》旋回する[させる].

gy・ro¹ /dʒáɪroʊ/ 名 (~s) C 《略式》=gyroscope.

gy・ro² /dʒáɪroʊ | ʒíə-/ 名 (~s) C 《米》イロ《ラムや牛肉をトマトやたまねぎと共に pita にはさんだギリシャ風サンドイッチ》.

gýro・còmpass /dʒáɪ(ə)roʊ-/ 名 C 〖海・空〗ジャイロコンパス.

gy・ro・scope /dʒáɪ(ə)rəskòʊp/ 名 C 回転儀, ジャイロスコープ; 回転儀状のおもちゃ《回して遊ぶ》.

gy・ro・scop・ic /dʒàɪ(ə)rəskápɪk | -skɔ́p-⁺/ 形 ジャイロスコープの, ジャイロスコープを応用した.

h H

h¹, H /éɪtʃ/ 图(複 **h's, hs, H's, Hs** /~ɪz/) C,U エイチ《英語アルファベットの第 8 文字》.

dróp one's h's [動]《語頭の /h/ の音を落とす(たとえば house /háʊs/ を /áʊs/ と発音することで, London の下町の人たちのなまり)》.

*h² 略 1 1 時間 (hour), …時間 (hours). 2 〖野〗= hit(s).

*h. 略 1 熱い (hot). 2 高い (high); 高さ (height). 3 =hard 《鉛筆の硬さを表わす》. 4 = harbor, hundred(s), husband.

H. 略 =harbor.

⁺**ha¹** /há:/ 感 ほう!, まあ!, おや!《驚き・悲しみ・喜び・疑い・不満・ためらいなどを表わす》(☞ ha-ha¹).

ha² 略 =hectare(s).

Häa·gen-Dazs /há:gəndæs | há:gəndá:z/ 图 U ハーゲンダッツ《米国製のアイスクリーム; 商標》.

ha·be·as cor·pus /héɪbiəskɔ́:pəs | -kɔ́:-/ 图 U 〖法〗人身保護令状, 出廷令状《人身保護の目的で被拘置者を出廷させる令状》.

hab·er·dash·er /hǽbədæ̀ʃə | -bədəʃə/ 图 C 《古風》 1 《米》紳士用装身具商人, 洋品屋《シャツ・カラー・カフス・帽子・ネクタイなどを売る》. 2 《英》 小間物商人《ひも・糸・針・ボタン・レースなどを売る》.

hab·er·dash·er·y /hǽbədæ̀ʃ(ə)ri | hǽbədəʃ-/ 图 (-er·ies)《古風》 1 《米》紳士用装身具類; C 紳士用装身具店. 2 《英》 U 小間物類; C 小間物店.

ha·bil·i·ment /həbíləmənt/ 图 C 《普通は複数形で》《古語》官服, 衣装; 《普通の》服装.

*hab·it /hǽbɪt/ 1 图 (hab·its /-bɪts/; 形 habítual, habítuàte)

元来は「身につけられた」の意.
→ (身にしみこんだもの) → 「癖」1 → 「習慣」2
→ (身につけるもの) → (服装) → 「法衣」3

1 C (個人の) 癖(ᵏᶦ);(☞類義語): He has some bad ~s. 彼にはいくつか悪い癖がある / I'm trying to cure my ~ of biting my nails. 私はつめをかむ癖を直そうとしている.

2 U,C 習慣 (☞類義語);(生物などの)習性: the ~ of smoking 喫煙の習慣 / the ~s of a mouse ねずみの習性 / eating ~s 食習慣 / It is my husband's ~ to read the newspaper before breakfast. 朝食の前に新聞を読むのが夫の習慣だ. 3 C 法衣, 僧服: a nun's ~ 尼僧服. 4 C (麻薬の)常用癖.

a hábit of mínd [thóught] [名] 気質, 性向.

be in the hábit of dóing [動] …する癖(ᵏᶦ)がある, …するのが習慣になっている: My mother *is in the* ~ *of* playing with her hair when she's worried. 母は心配ごとがあると髪をいじる癖がある.

bréak [kíck] a [the] hábit [動] (…という)癖を直す (*of*).

by [from] fórce of hábit [副] いつもの癖[習慣]で.

devélop [fórm] the [a] hábit of dóing [動]《格式》…する癖[習慣]がつく.

from hábit [副]=out of habit.

gèt [fáll] into the hábit of dóing [動] …する癖[習慣]がつく.

gèt [fáll] óut of the hábit of dóing [動] (少しずつ)…する癖を忘れる.

hàve a [the] hábit of dóing [動] =be in the habit of doing.

I'm nót in the hábit of dóing [動] 〖憤慨を表わして〗 S 私は…するようなことはしない.

kíck the hábit [動] (自) 悪習(特に麻薬)を断つ.

lèt … becòme a hábit [動] (他) 〈…の〉癖がつく.

màke a hábit of … [動] (他) 〖しばしば否定文で〗…を習慣にする, いつも…する (do*ing*): You can have beer with lunch today, but *don't make a* ~ *of* it. S きょうは昼食にビールを飲んでもいいが, 癖にするなよ.

òut of hábit [副] いつもの癖[習慣]で.

suppórt a hábit [動] 〈麻薬などの〉悪習に金をかける.

Why brèak the hábit of a lífetime? S 〖滑稽〗どうしていつも通りにしないの(どうせまたいつもと同じことになるし, いつもと同じにしたらいいのに).

【類義語】**habit** ほとんど無意識にくり返される個人の癖や習慣. **custom** ある決まった形式をとって意識的にくり返される習慣をいう. 主として社会的な慣習についていうことが多いが, 個人が意識的に行なう慣習にも使われる: *It is my* **custom** *to have an early breakfast.* 早目の朝食をとるのが私の習慣だ.

hab·i·ta·bil·i·ty /hæ̀bətəbíləṭi/ 图 U 居住(適)性.

hab·it·a·ble /hǽbəṭəbl/ 形 〈建物などが〉住める.

*hab·i·tat /hǽbəṭæt/ 13 图 (-i·tats /-tæts/) C (動物の)生息地;(植物の)自生地: the panda's natural ~ パンダの自然生息地 / a violet's ~ すみれの自生地.

Hábitat for Humánity 图 圈 ハビタットフォーヒューマニティー《貧困者の住宅建設を支援する組織》.

hab·i·ta·tion /hæ̀bəṭéɪʃən/ 图 〖格式〗 1 U 住むこと, 居住: unfit for human ~ 人の住むのに適さない. 2 C 住む所, 住まい.

hábit-fòrm·ing 形 (麻薬などが)習慣性のある; (楽しくて)癖になる.

⁺**ha·bit·u·al** /həbítʃuəl, hæ-, -tʃul/ 形 (图 hábit) 1 習慣的な, いつもの: She spoke with her ~ assurance. 彼女はいつものように自信たっぷりに話した. 2 A 常習的な: a ~ liar うそを平気でつくいつもの人 / a ~ criminal 常習犯. **-al·ly** /-tʃuəli, -tʃuli/ 副 習慣的に, いつものとおりに; いつも.

ha·bit·u·ate /həbítʃuèɪt/ 動 (他) 〖格式〗《…に〉〈人〉を慣らす (*to*). **be [becòme] habítuated to …** [動] 〖格式〗…に慣れている[くる]. **habítuate onesèlf to …** [動] (他) …の習慣を身につける, …に体を慣らす.

ha·bi·tu·é /həbítʃuèɪ/《フランス語から》图 C 〖格式〗(劇場・酒場などの)常客, 常連 (*of*).

ha·ci·en·da /hà:siéndə/《スペイン語から》图 C 1 (中南米の)農場, 牧場(住居付き);(農場などの)母屋(*ᵒʸ*). 2 《米》〖滑稽〗家.

*hack¹ /hǽk/ 動 (hacks /~s/; hacked /~t/; hack·ing) (他) 1 〖副詞(句)を伴って〗〈…〉をたたき切る, 切り刻む;〈道〉を切り開く (*into*, *through*): ~ *down* a tree 木を切り倒す / ~ *off* a branch 枝を切り払う / ~ … *to bits [pieces]* …を切り刻む / ~ … *to death* …をめった切りにして殺す. 2 〈文章など〉をめちゃくちゃに(改稿)する. 3 〖電算〗〈システム〉に不法に侵入する. 4 〖普通は can't, couldn't とともに〗〈…〉をうまくやり切る: We tried the new job but we just *couldn't* ~ it. 私たちはその新しい仕事に挑戦してみたが, 全然やりとげられなかった. 5 〈物〉を乱暴に蹴る; 《英》〖サッカー・ラグ〗(故意に)〈すねなど〉を蹴る. ― (自) 1 〖副詞(句)を伴って〗(おのなどで)たたき切る (chop): ~ *away at* the ice せっせと氷をたたいて削る. 2 《略式》〖電算〗(システム)に不法に侵入する (*into*). O(%)をつかむ. **háck … óff** [動] (他)《英略式》〈人〉を怒らせる, いらいらさせる. **háck one's wáy** [動] (自) 道を切り開いて進む (*across, out of, through*) (☞ way¹〖コーパス・キーワード〗). ― 图 C 1 切ること; 刻み目. 2 〖電算〗システムへの不法侵入. 3

空(ﾂ)せき. **4** 《英》蹴ること.

hack[2] /hǽk/ 图 **1** [軽蔑] 下働きの著述家, 三文文士, へぼ記者; 金もうけ第一主義の人. **2** [軽蔑]《党利・党略ばかりを考える)政治屋, 下っ端政治家. **3** 老いぼれ馬; 乗用馬. **4** 貸し馬; 《米略式》タクシー. **5** 《英》乗馬. ── 動 (自) **1** 《米略式》タクシーを運転する. **2** [副詞(句)を伴って]《英》(普通の速さで)馬を走らせる: go hacking 乗馬しに行く. ── (他) [副詞(句)を伴って]《英》(馬)を走らせる. ── 形 Ⓐ **1** 下働きの, 雇われの. **2** 退屈な; 陳腐な.

hacked-off /hǽkt ɔːf | -ɔf-/ 形《英略式》(人が)いらついて, 頭にきて.

⁺**hack・er** /hǽkɚ | -kə/ 图 Ⓒ **1** 《略式》《電算》ハッカー《他人のコンピューターシステムに不法に侵入する人》; 《古風》コンピューターマニア. **2** 《米略式》あまり上手でないスポーツ愛好者.

hack・ing /hǽkɪŋ/ 图 Ⓤ 《略式》《電算》システムへの不法な侵入.

hácking còugh 图 Ⓒ [普通は単数形で](いやな音の)空(ﾂ)せき.

hack・les /hǽklz/ 图 [複] (おんどり・犬などの)首の周りの毛(怒ると逆立つ). **...'s háckles rìse** [動] (自) …が怒る. **gèt ...'s háckles ùp**＝**màke ...'s háckles rìse**＝**ráise ...'s háckles** [動] …を怒らせる. **with one's háckles ùp** [副] いきり立って.

hack・ney /hǽkni/ 图 Ⓒ 乗用馬.

háckney càb 图 Ⓒ 《英》＝hackney carriage

háckney càrriage 图 Ⓒ 《英略式》タクシー.

hack-neyed /hǽknid/ 形 (表現などが)ありふれた, 使い古された, 陳腐な, 紋切り型の.

háck・sàw 图 Ⓒ 弓のこ《金属や堅い物を切るのこぎり》; ☞ saw² 挿絵.

háck・wòrk 图 Ⓤ [軽蔑] (金のために行なう)雑文書き, つまらない仕事.

‡**had**[1] /hǽd/ 《原級》head 動 **have**¹ の過去形および過去分詞.

‡**had**[2] 《弱》həd, əd; 《強》hǽd/ 《同音》#would; 《原級》#head) 動 **have**² の過去形 (☞ -'d²).

A [had＋過去分詞で直説法の過去完了形を表わす]
★過去完了形は基本的には過去時制に属するので, 過去時制の文脈で用いる.

文法 過去完了形 (past perfect form)

完了形の1つで, 次のような意味を表わす.

(1) [過去のある時点(前後関係で示される)までに動作が完了[終了]したこと] (…のときまでには, …のときには)…してしまった, (…のときには)…してしまっている《動作を表わす動詞とともに用いる; ☞ have² 1 《文法》(1)》: Before [When] we arrived at the station, the train ～ already *started*. 私たちが駅に着く前に[着いたときには]列車はもう出ていた / I ～ [I'd] already *finished* lunch when he called on me. 彼がやって来たときには私はもう昼食は済んでいた.

(2) [過去のある時点まである状態が継続していたこと] (…のときまでずっと)─だった《状態を表わす動詞とともに用いる; ☞ have² 1 《文法》(2)》: Mr. and Mrs. Brown ～ *lived* there for sixteen years when I visited them. 私が訪れたときにはブラウン氏夫妻はそこにもう 16 年住んでいた / The children ～ *wanted* to go to the zoo for a long time. 子供たちは長いこと動物園へ行きたがっていた.

(3) [過去のある時点までの動作や状態の影響・結果または経験] (…のときまでに)─した(ことがあった): I noticed that I ～ *left* my umbrella at my uncle's house. 私は傘をおじの家に置き忘れてきたことに気づいた / Before I met Jane Grey, I ～ never *seen* such a beautiful woman. 私はジェーン グレイに会う以前には, 彼女ほど美しい女性を見たことは一度もなかった.

(4) [従属節において主節の述部動詞より前に起こったこと]: I *lost* the watch which my uncle ～ *given* me as a birthday present. 私はおじが誕生日の祝いにくれた時計をなくした《次を比較: My uncle *gave* me a watch as a birthday present, but I *lost* it.》.
★過去完了進行形については ☞ been² 1 (2).

B [had＋過去分詞で仮定法過去完了形; 過去にあった事実と反対の仮定を表わす; ☞ if³ 3 《文法》]《事実はそうではなかったのだが》(仮に(あのとき)…)だった[…した]としたら, (もしも)…だったら, (仮に(あのとき)…)になったとしたら.
★仮定法過去については ☞ if² 2 《文法》: 「*If* I ～ [《格式》H～] *known* it, I would have told you. もし私がそれを知っていたらあなたに話していたのだが (☞ inversion 文法 (1) (viii), conditional clause 文法 (2)》/ I wish I ～ *studied* English much harder. もっと一生懸命英語を習っておけばよかったなあ. **had bètter** ☞ had better の項目. **hàd it nót bèen for ...** 《格式》＝ if it had not been for … (☞ if¹ 成句). **had ràther dó** ☞ rather¹ 成句.

‡**had bet・ter** /hǽdbetɚ, (ə)d-|-tə/ [動詞の原形の前につけて 助 のように用いる. 否定形は had better not, 否定疑問形は Hadn't＋主語＋better ...?] Ⓢ (私は…したほうがよいと思うから)…するのがよい; …しなさい, …しなくてはいけない: I'd *better* see him. 彼と会ったほうがいいかな / We'd *better* not remain here any longer. ここにはこれ以上ないほうがいいね / He ～ *stay* where he is. 彼は今いる所にいるほうがよい / You'd *better* not see her now. 今は彼女に会わないほうがよい / Hadn't you *better* ask him first? まず彼に頼るべきじゃないかな / You'd *better* get out of those wet clothes fast *or* you'd catch a cold. 早くその濡れた服を脱ぎなさい. でないとかぜをひきますよ(☞ or 3).

番号の順に意味が強くなる
1. should
2. ought to
3. had better
4. have (got) to
5. must

語法 (1) 付加疑問では better は落ちる《☞ tag question 文法》: We'd *better* go now, *hadn't we*? もう行ったほうがいいよね.

(2) 《略式》では had が省略されることがある《☞ -'d better》: I *better* try again later. あとでもう一度やってみなくっちゃ.

(3) had better を使うと行為のよしあしについての話し手の判断が強く表わされる. 特に主語が you のときはことばの感じがかなり押しつけがましく, 普通の命令よりむしろ強い口調になることさえあり, 年上や目上の人に用いると横柄で失礼な言い方となる. 場合によっては脅迫にもなるので, It would be better for you to ... を使うほうが無難である. ただし親しい間柄では軽い気持ちでよく使う. 普通は「…よりはよい」という比較の気持ちは含まれない. You *had better* do it. は, 「しなさい, しなくてはだめですよ」のような意味. You *should* do it. は, 「したほうがいいんじゃないですか, しなさいよ」のような意味で感じは柔らか い. You *ought to* ... は should に近いがそれよりやや意味が強い. You *must* ... は, 話し手が「そうしなければならない」と命令しているのであって, You *must* do it. は「何としてもしなければならない」の意味になる. 主語が you のときの強制・命令の気持ちは原則として上の表のようになる.

(4) 相手に助言するときの丁寧な言い方は I suggest (that) you do it. (したほうがいいですよ), さらに丁寧な言い方は I wonder whether it wouldn't be better if you did it. (そうなさったほうがよろしいのではないでしょうか)など.

had·dock /hǽdək/ 名 (複 ~(s)) C ハドック (北大西洋産の食用のたらの一種); U ハドックの肉.

Ha·des /héɪdiːz/ 名 固 **1** 死者の住む国, 黄泉(よみ)の国 (地下にある死者の霊の住む所). **2** ハデス (黄泉の国の神; ☞ god 表). **3** 地獄 (hell).

hadj /hǽdʒ/ 名 C =hajj.

hadj·i /hǽdʒi/ 名 C =hajji.

✲had·n't /hǽdnt/ **1** had² not の短縮形 (☞ not (1) (i) 語法): I ~ finished my work when he called on me. 彼が私に電話してきたときには私はまだ仕事を終えていなかった / Helen had got married by then, ~ she? ヘレンはそのときにはすでに結婚していたのね / "Had you ever heard of Kabuki before you came to Japan?" "No, I ~."「あなたは日本に来る前に歌舞伎のことを聞いたことがありましたか」「いいえ, ありませんでした」 **2** (英) had¹ not の短縮形 (《米》 didn't have; ☞ have¹ 1 囲み 囲み (3)).

Ha·dri·an's Wall /héɪdriənz-/ 名 固 ハドリアヌスの防壁 (イングランド北部にローマ皇帝ハドリアヌスが設けた防壁).

hadst¹ /hǽdst/ 動 《古語》 thou が主語の時の have¹ の二人称単数過去形.

hadst² /(弱) hədst, (強) hǽdst/ 動 《古語》 thou が主語の時の have² の二人称単数過去形.

✲had to /(子音の前では) hǽttu, (母音の前では) -tu/ have to の過去形.

haem- /híːm/, **hae·mo-** /híːmou/ 接頭 《英》 = hem(o)-.

haft /hǽft | háːft/ 名 C 《格式》 (ナイフ・おのなどの) 柄, つか (shaft より短いもの).

hag /hǽg/ 名 C 《古風》 (差別) 醜い老婆; 魔女.

hag·gard /hǽgəd | -gɑːd/ 形 やつれた, やせこけた (心配・睡眠不足などのために).

hag·gis /hǽgɪs/ 名 C,U (スコ) ハギス (羊の臓物を刻んで胃袋に入れて煮込んだ料理).

⁺**hag·gle** /hǽgl/ 動 自 (価格・条件などで) 言い争う (over, about), 値切る; (...と) 押し問答する (with).
— 名 C 値切り; 押し問答.

hág·gling 名 U (価格などでの)(値切り) 交渉.

hag·i·og·ra·phy /hæ̀giágrəfi | -ɔ́g-/ 名 (-ra·phies) **1** 聖人伝. **2** C,U 《格式》 主人公を理想化した伝記.

hag-ridden /hǽgrìdn/ 形 悪夢 [不安] に悩んで.

Hague /héɪg/ 名 固 [The ~] ハーグ (オランダ (the Netherlands) 西部の都市; 王宮・政府の機関などがあり, オランダの事実上の首都; ☞ Amsterdam).

hah /háː/ 間 =ha.

⁺**ha-ha¹** /hàːháː/ 間 **1** はは!, あはは! (笑い声). **2** S [皮肉] なるほどね, ああおもしろい (実はばかにしている).

ha-ha² /hàːháː/ 名 C (庭・公園などの) 隠れ垣 (景観を損なわないように溝の中にある).

hai·ku /háɪkuː/ 《日本語から》 名 (複 ~) C,U 俳句.

✲**hail¹** /héɪl/ 《同音 hale¹·²; 類音 fail》 名 (~s /~z/) **1** U あられ, ひょう (☞ rain 表): A lot of ~ fell. あられがたくさん降った. 語法 １つ１つの粒は hailstone. **2** C [普通は a ~] 雨あられのような物, ...の雨: a ~ of bullets 雨あられと飛ぶ弾丸 / a ~ of criticism 批判の続出. — 動 自 **1** [it を主語として; ☞ it¹ A 2] あられ [ひょう] が降る: It is ~ing. あられが降っている. **2** 雨あられと降る: Bullets ~ed down on us. 弾丸が雨あられと我々に降り注いだ. — 他 《げんこつ·罵倒など》を (人に) 浴びせかける: ~ curses on the dishonest banker 不正を働いた銀行家に一斉にののしりの声を浴びせる.

hail² /héɪl/ 動 他 **1** (船·車·人など) に大声で呼ぶ, 呼び止める: She ~ed a taxi at the corner. 彼女は角のところでタクシーを呼び止めた. **2** [しばしば受身で]〈人·物事〉を (...と) 称賛する; 歓呼して迎える: His latest book is ~ed (as) a masterpiece. 彼の最新の本は傑作だと称賛されている. **hail from ...** 動 (格式) または (滑

---

hair 779

稽)...から来ている, (人が)...出身である (come from). **within háiling dístance** 副 《古風》声の届く距離の所に (of). — 名 C あいさつ, 呼びかけ(の声). **within háil of ...** 副·形 ...から呼べば聞こえる所に[の], ...のすぐ近くに[の]. — 間 《古語》やあ!, 万歳! (歓迎などのあいさつ) (to): All ~!=H~ to you! 万歳, ようこそ.

háil-fèllow-wèll-mét 形 《古風》 非常に親しげな, なれなれしい (with).

Háil Máry 名 C **1** =Ave Maria. **2** 《アメフト》 ヘイルメアリー (試合終了間際にエンドゾーンめがけていちかばちかの長いパスを投げるプレー).

háil·stòne 名 C ひょう(の粒), あられ.

háil·stòrm 名 C ひょう[あられ]の嵐.

✲**hair** /héə | héə/ 《同音 hare; 類音 fair, fare, hear, here》 名 (~s /~z/; 形 háiry 1) **1** U 髪の毛 (全体), 頭髪 (☞ head 挿絵); (体の)毛, 体毛, (動物の)毛: Helen has dark ~. ヘレンは黒い髪の毛をしている / She has straight [wavy, curly, thick] ~. 彼女は真っすぐな[ウェーブのかかった, 縮れた, ふさふさした]髪をしている / I had my ~ cut [dyed, permed, set] yesterday. 私はきのう散髪して[髪を染めて, パーマをかけて, 髪をセットして]もらった / Mary wears her ~ long [short]. メアリーは髪を長く[短く]している / My ~ is growing gray. 髪の色は増えてきている. 参考 (下表) 参考 髪の色は身長·体重などと同じく, 身分証明書などに記入する身体的特徴の一つとして扱われる; ☞ eye 参考.

― コロケーション ―
brush one's hair 髪にブラシをかける
comb one's hair 髪をくしでとかす
cut ...'s hair ...の髪を切る
dry one's hair 髪を乾かす
grow ʼout one's hair [one's hair òut] 髪を(意図的に)伸ばす
shampoo one's hair 髪をシャンプーで洗う
wash one's hair 髪[頭]を洗う

― 関連(髪の色) ―
black	黒色の
dark, brunette	黒褐色の
brown	茶色の
red	赤毛[明るい褐色]の
blond(e), fair (☞ fair¹ 表)	金髪[淡黄褐色]の
gray	白髪(混じり)の
silver, white	白髪の

2 C (1本の) 毛: I found a ~ [two ~s] in my soup. スープの中に毛が1本[2本]入っていた. **3** [a ~] わずかな量; 髪の毛1本の幅ほどの差: He won by a ~. 彼はわずかな差で勝った. **4** C 毛状のもの; 〖植〗 (葉·茎の表面の) 毛. **a bád háir dày** 名 《滑稽》髪の毛が思うように決まらない日. **a [the] háir of the dóg (that bít you)** 名 《略式》《滑稽》(二日酔いをさますための) 迎え酒. **blúsh [flúsh] to the roots of one's háir** 動 《英》 (恥ずかしくて) 耳まで真っ赤になる. **do nót hárm [tóuch] a háir of [on] ...'s héad** 動 ...に少しも危害を与えない. **do nót hàve a háir òut of pláce** 動 身なりがきちんとしている. **dò nót túrn a háir** 動 自 平然としている. **dò one's háir** 動 自 髪を整える (☞ do² 5 コーパス·キーワード). **gét in ...'s háir** 動 《略式》 (うるさくつきまとって)...をいらいらさせる. **gét [kéep] óut of ...'s háir** 動 《他》(面倒をさけて, 邪魔しないよう)...に近づかないでいる. **háve [gét] ... by the shórt háir** 動 《他》《英略式》 =have ... by the short and curlies (☞ short 形 成句). **kéep**

one's háir òn [動] 自 Ⓢ (略式) =keep one's shirt on (☞ shirt 成句). lèt one's háir dòwn [動] 自 (1) (女性が)髪をほどいてたらす. (2) (略式) 打ち解ける. màke ...'s háir cùrl [動] (略式) Ⓢ (しばしば滑稽) …を震え上がらせる. màke ...'s háir stànd on ènd [動] (略式) …に身の毛のよだつ思いをさせる. púll [téar] one's háir (òut) [動] 自 (普通は進行形で) (略式) 髪をかきむしる (悲しみ・いらだちなどのしぐさ). split háirs [動] 自 (軽蔑) 小さなことにこだわる (☞ hairsplitting).

háir·bàll [名] Ⓒ (獣医) 毛球 (ˈɡɛrʲ) (猫などが飲み込んだ毛の玉で時々吐き出される).

háir·brèadth [名] [a ~] 毛ほどの幅; 間一髪. escape by a háirbreadth [動] 自 間一髪で逃れる, 危うく免れる. ──[形] ごく狭い; かろうじての.

háir·brùsh [名] Ⓒ ヘアブラシ.

háir càre [名] Ⓤ ヘアケア, 髪の毛の手入れ.

háir-càre [形] ヘアケア(用)の.

háir clìp [名] Ⓒ ヘアクリップ.

háir·clòth [名] Ⓤ ばす織 (馬やらくだの毛を混ぜて織った布; 襟(しん)に用いる).

háir còlor [名] Ⓒ 髪染め剤, ヘアカラー.

háir còloring [名] 1 Ⓒ =hair color. 2 Ⓤ 髪を染めること.

⁺**háir·cùt** /héəkʌ̀t | héə-/ [名] Ⓒ 散髪, カット; 髪の刈り方: get [have] a ~ 散髪する / give ... a ~ …の髪を切る / I'd like a short ~. 短い髪型にしてください / [会話] "What can we [I] do for you today?" "Just a ~, please." 「今日はどうなさいますか」「散髪[カット]だけお願いします」.

háir·dò /-dùː/ [名] (~s) Ⓒ (略式) 1 女性のヘアスタイル, 髪型. 2 (女性が)髪を結う[セットする]こと.

⁺**háir·drèsser** [名] Ⓒ (特に女性の髪を結う)美容師, 理髪師: go to the ~'s 美容院へ行く (☞ absolute possessive [文法] (1)).

háirdresser's chàir [名] Ⓒ barber 床屋.

háir·drèssing [名] Ⓤ 理髪, 調髪: a ~ salon 美容室.

háir drỳer, -drìer [名] Ⓒ ヘアドライヤー.

-haired /héəd | héəd/ [形] [形容詞につく合成語で] 「…な髪をしている」の意: curly-haired 縮れた髪の / long-haired 長い髪の.

háir grìp [名] Ⓒ (英) =hairpin 1.

háir·i·ness /héə(ə)rinəs/ [名] Ⓤ 毛深さ; (略式) 怖さ.

háir·less [形] 毛のない, はげた (bald).

háir·lìne [名] Ⓒ 1 (髪の)生えぎわ. 2 非常に細い線. 3 = hairline crack.

háirline cráck [fráctura] [名] Ⓒ 細かなひび割れ[骨折].

háir·nèt [名] Ⓒ ヘアネット (女性の頭髪用).

háir·pìece [名] Ⓒ 部分かつら, [しばしば婉曲] かつら.

háir·pìn [名] Ⓒ 1 ヘアピン. 2 (道路の)ヘアピンカーブ. ──[形] Ⓐ (道路が)曲がりくねった, 急カーブの: a ~ curve [(米) turn, (英) bend] ヘアピンカーブ.

hairpin curve

háir-ràising [形] 身の毛のよだつ; ぞっとするような.

háir·restòrer [名] Ⓒ, Ⓤ 育毛剤.

háir's brèadth, háirs·brèadth [名] [形] = hairbreadth.

háir shìrt [名] Ⓒ 毛衣 (苦行僧が肌に直接着た硬い毛織のシャツ). wéar [pùt ón] a háir shìrt [動] 自 罪の償いをする.

háir slìde [名] Ⓒ (英) =barrette.

háir·splìtting [形] Ⓒ Ⓤ (軽蔑) 細かいことにこだわる(こと), へ理屈の.

háir sprày [名] Ⓒ ヘアスプレー; Ⓤ スプレーの液.

háir sprìng [名] Ⓒ (時計の)ひげぜんまい.

⁺**háir·stỳle** [名] Ⓒ 髪型, ヘアスタイル.

háir·stỳlist [名] Ⓒ =hairdresser.

háir tònic [名] Ⓒ Ⓤ 育毛剤, ヘアトニック.

háir trìgger [名] Ⓒ (銃の)接触引き金.

háir-trìgger [形] Ⓐ 刺激にすぐ反応する; 一触即発の: a ~ temper すぐにかっとなる気質.

háir wèave [名] Ⓒ 地毛に編み込まれたつけ毛.

⁺**háir·y** /héə(ə)ri/ [形] (**háir·i·er, -i·est**; 1では [名] hair) 1 (胸・腕・脚などが)毛深い, 毛だらけの. 2 (略式) 困難な, 危険な, ぞっとする, 身の毛のよだつ.

Hai·ti /héɪti/ [名] ⓟ ハイチ (Hispaniola 島の西半分を占める共和国; ☞ 表地図 I 6).

Hai·tian /héɪʃən, -tiən/ [形] ハイチの, ハイチ人[語]の. ──[名] 1 Ⓒ ハイチ人. 2 Ⓤ ハイチ語 (フランス語を母体にしたクレオール語).

hajj, haj /hædʒ/ 《アラビア語から》 [名] Ⓒ イスラム教徒のメッカ巡礼.

haj·ji /hǽdʒi/ 《アラビア語から》 [名] Ⓒ メッカ巡礼をしたイスラム教徒に与えられる称号.

hake /héɪk/ [名] (複 ~s) Ⓒ Ⓤ メルルーサ(の肉) (たらの一種で食用魚).

ha·kim /hɑːkíːm/ [名] Ⓒ イスラムの医者.

Hal /hǽl/ [名] ⓟ ハル (男性の名; Harold および Henry の愛称).

ha·lal /həlɑ́ːl/ [名] Ⓤ, [形] イスラムの戒律に従って屠畜された動物の肉(の).

ha·la·tion /heɪléɪʃən | hə-/ [名] Ⓤ,Ⓒ (写) ハレーション (強い光で写真がぼやける現象).

hal·berd /hǽlbəd | -bəd/ [名] Ⓒ ほこやり (昔の武器).

hal·cy·on /hǽlsiən/ [名] Ⓒ かわせみ (冬至ごろ魔力で海の風波を静めると想像された鳥). ──[形] Ⓐ のどかな, 穏やかな.

hálcyon dáys [名] (複) (主に文) 冬至前後の天候の穏やかな2週間; 平穏な[幸福な]時代.

hale /héɪl/ [形] [次の成句で] **hále and héarty** [形] (古風) (特に老人が)達者な (☞ whole [語源]).

⁕**half** /hǽf | hɑːf/ [形] Ⓐ 半分の, 2分の1の, 半数の: ~ a mile [dozen] 半マイル[ダース] (☞ a² [語法] (2)). [語法] (米) では a ~ mile [dozen] のほうが好まれる / (every hour) on the ~ hour 毎時 30 分に / The crew [horse] won by 'a ~ [~ a] length. そのクルー[馬]は半艇身[半馬身]の差で勝った / H~ his time *was* wasted. 彼の時間の半分は空費された / H~ the passengers *were* killed. 乗客の半数は死亡した.

[語法] half に続く名詞が単数形ならば単数扱い, 複数形ならば複数扱い. ただし (英) では集合名詞の場合は複数扱いになることがある (☞ 1 [語法]): H~ my class (=H~ of my class) *has* [*have*] obtained driver's licences. 私のクラスの者の半数は運転免許を取っている.

---

2 中途半端な, 不十分な, 不完全な: a ~ smile 薄笑い. 3 Ⓢ (英略式) (時間が) 30 分過ぎに: at ~ nine 9時半に. 4 [強意に用いて] 大半の, かなりの, たいがいの (☞ half the time (time 成句)): H~ the problem is psychological. 問題の大部分は心理的なものである. **hálf a mínute [sécond], (主に英) tíck** [名] (略式) ごく短い時間: I'll come in ~ a tick. すぐ行くよ.

──[名] (複 **halves** /hǽvz | hɑːvz/; **halve** も) Ⓒ 1 [しばしば無冠詞] 半分の, 2分の1, ¹/₂, 半数 (略 hf.; ☞

cardinal number 文法(6)): ～ of eight 8の半分 / an hour and a ～ later 1時間半後に / Two *halves* make a whole. 半分が2つで全部となる / *H*～ *of* the apple *was* rotten. そのりんご(1個)の半分は腐っていた / *H*～ *of* the apple*s* *were* rotten. そのりんご(2個以上)の半数は腐っていた.

語法 (1) half of は後に単数形の名詞が来れば単数扱い、複数形の名詞が来れば複数扱い. ただし《英》で後に来る名詞が集合名詞の場合は複数扱いになることもある《☞ 1 語法》.
(2) 次のような数の一致に注意:「One and a ～ months *have* [A month and a ～ *has*] passed since I saw her. 彼女に会ってから1か月半になる.

関連 quarter 4分の1.
2 Ⓤ 《時刻の》半,30分: ～ past six 6時半《☞ 成句》. 関連 quarter 15分. **3** [the ～] 《試合などの》前[後]半《☞ quarter 名 7》;《野》表,裏: *the top* [*bottom*] ～ *of the seventh inning* 7回の表[裏]. **4** (複 halves, ～s /~s/) Ⓒ 《主に英》子供の半額切符. **5** (複 halves, ～s /~s/) Ⓒ 《主に英》(ビールなどの)半パイント. **6** (複 halves, ～s /~s/) Ⓒ =halfback.
日英比較 half は日本語の「ハーフ」のような「混血児」の意味はない《☞ half-breed》.

a ... and a hálf [形] [前の語を修飾して] [主に Ⓢ] 《略式》とてもいい[並はずれた]…, とてもひどい….
by hálf [副] 半分だけ.
by hálves [副] [否定文で] 不完全に: *Never do things by halves.*《ことわざ》中途半端なことをするな.
go ├ hálf and hálf [halves] **with ...** 《他》…と(費用など)を折半にする, …と山分けにする (*on*).
hálf àfter ... [前]《米》=half past ....
hálf pàst ... [前]…時半, …時30分: It's ～ *past eight now.* 今8時半だ / *I got up at* ～ *seven.* 私は7時半に起きた. 語法 (1) 文脈によって何時を省いて half past …ということもある. (2)《英略式》では past を省いて half seven (=half past seven) のようにいう.
hòw the óther hálf lìves [名] 《自分とは》別な階級[職業]の人たちの暮らしぶり.
in hálf=**in hálves** [副] 半分に: *cut an apple in* ～ [*into halves*] りんごを半分に切る.
the hálf of it [名] [主に否定文で] Ⓢ 《略式》《事態・問題などの》重要な部分: *You don't know the* ～ *of it!* Ⓢ 君は半分もわかっていない.
tòo ... by hálf [副]《英略式》あまりに[ひどく]….

—— 副 **1** 半分だけ, 半数だけ,半ば: *The bridge is only* ～ *built.* 橋は半分しかできていない / *His wife is French and* ～ *Italian.* 彼の奥さんは半分フランス系,半分イタリア系だ.

2 かなり, ずいぶん, ほとんど: *go* ～ *crazy* 半狂乱になる / *The survivors were* ～ *dead.* 生存者たちは半死半生[息も絶え絶え]だった / *I'm* ～ *hoping that he will fail.* 私は彼が失敗してくれたらと思っているくらいだ.

3 不十分に, 不完全に, 生半可に: *This meat is only* ～ *cooked.* この肉は生焼けだ.
hálf and hálf [副]=half-and-half.
hálf as ... as ― 一の半分だけ…: *We have only* ～ *as many sheep as Mr. Black does.* 私たちはブラックさんの半分の羊しか持っていない / *The island is about* ～ *as large as Iceland.* その島はアイスランドのほぼ半分の大きさだ.
hálf agáin as mány [múch] as ... 《米》= **hálf as mány [múch] agáin as ...** 《英》…の一倍半[1.5倍]だけ.
nòt hálf [副]《英略式》(1) 少しも…でない: *It isn't* ～ *noisy here.* ここは少しも騒がしくない / *That's not* ～ *bad.* なかなかいいじゃないか. (2) Ⓢ とても, すごく: *She doesn't* ～ *like me.* 彼女は私のことが大好きだ. (3) Ⓢ とても…である: 金屋 "*He's handsome, isn't he?" "Not* ～*!"*「彼はハンサムでしょう?」「ええ、とても」
nòt hálf as ... as ――の半分にも及ばないくらい…, ―ほどはとても…でない: *It was not* ～ *as easy as it looked.* それは見かけほどやさしいことではなかった.
nòt hálf sùch a ... とうてい…でない.

hálf-and-hálf 形 《普通は Ⓟ》半々の; 中途半端なし, どっちつかずの. ── 副 同量に, 半々に; どっちつかずに. ── 名 《米》牛乳にクリームを混ぜた物《コーヒーなどに入れる》; 《英》(エールと黒ビールの)混合ビール.
hálf-ársed 形 《英俗》**1** でたらめな, 不十分な. **2** ばかげた, ばかな.
hálf-ássed 形 Ⓐ 《米俗》=half-arsed.
hálf-bàck 名 Ⓒ 《球》中衛, ハーフバック. 関連 forward フォワード / fullback フルバック.
hálf-bàked 形 《略式》(計画・提案などが)不完全で非現実的な; 無経験な; (思想が)未熟な.
hálf bàth 名 Ⓒ 《米》トイレと洗面台のみの小部屋.
hálf blòod 名 Ⓒ Ⓤ 異母[異父]兄弟[姉妹](の関係).
hálf-blòod(ed) 形 雑種[混血]の; 腹違いの.
hálf bòard 名 Ⓤ 《主に英》(ホテルなどで)1日2食付きの宿泊). 関連 full board 全食付き.
hálf bòot 名 Ⓒ 《普通は複数形で》(ふくらはぎの半ばくらいまでの深さの)半長靴, ハーフブーツ.
hálf-brèed 名 Ⓒ 《軽蔑》混血児(特に北米先住民と白人との混血児). ── 形 混血の.
hálf bròther 名 Ⓒ 異母[父]兄, 異母[父]弟《両親のどちらかが違う兄弟》; ☞ stepbrother).
hálf-càste 名 Ⓒ 《普通は差別》混血児. ── 形 混血の.
hálf còck 名 Ⓤ 《銃の》安静段《撃鉄に安全装置をかけた位置》. **gò óff at hálf cóck** 《英略式》=go off half-cocked《☞ half-cocked》.
hálf-cócked 形 [次の成句で] **gò óff hálf-cócked**《米略式》準備不足でだめで事を行い失敗する.
hálf cóurse 名 Ⓒ 《米》(大学の)半期の授業.
hálf-cràzed 形 少し頭のおかしい (*with*).
hálf cròwn 名 Ⓒ 半クラウン《英国の2シリング6ペンス貨; 1971年廃止》.
hálf-cúp 名 Ⓒ 《米》半カップ《約120cc》.
hálf-cút 形 《古風, 英》酔っぱらって.
⁺**hálf-dày** 名 Ⓒ 半日労働[授業]. ── 形 Ⓐ 半日の.
hálf dóllar 名 Ⓒ 《米》50セント銀貨《☞ coin 表》.
hálf-héar 動 (過去・過分 -heard) 他 《…》を不完全に聞く.
⁺**hálf-héarted** 形 気乗りしない, 不熱心な, 冷淡な: *a* ～ *reply* なま返事. **～ly** 副 気乗りしないで, 冷淡に. **～ness** 名 気乗りしないこと, 不熱心.
hálf hítch 名 Ⓒ 半結索, ハーフヒッチ《最も簡単なロープの止め方ですぐほどける》.
hálf-hóliday 名 Ⓒ 《古風, 英》《普通は午後の》半日休暇, 半休, 半ドン. 関連 whole holiday 丸一日の休日.
hálf-hóur 名 Ⓒ 半時間. ── 形 Ⓐ 半時間の.
hálf-hóurly 形 Ⓐ, 副 半時間ごとの[に].
hálf-léngth 形 《写真などが》上半身だけの, 半身像の;《コートなどが》腰までの.
hálf-life 名 Ⓒ 《化》(放射性物質の)半減期.
hálf-líght 名 Ⓤ [しばしば the ～] 薄明かり.
hálf-màst 名 Ⓤ 半旗の位置《弔意を表わす》. **(at) hálf-mást** [副] (1) (旗が)半旗の位置に: *fly a flag* (*at*) ～ 半旗を揚げる. (2) 《英》《滑稽》(ズボンが)つっかえてんで.
hálf méasures 名 [複] 中途半端な手段[措置].
hálf-mòon 名 Ⓒ **1** 半月《☞ moon 語法; phase 挿絵》. **2** 半月形のもの.

hálf nélson 名 C 〘レス〙ハーフネルソン. 関連 full nelson フルネルソン.

hálf nòte 名 C (米)〘楽〙2分音符 (英) minim.

half-pence 名 **1** halfpenny 2 の複数形. **2** /héip(ə)ns/ (複数扱い) 小銭.

half-pen·ny /héip(ə)ni/ 名 (-pen·nies) C (英) **1** 半ペニー銅貨(現在は廃止). **2** (複 **half-pence** /hǽfpəns, há:f-, héip(ə)ns | há:fpéns, héip(ə)ns/) 半ペニー(の価).

hálf-príce 副 形 半額で[の].

hálf rèst 名 C 〘楽〙二分休止(符).

hálf sìster 名 C 異母[父]姉, 異母[父]妹《両親のどちらかが違う姉[妹]; ☞ stepsister》.

hálf-stáff 名 U (米) =half-mast.

hálf stèp 名 C (米) 半音 (英) semitone.

hálf térm 名 C,U (英) (学期中の)中間休み (2, 3日).

hálf-tímbered 形 (家が)木骨(ぶね)建ての.

hálf tíme 名 U ハーフタイム, 試合中間の休み.

hálf-tíme 形 =part-time.

hálf-tòne 名 **1** C (米) =half step. **2** C,U 〘印・写〙網版(画);網版技法;間色.

hálf-tráck 名 C (後輪のみがキャタピラー式の)(軍用)自動車, ハーフトラック.

hálf-trúth 名 (-truths /-trú:ðz, -trú:θs/) C (けなして) (特に人をあざむくための)一部の真実[真実]しかないことば.

hálf vólley 名 C 〘球〙ハーフボレー《ボールがバウンドした直後に打てる[ける]こと》.

****half·way** /hǽfwéɪ | há:f-⌐/ 副 **1** 半分くらい, 途中まで: work ~ through the work. 仕事は半分仕上がった. **2** ある程度, かなり: a ~ decent hotel まあ上等なホテル. **be hálfway thére** 動 (自) (仕事などが)半分済んでいる, 目的を半ば達している. **gò hálfway towárd dóing** 動 …するのにある程度役立つ. **méet ... hálfwáy** 動 他 (1)〈…〉に途中で会う, 〈…〉を途中まで出迎える. (2)〈…〉と妥協する, 折り合う (compromise). — 形 **A 1** 中間の, 途中の: the ~ point *between* Tokyo and Nagoya 東京と名古屋の中間点. **2** 中途半端な.

hálfway hòuse 名 **1** [a ~] (英) 中間のもの, どっちつかずのもの (*between*). **2** C (囚人・精神障害者などのための)社会復帰施設.

hálf-wít 名 C (略式) まぬけ, うすばか.

hálf-wít·ted 形 (略式) まぬけな, うすばかな. **~·ly** 副 まぬけたことに.

hálf-yéar·ly 形 A, 副 半年ごとの[に].

hal·i·but /hǽləbət/ 名 (複 ~(s)) C おひょう, ハリバ《北洋産の大かれい》; U ハリバの肉.

Hal·i·fax /hǽləfæks/ 名 固 ハリファックス《カナダ東部の Nova Scotia 州の州都》.

hal·ite /hǽlaɪt/ 名 岩塩 (rock salt).

hal·i·to·sis /hæ̀lətóʊsɪs/ 名 U 〘医〙口臭.

****hall** /hɔ́:l/ (同音 haul; 類音 fall¹·², halt, hole, whole) 名 (~s /-z/) C

「大広間」 → (建物の中の広間)→「玄関, ロビー」**1**
　　　　　　→ (公共の広間)→「会館, 会堂」**2**

1 (家の)**玄関**, 入り口から入ってすぐの所にある廊下《そこからドアで各室に通じる》; (ビルの)入り口の広間, ロビー: an entrance ~ (ホテル・大邸宅などの)玄関ホール[ロビー] / Leave your hat and overcoat in the ~. 帽子とオーバーは玄関に置いてください.

2 会館, 会堂, ホール《公務の処理や娯楽・集会などに使用される建物または大広間》.

────── hall 2, 3 のいろいろ ──────
cíty hàll (主に米) 市役所 / **cóncert hàll** コンサートホール / **dánce hàll** ダンスホール / **díning hàll** 大食堂 / **lécture hàll** 講堂 / **músic hàll** (英) 演芸場 / **stúdy hàll** 自習室 / **tówn hàll** 市庁舎, 公会堂

3 (大学の)学生寮; (主に英)(大学の)食堂: the Students' H~ (米) 学生会館. **4** (建物内の)廊下 (corridor). **5** [しばしば H~] (英)(地主の)邸宅. **a háll of résidence** 名 C (主に英)(大学の)寄宿舎, 学生寮 (hall, (米) dormitory). **Háll of Fáme** 名 C (スポーツ・芸能などの)栄誉殿堂; [the ~] (米) 栄誉殿堂入りした人(全体).

hal·lal /həlá:l/ 形 =halal.

hal·le·lu·jah /hæ̀ləlú:jə/ 感, 名 C ハレルヤ《神を賛美する歌または叫び》; ありがたい, やれやれ.

Hál·ley's cómet /hǽlɪz-/ 名 固 ハレー彗星(ます).

****hall·márk** 名 C **1** (金銀・プラチナの)純分認証印. (一般に)品質優良の証明;(すぐれた)特徴 (*of*): have [bear] (all) the ~s *of* ...... の証拠[特徴]が(すべて)揃っている, ...を証明している. — 他 〈…〉に純分認証の極印を押す;〈…〉に太鼓判を押す.

hal·lo /həlóʊ, hæ-/ 間 名 (古風, 英) =hello.

hal·low /hǽloʊ/ 動 他 [しばしば受身で] (格式)〈…〉を神聖なものとしてあがめる, 神にささげる.

hal·lowed /hǽloʊd/ 形 神聖な, 神聖化された; [時に滑稽] 尊い.

Hal·low·een, Hal·low·e'en /hæ̀loʊí:n⌐/ 名 C,U ハロウィーン, 万聖節 (All Saints' Day) の前夜. 参考 10月31日の夜で, 米国では子供たちがかぼちゃのちょうちん (☞ jack-o'-lantern 写真) を飾ったり, 仮装してお菓子をねだって回るなどの習慣がある《 Trick or treat! (trick 成句)》.

hal·lu·ci·nate /həlú:sənèɪt/ 動 自 幻覚をみる. — 他 〈…〉に幻覚を起こさせる.

****hal·lu·ci·na·tion** /həlù:sənéɪʃən/ 名 C,U 幻覚, まぼろし; 幻想, 妄想.

hal·lu·ci·na·to·ry /həlú:sənətɔ̀:ri | -təri, -tri/ 形 (格式) 幻覚の, 幻覚的な; 幻覚を引き起こす, 幻覚によってひき起こされる.

hal·lu·ci·no·gen /həlú:sənədʒèn/ 名 U,C 幻覚剤.

hal·lu·ci·no·gen·ic /həlù:sənədʒénɪk⌐/ 形 幻覚を引き起こす: ~ drugs 幻覚性の薬物.

****háll·wày** 名 C (略式) 玄関;(主に米) 廊下.

****ha·lo** /héɪloʊ/ 名 (~(e)s) C **1** (太陽や月の)かさ. **2** (聖像の)後光, 光背; 後光のようなもの.

hálo effèct 名 C 〘心〙ハロー効果《1つの突出した特質のために評価者が評価対象全体の評価をよい[悪い]ほうへ一般化してしまうこと》.

hal·o·gen /hǽlədʒən/ 名 U 〘化〙ハロゲン. — 形 A (電球などが)ハロゲンの.

ha·lon /héɪlɑn | -lɔn/ 名 C 〘化〙ハロンガス《特に消火用》.

****halt** /hɔ́:lt/ (類音 fault) **13** 動 (halts /hɔ́:lts/; halt·ed /-ɪd/; halt·ing)

────── 自 他 の転換 ──────
自 停止する (to stop)
他 停止させる (to make (something) stop)

— 自 **停止する**, 立ち止まる;(活動などが)止まる(☞ stop 類義語): The policeman ordered the car to ~. その警官は車に停車を命じた / *H*~! 止まれ[やめ]! 《軍隊用語》.

— 他 〈…〉を**停止させる**, 止める: The train *was ~ed* by a fallen rock ahead. <V+Oの受身> 列車は前方の落石で停車した.

—名 (halts /hɔ́ːlts/) 1 [a ~] 《行進・進行・活動などの》停止, 休止, 中止 (stop); 《兵士の行進の》小休止 (in): call for a ~ to the project の計画の中止を求める. 2 C 《主に英》（駅舎のない）小駅. **bríng to a hált** [動] 他 《...》を停止させる, 止める. **cáll a hált to ...** [動] 他 《活動・議論・争いなど》を中断させる, やめさせる. **cóme** 《格式》 **dráw, púll） to a hált** [動] 自 停止する, 止まる.

hal·ter /hɔ́ːltə | -tə/ 名 C 1 （牛・馬の）端綱 (⁽³⁾). 2 =halter neck. 3 《文》絞首索.

hálter nèck [tòp] 名 C ホルターネック（首ひもでつり背・腕を露出した女性用ドレス）.

hált·ing 形 （話し方・動作が）ためらいながらの, たどたどしい. ~·ly 副 ためらいながら.

*halve /hæv | hɑ́ːv/ （同音 《米》 †have¹⁻³） 動 (halves /~z/; halved /~d/; halv·ing 名 half) 他 1 《...》を半減させる, 半分に減らす: This will ~ the present cost. これで現在の費用が半分に減るだろう. 2 《...》を2等分する; 山分けする (with). —自 半減する.

halves /hævz | hɑ́ːvz/ 名 half の複数形.

hal·yard /hǽljəd | -ljəd/ 名 C 《海》 ハリヤード（帆・旗を上げ下げする綱）.

*ham¹ /hǽm/ （頭韻 hem, hum, hang) 名 (~s /~z/) 1 U ハム（豚もも肉の塩漬け・薫製）: sandwiches ハムのサンドイッチ / a slice of ~ ハム1切れ. 関連 bacon 豚の横腹・背中肉の塩漬け・薫製. 2 C 塩漬け[薫製]にした豚のもも. 3 C 《複数形で》（主に動物の）しり; ももの後ろ側. **hám and éggs** 名 ハムエッグ《朝食に多い》.《英比較》「ハムエッグ」は和製英語.

ham² /hǽm/ 名 A 1 アマチュア無線家, ハム. 2 《略式》（大げさな演技をする）ヘボ[大根]役者. — 動 (hams; hammed; ham·ming) 自 《略式》（俳優が）大げさな演技をする. **hám it úp** [動] 《略式》誇張した演技をする[大げさな言動をする].

Ham·as /hæmǽs, hɑːmǽs/ 名 固 ハマス 《パレスチナのイスラム原理主義過激派組織》.

Ham·burg /hǽmbəːg | -bɑːg/ 名 固 ハンブルク《ドイツ北部の港市》.

***ham·burg·er** /hǽmbəːgə | -bɑːgə/, 《米》 **ham·burg** /hǽmbəːg | -bɑːg/ 名 (~s /~z/) 1 C ハンバーガー: I bought three ~s at the McDonald's around the corner. 私は近所のマクドナルドでハンバーガーを3個買った. 2 C ハンバーグステーキ. 3 U 《米》 ハンバーグ用のひき肉.

Hamelin 名 固 ☞ Pied Piper of Hamelin.

hám-físted 形 《英略式》 =ham-handed.

hám-hánded 形 《米略式》 《軽蔑》（手先が）不器用な; （取り扱いが）下手な. ~·ly 副 不器用に; 下手に.

Ham·il·ton /hǽm(ə)lt(ə)n/ 名 固 1 Alexander ~ ハミルトン (1755?-1804)《米国の政治家; 初代財務長官 (1789-95)》. 2 ハミルトン（Bermuda の首都）.

†**ham·let** /hǽmlət/ 名 C 小村落 (☞ village).

Ham·let /hǽmlət/ 名 固 ハムレット《Shakespeare 作の4大悲劇の1つの主人公》; 他は Macbeth, Othello, King Lear.

***ham·mer** /hǽmə | -mə/ 名 (~s /~z/) 1 C 金づち, ハンマー（競売人などが）: He nailed it in with a ~. 彼は金づちでそれを打ち込んだ. 2 C （ピアノの）つち; （ベルの）打子; （銃の）打ち金; 《スポ》ハンマー投げのハンマー. 3 [the ~] 《スポ》ハンマー投げの競技. 4 C （中耳の）槌骨 (^{つち}) (malleus). **còme [gò] ùnder the hámmer** [動] 競売に付される. 由来 競売者が木づちから. **gó [be] at it hámmer and tóngs** [動] 《略式》（二人が）激しく議論する; （人が）猛烈に頑張る. 由来 かじ屋が, 鉄を熱いうちに力いっぱいハンマーでたたくことから. **tàke a hámmer to ...** [動] 他 ...をハンマーでたたく.

— 動 (hám·mers /~z/; hám·mered /~d/; -mer·ing /-m(ə)rɪŋ/) 他 1 《...》を金づちで打つ[たた

く]; 金づちで打って...にする: He ~ed the nails in. <V+O+in> 彼は金づちでくぎを打ち込んだ / I ~ed the piece of metal flat. <V+O+C(形)> 私はその金属をたたいて平らにした. 2 《考えなど》を（くり返し説明して）たたき込む: ~ in the difficult situation 困難な現状を頭にたたき込む. 3 《略式》（試合・けんかなどで）《...》をやっつける, たたきのめす; こきおろす. 4 （問題などが）《...》に攻撃を与える, 痛めつける. 5 《略式》...を強く打つ[蹴る]. —自 1 つちで打つ; どんどんたたく; （心臓が）どきどきする; （雨が）激しくたたきつける (against, on): She ~ed at [on] the door. 彼女はドアをドンドンたたいた. **hámmer awáy at ...** [動] （難問など）に熱心に取りくむ; ...を繰り返して言う[批判する]. **hámmer dówn** [動] 他 《...》をくぎで打ちつける; 《ドアなど》をたたき壊す. **hámmer ... hóme** [動] 他 (1) 《くぎなど》をしっかり打ち込む. (2) 《思想など》をたたき込む (☞ 他 2). **hámmer ... into —** [動] 他 《...》をたたいて—に打ち込む[—にする]; 《...》を—にたたき込む: We ~ed the idea into his head. 我々は我々の考えを彼の頭にたたき込んだ (☞ 他 2). **hámmer óut** [動] 他 (1) たたいて《...》を作る; たたいて《...》を取り除く. (2) 《案など》を考え出す; 《結論》を（徹底的に議論して）出す. (3) （ピアノなどをたたいて）《音など》を出す.

hámmer and síckle 名 [the ~] ハンマーと鎌《労働者と農民の象徴; 旧ソ連の国章[国旗]》.

hámmer blòw 名 C 衝撃; 大打撃 (for).

hám·mered 形 A 1 （金属が）打出し細工の. 2 S 《略式》 ひどく酔っぱらった.

hámmer·hèad 名 C 1 金づち[ハンマー]の頭. 2 しゅもくざめ（頭部が金づちのような形をしたさめ）.

hám·mer·ing 名 C 1 普通は a ~] 1 （金づちなどで）（がんがん[どんどん]）たたく[音]. 2 《略式》打ちのめす[のめされる]こと: take [be given] a real ~. 猛攻[厳しい批判, 大損失]を受ける, 完敗する.

hámmer thròw 名 [the ~] 《スポ》ハンマー投げ.

ham·mock /hǽmək/ 名 C ハンモック.

Ham·mu·ra·bi /hæmʊrɑ́ːbi/, -**pi** /-pi/ 名 固 ハンムラビ, ハンムラビ《バビロニア第一王朝第6代の王 (1792-50 B.C.)》; ハンムラビ法典を制定》.

ham·my /hǽmi/ 形 （演技が）オーバーな.

***ham·per**¹ /hǽmpə | -pə/ 動 (**ham·pers** /~z/; **ham·pered** /~d/; -**per·ing** /-p(ə)rɪŋ/) 他 [しばしば受身で] 《...》を妨げる, じゃまをする; 困らせる: The search was ~ed by bad weather. 捜索は悪天候のため難航した.

ham·per² /hǽmpə | -pə/ 名 C 1 （ふたのついた）詰めかご（食料品などを入れる）; 《主に英》詰めかごに詰めた食料品の贈り物. 2 《米》洗濯かご（普通は汚れものを入れる）《英》laundry basket).

Hamp·stead /hǽm(p)stɪd/ 名 固 ハムステッド《London 北部の高級住宅地》.

Hámp·ton Cóurt /hǽm(p)tən-/ 名 固 ハンプトンコート（London 西郊外の Thames 川に臨む旧王宮》.

ham·ster /hǽmstə | -stə/ 名 C ハムスター.

†**ham·string** /hǽmstrɪŋ/ 名 C 1 ひざの腱(^{けん}); 太ももの裏側の筋肉[腱]. — 動 (-strings; -strung /-strʌ́ŋ/, -stringed; -string·ing) 他 1 《...》のひざの腱を切る. 2 [しばしば受身で] 《...》を無力にする; 挫折(^ざ)させる.

****hand** /hǽnd/ 名 (hands /hǽndz/)

「手」1	→ （労働力としての手）	→ 「人手」3
	→ （物をつかむ手）	→ 「手助け」2
	→ （技量としての手）	→ 「所有, 支配」4
		→ 「手際, 腕前」5

hand

1 ⓒ **手** (☞ arm¹ 挿絵および 日英比較): the back of the ~ 手の甲 / What do you have *in* your right [left] ~? 右[左]手に何を持っているのですか / Nelly was standing with some flowers in her ~ [~s]. ネリーは手に[両手に]花を持って立っていた / He took me by the ~. 彼は私の手をとった (☞ the¹ 2) / She was leading her child by the ~. 彼女は子供の手を引いていた / I have only one pair of ~s. 私には手は2つしかない《忙しすぎて手が回らない》.

─ コロケーション ─
clap one's *hands* 手をたたく, 拍手をする
grip [grasp, press] ...'s *hand* …の手を握りしめる
hold ...'s *hand* …の手を握る《☞ 成句》
hold [put] out one's *hand* (to ...) (…に)手を差し出す《☞ 成句》
lower one's *hand* 手を下げる[降ろす]
raise [put up] one's *hand* 手を上げる《☞ 成句》
take ...'s *hand* …の手を取る
wash one's *hands* 手を洗う; トイレへ行く
wave one's *hand* (at ...) (…に)手を振る

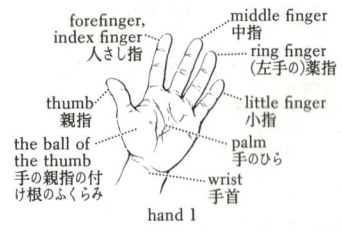

forefinger, index finger 人さし指
middle finger 中指
ring finger (左手の)薬指
thumb 親指
little finger 小指
the ball of the thumb 手の親指の付け根のふくらみ
palm 手のひら
wrist 手首

hand 1

2 [単数形で] (援助の)**手**, 手助け (help); 関与, 影響 (力): She needed *a* ~ *with* the cooking. 彼女は料理に手伝いが必要だった / Please give [lend] me *a* ~ *with* this trunk. このトランクを運ぶのを手伝ってください / I could ʻdo with [use] *a* ~.ʼ 手伝ってもらえたらありがたい / We saw [detected] her ~ *in* the case. 我々はその事件に彼女がからんでいることを知った (☞ have a hand in ... (成句)) // ☞ helping hand.

3 ⓒ [しばしば合成語で] (肉体労働の)**人手**, 働き手; (船の)乗組員: We are short of ~s. 人手が足りない / Many ~s make light work. (ことわざ)人手が多いと仕事が楽になる. 関連 stagehand 裏方.

4 ⓒ [普通は複数形で] **所有** (possession); 管理, 支配 (control); 責任: a firm ~ 厳しい管理[扱い] / This car has passed through many ~s. この車は多くの人の手を経てきている / I will leave the matter *in* your ~s. その問題はあなたに任せよう.

5 ⓒ **手際**(ぎわ), 腕前, 腕 (skill); [前に good [bad] などの形容詞をつけて] 腕前のいい[悪い]人: Tom is good with his ~. トムは(手先が)器用だ / He is a *good* [*bad*] ~ *at* cards. 彼はトランプが上手[下手]だ (☞ old hand. **6** ⓒ 手の形をしたもの; (時計などの)針 (☞ needle 表): a second ~ 秒針. **7** [単数形で] (文)字の書き方, 筆跡 (handwriting): in the writer's own ~ 作者の直筆で. **8** [a ~] 拍手(かっさい) (applause): ask for *a* ~ 拍手を求める / get *a* (*big*) ~ 大きな拍手を受ける / give ... *a* (*big*) ~ …に(盛大な)拍手をする. **9** ⓒ 側 (side): on one's left ~ 左手に. **10** ⓒ [トラ]持ち札, 手; ひと勝負. **11** ⓒ ハンド, 手幅尺《馬の高さを計る単位; 4インチ=約10センチ》.

Áll hánds ʻon déck [to the púmps]!《英古式》全員奮励努力せよ.

ásk for ...'s hánd (in márriage) [動]《古風》(女性に)結婚を申し込む.

(at) fírst hánd [副] 直接に, じかに.

at hánd [副・形] [語法] しばしば close, near, ready などが前に置かれる. (1) すぐ近く, 手近に: I always keep a notebook (*close*) *at* ~. 私はいつも手近にノートを置いている. (2) 近い将来に, 差し迫って. (3) 《米》=in hand (1).

(at) sécond [thírd] hánd [副] (間に1[2]人の人がはさんで)間接的に, また聞き(のまた聞き)で.

at ...'s hánd(s) = at the hánd(s) of ... [副] …から, によって: They suffered greatly *at the* ~*s of* the invaders. 彼らは侵略者からひどい目にあわされた.

by hánd [副] (機械によらずに)手で; (郵便などによらずに)手渡しで, 使いによって: The machine was made *by* ~. その機械は手製だった.

chánge hánds [動] ⓐ (地所・家などの)持ち主が変わる, 経営者が変わる.

còme to hánd [動] ⓐ 手に入る: He used whatever *came to* ~. 彼は手に入るものは何でも利用した.

fáll ìnto ...'s hánds = fáll into the hánds of ... [動] (望ましくない人の)手に渡る《☞ 4》.

fóld one's hánds [動] 両手を組む.

from hánd to hánd [副] 手から手へ; 人から人へ.

gáin [wín] ...'s hánd [動]《古風》…から結婚の承諾を得る.

gèt ... óff one's hánds [動] ⓑ (やっかいなもの)が手を離れる: I'll be glad to *get* the child *off my* ~*s*. あの子の手がかからなくなればありがたい.

gèt one's hánd ín [動] ⓐ 練習して(ある事に)習熟する, 腕を上げる (*at*).

gèt one's hánds dírty [動] ⓐ (1) [普通は疑問文または否定文で]《略式》きつい[きたない]仕事をする. (2) (不正で)手を汚す.

gèt one's hánds on ... [動] ⓑ 《略式》=lay (one's) hands on ... (☞ lay).

gèt óut of hánd [動] ⓐ (人・物事が)手に負えなくなる: The students have *got* completely *out of* ~. その学生たちは全く手に負えなくなった.

gíve ... one's hánd [動] ⓑ 《古風》(女性が)(男性に)結婚の承諾をする.

gíve one's hánd on [upòn] ... [動] ⓑ 《格式》(握手をして)…を確約する.

hánd and fóot [副] (1) 手足ともに; 自由な行動ができないように: She was bound [tied] ~ *and foot*. 彼女はがんじがらめに縛られて[行動を束縛されていた]. (2) かいがいしく, 手とり足とりして (☞ wait on ... hand and foot (wait on ... (wait 句動詞)成句)).

hánd in [《米》and] glóve [形・副] (…と)密接な関係で, ぐるになって; 協力し[結託]して (*with*).

hánd in hánd [副・形] (1) 手に手をとって; 協力して: Meg and Bill always walk ~ *in* ~. メグとビルはいつも手をつないで歩いている. (2) (事が)相伴って (*with*): go ~ *in* ~ (二つの事が)関連して起こる.

hánd òver físt [副] [make, spend などとともに] 《略式》どんどん, どしどし: *make* money ~ *over fist* どんどんもうける.

hánd òver hánd [副] (1) (ロープを登るときなど)交互に手をかけて, たぐって. (2) どんどん, ぐんぐん.

hánd to hánd [副] 接(近)[白兵]戦で.

hánds dówn [副] 楽々と: win ~*s down* 楽勝する.

Hánds óff (...)!《略式》(…に)手を触れるな, (…を)取るな; (…に)干渉するな.

Hánds úp! (1) (片)手を挙げてください《答えられる人・賛成者などに対して》. (2) (両)手を挙げろ《強盗などのことば》(☞ raise one's hands).

hàve a hánd in ... [動] ⓑ (特に悪い事に)関与[関係]している, 参加している.

hàve ... in hánd [動] [他] ‹...›を管理[処理]している; ‹...›が手もとにある; 《主に英》 ‹...›を残している (☞ in hand).

hàve one's hánds frèe [動] [自] (1) 手が空いている. (2) 自分の思い通りにできる(立場にある).

hàve one's hánds fùll [動] [自] (...で)手いっぱいである, 忙殺されている (*with*).

hàve one's hánds tìed [動] [自] 自分の思い通りにでき(る立場に)ない.

hóld hánds [動] [自] (恋人などが)(...と)手を取り合う (*with*).

hóld [pùt] óut one's hánd [動] [自] 手を差し出す《握手などで》(*to*).

hóld ...'s hánd [動] ...の手を握る; 《略式》(精神的に)...を支える, 励ます, 慰める.

in hánd [形・副] (1) 管理されて; 手がけられて, 処理されて; 検討中で[の]: the problem *in* ~ 懸案 / He seems to have the matter well *in* ~. 彼はその問題をうまく処理しているようだ. (2) 手にして(自由にできる), 手もとに; 《主に英》 残って: I don't have enough cash *in* ~ to go by taxi. タクシーで行くのに十分なお金が手もとにない / The team still has one game *in* ~. そのチームはもう 1 試合残している.

in (...'s) góod [cápable, efficient, sáfe] hánds [形・副] (...に)よく管理[世話]されて.

in the hánds of ...=in ...'s hánds [形・副] ...によって管理[処理]された[て], ...の世話になった[て]: The decision is *in your* ~*s*. 決定はあなたにかかっている.

jóin hánds [動] [自] (1) 手を握る (*with*). (2) 協力する (*with*).

kéep one's hánd ìn [動] [自] 《略式》(練習して)技[腕]が衰えないようにする.

kéep one's hánds òff ... [動] [他] 《略式》 ...に手を触れないでおく, ...を取らない.

láy (one's) hánds on ... [動] [他] (1) 《略式》 ...を見つける, 手に入れる. (2) 《略式》 (人)を捕らえる, 取り押さえる. (3) (聖職者が)...の頭に手を置く.

líft a [one's] hánd agàinst ... [動] [他] =raise a [one's] hand against [to] ....

nót dò a hánd's túrn [動] [自] 《英略式》 少しも働かない, 縦の物を横にもしない (*to* do).

nót líft [ráise] a hánd [動] [自] =not lift a finger (☞ finger 成句).

òff hánd [副] [普通は否定文で] 即座に, 直ちに.

òff ...'s hánds [形・副] ...の手[管理]から離れて.

on éither hánd [副] 両側に, 両方向に.

on èvery hánd=on áll hánds [副] 《格式》 四方八方に.

on hánd [形・副] (1) 手もとに, 持ち合わせて: I do not have much money *on* ~. 今は手もとにあまり金がない. (2) 出席して (present); すぐそばで待機して.

on (one's) hánds and knées [副] 四つんばいになって; ひざまずいて; 嘆願して: go [get] down *on one's* ~*s and knees* 四つんばいになる.

on ...'s hánds [形・副] ...の責任[負担]となって(残って); (時間が)...に持て余されて: I have a lot of work *on my* ~*s*. 私は仕事を山ほどかかえている / Alice has too much time *on her* ~*s*. アリスは時間を持て余している.

on (the) óne hànd ..., on the óther (hànd) — [副] [つなぎ語] **一方では...で, 他方では—**《ある事柄に関する 2 つの異なる[正反対の]面[見方, 考え方]を述べるときに用いる》: *On the one* ~ Einstein's theory is simple, but *on the other* ~ it is very complicated. アインシュタインの理論は一方では単純だが逆に大変複雑な面もある. [語法] on (the) one hand は省略されることがあるが, その場合は on the other hand の hand を省略することはない.

on the óther hànd [副] [つなぎ語] **他方(では), これに反して, 反対に**《ある事柄について, 先述したのとは異なる[正反対の]もう一つの面[見方, 考え方]を述べるときに用いる》: Food was abundant, but *on the other* ~ water was running short. 食べ物は豊富だったが, 反面水が不足しかけていた / Cars are more convenient than trains, but, *on the other* ~, they create more pollution. 車は列車よりも便利だが, 他方(大気)汚染を作り出す度合いが列車より大きい.

òut of hánd [副] 即座に, きっぱりと. —[形] 手に余って (☞ get out of hand (成句)).

òut of ...'s hánds [形・副] =off ...'s hands.

pláy ìnto ...'s hánds [動] ...の思うつぼになる; ...の利益になるように行動する.

pláy one's hánd [動] [自] 《略式》 有利な点を生かす.

pùt ... in [ìnto] the hánds of —=pùt ... in [ìnto] —'s hánds [動] [他] ‹...›を—に預ける, ‹...›を—に任せる: She *put* the boy *in* [*into*] *the* ~*s of* his aunt. 彼女は少年をおばに預けた.

pùt one's hánd in one's pócket [動] [自] 《英》 お金を使う[支払う].

pùt óut one's hánd [動] [自] =hold out one's hand.

ráise a [one's] hánd agàinst [to] ... [動] [他] (殴ろうとして)...に手を上げる.

ráise a hánd to the báck of one's héad [動] [自] =rub the back of one's neck (☞ neck 成句).

pùt úp [《主に米》 ráise] one's hánd [動] [自] 手を挙げる《質問・発言・採決のときなど》: *Raise* [*Put up*] *your* ~ when you want to ask a question in class. 授業中質問したいときは手を挙げてください.

put up [raise] one's hand

raise one's hands

ráise one's hánds [動] [自] 両手を挙げる《無抵抗・降服などのしぐさ; ☞ Hands up!》; あきらめる.

rúb one's hánds (togèther) [動] [自] (1) 手をこする. (2) 両手をもみ合わせる《喜び・満足のしぐさ》.

rúle ... with an íron hánd [動] [他] =rule ... with a rod of iron (iron [名] 成句).

sèt [pùt] one's hánd to ... [動] [他] ...に取りかかる, 着手する.

sháke hánds ☞ shake [動] 成句.

shów [típ] one's hánd [動] [自] 《略式》 本心[計画]を明らかにする《★ 『トラ』 手の内を見せる, から》.

sít on one's hánds [動] [自] 《略式》 (1) あまり拍手[熱狂]しない. (2) 手をこまねく.

spréad one's hánds [動] [自] (肩をすくめて)**手を広げる**《どうしようもないといったしぐさ, または何も隠していないことを示す; ☞ shrug one's shoulders (shoulder 成句) 挿絵》.

spread one's hands

stáy one's hánd [動] [自] 《文》 打とうとする手を止める; 行動を思いとどまる.

tàke a hánd in ... [動] [他] ...に関係する.

táke ... in hánd [動] [他] ‹...›の世話[管理, しつけ]を引き受ける; ‹...›を扱う.

H

táke ... ìnto one's ówn hánds [動] [他] 〈...〉を(他の人にまかせずに)自分で行なう.
tàke one's hánds òff ... [動] [他] ...から手を離す.
The léft hánd dòesn't knów what the ríght hànd is dòing. 右手のなすことを左手は知らない; (組織などの)内部の連絡ができていない.
thrów ín one's hánd = thrów one's hánd ìn [動] [自] (勝負などから)手を引く, 敗北を認める.
thrów úp one's hánds [動] [自] 両手を挙げる(「お手あげ」などのしぐさ; ☞ raise one's hands 挿絵).
tíe ...'s hánds [動] [普通は受身で] (規則・条件などが)...を身動きとれなくさせる.
to hánd [副・形] (いつでも使えるように)手の届くところに; 所有して; 〖商〗(手紙などが)届いて: have [keep] ... *to* ~ ...を手もとに置いておく.
trý one's hánd at ... [動] [他] (初めて)...をやってみる, ...に挑戦してみる.
túrn one's hánd to ... [動] [他] ...に手をつける, ...を手がける, (初めてのこと)をこなす.
untíe ...'s hánds [動] ...にやりたいことをやらせる, ...を自由にする.
wásh one's hánds of ... [動] [他] ...から手を引く, ...と手を切る.
wín ...'s hánd [動] =gain ...'s hand.
with a héavy hánd [副] 高圧的に, 厳しく.
with ⌈an ópen [a frée]⌉ hánd [副] 気前よく.
with óne hánd (tíed) behìnd one's báck [副] Ⓢ 楽々と, たやすく.
wórk ... in hánd [動] [他] 《英》〈...〉の期間給料後払いで働く.
wríng one's hánds [動] [自] 手をもみしぼる(悲しみ・哀願などの表現): It's no use just *wringing our* ~*s* in sorrow. 悲しみに手をこまねいていても仕方ない.
— [動] (**hands** /hǽndz/; **hand·ed** /~ɪd/; **hand·ing**) [他] 〈人に〉〈物〉を**手渡す**, 渡す; 取ってやる: [言い換え] Ed **~ed** the watch **to** me. <V+O+*to*+名・代> = Ed ~*ed* me the watch. <V+O+O> エドは私に時計を手渡した (☞ to¹ 3 [語法]). [語法] 上の文を受身の文にすると次のようになるが普通あまり言わない: The watch *was handed* (*to*) me *by* Ed. (直接目的語を主語としたとき). I *was handed* the watch *by* Ed. (間接目的語を主語としたとき) (☞ be² B [文法] (2) (i)) // She **~ed** the knife **across** the table. <V+O+*across*+名・代> 彼女はテーブル越しにナイフを渡した. **hánd it to ...** [動] [他] [must, have to などとともに] Ⓢ 《略式》(人)のこと[偉さ]を認める: I've really got to ~ *it to* you! 大したものだ(競争相手などをほめるとき).

hand の句動詞

hánd aròund [《英》**róund**] [動] [他] 〈食べ物など〉を順に回す.
***hánd báck** [動] [他] (持ち主などの手に)〈...〉を**返す**; 〈土地など〉を返還する <V+名・代+*back* / V+*back*+名>: [言い換え] He **~ed** their compositions **back to** the students. =He ~*ed* the students *back* their compositions. 彼は生徒に作文を返した.
***hánd dówn** [動] [他] **1** [しばしば受身で] (後世に)〈...〉を**伝える**; 〈遺産など〉を(子孫に)残す <V+名・代+*down* / V+*down*+名>: These traditions have *been* **~ed down to** us *from* our ancestors. これらの伝統は先祖から伝えられたものだ. **2** 〈衣服など〉をお下がりにする: My old clothes *were* always ~*ed down to* my little sisters. 私の古い服はいつも妹たちにお下がりとなった. **3** 〈...〉を取って降ろす: *H*~ (me) *down* the fan *from* the shelf. 棚から扇風機を降ろしてくれ. **4** 〈...〉を公表する; 〈判決・罰など〉を言い渡す.
***hánd ín** [動] [他] **1** 〈...〉を**提出する**, 差し出す (*to*) <V+名・代+*in* / V+*in*+名>: "*H*~ *in* your papers now," said the teacher. 先生は「では答案を出しなさい」と言った / He ~*ed in* his resignation after the meeting. 彼は会議のあと辞表を提出した. **2** 〈...〉を手渡しする; (ある場所へ行って)渡す, 出す: Please ~ this package *in* at the post office. この小包を郵便局で出してください.
hánd ón [動] [他] **1** (次の人などへ)〈...〉を手渡す, 回す, 〈情報など〉を伝える: When you have finished reading this book, ~ it *on to* Ann. この本を読み終わったらそれをアンに回してください. **2** 〈伝統など〉を伝える (hand down). **3** 〈...〉を譲り渡す (hand over).
***hánd óut** [動] ([名] hándòut) [他] **1** 〈ビラ・印刷物など〉を配る (*to*) <V+名・代+*out* / V+*out*+名>: Leaflets *were* ~*ed out* at the entrance. 入り口でパンフレットが配られた. **2** (賞品・施し物として)〈...〉を手渡す, 分配する (*to*). **3** 〈忠告など〉をふんだんに与える, 〈批判など〉を加える; 〈判決・罰など〉をくだす.
***hánd óver** [動] [他] **1** 〈...〉を**手渡す**; (人の手に)託す, 引き渡す <V+名・代+*over* / V+*over*+名>: *H*~ *over* that knife! そのナイフをこちらによこせ / The police **~ed over** the necessary information **to** the government. 警察は必要な情報を政府に提供した. **2** 〈地位・権限・領地など〉を譲り渡す, 譲渡する (*to*). **3** (電話などで話せる[聞ける]ように)〈相手〉を(別の人に)引き継ぐ (*to*). — [自] **1** (他に)引き[譲り]渡す, 譲渡する (*to*). **2** (人に)話を引き継ぐ (*to*).

hánd àx(e) [名] [C] 手おの; 〖考古〗握斧(あくふ)(石器).
***hand·bag** /hǽn(d)bæ̀g/ [名] (~**s** /~z/) [C] (女性用の)ハンドバッグ (bag, 《米》 purse): She carried only a little money in her ~. 彼女はハンドバッグにわずかな金しか入れてなかった.
hánd bàggage [名] [U] 《主に米》 手荷物 (《英》 hand luggage).
hánd·bàll [名] **1** [U] (米式)ハンドボール. [日英比較] 2-4 人で手で球を壁に打ちつけて相手にとらせる競技; 《英》 では相手のゴールに球を入れる日本式の「ハンドボール」を指すこともある. **2** [C] ハンドボール用ボール. **3** [U,C] 〖サッカー〗 ハンド (キーパー以外の選手がボールに手を触れる反則).
hánd·bàrrow [名] [C] 四つ手運搬器 (前後 2 人で運ぶ); 手押し車.
hánd·bàsin [名] [C] 《英》 洗面台.
hánd·bàsket [名] [C] 《古風》 手さげかご.
hánd·bèll [名] [C] (手で振り鳴らす, 特に奏楽用の)振鈴(しんれい).
hánd·bìll [名] [C] ビラ, ちらし.
⁺**hánd·bòok** [名] [C] 手引き, 便覧; 案内書.
hánd·bràke [名] [C] 《英》 サイドブレーキ, ハンドブレーキ (《米》 emergency brake, parking brake): put on the ~ サイドブレーキを引く. [日英比較] 「サイドブレーキ」は和製英語.
hándbrake tùrn [名] [C] 《英》 ハンドブレーキターン (高速で走行中の車のハンドブレーキを引いて急激に方向転換させる危険な行為).
hánd·càr [名] [C] 《米》 手動車 (手押しの鉄道作業用 4 輪車).
hánd·càrt [名] [C] =cart 1.
hánd·clàp [名] [a ~] 拍手. **a slów handclap** [名] (聴衆の不満・いらだちを示す)ゆっくりとした拍手.
hánd·cràft [名] [C,U] =handicraft.
hánd·cràft·ed /-kræ̀ftɪd | -krɑ̀ːft-/ [形] 手細工の[による].
hánd crèam [名] [U] ハンドクリーム.
⁺**hánd·cùff** [名] (~**s**) [複数形で] 手錠: (a pair of) ~*s* 手錠 1 組. — [動] [他] 〈...〉に手錠をかけ(て―に縛り付け)る (*to*).
-hand·ed /hǽndɪd/ [形] [合成語で] **1** ...の手をした, ...の手を用いる; ...の手でする: a right-*handed* boy 右

利きの少年 / a one-*handed* catch 片手捕り. **2** …人でする: a four-*handed* card game 4人でするトランプゲーム.

hand·ed·ness /hǽndɪdnəs/ 名 Ⓤ (いずれか一方の手を使いたがる)利き手の傾向.

Han·del /hǽndl/ 名 圖 George Frederick ~ ヘンデル (1685-1759)《ドイツ生まれの英国の作曲家》.

hánd-èye coordinátion 名 Ⓤ (動作における)目と手の動きの協調(作用).

***hand·ful** /hǽn(d)fʊl/ 名 (~s /-z/) **1** Ⓒ ひとつかみ, 一握り: a ~ *of* sand ひと握りの砂 / two ~s *of* rice ふた握りの米. **2** [a ~] 少数: Only *a* ~ *of* people came to the meeting. 会合にはほんのわずかの人たちしか出てこなかった. **3** [(quite [a bit of]) a ~として]《略式》手に負えない人《特に子供》.

hánd glàss 名 Ⓒ 手鏡.

⁺**hánd grenàde** 名 Ⓒ 手榴(りゅう)弾.

⁺**hánd·grìp** 名 Ⓒ **1** 手で握ること. **2** 取っ手, (自転車のハンドルなどの)握り.

⁺**hánd·gùn** 名 Ⓒ けん銃, ピストル.

⁺**hánd·hèld** 名 A 手で握れる[持つ]サイズの.

hánd·hòld 名 Ⓒ (登るための)手がかり. 関連 foothold 足がかり.

***hand·i·cap** /hǽndɪkæp/ 名 (~s /-s/) Ⓒ **1** 不利な条件, 不利益; 身体[精神]障害《『身体[精神]障害』の意では disability を ~ to に差別的でないとされる》: Poor eyesight is a ~ *to* an athlete. 視力が弱いことはスポーツ選手にとって不利である.

2 ハンディキャップ, ハンディ(☞ start 名 4): I was given a golfing ~ of 25. 私はゴルフで25のハンディをもらった. **3** ハンディの競走[競馬, 競技]. 語源 'hand in cap' のなまり; 帽子に手を入れてくじを引いたゲームから.

── 動 (-i·caps /-s/; -i·capped /-t/; -cap·ping) 他 **1** [しばしば受身で] 〈…〉にハンディをつける; 〈…〉を不利な立場に置く: He *is handicapped* by poor health. <V+O の受身> 彼は病弱というハンディを負わされている. **2** (競馬などの)結果を予想する.

***hand·i·capped** /hǽndɪkæpt/ 形 《古風》[時に差別] 身体[精神]に障害のある(☞ disabled, challenged, impaired); *the* (physically [mentally]) ~ (身体[精神])障害者たち(☞ the¹ 3).

hand·i·cap·per /hǽndɪkæpɚ|-pə/ 名 Ⓒ (競馬などの)予想屋.

hand·i·craft /hǽndɪkræft|-krɑː-ft/ 名 Ⓒ,Ⓤ [普通は複数形で] 手芸, 手仕事; 手工芸品.

hand·i·ly /hǽndɪli/ 副 **1** (米)容易に, 楽々と. **2** 便利に, 重宝に. **3** 手際(ぎわ)よく, 器用に.

hand·i·ness /hǽndɪnəs/ 名 Ⓤ 便利さ; 器用.

hand·i·work /hǽndɪwɚːk|-wəːk/ 名 Ⓤ [主に所有格の後で] **1** 手工品; 手仕事. **2** 仕業(しわざ).

hánd jòb 名 Ⓒ 《卑》 手による男性器の刺激.

***hand·ker·chief** /hǽŋkɚtʃɪf|-tfɪː f|-kə-tʃɪ f/ 名 (~s /-s/, -chieves /-tʃɪːvz/) Ⓒ ハンカチ: He wiped his nose with a ~. 彼はハンカチで鼻をぬぐった. 語源 hand+kerchief.

handkerchieves 名 handkerchief の複数形.

hánd lànguage 名 Ⓤ (ろうあ者の)手話.

***han·dle** /hǽndl/ (同音 Handel) 動 (han·dles /~z/; han·dled /~d/; -dling) 他 **1** 〈人・動物〉を**取り扱う**, 待遇する; 〈事件・問題など〉を処理する; 〈仕事〉を扱う, 担当する; 《格式》〈問題など〉を論じる: The teacher ~s his pupils *well*. <V+O+副> あの先生は生徒の扱い方がうまい / This problem is too much for me to ~. この問題は私の手に負えない.

2 〈…〉に手を触れる, 〈…〉をいじる; 〈道具など〉を手で扱う, 使う; 〈乗り物〉を操縦する: Don't ~ my books *with* dirty hands. <V+O+with+名・代> 汚い手で私の本に触らないでください / The boy can ~ a knife and fork very well. その少年はナイフとフォークをとてもうまく使える / H~ with care. 取扱注意《壊れ物の注意; 目的語は省略》. **3** 〈商品など〉…を取り扱う, 商う. ── ⦿ [副詞(句)とともに] (自動車・機械などが)扱える, 操縦できる: This car ~s well. この自動車は運転しやすい. **hándle onesélf** 動 ⦿ 身を処する.

── 名 (~s /~z/) Ⓒ **1** 柄, 取っ手, 引き手, つまみ: the ~ of an ax おのの柄 / the ~ of a pitcher 水差しの取っ手(☞ pitcher¹ 挿絵) / the ~ of a drawer 引き出しの引き手. 日英比較 自転車の「ハンドル」は handlebars, 自動車の「ハンドル」は (steering) wheel という(☞ steering wheel 日英比較). **2** 口実, つけ入る機会. **3** 《俗》(人の)名前, (CB 無線通信者が使う)名前; 肩書. **flý óff the hándle** 動 ⦿ 《略式》 かっとなる, 自制心を失う. **gèt [hàve] a hándle on …** 動 ⦿ 《略式》 …がよくわかる[わかっている].

hándle·bàr 名 Ⓒ [普通は複数形で] (自転車・バイクなどの)ハンドル(☞ bicycle 挿絵; handle 日英比較).

hándle·bàr mústache 名 Ⓒ 《略式》 カイゼルひげ (ハンドルのような形に両端のはね上がった口ひげ).

-han·dled /hǽndld/ 形 [合成語で]…の柄のついた: a long-*handled* knife 長い柄のついたナイフ.

***han·dler** /hǽndlɚ|-lə/ 名 Ⓒ **1** (動物, 特に警察犬の)調教者. **2** (荷物などを)取り扱う人. **3** 《略式》(芸能人・政治家などの)マネージャー. **4** 『電算』 ハンドラー(あることを処理するプログラムの部分).

hánd·lèttered 形 手書きの.

han·dling /hǽndlɪŋ/ 名 Ⓤ **1** 取り扱い, 処理 (*of*). **2** 手で触れること; 輸送; 操作[操縦]; 操作性.

hándling chàrge 名 Ⓒ 手数料, 送料.

hánd lòom 名 Ⓒ 手織り機.

hánd lùggage 名 Ⓤ 《主に英》=hand baggage.

***hánd·máde** 形 (反 machine-made) 《機械製に対して》手製の, 手細工の.

hánd·màiden, hánd·màid 名 Ⓒ **1** 《文》支えとなるもの, 支柱 (*of*). **2** 《古語》 侍女.

hánd-me-dòwn 名 Ⓒ [普通は複数形で] 《略式》お下がりの服 (《英》 reach-me-down). ── 形 お下がりの.

hánd·òff 名 Ⓒ 【アメフト】 ハンドオフ(ボールをチームの選手に直接手渡すこと).

***hánd·òut** 13 名 (動 hánd óut) Ⓒ **1** 貧しい人に与える金[服, 食べ物]. **2** (宣伝などで渡す)ビラ; (教室などで配る)印刷物, プリント(☞ print 日英比較). **3** (報道陣に渡す)声明文, 新聞発表.

⁺**hánd·òver** 名 Ⓒ (権限などの)移譲(期間) (*of*).

hánd·píck 動 他 **1** 〈…〉を手で摘み取る. **2** 〈人〉を厳選する.

hand-picked /hǽn(d)píkt⁻/ 形 **1** 手摘みの. **2** (人が)えり抜きの, 精選の (*for*).

hánd·prìnt 名 Ⓒ (てのひらに墨などを塗って押す)手形.

hánd pùmp 名 Ⓒ 手押しポンプ, 手動ポンプ.

hánd pùppet 名 Ⓒ 《米》 =puppet 2.

hánd·rail 名 Ⓒ 手すり, 欄干: Hold the ~. 手すりにおつかまりください《掲示》.

hánd·sàw 名 Ⓒ (片手で使う)手のこぎり.

hands-dówn 形 確実な, 間違いない.

hánd·sèt 名 Ⓒ (電話の)送)受話器], (コードレス電話の)ハンドセット; (テレビなどの)リモコン.

hands-frée 形 A (機械が)手を使わずに操作できる.

***hánd·shàke** 名 Ⓒ 握手: The visitors were greeted with warm [hearty] ~s. 客たちは温かい握手で迎えられた.

hands-óff 形 A 不干渉(主義)の.

***hand·some** /hǽnsəm/ (同音 hansom) 12 形 (hand·som·er, more ~; hand·som·est, most ~)

hand＋-some 接尾 で,「手ごろな」の意から,(適当な,妥当な)—→(様子が)「立派な」1, 2, 3 / (分量が)「十分な」4, 5

1 (男性が)顔立ちのよい, かっこいい, ハンサムな《☞ beautiful 類義語》: a ～ man 美男子.
2 (女性が)大柄で魅力がある, 押し出しのよい. **3** (物が)立派な, 堂々とした, 均整のとれた: a ～ room 立派な部屋. **4** (金額などが)かなりの, 相当な; (勝利的が)大差の: a ～ sum of money 相当な金額. **5** (贈り物・チップなどが)気前のよい (generous), 手厚い; (行為が)おうような: a ～ reward 十分な報酬. **Hándsome ís as hándsome dóes.**《ことわざ》行ないの立派さが立派な人(見目より心)《2 番目の handsome は副詞的に使われている; Handsome is he who does handsomely. の意》. ～**·ly** 副 気前よく. **2** 立派に, 見事に; 大差で. ～**·ness** 名 U 立派さ, 端整; 気前のよさ.

✝hánds-ón 形 **1** A (コンピューターの練習などが)実地の, 実践的な;（展示物などが)手でさわって動かせる. **2** (人が)直接関与する, 陣頭指揮をとる

hánd·spring 名 C (手を地についてする)とんぼ返り.
hánd·stànd 名 C (腕を伸ばして頭をつけない)逆立ち (☞ headstand).
hánd-to-hánd 形 A 接戦の, 白兵戦の: ～ combat 白兵戦.
hánd-to-móuth 形 A, 副 その日暮らしの[に].
hánd tòol 名 C (手動の)道具, 工具.
hánd tòwel 名 C (手を拭く)タオル, ハンドタオル.
hánd·wòrk 名 U (機械製に対し)手仕事, 手細工, 手製.
hánd·wóven 形 手織りの.
hánd-wrìnging 名 U 心配, 緊張《手をもみ絞ることから》.

✝hánd·wrìting 名 U **1** 筆跡, 書体 (hand): My mother has good ～. 母は字がきれいだ / My uncle's ～ is hard to read. 私のおじの字は読みにくい. **2** 肉筆, 手書き. **sée [réad] the hándwriting on the wàll.** [動] 自 《米》失敗[災害など]の兆候に気づく. **The hándwriting is on the wàll.**《米》(失敗・災害などの)明らかな兆候がある.

✝hánd·wrìtten 形 手書きの.

✳hand·y /hǽndi/ 形 (**hand·i·er** /-diə/ | -diə/; **hand·i·est** /-diɪst/) **1** 便利な, 手ごろな, 重宝な (for): a ～ tool 便利な道具 / 言い換え This penknife is a ～ thing to have. ＝It's ～ to have this penknife. このポケットナイフは持っていると重宝する.
2 P 手近な, すぐに使える; 近くの: Always keep this dictionary ～. (すぐに使えるように)いつもこの辞書を手近に置いておきなさい / The bus stop is quite ～. バス停の所は近くだ / Our house is very ～ for the stores [shop*ping*]. ＜A＋for＋名・代[動名]＞ 私たちの家は店のすぐ近く[買い物をするのに便利]だ.
3 [普通は P] 器用な, 上手な: Meg is ～ *with* a paintbrush. ＜A＋with＋名・代＞ メグははけの使い方が上手だ. **cóme ìn hándy** [動] 自 便利である, (いざというとき)役に立つ (for).

hándy-dándy 形 A《略式》《滑稽》使いやすい.
hándy·màn 名 (-men /-mèn/) C 何でも屋, 器用な男; 雑役夫.

✳hang /hǽŋ/ (類音 ham, hung) 動 (**hangs** /~z/; 過去・過分 **hung** /hʌ́ŋ/; **hang·ing**)

他 自 の転換
他 **1** 掛ける (to attach (something) at the top)
自 **1** 掛かる (to be attached at the top)

— 他 **1** 〈…を〉掛ける, つるす, 下げる; 〈肉を〉(食べごろになるまで)つるしておく;〈頭を〉たれる, うなだれる: *H*～ a calendar *on* the wall. カレンダーを壁に掛けなさい / He *hung* his jacket (*up*) *on* a hanger. 彼はジャケットをハンガーに掛けた / She *hung* a curtain *over* the window. 彼女は窓にカーテンをつけた / He *hung* a light *from* the ceiling. 彼は天井から明かりをつるした.
2 [普通は受身で] 〈絵などを〉(展示のために)掛ける, 展示する;〈場所で〉〈掛け物などで〉飾る, 〈掛けつるしで〉飾る: His pictures *were* **hung** *on* the wall. ＜V＋O＋前＋名・代の受身＞ 彼の絵が壁に飾られていた / The fronts of the houses *were* **hung** *with* flags. ＜V＋O＋with＋名・代の受身＞ 家々の軒先には旗が掲げられていた.
3 (過去・過分 **hanged**) 〈…を〉紋首刑にする: He *was* ～*ed for* murder. 彼は殺人罪で絞首刑に処せられた. **4** 〈戸を〉ちょうつがいで取り付ける: He *hung* the gate *on* [*by*] hinges. 彼は門をちょうつがいで取り付けた.
5 〈壁紙を〉張る. **6** [普通は命令文で] S 《英古風, 略式》: *H*～ the curfew! I'm going out. 外出禁止令なんか構うもんか! 出かけるぞ.

— 自 **1** [副詞(句)を伴って] 掛かる, ぶら下がっている; (肉が)食べごろになるまでつるされている: A portrait of an old man was ～*ing on* the wall. ＜V＋前＋名・代＞ 老人の肖像画が壁に掛かっていた / There were curtains ～*ing over* the window. 窓にはカーテンが掛かっていた / The lamp *hung from* the ceiling. ランプは天井から下がっていた / This skirt ～*s* nicely. このスカートは(はいたとき)体にちょうどよく合う[フィットする]. **2** (雲などが)低くかかる, 漂う;（鳥が)宙に浮く (*above*, *over*): Smog *hung* low in the sky. スモッグが空に低くたちこめていた / The smell of roses *hung* in the air. ばらの香りが漂っていた. **3** 未決定である; 不確かである: Let it ～. それは未決定のままにしておけ. **4** 〈戸などが〉ちょうつがいで取り付けられている. **5** (過去・過分 **hanged**) 紋首刑になる. **6** 《略式》時間を過ごす (*out*; *at*, *with*).

be [gèt] húng úp on [abòut] ... [動] 他《略式》…のことが気にかかる, …にとらわれている[とらわれる].
Gò hang! [感]《古風, 略式》ほっとけ, 知ったことか《無関心・無視などを表わす》. **háng a rìght [léft]** [動] 自 S 《米》(車が)右折[左折]する. **háng by a (sìngle) thréad [háir]** [動] 自 (人の命・運命などが)危機に瀕している. 風前のともしびである. **háng ìn thère** [動] 自 《略式, 主に米》(困難にもめげずに)がんばる. **Háng it (àll).** 《略式》何てことだ, いまいましい. **háng onesèlf** [動] 自 首をつる, 首つり自殺する. **háng tóugh** [動] 自 《略式, 主に米》＝hang in there. **hàve ... hánging òver one's héad** [動]〈…〉にいつもひびくしている. **Hów's it hánging?**《卑》《滑稽》調子はどうだい《男性に対して言う》. **I'll be hánged!** [感]《古風, 略式》ちくしょう; おどろいた; 冗談じゃない《驚き・いらだちなどを表わす》. **I'll be hánged if I'll ... ＝ I'm hánged if I ...**《古風, 略式》…なら首をやる, 絶対に…ない: *I'll be* ～*ed if I'll do it.* そんなことするもんか. **léave ... hánging (in the áir)** [動] 他 〈…〉を未決定にしておく; 〈人〉を不安な状態にしておく. **lèt ... gò háng** [動] 他 《略式》〈仕事・身なりなどのことをかまわなくなる, 〈…〉をほうっておく. **lèt it àll háng óut** [動] 自 《略式》のびのびふるまう.

——— hang の句動詞 ———
✳háng aròund [《英》**abòut**] [動] 自 《略式》**1** ぶらぶらする, うろつく: Some people were ～*ing around* at the entrance. 数人が入口でぶらぶらしていた.
2 待つ; ぐずぐずする: I hung around for an hour, but he didn't show up. 私は 1 時間も待ったが彼は現われなかった / *H*～ *around!* S (ちょっと)待って.
háng aròund [《英》abòut] ... [動] 他 《略式》
1 …のあたりをぶらぶらする: ～ *around* the house 家

ごろごろする. **2** (人)につきまとう, (人)と一緒にいる.

háng aróund [((英)) **abóut**] **with ...** [動] [他] ((略式)) (人)と付き合う, よく一緒にいる.

háng báck [動] [自] しりごみをする ((恐れや自信のなさのために)); (…を)ためらう (*from*); (その場に)残る.

háng òff ... [動] [他] …から(はがれて)垂れ下がる.

***háng ón** [動] [自] **1** (しっかり)つかまえ(てい)る, しがみついている: *H*~ *on* (tight) till I get to you. 私がそこに行くまでしっかりつかまっていろ. **2** Ⓢ ((略式)) ちょっと待つ; (電話を)切らないで待つ (hold on; [反] hang up): *H*~ *on*, please. 切らずにそのままお待ちください. **3** ((略式)) (やっていることを)やめないでやり通す, がんばり通す.

háng on [**upòn**] **...** [動] [他] (物事)によって決まる, …次第である: It ~*s on* [*upon*] your decision. それはあなたの決心次第だ. **háng on ...'s wórds** [**évery wórd**] [動] …の話を熱心に聞く.

***háng ónto** [**ón to**] **...** [動] [他] **1** (しっかり)…をつかまえ(てい)る, …にしがみついている; (人)にまといつく: Please ~ *onto* [*on to*] the strap. つり革におつかまりください. **2** ((略式)) …を与えない[売らない]で持っている, 取っておく; (勤めなど)をやめないでおく, 続ける. **3** …を頼りとする, …にすがりつく.

***háng óut** [動] [他] 〈看板・旗など〉を掲げる; 〈洗濯物など〉を外へ出す[干す] <V+名・代+*out* / V+*out*+名>: They *hung out* flags for the Queen's visit. 彼らは女王来訪に備え旗を掲げた. — [自] **1** (外へ)垂れ下がる; 突き出る; 身を乗り出す. **2** [副詞(句)を伴って] ((略式)) 住む; よく出入りする, たまり場にする (*at, in*); (…と)ぶらぶら時を過ごす (*with*). **3** Ⓢ (…と)つき合う, 親しくする (*with*). **háng ... óut to drý** [動] [他] 〈人〉を厳しく非難する.

háng óut (of) ... [動] [他] …から垂れ下がる; …から突き出る; (窓など)から身を乗り出す ((☞ 項目 out of 1 [語法])): They *hung out* (*of*) the window to watch the parade. 彼らは窓から身を乗り出してパレードを見た.

***háng óver ...** [動] [他] **1** …の上に突き出る; …ごしに身を乗り出す: The cliff ~*s over* the road. そのがけは道路の上に突き出ている. **2** (雲などが)…の上にかかる, …を覆(おお)う. **3** (いやなことが)…に差し迫る. **háng óver ...'s héad** [動] (いやなことが)…に差し迫っている, …に重くのしかかっている.

háng togéther [動] [自] **1** 団結する; くっつく. **2** (話などが)つじつまが合う.

háng úp** [動] [他] **1** (くぎ・ハンガーなどに)〈…〉を掛ける, つるす <V+名・代+*up* / V+*up*+名>: He ***hung up his coat (***on*** a hanger). 彼は(ハンガーに)上着を掛けた. **2** ((略式)) 〈受話器〉を置く, 〈電話〉を切る: Please ~ *up* the phone and wait. 電話を切ってお待ちください. **3** [普通は受身で] ((略式)) 〈…〉の進行を妨げる, 〈…〉を遅らせる ((☞ be [get] hung up on [about] ... (成句))): They *were* [*got*] *hung up* in a traffic jam for an hour. 彼らは交通渋滞にひっかかり 1 時間待たされた. **4** ((略式)) 〈…〉を使うのをやめる, 〈…〉を使う仕事[活動]をやめる.
— [自] ((略式)) **電話を切る** ([反] hang on, hold on): Don't ~ *up* yet, please. まだ電話を切らないでね.

> [語法] 相手が話している途中で急に電話を切る場合, 切られる相手は on ... で表わす ((☞ on [前] 16)): Ann and Bob were having an argument over the phone. She finally *hung up on* him. アンとボブは電話でやり合っていたが, 彼女はついにガチャンと電話を切ってしまった.

háng upòn ... [動] [他] =hang on ....

— [名] [the ~] 垂れ具合: *the* ~ of a coat コートの垂れ具合. **gèt** [**hàve**] **the háng of ...** [動] [他] ((略式)) (1) …のやり方[こつ]をつかむ. (2) …の趣旨[意味]を理解する. **nót càre** [**gìve**] **a háng** [動] [自] ((略式)) 全然気にしない (*about*).

⁺**han·gar** /hǽŋ(g)ɚ | -ŋ(g)ə/ [名] [C] (飛行機の)格納庫 ((☞ airport 挿絵)).

háng·dòg [形] [A] (表情が)恥じ入った; 悲しげな.

⁺**hang·er** /hǽŋɚ | -ŋə/ [名] [C] ハンガー, 洋服掛け (coat [clothes] hanger); 物をつるす[掛ける]くぎ[輪].

hánger-òn [名] (複 **hangers-on**) [C] [普通はけなして] (金持ち・有力者などの)取り巻き, 子分.

háng glìder [名] [C] ハンググライダー(に乗る人).

háng glìding [名] [U] ハンググライディング, ハンググライダー飛行.

hang·ing /hǽŋɪŋ/ [名] **1** [U,C] 絞首刑. **2** [複数形で] 壁掛け布, 垂れ幕, カーテン. — [形] **1** 絞首刑(処分)の; 厳しく罰する. **2** ぶら下がった, 掛かった. **It's** [**Thát's**] **nó hánging mátter.** たいした問題ではない(絞首刑になるような問題ではない).

hánging básket [名] [C] 花[植物]を植えるつりかご.

Hánging Gárdens of Bábylon [名] [複; the ~] バビロンの吊(つ)り庭 ((紀元前 6 世紀ごろネブカドネザル 2 世が王妃のために造った)).

hang·man /hǽŋmən/ [名] (**-men** /-mən/) **1** [C] 絞首刑執行人. **2** [U] ハングマン ((単語あてゲーム)).

háng·nàil [名] [C] ささくれ.

háng·òut [名] [C] ((略式)) たまり場; 住み家.

⁺**háng·òver** [名] [C] **1** 二日酔い: have [suffer from] a ~ 二日酔いである. **2** [しばしば a ~] 名残, (前時代の)遺物; 後遺症 (*from*).

Háng Séng ìndex /hǽŋséŋ-/ [名] [C] ハンセン指数 ((香港のハンセン(恒生)銀行が発表している株価指数)).

háng·tàg [名] [C] ((米)) (商品の)品質表示票.

Han·gul /hɑ́:ŋgu:l/ [名] [U] ハングル ((朝鮮語の文字)).

⁺**háng·ùp** [名] [C] ((略式)) **1** 不安の種; 取りつかれた妄想: adolescent ~*s* 思春期の悩み. **2** ((米)) 遅れのもと, 障害. **hàve a hángup abòut ...** [動] [他] …にこだわり[悩み]を持っている.

hank /hǽŋk/ [名] [C] 糸の 1 かせ ((綿糸 840 ヤード, 毛糸 560 ヤード)); (髪などの)束.

han·ker /hǽŋkɚ | -kə/ [動] [自] ((略式)) あこがれる, 渇望する (*after, for; to* do).

han·ker·ing /hǽŋk(ə)rɪŋ/ [名] ((略式)) [次の成句で] **hàve a hánkering àfter** [**for**] **...** [動] [他] …にあこがれる, …を切望する. **hàve a hánkering to dó** [動] …することにあこがれる.

han·kie, han·ky /hǽŋki/ [名] (**han·kies**) [C] ((略式)) ハンカチ (handkerchief).

han·ky-pan·ky /hǽŋkipǽŋki/ [名] [U] ((略式)) [しばしば滑稽] 浮気; ごまかし; いたずら.

Han·nah /hǽnə/ [名] [固] ハナ ((女性の名)).

Han·ni·bal /hǽnəb(ə)l/ [名] [固] ハンニバル (247?–183? B.C.) ((カルタゴ (Carthage) の将軍)).

Ha·noi /hænɔ́ɪ/ [名] [固] ハノイ ((ベトナムの首都)).

Han·o·ver /hǽnouvɚ | -və/ [名] [固] the House of ~ ハノーバー家 ((英国の王家 (1714–1901))).

Han·o·ve·ri·an /hæ̀nouví(ə)riən←/ [形] ハノーバー王家の.

Hans /hǽnz/ [名] [固] ハンス ((男性の名)).

Han·sard /hǽnsɚd, -sɑɚd | -sɑ:d/ [名] [固] ((英)) 国会議事録.

Hán·se·at·ic Léague /hǽnsiǽṭɪk-/ [名] [固] [the ~] ハンザ同盟 ((14–15 世紀北ドイツにおける商業都市の同盟)).

Hán·sen's disèase /hǽnsnz-/ [名] [U] 〔医〕 ハンセン病.

han·som (**cáb**) /hǽnsəm(-)/ [名] [C] つじ馬車 ((2 人乗り 1 頭立て 2 輪馬車)).

H

Ha·nuk·kah /hɑ́ːnəkə | hʌ́nʊ-/ [名] [U] ハヌカー祭《ユダヤ教の祭; 普通は 12 月で 8 日間続く》.
hap /hǽp/ [名]《古語》[U] 偶然; 幸運; 運命; [C] [普通は複数形で] 偶然の出来事.
ha'·pen·ny /héɪp(ə)ni/ [名] [C] =halfpenny.
+**hap·haz·ard** /hæ̀phǽzəd | -zəd←/ [形] でたらめな, 行き当たりばったりの: in a ～ way 行き当たりばったりに. **～·ly** [副] でたらめに, 出まかせに.
hap·less [形] [A]《文》(人が)不運[不幸]な.
hap·ly /hǽpli/ [副] [文修飾語]《文》偶然に; おそらく.
hap'orth, ha'p'orth /héɪpəθ | -pəθ/ [名] [U]《英古風》半ペニー分(の価値); 少量 (of).
⁑**hap·pen** /hǽp(ə)n/ [動] (**hap·pens** /~z/; **hap·pened** /~d/; **-pen·ing**) [自] **1** (偶然[たまたま])起こる《☞ 類義語》, 生ずる, (身に)降りかかる: It ～*ed* one night. それはある夜に起こった(ある夜の出来事だった) / Something has **～*ed* to** my right eye—I can't see anything with it! <V+*to*+名・代> 右目がどうかなってしまった—右目では何も見えない / If anything ～*s to* him, let me know. 彼にもしもの事があったら教えてくれ / But what ～*ed* was that the new model did not sell well. ところが実際には新型はあまり売れなかった / Accidents will ～.《ことわざ》事故は避けられない[起こりがちな]ものだ.
2 [進行形なし] 偶然[たまたま]…する: I **～*ed to*** meet an old friend of mine. <V+C (*to* 不定詞)> 私は偶然昔の友達に会った / He ～*ed to* be out when I called. 私が電話した[訪ねた]ときたまたま彼は外出中だった / The picture you're talking about ～*s to* be mine! みなさんがお話しの絵は私のかいたものなんですが《不愉快を表わす》/ Excuse me, but do [would] you ～ *to* be Mr. White?《丁寧》失礼ですがもしかしてホワイトさんでいらっしゃいますか.
3 [it を主語として; ☞ it¹ A 5] [進行形なし] 偶然[たまたま]…する: [言い換え] ***It*** **～*ed that*** we were in Washington then. (=We ～*ed* ***to*** be in Washington then.) そのとき私たちは(偶然)ワシントンにいた / *It* (just) so ～*ed that* I had no money with me. それがたまたま私は金を持っていなかったのだ. [語源] 中(期)英語で「…が偶然に起きる」の意《☞ [単語の記憶]》.

[単語の記憶] 《HAP》(偶然)

happen	偶然起こる
happy	(偶然の) → 幸福[幸運]な
per**hap**s	(偶然によって) → ことによると

Ánything can hàppen. [S] 何が起こってもおかしくない(予想はできない). **as it háppens** [副] たまたま; 折よく; あいにく (by chance): *As it* ～*s*, I won't be in Tokyo next week. 来週はたまたま[あいにく]東京におりません / *As it* ～*ed*, no one was in the house when the fire started. 火事が起こったときたまたま[運よく]その家にはだれもいなかった. **háppen acròss ...** [動] [他] …を偶然見つける. **háppen bý** [動] [自]《米》偶然立ち寄る. **háppen by ...** [動] [他]《米》偶然(公園など)に立ち寄る; …を偶然見つける. **háppen on [upòn] ...** [動] [他]《古風》偶然…を見つける[に出くわす]. **sée what háppens** [動] [自] どうなるか様子を見る. **Thése thìngs háppen.** [S] こういうことは起こるものさ(気にするな). **Whatéver [Whát] háppened to ...?** [S] …はどうなったんだ, どこへ行ったんだ. **Whàt's háppening?** [S] (1) どうしたんだ (What's going on?). (2) やあ, 元気?《親しい人へのあいさつ》.
【類義語】**happen** 最も一般的な語で, 特にあることが偶然[たまたま]起こること: An accident *happened*. 事故が起こった. **come about** *happen* と同じ意味のくだけた言い方. 事情をたずねるときよく使う: How did it *come about* that she was dismissed? どういうわけ[事情]で彼女は首になったの. **occur** *happen* とほぼ同じ意味に用いられることも多いが, やや格式ばった語で, 特に思いがけないことが起こること: The tragedy *occurred* at 8 o'clock yesterday morning. その惨事はきのうの朝 8 時に起こった. **take place** 普通は予定されていることが行なわれること: The conference *took place* last Wednesday. その会議は先週の水曜日行なわれた. **break out** 戦争・火事などが突発的に起こること: War *broke out* in Europe. ヨーロッパで戦争が勃発した.

＊**hap·pen·ing**¹ /hǽp(ə)nɪŋ/ [名] (**～s** /~z/) [C] **1** [普通は複数形で] **出来事, 事件**《☞ event 表》: There were many strange [unfortunate] ～*s* during that period. その時期にはたくさんの奇妙[不幸]な出来事があった.
2《古風, 略式》ハプニングショー《台本なしで即興によって行なわれ, 観客が参加するショー; 特に 1960 年代から 70 年代前半に流行した》.
háp·pen·ing² [形]《略式》かっこいい, はやりの.
hap·pen·stance /hǽp(ə)nstæ̀ns/ [名] [[U] または a ～]《文》偶然の(よい)出来事: by ～ 偶然に.
háp·pi còat /hǽpi-/ [名] [C] (日本の)はっぴ.
＊**hap·pi·ly** /hǽpɪli/ [副] ([反] unhappily) **1 幸福に, 愉快に; 喜んで:** They laughed ～. 彼らは愉快そうに笑った / He did not die ～. 彼は幸福な死に方をしなかった《happily は die を修飾; 2 の例文と比較》/ This story will turn out ～. この物語はめでたしめでたしで終わる / The prince and princess lived ～ ever after. 王子と王女はいつまでも幸せに暮らしました《物語の終わりで》.
2 [文修飾語] **幸いにも, 運よく:** [言い換え] *H*～, he did not die. (=He was happy that he did not die.) 幸いにも彼は死ななかった《1 の例文と比較》. **3** 適切に, うまく.
＊**hap·pi·ness** /hǽpinəs/ [名] ([反] unhappiness) [U] **1 幸福, 満足, 愉快:** the ～ of loving and being loved 愛し愛される幸福 / I have found my ～ in helping others. 私は人助けに自分の幸せを見出している.
2 幸運, 幸せ (good luck): I wish you every [much] ～. あなたのご多幸をお祈りいたします《結婚などのお祝いのことば》. **3** (表現などの)巧妙さ, 適切さ.
⁑**hap·py** /hǽpi/ [形] (**hap·pi·er** /-piə | -piə/; **hap·pi·est** /-piɪst/; [反] unhappy)

中(期)英語で「偶然の(幸運による)」の意《☞ happen [単語の記憶]》から「幸運な」**3** →「幸福な」**1** →「楽しい」**2**,「満足した」**4** となった.

1 (人が)**幸福な, 楽しい, うれしい, 愉快な**《☞ 類義語》: He is ～ with his wife and children. 彼は妻や子供たちと幸福に暮らしている / Ann was **～ *about*** meet*ing* Tom again. <A+*about*+動名> アンはトムとまた会うのがうれしかった / [言い換え] We are **～ *to*** have you here. <A+*to* 不定詞> =We are **～ (*that*)** you are here. <A+(*that*)節> ようこそいらっしゃいました《☞ to³ B 2》/ I'm ～ ***for*** you. <A+*for*+名・代> おめでとう, (君のことで)私もうれしい.
2 [A] (物事が)**楽しい,** うれしい, 幸福な; [祝福の表現で] めでたい: ～ laughter うれしそうな笑い / a ～ marriage 幸福な結婚 / a ～ ending ハッピーエンド / *H*～ birthday (to you)! 誕生日おめでとう.
3 [A]《格式》**幸運な,** 幸せな (lucky): I met him by a ～ chance [coincidence]. 私は運よく彼に出会えた.
4 [P] **満足した;** 納得した, 異議のない (*about*): She is **～ *in*** her present work. <A+*in*+名・代>=She is **～** do*ing* her present job. <A+現分> 彼女は今の仕事に満足している / He won't be **～ *with*** these sales figures. <A+*with*+名・代> 彼はこんな売り上げ(の数字)では納得しないでしょうね. **5** [A]《格式》(ことば・考えなどが)適切な, 巧妙な, うまい: a ～ choice of words 適切な表現の選択.
I'm háppy to dó. =**I'll [I'd] be háppy to**

dó. (丁寧) ⓢ 喜んで…いたします (☞ to³ B 2): *I'm [I'll be]* (英) quite) ~ *to accept your invitation.* 喜んでご招待をお受けいたします.

会話 "Won't you come and see me next week?" "Certainly. *I'd be ~ to.*"「来週うちへいらっしゃいませんか」「ええ、喜んで」

【類義語】**happy** 自分の願いがかなえられて満足した気持ちをいう。また喜びを表すことばとして、次の **glad** と同じように用いられることも多い: I am *happy* about it. 私はそれについて満足している / I am very *happy* to have you. 来ていただいてとてもうれしい。**glad** sorry や sad に対して、喜びを表すことば: I am *glad* to meet you. あなたにお目にかかれてうれしい。

-hap·py /hǽpi/ 形 [合成語で]「…にとりつかれた; やた ら…したがる; …に夢中で」などの意: horn-*happy* drivers やたらに警笛を鳴らしたがる運転手 // ☞ trigger-happy.

háppy cámper 名 C (米略式) [滑稽] 楽しんでいる人, (酒場などで)ご機嫌な客.

háppy evént 名 C (略式) 子供の誕生; 結婚.

háppy-gò-lúcky 形 (人・行動などが)のんきな.

háppy hòur 名 C,U (略式) サービスタイム (バーなどで酒類が割引になる).

háppy húnting gròund 名 C =good hunting ground (☞ hunting ground 成句).

háppy médium 名 (両極端に走らない)中庸: strike *a ~ between* A *and* B A と B の中庸をとる.

Haps·burg /hǽpsbəːg | -bəːg/ 名 固 ハプスブルク (オーストリア・スペインの旧王家).

har /háː | háː/ 間 ははは (笑い声; 特に皮肉な笑い).

ha·ra-ki·ri /hǽrəkíri/ 名 U 切腹.

ha·rangue /həréŋ/ 動 C 熱弁を振るう, 説教する. — 名 C 熱弁, (お)説教; 長広舌.

Ha·ra·re /həráːri/ 名 固 ハラレ (ジンバブエの首都).

*****ha·rass** /hǽrəs, hǽras | hǽrəs/ 動 (-rass·es /~ɪz/; ha·rassed /~t/; -rass·ing) 他 **1** 〈…〉を(しつこく)悩ます, いやがらせをする, 苦しめる: The mayor's family *was ~ed with* [*by*] threatening phone calls all day. 〈V+O+*with* [*by*]+名・代の受身〉市長の家族は一日中脅迫電話に悩まされた / Polly *was* sexually *~ed at* the office. ポリーは職場で性的ないやがらせを受けた. **2** 〈敵〉を執拗(じょう)に攻撃する: Our troops *were* constantly *~ed by* the guerrillas. わが軍は絶えずゲリラの攻撃を受けた.

***ha·rassed** /hərǽst, hǽrəst | hǽrəst, hərǽst/ 形 (忙しさ・心配事で)疲れた, 消耗した.

ha·rass·er /hərǽsɚ, hǽrəsɚ | hǽrəsə, hərǽsə/ 名 C (人を)困らせる人, 面倒をかける人.

*****ha·rass·ment** /hərǽsmənt, hǽrəs- | hǽrəs-, hərǽs-/ 名 (動 harass) U **1** 悩ます[される]こと; いやがらせ: racial ~ 人種差別的いやがらせ / sexual ~ セクシャルハラスメント. **2** 忙しさ・心配事による)疲れ, 困惑(感).

Har·bin /háːbɪn | háː-/ 名 固 ハルビン (中国北東部黒竜江省の省都).

har·bin·ger /háːbɪnʤɚ | háːbɪnʤə/ 名 C (文) 先触れ, 前兆; 先駆者 (*of*).

***har·bor**, (英) **har·bour** /háːbɚ | háːbə/ 励 名 (~s /~z/; C,U 避難港, (☞ port¹ 表); 避難場所, 隠れ場, 潜伏所: a natural ~ 天然の港 / A luxury liner arrived in (the) ~. 豪華客船が港に入った. — 動 (-bor·ing /-b(ə)rɪŋ/) 他 **1** 〈…〉をかくまう, 〈罪人など〉をかくまう. **2** 〈恨み・悪意など〉をずっと心に抱く: They ~ thoughts of taking revenge on you. 彼らはわたしに仕返ししようとしている. **3** 〈虫など〉のすみかとなる. **4** [主に新聞で] (場所が)〈…〉を擁する. **5** 持っている, (人が)〈病気など〉にかかっている.

---

hard 791

har·bor·age, (英) **har·bour·age** /háːbərɪdʒ | háː-/ 名 U 避難, 保護.

hárbor·màster 名 C 港湾管理者.

hárbor sèal 名 C (米) ぜにがたあざらし.

*****hard** /háːd | háːd/ (類音 heard, herd)

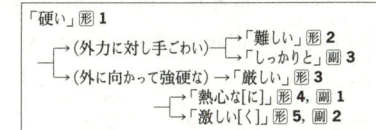

```
「硬い」形 1
    → (外力に対し手ごわい) → 「難しい」形 2
                        → 「しっかりと」副 3
    → (外に向かって強硬な) → 「厳しい」形 3
                        → 熱心な[に]」形 4, 副 1
                        → 激しい[く]」形 5, 副 2
```

— 形 (**hard·er** /-də/ -də/; **hard·est** /-dɪst/; 動 hárden, 名 hárdship) **1** (物体が)硬い (略 h.; ☞ 類義語), (結び目などが)固い (反 soft); (本が)堅い表紙の: ~ ground 固い地面 / Iron is ~*er* than gold. 鉄は金よりも硬い / It was (as) ~ *as* (a) rock. それはまるで岩のように堅かった / This bed is too ~ *to* sleep in. このベッドは堅くて寝られない.

**2 難しい, 困難な, …しにくい (反 easy) (☞ difficult 類義語): a ~ question (*to* answer) (答えるのに)難しい質問 (☞ 語法) / ~ work 骨の折れる仕事 / *It is ~ for* an old man *to* change his way of thinking. 老人が考え方を変えるのは難しい (☞ for 前 B 1) / The medicine is ~ *to* swallow. <A+*to* 不定詞> この薬は飲みにくい. <語法> この意味では ~ に対する の動詞は他動詞で, 前の名詞や代名詞はその意味上の目的語となる (☞ to³ B 6 語法).

**3 厳しい, 厳格な; 断固たる, 容赦しない; 不愉快な; つらい; 不公平な; (精神的に)強い (反 soft): ~ training 厳しい訓練 / a ~ look [eye] 怖い顔つき[目つき] / He led [had] a ~ life after that. それ以後彼はつらい一生を送った / Don't be too ~ *on* me. <A+*on*+名・代> そんなに私をしからないで[私につらく当たらないで]ください / Those were ~ times. あの頃はつらかった.

4 A 熱心な, 一生懸命な; (政治的に)極端な: a ~ worker 勤勉家, 勉強家 // ☞ hard left [right].

5 激しい, 猛烈に; [普通は] A (天候などが)厳しい (反 mild), 険悪な: a ~ blow 強打 / a ~ drinker 大酒飲み / We have had a ~ winter. この冬は寒さが厳しかった. **6 A (情報・証拠などが)確実な, 信頼できる: ~ information 確実な情報 / ~ evidence 確かな証拠 / ~ facts 否定しがたい事実. **7** (水などが)硬質の (反 soft). **8** (音などが)耳ざわりな; (色などが)どぎつい.

9 硬音の (c, g が come, go におけるように /k/, /g/ と発音される). **10 (飲料が)アルコール分の多い (22.5% 以上) (反 soft); ~ liquor (主に米) 強い酒. **11 A (略式) (麻薬などが)習慣性の; (ポルノなどが)強烈な, 露骨な (反 soft). **12 (ニュースが)硬い.

be hárd át it (略式) =**be hárd at wórk** 全力を尽くしている, 懸命にやって[勉強して]いる: She was ~ *at work* writing letters. 彼女は一生懸命手紙を書いていた.

be hárd of héaring [動] 自 耳が遠い.

be hárd on ... [動] 他 (1) (人が)…につらくあたる; …に不公平である (☞ 3); (物事が)…にとってつらい. (2) …をすぐだめにする, 損なう. つらく扱いに悪い: Children *are* ~ *on* their shoes. 子供たちはすぐ靴をだめにする.

gíve ... a hárd tíme [動] 他 (略式) <…>につらい[ひどい] 目にあわせる, <…>をしごく, (…)につらくあたる, <…>を非難する.

hárd and fást ☞ hard-and-fast.

hárd to belíeve [形] 信じがたい.

hárd to táke [形] 受け入れ[容認し, 許し]がたい.

háve a hárd tíme (of it) [動] (自) つらい目にあう; 苦労する: The family had a ~ time (of it) after the war. 一家は戦後つらい目にあった / We had a ~ time finding his house. 彼の家を見つけるのに苦労した.

tàke a (lóng) hárd lóok [動] (自) よく調べる, 綿密に検討する (at).

The hárdest thìng is ... 一番大変な[つらい]のは…(することだ.

the hárd of héaring [名] (複数扱い) 耳の遠い人たち (☞ the¹ 3).

the hárd wày [副] 苦い経験をして; 苦労して, こつこつと: earn money the ~ way こつこつと金を稼ぐ.

tòo múch like hárd wórk [形] 意外につらい, 手に負えない, 困難さが多すぎる.

— [副] (**hard·er** /-də/, -də/; **hard·est** /-dɪst/) **1** 熱心に, 一生懸命に: think ~ じっくり考える / Try ~. 精いっぱいやってみなさい, がんばれ (☞ good luck 日英比較) / He studies (the) ~est in his class. 彼はクラスでいちばんよく勉強する (☞ the¹ 1 (4) 語法 (2)).
2 ひどく, 激しく, 過度に; 目[耳]をこらして; じっくり: It is raining [blowing] ~. 激しく雨が降って[風が吹いて]いる / Look ~ at the problem. その問題をじっくり調べなさい. **3** しっかりと, 堅く, 充分に: Grip it ~er. もっとしっかりつかめ / Turn ~ left. 左へいっぱいに曲がれ. **4** [しばしば合成語で] 苦しんで, やっと, 容易に…しない: a ~-won victory やっと勝ち取った勝利 / ~-earned wealth やっと手にした財産 / He is breathing ~. 彼は息が苦しそうだ. **5** [文] 接近して, すぐ近くに: follow ~ after [behind, on the heels of] the man その男のすぐ後ろについていく / He is ~ on [upon] fifty. 彼はもうすぐ50歳だ.

be [féel] hárd dóne bý [動] (自) ひどい扱い[不当な仕打ち]を受ける[受けたと感じる]. **be ˈhárd hít [hít hárd]** [動] (ある事で)ひどく打撃を受ける (by). **be hárd púshed to dó** (☞ push 動句). **be hárd pút (to ít) to dó** (☞ put 動句). **be hárd úp** [動] (自) (略式) 金に困っている. **be hárd úp for ...** [動] (他) (略式) …に困っている. **gò hárd with ...** [動] (他) [しばしば it を主語として] (英格式) …にとってつらいことになる: It will go ~ with Jones if he loses the election. もしジョーンズが落選したらさぞつらい思いをするだろう. **hárd bý** [副] (古風, 英) すぐ近くに. **hárd bý ...** [前] (古風, 英) …のすぐ近くに. **tàke ... hárd** [動] (他) 〈…〉を深刻に受け取る, 〈…〉に大変なショックを受ける.

【類語群】 **hard** 物体の硬さを意味するときは, 硬くて, 切ったり割ったり突き刺したりできないものをいう: a hard stone 硬い石. **firm** 内容物が固くてよくしまっていてへこましたりつぶしたりできないこと: firm flesh 引き締まった肉. **solid** 内容の密度が濃く, 重量もあって, なかなか切ったりつぶしたりできないことをいう. また質的に内容が均一であることも表わす: a solid building 頑丈な建物. **stiff** 曲げたり伸ばしたりできないような固さ: a stiff piece of leather 堅い革.

hard-and-fast /háːdnfǽst | háːdnfɑ́ːst/ [形] [普通は否定文で] (規則などが)厳重な, 固定した; 明確な, 疑問の余地のない.

hárd-àss [名] [C] [普通は単数形で] (卑) きびしいやつ, 妥協しないやつ.

hárd·bàck [名] [C] =hardcover.

hárd·bàll (米) [名] [U] 野球; [C] (野球の)硬球.
pláy hárdball [動] (自) (米略式) 強引な手段を取る.
— [形] (米) 強引な.

hárd-bítten [形] (人が)手ごわい, 百戦錬磨の, 非情な.

hárd·bòard [名] [U] ハードボード (建築材料).

⁺**hárd-bóiled** [形] **1** (卵など)固ゆでの. 関連 soft-boiled 半熟の. **2** (略式) ハードボイルドの, ドライな; ちゃっかりした.

hárd·bòund [形] =hardcover.
hárd cándy [名] あめ玉 (英) boiled sweet).
hárd càse [名] [C] (略式) 手ごわい人.
hárd cásh [名] [U] 現金 (小切手や手形に対して).
hárd chéese [感] [S] (略式, 主に英) それはお気の毒 (口先だけの同情のことば).
hárd cíder [名] [U] (米) ☞ cider 1.
hárd cópy [名] [U,C] [電算] ハードコピー (磁気テープなどに対し, コンピューターから紙の上に印刷された記録).

⁺**hárd córe 1** [the [a] ~で] (英) [単数または複数扱い] [時にけなして] 中核グループ, 中心勢力; (妥協しない)強硬派. **2** [形] (原義 in hardcore として] (英) 道路の底石 (れんがや石のかけら). **3** [U] ハードコア (1990年代に流行したテンポの速いダンス音楽).

hárd-córe [形] [A] **1** 中核の, 中核を成す; [しばしばけなして] 筋金入りの; 純粋の, 本格的な. **2** (ポルノなどが)露骨な. **3** (音楽が)ハードコア調の.

hárd cóurt [名] [C] (テニスの)ハードコート (アスファルト舗装の).

⁺**hárd·còver** [名] **1** [C] 堅い表紙の本, ハードカバー. **2** [U] ハードカバー版. 関連 paperback 柔らかい紙表紙の本. — [形] (本が)堅い表紙の.

hárd cúrrency [名] [U] (経) 硬貨 (外貨と交換できる通貨).

hárd dísk [名] [C] (電算) ハードディスク (floppy disk より容量が大きい磁気ディスク).

hárd dísk drìve [名] [C] (電算) ハードディスク装置 (略 HDD).

hárd drínk [名] [U] アルコール飲料 (ウイスキーなど). 関連 soft drink 清涼飲料.

hárd-drínking [形] 大酒飲みの.
hárd drìve [名] [C] =hard disk drive.
hárd drúg [名] [C] [普通は複数形で] ハードドラッグ (ヘロイン・コカインなどの強い麻薬; ☞ soft drug).
hárd-éarned [形] 苦労してもうけた[入手した].
hárd-édged [形] [時にほめて] (批判的)鋭い.

⁺**hárd·en** /háːdn | háː-/ [動] (**hard·ens** /-z/; **hard·ened** /-d/; **-en·ing** /-dənɪŋ, -dnɪŋ/; hard; 反 soften) [他] **1** 〈…〉を固くする, 固める: Heat ~s clay. 熱は粘土を固くする / Alcohol ~s the blood vessels. アルコールは血管を硬化させる.
2 〈心〉を冷酷にする, 非情[無情]にする, 無感覚にする: He ~ed his heart against her and punished her severely. <V+O+against+名・代> 彼は心を鬼にして彼女を厳しく罰した. **3** 〈体〉を強くする, 鍛練する.
— [自] **1** 堅くなる, 固まる. **2** 冷酷になる; 無感覚になる: At the sight, his face ~ed into anger. <V+into+名> その光景を見て彼はこわばって怒った顔つきになった.
be [becòme] hárdened to [towàrd] ... [動] (他) …に無感覚である[になる], 慣れっこである[になる].
hárden óff [動] (他) 〈苗木など〉を寒気に当てて強くする.

hárd·ened /háːdnd | háː-/ [形] [普通は A] 常習の; (嫌なことに)慣れっこになった: a ~ criminal 常習犯.
hárd·en·er /-dənə, -dnə | -nə/ [名] [C] (接着剤・ペンキなどの)硬化(促進)剤.

hárd·en·ing /háːdənɪŋ, -dnɪŋ | háː-d-/ [名] [U] [also a ~] 硬化.

hárd féelings [名] [複] 遺恨, 悪い感情 (☞ feeling [名] 2 第 2 例文).

hárd hát [名] [C] **1** (建設作業員・坑夫などの)保護用ヘルメット, 安全帽; (米略式) 建設労働者. **2** (強硬な)保守反動家.

hárd-héaded [形] 抜け目のない, 現実的な; (主に米) 頑固な. **~·ness** [名] [U] 抜け目のなさ; 頑固さ.

hárd-héarted [形] 無情な, 冷酷な. **~·ly** [副] 無情に, 冷酷に. **~·ness** [名] [U] 無情, 冷酷.

hárd-hít [形] ひどい打撃[痛手]を受けた.

⁺**hárd-hít·ting** /-hítɪŋ⁻/ [形] [ほめて] 強硬な; 痛烈な.

hárd hýphen 名C〖電算〗ハードハイフン《操作者が実際に入力した文書中のハイフン》.

har·di·hood /hάɚdihὺd | há:-/ 名U《古風》大胆; ずぶとさ.

har·di·ness /hάɚdinəs | há:-/ 名U 1 頑健さ, 耐久力; 《植物の》耐寒性; 大胆; 勇気, 度胸; 厚かましさ.

Har·ding /hάɚdiŋ | há:-/ 名 **Warren ~** ハーディング (1865-1923)《米国の第29代大統領 (1921-23)》.

hárd lábor 名U (刑罰としての)重労働.

hárd lánding 名 1 C (飛行機の)荒っぽい着陸; (宇宙船の)硬着陸(逆噴射なしで高速の着陸). 2 [単数形で]〖経〗ハードランディング(好景気後の急激な落ち込み).

hárd léft 名 1 [the ~]《主に英》極左(勢力). 2 C 急な左折.

†**hárd líne** 名 [単数形で] 強硬路線. **táke a hárd líne** 動 自 強硬路線をとる (on, over).

hárd-líne 形A 強硬路線の.

†**hárd-líner** 名C 強硬(路線)論者, 強硬派(の人).

†**hárd línes** 名[複], 感 S《英略式》=hard luck.

hárd lúck 名U《略式》不幸, 不運 (on). ─ 感 S《略式, 主に英》お気の毒に!, 残念だったね; ざまを見ろ, 知るもんか.

hárd-lúck 形A 不運な: a ~ story (慰めてもらった)苦労話, 泣きごと.

*__**hard·ly**__ /hάɚdli | há:d-/ 〖Ⅲ〗 副 [☞ barely 語法], negative sentence 文法 (2)] **1** [しばしば can [could] とともに] ほとんど…ない; (とても)…とは言えない (☞ likely 用法): He has ~ studied this term. 彼は今学期ほとんど勉強していない 〈次と比較: He has studied *hard* this term. 彼は今学期よく勉強している〉/ We *could* ~ believe his story. 私たちには彼の話はどうも信用できない / This is ~ the time to take action. 今はとても行動をおこすべき時ではない / H~ a day passed without some incident or other. 何かしら事件がない日はほとんどなかった.

語法 (1) hardly は否定の副詞なので他の否定語とは共に使わないのが普通. 付加疑問のときには次のようになる: You can ~ walk, can you? よく歩けないでしょう《☞ tag question 文法 (1)》.
(2) しばしば any, anything, anybody, at all などの前に用いられる: 言い換え He got ~ *anything*. (= He got almost nothing.) 彼はほとんど何ももらえなかった / 言い換え H~ *anybody* can understand you. (=Very *few* people can understand you.) ほとんどだれもあなたの言うことはわからない / 言い換え There is ~ *any* danger of an earthquake. (= There is very *little* danger of an earthquake.) 地震のおそれはほとんどない.
(3) 上の(2)にある最後の2例のような場合《略式》では few, little よりも hardly の形のほうが普通.

2 恐らく…しない, (まず)…しそうにない: They「are ~ likely to [will ~] come at this late hour! 彼らはこんなに遅い時刻には来そうもない. **3** S《英》とんでもない!, まさか!

hárdly éver [副] ☞ ever 成句. **hárdly … when [before]** ─ …するかしないうちに─: 言い換え She had ~ begun to read the book *when* someone knocked at the door.=《格式》H~ had she begun to read the book *when* someone knocked at the door. 彼女がその本を読み始めたと思ったらだれかがドアをノックした. 語法 when [before] の前は過去完了形, 後は過去時制が普通 // H~ had I stepped into the room *when* the lights went out. 私が部屋へ入ったとたんに明かりが消えた [☞ scarcely 成句 語法, soon 成句 語法の囲み, inversion 文法 (1) (vi)].

Hardy 793

hárd·ness 名U 1 堅いこと, 堅さ; 硬度 (反 softness). 2 厳しさ; 頑健さ; 無情さ.

hárd-nósed 形 [特にA] 不屈の, 頑固な; 実際的な, 抜け目のない.

hárd nút ☞ nut 成句.

hárd-òn 名C《卑》勃起(^{ぼっ}き) (erection).

hárd pálate 名C〖解〗硬口蓋(^{こうこう}がい). 関連 soft palate 軟口蓋.

hárd pórn 名U《略式》(性描写の)露骨なポルノ. 関連 soft porn 露骨でないポルノ.

hárd pornógraphy 名U =hard porn.

†**hárd-préssed** 形 せっぱつまった, 追い詰められた, 苦労する; 多忙な: be ~ for money 金に困っている / He'll be ~ *to* find a new job. 彼は新しい仕事を見つけるのに苦労するだろう.

hárd ríght 名 1 [the ~]《主に英》極右(勢力). 2 C 急な右折.

hárd róck 名U ハードロック《強烈なビートをきかせたロックンロール》.

hárd sàuce 名U《米》ハードソース《バター・砂糖にラム酒・ブランデーなどを加えたクリームソース》.

hárd science 名C ハードサイエンス《物理学・化学・天文学のように厳密な数量化が可能な対象を扱う科学》. 関連 soft science ソフトサイエンス.

hárd·scrábble 形《米》(土地が)不毛の; (生活・人が)貧しい.

hárd séll 名 1 [単数形で] 押し売り, 強引な販売(法). 関連 soft sell 穏やかな販売法. 2 [a ~] 売れない商品; 説得がむずかしい相手[人].

hárd-shéll 形 1 殻の堅い. 2《米略式》自説をまげない, 妥協しない.

*__**hard·ship**__ /hάɚdʃip | há:d-/ 名(~s /~s/; 形 hard) UC (耐え難い)苦難, 難儀, 困苦: the ~s of life 生活苦 / bear ~ stoically 苦難に我慢強く耐える / be no ~ 苦にならない.

hárd shóulder 名C [普通は the ~]《主に英》硬路肩《高速道の緊急避難用の舗装してある路肩》. 関連 soft shoulder 軟路肩.

hárd stúff 名U《俗》強い酒[麻薬].

hárd tàck 名U 乾パン.

hárd-tòp 名C ハードトップ《屋根が金属製で側面中心の窓枠がない自動車》; ハードトップの屋根.

*__**hard·ware**__ /hάɚdwèɚ | há:dwèə/ 名U 1〖電算〗ハードウェア《コンピューターなどの機械や設備部分》. 関連 software ソフトウェア. 2 金物類, 鉄器類《刃物・台所用品・錠前・くぎなど》; 兵器, 銃砲; 機材, 機器: a ~ store《米》金物店.

hárdware clóth 名C《米》亜鉛めっきをした鋼製の金網.

hárdware dèaler 名C《米》金物屋《人》《英 ironmonger》.

hárd wáter 名U 硬水. 関連 soft water 軟水.

hárd-wéaring 形 =long-wearing.

hárd wíre 名他〖電算〗(プログラムでなく)配線で組み込む.

hárd-wíred 形 1〖電算〗(入出力回路などがプログラムでなく)配線による. 2 (行動が)生得[生来]の.

†**hárd-wòod** 名 1 U 堅木(^{かた}ぎ), 硬木, 硬材; C 広葉樹. 関連 softwood 軟木(^{なん}ぼく), 軟材, 針葉樹.

hárd-wórking 形 勤勉な, 働き者の, 勉強家の.

*__**har·dy**__ /hάɚdi | há:-/ 形 (**har·di·er** /-diɚ | -diə/; **-di·est** /-diɪst/) 1 苦難[労苦]に耐えられる, 丈夫な, 強壮な: ~ men 屈強な男たち. 2 (植物が)耐寒性の. 3 大胆な, 度胸のある; 向こう見ずな.

Har·dy /hάɚdi | há:-/ 名 **Thomas ~** ハーディー

(1840-1928)《英国の小説家・詩人》.

har·dy-har-har /hɑ́ɚdihɑ̀ɚhɑ́ɚ | hɑ́:dihɑ̀:hɑ́:/ 間《米式》《滑稽》ハハハ, 笑っちゃうよ《実はおかしくない時にからかって言う》.

⁺hare /héɚ | héə/ 名(複 ~s) C 野うさぎ. 参考 rabbit より大きくて後足・耳が長い. 深い巣穴は作らず, 地上のくぼみに草を敷いて巣を作る. おくびょうな動物とされている《☞ rabbit 表》. **(as) mád as a Márch háre** 形《略式》気が狂ったようになって, 狂乱して. 由来 3月の発情期のうさぎにたとえたもの. **rún with the háre and húnt with the hóunds** 《古風》両方に味方する. 由来 うさぎと逃げながら一方で猟犬と狩りをする, の意. **stárt a háre** 動 ⓐ (1) (話をはずすために本題をそらすために)話題を持ち出す. (2)《略式》うさぎを狩り出す.
—— 動 (**hár·ing** /héə)rɪŋ/) ⓐ《英略式》(脱兎(だ)のごとく)走り去る (off, away).

háre·bèll 名 C いとしゃじん(bluebell の1種).
háre-bráined 形《計画・人など》気まぐれな, 軽率な.
háre còursing 名 U《猟犬を使った》うさぎ狩り.
Ha·re Krish·na /hɑ́:rɪkríʃnə/ 名 **1** U ハーレクリシュナ(1966年米国で設立されたヒンズー教の Krishna 神信仰の一派). **2** C クリシュナ教徒.
háre·lìp 名 C [差別] 三つ口.
hare·lipped /héɚlípt | héə-/ 形 [差別] 三つ口の.
har·em /hé(ə)rəm | hɑ́:ri:m/ 名 C **1** [英] 単数形でも時に複数扱い] ハーレムの女性たち; 男性を取り巻く女性たち《全体》. **2** ハーレム(イスラム教国の女性部屋).
hárem pànts 名[複] ハーレムパンツ《ゆったりとした女性用ズボンでくるぶしで締める》.
har·i·cot /hǽrɪkòʊ | hɑ́:-/ 名 C (英)=navy bean.
háricot bèan 名 C = haricot.
⁺hark /hɑ́ɚk | hɑ́:k/ 動 ⓐ [普通は命令文で]《古語》聞く(listen); H~ (ye)! 聞け. **hárk at ...** 動 [普通は命令文で]《英略式》[皮肉] ...の話を聞く. **hárk báck** 動 ⓐ (昔の話に)なる, 思い出す; (元の型などに)戻る, さかのぼる (to).
hark·en /hɑ́ɚk(ə)n | hɑ́:-/ 動 ⓐ = hearken.
hárken báck to ... 動 他 ...を思い出させる.
Har·lem /hɑ́ɚləm | hɑ́:-/ 名 ハーレム(New York 市 Manhattan 区北部; 黒人が多く住む).
har·le·quin /hɑ́ɚlɪk(w)ɪn | hɑ́:-/ 名 C **1** [しばしば H-] ハーレクィン(菱形(ひし)のまだらの衣装をつけた無言劇の道化役者). **2** 道化者. —— 形 [普通は A] ⓦ 明るい色彩の, 菱形のまだらの.
Hárlequin Románce 名 U ハーレクインロマンス(カナダの女性向き恋愛小説のシリーズ; 商標).
Har·ley-Da·vid·son /hɑ́ɚlidéɪvɪdsən | hɑ́:-/ 名 C ハーレーダビッドソン《米国製の大型オートバイ; 商標》.
Hár·ley Strèet /hɑ́ɚli- | hɑ́:-/ 名 固 ハーリー街(London の街路名; 一流の開業医が多い).
har·lot /hɑ́ɚlət | hɑ́:-/ 名 C《古語》=prostitute.

⁺harm /hɑ́ɚm | hɑ́:m/ (⓽ hármful) 名 U 害, 危害, 損害; 害悪, 不都合 (反 good): What [S] Where] is the ~ in doing that? それをして何が悪いか/言い換え There is no ~ in (your) sleeping late on Sunday. It does no ~ (for you) to sleep late on Sunday. 日曜日に(あなたが)朝寝坊をしても悪いことはない / He came through the accident without ~. 彼は事故によるけがは一つしなかった / No ~ done. [S] 被害はありません, 大丈夫です.
còme to hárm 動 ⓐ [普通は否定形で] 危害を受ける: 言い換え They will *come to* no ~. (=No harm will come to them.) 彼らが危害を受けることはないだろう

dò [cáuse] ... hárm = **dò [cáuse] hárm (to ...)** [動]《(...に)危害[損害]を加える, (...を)害する: Your mistake has *done* a lot of ~. あなたのミスによる損害は大きかった / It wouldn't *do* you any ~ to ask. [主に S] 頼んでみてもよいのでは《提案》.
dò móre hárm than góod [動] ⓐ 有害無益である.
méan (...) nó hárm [動] 他 (...に対して)悪意はない.
òut of hárm's wáy [副·形]《格式》安全な所[無事]で.
pút ... in hárm's wáy [動] 他《格式》〈...〉を危険な状況に追いやる.
—— 動 (**harms** /~z/; **harmed** /~d/; **harm·ing**) 他 〈...〉を害する, 損なう, 〈人〉に危害を加える《☞ injure 類義語》: That incident ~*ed* his reputation. その事件は彼の名声を傷つけた / Fortunately, the crops *were* ~*ed by* the typhoon. <V+O の受身> 幸いにも作物は台風の被害を受けなかった. **It wòuldn't hárm ... to dó** [主に S] (人)は―してもよい[罰(ばち)は当たらない]だろう.

*__harm·ful__ /hɑ́ɚmf(ə)l | hɑ́:m-/ 形 (名 harm, 反 harmless) 有害な, 害になる: ~ animals 有害な動物 / Smoking is ~ *to* health. <A+to+名·代> 喫煙は健康に害がある.
-ful·ly /-fəli/ 副 有害に. **~·ness** 名 U 有害.
*__harm·less__ /hɑ́ɚmləs | hɑ́:m-/ 形 (名 harm) 無害な (to); 罪のない; 無邪気な: a ~ snake 無毒な蛇 / a ~ joke 悪意のない冗談. **~·ly** 副 無害に; 無傷で; 無邪気に. **~·ness** 名 U 無害; 無邪気.
*__har·mon·ic__ /hɑɚmɑ́nɪk | hɑ:mɔ́n-/ 形 (名 hármony) 調和した; 《楽》和声の, ——名 C [普通は複数形で] 《楽》倍音 (overtone).
har·mon·i·ca /hɑɚmɑ́nɪkə | hɑ:mɔ́n-/ 名 C ハーモニカ (mouth organ).
har·mon·ics /hɑɚmɑ́nɪks | hɑ:mɔ́n-/ 名 U《楽》和声学.
harmónic tóne 名 C 《音響》倍音.

*__har·mo·ni·ous__ /hɑɚmóʊniəs | hɑ:-/ 形 (名 hármony, 反 inharmonious) **1** 仲のよい, むつまじい: a ~ discussion 和気あいあいの討議 / have ~ relations *with* ... と仲がよい. **2** 調和した, つり合いのとれた. **3** 美しい調子の, 和声[音]の: a ~ melody 美しいメロディー. **~·ly** 副 仲よく; 調和して. **~·ness** 名 U 仲のよさ; 調和.
har·mo·ni·um /hɑɚmóʊniəm | hɑ:-/ 名 C (リードのある足踏み式)オルガン (reed organ).
har·mo·ni·za·tion /hɑ̀ɚmənɪzéɪʃən | hɑ̀:-naɪz-/ 名 U.C 調和[一致]させること.

*__har·mo·nize__ /hɑ́ɚmənàɪz | hɑ́:-/ 動 (名 hármony) 他 **1** 〈相違している物〉を調和させる, 一致させる: You should ~ your ambitions *with* your abilities. 自分の才能に合った望みを持ちなさい. **2** 《楽》〈旋律〉に和音を加える. —— ⓐ **1** 調和する, 一致する: Such language does not ~ *with* his character. そういったことばづかいは彼の人格と合わない. **2** 《楽》和声で歌う[演奏する].

*__har·mo·ny__ /hɑ́ɚməni | hɑ́:-/ (⓽ 名 (-mo·nies /~z/; 形 harmónic, harmónious, 動 hármonìze; 反 discord) **1** C.U 調和: There is a beautiful ~ of light and shade in this painting. この絵では光と陰が美しく調和している.
2 U (意見・利害などの)一致, 和合 (between): We must work toward ~ in international affairs. 私たちは国際問題で協調をはかるよう努力せねばならない. **3** [U または複数形で]《楽》ハーモニー, 和声, 和音.
in hármony (with ...) [副] (...と)調和して, (...と)一致して, (...と)息が合って: They worked *in* ~ *with* each other. 彼らは仲よく働いた.
òut of hármony [副] 調和[一致]しないで.

har·ness /hάɚnəs | háː-/ 名 1 C （馬を馬車・すきなどにつなぐための）馬具, 引き具: double ~ 2頭立ての引き具. 2 馬具に似たもの; (赤ん坊につける)革ひも, (パラシュートの)背負い革, 安全ベルト《人の落下防止用》. **in hárness** [副] (1) (略式)(平常の)仕事に就いて: die in ~ 在職中[勤務中]に死ぬ / be back in ~ 平常の仕事に戻る. (2) (組織などが)協力して, (主に英) に配偶者や同僚と密接に協力して (with). (3) (馬の)馬具をつけて. ── 他 1 〈馬など〉に馬具をつける; 〈馬など〉を〔馬車などに〕つなぐ (to). 2 〈自然力など〉を動力化[利用]する. **be hárnessed to ...** [動] ...と密接にかかわっている.

hárness ràcing [ràce] 名 U.C 繋駕(けいが)競走《二輪馬車を引かせて行なう競馬》.

Har·old /hǽrəld/ 名 固 ハロルド《男性の名; 愛称は Hal》.

†**harp** /hάɚp | háːp/ 名 C ハープ, 竪琴(たてごと).
── 動 自 1 ハープを弾く. 2 (略式)(...について)同じことをくどくど言う (on (about)).

harp·ist /hάɚpɪst | háː-/ 名 C ハープ奏者.

har·poon /hɑɚpúːn | hɑː-/ 名 C (捕鯨用などの)もり.
── 動 他 ...にもりを打ち込む.

hárp sèal 名 C たてごとあざらし.

harp·si·chord /hάɚpsɪkɔ̀ɚd | háːpsɪkɔ̀ːd/ 名 C ハープシコード《鍵盤楽器》.

har·py /hάɚpi | háː-/ 名 (**har·pies**) C 1 [H-] 《ギ神》 ハルピュイア, ハーピー《顔と体が女, 鳥の翼とつめを持った怪物》. 2 《文》 冷酷な女; [差別] 鬼ばば.

har·ri·dan /hǽrədn/ 名 C (古風) [差別] 鬼ばば.

har·ried /hǽrid/ 形 忙しい, 悩まされた, 困った.

har·ri·er /hǽriɚ | -riə/ 名 C 1 ハリヤー犬《うさぎ狩り用》. 2 クロスカントリーの走者. 3 ちゅうひ《小型のたか》.

Har·ri·et /hǽriət/ 名 固 ハリエット《女性の名; 愛称は Hattie》.

Har·ris·burg /hǽrɪsbə̀ːg | -bə̀:g/ 名 固 ハリスバーグ《米国 Pennsylvania 州南部の州都》.

Har·ri·son /hǽrəsn/ 名 固 ハリソン 1 **Benjamin ~** (1833-1901)《米国の第23代大統領 (1889-93)》. 2 **George ~** (1943-2001)《もと the Beatles のギタリスト》. 3 **William ~** (1773-1841)《米国の第9代大統領 (1841)》.

Hár·ris Twéed /hǽrɪs-/ 名 U ハリスツイード《もとスコットランドのハリス島の手織ツイード; 商標》.

Har·rods /hǽrədz/ 名 固 ハロッズ《London にあるヨーロッパ最大の高級デパート》.

har·row /hǽrou/ 名 C まぐわ《畑をならす農具》; = disk harrow. ── 動 他 〈畑など〉をまぐわでならす. ── 自 (土などが)砕ける.

Har·row /hǽrou/ 名 固 ハロー《London 北西にある 1571年創立の public school; cf. Eton College》.

har·rowed /hǽroud/ 形 (表情などが)苦しそうな.

†**har·row·ing** /hǽrouɪŋ/ 形 痛ましい, 恐ろしい.

har·rumph /hərʌ́m(p)f/ 動 自 わざと咳払いをして不満を言う. ── 他 〈...〉と不満を言う. ── 感 ごほん《咳払い》.

har·ry /hǽri/ 動 (**har·ries; har·ried; -ry·ing**) 他 1 (要求を繰り返して)〈...〉を悩ます, 苦しめる (for). 2 (戦争などでくり返し)〈...〉を荒らす, 侵略する.

Har·ry /hǽri/ 名 固 ハリー《男性の名; Henry の愛称; cf. Tom 成句》.

Hárry Pótter 名 固 ハリーポッター《英国の作家 J. K. Rowling /róulɪŋ/ の「ハリーポッター」シリーズの主人公の魔法使いの少年》.

†**harsh** /hάɚʃ | háːʃ/ 形 (**harsh·er; harsh·est**) 1 厳しい, むごい, 残酷な: a ~ winter climate 厳しい冬の気候 / ~ criticism 厳しい批判 / the ~ realities of life 人生の厳しい現実 / a ~ punishment 厳罰 / She was ~ to [on, with] her servants. <A+前+名+代》 彼女は使用人たちに厳しかった.

2 耳ざわりな, 目ざわりな, 不快な; (せっけんなどが)刺激が強い: a ~ voice 耳ざわりな声 / ~ colors どぎつい色 / This soap is very ~ *to* the skin. <A+*to*+名+代》 この石けんを使うと肌あれがひどい.

3 粗い (rough), ざらざらした: The surface feels ~ *to* the touch. <A+*to*+名》 その表面は触るとざらざらだ.
── 動 [次の成句で] **hársh on ...** 〔古風〕 ...にきついことを言う. ～·**ly** 副 厳しく; 耳[目]障りに. ～·**ness** 名 U 厳しさ; 耳[目]ざわり; 荒々しさ.

hart /hάɚt | háːt/ 名 (複 ~**s**) C 雄じか《特に5歳以上の赤じか》 [関連 **stag** 雄鹿 / **hind** 3歳以上の雌鹿.

har·te·beest /hάɚtəbì:st | háː-/ 名 (複 ~**s**) C ハーテビースト《アフリカ南部の羚羊(かもしか)》.

Hart·ford /hάɚtfɚd | háːtfəd/ 名 固 ハートフォード《米国 Connecticut 州の州都》.

har·um-scar·um /héɚrəmskè(ə)rəm←/ 形 (古風) 無鉄砲な[に], 向こう見ずな[に].

Hár·vard (University) /hάɚvəd | háːvəd-/ 名 固 ハーバード大学《Massachusetts 州 Cambridge 市の米国最古の大学; 1636年創立》.

***har·vest** /hάɚvɪst | háː-/ **12** 名 (**har·vests** /-vɪsts/)

「収穫期」 2 → 「収穫」 1 → 「収穫高」 3 → (比喩的に)「成果」 4 となった.

1 C.U (作物などの)収穫, 取り入れ: the grain ~ 穀物の収穫 / bring in [reap] a ~ 作物を取り入れる[刈り取る] / The apple ~ is in. りんごの収穫はもうすんだ.

2 C.U 収穫期: We have a festival after the rice ~. 米の収穫がすむとお祭りがある.

3 C 収穫高, 取り入れ量 (crop): We have had a bumper ~ this year. 今年は豊作[凶作]だった.

4 [単数形で] (努力・行為の)成果, 報酬; [けなして] 報い: reap a rich [bitter] ~ よい[悪い]成果を得る.
── 動 (**har·vests** /-vɪsts/; **-vest·ed** /-ɪd/; **-vest·ing**) 他 〈作物〉を取り入れる, 収穫する; (文)〈成果〉を収める, 〈(ひどい)報い〉を受ける; [医]〈臓器など〉を摘出する: Have you ~ed the rice yet? 稲の取り入れはもうすみましたか. ── 自 取り入れる, 収穫する.

har·vest·er /hάɚvɪstɚ | háː vɪstə/ 名 C 収穫者, 刈り取る人; 刈り取り機.

hárvest féstival 名 C (主に英)(教会での)収穫(感謝)祭.

har·vest·ing /hάɚvɪstɪŋ | háː-/ 名 U 収穫(すること).

hárvest móon 名 [the ~] 中秋の名月《穀物を豊かに実らせるといわれる; 秋分の日に最も近い日の満月》.

***has**¹ /hǽz/ 動 **have**¹ の三人称単数現在形.

***has**² /(弱) həz, (ə)z, s; (強) hǽz/ (同音 *as, *is¹⁻²) 動 **have**² の三人称単数現在形.

has-bèen /-bèn/ 名 C (略式) [しばしば軽蔑] 盛りを過ぎた人, 時代遅れの人[物].

***has got** /həzgάt, (ə)z- | həzgɔ́t, (ə)z- **have got** の三人称単数現在形.

†**hash**¹ /hǽʃ/ 名 1 U.C ごま切れ肉料理, 「ハヤシ肉」料理. 2 C [時に軽蔑] 再生したもの, 焼き直し (of). 3 C (英) =pound sign 1. **màke (a) hásh (òut) of ...** [動] (略式)(仕事)を台なしにする. **séttle ...'s hásh** [動] (略式)(人)をやり込める. **slíng hásh** [動] 自 (古風, 米俗)(安レストランで)給仕係をする. ── 動 他 〈肉〉をこま切れにする, 切り刻む. **hásh óut** [動] 他 (略式)〈...〉を〔とことん〕話し合って解決する[合意する]. **hásh óver** [動] 他 (略式,

主に米》〈…〉をとことん議論する. **hásh úp** [動] [他]《略式》〈…〉をだめにする.

hash² /hǽʃ/ [名] [U]《略式》=hashish.

hásh bròwns [名] [複] ハッシュブラウンズ《じゃがいも・たまねぎなどを用いる米国料理》.

hash·ish /hǽʃiːʃ/ [名] [U] ハシーシ《インド大麻の乾燥した葉から作った麻薬; ☞ assassin [語源], cannabis [参考]》.

hásh màrk [名] [C] **1** =pound sign 1. **2**〖アメフト〗[複数形で] ハッシュマーク《フィールド内をサイドラインに平行に走る 2 本の直線; この間でプレーを始める》. **3**《米》〖軍〗年功袖(そで)章《従軍年数を示す》.

hásh sìgn [名] [C]《英》=pound sign 1.

Ha·sid /hǽsɪd | hæsíːd/ [名] (複 **Ha·si·dim** /hǽsɪdɪm | hæsíːdɪm/) [C] ハシド《Hasidism の一員》.

Ha·si·dis·m /hǽsɪdɪzm | hæsíːdɪzm/ [名] [U] ハシディズム《ユダヤ教の敬虔主義》.

****has·n't** /hǽznt/ **1**《略式》**has² not の短縮形**《☞ not (1) (i) [語法]》: Mike ~ seen a whale yet. マイクはまだ鯨を見たことがない / Tom has left for Chicago, ~ he? トムはシカゴに出発したんだね / "Has she opened the box?" "No, she ~." 「彼女は箱を開けてしまいましたか」「いいえ, 開けていません」
2《英》**has¹ not の短縮形**（《米略式》doesn't have)《☞ have¹ 1 [語法] 囲み (3)》: He ~ enough money. 彼はお金を十分持っていない / The event ~ anything to do with our company. その事件はわが社とは何の関係もない.

hasp /hǽsp | hɑ́ːsp/ [名] [C]（戸・窓・箱などの）掛け金.

hasp

⁺has·sle /hǽsl/《略式》[名] **1** [C,U] [しばしば単数形で] [S] 奮闘, 苦闘: It's a ~ to get the children to sleep. 子供たちを寝かしつけるのは一仕事だ. **2** [C]《主に米》口論, 激論, 口げんか. ― [動] [他]〈人〉をしつこく悩ます. ― [自] 口論[激論]する (*with*).

has·sock /hǽsək/ [名] [C] **1** ひざぶとん《祈りのときにひざをのせる》. **2**《古風, 米》厚い円筒形のクッション《いす・足のせ台の代用にする》(《英》pouf).

hast¹ /hǽst/ [動]《古語》have¹ の二人称単数現在形.

hast² /(弱) (h)əst; (強) hǽst/ [助]《古語》have² の二人称単数現在形.

***haste** /héɪst/ [名] ([動] hásten, [形] hásty) [U] **1**《格式》急ぐこと, 急[迅]速《☞ hurry [類義語]》: a matter requiring ~ 急を要する事 / More ~, less speed.《ことわざ, 英》急ぐほど遅くなる(急がば回れ).
2 [U] せくこと, あせり; 軽率; 性急: Why all this ~? 何をそんなにあわてているのだ / *H*~ makes waste.《ことわざ》急(せ)いては事を仕損ずる / There is no need for ~. あわてる必要はない.
in háste [副] [W]《格式》急いで; あわてて. **in ...'s háste to dó** [副] …があわてて―したあまり, 急いで―しために: *In my* ~ *to* catch the bus, I got on the wrong one. 私はあわててバスに乗ろうとして乗りまちがえた. **màke háste** [動] [自]《古風》急ぐ (hurry): *Make* ~ slowly.《ことわざ》ゆっくり急げ.

⁺has·ten /héɪs(ə)n/ [動] ([名] haste) [他] [W]《格式》〈人〉を急がす, せきたてて…させる;〈…〉を速める,〈事〉の時期を早める; 促進する (hurry): ~ one's pace 歩く速度を速める / The mother ~*ed* the children *off* to bed. 母親は子供たちをせきたてて寝かせた. ― [自]《文》急ぐ; 急いで行く (*to*); 急いで…する: He ~*ed* away [home]. 彼は急いで立ち去った[家へ帰った] / I'm not against the project, I ~ *to* add. 急いでつけ加えますが私はその計画に反対ではありません.

⁺hast·i·ly /héɪstəli/ [副] 急いで; 早まって, あわてて: change the subject ~ あわてて話題を変える.

hast·i·ness /héɪstinəs/ [名] [U] 早急; あわただしさ; 性急; 軽率.

Has·tings /héɪstɪŋz/ [名] [固] ヘイスティングズ《英国イングランド南東海岸のリゾート地》. **the Báttle of Hástings** [名] ヘイスティングズの戦い《1066 年に征服王 William 一世がアングロサクソン軍を破った》.

has to /(子音の前では) hǽstʊ, (母音の前では) -tu/ **have to** の三人称単数現在形.

***hast·y** /héɪsti/ [形] (**hast·i·er** /-tiə | -tiə/; **hast·i·est** /-tiɪst/; [名] haste) **1** [A] [W] **急いだ**, 急な, あわただしい (quick): a ~ farewell あわただしい別れ / He had a ~ breakfast. 彼は急いで朝食を食べた.
2 [普通は [P]] [軽蔑] **早まった**, **軽率な**: make a ~ judgment 軽率な判断をする / I was too *~ in* concluding that he was lying. <A+*in*+動名> 私は早合点して彼がうそをついているのだと断定してしまった.

****hat** /hǽt/ ([類音] fat, hot, hut) [名] (**hats** /hǽts/) [C] **1 帽子**《特に縁のあるもの; ☞ 表, [語法]》: *H*~*s* off! 脱帽《号令など》. [参考] 女性にとっては正式な服装の一部で室内でも食事中でも取らなくてよい. 男性は室内や戸外でも女性の前では取るのが礼儀.

コロケーション
adjust one's *hat* 帽子(のかぶり具合)を直す
put on a *hat* 帽子をかぶる《☞ put on (put 句動詞) 表》
take off a *hat* 帽子を脱ぐ
wear a *hat*=**have** a *hat* **on** 帽子をかぶっている《☞ wear 表; have on (have¹ 句動詞) 表》

hat (周りに縁がある)	帽 子
cap (ひさしはあるが縁がない)	

[語法] ただし cap も含めて帽子全般を hat で表わすことができる.

2《略式》(人の職業を示す)帽子: wear two ~*s* 2 つの(公)職[役目]をもっている, 二足のわらじをはく.
háng úp one's hát [動] [自]《略式》仕事をやめる, 引退する. **hát in hánd** [副] (1) 帽子を(胸に当てるように)手に持って. (2) 脱帽して; うやうやしく, かしこまって; ぺこぺこと. **Háts óff to ....**《略式》…に(敬意を表して)脱帽 (*for*). **kéep ... ùnder one's hát** [動] [他]《略式》〈…〉を秘密[ないしょ]にしておく. **My hát!**《古風》おやまあ, これは驚いた. **My hát gòes óff to ....** 私は…に脱帽する. **òut of a [the] hát** [副] 無作為に(選んで). **páss the hát (aròund** [《英》**ròund**]) [動] [自]《略式》(帽子を回して)寄付[カンパ]を求める. **púll ... òut of the hát** [動] [他] (思いがけず)〈成功など〉をおさめる, 手にする. **ráise** [《米》**típ**] **one's hát to ...** [動] [他] …に帽子を取って[に手をかけて]あいさつをする; …に敬意を表する. **tàke one's hát òff to ...** [動] [他]《略式》…に脱帽する, 敬意を表する. **tálk through one's hát** [動] [自] [進行形で]《略式》でたらめを言う. **thrów** [**tóss**] **one's hát ìnto the ríng** [動] [自]《略式》競争に参加する, 選挙に出馬宣言する. **wéar one's ...'s hàt** [動] [自] [進行形で]《略式》…の役目を果たす, …の立場でものを言う: I'*m wearing my teacher's* ~ today. 今日は教師として発言しています.

hat in hand (1)

hát·bànd [名] [C] 帽子のリボン.

hát·bòx [名] [C] 帽子箱[入れ].

*__hatch__[1] /hǽtʃ/ [動] (**hatch·es** /~ɪz/; **hatched** /~t/; **hatch·ing**) [他] **1** 〈卵・ひな〉をかえす，ふ化する (*out*): Don't count your chickens before they *are ~ed*. 《ことわざ》ひな鳥がかえらないうちにその数を数えるな(取らぬ狸(たぬき)の皮算用). **2** 〈陰謀など〉をたくらむ，もくろむ (*up*): ～ a wicked scheme よからぬ計画をたくらむ.
— [自] (卵・ひなが)かえる (*out*). — [名] [C] ひとかえり(のひな鳥); [U] ふ化.

+**hatch**[2] /hǽtʃ/ [名] [C] **1** (航空機などの)出入り口，ドア (☞ airplane 挿絵); (船の)昇降口，ハッチ (hatchway): an escape ～ 非常用脱出口 / open the ～ 出入り口を開ける. **2** 昇降口[ハッチ]のふた. **3** (屋根・床などに作った)出入り口; 《主に英》配膳(はいぜん)窓，ハッチ《台所と食堂との間にある》. **4** =hatchback.
Dówn the hátch! [S] 《略式》乾杯.

hatch[3] /hǽtʃ/ [動] [他] 〈表面〉に細い平行線を引く.

hátch·bàck [名] [C] 後部はね上げ式のドア(のついた自動車)，ハッチバック車.

hát·chèck 《古風，米》[名] [C] 手荷物預り所，クローク. — [形] [A] (人が)手荷物預り[クローク]係の.

hatch·er·y /hǽtʃəri/ [名] (-er·ies) [C] ふ化場.

+**hatch·et** /hǽtʃɪt/ [名] [C] 手おの; (北米先住民の)まさかり. **búry the hátchet** [動] [自] 《略式》矛(ほこ)を収める，仲直りをする. [由来] 北米先住民が和睦(わぼく)のしるしにこれを埋めたことから.

hatchet

hátchet-fàced [形] [けなして] やせてとがった顔をした.

hátchet jòb [名] [C] 《略式》(文書・口頭での)悪意のある(不当な)攻撃: do a ～ *on* ... …を中傷する.

hátchet màn [名] [C] 《略式》殺し屋; (人員[費用]削減などの)いやな仕事の代行人.

hatch·ing /hǽtʃɪŋ/ [名] [U] ハッチング《グラフィックアートなどで用いる細い平行線の陰影》.

hátch·wày [名] [C] =hatch[2] 1.

hate /héɪt/ ([類音] fate) [動] (**hates** /héɪts/; **hat·ed** /-ṭɪd/; **hat·ing** /-ṭɪŋ/; [名] hátred) [他] [普通進行形なし] **1** 〈…〉を(ひどく)嫌う，憎む，嫌悪する ([反] love): My wife ～*s* cats. 私の妻はひどく猫が嫌いだ / Children often ～ spinach. 子供はほうれんそうが嫌いなことが多い (☞ spinach [参考]) / Do good even to those who ～ you. 自分を憎む者にも親切にしなさい / I ～ you! おまえなんか大嫌いだ / I ～ him ***for*** murder***ing*** my mother. <V+O+*for*+動名> 母を殺されて私は彼を憎んでいる.
2 〈…するの〉が いやだ，…したくない; 〈…〉が—するのをいやがる: [言い換え] I ～ ***to*** get to the theater late. <V+O (*to* 不定詞)> =I ～ get***ting*** to the theater late. <V+O (動名)> 私は劇場へ遅れていくのは嫌いだ / [言い換え] I ～ you ***to*** use such bad language. <V+O+C (*to* 不定詞)> =I ～ it when you use such bad language. あなたがそんな汚いことばを使うのはとてもいやだ / [言い換え] Our teacher ～***s*** his students ask***ing*** questions while he is giving a lecture. <V+O+C (現分)> =Our teacher ～*s* his students *to* ask questions while he is giving a lecture. 私たちの先生は講義中に学生に質問されるのをいやがる. [語法] 《米》では Our teacher hates *for* his students to ... の形も用いられる. **3** [S] 《略式》〈…するの〉が気が進まない，〈…〉をすまなく[残念に]思う (be sorry): I ～ *to* trouble you, but .... ご面倒をおかけして誠に恐縮ですが… / I ～ *to* say this, but he is rather lazy. 言いにくいことですが，彼はだいぶ怠け者です / I'd ～ *to* think it's true. それが本当だとはとても思いたくない.
— [名] (**hates** /héɪts/; [形] háteful) **1** [U] 憎しみ，憎悪 (☞ hatred 類義語) ([反] love): We were filled with ～ ***for*** [*of*] war. 私たちは戦争に対する憎しみでいっぱいだった. **2** [C] 《略式》大嫌いなもの[人]. **3** [形容詞的に] 嫌がらせの: ～ mail 嫌がらせの手紙.

háte crìme [名] [C,U] 憎悪犯罪《人種・宗教・性的志向などの違う相手に対する暴行・放火などの犯罪行為》.

hat·ed /héɪṭɪd/ [形] [A] 嫌われた.

hate·ful /héɪtf(ə)l/ [形] ([名] hate) 《古風》憎悪に満ちた; 憎むべき，いやな，いまいましい (*to*): a ～ crime 憎むべき犯罪.

hate·ful·ly /héɪtfəli/ [副] 憎らしいほど，いまいましく.

háte·ful·ness [名] [U] 憎らしさ，いまいましさ.

háte màil [名] [U] 脅迫状，いやがらせの手紙.

hat·er /héɪṭə | -tə/ [名] [C] (…を)嫌っている人.

hath[1] /hǽθ/ [動] 《古語》have[1] の三人称単数現在形 (has).

hath[2] /(弱) (h)əθ; (強) hǽθ/ [助] 《古語》have[2] の三人称単数現在形 (has).

hát·less [形] 帽子をかぶっていない.

hát·pìn [名] [C] (婦人帽の)留めピン.

hát·ràck [名] [C] =hat stand.

*__ha·tred__ /héɪtrəd/ [名] ([動] hate) [[U] または a ～] 憎しみ，憎悪(感); 恨み ([反] love) (☞ 類義語): (a) deep ～ *of* war 戦争に対する深い憎しみ / *with* ～ 憎らしそうに / I felt ～ ***toward*** him. 私は彼に憎しみを覚えた. **hàve a hátred of [for] ...** [動] [他] …を憎んでいる; …が大嫌いだ: She *has a* ～ *of* spiders. 彼女はくもが大嫌いだ.

【類義語】**hatred** 特定の人や物に対する個人的・具体的な憎しみ. **hate** love の反対で，一般的・抽象的な憎しみ.

hát stànd [名] [C] 帽子[コート]掛け (coatstand).

-hat·ted /-hǽṭɪd/ [形] [合成語で] …の帽子をかぶった: top-*hatted* シルクハットをかぶった.

hat·ter /hǽṭə | -tə/ [名] [C] 《古風》帽子屋. **(as) mád as a hátter** [形] 《略式》すっかり気が狂って.

Hat·tie /hǽṭi/ [名] [固] ハティー《女性の名; Harriet の愛称》.

+**hát trìck** [名] [C] 〘サッカー・アイスホッケー〙ハットトリック《1人の選手が1試合で3点を取ること》; 3連勝 (*of*).

haugh·ti·ly /hɔ́:ṭəli/ [副] 傲慢(ごうまん)に，横柄に.

haugh·ti·ness /hɔ́:ṭinəs/ [名] [U] 傲慢，横柄.

haugh·ty /hɔ́:ṭi/ [形] (**haugh·ti·er**; **-ti·est**) 傲慢(ごうまん)な，横柄な: a ～ manner 高慢な態度.

*__haul__ /hɔ́:l/ ([同音] hall; [類音] fall[1, 2], halt, hole, whole) [動] (**hauls** /~z/; **hauled** /~d/; **haul·ing**) [他] **1** 〈…〉を強く引く; 〈重い物〉を引きずっていく (☞ pull 類義語); 運搬する: I ～*ed* the boat *ashore*. <V+O+副> 私はそのボートを岸に引っ張り上げた / The laborers ***～ed*** the logs ***along*** the ground. <V+O+前+名・代> 労務者たちは丸太を引きずっていった. **2** (トラックなどで)〈品物〉を運ぶ (carry). **3** [普通は受身で] 《略式》〈人〉を連行する; (法廷などに)呼び出す (*in*, *off*, 《英》*up*): He *was ～ed away* by the police. 彼は警察に連行されていった. **4** 《英》〈人〉を(高い地位)に引き上げる.
— [自] 強く引っ張る: They ***～ed on*** the end of the rope. <V+前+名・代> 彼らはロープの端を強く[思い切り]引っ張った[たぐった]. **hául ín** [動] [他] 〈大金〉をかせぐ; 〈人〉を連行する. **hául óff** [動] [自] 《米略式》(人をなぐろうとして)腕を振り上げる. **hául onesèlf úp [óut of] ...** [動] [他] やっとのことで…に[から]はい上がる[出る]. — [名] [C] [普通は単数形で] **1** 不法な所持物，押収量[品]《大量の麻薬・武器など》; 盗品; 獲物; (ひと網の)漁獲(高) (*of*). **2** [主に新聞で] (メダル・得点などの)獲得(数)，得点 (*of*). **3** 強く引くこと; 運搬物; (運搬)距離 (☞ long haul, short haul).

haul·age /hɔ́:lɪdʒ/ [名] [U] 運搬; 運送業; 運賃.

haul·er /hɔ́:lə | -lə/ [名] [C] **1** 引っ張る人，運搬する人. **2** 《米》運送屋，運送会社 (《英》haulier).

haul·ier /hɔ́:ljə | -ljə/ [名] [C] 《英》=hauler 2.

haunch /hɔ́:ntʃ/ [名] [C] **1** [普通は複数形で] (人・四

足獣の)臀部(でんぶ). **2** (食用動物の)足と腰.

***haunt** /hɔ́ːnt/ [動] (**haunts** /hɔ́ːnts/; **haunt·ed** /-ṭɪd/; **haunt·ing** /-ṭɪŋ/) [他] [進行形なし] **1** (幽霊などが)〈ある場所〉に出る, 出没する: The house is said to *be* ~*ed*. その家には幽霊が出るといううわさだ.
2 〈…〉の心に絶えず付きまとう; 〈…〉の心を悩ます: Memories of the accident ~*ed* him for years. 事故の記憶が何年も彼の脳裏を去らなかった. **3** 〈…〉へたびたび行く, 〈…〉に足しげく通う: He ~*s* bars. 彼は酒場によく行く. ― [名] [C] よく行く場所; (動物などの)よく出る所, 生息地; (犯人などの)巣.

⁺**haunt·ed** /hɔ́ːnṭɪd/ [形] **1** 幽霊や化け物の出没する(とされる): a ~ house 幽霊[お化け]屋敷. **2** (表情などが)不安[心配]そうな, 悩んでいる.

⁺**haunt·ing** /hɔ́ːnṭɪŋ/ [形] (思い出などが)忘れ難い.
~·ly [副] 忘れられないほど(に).

haute cou·ture /òʊtkuːtʊ́ə | -tjʊ́ə/ 《フランス語から》 [名] [U] オートクチュール《高級婦人服店(のデザイナー)全体》; 高級婦人服.

haute cui·sine /òʊtkwɪzíːn/ 《フランス語から》 [名] [U] 高級(フランス)料理.

hau·teur /hoːtə́ː | -tə́ː/ 《フランス語から》 [名] [U] 《格式》 =haughtiness.

Ha·van·a /həvǽnə/ [名] **1** [固] ハバナ《キューバの首都; ☞ 表地図 H 5》. **2** [C] ハバナ《キューバ産の葉を使った葉巻き》.

****have**[1] /hǽv/ ([同音] 《米》 #halve) [動] (三単現 **has** /hǽz/; 過去・過分 **had** /hǽd/; **hav·ing**) [他]

基本的には「所有する」の意.

① 持っている	1
② 手に入れる	2
③ 経験する	3
④ 食べる, 飲む	4
⑤ …をする	5
⑥ …に[…を]―させる; …を―される	6, 7

★ 2, 3, 14 の意味以外では普通は受身なし《☞ be[2] B2 [文法] (2) (vi)》.

1 [進行形なし] (1) [所有] 〈…〉を持っている, 〈…〉がある; 〈…〉を(手に)持っている; (身に)つけている; (店などが)〈…〉を売って[扱って]いる, 備えている: Mary ***has*** a flower ***in*** her hand. <V+O+前+名・代> メアリーは手に花を持っている / I ~ a car. 私は自動車を持っている / [言い換え] Does your father ~ a car? =《英》 *Has* your father a car? お父さんは車をお持ちですか. [語法] 特に《英 Ⓢ 略式》では次の形のほうが普通《☞ have got の項目》: I'*ve got* a car. / *Has* your father *got* a car? // I ~ a present ***for*** you. あなたにプレゼントがあります. / [言い換え] He didn't ~ any money ***with*** [***on***] him. =《英》 He *hadn't* any money *with* him. 彼はお金を全く持ち合わせていなかった. [語法] 《英》でも前者の言い方が普通; hadn't の形は《格式・まれ》 // Do you ~ French perfumes? フランスの香水はありますか《客が店員に尋ねることば》.
(2) [人間関係] 〈肉親・友人など〉がいる, 〈…〉がある; 〈使用人など〉を置いている; 〈ペットなど〉を飼っている: I don't ~ any brothers. 私には兄弟がいない / Do you ~ an interpreter in this company? この会社には通訳はいますか / "How many cats do you *have*?" "ʳWe ~ three [Three]." 「猫は何匹飼っていますか」「3 匹(飼って)います」《☞ keep [動] [他] 4 [語法]》.
(3) [部分・性質・属性] 〈…〉がある, 〈…〉から成っている; 〈性質・特徴〉を持っている: [言い換え] This room *has* six windows. (=There are six windows in this room.) この部屋には窓が 6 つある / [言い換え] April *has* thirty days. 4 月は 30 日ある (=There are thirty days in April.) / Jane *has* blue eyes. ジェーンは青い目をしている / You ~ a good memory, ʳ*don't* you [《英》 *haven't* you]? あなたはもの覚えがいいですね.
(4) 〈(すべき)仕事など〉がある: We ~ a duty to care for him. 私たちは彼の世話をする責務がある / I ~ an English class today. きょうは英語の授業がある // ☞ have ... to do (成句).
(5) 〈感情・意見など〉を心に持っている, 抱いている: I ~ doubts about the success of their plan. 彼らの計画が成功するかどうか疑問に思っている. (6) 〈権限など〉を有する, 行使する(ことができる); 〈影響・結果など〉をもたらす: You don't ~ the authority to search this building. あなた(方)にはこの建物を捜索する権限はない.

> [語法] (1) 以上の例文からもわかるように, 日本語の「持っている」よりも意味が広い.
> (2) この意味の have は様態を表わす副詞 (slowly, easily など)を伴わない.
> (3) この意味の have が否定文および疑問文で用いられるときには上の例文のように一般の動詞と同じく助動詞の do を用いるが, 《英》では be と同じく do を用いないこともある《☞ do[1] 1, 2; haven't 2 [語法]》.
> (4) 次の 2 以下の意味では《英》でも do を用いるのが普通.

2 [進行形なし] 〈…〉を手に入れる, 得る (get); 受ける (receive) (*from*): You can ~ one of these books. この本の中の 1 冊をお取りになって結構です / I *had* a call from Mary. メアリーから電話をもらった / May [Can] I ~ that box, please? Ⓢ あの箱をいただけますか. [語法] can [may, be to] *be had* などの形で受身可能.

3 〈…〉を経験する, 〈楽しい[つらい]時など〉を過ごす, 〈…の目〉にあう; 〈病気など〉にかか(ってい)る; 〈手術・治療・検査など〉を受ける; 〈会など〉を開く: ~ an accident 事故にあう / ~ a party パーティーを開く / What sort of summer vacation have you *had*? 夏休みはどうでしたか / *Have* a nice trip. Ⓢ どうぞよいご旅行を; いってらっしゃい / I'll ~ a checkup tomorrow. 私はあす健康診断をしてもらう / I ~ a slight headache. 少し頭が痛い.

> [語法] (1) 次を比較: 《米・英》 *Do* you often ~ colds? かぜをよくひきますか / 《米・英》 ʳ*Do* you ~ [《英》 *H*~ you, 《略式》 *H*~ you *got*] a cold now? 今かぜをひいていますか《☞ have got の項目 [語法] (4)》. (2) 次の形で受身が可能: A good time *was had by* all. みんな楽しい思いをした.

> **リスニング**
> have や has の後に母音で始まる語が続くと, 語末の /v/ や /z/ とその母音とが結合して「ヴァ」行や「ザ」の音に聞こえる. has a car /hæ̀zəkɑ́ə/ は「ハザカー」, Have a nice evening. /hæ̀vənáɪsíːvnɪŋ/ は「ハヴァナイスィーヴニンᶢ」と聞こえる. 「ハズ・ア・カー」, 「ハヴ・ア・ナイス・イーヴニング」とは発音しない.

4 〈食事〉をとる, 〈物〉を食べる, 飲む《☞ eat 類義語, drink 表》; 〈たばこ〉を吸う: We ~ breakfast at eight. 毎朝 8 時に朝食です / Meg is *having* tea. メグはお茶を飲んでいる / What ʳwill you ~ [are you *having*] ***for*** lunch? <V+O+*for*+名> 昼食は何にしますか.

5 /hæv/ [しばしば動作・行為を表わす名詞を目的語として] 〈…〉をする, 行なう (do). [語法] (1) この場合には動詞と同じ語形の名詞を用いることが多く, 普通は不定冠詞を伴い, 長時間にわたらない, しばしば人にとって楽しみとなる意図的動作・行為を表わす. (2) 同じ語形の動詞を単独で用いるよりもくだけた言い方: [言い換え] I *had* a dance with her. (=I *danced* with her.) 私は彼女とダンスをした / Let's ~ a rest. ひと休みしよう.

コーパス・キーワード

「have＋動作名詞」のいろいろ (⇒ corpus)
hàve an árgument 議論[口論]する / hàve a báth 入浴する / hàve a chát おしゃべりをする / hàve a conversátion 談話をする / hàve a (góod) crý（思う存分）泣く / hàve a dréam 夢を見る / hàve a drínk (of wáter)（水を）飲む / hàve a fíght [quárrel] けんかする / hàve a lóok (at ...) (...)を見る / hàve a (góod nìght's) sléep（ひと晩ぐっすり）眠る / hàve a swím ひと泳ぎする / hàve a tálk 話をする / hàve a trý やってみる / hàve a wálk 散歩する
(⇒ make 4, take 6)

6 [使役] (1) 〈…に〉〈…を〉—させる, 〈…を〉—してもらう (⇒ causative verb 文법) (get): I'll ~ him come early tomorrow morning. <V+O+C（原形）> あすの朝早く彼に来させよう / Tom soon *had* us all laugh*ing*. <V+O+C（現分）> トムはまもなく私たちみんなを笑わせた / Can I ~ it delivered? <V+O+C（過分）> それを配達してもらえますか/言い換え I'd like to ~ these shirts cleaned. =I'd like to ~ someone clean these shirts. このシャツを洗濯していただきたいのですが. (2) [will [would] ~ として]《古語》〈…に〉—してもらいたいと思う.

7 [進行形なし] 〈…を〉—される, 〈…を〉—される目にあう; 〈…を〉—する[している]: I *had* my pocket pick*ed* in the bus. <V+O+C（過分）> 私はバスの中でけりに やられた / She *had* her neck *broken* in the accident. 彼女はその事故で首の骨を折った / Don't shout! You'll ~ the neighbors complain*ing*. <V+O+C（現分）> 大声を出すな, 近所の人から文句が出るぞ/言い換え I ~ two buttons missing on my jacket.=My jacket *has* two buttons missing. <V+O+C（形）> 私の上着のボタンが２つない.

8 [普通に否定文, 特に will not, cannot などの後で] Ⓢ〈…を〉許す, 大目にみる; 〈…を〉—させておく. 語法 しばしば動詞の原形・現在分詞とともに用いる: I won't ~ that kind of behavior. そんなふるまいは許さない / I won't ~ you do*ing* such a thing. あなたにそんなことはさせられない / I don't want to ~ anyone *visit* me on Sundays. 日曜日に人に来られるのはいやだ. **9** [進行形なし]〈…を〉—の状態にする[保つ]: H~ your homework *done* by noon! 昼までに宿題をやってしまいなさい / She *had* her back *to* the heater. 彼女は背中をヒーターに向けていた. **10**〈客〉がある, 〈…を〉客として迎える: We're *having* six guests (*for* [*to*] dinner) tomorrow. あすうち6人の客が（夕食に）来る / We're very happy to ~ you in New York. あなたがニューヨークにいて[来て]くれてとてもうれしい / It's a great pleasure to ~ you with us this evening. 今晩はあなたに来ていただけてとてもうれしい. **11**（人・動物が）〈子〉を産む, もうける: She's *having* a baby next month. 彼女は来月子供が生まれる. **12** [進行形なし]〈…に〉同情などを見せる (*on, for*); [have＋the＋抽象名詞＋to 不定詞の形で] …する〈態度など〉を示す: H~ the kindness to show me that picture. その写真を見せてくださいよ（いやみな言い方）/ *have the impudence to do* (⇒ impudence 成句). **13**《略式》〈…を〉打ち負かす, 〈…に〉勝つ; 〈…を〉やっつける: I'll ~ him *for* stealing my girlfriend. 俺の彼女をとったやつで, あいつただじゃおかんぞ. **14** [普通に受身で] Ⓢ《略式》〈…を〉だます: We've *been had*. 俺たちは一杯食わされた. **15** [進行形なし]〈人〉の〈…〉を（乱暴に）つかむ: He *had* me by the arm. 彼は私の腕をつかんだ (⇒ the¹ 2). **16** [進行形なし]《略式》〈異性〉と（セックスを）やる.

be nòt hàving ány (of that [it]) [動] 自 Ⓢ《略式》認めない, 応じない, 関心を示さない (⇒ 8).

hàve ... (àll) to onesèlf 〈…〉を独占する,〈…〉を一人で使っている: He *has* a large room (all) to *himself*. 彼は広い部屋を一人で使っている.

hàve a lót to dó with ... [動] 他 …と大いに関係がある.

hàve ànything to dó with ... ⇒ have something to do with ... 語法 (2).

hàve (gòt) ... cóming (to one) [動] 他〈特に悪いこと〉を当然受けることになる (⇒ have it coming (to one); one² 代 3 語法 (4)).

hàve hád it [動] 自 Ⓢ《略式》(1) もうやこれまでだ; もう役立たない, (人が)死んだ[死にそうだ], へとへとだ. (2) I have had it up to here of [with] ...)はもう十分[うんざり]だ (*with*). (3) ひどい目にあう, 大変なことになる.

hàve it [動] 自 (1) 勝つ: The ayes ~ *it*. 賛成が多数. (2)（…から）聞き知る（ようになる）(*from*). (3) Ⓢ（答えなどが）わかる: I ~ *it*~[I've got] *it*! わかったぞ, そうだ. (4)《略式》(弾丸などで)撃たれる, なぐられる; しかられる.

hàve it (áll) òver ... [動] 他《略式》…より（～において）優れている (*in*).

hàve it cóming (to one) [動] 自 Ⓢ《略式》当然の報いだ[自業自得だ] (⇒ have (got) ... coming (to one); one² 代 3 語法 (4)).

hàve it ín for ... [動] 他 Ⓢ《略式》…を恨んでいる.

hàve it ín one [onesèlf] [動] 他《略式》〈…する〉能力[勇気]がある (*to do*) (⇒ one² 代 3 語法 (4)).

hàve it óff [awáy] [動] 自《英俗》（…と）セックスする (*with*).

hàve it [thìngs] óut [動] 自《略式》(…と)議論などに決着をつける, 徹底的にやり合う (*with*).

háve it (that) ... [動] …と言う[聞いている]: Rumor *has it (that)* another war is going to break out there. その地にまた戦争が起こるといううわさだ.

hàve líttle to dó with ... [動] 他 …とほとんど関係がない.

hàve nóthing on ... [動] 他《略式》(1) …にはかなわない[太刀(黐)打ちできない]: She *has* nothing *on* you when it comes to brains. 彼女も頭脳では君にかなわない. (2)（警察が）…の逮捕に結びつく証拠をつかんでいない (⇒ have ... on —² (句動詞)).

hàve nóthing to dó with ... [動] 他 …と関係がない; …と掛かり合わない, …を避ける (⇒ have something to do with ... 語法 (2)).

hàve ónly to dó ⇒ have to の項目の成句.

háve ... (ríght [jùst, exáctly]) whère one wánts them [her, them] [動] 〈人〉に対して有利な立場にある (⇒ one² 代 3 語法 (4)).

hàve sòmething to dó with ... [動] 他 …と関係がある, …と掛かり合いがある: His failure seems to ~ *something to do with* his character. 彼が失敗するのは彼の性格と関係がありそうだ.

語法 (1) have の代りに be を用いて be something to do with ... となることがある. (2) 疑問文では have anything to do with ..., 否定文には do not have anything to do with ..., 他 have nothing to do with ... を用いる (⇒ something 代 語法 (1)): Did the weather ~ *anything to do with* this accident? 天候がこの事故に関係があったのか / He 「didn't ~ anything [had nothing] to do with their plot. 彼は彼らの陰謀とは無関係だった.

hàve to dó ⇒ have to の項目.

hàve ... to dó [動] 他〈…を〉—しなければならない: I ~ a paper *to* write tonight. 今夜はレポートを書かなければならない.

hàve to dó with ... [動] 他 (1) …と関係がある,

...と掛かり合いがある: My new job *has* (a lot) *to do with* computers. 私の新しい仕事はコンピュータと(大いに)関係がある. (2) ...を扱っている.
I'll háve you knów ... [普通は文頭で] Ⓢ 言っておくけどね(...なんだ) (いらだちを示す).
「You háve [You've gót] me thére. Ⓢ (略式) (1) お説ごもっとも, 一本とられた. (2) (答えが)わからない, 降参.

─── **have¹ の句動詞** ───

***háve ... agàinst** ─[動]他 [受身なし] ─に対して〈恨み・反感など〉を抱いている: What do you ~ *against* me? 私に何の恨みがあるのですか / I ~ nothing *against* him personally. 個人的には彼に何の恨みもありません.

***háve aróund** [動]他 [受身なし] 1 〈...〉を手近に置く[置いている]: This is a handy tool to ~ *around*. これは手近にあると便利な道具だ. 2 〈家に〉〈...〉を客として迎える (have over).

***háve báck** [動]他 1 〈貸したもの〉を返してもらう, 取り戻す〈V＋名・代＋back／V＋back＋名〉: Can I ~ my book *back*? 本を返してもらえる? 2 〈別れた夫[妻]など〉を再び迎え入れる.

háve dówn [動]他 1 〈下の階・南部などへ〉〈...〉を客として迎える. 2 〈...〉を下げる, 下げている; 下に置く; 取り壊す: She *had* her hair *down* for the party. 彼女はパーティー向けに髪をおろしていた. **háve ... dówn for** ─[動]他 ＝put ... down for ─ (put down (put 句動詞)成句).

háve ín [動]他 1 〈職人・医者など〉を家[部屋]へ入れる, 呼ぶ; 〈人〉を客として[招き]入れる: We're *having* a painter *in* next week. 来週ペンキ屋さんに来てもらう. 2 《英》〈家・店などに〉〈食料・品物など〉を蓄えている.

háve óff [動]他 1 [受身なし]〈ある期間・曜日などを〉休みにする (☞ off [動] 4; take off (take 句動詞) 3): I ~ next week *off*. 来週は休みます. 2 〈衣服・帽子・靴など〉を身につけている: It was so hot that he *had* his jacket *off*. とても暑かったので彼は上着を脱いでいた.

***háve ón** [動]他 1 [受身・進行形なし]〈服・帽子など〉を身につけている (wear) 〈V＋名・代＋on／V＋on＋名〉: Ann *had* a white dress *on*. アンは白い服を着ていた / She *has* glasses *on*. 彼女はめがねをかけている (☞ wear [動] (1) [語法]). 2 〈ラジオ・テレビなど〉をつけている. 3 Ⓢ (略式)〈約束・すべき事など〉がある, 〈会などを〉予定[計画]している: I ~ nothing [a lot] *on* (for) tonight. 私は今夜は予定が何もない[きっしりある]. 4 [普通は進行形で]《英略式》〈...〉をだます, かつぐ.

have on (身につけている)	〈服・シャツなど〉を着ている
	〈ズボン・スカート・靴など〉をはいている
	〈帽子・ヘルメットなど〉をかぶっている
	〈めがねなど〉をかけている
	〈ネクタイなど〉をしめている
	〈手袋・指輪など〉をはめている
	〈えり巻き・マフラー・腕時計・化粧などをしている
	〈香水・リボンなど〉をつけている

***háve ... on** ─¹ [動]他 [受身・進行形なし] (身体)に〈...〉をつけている; 〈...〉を持ち合わせている (☞ have¹ 1 (1)): She *has* a ring *on* her finger. 彼女は指輪をはめている.
háve ... ón ─² [動]他 (略式)〈人〉に対して不利とな

る〈情報など〉を握っている: They *had* something *on* Tom. 彼らはトムの弱みを握っていた // ☞ have nothing on ... (2) (成句).

háve óut [動]他 1 〈...〉を外へ出す; 〈歯など〉を抜いてもらう, 取ってもらう. 2 (議論して)〈問題など〉に決着をつける (*with*). **háve it óut** ☞ have¹ 成句.

***háve óver** [動]他 1 [受身なし]〈家に〉〈...〉を客として迎える: We're *having* a few people *over to* [*for*] dinner. 私たちは何人かの人を夕食に招いてある. 2 〈いやなことと〉を終える: We'll be glad to ~ our tests *over* (*with*). 試験が終わったらせいせいするだろうな.

háve róund [動]他 《英》＝have over 1.

háve úp [動]他 1 〈階上から〉〈...〉を客として迎える. 2 [普通は受身で]《英式》〈...〉を告発する, 訴える; 喚問する (*for*).

[類義語] have 「所有する」という意味の最も一般的な語. own 法律により認められて, 有形のものを所有する. possess have よりも格式ばった語で, 特に才能・性質などの無形のものを所有することに使われる.

***have²** (弱) həv, (ə)v; (強) hǽv/ (同音 *of*, 《米》 #*halve*) [助] (三単現 **has** (弱) həz, (/s, z, ʃ, ʒ, tʃ, dʒ/ の後ではまた) əz, (その他の有声音の後ではまた) z, (その他の無声音の後ではまた) s; (強) hǽz/; 過去・過分 **had** (弱) həd, (ə)d; (強) hǽd/; **hav·ing** /hǽvɪŋ/)

完了形 (☞ perfect form [文法]) を作る助動詞.
① [have＋過去分詞で=現在完了形] 1
② [had＋過去分詞で=過去完了形] ☞ had²
③ [will＋have＋過去分詞で=未来完了形] 3

1 [have＋過去分詞で現在完了形]

[文法] 現在完了形 (present perfect form)
完了形の1つで, 次のような意味を表わす.
(1) [動作が現在の直前に完了[終了]したこと] ...してしまった, ...したところだ (動作を表わす動詞とともに用いる; ☞ been² 1 (1)): Jim has just come home. ジムは今帰宅したところだ / I ~ [I've] *already had* my breakfast. 私はもう朝食を済ませた / I ~ [I've] *made* up my mind now. 私はもはや決心がついた /"*Has* Helen *finished* her work yet?" "No, [not yet [she *hasn't* (*finished* it yet)]."「ヘレンはもう仕事を終えましたか」「いいえ, まだです」

[語法] (1) この意味のとき特に《米》では過去時制を使うこともある: John just *came* home. (☞ past tense [文法] (4); just¹ [動] 2 [語法])
(2) この意味の現在完了形は already, never, now, yet などの副詞を伴うことが多い.
(3) 現在完了形は基本的に現在時制に属し, 現在と何らかの形でつながっていることを示すものであるから, today, this week [month, year], lately, of late, recently など現在と関連する副詞は現在完了形とともに用いることができるが, yesterday, last week [month, year], ago のようにはっきり過去を表わす副詞とともには用いない: I ~ [I've] *had* a pleasant time *today* [*this week*, *this month*]. きょう[今週, 今月]は楽しかった.

(2) [現在まである状態が継続していること] (ずっと)である (状態を表わす動詞とともに用いる; ☞ been² 1 (1)) Nancy *has been* ill since last Tuesday. ナンシーはこの前の火曜日から病気だ / I ~ *known* that actress since she was a baby. 私はその女優がまだ赤ん坊の時から知っている.

(3) [現在までの動作や状態の影響・結果または経験] ...したことがある, ...してしまっている(それによって何らかの利益や被害を受けているなど); ...している[ある]: I ~ [I've]

lost my wallet. 私は財布をなくしてしまった《今も見つからず困っている》. ★次の文と比較: I *lost* my wallet yesterday. 私はきのう財布をなくした《過去時制―その後見つかったかどうかは問題にしない》/ Mr. Brown *has bought* a new car. ブラウンさんは新車を買った《今も乗り回している》. ★次の文と比較: Mr. Brown *bought* a new car last year. ブラウンさんは昨年新車を買った《過去時制―今も持っているかどうかは不明》/ *H~* you *ever visited* Rome before? あなたは以前にローマに来ら[行か]れたことがありますか. **語法** このように経験の意味では ever, never, once, before などの副詞を伴うことが多い: "*H~* you *ever seen* a panda?" "No, I've *never* seen one)."「パンダを見たことはありますか」「いいえ,(ありません)」/ "*H~* you *ever been* to Paris?" "Yes, I've *been* there twice."「パリに行ったことはありますか」「ええ,2度行ったことがあります」. ★《米》では been の代りに gone を使うこともある《⇨ have gone to ... (1) (gone 成句)》.

(4) [時や条件を表わす副詞節の中で未来完了形の代用]: Let's have tea after we ~ *finished* our work. 仕事を終えたらお茶にしよう.

2 [had+過去分詞で過去完了形] ⇨ had².

3 [will [《英》shall]+have+過去分詞で未来完了形].

文法 未来完了形 (future perfect form)
完了形の1つで,次のようなことを表わす.
(1) [未来のある時点までに動作が完了するであろうこと](...のときまでには)―してしまっているだろう: I *will have finished* the work by eight o'clock this evening. 私は今晩8時までにその仕事を済ませているでしょう / They *will have built* a bridge across the river by the time you visit the place. あなたがそこを訪れるまでには,その川には橋がかかっているでしょう.
(2) [未来のある時点である状態が継続していること](...まで)―であろう: He *will have lived* here for ten years by the end of next month. 彼は来月の末でここに10年住むことになる.
(3) [未来のある時点までの動作の影響・結果,または経験](...のときまでには)―したことになるだろう: If I visit Paris once more, I *will have been* there five times. もう1度パリに行けば私は5回行ったことになる.
★未来完了進行形については ⇨ been¹ (3).

4 [have+been+現在分詞で現在完了進行形] ⇨ been² (1); perfect progressive form **文法**.

5 [to+have+過去分詞で完了不定詞] ⇨ to³ G.
had bètter ⇨ had better の項目.
had ràther dó ⇨ rather¹ 成句.
hàve dóne with ... ⇨ do² 成句.
hàve gót to dó ⇨ have to の項目.
have³ /hǽv/ 名 [the ~s] 有産者[階級]; (資源・核などの)保有国 (反 have-not): *the ~s* and (the) *have-nots* 持てる者[国]と持たざる者[国].

have got /həvgát, (ə)v- | həvgɔ́t, (ə)v-/ (三単現 has got /həzgát, (ə)z- | həzgɔ́t, (ə)z-/ 動 他 《略式》持っている (have): I've got an old camera. 私は古いカメラをもっている / She *hasn't got* any brothers. 彼女には男の兄弟はいない / *Have* you *got* a pen? ペン持ってる[ある]? / You've *got* a lot of work to do. 君にはやる[べき]ことがいっぱいある.

語法 (1) 特に Ⓢ または《英略式》で現在時制で用いる.
(2) have got には 've got, has got には 's got という短縮形を用いることが多い.《米》では have を省略することがある: I('ve) *got* a problem. 困ったことがあるんだ.
(3) have¹ の意味のうち主に1と3に対応する用法がある

る《⇨ have¹ 1, 3》.
(4) 特に《英》では have が「長い間ずっと持っている」ということを表わすのに対し, have got は「一時的にそのとき持っている」ということを表わすことが多い. 次の文を比較: He *has* blue eyes. 彼は青い目をしている / Look at him; he *has* [he's] got a black eye. 見てみろ, あいつ(殴られて)目の周りが黒いあざになっている.
(5) have got は次のような場合は用いない. a) 助動詞の後: You *will have* no chance. あなたには無理だろう. b) 命令文: Don't *have* anything to do with him. 彼とは関わらないようにしなさい.
(6) *Have* you *got*...? に対する答えは Yes, I have. または No, I haven't. という.

★ have got ...の形の成句は have¹ の成句ないし句動詞の欄を参照.

*have got to /(子音の前では) həvgát(t)ʊ, (ə)v- | -gɔ́t-; (母音の前では)-(t)uː/ (三単現 **has got to** had got to はまれ. [動詞原形の前につけて助動詞のように使う]《略式, 主に英》**1** ...しなければならない; ...したほうがいい, ...しなさい (must, have to) ⇨ had better の項目の表): You've *got to* do it at once. それはすぐにやらなくちゃだめだ 《you につくと命令に近い意味になる》/ I've *got to* write to him. 彼に手紙を書かなくちゃ / You've simply *got to* taste this wine! このワインをぜひ味わってみて《強い勧誘》.

語法 (1)《英》では have got to の否定は, He *hasn't got to* work. (彼は働かなくともよい) (=He *doesn't have to* work.) となる《⇨ have to の項目 2)》. He *must not* work. (彼は働いてはいけない) と比較.《米》では He *doesn't have to* work. の形を用いる.
(2)《英》では have to は習慣的な動作を表わし, have got to は特定の場合の動作を表わす傾向がある. 次の2つの例文を比較: We don't *have to* work on Saturday afternoons. 土曜の午後は仕事をしなくてもよい / We *haven't got to* work this afternoon. きょうの午後は仕事をしなくてもよい.
(3)《米》では have を省略する: You('ve) *got to* go there. そこに行かなくちゃだめだ.

2 ...にちがいない (must) 《⇨ have to 3》: Someone *has got to* be lying. きっとだれかがうそをついているのだ.

***ha·ven** /héɪv(ə)n/ 名 (~s /-z/) Ⓒ 避難所 (shelter); 安らぎの場所: This will be a safe ~ *for* them. ここは彼らにとって安息の地となるだろう / *tax haven*.

háve-nòt 名 (反 have³) [the ~s] 無産者[階級]; (資源・核などの)非保有国.

*have·n't /hǽvənt/ **1** 《略式》**have¹ not** の短縮形《⇨ not (1) (i) 語法》: I ~ finished my lunch yet. 私はまだ昼食を終えていない / You have read it already, ~ you? それはもう読んだんだろ / "Have the boys finished decorating the Christmas tree?" "No, they ~."「あの(男の)子たちはクリスマスツリーを飾り終えましたか」「いいえ, まだです」.
2《英》**have¹ not** の短縮形《《米略式》don't have》《⇨ have¹ 1 語法《囲み》(3)》.

語法 I have a car. を否定にするとき, 普通 I *haven't* a car. とは言わないで I *don't have* a car. / I haven't got a car. や I have no car. とする. haven't [hasn't] は目的語の名詞の前に《不定冠詞・所有格以外の》他の語が入る場合に使う: I ~ the slightest idea. 全然見当もつかない / I ~ any money on me now. 今はお金の持ち合わせがない.

hav·er·sack /hǽvəsæ̀k | -və-/ [名] [C] 《主に英》 ショルダーバッグ, 肩かけのナップザック, (兵士などの)雑のう.

****have to** /(子音の前では) hǽftʊ, -tə, (母音の前では) -tu/ (三単現 **has to** /hǽs-/; 過去 **had to** /hǽt-/) [動詞の原形の前につけて助動詞のように用いる. 疑問や否定は ☞ 1 [語法] (5), 2 [語法]]

① …しなければならない	1
② [否定文で] …する必要はない	2

1 …しなければならない; …したほうがよい, …しなさい (must).

[語法] (1) 助動詞 must を別の助動詞の後につけることはできない. 従って will, shall, may, have などの後では must の代わりに have to が用いられる (☞ able[1] [語法]): I ～ be home before ten. 私は 10 時前に家に帰らなければならない / You'*ll* ～ study harder next year. 来年はもっと勉強しなければいけないよ (you につくと命令に近い意味になる) / I *will* ～ stop sending you money if you keep loafing around. ぶらぶらしているのなら, 送金を停止しなければなるまい (I や we につくと強い意志を表わすことがある) / All you ～ do is (to) listen to them. 彼らの話を聞いてあげさえすればよい (☞ to[3] A 5 [語法]) / Did you *háve to* swear at her like that? [S] 彼女をあんなにののしらなければいけなかったのか(それは間違っているのではないか) (★ have に強勢を置く; 人を批判したり腹が立ったときの言い方).
(2) must は普通は過去形としては用いないので過去時制では had to を使う: I *had to* go there alone. 私は一人でそこへ行かねばならなかった.
(3) have to は「周囲の事情でそうする, しなければならない」という含みがあるので, 話し手の命令的な意志を表わす must よりも響きが柔らかく, 《略式》では must よりも have to を用いることが多い (☞ had better の項目の表): Sam *has to* clean his room. サムは自分の部屋の掃除をしなければならない / I ～ say good-bye now. そろそろおいとましなければなりません.
(4) 「忠告」「勧誘」の意味を表わすことがある: You simply ～ see that movie! あの映画はぜひとも見なさい[見てください].
(5) have to の疑問には do … have to — を用いる: *Do* we ～ work on Saturdays? 土曜日に働かなくてはいけないのですか / Where *do* I ～ change buses? どこでバスを乗り換えないといけませんか.

2 [否定文で] …する必要はない (need not) (☞ must[1] 2). [語法] have to の否定には「do not [don't] have to を用いる: Meg *doesn't* ～ leave this evening. メグは今晩発(た)つ必要はない.
3 (1) …にちがいない, きっと…のはずだ (must): Since he is an authority, what he said *has to* be true. 彼は権威なのだから, 彼の言ったことは本当にちがいない. (2) [<has to have＋過去分詞> の形で] …だったにちがいない, きっと…だったはずだ: Judging from the noise, there *has to have been* an explosion. 音から判断すると爆発があったに相違ない. [語法] この場合 have to の後は be のことが多い. **4** [S] [特に皮肉] (困ったことに)決まって…する: The baby just *has to* start crying at midnight! 赤ん坊は夜中になると泣き出すのさ.
ónly hàve to dó＝**have ónly to** dó [助] [S] …しさえすればよい: You *only have to* wait. あなたはただ待てばよいのです.

***hav·ing**[1] /hǽvɪŋ/ [動] **have**[1] の現在分詞および動名詞.

***hav·ing**[2] /hǽvɪŋ/ [助] **1** 《have[2] の現在分詞》 [having＋過去分詞で完了分詞をつくる] 《格式》 …してしまったので, …だったので.

[文法] **完了分詞** (perfect participle)
分詞構文 (☞ participial construction [文法]) で用い, 主節の述語動詞の示す「時」より以前の「時」, またはその時までに完了したことを示す: [言い換え] *H～ been* deceived so often (＝Because he *has been* deceived so often), he is now on his guard. ずいぶん何度もだまされたので, 彼は今では用心している / [言い換え] *H～ prepared* for my lesson (＝After I *had prepared* for my lesson), I watched television. 予習を済ませたので, 私はテレビを見た / [言い換え] The work ～ *been* done (＝As the work *had been* done), they left for home. 仕事が済んだので, 彼らは家へ帰った. [語法] 過去を表わす副詞とともに用いてもよい: *H～ failed* twice *yesterday*, he doesn't want to try again. 彼はきのう 2 度失敗したので, もうやりたくないと思っている.

2 《have[2] の動名詞》 [having＋過去分詞で完了動名詞をつくる] 《格式》: …してしまったことを.

[文法] **完了動名詞** (perfect gerund)
動名詞は I enjoyed *being* with you. (私はあなたといっしょにいて楽しかった)のように述語動詞と同じ「時」を示したり, I remember *seeing* her once. (私は彼女に一度会ったことを覚えている)のように述語動詞より以前の「時」を示したり, Dan suggested *going* by bus. (ダンはバスで行こうと言った)のように, 未来を示したり, 前後関係によっていろいろの場合があり, しばしば「時」の関係があいまいになることが起こる. 述語動詞より以前の「時」, または述語動詞の「時」までに完了したことをはっきり示すためには完了動名詞が用いられる: [言い換え] Mr. White admitted ～ *done* it. (＝Mr. White admitted that *he had done* it.) ホワイト氏はそれをしたことを認めた / [言い換え] I *was* ashamed of ～ *behaved* so badly. (＝I *was* ashamed that I *had behaved* so badly.) 私は大変お行儀が悪かったことを恥ずかしく思った. [語法] 過去を表わす副詞とともに用いてもよい: He denied ～ *met* her *last week*. 彼は先週彼女と会ったことを否定した.

+hav·oc /hǽvək/ [名] [U] (自然・暴動などの)大荒れ, 大破壊; 大混乱: The typhoon caused [created] ～ over a wide area. 台風は広い地域に大損害を及ぼした.
plày hávoc with …＝wréak hávoc on … [動] [他] …をめちゃめちゃに荒らす, 台なしにする.

haw[1] /hɔ́ː/ [名] [C] さんざし (hawthorn) (の実).

haw[2] /hɔ́ː/ [動] [自] ☞ hem and haw (hem[2] 成句). **—** [感] [普通は haw-haw として] (わっ)はっは (大きな笑い声).

***Ha·wai·i** /həwáːjiː, -wáːiː | -wáɪi/ [名] [固] **1** ハワイ (太平洋中北部の Hawaiian Islands より成る米国の州; [略] [郵] HI; 俗称 the Aloha State; ☞ America 表, 表地図). **2** ハワイ島 (ハワイ諸島の最大の島).

Hawáii-Aléutian (Stándard) Tìme [名] [U] 《米》 ハワイ・アリューシャン標準時.

Ha·wai·ian /həwáːjən | -wáɪən/ [形] ハワイの; ハワイ人[語]の. **—** [名] [C] ハワイ人; [U] ハワイ語.

Hawáiian Íslands [名] [固] [複] [the ～] ハワイ諸島 (太平洋中北部にある諸島; 米国の Hawaii 州を構成する; [略] H.I.).

Háwaii (Stándard) Tìme [名] [U] ＝Hawaii Aleutian (Standard) Time.

***hawk**[1] /hɔ́ːk/ [名] (～s /～s/) [C] **1** たか (はいたか, おおたかなどの猛禽(もうきん)). ★ 鳴き声については ☞ cry 表. **2** 〔政〕 (政策などが)タカ派の人, 強硬派の人 ([反] dove).
hàve éyes lìke a háwk [動] [自] 鋭い目をしている, 目ざとい. **wátch … lìke a háwk** [動] [他] 〈人〉

しっかり見張る.

hawk[2] /hɔ́ːk/ 動 他 ⟨…⟩を呼び売りする, 行商する.

hawk[3] /hɔ́ːk/ 動 自 せき払いをする, (音をたてて)たんを吐き出す. ── 他 ⟨せき払いをして⟩たんを吐き出す.

✝hawk・er /hɔ́ːkɚ | -kə/ 名 C《しばしば軽蔑》呼び売り商人, 行商人; 《新聞などの》売り子.

háwk・èyed 形 視力のよい; 目の鋭い; 油断のない.

Háwk・èye Státe /[the ~] ホークアイ州《米国 Iowa 州の俗称》.

Haw・king /hɔ́ːkɪŋ/ 名 固 **Stephen** ～ ホーキング (1942-)《英国の物理学者》.

hawk・ish /hɔ́ːkɪʃ/ 形 (反 dovish) 《政》タカ派的な, 強硬派の. **～・ness** 名 U タカ派[強硬派]らしさ.

háwk-nòsed 形 わし鼻の, かぎ鼻の.

haw・ser /hɔ́ːzɚ | -zə/ 名 C《海》係船索, 曳船(えいせん)索, ホーザー.

✝háw・thorn /hɔ́ːθɔən | -θɔːn/ 名 C,U さんざし《英国では生け垣に多い; 米国 Missouri 州の州花》.

Haw・thorne /hɔ́ːθɔən | -θɔːn/ 名 固 **Nathaniel** ～ ホーソーン (1804-64)《米国の作家》.

hay /héɪ/ 13 名 U 1 干し草, まぐさ《家畜の飼料》: Make ～ while the sun shines.《ことわざ》日の照るうちに干し草を作れ《好機を逃すな》. 2《米略式》《否定文で》少額の金. **hít the háy** [動] 自《略式》床につく. 由来 昔, 干し草の上に寝たことから. **màke háy of …** [動] 他《英》…をぶちこわす, 混乱させる.

háy・còck 名 C 干し草の束.

Hay・dn /háɪdn/ 名 固 **Franz** /fráːnts/ **Jo・seph** /jóʊzɛf/ ～ ハイドン (1732-1809)《オーストリアの作曲家》.

✝háy fèver 名 U 花粉症, 枯れ草熱《初夏に目・鼻・のどを冒す熱性カタル》.

háy・lòft 名 C 干し草置き場《納屋などの屋根裏》.

háy・màker 名 C 1 干し草を作る人. 2《略式》強打, ノックアウトパンチ.

háy・màking 名 U 干し草作り.

Hay・mar・ket /héɪmàːkət | -màː-/ 名 固 [the ～] ヘイマーケット《London の West End の劇場街》.

hay・mow /héɪmàʊ/ 名 C 1《納屋などに積んだ》干し草の山. 2 =hayloft.

háy・rìck 名 C =haystack.

háy・rìde 名 C 《米》干し草乗り《干し草を載せたトラックで夜出掛ける若者の遊び》. **no háyride** 名《略式》[滑稽] 楽しいどころかとんでもない危険.

háy・sèed 名 C 1 乾草の種子. 2《略式》《差別》いなか者.

háy・stàck 名 C 干し草の山 (⟹ needle 成句).

háy・wìre 形《次の成句で》**gò háywire** 動 自《略式》(1) (装置・計画が)狂う. (2) (人が)気が狂う.

✝haz・ard /hǽzɚd | -zəd/ 12 名 (**haz・ards** /-zɚdz | -zədz/) C 1 (偶然の)危険, 賭け, 冒険; 危険要素 (of, for) (⟹ danger 類義語): occupational ～s 業務に伴う危険 / a fire ～ 火事の危険のあるもの / This is a serious **～ to** health [a serious health ～]. これは健康に重大な危険要因となる. 2《ゴルフ》ハザード, 障害物. 語源 アラビア語で「さいころ」の意. ── 動 他 ⟨…⟩を思い切って言う; 《格式》⟨生命・財産など⟩を賭(か)する, 危険にさらす (risk): ～ a guess 当てずっぽうで言ってみる.

házard líghts 名 [複] (車の)ハザードランプ《他の車に警告するため緊急時後方全方向指示灯を同時に点滅させる》.

haz・ard・ous /hǽzɚdəs | -zə-/ 形 危険な, きわどい: ～ chemicals [waste] 《化》危険[有害化学物質/廃棄物] / a ～ journey 危険を伴う旅行 / Too much drinking may be ～ to your health. 過度の飲酒は健康に害となることがある. **～・ly** 副 危険を伴って, 危険を冒して.

házard pày 名 U《米》=danger pay.

haze[1] /héɪz/ 名 1 [U または a ～] かすみ, もや, 霧《煙・

ほこり・水蒸気などの薄いもや》: a ～ of cigarette smoke たばこの薄煙. 2 [a ～] 《精神状態の》もうろう, ぼんやり: be in a ～ もうろうとしている. ── 動 自 もやがかかる (over).

haze[2] /héɪz/ 動 他《米》⟨人⟩をいじめる, こき使う; ⟨新入生⟩をいたずらしてからかう《クラブの入会の歓迎として》.

✝ha・zel /héɪz(ə)l/ 名 1 C はしばみ, はしばみの実; U はしばみ材. 2 U (緑)または赤からの薄茶色《特に目の色についていう》. ── 形 (目が)薄茶色の.

házel・nùt 名 C ヘーゼルナッツ, はしばみの実.

haz・i・ly /héɪzəli/ 副 かすんで; ぼんやりと.

haz・i・ness /héɪzinəs/ 名 U かすんでいること; もうろうとしていること.

haz・ing /héɪzɪŋ/ 名 U《米》いじめ, いたずら《特に新入生に対する》.

✝haz・y /héɪzi/ 形 (**haz・i・er, -i・est**) 1 かすみ[もや]のかかった, かすんだ. 2 もうろうとした; (人が)はっきりしない, 不確かな (about): a ～ memory うろ覚え.

HB /éɪtʃbíː/ 略 =hard black エイチビー《鉛筆の芯(しん)の中位の堅さの表示》.

HBO /éɪtʃbìːóʊ/ 略 =Home Box Office.

H-bomb /éɪtʃbàm | -bɔ̀m/ 名 C 水爆 (hydrogen bomb の略; ⟹ A-bomb).

h.c.f., H.C.F. /éɪtʃsìːéf/ 略 =highest common factor.

HDD /éɪtʃdìːdíː/ 略 =hard disk drive.

HDTV /éɪtʃdìːtìːvíː/ 略 =high-definition television.

★he[1] /(弱) (h)i; (強) híː/ (原音 #fee, #heap, #heat, #heed) 代 《人称代名詞; 三人称・男性・単数・主格; ⟹ personal pronoun 文法》《所有格 his /(弱) (h)ɪz; (強) hɪz/, 目的格 him /(弱) (h)ɪm; (強) hɪm/, 複 they /ðeɪ, ðéɪ/》★ 所有格および目的格の用法については ⟹ his[1], him.

1 [前に出た男性を示す名詞を受けて, またはその場の状況でだれか指しているかが聞き手[読み手]にわかる 1 人の男性を示して; ⟹ she[1]].

(1) [主語として] 彼は[が], その男は[が], あの男は[が]: Sam is a high school student. *He* (=Sam) likes to play tennis. サムは高校生です. 彼はテニスが好きです / "Who is *he*?" "*He* is [He's] Mr. Smith."「あの人はだれですか」「(あの人は)スミスさんです」

《注意》話に加わっている当人の面前で, その人を he と言うのは失礼な言い方. その場合は代名詞を使わず名前を言う. she についても同じ: This is Bob. *Bob* comes from Ohio. こちらはボブです. ボブはオハイオの出身です.

(2) /híː/ [主語補語として]《格式》彼(だ, です), その男(だ, です): You see the *man* over there with a woman? It's *he* (= the man) who's president of our firm. あそこに女の人といっしょにいる男性が見えますね. 私たちの会社の社長はあの人です (⟹ me[4] 語法 (2)) / 電話 "Is this Mr. Brown?" "Yes, this is *he*."「ブラウンさんですか」「はいそうです」《電話口で》.

語法 (1) 人間だけでなく動物の雄にも用いる: When we threw stones at the *bull, he* lowered his head and charged at us. 私たちがその雄牛に石を投げると, 頭を下げて私たち目がけて突進してきた.

(2) 無生物でも, また動物でも雌雄に関係なく, 雄大さ, 強さを感じさせるものには he を用いることがある (⟹ she[1] (2) 語法 (3), gender 文法 (2)).

(3) 他の人称代名詞と並ぶときの語順については ⟹ I[2] 語法 (2), she[1] 1 (2) 語法 (4).

2 [男性か女性かわからない場合, または特に男女の別を言う必要がないとき]《古風》または《格式》: I expect everybody to do *his* best. 私は一人一人がみんな全力を尽くしてくれるものと思っています.

[語法] 特に性差別の観点から he によって両性を代表させる用法を避ける傾向があり, 最近は *he* or *she* のような言い方や s/he のような書き方をし, Ⓢ では they を使うこともある (☞ they 1 [語法]): It takes time for a *baby* to be able to say what *he or she* wants. 赤ちゃんがこれが欲しいあれが欲しいと言えるようになるには時間がかかる / Everyone knows the answer, don't *they*? みんな答えを知っているよね.

3 [He として神 (God) を示す] (☞ god 1 [語法]).

hé who [that] ... 《格式》 ...する者はだれでも (☞ those [代] 3 [語法]): *He who* does not love solitude will not love freedom. 孤独を愛さない者は自由を愛さない《ドイツの哲学者 Schopenhauer のことば》.

he[2] /híː/ [名] ([反] she) **1** [C] [普通は a ～] Ⓢ《略式》男, 雄. **2** [合成語で]《古風》男[雄]の: a *he*-goat 雄やぎ.

HE /éɪtʃíː/ [略] =high explosive.

H.E. /éɪtʃíː/ [略] **1** =Her [His] Excellency (☞ Excellency). **2** =His Eminence (☞ eminence 3).

****head** /héd/ ([類音] fed, had[1], #had[2], hid) [名] (**heads** /hédz/) [C]

「頭」**1** →(頭の位置から)「(物の)最上部」**3** →(集団の頭(かしら))「長」**4**
→「頭の働き; 頭脳」**2**
→(頭)→「頭数」**5**
→(肖像の刻印があることから)「(硬貨の)表」**7**

1 (人や動物の)頭, 頭部; 頭髪: He hit me on *the* ～. 彼は私の頭をたたいた (☞ the[1] 2) / My ～ is killing me. 頭がものすごく痛い / She died of ～ injuries. 彼女は頭のけがで死んだ / MIND YOUR HEAD 頭上注意《工事現場の掲示》/ [言い換え] I am a ～ taller than Tom. =I am taller than Tom by a ～. 私はトムより頭ひとつ分背が高い / have a good [fine, thick] ～ of hair 髪の毛がふさふさしている.

コロケーション
hit one's *head* (on ...) (...で)頭を打つ
nod one's *head* 首を縦に振る (☞ 成句)
raise [lift] one's *head* 顔を上げる
shake one's *head* 首を横に振る (☞ 成句)
turn one's *head* 振り向く

[日英比較] head は首 (neck) から上の部分を指す; 時には特に目の上から後ろにかけての頭髪の生える部分を指す. 従って次のような文では head に当たることばが日本語では「顔」や「首」となることが多い: Don't put [stick] your *head* out of the window. 窓から顔を出すな / The king had his ～ cut off. その王は首を切り落とされた / My horse won by a ～. 私の馬は首の差で勝った.

2 頭脳, 頭の働き; 能力, 適性; (知性に重点に置いて考えた)人; 理性, 正気: Use your ～. 頭を使え / It's all in my ～. 何もかも頭の中に入っている / A good idea came [popped] into my ～. よい考えが浮かんだ / I have a poor [good] ～ ***for*** figures. 私は数字に弱い[強い] / He has no ～ *for* heights. 彼は高所恐怖症だ / Two ～*s* are better than one. 《ことわざ》2 人の頭のほうが 1 人よりまし(三人寄れば文殊(もんじゅ)の知恵).

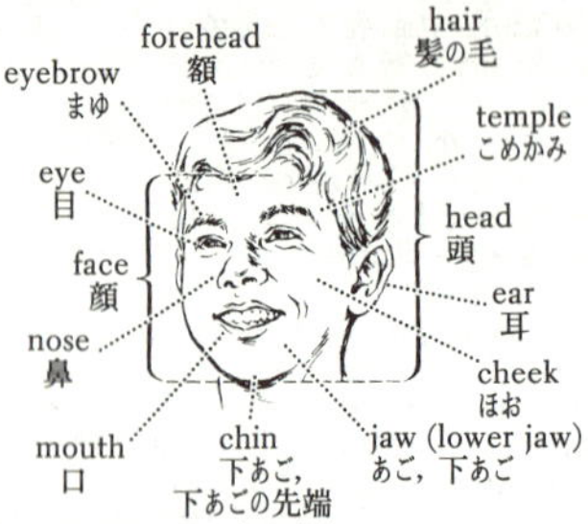

forehead
額
hair
髪の毛
eyebrow
まゆ
temple
こめかみ
eye
目
head
頭
face
顔
ear
耳
nose
鼻
cheek
ほお
mouth
口
chin
下あご,
下あごの先端
jaw (lower jaw)
あご, 下あご

head 1

3 [the ～] 最上部, 先端, 頭にあたる部分; てっぺん, 頂上 (top); 先頭; 船首; (食卓などの)上席 ([反] foot, bottom); (ハンマー・くぎなどの)頭, (太鼓の)皮: *the* ～ *of* a bed ベッドの頭《枕の部分》/ sit ***at the ～ of*** a table 食卓の上席に座る《招待した側の主人役の席》/ She was waiting *at the* ～ *of* the staircase. 彼女は階段の上で待っていた / He wrote down his name *at the* ～ *of* the page. 彼はそのページのいちばん上に自分の名を書いた.

4 長 (chief), 頭(かしら); 最高位, 首席; 《主に英》校長 (principal); [形容詞的に] 長の, 首席の (☞ headteacher): (the) ～ *of* state (国家)元首 / the「～ *of* department [department ～] 部長 / ～*s of* government 政府首脳.

5 (複 ～) 頭数(あたまかず), 1 人分, 頭(とう)《動物を数えるときの単位》: fifty ～ of cattle 50 頭の牛 / The party cost twenty dollars a [per] ～. その会は 1 人につき 20 ドルの費用がかかった. **6** (結球した野菜などの)玉. **7** [複数形で単数扱い] (硬貨の)表 ([反] tail): *H～s* I win, tails you lose. 表なら私の勝ち, 裏ならあなたの負け《いずれにしても私が有利, の意》// ☞ Heads or tails? (成句). **8** 項目, 題目; (新聞の)見出し (headline). **9** 《略式, 主に英》頭痛 (headache). **10** (テープレコーダーなどの)磁気ヘッド (magnetic head). **11** [普通は単数形で] (ビールなどの)泡. **12** (はれものの)化膿(かのう)部分. **13** [普通は単数形で] 落差; 水圧, 蒸気圧 (*of*). **14** 〔文法〕主要語. **15** [普通は単数形で] (川の注ぎ込む)湖頭; [主に地名で] 岬. **16** (川の)水源, 泉.

abòve ...'s héad=abòve the héad of ... [形・副] =over ...'s head.

at the héad of ... [前] (1) **...の先頭に[で]**: walk *at the* ～ *of* the procession 行列の先頭に立って歩く. (2) **...の首席で[に]**: He is *at the* ～ *of* his class. 彼はクラスのトップだ.

báre one's héad [動] [自] (男が)帽子を取る.

be héad and shóulders abòve ... [動] [他] ...よりも断然優れている.

be [gèt] ín òver one's héad [動] [自]《略式》(人が)苦境に陥っている[陥る].

bów one's héad [動] [自] 頭を下げる; 首をうなだれる《祈り・敗北・卑屈などの表現》.

bríng ... to a héad [動] [他] 〈事件など〉に重大な局面をもたらす, 〈事態〉を深刻にする.

búmp héads [動] [自]《略式》(...と)口論する, 角突き合わせる; (...と)競争する (*with*).

búry [híde, hàve] one's héad in the sánd [動] [自] [けなして] 現実を回避する (☞ ostrich 2 [由来]).

by a shórt héad [副]《英》〔競馬〕首の差より小さい差で; ほんの少しの差で.

cannót màke héad(s) or [nor] táil(s) of ... [動] [他]《略式》...が何が何だかさっぱりわからない.

còme to a héad [動] [自] (1) 重大な局面になる, (事

態が)緊迫する. (2) (できものが)化膿(かのう)する.
cóunt héads [動] [自] 人数を数える.
dó ...'s héad ìn [動] [自] 《英略式》 Ⓢ …を参らせる, 困らせる.
dríve ... ìnto —'s héad [動] [他] —に〈…〉を(やかましく言って)たたきこむ[覚えさせる].
dúck one's héad [動] [自] (ひょいと)頭を引っ込める[下げる] 《物をよけるときなど》.
énter ...'s héad [動] [普通は否定文で] Ⓢ (考えなどが)…の頭に浮かぶ.
flíng one's héad bàck [動] [自] 頭を後ろにそらす 《怒り・決意・大笑いなどのしぐさ》.
(from) héad to fóot [tóe] [副] (1) 頭のてっぺんからつま先まで, 全身: She was soaked *from* ~ *to foot*. 彼女は全身ずぶぬれだった. (2) 完全に, 全く.
gét ... ínto [thróugh] one's (thíck) héad [動] [他] Ⓢ 《略式》〈…〉を(なんとか)理解する.
gét it ìnto [thròugh] ...'s [one's] héad that — [動] 《略式》 —だということを…に理解させる[理解する].
gèt one's héad dòwn (1) 寝る. (2) =keep one's head down.
gèt one's héad ròund ... [動] [他] [普通は否定文で] 《英略式》 …を理解する.
gèt one's héad togèther [動] [自] Ⓢ しっかりする, まともになる, 分別をもつ.
gèt ... òut of one's héad [動] [他] [普通は否定文で] 《略式》〈…〉を忘れる.
gíve ... héad [動] [他] 《卑》〈…に〉オーラルセックスをする.
gíve ... ...'s héad [動] [他] 〈…の〉思うようにさせる: I *gave* my horse *its* ~. 私は馬を好きに走らせた.
gò héad to héad with ... [動] [他] 《米》 (人)に真っ向から立ち向かう.
gó to ...'s héad [動] 《略式》 …をほろ酔いにさせる; …をうぬぼれさせる.
háng one's héad [動] [自] (恥ずかしさ・悲しみなどで)首を垂れる, うなだれる.
hàve a bíg héad [動] [自] 《略式》 うぬぼれている.
hàve a (góod) héad of stéam [動] [自] (1) 蒸気圧が(十分)ある. (2) (主義・運動などが)(十分)支持されている.
hàve a góod héad on one's shòulders [動] [自] Ⓢ 頭がいい, 抜け目がない.
hàve 「an óld [a wíse] héad on yóung shóulders [動] [自] (まだ)若いのに分別がある.
hàve a thíck héad [動] [自] 《略式》 (1) 頭が鈍い. (2) (頭痛・二日酔いで)頭が重い.
hàve one's héad in the clóuds [動] [自] 夢のようなことを考える, 空想にふける
héad fírst [副] =headfirst.
héad ón [副] 正面に[から], 真っ向から 《☞ head-on》.
héad òver héels [副] (1) 真っ逆さまに, もんどり打って: The driver was thrown from his seat ~ *over heels*. 運転手は運転席からもんどり打って投げ出された. (2) すっかり, 完全に: John is ~ *over heels* in love with Mary. ジョンはメアリーにすっかり首ったけです. (3) あわただしく.
Héads or táils? Ⓢ 表か裏か 《硬貨を投げて賭(か)けなどをするときのことば; ☞ 7; toss [他] 3》.
Héads úp! Ⓢ 《米》 危ない! 《落下物への警告》.
Héads will róll. [動] [自] Ⓢ [普通は滑稽] (へまをした人が)首がとぶだろう[罰せられるだろう].
hóld one's héad hìgh = hóld úp one's héad [動] [自] 胸を張っている; (困難などにも)くじけない.
in [insíde] one's héad [副] (書き留めず)頭の中で.
kéep one's [a cóol, a cléar] héad [動] [自] (困難・危険な状況で)平静を保つ, 落ち着いている ([反] lose one's head).
kéep one's héad abòve wàter [動] [自] どうにか借金[破産]せずにやっていく. [由来] おぼれないように首を水の上に出していることから.
keep [gèt, pùt] one's héad dòwn [動] [自] (1) (頭を低くして)危険を避ける; 目立たないようにしている. (2) 黙々と勉強する[働く], 専念する.
knóck ... on the héad [動] [他] (1) 〈人〉の頭をたたく 《☞ knock [動] [他] 1》. (2) 《英略式》〈計画など〉をぶち壊す; 〈…〉を取りやめる; 〈うわさなど〉を否定する.
knóck ...'s héad òff [動] Ⓢ 《俗》 …をぶんなぐる 《特におどし文句に使う》.
knóck [báng] ...'s héads togèther [動] […'s には複数の所有格を用いて] Ⓢ 《略式》 ((2 人の)頭と頭をがつんとぶつけあわせるなどして)強引に…にけんかなどをやめさせる, …に(きつい)おきゅうをすえる.
láugh one's héad òff [動] [自] 《略式》 大声で笑う.
lóse one's héad [動] [自] (1) あわてる; かっとなる ([反] keep one's head). (2) (…に)夢中になる (*over*).
néed (to hàve) one's héad exámined [動] [自] Ⓢ 正気でない, 頭がおかしい.
nód one's héad [動] [自] 首を縦に振る 《承知・賛成・了解などを表わす》 ([反] shake one's head).
òff one's héad [形] 《英》 Ⓢ =out of one's head.
on one's héad [形・副] 逆立ちして 《☞ stand on ... (stand の句動詞)成句》.
on one's (ówn) héad (bé it) [形・副] Ⓢ (責任などが)自分の上にふりかかって(もかまわない).
on [upòn] ...'s (ówn) héad (bé it) [形・副] Ⓢ (責任が)…にかかって(も知ったことではない).
òut of one's héad [形] 《略式》 (1) 気が狂って, とても心配して (*with*). (2) 酔っぱらって; (麻薬で)おかしくなって.
òver ...'s héad = òver the héad of ... [形・副] …の頭には無理で: What he said went *over* my ~. 彼の話は私には理解できなかった. — [副] …の頭越しに; …に相談もなく.
pùt a [one's] hánd to one's héad [動] [自] 頭に手を置く 《深刻な思い・驚きを示す》.
pút ... ìnto —'s héad [動] [他] —に〈ある考え〉を吹き込む.
pùt one's hánds on one's héad [動] [自] 両手を頭の上に置く 《丸腰である[抵抗の意志がない]ことを示す投降の合図》.

put a [one's] hand to one's head

put one's hands on one's head

pùt our [your, their] héads togèther [動] [自] 額を集めて相談する, 謀議する 《★ your は複数形》.
pùt ... òut of one's héad [動] [他] Ⓢ 〈…〉をあきらめる, 考えるのをやめる.
scréam [shóut] one's héad òff [動] [自] 《略式》 大声で叫ぶ[わめく].
sháke one's héad [動] [自] 首を横に振る 《不賛成・失望・叱責(しっせき)・感嘆などを表わす》 ([反] nod one's head).
stánd héad and shóulders abòve ... [動] [他] =be head and shoulders above ....

H

stand [turn] ... on its héad [動] 他 (1) 〈…〉をさかさまにする, ひっくり返す. (2) 〈新しい考え・発見などで〉〈…〉をすっかり変える〔混乱させる〕, 発想を転換させる. (3) 〈議論・方法などを〉逆転させる.

táke [gét] it into one's héad that [to dó] [動] 急に〔軽率にも〕…しようと思いつく; …と思い込む: He took it into his ~ to start the next morning. 彼は急に翌朝出発しようと考えた.

tálk one's héad òff [動] 《略式》しゃべりまくる.

tálk òver ...'s héad [動] 〈…〉が理解できないようなことを〔格調の高い話し方を〕する.

thrust one's héad fórward [動] 自 顔〔頭〕をぐっと前に突き出す《敵意・挑戦のしぐさ》.

túrn héads [動] 自 (人が)大いに注目を集める.

túrn ...'s héad [動] …をうぬぼれさせる; …を〈恋の〉とりこにする.

upòn one's (ówn) héad ☞ on one's head.

thrust one's head forward

— [動] (heads /hédz/; head·ed /-dɪd/; head·ing /-dɪŋ/) 他 1 〈…〉の機首〔船首など〕を(一の方へ)向ける: The pilot ~ed the plane *for* [*toward*] Mt. Fuji. <V+O+*for* [*toward*]+名・代> 操縦士は機首を富士山の方へ向けた.

2 〈…〉を指揮する, 指導する; 統率する, 〈組織などの〉長である (up): Mrs. Smith ~ed the women's group. スミス夫人がその女性団体を率いていた / The committee *was* ~*ed by* Mrs. Brown. <V+O の受身> その委員会の長はブラウン夫人だった.

3 〈…〉の先頭に〔前〕にある: A marching band ~ed the parade. 楽隊がパレードの先頭に立っていた / His name ~ed the list. 一覧表の最初に彼の名前があった. 4 [普通は受身で] 〈…〉に(という)見出し〔頭書, 表題〕をつける: The chapter *was* ~*ed* "My Favorite Poem." その章には「私の好きな詩」という題名がついていた. 5 《サッカー》〈球〉をヘディングする.

— 自 1 [副詞(句)を伴って] (…に向かって)進む (*for, toward*): The car is ~*ing* (due) *south*. 車は(真)南へ向かっている. 2 《サッカー》ヘディングする.

be héading [《主に米》héaded] for ... [動] 他 (1) …に向かう: Where are you ~ed [~*ing*] (*for*)? あなたはどこへ行くところですか. (2) 〈好ましくない状況など〉に向かう.

héad óff [動] 他 〈人〉の行く手をさえぎる; 〈…〉を阻止する. — 自 出かける.

-head /hèd/ 名 [合成語] …の上部〔前部〕; …の源: arrow*head* 矢じり / well*head* 水源.

*****head·ache** /hédèɪk/ 名 (~s /-s/; 形 héadàchy) C 1 頭痛: have a ~ 頭痛がする / The noise gave me a ~. その音で頭が痛くなった. 関連 earache 耳の痛み / stomachache 腹痛 / toothache 歯痛 / migraine 偏頭痛.

|金語| "I have a splitting ~." "Have you caught a cold?"「頭が割れるように痛い」「風邪をひいたんじゃない?」

2 《略式》頭痛の種《人・事柄》; 心配事, 悩み事: Tom is a ~ *for* [*to*] his father. トムは父親の頭痛の種だ.

head·ach·y /hédèɪki/ 形 (名 héadàche) 《略式》頭が痛い.

héad·bànd 名 C ヘッド〔ヘア〕バンド, 鉢巻き.

héad·bàng 自 《略式》(ヘビーメタルのビートに合わせて)頭を激しく動かす.

héad·bànger 名 C 《略式》1 ヘビーメタルファン. 2 ばかな〔いかれた〕やつ.

héad·bàng·ing 名 U (ヘビーメタルファンの)頭を激しく動かす動作.

héad·bòard 名 C (ベッドの)頭板 (☞ bedroom 挿絵).

héad bòy 名 C 《英》首席の(男子)生徒, 生徒総代.

héad·bùtt 他 〈…〉に頭突きをする. — 名 C 頭突き.

héad·càse 名 C 《俗》〔差別〕変人, 狂人.

héad·chèese 名 U 《米》塩漬け豚肉 (《英》brawn).

héad còld 名 C 鼻かぜ.

héad cóunt, héad-còunt 名 C (出席者の)人数(調査): do a ~ 人数を数える.

héad·drèss 名 C 頭飾り, かぶり物.

head·ed /hédɪd/ 形 〈便箋(ばんせん)などが〉(上部に)住所が印刷されている, レターヘッドのある.

-head·ed /hédɪd/ 形 [合成語] 頭〔髪〕が…な: bare*headed* 帽子をかぶらない(で) / empty-*headed* 頭のからっぽな / red*headed* 赤毛の.

head·er /hédə | -də/ 名 《略式》 1 =heading 1. 2 《電算》ヘッダー《電子メールの上部にあるページ番号・送信日時・送信者などの情報》. 3 《サッカー》ヘディング(シュート). 4 (水泳の)逆飛び込み; 真っ逆さまに落ちること: take a ~ 頭から飛び込む〔落ちる〕. 5 《英》= header tank.

héader tànk 名 C 《英》シリンダーヘッド《車のラジエーターの水圧を保つために水をいれておくタンク》.

héad·fírst 副 真っ逆さまに; 軽率に: fall ~ 頭から落ちる. — 形 A 頭から先の; 軽率な.

héad gàme 名 C 《米略式》[しばしば複数形で] 心理的なゆさぶり: play ~*s* with … …にゆさぶりをかける.

héad·gèar 名 U かぶり物《帽子・ヘルメットなど》.

héad gírl 名 C 《英》首席の女子生徒.

héad·hùnt 動 他 〈人材〉をスカウトする.

héad·hùnter 名 C 1 人材スカウト係. 2 首狩り族の人.

héad·hùnting 名 U 1 人材スカウト, 引き抜き. 2 首狩り.

***head·ing** /hédɪŋ/ 名 C 1 (本・新聞・章などの)表題, 見出し; 項目; (手紙の)頭書. 2 (船・航空機などの)方向, 進路.

héad·làmp 名 C 《主に英》=headlight.

head·land /hédlənd/ 名 C 岬.

héad·less 形 頭〔首〕のない.

héad lèttuce 名 C 玉萵苣(たまちしゃ), 玉レタス《日本で一般的なレタス》.

***head·light** /hédlàɪt/ 名 C [普通は複数形で] (自動車・列車などの)ヘッドライト(の光), 前照灯 (☞ bicycle 挿絵, car 挿絵, motorcycle 挿絵). 関連 taillight 尾灯.

***head·line** /hédlàɪn/ 13 名 (~s /-z/) 1 C (新聞記事などの)見出し; ページの上欄《欄外見出しやページ数が印刷してある》: H~s are printed in large type. 見出しは大きな活字で印刷されている.

2 [the ~s] (ニュース番組の冒頭などに読み上げる)主な項目〔ニュース〕(のまとめ): Here is the news. First, *the ~s*. ニュースをお伝えします. まず主な項目です.

máke [gráb, hít] (the) héadlines [動] 自 (テレビ・新聞などで)大きく見出しに取り上げられる, 有名になる. — 動 他 1 [普通は受身で] 〈…〉に見出しをつける, 〈…〉を見出しとして(大きく)取り上げる: The story was ~d "Economy Worsens." その記事は「景気悪化」という見出しだった. 2 [主に新聞で] 〈番組・ショーなど〉の主演〔主役〕をつとめる. — 自 [主に新聞で] 主演〔主役〕をつとめる.

héadline-gràbbing 形 [普通は A] (マスメディアで)大きく取り上げられる.

héad·liner 名C スター, 主役.

héad·lòck 名C《レス》ヘッドロック《腕で相手の頭をおさえること》.

†**head·long** /hédlɔːŋ | -lɔŋ/ 副《主に文》**1** 向こう見ずに; あわてふためいて; 大急ぎで: rush [jump, plunge] ~ into marriage あわてて結婚する. **2** 真っ逆さまに: fall ~ 真っ逆さまに落ちる. ― 形A **1** 向こう見ずな; 軽率な; 大急ぎの: a ~ dash 猪突猛進. **2** 真っ逆さまの.

héad·màn 名 (-men /-mèn/) C(部族などの)首領, 頭(かしら) (chief).

†**héad·màster** 名C《古風, 主に英》校長《小・中学校の男性の校長》《☞ headteacher》.

†**héad·místress** 名C《古風, 主に英》校長《小・中学校の女性の校長》《☞ headteacher》.

héad óffice 名 **1** C[しばしば無冠詞で H-O-] 本社[店, 局]. **2** [単数形で] 本社幹部(全体). 関連 branch office 支店.

***head-on** /hédɑ́n, -ɔ́ːn | -ɔ́n/ 副A 正面から; まともに: collide ~ with ... ...と正面衝突する / tackle the problem ~ 真っ向からその問題に取り組む. ― 形A 正面の, 真っ向からの: a ~ collision 正面衝突 / a ~ confrontation 真っ向からの対立.

†**héad·phònes** 名[複] ヘッドホン: wear ~ ヘッドホンをつける.

héad·pìece 名C **1** かぶり物(帽子・ヘルメットなど), かぶと. **2** 《印》ページの初めの飾り.

head·quar·tered /hédkwɔ̀ətəd | hèdkwɔ́ːtəd/ 形P(...に)本社のある (in, at).

***head·quar·ters** /hédkwɔ̀ətəz | hèdkwɔ́ːtəz/ 12 名[複][時に単数扱い] 本部, (会社の)本社; (軍隊の)司令部(員) (略 HQ); (警察の)本署: the ~ of a firm 会社の本社 / general ~ 総司令部 (略 GHQ).

héad·rèst 名C 頭支え(車の座席の).

héad·ròom 名U (車内・室内の)天井から頭までの距離[高さ, 余裕]; 空(あ)き高, 空き《橋・トンネル・アーチ・戸口などの下を通れる空間》.

héad·rùsh 名C《麻薬を吸った直後の》気分の高揚, 快感.

héad·scàrf 名 (-scarves /-skɑ̀əvz | -skɑ̀ːvz/) C 頭に《帽子のかわりに》かぶるスカーフ《普通あごで結ぶ》.

héad·sèt 名C《特にマイク付きの》ヘッドホン; ヘッドセット《コンピューター画像などを見る装置》.

héad·shìp 名C 長[主に英》校長]の地位[任期] (of).

héad shòp 名C《米略式》ヘッドショップ《ドラッグ使用者向けの器具・小物を商う》.

héad·shrìnk·er 名C《略式》《滑稽》精神科医, 精神分析医.

héad spàce 名U (液体などの容器の)上部空き高, 頭隙(ずきん).

héad square /hédskwèə | -skwèə/ 名C《英》= headscarf.

héad·stànd 名C (頭をつけた)逆立ち《☞ handstand》: do a ~ 逆立ちする.

héad stárt 名 **1** [a ~] 幸先(さいさき)のよいスタート; (競争などの)有利なスタート (on, over). **2** [H-S-]《米》ヘッドスタート《就学前の恵まれない子供のための教育事業》.

héad·stòne 名C 墓石《死者の頭の部分に立てる》.

héad·stròng 形 頑固な, 強情な, わがままな.

héads-úp 形《米略式》機敏な, 抜け目のない.
― 名 [a ~] 《略式, 主に米》警告, 注意.

héad tàble 名C《米》正式な宴会で要人の着席するメーンテーブル《《英》top table》.

héad·tèacher 名C《英》校長《男性は headmaster, 女性は headmistress とも》《《米》principal》.

héad-to-héad 形 [普通はA], (競争などの)真っ向からの (with). ― 名C 真っ向からの競争.

héad trìp 名C《米俗》心理的な影響[刺激, 興奮]を与える体験[もの].

héad vòice 名U《楽》頭声.

héad·wáiter 名C ウェイター主任.

héad·wàters 名[複](川の)源流, 上流.

†**héad·wày** 名U[次の成句で] **máke héadway** 動 自 [しばしば否定文で] (苦労して[ゆっくり])前進する (toward, in, with, against).

héad wínd 名CU 向かい風, 逆風.

héad wòrd 名C《格式》(辞書の)見出し語.

héad·wòrk 名U 頭脳[精神]労働.

head·y /hédi/ 形 (**head·i·er**; **-i·est**) **1** [普通はA](酒・香りが)酔わせる; 高揚させる. **2** (成功などで)うきうき[わくわく]した (with). **3** (行動などが)性急な.

***heal** /híːl/ 12 (回音 heel, he'll) 動

― 自他 の転換 ―
自 **1** 治る (to become better)
他 **1** 治す (to make wounds or injuries better)

― 自 **1** (傷などが)治る (up): My leg ~ed quickly. 私の足はすぐに良くなった. **2** (苦痛などから)回復する; (不和などが)解消する.
― 他 〈傷〉を治す; 《格式》〈病人〉を治す 《☞ cure 表》: The doctor ~ed his wounds. 医者は彼の傷を治した. **2** 〈不和など〉を解消させる; 〈悲しみなど〉をいやす: Time ~s all sorrows. 時はすべての悲しみをいやしてくれる. 語源 古(期)英語で「健康な」の意; ☞ health 語源, whole 語源. **héal the wóunds [bréach, divísion(s), ríft]** 動 仲たがいを終わらせる.
héal óver [úp] 動 自 (傷が)治る.

héal-àll 名C 万能薬; 薬草.

***heal·er** /híːlə/ 名C 治療者; 信仰療法を行なう人; 治すもの; 薬: Time is a great ~. 《ことわざ》時は偉大な治療師(心の傷も時がたてば治る).

heal·ing /híːlɪŋ/ 名U 治療法, (病気の)治し方. ― 形 治療(法)の, いやしの.

***health** /hélθ/ 名(形 héalthy, héalthful) U **1** [しばしば所有格を伴って] 健康, (体が)丈夫なこと, 健全 (反 disease, illness, sickness): ~ of both body and mind 心身の健康 / Getting up early is good for your ~. 早起きは健康によい / Smoking is dangerous to your ~. 喫煙は健康に大変悪い / H~ is better than wealth.《ことわざ》健康は富にまさる.

― コロケーション ―
dámage [rúin] one's [...'s] *health* 自分の[(人)の]健康を損ねる
regáin [recóver] one's *health* 健康を回復する

2 健康状態, 体の具合 [言い換え] He has [is in] good ~. =His ~ is good. (=He is healthy.) 彼は健康だ / He is in poor [bad] ~. 彼は体の具合がよくない. **3** 保健事業; 衛生: public ~ 公衆衛生. **4** (経済・社会などの)健全であること, 繁栄: the ~ of a nation's economy 国の経済的繁栄. 語源 古(期)英語で heal に対応する名詞.

drínk ...'s héalth 動 《英》(人)のために乾杯する. **enjóy góod héalth** 動 自 健康である. **Hére's to ...'s héalth.** 感 (人)のために乾杯する. **propóse ...'s héalth** 動 (人)のために乾杯しようと言いだす(乾杯の音頭をとる). **To your héalth! = Your ((véry) góod) héalth!** 感 あなたのご健康を祝して(乾杯のことば; ☞ toast² 参考).

héalth and sáfety 名U 健康(特に就労時の)健康安全管理.

héalth càre 名U 健康管理, 医療, 保健.

héalth-càre 12 形 健康管理の.

héalth cènter 名C 地域医療センター;《米》(大学

héalth certíficate 名C 健康診断書.
héalth clùb 名C スポーツ[フィットネス]クラブ.
héalth fàrm 名C《主に英》ヘルス ファーム[リゾート]《健康維持のためダイエットや運動をしに行く保養地・施設》((米) health spa).
†**héalth fòod** 名U.C 《普通は複数形で》健康食品.
health·ful /hélθfəl/ 形 (=healthy)《普通は(格式)》(場所・食物などが)健康によい; (精神的に)有益な.
health·i·ly /hélθəli/ 副 健康(的)に; 健全に.
health·i·ness /hélθinəs/ 名U 健康, 健全.
héalth inspèctor 名C 衛生管理担当官.
héalth insùrance 名U 健康保険.
héalth máintenance òrganizàtion 名C《米》(会員制の)健康管理団体, 医療友の会《一種の民営健康保険組合》((略) HMO).
héalth proféssional 名C 保健衛生専門家(医師・看護師・歯医者など).
héalth sèrvice 名C 公共医療(制度).
héalth spà 名C《米》=health farm.
héalth vísitor 名C《英》訪問看護師.

*†**health·y** /hélθi/ 形 (**health·i·er** /-θiə | -θiə/; **health·i·est** /-θiɪst/; 名 health; 反 unhealthy) **1** (人・動物が)**健康な, 健全な** (反 ill, sick)(⇨ 類義語);(顔つき・食欲などが)健康そうな: ~ children 健康な子供たち. 日英比較《「私の体は健康です」と言うのに My body is healthy. とは言わない.
2 (食物・場所などが)**健康的な, 健康によい**; (道徳的・精神的に)健全な: a ~ diet 健康によい食事. **3** (経済・社会などが)健全な, 安定した; (金額・利益などが)相当の: a ~ bank balance 健全な銀行預金残高. **4**《普通は A》(感情などが)まともな, 自然な: a ~ curiosity 健全な好奇心.
【類義語】**healthy** は, かなりの期間にわたって正常な健康状態が続くことを意味し, **well** は単にある時点において病気ではないということだけを意味する. **well** は普通 P でしか用いられない: I'm generally pretty *healthy*, although I'm not so *well* today. きょうはからだの調子がよくないが, ふだんはとても健康だ. **sound** *healthy* よりも文語的で心身が何の故障もない完全な健康状態であることを意味する: A *sound* mind in a *sound* body.《ことわざ》健全な身体に健全な精神を(持つことが望ましい).
wholesome 健康を増進し, 衛生的であることを意味する. **fit** 特に定期的な運動の結果として健康であることを意味する.

*†**heap** /híːp/ 名 (~s /-s/) **1** C **積み重ね**, (乱雑に積み重ねられた)山, **塊**(⇨ pile[1] 表): a ~ *of* sand [earth] 砂[土]の山 / ~ scrap heap. **2**《複数形で副詞的に比較級を強める》《英略式》とても, ずいぶん (much): I feel ~*s* better today. きょうはずっと気分がよい. **3** C《略式》(滑稽)ぽんこつ(車). **at the tóp [bóttom] of the héap** 副 (社会・組織などの)上層[底辺]に. **be strúck áll of a héap** 動 自《古風, 英略式》圧倒される, どぎもを抜かれる. **collápse [fáll] in a héap** 動 自 (人が)どたっと倒れて動かなくなる. **héaps of ... = a héap of ...** 形 S《略式》たくさんの..., 多数[多量]の... (lots of ..., a lot of ...). **in héaps [a héap]** 副 山(積み)になって, 山のように.

— 動 (**heaps** /~s/; **heaped** /~t/; **heap·ing**)他 **1**《副詞(句)を伴って》〈...〉を**積み上げる**, 積み上げて作る (*up*): They ~*ed* bricks in a corner of the backyard. 彼らは裏庭の片隅にれんがを積み上げた. **2** (皿などに)山盛りにする, あふれるほど入れる; 《言い換え》He ~*ed* my plate *with* turkey. = He ~*ed* turkey *on* my plate. 彼は私の皿に七面鳥を山盛りに入れた. **3** 山と与える; 〈名誉・侮辱〉を山ほど与える: ~ praises *on* the pupil その生徒をほめちぎる.

— 動《次の成句で》**héap bíg** 形 A《米略式》《差

別》とてもでかい.
†**heaped** /híːpt/ 形《主に英》=heaping.
heap·ing /híːpɪŋ/ 形 A《米》(さじ・皿が)山盛りの: a ~ teaspoon of sugar 砂糖茶さじ山盛り1杯.

*★**hear** /híə | híə/ (同音 here; 類音 fear, hair, hare) 動 (**hears** /~z/; 過去・過分 **heard** /hɚ́ːd | hɚ́ːd/; **hear·ing** /híːrɪŋ/)他

① 聞こえる	他1
② 伝え聞く	他2
③ (耳を傾けて)聞く	他3

1《普通は進行形なし》(自然に)〈...(の音・声)が〉**聞こえる**, 聞こえてくる, 耳に入る(⇨ 類義語); (自然に)〈...〉**-するのを聞く**: Can you ~ me? 聞こえますか / I can't ~ you very well. おっしゃることがよく聞こえません(電話が遠いのですが) / Cuckoos *were heard* in the woods. <V+O の受身> 森でかっこうのさえずりが聞こえた / They *heard* him say so. <V+O+C(原形)> 彼らは彼がそう言うのを耳にした. 語法 この文を受身の文にすると次のように原形の代わりに to 不定詞を用いる: He *was heard to* say so. // We could ~ the girl sing*ing* in the bathroom. <V+O+C(現分)> 女の子が浴室で歌っているのが聞こえた. 語法 この文を受身にすると次のようになる: The girl could *be heard* sing*ing* in the bathroom. // I *heard* my name *called*. <V+O+C(過分)> 私の名前が呼ばれるのを耳にした. ★ C として原形不定詞をとるときと現在分詞をとるときの意味の違いについては ⇨ verb of perception 文法 語法.

| **hear** (自然に...が聞こえる) | 聞く(⇨類義語) |
| **listen to** (聞こうとして聞く) | |

2《普通は進行形なし》(うわさなどで)〈...〉を**伝え聞く**, 聞く, 聞いて知る: Have you *heard* the news? そのニュースを聞きましたか / I *heard* strange things *about* him. <V+O+*about*+名> 彼について妙なことを耳にした / I have *heard* 「a lot [so much] *about* you. おうわさはかねがねうかがっております《初対面のあいさつで》/ I've *heard* (*that*) it's an interesting book. <V+O(*that*)節> それは面白い本だそうだ / I've *heard* it said *that* she is ill. S 彼女は病気だとうわさされていますね(本当はあやしい). 語法 it is that 以下を受ける形式目的語; 動詞型は <V+O+C(過分)>.

3《聞こうとして》〈...〉を**聞く**, 〈...〉に**耳を傾ける** (listen to); 《格式》〈言い分など〉を聞いてやる, 〈人の話〉に耳を貸す, (裁判官が)〈事件〉を審理する; 〈願い〉を聞き入れる; 〈告白〉を聞く: Let's ~ his explanation [excuse]. 彼の説明[言い分]を聞こうではないか / Please ~ her [what she has to say]. 彼女の言うことを聞いてやってください.

— 自 **1**《進行形なし》耳が**聞こえる**, (耳で)**聞く**: His grandfather doesn't [can't] ~ well. 彼の祖父は耳がよく聞こえない. **2** (うわさなどで)聞く; 便りをもらう.
Do you héar (me)?=You héar (me)? S いいかね, わかったか?
from whàt ⌈I héar [I've héard] S 聞いたところでは, うわさでは.
Háve you héard the óne [jóke, stóry] abòut ...?=Díd you héar abòut ...? S ...のジョークを知ってるかい?
héar ànything [múch] of ... 動 他《否定文で》...のうわさを(何かしら)聞く.
Héar! Héar! 感 S いいぞ, 賛成!
hèar téll of ... 動 他《古風》...のことをうわさに聞く.
I càn't héar mysèlf thínk. S《略式》(まわりがうるさくて)集中できない.
I héar (that) ... S=I've héard (that) ... (人の話[うわさ]では)...だそうだ, ...ということだ; ...のことでお

話ししたいのですが: *I* ～ (*that*) you have been sick. 病気だったそうですね. [語法] ..., I hèar. の形で文尾に, また ..., I hèar, ... の形で文中に置くこともある.

I héar what ⌈**you're sáying** [**you sáy**] Ⓢ 言い分はわかった(けれど...)《同意しない場合に用いる》.

I héar you. Ⓢ わかった, そうするよ; 《米》その通りだ.

I héar you sáy [**crý**]. 《米》[主に Ⓢ] あなたのご意見は.

I héard that! Ⓢ そのとおりだ.

I've héard ⌈**thàt òne** [**it**] (**àll**) **befóre.** Ⓢ それは前にも聞いた《人の言い訳・説明を信じないときに》.

Lèt's héar it. Ⓢ 考えを聞きましょう[話して下さい].

Lèt's héar it for .... Ⓢ ...に拍手を送ろう.

màke onesèlf héard [動] [自] (大声を上げて)自分の声を聞かせる; (考えなどを)聞いてもらう.

nót wànt to héar ... [動] [他] ...のことは議論したくない[考えたくない, 言いたくない].

Nòw héar thís!＝**Héar ye.** Ⓢ 《米古語》お伝えします《重要な発表をするときに》.

Sò I've héard.＝**Sò I héar.** Ⓢ そう聞いている.

to héar ... téll it [副] [文修飾語] ...の話を聞くと, ...の見方によると.

(**will**) **néver héar the énd** [**lást**] **of it** Ⓢ 《略式》このことを際限なく聞かされることになる.

hear の句動詞

*__héar abòut ...__ [動] [他] ...のこと[うわさ]を聞く, ...について聞く: Have you *heard about* the fire last night? 夕べの火事のことを聞きましたか / I've *heard about* parties like this. この種のパーティーのことはうわさで聞いていました / They'll ～ *about* it (＝*from* me). Ⓢ 連中には文句を言ってやる. [語法] hear of ... よりも具体的な内容について聞くときに用いるが, 同じような意味のこともある.

*__héar from ...__ [動] [他] **1** [進行形なし] (人)から便り[電話]がある[をもらう], (人)から連絡がある ([受身] be heard from): I ～ *from* her every week. 彼女からは毎週便り[連絡, 電話]がある / I'm glad to *have heard from* you. お手紙[電話]うれしく存じます. **2** (討論などで)...の意見[話]を聞く.

*__héar of ...__ [動] [他] **1** [進行形なし] [普通は否定文で] ...のことを聞く, ...の存在を知っている ([受身] be heard of): I've *never heard of* (anyone do*ing*) such a thing. そんなこと(をする人がいると)は聞いたことがない. **2** [普通は完了形で] ...のうわさを聞く, ...の消息を聞く (☞ hear about ... [語法]): We haven't *heard of* her since. 私たちはあれ以来彼女の消息は聞いてない / This is the first I've *heard of* it. 今回初めて耳にした. **3** [否定文で, 普通は won't [wouldn't] ～ として] Ⓢ ...を聞き入れる, ...を許す: I wanted to do so, but she *wouldn't* ～ *of* it. そうしたかったが, 彼女はどうしても許してくれなかった.

héar ... óut [動] [他] [受身なし] 〈人(の言うこと)〉を最後まで聞く.

【類義語】**hear** は音が自然に耳に聞こえてくることを意味し, **listen** は積極的に聞こうという態度で耳を傾けることを意味する: I *listened* but *heard* nothing. 私は耳を傾けたが何も聞こえなかった / You may have *heard* me, but you certainly weren't *listening to* me! 私のことばを耳にしていたかもしれないが, 決してよく聞こう[理解しよう]とはしていなかった. ★ ただし hear にも [他] 3 のように, 「聞こうとして聞く」という意味もある.

heard /hə́ːd | hə́ːd/ ([同音] herd; [類音] hard) [動] hear の過去形および過去分詞.

hear·er /hí(ə)rə | -rə/ [名] [C] 《格式》聞き手, 聴取者, 傍聴人.

hear·ing /hí(ə)rɪŋ/ [T3] [名] (～s /～z/) **1** [U] [しばしば所有格の後で] **聴力**, 聴覚; 聞くこと, 聞き取り: lose *one's* ～ 耳が聞こえなくなる / *My* ～ is poor. 私は耳が遠い / My grandmother is hard of ～. 私の祖母は耳が遠い. [日英比較] 日本でいう外国語学習の「ヒアリング(テスト)」に相当する英語は listening comprehension (test). hearing test は「聴力検査」をさす.
2 [C] **聴聞会**; 〖法〗審問; 聞く機会; : hold a public ～ 公聴会を開く / *at* [*on*] first ～ 最初聞いた時に / gain [get] a ～ 言い分を聞いてもらえる, 発言の機会を得る / Give him a (fair) ～. 彼に(公正な)発言の機会を与えよ. **3** [U] 聞こえる距離[範囲]: within [out of] ～ 聞こえる[聞こえない]所で. **in** [**withìn**] **...'s héaring** [副] 《格式》(人)の聞こえる所で: He talked about it *in my* ～. 彼は私に聞こえよがしにそのことを話した.

héaring àid [名] [C] 補聴器.

héaring (**éar**) **dòg** [名] [C] 聴導犬《聴覚障害者用の誘導犬》.

héaring-im·pàired /-ɪmpèəd | -pèəd/ [形] 聴覚障害をもつ: *the* ～ 聴覚障害者 (☞ the¹ 3).

heark·en /háək(ə)n | háːk-/ [動] [自] 《文》耳を傾ける, 傾聴する (listen) (*to*).

Hearn /hə́ːn | hə́ːn/ [名] [固] **Laf·ca·di·o** /læfkáːdiòʊ/ ～ ハーン (1850–1904)《米国から日本に帰化して小泉八雲と称した新聞記者・作家》.

héar·sày [名] [U] うわさ, 風聞.

hearse /hə́ːs | hə́ːs/ [名] [C] 霊柩(れいきゅう)車.

***heart** /háət | háːt/ ★ ear は例外的に /aə | ɑː/ と発音する. ([同音] hart; [類音] hurt) [名] (**hearts** /háəts | háːts/; [形] héarty, [動] héarten)

「心臓」1 →「心」2 →(心の中にある気持ち)→「愛情」3
「心臓」1 →(生命の中枢)→「中心」4

1 [C] **心臓**; 《文》胸部: have a weak ～ 心臓が弱い / My ～ is beating fast. 私の心臓はどきどきしている / I saw a sight that made my ～ stand still. 私は心臓の止まるほど恐ろしい光景を見た.
2 [C] (感情の宿る)**心**, 胸; **感情** (☞ mind 表, 類義語): a broken ～ うちひしがれた心 / She has a kind [good] ～. 彼女は優しい心の持ち主だ / What the ～ thinks, the mouth speaks. 《ことわざ》心が考えていることを口はしゃべる(思いは口に出る).
3 [U] [しばしば the ～] **愛情**, 同情, 親切心: a man with ～ [no ～] 人情のある[ない]男 / affairs of *the* ～ 情事.
4 [the ～] **中心(部)**, 核心, 急所, 本質; [C] (キャベツなどの)芯(しん) (☞ middle 類義語): *the* ～ *and soul of* the baseball team Ⓢ 野球チームの中心人物. **5** [U] 勇気; 元気; 熱意; 関心. **6** [C] (愛情を示す)ハート(形の物); 〖トラ〗ハートの札; [～s として時に単数扱い] ハートの組: the deuce [two] of ～*s* ハートの 2. [関連] club クラブ / diamond ダイヤ / spade スペード.

àfter ...'s ówn héart [形] Ⓢ (好みなどが同じで)人の思いどおりの.

at héart [副] (外見はともかく)心では, 根(ね)は: People are basically good *at* ～. 人は本来心は善良だ.

be áll héart [動] [自] [しばしば皮肉] とても親切である.

bréak a féw héarts [動] [自] Ⓢ [will を伴って] とても魅力がある, 人を引き付ける (☞ break ...'s heart).

bréak ...'s héart [動] (恋愛などで)人をひどく悲しませる (☞ break a few hearts).

by héart [副] 暗記して, そらで: He learned [knew] those lines *by* ～. 彼はその台詞(せりふ)を暗記し(てい)た.

clóse [**déar**] **to ...'s héart** [形] 人にとって大切な, 人にとても関心のある.

cróss one's héart (**and hópe to díe**) [動] [自] 胸に十字を切る; [cross my heart で] Ⓢ 《略式》(うそでないと)誓う.

(déep) in one's héart [副] 心の奥底では.
find it in one's héart to dó [動] [普通は否定文で can または could とともに] 《文》 ...する気になる.
from the (bóttom of one's) héart [副] [S] 心の底から, 真に. [語法] feel, love, thank などの動詞とともに使われることが多い.
gét [gó] to the héart of ... [動] [他] (物事)の核心をつく: We have *got to the* very ~ *of* the matter. 我々はまさに事件の核心に触れた.
gíve ... (frésh) héart [動] [他] 〈...を〉励ます, 〈...に〉自信をつけさせる.
gíve one's héart to ... [動] [他] ...が心から好きになる, ...に心から思いを寄せる.
hàve a chánge of héart [動] [自] 気が変わる.
háve a héart [動] [自] [命令文で] [S] [滑稽] 優しくする; 《略式》 同情する, 理解する.
hàve a héart of góld [動] [自] 心がとても優しい.
hàve a héart of stóne [動] [自] とても残忍である.
hàve ... at héart [動] [他] 〈...〉を深く心にかける.
hàve one's héart in one's bóots [動] [自] 《英略式》 ふさぎこんで[落ちこんで]いる.
hàve one's héart in one's móuth [動] [自] どきどきして[おびえて, 心配して]いる.
hàve one's héart in the ríght pláce [動] [自] (欠点もあるが)善意の持ち主である.
hàve one's héart sét on ... [動] [他] ...を熱望している; ...(すること)を心に決めている (☞ set one's heart on ...).
hàve the héart to dó [動] [否定文] [S] 大胆にも...する; 冷酷にも...する.
héart and sóul [副] 身も心も打ち込んで, 熱心に; 《文》 完全に.
in góod héart [形] 《英格式》 元気で.
in one's héart (of héarts) [副] [know, believe, feel などとともに] 心の奥では, 腹の底では; 本当は.
It dóes ...'s héart góod to dó ―して...がうれしく思う. ★ do の所に see, hear などが来る.
It's bréaking my héart. [S] [滑稽] =You're breaking my heart.
knów the wáy to ...'s héart [動] [滑稽] 人の喜ばせ方を知っている.
líe [be] at the héart of ... [動] [他] (問題など)の核心にある.
lóse héart [動] [自] やる気をなくす, 意気消沈する (反 take heart).
lóse one's héart to ... [動] [他] [W] ...に心を奪われる, ...を深く恋する.
My héart was in my móuth.=**My héart stòpped.** [S] 私は怖かった[どきどきした].
néar to ...'s héart [形] =close to ...'s heart.
One's héart bléeds for .... [S] [しばしば皮肉] ...が気の毒だと思う, ...に心を痛める.
One's héart gòes óut to .... [S] ...を大変かわいそうに思う.
One's héart is in the ríght pláce. 《略式》(見かけによらず)(...は)善意の持ち主である.
One's héart is nòt ín it. [S] 関心がない, 熱心でない, 身が入らない.
One's héart léaps [júmps, quíckens]. 《文》 急にうれしくなる, はしゃぐ.
One's héart sínks. 気が沈む, がっかりする; 悲しくなる.
ópen [póur óut] one's héart to ... [動] [他] ...に自分の気持ちを包み隠さず話す[打ち明ける].
pùt one's héart (and sóul) ìnto ... [動] [他] ...に身も心も打ち込む.
ríp ...'s héart òut [動] =tear ...'s heart out; (親密だった)人と関係を絶つ, 人に冷たくする.
sèt one's héart on ... [動] [他] (1) ...を熱望する. (2) どうしても...したいと思う (doing).
síng [dánce, pláy] one's héart òut [動] [自] 思いきり[精一杯]歌う[踊る, 演じる].
stéal [wín, cápture] ...'s héart [動] 《文》 人の愛情を勝ちとる.
stráight from the héart [副] (偽りでなく)心から.
stríke at the (véry) héart of ... [動] [他] ...にひどい打撃を与える, ...をくつがえす.
tàke héart [動] [自] 気を取り直す, 元気を出す (*from*) (反 lose heart).
tàke ... to héart [動] [他] 〈...〉を(ひどく)気にする; 〈...〉を苦にする.
téar ...'s héart òut [動] 人の心をかきむしる, 人を悲しませる.
wéar [hàve] one's héart on one's sléeve [動] [自] 《略式》 (愛情などの気持ちを)はっきり顔に出す. [由来] 戯曲 *Othello* のせりふ. 「そでに心をつける」とは, 中世の騎士が自分の思いこがれる女性にもらったリボンをそでにつけた習慣からきているとされる.
with áll one's héart (and sóul)=**with one's whóle héart** [副] 《文》 真心こめて, 心から.
You're bréaking my héart. [S] [滑稽] それはお気の毒さま (口先だけの同情).

^+^**héart·àche** [名] [U,C] 《文》 (別離などの)深い悲しみ, 心痛, 悲嘆.

****heart at·tack** /hάəṭətæ̀k | hά:t-/ [名] (~s /~s/) [C] 心臓まひ (heart failure); [S] 仰天, ショック: have a ~ 心臓まひを起こす; [S] 《略式》 びっくり仰天する.

^+^**héart·bèat** [名] **1** [C,U] 心臓の鼓動, 動悸(どうき). **2** [C] 《文》 瞬間. **3** [the ~] 《米》 活力の根源, (物事の)心臓部 (*of*). **be a héartbeat awáy from ...** [動] [他] ...にとても近い. **in a héartbeat** [副] すぐに, ためらわずに, 一も二もなく.

^+^**héart·brèak** [名] **1** [U] [主に新聞で] 悲嘆, 断腸の思い. **2** [C] 悲しいこと.

héart·brèaker [名] [C] 胸が張り裂けるような思いをさせるもの[人], 罪つくりな人.

héart·brèaking [形] 胸も張り裂けるような, 断腸の思いをさせる. **~·ly** [副] 胸が張り裂けるように.

héart·bròken [形] (失恋・別離などで)悲嘆に暮れた.

héart·bùrn [名] [U] 胸焼け: have ~ 胸焼けがする.

héart disèase [名] [C,U] 心臓病, 心疾患.

-heart·ed /hάəṭɪd | hά:t-/ [形] [合成語で]...な心の, 心が...な: heavy*hearted* 心の重い / warm*hearted* 心の温かい.

^+^**heart·en** /hάətn | hά:-/ [動] ([名] heart; [反] dis-hearten) [他] [普通は受身で] 《格式》 〈人〉を元気づける, 鼓舞する.

heart·en·ing /hάətnɪŋ | hά:t-/ [形] 元気づける, 励ましになる: ~ news 朗報. **~·ly** [副] 元気づけるように.

^+^**héart fàilure** [名] [U] 心不全; 心臓まひ (heart attack).

^+^**héart·fèlt** [形] [A] 《格式》 心からの, 真心をこめた: ~ thanks 心からの感謝.

^+^**hearth** /hάəθ | hά:θ/ [名] [C] **1** 炉床 《暖炉 (fireplace) の火をたく床》. **2** 炉辺 (fireside) 《家庭のだんらんの中心と考えられていた; ☞ 次ページ挿絵》; 家庭. **héarth and hóme** [名] 《文》 家庭(のだんらん).

héarth·rùg [名] [C] 暖炉の前の敷物 《☞ 次ページ hearth 挿絵》.

heart·i·ly /hάəṭəli | hά:-/ [副] **1** 心から, 真心をこめて: laugh ~ 大笑いする. **2** すっかり, 全く (thoroughly). **3** たくさん, (食べ物を)たらふく.

heart·i·ness /hάəṭinəs | hά:-/ [名] [U] 誠実, 熱心; 元気.

^+^**héart·lànd** [名] [C] [しばしば the ~] [主に新聞で] 中心地域, 心臓部; 《格式》 中央部 (*of*).

hearthrug
炉の前の敷物
hearth 2

héart·less [形] 無情な, 薄情な, 冷酷な. **～·ly** [副] 冷酷に(も). **～·ness** [名] [U] 無情, 冷酷.

héart-lúng machìne [名] [C] (手術中に使う人工)心肺器.

héart mùrmur [名] [C] 〘医〙 心雑音.

Héart of Díxie [名] [the ～] 南部諸州の中心地 《米国 Alabama 州の俗称》.

héart ràte [名] [C] 心拍数.

heart·rend·ing /háɚtrèndɪŋ | háːt-/ [形] [普通は [A]] 胸も張り裂けるような, 悲痛な.

héart-sèarching [名] [U] 内省, 反省.

héart·sìck [形] 《文》 悲痛の, 悲しみに暮れた[沈んだ].

héart-stòpping [形] [A] 息をのむ, 手に汗をにぎる.

héart·strìngs [名] [複] 深い愛情, 心の琴線(きんせん). **túg [púll, téar] at ...'s héartstrings** ＝**pláy upòn ...'s héartstrings** [動] (人)を大変感動させる, (人)の琴線に触れる.

héart·thròb [名] [C] 《略式》 (女性の)あこがれの男性《俳優・歌手など》.

héart-to-héart [名] [C] (特に 2 人だけの)腹を割った話し合い (*with*). **—** [形] [A] (特に 2 人だけの話が)率直な, 腹を割った: a ～ talk 包み隠しのない話.

héart tròuble [名] [U] 心臓病.

héart·wàrming [形] 心暖まる, ほほえましい, ほのぼのとした. **～·ly** [副] ほほえましく.

héart·wòod [名] [U] 芯(しん)材.

héart·wòrm [名] **1** [C] (犬などの心臓に寄生する)心糸状虫. **2** [U] [時に ～disease] フィラリア.

héart-wrènching [形] 胸のさけるような, 悲痛な.

***heart·y** /háɚṭi | háː-/ [形] (**heart·i·er** /-ṭiɚ | -tiə/; **heart·i·est** /-ṭiɪst/; [名] heart) **1** [A] 《格式》 心からの, 親切な, 温かい: a ～ welcome 心からの歓迎 / a ～ dislike 心底からの嫌悪. **2** [A] (食事などが)たくさんの, 十分の; (食欲が)旺盛(おうせい)な: a ～ meal 十分な食事 / have a ～ appetite 食欲旺盛である. **3** 《古風》 元気な, 達者な: ☞ hale and hearty (hale 成句). **4** 《主に英》 陽気な, うるさい. **—** [名] (**heart·ies**) [C] 《主に英》 (スポーツ好きで)元気な人.

****heat** /híːt/ ([類音] feat) [名] (**heats** /híːts/; [形] hot)

1 [U] **熱**; [単数形で; 普通は the ～] **熱さ, 暑さ** ([反] cold); 暖かさ: the ～ *of* the sun 太陽の熱 / the intense ～ 酷暑 / The stove spread *a* comfortable ～ throughout the room. そのストーブは部屋中を気持ちよく暖めた / It is almost unbearable in ***the*** **～ *of the day*** but it's cool at night. 日中の暑い盛りは耐え難いほどだが, 夜は涼しい / If you can't stand *the* ～, get out of the kitchen. 《略式》 熱いのがいやなら台所から出ろ(苦労がいやなら難しい仕事に手を出すな) 《Truman 大統領の口ぐせ》.

heat (高い温度)	熱
fever (病気による異常に高い体温)	
temperature (温度)	温度

2 [単数形で; 普通は the ～] (オーブン・暖房などの)**温度**, 熱; 発熱部; [U] 《主に米》 **暖房**: cook on a high [low] ～ 高[低]温で調理する / turn up [down] *the* ～ (ヒーターなどの)温度を上げる[下げる] / turn on [off] *the* ～ (暖房などを)入れる[切る].

3 [U] **熱烈さ, 激しさ; 興奮, (激しい)怒り**: the ～ *of* an argument 議論の激しさ.

4 [the ～] 《略式》 威圧, 圧力; 非難, 攻撃: take *the* ～ 非難[攻撃]に耐える. **5** [C] 〘スポ〙 (予選などの)回, 組: trial [preliminary] ～*s* 予選 // ☞ dead heat. **6** [U] 辛(から)さ. **7** [U] 〘物理〙 (エネルギー)熱.

be in [《英》 on] héat [動] [自] (雌犬などが)発情している, さかりがついている. **be pácking héat** [動] [自] 《米俗》 銃を携帯する. **in [dùring] the héat of ...** [前] ...のまっ最中に. **in the héat of the móment** [副] その場のはずみで, かっとしたはずみに. **pùt [kéep] the héat on ...** [動] [他] 《略式》 ...にプレッシャーをかける. **tàke the héat òff ...** [動] [他] [S] 《略式》 ...をプレッシャーから解放する. **tàke the héat òut of ...** [動] [他] ...を鎮める, ...の緊張を取り除く. **The héat is ón.** [S] 興奮してきた; 追求[捜査, 圧力, 活動]が強まった; (精力的に)取り組むことになった. **túrn úp the héat** [動] [自] 圧力をかける; 攻撃する (*on*). **with héat** [副] 興奮して.

— [動] (**heats** /híːts/; **heat·ed** /-ṭɪd/; **heat·ing** /-ṭɪŋ/) [他] 〈...〉を**熱する**, 熱くする, 暖[温]める ([反] cool): He ～*ed* the water to 80 degrees. 彼はその水を 80 度まで温めた / She **～*ed* (*up*)** the cold soup for supper. 彼女は冷えたスープを夕食のために温めた. **—** [自] **1** 熱くなる, 暖まる (*up*). **2** (事態が)熱気を帯びる, 緊迫する (*up*). **héat thróugh** [動] [他] 〈食物〉に熱を通す.

héat bàrrier [名] [C] 〘空〙 熱障壁 《摩擦熱による速度の限界》.

***heat·ed** /híːṭɪd/ [形] **1** 熱せられた: a ～ swimming pool 温水プール. **2** 興奮した; 怒った: a ～ discussion 激論. **～·ly** [副] 興奮して; 怒って; 激しく.

héat èngine [名] [C] 熱機関.

***heat·er** /híːṭɚ | -tə/ [名] (**～s** /～z/) [C] **1** ヒーター, 加熱器; 電熱器; 暖房器具, ストーブ ([反] cooler): 'a gas [an oil, an electric] ～ ガス[石油, 電気]ストーブ 《☞ stove¹ [参考]》 / a space ～ 室内暖房器. **2** 〘野〙 直球. **3** 《古風, 米俗》 ピストル.

héat exchànger [名] [C] 熱交換器.

héat exhàustion [名] [U] 暑さ負け, (軽い)熱射病.

heath /híːθ/ [名] **1** [U] ヒース, エリカ 《荒れ野に自生する各種の小低木で, 白・紫・淡紅色などの小さな花をつける》. **2** [C] 《英》 荒れ野 《特にヒースの生い茂ったもので England の北部から Scotland へかけて多く見られる; ☞ moor²》.

hea·then /híːð(ə)n/ 《古風》 [軽蔑] [名] (複 ～(s)) [C] **1** 異教徒 《キリスト教・ユダヤ教・イスラム教などを信じない者; ☞ gentile》; 不信心者. **2** [しばしば滑稽] 礼儀知らずの[品行のよくない]人. **—** [形] 異教(徒)の; 不信心な; 無教養の.

heath·er /héðɚ | -ðə/ [名] [U,C] ヘザー 《Scotland の荒れ野に多いヒース (heath) の一種》.

Héath Róbinson [形] [A] 《古風, 英》 [滑稽] (装置などが)ばかばかしいほど複雑で非実用的な (《米》 Rube Goldberg). [由来] 英国の漫画家 Heath Robinson の漫画から.

Héath·row Áirport /híːθroʊ-/ [名] [固] ヒースロー空港 《英国 London 西部の国際空港》.

héat ìndex [名] [the ～] 熱指数 《温度と湿度を組み合わせて体感温度を示す》.

***heat·ing** /híːṭɪŋ/ [名] [U] 《主に英》 (建物の)**暖房**(装置); 《英》 暖房の熱: a ～ system 暖房装置 / central ～ セントラルヒーティング, 集中暖房装置.

héat lìghtning [名] [U] 稲妻(だけの)雷《夏の夜に遠くに光る音のない雷》.
héat·pròof [形] 耐熱性の.
héat pùmp [名] [C] (配管による)冷暖房装置.
héat ràsh [名] [C,U] あせも.
héat-resìstant [形] 耐熱の.
héat-sèek·ing [形] [A] (ミサイルなどが)熱追跡型の.
héat·stròke [名] [U] 熱[日]射病.
héat trèatment [名] [U,C] 熱治療; 焼処理《焼入れ・焼きなまし》.
héat wàve [名] (反 cold wave) [C] 猛暑.

*__heave__[1] /híːv/ [動] (**heaves** /~z/; 過去・過分 **heaved** /~d/; **heav·ing**) [他] **1** 〈重い人・物〉を引っ張り[押し, 持ち]上げる: He **~*d*** the heavy trunk ***into*** the car. <V+O+前+名・代> 彼は重いトランクを持ち上げて車へ積み込んだ. **2** 《略式》 〈重い物〉をほうり投げる, 投げ出す (*at*): ~ a concrete block *into* the river コンクリートのブロックを川に投げ込む. **3** 〈ため息・うめき声〉を苦しそうに出す: ~ a sigh (of relief) (安心して)大きくほっとため息をつく. — [自] **1** (力いっぱい)引っ張る[押す, 持ち上げる]: ~ (*away*) *at* [*on*] the rope 力いっぱいロープを引く. **2** (規則的に)波打つ, あえぐ (*with*): His chest was *heaving* after the race. レースの後で彼の胸は波打っていた. **3** 持ち上がる, 高くなる; (波などが)うねる. **4** 《俗》 吐く, 戻す. **Héave hó!** [感] 《古風》 よいと巻け!《水夫がいかりを巻くときの掛け声》. — [名] **1** [C] (努力して)引っ張り[押し]上げること; 重い物を持ち上げる努力; [the ~] 《文》 隆起, (波などの)うねり. **2** [the ~s] 吐き気.

heave[2] /híːv/ [動] (**heaves**; 過去・過分 **hove** /hóʊv/; **heav·ing**) [次の成句で] **héave ˹in síght** [**ìnto víew**˺] [動] [自] [W] (船が)見えてくる. **héave tó** /túː/ [動] [自] 〖海〗《文》(船が)停止する (☞ to[2] 2).

heave-ho /híːvhóʊ/ [名] [次の成句で] **gíve ... the** (**òld**) **héave-ho** [動] [他] 《略式》 [滑稽] 〈...を〉振る, 捨てる; 首にする. — [感] 《古風》 〖海〗 よいと巻け, 持ち上げろ.

*__heav·en__ /hév(ə)n/ [名] (~s /~z/; [形] héavenly) **1** [U] [しばしば H-] 〖キ教〗 **天国**《神や天使の住んでいる所》: our Father in ~ 天におられるわれらの父《神のこと》. [関連] hell 地獄.
2 [U,C] 《略式》 **天国のような所**, 楽園 (paradise); この上なく幸福な状態[事, 体験]: sheer ~ すごくうれしい事 / One week at the lake was ~ after the city's heat. 都会の酷暑を逃れて湖畔で過ごした1週間はまさにこの世の楽園だった. **3** [U] [普通は H-] 《文》 神, 天帝 (God): *H*~ help me! [S] 神さまお助けを《あまり意味のないときもある》. **4** [the ~s] 《文》 天, 大空 (sky); 天国.
be in héaven [動] [自] 天国にいる, 死んでいる; 《略式》 大変満足している, とても幸せである.
by Héaven [副] =by God (god 成句).
gò to héaven [動] [自] 天国へ行く, 死ぬ.
Góod Héavens! = Héavens abóve! = Héavens! = Héavens to Bétsy! [感] [S] 《古風, 略式》 困った!, おや!, まあ!; とんでもない!《驚き・哀れみ・強い否定など; 女性がよく使う》.
in héaven's náme [副] [疑問詞とともに] [S] 一体全体 (in God's name).
I thóught I'd díed and góne to héaven. [S] とても楽しかった, とてもおいしかった.
máde in héaven [形] (結婚などが)幸せな, うまくいった.
sméll [**stínk**] **to hígh héaven** [動] [自] 《略式》 (1) とてもいやなにおいがする. (2) とてもうさん臭い.
The héavens ópened. 《文》 (天の底が抜けたような)どしゃぶりになった.
to Héaven [副] =to God (☞ god 成句).
ùnder héaven [副] 《文》 世界中で.

+__heav·en·ly__ /hév(ə)nli/ [形] ([名] héaven) **1** [A] 〖聖〗 天国のような, 天国の; 神のような, 神々しい; 《文》 天の, 天空の (反 earthly): our ~ Father 神. **2** 《古風, 略式》 すばらしい: What ~ weather! なんてすてきなお天気なんでしょう.
héavenly bódy [名] [C] 《主に文》 天体《太陽・月・星など》.
héaven-sènt [形] [普通は [A]] 《文》 (チャンスなどが)天から降ったような, 願ってもない: a ~ opportunity 願ってもない好機.
heav·en·ward /hév(ə)nwəd | -wəd/ [副] [W] 《主に米》 天の方へ, 天に向かって.
heav·en·wards /hév(ə)nwədz | -wədz/ [副] [W] = heavenward.
héav·i·er-than-áir /héviə- | -viə-/ [形] 〖空〗 (機体の)排除する空気の重さより重い: a ~ aircraft 重航空機.

*__heav·i·ly__ /hévɪli/ [副] **1** **大量**に, 多量に, 多額に; とても, 非常に: ~ armed 重装備の / drink [smoke] ~ 大酒を飲む[たばこをよく吸う].
2 激しく, ひどく; 厳しく: criticize ~ 厳しく批判する / It rained [snowed] ~ last night. 夕べはひどく雨が降った[雪が降った].
3 密に, こんもりと: a ~ populated area 人口の密な地域.
4 (呼吸が)ゆっくり大きく, 深く; (睡眠が)ぐっすり. **5** (人・建物などが)がっしりと, しっかりと, 丈夫に: ~ built がっしりとした体格の. **6** 重苦しく, もの憂げに; (足どりなどが)のろのろと: sigh ~ 重苦しくため息をつく. **7** 重く; しつこく: sit ~ ドサリと座る.
be héavily ínto ... [動] [他] 《略式》 ...に深くかかわる, ...に関心を持つ.
líe héavily on ... [動] [他] =lie heavy on ... (☞ heavy [副] 成句).
heav·i·ness /hévinəs/ [名] [U] **1** 重いこと, 重さ; ぶ厚いこと. **2** 分量の多いこと; 激しさ; しつこさ, もたれ; つらさ, 悲しみ.
heav·ing /híːvɪŋ/ [形] **1** (規則的に)上下する. **2** [P] 《英略式》 とても混んで (*with*).
Héav·i·side láyer /hévisàɪd-/ [名] [the ~] 〖物理〗 電離層《中波の電波が反射される層》.

‡__heav·y__ /hévi/ [形] (**heav·i·er** /-viə | -viə/; **heav·i·est** /-viɪst/; [反] light)

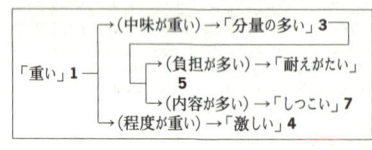

「重い」1 →(中味が重い)→「分量の多い」3
→(負担が多い)→「耐えがたい」5
→(内容が多い)→「しつこい」7
→(程度が重い)→「激しい」4

1 **重い**; (衣類・靴などが)厚手の, しっかりした; [A] (兵器・機械が)大型の, 重装備の: a ~ bag 重いかばん / Gold is *heavier* than iron. 金は鉄より重い / This box is too ~ *for* me *to* lift. この箱は重すぎて私には持ち上げられない (☞ for [前] B 1).
2 [P] **重さが...で**; 《米》 [婉曲] (人が)太った: [会話] "How ~ is the parcel?" "(It weighs) ten pounds." 「その小包はどのくらいの重さですか」「10 ポンドです」
3 **分量の多い**, 多[大]量の, 多額の; (交通が)込んだ; [A] (予定などが)きつい; [P] 《略式》 多量に消費する (*on*): a ~ smoker 大の喫煙家 / ~ losses 大損失 / ~ casualties 多数の死傷者 / a ~ schedule ハードスケジュール / bear a ~ responsibility 重大な責任を負う / a tree ~ *with* apples 《文》 りんごが枝もたわわに実った木 / The traffic is ~ here. ここは交通が激しい.

4 (風雨・力・程度などが)激しい, ひどい; (処罰などが)厳しい; (眠りが)深い; (音が)低くよく響く; ((文)) (海が)荒れた: (a) ～ rain [snow] 大雨[雪] / ～ fighting 激しい戦い / a ～ cold ひどい風邪 / a ～ blow 痛打 / We had a ～ frost this morning. けさはひどい霜だった. 5 [普通は [A]] 耐えがたい, (仕事などが)つらい, 骨の折れる: ～ work 重労働 / The workload was ～. その仕事はつらかった. 6 ((略式)) (文章などが)重苦しい, 退屈な, きまじめな; (皮肉などが)繊細さを欠く: His novels are too ～ for me. 彼の小説は私には重苦しすぎる. 7 (食べ物が)しつこい, 胃にもたれる; (香りが)くどい; (栄養分・アルコール分の)多い, 強い; (パンなどが)生焼けの: rich ～ food こってりとしたしつこい食べ物. 8 ((文)) (気分が)重い, もの悲しい; (頭・目が)重い. 9 (体格・家具が)がっしりした, (顔つきが)いかつい. 10 ((文)) (雰囲気などが)重苦しい; (空が)どんよりした; (天候・空気が)風がなく蒸し暑い; (霧などが)濃い: a ～ sky 重苦しい空 / a ～ silence 重苦しい沈黙. 11 (土地が)ぬかるんだ, 耕しにくい, 歩きにくい. 12 (人・動作などが)のろい, 鈍い: ～ footsteps のろのろとした足どり. 13 [P] ((略式)) (人に対して)厳しい, きつい (*on, with*). 14 ((俗)) (事態などが)面倒な, 危険な; 険悪な.

hàve a héavy fóot [動] [自] ((略式)) スピード運転する. **with a héavy héart** [副] ((文)) 悲しい気持ちで.

── [副] =heavily. **be héavy ínto ...** [動] [他] Ⓢ ((米略式)) (好ましくない活動)に夢中になっている. **líe [sít, wéigh, háng] héavy on [upòn] ...** [動] [他] ...において目立つ, 顕著である; ((文)) ...に重くのしかかる, ...を苦しめる.

── [名] (**heav·ies**) ((略式)) 1 [C] [普通は複数形で] 用心棒, 悪党. 2 [C] (芝居などの)悪役. 3 [C] 大物, 重要人物. 4 [the heavies で] ((英)) 堅実な新聞.

héavy bréather [名] [C] 1 (電話で)ハアハア言う男 (変質者). 2 いびきのうるさい人.

héavy bréathing [名] [U] 1 (電話で変質者が)ハアハア言うこと. 2 うるさくいびきをかくこと.

héavy brigàde [mòb] [名] [the ～] ((英略式)) 暴力団, 用心棒.

héavy créam [名] [U] ((米)) (脂肪分の多いホイップ用) 濃厚クリーム (((英)) double cream).

héavy dáte [名] [C] ((米)) [滑稽] 異性とのデート[性交渉]の大事な日.

+**héavy-dúty** [形] 1 [A] (服・タイヤ・機械などが)丈夫な, 頑丈な. 2 ((略式, 主に米)) (場面などが)めんどうな; 重大な.

héavy-fóoted [形] 足の重い, 動きの鈍い.

heavy going [形] むずかしい, 扱いにくい.

héavy góods vèhicle [名] [C] ((英)) ☞ HGV.

+**héavy-hánded** [形] 1 [けなして] (ことば・行動などが)思いやりのない, ぞんざいな; 高圧的な. 2 不器用な, ぎこちない. **～·ly** [副] ぞんざいに; 高圧的に. **～·ness** [名] [U] ぞんざいさ.

héavy·héarted [形] ([反] lighthearted) ((文)) 心の重い, 悲しんでいる, 悲嘆に暮れた, 憂鬱(ゆううつ)な.

héavy hítter [名] [C] ((略式, 主に米)) 1 有力者, 大物; 大会社, 大組織. 2 〔野〕 強打者.

héavy-hítting [形] 1 大物の. 2 〔野〕 強打の.

héavy hýdrogen [名] [U] 〔化〕 重水素.

+**héavy índustry** [名] [U,C] 重工業 (製鉄・造船など). [関連] light industry 軽工業.

héavy-láden [形] ((文)) 1 重荷を積んだ. 2 悩みを抱えた.

héavy-lídded [形] [A] まぶたが目にかぶさるような.

+**héavy métal** [名] 1 [U] ヘビーメタル (ロック音楽の一種). 2 [C] 〔化〕 重金属. [関連] light metal 軽金属.

héavy óil [名] [U] 重油.

héavy pétting [名] [U] ((古風)) ヘビーペッティング (セックスを伴わない激しい愛撫).

héavy-sét [形] (体格が)がっしりした.

héavy wáter [名] [U] 〔化〕 重水 (重水素と酸素が化合してできた水).

*__heav·y·weight__ /héviwèɪt/ [名] (～s /-wèɪts/) [C] 1 (ボクシング・レスリング・重量挙げなどで)ヘビー級の選手; 重量級の人[物], 平均体重[重量]以上の人[物]. 2 有力者, 重鎮: a political ～ 政界の実力者.

── [形] 1 [A] (ボクシング・レスリング・重量挙げなどで)ヘビー級の: a ～ boxer ヘビー級のボクサー. 2 重みのある, 重厚な. [関連] lightweight ライト級の(選手).

He·bra·ic /hɪbréɪɪk/ [形] ((格式)) ヘブライの; ヘブライ人の; ヘブライ語の; ヘブライ文化の.

He·bra·is·m /híːbreɪìzm/ [名] [U] ヘブライ文化[精神, 思想], ヘブライズム (Hellenism と共に, ヨーロッパ文明の二大思潮をなす).

He·bra·ist /híːbreɪɪst/ [名] [C] ヘブライ学者.

+**He·brew** /híːbruː/ [形] ヘブライ語の; ヘブライ人の.

── [名] 1 [U] 現代ヘブライ語 (イスラエルの公用語); 古代ヘブライ語. 2 [C] (古代の)ヘブライ人, ヘブル人. 3 [～s] 〔聖〕 ヘブル人への手紙 (新約聖書の一書).

Heb·ri·des /hébrədìːz/ [名] [固] [the ～] ヘブリディーズ諸島 (スコットランド西方の群島).

Hec·a·te /hékəṭi/ [名] [固] 〔ギ神〕 ヘカテー (天上・冥界と下界をつかさどる女神).

+**heck** /hék/ [感] ((略式)) ちぇっ! **Dìd [Wìll] ... héck.** ((英略式)) ...は決してなかった[ないだろう]. ── [名] Ⓢ ((略式)) 1 [a ～] とてつも[とんでも]ないもの: *a ～ of* a lot of money とてつもない大金. 2 [the ～] = hell 3. **(as) ... as héck** [形] ((略式)) ものすごく...で. **for the héck of it** [副] =(just) for the hell of it (☞ hell [名] 成句). **lìke héck** [副] =like hell (1) (☞ hell [名] 成句). **Whàt the héck!** Ⓢ =What the hell! (☞ hell [名] 成句).

+**heck·le** /hékl/ [動] [他] (政治集会で)〈演説者〉をやじり倒す, 質問攻めにする, 詰問する. ── [自] やじる.

heck·ler /héklə | -lə/ [名] [C] やじを飛ばす人.

heck·ling /héklɪŋ/ [名] [U] やじること.

heck·u·va /hékəvə/ Ⓢ ((米略式)) =heck of a (☞ heck [名] 1 例文).

HECS /héks/ [略] ((豪)) =Higher Education Contribution Scheme 大学教育貸付金制度.

+**hec·tare** /héktèə | -tèə/ [名] [C] ヘクタール (面積の単位; 100 アール, 1 万平方メートル; [略] ha).

+**hec·tic** /héktɪk/ [形] 慌ただしい, てんてこ舞いの; Ⓦ 興奮した. **-i·cal·ly** /-kəli/ [副] 慌ただしく.

hec·to- /héktə, -toʊ/ [接頭] 「100 倍」を表わす: *hectogram* (100 グラム).

hécto·gràm, ((英)) **-gràmme** [名] [C] ヘクトグラム (100 グラム).

hécto·lìter [名] [C] ヘクトリットル (100 リットル).

hécto·mèter [名] [C] ヘクトメートル (100 m).

hec·to·pas·cal /héktəpæskæ̀l/ [名] [C] 〔気象〕 ヘクトパスカル (気圧の単位; [略] hPa).

hec·tor /héktə | -tə/ [動] (**-tor·ing** /-tərɪŋ, -trɪŋ/) ((格式)) [けなして] [他] 〈人〉をどなりつける, おどしつける; いじめる. ── [自] いばりちらす.

Hec·tor /héktə | -tə/ [名] [固] 〔ギ神〕 ヘクトル (Iliad に登場する Achilles に殺された Troy の勇士).

hec·tor·ing /héktərɪŋ, -trɪŋ/ [形] [普通は [A]] ((格式)) いばりちらした, おどすような.

he'd[1] /hiːd/ ([同音] heed; [類音] feed, hid) ((略式)) **he**[1] **would の短縮形:** He said ～ go home. 彼は家に帰ると言った / We'd be happy if ～ come. 彼が来てくれればうれしいのだが.

he'd[2] /hiːd/ ([同音] heed; [類音] feed, hid) ((略式)) **he**[1] **had**[2] **の短縮形:** *H*～ already fled when the police entered his room. 警官たちが彼の部屋に入ったときには彼はすでに逃げた後だった / He said

~ been ill. 彼は病気だったと言った.

hedge /hédʒ/ 名 (hedg·es /-ɪz/) C 1 生け垣, 垣根: They planted a ~ around the garden. 彼らは庭の周りに生け垣を巡らした. 関連 fence 柵. 2 防御[予防]策, 保護手段(against): a ~ against inflation インフレ防衛策. ── 動 他 ⟨…⟩を生け垣で囲う. ── 自 言質(ゲン)を与えない, ことばを濁す. **hédge ... abóut [aróund] with ...** 動 他 (普通は受身で)《格式》⟨条件など⟩で⟨…⟩を束縛する. **hédge agàinst ...** 動 他 (損失などに)備える, …から身を守る. **hédge ín** 動 他 (普通は受身で)⟨…⟩を囲む; ⟨人⟩を束縛[制限]する (by, with). **hédge one's béts** 動 他 (損失を少なくするために)両方に賭(ヶ)ける; 両方に顔をつなぐ.

hédge fùnd 名 C ヘッジファンド(個人の資金を投機的に運用する有限責任の投資信託組合).

hedge·hog /hédʒhɔ̀ːg | -hɔ̀g/ 名 C はりねずみ.

hedge·row /hédʒròu/ 名 C (文) (生け垣を成す)低木の列.

hédge spàrrow 名 C ヨーロッパかやくぐり(英米の最も普通のいわひばり科の鳥).

he·don·ic /hɪdɑ́nɪk | -dɔ́n-/ 形 快楽の; [心] 快楽説の.

he·do·nis·m /híːdənɪzm/ 名 U 《哲》快楽主義, 享楽主義.

he·do·nist /híːdənɪst/ 名 C 《格式》快楽[享楽]主義者.

he·do·nis·tic /hìːdənístɪk⁻/ 形 《格式》快楽[享楽]主義(者)の.

-he·dral /híːdrəl/ 接尾「…(個)の辺(面)からなる」の意: ☞ polyhedral.

-he·dron /híːdrən/ 接尾 (複 ~s, -dra /-drə/)「…面体」の意: ☞ polyhedron.

hee·bie-jee·bies /híːbiʤíːbiz/ 名 複 [the ~] あびえ; いらだち: give ... the ~ (人)をびくびく[いらいら]させる.

heed /híːd/ 動 他 《格式》⟨警告・忠告など⟩を心に留める, 気をつける: Now ~ my warnings. さあ私の注意をよく聞きたまえ. ── 名 U 《格式》注意, 用心, 留意 (notice): They 「paid no ~ to [took no ~ of] the warning. 彼らは警告に全然注意を払わなかった.

heed·ful /híːdf(ə)l/ 形 (反 heedless) [普通は P]《格式》注意深い, 用心深い (of, careful).

heed·less /híːdləs/ 形 (反 heedful) [普通は P]《格式》気にかけない, むとんちゃくな (of). ── **·ly** 副 不注意に(も).

hee-haw /híːhɔ̀ː/ 名 [a ~] ひひーん(ろばの鳴き声). ── 動 自 (ろばが)いななく.

heel¹ /híːl/ 13 名 1 C かかと (☞ leg 挿絵): These shoes pinch my ~s. この靴はかかとがきつい. sit back on one's ~s 正座をする. 2 C (靴・靴下の)かかと; shoes with high [low] ~s かかとの高い[低い]靴. 3 [複数形で] ハイヒール (high heels). 4 C (手のひらの)つけ根, かかと状のもの: a ~ of bread パンの耳. 5 C 《古風, 略式》ごろつき, 男のくず. **at [on] ...'s héels** [副・形] (人など)のすぐ後について. **bríng [cáll] ... to héel** 動 他 《格式》⟨人⟩を服従させる; ⟨犬⟩を従わせる, ついて来させる. **cóme to héel** 動 自 (犬が)主人に従っていく; (人が)おとなしく従う. **cóol** [《米》**kíck**] **one's héels** 動 自 《略式》長く待たされる, 手もちぶさたである. **díg one's héels ín = díg ín one's héels** 動 自 自分の立場[考え]を固く守る, 頑として譲らない. **dówn at (the) héel(s)** [形・副] (人が)だらしがない[なく], みすぼらしい[く]. **drág one's héels** 動 自 = drag one's feet (☞ foot 成句). **hárd [hót] on ...'s héels** [副・形] …のすぐ後に続いて[を追って]. (**hárd [hót, clóse]) on the héels of ...** [副] (出来事)のすぐ後に; (…の)すぐ後をつけて[追って]. **kíck úp one's héels** 動 自 浮かれ騒ぐ. **shów a cléan pàir of héels** 動 自 《古風, 英略式》どんどん先へ逃げる[行く]. **táke to one's héels** 動 自 《文》一目散に逃げる. **túrn [spín] on one's héel** 動 自 (W)(怒ってまたは驚いて)突然背を向けて[立ち去る). **ùnder ...'s héel = ùnder the héel of ...** [副・形] …に踏みにじられて; …の支配下で[の]. ── 動 他 1 ⟨靴⟩にかかとをつける. 2 〖ラグ〗⟨ボール⟩をかかとでける. ── 間 〖普通は命令形で〗(S) (犬が主人の後についていく[くる]: H~! つけ!

heel² /híːl/ 動 [次の成句で] **héel óver** 動 自 《文》(船が)傾く.

heel-and-toe 形 (歩き方が)片足のつま先が地から離れないうちに他方の足のかかとが地につく. ── 動 自 (自動車レースなどで)ヒールアンドトーで運転する(ブレーキをつま先でアクセルを同じ足のかかとで同時に操作する); 減速・シフトダウン・加速を敏速に行なうために).

-heeled /híːld/ 接尾 [合成語で]「…のかかとのある」: high-heeled shoes かかとの高い靴.

héel·tàp 名 C 1 (靴の)かかと革. 2 (杯・びんの底の)飲み残り; 残り(かす).

heft /héft/ 名 U 1 重さ, 重量. 2 重要性, 影響力. ── 動 他 ⟨…⟩を持ち上げる (into, onto); 持ち上げて⟨…⟩の重さを量る.

heft·i·ly /héftəli/ 副 たくましく.

heft·y /héfti/ 形 (**heft·i·er**, **-i·est**) [普通は A] 1 (人が)屈強な, たくましい. 2 大きく重い[かさばる]; (量・金額が)かなりの. 3 強力な.

He·gel /héɪg(ə)l/ 名 **Ge·org** /géɪɔək | -5ːk/ **Wil·helm** /vílhelm/ **Frie·drich** /fríːdrɪk/ ~ ヘーゲル (1770-1831) (ドイツの哲学者).

he·gem·o·ny /hɪʤéməni, -ʤém-/ 名 U 《格式》支配権, 指導権, 覇権(ﾊ) (特に連盟諸国間における一国の) (domination).

He·gi·ra /hɪʤár(ə)rə, héʤərə/ 名 1 [the ~] ヘジラ(マホメット (Muhammad) の Mecca から Medina への逃避; 622年). 2 [h-] 逃避行, 亡命.

Hegíra cálendar 名 [the ~] イスラム[ヘジラ]紀元. 関連 Gregorian calendar グレゴリオ暦.

Hei·deg·ger /háɪdegə | -gə/ 名 **Martin** ~ ハイデッガー (1889-1976) (ドイツの学者).

Hei·del·berg /háɪdlbə̀ːg | -bə̀g/ 名 固 ハイデルベルク (ドイツ南西部の都市).

Hie·di /háɪdɪ/ 名 ハイジ (スイスの女流作家シュピーリ (Johanna Spyri) 作の児童小説 (1880); その主人公のアルプスの少女).

heif·er /héfə | -fə/ 名 C (まだ子を産まない)若い雌牛.

heigh-ho /háɪhóu, héɪ- | héɪ-/ 間 《古風》あーあ!, やれやれ! (驚き・疲労・退屈・落胆などの声).

height /háɪt/ ※ **ei** は例外的に /aɪ/ と発音する. (類語 fight) 12 名 (**heights** /háɪts/; 形 high, 動 héighten) 1 C|U [しばしば所有格の後で] 身長; [しばしば the ~] 高さ, 高度; 高さ (highness) (略 h, ht, hgt.; ☞ length 挿絵); 海抜: 言い換え He is six feet *in* ~. (= He is six feet tall). 彼は身長が6フィートある ∕ "What is the ~ *of* the Eiffel Tower?" "(It is) 320 meters (high)." 「エッフェル塔の高さはどのくらいですか」「320メートルです」∕ The plane was flying at a ~ *of* 5,000 feet. その飛行機は5千フィートの高度で飛んだ.

2 C [普通は複数形で] 高所; [複数形で; 普通は地名に用いて] 高地, 高台: from a (great) ~ 高い所から ∕ the ~*s of* the Alps アルプスの高峰 ∕ I'm afraid of ~. 私は高所恐怖症だ. 3 U [普通は the ~] 絶頂, 極致; 真っ盛り: in the ~ *of* summer 夏の真っ盛りに ∕ in *the* ~ *of* fashion 流行の最先端の ∕ at *the* ~ *of* powers 権力の頂点に ∕ It would be *the* ~ *of* folly to marry him. あんな男と結婚するなんて愚の骨頂だ. 4

[複数形で; 普通は new を伴って] (成功・到達点・程度との)(新たな)頂点, 極点: reach [rise to] *new* ~s 頂点に達する / take ... to *new* ~s...を大成功させる / jump to *new* ~s 最大にはね上がる.
fáll from a gréat héight [動] 自 辞職させられる; 尊敬を失う. **gáin [lóse] héight** [動] 自 (飛行機が)高度を上げる [下げる]. **háve a héad for héights** [動] 自 高所恐怖症ではない. **ríse [dráw onesèlf úp] to one's fúll héight** [動] 自 背筋を伸ばして立つ.

*héight·en /háɪtn/ 動 (héight·ens /-z/; héight·ened /-d/; -en·ing; 名 height) 他 **1** (緊張・不安・効果など)を増す, 強める: The news ~*ed* the awareness of the problem. そのニュースで問題への意識が高まった. **2** 〈…〉を高くする, 高める.
— 自 **1** (緊張・不安・効果などが)増す, 強まる: His fear ~*ed* when he heard the sound. その音を聞いて彼の恐怖は増した. **2** 高くなる, 高まる.

héight·ened /háɪtnd/ 形 高まった, 増した.

Hei·ne /háɪnə/ 名 固 **Hein·rich** /háɪnrɪk/ ~ ハイネ (1797-1856)《ドイツの詩人》.

Hei·ne·ken /háɪnɪk(ə)n/ 名 U C ハイネケン《オランダのビール; 商標》.

hei·nie /háɪni/ 名 C 《滑稽》お尻(ﾂ).

hei·nous /héɪnəs/ 形 **1** A 《格式》(罪・罪人が)憎むべき, 極悪の, 凶悪の. **2** S 《米俗》ひどい. **~·ly** 副 極悪[凶悪]に. **~·ness** 名 U.

Heinz /háɪnz/ 名 固 ハインツ《米国製のかんづめ・びん詰め; 商標》.

***heir** /éə | éə/《同音 air, e'er, ere,《米》*are³,《米》*err;《類音 ear, error》**13** 名 (~s /-z/) C 相続人, 跡取り; 後継者 (☞ heiress): a legal *heir* 法定相続人 / the ~ *to* the throne 王位継承者. **be héir to ...** [動] 自 〈…〉の相続人である[となる].

héir appárent 名 (複 **heirs apparent**) C 《新聞で》法定推定相続人;(確実と思われる)後継者 (*to*).

heir·ess /é(ə)rəs | éə-/ 名 C 《多額の遺産の》女性の相続人 (*to*)(☞ heir).

heir·loom /éəlu:m | éə-/ 名 C 先祖伝来の家財, 家宝, 法定相続動産.

héir presúmptive 名 (複 **heirs presumptive**) C 推定相続人《被相続人により近い親族が生まれると相続権を失う》(*to*).

Hei·sen·berg /háɪz(ə)nbə̀:g | -bə̀:g/ 名 固 **Wer·ner** /véənə | véənə/ ~ ハイゼンベルク (1901-76)《ドイツの物理学者; Nobel 物理学賞 (1932)》.

Héis·man Tróphy /háɪsmən-/ 名 固 [the ~]ハイスマントロフィー《米国の大学フットボール年間最優秀選手賞》.

heist /háɪst/ 名 《略式, 主に米》[新聞で] 名 C (大胆な)強盗, 窃盗; 強奪. — 動 他 〈…〉を盗む.

He·ji·ra /hɪdʒáɪr(ə)rə, hédʒ(ə)rə/ 名 固 =Hegira.

***held** /héld/ 動 **hold**¹ の過去形および過去分詞.

Hel·en /hélən/ 名 固 ヘレン《女性の名; 愛称は Nell, Nellie または Nelly》.

Hel·e·na /hélənə, helí:nə/ 名 固 **1** ヘレナ《女性の名》. **2** ヘレナ《米国 Montana 州の州都》.

Hélen of Tróy 名 固 《ギ神》トロイのヘレネ《Sparta 王妃; Troy の王子 Paris に誘拐されたためトロイ戦争が起こった》.

he·li·cal /hélɪk(ə)l/ 形 《格式》らせん(状)の.

helices 名 helix の複数形.

hel·i·co·bac·ter py·lo·ri /héləkòubæktə-paɪlɔ́:raɪ | -tə-/ 名 U C ピロリ菌《胃潰瘍と密接な関係があるとされる》.

***hel·i·cop·ter** /hélɪkàptə | -kɔ̀ptə/ 名 (~s /-z/) C ヘリコプター《略式》chopper》: get into a ~ ヘリコプターに乗り込む. **by hélicopter**=**in a héli-copter** [副] ヘリコプターで: The relatives hurried to the crash site *by* ~. 肉親たちはヘリコプターで墜落現場へ急行した. — 自 (**-ter·ing** /-tərɪŋ/) 自 ヘリコプターで飛ぶ. — 他 〈…〉をヘリコプターで運ぶ. 語源 ギリシャ語で「旋回する (helico-) 翼 (-pter) の意.

hélicopter pàd 名 C =helipad.

he·li·o- /hí:liou/ 接頭「太陽」の意.

he·li·o·cen·tric /hìːliousèntrɪk⁻/ 形 **1** 太陽の中心から測定した[見た]. **2** 太陽を中心とした.

he·li·o·graph /híːliəgræ̀f | -grà:f/ 名 C 日光反射信号装置; ヘリオグラフ《日光反射機械》. — 動 他 〈情報〉を日光反射機で送る.

He·li·os /híːliəs, -ɔ̀s/ 名 固 《ギ神》ヘリオス《太陽の神; ☞ god 表》.

he·li·o·trope /híːliətròup/ 名 C,U ヘリオトロープ, きだちるりそう《小低木》; U 薄紫色. — 形 薄紫色の.

he·li·o·trop·ic /hìːliətróupɪk, -tróp-⁻/ 形 《植》向日性の.

he·li·ot·ro·pis·m /hìːliátrəpìzm | -ɔ́trə-/ 名 U 《植》向日性.

hel·i·pad /hélepæ̀d/ 名 C ヘリポート《1機用》.

hel·i·port /hélepɔ̀ət | -pɔ̀:t/ 名 C ヘリコプター発着場, ヘリポート.

hé·li·skìing /héle-/ 名 U ヘリスキー《ヘリコプターで高所へ運んでもらって滑降するスキー》.

***he·li·um** /híːliəm/ 名 U 《化》ヘリウム《元素記号 He》.

he·lix /híːlɪks/ 名 (複 **he·li·ces** /héləsì:z, híːlɪ-/, ~·**es**) C らせん, らせん状.

***hell** /hél/《類音 fell, held, help》名 (形 héllish) **1** U [しばしば H-] 地獄: Sinners go to ~ when they die. 罪人たちは死ぬと地獄へ行く / The road to ~ is paved with good intentions. 《ことわざ》地獄に至る道は立派な意図の石畳でできている《どんな良いことでも思うだけで実行しなければ何にもならない》. 関連 heaven 天国.
2 U または a ~ この世の地獄; 地獄のような状態[体験]: (a) ~ *on earth* この世の地獄 / *a living* ~ 生き地獄 / The journey through the desert was sheer {absolute, pure} ~. 砂漠の旅行はまさに地獄だった.
3 [the ~ として疑問詞を強めて] S 《略式》一体全体...: What *the* ~ do you want? 一体全体何が欲しいんだ. 語法 3 の意味と以下の成句と 📖 はごく親しい友人や年下者の前でしか使えない. 特に女性に対しては注意する必要がある.
a {óne} héll of a ... S 《俗》(1) 大変な[非常に]..., すごい[ひどい]...: I like you *a ~ of a* lot. あなたが大好きだ. (2) とてもよい[ひどい]..., すばらしい...: have *one ~ of a* time とても楽しい[つらい]時を過ごす. **Áll héll bréaks {is lèt} lóose.** 《略式》突然大騒ぎ[大混乱]になる. **(as) ángry {mád, ...} as héll** [形] S ものすごく怒って[...で]. **béat {írritate, scáre} the héll òut of ...** [動] 《略式》〈人〉をひどい目[いやな目]にあわせる, おびえさせる. **cátch héll** [動] 自 《米》こっぴどくしかられる. **(còme) héll or hígh wáter** [副] S 《略式》どんなことがあろうとも, 何が何でも. **féel {lóok} líke héll** [動] 自 ひどい気分[様子]である. **... from héll** [名] 《略式》[the ~ として]最悪の...: *the* holiday *from* ~ さんざんな休日. **gèt the héll óut** [動] 《略式》(さっさと)[去る] (*of*). **gíve ... héll** [動] 他 《略式》(1)〈人〉をしかりとばす. (2)〈人をひどい目にあわせる, 困らせる: *Give* them ~! [選手を励まして]どんどんやってやれ. **gó through héll** [動] 自 《略式》ひどく苦しむ. **Gó to héll!** 感 S 《卑》(1) 消えうせろ!, 黙れ! (2) 畜生め!, くたばれ! 《☞ swear 表》 語法. **gó to héll and báck** [動] 《略式》ひどい苦しみを経験する. **gó to héll in a hándbasket** [動] 自 《米略式》おちぶれる, (制度・組

織などが)だめになる. **Héll hath nò fúry (lìke a wóman scórned).** 《ことわざ》 夫[恋人]に裏切られた女性はひどく怒って執念深くなる. **héll on whéels** [名] Ⓢ 《米略式》 身勝手な人, 目的遂行のためには手段を選ばないやつ. **héll's bélls** [《英》 **téeth**] [感] Ⓢ 《古風》 えっ, 何ということだ 《驚き・困惑を表す》. **(jùst) for the héll of it** [副] Ⓢ 《略式》 何ということなしに; おもしろ半分に. **lìke héll** [副] (1) 《略式》 猛烈に, 死にもの狂いで; 無性に. (2) [文頭で] Ⓢ 《俗》 [皮肉] (…だなんて)とんでもない, 絶対…しない: [会話] "You'd better go." "*Like* ~ I will." 「行ってきなさい」「だれが行くもんか」 **nòt a hópe [cháence] in héll** [名] 《略式》 少しの望み[チャンス]もないこと. **plày** (《英》 **mérry**) **héll with ...** [動] [他] 《略式》 …をめちゃめちゃにする. **pùt ... through héll** [動] [他] 〈人〉をひどい目にあわせる. **ráise héll** [動] [自] 《略式》 (1) 大騒ぎをする. (2) かんかんに怒る. **The héll ...** [文頭で] Ⓢ 《俗》 =like hell (2). **The héll with ...!** [感] Ⓢ 《略式》 =To hell with ...! **thère'll be héll to pày** 《略式》 ひどい目に会う, 大変なことになる. **To héll with ...!** [感] Ⓢ 《略式》 …なんかくたばってしまえ[構うものか]! **untìl héll frèezes óver** [副] 《略式》 いつまでも. **Whàt the héll!** [感嘆詞的に用いて] Ⓢ それがどうしたというのか, かまうもんか, どうでもいいや (☞ 3). **when héll frèezes óver** [副] 《略式》 決して…ない (never).

— [感] 《略式》 畜生!, くそっ!, ふん! 《怒り・いらだち・強意の表現; ☞ swear [自] 1 [語法]》: *H~* no, I'm not going. 絶対にいやだ. おれは行かないぞ.

****he'll** /hiːl/ ([同音] heal, heel[1, 2]; [類音] feel, hill) 《略式》 **1 he[1] will[1] の短縮形**: *H~* be sixty this March. この 3 月で彼は 60 歳になる / *H~* do it at any cost. 彼はどんなことがあってもそれをするだろう / *H~* go abroad next week, won't he? 彼は来週外国へ行くんだよね. **2** he[1] shall の短縮形.

hel·la /hélə/ [副] 《米俗》 とても, 本当に.

hel·la·cious /heléɪʃəs/ [形] Ⓢ 《米略式》 最高の, すごい; ひどい, べらぼうな.

héll-bènt [形] [P] 無謀にも(何がなんでも[がむしゃらに] …しようと)決心して (*on* (do*ing*)).

héll·càt [名] [C] 《略式》 性悪女.

héll-dìver [名] [C] 《米》 かいつぶり 《水鳥》.

Hel·lene /héliːn/ [名] [C] 《格式》 古代ギリシャ人; 現代ギリシャ人 (Greek).

Hel·len·ic /helénɪk/ [形] (Alexander 大王時代までの)古代ギリシャ文化の; ギリシャ[人]語の.

Hel·le·nis·m /héləniz̀m/ [名] [U] ヘレニズム(文化), 古代ギリシャ文化[思潮].

Hel·le·nis·tic /hèlənístɪk←/ [形] ヘレニズム文化の, (Alexander 大王以降の)古代ギリシャ文化の.

Hel·ler /hélə | hélə/ [名] [固] **Joseph** ~ ヘラー (1923–99) 《米国の小説家》.

héll·fìre [名] **1** [U] 地獄の火, 業火. **2** [形容詞的に] 業火の苦しみを説く.

hell·gra(m)·mite /hélgrəmàɪt/ [名] [C] 《米》 へびとんぼの幼虫 《釣りの餌に用いる》.

héll·hòle [名] [C] 《略式》 非常に不快な[汚ない]場所.

hel·lion /héljən/ [名] [C] 《米略式》 腕白小僧.

hell·ish /hélɪʃ/ [形] ([名] hell) **1** 地獄の(ような). **2** 《略式》 不愉快な, 実にいやな. — [副] 《略式》 ものすごく, どえらく. **~·ly** [副] ひどく悪く; すごく.

****hel·lo** /həlóu, he-/ [感] **1 ハロー**, やあ, こんにちは, お早う, こんばんは 《good morning [afternoon, evening] よりもくだけたあいさつで, 友人や知人の間で用いられる; ☞ hi》: *H~*, Jane, how are you? やあジェーン, 元気かい / *H~*, Meg, how have you been? やあメグ, どうしてた. [語法] H~ のあとに相手の名前をつけて呼びかけるのが普通. **2** [電話での応対で] **もしもし**. **3** [様子の変な相手に対して] 大丈夫か? 気は確かか? **4** おーい, もしもし 《遠くの人や見えない相手などに》. **5** 《主に英》 おや, まあ 《驚き・困惑などを表わす》: *H~!* What's this? あれ, これは何だろう. — [名] (~s) [C] やあ[こんにちは]というあいさつ: She gave me a cheerful ~. 彼女は私に明るい声で「ハロー」とあいさつをした. **sày helló to ...** [動] [他] …によろしくと言う 《親しい間柄で》.

> [会話] "Please *say* ~ *to* Jack *for* me." "I will." 「ジャックによろしくね」「わかりました」

héll-ràiser [名] [C] 《略式》 大騒ぎするやつ, 騒ぎ[すったもんだ]を起こすやつ.

Héll's Ángel [名] [C] ヘルズエンジェル, '地獄の天使' 《オートバイの暴走族のメンバー》.

hell·u·va /héləvə/ 《hell of a の発音を示すつづり》 [次の成句で] **a [óne] hélluva ...** =a [one] hell of a ... (☞ hell [名] 成句).

⁺helm /hélm/ [名] **1** [C] (船の)舵柄(だ), 舵輪. **2** [the ~] 実権, 支配権: take *the* ~ 実権を握る. **at the hélm** [副・形] (1) 実権を握って (*of*). (2) (船の)舵(だ)を取って.

***hel·met** /hélmɪt/ [名] (**hel·mets** /-mɪts/) [C] ヘルメット 《消防士・ライダーなどがかぶる》; (兵士の)鉄かぶと; (中世の騎士が用いた)かぶと: a crash ~ 保安ヘルメット / put on [wear] a ~ ヘルメットをかぶる[かぶっている] (☞ put on (put 句動詞)表, wear 表) // ☞ blue helmet.

hel·met·ed /hélmɪṭɪd/ [形] ヘルメットをつけた.

helms·man /hélmzmən/ [名] (**-men** /-mən/) [C] 舵手(だしゅ), 操舵手.

Hé·lo·ïse /éloui:z/ [名] [固] エロイーズ (1098?–1164) 《フランスの尼僧で Abélard の弟子・恋人》.

****help** /hélp/ [動] (**helps** /~s/; **helped** /~t/; **help·ing**) [他]

①	手伝う	1
②	助ける	2
③	…に役立つ	3
④	…に分けて取ってやる	4

1 〈人〉を **手伝う**, 〈人〉に手を貸す; 〈人〉が(…するのを)手助けする, 〈人〉を手伝って…させる (☞ 類義語); (店員が)〈客〉に応対する: Mary is ~*ing* her mother. メアリーはお母さんのお手伝いをしている / Can you ~ me, please? すみませんが 《手を貸してもらいたいとき, 物を頼み[尋ね]たいときなどのことば》 / I ~*ed* my father *with* his work. <V+O+*with*+名・代> 私は父の仕事を手伝った. [用法注意!] I helped my father's work. とは言わない // I'll ~ you *with* the bags. バッグを持ってあげよう / He ~*ed* her *carry* the parcels. <V+O+C (原形)> =He ~*ed* her *to* carry the parcels. <V+O+C (*to* 不定詞)>. 彼は彼女が小包を運ぶのを手伝った.

> [語法] (1) 《米》《英》 ともに目的語の後に原形不定詞を用いるのが普通だが, to 不定詞を用いることもある.
> (2) 受身の場合には to 不定詞が用いられる: She had to *be* ~*ed* *to* sign her name. 彼女は署名するのに手助けが必要だった.
> (3) 目的語の(代)名詞を表現しない次のような形の文もある: He ~*ed cook* lunch. <V+O (原形)> = He ~*ed to* cook lunch. <V+O (*to* 不定詞)> 彼は昼食の料理の手伝いをした.

He ~*ed* the child *across* (the street). <V+O+副[前+名・代]> 彼はその子が(通りを)渡るのを助けた / He ~*ed* me *through* (the) university. 彼の援助のおかげ

で私は大学を卒業できた.
2 〈困っている人・危ない人〉を**助ける,救う,援助する**《☞ save[1] 類義語》: *H*～ me! 助けてくれ!(「助けて!」という場合は Help! (☞ [自] 2) の方が多い)/ No one would ～ the poor old woman. その気の毒なおばあさんを助けようとする人はだれもいなかった.
3 (物事が)〈…〉に**役立つ**; 〈…〉を促進する: That won't ～ you. それは君の役に立つまい / Your advice **～*ed*** us (***to***) win. <V+O+C (原形 [*to* 不定詞])> 君のアドバイスのおかげで我々は勝てた / The medicine **～*ed*** (***to***) cure his illness. <V+O (原形 [*to* 不定詞])> その薬は彼の病気を治すのに役立った《☞ [他] 1 [語法] (3)》.
4 (食物などを)〈…〉に**分けて取ってやる**, よそう; 〈…〉に勧める: She **～*ed*** me ***to*** some potatoes. <V+O+*to*+名・代> 彼女は私にじゃがいもをよそってくれた / Let me ～ you *to* some wine. ワインをおつぎしましょう. **5** 〈病気など〉を治す; 〈苦痛〉を和らげる: Will this medicine ～ a cough? この薬でせきが楽になりますか. **6** [普通は can, cannot とともに用いて] 避ける, 禁じる, 抑える: I *cannot* ～ his bad manners. 彼が不作法なのは私にはどうしようもない // ☞ I can't help it. (成句).
— [自] 1 手伝う, 助力する: I will do it if you (will) ～. あなたが手伝うなら[気があれば]やりましょう / ***H～ with*** the dishes. <V+*with*+名・代> 皿洗いを手伝ってね. **2** [命令文で] Ⓢ 助ける, 救う《困った時や危ない時に用いる》: *H*～! I can't move. 助けて! 動けない!
3 (物事が)役立つ, 足しになる: That doesn't ～ much. それは大して役に立たない / It won't ～ to wait. 待ってもむだだ / Time ～*ed toward* their getting a better understanding of each other. 時がたって彼らの相互理解が深まった / Every little (bit) ～*s*. 《ことわざ》わずかなものでもみな役に立つ(塵(ちり)も積もれば山となる).

Càn [Mày] I hélp you? (1) **何を差し上げましょうか, 何かご用でしょうか**《店員・受付係などが客・訪問者に言うことば; may のほうが丁寧; ☞ may 2 [語法] 囲み》: *Can* [*May*] *I* ～ *you with* something? 何かご用でしょうか. [語法] What can I do for you? よりも丁寧な言い方. (2) **お困りのようですが**《道に迷っている人などにかけることば》.
cànnot hélp but dó [動] …しないわけにはいかない, どうしても[思わず]…してしまう: I *couldn't* ～ *but* sleep. 私は(眠くて)つい眠りこんでしまった.
cànnot hélp dóing [動] Ⓢ …しないわけにはいかない, 思わず…してしまう; …するのはどうしようもない: I *could not* ～ fall*ing* in love with her. 私は彼女に恋せずにはいられなかった / [言い換え] How *can* I ～ laugh*ing* at this? = I *cannot* ～ laugh*ing* at this. これを見てどうして笑わずにいられるだろうか(とても笑わずにはいられない)《☞ rhetorical question [文法]》.
cànnot hélp it if ... Ⓢ …だとしても(人)のせいではない: I *cannot* ～ *it if* he doesn't come. 彼が来なくても僕のせいじゃないよ.
cànnot hélp ...'s dóing [動] …が—する[である]のはどうしようもない. [語法] 所有格の代わりに目的格を用いることもある: We *cannot* ～ *his* [*him*] resign*ing* if he's determined to. 彼が辞任する決心をしたというのなら我々はどうしようもない.
Gód [Héaven] hélp ...! Ⓢ …に神のご加護を!; …はかわいそうに, 大変だよ《人の安全などを心配することば》.
hélp onesèlf [動] [自] (1) 自分で努力をする; 自立する: God [Heaven] helps those who ～ *themselves*. 《ことわざ》神は自らを助くる者を助く. [語法] God を使うほうが Heaven よりも普通. (2) [cannot とともに] Ⓢ 自分(の感情[癖])を抑える: She *couldn't* ～ *herself*. 彼女は感情を抑えられなかった.
hélp onesèlf to ... [動] Ⓢ [他] (1) **…を自分で取って食べる[飲む]**, …を遠慮なくいただく[使う]: Please ～ *yourself to* the [more] salad. どうぞご遠慮なく[もっと]サラダをお取りください.

> [語法] (1) to 以下を省略することもある: *H～ yourself*, please. どうぞご遠慮なく.
> (2) この句は「(盛り皿などから)自由によそう」意なので個人個人に取り分けられている場合には使わない.
> (3) 食べ物以外でも使われる: "Can I borrow a pen?" "*H～ yourself*."「(ボール)ペンを借りてもいいですか」「どうぞご自由に」

(2) 《略式》…を勝手に取る, 盗む.
I càn't hélp it. 私にはどうしようもない, 私のせいではない; しょうがないだろ(ついやってしまうんだ): I don't like doing it but *I* just *can't* ～ *it*. そうはしたくないけどしかたがないんだ.
if one can hélp it [副] できれば(…しない)《☞ one[2] [代] 3 [語法] (4)》: I don't want to go by plane *if I can* ～ *it*. できれば飛行機で行くのはやめたい.
It cán't [cóuldn't] be hélped. Ⓢ それはしかたがない[なかった], どうしようもない[なかった].
Mày I hélp you? =Can I help you?
Nót if I can hélp it. Ⓢ そのつもりはない; そうはさせないぞ.
nót [néver] ... móre than one can hélp しないで済む[必要以上の]ことは…しない: Do*n't* spend *more than* you *can* ～. なるべくお金を使わないように / She *never* does (any) *more* work *than* she *can* ～. 彼女は必要最低限のことしかしない(怠け者だ).
so hélp me Ⓢ 誓って, 本当に.
so hélp me Gód Ⓢ (1) 神に誓って《宣誓のことば》; 神のご加護のあらんことを. (2) =so help me.

help の句動詞

hélp ... alóng [fórward] [動] [他] 手伝って〈人・物事〉を進ませる.
hélp ... dówn [動] [他] 〈…〉を手伝って降ろす.
hélp ... ìnto — [動] [他] 〈…〉を手助けして—に入れる[乗せる]: We ～*ed* our grandfather *into* the car. 私たちは手を貸して祖父を車に乗せた.
hélp ... óff with — [動] [他] 〈…〉を手伝って(衣服・靴など)を脱がせる: Laura ～*ed* her drunken husband *off with* his overcoat. ローラは酔った夫に手を貸してオーバーを脱がせた.
hélp ... ònto — [動] [他] 手伝って〈…〉を—に乗せてやる: A student ～*ed* the old professor *onto* the platform. 1人の学生が老教授に手を貸して演壇に登らせた.
hélp ... ón with — [動] [他] 手伝って〈…〉に—を着せて[はかせて]やる: Let me ～ you *on with* your overcoat. コートを着せてあげましょう.
***hélp òut** [動] [主に Ⓢ] [自] **手を貸す; 援助する**: Mike offered to ～ *out*. マイクは手を貸してあげようといった. — [他] **1** 〈…〉を手伝って出してやる; 〈…〉を救い出す: He ～*ed* the old woman *out* (*of* the car). 彼はその老婦人が(車から)出るのに手を貸した. **2** 〈…〉を助けて切り抜け[やり遂(と)げ]させる.
hélp ... óut with — [動] [他] [主に Ⓢ] (1) (金など)を提供して〈…〉を助ける. (2) 〈…〉が—を出すのに手を貸す. (3) 〈…〉を手伝って—をやり遂(と)げさせる: Please ～ me *out with* these problems. これらの問題を解くのを手伝ってください.
hélp ... úp [動] [他] 〈…〉を手伝って登らせる[立ち上がらせる]: He ～*ed* the old man *up from* the chair. 彼はその老人がいすから立ち上がるのに手を貸した.

— [名] (～s /~s/; [形] hélpful) **1** [U] **助け, 手伝い; 援助**: He cried for [to get] ～. 彼は叫んで助けを求めた / Thank you for all your ～. いろいろとありがとうございま

した / You should ask the clerk for ~. 店員に聞いたほうがよい《店で品物を探すときなど》/ Can I give you any ~? 何か手伝いましょうか / I need ~ *with* [*to* lift] this trunk. このトランク(を運ぶの)には[を持ち上げるのに]助けがいる.
2 [単数形で, 普通は a ~] 役立つもの[人], 助けになる人: His advice was *a* great ~ *to* me. 彼の忠告は私にはとても役に立った / You (all) have been *a* great [big] ~. とても助かりました / [皮肉] この役立たず / This map isn't much ~. この地図はあまり役に立たない. **3** Ⓒ [普通は否定文で] (防止する)ほかのやり方; 救済法: There was no ~ for it. それはどうしようもなかった. **4** Ⓤ.Ⓒ (特に家事手伝いの)雇い人, 家政婦: hire (英) a new ~ 新しいお手伝いさん[家政婦]を雇う / HELP WANTED (米) お手伝いさん募集《掲示・広告》. **5** Ⓤ『電算』ヘルプ(ソフトの使用法を教える機能).
be beyònd hélp [動] ⾃ 救いようがない, お手上げだ.
be of hélp [動] ⾃ (…)の役に立つ, 助けとなる (be helpful): Can I *be of* (any) ~ (*to* you) (*with* those bags)? (そのかばんのことで)何かお役に立てることがありますか, (そのかばんを運ぶのを)お手伝いしましょうか.
with the hélp of ... [前] …の助けによって: We were able to finish it *with the* ~ *of* Mr. Rich. 私たちはリッチ氏の援助でこれを完成できた.
〖類義語〗**help**「助けを与える」という意味では最も一般的でくだけた感じのことば. **aid** help よりやや改まった感じのことばで, 助けを必要とする度合いが高い者に対して特に金銭面で助力を与えてやることを表わす: The poor students were *aided* by the scholarship organization. 貧しい学生たちは育英会から援助を受けた. **assist** *aid* よりもさらに改まったことばで, わき役として補助的な助力をすることを意味する: I *assisted* him in editing a magazine. 私は彼が雑誌を編集するのを補佐した.

hélp dèsk 名 Ⓒ (コンピューター(ソフト)などの)問い合わせ[サービス]窓口.
⁺**help‧er** /hélpɚ | -pə/ 名 Ⓒ **1** 助ける人; 助手; 救援者. **2** (米) お手伝いさん, 家政婦, ヘルパー.
*⁺**help‧ful** /hélpf(ə)l/ 形 (名 help, 反 unhelpful) 助けになる, 役に立つ, 重宝な (useful); 進んで手伝いをする: ~ advice [hints] 有益な忠告[ヒント] / This book will be ~ *to* you when you are grown up. <A+*to*+名・代> このことはあなたが大人になったときに役に立つだろう / It's ~ (*for* you) *to* use this dictionary. (あなたは)この辞書を使うと役立ちます ((⇨ *for* 前 B 1)) / *It was* very ~ *of* you *to* get that bread for me. そのパンを買ってきてくれてとても助かった ((⇨ *of* 12)) / This book will be ~ *in* studying Japanese. <A+*in*+動名> この本は日本語の勉強に役立つだろう / You're being very ~. とても助かるよ. **‐ful‧ly** /-fəli/ 副 役に立つように, 有用に. **~‧ness** 名 Ⓤ 有用性, 有用価値.
⁺**help‧ing** /hélpɪŋ/ 名 Ⓒ (食べ物・料理の)ひと盛り, 1 杯, 1 人分: a large ~ *of* curry and rice カレーライスの大盛り / have [take] a second ~ お代わりをする.
hélping hánd 名 [次の句で] **gíve [lénd, exténd] ... a hélping hánd** [動] ⽥ <...に>援助の手をさしのべる (*with*).
hélping vèrb 名 Ⓒ 『文法』 =auxiliary verb.
*⁺**help‧less** /hélpləs/ 形 **1** (われわれが身をどうすることもできない, 手も足も出ない, 無力な: a ~ baby 赤ん坊 / ~ laughter どうにも止められない笑い / I felt ~ with pain and fever. 苦痛と熱で私はどうしようもなかった / We were ~ *to* rescue them. <A+*to* 不定詞> 彼らを救助する何の力にもなれなかった.
2 助けのない, 頼るもののない: a ~ orphan 頼るもののない孤児. **3** (様子・表情が)お手上げの, 困り切った.
~‧ly 副 どうすることもできず, 力なく; 頼るものもなく. **~‧ness** 名 Ⓤ どうしようもない状態, 無力さ.
hélp‧line 名 Ⓒ (英) (悩み相談などの)テレホンサービス.

help‧mate /hélpmèɪt/, **help‧meet** /hélpmìːt/ 名 Ⓒ (文) 協力者; 連れ合い, 配偶者; (特に)妻.
Hel‧sin‧ki /hélsɪŋki, helsíŋki/ 名 ⾸ ヘルシンキ《フィンランド南部にある同国の首都》.
helve /hélv/ 名 Ⓒ (道具・武器の)柄.
Hel‧ve‧tia /helvíːʃ(i)ə/ 名 ⾸ ヘルベチア《スイスのラテン語名; 郵便切手の国名標示に用いられる》.
hem¹ /hém/ 名 Ⓒ (布・衣服の)へり, すそ, 縁(折り返し部分). ── 動 (hems; hemmed; hem‧ming) ⽥ <...>へりをつける, <...>の縁を取る. **hem ín** [動] ⽥ [普通は受身で] (動けないように)<...>を取り囲む, 閉じ込める; 束縛する: She felt *hemmed in* by her nine-to-five (daily) routine. 彼女は9時から5時までの日課に息苦しさを感じた.
hem² /mm, hm/ 感 えへん!, ふむ!《せき払いの音; 注意を促したり, 疑いやためらいを表わす》. 語法 単語としてこの語だけを発音するときには /hém/. ── /hém/ 名 Ⓒ えへん[ふむ]という声, せき払い. ── /hém/ 動 (hems; hemmed; hem‧ming) ⾃ せき払いをする,口ごもる.
hém and háw [動] ⾃ (米略式) 口ごもる, はっきり言わない《英略式》では hum and haw》.
hem‧ /hiːm/, **he‧mo‧** /híː mou/ 接頭 (米) 「血」の意.
he‧man 名 (-men /-mèn/) Ⓒ (略式) [滑稽] 男っぽい筋骨たくましい男.
he‧mat‧ic /hiːmétɪk/ 形 血液の; 血液に作用する.
he‧ma‧tol‧o‧gist /hìːmətáləʤɪst | -tɔ́l-/ 名 Ⓒ 血液学者.
he‧ma‧tol‧o‧gy /hìːmətáləʤi | -tɔ́l-/ 名 Ⓤ 血液学.
hem‧i‧ /hémi/ 接頭 「半」の意: *hemi*sphere 半球.
Hem‧ing‧way /hémɪŋwèɪ/ 名 ⾸ **Ernest ~** ヘミングウェー (1899–1961) 《米国の作家》.
⁺**hem‧i‧sphere** /hémɪsfíə | -sfíə/ 名 Ⓒ **1** (地球・天の)半球; 半球体は: the Northern [Southern] H~ 北[南]半球 / the Eastern [Western] H~ 東[西]半球. 関連 globe 地球. **2** 『解』(大脳・小脳の)半球.
hem‧i‧spher‧i‧cal /hèmɪsfí(ə)rk(ə)l, -sfér-| -sfér-/ 形 半球形(状)の.
hém‧line 名 Ⓒ (スカートなどの)すそ(の線); (スカート・ドレスの)丈(を): lower [raise] a ~ すそを下げる[上げる].
hem‧lock /hémlàk | -lɔ̀k/ 名 Ⓒ,Ⓤ どくにんじん; Ⓤ どくにんじんから採った毒薬.
hemo‧ ⇨ he‧mo‧.
he‧mo‧cy‧a‧nin /hìːməsáɪənɪn/ 名 Ⓤ 『生化』 血青素, ヘモシアニン《甲殻類や軟体動物の呼吸色素蛋白質》.
he‧mo‧glo‧bin /híːməglòubɪn | hìːməglóu-/ 名 Ⓤ 『生化』ヘモグロビン, 血色素.
he‧mo‧phil‧i‧a /hìːməfíliə/ 名 Ⓤ 『医』血友病.
he‧mo‧phil‧i‧ac /hìːməfíliæk/ 名 Ⓒ 血友病患者.
hem‧or‧rhage /hém(ə)rɪʤ/ 名 **1** Ⓤ,Ⓒ 『医』(多量の)出血. **2** [単数形で] (人材・資産などの)(大)流出, 損失, 激減 (*of*). ── 動 ⾃ **1** (多量に)出血する. **2** (人材・資産などを)大量に失う[流出させる]; (大)赤字[損失]を出す. ── ⽥ <人材・資産など>を大量に失う.
hem‧or‧rhoids /hém(ə)rɔ̀ɪdz/ 名 [複] 『医』痔(), 痔疾.
⁺**hemp** /hémp/ 名 Ⓤ **1** 麻, 大麻; 麻の繊維. **2** 大麻《麻薬》. ── 形 hemp (製)の.
hém‧stitch 名 Ⓒ 『洋裁』ヘムステッチ. ── 動 ⽥ <...>にヘムステッチする.
*⁺**hen** /hén/ 名 (~s /-z/) **1** Ⓒ めんどり: A ~ will lay more than twenty eggs a month. めんどりはひと月に 20 個以上の卵を産む. ★ 鳴き声については ⇨ cry

表. 関連《米》rooster, 《英》cock おんどり / chicken ひな鳥.
2 [C]《きじ・七面鳥などの》雌: a turkey ~ 七面鳥の雌. 関連 peahen 雌のくじゃく. **3** [形容詞的に]（鳥が）雌の: a ~ pheasant 雌のきじ.

*hence /héns/ 副 **1** [つなぎ語]《格式》それゆえに, 従って (therefore): an academic and ~ unpopular opinion アカデミックな, 従って一般受けのしない意見. 語法 動詞なしで文頭に使われることが多い. No one helped him. H~ his failure. だれも彼を手伝わなかった. その ため彼の失敗ということになった. **2**《格式》今から, 今後 (from now): What will become of the world thirty years ~? 今から30年後に世界はどうなるだろう. **3**《古語》ここから.

+hénce·fórth 副《格式》今後, これ以後.
hence·fórward 副《格式》今後, これ以後.
hench·man /héntʃmən/ 名 (-men /-mən/) [C]（政治家・ギャングの）忠実な部下, 子分, 取り巻き.
Hen·der·son /héndəs(ə)n | -də-/ 名 固 Rick·y /ríki/ ~ ヘンダーソン (1957-)《米国の野球選手; 盗塁王》.
Hen·drix /héndrɪks/ 名 固 Jim·i /dʒími/ ~ ヘンドリクス (1942-70)《米国の黒人ロックギタリスト》.
hén·house 名 (-houses) [C] 鶏舎, 鶏小屋.
Hén·ley Regátta /hénli-/ 名 固 ヘンリーレガッタ (Oxfordshire の Thames 河畔の町 Henley-on-Thames で毎年開催される国際ボートレース大会).
hen·na /héna/ 名 [U] ヘンナ, しこうか《アフリカ・アジア原産の染料植物; 花は芳香がある》; ヘンナ染料《頭髪などを赤褐色に染める》. ── 動 他〈…〉をヘンナで染める.
hen·naed /hénəd/ 形 ヘンナ〔染料〕で染めた.
hén pàrty [nìght] 名 [C]《英略式》《時に差別》《特に結婚前の花嫁のために開く》女性だけのパーティー. 関連 stag party 男性だけのパーティー.
hen·pecked /hénpèkt/ 形〈夫が〉妻のしりに敷かれた: a ~ husband 恐妻家.
Hen·ri·et·ta /hènriétə/ 名 固 ヘンリエッタ《女性の名》.
Hen·ry /hénri/ 名 固 **1** ヘンリー《男性の名; 愛称は Hal, Harry》. **2** Patrick ~ ヘンリー (1736-99)《米国の愛国者; ☞ freedom 類義語 liberty の例文》. **3** ~ V /-ðəfífθ/ ヘンリー五世 (1387-1422)《イングランド王 (1413-22)》. **4** ~ VIII /-ðiéɪtθ/ ヘンリー八世 (1491-1547)《イングランド王 (1509-47); 英国国教会を創設》. **5** ☞ O. Henry.
hep /hép/ 形《古風》= hip¹.
he·pat·ic /hɪpǽtɪk/ 形 肝臓の, 肝臓に効く; 肝臓に似た〔赤黒い〕色の.
+hep·a·ti·tis /hèpətáɪtɪs/ 名 [U] 肝炎: ~ A [B] A 型 [B 型] 肝炎.
Hep·burn /hə́(ː)bə(ː)n | -bə(ː)n/ 名 固 **1** Au·drey /ɔ́ːdri/ ~ ヘプバーン (1929-93)《ベルギー生まれの米国の女優》. **2** James Cur·tis /kə́ːtɪs | kə́ː-/ ~ ヘボン (1815-1911)《米国の医師・宣教師; ヘボン式ローマ字つづりを考案し, わが国で最初の和英辞典を編纂（さん）した》. **3** Katharine ~ ヘプバーン (1907-2003)《米国の映画女優》.
hep·cat /hépkæt/ 名 [C]《俗》ジャズ演奏家〔愛好家〕; 新事情〔流行〕通.
He·phaes·tus /hɪféstəs | -fíːs-/ 名 固 ヘファイストス《火と鍛冶（じ）の神; ☞ god 表》.
hep·ta·gon /héptəgən | -gɑn/ 名 [C] 七角形, 七辺形《☞ triangle 表》.
hep·tag·o·nal /heptǽgən(ə)l/ 形 七角〔辺〕形の.
hep·tar·chy /héptɑəki | -tɑː-/ 名 [C] 七頭政治; 七国連合; [the H-]《英史》七王国《5-9世紀のイングランドに存在した Anglo-Saxon 人の7つの王国》.
hep·tath·lon /heptǽθlən | -lən/ 名 [C]《陸上》七種競技.

herald 819

*her /（弱）(h)ə | (h)ə; （強）hə́ː | háː/ 代 [同音 *are¹,², #or, 《英》#a², 《英》#of; 頭音 /hə/ で for; /hə́ː/ で fur, heard, herb, hurt] 代《人称代名詞 she¹ の所有格 (☞ one's¹ 語法)・目的格》★詳しい用法については ☞ she¹.

—リスニング—
her は文中では弱く発音され, その際 /h/ が落ちて /ə | ə/ (=are) となることが多い. そのとき前に子音で終わる語があると /ə | ə/ はその子音と結合する. assist her /əsístə | -tə/ (=a sister) は「アシスター」, I love her. /aɪlʌ́və/ (=lover) は「アイラヴァー」, Bill likes her dress. /bílɪksə̀drés | -sə-/ は「ビウラィクサヅレス」と聞こえる. 「アシィスト・ハー」,「アイ・ラヴ・ハー」,「ビル・ライクス・ハー・ドレス」のように発音しない.

A《所有格として》
(1) [名詞の前につけて限定的に] 彼女の, その女性の, あの女性の: Betty took off *her* glasses. ベティーはめがねをはずした / He is one of ~ admirers. 彼は彼女を慕っている人たちの1人だ (☞ -'s¹ 文法 (3) (vi)). (2) [動名詞の意味上の主語として]《やや格式》彼女が ~'s sense subject 文法 (2) (iii) (c)》: They disliked ~ working so late. 彼らは彼女がそんなに遅くまで働くのをいやがった. 関連 hers 彼女のもの. (3) [国・船などを指して]《主に文》その (☞ she¹ 2, 3): England is proud of ~ poets. イングランドはその詩人たちを誇りとしている (☞ B 1 (4) 語法).

B《目的格の独立語として》
1 (1) [他動詞の直接目的語として] 彼女を, その女性を, あの女性を: John has a *sister* named Polly. I love ~ (=Polly). ジョンにはポリーという名の妹がいる. 僕は彼女が好きだ / Nobody considers ~ to be a real artist. だれも彼女を本当の芸術家だとは思わない.
(2) [他動詞の間接目的語として] 彼女に, その女性に, あの女性に: Jim gave ~ a doll. ジムは彼女に人形をやった (☞ to¹ 3 語法) / I bought ~ a new dress. 私は彼女に新しい服を買ってやった (☞ for 前 A 1 語法).
(3) [前置詞の目的語として]: Stay here with ~. 彼女といっしょにここにいなさい / I can't live without ~. 私は彼女なしには生きていけない. 語法 場所を表わす前置詞の目的語となる場合には herself の意味になることがある: She looked about ~. 彼女は（自分の）周りを見回した. (4) [国・船などを指して]《文》それ(を) (☞ she¹ 2, 3). 語法《略式》で次のような用法もある: The man in the car said, "Fill ~ up."「満タンにしてくれ」と車の男は言った.

2 /hə | hə́ː/ [主格補語として]《略式》彼女(だ), あの女性(だ) (she): It was ~ who stole my bag. 私のかばんを盗んだのは彼女だ (☞ me¹ 4 語法 (2)). **3** /hə́ː | hə́ː/ [she の代わりとして]《略式》(1) [独立的に用いて]: Who's next? H~ ~ (Is she)? 次はだれですか. 彼女ですか / He came, not ~. 来たのは彼で, 彼女ではない. (2) [比較表現の (as ...) as, than の後で; ☞ me¹ 5 (2) 語法] =she: He's several years older *than* ~ (=than she (is)). 彼は彼女よりいくらか年上である. (3) [感嘆表現で] 彼女は（…であるのに）.

He·ra /híə(ə)rə/ 名 固《ギ神》ヘラ《Zeus の妹でありまたの妻でもある女神; 結婚の女神とされる; ☞ goddess 表》.
Her·a·cli·tus /hèrəkláɪtəs/ 名 固 ヘラクレイトス (540?-?480 B.C.)《ギリシアの哲学者》.
Her·a·kles /hérəkliːz/ 名 固 =Hercules.
+her·ald /hérəld/ 名 [C] **1**（昔の）使者; 布告者. 参考 The International *Herald* Tribune のようにしばしば新聞名として用いられる. **2**《格式》先駆者, 先触れ (*of*). **3**《英》紋章官. ── 動 他《格式》**1**〈…〉を先触れする〔予告する〕,〈…〉の到来を告げる. **2** [普通

he·ral·dic /herǽldɪk/ 形 A 紋章の; 紋章学の.

her·ald·ry /hérəldri/ 名 U 紋章; 紋章学.

Herald Tríbune 名 『ヘラルドトリビューン』《国際的な英文日刊新聞; 正式名 International Herald Tribune》.

*__herb__ /ə́ːb, hə́ːb/ hə́ːb/ 名 (~s /-z/) C ハーブ, 香料植物; 草, 草木; 薬草: medicinal ~s 薬草.

her·ba·ceous /(h)ə(ː)béɪʃəs | hə(ː)-/ 形 〖植〗 草の, (多年生)草本の.

herbáceous bórder 名 C 多年生草本を植えた花壇(の縁).

herb·age /ə́ːbɪdʒ, hə́ː- | hə́ː-/ 名 U 草類, 牧草類(全体).

⁺**herb·al** /ə́ːb(ə)l, hə́ː- | hə́ː-/ 形 A 草の, 薬草の. ── 名 C 本草書, 植物誌.

herb·al·is·m /ə́ːbəlɪzm, hə́ː- | hə́ː-/ 名 U 薬草学; 薬草療法.

herb·al·ist /ə́ːbəlɪst, hə́ː- | hə́ː-/ 名 C 漢方医, 薬草医; 薬草商.

hérbal médicine 名 1 U 漢方医療. 2 C,U 漢方薬.

Her·bert /hə́ːbət | hə́ːbət/ 名 固 ハーバート《男性の名; 愛称は Bert》.

hérb gàrden 名 C ハーブ園.

⁺**her·bi·cide** /(h)ə́ːbəsàɪd, hə́ː- | hə́ː-/ 名 C 除草剤.

her·bi·vore /(h)ə́ːbəvɔ̀ː, hə́ː- | hə́ːbɪvɔ̀-/ 名 C 草食動物. 関連 carnivore 肉食動物.

her·biv·o·rous /(h)ə(ː)bív(ə)rəs, hə(ː)-/ 形 草食性の. 関連 carnivorous 肉食性の / insectivorous 食虫の / omnivorous 雑食性の.

hérb tèa 名 U ハーブ茶, 薬草湯.

herb·y /(h)ə́ːbi | hə́ː-/ 形 草本性の; 草の多い.

her·cu·le·an /hə̀ːkjulíːən, hə̀ːkjulíːən, hə̀ːkjúːliən⁺/ 形 [しばしば H-] (任務などが)大力[努力]を要する; 非常に困難な.

Her·cule Poi·rot /eək(j)úːl pwɑːróu | eək(j)úl pwɑ́roʊ/ 名 エルキュール ポアロ《Agatha Christie の推理小説に登場する名探偵》.

Her·cu·les /hə́ːkjulìːz, hə́ː-/ 名 1 固 《ギ・ロ神》ヘラクレス, ハーキュリーズ《Zeus の子で 12 の難業をやり遂(˘)げた大力の英雄》: a labor of ~ 力仕事; 大業. 2 C [h-] 大力[怪力無双]の(大)男.

*__herd__ /hə́ːd | hə́ːd/ 名 (同音 heard; 類音 hard) 名 (**herds** /hə́ːdz | hə́ːdz/) 1 C (英) 単数形でも時に複数扱い]《獣の》**群れ**, 《牛·馬·羊などの》群れ(☞ group 類義語): a ~ of cattle [elephants] 牛[象]の群れ. 2 [the ~] 〖普通は軽蔑〗 民衆, 大衆; 群衆: the common ~ 一般大衆 / follow [join] the ~ 大勢に従う. 3 C 〖合成語で〗…を飼う人. 関連 cowherd 牛飼い / shepherd 羊飼い. **ride hérd on …** 動 《主に米》…を見張る, 監督する. ── 動 他 1 〈牛·馬·羊などを〉駆り集める; 〈人〉を(追い)集める(onto, through): The cattle were ~ed into the pasture. 牛は牧場に駆り集められた. 2 〈牛·羊など〉の番をする. ── 自 〖副詞(句)を伴って〗集まる, 集合する: Sheep always ~ together. 羊はいつも群れをなしている.

herd·er /hə́ːdə | hə́ːdə/ 名 C 牧夫.

hérd ìnstinct 名 [the ~] 〖軽蔑〗 群(居)本能.

hérd mentàlity 名 C 〖普通は単数形で〗群衆心理.

herds·man /hə́ːdzmən | hə́ːdz-/ 名 (**-men** /-mən/) C 牧夫; 家畜の世話人.

‡__here__ /híə | híə/ (同音 hear, hair, hare) 副 1 《近くの場所または方向》 **ここに, ここで, ここへ** (⟹ there² 表): right ~ ちょうどここで / Come ~. ここへおいで / Stay ~ till I come back. 私が戻る

くるまでここにいなさい / He'll be ~ in a minute. 彼はすぐここに来ます / Please sign your name ~. (S) ここにお名前を署名してください / H~ in Tokyo there are taxis everywhere. ここ東京ではどこでもタクシーが見つかる. 語法 間接話法では here が there などに変わることがある (☞ narration (1) (i)).

2 〖文頭で; 物·人の導入·提示に用いて〗 (S) (ほら)ここに[へ]: 'H~ is [H~'s] your bag. ほらあなたのかばんですよ(相手の求めているものを示すとき) / H~ are some pencils. ここに何本か鉛筆があります / 'H~ is [H~'s] the boy I spoke about yesterday. こちらが私がきのうお話しした少年です (☞ contact clause 文法 (2)).

> 語法 この用法で主語が名詞のときは ＜V+S＞ の語順となる((☞ inversion 文法 (1) (iii))): H~ comes his son! ほら彼の息子がこちらに来るよ. ただし主語が代名詞のときは ＜S+V＞ の語順となる: H~ he comes! ほら彼がこちらに来るよ / "H~ I am," said the little girl to her mother who was looking for her. 「お母さんここにいるよ」と少女は探している母に言った.

3 〖名詞の後につけて強調として〗(S) ここにある[いる]: The book ~ is mine. ここにある本は私のだ / This boy ~ is a good pitcher. ここにいる少年はいいピッチャーです / (It's) Brown ~. こちらはブラウンです《電話口で》. 語法 形容詞的に名詞の前につけて this ~ book のように用いるのは《非標準》(☞ there² 副 3 語法).

4 〖前置詞·他動詞の目的語として; 名詞的に〗 ここ: around ~ このあたり / Get out of ~! ここから出て行け / How far is it from ~ to Paris? ここからパリまでのくらいですか / It's really hot in ~. ここは本当に暑い / Is there a bank near ~? この近くに銀行がありますか.

5 〖時間·順序を示して; しばしば文頭で用いる〗ここで, この時点で; 今, 現在 (now): H~ he paused for a few moments. ここで[ここまで話して]彼はしばらく口をつぐんだ / H~'s the news. ここでニュースをお伝えします《ラジオなどで》 / Spring is ~. 春が来た.

6 〖問題点などを示して〗この点に[で]: H~ you are wrong. この点であなたは間違っている.

be hére for [to dó] … 動 …するためにここにいる: I am ~ ⌈for your protection [to protect you]. 私はあなたを守るためにここにきました.

dòwn hére 副 こちらでは, この低い所では.

hére and nów 副 今ここで; 今すぐに.

hére and thére 副 あちらこちらに[で], ここかしこで: Butterflies were flying ~ and there in the garden. ちょうが庭のあちらこちらで飛んでいた. 日英比較 日本語の「あちこち」と逆に here and there の順にいう.

Hére gòes (nóthing)! (S) 《略式》さあ(思いきって)始める[やる]ぞ.

hére … ís [áre] (dóing) 驚いた[意外な]ことに(人)は今…だし[している]: He used to be rich, and now ~ he *is* living from hand to mouth. 彼は昔は金持ちだった. それなのに今ではその日暮らしをしている.

Hére is where … この場所[点]が…であるところだ: H~ *is where* I can't agree with you. この点であなたに同意できない.

Hére ⌈it ís [they áre]. はいここにあります, さあどうぞ《望みの品物·代金などを差し出すとき》: 金銅 "I can't find my watch [glasses]." "H~ ⌈*it is* [*they are*]." 「時計[めがね]がない」「ほら, ここだよ」 語法 Here ⌈it is [they are]. では返す物に, Here you are. では差し出す相手に重点が置かれている.

hére, thére, and éverywhere 副 《略式》至る所に.

hére todáy, góne tomórrow 形 (人)が来ては思うとまた行ってしまう, わずかの間しかいない.

Hére we àre (…). (S) (1) さあ(…に)着いたよ (at,

in): H~ we are. さあ着きましたよ. (2) (私たちが探していたものは)ほらここにあった.
Hére we gó! Ⓢ (1) =Here goes (nothing)! (2) (探していたものが)ここにあった.
Hére we gò (agáin). Ⓢ (略式)(いやなことが)そらまた始まる[始まった].
Hére you áre. Ⓢ (1) はいここにあります, さあどうぞ《望みの品物・代金などを差し出すとき; ☞ Here it is. 語法》.

会話 "Where are my chopsticks?" "H~ *you are.*" 「私のはしはどこですか」「ここにありますよ[はい, どうぞ]」 / "H~ *you are.*" "Thank you." 「ではこれで」「ありがとうございます」《代金を払うときなど》 / "May I see that tie?" "Just a moment ... H~ *you are.*" 「あのネクタイを見せてくださいませんか」「少々お待ちください...これでございますね」

(2) いいですか《注意を喚起する》. (3) ここにいた[あった]のか《驚きを表わす》.
Hére you gò. Ⓢ =Here you are. (1).
I am óut of hére Ⓢ (主に米) あばよ, じゃあこれで.
néither hére nor thére [形] Ⓢ 的はずれで; どうでもよいことで.
òut hére [副] (外の)こちらで[に]は.
òver hére [副] こちらに, こっちのほうでは: A car is coming over ~. 車が1台こっちに近づいてくる.
the hére and nów [名] 目の前のこと, 現在.
up hére [副] こちらでは, この高い所では.
— /híə | hέə/ [間] **1** (出席などをとるときの返事). **2** (英) さあ, ほら, おい《注意を促すときに》: H~, take the money. さあ, 金を受け取りなさい / H~, ~, don't cry! さあさあ, 泣くな.

hére·abóut(s) [副] このあたりで[では].
hère·áfter [副] Ⓦ (格式) **1** この後, 今後は. **2** (法律文書などで)この後, 以下. **3** 死後に. —— [名] [the ~] (主に文)あの世, 来世.
hère·bý [副] (格式) または [法] これによって, この文書[行為]により, ここに.
†**he·réd·i·tar·y** /hɪrédətèri | -təri, -tri/ [形] **1** 遺伝性の, 遺伝の: a ~ disease 遺伝する病気. **2** 世襲の[による]; 親譲りの, 代々の: ~ property 世襲財産 / a ~ peer 世襲貴族. **3** 相続に関する.
he·réd·i·ty /hɪrédəti/ 13 [名] Ⓤ 遺伝(形質). 語源 heir と同語源.
hère·ín [副] Ⓦ (格式) ここに, この文書に.
hère·áfter [副] (格式) [法律文書など] (以下)下に.
hère·in·befóre [副] (格式) 上に, 上文に.
hère·óf [副] (格式) または [法] これについての.

★**here's** /híəz | híəz/ (略式) **1 here is**[1]**の短縮形**: H~ some water. ここに水が少しある / H~ your umbrella. あなたの傘はここにあります. **2 here is**[2]**の短縮形**: H~ hidden a great treasure. ここに大きな宝が隠されている.
Hére's sòmething for you. これをあなたにあげましょう.
Hére's to ...! Ⓢ ...のために乾杯: H~ *to* the bride and bridegroom! 新郎新婦のために乾杯.
†**her·e·sy** /hérəsi/ [名] (**-e·sies**) Ⓒ|Ⓤ (特に同一宗教内の)異端(の保持); 異説(の保持), (異端視される)(少数)意見.
her·e·tic /hérətɪk/ [名] Ⓒ (特に同一宗教内の)異端者; 異説を唱える人.
he·rét·i·cal /hɪrétɪk(ə)l/ [形] 異端(者)の, 異説の.
hère·tó [副] (格式) これに, この文書に.
hère·to·fóre [副] (格式) 今まで, 現在まで; 以前は.
hère·únder [副] (格式) 以下, 下文に.
hère·upón [副] (格式) ここにおいて; ここで直ちに[その結果(後)で].

hère·wíth [副] (格式) [特に商用文で] これとともに, これに同封して, これに添えて: enclosed ~ 同封して.
her·i·ta·ble /hérɪtəbl/ [形] **1** [法] 譲り伝えることのできる; [人が]相続できる. **2** [生] 遺伝性の.
†**her·i·tage** /hérɪtɪdʒ/ 12 [名] Ⓤ|Ⓒ [普通は単数形で] (文化的な)遺産; 伝統; 先祖伝来の物: the preservation of a nation's cultural ~ 国の文化遺産の保存.
herk·y-jerk·y /hə́ːkɪdʒə̀ːki | hə́ː-/ [形] (米略式) 急に動く, 不規則な動きをする, ぎくしゃくした.
Her·man /hə́ːmən | hə́ː-/ [名] ハーマン (男性の名).
her·maph·ro·dite /hə(ː)mǽfrədàɪt | hə(ː)-/ [名] Ⓒ 両性具有者, 半陰陽, ふたなり; 雌雄同体, 両性花. —— [形] =hermaphroditic.
her·maph·ro·dit·ic /hə(ː)mæfrədítɪk | hə(ː)-/ [形] 両性具有の, 半陰陽の; 雌雄同体の.
Her·mes /hə́ːmiːz | hə́ː-/ [名] [ギ神] ヘルメス (神々の使者), 商業・技術・旅行・雄弁・盗賊などの神; ☞ god 表).
†**her·met·ic** /hə(ː)métɪk | hə(ː)-/ [形] (格式) **1** 社会(外部)と接触しない: a ~ life 隠遁(いん)生活. **2** 密封した, 密閉した, 空気を通さない (airtight). **-mét·i·cal·ly** /-kəli/ [副] 密封的[密閉]して.
†**her·mit** /hə́ːmɪt | hə́ː-/ [名] Ⓒ 世捨て人; (特に宗教上の理由による)隠者.
her·mit·age /hə́ːmɪtɪdʒ | hə́ː-/ [名] **1** Ⓒ 隠者の住みか, いおり. **2** [the H-] エルミタージュ美術館 (ロシアの St. Petersburg にある).
hérmit cràb [名] Ⓒ やどかり.
†**her·ni·a** /hə́ːniə | hə́ː-/ [名] Ⓤ|Ⓒ [医] ヘルニア, (特に)脱腸 (rupture).

†**he·ro** /hí(ə)roʊ, híːr- | hɪ́ər-/ [名] (~**es** /-z/; heróic) Ⓒ **1** 英雄, (手柄を立てた)勇士; (崇拝[あこがれ]の的となる)偉人, ヒーロー (☞ heroine 1 語法): a national ~ 国民的英雄 / my ~ 私のあこがれの人 / the ~*es* of the American Revolution 米国独立戦争の英雄たち / A ~ is one who does what he can. 英雄とは自分のできることを実行する人. **2** (劇・小説・詩などの)男の)主人公 (☞ heroine 1 語法): The ~ of this story is a boy who wants to be an engineer. この物語の主人公は技師になりたがっている1人の少年だ. 関連 heroine 女主人公. **3** (複 ~**s**) Ⓒ (米) =hero sandwich. **màke a héro of ...** [動] 他 ...を英雄扱いにする, もてはやす.
Her·od /hérəd | hé-/ [名] [聖] ヘロデ (73?-4 B.C.) (キリストが誕生したときのユダヤの王; 残虐で有名; ☞ out-Herod).
He·rod·o·tus /hərɑ́dətəs | -rɔ́d-/ [名] ヘロドトス (484?-425? B.C.) 《ギリシャの歴史家; 「歴史の父」(the Father of History) と呼ばれる》.
★**he·ro·ic** /hɪróʊɪk/ [形] ([名] héro) **1** 英雄的な, 勇ましい, あっぱれな; 大胆な: Everyone admired the ~ deeds of the sailor. だれもがその水夫の英雄的な行為を称賛した. **2** (文学が)英雄を扱った[歌った], 叙事詩の. **3** 実物より大きい: on a ~ scale [of proportions] スケールの大きい. **-i·cal·ly** /-kəli/ [副] 英雄的に, 勇ましく.
heróic cóuplet [名] Ⓒ [韻] 英雄対韻句 (韻を踏む弱強5歩格の2行連句). **2** [複数形で] =heroic verse.
he·ro·ics /hɪróʊɪks/ [名] [複] [普通は軽蔑] 大げさなことばづかい[感情]; 芝居がかった言動.
heróic vérse [名] Ⓤ 英雄詩形.
★**her·o·in** /héroʊɪn/ (同音 heroine) [名] Ⓤ ヘロイン《モルヒネ製鎮静剤・麻薬》: a ~ addict ヘロイン中毒者.
★**her·o·ine** /héroʊɪn/ (同音 heroin) [名] (~**s** /-z/) Ⓒ **1** (女性の)英雄[偉人], 女傑, 手柄を立てた女性[少

女]; 崇拝[あこがれ]の的となる女性, ヒロイン (☞ hero 1). [語法] この意味では, また次の 2 の意味でも次第に hero が使われる傾向にある. **2** (劇・映画・小説などの) 女主人公, ヒロイン (☞ hero 2): The ～ of this drama is an orphan girl. この劇のヒロインはみなしごの少女だ. [関連] hero 男の主人公.

⁺**her·o·is·m** /hérouìzm/ [名] [U] 英雄的精神, 英雄的勇気; 英雄的行為.

her·on /hérən/ [名] (～(s)) [C] さぎ; あおさぎ.

héro sándwich [名] [C] 《米》 ヒーローサンドイッチ (☞ submarine 2).

héro wòrship [名] [U] 英雄崇拝; 過度の崇拝.

héro-wòrship [動] (-ships; -shiped, 《英》 -shipped; -ship·ing, 《英》 -ship·ping) [他] 〈…〉を英雄崇拝する; やみくもに崇める.

⁺**her·pes** /hə́ːpiːz | hə́ː-/ [名] [U] 〔医〕 疱疹(ほうしん), ヘルペス.

Herr /héə | héə/ [名] (複 **Her·ren** /hérən/) [C] …さま, …君, だんなさま (ドイツ語の敬称; 英語の Mr. か呼びかけの sir に相当).

⁺**her·ring** /hérɪŋ/ [名] (複 ～(s)) [C] にしん, 大西洋にしん (缶詰・薫製にする); [U] にしんの肉.

hérring·bòne [名] [U] 矢はず[杉あや]模様, ヘリンボーン (ししゅう・織り物などの模様[生地]).

hérring gùll [名] [C] せぐろかもめ.

hérring ròe [名] [U,C] かずのこ.

H

*__hers__ /hə́ːz | hə́ːz/ ([類音] herds (herd の複数)) [代] (所有代名詞; ☞ possessive pronoun [文法]) 彼女のもの, その[あの]女性のもの. [語法] 指すものが単数ならば単数扱い, 複数ならば複数扱い: This book is ～. この本は彼女の(もの)だ / Your answers were wrong but ～ (=her answers) were right. あなたの答えは間違っていたが彼女の(答え)は正しかった. [関連] her 彼女の.

... of hèrs 彼女の…: a friend *of* ～ 彼女の友人 (☞ mine¹ 成句 [語法], of 2, that¹ [形] 1 [語法], this [形] 1 [語法]).

****her·self** /(h)əsélf | (h)ə-/ [代] (再帰代名詞; ☞ -self [文法]) (複 **them·selves** /ðəmsélvz, ðem-/) **1** /(h)əsèlf | (h)ə-/ [再帰用法; 主語が she か女性を表わす単数の名詞のときに用いる] (彼女が) 自分自身を[に], (その[あの]女性が)自分を[に]; 自分の体[顔, 手]を: *She* killed ～. 彼女は自殺した / *Jean* dressed ～ as a boy. ジーンは少年のかっこうをした / *She* cut ～ with a knife. 彼女はナイフで手[指など]を切ってしまった.

2 [強調用法; ☞ emphasis [文法] (6)] (彼女が)自分で, (その[あの]女性が)自身で; その女性本人を[に]: *She* ～ told me the news. 彼女自身が私にそのニュースを知らせてくれた / My *aunt* said so ～. おばが自分でそう言った / I want to see *Mrs. Brown* ～. ブラウン夫人ご本人にお会いしたい. ★ 詳しい用法, by herself, for herself, to herself などの成句については ☞ oneself.

her·sto·ry /hə́ːstəri, -stri | hə́ː-/ [名] [U] (女性の視点から見(直し)た)歴史. [語源] *his*tory のもじり.

hertz /hə́ːts | hə́ːts/ [名] (複 ～) [C] ヘルツ (振動数・周波数の単位; 1 秒当たり 1 サイクルを 1 ヘルツという; [略] Hz).

Hértz·i·an wáves /hə́ːtsiən- | hə́ː-/ [名] [複] [時に h- w-] ヘルツ波, 電磁波.

Her·zl /héəts(ə)l | héə-/ [名] [固] **The·o·dor** /téɪədɔ̀ə | -dɔ̀ː/ ～ ヘルツル (1860–1904) (オーストリアの政治家; 近代シオニズム運動の創始者).

****he's¹** /hiːz/ ([類音] #his¹) (略式) **1** **he¹ is¹ の短縮形** (☞ be 表): *H～* a friend of mine. 彼は私の友人だ / *H～* not friendly, is he? 彼は気さくではありませんね / *H～* an American, isn't he? 彼は米国人ですね.

2 **he¹ is² の短縮形**: *H～* running now. 彼は今走っている / *H～* lying, isn't he? 彼はうそをついていますよね.

****he's²** /hiːz/ ([類音] #his¹) (略式) **he¹ has² の短縮形**: *H～* already finished it. 彼はすでにそれを済ませている / *H～* been here since three. 彼は 3 時からここに来ている / *H～* told you about it, hasn't he? 彼はそのことをあなたに話したのですね.

he/she [代] =he (or) she. [語法] 従来は特に性別がわからないか, 別を示す必要のないときは he を用いていたが, 女性の権利の拡大とともに, 文章ではこの形が使われることがある. he or she または he she と読む (☞ s/he).

He·si·od /híːsiəd/ [名] [固] ヘシオドス (紀元前 700 年ごろのギリシャの詩人).

hes·i·tan·cy /hézətənsi/, **-i·tance** /-təns/ [名] [U,C] ためらい(がちであること), ちゅうちょ.

⁺**hes·i·tant** /hézətənt/ [形] ([動] hésitàte) ためらいがちな, 消極的な; ちゅうちょした: She was ～ 「*about* saying no [*to* say no] to him. 彼女は彼に断わるのをためらった. **～·ly** [副] ためらいがちに, ちゅうちょして.

*__hes·i·tate__ /hézətèɪt/ [T1] [動] (-i·tates /-tèɪts/; -i·tat·ed /-tɪd/; -i·tat·ing /-tɪŋ/; [名] hèsitátion, [形] hésitant) [自] **1** ためらう, ちゅうちょする; 遠慮する, 気が進まない (*at*, *before*): If you have any problems, don't **～ *to*** come to see me. <V+*to* 不定詞> Ⓢ 何か困ったことがあれば遠慮なく私のところに来てください / She **～*d about*** [*over*] it [go*ing* alone]. <V+*about* [*over*]+名・代[動名]> 彼女はそのことについて[独りで行くことを]ためらった / He **～*d*** (***about***) ***what*** to do next. <V(+前)+*wh* 句・節> 彼は次にどうしたらよいのか迷ってしまった / He who ～*s* is lost. (ことわざ) ためらう者は機会をのがす[負ける]. **2** 口ごもる: He ～*d in* reply*ing*. 彼は口ごもって答えた.

hes·i·tat·ing·ly /hézətèɪtɪŋli/ [副] ためらいながら; 遠慮がちに.

*__hes·i·ta·tion__ /hèzətéɪʃən/ [名] (～s /～z/; [動] hésitàte) [U,C] **1** ためらい, ちゅうちょ; 遠慮: Without [After] a moment's ～ he accepted our offer. 彼は即座に[一瞬ためらってから]我々の申し出を承知してくれた. **2** 口ごもり. **hàve nó hesitàtion in dóing ...** [動] [他] …するのにちゅうちょしない, 何のためらいもなく…する: I *have no* ～ *in* say*ing* that Jerry is an honest man. ジェリーが正直な男だと言うのに私は何のためらいもない.

Hes·se /hésə/ [名] [固] **Her·mann** /hə́ːmən | hə́ː-/ ～ ヘッセ (1877–1962) (ドイツの作家・詩人).

hes·sian /héʃən | -siən/ [名] [U] 《英》 ヘシアン布 (ジュートや麻製の目の粗い布) (《米》 burlap).

Hes·ti·a /héstiə/ [名] [固] 〔ギ神〕 ヘスティア (火と炉の女神; 〔ロ神〕 の Vesta に当たる).

Hes·ton /héstən/ [名] [固] **Charl·ton** /tʃáəltən | tʃáːl-/ ～ ヘストン (1923–) (米国の映画俳優).

het /hét/ [形] [P] [次の成句で] **hét úp** [形] 《英略式》 興奮して, かっかして, いらついて (*about*, *over*).

het·er·o /hétəròu/ [形], [名] (略式) =heterosexual.

het·er·o- /hétərou/ [接頭] (格式) 「他の; 異種の; 正反対の」の意 ([反] homo-): *hetero*geneous 異種の / *hetero*sexual 異性愛の.

het·er·o·dox /hétərədɑ̀ks, -trə- | -dɔ̀ks/ [形] ([反] orthodox) (格式) 正統でない, 異端の; 異説の.

het·er·o·dox·y /hétərədɑ̀ksi, -trə- | -dɔ̀k-/ [名] (-dox·ies) [U,C] 異端; 異説.

het·er·o·ge·ne·i·ty /hètəroudʒəníːəti/ [名] [U] (格式) 異種[異質]性.

het·er·o·ge·ne·ous /hètərədʒíːniəs, -trə-←/ [形] ([反] homogeneous) (格式) 異種の, 異質の; 異成分から成る. **～·ly** [副] 異質に.

het·er·og·e·nous /hètərɑ́dʒənəs | -rɔ́dʒ-←/ [形] (格式) =heterogeneous.

*__het·er·o·sex·u·al__ /hètərousékʃuəl, -ʃəl←/ [形]

異性愛の. 関連 homosexual 同性愛の / bisexual 両性愛の. ― 名 C 異性愛の人.
het·er·o·sex·u·al·i·ty /hètərousèkʃuǽləṭi/ 名 U 異性愛.
heu·ris·tic /hjurístɪk/ 形 (格式) 1 (教育・学習の)体験学習による, 自己研究をうながす, 発見的な: the ~ method of teaching 発見的教授法. 2 [電算] (プログラムが)試行錯誤による. **-ris·ti·cal·ly** /-kəli/ 副 体験学習的に.
heu·ris·tics /hjurístɪks/ 名 U (格式) 発見的教授法; [電算] (データ処理などの)試行錯誤法.
hew /hjúː/ 動 (**hews**; 過去 **hewed**; 過分 **hewed**, **hewn** /hjúːn/; **hew·ing**) (古風, 主に文) 他 (おのなどで)〈…〉を切り倒す, (たたき)切る (off); 切って〈…〉を作る: ~ *down* a tree 木を切り倒す / They ~*ed* a path *through* the forest. 彼らはその森に道を切り開いた.
― 自 (おのなどで)切る, 切り刻む. **héw** *awáy* at ... [動] 他 (古風) …になたをふるう, おので切りつける. **héw óut** [動] 他 (古風) 〈…〉を刻んで作る; 〈進路など〉を切り開く, 〈地位など〉を築き上げる (of). **héw to ...** [動] 他 (米) 〈規則・指示など〉を守り通す.
HEW /éɪtʃi:dʌ́blju:/ 略 =Department of Health, Education, and Welfare (米) 保健教育福祉省 (1953-79; ☞ HHS).
héw·er 名 C (木・石などを)切る人.
hewn 動 hew の過去分詞.
hex[1] /héks/ 名 (主に米) 魔力, のろい (on). ― 動 他 〈…〉に魔法[のろい]をかける; 〈…〉に悪運をもたらす.
hex[2] /héks/ 形 [電算] =hexadecimal.
hex·a- /héks-/, **hex-** /héks/ 接頭「6」の意: *hexa*gon 六角形.
hex·a·dec·i·mal /hèksədésəm(ə)l/ 形 [電算] 十六進法の.
hex·a·gon /héksəgàn | -g(ə)n/ 名 C [幾] 六角形, 六辺形 (☞ triangle 表).
hex·ag·o·nal /heksǽgən(ə)l/ 形 六角形の, 六辺形の.
hex·a·gram /héksəgræ̀m/ 名 C 六角の星形; 六線星形 (✡; ☞ Star of David).
hex·a·he·dron /hèksəhíːdrən/ 名 C 六面体.
hex·am·e·ter /heksǽməṭər | -tə/ 名 C [詩学] 6歩格(の詩).
*****hey** /héɪ/ (同音 hay; 類音 hate) 間 1 やあ, おい, おや, まあ (注意・呼びかけ・喜び・驚き・困惑などを表わす): H~! What are you doing? おい, 何をしているのだ. 2 (略式) =hello 間 1. **héy présto** [間] (英) =presto 間 1.
héy·day 名 C [普通は単数形で] 真っ盛り, 全盛期: in the ~ *of* youth 血気盛りに.
Hey·er·dahl /héɪərdɑ̀ːl | hérə-/ 名 個 **Thor** /tɔ́ər | tɔ́ː/ ヘイエルダール (1914-2002) (ノルウェーの人類学者; いかだによる航海で有名).
HF, hf /éɪtʃéf/ 略 =high frequency.
hf. 略 =half.
hgt. 略 =height.
HGV /éɪtʃdʒì:víː/ 略 (英) =heavy goods vehicle (輸送用大型車). *HGV licence* 大型免許.
HHS /éɪtʃèɪtʃés/ 略 =Department of Health and Human Services (米) 保健社会福祉省 (1979 年創設; ☞ HEW).
*****hi** /háɪ/ (同音 high; 類音 height, hide, hike) 間 (略式) 1 やあ, こんにちは (親しい者の間で用いられる hello よりもくだけた言い方): *Hi*, Pat! How are you doing? やあパット. どうしてる / *Hi*! I'm Peter Brown, and I'm looking forward to studying with you this year. はじめまして. 私はピーター・ブラウンです. 今年は皆さんと勉強するのが楽しみです (新入生などのあいさつ). 2 (英) =hey 1.
Hi 略 =high atmospheric pressure.

HI (米郵) =Hawaii.
H.I. =Hawaiian Islands.
hi·a·tus /haɪéɪṭəs/ 名 (複 ~·es, ~) C (普通は単数形で) 割れ目, すきま; ときれ; (原稿などの)脱落部分; 休憩時間 (*in, of*); (言) 母音接続 (母音で終わる語と母音で始まる語の間のときれ).
Hi·a·wa·tha /hàɪəwɔ́ːθə | -wɔ́θə/ 名 個 ハイアワサ (Longfellow の長詩に登場する北米先住民の英雄).
hi·ba·chi /hɪbɑ́ːtʃi/ 《日本語から》 名 C ヒバチ (炭火を使う鉄製のバーベキュー用こんろ).
hi·ber·nate /háɪbərnèɪt | -bə-/ 自 冬眠する, 冬ごもりする.
hi·ber·na·tion /hàɪbərnéɪʃən | -bə-/ 名 U 冬眠, 冬ごもり.
hi·bis·cus /haɪbískəs | hɪ-/ 名 C,U ハイビスカス (観賞用の常緑低木; 米国 Hawaii 州の州花); ふよう属の植物 (むくげなど); ぶっそうげ.
Hi-C /háɪsíː/ 名 U,C ハイシー (米国製の果汁 10% 入りの飲料; 商標).
hic·cough /híkʌp, -kəp/ 名 =hiccup.

hibiscus

*****hic·cup** /híkʌp, -kəp/ 名 C 1 (普通は複数形で) しゃっくり: get [have] (the) ~s しゃっくりが出る. 2 (略式) 一時的な中断[遅れ], ちょっとした故障[障害]. ― 動 (**hic·cups; hic·cuped, hic·cupped; -cup·ing, -cup·ping**) 自 しゃっくりする.
hick /hík/ 名 (米略式) 1 C (軽蔑) いなか者. 2 (形容詞的に) いなかの.
hick·ey /híki/ 名 C (米) キスのあと[あざ] ((英) love bite).
hick·o·ry /hík(ə)ri/ 名 (**-o·ries**) C ヒッコリー (北米産のくるみ科の木); U ヒッコリー材.
*****hid** /híd/ (類音 heed, he'd) 動 1 hide[1] の過去形. 2 (米) hide[1] の過去分詞.
*****hid·den** /hídn/ 動 hide[1] の過去分詞.
― 形 隠された, 隠れた, 秘密の: a ~ camera 隠しカメラ / He kept his secret well ~. 彼は自分の秘密をすっかり隠していた.
hídden agénda 名 C (けなして) 隠された意図, 裏の動機.
hídden táx 名 C 隠された税 (間接税のこと).
*****hide**[1] /háɪd/ (同音 Hyde) 動 (**hides** /háɪdz/; 過去 **hid** /híd/; 過分 **hid·den** /hídn/, (米) ではまた **hid; hid·ing** /-dɪŋ/) 他 〈…〉を**隠す**, 覆う (*away*); 秘密にする; かくまう; 見えなくする (☞ 類義語): Where did you ~ the key? 鍵をどこへ隠したの / He *hid* a secret document *under* the carpet. 彼は秘密書類をカーペットの下に隠した <V+O+前+名・代> / A tall tree *hid* his house *from* (our) view. <V+O+*from*+名・代> 高い木に隠れて彼の家は (我々からは) 見えなかった / He couldn't ~ his disappointment. 彼は失望を隠せなかった.
― 自 隠れる, 潜伏する (*away*); [主に S] 人目につかない所にある: The girl is *hiding behind* that big tree. <V+前+名・代> 少女はその大きな木の陰に隠れている / Where's that dictionary *hiding*? [滑稽] あの辞書はどこへいってしまったのだろう.
hàve nóthing to híde [動] 自 何も隠し立てしない, うしろめたいことはない.
híde from ... [動] 他 (1) …に見つからないように隠れる. (2) (感情・現実など) を認めない.
híde onesélf [動] 自 隠れる, 身を隠す: The child *hid himself* (*away*) *behind* the curtain. 子供はカーテンの裏に隠れた.

híde óut [動] [自] (犯人などが)身を隠す, 潜伏する.
— [名] [C] 《英》 =blind [名] 3.
【類義語】**hide** 日常語で, 故意に隠す場合にも, 故意にではなく結果的に隠すことになる場合にも用いる. **conceal** *hide* よりも格式ばった語で, 普通は故意に隠すことを含意する.

hide[2] /háɪd/ [名] **1** [C,U] 獣の皮 (☞ skin 表). [関連] cowhide 牛皮 / rawhide なめしてない牛皮. **2** [U] 《略式》[滑稽] (人の)皮膚. **have nót sèen híde nor háir of ...** [動] [他] [S] …の影も形も見ない, …を全然見ない. **hàve ...'s híde** [動] =tan ...'s hide (☞ tan[1] [動] 成句). **hàve the híde of ˹an élephant [a rhinóceros]** [動] [他] つらの皮が厚い, 無神経である. **hàve the híde to dó** [動] 《豪》 勇敢[不作法]にも…する. **sáve one's híde** =save one's neck (neck 成句).

híde-and-gò-séek [名] [U] 《米》 =hide-and-seek.

híde-and-séek [名] [U] 隠れんぼう: play (at) ~ 隠れんぼうをする.

híde·awày [名] [C] 隠れ家[場所].

híde·bòund [形] [軽蔑] 偏屈な, 度量の狭い, 因習にとらわれた.

+**hid·e·ous** /hídiəs/ [形] 見るも恐ろしい, ぞっとする; 《略式》 とてもいやな, 不快な: a ~ scene ぞっとする光景 / a ~ crime 恐ろしい犯罪. **~·ly** [副] 恐ろしく, ぞっとするほど; ひどく. **~·ness** [名] [U] 恐ろしさ; 不快さ.

híde·òut [名] [C] 隠れ家, 潜伏所.

híd·ey-hòle, híd·y- /háɪdi-/ [名] [C] 《略式》 隠れ家.

*__hid·ing__[1] /háɪdɪŋ/ [名] [U] 隠れる[隠す]こと. **be [remáin] in híding** [動] [自] 隠れている; 潜伏している. **còme óut of híding** [動] [自] 隠れ場所から姿を現わす. **gó ìnto híding** [動] [自] 隠れる.

híd·ing[2] /-dɪŋ/ [名] [C] [S] 《略式》 むち打ち, たたくこと; 大敗. **be on a híding to nóthing** [動] [自] 《英略式》 成功の見込みのないむだな努力をしている. **gét a (góod) híding** [動] [自] [S] 《略式》 (罰として)(ひどく)たたかれる, (すっかり)打ち負かされる. **gíve ... a (góod) híding** [動] [他] [S] 《略式》 〈…を〉(罰として)(ひどく)たたく; 〈…を〉(すっかり)打ち負かす.

+**híding plàce** [名] [C] 隠れ場所, 隠し場所.

hídy-hòle [名] [C] ☞ hidey-hole.

+**hi·er·ar·chi·cal** /hàɪ(ə)ráəkɪk(ə)l | -rɑ́ːk-←/ [形] 階級組織の, 階層制の. **-cal·ly** /-kəli/ [副] 階級上[的に].

*__hi·er·ar·chy__ /háɪərɑ̀əki | -rɑ̀ː-/ [B] [名] (-ar·chies /~z/) **1** [C,U] 階級組織, 階級制度. **2** [C] [《英》単数形でも時に複数扱い] 支配(者)層. **3** [C] 《格式》 (考えなどの)(重要性に基づく)体系化, 順序づけ.

hi·er·o·glyph /háɪ(ə)rəglɪ̀f/ [名] [C] (古代エジプトの)聖刻文字, 象形文字.

hi·er·o·glyph·ic /hàɪ(ə)rəglífɪk←/ [形] 聖刻[象形] 文字の(ような), 象形文字で書かれた.

hi·er·o·glyph·ics /hàɪ(ə)rəglífɪks/ [名] [複] **1** (古代エジプトの)聖刻文字(による書き表わし方), 象形文字 《全体》; 聖刻文字で書いた文書. **2** 読みにくい文字[記号].

hieroglyphics 1

+**hi-fi** /háɪfáɪ←/ [形] [A] ハイファイの, 高忠実度の: a ~ stereo (set) ハイファイのステレオ. **—** [名] **1** [U] ハイファイ(による再生), 高忠実度 (☞ high fidelity). **2** [C] 《古風, 主に英》 ハイファイの再生装置[受信機].

hig·gle·dy-pig·gle·dy /hígldipígldi←/ [形] [副] 《略式》 ひどく乱雑な[に], めちゃくちゃな[に].

‡**high** /háɪ/ ([同音] hi; [類音] height, hide, hike) [形] (**high·er**; **high·est**; [名] height)

「(位置が)高い」1
→「程度が高い」3 →「(値段が)高い」3 / →「(音が)高い」4 / →「(勢いが)強い」5
→(優れている) →「地位が高い」6 / →「気高い; 高級な」7

1 (高さ・位置などが)**高い**, 高い所にある (反 low); 高地の (略 h. ☞ 類義語): a ~ mountain 高い山 / the ~*est* building in this city この市で最も高い建物 / a ~ dive (水泳の)高飛び込み / The sun is already ~. 日はすでに高い / The river was ~*er* than usual. 川の水位がいつもより高かった. [関連] long 長い / wide 幅の広い.

high (下からの高度が)	高い (☞ 類義語)
tall (細長く伸びて)	

2 [P] **高さが…で[の]**: "How ~ is Mt. Everest?" "It is eight thousand eight hundred (and) fifty meters ~."「エベレスト山の高さはいくらですか」「8850 メートルです」 [語法] 普通は高さを表わす語の後につける. [関連] long 長さが…で / wide 幅が…で.

3 (値段・価値・重要性・温度・速度などが) **高い**, 高度の (反 low) (略 h.); (数字が)大きい; (…の)含有量の多い: have ~ hopes 高い望みを持つ / ~ standards 高い基準 / a food ~ *in* protein 高たんぱく質の食物 / Prices are very ~ nowadays. 近ごろは物価がとても高い / This issue is ~ *on* the list [agenda]. この問題は最優先事項の一つである / Do not open the lid at ~ temperatures. 温度が高いときにふたを開けないように / The car drove away at (a) ~ speed. 車は高速で走り去った / I was driving in the ~ 50s. 時速 60 マイル近くでドライブしていた.

4 (音・声が)高い, 高い調子の, 鋭い (反 low): a ~ note 高い調子, 高音 / He speaks in a ~ voice. 彼はかん高い声で話す.

5 (勢いが)強い, 激しい, 荒れた: a ~ wind 激しい風.

6 [普通は [A]] [比較なし] (地位・身分などが)高い, 高貴な, 上流の (反 low): ~ society 上流社交界 / He is a ~ official in the government. 彼は政府の高官だ / He is quite ~ *up* in the company. 彼は会社ではかなり地位が上の方だ.

7 [普通は [A]] (人格が)**気高**(けだか)**い**, 高潔な; (品質などが)**高級な**: a person of ~ moral character 高潔な人 / He wants ˹furniture of ~ quality [~-quality furniture]. 彼は高級な家具を欲しがっている. **8** 元気な, 意気盛んな; (冒険などが)はらはらさせる; [P] 大喜びの, 興奮した (*on*): ~ adventure 雄壮な冒険 / He was in ~ spirits. 彼はとても上機嫌だった. **9** [A] (時・季節などが) 十分進んだ, たけなわの: ~ summer 盛夏 // ☞ high noon, high time. **10** [P] 《略式》 (少々)酔って, ほろ酔い機嫌で; (麻薬が)効いて (*on*). **11** [P] 《古風》 (肉などが)適度にくさり始めて; (におい出して)食べごろに熟成して; [滑稽] 臭(くさ)い. **12** [A] ぜいたくな: ☞ high life. **13** [普通は [A]] 非常に好意的な. **14** (車のギヤが)最高速の, トップの.

hígh and drý [形・副] (1) (船が)浜に乗り上げて. (2) 《略式》 (人が)時勢に置き忘れられて; 困り切って: be left ~ *and dry* おいてきぼりにされる. **hàve a hígh òld tíme** [動] [自] 《古風》 愉快に過ごす.

— [副] (**high·er**; **high·est**) **1** **高く**, 高い所に (☞ highly [語法]) (反 low): He lifted the stone ~ above his head. 彼は頭上高くその石を持ち上げた / I saw a kite (flying) ~ *up* in the sky. たこが空高く飛んでいるのが見えた / The moon rose ~(*er*). 月が高く昇った.

2 (値段・程度が)高く, 高度に (反 low); (地位・望みなどが)高く: aim ~ 目標を高く持つ / rise ~ in the world 出世する. **3** 高い音[声]で (反 low): sing [speak] ~

高い声で歌う[話す]. **4** 豊かに、ぜいたくに: live 〜 ぜいたくに暮らす. **hígh and lów** [副] 至る所、くまなく: look [search, hunt] 〜 and low for the cap ふたを探し回る. **líve** [éat] **hígh óff** [**on**] **the hóg** [動] ⓐ (米略式) ぜいたく[豪勢]に暮らす. **rùn hígh** [動] ⓐ (1) (海などが)荒れる. (2) (感情が)激しくなる.
— [名] Ⓒ **1** 高いもの[所]、最高のもの (最高気温・得点・水準・記録など) (反 low): reach a new 〜 新記録をつくる. **2** (米略式) = high school (★ しばしば ... H- として校名に用いる). **3** (略式) (酒・麻薬などによる)恍惚(こうこつ)状態、興奮状態. **4** (気象) 高気圧域[帯].
be on a (réal) hígh [動] ⓐ (米略式) 最高の気分である、興奮状態にある. **from on hígh** (文) 天から; (滑稽) 上層部から. **híghs and lóws** [名] 良い時と悪い時、浮き沈み. **on hígh** [副・形] (文) 天い所で[の]; (聖) 天に.

【類義語】**high** と **tall** はともに高さが高いことを表わす一般的な語. **high** 人には用いず、特に地面からの高度にのみ重点を置く場合に用いられる: a high mountain 高い山 / a high ceiling 高い天井. **tall** 人にも物にも用い、基底から最高部までの高さを表わす語で、特に細長いものについて用いられる: a tall tower 高い塔. tree や building のような語については high も tall も用いることがとできる.

-high /háɪ/ [接尾] ...の高さの、...の深さの: knee-high 膝までの高さ[深さ]の.

hígh áltar [名] Ⓒ (教会の)主祭壇.

hígh-and-míghty [形] [副] (略式) 横柄な[に]、いばった[て].

hígh átmospheric préssure [名] Ⓤ Ⓒ (気象) 高気圧 (略 Hi; ☞ weather map 挿絵) (反 low atmospheric pressure).

hígh báll [名] Ⓒ (主に米) ハイボール (ウイスキー・ブランデーなどにソーダ水を混ぜた飲料で、背の高いグラス (highball glass) で飲む).

hígh béam [名] [複数形で] (米) ハイビーム (遠距離用に上向きにした車のヘッドライト) (反 low beam). **be on high beam** [動] ⓐ (自動車のヘッドライトが)上向き[遠距離用光線]になっている.

hígh blóod préssure [名] Ⓤ Ⓒ 高血圧.

hígh-bórn [形] (反 lowborn) (格式) 高貴の生まれの.

hígh-bóy [名] Ⓒ (米) 脚のついた高いたんす (英) tallboy) (☞ lowboy).

hígh-brów [形] Ⓒ (時に軽蔑) 知識人(向き)の.
— [名] Ⓒ 学問や教養の高い人、(時に軽蔑) 知識人[インテリ](ぶる人). [関連] lowbrow 学問や教養の低い人 / middlebrow 学問や教養が中程度の人.

hígh cháir [名] Ⓒ 子供用の(背の高い)いす.

Hígh Chúrch [名] [the 〜] 高教会派 (教会の権威・支配・儀式を重んじる英国国教会の中の一派) (☞ Low Church).
— [形] Ⓒ 高教会派の.

Hígh Chúrchman [名] Ⓒ 高教会派の人.

*__hígh-cláss__ [形] 高級な、一流の; 上流の.

hígh cólor [名] Ⓒ 上気した顔、血色のよい顔: have a 〜 血色がよい.

hígh cóloring [名] Ⓤ 血色のよさ.

hígh commánd [名] [the 〜 として; (英) 時に複数扱い] (軍の)最高司令部 (全体).

Hígh Commíssion [名] Ⓒ [しばしば h- c-] 高等弁務局; (英) 単数形でも時に複数扱い] 高等弁務局局員 (全体).

Hígh Commíssioner [名] Ⓒ [しばしば h- c-] 高等弁務官 (英連邦の構成国の代表で大使に相当する); (国連の)高等弁務官 (☞ UNHCR).

hígh-cóncept [形] (映画などが)観客・聴衆に広くアピールする要素をもつ、ハイコンセプトの.

hígh cóurt [名] Ⓒ [普通は単数形で; しばしば H- C-] (米) 最高裁判所 (Supreme Court).

Hígh Cóurt of Jústice [名] [普通は単数形で] (英) 最高裁判所.

High Holidays

hígh-defínition télevision [名] Ⓤ 高品位テレビ、ハイビジョン (略 HDTV).

hígh-ènd [形] (商品・店が)高級な、高級顧客向けの.

*__hígh·er__ /háɪə/háɚ/ (発音) [形] **1** [high の比較級] より高い; (値段などが)より高い (反 lower¹): Mt. Fuji is 〜 than any other mountain in Japan. 富士山は日本のほかのどの山よりも高い / The old hotel is now surrounded by 〜 buildings. その古いホテルは今では(それより)もっと高い建物に囲まれている.

2 Ⓐ 高等な、高度の; 上級の (反 lower¹): the 〜 animals [plants] 高等動物[植物] / 〜 education 高等教育 (専門学校や大学における教育) / 〜 mathematics 高等数学 / a 〜 court 上級裁判所. [関連] upper 上の.
— [副] [high の比較級] より高く (反 lower¹): Raise your hand 〜. 手をもっと上げて / The lark flew 〜 and 〜. ひばりはさらに高く飛んでいった (☞ and 7, comparative degree 文法 (1)). — [名] Ⓒ (スコ) 上級試験 (16-18 歳で受ける).

hígher-ènd [形] =high-end.

hígher-úp [名] Ⓒ [普通は複数形で] (略式、主に英) 上司、上役.

híghest cómmon fáctor [名] [the 〜] [数] = greatest common divisor (略 h.c.f., H.C.F).

hígh explósive [名] Ⓒ Ⓤ 高性能爆薬 (略 HE).

hígh-fa·lu·tin /hàɪfəlúːtɪn | -tɪn⁻ /, **-lu·ting** /-tɪŋ⁻ /[形] (略式) (軽蔑) もったいぶった、尊大な; 大げさな (pretentious).

hígh fidélity [名] Ⓤ (古風) (ステレオなどが)原音に対して高忠実度の再生能力のあること、ハイファイ (hi-fi).

hígh-fidélity [形] Ⓐ =hi-fi.

hígh fínance [名] Ⓤ 大型金融取引.

hígh fíve [名] Ⓒ [普通は単数形で] (主に米) ハイファイブ (2 人が手を上げて手の平をたたき合う喜び・友情などのしぐさ). 日英比較「ハイタッチ」は和製英語.

hígh-flíer [名] Ⓒ (事業などの)成功者; 有望な人、切れ者.

hígh-flówn [形] [普通は Ⓐ] [普通は軽蔑] (ことばが)大げさな、大ぶろしきを広げた.

hígh-flýer [名] Ⓒ =highflier.

*__hígh-flýing__ [形] Ⓐ **1** 野心的な. **2** 高空飛行の.

hígh fréquency [名] Ⓤ Ⓒ (無線) 短波 (周波数 3-30 メガヘルツ; 略 HF, hf); 高周波.

hígh-fréquency [形] 短波の; 高周波の.

hígh géar [名] Ⓤ Ⓒ (自動車の)高速[トップ]ギヤ.

Hígh Gérman [名] Ⓤ 高地ドイツ語 (現在ドイツ標準語とされる中・南部のドイツ語).

hígh-gráde [形] Ⓐ 優良な、高級な.

hígh gróund [名] **1** Ⓤ 高地、高台. **2** [the 〜] (論争などにおける)有利な立場、優位 (in): take the moral 〜 正義を盾に優位に立つ.

hígh-hánded [形] えらそうで[横暴、高飛車]な. **〜·ly** [副] 横暴に. **〜·ness** [名] Ⓤ 横暴.

hígh hát [名] **1** Ⓒ 山高帽、シルクハット. **2** 高慢なやつ、俗物. **3** (楽) ハイハット (シンバル).

hígh-hát (略式) [動] (-hats; -hat·ted; -hat·ting) ⓗ 〈...〉を見下す、鼻であしらう. — [形] お高く構えた、高慢ちきな.

hígh-héeled [形] Ⓐ (靴が)かかとの高い.

*__hígh héels__ [名] [複] ハイヒール.

Hígh Hólidays, Hígh Hóly Dàys [名] [複] [the 〜] (ユダヤ教) 大祭日 (新年祭 (Rosh Hashanah) と贖罪(しょくざい)の日 (Yom Kippur) の両祭日を含む時

期》.

hígh hórse [名][次の成句で] **be [gèt] on one's hígh hórse** [動][自] いばっている[いばる].

hígh-jàck [動][名] =hijack.

hígh jìnks [名][複]《古風》どんちゃん騒ぎ (horse-play).

hígh jùmp [名][the ~]〘スポ〙高跳び; 走り高跳び (running high jump). **be (ín) for the hígh jùmp** [動][自]《英・豪略式》こっぴどい罰を受ける.

hígh jùmper [名][C] 走り高跳びの選手.

+**high·land** /háɪlənd/ [名] **1** [複数形で] 高地 ([反] lowland). **2** [the Highlands] (Scotland 北西部の)高地地方 (☞ 裏地図 D 3). — [形] **1** [A] 高地の. **2** [H-] (スコットランド北西部の)高地地方の.

high·land·er /háɪləndə | -də/ [名][C] 高地人; [H-] スコットランド高地人.

Híghland flíng [名][C] スコットランド高地地方の活発な踊り.

hígh-lével [形] **1** [主に [A]] (交渉などが)高官による; 上層の. **2** 高水準の, 強度の. **3** (ことばなどが)わかりにくい; 専門的な. **4**〘電算〙(プログラム言語が)高レベル[高水準]の《理解しやすい記号や命令を用いた》.

+**hígh lìfe** [名][the ~][時に軽蔑] 上流社会のぜいたくな生活.

***high·light** /háɪlàɪt/ [動][他] **1** 〈...〉を強調する, 目立たせる, 引き立たせる: The report ~s the importance of sex education. その報告は性教育の重要性を強調している. **2** 〈文字〉をマーカーで塗る; 〈コンピューター画面上の文字〉を別の色で表示する. **3** 〈髪の一部〉を脱色する, 染める. — [名] (-lights /-làɪts/) [C] **1** ハイライト, (歴史・事件・話・番組などで)最も興味ある部分, 最高潮の場面, 呼び物: ~s *of* [*from*] the Olympic Games オリンピック競技のハイライト. **2** [普通は複数形で] 髪の毛の明るい色の部分, ブロンドに脱色した[染めた]髪; (絵・写真の)最も明るい部分 ([反] shadow).

high·lìght·er [名][C] **1** マーカー, 蛍光ペン. **2** ハイライト《目・ほおを際立たせる化粧品》.

high·lìght·ing [名][U] 目立たせること, 強調; (別の)色をつけること.

hígh líving [名][U] =high life.

****high·ly** /háɪli/ [副] **1** 非常に, 大いに (extremely); 高度に: a ~ amusing film 大変おもしろい映画 / a ~ gifted actress 非常に才能に恵まれた女優 / The editorial was ~ critical of the government. 社説は政府に対して極めて厳しかった / ~ educated 高学歴の. [語法] 副詞の high が実際の高さや程度が高いことを示すのに対して, highly はもっぱら程度の高いことを表わす.
2 高く評価して, 敬意をもって; 好意的に: She speaks ~ of your book. 彼女は君の著書をとてもほめている. **3** 高額に[で]: He is ~ paid. 彼は高給を取っている. **4** 高い地位に: a ~ placed official 高官.

híghly-strúng [形]《英・豪》=high-strung.

hígh-máintenance [形][滑稽] (機械などが)維持に手間のかかる; (人が)世話のやける.

Hígh Máss [名][U,C]〘カトリック〙荘厳ミサ《音楽と歌を伴う》.

hígh-mínd·ed [形] 気高(けだか)い, 高潔な. **~·ly** [副] 気高く, 高潔に. **~·ness** [名][U] 高潔.

+**high·ness** [名] **1** [C] [H-] 殿下《皇族などに対する敬称》: His [Her] *H*~ 殿下[妃殿下]《間接に指すときに用いる》/ His [Her] Royal *H*~ 皇太子[皇太子妃]殿下《[略] H.R.H.》/ His [Her] Imperial *H*~ (日本の)殿下[妃殿下] / Your *H*~ 殿下, 妃殿下《直接に呼びかけるときに用いる; 同時に 2 人へ呼びかけるときには Your Highnesses という》/ Their *H*~*es* 殿下《間接に 2 人以上を指すときに用いる》. ★ 用法については ☞ majesty [語法]. **2** [U] 高いこと; 高地, 高価.

hígh nóon [名][U] **1** 正午, 真昼. **2** [W] (行く末を左右する)決定的局面.

hígh-óctane [形][A] **1** (ガソリンなどが)オクタン価の高い, ハイオクの. **2** [主に新聞で] 精力的な.

hígh-perfórmance [形] 高性能の.

+**hígh-pítched** [形] (音・声が)調子の高い, かん高い; (屋根などが)急傾斜の.

hígh plàces [名][複] (組織の)上層部, 高官. **hàve fríends in hígh pláces** [動][自] 有力な縁故[コネ]がある.

hígh póint [名][C] =high spot.

hígh pólymer [名][C]〘化〙高重合体, 高分子化合物.

+**hígh-pówered** [形] [普通は [A]] **1** (人が)精力的な, (人・行為が)重要[有力]な. **2** (エンジン・機械などが)高性能[出力]の.

hígh préssure [名][U,C] **1**〘気象〙=high atmospheric pressure. **2** 精力的な活動[努力].

hígh-préssure [形][A] **1** (仕事・状況などが)過酷な, きつい (demanding); 強い緊張を強いられる (stressful). **2** 強要する, しつこい, 押し売りの. **3** 高圧の; 高気圧の: a ~ system〘気象〙高気圧(系). — [動] (-sur·ing /-ʃ(ə)rɪŋ/) [他]《主に米》〈人〉に(...するように)強要する, 圧力をかける (*into*).

high-priced /háɪpráɪst←/ [形] 高価な.

hígh príest [名][C] **1** 高僧. **2** [主に新聞で] 第一人者, 大家 (*of*).

hígh príestess [名][C] **1** 高僧《女性》. **2** [主に新聞で] 第一人者, 大家《女性》(*of*).

hígh-príncipled [形]=high-minded.

+**hígh prófile** [形][A] 注目される, 脚光を浴びる. — [名][a ~] 大変注目される状況[資質]. **kéep [adópt, maintáin] a hígh prófile** [動][自] 目立つ[鮮明な]態度をとる.

hígh-quálity [形] 高品質の.

+**hígh-ránking** [形][A] 上位の, 高位の, 高官の: a ~ official 高官.

hígh relíef [名][U] 高浮き彫り; [C] 高浮き彫りの作品. **thrów [bríng] ... ìnto hígh relíef** [動][他] 〈...〉を目立たせる.

hígh-rìse [形][A] (建物が)高層の. [関連] low-rise 低層の. — [名][C] 高層建築(物).

hígh-rísk [形][A] リスクの高い[多い], 危険な.

hígh ròad [名] **1** [the ~] 最善の方法[手段], 正しい道; (...への)楽な方法, 近道: take *the* ~ *to* success 確実に成功しそうな道を選ぶ. **2** [C]《古風, 英》=highway 1.

hígh róller [名][C]《米・豪略式》浪費家; (むちゃな賭(か)けをする)道楽者.

***high school** /háɪskù:l/ [名] (~s /~z/) **1** [C,U]《米》高等学校《[略] HS》. [参考] junior high school とはっきり区別するときは senior high school ともいう; ☞ school¹ 表と [参考]: get into [enter] (a) ~ 高校に入る《☞ school¹ 2 ★》/ graduate from ~ 高校を卒業する / do well in ~ 高校での成績がよい / She teaches at a famous ~. 彼女は有名高校の先生だ.
2 [形容詞的に]《米》高等学校の: a ~ student 高校生 / a ~ dictionary 高校生用の辞書. **3** [C,U]《英》中学校《日本の中学・高校に相当》, (特に)グラマースクール (grammar school).

hígh schòol gráduate [名][C] 高校卒業生《☞ school-leaver》.

hígh séa [名][C] 高波; [the ~s] 公海, 外洋;《文》海. **on the hígh séas** [副] 公海上を航行して.

hígh séason [名][単数形で; しばしば the ~] 繁忙期, シーズン ([反] low season).

hígh-secùrity príson [名][C] =maximum security prison.

hígh sìgn 名 C《米略式》(あらかじめ決めてひそかにする)合図《目くばせ・表情・身ぶりなど》.

hígh socìety 名 U 上流社会.

hígh-sóunding 形 A《しばしば軽蔑》(ことばなどが)仰々しい；聞こえのよい.

hígh-spéed 形 A 高速度の：~ film 高感度フィルム / a ~chase 高速での追跡.

hígh-spírited 形 1 (人が)元気のよい, 陽気な, 威勢のよい (反 low-spirited). 2 (馬が)かんの強い, 気が荒い.

hígh spót 名 C《英》(行事・活動などの)最高の時[場所], ハイライト (of, in).

hígh stákes 名 [複] 1 多額の賭け金. 2 (事業などに投じる)多額の資金.

hígh stéel 名 U (ビルなどの鉄製の)はり, 骨組.

hígh-stíck·ing 名 U《アイスホッケー》スティックのブレードを高く上げすぎること.

†**hígh strèet**《英》[the ~ または地名で H- S-] = Main Street 1；小売り業, 商店. ── 形 A (本通りに店のある)主要な, 有力な：~ banks 主要[市中]銀行.

hígh-strúng 形《米》(極度に)緊張している, (非常に興奮している《英・豪》highly-strung).

hígh táble 名 C ハイテーブル《英国の大学学長・教授陣用食卓；学生用より一段高い》.

hígh-táil 動 自 [次の成句で] **hightail it** [動] 自《略式》大急ぎで行く[逃げる].

hígh téa 名 U.C《古風, 英》ハイティー《午後 5 時から 6 時ごろの肉料理のつく午茶；下宿・いなかのホテルなどで出される事実上の夕食で, これが出るところでは dinner はない》.

*__hígh tèch__ /háɪték/ 名 U《略式》先端技術, ハイテク.

hígh-téch /háɪték⸺/ 形 [普通は A] 1 (反 low-tech) 先端技術[ハイテク]の. 2 ハイテク装飾の.

†**hígh technólogy** 名 =high tech.

hígh-ténsion 形 A《古風》高(電)圧の.

hígh tíde 名 C.U 1 高潮[満潮](時), 満潮(時)《反 low tide》：at ~ 満潮時に. 2 [the ~] 絶頂, 最高潮 (of).

hígh tíme 名 U (もう)とっくに…していなければならない時刻[時期]：It is ~ (for us) to go. もうとっくに行く時間だ(ぐずぐずしてはいられない) (☞ for 前 B 1).
語法 従属節の動詞は普通は過去形となる：It is ~ I was going. こんなに遅くなってしまって)もうおいとまする時間です / It is ~ you went to bed [started]. もうとっくに寝る[出発する]時間だよ.

hígh-tóned 形《古風》上品ぶった, 気どった.

hígh-tóp 形 (靴が)ハイトップ型の. ── 名 [複数形で] ハイトップ《くるぶしまでおおう深いスニーカー》.

hígh tréason 名 U 国家[政府]に対する反逆罪.

hígh-úp 形《英》=higher-up.

hígh-vóltage 形 A 1 高電圧の. 2 力強い, 精力的な.

*__hígh wáter__ 名 (反 low water) U 高潮(ちょう)(時), 満潮(時).

hígh wáter màrk 名 [単数形で] 1 (川・湖の)高水位線, (海岸の)高潮線. 2 最高水準, 絶頂 (of, for). 関連 low water mark 低水位線.

*__hígh·way__ /háɪwèɪ/ 名 (~s /-z/) C 1《主に米》幹線道路《略 hwy》；大通り (☞ road 表) 《反 byway》：The two cities are connected by this ~. その 2 つの都市はこの幹線道路で結ばれている. 日英比較 日本でいう「ハイウェー」より意味が広く, わが国の国道や県道に相当することが多い. 《高速道路は《米》では expressway, freeway, speedway, superhighway, thruway など, 《英》で motorway という. 2《法》公道, 道路, 通り. **the híghways and býways**《主に米》(1) 公道とわき道, あらゆる道路. (2) (物事の)表(面)と裏(面), 全容. 語源 high (「重要な」の意)+way.

hillbilly music 827

Híghway Códe 名 [the ~]《英》交通規則集.

hígh·way·man /háɪwèɪmən/ 名 (**-men** /-mən/) C 追いはぎ《昔, 旅人を襲った》.

híghway patról 名 U《米国の》幹線道路パトロール隊.

híghway róbbery 名 U.S《米略式》法外な高値, 搾取.

hígh wìre 名 C 綱渡りの綱.

hí-hát /háɪ-/ 名 C =high hat 3.

†**hí·jack** /háɪdʒæk/ 動 他〈乗り物〉をハイジャックする, 乗っ取る, 〈列車など〉を止めて盗品をはたらく；〈積荷〉を強奪する；〈組織・行事・会合など〉を牛耳る[宣伝に]利用する. 関連 skyjack 航空機を乗っ取る. ── 名 C.U ハイジャック事件, (乗り物の)乗っ取り事件.

†**hí·jack·er** /háɪdʒækə | -kə/ 名 C ハイジャックの犯人, 乗っ取り犯人.

hi·jack·ing /háɪdʒækɪŋ/ 名 1 U.C ハイジャック, 乗っ取り. 2 U 積極的な強奪.

hi·jinks /háɪdʒɪŋks/ 名 [複]《米》=high jinks.

*__hike__ /háɪk/ 名 (~s /-s/) C 1 ハイキング, 徒歩旅行. 2《略式》(物価・給料などの)引き上げ, 値上げ (in)：a wage ~ 賃上げ / a fare ~ 運賃値上げ. **gó on a híke** [動] 自 ハイキングに行く《会話》"I hear you are going on a ~. Where to?" "Lake Kawaguchi."「ハイキングに行くんだって. どこに行くの？」「河口湖だよ」
táke a híke [動] 自 (1) =go on a hike. (2) [普通は命令文で] S《米略式》立ち去る, うせる.
── 動 (**hikes**; ~d; **hik·ing**) 自 ハイキングをする, 徒歩旅行をする：~ five miles a day 1 日に 5 マイルを徒歩旅行する / It is a perfect day for hiking. きょうはハイキングにもってこいの日だ. 参考 hike は歩くことに, picnic は食べることに重点がある. 関連 hitchhike ヒッチハイクをする. ── 他 1《略式, 主に米》〈物価・給料〉を引き上げる (up). 2〈…〉をハイキングする. 3《略式, 主に米》〈ズボン・スカートなど〉をぐいと[引っ張り]上げる (up). **gó híking** [動] 自 ハイキング[徒歩旅行]に行く.

hik·er /háɪkə | -kə/ 名 C ハイカー, 徒歩旅行者.
関連 hitchhiker ヒッチハイクをする人.

hik·ing /háɪkɪŋ/ 名 U ハイキング, 徒歩旅行.

híking bòot 名 [複数形で] ハイキングブーツ《厚底》.

†**hi·lar·i·ous** /hɪléə(ə)riəs/ 形 大笑いするような, とてもおかしい；陽気な, 楽しい (merry)；浮かれ騒ぐ. **~·ly** 副 おもしろおかしく；浮かれ騒いで.

hi·lar·i·ty /hɪlǽrəti/ 名 U《格式》おかしくて笑いたくなる気持ち, 愉快；はしゃぎ, 浮かれ騒ぎ.

Hil·da /híldə/ 名 ヒルダ《女性の名》.

*__hill__ /híl/ (同音 he'll, hell) 名 (~s /-z/；所 hílly) C 1 丘, 小山, 丘陵 《mountain よりも低いもの；☞ mountain 類義語》：go up [climb] a ~ 丘を上る / go [come] down a ~ 丘を下りる. 2 (道などの)坂(slope)；push a cart up the steep ~ 荷車を押して急な坂道を登る. 3 盛り土, (もぐらなどの)塚. 4 [the H~ として] 米国議会 (Capitol Hill). 関連 anthill あり塚 / molehill もぐら塚.
(as) óld as the hílls [形] 非常に古い. **òver the híll** [形]《略式》(人が)盛りを過ぎた；(もう)若くない. **the Séven Hills of Róme** 名 ローマの七丘《ローマが最初に建設された土地》. **úp hìll and dòwn dále** [副]《古風》野を越え山を越え, 至る所.

Hil·la·ry /híləri/ 名 **Sir Edmund** ~ ヒラリー (1919-)《ニュージーランドの登山家；Everest 初登頂に成功 (1953)》.

hill·bil·ly /híbɪli/ 名 (**-bil·lies**) C《米略式》[しばしば差別] (山地で育った)いなか者, 山男.

híllbilly mùsic 名 U ヒルビリー音楽《米国南部山地の民謡風の音楽》.

hill·ock /hílək/ 名 C 《古風, 主に英》小さい丘.

⁺**híll·side** 名 C 山腹, 丘の中腹.

híll státion 名 C 《特にインド》高原の村《避暑地》.

⁺**híll·tòp** 名 C 丘[小山]の頂上.

⁺**hill·y** /híli/ 形 (**hill·i·er**; **-i·est**; 名 hill) 丘[小山]の多い, 丘陵性の.

hilt /hílt/ 名 C (刀剣の)柄(つか). (**úp) to the hílt** [副]《略式》最大限に, 完全に, 徹底[全面]的に.

Hil·ton /híltn/ 名 固 [the ~] ヒルトン《米国系の高級ホテル》.

‡**him** /(弱) (h)ɪm; (強) hím/ 《同音 ＊hymn》 代《人称代名詞 he¹ の目的格》★詳しい用法については ☞ he¹.

―――リスニング―――
him は文中では弱く発音され, その際 /h/ が落ちて /ɪm/ となることが多い. そのとき前に子音で終わる語があると /ɪ/ はその子音と結合する. I respect him. /aɪrɪspéktɪm/, I gave him a medal. /wɪgéɪvɪməmédl/ は「ウィゲイヴィマメドー」に聞こえる.「アイ・レスペクト・ヒム」,「ウィ・ゲイヴ・ヒム・ア・メダル」のように発音しない.

1 (1) [他動詞の直接目的語として] **彼を**, その男を, あの男を: A *man* came to see me, but I didn't know ~ (=the man). 1 人の男が私に会いにきたが, 私はその男を知らなかった / Jane believes ~ to be honest. ジェーンは彼を正直だと信じている.
(2) [他動詞の間接目的語として] **彼に**, その男に, あの男に: I gave ~ a book. 私は彼に本を 1 冊やった (☞ to¹ 3 語法) / His father bought ~ a bicycle. 彼の父は彼に自転車を買ってやった (☞ for 前 A 1 語法).
(3) [前置詞の目的語として] I went *with* ~ to the zoo. 私は彼と動物園へ行った / She made a delicious meal *for* ~. 彼女は彼においしいごちそうを作ってやった. 語法 場所を表わす前置詞の目的語となる場合, 時に himself を意味する: He looked *around* ~. 彼は(自分の)周りを見回した.
(4) [everyone, someone などの不定代名詞および性別が不明の語を指して]《古風》(その)人, 人に: If anyone comes, tell ~ (=him or her) I'm out. もし誰か来たら外出していると言ってください (☞ he¹ 2).

2 [be 動詞·become などの後で]《略式》彼(だ), あの男(だ), い(だ) (he): "Which one is Bill?" "That's ~ over there."「ビルはどの人なの」「あそこにいるあれがビルだ」(☞ me¹ 4 語法).

3 /hím/ [he の代りとして]《略式》(1) [独立的に用いて]: "Who broke the vase?" "H~ (=He did (it))."「花びんを壊したのはだれ」「彼です」(☞ me¹ 2 語法). (2) [比較表現の (as ...) as, than の後で] (☞ me¹ 5 (2) 語法): She is *as* intelligent *as* ~ (=as he (is)). 彼女は彼と同じくらい頭がよい. (3) [感嘆表現で] 彼は(…であるのに): He walks two kilometers every day, *and* ~ with such bad legs! 彼は毎日 2 キロ散歩する. 脚の具合があんなに悪いのに. **4** [動名詞の意味上の主語として, his の代わりに]《略式》: She disapproved of ~ com*ing*. 彼女は彼が来ることに賛成しなかった (☞ sense subject 文法 (2) (iii) (c)). **5** [Him として] 神を, 神に (☞ me¹ 3 god 1 語法).

Hi·ma·la·yan /hìməléɪən⁻, hɪmά:ljən/ 形 ヒマラヤ(山脈)の.

Hi·ma·la·yas /hìməléɪəz, hɪmά:ljəz/ 名 固 [複] [the ~] ヒマラヤ山脈.

him/her =him (or) her. 語法 him or her は him her と読む (☞ he / she).

‡**him·self** /(h)ɪmsélf/ 代 (再帰代名詞, ☞ -self 文法) (複 **them·selves** /ðəmsélvz, ðem-/) **1** [(h)ɪmsélf/ [再帰用法の] [主語が he か男性を表わす単数名詞のときに用いる] (彼が) **自分自身を[に]**, (その[あの])男が自分を[に]; 自分の体[顔]を: He killed ~. 彼は自殺した / *George* often absented ~ from meetings. ジョージはよく会議を欠席した / He showed us a picture of ~. 彼は私たちに彼(自身)の写真を見せた. 語法 His picture とすると普通は「彼の持っている写真」の意味になる // He cut ~ (while) shaving. 彼はひげをそっているとき顔を切ってしまった. (2) [主語が everyone, someone などの不定代名詞および性別が不明の語を指して]《古風》(その)人自身を[に]: Everyone cooked for ~. 各自自炊した (☞ he¹ 2).

2 [強調用法; ☞ emphasis 文法 (6)] (彼が)**自分で**, (その[あの])男が自分で; その男本人は[に]: [言い換え] He said so ~. =He ~ said so. 彼自身がそう言ったのだ / I must see *the chairman* ~. 私は議長ご当人に会わなければならない. ★詳しい用法は, **be himself**, **by himself**, **for himself**, **to himself** などの成句については ☞ **oneself**.

Hi·na·ya·na /hì:najά:nə/ 名 U《仏教》小乗(ショウジョウ) (☞ Mahayana).

⁺**hind¹** /háɪnd/ 形 A 《動物の脚が》後部の, 後ろの, 後方の (反 fore): the ~ legs of a horse 馬の後脚.

hind² /háɪnd/ 名 (複 ~(s)) C 雌鹿(めじか) 《特に 3 歳以上の赤鹿》. 関連 stag 雄鹿 / hart 5 歳以上の雄鹿.

hínd·bràin 名 C《解》後脳《主に小脳と脳橋からなる》.

⁺**hin·der¹** /híndɚ | -də/ 動 (**-der·ing** /-dərɪŋ, -drɪŋ/) 他《物事の(進行)》をじゃまする, 〈人〉が(…するのを)妨げる; 遅らせる (☞ prevent 類義語): Don't ~ her (*in* her) work. 彼女の仕事をじゃまするな / Rain ~*ed* 'them *from* [their] complet*ing* the job. 雨で彼らの仕事の完成が遅れた. 語法 prevent や keep を用いると全くできないことを表わすのが普通.

hind·er² /háɪndɚ | -də/ 形 比較 形 後方の, 後部[方]の.

Hin·di /híndi/ 名 U ヒンディー語《インドの公用語》.

hínd·mòst 形《古語》いちばん後方の.

hínd·quàrters 名 [複]《牛[羊]肉の》後四半部《後足と臀部(でんぶ)》.

hin·drance /híndrəns/ 名 **1** C 妨害物, じゃま物[者] (*to*): John was more of a ~ than a help. ジョンは手助けというよりもじゃまになった. **2** U《格式》妨害, 障害: without (let) or ~ 障害なしに (☞ let²).

‡**hínd·sìght** 名 U あと知恵: H~ is 20/20 [twenty-twenty hindsight]. 後の祭りだ (☞ twenty-twenty hindsight) / a fool's ~ 愚者のあと知恵 / *With* the benefit [*wisdom*] of) ~, now I know exactly what I should have done. 後の祭りだが, 今から何をすべきだったかはっきりわかってる. 関連 foresight 先見の明.

⁺**Hin·du** /híndu:/ 名 C ヒンズー人《ヒンズー教を信ずるインド人》. ── 形 ヒンズー人の; ヒンズー教の.

Hin·du·ism /híndu:ɪzm/ 名 U ヒンズー教.

Hin·du·stan /hìndustǽn, -stά:n/ 名 固 ヒンドスタン《インド中央部の平原地方》.

Hin·du·stan·i /hìndustǽni, -stά:ni⁻/ 名 U ヒンドスタニー語《北部インドの言語; 現在のヒンディー語, ウルドゥー語のもとになった》. ── 形 ヒンドスタニー人の.

‡**hinge** /híndʒ/ 名 C ちょうつがい (☞ glasses 挿絵): The door is off its ~. そのドアはちょうつがいがはずれている. ── 他 [しばしば受身で; 進行形なし]〈…〉にちょうつがいをつける (反 unhinge). ── 自 **1** ちょうつがい式に動く. **2** [進行形なし] ~ on [*upon*] ... 次第である, …次第にかかる (= depend): Everything ~*s on* [*upon*] your decision. 何事もあなたの決心次第だ.

hinged /híndʒd/ 形 ちょうつがいのついた: a ~ door 開き戸.

‡**hint** /hínt/ 名 (**hints** /hínts/) **1** C ヒント, 暗示, ほ

めかし; 当てこすり: a broad [delicate] ~ 露骨[微妙]なヒント / I gave [dropped] him a ~ *that* I did not need his help. <N+*that*節> 私は彼の助けがいらないということをそれとなく彼にほのめかした.
2 [単形で] かすかなしるし; 微量:「We felt [There was] a ~ of spring in the air. 大気に春のきざしを感じた[があった]. **3** ⓒ [しばしば複数形で] (ちょっとした)助言, 心得: ~s on cooking 料理の心得 / helpful [handy] ~s for freshmen 新入学生[社員]にとって役に立つ助言. **give nó hínt of ... [*that* ...]** [動] ...の[...する]気配が全くない. **táke a [the] hínt** [動] ⓐ (ほのめかされて)それと察づく.
— 動 (hints /hínts/; hint·ed /-tɪd/; hint·ing /-tɪŋ/) 他 <...>をそれとなく言う; <...だ>とほのめかす; 当てこする(☞ 類義語): She ~ed (*to* him) *that* she wouldn't mind being asked out on a date. <V (+ *to* +名・代) +O (*that* 節)> 彼女は彼にデートに誘われてもかまわないということを遠回しに言った.
hint at ... [動] 他 ...をほのめかす, ...をそれとなく言う; ...を当てこする: He ~ed at his resolution to resign. 彼はそれとなく辞意をほのめかした.
【類義語】 **hint** かなりはっきりしたきっかけを与えて, 自分の意向が相手に伝わるようにすること. **suggest** 与えられた提案・情報などから, 微妙な違を読み取りそれとなく気づかせるようにすること. **imply** はっきりとは明示しないが相手が推理を働かせて察することができるようにほのめかすこと. **suggest** と交換できることも多い.

*hin·ter·land /hínt̬ə(r)læ̀nd, -lənd | -tə-/ 名 1 [普通は複数形で] 奥地, いなか. **2** [普通は単数形で] (河岸・海岸地域の)後背地.

*hip¹ /híp/ 名 (~s /-s/) ⓒ 腰; ヒップ. 日英比較 日本語の「ヒップ」は普通は「しり」をさすが, 英語の hip はウエストの下の腰の左右に張り出した部分の一方をいう. 従って, 全体をいうときは複数形にする;「しり」の意味の英語は buttocks (☞ back 挿絵); waist 表): take a person's ~ measurement ヒップ[腰回り]を計る / She is large around [in] the ~s. 彼女は腰がはっている[ヒップが大きい]. **with one's hánds on one's híps** [副] 両手を腰に当てて(☞ akimbo): He was walking *with his hands on his* ~s. 彼は両手を腰に当てて歩いていた(さっそうとした[いばった]歩き方をいう).

hip² /híp/ 間 ヒップ(喜び・歓迎・激励などを表わす呼び声; ☞ hurray 間).

hip³ /híp/ 名 [普通は複数形で] 野ばらの実 (rose hip).

hip⁴ /híp/ 形 (**hip·per; hip·pest**) (略式) (最新の事情・情報・流行に)詳しい, 敏感な (to); (最新)流行の, かっこいい, いかしている.

híp bàth 名 ⓒ (英) 腰湯; 座浴用たらい.

híp bòot 名 ⓒ [普通は複数形で] 腰まで届く長靴(特に漁師・釣人用).

híp càt 名 ⓒ (米俗) =hepcat.

híp flàsk 名 ⓒ (しりのポケットに入る)携帯酒びん.

híp-hòp 名 ⓤ ヒップホップ(ラップ調のダンス音楽; 1980 年代に米国の黒人の間で始まる).

hip·hug·gers /híphʌ̀gəz | -gəz/ 名 [複] (米) ヒップハガー(ウエストの低い腰にぴったりのズボン)((英) hipsters).

híp jòint 名 ⓒ 股(こ)関節.

híp-length 形 (衣類が)腰まで届く.

hipped /hípt/ 形 (略式) 熱中した, 取りつかれた (on).

-hipped /hípt/ 形 [合成語で] 腰が...の.

hip·pie /hípi/ 名 ⓒ ヒッピー.

hip·po /hípoʊ/ 名 (~s) ⓒ (略式) かば (hippopotamus).

hip·po·cam·pus /hìpəkǽmpəs/ 名 (複 -pi /-paɪ/) ⓒ **1** たつのおとしご. **2** [解] (脳の)海馬(形がたつのおとしごに似ていることから; 記憶に関係する).

híp pòcket 名 ⓒ (ズボンの)しりのポケット.

Hip·poc·ra·tes /hɪpɑ́krətìːz | -pɔ́k-/ 名 ヒポクラテス (460?-377?B.C.) (ギリシャの医師;「医学の父」(the Father of Medicine) と呼ばれる).

Hip·po·crat·ic óath /hìpəkrǽtɪk-/ 名 [the ~] ヒポクラテスの宣誓(医師の職業につく前に行なう, 医師の倫理綱領を守るという誓約).

hip·po·pot·a·mus /hìpəpɑ́təməs | -pɔ́t-/ 名 (複 ~·es, hip·po·pot·a·mi /hìpəpɑ́təmaɪ | -pɔ́t-/) ⓒ かば (略式) hippo (ギリシャ語で「河の馬」の意から).

hip·py /hípi/ 名 (**hip·pies**) =hippie.

hip·ster /hípstə | -stə/ 名 ⓒ (古風, 略式) 最近の流行に詳しい人, 流行の先端を行く人.

hip·sters /hípstəz | -stəz/ 名 [複] (英) =hiphuggers.

*hire /háɪə | háɪə/ (同音 higher; 類音 fire) T1 動 (hires /-z/; hired /-d/; hir·ing /háɪ(ə)rɪŋ/) 他 **1** <人を>雇う, 雇用する. 雇って...させる(☞ 類義語): Jim was ~*d by* this factory last month. <V+O の受身> ジムは先月この工場に雇われた / He ~*d* a gardener *to* care for his roses. <V+O+C (*to* 不定詞)> 彼は庭師を雇ってばらの手入れをさせた.

2 [主に英] <金を払って一時的に>車・衣服・部屋などを借りる, 賃借りする (*from*) (☞ borrow 表と類義語): We ~*d* a removal van. 我々は引っ越し用トラックを借りた / They ~*d* the hall *for* an evening. <V+O +*for*+名・代> 彼らはそのホールを一晩借りた. **3** ⓢ (英) 賃貸しする (hire out). 語源 古(期)英語で「賃金」の意. **híre and fíre** [動] ⓐ (臨時に)人を雇い(用が済んだら)解雇する, 人員を一時雇いで間に合わせる. **híre ón** [動] (米) (...として)雇われる (as). **híre onesèlf óut** [動] ⓐ 雇われる. **híre óut** [動] 他 ⓢ (英) 賃貸しする; 衣服・部屋などを(有料で)貸し出す (to) (rent out); <人材を>派遣する(☞ lend 表).

— 名 (~s /-z/) **1** ⓤ (主に英) (物を)借りること, 賃借り; 賃貸し: cars *for* [*on*] ~ 貸し自動車 / This wedding dress is *on* ~. このウエディングドレスは借りている / *For* ~ 空車(タクシーなどの標示). 日英比較 日本語の「ハイヤー」(運転手付きの貸し切り乗用車)は, a chauffeur driven (hired) car [limousine] のように言い, 単に hire とは言わない. 一般には taxi や (英) minicab ですますことも多い. **2** ⓤ 借り賃, 使用料; 雇い賃, 賃金; 報酬: work *for* ~ 雇われて[給料を取って]働く. **3** ⓒ (米) 雇い人.

【類義語】 **hire** 「人を雇う」 という意味で用いるときには, (米)では一時的と永続的の区別なしに用いるが(英) では一時的な場合に限る傾向がある: We *hired* a man to mow the lawn. 芝刈り人夫を雇った. **employ** 改まった語で, 専任の職員などを雇う意味に用いる: He *was employed* as a clerk. 彼は事務員として採用された. **engage** 特に専門的な職業などについて改まった場合に用いる: I *engaged* him as my lawyer. 彼を弁護士として雇った.

híre càr 名 ⓒ (英) =rent-a-car.

híred gún /háɪəd- | háɪəd-/ 名 ⓒ (米俗) **1** プロの殺し屋; 用心棒. **2** ある事業を推進する[難局を乗り切る]ために雇われた人[役員].

híred hánd 名 ⓒ 農場労働者.

hire·ling /háɪəlɪŋ | háɪə-/ 名 ⓒ [普通は軽蔑] 金が目当てで働く人.

híre púrchase 名 ⓤ (英) 分割払い方式 ((米) installment plan) (略 h.p., HP): on ~ 分割払いで.

hir·sute /hə́ːsuːt, híə- | həː(r)sjuːt/ 形 (格式) または [滑稽] (男性が)毛深い; 毛[髪が]むくじゃらな.

*his¹ /(弱) (h)ɪz; (強) híz/ (類音 *he's) 代 [人称代名詞; he¹ の所有格; ☞ one's] 語法 ★詳しい

his

用法については ☞ he¹.

---リスニング---
his は文中では弱く発音され、その際 /h/ が落ちて /ɪz/ (=is) となることが多い。そのとき前に子音で終わる語があると /ɪ/ はその子音と結合する。He drives his own car. /hiːdráɪvzɪzóʊnkɑɚ/ は「ヒーヅライヴズイヅオウンカー」、Mike likes his uncle. /máɪklάɪksɪzʌ́ŋkl/ は「マイクライクスイザンクー」と聞こえる。He drives his . . . ズ・ヒズ・オウン・カー」、「マイク・ライクス・ヒズ・アンクル」のようには発音しない。(/kl/ の発音については ☞ circle リスニング(囲み)).

(1) [名詞の前について限定的に] (i) **彼の**, その[あの]男の: I met an Australian at the party, but I can't remember ～ (=the Australian's) name. パーティーでオーストラリア人に会ったが, その人の名前が思い出せない / H～ sister is quite a beauty. 彼の姉さんは大変な美人だ / They went to ～ rescue. 彼らを助けに行った《☞ -'s¹ 文法 (3) (vi)》. 関連 his² 彼のもの. (ii) 《everyone, someone などの不定代名詞および性別が不明の語を指して》《口語》(その)人の: Everyone did ～ (=his or her) best. 各自が最善を尽くした《☞ he¹ 2》. (iii) [His として] 神の《☞ god 1 語法》.
(2) [動名詞の意味上の主語として]《やや格式》彼が《☞ sense subject 文法 (2) (iii) (c)》: I'm surprised at ～ making that mistake. 彼がそんな間違いをするとは驚きだ.

*his² /híz/ 代《所有代名詞》possessive pronoun 文法 彼のもの, その[あの]男のもの;《古風》その人のもの《語法 指すものが単数なら単数扱い, 複数なら複数扱い》: This car is ～. この車は彼の(もの)だ / My shoes are old but ～ (=his shoes) are new. 私の靴は古いが彼のは新しい. 関連 his¹ 彼の.

. . of his 彼の…: a friend of ～ 彼の友人《☞ mine¹ 成句 of 2, this 代 2 (i) 語法 (1), that¹ 代 1 語法》.

his/her 代 =his (or) her. 語法 his or her または his her と読む《☞ he / she》.

***His·pan·ic** /hɪspǽnɪk/ 形 スペイン(系)の; ラテンアメリカ(系)の. ── 名 C ラテンアメリカ系の(米国)人, ヒスパニック《特に Mexico, Puerto Rico, Cuba 系》.

His·pan·io·la /hìspənjóʊlə/ 名 固 イスパニョーラ島《西インド諸島の島; 西部は Haiti, 東部は Dominican Republic; ☞ 表地図 I 6》.

***hiss** /hís/ 動 (hiss·es /-ɪz/; hissed /-t/; hiss·ing)
自 1 (蒸気・がちょう・蛇などが)しゅうという音を出す (at)《☞ cry 表 goose, snake》: The steam was ～ing. 蒸気がしゅーしゅーいっていた.
2 しっという音を出す《不賛成・怒りの気持ちなどを表わす》: The audience ～ed at the player. <V+at+名・代> 聴衆はその演奏者が不満でしーっと言った.
── 他 ⟨…⟩をしーっといって制止する[しかる, けなす]; ⟨不満・嫌悪⟩をしーっといって示す: ～ the magician off the stage 手品師をやじって壇上から引き下がらせる.
── 名 C (蒸気・がちょう・蛇などが出す)しゅうという音; (不賛成・怒りなどを表わす)しーっという音.

his·self /(h)ɪsélf/ 代《非標準》=himself.
hist. =history.
his·ta·mine /hístəmìːn, -mɪn/ 名 U《化》ヒスタミン《☞ antihistamine》.
his·to·gram /hístəgræ̀m/ 名 C ヒストグラム, 柱状グラフ, 度数分布図.
his·tol·o·gy /hɪstάlədʒi | -tɔ́l-/ 名 U《生》組織学; 組織細胞.
***his·to·ri·an** /hɪstɔ́ːriən/ 名《～s /~z/》C 歴史家, 歴史学者.
***his·tor·ic** /hɪstɔ́ːrɪk | -tɔ́r-/ 形 (名 history) 1 [普通は A] 歴史的に有名[重要]な, 由緒ある: ～ scenes 史跡, 旧跡 / Man's landing on the moon was both a historical and a ～ event. 人類の月着陸は歴史上の事件でもあり歴史上の(重要な)出来事でもあった. 関連 historical 歴史上の.
2 歴史に残る, 歴史に記録される: the ～ flight to the moon 月への歴史的な飛行. 3 有史時代の: ～ times 歴史上の時代, 有史時代. 関連 prehistoric 有史以前の.

***his·tor·i·cal** /hɪstɔ́ːrɪk(ə)l | -tɔ́r-/ 形 (名 history)
A [比較なし] 1 (伝説などに対し)歴史上の, 歴史の上に実在する; 史実に基づく: ～ events [facts, figures] 歴史上の事件[事実, 人物] / a ～ novel [play] 歴史小説 [史劇]. 関連 historic 歴史的に有名[重要]な(☞ historic 1 の例文). 2 歴史的方法の; 歴史学の: the ～ method of investigation 歴史的研究方法.

***his·tor·i·cal·ly** /hɪstɔ́ːrɪkəli | -tɔ́r-/ 副 1 歴史的に, 歴史上; 文修飾 歴史的に言うと: H～, those islands belong to our country. 歴史的に言うとその島々はわが国のものである. 2 歴史学的に, 歴史学上.

historic présent 名 [the ～]《文法》歴史的現在《過去の事実の叙述を生き生きさせるために用いる現在時制; ☞ present tense (6)》.

***his·to·ry** /hístəri, -tri/ 名 (**-to·ries** /~z/; 形 historic, historical) 1 U **歴史**, (歴史)史学; 授業科目の)歴史: the ～ of Asia [Europe] = Asian [European] ～ アジア[ヨーロッパ]の歴史 / our Japanese ～ teacher 私たちの日本史の先生 / distort ～ 歴史をゆがめる / Throughout ～, humanity has made the same mistakes. 歴史を通じて人類は同じ誤りをくり返してきた / The first great stone buildings *in* ～ were built in Egypt. 歴史上最初の大きな石の建造物はエジプトで建てられた / H～ will show that we are in the right. 我々が正しいことは歴史が証明してくれるだろう.

参考 西洋史は普通次のように3大区分される: ancient ～ 古代史《太古から西ローマ帝国の滅亡(476年)まで》, medieval ～ 中世史《東ローマ帝国の滅亡(1453年)まで》, modern ～ 近世史《現代まで》.

2 C 歴史の本, 史書; 変遷史; 史劇: a ～ *of* Japan [the Roman Empire] 日本[ローマ帝国]の歴史の本 / a short ～ *of* World War II 第二次世界大戦小史 / Have you ever read a ～ of the United States? 米国史を読んだことがありますか.
3 C [普通は単数形で](個人などの)経歴, 履歴; (ものの)由来; 変遷(%): Do you have a (family) ～ of heart disease? (家族に心臓の病歴がありますか / This house has a strange ～. この家には不思議ないわれがある / This company has a long ～ of financial troubles. この会社は財政上のごたごたが長いこと続いている // ☞ case [life, natural] history.

語源 ギリシャ語で「学んで知ったこと; 昔の物語」の意《☞ story 1 最初の囲み》.

be (pást [áncient]) hístory 動 S《略式》(もはや重要でない)昔のこと[人, もの]だ, もうおしまいだ. **gò dówn in hístory** 動 歴史に残る. **hístory in the máking** 名 将来歴史に残るであろう(進行中の)出来事. **màke hístory** 動 歴史に残るほどの事をする. **tàke one's pláce in hístory** 動 自 =go down in history. **the rést is hístory** その後は皆さんがよくご存じのとおり: The prince met her on the tennis courts, and they frequently—and *the rest is* ～. 王子は彼女とテニスコートで知り合いになり, たびたび電話をして──その後のことは今さら言うまでもないしょう.

his·tri·on·ic /hìstriάnɪk | -ɔ́n-/ 形 1 [普通は軽蔑]芝居がかった, わざとらしい. 2 《格式》俳優の, 演劇

上の.

his·tri·on·ics /hìstriánɪks | -ɔ́n-/ 图 [複数扱い] [普通は軽蔑] 芝居がかったしぐさ, 大げさな振舞い.

*hit /hít/ 〖頻度 fit〗動 (**hits** /híts/; 過去・過分 **hit**; **hit·ting** /-tɪŋ/)

「(ねらって)打つ」 1 →〈ねらいに当たる〉→「命中する」 2
2 →「ぶつける」 3 →
(比喩的に) ┬→「打撃を与える」 4
                └→〈偶然にぶつかる〉→「見つける」 6

1 〈ねらって〉〈…〉を**打つ**; 〈…〉に打撃を加える, 殴る (☞ strike 類義語): ～ the ball [nail] hard ボール[くぎ]を強く打つ / [言い換え] He ～ me **on** the head [**in** the face]. <V+O+*on* [*in*]+名> =He ～ my head [face]. 彼は私の頭[顔]を殴った (☞ the'² 語法) / Ted ～ Billy ***with*** a book. <V+O+*with*+名・代> テッドはビリーを本で殴った.
2 〈…〉に**命中する**; 〈…〉に命中させる, 当てる, ぶつける (☞ dead ball 日英比較) (反 miss): The stone ～ the window. 石は窓に当たった / She ～ the target ***with*** an arrow. <V+O+*with*+名・代> 彼女は矢を的に命中させた / He *was* ～ **in** the leg by a stray bullet. <V+O+前+名の受身> 彼は脚に流れ弾(だん)が当たった.
3 〈体の一部など〉を**ぶつける**, 当てる, 打つ; 〈…〉にぶつかる, 当たる: ～ the ground 地面に伏せる / He fell down and ～ his forehead. 彼は倒れて額をぶつけた / She ～ her head ***on*** the table. <V+O+前+名・代> 彼女は頭をテーブルにぶつけた / A man *was* ～ **by** a car here yesterday. <V+O の受身> 男の人がきのうここで車にはねられた.
4 [しばしば受身で] (天災・不幸など)〈…〉に**打撃を与え**, 痛手を負わせる, たたく: A heavy storm ～ New York City last night. 大あらしが昨夜ニューヨーク市を襲った / He *was* badly [hard] ～ **by** 'this failure [her death]. <V+O の受身> 彼はこの失敗[彼女の死]によってひどい打撃を受けた. 5 [野]〈…〉塁打を打つ: ～ a ˈhome run [triple, double, single] 本[三, 二, 一]塁打を打つ. 6 (略式) (偶然に)〈…〉を見つける, 出くわす, 到着する; 〈場所や[列車]・〈水準など〉に達する; 〈問題など〉を考えつく, 言い当てる: ～ the right road [answer] 正しい道に出る[正解にして言える] / ～ the beach 浜辺に出る / ～ a snag [problem] 障害[問題]にぶつかる / The yen ～ an all-time high today. 円は今日最高値をつけた / Suddenly it ～ me. I had been taken in. 突然気がついた. だまされていたのだ. 7 (S) 〈機械のボタンなど〉を押す, 〈…〉を動かす; 〈ブレーキ〉をかける: ～ the brakes 急ブレーキをかける.
8 (略式)〈人〉を(情報に)驚かす (*with*). 9 〈人〉に〈金銭など〉を要求する (*for*). 10 (俗, 主に米)〈人〉を殺す. 11 (S) 〈…〉をやる, 済ます: ～ the shower シャワーを浴びる.

— 自 1 〈ねらって〉**打つ**, 殴る; ぶつかる: He ～ *at* the fly but missed. <V+*at*+名・代> 彼ははえをたたこうとしたが外れた (☞ at 3 語法) / She stumbled and ～ hard ***against*** the wall. <V+副+*against*+名・代> 彼女はつまずいて壁にひどくぶつかった. 2 [野] ヒットを打つ.

hít hóme ☞ home 副 成句. **hít it** 動 自 うまく言い当てる: You've ～ *it*! ご名答!, そのとおり! **hit it bíg** [動] 自 (略式) =hit [make] the big time (☞ big time 成句). **hít it óff** [動] 自 (S) (略式) (…と)(すぐに)仲よくなる, うまが合う; (…と)うまくやっていく (*with*). **hít the ríght [wróng] nóte** [動] 自 = strike the right [wrong] note (note 成句). **hít the stréet [tówn, stóres, shóps]** [動] 自 [主に新聞で] (1) 〈商品が〉(広く)出回る(ようになる). (2) 〈街に〉買物に出(か)ける. **hít ... when ... is**

dówn [動] 他 (略式) 〈人〉の弱みにつけ込む. 由来 ボクシングで相手がダウンしているのに打つ, の意から. **hít ... where ˈit húrts (móst) [... líve(s)]** [動] 〈人〉の痛い所[急所]をつく. **nòt knów whàt hít one** [動] (1) 不意打ちを食う. (2) (略式) びっくりする (☞ one² 代 3 語法 (4)).

― hit の句動詞 ―

hít báck [動] 自 (猛然と)反論する (*at*). 2 殴り返す; やり返す. — 他 〈…〉を殴り返す.
*hít on [upòn] ... [動] 他 1 …をふと思いつく, …に思い当たる (受身 be hit on [upon]): [言い換え] At last she ～ *on* [*upon*] a good idea. (=At last a good idea came into [across] her mind.) とうとう彼女はいい考えを思いついた. 2 ふと…を見つける, …に出くわす. 3 (米略式) 〈異性〉に(しつこく)言い寄る.
hít óut agàinst ... [動] 他 =hit out at ... 1.
hít óut at ... [動] 1 …を激しく攻撃する, 酷評する. 2 …になぐりかか(ろうとす)る.
hít úp [動] (S) (米略式) 〈人〉に(借金などを)求める (*for*).

— 名 (**hits** /híts/) C 1 当たり, (大)成功, (歌・映画・小説などの)**ヒット**; 人気者: a big ～ 大成功, 大ヒット / a ～ song ヒットソング / The drama was quite a ～. その劇は大ヒットをとった / The teacher is a ～ *with* her pupils. その先生は教え子たちに人気がある.
2 ひと打ち, 打撃 (☞ blow¹ 1): I took a hard ～ **on** the chin. 私はあごに強烈な一発をくらった.
3 (打撃の)当たり, 命中, 的中 (反 miss): two ～*s* and three misses ˈout of [in] five tries 5 回やってみて 2 回の当たりと 3 回のはずれ / a direct ～ 直撃(弾). 4 [電算] (ウェブサイトへのアクセス(件数); (インターネット・データベースの)検索結果. 5 [野] ヒット, 安打 (略 h) (base hit): a two-base [three-base] ～ 二[三]塁打 / get an infield ～ 内野安打を打つ. 6 (略式) 殺し, 殺人 (☞ hit man). 7 (略式) 麻薬吸引[注射](の影響). 8 うがったことば, 適評; 皮肉, いやみ, 当てこすり (*at*). **hít and [or] míss** [名] [副] 運任せで(で) (☞ hit-and-miss). **màke a hít** [動] (…)(によい印象を与える, 気に入られる (*with*). **tàke a hít** [動] (略式) (1) 批判[非難]される. (2) 損害を受ける.

hit-and-miss /hítnmís˗/ [形] 当たりはずれのある.
hit-and-run /hítnrʌ́n˗/ [形] A 1 ひき逃げの: a ～ accident [driver] ひき逃げ事故[運転手]. 2 すばやく攻撃[奇襲]してすぐ退く, 電光石火の. 3 [野] ヒットエンドランの: run a ～ play ヒットエンドランで走る.

*hitch /hítʃ/ [動] 他 1 (略式) (ヒッチハイクで)〈…〉に便乗する: ～ a ride [lift] 車をヒッチハイクする, 乗せてもらう. 2 〈輪・かぎ・ロープなど〉を引っ掛ける; 〈馬・〈トレーラーなど〉を車に連結する: ～ (up) a horse *to* a post. 馬を柱につなぐ. 3 〈…〉をぐいと動かす[引く, ひねる, 引き寄せる, 引き上げる]. — 自 (略式) =hitch-hike. **gèt [be] hítched** [動] 自 (古風, 略式) 結婚する[している]. **hítch úp** [動] 他 〈ズボンなど〉をぐいと引き上げる (hike up). — 名 C 1 障害, 故障; 中断: a technical ～ 機械の故障による一時停止. 2 (米略式) 兵役期間. 3 ぐいと引く[動かす]こと. 4 連結器, 引っ掛け. **without a hitch** [副] 滞りなく, 首尾よく: go (off) *without a* ～ うまくいく.

Hitch·cock /hítʃkɑk | -kɔk/ 名 固 **Sir Alfred** ～ ヒッチコック (1899-1980) 《英国の映画監督; サスペンス映画の巨匠》.

hitch·er /hítʃɚ | -tʃə/ 名 C =hitchhiker.
hitch·hike /hítʃhàɪk/ 動 自 ヒッチハイクをする: Tom ～*d from* Chicago *to* New York. トムはシカゴからニューヨークまでヒッチハイクで旅をした.
hitch·hik·er 名 C ヒッチハイクをする人.

hítch·hìking 名 U ヒッチハイク《親指で行きたい方向を示す; ☞ thumb a ride (thumb 動 成句)》.

hi-tech /hɑ́ɪték⁻/ 形 = high-tech.

hith·er /híðɚ | -ðə/ 副 《古語》ここへ, こちらへ《反 thither》. **~ and thíther** [《米》yón] 副 《文》あちらこちらへ (here and there).

hith·er·to /híðɚtù:, hìðɚtú: | -ðə-/ 副 《格式》今まで, これまで; 従来; 今までのところでは : a ~ unknown species of tropical fish 今まで知られていなかった種類の熱帯魚.

Hit·ler /hítlɚ | -lə/ 名 固 **A·dolf** /ǽdɑlf | -dɔlf/ ~ ヒトラー (1889–1945)《ドイツの独裁者; ナチ党の指導者》.

hít list 名 C 《しばしば所有格の後で》**1** 殺害予定者[攻撃対象者]のリスト. **2** リストラ対象項目[人物].

hít màn 名 C 殺し屋.

hít-or-míss 形 =hit-and-miss.

hít paràde 名 [the ~] 《古風》《ポップス曲の》ヒットチャート《現在では the top 10 [20] のように言うことが多い; ☞ top¹ 形, chart 名 4》.

hít squàd 名 **1** 暗殺者集団. **2** 《問題解決のため派遣される》専門家集団.

hit·ter /hítɚ | -tə/ 名 C 打つ人, 打者; [前に形容詞をつけて] 打つ人; 《政界·実業界の》大物 : a pinch ~ ピンチヒッター, 代打者 / a designated ~ 指名打者. 関連 switch-hitter スイッチヒッター.

Hit·tite /hítɑɪt/ 名 C ヒッタイト人《小アジア地方の古代民族》.

***HIV** /éɪtʃɑ̀ɪví:/ 名 U 《医》ヒト免疫不全ウイルス《AIDS の病原体; human immunodeficiency virus の略》: be ~ positive HIV 陽性である.

HÍV càrrier 名 HIV の感染者.

\+**hive** /hɑ́ɪv/ 名 C **1** みつばちの巣箱 (beehive). **2** 巣箱のみつばちの群れ. **3** 人々が忙しく活動している所 《特に次の句で》: a ~ of activity [industry] 人々が忙しく働いている場所, 活気のある所《工場·事務所など》. —— 動 他 《みつばちを》巣箱に入れる. —— 自 《みつばちが》巣箱に入る; 群居する. **híve óff** (1) 《みつばちが》分けて考える, 別のものとみなす. (2) 《主に英》《会社·事業などを》分離独立させる, 移す (to, into). —— 《会社などから》分離独立する (from).

hives /hɑ́ɪvz/ 名 U じんましん.

hi·ya /hɑ́ɪjə/ 間 (S) 《略式》やあ, こんちは.

HM /éɪtʃém/ 略 《英》=His [Her] Majesty《☞ majesty 名》.

h'm, hm, hmm /hm/ 間 **1** 《発言前のためらい, 不信などを表わして》えー, うーん, うーむ. **2** 《聞き返して》えっ, 何ですって.

HMO /éɪtʃèmóu/ 略 《米》=health maintenance organization.

hmph /hm/ 間 [不満·不快を表わして] ふ(-)ん《特に書面で用いる》.

HMS /éɪtʃémés/ 略 《英》=Her [His] Majesty's Ship 《☞ majesty 成句》; His [Her] Majesty's Service 《☞ service 名 2》.

ho¹ /hóʊ/ 間 《文》《滑稽な》ほー!, おーい!《呼びかけ·注意·驚きなどの叫び声》: Land ~! おーい陸だぞ!

ho² /hóʊ/ 名 C 《差別》**1** 《...の》ガールフレンド, 女. **2** 売春婦; だれとでもセックスをする女.

hoa·gie, hoa·gy /hóʊgi/ 名 (**hoa·gies**) C 《米方言》=hero sandwich.

\+**hoard** /hɔ́ɚd/ 名 C 動 貯蔵する; 蓄える. —— 《財宝·食料などを》蓄える (up). —— 名 C 《秘密の》貯蔵物, 蓄え; 秘宝; 蓄財 (of).

hoard·er /hɔ́ɚdɚ | hɔ́:də/ 名 C [時に軽蔑] 貯蔵者, 秘蔵者, 《がめつく》ためこむ人.

hoard·ing /hɔ́ɚdɪŋ | hɔ́:d-/ 名 C 《英》**1** 《建築·修理場などの》板囲い, 仮囲い. **2** =billboard.

hoar·frost /hɔ́ɚfrɔ̀:st | hɔ́:frɔ̀st/ 名 U 霜, 白霜.

hoar·i·ness /hɔ́:rinəs/ 名 U 白髪であること.

\+**hoarse** /hɔ́ɚs | hɔ́:s/ 形 (**hoars·er; hoars·est**)《声》がかれた (husky);《人》がしゃがれ声での : a ~ voice しゃがれ声 / shout oneself hoarse 《☞ shout 成句》. **~·ly** 《声》がかれて, しゃがれた声で. **~·ness** 名 U《声》のかれ.

hoar·y /hɔ́:ri/ 形 (**hoar·i·er, -i·est**) [普通は A] **1** 《冗談などが》古くさい, 陳腐な. **2** 《文》《老い》白髪の;《髪》が霜のように白い.

\+**hoax** /hóʊks/ 名 C 《人を》かつぐこと, 悪ふざけ, デマ: a bomb ~ 爆弾騒ぎ / a ~ call いたずら電話 / play a ~ on ...《人を》かつぐ. —— 動 他 《人》に一杯食わせる, 《...》をかつぐ : I was ~ed into believing it. 私はだまされてそれを信用した.

hoax·er /hóʊksɚ | -sə/ 名 C 《人を》かつぐ人.

\+**hob¹** /hɑ́b | hɔ́b/ 名 C **1** 《英》《料理用》レンジ上面のこんろ·火口. **2** 《古語》暖炉 (fireplace) の両側の棚《やかん·なべなどを保温する》.

hob² /hɑ́b | hɔ́b/ 名 [次の成句で] **pláy hób with ...** 動 他 《米》...に害を与える.

Hobbes /hɑ́bz | hɔ́bz/ 名 固 **Thomas** ~ ホッブズ (1588–1679)《英国の哲学者》.

\+**hob·ble** /hɑ́bl | hɔ́bl/ 動 自 **1** 《...》に足を引きずらせる. **2** 《計画·進展などを妨げる. **3** 《馬など》の両足を縛る. —— 自 よろよろと[足をひきずって]歩く.

***hob·by** /hɑ́bi | hɔ́bi/ 名 (**hob·bies** /~z/) C 趣味, 道楽 : the ~ of stamp collecting 切手収集の趣味 / "Do you have any *hobbies*?" "Yes, my ~ is making model planes." 「何か趣味をおもちですか」「ええ, 模型飛行機作りです」

hóbby·hòrse 名 C **1** 棒馬《棒の先に馬の頭のついたおもちゃ; 子供がまたがって遊ぶ》. **2** 得意な話題, おはこ《の話題》. **be** [**gét**] **òn one's hóbbyhorse** 動 自 おはこを出す.

hob·by·ist /hɑ́biɪst | hɔ́bi-/ 名 C 趣味を楽しむ人.

hób·gòblin 名 C 《民話の》いたずら好きな小鬼.

hób·nàil 名 C 頭の大きなびょうくぎ《靴底に打つ》.

hob·nàiled 形 《靴》が頭に大きなびょうくぎの打ってある.

hob·nob /hɑ́bnɑ̀b | hɔ́bnɔ̀b/ 動 自 (**hob·nobs; -nob·bing**) 自 《略式》[時に軽蔑]《特に有力者と》親しくつき合う, 近づきになる (with).

ho·bo /hóʊboʊ/ 名 (~ (**e**)**s**) C《古風, 米》渡り労働者; 浮浪者.

Hób·son's chóice /hɑ́bs(ə)nz- | hɔ́b-/ 名 U 出されたものを取るか取らぬかのえり好みのできない選択.

hoc ☞ ad hoc の項目.

Ho Chi Minh /hóʊtʃìmín/ 名 固 ホーチミン (1890–1969)《ベトナムの独立運動の指導者; 大統領 (1945–69)》.

Hó Chì Mính Cíty 名 ホーチミン市《ベトナム南部の都市; 旧称 Saigon》.

hock¹ /hɑ́k | hɔ́k/ 名 C 《馬·犬などの後足の》ひざ; C U 《豚などの》足肉.

hock² /hɑ́k | hɔ́k/ 名 U 《主に英》《ドイツのライン地方産の》白ワイン.

hock³ /hɑ́k | hɔ́k/ 動 他 《略式》質(ち)に入れる. —— 名 U [次の成句で] **in hóck** [形] 質に入って;《人に》借金して, 借りがあって (to).

\+**hóck·ey** /hɑ́ki | hɔ́ki/ 名 U **1** 《主に米》アイスホッケー (ice hockey). **2** 《主に英》ホッケー《米》field hockey》.

hóckey stìck 名 C ホッケー用のスティック.

hóck·shòp 名 C 《略式》質屋 (pawnshop).

ho·cus-po·cus /hòukəspóukəs/ 名 Ⓤ 〔軽蔑〕呪文, まじない; ごまかし, いんちき, トリック.

hod /hάd | hɔ́d/ 名 Ⓒ れんが箱 (れんが職人がれんが・しっくいなどを運ぶのに使う長い柄のついた木製の道具).

hodge·podge /hάdʒpὰdʒ | hɔ́dʒpɔ̀dʒ/ 名 [a ~] 《米》ごた混ぜ, 寄せ集め (《英》hotchpotch) (of).

Hódg·kin's disèase /hάdʒkınz- | hɔ́dʒ-/ 名 Ⓤ 〔医〕ホジキン病 (悪性リンパ腫).

†**hoe** /hóu/ 名 Ⓒ くわ. — 動 (**hoes; hoed; hoe·ing**) 他〈雑草など〉をくわを入れる [除草する] (out). — 自 くわ仕事をする. **a hárd [tóugh] rów to hóe** 名 困難な問題[状況].

hoe

hóe·càke 名 Ⓒ 《米》とうもろこしパン.

hóe·dòwn 名 Ⓒ 《米・カナダ》ホーダウン 〔陽気で活発な踊り; 特にスクエアダンス〕; ホーダウンの曲 (パーティー).

Hoff·man /hɔ́fmən | hɔ́f-/ 名 Ⓒ **Dus·tin** /dʌ́stın/ ~ ホフマン (1937–) 《米国の俳優》.

†**hog** /hɔ́ːg, hάg | hɔ́g/ 名 Ⓒ **1**〈主に米〉（一般に〉豚 (☞ pig 表). **2**《米》(去勢した食用の)雄豚. 関連 pork 豚肉 (☞ meat 表). **3**《略式》豚のようなやつ, (自分勝手に)がつがつ食う人, 貪欲〈ぼう〉な人. **gò hóg wíld** [動] 自 Ⓢ 《米略式》すごく興奮[熱中]する; 抑えがきかなくなる. **gò (the) whóle hóg** [動] 自《略式》徹底的に[とことん]やる. 由来 豚は体全体が食用になることから. —— (**hogs; hogged; hog·ging**) 他《略式》〈…〉を欲ばって取る[食べる]; 独占する: ~ the bathroom 浴室を長い間ひとり占めする. **hóg the límelight** [動] 自《略式》脚光を独占的に浴びる, ひとりだけ目立つ. **hóg the róad** [動] 自《略式》道路の真ん中を走る〈他の車が追い越せないような運転〉. ☞ road hog].

ho·gan /hóugən | -gɔn/ 名 Ⓒ ホーガン《北米先住民 Navajo 族の泥や木の枝で作った住居》.

hog·gish /hɔ́ːgıʃ, hάg- | hɔ́g-/ 形 意地汚い, 強欲な, 自分勝手な.

Hog·ma·nay /hὰgmənéı | hɔ́gmənèı/ 名 Ⓤ《スコ》大みそか (のお祝い).

hogs·head /hɔ́ːgzhèd, hάgz- | hɔ́gz-/ 名 Ⓒ **1** (ビールの)大だる (普通は 63–140 ガロン入り). **2** ホッグズヘッド〈液量 (liquid measure) の単位; 《米》63 ガロン, 《英》52.5 ガロン〉.

hóg·tie 動 (**-ties; -ty·ing**) 他《米》**1**〈…〉の両手足[四足]を縛る. **2**〈…〉を妨げる, 邪魔する.

hóg·wàsh 名 Ⓤ《略式》くだらない話, たわごと.

hóg-wíld 形 ☞ go hog wild (hog 名 成句).

hó hó, hò hò hò 間 わっはっは (笑い声).

ho-hum /hóuhʌ́m/ 動《略式, 主に米》形 退屈な. —— 間 あーあ (退屈を表わす).

hoick /hɔ́ık/ 動《英略式》〈いと持ち上げる[引く〉.

hoi pol·loi /hɔ́ıpəlɔ́ı/ 名 [the ~ として複数扱い]〔軽蔑〕一般大衆, 愚民.

hoist /hɔ́ıst/ 動 他 **1**〈旗〉を揚げる; 〈酒の入った〉グラスなど〉をあげる; 〈重い物〉を巻き上げる, つり上げる (up). **2**〈価値など〉を上昇させる. —— 名 Ⓒ **1** 巻き上げ; 揚揚. **2** 巻き上げ機, 起重機. **give ... a hóist (úp)** [動]《略式》〈…〉を持ち[押し]上げる.

hoi·ty-toi·ty /hɔ́ıtitɔ́ıti←/ 形《古風, 略式》〔軽蔑〕もったいぶった, 横柄な.

hoke /hóuk/ 動《米俗》〔軽蔑〕《俗受けをねらって〉〈…〉をでっち上げる, こしらえ上げる (up).

hok·ey /hóuki/ 形《米略式》いやに感傷的な.

ho·kum /hóukəm/ 名 Ⓤ《略式》〔軽蔑〕**1**〈主に米〉〈かつごうとしたり受けをねらったりの〉ばか話, たわごと. **2** (俗受けねらいの)劇のことなど）駄作, 子供だまし.

hold¹ /hóuld/ 〈（発音）fold〉動 (**holds; hóuldz/**; 過去・過分 **held** /héld/; **hold·ing**)

---

hold 833

基本的には「保持する」の意.
→「手に持つ, つかむ」他 **1** → 「所有する」他 **6**
→「支える」他 **2** → (負担に耐える)
→「入れることができる」他 **4**
→「持ちこたえる」自 **1**
→「保つ」→「維持する」他 **7**
→ (状態を続ける)
→「(行事)を行なう」他 **5**
→「(状態)が続く」自 **2**

—— 他 **1** (一時的に)〈…〉を**手に持つ[持っている]**, 抱える; 握る, つかむ; 抱く: The girls were ~*ing* hands. 女の子たちは手をつないでいた / I will ~ the bag for you. かばんを持ってあげるよ / He was ~*ing* a pile of books *in* his hands. <V+O+前+名・代> 彼はたくさんの本を手で抱えていた / He was ~*ing* a hammer in his right hand. 彼は右手に金づちを持っていた / He was ~*ing* a pipe *between* his teeth. 彼はパイプをくわえていた / [言い換え] I held him *by* the collar. <V+O+by+名>=I held his collar. 私は彼の襟首をつかまえた《☞ the¹ 2》/ ☞ hold (...) tight (tight 形 成句).
2 (落ちないように)〈…〉を**支える**; 〈重さ〉を持ちこたえる: The chair won't ~ your weight. そのいすは君の体重を支えきれないだろう / This shelf isn't strong enough to ~ my stereo (set). この棚は私のステレオをのせるほど丈夫ではない.
3 [副詞(句)を伴って] (ある位置・状態に)〈…〉を保つ: He *held* his hands *above* his head. <V+O+前+名・代> 彼は頭上に両手をあげていた / H~ the door open, please. <V+O+C (形)> 戸を開けて[押さえ]といてください // ☞ hold oneself ... (成句).
4 [受身・進行形なし (☞ be² B 2 [文法] (2) (vi))] (容器などが〈ある量〉を入れることができる; (建物などが〉〈ある人数〉を収容する; (中に)含んでいる: This bottle ~s two liters. このびんは 2 リットル入る / Can your car ~ five people? あなたの車には 5 人乗れますか / The future ~*s* many surprises. 《格式》未来は多くの驚異をはらんでいる // ☞ what the future holds (future 名 成句).
5 〈会など〉を開く, 催す; 〈式・選挙など〉を行なう: We held the meeting last Saturday. 私たちはこの前の土曜日に会合を開いた / When will the ceremony *be* held? <V+O の受身> 式はいつ行なわれるのですか.
6 [進行形なし]〈財産など〉を**所有する**, 〈学位・記録など〉を持っている; 〈地位など〉を**占める**: ~ office 公職にある / Does he ~ much land here? 彼はここに土地をたくさん持っていますか / He *held* a high position in the company. 彼はその会社で高い地位についていた.
7 〈状態・値など〉を(…に)維持する, 保持する (at); 〈船・飛行機など〉が〈進路など〉をきちんと守る; 〈ある音〉を持続させる, 伸ばす: ~ a pose for a photograph 写真をとってもらうためにポーズをとる / ~ the course 航路を離れないで進む / She *held* a high note. 彼女は高音を出し続けた // ☞ hold it! (成句).
8 〈…〉を留めておく, 〈物・場所〉を取っておく, 保管する (keep); 〈電算〉〈データ〉を保存する; 抑える; 拘留する: H~ them *at* the gate. 彼らを門の所に留めておいてください / Tom *held* a seat *for* me. トムは私の席を取っておいてくれた / H~ him so that he can't move. 動けないように彼を押さえてけ / He *was* held *prisoner* [*hostage*] for ten years. 彼は 10 年間捕われていた.
9 〈城・議席・立場など〉を**守る**, 固守する (keep); 〈軍隊など〉が占拠する: ~ the castle *against* the enemy 敵に対して城を守る / George *held* his ground in the heated discussion. ジョージは白熱した討論で自分の立場を堅持した[負けなかった].
10 [進行形なし]《格式》〈見解など〉を持つ, 心に抱く; 〈…〉と思

う (think); 〈…〉と主張する, 〈…〉を—とみなす[考える]; 〈…〉と判決する; 《文》(顔・声などが)〈…〉を示す: ～ a grudge 恨みを抱く / We ～ the same opinion on the subject. 我々はその問題については見解が同じである / The news *was held to* be true. その知らせは本当だと言われた / Many people *held* him *in* awe [contempt]. 多くの人が彼を畏敬[軽蔑]していた / [言い換え] I ～ myself responsible for it. =I ～ (that) I am responsible for it. 私に責任があると思う / It *was* widely *held* that he was a trustworthy person. 彼は信頼できる人だと世間一般に思われていた. **11** 〈注意など〉を引く, 〈…〉の関心を引き付けておく, そらさない: The sight *held* my attention. その光景は私の注意を引きつけた. **12** 〈列車など〉を待たせておく, 〈食事など〉を遅らせる, 延ばす (put off). **13** 〈…〉を抑える, 差し控える; 用いない: *H*～ your fire! 撃ち方やめ / There is no ～*ing* her (back). Ⓢ 彼女は止めようがない / One cheeseburger. But ～ the ketchup. Ⓢ《米略式》チーズバーガー1つ. ケチャップは入れないで《注文で》. **14** (車が)〈道路など〉にしっかり密着して走る. **15** Ⓢ 〈電話〉を切らないでそのまま待つ: ☞ hold the line (line¹ [名] 成句).

— [自] **1** (物などが) **持ちこたえる**, (長く)もつ, (防御線などが)崩れない, 耐える: The rope [bridge] will not ～ long. そのロープ[橋]は長くはもたないだろう.

2 (天候などが)持つ, 続く; [補語を伴って] (…の状態で) 続く, ずっと…である: The fine weather has *held* for the past few days. ここ数日よい天気が続いた / *H*～ still [steady]. <V+C (形)> Ⓢ じっとしていなさい. [関連] break 天気が崩れる. **3** [進行形なし] 効力がある, 適用される: The rule does not ～ 「*in* this case [*for* us]. その規則はこの場合[私たち]には当てはまらない / Our promise still ～*s* (true [good]). 私たちの約束は今でも有効だ. **4** つかまっている: *H*～ tight [tightly], please. Ⓢ しっかりおつかまりください《バスなどで乗客に》. **5** Ⓢ (電話を)切らないで待つ (☞ [他] 15).

Hóld èverything! Ⓢ《略式》=Hold it!
hòld góod ☞ good [形] 成句.
Hóld it! Ⓢ《略式》やめて, (ちょっと)待って; 動かないで《写真を写すときなど》.
hóld one's drínk [《米》 **líquor**] [動] [自] [can などとともに] 酒に強い.
hóld onesèlf ... [動] [形容詞などの補語を伴って] (ある)姿勢を保つ: ～ *oneself still* じっとしている.
hóld one's ówn [動] [自] (1) 頑張り抜く, 屈しない. (2) (…と比べても)引けを取らない (*against*).

hold¹ の句動詞

***hóld ... agáinst** — [動] [他] **1** 〈過失の失敗など〉をとがめて(人)に不利な判断をする, …を根にもって(人)を恨む[非難する]: Don't ～ it *against* him that he criticized you. 彼に批判されたのを根にもつんじゃない. **2** 〈…〉を—に押し当て(てい)る: He *held* his hand *against* his side. 彼は片手をわき腹に押し当てていた.

hóld awáy [動] [他] 〈…〉を離しておく, 近寄らせない. — [自] (…から)離れている (from).

***hóld báck** [動] [他] **1** 〈群衆など〉を押しとどめる, 阻止する; 〈洪水など〉をくい止める <V+名・代+*back* / V+*back*+名>: The police *held* the crowd *back*. 警官たちは群衆を押しとどめた.
2 〈…〉を隠す, 秘密にしておく; しまっておく <V+名・代+*back* / V+*back*+名>: Don't ～ anything ***back from*** me. 私に隠し事をしないでくれ / I ***held back*** some of the fruit cake ***to*** serve later at the party. 私は後でパーティーで出すためにフルーツケーキを少しとっておいた. **3** 〈涙・感情など〉を抑える. **4** 〈人〉の昇進・発達などを妨げる. **5** 〈…〉を(後ろに)押さえておく; 引っ込める; 〈金銭など〉を出し渋る: *H*～ *back* your hand. 手を引っ込めろ. — [自] **1** (…から)しりごみする, (…を)ためらう (*from*). **2** (人に)秘密にしておく (*on*).

hóld by ... [動] [他] =hold to ... 2.

***hóld dówn** [動] [他] **1** 〈…〉を下へ降ろしたままにしておく, 押さえつける <V+名・代+*down* / V+*down*+名>: The nurses had to ～ the man *down* while the doctor gave him a shot. 医者が注射をする間看護師たちはその男を押さえていなければならなかった. **2** 〈物価・速度など〉を低く抑える, 抑制する. **3** 〈…〉の自由を抑圧する, 抑える. **4** 〈仕事・職〉にとどまる.

hóld fórth [動] [自] [普通は軽蔑] もったいぶって長々と話す[意見を述べる] (*on, about*).

***hóld ín** [動] [他] **1** 〈感情など〉を抑える <V+名・代+*in* / V+*in*+名>: ～ *in one's* anger 怒りを抑える / ～ oneself *in* 感情を抑える, 自制する. **2** 〈…〉を(中へ)引っ込めておく, 引きとどめる.

hóld óff [動] [他] **1** 〈…〉を離しておく, 近寄らせない; 防ぐ; [主に新聞で] 〈競争相手〉を寄せつけない. **2** 〈…〉を遅らせる, 延ばす (put off): ～ *off* (hav*ing*) the press conference until tomorrow 記者会見を明日まで延ばす. — [自] **1** (行動を)控えている (*on*); 待つ. **2** (雨・雪が)降らないでいる, (降りそうだが)もっている.

***hóld ón** [動] [自] **1** つかまっている, すがる: *H*～ *on* (tight) with both hands. 両手で(しっかり)つかまれ.
2 [普通は命令文で] Ⓢ《略式》待つ; (相手の話をさえぎって)ちょっと待つ; (電話を)切らないでおく ([反] hang up): [言い換え] *H*～ *on*, please. (=Hold the line, please.) 切らずにそのままお待ちください / *H* ～ *on*, that won't work. ちょっと待った. それじゃあうまく行かないよ.
3 (へこたれないで)がんばる, 踏みとどまる: *H*～ *on* until help comes. 助けが来るまでがんばれ. — [他] 〈…〉を留めて[くっつけて]おく.

***hóld ònto [ón to] ...** [動] [他] **1** …につかまっている; …をつかまえておく ([受身] be held onto): She *held on to* [*onto*] the rock. 彼女はその岩にしがみついていた / The lost climber was found ～*ing onto* a tree at the edge of the precipice. 行方不明の登山者はがけっぷちの木につかまっているのが発見された. **2** …を手放さないでおく, そのまま持っている: ～ *on to* shares 株を手放さない. **3** (信念など)を頼りにする, 守り続ける.

***hóld óut** [動] [他] **1** 〈手・ナイフなど〉を差し出す, 伸ばす <V+名・代+*out* / V+*out*+名>: He *held out* his hand *to* me. 彼は私に手を差し出した《握手を求めた》. **2** 〈希望・見込みなど〉を持たせる, 与える: The police say they don't ～ *out* much hope for the trapped miners. 警察は閉じ込められた鉱夫たちにはあまり望みがないと言っている.
— [自] **1** (食糧などが)もつ, 続く: Our food will ～ *out* till March. 食糧は3月までもつだろう. **2** (…に抵抗して)持ちこたえる, がんばる: They *held out* bravely *against* the enemy('s) attack. 彼らは敵の攻撃に勇敢に抵抗し続けた. **hóld óut for ...** [動] [他] (交渉などで)…を要求して粘る: ～ *out for* a ten-percent raise 10 パーセントの昇給を要求してがんばる. **hóld óut on ...** [動] [他]《略式》(1) (人)に隠し事をする. (2) (人)の求めに応じないでいる.

hóld óver [動] [他] [しばしば受身で] **1** 《米》〈…〉を続演する: The play is going to be *held over* for another month. その芝居はもう1か月続演される予定だ. **2** 〈…〉を延期する, 持ち越す (*until*).

hóld ... óver — [動] [他] **1** 〈…〉を—の上にかざす: ～ one's hands *over* the fire 火の上に手をかざす. **2** 〈…〉をねたにして(人)を脅す[ゆする].

hóld to ... [動] [他] **1** …に(しっかり)つかまっている, しがみつく; (進路)からそれない: ～ tightly [tight] *to* the rail 手すりにしっかりつかまる. **2** (約束・信念など)を堅く守る, あくまでも捨てない: Whatever 「may happen [happens], I'll ～ (fast) to my decision. 何が起ころうと, 私は(断固として)決意を変えない.

hóld ... to — [動] [他] **1** 〈人〉を—(の状態)に抑える:

Our pitcher held the Lions to just one run. うちのピッチャーはライオンズをたった1点に抑えた. **2** 〈…を〉一にしばりつけておく[当てる]；〈船などを〉(進路)に：〜 a baby to one's breast 赤ちゃんを胸に抱き締める. **3** 〈人に〉〈約束など〉を守らせる：You promised to give me your mitt and I'll 〜 you to ʼyour word [that]. ⓢ 君は僕にミットを譲ってくれると言った. その約束は守ってもらうよ.

hóld togéther 動 他 〈…を〉いっしょにしておく, まとめる；団結させる. ― 自 まとまっている；〈物が〉もつ, 使える；団結している；〈議論などが〉首尾一貫している.

hóld ... únder ― 動 他 〈…を〉一の下に置いておく.

*__hóld úp__ 動 (名 hóldùp) 他 **1** 〈…を〉上げ(ている), 持ち上げる, 掲げる；支え(ている) <V+名・代+up / V+up+名>：She held up her head. 彼女は頭を上げた (胸を張った) / All in favor of the plan, 〜 up your hands. 計画に賛成の人は手を上げて下さい.
2 [しばしば受身で] 〈…の進行などを〉妨げる, 遅らせる <V+名・代+up / V+up+名>：Taxis, buses and trucks were held up in the street. タクシー, バス, トラックが通りで立ち往生した.
3 (強盗などが)〈…に〉(銃を突きつけて)止まれと言う, 〈…を〉襲う；〈列車・銀行など〉を襲って金品を強奪する <V+名・代+up / V+up+名>：This convenience store was held up by three masked men last night. このコンビニエンスストアは昨夜覆面をした男3人に襲われた.
4 (手本として)〈…を〉示す：〜 up ... as ʻa model [an example]ʼ …を手本として示す. ― 自 持ちこたえる；(理論などが)有効である, 通用する.

hóld with ... 動 他 [普通は否定文で] [主に ⓢ] (考え・計画など)に賛成する, …を認める.

― 名 (hólds /hóʊldz/) **1** [単数形または所有格の後で] 持つこと, つかむこと；保持；握力 (on)：He released his 〜. 彼はつかんでいる手を離した.
2 [a 〜 または所有格の後で] (しばしば悪い)支配(力), 影響力；把握力, 理解力：The lost her 〜 over him. 彼女は彼を思い通りにできなくなった / She has a good 〜 of [on] her subject. 彼女は自分の研究課題をよく把握している.
3 C (登るときなどに)つかまる所, 手がかり, 足場；支え：The stone wall offered [provided, afforded] no 〜 for my foot. その石垣には足をかける所がなかった. 関連 foothold 足がかり / handhold 手がかり. **4** C 『レス・柔道』ホールド, 押さえ込み.

cátch hóld of ... 動 他 = take hold of ....
gèt (a) hóld of ... 動 他 (1) = take hold of .... (2) ⓢ (略式) …を手に入れる, 見つけ出す；(考えなどを)持つ. (3) ⓢ (略式) …に(電話)連絡をとる.
gráb hóld of ... 動 他 = take hold of ....
hàve a hóld on [òver] ... 動 他 …に対して支配力[勢力]がある, …の急所[弱み]を握っている.
kèep [hàve] hóld of ... 動 他 …をつかんでいる, …を握って離さない：He kept 〜 of my left arm. 彼は私の左腕をつかんで離さなかった.
lày hóld of ... 動 他 = take hold of ....
lèt gó one's hóld 動 自 手を離す.
lóse hóld of ... 動 他 …の手を離す；…を失う.
on hóld 副・形 (1) 電話口に出て：Mr. Smith is on 〜. スミスさんがお出になりました / Let me put you on 〜 for a moment. 少々お待ちください (電話口で). (2) 延期して, (一時)保留して：Plans for the new city hall had to be put on 〜. 新しい市役所の計画は一時棚上げせざるをえなかった.
pùt a hóld on ... 動 他 …を(一時)延期する.
séize hóld of ... 動 他 = take hold of ....
tàke hóld 動 自 影響[効果]が出る；定着する.
tàke [gèt, cátch, láy, séize, gráb] hóld of

hole 835

... 動 他 …をつかむ, つかまえる；…を支配[掌握, 理解]する：Take a good 〜 of the oars. オールをしっかりつかみなさい. 語法 ... is taken [got(ten), caught, laid, seized, grabbed] hold of の形で受身にできる.
(with) nó hólds bárred [副] あらゆる手段[方法]が許されて；『レス・柔道』どんなホールドも許されて.

*__hold__² /hóʊld/ 名 C 船倉(積み荷を入れる所)；(飛行機の)貨物室.

hóld·àll 名 C 《主に英》= carryall.

Hol·den /hóʊldən/ 名 固 **William 〜** ホールデン (1918-81) 《米国の映画俳優》.

*__hóld·er__ /hóʊldɚ | -də/ 名 (〜s /〜z/) C [しばしば合成語で] **1** (…を)保持する人, 所有者；(地位・役職などに)就いている人：the 〜 of the championship 選手権保持者. **2** 支える物；…入れ.

― holder 1, 2 のいろいろ ―
hóuseholder 家屋所有者, 世帯主 / ófficehòlder 《米》公務員 / stóckhòlder, 《英》sháreholder 《米》株主 / títlehòlder 選手権保持者 // cigarétte hòlder 紙巻きたばこ用パイプ

*__hold·ing__ /hóʊldɪŋ/ 名 (〜s /〜z/) **1** C [普通は複数形で] 所有地, 持ち株；借地：have 〜s in oil 石油株を有する. **2** C 保有地, 借地(特に農地). **3** [複数形で] (美術館・図書館などの)所有[所蔵]品, コレクション, 蔵書. **4** U (バレーボール・ボクシングなどの)ホールディング(反則行為). **5** U (選挙・会議などを)行なうこと (of).

hólding còmpany 名 C 親[持ち株]会社.
hólding operátion 名 C 現状維持作戦.
hólding pàttern 名 C 《空》(着陸許可を待つ)空中待機経路；静観, 一時待機：in a 〜 (結果)待ちの状態に.

hóld·òut 名 C 《米》妥結[妥協]を渋る人.
hóld·òver 名 C **1** (昔の)遺物, 前から持ち越されたもの (from). **2** (主に米)留任者, 残留者[物].
*__hóld·ùp__ 名 (複 hóld ùp) C **1** (ピストル)強盗(行為), 強奪. **2** (進行などの)停滞, 遅延；(交通の)渋滞.

*__hole__ /hóʊl/ (同音 whole；類音 hall, haul, hold) 名 (〜s /〜z/) C **1** 穴, 破れ穴, くぼみ：a 〜 in a wall [stocking] 壁[靴下]の穴 / a road full of 〜s 穴だらけの道 / They dug a big 〜 in the ground. 彼らは地面に大きな穴を掘った. 関連 buttonhole ボタンの穴 / keyhole 鍵穴 / manhole マンホール.

―― コロケーション ――
bore [drill] a hole 穴をあける
dig a hole 穴を掘る
look [peep] through a hole 穴からのぞく
make a hole in ... …に穴をあける
stop up a hole = fill (in) a hole 穴をふさぐ

2 [しばしば合成語で] (小動物の住む)穴, 巣：the 〜 of a rabbit [mouse] = a rabbit [mouse] 〜 うさぎ[ねずみ]の穴. **3** (理論・法律などの)弱点, 欠陥, 欠点, (抜け)穴 (in)：His theory is full of 〜s. 彼の理論は欠陥だらけだ. **4** (略式) むさ苦しい所[住居], あばら家. **5** 『ゴルフ』ホール, カップ (cup)；ホール(ティーからグリーンまでのプレー区域) / golf 挿絵より；(ホールに入れた)得点：get [make] a 〜 in one ホールインワンする (☞ 動 成句). **6** [単数形で] (略式)苦しい立場, 窮地：☞ in a hole (成句). 語源 古(期)英語で「うつろの」の意；hollow と同語源. **blów a hóle in ...** 動 他 (1) (爆発で)…に穴をあける, …を破壊する. (2) (理論など)の欠陥を見つける. **in a hóle** [形・副] (略式) 困って, 苦境にいて. **in the hóle** [副・形] 《米略式》(金に)困って, 借金して (by)；『野』(投手・打者が)追いこまれて. **màke a hóle in ...** 動 他 (略式) …に大穴をあける, …を大量に使い込む. **néed [wánt] ... like**

(one néeds) a hóle in the héad [動] [他] [S]《略式》[滑稽]〈…〉(なんか)は全く必要ない, 願い下げだ (☞ one[2] [代] 3 [語法] (4)). **píck hóles in …** [動] [他]《略式》…のあら探しをする. **póke a hóle** [動] [自] **1** 穴をあける (*in, through, with*). **2** (計画・説明などの)欠陥を見つける (*in*). — [動] [他] **1** 〘ゴルフ〙〈球〉をホールに入れる. **2** [普通は受身で]〈船など〉に穴をあける;〈トンネルなど〉を掘る. — [自] 〘ゴルフ〙球をホールに入れる.
hóle in óne [動] [自] 〘ゴルフ〙ホールインワンする.
hóle óut [動] [自] 〘ゴルフ〙球をホールに入れる; ホールアウトする. **hóle úp** [動] [自] [副詞(句)を伴って] 冬ごもりをする;《略式》立てこもる; 隠れる (*at, in, with*). — [他] [受身で]《略式》立てこもる (*at, in*).

hóle-and-córner [形] [普通は [A]]《英》[軽蔑] 秘密の, 不正の.
hóle càrd [名] [C] 〘トラ〙ホールカード《手開きまで伏せておく札》; 取っておきの手.
hóle in óne [名] [C] ☞ hole [名] 5 用例.
hóle in the héart [名] [単数形で] (心臓の)中隔欠損.
hóle-in-the-wáll [名] (複 **holes-**) [C] **1**《米》(見つけにくい)小さな店[レストラン]. **2**《英略式》=ATM.
hóle pùnch [名] [C] (書類整理用の)穴あけ器.
-hol·ic /hɔ́:lɪk, hál- | hɔ́l-/ [接尾] [形容詞・名詞語尾]「…中毒の(人)」の意: (a) computer*holic* コンピューター中毒の(人).

H

****hol·i·day** /hálədèɪ | hɔ́lədèɪ, -di/ [名] (~s /~z/)

中(期)英語で「holy (聖なる)+day (日)」から「祝祭日」**1** →「休日」→「休暇」**2** となった (☞ holy 1).

1 [C] **祝日, 祭日** (public holiday); (特別な日の)**休日,** 休業日: a legal ~《米》法定祝日 / a bank ~《英》公休日 / We have a ~ today. きょうは祝日だ.

米国の主な法定祝日 (legal holidays)

New Year's Day* 元日	1 月 1 日
Martin Luther King Day キング牧師の日	1 月の第 3 月曜日
Lincoln's Birthday リンカン誕生日	2 月 12 日
Washington's Birthday ワシントン誕生日	2 月の第 3 月曜日 (☞ Presidents' Day)
Good Friday 聖金曜日	復活祭の前の金曜日
Memorial [Decoration] Day 戦没将兵記念日	5 月の最後の月曜日
Independence Day* 独立記念日	7 月 4 日
Labor Day* 労働者の日	9 月の第 1 月曜日
Columbus Day コロンブス祭	10 月の第 2 月曜日
Election Day 総選挙日	11 月の第 1 月曜日の翌日の火曜日
Veterans Day* 終戦記念日	11 月 11 日
Thanksgiving Day* 感謝祭	11 月の第 4 木曜日
Christmas Day* キリスト降誕祭, クリスマス	12 月 25 日

英国の公休日 (bank holidays)

New Year's Day 元日	1 月 1 日
Good Friday 聖金曜日	復活祭の前の金曜日
Easter Monday 復活祭明けの月曜日	復活祭の翌日の月曜日
May Day 労働祭	5 月の第 1 月曜日
Spring Bank Holiday	5 月の最後の月曜日
August [Summer] Bank Holiday	8 月の最後の月曜日
Christmas Day キリスト降誕祭, クリスマス	12 月 25 日
Boxing Day クリスマスの贈り物の日	クリスマスの日の翌日

[参考] 米英ともに日曜か土曜とかち合えば普通は次の月曜か前の金曜が休日となる. 米国の *印は全州共通.

2 [C] [しばしば複数形で]《主に英》(職場・小中学校などの)**休暇, 休み(の期間)**; (休暇をとっての)旅行 (《米》vacation). [日英比較] 日本の「休日」と違って日曜日は入らない: Sundays and ~*s* 日曜と休日 / the Christmas ~*s* クリスマス[冬季]休暇 / the ~ season クリスマスから新年にかけての時期 / go on ~ 休暇をとって旅行に行く / Did you take [have] a ~ last month? あなたは先月休暇をとりましたか / We are going to Hawaii for our ~(*s*). 今度の休みにはハワイへ行きます / Have a good ~. よい休日を《休日に遊びに出かける人に贈ることば》 // ☞ vacation 1 [語法].
3 [形容詞的に] **祝日の, 休日の,** 祝日[休日]向きの: ~ clothes 祝日用の着物, 晴れ着 / in a ~ mood 休日[祭日]気分で.
hígh dáys and hólidays [名] 祝祭日.
on hóliday=on one's hóliday(s) [形・副]《英》休みをとって, 休暇中で (《米》on vacation): The typist is away *on* ~. タイピストは休暇をとっている.
— [動] [自] [副詞(句)を伴って]《主に英》休暇をとる, (…で)休暇を過ごす (*at, in*) (《米》vacation).
【類義語】**holiday**《英》では仕事の休みを表わす一般的な語で, 祝祭日以外には, 一般に 1 日あるいは週末の休みについては使わない (☞ day off). **vacation**《米》では《英》の holiday に対応.《英》では特に大学, 法廷の休暇を意味する. **leave** 被雇用者が特別な理由でとる休暇または特に海外で勤務する軍人や外交官の休暇のこと.

Hol·i·day /hálədèɪ | hɔ́lədèɪ, -di/ [名] [固] **Billie** ~ ホリデイ (1915–59)《米国の女性ジャズ歌手; 愛称 Lady Day》.
hóliday cámp [cèntre] [名] [C]《英》(宿泊・娯楽施設などのある)行楽地.
Hóliday Ínn [名] [固] ホリデイ・イン《米国系のホテルチェーン》.
+hóliday·màker [名] [C]《英》休暇の行楽客, 休暇を楽しむ人 (《米》vacationer).
hóliday·màking [名] [U]《英》行楽.
hóliday pày [名] [U] 休業手当.
hol·i·days /hálədèɪz | hɔ́lədèɪz, -dìz/ [副]《米》休日に(は).
ho·li·er-than-thou /hóuliəðənðáu | -liə-/ [形] [軽蔑] 聖人ぶった, 独善的な.
ho·li·ness /hóulinəs/ [名] **1** [U] 神聖であること, 神聖さ. **2** [H-] 聖下《ローマ教皇に対する敬称; 間接に指すときは His *H*~, 直接に呼びかけるときには Your *H*~ という》.
ho·lis·tic /houlístɪk/ [形] 全体論的な《部分をばらばらに考えるのでなく全体としてとらえる》; (局部ではなく)全身用の. **-lís·ti·cal·ly** /-kəli/ [副] 全体論的に.
holístic médicine [名] [U] 全体的医学[診療]《症状だけでなく心を含む全体を治療の対象とする》.
***Hol·land** /hálənd | hɔ́l-/ [名] [固] **オランダ**《the Netherlands の俗称; ☞ Netherlands 表》.
hól·lan·daise (sàuce) /háləndèɪz- | hɔ̀lən-déɪz-/ [名] [U] オランデーズソース《卵黄・バター・レモン汁などで作る》.
Hol·land·er /háləndə | hɔ́ləndə/ [名] [C]《米》オランダ人 (Dutchman, Dutchwoman).
+hol·ler /hálə | hɔ́lə/《略式, 主に米》[動] (**-ler·ing** /-l(ə)rɪŋ/) [他]〈…〉を叫ぶ; 大声で〈…〉と言う (*out*). — [自] 叫ぶ, どなる (*at, for*). — [名] [a ~] 叫び(声).

*hol·low /hálou | hól-/ (同音 follow) 形 (more ~, hol·low·er; most ~, hol·low·est) 1 空洞の, うつろの (~ hole 空洞) (反 solid): a ~ tree 洞の木 / Tubes and pipes are ~. 管やパイプは中が空洞だ.
2 うわべだけの, 不誠実な; 実質[価値]のない: a ~ laugh うわべだけの笑い / ~ promises 空(₹)約束 / His words 「rang ~ [had a ~ ring]. 彼の言葉はそらぞらしく聞こえた.
3 [普通は A] (音・声が)うつろに響く, 力のない: a ~ voice 弱々しい声. 4 くぼんだ, 落ち込んだ, こけた: The patient had ~ eyes and cheeks. 患者の目はくぼみ頬はこけていた. — 名 C 1 へこみ, くぼみ, 穴 (hole); (木の幹・岩の)うろ. 2 手のひら (of one's hand (くぼませた)手のひら. 2 くぼ地, 盆地 (basin), 谷間 (valley) (of, in). — 動 [次の成句で] **hóllow óut** [動] 他 (…)をくり抜く, えぐる; (中の物を)くり抜いて(…)を作る (of, from). ~·ly うつろに; 文修飾調 しらじらしく, 不誠実に. ~·ness うつろ; しらじらしさ, 不誠実.

+hol·ly /háli | hóli/ 名 (hol·lies) U.C 西洋ひいらぎ, ホーリー (冬, 赤い実のなる常緑樹でクリスマスの装飾用).

hólly·hòck 名 C たちあおい (観賞用多年草).

*Hol·ly·wood /háliwùd | hól-/ 名 1 固 ハリウッド (米国 California 州 Los Angeles の郊外の一区で, 映画製作の中心地).
2 U 米国の映画界[産業].
gò Hóllywood [動] 自 映画界の大物ぶる. **Hóllywood Bówl** 名 固 [the ~] ハリウッドボウル (ハリウッドにある自然の地形を利用した円形劇場).

Holmes /hóumz/ 名 固 Sherlock Holmes.

*hol·o·caust /hálǝkɔ̀:st | hól-/ 名 1 C (人間・動物の)大量焼殺, 大虐殺; 大破壊. 2 [the H-] ナチによるユダヤ人の大虐殺.

ho·lo·gram /hóulǝgræm | hól-/ 名 C ホログラム (レーザー光線を利用した立体影像).

ho·lo·graph /hóulǝgræ̀f | hólǝgrà:f/ 名 C 1 自筆署名入りの文書. 2 = hologram.

ho·lo·graph·ic /hòulǝgrǽfɪk | hòl-⁻/ 形 ホログラフィーの.

ho·log·ra·phy /houlágrǝfi | hólɔ́g-/ 名 U ホログラフィー (レーザー光線による立体写真術).

hols /hálz | hólz/ 名 複 (S) (古風, 英略式) 休暇 (holiday).

Holst /hóulst/ 名 固 Gustav ~ ホルスト (1874–1934) (英国の作曲家).

Hol·stein /hóulsti:n, -stì:n | hólstaɪn/ 名 C (主に米) ホルスタイン種 (オランダ原産の乳牛) (《主に英》Friesian).

hol·ster /hóulstǝ | -stǝ/ 名 C ホルスター (腰・肩から下げるピストルの皮ケース).

*ho·ly /hóuli/ (同音 #wholly) 形 (ho·li·er /-liǝ | -liǝ/; ho·li·est /-liɪst/; 反 unholy) 1 神聖な, 聖なる (to); 神事に供する: a ~ day (宗教上の)聖日, 祝祭日 / ~ ground 神聖な地域, 聖域 / ~ saints 聖者たち / ~ water 聖水. 2 神に身をささげた; 信心深い, 神々しい: ~ men 聖人[者]たち / live a ~ life 信仰生活を送る. **Hólyców [smóke, máckerel, móly, shít, shít]!** (感) (略式) おやおや, 何てこった. **Hóly Gód [Jésus]!** (感) (S) (略式) 驚き・恐怖などを表わして) おやおや, 何てこった, 大変 (★ (卑) の表現と考える人もいる).
— 名 (ho·lies) [次の成句で] **the hóly of hólies** [名] (ユダヤ人の神殿の)至聖所 (いちばん奥にある); [しばしば滑稽] (許された者だけが入れる)最も神聖な場所.

Hóly Bíble 名 [the ~] 聖書 (the Bible).

Hóly Cíty 名 [the ~] 聖都 (ユダヤ教徒・キリスト教

holly

home 837

徒の Jerusalem, イスラム教徒の Mecca など).

Hóly Commúnion 名 U.C 《プロテスタント》聖餐(ξ)式, 《カトリック》聖体拝領.

Hóly Fámily 名 [the ~] 聖家族 (イエス (Jesus), マリア (Mary), ヨセフ (Joseph)).

Hóly Fáther 名 [the ~] ローマ法王, 教皇 (☞ pope 参考).

Hóly Ghóst 名 [the ~] =Holy Spirit.

Hóly Gráil 名 1 [the ~] 聖杯 (キリストが最後の晩餐(ξ)に用いた杯; すばらしい力を持つとされ Arthur 王とその騎士達が探し求めたとされる). 2 [単数形で; しばしば h- g-] (特定の)(人が)探求する(が達成の難しい)物事[理想, 目標], 見果てぬ夢.

Hóly Lánd 名 [the ~] 聖地 (キリストの住んだ Palestine); (キリスト教圏外の)聖地.

Hóly Náme 名 [the ~] 《カトリック》聖名 (Jesus の御名).

hóly órders 名 [複] 叙階(式); 聖職.

Hóly Róller 名 C (米) [差別] 礼拝式・伝道集会などでみやみに狂奔する宗派の信者 (特に Pentecostalist).

Hóly Róman Émpire 名 固 [the ~] 神聖ローマ帝国 (ドイツと北イタリアにまたがったヨーロッパの帝国 (962–1806)).

Hóly Scrípture(s) 名 [the ~] =Holy Bible.

Hóly Sée 名 [the ~] 《格式》ローマ法王庁[権].

Hóly Spírit 名 [the ~] 聖霊 (キリストを通じて人間に働きかける神の霊).

hóly térror 名 C (略式) [滑稽] 手に負えない子供, 腕白, 悪がき.

Hóly Trínity 名 [the ~] =trinity 1.

hóly wàr 名 C 聖戦 (宗教戦争など).

Hóly Wéek 名 U.C 聖週間 (復活祭 (Easter) 前の1週間).

Hóly Wrít 名 U (古風) 聖書 (the Bible).

*hom·age /hámɪdʒ | hɔ́m-/ 名 U.C (人への~) 敬意, 尊敬; 臣下としての忠誠; (芸術家などへの)賛辞 (to). **in hómage** [副] (格式) 敬意を表して (to). **pày [dò] hómage to ...** [動] 他 (格式) (人)に敬意を表する.

hom·bre /ámbreɪ | ɔ́m-/ 《スペイン語から》 名 C [主に (S)] 男.

hom·burg /hámbǝ:g | hómbǝ:g/ 名 C ホンブルグ帽 (つばがそり上がり頂部中央がへこんだ山高帽).

*home /hóum/ (同音 foam, phone) 名 (~s /-z/; 形 hómely, hóm(e)y¹)

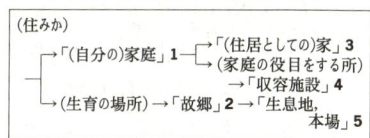

```
                                    ┌→「(住居としての)家」3
                                    │
(住みか)                             │ 「家庭の役目をする所」
   ├→「(自分の)家庭」1 ─────┤
   │                                │ →「収容施設」4
   │                                │
   └→(生育の場所)→「故郷」2─→「生息地, 本場」5
```

1 U.C 家庭; わが家 (☞ house¹ 類義語); 住居のある場所: a happy ~ 楽しい家庭 / I want to make my ~ in America. = I want to make America my ~. 私はアメリカに住みたい / Be it ever so humble, there's no place like ~. たとえいかに貧しくても家庭ほどよい所はない (★ イギリス民謡 Home, Sweet Home (『埴生の宿』; 原題は「楽しい[なつかしき]わが家」の意)の一節. ☞ inversion 文法 (1) (ix)).

2 C.U 故郷, 郷里, 故国; 本拠地: Where is your ~? お国はどちらですか / His ~ is Scotland. 彼の故郷はスコットランドだ / She left Japan for ~ last night. 彼女は昨夜日本を去って故国へ向かった.

3 C 家, 住宅 (house): a ~ for sale 売り家 / My ~ is very old. 私の家はとても古い. 関連 mobile home

838　home affairs

移動住宅. **4** C (孤児・老人などの)収容施設, ホーム, 寮: a ~ *for elderly people* = a senior citizen's ~ 老人ホーム / a *rest* ~ (老人・病人の)療養所 / a nurses' ~ 看護師寮 / a dogs' [cats'] ~ (英)捨てられた犬[猫]の収容所. **5** [the ~] (動植物の)**生息地**, 原産地; 本場, 発祥地: Scotland is *the* ~ *of whisky*. スコットランドはウイスキーの本場である. **6** U [野球]本塁 (home plate); ゴール: reach ~ ホームインする. 日英比較「ホームイン」は和製英語. **7** U [電算]ホームページ (home page).

at hóme　[副] (1) 在宅して (『副』1 参照); [古風]在宅[面会]日で (*to*): I'm sorry. Mary isn't *at* ~. すみません, メアリーは不在です. (2) くつろいで, 気楽に: I cannot feel *at* ~ *in* a luxurious hotel. 私は豪華なホテルではくつろげない. (3) よく知っていて, 精通[熟達]していて (*in*, *with*). (4) (試合などが)ホームグランドの.
— [副] (1) 家に[で], 親元で; 自国に[で], 本国に[で]; 自分の住む土地で: I left my book *at* ~. 私は本を家に置いてきてしまった / Don't try this *at* ~. これは家ではないで下さい《テレビの司会者などのことば》/ I'm still living *at* ~. 私はまだ親と暮らしている / He is famous both *at* ~ and abroad. 彼は国の内外で有名だ. (2) ホームグランドに[で].

be awáy from hóme　[動] 自 不在にする, 外出中である; 家[本国, 故郷]を離れている.

clóse to hóme　[副・形] (1) (ことばなどが)痛い所を突いて[た]: Her words hit *close to* ~. 彼女のことばは(相手に)ぐさっときた [hit home (home [副]成句). (2) (いやなことが)身近な所で[の].

find a hóme for ...　[動] 他 (英) (物)が納まる場所を見つける.

hóme awáy from hóme = (英) **hóme from hóme**　[名] わが家のようにくつろげる場所.

hóme swéet hóme　[名] 楽しいわが家《自分の家に戻ったときに皮肉に楽しくないときに用いる; ☞ 1 の最後の例文の★》.

hóme to ...　[名] ...の住む所[生息地]; ...の所在地, 本場: Oxford is ~ *to* a prestigious university. オックスフォードは名門大学の所在地である.

léave hóme　[動] 自 (1) (仕事・買物などで)家を出る: I *left* ~ at nine. 私は9時に家を出た. (2) 親元を離れる, ひとり立ちをする. (3) 家出をする.

màke onesélf at hóme　[動] Ⓢ [しばしば命令文で]くつろぐ, 気楽にする: Take off your coat and *make yourself at* ~. 上着を脱いでどうぞお楽に.

móve hóme　[動] 自 (英) 引っ越しをする.

sèt ùp hóme　[動] 自 (英) (結婚して)所帯をもつ.

What is ... when it's at hóme?　Ⓢ (英・豪) [滑稽] ...って一体何のことだ?

Who is ... when he's[she's] at hóme?　Ⓢ (英・豪) [滑稽] ...って一体誰[何者]なんだ?

— [副] **1** わが家へ; 故郷へ, 故国へ; 家に[故郷, 故国]に帰って: my friends *back* ~ 私の故郷の友だち / He went ~. 彼は帰宅[帰省, 帰国]した / I got [came, returned] ~ at nine. 私は9時に家に帰った / I was ordered ~. 彼は帰国を命じられた / Hurry [Don't be late] ~! 早く帰ってきてね《子供が親などに》/ Is Tom ~ yet? トムはもう帰ってきていますか / Bob will be ~ at six. ボブは6時には帰っている [語法] be at home が単に「家にいる」という意味なのに対して, be home は「家に帰っている」ことも表わす.
2 家, 家(at home): stay ~ 家でくつろぐ / I wasn't ~ yesterday. 私はきのうは留守だった / I left my book ~. 家に本を置いてきてしまった. **3** ずばりと, ぐさりと(急所に達するまで); (くぎなどを) 十分に; 徹底的に: He thrust the knife ~. 彼は短刀をぐさりと突き刺した.

be hóme and drý [(豪) **hósed**]　[動] 自 (英) 困

難を乗り切り) もう大丈夫である.

be hóme frée　[動] 自 (米) 困難を乗り切った, もう心配はない.

bríng ... hóme　[動] 他 (1) <...>を家に連れて[持って]くる. (2) (人に)<...>をはっきりと認識させる, 思い知らせる: You must *bring* ~ *to* her the importance of the matter. あなたはその問題が重要なことを徹底的に彼女に自覚させなければなりません. ★この例文では...に相当する部分が長いので後へ回している.

còme hóme to ...　[動] 他 (人)にはっきりとわかるようになる, 痛切に感じられる.

drìve [**hámmer**] **... hóme**　[動] 他 (1) (人に) <...>をしっかり理解させる, (繰り返して話して)納得させる (*to*). (2) <...>をしっかりと打ち[押し]込む.

gèt hóme　[動] 自 家に(帰り)着く, 帰宅する; (一番で)ゴールに入る.

gó báck hóme　[動] 自 家に帰る, 帰宅する: I *went back* ~ as soon as he arrived. 私は彼が来るとすぐ家に帰った.

hít hóme　[動] 自 (1) 急所を突く; 命中する. (2) (ことばなどが)効果がある, 痛切に感じられる.

hít ... hóme　[動] 他 = drive ... home.

nóthing (múch) to wríte hóme abòut　[名] (略式) 取り立てて言うこともない《もの, 人》.

préss ... hóme　[動] 他 (1) <...>をぎゅっと押し込む. (2) = drive ... home. (3) <有利な立場など>を最大限に利用する.

sée ... hóme　[動] 他 <...>を家まで送る.

strìke hóme　[動] 自 = hit home.

táke ... hóme　[動] 他 (1) <...>を家に連れて[持って]いく. (2) <金額>を(手取りとして)受け取る.

— [形] A **1** 家庭の, 家庭用の, 自家製の; 故郷の, 本国の; (英)国内の (図 foreign): ~ life 家庭生活 / ...'s ~ number ...の自宅の電話番号 / a ~ computer 家庭用コンピューター / ~ cooking 家庭料理 / ~ and foreign news (英)内外のニュース / ~ industries (英)国内産業. **2** (競技・試合の)地元での, ホームでの (図 away, visiting): a ~ game ホームグランドでの試合 / the ~ team 地元チーム. **3** 急所を突く, 痛烈に: ☞ home truth. **[次の成句で] hóme ín on ...** [動] 他 ...に正確に(すばやく)向かう; (問題など)に的を絞って迫る, ...に焦点を合わせる.

hóme affáirs　[名] [複] (英)内政, 内務. 関連 foreign affairs 外務.

hóme alóne　[形] A [主に新聞で](子どもが)家にひとりで(置き去りになって)いる《米国の映画の題名から》.

hóme bánking　[名] U ホームバンキング《自宅のコンピューターを通して銀行の口座が利用できるシステム》.

hóme báse　[名] **1** C [普通は単数形で] 本拠(地), 帰還地; (会社の)本部. **2** = home plate.

hóme-básed　[形] (仕事などが)自宅でやる.

hóme·bòdy　[名] (-bodies) C (主に米)家にいるのが好きな人, 家庭本位の人《特に女性》.

hóme-bóund　[形] **1** 本国行きの, 帰航の. **2** (病気などで)家に閉じこめられた.

Hóme Bóx Óffice　[名] 自 ホームボックスオフィス《アメリカの有線テレビ局; 主に映画を流す》(略 HBO).

hóme·bòy　[名] C (米俗) (男性の)同郷人; (遊びなどの)仲間.

hóme brèw　[名] U 自家醸造ビール.

home-brewed /hóʊmbruːd/　[形] 自家醸造の.

hóme·bùyer　[名] C 住宅購入者.

hóme-càre　[形] 在宅医療[介護]の.

†**hóme·còming**　[名] C,U **1** 帰宅, 帰省; 里帰り, 帰国. **2** (米)(大学・高校が普通秋に催す)同窓会, 同窓生学園祭《パーティーやアメフトの試合を行なう》: a ~ king [queen] (高校の最上級生から選ばれる)同窓会代表男子[女子].

†**Hóme Cóunties**　[名] [複] [the ~] ロンドン周辺

諸州《首都圏を構成し, 裕福な中流階級が住むとされる》. ― 形 ロンドン周辺の諸州の; 保守的な中流階級の.

hóme-còurt advántage 名 U 《米》《スポーツで》ホームグラウンドの有利さ, 地の利.

hóme económics 名 U 家政学; 家庭科.

hóme-fíeld advántage 名 U 《米》=home-court advantage.

hóme fríes 名 [複]《米》ポテトスライスのフライ《少量の油で焼いたもの; 普通は朝食用》.

hóme frónt 名 [the ~] 銃後《の国民・守り》; 家庭: on the ~ 銃後で; 家庭で.

hóme·gìrl 名 C 《米俗》homeboy の女性形.

hóme gróund 名 **1** C 《英》《スポーツチームの》本拠地, ホームグラウンド. **2** U なじみの場所, 地元; 得意な領域.

+**hóme-grówn** 形 自家栽培の;《農作物などが》国産の, 地元産の;《人が》地元出身の. ― 名 U《略式》自家栽培のマリファナ.

hóme hélp 名 C 《英》ホームヘルパー《老人・病人などの世話のために地方自治体から派遣される人》.

hóme impróvement 名 C U 家のリフォーム.

__hóme·lánd__ /hóʊmlænd/ 名 C 《文》 **1**《米》故国, 本国: return to one's ~ 祖国へ帰る. **2** 居住地;《アパルトヘイト廃止前の南アフリカ共和国の》黒人居留地.

hóme lánguage 名 C 《米》母語 (native language).

__hóme·less__ /hóʊmləs/ 形 家のない, ホームレス《宿なし》の; 飼い主のない: a ~ child 家のない子 /a ~ dog [cat] 家なし犬 / the ~ 家のない人たち《複数名詞のように扱われる; ☞ the¹ 3) / Hundreds of people became [were made] ~ because of the earthquake. その地震で何百という人が家を失った. **~·ness** 名 U 家のないこと, ホームレスの状態.

hóme lóan 名 C 住宅ローン.

+**hóme·ly** 形 (**hóme·li·er**; **-li·est**; 名 **home**) **1**《米》《けなして》《ほめて》《場所が》家庭的な, くつろぐ, 心地よい《米》homey; 《料理などが》素朴な, 地味な (plain); 《女性などが》温かみのある. *__hóme·made__* /hóʊmméɪd←/ 形 《買ったものではなく》自家製の, 手作りの: ~ bread 自家製のパン / a ~ chair 手作りのいす.

hóme máker 名 C 《主に米》家事にたずさわる人, 主婦[夫]. 類法 housewife に代わりつつある語.

hóme móvie 名 C 自家製[手作り]の映画.

hóme óffice 名 C **1** 自宅兼オフィス, 自宅内仕事部屋 (☞ SOHO). **2** C 《米》本社, 本店. **3** [the H- O-; 時に複数扱い]《英》内務省. 関連 Foreign Office 《英》外務省.

ho·me·o·path /hóʊmiəpæθ/ 名 C 同毒療法医.

ho·me·o·path·ic /hòʊmiəpǽθɪk←/ 形 同毒療法の. **·path·i·cal·ly** /-kəli/ 副 同毒療法で.

ho·me·op·a·thy /hòʊmiɑ́pəθi/, -ɔ́p-/ 名 U 同毒療法.

hóme ópener 名 C 《米》《スポ》シーズン最初のホームゲーム.

+**hóme·òwner** 名 C 自宅所有者, 持ち家に住む人.

hóme páge 名 C ホームページ《(1) ウェブサイトの最初の画面; 通常概要などが表示される. (2) インターネットを利用するときの最初の接続画面》.

hóme pérm 名 C 自宅でかけるパーマ.

hóme pláte 名 U 《野》本塁: cross ~ 本塁を踏む.

hom·er /hóʊmɚ | -mə/ 名 C 《米略式》《野》本塁打, ホームラン (home run): a 3-run ~ スリーランホームラン. ― 動 (**-er·ing** /-m(ə)rɪŋ/) 自 ホームランを打つ.

Ho·mer /hóʊmɚ | -mə/ 名 C ホメロス《紀元前 8 世紀ごろのギリシャの詩人; ☞ **nod** 成句》.

Ho·mer·ic /hoʊmérɪk/ 形 ホメロス《風》の; 雄大[壮大]な.

hóme·ròom 名 《米》 **1** C ホームルーム《の教室》, クラス; ホームルームに所属する生徒《全体》. **2** U ホームルームの時間.

hóme rúle 名 U 《地方》自治《権》.

+**hóme rún** 名 C 《野》本塁打, ホームラン: ☞ inside-the-park home run. **hít a hóme rún** 動 自《野》ホームランを打つ; 《米略式》際立ったことをする.

hóme·schòol 動 他《子ども》を《学校にやらずに》自宅で教える. ― 自 自宅教育をする. ― 名 A 自宅教育の, ホームスクーリングの.

hóme·schòoling 名 U 自宅学習《自分の子供を家庭で教育する》.

+**Hóme Sécretary** 名 C [普通は the ~]《英》内務大臣. 関連 Foreign Secretary《英》外務大臣.

hóme shópping 名 U 《米》ホームショッピング《通販やインターネットで買い物すること》.

hóme shópping nètwork 名 [単数形で] テレビショッピング会社.

+**home·sick** /hóʊmsìk/ 形 家[故郷]を恋しがる, ホームシックの: get ~ for Japan 日本が恋しくなる. **~·ness** 名 U 郷愁, ホームシック.

hóme·spún 形 **1**《考えなどが》素朴な, シンプルな. **2** 手織りの, ホームスパンの. ― 名 U 手織り《風》の布地.

hóme·stày 名 C 《米》《留学生などの》家庭滞在《期間》, ホームステイ.

+**hóme·stèad** 名 C 家屋敷《特に付近の畑地を含めた農地》; 自作農場《昔, 入植者へ譲渡されたもの》. ― 動《米》自 自作農場を営む. ― 他《土地》を自作農場とする.

hóme·stèad·er /hóʊmstèdɚ | -də/ 名 C 《米》自作農場の入植者.

hóme stráight 名 《英・豪》=homestretch.

hóme·strétch 名 [the ~] **1** ホームストレッチ《競走場の最後の直線コース》. 関連 backstretch バックストレッチ. **2** 旅行[活動]の最終行程[段階], 大詰め: go into the ~ 追い込みに入る.

hóme·stýle 形 A 《米》《料理などが》手造りの.

__hóme·tòwn__ /hóʊmtàʊn/ 名 (**~s** /-z/) C 《生まれ》故郷の町[市, 村]; 住み慣れた町; 故郷: Where's your ~? どこの町の生まれですか.

hóme trúth 名 C [しばしば複数形で]《主に英》耳の痛い事実, 聞きたくない本当の事.

hóme únit 名 C 《豪》《マンションなどの》一戸《所有者が住むもの》.

hóme vídeo 名 C《家庭で撮影した》ホームビデオ.

hóme vísit 名 C 往診.

hóme vísitor 名 C 往診医; 訪問看護師.

home·ward /hóʊmwəd | -wəd/ 副《反 outward》家路を指して, 故郷[故国]に向かって; 本国へ. ― 形 A 家路の, 故郷への, 本国への.

hómeward bóund 形 家[故郷]へ向かう.

home·wards /hóʊmwədz | -wədz/ 副《主に英》=homeward.

__hóme·wòrk__ /hóʊmwɚ̀ːk | -wɚ̀ːk/ 名 U 《中学・高校の》宿題 (☞ assignment 1); 《家庭での》自習, 予習: Have you finished your English [math] ~? 英語[数学]の宿題は済んだの? / "What's your ~ for tomorrow?" "We have to do all the exercises on page 37."「明日までにやる宿題何だっけ?」「37 ページの練習問題全部解くんだって」

dò one's hómework 動 自 (1) 宿題をする. (2)《討論などの》下準備[下調べ]をする.

hóme·wòrker 名 C 在宅勤務の人.

hóme·wòrking 名 U 在宅勤務.

hom·ey¹ /hóʊmi/ 形 (**hom·i·er**, **-i·est**; home)

homey

《米》[ほめて] 家庭的な, 気のおけない; くつろいだ.
hom·ey², hom·ie /hóumi/ 名 C =homeboy.
hom·i·cid·al /hὰməsάɪdl | hɔ̀m-⁻/ 形 殺人(癖)の; 人殺しでもしそうな.
⁺hom·i·cide /hάməsaɪd | hɔ́m-/ 名 **1** C,U 《主に米法》殺人. **2** U 《米》《警察の》殺人課.

homicide (殺人)	murder (謀殺, 計画的な殺人)
	manslaughter (故殺, 過失による殺人)

hom·i·ly /hάməli | hɔ́m-/ 名 (-i·lies) C **1** 《格式》[普通は軽蔑] 訓戒, 小言, お説教 (on). **2** 《文》《教会などの》説教.
hom·ing /hóumɪŋ/ 形 A **1** 家へ帰る; 帰巣性の: the ~ instinct 帰巣本能. **2** 無人誘導式の.
hóming pìgeon 名 C 伝書ばと.
hom·i·ny /hάməni | hɔ́m-/ 名 U 《米》ひき割りとうもろこし 《水または牛乳で煮てかゆにする》.
ho·mo /hóumou/ 名 (~s) C 《略式》[差別] ホモ, 同性愛者 《特に男性》.
ho·mo- /hóumou, -mə/ 接頭 「同一」の意 (反 hetero-): *homo*geneous 同種の / *homo*sexual 同性愛の.
ho·me·o·path /hóumiəpæ̀θ/ 名 C 《英》=homeopath.
ho·moe·op·a·thy /hòumiάpəθi | -ɔ́p-/ 名 U 《英》=homeopathy.
hòmo·erótic 形 《格式》同性愛の.
hòmo·eróticism 名 U 同性愛.
ho·mo·ge·ne·i·ty /hòuməʤəní:əṭi, -nérə-/ 名 U 《格式》同種, 同質(性); 均質性.
⁺ho·mo·ge·ne·ous /hòuməʤí:niəs⁻/ 形 (反 heterogeneous)《格式》同種の, 同質の, 同性の; 等質の, 均質の. **-ly** 副 同質[等質]的に.
ho·mog·e·nize /houmάʤənàɪz | həmɔ́ʤ-/ 動 他 <...>を均質にする; <事物・人々>を均質[等質]化する (しばしばおもしろみを失わせる): ~d milk ホモ[均質]牛乳 《脂肪分が固まらないようにしてある》.
ho·mog·e·nous /həmάʤənəs | -mɔ́ʤ-/ 形 = homogeneous.
hom·o·graph /hάməgræ̀f | hɔ́məgrὰ:f/ 名 C 同形異義語 (seal (あざらし) と seal (印章) など); 同形異音異義語 (lead /lí:d/ (導く) と lead /léd/ (鉛) など).
hómo mìlk 名 U 《カナダ略式》全乳 (whole milk).
hom·o·nym /hάmənìm | hɔ́m-/ 名 C **1** 同音異義語 (pail (おけ) と pale (青白い) と pale (くい) など). **2** =homograph. **3** =homophone 1.
ho·mo·pho·bi·a /hòuməfóubiə/ 名 U 同性愛(者)恐怖[嫌悪]症, ホモ嫌い.
ho·mo·pho·bic /hòuməfóubɪk⁻/ 形 同性愛(者)を嫌う.
hom·o·phone /hάməfòun | hɔ́m-/ 名 C **1** 異形同音異義語 (rite (儀式) と right (正しい) と write (書く) など. この辞書では異形同音異義語は重要語に限り dear の発音の後の(同音) deer のように示してある. 参考 》 **2** 同音字 (c /s/ と s, または c /k/ と k).
Ho·mo sa·pi·ens /hóumouséɪpiènz | -sæ̀p-/ 名 U 《学名》ヒト 《現生人類; ☞ family 5》. 語源 ラテン語で「賢い人」の意.
***ho·mo·sex·u·al** /hòuməsékʃuəl, -ʃəl⁻/ 形 《格式》《特に男性の》同性愛の (gay). 語法 女性は lesbian が普通. 関連 bisexual 両性愛の / heterosexual 異性愛の. ── 名 C 同性愛の人, ホモ.
***ho·mo·sex·u·al·i·ty** /hòuməsèkʃuǽləṭi/ 名 U 同性愛.

hom·y /hóumi/ 形 《米略式》=homey¹.
hon /hÃn/ 名 [単数形で] =honey 2.
Hon. 略 = Honorable (☞ honorable 3), Honorary (☞ honorary 2).
hon·cho /hάntʃou | hɔ́n-/ 名 (~s) C 《略式, 主に米》責任者, ボス. 語源 日本語の「班長」から.
Hon·du·ras /hɑndjúə)rəs | hɔndjúər-/ 名 ホンジュラス 《中米の共和国》.
⁺hone /hóun/ 動 他 **1** <技量など>に(一層)磨きをかける: a finely ~d body 磨き上げられた体. **2** 《格式》<...>を砥石で研(と)ぐ.
***hon·est** /άnəst | ɔ́n-/ 形 (名 hónesty; 反 dishonest)

> ラテン語で「名誉ある」の意; honor と同語源.
> → (立派な) ─→ (人が)「正直な」**1**
> ─→ (言行が)「偽りのない」**2**

1 (人が)正直な, 誠実な, うそを言わない, 正直にふるまう; 普通の, 善良な: He was ~ *in* business. <A+*in*+名・代> 彼は仕事の面できちんとしていた / *It was* ~ *of* you *to* tell me about your intentions. よく正直に気持ちを話してくれたね (☞ of 12) / I think she's being ~ *with* us when she says she doesn't know anything. <A+*with*+名・代> 彼女が我々に何も知らないといっているのはうそじゃないと思う / Are you being ~ *about* your feelings? <A+*about*+名> ほんとうにそう感じているのですか.
2 (言行・外観などが)偽りのない, まじめな, 率直な: an ~ face 誠実そうな顔 / the ~ truth 全く《本当のこと》/ This is my ~ opinion. これが私の率直な意見です. **3** A (仕事が)実直にされた; (利益・富などが)正当な手段で得た, まっとうな: ~ work まっとうな仕事 / an ~ mistake 意図したのではない誤り. **éarn** [**màke, túrn**] **an hónest líving** [**pénny**] 名 [滑稽] まともに働いて金を稼ぐ. **hónest to Gód** [**góodness**] 副 文修飾 S 本当に, まったく. **Lét's be hónest.** (いやな事でも)正直に認めることにしよう. **màke an hónest wóman (out) of ...** 動 他 《古風》または [滑稽] (性的関係のあった女性)を正式の妻とする. **to be** (**quìte** [**ábsolutely**]) **hónest** (**with you**) 副 文修飾 S 率直に言って, 実は.
── 副 [強調を示して] S (うそでなく)本当に: I didn't break it, ~.、壊さなかった, 本当だ.
hónest bróker 名 C (国際紛争・労働争議などの)仲裁人[役, 国].
***hon·est·ly** /άnəstli | ɔ́n-/ 副 **1** 正直に, うそを言わずに: Admit it ~.、正直に認めなさい. **2** 文修飾 S 正直に言って, 正直のところ; (当惑・不満・いら立ちで)全く, 本当に, いやはや: H~ 《英》 Quite ~], this is all I have. 正直言ってこれで全部だ / I had to work ~.、実のところ働かなければならなかった. 語法 次の文と比較: I had to work ~.、まじめに働かなければならなかった.
hónest-to-góodness[**-Gód**] 形 A 本物の, 純正な; 正真正銘の.
***hon·es·ty** /άnəsti | ɔ́n-/ 名 (**-es·ties**; 形 hónest; 反 dishonesty) **1** U 正直, 誠実: *H~ is the best policy.* 《ことわざ》正直は最上の策《正直が一番》. **2** C 銀扇草(ぎんせんそう)《あぶらな科の草》. **in áll hónesty** 副 文修飾 S 正直言って, 実は.
***hon·ey** /hÃni/ 名 (複 funny) 名 (~**s** /~z/) **1** U はちみつ; 糖みつ; はちみつ色; 甘いもの; 甘さ, おいしさ: Bees gather ~ from flowers. はちはは花からみつを集める. **2** [単数形で] S かわいい人, ねえ (darling, dear) 《妻・恋人・子供などへの呼びかけで》: H~, where are my keys? ねえあなた, 私の鍵(かぎ)はどこかしら. **3** C 《略式》すてきな物[人], すばらしい物[人].
hóney·bèe 名 C みつばち.
hóney·còmb 名 **1** C,U みつばち[はち]の巣の

(comb). **2** はちの巣状の物.

hóney·còmbed 形 P (空洞などで)はちの巣状[穴だらけ]になった (with).

hóney·dèw 名 **1** U (あぶらむし類が分泌する)みつ. **2** C =honeydew melon.

hóneydew mèlon 名 C ハネデュー[甘露]メロン(皮に網目はなく身は緑;非常に甘い).

hon·eyed /hʌ́nid/ 形 [普通は A] (文) **1** (ことばなどが)甘い, お世辞たらたらの. **2** みつのような, みつをからめた;はちみつ色の.

*__hon·ey·moon__ /hʌ́nimùːn/ 名 C **1** ハネムーン, 新婚旅行(期間): go [be] on one's ~ 新婚旅行に行く[新婚旅行中である]. **2** 蜜月(ミッ)(結婚式直後の1, 2か月); (政党間などの)最初の親密な期間[協調関係], 蜜月期間. — 動 (副詞(句)を伴って) 新婚旅行をする (in).

hóney·mòon·er /-mùːnə/ -nə/ 名 C 新婚旅行中の人.

hóneymoon pèriod 名 C =honeymoon 2.

hóney·pòt 名 C (英) 人を引きつけるもの[場所] (もと「はちみつのつぼ」の意).

hon·ey·suck·le /hʌ́nisʌ̀kl/ 名 C,U すいかずら(属), にんどう(つる性・低木の植物).

hóney wàgon 名 C (略式) **1** 糞尿運搬車. **2** (米) (農場などの) 糞尿撒布車.

Hong Kong /hɑ́ŋkɑ́ŋ | hɔ̀ŋkɔ́ŋ/ 名 固 香港(ホンコン)(中国南部の港市; 1997年に英国が中国へ返還).

honk /hɑŋk, hɔ́ːŋk | hɔ́ŋk/ 名 C **1** (自動車の)警笛の音. **2** がんの鳴き声. — 動 **1** 警笛を鳴らす (at); (警笛が)鳴る. **2** (がんが)鳴く (⇒ cry 表 wild goose). — 他 (警笛を)鳴らす.

honk·ing /hɑ́ŋkɪŋ | hɔ́ŋ-/ 形 (S) (米俗) とてもでかい.

honk·y, hon·kie /hɑ́ŋki, hɔ́ːŋ- | hɔ́ŋ-/ 名 C (米俗) [差別] 白人, 白んぼ(黒人が用いる).

hon·ky-tonk /hɑ́ŋkitɑ̀ŋk, hɔ́ːŋkitɔ̀ːŋk | hɔ́ŋkitɔ̀ŋk/ 名 **1** U ホンキートンク(ピアノで弾くラグタイム音楽). **2** C (米) (ホンキートンクの流れる)安酒場. — 形 A ホンキートンクの. **2** (米) 安びかの.

Hon·o·lu·lu /hɑ̀nəlúːluː | hɔ̀n-/ 名 固 ホノルル(米国 Hawaii 州の州都; ⇒ 表地図 N 1).

*__hon·or__, (英) **-our** /ɑ́nə | ɔ́nə/ (同音 (願望) owner) 12 名 (~s -z/; 形 honorable, hónoràry) (反 dishonor)

「名誉」**1** (⇒ honest 囲み) →「名誉となるもの」**2**
→(名誉を重んずる気持ち)→「信義」**3**
→(名誉をたたえる気持ち)→「敬意」**4**

1 U 名誉, 誉れ, 名声;面目;体面: To lose ~ is to lose more than life. 名誉を失うのは命より大切なことだ / To what do we owe the ~ of your presence? [皮肉] (遅刻した[普段は来ない]相手に)光栄にもやっとおいでいただくことになりました.

━━ コロケーション ━━
bring [do] honor to ...	...に名誉をもたらす
save [preserve] one's honor	名誉を保つ
win [gain] honor	名誉を得る

2 [an ~] (格式) 名誉となるもの, 光栄に思うこと: He is [They are] an ~ to our family. 彼[彼ら]は我が家の誉れだ / It is a great ~ to be here. 参加させて頂き光栄に存じます.

3 U 信義, 信用;道義心;自尊心: He is a man of ~. 彼は信義を重んずる人だ / There is ~ among thieves. (ことわざ) 盗賊の間にも仁義はある. **4** U (地位・能力などがある人に対する)敬意, 尊敬: show ~ to the brave soldier その勇敢な兵士に敬意を払う. **5** [複数形で] (大学の)優等 (略 Hons): an ~s degree (米) (学校・大学の)優等学位;(英) (主に1つの科目に基づく)第1級学位 / first-class ~s (英) 最優等 など

graduate (from college) with ~s 優等で(大学を)卒業する. **6** C [しばしば複数形で] 表彰, 勲章;儀礼, 儀式;叙位, 叙勲: top [highest] ~s 最優秀賞 / (full) military ~s 軍葬の礼; (王族などに対する)軍の儀礼 / the ~s list (英) 叙爵[叙勲]者一覧 (元旦と国王誕生日に発表される). **7** C [H~] 閣下 (裁判官などに対する敬称): Your H~ 閣下 (直接呼びかけるとき) / His [Her] H~ 《間接に指すとき》. ★用法については ⇒ majesty 語法. **8** C [しばしば複数形で] (英) 【トラ】最高の役札.

be a póint [mátter, quéstion] of hónor [動] 自 名誉にかかわる事である (with).

be [féel] (in) hónor bóund to dó [動] (格式) 道義上…しなければならない.

be on one's hónor to dó [動] (古風) 面目にかけて…しなければならない.

dò ... the hónor (of dóing) [動] 他 (格式) または [滑稽] (―することで)…に敬意を払う;…の名誉となるように(―をする): Will you do me the ~ of dining with me this evening? 今晩私とお食事をごいっしょしていただけませんでしょうか.

dò the hónors [動] 自 (S) (略式) または [滑稽] (パーティーなどで)主人役[接待役]をする.

gíve ... one's wórd of hónor [動] 他 〈...に〉面目[名誉]にかけて約束する.

hàve the hónor [of dóing [to dó]] [動] (格式) …する[…していただく] 光栄に浴する.

hóld ... in hónor [動] 他 〈...を〉尊敬する.

Hónors are éven. (英) 勝負は五分五分である.

in hónor of ... = in ...'s hónor 12 [前] …に敬意を表して;…を記念して: a collection of essays in ~ of Professor Smith on the occasion of his sixtieth birthday スミス教授還暦記念論文集.

It would be an hónor. (格式) [依頼などを受けて] 喜んでお受けします.

lóse one's hónor [動] 自 (1) 名誉を失う. (2) (古語) 貞節[純潔]を失う.

on one's (wórd of) hónor [副] 誓って.

the pláce [séat] of hónor [名] 貴賓席;(物を置く)特別の場所.

━━ 動 (-or·ing /-n(ə)rɪŋ/) 他 **1** 〈人に〉(賞・称号などを)授与する, 〈…を〉公に称賛する (with); 〈…を〉尊敬する, 敬う: She was ~ed for her pioneering work. 彼女はその先駆的な業績をたたえられた. **2** [しばしば受身] 〈…に〉名誉[光栄, 栄誉など]を授ける: Will you ~ me with a visit? 一度おいでいただけませんか / She has decided to ~ us with her presence. [皮肉] (遅刻した人などについて)光栄にもやっとおでましになった. **3** 〈約束などを〉遵守する(ジュン); 〈手形・小切手などを〉引き受けて支払いをする. **be [féel] hónored [to dó [that ...]** [動] (格式) [しばしば誇張] …(することを)光栄に思う.

*__hon·or·a·ble__, (英) **-our-** /ɑ́n(ə)rəbl | ɔ́n-/ 形 (名 hónor; 反 díshonorable) **1** 尊敬すべき, 立派な, 立派な振る舞いを知る: ~ conduct 立派な行為 / with a few ~ exceptions 少数の立派な例外はあるが / He is too ~ to do anything of the kind. 彼は恥を知る人だからそんなことはしない.

2 名誉[光栄]ある: an ~ agreement [arrangement] 名誉ある協定 (関係者全員に公平なもの) / an ~ duty 名誉ある務め / ~ wounds 名誉の負傷. **3** [the H-] A 閣下 (英) では侯爵 (marquess) より下位の貴族の子・下院議員などへの敬称; (米) では国会議員・知事などへの敬称, (略 Hon.): the H~ John Smith ジョン スミス閣下.

hónorable díscharge 名 C (米軍) (無事故・満期の)名誉除隊 (証明書).

hónorable méntion 名 C 選外佳作, 等外賞.

hon・or・a・bly, (英)-our- /ɑ́n(ə)rəbli | ɔ́n-/ 副 見事に, 立派に.

hon・o・rar・i・um /ɑ̀nəré(ə)riəm | ɔ̀n-/ 名 (複 ~s, **hon・o・rar・i・a** /ɑ̀nəré(ə)riə | ɔ̀n-/) C (格式) (講演者などへの)謝礼金, 報酬金.

*__hon・or・ar・y__ /ɑ́nərèri | ɔ́n(ə)rəri/ 形 名 hónor. [普通は A] **1** 名誉上の; 名誉として与えられた: an ~ doctorate [member] 名誉博士号[会員]. **2** (地位などが)無給の, 名誉職の (略 Hon.): an ~ office 名誉職.

hónor guàrd 名 C (米) 儀仗(ぎじょう)兵.

hon・or・if・ic /ɑ̀nərífɪk | ɔ̀n-̴/ 形 (格式) 尊敬の, 敬称の, 尊敬の, 敬語の. — 名 敬称; 敬語.

hónor ròll 名 C (米) 優等生名簿, 栄誉名簿.

hónor socìety 名 C (米) (高校・大学の)学業成績優秀者の会.

hónor sỳstem 名 C (米) (当事者を信頼した)自主管理制度.

*__hon・our__ /ɑ́nə | ɔ́nə/ 名 動 (英) =honor.

*__hon・our・a・ble__ /ɑ́n(ə)rəbl | ɔ́n(ə)rəbl/ 形 (英) =honorable. **-a・bly** /-rəbli/ 副 (英) =honorably.

Hons /ɑ́nz | ɔ́nz/ 略 (英) =honors (学位の等に添える; ☞ honor 名 5).

hooch /húːtʃ/ 名 U (略式, 主に米) (特に密造の)酒, ウィスキー.

*__hood__¹ /húd/ 名 C **1** ずきん, かぶりもの; (外套(がいとう)などの)フード状の物; 覆面物; 大学式服の背中につけた布 (学位の別を表わす): wear a ~ ずきんをかぶる. **2** (発動機などの)覆(おお)い; (米) (車のエンジンの覆い, ボンネット (英) bonnet) (☞ car 挿絵); (乳母車などの)屋根, ほろ (☞ top). **3** (台所のレンジフード (☞ kitchen 挿絵); (実験室の)換気口.

hood², **'hood** /húd/ 名 C [普通は the] (米俗) 近くの地域 (neighborhood), (特に都心の)スラム街.

hood³ /húd/ 名 C (米俗) =hoodlum 1.

Hood /húd/ 名 固 **Mount** ~ フッド山 (カスケード山脈中の火山; 米国 Oregon 州の最高峰).

-hood /hùd/ 接尾 [名詞・形容詞につく抽象名詞語尾]
1 「性質・状態・階級・身分・境遇」などを示す: childhood 子供のときころ] / falsehood 虚偽.
2 「…の集団」の意: neighborhood 近所の人たち.

*__hood・ed__ /húdɪd/ 形 ずきん[フード]をかぶった, 覆(おお)いをつけた; (目が)まぶたの垂れた; (英) 屋根つきの.

hood・lum /húːdləm | 名 C (略式) **1** 犯罪者; 暴力団員. **2** (古風) よた者, 非行少年, ぐれん隊.

hoo・doo /húːduː/ 名 (~s) **1** C,U 縁起の悪い人[物], 厄病神 (on); 不運. **2** U =voodoo.

hóod・wìnk /húd-/ 動 他 (人)をだます (into doing).

hoo・ey /húːi/ 名 U S (米略式) ばかげたこと.

*__hoof__ /húf, húːf | húːf/ 名 (複 hooves /húvz, húːvz | húːvz/, ~s /-s/) C (馬・牛などの)ひづめ (☞ paw). **on the hóof** 形 副 (1) (家畜が屠殺(とさつ)されないで)生きている. (2) (英) 移動中に, あまりよく考えずに, (何かをしながら)ついでに. — 他 (略式) (特にダンサーとして)踊る. — 他 〈ボール〉を強く蹴る. **hóof it** 動 歩いて[走って]行く.

hóof-and-móuth disèase 名 U (米) =foot-and-mouth disease.

hoof・er /húfə, húː- | húːfə/ 名 C (プロの)ダンサー.

hoo-ha /húːhàː/ 名 U または a ~ (英略式) 大騒ぎ, から騒ぎ (米 hoopla).

*__hook__ /húk/ 名 (~s /-s/) C **1** かぎ (引っ掛けたり引っ張ったりするもの); 留め金, ホック, 洋服掛け; (電話の)受話器掛け: He hung his cap *on* a ~. 彼は帽子を掛けかましにかけた / She took [left] the phone off the ~. 彼女は受話器をはずした[はずしたままにした].

2 釣り針 (fishhook) (☞ needle 表). **3** かぎ状のもの; (ボク) フック; (野) カーブ; (球) フック (反 slice). **4** 人をひきつけるもの, 興味をひく手段, 呼び物 (draw). **5** (曲の)サビの部分. **be [gèt] óff the hóok** 動 自 窮地を脱している[する]; (責任などから)解放されている. **be rínging óff the hóok** 動 自 (電話が)鳴りっぱなしである. **by hóok or (by) cróok** 副 どんなことをしてでも, 何としてか. **gèt [lèt] ... óff the hóok** 動 他 〈人〉を窮地から救い出す; (義務・責任などから)〈人〉を解放する. **gèt one's hóoks into [on] ...** 動 (略式) 〈人など〉をうまくつかまえる, 支配する. **gèt the hóok** 動 自 (米俗) 首になる. **gíve ... the hóok** 動 他 首にする. **hóok, líne and sínker** 副 針・糸・おもり全部いっしょに; (うそ・デマなどを)うのみにして; 完全に. **slíng one's hóok** 動 自 (古風, 英略式) [主に命令文で] ずらかる.

— 動 (hooks /-s/; hooked /-t/; hook・ing) 他 **1** 〈…〉をかぎで留める, (かぎの)で引っ掛ける, つるす (on, onto, over, around); ホックで留める: He ~ed the gate shut. <V+O+C(形)> 彼は門を閉めかぎで留めた. **2** 〈…〉を釣り針で釣る, かぎ針に引っ掛ける; (略式) 〈結婚相手など〉を引っ掛ける. **3** 〈…〉をかぎのように曲げる, 〈腕・指・脚など〉を〈…に〉絡める, ひっかける (through, in, around, over); 曲げてつなぐ. **4** =hook up (成句) (2). **5** (野) 〈ボール〉をカーブさせて[て投げる]; (球) フックするように投げる[打つ]; (ラグ) (フッカーが)〈ボール〉をスクラムからけり出して, フッキングする. **6** (略式) 〈人〉の関心をひきつける. **7** 〈…〉をくすねる.

— 自 **1** [副詞(句)を伴って] (かぎで)留まる; かぎで引っ掛かる (on, onto, over, around): This dress ~s *in* the back [*at* the neck, *at* the waist]. <V+前+名・代> この服は背中[首, ウエスト]でホックで掛かる. **2** (腕・脚などが)絡む (around). **3** (ボールなどが)曲がる.

hóok ínto ... 動 (1) (インターネットなど)に接続する. (2) (略式, 主に米) (事)にかかわる. **hóok ... ínto —** 動 他 (略式, 主に米) 〈人〉を〈—すること〉に引き込む. **hóok úp** 動 自 **1** 〈…〉をかぎでつなぐ; かぎで留める. (2) [しばしば受身で] 〈コンピュータ・電話などを〉を取り付けて〉接続する, 〈利用者の機器を接続する (to). (3) (略式) 〈人〉に〈切符などの〉手配をする (with). — 他 (1) (ホックなどで)留まる. (2) (人が)(インターネットなどに)接続される; (機器が)接続される (to). (3) (略式) 仲間になる; 協力する[し始める] (with). (4) (俗) 肉体関係をもつ (with).

hook・ah /húkə/ 名 C 水ぎせる.

hóok and éye 名 C (衣服の)かぎホック.

hóok and ládder (trùck) 名 C (米) (消防の)はしご車.

hóok and lóop fàstener 名 C (服などの)マジックテープ式ファスナー.

*__hooked__ /húkt/ 形 **1** かぎ状の; かぎ[ホック]のついた: a ~ nose かぎ鼻. **2** P かぎにかかって; 引っ掛かって: My sweater got ~ *on* a nail. セーターがくぎに引っ掛かった. **3** P (略式) (麻薬に)中毒になって; (人・考えなどに)夢中で (on).

hóoked schwá 名 C (音声) かぎ付きのシュワー (/ɚ/ の記号; murmur の米音 /mɚːmɚ/ などの母音を表わす); /ɚ/ の音.

hook·er /húkə | -kə/ 名 ⓒ 1 《略式》売春婦. 2 『ラグ』フッカー《スクラムからボールをけり出す選手》.
hook·ey /húki/ 名 =hooky.
hóok-nósed 形 かぎ鼻の.
hóok shòt 名 ⓒ 〖バスケ〗フックショット[シュート].
hóok·ùp 名 ⓒ (コンピュータなどの)回路接続, 配線; (放送局間の)中継: a nationwide ~ 全国中継放送.
hóok·wòrm 名 ⓒ 十二指腸虫; Ⓤ 十二指腸虫病.
hook·y /húki/ 名 [次の成句で] **pláy hóoky** 〖動〗 圁 《古風, 米略式》(学校などを)サボる (play truant).
⁺**hoo·li·gan** /húːlɪgən/ 名 ⓒ フーリガン《暴力的なサッカーファン》; よた者, 不良, ぐれん隊.
hoo·li·gan·is·m /húːlɪgənìzm/ 名 Ⓤ 乱暴.
hoop /húːp, húp | húːp/ 名 ⓒ 1 (おけ・たるなどの)たが. 2 (子供の輪回し遊びの)輪; (サーカスで用いる)金輪; (園芸の)トンネル支柱. 3 =hoop earring. 4 〖バスケ〗リング; [複数形で]《米》バスケットボール: shoot ~s バスケットボールの練習をする. 5 〖クローケー〗門柱. **júmp [gó] thròugh (the) hóops** 〖動〗圁 (望みをかなえる前に)試練を受ける, つらい目にあう (for). **pút ... thròugh (the) hóops** 〖動〗 他 ⟨...⟩をつらい目にあわせる.
hóop èarring 名 ⓒ フープイヤリング《輪の形をしたイヤリング》.
hoop·la /húːpla | -pla/ 名 Ⓤ 1 《略式, 主に米》興奮, 大騒ぎ(《英》 hoo-ha); 誇大宣伝. 2 《英》 輪投げ《賞品目当ての》.
hoo·poe /húːpuː/ 名 ⓒ やつがしら《冠毛のある鳥》.
hóop skìrt 名 ⓒ フープスカート《張り骨でおわんを伏せた形に広げたスカート》.
hoop·ster /húːpstə | -stə/ 名 ⓒ 《米俗》バスケ選手.
hoo·ray /huréi/ 感, 名, 動 =hurray.
hoose·gow /húːsgaʊ/ 名 ⓒ 《略式》〖戯〗刑務所.
Hoo·sier /húːʒə | -ʒə/ 名 ⓒ 《米》インディアナ州(出身)の人.
Hóosier Stàte 名 [the ~] 田舎州《米国 Indiana 州の俗称》.
⁺**hoot** /húːt/ 名 1 ⓒ [しばしば複数形で] (やじ・あざけり・不賛成などの)叫び声, かん高い声; (突発の)笑い声: ~s of derision あざけりの声. 2 ⓒ 〖サイレン『警笛など〗の音. 3 ⓒ ふくろうの鳴き声. 4 [a ~] 《略式》すごくおもしろい[人]. **be nót wòrth a hóot** 〖動〗圁 Ⓢ 全くとるに足りない. **nót gíve [cáre] 'a hóot [twó hóots]** 〖動〗 圁 Ⓢ 全く問題にしない (about, for). — 動 1 ブーブーという (at, with) 《やじ・あざけり・不賛成などの気持ち》; 大笑いする. 2 《サイレン・警笛など》がブーブー鳴る; (人が)警笛を鳴らす (at). 3 (ふくろうが)ほーほーと鳴く (□ cry 表 owl). — 他 1 〈警笛〉をブーブー鳴らす (at). 2 〈不満など〉をブーブーと言って示す. 3 〈...〉をやじって追い立てる (down, off). **hóot and hóller** 〖動〗圁 《米略式》興奮して叫ぶ.
hootch /húːtʃ/ 名 ⓒ 《略式, 主に米》 =hooch.

hope 843

hoo·te·nan·ny /húːtənæni/ 名 (-nan·nies) ⓒ 《米》フォークシンガー主催の形式ばらないコンサート.
hoot·er /húːtə | -tə/ 名 ⓒ 1 《古風, 英》大きな音を出すもの《サイレン・警笛など》. 2 [滑稽]《大きな》鼻. 3 [複数形で]《米俗》《女性の》おっぱい.
⁺**hoo·ver** /húːvə | -və/ 名 ⓒ [しばしば H-]《英》 掃除機《商標》. — 動 (-ver·ing /-v(ə)rɪŋ/) 《英》 他 ⟨...⟩に掃除機をかける. — 圁 掃除機で掃除をする.
Hoo·ver /húːvə | -və/ 名 ⓒ フーヴァー **Herbert (Clark)** ~ (1874-1964)《米国第 31 代大統領 (1929-33)》.
Hóover Dám 名 ⓐ [the ~] フーヴァーダム《米国西部の Colorado 川上流のダム》.
hooves 名 hoof の複数形.
⁺**hop**¹ /háp | hɔp/ 動 (**hops** /~s/; **hopped** /~t/; **hop·ping**) 圁 [副詞(句)を伴って] 1 (人が)片足で跳ぶ; (うさぎ・かえる・小鳥などが)両足でぴょんと跳ぶ (□ jump 類義語): He had hurt his right foot and had to ~ *along*. 彼は右足をけがしたので片足で跳んで歩かなければならなかった / A rabbit was *hopping around* [*about*] on the field. うさぎが野原をはねまわっていた. 2 《略式》ひょいと動く, (特に乗り物に)飛び乗る[降りる] (*in*, *out*; *into*, *out of*, *onto*, *off*): ~ on a bicycle ひょいと自転車に乗る. 3 (次々に)(ある仕事・話題などから別のものへと)替える, 移る (*from*, *to*).
— 他 1 ⟨...⟩をひょいと飛び越す: The rabbit *hopped* the log. うさぎはぴょんと丸太を飛び越えた. 2 《略式》〈乗り物〉に飛び乗る: ~ a plane *to* London 飛行機に飛び乗ってロンドンへ行く. **hóp acròss [óver]** 〖動〗圁《略式》短い旅行をする (*to*). **Hóp it!** Ⓢ 《古風, 英》帰れ, 出て行け. **hóp óff** 〖動〗圁 [普通は命令文で]《略式》立ち去る. **Hóp tò it!** Ⓢ 急げ.
— 名 1 ⓒ (人の)片足跳び; (うさぎ・かえる・小鳥などが)両足で跳ぶこと; 跳躍: □ hop, step, and jump の項目. 2 (飛行機での)ひと飛び, 短距離旅行. 3 (ボールの)バウンド. 4 ⓒ 《古風》ダンスパーティー. **a hóp, skíp, and (a) júmp** =**a hóp and a skíp** 名 《略式》(ひと跳びの)短い距離, 目と鼻の先 (*from*). **cátch ... on the hóp** 〖動〗他《英略式》⟨...⟩の不意を突く. **kéep ... on the hóp** 〖動〗他《英》⟨...⟩をあたふたさせておく, 緊張させる.
hop² /háp | hɔp/ 名 ⓒ 《植》ホップ《つる性の多年草》; [普通は複数形で] ホップの実《ビールに苦味と香りをつける》.
★**hope** /hóʊp/ 動 (**hopes** /~s/; **hoped** /~t/; **hop·ing**) 他 ⟨...することを⟩望む, 希望する; 期待する; …したいと思う, …であればよいと思う (□ want 類義語): [言い換え] I ~ *to* see you again. <V+O (*to* 不定詞)> = I ~ (*that*) I'll see [I see] you again. <V+O (*(that)* 節)> またお目にかかりたいと思います / I ~ I'm not disturbing you.《丁寧》おじゃまじゃないでしょうね / I had ~d to have finished by now. 今ごろは終わっているつもりでしたが(終わらなかった)(□ to³ G 文法)

I hope, *I'm afraid*, *I fear* はいずれも I think に近い意味で自分の判断を示すのに用いられるが, I hope は話の内容が自分や相手によいことであるときに希望の気持ちをこめて用いられ, I'm afraid, I fear はよくないときに心配の気持ちを含めて用いられ, I'm afraid は柔らかい丁寧な言い方, I fear はやや格式ばった言い方. 次の例文を比較参照.

I *hope* it'll be fine tomorrow. あすは晴れるといいと思う.
I'm *afraid* [I *fear*] it'll rain tomorrow. (悪くすると)あすは雨になると思う.
問— Will he get well? 彼はよくなるでしょうか.
答—a. I *hópe* sò. よくなると思いますよ Ⓢ 6).
b. I'm *afràid* [I *fèar*] nót. よくならないと思います (□ not (5)).
問— Will it rain tomorrow? あすは雨が降るでしょうか.
答— a. I *hópe* nòt. 降らないでほしい(つる状の多年草). b. I'm *afràid* só. 降るかもしれません.
語法 文の終わりで..., I *hòpe*. のように用いられることもある: You're feeling better today, I *hòpe*. きょうはご気分がよいようですね / She won't be late again, I *hòpe*. Ⓢ 彼女はまた遅れないだろうな(そうなるといいな).

/ We're *hoping* you'll support us. 私たちはご支援いただけるものと期待しております. 語法 We *were hoping* you would ...のように過去形を用いるといっそう丁寧になる (☞ be² A 1 (4)) // It is ～*d that* the war will end before long. <V+O (*that* 節)の受身> 戦争がやがて終わることが望まれる. 語法 期待を伴った願望を表わす. 後に節が続くときには wish と違って直説法を用いる (☞ wish 他 1 語法).

— ⦿ 希望を持つ, 期待する: The missing ship has not been found yet, but we are still *hoping*. 行方不明の船は見つからないが, 我々はまだ希望を持っている.

hálf hópe [動] 半ば...であることを望む.

hópe agàinst (áll) hópe (that ...) [動] ⦿ (...という)かなえられない望みを持つ: To be a Negro in America is to ～ *against hope*. アメリカで黒人であることは, 望みなき望みを持つことである (King 牧師のことば).

hópe for ... [動] 他 ...を望む, ...を期待する (受身 be hoped for): We are *hoping for* a good crop this year. 今年は豊作を期待しています.

hópe for the bést [動] ⦿ またよいこともあろうと思う, 何とかなると思う: Business is not so good, but let's ～ *for the best*. 商売の具合があまりよくないが, そのうちによくなることを期待しよう.

I hópe (that) ... ⓢ ...だとよいと思う, ...だと思う (☞ 前ページ囲みの解説).

I hope to Gód (that) ... ⓢ ぜひ...であって欲しい.

I should [would] hópe so (tóo). 〔英〕ⓢ 私もそうなればよいと思う (★ So I should hope. の形もある).

lèt's hópe (that) ... ⓢ ...であることを期待しよう.

— 名 (～s /-s/; 形 hópeful) 1 U.C 希望, 望み; 期待, 見込み (反 despair): It is his ～ to be an actor. 俳優になるのが彼の望みだ / His ～s are fading. 彼の望みが消えつつある / Don't get your ～s up. あまり期待をかけないように / My (only) ～ is *that* she will get better soon. 私の希望は彼女が早くよくなることです / They have high [great] ～s of getting the contract. その契約を得る自信がある / H～ springs eternal (in the human breast). (ことわざ) [しばしば滑稽] (どんな場合でも) 希望は消えないもの (英国の詩人 Alexander Pope のことばから) / I 「don't have any ～ [have no ～] of getting into Oxford. 私にはオックスフォード大学に入学できる望みはない / 言い換え There is not much ～ *of [for, about]* their [them] be*ing* alive.=There is not much ～ *that* they are alive. <N+*that* 節> 彼らが生きている見込みはあまりない (☞ that²A 4 構文).

──── コロケーション ────
arouse [**inspire**] *hope* 希望を起こさせる
be full of *hope* 希望に満ちている
cherish my *hope* that ... ...という希望を抱く
give [**offer**] *hope* to... ...に希望を与える
「give up [**abandon**] *hope* 希望を捨てる
lose *hope* 希望を失う
not hold out much *hope* あまり望みを持たない
raise [**build up, get up**] ...'s *hopes* (見込みのない時に)...に希望を抱かせる (★ ☞ 1 の 3 番目の例文)
realize one's *hope* 希望を実現する
──────────────

2 C [普通は単数形で] 希望を与えるもの, ホープ: You [They] are my only [last] ～. あなた[彼ら]だけが頼みの綱だ.

be beyònd [pàst] hópe [動] ⦿ 望みがない (*of*).

dásh [blást, shátter, thwárt] ...'s hópes (of ─) [動] (─という)...の望みを打ち砕く.

in hópe of ... [前] [接] ...ということを期待して: He left home early *in* ～ *of* getting a job. 彼は仕事が見つかることを期待して朝早く家を出た.

in the hópe of ... [前]=in the hópe that ... [接] ...を希望して, ...を願って, ...すると期待して: I am sending you this book *in the* ～ *that* it will be of some use to you. この本があなたに多少の役に立つかと思ってお送りします.

live in hópe [動] ⦿ (あくまで)望みを捨てない (*of*).

Nòt a hópe! ⓢ それは無理だ! 〔金略〕"I'd like to see *Hamlet* next week." "*Not a* ～, unless you know the producer." 「来週ハムレットを見たいんだけど」「プロデューサーが知り合いでもなきゃ無理だよ」

nót hàve a hópe in héll (*of* dóing) [動] ⦿ ⓢ (略式) (...する)望みが全くない.

pín [sét] one's hópes on ... [動] 他 ...に望みをかける.

Sóme hópe! ⓢ 〔英〕[皮肉] =Not a hope!

stánd a (góod) hópe of dóing [動] [普通は否定文で] ...する望みが(相当)ある.

stánd líttle hópe of dóing [動] ...する望みはほとんどない.

There's hópe for you yèt! ⓢ [しばしば滑稽] まだ望みはあるよ.

Whát a hópe! ⓢ 〔英〕[皮肉] =Not a hope!

hópe chèst 名 C 〔米〕(若い女性の)結婚準備の品品(を入れた箱) 〔英〕bottom drawer).

***hoped-for** /hóʊptfɔ̀ː | -fɔ̀ː/ 形 Ⓦ 待望の.

***hope·ful** /hóʊpf(ə)l/ 形 (名 hope; 反 hopeless) **1** [普通は P] (人が)希望を持った, 希望を抱いている) Ⓐ (行動などが)望みを抱かせる, 希望に満ちた: She feels ～ *about* her future. <A+*about*+名・代> 彼女は将来を楽観している / 言い換え He is ～ *that* he will attain his object. <A+*about*+*that* 節> He is ～ *of* attain*ing* his object. <A+*of*+動名> 彼は目的が達成できるものと考えている / a ～ smile 希望に満ちた笑み.

2 (兆候・出来事などが)期待を抱かせる, 有望な, 末頼もしい: The prospects seem ～. 前途は有望に思われる.

— 名 C Ⓦ 成功を望む人, 志望者; 有望な人: young ～s 成功を望む若者たち.

***hope·ful·ly** /hóʊpfəli/ 副 **1** 文修飾語 [主に] ⓢ そうこう)なるといいが, うまく行けば, できれば: 言い換え *H*～, I am going to college in the fall. (=I hope I'm going to college in the fall.) うまく行けば今年の秋大学へ進学します. 語法 この用法を 〔非標準〕 とする人もいる. **2** 希望を抱いて: To travel ～ is a better thing than to arrive. 希望を抱いて旅をするほうが到着するよりもいい (Stevenson のことば).

hope·ful·ness /hóʊpf(ə)lnəs/ 名 Ⓤ 希望を持っていること, 楽観; 希望の持てる状態.

***hope·less** /hóʊpləs/ 形 (反 hopeful) **1** (物・人が)見込みのない, 絶望的な: a ～ case 見込みのない症状 [患者, 事例] (☞ 3).

2 (人・表情などが)望みを失った, あきらめた, 絶望した: She felt ～ *about* her future. <A+*about*+名・代> 彼女は将来に望みを失った / He felt ～ *about* find*ing* a better job. <A+*about*+動名> 彼はもっといい仕事を見つけるのは絶望的だと思った.

3 [しばしば滑稽] どうしようもない, 処置なしの: a ～ idiot どうしようもないばか / a ～ case どうにもならない人 (ふるまいを変えようのない人) (☞ 1) / He is ～ when he is drunk. 彼は酔っ払うと手がつけられない. **4** (略式) 無能な; (...が)だめ[苦手]な (*at*).

***hópe·less·ly** 副 **1** 見込みなく, 絶望的に; 手がつけられないうちに, とても: be ～ in love すっかりほれ込んでいる / He's ～ lazy. 彼はどうしようもない怠け者だ. **2** 望みを失って, 絶望して: She was crying ～. 彼女は絶望して泣いていた.

hópe·less·ness 名 Ⓤ 絶望; 絶望的な状態.

hóp·hèad 名 C 〔米俗〕麻薬中毒者, ヤク中.

Ho·pi /hóʊpi/ 名 [複] [the ～] ホピ族 (北米先住民の一部族; Arizona 州に住む).

hopped-up /hάptʌ́p | hɔ́pt-/ 形《米俗》**1**(麻薬などで)興奮した(on). **2**(エンジンが)パワーアップされた.

hop・per /hάpə | hɔ́pə/ 名 C **1** ホッパー《穀物・石炭などを入れて底の口から出す容器》. **2** 議員立法提案箱. **3** バウンドする[はねる]もの《ボールなど》; 跳ぶ虫(バッタなど). **in [into] the hópper** 副・形《米》(案・候補などが)考慮されて(いる)(for).

hop・ping /hάpɪŋ | hɔ́pɪŋ/ 形《略式, 主に米》活気のある. **hópping mád** 形《略式》激怒している.

hóp・sàck 名 U ホップサッキング《粗い麻布地》.

hóp・scòtch 名 U 石けり遊び.

hóp, stép [skíp], and júmp 名 [the ~]《古風》《スポ》=triple jump.

ho・ra /hɔ́:rə/ 名 C [普通は単数形で] ホーラ《ユダヤの伝統的なダンス; 輪になって踊る》.

Hor・ace /hɔ́:rəs | hɔ́r-/ 名 **1** ホーレス《男性の名》. **2** ホラティウス(65–8 B.C.)《ローマの詩人》.

horde /hɔ́əd | hɔ́:d/ 名 C [普通は複数形で; 時に軽蔑] 群衆; 大群, 大集団(of): in ~s 大挙して.

hopscotch

hore・hound /hɔ́əhàʊnd | hɔ́:-/ 名 U にがはっか《植物》; C,U にがはっかの汁から作った薬.

***ho・ri・zon** /həráɪz(ə)n/ 12 名 (~s /-z/; 形 **hòr・izóntal**) **1** [the ~] 地平線, 水平線: The sun sank below the ~. 太陽は地[水]平線下に沈んだ. **2** [普通は複数形で] (知識・経験などの)限界, 範囲; 視野: Reading broadens [expands, widens] our ~s. 読書は我々の視野を広めてくれる. **on the horizon** 副・形 (1) 地[水]平線上に[の]. (2) さし迫って[た]. 語源 ギリシャ語で「限界を定める」の意.

| horizon | 地平線 |
| | 水平線 |

***hor・i・zon・tal** /hɔ̀:rəzάntl | hɔ̀rəzɔ́n-/ 形 (名 horizon) **1** 水平な, 横の; a ~ line 水平線, 横の線 / the ~ axis (グラフの)横軸. 関連 vertical 垂直の. **2** 平面の, 平らな. **3**《経》同一レベルでの, 同等の: a ~ merger 水平合併. ━ 名 C [the ~] 水平(の位置); C 水平線[面]. 関連 vertical 垂直線.

hórizontal bár 名《スポ》**1** C 鉄棒. **2** U 鉄棒競技.

hor・i・zon・tal・ly /hɔ̀:rəzάntəli | hɔ̀rəzɔ́n-/ 副 水平に, 横に; 平らに.

***hor・mo・nal** /hɔəmóʊn(ə)l | hɔ:-/ 形 ホルモンの.

***hor・mone** /hɔ́əmoʊn | hɔ́:-/ 名《生理》ホルモン;《薬》合成ホルモン: male [female] ~s 男性[女性]ホルモン.

hórmone replácement thèrapy 名 U《医》ホルモン補充療法《閉経期などの女性に性ホルモンを投与する療法》.

***horn** /hɔ́ən | hɔ́:n/ 名 (~s /-z/; 形 **hórny**) **1** C (羊・やぎなどの)角(つの), (かたつむりなど)触角; 角形のもの(CFcorner 顴送). 関連 antler 鹿の枝角. **2** U (材料としての)角: The handle is made of ~. 柄は角製だ. **3** C [しばしば合成語で] 角製品 (CFshoehorn); CFdrinking horn. **4** C (自動車・船などの)警笛, クラクション; ホルン (French horn) (CFEnglish horn); 角笛; 管楽器《特に《略式》トランペット; CFklaxon 英美比較》; motorcycle 挿絵): honk [blow, sound, beep] one's ~ 警笛を鳴らす / blow a ~ ホルン[トランペット, 角笛]を吹く. **5** C《米俗》電話. **a hórn of plénty** 名《米》=cornucopia 1. **blów [tóot] one's ówn hórn** 動 《米俗》[普通はしかけて] 自慢する《英略式》blow one's own trumpet). **dráw [púll] ín one's hórns** 動 [] 控えめにする, 抑える; 節約する. **lóck hórns with ...** 動 他 ...と角突き合わせる, 論争する (over).

---

horrific 845

━ 形 角製の: ~ spoons 角製のスプーン.
━ 動 [次の成句で] **hórn ín** 動 [] 《略式》[普通は軽蔑]《もうけ話・会話などに》割りこむ; 首をつっこむ(on).

Horn 名 C Cape ~ CFCape Horn.

hórn・bèam 名 C しで《かばのき科の落葉樹》.

hórn・bìll 名 C 犀鳥(さいちょう)《下に曲がった大きなくちばしの熱帯鳥》.

hórn・blende /hɔ́ənblènd | hɔ́:n-/ 名 U《鉱物》角閃(かくせん)石, ホルンブレンド.

hórn・bòok 名 C **1** ホーンブック《昔の児童の学習用具, アルファベット・数字などを書いた紙を透明な角の薄片でおおい柄の付いた枠に入れたもの》. **2** 入門書《またそのタイトルなどに現在でも使う》.

horned /hɔ́ənd | hɔ́:nd/ 形 A 角のある; 角状の; [合成語で] 角が...の, ...な角をした.

hórned ówl 名 C みみずく(CFowl).

hórned tóad 名 C つのとかげ《北米南西部産》.

hor・net /hɔ́ənɪt | hɔ́:-/ 名 C すずめばち, くまんばち 《wasp のうちの特に大型のもの; CFbee 挿絵》.

stír úp a hórnet's [hórnets'] nèst 動 [] はちの巣をつつく; 大騒ぎを引き起こす.

hórn・less 形 角(つの)のない.

hórn・pìpe 名 C ホーンパイプ《水夫の間に流行したにぎやかな踊り; その曲》.

hórn-rímmed 形 A 《めがねの》角縁(つのぶち)の, べっ甲縁の.

***horn・y** /hɔ́əni | hɔ́:-/ 形 (**hórn・i・er**; -**i・est**; 名 **horn**) **1** 角(つの)の, 角のある; 角製の; 角状の. **2** 《手足などが角のように》堅い, 節くれだった. **3**《略式》性的に興奮した, むらむらした. **4**《英略式》セクシーな.

ho・rol・o・gy /hərɑ́lədʒi | -rɔ́l-/ 名 U 時計学, 時間計測法; 時計製造法《技術》.

***hor・o・scope** /hɔ́:rəskòʊp | hɔ́r-/ 名 C **1** 星占い, 占星術《誕生のときの天体の位置によりその人の運勢を占う》: cast a ~ 星占いをする / read one's ~ 星座占いを読む. **2**《占星術》(人の誕生したときの天体位置); 天宮 [十二宮] 図: My ~ says that I will marry a rich man. 私の星座によると私は金持ちの男性と結婚するらしい.

horoscope 2

***hor・ren・dous** /hɔːréndəs | hɔr-/ 形 **1** とても恐ろしい, ぞっとするような. **2** S《略式》とてもいやな, ひどい. **~・ly** 副 とても恐ろしく; ひどく.

***hor・ri・ble** /hɔ́:rəbl | hɔ́r-/ 形 (名 **hórror**) **1** 恐ろしい, 身の毛もよだつ: a ~ murder 身の毛もよだつ殺人事件 / It is a ~ thing to see. それは見るも恐ろしい. **2** S《略式》ぞっとするほどいやな; 実にひどい (terrible); 無礼な: ~ weather 全くひどい天候 / **It's ~ of** you **to** say so. そんなことを言うなんてひどいよ(CFof 12).

***hor・ri・bly** /hɔ́:rəbli | hɔ́r-/ 副 《略式》ひどく, すごく, 非常に: It's ~ cold today. きょうはすごく寒い. **2** とても恐ろしく, ぞっとするほど.

***hor・rid** /hɔ́:rɪd | hɔ́rɪd/ 形 (名 **hórror**) **1** 本当にいやな, ひどい: a ~ smell ひどいにおい. **2** 恐ろしい, 忌(い)まわしい (horrible より穏やかな感じ): a ~ experience 恐ろしい経験. **3** 意地が悪い《女性が用いることが多い》: Don't be ~ to Meg. メグに意地悪をしない[言わない]で. **~・ly** 副 ひどく, 恐ろしく; ひどく.

hor・rif・ic /hɔːrɪ́fɪk | hɔr-/ 形 **1** 恐ろしい, ぞっとするような (horrible). **2** ひどい; 過度の.

horrify

-rif·i·cal·ly /-kəli/ 副 ひどく.

*__hor·ri·fy__ /hɔ́ːrəfàɪ | hɔ́r-/ 動 (-ri·fies /~z/; -ri·fied /~d/; -fy·ing) 名 hórror) 他 [普通は受身で]〈…〉を恐ろしがらせる, ぞっとさせる: I was horrified to hear about the accident. <V+O の受身> 私はその事故を聞いてぞっとした.

hor·ri·fy·ing /hɔ́ːrəfàɪɪŋ | hɔ́r-/ 形 **1** 恐ろしい, ぞっとするよう. **2** あきれるほどの, 話にならない.

~·ly 副 恐ろしく, ぞっとするほど.

*__hor·ror__ /hɔ́ːrə | hɔ́rə/ 語源 (~s /~z/; 形 hórrible, hórrid, 動 hórrify) **1** Ū (ぞっとするような)恐怖, 恐れ ((☞ fear 類義語)); 嫌悪, 憎悪: Who doesn't feel ~ when confronted by torture? 拷問される身になって恐怖を感じない人がいようか. **2** C 恐ろしいほどいやなもの[人]; 醜い物: a little ~ 《主に英》手に負えないガキ. **3** C [普通は複数形で]恐ろしいもの; 惨事; ひどいもの, とんでもないもの (of). **4** [the ~s]《略式》すごい緊張; 意気消沈; 心配, 不安; 寒け;[身ぶるいがする[…を震えあがらせる]. **5** [複数形で感嘆詞的に]《英略式》《普通は滑稽》恐ろしい; ああ嫌だ《とまどい・驚き・嫌悪などを表わす》: H— ~s! 何てことだ. **háve a hórror of** …動 他 …が大嫌いである. **in hórror** 副 ぞっとして. **to …'s hórror = to the hórror of …** 副 文修飾語 …がぞっとするほど驚いたことには.

hórror mòvie [《英》**film**] 名 C ホラー映画.

hórror stòry 名 C **1** ホラー小説. **2**《略式》恐ろしい実話.

hórror-strìcken, -strùck 形[普通は P](人が)恐怖に襲われた, ぞっとした.

hors de com·bat /ɔ̀ːdəkəːmbɑ́ː | ɔ́ːdəkɔ̀mbɑ́ː/ 《フランス語から》 形 P (負傷のため)戦闘力を失って.

hors d'oeu·vre /ɔ̀ːdə́ːv | ɔ̀ːdə́ːv/ 《フランス語から》 (複 **hors d'oeu·vres** /~(z)/, ~) C オードブル, 前菜.

*horse /hɔ́ːəs | hɔ́ːs/ (同音 hoarse; 類音 force, fourth, hose¹,²) 名 (**hors·es** /~ɪz/) **1** C 馬; 雄馬; 種馬: The Queen's ~ won by 'a length [two lengths]. 女王の馬は 1[2] 馬身の差で勝った / You can lead a ~ to water, but you cannot make him [it] drink. 《ことわざ》馬を水際まで連れて行けるが, 水を飲ませることはできない(当人にその気がなければいくらおだてしてもだめ) / A ~! A ~! My kingdom for a ~! 馬をくれ! 代わりに我が王国を与えん (Shakespeare の劇「リチャード3世」の中で馬が無くて困った王が言うせりふ; 現在でも何かがすごく必要なときにふざけて引用される). ★ 鳴き声については ☞ cry 表. 関連 **colt** 雄の子馬 / **filly** 雌の子馬 / **foal** 子馬 / **stallion** 種馬 / **mare** 雌馬.

— コロケーション —
breed [raise] horses 馬を飼う
get [fall] off a horse 馬から降りる[落ちる]
get on [mount] a horse 馬(の背)にまたがる
ride a horse 馬に乗る, 乗馬する
saddle (up) a horse 馬にくらをつける
train [break in] a horse 馬を調教する

2 [the ~s]《英略式》競馬. **3** C (体操用の)鞍馬(あんば); 跳馬 (vaulting horse); 揺り木馬 (rocking horse). **4** [単数形で複数扱い]《主に英》騎兵隊. **5** C 物をかける台. **6** U 《俗》ヘロイン. **7** U 316手. **a hórse of ⌈a dífferent [anóther] cólor** [名]《米》(全然)別の問題. **báck [pìck,《米》bét on] the wrόng [rìght] hórse** [動]《略式》勝ち馬[負け馬]に賭ける; 負ける[勝つ]側につく. **béat [《英》flόg] a déad hórse** [動] 自[しばしば進行形で]《略式》決着のついた問題を論じる, むだ骨を折る. **chánge [swáp] hórses (in mìdstréam)** [動]《途中で》方針(好み, 信念)を大きく変える; (他に)乗り換える. **chóke a hórse** [動]《しばしば enough (…) to または could, would の後に用いて》《S》《米》ひどく大量に[大きく]多い: We have enough data to choke a ~. ぼう大なデータがある. **éat like a hórse** [動] 自《略式》大食いする. **hóld one's hórses** [動] 自[命令形で]《S》《略式》我慢する, しばらく待つ, 早まらない. **I còuld éat a hórse.** (S) [普通は滑稽] 腹ぺこだ. **(stráight) from the hórse's móuth** [副] 直接本人から, 確かな筋から. 由来 競馬の情報は馬の口から関係者に届くということから. **wórk like a hórse** [動] 自 一生懸命に働く. — 動[次の成句で] **hórse aróund [abóut]** [動] 自《略式》ばか騒ぎをする.

hórse-and-búggy 形 A 《米略式》自動車以前の; 時代遅れの.

*__hórse·báck__ 名[次の成句で] **on hórseback** [副] 馬に乗って, 馬で. — 形 A 馬に乗った, 馬上の: riding 乗馬.

hórse·bòx 名 C 《英》= horse trailer.

hórse chèstnut 名 C 西洋とちのき, マロニエ, うまぐり(街路樹・公園樹); 西洋とちのきの実(幸運のまじないとされる).

hórse-dráwn 形 A 馬が引く.

hórse·feàthers 名《米俗》ばかな!, くだらない!

hórse·flèsh 名 U **1** 馬肉. **2** (特に競馬に適した)馬(全体).

hórse·flỳ 名 (-flies) C あぶ, 牛あぶ(雌が馬・牛・人間などを刺して吸血する).

Hórse Guàrds 名[複] [the ~] 英国近衛(このえ)騎兵.

hórse·hàir 名 U **1** 馬の毛(たてがみ・尾の毛; マットレスの詰め物用). **2** ホースヘア(馬の毛で作った丈夫な織物).

hórse·hìde 名 C 馬の皮, 馬革.

hórse látitudes 名[複] [the ~] 亜熱帯無風帯(北緯 30° と南緯 30° の大洋地域).

hórse·làugh 名 C 高笑い.

*__hórse·man__ /-mən/ 名 (-men /-mən/) C 騎手, 騎兵; 馬術家; 馬に乗る人, [前に形容詞をつけて]馬に乗るのが…の人: a góod [póor] ~ 馬に乗るのが上手[下手]な人. **the fóur hórsemen of the Apócalypse** [名]黙示録の四騎士(戦争・飢饉・疫病・死の象徴).

hórseman·shìp 名 U 馬術.

hórse·mèat 名 U 馬肉.

hórse òpera 名 C 《米略式》[滑稽] 西部劇.

hórse pístol 名 C (昔の乗馬者の)大型ピストル.

hórse plày 名 U 《古風》ばか騒ぎ (high jinks).

horse·pow·er /hɔ́ːrspàʊə | hɔ́ːspàʊə/ 名 (複 ~) C,U 馬力(仕事率の単位; 745.7 ワットに相当; 略 **hp**): a 50 ~ engine 50 馬力のエンジン.

hórse ràce 名 C **1** 競馬の 1 回のレース. **2** (特に政治上の)接戦, 混戦.

*__hórse ràcing__ 名 U 競馬.

hórse ràdish 名 U 西洋わさび, わさびだいこん.

hórse rìding 名 U 《英》乗馬.

hórse sènse 名 U 《古風, 略式》常識, 生活の知恵.

hórse·shìt 名 U 《米卑》たわごと, ナンセンス.

*__hórse·shòe__ 名 **1** C 馬蹄(ばてい), 蹄鉄; U 字形の物. 参考 時に魔よけのまじないとして用いる. **2** [複数形で単数扱い]《米》蹄鉄投げ遊び.

hórseshoe cráb 名 C かぶとがに.

Hórse·shoe Fálls /hɔ́ːəsfʊ̀- | hɔ́ːs-/ 名 [the ~] ホースシュー滝(別名 Canadian Falls; ☞ Niagara Falls).

hórse shòw 名C 馬術競技会.
hórse·tail 名C とくさ (湿地植物).
hórse-tràding 名U [普通は軽蔑] 巧妙な交渉 [売り込み, 取り引き].
hórse tràiler 名C《米》馬匹(ぶつ)運搬車.
hórse·whìp 名C 馬に使うむち. ── 動 (-whips; -whipped; -whip·ping) 他〈人〉を馬用のむちで打つ.
hórse·wòman 名 (-wom·en /-wìmən/) C 女性騎手; 女性馬術家.

hors·ey, hors·y /hɔ́ːrsi/ 形 (**hors·i·er, -i·est**) **1**《略式》[普通はけなして] 馬のような, (女性が) 馬面の. **2**《競》馬好きの, (競) 馬に夢中の.

hor·ta·to·ry /hɔ́ːrtətɔ̀ːri | hɔ́ːtətəri, -tri/ 形 激励の, 奨励の; 人にはっぱをかけるような.

hor·ti·cul·tur·al /hɔ̀ːrtəkʌ́ltʃ(ə)rəl | hɔ̀ː-/ 形 園芸の, 園芸学[術]の.

hor·ti·cul·tur·al·ist /hɔ̀ːrtəkʌ́ltʃ(ə)rəlɪst | hɔ̀ː-/ 名C =horticulturist.

†**hor·ti·cul·ture** /hɔ́ːrtəkʌ̀ltʃər | hɔ́ː·təkʌ̀ltʃə/ 名U 園芸; 園芸学[術].

hor·ti·cul·tur·ist /hɔ̀ːrtəkʌ́ltʃ(ə)rɪst | hɔ̀ː-/ 名C 園芸家.

ho·san·na /houzǽnə/ 名C 〖聖〗ホサナ《神を賛美する叫び》. ── 間〖聖〗を賛えたまえ.

hose[1] /hóuz/ ★ 発音は /hóus/ ではないので注意. 名C, U ホース. 語法 ホース 1 本, 2 本というときには one hose, two hoses とも a piece of hose, two pieces [lengths] of hose ともいう. ── 動 他 **1** 〈…〉にホースで水をかける; 〈車など〉にホースをかけて洗う (*off, down*). **2**《米俗》〈人〉をだます.

hose[2] /hóuz/ 名C [しばしば複数扱い] **1**《古風》または 〖商〗(商店の)靴下類《靴下・ストッキング・タイツなど; 主に商品名》: ▷ pantyhose. **2** (16–17 世紀ごろ男性がはいた)脚にぴったりした長ズボン (▷ costume 挿絵).

Ho·se·a /houzéɪə, -zíə/ 名〖旧約〗ホセア書.

hosed /hóuzd/ 形 〖P〗《俗》してやられた, 厄介なことになった.

hóse·pìpe 名C《英》=hose1.

hósepipe bán 名C《英》(庭での)ホース散水禁止命令.

hos·er /hóuzər | -zə/ 名C, S《米俗》無学者, ばか.

ho·sier /hóuʒər | -zɪə/ 名C《古風》靴下や男物の下着類を売る人.

ho·sier·y /hóuʒ(ə)ri | -zɪə-/ 名U《古風》または 〖商〗(一般の)靴下類《靴下・ストッキング・タイツなど》.

hosp. =hospital.

†**hos·pice** /háspɪs | hɔ́s-/ 名C **1** ホスピス《末期患者の心身の苦痛軽減を目的とする病院》. **2**《古語》(特に宗教団体の運営する)旅行者の宿泊施設.

hos·pi·ta·ble /háspɪtəbl, haspít- | hɔ́spɪt-, hɔspít-/ 形 (名 hòspitality, 反 inhospitable) **1** (人が)もてなしのよい, 歓待する, 手厚くもてなす: All the villagers were ~ *to* [*toward*] us. 村人はみな私たちを手厚く迎えてくれた. **2** (環境などが)快適な. 語源 ラテン語で「客をもてなす」の意; ▷ host1 語源. **-ta·bly** /-təbli/ 副 歓待して, 手厚く.

‡**hos·pi·tal** /háspɪtl | hɔ́s-/ 名 (~**s** /-z/; 動 ▷ hospitalize) C, (主に英)U 病院《略 hosp.》: Take this child to the [a] ~. この子を病院へ連れていってください / She was rushed to (the) ~ by ambulance. 彼女は救急車で病院へかつぎ込まれた (▷ be in (the) hospital (成句) の 語法) / 金題 "Where is the nearest ~?" "About a kilometer north of the station, on Showa Avenue."「一番近い病院はどこですか」「駅の北約 1 キロの昭和通りにあります」

─ コロケーション ─
be admitted to《米》the) *hospital* 入院する
be discharged [**released**] **from**《米》the)

hospital 退院する
enter [go into]《米》the) *hospital* 入院する
leave《米》the) *hospital* 退院する

── **hospital** のいろいろ ──
géneral hóspital 総合病院 / **matérnity hòspital** 産院 / **méntal hòspital** 精神病院

語源 ラテン語で「客をもてなす所」の意; ▷ host1 語源, hostel 語源.

be in (the) hóspital [動] 📖 入院している. 語法《米》では the をつけるのが普通. 以下の成句でも同じ: Dad has *been in (the)* ~ for the past three months. パパはこの 3 か月入院している.

be [**còme**] **óut of (the) hóspital** [動] 📖 退院し[する].

gó to hóspital [動] 📖《英》(患者として)病院に行く, 通院[入院]する.

gó to the hóspital [動] 📖 (1)《米》=go to hospital. (2) 病院へ(見舞いに)行く.

†**hos·pi·tal·i·ty** /hàspətǽləti | hɔ̀s-/ 13 名U (形 hospitable) **1** 親切にもてなすこと, 歓待, 厚遇: show great ~ 大いにもてなす / Thank you very much for your ~. おもてなしに厚くお礼を申し上げます. **2** (会社などの接待での)食事; 宿泊場所: corporate ~ 顧客への接待 / a ~ suite 接待用スイートルーム.

hos·pi·tal·i·za·tion /hàspɪtəlɪzéɪʃən | hɔ̀spɪtəlaɪz-/ 名U 入院(期間), 入院治療.

†**hos·pi·tal·ize** /háspɪtəlàɪz | hɔ́s-/ 動 (名 hóspital) 他 [普通は受身で] 入院させる: *be ~d with* serious injuries 重傷を負って入院する.

hóspital shìp 名C (戦時などの)病院船.

‡**host**[1] /hóust/ 名 (**hosts** /hóusts/) **1** C (時に冠詞なしで) (自宅などに)客を招いてもてなす男性, もてなし役の男性 (▷ party 参考): I am going to act *as* ~ at the party. パーティーでは私が接待役をすることになっている (▷ as 前 1 語法 (1)). 複数形の hosts は男女共通. 関連語 hostess 客をもてなす女性 / guest 客. **2** C 主催者[地, 国, 団体]; 主催側の, の主な役を: a ~ family 客〔留学生など〕を泊める家庭 / the ~ city *for* the Winter Olympics 冬季オリンピックの主催都市. **3** C (テレビ番組などの)司会者. **4** C 〖生〗(寄生動植物の)宿主 (parasite). **5** C《古風》(宿屋・パブの)主人. **6** C =host computer. 語源 ラテン語で「主人, 客」の意; ▷ hospitable 語源, hospital 語源, hostel 語源. **pláy** [**bé**] **hóst to …**[動] 他 …を主催する; …の主人役を務める.

── 動 (**hosts** /hóusts/; **hosted** /-ɪd/; **host·ing**) 他〈パーティー・会合などの〉主人役を務める, 〈会・行事など〉を主催する; 〈テレビ番組など〉司会をする: This city will ~ the next Olympic Games. この都市は次回のオリンピックを主催する.

host[2] /hóust/ 名C [単数形でも時に複数扱い] **1** 大勢, 多数: a (whole) ~ *of* places [reasons] いろいろな場所[理由]. **2**《古語》軍隊.

host[3] /hóust/ 名 [the H-] 〖キ教〗聖餐(さん)式のパン, 聖体.

†**hos·tage** /hástɪdʒ | hɔ́s-/ 名 (**hos·tag·es** /-ɪz/) C 人質: The terrorists released the ~s. テロリストたちは人質を解放した. **be** (**a**) **hóstage to …** [動] 📖 …に束縛される. **gíve hóstages to fórtune** [動] 📖《英格式》(将来災いとなりかねない)容易でない責任を引き受ける. **hóld** [**táke**] **… hóstage** [動] 他〈…〉を人質にとる.

hóst compùter 名C ホストコンピューター.

‡**hos·tel** /hástl | hɔ́s-/ (同音《米》≠hostile) 名 (~**s** /-z/) C **1** (学生・労働者・家のない人などのための)簡易

hosteler

宿泊所. **2** =youth hostel. 語源 ラテン語で「客をもてなす所」の意; hospital と同語源; ☞ hotel 語源.

hos·tel·er, (主に英) **-tel·ler** /hástəl | hóstələ/ 名 C =youth hosteler.

hos·tel·ing /hástlɪŋ | hós-/ 名 U =youth hosteling.

hos·tel·ry /hástlri | hós-/ 名 (**-tel·ries**) C **1** (英)〔滑稽〕パブ. **2**〔古語〕宿屋.

+**host·ess** /hóustəs/ 名 C **1** 〔時に冠詞なしで〕(自宅などに)客を招いてもてなす女性, もてなし役の女性 (☞ party 参考): Jane acted *as* ~ at the party. ジェーンはパーティーで接待役を務めた. (☞ as 前 1 語法 (1)). 関連 host 客をもてなす男性 / guest 客. **2** (飛行機の)スチュワーデス (air hostess) (☞ flight attendant 参考), (列車・バスなどの)女性のサービス係, (ダンスホールなどの)ダンサー; (展示場などの)説明係の女性, コンパニオン; (米)(レストランの)案内係の女性. **3** (バーなどの)ホステス. **4** (テレビ番組などの)女性司会者.

*****hos·tile** /hástl, -taɪl | hóstaɪl/ (回 発音)〔(米) #hostel〕 形 (名 hostility) **1** 敵意のある, 敵対する (*to, toward*) (反 friendly): She wore a ~ look. 彼女は敵意を持った表情をしていた. **2** 〔普通は P〕(意見などに)強く反対する: be ~ *to* the idea その考えに断固反対である. **3** 〔普通は A〕敵の (反 friendly): a ~ nation 敵国. **4** (環境などが)好ましくない: a ~ environment 住みにくい〔厳しい〕環境. **~·ly** /hástl(I)i, -taɪlli | hóstaɪlli/ 副 敵意を持って, 敵対的に.

hóstile wítness 名 C 〔法〕(自分を呼んだ側に不利な証言をする)反対証人.

+**hos·til·i·ty** /hastíləti | hɔs-/ 名 (**-i·ties**)(形 hostile) **1** 〔複数形で〕〔格式〕敵対行為; 交戦(状態), 戦闘 (*against*): open hostilities 交戦状態に入る / suspend hostilities 戦闘をやめる. **2** U 敵意, 敵がい心 (*to, toward*): ~ *between* the two countries 両国間の敵がい心.

hos·tler /(h)áslə | (h)óslə/ 名 C (主に米) (宿屋の)世話係, 馬丁.

*****hot** /hát | hót/ (回 発音 hat, hut) 形 (**hot·ter** /hátə | hótə/; **hot·test** /-tɪst/; 名 動 heat)

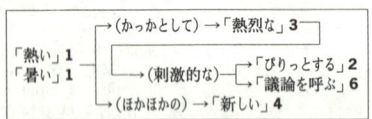

```
                    → (かっかとして) → 「熱烈な」 3
「熱い」1
              → (刺激的な) → 「ぴりっとする」2
「暑い」1
              →              → 「議論を呼ぶ」6
                    → (ほかほかの) → 「新しい」4
```

1 (物が)熱い, (気温・気候などが)暑い; P ほてった (略 h.) (反 cold): H~ day, isn't it? 暑い日ですね / It's ~! 暑いな (☞ 挿絵 (A)) / The child was ~ with fever. 子供は熱があった. // ☞ hot water.

hot	熱い, 暑い
very warm	
warm	暖かい, やや暑い
cool	涼しい
	気持ちよく冷たい
cold	冷たい, 寒い

2 (舌に)ぴりっとする, 辛(から)い (反 mild): a ~ sauce 辛いソース(!) / This curry is too ~. このカレーは辛すぎる (☞ 挿絵 (B)) // ☞ hot pepper.

3 熱烈な, 激しい; 激した, 怒った, 怒りっぽい (反 cool): ~ words 激しいことば / a ~ debate 激しい討論 / a person with a ~ temper 短気な人.

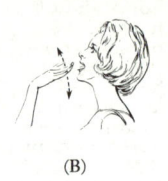

4 〔略式〕(ニュースなどが)新しい, 出たばかりの; (料理などが)作りたての: ~ news 最新ニュース / Here's the city edition, ~ *off* the press(es)! 刷りたての市内版ですよ.

5 〔略式〕人気の: a ~ property 売れっ子〔興行側から見た俳優・歌手など〕// ☞ hot ticket.

6 議論を呼ぶ, 論争の的となる: a ~ political issue 議論を呼ぶ政治問題. **7** 〔俗〕(人が)性的に興奮している〔しやすい〕; 性欲を刺激する. **8** 〔略式〕(競技・演技などが)うまい, 上手な, みごとな (*at*); 非常にうまくいっている, ツキがある. **9** P 〔俗〕(盗品などが盗んだばかりで)処理が危ない, やばい. **10** (ジャズの演奏が)熱狂的な, 強烈な, ホットな. **11** P 〔略式〕(正解・目標に)もう少しで, ごく近い〔子供たちのクイズや捜し物などで〕: You're getting *hotter*. もう少しで正解だよ. 関連 warm 近づいている / cool 少し遠い / cold 遠い. **12** (狩りの獲物の)においが強い; (獲物に近い)(反 cold). **13** (電線などが)電流が通じている. **15** 〔俗〕放射能の.

(àll) hót and bóthered 形 〔略式〕(1) いらだって, やきもきして (*about*). (2) 性的に興奮した. **be [gèt] (tòo) hót for ...** 動 他〔略式〕...に耐えられない〔なくなる〕; ...をいたたまれなくさせる. **be hót and héavy** 動 自 (米) (活動などが)激しい, 活発だ. **be hót at ...** 動 他〔しばしば否定文で〕S 〔略式〕...をよく知っている; ...が〔得意だ〕. **be hót for ...** 動 他 S 〔略式〕(人)に魅せられている. **be hót on ...** 動 他 S 〔略式〕(1) =be hot at .... (2) ...にとても厳しい〔うるさい〕. (3) (異性に)夢中である. **hót as héll** 形 強烈に暑い. **Hót dámn!** 感 S (卑)すげえ. **hót to trót** 形 〔略式〕(1) 活動に加わる準備ができて. (2) 性的にうずうずして. "**Is it hót [Hót] enóugh for you?**" S 〔滑稽〕いや暑いねえ. **máke it [thìngs] (tòo) hót for ...** 動 他〔略式〕...を(耐えられないほど)苦しめる, 追いつめる; ...をいたたまれなくする, 居心地を悪くする. **not so [tòo, (àll) thàt] hót** 形 S 〔略式〕思ったほどよくはない; (気分があまりよくない. **tòo hót to hándle** 形 〔略式〕手に負えない, 取り扱いがむずかしい; 手を出すとやばい.

— 動 (hots; hot·ted; hot·ting) 〔次の成句で〕 **hót úp** 動〔略式, 主に英〕(飲みものが)熱くなる; (競争などが)激化する. — 他 〈...〉を熱くする; 〈車・エンジンなど〉に馬力をつける. — 名〔次の成句で〕 **hàve [gèt] the hóts for ...** 動 他 S 〔俗〕(異性)に性的に強くひかれる, 熱をあげる.

+**hót áir** 名 U **1** 熱気. **2** 〔略式〕ほら話.

hót-áir ballòon 名 C 熱気球.

hót-and-sóur sóup 名 U,C 酸辣湯(スアンラータン)〔辛みと酸味をきかせたスープ; 中国料理〕.

hót·bèd 名 **1** [a ~] (罪・悪などの)温床, 巣 (*of*). **2** C〔園〕温床.

hót-blóoded 形 熱狂な; 血気にはやる; 短気な.

hót bútton 名 C (米俗) **1** 〔俗〕強い関心〔激しい反応〕を呼ぶもの〔問題〕. **2** (新商品の)顧客に訴える魅力.

hót càke 名 C,U (米) ホットケーキ (☞ pancake). **séll [gó] like hót càkes** 動 自 S 〔略式〕飛ぶように売れる.

*****hot choc·o·late** /hàtt͡ʃák(ə)lət | hòtt͡ʃɔ́k-/ 名 U,C ココア: a cup of ~ ココア 1 杯.

hotch·potch /hátpàt͡ʃ | hɔ́tpɔ̀t͡ʃ/ 名 U (英) = hodgepodge.

hót córner 名 [the ~] (俗)(野) ホットコーナー《三塁の守備位置》.

hót cròss bún 名 C 十字架の印のついた菓子パン《聖金曜日 (Good Friday) に食べる》.

hót désk·ing /-déskɪŋ/ 名 U ホットデスキング《職場で個人の机を決めずに必要に応じて使ったり輪番によって机を割り当てるやり方》.

hót dísh 名 C (米) 鍋(なべ)焼き料理.

†**hót dòg** 名 C **1** ホットドッグ.

> 金語 "Can I have a ~, please?" "With ketchup or mustard [Ketchup or mustard]?" 「ホットドッグください」「ケチャップかからしはつけますか」

2 (米略式)(スキー・サーフィンで)派手なスタント[演技]がうまい人. — 感 (米古風) うわあ, すてき, やった!《賛成・喜び・驚きを表わす》. — 自 (米略式)(スキー・サーフィンで)派手なスタント[演技]をする.

***ho·tel** /hòutél/ 名 (~s /-z/) C ホテル, 旅館 (略 inn): stay at [in] a ~ by a lake 湖のほとりのホテルに泊まる / This ~ does not serve lunch. このホテルでは昼食は出ない. 語源 hostel と同語源.

> ─── コロケーション ───
> **check** [(英) **book**] **into** [**in at**] a *hotel* ホテルにチェックインする
> **check out of** a *hotel* ホテルをチェックアウトする
> **reserve** a *hotel* room ホテルを予約する
> **stay at** [**in**] a *hotel* ホテルに泊まる

《米》front desk
《英》reception (desk)
フロント, 受付
clerk 係員
lobby ロビー
《米》bellhop, bellboy
《英》page ボーイ
hotel

†**ho·te·lier** /hòutəljéɪ | -lɪèɪ/ 名 C ホテル経営者.

hót fávorite 名 C 優勝候補, 本命.

hót flásh [(英) **flúsh**] C (閉経期の)ほてり.

hót·fòot (略式) 副 大急ぎで. — 自 [次の成句で] **hótfoot it** [動] 自 (副詞(句)を伴って)急ぐ.

hót·hèad 名 C (軽蔑) せっかち[性急]な人.

hót·héad·ed 形 (軽蔑) せっかちな. **~·ly** 副 せっかちに.

hót·hòuse 名 (-hous·es | -hàuzɪz/) C **1** 温室 (greenhouse). **2** 知的活動を育む場 (of). — 動 (軽蔑) (子供) を早期教育する. — 自 子供を早期教育する.

hóthouse átmosphere [envíron·ment] 名 C 知的活動を育(はぐく)む雰囲気[環境].

hót·kèy 名 C (電算) ホットキー《一連のキー操作のかわりをするキー(の組み合わせ)》. — 動 自 ホットキーを使う. — 他 (ホットキーで)(...)にアクセスする, (...)をたちあげる.

†**hót lìne** 名 C **1** (各国首脳を結ぶ)緊急用直通電話線; ホットライン. **2** 電話による緊急相談(サービス).

hót lìnk 名 C (電算) (略式) =hyperlink.

hót lìst 名 C **1** 重要な[人気のある]ものリスト. **2** (電算) ホットリスト《人気サイトの一覧》.

hot·ly /hátli | hɔ́t-/ 副 激しく; 熱心に; 怒って.

hót móney 名 U (経) ホットマネー《国際金融市場間を流動する投機的な短期資金》.

hot·ness /hátnəs | hɔ́t-/ 名 U 熱さ, 暑さ; 熱烈, 熱心; 激怒.

hót pàd 名 C 鍋敷き.

hót pànts 名 [複] ホットパンツ.

hót pépper 名 C 唐辛子《実・香辛料》.

hót pínk 名 U, 形 ホッティングピンク(の).

hót pláte 名 C 料理用鉄板; プレート式電熱器.

hót pòt 名 C,U **1** (英) ホットポット《特にイングランド北部の羊肉・じゃがいも・たまねぎのシチュー料理》. **2** (米) (卓上) 煮込み鍋, 電気ポット.

hót potáto 名 C **1** 焼きじゃがいも. **2** (略式) 手に余る事[物], 難問, やっかいなこと. **drop ... like a hót potáto** [動] (略式) 〈やっかいな人・物事〉と急いで手を切る, 捨て去る.

hót ròd 名 C (米略式) ホットロッド《高速が出るようにエンジンだけ新しくした改造自動車》.

hót sèat 名 [the ~] (略式) 責任のある立場; 苦境: be in [(米) on] the ~ 責任のある立場にある; 苦境に立っている.

hót shít 名 C (卑) たいしたもの[人].

hót·shòt 名 C (米略式) **1** 有能な人, やり手. **2** [形容詞的に] やり手の.

†**hót spòt** 名 C **1** 人気(観光)スポット. **2** 紛争地帯. **3** (電算) ホットスポット《クリックすると絵やことばが出てくる部分》. **4** (主に米) 火元になりそうな場所.

hót sprìng 名 C 温泉.

hót stúff 名 U (S) (略式) **1** (能力・質が)すぐれた人 [もの] (at). **2** セクシーな人; 刺激的なもの.

hot-témpered 形 短気な, かんしゃく持ち.

Hot·ten·tot /hátntàt | hɔ́tntɔ̀t/ 名 C (差別) ホッテントット《南アフリカの先住民》; U ホッテントット語.

hót tícket 名 C 話題の物[人].

hót tóddy 名 C =toddy.

hót tùb 名 C (気泡の出る) 温水浴槽《プールサイドなどにあり水着をつけて入る》.

hot·ty /háti | hɔ́ti/ 名 C (俗) セクシーな人.

hót wár 名 C 熱い戦争《武力による本格的な戦争; ☞ cold war》.

hót wáter 名 U **1** 湯 (☞ water 日英比較). **2** (略式) (自分が招いた)困難, 窮地. **be in hót wáter** [動] 自 困ったまずいことになっている. **gèt into hót wáter** [動] 自 困ったことになる. **gét ... ìnto hót wáter** [動] 他 〈...〉を困らせる.

hót-wáter bòttle 名 C 湯たんぽ.

hót-wìre 動 他 (米俗) (点火装置をショートさせなどして)(車)のエンジンをかける.

hou·mous /húːməs/ 名 U =hummus.

†**hound** /háʊnd/ 名 C **1** [しばしば合成語で] 猟犬: H~s follow their prey by scent. 猟犬はにおいで獲物のあとをつける. ★鳴き声については ☞ cry 表. **2** (略式) 犬. **3** いやなやつ, 卑劣漢. 語源 古(期)英語で「犬」の意. **rìde to hóunds** [動] 自 (古風) 馬できつね狩りをする. — 他 〈人〉を激しく追跡する, しつこく追い回す, 責めたてる. **hóund dówn** [動] 他 〈...〉を追いつめる. **hóund ... óut of [from]** ─ [動] 他 〈...〉を(追いつめて)─から追い出す.

hóund('s)-tòoth chéck 名 U,C (織) 千鳥格子, 犬歯縞(じま)《格子縞の一種》.

***hour** /áʊɚ | áʊə/ (同音 #our) 名 (~s /-z/; 形 hourly) C

「1 時間」**1**	→ (時, 頃合い) → 「(...の)時間」**2**
	→ 「1 時間分の距離」**3**
	→ 「(時計の)正時」**4**

hourglass

1 1 時間(1日の 1/24; 60分; 《略》h, hr, 複数形は h, hr, hrs; ☞ century 表): half an ~ =《米》a half ~ 半時間, 30分 (☞ half 最初の例文の 語法) / a quarter of an ~ 15分 / There are twenty-four ~s in a day. 1日は24時間だ / The town is 'an ~'s [a two-~] walk from here. 町はここから歩いて1時間[2時間]の所にある (文法 語法).

2 (食事などの)時間; [しばしば複数形で] (...の)時間, 営業[勤務]時間: Could I see you during your lunch ~? お昼(休み)にお目にかかれますか / What are your ~s? 営業[勤務]時間はいつからいつまでですか.

――― hour 2 のいろいろ ―――
búsiness hòurs 勤務[営業]時間 / óffice hòurs 執務時間 / ópening hòurs 営業時間 / rúsh hòur ラッシュアワー / schóol hòurs 授業時間 / vísiting hòurs 面会時間 / wórking hòurs 労働時間

3 1 時間で行ける距離: The station is an ~ *from* here (by car). 駅はここから(車で)1時間のところにある. **4** 正時(しょうじ), 時点(1時間零分などの零分の時点): This clock strikes the ~. この時計は(鳴って)正時を知らせる / Report to the office at thirteen hundred ~s. 事務所に13時に出頭せよ (☞ hundred hours (☞ hundred 成句)). 語法 24時間制で言うのは《格式》; この場合, 正時には o'clock の代わりに hours をつけ, 13:00 [《英》13・00]のように書き, thirteen hundred hours と読む (☞ cardinal number 文法 (3)) / 10 minutes before [after] the ~. 《S》《米》正時10分前[過ぎ] (全米放送の番組で TV キャスターが使う). **5** 《文》(...の)時, (...の)ころ, 時期: our country's finest ~ 我が国の絶頂期 / the happiest ~s of her life 彼女の人生のいちばん楽しい時期 / during the ~s of darkness 暗いうちに / in one's ~ of danger 危機に際して. **6** (1日のうちの)時; 時刻: Six a.m. is not a sensible ~ *for* making phone calls. 午前6時は電話をかけるのに適切な時間ではない. **7** (授業の)時限: A class ~ lasts fifty minutes. 1時限は50分だ.

àfter hóurs 営業[勤務]時間後に.

at áll hòurs (of the dáy and [or] níght) [副]《S》《夜遅くなど》いつでも, 時を選ばず.

at this (ungódly) hóur [副]《S》こんな(とんでもない)時間に.

by the hóur [副] (1) 時間ぎめで, 1時間いくらで (☞ the 1 4) : They hired the boat *by the* ~. 彼らは時間ぎめでボートを借りた. (2) 刻一刻と.

évery hóur on the hálf hóur [副] 毎時30分に.

évery hóur on the hóur [副] 毎正時に, 毎時零分に.

(for) hóurs [副]《略式》何時間も: We have been waiting for ~s. 私たちは何時間も待っている.

(from) hóur to hóur [副] = by the hour (2).

hóur àfter hóur [副] 何時間も(延々と).

hóur by hóur [副] 時々刻々と.

kèep éarly hóurs [動] 🄐 (やや古風) (毎日)早寝をする; (早寝)早起きをする.

kèep láte hóurs [動] 🄐 (1) (毎日)夜更かしをする. (2) (いつもの)仕事にかからない, 家に帰るのが遅い.

kèep régular hóurs [動] 🄐 決まった時間に寝起きをする, 規則正しい生活をする.

... of the hóur [形] 現在[目下]の...: the question *of the* ~ 当面の問題.

on the hóur [副] 正時(きっかり)に.

òut of hóurs [副]《英》営業[勤務]時間外に.

till ìll hóurs (of the níght) [副]《S》《夜》いつまでも, 夜遅くまで.

within hóurs of ... [副] ...してまもなく[数時間のうちに].

wórk lóng [régular] hóurs [動] 🄐 通常より長く[時間通りに]働く.

hóur·glàss 名 C (1時間用の)砂時計; [形容詞的に] (体型が)腰のくびれた.

hóur hànd 名 C (時計の)時針. 関連 minute hand 分針 / second hand 秒針.

hou·ri /húːri/ 名 C 《イスラム教》極楽の天女; あだっぽい女性.

[†]**hóur·ly** /áuəli | áuə-/ 副 **1 1** 時間ごとに: Buses leave ~. バスは1時間おきに出る. **2** たびたび, 絶えず. **expéct ... hóurly** [動] 他 《古風》〈...〉を今か今かと待つ. ―― 形 (名 hour) A **1 1** 時間ごとの. **2** 頻繁な, 絶え間ない.

[*]**house**¹ /háus/ ★動詞の house² との発音の違いに注意. 名 (**hous·es** /háuziz, -siz | -ziz/; 動 house²)

hourglass

```
           →「建物」2 →（特定の目的の）
          ├→「議院」4
「家」1 ─── ├→「劇場」5 →「(中の)聴衆」5
          └→「会社」7
          →「家の者」3 →「家系」,「一家」6
```

1 C 家, 家屋, 住宅 (☞ 類義語, 次ページ挿絵): a ~ 'for rent [《英》to let] 貸家 / He lives in a large ~. 彼は大きな家に住んでいる / My ~ stands by a stream. 私の家は小川のそばに建っている / Our ~ is number 25 Sun Street, London. うちの(住所)はロンドン, サン通り25番(地)です (☞ house number) / People (who live) in glass ~s should not throw stones. 《ことわざ》ガラスの家に住む人は石を投げたりすべきではない(自分に欠点のある人は他人の非をあげつらわないほうがよい).

――― ミニ語彙欄 ―――

コロケーション

動 + house

build a *house* 家を建てる (☞ build 1 語法)
buy a *house* 家を買う
demolish [tear down] a *house* 家を取り壊す
enlarge [extend] a *house* 家を増築する
own a *house* 家を所有する
remodel a *house* 家をリフォームする
rent a *house* (**from** ...) (...から)家を借りる
rent [let] (out) a *house* (**to** ...) (...に)家を貸す

house + 動

a *house* **burns down** 家が全焼する
a *house* **collapses [falls down]** 家が倒壊する
a *house* **faces ...** 家が...に面する[向きである]

形 + house

a **big [huge, large, spacious]** *house* 大きな[広い]家
a **detached** *house* 一戸建ての家
a **five-bedroom** *house* 寝室が五つある家
a **furnished** *house* 家具調度付きの家
a **haunted** *house* お化け屋敷
a **modest [little, small]** *house* ささやかな[小さな]家
a **one [single]-story [storied]** *house* 平屋の家
a **thatched** *house* わらぶき(屋根)の家
a **two-story [storied]** *house* 二階建ての家
a **wooden** *house* 木造の家

――― house のいろいろ ―――

apártment hòuse《米》マンション / **bóarding-hòuse**(賄(まかな)い付きの)下宿屋 / **cóffeehouse** コー

ヒー店 / éating hòuse《安い》飲食店 / gréenhòuse 温室 / hénhòuse 鶏小屋 / líghthòuse 灯台 / lódging hòuse, róoming hòuse《賄いなしの》下宿屋 / schóolhouse 校舎 / sólar house ソーラーハウス / súmmerhòuse あずまや / súmmer hóuse《米》夏の小別荘 / wárehouse 倉庫

関連表現

clean *house* 家の大掃除をする;《弊害などを》一掃する
have an open *house* オープンハウス(パーティー)をする
keep *house* 家事を切り盛りする
live in a studio ワンルームマンションに住む
move [《英》**move** *house*] 引っ越しをする
set up *house* 居を構える
work around the *house* 家の仕事[雑用]をする

2 C [しばしば合成語で]《特別な目的のための》建物, 小屋(☞ *house* のいろいろ).
3 [the ~] 家の者, 家族《全体》: Shut up! Do you want to wake *the* whole ~? 話をやめろ, 家中の者を起こすつもりか.
4 C [普通は H-] 議院; 議事堂; [the H-]《米略式》院,《英略式》下[上]院(☞ chamber 2; congress 表): *the H*~ *of Representatives*《米国・オーストラリアの》下院;《日本の》衆議院 / *the H*~*s of Parliament*《英》国会議事堂 / *the H*~ *of Commons*《英国・カナダの》下院 / *the H*~ *of Lords*《英国の》上院 / *the H*~ *of Councilors*《日本の》参議院 / enter *the H*~《下院》議員になる.
5 C [普通は単数形で] 劇場, 演芸場;《劇場の》見物人《全体》, 聴衆(audience); 上演, 興行: a full [packed] ~ 大入り満員 // ☞ opera house.
6 C [しばしば H-]《特に王族・貴族の》家系, 一家(family)(☞ Windsor²): the Royal *H*~ 王室.
7 C 商社, 会社《特に出版・金融・服飾デザインの会社》; [the H-]《英略式》ロンドン証券取引所.
8 C《学校の》寮; 寮生《全体》;《校内対抗の》組, チーム;《英》《大学の》学寮(college).
9 C《占星術》宮(%%%), ...座《天の12区分の一つ》.
10 [the ~ または this ~]《格式》討論者《全体》.

house arrest 851

a hóuse of cárds [名] (1) トランプで作った家《壊れやすいもののたとえ》. (2) 頼りない計画, もろい事態, 砂上の楼閣. **a hóuse of Gód** [**wórship**] [名]《文》教会. **(as) sáfe as hóuses** [形]《英》全く安全な. **bríng the hóuse dòwn**=**bríng dówn the hóuse** [動] 自《芝居・演技などが》満場をどっと笑わせる, かっさいを博す. **from hóuse to hóuse** [副] 家から家へ. **gèt one's (ówn) hóuse in òrder** [動] 自 =put one's (own) house in order. **gó (àll) róund the hóuses** [動] 自《英》回りくどいことをする[言う]. **líke a hóuse on fíre** [副]《略式》盛んに; すらすらと; 調子よく: get on *like a ~ on fire* (会ったばかりで)すぐ仲よくなる; 調子よくやる. **on the hóuse** [副・形]《飲食費など》店[会社]の費用で[の], 無料で[の]. **pláy hóuse** [動] ままごと遊びをする. **pùt [sèt] one's (ówn) hóuse in òrder** [動] 自《人のことを言う前に》自分のことをきちんとする.

— 形 A **1** 家の; 家内の. **2**《雑誌などが》社内[業界]向けの. **3**《病院の》住み込みの: a ~ surgeon 住み込み外科医.

【類義語】**house** 建物としての家屋をいう. また事務所に用いられる **building** と区別して用いられる. **home** 家庭生活や愛情の中心としての家庭を指すとともに, 特に《米》では住んでいる建物を指すことも多い: A *house* is made of brick and stone. A *home* is made of love alone. 家はレンガと石造り. 家庭は愛のみの手造り. **residence** 建物を指す場合には *house* より上品で多813格式ばった語であるが, また住んでいる場所を意味することもある. **dwelling** 格式ばった語で, 個人または家族の住居をいう. 仕事のための **building** と区別して用いられる.

***house²** /háuz/ ★名詞の house¹ との発音の違いに注意. 動 (**hous·es** /~ɪz/; **housed** /~d/; **hous·ing**) 他 (house¹) **1** 〈...に〉家を供給する,〈...を〉泊める; 収容する: ~ the refugees 難民を収容する.
2〈施設などを〉備える;〈物を〉しまう; 収納する: The hotel ~s five restaurants. ホテルにはレストランが5軒入っている.

hóuse àgent 名 C《英》不動産業者.
***hóuse arrèst** 名 [次の成句で] **ùnder hóuse arrèst** [副・形] 自宅監禁[軟禁]されて.

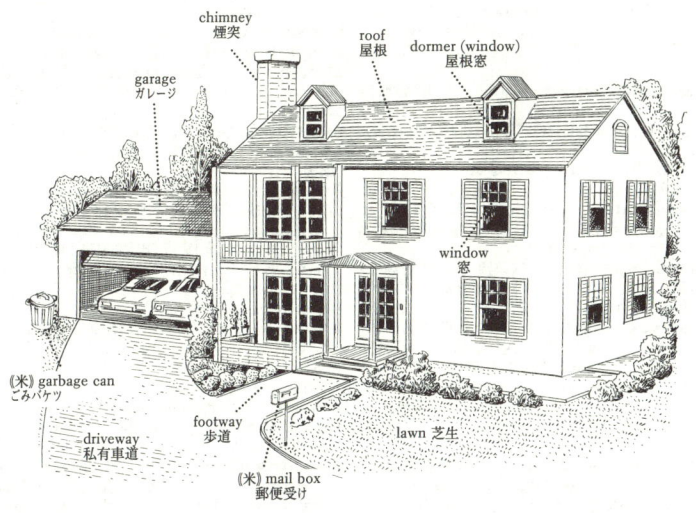

house
- chimney 煙突
- roof 屋根
- dormer (window) 屋根窓
- garage ガレージ
- window 窓
- 《米》garbage can ごみバケツ
- footway 歩道
- driveway 私有車道
- 《米》mail box 郵便受け
- lawn 芝生

852 houseboat

hóuse·bòat 名 C (居住用の)ボートハウス, 居住船.

houseboat

hóuse·bòund 形 (病気・高齢などで)家に引きこもった.
hóuse·bòy 名 C (古風)[差別]下男, 雑役夫.
hóuse brand 名 C (米)販売者ブランド(小売業者自身の名をつけた商品).
hóuse·brèak 動 他 (ペット)に下(し)のしつけをする.
hóuse·brèaker 名 C 押し込み強盗(人).
hóuse·brèaking 名 U 押し込み強盗(行為), 家宅侵入, 住居侵入(罪).
hóuse·brōken 形 (米)(犬・猫などが)家の中に住むようにしつけられた(排便の場所などについても訓練されている)((英) house-trained).
hóuse càll 名 C (医師の)往診; (セールスマンなどの)戸別訪問(販売), 出張サービス.
hóuse·clèaning 名 U,C 大掃除; (会社などの)人員整理, リストラ.
hóuse·còat 名 C ハウスコート(スカートが長く緩やかな女性の部屋着).
hóuse·drèss 名 C (女性の)家庭着, ホームドレス. 日英比較「ホームドレス」は和製英語.
hóuse·fàther 名 C 寮父.
hóuse flàg 名 C (海)社旗, 船主旗.
hóuse·flỳ 名 (-flies) C 家ばえ.
hóuse·frònt 名 C 家の正面[前面].
house·ful /háusfùl/ 名 C 家いっぱい: a ~ of guests 家いっぱいの客.
hóuse·guèst 名 C 泊まり客.
*__hóuse·hòld__ /háushòuld /-hòuldz/ 名 C 1 (英)単数形でも時に複数扱い 家族(全員)(family); (雇い人も含めた)家中の者, 世帯: the number of ~s 世帯数. 2 [形容詞的に]家庭の, 家事の: ~ affairs 家事 / ~ economy 家計 / ~ goods (英)家庭用品 / a ~ cleaner 家庭用クリーナー. 3 [the H-] (英)王室; [形容詞的に]王室の: ~ troops 近衛(ごえ)隊.
Hóusehold Cávalry 名 [the ~] (英)近衛騎兵隊.
*__hóuse·hòlder__ 名 C (格式)家屋所有者[居住者]; 世帯主, 家長.
hóusehold náme [wórd] 名 C だれでも知っている名前[ことば].
hóuse·hùnting 名 U 住宅捜し, 家(い)捜し.
hóuse·hùsband 名 C 家にいて家事を受け持つ夫, 「主夫」(☞ housewife).
*__hóuse·kèeper__ 名 C 1 家政婦; [前に形容詞をつけて]家政の切り盛りが…の人: a good [bad] ~ 家政の切り盛りが上手[下手]な人. 2 (ホテルなどの)清掃主任.
*__hóuse·kèeping__ 名 U 1 家政, 家事; 所帯の切り盛り: light ~ 簡単な家事(掃除・洗濯など). 2 (英)家計費. 3 (設備・財産などの)管理, 維持. 4 《電算》ハウスキーピング(コンピューターが適切に作動するための予備的な作業など). 5 (ホテルなどの)清掃部門.
hóusekeeping mòney 名 =housekeeping 2.
hóuse·lìghts 名 [複][the ~] (劇場の)場内灯.
hóuse magazìne 名 C =house organ.
hóuse·màid 名 C (古風)(女性の)お手伝い.
hóusemàid's knèe 名 U 女中ひざ(ひざをついて働くことで起こる炎症).

Hóuse Majórity Lèader 名 C 下院の多数党の院内総務.
house·man /háusmən/ 名 (-men /-mən/) C 1 (米) =manservant. 2 (英) =intern¹.
hóuse màrtin 名 C いわつばめ.
hóuse màster 名 C (主に英)(寄宿学校の男性の)舎監.
hóuse màte 名 C (英)同居者((米) roommate).
hóuse mistress 名 C (主に英)(寄宿学校の女性の)舎監.
hóuse mòther 名 C 寮母.
hóuse mòuse 名 C 家ねずみ(☞ mouse 参考).
hóuse mùsic 名 U ハウス(ミュージック)(電子音楽を使ったディスコ風ポピュラー音楽).
hóuse nùmber 名 C 戸番, 番地, 家屋番号. 参考 英米では各戸ごとに house number がある. 家屋番号の読み方については ☞ cardinal number 文法 (4).
hóuse ófficer 名 C (英) =intern¹.
hóuse òrgan 名 C (米)社内報.
hóuse pàrent 名 C 寮父[母].
hóuse pàrty 名 C (別荘での泊まり込みの)パーティー; その滞在客(全体).
hóuse phòne 名 C (ホテルなどの)内線電話.
hóuse plànt 名 C 室内植物, インテリア用の植物.
hóuse·pròud 形 (英)家の美化[手入れ]に熱心な.
hóuse·ròom 名 U (英)(家で)収容する場所: I wouldn't give that old desk ~. あんな古い机など置く所がない[不要だ].

*__hous·es__ /háuzɪz, -sɪz | -zɪz/ 名 house¹ の複数形.

hóuse·sìt 動 (-sits; 過去・過分 -sat /-sæt/; -sitting) 自 (英)で)留守番をする.
hóuse·sìtter 名 C (よその家の)留守番をする人.
hóuse slìpper 名 C (米) =(carpet) slipper.
hóuse spàrrow 名 C いえすずめ.
*__hóuse-to-hóuse__ 形 A 戸別訪問の; 戸別の, 戸ごとの(door-to-door): a ~ survey 戸別調査.
hóuse tòp 名 C 屋根. **shóut [procláim, crý, bróadcast]... from the hóusetops** 動 他 〈…〉を世間に吹聴する.
hóuse tràiler 名 C (米)ハウストレーラー(自動車に連結して運ぶ移動住宅).
hóuse·tràin 動 (英) =housebreak.
hóuse·tràined 形 (英) =housebroken.
Hóuse Un-Américan Actívities Commìttee 名 [the ~] (米国の)下院非米活動調査委員会.
hóuse·wàres 名 [複] (米)家庭[台所]用品.
hóuse·wàrming 名 C [普通は単数形で]新居移転祝い(のパーティー).
*__hóuse·wife__ /háuswàɪf/ 名 (複 -wives /-wàɪvz/) C (専業)主婦; [前に形容詞をつけて]家事の切り盛りの人: Mary is a good ~. メアリーは家事をうまくやっている. 参考 普通は勤めに出ずに家事に専念する女性を言う. 勤めに出る主婦は working wife と言う(☞ homemaker 語法).
hóuse·wife·ly 形 主婦らしい.
house·wife·ry /háuswàɪf(ə)ri | -wɪf-/ 名 U 家政, 家事.
hóuse wìne 名 U,C ハウスワイン(レストランで出す銘柄のない廉価(ナ☆)ワイン).
*__hóuse·wives__ 名 housewife の複数形.
*__hóuse·wòrk__ 名 U 家事(洗濯・料理など): I have a lot of ~ to do today. きょうは家事がたくさんある.
*__hous·ing__ /háuzɪŋ/ 名 1 U 住宅供給(☞ food 1 の日英比較): the ~ problem 住宅問題 / the Department [Secretary] of H~ and Urban Development (米)住宅都市開発省[長官](☞ department 表).

2 [U] 住宅《全体》. 3 [C] (機械などの)覆(おお)い.

+**hóusing associàtion** [名] [C] 《英》住居協同組合《建築・購入などのための》.

hóusing bènefit [名] [U] 《英》(低所得者への)住宅手当.

+**hóusing devèlopment** [《英》 **estàte**] [名] [C] 住宅団地.

+**hóusing pròject** [名] [C] 《主に米》(低所得者向けの公営)住宅団地.

Hous·ton /hjúːstən, júːs- | hjúːs-/ [名] [固] **1** ヒューストン《米国 Texas 州南東部の都市; NASA 宇宙センター所在地; ☞ city 表, 表地図 G 5》. **2 Whitney** /(h)wítni/ ～ ヒューストン (1963–)《米国の黒人女性ポップシンガー》. **Hóuston, we hàve a próblem.** [滑稽] ヒューストン, 問題発生だ《Apollo 13 号の宇宙飛行士が飛行管制センターに伝えたことばから》.

hove [動] heave² の過去形および過去分詞.

hov·el /hʌ́v(ə)l, háv- | hɔ́v-/ [名] [C] 掘っ立て小屋, あばら屋.

*__hov·er__ /hʌ́vɚ, hávɚ | hɔ́və/ [動] (**hov·ers** /~z/; **hov·ered** /~d/; **-er·ing** /-v(ə)rɪŋ/) [自] **1** (ヘリコプター・鳥・虫などが)空中に(羽ばたいて)停止する, (空中の一点を)舞う: A helicopter was ~*ing* overhead. ヘリコプターが 1 機頭上で空中停止していた / A butterfly is ***~ing over*** [***above***] the flowers. <V+*over* [*above*]+名・代> ちょうが 1 匹花の上をひらひらと舞っている. **2** うろつく, つきまとう (*about, around, over*). **3** [副詞(句)を伴って]ためらう; さまよう (*around*): ～ *between* life and death 生死の境をさまよう.

hov·er·craft /hʌ́vɚkræ̀ft, háv- | hɔ́vəkrɑ̀ːft/ [名] (複 ～(**s**)) [C] ホバークラフト《高圧の空気を下に吹きつけて水面または地面から浮き上がって走る乗り物; 商標名より》. **by hóvercraft＝in** [**on**] **a hóvercraft** [副] ホバークラフトで.

hóver (mòwer) [名] [C] 《英》ホバーモアー《エアクッション式の草刈り機》.

HÓV làne /éɪtʃòʊvíː-/ [名] [C] 複数乗車車両専用車線《*H*igh *O*ccupancy *V*ehicle Lane の略; 2 人以上の人が乗った車だけが通行できる道路車線; 普通はダイヤモンド型のマークがつけてある; ☞ carpool lane, diamond lane》.

how¹ /háʊ/

①	どんな風に	1
②	どの程度	2
③	どんな状態で	3
④	まあ何と	4
⑤	どうして	5

— [副] 《疑問副詞》 **1** [様態・方法などを問う]**どんな風に, どんな具合に,** どんな方法で: *H*～ can I get to Hyde Park? ハイドパークへはどう行ったらよいでしょうか / *H*～ do you pronounce this word? この語はどう発音しますか / *H*～ else can I do it? ほかにどうやってそれができますか, ほかに方法がありますか. [語法] しばしば to 不定詞や節が続く (☞ how² [接]): He taught me ～ *to* swim. 彼は私に泳ぎ方を教えてくれた[名詞句を導く] / [言い換え] Tell me ～ *to* behave at the dance. [名詞句を導く] =Tell me ～ I should behave at the dance. [名詞節を導く]ダンスパーティーではどうふるまったらよいのか教えてください / *H*～ you do it is up to you! それをどうやってやるかはあなたの決めることだ [名詞節を導く] // "*H*～ did she cut Lucy's hair?" "Beautifully [Very short, With my scissors]." 「彼女はルーシーの髪をどんな風に[どうやって]切ったの」「美しく[とても短く, 私のはさみで]切ったよ」/ "*H*～ did the interview go?" "It went fine." 「面接はどうだった」「うまくいったよ」

2 [程度などを問う; しばしば形容詞または副詞を伴って] **どの程度(...), どれほど(...); いくらで:** *H*～ *cold* is it outside? 外はどれぐらいの寒さですか / *H*～ *many* stops are there before Yokohama? 横浜までいくつ駅がありますか(横浜はいくつ目ですか). [日英比較] 英語には「いくつ目」に当たる語がないのでこのような言い方になる // *H*～ *much* time do we have left? 残り時間はどれくらいありますか / I don't know ～ *wide* the river is. その川の幅がどのくらいあるのか知らない / *How* do you like ...? (☞ like² [動] 成句). ★ how far, how long, how often, how soon についてはそれぞれの副詞の成句を参照.

> [語法] (1) how は比較級に直接つけられないので次のように much を伴う: *H*～ *much older* is John than you? ジョンはあなたよりいくつ年上か.
> (2) 《格式》で「how+形容詞+不定冠詞+名詞」の語順になることがある (☞ a² 最初の [語法] (2)): *H*～ accomplished *a* singer is she? 彼女は歌手としてどれくらいの力量か.

3 [状態などを問う] (健康・天候などが)**どんな状態で, どのように, どんな具合で:** *H*～ do you feel? お体の具合はいかがですか《病人に尋ねて》/ "*H*～ is your mother?" "She is very well, thank you." 「お母さまはいかがですか」「おかげさまでとても元気です」/ *H*～ do I look in this sweater? このセーター(を着たところ)はどうですか / *H*～ do you find [are you finding] Japan? 日本はいかがですか / *H*～'s the weather in Boston today? きょうのボストンの天気はどうですか《例えばボストンに電話したときなど》/ *H*～ was your trip? 旅行はどうでしたか.

4 /hàʊ/ [感嘆を表わして] **(まあ)何と...:** *H*～ tall you've grown! まあ大きくなったわね / *H*～ well she can skate! 彼女は何てスケートが上手なのだろう / *H*～ kind of you! まあご親切に / *H*～ I wish I could go with you! 君といっしょに行けたら本当にいいのになあ.

> [語法] **感嘆の表現**
> (1) what も感嘆を表わすのに用いるが what の次には普通は形容詞を伴う名詞が続くのに対して, how の次には形容詞か副詞がくる (☞ what¹ [形] 2 [語法]). ただし副詞は省略することもある: *H*～ (hard) it is blowing! ひどい風だねえ / *H*～ we laughed! 何と笑ったことか.
> (2) *H*～ clever he is! (彼は何て頭がいいんだろう)のような完全な文の感嘆文は格式ばった表現であまり用いない. 普通は *H*～ clever! のような省略文にするか *What* a clever man! / He's *so* clever. / Isn't he clever! のように言う.

5 [理由などを問う] [S] **どうして,** どういうわけで《can, could を伴うのが普通》: *H*～ *can* [*could*] you say such rude things? どうしてあなたはそんな失礼なことが言えるのですか(言うべきではない) / [言い換え] *H*～ *can* I (possibly) persuade him? (=I *can never* persuade him.) (一体)どうして私が彼を説得できようか(とても無理だ) (☞ rhetorical question [文法]) / *H*～ *could* [*can*] I have been so stupid? どうしてそんな間抜けなことをした[言った]んだろう.

Ànd hów! [S] 《古風》[時に皮肉] とても; そうですとも: [会話] "Did you hear what he said?" "*And* ～!" 「彼の言ったことを聞きましたか」「聞きましたとも」

Hów abòut ...? [S] (1) [提案・勧誘などを表わして] **...はいかが[どう]ですか:** *H*～ *about* a cup of tea? お茶を 1 杯いかがですか / I want to go for a drive. *H*～ *about* you? 私はドライブに行きたい. あなたはどう. (2) [意見・説明などを求めて] ...はどう(なの)ですか: *H*～ *about* this new car? この新車はいかがですか / *H*～ *about* the children? We can't just leave them by themselves. 子

how

供たちはどうする. 子供たちだけ残すわけにはいかないよ.
Hów abòut dóing? Ⓢ …するのはどうですか, …しませんか (What about doing?): H~ about going on a picnic? ピクニックに行きませんか.
Hòw abòut thát! 〔感〕Ⓢ《略式》驚いた[すごい]ねえ.
Hów áre you? Ⓢ (1) お元気ですか, こんにちは《知人に会ったときのあいさつ》《体の調子[気分]はいかがですか》: 〔金製〕"H~ are you, Mr. Smith?" "I'm very well [I'm fine], thank you; (and) ~ are you?" 「スミスさん, お元気ですか」「ありがとう, 元気です. あなたは?」〔語法〕問いかけの文では Hòw are yóu? のアクセントが普通; Hòw are yóu? のこともある. 返事のアクセントは Hów are yóu? (2) はじめまして, こんにちは《初対面のあいさつ》☞ How do you do?〔語法〕
Hów are you dóing? Ⓢ《略式》元気かい.
Hòw cán [cóuld] you?〔感〕まあひどい!
Hów ∴ can you gét?〔形容詞 crazy, stupid, mean, selfish, ungrateful, lucky などを加えて〕《略式》なんという…だ《問題になっている人について驚き・不信・非難を表わす》: He didn't give me a hand with my trunk! H~ unkind can you get? あいつトランクを運ぶのに手も貸してくれなかった. 不親切な男もいたもんだ.
Hów cóme ...? Ⓢ《略式》どうして…なのか, なぜ…か《強い驚きを表わす》: H~ come you didn't say anything? どうして何も言わなかったのですか.
Hów dáre ...? ☞ dare² 成句.
Hów do you /-dju:-/ **dó?** Ⓢ《古風》はじめまして, こんにちは.〔語法〕改まった初対面のあいさつとして用いる; 言われたほうも同じように How do you do? と言う; 改まったとき以外では How are you? と言うことが多い.
Hów do you líke thát!〔感〕Ⓢ = How about that!
hòw éver ☞ how ever の項目.
Hów is it (that) ...? どうして…なのか; …はどうしてか (Why is it that ...?): H~ is it (that) you heard about that? そのことをどうやって[どこで]聞いたの, なんでそのこと知ってるの.
Hòw múch (is [are] ...)? Ⓢ《…は》いくらですか《値段を尋ねることば》: 〔金製〕"H~ much is this pen?" "Ten dollars." 「このペンはいくらですか」「10 ドルです」
Hów só? Ⓢ どうしてそうなのか, どうしてか (Why?).
Hòw's thát? Ⓢ (1) それはどういうわけ[どうして]か. (2) それをどう思いますか; あれ[これ]でどうでしょう《具合・意見を尋ねるとき》: Let me put this pillow under your head. There. H~'s that? このまくらを頭の下へ入れてあげよう. ほら, どう. (3) え, 何でしたって《もう一度言ってください》.
Hòw's thát for ...? (1) …の点[具合]はどうですか. (2)《略式》すごい…ではないか.
—〔名〕[the ~] やり方. 〔関連〕know-how ノウハウ, 実際的知識. **ány (òld) hòw**〔副〕Ⓢ《略式》いいかげんに, 適当に. **the hów(s) and (the) whý(s)**〔名〕方法と理由 (of).

***how**² /háu/〔副〕〔関係副詞〕**1**〔先行詞を含んで〕…するやり方[方法]Ⓢ (the way): This is ~ Columbus reached America. こうしてコロンブスはアメリカに到着した. **2** Ⓢ どのようにでも…のように (however): You can do it ~ you like. どのようにでも好きなやり方でそれをしてよい. **Thát's hòw it ìs.**〔説明の後に用いて〕そう[こう]いう次第です, それが実情です. **This is hòw it ìs.**〔説明の前に用いて〕(実)はこういうことです.

—〔接〕…ということの《次第》《the fact that》: He told me ~ he beat Tom at tennis. 彼は私にテニスでトムに勝った話をした / It's funny ~ Bill succeeds in everything. ビルがやることが何でもうまく行くのは妙だ.
How·ard /háuəd/ -əd/〔名〕〔男〕ハワード《男性の名》.
Hóward Jóhnson's〔名〕〔商〕ハワードジョンソン《米国のレストランチェーン》.
Hóward Lèague for Pénal Refórm〔名〕〔商〕[the ~] ハワード刑罰改革連盟《体刑や死刑に反対し, 国際的な刑罰改革を目指す英国の組織》.
how·be·it /hàubí:ɪt/〔副〕《古語》しかしながら.
***how'd** /háud/《略式》**how¹ would の短縮形**: 〔金製〕"H~ you like your steak?" "Rare [Well-done], please." 「ステーキはどのように焼きましょうか」「生焼け[中くらい, よく焼いた]のにしてください」
how'd¹ /háud/《略式》**how¹ did**¹ の短縮形.
how·dah /háudə/〔名〕Ⓒ 客かご《象やらくだの背に取り付け, 数人乗りで普通は天蓋(てんがい)がある》.
how-do-you-do /háudʒədú:-/〔名〕[a fine [nice, pretty] ~ として]《略式》困った状況.
how·dy /háudi/〔間〕《米略式》やあ!, よお!, こんにちは!
How·dy Doo·dy /háudidú:di/〔名〕〔商〕『ハウディ・ドゥーディ』《米国の子供向けテレビ番組 (1947-60); 赤毛でそばかすだらけのカウボーイ姿の少年 Howdy Doody が主人公の人形劇》.
how-d'ye-do /háudʒədú:-/〔名〕= how-do-you-do.
Howe /háu/〔名〕〔商〕ハウ **1 E·li·as** /ɪláɪəs, əl-/ (1819-67)《米国の発明家; ミシンを発明》. **2 Julia Ward** /wɔ́əd | wɔ́:d/ ~ (1819-1910)《米国の女性解放論者》.

***how·ev·er**¹ /hàuévə/ -və/〔副〕**1**〔譲歩の副詞節を導いて〕(1)〔形容詞・副詞を修飾して〕どんなに…でも, いかに…であっても (no matter how ...): H~ busy she is [may be], she walks her dog every day. どんなに忙しくても彼女は毎日犬を散歩させる / H~ hard he works [may work], he cannot finish it in a day. どんなに一生懸命働いても彼は1日でそれを終えることはできない.〔語法〕〔主語と〕be 動詞が省略されることがある: A project, ~ brilliant (it is), is useless without the power to see it through. 計画がどんなに立派でも最後までやり通す力がなければ無益である. (2)〔動詞を修飾して〕どのように…しても, どんな方法で…しても: H~ you (may) do it, the result will be the same. どうやっても結果は同じだろう. (3) どのようにでも…のように: Arrange the flowers ~ you like [want]. 花はどのようにでも好きなように生けてよい.

2 /hàuèvə | -èvə/〔つなぎ語〕(1) しかし, けれども, にもかかわらず《前述の事柄から期待・予想されることに反する状況を述べる; ☞ but 類義語》: The book is probably a very good one. H~, I do not want to read it. その本はおそらくよい本だろう. しかし私は読みたくない / He thought of a new plan. Later, ~, he decided to give it up. 彼は新しい計画を考えついた. けれども後になってそれをあきらめることにした / He said he was sure to succeed; he failed, ~. 彼はきっと成功すると言った. しかし失敗してしまった. (2) しかし, けれども《前述の事柄と対照的なことを述べる; ☞ but 類義語》: His songs were popular with teenagers. Adults, ~, did not like them. 彼の歌は十代の若者の間では人気があった. しかし大人は彼の歌を好まなかった. (3) しかし, けれども; [文頭で] ところで《話を次の段階[話題]に移すときのつなぎのことば》: H~, there are differences of opinion about the space program. しかし, 宇宙計画についてはいろいろな意見がある.

***how ev·er, how·ev·er²** /hàuévə | -və/〔副〕〔疑問副詞 how の強意〕《主に英》一体どんな風に, どのような方法で: H~ did she return home? 一体どうやって彼女は家に帰ったのだろうか《☞ ever 5〔語法〕》.
how·itz·er /háuɪtsə | -tsə/〔名〕Ⓒ 榴弾(りゅうだん)砲.
***howl** /hául/〔同音〕how'll;〔類音〕foul〕〔動〕(**howls** /~z/; **howled** /~d/; **howl·ing**)〔自〕**1**《犬・おおかみなどが》遠ぼえする《☞ cry 表, dog, jackal, wolf》: The wolves are ~ing in the distance. 遠くでおおかみがほえている.

2 (風などが)うなる，ひゅーひゅーいう：The wind *~ed through* the trees. 風が音をたてて木立ちを吹き抜けた. 3 (人が)(苦痛・怒り・要求などで)わめく，大声を出す，泣きわめく (*for, in*); 大笑いをする：~ *with* laughter 大笑いする. — [他]《略式》〈…〉を[と]泣きわめきながら言う，大声で言う. **hówl dówn** [動] [他]〈…〉をどなって黙らせる. — [自]《米》(車などが)ビューッと走る.

— [名] (~s /~z/) [C] 1 (犬・おおかみなどの)遠ぼえ. 2 わめく声，叫び(声); 大笑い：~*s of* laughter 大笑いの声. 3 風のうなる音;〔通〕ハウリング.

howl·er /háʊlɚ | -lə/ [名] [C] 1 ほえる獣; わめく人. 2《略式，主に英》大間違い，ばかげたへま.

howl·ing /háʊlɪŋ/ [形] [A] 1 ほえる，わめく. 2《略式》途方もない，ものすごい：a ~ success 大成功.

*__how'll__ /háʊl/ ([同音] howl; [類音] foul)《略式》**how**[1] **will**[1] の短縮形：*H*~ we get the money? どうやって金を手に入れようか.

*__how're__ /háʊɚ | háʊə/《略式》1 **how**[1] **are**[1] の短縮形：*H*~ your parents? ご両親はいかがですか.

2 **how**[1] **are**[2] の短縮形：*H*~ your students doing? 生徒たちはどうしていますか.

__how's__[1] /háʊz/ 1《略式》how**[1] **is**[1] **の短縮形**：*H*~ your cold [business]? かぜ[商売]の具合はどうですか.

2《略式》**how**[1] **is**[2] **の短縮形**：“Hi, Jim! *H*~ it going?” “Fine. *H*~ everything with yóu?”「やあジム，どんな具合だい」「元気だよ．君のほうはどう」 ★ あとの How's は 1.

*__how's__[2] /háʊz/《略式》**how**[1] **has**[2] の短縮形.

hòw·so·éver [副]《文》=however[1] 1.

hów-tó [形] [A] 実際的な技術を教える：a ~ book「…のしかた」式の本，ハウツーもの.

*__how've__ /háʊv/《略式》**how**[1] **have**[2] の短縮形：*H*~ you been? どうしてた，元気だった?

how·zat /hàʊzǽt/ [感]〔クリケ〕あれはどうです《アウトか否か審判に判定を要求することば》.

hoy /hɔ́ɪ/ [感] おい《注意を引くかけ声》.

hoy·den /hɔ́ɪdn/ [名] [C]《文》おてんば娘.

Hoyle /hɔ́ɪl/ [名] [C] (トランプ遊戯の)規則本《英国の Edmond Hoyle (1672–1769) が編集した》. **accórding to Hóyle** [副・形] 規則通りに[の].

hp /éɪtʃpíː/ [略] =horsepower.

h.p., HP /éɪtʃpíː/ [略]《英》=hire purchase：on *HP* 分割払いで.

hPa [略] =hectopascal.

⁺**HQ** /éɪtʃkjúː/ [略] =headquarters.

⁺**hr, hr.** [略] 1 時間 (hour)，…時間 (hours).

HR [略] =home run; human resources.

H.R. [略] =House of Representatives (米国の)下院，(日本の)衆議院.

H.R.H. /éɪtʃàɚéɪtʃ | -àː(r)éɪtʃ/ [略] =His [Her] Royal Highness《☞ highness 1》.

hrs [略] =hours《☞ hour》.

HRT /éɪtʃàɚtíː | -àː-/ [名] [U] =hormone replacement therapy.

HS, H.S. [略] =high school 1.

HSC /éɪtʃèssíː/ [略]《豪》=Higher School Certificate 高等学校卒業試験.

HST [略] =Hawaii Standard Time (旧)ハワイ標準時.

ht, ht. [略] =height.

HT [略] =Hawaii time.

HTML /éɪtʃtìːèmél/ [名] [U]〔電算〕HTML《*Hyper*text *M*arkup *L*anguage の略; インターネット上にホームページを記述する規約; この書式のファイル名は .htm(l) で終わる》.

http [略] Hypertext Transfer protocol《WWW でハイパーテキストを転送する方式》.

H_2O /éɪtʃtùːóʊ/ [名] [U]〔化〕水.

HUAC /húːæk, hjúː-/ [略] [the ~] =House Un-American Activities Committee.

Huang Hai /hwàːŋháɪ | hwæ̀ŋ-/ [名] [固] 黄海《中国と朝鮮との間の海》.

Huang He /hwàːŋhə́ː | hwæ̀ŋ-/ [名] [固] 黄河《中国北部の大河》.

⁺**hub** /hʌ́b/ [名] [C] 1 (車輪の)こしき《☞ wheel 挿絵》，(自転車の)ハブ《☞ bicycle 挿絵》. 2 [普通は単数形で] (活動などの)中心：the ~ *of* the universe 世界の中心. 3 ハブ空港《乗り継ぎの中心》.

húb-and-spóke [形]〔空〕ハブアンドスポーク方式の《周辺空港の便をすべてハブ空港に集める空路システム》.

Hub·ble /hʌ́bl/ [名] [固] **Edwin Powell ~** ハッブル (1889–1953)《米国の天文学者》.

hub·ble-bub·ble /hʌ́blbʌ̀bl/ [名] [C] ブクブク，ガラガラ《泡立つ音・うがいの音》; ベチャベチャ《話し声》.

Húb·ble Tèlescope /hʌ́bl-/ [名] [the ~]〔天〕ハッブル宇宙望遠鏡《スペースシャトルで打ち上げられた》.

hub·bub /hʌ́bʌb/ [名] [U または a ~] がやがや; 騒ぎ; 喧騒(けんそう)：cause *a* ~ 騒ぎを引き起こす.

hub·by /hʌ́bi/ [名] (**hub·bies**) [C]《古風，略式》夫 (husband).

hub·cap /hʌ́bkæ̀p/ [名] [C] (自動車の車輪の)ホイールキャップ《☞ car 挿絵》.

Hu·bert /hjúːbɚt | -bət/ [名] [固] ヒューバート《男性の名; 愛称は Bert》.

hu·bris /hjúːbrɪs/ [名] [U]《格式》傲慢(ごうまん)，不遜(ふそん); 自信過剰.

huck·le·ber·ry /hʌ́klbèri | -b(ə)ri, -bèri/ [名] (**-ber·ries**) [C] こけももの類の低木《北米産》; こけももの実《紫黒色で食用》.

Húcklebèrry Fínn /-fín/ [名] [固] ハックルベリーフィン《Mark Twain 作の小説の主人公》.

Húckleberry Hóund [名] [固] 珍犬ハックル《米国のテレビアニメに登場する犬》.

huck·ster /hʌ́kstɚ | -stə/ [名] [C] 1《米》強引なセールスマン; (ラジオ・テレビの)コマーシャル制作者. 2《古風》街頭の物売り，行商人.

huck·ster·is·m /hʌ́kstərɪzm/ [名] [U] 強引な売り込み.

HUD /hʌ́d/ [略]《米》=(Department of) Housing and Urban Development 住宅都市開発(省).

⁺**hud·dle** /hʌ́dl/ [動] [自] 1 身を寄せ合う，群がる (*together, up*);《米》(密議などのために)寄り集まる (*with*). 2 [副詞(句)を伴って] 体を丸める; 身を寄せる (*up; against, to*). 3〔アメフト〕ハドルする. — [他] [普通は受身で]〈…〉をごたごた集める; 詰め込む (*together*). — [名] [C] 1 群衆; 寄せ集め (*of*). 2〔アメフト〕作戦会議. **gò [gèt] ìnto a húddle** [動] [自] 密議をする (*with*).

Hud·son /hʌ́ds(ə)n/ [名] [固] 1 [the ~] ハドソン川《米国 New York 州東部の川; ☞ 表地図 I 3》. 2 ~ **Bay** ハドソン湾《カナダの中央部に入り込んでいる大西洋の一部; ☞ 表地図 H 1》.

Húd·son's Bày blánket /hʌ́ds(ə)nz-/ [名] [C]《カナダ》ハドソンズベイブランケット《色縞のある丈夫な羊毛製毛布》.

⁺**hue**[1] /hjúː/ [名] [C]《文》1 色，色合い《☞ color 類義語》：a cold ~ 冷たい色 / flowers of every ~ 色とりどりの花. 2 傾向，型，種類：views of every ~ 様々な見解.

hue[2] /hjúː/ [名] [次の成句で] **ráise a húe and crý** [動] [自] (…に対して)ごうごうたる非難[抗議]の声をあげる (*against*); (政策などが)非難の声をひきおこす.

⁺**huff** /hʌ́f/ [名] [次の成句で] **in a húff** [形・副] むっとした[て]. **gèt [gò] ìnto a húff** [動] [自] むっとする. — [動] [自]《略式》[しばしば huff and puff として] 1 息をきらす. 2 (何もしないで)あれこれと文句を言う

H

huffily (about). ― 他 1 むっとして⟨…⟩と言う. 2 《米俗》⟨シンナーなど⟩を吸う. **húffing and púffing** 名《略式》(1) 息をきらすこと. (2) 文句を言ってごねること.

huff·i·ly /háfɪli/ 副《略式》むっとして, 不機嫌に.

huff·y /háfi/ 形 (**huff·i·er**, **-i·est**)《略式》むっとしている (with); 怒りっぽい.

*__hug__ /hʌ́g/ 動 (**hugs** /-z/; **hugged** /-d/; **hug·ging**) 他 1 ⟨人⟩を抱き締める; 両腕で抱える, (熊が)前足で抱え込む: Meg *hugged* her son. メグは息子をしっかりと抱き締めた. ★家族や親しい人の間で挨拶として行なう. 2 ⟨車・馬・人など⟩が, ⟨…⟩に沿って進む; ⟨車・タイヤが⟩⟨路面⟩にぴったり密着する: The ship *hugged* the shore. 船は岸を離れずに航行した. 3 ⟨衣服が⟩⟨体など⟩にぴったりくっつく. 4 ⟨考えなど⟩を熱心に信奉する, 強く抱く.
― 自 抱き合う; しがみつく, 抱きつく. **húg onesèlf** [動] 自 (1) ⟨…⟩を大変喜ぶ (on, for, over). (2) (寒さなどで)ちぢこまる. ― 名 C 抱き締めること, 抱擁: She gave her son a big ~. 彼女は息子をぎゅっと抱き締めた // ☞ bear hug.

*__huge__ /hjúːdʒ/ 形 (①) 1 巨大な, 途方もなく大きい (反 tiny) 莫大な: a ~ monster 巨大な怪物 / a ~ sum of money 莫大な金額 / a ~ success 大成功. 2《略式》超人気の, とても有名な.
~·ly 副 大いに, すごく. **~·ness** 名 U 巨大さ.
【類義語】**huge** 最も一般的な語で, 大きさ・量・程度などが大きいことを, a *huge* plane 巨大な飛行機. **enormous** *huge* よりも少し格式ばった語で大きさ(特に広がり)・程度が並外れて大きいこと: an *enormous* crime 大変な犯罪. **immense** 計ることができないほど広がりのある大きなことを意味する: an *immense* stretch of land 広大な土地. **vast** 広がり・量の大きなこと: a *vast* ocean 広い海. **giant, gigantic** はいずれも並外れた大きさや範囲を表わすが, *gigantic* は比喩的にも用いられる: a *gigantic* pumpkin 巨大なかぼちゃ. **tremendous**「ばかでかい」の意になることが多いが, 恐らくは⟨びっくりするほど⟩大きい, という感じで用いられ, 量や程度の大きさについてもいう: a man of *tremendous* strength ものすごい力持ち.

hug·ger-mug·ger /hʌ́gərmʌ̀gər│hʌ́gəmʌ̀gə/ 名 U《古風》1 混雑, 混乱. 2 秘密. ― 形 副《古風》1 乱雑な[に]. 2 内密の[に].

Hugh /hjúː/ 名 男性の名.
Hughes /hjúːz/ 名 1 **Howard** ~ (1905-76)《米国の実業家; 大金持ちだが人嫌いで有名だった》. 2 **Lang·ston** /lǽŋstən/ ~ (1902-67)《米国の黒人詩人・小説家》.

Hu·go /hjúːɡoʊ│hjúː-/ 名 **Vic·tor** /víktər│-tər/ **Ma·rie** /məríː/ ~ ユーゴー(1802-85)《フランスの作家》.

Hu·gue·not /hjúːɡənɑ̀t│-nòʊ/ 名 C, 形 ユグノー教徒(の)《16-17世紀ごろのフランスの新教徒》.

*__huh__ /hʌ́, hm/ 感《人にかけて発音するが》《略式》1 [文末で]《主に米》…だね, …でしょうか《同意を求める》: Beautiful day, ~? すばらしい日だね. 2 ふん, へえ; 何だって《軽蔑・驚き・疑問などを表わす》. 語法 単語として読むときには /há/ と発音する.

huh-uh /hʌ́ʔʌ̀/ 感 いやいや《否定を表わす》.

Hu Jin·tao /húː dʒìntáu/ 名 胡錦濤(こきんとう)(1942-)《中国の政治家; 国家主席(2003-)》.

hu·la /húːlə/, **hu·la-hu·la** /húːləhúːlə/ 名 C フラダンス《Hawaii の民族舞踊》.

húla hòop 名 C フラフープ.
húla skìrt 名 C フラダンスのスカート.

*__hulk__ /hʌ́lk/ 名 C 1 (船などの)残骸(ざんがい), 廃船《船体》《貯蔵用などに用いる》. 2 ずうたいの大きな男, うどの大木; かさばる物.

hulk·ing /hʌ́lkɪŋ/ 形《略式》ずうたいがばかでかい, かさばる; 大きくて不格好な.

*__hull__[1] /hʌ́l/ 名 (~s /-z/) C 船の本体, 船体: The ~ didn't suffer serious damage in the storm. そのあらしで船体に深刻な損傷はなかった. 関連 bow 船首 / stern 船尾.

hull[2] 名 C (種・果実の)外皮《豆のさや・レモンの皮・もみ殻・くりのいが・いちごのへたなど》.
― 他 ⟨…⟩の殻[外皮]を取る, 皮(さや)をむく.

hul·la·ba·loo /hʌ́ləbəlùː/ 名 (~s) [普通は単数形で]《略式》がやがや, ごった返し; (報道などの)大騒ぎ.

*__hul·lo__ /həloʊ́, hʌ-/ 感, 名 (~s), 動《主に英》= hello.

*__hum__ /hʌ́m/ 動 (類音 ham, hung) 動 (**hums** /-z/; **hummed** /-d/; **hum·ming**) 自 1 鼻歌を歌う; ハミングする: She always ~s while she works. 彼女は仕事をなるべく鼻歌を歌う / We all *hummed* to the music. <V+to+名・代> 我々はみなその音楽に合わせてハミングした.
2 (はち・機械などが)ぶんぶんいう, ぶーんという《☞ cry 表 bee》: The bees are *humming around* from flower to flower. <V+副> みつばちが花から花へぶんぶん飛び回っている《☞ from 1 語法 (3)》. 3 口ごもる, (うーんと言って)ためらう. 4 (事業などが)景気がよい, (場所が)活気がある (with).
― 他 ⟨…⟩をハミングで歌う; 鼻歌を歌って⟨…⟩にーさせる: He was *humming* a song. 彼は鼻歌を歌っていた / She *hummed* the child *to* sleep. <V+O+to+名> 彼女は歌を歌って子供を寝かしつけた.

húm and háw [há] [動]《英略式》= hem and haw《☞ hem[2] 成句》.
― 名 C [単数形で] 1 ぶんぶん(いう音), 鼻歌: the ~ of bees みつばちのうなる音. 2 (遠方の)がやがや, 雑音: a ~ of voices がやがやいう人声 / We heard the ~ of distant traffic. 遠くから車の騒音が聞こえた. ― 感 うーむ, ええと《ためらい・考えごと・不満などを表わす》.

*__hu·man__ /hjúːmən/ 形《名 humanity, humanism, ① húmanize; 反 inhuman) 1 (神・動植物・機械などに対し)人間の, 人の: the ~ body 人体 / ~ life 人命 / This monkey's intelligence is almost ~. この猿の知能はほとんど人間並みだ. 関連 divine 神の / animal 動物の.
2 人間的な, 人間らしい, 人間味のある: ~ error 人為的ミス / have the ~ touch 人間味がある / I wonder if she has any ~ feelings. 彼女は一体人間らしい感情を持っているのかしら / The judge was ~, too. 裁判官も人間だった《恩情があった》/ I'm only ~. 私も人間だ《間違いもある》.
― 名 (~s /-z/) C 人間《☞ man 2 語法》.

*__húman béing__ /hjúːmənbíːɪŋ/ 名 C 人間《☞ man 2 語法》: The only important thing is living like a ~. 大事なのは人間らしく生きることだけだ.

húman cápital 名 U《経》人的資本.

*__hu·mane__ /hjuːméɪn/ 形《名 humánity) 1 人道的な, 人情のある, 人間味あふれる, 慈悲(情け)深い;《処置など》苦痛をなるべく抑えた《反 inhuman, inhumane》: a ~ judge 慈悲深い裁判官 / a person of ~ character 人情味のある人. 2 《古風》人文学の. **~·ly** 副 人道的に, 人情深く; 慈悲[情け]深く. **~·ness** 名 人情深さ; 慈悲深さ; 人道主義.

húman enginéering 名 U 1 人間工学. 2 人間管理.

Humáne Socíety 名《the ~》動物愛護協会《米国の団体》.

Húman Génome Pròject 名《the ~》ヒトゲノム計画《人間の遺伝子をすべて解読する計画》.

húman grówth hòrmone 名 U《生化》成長ホルモン.

húman immunodeficiency vìrus

C =HIV.

húman ínterest 名 U (新聞記事などの)読者の関心を引き付けるもの, 三面ネタ: a ~ story 三面記事.

hu·man·is·m /hjúːmənɪzm/ [しばしば H-] 人文主義; 人文学(特に14-16世紀のヨーロッパでの古典文学研究); 人間中心[至上]主義; secular — 世俗的人文主義. 日英比較 日本語の「ヒューマニズム」は普通は humanitarianism の意味.

hu·man·ist /hjúːmənɪst/ 名 形 人文主義者(の), 人文学者(の). 日英比較 日本でいう「ヒューマニスト」は普通は humanitarian の意味.

hu·man·is·tic /hjùːmənístɪk/ 形 人文主義(者)的な; 人間研究の; 人間中心主義的な.

hu·man·i·tar·i·an /hjuːmæ̀nətɛ(ə)riən/ 形 人道主義的な, 人道的な, 博愛の: ~ aid 人道的な援助. — 名 C 人道主義者, 博愛家 (☞ humanist 日英比較).

hu·man·i·tar·i·an·is·m /hjuːmæ̀nətɛ(ə)riənɪzm/ 名 U 人道主義, 博愛(主義) (☞ humanism 日英比較).

hu·man·i·ty /hjuːmǽnəti/ 名 (-i·ties /-z/; 形 húman, humáne; 反 inhumanity) 1 U 人類 (mankind): crimes against ~ 人類に対する犯罪 / Do advances in science help all ~? 科学の進歩は全人類に役立つか.

2 U 慈悲, 人情, 親切: He showed great ~ toward the prisoners. 彼は捕虜に対して慈悲を示した.

3 U 人間性: Literature teaches us about ~. 文学は我々に人間性について教えてくれる / H~ is a mixture of good and bad qualities. 人間の本性はよい性質と悪い性質が入り混じったものだ. 4 [the humanities として複数扱い] (ギリシャ・ラテンの)古典文学; (自然科学に対し)人文科学 (語学・文学・歴史・哲学・芸術などの学問)(arts).

hu·man·i·za·tion /hjùːmənɪzéɪʃən | -naɪz-/ 名 U 人間化; 人間味あるものにすること.

hu·man·ize /hjúːmənaɪz/ 動 形 húman) 他 ⟨…⟩を人間らしくする; 情け深くする; 人道にかなったものにする.

húman·kìnd 名 U (格式) 人類 (mankind): Has ~ lost its way? 人類は道に迷ってしまったのだろうか.

húman·ly 副 人間の力で; 人間らしく: I don't think it's ~ possible. それは人力では無理だと思う.

húman náture 名 U 人間の性, 人情; It's (only) ~ to envy other people's success. ほかの人の成功をうらやむのは人情だ.

hu·man·oid /hjúːmənɔɪd/ 形 (特に機械が)人間の形をした. — 名 C 人間の形をしたロボット.

húman ráce 名 [the ~] 全体の (☞ man 2 語法): the future of the ~ 人類の未来.

húman relátions 名 U (社会・職場などにおける) 人間関係(研究), 人間関係論.

húman resóurces 名 1 U 人事部[課] (全体). 2 [複] 人的資源, 人材.

húman ríghts 名 [複] 人権: H~ are still violated in many parts of the world. 世界各地で未だに人権が侵されている.

húman shíeld 名 C 人間の盾 (敵の攻撃を阻止するために抑留・配置された捕虜・人質など).

hum·ble /hʌ́mbl/ 形 (**hum·bler, more ~; hum·blest, most ~**; 名 humílity)

ラテン語で「低い」の意. (身分が)「低い」**2**
　→(自分を低く考える)→「つつましい」**1**
　→(暮らしが低い)→「質素な」**3**

1 (人・ことば・行動が)つつましい, 控え目な, 謙虚な (反 proud); 卑屈な: a ~ request 控え目な要求 / in my ~ opinion (S) [滑稽な] (丁寧) 愚見を述べますと / He is ~ toward everyone. <A+toward+名・代> 彼はだれに対しても腰が低い.

2 (人・身分・地位などが)低い, 卑しい: a person of ~ birth 生まれの卑しい人 / Do not think of his occupation ~. あの人の職業をつまらないものと思ってはいけない. **3** (物が)質素な, 粗末な; ささやかな; 単純[軽小]だが実用的な: a ~ house 質素な家. **éat húmble píe** [動] 自 屈辱に甘んじる; 平謝りに謝る. 由来 昔, 狩りの後で主人は良い肉を食べ, 使用人は残った臓物で作った粗末なパイを食べたことから. — 動 他 **1** ⟨…⟩を謙虚にさせる; ⟨…⟩のプライドを傷つける; ⟨…⟩の威信を落とす: The president was ~d by the failure of his economic policy. 大統領は経済政策の失敗で威信を傷つけられた. **2** [しばしば受身で] (強敵)を惨敗させる. **húmble onesélf** [動] 自 へりくだる, ぺこぺこする. ~**·ness** 名 U けんそん, 謙虚, 卑下; 卑しさ.

hum·bling /hʌ́mblɪŋ/ 形 みじめな, 屈辱的な.

hum·bly /hʌ́mbli/ 副 けんそんして; 卑しく.

hum·bug /hʌ́mbʌɡ/ 名 **1** U ごまかし, 詐欺; 大うそ, たわ言: Bah, ~. (S) [滑稽] えー, うそだ. **2** C (古風) ぺてん師, 詐欺師, ほら吹き. **3** C (英) はっかあめ. — 動 (**hum·bugs; hum·bugged; -bug·ging**) 他 ⟨…⟩をだます (into, out of).

hum·ding·er /hʌ́mdíŋɚ | -ŋə/ 名 C [普通は単数形で] (略式) すごいやつ, 素晴らしいもの.

hum·drum /hʌ́mdrʌm/ 形 (生活・仕事などが)平凡な; 単調な, 退屈な: a ~ existence 単調な生活.

Hume /hjúːm/ 名 固 David ~ ヒューム (1711–76) (スコットランドの哲学者).

hu·mer·us /hjúːmərəs/ 名 C (複 **hu·mer·i** /-raɪ/)〖解〗上腕骨.

hu·mid /hjúːmɪd/ 形 (空気などが)湿っぽい, 湿気の多い, むし暑い (☞ wet 類義語): Japan has a ~ climate. 日本の気候は湿気が多い.

hu·mid·i·fi·er /hjuːmídəfaɪɚ | -faɪə/ 名 C 加湿器. 関連 dehumidifier 除湿器.

hu·mid·i·fy /hjuːmídəfaɪ/ 動 (**-i·fies; -i·fied; -fy·ing**) 他 ⟨…⟩を湿らす, ぬらす.

hu·mid·i·ty /hjuːmídəti/ 名 U 湿気; (高)湿度: It's not the heat I can't take — it's the ~! がまんできないのは暑さではなくてこの湿気だ.

hu·mi·dor /hjúːmədɔːɚ | -dɔː/ 名 C (古風) (たばこなどに適度な湿度を与える)加湿貯蔵箱[室].

hu·mil·i·ate /hjuːmílièɪt/ 動 他 ⟨…⟩に恥をかかせる, ⟨…⟩の自尊心を傷つける; ⟨…⟩をばかにする: He was ~d by his blunder. 彼は自分の失敗で恥をかいた. **humíliate onesélf** [動] 自 面目を失う, 恥をかく.

hu·mil·i·at·ed /hjuːmílièɪtɪd/ 形 (人が)恥をかいた, 屈辱を受けた.

hu·mil·i·at·ing /hjuːmílièɪtɪŋ/ 形 (間違いなどが)恥をかかせるような, 屈辱的な, 不面目な. ~**·ly** 副 屈辱的[不面目]に.

hu·mil·i·a·tion /hjuːmìlièɪʃən/ 名 (~s /-z/) **1** U 屈辱, 恥, 不面目 (of). **2** C [普通は単数形で] 恥をかかせる[かく]機会[状況] (for).

hu·mil·i·ty /hjuːmíləti/ 名 U (形 húmble) けんそん, 謙虚, 卑下: speak with ~ 謙虚に語る.

hum·ming /hʌ́mɪŋ/ 形 (はち・こまなどが)ぶんぶんいう; ハミングで歌う, 鼻歌を歌う. — 名 U ぶんぶんいう音; ハミング, 鼻歌 (☞ hum).

húmming·bìrd 名 C はちどり (花のみつを吸う米大陸の小鳥).

hum·mock /hʌ́mək/ 名 C (文) 小山, 丘.

hum·mus /hʌ́məs, húm-/ 名 U ホムス (ひよこまめを使ったギリシャ料理).

hu·mon·gous

hummingbird

/hju:máŋgəs/ 形 《略式》巨大な.

hu·mor, 《英》**hu·mour** /hjúːmɚ, júː-|hjúːmə/ 名 (形 húmorous) **1** Ⓤ ユーモア, 滑稽, おかしみ; ユーモアを解する気分力, 機嫌 (《⇨ wit¹ 類義語》): a story full of ~ ユーモアに富んだ話 / This play has no ~ in it. この芝居には全くユーモアがない // ⇨ black humor. **2** [Ⓤ または s] 一時的な気分, 機嫌 (《⇨ mood¹ 類義語》); 気まぐれ, 移り気: My father is in (a) good [bad] ~ today. 《格式》父はきょうは上機嫌[不機嫌]だ. **3** Ⓒ 体液. 語源 ラテン語で「湿気, 液体」の意; 元来は人間の体内の4つの体液を指し, それらの体液の具合により人の健康や精神, さらに気質や気性が決まると考えられていた. **a sénse of húmor** [名] ユーモアを解する心: He has a [no] sense of ~. 彼はユーモアが分かる[分からない]. **óut of húmor** [前] 《古風, 英》不機嫌で. ── 動 (-mor·ing, -mour·ing /-m(ə)rɪŋ/) 他 〈…の〉機嫌をとる, 〈人に〉調子を合わせる; 〈子供を〉あやす: "I don't want to do it." "Just ~ me." 「それはしたくないんだが」「頼む, わがままを聞いてくれ」

-hu·mored, 《英》**-hu·moured** /hjúːmɚd, júːmɚd|hjúːməd/ [合成語で] 機嫌が…の: good-humored 上機嫌な / ill-humored 不機嫌な.

hu·mor·esque /hjùːmərésk, jùː-|hjùː-/ 名 Ⓒ 《楽》ユーモレスク《気ままで気まぐれな曲》.

hu·mor·ist /hjúːmərɪst, júː-|hjúː-/ 名 Ⓒ ユーモアのある人, ユーモア作家; しゃれの上手な人.

húmor·less 形 ユーモアのない. **~·ly** ユーモアなしで. **~·ness** 名 Ⓤ ユーモアのなさ.

hu·mor·ous /hjúːmərəs, júː-|hjúː-/ 形 (名 húmor) 〈人・物事が〉ユーモアのある, 滑稽な, おかしい (funny): a ~ story ユーモラスな話. **~·ly** 副 滑稽に.

hu·mour /hjúːmɚ, júː-|hjúːmə/ 名 動 《英》 humor.

hump /hʌmp/ 名 Ⓒ **1** (背の)こぶ; (らくだの)こぶ. **2** (路面などの)盛り上がり. **3** 《米》山. **búst one's húmp** [動] 自 《米俗》必死に頑張る. **gét [háve, táke] the húmp** [動] 自 (S) 《英式》いらつく, 怒る. **gíve … the húmp** [動] 他 (S) 《英式》〈人を〉いらいらさせる, 怒らせる. **óver the húmp** [形] (仕事などで)峠を越して, 危機を脱した: Now we're over the ~, it'll be all plain sailing. 難所は越したから, 後の航海はすべて順調だろう. ── 動 他 **1** 〈背を〉丸くする, 猫背にする. **2** [副詞(句)を伴って] 《英式》〈重い物を〉かついで運ぶ. **3** 〈卑〉〈人と〉セックスする, 寝る. ── 自 〈卑〉セックスする (with).

húmp·bàck 名 Ⓒ **1** = hunchback. **2** = humpback whale.

húmp·bàcked 形 =hunchbacked.

húmp·bàck(ed) brídge 名 Ⓒ 《主に英》太鼓橋.

húmpback whàle 名 Ⓒ ざとう鯨.

humph /ｍmm, mmm/ 間 ふふん!, へん! 《疑い・軽蔑・不満を表わす》. 語法 単語としてこの語だけを発音するときには /hʌmf/.

Hum·phrey /hʌmfri/ 名 ハンフリー《男性の名》.

Hump·ty Dump·ty /hʌm(p)tidʌm(p)ti/ 名 **1** ハンプティーダンプティー《童謡や童話に出てくる卵を擬人化した人物; 塀から落ちるともとに戻れない》 (⇨ fall² 名 1 最後の例文). **2** Ⓒ (割れた卵のように)元に戻らない状況.

hu·mun·gous /hjuːmʌŋgəs/ 形 =humongous.

hu·mus¹ /(h)júːməs, hjúː-/ 名 Ⓤ 腐葉土.

hum·us² /hámos, húm-/ 名 Ⓤ 《米》 hummus.

hum·vee /hámvìː/ 名 Ⓒ ハムヴィー《米陸軍のディーゼル式軍用車; 元来は商標》.

Hun /hán/ 名 Ⓒ **1** フン族の人 《4-5 世紀に欧州を侵略したアジアの遊牧民》. **2** 《俗》《軽蔑》ドイツ人.

hunch /hʌntʃ/ 動 他 〈背などを〉丸くする. ── 自 [副詞(句)を伴って] 背を丸める (up, forward; over). ── 名 Ⓒ **1** 普通は the ~) 予感, 虫の知らせ: I have a ~ (that) she'll succeed. 彼女はうまくいくような気がする. **2** こぶ; 厚切れ, 塊(⤇る). **pláy [fóllow, áct on] one's [a] húnch** [動] 自 直感[勘]で行動する.

húnch·bàck 名 Ⓒ [差別] 猫背(の人); 脊柱後わん症: The H~ of Notre Dame 『ノートルダムのせむし男』 (Hugo の小説).

húnch·bàcked 形 [差別] 猫背の.

hunched /hʌntʃt/ 形 (寒さ・病気で)背を丸めた[て] (up).

hun·dred /hándrəd/ 名 (複 hun·dreds /-drədz/) **1** Ⓒ **100**, 100人, 100個; 100ドル, 100ポンド (略 h.; ⇨ number 表): Bricks are sold by the ~. れんがは100個単位で売られる (⇨ the¹ 4). 語法 (1) 前に数詞または数量形容詞がくるときは複数語尾 -s をつけない: a [one] ~ 100 / two [three] ~ 200[300]. (2) 100 と 10 位とは 100 位と 1 位の数字の間には《米》では and を入れないのが普通だが, 《英》では and を入れて読むのが普通 (⇨ thousand 語法 (2)). two ~ (and) thirty 230. (3) 年令は 100 位で区切って読むのが普通 (⇨ cardinal number 文法 (5)). 関連 hundredth 100番目の. **2** [a ~] 100歳: He lived to be a ~. 彼は100歳まで生きた. **3** [~s] 《略式》何百, 幾百; 多数の(人物): H~s of people gathered there. 何百人という人々がそこに集まった / Refugees came in (《英》 their) ~s. 難民は, 何百という数でやってきた. **4** Ⓒ 100ドル[ポンド]札. **a húndred to óne** [副・形] 《略式》ほとんど確かで, 十中八九まで: A ~ to one, his plan will turn out to be a failure. 恐らく彼の計画は失敗に終わるだろう. **by húndreds = by the húndred(s)** [副] 何百となく, たくさん. **gíve a húndred (and tén) percént** [動] 全力を尽くす. **húndreds of thóusands of …** [形] 数十万の…, 無数の….
── 形 **1 100の**, 100人の, 100個の: a [one] ~ people 100人の人たち / two [three] ~ years 200[300]年 / There are a ~ cents in [to] a dollar. 1ドルは100セントである. **2** 何百もの; たくさんの: a ~ times 何度も何度も / I have a ~ things to do. 私はすることが山ほどある. **a húndred and óne …** [形] 《略式》多数の…. **∴ húndred hóurs** [名] [one から twenty-four の数詞を前につけて] 《格式》(24時間制の)正… (⇨ hour 4 語法).

húndred·fòld 形 100倍の[に], 100重の[に]; 100の部分からなる[なって].

húndreds and thóusands 名 [複] 《英》あられ砂糖 《菓子などを飾る》.

hun·dredth /hándrədθ/ 形 [限定] **1** [普通は the ~; ⇨ the¹ 1 (4)] **100番目の**[に] (⇨ number 表, ordinal number 文法). **2** 100分の1の. ── 名 (~s /-s/) **1** [普通は the ~] 100番目の人[もの]. **2** Ⓒ 100分の1, 1/100: thirteen ~s ¹³⁄₁₀₀ (⇨ cardinal number 文法 (6)).

húndred·wèight 名 (複 ~s; 数詞の後では ~) Ⓒ ハンドレッドウェート 《重量の単位; 米国では100ポンド, 約45.36キロ; 英国では112ポンド, 約50.8キロ; 略 cwt.; ⇨ pound¹ 表》.

Húndred Yéars' Wár 名 [the ~] 百年戦争

《イングランドとフランスの間の戦争 (1337-1453)》.

*hung /hÁŋ/ 動 (類音 hang, hum) **hang** の過去形および過去分詞. ── 形 1 (議会・陪審団などが同数に割れて)決定不能の; 《電算》ハング(アップ)した: ☞ hung jury, hung parliament.

húng úp (1) 心配しすぎて (on). (2) (人に)夢中になって (on).

Hung. 略 =Hungarian, Hungary.

Hun·gar·i·an /hʌŋɡé(ə)riən/ 形 ハンガリーの; ハンガリー人[系, 語]の (☞ Hung.). ── 名 C ハンガリー(系)人; U ハンガリー語.

Hun·ga·ry /hÁŋɡəri/ 名 固 ハンガリー《ヨーロッパ中南部の共和国; 首都 Budapest; ☞ Hung.》.

*hun·ger /hÁŋɡɚ | -ɡə/ 名 (類音 hanger) 動 形 hungry)
1 U 飢え, 飢餓; 空腹, ひもじさ; ききん: ~ pangs 激しい空腹感 / satisfy ...'s ~ …の空腹を満たす / Many people died of ~. 多くの人が餓死した / H~ is the best sauce. (ことわざ)空腹は最上のソース(空腹にまずいものなし). 関連 thirst のどの渇き.
2 U [また a ~] (格式)熱望, 渇望: The boy's ~ for approval made him study hard. 少年は認めてもらいたいという一念で猛勉強した. ── 動 (-ger·ing /-ɡ(ə)rɪŋ/) 自 (文)熱望する, 渇望する (for, after).

húnger màrch 名 C 飢餓行進《失業者などが生活苦を訴えるデモ》.

húnger màrcher 名 C 飢餓行進参加者.

⁺húnger strìke 名 C ハンスト: go [be] on (a) ~ ハンストをする[している].

húnger strìker 名 C ハンスト参加者.

húng júry 名 [a ~] 不一致陪審《意見が割れて評決が出ない》.

húng·óver 形 P 二日酔いで (☞ hangover 1).

húng párliament 名 C (英)どの党も絶対多数を握っていない議会.

hun·gri·ly /hÁŋɡrəli/ 副 飢えて, ひもじそうに, がつがつと; 熱望して, あこがれて.

*hun·gry /hÁŋɡri/ (同音 *Hungary) 形 (**hun·gri·er** /-griɚ | -griə/; **hun·gri·est** /-griɪst/; 名 húnger) **1** 空腹の; 飢えた: the ~ 飢えた人々 (☞ the¹ 3) / get [feel] ~ 腹がへる[空腹を覚える] / "Shall we eat now?" "Yes, I'm ~." 「今食事にする?」「うん, おなかすいてるんだ」 関連 thirsty のどが渇いた.
2 [普通は A] (表情などが)空腹そうな, ひもじそうな: The boy has a ~ in his eyes. その少年はひもじそうな目つきをしている. **3** P 熱望[渇望]する, あこがれる: Mr. Hill is ~ for [to get] power. ヒル氏は権力欲に燃えている. **4** A (仕事などが)腹のへる. **gò húngry** 動 自 空腹のままでいる.

-hun·gry /hÁŋɡri/ 形 [合成語で] …に飢えている: power-*hungry* 権力欲に飢えた.

⁺hunk /hÁŋk/ 名 C **1** (パン・肉などの)厚切り; 切り取った大きな塊 (*of*). **2** 《略式》たくましくていかす男; 性的魅力のある男, マッチョ.

hun·ker /hÁŋkɚ | -kə/ 動 (-ker·ing /-k(ə)rɪŋ/) 自 (米)しゃがむ (squat). **húnker dówn** 動 自 (米) (1) しゃがむ. (2) 身を潜める. (3) じっと耐える, 腰を据えて; 次の成句で **on one's húnkers** 形・副 (英)しゃがんで.

hun·ky¹, hun·kie /hÁŋki/ 名 C (米俗)《軽蔑》(東欧からの)移民(労働者).

hunk·y² /hÁŋki/ 形 (男性が)がっしりした.

hunk·y-do·ry /hÁŋkidɔ́:ri/ 形 P (略式)(主に状況が)文句なしの, だいじょうぶな, 心配ない.

*hunt /hÁnt/ 動 (~s /hÁnts/; **hunt·ed** /-ṭɪd/; **hunt·ing** /-ṭɪŋ/) 他 **1** 〈野生動物を〉狩る, 狩猟する. (英)〈きつねを〉狩る《普通は馬に乗り猟犬に追わせる》; 動物が〉獲物を〉とる: They ~*ed* foxes in the hills. 彼らは森できつね狩りをした. (米)では獣や鳥を狩るときにもいうが, (英)では猟犬を連れて獣(特に鳥

huntress 859

(よ))を狩るときに hunt を使い, 銃を用いて獣や鳥を撃つときには shoot という.
2 〈犯人などを〉捜す, 探す, 見いだそうとする; 追跡する: Those robbers are *being* ~ed by the police. <V+O の受身> その強盗たちは警察が追跡中である. **3** 〈…を求めて〉〈ある場所を〉捜す (*for*); (英)〈ある場所で〉きつね狩りをして回る. **4** 〈…を〉追い出す, 追い払う (*away*). **5** (馬・猟犬を)狩りに使う; 猟犬係として〈猟犬の群れを〉指揮する.

── 自 **1** 狩りをする; (英)(馬と猟犬を使って)きつね狩りをする; 〈動物が〉獲物を追う: They ~ed in Africa last year. 彼らは昨年アフリカで狩りをした.
2 捜す, 探す, 探し求める: He is ~*ing for* a job. <V+for+名・代> 彼は仕事を探している / She ~*ed through* her desk [drawers] to find the receipt. <V+*through*+名・代> 彼女は領収書を見つけようと机[引き出し]を捜した. **gò húnting** 動 自 狩り[狩猟]に出かける. **hunt dówn** 動 他 〈犯人・敵などを〉追い詰める; 追跡して捕らえる, 捜して見つけ出す. **hunt óut** 動 他 〈しまっておいた物・忘れていた物などを〉(時間をかけて)捜し出す; 追跡して捕らえる. **hunt úp** 動 他 〈情報などを〉(苦労して)探し求める, 探し出す.

── 名 (**hunts** /hÁnts/) C **1** [しばしば合成語で] 狩り, 狩猟; (英)きつね狩り (foxhunt): a deer-~ 鹿(じか)狩り / They had a good ~. 彼らは狩りで獲物をたくさん捕らえた. **2** [普通は単数形で] 追跡, 捜索, 探求《特に長期にわたるか困難なもの》: I found the picture after a long ~. 私は長い間探してやっとその絵を見つけた / The ~ is on for the buried treasure. うずもれた財宝探しが始まった. 関連 witch-hunt 魔女狩り / treasure hunt 宝探し. **3** (狩り猟地域, 狩り猟区; [単数形でも時に複数扱い] (きつね狩りの)狩猟隊, 狩猟会 (foxhunt). **gó on a húnt** 動 自 狩りに行く. 参考 英国では普通はきつね狩り (foxhunt) に行くことをさす. **hàve a húnt aróund for ...** [動] …を探し回る. **on the húnt for ...** [副・形] …を探して, 求めて.

húnt-and-péck 形 《タイプの打ち方が》ひとつひとつ探しながら打つ.

*hunt·er /hÁnṭɚ | -tə/ 名 (~s /-z/) C **1** 狩りをする人, 猟師, ハンター; [前に形容詞をつけて]狩りをする…の人: He is a *good* [*bad*] ~. 彼は狩りが上手[下手]だ. **2** [しばしば合成語で] 〈…を〉ある人: a ~ *after* fame 名誉欲の強い人. **3** 狩りをする動物; きつね狩りに使う馬.

hunt·er-gáth·er·er /-ɡǽðərɚ | -rə/ 名 C 《人類学》狩猟採集生活者.

*hunt·ing /hÁnṭɪŋ/ 名 U **1** 狩猟, (英)きつね狩り (foxhunting): deer ~ 鹿狩り. **2** [しばしば合成語で] 〈…を〉探すこと: job ~ 職探し.

húnting dòg 名 C 猟犬.

húnting gròund 名 C 猟場; 捜し物が見つかりそうな場所. **a góod** [**háppy**] **húnting gròund** [名] (欲しい物が)たやすく見つかりそうな所; 〈…にとって〉絶好の活動[かせぎ]場所 (*for*); (北米先住民の)天国.

húnting knìfe 名 C ハンティングナイフ《剥皮・切離などに用いる》.

húnting pínk 名 U (英)きつね狩りをする人の赤い上着(の服地).

Hún·ting·ton's cho·ré·a /hÁnṭɪŋtənzkɔːríːə | -kɔːríə/, **Húntington's disèase** 名 U 《医》ハンティントン舞踏病, 慢性遺伝性舞踏病《30 代に多く発病するまれな遺伝病; 進行性で痴呆(ほう)に至る》.

hunt·in', shoot·in', (and) fish·in' /hÁnṭɪnʃúːtɪn(ən)fíʃɪn/ 名 U [時に形容詞的に]狩りと鉄砲撃ちと釣り, 有閑階級[貴族]の娯楽.

hunt·ress /hÁntrəs/ 名 C (文)女性ハンター.

hunt saboteur

húnt sabotéur 图《英》きつね狩り反対活動家.
hunts・man /hʌ́ntsmən/ 图 (**-men** /-mən/) C 1 狩猟家, 猟師. 2《英》(きつね狩りの)猟犬係.

*__hur・dle__ /hə́ːdl | hə́ːdl/ 图 1 《スポ》ハードル, 障害物;[複数形で]ハードル競走: clear a ~ ハードルを跳び越える / the 400 meter ~s 400メートルハードル. 2 障害, 困難: overcome [clear] a lot of ~s 多くの困難を乗り越える. 3 可動式編み垣(家畜の囲い). **fáll at the fírst [fínal] húrdle** [動] 自 最初[最終]の段階で失敗する. ── [動] 他 (塀など)を走って跳び越える；〈障害・困難など〉を乗り越える. ── 自 ハードル競走をする[に出る] (over).

*__húr・dler__ /hə́ːdlə | hə́ːdlə/ 图 C ハードル選手.
húr・dling /hə́ːdlɪŋ | hə́ːdlɪŋ/ 图 U 障害物競技.
húr・dy-gúr・dy /hə́ːdi:gə́ːdi | hə́ːdigə́ːdi/ 图 (-gur・dies) C (路上で用いる)手回しオルガン (barrel organ); 手回し式リュート(中世の楽器).

*__hurl__ /hə́ːl | hə́ːl/ 動 (**hurls** /~z/; **hurled** /~d/; **hurl・ing**) 他 1 〈大きく重い物〉を強く投げつける, ほうり投げる (⇨ throw 類義語): He ~ed a stone *at* the dog. 〈V+O+*at*+名・代〉 彼は犬に石を投げつけた. 2 〈悪口・非難など〉を浴びせる (at). ── 自 《略式》1《野》投球する. 2《米略式》吐く, もどす. **húrl onesélf at [agàinst] ...** [動] 他 ...に身を投げる; ...に激しく抗議[非難]する; ...に飛びかかる: hurl oneself at ... (1) (throw 成句). **húrl onesélf ínto ...** [動] 他 〈研究など〉に打ち込む.

hurl・er /hə́ːlə | hə́ːlə/ 图 C 《米略式》野球の投手. 日英比較 「投手の勝ち星競争」の意味の「ハーラーダービー」は和製英語.

hurl・ing /hə́ːlɪŋ | hə́ːl-/ 图 U 強く投げつけること; ハーリング(ホッケーに似たアイルランドの球技).

húr・ly-búr・ly /hə́ːlibə́ːli | hə́ːlibə́ːli/ 图 U 大騒ぎ, ごたごた (of).

Hu・ron /hjú(ə)rən/ 图 1 Lake ~ ヒューロン湖《米国 Michigan 州とカナダとの間の湖;⇨ Great Lakes, 表地図 H 3》. 2 [the ~; 複数扱い] ヒューロン族《米国北部の先住民族》.

hur・rah /hʊrɑ́ː, -rɑ́ː | -rɑ́ː/ 間, 图, 動《古風》= hurray.

*__hur・ray__ /hʊréɪ/ 間 万歳!, フレー!《喜び・歓迎・激励などを表わす》: H~ for the Queen! 女王万歳! / H~, we've won! 万歳, 勝ったぞ! / Hip, hip, ~! ヒップ, ヒップ, フレー! 語法 hurray などの叫び声を 3 回繰り返すことを give three cheers と言う;⇨ cheer 图 成句. ── 图 万歳の声, 歓呼の叫び. ── 動 自 万歳を唱える, フレーと叫ぶ; 声援する.

*__hur・ri・cane__ /hə́ːrəkèɪn, -ɪkən | hʌ́rɪk(ə)n, -kèɪn/ 图 (**~s** /~z/) C ハリケーン《特にカリブ海・メキシコ湾方面の大暴風を言う》. 米国では普通は Hurricane Andrew のように人名を採用している; ⇨ storm 参考 ; 《気象》颶(ぐ)風《秒速 32–3 m 以上の風》: ~-force winds ハリケーン級の風.

húrricane lámp 图 C ほや付き耐風ランプ.

†**húr・ried** /hə́ːrid/ A 〈行動が〉せきたてられた; あわただしい; P〈人〉がせわしい: a ~ meal 大急ぎの食事 / with ~ steps 急ぎ足で. **~・ly** 副 大急ぎで, あわてて.

*__hur・ry__ /hə́ːri | hʌ́ri/ 動 (**hur・ries** /~z/; **hur・ried** /~d/; **-ry・ing**) 自 急ぐ, あわてて行く: Don't ~; we've got plenty of time. 急ぐな, 時間は十分あるから / She picked up her bag and *hurried away off*. 〈V+副〉 彼女はかばんを取り上げるとあわてて行ってしまった / He *was ~ing to* catch his bus. 〈V+*to* 不定詞〉 彼はバスに乗り遅れまいとあわてていた. / "What's the rush?" "They're *~ing to* the station." 〈V+*to*+名・代〉「あの人たち何をあわててるの?」「駅へ急いでいるんだよ」── 他 1 〈人〉をせきたてる, 急がせる; [副詞(句)を伴って] 急いで連れて[持って]行く: Don't ~ her; she is ill. 彼女はせかしてはいけない, 病気なのだから / I *was hurried into* making a decision. 〈V+O+*into*+動名の受身〉 私は決断を急がされた / The patient *was hurried to* a hospital. 〈V+O+*to*+名・代の受身〉 その患者は大急ぎで病院に運ばれた.
2〈仕事など〉をあわててする, 急いでする: We hurried our way through dinner and left home. 私たちは急いで夕食をすませて家を出た.

── **hurry** の句動詞 ──
húrry alóng [動] 自 [普通は命令文で]《古風》急いで行く. ── 他 〈...〉を急いで行かせる[済ませる].
húrry ón [動] 自 1 (止まらずに)急いで行く (to). 2 [しばしば to say を伴って] すぐに続けて(...と)話す, 急いでつけ加える.
*__húrry úp__ [動] 自 (S)《略式》急ぐ: H~ up, or you'll miss the bus. 早くしなさい, バスに遅れますよ. ── 他 〈...〉を急がせる; 急いでやる. **húrry úp with ...** [動] 他 ...を急いでやる.

── 图 U 1 大あわて, 大急ぎ (⇨ 類義語): Everything was ~ and confusion. すべてがてんやわんやの大騒ぎだった / What's your [the] ~ (for)?=Why (all) the ~? どうして急ぐのか.
2 [否定文・疑問文で] 急ぐ必要: Is there any ~? 急ぐ必要があるのか / We can take our (own) time; there's no ~. (S) ゆっくりやればいい, 何も急ぐことはないのだから.
be ín nó [nót in àny] húrry [動] 自 (1) ゆっくり構えている. (2) ...する気がない (to dó).
in a húrry 1 [副] (1) あわてて, 急いで. (2) [否定文で] 《略式》[しばしば皮肉] 容易に(...でない); 喜んで[進んで](...でない): I won't trust you again *in a* ~! もう二度と君を信用しないものか. ── 形 あわてて, 急いで; いらいら[やきもき]して: The boy was *in a* ~ *to* see his mother. 少年は母親に会いたくてやきもきしていた.
in one's húrry (to dó) [副] (...しようと)急ぎ[あせり]すぎて: *In my* ~ *to* catch the train, I left my bag in the taxi. 電車に乗ろうと急ぎすぎて私はかばんをタクシーに置き忘れた.
【類義語】 **hurry** くだけた感じの語で, 興奮や混乱を起こすような急ぎ方をいう: You cannot avoid mistakes when you are in a *hurry*. あわてているときは誤りは避けられない. **haste** hurry より格式ばった語で, 何か目標に向かって急ぐ意味を表わすことがある: We went to the scene in *haste*. 私たちは急いで現場へ行った.

húrry-scúrry 副 あわただしく, あたふたと. ── 形 あわただしい, 大あわての. ── 图 C 大あわて; 混乱.

*__hurt__ /hə́ːt | hə́ːt/《発音》heart》動 (**hurts** /hə́ːts | hə́ːts/; 過去・過分 **hurt**; **hurt・ing** /-tɪŋ/)

── 自 他 の 転換 ──
他 1 傷つける (to make (a part of one's body) feel pain by injuring it)
自 1 痛む (to feel pain)

── 他 1 〈生物〉を**傷つける**, 痛める, 〈...〉に痛みを与える; 〈物〉を破壊する. 傷(きず)める; 〈...〉に損害を与える (⇨ injure 類義語): He ~ his knee when he fell. 彼は転んでひざを痛めた / Aren't you ~? 〈V+O の受身〉 けがはないか / Water may ~ this cloth. 水につけるとこの布は傷むかもしれない / Foreign companies will *be* badly ~ by these import quotas. この輸入割り当てで外国企業はひどい損害をこうむるだろう.
2 〈人の感情〉を害する, 〈自尊心など〉を傷つける: Have I ~ your feelings? お気に障(さわ)りましたか / She *was* very ~ (to find) that no one appreciated her hard work. 〈V+O の受身〉 彼女はだれも自分が一生懸命にやったことを認めてくれないと知ってたいへん気分を害し

た． **3** [否定文・疑問文で] [S]《略式》[時に皮肉]〈…〉を困らせる，〈…〉にとって不都合となる: Would it ～ you to wait for a week? 一週間遅らせたらどうなの (☞ It won't [wouldn't] hurt you to do (成句)).

— [自] **1** (体の部位が)痛む; (身につけた物が)痛みをおこす: [言い換え] Does your leg still ～?＝Is your leg still ～*ing*? 脚(あし)はまだ痛みますか / Where does it ～? どこが痛いの / My shoes are so tight (that) they ～. 靴がとてもきつくて痛い． **2** 感情を害する，心が傷つく; [否定文・疑問文で] [S]《略式》[時に皮肉] 害となる，不都合である: Another glass of beer won't ～, will it? ビールもう 1 杯くらいかまわないでしょう． **3** [進行形で]《米略式》(人が)つらい[寂しい，悲しい]: My marriage has broken up and I'm still ～*ing*. 結婚生活が破綻(はたん)してしまい，私はまだつらい思いをしている． **4** [進行形で] (組織などが)(金・人などの不足で)困っている (*for*).

[語源] 古(期)フランス語で「打つ」の意.

féel húrt [動] [自] 不快に思う，気を悪くする.

gèt húrt [動] [自] けがをする: He *got* ～ in a traffic accident. 彼は交通事故でけがをした.

húrt onesèlf [動] [自] (1) けがをする: Be careful not to ～ *yourself* when you use a knife. ナイフを使うときはけがしないように気をつけなさい． (2) [進行形で] 自分で自分をみじめに[つらく]する.

It wòn't [wòuldn't] húrt (you) to dó [S]《略式》[時に皮肉] …しても不都合はないだろう; …してもいいだろう (☞ [他] 3, [自] 2): *It won't* ～ *to* postpone the meeting for a few days. 会を 2, 3 日延ばしてもどうってことはないだろう.

Whàt húrts is that ... つらい[悲しい]のは…だ.

— [名] ([形] húrtful) **1** [U,C] (精神的な)苦痛; 損害，損失: I intended no ～ *to* his feelings. 私は彼の感情を害するつもりはなかった． **2** [C] 傷，けが (*to*).

— [形] けがをした; (精神的に)傷ついた (*at, by*): a ～ child けがをした子.

hurt·ful /hə́ːtf(ə)l | hə́ːt-/ [形] ([名] hurt) 感情を害する: a ～ remark 意地悪な意見，しゃくにさわることば / Sometimes we are ～ *to* those we love. 私たちは愛する者に対してつらく当たることもある． **-ful·ly** /-fəli/ [副] 不快に，意地悪く． **～·ness** [名] [U] 不快，意地悪さ.

+**hur·tle** /hə́ːtl | hə́ː-/ [動] [自] [副詞(句)を伴って] (石・矢・列車などが)ぷーん[ごーっ]と音を立てていく.

hus·band /hʌ́zbənd/ [名] (**hus·bands** /-bəndz/) [C] **夫** (《略》h.): my future ～ 私の将来の夫 / John is a good ～ (to me). ジョンは(私にとって)よい夫です． [関連] wife 妻 [語源] 古(期)英語で「一家のあるじ」の意． **húsband and wífe** [名] 夫婦． — [動] [他]《格式》〈力・予算など〉を節約する，上手に使う.

hus·band·ry /hʌ́zbəndri/ [名] [U]《格式》**1** 農業，耕作． **2**《古風》節約，やりくり.

+**hush** /hʌ́ʃ/ [動] [他]〈…〉を静かにさせる，黙らせる; 静める: She ～*ed* the crying child *to* sleep. 彼女は泣いている子供をなだめて寝つかせた． — [自] [しばしば命令文で] 静かになる，黙る． **húsh úp** [動] [他] [けなして]〈秘密など〉を口止めする，もみ消す;〈人〉に口止めする． — [自]《米》黙る． — [名] [[U] または a ～] 静寂; 沈黙: A ～ fell over the crowd. 群衆は静まりかえった． — /ʃː, hʌ́ʃ/ [感] [S] しーっ!，静かに!

hush·a·by(e) /hʌ́ʃəbàɪ/ [感]《古語》ねんねんころりよ.

+**hushed** /hʌ́ʃt/ [形] [普通は [A]] しーんとした; ひそひそ声の.

hush-hush /hʌ́ʃhʌ̀ʃ/ [形]《略式》極秘の.

húsh mòney [名] [U]《略式》口止め料.

húsh pùppy [名] [C] とうもろこしの丸い揚げ菓子.

husk /hʌ́sk/ [名] [C] (穀類などの)殻，さや，皮． [関連] bran ふすま / chaff もみ殻． — [動] [他]〈…〉の外皮を取る.

hus·ki·ly /hʌ́skɪli/ [副] しゃがれ声で.

hus·ki·ness /hʌ́skinəs/ [名] [U] (声の)しゃがれ.

+**hus·ky**[1] /hʌ́ski/ [形] (**hus·ki·er**; **-ki·est**) **1** (声が)しゃがれた，(人が)しゃがれ声の． **2**《略式，主に米》(男が)がっしりした，体格のよい.

hus·ky[2] /hʌ́ski/ [名] (**hus·kies**) [C] エスキモー犬 (☞ Siberian husky).

Huss /hʌ́s, hʊ́s/ [名] [固] **John** ～ フス (1372?–1415) 《ボヘミアの宗教改革者》.

hus·sar /hʌzáɚ | hʊzáː/ [名] [C] 軽騎兵; 戦車[装甲車]隊員.

Hus·sein /huːséɪn/ [名] [固] フセイン **1 Sad·dam** /sɑːdɑ́ːm | sədǽm/ ～ (1937–)《イラク大統領 (1979–2003)》． **2 King** ～ (1935–99)《ヨルダン国王 (1952–99)》.

hus·sy /hʌ́si, zi/ [名] (**hus·sies**) [C]《古風》[軽蔑] 浮気娘; あばずれ.

hus·tings /hʌ́stɪŋz/ [名] [複] [the ～]《英》選挙運動[演説]: at [on] *the* ～ 選挙運動中で.

+**hus·tle** /hʌ́sl/ [動] [他] **1** [副詞(句)を伴って]〈…〉を急がす (hurry); (ぐいぐい)押す: The guide ～*d* the tourists *from* one temple *to* another. ガイドは旅行者を寺院から寺院へとせかして行った． **2**《略式》〈…〉に無理に—させる: He tried to ～ me *into* buy*ing* that fake diamond. 彼は強引に私にその偽のダイヤをつかませようとした． **3**《略式，主に米》[軽蔑]〈金品〉を巻き上げる，だまし取る (*from*); 無理に売りつける． — [自] **1** 急ぐ; 押し合う; [副詞(句)を伴って] 押し分けて進む． **2**《米》がんばる，ハッスルする． **3**《略式，主に米》[軽蔑] いんちきな商売をする． **4**《米俗》売春をする． **hústle ...'s búns [bútt]** [動] [自]《米俗》とっととやる，さっとかたづける． — [名] [U] **1** 大急ぎ; 騒ぎ; 押し合いへし合い． **2**《米》がんばり，ハッスル． **3**《略式，主に米》いかさま，詐欺． **hústle and bústle** [名] (…の)雑踏 (*of*).

hus·tler /hʌ́slɚ | -lə/ [名] [C] **1**《略式》[軽蔑] (時に無遠慮な)活動家，敏腕家; 押し売り《人》，詐欺師． **2**《米俗》売春婦.

Hus·ton /hjúːstən/ [名] [固] **John** ～ ヒューストン (1906–87)《米国の映画監督》.

*__hut__ /hʌ́t/ ([類音] hat, hot) [名] (**huts** /hʌ́ts/) [C] **小屋**; (雨露をしのぐ程度の)あばら屋; 山小屋，(山の)ヒュッテ (☞ cabin 類義語): We took shelter from the rain in a ～. 我々は小屋で雨宿りをした.

hutch /hʌ́tʃ/ [名] [C] (うさぎなどの)おり，箱;《英》＝Welsh dresser: ☞ rabbit hutch.

hut·ment /hʌ́tmənt/ [名] [C] (一群れの)仮兵舎.

Hut·ter·ite /hʌ́təràɪt/ [名] [C] フッター派教徒《カナダ・米国北西部で農業に従事して財産共有の生活を送る再洗礼派》.

hutz·pah /hʊ́tspə/ [名] [U] ＝chutzpah.

Hux·ley /hʌ́ksli/ [名] [固] ハックスリー **1 Al·dous** /ɔ́ːldəs/ ～ (1894–1963)《英国の作家》． **2 Thomas** ～ (1825–95)《英国の生物学者》.

Hux·ley·an /hʌ́ksliən, hʌkslíːən/ [形] ハックスリー(の作品[文体])の.

Hwang Ho /hwɑ̀ːŋhóʊ | hwæ̀ŋ-/ [名] [固] [the ～] ＝Huang He.

hwy [略] ＝highway.

hy·a·cinth /háɪəsɪ̀nθ/ [名] [C] ヒヤシンス.

hy·ae·na /haɪíːnə/ [名] [C] ＝hyena.

*__hy·brid__ /háɪbrɪd/ [名] (**hy·brids** /-brɪdz/) [C] **1** 〔動・植〕雑種 (☞ crossbreed)． **2** ハイブリッド，混成物《異種の部品・要素から成るもの》(*of, between*); ハイブリッドカー． **3** 混成[種]語《異種の言語要素から成り立っている語; 例: beautiful (フランス語＋英語)》.

— [形] [A] 雑種の; ハイブリッドの，混成の.

hýbrid càr [名] [C] (ガソリン・電気併用の)ハイブリッドカー.

hy·brid·i·za·tion /hàɪbrədɪzéɪʃən | -daɪz-/ 名 U 異種交配; ハイブリッド[混成]化.

hy·brid·ize /háɪbrədàɪz/ 動 他 ⟨…⟩を交配させる, ⟨…⟩の雑種を作る (with). — 雑種を生じる (with).

hýbrid téa 名 C 〖園〗ハイブリッドティー(系の四季咲き大輪ばら).

Hyde 名 固 ☞ Jekyll and Hyde.

Hýde Párk /háɪd-/ 名 固 ハイドパーク (London の Westminster 自治区にある公園).

hy·dra /háɪdrə/ 名 (複 ~s, **hy·drae** /-driː/) 1 固 [the H-] 〖ギ神〗ヒュドラ (切られても再生する9つの頭を持った怪物; Hercules に殺された怪物). 2 C 根絶しにくい困難[災害].

hy·dran·gea /haɪdréɪndʒə/ 名 C あじさい.

hy·drant /háɪdrənt/ 名 C 消火栓; 給水栓.

hy·drate /háɪdreɪt/ 名 U.C 〖化〗水化物, 含水化合物. — 動 他 1 ⟨肌などに⟩水分を含ませる, 潤いを与える. 2 ⟨…⟩を水と化合させる.

hy·dra·tion /haɪdréɪʃən/ 名 U 含水; 水和.

+**hy·drau·lic** /haɪdrɔ́ːlɪk/ 形 水力の, 水圧の; (ブレーキなどが)油圧式の; 流水の, 水中で硬化する. **-dráu·li·cal·ly** /-kəli/ 副 水力[水圧]で.

hy·drau·lics /haɪdrɔ́ːlɪks/ 名 1 U 水力学. 2 [複] (機械の)水圧部分.

hy·dro- /háɪdrou/ 接頭 「水(素)の」の意.

+**hỳdro·cárbon** 名 C 〖化〗炭化水素.

hỳdro·céph·a·lus /-séfələs/, -**séf-**, -**kéf-**/, **hỳ·dro·céph·a·ly** /-séfəli/ -séf-, -kéf-/ 名 U 〖医〗水頭症.

hýdro·chló·ric /-klɔ́ːrɪk⁺/ 形 〖化〗塩化水素の.

hýdrochlòric ácid 名 U 〖化〗塩化水素酸, 塩酸.

hỳdro·córtisone 名 U 〖正式〗ヒドロコルチゾン(リウマチ様関節炎治療剤).

hỳdro·dynámics 名 U 液体力学.

hỳdro·eléctric 形 水力発電の: a ~ power station 水力発電所. **-léc·tri·cal·ly** /-kəli/ 副 水力発電で.

hỳdro·electrícity 名 U 水力電気.

hy·dro·foil /háɪdrəfɔ̀ɪl/ 名 C 水中翼(船).

* **hy·dro·gen** /háɪdrədʒən/ 13 U 水素(元素記号 H); H~ is the lightest element. 水素は最も軽い元素である. 語源 ギリシャ語で「水を作るもの」を意味する (☞ generate 〖単語の記憶〗).

hy·drog·e·nate /haɪdrádʒənèɪt | -drɔ́dʒ-/ 動 他 ⟨…⟩に水素添加する, 水素化する: ~d oil 硬化油.

hýdrogen bòmb 名 C 水素爆弾 (H-bomb, fusion bomb).

hýdrogen bònd 名 C 〖化〗水素結合.

hýdrogen peróxide 名 U 〖化〗過酸化水素 (消毒・漂白用).

hy·dro·graph·ic /hàɪdrəgrǽfɪk⁺/ 形 水路学上の, 水路に関する.

hy·drog·ra·phy /haɪdrágrəfi | -drɔ́g-/ 名 U 〖地理〗水路学(海洋・河川などの航行上の観点からの研究), 水路測量; 海上の水路部分; 水位[流量]学; 水位[流量]記録(法); 水位, 流量.

hy·drol·o·gy /haɪdrálədʒi | -drɔ́l-/ 名 U 水文(ちゅう)学(地球上の水の生成・分類・分布などを研究する).

hy·drol·y·sis /haɪdráləsɪs | -drɔ́l-/ 名 (複 **hy·drol·y·ses** /-sìːz/) U 〖化〗加水分解.

hy·drom·e·ter /haɪdrámətə | -drɔ́mətə/ 名 C 液体比重計, 浮きばかり (☞ -meter¹).

hy·dro·pho·bi·a /hàɪdrəfóubiə/ 名 U 〖医〗1 狂犬病 (rabies), 恐水病. 2 病的な水嫌い.

hy·dro·phone /háɪdrəfòun/ 名 C 1 水中聴音器. 2 水管検漏器. 3 〖医〗通水式聴診器.

hýdro·plàne 名 C 1 高速モーターボート; 水中翼船 (hydrofoil). 2 水上(飛行)機, 飛行艇 (seaplane). — 動 自 1 《米》(車が)ハイドロプレーン現象を起こし, ぬれた路面で滑走する (《英》 aquaplane). 2 水上を滑走[疾走]する.

hýdro·plàn·ing /-plèɪnɪŋ/ 名 U ハイドロプレーン現象(自動車[飛行機]が冠水した路面[滑走路]を高速で走るとき, タイヤが浮いてハンドルやブレーキがきかなくなる現象).

hy·dro·pon·ics /hàɪdrəpánɪks | -pɔ́n-/ 名 U 水耕法, 水栽培法.

hy·dro·sphere /háɪdrousfìə | -sfìə/ 名 C 水圏, 水界(地球表面の水によって占められる部分).

hỳdro·thérapy 名 U 水治療法 (水中運動などによる医学的治療).

hy·drous /háɪdrəs/ 形 水を含む.

hy·drox·ide /haɪdráksaɪd | -drɔ́k-/ 名 C 水酸化物.

hy·e·na /haɪíːnə/ 名 (~(s)) C ハイエナ(アジア・アフリカ産のおおかみに似た死肉を食べる動物; 気味の悪いほえ声は悪魔の笑い声とされる).

* **hy·giene** /háɪdʒiːn/ 名 U 衛生(学); 清潔(さ): public ~ 公衆衛生.

hy·gien·ic /haɪdʒiːnɪk/ 13 形 衛生学の, 衛生的な, 清潔な. (反 unhygienic) **-gíen·i·cal·ly** /-kəli/ 副 衛生的に.

hy·gien·ist /háɪdʒiːnɪst/ 名 C 歯科衛生士.

hy·grom·e·ter /haɪgrámətə | -grɔ́mətə/ 名 C 湿度計 (☞ -meter¹).

hy·men /háɪmən/ -men, -mən/ 名 C 〖解〗処女膜. **Hy·men** /háɪmən/ -men, -mən/ 名 固 〖ギ神〗ヒューメン(結婚の神).

+**hymn** /hím/ 名 C 1 賛美歌, 聖歌. 2 賛歌: a ~ to love 愛の賛歌. — 動 他 ⟨賛美の気持ち⟩を歌う (to).

hym·nal /hímn(ə)l/ 名 C 《古風》=hymnbook.

hýmn·bòok 名 C 賛美歌[聖歌]集. **be singing from the sáme hýmnbook** [動] 自 同じ意見を持っている.

hyp- /haɪp/ 接頭 =hypo-.

* **hype**¹ /háɪp/ 名 U (商品・政策などの)誇大宣伝, はでなプロモーション. — 動 他 誇大に[鳴り物入りで]⟨…⟩を宣伝する (up).

hype² /háɪp/ 名 C 1 皮下注射 (hypodermic, hypo). 2 ヤク中, 麻薬常用者. — 動 他 《略式》⟨…⟩を興奮させる, 刺激する (up).

hýped-úp 形 《略式》1 P 興奮して, 緊張している (about). 2 誇張された.

+**hy·per** /háɪpə | -pə/ 形 P 《略式》ひどく興奮した, 神経の高ぶった (manic).

hy·per- /háɪpə | -pə/ 接頭 「超過, 過度」の意.

hỳper·ácid 形 胃酸過多の.

hỳper·acídity 名 U 胃酸過多(症).

* **hỳper·áctive** 形 (子供が)ひどく落ち着きのない. **~·ly** 副 ひどく落ち着きなく.

hỳper·actívity 名 U (子供の)落ち着きのなさ.

hy·per·bo·la /haɪpə́ːbələ | -pə́ː-/ 名 (複 ~s, **hy·per·bo·lae** /-lìː/) C 〖数〗双曲線.

hy·per·bo·le /haɪpə́ːbəli | -pə́ː-/ 名 U 〖修辞〗誇張(法); C 誇張.

hy·per·bol·ic¹ /hàɪpəbálɪk | -pəbɔ́l-⁺/, **-bol·i·cal** /-lɪk(ə)l⁺/ 形 誇張法の; 大げさな.

hy·per·bol·ic² /hàɪpəbálɪk | -pəbɔ́l-⁺/ 形 双曲線の(ような).

hy·per·bol·i·cal·ly /hàɪpəbálɪkəli | -pəbɔ́l-/ 副 誇張法を用いて; おおげさに.

hỳper·corréct 形 正確さにこだわりすぎる; 〖言〗過剰訂正された. **~·ly** 副 正確さにこだわりすぎて. **~·ness** 名 U 正確さにこだわりすぎること.

hỳper·corréction 名 U 〖言〗過剰訂正.
hỳper·crítical 形〖軽蔑〗酷評[あら探し]の (*of*). **-cal·ly** /-kəli/ 副 酷評[あら探し]をして.
hỳper·infláton 名 U〖経〗超インフレ.
hýper·lìnk 名 C〖電算〗ハイパーリンク《電子文書中で, 別のファイル, あるいは同じファイルの別の場所への関連づけ》.
hýper·màrket 名 C 《英》(郊外などにある)大型スーパーマーケット.
hy·per·ó·pi·a /hàɪpəróupiə/ 名 U〖医〗遠視.
hỳper·sénsitive 形 過敏[神経質]な, 過度に傷つきやすい (*to, about*); 過敏症の, アレルギー症の (*to*). **~·ly** 副 過敏[神経質]に.
hỳper·sensitívity 名 U 過敏(症); アレルギー症 (*to, about*).
hýper·spàce 名 U 超空間《SFで, 超光速の移動が可能な空間》.
⁺**hy·per·tén·sion** /hàɪpərténʃən | -pə-/ 名 U **1**〖医〗高血圧 (high blood pressure) (反 hypotension). **2** 過度の緊張.
hýper·tèxt 名 U〖電算〗ハイパーテキスト《関連するテキスト情報をいつでも自由に取り出せる形のテキスト》.
hy·per·thý·roid·is·m /hàɪpərθáɪrɔɪdìzm | -pə-/ 名 U 甲状腺機能亢(こう)進(症), バセドウ病.
hy·per·tro·phy /haɪpə́:trəfi | -pə́:-/ 名 U〖医〗(臓器の)肥大.
hy·per·ven·ti·late /hàɪpərvéntəlèɪt | -pə-/ 自 (興奮・恐怖などで)過呼吸になる.
hy·per·ven·ti·la·tion /hàɪpərvèntəléɪʃən | -pə-/ 名 U 呼吸亢(こう)進, 過換気; 過換気症候群.
⁺**hý·phen** /háɪf(ə)n/ 名 (**~s** /-z/) C ハイフン.

文法 ハイフン

句読点の一種, - の記号. 次のような用法がある.
(1) 2つ以上の語を結合して合成語を作る: looker-on 見物人 / color-blind 色盲の / son-in-law 娘の夫 / forget-me-not 忘れな草.

また, eight-hour labor (8 時間労働)のように 2つ以上の語をつなげて形容詞的に用いるときはハイフンでつなぐ. ハイフンの用い方は英米の差によって, また個人個人によっても違うが, 一般的には 2語の関係が密接なほどハイフンを取り除いて, gaslight (ガス灯), mailbox (郵便箱)のように直接つなげるようになる. この傾向は特に《米》で強い.
(2) 行の終わりで 1 語を 2 行にわたって書くとき: Chinese のようにハイフンを行末につける. 参考 この辞書の見出し語では **op·por·tu·ni·ty** のように, 行末でハイフンで切っても好ましい箇所は大きい (·) で, 切るのは好ましくない箇所は小さい (·) で示してくる. **peace, war** のように (·) がない語を行の終わりでハイフンで切ることはできない.

---

hy·phen·ate /háɪfənèɪt/ 動 他《語などをハイフンでつなぐ[分ける]》.
hy·phen·at·ed /háɪfənèɪt̬ɪd/ 形 ハイフン付きの, ハイフンでつないだ: a ~ word ハイフン付きの語 (broad-minded など).
hy·phen·a·tion /hàɪfənéɪʃən/ 名 U ハイフンでつなぐこと, ハイフネーション.
Hyp·nos /hípnɑs | -nɔs/ 名 固〖ギ神〗ヒュプノス《眠りの神》.
⁺**hyp·no·sis** /hɪpnóʊsɪs/ 名 U 催眠(状態); 催眠術: put ... under ~ ...に催眠術をかける.
hyp·no·ther·a·pist /hìpnoʊθérəpɪst/ 名 C 催眠療法師.
hyp·no·ther·a·py /hìpnoʊθérəpi/ 名 U 催眠療法.
⁺**hyp·not·ic** /hɪpnɑ́t̬ɪk | -nɔ́t-/ 形 催眠の; 催眠術の; (薬が)催眠作用のある, ぼーっとさせる. ── 名 C 催眠剤, 睡眠薬; 催眠術にかかりやすい[かかっている]人. **-not·i·cal·ly** /-kəli/ 副 催眠状態で.

Hz 863

hyp·no·tis·m /hípnətìzm/ 名 U 催眠術.
hyp·no·tist /hípnətɪst/ 名 C 催眠術師.
hyp·no·tize /hípnətàɪz/ 動 他《...》に催眠術をかける; 《...》を暗示にかける; [受身で] 魅惑する.
hy·po /háɪpoʊ/ 名 (**~s**) C 《略式》皮下注射; 皮下注射器 (hypodermic, hype²).
hy·po- /háɪpoʊ/ 接頭「下に」「以下の」の意: hypothesis など.
hy·po·al·ler·gen·ic /hàɪpoʊæ̀lədʒénɪk | -èlə-/ 形〖医〗(化粧品・食品などが)低アレルギー誘発性の, アレルギーを起こしにくい(の出にくい).
hy·po·chon·dri·a /hàɪpəkɑ́ndriə | -kɔ́n-/ 名 U 心気症, 憂鬱(ゆううつ)症, ヒポコンデリー.
hy·po·chon·dri·ac /hàɪpəkɑ́ndriæ̀k | -kɔ́n-/ 形 心気症の. ── 名 C 心気症患者.
⁺**hy·poc·ri·sy** /hɪpɑ́krəsi | -pɔ́k-/ 名 (**-ri·sies**) U 偽善; C 偽善的な行為.
hyp·o·crite /hípəkrɪt/ 名 C 偽善者 (*to do*): play the ~ 猫をかぶる. 語源 ギリシャ語で「俳優」の意.
⁺**hyp·o·crit·i·cal** /hìpəkrít̬ɪk(ə)l/ 形 偽善的な, 偽善者の. **-ly** 副 偽善的に.
hy·po·der·mic /hàɪpəd́ə:rmɪk | -də́:-/ 形 皮下(用)の: a ~ injection [needle] 皮下注射[注射針]. ── 名 C 皮下注射; 皮下注射器[針]《《略式》hypo). **-mi·cal·ly** /-kəli/ 副 皮下で.
hypodérmic sýringe 名 C 注射器.
hy·po·gly·ce·mi·a /hàɪpoʊglaɪsíːmiə/ 名 U 低血糖症.
Hy·po·nex /háɪpənèks/ 名 固 ハイポネックス《米国の肥料製造会社》.
hýpo·tènsion 名 U 低血圧 (low blood pressure) (反 hypertension).
hy·pot·e·nuse /haɪpɑ́t̬ən(j)ùːs | -pɔ́tənjùːz/ 名 C〖幾〗直角三角形の斜辺.
hy·po·thal·a·mus /hàɪpoʊθǽləməs/ 名 (複 **-mi**) C〖解〗視床下部《体温・摂食などをつかさどる》.
hy·po·ther·mi·a /hàɪpoʊθə́:miə | -θə́:-/ 名 U〖医〗寒さによる低体温; (手術の)低体温法.
⁺**hy·poth·e·sis** /haɪpɑ́θəsɪs | -pɔ́θ-/ 名 (複 **hy·poth·e·ses** /-sìːz/) C,U (科学上の)仮説; 仮定; (議論の)前提: a working ~ 作業仮説 / prove [disprove] a ~ 仮説を証明[反証]する.
hy·poth·e·size /haɪpɑ́θəsàɪz | -pɔ́θ-/ 動 自 仮説をたてる, 仮定する (*about*). ── 他《...》と仮定する.
⁺**hy·po·thet·i·cal** /hàɪpəθét̬ɪk(ə)l/⁻/, **-thet·ic** /-θét̬ɪk/⁻/ 形 仮説(上)の, 仮定の; 想像上の. **-cal·ly** /-kəli/ 副 仮定として, 仮定的に; 仮に.
hy·po·thy·roid·is·m /hàɪpoʊθáɪrɔɪdìzm/ 名 U 甲状腺機能低下[不全](症).
hys·sop /hísəp/ 名 C やなぎはっか, ヒソップ《しそ科の植物の一種》.
⁺**hys·ter·ec·to·my** /hìstəréktəmi/ 名 C,U〖医〗子宮摘出手術.
⁺**hys·te·ri·a** /hɪstí(ə)riə/ 名 U ヒステリー; (群衆などの)病的[異常]な興奮; 《軽蔑》(事件などに対する)過剰反応: mass ~ 集団的躁(そう)状態. 語源 ギリシャ語で「子宮(を病んだ)」の意; 子宮の異常が原因と考えられた.
hys·ter·ic¹ /hɪstérɪk/ 名 C ヒステリー性の人; ヒステリー患者.
⁺**hys·ter·i·cal** /hɪstérɪk(ə)l/, **-ter·ic²** /-térɪk/ 形 **1** ヒステリー(性)の; 病的[異常]に興奮した. **2** Ⓢ《略式》ひどくおかしい. **-cal·ly** /-kəli/ 副 **1** ヒステリックに; 病的[異常]に興奮して. **2** 《略式》ひどくおかしく.
hys·ter·ics /hɪstérɪks/ 名 (複) ヒステリーの発作; 病的な興奮(パニック)状態; 《略式》抱腹絶倒の状態: in ~ ヒステリー状態[抱腹絶倒]で.
Hz 略 =hertz.

i I

i, I¹ /ái/ (複 i's, is, I's, Is /~z/) 1 [C,U] アイ(英語アルファベットの第9文字). 2 [ローマ数字] 1 (⇨ number 表).

***I²** /ai, ái/ ([同音] aye, eye) [代] 《人称代名詞; 一人称・単数・主格; ⇨ personal pronoun 文法》(所有格) **my** /mai, mái/; 目的格 **me** /(弱) mi; (強) míː/; 複 **we** /(弱) wi; (強) wíː/; (⇨ we 語法 (2)) [話し手, 書き手を表わす]

> [語法] (1) 所有格および目的格の用法については ⇨ my¹, me¹.
> (2) 人称の異なる単数形の人称代名詞が並ぶときは, 普通は二人称, 三人称, 一人称の順をとる (⇨ we 語法 (3)): you and I / he [she] and I / you and he [she] / you, he [she] and I. [参考] I を常に大文字で書くのは, 小文字の i が隣の他の文字と混同されるのを防ごうとしたため (⇨ O² 語法).

(1) [主語として] 私は[が], 僕は[が]: Tom said, "I like dogs." トムは「僕は犬が好きです」と言った / I am a writer. 私は作家だ / [金額] "Where am I now?" "You're on Bell Street."「ここはどこですか」「ベル通りです」/ I'm right, aren't I? 私の言う通りでしょう (⇨ aren't 1). (2) /ái/ [主格補語として] (格式) 私(で す, である): It is I. それは私です. [語法] 普通は目的格の me を用いる (⇨ me¹ 4 語法 (1)). ただし It was I who [that] went there with him. (彼とそこへ行ったのは私です)のような強調構文では I が普通.

I³ [略] =interstate².
i. [略] =intransitive, island(s).
I. [略] =island(s), isle(s).
-i /i/ [接尾] [国名につく形容詞・名詞語尾]「…の(人), …語」の意: Pakistan*i* パキスタンの / Nepal*i* ネパール語.
IA 《米郵》=Iowa.
Ia. [略] =Iowa.
IAEA /áiètːéi/ [略] =International Atomic Energy Agency 国際原子力機関.
I·a·go /iáːgou/ [名] [固] イアーゴ (シェークスピア (Shakespeare) 作の Othello に登場する悪人).
-i·al /iəl, jəl/ [接尾] [名詞につく形容詞・名詞語尾]「…に関する, …の性質の」の意: adverb*ial* 副詞の.
i·amb /áiæm(b)/ [名] [詩] 弱強格 (–́).
iambi [名] iambus の複数形.
i·am·bic /aiǽmbik/ [形] [詩] 弱強格の: an ~ pentameter 弱強五歩格 (弱強の音節のペアーが5つ並んで1行を形成する). ── [複数形で] 弱強格の詩.
i·am·bus /aiǽmbəs/ [名] (複 ~·es, i·am·bi /-bai/) [C] =iamb.
I·an /íːən/ [名] [固] イアン (男性の名).
-i·an /iən, jən/ [接尾] [名詞につく形容詞・名詞語尾]「…の(人), …に属する(人), …の専門家」の意: Iran*ian* イランの, イラン人 / histor*ian* 歴史家.
-i·a·na /iǽnə, iáːnə | iáːnə/ [接尾] [人名・地名につく不可算名詞語尾]「…に関連した事物[文献], …風物誌, …逸話集」の意: Shakespear*iana* シェークスピア文献.
IATA /áiːṭə, aiáː-/ [略] =International Air Transport Association 国際航空運送協会.
-i·at·rics /iǽtriks/ [接尾] [名詞語尾]「…の治療」の意: ped*iatrics* 小児科学.

-i·a·try /áiətri, iéːtri/ [接尾] [名詞語尾]「…の治療」の意: psych*iatry* 精神医学.
IB [略] =International Baccalaureate.
ib. [略] =ibidem.
IBA /áibìːéi/ [名] [the ~] 《英》独立放送公社 (*Independent Broadcasting Authority* の略; ⇨ ITC).
I-beam /áibìːm/ [名] [C] I 形鋼(建設工事用).
I·be·ri·a /aibí(ə)riə/ [名] [固] =Iberian Peninsula.
I·be·ri·an /aibí(ə)riən/ [形] イベリア(半島)の.
Ibérian Península [名] [the ~] イベリア半島 (ヨーロッパ南西部の半島).
i·bex /áibeks/ [名] (複 ~·es, ~) [C] アイベックス 《アジア・ヨーロッパ・北アフリカの山岳地帯の野生やぎ》.
***ibid.** /íbid/ [略] =ibidem.
i·bi·dem /íbədèm, ibáːdəm/ 《ラテン語から》 [副] [W] 同書に, 同個所に [★ 出典を示すとき書名などの繰り返しを避けるために用いる; 普通は ibid. または ib. と略す].
-i·bil·i·ty /əbíləṭi/ [接尾] -ible で終わる形容詞の抽象名詞語尾 (形 -ible) 「…であること, …されるに適すること」の意: convert*ibility* ← convert*ible*.
i·bis /áibis/ [名] (複 ~·es, ~) [C] とき(鳥).
-i·ble /əbl/ [接尾] [普通は動詞につく形容詞語尾] (-ibility) 「…されうる, …されるに適する」の意 (⇨ -able 語法): convert*ible* 変えられる / reduc*ible* 減らせる.
IBM /áibìːém/ [名] [固] アイビーエム 《米国に本社のある電算機・事務機器などの多国籍企業; *International Business Machines Corporation* の略》: an ~ compatible (machine) IBM 互換機.
IBRD /áibìːàːdí: | -àː-/ [略] =International Bank for Reconstruction and Development 国際復興開発銀行 (⇨ World Bank).
IBS /áibìːés/ [名] [U] [医] 過敏性大腸症候群 (*irritable bowel syndrome* の略).
Ib·sen /íbs(ə)n/ [名] [固] **Hen·rik** /hénrik/ ~ イプセン (1828-1906) 《ノルウェーの劇作家・詩人》.
i·bu·pro·fen /áibju:próufən/ [名] [U,C] イブプロフェン (非ピリン系鎮痛・消炎・解熱剤).
IC /áisí:/ [略] =integrated circuit.
i/c /áisí:/ [略] =in charge (of) (…を)担当している.
-ic /ík/ [接尾] 1 [名詞につく形容詞語尾] 「…の, …のように関する」の意 (⇨ -ical 語法): geometr*ic* 幾何学の / hero*ic* 英雄的な. 2 [-y で終わる動詞につく形容詞語尾] 「(格式)の」: horrif*ic* 恐ろしい / specif*ic* 明確な.
-i·cal /ik(ə)l/ [接尾] [名詞につく形容詞語尾] 「…の, …のような, …に関する」の意: med*ical* 医学の. [語法] -ic と -ical とは多くの場合同じ意味であるが, 意味が多少異なることもある; ⇨ comic, comical; economic, economical; historic, historical.
Ic·a·rus /íkərəs/ [名] [固] [ギ神] イカロス 《ダイダロス (Daedalus) の子; ろうづけで翼で飛んだが太陽に接近しすぎたためだろうが溶け, 翼がとれて海に落ちた》.
ICBM /áisìːbìːém/ [略] =intercontinental ballistic missile 大陸間弾道弾.

***ice** /áis/ [名] (**ic·es** /~iz/; [形] **icy**) 1 [U] 氷; [the ~] (スケート場などの一面に張りつめた)氷; [形容詞的に] 氷の: make ~ (冷蔵庫で)製氷する / crush ~ 氷を砕く / I'd like some ~ in my juice, please. ジュースに氷を入れてください / Water turns to ~ at 32°F. 水は華氏32度で氷となる (32°F は thirty-two degrees Fahrenheit と読む; ⇨ Fahrenheit [参考]) / I~ forms at 0°C. 摂氏0度で氷ができる (0°C は zero degrees Celsius [centigrade] と読む; ⇨ centigrade [参考]) / He slipped on the ~ and broke his leg. 彼は氷で滑って脚を折った // ice tea ⇨ iced 1 [語法].
2 [C] 氷菓子 《(英) water ice》《シャーベット (sherbet) のようなもの》; (古風, 主に英) アイスクリーム (ice cream): Two ~s, please. シャーベットを2つください. **3** [U] (古風, 俗語) ダイヤモンド. **(as) cóld as**

ice [形] 氷のように冷たい. **be (skáting) on thín íce** [動] ⓐ 薄氷を踏んでいる, 危ない橋を渡っている. **bréak the íce** [動] ⓐ (1) (パーティーなどで)座を打ち解けさせる, 緊張をほぐす. (2) (難しいことの)糸口をつける. **cút nò [nòt múch] íce** [動] ⓐ (略式)(議論などが)(人に)効果[影響]がない (with). **on íce** [形] (1) (ワインなどが)氷で冷やされた[て]. (2) (ショーなどが)氷上の. (3) 棚上げされて. (4)(略式)成功間違いなしで. **pùt [kèep] ... on íce** [動] ⓗ (略式)〈…を〉(将来に取って)おく;〈案など〉を(一時)棚上げにする.
── ⓗ 1 〈…〉を氷で冷やす (☞ iced 1). 2 (英) ＝frost ⓗ 1. 3 米俗 〈人〉を殺す. 4 米略式 〈ゲーム〉の勝利を決定づける. **íce ... dówn** [動] ⓗ 〈米〉〈…〉を氷で冷やす. **íce óver [úp]** [動] ⓐ 一面に凍る: The pond has ~d over. 池は一面に凍った. ── ⓗ 〔普通は受身で〕〈…〉を一面に凍らせる.

Ice. 略 ＝Iceland, Icelandic

⁺**íce àge** [名] C 〔しばしば I- A-〕氷河時代.

íce àx [名] C (登山用の)ピッケル.

íce bàg [名] C 氷嚢(ひょうのう) (ice pack).

íce bèer [名] U.C アイスビール (氷点下で醸造).

⁺**ice·berg** /áɪsbɚːg | -bɜːg/ [名] C 1 氷山. 2 冷淡な人. **the típ of the íceberg** [名] 氷山の一角; 世間に知られているほんの一部分 (問題など).

íceberg lèttuce [名] C.U アイスバーグレタス (日本で一般的なレタス; 巻きが固い; ☞ leaf lettuce).

íce blúe [形] 淡青色の. ── [名] U 淡青色.

íce-bòat [名] C 1 氷上ヨット (スポーツ用). 2 (米) 冷蔵船 (釣った魚を冷凍できる).

íce-bòund [形] 氷に閉ざされた; 氷の張りつめた.

íce-bòx [名] C 1 (氷で冷やす)冷蔵庫[箱]. 2 (古風, 米)(電気)冷蔵庫 (fridge).

íce-brèaker [名] C 1 砕氷船. 2 緊張をほぐすもの (ゲーム・冗談など; ☞ break the ice (ice 成句)).

íce búcket [名] C アイスペール (氷を入れるまたはワインを冷やす容器).

íce càp [名] C (極地などの)万年氷[雪], 氷冠.

íce chèst [名] C クーラーボックス (氷で飲み物を冷やす箱).

íce-cóld [形] 氷のように冷たい;〈人などが〉冷淡な;〈ゲームなどで〉うまくいかない.

‡**ice cream** /áɪskriːm, àɪskríːm/ [名]〈~s /-z/〉U.C アイスクリーム: He had two ~s. 彼はアイスクリームを2つ食べた.

> 会話 "What kind [flavor] of ~ do you want?" "Vanilla, please." 「アイスクリームは何になさいますか」「バニラをください」

íce-crèam còne [名] C アイスクリームコーン (アイスクリームを入れる円錐(えんすい)形のウエファース (wafer) の容器); アイスクリーム入りのコーン, ソフトコーン.

íce-crèam pàrlor [名] C (米)アイスクリーム店.

íce-crèam sócial [名] C (米)アイスクリームパーティー.

íce-crèam sóda [名] C.U アイスクリームソーダ (☞ cream soda 日英比較).

⁺**íce cùbe** [名] C (冷蔵庫で作る)角氷.

⁺**iced** /áɪst/ [形] A 1 氷で冷やした: ~ tea アイスティー / ~ coffee アイスコーヒー. 語法 発音がほぼ同じなので ice tea [coffee] と書くときもある. 2 砂糖の衣をかけた.

íce dàncing [名] U アイスダンス.

íce-fàll [名] C 氷瀑(ひょうばく) (氷河の崩落型).

íce fíeld [名] C (極地の)氷原, 大洋氷原.

íce físhing [名] U (氷面に穴をあけてする)穴釣り.

íce flòe [名] C (小さな)浮氷, 流氷.

íce-frée [形] (港などが)一年中凍らない.

íce hóckey [名] U [スポ] アイスホッケー ((主に米) hockey).

Ice·land /áɪslənd/ [名] アイスランド (大西洋北方の共和国; 略 Ice.).

Ice·land·er /áɪsləndɚ | -də/ [名] C アイスランド人.

Ice·lan·dic /aɪslændɪk/ [形] アイスランドの; アイスランド人[語]の. ── [名] U アイスランド語 (略 Ice.).

íce lólly [名] C (英) ＝Popsicle.

íce-màker [名] C 製氷器 (角氷を作る装置).

íce-màn [名] (-men /-mèn/) C (米) (昔の)氷屋, 氷配達人.

íce mílk [名] U.C (米) アイスミルク (アイスクリームの一種; 脂肪分が少ない).

íce pàck [名] C 1 ＝ice bag. 2 流氷, 浮氷群.

íce pìck [名] C 氷割り用のきり, アイスピック.

íce quéen [名] C 1 冷たい[お高くとまった]女性. 2 銀盤の女王.

íce rínk [名] C (屋内)アイススケート場, スケートリンク.

íce shèet [名] C ＝ice cap.

íce shów [名] C アイスショー.

íce skàte [名] C 〔普通は複数形で〕アイススケート靴 (☞ skate¹ 日英比較).

íce-skàte [動] ⓐ アイススケートをする.

íce skàter [名] C アイススケートをする人.

íce skàting [名] U アイススケート (☞ skate¹ 日英比較).

íce wáter [名] U.C (主に米) 氷水.

íce wíne [名] U.C アイスワイン (つるについたまま凍ったぶどうで作るワイン).

I Ching /iːtʃɪŋ, -dʒɪŋ/ [the ~] 易教(えききょう) (古代中国の占いの本).

ich·neu·mon flý /ɪkn(j)úːmən- | -njúː-/ [名] C 姫蜂(ひめばち).

ich·thy·ol·o·gy /ɪkθiɑ́lədʒi | -ɔ́l-/ [名] U 魚類学.

-i·cian /íʃən/ [接尾] 〔名詞語尾〕「…の専門家」の意: beautician 美容師 / musician 音楽家.

i·ci·cle /áɪsɪkl/ [名] C つらら.

ic·i·ly /áɪsəli/ [副] 冷ややかに; 冷淡に.

ic·i·ness /áɪsɪnəs/ [名] U 冷たいこと, 冷淡さ.

⁺**ic·ing** /áɪsɪŋ/ [名] U 砂糖の衣, アイシング ((米) frosting). **the ícing on the cáke** [名] (すばらしい事に)花を添えるもの, おまけ; (不必要な)添え物.

ícing sùgar [名] U (英) ＝confectioners' sugar.

ick·y /íki/ [形] (**ick·i·er**, **-i·est**) S (略式) いやな, 気持ち悪い; べとつく, 甘ったるい.

⁺**i·con** /áɪkɑn | -kɔn/ [名] C 1 〔電算〕アイコン (コンピューター画面上の絵記号): click on an ~ アイコンをクリックする. 2 (ギリシャ正教の)聖像, イコン. 3 崇拝の的, 旗手, (…の)象徴.

i·con·ic /aɪkɑ́nɪk | -kɔ́n-/ [形] (聖像のように)荘厳な, 偶像[象徴, アイドル]的な.

i·con·o·clas·m /aɪkɑ́nəklæzm | -kɔ́n-/ [名] U (格式) 偶像[聖像]破壊; 因襲打破.

i·con·o·clast /aɪkɑ́nəklæst | -kɔ́n-/ [名] C (格式) 偶像[聖像]破壊者; 因襲打破を唱える人.

i·con·o·clas·tic /aɪkɑ̀nəklǽstɪk | -kɔ̀n-/ [形] (格式) 偶像[聖像]破壊者の; 因襲打破の.

i·co·nog·ra·phy /àɪkənɑ́grəfi | -nɔ́g-/ [名] U 〔芸〕図像学 (の主題), 象徴(の手法), イメージ, シンボル.

-ics /ɪks/ [接尾] 〔名詞語尾〕「…学, …論, …の行為」の意: economics 経済学 / physics 物理学.

ICU /áɪsìːjúː/ [略] ＝intensive care unit.

⁺**ic·y** /áɪsi/ [形] (**ic·i·er**; **ic·i·est**) 1 氷の, 氷で覆(おお)われた: an ~ road 凍結した道路. 2 氷のように冷たい: an ~ wind 身を切るような風. 3 (言葉・表情などが)冷淡な: an ~ manner 冷淡なそぶり.

id /ɪd/ [名] C 〔心〕イド (心の中の無意識の本能的衝動の源泉). 関連 ego 自我, エゴ.

⁺**ID¹** /áɪdíː/ [名] (**ID's**) C.U 身分[身元]を証明するもの, 身分証明[書] (identification): May I see your

866　ID

ID? 身分証明書をお願いできますか《アメリカでは未成年の飲酒にうるさく,酒類を買う際に写真と生年月日の入った身分証明証(運転免許証など)を求められることが多い; また小切手で買い物をする際にも身分証明証とクレジットカードの番号を控えられる》. ── 動 (ID(')s; ID'd, IDed; ID(')ing) 他 Ⓢ〈犯人・遺体〉の身元確認をする.

ID² /áɪdí:/ 略＝identification, identity.
ID³《米略》＝Idaho.
Id. 略＝Idaho.

*★**I'd¹** /aɪd/ 発音 I, eye 《略式》I² would の短縮形.
(1) [単なる未来を表わす]: He thought ~ be late for school. 彼は私が学校に遅れるだろうと思った. (2) [意志を表わす]: I thought ~ go fishing. 私は釣りに行こうと思った.

*★**I'd²** /aɪd/ 発音 I, eye 《略式》I² had² の短縮形: ~ already finished my lunch when you called me. 君が電話をくれたときにはもう昼食は済ませていた.

I·da /áɪdə/ 名 固 アイダ《女性の名》.
IDA /áɪdí:éɪ/ ＝International Development Association 国際開発協会, 第2世界銀行 (World Bank の姉妹機関).
Ida. 略＝Idaho.
I·da·ho /áɪdəhòʊ/ 名 固 アイダホ《米国北西部の州; 略 Ida., Id., 《郵》ID; 俗称 the Gem State; ☞ America 表, 表地図 E 3》.
I·da·ho·an /àɪdəhóʊən⁻/ 形, 名 Ⓒ アイダホ(の人).
*†**ID cárd** /áɪdí:-/ 名 Ⓒ 身分証明書, ID カード.
-ide /-aɪd/ 発音 接尾《化》[名詞語尾]「…化合物」の意: chloride 塩化物.

*★**i·de·a** /aɪdíːə, áɪdi:ə | aɪdíə, áɪdɪə/ 名 (~s /-z/)

ギリシャ語で「物の外見」の意《☞ ideal 語源》
(頭に浮かぶもの)
　↓
　(一時的に)
　　↓
　　(突然に)→「思いつき, 考え」**1**
　　(漠然と)→「見当」**2**→「感じ」**3**
　↓
　(体系的に)→「意見」**4**→「思想」**5**

1 Ⓒ (頭に浮かぶ)**考え**; アイデア, 着想; 思いつき; 提案 (☞ 類義語): 'hit on [come up with] a great ~ すばらしい考えを思いつく / That's a good ~. それはよい考えだ / She is full of new ~s. 彼女は新しいアイデアをたくさん持っています / Whose ~ was it to take the subway? 地下鉄で行こうというのはだれの考えだったの / a bright ~ (しばしば愚考について皮肉に)結構な考え / Do you have any ~ *for* this sales promotion? この販売促進について何かアイデアはありませんか.

2 Ⓤ,Ⓒ **見当**, 想像, (大体の)知識, 理解: Dad just left. Do you *have* any ~ (*of*) *where* he went? ＜N (+*of*)+*wh* 節＞ お父さんが出かけたんだけど, どこへ行ったか知らない? / I have an [some] ~ *how* large his house is. 彼の家がどのくらい大きいか大体わかっている / I didn't have the slightest [faintest, foggiest, remotest] ~ *who* he was. Ⓢ 彼がだれなのかまったく見当がつかなかった [言い換え] The very ~ *of* seeing him makes me excited. ＜N+*of*+動名＞＝The very ~ *that* I will see him makes me excited. ＜N+*that* 節＞ 彼に会うと思うとわくわくする / [言い換え] *I have* [I've got] *no* ~. ＝I don't have any ~. (考えたれど)思い当たりません.

3 Ⓒ (…のような)感じ, 予感, (漠然とした)考え: I have an ~ (*that*) something will happen today. ＜N+ (*that*) 節＞ きょうは何か起こりそうな気がする / Columbus had the ~ *that* by sailing to the west he could reach India. コロンブスは西に航海すればインドに行けると考えていた.

4 Ⓒ [しばしば複数形で] **意見**, 見解; 考え方: She has some odd ~s *about* [*on*] education. 彼女は教育について変わった見解をもっている / The police have the ~ *that* it was an inside job. ＜N+*that* 節＞ 警察はそれが内部のしわざだと見ている / Where did you get that ~? Ⓢ どうしてそんなふうに思うの? **5** Ⓒ **観念**, 概念; 思想: the ~ *of* space 空間の概念 / the history of ~s 思想史. **6** Ⓒ,Ⓤ (…の)目的, 意図, 計画 (*behind*): What's the ~ *of* keeping her waiting? どういうつもりで彼女を待たせるの / The ~ is to save energy. ねらいはエネルギーの節約である / His family expected him to be a lawyer, but he had other ~s. 彼の家族は彼が弁護士になることを望んでいたが, 彼には別の計画があった.

búck one's ideas úp＝**búck úp one's ideas** [動] 《英略式》気を引き締める. **gèt ideas** [動] Ⓢ 誤った考えをいだく; よからぬことを考える (*about*). **gèt the idéa** [動] 自 (…が)わかる (*of; that*). **gíve (...) an [sóme] idéa of-** [動] 他 (人に)…を(大体)わからせる: This book *gives* (us) a good [rough, general] ~ *of* life in Finland. この本をみるとフィンランドの生活がどんなものかよく[大体]わかる. **gíve … idéas** [動] 他〈人に〉実現できないことを期待させる. **hàve an idéa of** dóing [動] 自 …しようと思う. **hàve bíg ideas** [動] 自 大きなことを考えている. **hàve [gèt] the idéa of** dóing [動] 自 …しようと思う. **it is a góod idéa to** dó [動] 自 …するほうがよい. **nót hàve the fírst idéa** [動] 自 さっぱりわからない (*about*). **one's idèa of …** [名] 人が正常[理想]と考える…, のあるべき姿: It wasn't *my* ~ *of* a holiday. それは私が理想とする休日には程遠かった. **pùt ideas in …'s héad** [動] 《略式》…に過大な期待を持たせる. **rùn awáy with the idéa that …** [動] Ⓢ《略式》[しばしば否定命令文で]…と早合点[誤解]する: Don't run away with the ~ *that* this job is easy to handle. この仕事は簡単に扱えるなどと早合点するな. **Thát's [Thére's] an idéa.** Ⓢ それは(考慮に値する)よい考えだ. **Thát's the idéa.** Ⓢ それがいい, その調子; その通りだ. **The (vèry) idéa!** 《古風》まあひどい. **The idéa of …!** …とはまああきれた: The ~ *of* keeping a lobster as a pet! ペットでロブスターを飼うなんて変わってる! **Whát an idéa!** 何てばかな(考えだ); まああきれた. **What's the (bíg) idéa?** 一体どういうこと[つもり]だ, 何てばかなことをするのだ. **with the idéa of …** [前] ＝**with the idéa that …** [接] …と思って, …のつもりで: He went to Paris *with the ~ 'of becoming [that he would become]* an artist. 彼は画家になるつもりでパリへ行った (☞ *that²* A 4 語法). **you have nó idéa.** Ⓢ (あなたには)わからないだろう 本当に: It was a horrible sight, you have no ~. それは恐ろしい光景だったよ, 本当に.

【類義語】**idea** 最も普通の語で, まとまっているいないにかかわらず, 心に浮かぶ考えをいう: I have a good *idea*. **concept** あるものに対する一般化された考え: moral *concepts* 道徳についての概念. **thought** 理性的に考えて浮かぶ考え: Arrange your thoughts before you speak. 話す前に考えを整理しなさい. **notion** は idea とほぼ同じ意味に用いることもあるが, しばしば漠然とした意図を意味する: I had a *notion* to go but changed my mind. 行こうと思ったが, 気が変わった.

*★**i·de·al** /aɪdí:(ə)l, áɪdi:əl | -díəl, -díːəl⁻/ 12 形 (動 idéalize) [比較なし] **1** 理想的な, 申し分のない: an ~ husband 理想的な夫 / It's ~ weather *for* a picnic. ピクニックにはもってこいの天気だ. **2** 想像上の, 架空の; 概念的な; 非現実的な: ~ happiness 達成されうもない幸福. 語源 ラテン語で「観念 (idea) の中に存在する」の意; idea と同語源 《☞ idea 囲み》.

── 名 (~s /-z/) Ⓒ **1** [普通は複数形で] 理想:

woman with high ~s 高い理想を持った女性.
2 [普通は単数形で] 理想的な人[物], 模範, かがみ: That player is the ~ *of* many boys. あの選手は多くの少年少女のあこがれだ.

idéal gás 名 U 《物理》理想気体.

*i·de·al·ism /aɪdí:əlìzm/ 名 U **1** 理想主義 (反 realism). 《芸》観念主義; 《哲》観念論, 唯心論 (反 materialism).

i·de·al·ist /aɪdí:əlɪst/ 名 C **1** 理想主義者; 空想家. **2** 《哲》観念論者.

*i·de·al·is·tic /aɪdì:əlístɪk, àɪdɪə-|-dɪəl-‾/ 形 **1** 理想主義の; 現実的でない, 空想的な. **2** 観念[唯心]論的な. **-is·ti·cal·ly** /-kəli/ 副 理想主義的に.

i·de·al·i·za·tion /aɪdì:əlɪzéɪʃən|-dɪəlaɪz-/ 名 U 理想化; C 理想化されたもの.

*i·de·al·ize /aɪdí:(ə)laɪz|-dí-/ 動 (形 idéal) 他 〈…〉を理想化する, 理想的だと思う. — 自 美化する.

*i·de·al·ly /aɪdí:(ə)li|-dí-/ 副 **1** 理想的に, 申し分なく: Mr. Smith is ~ suited for the post. スミス氏はその地位には申し分のない人だ. **2** 文修飾 理想的には…, 考えでは…だ: I~, I'd like to live closer to my job. 理想を言えば, もっと職場の近くに住みたい.

i·dem /áɪdem, í:d-, íd-/ 《ラテン語から》形 W 同上の, 同著者の.

*i·den·ti·cal /aɪdéntɪk(ə)l/ T3 形 (名 identity, idéntify) [比較なし] **1** 全く同様の, 等しい: The sisters wore ~ dresses to the party. 姉妹はパーティーへおそろいの服を着て行った / This proposal is virtually ~ *to* [*with*] the one you made last week. <A+*to* [*with*]+名・代> この提案は実質的にはあなたが先週行なったものと同じだ.
2 A [the ~] 同一の, 同じ (☞ same 類義語): *the* ~ *person* 同一人, 本人 / Are you sure that this is *the* ~ *gun*? あなたがこの銃であることは確かですか. **-cal·ly** /-kəli/ 副 全く同じに; 同様に. 語法 しばしば the same や alike を強調する.

idéntical twín 名 C [普通は複数形で] 一卵性双生児(の 1 人); 動物の一卵性双生子(の一, 四). 関連 fraternal twin 二卵性双生児.

*i·den·ti·fi·a·ble /aɪdéntəfàɪəbl/ 形 (人・物が)見分けがつく; 身元が確認できる.

*i·den·ti·fi·ca·tion /aɪdèntəfɪkéɪʃən/ T1 名 (動 idéntify) **1** U.C 同一であるとみなすこと, (身元・人物などの)確認, 身分証明; 同一視 (*with*): The ~ of the three dead bodies was done by relatives. 3 人の遺体の身元確認が親戚(しんせき)の者によってなされた / I~ by examination of the handwriting was impossible. 筆跡鑑定による身元確認は不可能だった. **2** U.C 身分証明になるもの, 身元[人物]を確認できるもの (運転免許証やパスポートなど; 略 ID): Do you have any (means [proof] of) ~ (on you)? 何か身分証明になるものをお持ちですか. **3** U (特に物語の登場人物との)一体感, 共感; 共鳴; (…と)結びつけて考えること (*with*). **4** U.C (原因などを)明らかにすること (*of*).

identificátion cárd 名 C =ID card.
identificátion paràde 名 C 《英》=lineup 4.
i·den·ti·fi·er /aɪdéntəfàɪə|-fàɪə/ 名 C 確認者, 鑑定人; 《電算》識別名.

*i·den·ti·fy /aɪdéntəfàɪ/ T1 動 (-ti·fies /~z/; -ti·fied /~d/; -fy·ing /形 idéntical, 名 idèntificátion)

「同一であるとみなす」**2** → (同一性を確かめる)→ 「見分ける」**1**

— 他 **1** 〈…〉をその人[物]であると見分ける, 〈…〉の身元を確認する[明らかにする]; 〈…〉を(…であると)確認する; 〈物事が〉〈…〉の身元を示す: You can easily ~ Peter because he is very tall. ピーターは背がとても高いからすぐわかりますよ / 言い換え The body has not *been identified*. <V+O の受身> (=The identification of the body has not been made.) その遺体の身元が確認されていない / The robber *was identified as* John Smith by his fingerprints. <V+O+C (*as*+名・代) の受身> その強盗は指紋からジョンスミスであると確認された.
2 〈…〉を(—と)同一であるとみなす; 〈…〉を(—と)結びつけて考える: Some people ~ success *with* having a lot of money. <V+O+*with*+動名> 金持ちになることが成功であると考える人がいる / They *identified* him *with* God. <V+O+*with*+名・代> 彼らは彼を神の(象徴)とみなした. **3** 〈原因など〉を明らかにする; 見つける. — 自 (特に物語の登場人物との)一体感[共感]を持つ, 感情移入する: I began to ~ *with* their cause. 私は彼らの主張に共鳴するようになった.

idéntify onesèlf [動] 自 身元を明らかにする; (…であると)名乗る (*as*).

idéntify onesèlf with ... = **be idéntified with ...** [動] 自 …を支持する, …に共鳴する; …と(深く)関係する(とみられる).

i·den·ti·kit /aɪdéntɪkɪt/ 名 C **1** 《英》=composite 2. **2** 《英》=identikit picture. — 形 A 型にはまった, 紋切り型の (stereotyped).

idéntikit pìcture 名 C 《英》モンタージュ写真, 複合顔写真 《米》composite photograph).

*i·den·ti·ty /aɪdéntəti/ 名 (**-ti·ties** /~z/; 形 idéntical) **1** U.C 身元, 正体; 同一人[同一物]であること, 本人であること (略 ID): a case of mistaken ~ 人違い / The police could not establish [prove] the ~ *of* the man. 警察はその男の身元を突き止められなかった.
2 U 独自性; 主体性; 個性, アイデンティティ: a loss of ~ 独自性[主体性]の喪失 / Learn from and respect others, but always keep your own ~. 他人から学び他人を敬いなさい, しかし主体性を忘れないようにしなさい.
3 U.C 《格式》同一であること, 一致 (sameness), 一体(感); 《数》等値: groups united by ~ of interests 同じ利害で結ばれた諸団体.

*idéntity càrd 名 C =ID card.
idéntity crìsis 名 C 自己認識の危機 《自分の社会的存在に自信が持てないなどの心理的な葛藤(かっとう)》.
idéntity èlement 名 C 《数》単位元.
idéntity màtrix 名 C 《数》単位行列.
idéntity paràde 名 C 《英》=lineup 4.
i·de·o·gram /ídiəgræm/, **i·de·o·graph** /ídiəgræf, áɪd-|-grà:f/ 名 **1** 表意文字 (漢字などの象形文字). **2** 表意記号 (&, %, @ など).

*i·de·o·log·i·cal /àɪdiəládʒɪk(ə)l, ìd-|-lɔ́dʒ-‾/ 形 (名 ìdeólogy) イデオロギー(上)の; (人が)観念的な: He left the party for ~ reasons. 彼はイデオロギー上の理由で離党した. **-cal·ly** /-kəli/ 副 イデオロギー的に.

i·de·ol·o·gist /àɪdiáləʤɪst, ìd-|-51-/ 名 C 観念論者.

*i·de·ol·o·gy /àɪdiáləʤi, ìd-|-51-/ 名 (**-o·gies** /~z/; 形 ìdeológical) U.C [時にけなして] イデオロギー, 観念形態: Do you accept their ~? 彼らのイデオロギーを認めますか.

ides /áɪdz/ 名 [複] 《古代ローマ暦で》3[5, 7, 10]月の 15 日, 他の月の 13 日: Beware the I~ of March. 3 月の 15 日に気をつけろ 《Julius Caesar が占い師にこう警告され, その予言通りこの日に殺されたとされる》.

id·i·o·cy /ídiəsi/ 名 (**-o·cies**) 《格式》**1** U 全くの愚かさ, 愚の骨頂. **2** C 愚かな言動.

id·i·o·lect /ídiəlèkt/ 名 C.U 《言》個人言語.

*id·i·om /ídiəm/ 名 (形 ìdiomátic) **1** C 慣用語句, 熟語, 成句, イディオム.

[参考] 特有の決まった表現で，慣用的に使われる言い方；例えば How do you do? (はじめまして)，full of beans (元気一杯で)のようにその一つ一つの意味を足しても全体の意味にならず，また他の語を代入して言いかえることができない．

2 [C,U] 《文》(ある集団・個人・時代に固有な)表現，語法，方言 (dialect)．**3** [C,U] 《文》(音楽・美術などの)独特の表現形式，作風．

id·i·o·mat·ic /ìḍiəmǽṭɪk⁺/ [形] ([名] ídiom) **1** 慣用語法にかなった，慣用(語法)的な；その国の言語[地域の方言]に特徴的な：an ～ expression [phrase] 慣用表現[句] / ～ English 英語らしい英語．**2** (文章・音楽が)独特の表現形式をそなえた．**-mát·i·cal·ly** /-kəli/ [副] 慣用(語法)的に．

id·i·o·syn·cra·sy /ìḍiəsíŋkrəsi/ [名] (**-cra·sies**) [C] **1** (個人の)特異性 《考え方・癖など》．**2** 奇妙な言動，風変わりな点．**3** (車などの)癖．

⁺**id·i·o·syn·crat·ic** /ìḍiəsɪnkrǽṭɪk⁺/ [形] (考え方・癖などが)個人に特有の，特異な．

⁺**id·i·ot** /íḍiət/ [名] [C] **1** 《略式》ばか，まぬけ．**2** 《古語》[差別] 白痴．

ídiot bòard [名] [C] 《略式》カンペ《カメラに映らない所で台本などをテレビ出演者などに表示する装置》．

ídiot bòx [名] [C] 《古風，米略式》テレビ．

ídiot càrd [名] [C] ＝idiot board．

id·i·ot·ic /ìḍiáṭɪk | -ɔ́t-⁺/ [形] 大ばかな．

-ót·i·cal·ly /-kəli/ [副] ばかみたいに．

ídiot lìght [名] [C] 《米略式》(車の)異常表示ランプ．

ídiot-pròof [形] ＝foolproof．

*__i·dle__ /áɪḍl/ ★ 発音については ☞ middle リスニング (囲み)．([同音] idol, idyll) [T2] [形] (**i·dl·er**; **i·dl·est**)

古(期)英語で「からの」の意 →(中身がない) →(無意味な) →「むだな」**4** →(役に立たない) →「仕事をしていない」**1** →「怠け者で」**2**

1 仕事をしていない，用のない，遊んでいる，休んでいる，暇な，(機械・工場などが)使われていない ([反] busy)．[語法] この場合は悪い意味とは限らない：～ money 遊んでいる金 / the ～ rich 有閑階級の人たち (☞ the¹ 3) / in an ～ moment 暇な折に．

2 怠け者で，のらくらしている．[語法] この意味では lazy が普通：an ～ fellow 怠け者．**3** [しばしば否定文で] 手をこまねいている．**4** [普通は [A]] むだな，くだらない；根拠のない；ふとした：an ～ threat こけおどし / from [out of] ～ curiosity ふとした好奇心から．

stánd [sít, líe] ídle [動] [自] 何もしないでいる，手をこまねいている；(物が)使われないでいる．

— [動] [自] **1** 怠ける，(何もせずに)遊んでいる (*about, around*)．**2** (エンジンなどが)から回りする，空転する；アイドリングする．— [他] **1** 〈エンジンなど〉をから回り[アイドリング]させる．**2** 〈設備・労働者など〉を遊ばせる．

ídle awáy [動] [他] 怠けて〈時間など〉を過ごす．

— [名] [U] (エンジンなどの)アイドリング(状態)．

í·dle·ness [名] [U] **1** 何もしないこと，無為；怠惰；仕事のないこと，暇．**2** 効果のないこと，無益．**in ídleness** [副] 何もしないで，無為に．

i·dl·er /áɪdlə | -lə/ [名] [C] 《古風》怠け者．

i·dly /áɪdli/ [副] 怠けて；むだに：stand [sit] ～ by 何もしないで傍観する．

⁺**i·dol** /áɪḍl/ [名] [C] **1** 崇拝[敬愛]される人[もの]，アイドル：a pop ～ (ポップスの)アイドル歌手《熱烈なファンが多い歌手》/ the ～ *of* our generation 我々の世代のアイドル．**2** 偶像：worship ～*s* 偶像を崇拝する．

i·dol·a·ter /aɪdáləṭə | -dɔ́lətə/ [名] [C] 《格式》[しばしば軽蔑] 偶像崇拝者；(…の)崇拝者 (*of*)．

i·dol·a·trous /aɪdálətrəs | -dɔ́l-/ [形] [軽蔑] 偶像を崇拝する；盲目的に崇拝する．

i·dol·a·try /aɪdálətri | -dɔ́l-/ [名] [U] 偶像崇拝；盲目的崇拝[賛美]，心酔，熱中．

i·dol·i·za·tion /àɪḍəlɪzéɪʃən | -laɪz-/ [名] [U] 偶像化[視]；盲目的に崇拝[賛美]すること．

i·dol·ize /áɪḍəlàɪz/ [動] [他] 〈…〉を偶像化[視]する；崇拝[賛美]する，〈…〉に心酔する．

i·dyll, i·dyl /áɪḍl/ [名] [C] 田園詩，牧歌；田園的情景；のどかな生活，(牧歌的)楽園．

⁺**i·dyl·lic** /aɪdílɪk | ɪd-, aɪd-/ [形] 牧歌的な，のどかな．**-li·cal·ly** /-kəli/ [副] 牧歌的に，のどかに．

IE [略] ＝Indo-European．

*__i.e.__ /áìː/ [副] [つなぎ語] すなわち，換言すれば．[語法] (1) 元来は that is に相当するラテン語 id est の略語なので，/ðætíz/ と発音されることもある．(2) 学術書・専門書など以外では普通は that is (to say) を用いる．

-ie /i/ [接尾] [名詞につき，親愛の気持ちを表わす名詞語尾]《主に小児》：dogg*ie* わんわん (☞ diminutive, -y²)．

-i·er /iə, jə | iə, jə/ [接尾] [名詞語尾]「…を担当する人」の意：cash*ier* 会計係．

****if¹** /ɪf; íf/ ([類音] f¹, F¹) [接] 《従位接続詞》

① もしも…ならば	1
② 仮に…だとすれば；仮に(あの時)…だったとしたならば	2, 3
③ 万一…だったら	4
④ たとえ…としても	5
⑤ …かどうか	6

1 [直説法現在時制・現在完了形・過去時制とともに] もしも…ならば，もし…とすれば (☞ unless)．

[語法] (1) 単なる仮定や条件などを表わす (☞ conditional clause [文法] (1)：*If* a man *bites* a dog, that is news. もし人が犬をかんだらそれはニュースだ / *If* you *have finished* your work, you may go home. 仕事が終わったら家に帰ってよろしい / *If* he *was* there, Bill probably saw the accident. もしビルがそこにいたのなら多分事故を見ただろう / *If* she'*s* a genius, I'm the King of England. Ⓢ 彼女が天才というのなら私はイングランド王だ(そんなことはありえない)《相手の考えをばかげているとする言い方》．

(2) if が未来についての仮定や条件を表わす副詞節を導くときには普通は現在時制を用いる (☞ present tense [文法] (5)；when² [接] 1 [語法] (1))；★ if 節に will を用いる場合については ☞ 9，will¹ 2 (4)：The cat will come *if* you *call* her. その猫はあなたが呼べば来ますよ / You will break it *if* you *are*n't careful. 気をつけないと壊すよ．

(3) if 節内で特に主語と be 動詞を省略することがある (☞ ellipsis [文法] (2) (iii))：*If* (you are) in doubt, please ask me. 疑問があればぜひ私に聞いてください / I'll come *if* (it is) possible. もし可能なら行きます．

(4) if 節を強調して主節の前に then を用いて if … then — となることがある：*If* you are right, *then* everyone else is wrong. もし君の言うのが正しいならほかの人はみな間違っていることになる．

2 [仮定法過去とともに] (事実はそうではないのだが)仮に…だとすれば[ならば]，(そんなことはないと思うが)もしも…ならば．

[文法] **仮定法過去** (subjunctive past) 《★ if 節以外での用法も示す》

仮定法の 1 つで，現在の事実と反対の，または実現の可能性のない[小さい]仮定・条件・願望などを表わす．動詞は過

去形を用いるが, be は特に《格式》ではすべて were となる. ただし《格式》では第一人称の単数, 第三人称の単数においてしばしば was も用いられる (☞ 助❸3, 助❷4).
また仮定・条件を表わす節で用いるときは, その帰結となる主節では would, should などの過去形の助動詞を用いるのが普通.

(1) 仮定・条件を表わす節を伴う文に用いる場合: **If I were you, I would start at once.** ⓢ 私が君ならすぐに出発するよ《★ if I were you は決り文句》/ I would go if I were safe. (頼まれることはないと思うから) 頼まれれば行きます / If he didn't know about it, he wouldn't say anything. 彼は知らないのなら何も言わないだろう《実際は知っているので何か言うだろう》/ If I traveled in space, what would it be like? もし私が宇宙旅行をするとすればどんなふうになるだろう《実現の可能性がほとんどない仮定》. ★次と比較: If I travel in India, what will it be like? もし私がインドを旅行するとすればどんなふうになるだろう《実現の可能性のある仮定》// Suppose (=If) you were in my position, what would you do? もしあなたが私の立場にいるとします, そうしたらどうしますか / It would be a pity if they had to cancel their trip. もし彼らが旅行をとりやめなくてはならないとしたら気の毒です. Believe me, if I could, I would. 本当にできるのならやりますよ.

(2) その他の従属節に用いる場合.
(i) I wish に続く節に用いて, 実現できない願望を表わす《☞ wish 働❶ 語法》: I wish you were here. あなたがここにいればよいのだが.
(ii) as if, as though 節で用いると, 事実と反対の仮定を表わす: He speaks *as if* [*as though*] he knew everything. 彼はまるで何でも知っているかのような口ぶりだ.

(3) 仮定法を用いた従属節のない文に用いる場合.
(i) 仮定を表わす語句で表わされている場合《☞ would B 1 (4)》: Without [But for] your love I would not be able to go on. あなたの愛情がなければ私はやっていけないでしょう.
(ii) 仮定を表わす語句が省略されていると考えられる場合《☞ would B 2 語法》: I would not do that. 私ならそんなことはしませんよ [If I were you のような条件節が省略されている] / A Japanese would not use such an expression. 日本人ならそのような表現は使わないだろう [if the writer [speaker] were a Japanese のような条件節が省略されている]. ☞ could B 1 (3), might¹ B 5 (2), should A 4 語法.
(iii) 丁寧・控えめな表現《☞ would B 2 語法》: Could you tell me how to get to the station? 駅へ行く道を教えていただけませんか.

(4) その他の慣用的な表現において用いる場合: **If I were only a millionaire!** ああ百万長者だといいのだが / He is, *as it were*, a walking encyclopedia. 彼はいわば生き字引きだ / I would rather die than disgrace myself. 恥をかくくらいなら死んだほうがましだ.

3 [仮定法過去完了とともに] (あの[その]時)仮に…だったとしたならば, (あの [その] 時)もしも…だったならば.

文法 仮定法過去完了 (subjunctive past perfect) 《★ if 節以外での用法も示す》
仮定法の1つで, 実現性の全くない仮定, すなわち普通は過去の事実に反する仮定や条件などを表わす. 動詞は <had+過去分詞> の形を用いる. その帰結となる節では <would, might などの過去形の助動詞+have+過去分詞> の形を用いるのが普通《☞ would B 1 (2), should A 1 (2), might¹ B 5, could B 2》.

(1) 仮定・条件を表わす節を伴う文に用いる場合: **If I had taken that plane, I would have been killed in the crash.** もし私があの飛行機に乗っていたら墜落事故で死んだだろう / If I had not helped him, his business *would have* failed. もし私が援助しなかったら, 彼の商売は失敗していただろうに《実際は私が援助したおかげで成功できた》/ If I'd《非標準》I had've》met her then, we *might* be married now. 彼女にそのとき会っていたら私たちは今結婚しているかもしれないのに《★主節の *might be* married の形に注意》.

(2) その他の従属節に用いる場合.
(i) I wish に続く節に用いて, 過去において実現できなかった願望を表わす: I wish I had known the truth at that time. あのとき真相を知っていたらよかったのだが.
(ii) as if, as though 節で用いて, 過去の事実に反する仮定を表わす: He laughed *as if* [*as though*] nothing *had* happened. 彼は何事も起こらなかったかのように笑った.

(3) 仮定法を用いた従属節のない文に用いる場合.
(i) 仮定を表わす語句が省略されていると考えられる場合: I would not have done such a thing. 私ならそんなことはしなかったろう [If I had been in your place のような条件節が省略されている].
(ii) 文中の主語に条件が含まれている場合: A careful reader would have noticed the mistake. 注意深い読者ならその誤りに気がついたのだろうに.
(iii) 条件が句の形で表わされている場合: Without [But for] your help I would not have been able to succeed. もしあなたの援助がなかったら, 私は成功しなかったでしょう.

4 [should とともに]《格式》万一…だったら; [were to とともに]《格式》もし仮に…ならば: **If (by any chance) anyone *should* call, please let me know.** 万一だれかが訪ねてきたらお知らせください / Even if you *were to* fail the first time, you could try again. もし仮に1回目に失敗したとしてももう1度やればよい.

語法 2から4において《文》では if を用いずに主語と助動詞または動詞の語順を逆にして仮定や条件を示すことがある《☞ inversion 文法 (1) (viii), conditional clause 文法 (2)》: *Were* I in your place (=If I were in your place), I wouldn't do such a thing. 私があなたの立場ならそんなことはしません / Cleopatra's nose: *had* it *been* (=if it had been) shorter, the whole aspect of the world *would have* been altered. クレオパトラの鼻, 仮にもっと低かったならば, 世界の様相はすっかり変わっていたであろう《フランスの哲学者 Pascal のことばから; ☞ nose 名 1 日英比較》/ *Should* you be interested in our offer (=*If* you should be interested in our offer), please contact us. 私共の奉仕価格に関心を持たれた方はご一報ください.

5 たとえ…としても, …だとしても (though)《☞ even if (成句)》: **I will do it *if* it costs [*should* cost] me my life.** たとえ命にかかわっても私はそれをやります. 語法 if 節内を省略することがある: My computer is very handy, *if* a bit old. 私のコンピューターは少し古いにせよとても使いよい《☞ if not ... (成句)》/ He is a clever *if* naughty boy. 彼はわんぱくだが利口な子だ.

6 …かどうか: **Do you know *if* Mr. Smith is at home?** スミス氏がご在宅かどうかご存じですか / I wonder *if* he is ill. 彼は病気なのかしら.

語法 疑問詞で始まらない疑問文を間接話法で表わすときには接続詞として if または whether を用いる《☞ narration 文法 (2) (ii), whether 1 (2) 語法》:《言い換え》 He asked me *if* I could help him. 《間接話法》(=He said to me, "Can you help me?") 《直接話法》彼は私に助けてもらえるかどうかと尋ねた /《言い換え》

The teacher asked me *if* I liked English. 《間接話法》 (=The teacher asked me, "Do you like English?" 《直接話法》) 先生は私に英語が好きかどうかと尋ねた. ★ if と whether の用法の違いについては ☞ whether 1 (1) [用法注意].

7 [感情などを表わす形容詞・動詞の後につけて接続詞 that のように用いる] もし…ならそのことを: I'm sorry *if* she misunderstands me. 彼女が私を誤解しているとしたら残念です / Do you mind *if* I open the window? 窓を開けてもいいですか. **8** …のときはいつも (whenever); …すると (when): *If* I'm late I take a taxi. 遅れそうなときはいつもタクシーに乗る / *If* it was warm, he took the dog for a walk. 暖かいときはいつも彼は犬をつれて散歩に出た / *If* you mix yellow and blue, you get green. 黄と青とを混ぜると緑になります. [語法] この意味では if が導く従属節と主節の時制が同じことが多い. **9** [if … will [would] — の形で主語の意志を表わして] 《格式》 —してくださるなら, —するつもりなら (if … be willing to —) 《しばしば丁寧な依頼の表現としても用いる; would のほうがより丁寧》: *If* you *will* just wait here, I will call the manager. ここでお待ちいただければ支配人を呼んでまいります / *If* he *will* apologize to me, I will forgive him. 彼が私に謝るつもりなら, 彼を許そう / I'd be (most) grateful *if* you *would* help me. 助けていただけたら(非常に)ありがたいのですが. **10** [if you think [ask, remember] や if I could [can, may, might] … などとして用いて] もし…ならば言い[申し]ますが— 《意見・提案などを述べるときに表現を柔らげる前置きのことば》: *If* you *ask* me, he won't be able to do the work alone. 言わせてもらえば, 彼一人ではその仕事はできませんね. **11** [帰結の節を省略して驚き・願望などを表わす; if only または否定文の形で用いることが多い]: *If only* he'd write! 彼が手紙を書いてくれればいいのだが (☞ if only … (only [副] 成句)) / *If* I have*n't* left my camera at home! [S] しまった, カメラを家に置いてきた. **12** [動詞の原形とともに] 《文》 …である場合には. [語法] 現在および未来についての予想・仮定を表わす (☞ subjunctive present [文法]): *If* this rumor *be* true, we may assume that he is safe. もしもこのうわさが本当ならば, 彼は無事だと考えてよい.

as if ☞ as if の項目.

èven if … [接] たとえ…であっても, 仮に…としても: You must do it *even if* you don't want to. あなたはたとえいやでもそれをやらなくてはならない.

ìf and whèn … [接] もし仮に…したら[であったら].

if ány ☞ any [代] 成句.

ìf (… is) ˹**a cént** [**a dáy, an ínch, an óunce, a pénny, a yárd**] [副] [S] 確かに, きっと: It cost thirty dollars, *if a cent*. それは確かに 30 ドルはした / She's forty years old *if a day*! 彼女はきっと[どう見たって] 40 歳にはなっている. [語法] cent, penny は金額を, day は年齢を, inch, yard は長さを, ounce は重さをいうときに用いる.

ìf it had nót bèen for … もしも…がなかったならば 《過去の事実と反対の仮定を表わす》: *If it had not been for* your advice, I would have gone wrong. もしもあなたの忠告がなかったとしたら私は間違いをしてしまったでしょう. [語法] 《文》では had it not been for … ともいう (☞ 4 の後の [語法] 囲み).

if it ìsn't … (誰かと思えば)…じゃないか.

ìf it were nót for … もしも…がないならば 《現在の事実と反対の仮定を表わす》: *If it were not for* the sun, no creature could live. もしも太陽がないとしたらどんな生物も生きられない. [語法] (1) 《文》では were it not for … ともいう (☞ 4 の後の [語法] 囲み). (2) 《略式》では were の代わりに was を用いることがある (☞ were¹ B [語法] (3)).

ìf nót [副] もしそうでないなら. [語法] しばしば疑問文の後に用いる: Are there any empty seats? *If not*, we'll wait for the next train. 空いた席がありますか. もしなければ次の列車を待ちます.

ìf nót … [接] (1) いや(ひょっとすると)…かもしれない (or maybe even) 《程度・数量などがもっと大きい可能性があることを示す》: It will be difficult, *if not* impossible, to cross this river. この川を渡るのは難しいだろう, いや不可能かもしれない / This happens hundreds *if not* thousands of times a year. これは一年に何百回と, いや何千回も起こっている. (2) たとえ…でないとしても—だ, …だというのはオーバーだとしても (but not) 《しばしばオーバーに聞こえる極端な事態を示す》: Her manner was unwelcoming (even) *if not* downright rude. 彼女の態度はまったく無礼なものといえないとしても冷たいものだった (★ even がないとき (1) の意味にもとれる). [語法] この意味は語順を変えるとより明確になる: Her manner was, *if not* downright rude, (at least) unwelcoming. (3) ☞ nothing if not … (nothing [代] 成句).

ìf nót for … (1) =if it were not for … (2) =if it had not been for ….

if ónly … ☞ only [副] 成句.

ìf só [副] もしそうなら: Are you free today? *If so*, I'll drop in. きょうはお暇ですか. お暇ならお寄りします.

ónly if … [接] …という(条件の)場合にだけ (only on condition that) (☞ if only … (only [副] 成句)): [言い換え] I'll come *only if* you do. =I'll *only* come *if* you do. あなたが行く場合にのみ行きます. [語法] (1) 後の文のように only が if 節と離れることがある. (2) only if … が文頭に置かれると, 主節の主語と述語動詞に倒置が起きる (☞ inversion [文法] (1) (vi)): *Only if* the doctor has given permission, *may you* go out. 医者が許可した場合に限って外出してもよろしい.

Whát ìf …? ☞ what¹ [代] 成句.

if² /ɪf/ [名] [C] 不確実なこと; 条件 (condition). **(and) it's [thát's] a bíg if** [不確実さを強調して] 全くの仮定の話である(が). 《米》 **ífs, ánds, or búts** = 《英》 **ífs and búts** [名] ぐずぐず引き延ばすための言いわけ.

IFC /áɪèfsíː/ [略] =International Finance Corporation 国際金融公社.

if·fy /ífi/ [形] (**if·fi·er**; **-fi·est**) 《略式》 (物事が)不確かな; よくない; (人が)確信がない, あやふやな (*about*).

-i·form /əfɔ̀ːm | əfɔ̀ːm/ [接尾] 「…の形の, …状の」の意: cruci*form* 十字形の.

-i·fy /əfàɪ/ [接尾] =-fy. ★ 直前の音節に第一アクセントがくる.

ig·loo /íɡluː/ [名] (~s) [C] イグルー 《氷雪の塊(かたまり)で造るエスキモーの家》.

Ig·na·tius of Loy·o·la /ɪɡnéɪʃ(i)əsəvlɔɪóʊlə/ [名] [固] Saint ~ 聖イグナティオス デ ロヨラ (1491–1556) 《スペインのカトリック聖職者; Society of Jesus を創設》.

igloo

ig·ne·ous /íɡniəs/ [形] [A] 〔地質〕 火成の: ~ rocks 火成岩.

ig·nis fat·u·us /íɡnɪsfǽtʃuəs | -tju-/ 《ラテン語から》 [名] (複 **ig·nes fat·u·i** /íɡniːzfǽtʃuàɪ | -tju-/) [C] (沼地などの)鬼火, 狐火; 人を惑わすもの.

⁺**ig·nite** /ɪɡnáɪt/ [動] [他] **1** 《格式》 〈…〉に点火する; 〈火〉をつける. **2** 〈論争・事態など〉を引き起こす; 〈興味など〉をかき立てる. **3** [主に新聞で] 〈事〉を活気づける. — [自] **1** 《格式》 発火する, 火がつく. **2** [主に新聞で] 活気づく.

ig·nit·er /ɪɡnáɪṭə | -tə/ [名] [C] 点火器.

⁺**ig·ni·tion** /ɪɡníʃən/ [名] **1** [U] 《格式》 点火; 発

ig·no·ble /ɪɡnóʊbl/ 形 (**ig·no·bler, more ~; ig·no·blest, most ~**) (反 noble) 《格式》卑しい, 下劣[下品]な. **-bly** /-bli/ 副 下劣[下品]にも.

ig·no·min·i·ous /ìɡnəmíniəs/ 形 A 《格式》不面目な, 不名誉な, 恥ずべき. **~·ly** 副 不面目に, 不名誉に. **~·ness** 名 U 不面目.

ig·no·min·y /íɡnəmìni/ 名 (**-min·ies**) 《格式》1 U 不面目, 不名誉, 恥辱 (*of*). 2 C 恥ずべきこと.

ig·no·ra·mus /ìɡnəréɪməs/ 名 C 《古風》[しばしば滑稽] 無知な人, 無学の者.

***ig·no·rance** /íɡnərəns/ 名 (形 ignorant) U 1 無知; 無学 (*about*): He was ashamed of his ~. 彼は自分の無知を恥じていた. 2 (...を)知らないこと: I~ *of* the law is no excuse. 法律を知らないということは(罪を犯した)言いわけにはならない.
Excúse my ígnorance, ... 副 よくわからないのでお尋ねしますが... . **in ígnorance (of...)** [形] (...を)知らない, 知らずに. **from [through] ígnorance** 無知のために. **kéep ... in ígnorance** 動 他 〈人〉に知らせずにおく.

***ig·no·rant** /íɡnərənt/ 形 (名 ignorance) 1 無知な, 無学の; 無知から起こる, 無知を示す (📖 語源): an ~ answer [error] 無知をさらけ出した答え[誤り] / He was poor and ~. 彼は貧しく教育もなかった. 2 P (...を)知らない, (...に)気づかない (*about*): 言い換え I was quite ~ *of* that fact. (=I knew nothing about that fact.) 私はその事は全く知らなかった. 3 S 《英略式》礼儀知らずの, 不作法な. **~·ly** 副 無知で, 知らずに.

***ig·nore** /ɪɡnɔ́ə | -nɔ́ː/ 動 (**ig·nores** /~z/; **ig·nored** /~d/; **ig·nor·ing** /-nɔ́ːrɪŋ/) 他 (わざと)〈...〉を**無視する**, 顧みない; 〈人・事〉を見て見ぬふりをする (📖 neglect 類義語): He totally ~*ed* her advice. 彼は彼女の助言を全く無視した / I cannot ~ his insulting remarks. 私は彼の侮辱的なことばを無視することはできない. 語源 ラテン語で「知らない」の意; ignorant と同語源.

I·guá·çu Fálls /ìːɡwɑːsúː-, -ɡwɑ́ː/ 名 固 [複] イグアスの滝 《ブラジルとアルゼンチンの国境にある》.

i·gua·na /ɪɡwɑ́ːnə/ 名 (複 ~(**s**)) C イグアナ 《熱帯アメリカ産の大とかげ》.

i·gua·no·don /ɪɡwɑ́ːnədɑ̀n | -dɔ̀n/ 名 C イグアノドン 《大型の草食恐竜》.

IIRC, iirc 〔E メール〕 =if I remember correctly もし私の記憶が正しければ.

IKBS /áɪkèɪbìːés/ 名 C 〔電算〕 インテリジェント知識ベースシステム 《コンピュータに専門的判断・推論などを行なわせる人工知能の応用分野; *i*ntelligent *k*nowledge-*b*ased *s*ystem の略》.

i·kon /áɪkɑn | -kɔn/ 名 C =icon.

IL 〔米郵〕 =Illinois.

il- /ɪ(l)/ 接頭 =in-¹ 《l- で始まる語の前の変形》: *il*legal 非合法の / *il*logical 非論理的な.

i·lex /áɪleks/ 名 C もちのき属 (の木)《特に holly》; ときわがし.

Il·i·ad /íliəd, -æd/ 名 [the ~] イーリアス 《Homer 作とされるトロイ戦争 (Trojan War) をうたった叙事詩》.

ilk /ɪ́lk/ 名 [単数形で] 種類, タイプ: TV stars and their ~ テレビタレントとそのたぐいの人たち. **of thát [one's, the sáme] ílk** 形 同類の.

***ill** /ɪ́l/ 形 (原級 I¹, L¹) 形 (比 **worse** /wə́ːs | wə́ːs/; 最 **worst** /wə́ːst | wə́ːst/) ★ worse, worst についてはそれぞれの項を参照.

「悪い」 2 → (体の具合が悪い) →「病気で」 1
        → (運が悪い) →「不運な」 3

1 [主に P] 病気で, 気分が悪い (反 healthy, well);《英》(負傷などで) 容態が悪い: She is ~ in bed. 彼女は病気で寝ている / He is seriously ~. 彼はとても具合が悪い / My younger sister is ~ *with* flu. <A+*with*+名> 妹が流感にかかっている / I was feeling ~ yesterday. きのうは気分が悪かった.

> **語法 ill と sick の違い**
> (1)《英》では P には ill を, A には sick を用いる.《米》ではどちらの場合も sick を用い, P に ill を用いるとやや格式ばった言い方になる (📖 sick¹ 1 語法):《英》He is *ill*.《米》He is *sick*.《英・米》He is a *sick* man. 彼は病人です.
> (2) a seriously [mentally, terminally] *ill* patient (病気が重い [精神的な, 末期的な] 患者) のように病状を示す副詞を伴う場合には A としても使える.

2 A 《格式》悪い, 害の; 悪意のある, 意地悪い; 下手な (反 good): an ~ deed 悪い行ない / ~ manners 不作法 / ~ repute 悪評 / ~ effects 悪影響. 3 A 《格式》悪い, 不吉な, 不利な; 中らぬ, 不運な: ~ luck 不運 / 📖 It's an ~ wind (wind¹ 名 1 の例文). **becòme [gèt, fàll] íll**=be tàken íll [動] 自《主に英》病気になる《米》become [fall] sick: Tom worked so hard that he *became* [*got*, *fell*] ~. トムは働き過ぎて病気になった.

── 副 (比 **worse** /wə́ːs | wə́ːs/; 最 **worst** /wə́ːst | wə́ːst/) [しばしば合成語で] 1 悪く, 不正に; 悪意をもって: I was ~ treated by them. 私は彼らに虐待された. 2 不十分に, 不完全に, まずく: 📖 can ill afford (afford 成句). **it gòes íll with ...** [動]《文》(人)にとって物事がうまくいかない [まずいことになる]. **spéak [thínk] íll of ...** 📖 speak [think] 成句. **táke ... íll** [動] 他《格式》〈物事〉を悪くとる, 〈...〉で感情を害する.

── 名《格式》1 C [普通は複数形で] 困難, 問題; 不幸, 災難: social ~s 社会悪 / the ~s of life 人生の不幸. 2 U《古風》邪悪, 邪悪, 悪事: do ~ 悪事を働く.

ill- /ɪ́l/ 接頭 [主に過去分詞と結合して合成形容詞をつくる] 「まずく, 不十分に」の意; 📖 ill-advised.

Ill. 略 =Illinois.

/aɪl/ 〔同音 aisle, isle〕 〔略式〕 I² will¹ の短縮形.

***I'll** (1) [単に未来を表わす]: ~ be sixteen next month. 私は来月 16 歳になる. (2) [意志を表わす]: ~ call you as soon as I can. できるだけ早くお電話します.

ill-ad·vised /íləd vá́ɪzd‾/ 形《格式》無分別な, 思慮のない: You would be ~ *to* do such a thing. そんなことはしないほうがよい. **ill-ad·vis·ed·ly** /íləd vá́ɪzdli/ 副《格式》無分別に.

íll-assórted 形《格式》似合わない, 不つり合いの.

íll-beháved 形 行儀の悪い, 無作法な.

íll-bréd 形 育ち[しつけ] の悪い, 不作法な.

íll-con·céived 形 よく検討されてない.

íll-con·sídered 形 無分別な, 思慮不足な.

íll-defíned 形《格式》(方針・輪郭などが) ぼやけた.

íll-dispósed 形 [普通は P]《格式》好意的でない, 冷淡な (*to, toward*).

***il·le·gal** /ɪ(l)líːɡəl/‾ 形 (名 illegálity) [比較なし] 非合法の, 不法な, 法律に違反した: ~ drugs 不法薬物 / an ~ strike 非合法のストライキ / ~ immigrants [《米》aliens] 不法入国滞在者 / ~ parking 違法駐車, 駐車違反 / *It is* ~ *to* import firearms. 銃器の国内持ち込みは非合法です / légal trade and *illègal* trade 合法の取り引きと違法の取り引き (📖 in-¹ 語源 (2)). ── 名 C《米略式》不法入国[滞在]者.

il·le·gal·i·ty /ɪ̀(l)liːɡǽləti/ 名 (**-i·ties**; 形 illégal)

872 illegally

1 ⓤ 違法, 不法. **2** ⓒ 不法行為.
il・le・gal・ly /ɪ(l)líːɡəli/ 副 不法に, 非合法に.
il・leg・i・bil・i・ty /ɪ(l)lèdʒəbíləti/ 名 ⓤ 判読不能.
il・leg・i・ble /ɪ(l)lédʒəbl⁻/ 形 (字が)(ほとんど)読めない, 判読できない[しにくい] (unreadable). **-i・bly** /-əbli/ 副 (ほとんど)読めないように, 判読しにくく.
il・le・git・i・ma・cy /ìlɪdʒítəməsi/ 名 ⓤ **1** 非嫡出(じょう). **2** (格式) 違法性, 非合法; 不合理.
†**il・le・git・i・mate** /ìlɪdʒítəmət⁻/ 形 **1** 法律上の婚姻関係にない男女間に生まれた, 非嫡出の. **2** (格式) 違法の, 非合法の; 不合理な. **~・ly** 副 違法に.
ill-equípped 形 [普通は Ⓟ] (格式) 備えが十分でない, 不適格の (for; to do).
†**ill-fát・ed** /-féɪtɪd⁻/ 形 [普通は Ⓐ] (文) 不運[幸]な.
ill-fávored, (英) **-fávoured** 形 **1** (格式) 不運な. **2** (文) (顔などが) 醜い (ugly).
ill féeling 名 ⓤ 悪感情 (嫉妬・敵意など).
ill-fítting 形 (格式) (服などが)きちんと合わない.
ill-fóund・ed 形 (格式) 事実に基づかない, 確かな根拠のない.
ill-gótten 形 不正手段で得た: ~ gains 不正利得.
†**ill héalth** 名 ⓤ 不健康.
ill-húmored, (英) **-húmoured** 形 (反 good-humored) 不機嫌な, 怒りっぽい.
il・lib・er・al /ɪ(l)líb(ə)rəl⁻/ 形 **1** 反自由主義的な. **2** 狭量な, 偏狭な. **-al・ly** /-rəli/ 副 心狭く.
il・lib・er・al・i・ty /ɪ(l)lìbəræləti/ 名 ⓤ 狭量, 偏狭.
†**il・lic・it** /ɪ(l)lísɪt⁻/ 形 Ⓐ 不法な, 不正な; (関係・状況などが)(社会的に)認められていない: an ~ sale 密売. **~・ly** 副 不法に, 不正に; (社会的に)認められずに.
il・lim・it・a・ble /ɪ(l)límɪtəbl⁻/ 形 限りない.
ill-infórmed 形 **1** (ある分野に)暗い, 知識が足りない (about). **2** (言動などが)無知をさらけ出す.
Il・li・nois /ìlənɔ́ɪ, -nɔ́ɪz⁻/ 名 イリノイ (米国中部の州; 略 Ill., 郵 IL; 俗称 the Prairie State; ⇨ America 表, 表地図 H 3).
il・lit・er・a・cy /ɪ(l)lít̬ərəsi, -trə-/ 名 ⓤ 読み書きできないこと; 無学, 知識不足.
†**il・lit・er・ate** /ɪ(l)lít̬ərət, -trət⁻/ 形 **1** 読み書きのできない; (書いたものなどが)無学を示す, 書き方のでたらめな. **2** 無学の, 教養のない; (特定の分野に)暗い: politically [computer] ~ 政治[コンピューター]に暗い. — 名 ⓒ 読み書きのできない人; 教養のない人.
ill-júdged 形 (格式) 無分別な; 時宜を得ない.
ill-mánnered 形 (格式) 不作法な.
ill-nátured 形 (反 good-natured) (格式) 意地の悪い, ひねくれた, 気難しい.
*__ill・ness__ /ílnəs/ 名 (~・es /-ɪz/; 反 health) ⓤ 病気, 不健康 (⇨ 類義語): She is absent because of ~. 彼女は病気で休んでいる / He is suffering from a serious [minor] ~. 彼は重い[軽い]病気にかかっている.

[語法] 1 回 1 回の病気の状態をいうときには ⓒ: Children are liable to come down with various ~es, such as measles and chicken pox. 子供ははしかや水ぼうそうなど色々な病気にかかりやすい.

【類義語】 **illness** と **sickness** はほぼ同じように用いるが, *sickness* のほうが幾分くだけた感じのことば. また *sickness* は比較的短期間の病気を意味することが多いのに対し, *illness* はかなりの期間にわたる具合の悪い状態や, 精神病に対して用いる. また (英) では *sickness* を「吐き気」, *illness* を病気の意味に区別して用いる傾向がある. **disease** *illness* の原因を示す語で, はっきりとした病名のある具体的な病気, 伝染病または医学的な治療や研究対象となるもの.

†**il・log・i・cal** /ɪ(l)láːdʒɪk(ə)l | ɪ(l)lɔ́dʒ-⁻/ 形 **1** 非論理的な, 不合理な, 筋の通らない. **2** 分別のない, 愚かな.
il・log・i・cal・i・ty /ɪ(l)làdʒɪkǽləti | ɪ(l)lɔ̀dʒ-/ 名 (-ties) ⓤⓒ 不合理; 無分別.
il・log・i・cal・ly /ɪ(l)láːdʒɪkəli | ɪ(l)lɔ́dʒ-/ 副 非論理的に, 不合理に.
ill-o・mened /ílóʊmənd⁻/ 形 (主に文) 縁起の悪い, 不吉な, 不運な, 不幸な.
ill-prepáred 形 **1** 用意していない, 準備不足の (for; to do). **2** (計画などが)おそまつな.
ill-sérved 形 Ⓟ よい扱いを受けていない, 十分に対応されていない.
ill-stárred /ílstɑ́ːd | -stɑ́ː d⁻/ 形 [普通は Ⓐ] (文) 星回りの悪い, 不運な.
ill-súited 形 不適当な, 不向きな, 不似合いの.
ill-témpered 形 (反 good-tempered) (格式) 不機嫌な, 怒りっぽい, 気難しい; (会議などが)険悪な.
ill-tímed /íltáɪmd⁻/ 形 時機を失した, 折の悪い.
ill-tréat 動 (格式) 〈...〉を虐待する, 冷遇する.
ill-tréat・ed /íltríːtɪd⁻/ 形 (格式) 虐待[冷遇]された.
ill-tréatment 名 ⓤ (格式) 虐待, 酷使, 冷遇.
il・lu・mi・nance /ɪlúːmənəns/ 名 ⓒ (物理) 照度.
il・lu・mi・nant /ɪlúːmənənt/ 形 発光性の, 照らす. — 名 ⓒ 発光体[物].
†**il・lu・mi・nate** /ɪlúːmənèɪt/ 動 (名 illumínátion) 他 **1** 〈...〉を照らす, 明るくする (light up); 〈街路などに〉明かりをつける[ともす]; 〈街路・建物などを〉イルミネーションで飾る: Every room was ~d with candles. 各部屋にはろうそく(の明かり)がともされていた. **2** (格式) 〈不明の点などを〉明らかにする, はっきりと説明する; 啓発する, 啓蒙(ぬう)する. **3** (文) 〈...〉に光彩を添える.
il・lu・mi・nat・ed /ɪlúːmənèɪtɪd/ 形 **1** (照明器で)照らされた; 点灯した. **2** (写本などが)彩飾された.
il・lu・mi・nat・ing /ɪlúːmənèɪtɪŋ/ 形 (格式) (ことば・説明などが)わかりやすい, 理解の助けになる.
†**il・lu・mi・na・tion** /ɪlùːmənéɪʃən/ 名 (動 illúmináte) **1** ⓤ 〈...〉を照らすこと, 照明, ライトアップ; 明かり(の強さ), 照度; ⓒ [複数形で] (主に英) イルミネーション, 電気装飾. **2** ⓤⓒ (格式) 啓発, 解明. **3** ⓒⓤ [普通は複数形で] (写本の)飾り, 色飾り, 彩飾.
il・lu・mine /ɪlúːmɪn/ 動 他 (文) 〈...〉を照らし出す, 明るくする.
illus. 略 = illustrated, illustration.
ill-úsage 名 ⓤ (格式) 虐待, 酷使 (abuse).
ill-úse /íljuːz/ 動 他 (格式) 〈...〉を虐待[酷使]する.
†**il・lu・sion** /ɪlúːʒən/ 形 (題 allusion) 名 (~s /-z/; 形 illusory, illusive) **1** ⓒⓤ (物事に関する)幻想, (甘い)期待[考え]; 誤解, 勘違い (⇨ 類義語): Liz has the ~ *that* she is the smartest in her class. <N+*that*節> リズは自分がクラスでいちばん賢いという幻想を持っている / Cherish no ~s *about* the future. 未来に対して幻想を抱くな. **2** ⓒ 錯覚, (誤って見える)幻影, 幻 (of): give [create] an ~ 錯覚をもたらす. [語源] ラテン語で「欺く」の意.

be [**lábor**] **ùnder an** [**the**] **illúsion** 動 ⓐ 幻想を抱いている, 錯覚している (that). **hàve nó illúsions abòut ...** 動 他 ...に幻想を抱いていない, ...を厳しく認識している.

【類義語】 **illusion** 外部の状況により実在しないものを実在すると思い誤ることや, 自分に好都合な甘い現実認識をいう. **delusion** 精神的な混乱により真相とは全く異なることを信じ込むことをいう. *illusion* より有害で悪い含みを持つ.

il・lu・sion・ist /ɪlúːʒ(ə)nɪst/ 名 ⓒ 手品師, 奇術師.
il・lu・so・ry /ɪlúːs(ə)ri/, **il・lu・sive** /ɪlúːsɪv/ 形 (名 illúsion) (格式) 人を欺く; 錯覚に基づく; 架空の.
†**il・lus・trate** /íləstrèɪt, ɪlʎstreɪt | íləstrèɪt/ ⓣⓣ 動 (-lus・trates /íləstrèɪts, ɪlʎstreɪts/; -lus・trat・ed /-t̬ɪd/; -lus・trat・ing /-t̬ɪŋ/; 名 illustrátion, 形 illústrative) 他

ラテン語で「明るくする」の意. luster と同語源.
(実例や挿絵を入れて)「明らかにする」
→「挿絵を入れる」1
→「説明する」2

1 [しばしば受身で] 《本・説明などに**挿絵を入れる**, 《...を》図解する(☞ illustrated): The author ~*d* his book ***with*** beautiful pictures. <V+O+*with*+名・代> その著者は自分の本に美しい挿絵[写真]を入れた.
2 《理論などを》(実例・図・表などで)**説明する**, 例示する; 《物事などが》...を明らかにする, 示す, 証左する: She ~*d* the theory ***with*** easy examples. <V+O+*with*+名・代> 彼女はその理論を易しい例で説明した / He ~*d* ***how*** to operate the machine. <V+O (*wh* 句)> 彼はその機械の動かし方を実例で示した / The survey ~*s* ***that*** public attitudes toward women's roles have changed dramatically. <V+O (*that* 節)> その調査は女性の役割に対する社会一般の考え方が目ざましく変化したことを示している.

il·lus·trat·ed /íləstrèɪtɪd, ɪlʌ́strɪt-|íləstrèɪt-/ 形 挿絵[写真]入りの, 図解付きの (略 illus.).

*****il·lus·tra·tion** /ìləstréɪʃən, ɪlʌ̀s-|ìləs-/ 名 (~s /~z/; 動 íllustràte) **1** C (本の)挿絵, 図, イラスト (略 illus.): draw an ~ イラストを描く.
2 U (図表などを使った本の)説明, (実例などによる)解説; 図解: I~ is very useful in teaching the meanings of words. 実例で説明するのは単語の意味を教えるのに大変役に立つ. **3** C (説明などの助けとなる)例, 実例 (*of*): give [provide] an ~ 実例をあげる.

by wày of illustrátion [副] 例証として.

il·lus·tra·tive /ɪlʌ́strəṭɪv | íləstrət-, -strèɪt-/ 形 (動 íllustràte) **1** 《格式》説明的な, 説明に役立つ; 実例[例証]となる: an ~ sentence 例文 / These words are ~ of his approach to life. これらのことばは彼の生きる姿勢を例証するものである. **2** 図解入りの.

il·lus·tra·tor /íləstrèɪṭə, ɪlʌ́strɪṭə|íləstrèɪtə/ 名 C 挿絵画家, イラストレーター.

il·lus·tri·ous /ɪlʌ́striəs/ 形 《普通は A》《格式》有名な, 名高い; (功績などが)輝かしい.

ìll wíll /(-goodwill)/ U 悪意, 敵意 (*toward*). **bèar ... nò ìll wíll** [動] 他 〈人に〉悪意を持たない, 〈人を〉うらやまない.

íll wínd /-wínd/ 名 [単数形で] 不吉を予感させる悪いこと.

ìll-wìsh·er /-wíʃə|-ʃə/ 名 C 人の不幸を願う人.

ILO /áɪèlóʊ/ 略 =International Labor Organization.

IM /áɪém/ 名 U 【電算】インスタントメッセージ (instant messaging の略). —動 他 インスタントメッセージで<...に>(~を)伝える.

im- /ɪm, /m/ の前で/ ì(m)|ìm/ 接頭 =in-[1, 2] (b-, m-, p- で始まる語の前の変形): *im*possible 不可能な.

*****I'm** /aɪm/ 《略式》 **1** I¹ **am¹ の短縮形** (☞ be 表): I~ American. 私はアメリカ人です / ~ not late, am I? 遅刻しないでしょうね.
2 I² **am² の短縮形**: ~ now reading a book. 私は今本を読んでいる / ~ employed by a French lawyer. 私はフランス人の弁護士に雇われています / ~ not defeated, am I? 私は負けたのではないでしょうね.

*****im·age** /ímɪdʒ/ 名 (**im·ag·es** /~ɪz/)

「(物の姿に)似せたもの」(☞ 語源) → 「肖像, 像」4
                          → (心に浮かぶ姿) → 「像, 概念」2
                          → 「印象」1
                          → (物に映る形) → 「映像」3

1 C.U [普通は単数形で] (企業・製品・政治家などの)イメージ, 印象, 評判: project a good ~ 良いイメージを打ち出す / The company is trying to improve its ~. その会社はイメージアップをはかっている / The accident harmed the ~ *of* the railroad company. その事故でその鉄道会社のイメージはダウンした. 日英比較「イメージアップ」や「イメージダウン」は和製英語.
2 C (心に描く)像, 姿, 形; 概念 (*of*): Her ~ is still fresh in my mind. 彼女の面影はまだ私の心に鮮やかに残っている.
3 C (鏡やレンズの)映像; (テレビ・コンピューターなどの)画像: Kate looked at her ~ in the mirror. ケートは鏡に映った自分の姿を見た.
4 C (絵・彫刻などの)像, 肖像; 《古語》(よく似た)形, 姿 (*of*). **5** C (語句・映像による)描写; 【修辞】比喩(ひ)(的表現) (*of*). 関連 metaphor 隠喩 / simile 直喩. **be the (véry [líving, spítting]) ímage of ...** [動] ...によく似ている: He is the very ~ of his father. 彼は父親にそっくりだ. 語源 ラテン語で「似せたもの」の意: imagine と同語源.

ímage·màker 名 C イメージづくりをする人, イメージメーカー (企業の広報を担当する人など).

ímage pròcessing 名 U 【電算】画像処理.

im·ag·er /ímɪdʒə|-dʒə/ 名 C 電子映像装置.

im·ag·er·y /ímɪdʒ(ə)ri/ 名 **1** U (文学作品の)比喩(ひ)的表現. **2** U 心象; 像, 影像; 画像.

*****i·mag·in·a·ble** /ɪmædʒ(ə)nəbl/ 形 (反 un-imaginable) 想像できる, 想像できる限りの.

語法 形容詞の最上級や, all, every, no などとともに用いて強調することが多い. imaginable を名詞の後に置くほうが意味が強い: We tried *every* means = [every ~ means]. 我々はありとあらゆる方法を試みた / This is the *best* way = [best ~ way]. これが考えられる限りの最良の方法だ.

*****i·mag·i·nar·y** /ɪmædʒənèri|-n(ə)ri/ 形 (動 imágine; 反 réal) 想像(上)の, 仮想の, 実在しない: A dragon is an ~ animal. 竜は架空の動物だ / Her illness is ~. 彼女の病気は気のせいだ.

imáginary númber 名 C 【数】虚数.

*****i·mag·i·na·tion** /ɪmædʒənéɪʃən/ 名 (~s /~z/; 動 imágine) **1** U.C 想像力, 空想力; 創作力, 創意 (☞ 類義語): a vivid ~ 豊かな想像力 / be full of ~ 想像力にあふれている / I'll leave it to your ~. 《略式》(あとは)ご想像にお任せします / You really used your ~! Ⓢ よくまあ想像をたくましくしたものですね.

┌── コロケーション ──────────┐
capture [catch] ...'s *imagination* ...の心を捕らえる
excite [stir, fire] ...'s *imagination* ...の想像力をかき立てる
lack *imagination* 想像[創作]力に欠ける
use one's *imagination* Ⓢ 想像力を働かす
└──────────────────┘

2 C.U 想像, 空想; 気の迷い; 想像[空想]の産物: in my ~ 私の想像の中に[で] / Is it my ~, or can you hear water dripping? 私の気のせいかしら, 水がしたたる音が聞こえない?

lèave líttle [nóthing] to the imaginátion = nót lèave múch to the imaginátion [動] 自 (1) 〈衣服が〉すけすけであられもない, 体形が丸見えである. (2) (性・暴力描写が)生々しい.

【類義語】 **imagination** 目の前にないものや現実に存在しないものを心に描く能力で, 理性的でまじめな想像力: a person with a brilliant *imagination* すばらしい想像力の持ち主. **fancy** 非現実的なものを心に描く空想で, 滑稽・軽妙・気まぐれなどの感じを伴う: Fairies are creatures of *fancy*. 妖精は空想の産物である. **fantasy** 現実の制約から解放された自由奔放な空想.

*i·mag·i·na·tive /ɪmǽdʒ(ə)nəṭɪv, -dʒənèɪt-, -dʒɪnət-/ 形 (imágine) 1 想像力に富む, 創造性のある, 独創的な: an ～ child 想像力の豊かな子. 2 想像力を働かせた: an ～ work 想像性に富む作品. ～·ly 副 想像力豊かに; 想像力を働かせて.

*i·mag·ine /ɪmǽdʒɪn/ 動 (i·mag·ines /~z/; i·mag·ined /~d/; i·mag·in·ing) 名 (imàginátion, imáginàry, imáginative) 他 1 〈…〉を想像する, 心に描く; 〈…〉と(勝手に)思い込む (≒image 画像): Can you ～ a park without trees? 木のない公園など想像できるか / You can [can't] ～ how happy I was then. <V+O (wh節)> (英) そのときどんなに私がうれしかったか君には想像もつくまい / I ～ him *as* a tall man. <V+O+C (as+名)> 私は彼を背の高い人だと想像している / 言い換え I ～ yourself to be on the moon. <V+O+C (to不定詞)> ＝I ～ *that* you are on the moon. <V+O (that節)> 月の上にいると想像してごらん / I can't ～ liv*ing* in a desert. <V+O (動名)> 砂漠で暮らすなんて想像できない / 言い換え Can you ～ him driv*ing* such a splendid car? <V+O+C (現分)> ＝Can you ～ his driving such a splendid car? 彼がそんなにすてきな車に乗っているなんて想像できる? / "Didn't you hear a strange noise upstairs?" "No, you must have ～*d* it." 「上で何か変な音がしなかったか」「いや, 気のせいだよ」 2 進行形なし 〈…〉と推察する, 思う: I ～ (*that*) she will come. <V+O ((that)節)> 彼女は来ると思います / I can't ～ *what* you mean. <V+O (wh節)> あなたが何を言おうとしているのかさっぱりわからない.

be imágining thìngs [動] ⓐ ありもしないことを考えている, 考えすぎだ: She said to me, "You *are* just *imagining things*." 彼女は私に「考えすぎよ」と言った.

(Jùst) imágine (it [that])! [感] Ⓢ (古風) ちょっと考えてごらん; とんでもない; まさか.

†im·ag·ing /ímɪdʒɪŋ/ 名 Ｕ 【電算】 画像化[処理] (たとえば臓器などを CT scan などの方法で画像化すること).

i·mag·in·ings /ɪmǽdʒɪnɪŋz/ 名 複 《文》 (勝手な) 思い込み, 想像.

†i·mam /ɪmɑ́ːm/ 名 1 Ｃ (イスラム教の) 集団礼拝の指導者. 2 [I-] イマーム (イスラム教の最高指導者).

IMAX /áɪmæks/ 名 Ｕ アイマックス方式 (観客の視野全体の大画面に映写する広角の投影システム; 商標).

*im·bal·ance /ɪmbǽləns/ 名 ＣＵ 不均衡, アンバランス (*in*, *of*) (≒unbalance 日英比較): redress trade ～s between Japan and the United States 日米間の貿易の不均衡を是正する.

im·bal·anced /ɪmbǽlənst/ 形 不均衡な.

im·be·cile /ímbəs(ə)l | -sìːl/ 名 Ｃ (差別) ばか; (古風) 痴愚者. ─ 形 (普通は Ⓐ) 低能の, ばかの.

im·be·cil·ic /ìmbəsílɪk/ 形 ＝imbecile.

im·be·cil·i·ty /ìmbəsíləti/ 名 (-i·ties) 1 Ｕ 低能; 愚かさ. 2 Ｃ 愚かな行ない[ことば].

im·bed /ɪmbéd/ 動 (-beds; -bed·ded; -bed·ding) ＝embed.

im·bibe /ɪmbáɪb/ 動 (格式) または (滑稽) 他 〈酒など〉を飲む; 〈思想・意見など〉を吸収する. ─ ⓐ 酒を飲む.

im·bro·glio /ɪmbróʊljoʊ/ 名 (～s) (文) (特に政治的・感情的) もつれ, 紛糾, ごたごた.

†im·bue /ɪmbjúː/ 動 [普通は受身で] (格式) 〈…〉に 〈思想などを〉吹き込む: She *is ～d with* a sense of duty. 彼女には義務感がしみ込んでいる.

†**IMF** /áɪèméf/ 略 [the ～] ＝International Monetary Fund.

IMHO 略 [E メールで] ＝in my humble opinion 卑見[私見]によれば.

i·mip·ra·mine /ɪmíprəmìːn/ 名 Ｕ 【薬】 イミプラミン (抗鬱薬).

*im·i·tate /ímətèɪt/ 動 他 1 〈人の行動・話し方・身なりなど〉をまねる, 模倣する; 見習う (≒類義語): Some birds can ～ human speech. 鳥の中には人間のことばをまねられるものがある. 2 〈…〉に似せたものを作る, 模造する: This wall is supposed to ～ brick. この壁はれんがに似せて作られている.

【類義語】 **imitate** 「まねる」の一般的な語で, 手本や見本に従って同じようにする[作る]こと. 必ずしも正確な模倣を意味しない. **copy** できる限り元の物とそっくり同じようにまねること. **mimic** 特に, 人の動作・しぐさ・声・癖などをなるべくそっくりまねることで, ふざけたりからかったりするときによく用いる. **mock** 相手をあざけるためにその動作をまねること.

*im·i·ta·tion /ìmətéɪʃən/ 名 1 Ｕ まね, 模倣; 模造品の動作[language]: Mike did an ～ of his teacher. マイクは先生のまねをした / I ～ is the sincerest form of flattery. (ことわざ) 模倣は最も誠意ある追従(ついしょう)だ (ある人のまねをするのはそれが[賞賛の証拠]). 2 Ｃ 模倣物, 複製品: Beware of ～s. 模造品に注意. 3 [形容詞的に] 模造の, 人造の (反 genuine): ～ pearls 人造真珠. **in imitation of …** [前] …をまねて.

im·i·ta·tive /ímətèɪṭɪv | -tət-/ 形 (格式) [時に軽蔑] まねをする, 模倣の, 模造の, 〈…の〉まねをしている; 独創性のない: This tower is ～ *of* the Eiffel Tower. この塔はエッフェル塔をまねている. ～·ly 副 (格式) まねをして. ～·ness 名 Ｕ 模倣性.

im·i·ta·tor /ímətèɪṭɚ | -tə/ 名 Ｃ まねをする人, 模倣する人; 模造品を作る人; 独創性のない人.

*im·mac·u·late /ɪmǽkjʊlət/ 形 [ほめて] 1 よごれのない, 清潔な; 清らかな. 2 欠点のない, 完璧な.

Immàculate Concéption 名 [the ～] 《カトリック》 (聖母マリアの) 無原罪懐胎の祝日 (12 月 8 日).

im·mac·u·late·ly /ɪmǽkjʊlətli/ 副 (格式) 汚れなく, 清潔に; 完璧に.

im·ma·nence /ímənəns/, im·ma·nen·cy /ímənənsi/ 名 Ｕ 【哲学・神学】 内在(性).

im·ma·nent /ímənənt/ 形 【哲学・神学】 内在する, 内在的な (*in*); (神が) 宇宙遍在の.

*im·ma·te·ri·al /ìmət(í)əriəl←/ 形 1 重要でない, 取るに足らない (*to*). 2 (格式) 実体のない, 非物質的な; 精神上の (spiritual).

*im·ma·ture /ìmət(j)ʊ́ə, -tʃʊ́ə | -tjʊ́ə, -tʃʊ́ə, -tjɔ́ː←/ 形 1 [しばしば軽蔑] (人・言動などが) 未熟の, 未熟の, 子供っぽい. 2 (果実などが) 熟していない, 未熟の: ～ fruit 未熟な果物. ～·ly 副 子供っぽく, 未熟で.

im·ma·tu·ri·ty /ìmət(j)ʊ́ə)rəṭi, -tʃʊ́ə)r- | -tjʊ́ər-, -tʃʊ́ər-, -tjɔ́ːr-/ 名 Ｕ 未成熟; 未熟, 未発達; 未完成.

im·mea·sur·a·ble /ɪ(m)méʒ(ə)rəbl | ɪm-←/ 形 (格式) 計ることのできない; 果てしない, 広大な.

-a·bly /-rəbli/ 副 (格式) 計り知れないほど, とてつもなく; ずっと.

im·me·di·a·cy /ɪmíːdiəsi/ 名 Ｕ 緊急性, 即時性, 直接性 (*of*).

*im·me·di·ate /ɪmíːdiət/ 形 ① 1 [比較なし] すぐさまの, 即時の, Ⓐ 目下の, 当面の; (時間的に) 近い; 目前の, 直後の: Ⓐ ～ medium (単語の配慮)> ＝ payment 即時払い / He gave me an ～ answer. 彼はすぐに私に返事をくれた / the ～ aftermath of the jet crash そのジェット機の墜落直後 / It won't come about in the ～ future. それはごく近い将来には起こるまい. 2 Ⓐ [比較なし] 直接の, (血統・間柄が) いちばん近い: the ～ cause of death 直接の死因 / the king's ～ heir 王の第一の跡継ぎ / the ～ family 肉親. 3 Ⓐ (場所的に) すぐ隣の, 近接した: in the ～ vicinity ごく近所で. 語源 ラテン語で「間を分ける物がない」の意.

*im·me·di·ate·ly /ɪmíːdiətli/ 副 直ちに, すぐさま (at once); 直前に, 直後に (≒soon 類義語): An ambulance came ～. 救急車はすぐに来た / She began to work ～ after [upon] graduating from

college. 彼女は大学を卒業するとすぐに働き始めた.
2 直接に, じかに; すぐ近くに: the people ~ affected by the flood 洪水の影響をじかに受けた人たち / She lives in the house ~ behind this one. 彼女はこの家のすぐ裏の家に住んでいる. ── 接 (格式, 主に英) …するとすぐに (as soon as): I~ he came, he told me about it. 彼が来るとすぐに私にそのことを話した.

im·me·mo·ri·al /ìməmɔ́ːriəl⁻/ 形 (格式) 人の記憶にない, 遠い昔の, 太古からの. **from** [**since**] **tíme immemóriál** [副] (格式) 大昔から.

*__im·mense__ /ɪméns/ 形 (名 imménsity) **1** 広大な, 莫大な: An ~ stretch of desert lay before us. 広大な砂漠が我々の前に広がっていた. **2** (略式) すばらしい.

⁺**imménse·ly** 副 とても, 非常に.

im·men·si·ty /ɪménsəṭi/ 名 (-si·ties; 形 imménse) [Ｕ または複数形で] 広大, 莫大(さ), 無限: the ~ [*immensities*] of the universe 宇宙の広大さ.

*__im·merse__ /ɪmə́ːs | ɪmə́ːs/ 動 他 (格式)〈…〉を浸す, つける: ~ the clothes *in* hot water. その衣服をお湯につける. **be immérsed in ... = immérse onesélf in ...** [動] 他 …にふける, …に没頭する.

im·mer·sion /ɪmə́ːʒən | ɪmə́ːʃən/ 名 **1** Ｕ 熱中, 没頭 (*in*). **2** Ｕ (格式) 浸す[つける]こと; 浸される[つけられる]こと (*in*). **3** Ｕ [キ教] 浸礼 (全身を水に浸す洗礼). **4** Ｕ 没入法 (習得中の言語のみを使用する外国語学習). **5** Ｕ (英略式) = immersion heater.

immérsion hèater 名 Ｃ (英) 投げ込み電熱器 (直接水に入れて湯を沸かす; 家庭用).

*__im·mi·grant__ /ímɪɡrənt/ (題音 emigrant) **13** 名 (-mi·grants /-ɡrənts/) Ｃ (外国からの) 移民; [形容詞的に] 移民の (⟹ foreigner 類義語): His parents were ~*s to* Brazil *from* Japan. 彼の両親は日本からのブラジル移民でした (⟹ emigrant 語法) / ~ workers 移民の労働者.

immigrant (外国からの)	
emigrant (外国への)	移住者

im·mi·grate /ímɪɡrèɪt/ 動 (名 ìmmigrátion) (反 emigrate) 自 (外国から) 移住してくる (*to, into, from*).

*__im·mi·gra·tion__ /ìmɪɡréɪʃən/ 名 (~s /-z/; 動 ímmigràte; 反 émigration) ＵＣ 移住, 移民; 入国 (*to, from*); [形容詞的に] 移民の[入国する]: The famine in Ireland led to large-scale ~ *into* the United States. アイルランドのききんで米国への大規模な移民が行なわれた. **2** (外国からの) 移民 (全体), 入植者たち. **3** Ｕ (空港などの) 入国管理[審査] (immigration control); [形容詞的に] 入国管理の: go [pass] through ~ 入国管理を通過する / the ~ office 入国管理事務所.

Immigrátion and Naturalizátion Sèrvice 名 [the ~] (米) 移民帰化局 (略 INS).

immigrátion càrd 名 Ｃ 入国(記録)カード. 関連 embarkation card 出国(記録)カード

immigrátion contròl 名 Ｕ 入国管理[審査].

im·mi·nence /ímənəns/ 名 Ｕ 切迫, 急迫.

*__im·mi·nent__ /ímənənt/ 形 差し迫った, (悪いことが) 今にも起こりそうな (impending より緊迫した感じ): An air raid is ~. 今にも空襲になりそうだ / The buildings were in ~ danger of being flooded. その建物には洪水の危険が目前に迫っていた. **~·ly** 副 差し迫って, 今にも起こりそうに.

im·mis·ci·ble /ɪ(m)mísəbl | ɪm-⁻/ 形 (油と水のように) 混合することのできない (*with*).

im·mo·bile /ɪ(m)móʊb(ə)l, -biːl | -baɪl⁻/ 形 [普通は Ｐ] 不動の, 静止の; 動かせない, 動けない.

im·mo·bil·i·ty /ìmoʊbíləṭi/ 名 Ｕ 固定, 静止; 動かせない[動けない]こと.

immunosuppression 875

im·mo·bi·li·za·tion /ɪmòʊbəlɪzéɪʃən | -laɪz-/ 名 Ｕ 動かないようにすること, 固定(化).

im·mo·bi·lize /ɪmóʊbəlàɪz/ 動 他 〈…〉を動けなくする;〈関節など〉を固定する.

im·mo·bi·liz·er /ɪmóʊbəlàɪzə | -zə-/ 名 Ｃ (盗難防止の) 車両固定装置, イモビライザー.

im·mod·er·ate /ɪ(m)mɑ́dərət, -drət | ɪmɔ́d-⁻/ 形 (格式) (軽蔑) 節制[節度]のない, 過度の. **~·ly** 副 節度なく; 過度に.

im·mod·est /ɪ(m)mɑ́dɪst | ɪmɔ́d-⁻/ 形 (格式) (軽蔑) **1** 厚かましい; うぬぼれた. **2** (古風) 慎みのない, 不謹慎な, みだらな. **3** (服装が) 露出過剰な, あらわな. **~·ly** 副 (格式) 厚かましく; 不謹慎に.

im·mod·es·ty /ɪ(m)mɑ́dəsti | ɪmɔ́d-/ 名 (-es·ties) (格式) (軽蔑) Ｕ 厚かましさ; (古風) 不謹慎さ.

im·mo·late /ímǝlèɪt/ 動 他 (格式)〈…〉を焼き殺す.

im·mo·la·tion /ìməléɪʃən/ 名 Ｕ (格式) 焼き殺すこと.

*__im·mor·al__ /ɪ(m)mɔ́ːrəl | ɪmɔ́r-⁻/ 形 **1** 不道徳な, 倫理に反する, 不品行な (⟹ amoral): ~ conduct 不道徳な行為. **2** (性的に) 不純な, 身持ちの悪い, ふしだらな, わいせつな: ~ earnings 売春による稼ぎ.

im·mo·ral·i·ty /ì(m)mərǽləṭi | ìm-/ 名 (-i·ties) Ｕ 不道徳, 不品行, ふしだら, 不倫; Ｃ [普通は複数形で] 不道徳な行為.

im·mor·al·ly /ɪ(m)mɔ́ːrəli | ɪmɔ́r-/ 副 不道徳に; ふしだらに.

*__im·mor·tal__ /ɪ(m)mɔ́ːtl | ɪmɔ́ːt-⁻/ 形 不死の; 不滅の, 不朽の: the ~ gods 不死の神々 / ~ fame 不朽の名声. ── 名 Ｃ [普通は複数形で] (格式) 不死の人; 不朽の名声をもつ人: the I~*s* ギリシャ・ローマの神々.

im·mor·tal·i·ty /ì(m)mɔːtǽləṭi | ìmɔː-/ 名 Ｕ **1** 不死, 不滅. **2** 不朽の名声.

im·mor·tal·ize /ɪ(m)mɔ́ːtəlàɪz | ɪmɔ́ː-/ 動 他 Ｗ [普通は受身で] (作品などの中で)〈…〉を不滅にする,〈…〉に不朽の名声を与える (*in*).

im·mov·a·ble /ɪ(m)múːvəbl | ɪm-⁻/ 形 **1** (物・日付などが) 動かせない. **2** (人・態度などが) 不動の, 確固たる, かたくなな. **3** [法] 不動産の. ── 名 [複数形で] 不動産. **-bly** /-bli/ 副 動かせないように; 確固として, 断固として.

*__im·mune__ /ɪmjúːn/ 形 (名 immúnity; 動 ímmunìze) **1** Ｐ 免疫がある; Ａ 免疫の (⟹ AIDS): be ~ *to* measles <原＋*to*＋名・代> はしかに免疫がある. **2** Ｐ 免れた, 免除された, (批評などに)動じない, 影響されない (*to*): ~ *from* prosecution 起訴を免れて.

immúne respònse 名 Ｃ [医] 免疫反応.

⁺**immúne sỳstem** 名 Ｃ [普通は単数形で] [医] 免疫系 (体内の免疫反応発生システム).

im·mu·ni·ty /ɪmjúːnəṭi/ 名 (形 immúne) **1** ＵＣ (責任・義務の) 免除, 免責 (*from*); 動じないこと, 感化されないこと (*to*): be granted ~ *from* prosecution ~ (人が)不起訴になる. **2** Ｕ [医] 免疫(性) (*to, against*).

im·mu·ni·za·tion /ìmjʊnɪzéɪʃən | -naɪz-/ 名 ＣＵ 免疫法, 免疫処置, 予防接種 (*against*).

*__im·mu·nize__ /ímjʊnàɪz/ 動 (形 immúne) 他〈…〉に(注射で)免疫性を与える, 免疫化する (*against*).

im·mu·no·de·fi·cien·cy /ìmjʊnoʊdɪfíʃənsi/ 名 (-cien·cies) Ｕ [医] 免疫不全.

im·mu·no·glob·u·lin /ìmjʊnoʊɡlǽbjʊlɪn | -ɡlɔ́b-/ 名 Ｕ [生化] 免疫グロブリン (抗体として働く).

im·mu·nol·o·gy /ìmjʊnɑ́ləʤi | -nɔ́l-/ 名 Ｕ 免疫学.

im·mu·no·sup·pres·sion /ìmjʊnoʊsəpréʃən/ 名 Ｕ [医] 免疫抑制.

im·mu·no·sup·pres·sive /ìmjunousəprésɪv/ 名 〖医〗免疫抑制薬. ── 形 免疫抑制の.

im·mu·no·ther·a·py /ìmjunouθérəpi/ 名 U 〖医〗免疫療法.

im·mure /ɪmjúə ｜ ɪmjúə/ 動 (-mur·ing /-mjúərɪŋ/) 他 〖格式〗〈...〉を監禁する, 閉じ込める.
　immúre onesèlf 動 自 〖格式〗引きこもる.

im·mu·ta·bil·i·ty /ì(m)mjù:təbíləti ｜ ìm-/ 名 U 〖格式〗不変(性).

im·mu·ta·ble /ì(m)mjú:təbl ｜ ìm-/ 形 〖格式〗(原則・法律が)変えることができない, 不変の. **-ta·bly** /-təbli/ 副 変わらずに, 不変に.

IMO 略 〖E メールで〗＝in my opinion 私見では.

imp /ímp/ 名 C 〖古風〗鬼の子, 小鬼; いたずらっ子.

‡**im·pact**¹ /ímpækt/ 発 アク 名 (im·pacts /-pækts/; ~ ímpáct') ★動詞の impact² とのアクセントの違いに注意. **1** C (普通は単数形で) (強い)影響, 効果 (effect): the ~ of the oil spill *on* the environment 石油流出の環境に対する影響 / His father's teachings had [made] a great ~ *on* him. 父親の教えが彼に大きな影響を与えた / A life is not important except in the ~ it has *on* other lives. 人の一生の重要さは他の人々の生き方にどれだけ影響を与えたかで決まる (Jackie Robinson のことば). **2** U.C 衝突, 衝撃; ぶつかる[当たる]こと; 衝撃力.
　on ímpact 副 ぶつかった瞬間に; 衝撃で.

im·pact² /ɪmpǽkt/ ★名詞の impact¹ とのアクセントの違いに注意. 動 他 (ímpáct¹). **1** 〈...〉に影響を及ぼす. **2** 〖格式〗〈...〉にぶつかる. **3** 〈...〉を押込む, 詰め込む. ── 自 **1** 影響を与える (on). **2** 〖格式〗(...)にぶつかる (on, with).

im·pact·ed /ɪmpǽktɪd/ 形 **1** 〖歯〗(新しい歯が別の歯の下に)埋伏した. **2** (米)(地域が)人口過密の.

†**im·pair** /ɪmpéə ｜ -péə/ 動 (-pair·ing /-pé(ə)rɪŋ/) 他 W (価値・美点など)を減ずる, 害する;(健康など)を損なう, 傷つける.

im·paired /ɪmpéəd ｜ -péəd/ 形 弱った, 損なわれた; [合成語で] ...に障害のある (☞ disabled): hearing-impaired 聴覚に障害のある.

im·pair·ment /ɪmpéəmənt ｜ -péə-/ 名 U.C 〖格式〗害すること, (心身の)損傷: visual [hearing, mental] ~ 視覚[聴覚, 精神的]損傷.

im·pa·la /ɪmpáːlə/ 名 (複 ~(s)) C インパラ《アフリカ産の羚羊(ホポ)》.

im·pale /ɪmpéɪl/ 動 他 [しばしば受身で] 〈...〉を突き刺す, 刺し貫く: ~ oneself *on* ... 体(の一部)に...が突き刺さる.

im·pale·ment 名 U 突き刺すこと.

im·pal·pa·ble /ɪmpǽlpəbl/ 形 〖格式〗 **1** 触ってもわからない, 微細な. **2** 理解しにくい, 微妙な.

im·pan·el /ɪmpǽn(ə)l/ 動 他 (-pan·els; -pan·eled, (英) -pan·elled; -el·ing, (英) -el·ling) 〖法〗〈...〉を陪審名簿に載せる;(陪審名簿から)〈陪審員〉を選ぶ.

†**im·part** /ɪmpáət ｜ -páːt/ 動 他 〖格式〗〈情報など〉を伝える, 告げる;〈性質〉を与える (to) (☞ part 単語の記憶).

†**im·par·tial** /ɪmpáəʃəl ｜ -páː-/ 形 偏(カタヨ)らない, 公平な, 公明正大な(☞ fair¹ 類義語): an ~ judgment 公平な判断.

im·par·ti·al·i·ty /ɪmpàəʃiǽləti ｜ -pàː-/ 名 U 偏らないこと, 公平, 公正 (in).

im·par·tial·ly /ɪmpáəʃəli ｜ -páː-/ 副 偏らずに, 公平に.

im·pass·a·ble /ɪmpǽsəbl ｜ -páːs-/ 形 (特に悪天候で)通り抜けられない, 通れない, 横断できない.

†**im·passe** /ímpæs ｜ ǽmpaːs/ 名 C (普通は単数形で) 袋小路; 難局, 行き詰まり: reach an ~ 行き詰まる.

†**im·pas·sioned** /ɪmpǽʃənd/ 形 W (演説などが)熱烈な; 感情のこもった.

†**im·pas·sive** /ɪmpǽsɪv/ 形 W 平然とした, 無感覚な; 無感動の. **~·ly** 副 平然と; 無感動に.

im·pas·siv·i·ty /ɪmpæsívəti/ 名 U W 平然, 冷静; 無感覚, 鈍感.

im·pa·tience /ɪmpéɪʃəns/ 名 (複 ìmpátient) U **1** 短気, せっかち, いらいら, じれったさ (*at*). ★ impatience を表わすしぐさについては 🔲 挿話: impatience ~ *with* the wave of strikes ひき続くストに対するつのるいらだち. **2** 切望 (*for*), 何かをしたくてたまらない気持ち: Her ~ to leave made me nervous. 彼女が出発を待ちかねていた様子なので私はいらいらした. **with impátience** 〖格式〗今か今かと.

im·pa·tiens /ɪmpéɪʃənz ｜ -ʃìenz/ 名 C 〖植〗インパチェンス《ほうせんかなどつりふねそう科の植物》.

***im·pa·tient** /ɪmpéɪʃənt/ 13 形 (名 impátience) **1** 気短な, せっかちな, いらいらしている, ◐ 〖格式〗(...)に我慢できない (*of*): Don't be ~ *with* the children. ＜A＋*with*＋名・代＞ 子供に向かってかんしゃくを起こすな / She is ~ *at* any kind of delay. ＜A＋*at*＋名・代＞ 彼女は何であれ遅れるということに我慢できない.
　2 『〜...』したくてたまらない, しきりに...したがる, しきりに...を望んでいる: The children are ~ *to* go. ＜A＋*to* 不定詞＞ 子供たちは出かけたくてうずうずしている / She is ~ *for* his letter. ＜A＋*for*＋名・代＞ 彼女は彼からの手紙を待ち焦がれています. **~·ly** 副 いらいらして; 我慢できずに; 待ち遠しく.

†**im·peach** /ɪmpí:tʃ/ 動 他 **1** 〖法〗〈...〉を告訴[告発]する,〈公職者〉を弾劾(ダンガイ)する; (*for*). **2** 〖格式〗〈名誉・人格など〉を疑う, 問題にする.

im·peach·a·ble /ɪmpí:tʃəbl/ 形 (反 unimpeachable) (犯罪などが)弾劾[告発]されるべき.

†**im·peach·ment** /ɪmpí:tʃmənt/ 名 U.C 〖法〗弾劾; 告訴, 告発.

†**im·pec·ca·ble** /ɪmpékəbl/ 形 欠点のない, 非の打ちどころのない, 完璧な. **-ca·bly** /-kəbli/ 副 申し分のないほど; 完璧に.

im·pe·cu·nious /ìmpɪkjúːnjəs/ 形 〖格式〗または〖滑稽〗(いつも)お金のない, 貧乏な.

im·ped·ance /ɪmpíːdəns, -dns/ 名 U または ~ 〖電〗インピーダンス《交流回路に対する電気抵抗》.

†**im·pede** /ɪmpíːd/ 動 他 〖格式〗〈...〉を妨げる, じゃまする.

†**im·ped·i·ment** /ɪmpédəmənt/ 名 C **1** 〖格式〗[しばしば単数形で] 妨害(物), 障害 (*to*). **2** 身体障害, 精神障害: a speech ~ 言語障害.

im·ped·i·men·ta /ɪmpèdɪméntə/ 名 [複] 〖格式〗または〖滑稽〗(重い)旅行用手荷物, じゃまな物.

im·pel /ɪmpél/ 動 他 (im·pels; im·pelled; -pel·ling; /-pélɪŋ/ ~ impulse) **1** 〖格式〗〈考え・感情などが〉〈人〉を促す (*to*);〈人〉に無理に...させる: A guilty conscience *impelled* him *to* confess. 自責の念にかられて彼は白状した / She felt *impelled to* tell the truth. 彼女は真実を告げねばならぬと感じた. **2** 〈...〉を押し進める, (前へ)動かす (*to, toward*): an *impelling* force 推進力.

†**im·pend·ing** /ɪmpéndɪŋ/ 形 A (悪いことが)差し迫った, 切迫した (☞ imminent).

im·pen·e·tra·bil·i·ty /ɪmpènətrəbíləti/ 名 U 通り抜け[侵入]できないこと; 不可解.

†**im·pen·e·tra·ble** /ɪmpénətrəbl/ 形 **1** 通り抜けられない, 入り込めない (*to*). **2** 見抜けない, 見通せな

い (to). **3** 不可解な (to). **-tra·bly** /-trəbli/ 副 理解できないほどに.

im·pen·i·tence /ɪmpénətəns, -tns/ 名 U《格式》後悔しないこと, 悔い改めないこと.

im·pen·i·tent /ɪmpénətənt, -tnt/ 形《格式》後悔していない, 悔い改めない.

***im·per·a·tive** /ɪmpérətɪv/ 形 **1** [普通は P]《格式》どうしても必要な; 緊急[必須]の: It is ~ *that* we (*should*) [*for us to*] leave immediately. 直ちに出発することが我々にとって絶対に必要だ (⇨ should A 8). **2**《格式》命令的な; 強制的な: in an ~ tone of voice 命令口調で. **3**《文法》命令法の. 関連 indicative 直説法の / subjunctive 仮定法の. ── 名 **1** C《文法》(動詞の)命令形. **2** [the ~] =imperative mood. **3** C =imperative sentence. **4** C《格式》急務, 緊急な事態[義務, 必要]: a moral [political, economical] ~ 倫理的[政治的, 経済的]急務. **~·ly** 副 命令的に; いやおうなしに.

impérative móod 名 [the ~]《文法》命令法.

> **文法 命令法**
> 法の1つで, 命令・依頼・要請・禁止などを表わす言い方. 命令は普通二人称に対して呼びかける形で行なわれるので, 主語は普通 ellipsis 文法 (1) (ii)) し, 時には強いアクセントを受ける you (⇨ you¹ A 1 (2)) を用いるか, 呼びかける相手の名をあげることがある. 動詞は常に原形が用いられる.
> (1) 普通の命令: *Have* a cup of coffee. コーヒーを1杯どうぞ / Please *open* the window. どうぞ窓を開けてください / Boys, *be* ambitious. 少年よ, 大志を抱け.
> (2) 否定の命令には do not, don't または never などを用いる. この場合 don't は be とともにも用いられる: *Don't make* the same mistake again. 同じ間違いを2度してはいけません / *Never come* here alone. 決してここには一人で来ないように / *Nobody move*! だれも動くな / *Don't be* foolish. ばかなことはよせ (⇨ be¹ A 語法 (3), do¹ 1).
> 語法 ただし《文》や《詩》では動詞の後に直接 not をつけることがある (⇨ do¹ 1 語法): *Tell* me *not* in mournful numbers, "Life is but an empty dream!" 悲しき歌をてわれに告ぐるな, 「人生は空虚なる夢にすぎぬ」と《米国の詩人ロングフェロー (Longfellow) の詩の一節》.
> (3) 強調の do を伴う命令《この場合 do は be とともにも用いられ, 強く発音される》(⇨ do¹ 3): *Dó stáy* here. どうぞここにいてください / *Dó bè* hopeful. どうかぜひ希望を持って.
> (4) 一人称・三人称に対する命令の意味を表わすには let を用いる《詳しくは ⇨ let¹ 1》.

impérative séntence 名 C《文法》命令文.

> **文法 命令文**
> 文を意味の上から分類した場合の一種で, 命令・依頼・要請・禁止などを表わす文をいうが, 文法では命令法で用いられたものを命令文という (⇨ imperative mood 文法; politeness 囲み). 命令文では下降調のイントネーションが用いられる (⇨ つづり字と発音解説 93): *Shut the door.* ドアを閉めなさい / *Bring* me my overcoat. 私のオーバーを持ってきてくれ. なお命令文の次に and または or を用いて「そうすれば」または「そうでないと」の意味を表わすことがある: *Turn* right at that corner *and* you will see the post office. その角を右へ曲がれば郵便局が見えます (⇨ and 4) / *Study* hard *or* you will fail the examination. 一生懸命勉強しないと試験に落ちるよ (⇨ or 3). 語法 命令文で you が用いられることがある (⇨ you¹ A 1 (2)).

im·per·cep·ti·bil·i·ty /ɪ̀mpəsèptəbíləti | -pə̀-/ 名 U 感知できない状態[こと].

imperturbability 877

im·per·cep·ti·ble /ɪ̀mpəséptəbl | -pə-/ 形 知覚不能な, 気づかれないほどの (to); かすかな. **-ti·bly** /-təbli/ 副 気づかれないほどに; かすかに, いつのまにか.

*****im·per·fect** /ɪmpə́ːfɪkt | -pə́ː-/ 形 **1** 不完全な, 不十分な; 欠点[欠陥]のある: We only see ~ shadows of things. 我々は物事の不完全な影を見ているにすぎない《イデアを大切にした Plato のたとえ》. **2** A《文法》《the ~ tense 未完了時制《英語では過去進行形がこれに相当》. **2** [the ~] C《文法》未完了形[動詞], 未完了時制.

im·per·fec·tion /ɪ̀mpəfékʃən | -pə-/ 名 C 欠点, 欠陥 (in); 傷(きず); U 不完全.

impérfect·ly 副 不完全に, 不十分に.

*****im·pe·ri·al** /ɪmpíə(ə)riəl/ 形 《 empire, emperor》[比較なし] **1** [普通は A] [しばしば I-] 帝国の; 皇帝の: an ~ crown 王冠 / the I~ Household 皇室 / the I~ Palace 皇居, 宮殿. **2** A《度量衡で》英本国法定の標準に従う《インチ・ポンドなど》: an ~ gallon 英ガロン《4.546 リットルに相当》.

*****im·pe·ri·al·is·m** /ɪmpíə(ə)riəlɪ̀zm/ 名 U [普通はけなして] 帝国主義, 領土拡張主義.

*****im·pe·ri·al·ist** /ɪmpíə(ə)riəlɪst/ 名 [普通はけなして] C 帝国主義者. ── 形 帝国主義の, 帝国主義(者)的な.

im·pe·ri·al·is·tic /ɪmpìə(ə)riəlístɪk⁺/ 形 [けなして] 帝国主義的な.

im·per·il /ɪmpérəl/ 動 (-per·ils, -per·iled, 《英》-per·illed; -il·ing, 《英》-il·ling; ⇨ péril) 他《格式》⟨...⟩を危うくする, 危険にさらす.

im·pe·ri·ous /ɪmpíə(ə)riəs/ 形 W《格式》傲慢(ごうまん)な, 横柄な. **~·ly** 副 傲慢に, 横柄に. **~·ness** 名 U 傲慢さ, 横柄さ.

im·per·ish·a·ble /ɪmpérɪʃəbl⁺/ 形《文》腐らない, 死滅しない, 枯れない; 不滅の, 不朽の.

im·per·ma·nence /ɪmpə́ːmənəns | -pə́ː-/ 名 U《格式》永久的でないこと, 一時性.

im·per·ma·nent /ɪmpə́ːmənənt | -pə́ː-/ 形 《格式》永続しない, 一時的な.

im·per·me·a·ble /ɪmpə́ːmiəbl | -pə́ː-/ 形《格式》(水などを)通さない, 不浸透性の (to).

im·per·mis·si·ble /ɪ̀mpəmísəbl | -pə-/ 形《格式》許し難い, あってはならない.

*****im·per·son·al** /ɪmpə́ːs(ə)nəl | -pə́ː-/ 形 **1** [普通はけなして] (個人的な)感情のこもらない, 事務的な, そっけない, よそよそしい; 非人間的[そっけない]手紙. **2** [普通はほめて] 客観的な, 一般的な: an ~ discussion 私情をはさまない議論. **3** 《文法》非人称の: an ~ pronoun 不定代名詞.

impersonal 'it' 名 [the ~]《文法》非人称の it (⇨ it¹ A 2 文法).

im·per·son·al·ly /ɪmpə́ːs(ə)nəli | -pə́ː-/ 副 (特定の)個人と関係なく; 客観的に; 《文法》非人称として.

im·per·son·ate /ɪmpə́ːsənèɪt | -pə́ː-/ 他 ⟨...⟩のしぐさをまねる, 役を演ずる; (人をだます目的で) ⟨...⟩を装う, ⟨...⟩になりすます.

im·per·son·a·tion /ɪmpə̀ːsənéɪʃən | -pə̀ː-/ 名 C,U (他人の)物まね; 役を演ずること.

im·per·son·a·tor /ɪmpə́ːsənèɪtə | -pə́ːsənèɪtə/ 名 C 物まね芸人; 役に扮する人: a female ~ 女形.

im·per·ti·nence /ɪmpə́ːtənəns | -pə́ː-/ 名 U《格式》生意気, (目上の人に対する)無礼; C 生意気[無礼]な言動. **hàve the impértinence to** dó [動] 厚かましくも...する.

im·per·ti·nent /ɪmpə́ːtənənt | -pə́ː-/ 形《格式》生意気な, (目上の人に)無礼な (to). **~·ly** 副 生意気に, 無礼に.

im·per·turb·a·bil·i·ty /ɪ̀mpətə̀ːbəbíləti |

878 imperturbable

-pətə:-/ 名 ⓤ ⓦ (格式) 落ち着き, 冷静.

im·per·turb·a·ble /ìmpətə́:bəbl | -pətə́:-⁻/ 形 ⓦ (格式) 落ち着いた, 冷静な, ものに動じない. **-a·bly** /-bəbli/ 副 落ち着いて, 冷静に.

im·per·vi·ous /impə́:viəs | -pə́:-⁻/ 形 (格式) 1 (…に)影響されない (to). 2 (水・光などを)通さない (to).

im·pe·ti·go /ìmpətáigou, -tí:-/ 名 ⓤ 膿痂疹《の》.

im·pet·u·os·i·ty /impètʃuásəti | -ós-/ 名 (-i·ties) (格式) 1 ⓤ せっかち. 2 ⓒ 性急な言動.

im·pet·u·ous /impétʃuəs/ 形 性急な (hasty); (行動などが)衝動的な. **~·ly** 副 性急に. **~·ness** 名 ⓤ 性急さ.

†**im·pe·tus** /ímpətəs/ 名 1 [ⓤ または an ~] 勢い, はずみ; 刺激 (to, for; to do): gain [lose] ~ はずみがつく[なくなる]. 2 〖物理〗(物体を動かす)運動力. **give [ádd, bríng] (an) ímpetus to ...** 動 他 …を促進する.

im·pi·e·ty /impáiəti/ 名 (-e·ties) (格式) 1 ⓤ 不信心; 不敬. 2 ⓒ [普通は複数形で] 不信心な言動.

im·pinge /impíndʒ/ 動 (格式) 1 (悪い)影響を及ぼす (on, upon). 2 犯す, 侵害する (on, upon).

im·pinge·ment /impíndʒmənt/ 名 (格式) 影響; 侵害 (on, upon).

im·pi·ous /ímpiəs, impáiəs⁻/ 形 (格式) 不信心な. **~·ly** 副 不信心にも.

imp·ish /ímpiʃ/ 形 小鬼(の)ような; いたずらっぽい. **~·ly** 副 ちゃめっけたっぷりに.

*im·plac·a·ble** /implǽkəbl/ 形 なだめにくい; 反対を止めない, 執念深い. **-a·bly** /-əbli/ 副 執念深く, 容赦なく.

*im·plant¹** /implǽnt | -plá:nt/ 動 1 〖医〗(組織片などを)移植する (in, into). 2 ⓦ (思想などを)(心の中に)植えつける, 教え込む, 吹き込む. ― 自 (受精卵が)(子宮内に)着床する (in).

im·plant² /ímplænt | -pla:-/ 名 ⓒ 〖医〗移植(組織片); 〖歯〗インプラント《人工歯根など》.

im·plan·ta·tion /ìmplæntéɪʃən | -pla:n-/ 名 ⓤ 植えこむこと; 〖医〗(体内)移植; (子宮内での)着床.

im·plau·si·ble /implɔ́:zəbl/ 形 信じがたい, ありそうもない. **-si·bly** /-zəbli/ 副 信じがたいことに[ほど].

*im·ple·ment¹** /ímpləmènt/ 動 (-ple·ments /-mènts/; -ment·ed /-tɪd/; -ment·ing /-tɪŋ/; ímplementátion) 他 〈計画・政策などを〉**実行する**, 履行する; 〈約束を〉果たす: There is not enough money to ~ the mayor's proposal. 市長の提案を実行するだけの金がない.

im·ple·ment² /ímpləmənt/ 名 ⓒ 道具, 用具, 器具 (tool) (☞ tool 類義語): farm ~s 農具.

†**im·ple·men·ta·tion** /ìmpləməntéɪʃən, -men-/ 名 ⓤ 実行, 履行: the ~ of financial reforms 財政改革の実行.

*im·pli·cate** /ímpləkèit/ 動 (名 ìmplicátion 3) 他 〈人が〉(…に)関与していることを示す (in); 〈物事を〉(悪いことの原因として)示す, 暗示する (as, in). **be ímplicated in ...** […に]掛かり合いしている.

*im·pli·ca·tion** /ìmpləkéɪʃən/ 名 (~s /-z/; 1, 2 では 動 imply, 3 では 動 ímplicate) 1 ⓒ [普通は複数形で] 予想される影響, 結果: This economic policy will **have** significant **~s for** the prosperity of our nation. この経済政策は我が国の繁栄に重要な影響を及ぼすだろう. 2 ⓒⓤ ほのめかし[暗に示す]意味, 含み, 含蓄, 暗示: The ~s of his remarks are many and varied. 彼の発言の含みは多種多様だ / She was shocked at his **~ that** she had lied. 彼女は彼のことばの「君がうそをついた」という含みにショックを受けた. 3 ⓤ (犯罪などへの)掛かり合い, 関与, 連座

(in). **by implication** [副] それとなく, 暗に.

*im·plic·it** /implísit/ 形 1 (はっきりとことばに示されていないが)それとなく暗示されている, 暗黙の (反 explicit); (格式) (…に)含まれている, 不可欠である, つきものである: an ~ reference to the Prime Minister それとなく首相のことを指した発言 / It is **~ in** our agreement that Mr. Long will be the next president. <A+in+名・代> 我々の協定ではロング氏が次期社長になることで暗黙の了解がついている. 2 ⒶⓆ 絶対の, 全くの: ~ trust [faith] 絶対的な信頼. **~·ly** 副 暗に, 暗黙のうちに; 絶対的に.

im·plied /impláid/ 形 それとはなしの, 言外の.

im·plode /implóud/ 動 自 (im·plo·ding) 1 内破する, 内側に破裂する. 2 ⓦ (組織などが)内部崩壊する.
― 他 〈…を〉内破させる, 内側に破裂させる.

im·plore /implɔ́ə | -plɔ́:/ 動 (im·plor·ing /-plɔ́:rɪŋ/) (格式) 他 〈人に〉(…を)嘆願する: The prisoner ~d mercy. 囚人は情けを懇願した / She ~d him to stay with her. 彼女はどうかいっしょにいてくださいとかれに頼んだ / Please tell me the truth, I ~ you! お願いですから本当のことを言ってください.

im·plor·ing /implɔ́:rɪŋ/ 形 (格式) 嘆願の, 哀願するような. **~·ly** 嘆願して, 哀願するように.

im·plo·sion /implóuʒən/ 名 ⓒⓤ 1 内破. 2 ⓦ (組織・体制などの)内部崩壊.

*im·ply** /implái/ 動 (im·plies /~z/; im·plied /~d/; -ply·ing) 他 1 〈…を〉ほのめかす, 暗に〈…の〉意味を含む; 〈…と〉それとなく言う (☞ hint 類義語; reply) 単語の記憶: Silence often *implies* consent. 黙っていることはしばしば賛成を意味する / She *implied that* she had changed her mind. <V+名・代+O (that) 節> 彼女は考えを変えたことをそれとなく私たちに示した / A six-shooter, as its [the] name implies, fires six shots. 6連発ピストルは, その名の示す通り, 弾を6発発砲する. 2 当然〈…を〉伴う, 結果として〈…ということになる: Rights ~ duties. 権利には義務が伴う.

im·po·lite /ìmpəláit/ 形 礼儀知らずの, 不作法な, 失礼な (to): It's very ~ of you to decline her invitation. 彼女の招待を断るとはあなたも実に失礼ですよ (☞ of 12). **~·ly** 副 不作法に(も).

im·pol·i·tic /impálətɪk | -pɔ́l-⁻/ 形 (格式) 考えのない, 愚かな, 不利な, 得策でない.

im·pon·der·a·ble /impándərəbl, -drə- | -pɔ́n-⁻/ 形 (格式) (影響・重要性が)計り知れない, 評価できない, 見当がつけられない. ― 名 ⓒ [普通は複数形で] 計量できないもの; 未知数のもの.

‡**im·port¹** /impɔ́ət, ímpɔət | impɔ́:t, ímpɔ:t/ ★ 名詞の **import²** とのアクセントの傾向の違いに注意. 動 (im·ports /impɔ́əts, ímpɔəts | impɔ́:ts, ímpɔ:ts/; -port·ed /-tɪd/; -port·ing /-tɪŋ/; 名 ímport², 1 では ìmportátion) (反 export) 他

ラテン語で「中へ運び入れる」 (☞ in-² 語法), export)
単語の記憶
┌─→「輸入する」1
├─→(もたらす, 引き起こす) →(示す) →「意味する」
└─→「とり込む」2   る」3

1 〈…を〉**輸入する**; 持ち込む: ~ed goods 輸入品 / We ~ a lot of wool *from* Australia. <V+O+*from*+名・代> わが国[社]は多くの羊毛をオーストラリアから輸入する / Japan *~s* many words *into* its language. <V+O+*into*+名・代> 日本は多くの外国語を国語に取り入れている. 2 〖電算〗〈情報を〉とり込む, インポート[転送]する. 3 (格式) 〈…を〉意味する (mean).

‡**im·port²** /ímpɔət | -pɔ:t/ ★ 動詞の **import¹** とのアクセントの違いに注意. 名 (**im·ports** /-pɔəts | -pɔ:ts/; 動 impórt¹) (反 export) 1 ⓒ [普通は複数形で] 輸入

品: food ~s 輸入食料品. **2** Ⓤ 輸入, 輸入業: the ~ of oranges オレンジの輸入 / The ~ of rare wild animals **to** this country is strictly prohibited. 希少野生動物をこの国に輸入することは厳禁されている. **3** [the ~]《格式》意味 (meaning), 趣旨: the ~ of a remark 発言の意味. **4** Ⓤ《格式》重要性 (importance): an issue of great ~ 非常に重要な問題.

***im·por·tance** /ɪmpɔ́ətəns, -tns | -pɔ́ː-/ 名（形 important）Ⓤ **1 重要性, 重大さ**; 重要な理由: a matter of great [crucial, paramount, vital] ~ **to** [**for**] me 私にとってきわめて重要な事柄 / stress [emphasize] the ~ of a balanced diet 栄養のバランスのとれた食事の重要性を強調する / It is losing [acquiring] its ~ day by day. それは日ごとに重要性を失って[増して]いく. **2** 重要な立場[地位]にいること, 有力: a person of ~ 重要人物 / Don't measure people's ~ by their income. 人の社会的重要性をその人の収入で決めてはいけない. **attách impórtance to ...** [動] 他 ...を重視する. **be fúll of one's ówn impórtance** [動] 他《軽蔑》自分は偉いと思いこんで[うぬぼれている]. **of líttle** [**nó**] **impórtance** [形] ほとんど[全く]重要でない.

***im·por·tant** /ɪmpɔ́ətənt, -tnt | -pɔ́ː-/ 形（名 importance, 反 unimportant）**1 重要な, 重大な**: an ~ decision [meeting] 重要な決定[会議] / The matter is very [highly] ~ **to** us. <A+to+名・代> そのことは我々にとって非常に重大だ / Sleeping well is ~ **for** your health. <A+for+名・代> 十分な睡眠は健康に大切なことだ / It is ~ [**for**] you to [that] you (should) read many books while you are young. 若いうちにたくさん本を読むのは重要なことだ（☞ should A 8; that² A 2 構文）. **2** 有力な, 偉い: a very ~ person 要人, 大物（略 VIP）/ He is one of the most ~ officials in this office. 彼はこの役所の幹部の1人だ.

im·por·tant·ly /ɪmpɔ́ətəntli, -tnt- | -pɔ́ː-/ 副 **1** 重大に. **2** 偉そうに, もったいぶって. **Móre** [**Móst**] **impórtantly, ...** [副] 文修飾節 さらに[最も]重要なことは....

im·por·ta·tion /ɪ̀mpɔətéɪʃən | -pɔː-/ 名（動 impórt¹; 反 exportation）**1** Ⓤ 輸入(業); (外来のもの)持ちこみ. **2** Ⓒ 輸入品; 外来のもの[風俗など].

ímport dùty 名 Ⓒ,Ⓤ 輸入税.

†**im·port·er** /ɪmpɔ́ətə | -pɔ́ːtə/ 名（反 exporter）Ⓒ 輸入業者, 輸入国.

ímport lìcense 名 Ⓒ 輸入許可書.

im·por·tu·nate /ɪmpɔ́ətʃʊnət | -pɔ́ːtjʊ-/ 形《格式》しつこい, うるさい, あつかましい.

im·por·tune /ɪ̀mpətjúːn, ɪ̀mpɔətʃúːn | ɪ̀mpətjúːn, ɪmpɔ́ːtjuːn/ 動 他《格式》〈人〉にしつこくねだる, うるさく頼む (for; to do).

im·por·tu·ni·ty /ɪ̀mpətjúːnəti | -pətjúː-/ 名（-ni·ties）**1** Ⓤ しつこさ. **2** [複数形で] うるさい[しつこい]要求.

***im·pose** /ɪmpóʊz/ 動 (**im·pos·es** /~ɪz/; **im·posed** /~d/; **im·pos·ing**; 名 ìmposítion) 他 **1** 〈税金・義務など〉を課す; 負わせる《+ compose 単語の記憶》: ~ a ban **on** nuclear tests <V+O+on+名・代> 核実験を禁止する / They ~d a heavy tax **on** luxury goods. ぜいたく品に重い税金が課された（☞ that² 2 (3)） / He doesn't seem to realize that he is imposing a heavy burden **on** us. 彼は我々にとって大変な重荷になっていることを自覚していないようだ.

2 ...を押しつける, 強いる: Don't try to ~ your opinion **on** [**upon**] me. <V+O+on[upon]+名・代> 君の意見を私に押しつけないでくれ.

impóse on [**upòn**] **...** [動] 他 (1) 〈人のよさなど〉につけ込む, ...に乗ずる; 〈好意など〉に甘える: She ~d on

impractical 879

[**upon**] their kindness. 彼女は彼らの親切につけ込んだ. (2) ...をだます: I won't be ~d on any more! もうこれ以上だまされないぞ.　**impóse onesélf** [動] 自 でしゃばる, 押しかける.　**impóse onesélf on** [**upòn**] **...** [動] 他 ...のところへ押しかける; ...にくちばしをいれる.

†**im·pos·ing** /ɪmpóʊzɪŋ/ 形（大きさ・立派さで）目立つ, 堂々たる: an ~ mansion 堂々たる大邸宅 / His ~ manner attracted their attention. 彼の堂々とした態度は彼らの目をひいた.

im·po·si·tion /ɪ̀mpəzíʃən/ 名（動 impóse）**1** Ⓤ (税金・義務など)課すること; 課税, 賦課 (on, upon). **2** Ⓒ 課されたもの; 税. **3** Ⓒ [普通は単数形で] つけ込むこと, 厚かましさ (on).

im·pos·si·bil·i·ty /ɪmpɑ̀səbíləti | -pɔ̀s-/ 名 (-i·ties; 形 impóssible) Ⓤ,Ⓒ [普通は単数形で] 不可能(なこと); 起こり[あり]そうもないこと (of).

***im·pos·si·ble** /ɪmpɑ́səbl | -pɔ́s-◜/ 形（名 impòssibílity）**1** [比較なし] **不可能な**, できない: possible and impossible tasks 可能な仕事と不可能な仕事（☞ in-¹ 語法 (2)）/ ~ demands 無理な要求　言い換え　The question is ~ **to** answer. <A+to 不定詞>＝**It is** ~ **to** answer the question. その問いは答えられない / It will be almost [virtually] ~ **for** them to try again. 彼らがもう一度やってみるのはほぼ無理だ（☞ for B 1）.　用法注意　「人が...できない」という場合は I am impossible to do it. のような言い方はできず, I am unable to do it. のように言う（☞ possible 1 用法注意）// I found it ~ **to** sit still. じっと座っていられなかった.

2 とても起こり[あり]えない; 信じられない: That's ~! そんなはずはない / an ~ dream かないそうもない夢物語　言い換え　**It is** ~ **that** he could have missed the train. (=He could not have missed the train.) 彼が列車に乗り遅れたなんてありえないことだ（☞ that² A 2）. **3** (状況・人が)とても我慢ができない, ひどい; どうしようもない: He is an ~ bore when he's drunk. 彼は酔っ払うと手がつけられないほどくどい.

the impóssible [名] 不可能なこと（☞ the¹ 6）: ask (for) [do] the ~ 無理な注文をする[不可能に思えることをやり遂げる].

im·pos·si·bly /ɪmpɑ́səbli | -pɔ́s-/ 副 語法 動詞を修飾しない. **1** ありそうにもなく, 信じられないくらい: an ~ perfect performance 信じられないくらい完ぺきな演奏. **2** 途方もなく, どうしようもなく: It was an ~ hot day. その日はお話にならないくらい暑い日だった.

im·pos·tor, im·pos·ter /ɪmpɑ́stə | -pɔ́stə/ 名 Ⓒ 他人の名をかたる人, ぺてん師.

im·pos·ture /ɪmpɑ́stʃə | -pɔ́stʃə/ 名 Ⓤ,Ⓒ《格式》(偽名などによる)詐欺(行為), ぺてん.

†**im·po·tence** /ɪ́mpətəns, -tns/ 名 Ⓤ **1** (男性の)性的不能, インポ(テンツ). **2** 無力, 虚弱.

†**im·po·tent** /ɪ́mpətənt, -tnt/ 形 **1** (男性が)性的不能の, インポ(テンツ)の. **2** 無力な, 虚弱な.　**~·ly** 副 無気力に.

†**im·pound** /ɪmpáʊnd/ 動 他《法》**1** <...>を没収[押収]する. **2** <駐車違反車・迷った家畜など>を保管[保護]する, 預かる.

†**im·pov·er·ish** /ɪmpɑ́v(ə)rɪʃ | -pɔ́v-/ 動 他 Ⓦ **1** [しばしば受身で] <...>を貧乏にする. **2** <土地など>をやせさせる, 不毛にする. **3** <...>の質[内容]を低下させる.

im·pov·er·ished /ɪmpɑ́v(ə)rɪʃt | -pɔ́v-/ 形 **1** 非常に貧しい; 疲弊した. **2** 質が落ちた; (中身の)乏しい.

im·pov·er·ish·ment /ɪmpɑ́v(ə)rɪʃmənt | -pɔ́v-/ 名 Ⓤ 貧乏; 疲弊; 低下.

im·prac·ti·ca·ble /ɪmprǽktɪkəbl◜/ 形《格式》(計画などが)実行できない, 実用向きでない.　**-ca·bly** /-kəbli/ 副 実行できないよう[ほど]に.

†**im·prac·ti·cal** /ɪmprǽktɪk(ə)l◜/ 形（人・考え方

が)非現実的な,非現実的な,非実用的な; 実際面にうとい,浮世離れした: His plan is completely ~. 彼の計画は全く現実離れしている.

im·prac·ti·cal·i·ty /ɪmpræktɪkǽləṭi/ 图 U 非実際的なこと,非現実性.

im·prac·ti·cal·ly /ɪmpræktɪkəli/ 副 非実際的に,非現実的に; 実際面にうとく.

im·pre·ca·tion /ɪmprɪkéɪʃən/ 图《格式》C のろい; ののしり (against), U《災難などを》祈り求めること.

im·pre·cise /ɪmprɪsáɪs⁻/ 形 不正確な,不明瞭な.
~·ly 副 不正確で[不明瞭に].

im·pre·ci·sion /ɪmprɪsíʒən/ 图 U 不正確(さ).

im·preg·na·ble /ɪmprégnəbl/ 形 1 攻め落とせない,難攻不落の. 2《格式》(地位・意見などが)揺るぎない,堅固な. **-na·bly** /-nəbli/ 副 堅固に.

im·preg·nate /ɪmprégneɪt, ímpregneɪt/ 動 他 1《格式》〈…〉を妊娠させる,受胎[受精]させる. 2〈…〉に(一を)充満させる;(香りなどを)しみ込ませる (with).

im·preg·na·tion /ɪmpregnéɪʃən/ 图 U 1 受胎,受精. 2 充満,飽和.

im·pre·sa·ri·o /ɪmprəsá:riòʊ/ 图 (~s) C《楽》(歌手などの)マネージャー; 興行主.

*__im·press__¹ /ímpres/ ★ 名詞の impress² とのアクセントの違いに注意. 動 (-press·es /~ɪz/; im·pressed /~t/; -press·ing) 图 impression, 形 impréssive)

「押す」4 (☞語源) → (…に痕(あと)を残す) → (心に痕を残す)
→「銘記させる」3
→「印象を与える」2 → (特に強く)
→「感銘を与える」1

1 [進行形なし]〈…〉に感銘を与える;〈…〉の心を強く動かす: The soldiers ~ed us with their courage. <V+O+with+名・代> 兵士たちはその勇気で我々に強い感銘を与えた / What ~ed me most was the people's kindness. 私が最も感銘を受けたのは人々の親切さだった / I'm ~ed! <V+O の受身> いやあ感心しました.
2 [進行形なし]〈人〉に(…という)印象を与える;〈人〉に(…と)思われる[感じられる] (☞ press 単語の記憶): Mr. Brown ~ed Helen as (being) a kind man. <V+O+as+名[動名]> ブラウン氏は親切な男だという印象をヘレンに与えた / The examiner was favorably [unfavorably] ~ed by the applicant. <V+O の受身> 試験官はその志願者に好ましい[好ましくない]印象を持った. 3〈…〉を銘記させる,〈記憶などに〉留めさせる; 痛感させる: The scene is strongly [deeply] ~ed on [upon] my memory. その場面は私の心に強く印象づけられている / The teacher ~ed on the pupils that they should be punctual. 先生は生徒たちに時間厳守を力説した. 4 [普通は受身で]〈印などを〉(…に)押す,刻む: I saw a footprint ~ed in [on] the cement. 私はセメントについた足跡を見た / The king ~ed his seal on the wax. 王は印をろうに記した. ─ 自 感銘を与える,感動させる. ラテン語で「…の上に押してつける」の意 (☞ press 単語の記憶).

be impréssed by [with] … 動 他 …に感動する,…に感銘を受ける: I was [very (much) [greatly]] ~ed by [with] his speech. 彼の話に大変感銘を受けた.

impréss onesélf on [upòn] … 動 他 …に強く印象づけられる,…に銘記される,…に焼きつく: The event ~ed itself on his childish mind. その出来事は幼い彼の心に深く刻み込まれた.

im·press² /ímpres/ ★ 動詞の impress¹ とのアクセントの違いに注意. 图 C《格式》押印,刻印.

*__im·pres·sion__ /ɪmpréʃən/ 图 (~s /~z/;

impréss¹) 1 C 印象,感銘: His speech made a strong [good, favorable] ~ (on the audience). 彼の話は(聴衆に)強い感銘[よい印象]を与えた / No one likes to make a poor [bad] ~ on others. だれだって他人に好ましくない印象を与えたくない / 言い換え May gives the ~ of being very intelligent. = May gives the ~ that she is very intelligent. <N+that 節> メイは非常に頭がいいという印象を与える (☞ that² A 4; apposition 文法 (iii)) / What was your first ~ of Japan? 日本の第一印象は何でしたか.
2 C [しばしば単数形で] (漠然とした)感じ,考え,気持ち,感想;(外見による)印象,効果: My ~ is that she is a nice person. 私の感じでは彼女はいい人だ / I got [had] the distinct ~ (that) he was unwilling to do the work. <N+(that)節> 彼はその仕事をしたがっていないという感じがはっきりとした (☞ that² A 4; apposition 文法 (iii)) / This photograph creates a false ~. この写真は誤った印象を与える. 3 C (有名人などの)まね,物まね: do an ~ of a famous person 有名人の物まねをする. 4 C《格式》(押してできた)跡; 押印. 5 C 刷り; 1 回の印刷で作る総部数 (☞ edition 語法). **be under the impréssion that …** 動 (普通は間違って)…という印象を受けている,…という感じを持っている.

im·pres·sion·a·ble /ɪmpréʃənəbl/ 形 [しばしば悪い意味で] 影響されやすい,感受性の強い.

im·pres·sion·is·m /ɪmpréʃənìzm/ 图 U [普通は I-]《美・楽・文学》印象主義(物の外形にとらわれず印象のまま表現しようとする主義). 関連 expressionism 表現主義.

†__im·pres·sion·ist__ /ɪmpréʃ(ə)nɪst/ 图 C 1 [普通は I-] 印象主義者; 印象派の芸術家[作家]. 2 物まねをする人,物まね芸人. ─ 形 A [普通は I-] 印象主義の,印象派の.

im·pres·sion·is·tic /ɪmprèʃənístɪk⁻/ 形 1 (W) 印象による,印象に基づいた. 2 印象主義[派]の. **-is·ti·cal·ly** /-kəli/ 副 印象的に,印象に基づいて.

*__im·pres·sive__ /ɪmprésɪv/ 形 (動 impréss¹) 強い印象を与える,感銘を与える,感動的な: an ~ speech 人に感銘を与える演説 / His performance was very ~. 彼の演奏は非常に印象に残るものだった. **~·ly** 副 印象的に,すばらしく. **~·ness** 图 U 印象的なこと.

im·pri·ma·tur /ɪmprəmá:tʊə, -tə/ 图 (~s) C [単数形で] 1《正式の》許可,承認. 2 (特にローマカトリック教会の)出版許可.

†__im·print__¹ /ímprɪnt/ 图 C (押した)印; [普通は単数形で] 痕跡(こんせき),影響: leave the ~ of a foot in [on] the sand 砂に足跡を残す. 2 (普通は書物の扉の下部・裏に記された)出版事項(発行者・発行[印刷]所・発行年月日など, 和書の奥付けに相当), (出版事項中の)出版社[発行所]名.

im·print² /ɪmprínt/ 動 他 1〈判などを〉(…に)押す;〈…〉に(消印・判などを) 言い換え He ~ed his seal on the wax. = He ~ed the wax with his seal. 彼は封ろうに押印した / Her footsteps were ~ed in [on] the moist sand. 湿った砂に彼女の足跡がついていた. 2〈…〉を銘記する,焼きつける: The scene is ~ed on my memory [mind, brain]. その光景は私の記憶[心, 脳裏]に焼きついている. 3 [普通は受身で] (動・鳥)〈生まれたばかりの動物に〉(親の)刻印づけをする. **imprínt onesélf in [on] …** 動 他 …に押される; …に銘記される.

im·print·ing /ɪmpríntɪŋ, ɪmprínt-/ 图 U (動・心) (幼いうちの)刷り込み,刻印づけ.

*__im·pris·on__ /ɪmprízn/ 動 (-pris·ons /~z/; -pris·oned /~d/; -on·ing; 图 imprísonment) 他 [普通は受身で]〈人を〉刑務所に入れる,投獄する; 閉じ込める,監禁する,拘束する (in): He was ~ed for murder. 彼は殺人のかどで投獄された.

*im·pris·on·ment /ɪmprízn̩mənt/ 名 (動 imprison) U 投獄する[される]こと, 監禁する[される]こと; 禁固刑(の期間): three years' ~ 3 年の禁固刑 / ⌧ life imprisonment.

im·prob·a·bil·i·ty /ɪmprɑ̀bəbíləti | -prɔ̀b-/ 名 (-i·ties) 1 U ありそうもないこと, (起こる)見込みのないこと. 2 C 起こり[あり]そうもない事.

‡im·prob·a·ble /ɪmprɑ́bəbl | -prɔ́b-/ 形 1 まず…になりそうにない, (起こる)見込みのない, ありそうにない: It is ~ that he will run for president again. 彼がもう一度大統領選に出馬することはまずない / The suspect's alibi was highly ~. 容疑者のアリバイはとても怪しかった. 2 奇妙な, ぎょっとするような; 似つかわしくない. -bly /-bli/ 副《時に文修飾語》ありそうもなく; 異例(なこと)に: not improbably ことによると.

‡im·promp·tu /ɪmprɑ́m(p)t(j)uː | -prɔ́m(p)tjuː-/ 形 副 即座[即席]の[に], 即興的な[に].

‡im·prop·er /ɪmprɑ́pə | -prɔ́pə⁻/ 形 1 適切でない, ふさわしくない (for): ~ advice 不適切な助言 / It is ~ for the chair to express his personal opinion on the matter. 議長がその件について個人的見解を述べるのは適切ではない. 2 A 正しくない, 誤った; 不正な, 違法な: an ~ conclusion 誤った結論. 3 A 礼儀[作法]にかなっていない, 不穏当な; みだらな, 卑猥(ひわい)な: make an ~ suggestion (異性に対して)いやらしいことを言う.

impróper fráction 名 C 《数》仮分数.

impróper·ly 副 不適当に; 誤って; 不正に; 不作法に.

im·pro·pri·e·ty /ɪmprəpráɪəti/ 名 (-e·ties) 《格式》1 U 不適当, 不穏当; 誤り, 間違い. 2 C 不作法[不都合, 不正]な言動.

im·prov /ímprɑv | -prɔv/ 名 U C 《略式》= improvisation.

*im·prove /ɪmprúːv/ 動 他 (im·proves /-z/; im·proved /-d/; im·prov·ing; 名 improvement)

― 自他 の転換 ―
他 1 改善する (to make (something) better)
自 よくなる (to become better)

― 他 1 〈…を〉改善する, 改良する; 進歩[上達]させる 《⌧ 類義語》: ~ oneself 自己を向上させる / You can ~ your English if you try. 本気でやれば英語は上達する / Traffic conditions in the area must be ~d without delay. <V+Oの受身> その地区の交通事情はただちに改善されなければならない. 2 〈土地など〉の価値を高める.

― 自 よくなる, 進歩する: 言い換え His health is improving. =He is *improving* in health. <V+in+名・代> 彼の健康は次第によくなっている.

impróve on [upòn] ... [動] 他 …を上回る, …をよりよいものにする.

― 名 U《豪》《次の成句で》on the impróve [形] よくなりつつある, 向上しつつある.

【類義語】improve 現状では多少不満足な点や欠陥などがあるものを, 改善すること. better, enhance 現状のままでも欠陥がなく満足できるものを, さらにいっそうよくすること.

im·próved 形 A 改善された; 上達した.

*im·prove·ment /ɪmprúːvmənt/ 名 (im·prove·ments /-mənts/; ⌧ improve) 1 U C 改善, 改良する[される]こと; 進歩, 上達: the ~ of public health 公衆衛生の向上 / a marked ~ in working conditions 労働条件の著しい改善 / There is much room for ~ in this composition. この作文には改善の余地がたくさんある / His work showed little ~. 彼の仕事はほとんど進歩を示さなかった.

2 C 改良個所, 改善された[よりよい]物[人]:

in 881

Many ~s have been made in this new model. この新型には多くの改良が施されている / The new proposal is a great [big] ~ *on* [*over*] the old one. 新提案は前のものより断然よくなっている.

im·prov·i·dence /ɪmprɑ́vədəns, -dns | -prɔ́v-/ 名 U《格式》先見の明のないこと, 不用意; 先のことを考えないこと; 倹約心のないこと.

im·prov·i·dent /ɪmprɑ́vədənt, -dnt | -prɔ́v-/ 形 《格式》先見の明のない; 先のことを考えない; 倹約心のない. ~·ly 副 先見の明なく; 先を考えずに.

im·pro·vi·sa·tion /ɪmprɑ̀vəzéɪʃən | ìmprəvaɪz-/ 名 U C 即興で作ること[演奏, 詩作]; 即興の作, 詩, 画, 演奏.

*im·pro·vise /ímprəvaɪz/ 動 他〈音楽・詩など〉を即席に作る[演奏する]; 間に合わせに作る. ― 自 即席に作る[演奏する]; 間に合わせる.

im·pru·dence /ɪmprúːdəns, -dns/ 名 U《格式》軽率さ, 無分別; C 軽率な言動. **hàve the imprúdence to** *dó* [動]《格式》軽率にも…する.

im·pru·dent /ɪmprúːdənt/ 形 《格式》軽率な, 無分別な; (特に金銭面で)無思慮な. ~·ly 副 軽率に.

im·pu·dence /ímpjʊdəns, -dns/ 名 U《格式》ずうずうしさ, 生意気; C 生意気な言動. **hàve the ímpudence to** *dó* [動]《格式》厚かましくも…する.

im·pu·dent /ímpjʊdənt, -dnt/ 形 《格式》厚かましい, 無礼な, 生意気な. ~·ly 副 厚かましく, 無礼に.

im·pugn /ɪmpjúːn/ 動 他《格式》〈品性・動機など〉に疑念を抱く; 〈…〉に異議を唱える.

*im·pulse /ímpʌls/ 名 (im·puls·es /-ɪz/; 動 im·pél, 形 impúlsive) 1 C,U (心の)衝動, はずみ, でき心: a creature of ~ 衝動的に行動する人 / I felt [controlled, resisted] a sudden strong ~ *to* run away. <N+to 不定詞> 私は走って逃げたいという突然の強い衝動に駆られた[を抑えた]. 2 C《格式》(行動の)目的, 理由; 使命感. 3 C 《電》衝撃; 《生理》刺激. **on (an) ímpulse** [副] 衝動に駆られて, でき心で: Acting *on* an ~, she shoplifted in the store. 衝動に駆られて, 彼女はその店で万引きをした.

ímpulse bùy 名 C 衝動買いした商品.

ímpulse bùying 名 U 衝動買い.

im·pul·sion /ɪmpʌ́lʃən/ 名《格式》U 衝動を与える[受ける]こと; C [単数形で] 推進, 衝動, 刺激 (*to do*).

*im·pul·sive /ɪmpʌ́lsɪv/ 形 (動 ímpulse) 1《普通 はけなして》衝動的な, 一時の感情に駆られた: an ~ act 衝動的な行為 / make an ~ decision 軽率な決定を下す. 2 (力の)推進的な. ~·ly 副 衝動的に, 一時の感情に駆られて. ~·ness 名 U 衝動に駆られること.

*im·pu·ni·ty /ɪmpjúːnəti/ 名 U 罰[害]を受けないこと; 無事, 無難. **with impúnity** [副] 罰せられずに; 無事に.

im·pure /ɪmpjʊ́ə | -pjʊ́ə⁻/ 形 (im·pur·er /-(ə)rə | -rə/, more ~; im·pur·est /-pjʊ́(ə)rɪst/, most ~) 1 純粋でない, 混ざり物のある: ~ sugar 混ざり物のある砂糖. 2 不潔な, きたない. 3 《古風》または《滑稽》不純な, みだらな.

im·pu·ri·ty /ɪmpjʊ́(ə)rəti/ 名 (-ri·ties) 1 C 不純物. 2 U 混ざり物のある状態; 不潔.

im·pu·ta·tion /ɪmpjʊtéɪʃən/ 名 U C 《格式》(罪など)を〈人のせいにすること (*to*); C 非難, とがめ.

im·pute /ɪmpjúːt/ 動 他《格式》〈罪など〉を(…の)せいにする, (…)のためであるとする: Responsibility for this failure was ~d *to* the Foreign Ministry. この失敗の責任は外務省のせいだとされた.

*in¹ /ɪn; ín/ (同音 inn) (類音 n, Nʹ, ink)

基本的には「…の中で」の意.

① [場所・状況を示して] …の中で, …の所を; 中に, 家の中で　[前] 1, 6, 10; [副] 1, 2
② [運動・方向を示して] …の中へ, …の方で　[前] 2
③ [時を示して] …の間に, …のうちに[で], …たてば　[前] 3, 4
④ …の方法で　[前] 5
⑤ …に従事して　[前] 7
⑥ …を身につけて　[前] 8
⑦ …の形で　[前] 9

リスニング
in の後に母音で始まる語が続くと in の /n/ とその母音とがいっしょになって「ナ」行のように聞こえる. in April /ɪnéɪprəl/ は「イネイプラウ」, speak in English /spíːkɪníŋglɪʃ/ は「スピーキニングリシュ」のように聞こえる. また in の前に子音で終わる語があると in の始めの /ɪ/ はその子音と結合して, Come in. /kʌ̀mín/ は「カミンヌ」, step in /stèpín/ は「ステピンヌ」のように聞こえる. 「イン・エイプリル」, 「スピーク・イン・イングリッシュ」, 「カム・イン」, 「ステップ・イン」のように発音しない.

— [前] **1** (1) [多少とも広がりのある場所・位置を示して] **…の中で[に], …に, …で** ([反] out of) (☞ at 1 挿絵 および [語法], 項目 out of 2 [語法]): We live *in* London. 我々はロンドンに住んでいる / New York is *in* the eastern part of the United States. ニューヨークは米国の東部にある (☞ to¹ 1 [語法]) / There isn't a cloud *in* the sky. 空には雲ひとつない / Let's swim *in* the lake. 湖で泳ごう / There were many customers *in* the store. 店には大勢の客がいた / She had some flowers *in* her hand. 彼女は手に花を持っていた.

[語法] **in と on の使い分け**
in は中にめり込むような感じ, on は上に乗っているような感じを表わす (☞ 挿絵 (No. 1)). 従って Tom is sitting *in* the armchair. (トムはひじ掛けいすに座っている)は挿絵 (No. 2) の (A) のような状態を表わし, Mary is sitting *on* the stool. (メアリーは腰掛けに座っている)は (B) のような状態を表わす. Mary is *in* bed. (メアリーはベッドの中に入っている) (☞ 挿絵 (No. 3) の (A)) と Tom is *on the* bed. (トムはベッドの上に横になっている) (☞ 挿絵 (No. 3) の (B)) とを比較せよ (後の文では bed に冠詞が必要). 同様に swim *in* the river (川で泳ぐ)に対して a boat *on* the river (川に浮かんでいる船).

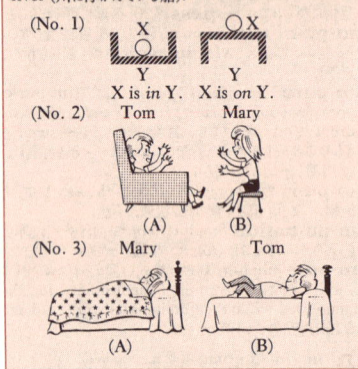

(No. 1)
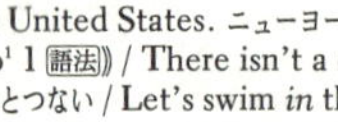

X is *in* Y.　X is *on* Y.

(No. 2)　Tom　Mary

(A)　(B)

(No. 3)　Mary　Tom

(A)　(B)

(2) [動作の行なわれる個所を示して] **…の所を**, …のあたりを: The ball hit him *in the* eye. そのボールは彼の目に当たった / She looked me *in the* eye. 彼女は私の目をまともに見た (☞ the¹ 2 (1)).

コーパス・キーワード
「動詞＋in」のいろいろ (☞ corpus)
(1) [in を 1 の意味に用いて] (自動詞) **dróp ín** 立ち寄る / **gèt ín** 中に入る / **gó ín** 中に入る / **lóok ín** 中をのぞく, 立ち寄る / **móve ín** 移り住む / **púll ín** (列車などが)到着する / **rún ín** 走って入る / **sáil ín** 入港する / **snéak ín** こそこそと入る / **stép ín** 中へ入る / **stóp ín** 立ち寄る / **wálk ín** 入る // (他動詞) **allów ín** 入れてやる / **bríng ín** 持ち込む, 連れ込む / **cáll ín** 呼び入れる, 回収する / **gèt ín** 中に入れる / **lèt ín** 入れる / **púll ín** 引っ張りいれる / **rúb ín** すり込む / **sénd ín** (部屋へ)通す, 提出する / **táke ín** 受け[取り]入れる, 理解する / **thrów ín** (ことばを)差し挟む / **túrn ín** 提出する, 返却する / **wríte ín** 書き入れる.
(2) [in を 2 の意味で用いて] (自動詞) **remáin ín** 家に留まる / **séttle ín** 新しい家に落ち着く / **stáy ín** うちに[中に]いる // (他動詞) **kéep ín** 中に入れておく / **lóck ín** 閉じ込める / **shút ín** 閉じ込める.

2 [内部への運動, または動作の方向・方角を示して] **…の中へ[に], …へ** ([反] out of) (☞ into 1 [語法]); (略式) …を通って中へ; **…の方で[に]**, …の方へ, …に: The child put it *in* the box. その子はそれを箱の中に入れた / Get *in* (＝into) the car. 車に乗りなさい / The sun rises *in* the east and sets *in* the west. 太陽は東の方から昇り西の方へ沈む / They were marching *in* that direction. 彼らはそちらの方に前進していた.

3 [比較的長い時間を示して] **…の間に,** …に (☞ at 2 [語法], on [前] 3 [語法], during 2 [語法]): *in* the 21st century 21 世紀に / *in* the 1990s 1990 年代に / *in* (the) spring [summer, fall, winter] 春[夏, 秋, 冬]に / *in* April 4 月に / *in* the morning [afternoon, evening] 午前中[午後, 晩]に (☞ morning [語法], afternoon [語法], evening [語法]) / I was born *in* 1990. 私は 1990 年に生まれた / He will represent me *in* my absence. 彼が私の留守中代理を務める.

4 (1) [所要時間・経過時間を示して] **…の(時間の)うちに;** (今[それ]から)**…(の時間が)たてば[たつと]**, …後に (at [by] the end of): Can you finish the work *in* a week? あなたはその仕事を 1 週間で終えられますか / He will be back *in* ⌐a few days [an hour('s time)]. 彼は数日[1 時間]したら戻るだろう.　[語法]「…の(時間の)うちに」の意味を特に強調するときは within を用いる.
(2) [期間を示して; 最上級や no, not, first, only とともに用いる] **…の間(のうちで)** (for): We have had the cold*est* winter *in* ten years. 私たちは 10 年ぶりの寒い冬を過ごした / They ate as if they had *not* had a good meal *in* years. 彼らはまるで何年もの間十分に食事をしたことがないかのように食べた.

5 **…の方法で;** …(の材料)を使って; …として (by means of): a statue *in* bronze 青銅の像, 銅像 / speak *in* English 英語で話す / write *in* pencil 鉛筆で書く / talk *in* a loud voice 大声で話す / pay *in* cash 現金で支払う / What shall I give her *in* return? お返しとして彼女に何をあげたらいいかしら.

6 **…(の状況)の中で; …の状態で:** go out *in* the rain 雨の中を出て行く / sit *in* the sun ひなたぼっこをする / lose one's way *in* the dark 暗やみの中で道に迷う / be *in* good health 健康である / be *in* despair 絶望している / I was *in* a hurry. 私は急いでいた / We can't work *in* this heat. こう暑くちゃ働けない.

7 [活動・従事・所属を示して] **…に従事して,** …して; …に入って, …に属して: be *in* the 100-meter dash 100 メートル走に出る / He's *in* building [furniture, computers]. 彼は建築[家具, コンピューター]関係の仕事をしている / Is she *in* your class at school? 彼女は学校ではあなたのクラスの生徒ですか.

8 《...を身につけて, ...を着て; (めがねなど)をかけて》: a boy dressed *in* rags ぼろをまとった少年 / a man *in* dark glasses 黒めがねをかけた男 / I met a woman *in* white. 私は白い服を着た女性に出会った / All the girls were *in* uniform. その少女たちはみな制服を着ていた / He was typing *in* his shirt sleeves. 彼は上着を脱いで(=ワイシャツ姿になって)タイプを打っていた. 語法 on が体の「表面に」衣服がまとっているという感じなのに対して, in は衣服の「中に」人がくるまれている, という感じ.

9 《形状・配列・分割を示して》...の形で, ...を成して, ...となって, ...に: a novel *in* four parts 4部から成る小説 / women shopping *in* groups グループで買い物をしている女性たち / words *in* alphabetical order アルファベット順に並んでいる語 / stand *in* line (縦)一列に並んで立つ / dance *in* a circle 輪になって踊る / Please cut the cake *in* two. ケーキを2つに切ってください.

10 《最上級の後で》《...の範囲の中では(いちばん)》: the richest person *in* town 町でいちばんの金持ち / the latest thing *in* swimsuits 水着では最新のもの. **11** 《範囲・限定・割合を示して》...の点で(は), ...において; ...につき: He is blind *in* the right eye. 彼は右の目が見えない / The pond is ten feet *in* depth. その池は深さが10フィートだ / He is young *in* years but old *in* wisdom. 彼は年は若いが知恵は大人だ / One *in* ten students spelled the word wrong. 学生の10人に1人がその語のつづりを間違えた / How did you do *in* math? 数学のできはどうだった. **12** 《内在的属性・同一性を示して》...に内在して; ...という(人・物の中に)》: I see an unusual talent *in* her. 彼女には非凡な才能がある / You will always find a good friend *in* me. 私はいつでもあなたのよき友人だ. **13** 《動名詞の前につけて》...している際に, ...するときに. 語法 次のように文頭にあるときを除いて, 現在では *in* を用いないのが普通: *In* doing anything, you should always do your best. 何をするにもいつも全力を尽くしなさい. **in as múch as** 《接》＝inasmuch as の項目. **ìn so [as] fár as ...** 《『far 成句. **in so múch as [that] ...** 『insomuch.

— 《副》/ɪn/ **1** 《be 動詞以外の動詞とともに》中へ[に], 内へ[に] (『inn 同音) 《反 out》: Come *in*! お入りなさい / Somebody pushed me *in*. だれかが私を中へ押し込んだ / Put *in* a little more sugar. もう少し砂糖を入れてください.

2 家の中で, 中で, うちで 《反 out》: This evening I am going to eat *in*. 今晩はうちで食事をします(まかない付きの下宿屋などのことば) / Our housemaid is living *in*. うちのお手伝いさんは住み込みだ. **ín and óut**《副・形》(...を)出たり入ったり; 見えたり隠れたり: She's always *in and out of* the hospital. 彼女はいつも入退院を繰り返している. **ìn thére** 『there' 成句.

— 《形》/ɪn/ **1** 《P》(人が)在宅中で[して], 帰宅して, 会社[事務所]内にいて, 出勤して 《反 out》: He won't be *in* until seven o'clock. 彼は7時までは戻らない / "Is Mr. Smith *in*?" "No, I'm sorry, he isn't." 「スミスさんはご在宅ですか」「いえ, あいにく外出しています」《電話口で》

2 《乗り物・郵便・書類などが》到着して[た], 届いて 《反 out》: Is the train *in* yet? 列車はもう着きましたか. **3** 《略式》《服装などが》流行して[の], はやりで[の] 《反 out》: the *in* color this fall この秋の流行色 / Short skirts are *in*. 短いスカートがはやっている. **4** 《作物などが》取り入れられて; (果物などが)食べごろで, (政党が)政権について(いる); 《野・クリケ》攻撃側で. **6** 《A》内輪の: 『injoke. **7** 《P》(潮が)満ちて; (運が)向いて. **9** 《P》《テニス・バドミントンなど》(ボール・シャトルが)コート内に(落ちて) 《反 out》; 《サッカー・ホッケーなど》(ボール・パックが)ゴールに(入って). **be in ...** 《動》《他》(ある出来事)に居合わせる. **be ín for ...** 《動》《他》 **(1)** 《競技》(...に)出ることになっている. **(2)** 《仕事》に応募している. **(3)**

inadmissible 883

《略式》(何か悪いこと)にきっと出会う: It looks as though we *are in for* a storm. どうもあらしにあいそうだ / *be in for* it ただではすまない (『be (in) for it (for 前 成句).

be [còme, gèt] ín on ... 《動》《略式》...に参加[関与]している[する]; (秘密)に通じている[通じる]: He's *in on* that affair. 彼はその事件に一枚かんでいる. **be [gèt] ín with ...** 《動》《他》《略式》(有力者など)と親しい[親しくなる]. **ín /** an **~** 《名》利点, プラス. **2** [the ~s] 与党. **have an ín with ...** 《動》《他》...にコネがある[効く]. **the íns and óuts of ...** 《名》《複》一部始終, 詳細.

*in² 略 インチ (inch(es)) (『inch).

IN 《米郵》＝Indiana.

in-¹ /ɪn/ 《接頭》「不..., 無...」の意: *in*convenient 不便 / *in*dependent 独立の.

語法 (1) l- で始まる語の前では il-; b-, m-, p- で始まる語の前では im-; r- で始まる語の前では ir- となる. (2) この in- (il-, im-, ir-) をつけた語をもとの形の語と対照させるときには in- のほうを強く発音することが多い (『invisible, impossible それぞれ最初の用例).

in-² /ɪn/ 《接頭》「中へ, 中に」の意 《反 ex-》: *in*clude 含む / *in*ternal 内部の. 語法 b-, m-, p- で始まる語の前では im- となる.

-in /ɪn/ 《接尾》《動詞につく名詞語尾》「集団的な行動[意志表示]」を表わす: a sit-*in* 座り込み.

*in·a·bil·i·ty /ìnəbíləṭi/ 《13》 《名》 (...することが)できないこと, 無能, 無力: I must confess my ~ *to* speak German. ＜N＋*to* 不定詞＞ 実を言うと私はドイツ語が話せない.

in absentia 『absentia.

in·ac·ces·si·bil·i·ty /ìnəksèsəbíləṭi, -æk-/ 《名》 《U》 近づき難いこと; 手に入れにくいこと; 理解し難いこと.

*in·ac·ces·si·ble /ìnəksésəbl, -æk-‡/ 《形》(...に)人が近づき難い[近づけない], 寄りつきにくい; (物が)手に入れ難い; (物事が)理解し難い (*to*). **-si·bly** /-səbli/ 《副》近づき難く.

in·ac·cu·ra·cy /ìnǽkjʊrəsi/ 《名》 (**-ra·cies**) 《U》 不正確, ずさん; 《C》 《普通は複数形で》 誤り, 間違い.

in·ac·cu·rate /ìnǽkjʊrət‡/ 《形》 不正確な (inexact), 誤りのある. **-ly** 《副》 不正確に.

*in·ac·tion /ìnǽkʃən/ 《名》 《U》 不活動; 怠惰, 無策; 静止.

in·ac·ti·vate /ìnǽktəvèɪt/ 《動》 《他》 ＜...＞を不活発にする, 不活性化する.

*in·ac·tive /ìnǽktɪv‡/ 《形》 **1** 不活発な, 活動[運動]しない; (機械などが)稼働していない. **2** 怠けている, 暇な. **3** 《化》 不活性の. **4** 《軍》 非現役の.

in·ac·tiv·i·ty /ìnæktívəṭi/ 《名》 《U》 不活発, 休止; 無気力, 怠惰.

in·ad·e·qua·cy /ìnǽdɪkwəsi/ 《名》 (**-qua·cies**; inádequate) **1** 《U》 不十分, 不完全, 不適当; 能力不足 (*of*). **2** 《C》 《普通は複数形で》 不備な点, 不適当な行動, 欠点.

*in·ad·e·quate /ìnǽdɪkwət‡/ 《形》 《名》 inádequacy) **1** 不十分な, 不適当な: This house is ~ *for* a family of six. ＜A＋*for*＋名・代＞ この家は6人家族には狭い / Our supply is wholly [totally] ~ *to* meet the demand. ＜A＋*to* 不定詞＞ この生産高では全く需要には追いつけない. **2** (人が能力の点で)たちうちできない, 不適格な: feel ~ *to* the task その仕事が自分には無理だと思う. **-ly** 《副》 不十分に, 不適当に.

in·ad·mis·si·bil·i·ty /ìnədmìsəbíləṭi/ 《名》 《U》 《格式》 不許容性.

in·ad·mis·si·ble /ìnədmísəbl‡/ 《形》 《格式》 (特に裁判の証拠に)採用できない, 承認[容認]できない.

in·ad·ver·tence /ɪnədvə́ːtəns, -tns | -və́ː-/ 名 《格式》 U 不注意; C 手落ち, 間違い.

†**in·ad·ver·tent** /ɪnədvə́ːtənt, -tnt | -və́ː-/ 形 《格式》不注意な, うっかりやった. **~·ly** 副 うっかりと.

in·ad·vis·a·bil·i·ty /ɪnədvàɪzəbíləṭi/ 名 U 不得策.

in·ad·vis·a·ble /ɪnədváɪzəbl/ 形 [普通は P] 《格式》勧められない, 不得策で, 愚かで.

in·a·lien·a·ble /inéɪliənəbl, -ljə-/ 形 [普通は A]《法》(権利などが)譲渡できない; 奪うことができない; 固有の: an ~ right 固有の権利.

in·al·ter·a·ble /ɪnɔ́ːltərəbl, -trə-/ 形 変更できない.

in·am·o·ra·ta /ɪnæmərɑ́ːṭə/ 名 C 《文》または《滑稽》愛人 (女性).

in·ane /ɪnéɪn/ 形 ばかげた; 無意味な. **~·ly** 副 愚かにも.

in·an·i·mate /ɪnǽnəmət/ 形 **1** 生命のない (lifeless), 無生物の. **2** 活気のない.

in·an·i·ty /ɪnǽnəṭi/ 名 (-i·ties) **1** U 愚かなこと; 空疎. **2** C [普通は複数形で] 愚かな言動.

in·ap·pli·ca·bil·i·ty /ɪnæplɪkəbíləṭi, -əplìk-/ 名 U 適用不能; 不適切.

in·ap·pli·ca·ble /ɪnǽplɪkəbl, -əplík-/ 形 適用できない; 当てはまらない, 不適切な (to).

in·ap·pre·cia·ble /ɪnəprí:ʃəbl/ 形 感知できないくらいな, ごくわずかな; 取るに足らない.

*__in·ap·pro·pri·ate__ /ɪnəpróʊpriət/ 形 不適当な, 不穏当な: ⌈a subject ~ [an ~ subject] *for* a mealtime conversation <A+*for*+名·代> 食卓での会話にはふさわしくない話題. **~·ly** 副 不適当に. **~·ness** 名 U 不適当.

in·apt /ɪnǽpt/ 形 (**in·apt·er**, **more ~**; **in·apt·est**, **most ~**) 《格式》 (発言などが)不適当な.

in·ap·ti·tude /ɪnǽptət(j)uːd | -tjùː-/ 名 U 不向き, 不適当 (*for*).

inápt·ly 副 《格式》 不適切に.

in·ar·tic·u·late /ɪnɑːtíkjʊlət | -ɑː-/ 形 **1** 発音のはっきりしない, 不明瞭な. **2** (考え・気持ちを)はっきり表現できない. **3** ことばではっきり表現されない. **~·ly** 副 不明瞭に. **~·ness** 名 U 不明瞭.

in·ar·tis·tic /ɪnɑːtístɪk | -ɑː-/ 形 (作品などが)非芸術的な; (人が)芸術のわからない.

in·as·much as /ɪnəzmʌ́tʃəz/ 接 《格式》…であるから (since, because); …のかぎりにおいて.

in·at·ten·tion /ɪnəténʃən/ 名 U (…への)不注意; 怠慢; むとんちゃく (*to*).

in·at·ten·tive /ɪnəténtɪv/ 形 不注意な, 怠慢な; むとんちゃくな (*to*). **~·ly** 副 不注意に. **~·ness** 名 U 不注意.

in·au·di·bil·i·ty /ɪnɔːdəbíləṭi/ 名 U 《格式》聞こえないこと, 聴取不能.

in·au·di·ble /ɪnɔ́ːdəbl/ 形 《格式》聞こえない, 聞き取れない (*to*). **-di·bly** /-dəbli/ 副 聞こえないほどに, 聞き取れないように.

†**in·au·gu·ral** /ɪnɔ́ːgjʊrəl/ 形 A 就任 (式)の, 開始[発足]の: an ~ ceremony [address] 就任式[演説]. ── 名 C 《米》就任演説[式], 講義.

†**in·au·gu·rate** /ɪnɔ́ːgjʊrèɪt/ 動 他 《格式》 **1** [普通は受身で] (就任式などをして)(人)を就任させる (*as*). **2** (…)を(正式に)開始する; (…)の幕開けとなる. **3** [普通は受身で] (…)の落成[開業]を祝う.

in·au·gu·ra·tion /ɪnɔːgjʊréɪʃən/ 名 **1** C 就任[開業, 落成]式. **2** U.C 就任, 開始, 開業.

Inauguration Day 名 U 《米》大統領就任式の日《当選の翌年の1月20日》.

in·aus·pi·cious /ɪnɔːspíʃəs/ 形 《格式》 不吉な;

不運な, 不幸な. **~·ly** 副 不吉に.

in·au·then·tic /ɪnɔːθéntɪk, ɪnɑ- | ɪnɔː-/ 形 《格式》本物でない.

in-be·tween 形 《略式》中間の.

in·board 形 副 (エンジンの)船内の[に]; (飛行機の)胴体に近い[く]. ── 名 C 船内エンジン.

in·born 形 生まれつきの, 先天的な, 天賦の.

in·bound 形 (反 outbound) 《米》 (航空機・汽船などが)本国行き[帰り]の; (乗り物などが)到着する, 帰りの.

in·bóunds 副 《バスケ》 (ボール)をコート内へ入れる.

in·bounds 形 《米》《バスケ》 (ボールが)コート内の.

in-box 名 C **1** 《米》未決書類箱(整理)箱 《英》 in-tray) 《⇨ out-box》. **2** (電子メールの)受信箱 《⇨ out-box》.

in·bred 形 A [けなして] 生まれつき(同然)の. **2** 同血統繁殖の.

in·breeding 名 U 同系[近親]交配.

in·built 形 《主に英》 = built-in.

*__inc.__ 略 =included, including, inclusive.

Inc. /ɪŋk/ 略 =incorporated.

In·ca /ɪ́ŋkə/ 名 **1** C インカ人: the ~s インカ族. **2** [the ~] インカ国王 《インカ帝国の国王》. ── 形 インカ (人)の.

Inca Empire 名 [the ~] インカ帝国 《スペイン人の侵略以前に栄えたペルーのインカ族の帝国》.

in·cal·cu·la·ble /ɪnkǽlkjʊləbl/ 形 《格式》 **1** 計りしれない. **2** 数えきれない, 無数の. **3** (性格・感情・天候が)気まぐれな, 当てにならない. **-la·bly** /-ləbli/ 副 計りしれないほど; 無数に.

in·can·des·cence /ɪnkəndésəns/ 名 U 白熱.

in·can·des·cent /ɪnkəndésənt/ 形 **1** 白熱の, 白熱光を発する: an ~ lamp 白熱電球. **2** 《文》光り輝く, きらめく. **3** 《格式》 (怒りに)燃えて (*with*).

in·can·ta·tion /ɪnkæntéɪʃən/ 名 U.C 呪文(じゅもん)を唱えること, まじない, 魔法.

in·ca·pa·bil·i·ty /ɪnkèɪpəbíləṭi/ 名 U 無能なこと; 無資格.

†**in·ca·pa·ble** /ɪnkéɪpəbl/ 形 **1** P …できない: He is ~ *of* ⌈a lie [telling a lie, lying]. 彼はうそが言えない人だ. **2** 無能な; (法律上)…する資格がない: an ~ official 無能な役人 / You are ~ *of* driving a car. あなたには車を運転する資格がない. **3** (酔うなどして)正体をなくした, 体の自由がきかない: drunk and ~ 泥酔して. **-pa·bly** /-pəbli/ 副 無能に.

in·ca·pac·i·tate /ɪnkəpǽsəteɪt/ 動 他 《格式》 [普通は受身で] 〈人〉に…をできなくさせる; 〈人〉の体を不自由にする; 〈人〉から資格を奪う: His accident ~d him *for* work. 彼は事故のため仕事ができなくなった.

in·ca·pac·i·tat·ed /ɪnkəpǽsəteɪtɪd/ 形 《格式》 (病気などで)体が不自由な; 資格を奪われた.

in·ca·pac·i·ta·tion /ɪnkəpæsəteɪʃən/ 名 U 《格式》体が不自由になること; 資格を奪う[奪われる]こと.

in·ca·pac·i·ty /ɪnkəpǽsəṭi/ 名 U 《格式》無能, 無力 (*for, to do*); 体が不自由な状態; 《法》無能力, 無資格.

†**in·car·cer·ate** /ɪnkɑ́ːsəreɪt | -kɑ́ː-/ 動 他 《格式》 [普通は受身で] 〈人〉を投獄する; 監禁する (*in*).

in·car·cer·a·tion /ɪnkɑːsəréɪʃən | -kɑ̀ː-/ 名 U 投獄; 監禁.

in·car·na·dine /ɪnkɑ́ːnədàɪn | -kɑ́ː-/ 《文》 名 U, 形 深紅色(の). ── 動 〈…〉を深紅色に染める.

in·car·nate¹ /ɪnkɑ́ːnət | -kɑ́ː-/ 形 [名詞の後につけて] 肉体を持った, 人の姿をした; (抽象的なものが)形に現われた: the devil ~ 悪魔の化身.

in·car·nate² /ɪnkɑ́ːneɪt, ɪ́nkəˌnèɪt/ 動 他 《格式》 **1** 〈…〉を具体化する, 実現する (*in, as*). **2** 〈…〉の姿に[して]する. (…の姿に現わす (*in, as*).

†**in·car·na·tion** /ɪnkɑːnéɪʃən | -kɑ̀ː-/ 名 **1** U 具体化; C 具体化したもの; 化身, (…の)権化: She was

the ~ of jealousy. 彼女はしっとのかたまりであった. **2** ⓒ 前世の姿. **3** [the I-] 《キリスト教》 托身(たくしん), 受肉 《神がイエスの体をかりて現われること》.

in·cau·tious /ɪnkɔ́ːʃəs/ 形 《格式》不用心な, 軽率な, 無謀な. **~·ly** 副 不用心に, 軽率に.

in·cen·di·a·rism /ɪnséndɪərɪzm/ 名 Ⓤ 放火; 扇動.

†**in·cen·di·ar·y** /ɪnséndɪèri | -dɪəri/ 形 Ⓐ **1** 放火の; 焼夷(しょうい)性の. **2** 《格式》扇動的な. ── 名 (**-ar·ies**) ⓒ 焼夷弾; 放火犯.

†**in·cense**[1] /ɪnséns/ 名 Ⓤ 香(こう), 香料; 香のかおり; 芳香.

in·cense[2] /ɪnséns/ 動 他 [しばしば受身で]《格式》〈人〉を(ひどく)怒らせる (*about*, *at*, *by*, *over*).

in·censed /ɪnsénst/ 形 (...に)激怒した (*at*, *by*).

*****in·cen·tive** /ɪnséntɪv/ 名 (**~s** /-z/; 反 disincentive) Ⓒ,Ⓤ (意欲)刺激, 刺激となるもの; 誘因, 動機 (motive): a strong [powerful] **~** *to* investment 投資への強力な誘因 / The workers have no **~** *to* work harder. <N+*to* 不定詞> 労働者たちにはもっと働こうという励みになるものがない.

in·cen·tiv·ize /ɪnséntɪvàɪz/ 動 他 《商》〈人〉に労働意欲を与える.

†**in·cep·tion** /ɪnsépʃən/ 名 Ⓤ 《格式》始め, 発端.

in·cer·ti·tude /ɪnsə́ːtətjùːd | -sə́ːtətjùːd/ 名 Ⓤ 不確実; 不(安)定; 疑惑, 疑い.

†**in·ces·sant** /ɪnsés(ə)nt/ 形 (いやなことが)絶え間のない, やむことがない: **~** complaints 絶え間のない不平不満. **~·ly** 副 絶え間なく.

†**in·cest** /ɪnsest/ 名 Ⓤ 近親相姦(そうかん).

in·ces·tu·ous /ɪnséstʃuəs -tʃuəs/ 形 **1** 近親相姦の. **2** 〖軽蔑〗 (組織などが)排他的な, 身内で固めた. **~·ly** 副 排他的に.

*****inch** /ɪntʃ/ 名 (**~·es** /~ɪz/) Ⓒ **1** インチ《長さの単位; 1/12 フィート, 約 2.54 センチ; 数字の後に ″ をつけて表わす; 略 in, 複数形は in または ins.; ⇨ foot 2, yard 1 表》: He is six feet three **~es** tall. 彼は身長 6 フィート 3 インチだ / The column is 48 **~es** around at the base. その円柱は基部のところの周囲が 48 インチある / Give him an **~** and he'll take a yard [mile]. ((ことわざ)) 1 インチを与えれば 1 ヤード[マイル]を取ろうとする(図に乗る). **2** 少量, 少額, 少し; わずかな長さ〖成句〗. **3** インチ《降雨・降雪量の単位》. 語源 ラテン語で「12 分の 1 の」意; ounce と同語源.

by ínches 副 (1) きわどいところで. (2) 少しずつ.

évery ínch 副 どこからどこまでも: He was *every* **~** a king. 彼はどこから見ても申し分ない王だった. ── 名 すみからすみまで全部: The police examined *every* **~** *of* the park for clues. 警察は手がかりを求めて公園をしらみつぶしに調べた.

if an ínch ⇨ if[1] 成句.

ínch by ínch 副 少しずつ: move a monument ~ *by* ~ 記念碑を少しずつ移動させる.

nót give [búdge] an ínch 副 自説を曲げない, がんとして自説を曲げない, 一歩も譲らない.

to an ínch 副 寸分たがわず, 厳密に.

withìn an ínch of ... 前 もう少しで...するところで: come *within an* **~** *of* success [succeeding, being successful] 成功まで今一歩というところまでくる.

── 動 自 一寸刻みで(苦労して)動く[進む], じりじり[じわじわ]動く (*along*, *toward*). ── 他 〈...〉を一寸刻みで動かす (*along*, *toward*). **ínch one's wáy** 動 自 少しずつ(慎重に)進む (⇨ way[1] コーパスキーワード).

-inch·er /ɪntʃə | -tʃə/ 接尾 [前に数字をつけて合成語で](長さ・直径などが)...インチのもの.

in·cho·ate /ɪnkóʊət, ɪnkóʊeɪt/ 形 《格式》始まったばかりの, 初期の; 不完全な, 未完成の.

ínch·wòrm 名 Ⓒ 《米》 尺取虫.

in·ci·dence /ɪnsədəns, -dns/ 名 **1** [単数形で](好ましくない出来事・影響などの)範囲, 発生率: a high ~ *of* crime [divorce] 高い犯罪[離婚]率. **2** Ⓤ 《物理》投射, 入射: an angle of ~ 入射角.

*****in·ci·dent** /ɪnsədənt, -dnt/ 名 (**-ci·dents** /-dənts, -dnts/; 形 ìncidéntal) Ⓒ **1 事件**, (付随した)出来事, 変わったこと (⇨ event 表): A strange ~ occurred during our journey. 我々の旅行中に不思議な出来事が起こった / No ~ has been reported. 事件があったという知らせは受けていない. **2** 事変《暴動・反乱・戦争など》: a border ~ 国境紛争. **without íncident** 副 支障なく, 順調に. ── 形 Ⓟ[《格式》(...に)ありがちな (*to*). **2** 〖物理〗入射の.

†**in·ci·den·tal** /ɪnsədéntl ˥/ 形 (名 íncident) **1** Ⓟ ...に付随して起こる, ...にありがちな: the extra duties ~ *to* the job その仕事について回る余分な職務. **2** Ⓐ 思いがけず起こる; 付随的な: **~** expenses 雑費. **3** Ⓒ [普通は複数形で]付随的なもの, 雑費.

*****in·ci·den·tal·ly** /ɪnsədéntəli, -tli/ 副 〖つなぎ語〗 ついでながら, ついでに言うと, それはそうと: **I~**, I forgot to tell you that I met Mary. それはそうとメアリーに会ったことを君に言うのを忘れていた. 単語のキズナ 相手には重要でないかのように持ち出す場合に使われる (⇨ by the way (way[1] 成句)). **2** 付随的に, 偶然に.

ìncidental músic 名 Ⓤ 付随音楽《劇・映画などのバックグラウンドミュージック》.

†**in·cin·er·ate** /ɪnsínərèɪt/ 動 他 [しばしば受身で]《格式》〈...〉を焼いて灰にする, 焼却する.

in·cin·er·a·tion /ɪnsìnəréɪʃən/ 名 Ⓤ 焼却.

in·cin·er·a·tor /ɪnsínərèɪtə | -tə/ 名 Ⓒ (ごみなどの)焼却炉.

in·cip·i·ent /ɪnsípɪənt/ 形 Ⓐ 《格式》始まりの; (病気など)初期の. **~·ly** 副 初期的に.

in·cise /ɪnsáɪz/ 動 他 **1** 〖工芸〗 〈...〉を刻む; 〈...〉に彫刻する (*in*, *into*, *on*). **2** 〖医〗〈...〉を切開する.

in·ci·sion /ɪnsíʒən/ 名 Ⓤ,Ⓒ 〖医〗切開 (*in*, *into*); 〖工芸〗切り込み, 彫り込み; 切り口.

†**in·ci·sive** /ɪnsáɪsɪv/ 形 《格式》[ほめて](ことば・批評など)鋭い. **~·ly** 副 鋭く. **~·ness** 名 Ⓤ 鋭さ.

in·ci·sor /ɪnsáɪzə | -zə/ 名 Ⓒ 〖解〗門歯.

†**in·cite** /ɪnsáɪt/ 動 他 《格式》〈人〉をそそのかす, 扇動する; 〈人〉を刺激する, 励ます; 〈感情など〉を引き起こす, かき立てる (*to*; *to do*).

in·cite·ment /ɪnsáɪtmənt/ 名 Ⓤ 《格式》扇動すること, 刺激すること; Ⓒ 扇動するもの, 刺激 (*to*).

in·ci·vil·i·ty /ɪnsəvíləti/ 名 (**-i·ties**) **1** Ⓤ 無礼, 不作法. **2** Ⓒ 不作法な言動.

incl. 略 =including, inclusive.

in·clem·en·cy /ɪnklémənsi/ 名 Ⓤ 《格式》(天候の)荒れ模様, 厳しさ.

in·clem·ent /ɪnklémənt ˥/ 形 《格式》(天候が)荒れ模様の(特に, 寒くて風が強い), 厳しい.

†**in·cli·na·tion** /ɪnklənéɪʃən/ 名 (動 incline[1]) **1** Ⓤ,Ⓒ [しばしば否定文で]意向, ...したい気持ち (反 disinclination); 好み, 好みのもの〖言い換え〗 I feel no ~ *to* go with him. = I am not inclined to go with him. 彼といっしょに行く気にはなれない / He has a strong ~ *toward* [*to*, *for*] country music. 彼はカントリーミュージックがとても好きだ. **2** Ⓒ,Ⓤ 傾向 (tendency); 体質, 気質: This machine has an ~ *to* break down in hot weather. この機械は暑いと故障することが多い. **3** Ⓒ,Ⓤ 傾き, 傾斜 (slope); 斜面: the ~ *of* a roof 屋根の勾配(こうばい). **4** Ⓒ [普通は単数形で]傾く[ける]こと; (頭を下げること (*of*). **fóllow one's (ówn) inclinátions** 動 自 自分のしたいことをする.

†**in·cline**[1] /ɪnkláɪn/ ★ 名詞の incline[2] とのアクセントの違いに注意. 動 (名 ìnclinátion, incline[2]) [進行形な

incline

し］(格式) 他 ⟨…に(一する)傾向を持たせる; ⟨…を⟩(一に)向かわせる (to, toward) (☞ inclined 1). **2** ⟨人⟩を⟨…の⟩気にさせる,⟨…と⟩思わせる (☞ inclined 2): The tone of her letter did not ~ me to help her. 彼女の手紙の文面では助けてやろうという気にはなれない. **3** ⟨…を⟩傾ける. ⓦ 曲げる (bend): He ~d his head in greeting. 彼は頭を下げてあいさつした. ─ 自 **1** (心が)傾く, …という気がする (to, toward): We ~ to believe in his innocence. 私たちの彼の無実を信じたい. 語法 be inclined to do の形を使うほうが普通. **2** …になりがちである (to do); (色など)に近い): He ~s to [toward] luxury. 彼はぜいたくに流れがちである. **3** 傾く; 体を曲げる, 身を乗り出す (toward).

in·cline[2] /ínklaɪn/ ★ 動詞の incline[1] とのアクセントの違いに注意. 图 (⇒ incline[1]) 图 斜面, 坂 (slope).

*__in·clined__ /ɪnkláɪnd/ 形 **1** ⓟ ⟨…する[となる]傾向がある⟩: The students were ~ to be lazy. ⟨A+to 不定詞⟩ 生徒たちはともすれば怠ける傾向があった / My son is ~ to catch colds. 息子はかぜをひきやすい. **2** ⓟ ⟨…する気である,…したい⟩ (控えめに意見を表すときにも用いる) (逆 disinclined): I am ~ to start at once. ⟨A+to 不定詞⟩ 私はすぐにでも出かけたい / Do you feel ~ to swim today? きょう泳ぐ気はありませんか. **3** (才能が)向いている: artistically ~ 芸術の才がある. **4** 傾いた, 傾斜した: an ~ plane 斜面.

in·cli·nom·e·ter /ìnklɪnɑ́məṭɚ | -nɔ́mətə/ 图 ⓒ 伏角計; 傾角計, (飛行機・船舶の)傾斜計.

in·close /ɪnklóʊz/ 動 =enclose.

in·clo·sure /ɪnklóʊʒɚ | -ʒə/ 图 =enclosure.

*__in·clude__ /ɪnklúːd/ 動 (**in·cludes** /-klúːdz/; **in·clud·ed** /-dɪd/; **in·clud·ing** /-dɪŋ/) (图 inclusión, 图 inclusive; 反 exclude) 他 (進行形なし) (全体の一部として)⟨…を⟩含む, 含める; 勘定に入れる (☞ 類義語): The class of forty ~s eighteen girls. 40人クラスで女が18人だ / The lunch ~s ice cream and coffee. 昼食にはアイスクリームとコーヒーが含まれている / They ~d him *among* the members of their club. ⟨V+O+前+名・代⟩ 彼らは彼を会員にした / Her job (description) doesn't ~ making tea for us. ⟨V+O (動名)⟩ 私たちへのお茶くみは彼女の職務(規定)に含まれていない. 語源 ラテン語で「中に (in-) 閉じ (-clude) 込める」の意.

【単語の記憶】 《CLUDE》(閉じる)
include	(中に閉じ込める) → 含める
conclude	(まとめて閉じる) → 結末をつける
exclude	(閉め出す) → 締め出す
seclude	(離して閉じる) → 引き離す

【類義語】 **include** はあるものを全体の一部として含める意: The price *includes* postage. その値段には郵送料も含まれている. **contain** は含まれているもの全体を指す: This building *contains* twenty offices and two restaurants. この建物には20の事務所と2つの料理店がある.

*__in·clud·ed__ /ɪnklúːdɪd/ 形 [名詞・代名詞の後につけて]…を含めて: The price is 10 dollars, tax [postage] ~. 定価は税込みで[郵送料とも]で10ドルだ / MEALS INCLUDED 食事つき (求人広告などで).

*__in·clud·ing__ /ɪnklúːdɪŋ/ 前 (反 excluding, inc., incl.): …を含めて, …を入れて (~ the president. Five people were present, ~ the president. 社長を含めて5名が出席した / Most people here, ~ myself [me], are guilty. 私も含めてここにいる者のほとんどが悪い.

*__in·clu·sion__ /ɪnklúːʒən/ 图 (動 inclúde; 反 exclusion) ⓤ 含める[含まれる]こと, 含有 (in); ⓒ 含まれる物[人], 含有物.

in·clu·sive /ɪnklúːsɪv/ 形 (動 inclúde; 反 exclu-sive) **1** すべてを含んだ, 包括的な: an ~ fee [charge] 一切込みの料金. **2** (名詞・数詞の後につけて)(主に英) …を含めて, …を込めて (including, incl.): from January 1st to 31st ~ (両方の日を含めて)1月1日から31日まで (☞ through 前 3). **inclúsive óf**… 前 …を含めて: The charge is $10, ~ *of* service. 料金はサービス料も入れて10ドルだ. **~·ly** 副 すべてを含めて.

inclúsive ór 图 图 ⓒ 非排他的な「あるいは」(命題 A, B ともに偽のときのみ A or B が偽となりあとはすべて真となる; ⓒ exclusive or).

in·cog·ni·to /ìnkɑgníːt̬oʊ | -kɔg-/ 副 変名で; お忍びで: travel ~ 身分を隠して旅をする. ─ 形 変名の, お忍びの. ─ 图 (~s) ⓒ 変名, 匿名.

in·cog·ni·zant /ìnkɑ́gnəzənt | -kɔ́g-/ 形 ⟨…を⟩意識しない, 気づかない (of).

in·co·her·ence /ìnkoʊhíər(ə)rəns/ 图 ⓤ 筋道の立たないこと, 支離滅裂.

in·co·her·ent /ìnkoʊhíər(ə)rənt⁻/ 形 (人・発言が)筋道が立っていない, つじつまの合わない, 支離滅裂な (with). **~·ly** 副 つじつまが合わずに.

in·com·bus·ti·ble /ìnkəmbʌ́stəbl⁻/ 形 (格式) 燃えにくい, 不燃性の.

*__in·come__ /ínkʌm, -kəm/ 图 (~s /~z/) ⓒ|ⓤ 収入, 所得: a small [large] ~ 少ない[多い]収入 / (an) earned ~ 勤労所得 / a high [low] ~ group 高[低]所得者層 / live beyond [within] one's ~ 収入以上[以下]の生活をする / He makes an ~ of three hundred dollars a week. 彼は週に300ドルの収入がある. 関連 outgoings, expenditure 支出.

be on a hígh [lów] íncome 動 自 収入が多い[少ない].

in·com·er /ínkàmɚ | -mə/ 图 ⓒ **1** (英) 転入者; 新任者. **2** [合成語の第二要素として] 収入が…の人: a middle-*incomer* 収入が中ぐらいの人.

íncome suppòrt 图 ⓤ (英) 生活保護.

*__íncome tàx__ 图 ⓤ|ⓒ 所得税.

*__in·com·ing__ /ínkʌ̀mɪŋ/ 形 (反 outgoing) ⓐ 入ってくる; 新[後]任の. ~ mail 到着郵便物 / ~ (phone) calls 外からかかってくる電話.

in·com·men·su·ra·ble /ìnkəménsərəbl, -ʃ(ə)r-⁻/ 形 **1** (格式) [普通は ⓟ] (大きさなどが)比較にならない, (…とは)けた違いの (with).

in·com·men·su·rate /ìnkəménsərət, -ʃ(ə)r-⁻/ 形 **1** [普通は ⓟ] (少なすぎて)不相応な, つり合い合わない, 不十分な (with). **2** =incommensurable.

in·com·mode /ìnkəmóʊd/ 動 他 (格式) ⟨人⟩に不便を感じさせる, 迷惑をかける; ⟨人⟩を邪魔する, 不安にする, 動揺させる, 悩ます.

in·com·mo·di·ous /ìnkəmóʊdiəs⁻/ 形 (格式) 不便な, 狭苦しい. **~·ly** 副 不便なほど; 狭苦しく.

in·com·mu·ni·ca·ble /ìnkəmjúːnɪkəbl⁻/ 形 伝達できない, 言うことができない.

in·com·mu·ni·ca·do /ìnkəmjùːnəkɑ́ːdoʊ/ 形, 副 (人が)外部との連絡[通信]を絶っている[絶たれて].

in·com·mu·ta·ble /ìnkəmjúːtəbl⁻/ 形 交換できない; 変えられない.

in·com·pat·i·bil·i·ty /ìnkəmpæ̀təbíləti̬ | -kɔm-/ 图 ⓤ|ⓒ **1** 両立し難いこと[もの], 相反すること[もの]; (結婚生活における)性格の不一致. **2** (パソコンの)非互換性.

*__in·com·pat·i·ble__ /ìnkəmpǽtəbl⁻/ 形 **1** 相いれない, 両立しない, 矛盾した, 不調和な; (人が)しっくりいかない. **2** (パソコンなどが)互換性のない; (血液が)不適合の; (薬が)同時服用できない (with). **-i·bly** /-əbli/ 副

相いれず; しっくりいかず.

†**in·com·pe·tence** /ɪnkɑ́mpətəns, -tns | -kɔ́m-/ 名 U 無能; 不適格; 無資格.

†**in·com·pe·tent** /ɪnkɑ́mpətənt, -tnt | -kɔ́m-/ 13 形 **1** 無能な, 役に立たない; 不適格な: She is totally ~ *to teach* [*at teaching*]. 彼女は人にものを教えるのは全然向いていない. **2** 〖法〗 無能力[無資格]の.
——名 C 無能な人, 不適格者. **~·ly** 副 無能にも.

†**in·com·plete** /ɪnkəmpliːt/ 形 不完全な, 不十分な; 未完成の: ~ combustion 不完全燃焼 / That tunnel was still ~ in 1936. そのトンネルは 1936 年にはまだ未完成だった. ——名 C〖米〗不完全履修《コースを終了しなかった場合の成績》.

íncomplete íntransitive vérb 名 C〖文法〗不完全自動詞.

〖文法〗 **不完全自動詞**

自動詞のうち, それ自体では完全な意味が表わせず, 意味を補うために主格補語を必要とするものをいう. 不完全自動詞の主なものは be (…である), become (…になる), get (…になる), grow (…になる), keep (ずっと…する), look (…に見える), prove (…ということがわかる), remain (…のままである), seem (…に見える)など.
不完全自動詞は <(S+)V+C> の動詞型をとるものである. 詳しくは ☞ 動詞型解説 II 2 (巻末): Robert *is* a student. <V+C(名詞)> ロバートは学生です / It's me. <V+C(代名詞)> それは私です / He *looks* sad. <V+C(形容詞)> 彼は悲しそうな顔をしている / She *kept* crying all day. <V+C(現在分詞)> 彼女は一日中泣き続けた.
同じ動詞が, ある場合には完全自動詞として, ある場合には不完全自動詞として用いられることも多い.

incompléte·ly 副 不完全に, 不十分に.
incompléte·ness 名 U 不完全, 不備, 未完成.
íncomplete tránsitive vérb 名 C〖文法〗不完全他動詞.

〖文法〗 **不完全他動詞**

他動詞のうち, それ自体では完全な意味が表わせず, 意味を補うために目的格補語を必要とするものをいう. 不完全他動詞の主なものは believe (…が—だと信じる), call (…を—と呼ぶ), elect (…を—に選ぶ), feel (…が—するのを感じる), get, have (…に—させる, —をしてもらう), hear (…が—するのを聞く), keep (…を—にしておく), leave (…を—のままにしておく), let (…に—させる), make (…を—にする), see (…が—するのを見る), think (…を—と思う)など.
不完全他動詞は <(S+)V+O+C> の動詞型をとるものである. また, O と C は <主部+述部> の関係となる. 詳しくは ☞ 動詞型解説 II 2 (巻末):
He *made* his mother happy. <V+O+C(形容詞)> 彼は母親を幸福にした / He *let* me go there alone. <V+O+C(原形不定詞)> 彼は私をそこへ 1 人で行かせてくれた / I *saw* him crossing the street. <V+O+C(現在分詞)> 私は彼が通りを横断しているのを見た / She *had* her hair cut. <V+O+C(過去分詞)> 彼女は髪をカットしてもらった / They *elected* him chairman. <V+O+C(名詞)> 彼らは彼を議長に選んだ. ★なお ☞ causative verb 文法, verb of perception 文法.

in·com·pre·hen·si·bil·i·ty /ɪnkɑ̀mprɪhènsəbíləṭi | -kɔ̀m-/ 名 U 不可解.
†**in·com·pre·hen·si·ble** /ɪnkɑ̀mprɪhénsəbl | -kɔ̀m-/ 形 理解できない (to). **-bly** /-bli/ 副 **1** わかりにくく. **2** 〖文修飾語〗 不思議なことに.
in·com·pre·hen·sion /ɪnkɑ̀mprɪhénʃən | -kɔ̀m-/ 名 U 無理解, 理解されない[されえない]こと.

inconvenience 887

in·com·press·i·ble /ɪnkəmprésəbl⁺-/ 形 圧縮できない.
in·con·ceiv·a·bil·i·ty /ɪnkənsìːvəbíləṭi/ 名 U 想像を絶すること; 信じられないこと.
†**in·con·ceiv·a·ble** /ɪnkənsíːvəbl⁺-/ 形 **1** 想像も及ばない, 思いもよらない (to). **2** 信じられないような, ありえない (to). **-a·bly** /-vəbli/ 副 想像も及ばないほど; 信じられないほど.
in·con·clu·sive /ɪnkənklúːsɪv⁺-/ 形 結論に達しない, 決定的でない, 不十分な. **~·ly** 副 結論に達しないで, 不十分に.
in·con·gru·i·ty /ɪnkəngrúːəṭi/ 名 (**-i·ties**) **1** U 不調和, 不適合. **2** C 不調和なもの[こと].
†**in·con·gru·ous** /ɪnkɑ́ŋgruəs | -kɔ́ŋ-⁺-/ 形 調和しない, つり合わない; 不調和な, 不似合いの (with). **~·ly** 副 調和せずに, つり合わないで; 不適当に, 不似合に. **~·ness** 名 U 不調和.
in·con·se·quent /ɪnkɑ́nsɪkwènt, -kwənt | -kɔ́nsɪkwənt/ 形〖格式〗 **1** 非論理的な, 矛盾した. **2** 取るに足らない. **~·ly** 副 非論理的に.
in·con·se·quen·tial /ɪnkɑ̀nsɪkwénʃəl | -kɔ̀n-⁺-/ 形 取るに足らない. **-tial·ly** /-ʃəli/ 副 取るに足らないほど.
in·con·sid·er·a·ble /ɪnkənsídərəbl, -drə-⁺-/ 形 〖しばしば not とともに〗〖格式〗 取るに足らない; わずかの: a not ~ sum of money (少なからぬ)大金.
in·con·sid·er·ate /ɪnkənsídərət, -drət⁺-/ 形 思いやりのない, 気配りが足りない (to): It's ~ *of you to* say such a thing to a child. 子供にそんなことを言うなんてあなたも思いやりがない (☞ of 12). **~·ly** 副 思いやりなく, 気配りなく. **~·ness** 名 U 思いやりのなさ.
†**in·con·sis·ten·cy** /ɪnkənsíst(ə)nsi/ 名 (**-ten·cies**) U 不一致, 矛盾; 無定見, むらのあること; C 矛盾したもの[言動, 点].
†**in·con·sis·tent** /ɪnkənsíst(ə)nt⁺-/ 形 **1** 〖主に P〗一致しない, 調和しない (with); 矛盾する, 筋道の通らない. **2** 無定見な, 無節操な, 気まぐれな; むらのある. **~·ly** 副 矛盾して; 無節操に.
in·con·sol·a·ble /ɪnkənsóʊləbl⁺-/ 形 慰めることのできない, 悲しみに沈んだ; やるせない.
-a·bly /-ləbli/ 副 慰めようがないほど.
in·con·spic·u·ous /ɪnkənspíkjuəs⁺-/ 形 目立たない, 人目を引かない. **~·ly** 副 目立たないように.
in·con·stan·cy /ɪnkɑ́nstənsi | -kɔ́n-/ 名 (**-stan·cies**) U,C〖格式〗 移り気; 変わりやすいこと.
in·con·stant /ɪnkɑ́nstənt | -kɔ́n-⁺-/ 形〖格式〗 不貞な, 不実な (unfaithful); 変わりやすい, 不定の.
in·con·test·a·bil·i·ty /ɪnkəntèstəbíləṭi/ 名 U 〖格式〗議論の余地のないこと, 明白な.
in·con·test·a·ble /ɪnkəntéstəbl⁺-/ 形〖格式〗議論の余地のない, 明白な. **-a·bly** /-təbli/ 副 明白に.
in·con·ti·nence /ɪnkɑ́ntənəns | -kɔ́n-/ 名 U 失禁;〖文〗淫乱(いん).
in·con·ti·nent /ɪnkɑ́ntənənt | -kɔ́n-⁺-/ 形 P **1** 《老人などが》便意をこらえられない, 失禁して. **2** 〖文〗淫乱な, 好色な.
in·con·tro·vert·i·ble /ɪnkɑ̀ntrəvə́ːtəbl | -kɔ̀ntrəvə́ː-⁺-/ 形〖格式〗《証拠などが》論争の余地のない, 明白な. **-i·bly** /-təbli/ 副 疑いなく, 明白に.
†**in·con·ve·nience** /ɪnkənvíːnjəns, -nɪəns/ 名 **1** U 不便, 不自由; 都合の悪さ, 迷惑: He apologized for the ~ caused by his arriving late. 彼は遅刻して迷惑をかけたことを謝った. **2** C 不便なこと; 面倒, 迷惑なこと[人]: put up with the ~ of not having a refrigerator 冷蔵庫ない不便さを我慢する. **pút ... to inconvénience** 〖動〗他〈人〉に不便[迷惑]をかける. ——動 他 <...>に不便[迷惑]をかける: I hope I

am not *inconveniencing* you. ご迷惑ではないでしょうね / Thirty thousand commuters were ~d by the accident. 3万人の通勤客がその事故で迷惑をこうむった.

‡in·con·ve·nient /ɪnkənvíːnjənt, -niənt/ ⓵ 形 不便な, 不自由な; 都合の悪い, 迷惑な (*for*): He came at an ~ time. 彼は不都合なときにやって来た / If it is not ~, I should like to come this evening. ご迷惑でなければ今晩お邪魔したいのですが. **~·ly** 副 不便に; 不自由なほどに.

in·con·vert·i·ble /ɪnkənvə́ːtəbl | -vɜ́ː-/ 形 引き換え不能の; 兌換(だかん)できない; 外貨と換えられない.

‡in·cor·po·rate¹ /ɪnkɔ́ːpərèɪt | -kɔ́ː-/ 動 (**-po·rates** /-rèɪts/; **-po·rat·ed** /-tɪd/; **-po·rat·ing** /-tɪŋ/; 語源 incōrporátion) 他 1 [進行形なし] (格式) 〈…〉を合同させる, 一つのものに合わせる; 合併する, 組み入れる (*with*): This chapter should *be ~d into* the next one. この章は次の章と一つにまとめたほうがよい / All your suggestions will be ~*d in* the next edition. <V+O+*in*+名・代の受身> あなたの提案はこの次の版ですべて組み込まれる. 2 <…>を法人[株式会社]にする. ─ 自 1 合同する, 合併する. 2 法人[株式会社]になる.

in·cor·po·rate² /ɪnkɔ́ːp(ə)rət | -kɔ́ː-/ 形 (米) 会社[法人]組織の; 合同になった.

in·cor·po·rat·ed /ɪnkɔ́ːpərèɪtɪd | -kɔ́ː-/ 形 合同した, 合併した; [社名の後につけて] (米) 会社[法人]組織の, 株式会社の ((Inc.)).

incórporated cómpany 名 C (米) 株式会社 ((英) (public) limited company). 語法 Smith & Smith Co., Inc. や Smith & Smith(,) Inc. (スミスアンド スミス株式会社)のように社名の後に (Co.,) Inc. をつける.

in·cor·po·ra·tion /ɪnkɔ̀ːpəréɪʃən | -kɔ̀ː-/ 名 (動 incórporate¹) Ⓤ 合同; 合併, 組み入れ (*into*); (米) 会社設立.

in·cor·po·re·al /ɪnkɔ̀ːpɔ́ːriəl | -kɔ̀ː-/ 形 (格式) 形体のない, 実体のない, 無形の; 霊的な.

‡in·cor·rect /ɪnkərékt/ 形 1 不正確な, 間違った (*wrong*): an ~ answer 間違った答え. 2 (言動など が) 不穏当な, ふさわしくない, まずい: ~ behavior 不穏当なふるまい. **~·ly** 副 不正確に, 間違って; 不穏当に. **~·ness** 名 Ⓤ 不正確, 間違い (であること).

in·cor·ri·gi·ble /ɪnkɔ́ːrɪdʒəbl | -kɔ́r-/ 形 [しばしば軽蔑] (性格などが)矯正できない, 直らない, 救い難い; どうしようもない; 手に負えない, 根強い. **-gi·bly** /-dʒəbli/ 副 直せないほど; 手に負えないほど.

in·cor·rupt·i·bil·i·ty /ɪnkərʌ̀ptəbíləṭi/ 名 Ⓤ 清廉(せいれん); 腐敗しないこと.

in·cor·rupt·i·ble /ɪnkərʌ́ptəbl/ 形 1 (人が)買収されない, 清廉な. 2 (物が)腐敗しない. **-i·bly** /-təbli/ 副 清廉に; 腐敗せずに.

‡in·crease¹ /ɪnkríːs, ínkriːs/ ★名詞の increase² とのアクセントの傾向の違いに注意. ⓵ 動 (**in·creas·es** /-ɪz/; **in·creased** /-t/; **in·creas·ing**; 名 íncrease²; 反 decrease¹)

自他 の転換
自 増える (to become larger in number or amount)
他 増やす (to make (something) larger in number or amount)

─ 自 (数・量が)**増える**, 多くなる, 増加する; (力が)強まる: 言い換え Accidents have ~*d in* number. <V+*in*+名>＝The number of accidents has ~d. 事故の数が増えた / The population of our city has ~*d* (*from* 80,000 ten years ago) (*to* 90,000 now). <V (+*from*+名)(+*to*+名)> 私たちの市の人口は(10年前の8万人から)(現在9万人に)増加した / My salary ~*d* (*by*) two percent every year. <V+(*by*)+名> 私の給料は毎年2パーセントずつ上がった.
─ 他 <数・量>を**増やす**, 増加させる, 増大させる; <力>を強める: ~ the amount of sugar 砂糖の量を増やす / The train ~*d* its speed. 列車は速度を増した / Nuclear weapons have greatly ~*d* the danger of war. 核兵器は戦争の危険を増大させた.

‡in·crease² /ɪ́nkriːs, ínkriːs/ ★動詞の increase¹ とのアクセントの傾向の違いに注意. 名 (**in·creas·es** /-ɪz/; 動 incréase¹; 反 decrease²) 1 Ⓤ Ⓒ 増加, 増大; 強化: the rate of ~ 増加率 / a large ~ in juvenile crime 青少年犯罪の大幅な増加 / a 2 percent ~ *over* [*on*] the previous year 前年に比べて2パーセントの増加. 2 Ⓒ 増加量: The ~ *in* income for the previous year was three percent. 前年度分の収入の増加は3パーセントだった. **be on the íncrease** [動] 自 次第に増加している.

in·creased /ɪnkríːst/ 形 増加した.

in·creas·ing /ɪnkríːsɪŋ/ 形 (反 decreasing) 次第に増加する, 増えていく, つのる.

‡in·creas·ing·ly /ɪnkríːsɪŋli/ 副 1 ますます (more and more): It is becoming ~ difficult to live within my income. 収入以内の生活をするのがますます難しくなりつつある. 2 文修飾 (以前より)増して, だんだんと: I ~, people are making use of flextime at the company. その会社ではだんだんフレックスタイム利用者が増えている.

in·cred·i·bil·i·ty /ɪnkrèdəbíləṭi/ 名 (形 incrédible) Ⓤ 信じられないこと, 信用できないこと.

‡in·cred·i·ble /ɪnkrédəbl/ ⓭ 形 (名 incrèdibílity) 1 [比較なし] (物事が)信じられない, 信用できない (unbelievable): His story of having seen a ghost seemed ~ *to* them. 幽霊を見たという彼の話は彼らには信じられないように思われた. 2 (略式) びっくりするような, 信じ難いほどの; すばらしい: His appetite is ~. 彼の食欲はすごい / We had an ~ time. 私たちはすばらしい時を過ごした.

‡in·cred·i·bly /ɪnkrédəbli/ 副 1 文修飾 信じられないことに: I~, nobody witnessed the accident. 信じられないことにその事故を目撃した人はいなかった. 2 (略式) 非常に, とても; すばらしく: ~ expensive 信じられないほど高価な.

in·cre·du·li·ty /ɪnkrɪd(j)úːləṭi | -djúː-/ 名 Ⓤ 容易に信じないこと, 疑い深いこと, 不信 (disbelief).

‡in·cred·u·lous /ɪnkrédʒʊləs/ 形 (…を)容易に信じない, 疑い深い; 疑うような: an ~ look 信じられないという表情. **~·ly** 副 容易に信じないで, 疑い深く.

in·cre·ment /ɪ́ŋkrəmənt/ 名 Ⓒ 1 (格式) (特に金額などの)(定期的)増加, 増大. 2 増加量, 増額; 【数】増分; 定期昇給額.

in·cre·men·tal /ɪ̀ŋkrəméntl/ 形 (格式) 増加の, 増加量の.

‡in·crim·i·nate /ɪnkrímənèɪt/ 動 他 <人>に罪を負わせる, 有罪にする.

in·crim·i·nat·ing /ɪnkrímənèɪtɪŋ/ 形 (特に証拠が)有罪を立証する(ような).

in·crim·i·na·tion /ɪnkrìməneɪʃən/ 名 Ⓤ 罪を負わせること, 有罪にすること.

in·crim·i·na·to·ry /ɪnkrímənətɔ̀ːri | -təri, -tri/ 形 人を有罪にしそうな.

in-crowd /ínkràʊd/ 名 [the ~] (みなのあこがれる)排他的グループ.

in·crus·ta·tion /ɪnkrʌstéɪʃən/ 名 Ⓤ 外皮で(おお)う[覆われる]こと; Ⓒ 外層, 外皮, 皮殻 (of).

‡in·cu·bate /ɪ́ŋkjʊbèɪt/ 動 他 1 <卵>を抱く, かえす. 2 (医・生)<細菌>を培養する. 3 (医) <病原菌>を体内に潜伏させる. 4 <未熟児>を保育器で育てる. 5 <計画

どをあたためる. ― 圓 **1** (鳥が)卵を抱く; (卵が)抱かれてかえる. **2** 〖医・生〗(細菌が)培養される. **3** 〖医〗(病原菌が)潜伏する. **4** (計画などが)あたためられる.

in·cu·ba·tion /ìŋkjubéɪʃən/ 名 U **1** (鳥などの)抱卵, ふ卵, ふ化; 人工保育. **2** 〖医・生〗(細菌の)培養. **3** 〖医〗(病気の)潜伏(期間). **4** (計画の)練り上げ(期間).

incubátion pèriod 名 C 〖医〗潜伏期(間).

in·cu·ba·tor /ínkjubèɪtɚ | -tə/ 名 C **1** ふ化器; 未熟児保育器. **2** (細菌の)培養器. **3** 未熟産業支援組織.

in·cu·bus /ínkjubəs/ 名 (複 **in·cu·bi** /ínkjubàɪ/, ~·es/) C **1** 夢魔《睡眠中の女を犯すといわれる男の悪霊; ☞ succubus》. **2** 〖文〗悪夢. **3** 〖文〗(払いきれない)悩みの種《借金・試験など》.

incudes 名 incus の複数形.

in·cul·cate /ɪnkʌlkeɪt, ínkʌlkèɪt/ 他 《格式》〈思想・習慣など〉を(人に)教え込む (in, into); 〈人に〉〈思想・習慣など〉を教え込む (with).

in·cul·ca·tion /ìnkʌlkéɪʃən/ 名 U 《格式》(思想・習慣などを)教え込むこと.

in·cul·pa·ble /ɪnkʌ́lpəbl/ 形 《格式》罪のない, 潔白な.

in·cul·pate /ɪnkʌ́lpeɪt, ínkʌlpèɪt/ 他 《格式》〈人に〉罪を負わせる; 有罪にする.

in·cum·ben·cy /ɪnkʌ́mb(ə)nsi/ 名 (**-ben·cies**) 《格式》 C (公職にある者の)地位, 任期; U 現[在]職.

*⁺**in·cum·bent** /ɪnkʌ́mb(ə)nt/ 形 《格式》 **1** (公職の)現[在]職者; (教会を持つ)牧師. ― 形 **1** Ⓟ (…の)義務である: It is ~ *on* [*upon*] you to do so. そうするのは君の責任だ. **2** 〖普通は A〗 現[在]職の.

in·cu·nab·u·la /ìnkjunǽbjulə/ 名 〖複〗《格式》初期, 揺籃(ようらん)時代.

*⁺**in·cur** /ɪnkə́ː | -kə́ː/ 動 (**in·curs** /~z/; **in·curred** /~d/; **-cur·ring** /-kə́ːrɪŋ | -kə́ː r/) 他 《格式》自分から〈損害・危険など〉を招く, こうむる; 〈借金〉を負う《☞ current 単語の記憶》: ~ huge debts 大きな負債を抱える / Her behavior *incurred* the teacher's displeasure [anger]. 彼女の行動は教師の不興[怒り]を買った.

⁺**in·cur·a·ble** /ɪnkjʊ́(ə)rəbl⁻/ 形 治せない, 治療できない; (性格などが)救い難い. ― 名 C 不治の病にかかった人. **-a·bly** /-rəbli/ 副 治せない[救い難い]ほどに.

in·cu·ri·ous /ɪnkjʊ́(ə)riəs⁻/ 形 《格式》好奇心のない; 無関心な. **~·ly** 副 関心なさそうに.

⁺**in·cur·sion** /ɪnkə́ːʒən | -kə́ːʃən/ 名 C 《格式》侵入; 襲撃 (into); 侵害 (into; on, upon).

in·cus /íŋkəs/ 名 (複 **in·cu·des** /ɪnkjú:di:z/) C 〖解〗(中耳の)砧骨(きぬた).

Ind. 略 =Independent, India, Indian, Indiana.

⁺**in·debt·ed** /ɪndétɪd/ 形 Ⓟ 《格式》恩を受けている; (恩恵・助力などで)…に大変感謝している, 負い目を感じている; 負債がある: I am greatly [deeply] ~ *to* you *for* your help. ご助力まことに感謝申し上げます.

~·ness 名 U 恩義; 負債 (to).

in·de·cen·cy /ɪndí:s(ə)nsi/ 名 (**-cen·cies**) U 不作法; わいせつ; C みだらなことば[行為].

in·de·cent /ɪndí:s(ə)nt⁻/ 形 **1** 不作法な, 品の悪い. **2** (言動などが)みだらな, わいせつな. **3** 〖普通は A〗 みっともない; 適当でない, べらぼうな.

indécent assáult 名 UC 〖法〗強制わいせつ罪.

indécent expósure 名 U 〖法〗公然わいせつ行為[罪]《性器の露出》.

indécent·ly 副 不作法に; わいせつに; みっともなく.

in·de·ci·pher·a·ble /ìndɪsáɪf(ə)rəbl⁻/ 形 解読できない, 判読できない.

in·de·ci·sion /ìndɪsíʒən/ 名 U 決断力のない[ぐずぐずする]こと, 優柔不断; ちゅうちょ (about).

in·de·ci·sive /ìndɪsáɪsɪv⁻/ 形 **1** 決定的でない, 決め手にならない. **2** (人が)決断力のない, ぐずぐずした, 優柔不断の (about). **~·ly** 副 決め手を欠いて, 決定

---

indefinite pronoun 889

的でなく; ぐずぐずして, 優柔不断に. **~·ness** 名 U 決定的でないこと; 優柔不断.

in·dec·o·rous /ɪndékərəs, ìndɪkɔ́:rəs⁻/ 形 《格式》不作法な. **~·ly** 副 不作法に.

in·de·co·rum /ìndɪkɔ́:rəm/ 名 U 《格式》不作法, 不作法な行為.

*⁺**in·deed** /ɪndí:d/ 副 **1** 《主に英》全く, 本当に, 実に: Thank you very much ~. 本当にどうもありがとうございました / 〖言い換え〗They were *very* tired ~. =They were ~ *very* tired. 彼らは全く疲れきっていた.

2 文修飾 《格式》なるほど, いかにも, 確かに: I may, ~, be wrong. なるほど私が間違っているのかもしれない. 語法 相手の言うことなどを一応認める場合に用いる.

3 つなぎ詞 《格式》実際, 事実, 実のところは, (いや)それどころか: She has changed a great deal. I ~, when I saw her at the party yesterday I didn't recognize her at first. 実際, きのうパーティーで会ったときに初めは彼女とは気がつかなかった(くらいだ) / He likes to have things his own way; ~, he can be quite a tyrant. 彼は何でも思いどおりにしたがる. それどころか暴君と言ってよいときさえある. **4** 〖感嘆詞的に〗 Ⓢ 《主に英》へえ, まあ, まさか《驚き・興味・疑い・皮肉などを表わす》: I ~! I can't believe it. へえ, 私には信じられない / "Who is this Edison?" "Who, ~!" 「このエジソンというのはだれですか」「だれですかってきたもんだ!」《「エジソンを知らないとは驚いた」の意, 文脈によっては「全くだれなんだろうね(私も知らない)」の意にもなる》. 語源 in+deed.

indeed ..., but ― なるほど…だがしかし ―: He may ~ be a little dull, *but* he is very honest. なるほどあの男は少々頭が鈍いかもしれない. だが非常に正直者だ.

in·de·fat·i·ga·ble /ìndɪfǽtɪgəbl⁻/ 形 《格式》疲れ(を知ら)ない; 飽くことのない, たゆまぬ. **-ga·bly** /-gəbli/ 副 たゆまずに, うまずたゆまず.

in·de·fen·si·ble /ìndɪfénsəbl⁻/ 形 弁護できない, 弁解の余地がない; (場所が)防御できない.

-si·bly /-səbli/ 副 弁解の余地なく; 防御できずに.

in·de·fin·a·ble /ìndɪfáɪnəbl⁻/ 形 Ⓦ 定義の下しにくい; 何とも言いようのない, 漠然とした.

-a·bly /-nəbli/ 副 何ともいいようがなく.

⁺**in·def·i·nite** /ɪndéf(ə)nət⁻/ 形 **1** (数量・程度などが)不定の, きりのない; (時間が)期限のない: I'll be away for an ~ period of time. 当分の間家を留守にします. **2** (意味・内容などが)明確でない, はっきりしない, あいまいな: give an ~ answer あいまいな返事をする.

indéfinite árticle 名 C 〖文法〗不定冠詞《☞ a², an》.

in·déf·i·nite·ly 副 **1** 無期限に, いつまでも. **2** 漠然と, 何となく.

indéfinite·ness 名 U あいまいさ; きりのないこと.

indéfinite prónoun 名 C 〖文法〗不定代名詞.

文法 **不定代名詞**

代名詞の一種で, 特定のものを指さず, 漠然と人や物などを表わす代名詞をいう. 代名詞として独立して用いられるほかに, 形容詞的に名詞の前につけて用いられるものもある. 普通は次のような語がこれに含まれる. 用法については辞書本文の各項目参照: all, another, any, anybody, anyone, anything, both, each, each other, either, enough, everybody, everyone, everything, few, good deal, great deal, least, less, little, many, more, most, much, neither, no, nobody, no one, none, nothing, one, one another, other, same, several, some, somebody, someone, something, such.

890　indelible

in·del·i·ble /ɪndéləbl/ 形 (印象などが)忘れられない; (インクなどが)消すことのできない. **-i·bly** /-ləbli/ 副 忘れられずに; 消せずに.

in·del·i·ca·cy /ɪndéləkəsi/ 名 (格式) 下品さ.

in·del·i·cate /ɪndéləkət／／ 形 (格式) 下品な, 野卑な, 不作法な. **～·ly** 副 下品に[不作法に].

in·dem·ni·fi·ca·tion /ɪndèmnəfɪkéɪʃən/ 名 [法] 1 U 損害などから保護すること (against, for). 2 C 賠償[補償]金; 保障金 (for).

in·dem·ni·fy /ɪndémnəfàɪ/ 動 (-ni·fies; -ni·fied, -fy·ing) 他 1 〈人〉に賠償する, 補償する, 弁償する;〔法・商〕〈人〉に保障する: I'll ～ you for the expense. かかった費用は弁償します / I indemnified him against [for] loss. 私は彼に対して損害のないように保障した.

†**in·dem·ni·ty** /ɪndémnəti/ 名 (-ni·ties) [法] 1 U (損害)補償, 賠償; 免責 (against, for). 2 C 賠償金.

in·de·mon·stra·ble /ɪndɪmɑ́nstrəbl, -démən-／／ 形 証明できない.

in·dent[1] /ɪndént/ 動 他 1〈段落の1行目〉を少し引っ込めて書く[印刷する]. 2〈...〉にぎざぎざをつける, へこませる. ── 自 1 少し引っ込めて行を始める. 2 (主に英) [商] 注文書で注文する: ～ (on the firm) for some new office equipment (その会社に)新しい事務用品を注文する.

in·dent[2] /índent, ɪndént/ 名 C 1 (段落の1行目の)頭下げ. 2 (主に英) [商] (商品などの正式の)注文(書) (for).

in·den·ta·tion /ɪndentéɪʃən/ 名 1 U (段落の1行目の)頭を下げること; ぎざぎざをつけること. 2 C (海岸線などの)深い入りくみ, ぎざぎざ, へこみ (in); 頭下げの空所.

in·dent·ed /ɪndéntɪd/ 形 ぎざぎざの, へこんだ.

in·den·ture /ɪndéntʃəʳ/ 名 C 1 (普通は2通以上作成し捺印(㓞)した)契約書;(正式な)目録[証書]; [普通は複数形で] 徒弟契約書. ── 動 (-tur·ing /-tʃərɪŋ/) 他〈人〉を年季奉公させる (to, as).

in·den·tured /ɪndéntʃəd | -tʃəd/ 形 年季奉公の: an ～ servant 年季奉公人.

‡**in·de·pen·dence** /ɪndɪpéndəns／／ 名 (形 independent; 反 dependence) U **独立**, 自立, 自主: gain [win] political [economic] ～ 政治的[経済的]に独立する / live a life of ～ 自立した生活をする / India declared its[her] ～ *from* Britain in 1947. インドは1947年に英国からの独立を宣言した. **the Wár of (Américan) Indepéndence** 名 『米史』独立戦争 (American Revolution).

Indepéndence Dày 名 U 1 (米) 独立記念日 (7月4日の法定祝日; ☞ holiday 表, American Revolution [参考]). 2 (一般に)独立記念日.

Índepéndence Háll 名 固 独立記念館 (独立宣言が行なわれた米国 Philadelphia の建物).

‡**in·de·pen·dent** /ɪndɪpéndənt／／ 形 (名 indepéndence; 反 dependent) 1 [比較なし] **独立の**, 自主の, 自由の: an ～ state [country] 独立国 / India became ～ *of* [*from*] Britain in 1947. ＜A+*of* [*from*]+名・代＞ インドは1947年に英国から独立した.
2 (他のもの・人に)頼らない, (人に)頼らずに行動した: She is quite ～ in her thinking. 彼女は何物にもとらわれない考え方をする.
3 [比較なし] **自活している**, 独立して生活している, ひとり立ちの: lead an ～ life 自活する / This job has made him financially ～ *of* his parents. ＜A+*of*+名・代＞ この仕事があったので彼は両親から経済的に独立できた. **4** 自活できる, 働かずに暮らせるだけの: a woman of ～ means 働かないで暮らせるだけの資産のある女性. **5** 他と無関係の, 独自の; 片寄らない, 公平な: ～ conclusions 別々の結論 / ～ witnesses 公平な証人 / These two problems are not ～ *of* each other. この2つの問題は互いに無関係ではない. **6** 民営[私立]の. **7** 無党派の, 無所属の.

indepéndent of ... 前 ...とは無関係に[別個に].
── 名 C [しばしば I-] 無所属議員[候補者], 特定の政党を支持しない投票者(➡ Ind.).

indépendent cláuse 名 C [文法] 独立節 (☞ clause [文法], sentence [文法] (3)).

indepéndent·ly 副 独立して, 自主的に;(他と)無関係に: The mother and the son lived ～ *of* each other. 母と息子はお互いに独立して生活していた.

indepéndent schóol 名 C (英) 私立学校 (private school). 関連 state school (英) 公立学校.

indepéndent váriable 名 C [数] 独立変数.

in-dépth 形 A (調査などが)徹底的な; (報告などが)詳細な.

in·de·scrib·a·ble /ɪndɪskráɪbəbl／／ 形 言い表わせない. **-a·bly** /-bəbli/ 副 言い表わせないほど.

in·de·struc·ti·bil·i·ty /ɪndɪstrʌ̀ktəbíləti/ 名 U 破壊できないこと, 不滅.

in·de·struc·ti·ble /ɪndɪstrʌ́ktəbl／／ 形 破壊できない, こわれない, 不滅の.

in·de·ter·mi·na·ble /ɪndɪtə́ːʳmɪnəbl | -tə́ː-／／ 形 確定できない, 解決のつかない. **-na·bly** /-nəbli/ 副 確定[解決]できずに.

in·de·ter·mi·na·cy /ɪndɪtə́ːʳm(ə)nəsi | -tə́ː-／ 名 U 不確定.

in·de·ter·mi·nate /ɪndɪtə́ːʳmɪnət | -tə́ː-／／ 形 不確定の; 漠然とした; 『数』不定の. **～·ly** 副 漠然と.

‡**in·dex** /índeks/ 名 (複 ～·es /-ɪz/; **in·di·ces** /índəsìːz/) C

「指し示すもの」(indicate と同語源)
→「指標」3 ─┬─(内容の指標)「索引」1
　　　　　　 └─(変化の指標)「指数」2

1 索引; カード式索引 (card index): an alphabetical ～ アルファベット順の索引 / an ～ *to* the book 本についての索引.
2 (複 **indices**) (物価などの)指数;『数』指数: a price ～ 物価指数 / the cost of living ～ 生活費指数. **3** 指示するもの, 指標;(計器などの)指針: an ～ *of* culture 文化の高さを示すもの. **4** =index finger. **5** 指印 (☞ ☞の印).
── 動 他 1 [普通は受身で] 〈...〉に索引をつける; 〈...〉を索引に載せる. **2** 〈賃金・年金など〉を(...にあわせて)スライドさせる (to).

in·dex·a·tion /ɪndeksèɪʃən/ 名 U [経] 指数化方式 (物価指数などの利用による賃金・利息・年金などの物価スライド方式).

índex càrd 名 C 索引カード.

***índex fín·ger** /índeksfɪ̀ŋɡəʳ | -ɡə/ 名 (～s /-z/) C 人さし指 (forefinger) (☞ hand [挿絵]).

index-linked /índekslíŋkt／／ 形 (英) (賃金・年金などが)物価(指数)に連動[スライド]した.

índex númber 名 C 指数.

***In·di·a** /índiə/ 名 固 (形 Indian 1) インド (アジア南部の共和国; 首都 New Delhi; 略 Ind.). [語源] Indus の名から.

Índia ínk 名 U (米) (日本・中国の)墨, 墨汁 ((英) Indian ink).

***In·di·an** /índiən/ ★ 形 名 とも2の意では Native American の方が好ましいとされる. 形 **1** インドの; インド(系)人の(略 Ind.)(名 índia): ～ languages インドの諸

言語 / an ~ sailor インド人の船員.
2 [差別] (アメリカ)インディアンの (略 Ind.): ~ wars インディアンとの戦い / ~ paths インディアンの作った道.
— 名 (~s /-z/) **1** ⓒ インド人, インド系人; [the ~s] インド人《全体, ☞ the¹ 5》: The ~s are divided into many tribes. インド人は多くの種族に分かれる.
2 ⓒ [差別] (アメリカ)インディアン (American Indian) (略 Ind.; ☞ America 表 Indiana): A large number of ~s were killed by white men. 大勢のインディアンが白人に殺された.

In·di·an·a /índiænə/ 名 固 インディアナ《米国中部の州; 略 Ind., 郵 では IN; 俗称 the Hoosier State; ☞ America 表, 表地図 H 3》.

In·di·an·an /índiænən⁻/, **-an·i·an** /-ǽniən⁻/ 形 インディアナ州(人)の. — 名 ⓒ インディアナ州人.

In·di·a·nap·o·lis /índiənǽp(ə)lɪs/ 名 固 インディアナポリス《米国 Indiana 州の州都》.

Indianápolis 500 /-fàivhándrəd/ 名 固 [the ~] インディアナポリス 500《毎年 5 月に Indianapolis で行なわれるレーシングカーの 500 マイルレース》.

Índian clùb 名 ⓒ《体操用のびん型の》こん棒.

Índian córn 名 Ⓤ《古風, 主に米》とうもろこし.

Índian file 名 Ⓤ《古風》一列縦隊 (single file).

Índian gìver 名 ⓒ《米略式》[時に差別] 一度与えたものを取り戻す人, 返礼目当てでものを与える人.

Índian hémp 名 Ⓤ =cannabis.

Índian ínk 名 Ⓤ《英》=India ink.

Índian Mútiny 名 固 [the ~] インド大反乱, セポイの反乱《1857-59 年, インド北部を中心にインド人傭兵(ようへい)が英国支配に対して起こした反乱》.

*__In·di·an O·cean__ /índiənóuʃən/ 名 固 [the ~] インド洋《アジア南部からアフリカ東部に及ぶ大洋; ☞ ocean 表》.

Índian súmmer 名 ⓒ **1** インディアンサマー, 小春日和(びより)《特に米国北部の晩秋・初冬の, 温暖で乾燥し, かすみがかった(一時的な)気候》. **2**《人の》晩年の穏やかな時期, 円熟期.

Índian Térritory 名 固 [時に the ~] 《米史》インディアン特別保護区 《19 世紀初頭にインディアンを強制居留させるために特設した準州》.

Índian wréstling 名 Ⓤ《米》インディアンレスリング《片足を互いにつけて向き合って立ち手で引き合ってバランスをくずそうとする》.

Índia pàper 名 Ⓤ インディア紙《薄い上質の紙》.

Índia [índia] rúbber 名 **1** Ⓤ《古風》弾性ゴム. **2** ⓒ《英》消しゴム.

***in·di·cate** /índɪkèɪt/ 🔊 動 (-di·cates /-kèɪts/; -di·cat·ed /-tɪd/; -di·cat·ing /-tɪŋ/; 名 índication, 形 indicative 1) 他 **1**〈...を**指摘する** (point out);〈...を〉明らかにする: The report ~s the necessity of drastic measures. 報告書は抜本的な対策の必要性を指摘している.
2〈...を〉(指などで)**指し示す**, 指さす (point out); 〈方向などを〉示す;〈目盛りなどが〉...を示す, 表示する, さす (point): She ~d the young man at the gate. 彼女は門のところにいる若い男を指さした / Please ~ on this map *how to* get to the museum. <V+O(*wh*句)> この地図で博物館へ行く道を教えてください / The arrow ~s the exit. 矢印が出口を示している.
3《ことば・態度などで》〈...を〉**示す** (show);〈...を〉ほのめかす (suggest): The policeman ~d *that* we should not stop there. <V+O(*that* 節)> 警官は我々がそこに立ち止まってはいけないと身ぶりで示した / He ~d ʰhis reluctance *that* he was reluctant] to go. 彼は行きたくないことをほのめかした. **4**〈...の〉徴候を見せる, 〈...の〉前ぶれである: These clouds ~ rain. この雲は雨が降る前兆だ. **5** [普通は受身で]《格式》〈病気などが〉...の必要性を示す: Rest *is* ~d *for* his condition. 彼

の状態は安静(療法)が必要だ. **6**《英》〈左折・右折の〉合図をする. — 圓《英》左[右]折の合図をする. 語源 index と同語源《☞ index 囲み》.

***in·di·ca·tion** /índɪkéɪʃən/ 名 (~s /-z/; 動 índicate) **1** Ⓒ|Ⓤ **徴候**, 印(しるし): There is *every* ~ *that* the economy will recover. <N+*that* 節> =There is every ~ of an economic recovery. 景気回復のきざしは十分にある / He saw me, but gave no ~ of recognition. 彼は私を見たが私だとわかった様子がなかった. **2** Ⓤ **指示**, 表示; 指摘.

***in·dic·a·tive** /índíkətɪv/ 形 (1 では 動 índicate) **1** ⓅⅡ(格式)〈...を〉表わす, 指示する: Her gesture was ~ *of* contempt. 彼女の身ぶりは軽べつを示していた. **2**《文法》直説法の, 叙実法の. 関連 subjunctive 仮定法の / imperative 命令法の. — 名 **1** ⓒ《文法》《動詞の》直説法形. **2** [the ~]《文法》=indicative mood. ~·**ly** 副 表示的に; 直説法で.

indícative móod 名 [the ~]《文法》直説法, 叙実法.

文法 **直説法**
法の 1 つで, ある事柄を事実として述べる場合に用いられる動詞の形をいう. 仮定法, 命令法などに対する. 直説法は, 平叙文・疑問文において最も普通に用いられる法で, この辞書の例文もほとんど直説法である. 直説法の節において, 述語動詞は主語の人称・数・時制によって変化する 《☞ conjugation 文法》.

*__in·di·ca·tor__ /índɪkèɪtə | -tə/ 名 (~s /-z/) ⓒ **1** 指標: economic ~ 経済指標.
2 指示者;《人の考えなどを》示すもの; 計器, メーター,《計器類の》表示器;《メーターなどの》針《☞ needle 表》; 標識;《英》《駅・空港の》発着表示板;《英》《自動車の》方向指示器《米》turn signal): The condition of your skin is an ~ *of* health. 肌の状態で健康かどうかわかる.
3《化》《反応》指示薬.

***in·di·ces** /índəsìːz/ 名 index の複数形.

***in·dict** /ɪndáɪt/ 動 (indíctment)《主に米》《法》他 [普通は受身で]〈人〉を起訴する;〈人〉を告発する: He was ~ed *for* bribery. 彼は収賄[贈賄]の罪で起訴された. — 圓 起訴する.

in·dict·a·ble /ɪndáɪtəbl/ 形《主に米》《法》起訴されるべき.

***in·dict·ment** /ɪndáɪtmənt/ ★ c は発音しない. 名 (-dict·ments /-mənts/; 動 indíct) **1** Ⓒ|Ⓤ《主に米》《法》起訴(手続き); 告発. **2** Ⓒ《主に米》《法》起訴[告発]状. **3** Ⓒ 非難(の理由),《...の》不備を示すもの: The rise in truancy is an ~ *of* our educational system. 無断欠席の増加は教育制度の欠陥を示している.

in·die /índi/ 名 **1** Ⓒ インディー(ズ), 独立プロ(会社) 《映画・音楽など》. **2** Ⓤ インディー制作の音楽.

índie músic 名 Ⓤ インディー[独立プロ]の音楽.

***in·dif·fer·ence** /ɪndíf(ə)rəns/ 名 Ⓤ **1 無関心, 冷淡**: He always shows complete ~ *to [toward]* our troubles. 彼は我々の困っていることにはいつも全く知らぬ顔をする. **2** 重要でないこと: Where he came from was a matter of ~ *to* me. 彼がどこの出身であるかは私にはどうでもいいことだった.

***in·dif·fer·ent** /ɪndíf(ə)rənt/ 形 **1** [普通は Ⓟ] **無関心な, 気にかけない; 冷淡な**: They are ~ and unfeeling *to [toward]* the troubles of others. 彼らは他人の心配事に対して冷淡だ. **2** どっちにもつかない, 中立の, 公平の: She couldn't remain ~ in such a situation. 彼女はそんな状況でどっちつかずでいることはできなかった. **3** 平凡な, たいしたことない, よくない. **4** 重要でない, どうでもよい. ~·**ly** 副 **1** 無関心に, 冷淡に. **2** どっちにもつかず, 中立で, 公平に. **3** へたに.

in·di·gence /índɪdʒəns/ 名 U《格式》貧困.

†**in·dig·e·nous** /ɪndídʒɪnəs/ 形《格式》**1** 土着[先住]の, (その土地)固有の; 原産の: Are chrysanthemums ~ to Japan? 菊は日本固有のものですか. **2** 生まれながらの.
  ~**·ly** 副 土着して, 固有のものとして.

in·di·gent /índɪdʒənt/ 形《格式》とても貧乏な.

in·di·gest·i·ble /ìndaɪdʒéstəbl, -dɪ-/ 形 **1**(食物の)消化しにくい, 不消化の. **2**(情報など)理解しにくい. **-i·bly** /-bli/ 副 消化できないで; 理解しにくく.

†**in·di·ges·tion** /ìndaɪdʒéstʃən, -dɪ-/ 名 U 消化不良, 不消化; 胃痛.

in·dig·nant /ɪndígnənt/ 形 (不正・卑劣な行為などに)憤慨した, 憤然とした (《☞ angry 類義語》): He was quite ~ with his assistant. 彼は助手にすっかり腹を立てていた / I feel most ~ at [about, over] his way of doing things. 私は彼のやり口に大変憤慨している.
  ~**·ly** 憤慨して, 憤然として, 怒って.

†**in·dig·na·tion** /ìndɪgnéɪʃən/ 名 U (不正・卑劣な行為などに対する)憤り, 憤激, (人に対する)怒り (*against*): righteous ~ 義憤 / in [with] ~ 憤慨して / The incident aroused the people's ~. 事件は国民の憤激を呼んだ / There was a great deal of ~ *about* [*at, over*] such an injustice. このような不正に対しては大変な怒りの声があがった. **to ...'s indignátion** = **to the indignátion of ...** 副 [文章飾語] ...を憤激させたことには.

†**in·dig·ni·ty** /ɪndígnəti/ 名 (**-ni·ties**) **1** U 屈辱, 侮辱, 無礼. **2** C 無礼な言動, 冷遇.

†**in·di·go** /índɪgòʊ/ 名 U 藍(*ぁぃ*), 藍色, インジゴ (《☞ spectrum 挿絵》). — 形 A 藍(色)の.

índigo blúe 名 U 藍色.

*****in·di·rect** /ìndərékt, -daɪ-/ 形 **1** A 間接の, 間接的の, 副次[二次]的の; (家系が)直系でない, 傍系の: ~ lighting 間接照明 / This new drug is one of the ~ results of his discovery. この新薬は彼の発見の間接的な成果の1つだ.
  2 遠回しの, 率直でない: She gave me an ~ refusal. 彼女は遠回しに断わってきた. **3** [普通は A] 真っすぐでない, 回り道の: take an ~ route 回り道をする.

índirect díscourse 名 U《米》《文法》= indirect narration.

índirect·ly 副 間接(的)に; 副次[二次]的に; 遠回しに: It will influence our lives directly or *indirectly*. それは私たちの生活に直接的, 間接的に影響を及ぼすだろう (《☞ in-¹ 語法 (2)》).

índirect narrátion 名 U《文法》間接話法 (《☞ narration 文法》).

índirect óbject 名 C《文法》間接目的語.

文法 間接目的語
他動詞が2つ目的語をとる場合, 普通は人を表わすほうの目的語をいう (《☞ 動詞型解説 II 4 (巻末)》). 例えば He gave me a camera. <V+O(名·代)+O(名·代)> (彼は私にカメラをくれた)という文では camera が直接目的語 (《☞ direct object 文法》) で, me が間接目的語である. 間接目的語と直接目的語の2つをとる動詞には bring, buy, give, lend, send, show, tell などで授与動詞 (《☞ dative verb 文法》) と呼ばれる. 受身の文では, 間接目的語も主語になることができる. 上の例文で I を主語にした受身の文は I was given a camera (by him). である. また, 間接目的語は to または for をつけて直接目的語の後に伴うことができる.
(1) to をつける場合: They told the news *to* everybody. (彼らはそのニュースをみんなに知らせた). この型に属する動詞は bring, give, hand, lend, pass, pay, promise, read, sell, send, show, write など.
(2) for をつける場合: Father bought a bicycle *for* me. (父は私に自転車を買ってくれた). この型に属する動詞は choose, cook, do, fetch, get, leave, make, order, save など.
★ 間接目的語を主語とする受身の文については 《☞ be² B 文法》.

índirect quéstion 名 C《文法》間接疑問.
índirect spéech 名 U《英》《文法》= indirect narration, reported speech.
índirect táx 名 C,U 間接税.

in·dis·cern·i·ble /ìndɪsə́:nəbl, -zə́:n-│-sə́:n-, -zə́:n-/ 形(小さくてまたは暗くて)識別できない; はっきりしない.

in·dis·ci·pline /ìndísəplɪn/ 名 U《格式》訓練の足りないこと; 無規律.

in·dis·creet /ìndɪskrí:t/ 形(人·言動が)思慮[分別]のない, あけすけな, 軽率な. ~**·ly** 副 無分別[軽率]に.

in·dis·cre·tion /ìndɪskréʃən/ 名 **1** U 無分別, 無思慮. **2** C 軽率な言動, 不謹慎な行為: one's youthful ~s ⦅文⦆若気の誤り.

†**in·dis·crim·i·nate** /ìndɪskrímənət/ 形 無差別な, 見境のない, 思慮に欠ける (*in*); 乱雑な: ~ bombing 無差別爆撃. ~**·ly** 副 無差別に, 見境なく; 雑然と(して).

in·dis·pens·a·bil·i·ty /ìndɪspènsəbɪləti/ 名 U 絶対必要なこと.

in·dis·pens·a·ble /ìndɪspénsəbl/ 形 欠くことのできない, 絶対必要な; (義務などが)避けることができない: 言い換え Dictionaries are ~ *for* learning foreign languages. (=We cannot do without dictionaries when we learn foreign languages.) 辞書は外国語の学習に絶対必要なものだ / Water is ~ *to* life. 水は生命には不可欠のものだ / ~ *to* the 「生存, 存在, 維持, 利益」などのために欠かせないとき, ~ *for* はある「目的」のために欠かせないときに用いられる. **-a·bly** /-bli/ 副 必ず, ぜひとも.

in·dis·posed /ìndɪspóʊzd/ 形 P《格式》**1** [しばしば婉曲] 具合が悪い: He is ~ with a headache. 彼は頭痛で気分がすぐれない. **2** ...する気がない: She seems ~ to help us. 彼女は手助けする気がないようだ.

in·dis·po·si·tion /ìndɪspəzíʃən/ 名《格式》**1** U,C [しばしば婉曲] 気分がすぐれないこと, (軽い)病気. **2** U 気が進まないこと, いや気.

†**in·dis·put·a·ble** /ìndɪspjú:təbl, ɪndíspju-/ 形 議論の余地のない; 明白な. **-a·bly** /-təbli/ 副 議論するまでもなく, 明白に.

in·dis·sol·u·bil·i·ty /ìndɪsàljubɪləti│-sɔ̀l-/ 名 U《格式》分解不可能なこと; 永続性, 不変性.

in·dis·sol·u·ble /ìndɪsáljubl│-sɔ́l-/ 形《格式》**1** 分解[分解]できない, 溶かすことのできない.
2(関係などが)堅い, 永続的な, 不変の. **-u·bly** /-bli/ 副 分解しないで; 永続的に.

in·dis·tinct /ìndɪstíŋ(k)t/ 形 不明瞭(*めい*)な, ぼんやりとした. ~**·ly** 副 不明瞭に, ぼんやりと.
~**·ness** 名 U 不明瞭, あいまいさ.

in·dis·tinc·tive /ìndɪstíŋ(k)tɪv/ 形 目立たない, 特色のない.

in·dis·tin·guish·a·ble /ìndɪstíŋgwɪʃəbl/ 形 区別できない, 見分けのつかない (*from*).
-a·bly /-əbli/ 副 見分けがつかないほどに.

*****in·di·vid·u·al** /ìndəvídʒuəl, -dʒul/ 形 名 individuálity, 動 indivídualize) **1** A [比較なし] **個々の**, それぞれの (《略 general》): ~ cases 個々の場合 / each ~ person 各個人 / Please check each ~ bag. 個々のバッグを全部調べてください.
2 A [比較なし] 個人の, 個人的な, 各自の: ~ portions of cheese 一人分ずつに分けたチーズ / This can-

not be done through ~ effort alone. これは個人の力だけではできない.
3 [普通は A][普通はほめて] **個性的な**, 独特の, 特有の (characteristic): He has a ~ style [way] of speaking. 彼は一種独特の話し方をする.
— 名 (~s /-z/) C **1 個人**, 個体: the rights of the ~ Each ~ has a role to play in society. 各個人には社会で果たす役割がある. **2** [前に形容詞をつけて(略式)]…な人: a strange ~ 変なやつ. **3**(略式)個性的な[かわった, ユニークな, 妙な]人. 語源 ラテン語で「(これ以上)分けることができない」の意; in-¹, divide.

⁺**in‧di‧vid‧u‧al‧ism** /ìndəvídʒuəlìzəm, -dʒul-/ 名 U **1 個人主義**《個人の権利や自由が最も大切であるという西洋に支配的な考え方で, よい意味で使われる》. **2** (婉曲) 利己主義. **3** 個性, 独創性.

in‧di‧vid‧u‧al‧ist /ìndəvídʒuəlɪst, -dʒul-/ 名 C 個人主義者; (婉曲) 利己主義者; 独創的な人.
— 形 個人主義者の; 利己主義者の.

in‧di‧vid‧u‧al‧is‧tic /ìndəvídʒuəlístɪk, -dʒul-/ 形 個人主義者(の); (婉曲) 利己主義者(の); 独創的な. **-is‧ti‧cal‧ly** /-tɪkəli/ 副 個人主義的に; 利己主義的に; 独創的に.

⁺**in‧di‧vid‧u‧al‧i‧ty** /ìndəvìdʒuǽləti/ 名 (**-i‧ties**/-z/) 形 individual) **1** U **個性**, 個人性 (☞ character 類義語). **2** C [普通は複数形で] 個人的な好み[特徴].

in‧di‧vid‧u‧al‧i‧za‧tion /ìndəvìdʒuəlɪzéɪʃən | -laɪz-/ 名 形 individual) U (格式) 個別[個性]化.

in‧di‧vid‧u‧al‧ize /ìndəvídʒuəlàɪz, -dʒul-/ 他 (格式)〈…〉を個々に合わせる, 個別化する;〈…〉に個性を与える.

in‧di‧vid‧u‧al‧ized /ìndəvídʒuəlàɪzd, -dʒul-/ 形 (格式) 個々の, 個別の; 一人一人に合わせた.

⁺**in‧di‧vid‧u‧al‧ly** /ìndəvídʒuəli, -dʒul-/ 副 **1** 一人[一個]ずつ, 個々に; 個人として: The principal spoke to each of the graduates ~. 校長は全卒業生の一人一人にことばをかけた. **2** 個性的に.

in‧di‧vid‧u‧ate /ìndəvídʒuèɪt/ 動 (格式) 他〈…〉を他と区別する, 差別化する. — 自 個人としての意識を持つ.

in‧di‧vid‧u‧a‧tion /ìndəvìdʒuéɪʃən/ 名 U 差別化.

in‧di‧vis‧i‧bil‧i‧ty /ìndɪvìzəbíləti/ 名 U 分割できないこと.

in‧di‧vis‧i‧ble /ìndɪvízəbl/ 形 分割できない, 不可分の; (数) 割り切れない. **-i‧bly** /-zəbli/ 副 分割できないように, 不可分に.

In‧do- /índoʊ/ 形 [合成語で] インド(人)の; インド(人)と.

Ín‧do-Ár‧yan 名 C, 形 インドアーリア人(の) (1) インド亜大陸に住み, 印欧系言語を話す民族に属する人. (2) 古く南アジアに侵入した印欧系人) インドアーリア語(の)《特にインド・パキスタン・バングラデシュ・スリランカで用いられているインド・イラン語派に属する諸言語の総称》.

Ín‧do‧chi‧na 名 インドシナ《アジア南東部の半島; ベトナム・ラオス・カンボジア・タイなどから成る》.

in‧doc‧tri‧nate /ìndáktrɪnèɪt | -dɔ́k-/ 動 他 [しばしば受身で] [普通は軽蔑](原理・思想などを)〈人〉に教え込む, 吹き込む (with, in; to do).

in‧doc‧tri‧na‧tion /ìndàktrɪnéɪʃən | -dɔ̀k-/ 名 U (原理・思想などを)教え[吹き]込むこと.

Ín‧do-Euro‧pé‧an 名, 形 (言) インドヨーロッパ[印欧]語族(の)《インド・西アジア・ヨーロッパ各国で用いられる言語の大部分を含む; 略 IE》.

Ín‧do-Irán‧i‧an (言) インドイラン語の[に属す].
— 名 U インドイラン語《印欧語族の一つ》.

in‧do‧lence /índələns/ 名 U (格式) 怠惰, 無精《略 ちょ》.

in‧do‧lent /índələnt/ 形 (格式) 怠惰な, 無精な (lazy). **~‧ly** 副 怠惰に, 無精に.

in‧dom‧i‧ta‧ble /ìndάmətəbl | -dɔ́m-/ 形 (格式) (ほめて) 不屈の. **-ta‧bly** /-təbli/ 副 へこたれずに.

In‧do‧ne‧sia /ìndəníːʒə, -ʃə⁽ˊ⁾/ 名 固 インドネシア《アジア南東部の Java, Sumatra, Celebes, Borneo などの列島より成る共和国; 首都 Jakarta》.

In‧do‧ne‧sian /ìndəníːʒən, -ʃən⁽ˊ⁾/ 形 インドネシアの; インドネシア人[語]の. — 名 C インドネシア人; U インドネシア語.

⁺**in‧door** /índɔ̀ɚ | -dɔ́ː/ 形 ((反 outdoor) A [比較なし] 屋内の, 屋内で行なわれる: ~ games 屋内競技.

⁺**in‧doors** /ìndɔ́ɚz | -dɔ́ːz/ 副 ((反 outdoors) 屋内で[へ]: stay ~ ずっと家の中にいる / take pictures ~ 屋内で写真をとる / go ~ 家の中へ入る.

in‧dorse /ìndɔ́ɚs | -dɔ́ːs/ 動 =endorse.

in‧drawn /índrɔ̀ːn/ 形 A W (息が)急に吸い込んだ.

in‧du‧bi‧ta‧ble /ìnd(j)úːbətəbl | -djúː-⁽ˊ⁾/ 形 (格式) 疑う余地のない, 確かな. **-ta‧bly** /-təbli/ 副 疑う余地なく, 確かに.

⁺**in‧duce** /ìnd(j)úːs | -djúːs/ 動 (**in‧duc‧es** /-ɪz/; **in‧duced** /-t/; **in‧duc‧ing**; 名 **in‧duce‧ment**) 他 **1** (格式)〈人〉に勧めて…させる, 誘い込む (☞ introduce 単語の記憶): Nothing would ~ me *to* do such a hard job again. <V+O+C(*to* 不定詞)> どんなことがあろうとそんなきつい仕事は二度とやらない / What ~*d* you to do such a silly thing? なぜあなたはそんなばかげたことをする気になったのか. **2** (格式)〈…〉を引き起こす (cause), もたらす: an illness ~*d* by overwork 過労による病気 / This drug ~s sleep. この薬は眠気を催させる. **3** [しばしば受身で]〈陣痛・分娩 (ﾌﾞﾝﾍﾞﾝ)〉を(薬剤で)促進させる,〈妊婦〉に陣痛促進剤を投与する,〈赤ん坊〉を人為的に出産させる: ~*d* labor 人工陣痛. **4** (論)〈…〉を帰納する (反 deduce).

⁺**in‧duce‧ment** /ìnd(j)úːsmənt | -djúːs-/ 名 (動 indúce) C, U 誘い込むもの, 誘因 (to do); (婉曲) わいろ.

in‧duct /ìndʌ́kt/ 動 [しばしば受身で] (格式) **1**〈人〉を(聖職などに)就任させる (to): Mr. White has been ~*d* into office *as* club president. ホワイト氏はクラブの会長に就任した. **2** (米)〈人〉を入会させる; 兵役につかせる (into). **3**〈人〉に(…の)手ほどきをする (into).

in‧duc‧tance /ìndʌ́ktəns/ 名 U, C (電) **1** インダクタンス, 誘導係数. **2** 誘導子.

in‧duc‧tee /ìndʌktíː | ìndʌktíː/ 名 C (米) 徴集兵; 新入り.

in‧duc‧tion /ìndʌ́kʃən/ 名 (反 deduction) **1** U 誘導, 導入. **2** U (論) 帰納(法)《個々の具体的な事柄から一般的な原理を導き出すこと》. **3** U, C 就任させること; (米) 徴兵, 入隊式 (into). **4** C (陣痛・分娩)の誘発; (身体の変化)の誘発. **5** C, U (新人の)研修, ガイダンス. **6** U (物理) (電磁気)の誘導; (工) (混合気のシリンダーへの)吸入.

indúction còil 名 C (電) 誘導コイル.

indúction còurse 名 C (英) (新入社員・新入生などの)研修, ガイダンス.

indúction mòtor 名 C (物理) 誘導電動機.

in‧duc‧tive /ìndʌ́ktɪv/ 形 **1** (論) 帰納的な (反 deductive). **2** (電) 誘導の. **~‧ly** 副 帰納的に.

in‧due /ìnd(j)úː | -djúː/ 動 =endue.

⁺**in‧dulge** /ìndʌ́ldʒ/ 動 (**in‧dulg‧es** /-ɪz/; **in‧dulged** /-d/; **in‧dulg‧ing**; 名 **indúlgence 1-3**, 形 **indúlgent**) 他 **1**〈人〉を甘やかす;〈…〉に勝手に好きなことをやらせる: Children must not be ~*d* too much. <V+O の受身> 子供は甘やかしすぎてはいけない / She ~s her child *in* everything. <V+O+前+名・代> 彼女は子供が欲しがる物は何でも与える / I'm going to ~ myself tonight *with* a

bottle of sake. 今夜は大いに酒を飲むつもりだ. **2** 〈欲望などを〉満足させる: We cannot ~ all our desires. すべての欲望を満たせるわけではない / He ~d his passion for skiing. 彼は好きなスキーを心ゆくまでやった.
— 自 **1** 〈…を〉好きなだけ食べる[飲む, 吸う], 存分に…する; 〈不正な行為などに〉ふける: I have a bottle of good French wine. Shall we ~? いいフランスワインが一本あるから飲もうじゃないか / I decided to ~ *in* a chocolate sundae. <V+*in*+名・代> 私はチョコレートサンデーを思う存分食べることにした.

†**in·dul·gence** /ɪndʌ́ldʒəns/ 名 (1–3 では 動 indúlge) **1** U 好きなようにさせること; 欲しがるものを与えること; 大目に見ること. **2** U (…に)ふけること, 食べ[飲み]すぎること (*in*). **3** U わがまま; C ぜいたく, 道楽. **4** (カトリック) U 免罪符. **ásk for** [**bég, cráve**] …**'s indúlgence** [動] S 《格式》…にご辛抱願う.

†**in·dul·gent** /ɪndʌ́ldʒənt/ 形 (動 indúlge) 気ままをさせる, 甘い, 寛大な, 手ぬるい (*to, toward, with*). **~·ly** 副 気ままにさせて, 寛大に, 手ぬるく.

In·dus /índəs/ 名 [the ~] インダス川 《パキスタン東部の大河》. ☞ India (語源).

*★**in·dus·tri·al** /ɪndʌ́striəl/ 形 (名 índustry, 1, 2, 動 industrialize) **1** A 工業の, 産業の; 工業[産業]に従事する; 労働者の; 工業用の: an ~ town 工業都市 / an ~ spy 産業スパイ / ~ waste 産業廃棄物 / Japanese *I*~ Standard 日本工業規格, ジス (JIS). **2** 工業[産業]用の: ~ alcohol 工業用アルコール. **3** 高度に産業[工業]が発達した: an ~ nation 工業先進国. — 名 [複数形で] 工業株; 社債.

indústrial áction 名 U 《英》 (労働者側の)示威行為 《ストライキ・順法闘争など》.

indústrial archaeólogy 名 U 産業考古学 《工業や工作機械の歴史の研究》.

indústrial árts 名 U 《米》 工芸 《実業学校の科目》.

indústrial desígn 名 U.C 工業デザイン.

indústrial desígner 名 C 産業[工業]デザイナー.

indústrial diséase 名 C 産業[職業]病.

indústrial dispúte 名 C 労働争議.

indústrial engineéring 名 U 生産[経営, 工業]工学.

indústrial estáte 名 C 《英》 =industrial park.

in·dus·tri·al·ism /ɪndʌ́striəlìzm/ 名 U 産業主義, 工業主義.

†**in·dus·tri·al·ist** /ɪndʌ́striəlɪst/ 名 C 実業家, 産業資本家, 産業経営者.

in·dus·tri·al·i·za·tion /ɪndʌ̀striəlɪzéɪʃən │ -laɪz-/ 名 U 産業化, 工業化.

*†**in·dus·tri·al·ize** /ɪndʌ́striəlàɪz/ 動 (-**al·iz·es** /~ɪz/; -**al·ized** /~d/; -**al·iz·ing**; 形 indústrial) 他 〈国・地域を〉産業[工業]化する: a plan to ~ the northern prefectures 北部の県を工業化する計画. — 自 産業[工業]化する.

*†**in·dus·tri·al·ized** /ɪndʌ́striəlàɪzd/ 形 (国が)工業化された: ~ countries 工業国.

in·dus·tri·al·ly /ɪndʌ́striəli/ 副 産業上, 工業上; 産業的に, 工業によって.

†**indústrial párk** 名 C 《米》 工業団地 《《英》 industrial estate》.

†**indústrial relátions** 名 [複] 労使関係.

Indústrial Revolútion 名 [the ~] 産業革命 《18世紀末から19世紀初頭にかけて英国を中心に起こった社会組織上の大変動》; [i- r-] (一般に)産業革命.

indústrial-stréngth 形 A きわめて強力な, 酷使に耐えるように作られた.

indústrial tribúnal 名 C 労働裁判所 《労使の紛争を裁く》.

indústrial únion 名 C 産業別労働組合.

*†**in·dus·tri·ous** /ɪndʌ́striəs/ 形 (名 industry 3) 勤勉な, よく働く 《特に習性的・性格的に; ☞ diligent》: an ~ student 勤勉な学生 / Ants are ~. ありはよく働く. **~·ly** 副 勤勉に, こつこつと. **~·ness** 名 U 勤勉さ.

*★**in·dus·try** /índəstri/ 名 (-**dus·tries** /~z/; 1, 2 では 形 indústrial, 3 では 形 indústrious)

┌──────────────────────────────┐
│「勤勉」3 → (勤勉で組織的な労働, 特に物を作り出す仕事)→「産業」1 │
└──────────────────────────────┘

1 C.U 産業; 工業: the car ~ 自動車産業 / heavy [light] ~ 重[軽]工業 / high-tech *industries* ハイテク産業 / cottage ~ 家内工業 / information *industries* 情報産業 / the tourist ~ 旅行業 / *I*~ thrives in this area. この地域では産業が栄えている.
2 U 産業界, 業界; 経営側(全体); [形容詞的に] 産業[工業](界)の.
3 U 《格式》 勤勉: His success was due to his ~. 彼の成功は勤勉のたまものだ.

industry-wíde 形 A 産業(界)全般の.

In·dy /índi/, **Índy 500** /-fáɪvhʌ́ndrəd/ 名 [the ~] = Indianapolis 500.

Índy càr 名 C (Indy 500 用の)レースカー.

Índy Càr rácing 名 U インディカーレース 《斜面のカーレース》.

-ine /aɪn, iːn, ɪn/ 接尾 「…に関する」「…でできた」「…に似た」の意.

in·e·bri·ate /ɪníːbrɪət/ 形 《格式》 酩酊した, (常習的に)酔っ払った. — 名 C 《古風》 飲んだくれ.

in·e·bri·at·ed /ɪníːbrɪeɪtɪd/ 形 [普通は P] 《格式》酔っ払った; 陶酔した.

in·e·bri·a·tion /ɪnìːbriéɪʃən/ 名 U 《格式》酩酊 (めいてい).

in·ed·i·ble /ɪnédəbl/ 形 食用に適さない, 食べられない 《まずかったり有毒だったりして; ☞ uneatable》.

in·ed·u·ca·ble /ɪnédʒʊkəbl│-édjʊ-/ 形 《格式》(特に知能の遅れのために)教育不可能な.

in·ef·fa·bil·i·ty /ɪnèfəbíləti/ 名 U 《格式》(すばらしくて)ことばに言い表せないこと.

in·ef·fa·ble /ɪnéfəbl/ 形 《格式》(すばらしくて)言いようのない, 言語に絶する. **-bly** /-bli/ 副 言いようのないほど.

in·ef·face·a·ble /ɪnɪféɪsəbl/ 形 《格式》消せない, ぬぐい去れない.

in·ef·fec·tive /ɪnɪféktɪv/ 形 効果のない (in doing); 効果的でない; (人が)無能な. **~·ly** 副 効果なく; 役に立たずに. **~·ness** 名 U 効果のなさ; 無能.

*†**in·ef·fec·tu·al** /ɪnɪféktʃuəl/ 形 (人が)無能[無力]な; 効果のない, むだな. **-al·ly** /-əli/ 副 無能に; 効果なく, むだに.

in·ef·fi·cien·cy /ɪnɪfíʃənsi/ 名 U 非能率[効率]; 無能; C 非能率[効率]な点.

*†**in·ef·fi·cient** /ɪnɪfíʃənt/ 形 (方法・機械などが)効率の悪い, 能率の悪い; 無能な, 役に立たない (*at*): ~ study habits 非能率的な学習習慣. **~·ly** 副 非能率的に; 無能に.

in·e·gal·i·tar·i·an /ɪnɪgæ̀lətéəriən/ 形 (社会的・経済的に)不平等な, 不公平な.

in·el·e·gance /ɪnéligəns/ 名 U 優美でないこと, 不風流; ぎこちなさ.

in·el·e·gant /ɪnéligənt/ 形 優美でない, 不風流な, 洗練されていない; 粗野な.

in·el·i·gi·bil·i·ty /ˌɪnèlɪdʒəbíləti/ 名 U (選ばれる)資格のないこと, 不適格 (for).

in·el·i·gi·ble /ɪnélɪdʒəbl⊣/ 形 P (選ばれる)資格のない, 不適格な, 不適格な (for; to do).

in·e·luc·ta·ble /ˌɪnɪlʌ́ktəbl⊣/ 形《文》不可避の.

†**in·ept** /ɪnépt/ 形 不器用な, 下手な (at); (物事が)不適当な, ばかげた.

in·ept·i·tude /ɪnéptət(j)ùːd | -tjùːd/ 名 U 不器用; 不適当, 愚かさ; C 不適当な[愚かな]言動.

inépt·ly 副 不器用に[不適当に].

inépt·ness 名 不器用さ, 不適当.

†**in·e·qual·i·ty** /ˌɪnɪkwάləti | -kwɔ́l-/ 名 (-i·ties) 1 U 等しくないこと, 不平等. 2 C [普通は複数形で] 不平等な点 (in, between). 3 C [数] 不等式.

in·eq·ui·ta·ble /ɪnékwətəbl⊣/ 形《格式》不公平な, 公正でない. **-ta·bly** /-təbli/ 副 不公平に.

in·eq·ui·ty /ɪnékwəti/ 名 (-ui·ties) U《格式》不公平, 不公正; C 不公平なこと[点].

in·e·rad·i·ca·ble /ˌɪnɪrǽdɪkəbl⊣/ 形《格式》根絶できない, 根深い. **-bly** /-kəbli/ 副 根深く.

†**in·ert** /ɪnə́ːt | -ə́ːt/ 形 1 (人が)生気のない, 動かない, 動けない, 不活発な, 腰の重い. 2 [物理] 自力で動けない; [化] 不活性の: an ~ gas 不活性ガス. 3 おもしろみのない, つまらない.

in·er·tia /ɪnə́ːʃə, -ʃiə | ɪnə́ː-/ 名 1 U 惰性(的状況), 変化のなさ, 停滞; 不活発, ものぐさ. 2 [物理] 慣性, 惰力.

in·er·tial /ɪnə́ːʃəl | ɪnə́ː-/ 形 慣性の[による].

inértial guídance [navigátion] 名 U 慣性誘導[航法]《加速度を測定して予定の方向・姿勢・速度に自動調節する》.

inértia rèel 名 C (自動車のシートベルト用の)慣性リール.

inértia sèlling 名 U《主に英》=negative marketing.

inért·ly 副 不活発に.

inért·ness 名 U 不活発.

†**in·es·cap·a·ble** /ˌɪnɪskéɪpəbl, -es-⊣/ 形 避けられない, 免れ難い, 不可避の. **-a·bly** /-pəbli/ 副 避けられないで, 必然的に.

in·es·sen·tial /ˌɪnɪsénʃəl, -es-⊣/《格式》形 必ずしも必要でない (to). ― 名 [複数形で] なくてもすむ物.

in·es·ti·ma·ble /ɪnéstəməbl⊣/ 形《格式》(非常に貴重で)評価できない, 計り知れない. **-ma·bly** /-məbli/ 副 評価できないほど.

†**in·ev·i·ta·bil·i·ty** /ɪnèvətəbíləti/ 名 U (inévitable) 避け難いこと, 不可避 (of); 必然性; C 避けられない[当然の]ことがら.

†**in·ev·i·ta·ble** /ɪnévətəbl/ 13 形 名 inévitability) 1 [比較なし] 避けることができない, 逃がれられない, 当然起るべき; 必然の: This is an ~ result. これは当然の結果です / It was ~ that she should discover the secret. 彼女が秘密を知るのは避けられないことだった (/ ~ 6). 2 A [しばしば滑稽] お決まりの, 相変わらずの: There were many Japanese tourists with their ~ cameras. お決まりのカメラを持った日本人観光客がいっぱいいた.

in·ev·i·ta·bly /ɪnévətəbli/ 副 1 必然的に, 避けられないものとして: War is ~ followed by inflation. 戦争の後にはきっとインフレが来る. 2 [文修飾語] 必ず, 当然のことながら: I~, this law will cause a great deal of economic hardship. この法律は必ず多大の経済的苦境をもたらす.

in·ex·act /ˌɪnɪgzǽkt, -eg-⊣/ 形 不正確な, 厳密でない.

in·ex·ac·ti·tude /ˌɪnɪgzǽktət(j)ùːd, -eg- | -tjùːd/ 名 U 不正確, 厳密でないこと; C 不正確な点.

inexáct·ness 名 U 不正確さ.

infancy 895

in·ex·cus·a·ble /ˌɪnɪkskjúːzəbl, -eks-⊣/ 形 (言動が)言いわけの立たない, 許し難い. **-a·bly** /-zəbli/ 副 言いわけできないほど, 許し難く.

in·ex·haust·i·ble /ˌɪnɪgzɔ́ːstəbl, -eg-⊣/ 形 尽きることのない, 無尽蔵の. **-i·bly** /-təbli/ 副 無尽蔵に.

in·ex·o·ra·bil·i·ty /ɪnèks(ə)rəbíləti/ 名 U《格式》容赦のないこと; 変えられ[動かせ, 防げ]ないこと.

†**in·ex·o·ra·ble** /ɪnéks(ə)rəbl⊣/ 形 A《格式》容赦のない; (物事が)変えられない, 動かせない, 防ぎ止め, 逃れ)ようのない. **-ra·bly** /-rəbli/ 副 止めようがなく.

in·ex·pe·di·en·cy /ˌɪnɪkspíːdiənsi, -eks-/, **-di·ence** /-diəns/ 名 U《格式》不適当; 不都合.

in·ex·pe·di·ent /ˌɪnɪkspíːdiənt, -eks-⊣/ 形《格式》不適当な, 不得策な; 不便な.

†**in·ex·pen·sive** /ˌɪnɪkspénsɪv, -eks-⊣/ 形 [ほめて] 費用のかからない, 安い (☞ cheap 類義語): an ~ restaurant 手ごろな値段のレストラン. ~**·ly** 副 費用がかからずに, 安く. ~**·ness** 名 U 安さ.

in·ex·pe·ri·ence /ˌɪnɪkspí(ə)riəns, -eks-/ 名 U 未経験, 不慣れ, 未熟.

†**in·ex·pe·ri·enced** /ˌɪnɪkspí(ə)riənst, -eks-⊣/ 形 経験のない, 不慣れの, 未熟な, 新米の (in, with): an ~ doctor 経験不足の医師.

in·ex·pert /ɪnékspə̀ːt, -ɪkspə́ːt | ɪnékspə̀ː, ɪnèkspə́ːt⊣/ 形 素人の, 未熟な, 下手な, 不器用な (at). ~**·ly** 副 未熟に, 下手に. ~**·ness** 名 U 未熟さ.

†**in·ex·pi·a·ble** /ɪnékspiəbl⊣/ 形《格式》(罪悪などが)償うことのできない.

in·ex·pli·ca·bil·i·ty /ˌɪnɪksplɪkəbíləti, -eks-/ 名 U 説明不能, 不可思議.

†**in·ex·pli·ca·ble** /ˌɪnɪksplíkəbl, -eks-, -éksplɪk-⊣/ 形 (行為・事件が)説明[解説]のできない, 不思議な.

in·ex·pli·ca·bly /ˌɪnɪksplíkəbli, -eks-, -éksplɪk-/ 副 1 説明[解説]できないほど. 2 [文修飾語] 説明のつかないことだが.

in·ex·plic·it /ˌɪnɪksplísɪt, -eks-⊣/ 形 明瞭でない; はっきり言わない.

in·ex·press·i·ble /ˌɪnɪksprésəbl, -eks-⊣/ 形 A《格式》(感情などが)言い表わせない, 言うに言われない. **-i·bly** /-səbli/ 副 言うに言われぬど; 非常に.

in·ex·pres·sive /ˌɪnɪksprésɪv, -eks-⊣/ 形 (顔などが)表情に乏しい, 無表情な.

in·ex·tin·guish·a·ble /ˌɪnɪkstíŋgwɪʃəbl, -eks-⊣/ 形《文》消せない; (感情などが)抑えきれない. **-a·bly** /-ʃəbli/ 副 消せないほど.

in ex·tre·mis /ˌɪnɪkstríːməs, -stríː-/《ラテン語から》《格式》 1 緊急事態に. 2 臨終に.

in·ex·tri·ca·ble /ˌɪnɪkstríkəbl, -eks-⊣/ 形《格式》 1 分離できない: an ~ link 密接な関連. 2 解決できない; 複雑な; ほどけない. 3 逃げられない.

†**in·ex·tri·ca·bly** /ˌɪnɪkstríkəbli, -eks-/ 副《格式》密接に: ~ linked 密接に関連して.

inf. 略 =infinitive, infra.

in·fal·li·bil·i·ty /ɪnfæ̀ləbíləti/ 名 U 誤りのないこと.

†**in·fal·li·ble** /ɪnfǽləbl⊣/ 形 (人が)誤りのない; (物事が)絶対に確実な; (治療などが)必ず効く. **-li·bly** /-bli/ 副 誤りなく, 確実に; いつも.

†**in·fa·mous** /ínfəməs/ 13 形 1 悪名の高い (for). 2《文》不名誉な, 恥ずべき. ~**·ly** 副 不名誉にも.

in·fa·my /ínfəmi/ 名 (-fa·mies) 1 U 不名誉, 悪名, 汚名: the Day of I~ 卑劣な不意打ちの日(真珠湾攻撃の日; 1941年12月7日). 2 C [普通は複数形で] 不名誉な行為, 非行.

†**in·fan·cy** /ínfənsi/ 名 U 1 幼時, 幼少, 幼年時

infant

代: He was an unusual person from ~. 彼は幼いときから変わった人だった / in ~ 幼時に. **2** 初期. **3**〖英法〗18歳未満, 未成年. **in one's ínfancy**〖形〗初期の段階で, 始まったばかりで: This project is still only in its ~. この企画はまだ始まったばかりだ.

* **in·fant** /ínfənt/ **13**〖名〗(**in·fants** /-fənts/; 〖形〗infantile)〖C〗 **1**〖格式〗幼児, 小児;〖複数形で〗〖英〗幼い児童(8歳未満)(🔲 child 類義語): the ~s〖英〗幼児学校〖学齢〗. **2**〖法〗未成年者(〖米〗では21歳,〖英〗では18歳未満). 圖園 ラテン語で「話のできない者」の意. ━〖形〗〖A〗 **1** 幼児(用)の: ~ food 幼児食 / the ~ mortality rate 幼児死亡率. **2** 初期[段階]の.

in·fan·ti·cide /ɪnfǽntəsàɪd/〖名〗 **1**〖法〗〖U,C〗 幼児殺し(行為);〖C〗幼児殺し(人). **2**〖U〗(昔の)嬰児殺し, 間引きの習慣.

in·fan·tile /ínfəntàɪl/〖形〗(〖名〗ínfant) **1** 子供じみた, 子供っぽい. **2**〖普通はA〗〖医〗幼児(期)の.

ínfantile parálysis〖名〗〖U〗〖古風〗小児まひ (poliomyelitis).

in·fan·til·is·m /ínfəntàɪlìzm | ɪnfǽntɪlìzm/〖名〗〖U〗〖心〗幼稚症(身体的・精神的に幼児の状態にとどまっていること); 幼児性.

ínfant pródigy〖名〗〖C〗神童, 天才児.

* **in·fan·try** /ínfəntri/〖名〗〖U〗〖英〗単数形でも時に複数扱い〗歩兵(全体), 歩兵隊.

in·fan·try·man /ínfəntrimən/〖名〗(**-men** /-mən/)〖C〗(一人の)歩兵.

ínfant schòol〖名〗〖C〗〖英〗幼児学校(5-7歳の児童を教育する);〖米〗árd Schoòl[1]表示.

in·farc·tion /ɪnfɑ́ːrkʃən | -fɑ́ː-/〖名〗〖U,C〗 **1** 梗塞(気ッ)形成. **2** 梗塞(症).

in·fat·u·at·ed /ɪnfǽtʃuèɪt̬ɪd/〖形〗(…に)夢中になって, (…に)のうつつを抜かして (with).

in·fat·u·a·tion /ɪnfæ̀tʃuéɪʃən/〖名〗 **1**〖U,C〗 (一時的に)夢中にさせる[なる]こと, のぼせ上がり (with, for). **2**〖U〗夢中にさせるもの.

* **in·fect** /ɪnfékt/〖動〗(**in·fects** /-fékts/; **-fect·ed** /~ɪd/; **-fect·ing**)〖名〗infection,〖形〗infectious ⊕〖普通は受身で〗 **1**(病気が)…(人体に)感染する, 伝染する;〈人体に〉病毒をうつす;〈水・食品などに〉病毒を混入する, 〈…〉を汚染する: Be careful that nothing ~s the wound. 傷口にばい菌が入らないように注意しなさい. **2**〖電算〗(ウイルスが)〈…〉に感染する. **3**〈…〉を感化する, 〈…〉に影響を及ぼす;〈…〉に波及する: The dictator was afraid people would *be* ~*ed with* democratic ideas. 独裁者は民主的な思想に染まるのを恐れていた. 圖園 ラテン語で「染める」の意.

in·fect·ed /ɪnféktɪd/〖形〗病気[病菌]におかされた; 病毒に汚染された;〖電算〗ウイルスに感染した: Many soldiers were ~ *with* malaria. <A+*with*+名・代> 大勢の兵士たちがマラリアで感染した.

* **in·fec·tion** /ɪnfékʃən/ **12**〖名〗(~**s** /~z/;〖動〗inféct) **1**〖U〗(病気の)感染; 伝染 ~ prevent 感染を防止する. **2**〖C〗感染伝染病(水や空気によってうつるもの): spread [pass on] an ~ 伝染病をうつす. 関連 contagion 接触伝染病. **3**〖U〗感化(力), (悪)影響.

* **in·fec·tious** /ɪnfékʃəs/〖形〗(〖動〗inféct) **1** 感染する, 感染性の, 感染伝染病の(空気や水によってうつる); 伝染力を有する: ~ diseases 感染伝染病. 関連 contagious 接触伝染病の. **2**(感情・気分が)人にうつる: Her smile is ~. 彼女の笑顔を見るとこちらもにこりとしたくなる. ~**·ly**〖副〗感染するように; 人にうつるように. ~**·ness**〖名〗〖U〗感染性.

in·fec·tive /ɪnféktɪv/〖形〗〖古風〗感染性の.

in·fe·lic·i·tous /ɪnfɪlísət̬əs⁻/〖形〗〖格式〗(表現が)不適切な.

in·fe·lic·i·ty /ɪnfɪlísət̬i/〖名〗(**-ties**)〖格式〗〖C〗〖普通は複数形で〗不適切な表現. **2**〖U〗不幸.

* **in·fer** /ɪnfə́ː | -fə́ː/〖動〗(**in·fers**; **in·ferred**; **-fer·ring** /-fə́ːrɪŋ | -fə́ː·r-/) ⊕ **1**〖格式〗(事実などから)〈…〉と推論する, 推論する(🔲 confer〖単語の記憶〗): They *inferred from* these facts *that* the earth was the center of the universe. これらの事実から彼らは地球が宇宙の中心であると判断した. **2**〖略式〗〈…〉をそれとなく言う, ほのめかす (infer をこの意味で用いるのは誤りとする人も多い).

* **in·fer·ence** /ínfərəns/〖名〗 **1**〖U〗推論, 推理: by ~ 推論によって. **2**〖C〗推定, 判断; 結論: draw [make] an ~ *from* evidence 証拠から結論を引き出す.

in·fer·en·tial /ɪ̀nfərénʃəl⁻/〖形〗〖格式〗推論[推理]による; 推定上の. **~·ly** /-ʃəli/〖副〗推論[推理]により.

* **in·fe·ri·or** /ɪnfíəriər | -ríə/〖形〗 **12**〖名〗(〖反〗superior) 語法 (1)「…よりも」の意味では than でなく to を使う(🔲 to[1]9). (2) inferior to … を強めるには very でなく much を用いる (🔲 superior 語法). **1**[比較なし] 劣った, 下等の, 劣等の: an ~ pianist 二流のピアニスト / wine of ~ quality 質があまりよくないワイン / I find pork *~ to* beef *in* flavor. <A+to+名・代+*in*+名・代> 風味では豚肉は牛肉に劣ると思う. **2**〖格式〗下級の, 下位の (lower): A commander is ~ *to* a captain in the navy. 海軍では中佐は大佐の下だ. **féel inférior to …**〖動〗(…に)引け目を感じる. ━〖名〗〖C〗 劣れた人[物]; 目下の者, 部下; 後輩: He is my ~ in rank. 彼は地位は私より下だ.

in·fe·ri·or·i·ty /ɪnfì(ə)riɔ́ːrət̬i | -ɔ́r-/〖名〗(〖形〗inferior; 〖反〗superiority)〖U〗劣っていること, 劣等, 下級, 下位; 劣勢; 粗悪: a sense of ~ 劣等感.

inferiórity còmplex〖名〗〖反〗superiority complex)〖C〗〖反〗劣等コンプレックス[複合]; 劣等感 (*about*) (🔲 complex[2] 日英比較).

in·fer·nal /ɪnfə́ːn(ə)l | -fə́ː-/〖形〗〖A〗 **1**〖古風, 略式〗ひどい; いまいましい. **2**〖文〗地獄の; 悪魔のような. **-nal·ly** /-nəli/〖副〗ひどく.

* **in·fer·no** /ɪnfə́ːnou | -fə́ː-/〖名〗(~**s**)〖C〗〖文〗(焦熱)地獄; 地獄のような所; ものすごい炎, 劫(ゆ)火, [主に新聞で]大火事: a raging ~ 荒れ狂う炎.

* **in·fer·tile** /ɪnfə́ːt̬l | -fə́ːtaɪl/〖形〗 **1** 生殖力のない, 不妊の. **2**(土地が)やせた, 不毛の. **3** 無益な.

in·fer·til·i·ty /ɪ̀nfə(ː)tílət̬i | -fə·-/〖名〗〖U〗不妊, (土地の)不毛; 無益.

* **in·fest** /ɪnfést/〖動〗〖普通は受身で〗(害虫・ねずみ・盗賊・病気などが)〈…〉にはびこる, 〈…〉を荒らす: This building *is* ~*ed with* rats. この建物にはねずみがはびこっている.

in·fes·ta·tion /ɪ̀nfestéɪʃən/〖名〗〖U,C〗 はびこること.

-in·fested /ɪnféstɪd/〖形〗〖合成語で〗…がはびこった: flea-*infested* のみだらけの.

in·fib·u·la·tion /ɪnfìbjuléɪʃən/〖名〗〖U〗(陰部[陰門]縫合(性交できなくするため).

in·fi·del /ínfədl/〖名〗〖C〗〖古風〗背教者; 不信心者.

* **in·fi·del·i·ty** /ɪ̀nfɪdéləti/〖名〗(**-i·ties**) **1**〖C〗不貞行為; 背信行為. **2**〖U〗不貞; 背信; 不信心.

in·field /ínfìːld/〖名〗 **1**〖野〗[the ~] 内野; [時に複数扱い] 内野手(全体). 関連 first base 一塁 / second base 二塁 / third base 三塁 / shortstop 遊撃 / outfield 外野. **2**(競技場の)トラックの内部.

in·field·er /ínfìːldər/〖名〗〖C〗〖野〗内野手. 関連 first baseman 一塁手 / second baseman 二塁手 / third baseman 三塁手 / shortstop 遊撃手 / outfielder 外野手.

in·fight·ing /ínfàɪt̬ɪŋ/〖名〗〖U〗 **1**(組織の)内部抗争, 内紛, 内輪もめ (*among*, *between*). **2**〖ボク〗接近戦.

in·fill /ínfìl/〖名〗〖U〗 **1**(空地への)住宅建築. **2** 充填(ピャッ)材. ━〖動〗⊕〈穴などを〉充填する, 埋める.

* **in·fil·trate** /ɪnfíltreɪt, ínfɪltrèɪt | ínfɪltrèɪt/〖動〗⊕ **1**〈スパイなど〉を(こっそり)(…に)侵入[潜入]させる (*into*); 〈…〉に〈スパイなど〉を侵入[潜入]させる; 〈…〉に侵入する. **2**〈物質など〉を浸透させる (*into*), 〈…〉に〈物質など〉を

込ませる (with); 〈…〉に浸透する. ― 自 1 潜入する (into). 2 染み込む; 浸透する.

in·fil·tra·tion /ìnfiltréɪʃən/ 名 1 U.C (スパイなどの)潜入 (into). 2 U 染み込むこと; 浸透.

in·fil·tra·tor /ínfìltreɪtɚ, ínfɪltrèɪ- | ínfɪltrèɪtə/ 名 C 潜入[侵入]者.

*__in·fi·nite__ /ínfənət/ ★ finite /fáɪnaɪt/ との発音の違いに注意. 形 (名 infinity; 反 finite) [比較なし] 限りのない, 無限の, 果てしのない; 莫大(ばくだい)な, 無数の (⇨ final 単語の記憶): ~ space 無限の空間 / an ~ number of stars 無数の星 / ~ variety 非常な多様性 / It took ~ patience to check all the fingerprints. すべての指紋を照合するのには大変な辛抱が要った. ― 名 [the ~] 無限のもの, 無限の空間[時間]; [the I-] [単独扱い] (文) 神 (God). ~·ly 副 無限に; [普通は比較級と共に] 非常に.

in·fin·i·tes·i·mal /ìnfɪnətés(ə)l, ìnfɪn-⎴/ 形 (格式) 微小の, 無限小の. ~·ly /-məli/ 副 微小に.

in·fin·i·tive /ɪnfínətɪv/ (文法) 名 C 不定詞 (略 inf.; ⇨ final 単語の記憶). **split an infinitive** 動 不定詞を分離する (⇨ split infinitive). ― 形 A 不定詞の.

文法 **不定詞**

準動詞 (verbal) の1つで, 人称・数に影響されないで動作や状態を表わすもの. 語形は動詞の原形を用いる場合と, その前に to をつけて用いる場合がある. 前者を「原形不定詞」(bare infinitive) と呼び, 後者を「to 不定詞」(to-infinitive) と呼ぶ. 原形不定詞の用法については ⇨ bare infinitive 文法, to 不定詞の用法については ⇨ to³ G 文法, 完了不定詞 (perfect infinitive) については ⇨ to³ G 文法.

不定詞の意味上の主語については ⇨ sense subject 文法 (2) (i), 意味上の目的語については ⇨ sense object 文法 (2) (i), また不定詞の形式主語については ⇨ it¹ A 4 文法, 形式目的語については ⇨ it¹ B 3 文法.

---

infinitive phrase 名 C 〘文法〙不定詞句 (⇨ phrase 文法 (1) (ii)).

in·fin·i·tude /ɪnfínət(j)uːd | -tjùːd/ 名 (格式) U 無限; [an ~] 無限の数量. **an infinitude of ...** 形 無数の….

infinitum ⇨ ad infinitum の項目.

*__in·fin·i·ty__ /ɪnfínəti/ 名 (形 infinite) 1 U 無限; [an ~] 無限の数量. 2 U 〘数〙無限大 [写] 無限遠 (いずれも記号は ∞). **an infinity of ...** 形 無数[無限]の…. **to infinity** 副 無限に.

in·firm /ɪnfɚ́ːm | -fɚ́ːm/ 形 1 弱い, 虚弱な (weak), (特に老齢で)衰弱した: the old and ~ 老齢で弱った人々 (⇨ the¹ 3). 2 (意志・精神の)薄弱な, 優柔不断な.

in·fir·ma·ry /ɪnfɚ́ːm(ə)ri | -fɚ́ː-/ 名 (-ma·ries) C (学校・工場などの)保健室, 診療所; (特に軍の)病院.

in·fir·mi·ty /ɪnfɚ́ːməti | -fɚ́ː-/ 名 (-mi·ties) (格式) 1 U (精神・体などの)弱いこと, 虚弱, 薄弱: ~ of purpose 優柔不断. 2 C [普通は複数形で] 病気, 疾患; 欠点, 弱点.

ín·fix 動 他 1 〈物を〉(…の中に)差し[はめ]込む (in); (心などに)しっかり焼きつける. 2 〘言〙〈挿入辞〉を挿入する. ― 名 C 〘言〙(接頭辞・接尾辞に対して)挿入辞.

in fla·gran·te de·lic·to /ɪnflɑgrɑ́ːntɪdɪlíktoʊ/ 《ラテン語から》 副 (格式) または (滑稽) 現行犯で; 不倫の最中に.

in·flame /ɪnfléɪm/ 動 (名 ìnflammátion) 他 1 (文) 〈…〉を憤激させる; 〈感情・紛争など〉をあおりたてる: His speech ~d the audience with enthusiasm. 彼の演説は聴衆を熱狂させた. 2 〈…〉をほてらせる; 〈…〉に炎症を起こさせる. 語源 ラテン語で「炎の中に入れる」の意; ⇨ in-², flame.

in·flamed /ɪnfléɪmd/ 形 1 炎症を起こした: an ~ throat のどの炎症. 2 (文) 憤激した (by, with).

in·flam·ma·ble /ɪnflǽməbl/ 形 1 (⇨ non-flammable) 燃えやすい, 可燃性の (⇨ flammable 語法). 2 (文) 興奮しやすい; 人を憤激させる.

*__in·flam·ma·tion__ /ìnfləméɪʃən/ 名 (動 infláme) U.C 炎症.

*__in·flam·ma·to·ry__ /ɪnflǽmətɔ̀ːri | -təri, -tri/ 形 1 (軽蔑) 怒らせる, 扇動的な. 2 〘医〙炎症を起こす, 炎症性の.

*__in·flat·a·ble__ /ɪnfléɪtəbl/ ふくらませて使う: an ~ cushion ふくらませて使うクッション. ― 名 C ゴムボート; ゴムボール; ゴム風船.

*__in·flate__ /ɪnfléɪt/ 動 他 1 (空気・ガスなどを入れて)〈…〉をふくらませる: Please ~ your life jackets. 救命胴衣をふくらませてください. 2 〘経〙〈通貨〉を膨張させる, 〈物価〉をつり上げる, インフレにする (反 deflate). 3 〈人〉を得意がらせる. 4 〈数・価格〉を水増しする, 実際より重要に見せる. ― 自 ふくらむ, インフレになる.

in·flat·ed /ɪnfléɪtɪd/ 形 1 (価格などが)不当につりあげられた, 水増しした. 2 大げさな, 誇張した; 思い上がった. 3 (空気で)ふくらんだ, 膨張した.

*__in·fla·tion__ /ɪnfléɪʃən/ 名 (形 in·flátionàry) U 1 〘経〙インフレーション, 通貨膨張 (反 deflation); (物価などの)暴騰: the rate of ~ インフレ率 / take drastic measures to control [curb] ~ インフレを抑制する抜本的な対策を講じる. 2 膨張.

*__in·fla·tion·ar·y__ /ɪnfléɪʃənèri | -ʃ(ə)nəri/ 形 (名 inflátion) [普通は A] インフレーションの[を誘発する].

inflátionary spíral 名 C 悪性インフレ (物価上昇と賃上げの悪循環).

inflátion-proòf 形 インフレに耐えられる.

in·flect /ɪnflékt/ 動 他 1 〘文法〙〈…の語尾を変化させる, 〈…〉を(言語が)屈折する; 語形変化させる. 2 〈声の調子[高さ]を変える. ― 自 1 〘文法〙語尾変化する. 2 (声の)調子[高さ]が変わる.

in·flect·ed /ɪnfléktɪd/ 形 〘文法〙(語が)語形変化した; (言語が)語形変化の多い, 屈折的な.

in·flec·tion /ɪnflékʃən/ 名 1 U 〘文法〙屈折, 語形変化, 活用. 2 C 〘文法〙変化活用形, 語形変化語尾. 3 U.C (音声の)抑揚.

文法 **屈折**

ある語が他の語との関係を表わすために形を変えること. このうち各語を名詞・代名詞・形容詞の格・数・性による変化を語形変化 (⇨ declension) といい, 動詞の文中の役割による変化を活用 (⇨ conjugation) と呼ぶ.

---

in·flec·tion·al /ɪnflékʃ(ə)nəl/ 形 〘文法〙屈折の, 語形変化の.

in·flex·i·bil·i·ty /ɪnflèksəbíləti/ 名 U 1 曲げられない. 2 融通のきかなさ; 頑固.

*__in·flex·i·ble__ /ɪnfléksəbl⎴/ 形 1 曲げられない, 曲がらない. 2 [普通は軽蔑] 融通のきかない, 頑固な. 3 (規制などが)変えられない, 頑固に. **-i·bly** /-səbli/ 副 融通がきかずに, 頑固に.

in·flex·ion /ɪnflékʃən/ 名 U.C (英) = inflection.

*__in·flict__ /ɪnflíkt/ 動 (**in·flicts** /-flíkts/; **-flict·ed** /-ɪd/; **-flict·ing**; 名 infliction) 1 〈打撃・損害など〉を与える; 〈…〉を押しつける: Increasing numbers of cars ~ed heavy damage **on [upon]** the environment. <V+O+on[upon]+名+形> 車が増えたために環境による損害があった. 2 〈罰など〉を負わせる, 科する (on, upon). **inflíct onesélf on [upòn] ...** 動 他 (滑稽) (押しかけて)…に迷惑[やっかい]をかける.

in·flic·tion /ɪnflékʃən/ 名 (動 inflíct) 1 U (打撃

in-flight

などを)与えること; (刑罰などを)加えること. **2** C 刑罰, 災難, 迷惑.

in·flight 形 A (旅客機の)機内の: an ～ meal [movie] 機内食[映画].

in·flo·res·cence /ìnflərés(ə)ns/ 名 U 〘植〙花序 (茎上の花の並び方); 花, 開花.

ín·flòw 名 (反 outflow) C,U 流入; 流入量; 流入物 (of).

☆in·flu·ence /ínfluəns | -fluəns/ 発 名 (-flu·enc·es /~ɪz/; 形 in-fluéntial) **1** U 影響; 効力, 効果, 感化, 作用 (類義語: the ～ of Western civilization on Japan 西洋文明が日本に与えた影響 / outside ～ 外部からの影響[圧力] / This tendency is due to the ～ of television. この傾向はテレビの影響によるものだ.

2 U 影響力, 勢力, 威光; 権力, (有力者などへの)動かす力, 手づる, コネ: a person of ～ 有力者 / strengthen one's ～ 影響力を強める / peddle ～ 汚職をする / She exercised [exerted] her ～ in favor of increased funds for social welfare. 彼女は社会福祉財源増額のために尽力した / Will he use his ～ (with the president) to get you a job? 彼は君の就職で(社長に)口を利いてくれるだろうか? **3** C 影響力のある人[もの], 実力者, 有力者: She is a good [bad] ～ on the students. 彼女は学生によい[悪い]影響を与えている / He is a powerful ～ in this city. 彼はこの市における非常な有力者だ. 語源 ラテン語で「流れ 単語の記憶 込む 《☞ in-²》」の意で, 「天体から人の心に流れ込むもの, 流れ込むこと」→「感化」「影響力」.

単語の記憶 《FLU》(流れる)
fluent	(流れるような)	→ よどみのない
flood	(あふれて流れるもの)	→ 洪水
fluid	(流れるもの)	→ 流動体
influence	(天体から人の心に流れ込むもの)	→ 影響
influenza	(体内に流れ込むもの)	→ インフルエンザ
superfluous	(あふれて流れる)	→ 余分の

hàve an influence on [upòn, òver] ... 動 他 ...に影響を及ぼす (言い換え) The teacher has a great ～ on [upon, over] his class. (=The teacher influences his class greatly.) その先生は自分のクラスの生徒に大きな感化を与えている.

ùnder the influence 副·形 [しばしば滑稽] 酔って[た]: He lost his license for driving under the ～. 彼は飲酒運転により運転免許を失った.

ùnder the influence of ... 前 ...の影響を受けて: He did it under the ～ of a strong passion. 彼は激情にかられてそれをやった.

— 動 (-flu·enc·es /~ɪz/; -flu·enced /~t/; -flu·enc·ing) 他 〈...〉に影響を及ぼす; 〈心など〉を動かす, 左右する: The weather ～s our daily lives in many ways. 天候は私たちの日常生活に多くの点で影響を及ぼす / Children are easily ～d by bad examples. <V+O の受身> 子供は悪例に感化されやすい / Her advice ～d me to go abroad. <V+O+C(to 不定詞)> 彼女の助言で私は外国行きを決めた.

【類義語】 **influence** 間接的に人や物の性質・行動に影響を与えること: His writing has obviously been influenced by Hemingway. 彼の作品は明らかにヘミングウェーの影響を受けている. **affect** 直接決定的な影響を与えること: Smoking affects health. 喫煙は健康に影響を与える.

ínfluence pèddling 名 U (米) 違法な口利き.

*****in·flu·en·tial** /ìnfluénʃəl | -flu-⁻/ 形 (名 influence) 影響力のある, 勢力のある, 権力のある, 幅のきく: an ～ man 有力[実力]者 / The Times is a highly ～ newspaper. 『タイムズ』は非常に影響力がある新聞だ / He was ～ in getting the project started. <A+in+動名> その計画を発足させるのに彼の影響力があった.

in·flu·en·za /ìnfluénzə/ 名 U 〘医〙 インフルエンザ, 流行性感冒 ((略式)) flu): catch ～ 流感にかかる. 関連 (common) cold かぜ. 語源 influence に相当するイタリア語 《☞ influence 単語の記憶》.

***in·flux** /ínflʌks/ 名 C [普通は単数形で] 流入; 到来, 殺到: a great ～ of tourists into London ロンドンへの大量の観光客の流入.

in·fo /ínfou/ 名 U (略式) 情報 (information).

ín·fo·bahn /ínfoubà:n/ 名 [the ～] (略式) =Internet.

in·fo·mer·cial /ìnfoumə́:ʃəl | -mə́:-/ 名 C (主に米) 情報コマーシャル (一般の番組風の長いコマーシャル). 語源 information と commercial の混成語.

☆in·form /infɔ́:rm | -fɔ́:m/ 動 (~s /~z/; in·formed /~d/; -form·ing) (名 ìnformátion) 他 **1** 〈...〉に通知する, 報告する (☞ tell 類義語; form 単語の記憶) (言い換え) I ～ed her of [about] my departure. <V+O+of [about]+名·代> =I ～ed her that I would depart. <V+O+O (that 節)> 私は彼女に私の出発のことを知らせた / He ～ed me (that) I should leave at once or I would miss the train. 彼は私にすぐに出発しないと列車に乗りそこなうよと教えてくれた / We were ～ed that they had stopped fighting. <V+O+O(that 節)の受身> 我々は彼らが戦いをやめたことを知らされた (言い換え) She ～ed me where to go. <V+O+O(wh句)> =She ～ed me about [as to] where to go. <V+O+about [as to]+wh句> 彼女は私にどこへ行ったらよいか教えてくれた / Her letter ～ed us when she was going to arrive. <V+O+O(wh節)> 彼女は手紙でいつ着きそうかを私たちに知らせてきた. **2** (格式) 〈...〉に影響する, 〈...〉を特徴づける; (精神·感情などが)〈...〉に浸透する.

inform on [against] ... 動 他 (当局などに)...を密告する (受身 be informed on [against]): He ～ed on the other robbers. 彼は泥棒仲間を密告した.

*****in·for·mal** /infɔ́:m(ə)l | -fɔ́:-/ 発 形 (名 informálity) **1** 格式[形式]ばらない, 打ち解けた, くだけた, 略式の ((★ 参考として ☞「この辞書の使い方」6.2 (略式)): ～ clothes 略式の服 / This dance is ～. このダンスパーティーは格式[形式]ばらないものだ. **2** 非公式の, 略式の: ～ talks between the officials of the two governments 両政府の当局者間の非公式会談 (記録などをとらない).

in·for·mal·i·ty /ìnfɔ:rmǽləti | -fɔ:-/ 名 (-i·ties; 形 infórmal) **1** U 非公式, 略式. **2** C 格式[形式]ばらない行動, 非公式の行動.

in·for·mal·ly /infɔ́:məli | -fɔ́:-/ 副 **1** 非公式に, 略式に: It has been ～ decided that Mr. White (should) succeed Mr. Black. ブラック氏の後任はホワイト氏ということに内定した. **2** 格式ばらずに, くだけて.

***in·for·mant** /infɔ́:rmənt | -fɔ́:-/ 名 C **1** 情報提供者, 通知者, 報知者; 密告者. **2** 〘言〙 インフォーマント (言語研究の被調査者).

in·for·mat·ics /ìnfərmǽtɪks | -fə-/ 名 U =information science.

☆in·for·ma·tion /ìnfərméɪʃən | -fə-/ 名 (動 inform) U **1** 情報, ニュース, 通知 ((略式) info): the latest ～ 最新情報 / I have no reliable ～ on [about] this matter. この件に関する確かな情報はない / We have ～ that the criminal is hiding around here. 犯人がこの辺に潜んでいるという情報がある (☞ that² A 4) / For further [additional, more] ～, please contact the post office. 詳しくは郵便局に問い合わせてください.

[語法]「1つ, 2つ…」と数えるときには a piece [bit] of information, two pieces [bits] of information のようにいう《☞ piece 1》: This is *a* valuable *piece of* ～. これは貴重な情報だ / We got an important *bit of* ～ from him. 彼から重要な情報をひとつ得た.

コロケーション
collect [**gather, find**] *information* 情報を収集する
get [**receive, obtain**] *information* 情報を得る
leak *information* 情報を漏らす
‖**look for** [**seek**] *information* 情報を求める
provide [**pass on, give**] *information* 情報を提供する
withhold *information* 情報を伏せる

2 知識, 見聞《☞ 類義語》: This article will give you useful ～ *about* removing stains. この記事はしみ抜きについての有益な知識を与えてくれるだろう / ‖My ～ is that [《格式》According to my ～,] the plant does not grow in this area. 私の知る限りではその植物はこの地域には生育していない. [関連] background information 予備知識.
3 案内; [しばしば I-] (駅・空港・ホテルなどの)案内所[係], 受付; 《米》電話番号案内《現在は directory assistance という》: an ～ sign 案内標識.
for the informátion of ... [前] …の参考のために.
for yóur informátion [副] [主に [文修飾語]] [しばしば皮肉に] Ⓢ ご参考までに(申し上げますが)《[略] FYI》: *For your* ～, these books are not available in Japan. 参考までに申し上げますと, これらの本は日本では手に入りません.
【類義語】**information** 観察や他人のことばなどから収集した情報で, 普通は範囲が狭くて組織的に整理されていないものを指し, 必ずしも内容が正確で妥当なものとは限らない. **knowledge** 研究・観察・読書などから得た知識で, すでに多くの人々によって事実あるいは真実として認められているもの.

in·for·ma·tion·al /ìnfəméɪʃ(ə)nəl | -fə-←/ [形] 情報の, 情報を提供する.
informátion bròker [名] [C] 情報ブローカー《ネット上などでの情報収集を行なう》.
informátion cènter [名] [C] (観光)案内所.
informátion dèsk [名] [C] 案内所, 受付.
informátion òffice [名] [C] (駅・空港・ホテルなどの)案内所.
informátion retrìeval [名] [U] 情報検索.
informátion scìence [名] [U] 情報科学.
informátion superhíghway [名] [the ～] 情報スーパーハイウェー《高度情報通信システム》.
informátion technólogy [名] [U] 情報工学《[略] IT》.
informátion thèory [名] [U] 〔数〕情報理論《確率論・通信論の一分野》.
in·for·ma·tive /ɪnfɔ́əməṭɪv | -fɔ́:-/ [形] 情報[知識]を与える, ためになる. **～·ly** [副] 情報を与えて, 有益に. **～·ness** [名] [U] 情報を与えること, 有益さ.
in·formed /ɪnfɔ́əmd | -fɔ́:md/ [形] ([反] uninformed) **1** 知識[学識]のある, (…の)情報に明るい《☞ well-informed》: ill-[badly-]～ 知識のない / ～ sources 消息筋 / Please keep me ～ *of* [*about, on*] the progress of your research. あなたの研究の進展について引き続きお知らせください / We were not ～ *of* the reason for her arrest. 彼女の逮捕の理由を知らされていなかった. **2** [A] (判断などが)情報[知識]に基づいた: an ～ guess [opinion, decision] 十分な情報をもとにした推測[見解, 決定].
infórmed consént [名] [U] 〔医〕説明に基づく同意, インフォームドコンセント《医師から危険性などを知らされた上で患者が治療・手術などの処置を承諾すること》; 危険を知った上での同意.
⁺**in·form·er** /ɪnfɔ́əmə | -fɔ́:mə/ [名] [C] (特に報酬目当ての)通報者; 密告者.
in·fo·tain·ment /ìnfoutéɪnmənt/ [名] [U] 娯楽報道番組《ワイドショーなど》. [語源] *information* と *entertainment* の混成語.
in·fra /ínfrə/ 《ラテン語から》[副]《格式》(書物などで)下に, 後段に, 後に《[略] inf.》.
in·fra- /ínfrə/ [接頭]「下の」の意.
in·frac·tion /ɪnfrǽkʃən/ [名]《格式》**1** [U] 違反 (*of*). **2** [C] 違反行為.
in·fra dig /ínfrədíg/ [形] [P]《古風, 略式》[しばしば滑稽] みっともない, 体面[こけん]にかかわる.
⁺**in·fra·red** /ìnfrəréd←/ [形] [A] 赤外線の.
ínfra·red ráys [名] [複] 赤外線. [関連] ultraviolet rays 紫外線.
in·fra·son·ic /ìnfrəsánɪk | -sɔ́n-←/ [形]〔物理〕可聴下周波の[による].
in·fra·sound /ìnfrəsáund/ [名] [U]〔物理〕超低周波不可聴音.
in·fra·struc·tur·al /ìnfrəstrʌ́ktʃ(ə)rəl←/ [形] 下部構造の, 基幹部門の.
⁎**in·fra·struc·ture** /ínfrəstrʌ̀ktʃə | -tʃə/ [名] (～s /～z/) [C,U] (団体の)下部構造, 下部組織; 〔経〕経済[産業, 社会]基盤, インフラ, 基幹部門《道路・鉄道・発電所・上下水道などの施設の総称》: We must increase investment in our country's ～. 我が国の社会基盤への投資を増やすことが必要だ.
in·fre·quen·cy /ìnfrí:kwənsi/ [名] [U] まれなこと.
⁺**in·fre·quent** /ìnfrí:kwənt←/ [形] たまの, まれな, 珍しい: an ～ customer たまにしか買いに来ない客 / Her visits gradually became ～. 彼女の足は次第に遠のいた. **～·ly** [副] たまに, まれに: not ～ しばしば.
⁺**in·fringe** /ɪnfrínʤ/ [動] [他] 〈法など〉を犯す, 守らない; 侵害する: It ～*s* Article 3. それは第3条に違反する. — [自] 権利などを侵害する: Don't ～ *on* [*upon*] other people's rights. 他人の権利を侵害するな.
⁺**in·fringe·ment** /ɪnfrínʤmənt/ [T3] [名] [U] 違反, 侵害; [C] 違反行為, 侵害行為: ～ of copyright 著作権の侵害.
⁑**in frónt of** ☞ in front of ... (front [名] 成句).
⁺**in·fu·ri·ate** /ɪnfjú(ə)rièɪt/ [動] [他] 〈人〉を激怒させる.
in·fu·ri·at·ed /ɪnfjú(ə)rièɪṭɪd/ [形] 激怒した.
⁺**in·fu·ri·at·ing** /ɪnfjú(ə)rièɪṭɪŋ/ [形] (人を)激怒させる(ような), とても腹立たしい(ほどの). **～·ly** [副] 腹が立つほど[こと]に.
⁺**in·fuse** /ɪnfjú:z/ [動] [他] **1**《格式》〈思想・感情など〉を(…に)吹き込む, 注入する; 〈…〉に(思想などを)吹き込む: The new coach ～*d* ‖the team *with* his own fighting spirit [his own fighting spirit *into* the team]. 新しいコーチはチームに自らの闘争心を吹き込んだ. **2** 〈茶など〉を湯に浸す, 煎(せん)じる. — [自] (茶などが)出る.
in·fu·si·ble /ìnfjú:zəbl/ [形] 溶解しない.
⁺**in·fu·sion** /ɪnfjú:ʒən/ [名] **1** [U] 湯に浸すこと, 浸出; [C] 注入物; 振り出し液《茶・薬など》. **2** [U,C]《格式》注入, 吹き込み (*of, into*).
⁑**-ing**[1] /ɪŋ/ [接尾] [動詞の原形《☞ root [文法]》につけて現在分詞をつくる].

[文法] 現在分詞 (present participle)
(1) 動詞の活用の1つで分詞の一種. この辞書では現分と表わす. 現在分詞は動名詞と同じく, すべて規則的で原形に -ing /ɪŋ/ をつけてつくる. ただしつづり字の上では次のような注意が必要.

(i) 発音しない -e で終わる語では e を除いて -ing をつける: come → coming, have → having.
(ii) -ie で終わる語は ie を y に変えて -ing をつける: die → dying, lie → lying.
(iii) アクセントのある1字の短母音字+1字の子音字で終わる語は語尾の子音字を重ねて -ing をつける: drop → dropping, begin → beginning.

動名詞が名詞的な働きを持つのに対し現在分詞は動詞としての意味や働きのほかに形容詞としての働きをあわせ持つことが多い. また過去分詞が受動的 (passive) な意味を持つのに対し現在分詞は能動的 (active) な意味を持つ.
(2) 現在分詞の用法. (ii), (iv) は動詞的な性格が強く, (ii), (iii) は形容詞的な性格が強い).
(i) <助動詞 be+現在分詞> で進行形をつくる. 詳しい用法については ☞ be² A 文法: John *is running* after Tom. ジョンはトムを追いかけている / Mother *was watching* television when I entered the room. 私が部屋に入ったとき母はテレビを見ていた.
(ii) 名詞を修飾する.
(a) 名詞の前に置く: a *running* horse 走っている馬 / An *increasing* number of people are buying cars. 車を買う人の数がますます増えている.
(b) 名詞の後に置く. この場合は (a) よりも動詞的性格が強い: The boy *reading* a book over there is my son. あそこで本を読んでいる少年は私の息子だ.
(iii) 補語として用いられる.
(a) 主格補語として: The child kept *crying*. その子供は泣き続けた.
(b) 目的格補語として: I heard someone *calling* me. だれかが私を呼んでいるのが聞こえた.
(iv) 分詞構文を導く: ☞ participial construction 文法.
(3) <動名詞+名詞> と <現在分詞+名詞> のアクセントの型の違いについては ☞ -ing² 文法 (1) (iii).

-ing² /ɪŋ/ 接尾 [動詞の原形 (☞ root 文法) につけて動名詞をつくる]

文法 **動名詞** (gerund)
準動詞の1つで, 語形は現在分詞と同じである. この辞書では動名詞を表わす. 分詞が形容詞的な働きを持つのに対して, 動名詞は動詞としての意味や働きのほかに名詞の働きも合わせ持つ.
(1) 動名詞の名詞的性格.
(i) 文中で主語・目的語・補語になる: *Seeing* is *believing*. 《ことわざ》見ることは信ずることである(百聞は一見にしかず, 論より証拠) [主語および補語] / I like *swimming*. 私は水泳が好きだ [動詞の目的語] / This book is worth *reading*. この本は読む価値がある [形容詞の目的語].
(ii) 冠詞や形容詞などの修飾語句をとる: A *knocking* at the door was heard. ドアをたたく音が聞こえた / The plane made a smooth *landing*. その飛行機は滑るように着陸した.
(iii) 名詞と同様に合成語 (☞ compound¹ 文法) の第一要素になる. この場合は単なる <形容詞+名詞> の結合にすぎない <現在分詞+名詞> の場合と, アクセントの型が違うことに注意.

<動名詞+名詞> (合成語)	<現在分詞+名詞>
a *dáncing* gìrl 踊り子	a *dáncing* gírl 踊っている少女
a *rácing* càr 競走車	a *rácing* cár 競走中の車

(2) 動名詞の動詞的性格.
(i) 目的語や副詞的修飾語句をとる: *Getting* a job in a large city is very difficult. 大都市で職を得るのはとても難しい / Thank you for *coming* over so soon. こんなに早く来ていただいてありがとう.
(ii) 受身の形をとる: I am used to *being laughed* at. 私は人に笑われることには慣れている.
(iii) 完了形をとる (☞ having² 文法).
(iv) not を用いて否定の表現ができる: He suggested *not helping* Mr. Black. 彼はブラック氏を援助しないようにしようと言った (☞ not (3)).
動名詞の意味上の主語については ☞ sense subject 文法 (2) (iii). また動名詞の形式主語については ☞ it¹ A 文法, 形式目的語については ☞ it¹ B 文法.

*in‧ge‧ni‧ous /ɪndʒíːnjəs/ 形 [普通はほめて] **1** (物が)巧妙にできている, 精巧な; (考えなどが)独創的な. **2** (人が)発明の才, 利口な, 器用な (clever) (*at*). ~‧ly 副 巧妙に; 器用に.

in‧gé‧nue /ǽnʒənùː | -njùː/ 《フランス語から》名 C 純情な娘; [劇] 純情な娘役(の女優).

*in‧ge‧nu‧i‧ty /ɪndʒənj(j)úːəṭi | -njúː-/ 名 U 発明の才, 独創力, 創意工夫; 巧妙さ, 精巧.

in‧gen‧u‧ous /ɪndʒénjuəs/ 形 [格式] 無邪気な, 純真な; [軽蔑] 単純な, うぶな (naive). ~‧ly 副 無邪気に; うぶに. ~‧ness 名 U 無邪気; うぶ.

*in‧gest /ɪndʒést/ 動 他 [生理] <食物など>を摂取する; [比喩] <情報など>を吸収する. 関連 digest 消化する.

in‧ges‧tion /ɪndʒéstʃən/ 名 U [生理] 食物摂取.

in‧gle‧nook /íŋglnʊk/ 名 C 炉辺, 炉端の席.

in‧glo‧ri‧ous /ɪnglɔ́ːriəs/ 形 [文] 不名誉な, 恥ずべき (dishonorable). ~‧ly 副 不名誉に(も).

ín‧gò‧ing 形 入ってくる, 新しくやって来る.

ín‧got /íŋɡət/ 名 C 鋳塊, 地金, (金銀の)延べ棒.

*in‧grained /ɪngréɪnd⁻/ 形 **1** (習慣・信念などが)深くしみ込んだ, 根深い (*in*): ~ prejudices 根深い偏見. **2** (汚れなどが)こびりついた, しみ込んだ (*with*).

in‧grate /íŋɡreɪt/ 名 C [格式] 恩知らずの人.

in‧gra‧ti‧ate /ɪngréɪʃièɪt/ 動 [次の成句で]
ingrátiate onesélf 動 自 (...に)取り入る, (...の)機嫌をとる (*with*).

in‧gra‧ti‧at‧ing /ɪngréɪʃièɪṭɪŋ/ 形 ご機嫌をとろう[取り入ろう]とする. ~‧ly 副 ご機嫌をとるように.

in‧grat‧i‧tude /ɪngrǽṭɪt(j)ùːd | -tjùːd/ 名 U 恩を忘れること, 恩知らず (*to, toward*).

*in‧gre‧di‧ent /ɪngríːdiənt/ 名 (-di‧ents /-ənts/) C **1** (料理・ケーキなどの)材料; (混合物・食品などの)成分 (*of, for*): What ~s do I need to make this cake? このケーキを作るのはどんな材料が必要ですか / an active ~ (薬の)有効成分. **2** (成功などの)要素, 要因 (*of, for, in*).

in‧gress /íŋɡres/ 名 (反 egress) U [格式] 入ること; 中に入る権利.

In‧grid /íŋɡrɪd/ 名 固 イングリッド《女性の名》.

ín‧gròund 形 A (米) 地面を掘り下げて作った.

ín‧gròup 名 C [英] 単数形でも時に複数扱い] [しばしばけなして] (組織内の)派閥, [社] 内集団.

ín‧gròwn (米), -gròwing (英) 形 A 内に伸びた, (足のつめなどが)肉の中に食い込んだ.

*in‧hab‧it /ɪnhǽbɪt/ 動 13 (-hab‧its /-bɪts/; -it‧ed /-ṭɪd/; -it‧ing /-ṭɪŋ/) 他 [進行形なし] (動物・人間が集団的に)<...>に住む, 住みつく; [生] 生息する; <...>に存在する: These fish ~ muddy rivers. これらの魚は泥の多い川に住む / The island was ~ed by a fishing tribe. その島には漁業を営む部族が住んでいた. <V+O の受身> / Many unpleasant memories still ~ed her mind. 多くのいやな思い出がまだ彼女の胸に残っていた.

in‧hab‧it‧a‧ble /ɪnhǽbɪṭəbl/ 形 (反 uninhabitable) (土地などが)居住に適する, 人が住める.

*in‧hab‧it‧ant /ɪnhǽbəṭənt, -tnt/ 名 (-it‧ants /-tnts, -ṭənts/) C **1** 住民, (永続的・長期の)居住者: a small town of some one thousand ~s 住民が千人

ほどの小さい町 / The ~s of the islands depend on the summer tourist trade. 島の住民たちは夏の観光客相手の商売に頼っている. 関連 resident 一時的な居住者. **2** (ある地域の)生息動物.

in・hab・it・ed /ɪnhǽbɪtɪd/ 形 人の住んでいる.

in・hal・ant /ɪnhéɪlənt/ 名 ⓒⓊ 吸入剤[薬].

in・ha・la・tion /ìn(h)əléɪʃən/ 名 (反 exhalation) ⓊⒸ 吸い込むこと, 吸入.

in・ha・la・tor /ín(h)əlèɪtɚ | -tə/ 名 ⓒ (薬剤吸入・人工呼吸用の)吸入器.

†**in・hale** /ɪnhéɪl/ 動 (反 exhale) 他 **1** 〈…〉を吸入する, 吸い込む (into). **2** 《米略式》〈…〉をがつがつ食べる. — 自 吸い込む: I~ deeply, please. 深く息を吸って.

in・hal・er /ɪnhéɪlɚ | -lə/ 名 ⓒ (薬剤)吸入器.

in・har・mo・ni・ous /ìnhɑəmóʊniəs | -hɑː-⁺/ 形 《格式》不調和な, つり合いのとれない; 仲の悪い.

in・here /ɪnhíə | -híə/ 動 (in・her・ing /-hí(ə)rɪŋ/) 自 《格式》〈性質などが〉内在する, 生まれつきである (in).

*__in・her・ent__ /ɪnhí(ə)rənt, -hér-/ 形 《格式》固有の; 本来の, 生まれつきの: dangers ~ in rock-climbing ロッククライミングにつきものの危険 / The instinct of self-defense is ~ in any animal. <A+in+名・代> 自己防衛本能はどんな動物にも本来備っている.
— **・ly** 副 本来, 生まれつき, 本質的に; それ自体として.

*__in・her・it__ /ɪnhérɪt/ 動 (**-her・its** /-rɪts/; **-it・ed** /-ṭɪd/, **-it・ing** /-ṭɪŋ/; 名 inheritance; 反 disinherit) 他 **1** 〈財産など〉を相続する, 受け継ぐ: He ~ed the store *from* his uncle. <V+O+*from*+名・代> 彼はおじから店を受け継いだ.
2 〈性格など〉を受け継ぐ, 遺伝によって持つ; 〈物・事〉を〈前任者などから〉受け[引き]継ぐ; 《略式》〈不要品などを人から〉もらう: Lucy ~ed her blue eyes *from* her mother. <V+O+*from*+名・代> ルーシーは青い目を母から受け継いだ / The new cabinet has ~ed many difficulties *from* the previous one. 新内閣は前内閣から多くの困難を受け継いだ. — 自 財産を相続する.

in・her・it・a・ble /ɪnhérɪṭəbl/ 形 〈財産などが〉相続せられる; 〈人が〉相続者になれる.

*__in・her・it・ance__ /ɪnhérəṭəns, -tns/ 名 (動 inherit) **1** ⓒ [普通は単数形で] 相続財産, 遺産; Ⓤ 受け継いで[残された]もの, (文化的)遺産: He received [came into] an ~ of ten thousand dollars. 彼は1万ドルの遺産を相続した. **2** Ⓤ 相続(すること): money acquired *by* ~ 相続で得た金. **3** Ⓒ 遺伝; Ⓒ 遺伝因子.

inhéritance tàx 名 Ⓤ 相続税.

in・her・it・ed /ɪnhérɪṭɪd/ 形 〈病気・性質などが〉遺伝性の; (財産が)相続した.

in・her・i・tor /ɪnhérɪṭɚ | -ṭə/ 名 ⓒ (財産の)相続人, 後継者 (*of*).

in・hib・it /ɪnhíbɪt/ 動 他 〈言動・進行など〉を抑制する, 〈欲望など〉を抑える, 抑圧する; 〈…が〉─するのを妨げる: Strict discipline at home ~ed the child *from* expressing his feelings freely. 家庭のしつけが厳しくてその子は自由に感情を表現することができなかった.

in・hib・it・ed /ɪnhíbɪṭɪd/ 形 (反 uninhibited) 〈言動が〉自己抑制された; おどおどした (*about*). **~・ly** 副 自己抑制的に; おどおどして.

in・hib・it・ing /ɪnhíbɪṭɪŋ/ 形 抑制[抑圧]する.

in・hi・bi・tion /ìn(h)əbíʃən/ 名 ⓊⒸ 抑制(するもの), 抑圧; 《心》制止, 抑制: lose one's ~ 抑制がとれる: have no ~s about … 平気で…する.

in・hib・i・tor /ɪnhíbɪṭɚ | -ṭə/ 名 ⓒ 抑制するもの[人]; 《化》(反応)抑制剤, 阻害剤.

in・ho・mo・ge・ne・ous /ìnhòʊmədʒíːniəs/ 形 同質[均質, 等質]でない.

in・hos・pi・ta・ble /ìnhɑspíṭəbl, -háspɪ- | -hɔspít-, -hóspɪ-⁺/ 形 **1** 〈土地・場所が〉雨露をしのげない, 住みにくい, 気候の厳しい: an ~ climate 厳しい風

土. **2** もてなしの悪い, 無愛想な, 不親切な (*to*).

in・hòuse 12 6 社内[内]で, 組織内の[で].

†**in・hu・man** /ɪnhjúːmən⁺/ 形 **1** 不人情な, 冷酷な, 非常に残酷な (cruel). **2** 人間[間]で[らしく]ない.

in・hu・mane /ìnhjuːméɪn⁺/ 形 不人情な, 薄情な; 残酷な: ~ treatment of prisoners 非人道的な捕虜の扱い. **~・ly** 副 薄情に; 残酷に.

in・hu・man・i・ty /ìnhjuːmǽnəṭi/ 名 (**-i・ties**) Ⓤ 不人情, 残酷さ; Ⓒ [しばしば複数形で] 不人情な行為, 残酷なしわざ.

in・hu・man・ly /ɪnhjúːmənli/ 副 非常に残酷に; 人間でなく, 人間らしくなく.

in・im・i・cal /ɪnímɪk(ə)l/ 形 《格式》 **1** 〈…に〉不利な, 有害な, 〈…を〉阻害する (*to*). **2** 敵意のある, 〈…と〉仲が悪い (*to*). **-cal・ly** /-kəli/ 副 〈…に〉不利に (*to*); 敵意をもって.

in・im・i・ta・ble /ɪnímɪṭəbl⁺/ 形 Ⓐ まねのできないほどすばらしい, 独特な. **-ta・bly** /-ṭəbli/ 副 まねのできないほどすばらしく, 独特に.

in・iq・ui・tous /ɪníkwəṭəs/ 形 《格式》不公正な, 不当な; よこしまな. **~・ly** 副 不公正[不当]に; 法外に.

in・iq・ui・ty /ɪníkwəṭi/ 名 (**-ui・ties**) 《格式》 Ⓤ 不公正, 不当; Ⓒ 不公正[不当]な行為.

*__i・ni・tial__ /ɪníʃəl/ 名 (**~s** /-z/) Ⓒ (語頭の)頭文字: [普通は複数形で] (姓名の)頭文字: The ~s in N.Y. stand for "New York." N.Y. の頭文字は New York を表わす / My name is John Smith, and so my ~s are J.S. 私の名前はジョン スミスで, 頭文字は J.S. だ.
— 形 Ⓐ [比較なし] **1** 語頭の: an ~ letter 最初の文字, 頭文字 / The ~ "k" in knife is not pronounced. knife の語頭の k は発音されない.
2 初めの, 最初の (first): my ~ reaction to the news その知らせに対する私の最初の反応 / in the ~ stage of a disease 病気の初期の段階に.
— 動 (**i・ni・tials, i・ni・tialled**, 《英》**i・ni・tialled**, **-tial・ing**, 《英》**-tial・ling**) 他 〈…〉に頭文字[イニシャル]で署名する 〈承認などを示すために〉; 〈…〉に頭文字を書く: He ~ed the memo. 彼はメモにイニシャルを記入した.

i・ni・tial・ize /ɪníʃəlàɪz/ 動 他 《電算》〈…〉を初期化する.

*__i・ni・tial・ly__ /ɪníʃəli/ 副 **1** 初めに, 最初に: The typhoon was not as powerful as we had ~ expected. 台風は私たちが初めに予想したほど猛烈ではなかった.
2 文修飾語 初めは, 最初は (at first): I~, I was against the project. 私は最初は計画に反対だった.

Inítial Téaching Álphabet 名 [the ~] 初期指導用英語アルファベット(1字1音式).

*__i・ni・ti・ate¹__ /ɪníʃièɪt/ ★名詞の initiate² との発音の違いに注意. 12 6 (**-ti・ates** /-eɪts/; **-ti・at・ed** /-ṭɪd/, **-ti・at・ing** /-ṭɪŋ/; 名 ìnitiátion, initiate²) 他 **1** 《格式》〈…〉を開始する, 〈計画・事業など〉に着手する: The government ~d direct talks with rebel leaders. 政府は反乱軍の指導者との直接の話し合いを始めた.
2 〈人〉に手ほどきをする, 秘伝を授ける: He *was* ~d *into* the game of chess by his friend. <V+O+*into*+名の受身> 彼は友人にチェスの手ほどきをしてもらった. **3** [しばしば受身で] 〈儀式などをして〉〈人〉を入会させる: I *was* ~d *into* the club last month. 私は先月その クラブに(儀式を行なって)入会した.

i・ni・ti・ate² /ɪníʃiət/ ★動詞の initiate¹ との発音の違いに注意. 名 ⓒ 手ほどきを受けた人; 秘伝を授けられた人; 新入会者.

i・ni・ti・at・ed /ɪníʃièɪṭɪd/ 名 [the ~ として複数扱い] 秘伝を授けられた人 (☞ the¹ 3).

i・ni・ti・a・tion /ɪnìʃiéɪʃən/ 名 (動 ìnitíate) **1** Ⓤ 《格式》着手, 開始 (*of*). **2** ⓊⒸ 手ほどき; 秘伝伝授; 加入 (*into*). **3** Ⓒ 入会式 (*into*): an ~ ceremony

i・ni・tia・tive /ɪníʃətɪv/ 名 (~s /-z/) 1 ① (人に頼らずに)決断する能力, 率先[独創]力; 進取の精神: Use your (own) ~ 自分で考えなさい / You have to show a little more ~. あなたはもう少し自発的にやれるところを見せなければいけない. 2 [the ~] 主導権, イニシアチブ: seize [hold] the ~ 主導権を握る / We gained [lost] the ~ in the negotiations. 我々は交渉の主導権を得た[失った]. 3 ⓒ (問題解決のための新しい試み[動き], 働きかけ, 計画: a peace ~ 和平案 / make a new ~ to reduce pollution 汚染を減らすための新しい行動をとる. 4 ⓒ (普通は the ~) 議案提出(権), 発議(権). **on one's ówn initiative** 副 自ら進んで, 自発的に. **tàke the initiative** 動 ⓐ 率先してやる: John took the ~ in making plans for the trip. ジョンは自ら進んで旅行の計画を立てた.

i・ni・ti・a・tor /ɪníʃièɪtə | -tə/ 名 ⓒ (格式) 創始者, 首唱者.

in・ject /ɪndʒékt/ 動 (**in・jects** /-dʒékts/; **-ject・ed** /-ɪd/; **-ject・ing**; 名 injection) 他 1 〈…〉を(一に)注射する, 〈…〉に(一を)注射する, うつ (言い換え) The doctor ~ed antibiotics into the patient. <V+O+into+名・代>=The doctor ~ed the patient with antibiotics. <V+O+with+名・代> 医者は患者に抗生物質を注射した. 2 〈活気・意見など〉を吹き込む, 導入する (into). 3 〈商〉〈資本など〉を投入する (into).

in・jec・tion /ɪndʒékʃən/ 名 (~s /-z/; 動 injéct) 1 ⓒ,ⓤ 注射, 注入; ⓒ 注射液 (⟹ jet¹ 単語の記憶): The nurse gave me an ~ of glucose. 看護師がぶどう糖を注射してくれた / The morphine was given by ~. モルヒネが注射された. 2 ⓤ,ⓒ 〈商〉(資本などの)投入, 導入する: an ~ of public funds into a bank 銀行への公的資金の投入. 3 ⓤ =fuel injection.

in・jec・tor /ɪndʒéktə | -tə/ 名 ⓒ 注入器, 注射器: a fuel ~ 燃料噴射装置.

in・joke /ɪndʒóʊk/ 名 ⓒ 仲間うちにしか分からないジョーク[冗談].

in・ju・di・cious /ɪndʒuːdíʃəs⁼/ 形 (格式) 無分別な, 愚かな. **~・ly** 副 無分別に, 愚かにも. **~・ness** 名 ⓤ 無分別, 愚かさ.

In・jun /ɪndʒən/ 名 ⓒ [差別] (アメリカ)インディアン.

in・junc・tion /ɪndʒʌ́ŋ(k)ʃən/ 名 ⓒ (格式) 公的な命令, 指令 《特に, 裁判所の強制[禁止]命令》(against; to do): issue an ~ 命令を出す.

in・jure /ɪndʒə | -dʒə/ 他③ 動 (**in・jures** /-z/; **in・jured** /-d/; **in・jur・ing** /-dʒ(ə)rɪŋ/; 名 injury) 他 1 〈…〉にけがをさせる, 〈…〉を傷つける, 傷(こ)める; 損傷させる ((⟹ 類義語)); injury 表): ~ one's health 健康を損なう / (言い換え) Direct exposure to sunlight ~s the eyes. (=Direct exposure to sunlight is injurious to the eyes.) 直射日光にあたると目を傷める / Twenty people were seriously [badly, slightly] ~d in the accident. <V+Oの受身> その事故で 20 人が大[ひどい, 軽い]けがをした.

2 (格式) 〈名誉・感情など〉を傷つける, 害する: Her pride was greatly ~d. <V+Oの受身> 彼女の自尊心はひどく傷ついた. (類義語) **injure** 人や動物の体・健康・外見・感情・名声などを(損う)意味の最も一般的な語で, 時には物の価値を損う場合にも用いる. My father was injured in the traffic accident. 私の父は交通事故でけがをした. **hurt** injure や wound より意味の弱いくだけた言い方. **wound** 単なる事故によるのではなく, 武器・鋭利な刃物などで襲撃して負傷させる意: The hunter shot and wounded the deer. 狩人がそのしかを撃って負傷させた. **damage** 価値や機能を損う意で, 無生物に用いる: The storm damaged hundreds of houses. そのあらしで何百軒もの家屋が損傷した. **harm** damage よりもくだけた語で, 主に人間や生き物に損害を与えるときに用いる意: He wouldn't harm a fly. 彼ははえ一匹傷つけるような人ではない.

***in・jured** /ɪndʒəd | -dʒəd/ 形 (反 uninjured) ⓐ 1 けがをした, 傷(こ)めた; 被害を受けた: The ~ were taken to a hospital. 負傷者たちは病院に送られた 《複数名詞のように扱われる; ⟹ the¹ 3》 / a list of the ~ 負傷者リスト / the ~ party 〈法〉被害者. 2 感情を害した; ~ pride 傷ついたプライド / an ~ look むっとした顔つき / "Why not?" she asked in an ~ tone of voice. 「なぜいけないの」と彼女は腹立たしげな口調で尋ねた.

in・ju・ri・ous /ɪndʒʊ́(ə)riəs/ 形 (格式) 1 有害な (bad): Smoking is ~ to your health. 喫煙は健康に有害だ. 2 人を傷つける: ~ words 中傷的なことば. **~・ly** 副 有害に; 中傷するように.

*★**in・ju・ry** /ɪndʒ(ə)ri/ 名 (**-ju・ries** /-z/; 動 ínjure, 形 injúrious) 1 ⓒ,ⓤ 負傷, けが; 傷害: suffer sustain a serious [slight, minor] ~ ひどい[軽い]傷を負う / cause ~ to ... …に傷を負わせる / internal injuries 内傷 / (a) whiplash ~ むち打ち症 / An ~ is much sooner forgotten than an insult. 傷害は侮辱よりもずっと早く忘れられる.

injury （事故などによる）	負傷・けが
wound （武器・凶器などによる）	

2 ⓤ 損害, 損傷: We escaped without ~. 私たちは何の損害も受けずに逃れた. 3 ⓤ,ⓒ (名誉・感情などを)傷つけること, 侮辱, 無礼; (法) 権利侵害: It was an ~ to her self-esteem. それは彼女の自尊心を傷つけた. 語源 ラテン語で「不法な」の意; ⟹ in-¹, jury 語源. **dò onesèlf an ínjury** 動 ⓢ (英) 痛い目にあう; けがをする.

ínjury tìme 名 ⓤ (英) インジュアリータイム《サッカー・ラグビーなどの試合合けが人の手当で中断した分の延長時間》.

*★**in・jus・tice** /ɪndʒʌ́stɪs/ 名 1 ⓤ 不公正, 不公平, 不当(性): remedy [redress] ~ 不公平をただす. 2 ⓒ 不公正[不当]な行為 (against): commit a gross ~ はなはだしい不当行為を犯す. **dò ... an injústice** 動 (格式) 〈…〉を不当に扱う; 〈人を〉十分理解しない, 誤解する; 〈人の〉真価を発揮していない: I'm afraid you have done him an ~. 彼を不当に扱ったのではないかと思う.

*★**ink** /ɪŋk/ (同音 Inc.) 名 (形 ínky) ⓤ 1 インク: a bottle of ~ インクひとびん / an ~ bottle インクびん / write with pen and ~ ペンで書く / Please write your letter in [with] ~. 手紙をペン書きにしてください. 語法 種類をいうときには ⓒ; ~s of different colors いろいろな色のインク. India(n) ink (日本・中国の)墨. 2 (いかの出す)墨. **(as) bláck as ínk** 形 真っ黒な, 真っ暗やみの. **bléed réd ínk** 動 ⓐ (米) 大赤字を出す. ― 動 他 1 〈…〉をインクで書く, 〈…〉にインクを塗る. 3 (略式, 主に米) 〈契約書など〉にインクで署名する. **ink ín** 動 他 〈…〉をインクで塗る[なぞる].

ínk・blòt 名 ⓒ (心理検査用の)インクのしみでできた模様: an ~ test ロールシャハテスト.

ínk・hòrn 名 ⓒ (昔の)角(つの)製のインク入れ; [形容詞的に] 学者ぶった, 衒学(けんがく)的な.

ínk・jèt prínter /ɪŋkdʒèt-/ 名 ⓒ インクジェット式プリンター《霧状にしたインクを吹き付ける高速印字機》.

in・kling /ɪŋklɪŋ/ 名 ⓒ [普通は単数形で] (秘密などを)うすうす知っていること; 暗示. **gèt an ínkling of ...** 動 他 〈…〉をうすうす知る, …に感づく. **gìve ... an ínkling of —** 動 他 〈…〉に〈—〉をほのめかす. **hàve nó ínkling of ...** 動 他 〈…〉を全然知らない. **hàve an [sóme] ínkling of ...** 動 他 〈…〉をいくらか知っている. **nót hàve the slíghtest ínkling that ...** 動 …だということを少しも知らない.

ínk・pàd 名 ⓒ スタンプ台, 印肉 (pad).

ínk·stànd [名] [C] インクスタンド.
ínk·wèll [名] [C] (机にはめ込んだ)インクつぼ.
ink·y /íŋki/ [形] (ink·i·er; -i·est; [名] ink) 1 《主に文》真っ黒な; 暗い: ～ darkness 真っ暗やみ. 2 インクのついた, インクでよごれた.
in·laid /ìnléɪd←/ [動] inlay[1] の過去形および過去分詞. ―― [形] ちりばめた, はめ込みのある; はめ込まれた (_in_, _into_); 象眼(ぞうがん)の (_with_).
*in·land[1] /ínlænd, -lənd/ [形] [A] 1 内陸の, 奥地の: an ～ town 内陸の町. 2 《英》国内の.
―― [名] [the ～] 内陸, 奥地.
in·land[2] /ìnlǽnd, -lənd | ɪnlǽnd/ [副] 内陸へ[に], 奥地へ[で].
+Ínland Révenue [名] [the ～] 《英》内国歳入庁, 国税庁 (☞ Internal Revenue Service); [i- r-] 内国税収入 (《米》internal revenue).
Ínland Séa [名] [固] [the ～] 瀬戸内海.
-in-law /ɪnlɔ̀ː/ [名詞の後につけて合成語をつくる]「姻戚(いんせき)による…, 義理の…」の意: father-_in-law_ 義理の父, sister-_in-law_ 義姉[妹] (☞ family tree 図).
+in-làws [名] [複] 《略式》義理の両親; 血のつながりのない親戚, 姻戚(いんせき).
ín-làw suíte [apártment] [名] [C] 《米》(建て増しした)義理の両親の部屋.
in·lay[1] /ìnléɪ, ínlèɪ/ [動] (in·lays; 過去·過分 in·laid /ìnléɪd, ínlèɪd/; -lay·ing) [他] 〈…〉をはめ込む, ちりばめる, 象眼(ぞうがん)する (_with_, _in_, _into_).
in·lay[2] /ínlèɪ/ [名] 1 [U] はめ込み細工, 象眼(細工); はめ込み細工の材料; [C] はめ込み模様. 2 [C] 詰め物 (虫歯治療用). 3 [C] 《英》(ビデオ·CDなどに入っている)説明カード 《inlay card ともいう》.
+in·let /ínlet, -lət/ [名] [C] 1 入り江. 2 (機械の水などの)注入口 (_for_) ([反] outlet). 3 挿入物.
ín-líne [形], [副] (部品[ユニット]が)直線に並んだ[で]; 〘電算〙テキスト行中にある, インラインの.
ín-lìne skáte [名] [C] [普通は複数形で] インラインスケート 《ローラーが直列に並んだスケート靴》.
ín-lìne skáting [名] [U] インラインスケート 《遊び》.
in lo·co pa·ren·tis /ɪnlóukoupəréntɪs/ 《ラテン語から》 [副] 〘法〙親の代わりに, 親の立場で.
*in·mate /ínmèɪt/ [名] (in·mates /-mèɪts/) [C] (刑務所·精神病院などの)収容者, 入院者; 同居人, 同室者.
in memoriam ☞ memoriam.
ín·mòst [形] [A] 《文》 =innermost.
inn /ín/ [名] [C] 《古風》宿屋, 旅館, 居酒屋, パブ 《いなかの古風な宿屋やパブをいうことが多い; ホテルや酒場の名によく用いる》. [語源] 古(期)英語で「中に」の意; in[1] と同語源. the Ínns of Cóurt [名] (英国の)四法学院 《London にある弁護士検定の権限のある 4 つの協会》.

inn

in·nards /ínədz | ínədz/ [名] [複] 《略式》 1 内臓, はらわた; 胃. 2 (機械などの)内部, 中身.
in·nate /ìnéɪt←/ [形] [A] (特性·感情が)生来の, 生まれつきの; 不変の, 固有の. ～·ly [副] 生来, 生まれつき.
in·ner /ínə | ínə/ ([類音] enter) [形] [A] 1 [比較なし] 内側の, 内部の ([反] outer): an ～ court 中庭. 2 内面的な, 奥底の: one's ～ life 内面的生活 《精神生活》 / (an) ～ strength 精神力 / ～ meanings [thoughts] 心の内に秘めた意図[考え]. the ínner mán [wóman] [名] (1) 精神, 魂. (2) 〘滑稽〙食欲.
ínner cábinet [名] [C] (閣内の)実力者グループ.
ínner chíld [名] [単数形でしばしば所有格を伴って] 内なる子供 《大人の内に秘めた子供っぽい人格》.
ínner círcle [名] [C] (権力者の)取り巻き, 側近 (_of_).
*ín·ner cít·y [名] [C] 都心部; (大都市の)低所得者密集地帯, スラム地帯 《社会問題が多い》.
ínner-cíty [形] [A] 都心部の, スラム地帯の.
ínner éar [名] [the ～] 〘解〙内耳(ないじ).
Ínner Mongólia [名] [固] 内モンゴル.
ínner·mòst [形] [A] 1 心の奥の, 内心の ([反] outermost): one's ～ feelings 心の内. 2 最も奥の..
ínner plánet [名] [C] 地球型惑星 《小惑星帯より内側の惑星; 水星·金星·地球·火星; ☞ outer planet》.
ínner sánctum [名] [C] [しばしば滑稽] (他人に邪魔されない)私室; (恐れ多い)奥の部屋.
ínner·sòle [名] [C] =insole.
ínner spáce [名] [U] (大)気圏; 海面下(の世界); (意識経験の領域外にある)精神世界.
ínner·spríng [形] 《米》(マットなどが)ばね入りの.
ínner tùbe [名] [C] (タイヤの)チューブ. ―― [動] [次の成句で] gò ínner-túbing [動] [自] 《米》(水上や雪上で)タイヤのチューブに乗って遊ぶ.
in·ner·vate /ɪnə́ːveɪt, ínə(ː)vèɪt | ínə(ː)vèɪt/ [動] [他] 〘解〙〈器官など〉に神経を分布する.
in·nie /íni/ [名] 《略式》内にくぼんだへそ (☞ outie).
*in·ning /ínɪŋ/ [名] (～s /～z/) 1 [C] 〘野〙イニング, …回: in the top [bottom] of the third ～ 3 回の表[裏]に / go into extra ～s 延長に入る. 2 [複数形で単数または複数扱い] 〘クリケ〙(チーム·選手が)打撃する回; 得点; 《英略式》活躍のチャンス. have hàd a góod ínnings [動] [自] 《古風, 英略式》長い間幸せな人生を送る, 天寿を全うする.
in·nit /ínɪt/ [S] 《英俗》(そう)だよな, そうとも 《isn't it の短縮形; 文末で(形が一定の)付加疑問として, または単独で返答として強調的に用いる》: Your're trying to shame me, ～? 恥をかかせようってんだな.
ínn·kèeper [名] [C] 《古風》宿屋(パブ)の主人.
*in·no·cence /ínəs(ə)ns/ [名] ([形] ínnocent) [U] 1 [しばしば所有格を伴って] 無罪 ([反] guilt): prove _one's_ ～ 無罪を立証する / The accused _protested_ [_maintained_] _his_ ～ but could not prove it. 被告人は無罪を主張したが証明できなかった. 2 天真らんまん, 無邪気, 単純; 無知: The girl has lost her ～. 少女は天真らんまんな心を失ってしまった. in áll ínnocence [副] 何の悪意[悪気]もなく.
*in·no·cent /ínəs(ə)nt/ [T3] [形] ([名] ínnocence) 1 [比較なし] 無罪の, 罪のない ([反] guilty): the ～ party 〘法〙被害者 / He is ～ _of_ the charge [crime]. ＜A+_of_+名·代＞ 彼はその嫌疑[犯罪]については潔白だ / The defendant was found ～ by the jury. 陪審員は被告を無実と評決した.
2 [A] 係わりのない; (係わりがないのに)巻き添えとなった: ～ victims [bystanders] of the accident 事故の巻き添えとなった被害者[見物人]. 3 無害な (harmless), 悪気のない; たわいもない: ～ questions たわいもない質問. 4 天真らんまんな, 無邪気な, けがれのない; 単純な, お人よしの: an ～ child あどけない子供 / She is as ～ as a newborn baby. 彼女は生まれたばかりの赤ん坊のように無邪気だ. 5 [P] 《格式》(…が)ない (_of_). [語源] ラテン語で「害を与えない」の意.
―― [名] [C] 無邪気な人[子供]; お人よし.
+in·no·cent·ly /ínəs(ə)ntli/ [副] 無邪気(そう)に, 何気なく; 罪なく.
+in·noc·u·ous /ɪnákjuəs | ɪnɔ́k-/ [形] 《格式》(言動が)当たりさわりのない; 無害の. ～·ly [副] (言動が)当たりさわりなく; 無害に.
in·no·vate /ínəvèɪt/ [動] [自] 刷新する; 新しいものを取り入れる. ― [他] 〈新しいもの〉を導入する.
*in·no·va·tion /ìnəvéɪʃən/ [T3] [名] (～s /～z/; [動] ínnovàte, [形] ínnovàtive) 1 [C] 新機軸, 新方式, 革

新的な発明[製品]: technical ~s in the information industry 情報産業における技術革新.
2 ⓤ 刷新, 革新 (in).

*in‧no‧va‧tive /ínəvèɪtɪv/ 形 (名 ínnovàtion, 動 ínnovàte) [ほめて] (方法・人などの)革新的な, 新機軸な: He is one of the most ~ film directors of our time. 彼は現代の最も革新的な映画監督のひとりである.

*in‧no‧va‧tor /ínəvèɪtə | -tə/ 名 ⓒ 刷新[革新]者.

in‧no‧va‧to‧ry /ínəvətɔ:ri | -vèɪtəri, -tri/ 形 《主に英》 =innovative.

Inns‧bruck /ínzbrʊk/ 名 固 インスブルック (オーストリア西部の保養地・スキー場).

†in‧nu‧en‧do /ìnjuéndoʊ/ 名 (~(e)s) ⓒⓤ [けなして] ほのめかし, 風刺, 当てこすり.

In‧nu‧it /ínjuɪt/ 名 =Inuit.

in‧nu‧mer‧a‧ble /ɪn(j)ú:m(ə)rəbl | ɪnjú:-/ 形 数えきれない, 無数の: There are ~ islands in the Aegean Sea. エーゲ海には数えきれないほどの島がある.

in‧nu‧mer‧a‧cy /ɪn(j)ú:m(ə)rəsi | ɪnjú:-/ 名 ⓤ 数学[数字, (基礎的)計算]に弱いこと.

in‧nu‧mer‧ate /ɪn(j)ú:m(ə)rət | ɪnjú:-/ 形 数学に弱い, (基礎的)計算ができない.

in‧ob‧ser‧vance /ìnəbzə́:v(ə)ns/ 名 ⓤ (習慣・規則の)違反, 無視.

in‧oc‧u‧late /ɪnɑ́kjʊlèɪt | ɪnɔ́k-/ 動 ⓣ 〈人〉に(病気の)予防注射をする (vaccinate) (against).

in‧oc‧u‧la‧tion /ɪnɑ̀kjʊléɪʃən | ɪnɔ̀k-/ 名 ⓒⓤ (予防)接種, 種痘 (against).

in‧of‧fen‧sive /ìnəfénsɪv◂/ 形 (人・言動などが)不快にさせない, 当たりさわりのない; 害にならない. **~‧ly** 副 当たりさわりなく. **~‧ness** 名 ⓤ 当たりさわりのなさ.

in‧op‧er‧a‧ble /ɪnɑ́p(ə)rəbl | -ɔ́p-◂/ 形 **1** (癌などが)手術のできない, 手術がきかない. **2** 《格式》(法律・規則などが)実施不能の.

in‧op‧er‧a‧tive /ɪnɑ́p(ə)rətɪv, -pərèɪt- | -ɔ́p-◂/ 形 《格式》 **1** (機械などが)調子の悪い. **2** (法律などが)効力のない.

in‧op‧por‧tune /ɪnɑ̀pətj(j)ú:n◂ | -ɔ́pətjùː n/ 形 《格式》時機を得ない, 折の悪い; (時が)不適当な. **~‧ly** 副 時機を失して, 折あしく.

†in‧or‧di‧nate /ɪnɔ́:dənət, -ʃi-/ 形 [普通は A] 《格式》過度の, 法外な; 節度のない. **~‧ly** 副 過度に.

in‧or‧gan‧ic /ìnɔəgǽnɪk | ìnɔː-◂/ 形 [普通は A] 無生物の; 無機物の; 人為的な; 《化》無機の: ~ matter 無機物. **-i‧cal‧ly** 副 無機的に.

ínorganic chémistry 名 ⓤ 無機化学. 関連 organic chemistry 有機化学.

in‧pàtient 名 ⟨反⟩ outpatient ⓒ 入院患者.

in pro‧pri‧a per‧so‧na 《ラテン語から》 副・形 /-pə- | -pə-/ 《法》 本人みずから, 自身で.

*in‧put /ínpʊt/ 名 (-puts /-pʊts/) **1** ⓤⓒ (活動などの)助力, 援助, 投入[提供]されるもの《アイデア・情報・アドバイス・資金など》(into, to); (…の)投入, 寄与 (of); I~ from users is vital to the development of our products. 使用者からの情報が商品開発には欠かせない. **2** ⓤⓒ 《電算・生理》インプット, 入力(情報); ⓒ 入力装置(端子). ⟨反⟩ output: The ~ of data into the computer required a lot of time. コンピューターへのデータ入力には長時間を必要とした. **3** ⓤⓒ 《電・機》(エネルギーなどの)入力; ⓒ 入力端子 (反 output).
— 動 (in‧puts /-pʊts/; -put‧ted /-pʊ̀tɪd/, -put; -put‧ting /-pʊ̀tɪŋ/) ⓣ 《電算》〈情報〉をコンピューターに入力する (into, to).

ínput device 名 ⓒ 《電算》(記憶装置などコンピューターへの)入力装置.

ínput/óutput 名 ⓤ 《電算》入出力 (略 I/O).

†in‧quest /ínkwest/ 名 ⓒ **1** (陪審員立ち会いの)審査; (検死官の)検視 (on); hold an ~ into his death 彼の死の検視をする. **2** (不調・敗北などの)原因調査, (対策の)審議 (into, on).

in‧qui‧e‧tude /ɪnkwáɪət(j)ùːd | -tjùːd/ 名 ⓤ 《文》不安, 動揺.

*in‧quire /ɪnkwáɪə | -kwáɪə/ T2 動 (in‧quires /~z/; in‧quired /~d/; in‧quir‧ing /-kwáɪ(ə)rɪŋ/, inquiry) 《やや格式》 ⓣ 〈…〉のことを聞き合わせる, 尋ねる (ask): The policeman ~d the woman's name. 警官は彼女性の名前を尋ねた / I ~d if [whether] there were any books on music. ⟨V+O(if-whether 節)⟩ 音楽に関する本があるかと尋ねた / The clerk ~d (of him) what he wanted. ⟨V(+of+名代)+O(wh 節)⟩ 店員は何がいりますかと彼に尋ねた. 語法 of him を入れるほうが《格式》// I will ~ where to stay in the city. ⟨V+O(wh 句)⟩ その町ではどこに泊まったらいいか問い合わせてみます. — ⓘ 質問をする: I~ within. 《主に英》詳しくは店内でお尋ねください《店の掲示》.

---
inquire の句動詞

*inquire abóut ... 動 ⓣ 《やや格式》 …のことを尋ねる: The woman ~d about trains for Osaka. その女性は大阪行きの列車のことを尋ねた.

inquire áfter ... 動 ⓣ 《格式, 主に英》 …を(心配して)尋ねる. 語法 本人などに対して第三者に尋ねるときに用いる: He ~d after you [your health]. 彼はあなた[あなたの健康]のことを心配して尋ねていました.

*inquire ínto ... 動 ⓣ (受身 be inquired into): We must ~ into the matter. その事について調べる必要がある.
---

in‧quir‧er /ɪnkwáɪ(ə)rə | -rə/ 名 ⓒ 《格式》尋ねる人, 尋問者; 調査者, 探求者.

in‧quir‧ing /ɪnkwáɪ(ə)rɪŋ/ 形 **A 1** 好奇心の強い, 探求心のある: a child with an ~ mind 好奇心[探求心]の強い子供. **2** ⓦ (表情などが)不審そうな: an ~ look 不審そう. **~‧ly** 副 不審そうに.

*in‧qui‧ry /ɪnkwáɪ(ə)ri, ínkwəri | ɪnkwáɪəri/ 名 (-qui‧ries /~z/; 動 inquire) **1** ⓒⓤ 問い合わせ, 照会, 質問 (from); [複数形で] 《英》案内所: a letter of ~ 問い合わせの手紙, 照会状; 見舞状 / There was no reply to the ~. 我々の照会に対して何の回答もなかった / I received inquiries about the matter. 私はそのことについて照会を受けた.

2 ⓒⓤ 調査, 取り調べ; 研究: He is carrying out a scientific ~ into earthquakes. 彼は地震の科学的な調査を行なっている / The police started [held, conducted] an ~ into the causes of the fire. 警察はその火事の原因の調査を始めた[行なった].

a líne of inquiry 名 調査の方法; 調査の情報筋.

be hélping the políce with their inquíries 動 《英》警察の取り調べを受けている.

màke an ínquiry [inquíries] 動 問い合わせる, 質問する; 調査する: He made special inquiries into the problem. 彼はその問題について特別に問い合わせをした.

on inquíry 副 文修飾詞 《格式》尋ねてみて, 調査すると: It was found on ~ to be a mistake. 調査の結果それは誤りであることが判明した.

in‧qui‧si‧tion /ìnkwəzíʃən/ 名 **1** ⓒ 《格式》または《滑稽》(厳しい)取り調べ, 尋問. **2** [the I-] 宗教裁判(所)《特に15-16世紀のカトリック国の異端審理》.

*in‧quis‧i‧tive /ɪnkwízətɪv/ 形 **1** [けなして] 知りたがる; 詮索(ｾﾝｻｸ)好きな: That reporter was very ~ about our business affairs. あの記者は我々の商売について根掘り葉掘り聞きたがった. **2** 好奇心旺盛な. **~‧ly** 副 知りたがって; 根掘り葉掘り詮索するように. **~‧ness** 名 ⓤ 知りたがること; 詮索.

in‧quis‧i‧tor /ɪnkwízətə | -tə/ 名 ⓒ **1** 尋問者; 根掘り葉掘り聞く人. **2** [しばしば I-] 宗教裁判官.

in·quis·i·to·ri·al /ɪnkwɪzətɔ́ːriəl⁻/ 形 (厳しく)尋問する; 根掘り葉掘り聞く. **-al·ly** /-riəli/ 副 尋問口調で, 根掘り葉掘り.

in.quor·ate /ɪnkwɔ́ːreɪt, -rət/ 形 (格式, 主に英)(会議が)定足数に達しない(⇨ quorum).

in re /ɪnréɪ, -ríː/ 前 《ラテン語から》…の件について[は] (concerning) 《主に訴訟文か公式書面で用いる》.

in rem /ɪnrém/ 《ラテン語から》副 【法】(訴訟が)物に対して[対する].

in-résidence 形 [名詞の後に置き合成語で] (一時的に)大学などに在職して: a poet-~ at the university 大学に在籍して活動する詩人.

†**in·roads** 名 [複] [次の成句で] **màke ínroads** [動] (…に)食い込む; 進出する; 足を挙げる (into, in, on): Hospital bills have made deep ~ into his savings. 入院費が彼の貯金に大きく食い込んでいる.

ín·rush 名 C [普通は単数形で] 流入, 侵入, 殺到.

INS /áɪenés/ 略 [the ~]=Immigration and Naturalization Service.

*__ins.__ 略 インチ (inches) (⇨ inch), inspector.

in·sa·lu·bri·ous /ɪnsəlúːbriəs⁻/ 形 (格式)(気候・土地などが)健康に悪い; (社会的に)不健全な.

†**in·sane** /ɪnséɪn⁻/ 形 **1** (略式)狂気のような, 全くばかげた, 非常識な: *It is* (positively) ~ *of you to drive on these icy roads!* こんな凍った道路で運転するなんて(全く)どうかしてるよ君は(⇨ of 12). **2** 正気でない, 狂気, 精神異常の (⇨ crazy 類義語) : *the* ~ 精神異常者 《複数名詞のように扱われる》; [名] **dríve . . . insáne** [動] 他 (略式)〈…〉を(次第に)苛立たせる. **gò insáne** [動] 自 気が狂う; (略式)頭がおかしくなる. **~·ly** 副 狂気のように; ひどく.

in·san·i·tar·y /ɪnsǽnətèri, -təri, -tri⁻/ 形 非衛生的な, 不潔な. (米) unsanitary.

†**in·san·i·ty** /ɪnsǽnəṭi/ 名 U 狂気, 精神異常; (略式)非常識さ, 狂気のさた.

†**in·sa·tia·ble** /ɪnséɪʃəbl⁻/ 形 飽くことを知らない, 貪欲(髯)な: an ~ appetite for power 飽くなき権力欲. **-tia·bly** /-ʃəbli/ 副 飽くことを知らずに, 貪欲に.

†**in·scribe** /ɪnskráɪb/ 他 (格式) **1** 〈…〉を(石・金属などに)記す, 彫る, 刻む (in); 〈…〉を石などに記す, 彫る, 刻む(単語の記憶) : They ~*d* the tombstone *with* her name [her name *on* the tombstone]. 彼らは墓石に彼女の名前を刻んだ. **2** 〈名前〉を登録する, 記名する. **3** [幾] 〈…〉を内接させる.

†**in·scrip·tion** /ɪnskríp∫ən/ 名 C 銘, 碑文; 銘文 (貨幣・メダルなどの); 銘刻; (書物)献呈の辞: an ~ on a tombstone 墓碑銘.

in·scru·ta·bil·i·ty /ɪnskrùːṭəbíləṭi/ 名 U 計り知れないこと, 不可解.

in·scru·ta·ble /ɪnskrúːṭəbl⁻/ 形 (人・表情などが)内心がつかめない, 不可解な, (微笑などが)なぞのような. **-ta·bly** /-ṭəbli/ 副 なぞめいて.

ín·seam 名 C (米)(特にズボンの股から裾までの)内側の縫い目(の長さ), 股下(髯)丈 (英) inside leg.

†**in·sect** /ínsekt/ 名 (**in·sects** /-sekts/) C **1** 昆虫 (⇨ animal 表): Ants, flies, bees and beetles are ~*s*. あり, はえ, みつばちおよび甲虫は昆虫だ. **2** (くも・むかでなどの)虫. **3** 取るに足らない人. 語源 ラテン語で「刻み目のある(動物)」の意.

| insect, bug (昆虫など) | 虫 |
| worm (みみず・毛虫など) | |

in·sec·ti·cid·al /ɪnsèktəsáɪdl⁻/ 形 殺虫(剤)の.
in·sec·ti·cide /ɪnséktəsàɪd/ 名 C,U 殺虫剤.
in·sec·ti·vore /ɪnséktəvɔ̀ː | -vɔ̀ː/ 名 C 【動】食虫動物.
in·sec·tiv·o·rous /ɪnsektívərəs⁻/ 形 【動】(動物が)昆虫を食べる, 食虫の. 関連 carnivorous 肉食性の / herbivorous 草食性の / omnivorous 雑食性の.

---

inset 905

*__in·se·cure__ /ɪnsɪkjúə | -kjúə⁻/ 形 (名 ìnsecúrity) **1** 不安に思って, 自信がない: Mike felt ~ among strangers. マイクは知らない人たちの中で不安だった / I am very ~ *about* my new job. <A+*about*+名・代> 私は新しい仕事に自信がない. **2** (物事が)安全でない, 危険な; 危(啣)ない; 不安定な, 不確かな: an ~ bench (ぐらぐらして)危なっかしいベンチ / That company is financially ~. その会社は財政的に不安定だ. **~·ly** 副 不安に; 不安定に; 不確かに.

in·se·cu·ri·ty /ɪnsɪkjú(ə)rəṭi/ 名 (形 ìnsecúre) **1** U,C 不安, 自信のなさ. **2** U 不安定さ; 不確かさ.

in·sem·i·nate /ɪnsémənèɪt/ 動 他 【医・生】〈女性・雌〉に(人工)授精を行なう.

in·sem·i·na·tion /ɪnsèmənéɪʃən/ 名 U,C 【医・生】授精, 媒精: ⇨ artificial insemination.

in·sen·sate /ɪnsénseɪt⁻/ 形 (格式) **1** 感覚力のない, 生命のない. **2** 理性を欠いた, 愚かな; 非情な.

in·sen·si·bil·i·ty /ɪnsènsəbíləṭi/ 名 U **1** (格式)無感覚, 無意識 (to). **2** (古風)感受性の欠如, 無神経; 冷淡, 無関心さ (to).

in·sen·si·ble /ɪnsénsəbl⁻/ 形 (格式) **1** P 感じない, 気がつかない; 冷淡な: They are ~ *of* [*to*] the danger. 彼らは危険を感じていない. **2** (文)意識がない, 人事不省の. **3** A 気づかないほどの, わずかの. **-bly** /-səbli/ 副 気づかないで[くらいに], いつの間にか.

*__in·sen·si·tive__ /ɪnsénsəṭɪv⁻/ 形 **1** (軽蔑)人の気持ちに鈍感な, 無神経な; [普通は P] (要求などに)配慮しない, 理解しない: He is ~ *to* other people's feelings. 彼は他人の気持ちに無神経だ. **2** [普通は P] 感じない, 鈍感な; ~ *to* light 光を感じない. **3** U 無神経に, 鈍感に. **-ly** 副 無神経に, 鈍感に. **~·ness** 名 U 鈍感.

in·sen·si·tiv·i·ty /ɪnsènsətívəṭi/ 名 U 鈍感, 無神経; 無理解; 無感覚 (to).

in·sen·ti·ence /ɪnsén∫(i)əns/ 名 U (格式)無感覚, 無知覚; 無意識.

in·sen·ti·ent /ɪnsén∫(i)ənt⁻/ 形 (格式)無感覚[無知覚]の; 意識[生命]のない.

in·sep·a·ra·bil·i·ty /ɪnsèp(ə)rəbíləṭi/ 名 U 分けがたく[分離]できないこと, 不可分性.

†**in·sep·a·ra·ble** /ɪnsép(ə)rəbl⁻/ 形 離れられない; 分離できない, 分離できない, 不可分の (from): ~ friends [lovers] 離れられない親友[恋人]. **-ra·bly** /-rəbli/ 副 不可分に; 分けられないほどに.

*__in·sert__¹ /ɪnsɚ́ːt | -sɚ́ː-/ ★ 名詞の insert² とのアクセントの違いに注意. 活用 動 (**in·serts** /-sɚ́ːts | -sɚ́ːts/; **-sert·ed** /-ṭɪd/; **-sert·ing** /-ṭɪŋ/; 名 insert², insért²) 他 〈…〉を差し込む, 挿入する; 〈語句などを書き入れる; 掲載する: The boy ~*ed* a key *in* [*into*] the lock. <V+O+*in*[*into*]+名・代> その少年は錠に鍵(啣)を差し込んだ / ~ a ¥100 (hundred-yen) coin *in* [*into*] this vending machine. この自動販売機に100円硬貨を入れなさい / You should ~ a comma *between* these two words. <V+O+*between*+名・代> この2つの単語の間にコンマを置いたらよい.

†**in·sert²** /ínsɚːt | -sɚː-/ ★ 動詞の insert¹ とのアクセントの違いに注意. 名 C **1** 挿し込み広告, 折り込み広告; 挿入物; 挿入画; 書き込み (in).

in·ser·tion /ɪnsɚ́ːʃən | -sɚ́ː-/ 名 (動 insért¹) **1** U 挿入, 差し込み (in, into). **2** C 挿入物; 書き込み; (新聞などに入れた)折り込みチラシ.

ín-sérvice 形 A 現職中に行なわれる (⇨ INSET).

†**in·set¹** /ínset/ 名 C 挿入画[図, 写真], (宝石などの)埋め込み, はめこみ.

in·set² /ɪnsét, ínsèt/ 動 (**in·sets**; 過去・過分 **in·set**, **-set·ted**; **-set·ting**) 他 **1** (図版などの片隅に)〈…〉をはめこむ (in, into). **2** [普通は受身で] 〈宝石などを〉…にはめこむ, 埋めこむ (with); 〈宝石などを(…に)はめ

906 INSET

こむ (into).
INSET /ínset/ 略 =in-service training《英》(公立学校教員に対する)現職研修.

in·shóre 形 [普通は A] (反 offshore) 海岸近くの[に, へ], 近海の[に]: ~ fisheries 沿岸漁場.

✱in·side /ìnsáɪd, ínsàɪd/ 前 **1** …の中に[へ, で(は)], …の内側に[へ, で(は)]; …の心[身体]の中に[の, へ, で(は)]: Tell me what is ~ the box. 箱の中に何が入っているのか教えてください / He is waiting ~ the tent. 彼はテントの中で待っている. **2** (時間など)…以内で[に]: ~ an hour 1 時間以内に. 語法 この意味では within の方が普通 (☞ 副 成句 inside of ...).

— 副 /ìnsáɪd, ínsàɪd/ **1** 中に[で, へ, は], 内側に[で, へ, は], 内部に[で, へ, は]; 屋内に[で, へ, は]: The box was painted blue ~ and out. その箱は内側も外側も青く塗ってあった / She went ~. 彼女は屋内へ入った / They stayed ~ during the storm. 彼らはあらしの間は家の中にいた. **2** 心の中には, 内心は **3** 《俗式》刑務所に入って (for). **inside of ...** 前 《主に米》(1) Ⓢ …以内に (within): ~ of an hour 1 時間以内に. (2) …の中に[へ, で]: ~ of the bag かばんの中に. (3) …の心[身体]の中に.

— 形 A **1** [比較なし] 内部の, 内側の; (道路の)内側の 《建物寄り》: in the ~ pocket (服の)内ポケットに / on the ~ pages of a newspaper 新聞の内側のページに / the ~ address (手紙の)文中のあて名 (☞ letter 図). **2** (事が)内部の, 内面の; 内幕の, 秘密の: the ~ story 裏話 / ~ information 内部情報, 内報.

— 名 (in·sides /ìnsáɪdz, ínsàɪdz/) Ⓒ **1** [普通は the ~] (物の)内部, 内側, 内面: the ~ of one's wrist 手首の内側 / The òutside of this box is green, but the ínside is red. この箱の外側は緑だが内側は赤だ / This door opens only from the ~. この戸は内側からしか開かない. **2** [the ~] (歩道の)内側 《建物寄り》; (競走路などの)内側走路, インコース; 《英》(道路の)内側 《路肩に最も近い》. **3** Ⓒ [普通は所有格の後で複数形で] 《略式》おなか, 腹; 内臓: I have a pain in my ~s. おなかが痛い. **4** Ⓒ [野] (ホームプレートの)内角 《打者側》. **inside óut** 副 内側を外に, 裏を表に, 逆さまに: He had his socks on ~ out. 彼は靴下を裏返しにはいていた / Turn the shirt ~ out. シャツを裏返しにしなさい // know ~ out ...→ know 動 成句. **on the ínside** 副 内側の[に]; (英) 内側走路 《英》車線[を]: This bag is plastic on the ~. このバッグは内側がビニールです. — 形 内情に詳しい: someone on the ~ だれか内情に詳しい人.

ínside jób 名 Ⓒ (盗難など)内部のしわざ, 内部犯行.
ínside láne 名 Ⓒ (競走用トラックの)内側走路, (英) (道路の)内側車線.
ínside lég 名 Ⓒ (英) =inseam.

✱**in·sid·er** /ìnsáɪdə | -də/ 名 (~s /~z/) Ⓒ 内部の者, 会員, 部員; 内幕に明らか人, 消息通 (反 outsider).
ínsider déaling [tráding] 名 Ⓤ (株式の)インサイダー取り引き 《違法行為》.
ínside-the-párk hóme rún 名 Ⓒ [野] ランニングホームラン. 日英比較 「ランニングホームラン」は和製英語.

ínside tráck 名 **1** [the ~] 《主に米》有利な立場; エリートコース. **2** (トラックの)内側走路, インコース. **hàve the ínside tráck** 動 自 《主に米》有利な立場にある; エリートコースを進む (with).

in·sid·i·ous /ìnsídiəs/ 形 [けなして] 知らぬ間に進む, 潜行性の; 陰険な, 油断のならない. **~·ly** 副 知らぬ間に(進んで); 陰険に. **~·ness** 名 Ⓤ 知らぬ間の進行.

✱**in·sight** /ínsàɪt/ 名 (-sìghts /-sàɪts/) **1** 形 (ìn-sightful) **1** Ⓤ [ほめて] 洞察力 《物事の真相を見抜く力》, 眼識: a person with deep ~ 深い洞察力のある人. **2** Ⓒ,Ⓤ 理解(する機会), 洞察, 識見: He has gained great ~ **into** the psychology of criminals. 彼は犯罪者の心理に対する深い理解を得た / The program provided [gave] ~ **about** marketing strategies. その講座でマーケティング戦略についての理解が得られた.

in·sight·ful /ínsàɪtf(ə)l/ 形 (名 ínsight) [ほめて] 洞察力に富む.

in·sig·ni·a /ìnsígniə/ 名 [複] [時に単数扱い] (地位・権威を表わす)しるし 《王冠など》, 記章, 勲章.

in·sig·nif·i·cance /ìnsɪɡnífɪk(ə)ns/ 名 Ⓤ **1** 重要[重大]でないこと, 取るに足らないこと: fade [pale] into ~ ささいなことになる. **2** 無意味.

✱**in·sig·nif·i·cant** /ìnsɪɡnífɪk(ə)nt⁻/ 形 **1** 重要でない, 取るに足らない, ささいな; つまらない: ~ chatter くだらないおしゃべり. **2** 無意味な. **~·ly** 副 わずかに.

in·sin·cere /ìnsɪnsíə | -síə⁻/ 形 [けなして] 本心からのものでない, 誠意のない. **~·ly** 副 誠意なく.
in·sin·cer·i·ty /ìnsɪnsérəti/ 名 Ⓤ 不誠実.

in·sin·u·ate /ìnsínjuèɪt/ 動 **1** (いやなこと)を遠回しに言う, 当てこする; 〈…〉とほのめかす: Are you insinuating (to me) that Mike stole the money? 暗にマイクが金を盗んだと(私に)おっしゃってるのですか? **2** 《格式》〈…〉を気づかれないように入り込ませる. **insínuate onesèlf ìnto ...** 動 《格式》…にこっそり[巧みに]入り込む; 《軽蔑》…に取り入る.

in·sin·u·at·ing /-tɪŋ/ 形 遠回しの, 当てこすりの: an ~ smile 当てこすりのほほえみ.

in·sin·u·a·tion /ìnsɪnjuéɪʃən/ 名 Ⓒ,Ⓤ 当てこすり, ほのめかし: She made the unpleasant ~ **that** he was not an honest businessman. 彼女は彼は誠実な実業家でないという不愉快な当てこすりを言った.

in·sip·id /ìnsípɪd/ 形 《格式》 **1** 風味のない, まずい; 気の抜けた. **2** おもしろみのない, 味気ない.
in·si·pid·i·ty /ìnsɪpídəti/ 名 Ⓒ,Ⓤ 《格式》風味のなさ, 気の抜けた, 平凡, 無味乾燥.
in·sip·id·ly /ìnsípɪdli/ 副 《格式》風味がなく, まずく; おもしろみがなく, 味気なく.
insípid·ness 名 Ⓤ =insipidity.

✱**in·sist** /ìnsíst/ 動 (in·sists /-sísts/; -sist·ed /-ɪd/; -sist·ing/ 名 insistence, 形 insístent) 自 **1** 強く主張する, (どうしても…する[…だ]と)言い張る; (執拗に)…し続ける (☞ 類義語); exist 単語の記憶: 言い換え He ~ed on [upon] his innocence. <V+on [upon]+名・代> (=He ~ed that he was innocent.) 彼は自分は潔白だと言い張った (☞ 他 1)) / She ~ed on staying alone in the house. <V+on+動名> 彼女は 1 人で家に残ると言ってきかなかった / Let this be my treat, I ~! ここはぼくにごちそうさせてください / "That's easy," he ~ed. 「それは簡単だよ」と彼は言い張った / He still ~s on sending me e-mail after e-mail. 彼はいまだに私に次から次へと E メールを送ってくる.

2 強く要求する, 強(し)いる: This patient ~s on neatness in his room. <V+on+名・代> この患者は部屋の清潔なことを強く求めす / 言い換え They ~ed on [upon] his [him] being there. <V+on [upon]+動名> 《格式》(=They ~ed that he (should) be there.) 彼らは彼にそこへ来いと強要した (☞ 他 2).

— 他 **1** 〈…である〉と強く主張する: He ~ed that he was innocent. <V+O(that節)> 彼は自分は潔白だと言い張った (☞ 自 1).

2 〈…すること〉を強く要求する: They ~ed that he (should) be there. <V+O(that節)> 彼らは彼にそこへ来いと強要した (☞ 自 2; should A 8) / My mother ~ed that I (must) study before watching TV. 母は私にテレビを見る前に勉強しなさいと強く言った. 語法

that 節の前で前置詞 on [upon] が省略されていると考えればこの insist 1, 2 は 自 と見ることもできる (☞ 動詞型解説 II 3.5 (巻末)).

if you insíst [副] Ⓢ [しばしば滑稽] (あなたが)どうしても[ぜひとも]と言うなら: I'll come to the party *if you* ~. ぜひともとおっしゃるのならパーティーに出ます.

【類義語】**insist** 強引に主張する: She still *insists* she wasn't there at the time. 彼女はその時そこにはいなかったとまだ言い張っている. **assert** 確信を持って主張する: The old man *asserts* that garlic prevents rheumatism. にんにくを食べていればリューマチにかからないと, その老人は言い張る. **persist** 繰り返し執拗(しつよう)に主張する: It won't be easy to borrow the money, but you'll succeed if you *persist*. 金を借りるのはたやすくないだろうが, しつこく頼めばうまく借りられるだろう.

*__in·sis·tence__ /insístəns/ 名 (動 insist) Ⓤ **1** 強い要求, 無理強(じ)い, 強要; 強い主張: The opposition parties were angered by the government's ~ *on* an indirect tax. 政府が間接税を強硬に主張したので野党は怒った / They were annoyed by his ~ *that* everything (*should*) be finished far ahead of schedule. <N+*that* 節> 彼は何もかも予定よりずっと早く終わらせろと言い張って彼らを悩ませた (☞ should A 8). **2** 執拗(しつよう)さ, しつこさ. **at ...'s insístence** [副] …の強い要求で, しつこく言われて.

in·sis·ten·cy /insístənsi/ 名 Ⓤ=insistence 2.

†__in·sis·tent__ /insístənt/ 形 (動 insist) **1** 強要する, しつこい; 言い張ってきかない: an ~ demand 執拗な要求 / He was so ~ *on* it that I let him pay for my dinner. 彼がどうしても言うので私の食事代を払わせた / He was ~ *that* I (*should*) apologize. 彼は私にわびるよう強く迫った (☞ should A 8). **2** (音などが)しつこく続く. **~·ly** 副 強情に, しつこく.

in sí·tu /insíːtjuː | -tjuː/ 《ラテン語から》 副 形 [格式] 元の場所で[に, の].

†__in·so·fár as__ /ìnsoufɑ́ːrəz/ 接 [格式] …する限りにおいて (☞ in so far as ... (far 副 成句)).

in·so·late /ínsouleɪʃən/ 名 Ⓤ 日光にさらすこと.

ín·sòle 名 Ⓒ 靴の中底; 靴の敷革 (innersole).

in·so·lence /ínsələns/ 名 Ⓤ 横柄, 傲慢(ごうまん), 生意気 (*to, toward*).

in·so·lent /ínsələnt/ 形 横柄な, 傲慢な, 無礼な, 生意気な (*to, toward*). **~·ly** 副 横柄に, 傲慢に.

in·sol·u·bil·i·ty /ɪnsɑ̀ljubíləti | -sɔ̀l-/ 名 Ⓤ (問題が)解決できないこと; 不溶解性.

in·sol·u·ble /ɪnsɑ́ljubl | -sɔ́l-‑/ 形 **1** (問題が)解けない, (事件などが)解決できない. **2** (水などに)溶けない, 不溶解性の: ~ *in* water 水に溶けない.

in·solv·a·ble /ɪnsɑ́lvəbl | -sɔ́l-‑/ 形 《主に米》 解決できない (insoluble).

†__in·sol·ven·cy__ /ɪnsɑ́lv(ə)nsi | -sɔ́l-/ 名 Ⓤ Ⓒ 〘法〙支払い不能, 破産(状態).

†__in·sol·vent__ /ɪnsɑ́lv(ə)nt | -sɔ́l-/ 〘法〙 形 支払い不能の, 破産している: be declared ~ 破産宣告をされる.
── Ⓒ 支払い不能者, 破産者.

†__in·som·ni·a__ /ɪnsɑ́mniə | -sɔ́m-/ 名 Ⓤ 不眠症 (sleeplessness).

in·som·ni·ac /ɪnsɑ́mniæ̀k | -sɔ́m-/ 名 Ⓒ 不眠症の人. ── 形 不眠症の.

†__in·so·much__ /ìnsoumʌ́tʃ/ 副 (次の成句で) **in·somúch as ...** [接] (格式) …であるから, …のかぎりにおいて. **insomúch that ...** [接] 《格式, 主に米》 …するほど(までに).

in·sou·ci·ance /ɪnsúːsiəns/ 名 Ⓤ (格式) むとんちゃく, のんき; 無関心 (nonchalance).

in·sou·ci·ant /ɪnsúːsiənt/ 形 (格式) むとんちゃくな, のんきな; 無関心な (nonchalant). **~·ly** 副 むとんちゃくに, のんきに; 無関心に.

insp., Insp. 略 =inspector.

*__in·spect__ /ɪnspékt/ 🈷 動 (**in·spects** /-spékts/;

inspire 907

-spect·ed /-ɪd/; **-spect·ing**; 名 inspéction) 他 **1** (不備・欠陥などがないか)…を検査する, 調べる ≒examine 類義語: ☞ prospect¹ 〘単語の記憶〙: The fire department should regularly ~ public buildings *for* any improper fire escapes. <V+O+*for*+名・代> 消防署は公共の建物を不備な火災避難設備がないか定期的に立ち入り検査すべきである.

2 〈…を〉視察する, 検閲する; 〘軍隊〙を閲兵する: The restaurant *was* carefully [thoroughly] ~*ed by* health officials. <V+Oの受身> レストランは保健所(員)の綿密な[徹底的な]査察を受けた. 語源 ラテン語で "中を見る, のぞき込む" の意 (☞ prospect¹ 〘単語の記憶〙).

*__in·spec·tion__ /ɪnspékʃən/ 名 (~s /-z/; 動 inspéct) Ⓤ Ⓒ 検査, 点検; 視察, 査察, 検閲: a tour of ~ 視察旅行 | 言い換え | The government *conducts* [*makes, carries out*] *an* ~ *of* these factories once a year. (=The government inspects these factories once a year.) 政府はこれらの工場に対して毎年 1 回検査を行なっている. **on inspéction** [副] 文修飾節 調べたうえで, 調査の結果では: *on* closer ~ もっと詳細に調べると.

*__in·spec·tor__ /ɪnspéktə | -tə/ 名 (~s /-z/) Ⓒ **1** 検査官[係]; 監査人; 〘英〙視学官: a safety ~ 安全監視係 / a tax ~ =〘英〙an ~ of taxes 税収税官. **2** 〘米〙警視(正), 〘英〙警部(補) (略 ins., insp., Insp.): I~ Jones ジョーンズ警視. **3** 〘英〙(バス・列車の)検札係.

†__in·spec·tor·ate__ /ɪnspéktərət, -trət/ 名 Ⓒ [単数形でも時に複数扱い] 〘主に英〙監査人(全体), 視察[調査]団 ☞ collective noun 文法.

*__in·spi·ra·tion__ /ɪ̀nspəréɪʃən/ 名 (~s /-z/; 動 inspíre, 形 inspirátional) **1** Ⓤ 霊感, 創造的刺激, インスピレーション; 熱意, 意欲: divine ~ 神霊の導き, 神から受ける霊感 / a source of ~ 発想源 / She provided the ~ *for* his music. 彼女が彼の作曲意欲をかきたてた / Artists often 「*draw* their ~ *from* [*find* their ~ *in*] nature. 芸術家はしばしば自然から霊感を受ける / Genius is one percent ~ and ninety-nine percent perspiration. 天才とは 1 パーセントの霊感と 99 パーセントの汗である (Edison のことば; inspiration と perspiration とで韻を踏んでいる; ☞ rhyme).

2 Ⓒ [普通は単数形で] (創作などの)刺激となるもの[人], 霊感を与えるもの[人]; 励まし[手本]となるもの[人] (*to*): the ~ *for* [*behind*] the novel その小説を着想させたもの.

3 Ⓒ (頭にひらめいた)妙案, ひらめき; 示唆: I've had a sudden ~. 突然名案がひらめいた.

ùnder the inspirátion of... [前] …に感化されて.

*__in·spi·ra·tion·al__ /ɪ̀nspəréɪʃ(ə)nəl‑/ 形 (名 inspirátion) **1** 霊感を与える, 励ましとなる. **2** (演技などが)神がかり的な, すばらしい.

*__in·spire__ /ɪnspáɪə | -spáɪə/ 🈯 動 (**in·spires** /~z/; **in·spired** /~d/; **in·spir·ing** /-spáɪ(ə)rɪŋ/; 名 ìnspirátion)

ラテン語で "息を吹き込む" の意 (☞ in-², spirit 語源, aspire 語源) → (熱意に) 「吹き込む」**2** → 「奮い立たせる」**1**

1 〈人〉を奮い立たせる, 鼓舞する; 〈…〉を激励して─させる: His speech ~*d* all the boys. 彼の話は少年たちみんなを元気づけた / The teacher ~*d* us *to* work harder. <V+O+C (*to* 不定詞)> 先生は大いにもっと勉強するように奮い立たせてくれた (〈直接の激励のことばではなくて熱意・自信などを持たせることで〉) / His mother's letter ~*d* him *to* greater efforts. <V+O+*to*+名・代> 母の手紙で彼はいっそうがんばった. **2** 〈熱意などを〉

(人に)吹き込む, 呼び起こす, 〈人に〉(一を)吹き込む: ~ confidence in customers 客に信頼(感)を与える / The captain's brave act ~d 'courage in the soldiers [the soldiers with courage]. 隊長の勇敢な行為は兵士たちに勇気を吹き込んだ。 **2** (普通は受身で)〈…〉に(よい結果・作品などをもたらす)霊感を与える; (神が)啓示を与える: Poets are often ~d by beautiful scenery. 詩人は美しい景色によってしばしば霊感を与えられる。 **4** [(格式)〈息・空気など〉を吸い込む (inhale) (expire).

in·spired /ɪnspάɪəd | -spάɪəd/ 形 (反 uninspired) **1** 見事な, すばらしい: an ~ performance 見事な演技 / an ~ guess 直感的だが正しい[勘のいい]推測。 **2** 霊感[影響]を受けた: politically ~ 政治的に動かされた, 政治的理由による。 **3** [合成語で]…の影響を受けた, …風の: Japanese-inspired craft 日本風の工芸。

†**in·spir·ing** /ɪnspάɪ(ə)rɪŋ/ 形 (反 uninspiring) **1** 奮い立たせるような, 励みとなる; 感動的な (stirring): an ~ teacher 生徒のやる気をひき出す教師。 **2** [普通は否定語とともに]興味を引きおこす.

†**in spite of** ⇨ in spite of ... (spite 成句).

inst /ɪnst, ənt/ 形 (古風) (商) 今月の(日付の後につけて): the 10th ~ 今月の10日.

Inst. 略 =institute, institution.

†**in·sta·bil·i·ty** /ɪnstəbíləti/ 名 (-ities) U.C 不安定(性); 精神不安定.

in·stal /ɪnstɔ́:l/ 動 (in·stals; in·stalled; in·stal·ling) (英) =install.

‡**in·stall** /ɪnstɔ́:l/ (U) 動 (in·stalls /~z/; in·stalled /~d/; in·stal·ling) 他 **1** 〈設備・装置など〉を取り付ける, 設置する (主に電気[水道]関係についていう); 〖電算〗 〈ソフト〉をインストールする: We had a new air conditioner ~ed yesterday. 私たちはきのう新しいエアコンを取り付けてもらった / A gas stove has been ~ed in this room. <V+O+前+名・代の受身> この部屋にはガスストーブが備え付けてある。 **2** 〈人〉を就任させる (in), 任命する (as); 〈任命を(就任)式などの儀式を行なって): 〈人〉を地位につかせる, 落ち着かせる (in, at). **install oneself** 動 自 (…に)席を占める, 落ち着く (in, at): She ~ed herself in the best seat. 彼女はいちばんよい席についた.

‡**in·stal·la·tion** /ɪnstəléɪʃən/ 名 (~s /~z/; 動 in·stáll) **1** U.C (設備・装置などの)取り付け, 据え付け; U 〖電算〗 インストール: the ~ of computers in the office 事務所へのコンピューターの設置. **2** C 設備, 装置: air-conditioning ~s 空調設備. **3** C (軍事) 基地, 施設: a military (nuclear) ~ 軍(核)施設. **4** (格式) U 就任, U.C 任命式, 任官式. **5** C 〖芸〗インスタレーション((物体・音・動き・空間を用いて一時的な作品を作る現代期の一様式)).

in·stall·ment, (英) **in·stal·ment** /ɪnstɔ́:lmənt/ 名 **1** C (分割払いの) 1回分の払込(金); (連続番組・続き物などの) 1回分; 分冊: the third ~ on the car 車の 3 回目の割賦金 / pay for the computer by [in] ~s コンピューターの代金を分割で払う / a TV drama in 5 ~s 5 回連続テレビドラマ. **2** U =installation 1. **in mónthly instállments** [副] 月賦で.

install·ment plán 名 C.U (主に米) 分割払い方式 ((英) hire purchase): buy a car on the ~ 分割払いで車を買う.

in·stal·ment /ɪnstɔ́:lmənt/ 名 (英) =installment.

‡**in·stance** /ɪnstəns/ 名 (in·stanc·es /~ɪz/) C **1** 例, 実例 (⇨ 類義語); distance 単語の記憶): He *cited* several ~s of cultural differences between the two nations. 彼は両国が文化的に異なる例をいくつかあげた / I'll *give* you another ~. もうひとつ別の例をあげましょう. **2** 場合

(⇨ case¹ 類義語): in this ~ この場合には.

at ...'s ínstance [副] (格式)…の依頼[勧め]で.

for ínstance [副] つなぎ語 例えば (for example): Remember that the most beautiful things in the world are the most useless; peacocks and lilies, for ~. 世の中で最も美しいものは最も役に立たないものであることを覚えておきなさい. 例えばくじゃくやゆりなど.

in the fírst ínstance [副] つなぎ語 第一に, まず.

—— 動 他 (格式)〈…〉を例にあげる.

‡**in·stant** /ɪ́nstənt/ 形 **1** [普通は A] [比較なし] 即時の, すぐさまの: take an ~ dislike to …… がすぐに嫌いになる / In an emergency, one must take ~ action. 非常の際にはとっさの行動をとらねばならない / His new movie became an ~ success. 彼の新しい映画はすぐにヒットした. **2** A (飲食物などが)インスタントの, 即席の: ~ coffee インスタントコーヒー / an ~ camera インスタントカメラ. **3** (古風) 緊急の. 語源 ラテン語で「すぐ近くにある, 目の前の」の意.

—— 名 (in·stants /-stənts/; 形 ínstantáneous) C (普通は単数形で) 瞬間, 即時 (of) ((⇨ moment 類義語): At the same ~ the bell rang. 同時にベルが鳴った.

(at) thát ínstant [副] ちょうどそのとき: The phone rang, and *at that* ~ the earth began to shake. 電話が鳴ったちょうどその時地面が揺れはじめた.

for an ínstant [副] (1) ちょっとの間: He hesitated *for an* ~. 彼は一瞬ちゅうちょした. (2) [否定文で] 少しも(…ない).

in an ínstant [副] すぐに, たちまち (immediately): He was back *in an* ~. 彼はすぐに帰ってきた.

on the ínstant [副] たちどころに, すぐさま.

the ínstant (that) ... [接] …するとすぐに (as soon as …): 言い換え *The* ~ *(that)* the baby saw his mother, he stopped crying. (=As soon as the baby saw his mother, he stopped crying.) 赤ん坊は母親を見るとすぐ泣きやんだ.

thís ínstant [副] [普通は子供などへの命令文とともに] (S) すぐに, たった今; この場で.

†**in·stan·ta·ne·ous** /ɪ̀nstəntéɪniəs⁻/ 形 (名 ínstant) 瞬間の, 即座の; 同時の: ~ death 即死. **-ly** 副 即座に[同時に].

in·stan·ti·ate /ɪnstǽnʃièɪt/ 動 他 〈…〉を例で示す, 事例を挙げて裏付ける.

†**in·stant·ly** /ɪ́nstəntli/ 副 即座に, 直(ただ)ちに (immediately): He was killed ~. 彼は即死した.

ínstant méssage 名 C 〖電算〗 インスタントメッセージ((インターネット上で即時に送られるメッセージ)).

ínstant méssaging 名 U 〖電算〗 インスタントメッセージ((インターネット上における即時のやりとり)).

ínstant réplay 名 C.U (米)(スポーツ中継などの)(スロー)リプレイ, 即時再生(映像) ((英) action replay).

in·state /ɪnstéɪt/ 動 他 〈人〉を就任させる, 任命する.

‡**in·stead** /ɪnstéd/ 副 つなぎ語 [前言を受けて]その代わりに, そうしないで; それよりも (⇨ stead 語源): Last summer I went to Hawaii. This year I'm going to Florida ~. 去年の夏はハワイに行った. 今年はその代わりにフロリダへ行くつもりだ / Jim seldom goes out on Sunday. He ~ he watches TV all day long. ジムは日曜日はほとんど外出せず, 一日中テレビを見ている.

instéad of ... [前] …の代わりに, …をしないで (in place of …): I learned Russian ~ of French. 私はフランス語の代わりにロシア語を学んだ / Could you drive her home ~ of me? 私じゃなくて彼女を車に家に送ってくれないか / Go get some fresh air ~ of staying inside. (家の中にいないで)新鮮な空気を吸ってこい.

in·step /ɪ́nstèp/ 名 C 足の甲 (⇨ leg 挿絵; back 名 3 最後の用例); 靴(下)の甲.

†**in·sti·gate** /ɪ́nstɪgèɪt/ 動 他 (格式) **1** 〈…〉をそそ

かす;扇動する: He ~d the workers to strike. 彼は労働者を扇動してストライキをさせた. **2**《改革・調査・訴訟など》を開始する,起こす.

in・sti・ga・tion /ìnstɪɡéɪʃən/ 图 Ü《格式》そそのかし,扇動, 教唆(きょうさ);《改革・調査などの》開始. **at ...'s instigation＝at the instigation of ...**《格式》...にそそのかされて;...の要請に応じて.

in・sti・ga・tor /ínstɪɡèɪtə | -tə/ 图 C《格式》扇動者,《改革などの》推進者, 主唱者 (of).

†**in・still**,《英》**in・stil** /ɪnstíl/ 動 (**in・stills**,《英》**in・stils; in・stilled; -still・ing,**《英》**-stil・ling**) 他 **1**〈思想・感情・行動など〉を徐々に教え込む, 吹き込む: ~ pride in [into] the players 選手たちにプライドを吹き込む. **2**〈液体〉を一滴ずつたらす[注ぎ込む].

in・stil・la・tion /ìnstəléɪʃən/ 图 Ü **1**《思想などの》教え込むこと, 吹き込み. **2** 点滴.

***in・stinct** /ínstɪŋ(k)t/ (⇒ **in・stincts** -tɪŋ(k)ts; **instinctive**) Ü.C **1** 本能, (...しようとする)生得の衝動[傾向]: the ~ of animals 動物の本能 / the ~ of self-defense 自衛本能 / an ~ for survival＝an ~ to survive〈名＋to 不定詞〉生存本能 / Fish swim by ~. 魚は本能で泳ぐ. **2** 天性, 生まれながらの才能: have an ~ for business 生まれながらに商売の才能を持っている. **3** 直感, 勘 (intuition): my first ~ A の最初の直感的反応 / follow [trust] one's ~ 直感に従う. 語源 ラテン語で「駆り立てる」の意.

***in・stinc・tive** /ɪnstíŋktɪv/ 形 (⇒ **instinct**) 本能的な, 天性の; 直感的な: an ~ fear of fire 火への本能的な恐れ. **~・ly** 副 本能的に; 直感的に.

in・stinc・tu・al /ɪnstíŋ(k)tʃuəl | -tʃuəl/ 形 Ｗ《心》＝instinctive.

***in・sti・tute** /ínstət(j)ùːt | -tjùːt/ 图 (**-sti・tutes** -t(j)ùːts | -tjùːts/) C **1** 学会, 協会; 学会の建物, 会館 (for): I~ of Education (イングランド・ウェールズの) 教員養成協会 / the I~ of France フランス学士院.
2 研究所,（理工科系の）専門学校, 大学 (for)《略 Inst.; ☞ university 表》: a research ~ 研究所 / The Massachusetts I~ of Technology マサチューセッツ工科大学《略 M.I.T.》. 3 institution 公共機関. **3**（特定のテーマの）短期講習[研修]会.
— 動 (**-sti・tutes** -t(j)ùːts | -tjùːts/; **-sti・tut・ed** /-tɪd/; **-sti・tut・ing** /-tɪŋ/; **institution**) 他《格式》 **1** 〈...〉を設ける, 設立[創設]する: The city authorities ~d new rules. 市当局は新しい規則を制定した. **2**〈調査・訴訟手続きなど〉を開始する. **3**《牧師など》を就任式などを行なって任命する.

***in・sti・tu・tion** /ìnstət(j)ùːʃən | -tjùː-/ 图 (**~s** /-z/; 動 ínstitute, 形 ìnstitútional) **1** C **公共機関**, 組織, 施設; 公共機関の建物; 学会, 協会 (of)《略 Inst.》: a public ~ 公共機関《学校・病院など》/ an educational ~ 教育機関 / a training ~ 養成所. 関連 institute 研究所. **2** C [普通はけなして]（孤児・老人などの）収容施設 (home); 精神病院 (mental hospital): an ~ for the aged 老人施設《☞ the¹³》. **3** C 慣例, 制度, しきたり: the ~ of marriage 結婚制度 / The Turkey dinner is a ~ of Thanksgiving. 七面鳥のごちそうを食べるのは感謝祭のしきたりです. **4** Ü 設立, 創立; 制定; 開始 (of). **5** C [しばしば滑稽] おなじみの人[もの].

***in・sti・tu・tion・al** /ìnstət(j)ùːʃ(ə)n(ə)l | -tjùː-/ 形 (图 ìnstitútion, 動 ìnstitútionalize) [普通は A] **1** 公共機関の, 組織[施設](内)の: an ~ investor 機関投資家. **2** [普通は A] 収容施設の: in ~ care 施設で保護される. **3** 慣例の, 制度上の.

in・sti・tu・tion・al・i・za・tion /ìnstət(j)ùːʃ(ə)nəlɪzéɪʃən | -tjùːʃ(ə)nəlaɪz-/ 图 Ü **1**（施設[精神病院]への）収容. **2** 制度[慣例]化.

in・sti・tu・tion・al・ize /ìnstət(j)ùːʃ(ə)nəlàɪz | -tjùː-/ 動 (形 ìnstitútional) 他 **1**《古風》〈...〉を施設[精神病院]に収容する; 投獄する. **2**〈...〉を慣例化する, 制度化する.

in・sti・tu・tion・al・ized /ìnstət(j)ùːʃ(ə)nəlàɪzd/ 形 [普通はけなして] **1** 日常化した, 蔓延した, 慣例[制度]化した: ~ corruption 日常化した汚職. **2**（外の世界に適応しないほど）施設型の生活に慣れきった.

ín・stóre 形 Ａ 大型店[デパート]内の[で行なわれる].

***in・struct** /ɪnstrʌ́kt/ 動 (**instructs** -strʌ́kts/; **-struct・ed** /-ɪd/; **-struct・ing** 图 instruction, 形 instructive) 他《格式》〈...〉に（一せよと）指図する, 指示する (about)《☞ order 類義語》: She ~ed the girls to prepare for the play. <V+O+C (to 不定詞)> 彼女は劇の準備をしておくように少女たちに指示した / He ~ed me how to do my work. <V+O+O (wh 句)> 彼は私の仕事のやり方を私に指示してくれた / The doctor ~ed that she (should) rest for the day. <V+O (that 節)> 医者は彼女にその日は休むように言った. **2**《格式》〈...〉に（ーを）教える (teach),《体系的に》教授する《☞ structure 単語のつかい方》: Mr. Smith ~s our class in English. スミス先生は私たちのクラスに英語を教えてくださいます. **3** [普通は受身で]《英格式》〈人〉に通知する, 知らせる (inform) (that). **4**《英法》〈弁護士〉に弁護を依頼する;《米法》（裁判官が）〈陪審員〉に説示する. **as instrúcted** 副 指示されたとおりに: I installed the software as ~ed. 指示されたようにソフトをインストールした. 語源 ラテン語で「積み重ねる」の意《☞ structure 単語のつかい方》.

***in・struc・tion** /ɪnstrʌ́kʃən/ 图 **1** (**~s** /-z/; 動 instrúct, 形 instructive, instructional) **1** [複数形で]（器具などの）**使用説明, 使用説明書** (about)（instruction manual, 《米》directions）: **follow the ~s for** use 使用上の説明に従う / Read the ~**s on** how to use the mobile phone carefully. 携帯電話の使用説明書を注意して読んでください《★ on は省略しない》.
2 C [普通は複数形で] **指図, 命令**: follow [carry out] a person's ~s 人の指示に従う [言い換え] The commander **gave** them ~**s not to** harm civilians. <N+to 不定詞>＝The commander **gave** them ~**s that** they should not harm civilians. <N+that 節> 司令官は民間人を傷つけないようにという命令を下した. **3** Ü《格式》**教授, 教育, 授業** (teaching) (on): religious ~ 宗教教育 / Mr. Smith gives us ~ in English every Monday. スミス先生は毎週月曜日に私たちに英語の授業をしてくださいます. **4** C《電算》命令, インストラクション. **on ...'s instrúctions＝on the instrúctions of ...** 副 ...の指図[命令]で. **ùnder instrúction** 形 指図を受けて (to do); 教育[訓練]中で. **ùnder ...'s instrúction＝ùnder the instrúctions of ...** ...の指導の下で.

in・struc・tion・al /ɪnstrʌ́kʃ(ə)nəl/ 形 (图 instrúction) [普通は Ａ] 教授(上)の, 教育(上)の.

instrúction mànual 图 C（器具などの）使用説明書 (instructions).

***in・struc・tive** /ɪnstrʌ́ktɪv/ 形 (動 instrúct, 图 instrúction)（物事が）教育的な, ためになる, 有益な: an ~ experience [TV program] ためになる経験[テレビ番組] / Reading this book will be very ~ for you. この本をあなたが読むととてもためになるでしょう. **~・ly** 副 教育的に, 有益に.

***in・struc・tor** /ɪnstrʌ́ktə | -tə/ 图 (**~s** /-z/) C **1** インストラクター,（技能・技術などの）**指導者; 主任教員**: a driving ~ 自動車教習所の教官. **2**《米》（大学の）専任講師（助教授 (assistant professor) の下;☞ professor 表》: an ~ in physics＝a physics ~ 物理の講師.

***in・stru・ment** /ínstrəmənt/ 图 **1** (**-stru・ments** /-mənts/;

instrumental

instruméntal [形] [C] 1 (精密な)**器械**, 道具;(速度・高さなどを測定する)計器, 装置 (⇒ tool 類義語: structure 単語の記憶): medical ~s 医療器具 / optical ~ s 光学機器 / ~ s of torture 拷問用の器具. 2 [楽器] (musical instrument): wind [stringed, percussion] ~s 管[弦, 打]楽器 / "What ~ do you play?" "I play the guitar."「あなたは何の楽器をやっているのですか」「ギターです」/ 3 [普通は単数形で] (means), 方法 (for, of); 手先: an ~ of God [fate] 神[運命]に使われる[操られる]もの. 4 [法] 証書, 文書.

*in·stru·men·tal /ìnstrəméntl/ [形] ([名] ínstrument; ìnstrumentálity) 1 [P] (…するのに)役に立つ, 貢献する; (…の)要因で: He was ~ in introducing Japan to the West. 彼は日本を西洋に紹介するのに貢献した. 2 楽器の, 楽器用の: ~ music 器楽曲. ━ [名] [C] 器楽曲. ~·ly /-təli/ [副] 手段として; 楽器で.

in·stru·men·tal·ist /ìnstrəméntəlɪst/ [名] [C] 器楽(演奏)家.

in·stru·men·tal·i·ty /ìnstrəmèntǽləti/ [名] (-ties; [形] ìnstruméntal) (格式) 1 [U] 尽力, おかげ. 2 [C] 手段, 方法. **through the instrumentality of ..**. [前] (格式) …によって, …の尽力で.

*in·stru·men·ta·tion /ìnstrəməntéɪʃən/ [名] [U] 1 [楽] 楽器の編成, 管弦楽法. 2 (機械の制御のためなどの)器具類の使用.

instrument flýing [名] [U] [空] 計器飛行.
ìnstrument lánding [名] [C,U] [空] 計器着陸.
ìnstrument pánel [名] [C] (自動車・飛行機などの)計器盤, パネル, インパネ.

in·sub·or·di·nate /ìnsəbɔ́ədənət | -bɔ́ː-/ [形] (格式) (軽蔑) (目上に対して)不従順な, 反抗的な (to).

in·sub·or·di·na·tion /ìnsəbɔ̀ədənéɪʃən | -bɔ̀ː-/ [名] [U] (格式) [軽蔑] 不従順, 不服従, 反抗.

in·sub·stan·tial /ìnsəbstǽnʃəl/ [形] (格式) 1 もろい, 弱い; 不十分な: an ~ meal 乏しい食事. 2 《文》 実質[中身]のない; 架空の, 非現実的な.

in·sub·stan·ti·al·i·ty /ìnsəbstæ̀nʃiǽləti/ [名] [U] (格式) もろさ; 不十分な点; 《文》 実質のないこと; 架空.

in·suf·fer·a·ble /ɪnsʌ́f(ə)rəbl/ [形] (格式) (人・行動がうぬぼれていて)我慢のならない, しゃくにさわる; 耐え難い. **-a·bly** /-rəbli/ [副] 我慢のならないほど(に).

in·suf·fi·cien·cy /ìnsəfíʃənsi/ [名] [U] または an ~] (格式) 不足, 不十分; 不適当 (of); [医] 機能不全.

*in·suf·fi·cient /ìnsəfíʃənt/ [形] (格式) (権力・金・資源などが)不十分な, 不足している; 不適当な: ~ funds for the new business 新規事業への不十分な資金 / There was ~ evidence to convict her. 彼女を有罪と宣告するには証拠は不十分であった. ~·ly [副] 不十分に, (…するに)足りずに; 不適当に.

in·suf·flate /ínsəflèɪt/ [動] 他 [医] (気体・液体・粉末)を吹き付ける (into, onto).

†**in·su·lar** /íns(j)ʊlə | -fʊ- | -sjʊlə/ [形] 1 [軽蔑] 島国的な, 心の狭い (⇒ peninsula 語源). 2 [A] (格式) 島の(ような); 島民の.

in·su·lar·i·ty /ìns(j)ʊlǽrəti | -fʊ- | -sjʊ-/ [名] [U] [軽蔑] 島国根性, 狭量.

*in·su·late /íns(j)ʊlèɪt | -sjʊ-/ [動] 他 1 〈…〉を断熱[防音]する; [電] (不導体で)〈…〉を絶縁する (from, against). 2 W 〈…〉を隔離する; 守る (from, against).

in·su·lat·ed /íns(j)ʊlèɪtɪd | -sjʊ-/ [形] 断熱[絶縁, 防音]された: an ~ house 断熱[防音]された家.

in·su·lat·ing /íns(j)ʊlèɪtɪŋ | -sjʊ-/ [形] [A] 断熱[絶縁, 防音]用の: ~ materials 断熱[防音]材.

ìnsuláting tàpe [名] [U] 絶縁テープ (friction tape).

*in·su·la·tion /ìns(j)ʊléɪʃən | -sjʊ-/ [名] [U] 1 断熱, 防音; [電] 絶縁 (from, against). 2 断熱[絶縁, 防音]材[物].

in·su·la·tor /íns(j)ʊlèɪtə | -sjʊlèɪtə/ [名] [C] 絶縁体[物, 材], 碍子(がいし); 断熱[防音]材[物].

in·su·lin /íns(j)ʊlɪn | -sjʊ-/ [名] [U] [医] インシュリン《膵臓(すいぞう)ホルモンで糖尿病 (diabetes) の特効薬》.

*in·sult¹ /ɪnsʌ́lt/ [動] ★名詞の insult² とのアクセントの違いに注意. 1,3 (in·sults /-sʌ́lts/; -sult·ed /~ɪd/; -sult·ing; [名] ínsult²) 他 〈…〉を**侮辱**(ぶじょく)する, はずかしめる: ~ a person's intelligence 人をばかにする / I felt ~ed by his speech. 私は彼の演説で侮辱を受けたと感じた / She ~ed him by calling him incompetent. 彼女は彼を無能だと言って侮辱した.

*in·sult² /ínsʌlt/ [名] ★動詞の insult¹ とのアクセントの違いに注意. [名] [動] ínsult¹) [C] 侮辱, 無礼: exchange ~s 侮辱しあう (⇒ exchange [動] 1 語法) / throw [hurl] ~s at the player 選手に無礼なことばを投げかける / She took the remark as an ~. 彼女はそのことばを侮辱とみなした / It was a gross ~ to us. それは我々にはひどい侮辱でした. **ádd ínsult to ínjury** [動] ひどい目にあわせたうえに恥辱を加える, 踏んだりけったりの目にあわせる. **be an ínsult to ...'s intélligence** [動] (本・授業などが簡単すぎて)…の知性に対する侮辱である, …をばかにした扱いをする.

*in·sult·ing /ɪnsʌ́ltɪŋ/ [形] 侮辱的な, 無礼な (to).
~·ly [副] 侮辱的に[なほど].

in·su·per·a·ble /ɪnsúːp(ə)rəbl←/ [形] (格式) (困難・問題などが)打ち負えない, 克服できない.

in·sup·port·a·ble /ìnsəpɔ́ətəbl | -pɔ́ː-←/ [形] (格式) (ひどくて)耐えられない; 我慢[支持]できない.

in·sur·a·ble /ɪnʃʊ́(ə)rəbl | -ʃʊ́ər-/ [形] 保険が付けられる, 保険に適した.

*in·sur·ance /ɪnʃʊ́(ə)rəns | -ʃʊ́ər-/ [T1] [名] [動] insúre) 1 [U,C] 保険; 保険契約: have 100 million yen life ~ 1億円の生命保険に入っている / have ~ **on** [for] one's home 家屋に保険をかけている / Do you have「~ **against** flood damage [flood ~]? あなたは洪水の損害保険をかけていますか / You can claim (for) the cost of the stolen camera on your ~. 盗難にあったカメラ代は保険請求できますよ.

┌─ insurance 「の」いろいろ ─┐
áccident insùrance 傷害保険 / áutomobile [cár] insùrance 自動車保険 / aviátion insùrance 航空保険 / cásualty insùrance 傷害[災害]保険 / fíre insùrance 火災保険 / héalth insùrance 健康保険 / lífe insùrance 生命保険 / sócial insùrance 社会保険 / trável insùrance 旅行保険 / unemplóyment insùrance 失業保険

┌─ コロケーション ─┐
cancel insurance 保険を解約する
renew insurance 保険を更新する
sell insurance 保険に勧誘(して契約)する
take out insurance on [against] ... (家財)に保険をかける[(火事・盗難など)の保険に入る]

2 [U] 保険金; 保険料: receive ~ payments 保険金を受け取る / The ~ **on** my house is $50,000. 私の家にかけた保険は5万ドルだ. 3 [U] 保険業. または an ~] 保証; 予防手段, 安全策 (against).

insúrance adjùster [名] [C] 《米》保険精算[査定]人 《保険金の額を査定する保険会社の社員》 《英》loss adjuster).

insúrance àgent [名] [C] 保険代理人[店].
insúrance bròker [名] [C] =insurance agent.
insúrance còmpany [名] [C] 保険会社.
insúrance pòlicy [名] [C] 保険証券, 保険証書; 予防手段, 安全策: take out a life ~ 生命保険に入る.

insúrance prèmium [名] [C] 保険料.

in·sure /ɪnʃúə | -ʃúə, -ʃɔ́ː/ 《同音 #ensure》 **12** 動 (**in·sures** /~z/; **in·sured** /~d/; **in·sur·ing** /-ʃú(ə)rɪŋ/; 名 insúrance) 他 **1** 〈…〉に保険をかける; (保険業者が)〈…〉の保険を引き受ける: My father ~*d* himself [his life] *for* $200,000. <V+O+*for*+名> 父は20万ドルの生命保険をかけた / He ~*d* his house *against* fire. <V+O+*against*+名·代> 父は自分の家に火災保険をかけた. **2** 《主に米》 = ensure. ― 自 保険をかける (*against*). **insúre** (onesèlf) **agàinst** […] 動 […] から身を守る, …に備える.

in·sured /ɪnʃúəd | -ʃúəd/ 形 保険に入っている, 保険がかかっている (*against*; *to do*); [the ~] 【法】 被保険者《単数または複数名詞扱い; ☞ the¹ 3》.

****in·sur·er** /ɪnʃú(ə)rə | -ʃúərə/ 名 C 保険業者〖会社〗.

⁺**in·sur·gen·cy** /ɪnsə́ːdʒənsi | -sə́ː-/ 名 [U]C 《格式》 暴動, 反乱.

⁺**in·sur·gent** /ɪnsə́ːdʒənt | -sə́ː-/ 《格式》 名 C [普通は複数形で] 暴徒, 反乱者; 《米》 (政党の)反逆分子. ― 形 [普通は A] 反乱を起こした.

in·sur·mount·a·ble /ɪnsəmáʊntəbl | -sə(ː)-/ 形 《格式》 (困難・問題などが)手に負えない, 克服できない.

⁺**in·sur·rec·tion** /ɪnsərékʃən/ 名 [U]C 《格式》 反乱, 暴動: stage an armed ~ 武装暴動を起こす.

in·sur·rec·tion·ist /ɪnsərékʃ(ə)nɪst/ 名 C 暴徒, 反乱者.

in·sus·cep·ti·ble /ɪnsəséptəbl/ 形 《格式》 〈…〉を)受けつけない; (…に)無感覚な, 動かされない: a heart ~ *to* pity 情けを知らぬ[無慈悲な]心.

int. 略 =interior, internal, international, intransitive.

****in·tact** /ɪntǽkt/ 形 [普通は P] 損なわれていない, 手をつけていなくて, (元のままの)完全な形で; 変わらないで: Only one box of books arrived ~. The rest had split open. 書籍の荷箱は1個だけが無傷で着いた. 残りは割れていた / The facade of the building was preserved [kept] ~. その建物の正面はそのまま保存された.

in·ta·glio /ɪntǽljoʊ/ 《イタリア語から》 名 (~**s**) [U] 沈み彫り; C 沈み彫り模様; 沈み彫りをした宝石.

****in·take** /ɪnteɪk/ 名 (~**s** /~s/) **1** [U]C (栄養などの)摂取量, 取り入れ(高): the ~ *of* oxygen 酸素の吸入量 / a sharp ~ *of* breath (驚いたときなどに)はっと息をのむこと / Increase your daily 「~ *of* calcium [calcium ~]. カルシウムの毎日の摂取量を増やしなさい. **2** C (液体・空気の)取り入れ口, 吸入口. **3** C,U 採用人員, 募集人員; [《英》単数形でも時に複数扱い] 採用[募集された]人々: the annual 「~ *of* students [student ~] 学生の毎年の募集人員.

in·tan·gi·bil·i·ty /ɪntændʒəbíləti/ 名 [U] つかみどころのないこと, 不可解; 触れることができないこと.

⁺**in·tan·gi·ble** /ɪntǽndʒəbl/ 形 **1** 実体のない, ぼんやりとした; 定義[説明]しがたい. **2** 触れることのできない. **3** 《商》(資産などが)無形の. ― 名 C [普通は複数形で] 無形のもの; 無形資産. -**gi·bly** /-dʒəbli/ 副 実体なく, ほんやりと, 不可解に.

in·te·ger /ɪntɪdʒə | -dʒə/ 名 C 《数》 整数.

⁺**in·te·gral** /ɪntɪgrəl, ɪnteg-/ 形 **1** (完全体を成すのに)絶対必要な, 欠くことのできない: Television has become 「~ *to* [an ~ *part of*] our daily life. テレビは我々の日常生活に欠かせないものになった. **2** [普通は A] 《英》内蔵した, 組み込まれた. **3** [普通は A] 完全な. **4** 《数》 整数の; 積分の. ― 名 C 《数》 積分[不定]積分. **~·ly** 副 欠くことができないように.

íntegral cálculus 名 [U] 《数》 積分学.

****in·te·grate** /ɪntəɡrèɪt/ 動 (**-te·grates** /-grèɪts/; **-te·grat·ed** /-tɪd/; **-te·grat·ing** /-tɪŋ/; 名 ìntegrátion; 反 ségregate) 他 **1** [しばしば受身で] 〈…〉を社会に融合させる〈異なった人種・宗教・文化・階層などの人たちなどを〉, 溶け込ませる, 包容する (*with*): Not all immigrants want to be ~*d into* British society. <V+O+*into*+名·代の受身> 移民は全員英国の社会に溶け込みたいと思っているわけではない 《☞ partial negation 文法). **2** 《主に米》〈学校など〉の人種差別を廃止する. **3** [しばしば受身で] 〈部分〉を〈全体〉に統合[統一]する, まとめる (*with*): Several studies *were* ~*d into* a single report. 別々の研究は一つの報告書にまとめられた. **4** 《数》〈…〉を積分する. ― 自 **1** 社会に融合する〈異なった人種・宗教・文化・階層などの人たちが〉, 溶け込む (*with*); 〈主に米〉人種差別を廃止する: ~ *into* the local community 地域社会に溶けこむ. **2** 統合する, まとめる (*with, into*).

in·te·grat·ed /ɪntəɡrèɪtɪd/ 形 [普通は A] 統合[融合]された, 総合的な, まとまった; (人種的・宗教的などの)差別をしない: an ~ school 人種差別のない学校.

íntegrated círcuit 名 C 《電工》 集積回路《略 IC》.

****in·te·gra·tion** /ɪntəgréɪʃən/ 名 [U] (動 íntegràte; 反 segregátion) **1** 統合, 統一, まとめ (*with, into*): the ~ of European economics 欧州経済の統合. **2** (社会的な)融合《異なった人種・宗教・文化・階層などの人たちの), 溶け込むこと: ~ *of* blacks *into* a white community 黒人たちの白人社会への融合 / racial ~ 人種差別の廃止. **3** 《数》 積分(法).

****in·teg·ri·ty** /ɪntégrəti/ 名 [U] **1** 高潔, 廉直, 誠実 (honesty): a person of ~ 高潔な人 / one's artistic ~ 芸術家としての良心. **2** 《格式》 完全(な状態), 無きず, 一体性 (*of*): territorial ~ 領土の保全.

in·teg·u·ment /ɪntégjʊmənt/ 名 C 《生》 外皮《皮膚・果皮・貝殻など》.

In·tel /intel/ 名 固 インテル《米国の半導体・マイクロプロセッサーのメーカー》.

****in·tel·lect** /ɪntəlèkt/ 名 intelléctual) **1** [U]C 知性, 知力《☞ elect 単語のﾃ記憶》: a person of brilliant ~ すばらしい知性を備えた人 / human ~ 人間の知性 / appeal to the ~ 知性に訴える. **2** C (時に現実の生活能力のない)知識人, 識者; great ~*s of* the modern age 現代の識者. 語源 ラテン語で「(多くのものの)中から選ぶ(力)」の意; intelligent と同語源.

****in·tel·lec·tu·al** /ɪntəléktʃuəl, -tʃʊl/ 形 intelléct, 動 intelléctualìze) **1** 知的な, 知力の; 知力を必要とする: ~ development 知性の発達 / ~ ability 知的能力 / ~ pursuits 知的な追求. **2** (人が)学識のある, 知性の高い, 理知的な《☞ intelligent 類義語》: His aunt was not ~, but highly intelligent. 彼の叔母は教養は高くはないが, とても頭がよかった. ― 名 C 知識人, インテリ.

in·tel·lec·tu·al·is·m /ɪntəléktʃuəlìzm, -tʃʊl-/ 名 [U] [普通はけなして] 知性偏重, 主知主義.

in·tel·lec·tu·al·ize /ɪntəléktʃuəlàɪz/ 動 他 〈…〉を知的に処理する. ― 自 理屈で説明する.

in·tel·lec·tu·al·ly /ɪntəléktʃuəli, -tʃʊli/ 副 知的に; 知性の点で(は).

intelléctual próperty 名 [U] 《法》 知的財産: ~ rights 知的所有権.

****in·tel·li·gence** /ɪntéləʤəns/ **13** 名 (形 intélligent) [U] **1** 知能, 知力, 理解力, 聡明(ﾌﾟ)さ, 知恵: a person of high ~ 知能の高い人 / She had the ~ *to* see through their scheme. <N+*to* 不定詞> 彼女は彼らのたくらみを見抜く知恵があった. **2** (軍事の機密)情報(収集); 通報: ~ gathering 情報収集. **3** [時に I-; 《英》単数形でも時に複数扱い] 情報部; 情報[諜報(ﾁﾞﾖｳ)]機関《☞ CIA》.

intélligence àgent 名 C 諜報(部)員, スパイ.

intélligence depártment [búreau,

àgency, sèrvice] 名 C 情報[諜報]部局, 機関 《軍事・外交情報の収集・分析を行なう部局》.

intélligence quòtient 名 C 《心》知能指数 《略 IQ》.

intélligence tèst 名 C 知能テスト.

*in·tel·li·gent /ɪntéləʤənt/ 名 intélligence; 反 unintelligent) 1 知能の高い, (頭の回転が速く)聡明(ぷう)な, 利口な 《☞ 類義語; intellect 語源》; (生物が)(思考する)知能をもった: a highly ~ girl [animal] とても利発な少女[動物] / No ~ person drinks and drives. 聡明な人で飲酒運転するような人はいない. 2 (言動などが)よく考えた, 気のきいた. 3 (普通は A] 限定) 機器が)状況に応じて判断ができる; (建物などが)コンピューターで管理された; (電算)(端末装置などが)データ処理ができる: an ~ building インテリジェントビル. **~·ly** 副 聡明に, 利口に.

【類義語】**intelligent** 知能が優れており, 物事を処理する能力が高い. **bright** 器用さよりも頭脳のよさ, 話し方や態度などのすばらしさを強調する. **brilliant** 並はずれて頭脳が優れている. **wise** 知識や経験が豊富で優れた判断力を持っていることを表わす格式ばった語で, 日常語としては **sensible** が使われる. **clever** 頭の働きがよく器用なこと, ときにはずる賢いことも意味する. **intellectual** 実務的能力よりも知性の点で優れている.

*in·tel·li·gen·tsi·a /ɪntèləʤéntsiə, -gén-/ 名 [the ~ として; (英) 時に複数扱い] 知識階級, インテリ《全体》.

in·tel·li·gi·bil·i·ty /ɪntèləʤəbíləti/ 名 U 理解できること; 明瞭(度).

in·tel·li·gi·ble /ɪntéləʤəbl/ 形 (反 unintelligible) (ことば・文章などが)理解できる, わかりやすい, 明瞭(みう)な: This notice is scarcely ~ to anyone. この掲示はだれにもほとんど理解できない. **-gi·bly** /-ʤəbli/ 副 理解されるように, わかりやすく, 明瞭に.

In·tel·sat /ɪ́ntelsæt/ 名 圖 インテルサット 《国際電気通信衛星機構》; C インテルサット通信衛星.

in·tem·per·ance /ɪntémp(ə)rəns/ 名 U (格式) 不節制, 放縦, 過激; 飲酒癖, 暴飲.

in·tem·per·ate /ɪntémp(ə)rət/ 形 (格式) (言動などが)抑制のみられない, 不節制な, 過激な; 暴飲の.

*in·tend /ɪnténd/ 動 (in·tends /-téndz/; -tend·ed /-ɪd/; -tend·ing; 名 inténtion) 1 …しようと思う, …するつもりである, (人)に…させるつもりである; …を意図する 《☞ mean¹ 類義語; tend¹ 単語の記憶法》: What do you ~ to do [doing] now? <V+O(to 不定詞 [動名])> 今(度)は何をするつもりですか. (略式)では be going to do と言うのが普通 // I ~ her to go. <V+O+C(to 不定詞)>=(格式)I ~ that she should go. <V+O(that 節)> 私は彼女に行ってもらうつもりだ / It is ~ed that all government officials work for the people. <V+O(that 節)の受身> 国家公務員は国民のために奉仕するように存在している 《☞ it¹ A 4 文法》 / I ~ (you) no harm. (格式)(あなたには)何の悪意も持っていません. 2 [しばしば受身で] <物・人>を(ある目的に)向けるつもりである; <…>を(―のつもりで)言う[する, 作る]: This book is ~ed for you. <V+O+for+名・代の受身> この本はあなたにさし上げます / This music is ~ed for the ceremony. この音楽は儀式のためのものだ / This was ~ed to be a picture of a zebra. <V+O+C(to 不定詞)の受身> これはしま馬の絵のつもりでした / That was ~ed as a joke. <V+O(as+名・代)の受身> あれは冗談のつもりでした. 語源 ラテン語で「(注意などを)…の掲示はほとんど《☞ tend¹ 単語の記憶法》.

*in·tend·ed /ɪnténdɪd/ 形 1 A 意図した, もくろんだ, 狙った, 故意の (反 unintended): the ~ effect もくろんだ効果. 2 P …向け[のため]の, …に適した; books ~ for children 子供向けの本. ― 名 [所有

格とともに] (古風) または (滑稽) …の婚約者.

*in·tense /ɪnténs/ 形 (in·tens·er, more ~; in·tens·est, most ~; 名 inténsity, 動 inténsify) 1 強烈な, 激しい, 猛烈だ: ~ pain [heat] 激しい痛み[暑さ] / The training was ~. 訓練は厳しかった.

2 (感情・行動などが)激しい, 熱烈な; (人)が情熱的な, しつこい: ~ love 熱愛 / She is an ~ young lady. 彼女は感情の激しい娘です. 3 真剣な, 熱心な: an ~ debate 熱心な討議. 4 S 興奮させる, はらはらさせる. **~·ly** 副 強烈に, 激しく, 熱烈に.

in·ten·si·fi·ca·tion /ɪntènsɪfɪkéɪʃən/ 名 U 強めること, 強化, 増大.

in·ten·si·fi·er /ɪnténsɪfàɪɚ | -fàɪə/ 名 C 《文法》 強意詞 《形容詞・副詞・動詞の意味を強める語; very, pretty, rather など》.

*in·ten·si·fy /ɪnténsɪfàɪ/ 動 (-si·fies /-z/; -si·fied /-d/; -fy·ing; 形 inténse) 他 <…>を強める, 強烈にする: Her parents' opposition only intensified her resolution. 親の反対は彼女の決意を強めただけだった. ― 自 強くなる, 激しくなる: The storm intensified. 嵐がひどくなった.

in·ten·sion /ɪnténʃən/ 名 C 《論》内包.

*in·ten·si·ty /ɪnténsəti/ 名 (-ties; 形 inténse) U.C 1 強烈さ, 激しさ, 強度: the ~ of the heat 暑さの厳しいこと, 激しい暑さ. 2 《物理》(熱・光・音・電流・磁力などの)強さ, 量.

*in·ten·sive /ɪnténsɪv/ 形 1 集中的な, 集約的な (反 extensive); 徹底的な: ~ reading 精読 / an ~ course in English 英語の集中講座 / ~ agriculture [farming] 集約農業 / The investigation was ~ and thorough. 調査は集中的で徹底したものだった. 2 《文法》強意の. ― 名 C 《文法》強意語 (intensifier).

-in·ten·sive /ɪnténsɪv/ 形 [合成語で] 多量の…を必要とする: capital-intensive projects 多額の資本が要る[資本集約的な]計画.

*inténsive cáre 名 U (重症患者に対する)集中治療; 集中治療室: in ~ 集中治療室に入って.

inténsive cáre ùnit 名 C 集中治療室 《略 ICU》.

inténsive·ly 副 集中的に, 集約的に.

*in·tent¹ /ɪntént/ 形 1 P (時にはふつうねこしようとして) 熱心で, 一生懸命…しようとして: Mr. Hill is ~ on (winning) reelection. <A+on+名・動名> ヒル氏は再選をめざして懸命だ.

2 P (…)に熱中して, 没頭して: He was too ~ on his video game to notice anything else. 彼はテレビゲームに夢中になっていてほかのことには気がつかなかった. 3 P 熱心な, 一心の: an ~ look 真剣なまなざし. **~·ly** 副 熱心に, 一心に.

*in·tent² /ɪntént/ 名 1 U (格式) 目的, 意図 (to do); 《法》(悪い)たくらみ, 意図. **to [for] áll inténts (and púrposes)** 副 文修飾語 実際上, 事実上. **with intént to dó** 副 《法》(悪いことを)する目的で: with ~ to kill 殺意を抱いて.

*in·ten·tion /ɪnténʃən/ 名 (~s /-z/; 形 inténd, inténtional) 1 U.C 意図, 意志, 意向; 目的 (purpose): Good deeds are better than good ~s. 善行は善意に勝る / He has no [every] ~ of going abroad. 彼は外国へ行く意思はない[大いにある] / A ~ has no [every] ~ to go …とは言わない / It wasn't my ~ to criticize him. 私は彼を批判する気はなかった. 2 [複数形で] (古風) または (滑稽) 結婚の意志. **be fúll of góod inténtions** 動 善意の持ち主である(が, 現実にはたいして役に立っていない). **by inténtion** 副 わざと. **with góod inténtions** 副 善意で, 誠意を持って. **with the bést (of) inténtions** 副 よかれと思って(したのが). **with the inténtion of dóing** 副 …するつもりで: She studied English very hard with the ~ of going to America. 彼女はアメリカへ行くつもりで英語を熱心に勉強した.

***in·ten·tion·al** /ɪnténʃ(ə)nəl/ 形 (名 inténtion; ⇄ unintentional, accidental) 〈悪い事が〉故意の, 計画的な, 意図的な (deliberate): ~ interference 故意の妨害. **-al·ly** /-nəli/ 副 わざと, 故意に.

-in·ten·tioned /ɪnténʃənd/ 形 [合成語で] …のつもりの: well-intentioned〈結果はともかく〉善意の.

inténtly 副 一心に, 余念なく.

*in·ter** /íntɚː | -tə-/ 動 (**in·ters** /~z/; **in·terred** /~d/; **-ter·ring** /-tə́:rɪŋ | -tə:r-/) 名 intérment; ⇄ disinter ⦅埋葬⦆ 他《…》を**埋葬する** (bury): It is not certain where Mozart's remains are interred. モーツァルトの遺骨が埋葬された場所は定かではない.

in·ter- 接頭「中, 間, 相互」の意: intercollegiate 大学間の / international 国際的な.

*in·ter·act** /ìntərǽkt | -tə(r)ǽkt/ 動 (**-ter·acts** /-ǽkts/; **-act·ed** /-ɪd/; **-act·ing** /-ɪŋ/) 名 intəráction, intəráctive) 自 **1** 〈人が特に一緒に活動しながら〉意思を伝え合う, 交流する, ふれあう;〈コンピューターなどと〉協同する: The teacher wanted her students to ~ (with each other) in class. 先生は生徒に授業中〈互いに〉話しあってほしかった. **2** 〈物事が〉相互に作用する, 互いに影響し合う.

*in·ter·ac·tion** /ìntərǽkʃən | -tə(r)ǽk-/ 発音 名 (~s /~z/) U.C **1** 意思の伝え合い, 交流, ふれあい; 協同 (among, between): the boss's ~ with her staff 上司と部下との協力. **2** 相互作用, 相互の影響: the ~ between supply and demand 需要と供給の相互作用.

†**in·ter·ac·tive** /ìntərǽktɪv | -tə(r)ǽk-/ 形 (名 intərǽkt) **1** ふれあいの, 協同しあう (with); 相互に影響しあう. **2** 【電算】対話式の, 双方向性の《プログラムなどがユーザーのインプットに答える形式をさす》. **~·ly** 副 双方向に.

in·ter·ac·tiv·i·ty /ìntərǽktívəti | -tə(r)ǽk-/ 名 U 双方向性.

inter·ágency 形 A ⦅政府⦆諸機関の間の, 省庁間(合同)の.

in·ter a·li·a /ìntəréɪliə | -tə(r)éɪ-/, ⦅ラテン語から≫ 副⦆⦅格式⦆とりわけ (among other things).

in·ter·breed /ìntərbríːd | -tə-/ 動 (**-ter·breeds**; **-ter·bred** /-bréd/; **-breed·ing**) 自 〈動植物が〉異種交配する (with). ── 他 〈…〉を異種交配させる (with).

in·ter·cede /ìntərsíːd | -tə-/ 動 自 ⦅格式⦆とりなしをする, 嘆願する; 仲裁する (between): Would you ~ with the Prime Minister for [on behalf of] my brother? 私の弟のことを首相に嘆願して頂けませんか.

inter·céllular 形【生】細胞間の[にある].

†**in·ter·cept** /ìntərsépt | -tə-/ 動 他 **1** 《…》を途中で捕える[奪う], 横取りする;〈通信〉を傍受する. **2** 《…》をさえぎる. **3**【スポ】《…》をインターセプトする.

in·ter·cep·tion /ìntərsépʃən | -tə-/ 名 U.C 途中で捕える[奪う]こと, 横取り; 〈通信の〉傍受;【スポ】インターセプト.

in·ter·cep·tor /ìntərséptɚ | -təséptə/ 名 C【軍】迎撃機, 迎撃ミサイル.

in·ter·ces·sion /ìntərséʃən | -tə-/ 名 U ⦅格式⦆とりなし, 嘆願 (with); 仲裁 (⇨ concession 単語の記憶); U.C (人のためにする)嘆願[とりなし]の祈り.

†**in·ter·change**[1] /ìntərtʃéɪndʒ | -tə-/ 動 ★ 動詞 interchange[2] とのアクセントの違いに注意. 他 **1** U.C 〈意見・情報など〉の交換, やりとり; 交流 (of); 交替: cultural ~ between Japan and China 日中間の文化的交流. **2** C〈高速道路の〉立体交差, インターチェンジ. **3** C〈鉄道の〉乗り換え駅.

†**in·ter·change**[2] /ìntərtʃéɪndʒ | -tə-/ ★ 名詞 interchange[1] とのアクセントの違いに注意. 動 ⦅格式⦆ 他 **1** 《…》を交換する. **2** 《…》を取り替える, 入れ替える (with). **3** (2つのものが)入れ替わる (with).

in·ter·change·a·bil·i·ty /ìntərtʃèɪndʒəbílətɪ | -tə-/ 名 U 交換可能(性), 互換性.

†**in·ter·change·a·ble** /ìntərtʃéɪndʒəbl | -tə-/ 形 交換できる, 取り替えがきく: These lenses are ~ with one another. これらのレンズは互いに交換して使える. **-a·bly** /-dʒəbli/ 副 互いに交換して, 区別なく.

inter·city 形 A 〈高速交通機関など〉都市間の. ── U 都市間交通機関, インターシティ; C⦅英略式⦆〈都市間の〉高速列車.

inter·collégiate 形 A 大学間の, 大学対抗の.

in·ter·com /íntɚkàm | -təkɔ̀m/ 名 C〈船・飛行機・会社などの〉内部通話装置, インターホン: speak over [on] the ~ インターホンで話す.

inter·commúnicàte 動 自 **1** ⦅格式⦆通信し合う (with). **2** 〈部屋など〉互いにつながる (with).

inter·commùnicátion 名 U 相互の通信; 相互連絡.

inter·connéct 動 W 他 〈…〉を相互に関連づける (with). ── 自 相互に関連がある; 〈部屋などが〉互いにつながる (with).

inter·connécted 形 互いにつながった, 関連した. **~·ness** 名 U 相互関連.

inter·connéction 名 U.C (相互)関連; 相互連結 (between).

inter·còntinéntal 形 [普通は A] 大陸間の.

intercontinéntal ballístic míssile 名 C 大陸間弾道弾 (略 ICBM).

inter·cóoler 名 C【機】中間冷却器.

*in·ter·course** /íntɚkɔ̀rs | -təkɔ̀:s/ 名 U **1** 性交 (with, between): AIDS may be transmitted through [by] ~, but not by a handshake. エイズは性交によってうつることはあるが, 握手ではうつることはない. **2** ⦅古風⦆ (個人間・国際間の)交流, 関係: social ~ 社交. 語法 今は 1 の意味のほうが普通なので, 人間関係に用いるときは要注意. 語源 ラテン語で「…の間を走る」の意; ⇨ inter-, course 最初の囲み.

inter·cúltural 形 異文化間の: ~ communication 異文化間コミュニケーション.

in·ter·cut /ìntərkʌ́t | -tə-/ 動 (**-cuts**; 過去・過分 **-cut**; **-cut·ting**) 他 [普通は受身で]【映】〈映画など〉に対照的なショット[音, 音楽]を挿入する (with).

inter·denominátional 形 〈キリスト教など〉の諸宗派間の, 超教派の.

inter·déntal 形【解】歯肉の;【音声】歯間(音)の《舌端を歯間に置いて発音する》.

inter·departméntal 形 部門[部局]間の; 学部[学科]間の.

inter·depéndence, inter·depénden·cy 名 U 相互依存, 持ちつ持たれつ (of).

inter·depéndent 形 互いに依存する, 助け合う. **~·ly** 副 相互に依存しあって.

in·ter·dict[1] /íntɚdɪ̀kt | -tə-/ 名 C【法】(裁判所による)禁止(命令), 禁令. **2** ⦅カトリック⦆聖務禁止.

in·ter·dict[2] /ìntərdíkt | -tə-/ 動 他 ⦅格式, 主に米⦆ **1** 〈行動など〉を禁止する, 〈…〉の使用を禁ずる. **2** (軍隊が)…に侵入する; 〈通信〉を封鎖する.

in·ter·dic·tion /ìntərdíkʃən | -tə-/ 名 U.C ⦅格式, 主に米⦆禁止, 阻止.

inter·disciplínary 形 学際的な, 2 学科(以上)にわたる: ~ studies 学際的な研究.

*in·ter·est** /íntrəst, -tərəst/ 発音 名 (**-ter·ests** /-trəsts, -tərèsts/)

┌ 「かかわりを持つ」 (⇨ 語源)
├─→「関心・興味」1, 2 →「興味の対象」3
└─→「利害関係」6 →「利益」4 →(元金からの利益)→「利息」5

interested

1 [U] または an ~] 興味, 関心 (を抱くこと): There has been *a* strong ~ *in* the future of video games. テレビゲームの将来に強い関心が寄せられている.

― コロケーション ―
arouse [**attract, stimulate, provoke**] (...'s) *interest* (人の)興味をかき立てる
have [**take**] an *interest* in ...に興味を持っている[持つ]
hold ...'s *interest* (人の)興味を引く
lose *interest* in ... ...に興味を失う[なくす]
show [**express**] (an) *interest* in ... ...に興味を示す

2 [U] (物事が)興味深いこと, おもしろみ: places of ~ 名所 / It is a matter of great [no] ~ *to* me. それは私にとって大変興味のある[何の興味もない]事です / His story has [holds] little ~ *for* me. 私は彼の話にはほとんど興味がない / But it might be *of* special [particular] ~ *to* you. でも君には興味深いかもしれない.

3 [C] [普通は複数形で] 興味の対象, 関心事, 趣味: One of my greatest ~*s* at present is tennis. 私が今いちばん関心を持っていることの1つはテニスです.

4 [C,U] [普通は複数形で] 利益, (...の)ため: the national ~ 国益 / in the public [general] ~ 公共の(利益の)ために / protect [look after] one's own ~*s* 自己の利益を保護する / I have your (best) ~*s* at heart. 私は君のことをしんから気にかけている.

5 [U] 利息, 利子, 金利: simple [compound] ~ 単[複]利 / pay 6 percent ~ *on* the loan その借金に対して6%の利子を払う. [関連] principal 元金.

6 [C,U] 利害関係, 関与; [しばしば複数形で] [経] 利権, (会社などの)株: She has extensive ~*s* in the car industry. 彼女は自動車産業の株をたくさん持っている / ☞ vested interest. **7** [C] [普通は複数形で] [経] 同業者, 関係者, ...派: the landed ~*s* 地主階級 / business ~*s* 大事業家たち.
[語源] ラテン語で「...の間に(☞ inter-)ある」の意.

as a mátter of ínterest [副] (S) ほんの好奇心からだけど, 参考までにだが, ちょっと聞き[言っておき]たいが.

decláre an [one's] ínterest [動] (当該の件に)利害関係のある[関与している]ことを申し立てる (in).

éarn ínterest [動] (貯金などで)利息を稼ぐ (on); (貯金などが)利子を生む.

hàve an ínterest in ... [動] (1) ...に興味[関心]がある: I *have* no ~ *in* painting. 私は絵には興味がない. (2) ...に利害関係がある: I *have an* ~ *in* the project. 私はその計画に関与している.

in ...'s (ówn) (bést) ínterest(s) [形・副] ...に有利に[で]: It is *in* your own ~ *to* go. 行くほうがあなた自身のためですよ.

in the ínterest(s) of ... [前] ...の(利益の)ために: *in the* ~*s of* safety [hygiene] 安全[衛生]のために.

(júst) òut of ínterest [副] =as a matter of interest.

táke an ínterest in ... [動] ...に興味[関心]を持つ: My son began to *take an* ~ *in* English. 私の息子は英語に興味を持ち始めた. [語法] an interest is taken in ... の形で受身にできる.

with ínterest [副] (1) 興味を持って: I heard his story *with* great ~. 私は彼の話を大変おもしろく聞いた. (2) [経] 利息をつけて: repay the money *with* ~ 金に利息をつけて返す. (3) (略式) ひどく仕返しに, よけいに: return an insult *with* ~ さらにひどく侮辱する / pay ... back *with* ~ おまけをつけて...に仕返しする.

― [動] (-ter·ests /-trəsts, -tərəsts/; -est·ed /-ɪd/; -est·ing) ⊕ **1** 〈人に〉興味を起こさせる; 〈人〉を興味づける [言い換え] Chinese history ~*s* us very much. (=Chinese history is very interesting to us.) 中国史は私たちに大変興味を起こさせる / We *were* very much ~*ed by* her lecture. <V+O 受身> 私たちは彼女の講演に大いに興味を覚えた. [語法] 多少なりとも長い期間続く興味の対象を表わす場合は be interested in ... を用いる (☞ ~ed) // Can [Could] I ~ you *in* 'this new model [a drink]? こちらの新製品は[一杯]いかがでしょうか (勧誘などのことば). **2** 〈...を〉(活動などに)関係させる, 引き入れる: I tried to ~ Ed *in* the plan to build a boat. 私は舟を作る計画にエドも加えようとした.

ínterest onesèlf in ... [動] ⊕ [格式] ...に興味を持つ; ...に利害関係を持つ. **It may** [**might**] **ínterest you to knów** [**léarn**] (**that**) ... (S) 驚くかもしれませんが...です: It may ~ *you to know that* they are getting married next month. 実は二人は来月結婚するんですよ.

‡in·ter·est·ed
/ˈɪntrəstɪd, -tərəst-/ [形] 興味を持った[て]; ...したがって, (...が)欲しい: a very ~ look とても興味深そうな顔つき (☞ very¹ [語法] (2)) / I ~ persons are requested to call. 興味[関心]のある方は電話してください [言い換え] He is very ~ *in* gardening. <A+in+名・代> (=He has a great interest in gardening.) 彼はガーデニングに非常に興味を持っている / What kind of sports are you ~ *in*? どんなスポーツに興味をお持ちですか / I'm really ~ *to* know why. <A+to 不定詞> 理由をぜひ知りたい. [語法] (1) 不定詞が続くのは know, hear, see, learn などの動詞の場合が多い. (2) 次の例では反応を表わし「...して興味をもつ」の意: I was ~ *to* read his letter from Rome. 私はローマからの彼の手紙を読んで面白かった // I'm ~ *in* studying Chinese history. <A+in+動名> 私は中国史を勉強したい / I was ~ *that* the speaker mentioned my research. <A+that節> 私は話し手が私の研究に触れたことに興味をもった. **2** [A] 利害関係を持つ; 関係している; 私心のある (in) (⇔ disinterested): ~ parties 利害関係を持つ人たち / ~ motives 不純な動機. **~·ly** [副] 興味を持って; 自分の利益のために.

ínterest-frée [形] 無利子の[で]: an ~ loan 無利子の貸付け.

ínterest gròup [名] [C] [英] 単数形でも時に複数扱い] 利益集団, (特定の)関心を共有するグループ.

‡in·ter·est·ing
/ˈɪntrəstɪŋ, -tərəst-/ [形] 興味のある, おもしろい (⇔ dull, uninteresting); (滑稽) おかしな, 奇妙な: an ~ event おもしろい出来事 / The story is very ~ to us. その話は私たちには大変興味深い / It is ~ to listen to him. 彼の話を聞くのはおもしろい / It is ~ that the rumor has spread so quickly. そのうわさがそんなに速く広まったとはおもしろい.

interesting (興味や関心をそそる)	お も し ろ い
amusing (楽しませるような)	
entertaining (芸や演劇・演奏などで人を楽しませる)	
funny (おかしくて笑わせる)	
exciting (刺激・スリルに富む)	

†**in·ter·est·ing·ly** [副] 興味深く; [文修飾語] おもしろいことに:「I~ enough [Most ~], an ostrich cannot fly. おもしろいことに, だちょうは飛べない.

ínterest ràte [名] [C] 利率 (rate of interest).

inter·éthnic [形] 異人種間の, 異民族間の.

†**ínter·fáce** /ˈɪntrəfeɪs/ [名] **1** 接点, 共通部分[領域] (*between*); 境界面, 接触面. **2** [電算] 接続器, インターフェース (2つの装置を連動させるもの). ― [動] ⊕ [電算]

算》〈...〉をインターフェースで連動させる (with). ― 自 〖電算〗 1 インターフェースで連動させる (with). 2 (人と)交流まする, 話し合う, 連絡を取る (with).

in·ter·faith /ìntɚféɪθ | -tə-/ 形 異宗教[宗派]間の.

*__in·ter·fere__ /ìntɚfíɚ | -tɚfíə/ 動 (~s /~z/; ~ed /~d/; -fer·ing /-fí(ə)rɪŋ/) 名 ìnterférence (自) **1** 干渉する, 口出しをする, 介入する (between): He is always *interfering* in other people's affairs. <V+in+名・代> 彼はいつも他人のことに口出しをしている (⇨ be² A 1 (3)).

2 (物事の)じゃまをする, 妨げる; (勝手に...に)さわる, いじくる, 変更する; (テレビ・ラジオの)画像や音声を乱す: Don't ~ *with* my studying. <V+with+名・代> 勉強のじゃまをしないでよ. **3** 〖法〗 (証人に)偽証させる, 買収[脅迫]する (with). **4** (英) 〖婉曲〗 (子供などに)性的ないたずらをする (with). **5** (主に米) 〖スポ〗 妨害[インタフェア]をする.

*__in·ter·fer·ence__ /ìntɚfí(ə)rəns | -tə-/ 名 (動 ìnter·fére) U **1** 干渉, 口出し, 介入 (between): His ~ *in* our business cost us a lot of time. 彼の口出しで我々の仕事は大変に遅れた.

2 衝突, じゃま; 衝突: ~ *with* children's healthy growth 子供たちの健康な発育の障害. **3** (電波などの)干渉, 受信障害; (ラジオ・パソコンの)混信. **4** (主に米) 〖スポ〗 妨害行為, インタフェア. rún interférence [動] (自) (米) (1) (人のために)やっかいな問題を前もって処理する (for). (2) 〖アフト〗 妨害行為をする.

in·ter·fer·ing /ìntɚfí(ə)rɪŋ | -tə-/ 形 A 干渉する[口出しする], 余計なおせっかいをする.

in·ter·fer·on /ìntɚfí(ə)rɑn | -təfíərɔn/ 名 U 〖生化〗 インターフェロン (ウイルス増殖抑制因子).

ìn·ter·ga·lác·tic 形 星雲間の, 銀河系間の.

ìn·ter·gen·er·á·tion·al /-dʒènəréɪʃ(ə)nəl/ 形 世代間の.

ìn·ter·góv·ern·mén·tal 形 政府間の.

*__in·ter·im__ /íntərɪm/ 形 A 当座の, 仮の, 臨時の; 〖経〗 決算期末前の(計算による), 中間の: an ~ report 中間報告 / an ~ government 暫定政府 / an ~ dividend 中間配当. ― 名 [次の成句で] **in the ínterim** [副] その間に.

*__in·te·ri·or__ /ɪntí(ə)rɪɚ | -rɪə/ (反 extérior) 名 (~s /~z/) **1** C [普通は単数形で] 内部, 内側; 室内: the ~ of the house 家の内部. **2** [the ~] 内政, 内務: the Department of the I~ (米) 内務省 (⇨ department 表). **3** 内陸, 奥地 (of).
― 形 [比較なし] 内部の, 内面の, 内面の (略 int.): the ~ surface 内面. **2** 国内の, 内陸の (~ trade 国内貿易). **3** 内面的な, 内心の.

intérior ángle 名 C 〖数〗 内角.

*__intérior desígn__ [decoráting, decorátion] 名 U 室内装飾.

*__intérior desígner__ [décorator] 名 C 室内装飾家[業者], インテリアデザイナー (decorator).

intérior mónologue 名 C 内的独白 (登場人物の意識の流れを表わす小説内の独白).

interj. = interjection.

in·ter·ject /ìntɚdʒékt | -tə-/ 動 〖格式〗 他 (質問など)を不意に差し挟む. ― 自 不意にことばを差し挟む.

in·ter·jec·tion /ìntɚdʒékʃən | -tə-/ 名 **1** C 〖文法〗 感嘆詞, 間投詞 (略 interj.). **2** U,C 〖格式〗 ことばを不意に差し挟むこと; 差し挟んだことば, 不意の発声. 語源 ラテン語で「間に投げ入れる」の意; ⇨ jet¹ 単語の記憶.

〖文法〗 **感嘆詞**
8品詞の1つで, 喜び・驚き・悲しみ・苦しみなどの感情を表わすときに発する語で間投詞ともいう. 文法的には文のほかの部分から独立している. この辞書では 感 と示す:

Oh! おお / Ah! ああ / Hurrah! 万歳 / Ouch! 痛い / Dear me! おやおや / Good Heavens! おやおや(困った) / (⇨ exclamation point 〖文法〗).

in·ter·lace /ìntɚléɪs | -tə-/ 動 W 他 (ひもなど)をより合わせる, 絡み合わせる; (指など)を組み合わせる (with). ― 自 織り交じる, 絡み合う; 組み合わさる.

ínter·lànguage 名 C 〖言〗 中間言語 (第2言語習得の過程で生じる母語と目標言語の中間の言語体系).

in·ter·lard /ìntɚlɑ́ɚd | -təlɑ́ːd/ 動 〖文〗 (話・文章など)に(引用などを)(むやみに)挟む, 混ぜる (with).

in·ter·leave 動 (-leaves; -leaved; -leav·ing) 他 (本)に(白紙などを)とじ込む; 〈...〉に(...)を差し挟む (with).

ínter·líbrary lóan 名 C,U 図書館相互貸借.

in·ter·line 動 (本などの)行間に書き込む.

in·ter·lin·e·ar 形 行間に書いた[記入した].

in·ter·link 動 (...)を結びつける, 連結する, つなぎ合わせる (with). ― 自 結びつく (with).

*__in·ter·lock__ 動 (...)を連結する, 組み合わせる; 連動させる. ― 自 連結する, 組み合う; 連動する (with).

in·ter·lóck·ing 形 連結[連動]した.

in·ter·loc·u·tor /ìntɚlɑ́kjʊtɚ | -təlɔ́kjʊtə/ 名 C 〖格式〗 対話者, 対談者; (代表としての)対話[交渉]の相手, 会談の代表者.

in·ter·lop·er /íntɚlòʊpɚ | ìntəlóʊpə/ 名 C でしゃばり, おせっかい, じゃま者 (intruder).

*__in·ter·lude__ /íntɚlùːd | -tə-/ 名 C **1** 間の(休みの)時期; 合間の出来事; 短期間の恋愛[性的]関係: an ~ of peace *between* wars 戦争の間の平和な時. **2** 幕あい; 幕あいの演芸[音楽]. **3** 〖楽〗 間奏曲. (関連) prelude 前奏, 序幕, 前奏曲.

ìnter·márriage 名 U **1** 異なる人種[種族, 階級]間の結婚. **2** 近親[血族]結婚.

ìn·ter·már·ry 動 (-mar·ries; -mar·ried; -ry·ing) 自 **1** (異種族などが)結婚によって交わる, (民族・宗教などの異なる者と)結婚する (with). **2** 近親[血族]結婚をする (with).

*__in·ter·me·di·ar·y__ /ìntɚmíːdɪèri | -təmíːdɪəri/ 名 (-ar·ies) C 仲介者, 仲裁人 (between); 代理人: act as an ~ (between ...) (...の間の)仲介の労をとる. ― 形 仲介の; 中間の: an ~ role 仲介役.

*__in·ter·me·di·ate__ /ìntɚmíːdɪət | -tə-/ 形 A 中間の (between); 中級(用)の (⇨ medium 単語の記憶): an ~ stage 中間段階 / an ~ course 中級コース[課程]. ― 名 C 中級(学習)者; 中間物. **~·ly** 副 中間的に.

intermédiate schóol 名 C (米) **1** 中学校 (junior high school). **2** =middle school.

intermédiate technólogy 名 U,C 中間技術 (発展途上国で採用される簡素な科学技術; 土地の資源を活用する).

in·ter·ment /ɪntɚmənt | -tə-/ 名 C,U 〖格式〗 埋葬 (burial), 土葬.

in·ter·mez·zo /ìntɚmétsoʊ | -tə-/ 名 (複 ~s, **in·ter·mez·zi** /-tsɪ/) C 〖楽〗 間奏曲; 幕あいの演芸.

*__in·ter·mi·na·ble__ /ɪntɚmɪnəbl | -tə-/ 形 〖格式〗 [普通は軽蔑] 果てしなく続く (endless); 長たらしい. **-bly** /-blɪ/ 副 果てしなく.

in·ter·min·gle 動 〖格式〗 =mingle.

in·ter·mis·sion /ìntɚmíʃən | -tə-/ 名 C,U (主に米) (演劇などの)幕あい, 休憩時間 ((英) interval); 中断, 休止.

*__in·ter·mit·tent__ /ìntɚmítənt, -tnt | -tə-/ 形 時々とぎれる, 断続的な: Tomorrow will be cloudy with ~ rain. あすは曇り時々雨でしょう (天気予報のこ

intermix

とば) / variable ~ wipers (作動間隔を変えられる)間欠ワイパー. **~・ly** 副 時々とぎれながら, 断続的に.

inter・mix 動 =mix.

in・tern[1] /íntə:n | -tə:n/ (米) 名 C **1** 医学研修生 ((英) houseman, house officer). **2** 実習生.
— 動 自 医学研修生[実習生]として働く.

in・tern[2] /intə́:n | -tə́:n/ 他 《捕虜など》を (一定の区域内に)拘禁する, 抑留する (in).

*__in・ter・nal__ /intə́:n(ə)l | -tə́:-/ 形 (反 external) [普通は A] [比較なし] 内部の; 《医》体内の (略 int.), 《薬が》内服の: ~ bleeding 内出血 / ~ organs 内臓. **2** 国内の, 内政の: ~ political troubles 国内政治の紛糾. **3** 組織内部の, 部内の: an ~ inquiry 内部調査. **4** (心)の内面の, 本質的な (to).

intérnal clóck 名 C **1** (機械などの)内部時計. **2** 体内時計 (body clock).

intérnal-combústion èngine 名 C 内燃機関.

in・ter・nal・i・za・tion /intə̀:nəlizéiʃən | -tə̀:- nəlaiz-/ 名 U (普通は所有格とともに) 吸収, 習得; 内在化.

in・ter・nal・ize /intə́:nəlaiz | -tə́:-/ 他 《心》(学習・経験を通して)《文化・価値観・思想など》を吸収する, 習得する, 内在化する.

in・ter・nal・ly /intə́:nəli | -tə́:-/ 副 **1** 内部は, 内部的に(は); 国内で; 部内で. **2** (薬を)内服で, 口から.

intérnal médicine 名 U (米) 内科学.

intérnal révenue 名 [the ~] (米) 内国税収入, 税収 ((英) inland revenue).

Intérnal Révenue Sèrvice 名 [the ~] (米) 国税庁 (略 IRS).

*__in・ter・na・tion・al__ /intə̀néʃ(ə)nəl | -tə̀-/ 形 (動 intèrnationalíze) 国際的な, 国家間の, 国際上の (略 int., intl.): ~ law 国際法 / an ~ call 国際電話 / an ~ agreement 国際協定 / That conference was ~. その会議は国際的なものであった. 関連 national 国内的な.
— 名 C **1** 国際競技会; (英) 国際競技会出場者. **2** 国際組織[企業].

Internátional Atómic Énergy Àgency 名 [the ~] 国際原子力機関 (略 IAEA).

Internátional Baccaláureate 名 個 国際バカロレア (国際的大学入学資格試験; 略 IB).

internátional dáte lìne 名 [しばしば I-D-L-; the ~] 日付変更線 (ほぼ東西180度の子午線に沿った線) (date line): A traveler crossing the ~ westward loses a day; a traveler crossing it eastward gains a day. 日付変更線を越えて西へ旅行する者は1日損をし, 東へ旅行する者は1日得をする.

In・ter・na・tion・ale /intə̀nəʃənǽl, -ná:l | -/ 名 [the ~] インターナショナル (社会主義者・労働者の革命歌).

Internátional Héreld Tríbune 名 個 =Herald Tribune.

in・ter・na・tion・al・is・m /intə̀næʃ(ə)nəlìzm | -tə-/ 名 U 国際(協調)主義; 国際性.

in・ter・na・tion・al・ist /intə̀næʃ(ə)nəlist | -tə-/ 名 C 国際(協調)主義者. — 形 国際主義の.

in・ter・na・tion・al・i・za・tion /intə̀næʃ(ə)nəlizéiʃən | -tə-/ 名 U 国際化; 国際管理化.

in・ter・na・tion・al・ize /intə̀næʃ(ə)nəlaiz | -tə-/ 動 (形 intèrnátional) 他 (規模などにおいて)《...》を国際的にする, 国際化する; 国際管理下に置く.

Internátional Lábor Organizàtion 名 [the ~] 国際労働機関 (略 ILO).

in・ter・na・tion・al・ly /intə̀næʃ(ə)nəli | -tə-/ 副 国際的に, 国家間で, 国際上: ~ famous 国際的に有名な / ~ protected birds 国際保護鳥.

Internátional Mónetary Fùnd 名 [the ~] 国際通貨基金 (国連機関; 略 IMF).

Internátional Olýmpic Commìttee 名 [the ~] 国際オリンピック委員会 (略 IOC).

Internátional Phonétic Álphabet 名 [the ~] 国際音声字母 (日本の教科書・辞書などで普通に使われる発音記号; 略 IPA).

*__internátional relátions__ 名 複 国際関係.

Internátional Sýstem (of Únits) 名 [the ~] 国際単位系 (略 SI).

in・ter・naut /íntə̀nɔ:t | -tə-/ 名 C (略式) ネットサーファー.

in・ter・ne・cine /intə̀ní:si:n, -nés- | -tə̀ni:sain←/ 形 A (格式) (争いなどが)同一集団[国]内の, 内部の; 互いに殺し合う: an ~ conflict 内部抗争.

in・tern・ee /intə̀:ní: | intə̀-/ 名 C (被)収容[抑留, 拘禁]者.

*__In・ter・net__ /íntənèt | -tə-/ 名 [the ~] インターネット (国際コンピューターネットワーク; ☞ 5, World Wide Web; [形容詞的に] インターネットの: use [have access to] the ~ インターネットを使う[にアクセスしている] / He is not on the ~ yet. 彼はまだインターネットを利用していない / I got this information on the ~. インターネットでこの情報を得た / ~ connection charges インターネット接続料.

íntenet bánking 名 U インターネットバンキング (インターネットを介した振り込みなどの銀行サービス).

íntenet ca・fé /-kæfei/ 名 C インターネットカフェ (cybercafé) (有料でインターネットが使えるカフェ).

Íntenet Sérvice Provìder 名 C インターネットサービスプロバイダー (インターネットへのアクセスを取り持つ会社; 略 ISP).

in・tern・ist /intə́:nist | -tə́:-/ 名 C (米) 内科医; 一般開業医.

in・tern・ment /intə́:nmənt | -tə́:-/ 名 U 抑留, 収容; C U 抑留期間: ~ camps 抑留キャンプ.

íntern・shìp 名 C (米) 医学研修生[実習生]の地位[身分, 期間].

ínter・óffice 形 A 会社内の, 組織内の.

ìnter・pénetràte 動 (格式) 他 《...》に浸透する; 混ざる. — 自 互いに浸透する; 混ざり合う.

*__ìnter・pérsonal__ 形 個人間の; 対人[人間]関係の: ~ skills 人づきあいの技量.

ìnter・plánetary 形 A 惑星間の.

ínter・plàỳ 名 U 相互作用; 交錯 (of, between).

Ín・ter・pol /íntə̀pɔ̀:l, -pòul | -təpɔ̀l, -pɔ́l/ 名 [単数形で the をつけて; (英) 時に複数扱い] 国際刑事警察機構 (International Criminal Police Organization の短縮形).

in・ter・po・late /intə́:pəlèit | -tə́:-/ 動 他 **1** (語句などを)書き入れる (into); (人の話に)(ことば)を差し挟む; (格式) 〈本・写本に〉(修正)語句を書き込む, 改ざんする. **2** 《数・統》(中間値)を挿入する, 補間[内挿]する.

in・ter・po・la・tion /intə̀:pəléiʃən | -tə̀:-/ 名 U C (格式) 書き入れ; (ことば)を差し挟むこと; (数) 補間法,

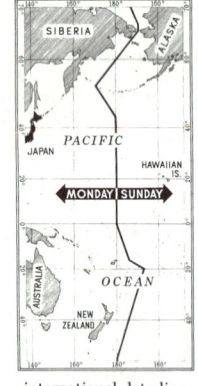

international date line

内挿法 (☞ extrapolation).

in・ter・pose /ìntəpóuz | -tə-/ 働 《格式》 他 **1** 〈…〉を間に置く[入れる]: ~ oneself *between* two angry men 2人の怒っている男の間に割って入る. **2** 〈異議・意見など〉を差し挟む.

*__in・ter・pret__ /ɪntɚprɪt | -tə-/ 12活 他 (**-ter・prets** /-prɪts/; **-pret・ed** /-t̬ɪd/; **-pret・ing** /-tɪŋ/; 名 intèrprétátion, 形 intérpretàtive) 自 通訳する: Will you please ~ *for* me? <V+*for*+名・代> すみませんが通訳をしていただけませんか.
— 他 **1** 〈…〉を通訳する: His speech *was* ~*ed into* French. <V+O+*into*+名・代の受身> 彼の演説はフランス語に通訳された. 関連 translate 翻訳する.
2 〈…〉を解釈する, 説明する, 判断する: I cannot ~ the poem. その詩は私には説明できない / You may ~ her smile *as* consent. <V+O+C (*as*+名)> 彼女がにっこりすれば承知したのだと理解してよい.
3 (自分の解釈によって)〈…〉を演出[演奏]する: Meg ~*ed* the role of the heroine wonderfully. メグは主人公の役を見事に演じた.
語源 ラテン語で「間に立って世話をする」の意.

*__in・ter・pre・ta・tion__ /ɪntɚprətéɪʃən | -tə-/ 名 (~s /~z/; 動 intérpret) **1** U.C 解釈, 説明; (夢などの)判断: a strict [liberal] ~ of the law 法律の厳格な[柔軟な]解釈 / That's your ónly [his] ~. それはあなた[彼]だけの解釈です(独りよがりです) / The poem is subject to various ~*s*. その詩はさまざまな解釈が可能だ.
2 U 通訳(行為): simultaneous ~ 同時通訳.
関連 translation 翻訳. **3** C.U (ある解釈による)演奏, 演技, 演出: his ~ of Beethoven 彼のベートーヴェンの解釈. **pùt an interpretátion on ...** 動 他 …に(ある)解釈を与える.

in・ter・pre・ta・tive /ɪntɚprətètɪv, -t̬ətɪv | -tə-/ 形 = interpretive.

*__in・ter・pret・er__ /ɪntɚprɪtɚ | -tə-prɪtə/ 名 (~s /~z/) **1** 通訳者: a simultaneous ~ 同時通訳者 / speak through an ~ 通訳を介して話す. **2** 解釈[解説]者. **3** [電算] インタープリタ, 解釈プログラム.

in・ter・pre・tive /ɪntɚprətɪv | -tə-/ 形 (動 intérpret) 解釈の, 説明(用)の; 解釈をする, 説明的な. **~・ly** 副 説明的に.

intérpretive cènter 名 C (米) (史跡などの)資料館[室].

inter・rá・cial 形 A 異人種間の, 異人種(混合)の. **~・ly** 副 異人種間で.

inter・reg・num /ɪntɚrégnəm | -tə-/ 名 (複 ~s, **in・ter・reg・na** /-nə/) C 空位期間(国王の死去・退位などによる); 空白期間(内閣更迭などによる).

inter-reláte 動 W [普通は受身で]〈…〉を相互に関係させる (with).
inter-reláted 形 W 相互に関係した (with).
inter-relátion(ship) 名 U.C 相互関係.

⁺__in・ter・ro・gate__ /ɪntérəgèɪt/ 動 他 **1** 〈人〉を尋問する, 問いただす. **2** [電算] 〈コンピューター〉に応答させる.

⁺__in・ter・ro・ga・tion__ /ɪntèrəgéɪʃən/ 名 U.C **1** 尋問, 質問. **2** [電算] 応答させること. **ùnder interrogátion** 副 取り調べで.

interrogátion màrk [pòint] 名 C 《格式》 疑問符 (question mark).

in・ter・rog・a・tive /ɪntərágəṭɪv | -rɔ́g-/ 文法 **1** [the ~] 疑問文. **2** C 疑問詞.

文法 疑問詞
疑問を表わす語で, 疑問代名詞・疑問副詞・疑問形容詞を総称した呼び名. また what, why, where, which など wh- で始まる語が主となっているので wh-word (wh-語)とも呼ばれる.

— 形 **1** 〖文法〗疑問の, 疑問を表わす. **2** W 《格式》

interrogative sentence 917

疑問を抱いた, 不審そうな. **~・ly** 副 不審そうに.

interrogative ádjective 名 C 〖文法〗疑問形容詞 (☞ what¹ 形, which¹ 形, whose¹, interrogative pronoun 文法).

interrogative ádverb 名 C 〖文法〗疑問副詞 《副詞の一種で, 疑問を表わすものをいう; how, when, where, why がこれに当たる; 用法については ☞ how¹, when¹, where¹, why¹》.

interrogative prónoun 名 C 〖文法〗疑問代名詞.

文法 疑問代名詞
代名詞の一種で, 疑問を表わすものをいう. who (whom, whose), what, which がこれに当たる. 疑問代名詞を主語とする疑問文では語順は平叙文と同じになる. それぞれの用法については ☞ who¹, whom¹, whose¹, what¹, which¹: *Who* lost the key? だれが鍵をなくしたのか / *What* happened? 何が起こったのだ / *Which* is more difficult? どちらが難しいですか.
疑問代名詞が形容詞的な働きをする場合には疑問形容詞と呼ばれることがある.

interrogative séntence 名 C 〖文法〗疑問文.

文法 疑問文
文を意味の上から分類した場合の一種で, 疑問の意味を表わす文をいう. 平叙文 (☞ declarative sentence 文法) に対する. 書く場合には文末に疑問符をつける.
(1) 疑問文の種類.
(i) yes/no で答えられるもの. 一般疑問 (general question) と呼ばれる. 普通は文の終わりは上昇調を用いる (☞ つづり字と発音解説 94): Do you know Miss Black?↗ ブラックさんをご存じですか / Is it interesting?↗ おもしろいですか.
(ii) 疑問詞で始まる疑問文 (wh- 疑問 (wh-question) または特殊疑問 (special question) と呼ばれる. 文の終わりは普通は下降調を用いる (☞ つづり字と発音解説 93): *Who* came there?↘ だれがそこへ来たのか / *What* can I do↘ for you? 何かご用でしょうか.
(iii) AかBかどちらかを尋ねる疑問文. 選択疑問 (alternative question) と呼ばれ, イントネーションはAのあとで上昇調, Bのあとで下降調となる (☞ つづり字と発音解説 97): Is the signal red↗ *or* green?↘ 信号は赤か青か / Which do you find more difficult,↘ physics↗ *or* English?↘ 物理と英語ではどちらが難しいと思いますか. なお ☞ or¹ 発音 (1).
(2) 疑問文の作り方.
(i) 助動詞および本動詞の be (また《英》では時に「持っている」の意の have) を含む文ではそれらが主語の前に出る (☞ auxiliary verb 文法 (1)): *That is* your school. これはあなたがたの学校です[平叙文] → *Is that* your school? [疑問文] / *You can* swim. あなたは泳げます[平叙文] → *Can you* swim? [疑問文].
(ii) 一般動詞を用いる文では <助動詞 do+主語+動詞> の語順をとる (☞ do¹ 2 (1)): John *loves* Mary. ジョンはメアリーを愛している[平叙文] → *Does* John *love* Mary? [疑問文] / She *went* to church yesterday. 彼女はきのう教会へ行った[平叙文] → *Did* she *go* to church yesterday? [疑問文].
(iii) 疑問詞がある疑問文の場合は, 疑問詞を文頭に出し, あとは (i) または (ii) の場合と同様にして後ろにくる: This *is* an apple. これはりんごです[平叙文] → *What is* this? [疑問文] / He *wrote* a book. 彼は本を書いた[平叙文] → *What did* he *write*? [疑問文] / He *came* here *yesterday*. 彼はきのうここへ来た[平叙文] → *When did* he *come* here? [疑問文].

918 **interrogator**

(iv) 疑問代名詞が疑問文の主語となるときには語順は平叙文と同じになる: Who lives here? 誰がここに住んでいるのですか.
参考 (1) 形は平叙文だが上昇調のイントネーションが用いられ, 意味は疑問のことがある (☞ つづり字と発音解説 94 (3)). (2) 付加疑問および修辞疑問については ☞ tag question 文法, rhetorical question 文法.

in·ter·ro·ga·tor /ɪntérəgèɪtə/ | -tə-/ 名 C 尋問者, 質問者.

in·ter·rog·a·to·ry /ɪntərɑ́gətɔ̀:ri | -rɔ́gətəri, -tri/ 形《格式》質問の, 疑問を表わす; 不審そうな.
— 名 (-ries) C 《法》質問(書面).

*in·ter·rupt /ɪntərʌ́pt| -rʌ́pt/, -rupt·ed /~ɪd/, -rupt·ing /~ɪŋ/ 名 interrúption) 他 1 ⟨人・話などの⟩じゃまをする (☞ prevent 類義語); ⟨人の⟩話に口を挟む: ~ a lecture with chatter <V+O+with+名·代> おしゃべりをして講義のじゃまをする / I'm sorry to ~ you, but there's a phone call from your home. お話し中恐れ入りますが, お宅からお電話です / May I ~ you? ちょっとよろしいですか《仕事中などの人に話しかけるとき》.
2 ⟨…⟩を中断する; 途切れさせる: He ~ed his experiment to see the visitor. 彼は実験を途中でやめて訪問客と会った / We ~ our program for a special announcement. ここで番組を中断して特別のお知らせを申し上げます / The flow of traffic was ~ed by an accident. 事故で車の流れが中断された. 3 《文》⟨視野など⟩をさえぎる.
— 自 じゃまする: Excuse me for ~ing. お仕事[お話]中むじゃましてすみませんが. — 名 C 《電算》割込み.
語源 ラテン語で「間を破る」の意 (☞ bankrupt 単語の記憶)

†**in·ter·rup·tion** /ɪntərʌ́pʃən/ 名 (動 ìnterrúpt) U,C 妨害, じゃま; 中断(期間); 不通: the ~ of traffic flow 車の流れの途絶. withóut interrúption [副] 絶え間なく, 引き続いて; じゃまされずに.

ìnter·scholástic 形《米》学校間[対抗]の.

inter·séct 動 他 1 ⟨…⟩と交差する; [普通は受身で]⟨道路など⟩⟨場所⟩を横切る, 分ける (with). 2 ⟨…⟩と部分的に重なる (with). — 自 1 (線などが)交わる, 交差する (with). 2 部分的に重なる (with).

*in·ter·sec·tion /ìntəsékʃən | -tə-/ 名 C 1 (道路の)交差点 (crossroads): at an ~ 交差点で. 2 U 交差, 横断. 3 C 《数》交点; 交わり.

ìnter·séssion 名 U,C 《米》(大学の)学期と学期の間.

ìnter·séxual 形 異性間の.

*in·ter·sperse /ìntəspə́:s | -təspə́:s/ 動 他 [普通は受身で]《格式》1 ⟨場所・期間など⟩に⟨…⟩をちりばめる, 点在させる, 時折挟む; (冗談などを交えて)⟨…⟩に変化を添える (with). 2 ⟨…⟩にちりばめる, ⟨装飾などを所々に入れる[挟む] (among, between, in, throughout).

*in·ter·state¹ /ìntəstéɪt | -tə-/ 形《米·豪》各州間の, 州際の: an ~ highway 州間高速道路. — 名《豪》他州へ[に, から].

in·ter·state² /ìntəstèɪt/ 名 C 《米》州間高速道路 (略).

ìnter·stéllar 形 星と星との間の, 恒星間の.

in·ter·stice /ɪntə́:stɪs | -tə́:-/ 名 C [普通は複数形で]《格式》すき間, 割れ目, 裂け目 (between, in, of).

ìnter·tídal 形 満潮と干潮の間の; 潮間帯の.

ìnter·tríbal 形 (異)種族間の.

ìnter·twíne 動 他 ⟨…⟩を絡み合わせる, より合わせる(密接に)関係させる (with). — 自 絡み合う (with).

ìnter·úrban 形《米》都市間の.

*in·ter·val /ɪ́ntəv(ə)l | -tə-/ 12 名 (~s /~z/) C 1 (時間の)間隔, 隔たり, 合間 (between): at daily [weekly] ~s 毎日[毎週] / There was an ~ of two hours till [until] the next train. 次の列車までに2時間の合間があった / Buses leave at five-minute ~s. バスは5分間隔で出ている / There were sunny [bright] ~s in the morning, but it rained all afternoon. 午前中は時々晴れ間があったが午後はずっと雨だった.
2 (場所の)間隔, 隔たり, すき間; 距離: The flowerpots were arranged at ~s of three feet [at three-foot ~s]. 植木鉢は3フィートの間隔で並べられていた. 3 《英》(演劇などの)幕あい, 休憩時間《米》intermission). 4 《楽》音程. 語源 ラテン語で「2つの柵(?)の間の距離」の意 → inter-, val (wall 単語の記憶).
at íntervals [副] (1) 時折. (2) とびとびに. at régular íntervals 13 [副] 一定の間隔[間隙]をおいて.

*in·ter·vene /ìntəví:n | -tə-/ 動 (-ter·venes /~z/; -ter·vened /~d/; -ter·ven·ing /-ví:nɪŋ/ 名 intervéntion)
自 1 仲裁する, とりなす; 介入する, 干渉する: The governor ~d「between the two of them [in the dispute]. <V+前+名·代> 知事が二者[その争議]の仲裁をした. 2 間に入る, 介在する; じゃまに入る: if nothing ~s もしその間に何もなければ. 3 (時間が2つの出来事の間に)経過する (between): 言い換え during the fifty years that ~d (=in the intervening fifty years) その間の50年に, それから50年たつうちに.

*in·ter·ven·ing /ìntəví:nɪŋ | -tə-/ 形 A (時間・物が)間にある, 間に挟まれた: during the ~ years [weeks] その間の数年間[数週間].

*in·ter·ven·tion /ìntəvénʃən | -tə-/ 名 (~s /~z/) 動 intervéne) U,C 仲裁, 調停; 介入, 干渉: We oppose France's military ~ in this dispute. 我々はこの紛争にフランスが軍事介入をするのには反対である.

in·ter·ven·tion·is·m /ìntəvénʃənɪzm | -tə-/ 名 U (自国の経済・他国の内政に対する)干渉主義.

*in·ter·ven·tion·ist /ìntəvénʃ(ə)nɪst | -tə-/ [新聞で]干渉主義的な. — 名 C 干渉主義者.

*in·ter·view /ɪ́ntəvjù: | -təvjù:/ 1 C,U 面接, 面接試験; 面談, 懇談: be called [invited] for (an) ~ 面接に呼ばれる / He had a personal ~ with the principal. 彼は校長先生と個人面談をした.

金言 "When is your ~ for the job?" "It's on October 6th." 「就職の面接はいつですか」「10月6日です」/ "How did your job ~ go?" "It was great! They liked me because I have a high score in TOEIC. I think I can get the job." 「就職の面接どうだった?」「最高さ. トーイックの高得点が効いたね. きっと受かるよ」

2 C (新聞記者などの)インタビュー, 取材訪問: in an exclusive ~ 独占インタビューで / The minister gave an ~ to the reporters. 大臣は新聞記者のインタビューに応じた. 3 C,U 《英》(警察の)取り調べ.
— 動 (-ter·views /~z/; -ter·viewed /~d/; -view·ing) 他 1 ⟨…⟩と面接する, ⟨応募者など⟩に面接試験をする: Bob was ~ed for the job. <V+O+前+名·代の受身> ボブその勤め口の面接を受けた.
2 ⟨…⟩にインタビューする, 取材訪問をする: Our reporter ~ed the candidates about their policies. <V+O+about+名·代> わが社の記者は候補者たちに政策についてインタビューした / The President refused to be ~ed. <V+O の受身> 大統領は会見を断わった. 3 《英》(警察が)⟨…⟩を取り調べる.
— 自 1 面接する; 《主に米》(会社などで)面接を受ける (with, at). 2《英》取り調べをする.

*in·ter·view·ee /ɪ̀ntəvjù:í: | -tə-/ 名 C 面接される人, (就職の)面接受験者; インタビューされる人.

*in·ter·view·er /ɪ́ntəvjù:ə | -təvjù:ə/ 名 C 会見

者，インタビュアー；訪問記者；面接担当者．

inter・wár 形 A 両大戦間の．

†**in・ter・weave** /ɪ̀ntəwíːv | -tə-/ (**~s**; 過去 **-wove** /-wóuv/; 過去分詞 **-wo・ven** /-wóuv(ə)n/; **-weav・ing**) 他 [普通は受身で] 1 〈…〉を織り交ぜる，編み合わせる (*with*). 2 〈…〉を(密接に)関連させる，絡み合わせる (*with*). ── 自 織り混ざっている；絡み合っている (*with*).

inter・wóven 動 interweave の過去分詞. ── 形 織り[編み]合わされた；密接に関連した．

in・tes・ta・cy /ɪntéstəsi/ 名 U 法 無遺言死亡.

in・tes・tate /ɪntésteɪt, -tət/ 形 P 法 遺言書を残さない；die ~ 無遺言で死亡する．

†**in・tes・ti・nal** /ɪntéstɪn(ə)l/ 形 [普通は A] 腸の．

intéstinal fórtitude 名 《米》不屈の精神．

†**in・tes・tine** /ɪntéstɪn/ 名 C [しばしば複数形で] 腸 (bowels): the large [small] ~ 大[小]腸． 関連 stomach 胃．

ín・thìng 名 [次の成句で] **be the ín-thing** 《略式》とてもはやっている．

in・ti・fa・da /ɪ̀ntɪfɑ́ːdə/ 名 [the ~] インティファーダ《イスラエル占領地でのパレスチナ住民の抗議運動》．

†**in・ti・ma・cy** /ɪ́ntəməsi/ 名 (**-ma・cies**) 形 intimate¹) 1 U 親密，親しい間柄 (*with, between*). U.C. (部屋などの)くつろげる雰囲気．2 C [普通は複数形で] 親密な言動《抱擁・キスなど》．3 U 婉曲 肉体関係，情交 (*with, between*).

***in・ti・mate**¹ /ɪ́ntəmət/ ★動詞の intimate² との発音の違いに注意. ⓉⒷ 形 (名 intimacy) 1 親密な，懇意な(*with*): an ~ friend 親しい友人． 語法 これは 6 の意味にとられる恐れがあるので，a close [good] friend と言うほうがよい．

2 (場所・集まりが)気が許せる，くつろげる，こぢんまりした: an ~ atmosphere うちとけた雰囲気．3 個人的な，私事にわたる；内密の，秘密の；内心の: ~ details of her life 彼女の私生活のこまごまとした事柄．4 A (知識などが)詳しい，詳細な: an ~ knowledge of Japanese grammar 日本語文法の詳しい知識．5 密接な，深い: an ~ link [connection] 密接な関連．6 性的な；婉曲 (男女が)ねんごろな，性的関係にある (*with*): ~ contact 性的接触．7 A (下着などが)肌にじかにつける．**be on íntimate térms** 動 自 (…と)親密な間柄である；(男女が)ねんごろである (*with*).

── 名 C《格式》親友(☞ 形 1 語法)．

in・ti・mate² /ɪ́ntəmèɪt/ ★形容詞の intimate¹ との発音の違いに注意．動 他 《格式》(人に)〈…〉をほのめかす，遠回しに言う (*to; that*).

ín・ti・mate・ly /-mət-/ 副 親しく；詳しく；密接に．

in・ti・ma・tion /ɪ̀ntəméɪʃən/ 名 U.C. 《格式》ほのめかし，暗示 (*of*).

***in・tim・i・date** /ɪntímədèɪt/ 動 (**-i・dates** /-dèɪts/; **-i・dat・ed** /-tɪd/; **-i・dat・ing** /-tɪŋ/; 名 intimidátion) 他 1 〈…〉を脅す，脅して…させる: The robbers ~*d* the bank clerks *into* silence being *quiet*. <V+O+*into*+名[動名]> 強盗は銀行員を脅して黙らせた．2 (物事が)〈…〉を怖がらせる，臆病にする．

in・tim・i・dat・ed /ɪntímədèɪtɪd/ 形 P おびえて，びくびくして．

†**in・tim・i・dat・ing** /ɪntímədèɪtɪŋ/ 形 人をおじけづかすような，恐ろしい．

†**in・tim・i・da・tion** /ɪntìmədéɪʃən/ 名 U (動 intímidàte) U.C. 脅し，脅迫．

intl. 略 =international.

in・to /(子音の前では) ìntʊ, -tə, (母音の前では) -tu, (文の終わりでは) -tuː/ 前

───── リスニング ─────
into の前に子音で終わる語があると into の始めの /ɪ/ はその音と結合して come into /kʌ́mɪntʊ/, jump into /dʒʌ́mpɪntʊ/ は「カムイントゥ」「ジャンプイントゥ」

into 919

のように聞こえる．「カム・イントゥ」，「ジャンプ・イントゥ」のように発音しない．

| ① …の中へ | 1 |
| ② …に(変わる，なる) | 2 |

1 (外から)…の中へ，…の中に (反 out of) (☞ onto 挿絵，項目 out of 挿絵): Come ~ my room. 私の部屋に入りなさい / The frog jumped ~ the pond. かえるは池の中へ飛び込んだ / Alice looked ~ the box. アリスはその箱の中をのぞき込んだ / Throw it ~ the fire. それを火の中へ投げ込みなさい．

語法 (1) 最後の例文では into の代わりに in を用いてもよい．
(2) into と in to の区別に注意. 次の 2 つの文を比較せよ: They went ~ the dining room. 彼らは食堂に入っていった / They went *in*「*to* dinner [*to* dine]. 彼らは食事をしに中に入った．

2 [変化・推移・行為の結果を示して] …に 変わる[なる]）；…の状態に(なる[する])；(…するように)(なる[する]): The rain turned ~ snow. 雨が雪になった / Put this sentence ~ English. この文を英語に訳しなさい / Flour is made ~ bread. 小麦粉でパンを作る / The glass broke ~ pieces. コップは粉々に割れた / She broke ~ laughter. 彼女は急に笑いだした / I changed ~ jeans. 私はジーンズにはき替えた． 語法 名詞のほかに動名詞を伴うことも多い: He scared the boys ~ obeying him. 彼は少年たちを脅して自分に従わせた．

構文「**動詞＋人＋into＋doing**」をとる動詞
[例] She *talked* her father *into* buying a computer. 彼女は父親を説得してコンピューターを買わせた．
bully 脅しさせる / **cajole** おだてさせる / **coax** なだめさせる / **coerce** 強要しさせる / **deceive** だましてさせる / **fool** だましてさせる / **force** 無理にさせる / **frighten** 脅かしてさせる / **intimidate** 脅しさせる / **lead** する気にさせる / **nag** うるさく言ってさせる / **persuade** 説得してさせる / **pressure** 圧力をかけてさせる / **provoke** 挑発してさせる / **push** しいてさせる / **seduce** そそのかしてさせる / **tempt** 誘ってさせる / **terrify** 脅してさせる / **trick** だましてさせる
★「話をしてやめさせる」の意味では「動詞＋人＋out of＋doing」の構文になる: She *talked* [*coaxed*] his son *out of* getting a divorce. 彼女は息子を説得して[なだめて]離婚をやめさせた．

3 [加入・所属・従事を示して] …(の一員)に: marry ~ a wealthy family 結婚して裕福な家族の一員になる / go ~ teaching 教職につく．**4** [到着・接触・衝突を示して] …に(ぶつかって): What time did you get ~ London? 何時にロンドンに着いたの / His car crashed ~ a big tree. 彼の車は大木にぶつかった．**5** [方向を示して] (…の内部)に向かって: Speak ~ the microphone. マイクに向かって話しなさい / Don't look ~ the sun. 太陽を見つめてはいけません / The committee looked ~ the matter. 委員会はその問題を調べた．**6** [時間の経過を示して] (…になる)まで: It rained (far) ~ the night. 雨は夜(遅く)まで降った / She was well ~ her 30s when she got married. 彼女は結婚したとき 30 代になってかなりたっていた．**7** Ⓢ (割り算で) …を割って: Two ~ six is three. 6 割る 2 は 3 (☞ divide 他 4). **8** Ⓢ 《略式》…に夢中になって，…にのめり込んで: He is (heavily) ~ tennis. 彼はテニスに(すごく)夢中だ．**9** 《米略式》…に(ある金額を)借りて，

intolerable

I'm ~ her *for* ten dollars. 私は彼女に 10 ドルの借りがある。 語源 in+to.

- **in·tol·er·a·ble** /ɪntɑ́lərəbl | -tɔ́l-/ 形 耐えがたい, 我慢できない. **-a·bly** /-rəbli/ 副 耐えがたいほど.
- **in·tol·er·ance** /ɪntɑ́lərəns | -tɔ́l-/ 名 1 U (異説などを)認めないこと, 不寛容, 狭量. 2 U,C 不耐性; 過敏症, アレルギー (*of, to*).
- **in·tol·er·ant** /ɪntɑ́lərənt | -tɔ́l-/ 形 1 (異説を)認めない, 不寛容な, 狭量な; 耐えられない; (食事・薬などを)受けつけない, 過敏な (*of*). ~·**ly** 副 狭量に.
- **in·to·na·tion** /ɪ̀ntənéɪʃən/ 名 1 U C 音調, イントネーション, (声の)抑揚, 音調 (🖙 つづり字と発音解説 92). 2 U 〘楽〙音の調整, 調音, ピッチの正確さ.
- **in·tone** /ɪntóʊn/ 動 他 Ⓦ (祈禱ˊ̣̣̣̣̣̣ˊ)文などを)歌うような調子で読む, 平板な抑揚で詠唱[吟唱]する.
- **in to·to** /ɪntóʊtoʊ/ ≪ラテン語から≫ 副 (格式) 全部で, 全体として, すっかり.
- **in·tox·i·cant** /ɪntɑ́ksɪk(ə)nt | -tɔ́k-/ 名 C (格式) 酔わせるもの; アルコール飲料.
- **in·tox·i·cate** /ɪntɑ́ksɪkèɪt | -tɔ́k-/ 動 [普通は受身で] (格式) 1 〈…を〉酔わせる (*with*). 2 〈…を〉夢中にさせる; 興奮させる (*with*).
- **in·tox·i·cat·ed** /ɪntɑ́ksɪkèɪtɪd | -tɔ́k-/ 形 (格式) 1 酔っぱらった. 2 夢中になって, 陶酔して (*by, with*).
- **in·tox·i·cat·ing** /ɪntɑ́ksɪkèɪtɪŋ | -tɔ́k-/ 形 1 (飲み物が)酔わせる. 2 夢中にさせる, うっとりさせる.
- **in·tox·i·ca·tion** /ɪntɑ̀ksɪkéɪʃən | -tɔ̀ks-/ 名 U (格式) 酔い; 興奮, 陶酔.
- **intr.** 略 =intransitive.
- **in·tra-** 接頭 (反 extra-) (格式) 「…内(部)の」の意: *intramural* 学内だけの / *intra*venous 静脈内の.
- **in·trac·ta·bil·i·ty** /ɪntræ̀ktəbíləti/ 名 U (格式) 扱いにくさ; 強情さ.
- **in·trac·ta·ble** /ɪntrǽktəbl/ 形 (格式) 1 (問題などが)扱いにくい; (病気が)治療しにくい. 2 (人・性格が)手に負えない, 強情な. **-ta·bly** /-bli/ 副 強情に.
- **in·tra·mu·ral** /ɪ̀ntrəmjú(ə)rəl | -r(ə)l/ 形 (反 extramural) (主に米) (行事などが)学内だけの; 学内対抗の.
- **ín·tra·nèt** 名 C 〘電算〙 イントラネット (組織[企業]内のコンピュータネットワーク).
- **in·tran·si·gence** /ɪntrǽnsədʒəns/ 名 U (格式) [軽蔑] 妥協しないこと, 非協力.
- **in·tran·si·gent** /ɪntrǽnsədʒənt/ 形 (格式) [軽蔑] (人・態度が)(政治的に)非妥協的な, 頑固な (stubborn). ~·**ly** 副 頑固に.
- **in·tran·si·tive** /ɪntrǽnsətɪv/ 形 〘文法〙自動詞の (略 i., int., intr.). ~·**ly** 副 自動詞として.
- **intránsitive vérb** 名 C 〘文法〙自動詞 (略 v.i.).

文法 自動詞

目的語をとらない動詞をいう。この辞書では 自 と示す。他動詞に対する。　自動詞のなかで主格補語をとらないものを完全自動詞 (complete intransitive verb), 主格補語をとるものを不完全自動詞 (* incomplete intransitive verb 文法) と呼ぶ。なお、英語の動詞には自動詞・他動詞の両方の用法があるものが多い。

完全自動詞とは <S+V> の動詞型をとるものである. 詳しくは ☞ 動詞型解説 II 1 (巻末): Birds *fly*. <V> 鳥は飛ぶ / I *am* here, Mr. Smith. <V+副詞> スミスさん, 私はここにいますよ / Finally the party *arrived* at the village. <V+前置詞+名詞> とうとう一行はその村に着いた.

- **in·tran·si·tiv·i·ty** /ɪntræ̀nsətívəti/ 名 U 自動詞性.
- **in·tra·pre·neur** /ɪ̀ntrəprənə́ː, -n(j)ʊ́ə | -nə́ː/ 名 C 社内企業家 (🖙 entrepreneur).
- **in·tra·pre·neur·i·al** /ɪ̀ntrəprənə́ːrɪəl, -nj(ʊ)ə́rɪəl | -nə́ːr-/ 形 社内企業家の.
- **ín·tra·státe** 形 A (米) 州内の.
- **in·tra·u·ter·ine** /ɪ̀ntrəjúːtərɪn, -ràɪn/ 形 〘医〙子宮内の. ― 名 C =intrauterine device.
- **intraúterine devíce** 名 C 避妊リング (子宮内につける; 略 IUD).
- **in·tra·ve·nous** /ɪ̀ntrəvíːnəs/ 形 A 〘医〙静脈内の: an ~ injection 静脈内注射. ― 名 C 静脈内注射; 点滴 (drip, IV). ~·**ly** 副 静脈内に.
- **ín·tray** 名 C (英) =in-box 1 (🖙 out-tray).
- **in·trench** /ɪntréntʃ/ 動 =entrench.
- **in·trep·id** /ɪntrépɪd/ 形 (主に文) [しばしば滑稽] 勇猛な, 大胆(不敵)な (daring).
- **in·tri·ca·cy** /ɪ́ntrɪkəsi/ 名 (-ca·cies) (格式) 1 [the intricacies] 詳細, 細部 (*of*). 2 U 複雑さ.
- **in·tri·cate** /ɪ́ntrɪkət/ 形 (話・模様・機械などが)込み入った, 入り組んだ, 複雑な (🖙 complex¹ 類義語): ~ patterns 複雑な模様. ~·**ly** 副 入り組んで, 複雑に.
- **in·trigue¹** /ɪntríːg, ɪ́ntriːg/ 名 1 C,U 陰謀, はかりごと (*against*). 2 C 秘密の情事. 3 U 興味.
- **in·trigue²** /ɪntríːg/ 動 他 〈…の〉好奇心[興味]をそそる (*with*). ― 自 (文) (…に対して)陰謀を企てる, 策略をめぐらす (*against*).
- **in·trigued** /ɪntríːgd/ 形 非常に興味を抱いて (*by*), とても…したがって: I would be ~ *to* hear your opinion. あなたの意見をとても聞きたい.
- **in·tri·gu·ing** /ɪntríːgɪŋ/ 形 興味をそそる, きわめておもしろい: I found the idea ~. その考えは興味深いと思った. ~·**ly** 副 興味深く; 興味深いことには.
- **in·trin·sic** /ɪntrínzɪk, -sɪk/ 形 (反 extrinsic) 性質・価値などが)本来備わっている, 固有の, 本質的な (*to*). **-si·cal·ly** /-kəli/ 副 本質的に; 本来.
- **in·tro** /ɪ́ntroʊ/ 名 (~s) (略式) =introduction 2, 3, 4.
- **in·tro-** /ɪ̀ntrə/ 接頭 「中に, 内部へ」の意: *introduce* 紹介する / *intro*vert 内向性の人.

*in·tro·duce /ɪ̀ntrəd(j)úːs | -djúːs/ (-tro·duc·es /~ɪz/; -tro·duced /~t/; -tro·duc·ing; 名 introdúction) 他

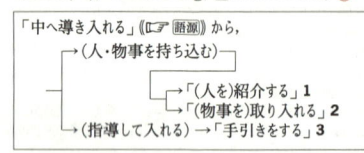

┌─「中へ導き入れる」(🖙 語源) から,─┐
│ →(人・物事を持ち込む) │
│ ├─→「人を紹介する」1 │
│ └─→「物事を取り入れる」2 │
└→(指導して入れる)→「手引きをする」3 ┘

1 〈人を〉**紹介する**, 〈…を〉〈…に〉**引き合わせる**: 言い換え `Let me [Allow me to] ~ (my colleague) Jack Smith *to* you. = Can [May] I ~ (my colleague) Jack Smith *to* you? <V+O+*to*+名・代> (★ allow や may を用いるのは改まった言い方) / I ~*d* two of my friends (*to* each other) at the party. 私はパーティーで 2 人の友人を引き合わせた / Have you two been ~*d*? お二人はもう紹介がおすみですか.

金言 "Anne, I'd like to ~ Paul Brown." "Paul, this is Anne Kennedy." 「アンさん, ポール ブラウンさんを紹介します」「ポールさん, こちらがアン ケネディーさんです」 参考 女性に向かって男性を, 年上の人に向かって年下の人を先に紹介するのが礼儀.

┌─リスニング─
introduce の前に子音で終わる語があると introduce の始めの /ɪ/ はその子音と結合する. また introduce の

後に母音で始まる語が続くと語末の /s/ はその母音と結合して「サ」行のような音になる. I'll introduce Ann to you. /aɪlìntrəd(j)úːsǽntujuː/ は「アイリンツラデュー[ドゥー]サントゥユー」のように聞こえ,「アイル・イントロデュース・アン・トゥ・ユー」とは発音しない.

2 〈…〉を**取り入れる, 導入する, 持ち込む** (*to*): Modern science has **~d** a great number of new words ***into*** English. <V+O+*into*+名・代> 近代科学はたくさんの新語を英語に導入した / Tobacco *was* **~d** *into* Europe ***from*** America. <V+O+*into*+名・代+*from*+名・代の受身> たばこはアメリカからヨーロッパへ伝えられた / Don't ~ nuclear weapons *into* Japan. 日本に核兵器を持ち込むな. **3** (学問・技術などを)〈人〉に手引きする, 〈人〉に初めて教える[経験をさせる]: Kent ~*d* me *to* chess. ケントが私にチェスの手ほどきをしてくれた. **4** 〈テレビ・ラジオ番組などの〉の司会[進行役]をする; 〈話・文章・演奏など〉を開始する; 〈話題など〉を持ち込む; 〈時代など〉の幕開けとなる: Don't ~ personal matters *into* our discussion. 我々の議論に個人的なことを持ち込んではならない. **5** 〈議案など〉を提出する. **6** 《格式》〈…〉を差し込む, 入れる (*into*). [語源] ラテン語で「中へ導き入れる」の意.

[単語の記憶] **《DUC》(導く)**

intro**duce**	中へ導く
in**duce**	誘い込む
pro**duce**	(前へ導き出す) → 作り出す
re**duce**	(後へ引き戻す) → 少なくする
e**duc**ate	(能力を導き出す) → 教育する

introdúce onesèlf [動] [自] **自己紹介をする:** Please ⌈let me [allow me to] ~ *myself*. (=May I ~ *myself*?) My name is John Smith. 自己紹介をさせていただきます. 私はジョン スミスです.

*__in·tro·duc·tion__ /ìntrədʌ́kʃən/ [名] (~s /~z/; [動] ìntrodúce, [形] ìntrodúctory) **1** [U] **導入, 採用, 取り入れること;** [C] (外国などから新しく)取り入れられたもの, 伝来したもの, (動植物の)外来種 (*in*): the ~ *of* Christianity *into* [*to*] Japan キリスト教の日本伝来 / We object to the ~ *of* nuclear weapons *into* Japan. 私たちは日本への核兵器持ち込みに反対する / This variety of tomato is a recent ~. このトマトの品種は最近入ってきたものだ.
2 [C,U] [しばしば複数形で] (お互いどうしの)**紹介,** 引き合わせ (*to*); [C] **紹介状:** a letter of ~ 紹介状 / make the ~*s* (人々の)紹介をする / Thank you (very much) for your kind ~. ご紹介にあずかりましてありがとうございます《講演会などで》/ The actor ***needs no*** ~. その俳優は紹介の必要がない(ほど有名だ).
3 [C] **序論,** 序説, 序文; [しばしば I-] 入門書, 概説書; (…に対する)初めての経験: *An I~ **to** Chinese History* 『中国史入門』《書名》/ my first ~ *to* skiing 私の初めてのスキー体験. **4** [C] 〘楽〙 イントロ, 序奏. **5** [U] 《格式》差し込み, 注入 (*into*).

⁺__in·tro·duc·to·ry__ /ìntrədʌ́ktəri, -tri⁻/ [形] ([名] ìntrodúction) [A] 紹介の, 前置きの, 序言の; 入門の; 導入(時)の: an ~ course in Latin ラテン語入門講座 / an ~ offer (新製品などの)割引き特別提供, 安売り.

in·tro·spect /ìntrəspékt/ [動] [自] 《格式》 内省する.

in·tro·spec·tion /ìntrəspékʃən/ [名] [U] 《格式》 内省, 自己反省; 自己観察.

in·tro·spec·tive /ìntrəspéktɪv⁻/ [形] 《格式》 内省的な; 自己反省の. **~·ly** [副] 内省的に.

in·tro·ver·sion /ìntrəvə́ːʒən | -və́ːʃən/ [名] ([反] extroversion) [U] 〘心〙 内向性.

in·tro·vert /íntrəvə̀ːt | -və̀ːt/ [名] ([反] extrovert) [C] 〘心〙 内向性の人, 内省的な人. ― [形] =introverted.

in·tro·vert·ed /íntrəvə̀ːṭɪd | -və̀ːt-/ [形] ([反] extroverted) 〘心〙 内向的な.

⁺__in·trude__ /ɪntrúːd/ [動] [自] **1** (呼ばれていないのに)押しかける, 侵入する; (個人的な事などに)立ち入る, じゃまに入る: ~ *into* a room 部屋に押し入る / I hope I'm not *intruding*. おじゃまでなければよいのですが / I don't want to ~ *on* [*upon, into*] his privacy. 私は彼のプライバシーに立ち入ろうと思わない. **2** (物事が)(雰囲気・状況などを)損う, 乱す (*on, upon, into*).

in·trud·er /ɪntrúːdə | -də/ [名] [C] 侵入者, 乱入者; じゃま者.

⁺__in·tru·sion__ /ɪntrúːʒən/ [名] **1** [U] 侵害, 立ち入り; 侵入 (*into, on, upon*). **2** [C] 侵害[侵入]行為; じゃまなもの[人] (*into, on, upon*).

⁺__in·tru·sive__ /ɪntrúːsɪv/ [形] でしゃばる, じゃまをする.

in·tu·it /ɪnt(j)úːɪt | -tjúː-/ [動] 《格式》 [他] 〈…〉を直観で知る.

⁺__in·tu·i·tion__ /ìnt(j)uíʃən | -tju-/ [名] **1** [U] 直感, 直観, 直覚. **2** [C] 直感[直観]による知識[考え] (*about*): have an ~ *that* … …という直感を抱く.

⁺__in·tu·i·tive__ /ɪnt(j)úːəṭɪv | -tjúː-/ [形] **1** 直感[直観, 直覚]的な. **2** (人が)直感的に理解できる, 直感力のある. **3** (コンピューターソフトなどが)わかりやすい, 使いやすい. **~·ly** [副] 直観[直覚]的に. **~·ness** [名] [U] 直感[直覚]的なこと.

In·u·it /ín(j)uɪt/ [名] (複 ~(s)) **1** [the ~として複数扱い] イヌイット, エスキモー《Alaska 北部やカナダ東部から Greenland 島にわたって住む民族; ☞ Eskimo [語法]》; [C] =Inuk. **2** [U] イヌイット[エスキモー]語. ― [形] イヌイット(語)の.

In·uk /ínuk/ [名] (複 **In·u·it** /ín(j)uɪt/) [C] イヌイットの人.

⁺__in·un·date__ /ínəndèɪt/ [動] [他] [普通は受身で] **1** 〈場所・人〉に(…を)充満させる; 〈…〉に押し寄せる: ⌈The office *was* [We *were*] ~*d with* letters of protest. 社[私たち]には抗議の手紙が殺到した. **2** 《格式》〈…〉を水浸しにする (flood).

in·un·da·tion /ìnʌndéɪʃən, ìnən-/ [名] **1** [C] 充満; 殺到. **2** [U] 《格式》 はんらん, 浸水; [C] 洪水.

in·ure /ɪn(j)ʊ́ə | ɪnjʊ́ə/ [動] (**in·ur·ing** /-n(j)ʊ́(ə)rɪŋ | -njʊ́(ə)r-/) [他] [普通は受身で] 《格式》〈…〉を(いやなことに)慣れさせる, 鍛(きた)える: He *is* ~*d to* hardship. 彼は苦労に慣れている. **inúre onesèlf to …** [動] [他] 《格式》 …に慣れる.

in·urn /ɪnə́ːn | ɪnə́ːn/ [動] [他] 《格式》〈…〉を納骨する.

*__in·vade__ /ɪnvéɪd/ [T3] [動] (**in·vades** /-véɪdz/; **in·vad·ed** /-dɪd/; **in·vad·ing** /-dɪŋ/; [名] invásion, [形] invásive) [他] **1** 〈…〉を**侵略する,** 〈…〉に侵入する: Japan has no intention of *invading* other countries. 日本は他国を侵略しようとする意図は持っていない.
2 (大勢が)〈ある場所〉に**押し寄せる,** 大量に入り込む, なだれ込む: Tourists ~*d* the island this summer. この夏は観光客が大勢その島に押しかけた.
3 〈権利など〉を**侵害する,** 侵す: We must not ~ people's privacy. 我々は人のプライバシーを侵してはならない. **4** (病気・音などが)〈…〉を襲う. ― [自] 侵略する, 侵入する. [語源] ラテン語で「中に入ってくる」の意.

⁺__in·vad·er__ /ɪnvéɪdə | -də/ [名] [C] 侵略者, 侵入者[物]; 侵略軍.

⁺__in·va·lid__[1] /ínvəlɪd | -lìːd, -lɪd/ ★ invalid[2] とのアクセントの違いに注意. [名] [C] 病弱者, 病人《特に長患いの人》: a permanent ~ 不治の病人. [語源] ラテン語で「強く (valid) ない」の意 (☞ in-[1], valid [語源]) ― [形] 病弱な, 病身の; 病人用の: ~ soldiers 傷病兵 / an ~ diet 病人食. ― [動] [次の成句で] **ínvalid … hóme [out]** [動] [他] 《英》〈…〉を傷病兵として(本国)送還する[除隊させる].

⁺__in·val·id__[2] /ìnvǽlɪd⁻/ ★ invalid[1] とのアクセントの

invalidate

違いに注意. 形 [普通は P] 法律的に無効な; (議論などが)根拠の薄弱な, 妥当でない; 〘電算〙(命令・データなどが)無効な (⇨ invalid¹ 語源).

in·val·i·date /ɪnvǽlədèɪt/ 動 (法律上)〈…〉を無効にする; 〈議論など〉を根拠[説得力]のないものにする.

in·val·i·da·tion /ɪnvæ̀lədéɪʃən/ 名 U 無効にする[なる]こと; 根拠[説得力]のないものにする[なる]こと.

in·va·lid·is·m /ɪnvǽlɪdìzm/ 名 U 《米》慢性的な病弱.

in·va·lid·i·ty /ɪnvəlídəṭi/ 名 U **1** 病弱: ~ benefit 《英》傷病手当. **2** 無効, 無力, 無価値.

*⁺**in·val·u·a·ble** /ɪnvǽljuəbl, -ljʊ-/ 形 きわめて役に立つ, 非常に貴重な (to, for, in) (⇨ valuable 類義 語).

in·var·i·a·ble /ɪnvé(ə)riəbl⁺/ 形 いつもの; 変化しない, 不変の, 一定の.

*⁺**in·var·i·a·bly** /ɪnvé(ə)riəbli/ 副 相変わらず, 変わらずに, 不変で; 常に, 必ず: The government ~ hesitates to reform the tax system. 政府は相変わらず税制の改革をためらっている.

in·var·i·ant /ɪnvé(ə)riənt/ 形 変化しない, 一様の.
— 名 C 〘数〙不変式, 不変量.

*⁺**in·va·sion** /ɪnvéɪʒən/ 名 (~s /-z/; 動 ínváde) C,U **1** 侵略(する[される]こと), 侵入(する[される]こと): The Finns repelled the ~ of the Russians. フィンランド軍はロシア軍の侵略をはねのけた. **2** (人・ものの)殺到: an ~ of tourists = a tourist ~ 観光客の殺到. **3** (権利などの)侵害: an ~ of privacy プライバシーの侵害.

*⁺**in·va·sive** /ɪnvéɪsɪv, -zɪv/ 形 (動 ínváde) 侵入する, 侵略的な; 侵害の; 組織を冒す; 〖医〗切開を伴う.

in·vec·tive /ɪnvéktɪv/ 名 U 《格式》毒舌, 非難; ののしりのことば, 悪口雑言.

in·veigh /ɪnvéɪ/ 動 自 《格式》痛烈に非難する, ののしる, 悪口を言う (against).

in·vei·gle /ɪnvéɪgl/ 動 他 《格式》〈人〉をだます, たぶらかす; つり込む, おびき寄せる: I was ~d into buying stock in the company. 私は言いくるめられてその会社の株を買った.

*⁺**in·vent** /ɪnvént/ アク 動 (**in·vents** /-vénts/; -vent·ed /-ṭɪd/; -vent·ing /-ṭɪŋ/; 名 invéntion) 他 **1** 〈…〉を発明する, (最初に)考え出す (← event 車輪の配置): Do you know who ~ed the telegraph? 電信を発明したのはだれだか知っていますか. **2** 〈言いわけなど〉をでっちあげる, ねつ造する.

*⁺**in·ven·tion** /ɪnvénʃən/ 名 (~s /-z/; 動 invént) **1** C 発明品: an ingenious ~ 巧妙な発明品 / Television is a wonderful ~. テレビとは大変なものだ.
2 U 発明, 創案: the ~ of the steam engine 蒸気機関の発明 / Necessity is the mother of ~. ((ことわざ)) 必要は発明の母(発明は必要から生まれる). **3** C でっちあげ, ねつ造(記事), 作り事; U 〖婉曲〗うそ, つくりこと. **4** C 発明[工夫]の才, 創造力: rich powers of ~ 豊かな創造力.

*⁺**in·ven·tive** /ɪnvéntɪv/ 形 (動 invént) 発明[工夫]の才のある, 創作力に富んだ. ~·ly 副 創作力豊かに, 独創的に, うまく工夫して. ~·ness 名 U 独創性.

*⁺**in·ven·tor** /ɪnvéntə/ -tə/ 名 C 発明者, 考案者: Bell was the ~ of the telephone. ベルは電話の発明者でした.

*⁺**in·ven·to·ry** /ɪnvəntɔ̀:ri/ -tri, -təri/ アク 名 (**-to·ries** /~z/) **1** C (商品などの)目録, 明細表; 棚卸し表; 在庫目録: make an ~ of the stock 在庫品の目録を作る. **2** U,C 《主に米》在庫品(全体)(stock); 在庫調べ, 棚卸し: ~ control 在庫管理 / reduce (an) ~ 在庫を減らす / The store is closed for ~. 店は棚卸しのため閉店している.
tàke (an) invéntory of... [動] 他 …の目録を作る; …の在庫調べをする; (特質など)を詳しく調べる.
—— 名 (-to·ries, -to·ried; -ry·ing) 他 《商品など》の目録を作る, 目録にのせる.

In·ver·ness /ɪ̀nvənés/ | -və-⁺/ 名 固 インバネス 《Scotland 北部 Ness 湖の北にある都市》.

in·verse¹ /ɪnvə́:s | -və́:s⁺/ 形 〘格式〙(順序・位置が)逆の, 反対の (to). **in inverse relátion [propórtion, rátio] to...** [前] …に反比例して.

in·verse² /ɪnvə́:s, ⁻⁻| ɪ́nvə́:s/ 名 [the ~] 正反対のもの, 逆; 〘数〙逆(関)数.

in·verse·ly /ɪnvə́:sli | -və́:s-/ 副 逆に, 反対に: Y is ~ related to X. Y は X と反比例する.

in·ver·sion /ɪnvə́:ʒən | -və́:ʃən/ 名 U,C **1** (格式)逆, 転置. **2** 〘文法〙倒置, 語順転倒. **3** 〘楽〙転回. **4** 〘気象〙(気温の)逆転.

文法 倒置

<S (主語)+V (述語動詞)>という語順が, <V+S>という逆の語順になったり, <S (主語)+V (述語動詞)+O (目的語)>が<O+V+S>の語順になったり, 副詞などの述部の一部が文頭に出たりすることで, 次のような場合がある.

(1) <V+S>の倒置:
(i) 疑問文: *Are you* a student? あなたは学生ですか. 語法 (1) 述語動詞に助動詞 (v で示す) があるときには, 助動詞は主語の前に出て, <v+S+V>の語順となる: *Can you* read Greek? あなたはギリシャ語が読めますか. (2) 疑問代名詞が主語の疑問文では倒置がない: *What happened?* 何が起こったのか / *Who came here* last night? ゆうべだれがここへ来ましたか.
(ii) 感嘆文: この場合は <S+V> は変わらないか, 補語・副詞などが what または how とともに文頭に出る: *What a big airplane it is!* = *How big that airplane is!* あれは何と大きな飛行機だろう / *How fast that train runs!* 何と速くその汽車は走るのだろう.
(iii) there [here] は [are, was, were, come(s), etc.] ... の構文で: *There are* several books on the desk. 机の上に本が何冊かある / *Here's* your money. どうぞ, これはあなたのお金です. 語法 ただし *Here we are.* (さあ着きましたよ), などのように, there, here が場所を示す意味の強い場合は普通の <S+V>の語順になる.
(iv) 直接話法の伝達部で: "What are you looking for?" *asked Bill.* 「何を探しているのですか」とビルは言った.
(v)「…もまた—する[である]」の意味の so および「…もまた—でない」の neither が文頭にくるとき (⇨ so¹ 語法 9, neither 副): I am from New York.—*So is Mr. White.* 私はニューヨーク出身だ—ホワイトさんもですよ / I don't know her.—*Neither do I.* 私はあの女の人を知りません—私も知りません. 語法 アクセントをつけた語が強調される (⇨ so¹ 語法 9 語法, neither 副 語法).
(vi) ある語を強調する場合に, 副詞または副詞句が文頭に出て <V+S> となることがある (⇨ emphasis 文法 (2)): *Down came the rain* in torrents. どしゃ降りの雨が降ってきた. 語法 述語動詞に助動詞 (v) があるときは <v+S+V> の語順となる: *Never did he* see her again. 彼は再び彼女に会うことはなかった.
(vii) may を用いて願望を表わす文において. 文語的な言い方: *May your Christmas* be merry and white! あなたのクリスマスが雪が降って楽しくありますように (⇨ may 6 (2)).
(viii) if が省略された文において (⇨ if 4 語法), conditional clause 文法 (2)). 文語的な言い方: *Had I not* spoken in his behalf, he would have lost his position. 私が彼のために発言をしてあげなかったら, 彼は地位を失っていただろう.
(ix) 譲歩を表わす節で. これはやや古風な言い方である: *Be it ever so humble* (= However humble it may

be), there's no place like home. たとえいかに貧しくても家庭ほどよい所はない《イングランド民謡 *Home, Sweet Home* の一節》.
(2) <O+V+S> の倒置：この場合は述語動詞のなかの助動詞（vで示す）が主語の前に出て <O+v+S+V> という語順になる.
(i) 疑問代名詞や疑問形容詞を伴った名詞を目的語とする疑問文で：*What are you doing* now? あなたは今何をしているのですか / *Which will* Mary *choose*? メアリーはどちらを選ぶだろうか / *Which flower do you like* best? どの花がいちばん好きですか. 語法 (1) 従属節では倒置は起こらない：I don't know *what Meg did*. メグが何をしたか私は知らない 《☞ word order 文法 (2) (ii) (a)》. (2) 疑問形容詞 what を伴う名詞を目的語とする感嘆文では倒置は起こらない 《☞ word order 文法 (2) (ii) (c)》.
(ii) 目的語が強調されて文頭に出たとき：*Not a single sound could* I *hear*. 私には物音ひとつ聞こえなかった. ★述語動詞が本動詞だけのときには倒置は起こらない 《☞ word order 文法 (2) (ii) (d)》.

invérsion làyer 名 C 〖気象〗(大気の)逆転層.
†**in·vert** /ɪnvə́ːt | -vɔ́ːt/ 動 他 〈…〉を逆の状態にする, 転倒させる, ひっくり返す.
in·ver·te·brate /ɪnvə́ːtəbrət, -breɪt | -vɔ́ː-─/ 〖動〗脊椎(ﾂ)のない. ── 名 C 〖動〗無脊椎動物. 関連 vertebrate 脊椎動物.

in·vért·ed cóm·mas /ɪnvə́ːtɪd- | -vɔ́ːt-/ 名 [複] 《英》= quotation marks.

invérted snób 名 C 《英》〔けなして〕偽善的に庶民派を気どる人.

invérted snóbbery 名 U 《英》〔けなして〕上層階級を悪く言うこと, 偽善的庶民派気どり.

‡**in·vest** /ɪnvést/ 動 (**in·vests** /-vésts/; **-vest·ed** /-ɪd/; **-vest·ing**) 名 **investment** 他 **1** 〈金(ﾈ)〉を(…に)投資する; 〈金・時間など〉をつぎ込む: My wife *∼ed* her own savings in stocks. <V+O+*in*+名·代> 私の妻は自分の貯金を株に投資した / We have *∼ed* a lot of time and effort *in* (carry*ing* out) this project. <V+O+*in*+動名·代> 我々はこの計画の(実行)に多くの時間と労力をつぎ込んだ. **2** [しばしば受身で] 《格式》〈位·権力など〉を〈人〉に授ける, 与える; 〈…〉を(…に)任命する (*as*); 〈性質など〉を…に与える: He *is ∼ed* with full authority. 彼は全権を与えられている. ── 自 投資する; 《略式》〈高価だが有用なもの〉を買う, 大枚をはたく: *∼* heavily *in* stocks 株に大金を投じる / She *∼ed in* a personal computer. 彼女はパソコンを1台奮発した.

in·ves·ti·gate /ɪnvéstɪɡèɪt/ 動 (**-ti·gates** /-ɡèɪts/; **-ti·gat·ed** /-tɪd/; **-ti·gat·ing** /-tɪŋ/; 名 **investigation**, 形 **investigative**) 他 〈犯罪・事故・個人など〉を(細かく)調査する 《☞ examine 類義語》, 研究する; 捜査する; 《略式》ちょっと調べる: [言い換え] The fire department is *investigating* the cause of the fire. The fire department is *investigating how* the fire started. <V+wh節> 消防署では火事の原因を調べている. ── 自 調査する, 研究する; 捜査する; 《略式》ちょっと調べる.

‡**in·ves·ti·ga·tion** /ɪnvèstɪɡéɪʃən/ 名 (*∼s* /∼z/; 動 **investigate**, 形 **investigative**) U.C 調査, 研究; 捜査: launch [complete] an *∼* 調査を開始[終了]する / make [conduct] an *∼ into* the affair その事件を調査[捜査]する / a full *∼* of drug smuggling 麻薬の密輸の十分な調査.

ùnder investigátion 形 調査中で[の]; 捜査中で[の]: The cause of the crash is *under ∼*. 墜落の原因は調査中である.

†**in·ves·ti·ga·tive** /ɪnvéstɪɡèɪtɪv | -ɡət-/ 形 [普通 は A] (動 investigate, 名 investigation) 調査の, (不正などを)あばく: *∼* journalism 真実を追求するジャーナリズム / the *∼* panel 調査委員会.

†**in·ves·ti·ga·tor** /ɪnvéstɪɡèɪtə | -tə/ 名 (*∼s* /∼z/) C 調査者, 研究者; 捜査員: the *∼s* of the accident 事故調査員 / a private *∼* 私立探偵.

in·ves·ti·ga·to·ry /ɪnvéstɪɡətɔ̀ːri | -təri, -tri/ 形 = investigative.

in·ves·ti·ture /ɪnvéstətʃə, -tʃʊə | -tʃə/ 名 C.U (格式)(官職などの)授与, 任官; 授与式, 任官式.

‡**in·vest·ment** /ɪnvés(t)mənt/ 名 T1 (**-vest·ments** /-mənts/; 動 invést) **1** U 投資(すること), 出資: overseas *∼* 海外投資 / short-term *∼* 短期投資 / *∼ in* oil stocks 石油株への投資.
2 C 投資(した金[物]) (*in*): I've gotten a good return *on* that *∼*. その投資金からかなりのもうけを得た. **3** C 投資の対象: a good [sound] *∼* 有利な投資. **4** U.C (格式)任官, 叙任. **5** U (時間・精力などを)つぎ込むこと, 注ぐこと (*of*). **màke an invéstment in ...** 動 …に投資する.

invéstment bànk 名 C 投資銀行.

invéstment bànker 名 C 投資銀行行員; 投資銀行.

invéstment còmpany [trùst] 名 C 投資(信託)会社.

‡**in·ves·tor** /ɪnvéstə | -tə/ 名 (*∼s* /∼z/) C 投資家, 投資者, 出資者: small *∼s* 個人投資家 / institutional *∼s* 機関投資家.

in·vet·er·ate /ɪnvétərət, -trət/ 形 A (けなして)(病気・習慣などが)根深い, 頑固な, 慢性の, 常習的な: an *∼* liar 根っからのうそつき / *∼* hostility 根深い敵意. **∼·ly** 副 頑固に, 常習的に.

in·vid·i·ous /ɪnvídiəs/ 形 《格式》**1** (不公平で)不愉快な, いやな. (比較などが)不公平な, 不当な. **2** (立場が)人に反感[ねたみ]を買うような.

in·vig·i·late /ɪnvídʒəlèɪt/ 動 《英》= proctor.

in·vig·i·la·tion /ɪnvìdʒəléɪʃən/ 名 U.C 《英格式》試験監督(行為).

in·vig·i·la·tor /ɪnvídʒəlèɪtə | -tə/ 名 C 《英格式》試験監督(者) (《米》proctor).

in·vig·or·ate /ɪnvíɡərèɪt/ 動 (名 vígor) 他 活気づける, 〈…〉に元気を出させる, 鼓舞する, 爽(ｿ)快にする.

in·vig·or·at·ed /ɪnvíɡərèɪtɪd/ 形 P 元気になった, 活気づいた.

†**in·vig·o·rat·ing** /ɪnvíɡərèɪtɪŋ/ 形 元気づける, さわやかな. **∼·ly** 副 元気づくほど, さわやかに.

in·vin·ci·bil·i·ty /ɪnvìnsəbíləti/ 名 U 無敵.

in·vin·ci·ble /ɪnvínsəbl─/ 形 (軍隊・議論などが)無敵の, 打ち負かすことのできない; (精神などが)不屈の, (信念などが)揺るぎない: the I*∼* Armada (☞ Spanish Armada). **-bly** /-səbli/ 副 無敵に, 克服しがたく.

in·vi·o·la·bil·i·ty /ɪnvàɪələbíləti/ 名 U (格式)不可侵(性), 神聖.

in·vi·o·la·ble /ɪnvàɪələbl─/ 形 《格式》(権利・法などが)(神聖で)侵すことのできない, 不可侵の.

in·vi·o·late /ɪnvàɪələt─/ 形 [普通は P] 《格式》侵されていない, 汚(ｹ)されていない, 神聖な.

in·vis·i·bil·i·ty /ɪnvìzəbíləti/ 名 (形 invisible) U 目に見えないこと, 隠れていること, 不可視性.

‡**in·vis·i·ble** /ɪnvízəbl─/ 形 T3 (名 invisibility) **1** [比較なし] 目に見えない, 肉眼で見えない; (物事が)表に現れない, 気が付かない: vísible and invísible stárs 肉眼で見える星と見えない星 (☞ in-[1] 語法 (2)) / *∼* rays 不可視光線 (赤外線・紫外線・エックス線など) / Viruses are *∼ to* the naked eye. <A+*to*+名·代> ウィルスは肉眼では見えない / *∼* barriers 目に見えない障壁. **2**

924　invisible exports

[普通は Ⓐ] 《商》（資産などが）表面に出ない，（損益分に）帳簿に記録されない；統計などに示されない；貿易外の：~ earnings 貿易外収益. **3** 無視されている，不当に扱われている.

invísible expórts 图《複》貿易外輸出，無形輸出品（特許料・サービス料など）.

invisible ínk 图 Ⓤ あぶり出しインク.

in･vis･i･bly /ɪnvízəbli/ 圖 目に見えないように，目につかないほど．

*__in･vi･ta･tion__ /ìnvətéɪʃən/ 图 (~s /-z/; 動 invite) **1** Ⓒ Ⓤ 招待（する[される]こと），案内（する[される]こと）: a letter of ~ 招待状 / *turn down* [《格式》 *decline*] the ~ 招待を断わる / ENTRANCE [ADMISSION] BY INVITATION ONLY ご招待以外は入場お断わり《掲示》/ We went there *at the* ~ *of* Mr. Smith. 我々はスミス氏の招待を受けてそこへ行った / He gladly *accepted* the ~ *to* the charity concert. 彼は喜んで慈善音楽会への招待に応じてくれた.
2 Ⓒ 招待状 *(from; to* do*)*: We sent out ~*s to* the party. 我々はパーティーへの招待状を出した. **3** Ⓤ または an ~］勧誘，招聘（ヒッチ）；誘惑，魅力；（悪い意味の）誘因: I~ *to* the Dance「舞踏への勧誘」《ピアノの曲名》/ He has accepted [declined] *an* ~ *to* assume the leadership of the project. 彼はその計画の統率者となるようにという招聘に応じた[を断った] / You have「*an open* [*a standing*] ~ *to* join us. いつまでになっても歓迎するから. / Leaving the door unlocked is *an* open ~ *to* [*for*] thieves. ドアに鍵をかけないでおくのは泥棒にどうぞと言っているようなものだ.

in･vi･ta･tion･al /ìnvətéɪʃ(ə)nəl/ 形《主に米》（展示会などが）特別招待の，招待者[選手]のみの. ━ 图 Ⓒ 招待選手のみの試合.

*__in･vite__[1] /ɪnváɪt/ 動 (**in･vites** /-váɪts/; **in･vit･ed** /-tɪd/; **in･vit･ing** /-tɪŋ/; 图 invitátion) 他 **1** 〈人〉を招待する, 招く: It's very kind of you to ~ me. ご招待くださってありがとうございます / I ~*d* Tom *to* the party.〈V+O+*to*+名・代〉私はトムをパーティーに招待した / I'm ~*d to* Jane's (house) for Christmas. クリスマスにジェーンの家に誘われている.
2 〈人を〉誘う；促す: He ~*d* us *to* stay a few more days.〈V+O+C (*to* 不定詞)〉彼は私たちに2, 3日いるように勧めた / The marvelous weather seemed to be *inviting* us *to* cut class. すばらしい天気が私たちに授業をさぼれと誘っているようだった / Everyone *is* ~*d to* attend the party.〈V+O+C (*to* 不定詞)の受身〉どなたのパーティーにもおいでください. **3**《格式》〈人に〉…を丁寧に頼む，求める，〈人〉に依頼する: 言い換え He ~*d* my opinion on the problem. =He ~*d* me *to* give an opinion on the problem. 彼はその問題について私の意見を求めた / Questions *are* ~*d after* the lecture. 講演のあとで質問を歓迎いたします《司会者のことば》. **4** 〈危険など〉をもたらす，招く，引き起こす: ~ criticism 批判を招く / Playing loud music all night just ~*s* people *to* complain. やかましい音楽を一晩中鳴らせば近所から苦情が出るに決まっている.

invite の句動詞

invíte ... alóng 動 他〈人〉を（会合・パーティーなどに）一緒に行こうと誘う (*to*).

invíte ... báck 動 他〈いっしょに帰る人〉を自宅に誘う；〈人〉をお返しに招く (*to*, *for*).

invíte ... ín 動 他〈人〉を中に招く，家などに入れる (*for*).

invíte ... óut 動 他〈人〉を（食事・ドライブなどに）誘い出す (*for*).

invíte ... óver [《英》**róund**] 動 他《略式》〈食事・お茶など〉〈人〉を家へ招待する (*for*).

in･vite[2] /ɪnváɪt/ 图 Ⓒ Ⓢ《略式》招待状.

*__in･vit･ing__ /ɪnváɪtɪŋ/ 形（反 uninviting) 人の心を引きつける，魅力的な: an ~ smile 魅力的な微笑. **~･ly** 圖 人の心を誘うように.

in vi･tro /ɪnvíːtroʊ/《ラテン語から》圖 形（反 in vivo）《生》試験管内で［の］，生体外で［の］: ~ fertilization 体外[試験管内]受精.

in vi･vo /ɪnvíːvoʊ/《ラテン語から》圖 形（反 in vitro）《生》生体内で［の］.

in･vo･ca･tion /ìnvəkéɪʃən/ 图《文》Ⓤ Ⓒ（神への）祈り，祈願 (*to*). **2** [the ~]《米》（儀式の前の）祈りのことば. **3** Ⓤ Ⓒ（法などに）訴えること，（権力などの）発動.

*__in･voice__ /ínvɔɪs/ 图《商》Ⓣ Ⓒ 送り状，請求書，インボイス (*for*): send [make out] an ~ 送り状を送る[作る]. ━ 動 他 **1**〈…の送り状[請求書]〉を作る. **2**〈人に〉〈…の送り状[請求書]〉を送る (*to*); 〈人〉へ〈…の〉送り状[請求書]を出す (*for*).

*__in･voke__ /ɪnvóʊk/ 動 他《格式》**1**〈法など〉に訴える，〈権力など〉を発動する，（議論などを補強するために）〈原則・有名人など〉を引き合いに出す，持ち出す: ~ economic sanctions 経済制裁を発動する. **2**〈考え・イメージなど〉を生じさせる，引き起こす. **3**《電算》〈サブルーチンなど〉を呼び出す. **4**〈神〉に加護などを求めて祈る[訴える]，念ずる. **5**〈悪魔など〉を呪文（じゅ）で呼び出す.

in･vol･un･tar･i･ly /ɪnváləntərəli | -vɔ́lənt-, -trə-/ 圖 思わず，知らず知らずに；不本意に，心ならずも.

in･vol･un･tar･i･ness /ɪnváləntərɪnəs | -vɔ́lənt-, -tri-/ 图 Ⓤ 無意識，不本意.

*__in･vol･un･tar･y__ /ɪnváləntèri | -vɔ́ləntəri, -tri/ 形 **1** 不本意の，心ならずの. **2** 思わず知らずの，何気なしの. **3**《生理》（筋肉が）不随意の.

in･vo･lute /ínvəlùːt/, **-lut･ed** /-tɪd/ 形 **1** 複雑な，入り組んだ. **2**《植》（葉が）内旋の（内巻きの）.

in･vo･lu･tion /ìnvəlúːʃən/ 图 Ⓤ Ⓒ 複雑；かかわり合い；《植》内旋.

*__in･volve__ /ɪnválv | -vɔ́lv/ 動 (**in･volves** /-z/; **in･volved** /-d/; **in･volv･ing**; 图 invólvement) 他 **1**《進行形なし》（事件・犯罪などに）〈人〉を巻き込む，かかわらせる，巻き添えにする，関係させる: Don't ~ me *in* your troubles!〈V+O+*in*+名・代〉私をあなたのもめごとの巻き添えにしないでくれ / He is reluctant to ~ himself *in* the work. 彼はその仕事にたずさわるのをしぶっている.
2 [受身・進行形なし]（必ず）…を含む，（いつも）…を伴う；必要とする；意味する: Her job ~*s* meeting a lot of people.〈V+O (動名)〉彼女は仕事上多くの人に会う必要がある. **3**〈…を〉熱中[没頭]させる: ~ oneself in the affair その事件にのめりこむ.

*__in･volved__ /ɪnválvd | -vɔ́lvd/ 形 **1** かかわり合いを持っている (*with*): The prime minister was deeply ~ *in* (covering up) the scandal.〈A+*in*+動名 [名・代]〉首相はそのスキャンダル（のもみけし）に深くかかわっていた / be [get] ~ *in* an accident 事故に巻き込まれる / All the people ~ were questioned. 関係者はすべて取り調べられた.
2 込み入った，複雑な（ ☞ complex[1] 類義語）: This detective story is very ~. この推理小説はとても込み入っている.
3 熱中して，没頭して: get [become] ~ *in* politics〈A+*in*+名・代〉政治にのめり込む. **4**（性的に[不倫な]）関係がある (*with*).

*__in･volve･ment__ /ɪnválvmənt | -vɔ́lv-/ 图 動 invólve) **1** Ⓤ 巻き込む[まれる]こと，巻き添えにする[される]こと，かかわり合い；介入；加担～ 軍事介入 / investigate his ~ *in* the scheme 彼の陰謀とのかかわりを調べる. **2** Ⓤ Ⓒ（性的[不倫な]）関係 (*with*). **3** Ⓤ 熱中，没頭.

in･vul･ner･a･bil･i･ty /ɪnvʌ̀ln(ə)rəbíləṭi/ 图 Ⓤ 不死身；攻撃などに対して）すきのないこと.

in·vul·ner·a·ble /ɪnvʌ́ln(ə)rəbl/ 形 傷つけることのできない, 不死身の; (非難・攻撃などに対して)弱みのない, すきのない, 安全な (to). **-a·bly** /-rəbli/ 副 不死身に, すきがなく.

†**in·ward** /ínwəd | -wəd/ 形 (反 outward) 1 内面的な, 心の中の, 精神的な (mental): ~ happiness 心の幸せ. 2 内へ向う, 中央への; 本国向けの: an ~ curve 内側へのカーブ. 3 中の, 内側にある, 内部の (internal). ── 副 1 中へ, 内側へ, 内部へ (反 outward): turn ~ 内側へ曲がる / stone steps that leads ~ 内部に通ずる石段. 2 心の中へ, 内心へ: turn one's thoughts ~ 内省する.

ínward invéstment 名 U,C 《商業》対内投資《外国から国内への投資》.

inward-lòoking 形 内向的な, 外界に無関心な.

in·ward·ly 副 1 内側へ[で], 内部へ[で]. 2 心の中で: I ~ she was envious. 内心は彼女はねたましかった.

in·ward·ness /U/ 《格式》 1 本質, 本性. 2 精神性, 内面的な深さ.

in·wards /ínwədz | -wədz/ 副 《英》=inward.

in-your-fáce 形 《略式》人を人とも思わぬ, 傍若無人な; 挑戦的な.

I·o /áɪou/ 名 固 《ギ神》イーオー《Zeus が Hera のねたみを恐れて若い雌牛に変えた女; ☞ Ionian Sea》.

I/O 略 =input/output.

IOC /áɪousí:/ 名 [the ~] =International Olympic Committee 国際オリンピック委員会.

†**i·o·dine** /áɪədàɪn, -dìːn/ 名 U 1 《化》沃(よう)素《元素記号 I》. 2 ヨードチンキ (tincture of iodine).

i·o·dize /áɪədàɪz/ 動 他 沃(よう)素処理する: ~d salt 沃素添加食卓塩.

†**i·on** /áɪən/ 名 C 《化》イオン: positive [negative] ~s 陽[陰]イオン《☞ cation》 / ~ exchange イオン交換.

-i·on /ɪən, ən, (/ʃ, ʒ, tʃ, dʒ の後で/) -ən/ 接尾 [名詞語尾] 「状態・動作」を表わす: religion 宗教 / mission 使命 / question 質問. 語法 直前の音節に第一アクセントがくる.

I·o·ni·an /aɪóunɪən/ 形, 名 C 《古代小アジアの》イオニアの, イオニア人の.

Iónian Séa 名 [the ~] イオニア海《イタリア半島南東部とギリシアの間の地中海の一部; 神話では Io が渡った海》.

I·on·ic /aɪánɪk | -ɔ́n-/ 形 《建》《柱などが》イオニア式の《☞ order 名 3》.

i·on·i·za·tion /àɪənɪzéɪʃən | -naɪz-/ 名 U 《化》イオン化, 電離.

i·on·ize /áɪənàɪz/ 動 他 《...を》イオン化する, 電離する. ── 自 イオン化する, 電離する.

i·on·iz·er /áɪənàɪzə | -zə/ 名 C イオン化装置.

i·on·o·sphere /aɪánəsfɪə | -ɔ́nəsfɪə/ 名 [the ~] イオン圏; 電離層.

i·on·o·spher·ic /aɪànəsférɪk | -ɔ̀n-/ 形 電離層の.

i·o·ta /aɪóutə/ 名 C イオタ《ギリシア語アルファベットの第 9 文字 ɩ, I; ☞ Greek alphabet 表》. **nót an [óne] ióta (of …)** 少しも(…が)ない. 由来 ギリシア文字の中で形が最も小さいことから.

IOU /áɪoʊjúː/ 名 (複 ~s, ~'s) C 《略式》借用証書: Mr. White, ~ $100. 100ドル借用致しました. ホワイト様 / an ~ for $100 100ドルの借用証書. 語源 元来 I owe you …の発音を略したもの.

-i·ous /iəs/ 接尾 [形容詞語尾] 「…の特徴をもった, …に満ちた」の意: curious 好奇心の強い / furious 怒り狂う.

I·o·wa /áɪəwə/ 名 1 固 アイオワ《米国中部の州; Ia., 《郵》IA; 俗称 the Hawkeye State; ☞ America 表, 表地図 G 3》. 2 [the ~; 複数扱い] アイオワ族《米国中部の先住民》.

I·o·wan /áɪəwən/ 形, 名 C アイオワ州の(人).

Iris 925

IPA /áɪpìːéɪ/ 略 =International Phonetic Alphabet.

IP áddress /áɪpìː-/ 名 C 《電算》 IP アドレス《ネットワーク上の各コンピューターに割り当てられた 32ビットのアドレス情報》.

IPO /áɪpìːóu/ 名 C 《株》新規株式公募 (initial public offering の略).

IPR /áɪpìːáː | -áː(r)/ 名 [複] 知的財産権, 知的所有権 (intellectual property rights の略).

ip·so fac·to /ípsouféktou/ 《ラテン語から》 副 《格式》(まさに)その事実によって《☞ de facto》.

†**IQ** /áɪkjúː/ 略 =intelligence quotient.

ir- /ɪ, ɪr/ 接頭 =in-¹ 《r- で始まる語の前の変形》: irregular 不規則な / irrelevant 無関係な.

Ir. =Ireland, Irish.

IRA¹ /áɪàːéɪ | -àː(r)-/ 名 C 《米》個人退職(積立)勘定 (individual retirement account の略).

IRA² /áɪàːéɪ | -àː(r)-/ 略 [the ~] =Irish Republican Army.

I·ran /ɪrǽn, ɪrɑ́ːn/ 名 固 イラン《アジア南西部の共和国; 首都 Teh(e)ran; 旧名 Persia》.

I·ra·ni·an /ɪréɪnɪən, ɪrɑ́ː- | ɪréɪnɪən/ 形 イランの; イラン人の; イラン語《ペルシア語》の. ── 名 C イラン人; U イラン語《ペルシア語などを含む Indo-European の一系統》.

I·raq /ɪrɑ́ːk, ɪrǽk/ 名 固 イラク《アジア南西部の共和国; 首都 Baghdad》.

I·ra·qi /ɪrɑ́ːki, ɪrǽki/ 形 イラクの(人)の; (アラビア語の)イラク方言の. ── 名 C イラク人.

i·ras·ci·bil·i·ty /ɪræsəbíləti/ 名 U 《W》 《格式》 怒りっぽいこと, 短気.

i·ras·ci·ble /ɪrǽsəbl/ 形 《W》 《格式》 怒りっぽい, 短気な. **-ci·bly** /-səbli/ 副 腹立たしげに.

i·rate /aɪréɪt/ 形 (不当な扱いを受けて)激怒[憤慨]した. **~·ly** 副 激怒[憤慨]して.

ire /aɪə/ 名 U 《文》怒り (anger), 憤り.

Ire. =Ireland.

***Ire·land** /áɪələnd | áɪə-/ 《原義 island》 名 固 (Írish 固) 1 アイルランド島 (Great Britain 島西方の島; 英国 (the United Kingdom) に属する北アイルランド (Northern Ireland) と, 南部のアイルランド共和国《☞ 2》に分かれる; 略 Ir., Ire.; ☞ 裏地図 C 5, Emerald Isle》.

アイルランド	Ireland
アイルランド人	Irishman, Irishwoman
アイルランド語	Irish
アイルランド(人・語)の	Irish

2 アイルランド《アイルランド島の南部を占める共和国; 首都 Dublin; 略 Ir., Ire.; 正式名は the Republic of Ireland; ☞ Eire》.

I·rene¹ /aɪríːn | áɪ(ə)riːn/ 名 固 アイリーン《女性の名》.

I·re·ne² /aɪ(ə)ríːni/ 名 固 《ギ神》エイレネ《平和の女神; ローマ神話の Pax に当たる》.

i·ren·ic /aɪ(ə)rénɪk, -íː-/ 形 平和的な.

ir·i·des·cence /ìrədés(ə)ns/ 名 U 《格式》にじ色, 玉虫色.

ir·i·des·cent /ìrədés(ə)nt/ 形 《格式》にじ色の, 玉虫色の.

i·rid·i·um /ɪrídɪəm/ 名 U 《化》イリジウム《元素記号 Ir》.

*I·ris** /áɪ(ə)rɪs/ 名 C 1 《解》虹彩《瞳孔のひとみの周りの円盤状の膜》. 2 アイリス, あやめ《あやめ属の植物; 米国 Tennessee 州の州花》.

I·ris /áɪ(ə)rɪs/ 名 固 1 アイリス《女性の名》. 2 《ギ神》イリス《にじの女神》.

I·rish /áɪ(ə)rɪʃ/ 形 名 Íreland) アイルランドの; アイルランド人の; アイルランド系の; アイルランド(ゲール)語の (略 Ir.; ☞ Ireland 表). ── 名 1 U アイルランド(ゲール)語 (アイルランドの Gaelic; 略 Ir.; ☞ Ireland 表). 2 [the ~ として複数扱い] アイルランド人 (全体; ☞ the⁵ 語法). 関連 English イングランド人 / Scottish スコットランド人 / Welsh ウェールズ人.

Írish búll 名 こっけいで矛盾した言い方(例えば It was hereditary in his family to have no children. (彼の家系には代々子孫はいなかった)など; アイルランド人がよく言うとされることから).

Írish cóffee 名 U.C アイリッシュコーヒー《ウイスキーを入れクリームを浮かせたもの》.

Írish·man /-mən/ 名 (-men /-mən/) C アイルランド(系)人; アイルランドの男性 (☞ Ireland 表). 関連 Englishman イングランド人 / Scotsman スコットランド人 / Welshman ウェールズ人.

Írish potáto 名 C.U (米) じゃがいも (potato) (☞ potato 語法).

Írish Repúblican Ármy 名 [the ~] アイルランド共和国軍《北アイルランドをアイルランドに併合しようとする反英過激派組織; 略 IRA》.

Írish Séa 名 [the ~] アイリッシュ海《England と Ireland との間の海; ☞ 裏地図 D 5》.

Írish sétter 名 C アイリッシュセッター《赤褐色のセッター種の犬》.

Írish stéw 名 U.C アイリッシュシチュー《羊肉・じゃがいもなどのシチュー》.

Írish whískey 名 U アイリッシュウイスキー《特に大麦から造るアイルランド産のウイスキー》.

Írish·wòman 名 (-women) C アイルランド(系)の女性 (☞ Ireland 表).

irk /ə́ːk | ə́ːk/ 動 (格式) 〈人〉をいらいらさせる.

irk·some /ə́ːksəm | ə́ːk-/ 形 (格式) (仕事などが)うんざりさせる; 面倒な; いらいらさせる.

***i·ron** /áɪən | áɪən/ ★発音不規則. (同音 (英) ion) 名 (~s /~z/) 1 U 鉄 (元素記号 Fe); 鉄分: This bridge is made of ~. この橋は鉄製です / Strike while the ~ is hot. (ことわざ) 鉄は熱いうちに打て《好機を逃すな》 / Spinach is rich in ~. ほうれんそうは鉄分が多い / ☞ cast iron, wrought iron. 関連 steel 鋼鉄. 2 U アイロン: press clothes with an ~ アイロンをかけて服のしわを伸ばす. 3 C [主に合成語で] 鉄製の器具 (☞ fire irons). 4 C [ゴルフ] アイアン《ヘッドが鉄製のクラブ》. 関連 wood ウッド. 5 [複数形で] 手かせ, 足かせ. **a mán [wóman] of íron** 名 意志の強い人; 冷酷な人. **háve 「a will of íron [an íron will]** 動 自 鉄のように堅い意志を持っている. **háve séveral [mány, óther] írons in the fíre** 動 一度にいくつか[たくさん, ほかの]ことに手を出している. 由来 鍛冶屋で火の中に火のしをいくつも入れてある, の意. **rúle ... with 「a ród of íron [an íron físt [hánd]]** 動 他 〈国家・人など〉を厳しく支配する. ── 動 (i·rons /~z/; i·roned /~d/; i·ron·ing) 他 〈...〉にアイロンをかける: She was ~ing her husband's suit. 彼女は夫の背広にアイロンをかけていた. ── 自 1 アイロンをかける. 2 [副詞を伴って] 〈衣類が〉アイロンのかかりが...である: This shirt ~s easily. このシャツはアイロンがかけやすい. **íron óut** 動 他 (1) 〈アイロンで〈...〉を伸ばす. (2) 〈困難など〉を取り除く, 〈問題・誤解など〉を解決する.
── 形 A 鉄製の; 鉄のように固い: an ~ bar 鉄棒 / ~ discipline 鉄の規律 / an ~ fist 鉄拳(ﾂﾞｹﾝ).
an íron físt [hánd] in a vélvet glóve 名 外見の優しさに隠された鉄腕 [冷酷] な意 志, 外柔内剛の態度.

Íron Áge 名 [the ~] 鉄器時代《石器時代 (Stone Age), 青銅器時代 (Bronze Age) に続く》.

íron·clád 形 (軍艦などが)装甲の; (契約などが)破棄できない, 変更できない.

Íron Cúrtain 名 [the ~] (古風) 鉄のカーテン《旧ソ連および東欧諸国が西欧諸国との間に設けていた厳重な文化・思想・交通などの障壁》.

íron-gráy 形 C U ダークグレー(の).

íron hórse 名 C (古風) (戯) 機関車.

***i·ron·ic** /aɪránɪk | -rɔ́n-/, **i·ron·i·cal** /-nɪk(ə)l/ 形 名 irony) 皮肉な; 反語的な: an ~ remark [smile] 皮肉なことば[笑い].

***i·ron·i·cal·ly** /aɪránɪkəli | -rɔ́n-/ 副 1 皮肉に; 反語的に: smile ~ 皮肉な笑いを浮かべる. 2 文修飾 皮肉にも: I~, the rain stopped when we reached home. 皮肉にも家へ帰ったら雨がやんだ.

i·ron·ing /áɪənɪŋ | áɪən-/ 名 U 1 アイロンがけ: do the ~ アイロンがけをする. 2 アイロンがけを必要とする物, アイロンがけをする物 (全体).

íroning bòard 名 C アイロン台.

íron lády 名 C 厳格で非情な女; [the I- L-] 鉄の女《Margaret Thatcher のあだ名》.

íron mán 名 1 C 鉄人. 2 [単数形で] トライアスロン (triathlon); [時に I- M-] (豪) 鉄人レース《カヌー・水泳・競走などを競う》.

íron·mònger 名 C (英) 金物屋 (人) ((米) hardware dealer); [時に ~'s として] 金物店 ((米) hardware store).

i·ron·mon·ger·y /áɪənmʌ́ŋg(ə)ri | áɪən-/ 名 U (英) 金物 (全体) ((米) hardware); 金物業.

íron-ón 形 (ラベルなどが)アイロンの熱と圧力で貼りつける. ── 名 C アイロンで貼りつけるきれ (iron-on patch).

íron óre 名 U.C 鉄鉱石.

íron rátions 名 [複] (軍隊などの)非常携帯食.

íron·stòne 名 U 1 鉄鉱石. 2 硬質白色磁器.

íron·wàre 名 U 鉄器, 金物 (特に台所用品).

íron·wòrk 名 U 鉄製品 (全体); (建物などの)鉄でできた(装飾的な)部分.

íron·wòrks 名 [複] [しばしば単数扱い] 製鉄工場, 鉄工所 (☞ work 名 7).

***i·ro·ny** /áɪ(ə)rəni/ 名 (i·ro·nies /~z/; 形 irónic, irónical) 1 U 皮肉, 当てこすり; 反語: with ~ 皮肉な調子で / There was a touch [hint] of ~ in his words. 彼のことばには多少の皮肉があった. 2 C.U 皮肉な事態[巡り合わせ], 皮肉な出来事: life's (little) ironies 人生における(ちょっとした)皮肉な巡り合わせ). 語源 ギリシャ語で「知らぬくれること」の意.
【類義語】 **irony** ユーモアを含んだ穏やかな皮肉. **sarcasm** 個人を傷つけようとする悪意を含む皮肉・あてこすり. **satire** 特に社会制度・権威者などに対する攻撃.

Ir·o·quoi·an /ɪrəkwɔ́ɪən/ 形 C イロクォイ人; U 〔言〕 イロクォイ語族. ── 形 イロクォイ人の; 〔言〕 イロクォイ語族の(言語)の.

Ir·o·quois /írəkwɔ̀ɪ/ 名 [複] [the ~] イロクォイ族《現在の New York 州で部族連合を成した北米先住民》.

***ir·ra·di·ate** /ɪréɪdièɪt/ 動 1 〔医〕〈...〉を放射線で治療する; 〈...〉に放射線を当てる: ~d meat 放射線処理された肉. 2 (文) 〈...〉を照らす; 〈顔など〉を輝かせる (with).

ir·ra·di·a·tion /ɪrèɪdiéɪʃən/ 名 U (熱・光などの)放射; 〔医〕X 線照射[治療].

***ir·ra·tion·al** /ɪrǽʃ(ə)nəl/ 🔒 形 1 道理のわからない; 不合理な, ばかげた. 2 理性のない. 3 〔数〕無理数の: an ~ number 無理数. **~·ly** /-ʃ(ə)nəli/ 副 理性的でなく; 不合理に.

ir·ra·tion·al·i·ty /ɪræ̀ʃənǽləti/ 名 U 理性のないこと; 分別[理解力]のなさ; 不合理.

ir·re·claim·a·ble /ɪrɪkléɪməbl/ 形 (格式) 矯正[回復]できない, (土地が)開墾できない.

ir·rec·on·cil·a·ble /ɪrèkənsáɪləbl, ɪrékənsàɪl-/

―/ 形 《格式》**1** 和解できない, 融和し難い (with): ~ differences 和解できない相違《性格の不一致など》. **2** 両立しない, 矛盾する (with). **-a‧bly** /-əbli/ 副 和解できずに; 対立して.

ir‧re‧cov‧er‧a‧ble /ìrɪkʌ́v(ə)rəbl◂/ 形 《格式》取り返せない, 回収できない; 回復し難い. **-a‧bly** /-əbli/ 副 取り返しのつかないほど(に).

ir‧re‧deem‧a‧ble /ìrɪdíːməbl◂/ 形 **1** 《格式》取り戻せない; どうしようもない, 救い難い. **2**《経》(国債などが)償還されない; (紙幣などが)兌換(だかん)できない. **-a‧bly** /-məbli/ 副 取り戻せないほど(に); どうしようもないほど(に).

ir‧re‧duc‧i‧ble /ìrɪd(j)úːsəbl ‑djúː-◂/ 形 《格式》削減できない; これ以上単純化できない, 帰(き)しえないほど (to). **-i‧bly** /-səbli/ 副 削減できないほど.

ir‧re‧fut‧a‧ble /ìrɪfjúːtəbl◂/ 形 《格式》反駁(ばく)できない, 論破できない. **-a‧bly** /-təbli/ 副 紛れもなく.

irreg. 略 =irregular.

ir‧re‧gard‧less /ìrɪgάːdləs, -gάːd-◂/ 副 《非標準, 米》=regardless.

*__ir‧reg‧u‧lar__ /ìrégjələ ‑lə◂/ 形 (名 ìrregulárity)
1 (時間などが)不規則な, 変則的な; 不定期の (略 irreg.): an ~ pulse 不整脈 / Sunspots occur sometimes at régular intervals and sometimes at irrégular intervals. 太陽の黒点は規則的な間隔で生ずることもあるし不規則な間隔で生ずることもある《⇨in-¹ (2)》/ [言い換え] Sam's class attendance is ~. =Sam is ~ *in* his class attendance. <A+*in*+名・代> サムは授業にきちんと出席しない.
2 (形が)ふぞろいの, むらのある, でこぼこした: ~ stone steps でこぼこした石段 / His teeth are ~. 彼は歯並びが悪い. **3** 《格式》(軍隊が)正規でない, 異例の; 不正な, 不法な: highly ~ dealings 極めて異例な取り引き. **4** 《格式》(行動などが)不規律な, 乱れた. **5** 《文法》不規則の. **6** 《米》[婉曲] ― 名 © [普通は複数形で]
1《軍》不正規兵. **2**《米》二級品, きず物.

irregular compárison 名 U,C 《文法》不規則比較変化《⇨comparison 文法》.

irregular conjugátion 名 U,C 《文法》不規則活用.

文法 **不規則活用**
規則活用以外の方法で過去形・過去分詞をつくる活用をいう. 不規則活用をする動詞を不規則動詞 (irregular verb) と呼ぶ. 不規則活用といっても, 全然何も規則的なものがないというのではなく, 次のような類型にまとめることができる. この辞書では不規則動詞は見出し語の後に記してあるが, なお ⇨「不規則動詞活用表」(巻末).
(1) 過去形と過去分詞が同じもの: find /fáɪnd/ ―found /fáʊnd/―found, hold /hóʊld/―held /héld/ ―held, read /ríːd/―read /réd/―read /réd/, win /wín/―won /wʌ́n/―won.
(2) 3 形とも異なるもの.
　(i) 原形・過去形・過去分詞の発音が /ɪ/―/æ/―/ʌ/ となるもの: begin /bɪgín/―began /bɪgǽn/―begun /bɪgʌ́n/, sing /síŋ/―sang /sǽŋ/―sung /sʌ́ŋ/, swim /swím/―swam /swǽm/―swum /swʌ́m/.
　(ii) 過去分詞に -en /n/ のつくもの: eat /íːt/―ate /éɪt ét/―eaten /íːtn/, ride /ráɪd/―rode /róʊd/―ridden /rídn/, write /ráɪt/―wrote /róʊt/―written /rítn/, rise /ráɪz/―rose /róʊz/―risen /rízn/, give /gív/―gave /géɪv/―given /gív(ə)n/.
(3) 原形と過去分詞が同じもの: come /kʌ́m/―came /kéɪm/―come, run /rʌ́n/―ran /rǽn/―run.
(4) 原形と過去形が同じもの: beat /bíːt/―beat―beaten /bíːtn/.
(5) 3 形とも同じもの: cut /kʌ́t/―cut―cut, hit /hít/―hit―hit, set /sét/―set―set, shut /ʃʌ́t/―shut―shut.

参考 次のような動詞はつづり字の上から不規則活用だが, 発音上は規則活用である: lay /léɪ/―laid /léɪd/―laid, pay /péɪ/―paid /péɪd/―paid.

ir‧reg‧u‧lar‧i‧ty /ìrègjəlǽrəti/ 名 (**-i‧ties**; irrégular) **1** U 不規則性, 変則; 不定期に; ふぞろい: the ~ of English spelling 英語のつづりの不規則性. **2** C 不規則なもの[こと], ふぞろいなもの; でこぼこ. **3** C,U [普通は複数形で]不正[不法]行為 (*in*). **4** U 《米》[婉曲] 便秘 (constipation).

ir‧reg‧u‧lar‧ly 副 不規則に; 不定期に; ふぞろいに; 不正に.

irrégular plúral fòrm 名 C 《文法》不規則複数形.

文法 **不規則複数形**
複数形 (⇨ -s¹ 文法) で記した以外の規則的な方法でつくられる名詞の複数形を不規則複数形という. この辞書では不規則複数形は見出し語の後にすべて記してある.
(a) 単数形の語尾 /f, θ, s/ の音をそれぞれ /v, ð, z/ に変えて, /z/ または /ɪz/ をつける語がある.
　1) /f/ → /v/: knife /náɪf/ → knives /náɪvz/, leaf /líːf/ → leaves /líːvz/, wolf /wʊ́lf/ → wolves /wʊ́lvz/.
　2) /θ/ → /ð/: mouth /máʊθ/ → mouths /máʊðz/, path /pǽθ/ → paths /pǽðz, páːðz/.
　3) /s/ → /z/: house /háʊs/ → houses /háʊzɪz/ (この語だけ).
(b) 単数形に -en /n/, /ən/ をつける語: ox → oxen /άksn, ɔ́ksn/, child /tʃáɪld/ → children /tʃíldrən/. ★ child の場合にはさらに母音を変えて《⇨(c)》間に r を入れる.
(c) 単数形の母音を変える語: man /mǽn/ → men /mén/, goose /gúːs/ → geese /gíːs/, tooth /túːθ/ → teeth /tíːθ/, foot /fʊ́t/ → feet /fíːt/, mouse /máʊs/ → mice /máɪs/, woman /wʊ́mən/ → women /wímən/.
(d) 単数形と複数形とが同形のもの: deer, sheep, Chinese, Japanese, Swiss (⇨unchanged).
(e) 英語以外の言語から入って, その複数形がそのまま用いられているもの. 主にラテン語, ギリシャ語からのものが多い: basis /béɪsɪs/ → bases /béɪsiːz/ 基礎, nucleus /n(j)úːkliəs/ → nuclei /n(j)úːkliàɪ njúː-/ 核, criterion /kraɪtí(ə)riən/ → criteria /kraɪtí(ə)riə/ 規準.
外来語のなかには, -s (-es) 複数形に同化されて, 外来語の複数形と -s (-es) 複数形の両方を持つもの (focus, radius, gymnasium, etc.), そのいずれをとるかによって意味の相違のあるもの (antenna, etc.) がある.

irrégular vérb 名 C 《文法》不規則動詞 (⇨ irregular conjugation 文法; 「不規則動詞活用表」(巻末)).

ir‧rel‧e‧vance /ɪréləv(ə)ns/ 名 (形 ìrrélevant) **1** U 不適切, 無関係 (*of, to*). **2** C [普通は単数形で]見当違いの意見[事柄], 無用の人[もの].

ir‧rel‧e‧van‧cy /ɪréləv(ə)nsi/ 名 (**-van‧cies**) U,C =irrelevance.

*__ir‧rel‧e‧vant__ /ɪréləv(ə)nt◂/ 形 (名 ìrrélevance, ìrrélevancy) 無関係の, 重要でない; 不適切な, 見当違いの, 的はずれの; 無用な: If you have the skill for the job, your age is ~. 仕事の技能を持っていれば年齢は関係ありません / That example is ~ *to* my argument. <A+*to*+名・代> その例は私の議論とは無関係だ. **~‧ly** 副 無関係に; 見当違いに.

ir‧re‧li‧gious /ìrɪlídʒəs◂/ 形 《格式》[しばしば軽蔑] 無宗教の; 不信心な, 不敬な.

ir·re·me·di·a·ble /ɪrɪmíːdiəbl⁻/ 形 《格式》治療できない、矯正できない; 取り返しのつかない. **-a·bly** /-əbli/ 副 取り返しのつかないほど.

ir·re·mov·a·ble /ìrɪmúːvəbl⁻/ 形 《格式》 1 移せない. 2 罷免(%^)できない.

*__ir·rep·a·ra·ble__ /ɪrép(ə)rəbl⁻/ 形 《格式》修復[回復]できない; (損害・損失が)取り返しのつかない. **-ra·bly** /-rəbli/ 副 修復できないほど, 取り返しのつかないほど.

ir·re·place·a·ble /ìrɪpléɪsəbl⁻/ 形 取り替えられない, かけがえのない.

ir·re·press·i·ble /ìrɪprésəbl⁻/ 形 (しばしばほめて) 抑えきれない, こらえきれない; 快活な. **-i·bly** /-əbli/ 副 抑えきれないほど.

ir·re·proach·a·ble /ìrɪpróʊtʃəbl⁻/ 形 《格式》 非難の余地のない, 落ち度のない, 申し分のない. **-a·bly** /-əbli/ 副 非難の余地がないほど(に), 申し分なく.

*__ir·re·sist·i·ble__ /ìrɪzístəbl⁻/ 形 1 (感情が)抑えられない, 我慢できない: an ~ urge to laugh 抑えられない笑いの衝動. 2 (力こが)抵抗できない, いやおうのない: an ~ force 不可抗力. 3 (欲しくて[かわいくて])たまらなくなるような, 魅力的な(to): I find chocolate ~. 私はチョコレートが無性に好きだ. **-i·bly** /-təbli/ 副 我慢[抵抗]できないほど, いやおうなしに; 思わず.

ir·res·o·lute /ɪrézəluː⁺t⁻/ 形 《格式》決断力のない, 優柔不断の, ぐずぐずした. **~·ly** 副 決断力なく, 優柔不断に, ぐずぐずと.

ir·res·o·lu·tion /ìrèzəlúːʃən/ 名 U《格式》決断力のなさ, 優柔不断.

ir·re·solv·a·ble /ìrɪzɑ́lvəbl⁻ | -zɔ́l-⁻/ 形 1 解決できない. 2 P 分解できない(into).

*__ir·re·spec·tive of__ /ìrɪspéktɪvəv/ 13 前 《格式》…にかかわらず, …に関係なく: ~ age [sex] 老若[男女]を問わず.

ir·re·spon·si·bil·i·ty /ìrɪspɑ̀nsəbíləti | -spɔ̀n-/ 名 U 無責任, 責任を負わぬこと.

*__ir·re·spon·si·ble__ /ìrɪspɑ́nsəbl | -spɔ́n-⁻/ 形 1 (人・行動が)無責任な, 責任感のない, いいかげんな; 当てにならない: ~ behavior 無責任な行動 / It was (highly) ~ of you to leave the job unfinished. 仕事を途中で投げ出すなんて(ひどく)無責任だったよ (⇒ of 12). 2 (人が)責任(能力)のない, 責任を問われない (for). **-si·bly** /-səbli/ 副 無責任に(も).

*__ir·re·triev·a·ble__ /ìrɪtríːvəbl⁻/ 形 《格式》回復できない, (状況・損失が)取り返しのつかない. **-a·bly** /-əbli/ 副 取り返しのつかないほど.

*__ir·rev·er·ence__ /ɪrév(ə)rəns/ 名 U 不敬, 非礼.

*__ir·rev·er·ent__ /ɪrév(ə)rənt⁻/ 形 不敬な; 非礼な. **~·ly** 副 不敬[非礼]にも.

*__ir·re·vers·i·ble__ /ìrɪvə́ːsəbl | -və́ːs-⁻/ 形 1 逆にできない, 元に戻せない, 回復できない. 2 (決定などが)取り消せない, 変更できない. **-i·bly** /-səbli/ 副 元に戻せ[取り消せ]ないほどに.

ir·rev·o·ca·ble /ɪrévəkəbl⁻/ 形 《格式》(決定などが)取り消せない, 変更できない. **-ca·bly** /-kəbli/ 副 取り消し[変更]できないように.

__ir·ri·gate__ /ɪ́rɪgèɪt/ 動 他 1 〈田畑に〉水を引く, 灌漑(&)する. 2 《医》〈傷口などを〉洗浄する.

ir·ri·ga·tion /ìrɪgéɪʃən/ 名 U 1 灌漑(*&): an ~ canal 用水路. 2 《医》(傷口などの)洗浄.

ir·ri·ta·bil·i·ty /ìrətəbíləti/ 名 U 1 怒りっぽいこと, 短気, いらいら. 2 過敏.

ir·ri·ta·ble /ɪ́rətəbl/ 形 1 怒りっぽい, 短気な, いらいらしている. 2 《医》(皮膚などが)炎症を起こしやすい, 過敏な. **-ta·bly** /-təbli/ 副 いらいらして.

*__ir·ri·tant__ /ɪ́rətənt, -tnt/ 形 《格式》[普通は A] 刺激する, 刺激性の. — 名 C 刺激剤, 刺激物(to). Ⓦ いらいらさせるもの[事柄].

*__ir·ri·tate__ /ɪ́rətèɪt/ 13 動 (-ri·tates /-tèɪts/; -ri·tat·ed /-tɪd/; -ri·tat·ing /-tɪŋ/; 名 irritátion) 他 1 〈人〉をいらいら[じりじり]させる, 怒らせる: The noise ~d her. 彼女はその騒音にいらいらした. 2 《医》〈…〉を刺激する; ひりひり[ちくちく]させる, 〈…〉に炎症を起こす.

*__ir·ri·tat·ed__ /ɪ́rətèɪtɪd/ 形 1 Ⓟ いらいらした, 怒った: The neighbors are ~ at [by, about] the noise of your TV. <A+前+名・代>近所の人たちはあなたのテレビの音に腹を立てている / My husband gets ~ (with me) whenever I ask him to stop smoking. 夫は私がたばこをやめるように言うといつも腹を立てる. 2 (皮膚などが)炎症を起こした, ひりひりする.

*__ir·ri·tat·ing__ /ɪ́rətèɪtɪŋ/ 形 腹立たしい, いらいらさせる; 刺激する, (ひりひりと)痛い. **~·ly** 副 いらいらするほど.

*__ir·ri·ta·tion__ /ìrətéɪʃən/ 名 (~s /-z/; 動 írrìtate) 1 U いらだち, 焦燥, 立腹, 刺激 (about, at, with): He expressed (his) ~. 彼はいらだちを表わした. 2 C いらいらさせる[事柄], 刺激するもの. 3 U,C 《医》刺激; 炎症: cause ~ (to ...) (…)に炎症をおこす.

ir·rupt /ɪrʌ́pt/ 動 《格式》突入[乱入]する (into).

ir·rup·tion /ɪrʌ́pʃən/ 名 C《格式》突入, 乱入 (into).

IRS /áɪàɚés | -àː(r)-/ [the ~] 《米》= Internal Revenue Service.

Ir·ving /ə́ːvɪŋ | ə́ː-/ 名 固 アービング 1 **Washington** (1783–1859) 《米国の短編作家; ☞ Rip van Winkle》. 2 **John ~** (1942–) 《米国の小説家》.

*__is¹__ /(弱) ɪz, /z, ʒ, dʒ/ 以外の有声音の後では/ z, /s, ʃ, tʃ/ 以外の無声音の後では/ s; (強) íz/ [同音 #has²] 動 自 be¹ の三人称単数現在形 (he, she, it および名詞・代名詞の単数形とともに用いられる形). ★(1) 意味・用法について詳しくは ☞ be¹. (2) 対応する過去形は was¹. 1 …である: He is /(ə)z/ an American. <V+C (名・代)> 彼はアメリカ人です / Meg is very lovely. <V+C (形)> メグはとてもかわいらしい / It is /ɪtɪz, ɪts/ cloudy today. きょうは曇りです / Your sister is a good pianist, isn't she? 君のお姉さんはピアノが上手ですね / "Is /ɪz/ your father free today?" "Yes, he is /ɪz/." "お父さんはきょうは仕事のない日ですか", "はい, そうです" / "Is this animal a deer?" "No, it is not /ɪznɑ́t | -nɔ́t/." 「この動物は鹿ですか」「いいえ, 違います」 2 [存在を表わす] (物・事が)…に ある, (人・動物が)…にいる, 存在する (☞ there¹): There is a table in the room. 部屋の中にはテーブルが1つある / I believe God is. 私は神が存在すると信じる. 語法 I believe in God [God exists, there is a god]. のほうが普通.

*__is²__ /(弱) ɪz, /z, ʒ, dʒ/ 以外の有声音の後では/ z, /s, ʃ, tʃ/ 以外の無声音の後では/ s; (強) íz/ [同音 #has²] 動 be¹ の三人称単数現在形 (he, she, it および名詞・代名詞の単数形とともに用いられる形). ★(1) 意味・用法について詳しくは ☞ be². (2) 対応する過去形はwas¹. 1 [is+現在分詞で現在進行形を表わす] …している ところである. …している最中で; (もうすぐ)…するはずである: Spring is coming soon. 春がすぐやって来ます / "What is John doing?" "He's playing baseball." 「ジョンは何をしているの」「野球をしています」 2 [is+他動詞の過去分詞で受身を表わす] …される; …されている: This car is powered by electricity. この車は電気で動く / Bob is liked by everybody in his class. ボブはクラスのだれからも好かれている. 3 [is+to 不定詞で] …することになっている; …すべきである (☞ be to の項目): When is she to leave for London? いつ彼女はロンドンへ立つ予定ですか / He is to finish his task by the end of this month. 彼は今月の終わりまでに仕事を完成すべき[するはず]です.

is. = island(s), isle(s).

ISA /áɪsə/ 名 C《英》個別貯蓄預金 (individual sav-

I·saac /áizək/ 名 ⓐ アイザック《男性の名》.

Is·a·bel, Is·a·belle /ízəbèl/ 名 ⓐ イザベル《女性の名; 愛称は Bel》.

Is·a·bel·la /izəbélə/ 名 ⓐ **1** イザベラ《女性の名; 愛称は Bella》. **2** 〜 **I**. -ðəfə:st | -fə:st/ (☞ ordinal number 文法 (3)) イザベル1世 (1451-1504)《スペインのカスティリャの女王 (1474-1504); コロンブス (Columbus) の航海を援助した》.

I·sa·iah /aizéiə | -záiə/ 名【聖】**1** イザヤ《紀元前8世紀のヘブライの大預言者》. **2** イザヤ書《旧約聖書中の預言書》.

-i·sa·tion /izéifən | aiz-/ 接尾《英》=-ization.

ISBN /áiésbì:én/ 名 ⓒ 国際標準図書番号《International Standard Book Number の略》.

ISDN /áiésdì:én/ 名 ⓤ 【通】統合サービスディジタル通信網《Integrated Services Digital Network の略》.

-ise /aiz/ 接尾《英》=-ize.

-ish /if/ 接尾 [形容詞語尾] **1**「…じみた, …のような, …がかった, …気味の, …的な」の意: childish 子供じみた / foolish ばかげた / reddish 赤みがかった / selfish 利己的な. 語法 よくない意味のことが多い. **2** [地名・国名・民族名につけて]「…の, に属する, …教の」の意: Danish デンマークの / Polish ポーランドの / Jewish ユダヤ人の. **3** [数詞につけて] ⓢ《略式》「約…, およそ…」の意: seventyish 70ぐらい / sevenish 7時頃. — 名詞語尾]「…人, …語, …教」の意: Danish デンマーク人[語].

-ish·ly /ifli/ 接尾 [副詞語尾]「…じみて, …のように」の意: childishly 子供っぽく.

Ish·ma·el /ífmeiəl, -miəl/ 名 **1** ⓐ【聖】イシマエル, イシュマエル《Abraham が妻の侍女に生ませた子》. **2** ⓒ 追放人, 世の憎まれ者.

i·sin·glass /áiz(ə)nglǽs, -ziŋ- | -ziŋglà:s/ 名 ⓤ **1** にべ《魚からとったにかわの一種》. **2** 【米】=mica.

I·sis /áisis/ 名 ⓐ イシス《古代エジプトの豊穣(ほうじょう)の女神》.

***Is·lam** /ízla:m, ís-/ 名【Islámic】ⓤ **1** イスラム教, 回教. **2** イスラム教徒(全体); イスラム教国(全体).

Is·lam·a·bad /islá:məbà:d | izlá:məbæd/ 名 ⓐ イスラマバード《パキスタンの首都》.

***Is·lam·ic** /izlǽmik, is-, -lá:m-/ 形【Islám】イスラム教の, 回教(徒)の: ~ countries イスラム教諸国.

Is·lam·ist /islá:mist, iz-/ 名 ⓒ =Muslim.

***is·land** /áilənd/ 名【接尾 Ireland】《is·lands /-ləndz/》 **1** ⓒ 島 i., I., is.》: the Japanese I~s 日本列島 / the Philippine I~s フィリピン諸島 (☞ proper noun 文法 (2)) / live **on** a small ～ 小さな島で暮らす / When will the party arrive **on** the ~? 一行はいつ島に到着するだろうか.
2《車道の歩行者用》安全地帯 (traffic island, 《米》safety island). **3**《島のように》隔絶された場所, 別世界: an ~ of peace [calm] in the crowded city 込み合った街中での平穏な別天地《公園など》.

is·land·er /áiləndə | -də/ 名 ⓒ 島(の住)民; 島国の国民.

***isle** /áil/ 名 ⓒ《詩》島, 小島《散文では固有名詞の一部としてだけ用いる》《略 I., is.》: the British I~s 英国諸島 / the I~ of Man マン島 (☞ Man).

is·let /áilət/ 名 ⓒ《詩》小島.

íslets of Láng·er·hans /-lá:ŋəhà:nz | -lǽŋəhænz/ 名《複》ランゲルハンス島《すい臓のインシュリンを分泌する細胞群》.

is·m /ízm/ 名 ⓒ《略式》《時に軽蔑》主義, 学説.

-is·m /-izm, -izm/ 接尾 [名詞語尾] **1**「…主義, …説, …教」の意: socialism 社会主義 / Darwinism ダーウィン説 / Buddhism 仏教. **2**「行為・状態・作用」を表わす: heroism 英雄的行為 / alcoholism アルコール依存症. 語法 -ize で終わる動詞に対応する名詞形を作る: criticism 批判 ← criticize 批判する. **3**

---

isotonic 929

「特性・特徴」を表わす: Americanism アメリカ語法. **4**「差別・偏見」を表わす: sexism 性差別.

***is·n't** /íznt/《略式》**1** is' not の短縮形 (☞ not (1) (i) (ii) 語法): It ~ cold today. きょうは寒くない / There ~ any water left in the bottle. びんの中には水は1滴も残っていない / "Is a whale a fish?" "No, it ~." 「鯨は魚ですか」「いいえ, 違います」/ I~ that beautiful? すばらしいじゃないか《☞ rhetorical question 文法》/ Mr. Smith is at home, ~ he? スミスさんはご在宅でしょう.
2 is' not の短縮形: Tom ~ playing now: he's working. トムは今は遊んでいません, 勉強中です / I~ the new plane flying yet? その新型の飛行機はまだ飛んでいませんか / The building ~ heated by steam. その建物はスチーム暖房ではない.

ISO /áiésóu/ 略 =International「Standards Organization [Organization for Standardization] 国際標準化機構.

i·so- /áisou/ 接頭 **1**「同一の, 等…」の意: ☞ isobar. **2**【化】「異性体の」の意: ☞ isomer.

i·so·bar /áisəbà: | -bà:/ 名 ⓒ【気象】等圧線.

i·so·gloss /áisəglɑ̀s | -glɔ̀s/ 名 ⓒ【言】等語線《言語的特徴の異なる二地方を分ける地図上の境界線》.

***i·so·late** /áisəlèit/ 12 動《i·so·lates /-lèits/; i·so·lat·ed /-tid/ i·so·lat·ing /-tiŋ/; isolátion》 **1** 〈…〉を孤立させる; 分離する.《問題・原因など》を(他と)切り離して考える: The small town *was* ~*d by* (the) heavy snow. <V+O の受身> その小さい町は大雪のために孤立した / He ~*d* himself *from* society. <V+O+*from*+名・代> 彼は(自分で)社会から孤立していた. **2**〈患者〉を隔離する. **3**【化】〈物質・細菌など〉を分離する (*from*).

***i·so·lat·ed** /áisəlèitid/ 形 **1**（家・村などが)孤立した: an ~ island 孤島. **2**（人・生活などが)孤独な; 隔離された: feel ~ 孤独感を抱く. **3** [A]（事例などが)単独の, 単発的な, まれな: several ~ cases いくつかのまれな例 / ~ incidents 単発的な事件.

***i·so·la·tion** /àisəléifən/ 名 ⓤ **1** 孤立, 分離 (*from*): international ~ 国際的な孤立. **2** 孤独な; 隔離 (*from*): an ~ hospital [ward] 隔離病院 [病棟]. **3**【化】分離, 遊離. **in isolation** [副・形] 孤立して, 隔離されて, 独りで (*from*); (考慮の際に)他と切り離して, 別個に.

i·so·la·tion·is·m /àisəléifənìzm/ 名 ⓤ《しばしばけなして》(国際政治での)孤立主義.

i·so·la·tion·ist /àisəléifənist/ 名 ⓒ《しばしば軽蔑》孤立主義者. — 形 孤立主義(者)の.

isolátion pèriod 名 ⓒ《伝染病患者の》隔離期間.

i·so·mer /áisəmə | -mə/ 名 ⓒ【化】異性体.

i·so·met·ric /àisəmétrik-/ 形 **1**【スポ】アイソメトリック(運動)の. **2** 同じ大きさ[寸法]の.

i·so·met·rics /àisəmétriks/ 名《複》[しばしば単数扱い]【スポ】アイソメトリック運動《両手を押し合わせたり, 壁など動かないものを押すことによる筋力強化トレーニング》

i·so·morph /áisəmɔ̀:f | -mɔ̀:f/ 名 ⓒ【化・生】(異種)同形体.

i·so·mor·phic /àisəmɔ́:fik | -mɔ́:-/, **i·so·mor·phous** /àisəmɔ́:fəs | -mɔ́:-/ 形【化・生】同形の, 同一構造の.

í·so·pro·pyl álcohol /áisəpròupəl-/ 名 ⓤ【化】イソプロピルアルコール《不凍剤・消毒用アルコール》.

i·sos·ce·les /aisásəli:z | -sɔ́s-/ 形【幾】(三角形が)二等辺の: an ~ triangle 二等辺三角形.

i·so·therm /áisəθə:m | -θə:m/ 名 ⓒ【気象】等温線.

i·so·ton·ic /àisətánik | -tɔ́n-/ 形【化・生理】(溶液

が)等浸透圧の，(筋収縮が)等張(性)の．

⁺**i·so·tope** /áɪsətòʊp/ [名] [C] 〖化〗 同位元素，アイソトープ．

ISP /áɪèspíː/ [名] [C] 〖電算〗 インターネットサービスプロバイダー (*i*nternet *s*ervice *p*rovider の略)．

I-spy /àɪspáɪ/ [名] [U] アイスパイ (一人がその場に見える物の頭文字を言い，他の者がそれが何かをあてるゲーム)．

Is·ra·el /ízriəl, -reɪ(ə)l/ [名] [固] **1** イスラエル (地中海の東端部に面する国; 首都 Jerusalem)． **2** 〖聖〗 イスラエル (Jacob の別名)．

Is·rae·li /ɪzréɪli/ [名] (複 **~s**, ~) [C] (現在の)イスラエル人． — [形] (現在の)イスラエル(人)の．

Is·ra·el·ite /ízriəlàɪt, -reɪ(ə)l-/ [名] [C] (古代の)イスラエル人; ユダヤ人． — [形] イスラエルの; ユダヤ(人)の．

is·sei /iːséɪ/ [名] (複 ~, **~s**) [C] (米) 一世 (日本人移民の一代目)． [関連語] nisei 二世 / sansei 三世．

‡**is·sue** /íʃuː | íʃuː, ísjuː/ [T1]

ラテン語で「外へ出る」の意．
「出る」[自] **1** →(公に出す) →「出す」[他] **2** →「発行(する)」[名] **3**, [他] **1** →「発行物」[名] **2**
↓
(流出する)
↓
「流出物」[名] **4** → (議論の流れから出たこと) →「問題点」[名] **1**
→ (血統の流れ) →「子孫」[名] **5**

— [名] (**~s** /~z/) **1** [C] **問題(点)，論点，重要な点，争点** (☞ problem 類義語); **討論**: a political ~ 政治問題 / the energy ~ エネルギー問題 / a key ~ 重要な問題 / a sensitive ~ 微妙な問題 / The failure of the experiment has ***raised*** [***brought up***] a new ~. 実験の失敗は新たな問題点を提起した．

コロケーション
address [**face**] an *issue* 問題に取り組む[直面する]
avoid [**dodge**, **evade**, (略式) **duck**] the *issue* 問題を回避する
confuse [**cloud**] the *issue* 論点をぼかす
debate an *issue* 問題を討議する
settle an *issue* 問題を解決する

2 [C] (米) **発行物**，(雑誌・新聞などの)…号，…刷; 支給[配布]品: the latest [May] ~ of a magazine 雑誌の最新[5 月]号 // ☞ back issue.
3 [U,C] (新聞・雑誌・株・切手などの)**発行**，刊行，発布; 支給，配布: the ~ of a newspaper 新聞の発行 / on the day of ~ 発行[発売]日に / the ~ of blankets *to* earthquake victims 地震の被災者への毛布の配布．
4 [[U] または an ~] (格式) 流出: (*an*) ~ of blood 出血． **5** [U] [時に複数扱い] (古語) 〖法〗 子孫: die without ~ 跡継ぎを残さずに死ぬ．

at íssue [形] **論争中で[の]，問題になっている**: the point *at* ~ 問題になっている点．
be nót the íssue [動] [自] Ⓢ 重要なことではない．
fórce the íssue [動] [自] 決定[結論]を強いる．
hàve íssues [動] [自] (略式) (…のことで)問題をかかえている，(…に対して)異議がある (*with*)．
màke an íssue (òut) of ... [動] [他] (ささいなこと)を問題にする，…で騒ぎ立てる．
tàke íssue with ... [動] [他] (格式) …に異議を唱える (*about*, *on*, *over*)．
Whát's the bíg íssue? Ⓢ 何でそんなに問題になるのか(わからない)．

— [動] (**is·sues** /~z/; **is·sued** /~d/; **is·su·ing**) [他] **1** 〈切手・通貨など〉を**発行する**，出版する: This stamp *was* *~d* in 1995. <V+O の受身> この切手は 1995 年に発行された / The office **~s** passports ***to*** persons going abroad. <V+O+*to*+名・代> その役所は外国へ行く人々に旅券を発行する．
2 〈宣言・命令など〉を**出す**，公布する (*to*): ~ a statement 声明を出す / The order *was* *~d* yesterday. <V+O の受身> その命令はきのう出された． **3** [普通は受身で] (軍人・部隊などに)〈物〉を支給する，配布する; (物を)〈部隊など〉に支給する: [言い換え] Uniforms will *be* *~d* *to* all the soldiers. ＝All the soldiers will *be* *~d* (*with*) uniforms. 制服はすべての兵士に支給される．
— [自] (格式) **1** (…から)出る，流出する (*forth*, *out*): A scream ***~d from*** the dentist's inner office. <V+*from*+名・代> 歯医者の治療室から悲鳴が聞こえてきた． **2** (…に)由来する，(…から)生ずる (*from*)．

-is·sue /íʃuː | íʃuː, ísjuː/ [形] [合成語で] …から支給される，…発行の: government-*issue* 政府発行[支給]の．

-ist /ɪst/ [接尾] [名詞語尾] 「…する人，…(差別)主義者，…家」の意: novel*ist* 小説家 / social*ist* 社会主義者 / pian*ist* ピアニスト / sex*ist* 性差別論者． [語法] (1) -ize で終わる動詞に対応する名詞形も作る: public*ist* 宣伝係 ← public*ize* 宣伝する． (2) -ism の名詞に対応する場合「…主義(者)の」「…的な」の意の形容詞にもなる: social*ist* 社会主義(者)の / sex*ist* 性差別的な．

Is·tan·bul /ìstɑːnbúl, -tæn-⁻/ [名] [固] イスタンブール (トルコの都市; オスマン帝国の首都; ☞ Byzantium, Constantinople)．

isth·mus /ísməs/ [名] [C] 地峡: the *I*~ of Panama [Suez] パナマ[スエズ]地峡．

‡**it**[1] /(弱) ɪt, ət | ɪt; (強) ít/ [代] (人称代名詞; 三人称・中性・単数・主格および目的格; ☞ personal pronoun [文法]) (所有格 **its** /ɪts; íts/; 複 **they** /ðeɪ; ðéɪ/) ★ 所有格の用法については ☞ its.

[主語として]	**A**
① (前に出た動植物や物・事柄などを受けて) それは[が]	**1**
② (具体的なものを示さないで)	**2, 3**
③ [形式主語として]	**4**
④ [that 節を指して]	**5**
⑤ [強調構文で]	**6**
[目的語として]	**B**
① それを[に]	**1, 2**
② [形式目的語として]	**3**

リスニング
it は文中では弱く発音され，前に子音で終わる語があると /ɪ/ はその子音と結合する． pack it /pǽkɪt/ (＝packet) は「パケット」, learn it /lə́ːnɪt | lə́ːnɪt/ は「ラーニット」, We ate it. /wiéɪṭɪt/ は「ウィエイティット」((米) ではまた「ウィエイリット」のように聞こえる)．「パック・イット」,「ラーン・イット」,「ウィ・エイト・イット」のように発音しない． (/ṭ/ の発音については ☞ つづり字と発音解説 44 [注意])．

A (主格—主語として) **1** [前に出た動植物・物・事柄を表わす単数名詞を受けて]

[日英比較] it は人称代名詞で，ただ前に出たものを受けるだけで，指示代名詞の that のように物を指し示す働きはない．従って日本語の「それ」に相当する語は英語では it ではなくて that であることが多い (☞ that[1] [代] 1 表)．英語の it は場合によっては「それ」でなく「あれ」，ときには「これ」に相当することさえある．次の (1) の例を参照．

(1) [主語として] **それは[が]，そのものは[が]，そのことは[が]**: Look at that *car*. *It* (＝that car) is German. あの車を見てください．(あれは)ドイツ製ですよ / All of us want

peace. It (=peace) is more precious than anything else. 私たちはみな平和を望んでいる. これは他の何よりも貴重なものである. "What's *that?*" "*It's* a box for this hat." 「あれ[それ]は何ですか」「この帽子を入れる箱です」 / "Where is your *dog?*" "*It* (=my dog) is outside." 「君の犬はどこにいる」「外だ」

語法 人間の場合でも性別が不明か特に問題としないときや幼児の場合には it が用いられることがある 《☞ baby 語法》: *Somebody* is knocking at the door. *I* wonder who it is. だれかが戸をノックしている, だれかな / The little *child* is crying. *It* wants to go out. あの小さい子は泣いている. 外に出たいのだよ.

(2) それは[が], そのことは[が]《前に述べたことや話し手が心の中で思っていること, またはその場の状況で相手に何であるかがわかる事柄を漠然と指して; 日本語としては訳す必要がないことも多い》: I feel sick. Maybe *it's* that meat I ate. 吐き気がする. (さっき食べた)あの肉のせいだろう / You look sad. What is *it?* 悲しそうだね. どうしたの / When he spoke at last, *it* was in anger. 彼がやっと口を開いたときは怒った口調だった.
(3) /ít/ [主格補語として] Ⓢ 《略式》(a) それ[だ[です]], そのこと[だ[です]]: That's *it.* そのとおりだ, それが問題だ; これでおしまいだ《☞ That's it. (that 戌 成句)》. (b) 期待どおりのもの; 比類のないもの; 重大な時《☞ This is it. (this 戌 成句)》.

2 [天候・時間・距離・明暗などを表わして]: *It* is raining. 雨が降ってる / *It* looks like snow. 雪が降りそうだ / *It* is very cold this morning. けさはとても寒い / *It* is Monday today. きょうは月曜日だ / *It* was quite dark when I got there. 私がそこに着いたときにはすっかり暗くなっていた / "What time is *it?*" "*It* is seven o'clock." 「今何時ですか」「7時です」 / "How far is *it* to the station?" "*It* is two miles." 「駅までの距離はどのくらい」「2マイルだ」

─ 構文 「It+(天候の)動詞」をとる動詞・形容詞 ─
[例] *It* is raining. 雨が降っている.
blow 風が吹く / **brighten up** 明るくなる / **drizzle** 霧雨が降る / **freeze** 氷点下になる / **hail** あられ[ひょう]が降る / **pour** 雨が激しく降る / **shower** にわか雨が降る / **sleet** みぞれが降る / **snow** 雪が降る / **sprinkle** 雨がぱらつく / **storm** あらしが吹く / **thaw** 氷が解ける / **thunder** 雷が鳴る
★「It+is+形容詞」型にも注意: *It is rainy* [*sunny, windy, chilly*] today. 今日は雨だ[快晴だ, 風が強い, 薄ら寒い].

文法 非人称の it
人称代名詞 it (impersonal 'it')が天候・時間・距離・明暗などを表わす文の主語として用いられたり, seem, appear, happen などの主語として用いられる場合をいう: *It* was fine yesterday. きのうは天気がよかった [天候] / *It* has stopped raining. 雨がやんだ [天候] / *It* is five o'clock. 今5時です [時間] / How far is *it* from here to the station? ここから駅までどのくらいありますか[距離] 《☞ A 2》/ *It seems* [*appears*] that he was ill. 彼は病気だったらしい 《☞ A 5》.

3 [周囲の状態や事情を漠然と示して]: If *it* hadn't been for you, what would I have done? あなたがいなかったら私はどうしたでしょう.
4 [後にくる to 不定詞・動名詞・that 節・wh 節・whether 節などを受ける]

文法 形式主語 (formal subject)
後に続く不定詞句・動名詞句および節などを受けて, 文法的には文の主語になっている it をいう: 言い換え *It* is important *to* find good friends. (不定詞句)(=*To* find good friends is important.) よい友達を見つけることが大切だ 言い換え *It* will be difficult *for* him *to* solve the problem. (=*For* him *to* solve the problem will be difficult.) 彼がその問題を解決するのは困難だろう 《☞ for B 1》/ *It* is nice *of* you *to* say so. そうおっしゃっていただいてありがとうございます 《☞ of 12》/ *It* is no use trying to persuade him. (動名詞句) 彼を説得しようとしてもむだだ 言い換え *It* is quite natural *that* she *should* think so. (節) (=*That* she *should* think so is quite natural.) 彼女がそう考えるのはもっともです 《☞ should A 7 (1)》/ *It* is not clear *who* wrote this story. (=*Who* wrote this story is not clear.) だれがこの話を書いたかははっきりしていない 言い換え *It* isn't certain *whether* he will agree to our proposal. (=*Whether* he will agree to our proposal isn't certain.) 彼が私たちの提案に賛成するかどうかはっきりしない. ★形式主語が受ける不定詞句・動名詞句および節を意味上の主語 《☞ sense subject 文法》と呼ぶ.

5 [後にくる that 節を指して; ☞ A2 文法] 語法 この用法では上の4の場合と違って, that 節を主語として言いかえることはできない: *It* seems [appears] *that* he has failed. 彼は失敗したらしい / *It* may be *that* Mr. Brown was deceived by somebody. ブラウンさんはだれかにだまされたのかもしれない / (*It* (so) happened *that* I had no money with me. たまたま私にはお金の持ち合わせがなかった

6 [強調構文の主語として, it is ...that 節または wh 節の形で] 語法 この構文の it の次の be 動詞の時制は普通 that 節のまた wh 節の時制と一致し, that 節・wh 節の中の動詞の人称は強調される(代)名詞の人称に呼応する: *It* was Jill *who* [*that*] spoke first. 最初に口をきいたのはジルでした 《Jill spoke first. の Jill を強調; ☞ that¹ 戌 1 (5)》/ *It* is *he* who is to blame. 悪いのは彼です (He is to blame. の he を強調; ☞ me¹ 4 語法 (2))》/ *It* was my bicycle *that* [*which*] was stolen. 盗まれたのは私の自転車だ (My bicycle was stolen. の my bicycle を強調》 / *It's* him *that* I want to invite. 私が招待したいのは彼だ (I want to invite him. の him を強調》 / *It* is because I know I am a careless person *that* I do not want to drive a car. 私が車を運転したくないのは自分が不注意な人間だと知っているからだ (I do not want to drive a car because I know I am a careless person. の because 以下の節を強調》.

B 《目的格―目的語として》

1 [前の動植物・物・事柄を表わす単数名詞を受けて]
(1) [他動詞の直接目的語として] それを, そのことを: My wife has a *dog.* I don't like to feed *it* (= the dog). 妻は犬を飼っているが, 私はその犬にえさをやるのが好きではない / He took a *stone* and threw *it* (= the stone). 彼は石をとってそれを投げた / He found some *fruit* and ate *it* (=the fruit). 彼は果物を見つけてそれを食べた. ★ give it me [him, her] のような語順については ☞ give 1 語法 (2).
(2) [他動詞の間接目的語として] それに, そのものに, そのことに: That's my *cat.* Please give *it* (=my cat) some food. それは私の猫です. 何か食べ物をやってください / The *matter* was a very difficult one, so we gave *it* (=the matter) full consideration. その問題はとてもやっかいでしたので私たちはよく考えた.
(3) [前置詞の目的語として]: He lives in a small *house* and there is little furniture *in it* (=the small house). 彼は小さな家に住んでいて, そこにはほとんど家具がない / The *baby* must be sick. Please look *after it* (=the baby). その赤ん坊はきっと病気なのだ. 気をつけて

932 it

見てあげなさいよ (⇨ A 1 (1) 語法).
2 それを, そのことを 《前に述べたことや話し手が心の中で思っている, またはその場の状況で相手に何であるかがわかる事柄を漠然と指して; 日本語としては訳す必要がないことが多い》: He kept insulting me until I told him to stop *it*. 彼は私がやめてくれと言うまで私を侮辱(ぶじょく)し続けた / I like *it* here. 私はここが気に入っている.
3 〔後の to 不定詞・動名詞・that 節・wh 節・whether 節などを受ける〕

文法 **形式目的語** (formal object)

後の不定詞句・動名詞句および節を受けて文法的には動詞の目的語になっている *it* をいう: I found *it* impossible *to do the work*. その仕事を仕上げるのは不可能であるとわかった / We do not think *it* proper *for you to say such a thing*. (不定詞句) あなたがそんなことを言うのは適切ではないと思います (⇨ for節 B 1) / You will find *it* dull *living here*. (動名詞句) ここでの生活は退屈でしょうよ / We think *it* a pity *that a man like him should not work harder*. (節) 彼のような人がもっと熱心に仕事をしないのは残念に思う (⇨ should A 7 (1)). ★ 形式目的語が受ける不定詞句・動名詞句および節を意味上の目的語 (⇨ sense object 文法) と呼ぶ.

語法 (1) この用法の it は主に consider, feel, find, think などの目的格補語をとる動詞の後にくる.
(2) A 4 の形式主語の it と違って後にくる to 不定詞や節を目的語として, 例えば I found *to do the work impossible.* のように言い換えることはできない.

---

it² /ít/ **1** U《略式》特別な能力[力量, 資質]: He doesn't have ~ as an actor. 彼は俳優になる素質はない. **2** U《略式》《鬼ごっこ (tag) などの》鬼: It's your turn to be ~. 鬼は君の番だよ. **3** U《俗》性交, セックス;《古風,俗》性的魅力. **4** C〔普通は単数形で〕性別不明のもの, 去勢動物.

IT /áití/ 名 情報技術, 情報通信技術 (information technology の略): one of the leading *IT* companies 大手の情報技術関連会社のひとつ / *IT* education 情報通信技術教育.

It. 略 =Italian, Italy.

*****I·tal·ian** /itǽljən/ 形 (名 Italy) **1** イタリアの; イタリア人の; イタリア系の (略 It.): an ~ opera イタリア歌劇. **2** イタリア語の (略 It.): speak English with an ~ accent イタリア語なまりで英語を話す.
— 名 (~s /~z/) **1** C イタリア人; イタリア系人: An ~ is running a restaurant around the corner. そこの横町でイタリア人が料理店を経営している.
2 [the ~s] イタリア人《全体》, イタリア国民 (⇨ the¹ 5): The ~s are very fond of music. イタリア人は非常に音楽が好きだ. **3** U イタリア語 (略 It.): Musicians have to know a little ~. 音楽家は少しはイタリア語を知らなければならない.

I·tal·ian·ate /itǽljənət, -nèɪt/ 形《文》イタリア風[式]の.

Itálian dréssing 名 U イタリアンドレッシング.

i·tal·ic /itǽlɪk/ 形《印》イタリック体の, 斜体の: an ~ letter イタリック体の文字. — 名 (~s /~s/) 〔複数形で〕《印》イタリック体, 斜字体. 参考 強調や注意のためや, 船名・新聞雑誌名・書名を示すのに用いる. タイプや手書きでは下線で示す (⇨ type¹ 参考); emphasis 語法 (1)): in ~s イタリック体で.

i·tal·i·cize /itǽləsàɪz/ 動〔しばしば受身で〕〈…〉をイタリック体で印刷する;〈…〉にイタリック体の指示をする《下線を引く》.

i·tal·i·cized /itǽləsàɪzd/ 形 イタリック体の.

I·tal·o- /ítəlou/ 接頭「イタリア(と…)の」の意: *Italo*-Austrian イタリアとオーストリアの.

*****It·a·ly** /ítəli/ 名 Itálian (国 イタリア《ヨーロッパ南部の共和国; 首都 Rome;略 It.》.

ITC /áɪtì:sí:/ 名 [the ~]《英》独立テレビ放送委員会 (Independent Television Commission の略; 1991年に IBA にとって代わる).

†**itch** /ítʃ/ 動 自 **1** かゆい, むずがゆい: My back ~es. 背中がかゆい / I'm ~ing all over. 体じゅうかゆい. **2** 〔普通は進行形で〕《略式》〔~が欲しくて〕むずむずする, とても…したがる: The girl *is* ~*ing for* praise. その女の子はほめてもらいたくてうずうずしている / He *is* ~*ing to* ask a question. 彼は質問したくてたまらないようだ.
— 他《米》〈人〉をかゆがらせる. — 名 (形 itchy) C〔普通は単数形で〕**1** かゆいこと, かゆみ: I have an awful ~ on my back. 背中がとてもかゆい. **2** 《略式》《(…したくて)たまらない願望, むずむずする気持ち》《~ seven-year itch》: She has an ~ *to* go to Paris. 彼女はパリへ行きたくてたまらない / You seem to have an ~ *for* money. 君にお金が欲しくてたまらないようだね.

itch·i·ness /ítʃinəs/ 名 U むずむずすること.

itch·y /ítʃi/ 形 (**itch·i·er**, **-i·est**; 名 itch) **1** かゆい: I feel ~ all over. 体じゅうかゆい. **2** かゆくする, むずむずさせる. **3** 《待ちかねて》むずむずする, 気が移りする. **háve [gét] ítchy féet** 動 自《略式, 主に英・豪》出歩き[旅行]したくてむずむずしている; 放浪癖がある.

*****it'd¹** /ítəd/ 《普通は S》《略式》it *would* の短縮形: I~ be great if Tom would join us. もしトムが仲間に入ってくれるならすばらしい / The old man warned us ~ soon be raining heavily. 老人はじきにひどい雨になると我々に警告した.

*****it'd²** /ítəd/ 《普通は S》《略式》it *had* の短縮形: I~ stopped raining when I got to the village. 私がその村に着いたときには雨はやんでいた / My daughter told me ~ been very cold in Boston. 娘は私にボストンは大変寒かったと言った.

-ite /àɪt/ 接尾 〔名詞語尾〕**1** 「…に住む人」の意: Tokyo*ite* 東京都民. **2** 〔しばしば形容詞的に〕「…の信奉者(の)」の意: Pre-Raphael*ite* ラファエロ前派の画家. **3** 「鉱石・化石・爆薬・化合物など」を示す: ammon*ite* アンモナイト / dynam*ite* ダイナマイト.

*****i·tem** /áɪtəm/ 名 (~s /~z/; 動 itemìze) C

ラテン語で「同じく」の意.「以下同じく」→「個条」1→「項目」となった.

---

1 項目, 品目, 細目; 個条, 条項; ~s *of* business 営業品目; 用件 / a popular ~ 人気商品 / an ~ *of* clothing 衣料品 1 点 / the most important ~ on the program プログラムの中で最も重要な種目. **2** 〈新聞記事などの〉一節, 1 つの記事[ニュース] (⇨ news 語法): local ~s〈新聞の〉地方記事 / Are there any interesting ~s in the paper? 何かおもしろい記事が新聞に出ていますか. **3**《略式》親密[性的]な関係にある 2人. **ítem by ítem** 副 一項目ずつ.

i·tem·ize /áɪtəmàɪz/ 動 (名 item) 他 〈…〉を個条書きにする, 明細に記す.

i·tem·ized /áɪtəmàɪzd/ 形 明細にした, 項目分けの: ~ bill 項目別に分けた請求書.

it·er·ate /ítərèɪt/ 動 他《電算》〈命令〉を反復する. **2**《格式》繰り返す, 反復する (repeat). — 自《電算》命令を反復する.

it·er·a·tion /ìtəréɪʃən/ 名 U.C《格式》繰り返し, 反復 (repetition).

it·er·a·tive /ítərèɪtɪv, -rət-/ 形 反復の; 《電算》一連のステップなどを繰り返す, 反復する.

It gìrl 名 C《英》すてきな[魅力的な]女性.

i·tin·er·ant /aitín(ə)rənt, it-/ 形 A《格式》地方巡回の, (労働者などが)あちこちと移動する: an ~ preacher 巡回説教師. ━━ 名 C《格式》季節労働者; 巡回説教師; 巡回判事; 旅商人, 旅役者; 旅浪者.

†**i·tin·er·a·ry** /aitínərèri, it-│-n(ə)rəri/ 13 名 (-ar·ies) C 旅行計画, 旅程; 旅行記; 旅行案内書.

-i·tis /áitis/ 接尾 [名詞語尾] 1 [医] 「…炎, …炎症」の意: appendicitis 虫垂炎 / bronchitis 気管支炎. 2《略式》[普通は滑稽]「…狂, …熱」の意: telephonitis 電話狂 / golfitis ゴルフ熱.

*‡**it'll** /ítl/ [普通は (S)]《略式》it¹ will¹ の短縮形: I~ be good weather tomorrow. あすはよい天気でしょう / I~ take a long time to do the job. その仕事には長い時間がかかるだろう.

ITN /àitì:én/ 名 固《英》独立テレビニュース《ITV や他の民放にニュースを供給する会社; Independent Television News の略》.

*‡**its** /(弱) its; (強) íts/ [同音 it's¹·²]《人称代名詞 it¹ の所有格》 ☞ one's¹ [語法] [名詞の前につけて限定的に] それの, その. ● 詳しい用法については ☞ it¹: You see a large house over there? I~ (=the house's) owner is Mr. White. あそこに大きな家が見えるでしょう. その持ち主はホワイトさんです / My dog wagged ~ (=my dog's) tail at me. 犬は私にしっぽを振った / Don't judge a book by ~ (=the book's) cover. 本をその表紙で判断してはいけない(人を見かけで判断してはいけない).

*‡**it's**¹ /íts/ [同音 its]《略式》 1 it¹ is¹ の短縮形 (☞ be 表): I~ nice to see you again. またお目にかかれてうれしいですね / I~ still warm, isn't it? まだ暖かいね / I~ not heavy at all, is it? それは全然重くないだろう / Hello, ~ me, Carol. もしもし, 私, キャロルよ. 2 it¹ is² の短縮形: I~ getting colder day by day. 日増しに寒くなってきます / I~ called a house sparrow. それをいえすずめと呼ばれる / I~ snowing, isn't it? 雪が降っていますね.

*‡**it's**² /íts/ [同音 its]《略式》it¹ has² の短縮形: I~ stopped raining. 雨がやんだ / I~ been here since yesterday. それはきのうからここにある.

*‡**it·self** /itsélf/ 代《再帰代名詞, ☞ -self [文法] (複 themselves /-ðəmsélvz/) 1 /itsélf/ [再帰用法; 主語が it および中性の単数名詞および単数の指示代名詞・不定代名詞などのときに用いられる] (それが)それ自身を[に], それ自身を[に], (そのことが)そのこと自体を[に]: The hare hid ~ behind a bush. 野うさぎは繁みの後ろに隠れた / A good opportunity presented ~. よい機会が到来した. 2 [強調用法; ☞ emphasis 文法 (6)] それ自身が[に, も], そのもの[こと]自体が[に, も]: Money ~ is not my first objective. 金そのものが私の第一の目的ではない / We could not see the plane ~, though we heard the distant roaring of its engine. はるか遠くに爆音は聞こえたが飛行機そのものは見えなかった [言い換え] He is kindness ~. (=He is very kind.) 彼は親切そのものです(とても親切です). ★ by [for, in, to] itself などの成句については ☞ oneself.

it·sy-bit·sy /ítsibítsi/ 形 (S)《略式》[滑稽] とてもちっちゃい, ちっぽけな.

ITT /àitì:tí:/ 名 固 アイティーティー《米国の国際電信電話会社; International Telephone and Telegraph の略; 正式名 ITT Corporation》.

it·ty-bit·ty /ítibíti/ 形 (S)《略式》=itsy-bitsy.

-i·tude /ət(j)ùːd│itjùːd/ 接尾 ☞ -tude.

---

†**ITV** /àitìːvíː/ 名 固《英》=Independent Television 独立テレビ放送《英国民間テレビ放送局の総称》.

-i·ty /əti/ 接尾 [名詞語尾] 「状態・性質」を示す: absúrdity 不合理 / púrity 純粋さ. [語法] 直前の音節に第一アクセントがくる.

IUD /áijù:dí:/ 略 =intrauterine device.

IV /áiví:/ 1 略 =intravenous(ly). 2 名 (複 IVs) C [医]《米》点滴(装置) (drip).

I·van /áivən/ 名 固 1 アイヴァン《男子名》. 2 ~ IV /-ðəfɔ́:ɚθ/ -fɔ́:θ/ イワン四世 (1530-84)《ロシア帝国最初の皇帝; 通称 Ivan the Terrible イワン雷帝》.

*‡**I've** /aiv/ [普通は (S)]《略式》I² have² の短縮形: I~ already had my breakfast. 朝食はもう済みました / I~ never been there. そこに行ったことはあります.

-ive /ɪv/ 接尾 [形容詞語尾]「…の性質を持つ, …の傾向のある」の意: massive 大きくて重い / active 活動的な / destructive 破壊的な. [語法] explosive 「爆発(性)の」→「爆発物」のように名詞として用いられるものが多い.

Ives /áɪvz/ 名 固 **Charles** ~ アイヴズ (1874-1954)《米国の作曲家》.

IVF /áɪviːéf/ 略 =in vitro fertilization 体外[試験管内]受精.

i·vied /áɪvɪd/ 形《文》つたで覆(おお)われた.

I·voir·i·an /iːvwɑ́ːriən/ 形 名 =Ivorian.

I·vor·i·an /aɪvɔ́ːriən/ 形, 名 C コートジボアールの(人).

*‡**i·vo·ry** /áɪv(ə)ri/ 名 (i·vo·ries /~z/) 1 U 象牙(げ)の, きば: a design carved in ~ 象牙に刻まれた模様. 2 U 象牙色. 3 C [しばしば複数形の]《略式》象牙細工のもの《さいころ・ピアノの鍵盤(けんばん)など》. 4 [複数形で]《略式》歯 (tooth). **tíckle the ívories** [動] 自《古風, 略式》[滑稽] ピアノを弾く. ━━ 形 A 象牙製の; 象牙色の; 象牙のような: ~ ornaments 象牙の装飾品.

Ívory Cóast 名 固 = Côte d'Ivoire.

ívory tówer 名 C [しばしば軽蔑] 象牙(げ)の塔《実社会から遊離[逃避]した場所や境遇》.

*‡**i·vy** /áɪvi/ 名 (i·vies) U, C アイビー, 西洋きづた《常緑のつる性植物》; つた.

Ívy League 名 固 [the ~]《米》アイビーリーグ《米国東北部にある有名8大学: Brown, Columbia, Cornell, Dartmouth (College), Harvard, (the University of) Pennsylvania, Princeton および Yale》. ━━ 形 A アイビーリーグ(風)の.

Ívy Léagu·er /-líːɡɚ│-ɡə/ 名 C アイビーリーグの学生[卒業生].

IWC /áɪdábljuːsíː/ 略 =International Whaling Commission 国際捕鯨委員会.

-i·za·tion /ɪzéɪʃən│aɪz-/ 接尾 [名詞語尾] (動 -ize) 「…にすること, …化」の意: nationalization 国有化 ← nationalize 国有化する.

-ize /àɪz/ 接尾 [動詞語尾] (名 -izátion) 1「…にする[なる], …化する」の意: civilize 文明国[社会]にする / organize 組織する / crystalize 結晶する. 2 [時に軽蔑]「…として行動する, …に従事する」の意: criticize 批判する / sermonize 説教をする. 3「(場所に)置く」の意: hospitalize 入院させる. [参考]《英》では -ise ともつづられるが, この辞書は civilise, realise のようによく用いられる語を除いては -ise の形は特に記載していない.

j J

j, J[1] /dʒéɪ/ 图 (複 j's, js, J's, Js /-z/) © ジェイ (英語アルファベットの第10文字).

J[2] 略 =jack 3, joule(s).

***jab** /dʒǽb/ 图 (**jabs; jabbed; jab·bing**) 他 **1**〈…〉をさっと突く[押す]; 突き刺す: She *jabbed* me *in* the back *with* her elbow. 彼女はひじで私の背中をついた (⌘ the[1] 語法); *jab* the needle *into* the arm 腕にぷすりと注射針を刺す. **2** 〖ボク〗〈…〉をジャブで突く. — 自 **1** すばやく突く[押す]; 突き刺す: For emphasis, the speaker *jabbed at* the air *with* his finger. 演説者は指を振り振り力説した (人差し指を空に突き立てるような身振り; ⌘ listen 挿絵). **2** 〖ボク〗ジャブで突く. — 图 **1** 突き, 不意打ち. — take a sharp ~ at … を痛烈に非難する. **3** 〖ボク〗ジャブ. **4** (英略式) 注射, 接種 (shot).

jab·ber /dʒǽbə | -bə/ 動 (**-ber·ing** /-b(ə)rɪŋ/) 自〈…を〉(不明瞭に)早口でしゃべる, ぺちゃくちゃしゃべる (*away*; *about*). — 他〈…〉を早口で言う (*out*). — 图 Ⓤ [または a ~] 早口のおしゃべり.

jab·ber·wock·y /dʒǽbəwɑ̀ki | -bəwɔ̀ki/ 图 Ⓤ 無意味なことば[話], わけのわからないことば (Lewis Carroll 作「鏡の国のアリス」中のナンセンス詩から).

jac·a·ran·da /dʒæ̀kərǽndə/ 图 © ジャカランダ (のうぜんかずら科の樹木).

*****jack** /dʒǽk/ 图 (**~s** /-s/) © **1** (車輪などを押し上げる) ジャッキ. **2** ジャック (ボウルズ (bowls) で標的となる白い小球). **3** 〖トラ〗ジャック(の札). — *the* ~ *of* clubs クラブのジャック (knave). 関連 king キング / queen クイーン. **4** [複数形で単数扱い] ジャックス (子供の遊戯; まりをつき[投げ]ながら, ジャック (jack) という6本の突起のある金属片をひろったり並べたりする). **5** 〖電〗(プラグの)差し込み口. **6** (米略式) =lumberjack. **jáck** (**shít**) ⌘ jack (shit) の項目. — 動 [次の成句に] **be jácked úp** [動] (米略式) 興奮している, そわそわしている. **jáck aróund** [動] 他 (米俗) 〈人〉を困らせる, じらす. **jáck ín** [動] (英略式) 〈仕事などを〉やめる. **jáck ínto …** [動] (略式) 〖電算〗〈ホームページなど〉に(不正に)侵入する. **jáck óff** [動] 自 (米卑) オナニーをする. **jáck úp** [動] 他 (1) 〈車などを〉ジャッキで上げる. (2) (略式) 〈値段など〉を上げる.

Jack /dʒǽk/ 图 圊 ジャック (男性の名; John の愛称; ⌘ Jack the Ripper): ~ of all trades, (and) master of none. (ことわざ) 何でもやる人はどれも大して上手ではない (多芸は無芸, 器用貧乏). **I'm àll ríght, Jáck.** (英) (脳天気に)大丈夫, 知ったこと. **évery mán Jáck** [名] (英古風) だれもかれも.

jack·al /dʒǽk(ə)l, -kɔːl/ 图 (複 ~s) © ジャッカル (おおかみに似たいぬ科の獣). ★鳴き声については ⌘ cry 表.

Jáck and Gíll /-dʒíl/ 图 [形容詞的に] 男女がともに参加する: a ~ party 結婚前のカップルのための男女共に参加するパーティー (cf. stag party, hen party). **évery Jáck and Gíll** 男も女もみな, 誰でも (Mother Goose の Jack and Jill went up the hill. という歌から).

jáck·àss 图 © **1** (米略式) まぬけ. **2** 雄ろば.

jáck·bòot 图 **1** © [普通は複数形で] (軍人のはく)長靴. **2** [the ~] 圧制. **ùnder the jáckboot** [副] (…の)不当な支配のもとで (*of*).

jáck·bòot·ed 形 軍靴をはいた; 強権的な.

jáck chèese 图 Ⓤ [しばしば J- c-] ジャック(チーズ) (軟らかくマイルドなチーズ) (Monterey Jack).

jáck·daw /dʒǽkdɔ̀ː/ 图 © こくまるがらす (ヨーロッパ産の小さなからす; 光る物をよく盗む).

*****jack·et** /dʒǽkɪt/ 图 (**jack·ets** /-kɪts/) © **1** 上着, ジャケット; ジャンパー (⌘ jumper[1] 日英比較, suit 1 参考): wear a ~ ジャケットを着る. 関連 flak jacket 防弾チョッキ / dinner jacket (英) タキシード / life jacket 救命胴衣. **2** (本の)カバー (book jacket, dust jacket) (⌘ cover 图 2 日英比較). **3** (米) (レコードの)ジャケット (英) sleeve). **3** (米) (じゃがいもの)皮: ~ potatoes 皮ごと焼いたじゃがいも. **4** (機械・タンク・パイプなどの) 覆い, 外被.

Jáck Fróst 图 圊 (擬人化して滑稽) 霜, 冬将軍.

jáck·frùit 图 © ばらみつ(の実), ジャックフルーツ (南インド原産のクワ科の大樹).

jáck·hàmmer 图 © (米) 携帯用削岩機, 空気ドリル (英) pneumatic drill).

jáck-in-the-bòx 图 (複 ~·es, jacks-in-the-box) **1** © びっくり箱. **2** [Jack-in-the-Box] ジャックインザボックス (ハンバーガー・メキシコ料理などをメニューにのせている米国のファーストフードレストランチェーン店).

jáck-in-the-púlpit 图 ©〖植〗てんなんしょう (さといも).

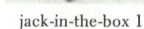

jáck·knìfe 图 (**-knìves** /-nàɪvz/) © **1** ジャックナイフ (携帯用の大型折りたたみナイフ). **2** ジャックナイフ (えび型飛び込み). — 動 自 **1** (連結車両などが) V 字型に折れ曲がる. **2** えび型飛び込みをする.

jáck·lìght 图 © (米) (夜間の違法な狩り用の)サーチライト.

jáck-of-áll-trádes 图 (複 **jacks**-) © [時に J-] 何でもやれる(がどれも上手でない)人, よろず屋.

jáck-o'-lan·tern /dʒæ̀kəlǽntən | -tən/ 图 © かぼちゃちょうちん (Halloween に子供たちが作って遊ぶ).

*****jáck·pòt** 图 © **1** 〖トラ〗ポーカーの積み立て賭(か)け金; (宝くじなどで当選者が出るまでたまっていく)積み立て賞金. **2** (思いがけない)大当たり, 大成功. **hít the jáckpot** [動] 自 (略式) (くじ・スロットマシンなどで)大当たりをとる; [比喩] 大成功をおさめる.

jáck ràbbit 图 © ジャックうさぎ (北米西部に住む耳と後足が長い野うさぎ).

Jáck Róbinson 图 [次の成句に] **befòre you can sáy Jáck Róbinson** [英古風] あっという間に.

jáck (shít) 图 Ⓤ (米卑) Ⓢ これっぽっち(も…しない) (nothing).

Jack·son[1] /dʒǽks(ə)n/ 图 圊 ジャクソン **1** Andrew ~ (1767–1845) 《米国の第7代大統領 (1829–37)》. **2** Mi-

chael ~ (1958-)《米国のポピュラー歌手》.
Jack·son² /dʒǽks(ə)n/ 图 個 ジャクソン《米国 Mississippi 州の州都》.
Jack·so·ni·an /dʒæksóuniən/ 形 ジャクソン(Jackson¹)流(の民主主義)の. — C ジャクソンの支持者.
Jáck the Lád 图〔単数形で〕Ⓢ《英》若大将.
Jáck the Ríp·per /-rípə/-pə/ 图 切り裂きジャック《1888 年 London に出没した殺人鬼》.
Ja·cob /dʒéikəb/ 图 個 ジェイコブ《男性の名》.
Jac·o·be·an /dʒækəbíːən/ 形《建築・家具・美術品など》英国王ジェームズ一世時代の(1603–25)の.
Jac·o·bite /dʒǽkəbàit/ 图 C, 形《英史》ジェームズ二世[スチュアート王家]支持者(の).
Jácob's ládder 图 C《海》なわばしご.
jac·quard /dʒǽkɑːd | dʒǽkɑːd/ 图 C〔時に J-〕ジャカード《模様に応じて穴あけされた紋紙により柄を織り[編み]出す機械(を備えた織機)》; ジャカード織り.
Ja·cuz·zi /dʒəkúːzi/ 图 C〔時に j-〕ジャクージー《噴流式の気泡ぶろ[温水プール]》; 商標.
†**jade**¹ /dʒéid/ 图 Ⓤ 1 ひすい, 玉(ぎょく)《鉱石》; ひすい製品: a ~ ring ひすいの指輪. 2 =jade green.
jade² 图 C《古風》(ふしだらな)女.
†**jad·ed** /dʒéidid/ 形《人生に》疲れきった (from); 飽き飽きした,(口があきた)(with).
jáde gréen 图 Ⓤ ひすい色, 緑色 (jade).
jáde plànt 图 C クラッスラ《べんけいそう科の植物》.
jae·ger /jéigə, dʒéi- | -gə/ 图 C《米》盗賊かもめ《小型のかもめ》.
Jaf·fa /dʒǽfə/ 图 C《英》ジャッファ《オレンジの一種》.
jag /dʒǽg/ 图 C《略式》 1《感情などに》ひとしきりおぼれる[ふける]こと; (酔っ払っての)ばか騒ぎ: a crying ~ ひとしきりの泣きじゃくり. 2 [J-] =Jaguar.
†**jag·ged** /dʒǽgid/ 形 A《岩などの》のこぎりの歯のような, ぎざぎざの; かぎ裂きの. **~·ly** 副 ぎざぎざに.
jag·uar /dʒǽgwɑ | -gjuə/ 图 C ジャガー, アメリカひょう《米国南部から南米にかけて分布する》.
Jag·uar /dʒǽgwɑ | -gjuə/ 图 C ジャガー, ジャグワー《英国製の高級乗用車; 商標》.
jai a·lai /hɑ́ɪlɑɪ, hɑ́ːəlɑ̀ɪ | hɑ̀ɪəlɑ́ɪ, haɪlɑ́ɪ/《スペイン語から》图 Ⓤ ハイアライ《手に細長いかご状のラケットをはめて打ち合う handball に似た球技》.
*‡**jail** /dʒéɪl/ 图《~s /-z/》C, U 刑務所, 監獄 (prison), 牢獄(ろうごく); 拘置所, 留置場: be in ~ 刑務所に入っている. 語法《英》では prison を刑務所に, jail を拘置所に用いることがある. **be sént to jáil=be pút in jáil** 動 圓 刑務所に入れられる, 投獄される. 語法 後者のほうが一時的感じ. **bréak jáil=escápe from jáil** 動 圓 脱獄する. — 動 他《人を》《…の罪で》投獄する (for).
jáil·bàit 图 Ⓤ《略式》《性行為の相手にすると犯罪になる》承諾年令未満の少女[少年].
jáil·bìrd 图 C《古風, 略式》囚人; 常習犯, 刑務所の常連.
jáil·brèak 图 C《数人による》脱獄.
jail·er, jail·or /dʒéilə | -lə/ 图 C《古風》《刑務所・拘置所の》看守.
jáil·hòuse 图 C《米》=jail.
Jain /dʒéin/ 图 C ジャイナ教徒.
Jain·is·m /dʒáinizm/ 图 Ⓤ ジャイナ教《動物を殺すのを禁じるインドの宗教》.
Ja·kar·ta /dʒəkɑ́ːtə | -kɑ́ː-/ 图 個 ジャカルタ《インドネシア共和国 Java 島にある同国の首都》.
JAL /dʒéiérél/ 略 =Japan Airlines.
ja·la·pe·ño /hɑ̀ːləpéinjou/《スペイン語から》图《~s》Ⓒ, Ⓤ ハラペーニョ《メキシコ料理用のとうがらし》.
ja·lop·y /dʒəlɑ́pi | -lɔ́pi/ 图 (-**lop·ies**)《古風, 略式》おんぼろ自動車, ポンコツ車.
jal·ou·sie /dʒǽləsi | dʒǽlu:zi:/《フランス語から》图 C ブラインド; ガラス製よろい戸.

---

jammed 935

*‡**jam**¹ /dʒǽm/《同音 jamb; 類音 gem》動 图 Ⓤ ジャム: spread ~ on bread パンにジャムを塗る. 語法種類をいうときは C: recipes for (making) various ~s いろいろなジャムの作り方. **jám tomórrow**〔名〕《英》《実現されない》約束, 空手形, 絵にかいたもち.
*‡**jam**² /dʒǽm/《同音 jamb; 類音 gem》動(**jams** /-z/; **jammed** /-d/; **jam·ming**)他 1《…を》《一に》詰め込む, 押し込む;《指などを》挟んでいる;《急に》強く押す: She **jammed** the thick book *into* her bag. <V+O+前+名・代>彼女はその厚い本をかばんの中へ詰め込んだ / The driver **jammed** his foot *on* the brake(s). 運転手は力いっぱいブレーキを踏んだ. 2《人・車などで》《場所を》ふさぐ, つかえさせる;《場所に》《…を》詰め込む (up): Passengers **jammed** the bus *beyond* its capacity. <V+O+前+名・代> バスの乗客はぎゅうぎゅう詰めで定員を越えていた / The trains *were* **jammed** *with* commuters. <V+O+*with*+名・代の受身> どの電車も通勤者でぎゅうぎゅう詰めだった. 3 《通話の一時に殺到して》《電話の回線をパンクさせる (with). 4《戸・機械などを》動かなくする (up);《放送・電波などを》妨害する: The door *was* **jammed** shut. ドアはつっかえて開かなくなっていた. — 圓 1〔副詞(句)を伴って〕ぎっしり詰まる; 押し合う: ~ *into* the bus バスにどっと乗り込む. 2《戸・機械などが》ひっかかって動かなくなる, つかえる. 3《略式》《ジャズなどを他の演奏家と》即席で演奏する. 4〔進行形で〕《米俗》てきぱきとこなす. **jám ón** 〔動〕 他《ブレーキなどを》ぐいと押す[踏む]. — 图(~**s** /-z/) C 1《車や人などの》ひしめき合い, 押し合い; 雑踏, 混雑: a traffic ~ 交通渋滞 / There was a terrible ~ on the sidewalk. 歩道はひどい混雑だった. 2《機械などの》故障,《コピー機などの》紙づまり. 3 =jam session.「**gèt ìnto [be ìn] a jám** 〔動〕《略式》困った[やばい, やっかいな]ことになる[なっている].
Ja·mai·ca /dʒəméikə/ 图 個 ジャマイカ《西インド諸島 (West Indies) の島; 英連邦内の独立国; ☞ 表地図 I 6》.
Ja·mai·can /dʒəméik(ə)n/ 形 ジャマイカ[人, 系]の. — C ジャマイカ人; ジャマイカ系人.
jamb /dʒǽm/ 图 C《建》《入り口・窓などの両側の》抱き, わき柱.
jam·ba·lay·a /dʒ̀ æmbəláiə, dʒɑ̀m-/ 图 Ⓤ ジャンバラヤ《米国南部の Creole 風炊き込みご飯》.
jam·bo·ree /dʒ̀ æmbəríː/ 图 C 1 陽気な騒ぎ[会合, 宴会]; 祝賀会. 2 ジャンボリー《特に, 全国的, 国際的なボーイスカウトなどの大会》. 関連 camporee ボーイスカウトの地方大会.
James /dʒéimz/ 图 個 1 ジェームズ《男性の名; 愛称は Jim または Jimmy》. 2 **St. ~** /sèint- | -s(ə)n(t)-/《大》ヤコブ《Apostle の1人で John 3 の兄弟; 通称 ~ the Great(er)》. 3 **St. ~**《小》ヤコブ《Apostle の 1 人で通称 ~ the Less》. 4《聖書》ヤコブの手紙《新約聖書中の一書》. 5 **Henry ~** ヘンリー ジェームズ (1843–1916)《英国で活躍した米国生まれの小説家》. 6 **Jesse ~** ジェシー ジェームズ (1847–82)《米国の無法者; 民間伝承の英雄》. 7 **~ I** /-ðə̀fɜ́ːst | -fɜ́ːst/《イングランド王 (1566–1625)《イングランド王 (1603–25); 王権神授説を唱え Authorized Version を作らせた》. 8 **~ II** /-ðəsékənd/ ジェームズ二世 (1633–1701)《イングランド王 (1685–88); Glorious Revolution で追放された》《☞ Jacobite》.
Jámes Bónd 图 個 ジェームズ ボンド (Ian Fleming のスパイ小説の主人公; 007 の名で知られる).
James·town /dʒéimztaùn/ 图 個 ジェームズタウン《1607 年アメリカで初めて永久的な入植者居留地ができた場所; 現在の Virginia 州にあった》.
jammed /dʒǽmd/ 形 1 ぎっしり詰まった, 混雑[渋滞]した. 2 P 挟まって.

jam·mies /dʒǽmiz/ 名 [複] (略式) パジャマ.
jam·my /dʒǽmi/ 形 (略式) **1** ジャムがついて(べとべとの). **2** (英) (悪)運の強い,ついている. **3** (英) (仕事などが)たやすい.
jám-pácked 形 (略式) (…に)ぎゅうぎゅう詰め込んだ,(…で)すし詰めの (with).
Jams /dʒǽmz/ 名 [複] (米) 派手な柄の海水パンツ.
jám sèssion 名 C ジャムセッション《ジャズ・ロックなどの即興演奏(会)》(jam).
*__Jan.__ /dʒǽn/ 略 1月 (January).
Jane /dʒéin/ 名 固 ジェーン《女性の名;愛称は Janet, Jennie または Jenny》.
Jane Doe ⇨ John Doe の項目.
Jan·et /dʒǽnɪt/ 名 固 ジャネット《女性の名;Jane の愛称》.
†**jan·gle** /dʒǽŋgl/ 動 自 **1** (金属がぶつかって)じゃらじゃらいう,(鐘・ベルなどが)じゃんじゃん鳴る. **2** (音や声が)神経・耳にさわる;(神経が)いらいらする (on). ─ 他 **1** 〈硬貨・鏡天など〉をじゃらじゃらいわせる,〈鐘など〉をじゃんじゃん鳴らす. **2** 〈神経など〉をいらだたせる,〈…〉にさわる. ─ 名 C [単数形で] じゃらじゃらいう音.
Jan·ice /dʒǽnɪs/ 名 固 ジャニス《女性の名》.
jan·i·tor /dʒǽnətə | -tə/ 名 C (米・スコ)(学校・ビル・事務所などの)管理人,用務員《警備・修理・清掃などをする》;(英)caretaker). [語法] 軽蔑的な響きがあるので,格式ばったときには custodian を使う.

*__Jan·u·ar·y__ /dʒǽnjuèri | -njuəri/ 名 (-ar·ies /-z/) U.C 1月 (略 Jan.; ⇨ month 表および 会話 囲み): The year begins in ~. 1年は1月から始まる (⇨ begin 自 1 語法) / My birthday is (on) ~ 5. 私の誕生日は1月5日です (January 5 is January (the) fifth と読む; ⇨ ordinal number 文法 (2)).
Ja·nus /dʒéinəs/ 名 固 〘ロ神〙ヤヌス《頭の前後に顔がある戸口や門の神; ⇨ month 表1月》.
Jap /dʒǽp/ 名 C 〘差別〙ニッポン人野郎,ジャパ公(= Japanese の略).
JAP /dʒǽp/ 名 C S (米) 〘軽蔑〙金持ちで甘やかされたユダヤ人のお嬢様 (Jewish American Princess の略).
Jap. 略 =Japan, Japanese 《⇨ Japan 語法, Japanese 語法》.
ja·pan /dʒəpǽn/ 名 U **1** 漆(ˀうるし). **2** 漆器. [語源] 原産地の Japan から. 関連 china 磁器. ─ 名 (ja·pans; ja·panned; -pan·ning) 他 〔普通は受身で〕〈…〉に漆を塗る.

*__Ja·pan__ /dʒəpǽn/ 名 (形 Jàpanése, 動 Jápanìze) 固 日本 《略 Jpn, Jap.》. [語法] Japan の略語の Jap は Jap との連想から差別的ととられることがあるので最近では Jpn が使われるようになってきた: ~ is an island nation. 日本は島国です / What was the ~ of the 7th century like? 7世紀の日本はどんなようすだったろうか (⇨ proper noun 文法 (2) (v)). [語源] 「日本」の中国語音がなまったもの.
the Séa of Japán 名 日本海.

──── リスニング ────
Japan の後に母音で始まる語が続くと Japan の語末の /n/ とその母音とがいっしょになって「ナ」行の音のように聞こえる. Japan is an island nation. (dʒəpǽnəzánləndnéiʃən) は「ジャパニザナイランドネイシュン」のように聞こえ,「ジャパン・イズ・アン・アイランド・ネイション」とは発音しない.
─────────────

Japán Áirlines 名 固 日本航空 《略 JAL》.
Japán Cúrrent 名 固 [the ~] 日本海流,黒潮 (Black Stream).

*__Jap·a·nese__ /dʒæpəniːz⁻ | ⁻/ 形 (固 Japán) **1** 日本の; 日本人の; 日系の 《略 Jpn, Jap.》: ~ food 日本食,和食 / The ~ national flag is white with a red sun in the [its] center. 日本の国旗は白地で中央に赤い太陽があります. [語法] Japanese の略語の Jap. は差別的ととられることがあるので最近では Jpn が使われるようになってきた.
2 日本語の 《略 Jpn, Jap.》: ~ grammar 日本語の文法.
─ 名 (複 ~) **1** C 日本人; 日系人: There are many ~ in Hawaii. ハワイには大勢の日本人[日系人]がいる. [語法] 「我々日本人は…」(We Japanese …) という言い方は排他的に響くので注意.
2 [the ~ として複数扱い] 日本人 (全体),日本国民,日本民族 《略 the⁵ 語法》: The ~ are very fond of taking pictures. 日本人は写真を撮るのが大好きです.
3 U 日本語 《略 Jpn, Jap.》: Our American teacher speaks ~ very well. 私たちのアメリカ人の先生は日本語がとても上手です.

Jàpanése-Américan 名 C, 形 日系米人(の).
Jápanese béetle 名 C まめこがね《米国では農作物の害虫》.
Jápanese lácquer 名 U 漆(ˀうるし).
Jápanese lántern 名 C =Chinese lantern 1.
Jap·a·nesque /dʒæpənésk⁻ | ⁻/ 形 日本風の.
Jap·a·nize /dʒæpənàɪz/ 動 (固 Japán) 他 〈…〉を日本化する,日本風[的]にする.
jape /dʒéip/ 名 (古風, 英) からかい,いたずら.
jap·lish /dʒǽplɪʃ/ 名 U 日本式英語,和製英語.
ja·pon·i·ca /dʒəpɑ́nɪkə | -pɔ́n-/ 名 C.U つばき;木瓜(ˀぼけ).

*__jar¹__ /dʒɑ́ə | dʒɑ́ː/ 名 (~s /-z/) C **1** (広口の)びん,つぼ (陶器またはガラス・石製): a jam ~ ジャムびん. [日英比較] 日本語の「ジャー」のような「魔法びん,炊飯器」の意味はない (⇨ pot 1 [日英比較]). **2** びん[つぼ]1杯の量 (jarful): a ~ of jam 1びんのジャム. **3** (英古式) グラス1杯のビール.
jar² /dʒɑ́ə | dʒɑ́ː/ 動 (jars; jarred; jar·ring /dʒɑ́ːrɪŋ/) 自 **1** 耳障りな音を出す;不快な感じを与える,神経にさわる,いらだたせる (on). **2** (意見・色などが)合わない,相容れない (with). ─ 他 **1** 〈…〉をいらだたせる,震動させる;〈…〉にショックを与える (into). **2** 〈体の部位など〉をぶつける,くじく. **jár agàinst ...** 動 他 …にきしりながらぶつかる. ─ 名 耳障りな音,突然の不快な揺れ;衝撃,衝突;不快なショック.

jars¹ 1

jar·ful /dʒɑ́əfʊl | dʒɑ́ː-/ 名 C =jar¹ 2.
†**jar·gon** /dʒɑ́əgən | -ɡɔn/ 名 U.C [しばしば軽蔑] (特殊な人たちだけに通じる)特殊(専門)用語,隠語,(専門用語だらけの)話,わけのわからないことば.
jar·ring /dʒɑ́ːrɪŋ/ 形 耳障りな;不調和な.

†**jas·mine** /dʒǽsmɪn/ 名 U.C ジャスミン《おうばい属の低木;多くは白か黄色の香りのよい花をつける》.
jásmine téa 名 U.C ジャスミン茶.
Ja·son /dʒéɪs(ə)n/ 名 **1** ジェーソン《男性の名》. **2** 〘ギ神〙イアソン (Argonauts を率いて王女 Medea の助けで金の羊毛 (the Golden Fleece) を持ち帰った英雄》.

jasmine

jas·per /dʒǽspə | -pə/ 名 U 碧玉(ˀへきぎょく) 《鉱石》.

jaun·dice /dʒɔ́:ndɪs/ 名 U 黄疸(おうだん).
jaun·diced /dʒɔ́:ndɪst/ 形 **1** ひがんだ, 偏見を持った: with a ~ eye 偏見のまなざしで. **2** 黄疸にかかった. **tàke [hàve] a jáundiced víew of ...** 動 (慣)...についてひがんだ見方をする[偏見を抱く].
jaunt /dʒɔ́:nt/ 名 C (車などで行く行楽の)外出, 小旅行 (to). — 動 自 レジャーに出かける, 小旅行をする.
jaun·ti·ly /dʒɔ́:nṭəli/ 副 快活に; さっそうと.
jaun·ti·ness /dʒɔ́:nṭinəs/ 名 U 快活さ, さっそう.
***jaun·ty** /dʒɔ́:nṭi/ 形 (**jaun·ti·er**, **-ti·est**) 快活な, 陽気な; 気取った, さっそうとした: wear a cap at a ~ angle 帽子を(傾けて)いきにかぶる.
ja·va /dʒɑ́:və/ 名 U 《米略式》コーヒー.
Ja·va /dʒɑ́:və/ 名 固 **1** ジャワ《インドネシア共和国の主島》. **2** ジャヴァ《インターネット上での使用に適したコンピューター言語; 商標》.
Jáva màn 名 U 《人類》ジャワ原人《1891 年ジャワで発掘された原始人》.
Ja·va·nese /dʒæ̀vəní:z⇒/ 形 ジャワの; ジャワ島人の; ジャワ語の. — 名 (複 ~) C ジャワ島人; U ジャワ語.
***jav·e·lin** /dʒǽv(ə)lɪn/ 名 **1** C (やり投げ用の)やり. **2** [the ~] やり投げ《競技》.
***jaw** /dʒɔ́:/ 《類音》draw 名 (**~s** /~z/) **1** C あご《⇨ head 挿絵》; (性格・感情を表わす)あごの形: the lower [upper] ~ 下[上]あご / Her ~ dropped (open). 彼女はあんぐりと口を開けた《驚き・失望などの表情》/ a determined ~ ぐいと引いたあご《決意の表情》. **2** [複数形で] (特に危険な動物の)口部 (mouth) 《上下のあごの骨を含めて》. **3** [複数形で] (トンネル・洞穴などの)狭い入り口; [万力・ペンチなどの]あご部. **4** U,C 《古風, 略式》おしゃべり, 雑談 (about). **the jáws of déath [despáir]** [名] 死[絶望]の淵. **sét one's jáw** [動] (固い決意を示して)あごを引く[引きしめる], 意志の固さを見せる. — 動 自 《略式》(くどくどと)しゃべる (away, on; to).

jaw (上あご・下あご)	あ
chin (下あごの先端)	ご

jáw·bòne /-bòʊn/ 名 C (下)あごの骨.
jáw·brèaker 名 C **1** 《略式》発音しにくいことば《⇨ tongue twister》. **2** 《主に米》堅くて丸いキャンディー《《英》gobstopper》.
-jawed /dʒɔ́:d/ 《合成語で》...のあごをした: square-*jawed* 角ばったあごをした.
jáw·lìne /-làɪn/ 名 C あごの輪郭.
Jáws of Lífe 名 [複] [the ~] ジョーズオブライフ《事故車などから人を救出する装置; 商標》.
***jay** /dʒéɪ/ 名 C かけす《鳴き声のやかましい鳥》.
Jay·cee /dʒéɪsí:/ 名 C 《米略式》青年(商業)会議所会員.
jáy·wàlk 動 自 交通規則や信号を無視して街路を横切る.
jáy·wàlker 名 C 交通規則や信号を無視して街路を横切る人.
jáy·wàlking 名 U 交通規則や信号を無視しての街路横断.
***jazz** /dʒǽz/ 名 [形 **jázzy**] U **1** ジャズ: play ~ ジャズを演奏する / a ~ band [dance] ジャズバンド[ダンス]. **2** 《米俗》話; たわごと. **... and áll thàt jázz** S 《略式》[普通は軽蔑で] [列挙したものの後につけて] ...とかいったもの, ジャズに類似の何だの. — 動 他 〈...〉をジャズ風に演奏する (up). **jázz úp** [動] 《略式》〈パーティーなど〉を活気づける, おもしろくする; 〈部屋など〉を(けばけばしく)飾り立てる (with).
Jázz Àge 名 固 [the ~] ジャズエイジ《ジャズの流行した米国の 1920 年代》.
jazzed /dʒǽzd/ 形 P 《米略式》興奮している.
jazzed-up /dʒǽzdʌ́p⇐/ 形 活気づいた; 飾り立てた.
jazz·er·cise /dʒǽzəsàɪz | -zə-/ 名 U 《米》ジャザサイズ《ジャズダンスの要素を取り入れた美容体操; 商標》.

jázz·màn 名 C ジャズ演奏家, ジャズマン.
***jazz·y** /dʒǽzi/ 形 (**jazz·i·er**, **-i·est**; ⇒ jazz) 《略式》**1** ジャズ(風)の; 乗りのいい. **2** 派手な, けばけばしい.
J. C. Pen·ney /dʒéɪsí:péni/ 名 固 J. C. ペニー《米国のデパートチェーン》.
JCS /dʒéɪsí:és/ 名 =Joint Chiefs of Staff《米軍の》統合参謀本部.
JCT., **jct** /dʒʌ́ŋkʃən/ =junction.
***jeal·ous** /dʒéləs/ 形 (名 **jealousy**) **1** しっと深い, ねたんでいる 《類義語》: a ~ wife [husband] やきもちやきの妻[夫] / He is ~ *of* my success. <A+*of*+名・代> 彼は私の成功をねたんでいる / This made the others ~ *of* Henry. これがもとでヘンリーは皆からやっかみを受けた. **2** 油断のない; 《格式》〈権利・財産などを失うまいと〉用心する (*of*). 語源 zealous と同語源.
~·ly 副 **1** しっと深く, ねたんで. **2** 極端に用心深く[警戒して].
【類義語】**jealous** 他人の持っているものが自分にだけないのは不当だとして快く思わないこと: The child was *jealous* when his parents played with his baby sister. その子は両親が赤ん坊の妹と遊ぶとしっとした. **envious** 他人の持っているものをうらやみ, 自分もそれにあやかりたいと思うこと: He was *envious* of his friend's new sled. 彼は友達の持っている新品のそりをうらやんでいた.
***jeal·ou·sy** /dʒéləsi/ 名 (**-ou·sies** /~z/; 形 **jealous**) U,C しっと, ねたみ: She is burning [eaten up] with ~. 彼女はしっとに燃えている / He showed great ~ *of* his rival. 彼は競争相手に強いしっとの気持ちを示した.
jean /dʒí:n/ 名 U デニム地《ジーンズの材料》.
Jean /dʒí:n/ 名 固 ジーン《女性の名; 愛称は Jeanie または Jeannie》.
Jean·ie, Jean·nie /dʒí:ni/ 名 固 ジーニー《女性の名; Jean の愛称》.
***jeans** /dʒí:nz/ 名 [複] ジーンズ, ジーパン: Lots of students wear ~ nowadays. 最近は大勢の学生がジーンズをはいている.《「ジーパン」は jeans と pants を組み合わせた和製英語》. 語源 元来は「ジェノバ (Genoa) の織物」の意. 関連 trousers ズボン / slacks スラックス.
***jeep** /dʒí:p/ 名 C ジープ《小型の馬力の強い自動車; 元来は商標》. **by jéep**=**in a jéep** [副] ジープで.
jee·pers /dʒí:pəz | -pəz/, **jéepers créepers** /⎯⎯⎯/ 感 《米俗》おや, これはこれは.
***jeer** /dʒíə | dʒíə/ 動 (**jeer·ing** /dʒí(ə)rɪŋ/) 自 (声に出して)あざける, ばかにする, やじる (*at*). — 他 〈...〉をあざける, ばかにする. — 名 C あざけり.
jeer·ing /dʒí(ə)rɪŋ/ 形 あざけるような. — 名 U あざけり.
jéering·ly 副 あざけって, ばかにして.
Jeeves /dʒí:vz/ 名 固 《英》使用人《P. G. Wodehouse の作品に出る奇策縦横の模範的執事より》.
jéez (**Louíse**) /dʒí:z⎯/ 感 《米略式》おやまあ《驚き・怒りなどを表わす》.
Jeff /dʒéf/ 名 固 ジェフ《男性の名; Jeffrey の愛称》.
Jef·fer·son /dʒéfəs(ə)n | -fə-/ 名 固 **Thomas** ~ ジェファソン (1743–1826) 《米国の政治家; 第 3 代大統領 (1801–09); ⇨ president 表》.
Jéf·fer·son Cít·y 名 固 ジェファソン シティ《米国 Missouri 州の州都》.
Jef·fer·so·ni·an /dʒèfəsóuniən | -fə-⁻/ 形 ジェファソン流(民主主義)の. — 名 C ジェファソンの崇拝者.
Jef·frey /dʒéfri/ 名 固 ジェフリー《男性の名; 愛称は Jeff》.
Je·ho·vah /dʒɪhóʊvə/ 名 固 《聖》エホバ, ヤーヴェ《旧訳聖書で神の呼称の 1 つ; 元来は Yahweh の誤読; ⇨ Noah 参考》.

Jehovah's Wítness 名 C エホバの証人《キリスト教の一派の信者》.

je·june /dʒidʒúːn/ 形 《格式》 **1** (考えなどが)未熟で,子供じみた. **2** (書物などが)無味乾燥な, 興味の乏しい.

Je·kyll and Hyde /dʒék(ə)lənhάɪd, dʒíːk(ə)l-/ 名 **1** 個 ジキル博士とハイド氏《Stevenson の小説の主人公で,善良な市民 Jekyll 博士が薬を飲むと狂暴な悪人 Hyde 氏となる》. **2** [単数形で] 二重人格者.

jell /dʒél/ 動 自 **1** ゼリー状になる, 凝固する. **2** (考え・計画などが)具体化する, 固まる. **3** (人々が)団結する.

jel·lied /dʒélid/ 形 [普通は A] ゼリー(状)に固めた;ゼリー状の.

jéllied éel 名 C 《英》うなぎのゼリー寄せ《ロンドンの労働者の好む料理》.

Jell-O, jel·lo /dʒélou/ 名 U 《米》ゼリー《デザートによく出る; Jell-O は商標》.

†**jel·ly** /dʒéli/ 名 **1** U.C 《英》(フルーツ)ゼリー; ゼリー菓子. **2** U.C ゼリージャム《果汁からつくる透明なジャム》: apple ～ りんごのゼリージャム. **3** U 肉ナゼリー (aspic). **4** U ゼリー状のもの. **féel like [sháke like, túrn to] jélly** 動 自 (脚・ひざなどが)ぶるぶると震え出す.

jélly bàby 名 C 《英》赤ん坊の形のゼリー菓子.

jélly bèan 名 C ゼリービーン《色とりどりの豆形のゼリー菓子》.

jélly·fish 名 (複 ～, ～·es) C **1** くらげ. **2** 弱虫, おくびょう者; 決断力のない人.

jélly ròll 名 C.U 《米》(ジャムやクリーム入りの)ロールカステラ《《英》swiss roll》.

jem·my /dʒémi/ 《英》 名 C (-mies; -mied; -my·ing) =jimmy.

je ne sais quoi /ʒənəsèɪkwάː/ 《フランス語から》 名 [次の成句で] **a cértain je ne sáis quói** [しばしば滑稽] 何とも言えないいい感じ[もの].

Jen·ner /dʒénɚ | -nə/ 名 個 **Edward ～** ジェンナー (1794-1823)《種痘法を発見した英国の医師》.

Jen·nie, Jen·ny /dʒéni/ 名 個 ジェニー《女性の名; Jane および Jennifer の愛称》.

Jen·ni·fer /dʒénəfɚ | -fə/ 名 個 ジェニファー《女性の名; 愛称は Jennie または Jenny》.

jen·ny /dʒéni/ 名 (**jen·nies**) C **1** =spinning jenny. **2** (ロバなどの)雌.

Jen·ny /dʒéni/ 名 個 =Jennie.

†**jeop·ar·dize** /dʒépɚdàɪz | -pə-/ 動 他 〈…〉を危うくする, 危険にさらす.

†**jeop·ar·dy** /dʒépɚdi | -pə-/ 名 U 危険 (danger). **be in jéopardy** 動 自 危うくなっている. **pút [pláce] ... in jéopardy** 動 他 〈…〉を危険にさらす.

jer·e·mi·ad /dʒèrəmάɪəd/ 名 C 《文》 [しばしば軽蔑] (長く続く)悲嘆のことば; 恨みごと.

Jer·e·mi·ah /dʒèrəmάɪə/ 名 個 【聖】エレミヤ《紀元前 7-6 世紀のヘブライの預言者》; エレミヤ書《旧約聖書中の一書》.

Jer·e·my /dʒérəmi/ 名 個 ジェレミー《男性の名; 愛称は Jerry》.

Jer·i·cho /dʒérɪkòu/ 名 個 イェリコ, エリコ (Palestine の町; 古代都市の遺跡がある).

*****jerk**[1] /dʒɚ́ːk | dʒɚ́ːk/ 名 (～s /~s/) C **1** 急な動き, (急に)ぐいと引く[押す, 突く, ねじる, 動かす]こと. **2** 筋肉が引きつること, けいれん. **3** 《略式》ばか, 間抜け. **gíve ... a jérk** 動 他 〈…〉をぐいと引く. **with a jérk** [副] ぐいと; がたっと: pull on a rope with a ～ ロープをぐいと引っ張る.
— 動 (**jerks** /~s/; **jerked** /~t/; **jerk·ing**) 他 〈…〉を(急に)ぐいと引く[押す, 突く, 動かす]; ひょいと投げる: He ～ed the big fish *out of* the water. <V+O+前

+名・代> 彼はその大きな魚を水中からぐいと引き上げた / She ～ed the window open. <V+O+C(形)> 彼女は窓をぐっと開けた. — 自 ぐいと動く, びくびくする, 引きつる. **jérk aróund** [動] 他 〈…〉をごまかす, 困らせる. **jérk at [on] ...** [動] 他 …をぐいと引く[突く]. **jérk óff** [動] 他 《卑》オナニーをする. **jérk óut** [動] 他 〈言葉など〉をつっかえながら言う. **jérk to a stóp [hált]** [動] 他 (乗り物など)ががたんと[急に]止まる.

jerk[2] /dʒɚ́ːk | dʒɚ́ːk/ 動 他 〈肉〉を(薄く細長にして)干し肉にする (☞ jerky[2]).

jerk·i·ly /dʒɚ́ːkɪli | dʒɚ́ː-/ 副 がたがたと; びくびくと, つかえて.

jer·kin /dʒɚ́ːkɪn | dʒɚ́ː-/ 名 C (そでなしの)短い胴着.

jerk·i·ness /dʒɚ́ːkinəs | dʒɚ́ː-/ 名 U がたがた[びくびく]動くこと; つかえること.

jérk·wàter 形 A S へんぴな; ちっぽけな.

jerk·y[1] /dʒɚ́ːki | dʒɚ́ː-/ 形 (**jerk·i·er; -i·est**) **1** がたがた動く; びくびく動く; (話しぶりが)つっかえがちの. **2** 《略式》ばかな.

jerk·y[2] /dʒɚ́ːki | dʒɚ́ː-/ 名 U ジャーキー《細く切って干し肉や燻製にした肉》(☞ jerk[2]).

jer·o·bo·am /dʒèrəbóuəm/ 名 C ジェロボアム《普通の 4-5 倍の大型ワイン・シャンペン用のびん》.

Je·rome /dʒəróum, dʒe-/ 名 個 ジェローム《男性の名》.

Jer·ry /dʒéri/ 名 **1** 個 ジェリー《男性の名; Gerald および Jeremy の愛称》. **2** C (**Jer·ries**) 《古風, 主に英》 《軽蔑》ドイツ人.

jérry-builder 名 C 安普請(ぶしん)専門の大工.

jérry-built 形 安普請の, バラック建ての.

jérry·càn 名 C 液体容器《主に石油かん》.

*****jer·sey** /dʒɚ́ːzi | dʒɚ́ː-/ 《原義は名》 (～s /~z/) **1** C ジャージーのシャツ《ラグビー・サッカーなどの選手が着る》; ジャージーのセーター (《英》sweater 関連). **2** U ジャージー《柔らかく伸縮性のあるメリヤス生地》.

Jer·sey /dʒɚ́ːzi | dʒɚ́ː-/ 名 **1** 個 ジャージー《Channel Islands 中の最大の島; ☞ America 表 New Jersey》. **2** C ジャージー種の乳牛. **3** 個 《米略式》=New Jersey.

Je·ru·sa·lem /dʒərúːs(ə)ləm, dʒe-/ 名 個 エルサレム《イスラエルとヨルダンの国境にある古都; キリスト教徒・ユダヤ教徒・イスラム教徒の聖都とされている; 現在はイスラエルの首都; ☞ crusade 1》.

Jerúsalem ártichoke 名 C.U きくいも《いも状の地下茎を食用にする》.

Jess /dʒés/ 名 個 ジェス《女性の名 Jessica または男性の名 Jesse の愛称》.

Jes·se /dʒési/ 名 個 ジェシー《男性の名》.

Jes·si·ca /dʒésɪkə/ 名 個 ジェシカ《女性の名; 愛称は Jess または Jessie》.

Jes·sie /dʒési/ 名 個 ジェシー《女性の名; Jessica の愛称》.

†**jest** /dʒést/ 名 C 《格式》冗談 (joke), しゃれ. **in jést** [副] 《格式》ふざけて, 冗談で: Many a true word is spoken in ～. 《ことわざ》冗談で言ったことが本当になることが多い《うそから出たまこと》. — 動 自 《格式》冗談を言う; 冷やかす, からかう (about, at, with): Surely you ～. S 冗談でしょう? **I jést.** S 冗談だよ.

jest·er /dʒéstɚ | -tə/ 名 C 道化師《中世に王侯・貴族に仕えた》.

Jes·u·it /dʒéʒuɪt | -z(j)u-/ 名 C 【カトリック】イエズス会 (Society of Jesus) に属する修道士, イエズス会員.

*****Je·sus** /dʒíːzəs/ 名 個 イエス (Jesus Christ): baby ～ 赤ん坊のイエスさま. — 間 《卑》=Jesus Christ.

*****Je·sus Christ** /dʒíːzəskrάɪst/ 名 個 イエス キリスト (☞ Christ). — 間 《卑》こん畜生!, くそ!《熱心なキリスト教徒の前では使ってはならない; ☞ swear 自 1》.

Jésus frèak 名 C S 《略式》ジーザスフリーク《ヒッピー的な生き方をする熱狂的なキリスト教信者》.

***jet**¹ /dʒét/ 名 (**jets** /dʒéts/)

ラテン語で「投げる」の意 →〈噴き出す〉→「噴出」2 →〈噴射推進式飛行機〉→「ジェット機」1

C **1** ジェット機 (jet plane): get on board a ~ ジェット機に乗る.
2 噴出《ガス・炎・蒸気・水などの》, 噴射: The fountain sends up a ~ *of* water ten feet high. その噴水は10フィートの高さまで水を吹き上げる. **3** 噴出口, 吹き出し口: a gas ~ ガスバーナー. **4** =jet engine. **by jét=in a jét** [副] ジェット機で (⇨ by 語法). — 動 (**jets; jet·ted; jet·ting**) 自 **1** 吹き出す (*out, from*). **2** [副詞句]を伴って] [(略式)] ジェット機で行く[来る]: ~ around the world ジェット機で世界旅行する. — 他 〈…〉をジェット機で送る.

単語の記憶 **《JECT》(投げる)**

jet	〈噴き出す〉→ ジェット機
ad**ject**ive	((名詞に投げ添えられたもの) → 形容詞
de**ject**ed	〈下へ投げられた〉→ 落胆した
in**ject**ion	〈中へ投げるもの〉→ 注射
inter**ject**ion	〈間に投げ入れたもの〉→ 感嘆詞
ob**ject**	〈…に対して投げられたもの〉→ 対象
pro**ject**	〈前へ投げる〉→ 映写する; 計画
re**ject**	〈投げ返す〉→ 拒絶する
sub**ject**	〈下に投げられたもの〉→ 支配下にある

jet² /dʒét/ 名 U **1** [鉱物] 黒玉(こくぎょく). **2** 漆黒.
jét áircraft 名 ジェット機.
jét-bláck 形 《髪などが》漆黒の, 濡(ぬ)れ羽色の. — 名 U 漆黒.
jét bòat 名 C ジェットボート《ジェットエンジン装備の船》.
jét éngine 名 C ジェットエンジン (jet)《⇨ airplane 挿絵》.
jét fíghter 名 C ジェット戦闘機.
jét fóil 名 C《ジェットエンジンの付いた》水中翼船《⇨ hydrofoil》.
⁺**jét lág** 名 U《ジェット機旅行による》時差ぼけ: suffer [recover] from ~ 時差ぼけになる[が治る].
jét-lágged 形 時差ぼけの.
jét-líner 名 C ジェット旅客機.
jét pláne 名 C ジェット機 (jet).
jét-propélled 形 ジェット推進式の.
jét propúlsion 名 U ジェット推進.
jet·sam /dʒétsəm/ 名 U **1** 投げ荷《難船の際に船体を軽くするため海中に投げた貨物; ⇨ flotsam》. **2** ちらかっているもの.
jét sét 名 [the ~;《英》単数または複数扱い] 《古風, 略式》ジェット族, 《世界の》金持ち族. 由来 ジェット機に団体で乗り込んで世界中を観光旅行することから.
jét-sètter 名 C ジェット族 (jet set) の人.
Jét Skí 名 C ジェットスキー《水上バイク; 商標》.
jét stréam 名 [the ~] [気象] ジェット気流.
⁺**jet·ti·son** /dʒétəs(ə)n/ 動 他 **1** 《考え・計画などを》放棄する;《不要なものを》捨てる;《人》を首にする. **2**《荷物や燃料》を投棄する《暴風雨の際などに船体[機体]を軽くするため貨物を海中[外へ]投げ出す》.
⁺**jet·ty** /dʒéti/ 名 (**jet·ties**) C 防波堤, 船着き場.
Jet·way /dʒétwèɪ/ 名 C《米》《空港の》搭乗橋《商標; ⇨ airport 挿絵》.
jew /dʒúː/ 動 [次の成句で] **jéw ... dówn** [動] 他 《差別的に》〈…〉を値切る.
***Jew** /dʒúː/《醜音 drew》名 (~**s** /-z/; 形 **Jéwish**) C ユダヤ人《ユダヤ教を信奉するものまたはユダヤ人を母親とするもの》; ヘブライ人. 語法 差別的に響くことがあるので, 代わりに Jewish person(s) という語がある.

***jew·el** /dʒúː:əl/ **13** 名 (~**s** /-z/) C **1** 宝石 (⇨ jewelry 挿絵); 《時計の》石: put on ~*s* face 宝石を身につける / a 21-~ watch 21石の時計 / mount a ~ 宝石をはめこむ. **関連** gem カットして磨いた宝石. **2** [複数形で] 宝石入りの飾り [装身具]. **3** 素晴らしい人[物], とてもやさしい人;掌中(しょうちゅう)の玉: the ~ of a boy 大切な男の子. **the jéwel in the […'s] crówn** [名] 《…の》一番の誇り, 最大の業績 (*of*).
jéwel bòx [cáse] 名 C **1** 宝石箱. **2**《プラスチック製の》CDケース.
jew·eled,《英》**-elled** /dʒúːəld/ 形 宝石で飾った, 宝石をちりばめた, 宝石入りの.
⁺**jew·el·er,**《英》**-el·ler** /dʒúːələ|-lə/ C 宝石商, 貴金属商; 宝石店店員; 宝石細工[修理]人. **参考** 宝石店のほかに時計・高級装身具《米国ではまた陶器・銀製品》なども売る.
***jew·el·ry,**《英》**-el·ler·y** /dʒúːəlri/ 名 U 宝石類, 貴金属, 宝飾品. 語法 jewel が1つ1つの宝石を指すのに対して, jewelry は bracelet, necklace, brooch などを含めて宝石類全体を表わす (⇨ -ry; costume jewelry).
Jew·ess /dʒúːəs/ 名 C [差別的] ユダヤ人《女性》.
***Jew·ish** /dʒúːɪʃ/ 形 《Jew》ユダヤ人の; ユダヤ人らしい, ユダヤ教の: the ~ people ユダヤ民族.
Jew·ry /dʒúːri, dʒú(ə)ri/ 名 U《文》ユダヤ人[民族]《全体》.
Jéw's hàrp, Jéws' hàrp /dʒúːz-/ 名 C 口琴(こうきん)《口にくわえて指ではじく原始的な楽器》.
JFK /dʒèɪèfkéɪ/ 略 =John Fitzgerald Kennedy (⇨ Kennedy), John F. Kennedy International Airport.
Ji·ang Jie·shi /dʒiɑ́ːŋdʒìːʃíː | dʒiǽŋ-/ 名 個 =Chiang Kai-shek.
Ji·ang Ze·min /dʒiɑ́ːŋzəmín | dʒiǽŋ-/ 名 個 江沢民 (1926-) 《中国の政治家; 共産党総書記 (1989-2002); 国家主席 (1993-2003)》.
jiao /dʒiɑ́ʊ/ 名 (複 ~) C 角《中国の通貨単位; 10分の1元 (yuan), 10分 (fen); ⇨ money 表》.
jib¹ /dʒíb/ 名 C **1** [海] ジブ, 船首三角帆. **2**《起重機の》腕の部分.
jib² /dʒíb/ 動 (**jibs; jibbed; jib·bing**) 自《主に英》急にしりごみする, 二の足を踏まない (*at*);《馬が》急に立ち止まる.
jibe¹ /dʒáɪb/ 動 =gibe.
jibe² /dʒáɪb/ 動 自《米略式》《数・話などが》一致する (*with*).
ji·ca·ma /híːkəmə/ 名 C くずいも《熱帯アメリカ原産豆科のつる性多年草で塊茎はサラダ用》.
jif·fy /dʒífi/ 名 [次の成句で] **in a jíffy** [副]《略式》すぐに.
Jíf·fy bàg /dʒífi-/ 名 C《英》ジフィーバッグ《壊れ物郵送用などの厚目の封筒[紙袋]; 商標》.
⁺**jig** /dʒíɡ/ 名 C **1** ジーグ《6の(または速いテンポの活発な踊り》. **2** ジグ《工作物を固定し機具を導く道具》. **in jíg tíme** [副] あっという間に. **The jíg is úp.**《米俗》もうだめだ, 万事休す, 遊びはそれまで! — 動 (**jigs; jigged; jig·ging**) 自 **1** ジグを踊る. **2** [副詞句を伴って] 小きざみに上下[前後]に動く (*about, around, up and down*). — 他 《ダンス》をジグで踊る; 〈…〉を小きざみに上下[前後]に動かす.
jig·ger /dʒíɡə/ 名 C **1** ジガー《酒の分量を量る小さなグラス; その1杯分《約1オンス半》》. — 動 (**-ger·ing** /-ɡ(ə)rɪŋ/)《米》《不正に》〈…〉を変更する.
jig·gered /dʒíɡəd/ 形 P《古風, 英略式》 **1** こわれた, 傷ついた. **2** 疲れた, ばてた. **I'll be jiggered.**《古風, 英略式》おどろいたなあ.
jig·ger·y-po·ker·y /dʒíɡ(ə)ripóʊk(ə)ri/ 名 U《古風, 英略式》ごまかし, いんちき.

jiggle

jig·gle /dʒígl/ 動 他 〈...〉を軽く揺さぶる. — 自 軽く揺れる, ぶれる (about). — 名 C 震動, 軽い揺さぶり.

jig·gy /dʒígi/ 形 [次の成句で] **gèt jíggy** 動 自 《米俗》ポップ音楽にあわせて激しく踊る.

jíg·sàw /-sɔ̀ː/ 名 C **1** =jigsaw puzzle. **2** 複雑に[込み入った]状況. **3** クランクのこぎり, 糸のこぎり.

⁺jígsaw pùzzle 名 C ジグソーパズル.

ji·had /dʒihɑ́ːd | -hǽd/ 名 C (イスラム教徒の)聖戦, ジハード (against).

Jill /dʒíl/ 名 ジル (女性の名).

jil·lion /dʒíljən/ 名 《略式》厖大な数, ン千億.

jilt /dʒílt/ 動 他 〈恋人・婚約者〉をふる, 捨てる (for).

jilt·ed /dʒíltɪd/ 形 〈恋人・婚約者〉にふられた.

Jim /dʒím/ 名 ジム (男性の名).

Jim Crow, jim crow /dʒímkróʊ/ 《米》形 A **1** (法律・制度が)黒人差別待遇の. **2** 黒人専用の(貧弱な). — 名 U 黒人差別.

jim-dándy 形 名 《米略式》すばらしい(人[もの]).

jim·my /dʒími/ 《米》名 (jim·mies) C 組み立てかなてこ 《強盗が使う》 《英》jemmy). — 動 (jim·mies; jim·mied; jim·my·ing) 他 〈...〉を組み立てかなてこでこじ開ける 《英》jemmy).

Jim·my /dʒími/ 名 ジミー (男性の名; James の愛称).

⁺jin·gle /dʒíŋgl/ 名 **1** [単数形で] ちりんちりんという音 (of). **2** C 調子よく響くコマーシャル[文句], コマーシャルソング. **gíve ... a jíngle** 動 他 S 《米略式》〈...〉に電話する. — 自 ちりんちりんと鳴る. — 他 〈...〉をちりんちりんと鳴らす.

jin·go·is·m /dʒíŋgoʊɪzm/ 名 U 《けなして》(好戦的で)極端な愛国主義, 主戦論.

jin·go·is·tic /dʒìŋgoʊístɪk⁻/ 形 《けなして》(好戦的で)極端な愛国主義的な, 主戦論の.

jink /dʒíŋk/ 動 《略式》自 すばやく向きを変える, 身をかわす. — 他 〈...〉の向きをすばやく変える.

jinks /dʒíŋks/ 名 [複] =high jinks.

jinn /dʒín/, **jin·ni** /dʒíːni, dʒíni/ 名 (複 jinn(s) /dʒín(z)/) (イスラム教で) 精霊, 魔物, ジン (djinn, genie). **lèt the jínn òut of the bóttle** 動 他 (大きな)変化を起こす.

jinx /dʒíŋks/ 名 C 《普通は単数形で》縁起の悪いもの [人]. 日英比較 日本の「ジンクス」と違い縁起の悪いのに限られる: There is a ~ on the team. このチームは不運がついている. — 動 他 《普通は受身で》《略式》〈...〉に不運をもたらす. ~ まねすんな (子供が使う).

jinxed /dʒíŋkst/ 形 ついてない.

JIS /dʒéɪés/ 略 =Japanese Industrial Standard (☞ industrial 1).

JIT /dʒéɪtíː/ 略 =just-in-time.

jit·ney /dʒítni/ 名 C 《米》(低料金の)小型乗合バス.

jit·ter·bug /dʒítəbʌ̀g | -tə-/ 名 C ジルバ (2 拍子のダンスの一種). — 動 自 ジルバを踊る.

⁺jit·ters /dʒítəz | -təz/ 名 [複] [普通は the ~] 《略式》不安感, 神経過敏: have [get] *the* ~ びくびく[びりびり]している[する]. **gíve ... the jítters** 動 《略式》〈...〉を(一のことで)びくびく[びりびり]させる (about).

⁺jit·ter·y /dʒítəri/ 形 《略式》神経過敏な, びくびく[いらいら]している.

jive /dʒáɪv/ 名 **1** [普通は the ~] ジャイブ (テンポの速いジャズ); ジャイブに合わせて踊る熱狂的なダンス. **2** U 《米俗》いいかげんな話, でたらめな話, ごまかし. — 動 自 **1** ジャイブに合わせて踊る. **2** 《米俗》〈...〉をだます, 丸め込む.

Jnr 《英》=junior.

Jo /dʒóʊ/ 名 固 ジョー (女性の名; Josephine の愛称).

Joan /dʒóʊn/ 名 固 ジョーン (女性の名).

Jóan of Árc /-əvɑ́ːk | -ɑ́ːk/ 名 固 ジャンヌダルク (1412–31) 《フランスの国民的英雄; 農家の娘であったが, 百年戦争のときフランス軍を率いて英国軍を破り, 祖国を救った; 後に捕らえられ火刑にされた; ☞ Orléans》.

＊job /dʒɑ́b | dʒɔ́b/ 《類音》jab) 名 (~s /-z/) C **1 勤め口, 職, 定職** (☞ 類義語); occupation 類義語): She got a ~ as a secretary *with* the firm. 彼女はその会社に秘書として就職した / What kind of ~ does he have? 彼の仕事は何ですか / John did not last *at* the ~. ジョンはその勤め先では長続きしなかった 《☞ part-time 形 日英比較》.

ミニ語彙欄

コロケーション

動＋job

apply for a *job* 職を志望する
change *jobs* 職を変わる (☞ change 動 他 2 語法)
get [find] a *job* (at ...) (...に)就職する[職を得る]
have (got) [hold] a *job* (as ...) (...として)職についている
hold down a *job* 仕事を続ける
「look for [seek, hunt for] a *job* 職を探す
lose a *job* 職をなくす
quit [give up, leave, resign from] a *job* 仕事を辞める
take a *job* (与えられた)職に就く

前＋job

off the *job* 勤務外で
on the *job* 仕事をして
out of a *job* 失業して

形＋job

a backbreaking *job* 骨の折れる仕事
a badly[low]-paid *job* 給料の悪い[安い]仕事
a big *job* 大仕事
a boring *job* 退屈な仕事
a challenging *job* やりがいのある仕事
a cushy [an easy] *job* 楽な仕事
a difficult *job* 難しい仕事
a dull *job* つまらない仕事
a highly[well]-paid *job* 給料の高い[いい]仕事
an unpaid *job* 無給の仕事
an unpleasant *job* いやな仕事

---
job のいろいろ
---
désk jòb 事務(仕事) / fúll-tìme jób 常勤の仕事 / párt-tìme jób 非常勤の仕事, アルバイト / pérmanent jób 定職 / síde jób 副業 / súmmer jób 夏のアルバイト / téaching jòb 教職 / témporary jób 臨時の仕事

関連表現
---

ask for a (pay) raise [《英》rise] 昇給を求める
be between *jobs* 失業中である
be busy hunting for a *job* 就職活動で忙しい
be on [off] duty (警官・兵士などが)勤務中[外]である
go to work early in the morning 朝早く仕事に出掛ける
HELP WANTED 求人 《新聞の広告》
SITUATION WANTED 求職 《新聞の広告》
take a day off 一日休みをとる
visit a company (for an interview) (面接で)会社訪問をする
What do you do (for a living)? お仕事は何ですか
work for a bank 銀行に勤める
write one's resume [《英》curriculum vitae, CV] 履歴書を書く

── リスニング ──
job の後に母音で始まる語が続くと, その母音と語末の /b/ とが結合して「バ」行の音のように聞こえる. get a job as an escort /gètədʒábəzənéskɔːrt/ は「ゲタジャッブザネスコート」((米)では「ゲラジャッブザネスコート」)のように聞こえ,「ゲット・ア・ジャップ・アズ・アン・エスコート」のようには発音しない.

2 仕事; 賃仕事 《⇨ work 表および類義語》; 〖単数形で; 普通は冠詞の後で〗役目, 務め: a nine-to-five ~ 9時から5時までの規則的な仕事 / I will do the ~ for $100. その仕事を100ドルでやりましょう / I'm going to prepare our meal; that's my ~. 食事を作るのが私の役目ですから / You did a good ~!=(米) ⓈGood ~! よくやったね / Nice [Great, Beautiful, Marvelous] ~! すばらしい《相手のやったことをほめるときなど》. **3** 〖単数形で〗(難しい)仕事; 金関: "Can you fix this shelf by next week?" "That's *an* easy ~." 「この棚を来週までに直してくれない」「いいとも, お安いご用だ」/ The street was so busy that I *had a* (hard) ~ *crossing* [*to cross*] it. 通りはとても混雑していたので横断するのに一苦労だった / It was quite *a* ~-finishing [*to finish*] this essay! この作文を書き終えるのは一仕事だった. **4** Ⓢ 〖略式〗製品, 物; 事柄: a marvelous ~ すばらしいもの. **5** 〖略式〗悪事《特に窃盗》: an inside ~ 内部犯行. **6** 整形手術: ⇨ nose job. **7** 〖電算〗ジョブ《コンピュータのプリンターの仕事の単位》.

and a góod jób, tóo! [感] 〖略式〗よかった, 安心だ, いいことだ. **dò a jób on ...** 〖略式, 主に米〗…をひどい目に会わす; 甘いことばでだます. **dò the jób** [動] ⑥ =do the trick (trick 成句). **fáll dówn on the jób** [動] ⑥ 〖略式〗職務を十分に果たさない. **gíve ... úp as a bád jób** [動] ⑯ 〖略式〗…に見切りをつける. **I'm ónly [jùst] dóing my jób.** Ⓢ 〖やっていることを非難されて〗与えられた仕事をやっているだけだ. **knów one's jób** [動] 〖略式〗年季が入っている, 十分な知識がある, (自分の役割を)心得ている. **It's a góod jób (that) ....** Ⓢ 〖英略式〗…は幸いだ, 運がいい. **It's móre than óne's jób's wórth.** 〖略式, 主に英・豪〗それは…の職権ではできない, …の首がとびかねない (*to* do). **jóbs for the bóys** [名] 〖主に英・豪〗〖普通はけなして〗仲間うちに回す仕事(口), 縁故採用. **júst the jób** [名] 〖英略式〗あつらえ向きのもの, うってつけのもの. **màke a góod [bád, póor] jób of ...** [動] ⑯ (仕事など)を立派にやってのける[下手にやる]. **màke the bést of a bád jób** [動] ⑥ 〖主に英〗よくない事態でも何とか切り抜ける. **òn the jób** 12 [形・副] (1) (人・機械が)働いて, 仕事をして; 仕事中に[で] 《⇨ on-the-job》. (2) Ⓢ 〖英〗セックスをして. **óut of a jób** [形] 失業して (out of work). **the jób at hánd** [名] 〖米〗当面の仕事. **the jób in hánd** [名] 〖英〗=the job at hand.

【類義語】**job** 職業も勤め口も意味する一般的な語: I got a *job* teaching English to children. 私は子供に英語を教える職についた. **position** やや改まった感じの語で, 勤務先を意識する場合には, 特に頭脳労働または技術的な専門職を指すことが多い: She got a *position* as secretary. 彼女は秘書としての職を得た. **office** 権力を伴う官職をいう: (a) public *office* 公職. **post** やや改まった感じの語で, 公に任命された責任ある地位: He accepted the *post* of president of the university. 彼はその大学の学長の地位に就くことを承諾した.

Job /dʒóub/ [名] **1** 〖聖〗ヨブ《ヘブライの族長; 神への信仰厚くあらゆる苦難に耐えた忍耐・堅忍の典型》; ヨブ記《旧約聖書中の一書》. **the pátience of Jób** [名] =the patience of a saint 《⇨ saint 成句》.
jób àction [名] Ⓒ (要求貫徹のための)組織的抗議, 違法闘争.

jóbcentre 941

jób·ber /dʒábər | dʒɔ́b-/ [名] Ⓒ **1** 〖主に英〗株式仲買人. **2** 〖米〗卸し商.
jób·bing /dʒábɪŋ | dʒɔ́b-/ [形] 〖英〗(庭師・ペンキ職人などの)賃仕事をする, 臨時で仕事をする.
jób·by /dʒábi | dʒɔ́bi/ [名] Ⓒ =job 4.
jób cèntre [名] Ⓒ 〖英〗(公共の)職業安定所.
jób clùb /dʒáb- | dʒɔ́b-/ [名] Ⓒ 〖英〗ジョブクラブ《1185年, 国の援助を受けて設立された失業者支援団体》.
jób creátion [名] Ⓤ 雇用創出.
jób description [名] Ⓤ 就業[職場]規定.
jób-hùnt [動] ⑥ 職探しをする.
jób-hùnter [名] Ⓒ 求職者.
jób-hùnting [名] Ⓤ 職探し.
***jób·less** /dʒábləs | dʒɔ́b-/ [形] 仕事のない, 失業中の: *the* ~ 失業者たち《複数名詞のように扱われる; ⇨ the¹ 3》/ the ~ rate 失業率. **~-ness** [名] Ⓤ 失業(状態) (unemployment).
jób lòck [名] Ⓒ 〖略式〗(医療保険を失うための)退職不安.
jób lòt [名] 〖英・豪〗ひと山いくらの安物.
jób satisfáction [名] Ⓤ 仕事上の満足感.
Jób's cómforter /dʒóubz-/ [名] Ⓒ ヨブの慰安者《(うわべは慰めて[慰めているつもりで])かえって相手の悩みを深める人》.
jób secúrity [名] Ⓤ 職[雇用]の保障.
jób sèeker [名] Ⓒ 〖英〗=job-hunter.
jób shàre [shàring] [名] Ⓤ ジョブシェア(リング)《1人の仕事を2人以上で分担すること》.
jób shòp [名] Ⓒ 注文生産専門工場[メーカー].
jobs·worth /dʒábzwə̀ːθ | dʒɔ́bzwə̀ːθ/ [名] Ⓒ 〖英略式〗規則一点張りで融通のきかない人.
jock /dʒák | dʒɔ́k/ [名] Ⓒ 〖略式〗**1** 〖米〗〖しばしば軽蔑〗(大学の)運動選手, スポーツ好きの大学生. **2** =jock-strap. **3** 〖米〗…狂. **4** 〖英〗〖差別〗スコットランド人.
***jóck·ey** /dʒáki | dʒɔ́ki/ [名] (~s /~z/) Ⓒ (競馬の)騎手. ── [動] ⑯ **1** (説得・計略で)巧みに(人)に…させる (*into*). **2** (車などを)運転する; (機械などをうまく)操縦する; 騎手として(馬)に乗る. **jóckey for ...** [動] ⑥ あらゆる手段で…を得ようとする: ~ *for position* あの手この手で地位[位置]につこうとする.
Jóckey shòrts [名] 〖複〗(男性用の)ブリーフ《商標》.
jóck ìtch [名] Ⓒ 〖股間(ふん)・陰部の〗たむし, いんきん.
jóck·stràp [名] Ⓒ 運動用サポーター《男子用》.
jo·cose /dʒoukóus/ [形] 〖文〗滑稽な, おどけた, ふざけた. **~·ly** [副] おどけて, ふざけて. **~·ness** [名] Ⓤ =jocosity.
jo·cos·i·ty /dʒoukásəti | -kɔ́s-/ [名] Ⓤ 〖文〗おもしろおかしいこと, 滑稽; 冗談.
joc·u·lar /dʒákjulər | dʒɔ́kjulər/ [形] 〖格式〗おどけた, おかしい, ひょうきんな.
joc·u·lar·i·ty /dʒàkjulǽrəti | dʒɔ̀k-/ [名] Ⓤ 〖格式〗おどけ, ひょうきんさ.
jóc·u·lar·ly [副] 〖格式〗おどけて.
joc·und /dʒákənd/ [形] 〖文〗陽気な.
jo·cun·di·ty /dʒoukándəti/ [名] Ⓤ 〖文〗陽気.
joc·und·ly /dʒákəndli | dʒɔ́k-/ [副] 〖文〗陽気に.
jodh·purs /dʒádpəz | dʒɔ́dpəz/ [名] 〖複〗乗馬ズボン《上部がゆったりして, ひざ下が細くなっている》.
joe /dʒóu/ [名] Ⓤ 〖米略式〗コーヒー.
Joe /dʒóu/ [名] **1** ジョー《男性の名; Joseph の愛称》. **2** Ⓒ 〖しばしば j-〗〖俗〗人, やつ (guy): Joe College 典型的な男子大学生. 〖米〗**Jóe Blów [Schmó]**= 〖英〗**Jóe Blóggs** /-blǽgz | -blɔ́gz/ 一般人. **Jóe Públic** 〖英〗一般市民.
⁺jog /dʒág, dʒɔ́ːg | dʒɔ́g/ 〖類音〗#jug/ [動] (**jogs** /~z/; **jogged** /~d/; **jóg·ging** /dʒágɪŋ, dʒɔ́ːg- | dʒɔ́g-/)

元は「重い物を揺さぶる」→(体を揺さぶるようにして進む)「ゆっくりと駆ける」[1]となった

— 自 1 ジョギングをする; (人や馬が)ゆっくりと駆ける: They *jogged along* the path in the park. 彼らは公園の中の小道をジョギングした. 2 [副詞(句)を伴って] [英略式] (単調に)[どうにか]やっていく; (物事が)何とか[単調に]進んでいく (*along, on*). — 他 (手・腕に)(...)をちょっと[うっかり]突く[押す]: I *jogged* his elbow. 私は彼のひじをちょっと突いた (注意を引くために). **gò jógging** [動] 自 ジョギングに行く: I *go jogging* every morning in the park. 私は毎朝公園にジョギングに行く. **jóg ...'s mémory** [動] 他 (人)の...の記憶を呼びさます. 2 [普通は単数形で] 1 = jog trot, ジョギング. 2 そっと押すこと. **gíve ... a jóg** [動] 他 (...)を少し押す. **hàve [gó for] a jóg** [動] 自 ジョギングをする[に出る].

jog・ger /dʒágə, dʒɔ́ːgə | dʒɔ́gə/ 名 C ジョギングをする[している]人.

jog・gers /dʒágəz, dʒɔ́ːgəz | dʒɔ́gəz/ 名 複 [英] スウェットパンツ.

jog・ging /dʒágɪŋ, dʒɔ́ːg- | dʒɔ́g-/ 名 U ジョギング.

jógging sùit 名 C スウェットスーツの一種.

jog・gle /dʒágl | dʒɔ́gl/ 動 他 (...)を揺さぶる, 振動させる. — 自 揺れる, 振動する.

jóg tròt 名 [a ~] ゆっくりした駆け足 (jog). **at a jóg tròt** ゆっくりした駆け足で.

Jo・han・nes・burg /dʒouhénəsbəːg | -bə̀ːg/ 名 ヨハネスバーグ (南アフリカ共和国北東部の都市).

john /dʒán, dʒɔ́n/ 名 C [米略式] 1 [the ~] 便所. 2 売春婦の客.

John /dʒán, dʒɔ́n/ 名 1 ジョン (男性の名; 愛称は Jack, Johnnie および Johnny). 2 **King ~** ジョン王 (1167?-1216)(England の王 (1199-1216); ☞ **Great Charter**). 3 **St. ~** /sèɪnt/ s(ə)n(t)/ ~ ヨハネ (キリストの弟子で新約聖書の第4の福音書の「ヨハネ伝」の作者といわれる). 4 **~ the Baptist** バプテスマ[洗礼者] ヨハネ (キリストの出現を預言し, キリストに洗礼を施したといわれるヘブライの予言者).

jóhn・bòat 名 C [米] (1人こぎの)小型平底舟.

Jóhn Búll 名 固 (古風) [普通は軽蔑] ジョンブル (イングランド[英国] (人)を表すあだ名; ☞ **Uncle Sam**).

Jóhn Dóe /-dóʊ/ 名 1 [単数形で] [米] [法] ジョンドウ (訴訟当事者・原告の仮の名; 女性の場合は Jane Doe; ☞ **Richard Roe**). 2 C (主に米) 平均的な人.

Jóhn F. Kénnedy Internátional Áirport 名 固 ケネディ国際空港 (New York 市 Queens 区南部にある; 略 JFK).

John Bull

Jóhn Hán・cock /-hǽnkɑk | -kɔ̀k/ 名 C [米略式] 自筆の署名 (signature)(米国の独立宣言に最初に署名した人にちなむ).

John・nie, John・ny /dʒáni | dʒɔ́ni/ 名 固 ジョニー (男性の名; John の愛称).

Jóhnnie Wálker 名 固 ジョニー ウォーカー (スコットランドのウィスキー; 商標).

john・ny /dʒáni | dʒɔ́ni/ 名 (*john・nies*) C 1 (古風, 英略式) 男, やつ. 2 (英略式) コンドーム.

Jóhnny Áp・ple・seed /-ǽplsìːd/ 名 固 ジョニーアップルシード (1774-1845)(本名 John Chapman; 米国の開拓者; 東部の辺境地帯にりんごの苗木を植えて歩いた人).

John・ny-come-late・ly /dʒánikʌmléɪtli | dʒɔ́ni-/ 名 C 1 新参者, 新米. 2 成金.

Jóhnny-júmp-ùp 名 C [米] すみれ; 小花のパンジー.

Jóhnny Óne-Nòte 名 C [米略式] 一つのことしか考えられない男, 考えの狭い人物, 単線男.

Jóhnny-on-the-spót 名 [単数形で] [米略式] 機転のきく人, すぐに手を貸してくれる人.

Jóhn o' Gróats /dʒánəgróʊts | dʒɔ́n-/ 名 固 ジョン・オ・グローツ (スコットランドの最北端). **from Jóhn o' Gróats to Lánd's Énd** 英国 (Great Britain) の端から端まで.

Jóhn Pául II /-ðəsékənd/ 名 固 ヨハネパウロ二世 (1920-2005)(ポーランドの聖職者; ローマ教皇 (1978-2005)).

Jóhn Q. Públic 名 C [米] 平均的な人.

john・son /dʒánsən | dʒɔ́n-/ 名 C [米俗] 陰茎.

John・son /dʒánsən | dʒɔ́n-/ 名 固 1 ジョンソン (英米人に多い姓; ☞ **name** 表). 2 **Magic ~** ジョンソン (1959-)(米国のプロバスケットボール選手). 3 **Samuel ~** ジョンソン (1709-84)(英国の作家・辞書編集家).

joie de vi・vre /ʒwáːdəvíːvr(ə)/ 名 U (フランス語から) 生きる(ことの)よろこび.

*****join** /dʒɔ́ɪn/ 動 (類音 joint) 他 動 (joins /~z/; joined /~d/; join・ing; 名 joint)

```
                             ┌→「加わる」他 1 →「参加する」
                             │                  自 2
(結び合わせる, 結び付く) ──(一部として)→┤  →「合流する」自 2
                             │
                    └(対等に)→「結合する」他 3, 「合わさる」自 1
                             →(比喩的に)→「結ぶ」他 4
```

— 他 1 (...)に**加わる**, (...)に参加する, (...)の仲間に入る; 〈組織・グループなど〉に入る, 入会する; 〈列〉に加わる: Why don't you *~ us in [for]* a drink? <V+O+*in [for]*+名・代> 私たちと一杯やりませんか / He *~ed* the Democratic party. 彼は民主党に入党した / Thank you very much for *~ing* us. ご参加[お越し]くださいましてありがとうございます / Mother *~s* me *in* send*ing* you our best regards. <V+O+*in*+動名> 母からもくれぐれもよろしくとのことです.

[会話] "May I *~* you?" "Please do." 「お仲間[お話]に加わってもよろしいですか」「ええ, どうぞ」

2 〈川・道路など〉が(...)に**合流する**; 〈人〉と落ち合う; 〈列車・飛行機〉に乗り込む, (人が)〈道路〉に入る[乗る]: The stream *~s* the Thames just below the bridge. その流れは橋のすぐ下でテムズ川と合流する / I *~ed* him *at* the station. <V+O+*at*+名・代> 私は駅で彼と落ち合った.

3 〈2つ以上のもの〉を**結合する**, つなぐ, 連結する (*onto, up*)(☞ 類義語): I *~ed* the two ends of a pipe. 私は管の2つの端をつないだ / He *~ed* the two wires *together*. <V+O+*together*> 彼はその2本の針金をつなぎ合わせた / *Join* this end *to* the other. <V+O+*to*+名・代> この端をもう1つの端につなぎなさい. 4 (格式) 〈友情・結婚など〉で〈人〉を結ぶ, 連合する: They are *~ed* in brotherly love. 彼らは兄弟愛で結ばれている 《信徒など》 / Jim and Sue were *~ed in* marriage [(holy) matrimony]. ジムとスーは縁組みした.

— 自 1 合わさる (meet); 結び付く; 合併する; 〈道などが〉連絡する (*with*); 〈道路〉の合流点: They *~ed in* an alliance. <V+*in*+名・代> 彼らは同盟を結んだ.

2 参加し, 行動を共にし, いっしょになる (*together*); 入会する: He *~ed in* the argument. <V+*in*+名・代> 彼はその論争に加わった / Tom *~ed with* us *in*

doing the work. <V+with+名・代+in+動名> トムは私たちといっしょになってその仕事をした.

join の句動詞

***jóin ín** [動] [自] 参加する (*with*): We're collecting money for refugees. Wouldn't you like to ~ *in*? 難民のための募金をしています. 参加してくださいませんか.
jóin ón [動] [自] 仲間に加わる (*to*).
jóin úp [動] [自] **1** (志願して)入隊する. **2** 参加する, 加入する, 合流する: They *~ed up with* us that night. 彼らはその晩は私たちといっしょになった. **3** 協力する, 連携する (*with*).

— [名] [C] 接合個所, 継ぎ目: You can hardly see the ~. 継ぎ目がほとんどわからない.
【類義語】**join** 2つ以上のものを[が]直接お互いに接触して結合・連結すること. **connect** 互いに結び付けるものを間に用いてつなぐこと: The two roads are *connected* by a bridge. その2つの道路は橋でつながっている. **link** *connect* よりもっと強く結び付けることを強調する: The island is *linked* with the mainland by this bridge. 島はこの橋で本土と結ばれている. **unite** 2つ以上のものを[が]結合して新しい1つのものを作ること; 結合して1つのものになったことを強調する: The thirteen states were *united* into one nation. 13州は結合して1つの国家となった. **combine** 2つ以上のものを[が]結合して, 互いの特徴を失うほどに混合すること: Hydrogen and oxygen are *combined* in water. 水素と酸素は化合して水となる.

jóined-úp [形] 《英略式》 **1** (文字が)続け書きの. **2** (考え・方針などが)連携[統一]のとれた.

join·er /dʒɔ́ɪnɚ | -nə/ [名] [C] **1** 指物(さしもの)師, 建具工. [関連] carpenter 大工. **2** 《略式》団体などに加わることが好きな人.

join·er·y /dʒɔ́ɪnəri/ [名] [U] 建具類; 指物[建具]職.

****joint** /dʒɔ́ɪnt/ [形] [A] 共同の; 共有の; 連帯の: a ~ effort 共同作業, 協力 / a ~ declaration 共同宣言 / ~ statement [communiqué] 共同声明.
— [名] (joints /dʒɔ́ɪnts/; [動] join) [C] **1** 関節, 節(ふし): the upper ~ of the arm 腕の上関節. [関連] hip joint 股関節.
2 継ぎ目, 継ぎ手: a ~ in a water pipe 水道管の継ぎ目 / a universal ~ 自在継ぎ.
3 《英》焼き肉; (骨のついた大きな)焼き肉用の肉, ロース (《米》roast). **4** 《略式》たまり場《飲み屋・ナイトクラブ・安レストランなど》. **5** 《俗》マリファナ入りのたばこ. **6** 《米俗》[the ~] 刑務所. **cáse the jóint** [動] [自] 《俗》(強盗などの目的で)下見をする. **òut of jóint** [形・副] (1) 関節がはずれて. (2) (組織・計画などの)調子が狂って, 混乱して. — [動] [他] 〈…〉を継ぎ目で分ける; 〈肉〉を大きな切り身に切る.

jóint (bànk) accóunt [名] [C] 共同預金口座《(夫婦などの)共同名義になっているもの》.

Jóint Chìefs of Stáff [名] [the ~ として複数扱い] (米国の)統合参謀本部.

jóint cústody [名] [U] 〔法〕(離婚した[別居中の]両親による)共同親権.

joint·ed /dʒɔ́ɪntɪd/ [形] **1** 継ぎ目のある; 関節のある. **2** (鶏肉などが)切り身にされた.

jóint hónours [名] [U] (英国の大学の)二重専攻科.

jóint·ly [副] 共同で; 協力して.

jóint resolútion [名] [C] 〔米議会〕(上下両院の)合同決議.

jóint-stóck còmpany [名] [C] **1** 《米》〔経〕株式社団. **2** 《英》=stock company.

jóint vénture [名] [C] 合併[合弁]事業.

joist /dʒɔ́ɪst/ [名] [C] 根太(ねだ), 梁(はり)《床板や天井を支える横木[金物]》.

***joke** /dʒóʊk/ [名] (~s /~s/; [形] jókey) **1** [C] 冗談, しゃれ, ジョーク; いたずら: I don't see [get] the ~. 私はその冗談(のおち)がわからない / It's *no* ~ getting a job these days. このごろは仕事にありつくのは容易ではない / That's carrying a ~ too far. それでは冗談の度が過ぎるというものだ. **2** [a ~] 《略式》笑いぐさ; もの笑いの種. **3** [単数形で] 《略式》まともにとりあっていられない人[物, 事], 腹が立つほどばかばかしい状況. **4** [C] 《米略式》非常に簡単なもの. **be [gó, gét] beyònd a jóke** [動] [自] 笑い事ではない[なくなる]. **for a jóke** [副] 冗談に, 冗談のつもりで. **hàve a jóke with …** [動] [他] …と冗談を交わす. **màke [téll, 《略式》cráck] a jóke** [動] [自] (…について)冗談を言う (*about*). **màke a jóke (òut) of …** [動] [他] (深刻なこと)を笑ってすませる. **pláy a jóke on …** [動] [他] …にいたずらする, …をからかう; (人)を笑いものにする. **…'s idèa of a jóke** [名] [U] [S] (ひどいことなのに)…だけがおもしろがっていること. **tàke a jóke** [動] [自] (怒らずに)冗談を受けとめる. **The jóke is on ….** 《略式》(人をからかおうとして)逆に…が笑いものになる.
— [動] (jokes /~s/; joked /~t/; jok·ing) [自] 冗談[しゃれ]を言う; からかう; おどける: 「You must be [you've got to be] *joking*. [S] ご冗談でしょう / I *~d with* Tom *about* his new hat. <V+with+名・代+about+名・代> 私はトムに彼の新しい帽子のことで冗談を言った. **(áll) jóking asíde [apárt]** [副] [文修飾語] [文頭で用いて] [S] 冗談はさておき. **(I'm) ónly [jùst] jóking.** [S] ほんの冗談だよ. **jóke aróund** [動] [自] 《略式》ふざける.

+jok·er /dʒóʊkɚ | -kə/ [名] [C] **1** 冗談を言う人, おどけ者; [S] 《略式》(悪ふざけをする)やつ, いたずら小僧. **2** [普通は the ~] 〔トラ〕ジョーカー. **the jóker in the páck** [名] 将来どう出るか予測のつかない人[物, こと]. [由来] トランプのジョーカーは決まった価値がなく, どのような使われ方をされるか前もってわからないことから.

jok·ey /dʒóʊki/ [形] ([名] joke) 《略式》冗談の, ふざけた.

jok·i·ly /dʒóʊkɪli/ [副] 冗談に, ふざけて.

jok·i·ness /dʒóʊkinəs/ [名] [U] ふざけること.

jók·ing·ly [副] 冗談に, しゃれて.

jok·y /dʒóʊki/ [形] =jokey.

jol·li·fi·ca·tion /dʒɑ̀ləfɪkéɪʃən | dʒɔ̀l-/ [名] 《古風》 [U] 浮かれ楽しむこと; [C] [しばしば複数形で] お祭り騒ぎ.

jol·li·ty /dʒɑ́ləṭi | dʒɔ́l-/ [名] [U] 《古風》陽気(さ), 愉快.

***jol·ly** /dʒɑ́li | dʒɔ́li/ [形] (jol·li·er /-liɚ | -liə/; jol·li·est /-lɪɪst/) 《主に英》 **1** 快活な, 陽気な (☞ merry 類義語); ほろ酔い機嫌の: a ~ fellow 陽気な男. **2** 《古風》楽しい, 気持ちのよい (pleasant); すばらしい, すてきな: We're having ~ weather. 気持ちのいい天気ですね. — [副] 《古風, 英略式》とても, ひどく (very): ~ good (人の言動に対して)すごくいい. **jólly wéll** [副] 《古風, 英略式》[いらだちを強調して] 本当に. — [動] (jol·lies; jol·lied; -ly·ing) 《略式》 [他] 《主に英》〈…〉をおだてる (*along; into, out of*); からかう. — [自] おだてる; からかう. **jólly úp** [動] [他] 《略式》〈場所〉を明るく模様がえする, 楽しくする. — [名] [C] 《古風, 英》パーティー, お祭り騒ぎ. **gét one's jóllies** [動] [自] [S] 《米》[軽蔑] 大いに楽しむ, (いたずらなどで)スリルを味わう.

jólly bòat [名] [C] (船に付属した)雑用ボート.

Jólly Róger [名] [C] [普通は the ~] 海賊旗《黒地に頭蓋(ずがい)骨と2本の骨の組み合わせを白く染め抜いたもの; ☞ skull and crossbones (skull 成句)》.

Jolly Roger

+jolt /dʒóʊlt/ [動] [他] **1** 〈…〉をがたがた揺する. **2** 〈信念など〉をぐらつかせる; 〈…〉にショックを与える; 〈…〉をショックで(…の状態に)する (*into*); ショックを与えて(…の状態)から)抜け出させる (*out of, from*). — [自] (乗り物が)揺れながら進む (*along*).
— [名] [C] [普通は単数形で] 激しい揺れ; (精神的・物理的な)ショック; (エネルギーなどの)激発: with a ~ びっくり

jolt·y /dʒóulti/ 形 (jolt·i·er; -i·est) がたがた揺れる.
Jo·nah /dʒóunə/ 名 1 ⓒ 《聖》ヨナ《ヘブライの預言者》. 2 ⓒ 不幸をもたらす人.
Jon·a·than /dʒánəθən, dʒɔ́n-/ 名 ⓒ ジョナサン《男性の名》.
Jones /dʒóunz/ 名 固 1 ジョーンズ《英米人の最も普通の姓》; ☞ Smith 1, name 表). 2 **Casey ~** ケーシージョーンズ = John Paul (1747–92)《米国の海軍将校; 独立戦争の英雄》. **kèep úp with the Jóneses** /dʒóunzɪz/ 動 自 [しばしば軽蔑] 近所の人たちに負けまいとして見えを張る.
jon·quil /dʒáŋkwəl, dʒɔ́ŋ-/ 名 ⓒ 糸葉黄ずいせん《香りがよい》.
Jor·dan /dʒɔ́ədn, dʒɔ́ː-/ 名 1 ヨルダン《中東の国》. 2 [しばしば the ~] ヨルダン川《レバノンに発して死海 (Dead Sea) に注ぐ川; John the Baptist がキリストにここで洗礼を授けた》.
Jor·da·ni·an /dʒɔədéiniən, dʒɔː-/ 形 ヨルダン(人)の. ― 名 ⓒ ヨルダン人.
Jo·seph /dʒóuzɪf/ 名 固 1 ジョーゼフ《男性の名; 愛称は Joe》. 2 ヨセフ《キリストの母マリア (Mary) の夫でナザレ (Nazareth) の大工》.
Jo·se·phine /dʒóuzɪfìːn/ 名 固 ジョゼフィン《女性の名; 愛称は Jo》.
josh /dʒáʃ, dʒɔ́ʃ/ 動 他 《人》をからかう (for, about). ― 自 《人に》冗談を言う (joke) (with). ― 名 ⓒ 《米》からかい, 冗談.
Josh·u·a /dʒáʃuə, dʒɔ́ʃ-/ 名 固 1 ジョシュア《男性の名》. 2 《聖》ヨシュア《イスラエル民族の指導者》.
Jóshua trèe 名 ⓒ ヨシュアの木《北米南西部の砂漠に生育するユッカの一種》.
jóss stìck /dʒás-, dʒɔ́s-/ 名 ⓒ 中国人が神像の前に立てる線香.
jos·tle /dʒásl, dʒɔ́sl/ 動 他 《人》を(ひじで)押す, 突く: The singer *was ~d* by a crowd of fans as he hurried to his car. 歌手は車に急いで帰るときにファンの群衆にもみくちゃにされた. ― 自 1 押し合う (*around*); 突き当たる (*against*). 2 競り合う, 争う (*with, for*).
jot /dʒát/ 名 [次の成句で] **nòt a** [**óne**] **jót** 副 《古風》少しも…しない, 少しも…がない. ― 動 (**jots**; **jot·ted**; **jot·ting**) 他 〈…〉をちょっと書き留める, メモする (*down*).
jot·ter /dʒátə | dʒɔ́tə/ 名 ⓒ 《英》メモ帳.
jot·ting /dʒátɪŋ | dʒɔ́t-/ 名 [普通は複数形で]《略式》(急いで書いた)控え, メモ.
joule /dʒúːl, dʒául/ 名 ⓒ 《物理》ジュール《運動またはエネルギーの単位; 略 J》.
jounce /dʒáuns/ 動 他 〈車など〉を揺する. ― 自 がたがた揺れる, ぽんぽんはねる. ― 名 ⓒ 上下の振動, 揺れ.

**jour·nal /dʒɔ́ːn(ə)l | dʒɔ́ː-/ jòurnalístic 形

元来は「毎日の」の意 (☞ journey 囲み)から
―(日々の ―(記録を載せる → 「機関誌」1
記録)― 定期刊行物)― 「日刊新聞」2
―「日記」3

1 (学術団体などの)**機関誌**, 雑誌, ジャーナル (☞ magazine 表): the ~ of a medical society 医学会の機関誌 / subscribe to [take] a ~ 雑誌を定期購読する. 2 日刊新聞, 新聞 (☞ journey 単語の記憶); 定期刊行物: a weekly [monthly] ~ 週刊[月刊]紙. 3 《文》日誌, 日記 (☞ diary 類義語): keep a ~ 日記をつける / a ship's ~ 航海日誌. 4 (国会などの)記録, (簿記の)仕訳帳.

jour·nal·ese /dʒɔ̀ːnəlíːz | dʒɔ̀ː-/ 名 Ⓤ [けなして] 新聞(記者)語法[口調, 用語].

*jour·nal·is·m /dʒɔ́ːnəlìzm | dʒɔ́ː-/ 名 Ⓤ 1 ジャーナリズム《新聞・雑誌またはテレビ・ラジオなどの報道番組の取材・執筆・編集・経営》; 新聞・雑誌界. 2 新聞・雑誌類. 3 新聞学科.

*jour·nal·ist /dʒɔ́ːnəlɪst | dʒɔ́ː-/ 名 (**-nal·ists** /-lɪsts/; 形 jòurnalístic) ⓒ ジャーナリスト; 新聞・雑誌記者, 新聞・雑誌業者 (☞ reporter).

*jour·nal·is·tic /dʒɔ̀ːnəlístɪk | dʒɔ̀ː-/ 形 [しばしば軽蔑] jóurnal, jóurnalist) Ⓐ 新聞・雑誌的な, ジャーナリスティックな; 新聞・雑誌記者らしい.

*jour·ney /dʒɔ́ːni | dʒɔ́ː-/ 名 (**~s** /-z/) ⓒ

元来は「1日の旅程」の意 → 「旅程」2 → 「旅」1

1 (普通は長距離の陸の)**旅行**, 旅, 通勤 (☞ travel 表): a two-month ~ 2 か月の旅行 (☞ -s 文法 (2)) / a ~ around the world 世界一周旅行 / He made a ~ *to* Mexico. 彼はメキシコへ旅行をした. 2 旅程, 行程; 《文》(人生の)行路; (…への)過程, 道のり (*to*): It is a two-hour [two hours'] train ~ from here to Rome. ここから列車で2時間で行ける / a spiritual ~ 精神遍歴.
bréak one's jóurney 動 自 旅行の途中で休む[寄り道をする] (*at*).
gó [**stárt, sèt óff, sèt óut**] **on a jóurney** 動 自 旅に出る: They *went* [*started, set off, set out*] *on a ~ to* Spain. 彼らはスペインに旅立った.
one's jóurney's énd 名 《文》旅路の果て, 人生行路の終わり.
― 動 自 [副詞(句)を伴って]《文》旅行をする (*across, around, to, through, toward*) (travel).

単語の記憶 《JOURN》(日)
journey (1日の旅程) → 旅行
journal (毎日の) → 日刊新聞
adjourn (特定の日に移す) → 延期する

jour·ney·man /dʒɔ́ːnimən | dʒɔ́ː-/ 名 (**-men** /-mən/) ⓒ 《古風》 1 (年季を済ませた一人前でしばしば日雇いの)職人 (☞ apprentice). 2 (一流ではないが)まあまあの腕前の人.
jour·no /dʒɔ́ːnou | dʒɔ́ː-/ 名 (**~s**) ⓒ 《英略式》ジャーナリスト.
joust /dʒáust/ 動 自 (中世騎士が)馬上やり試合をする; (新聞紙上などで)やり合う (*with*). ― 名 ⓒ (中世騎士の)馬上やり試合; [複数形で] その大会.
joust·ing /dʒáustɪŋ/ 名 Ⓤ 1 戦い, 争い. 2 馬上やり試合.
Jove /dʒóuv/ 名 固 《ロ神》ユピテル (Jupiter). **by Jóve** 感 《古風, 英》おや, あら《驚き・強調を示す》.
jo·vi·al /dʒóuviəl/ 形 陽気な, 楽しい.
jo·vi·al·i·ty /dʒòuviǽləti | dʒòu-/ 名 Ⓤ 陽気, 楽しさ.
jo·vi·al·ly /dʒóuviəli/ 副 《格式》陽気に.
jowl /dʒául/ 名 ⓒ [普通は複数形で]《文》(太った人・動物などのたれさがった)(下)あご(の肉・皮); ほおの下.
*joy /dʒɔ́ɪ/ 名 1 Ⓤ 喜び, うれしさ; 楽しいとき《躍り上がるほどの強い喜びやうれしさ; ☞ pleasure 類義語》: We heard *with* ~ that she was safe and sound. 私たちは彼女を無事であると聞いて喜んだ / Mother was filled *with* ~ at the news. 母はその知らせを聞いて大喜びでした / He found great ~ *in* helping others. 彼は他人の手助けをすることに大きな喜びを見出した.

― コロケーション ―
express *joy* 喜びを表わす
feel [**experience**] *joy* 喜びを感じる
share one's *joy* **with** … (人)と喜びを分かち合う

spread joy 喜びをひろめる

2 C 喜びの種, うれしいこと: We have tasted the ~s and sorrows of life. 私たちは人生の喜びや悲しみを味わってきた / The babies are a constant ~ *to* their grandparents. 《格式》赤ん坊は祖父母にとっていつも変わらない喜びの種です / His garden is a ~ *to* behold. <N+*to* 不定詞> 彼の庭は見ていて楽しい. **3** U 《普通は疑問文・否定文で》《英略式》成功; 満足; 幸運.

for jóy [副] 嬉しさのあまり, うれしさから: He jumped *for* ~ at the news. 彼はその知らせで跳び上がって喜んだ.

fúll of the jóys of spríng [形] 《しばしば滑稽》大喜びで, 快活な.

gèt [hàve] nó jóy [動] 自 《英略式》満足を得られない; うまくいかない (*from*).

I wish you jóy. おめでとう.

I wish you jóy of [him, her]. 《古風》《皮肉》せいぜいそれをお楽しみください 《相手が適当でないもの[人]を選んだときなど》.

to ...'s jóy = to the jóy of ... [副] 文修飾 ...の喜んだことには (⇨ to¹ 12): *To* her great ~, her son returned home alive. 息子の生還に彼女は大変喜んだ.

── 動 《次の成句で》**jóy in ...** [動] 他 《文》...を喜ぶ.

Joyce /dʒɔ́ɪs/ 名 個 James ~ ジョイス (1882-1941) 《アイルランドの小説家》.

Joyc·e·an /dʒɔ́ɪsiən/ 形 Joyce (風)のジョイス的な.

†**joy·ful** /dʒɔ́ɪf(ə)l/ 形 (名 joy) **1** 《物事が》喜ばしい, うれしい, 楽しい: a ~ shout 喜びの声 / ~ news うれしい知らせ. **2** 《人が》喜んでいる, うれしがっている (*about, over; to do*): Jane looked ~ at the news. ジェーンはその知らせを聞いてうれしそうだった. **-ful·ly** /-fəli/ 副 楽しく, 嬉しそうに. **~·ness** 名 喜ばしさ; 喜び.

jóy·less 形 喜びのない; わびしい. **~·ly** 副 つらなく, わびしく. **~·ness** 名 U 興ざめ, わびしさ.

†**joy·ous** /dʒɔ́ɪəs/ 形 (名 joy) A 《文》うれしい, 楽しい. **~·ly** 副 うれしそうに, 楽しく. **~·ness** 名 U うれしさ, 楽しさ.

jóy·pàd 名 C 《テレビゲーム用の》ジョイパッド.

jóy·ride 《略式》名 C 《特に盗難車で》暴走, 《おもしろ半分の》危険なドライブ. ── (-rides; 過去 -rode /-ròʊd/; 過分 -rid·den /-rídn/; -rid·ing) 自 《盗難車で》暴走する.

†**jóy·rìder** 名 C 《略式》《車を派手に乗り回す》暴走ドライバー.

jóy·rìd·ing 名 U 《特に盗難車での》暴走ドライブ.

jóy·stìck 名 C 《略式》操縦桿(かん); 《テレビゲームなどの》操作レバー.

J.P. /dʒéɪpíː/ 略 =Justice of the Peace.

JPEG /dʒéɪpèg/ 名 U,C 【電算】ジェイペグ 《静止画像データ圧縮方式; *J*oint *P*hotographic *E*xperts *G*roup の略》.

Jpn 略 =Japan (⇨ Japan 語法), Japanese (⇨ Japanese 形 1 語法).

*****Jr., jr.** 略 =junior 形 1.

J.S.T. /dʒéɪèstíː/ 略 =Japan Standard Time (⇨ standard time).

†**ju·bi·lant** /dʒúːbələnt/ 形 《格式》《歓声を上げて》喜ぶ (*about, at, over*). **~·ly** 副 歓喜して.

ju·bi·late /dʒúːbəlèɪt/ 動 自 《格式》歓喜[歓呼]する.

ju·bi·la·tion /dʒùːbəléɪʃən/ 名 U 《格式》《勝利・成功の》歓喜, 歓呼.

*****ju·bi·lee** /dʒúːbəlìː, dʒùːbəlíː/ 名 C 《即位》記念祭 《の日》; 祝典, 祝祭: a golden [silver] ~ 《即位》50年 [25年] 記念祭 [⇨ diamond jubilee].

Ju·dah /dʒúːdə/ 名 個 **1** 【聖】ユダ 《Jacob の息子の1人》. **2** ユダ 《パレスチナ南部の古代王国》.

Ju·da·ic /dʒuːdéɪɪk/ 形 A ユダヤ人[教]の.

---

judge 945

Ju·da·is·m /dʒúːdeɪɪzm, -di-/ 名 U ユダヤ教; ユダヤ主義.

Ju·das /dʒúːdəs/ 名 **1** 個 【聖】ユダ 《キリストの12使徒の1人, 後にキリストを裏切った》. **2** C 裏切り者.

jud·der /dʒʌ́də | -də/ 動 (**-der·ing** /-dərɪŋ, -drɪŋ/) 自 《乗物や機械が》がたがたと揺れる. ── 名 [a ~] 乗物や機械の激しい揺れ.

Jude /dʒúːd/ 名 個 【聖】ユダ 《キリストの12使徒の1人》.

***judge** /dʒʌ́dʒ/ 12 名 (**judg·es** /~ɪz/; 名 júdg·ment) C [しばしば J-] 裁判官, 判事: J~ Boyd ボイド判事 / a high court ~ 《英国の》高等法院裁判官. 関連 public prosecutor 検察官 / counselor, 《英》barrister 法廷弁護士 / magistrate 治安判事.

2 《競技などの》審判[査]員: a panel of ~s 審査員団 / The ~'s decision is final. 審判の判定は変更できない.

judge (各種のコンテスト)	
referee (バスケットボール, バレーボール, ビリヤード, ボクシング, フットボール, ホッケー, ラグビー, スカッシュ, レスリングなど)	審判
umpire (野球, バドミントン, クリケット, 水泳, 卓球, テニスなど)	

3 鑑定家, よしあしのわかる人: He is a good [bad] ~ *of* character. 彼は人を見る目がある[ない] / This painting seems very good, but I'm no ~. 《略式》この絵はとてもよいもののようだが, 私はその方面の専門家ではない / "Let me [I'll] be the ~ of that. (S) 《怒って》私に決めさせてくれ 《助言は必要ない》.

── 動 (**judg·es** /~ɪz/; **judged** /~d/; **judg·ing**) 他 **1** 〈…を〉(…だと) 判断する, 評価する (*on*); 見積もる; 〈…と〉意見を表明する, 〈…と〉思う: You cannot ~ people *by* their clothes [looks]. <V+O+*by*+名・代> 着ているもの[見掛け]で人を判断することはできない / Don't ~ a book *by* its cover. 《ことわざ》本を表紙で判断するな 《何物も外見で判断するな》/ I ~d her to be about twenty. <V+O+C (*to* 不定詞)> 私は彼女は20歳ぐらいだと判断した / We ~d it necessary *to* start at once. <V+O+C (形)> 我々はすぐ出発する必要があると思った / I ~d *that* I would get home by two. <V+O (*that* 節)> 私は2時までに帰宅できると判断した / I cannot ~ *whether* she is right or wrong. <V+O (*if・whether* 節)> 彼女が正しいのか間違っているのか私にはわからない.

2 〈人・事件〉を裁く, 裁判する; 〈…に〉判決を下す; 〈人〉を批判する: Only God can ~ man. 神のみが人を裁くことができる / The court ~d him innocent [guilty]. <V+O+C (形)> 法廷は彼を無罪[有罪]と判決した.

3 〈…〉を審判する, 審査する (*on*): Who will ~ the dogs at the pet contest? ペットの品評会ではだれが犬を審査するの.

── 自 **1** 判断する, 断定する: as far as I can ~ 私の判断では / Never ~ *by* appearances. <V+*by*+名・代> 《ことわざ》外見で判断してはならない / 言い換え It's not for me to ~. =Who am I to ~? (S) 私は判断する立場にない.

2 裁く, 裁判する; 批判する: ~ fairly 公正に裁く.

3 審判する, 審査する: He ~d *at* the flower show. 花の品評会では彼が審査役を務めた. 語源 ラテン語で「法律」の意. **júdging [to júdge] from [by] ...** [副] 文修飾 ...から判断すると, ...から察するに: *Judging* [*To judge*] *from* [*by*] what you say, you are not happy with your wife. 君の言うことから判断すると, 君は奥さんとはうまくいっていないね.

judg·ment, (英) **judge·ment** /dʒʌdʒmənt/ 名 (judg·ments, (英) judge·ments /-mənts/; 動 judge; 形 judgméntal) **1** ⓤ 判断力, 分別: a person of (sound) ~ 分別のある人 / exercise [use] one's ~ 分別を働かせる / She showed excellent ~ *in* choosing her successor. 彼女は後継者選びに目が高いところを見せた / Where's your sense of ~? 君の分別はどこへいったんだ(何という無分別だろう).

2 ⓤⓒ 判断: make a fair ~ 公正な判断をする / Quick ~s are dangerous. 性急な判断は危険だ / an error of ~ 判断の誤り / trust a person's ~ …に判断をあずける.

3 ⓒ 意見, 見解, 考え (*on*): I can't come to [form, make] any ~ *about* the plan until I know all the facts. 事実が全部わからないとその計画について考えがまとまらない / Your ~ *of* his behavior is partial. 彼の行為に対する君の見解は不公平だ.

4 ⓒⓤ 判決 (*on*): The ~ was in our favor. 判決は私たちに有利だった. **5** ⓒ [普通は a~] 天罰, 罰: It is a ~ *on* you *for* being so cruel. それは君がひどく冷酷であった天罰だ. **agàinst one's bétter júdgment** 文修飾 よいとは思わないが, 心ならずも. **in ...'s júdgment** 副 文修飾 …の考えでは. **páss [gíve] júdgment** 動 ⾃ (…に)判決を下す; (…を)判断する, 評価する (*on, upon*). **resérve [suspénd] (one's) júdgment** 動 〖格式〗判断をさし控える. **sít in júdgment on [òver] ...** 動 [他] (人の行動)を(不当に)批評[批判]する. **the Day of Júdgment** 名 =Judgment Day.

judg·men·tal, (英) **judge·men·tal** /dʒʌdʒméntl/ 形 (名 júdgment) 判断の; [けなして] 感情[倫理]的な判断を下しがちな, 人をさばきたがる.

júdgment càll 名 ⓒ (米) 恣意(ᵢᵢ)的な判定, 個人的判断; [スポ] 審判判定.

Júdgment Dày 名 ⓤ (神の)最後の審判 (the Last Judgment) の日 《この世の終わり》 (the Day of Judgement); 運命の別れ目.

ju·di·ca·ture /dʒúːdɪkətʃər, -tʃʊr | -tʃə/ 名 〖格式〗**1** 裁判[司法](権); 裁判管轄; 司法事務. **2** [the ~; (英) 単数または複数扱い] 裁判官(全体).

judice ➡ sub judice の項目.

ju·di·cial /dʒuːdíʃəl/ 形 (副 -ly) (← prejudice (類語)) 司法の, 裁判の (↔): ~ system 司法制度 / a ~ decision 裁判の判決 / a ~ murder 司法殺人《不当な死刑宣告》/ the ~ branch 司法部門. 〖関連〗 administrative, executive 行政の / legislative 立法の. **2** 判断力のある; 批判的な; 公正な, 公平な. **~·ly** /-ʃəli/ 副 司法上で; 公正に.

ju·di·ci·ar·y /dʒuːdíʃièri /-ʒəri/ 名 (-ar·ies /-z/) **1** ⓒ 〖格式〗司法制度: the independence of the ~ 司法の独立. **2** [the ~; (英) 単数または複数扱い] 裁判官(全体).

ju·di·cious /dʒuːdíʃəs/ 形 (反 injudicious) 〖格式〗思慮分別のある, 賢明な: a ~ choice 賢明な選択. **~·ly** 思慮深く, 賢明に. **~·ness** 名 思慮深さ.

Ju·dith /dʒúːdɪθ/ 名 固 ジュディス《女性の名; 愛称は Judy》.

ju·do /dʒúːdoʊ/ 《日本語から》 名 ⓤ 柔道: practice ~ 柔道をする.

Ju·dy /dʒúːdi/ 名 固 ジュディー《女性の名; Judith の愛称》.

jug /dʒʌɡ/ 名 **1** ⓒ (米) ジャグ《細口で取っ手とコルク付きの陶製またはガラス製の大びん》. 〖日英比較〗 日本語の「(ビールの)ジョッキ」は jug のなまったもの. 英語では mug という. **2** ⓒ (英) 水差し 《広口で取っ手のついている》(pitcher). **3** ⓒ (英) 1 杯分: 水差し 1 杯分 (jugful) (*of*). **4** ⓒ [しばしば the ~] 〖古風, 英俗〗刑務所. **5** ⓒ [普通は複数形で] (米俗) おっぱい. —— 動 (jugs; jugged; jug·ging) 他 [普通は受身で] (特に野うさぎ)の肉を陶器のなべで煮込む.

júg-èared 形 〖軽蔑〗大きな耳の.

jug·ful /dʒʌɡfʊl/ 名 ⓒ (米) ジャグ 1 杯分; (英) 水差し 1 杯分 (jug).

júgged háre /dʒʌɡd-/ 名 ⓤ (英) (なべで煮込んだ)野うさぎのシチュー.

jug·ger·naut /dʒʌɡənɔːt | -ɡə-/ 名 ⓒ **1** [普通はけなして] 巨大な破壊力を持つもの《戦争など》; 人を犠牲にするもの《迷信・制度など》 (*of*). **2** (英) [普通は軽蔑] (ばかでかい)長距離輸送トラック.

jug·gle /dʒʌɡl/ 動 ⓐ **1** ジャグル芸をする《物を次々投げ上げて受け取る曲芸》: The conjurer ~d *with* four balls. その手品師は 4 つのボールでジャグル芸をした. **2** 《数字などを》操作する. —— 他 **1** 《…》を投げ上げて受ける曲芸をする. **2** 《複数のことを》両立させる (*with*); 〈日程など〉を調整する; 《複数のものを》危なっかしい手つきで持つ. **3** 《数字・帳簿など》を操作する, ごまかす.

jug·gler /dʒʌɡlə | -lə/ 名 ⓒ (投げ物の)曲芸師, ジャグラー, 奇術師.

júg·gling àct /dʒʌɡlɪŋ-/ 名 ⓒ **1** 複数のことを同時にこなす(困難な)状況. **2** ジャグル芸.

jug·u·lar /dʒʌɡjʊlə | -lə/ 名 ⓒ 頸(ᵢᵢ)静脈 (jugular vein). **gó for the júgular** 動 ⓐ (略式) 相手の弱点をつく. —— 形 首[のど]の.

júgular véin 名 ⓒ 頸静脈.

juice /dʒúːs/ 名 (juic·es /-ɪz/; 形 júicy) **1** ⓤ (果物・野菜・肉などの)汁, 液, ジュース: have a glass of ~ ジュースを 1 杯飲む / fruit ~ 果汁 / squeeze the ~ from ... …の汁を絞る / "What kind of ~ do you want?" "Let me see. Orange ~, please." 「何ジュースにする?」 「んと, じゃあオレンジ」. 〖語法〗 種類・何のジュースをいう時は ~s: a mixture of vegetable and fruit ~s 野菜と果物のジュースを混ぜたもの / meat ~s 肉汁.

〖日英比較〗 天然の果汁などだけをいい, 日本語の「ジュース」のような合成飲料の意味はない. 合成飲料は soft drink, soda (pop) などという.

2 ⓒ 1 杯のジュース: Bring us three tomato ~s. トマトジュースを 3 つください. **3** ⓤ または複数形で] (動物の, 植物の)(体)液; 分泌液: gastric [digestive] ~s 胃液. **4** ⓤ (略式) (動力源としての)電気, ガソリン, 石油. **5** ⓤ (米俗) 影響力; (賄賂などで得た)金, 甘い汁. **6** ⓤ (米俗) 酒. **7** ⓤ [複数形で] (略式) 元気, 意欲. —— 動 他 《…》の汁を絞る. **júice úp** [動] (米略式) 《…》をおもしろくする, 活気づける.

júice bòx 名 ⓒ (ストローの付いた)紙パックのジュース.

juiced /dʒúːst/ 形 〖古風, 米略式〗酔っぱらった; 〖略式〗興奮した, 気合いの入った (*up*).

juic·er /dʒúːsə | -sə/ 名 ⓒ ジューサー, 果汁絞り器.

juic·i·ness /dʒúːsinəs/ 名 ⓤ 汁の多さ.

juic·y /dʒúːsi/ 形 (juic·i·er; -i·est; 名 juice) **1** 汁の多い. **2** (略式) (いかがわしくて)おもしろい, エッチな: ~ gossip 興味津々のうわさ話. **3** (略式) 大もうけのできる. **4** (略式) やりがいのある.

ju·jit·su /dʒuːdʒítsuː/ 《日本語から》 名 ⓤ 柔術.

ju・ju /dʒúːdʒuː/ 名 ① (西アフリカの)呪物(ぶつ), お守り. ② (呪物の)魔力.

ju・jube /dʒúːbuːb/ 名 ⓒ (なつめ味のゼリー状の)のど)あめ.

ju・jut・su /dʒuːdʒútsuː/ 名 ⓤ =jujitsu.

juke /dʒúːk/ 動 《略式》『アメフト・サッカー』他 〈相手に〉フェイントをかける. ― 自 フェイントをかける.

juke・box /dʒúːkbɑ̀ks | -bɔ̀ks/ 名 ⓒ **1** ジュークボックス. **2** 『電算』ジュークボックス(複数の CD ロムをセットしてどれでもすぐ使用できるようにする装置).

júke jòint 名 ⓒ《米》ジュークボックスを置いた店(飲食ができ, 音楽をかけてダンスもできる).

*__Jul.__ 略 7月 (July).

ju・lep /dʒúːləp/ 名 ⓒ,ⓤ《米》ジュレップ(ウイスキーに砂糖, ミントなどを加えた飲物) (mint julep).

Julia /dʒúːljə, -lɪə/ 名 ジュリア (女性の名).

Ju・lian /dʒúːljən, -lɪən/ 名 ジュリアン (男性の名).

Júlian cálendar 名 [the ~] ユリウス暦 (Julius Caesar が定めた旧太陽暦) [☞ Gregorian calendar].

Ju・lie /dʒúːli/ 名 ジュリー (女性の名).

ju・li・enne /dʒùːliːén, zùː-/ 形 《フランス語から》 〈野菜などが〉千切りにした.

*__Ju・li・et__ /dʒúːljət, dʒùːliːét/ 名 ① ジュリエット (女性の名). ② ジュリエット (Shakespeare 作の悲劇「ロミオとジュリエット」(Romeo and Juliet) の女主人公).

Ju・li・us Cae・sar /dʒúːljəsíːzə | -zə/ 名 ① **Gai・us** /géɪəs | gáɪ-/ ~ ユリウス カエサル, ジュリアスシーザー (100-44 B.C.) (ローマの将軍, 政治家; ☞ month 表 7月; Rubicon). **2**「ジュリアス シーザー」(シーザーの暗殺を扱った Shakespeare の劇).

*__Ju・ly__ /dʒuláɪ, dʒuː-/ 名 (**Ju・lies** /-z/) ⓤ,ⓒ 7月(略 Jul.; ☞ month 表および 金囲 囲み): The summer vacation begins in ~. 夏休みは7月に始まる / Independence Day is (on) ~4 [《英》4~]. 独立記念日は7月4日です (July 4 is July (the) fourth と読み, 4 July is the fourth of July と読む; ☞ ordinal number 文法 (2)).

*__jum・ble__ /dʒámbl/ 動 [しばしば受身で] 〈...〉をごちゃぜにする (up, together); 〈考えなど〉を混乱させる. ― 自 ごっちゃになる. 〈考えなどが〉混乱する. ― 名 **1** [a ~] ごたまぜ(物), 寄せ集め; 乱雑, (感情・考えなどの)混乱 (of). **2** ⓤ《英》(がらくた市用の)がらくた.

jum・bled /dʒámbld/ 形 ごたまぜの, 混乱した.

júmble sàle 名 ⓒ《英》= rummage sale.

*__jum・bo__ /dʒámboʊ/ 形 《略式》 A 特大の, ジャンボな (jumbo-sized). ― 名 (~s) ⓒ = jumbo jet.

júmbo jét 名 ⓒ 超大型ジェット機, ジャンボ機.

Jum・bo・Tron /dʒámboʊtrɑ̀n | -trɔ̀n/ 名 ⓒ ジャンボトロン (競技場で用いられる特大スクリーン; 商標).

*__jump__ /dʒámp/ 動 (**jumps** /~s/; **jump・ing**) 自 **1** 跳ぶ, 跳び上がる (in, off); 飛び乗る (on, onto) (☞ 類義語): ~ for joy うれしくて小躍りする / John ~ed higher than anyone else. ジョンはほかのだれよりも高く跳んだ / The horse ~ed over the fence. 〈V+over+名・代〉 その馬は柵を跳び越えた / He ~ed into a taxi. 〈V+into+名・代〉 彼はタクシーに飛び乗った / John ~ed down from the roof. 〈V+副〉 ジョンは屋根から飛び下りた / Two dolphins ~ed out of the water. いるかが2頭水から飛び出した.

2 びっくりする, どきっとする; びくりと動く; さっと動く (up); 《略式》 〈命令などに〉すぐに従う: My heart ~ed when I heard the news. その知らせを聞いてはっとした. **3** 〈話題が〉飛躍する, 急に変わる (back); 《列などに》割り込む; (レコードの針・タイプライターの文字などが)飛ぶ; 『電算』ジャンプする, 飛び越す: ~ ahead 飛ばし読みをする / He always ~s from one topic to another. 〈V+from+名・代+to+名・代〉 彼はいつもなどの話題からすぐほかへと話が飛ぶ. **4** 〈物価などが〉急に高くなる, 急増する (to); 〈人が〉急に昇進する: Prices have ~ed (by) 60% this year. 今年は物価が 60% もはね上がった. **5** [進行形で] 活気づく. **6** 《米卑》 エッチする.

― 他 **1** 〈物〉を**跳び越える**; 〈...〉に飛び乗る; 〈信号などを〉(待ち切れずに)飛び出す; 〈線路などから〉はずれる: The boy ~ed the ditch. 少年は溝を跳び越えた / He sometimes ~s the (traffic) lights. 彼は時々信号無視をする / A train ~ed the track(s) [rails]. 列車が脱線した. **2** 〈...〉に跳び越えさせる: He ~ed his horse over the hurdle. 彼は馬に障害物を跳び越えさせた. **3** 〈章など〉をとばして読む; 〈...〉をとばす, 抜かす. **4** 《略式》〈...〉に急に飛びかかる. **5** 《米卑式》〈列車などに〉無賃乗車する. **6** 《米》(あがったバッテリーをブースターケーブルで別のバッテリーにつないで)〈車〉を始動させる. **7** 《米卑》〈...〉とエッチする. **júmp àll óver ...** [動] 《略式》 〈...〉をひどく非難する. **júmp dówn ...'s thróat** [動] 《略式》 (相手の話が終わらないうちに)...に猛烈に食ってかかる. **júmp in with bóth féet** [動] 急に着手する. **júmp óff the páge** [動] 〈記事・絵などが〉すぐ目につく. **Júmp tó**/túː/ **it.** ⓢ 《略式》急げ, さっさとやれ. **júmp to one's féet** [動] 急に飛び上がる, さっと立ち上がる (☞ foot 成句の囲み). **júmp ùp and dówn** [動] 自 **1** 跳びはねる. **2** [普通は進行形で] ひどく興奮している, 激怒している.

―――― jump の句動詞 ――――
júmp abóut 動 自 = jump around.
júmp aróund 動 自 躍り回る, 跳(ね)ね回る.
júmp asíde 動 自 飛びのく.
*__jump at ...__ 動 他 **1** ...に飛びつく (受身 be jumped at): He ~ed at our offer. 彼は私たちの申し出に飛びついてきた. **2** ...に飛びかかる.
júmp ín 動 自 **1** (会話などに)急に口を差し挟む, 割り込む. **2** あまり考えずに取りかかる.
júmp ínto ... 動 他 急に...を始める.
*__jump on [upón] ...__ 動 他 **1** ...に飛びかかる, ...を急に襲う (受身 be ~ed on [upon]): The lion ~ed on a zebra. ライオンはしまうまに飛びかかった. **2** 《略式》...をひどくしかる, 激しく非難する (for).
júmp óut at ... 動 他 〈物事が〉...の目を引く.
júmp úp 動 自 跳び上がる, さっと立ち上がる.

― 名 (~s /~s/) ⓒ **1** 跳躍, ひと跳び; ジャンプ, 跳躍競技; 跳び降りること.

―――― jump 1 のいろいろ ――――
(rúnning) bróad jùmp, lóng jùmp 走り幅跳び, 幅跳び / (rúnning) hígh jùmp 走り高跳び, 高跳び / skí jùmp スキーのジャンプ / tríple jùmp 三段跳び

2 跳躍の高さ[距離]: a ~ of six feet = a six-foot ~ 6フィートの跳躍. **3** (物価などの)**急上昇**, 急増: There has been a ~ in the price of gold. このところ金の価格が急騰している. **4** 《スポ》ジャンプの障害物: clear a ~ 障害物を跳び越える. **5** (話題などの)急な変化, (話の)飛躍; 『電算』ジャンプ, 飛び越し (プログラムの中である命令から他の命令へ飛ぶこと); (ものごとの)段階; 急激な進歩 (forward). **6** はっとすること, びくりとすること; [the ~] 《略式》いらいら. **at a júmp** [副] ひと跳びで. **be** [**stáy, kéep**] **a** [**óne**] **júmp ahéad** [動] 自 《略式》人より一歩先んずる (of). **gèt** [**hàve**] **a** [**the**] **júmp on ...** [動] 《略式, 主に米》...の先手を取る, ...よりも優勢である. **give a júmp** [動] 自 思わずびくっとする, 跳び上がって驚く. **gíve ... a júmp** [動] 他 《略式》〈...〉をぎょっとさせる. **make a júmp** [動] 自 跳び上がる[降りる]: make a ~ with a parachute 落下傘で降りる. **with a júmp** [副] びっ

jump ball

くりして、はっとして.
【類義語】**jump** 最も一般的な語で上下あるいは左右の離れた場所へ跳ぶこと: He *jumped* from the top of the tree. 彼は木のてっぺんから跳んだ [飛び降りた]. **leap** は jump よりももっと大きく跳ぶ動作に用いられることが多いが、ほぼ同じ意味になることも多い: He *leaped* across the stream. 彼は流れを跳び越えた. **vault** 手や棒などを支えにして跳び越えること: The thief *vaulted* over the wall and ran away. どろぼうは塀を跳び越えて逃走した. **spring** jump よりもやや格式ばった語で、急に跳び上がることを意味する. またばねのように弾力性をもった跳ね上がり方にも用いられる: The cat *sprang* on a mouse. 猫がねずみに飛びついた. **skip** 子供などがするように連続して軽く小刻みに跳ぶ動作: Children were *skipping* about the room. 子供たちは部屋の中を跳び回っていた. **hop** skip ほど軽やかではなく、かまがえるが跳んだり、片足跳びをするときのようにぎくしゃくして跳ぶこと: He *hopped* along on one foot. 彼は片足で跳びながら行った. **bound** 勢いよくかなりのスピードで連続して跳ぶこと: The dog came *bounding* up to her. 犬は彼女の所に飛びついたはねながらやってきた. **bounce** やわらかい物の上でくりかえし跳ねること: His son loves *bouncing* on the bed. 彼の息子はベッドの上で跳びはねるのが大好きだ.

júmp bàll 名 Ⓒ 《バスケ》ジャンプボール.

⁺jumped-up /dʒʌ́mptʌ́p/ 形 Ⓐ 《英略式》《軽蔑》成り上がりの、いばりくさった.

⁺júm·per¹ /dʒʌ́mpə/ |-pə/ 名 (~s /~z/) **1** Ⓒ 《米》ジャンパースカート《女性用のそでなしワンピース; 《英》では普通は pinafore》. **2** 《英》《女性用の》セーター《プルオーバー式》(jersey). **3** 《複数形で》 = rompers. **4** Ⓒ ジャンパー《船員などの》作業用上着. 日英足意 日本語の「ジャンパー」に当たるものは jacket.

jump·er² /dʒʌ́mpə/ |-pə/ 名 Ⓒ 跳ぶ人; 跳躍選手; 《俗》飛び降り自殺者; 馬術レース用の馬; 跳びはねる虫(のみなど). **3** 《バスケ》= jump shot.

jumper¹ 1

júmper càbles 名《複》《米》ブースターケーブル《バッテリーのあがった車を始動させるため、他車のバッテリーと接続する2本のケーブル》.

jump·ing /dʒʌ́mpɪŋ/ 名 Ⓤ 跳ぶこと, 跳躍; 降下. — 形 跳んでいる; 《略式》活気のある.

júmping bèan 名 Ⓒ 《メキシコ》とびまめ.

júmping jáck 名 Ⓒ ジャンピングジャック《跳躍して開脚し両手を頭上で合わせる準備運動》.

júmping-óff plàce [pòint] 名 Ⓒ 《冒険・海外旅行などへの》出発点; 《事業などの》第一歩.

júmp jét 名 Ⓒ 《米略式》垂直離着陸ジェット機.

júmp-lead /dʒʌ́mpliːd/ 名 Ⓒ 《英》《普通は複数形で》ブースターケーブル (jumper cables).

júmp-óff 名 Ⓒ 《馬術競技での》同点決勝ラウンド.

júmp ròpe 名 Ⓒ 《縄跳びの》縄《英》skip-(ping rope); Ⓤ 縄跳び.

júmp sèat 名 Ⓒ 《米》《自動車・飛行機乗員室の》折りたたみ式補助席.

júmp shòt 名 Ⓒ 《バスケ》ジャンプショット.

júmp-stárt 動 他 《車(のエンジン)》他車のバッテリーなどから充電して[押しがけで]始動させる; 《活動》を再開 [開始] する, 《...》に活を入れる, 《...》を刺激する. — 名 Ⓒ (車のエンジンの)外部電源 [押しがけ] で動かすこと.

júmp sùit 名 Ⓒ 《工具などの》上下続きの作業着.

jump·y /dʒʌ́mpi/ (jump·i·er; -i·est) 形 《略式》**1** 神経過敏な; びくびくした (*about*). **2** (映像がちらっく) 音が) 途切れ途切れの.

⁺Jun. **1** 6月 (June). **2** = junior.

junc·tion /dʒʌ́ŋk(t)ʃən/ 名 (~s /~z/) Ⓒ 《主に英》《鉄道の》連絡駅, 接続点; 乗り換え駅 (略 JCT., jct.); 《川・道路などの》合流点, 接合点; 交差点: the ~ *of* two superhighways 2つの高速道路の合流点 // ☞ T-junction.

júnction bòx 名 Ⓒ 《電気回路の》接続箱.

junc·ture /dʒʌ́ŋk(t)ʃə/ |-tʃə/ 名 《格式》**1** 時点, 場合; 危機, 重大時機 [局面]: at this ~ Ⓢ この(重大な)時機に. **2** 合流点, 接合点.

⁺June /dʒúːn/ 名 (**Junes** /~z/) Ⓤ Ⓒ **6月** (略 Jun.; ☞ month 表および 巻末 囲み) : We were married *in* ~. 私たちは6月に結婚しました《☞ June bride》 / The professor died *on* ~ 29, 1971. その教授は 1971年 6月 29日に亡くなった《June 29 は June (the) twenty-ninth と読む; ☞ ordinal number 文法 (2)》.

Ju·neau /dʒúːnoʊ/ 名 圃 ジュノー《米国 Alaska 州の州都》.

Júne bríde 名 Ⓒ 6月の花嫁《幸福になれるといわれる》.

Jung /júŋ/ 名 圃 **Carl Gus·tav** /gústɑː/ ~ ユング(1875–1961) スイスの心理学者》.

Jung·frau /júŋfraʊ/ 名 [the ~] ユングフラウ《スイス南部にある Alps の山 (4158 m)》.

Jung·i·an /júŋiən/ 形 《ユングの(理論)の》.

⁺jun·gle /dʒʌ́ŋɡl/ 名 (~s /~z/) **1** Ⓒ Ⓤ 《普通は the ~(s)》《熱帯の》ジャングル, 密林《☞ rain forest》 : live in *the* ~ ジャングルに住む. **2** 《単数形で》草木の生い茂った場所. **3** 《単数形で》複雑に入り組んだ(状況); 非情な生存競争の場, ゴミゴミして汚い所: ☞ concrete jungle. **4** Ⓤ ジャングル《1990年代初頭, 英国で生まれた高速ビートのダンス音楽》.
the láw of the júngle [名] ジャングルのおきて《弱肉強食》.

júngle féver 名 Ⓤ ジャングル[密林]熱《マラリアの一種》.

júngle gỳm 名 Ⓒ 《米》ジャングルジム《元来は商標》《英》climbing frame.

jun·gly /dʒʌ́ŋɡli/ 形 《略式》ジャングル [密林] の(ような).

⁺ju·nior /dʒúːnjə/ |-njə/ T1 語法 「...よりも」の意味では than でなく to を使う《☞ to¹ 9》. **1** 年下の (younger) 《主に米国で》存命の父親と息子が同姓同名のとき, 姓名の後につけて息子を示すのに用いられる; 《略 Jr., jr., Jnr, Jun.): John Brown, Jr. ジョンブラウン二世. 関連 senior 父親を示す.
2 (位・役職など)下の, 下級の; 後輩の, 職についてまもない《反 senior): ~ partners (合名会社の)下級社員 / He is ~ *to* me in the office.《A+*to*+名・代》彼は会社では役職が私より下です. **3** 《米》《大学・高等学校で》卒業学年より1年前の学年の《4年制の学校ならば3年生, 3年制ならば2年生, 2年制ならば1年生; ☞ senior 表》. **4** 年少組の, 《成人に対して》青少年の, ジュニアの; 《英》《7-11歳の》小学生の, 学童の.
— 名 (~s /~z/) Ⓒ **1** 年下の者; 後輩; 《主に英》下役《反 senior》: 言い換え He is my ~ by three years. = He is three years my ~. 彼は私より3つ年下です.
2 Ⓒ 《米》ジュニア《大学・高等学校で卒業年次より1年前の学年に属する学生 [生徒]; ☞ senior 表》: a ~ at Yale University エール大学の3年生. **3** [J- として固有名詞的に]《米略式》《うちの》息子. **4** Ⓒ 《英》小学生. **5** Ⓤ Ⓒ 《小柄な女性用衣服の》ジュニアサイズ.

júnior cóllege 名 Ⓒ Ⓤ 《米》短期大学.

júnior hígh (schòol) 名 Ⓒ Ⓤ 《米》中学校《☞ school¹ 表および 参考》.

júnior schòol 名 Ⓒ Ⓤ 《英》小学校《7歳から11歳までの児童を教育する, 4年制; ☞ school¹ 表》.

júnior vársity 名 Ⓒ Ⓤ 《米》《大学などの》二軍チーム.

⁺ju·ni·per /dʒúːnəpə/ |-pə/ 名 Ⓒ Ⓤ 杜松(とっしょう), 西洋ねず《常緑針葉樹; 実から採る油はジンの香料》.

***junk**[1] /dʒʌŋk/ 名 **1** (略式) がらくた, くず物; (安物の)中古品, 古物; くだらないこと[物]: a piece of ~ おんぼろ, ぽんこつ(車). **2** (俗) 麻薬, ヘロイン. **3** ⓢ = junk food. ── 動 他 (略式) ⟨…⟩を(がらくたとして)捨てる; 断念する.

junk[2] /dʒʌŋk/ 名 © ジャンク《中国の普通は3本マストの平底帆船》.

*+**júnk bònd** 名 © ジャンクボンド, くず物債券《信用度が低い投機的債券》.

junk·er /dʒʌŋkə/ -kə/ 名 © (略式) ぽんこつ(車).

jun·ket /dʒʌŋkɪt/ 名 **1** © (軽蔑) (公費の)遊山(ゆさん)旅行, 大名旅行 (to). **2** © ピクニック; パーティー, 宴会. **3** Ⓤ© ジャンケット《牛乳を凝固させて作った甘い菓子》. ── 動 自 (略式) (軽蔑) (公費による)旅行[宴会]をする.

júnk fòod 名 Ⓤ© (軽蔑) ジャンクフード《炭水化物・脂肪分が多く高カロリーで低栄養価の食品》.

*+**junk·ie** /dʒʌŋki/ 名 © (略式) 麻薬常習[中毒]者; [滑稽] (テレビ・飲食物などの)中毒者; …狂.

júnk màil 名 Ⓤ© (米) 郵便物《ダイレクトメールなど》.

júnk shòp 名 © (安物の)中古品店.

junk·y /dʒʌŋki/ 名 © = junkie.

júnk yàrd 名 © (米) (くず鉄などの)廃品置場; (車のパーツなどの)解体販売所.

Ju·no /dʒúːnoʊ/ 名 圄 [ロ神] ユノ, ジュノー《Jupiter の妻である女神, 結婚の女神とされる; ☞ goddess 表; month 表 6月》.

Ju·no·esque /dʒùːnoʊésk←/ 形 [時に滑稽] (女性が)背が高く堂々として美しい.

***jun·ta** /húntə, dʒʌn-/《スペイン語から》名 © [(英) 単数形でも時に複数扱い] (革命)軍事政権.

Ju·pi·ter /dʒúːpətə/ -tə/ 名 圄 **1** [ロ神] ユピテル, ジュピター《宇宙の中の主神で天の支配者; ☞ god 表, Juno》. **2** 木星 ☞ planet 挿絵.

Ju·rás·sic Pèriod /dʒurǽsɪk-/ 名 [the ~] ジュラ紀《2億–1億4千万年前の恐竜時代》.

jure ☞ de jure の項目.

ju·rid·i·cal /dʒurídɪk(ə)l/ 形 (格式) 司法上の, 裁判上の, 法律上の.

***ju·ris·dic·tion** /dʒù(ə)rɪsdíkʃən/ Ⓤ© (格式) 司法権, 裁判権; 支配(権); 管轄権[地域]: have ~ over … を管轄する. **within [outside] …'s jurisdíction** [形・副] (格式) …の管轄(内[外]で (of).

ju·ris·pru·dence /dʒù(ə)rɪsprúːdəns, -dns/ 名 Ⓤ (格式) **1** 法学; 法理学. **2** (一国の)法体系, 司法組織.

ju·rist /dʒú(ə)rɪst/ 名 © (格式) 法学者; 法律専門家.

*+**ju·ror** /dʒú(ə)rə/ -rə/ 名 © 陪審員《陪審 (jury) の一員》; 審査員 (juryman, jurywoman).

***ju·ry** /dʒú(ə)ri/ 名 夏 (**ju·ries** /~z/) © **1** 陪審, 陪審団. 参考 一般市民から選ばれた普通12人の陪審員 (jurors) から成り, 裁判に立ち会って事実問題を審議し, その評決を答申する機関: a trial by (a) ~ 陪審裁判 / sit [be, serve] on a ~ 陪審員になる / The ~ gave [returned] its verdict. 陪審員は評決を行なった. 語法 特に (英) で 1 人 1 人に重きを置くときには単数形でも複数扱いとすることがある (☞ collective noun 語法): The ~ *was* [*were*] divided in opinion. 陪審員は意見が分かれた / ~ grand jury. **2** (コンテストなどの)審査員団, 審査委員会. 語法 元来はラテン語で「法律(により宣誓した人)」の意; ☞ injury 語法, just[2] 副. **The júry is (still) óut on …**. …については(まだ)結論が出ていない, 未解決である.

júry bòx 名 © [普通は単数形で] (法廷の)陪審席.

júry dùty 名 Ⓤ (米) 陪審員となる義務.

jury·man /-mən/ 名 (**-men** /-mən, -mèn/) © 陪審員(男性) (juror).

ju·ry-rig /dʒú(ə)riríɡ/ 動 (**-rigged**; **-rig·ging**) 他

jury service 949

一時しのぎに⟨…⟩を作る.

júry sèrvice 名 Ⓤ (英) = jury duty.

júry·wòman /-wùmən/ 名 (**-wom·en** /-wìmən/) © 陪審員(女性) (juror).

***just**[1] /(弱) dʒəs(t), (強) dʒʌst/ 副

just[2] 形 (公正な)の副詞的用法から「正確に」, 「ちょうど」の意味となった.

1 [肯定文で] ちょうど, 全く, まさに(これから): It's ~ one o'clock. ちょうど1時です / J~ then the telephone rang. ちょうどそのとき電話が鳴った / I am ~ going out. 今ちょうど出かけようというところです / He is ~ like a prisoner. 彼はまるで囚人のようなものです / He is ~ as bright as his brother. 彼だって兄と同じくらい頭がいい / She sat ~ to my left [behind me]. 彼女は私のすぐ左側[後ろ]に座りました / One engine caught fire ~ before the plane landed. 飛行機が着陸する直前に1つのエンジンが火を噴いた / Oh, Mary, you're ~ the person I want to see. まあ, メアリー, ちょうどあなたに会いたいと思っていたのよ / That's ~ what I wanted. それこそまさに私がほしかった物だ / J~ my luck! ついてないよな; いつもこうなんだから / J~ what did you do? 正確なところ何をしたの.

2 ちょうど今(…したばかり), たった今.

語法 完了形とともに用いられるが, 特に (略式, 主に米) では過去時制とともに用いられることもある (☞ past tense 文法 (4), have[2] 文法 (1) 語法): She '*has* ~ *come* [~ *came*] back. 彼女は今戻ったところだ / I (*have*) ~ *finished* the work. その仕事が今終わったところだ.

3 /dʒəst/ ただ…だけ, ほんの…(only) (*to* do): ~ for fun ほんの冗談の気持ちで / in ~ six days たった6日で / I came ~ because you asked me to (come). あなたが来てくれと言うから来たまでだ / He is lacking in sincerity; he's ~ saying that. 彼には誠意はありません. ただそう言っているだけです[口先だけです].

4 [しばしば only とともに] かろうじて, やっとのことで; もう少しのところで: I was (*only*) ~ in time for school. 私はなんとか学校に間に合った / It will be *only* ~ enough. ぎりぎりで足りるでしょう / He ~ missed [caught] the last train. 彼はちょっとの差で終電に乗り遅れてしまった[かろうじて終電に間に合った].

5 /dʒəst/ [軽い頼み, 丁寧な依頼, ためらいの気持ちなどを表わす] ちょっと; [may, might, could などと共に用いて] もしかしたら: J~ a moment [minute, second], please. ⓢ ちょっとお待ちください 語法 相手の発言をさえぎるのにも使われる / J~ look at this picture. ちょっと[とにかく]この絵をごらんなさい / Could you help me carry this? これを運ぶのを手伝ってくださいませんか / Try her home number. She might ~ be in. 彼女の家にかけてみて. もしかしたらいるかもしれないよ.

6 (略式) 本当に, 全く (really): The weather was ~ fine. 全く上天気だった / I am ~ starving. 本当に腹が減って死にそうです / I can't believe it. どうしても信じられない. **7** [否定疑問文の反語で] 全く, いかにも: "He is arrogant." "*Isn't* he ~!" 「彼は横柄だ」「いかにもその通り」 **8** [can just として知覚動詞と共に用いて] まざまざと.

be júst abòut [gòing] to dó … まさに…しようとしている.

It's just /dʒəs/ **that …** ⓢ (理由を説明して)単に…なだけだ.

jùst abòut ∴ [副] およそ…, 大体…; ほとんど…, もう

少しで… (almost): ～ *about* here 大体このあたりに / [会話] "Is the work done?" "*Jùst abóut.*"「仕事は終わったの」「あと少しだ」

jùst as … [接] (1) ちょうど…のときに: *J*～ *as* I was going out, he came to see me. 私がちょうど出かけようとしたときに彼が訪ねてきた. (2) ちょうど…のように: Leave it ～ *as* it is. それをそのままにしておきなさい.

Jùst becàuse …(, it) dòesn't méan —. Ⓢ …だからといって—なわけではない.

jùst lìke thát [副] 《略式》あっさりと, さっさと, (そんなに)簡単に; 突然.

jùst nów ☞ now [副] 成句.

jùst òn … [副] 《英略式》ちょうど…; およそ…, かれこれ…: It was ～ *on* eight when the telephone rang. 電話が鳴ったのはちょうど 8 時でした.

jùst só ☞ so[1] 成句.

júst the thíng [名] うってつけのもの (*for*).

just**[2] /ʤʌ́st/ [形] ([名] jústice, [動] jústifỳ; [反] unjust) **1** 公正な, 公平な; 公平にふるまう 《☞ fair[1] 類義語》: a ～ judge 公正な裁判官 / ～ conduct 正しい行ない / *the* ～ 公正な人々 《複数名詞のように扱われる; ☞ the[1] 3》/ Mr. Hall was always **～ *to [***with***] his men. <A+*to* [*with*]+名・代> ホール氏は部下に対して常に公正であった.

2 正当な, 当然の: ～ punishment 正当な罰. **3** 《格式》もっともな, 理にかなった, 根拠のある: a ～ opinion もっともな意見 / a ～ suspicion もっともな疑い. [語源] ラテン語で「法にかなった」の意; ☞ jury [語源].

****jus·tice** /ʤʌ́stɪs/ [T2] [名] (**jus·tic·es** /～ɪz/; [形] just[2], [動] jústifỳ; [反] injustice) **1** [U] 公正, 公平; 正義; 正当(性): a sense of ～ 正義感 / social ～ 社会正義 / treat all people with ～ すべての人を公正に扱う. [関連] poetic justice 詩的正義. **2** [U] 裁判; 処罰; 法務: a court of ～ 裁判所 / escape ～ 罰を免れる / the Department of *J*～ 《米》司法省 《☞ Attorney General, department 表》. **3** [C] [しばしば J-] 裁判官 (judge) 《《米》では連邦および多くの州の最高裁判所の判事, 《英》では最高法院の判事をいう》: Mr. *J*～ Jones ジョーンズ判事殿.

bríng … to jústice [動] [他] 《格式》〘法〙法によって〈…〉を処罰する.

dò … jústice＝dò jústice to … [動] [他] (1) …を公平に扱う, …を正しく評価する: His book does not *do* ～ *to* the inventor. 彼の本はその発明家を正しく評価していない. (2) …の真価を十分に示す: The portrait doesn't *do* ～ *to* her beauty. その肖像画には彼女の美しさがよく出ていない. (3) (人を)十分理解する [楽しむ]; [しばしば滑稽] …を十分食べる.

dò onesèlf jústice ＝ dò jústice to onesèlf [動] [自] 自分の才能を十分に発揮する.

in jústice to … [前] …を公平に評価すれば.

Jústice has been dóne [sérved]. 正義が実現した; 当然の判決が下された.

to dò … jústice＝to dò jústice to … [副] [文修飾語] …を公平に見て, …を正しく評価すれば: *To do* him ～, we must say that he was right to refuse. 公平に見て彼が断わったのは正しかったと言わざるをえない.

Jústice of the Péace [名] (複 **Justices** —) [C] 治安判事 《簡単な司法関係の職務を行なう裁判官; 米国では結婚式の執行権を持つ; [略] J. P.》.

⁺**jus·ti·fi·a·ble** /ʤʌ́stəfàɪəbl/ [形] ([反] unjustifiable) 正当と認められる, 筋の通った, もっともな: ～ homicide 〘法〙正当殺人.

jus·ti·fi·a·bly /ʤʌ́stəfàɪəbli/ [副] 正当に, 当然のこととして; [文修飾語] …する[である]のは当然だ: She is ～ angry. 彼女は当然怒っている.

jus·ti·fi·ca·tion** /ʤʌ̀stəfɪkéɪʃən/ [名] ([動] jústifỳ) [C,U] **1** 弁明, 弁護; 正当化, 正当な理由: That's no ～ ***for the delay. それは遅れたことの弁明にはならない / Can you find any ～ *for* his behavior? 彼の行為を正当化できますか. **2** 〘印〙行そろえ 《行末・余白をそろえること》. **in justificátion of [for] …** [前] …を弁護して: We have something to say *in* ～ *of* her actions. 彼女の行為を弁護して言うことがある. **with sóme justificátion** [副] それなりの理由があって.

jus·ti·fied** /ʤʌ́stəfàɪd/ [形] **1** [P] (…するのは)正当である, もっともである: Is she **～ *in her protest? <A+*in*+名・代> 彼女の抗議は正当だろうか / The teacher was fully **～ *in*** scold***ing*** the pupils. <A+*in*+動名> 先生が生徒をしかったのは至極もっともだった. **2** 正当な, もっともな. **3** 〘印〙行末[余白]のそろった.

jus·ti·fy** /ʤʌ́stəfàɪ/ [T2] [動] (**-ti·fies** /～z/; **-ti·fied** /～d/; **-fy·ing**; [形] just[2], [名] jústice, jùstificátion) [他] **1** 〈行為・主張など〉を正しいとする; 正当化する; 弁明する, 弁護する: The end *justifies* the means. 《ことわざ》目的は手段を正当化する(目的さえよければどんなことをしてもよい) / How can you **～** spending*** so much money? <V+O (動名)> そんなに金を使ってどう弁明するんだい. **2** 〈…〉の言い訳[理由]になる: Nothing can ～ such rudeness. どんなことがあってもそんな無礼は許されない. **3** 〘印〙〈文章・行など〉の行末・余白をそろえる.

jústify onesèlf [動] [自] 自分自身(の行為)を弁明する, 申し開きをする (*to*).

Jus·tin·i·an I /ʤʌstíniənðəfə́ːst | -fə́ːst/ [名] [固] ユスティニアヌス一世[大帝] (483–565) 《東ローマ帝国皇帝 (527–565); ローマ法典を編さんさせた》.

júst-in-tíme [形] [普通は [A]] ジャストインタイム[かんばん]方式の 《工場への材料納入を効率化して在庫を最少限にとどめる; [略] JIT》.

just·ly /ʤʌ́stli/ [副] ([反] unjustly) **1** [文修飾語] 当然のことながら…だ, …する[である]のは正しい: We may ～ call him the Shakespeare of Japan. 彼を日本のシェークスピアと呼んでも差しつかえなかろう. **2** 正しく, 正当に, 公正に; 正確に; 当然(に).

júst·ness [名] [U] 正しさ, 正当性.

⁺**jut** /ʤʌ́t/ [動] (**juts**; **jut·ted**; **jut·ting**) [自] 突き出る, 張り出す (*out*; *into*, *over*).

jute /ʤúːt/ [名] [U] つなそ, 黄麻(こうま) 《繊維作物として栽培されるインド原産の多年草》; ジュート 《帆布・南京(なんきん)袋などの材料》.

Jute /ʤúːt/ [名] [C] ジュート人; [the ～s] ジュート族 《5–6 世紀に England に侵入したゲルマン族の一派; ☞ Angle, Saxon》.

***ju·ve·nile** /ʤúːvənàɪl/ [形] **1** [A] 《格式》または 〘法〙少年[少女]の, 若い; 少年[少女]向きの: ～ offenders 未成年犯罪者. **2** [軽蔑] 少年[少女]らしい, 子供っぽい (childish). **3** (動植物が)幼い. ― [名] [C] **1** 《格式》または 〘法〙未成年者, 少年少女; 児童. **2** 子役. **3** 児童向き図書. **4** 幼鳥, 幼獣.

júvenile cóurt [名] [C] 少年審判所.

júvenile delínquency [名] [U] 少年犯罪[非行].

júvenile delínquent [名] [C] 非行少年.

jux·ta·pose /ʤʌ́kstəpòuz/ [動] [他] 《格式》(対照・比較のため)〈異質のもの〉を並列[並置]する (*with*).

⁺**jux·ta·po·si·tion** /ʤʌ̀kstəpəzíʃən/ [名] [C,U] 《格式》並列, 並置 (*with*).

JV /ʤéɪvíː/ [略] 《米》＝junior varsity.

k K

k, K[1] /kéɪ/ [名] (複 **k's, ks, K's, Ks** /~z/) [C] ケイ《英語アルファベットの第 11 文字》.

K[2] [略] **1** 《略式》千, 1000 ドル[ポンド] 《kilo- の略から》. **2** =kelvin(s), kilobyte(s), kilometer(s), king 3, kindergarten, kitchen. **3** [E メールで] OK.

K[3] /kéɪ/ [名] [C] 《俗》〘野〙三振 (strikeout).

k. [略] =karat(s).

Kaa·ba /ká:bə/ [名] [固] [the ~] カーバ神殿《Mecca にあるイスラム教徒にとって最も聖なる神殿》.

kab·ba·la(h) /kəbá:lə, kǽbələ/ [名] **1** [U] [しばしば K-] カバラ《ユダヤ教の神秘思想》. **2** [C] 秘教, 秘法.

ka·bob /kəbáb | -bɔ́b/ [名] [C,U] 《米》=kebab.

ka·boom /kəbú:m/ [感] ドドーン, ドッカーン《雷鳴·大爆発など》.

ka·bu·ki /kəbú:ki/ 《日本語から》 [名] [U] 歌舞伎.

Ka·bul /ká:bʊl, -b(ə)l/ [名] [固] カブール, カーブル《アフガニスタンの首都》.

kad·dish /ká:dɪʃ | kǽd-/ [名] [U,C] (複 **kad·di·shim** /kɑ:díʃɪm | kǽdɪ-/) 〘ユダヤ教〙カディッシュ《毎日シナゴーグの礼拝で唱えるアラム語の祈り》.

kaf·fee·klatsch /ká:fiklæ̀tʃ/ [名] [C] 《米》コーヒーを飲みながらのおしゃべり会.

kaf·fir /kǽfə | -fə/ [名] [C] 《南ア》[差別] アフリカ黒人.

Kaf·ka /ká:fkə | kǽf-/ [名] [固] **Franz** /frá:nts/ ~ カフカ (1883–1924) 《Prague 生まれのユダヤ人作家》.

Kaf·ka·esque /kɑ̀:fkəésk | kæ̀f-←/ [形] カフカの(作品のような), カフカ的な《不条理で悪夢のような》.

kaf·tan /kǽftæn/ [名] [C] =caftan.

ka·hu·na /kəhú:nə/ [名] [C] **1** 《略式》(特にコンピューターに)精通した人. **2** (ハワイ先住民の)賢者, シャーマン; 重要人物: the big ~ [S] 有力者.

Kai·ser /káɪzə | -zə/ [名] [時に the ~] 皇帝《神聖ローマ帝国 (962–1806), オーストリア (1804–1918), ドイツ (1871–1918)の皇帝を指す》.

kái·ser ròll /káɪzə- | -zə-/ [名] [C] 《米》カイザーロール《サンドイッチに使ったりする皮の堅い大型のロールパン》.

Kal·a·ha·ri /kæ̀ləhá:ri, kɑ̀:-/ [名] [固] [the ~] カラハリ砂漠《南アフリカ共和国·ナミビア·ボツワナに広がる》.

ka·lan·cho·e /kæ̀lənkóʊi/ [名] [C] カランコエ《特に観賞用の多肉植物》.

Ka·lash·ni·kov /kəlǽʃnɪkɔ̀:f, -lá:ʃ- | -kɔ̀f/ [名] [C] カラシニコフ《ロシア製のライフル銃兼軽機関銃》.

kale /kéɪl/ [名] [U,C] ケール《結球しないキャベツ》.

ka·lei·do·scope /kəláɪdəskòʊp/ [名] [C] 万華(まんげ)鏡, 百色(ひゃくいろ)眼鏡. **a kaléidoscope of ...** [形] 変転きわまりない[多種多様な]....

ka·lei·do·scop·ic /kəlàɪdəskápɪk | -skɔ́p-←/ [形] [A] (情景が)万華鏡の(ような), くるくる変化する.

Ka·ma Su·tra /ká:məsú:trə/ [名] [固] [the ~] 『カーマスートラ』《8 世紀に書かれたヒンドゥーの性愛経書》.

Kam·chat·ka /kæmtʃǽtkə/ [名] [固] カムチャツカ《Siberia 北東部の半島》.

ka·meez /kəmí:z/ [名] [C] カミーズ《インド·パキスタンの女性がズボンに合わせて着用する袖(そで)の長い服》.

ka·mi·ka·ze /kɑ̀:məká:zi←/ 《日本語から》 [名] [C] (旧日本軍の)神風特攻隊員[機]. **—** [形] [A] (態度·行動などが)自殺的な, 無謀な.

Kam·pa·la /kɑ:mpá:lə | kæm-/ [名] [固] カンパラ《Uganda の首都》.

Kan. [略] =Kansas.

Kan·din·sky /kændínski/ [名] [固] **Was·si·ly** /vá:səli/ ~ カンディンスキー (1866–1944) 《ロシアの画家; 抽象画の創始者の一人》.

+**kan·ga·roo** /kæ̀ŋgərú:←/ [名] (~(s)) [C] カンガルー《オーストラリア産》.

kángaroo cóurt [名] [C] 《略式》(刑務所·労働組合などの)私的な裁判, つるし上げ.

Kan·ga·roos /kæ̀ŋgərú:z/ [名] [固] [複] [the ~] カンガルーズ《Rugby League のオーストラリア代表チーム》.

Kans. [略] =Kansas.

Kan·sas /kǽnzəs/ [名] [固] カンザス《米国中部の州; [略] Kan., Kans., 〘郵〙KS; 俗称 the Sunflower State; ☞ America 表, 表地図 G 4》.

Kánsas Cíty [名] [固] **1** カンザスシティー《米国 Missouri 州西部の都市》. **2** カンザスシティー《米国 Kansas 州北東部の都市; 1 に隣接する》.

Kant /kǽnt/ [名] [固] **Im·man·u·el** /ɪmǽnjuəl/ ~ カント (1724–1804) 《ドイツの哲学者》.

Kant·i·an /kǽnṭiən/ [形] カントの; カント哲学の.

ka·o·lin /kéɪəlɪn/ [名] [U] 高陵土, 白陶土 (china clay) 《陶磁器の原料; 薬用》.

Ka·pell·meis·ter /kəpélmàɪstə | -tə/ [名] (複 ~) [C] カペルマイスター《ドイツ王侯付きの音楽指揮者》.

ka·pok /kéɪpɑk | -pɔk/ [名] [U,C] カポック, パンヤ《パンヤの木の種を包む綿; まくら·クッションなどに詰める》.

Ka·pó·si's sarcóma /kəpóʊsiz-/ [名] [U] 〘医〙カポジ肉腫《エイズ患者によく見られる》.

kap·pa /kǽpə/ [名] [C] カッパ《ギリシャ語アルファベットの第 10 文字 κ, K; ☞ Greek alphabet 表》.

ka·put /kəpʊ́t/ [形] [P] [S] 《略式》壊れて, だめになって.

Ka·ra·chi /kərá:tʃi/ [名] [固] カラチ《パキスタン南部の港市》.

Ka·ra·jan /ká:rəjà:n | kǽrə-/ [名] [固] **Herbert von** /vɑn, fɔ:n | fɑn, fɔn/ ~ カラヤン (1908–89) 《オーストリアの指揮者》.

Ka·ra·kó·ram Ránge /kɑ̀:rəkɔ́:rəm-/ [名] [固] [the ~] カラコルム山脈《Kashmir 地方北部の山脈》.

kar·a·o·ke /kæ̀rióʊki/ 《日本語から》 [名] **1** [U] カラオケで歌うこと. **2** [C] カラオケの機械.

kar·at, 《英》 **car·at** /kǽrət/ [名] [C] カラット《合金中の金の割合を表わす単位; 全体の $^1/_{24}$ が 1 カラット; 純金は 24 カラット; [略] k., kt》.

+**ka·ra·te** /kərá:ṭi/ 《日本語から》 [名] [U] 空手(からて).

Kar·en /kǽrən/ [名] [固] カレン《女性の名》.

+**kar·ma** /ká:mə, kə́:- | ká:-, kə́:-/ [名] [U] **1** 〘ヒンズー教·仏教〙因果応報; 業(ごう). **2** 《略式》運命, 宿命; (人·場所·状況などが)かもし出す雰囲気.

kar·mic /ká:mɪk | ká:-/ [形] 因果応報の.

ka·ross /kərás | -rɔ́s/ [名] [C] カロス《南アフリカ先住民の袖(そで)なし毛皮コート[敷物]》.

kart /ká:t | ká:t/ [名] [C] 《米》=go-cart.

Kash·mir /kǽʃmɪə, kæʃmíə | kæ̀ʃmíə←/ [名] [固] カシミール《アフガニスタンとチベットとの間の地方; インド領とパキスタン領に分かれる》.

Káshmir góat [名] [C] カシミヤやぎ《被毛からカシミアを織る》.

Kate /kéɪt/ [名] [固] ケート《女性の名; Catharine, Catherine, Katharine または Katherine の愛称》.

Kath·a·rine, Kath·e·rine /kǽθ(ə)rɪn/ [名] [固] キャサリン《女性の名; 愛称は Kate, Kathie, Kathy, Kittie または Kitty》.

Kath·ie, Kath·y /kǽθi/ [名] [固] キャシー《女性の名; Katharine または Katherine の愛称》.

Kath·leen /kǽθli:n, kæθlí:n/ [名] [固] キャスリン《女性の名》.

Kat(h)·man·du /kæ̀tmændú:, kɑ̀:t-←/ [名] [固] カトマンズ《Nepal の首都》.

kation ☞ cation.

K

ka·ty·did /kéɪṭidìd/ [名] [C] (米国産の)きりぎりす.

Kau·ai /káʊaɪ, kaʊɑ́:ɪ | kaʊɑ́:i/ [名] [固] カウアイ《Hawaii 州 Oahu 島の北西にある火山島》.

kay·ak /káɪæk/ [名] [C] カヤック《エスキモーが用いる皮張りの小舟》; 競技用カヤック. ── [動] [自] カヤックで行く.

kay·ak·er /káɪækɚ | -kə/ [名] [C] カヤックのこぎ手[選手].

kay·ak·ing /káɪækɪŋ/ [名] [U] カヤックに乗ること; カヤック競技.

kayak

kay·o /kèɪóʊ/ 《俗》〔ボク〕[動] [他] 〈…〉をノックアウトする. ── [名] (~s) [C] ノックアウト.

Ka·zakh /kəzǽk, -zɑ́:k | kǽzæk/ [名] **1** [the ~s] カザフ族; [C] カザフ族の人. **2** [U] カザフ語. ── [形] カザフ族[語]の.

Ka·zakh·stan /kəzɑ́:kstɑ:n | kæ̀zækstɑ́:n/ [名] [固] カザフスタン《中央アジアの共和国》.

Ka·zan /kəzǽn/ [名] [固] **E·lia** /í:ljə/ ~ カザン (1909–　)《トルコ生まれの米国の映画監督》.

ka·zoo /kəzú:/ [名] [C] カズー《おもちゃの笛》.

Kb [略] =kilobyte(s).

KB [略] 〔英法〕 =King's Bench.

kbps [略] =kilobits per second キロビット毎秒.

KC [略] 〔英法〕 =King's Counsel.

Keats /kí:ts/ [名] [固] **John** ~ キーツ (1795–1821)《英国の詩人》.

ke·bab /kəbɑ́:b | -bǽb/ [名] [C,U] [しばしば複数形で] シシカバブ (shish kebab)《トルコ起源の串焼き肉料理》.

Kechua [名] [C] =Quechua.

ked·ge·ree /kéʤəri, kèʤərí:/ [名] [U] ケジェリー《米・魚・卵などを混ぜ合わせた料理》.

⁺**keel** /kí:l/ [名] [C] (船の)竜骨, キール. **on an éven kéel** [形・副] (船が)傾かないで; (事態が)安定して, 平穏で. ── [動] [次の成句で] **kéel óver** [動] [自] (1) 《略式》 転倒する, 卒倒する. (2) (ボートなどが)ひっくり返る, 横倒しになる. (3) 故障する, 作動しない.

K

kéel·hàul [動] [他] **1** 〔海〕 (罰として)〈人〉を綱に縛って船底をくぐらせる. **2** [滑稽] 〈人〉をひどくしかる (*for*).

*__keen__ /kí:n/ [T2] [形] (**keen·er**; **keen·est**)

(感覚などが)「鋭い」**1** →(ぴりぴりしている)→(刃などが)「鋭い」**3** →(状態が)「厳しい」**2**

1 (頭脳や感覚が)鋭い, 鋭敏な ([反] dull): She has (a) ~ intelligence. 彼女は頭の鋭い人だ / Bob has a ~ sense of smell. ボブは臭いに敏感だ.
2 《古風》 (寒さ・風などが)厳しい; 激しい: a ~, cold winter 寒さの厳しい冬 / ~ competition 激しい競争. **3** [普通は [A]] 《文》 (刃などが)鋭い (sharp): a ~ edge 鋭い刃. **4** 《主に英》 熱心な; (興味・支持などが)強烈な: a ~ golfer ゴルフに夢中の人 / have a ~ interest in ... …に強い関心をもつ / Mike is ~ *on* surfing. マイクはサーフィンに熱中している. **5** [P] (…を)熱望して, 切望して, しきりと…したがって (*about*; *to* do); (…に)熱を上げて (*on*): She is ~ *for* her son *to* pass the examination. 彼女は息子がその試験に通ることを切望している. **6** 《英》 (値段が)格安の, お買い得の. **mád kéen** [形] 《英略式》 ひどく熱中して (*on*); ひどく…したがって (*to* do). **~·ly** [副] **1** 鋭く, 鋭敏に. **2** 厳しく, 激しく. **3** 熱心に. **~·ness** [名] [U] **1** 鋭さ; 敏感. **2** 厳[激]しさ. **3** 熱心さ.

keep /kí:p/ [動] (**keeps** /~s/; 過去・過分 **kept** /képt/; **keep·ing**)

基本的には「保つ」の意.
① ずっと持っている; 取っておく　[他] **2**
② (ある状態に)保つ　[他] **1**; [自] **1, 2**
③ (約束を)守る　[他] **3**
④ (使用・養育のために)持っている; 飼う; 扶養する　[他] **4, 6**
⑤ 経営する　[他] **5**
⑥ 引き止めておく　[他] **7**
⑦ (よい状態を)保つ, もつ　[自] **3**

[自] [他] の転換
[他] **1** ずっと持っている (to make (something or someone) remain in a particular state)
[自] **1** ずっと…である (to remain in a particular state)

── [他] **1** 〈物・人〉をずっと(ある状態に)しておく, 保つ: *K*~ the door open. <V+O+C (形)> 戸を開けておきなさい / We *kept* the stove burn*ing*. <V+O+C (現分)> 我々はストーブをずっとたいておいた / I'm sorry to have *kept* you wait*ing*. お待たせしてすみませんでした / They *kept* the back door lock*ed*. <V+O+C (過分)> 彼らは裏口に錠をかけたままにしていた / ***K~*** your head and hands ***inside*** the window. <V+O+C (前+名・代)> 頭[顔]や手を窓の外へ出さないように.
2 〈…〉をずっと持っている, 保持する; (自分の物として)そのまま所有する (have); [副詞(句)を伴って] (人や将来のために)取っておく, 預かる, (ある場所に)保管[保存]する: *K*~ it. Ⓢ それ, とっておいてください[あげますよ] / You can ~ this tape *until* [*till*] noon tomorrow. このテープはあすの正午まで持って[借りて]いてよい / *K*~ the change. おつりはいりません / [言い換え] He ***kept*** a seat ***for*** me. <V+O+*for*+名・代> =He *kept* me a seat. <V+O+O> 彼は私に席を取っておいてくれた / You must ~ film ***in*** a dark and cool place. <V+O+前+名・代> フィルムは暗くて涼しい所にしまっておく必要がある / ~ the data *on* file データをファイルに保存する.
3 〈約束・法律など〉を守る, 履行(りこう)する; 〈秘密など〉を隠しておく: ~ a secret 秘密を守る / He never ~*s* his promises. 彼はいつも約束を守らない.
4 〈車など〉を持って[使って]いる; (置いて)世話する, 〈動物〉を飼っている, 〈使用人・下宿人など〉を置いている; 《英》〈商品〉を店に置いている: I ~ two cars. 私は車を 2 台持っている / We ~ chickens. うちでは(食用に)鶏を飼っている. [語法] ペットの場合は have のほうが普通.
5 〈店など〉を経営する, 〈家事など〉を営む: He ~*s* a store in town. 彼は町で商店を経営している/ ~ house (*for* ...) (…の)家事をする. [関連] housekeeping 家政 / housekeeper 家政婦.
6 〈家族〉を扶養する, 養う: [言い換え] He had to ~ a large family. =He had a large family to *keep*. 彼は大家族を養わなければならなかった.
7 〈…〉を引き止めておく; 拘留する: She *was* ***kept*** there (for) two hours. <V+O の受身> 彼女はそこに 2 時間引き止められた / I wonder what's ~*ing* him. Ⓢ 彼は何をぐずぐずしているのか. **8** 〈日記・帳簿など〉を続けてつける; 〈記録〉を続けてとる: Do you ~ a diary? 日記をつけてますか. [語法] 多少とも永続的に日記をつけることをいい, 1 回 1 回書く場合は write in を使う // No record *was kept* of the meeting. その会議の記録はつけてなかった. [関連] bookkeeping 簿記. **9** 〈ある状態・動作〉を続ける, 持続する: ~ watch 見張りを続ける / This watch ~*s* good time. この時計は時間が正確だ.
10 《格式》 〈場所・ゴールなど〉を守る, 〈人〉を保護する: May God ~ you. あなたに神の御加護がありますように.
11 《古風》 〈式など〉を行なう, 催す, 〈祭日など〉を祝う.
── [自] **1** ずっと…である, (ある状態・位置に)ある; (一定

の方向へ)ずっと進んでいく:Please ～ quiet. <V+C(形)> Ⓢ どうぞ静かにしていてください / K～ right. 右側に寄っていなさい(左を通行けなさい)(☞ keep to ... 1 (句動詞)) / She kept inside all day. <V+副> 彼女は一日中家に閉じこもっていた / K～ well **behind** the car in front in case it stops suddenly. <V+名・代> 前の車が急停車するといけないから十分車間距離をとりなさい / You won't get lost if you ～ **along** the river. 川にそってずっと行けば道に迷うことはない.

2 ...し続ける, ずっと[繰り返し]...する ((keep) (on) doing (句動詞)): The baby **kept** cry**ing** all night. <V+C (現分)> 赤ん坊は一晩中泣き続けた / It kept raining for a week. 1週間雨が降り続いた(☞ it¹ A 2).

3 (食べ物などが腐らないで)もつ; (話などが)後回しにできる; (よい関係などが)続く:This milk won't ～ till tomorrow. この牛乳はあすまでもつまい / It'll ～. それは後で話すよ / Will the weather ～ till Sunday? 天気は日曜日までもつだろうか. **4** [普通は進行形で副詞(句)を伴って] Ⓢ (略式)(健康状態が)...である:How are you ～ing? お元気ですか.

---リスニング---
keep の後に母音で始まる語が続くと, その母音と keep の語末の /p/ とが結合して「パ」行の音のように聞こえる. keep out /kí:páut/ は「キーパウト」, keep on eating /kí:pɑ́:nì:tɪŋ/ は「キーパニーティン」(《米》ではまた「キーパニーリン」)のように聞こえ, 「キープ・アウト」「キープ・アン・イーティング」のようには発音しない (☞ ⓔ 65).
---

kèep góing [動] 圊 Ⓢ (困難でも)やり[生き]続ける; 動き続ける.

keep ... góing [動] 他 <人>にやり[生き]続けさせる:「It will [That'll] ～ him going. Ⓢ それで彼はしばらくはがんばれるだろう.

kèep onesèlf [動] 圊 自活する; (衣食などを)自分で賄(まかな)う (in).

kéep to onesèlf＝(英) **kèep onesèlf to onesélf** [動] 圊 他 人と交際しない.

keep ... sáfe ☞ safe¹ 成句.

keep ... to onesèlf [動] 他 (1) <...>を人に話さないでおく (受身 be kept to oneself):K～ the news *to yourself*. その知らせは内密にしておいてください. (2) <...>を自分だけのものにしておく, 自由に使う:John tried to ～ Judy [the treasure] *to himself*. ジョンはジュディー[宝物]をひとり占めしようとした.

---**keep の句動詞**---

***kéep àfter ...** [動] 他 **1** (人)に(...するように)うるさく言う (*to do*): His mother **kept** *after* him *to* clean his room. 彼の母は彼が部屋をきれいにするようにしつこく言った. **2** ...の後を追い続ける.

kéep ... àfter [動] 他 《米》(罰として)<生徒>を放課後残す.

keep aróund [abóut] [動] 他 <...>を手近に置いておく.

***kéep at ...** [動] 圊 (熱心に)...を続けてやる:K～ *at* it. 続けてやれ, がんばれ.

kéep ... at ― [動] 他 **1** (ある場所)に<...>を置いておく; <人>を―に引き止めておく:K～ an umbrella *at* school in case it rains. 雨のときに備えて学校に傘を置いておきなさい. **2** <人>に―を続けさせる:The teachers **kept** us *at* our work all afternoon. 先生たちは私たちに午後の間ずっと勉強を続けさせた.

***kèep awáy** [動] 他 <...>を近づけない <V+名・代+*away*>:K～ him *away*. 彼を近づけるな / I didn't see you yesterday. What **kept** you *away*? きのうあなたを見かけなかったのに, どうして来なかったの.

― 圊 近づかない:Danger! K～ *away*! Ⓢ 危険だ, 近寄るな.

kèep awáy from ... [動] 他 ...に近寄らない, (物)に触れない, ...を使わない; (学校など)を休む:My parents told me to ～ *away from* those boys. 私の両親はあの少年たちに近づかないようにと言った.

kèep ... awáy from ― [動] 他 <...>を―に近づけない; <...>を―から隠す:Bob **kept** me *away from* the barking dog. ボブは僕をほえている犬に近づけないようにした.

***kèep báck** [動] 他 **1** <...>を抑えておく (*from*); 遅らせる, ...の進歩を妨げる <V+名・代+*back* / V+*back*+名>:I could not ～ *back* my tears. 私は涙を抑えることができなかった.

2 <水など>をせき止める <V+名・代+*back*/V+*back*+名>:A bank was built along the river to ～ *back* the water. 水をせき止めるために川に沿って堤防が築かれた. **3** <...>を後ろに[引っ込んで]いさせる, (...から)離しておく:～ the crowd *back from* the President 群衆を大統領から離しておく. **4** <...>を隠しておく, 言わないでおく; <一部>を取っておく, <金など>を残しておく (*for*): I **kept** the news *back from* him. 私はその知らせを彼に話さなかった.

― 圊 後ろに[引っ込んで]いる, (...から)離れている (*from*):"K～ *back*!" the police officer shouted. 「下がっていなさい」とその警官は叫んだ. **kèep ... báck** [動] **1** 《英》(成績不振のため)<生徒>を進級させない. **2** 《英》＝keep ... after.

***kèep dówn** [動] 他 **1** <頭・声など>を下げている, 上げない; <人>を寝かせておく <V+名・代+*down*>:K～ your head *down*. 頭を上げるな.

2 <物価・体重・怒りなど>を抑えておく <V+名・代+*down* / V+*down*+名>:The boxer **kept** his weight *down*. そのボクサーは体重を抑えていた.

3 <人>を抑えつけておく, 抑圧する; <動植物>を増えないようにする <V+名・代+*down*>:You can't ～ a good man [woman] *down*. 有能な者は頭角を現わすものだ. **4** <食べたもの・薬など>をもどさないでおく. ― 圊 **1** 身を伏せている, 座った[寝た]ままでいる. **2** 下がっている; (物価)が静まっている. **kèep it dówn** [動] Ⓢ (もっと)静かにする.

***kèep ... fróm** ― 他 **1** <...>に―させない, <...>が―しないようにする; <...>を―から防ぐ [言い換え] The heavy snow **kept** us *from* going to school. (＝We couldn't go to school because of the heavy snow.) 大雪で学校に行けなかった / I couldn't ～ the tears *from* my eyes. 込み上げてくる涙を抑えられなかった.

2 <秘密など>を<人>に知らせないでおく:We don't ～ anything *from* each other. 私達は互いに何も隠しごとはしない. **3** [格式] <...>を―から守る:She prayed that God would ～ him *from* harm. 彼女は神が彼を危害から守ってくれるように願った.

***kèep ín** [動] 他 **1** <...>を中に入れておく, 閉じ込めておく, 入院させておく <V+名・代+*in*>:We were **kept** *in* by the rain. 私たちは雨で閉じ込められた. **2** <感情など>を抑える. **3** 《主に英》(罰として)<生徒>を放課後残す. ― 圊 **1** 中に閉じこもっている. **2** (火など)が燃え続ける. **kéep ... ín** [動] <人>に(衣食など)を供給し続ける:My pay doesn't ～ my family *in* food. 私の給料では家族に食べさせられない. **kèep ín with ...** [動] 他 《主に英》(下心があって)...と仲よくしている.

***kèep óff** [動] 他 **1** <...>を離しておく, 近寄らせない; <雨・光など>を防ぐ <V+名・代+*off* / V+*off*+名>:K～ your hands *off*! 手を触れるべからず. **2** ...から離れている. **2** (雨・雪などが)降らないでいる.

***kèep óff ...** [動] 他 **1** ...に近寄らない:KEEP OFF THE GRASS. 芝生内立ち入り禁止 (掲示). **2** (飲食物など)に手を出さない; (話題など)に触れない.

*kéep ... òff — [動] [他] 1 〈…〉を—に近寄らせない: K～ your hands off my dolls! 私の人形に手を触れないで. 2 〈…〉に(飲食物)を口にさせない; 〈…〉に(話題など)に触れさせない.
*kèep ón [動] [他] 1 〈服など〉を身につけたままでいる <V+名・代+on>: You may ～ your hat [overcoat] on. 帽子をかぶった[オーバーを着た]ままでいい. 2 〈人〉を雇い続ける; 所有[借用, 使用]し続ける: They kept Tom on as cook. 彼らはトムをコックとして続けて雇っていた. 3 〈明かりなど〉をつけておく.
— [自] 1 進み続ける: K～ straight on till you reach Broadway. ブロードウェーまで真っすぐ進め. 2 ある事をし続ける (with), (雨などが)降り続く; 《略式, 主に英》(…について)くどくどと話し続ける (about).
kéep (ón) at ... [動] [他] 《略式, 主に英》(—するように)(人)にやかましく言う, せがむ (about; to do): My son kept (on) at me to buy him a motorbike. 息子はバイクを買ってくれと私にうるさくせがんだ.
kéep (òn) dóing [動] (1) …し続ける (☞ [自] 2): He kept (on) smoking all the time. 彼はその間ずっとたばこを吸っていた. (2) しきりに…する《同じ動作の繰り返し》: Don't ～ (on) asking silly questions. ばかな質問ばかりするな. [語法] 否定命令文に用いると, 相手に対するいらだちを表わすことが多い.
*kéep (onesèlf) from ... [動] [他] [しばしば can [could] の否定文で] …を慎(つつし)む, 避ける, …しないでいる: I could not ～ (myself) from laughing. 私は笑わずにはいられなかった.
*kèep óut [動] [他] 〈…〉を中に入れない, 締め出す <V+名・代+out / V+out+名>: Those windows ～ the cold air out. あの窓は冷たい空気を寄せつけない.
— [自] 中に入らない, 外にいる: DANGER! KEEP OUT! 危険につき立ち入り禁止《掲示》.
*kèep óut of ... [動] [他] 1 …の外にいる, …から離れている: He told the children to ～ out of his room. 彼は子供たちに彼の部屋に入らないように言った. 2 (…)に関わらないでいる, (面倒など)を避けている.
*kéep ... óut of — [動] [他] 1 〈…〉を—から締め出す, —の中へ入れない; —に寄せつけない: The demonstrators were kept out of the hall. デモ隊は集会場から締め出された. 2 〈…〉を(太陽・危険など)にさらさない; 〈…〉を(面倒など)に巻き込ませない.
*kéep to ... [動] [他] 1 (コース・場所など)から離れない: KEEP TO THE RIGHT 右側に寄っていなさい; 右側通行《掲示》. [語法] Keep Right とも言う // He kept to his room. 彼はずっと自分の部屋に閉じこもっていた. 2 (約束・計画・規則など)を堅く守る, (論点などから)はずれない: [言い換え] You must ～ to the rules. (= You must follow the rules.) そのルールは守るべきだ. [語法] 1, 2 とも be kept to の形で受身にできる.
kéep ... to — [動] [他] 〈人〉に(論点)からそれないようにさせる; 〈人〉に(約束など)を守らせる; 〈…〉を(ある限度)に保つ: keep ... to oneself ☞ 成句.
*kèep togéther [動] [他] 〈…〉をまとめておく; 〈人々〉を協調させる <V+名・代+together>: K～ these documents together. これらの文書をまとめておくように.
— [自] まとまっている; 協調している.
kèep únder [動] [他] 〈感情〉を抑える; 〈火〉を消し止める; 〈人〉を服従させる; 〈意識〉を失わせる.
*kèep úp [動] [他] 1 〈活動など〉を続ける, 持続する <V+up+名>: [言い換え] K～ up the good work! =K～ it up! (今後も)その調子でがんばりなさい.
2 《略式》〈人〉を(寝かさないで)起こしておく: The child's coughing kept me up all night. 子供がせきをするので一晩中起きていた.
3 〈…〉を上げておく, 支える; 〈価格・水準など〉を落とさないようにしている; 〈家など〉を維持する; 〈習慣・伝統・連絡など〉を続ける; 〈体面・気力など〉を保持する <V+名・代+up / V+up+名>: He has to ～ up a large household. 彼は大所帯を支えていかなければならない.
— [自] 1 (今までと)同じでいる, 衰えない; (天候などが)続く: We will have a rich harvest if this good weather ～s up. この好天が続けば豊作になるだろう. 2 落ちないでいる; 遅れないでいく[する].
kèep úp with ... [T1] [動] [他] (1) (人・情報など)に遅れないでついて[やって]いく: He tries to ～ up with the other students in the class. 彼はクラスの他の学生に勉強で遅れないように努力している. (2) (人)と交際[つき合い, 文通]を続ける. (3) (支払いなど)を続ける.

— [名] 1 [U] 生活費, 食いぶち; 生活必需品. 2 [C] 天守閣. 3 [U] 保護, 管理; (家畜などの) 世話, 面倒. for kéeps [副] 《略式》 いつまでも, ずっと. éarn one's kéep [動] [自] 生活費[食いぶち]を稼ぐ.

kéep-awày [名] [U] 《米》 子供のボール取り(遊び)《ボールを投げ合う 2 人の間の子供がそのボールを横取りする》(《英》 pig(gy) in the middle).

***keep·er** /kíːpɚ | -pə/ [名] (～s /~z/) [C] 1 [しばしば合成語で] 守る人; 番人, 看守: the ～ of the boathouse そのボート小屋の番人 / I am not ...'s ～. Ⓢ 私は…の番人ではない, …のすることに(まで)責任はとれない. 2 飼育係, (動物の)飼い主; (美術館などの)館長, 学芸員: the panda ～ パンダの飼育係. 3 [しばしば合成語で] 管理人, 保管者; 経営者. 4 《英略式》〘球〙(ゴール)キーパー (goalkeeper). 5 《米略式》とっておきたいもの, 釣ってもよい大きさに成長した魚. the [a] kéeper of the fláme [名] (伝統などの)火を絶やさない人.

keeper 1, 3 のいろいろ
bóokkèeper 簿記係 / gámekèeper 狩猟場番人 / gátekèeper 門衛, 門番 / gróundskèeper 整備員 / hóusekèeper 家政婦 / shópkèeper 《英》店主 / stórekèeper 《米》店主 / tímekèeper (競技・作業などの)時間記録係 / zóokèeper (動物園の)飼育係

kéep fìt [名] [U] 《古風, 主に英》 フィットネス運動.
†**kéep-fìt clàss** [名] [C] [しばしば複数形で] 《英》(健康のための)トレーニング[体操]教室.
keep·ing /kíːpɪŋ/ [名] [U] 1 保有; 保存, 貯蔵; 保管, 管理: in safe ～ 安全に保管されて. 2 扶養, 養育; 動物を飼うこと. in kéeping with ... [前] …と調和[一致]して. in ...'s (sáfe) kéeping [形・副] …の管理下に, …に預けて. òut of kéeping with ... [前] …と調和[一致]しないで.
kéep·sàke [名] [C] 記念品; 形見.
keg /kég/ [名] [C] (ビールなどを入れる小さい)たる (☞ powder keg); [U] =keg beer.
kég bèer [名] [U] (金属製の)たるに入った生ビール.
keg·ger /kégɚ | -gə/ [名] [C] 《米略式》 ビールコンパ.
kég pàrty [名] [C] 《米略式》 =kegger.
keis·ter /kíːstɚ, káɪ- | -tə/ [名] [C] Ⓢ 《米》[滑稽] しり (buttocks).
Kel·ler /kélɚ | -lə/ [名] [固] Helen ～ ケラー (1880–1968) 《米国の女流作家; 幼時から目も口も耳も不自由だったが, 努力の結果数か国語に通じるようになり, 社会運動・平和運動に貢献した》.
Kel·logg's /kélɑgz, -lɔːgz | -lɔgz/ [名] [固] ケロッグ 《米国 Kellogg 社製のシリアル; 商標》.
Kel·ly /kéli/ [名] [固] ケリー 1 Gene ～ (1912–96) 《米国のダンサー・俳優》. 2 Grace ～ (1929–82) 《米国の映画女優; 1956 年モナコの大公と結婚》. 3 Ned ～ (1855–80) 《オーストラリアの強盗; 逮捕後絞首刑; しばしばオーストラリア人の反権力志向の代表とされる》.
ke·loid /kíːlɔɪd/ [名] [U] 〘医〙 ケロイド.
kelp /kélp/ [名] [U] ケルプ 《こんぶ目の大型海藻》.
kel·vin /kélvɪn/ [名] [C] ケルビン 《−273.15°C を 0° と

する絶対温度; 略 K).

Kélvin scàle 名 C ケルビン目盛り.

Kem·pis /kémpɪs/ 名 **Thomas à** /tɑ́məsə, -ɑː- | tóm-/ ~ ケンピス (1380?-1471)《ドイツの宗教思想家・修道士》.

ken /kén/ 名 《次の成句で》**beyònd ...'s kén** [形]《古風》…は理解できない. —動 (kens; kenned; ken·ning)《主にスコ》他《…を》知っている. —自 知っている.

Ken /kén/ 名 ケン《男性の名; Kenneth の愛称》.

Ken. 略 =Kentucky.

Ken·ne·dy /kénədi/ 名 ケネディ **1 John Fitzger·ald** /fɪtsdʒérəld/ ~ (1917-63)《米国の政治家; 第35代大統領 (1961-63); 暗殺された. 略 JFK; ☞ president 表》. **2 Robert F(rancis)** ~ (1925-68)《米国の政治家; J. F. の弟; 暗殺された》. **3**《略式》= John F. Kennedy International Airport.

Kénnedy Cènter 名 固 [the ~] ケネディーセンター (Washington D.C. にある劇場).

Kénnedy Internátional Áirport 名 固 =John F. Kennedy International Airport.

Kénnedy Spáce Cènter 名 固 [the ~] (NASA の) ケネディ宇宙センター《Cape Canaveral にある》.

*__ken·nel__ /kén(ə)l/ 名 C **1** 犬小屋《米》dog-house). 参考 米国では kennel は何頭もの犬を飼育している大型の犬小屋を指す. **2** 犬の飼育場; ペット仮預かり所: put a dog in [a ~《英》(a) ~ s] (預かり所に)犬を預ける. 語法《英》では kennels の形で単数にも複数にも用いられる. —動 (ken·nels; ken·neled, 《英》ken·nelled; -nel·ing, 《英》-nel·ling) 他《犬》を犬小屋に入れる; ペット預かり所へ預ける.

Kénnel Clùb [the ~]《英》ケンネルクラブ《畜犬の血統の証明や登録を管理したりする》.

Ken·neth /kénɪθ/ 名 固 ケネス《男性の名; 愛称は Ken》.

ke·no /kíːnou/ 名 U キーノ (bingo に似たカード賭博).

Kén·sing·ton Gár·dens /kénzɪŋtən-/ 名 固 ケンジントン公園 (London 西部の公園).

Kent /ként/ 名 **1** 固 ケント《英国 England の南東部の州; ☞ 裏地図 G 6》. **2** 固 **Clark** ~ クラークケント《米国の漫画の主人公; スーパーマンの変身前の名前》.

Ken·tuck·y /kəntʌ́ki | ken-, kən-/ 名 固 ケンタッキー《米国中東部の州; Ky., Ken., 《郵》KY; 俗称 the Bluegrass State; ☞ America 表, 表地図 H 4》.

Kentúcky Dérby 名 [the ~] ケンタッキーダービー (Kentucky 州 Louisville で毎年開かれる競馬).

Kentúcky Fríed Chícken 名 固 ケンタッキーフライドチキン《フライドチキンが売り物の米国のファーストフードチェーン店. 略 KFC》.

Kenya /kénjə, kíːn-/ 名 固 ケニア《アフリカ中東部の共和国》.

Kenyan /kénjən, kíːn-/ 形 固 ケニアの.
—名 C ケニア人.

Kep·ler /képlə | -lə-/ 名 固 **Jo·han·nes** /jouháːnɪs | -hǽn/ ~ ケプラー (1571-1630)《ドイツの天文学者》.

Képler's láws 名 固 [複] ケプラーの法則《惑星の運動に関する3つの法則》.

*__kept__ /képt/ 動 **keep** の過去形および過去分詞.
—形 囲い者の: a ~ woman [man]《古風》または《滑稽》二号, めかけ, 愛人.

ker·a·tin /kérətɪn, -tn | -tɪn/ 名 U ケラチン, 角質《毛髪・爪などを形成する硬いたんぱく質》.

kerb /kə́ːb | kə́ːb/ 名 C《英》=curb 1.

kérb cràwler 名 C《英·豪》=curb crawler.

kérb cràwling 名 U《英·豪》=curb crawling.

ker·chief /kə́ːtʃɪf, -tʃiːf | kə́ː-/ 名 《~s, -chieves -tʃɪvz, -tʃiːvz/》 C《やや古風》 **1** カーチフ, ネッカチーフ《女性用の頭や首をおおう布》. **2** =handkerchief.

key 955

ker·fuf·fle /kəfʌ́fl | kə-/ 名 [単数形で]《英略式》騒動, から騒ぎ (about).

Kern /kə́ːn | kə́ːn/ 名 固 **Je·rome** ~ カーン (1885-1945)《米国のポピュラー音楽の作曲家》.

ker·nel /kə́ːn(ə)l | kə́ː-/ 名 C **1** 仁《果物の堅い種子の中身》; (とうもろこしなどの)穀粒. **2** 核心, 要点. **3** 一部, 少量: a ~ of truth わずかな真実.

*__ker·o·sene, -o·sine__ /kérəsiːn, kèrəsíːn/ 名 U《米·豪》灯油《英》paraffin).

kes·trel /késtrəl/ 名 C《鳥》ちょうげんぼう《たかの一種》.

ketch /kétʃ/ 名 C ケッチ (2本マストの小型帆船).

ketch·up /kétʃəp/ 名 U (トマト)ケチャップ.

*__ket·tle__ /kétl/ 名 C **1** やかん, 湯沸かし《☞ kitchen 挿絵》;《米》(ふた付きの)なべ, かま: put [switch] the ~ on やかんを火にかける / boil water in a ~ やかんで湯を沸かす / The ~ is boiling. やかん(のお湯)が沸いている. **a fìne [prétty] kèttle of físh** [名]《略式》困った状態, いざこざ. 由来 鍋の中にいろいろな魚がごちゃまぜに入っている状態から. **anóther [a (vèry) dífferent] kèttle of físh** [名]《略式》(…と)全く違うもの, 別問題 (from).

kéttle·drùm 名 C ティンパニ《打楽器; 普通は大小 1 組として用いる》.

Kev·lar /kévlɑː | -lɑː/ 名 U ケブラー《米国の防弾用繊維; 商標》.

Kéw Gárdens /kjúː-/ 名 固 [複] [しばしば単数扱い] キュー国立植物園 (London 西方の郊外にある).

Kéw·pie (dòll) /kjúːpi/ 名 C キューピー《米国製のプラスチック製の人形; 商標》.

Kewpie

*__key__[1] /kíː/ (同音 quay) (類語 keep) 名《~s /-z/》 **1** C 鍵《の》: This is the ~ **to** your room. これがあなたの部屋の鍵です / Turn the ~ to the right. 鍵を右に回しなさい. 関連 master key 親鍵 / skeleton key 合い鍵 // ☞ ignition.

key (鍵, キー)	
lock (錠(前))	鍵

─ コロケーション ─
duplicate a **key** 合い鍵を作る
put [insert] a **key** in a lock 鍵を鍵穴に差し込む
turn a **key** (in a lock) (鍵穴に入れて)鍵を回す

2 [the ~] (問題・なぞなどを解く)鍵, 手がかり, 手引き, 秘訣(ひけつ); (辞書・地図などの記号の)解説; (練習問題などの)解答(書): This holds the ~ **to** (solving) the problem. これがその問題を解く鍵を握っている / Diligence is the ~ **to** success. 勤勉が成功の秘訣だ. **3** [形容詞的に] 基本的な, 重要な: a ~ point [question, issue] 重要な点[問題] / a ~ figure [person] 重要人物 ~ industries 基幹産業. **4** C キー, 鍵《ピアノ・ワープロ・コンピューターなどの》: Strike any ~ to proceed. 先に進むにはキーをどれか押してください. **5** C,U (声の)調子; (色の)色調; 《楽》(長短の)調, 調性; (思想・表現の)基調, 様式: the ~ of C major ハ長調 // ☞ low-key(ed). **6** [the ~] (交通上の)要所, 関門; (軍事・政治上の)重要地点 (to). **7** C《植》(とねりこ・にれなどの)翼果(よくか), 翼果.

—動 他 **1**《電算》(データ)を打ち込む (keyboard) (in; into). **2**《普通は受身で》《主に米》(…)を調整[調節]する; (状況・雰囲気などに)合わせる (to). **3**《楽器などを》調律する. **4** (…)に鍵をかける; (…)に鍵をつける. **5**《自動車》に鍵でこすって傷をつける. **6**《略式》《試合・勝利

など〉に貢献する. **7** 《主に英》(塗料などがつくように)〈表面〉をざらざらにする. **be [gèt] (áll) kéyed úp abòut ...** [動] [他] 《略式》 ...に興奮[緊張]している[する]. **kéy (ín) on ...** [動] [他] 《略式》 ...に精力[注意]を集中する.

key² /kí:/ [名] [C] (西インド諸島・米国 Florida 沖などの) 砂洲(さす), さんご礁.

+**key·board** /kí:bɔ̀əd | -bɔ̀:d/ [名] (**-boards** /-bɔ̀ədz | -bɔ̀:dz/) [C] 鍵盤(けんばん), **キーボード** 《ピアノ・ワープロ・コンピューターなどの》; [しばしば複数形で] キーボード《楽器》. **—** [動] [自] キーボードを操作する. **—** [他] 〈データ〉を(コンピューターなどに)キーボードで入力する.

key·board·er /kí:bɔ̀ədə | -bɔ̀:də/ [名] [C] (コンピューターの)データ入力者.

key·board·ist /kí:bɔ̀ədɪst | -bɔ̀:d-/ [名] [C] キーボード奏者.

kéy càrd [名] [C] (ホテルなどの)電子式キーカード.

kéy chàin [名] [C] キーホルダー (☞ key holder).

kéy hòlder [名] [C] (壁にかけるタイプの)鍵かけ; (折りたたみケース式の)キーホルダー 《日本で言う鎖の先に飾りのついたタイプのキーホルダーは key chain と呼ぶことが多い》; 鍵保管人.

kéy·hòle [名] [C] 鍵穴(かぎあな).

kéyhole súrgery [名] [U] 《英略式》 光ファイバーを使って切開を小さくした手術.

kéy mòney [名] [U] 《英》 (賃貸料以外に要求される) 保証金, 権利金.

Keynes /kéɪnz/ [名] [固] **John May·nard** /méɪnəd | -nɑːd/ ~ ケインズ (1883–1946) 《英国の経済学者》.

Keynes·i·an /kéɪnziən/ [形] 〔経〕 ケインズ(主義・学派)の 《政府主導型経済を主張する》.

+**kéy·nòte** [名] [C] **1** [普通は単数形で] (行動・政策・性格などの)基調, (演説などの)主旨 (*of*): a ~ address [speech] 基調演説 / a ~ speaker 基調演説者. **2** 〔楽〕 主音 《音階の第1音》. **—** [動] [他] 〈会議など〉の基調演説をする.

kéy·pàd /kí:pæ̀d/ [名] [C] キーパッド, テンキー 《プッシュホン・リモコン・コンピューターなどの数字用ボタン》.

kéy·pàl [名] [C] 〔電算〕 E メール友達.

kéy·pùnch [名] [C] キーパンチ 《電子計算機にかけるカードに穴をあける機械》.

kéy·pùncher [名] [C] キーパンチャー 《人》.

kéy rìng [名] [C] キーホルダー, 鍵輪(かぎわ).

kéy sìgnature [名] [C] 〔楽〕 調号, 調子記号.

kéy stàtion [名] [C] 〔放送〕 キーステーション, 親局 《放送網の中心となる局》.

kéy·stòne [名] [C] [普通は単数形で] **1** 〔建〕 (アーチの) かなめ石, くさび石. **2** (考え・方針などの)主旨, 要点 (*of*).

Kéystone Stàte [名] [the ~] キーストーン州 《米国 Pennsylvania 州の俗称》.

kéy·stròke [名] [C] (コンピューター・ワープロなどの)キー打ち.

Kéy Wèst [名] [固] キーウェスト 《Florida Keys 西端の観光都市》.

kéy·wòrd [名] [C] **1** 見出し語, 表題語 《作品の内容の検索の手引きとなる語》. **2** 〔電算〕 キーワード 《検索時に入力する語》.

kéy wòrd [名] [C] **1** (文章・暗号などの解明に)鍵(かぎ)となる語, キーワード. **2** 例語 《つづり・発音などの説明に用いられる語》. **3** =keyword.

KFC /kéɪèfsí:/ [略] =Kentucky Fried Chicken.

+**kg** [略] キログラム (kilogram(s)).

KG /kéɪdʒí:/ [略] =《英》 Knight (of the Order) of the Garter ガーター勲爵士 《受爵者の称号》.

KGB /kéɪdʒì:bí:/ [名] [固] [the ~; 《英》 単数または複数扱い] (旧ソ連の)国家秘密警察.

K

+**kha·ki** /kǽki | kɑ́:-/ [形] カーキ色の. **—** [名] **1** [U] カーキ色. **2** [U] カーキ色の服地 [軍服]. **3** [複数形で] 《米》 カーキ色のズボン[制服].

khan /kɑ́:n/ [名] [C] [しばしば K-] 汗(カン) 《中央アジア諸国の統治者の尊称; 中世のモンゴル・トルコ地方の君主の称号》.

Khar·toum /kɑətú:m | kɑ:-/ [名] [固] ハルツーム 《スーダンの首都》.

Khmér Róuge /k(ə)méə- | -méə-/ [名] [固] [the ~] クメールルージュ 《カンボジアの共産勢力; Pol Pot に率いられて政権を握り, 国民を大量に虐殺 (1975–79)》.

Kho·mei·ni /kouméɪni | kɔ-/ [名] [固] **Ayatollah** ~ ホメイニ (1900?–89) 《イランのイスラム教シーア派指導者》.

Khru·shchev /krú:ʃtʃef, -tʃɔ:f, kru:ʃtʃɔ́:f | krúʃtʃɔf, krúʃ-/ [名] [固] **Ni·ki·ta** ~ /nɪkí:tə/ フルシチョフ (1894–1971) 《旧ソ連の政治家; 首相 (1958–64)》.

Khý·ber Páss /káɪbə- | -bə-/ [名] [固] [the ~] カイバル峠 《アフガニスタンとパキスタンとの国境にある》.

kHz [略] =kilohertz.

KIA [略] =killed in action 戦死した.

kib·ble /kíbl/ [名] [U] 《主に米》 粒状のドッグフード[穀物]. **—** [動] [他] 《主に英》 〈穀物など〉を砕く.

kib·butz /kɪbʊ́ts/ [名] (複 **kib·but·zim** /kìbʊtsí:m/, ~**·es**) [C] キブツ 《イスラエルの共同農場》.

kib·butz·nik /kɪbʊ́tsnɪk/ [名] [C] キブツ (kibbutz) のメンバー.

kib·itz /kíbɪts/ [動] [自] 《米略式》 (トランプなどで)余計な口出しをする; 雑談する.

ki·bosh /káɪbɑʃ | -bɔʃ/ [名] [次の成句で] **pùt the kíbosh on ...** [動] [他] 《古風, 略式》 (希望・計画など)をだめにする, やめさせる.

kick /kík/ [動] (**kicks** /~s/; **kicked** /~t/; **kick·ing**) [他] **1** 〈...〉を**ける,** けとばす (*around, toward*), けって...する (*down, over*); 〈足〉をけり上げる; けって〈...〉をつくる: John ~*ed* the football. ジョンはフットボールのボールをけった / I got **~*ed in the*** side. <V+O+*in*+名の受身> 私は横腹をけられた (☞ get [動] [自] 3 [語法]; the¹ 2 [語法]) / He ~*ed* the door open. <V+O+C (形)> 彼はドアをけって開けた / ~ one's left leg high in the air 左足を高くけり上げる.
2 〔球〕 〈ゴール〉に球をけって入れる, 〈ゴール〉を決める: The striker ~*ed* a goal. フォワードがゴールを入れた. **3** 《略式》 〈悪習・たばこ・麻薬など〉をやめる: ~ a habit よくない習慣をやめる.
— [自] **1** ける, 足をけり上げる: The little boy was ~*ing* and screaming. 小さな男の子は足をばたばたやって泣きわめいていた / The horse **~*ed at*** him when he approached it. <V+*at*+名・代> 彼が近寄ると馬がけりかかった. **2** (銃が発射で)反動する. **3** 《米》 (...について)不平を言う (*about*). **kíck (it)** [動] [自] [進行形で] Ⓢ のんびりする; 大いに楽しむ. **kíck onesèlf** [動] [自] Ⓢ 自分を責める; くやしがる. **kíck ... in the téeth [stómach, pánts]** [動] [他] 《略式》 (助け・希望を必要としているときに) 〈人〉をひどく失望させる. **kíck (some) áss [bútt]** [動] [自] =kick ...'s ass (☞ ass¹ 成句). **kíck ... when ... is dówn** [動] [他] =hit ... when ... is down (☞ hit [動] 成句).

kick の句動詞

kíck aróund [abóut] [動] [他] 《略式》 **1** 〈考え・提案〉をいろいろと検討する. **2** 〈...〉を虐待する, こづきまわす. — [自] [進行形で] 《略式》 **1** 放置されている; (考え・提案などが)顧みられない. **2** うろつき回る.

kíck aròund [abòut] ... [動] [他] 《略式》 **1** ...をうろつき回る. **2** [進行形で] (場所)に放置されている.

kíck at ... [動] [他] **1** ...にけりかかる (☞ [自] 1). **2** =kick (out) against ....

kíck báck [動] [他] **1** 〈...〉をけり返す. **2** (リベートとして)〈金〉を一部返す (*to*). — [自] **1** 跳ね返る. **2** 《略

式》くつろぐ.
kíck dówn [動] [他] =kick in [他] 2.
kíck ín [動] [他] **1** 《略式》〈分担金などを〉を払う (*on, for*). **2** 〈ドアなど〉をけ破って入る. — [自] **1** 《略式》影響し出す, 効き始める. **2** 《略式》分担金を払う, 持ち分を出す (*on, for*). **kíck ...'s fáce [héad, téeth] ìn** [動] (人)をけってぶちのめす.
***kíck óff** [動] ([名] kíckòff) [自] **1** 〖アメフト・サッカー・ラグ〗キックオフ[試合開始]をする: What time does the game ～ *off*? 試合は何時に始まりますか. **2** 《略式》(人が)(会議などを)始める; (会議などが)始まる (*with*). **3** [S] 《米略式》死ぬ. — [他] **1** 《略式》〈会議・計画など〉を始める (*with*): ～ *off* one's election campaign 選挙運動を始める. **2** 〈靴〉をけって脱ぐ.
kíck ... òff — [動] [他] 《略式》〈人〉を(場所・活動など)から追い出す.
kíck (óut) agàinst ... [動] [他] 《略式, 主に英》...に抵抗[抗議]する, 文句を言う.
***kíck ... óut** [動] [他] 《略式》〈人〉を(場所・組織から)追い出す (*of*): They ～*ed* the drunk *out of* the bar. 彼らはその酔っぱらいをバーから追い出した.
kíck úp [動] [他] **1** 《略式》〈面倒・騒ぎ〉を引き起こす: ～ *up* a fuss [row] 騒ぎを起こす. **2** 〈ほこりなど〉を舞い上げる. — [自] 《主に米》(風などが)強まる.

— [名] (～s /～s/) **1** [C] **けること,** けとばすこと: receive a ～ *in* the face 顔をけられる / This bruise was caused by a ～. この傷はけられてできたものだ. **2** [C] 〖アメフト・サッカー・ラグ〗(球の)けり, キック; けり手: take a penalty ～ ペナルティーキックをする. **3** [C] 《略式》快感, スリル; 興奮: (just) *for* ～*s* スリルを味わうために; 面白半分に / He got a big ～ ˹*out of* [*from*] surfing. 彼はサーフィンですごいスリルを感じた / He gets his ～*s* (from) playing practical jokes. 彼は悪ふざけをしておもしろがる. **4** [[U] または a ～] 《略式》(酒などの)効き目, 効力: have *a* ～ (to it) [S] (酒などが)アルコール分が強い; (コーヒーなどが)濃い. **5** [C] (発射のときの銃の)反動.
《米》**a kíck in the pánts [bútt, áss]** = 《英・豪》**a kíck up the báckside [árse]** [名] [S] 《略式》きつい注意, はっぱ.
a kíck in the téeth [gúts, stómach] [名] [S] 《略式》(思わぬ)冷たい仕打ち, ひどい扱い[失望].
be on a ... kìck [動] [自] 《略式》...に(一時的に)熱中している: She's *on a* health-food ～. 彼女は健康食品にはまっている.
gíve ... a kíck [動] [他] (1) 〈...を〉ける: She *gave* him *a* good ～. 彼女は彼をおもいきりけとばした. (2) 《略式》〈人を〉楽しませる, 喜ばせる.
kíck·àss [形] 《米卑》パワフルな, すごくいい; 高圧的な, 荒っぽい.
⁺**kíck·bàck** [名] [C,U] [普通は複数形で] 《米略式》不当な謝礼[手数料, 割戻し金], 賄賂(わいろ), キックバック.
kíck·bàll [名] [U] キックボール《ボールを足でける野球に似た子供の遊び》; [C] キックボール用のボール.
kíck bòxing [名] [U] キックボクシング.
kick·er /kíkɚ | -kə/ [名] [C] **1** ける人, (フットボールなどでの)キッカー. **2** 《米》あっと驚く(残念な)こと[結末].
kick·ing /kíkɪŋ/ [形] 《米俗》すてきな, いかす.
⁺**kíck·òff** [名] ([動] kíck óff) [C,U] [普通は単数形で] **1** 〖アメフト・サッカー・ラグ〗キックオフ. **2** 《略式》始め, 開始. **for a kíckoff** [副] [S] 《英》まず第一に.
kíck·stànd /kíkstæ̀nd/ [名] [C] キックスタンド《自転車・バイクを停止中に支える装置》.
⁺**kíck-stàrt** [動] [他] (キックスターターで)〈...〉を始動させる; 〈活動など〉にはっぱをかける, 促進する. — [名] **1** [単数形で] 始動, 活動促進. **2** [C] =kick starter.
kíck stàrter [名] [C] キックスターター《バイクなどの足踏み始動ペダル》.
kick·y /kíki/ [形] 《米略式》すてきな, 刺激的な.

***kid**[1] /kíd/ [名] (**kids** /kídz/)

「子やぎ」**3** ─→「子やぎの皮」**4**
　　　　　　└→(子)→「子供」**1**→「若者」**2**

1 [C] 《略式》**子供** (child); 息子, 娘: Lots of ～*s* are playing in the park. 公園では大勢の子供たちが遊んでいる. [語法] 年下の子供, 若者への呼びかけとしても用いる. [関連] schoolkid 学童.
2 [C] 《略式》若者, 青年: college ～*s* 大学生 / Dozens of ～*s* were dancing at the disco. ディスコでは何十人という若者が踊っていた. **3** [C] 子やぎ: a mother goat with her ～ 子やぎといっしょの母親のやぎ. **4** [U] 子やぎの皮, キッド革: shoes [gloves] of ～ キッド革の靴[手袋]. **the néw kíd on the blòck** [名] 《米略式》新入り, 新入生. — [形] [A] **1** 《略式, 主に米》(兄弟・姉妹で)年下の (younger): my ～ brother 私の弟. **2** キッド革の.
kid**[2] /kíd/ ([類音] 現分 kidding で killing) [動] (**kids** /kídz/; **kid·ded** /-ḍɪd/; **kid·ding** /-ḍɪŋ/) 《略式》[他] 〈...〉をからかう; だます, かつぐ: The boys ***kidded her ***about*** her clothes. 男の子たちは服装のことで彼女をからかった. — [自] 冗談を言う, からかう. **Are you kídding?** [S] 《略式》=No kidding? **I kíd you nót.** [S] 《略式》[滑稽] 本当だよ, うそじゃない. **Jùst [Ònly] kídding.** [S] 《略式》ほんの冗談だよ. **kíd aróund** [動] [自] 《略式》ふざけたことを言う[する]. **kíd onesèlf** [動] [自] 《略式》そら頼みする, (現実を無視して)いいほうにとろうとする, 甘い考えを持つ. **Nó kídding!** ↘ [S] 《略式》うそ[冗談]じゃないよ, まじ[ほんと]だよ. **Nò kídding?** ↗ [S] 《略式》まさか, うそ(だろう). **You're kídding (me)!** [S] 《米》冗談でしょう, まさか. ˹**You've gót to** [**You múst**] **be kídding.** [S] 《略式》冗談でしょう. **Who is ... kídding [trýing to kíd]?** 《略式》...はいったい何を言って[考えて]いるんだ.
Kidd /kíd/ [名] [固] **Captain** ～ キッド (1645?–1701) 《英国の海賊; 本名 William Kidd》.
kíd·der [名] [C] 《米略式》からかう[だます]人.
kid·die, kid·dy /kíḍi/ 《略式》[名] (**kid·dies**) [C] 子供. — [形] [A] 子供の.
kíd·ding [名] [U] からかい; だますこと.
kid·do /kíḍoʊ/ [名] [C] [普通は単数形で若者への呼びかけに用いて] 《略式, 主に米》[S] きみ, おまえ.
kíd glóves [名] [複] 子やぎの皮の手袋.
hándle [tréat] ... with kíd glóves [動] [他] 〈人〉を大事に[はれものに触るように]取り扱う.
***kid·nap** /kídnæp/ [動] (**kid·naps** /～s/; **kid·napped,** 《米》ではまた **kid·naped** /～t/; **-nap·ping,** 《米》ではまた **-nap·ing**) [他] 〈人〉を誘拐する, 拉致(らち)する: His son has been *kidnapped*. 彼の息子は誘拐された. — [名] [U,C] 誘拐, 人さらい; [形容詞的に] 誘拐の: a ～ attempt [victim] 誘拐の企て[犠牲者].
kid·nap·per, 《米》**-nap·er** /kídnæpɚ | -pə/ [名] [C] 人さらい《人》, (営利)誘拐犯.
kid·nap·ping, 《米》**-nap·ing** /kídnæpɪŋ/ [名] [U,C] 人さらい《行為》, (営利)誘拐, 拉致.
***kid·ney** /kídni/ [名] (～s /～z/) [C] **腎臓**(じんぞう); [U,C] 動物の腎臓《食用》: (a) ～ failure 腎不全.
kídney bèan [名] [C] [普通は複数形で] いんげん豆.
kídney machìne [名] [C] 〖医〗人工腎臓.
kídney-shàped [形] [普通は [A]] 腎臓[いんげん豆]形の.
kídney stòne [名] [C] 腎臓結石.
kídney trànsplant [名] [C] 〖医〗腎臓移植.
kíd [《英・豪》kíds'] stùff [名] [U] 《略式》[けなして] ご

K

〈簡単なこと, 何でもないこと; 子供用のもの〉.

kiel·ba·sa /kiːlbάːsə | -bǽsə/ 名 ⓤ キールバーサ《ポーランドの燻製(☆)ソーセージ》.

Kier·ke·gaard /kíə(r)kəgàː(r)d, -gɔ̀ː(r) | kíəkəgàː(r)d, -gɔ̀ː(ː)d/ 名 Sör·en (Aa·bye) /sɔ́ːrən(άːbi)/ ~ キルケゴール(1813-55)《デンマークの哲学者》.

Ki·ev /kíːef, -ev/ 名 キエフ《ウクライナの首都》.

Ki·ga·li /kɪɡάːli/ 名 キガリ《Rwanda の首都》.

kike /káɪk/ 名 ⓒ 〖差別〗 《米俗》 ユダヤ人.

Ki·lau·e·a /kìːləwéɪə/ 名 ⓒ キラウェア《Hawaii 島にある世界最大級の火口をもつ火山》.

Kil·i·man·ja·ro /kìləməndʒάːroʊ/ 名 固 (Mount) ~ キリマンジャロ山《タンザニアにある火山; アフリカの最高峰 (5895 m)》.

★**kill** /kíl/ 名 (回音 ★kiln; 類語 ☞ killing) 動 (kills /~z/; killed /~d/; kill·ing) 他 **1** 〈人・動物〉を殺す (☞ 類語); 〈植物〉を枯らす: The man ~ed the old woman for her money. 男は金を奪うために その老婆を殺した / The buds were ~ed by the frost. <V+Oの受身> 霜で芽が枯れた.

2 [普通は受身で] 〈事故・災害・戦争などで〉〈人〉を死亡させる (☞ 類語): He was ~ed in World War II. 彼は第二次世界大戦で戦死した / She was ~ed in a train accident. 彼女は列車事故で死んだ / All the crew were ~ed outright. 乗組員は全員即死だった. **3** 〈愛情・希望・関心・食欲など〉を損なう, 殺す; 《略式》〈会話など〉をやめる: The accident ~ed our hopes. その事故で我々の希望も断たれた. **4** 〈痛みなど〉を紛らす: I'll give you some medicine to ~ the pain. 痛みのやわらぐ薬をあげよう. **5** 《略式》〈エンジン・スイッチなど〉を切る: ~ the light 明かりを消す. **6** 《略式》〈申出・提案・計画〉を握りつぶす, 〈...〉の継続を妨げる; 〈記事〉を没にする; 〈語句〉を削除する: ~ a few sentences 文をいくつか削る. **7** 〈スピード〉を落とす; 『テニス・バレーボール』〈ボール〉を強打する; 『サッカー』〈ボール〉をぴたりと止める. **8** 《略式》〈酒・ワインなどのボトル〉を飲み干す, 空にする. **9** Ⓢ 《略式》〈人〉にひどく腹を立てる. **10** 《略式》〈人〉を魅了する, 悩殺する; 〈人〉をへとへとに疲れさせる: The suspense is ~ing me. 気になって(結果がわからないため)不安で気が変になりそうだ. **11** [普通は進行形で] 《略式》〈人〉をひどく苦しめる: My stomach is ~ing me. 胃がすごく痛い. **12** 《略式》〈人〉を笑い死にさせる: ~ oneself laughing 笑いころげる. **13** 〈時間〉をつぶす. **14** 〈味・香り・色・効果など〉を殺す, 損なう.

— 圓 **1** 死をまねく, 人を殺す. **2** 〈植物など〉が枯れる.

(èven) if it kills me Ⓢ 《略式》何でも(…する[…だ]).

if lóoks could kíll にらむだけで相手を殺せるなら《強い怒りの表現》.

It kills ... to dó. —するのは〈人〉にはとても苦痛[不快]だ: It ~s me to see young people behave rudely. 若者が失礼な態度をとるのを見るのは私には不快だ.

It will kíll or cúre. —か八(☆)かだ, のるかそるかだ.

It wòn't [wòuldn't] kíll ... (to dó). Ⓢ 〈人〉が—してもどうってことない, 〈人〉が—しても悪くない: It wouldn't ~ you to help me with my work. 仕事を手伝ってくれたっていいじゃないか.

kíll óff [動] 他 〈...〉を絶[撲]滅させる; 〈登場人物〉を死なせる.

kíll onesèlf [動] 圓 (1) 自殺する: He ~ed himself in despair. 彼は絶望して自殺した. (2) 無理をしすぎる: Don't ~ yourself preparing [to prepare] for the party. パーティーの準備で[のために]がんばりすぎないでね.

kíll twó bírds with óne stóne [動] 一石二鳥である, 一挙両得である.

kíll ... with kíndness [動] 他 親切にし過ぎて〈人〉をだめにする, 〈人〉にとってありがたい迷惑である.

— 名 ⓒ [普通は単数形で] **1** 〈獲物を〉殺すこと. **2** 〈狩りの〉獲物〈の全体〉. **3** 『バレーボール』〈決まった〉スパイク. **be ín at the kíll** [動] 獲物が殺される時に居合わせる; 物事の最後を見届ける. **gò [móve, clóse] ín for the kíll** [動] 相手にとどめをさそうと手ぐすねひく. **kíll or cúre** [名] 《英・豪》—か八か.

【類語群】**kill** は最も一般的な語で, 意図的か否かにかかわらず人間・動植物だけでなく, 無生物についても比喩的に用いられる. 事故・災害・戦争などで死ぬ場合には die よりも be killed in ... の形を使うことが多い. **murder** 計画的にまた残虐な手段で人が人を殺すこと. **assassinate** 政治的な暗殺をすること. **slay** 《米》では kill と同意, 特に新聞英語では slain という過去分詞の形で見出しによく用いられる.

kill·deer /kíldɪə | -dɪə/ 名 ⓒ ふたおびちどり《北米温帯産》.

★**kill·er** /kílə | -lə/ 名 (~s /~z/) **1** ⓒ 殺人者, 殺し屋: The police are still hunting for the ~. 警察はまだ殺人犯を追跡中だ. **2** ⓒ 《略式》〈他のものを〉殺す動物[もの]; 命取りとなるもの; 骨の折れる仕事: High blood pressure is a ~. 高血圧は命取りになる / a ~ disease 命取りとなる病気《進行が速いか悪性のもの》. **3** ⓒ 《略式》とんでもないもの, すごいやつ; とても難しい[退屈な]物; [形容詞的に] Ⓢ とても魅力的な; 致命的な, 恐ろしい: a ~ hurricane すさまじいハリケーン.

kíller àpp /-ǽp/, **kíller applicàtion** 名 ⓒ キラーアプリケーション《よく売れるコンピューターソフト》.

kíller bée 名 ⓒ 攻撃性の強い西洋蜜蜂.

kíller ínstinct 名 ⓒⓤ [普通は単数形で] 殺人本能; 〈スポーツ選手などの〉闘争心; 情け容赦のなさ.

kíller whàle 名 ⓒ しゃち, さかまた《鯨を襲う海獣》.

★**kill·ing** /kílɪŋ/ 名 (類語 ☞ killing) 名 (~s /~z/) ⓒⓤ 殺すこと, 殺害: A series of brutal ~s took place in this area. 一連の残忍な殺害事件がこの地域で起こった. **máke a kílling** [動] 圓 《略式》〈短期間に〉大もうけする (in, on). — 形 **1** 〈人・動植物など〉を死に至らしめる: a ~ frost 植物を枯れさせる霜. **2** 《略式》死にそうな; 骨が折れる: at a ~ pace 死に物狂いの速さで. **3** 《古風, 略式》とてもおかしい.

kílling field 名 ⓒ [普通は複数形で] 大量殺人の現場, 戦場.

kíll·jòy 名 ⓒ 興をそぐ人, 興ざめな人.

kíll swìtch 名 ⓒ 停止スイッチ.

★**kiln** /kíln, kíl/ 名 ⓒ かま《石灰・れんがなどを焼く》.

★**ki·lo** /kíːloʊ/ 名 (~s /~z/) ⓒ 《略式》 **1** キログラム (of) (kilogram) (1000 グラム). **2** = kilometer.

ki·lo- /kíloʊ/ 連結 「1000 (倍)」を表わす.

— 関連 —

kilo-	1000 倍	milli-	1000 分の 1
hecto-	100 倍	centi-	100 分の 1
deca-	10 倍	deci-	10 分の 1

kílo·bìt 名 ⓒ 『電算』キロビット《情報量の単位; 1000[1024] ビット》.

kílo·bỳte 名 ⓒ 『電算』キロバイト《情報量の単位; 1000[1024]バイト》《略 K, Kb》.

kílo·càlorie 名 ⓒ 『物理・栄養』キロカロリー, 1000カロリー《☞ calorie》【参考】.

★**ki·lo·gram**, 《英》 **-gramme** /kíləɡræm/ 名 (~s /~z/) ⓒ キログラム (of) (《略式》kilo) (1000 グラム; 《略》kg).

kílo·hèrtz 名 (複 ~) ⓒ 『物理』キロヘルツ(1000ヘルツ; 周波数の単位; 《略》kHz).

kílo·lìter, 《英》 **-tre** 名 ⓒ キロリットル(1000リットル; 《略》kl).

★**ki·lo·me·ter**, 《英》 **-me·tre** /kɪlάmətər, kiləmíːtər | kɪlɔ́mətə, kíləmìːtə/ 名 (~s /~z/) ⓒ キロメートル《1000 メートル; 《略》K, km, 複数形はまた kms》: for 10 ~s 10 キロ走る / The town is more than 50 ~s from here. その町はここから 50 キロ以上もある.

参考 この語は本来は kílomèter というアクセントであったが, barómeter, thermómeter のような -ometer で終わる語のアクセント型の影響で現在は kilómeter のアクセントが普通になった. (☞ -meter¹).

kílo·tòn /kíːlətʌn/ 名 © キロトン《重量の単位 (1000トン) または 原水爆の爆破力の単位 (TNT 1000トン分)》.

kílo·wàtt 名 © キロワット(1000ワット; 略 kw, kW).

kílowàtt-hóur 名 ©《電》キロワット時(1キロワットで1時間に行なわれる仕事量; 略 kwh).

kilt /kílt/ 名 © キルト《Scotlandの高地人の男や軍人がはく格子じまで縦ひだの短いスカート》; キルト風スカート.

kilt·ed /kíltɪd/ 形 A キルトをはいた.

kil·ter /kíltə | -tə/ 名 ◎《次の成句で》'**òut of [òff] kílter** 形 不調で, (調子が)狂って. **òut of kílter with** … 形 …と不調和で.

kim·chi, kim·chee /kímtʃi/ 名 ◎ キムチ《朝鮮の漬物》.

Kim·co /kímkou/ 名 (~s) © キムコ《米国製の冷蔵庫用脱臭剤; 商標》.

Kim Dae Jung /kímdèɪdʒʌŋ, -dʒáŋ/ 名 個 金大中, キムデジュン (1925-)《韓国の政治家; 大統領 (1998-2003)》.

Kim Il Sung /kímɪlsʌŋ/ 名 個 金日成 (1912-94)《朝鮮民主主義人民共和国(北朝鮮)の主席 (1972-94)》.

Kim Jong Il /kímdʒɔːŋíːl , -dʒʌŋ-/ 名 個 金正日, キムジョンイル (1942-)《北朝鮮の政治家; 総書記 (1997-); 金日成の息子》.

ki·mo·no /kəmóʊnə, -noʊ | -nəʊ/《日本語から》名 (~s) © **1** (日本の)着物をまねたゆるい部屋着. **2** キモノ《日本の着物をまねたゆるい部屋着》. kimono 2

kin /kín/ 名 Ⓤ《複数扱い》《古風》親族, 親類《全体》(☞ kin¹ 囲み). **néxt of kín** 名《格式》最近親者(たち).

-kin /kɪn/ 接尾《名詞語尾》《小児》「ちっちゃい」の意: lamb*kin* ちっちゃい小羊; かわいい子.

*____

*kind¹ /káɪnd/ 名 (**kinds** /káɪndz/)

元来は「生まれ」の意
→ (生まれが同じもの) → (同族, 親族) (☞ kin, kindred)
→ 「種類」
→ (生まれのよい) → kind² 「心の優しい」, 「親切な」 (☞ gentle 囲み)

© **種類** (☞ 類義語); 部類 (class); 種族 (race); Ⓤ《修飾節[語句]を伴って》 …のたぐいの物[人]: apples of several [different] ~s = several [different] ~s of apple(s) 数[さまざまな]種類のりんご / It is a ~ of orange. それはオレンジの一種だ / a reply of some ~ なんらかの返答 / He displayed no emotion of any ~. 彼はいかなる感情も表わさなかった / the best cheese of its ~ その種で最高級のチーズ / It takes all ~s (to make a world). Ⓢ《ことわざ》世間にはいろいろな人がいるものだ, 人さまざま / All ~s of books [Books of all ~s] are sold here. ここではあらゆる種類の本が売られている (☞ all kinds of … (成句)) / He was just the ~ of (a) man I *wanted*. 彼は私が望んでいたとおりの人だった / She is not *the* ~ *to* tell lies. 彼女はうそをつくような人じゃない / She's not *my* ~ of girl. 彼女は私の好きなタイプの女の子ではない / I don't like them. They only want to be with *their* (*own*) ~. あの人たちは好きになれない. 似た者同士とだけいたがるから. ★《「この[その]種の本」などの言い方については ☞ sort 名 1 語法》. 関連 mankind 人類.

a kind of … 《主に Ⓢ》一種の…, いわば; 漠然とした …: He is *a* ~ *of* environmentalist. 彼はある一種の環境保護論者だ / I had *a* ~ *of* feeling that he would visit me. 私は何となく彼が訪ねてくれるような気がした. 語法 …に入る名詞は普通は © でも冠詞がつかない単数名詞.

áll kinds of … 形《略式》いろいろな…, あらゆる種類の…: *all* ~*s of* sports いろいろな(種類の)スポーツ.

áll of a kínd 形 みな同じ種類で, みな一様で.

ánything of the kínd 名《疑問文・否定文で》何かそのようなこと[もの].

in kínd 副 (1) (支払いを)現物[労務]で: Payment was made *in* ~. 支払いは現物でなされた. (2) (返礼・報復などを)同じ種類のもので: He repaid my compliments *in* ~. 彼は私から受けた賛辞に賛辞を返した. (3) 本質的に: differ *in* ~ 本質が違う.

kind of … 形 ☞ kind of の項目.

nóthing of the kínd 名 全然違うこと[もの]: I assure you that I said *nothing of the* ~. 保証するが私はそんなことは全く言っていない.

… of a kínd 形 (1) いいかげんな…, 名ばかりの…, 安物の…: a restaurant *of a* ~ お粗末なレストラン. (2) 同じ種類の…: one *of a* ~ 他に類をみないもの / two *of a* ~ 同じ種類の2つのもの; 似た者どうし.

sómething of the kínd 名 Ⓢ 何かそのようなこと[もの].

whát kínd of … 形 どんな種類の…, どのような…: *What* ~ *of* fish is it? それはどんな種類の魚ですか / *What* ~ *of* ((略式) a) person is your fiancé? あなたの婚約者はどんな人ですか.

【類義語】**kind** と **sort** とはほぼ同義だが, **sort** は **kind** よりくだけた感じの語: all *kinds* [*sorts*] of books あらゆる種類の本. **class** 共通の特徴や性質を持ったものの集まり・部類の意で, 優劣などの価値判断を伴って用いることのある語: whiskey of the same [highest] *class* 同じ部類[最高級]のウイスキー. **type** 本来は, 他の種類と明確に区別できるような共通の特徴を持ったものの集まりとしての種類の意であるが, **kind** や **sort** とほぼ同じ意味で用いることもある: the latest *type* of contact lens 最新式のコンタクトレンズ.

*____

*kind² /káɪnd/ 形 (**kind·er**; **kind·est**; 反 unkind) 《行為などが》親切な, 心の優しい, 思いやりのある, (…に)親切にする, 優しくふるまう;《格式》(物事が)よい, 無害な (☞ kind¹ 囲み): a ~ boy 心の優しい少年 / a ~ act 親切な行為 / a soap that is ~ *to* skin 肌に優しいせっけん / The policeman was very ~ *to* us. <A+*to*+名・代> その警官は私たちにとても親切にしてくれた / It's very ~ *of* you *to* help me. 手を貸してくださって本当にありがとうございます (☞ *of* 12) / I wonder why they are being so ~ *to* me today. なぜ彼らは今日は私にこんなに親切にしてくれるんだろうか.

Wòuld you be kínd enòugh to dó? = Wòuld you be só kínd as to dó? 動 Ⓢ《格式》…していただけませんか (☞ to³ B 2): *Would you be* ~ *enough to* explain it to me? 恐れ入りますがそれを説明していただけませんでしょうか. 用法注意 この表現は《丁寧》すぎて, いんぎん無礼に聞こえることがあるので, Please could you explain it to me? とか Would you mind explaining it to me? を用いるほうがよい.

【類義語】**kind** は一時的にしろ習慣的にしろ特定の行為・感情が親切で思いやりのあることをいう. これに対して **kindly** は生まれつき・性格的に親切で優しく, 他に自分より下の者, 弱い者に優しいことを意味する. また形容詞としては普通 A として用いられるので, He is *kind* only to his girlfriend. 《彼はガールフレンドだけに優しい》という文では **kindly** を代用することはできない. また his *kindly* heart では **kind** を代用することは可能だが, **kindly** のほうが自然.

kind·a /kàɪndə/, **kind·er** /-də, -dɚ | -də/ [副] [S] 《略式》 =kind of の項目.

⁺**kin·der·gar·ten** /kíndɚgàɚtn | -dəgɑ̀ː-/ 《ドイツ語から》 [名] [C,U] 幼稚園 《普通米では 5 歳児, 英では 2–5 歳児対象》.

kin·der·gar·ten·er, -gart·ner /kíndɚgàɚtnɚ | -dəgɑ̀ːtnə/ [名] [C] 幼稚園児.

kínd·héart·ed [形] 親切な, 心の優しい, 思いやりのある; 情け深い: Mike is a very ～ boy. マイクはとても気の優しい少年だ. **～·ly** [副] 親切に, 心優しく. **～·ness** [名] [U] 心の優しさ, 思いやり.

kin·dle /kíndl/ [動] [他] **1** 〈…〉に火をつける, 〈火〉をつける, 燃やす: He ～*d* a fire. 彼は火をつけた. **2** 〈感情〉を燃え立たせる, かき立てる, あおる (excite): Her words ～*d* our curiosity. 彼女のことばが私たちの好奇心をかき立てた. — [自] **1** 《主に文》 (感情が)燃え立つ, かっとなる, 興奮する. **2** 火がつく, 燃えつく.

kind·li·ness /káɪndlinəs/ [名] [U] 親切, 温情.

kin·dling /kíndlɪŋ/ [名] [U] たきつけ.

***kind·ly**[1] /káɪndli/ [副] ([反] unkindly) **1** [時に [文修飾語]] 親切に(も), 優しく: [言い換え] He ～ helped me. (=It was kind of him to help me.) 彼は親切にも手伝ってくれた / She helped the old man very ～. 彼女はとても親切に老人に手を貸した.
2 [S] 《格式》 どうぞ (…してください) (please): [言い換え] Would [Will] you ～ leave me in peace?＝*K*～ leave me in peace! すみませんが私をそっとしておいていただけませんか. [語法] 丁寧だがしばしば皮肉またはいらだちの気持ちが含まれることがある. **lòok kíndly on [upòn] …** [動] [他] (人・物)を認める, よしとする. **tàke kíndly to …** [動] [他] [普通は否定文で] 自然に…に慣れる, …になじむ; …を快く受ける: She did *not take* ～ *to* his interference. 彼女は彼の干渉がおもしろくなかった. **thínk kíndly of …** [動] [他] 《格式》 (人)を快く思う.

***kind·ly**[2] /káɪndli/ [形] (**kind·li·er** /-liɚ | -liə/, **more** ～; **kind·li·est** /-liɪst/, **most** ～; [反] unkindly) [普通は [A]] (性格などが)優しい, (目下や弱者に)親切な 《☞ kind[2] 類義語》: a ～ heart 優しい心 / He gave me a ～ smile. 彼は私に優しくほほえんでくれた.

***kind·ness** /káɪn(d)nəs/ [名] (～**·es** /-ɪz/; [反] unkindness) **1** [U] 親切, 優しさ, 好意 (*to*): Thank you for your ～. ご親切ありがとう / He lacks human ～. 彼には人間らしい優しさがない.
2 [C] (1 回の)親切な行為[態度]: do … a ～ …に親切にする / I cannot forget his many ～*es* to me. 私は彼の数々の親切が忘れられない / She repaid [returned] his ～. 彼女は彼の親切に報いた.
hàve the kíndness to dó [動] 《丁寧》 親切にも…する: Would you *have the* ～ *to* show me how to call a taxi? タクシーの呼び方をご教示いただけないでしょうか 《もったいぶった言い方》.
òut of kíndness [副] 親切心から: He did it all *out of* ～. 彼はすべて親切心からそうしてくれた.

kind of /kàɪndə(v)/ [副] [S] 《略式》 いくらか, 多少; [文修飾語] 何だか[どちらかと言えば]…の[する]ようだ: It's ～ cold, isn't it? ちょっと寒いね / I ～ thought he would succeed. 私は何だか彼が成功するような気がした / [会話] "Did he help you?" "Well, ～." 「彼は助けてくれましたか」「まあね」

kin·dred /kíndrəd/ [名] **1** [U] 《格式》 血縁, 血族関係 (*with*) 《☞ kind[1] 囲み》. **2** [複数扱い] 《古語》 親族, 親類(の人々). — [形] [A] 《格式》 血縁の; 近縁の; 同種の, 同類の.

kíndred spírit [sóul] [名] [C] 気心の合った者.

kin·dy /kíndi/ [名] [C] 《豪略式》 =kindergarten.

ki·ne·mat·ics /kìnəmǽtɪks/ [名] [U] 〖物理〗 運動学.

ki·ne·scope /kínəskòʊp/ [名] [C] 《米》 キネスコープ 《ブラウン管の一種》; キネスコープ映画 《テレビ番組のフィルム録画》.

kin·es·the·si·a, -aes- /kìnəsθíːʒ(i)ə, kàɪ- | -ziə/ [名] [U] 〖生理〗 運動(感)覚, 筋覚.

kin·es·thet·ic /kìnəsθéṭɪk, kàɪ-/ [形] 〖生理〗 運動感覚(性)の.

ki·net·ic /kɪnéṭɪk, kaɪ-/ [形] [普通は [A]] **1** 〖物理〗 運動の, 動力(学)の: ～ energy 運動エネルギー. **2** 《格式》 動的な, 活動的な (dynamic): ～ art 動く芸術 《光線・彫刻などを使ったもの》.

ki·net·ics /kɪnéṭɪks, kaɪ-/ [名] [U] 〖物理〗 動力学 (dynamics).

kín·fòlk(s) [名] [複] 《古風, 主に米》 =kinsfolk.

****king** /kíŋ/ [名] (～**s** /～z/; [形] kíngly) **1** [C] 王, 国王 《王国 (kingdom) を治める男性の支配者》: the *K*～ *of* England イングランド王 / *K*～ John ジョン王. [関連] queen 女王 / emperor 皇帝.
2 [C] (…の)王 《それぞれの分野で最高の権力を握っている人や最強の人》; 大立者, 最大[最高, 最上]のもの; [形容詞的に] (同種の中で)最大[最高, 最上]の: an oil ～ 石油王 / a ～ cobra キングコブラ / a home run ～ ホームラン王 / the ～ ***of*** beasts 百獣の王 《ライオン》 / the ～ *of* Japanese wines 最高峰の日本ワイン. **3** [C] (トランプの)キング(の札); (チェスの)キング, 王; (チェッカーの)成駒(なりごま) 《[略] K》: the ～ of spades スペードのキング. [関連] queen クイーン / jack ジャック. **4** [(the) K-] 〖キ教〗 神 (God); イエスキリスト. **5** [Kings として単数扱い] 〖聖〗 列王紀 《旧約聖書中の一書; 上下二書から成る》. **6** [the K-] 《略式》 =Elvis Presley 《☞ Presley》. **be kíng** [動] [自] 全盛期にある. **líve lìke a kíng** [動] [自] (王様のように)ぜいたくに暮らす. **the Kíng of Kíngs** [名] 〖キ教〗 イエスキリスト.

King /kíŋ/ [名] [固] キング **1 B. B.** ～ (1925–) 《米国のブルース歌手・ギタリスト》. **2 Billie Jean** ～ (1943–) 《米国のテニス選手》. **3 Martin Luther** ～**, Jr.** (1929–68) 《米国の牧師, 黒人解放運動の指導者》. **4 Stephen** ～ (1947–) 《米国のホラー小説家》.

kíng·cùp [名] [C] きんぽうげ; りゅうきんか.

***king·dom** /kíŋdəm/ [名] (～**s** /～z/) **1** [C] 王国 《王 (king) または女王 (queen) が治める国》: the United *K*～ 連合王国, 英国 / Denmark is a ～. デンマークは王国である. [関連] empire 帝国.
2 [C] (学問・活動の)分野, 世界, 領域 (*of*). **3** [C] …界 《自然を動物・植物・鉱物の 3 つに分けたもの》, 〖生〗 界 《☞ family 5》: the animal [plant, vegetable, mineral] ～ 動[植 《前の 2 つ》, 鉱]物界. **4** [the ～] (キリスト教の)神の国: *the* ～ of heaven [God] 天国.

kíngdom cóme [名] [U] 《略式》 [しばしば滑稽] あの世, 天国. **blów [blást] … to kíngdom cóme** [動] [他] 《略式》 〈…〉を完全に破壊する. **till [untìl] kíngdom cóme** [副] 《略式》 いつまでも.

kíng·fish·er [名] [C] かわせみ 《羽毛が美しく, 水面に飛び込んで魚を捕らえる小鳥》.

kingfisher

Kìng Jámes Vér·sion [名] [the ～] 欽定(きんてい)訳聖書 (Authorized Version).

Kíng Kóng /-kɔ́ːŋ | -kɔ́ŋ/ [名] [固] キングコング 《映画などに登場する巨大なゴリラ》.

Kìng Léar [名] [固] リア王 《Shakespeare 作の 4 大悲劇の 1 つ(の主人公); ☞ Hamlet》.

kíng·ly [形] ([名] king) [普通は [A]] 《文》 王の; 王にふさわしい (royal).

kíng·màker [名] [C] (政党などの)実力者, 黒幕.

kíng·pìn [名] [C] **1** [普通は単数形で] 中心人物; 重要なもの (*of*). **2** 〖ボウリング〗ヘッドピン; 5 番ピン.

kíng sàlmon [名] [C,U] 鱒(ます)の介(すけ), キングサーモン《鮭の最大種で 2 m に達する; 太平洋産》.

Kíng's Bénch [名] [the ~] 〖英法〗高等法院の王座部《刑事・民事を裁く上級裁判所; [略] KB; 女王治世下では Queen's Bench という》.

Kíngs Cányon [名] [固] キングスキャニオン《California 州の峡谷・国立公園; sequoia の巨木で有名》.

Kíng's Cóunsel [名] [C] [単数形でも時に複数扱い] 〖英法〗王室[勅選]弁護士《[略] KC; 女王治世下では Queen's Counsel》.

Kíng's Énglish [名] [the ~] 《古風》純正英語《England 南部の標準イギリス英語; 女王治世下では Queen's English ともいう》.

Kíng's évidence [名] 《英》共犯者に不利な証言《☞ turn King's evidence (evidence 成句)》.

kíng·shìp [名] [U] 《格式》王の身分; 王位, 王権.

kíng-sìze(d) [形] **1** [普通は [A]] キングサイズの, 特大の. **2** 《略式》非常に大きい[強い].

Kíng's Spéech [名] [the ~] 〖英〗議会開会の際の勅語《首相または閣僚が執筆し, 政府の新年度の方針・新たな法案の概略を述べる; 女王治世下では Queen's Speech》.

Kings·ton /kíŋ(k)stən, kíŋz-/ [名] [固] キングストン《Jamaica の首都》.

Kings·town /kíŋztaʊn/ [名] [固] キングズタウン《西インド諸島の St. Vincent and the Grenadines の首都》.

kink /kíŋk/ [名] [C] **1** (糸・綱などの)よじれ, もつれ; (髪の)縮れ (*in*). **2** (首・背などの)凝り (*in*). **3** 《略式》(性質の)ねじけ, いこじ; (性的に)変態じみたところ. **4** (計画・装備などの)欠陥, 不備, 問題点. **íron [wórk] óut the kínks** [動] [自] 《米》(1) 問題点などを解決する (*in*). (2) もつれを直す. **—** [動] [他] 〈...〉をよじる, ねじる. — [自] よじれる, ねじれる.

kink·y /kíŋki/ [形] (**kink·i·er**; **-i·est**) **1** 《略式》[普通は軽蔑] (性的に)変な, 変態の. **2** (髪が)縮れた: ~ hair ちりちりの髪.

Kin·sey /kínzi/ [名] [固] **Alfred Charles** ~ キンゼー (1894–1956)《米国の性科学者; 男と女の性行動に関する研究報告 (the Kinsey Reports) を発表》.

kíns·fòlk [名] [複] 《古風》親類縁者.

Kin·sha·sa /kɪnʃáːsə, -ʃǽsə/ [名] [固] キンシャサ《コンゴ民主共和国の首都》.

kín·shìp [名] 《格式》 **1** [U] 親類[血族]関係 (*with*). **2** [[U] または a ~] 仲間意識, 親近感; (性質などの)類似 (*with, for, between*).

kins·man /kínzmən/ [名] (**-men** /-mən/) [C] 《文》親戚の男.

kíns·wòman [名] (**-wom·en** /-wìmən/) [C] 《文》親戚の女.

ki·osk /kíːɑsk | -ɔsk/ [名] [C] **1** キオスク《駅前・広場などにある新聞売り場・売店など》. **2** 《古風, 英》公衆電話ボックス (telephone kiosk).

kip /kíp/ 《英略式》[名] [[U] または a ~] (ひと)眠り: have *a* ~ ひと眠りする. **—** [動] (**kips**; **kipped**; **kip·ping**) [自] 眠る (sleep); 寝る (*down*).

Kip·ling /kíplɪŋ/ [名] [固] (**Joseph**) **Rud·yard** /rʌ́dʤəd | -ʤəd/ ~ キプリング (1865–1936)《インド生まれの英国の作家・詩人; Nobel 文学賞 (1907); ☞ twain》.

kip·per /kípɚ | -pə/ [名] [C] 薫製(乾燥)にしん.

kíp·pered [形] 薫製の.

kípper tìe [名] [C] あざやかな色の幅広のネクタイ.

Ki·ri·ba·ti /kìrɪbáːṭi, kírəbæ̀s/ [名] [固] キリバス《太平洋中西部の島国》.

kirk /kɚ́ːk | kə́ːk/ [名] **1** [C] 《スコ》教会. **2** [the K-] =the Church of Scotland《church 成句》.

kirsch /kíɚʃ | kíəʃ/ [名] [U] キルシュ《さくらんぼから作る無色で強い酒》.

Ki·shi·nev /kíʃənèv, -nèf | -nɔ̀f, -nèf/ [名] [固] キシニョフ《モルドヴァの首都; Chişinău の旧称》.

kis·met /kízmet, kís-/ [名] [U] 《文》運命, 定め.

***kiss** /kís/ [動] (**kiss·es** /~ɪz/; **kissed** /~t/; **kiss·ing**) [他] **1** 〈...〉にキスする, 接吻(せっぷん)する: The mother ~*ed* her child. 母親は子供にキスした / [言い換え] He ~*ed* her ***on** the* cheek. <V+O+*on*+名>=He ~*ed* her cheek. 彼は彼女のほおにキスした《☞ the¹ 2 [語法]》. **2** 〈人に〉〈別れ・あいさつなど〉をキスで伝える[表わす], 〈...〉の印のキスをする: He ~*ed* his girlfriend goodnight. 彼は恋人にお休みのキスをした. **3** 《文》(微風・日光などが)〈...〉に軽く触れる.

— [自] キスをする: They ~*ed* passionately. 彼らは熱烈なキスをした. **kíss and téll** [動] [自] 自分の情事を明かす《☞ kiss-and-tell》. **kíss ... awáy** [動] [他] Ⓢ キスして〈...〉を取り去る: The child's mother ~*ed* his tears *away*. その子は母親にキスされて泣きやんだ. **kíss ... good-býe**=**kíss good-býe to ...** [動] [他] 《略式》...をいさぎよくあきらめる. **kíss úp to ...** [動] [他] 《米略式》...にとりいる.

— [名] (**~·es** /~ɪz/) [C] キス, 口づけ, 接吻: They exchanged ~*es*. ふたりはキスをかわした.

コロケーション
blow ... a *kiss* ...に投げキスをする
give ... a *kiss* ...にキスする
steal a *kiss* from ... ...に(不意に)さっとキスする

the kíss of déath [名] 《略式》[普通は滑稽] (表面はよいが)命取りの言動, ありがた迷惑 (*for*).

the kíss of lífe [名] 《英・豪》口移し式人工呼吸 (artificial respiration); 起死回生の策 (*for*).

kiss·a·ble /kísəbl/ [形] キスしたくなるような.

kiss·a·gram /kísəgræ̀m/ [名] [C] =kissogram.

kíss-and-crý [名], [形] [A] 〖フィギュアスケート〗得点待ちの(控え場所)《コーチとキスをして得点に涙することから》.

kíss-and-téll [形] [普通は [A]] (回顧録などが)過去の知人の秘密[知人との情事]をあばく, 暴露物の.

kíss-àss 《米俗》[形] [A] こびへつらう, ぺこぺこする. **—** [名] [C] おべっか屋, ごますり.

kiss·er /kísɚ | -sə/ [名] [C] **1** キスする人. **2** 《略式》口; 顔.

kíssing cóusin [名] [C] 《古風》(改まって)キスをかわすほどの(遠い)親類.

kíssing disèase [名] [U] キス病《mononucleosis の俗称》.

Kis·sin·ger /kísɪnʤɚ | -ʤə/ [名] [固] **Henry A(lfred)** ~ キッシンジャー (1923–)《米国の政治学者; 国務長官 (1973–77); Nobel 平和賞 (1973)》.

kíss-òff [名] [C] 《俗》お払い箱, 首; 縁切り, (一方的に)振ること.

kiss·o·gram /kísəgræ̀m/ [名] [C] (誕生日などの)キス付き電報《配達人が受取人にキスのサービスをする》.

kiss·y /kísi/ [形] 《略式》キスしたがる, 甘えん坊の; (唇が)キスしたくなるような.

kíssy·fàce [名] [U] 《米俗》キス, チュッチュ: play ~ with ... ...とキスし合う[いちゃつく].

***kit** /kít/ [名] (**kits** /kíts/) **1** [C,U] (ある目的・仕事などのための)用具ひとそろい, 道具一式; 用具[道具]箱: a first-aid ~ 救急箱 / a survival ~ 災害時の救急袋 / a pocket sewing [mending] ~ 携帯用の裁縫セット. **2** [C] (模型作り用)キット, 組み立て用部品一式; 組み立て式家具: a model plane ~ 模型飛行機の組み立てキット. **3** [U] (兵士などの)装備, 装具; 《英》(特定のスポーツ用などの)用品. **gèt one's kít òff** [動] [自] 《英略式》衣服を脱ぐ. **—** [動] (**kits**; **kit·ted**; **kit·ting**) [次の成句で] **kít óut [úp]** [動] [他] [普通は受身で] 《主に英》〈...〉を装備させる, 〈...〉の用具[道具]をそろえてやる

K

962　kit bag

(with, in).

kít bàg 图 [C] (主に英) (兵士や水夫の) 背のう.

＊kitch・en /kítʃən/ 图 (~s/-z/) [C] 台所, キッチン, 調理場, 炊事場: a ~ knife 包丁 / Our mother is busy in the ~. お母さんは台所で忙しい. 日英比較 「ダイニングキッチン」に相当するものを kitchen-dining room ということがある. 語源 ラテン語「料理」の意; cook と同語源.

kítchen cábinet 图 [C] (大統領・州知事などの)私設顧問団.

kitch・en・ette /kìtʃənét/ 图 [C] 簡易台所.

kítchen gàrden 图 [C] (英) 家庭菜園.

kítchen pàper 图 [U] (英) =kitchen roll.

kítchen políce 图 [U] (米) 炊事勤務兵(全体); 炊事勤務 (略 KP).

kítchen ròll 图 [U] (英) 台所用ペーパータオル.

kítchen sínk 图 [C] 台所の流し(台). **éverything but the kitchen sínk** [名] (滑稽) (持って行ける)ありとあらゆるもの, (必要以上に)たくさんのもの.

kítchen-sínk dràma 图 [C] (英・豪) 深刻な家庭問題を扱ったドラマ[映画].

kítchen téa 图 [C] (豪) キッチンティー (結婚前の花嫁のために台所用品を持ち寄って祝うパーティー).

kítchen tòwel 图 [U] (英) =kitchen roll.

kítchen wàre 图 [U] 台所用品, 台所道具.

＋kite /káɪt/ 图 [C] **1** たこ(凧). **2** とび, とんび. **3** (米略式) 空手形. **flý a kíte** [動] 面 (1) たこ揚げをする. (2) (英略式) (仮の言動で)世論などの反応を試す, 観測気球を上げる. **Gó flý a kíte!** (S) (米) (もういいから)あっちへ行ってくれ, じゃまするな! **hígh as a kíte** [形] ひどく興奮して, (酒やドラッグで)とてもハイになって. ── 動 他 **1** 〈価格など〉をあげる. **2** 〈金〉を空手形でせしめる.

kíte・flýing 图 [U] **1** たこ(凧)揚げ. **2** (英・豪) 世論の動向を探ること.

Kíte-màrk 图 [C] (英) 英国工業規格マーク(《日本の JIS マークに当たる).

kith /kíθ/ 图 [次の成句で] **(one's ówn) kíth and kín** [名] [複数扱い] (古風) 親類知人[縁者] (全体).

Kit-Kat /kítkæt/ 图 圖 キットカット (チョコレートがけのエハース; 商標).

＋kitsch /kítʃ/ 图 [U] 俗悪[低俗]性; (芸術・文学などの) 俗悪な作品, げて物, キッチュ. ── 形 =kitschy.

kitsch・y /kítʃi/ 形 俗悪感をねらう, キッチュな.

＋kit・ten /kítn/ 图 [C] 子猫. 関連 cat 猫. ★鳴き声については ☞ cry 表. **háve kíttens** [動] 面 (S) (英略式) ひどく心配する[不安がる, 恐れる].

kítten héels 图 [複] かかとの低い女性用の靴.

kit・ten・ish /kítnɪʃ/ 形 (古風) (主に女性が)媚(こ)びる, コケティシュな; じゃれつく.

Kit・tie /kíti/ 图 Ⓖ キティー (女性の名; Catharine, Catherine, Katharine または Katherine の愛称).

kít・ti・wake /kítiwèɪk/ 图 [C] みつゆびかもめ.

kit・ty[1] /kíti/ 图 (kit・ties) [C] (略式, 主に小児) 子猫, にゃあにゃあ; 猫.

kit・ty[2] /kíti/ 图 (kit・ties) [C] [普通は単数形で] **1** (トランプの)賭(か)け金. **2** (略式) 共同の積立金.

Kit・ty /kíti/ 图 Ⓖ =Kittie.

kitty-còrner 副 (米略式) はす向いに, 対角線上に.

Kít・ty Lít・ter /kítilìtɚ |-tə/ 图 Ⓖ キティーリター (ペット, 特に猫用トイレに敷く吸湿材; 商標).

Ki・wa・nis /kɪwάːnɪs/ 图 [the ~] キワニス (実業家による地域奉仕団体).

＊ki・wi /kíːwiː, -wiː/ 图 **1** [C] キーウィ (ニュージーランドに住む飛べない鳥で小型のだちょうの類). **2** [C,U] =kiwi fruit. **3** [普通は K-] [C] (略式) ニュージーランド人.

kí・wi frúit 图 [C,U] キーウィフルーツ (ニュージーランドが主産地の中が緑色の果物).

kiwi 1

KKK /kéɪkèɪkéɪ/ 图 (米) [the] =Ku Klux Klan.

kl =kiloliter(s).

Klam・ath /klǽməθ/ 图 Ⓖ クラマス族 (北米西部の先住民).

Klans・man /klǽnzmən/ 图 (-men /-mən/) [C] (米) Ku Klux Klan の団員.

klax・on /klǽks(ə)n/ 图 [C] (昔のパトカーなどの)クラクション, 警笛 (元来は商標名). 日英比較 日本ではよく「クラクション」というが, 英語では horn が普通.

kitchen

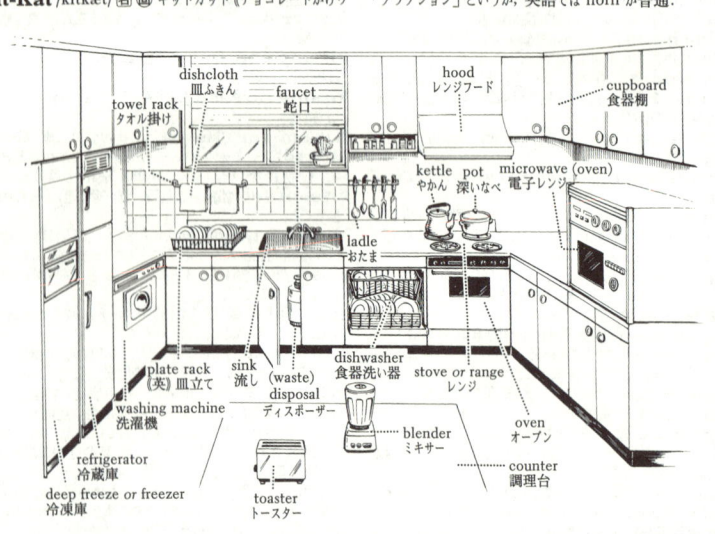

Klee /kléɪ/ [名] [固] **Paul** ～ クレー (1879–1940)《スイスの画家》.

Klee·nex /klíːneks/ [名] (複 ～(·es)) [C,U] ティッシュペーパー (1 枚)《商標》.

Klein /kláɪn/ [名] [固] クライン **Calvin** ～ (1942–)《米国の服飾デザイナー》.

Kléin bòttle [名] [C] [普通は the ～]〘数〙クラインの管[壺].

klep·to /kléptou/ [名] [C]《略式》=kleptomaniac.

klep·to·ma·ni·a /klèptəméɪniə/ [名] [U] 盗癖.

klep·to·ma·ni·ac /klèptəméɪniæ̀k←/ [名] [C] 盗癖の持ち主, 窃盗狂. ― [形] [A] 盗癖の.

klez·mer /klézmɚ | -mə/ [形] クレズマーの《東欧のユダヤ人の民族音楽の》: ～ music クレズマーの音楽.

klick /klík/ [名] [C]《米俗》1 キロメートル.

Klon·dike /klándaɪk | klɔ́n-/ [名] [固] [the ～] クロンダイク《カナダ北西部, Yukon 川流域の金産地》.

kludge, kluge /klúːdʒ, klʌ́dʒ/《俗》〘電算〙[名] [C] まずい解決法; 拙速で作ったハード[ソフト]. ― [形] (解決法が)拙速の. ― [動] [他] 〈…〉を拙速で解決する.

klutz /klʌ́ts/ [名] [C]《米略式》不器用なやつ, とんま.

klutz·y /klʌ́tsi/ [形]《米略式》不器用[とんま]な.

***km** [略] キロメートル (kilometer(s)).

K mart /kéɪmɑ̀ɚt | -mɑ̀ːt/ [名] [固] K マート《米国の総合小売会社》.

kms [略] =kilometers《☞ kilometer》.

kn [略] =knot [名] 5.

⁺**knack** /nǽk/ [名] [C] [普通は単数形で]《略式》技巧 (skill), こつ (*for*): Flipping pancakes is easy once you get the ～ *of* it. ホットケーキをさっと裏返すのは一度こつを覚えれば簡単です. **hàve a [the] knáck of [for] …** [動] [他]《略式》(1) …のこつを知っている (do*ing*). (2) …する(妙な[困った])癖[傾向]がある (do*ing*).

knack·er /nǽkɚ | -kə/ [動] (**-er·ing** /-kərɪŋ/) [他] [S]《英略式》疲労困憊(こんぱい)させる (*out*); 〈ひじ・手など〉をくじく; 〈…〉を傷つける, 駄目にする.

knack·ered /nǽkɚd | -kəd/ [形] [主に [P]] [S]《英略式》**1** へとへとに疲れて. **2** 古すぎて使いものにならない.

knáck·er's (yàrd) [名] [C] [普通は単数形で]《古風, 英》(廃馬の)屠畜場. **réady for the knácker's yàrd** [形]《英略式》古くなって使いものにならない.

knack·wurst /nɑ́kwɚ̀ːst, -vʊ̀ɚst | nǽkvʊ̀əst/ [名] [C] クナックヴルスト《香辛料の効いたドイツのソーセージ》.

knap·sack /nǽpsæ̀k/ [名] [C]《古風》=rucksack.

knave /néɪv/ [名] [C] **1**《英格式》〘トラ〙ジャック(の札) (jack). **2**《古語》悪党.

knav·er·y /néɪv(ə)ri/ [名] (**-ver·ies**) [U,C]《古語》不正.

knav·ish /néɪvɪʃ/ [形]《古語》**1** 悪漢のような, ならず者の. **2** 不正な. **～·ly** [副] 不正に.

knead /níːd/ [動] [他] **1** 〈粉・土など〉をこねる, 練る; 〈パンや陶器〉をこねて作る. **2** 〈筋肉〉をもむ.

****knee** /níː/ ([類音] neat, need) [T3] [名] (～s /～z/; [動] kneel) [C] **1** ひざ, ひざがしら《関節付近の部分》; (座った時の)ももの上 (lap): bend one's ～*s* ひざを曲げる / on bended ～(*s*) ひざをついて / a skirt one inch above the ～ ひざ上 1 インチのスカート / The baby is sitting on his mother's ～*s*. 赤ん坊は母親のひざの上に座っている / My ～*s* were knocking in fear. 恐怖のあまり私のひざは震えていた.

ひ ざ

2 (ズボンなどの)ひざの部分. **at …'s knée** [副] (子供の時に)…のひざもとで, …からじかに. **be [gó] (dówn) on one's knées** [動] [自] ひざまずいている[ひざまずく]《祈り・嘆願・屈服の動作》; 疲れ果てている, 弱っている. **bénd the knée to …** [動] [他]《文》…に屈従[屈服]する《☞ bend [動] 成句》. **bríng … to …'s knées** [動] [他] 〈人・組織・国など〉を屈服させる. **dráw úp one's knées** [動] [自] ひざを曲げて足を体によせる. **dróp [fáll] on [to] one's knées** [動] [自] ひざまずく, ひざまずいて拝む. **pút [táke] … òver one's knée** [動] [他]《古風》〈子ども〉をひざにのせて尻をたたく. ― [動] [他] 〈…〉をひざで押す[突く] (*in*).

knée·bòard [名] [C] ニーボード《ひざをついて乗る小型のサーフボード》.

knée brèeches [名] [複] (旧式の)半ズボン.

knée·càp [名] [C] ひざの皿, 膝蓋(しつがい)骨. ― [動] (**knee·caps**; **knee·capped**; **-cap·ping**) [他] (テロリストが私刑として) 〈…〉のひざの皿を撃って歩けなくする.

knée-déep [形] **1** ひざまでの深さの, ひざまで没して (*in*). **2** [P]《略式》(困難などに)深くはまり込んで (*in*). ― [副] ひざ(の深さ)まで.

knée-hígh[1] [形] ひざまでの高さの[に]. **knée-high to a grásshopper** [形]《古風》[滑稽] (幼少時を回想して子供が)とても小さい[幼い].

knée-hígh[2] [名] [C] [普通は複数形で] ひざ下までの靴下.

knée jèrk [名] [C] 膝蓋(しつがい)反射《脚気(かっけ)の診断などに利用する》.

knée-jèrk [形] [A]《略式》(反応などが)反射的な, (意見などが)型にはまった, 画一的な; (行動などが)予知できる.

⁺**kneel** /níːl/ [動] (**kneels**; 過去・過分 **knelt** /nélt/,《主に米》**kneeled**; **kneel·ing**; [名] knee) [自] ひざまずく: He *knelt* in prayer. 彼はひざまずいて祈った.

knéel dówn [動] [自] ひざまずく (*on*).

knée-lèngth [形] ひざまでの(長さの).

knée·pàd [名] [C] (保護用の)ひざ当て.

knée-slàp·per /-slæ̀pɚ | -pə/ [名] [C]《米略式》傑作なジョーク[せりふ, 話].

knée·sòck [名] [C] [普通は複数形で] ニーソックス, ハイソックス《特に女の子が履くひざ下までの長さの靴下》.

knées-ùp [名] [C]《英略式》陽気な(ダンス)パーティー.

knell /nél/ [名] [C] [普通は単数形で]《文》鐘の音, 弔いの鐘《☞ death knell》.

⁺**knelt** /nélt/ [動] kneel の過去形および過去分詞.

****knew** /n(j)úː | njúː/ ([同音] gnu, new, nu; [類音] nude) [動] **know** の過去形.

knick·er·bock·ers /níkɚbɑ̀kɚz | -kəbɔ̀kəz/ [名] [複] ニッカー(ボッカー)《昔のひざ下までのゆとりのあるズボン》.

⁺**knick·ers** /níkɚz | -kəz/ [名] [複] **1**《米》=knickerbockers. **2**《英》女子用のパンツ (panties) (briefs より長い). **gèt one's knìckers in a twíst** [動] [自] [S]《略式, 英・豪》[滑稽] 怒る, まごつく, 気をもむ.

knicker-
bockers

knick·knack /níknæ̀k/ [名] [C] [普通は複数形で] (安物の)こまごました飾り, 小間物.

***knife** /náɪf/ [名] (複 **knives** /náɪvz/) [C] **1** ナイフ, 小刀; 短剣; (食事用の)ナイフ《☞ 次ページ挿絵; edge 挿絵》; 包丁: (a) ～, fork, and spoon (ひと組の)ナイフとフォークとスプーン《☞ and 1 [語法] (1)》/ He cut a twig from the branch with his ～. 彼はナイフでその枝から小枝を切り取った / wield [draw, pull] a ～ (on …) (…に)ナイフを振るう[抜く]. **2** (手術用の)メス (surgical knife). **3** 機械[機具]の刃. **a knífe and fórk** [名] (ひと組の)ナイフとフォーク《☞ and 1 [語法] (1)》. **gèt [hàve] one's knífe in [ìnto] …** [動] [他]《略

K

knife block

式, 英・豪)…に敵意を抱いている, …を目のかたきにする. **gó ùnder the knífe** [動] (自) (滑稽) 手術を受ける. **like a (hót) knífe through bútter** [副] (米) 簡単に. **pút [stíck] the knífe in …** [動] 他 (略式) …の批判[悪口]を言う. **the knives are óut (英・豪)** 敵意に満ちている; 一触即発の状態にある (for). **twíst [túrn] the knífe (in the wóund)** [動] 自 傷口に塩をすりこむようなことを言う. **You could cút the átmosphere [áir] with a knífe.** (略式) (敵意で)空気がぴーんと張りつめている. ― [動] 他 〈…〉をナイフで刺[殺]す (in).

knife blòck [名] C (木製の)包丁立て.

knife-èdge [名] C **1** ナイフの刃. **2** 狭くて鋭いもの; 狭い尾根. **on a knife-edge** [形・副] (1) やきもきして, はらはらして. (2) (事態などが)微妙な状態に.

knife-pòint [名] C ナイフの先. **at knifepoint** ナイフでおどされて[を突きつけられて].

*__knight__ /náɪt/ [名] C **1** 騎士 (中世において君主に仕え武芸に励んだ武士; ☞ a knight in shining armor (armor 成句), round table). **2** (英) ナイト爵, 勲爵士 (略 Kt). 参考 准男爵 (baronet) に次ぐ一代限りの爵位. 姓または名の前に Sir をつけて Sir John Jones か Sir John のように呼ぶ (☞ dub¹ 2, dame 1). **3** 〘チェス〙 ナイト (略 Kt). 語源 古(期)英語で「少年, 召使い」の意. ― [動] 他 [普通は受身で]〈…〉にナイトの位を与える, 勲爵士の位に列する (for).

knight-érrant [名] C (複 knights-) (中世の)さすらいの騎士 (冒険を求めさすらった); 侠義(きょうぎ)の士 (強きをくじき弱きを助ける人).

knight-hòod [名] C,U 騎士の身分; ナイト爵位.

knight·ly /náɪtli/ [形] [普通は A] (文) 騎士の, 騎士らしい; 武勇の.

Knights·bridge /náɪtsbrɪdʒ/ [名] ナイツブリッジ (London の Hyde Park の南の高級商店街).

Knights of the Róund Táble [the ~] 円卓の騎士 (Arthur 王によって組織されたとされる伝説的な騎士団; 円卓を囲んで議論や飲食をした).

K-9 /kéɪnáɪn/ [名] 警察犬部隊 (canine の発音から).

*__knit__ /nít/ [動] (同音 nit) (knits /níts/; 過去・過分 knit·ted /-tɪd/, knit 3, 4, では普通 knit; knit·ting /-tɪŋ/) 他 **1** (針・機械を使って)〈…〉を編む (up): Mother knitted our socks *out of* wool. <V+O+前+名・代> 母は毛糸で私たちの靴下を編んだ / I want to ~ this yarn *into* a sweater. 私はこの毛糸を編んでセーターを作りたい. <言い換え> She knitted her brother a sweater. <V+O+O>=She knitted a sweater *for* her brother. <V+O+*for*+名・代> 彼女は弟にセーターを編んでやった (☞ for A 1 語法) 関連 sew 縫う / weave 織る. **2** 〘服〙 〈…〉を表編みする (☞ plain², purl¹): K~ one, purl two. 1つ編んで2つ目を返せ. **3** 〈…〉をくっつける, 結合する (join), 結ぶ; 〈人など〉を結びつける: a close(ly) [tight(ly)] ~ family よくまとまった家族 / They *are* ~ *by* common interests. 彼らは共通の利害関係で密接に結びついている. **4** 〈まゆ〉を寄せる[しかめる]: Tom ~ his brows. トムはまゆを寄せた(しかめっ面をした).

― (自) **1** 編み物をする: I can't ~. 私は編み物はできません. **2** くっつく; 密着する: His broken bone has ~ (together). 彼の骨折が直った. **3** 団結する, 結びつく. ― [名] U,C ニット, ニット地の衣類; 表編み (plain). ― [形] A 表編みの: a ~ cap 表編みの帽子.

knit·ter /níṭə | -tə/ [名] C 編む人.

knit·ting /níṭɪŋ/ [名] U 編むこと; 編みかけの物. **stick to one's [the] knítting** [動] (自) (米式) 自分の(仕)事に専念する, 余計なおせっかいをしない.

knítting machìne [名] C 編み機.

knítting nèedle [名] C 編み棒[針], 棒針.

knit·wèar [名] U ニットウェア (毛糸で編んだ衣類).

*__knives__ /náɪvz/ [名] knife の複数形.

*__knob__ /náb | nɔ́b/ [名] C **1** (ドア・引き出しなどの, 頭の丸い)取っ手, 握り, ノブ: turn a ~ 取っ手を回す / The ~ turned and the door opened. 取っ手が回り扉が開いた. **2** (機械類の調整用の)つまみ. **3** (木の)こぶ, 節(ふし)こぶ. **4** (円い)丘, 小山. **5** (バター・石炭などの)小さい塊. **6** こぶ. **7** (卑俗) 陰茎, ペニス. **with (bráss) knóbs òn** [副] (古風, 英) [特に子供がやり返して] そちらこそ, おまけ付きで; それ以上に. ― [形] S (英・豪) 目立った, とび切りの.

knob·bly /nábli | nɔ́b-/ [形] (knob·bli·er, -bli·est) (英) =knobby.

knob·by /nábi | nɔ́bi/ [形] (knob·bi·er, -bi·est) (米) 節だった, こぶの多い, こぶ状の; 節くれだった, でこぼこの.

*__knock__ /nák | nɔ́k/ [動] (knocks /~s/; knocked /~t/; knock·ing)

| ① たたく | (自) 1, 他 1 |
| ② 突き当たる, ぶつける | (自) 2, 他 2, 3 |

― (自) **1** (こぶしや堅い物で)たたく, ノックする; (テーブルなど)をこつこつたたく: Who is ~*ing*? Will you go to the door and see? だれがノックしているのだろう. 戸口へ行って見てください / He ~*ed on* [*at*] the door. <V+*on* [*at*]+名・代> 彼は戸口をノックした.

2 突き当たる, ぶつかる: He ~*ed against* [*into*] one person after another in the crowd. <V+*against* [*into*]+名・代> 彼は人込みの中で次々に人に突き当たった. **3** (エンジンなどが)かたかた音を立てる, ノッキングする (☞ antiknock). **4** (恐怖などで)(心臓が)どきどきする, (ひざが)がたがたする.

― (他) **1** (力を入れて)〈…〉をたたく, 打つ (☞ strike 類義語); (こぶし)で殴る; 〈人・物〉を打って[殴って]…にする; たたいて[殴って]…を作る; (副詞(句)を伴って)〈…〉をける, 打つ: <言い換え> He ~*ed* me *on* the head. <V+O+前+名>=He knocked my head. 彼は私の頭を殴った (この板にくぎを打ち込んでください ☞ the¹ 2 語法) / K~ nails *into* this board. この板にくぎを打ち込んでください / They ~*ed* a hole *in* the wall. 彼らは壁をたたいて穴をあけた / The big man ~*ed* the little man senseless [unconscious]. <V+O+C(形)> 大男はその小男を殴って気絶させた.

2 (偶然)〈…〉に当たる, ぶつかって倒す[落とす]: He ~*ed* a vase *to* the floor as he rushed to the door. <V+O+前+名・代> 彼は戸口へ急いで行くとき花びんに当たって床に落としてしまった.

3 〈物〉を(…)にぶつける, 衝突させる (on): The child nearly ~*ed* his head *against* the wall. <V+O+前+名・代> その子は頭を壁にぶつけそうになった. **4** (略式)〈…〉をけなす, こきおろす. **Dòn't knóck it!**

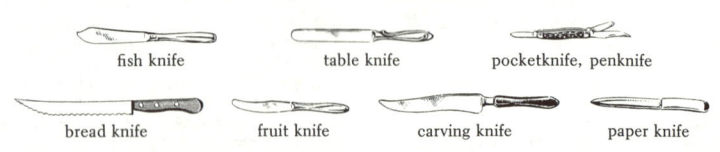

fish knife

table knife

pocketknife, penknife

bread knife

fruit knife

carving knife

paper knife

knives

けちをつけないでくれ. **knóck 'em déad** Ⓢ (特に外見で)あっと言わせる. **knóck ... flát [to the ground]**, **(英略式) for síx]** 〈人〉を殴り倒し, 打ちのめす, やっつける. 〈人〉をひどく驚かせる. **knóck ... (òut) cóld** 動 他 〈...〉を打って気絶させる; びっくり仰天させる.

── knock の句動詞 ──

knóck aróund [abóut] 動《略式》他 1 〈...〉をあちこちに打つ; 〈人・物〉をこごき回す, 手荒く扱う. 2 〈...〉について話し合う, 議論する[相談]する. ── 自 1 うろつく, (旅行して)あちこち回る (wander), (戸外を)動き回る[遊び回る]. 2 (...と)よくいっしょにいる. 付き合う (together), (異性と)関係を持つ (with). 3 のんびり過ごす. 4 話し合う, 議論する. **be knócking abóut [aróund]** 動 自《副詞句》を伴って》《英》(...に)《人に知られずに)いる[ある], ころがって[ほったらかされて]いる.

knóck aróund [abóut] ... 動 他《略式》 1 ...をうろつく, (旅行して)あちこち回る, (戸外を)動き回る. 2 ...をのんびり過ごす. **be knócking abóut [aróund] ...** 動 自《英》...にいる[(ほったらかして)ある, ころがっている].

knóck báck 動 他 1 〈...〉を打ち返す. 2《略式》〈...〉を一気に[多量に]飲む[食べる]. 3《英略式》〈物〉が〈人〉に×大金を出費させる (cost). [語法] 受身には用いない. 4 〈仕事・人など〉の進行を妨げる. 5《英略式》〈...〉を驚かせる.

*****knóck dówn** 動 他 [しばしば受身で] 1 〈...〉を打ちのめす, 打ち(当たって)倒す. 〈車〉が〈人〉をはねる <V+名・代+down / V+down+名>: I hit him on the chin and 〜ed him down 私は彼のあごに一発くらわせて殴り倒した (☞ the¹ [語法]) / be [get] 〜ed down by a taxi タクシーにはねられる. 2 〈建物など〉を取り壊す, 解体する;《英略式》〈議論など〉を打ち破る. 3《略式》(...まで)〈値〉を下げる (from, to); 〈人〉に...まで値をまけさせる (from, to); (競売人が)〈品物〉を〈人〉に競(せ)り落とす (to). 4《米略式》〈大量の酒〉を一気に飲み干す.

knóck ín 動 他 〈くぎなど〉を打ち込む; 〈知識〉を教え込む, たたき込む.

knóck ínto ... 動 他《略式》...にばったり出会う; ぶつかる.

knóck ... ínto ― 動 他《略式》 1 ―に〈...〉を打ち込む (☞ 他 1). 2 〈人・頭〉に〈知識〉を教え込む, たたき込む. 3 〈2つの部屋など〉をつなげて―にする.

knóck óff 動 他 1 〈...〉をたたき落とす, 打ち落とす, たたいて払いのける; (偶然)〈...〉に当たって落とす: My hand accidentally 〜ed off the vase. 偶然私の手が当たって花びんが落ちた. 2《略式》〈仕事など〉を中止する, やめる (stop): They 〜ed off work [working] at five o'clock. 彼らは5時に仕事をやめた. 3《略式》〈...〉を手早く仕上げる, 片づける;《米略式》不正にコピーする. 4〈ある額〉を割り引く: Will you 〜 off 10 dollars from the price? 値段を10ドルまけてくれませんか. 5《略式》〈...〉を盗む;〈...〉に強盗に入る. 6《略式》〈...〉を殺す. 7《米俗》〈...〉とセックスする. ── 自《略式》(仕事など)をやめる, 中止する, 切り上げる (for): 〜 off early 仕事を早く切り上げる. **Knóck it óff!** Ⓢ《略式》うるさい, やめてくれ!

*****knóck ... óff** ── 動 他《略式》 1 ―から払い落とす; (偶然)〈...〉に当たって―から落とす: He 〜ed the scorpion off her shoulder. 彼は彼女の肩からさそりをたたき落とした. 2《略式》(値段など)から〈ある額〉だけまける.

knóck ón 動《ラグ》〈ボール〉をノックオンする(ボールを手・腕に当てて前方に落とす, 反則の一つ). ── 自 ノックオンする.

*****knóck óut** ── (名 knóckòut) 1《ボ・野》〈...〉をノックアウトする; 殴って気絶させる; 〈薬〉が〈...〉の意識を失わせる <V+名・代+out / V+out+名>: Tom was 〜ed out in the first round. トムは第1ラウンドでKO負けした. 2 〈...〉をたたき出す; 〈パイプ〉をたたいて灰を落とす (on). 3 〈人〉をへとへとにする. 4 〈...〉を破壊する, 役だたなくする; [しばしば受身で] 競技で〈相手〉を敗退させる. 5《略式》〈...〉を仰天させる, あわてさせる; [しばしば受身で] 〈...〉を感動[嘆]させる. 6《略式》〈...〉を手早く仕上げる;《英略式》〈...〉を苦労して作る. 7〈電力〉の供給を停止させる. **knóck onesèlf óut** 動 自《略式》大変な努力をする; へたばる; 気絶する.

knóck ... óut of ― 動 他《略式》 1 ―から外へ〈...〉をたたいて出す[取り除く]. 2〈相手〉を―から敗退させる. 3〈性質・特徴〉を〈人〉から失わせる. 4《英略式》―から〈...〉を苦労して作る. **knóck the bréath [wínd] óut of ...** 動《強打で》...の息を詰まらせる.

*****knóck óver** 動 他 1 〈...〉に当たってひっくり返す, 〈車〉が〈人〉をはねる; 殴り倒す <V+名・代+over / V+over+名>: 〜 over a pitcher of water 水差しをひっくり返す. 2 (すばらしさで)〈...〉をびっくりさせる; 〈相手〉を楽に負かす. 3《米略式》〈物〉を盗む; 〈場所〉に強盗に入る.

knóck thróugh 動 他《部屋》の壁を打ち抜く.

knóck togéther 動 自 (ひざなどが)震える. ── 他 1〈...〉をぶつける. 2〈...〉を間に合わせで作る.

knóck úp 動 他 1〈...〉を打ち[突き]上げる: I 〜ed his arm up. 私は彼の腕を突き上げた. 2《英略式》〈...〉を急いで作る[用意する]. 3《英略式》〈...〉の戸[窓]をノックして〈人〉を起こす. 4〈卑, 主に米〉〈...〉をはらませる, 妊娠させる. ── 自《英》(テニスなどで)試合前の練習打ちをする. **knóck úp agàinst ...** 動 他《略式》...にぶつかる; ...にばったり出会う.

── 名 (〜s /〜s/) Ⓒ 1 (固いものを)たたくこと, ノック; たたく音; 打撃, 殴打; 不撓(う)音: I got a hard 〜 on the head. 頭をひどくぶつけました[たたかれました] / [言い換え] He gave the door two 〜s. (=He knocked on [at] the door twice.) 彼はドアを2度ノックした / There was a 〜 on the door. だれか戸口でノックした. 2 (エンジンの)ノッキング. 3《略式》不運, 難儀; 非難. 4 酷評, 非難. **táke a knóck=táke [háve] sóme [a fèw, a lòt of] hárd knócks** 動《略式》不運[災難, つらい目]にあう, うちのめされる.

knóck·abòut 形 [普通は Ⓐ]《主に英》(劇・役者などが)どたばたの. ── 名 1 ボール遊び. 2 Ⓒ Ⓤ 激しい議論. 3 Ⓤ どたばた喜劇.

knóck·dòwn 形 Ⓐ 1 (家具などが)組み立て[折りたたみ]式の. 2 (価格が)最低[大割引]の. ── 名 Ⓒ《ボク》ノックダウン.

knóck-dòwn-drág-òut 形 Ⓐ《米》容赦なしの, 徹底的な;(対決などが)因縁の.

knóck·er /nákər | nókə/ 名 1 Ⓒ (玄関の)ノッカー, たたき金 (doorknocker): bang the 〜 ノッカーを鳴らす. 2 Ⓒ 《略式》けなし屋. 3 [複数形で]《卑》[性差別] 乳房, おっぱい.

knóck-knéed 形 X脚の, 内わに脚の(☞ bowlegged).

knóck-knóck jóke 名 Ⓒ ノックノックジョーク (knock knock で始まる問答式のだじゃれジョーク; 例: 'Knock, knock'—'Who's there?'—'Ken'—'Ken who?'—'Ken (=Can) I come in?').

knóck·òff 名 Ⓒ《米略式》(ブランド商品をまねた)模造品, にせもの.

knóck-ón 形 Ⓐ《主に英》(影響などが)連鎖的な. ── 名 Ⓒ《ラグ》ノックオン.

knockers 1

knóck-ón efféct 名 C《主に英》連鎖反応.

knóck-óut 名 (動 knóck óut) 1 C《ボク》ノックアウト (KO): ☞ technical knockout. 2 [単数形で]《略式》すごい美人; すてきなもの. 3 C《主に英》勝ち抜き戦(での敗退)《米》elimination). ─ 形 A 1 決定的な, ノックアウトの: a ~ blow [punch] 必殺の一撃; 大打撃. 2《略式》意識を失わせる, (薬が)催眠性の. 3 トーナメント方式の. 4《略式》すてきな, すごいいかす.

knóckout dròps 名《複》《俗》ひそかに飲み物に滴下する麻酔剤.

knóck-úp 名 C《英》《テニスなどの》試合前の軽い練習.

knock·wurst /nɑ́kwə̀ːst, -vùəst | nɔ́kvùəst/ ☞ knackwurst.

knoll /nóul/ 名 C 円丘, 塚.

Knorr /nóə | nɔ́ː/ 名 クノール《米国製の粉末インスタントスープ; 商標》.

*__knot__ /nɑ́t | nɔ́t/ (同音 not; 類音 nut) 名 (knots /nɑ́ts | nɔ́ts/) C 1 結び目: make a ~ 結び目を作る / He tied a ~ in the rope. 彼はロープに結び目をこしらえた / This ~ is so tight that I can't undo it. この結び目は堅すぎて私にはほどけない. 2 飾り結び, リボン: a granny knot, love knot, square knot. 3 (人や物の)群れ, 集団: a little ~ of onlookers 見物人の小さな人だかり. 4 (筋肉を縮めたときなどの)こぶ; けいれん; (幹・板の)節(ふ), こぶ; (胃・のどなどの)緊張, 締めつけられる感じ: a ~ in one's stomach (恐怖などで)胃(い)のどなど]が締めつけられる感じ. 5 [普通は複数形で]《海》ノット(1時間1海里 (nautical mile, 約 1852 メートル)の速度; 略 kn, kt): a ship doing 30 ~s 30 ノットの船. 参考 古くは結び目を単位として船の速度を計ったことから. 6 (髪の毛などの)もつれ; まとめ髪, おだんご. 7 困難, 難局, 難問. 8 [詩語] 縁, きずな: the marriage ~ 夫婦のきずな. **at a ráte of knóts** 副《英略式》すばやく. **tíe ... (úp) in [ìnto] knóts** [普通は受身で]《略式》〈...〉をまごつかせる[混乱させる]: tie oneself (up) in ~s over ... で困り果てる. **tíe the knót** 動 自《略式》結婚する, 結ばれる.

── (knots /nɑ́ts | nɔ́ts/; knot·ted /-tɪd/; knot·ting /-tɪŋ/) 他 1 〈ひも・ロープなどを〉結ぶ, 結びつける (around), 〈...〉に結び目を作る: He knotted the two ropes (together). 彼はその2本のロープを結びつけた / Knotting his tie, he looked at himself in the mirror. ネクタイを結びながら彼は鏡で自分の姿を見た. 2 〈髪の毛などを〉もつれさせる. 3 (恐怖などが)〈胃・のどなどを〉締めつける. 4《米俗》〈得点を〉タイにする. ── 自 1 結び目ができる; もつれる. 2 (恐怖などで)胃(い)のどなど]が締めつけられる; (顔・筋肉などが)こわばる. **knót one's háir** 動 自 髪を束ねて後頭部で結ぶ.

knót·hòle 名 C (木材の)節穴.

knot·ted /nɑ́tɪd | nɔ́t-/ 形 1 A =knotty 1. 2 (筋肉などが)縮んだ, 硬直した. 3 (手や指が)節くれだった. 4 (得点が)タイの, 同点の. **Gèt knótted!** S 《古風, 英・豪》うるさい, ばか言うな, いいかげんにしろ《軽蔑・不快感などを表わす》.

knot·ty /nɑ́ti | nɔ́ti/ 形 (knot·ti·er, more ~; knot·ti·est, most ~) 1 節[こぶ]だらけの; 結び目の多い. 2 込み入った, 解決困難な.

*__know__ /nóu/ (同音 no; 類音 note, nor, nope) 動 (knows /-z/; 過去 knew /n(j)úː | njúː/; 過分 known /nóun/; know·ing) 名 knówledge) [進行形なし]

① 知っている; 知る	他 1, 自
② 認める, 見分ける	他 2
③ 知り合いである	他 3

── 他 1 〈...を〉**知っている**, 承知している; 〈...〉が(―だと)わかっている;《文》(経験・学習して)知っている, わかっている;《類義語》can! [語法] I ~ his name. 彼の名前は知っている / Everyone ~s it. だれでもそんなことは知っている(当たり前のことだ) / I ~ some German. ドイツ語をいくらか知ってます / Do you ~ the song? その歌を知っていますか[歌えますか] / I don't ~ anything *about* it. それについては私は何も知りません / How did they ~ my telephone number? どうして私の電話番号が彼らにわかったのだろう / I *knew* (*that*) the report was true. <V+O (*that* 節)> 彼はその報告は事実だということを知っていた / My father ~s much of the world. 私の父は世間をよく知っています / I knew it was Bill when I heard the knock on the door. ドアのノックの音を聞いた時ビルだとわかった / I ~ *from* experience *that* he is hard to please. <V+*from*+名・代+O (*that* 節)> 私は経験から彼が気難しいと知っている. 言い換え I ~ (*that*) he is honest. =I ~ him *to* be honest. <V+O+C (*to* 不定詞)> 彼が正直なことはわかっています / 言い換え We knew her to have been a singer.《格式》=We knew (*that*) she *had* been a singer. 私たちは彼女が昔歌手だったことを知っていた (☞ to³ F (1)) / She *is known* to be a great pianist. <V+O+C (*to* 不定詞)の受身> 彼女は大ピアニストだということです. 言い換え He *is* not *known* to be a liar. =I have never *known* him *to* lie. 私は彼がうそをついたのを知らないし彼をうそつきだとはみなしていない. [語法] この場合《英》では I have never *known* him lie. <V+O+C (原形)>の動詞型をとることがあるが, 受身では常に C (*to* 不定詞)となる // Do you ~ *how* to drive a car? <V+O (*wh*句)> あなたは自動車の運転の(しかた)を知っていますか / I ~ *how* you feel. <V+O (*wh* 節)> あなたの気持ちはよくわかる / I didn't ~ *who* she was or *where* she came from. 私は彼女がだれでどこの出身か知らなかった / *It* is generally *known that* he has a very large fortune. 彼が莫大(ばくだい)な財産を持っているということは広く知られている. [語法] it は that 以下を受ける形式主語《動詞型は <V+O (*that* 節)の受身>》 / Does she ~ *to* get up early this morning? <V+O (*to* 不定詞)> 彼女は今朝は早く起きなければならないことがわかっているの / 言い換え I didn't ~ *whether* [*if*] I should go. <V+O (*whether* [*if*] 節)> =I didn't ~ *whether to* go. <V+O (*whether* 句)> 私は行くべきかどうかわからなかった.

語法 (1) Everybody in this town *knows* him. (この町の人だれもが彼を知っている)を受身にすると, He *is known by* everybody in this town. となるが受身はあまり用いない. この文よりも頻度の高い He *is known to* everybody in this town. (☞ be known to ...(成句))は, 意味上は Everybody in this town *knows* who he is. の受身に相当する.
(2) A tree *is known by* its fruit.《ことわざ》木はその実を見ればわかる(人はその仕事ぶりで判断すべきだ)のように by を用いて, 行為者を示して判断の基準を表わすことがある (☞ by 前 11). なお *know* は 2 の「見分ける」の意味である.

2 〈...を〉**認める**, (見て...だと)わかる, 見分ける, 区別する, 識別する: She knew her brother as soon as she saw him. 彼女は彼を見るとすぐに自分の兄[弟]だとわかった / You will ~ my house *by* the red roof. <V+O+前+名・代> 私の家は屋根が赤いのでわかります (☞ by の 語法 の囲み (2)) / It's not always easy to ~ a good book *from* a bad one. 本のよしあしを見分けるのは必ずしも容易ではない.

3 〈...と〉**知り合いである**, 交際がある; 〈...〉に精通している: Do you ~ Mr. Smith? あなたはスミスさんをご存じですか(スミスさんとお知り合いですか) / I don't ~ him well. 彼

はよくは知りません / I ~ her by name. 彼女は名前だけは知っています / They have *known* each other since childhood. 彼らは子供のころから知り合いだ / Don't I ~ you from somewhere? どこかでお会いしましたっけ《初対面の人に話しかけるきっかけをつくるための決まり文句》/ I'm very happy to ~ you. あなたとお知り合いになれて幸いです《人に紹介されたときのことば》/ I would like to (get to) ~ Mr. White. 私はホワイト氏と知り合いになりたいのですが(ご紹介していただけませんか). 語法 個人的に知り合いでないときには All of us *know* who Chopin was [*know about* Chopin]. (ショパンはどんな人かみんな知っている)のように言う. **4** [無生物を主語にして普通は否定文で]⟨…⟩を経験する: The country has *known* no war for many centuries. その国には何世紀も戦争がなかった.

── 圁 知っている; 承知している; (物事が)わかっている: (Yes,) I ~! (それは)知ってるよ / People don't ~ *about* the event. ⟨V+*about*+名・代⟩ 人々はその事件については知らない / People who ~ will not waste their money that way. 分別のある人は自分の金をそんなふうに浪費はしない.

and you knów it Ⓢ ご存じの通り[とは思いますが].
as fàr as Í knòw [副] 文修飾語 私の知る限りで: He is not involved in it *as far as I ~*. 私の知る限りでは, 彼はそれに関係はありません.
as we know it [名詞の後に用いて] 我々の知っている…: Kyoto *as we ~ it* 我々の知っている京都.
as you [we] knów [副] 文修飾語 Ⓢ ご存じ[知って]の通り: *As you ~*, this happened many times before. ご存じの通り, このことは前に何度もありました.
befòre ... knów it [副] いつの間にか, あっと言う間に: Don't worry! It'll be over *before you ~ it*. 大丈夫, あっと言う間に終わっちゃうよ.
befòre one knóws where one ís [副] あっと言う間に, 知らないうちに (☞ one² 代 3 語法 (4)).
dòn't knòw àny bétter [動] 圁 しつけがなっていない, 行儀を知らない.
dòn't knòw「one is bórn [when one is wéll óff] [動] 圁 Ⓢ《英略式》安楽な生活をしている(ことに気づいていない) (☞ one² 代 3 語法 (4)).
dòn't knòw whàt hít one [動] Ⓢ (1) 不意にけがをする, 即死する. (2) Ⓢ《略式》びっくりする, あたふたする (☞ one² 代 3 語法 (4)).
dòn't knòw whích way] to lóok [動] 圁《略式》きまりが悪い, 目のやり場に困る.
dòn't knòw whére [whén] to stóp [動] 圁 どこで[いつ]やめたらよいかわからない.
dòn't knòw whèther one is cóming or góing [動] 圁 Ⓢ (取り乱して)どうしたらいいかわからない (☞ one² 代 3 語法 (4)).
dòn't wánt to knòw [動] 圁《英略式》(巻き込まれたくないので)知るのを避ける, 無視する (*about*).
Do you knòw sómething [whát]? =You know something [what]?
for àll Í knòw [副] Ⓢ 多分(…かもしれない, 恐らくは (…だろう); (人の知ったことではないが)ことによると; よく知らないが: He may be a good man *for all I ~*. あの人は案外いい人かもしれない.
Gód [Héaven, Lórd, Góodness] (ònly) knóws Ⓢ《略式》(1) [しばしば wh 句・節, if-whether 節を伴って] (…)は/だれにでもわからない, 知るものか《神さまだけがご存じだ, という意から》: *God ~s where* he has gone! 彼の行方はだれにもわからない / She killed herself. *Heaven ~s why*! 彼女は自殺した. だれもなぜだかわからない. (2) [副] [(that) 節を伴って] 確かに, きっと. (3) [句・節を強調して] 本当に.
Hów do yóu knòw? Ⓢ どうしてわかるの; どうしてそんなことが言えるの.
Hów「should Í [am Í to, do Í, would Í] knòw? Ⓢ 私が知っているわけないでしょう.
Hów was Í to knòw?=Hów did [could] Í knòw? Ⓢ [言いわけとして] (だって)知らなかったんだもの.
I dòn't knów. Ⓢ (1) [質問への答えとして] わからない: "When did he come?" "*I don't ~*." 「彼はいつ来たのかね」「わかりません」. (2) さあ, どうでしょうか《相手の言ったことに対して柔らかく不賛成の気持ちを表わす》. 金扉 "I think we should tell him the truth." "*I don't ~*." 「彼に本当のことを言ったほうがいいと思う」「うーん, (そいつは)どうかな」 (3) [ためらい・自信のなさを表わす返事] よくはわからない: *I don't ~*, at seven. 6 時か 7 時かよくはわかりません. (4) [軽いいらだち・驚きを表わす返事] 何と言ったらいいか: *I don't ~*. He is seriously ill. 困った. 彼は重病だよ.
I dòn't knów abòut yóu, but ... Ⓢ あなたはどうか知らないが.
I dòn't knòw hów [whý] ... [怒り・非難などを表わして] どうやって[どうして]…するのか.
if I had knówn ...=if I'd have knówn ... …だと知っていたら.
if I knów ...=knówing ... (…のこと)だから(私の知っている範囲で…(のこと)を判断すれば]: *If I ~* her, she wouldn't [*K~ing* her, I don't think she would] say such a thing. 彼女のことだからそんなことは言わないでしょう.
If you knòw what's góod for you Ⓢ 自分の身がかわいければ.
if you múst knòw Ⓢ [いらだちを表わして] どうしても知りたいのなら言うけど.
I knów. Ⓢ (1) そうですね, わかるよ《同意・同情を表わす》: "He disgusts me." "Yes, *I ~*." 「やつにはうんざりだ」「わかるよ」 (2) わかっちゃているよ《譲歩を表わす》: It looks strange, *I ~*, but I'll do it. 変に思われるのはわかってはいるけれどそれをやってみる. (3) わかってます《相手の反論を制する》.
Í knòw (whát).《略式》いい考えがある, そうだ!: *I ~ what*—let's both go. いい考えがある, 二人でいっしょに行こう.
(I'm [I'll be]) dámned if I knów.《略式》(いらだち・絶望を表して)知るもんか!
I might have knówn ... [動] 他《英》…だとわかってはいた(というものの困るなあ).
I néver knéw (that) ... Ⓢ …とはちっとも知らなかった.
I óught to [should] knòw. Ⓢ 当然知っているさ.
I've nèver knówn ... 今まで…はなかった, 経験[見聞]しなかった.
Í wòuldn't knów. Ⓢ 私にわかるはずがない, わかりっこないよ.
knòw ... as wéll as Í [yóu] dò [動] 他 ⟨…⟩を十分よく知っている.
knòw a thing or twó [動] 圁《略式》いろいろ知っている[経験している] (*about*).
knòw ... báckward (and fórward) =know ... inside (and) out.
knów bést [動] 圁 いちばんよく知っている, いちばん頼りになる(言うことを聞かなくても).
knów bétter (than thát) [動] 圁 もっと分別がある: I ~ *better (than that)*. そのくらいのことはわかっています; その手は食わない / You [I] should have *known better*. もっと分別あるべきだったのに, 年がいもない《人を論(さ)す[自分を反省する]ときなどのことば》.
knòw bétter than to dó [動] …しないくらいの分別はある, …するほどばかではない: You「ought to [should] ~ *better than to* say such a thing to him! 彼にそんなことを言ってはいけないことぐらいわかりそうなものだが.
knów ... cóld [動] 他 ⟨…⟩について何から何まで知っ

いる.
knòw dífferent [ótherwise] [動] 自 《略式》別の情報[証拠]をつかんでいる, そうでないことがわかっている.
knówing, ☞ if I know.
knów ... ínside (and) óut [動] 他 〈...〉をとてもよく知っている, 裏の裏まで知り抜いている.
knòw ... líke the báck [pálm] of one's hánd [動] 他 《略式》〈場所など〉をよく知っている.
know of ... [動] 他 〈...〉のことを(聞いて)知っている, ...のあることを知っている: I ～ of her, but I have never actually met her. 彼女のことは聞いて知っていますが会ったことはありません (☞ 3 語法) / Do you ～ of any good dictionary for beginners? 初心者用の何かいい辞書を知りませんか.
knòw one's búsiness ＝ knòw whàt's whát [動] 自 《略式》物の道理を知っている, 常識[良識]がある, (物の)違いがわかる; 実情を知っている.
knòw whàt 'it ís [it's líke] [動] 自 《...するとは》どういうことか知っている: He ～s what it is to be poor. 彼は貧乏がどんなものか知っている.
knòw whàt one is dóing [動] 自 自分のしていることに抜かりはない, 有能である (☞ one² 代 3 語法 (4)).
knòw whàt one is tálking abóut [動] 自 《略式》自分が何を言っているのかわかっている, 経験から物を言う (☞ one² 代 3 語法 (4)).
lèt ... knów [動] 他 〈...〉に知らせる: Please let me ～ if you can attend the party. パーティーに出席できるのでしたら知らせてください.
Nòt that I knów óf. ⓈⓇ 私の知るところではそうではない: 金縛 "Has he been ill or something?" "Not that I ～ of."「彼は病気か何かだったのですか」「さあ, そんなことはないと思いますが」.
so fàr as Í knòw [副] 文修飾 ＝as far as I know.
Whát does ∴ knów? Ⓢ [非難して] ...に何がわかるというの.
Whát [Wèll, whát] do you knów (abòut thát)! [感] Ⓢ 《略式, 主に米》これは驚いた, まさか.
whó knóws? [副] Ⓢ (1) だれにわかるだろうか(だれもわからない), 何とも言えない (☞ rhetorical question 文法): "Will he make it?" "Who ～s?"「彼はうまくいくかなあ」「さあどうかな」 (2) 《...》かもしれない, ひょっとすると: You may be scolded for it ― who ～s? あなたはそのことでしかられるかもしれませんよ, ひょっとすると.
withòut ... knówing [副] (人)に知られずに, (人)の知らぬまに.
Wòuldn't you knów (it)? Ⓢ そんなことわかりきっているじゃないか.
Yóu dòn't knów .... Ⓢ [強い感情を表わして] ...はあなたにはわからないだろう.
you knów [副] 文修飾 Ⓢ (何しろ) ...だ[です]からね, ほら...だよ; あのー, えーと, ...ですよ. 語法 (1) 文頭・文中・文尾に置く. (2) 〈くだけた会話で文に軽くそえて, 相手に同意や理解を求める, 内容を確認する, これから話すことに注意を促す, 言葉を探す間をうめるなどの働きをする (頻繁に用いると耳障りになる): We are not all perfect, you ～. 私たちはみんな完全ではありませんからね / I want to have my sweater back―you ～, the one I lent you the other day. 僕のセーター返してもらいたいんだけど, ほら, この間貸してやったやつだよ / I you ～, I'm beginning to feel that she is not interested in me any more. 実はさ, 彼女はもう僕には関心がないようなきがしてきてね / And I just hate, you ～, feeling that I have to hurry. 私がいやなのは, せかされていってっていう感じなんです.
You knòw sómething [whát]? Ⓢ 《略式》[相手の注意を促して] まあ聞いてよ, 実はね.
You knów whàt I am sáying? Ⓢ わかってくれるよね.
yóu knòw whò [whát] Ⓢ 例の人[物].
You néver knów. Ⓢ 先のことはわからない, さあどうだか; ひょっとしたらそういうこともある.
──[名] [次の成句で] **in the knów** [形] 《略式》事情に通じて, 内情を知っていて (about).
【類義語】**know** 「知っている, 知る」という意味の最も普通の語. **understand** 事柄の表面だけでなく, 言外の意味, behind でも「理解・把握する」こと. **grasp**「理解する」の意味の感情を強調した語. **comprehend** 格式ばった語で, understand よりも深く完全に含まれる意味や性質などを把握すること. **see, get, catch** くだけた感じの語で understand の場合に用いる.

know·a·ble /nóuəbl/ [形] 知ることができる.
knów-àll [名] 《略式, 主に英・豪》＝know-it-all.
*****know-how*** /nóuhàu/ [名] Ⓤ 《略式》ノウハウ, 実際的知識; 技術; こつ; 技術情報: business ～ 商売のこつ / He has the ～ to break into our computer system. <N+to 不定詞> 彼は我々のコンピューターシステムに侵入する技術someya.
know·ing /nóuɪŋ/ [形] [反 unknowing] [普通は A] (表情などが)訳知りの; もの知りの; 抜けめのない; 故意の: a ～ look 心得顔.
†**knów·ing·ly** [副] 1 心得顔に, 知ったかぶりをして: She winked ～. 彼女は心得顔にウインクをした. 2 承知のうえで, 故意に: He would never ～ hurt anybody. 彼は決してわざと人の気持ちを傷つけるようなことはするまい.

knów-it-àll [名] Ⓒ 《略式, 主に米・豪》何でも知ったかぶりをする人.

*****knowl·edge*** /nálɪdʒ | nɔ́l-/ [名] (動 know)
1 Ⓤ または普通形容詞(句)を伴って a ～] 知識; 知る[知っている]こと, 知られていること, 情報; 熟知; 理解 (☞ information 類義語): 言い換え His ～ of English is poor. ＝He has a poor ～ of English. 彼の英語の知識は貧弱である / K～ is power. 《ことわざ》知識は力なり(人は知識が増すほど強い力[影響力]をもつことになる) / A little ～ is a dangerous thing. 《ことわざ》わずかばかりの知識は危険なものだ (生兵法は大けがのもと) (Pope のことばより; ☞ learning 2) / The ～ that he had succeeded delighted his parents. <N+that 節> 彼が成功したことを知って両親は喜んだ.

コロケーション
absorb *knowledge* 知識を吸収する
acquire a good *knowledge* of ... ...についての十分な知識を得る
have [show] a good [detailed] *knowledge* of ... ...についての十分な[詳しい]知識がある
parade [show off] one's *knowledge* (of ...) (...の)知識をひけらかす
show one's *knowledge* of ... ...の知識を示す

2 Ⓤ 学識, 学問: all branches of ～ 学問のあらゆる分野. **be cómmon [públic] knówledge** [動] 自 皆に知れわたっている. **bríng ... to ―'s knówledge** [動] 他 《格式》〈...〉. **cóme to ...'s knówledge** [動] 《格式》...に知られるようになる. **dený áll [àny] knówledge of ...** [動] 他 〈...〉について全く知らないと言う. **hàve nó knówledge of ...** [動] 他 〈...〉について全く知らない. **in fúll knówledge of ...** [副] ...を十分承知の上で. **nót to my knówledge** [副] 私の知る限りではそうでない. **(sáfe [cónfident, secúre]) in [with] the knówledge that ...** [形・副] ...を承知して[の上で](安心して). **to (the bést of) my knówledge (and belief)** [副] 文修飾 私の知る限りでは; 確かに: *To the best of my ～* (＝As far as I know), he is still unmarried. 私の知る限りでは彼は

l L

l¹, L¹ /él/ 图 (複 l's, ls, L's, Ls /~z/) 1 ⓒⓊ エル 《英語のアルファベットの第 12 文字》. 2 ⓒ 《ローマ数字》50 = ⓁⓁ (number 表). 3 ⓒ Ⓛ (英) 自動車の運転練習者《車の前後にはる表示; learner の略》. ☞ L-plate》.

*l² Ⓑ 1 リットル (liter(s)). 2 低い (low). 3 =lake, latitude, left¹, length, line¹图 5, long¹.

*L² 低い (low).

*£, L³ /páund, páundz/ Ⓑ ポンド (pound(s)) 《通貨単位》: £ pound¹ 1). £6.10 6 ポンド 10 ペンス《six pounds ten pence または ten p /pí:/ と読む; ☞ p²; sterling; $; lb.》. 《「はかり」を意味したラテン語 libra の略; ☞ deliberate² 語源》.

L⁴ /él/ Ⓑ 1 《特に衣類の》大きな [L] サイズ (large size) 《☞S²》. 2 《米略式》=elevated railroad. 3 《英》=Liberal (Party). 4 =live² 《電気プラグで》電流が通じている. 5 =lake, Latin, left¹, length, lira, longitude. 6 《テレビで》 =language 《「(番組が)不快なことばづかいを含む」を意味する記号》.

L⁵ =low atmospheric pressure.

l.¹ /láin/ (複 **ll.** /láinz/) 《文章などの》行, 《詩の》行 (line) 《☞ p.¹》: *l.* 7 =*line* seven 7 行目 (p. 35, l. 9 = page thirty-five, *line* nine 35 ページの 9 行目 / 50 *ll.* =fifty *lines* 50 行 (行数) / *ll.*12-16 12 行から 16 行まで 《from *line* twelve to *line* sixteen または *lines* twelve to sixteen と読む》.

*l.² Ⓑ 1 左, 左の[に] (left). 2 =lake, latitude, length, long¹.

L. Ⓑ 1 左, 左の[に] (left). 2 =lake, Latin, length, longitude.

⟨L⟩ Ⓑ 《電算》=laughing.

la /láː/ 图 《単数形で》《楽》ラ 《全音階の第 6 音》.

LA 《米郵》=Los Angeles, Louisiana.

La. =Louisiana, 《英》lane.

L.A. /éléi/ Ⓑ =Los Angeles.

*lab /lǽb/ 图 (~s /~z/) ⓒ 《略式》実験室, 研究所 (laboratory): a language ~ LL 教室《☞ language laboratory》 / a ~ coat 白衣 / ~ technician=laboratory technician.

Lab¹ 《英》=Labour Party.

Lab² /lǽb/ 图 ⓒ 《米略式》=Labrador retriever.

*la·bel /léib(ə)l/ 图 名 (~s /~z/) ⓒ 1 はり紙 《内容・持ち主・あて名などを示す》, 札, ラベル: Put ~s on your baggage. 荷物にラベルをつけなさい / The ~ on the bottle has come off. びんのラベルがとれている. 2 《人などにはる》あだ名, レッテル; 《レコードの》レーベル, レコード会社; 《衣料品などの》商標 (名), ブランド (名); 高級ブランド服 (メーカー); 《標本などの》分類表示名称, 項目 (名): He wasn't happy with the 'sexist' ~. 彼は性差別主義者のレッテルをはられるのを好まなかった. 3 《辞書の》指示語, 《指示》レーベル (Lab¹の 《英》, lab の 《略式》, labial の《音声》など; ☞ a level of usage (level 图 成句), register 图): usage ~s 用法指示レーベル / (subject) field ~s 《専門》分野別レーベル.

— 動 (**la·bels** /~z/; **la·beled**, 《英》**la·belled** /~d/; **-bel·ing**, 《英》**la·bel·ling** /-b(ə)lɪŋ/) 他 《しばしば受身で》1 《…に》はり紙をする, ラベルをはる, 表示する 《*with*》: The clerk ~ed the baggage. 店員はその荷物にラベルをつけた / The bottle *was* ~ed "Poison." ⟨V+O+C (引用句)の受身⟩ びんには「毒物」とラベルがはってあった

を—と分類する, —とみなす: They *were* ~*ed* (*as*) radicals. 彼らは急進派の烙印を押された.

la·bel·ing /léɪb(ə)lɪŋ/ 图 Ⓤ 表示, ラベル付け: false ~ 不当表示.

la·bi·a /léibiə/ 图 《複》《解》陰唇 《淀》.

la·bi·al /léibiəl/ 形 1 《医》《くちびるの》. 2 《音声》唇 《淀》 音の. — 图 ⓒ 《音声》唇音《/p/, /b/, /m/, /f/, /v/ など》.

*la·bor, 《英》la·bour /léibə | -bə/ Ⓑ 图 (~s /~z/) labórious) 1 Ⓤ 労働, 勤労, 骨折り《☞ work 類義語》: hard ~ 重労働 / manual ~ 手仕事; 肉体労働 / The repair bill includes parts and ~. 修理費には部品代と手数料が含まれます / the fruit(s) of one's ~ 努力の成果 / The workers withdrew their ~ to show their protest against wage cuts. 労働者は賃金カットに抗議して就業しなかった / the Department [Secretary] of L~ 《米》労働省 [長官] 《☞ department 表》.

2 Ⓤ 《時に複数扱い》**労働者階級**; 《会社などの》**労働者側, 被雇用者側** 《全体》: the rights of ~ 労働者の権利 / ~ and management 労働者 (側) と経営者 (側) / skilled [cheap] ~ 熟練 [賃金の安い] 労働者 / a ~ shortage 労働力不足. 関連 capital 資本家階級 / management 経営者側.

3 ⓒ 《普通は複数形で》《格式》《骨の折れる》仕事: a ~ lasting a lifetime 一生続く仕事 / rest after one's ~s 仕事の後れに. **4** Ⓤ 《a ~》**分娩** 《淀》, 出産: *in* ~ 分娩中で; 産みの苦しみをして / a ~ room 分娩室. 語源 ラテン語で「辛い仕事, 苦労」の意; ☞ elaborate², laboratory 語源.

a lábor of lóve 《ⓒ》好きでする仕事. **gó into lábor** 動 自 陣痛が始まる.

— 動 (**la·bors**, 《英》**-bours** /~z/; **la·bored**, 《英》**-boured** /~d/; **-bor·ing**, 《英》**-bour·ing** /-b(ə)rɪŋ/) 自 1 骨折る, 努力する; 労働する (*away*): He ~*ed to* complete the work. ⟨V+*to* 不定詞⟩ 彼はその仕事を完成しようと努力した. **2** 《副詞 (句)を伴って》《人・乗り物などが》骨折って進む: ~ up a hill 丘を苦労して登る. **3** 《エンジンが》ゆっくり [やっと] 回る. — 他 《…を必要以上に》詳しく論ずる: ~ the point 問題点をくどくどと述べる.

lábor óver ... 動 他 《原稿などを》苦心して書く. **lábor ùnder ...** 動 他 《格式》(1) 《誤解・幻想などを》抱いている: ~ *under* a delusion [misapprehension, misconception] 思い違いをする. (2) ...で苦しむ.

*lab·o·ra·to·ry /lǽb(ə)rətɔ̀ːri | ləbɔ́rətəri, -tri/ Ⓑ 图 (**-to·ries** /~z/) ⓒ 1 **実験室** [所], **研究室** [所] 《略式》: a chemical ~ 化学実験室 / ~ animals 実験用動物; a ~ technician 実験助手 《実験器具, 手順などの訓練を受けたプロ》. 2 薬品製造所. 語源 ラテン語で「働く (labor) 所」の意.

lábor càmp 图 ⓒ 強制労働収容所.

Lábor Dày 图 Ⓤⓒ 1 《米・カナダ》**労働者の日** 《9 月の第 1 月曜日の法定祝日 (legal holiday); ☞ holiday 表》. 2 《英》=May Day 1.

*la·bored /léibəd | -bəd/ 形 1 《呼吸が》困難な, 苦しい: ~ breathing 苦しそうな呼吸. 2 《文章などが》苦心の跡のある; 不自然な, こじつけの: a ~ style 不自然な文体.

*la·bor·er, 《英》la·bour·er /léib(ə)rə | -rə/ 图 ⓒ 《肉体》労働者, 勤労者: a day ~ 日雇い労務者 / a farm ~ 農場労働者.

*lábor fórce 图 ⓒ 《普通は the ~》**労働力**; 《会社の》労働者 《全体》.

la·bor·ing /léib(ə)rɪŋ/ 形 Ⓐ 《古風》肉体労働の; 苦しい: ~ jobs 苦しい仕事.

lábor-inténsive 形 商 労働集約型の. 関連 capital-intensive 資本集約型の.

la・bo・ri・ous /ləbɔ́ːriəs/ 形 名 lábor) **1** 骨の折れる, 面倒な: ~ work 骨の折れる仕事. **2** 〈話・文章など〉骨折って作り上げた, 苦心の跡のある, 不自然な. **~・ly** 副 骨折って. **~・ness** Ｕ 困難さ.

lábor màrket 名 [the ~] 商 労働市場.
lábor mobìlity 名Ｕ 労働流動性(転職しやすさ).
lábor mòvement 名 [the ~] **1** 労働組合支持政党[団体];労働組合. **2** 労働組合運動.
lábor pàins 名 [複] 陣痛.
lábor relàtions 名 [複] 労使関係.
lábor-sàving 形 [普通は Ａ] 労力節約の, 省力の: a ~ device 省力装置.
lábor ùnion 名 Ｃ (米) 労働組合((英)trade union).

＊**la・bour** /léɪbə | -bə/ 名 動 形 (英)=labor.

Lá・bour 名 名 (英)=Labour Party. ── 形 (英)労働党(支持)の.
la・bour・er /léɪb(ə)rə | -rə/ 名 Ｃ (英)=laborer.
lábour exchànge 名 Ｃ (英古風)職業安定所.
＊**Lábour Pàrty** 名 [the ~] (英)労働党(英国の2大政党の1つ). 略 Lab; party 表).

Lab・ra・dor¹ /lǽbrədɔ̀ə | -dɔ̀ː/ 名 **1** ラブラドル半島(北米 Hudson 湾と大西洋との間にある半島). **2** ラブラドル(地方)(ラブラドル半島の東部).
Lab・ra・dor² /lǽbrədɔ̀ə | -dɔ̀ː/, **Lábrador retríever** 名 Ｃ ラブラドルレトリーバー(カナダ原産の猟犬; dog 挿絵).
la・bur・num /ləbə́ːnəm | -bə́ː-/ 名 Ｃ,Ｕ きんぐさり(まめ科の低木; 種子は有毒).
＊**lab・y・rinth** /lǽbərɪnθ/ 名 Ｃ (格式) **1** 迷宮, 迷路: a ~ of corridors 迷路のように入り組んだ通路. メアリーは毎晩レースを編んでいる. **2** 複雑な[入り組んだ]状態, 紛糾: a ~ of government red tape 複雑な役所の手続き.
lab・y・rin・thine /lǽbərínθɪn, -θaɪn/ 形 (格式)迷宮[迷路]の(ような); 入り組んだ.

labyrinth 1

＊**lace** /léɪs/ 名 (**lac・es** /~ɪz/; 形 lácy) **1** Ｕ レース(編み): ~ curtains レースのカーテン / Mary crochets ~ every night. メアリーは毎晩レースを編んでいる. **2** Ｃ [普通は複数形で] (締め)ひも, (特に)靴ひも (shoelace): a pair of ~s ひと組の靴ひも. ── 動 **1** 〈…〉をひもで縛る[締める] (to); 〈靴などに〉ひもを通す: She ~d (up) her shoes. 彼女は靴のひもを締めた. **2** 〈飲み物など〉に少量のアルコール[薬物等]を加える; [普通は受身で] Ｗ 〈書物・話など〉に味をつける: tea ~d with brandy ブランデーを少量入れた紅茶 / His new novel is ~d with beautiful illustrations. 彼の新しい小説には美しい挿絵が入っている. **3** Ｗ 編み[組み]こむ: a handkerchief ~d with green thread 緑色の糸で刺繍(ししゅう)したハンカチ / She ~d her fingers together. 彼女は両手の指を組んだ. ── 自 ひもで結ぶ; ひもで結ばれる.
lac・er・ate /lǽsərèɪt/ 動 他 (格式) **1** 〈体〉を(引き)裂く, 〈…〉に裂傷を負わせる. **2** 〈感情など〉を傷つける.
lac・er・at・ing /lǽsərèɪtɪŋ/ 形 **1** (感情を)ひどく傷つける. **2** 裂傷を負わせる.
lac・er・a・tion /lǽsəréɪʃən/ 名 Ｃ,Ｕ (格式)[普通は複数形で] 裂傷: treatment for ~ 裂傷の手当て / ~s to both arms 両腕の裂傷.
láce-ùp (主に英) 名 Ｃ [普通は複数形で] 編み上げ靴. ── 形 (靴が)ひもで締める.

láce・wòrk 名 Ｕ **1** レース製品. **2** 複雑な模様.
lach・es /lǽtʃɪz, léɪ-/ 名 Ｕ 法 遅滞(権利主張や訴訟提起の不当な遅れ).
Lach・e・sis /lǽkəsɪs/ 名 ギ神 ラケシス(the Fates(fate 4)の1人; 生命の糸の長さを決める役).
lach・ry・mal /lǽkrəm(ə)l/ 形 **1** (格式)涙の. **2** 解 涙腺の: ~ glands 涙腺.
lach・ry・mose /lǽkrəmòʊs/ 形 (文)涙もろい, 涙を誘う, 哀れな.

＊**lack** /lǽk/ (類音) lock, luck, rack, rock, wreck) 動 名 (Ｕ または ~ 反 plenty) 不足, 欠乏: ~ of food 食糧の不足 / He failed because of ~ of effort. 彼は努力が足りないので失敗した / A ~ of rain caused the poor harvest. 雨不足で凶作となった.
for [through] láck of ... [前] ...が不足して, ...がないために: for ~ of a better word Ｓ よりよい表現が思いつかなくて / The flowers died for [through] ~ of water. 花は水がなくて枯れた.
There is nó láck of ... ...が十分にある.
── 動 (**lacks** /~s/; **lacked** /~t/; **lack・ing**) 他 (受身なし)〈欲しいもの・必要なもの〉を欠く, 〈...〉に不足する(類義語): ~ confidence 自信を欠く / The girl ~ed musical ability. 少女は音楽的な才能に欠けていた.
láck for ... [動] [否定文で] 〈...〉に[...がなくて]不自由する: They ~ed for nothing. 彼らは何一つ不自由なものはなかった.
【類義語】 **lack, be lacking in** 漠然とあるものが不足していることを意味し, 特に抽象的なものに用いられる: Nancy seems to *lack* sincerity. ナンシーは誠実さが欠けているようだ. **be short of** 特に具体的な物が不足している場合に用いられる: We are *short of* water. 我々は水不足だ.

lack・a・dai・si・cal /lǽkədéɪzɪk(ə)l/ 形 無気力な, 活気のない; 熱意のない, だるそうな. **-cal・ly** /-kəli/ 副 無気力に; 熱意なく.
lack・ey /lǽki/ 名 Ｃ **1** (軽蔑) おべっか使い, 卑屈な人. **2** (文)(昔の)従僕.
＊**láck・ing** /lǽkɪŋ/ 形 Ｐ 不足している, 欠けている; (lack 類義語) [言い換え] Money was ~ for the plan. = Money for the plan was ~. その計画には資金が不足していた / [言い換え] He is ~ in experience. (= He lacks experience.) 彼は経験に欠けている.
＊**lack・lus・ter**, (英) **-tre** /lǽklÀstə | -tə/ 形 **1** 面白みのない, 退屈な. **2** 〈髪・目が〉どんよりした; 生気のない.
la・con・ic /ləkɑ́nɪk | -kɔ́n-/ 形 (格式)ことば数の少ない, 簡潔な. **-con・i・cal・ly** /-kəli/ 副 簡潔に.
＊**lac・quer** /lǽkə | -kə/ 名 Ｕ **1** ラッカー; Japanese ~ ware 漆器. **2** (古風, 英)ヘアスプレー. ── 動 (**-quer・ing** /-k(ə)rɪŋ/) 他 **1** 〈...〉にラッカーを塗る. **2** 《古風, 英》〈...〉にヘアスプレーをかける.
lac・quered /lǽkəd | -kəd/ 形 **1** ラッカーの塗られた. **2** (古風, 英)ヘアスプレーをかけた.
la・crosse /ləkrɔ́ːs | -krɔ́s/ 名 Ｕ ラクロス(ネット付きスティックを使うホッケーに似た球技; カナダ・米国などで盛ん).
lac・tate /lǽkteɪt | læktéɪt/ 動 自 医・生 乳を分泌する[出す].
lac・ta・tion /læktéɪʃən/ 名 Ｕ 医・生 乳の分泌; 授乳(期).
lac・tic /lǽktɪk/ 形 生化 乳の.
láctic ácid 名 Ｕ 生化 乳酸.
lac・tose /lǽktoʊs/ 名 Ｕ 生化 乳糖, ラクトース.
la・cu・na /lək(j)úːnə | -kjúː-/ 名 (複 **la・cu・nae** /lək(j)úːniː | -kjúː-/, **~s**) Ｃ (格式)(原稿などの)脱落部分, 空白.
＊**lac・y** /léɪsi/ 形 (**lac・i・er; lac・i・est**; 名 lace) レース(状)の.
＊**lad** /lǽd/ 名 (**lads** /lǽdz/) Ｃ **1** (古風, 英略式)若者, 少年(lass): John grew up into a strong

ジョンは成長してがっしりした若者になった. **2** [普通は単数形で]《英略式》元気のよい[大胆な]男: a bit of a ～ 《英》女遊びはではなやつ. **3** [the ～s]《英略式》(男どうしの気の合う)仲間たち. //《英》馬丁.

lád cùlture ⓤ《英略式》《軽蔑》(酒, 車, サッカー観戦などに夢中になる) 元気よく荒っぽい男の行動様式.

*__lad·der__ /lǽdɚ/《顕》《頭》lather, latter, letter, rudder. 12 名 (～s /-z/) ⓒ **1** はしご: fall off a ～ はしごから落ちる / climb a ～ はしごを登る / climb down a ～ はしごを降りる / put up a ～ against the window 窓にはしごをかける / It's unlucky to walk under a ～. はしごの下をくぐり抜けると不吉だ《古くからの迷信》.
関連 stepladder 脚立(ｷﾔ) / rung はしごの段. **2** [普通は単数形で] (出世·成功などの)手段, 手づる; 身分·地位などの段階: He climbed the ～ of success quickly. 彼はとんとん拍子に出世した / begin a ～ at the bottom of the ～ 下積みから始める. **3** はしごトーナメントの競技者リスト (☞ ladder tournament). **4**《英》(靴下の)糸のほつれ, 伝線 (run). ── 動 (-der·ing /-dərɪŋ, -drɪŋ/) 他《英》(靴下)を伝線させる. ── 自《英》(靴下が)伝線する (run).

ládder tòurnament 名ⓒ はしごトーナメント《選手を実力順に並べ, 隣接した選手同士の対戦成績により順位のいれかえを行なう試合方式》.

lad·die /lǽdi/ 名 ⓒ《略式, 主にスコ》若者, 少年 (☞ lass).

lad·dish /lǽdɪʃ/ 形《英略式》《軽蔑》(若者が)元気よく男っぽい[荒い]. **～·ness** ⓤ (若者の)男っぽさ.

lad·dism /lǽdɪzm/ 名 ⓤ《英》(酒·スポーツ·セックスなどに夢中になる)若者の傾向[生態].

lad·dy /lǽdi/ 名 (**lad·dies**) ⓒ =laddie.

†**lad·en** /léɪdn/ 形 [普通は Ⓟ]《文》**1** 荷を積んで; (空気に)臭いがこもって: trees ～ with fruit たわわに実のなっている木 / The trucks were fully ～. それらのトラックは積み荷を満載していた. **2** (悩みなどを)抱いている, ～: debt-*laden* 負債をおった / a heart ～ with sorrow 悲しみでいっぱいの心.

la·dette /lædét/ 名 ⓒ《英略式》《新聞》《軽蔑》男と同じように酒を飲み騒ぎたがる若い女, 「オヤジギャル」.

la·di-da, lah-di-dah /làːdiːdάː*-⁻*/ 形, 副 ⓒ《古風, 略式》《軽蔑》(女性が)(上流に)気取った[気取って], 上品ぶった[上品ぶって]. ── 間《略式》(気取った[偉ぶった]発言に対して)それはそれは.

la·dies /léɪdiz/ 名 [the ～ として単数扱い] **1**《英》=women's room. **2** [しばしば滑稽] 女性.

ládies' màn 名 ⓒ《古風》女性とつきあうのが好きな[上手な]男.

ládies' nìght 名 ⓒ 女性の夜《バーなどで女性に割引がある日または男性のみのクラブなどで女性も入れる日》.

ládies' ròom 名 [the ～]《米》=women's room (《英》ladies).

ládies·wèar 名 ⓤ《格式》婦人服, 婦人服売場.

lad·ing /léɪdɪŋ/ 名 ⓤ 積み荷; 船荷; 貨物. **a bíll of láding** 名 船荷証券 《略 B/L》.

la·dle /léɪdl/ 名 ⓒ レードル, おたま (☞ kitchen 挿絵); ひしゃく; レードル[おたま]一杯分 (ladleful).
── 他 (スープなど)をおたまですくう[つぐ]; ひしゃくでくむ (*out*). **ládle óut** 動 [時に軽蔑] (金品など)をむやみに与える, ばらまく, ふりまく.

la·dle·ful /léɪdlfʊ̀l/ 名 ⓒ レードル[おたま]一杯分.

*la·dy /léɪdi/《丁寧》《顕》《頭》ready] 名 (**la·dies** /-z/) ⓒ **1** 女性, 婦人, 女の方;《主に米》[ほめて] 強い意志を持った[気性の強い]女性《woman に対して用いる古風な敬語》// *woman* 類義語, (略式)もしもし, お嬢さん, 奥さん《女性に向かっての失礼な呼びかけ; 性差別的に響くことが多い; ☞ ma'am》: a cleaning ～ 掃除婦 / a discreet ～ 思慮深い女性 / *ladies' shoes* 女性靴. // old lady. **関連** gentleman 男性.

---

2 ⓒ 淑女, 貴婦人, 《古風》(英国の)家柄のよい女性, 高い地位にある女性: talk like a ～ 貴婦人のような話し方をする / a ～ of noble birth 高貴な生まれの女性 / the First L～《米》大統領[州知事]夫人. **関連** gentleman 紳士. **3** [形容詞的に]《古風》女性の, 女の (woman): a ～ doctor 女医. **語法** 性差別的に響くので a *woman* doctor または単に a doctor というほうが普通. **4** [léɪdi] [L-] (1) 卿(º)ª [L-にっけて] …卿(ﾀＯ)夫人, [名につけて] …令嬢 (☞ ladyship). **語法** Lord または Sir の称号を持つ貴族の夫人, earl (伯爵)以上の貴族の娘につける敬称 (☞ lord 3, sir 2, Mrs.): She is L～ Smith, the wife of Lord Smith. この人はスミス夫人でスミス卿の奥方です / L～ Diana (Cooper) ダイアナ(クーパー)嬢 (☞ Lady Macbeth. (2) [高い地位にある女性の役職名につけて]: (the) L～ Mayoress (女性)市長. **5** ⓒ《古風》妻; 女友達. **語源** 古(期)英語で「パンをこねる人」の意; ☞ lord 囲み).

a lády friénd 名 [しばしば滑稽] 女友達; 愛人.

Ládies and géntlemen! ⓢ《格式》みなさん!《男女の聴衆に呼びかけることば; ☞ Gentlemen! (gentleman 成句).

lády of the évening [níght] 名《古風》《婉曲》夜の女《売春婦のこと》.

Our Lády 名 聖母マリア (Mary).

the lády of the hóuse 名《古風》(一家の)主婦.

lády·bird 名 ⓒ《英》=ladybug.

Lády Bóuntiful 名 ⓤ《軽蔑》婦人慈善家, (これみよがしに)気前よくする女性.

lády·bùg 名 ⓒ《米》てんとうむし.

Lády Chàpel 名 ⓒ (大教会堂の)聖母礼拝堂.

Lády Dày 名 ⓒ《英》お告げの祭り《3月25日; 天使がマリアにキリストの受胎を告げたことを祝う; ☞ quarter day》.

lády·finger 名 ⓒ《米》レディフィンガー《指の形をした小さなカステラ風菓子》.

lády friend 名 ⓒ [しばしば滑稽] 恋人.

lády-in-wáiting 名 (複 **ladies-**) ⓒ (女王·王女の)侍女, 女官.

lády-killer 名 ⓒ《古風, 略式》[滑稽] 女たらし.

lády·like 形《古風》[ほめて] 貴婦人らしい, 上品な.

lády·lòve 名 ⓒ《古風》意中の女性, 愛人.

Lády Macbéth 名 マクベス夫人《Macbeth の妻; 気弱な夫を容赦なく引っ張る女の典型》.

Lády Múck /-mák/ 名 ⓒ《英略式》[滑稽] または [軽蔑] 気どった女性, 偉そうにふるまう女性.

lády's fíngers ⓒ 名 =okra.

lády·shìp 名 ⓒ [しばしば L-; your ～, her ～ として]《英略式》《丁寧》奥様: We are honored to have your ～ here tonight. 今夜この席に奥様にご臨席いただき光栄です. **語法** 爵位を持った女性に対して用いる. (ⓢ)《英》では皮肉または滑稽に普通の女性にも用いる. 用法については ☞ majesty. 語法.

lády's màid 名 ⓒ 小間使い, 侍女.

lády's màn 名 ⓒ =ladies' man.

lády('s)-slìpper 名 ⓒ あつもりそう《らん科の植物; 米国 Minnesota 州の州花》.

La·fa·yette /làːfíːet, læf-/ -far-/ 名 固 **Marquis de** /maɑːkíːdə/ | maː-/ ～ ラファイエット (1757-1834)《フランスの軍人·政治家; 米国独立戦争に加わった》.

La Fon·taine /làːfɑntéɪn, -téɪn/ -fɑn-/ 名 固 **Jean de** /ʒάːn də/ ～ ラフォンテーヌ (1621-95)《フラン

スの詩人・寓話(ぐうわ)作家).

*lag¹ /lǽg/ 動 (lags /~z/; lagged /~d/; lag・ging)
1 遅れる; のろのろ歩く, ぐずつく: Tom *lagged* far *behind* the other boys in the race. ⟨V+behind+名・代⟩ トムはその競走でほかの少年たちよりはるかに遅れた. 2 (進行・進歩などに)ついていけない: Mary is *lagging behind* in mathematics. メアリーは数学の勉強についていけない.
— 名 C 時間の遅れ, ずれ (time lag); ☞ jet lag.

lag² /lǽg/ 動 他 《英》〈ボイラーなど〉を断熱材で覆う (with).

*la・ger /láːgɚ | -gə/ 名 C,U 《英》貯蔵ビール, ラガービール; C ラガー一杯[一本]. 参考 低温で数か月貯蔵熟成したもので, 日本のビールもこれ. **a láger lòut** 名 《英略式》酒場でさわぎを巻いている若者, 飲んだくれ.

lag・gard /lǽgɚd | -gəd/ 名 C 《古風》のろま, 遅れをとった人[組織など]. ~・ly 形 ぐずぐずした.

lag・ging /lǽgɪŋ/ 名 U 《主に英》《被覆用の》断熱材.

La Gioconda /ləˌdʒoʊkɑ́ndə/ 名 ☞ Gioconda.

la・gniappe /lǽnjæp, lænjǽp/ 名 C 《米》1 景品, おまけ. 2 心づけ, チップ.

*la・goon /ləgúːn/ 名 C 1 潟(かた); 礁湖(しょうこ); 《米》《大きな湖や川に通じる》沼. 《英》排水処理用の貯水池.

La Guár・di・a Áirport /ləgwɑ́ɚdiə- | -gwɑ́ː-/ 名 固 ラガーディア空港 (New York 市にある国際空港).

lah /lɑ́ː/ 名 [単数形で] =la.

lah-di-dah /lɑ́ːdiˈdɑ́ː/ 形 =la-di-da.

La・hore /ləhɔ́ɚ | -hɔ́ː/ 名 固 ラホール (パキスタン北東部の都市).

*laid /léɪd/ (同音 raid) 動 lay¹ の過去形および過去分詞.

†láid-báck 形 《略式》〈人や行動が〉くつろいだ, のんびりした.

*lain /léɪn/ (同音 lane; 類音 rain, reign, rein) 動 lie¹ の過去分詞.

lair /léɚ | léə/ 名 C 1 〈野獣の〉ねぐら. 2 《略式》〈人の〉隠れ家; 〈犯罪者などの〉ねぐら.

laird /léɚd | léəd/ 名 C 《スコ》《大》地主.

lai・ry /léɚi/ 形 《英俗》大騒ぎして; うぬぼれた; けばけばしい.

*lais・sez-faire, lais・ser-faire /lèɪseɪféɚ, lèɪ- | -féə/ 《フランス語から》名 U 《特に経済上の》自由放任主義; 他人への無干渉. — 形 A 自由放任(主義)の; 人に干渉しない.

*la・i・ty /léɪəti/ 名 [the ~ として複数扱い] 1 《格式》〈聖職者たちに対して〉俗人たち《全体》. 関連 clergy 牧師たち. 2 《専門家に対して》素人(しろうと)連, 門外漢.

*lake¹ /léɪk/ (同音 rake¹) 名 C (~s /~s/) 1 C 湖, 湖水, 沼《略 l., l., L, L.》: L~ Biwa 琵琶湖 / cross a ~ 湖を渡る / row a boat on a ~ 湖でボートをこぐ / the Great L~s 五大湖《米国とカナダの国境にある5つの湖; ☞ 裏地図 H 3》. 関連 pond 池. 2 C 《略して》《ワイン・石油などの》あり余るほどの量: wine ~s あり余ったワイン. 3 [the Lakes として] =Lake District.

lake² /léɪk/ 名 U 深紅色 =crimson lake.

láke・bèd 名 U 湖底.

Láke Dìstrict 名 固 [the ~] 湖水地方 (England 北西部の景色の美しい湖水・山岳地帯; ☞ 裏地図 E 4).

láke・frònt 名 [単数形で] 《米》 =lakeside.

Láke Pòets 名 [複] 湖畔詩人 (英国のロマン派の詩人たち; Lake District に住んだ Coleridge や Wordsworth ら).

lak・er /léɪkɚ | -kə/ 名 C 《米》《ますなどの》湖水魚; 《特に五大湖の》湖水運航船.

láke・shòre 名 =lakeside.

láke・sìde 名 [the ~], 形 A 湖畔(の).

láke tròut 名 C 湖水産のます[さけ], 《特に》レークラウト (北米産の大型食用魚).

lakh /lɑ́ːk, lǽk/ 名 C 《インド・パキスタン》10万.

lá・la lànd /lɑ́ːlɑː- / 名 固 《米略式》1 [けなして] 夢の国: be [live] in ~ 夢の国に行ってしまっている《少し頭がおかしい》. 2 [滑稽] ロサンゼルス, ハリウッド.

lal・ly・gag /lǽligæg/ 動 (-gags; -gagged; -gag・ging) 自 《米略式》 =lollygag.

lam¹ /lǽm/ 動 (lams; lammed; lam・ming) [次の成句で] **lam ínto ...** 動 他 《英略式》〈人〉を殴る; 〈人〉を強く非難する, やっつける.

lam² /lǽm/ 動 (lams; lammed; lam・ming) 自 《略式》逃げる, ずらかる.
— 名 [次の成句で] **on the lám** 形 《米略式》《特に警察の手から》逃走中で, 高飛びして.

la・ma /lɑ́ːmə/ 名 C ラマ僧.

La・ma・is・m /lɑ́ːmeɪɪzm/ 名 U チベット仏教.

La・marck・is・m /ləmɑ́ɚkɪzm | -mɑ́ːk-/ 名 U 〖生〗ラマルク説, ラマルキズム《フランスの生物学者 Lamarck /ləmɑ́ɚk | -mɑ́ːk/ (1744–1829) の説に基づく進化論; Darwin と異なり後天的形質が遺伝するとする》.

La Mar・seil・laise /lɑːˌmɑɚseɪléɪz, -seɪéz | -mɑ̀ːseɪ(j)éɪz/ 名 固 ラ マルセイエーズ《フランスの国歌》.

La・máze mèthod /ləmɑ́ːz-/ 名 [the ~] ラマーズ法《心理学を応用する自然無痛分娩法》.

*lamb /lǽm/ (類音 lamp, ram) 名 (~s /~z/) 1 C 子羊: Mary had a little ~. Its fleece was white as snow. メアリーは子羊を飼っていた. その毛は雪のように真っ白だった《英国の童謡集 Mother Goose's Melodies の中の歌》. ★ 鳴き声については ☞ cry 表. 関連 sheep 羊.
2 U 子羊の肉; [形容詞的に] 子羊肉の. 関連 mutton 羊の肉. 3 C S 《略式》《ときに呼びかけとして》良い子, 坊や; だまされやすい人. **like a lámb (to the sláughter)** 副 《危険も知らずに[仕方なく]》子羊のように従順に[おとなしく]. **the Lámb (of Gód)** 名 神の小羊《イエスキリストの別称》.
— 動 自 《羊》子を産む.

Lamb /lǽm/ 名 固 Charles ~ ラム (1775–1834)《英国の作家・批評家》.

lam・ba・da /lɑːmbɑ́ːdə | læm-/ 名 U またはa ~ ランバダ《ブラジル起源のテンポの速いセクシーなダンス》.

lam・baste /læmbéɪst/, lam・bast /læmbǽst/ 動 他 《主に新聞》けなす, ひどくしかる (for).

lamb・da /lǽmdə/ 名 C ラムダ《ギリシャ語アルファベット第11文字 λ, Λ; ☞ Greek alphabet 表》.

lam・bent /lǽmb(ə)nt/ 形 《文》1 〈炎・光が〉揺らめく, ちらちらする; 〈目・空などが〉柔らかく輝く. 2 〈機知などが〉軽妙な.

Lám・beth Pálace /lǽmbəθ-/ 名 固 ランベス宮殿 (London 滞在時の Canterbury 大主教の居館で, 時に英国国教会の代名詞として使われる).

lamb・ing /lǽmɪŋ/ 名 U 羊の産期, 羊の出産.

lámb・skin 名 C,U 子羊の毛皮《上着・手袋・装飾用》; U 子羊のなめし皮.

lámbs・wòol, lámb's wòol 名 U 子羊の毛, ラムズウール.

†lame /léɪm/ 形 (lam・er, more ~; lam・est, most ~) 1 《特に動物が》足[脚](の)悪い[不自由な]; go ~ 足が悪くなる. 語法 人に用いると差別的なので, 遠回しな言い方に disabled を用いるのがよい. 2 [普通は A]《略式》《言いわけなどが》下手な, 不十分な, (議論など)説得力のない. 3 [普通は A]《俗》つまらない, よくない. — 動 他 [普通は受身で] 〈...〉の足[脚]を不自由にする, 〈...〉を障害者にする.

la・mé /lɑːméɪ | lɑ́ːmeɪ/ 《フランス語から》名 U ラメ《金や銀の糸を織り込んだ織物》; [形容詞的に] ラメの.

láme・bràin 名 C 《米略式》まぬけな人, ばか.

láme・bràined 形 《米略式》まぬけな, ばかな.

láme dúck 名 1 《略式, 主に米》任期を残して再選に敗れた大統領[議員]; まもなく任期が切れる大統領[議員]: a ~ President 任期切れ間近の大統領. 2 役立たずの人[もの]; 決済不能者[会社].

la·mel·la /ləmélə/ 名 (複 **la·mel·lae** /ləméli:/, ~**s**) C (骨・組織などの)薄板, 薄片, 薄層.

láme·ly 副 下手に, ぎこちなく.

láme·ness 名 U 足[脚]の不自由さ; 不十分さ.

†**la·ment** /ləmént/ 動 ⓦ 《格式》1 《…を》嘆く, 悲しむ, 悼(いた)む: She ~ed the death of her sister. 彼女は妹の死を嘆き悲しんだ. 2 《…を》残念に思う, 《…と》嘆いて言う (that). — 自 《格式》嘆く, 悲しむ, (声を上げて)泣く (over): A year after his death, she is still ~ing for her son. 死後1年たっても彼女はまだ息子のことを嘆き悲しんでいる. — 名 C 《格式》1 悲歌. 2 哀歌 (for).

lam·en·ta·ble /ləméntəbl, læmən-/ 形 《格式》悲しむべき, 嘆かわしい; みじめな, 貧弱な. **-ta·bly** /-bli/ 副 嘆かわしいまでに; みじめに, 貧弱に.

lam·en·ta·tion /læ̀mentéɪʃən/ 名 《格式》1 U 悲嘆, 哀悼. 2 C 悲嘆の声.

Lamentations 名 《聖》(エレミヤの)哀歌 《旧約聖書の一書》.

la·ment·ed /ləméntɪd/ 形 ⓦ 《滑稽》哀悼される; 惜しまれる: the late ~ 故人.

lame-o /léɪmoʊ/ 名 C 《俗》間抜け, つまらぬやつ.

lam·i·nar /lǽmənə | -nə/ 形 1 薄板[薄層]からなる. 2 《物理》層流の: ~ flow 層流 《液体のなめらかな流れ》.

lam·i·nate¹ /lǽmənèɪt/ 動 他 《合板などを》薄板を重ねて作る; 《…に》薄板をかぶせる; 《金属》を薄板にする.

lam·i·nate² /lǽmənət/ 名 CU 積層プラスチック, 合板製品 《薄板[薄片]状の製品》.

lam·i·nat·ed /lǽmənèɪtɪd/ 形 1 薄板を重ねて作った: ~ wood 合板. 2 (保護用)ビニールで覆った, 薄いプラスチック[金属]をかぶせた.

*****lamp** /læmp/ 《類音 lump, ramp, rump》 名 (~**s** /-s/) C 1 明かり 《電灯・スタンド・ランプなど普通は移動できるもの》; 発観灯, ともし火, 灯火, 《医療用などの》電灯: The ~ suddenly went out. 突然明かりが消えた.

──── コロケーション ────
light a *lamp* 明かりをつける[ともす]
plug in a *lamp* 電灯のプラグを差し込む
turn [**switch**] **off** a *lamp* 明かりを消す
turn [**switch**] **on** a *lamp* 明かりをつける[ともす]
unplug a *lamp* 電灯のプラグを抜く

──── lamp 1 のいろいろ ────
désk làmp 卓上スタンド / **flóor làmp** 《米》, **stándard làmp** 《英》(床の上に置く)スタンド / **gás làmp** ガス灯 / **mércury-vápor làmp** 水銀灯 / **óil làmp** 石油ランプ / **réading làmp** 読書用スタンド / **sáfety làmp** (坑夫の)安全灯 / **strèet làmp** 街灯 / **súnlàmp** 太陽灯 / **táble làmp** 卓上スタンド

2 ランプ 《石油などをしん (wick) で燃やし, 周囲を火屋(ほや) (chimney) で囲む》: a spirit ~ アルコールランプ. 【語源】ギリシャ語で「輝く」の意; lantern と同語源.

lámp·blàck 名 U 油煙; (すすからとる)黒色絵の具.

lámp·lìght 名 U ランプの明かり, 灯火.

lámp·lìghter 名 C 《昔の街のガス灯の)点灯夫.

lam·poon /læmpú:n/ 動 他 《文で[詩, 漫画などで]》風刺する. — 名 C 風刺文[詩].

lámp·pòst 名 C 《主に英》街灯の柱.

lam·prey /lǽmpri/ 名 C やつめうなぎ.

lámp·shàde 名 C ランプ[電灯, スタンド]のかさ 《☞ lamp 挿絵》.

LAN /læn/ 名 C =local area network.

Lan·ca·shire /lǽŋkəʃə | -ʃə/ 名 ランカシャー 《England 北西部の州; ☞ 裏地図 E 5》.

Lan·cas·ter /lǽŋkəstə | -tə/ 名 ランカスター 《英国 Lancashire の都市; ☞ the Wars of the Roses (rose² 成句)》.

lance /læns | lɑ́:ns/ 名 C 1 やり 《昔の騎兵や中世の騎兵が用いた; ☞ launch¹ 囲み》. 2 《鯨・魚などを突く)もり. — 動 他 1 《医》《…の》切開手術をする. 2 《英》《…に》強い影響を即座に与える. — 自 《英》強い影響を即座に与える.

lánce córporal 名 C 《米海兵隊の》兵長; 《英陸軍の》伍長代理.

Lance·lot /lǽnslət | lɑ́:nslət/ 名 ランスロット 《Arthur 王の円卓騎士の中で最も優れた騎士》.

lanc·er /lǽnsə | lɑ́:nsə/ 名 C 《昔の》槍(やり)騎兵.

lan·cet /lǽnsɪt | lɑ́:n-/ 名 C 1 《医》ランセット 《両刃の外科用メス》. 2 《建》尖頭(アーチ)[窓].

lanc·ing /lǽnsɪŋ/ 形 《文》苦しい, 苦痛な.

*****land** /lænd/ 《類音 lend》名 (**lands** /lǽndz/) 1 U 土地 《性質や用途の上から見て》, 地面, …地; 耕作地; [U または ~**s**] (特定の特徴をもった)土地, …地帯 《☞ ground¹ 類義語》: rich ~ 肥えた土地 / agricultural ~ 農地.

──── コロケーション ────
clear *land* 土地を切り開く
cultivate *land* 土地を耕す
develop *land* 土地を開発する
drain *land* 土地の排水をする
ʼwork (**on**) [**farm**] the *land* 農業に従事する

──── land のいろいろ ────
grásslànd 牧草地 / **héadland** 岬 / **híghland** 高地 / **lówland** 低地 / **párklànd** (公園用の)緑地 / **wástelànd** 荒地 / **wóodland** 森林地帯

2 U 陸, 陸地 《反 sea》: on ~ 陸地に[で] / reach [come to] ~ 陸地に着く / The sailors saw ~ and sea. 水夫たちは陸を見た / They traveled over ~ and sea. 彼らは陸や海を旅した. 3 C 《文》国, 国土 (country); (…の)国: my native ~ 私の故国 / the ~ of dreams 夢の国. 4 [the ~] 田園, 農村, 田園生活: Back to the ~! 田園(生活)に帰れ. 5 [U または《格式》複数形で] (財産としての)土地, 所有地, 地所.

be [**gó**] **on the lánd** [動] 自 農民として働く.

by lánd [副] 陸路で: I think it'll be safer to go *by* ~. 陸路を行ったほうが安全でしょう.

in the lánd of the líving [形] Ⓢ 《滑稽》生きている (alive); 目をさましている (awake).

lìve òff the lánd [動] 自 《農業などをして》その土地で取れるものを食べて生活する; 《軍隊などが》土地の食物を徴発して生きのびる.

màke lánd [動] 自 《海》《船・水夫などが》陸に着く.

sée [**fínd óut**] **hòw the lánd líes** [動] 自 Ⓢ 情勢を見る.

the Lánd of Enchántment [名] 魅惑の地 《米国 New Mexico 州の俗称》.

the Lánd of Nód [名] 《聖》ノドの地 《アベルを殺したカインが楽園を追われ住みついた場所》: be in *the* ~ *of Nod* 《古風, 略式》眠っている 《Nod を nod 動 自 3 とかけたしゃれ》.

the Lánd of Opportúnity [名] 好機の地 《米国 Arkansas 州の俗称》.

976 land agent

— **動** (lands /lǽndz/; land・ed /~ɪd/; land・ing)

─ 自 の転換 ─
自 **1** 上陸する (to go onto land)
他 **1** 上陸させる (to make (something or someone) go onto land)

— 自 **1** 《普通は副詞(句)を伴って》**着陸する；上陸する** (⇄ take off); (水上機などが)着水する: The troops ~ed in Greece. <V+前+名・代> 軍隊はギリシャに上陸した / Your plane ~s at Haneda, not Narita. この飛行機は成田でなく羽田に着陸します / The spacecraft will ~ on the water this afternoon. 宇宙船はきょうの午後着水する. **2** 《副詞(句)を伴って》 地面に着く[落ちる] (in, under): A cat always ~s on its feet. 猫はいつも足から着地する. **3** 《副詞句を伴って》(予期しない[面倒な]ことが)(…に)舞い込む, 降りかかる, (人が)おしかける (in, on, under).

— 他 **1** 〈飛行機〉を着陸させる: The pilot ~ed the plane in a field [at the airport]. <V+O+前+名・代> 操縦士は飛行機を野原に[その空港に]着陸させた. **2** 〈人〉を上陸させる, 〈荷物〉を陸揚げする; (船・飛行機が)〈人〉を着岸させる: The oranges were ~ed at Yokohama. <V+O の受身> オレンジは横浜に陸揚げされた / We ~ed our boat on the beach. <V+O+前+名・代> 我々はボートを海岸に引き上げた. **3** 《略式》〈仕事などを獲得する, 〈大きな魚〉を釣り上げる: ~ a contract 契約を取りつける / She ~ed (herself) a job in a software company. 彼女はソフトウェア会社の仕事を手に入れた. **4** 〈人〉に〈打撃〉を加える: I ~ed him a blow on the chin [nose]. 私は彼のあご[鼻]に1発食らわしてやった (☞ hit¹ 2). **lánd ... ín ít** [動] 他 S 《英略式》〈人〉を困った状況に追いこむ. **lánd on one's féet** [動] 自 困難を切り抜ける; 運がよい (☞ 自 2 の例文).

─ **land の句動詞** ─
lánd ín ─ [動] 他 《略式》(困った[苦しい]状況)になる: He'll ~ in jail someday. 彼はいつかは刑務所行きになるだろう.
lánd ... ín ─ [動] 他 《略式》(事件や行動などが)〈…〉を(困った[苦しい]状況)に追い込む: Your lie could ~ you in serious trouble. 君の嘘で大変に困ったことになるだろう.
lánd on ... [動] 他 《米略式》〈…〉を厳しくしかる.
lánd úp [動] 自 《副詞(句)または -ing 形を伴って》《略式, 主に英》(最後に)〈…〉に行き着く; (困った[苦しい]状況に)立ち至る, 陥る (with): He ~ed up deep in debt. 彼はひどい借金をしょいこんだ.
lánd ... wíth ─ [動] 他 《普通は受身で》《略式, 主に英》〈…〉に(やっかいなことなど)を押しつける.

lánd àgent 名 C 《主に英》 **1** 不動産業者. **2** 地所[農場]管理人.

lan・dau /lǽndaʊ, -dɔː/ 名 C ランダウ馬車 《ほろが前後に折り畳める》.

lánd-bàsed 形 《普通は A》(ミサイルなどが)地上基地発進の; (動物が)陸に住む.

lánd brèeze 名 C 陸風 《陸から海に向かって吹く微風》. 関連 sea breeze 海風.

land・ed /lǽndɪd/ 形 《古風》地所持ちの; 地所から成る: the ~ gentry 地主階級.

lánd・fall 名 U または a ~ **1** 《文》(長い航海[飛行]の後に)初めて陸地を見る[陸地に接近する]こと; 初認の陸地, 着岸[着陸地]; make (a) ~ (船が)陸地を発見する, (飛行機が)陸地に接近する. **2** (嵐の)接近, 上陸; 着陸. **3** =landslide 1.

†**lánd・fill** 13 名 **1** C 埋立て地, ごみ投棄場. **2** U 埋立てごみ処理(法). **3** U 埋立てみ.

lánd・fòrm 名 C 《地質》地形.

lánd gràb 名 C 土地の横領.

lánd grànt 名 C 《米》(鉄道・大学建設などのための)無償土地払い下げ.

lánd・hòlder 名 C 地主.

lánd・hòlding 名 U,C 《商》土地所有; 《しばしば複数形で》《格式》所有地.

*__land・ing__ /lǽndɪŋ/ 名 (~s /~z/) C,U **1** 着陸; 上陸; 着陸; 上陸作戦; 《形容詞的に》着陸[上陸]の: a forced ~ (飛行機の)不時着 / a soft ~ 軟着陸 / an emergency ~ 緊急着陸 / a crash ~ 不時着 / ~ approval 着陸許可 / The plane made a perfect ~. その飛行機は申し分のない着陸をした. **2** (階段の)踊り場 《階段を上りつめた所または途中の中休み場; ☞ flight¹ 挿絵》, 埠頭(⁽ふとう⁾).

lánding chàrge 名 C 《商》陸揚料.

lánding cràft 名 C 《海軍》上陸用舟艇.

lánding field 名 C (滑走路だけの)飛行場.

lánding gèar 名 U (航空機の)着陸装置 《車輪と車軸; ☞ airplane 挿絵》.

lánding light 名 C 《普通は複数形で》《空》 **1** (飛行機の)着陸灯. **2** (滑走路の)着陸灯.

lánding nèt 名 C たも網 《釣った魚をすくう手網》.

lánding pàd 名 C (ヘリコプターの)着陸スポット.

lánding plàce 名 C =landing 3.

lánding stàge 名 C 《主に英》 浮き桟橋.

lánding strìp 名 C =landing field.

*__lánd・la・dy__ /lǽn(d)lèɪdi/ 名 (-la・dies) C (下宿屋・旅館・パブの)女主人; 女家主; 主人[家主]の妻.

lánd・less 形 《普通は A》 土地を持たない.

lánd・line 名 C **1** (衛星回線に対して)陸上の回線. **2** (携帯に対して)固定電話.

lánd・locked 形 《普通は A》(国・湾など)陸地に囲まれた.

lánd・lord /lǽn(d)lɔːd | -lɔːd/ 名 (-lords /-lɔːdz | -lɔːdz/) C **1** (下宿屋・旅館・パブの)経営者, 主人; 家主. **2** 地主.

lánd・lub・ber /lǽn(d)lʌbə | -bə/ 名 C 《古風》船[海]に不慣れな人, 陸者(⁽おかもの⁾).

*__lánd・mark__ /lǽn(d)mɑːk | -mɑːk/ 名 (~s /~s/) C **1** (見てそれとわかる)目印; (航海者・旅人の)目標: The tower serves as a ~ in the city. その塔がその町の目印となっている. **2** 画期的な事件; 《形容詞的に》画期的な: a ~ in the history of civilization 文明史上の一大事件 / a ~ decision 画期的な決定. **3** 《主に米》歴史的建造物.

lánd・màss 名 C 《地理》広大な陸地, 大陸.

lánd mìne 名 C 地雷.

lánd òffice 名 C 《米》不動産[土地]登記庁.

lánd-òffice búsiness 名 [a ~ または U]《米略式》大繁昌[急成長]の商売, ぼろもうけ.

*__lánd・òwner__ 名 C (大)地主, 土地所有者.

lánd・òwner・ship 名 U 地主であること[の身分].

lánd・òwning 形 A, 名 U 土地所有(の).

lánd refórm 名 C,U 土地[農地]改革.

lánd régistry 名 [the ~] (英) 不動産[土地]登記庁.

Land-Rov・er /lǽndròʊvə | -və/ 名 ® ランドローバー 《英国製のジープに似た自動車; 商標》.

Land・sat /lǽn(d)sæt/ 名 ® ランドサット 《米国の地球資源探査衛星》.

*__lánd・scape__ /lǽn(d)skeɪp/ 13 名 (~s /~s/) C **1** 《普通は単数形で》景色, 風景, 見晴らし, 眺望; [the ~] (活動の)分野, …界; 情勢, 状況; 《形容詞的に》風景の: The hills and the river form a beautiful ~. 山と川とが美しい風景を作っている / the political ~ 政界, 政治状況 / a ~ painter 風景画家. **2** C 風景画. **3** U 風景画法. ─ 名 (文書のページなどが)横長の. 関連 portrait 縦長の. ─ 動 他 《しばしば受身で》〈公園・庭・建物周辺〉を緑化[美化]する.

lándscape àrchitect 名 C 景観アーチスト《道路・建物・緑などの配置により人間の街づくりを行なう》.

lándscape àrchitecture 名 U《道路・建物・緑などの配置を計画設計する》景観設計.

lándscape gàrdener 名 C《英》造園家.

lándscape gàrdening 名 U《英》造園術.

land·scap·er /lǽn(d)skèɪpə -pə/ 名 C《米》造園家, 庭師.

land·scap·ing /lǽn(d)skèɪpɪŋ/ 名 U 造園(業).

Land's End /lǽndzénd/ 名 ランズエンド《イングランド南西部の岬; イングランドの最西端; ☞ John o'Groats》.

*__land·slide__ /lǽn(d)slàɪd/ 名 C **1**《普通は単数形で》《選挙での》圧倒的な勝利; 《形容詞的に》《選挙結果が》圧倒的での: a ~ victory 圧倒的な勝利 / win by a ~ 圧勝する. **2** 地滑り, 山崩れ.

lánd·slìp 名 C《主に英》=landslide 2.

land·ward /lǽndwəd | -wəd/ 《反 seaward》形[普通は A] 陸の方へ[の], 陸に向かって[た].

land·wards /lǽndwədz | -wədz/ 副《英》=landward.

*__lane__ /léɪn/《同音 lain; 類音 rain, reign, rein》13 名
(~s/-z/) C **1**《形容詞的に》車線, レーン; 車線道: a bus ~ バス専用車線 / the fast ~ 高速車線 / change ~s 車線変更する / a four-~ highway 4 車線の幹線道路.

2《競走・競泳の》コース《☞ course 5 語法》; 《船・航空機などの》規定航路; 《ボウリング場の》レーン; 《バスケ》フリースローレーン, 開いているコース: the busiest shipping ~ もっとも交通量の多い航路 / run [swim] in ~ 3 第 3 コースを走る[泳ぐ] / ☞ air lane, sea-lane.

3 小道, 路地《生け垣・家との間の細い道; ☞ path 表》; [L- として地名で] …通り, …横町: a winding ~ 曲がりくねった小道 / It is a long ~ that has no turning.《ことわざ》どんな長い道でも曲がり角のないのはない《待てば海路の日和あり》/ Penny L-「ペニーレイン」《Beatles の曲名》.

lang. =language.

Langerhans ☞ islets of Langerhans.

lang syne ☞ auld lang syne.

*__lan·guage__ /lǽŋgwɪdʒ/ 名 (lan·guag·es /-ɪz/; 形 linguístic)

ラテン語で「舌《☞ lingual》」の意. 舌を使うことから
「ことば」2 →《特定の地域・国のことば》→「国語」1
            →《特定の目的のことば》→「用語」3
            →《ことばの用法》→「ことばづかい」4

1 C,U《ある国の》**国語**, …語《略 lang.》: the Asian ~s 東洋諸語 / a world ~ 世界語 / an international [official] ~ 国際[公用]語 / one's native ~ 母語 / the French ~ フランス語 / It is difficult to learn two foreign ~s at once. 外国語を同時に 2 つ習うのは難しい / "How many ~s do you speak?" "Three. English, German and French."「あなたは何カ国語しゃべれますか」「英独仏の 3 カ国語です」.
2 U **言語**, ことば: spoken [written, informal] ~ 話し[書き, くだけた]ことば / the origins of ~ 言語の起源.
3 U 用語《特殊な分野で使われている》; 専門語, 術語: medical ~, 医学用語 / the ~ of sports スポーツ用語. **4** U ことばづかい, (ことばによる)表現, 言い回し; 《略式》卑猥[下品]なことば: bad [foul, street] ~ 汚いことばづかい / speak in everyday ~ 日常ことばで話す / Watch [Mind] your ~. ことばづかいに気をつけなさい. **5** C,U《音声や文字を用いないことば》; 《電算》言語: the ~ of flowers 花ことば《白いゆりが清純を表わすなど》. **関連** computer language コンピューター言語 / sign [body] language 手まね[身ぶり]による.

Lao-tzu 977

spéak [tálk] 'the sáme lánguage 動 自 考え方[気持ち]が同じだ, 気持ちが通じる, うまが合う《as》.

lánguage làboratory 名 C 語学訓練教室, LL 教室《《略式》language lab》. 日英比較 LL は和製英語.

lánguage schòol 名 C 語学学校.

langue /lɑ́ːŋ/ 名 U《言》ラング《抽象的言語体系》.

†**lan·guid** /lǽŋgwɪd/ 形《文》**1** だるい, 元気のない, 活気のない《上品で》けだるげ[もの憂げ]な, 動きのゆったりした. **2** のどかな. **~·ly** 副 もの憂げに, ぐったりと; 活気なく; けだるく, ゆったりと.

†**lan·guish** /lǽŋgwɪʃ/ 動 自《格式》**1** だれる, 元気をなくす, 衰える《in》. **2** みじめに暮らす, 《…のために》苦しい生活をする, 苦しむ《in, under》. **3** 思い悩む; 思い焦がれる《for》.

lan·guor /lǽŋgə | -gə/ 名《文》**1** U または a ~《普通は快い》もの憂さ, (け)だるさ. **2** U けだるい空気, うっとうしさ, もの憂い静けさ. **3** U もの思い, もの憂い感傷.

lan·guor·ous /lǽŋgərəs/ 形《文》《快く》もの憂い, (け)だるい. **~·ly** 副 もの憂げに, もの憂げに.

La Ni·ña /lɑːníːnjə/ 名 U,C《気象》ラニーニャ, 反エルニーニョ現象《ペルー・エクアドルの沿岸から東太平洋赤道域にかけて, 海面水温が平年より低くなる現象; ☞ El Niño》.

lank /lǽŋk/ 形《けなして》《頭髪が》まっすぐだがつやのない; 《人が》やせた, ひょろ長い.

lank·i·ness /lǽŋkinəs/ 名 U《人が》ひょろっとした様子.

lánk·ly 副《髪が》まっすぐだがつやなく; 《人が》やせて, ひょろ長く.

lank·ness /lǽŋknəs/ 名 U《頭髪が》まっすぐでつやのないこと.

lank·y /lǽŋki/ 形 (lank·i·er, -i·est)《人が》ひょろっとした.

lan·o·lin /lǽnəlɪn/ 名 U《化》ラノリン《精製羊毛脂; スキンクリーム原料》.

Lan·sing /lǽnsɪŋ | lɑ́ːn-/ 名 ランシング《米国 Michigan 州南部の州都》.

†**lan·tern** /lǽntən | -tən/ 名 C **1** 手さげランプ, ランタン, 角灯, カンテラ, ちょうちん《☞ lamp 語源》: light a ~ 手さげランプをともす / a Chinese ~《紙張り》ちょうちん. **2**《建》《灯台の》灯火室; 《主に英》明かり窓.

lántern fìsh 名 C はだかいわし《深海性の発光魚》.

lántern-jáwed 形 ほおがこけてあごが突き出た.

lántern jàws 名[複] ほおのこけたあご.

lantern 1

lántern slìde 名 C《ガラス製の》映写用スライド.

lan·tha·num /lǽnθənəm/ 名 U《化》ランタン《金属元素; 記号 La》.

lan·yard /lǽnjəd | -jəd/ 名 C **1**《水夫の》首ひも《笛やナイフを首からつるす》. **2**《海》締め綱《船上で用いる》.

La·oc·o·ön /leɪɑ́koʊɑ̀n | -ɔ́koʊɔ̀n/ 名《ギ神》ラオコオーン《Troy の神官; Trojan horse の計略を見破ったため Athena の怒りをかい, 海蛇に殺された》.

Laos /láʊs, lɑ́ːoʊs | láʊs, lɑ́ːɔs/ 名 ラオス《アジア大陸の Indochina 半島の共和国》.

La·o·tian /leɪóʊʃən, láʊʃən/ 形 ラオス(人)の; ラオ族[語]の. —名 C ラオス人; ラオス出身の人; U ラオス語.

Lao-tzu /làʊtsúː/ 名 老子《紀元前 6 世紀の中国の思想家; 道教の祖》.

lap¹ /lǽp/ (屈曲 rap, wrap) ⓭ 名 (~s /-s/) C 〔所有格の後で〕ひざ《いすに腰かけたときの腰 (waist) から両方のひざがしら (knees) までの上の場所で，子供を座らせたり物を置いたりするところ；〔膝 挿絵〕: Come and sit *on my* ~. こっちへ来て私のひざに座りなさい / He sat with his hands clasped *in* his ~. 彼はひざに手を組んですわっていた. **dróp** [**dúmp**] ‥ **in** ~**'s láp** [動] (S) …に対する責任を一方的に負わせる. **dróp** [**fáll**] **in** [**into**] ‥ **'s láp** [動] (S) 〔幸運などが〕(人に)ころがり込む. **in the láp of lúxury** [副・形] ぜいたくざんまいに, 何不自由なく[に]. **in the láp of the góds** [形] 〔主に英〕(将来のことが)神の手にゆだねられて[た], 人力が及ばない.

lap² /lǽp/ 動 (laps; lapped; lap·ping) 他 1 〈犬・猫などが〉〈…〉をぴちゃぴちゃ[ぺろぺろ]と飲む (*up*). 2 Ⓦ 〈波が〉〈岸〉を洗う，〈…〉にひたひたと寄せる. — 自 1 〈犬・猫などが〉ぴちゃぴちゃ[ぺろぺろ]と飲む (*up*). 2 Ⓦ 〈波が〉洗う，〈…〉にひたひたと寄せる (*at, against, over*). **láp úp** [動] (1) 〈…〉を飲み干す, なめ[食べ]尽くす. (2) 〈略式〉〈お世辞など〉を真に受ける, うのみにする; 喜んでとびつく. — 名 1 [the ~] 〔岸に寄せる〕波の音. 2 C ぴちゃぴちゃと飲むこと.

lap³ /lǽp/ 名 C 1 (競走場の)一周, (競泳プールの)一往復; [単数形で] (行程の)ひと区切り: He was exhausted during [in] the last ~ *of* the mile race. 1マイルのレースで最後の一周にかかった時彼は疲れ切っていた / take a «victory ~ »〔英〕 ~ *of honor* 勝利者が(かっさいを受けて)競技場をゆっくり一周する / the last ~ *of our trip* 私たちの旅の最終行程. 2 重なる部分, 重なり. — 動 (laps; lapped; lap·ping) 他 1 (競走で)〈…〉を一周(以上)抜く. 2 〈コースなど〉を一周回る. 3 〔格式〕〈…〉の(一部分だけ)重ねる (*over*). 4 〔副詞(句)を伴って〕〔文〕〈…〉を包む (wrap), くるむ, 巻く (*round*; *in*). — 自 1 (競走で)一周を回る. 2 〔格式〕〈…〉の一部だけ重なる.

lap·a·ro·scope /lǽp(ə)rəskòup/ 名 C 〔医〕腹腔鏡.

lap·a·ros·co·py /læ̀pərɑ́skəpi | -rɔ́s-/ 名 C,U 〔医〕腹腔鏡検査; 腹腔鏡を用いる手術.

La Paz /lɑːpɑ́ːz | -pǽz/ 名 固 ラパス《Boliviaの行政上の首都》.

láp bèlt 名 C ラップベルト《車の後部座席の腰の部分を締めるシートベルト》.

láp·dànce 名 C ラップダンス《ナイトクラブなどで客の近くやひざの上で服を脱ぎながら行なうエロチックなダンス》.

láp·dàncer 名 C ラップダンスの踊り子.

láp·dàncing 名 U ラップダンスを踊ること.

láp·dòg 名 C 1 ペット用の(甘やかされた)小犬. 2 〔軽蔑〕人の機嫌をとる人, 腰巾着(セャケ).

⁺**la·pel** /ləpél/ 名 C (上着・コートなどの)前襟の折り返し, 折り襟.

lap·i·dar·y /lǽpədèri | -dəri, -dri/ 形 A 〔格式〕1 宝石細工の; 石碑に刻んだ. 2 (語句が)碑銘に適する, 簡潔で品位ある. — 名 (**-dar·ies**) C 〔格式〕宝石細工職人.

lap·is laz·u·li /lǽpɪslǽzəli, -ʒʊ- | -ljuli, -lài-/ 名 1 C,U るり《準宝石》. 2 U るり色.

Lap·land /lǽplænd/ 名 固 ラップランド《ノルウェー・スウェーデン・フィンランドの北部を含むラップ人居住地域》.

Lap·land·er /lǽplændə | -də/ 名 C =Lapp 1.

Lapp /lǽp/ 名 1 C ラップ(ランド)人. 2 U ラップ(ランド)語.

lap·pet /lǽpɪt/ 名 C (衣服・かぶりものなどの)垂れ(た部分).

lap·ping /lǽpɪŋ/ 名 U 波がひたひたと寄せる音.

Lapp·ish /lǽpɪʃ/ 名 形 =Lapp 2.

láp ròbe 名 C 〔米〕ひざ掛け(〔英〕rug).

Lap·sang (**sou·chong**) /lɑ́ːpsɑːŋ(súːtʃɔːŋ) | læ̀psæŋ(suːtʃɔ́ŋ)/ 名 ラプサン・スーチョン《中国の煙の香のする高級紅茶》; ↪ souchong.

⁺**lapse** /lǽps/ 名 C 1 (軽い)過ち, (ちょっとした)過失: a '~ *of memory* [memory ~]' 度忘れ / a ~ *in concentration* 一瞬の気の緩み. 2 〔普通は単数形で〕(時間の)経過, 推移, へだたり; 中断: The town had completely changed after *a* ~ *of thirty years*. 30年たって町はすっかり変わっていた. 3 (一時的な)堕落, (一時的に)悪に陥ること (*in*): a ~ *into* sin 罪に陥ること. 4 〔法〕(権利などの)消滅. — 動 自 1 〔法〕(権利・契約などが)消滅する, 失効する: Your insurance policy has ~*d*. あなたの保険はもう切れています. 2 (徐々に)終わる; 中断する. 3 だんだんと(よくない状態などに)陥る, 落ちぶれて…になる; 堕落する: ~ *into silence* [*thought*] 黙り込む[考え込む] / ~ *into crime*. 罪を犯すようになる. 4 (一時的信仰・主義などを)捨てる, …から離れる (*from*). 5 〔格式〕(時が)経過する.

lapsed /lǽpst/ 形 A 1 〔習慣・信仰などを〕捨てた. 2 〔法〕(権利などの)消滅[失効]した.

lápse ràte 名 C (高度に比例した)気温低下率.

láp·tòp 名 C ラップトップコンピューター. — 形 A (コンピューターなどが)ひざ置き型[小型]の (↪ desktop).

La·pu·ta /ləpjúːtə/ 名 固 ラピュタ《『ガリバー旅行記』の中の飛行する島》.

láp·wìng 名 C たげり (pe(e)wit)《頭に飾り羽のあるちどり科の鳥》.

lar·board /lǽbəd, -bɔəd | lɑ́ːbəd, -bɔːd/ 名 U 〔古風〕(船首に向かって)左舷(ガ).

lar·ce·nist /lɑ́əs(ə)nɪst | lɑ́ː-/ 名 C 〔法〕〔古風〕窃盗犯人.

lar·ce·nous /lɑ́əs(ə)nəs | lɑ́ː-/ 形 〔古風〕窃盗(罪)の.

lar·ce·ny /lɑ́əs(ə)ni | lɑ́ː-/ 名 (**-ce·nies**) 〔法〕〔古風〕C,U 窃盗罪; U 窃盗.

larch /lɑ́ətʃ | lɑ́ːtʃ/ 名 C からまつ《落葉高木》; U からまつ材.

lard /lɑ́əd | lɑ́ːd/ 名 U ラード《豚の脂肪から精製した油》. — 動 他 1 《料理前の肉に》ベーコンや豚肉の小片をのせる. 2 [普通は受身で] (しばしば軽蔑)(不必要に)〈文章〉を飾る; 〈余計なもの〉を含む (*with*). 3 〈…〉にラードを塗る.

lárd·àss 名 C (S) 〔米〕〔差別〕でぶ.

lar·der /lɑ́ədə | lɑ́ːdə/ 名 C 〔主に英〕(特に昔の)食料品室, 食料貯蔵室[戸棚].

Lar·es and Pe·na·tes /lé(ə)riːzən(d)pənéɪtiːz | -pənɑ́ːteɪz/ 名 [複] 1 (古代ローマの)家庭の守護神. 2 [l—p— で] 大切な家財道具, 家宝.

⁕**large** /lɑ́ədʒ | lɑ́ːdʒ/ 形 (**larg·er**; **larg·est**; 動 enlárge) 1 大きい, 大型の, 大きくて広い, (服などのサイズが)大きい, Lサイズの(略 L); (人が)大きい, 太った(反義語): a ~ *building* 大きい建物 / a ~ *room* 広い部屋 / a ~ *nose* 高い鼻 (↪ nose 日英比較) / The garden was ~*r than I* (had) expected. 庭は私が思っていたよりも広かった (↪ wide 表) / Africa is the world's second ~*st continent*. アフリカは世界で2番目に大きな大陸である / This box is ~ enough 'to hold [for] ten apples. この箱はりんごが10個入る大きさです / How many times '~*r than Japan is China* [is China ~*r than Japan*]? 中国は日本の何倍の大きさがありますか.

─── リスニング ───

large の後に母音で始まる語が続くと, その母音とlarge の語末の /dʒ/ とが結合して「ジャ」行の音に聞こえる. a large income は「アラージャカム」のように, a large amount of ice は「アラージャマウンタヴァイス」のように聞こえ, 「ア・ラージ・インカム,

「ア・ラージ・アマウント・アヴ・アイス」とは発音しない.

2 多量の, 多大の; 多数の (反 small): a ~ family 大家族 / This town has a ~ population. この町は人口が多い / He has a ~ income. 彼には多額の収入がある / There was a ~ amount of rice in the city. 市内には多量の米があった. **3** (規模・問題などが)広範(囲)な, 主な; (心・見方などが)広い, 寛大な: take the ~ view 広い視野で見る / This book gives us the ~r picture of the issue. この本を読むと問題の状況がより広くわかる. **at lárge** [形・副] (1) (危険な人・動物が)自由で, 捕らえられないで (free): The escaped prisoner is still at ~. 脱走犯人はまだ逃走中である. (2) [名詞(句)の後につけて] 全体として, 一般的には: the people at ~ 国民全体. (3) 《格式》(議員などが)全州選出の. (4) 《古風》十分に, 詳細に, 長々と. **bý and lárge** [副] ⑤ 《略式》文修飾節 全般的に, 概して (in general). **in lárge pàrt [méasure]** [副] 《格式》大部分 (largely). (次の成句で) **lárge it (úp)** [動] 《英略式》どんちゃん騒ぎする.

lárge cálorie [名] Ⓒ 〔物理・栄養〕大カロリー, 1000カロリー (☞ calorie 1 参考).

lárge intéstine [the ~] 大腸.

★large・ly /láɚdʒli | láː-/ [副] **主として, 大部分**: His success is ~ due to good luck. 彼の成功は主として幸運による / His fame has ~ been limited to his circle. 彼の名声は主に仲間内にしか通用していない.

lárge・ness [名] Ⓤ 大きさ, 広大さ; 多大.

*large-scale /láɚdʒskéɪl | láː-ˈ/ [形] [普通は Ⓐ] **大規模の;** (地図・模型の)大縮尺の (反 small-scale).

lárge-sízed [形] Ⓐ 大型の, 大判の, L サイズの.

lar・gess, lar・gesse /laɚdʒés, -dʒés | laː-/ [名] 《格式》または《滑稽》(自分より貧しい者に)気前よく金品を与えること; Ⓒ Ⓤ 気前よく与えた金[品].

lar・ghet・to /laɚgétoʊ | laː-/ [副] [形] 〔楽〕ラルゲット (やや遅く[い]). — [名] (~s) Ⓒ 〔楽〕ラルゲットの曲[楽章, 楽節].

larg・ish /láɚdʒɪʃ | láː-/ [形] 《略式》やや大きい, 大きめの.

lar・go /láɚgoʊ | láː-/ [副] [形] 〔楽〕ラルゴ《きわめて遅く[い], ゆったりと(した)》. — [名] (~s) Ⓒ 〔楽〕ラルゴの曲[楽章, 楽節].

lar・i・at /lǽriət/ [名] Ⓒ 《米》投げ縄 (lasso); つなぎなわ.

+**lark**[1] /láɚk | láːk/ [名] Ⓒ **1 ひばり** (skylark): We heard ~s singing. ひばりがさえずっているのが聞こえた. ★鳴き声については ☞ cry 表. **2** ひばりに似た鳥. **(as) háppy as a lárk** [形] 《古風》とても幸せな. **be úp [gèt úp] with the lárk** [動] 自《文, 主に英》早起きする.

lark[2] /láɚk | láːk/ [名] 《略式》Ⓒ **1** [普通は単数形で] (愉快な)いたずら, 冗談: have a ~ いたずらをする, ふざける / What a ~! まあおもしろい! **2** ⑤ [this ~ として] 《英》おもしろがれない[腹立たしい]こと, (...などとぃうばかげた)まね, 狂い[道楽]: this dieting ~ (柄にもなく始めた)ダイエットというやつ. **for [as, on] a lárk** [副] 《略式》ふざけて. **Blów [Sód, Búgger] thís [that] for a lárk!** ⑤ 《英俗》うんざりだ《乱暴な言い方》. — [動] 自《古風, 略式, 主に英》ふざける, いたずらする (about, around).

lark・spur /láɚkspəː | láːkspəː/ [名] Ⓤ Ⓒ ひえんそう, デルフィニウム《花壇などに植える植物》.

Lar・ry /lǽri/ [名] 固 ラリー《男性の名; Laurence および Lawrence の愛称》. **(as) háppy as Lárry** [形] 《略式》非常に幸福な.

lar・va /láɚvə | láː-/ [名] (複 **lar・vae** /láɚviː | láː-/, ~s) Ⓒ 幼虫.

lar・val /láɚv(ə)l | láː-/ [形] Ⓐ 幼虫の.

la・ryn・ge・al /lərɪ́ndʒ(i)əl, lærɪndʒíːəl⁻/ [形] 〔解〕 喉頭(部)の; 〔音声〕喉頭[声門]音の.

la・ryn・ges /lərɪ́ndʒiːz/ larynx の複数形.

lar・yn・gi・tis /lærɪndʒáɪtɪs/ [名] Ⓤ 〔医〕喉頭炎.

la・ryn・go・scope /lərɪ́ŋɡəskòʊp/ [名] Ⓒ 〔医〕喉頭鏡.

lar・yn・got・o・my /lærɪŋɡɑ́təmi | -ɡɔ́t-/ [名] Ⓤ Ⓒ 〔医〕喉頭切開(術).

lar・ynx /lǽrɪŋ(k)s/ [名] (複 **la・ryn・ges** /lərɪ́ndʒiːz/, ~・es) Ⓒ 〔解〕喉頭(ミ²) (《略式》voice box).

la・sa・gna, 《英》**la・sa・gne** /ləzɑ́ːnjə | -zǽn-/ [名] Ⓤ ラザーニャ《平たいパスタ》; ラザーニャ料理.

las・civ・i・ous /ləsɪ́viəs/ [形] 《格式》《軽蔑》みだらな, 好色な; 扇情的な. **~・ly** [副] みだらに, 扇情的に. **~・ness** [名] Ⓤ みだらさ; 扇情.

*la・ser /léɪzɚ | -zə/ [名] (~s /~z/) Ⓒ レーザー《maserより周波数の高い強力な光を発生させる装置; 光通信・計測装置・医療などに利用される; light amplification by stimulated emission of radiation の略; ☞ acronym》; レーザー光; [形容詞的に] レーザーの: a ~ beam (一筋の)レーザー光線 / a ~ show レーザーショー《色とりどりのレーザー光線を用いたショー》/ ~ surgery レーザー手術.

láser dìsc [dísk] [名] Ⓒ レーザーディスク (略 LD).

láser gùn [名] Ⓒ レーザーガン《レーザーを利用した装置; スピード違反取り締まりなどに用いる》.

láser pòinter [名] Ⓒ レーザーポインター《発表などの際, 大画面上に遠くからレーザー光線をあてる道具》.

láser prínter [名] Ⓒ 〔電算〕レーザープリンター《レーザー光線を用いるプリンター》.

*lash /lǽʃ/ [動] 他 **1** [副詞(句)を伴って] (ロープなどで)〈...〉をしっかり縛りつける (to, onto): ~ the logs together 丸太を縛り合わせる. **2** 〈雨・風などが〉〈...〉に打ち当たる, ぶつかる; 〈動物が〉〈尾〉を激しく振る, 振り回す: The wind ~ed the flag into ribbons. 風が旗をずたずたのぼろぼろにした. **3** 〈...を(むちで)打つ: ~ a horse with a whip 馬をむち打つ. **4** [新聞で] 〈...〉をののしる (as), 〈...〉に非難[皮肉]を浴びせる (back); 〈人〉を刺激して(...の状態に)する (into). — 自 **1** Ⓦ [副詞(句)を伴って] 〈雨・風などが〉ぶつかる, (激しく)当たる; 〈尾が〉激しく振れる: Rain was ~ing 「against the house [on the roof]. 雨が激しく家[屋根]に降り注いでいた. **2** [新聞で] のしのる, 非難する (into, against): ~ back やり返す. **lásh dówn** [動] 他 (ロープなどで)〈...〉をしっかり縛りつける. — 自 《英》雨が激しく降る. **lásh óut** [動] 自 (1) 激しくののしる, 悪口を浴びせる (at). (2) 殴りつけり, 襲いかかる (at). (3) 《英略式》むだづかいする (on). — 他《英略式》〈金〉をむだづかいする (on).
— [名] Ⓒ **1** [普通は複数形で] まつげ (eyelash). **2** むちで打つこと; [the ~] むち打ちの刑; [単数形で] 痛烈な非難[皮肉]: He was given twenty ~es. 彼は 20 回むちで打たれた. **3** 激しい[急な]動き: The dog rushed to me with a ~ of its tail. 犬が尾を激しく振りながら私の方に走ってきた. **4** むちの(先の)皮ひも.

lash・ing /lǽʃɪŋ/ [名] **1** Ⓤ むち打つこと; 痛烈な非難. **2** Ⓒ [普通は複数形で] (物を縛る)ロープ. **3** [複数形で] 《古風, 英略式》または 《滑稽》(飲食物の)多量, たくさん(の量) (of).

lásh-ùp [名] Ⓒ 《英略式》間に合わせの装置.

+**lass** /lǽs/ [名] Ⓒ 《主にスコ・北イングランド》若い女, 小娘, 少女; 恋人《女; ☞ lad, laddie》.

Lás・sa fèver /lǽsə-/ [名] Ⓤ ラッサ熱《特にアフリカで発生する, 死亡率の高いウイルスによる急性熱病》.

las・sie /lǽsi/ [名] Ⓒ = lass.

las・si・tude /lǽsət(j)uːd | -tjuːd/ [名] Ⓤ 《格式》(精神・肉体の)疲れ, 倦怠(沈²)(感); 気乗りのなさ.

las・so /lǽsoʊ, læsúː/ [名] (~(e)s) Ⓒ 《主に米》投げ縄《牛馬捕獲用》. — [動] (las・sos; las・soed; -so-

last

ing) 他《動物を》投げ縄で捕らえる.

*last¹ /lǽst | lάːst/ (類音) lest, lust, rest, rust) 形

元来は late の最上級 (☞ next 語源).
「最後の」2 →(これまでの中で最後の)→「最近の」1
→(最も可能性が少ない)→「最も…でない」3

1 A (時間的に)**この前の**, 最近の, 昨… (☞ next 形 1, this 形 3): The man died ~ night. その人は昨夜亡くなった / A severe earthquake hit Tokyo ~ week. 先週東京にひどい地震があった (☞ week 表) / He has earned one million dollars in the ~ five years. この5年間に彼は100万ドル稼いだ / It has been warm this ~ week. この1週間は暖かかった (☞ week 表).

語法 (1) last Monday は水曜日に言ったとすれば「先週の月曜日」(on Monday last week) が普通だが, 「今週の月曜日」(this past Monday) の意味にもなりうる (☞ next 形 1 語法 (2)).
(2) 間接話法では last week [month, year] が the previous week [month, year] などに変わることがある (☞ narration 文法 (1) (v)).
(3) この意味での last week [month, year] などは現在完了形とともには用いない (☞ have² 1 (1) 語法 (3)).

2 (普通は the ~) (順序・場所などの)**最後の**, 最終の; A [the または所有格の後で]最後に残った (反 first); [類義語]: Read the ~ page of the book. その本の最後のページを読みなさい / We spent the ~ week in Paris. 私たちは最後の週をパリで過ごした / Tom was ~ in the race. トムは競走でびりだった / He was the ~ man「who left [to leave] the place. 彼はその場所を去った最後の男だ (☞ that³ 1 語法 の囲み (2)) / We got in the「next to [third from] the ~ car. 私たちは最後から2[3]番目の車に乗った / L~ call for passengers boarding Flight 123. 123便にご搭乗のお客様に最後のご案内を申し上げます / Let's drink our ~ bottle of wine. 最後の一本のワインを飲もう.

3 A (the ~) **最も…でない**, いちばん…しそうにない: That's the ~ thing we would expect him to do. それこそ彼がいちばんしそうにないことだ / The ~ thing we want to is to get fired. 我々が最も望んでいないのは解雇されることだ / He is the ~ person *to* trust with a secret. 彼には決して秘密を打ち明けられない.

be the lást thíng on …'s mínd [動] 全く…の念頭にはない.

for the lást tíme [副] 最後に(それまで同じことを何回かしてきた後で) (反 for the first time): It was on a Sunday in late 2004 that I saw her *for the* ~ *time*. 最後に彼女と会ったのは2004年の終わりのある日曜日だった.

if it's the lást thíng I dó [副] S (決意を強調して) 絶対, 断固として.

lást thíng (at níght) [副] S (寝る前など)最後に.

(the) lást … but óne [twó] [形] (主に英) 終わりから2[3]番目の….

(the) lást tíme … [接] この前…したとき: She looked happy *(the)* ~ *time* I saw her. この前会ったとき彼女は幸せそうでした.

——副 **1 この前**, 最近に: When did you ~ go to the movies? あなたは最近いつ映画に行きましたか / It has been four years since「I saw her ~ [I ~ saw her]. 最後に彼女に会ってから4年になる.

2 [ときに つなぎ語] いちばん終わりに, 最後に (反 first): Dr. Clark spoke ~ at the meeting. クラーク博士は会合で最後に発言した.

lást but nòt léast [副] つなぎ語 最後に述べるが決して軽んずべきでない, 大事なことを最後にひと言述べるが.

Lást ín, fírst óut.=**Lást híred, fírst fíred.** 最後に加わった者が最初に追い出される, 新人が一番先に解雇される.

lást of áll [副] つなぎ語 いちばん最後に: And ~ *of all*, I want to thank my costar. そして最後に私は共演者に感謝を述べたいと思います.

——名 (the ~) **1** [単数または複数扱い] **最後の人[もの]** (反 first): She was *the* ~ *of* the Hawaiian royal family. 彼女はハワイ王家の最後の人であった / John was *(the)* ~ *to* arrive. <N+to 不定詞> 最後に到着したのはジョンだった(補謂の時 the は省略されることがある) / He took *the* ~ *of* the meat from the dish. 彼は皿から最後に残った肉を取った. **2** 最後, 終わり (end): ☞ see the last of … (成句).

at lást [副] (いろいろ努力して)ついに, とうとう, ようやく, やっとのことで; 最後に (☞ finally [類義語]): There were many delays, but on May 2 we reached the island *at* ~. いろいろ遅れはあったが5月2日に我々はやっとその島に着いた.

at lóng lást [副] ついに, とうとう, ようやく (at last より意味が強い).

be the lást to dó [動] 最後に…する者である: The captain should *be the* ~ *to* leave a sinking ship. 船長は沈んでいく船から最後に離れなければならぬ.

léave [sáve, kéep] … for [untíl] lást [動] 他 <…>を最後に回す, 最後までとっておく.

sée [héar] the lást of … [動] 他 (略式) (1) …の見納め[聞き納め]をする, …を見[聞く]のを終わる: I'm afraid that we haven't *heard the* ~ *of* this. この程度のことではすまない気がする. (2) =see the back of … (☞ back 名 の成句).

The lást I héard [副] S 文修飾語 私が最後に聞いたところでは, 私の最新情報によると: *The* ~ *I heard*, he was still in Paris. 私が耳にした最新情報では彼はまだパリにいるそうだ.

(the) Súnday [Mónday, etc.] befòre lást [名・副] 先々週の日曜日[月曜日など].

the wéek [mónth, yéar] befòre lást [副・名] 先々週[月, 年].

to [till] the lást [副] (格式) 最後まで: The brave soldiers fought *to the* ~. 勇敢な兵士たちは最後まで戦った.

【類義語】last 順序・時間・場所など一連のもののうちの最後を意味するが, final と違ってそれで終わりということは必ずしも示さない: the *last* day of a month 月の最終日, みその. final 物事の最終を意味して, それで終わりということを表わす: Her *final* goal is not clear. 彼女の究極目標は不明だ.

*last² /lǽst | lάːst/ (類音) lest, lust, rest, rust) 動 (lasts /lǽsts/; lást·ed /-ɪd/; last·ing) 自 (進行形なし) **1** [副詞(句)を伴って] **続く**, 継続する (*through, until*) (☞ continue [類義語]): How long will this fine weather ~? <V+副> このよい天気はどのくらい続くだろうか / The rain ~*ed (for)* three days. 雨は3日間続いた (☞ for 前 A 5 語法 (1)).

2 長もちする, 耐える (*for*): His money will not ~ much longer. 彼の金ももう長くはもつまい.

——他 [受身なし] (物が)(ある期間だけ)〈人〉にとって十分である[役に立つ], 足りる; 〈人にとって〉<ある期間>もつ[続く], もつ: Two gallons of oil will ~ us (for) a week. 油は2ガロンあれば1週間は大丈夫です (☞ be² B 2 文法 (2) (vi)). 語源 「足跡 (☞ last³)」についていく から「続く」となった. **lást óut** [動] (英) もちこたえる.

lást óut … [動] 他 (1) [受身なし] …の間生き抜

く. (2) 《英》...の終わりまでもつ.

last[3] /lǽst | lɑ́ːst/ 图 C 靴型 (☞ last[2] 語源)

stick to one's lást 動 (古風, 英) 自分の本分を守る, 自分の知らない[やれない]ことには口出ししない.

lást cáll 图 C (米) =last orders; (飛行機の)搭乗の最終の呼び出し案内 (☞ last[1] 形 2 の例文).

+**lást-ditch** 形 A 土壇場の: a ~ attempt [effort] 背水の陣の努力.

Lást Frontíer 图 [the ~] 最後のフロンティア (米国 Alaska 州の俗称).

lást-gásp 形 A 《略式》最後になされる, 土壇場に行なわれる.

lást hurráh 图 C [普通は単数形で] (米) 最後の試み[仕事, 影響].

*__last·ing__ /lǽstɪŋ | lɑ́ːst-/ 形 [普通は A] 永続する, 永久の (permanent): a ~ peace 永久の平和 / a ~ impression 心から消えない印象.

Lást Júdgment 图 [the ~] (神の下す)最後の審判 (☞ doomsday).

*__last·ly__ 副 つなぎ語 最後に, 終わりに.

last mínute 图 [the ~] ぎりぎり, 最後の土壇場 [come at [wait until] *the* ~ 土壇場でやって来る[まで待つ]].

lást-mínute 形 A 土壇場の: a ~ effort ぎりぎりになってからの努力.

lást móment 图 [the ~] =last minute.

lást nàme 图 C (主に米) 姓 (名に対して), 名字 (surname) (☞ name 参考).

lást órders 图 [複] (英) (パブ閉店前の)最後のアルコール類の注文.

lást pòst 图 [the ~] (英) (軍隊の)消灯ラッパ; 葬儀ラッパ.

lást rítes 图 [複; the ~] 臨終の者への最後の聖餐.

lást stráw 图 [the ~] (我慢の限界を越える)最後の決定的な一撃[とどめ]: That's *the* ~. I'm leaving. もう我慢の限界だ. 私は辞める. / *the* ~ that breaks the camel's back. (らくだの背骨を折るのは最後にのせた1本のわらだ)ということわざから.

Lást Súpper 图 [the ~] (聖) 最後の晩餐 (キリストが処刑前に12人の弟子とともにした食事).

lást thíng (☞ last[1] 形 成句)

lást wórd 图 [the ~] **1** 最終的意見, 決定的なことば; (決定権; 締めくくりのことば): My dad always tries to have *the* ~ (on everything). 万事について)親父はいつも最後の決定的な意見を言いたがる. **2** 最上[最新]のもの, きわめつき (*in*).

lást wòrds 图 [複] 臨終のことば.

Las Ve·gas /lɑːsvéɪɡəs/ 图 固 ラスベガス (米国 Nevada 州の都市; 賭博で有名; ☞ 表地図 E 4).

lat. 略 =latitude.

Lat. 略 =Latin.

+**latch** /lǽtʃ/ 图 C **1** (ドアや窓にかける)掛けがね. **2** (主に英) (ばね式の)錠. **on the látch** 形 (鍵をかけずに)掛けがねだけをかけて. — 動 他 (戸などに)掛けがねをかける. — 自 (戸に)掛けがねがかかる.

látch ón 動 自 (英略式) わかる, のみ込む (*to*). **látch óntò ...** 動 [受身なし] **(1)** ...をつかんで離さない, ...をしっかり握る; (人)から離れない, ...に付きまとう. **(2)** ...がわかる, ...に強い興味を持つ; ...を知る. **(3)** ...を手に入れる.

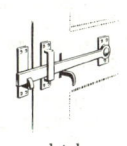

látch·kèy 图 C 表玄関の鍵; 掛けがねの鍵.

látchkèy kíd [chíld] 图 C (古風) 鍵っ子.

*__late__ /léɪt/ (同音 rate) 形 (lat·er /-ṭə-/; lat·est /-ṭɪst/) (☞ later, latest; 語法 last[1] 形 最初の囲み)

late-blooming

「遅れた」1;「遅い」2 → (これまでの遅い時期に) → 「最近の」5 → 「最近亡くなった」3

1 (普通は P) (時間に)遅れた, 遅刻した: The train was ~ this morning. けさは列車が遅れた / How ~ is this train going to be? この列車はどのくらい遅れるでしょうか / It's too ~ to apply. 応募の締め切りはもう過ぎた / I was an hour ~ *for* school today. <A+*for*+名・代> 私はきょう学校に1時間遅刻した / She is always ~ *with* her rent. <A+*with*+名・代> 彼女はいつも家賃を滞納する / Spring is ~ (*in*) com*ing* this year. <A+(*in*)+動名> 今年は春の来るのが遅い. 語法 (略式)では in がしばしば省略される (☞ slow 形 2 語法) / *L*~ arrivals must sit at the back. 遅れて来た人は後部に着席すること.

2 (時刻・時期などが)遅い; 後期の, 末期の, 晩年の (⇔ early): a ~ riser 寝坊する人 / in ~ spring 晩春に / I had a very ~ night. ゆうべは寝るのがとても遅かった / It was ~ when she arrived home. 彼女が家に着いたのは遅い時刻だった / How ~ is this shop open? この店はいつまで開いていますか / It occurred in the ~ sixteenth century. それは16世紀の後期に起こった / He married in his ~ forties. 彼は40代の後半に結婚した.

late (時刻・時期が)	
slow (速度・動作が)	遅 い

3 A [the ~, または所有格の後で] [比較なし] 最近亡くなった, 故... (☞ ex-[2] 語法 (2)): *her* ~ husband 彼女の最近亡くなった夫 / *the* ~ Mr. Smith 故スミス氏. **4** A (略式) 最近やめた, 先の, 前の. **5** 最近ごろ[最近]の; 最新[新着]の]: a ~ model 新型. **6** (女性が)生理が遅れている.

fashionably láte 副・形 (特に人の気を引くために)少し遅れて.

gèt láte 動 自 (時間が)遅くなる: Hurry up! It's getting ~. 急ぎなさい, 遅くなってきたから.

láte in the dày 形・副 遅すぎて, 時機を失して: It is a little ~ *in the day* to change your mind. あなたの考えを変えるには今からでは少し遅すぎる.

— 副 (lat·er; lat·est) (☞ later, last[1]) **1** (時間に)遅れて, 遅刻して: The doctor came too ~. 医者の来たのが遅すぎた / She arrived (ten minutes) ~ *for* the meeting. 彼女は会議に(10分)遅れて来た / Better ~ than never. (ことわざ)遅れてもしないよりはまし.

2 (時刻・時期・時期などが)遅く, 遅くまで; 夜更けまで (⇔ early): ~ at night 夜遅く / Mary worked ~ at the office that night. メアリーはその晩は会社で遅くまで仕事をした / I stayed in bed ~ that morning. 私はその朝は遅くまでベッドに入っていた / He began to compose ~ *in life*. 彼は晩年になってから作曲を始めた.

as láte as ... 前 つい(最近)...に; ...まで遅く (☞ as early as ... (early 副 成句)): Streetcars were still running around here *as* ~ *as* ... (early 副 成句)): このあたりではつい最近の1980年代まで市電が走っていた / Sometimes I stay up *as* ~ *as* midnight. 私は時々午前0時まで起きていることがあります. **láte of ...** 前 [格式] 最近まで...にいた[...で働いていた]: Mr. Brown, ~ *of* Fukuoka 最近まで福岡の住民だったブラウン氏.

— 图 [次の成句で] **of láte** 副 [格式] 近ごろ, 最近 (lately): We have had much rain *of* ~. 最近は雨が多かった (☞ lately 語法, recently 語法, have[2] 1 (1) 語法 (3)).

láte blóomer 图 C **1** (発育・人格形成などで)成長の遅い子供. **2** 晩成型の人.

láte-blóoming 形 晩成の, 晩熟の, おそ咲きの.

láte bóoking 名 C,U《英》出発間際の旅行の申し込み《安い》.

láte-brèaking 形 (ニュースなどが)放送[印刷]間際の.

láte-còmer 名 C 遅刻者, 後から来た人.

láte devéloper 名 C =late bloomer.

*late·ly /léɪtli/ 副 最近, 近ごろ: I've been very busy 〜. 私は最近とても忙しい / She has been reading a lot of books 〜. 彼女は近ごろたくさん本を読んでいる / Mr. and Mrs. Brown 〜 became the parents of twins. ブラウン夫妻は最近双子の親になった.

[語法] lately is of late と同様に普通は完了形とともに用いる《☞ recently 語法, have² 1 (1) 語法 (3)》.

la·ten·cy /léɪtənsi, -tn-/ 名 U《格式》隠れていること, 見えないこと; (病気などの)潜伏, 潜在; 潜伏期.

láte·ness 名 U 遅いこと, 遅れ, 遅刻.

†**láte-nìght** 形 A 深夜の: 〜 television 深夜テレビ / 〜 shopping《英》閉店時間延長中の)夜のショッピング.

la·tent /léɪtənt, -tn-/ 形《普通は A》隠れている(hidden), 見えない; 潜在的な: 〜 abilities 潜在能力 / a 〜 period (病気などの)潜伏期.

látent héat 名 U《物理》潜熱.

★**lat·er** /léɪtə | -tə-/ 《類union radar, raider》副 1 後ほど, 後で(afterward); (それから)…後に (反 earlier): The war began three years 〜. (それから)3年後に戦争が始まった / She talked to Mr. Bush, 〜 (to become) the President. 彼女はその後大統領になるブッシュ氏と話をした // See you 〜!《☞ see¹ 3 語法》.

2 [late の比較級] より遅れて, より遅く(まで)《反 earlier》: 〜 that night その夜遅く(まで) / He went out 〜 than me [I]. 彼は私より後で出かけた《☞ than 語法》/ He came home 〜 than usual. 彼はいつもより遅く帰った.

láter ón 副 後ほど, 後で; もっと後になって《反 earlier on》: I'll see you 〜 on. 後でまたお会いしましょう《その日のうちに会うときに使う》.

nò láter than … 12 (1)(遅くとも)…までに. (2) 早くも(すでに)…に; つい…に(一してしまった).

nòt láter than … =no later than.

sóoner or láter ☞ soon 成句.

—— 形 [late の比較級] もっと遅い, A もっと後の, 晩年の; もっと最近の (反 earlier): at a 〜 date 後日 / We'll take a 〜 train. もっと後の列車に乗ろう / He took up painting in his 〜 life [years]. 彼は晩年になって絵を始めた / 〜 news その後のニュース, 続報.

—— 間 S《主に米》またあとで, さようなら (See you later!)《☞ see¹ 3 語法 (1)》.

†**lat·er·al** /lǽṭərəl, -trəl/ 形《普通は A》**1** 《格式》横(へ)の, 横への, 側面の: a 〜 move (昇降格のない職階などの)横滑り. **2** 《音声》側音の. —— 名 C《格式》側面部(にあるもの); 《植》側生芽[枝]; 《音声》側音; 《アメフト》=lateral pass. **-al·ly** /-rəli/ 副 横に, 横から, 側面に.

láteral páss 名 C《アメフト》ラテラルパス (真横にいる選手に投げるパス).

láteral thínking 名 U 水平思考 (自由な発想で問題を多角的に考えてみる方法).

★**lat·est** /léɪtɪst/ 形 [late の最上級] **1** A (時間的に)いちばん新しい, 最新の, 最近の: the 〜 news 最新のニュース / This is a hat in the 〜 fashion. これは最新流行の帽子です.
2 (時間的に)いちばん遅い, 最も遅い, 最後の: the 〜 comer いちばん後に来た人 / What is the 〜 date you can come? おいでになれる一番遅い日取りはいつでしょうか.

—— 副 [late の最上級] いちばん遅く, いちばん後で.

—— 名 [the 〜] 最新のもの[ニュース, ファッション] (in): For the 〜 about [on] the accident, (let's go) over to Bill. 事故の最新のニュースについて(現場の)ビルを呼んでみましょう《テレビなどで》.

at the látest 副 遅くとも《反 at the (very) earliest》: He will be back by Monday at the 〜. 彼は遅くとも月曜日までに帰ってくるでしょう.

Láte Súmmer Hóliday 名 [the 〜] =August Bank Holiday.

la·tex /léɪteks/ 名 U ラテックス《ゴムの木などの乳液》; 合成ゴム乳液《塗料・接着剤用》, 樹木に似た合成物.

lath /lǽθ | lɑːθ/ 名《複 〜s》C《建》木摺(きずり), 木舞(こまい), ラス; 薄い木片.

†**lathe** /léɪð/ 名 C 旋盤.

lath·er /lǽðə | lɑːðə/ 名 U または a 〜 (せっけんの)泡; (馬などの)泡のような汗. **in [into] a láther** [形略式] あせって, 泡を食って, いらだって. —— 動 他《体などに)せっけんの泡を塗る (up). —— 自 (せっけんが)泡立つ (up); (馬などが)泡のような汗をかく.

lath·er·y /lǽð(ə)ri | lɑː-/ 形 せっけんの泡の; 泡だらけの; 泡の).

*Lat·in /lǽtn | -tɪn/ 名 (〜s /-z/) **1** U ラテン語《古代ローマの言語; 略 L, L., Lat.》. 参考 ラテン語は中世に地方によって分化し, 今日のイタリア語・フランス語・スペイン語・ポルトガル語・ルーマニア語などとなった. 現在でもこれらのことばを話す民族を「ラテン系民族」と呼ぶ.
2 C ラテン系の人. **3** U [l-] ラテン(音楽).

—— 形 **1** ラテン民族の, ラテン系の《☞ 参考》, Latin America): the 〜 peoples ラテン系民族 / 〜 music ラテン音楽.
2 ラテン語の: words of 〜 origin ラテン語に由来する語.

La·ti·na /lətíːnə/ 名 C《米》(米国在住の)ラテン系アメリカ人《女性》《☞ Latino》.

†**Látin América** 名 ラテンアメリカ《スペイン語・ポルトガル語圏の話される中南米地方》.

†**Látin-Américan** 形 ラテンアメリカ(人)の, 中南米(人)の. —— 名 C 中南米人.

Látin Chúrch 名 [the 〜] ローマカトリック教会 (Roman Catholic Church).

Látin cróss 名 C ラテン十字《縦長の十字; 十形》.

Lat·in·ist /lǽtnɪst/ 名 C ラテン語学者[文学者]; ラテン文化研究家.

lat·in·ize /lǽtnàɪz/ 動 他 [しばしば L-] ラテン語風にする; ラテン(語)化する.

*La·ti·no /lətíːnoʊ/ 名《米》(〜s) C (米国在住の)ラテン系アメリカ人《男性; 複数形は男性のみの場合と女性とがある; ☞ Latina》. —— 形 A ラテン系アメリカ人の.

Látin Quárter 名 固 [the 〜] ラテン区, カルチェラタン (Paris の Seine 川の左岸の地区で, 芸術家や学生が多く住む).

Látin squáre 名 C《統》ラテン方陣, ラテン方格 (n種の数字[記号など]を n 行, n 列に各 1 回ずつ現われるように並べたもの).

†**lat·i·tude** /lǽtət(j)uːd | -tjuːd/ 名 **1** C,U 緯度《赤道からの距離; 略 l, l., lat.》: the north [south] 〜s 北[南]緯 / Tokyo is situated at 〜 35°45′N. and longitude 140°E. 東京は北緯 35 度 45 分, 東経 140 度にある (35°45′N. は thirty-five degrees forty-five minutes north と読む). [関連] longitude 経度 / parallel 緯線. **2** C [普通は複数形で] 地方, 地帯《緯度から見たときの》: high 〜s 高緯度地方 (北極・南極付近) / low 〜s 低緯度地方 (赤道付近). **3** U《格式》(思想・行動の)自由(の幅), 自由裁量 (in, to do). [語源] ラテン語で「幅の広さ」の意.

lat·i·tu·di·nal /lˌæṭət(j)úːdən(ə)l | -tjúː-/ 形 A 緯度の.

lat·i·tu·di·nar·i·an /lˌæṭət(j)ùːdəné(ə)riən | -tjùː-/ 《格式》形 自由主義的な《特に宗教の面で》. — 名 C 自由主義者.

lat·ke /láːtkə/ 名 C 《ユダヤ料理》ラートケ《すりつぶしたじゃがいもで作るホットケーキ》.

la·trine /lətríːn/ 名 C 《兵舎などの穴を掘った》便所.

lat·te /láːteɪ | lát-/ 名 U,C =caffè latte.

***lat·ter** /læṭɚ | -tə/ 《格式》形 ladder, letter, rudder》12 形 [比較なし]《格式》**1** [the ~ として代名詞的に] 後者, 後のもの (反 the former): I own a Mercedes and Volvo. *The former* is German and *the ~* is Swedish. 私はベンツとボルボを持っている. 前者(ベンツ)はドイツ製で後者(ボルボ)はスウェーデン製だ. 語法 the latter は「(三者以上の)最後の(人[もの])」「(文末で)今述べた(人[もの])」の意にもなる ☞ former¹ 語法 (1)》. 複数形の名詞を受けるときには複数扱い.

2 A (時間的に) 後のほうの, 後半の: We start to learn French in the ~ half of the year. 我々は学年の後半からフランス語を習い始める. **3** A [the ~] 後者[後のほう]の (反 the former). 語源 元来は late の比較級; ☞ near 語源.

+lat·ter-dáy 形 A 現代の, 現代によみがえった: a ~ Robin Hood 現代のロビンフッド.

Látter-dày Sáints 名 [複] 末日聖徒 《モルモン教徒 (Mormon) の自称》.

lat·ter·ly 副 《格式》**1** 近ごろ, このごろ (lately) (反 formerly). **2** 後期[晩年]に.

lat·tice /læṭɪs/ 名 C 格子(状のもの); 格子細工; 『物理』結晶格子, 空間格子.

lat·ticed /læṭɪst/ 形 A 格子造り[格子状]の.

láttice wìndow 名 C 格子窓.

láttice wòrk 名 U 格子造り; 格子.

Lat·vi·a /lætviə/ 名 固 ラトビア《北欧の共和国》.

Lat·vi·an /lætviən/ 形 **1** C ラトビア人. **2** U ラトビア語, レット語. — 形 ラトビアの[人[語]]の.

+laud /lɔːd/ 動 他 《格式》または 《誇張》 《...》を称賛する.

laud·a·ble /lɔːdəbl/ 形 《格式》《言動などが》称賛すべき, 見上げた; あっぱれな. **-a·bly** /-əbli/ 副 称賛すべきほど, あっぱれに.

lau·da·num /lɔːdnəm, -də-/ 名 U あへんチンキ《昔の鎮痛剤》.

lau·da·tion /lɔːdéɪʃən/ 名 U 《格式》賞賛, 賛美.

laud·a·to·ry /lɔːdətɔ̀ːri | -təri, -tri/ 形 《格式》称賛の, 賛美の.

laude /ˈlaʊdeɪ/ ☞ magna cum laude, cum laude, summa cum laude.

***laugh** /læf | láːf/ 《類音 rough》 動 (laughs /~s/; laughed /~t/; laugh·ing /læfɪŋ | láːf-/; 名 láughter) 自 《声を出して》笑う《☞ 類義語および挿絵》: あざ笑う, ばかにする: ~ aloud [out loud] 大声を出して笑う / Our teacher seldom ~s. 私たちの先生はめったに笑わない / Everyone ~ed loudly when he appeared. 彼が現われるとみんな大笑いした / Don't make me ~! (S) 《略式》笑わせるな, ばかばかしい / You have to ~. (S) 《略式》《深刻なことだが》笑ってしまうよ / 言い換え He ~s best who ~s last. =He who ~s last ~s longest. 《ことわざ》最後に笑う者は最もよく笑う《早まって喜ぶな》. — 他 **1** 〈気持ちなど〉を笑って示す, 笑って...する, 笑って〈...〉と言う: He ~*ed* his approval. 彼は笑って同意を示した / "That's amusing!" he ~*ed*. 「それはおもしろい」と彼は笑って言った. **2** [副詞(句)を伴って] 〈人〉を笑って...させる: ~ a singer *off* the stage 〈客が〉歌手を笑って退場させる. **be láughing áll the wáy to the bánk** [動] 自 《略式》もうかりすぎて笑いが止まらない: If we can strike this deal, we *will be ~ing all the way to the bank*. この契約を結ぶことができれば大金が転がり込んでくるだろう. **dòn't**

laugh 983

knów whèther to láugh or crý [動] 自 《動転・困惑して》笑っていいのやら泣いていいのやらわからない.
láugh a ... láugh [動] 自 ...の笑い(方)をする《☞ cognate object 文法》: He ~*ed a* delightful ~. 彼は愉快そうに笑った. **láugh in ...'s fáce** [動] 自 面と向かってあざ笑う. **láugh like a dráin** [動] 自 《英略式》大笑いする, げらげら笑う. **láugh on the óther [wróng] síde of óne's fáce = láugh òut of the óther sìde of óne's móuth** [動] 自 (S)《略式》《得意の笑顔から急に》(失意の)泣き顔になる, 《あてがはずれて》しょげかえる. **láugh onesélf ...** [動] 自 笑って...となる: I ~*ed myself* hoarse. 笑いすぎて声がかれた. **láugh onesélf sílly [síck]** [動] 自 大笑いする. **láugh till [untíl] one críes** [動] 自 笑い涙が出る. **láugh to onesélf** [動] 自 ひとり笑いする. **láugh úp one's sléeve** [動] 自 《略式》ひそかに笑う, ほくそえむ (at).

--- **laugh** の句動詞 ---

láugh abòut ... [動] 他 ...について笑う: It is not a matter to ~ *about*. 笑いごとではない.
***láugh at ...** [動] 他 **1** ...を見て[聞いて]笑う, ...をおもしろがる[おもしろくって笑う] (受身 be laughed at): He ~*ed at* the funny story. 彼はそのおかしな話を聞いて笑った / Don't ~ *at* me. I'm serious. 笑うなよ. まじめなんだから.
2 ...をあざ笑う, ...を冷笑する (受身 be laughed at): Don't ~ *at* people behind their backs. 陰で人のことを笑ってはいけない / You'll be ~*ed at* if you do a thing like that. そんなことをすると笑われますよ. **3** ...を物ともしない, ...を無視する. **láugh at onesélf** [動] 自 (自分のことで)深く悩まない, 物事を笑ってすます.
láugh awáy [動] 他 〈悲しみなどが〉〈...〉を~に付する, 笑って払いのける, 笑いとばす. — 自 笑い続ける.
láugh dówn [動] 他 〈...〉を笑って黙らせる, 一笑に付する.
láugh ... ìnto ― [動] 他 〈人〉のことを笑って―させる: The mother ~*ed* her child *into* admitting his mistake. その母親は子供のことを笑って「おばかさんね」と言って間違いを認めさせた.
***láugh óff** [動] 他 〈...〉を笑ってごまかす, 一笑に付す, 笑いとばす〈V+名·代+*off*/V+*off*+名》: He tried to ~ *off* his son's disappearance as a prank. 彼は息子の失踪を冗談だと笑ってごまかそうとした.
láugh ... òut of ― [動] 他 **1** 〈人〉のことを笑って―をやめ[捨て]させる; 〈人〉を笑わせて―を忘れさせる. **2** 〈人〉を笑って―の外へ追い出す.
láugh òver ... [動] 他 ...を見ながら[聞きながら], 読みながら笑う, 笑いながら...する.

— 名 (~s /~s/) **1** C [笑い], 笑い声; 笑いの表情, 笑い方: He had a good ~ *over* [*at*] my mistake. 彼は私の間違いを大いに笑った / He just gave a ~ and said nothing. 彼は笑うばかりで何も言わなかった / The man answered with a ~. その男は笑いながら答えた ∥ ☞ belly laugh. **2** [a (《英》good) ~] 笑うべきこと, おかしいこと[人], 楽しさを与えてくれるもの[機会]: That's *a* ~. それはお笑いだ. **be a láugh a mínute = be a láugh ríot** [動] 自 《略式》《時に皮肉》大変おもしろかしい. **be (álways) góod for a láugh** [動] 自 (1) 〈行事·活動などが〉楽しい. (2) 〈人〉が一緒にいるとおもしろい. **bréak (óut) ìnto a láugh** [動] 自 どっと笑いだす, ふき出す. **dó ... for 'a láugh [láughs]** [動] 他 《略式》冗談[戯れ]に〈...〉をする. **gèt a láugh** [動] 自 (1) =raise a laugh. (2) 〈人が〉(...で)笑って楽しむ (*out of*). **for a láugh = for láughs** [副] 笑わせるために. **hàve a (góod) láugh** [動] 自 (1)

laughable

《略式》楽しく過ごす. (2) 笑って[楽しく]おしゃべりをする (*at, about, over*). **hàve the lást láugh** [動] 自 (形勢が逆転して)最後の勝利を収める, 結局自分の正しさを証明する. **hàve the láugh on ...** [動] 他 馬鹿にしようとした…を見返してやる. **ráise a láugh** [動] 自 (聴衆などを)笑わせる.

laugh / smile

guffaw / chuckle

grin / sneer

【類義語】 **laugh** 多少とも息が強く声を立てて笑うことをいう. **smile** 声を立てないで顔だけが笑った表情になることで, 善意や好意の表われであることが普通. **giggle** 子供や若い女性などが, くすくす笑うこと. **titter** 若い女性がおかしさをこらえて忍び笑いすること. **chuckle** 声を出さずに, または低い声で満足げで静かに笑うこと. しばしば独りで思い出し笑いなどをする意味になる. **grin** smile よりも口を大きくあけ, 歯を見せて声を立てずに顔だけで笑うこと. **guffaw** 特に男性が突然大口をあけて大声で笑うこと. 悪気のない自然な笑い方もあるが, 下品な笑い方とされる場合が多い. **sneer** 口を少しゆがめてあざけりの気持ちで笑うこと.

†**laugh·a·ble** /lǽfəbl | láːf-/ 形 《軽蔑》 笑いぐさになるような, ばかばかしい. **-a·bly** /-fəbli/ 副 笑いたくなるほど, ばかばかしいほど.

laugh·ing /lǽfɪŋ | láːf-/ 形 **1** 笑っている, うれしそうな: ~ faces 笑っている顔. **2** 笑うべき: ☞ laughing matter. **be láughing** [動] 自 (S) 《略式》 (うまく行きすぎて)笑いが止まらない: You've got a good job and a nice house. I'm sure you *are* ~. 良い仕事にはありつけるし良い家も手に入るなんて笑いが止まらないでしょう.
— 名 U 笑い (laughter).

láughing gàs 名 U 《略式》 笑気 (歯科麻酔用).
láughing hyéna 名 C ぶちハイエナ《その声は悪魔の笑い声にたとえられる》.
láughing jáckass 名 C 《略式》 わらいかわせみ (オーストラリア産の鳥) (kookaburra).
laugh·ing·ly /lǽfɪŋli | láːf-/ 副 **1** 《しばしば軽蔑》 あざけって, ふざけて. **2** 笑って, 笑いながら.
láughing màtter 名 [be nó láughing màtter] [動] 自 (S) 《略式》 笑いごとではない.
láughing·stòck 名 C もの笑いの種, お笑いぐさ,

笑い者: the ~ of the world 世間のもの笑い.
láugh lìnes 名 [複] 《米》 (目の周りの)笑いじわ.

*†**laugh·ter** /lǽftə | láːftə/ 名 U (動 laugh) U 笑い, 笑い声; 笑いの表情, 笑い方: peals of ~ (楽しそうな)笑い / loud ~ 大きな笑い声. **búrst [bréak, dis·sólve] ìnto láughter** [動] 自 どっと笑う, ふき出す. **róar [scréam, shríek] with láughter** [動] 自 大笑いする.
láughter lìnes 名 [複] 《英》 = laugh lines.
láugh tràck 名 U.C 《米》 『テレビ』 (喜劇番組などに付ける)笑い声用トラック, 録音された笑い声.

*‡**launch**¹ /lɔːntʃ/ 🔞 (**launch·es** /~ɪz/; **launched** /~t/; **launch·ing**)

元は「やりで突く」の意味で, lance と同語源.
「(やりを)放つ」4 → 「発射する」1
（勢いよく発する）→「進水させる」2
　　　　　　　　→「始める」3

— 他 **1** ⟨ミサイル・ロケット・宇宙船など⟩を発射する, 打ち上げる: ~ a rocket [missile] ロケット[ミサイル]を発射する / A spacecraft will *be* ~*ed* next week. <V+O の受身> 来週宇宙船が打ち上げられる.
2 ⟨船⟩を進水させる, ⟨ボートなど⟩を水面に降ろす: A new ship *was* ~*ed* last week. <V+O の受身> 新しい船が先週進水した / They ~*ed* a boat *from* the ship. 彼らは船からボートを降ろした.
3 ⟨仕事など⟩を始める (begin), ⟨事業・会社など⟩を起こす, ⟨新製品など⟩を売り出す, 発売する: ~ a new novel 新しい小説を発表する / She will ~ her election campaign next month. 彼女は来月から選挙運動を始める.
4 打撃を加える, ⟨侮辱など⟩を浴びせる (*at*), ⟨矢・やり⟩を放つ, 投げる: He ~*ed* an attack *on* the recent political scandals. 彼は最近の汚職事件について攻撃を始めた. **5** ⟨人⟩を(世の中などに)送り出す. **6** 【電算】 ⟨プログラム⟩を起動する. — 自 (事業・仕事などに)乗り出す; (...に)開始する; 勢いよく飛び出す (*forward, up, from*): ~ out on a new business 新しい事業に乗り出す / ~ (*out*) *into* a speech 演説を始める. **láunch ... on** — [動] 他 ⟨人⟩に―を始めさせる, ⟨人⟩を―に乗り出させる. **láunch onesèlf** [動] 自 (活動に)乗り出す, 取り組む (*into, on*); 突進する, 襲いかかる (*at*).
— 名 C [普通は単数形で] **1** 発射, 打ち上げ. **2** 開始, 着手, 発表, 発売: attend a book ~ 発刊記念パーティーに出席する. **3** 進水.

launch² /lɔːntʃ/ 名 C 小蒸気船 (観光用など), 大型ボート (船にのせてある), ランチ.
launch·er /lɔ́ːntʃə | -tʃə/ 名 C ⟨ミサイル・ロケットの⟩発射装置.
láunch·pàd, láunch·ing pàd /lɔ́ːntʃɪŋ-/ 名 C 発射台 (誘導弾・ロケットなどの).
láunch vèhicle 名 C 打ち上げロケット.

†**laun·der** /lɔ́ːndə | -də/ 動 (**-der·ing** /-dərɪŋ, -drɪŋ/) 他 **1** ⟨不正資金など⟩を合法的に見せかける: ~ illegal political contributions 闇の政治献金を浄財に見せかける. **2** 《格式》 ⟨...⟩を洗濯する, (洗濯して)⟨...⟩にアイロンをかける. — 自 [副詞(句)を伴って] 《格式》 ⟨服が⟩洗濯がきく, (洗濯して)アイロンがかけられる: This shirt ~s well. このシャツは洗濯がよくきく.

laun·dered /lɔ́ːndəd | -dəd/ 形 **1** (不正資金などが)合法化された. **2** 《格式》 洗濯された.
laun·der·ette /lɔ̀ːndərét/ 名 C 《英》 = laundromat.
laun·dress /lɔ́ːndrəs | -drəs, -drəs/ 名 C 女性のクリーニング屋, 洗濯女.
laun·drette /lɔ̀ːndrét/ 名 C 《英》 = laundromat.
Laun·dro·mat /lɔ́ːndrəmæt/ 名 C 《しばしば ~》 《主に米》 コインランドリー (商標) 《英》 laund(e)rette).

†**laun·dry** /lɔ́ːndri/ 🔞 (**laun·dries**) **1** U [しば

しば the 〜] 洗濯物《洗濯前のものにも後のものにも用いる》: do the 〜 洗濯をする (↑ do¹ 他 6 コーパス・キーワード) / hang the 〜 out to dry 洗濯物を外に干す / Put your 〜 in here. 洗濯物はここへ入れなさい / I'd like to have this 〜 done. この洗濯物をお願いしたいのですが《クリーニング屋などで》. **2** ⓒ (水で洗う)洗濯屋, クリーニング店; (ホテルなどの)洗濯室 (↑ lavatory 語源): I sent [took] that shirt to the 〜 this morning. 私はそのワイシャツをけさクリーニング店[(英) ドライクリーニング屋]に出した. 〜・er 名 cleaner ドライクリーニング屋. **wásh [áir] one's dírty láundry in públic** [動] 自 内輪の恥を人前にさらけ出す.
láundry bàsket 名 ⓒ **1** 洗濯かご, 洗濯物入れ《(英) linen basket》. **2** (英) =hamper².
láundry detèrgent 名 Ⓤ (米) 洗濯用洗剤.
láundry lìst 名 ⓒ (主に米) 必要な[欲しい]品物のリスト,(長々と)並べたてたもの.
laun·dry·man /lɔ́ːndrimən/ 名 (-men /-mən/) ⓒ クリーニング店の店員.
láundry ròom 名 ⓒ 洗濯室.
Lau·ra /lɔ́ːrə/ 名 ローラ《女性の名》.
Láura Ásh·ley /-ǽʃli/ 名 ローラアシュレイ《英国の服飾メーカー》.
lau·re·ate /lɔ́ːriət/ 名 ⓒ **1** 栄冠を与えられた人, 受賞者: a Nobel 〜 in chemistry ノーベル化学賞受賞者. **2** =poet laureate.
⁺**lau·rel** /lɔ́ːrəl/ 名 **1** ⓒ 月桂樹(げっけいじゅ) 参考 南ヨーロッパ原産の常緑高木. 古代ギリシャでは勝利や栄誉をたたえる月桂冠をこの枝で作った. **2** 月桂冠《栄誉の象徴》, ↑ wreath 写真. **3** [複数形で] 栄冠, 名誉. **lóok to one's láurels** [動] 自 《地位・栄誉を守るために》がんばる. **rést [sít] on one's láurels** [動] 自 [普通は軽蔑] 名誉[栄光]の上にあぐらをかく. **wín láurels** [動] 自 栄誉[名声]を得る.
láurel wrèath 名 ⓒ 月桂冠.
Lau·rence /lɔ́ːrəns | lɔ́r-/ 名 ローレンス《男性の名; 愛称は Larry》.
lav /lǽv/ 名 ⓒ Ⓢ (英略式) =lavatory 1.
la·va /láːvə/ 名 Ⓤ 溶岩《液状または凝固した》.
láva làmp 名 ⓒ ラーバランプ《色つきの粘液塊を透明容器に入れそれを照らし出す装飾用ランプ》.
lav·a·to·ri·al /lǽvətɔ́ːriəl⁻/ 形 きたない話[下ネタ]の好きな.
⁺**lav·a·to·ry** /lǽvətɔ̀ːri | -təri, -tri/ 名 (**-to·ries**) ⓒ **1** (格式) 洗面所, 手洗い所, トイレ (toilet).

金言 "I'd like to use the 〜." "Certainly. Come this way, please." 「トイレをお借りしたいのですが」「いいですよ. どうぞこちらへ」(↑ borrow 日英比較 および 表, toilet 日英比較)

2 水洗便器 (toilet bowl). 語源 ラテン語で「洗い場」の意で laundry と同語源.
lávatory pàper 名 Ⓤ (主に英) =toilet paper.
lav·en·der /lǽvəndər | -də/ 名 **1** ⒸⓊ ラベンダー《地中海沿岸原産のしそ科の香料植物》. **2** Ⓤ 乾燥させたラベンダーの花[茎]《衣類の虫よけに用いる》. **3** Ⓤ ラベンダー色《薄紫・ふじ色》. —形 ラベンダー色の; ラベンダーの香りの.
lávender wàter 名 Ⓤ ラベンダー水《香水》.
la·ver /léivə | -və/ 名 Ⓤ あまのり《海藻》.
láver brèad 名 Ⓤ レイバー[ラーバー]ブレッド《乾燥したあまのりを煮つめオートミールを入れていためたウェールズ風の食べ物》.
lav·ish /lǽviʃ/ 形 **1** [普通は A] (物が)あり余るほどの, 豊富に与えられた, 豪華な, ぜいたくな: The pianist

lavender 1

won 〜 praise. そのピアニストは惜しみない賛辞を得た / a 〜 dinner ぜいたくな夕食. **2** (人が)物惜しみしない, 気前のよい: She is 〜 with money. 彼女は金を惜しまない / My uncle is 〜 in giving gifts. 私のおじは気前よく贈り物をする. —動 他 (人やある目的のために)(金・愛情など)を惜しまずに与える[使う], 気前よく与える, 浪費する: 〜 money on a foolish scheme ばかげた計画に金を浪費する [言い換え] The parents 〜ed their affection on [upon] their only child. =The parents 〜ed their only child with affection. 両親は一人っ子に惜しみない愛情を注いだ. 〜·ly 副 惜しげもなく, やたらに. 〜·ness 名 Ⓤ 気前よさ.
La·voi·sier /ləvwɑ́ːzièi/ 名 **An·toine** /ɑːntwɑ́ːn/ ラボアジエ (1743-94)《フランスの化学者》.
⁺**law** /lɔ́ː/ (同音 (英) lore; 類音 low, raw, roar, row) 名 (〜s /-z/; 形 láwful, légal) **1** Ⓤ [しばしば the 〜] 法, 法律《法律・法規一般》: respect for 〜 法の尊重 / That is not allowed by 〜. それは法律によって許されていない / All of the people are equal under the 〜. すべて国民は法の下(もと)に平等である《日本国憲法第 14 条の一部》(↑ have the law on ... (成句), law and order (見出し)).

──────── コロケーション ────────
bréak the *law* 　法律を破る
enfórce [admínister] the *law* 　法を施行する
obéy the *law* 　法を守る, 法律に従う
─────────────────────────────

2 ⓒ (個々の)**法律**, 法規; Ⓤ (特定分野の)…法: a 〜 against smoking 喫煙を禁じる法律 / a 〜 on equal opportunity in employment 雇用均等法 / A bill becomes (a) 〜 when it has passed the Diet. 法案は国会を通過すると法律となる《無冠詞も可能》 / There is a 〜 that says no one under twenty years of age may smoke. 20 歳未満の人の喫煙を禁じる法律がある / civil 〜 民法 / criminal 〜 刑法 / international 〜 国際法. 関連 bill 法案.
3 Ⓤ 法学, 法律学: My brother studies 〜 in college. 兄は大学で法律の勉強をしている.
4 ⓒ (科学的)法則; (仕事・スポーツなどの)規則, 規定, おきて: the 〜 of gravity 引力の法則 / a 〜 of nature 自然法則 / the 〜 of perspective 《絵画の》遠近法 / the 〜 of the jungle ジャングルのおきて《弱肉強食》/ the 〜s of hockey 《英》ホッケーのルール / moral 〜s 道徳律 // Mendel's laws. **5** [Ⓤまたは the] 法曹界; 弁護士業: plan a career in 〜 法曹界を目指す / follow the 〜 法律家[弁護士]になる / practice 〜 法律を職業とする, 弁護士をする. **6** [the 〜 として単数または複数扱い] (略式) 警察; 警官: get into trouble with the 〜 警察ざたを起こす. **7** [the L-] モーセ (Moses) の律法; =Pentateuch. 語源 古(期)英語で「置かれたもの」の意, そこから「定められたもの」の意となった. lay², lie¹ と同語源. **abóve the láw** [形] 法を超越する, 法の適用を受けない. **agàinst the láw** [形] 違法で: It is *against the* 〜 for minors to smoke. 未成年者がたばこを吸うのは違法です. **be a láw ùnto onesélf** [動] 自 (規則などを無視して)自分の思うようにする. **gó to láw** [動] 自 (…を相手取って)訴えを起こす, (…を)告訴する《against, with》. **hàve the láw on ...** [動] 他 (略式) 警察を呼んで…を逮捕させる, …を告訴する《脅し文句で用いる》. **hàve the láw on one's síde** [動] 自 法律を守っている: Don't worry. We have the 〜 on our side. 心配するな. 我々は法的に間違ったことはしていない. **in the éyes of the láw** [副] 文修飾副詞 法律的な観点から, 法の目から見ると. **kéep on the ríght [wróng] síde of the láw** [動] (略式) 法律を守って[破って]いる. **láy dówn the láw** [動] 自 命

986　law-abiding

令的[独断的]に言い渡す. ...'s wórd is láw ...の言葉にはさからえない. táke the láw ìnto one's ówn hánds [動] ⓐ (法律によらず)勝手に制裁を加える, リンチをする. the láw of áverages [名] 平均の法則《両極端は相殺されて平均が維持される》. There óught to be a láw against ... Ⓢ ...は許せない, 禁止すべきだ. Thére's nó láw against ... Ⓢ 《略式》...を禁じる法律はない, してもかまわない. within the láw [形] 法律の認める範囲内で: keep within the ~ ずっと法律の範囲を越えずにいる.

***láw-abìding** 形 法律を守る, 順法の.

***láw and órder** 名 Ⓤ 《時に複数扱い》 法と秩序, 公安: maintain ~ 法と秩序を維持する.

láw-and-órder 形 法と秩序を重視する, 治安[取り締まり]強化の.

láw·brèaker 名 Ⓒ 法律違反者, 罪人.

láw·brèaking 名 Ⓤ 法律違反.

láw còurt 名 Ⓒ 法廷, 裁判所.

*+**láw enfòrcement** 名 Ⓤ 法の執行.

láw enfòrcement òfficer [àgent] 名 Ⓒ 《米》警察官.

láw fìrm 名 Ⓒ 《主に米》(会社組織の)法律事務所.

*+**law·ful** /lɔ́:f(ə)l/ 形 (名 law; 反 lawless, unlawful) 《格式》合法的な, 法律で許された, 正当な (legal): the ~ heir 法定相続人 / ~ means 合法的手段 / a marriage 正式の結婚. **-ful·ly** /-fəli/ 副 合法的[正当]に. **~·ness** 名 Ⓤ 合法[正当](性).

láw·gìver 名 Ⓒ 立法者; 法律[法典]制定者.

*+**láw·less** 形 (反 lawful) 法律のない; 法律を守らない, 不法な; 無法な. **-·ly** 副 不法に; 無法に. **~·ness** 名 Ⓤ 不法(行為); 無法.

Láw Lórds 名 [the ~] [複] 《英》法官議員, 法官貴族 (全体).

*+**láw·maker** /lɔ́:mèɪkɚ/ -kə/ (~s /-z/) Ⓒ 《主に米》[主に新聞で] 立法者, 議員.

láw·màking 名 Ⓤ 立法. ── 形 Ⓐ 立法の.

láw·man /lɔ́:mən/ 名 (-men /-mən/) Ⓒ 《米略式》法執行官 (保安官・警官など).

*+**lawn**[1] /lɔ́:n/ 名 《音音》loan) 名 (~s /-z/) Ⓒ Ⓤ 芝生 《家屋に隣接するもの; ☞ house 挿絵》; 芝 (turf) を植えた土地, 芝地: mow [cut] the ~ 芝を刈る / KEEP OFF THE LAWN 芝生に立ち入るべからず《掲示》. The students are enjoying music **on** the ~. 学生たちは芝生の上で音楽を楽しんでいる.

lawn[2] /lɔ́:n/ 名 Ⓤ ローン《紗(しゃ)織りリンネル布》.

láwn bòwling 名 Ⓤ 《米》ローンボウリング《芝生の上で木球を転がして行なう球技》(《英》bowls).

láwn chàir 名 Ⓒ 《米》芝生用いす, ローンチェア.

láwn mòwer 名 Ⓒ 芝刈り機 (mower).

láwn pàrty 名 Ⓒ 《米》園遊会.

láwn sàle 名 Ⓒ 中古[不要]品セール《自宅の庭で行う》.

láwn tènnis 名 Ⓤ **1** 《格式》=tennis. **2** ローンテニス《芝生のコートで行なう》.

Law·rence /lɔ́:rəns/ 名 **1** 《男性の名; 愛称は Larry》. **2** David Herbert ~ (1885-1930) 《英国の小説家・詩人》. **3** Thomas Edward ~ (1888-1935) 《英国の考古学者・軍人; アラブ独立を助け Lawrence of Arabia とよばれた》.

láw schòol 名 Ⓒ Ⓤ 《米》法学大学院《弁護士志望者は学部を終えて law school に入り, 司法試験に合格して弁護士となる》.

*+**law·suit** /lɔ́:sù:t/ 形 名 (-suits /-sù:ts/) Ⓒ 訴訟 (suit): win [lose] a ~ 訴訟に勝つ[負ける] / bring [file] a ~ *against* the company 会社に訴訟を起こす.

*+**law·yer** /lɔ́:jɚ, lɔ́ɪə- | lɔ́:jə, lɔ́ɪə-/ 動 名 (~s /-z/) Ⓒ 弁護士, 法律家 《☞類語》

語》: hire a ~ 弁護士を雇う / You should consult a ~. 弁護士に相談すべきです.

【類義語】 lawyer 弁護士に対する一般的な名称であるが, 普通は attorney 《英》solicitor という. counselor 《英》barrister 法廷で弁護する法廷弁護士. 英国では普通 solicitor を通して依頼を受ける. attorney 《英》solicitor) 遺言状を作成したり, 不動産の処理契約の締結などを扱ったり, また法廷弁護士訴訟依頼人を仲介する下級裁判所中心の事務弁護士. ただし米国では lawyer, counselor, attorney を区別しないことが多い.

*+**lax** /lǽks/ 形 (lax·er; lax·est) **1** (規律・風紀などに)緩(ゆる)んだ; だらしのない (反 tense): ~ security 手ぬるい警備 / She's too ~ *with* her class. 彼女はクラスの(生徒の)扱いが甘すぎる. **2** (筋肉などが)締まりのない.

LAX /élɪréks/ 名 固 ロサンジェルス国際空港.

lax·a·tive /lǽksətɪv/ 名 Ⓒ 下剤, 通じ薬, 通じのつく食べ物. ── 形 通じをつける.

lax·i·ty /lǽksəti/ 名 Ⓤ 締まりのないこと, だらしなさ, 放縦さ; 不正確.

lax·ly /lǽksli/ 副 締まりなく; だらしなく.

lax·ness /lǽksnəs/ 名 Ⓤ 締まりのなさ; だらしなさ.

☆lay[1] /léɪ/ 《同音》《米》*lei, 《類音》laid, lake, late, ray)

動 **lie**[1] の過去形.

☆lay[2] /léɪ/ 《同音》《米》*lei, 《類音》laid, lake, late, ray)

Ⓣ 動 (lays /léɪz/; 過去・過分 laid /léɪd/; lay·ing) Ⓣ

基本的には「横たえる」の意 《☞ lie[1] 囲み, law 語源》	
① 横にする	1
② 据え付ける	2
③ (...の上に)置く	3, 4
④ (卵を)産む	5

1 [副詞(句)を伴って](平面などに)(...)を横にする, 横たえる, (人)を寝かせる: I'll ~ your coat *on* the bed. <V+O+前+名・代> あなたのコートをベッドの上に置いておきます / The mother *laid* her baby on the bed. 母親はベッドに赤ん坊を寝かせた / The sick person was *laid* on the stretcher. <V+O+前+名・代の受身> 病人は担架に載せられた. 関連 ~ing は lie (横になる).

2 《礎石・爆弾など》を据(す)え付ける, 《鉄道・電線・管など》を敷設する; 《じゅうたんなど》を敷く, (...)の表面を(一で)おおう[飾る] (with); 《小説などの場面》を(...に)置く (in); 《わななど》を積む; 《基礎など》を確立する: ~ paper *over* the floor 床に紙を広げる / ~ a trap わなを仕掛ける / They *laid* a carpet *on* the floor. <V+O+前+名・代> 彼らは床にじゅうたんを敷いた / ~ the foundations [groundwork] 基礎を築く (for).

3 《物》を(...に)置く, 並べる (put, set); 《食卓・食事など》を用意する (prepare, set), (まきを積んだりして)火火く*s**を用意する; 《計画など》を準備する, 立てる: He *laid* his hands *on* my shoulders. <V+O+前+名・代> 彼は両手を私の両肩にかけた / Have you finished ~ing the plates yet? 皿はもう並べ終わったか / Will you ~ the table *for* dinner? <V+O+for+名・代> 《英》食卓の用意をしてください《食器類を並べる》. ☞ table 成句) / the best-*laid* plan 最善の計画.

4 《格式》《望みなど》を(...に)置く; 《強調など》を(...に)置く; 《罪・責任・重荷など》を(...に)負わせる (on, upon): She *laid* her hopes *upon* her second son. <V+O+upon+名・代> 彼女は次男に望みをかけた / He *laid* great importance *on* cleanliness. 彼は清潔ということを非常に重視した / She *laid* (the) blame *on* me. 彼女は私に責任を負わせた.

5 《鳥や虫が》《卵》を産む: Don't kill the goose that ~s the golden egg(s). 《ことわざ》金の卵を産むがちょうを殺すな《目先の利益に目がくらんで将来の大きな利益を犠牲にするな》. **6** 《異議など》を申し出る, 《書類など》を提出する; 《権利・考えなど》を主張する, 述べる: They *laid* a charge of murder *against* him. 彼らは彼を殺人の罪で告訴した / They *laid* the case *before* the committee. 彼らはその事件を委員会に持ち出した. **7** [特に形容詞・副詞(句)を伴って]《格式》〈…〉を(一の状態に)置く[する]: ～ one's heart bare 胸のうちを打ち明ける / ～ oneself *open* to criticism 批判の矢面に立つ // ☞ lay ... flat (flat¹ [副] 成句), lay waste (waste [形] 成句). **8** 〈ほこりなど〉をしずめる; 〈亡霊など〉をしずめる, 成仏させる; 《格式》〈不安・疑念など〉をしずめる, なくす: ☞ lay a ghost (ghost 成句). **9** 〈布のけば・髪など〉を平らにする, なでつける. **10** 〈賭(か)け〉をする; (〈人を〉相手に)〈金など〉を(…に)賭ける (*on*); (賭けて)〈…だ〉と主張する: I will ～ (you) ten dollars *that* she will refuse. 10 ドル(君に)賭けてもいいが彼女はいやだと言うよ. **11** 《俗, 主に米》〈言いにくいこと〉を(人に)知らせる: I hate to ～ this *on* you, but the file got deleted. 言いづらいことだが, そのファイルは削除してしまった. **12** 《卑》〈…〉と寝る, セックスする. — [自] **1** (めんどりが)卵を産む. **2** Ⓢ《非標準》横になる (lie).

gèt láid [動] [自]《卑》寝る, セックスする.

lay² の句動詞

lày abóut ... [動] [他]《古風》…を攻撃[非難]する. **lày abóut** one [動] [自]《英古風》回りを(…で)打ちまくる (*with*) (☞ one² [代] 3 [語法] (4)).

***láy asíde** [動] [他]《格式》**1** 〈…〉をわきへ[下へ]**置く**; 〈…〉を(一時)中断する; 〈悪習など〉をやめる (give up); 〈感情・偏見など〉を捨てる <V+名・代+*aside*/V+*aside*+名>: He *laid aside* his book and went out into the garden. 彼は本をわきに置いて庭へ出て行った. **2** (将来のために)〈…〉をしまっておく, 蓄える; (客のために)〈商品〉を取っておく (lay by): She *laid aside* some money *for* her old age. 彼女は老後に備えて金をためた.

láy awáy [動] [他] **1** わきへ置く; 〈金・物〉を蓄える; 《米》(客に)〈商品〉を取っておく. **2** 埋葬する.

láy báck [動] [自] くつろぐ, リラックスする.

láy bý [動] [他] =lay aside 2.

***láy dówn** [動] [他] **1** 〈…〉を**下に置く, 降ろす**; 寝かせる <V+名・代+*down*/V+*down*+名>: She *laid* the puppy *down* gently on the blanket. 彼女はその小犬をそっと毛布の上に置いた. **2** 〈規則など〉を制定する, 〈計画など〉を立てる; [しばしば受身で] (明確に)述べる: 'It's *laid down* [They ～ it *down*] in the school rules that .... 校則に…と規定されている. **3** 〈酒など〉を貯蔵する; [しばしば受身で] 〈沈殿物など〉を蓄積する. **4** 〈船・鉄道など〉を建設[建造]する; 〈基礎など〉を築く. **5** 〈武器・道具など〉を捨てる; 《格式》〈命・職など〉をなげうつ (*for*). — [自] Ⓢ《非標準》横になる (lie down).

láy ín [動] [他]《古風》(家に)〈食料など〉を(買い)蓄える.

láy ínto ... [動] [他]《略式》…を激しく打つ, 攻撃する; …を厳しく非難する.

***láy óff** [動] [他] [しばしば受身で] (一時的に)〈従業員〉を**解雇する**, 一時帰休させる <V+名・代+*off*/V+*off*+名> ([名] láyòff): During the recession 1,000 workers *were laid off* at the factory. 不景気の間は, その工場では 1000 人の労働者が一時解雇された. — [自]《略式》**1** (酒やたばこなどを)やめる (stop). **2** (ちょっと)休む, 休憩する; [主に命令文で] (人に)かまわないでおく.

láy óff ... [動] [他]《略式》**1** (仕事・酒など)をやめる, (…すること)をやめる: *L*～ *off* smoking. たばこはやめなさい. **2** [しばしば命令文で] …を悩ます[いじめる]のをやめる, …にかまわないでおく.

láy ón [動] [他] **1** 《主に英》(…のために)〈…〉を提供する, 〈会など〉を準備する (*for*): ～ *on* a meal 食事を用意する / The government *laid on* a special plane *for* the visitor. 政府はその客のために特別機を用意した. **2** [しばしば受身で] 〈ガス・水道など〉を(…に)引く, 取り付ける (*to*): The house has gas and electricity *laid on*. その家にはガスも電気も引いてある. **3** 〈責任・税など〉を課す. **4** 〈殴打〉を人に加える (*to*). **5** 〈ペンキなど〉を塗る. **láy it ón ((a bìt) thíck)** [動] [自]《略式》誇張する; べたぼめする, (…に)やたらお世辞を言う (*to, with*).

láy óut** [動] ([名] láyòut) [他] **1** (よく見えるように)〈衣服など〉を**広げる**; 並べる; [普通は受身で] 〈商品など〉を陳列する <V+名・代+*out* / V+*out*+名>: Your dress for the party *is* ***laid out on the bed. 君のパーティドレスはベッドの上に広げてある. **2** [特に受身で] 〈建物・都市・庭園など〉の**設計をする** (plan); 〈部屋など〉の間取りをする; 〈ページなど〉の割り付けをする, レイアウトをする <V+名・代+*out*/V+*out*+名>: A famous gardener *laid out* this flower garden. 有名な庭師がこの花園の設計をした. **3** 〈仕事など〉の計画を立てる; 〈案など〉を用意する; 〈考え・事実など〉を述べる, 提示する. **4** 〈死体〉の埋葬の準備をする. **5** 《略式》〈人〉をぶちのめす; へとへとにする; 《米略式》しかりつける. **6** 《略式》〈大金〉を使う, つぎこむ (*on, for*). — [自] Ⓢ《米略式》日光浴をする, 肌を焼く.

láy óver [動] [自]《米》(旅行の途中で)一時空港に降りる[ちょっと泊まる] (stop over) (*at, in*).

láy tó [動] [自] 停船する. — [他] 〈船〉を停止させる.

láy úp [動] [他] **1** [普通は受身で] (病気などで)〈人〉を寝込ませる: He was *laid up with* a bad headache. 彼はひどい頭痛で家で寝ていた. **2** (修理のため)〈船・車など〉を使わないでおく. **3** 《古風》〈物〉を取って[蓄えて]おく. **4** 〈面倒など〉をかかえ込む.

— [名] **1** [U] [普通は the ～] 位置, 地形; 状態. **2** [C] 《卑》[特に性差別] セックス(の相手の女): a great [good] ～ セックスのいい相手. **the láy of the lánd** [名]《主に米》(1) 地形, 地勢. (2) 情勢, 情況 (《英》the lie of the land).

lay³ /léɪ/ [形] [A] **1** 素人(しろうと)の, 一般の. **2** (聖職者に対して)平(ひら)信徒の, 俗人の ([反] clerical).

lay⁴ /léɪ/ [名] [C]《文》詩, 歌.

láy·a·bòut /léɪəbàʊt/ [名] [C]《英略式》怠け者.

láy·awày [名] [U]《米》予約購入(制)《手付金を払って予約し代金金額の支払い終了時に商品を受け取る》: buy [put] a computer *on* ～ 手付金を払ってコンピューターを予約購入する. — [形]《米》予約購入(制)の.

láy-bỳ [名] **1** [C]《英》=《米》rest stop. **2** [U]《豪》=layaway.

***lay·er** /léɪɚ | léɪə/ [T3] [名] (～s /～z/) [C] **1** (表面に重なった物の)層, 重なり, (ペンキなどの)ひと塗り, (薄い)(皮)膜; (組織などの)階層: a ～ *of* clay 粘土の層 / the ozone ～〘気象〙オゾン層 / three ～*s of* paint 3 回上塗りしたペンキ / lie in ～*s* 層をなしている / the ～*s of* meaning 意味の重なり. **2** [普通は合成語で] (…を)置く[敷く, 積む]人[物]. [関連] bricklayer れんが職人. **3** 卵を産む鶏[鳥]; [前に形容詞をつけて] 卵の産みが…の鶏[鳥]: a *good* [*poor*] ～ 産みがいい[悪い]鶏. **4** 〘園〙取り木の枝. — [動] (-er·ing /léɪərɪŋ/) [他] **1** 〈…〉を層にする; 重ねる. **2** 〈髪〉を段カットにする. **3** 〘園〙〈枝〉を取り木にする. — [自]〘園〙(取り木が)根を出す.

láyer càke [名] [U,C]《米》レーヤーケーキ《何段か重ねた層の間にクリームやジャムを挟んだケーキ》.

⁺**lay·ered** /léɪɚd | léɪəd/ [形] 層のある, 層をなした; [合成語で] …層の: multi ～ 多層(性)の.

lay·ette /leɪét/ [名] [C] 新生児用品ひとそろい《産着(うぶぎ)・おしめ・ふとん類など》.

láy fígure [名] [C] 人体模型.

⁺**lay·man** /léɪmən/ [名] (-men /-mən/) **1** [C] 素人; [the ～] 一般人《全体; 専門家に対して》. **2** [C] (聖職者 (clergyman) に対して)平信徒, 俗人. **in láyman's tèrms** [副] 素人にもわかることばで(言うと).

⁺**láy·òff** [T2] [名] ([動] láy óff) [C] レイオフ《不況時の一時解雇》; レイオフの期間.

⁺**láy·òut** [名] ([動] láy óut) [C] (建物・都市・庭園などの)設

計, 配置; 設計図; (ページなどの)割り付け, レイアウト.

láy·òver [名] [C] 《米》 =stopover.

láy·pèrson [名] **1** [C] =layman, laywoman 《☞ -person [語法]》. **2** [the ~] 一般人 《全体; 専門家に対して》.

láy rèader [名] [C] 〘キ教〙 平(信徒)読師.

láy·ùp [名] [C] 〘バスケ〙 レイアップ(シュート) 《ゴール下からのジャンプシュート》.

láy·wòman [名] (**-women**) [C] **1** 素人 《女性; 専門家に対して》. **2** (女性聖職者 (clergywoman) に対して)平信徒[俗人] 《女性》.

Laz·a·rus /lǽz(ə)rəs/ [名] [固] 〘聖〙 **1** ラザロ 《イエスの力でよみがえった男》. **2** ラザロ 《イエスのたとえ話に登場する病気のこじき》.

laze /léɪz/ [動] [自] [副詞(句)を伴って] 怠ける, のらくら暮らす (*about, around*). — [他] 〈時間〉を怠けて[のらくらして]過ごす (*away*). — [名] [a ~] 息抜きの時間.

la·zi·ly /léɪzəli/ [副] 怠けて; もの憂げに; ゆったりと.

la·zi·ness /léɪzinəs/ [名] [U] 怠惰, 無精.

*__la·zy__ /léɪzi/ [形] (**la·zi·er** /-ziə | -ziə/; **la·zi·est** /-ziɪst/) **1** 怠けている, 怠惰な; (考えなどが)安易な, いいかげんな. [語法] idle と違って常に悪い意味で用いられる 《☞ idle [形] 1, 2 の [語法]》: a ~ student 怠惰な学生 / Don't be so ~. そんなに怠けるな. **2** (時の経過が)ゆったりとした; 活気のない: a ~ summer afternoon けだるい夏の午後. **3** (動きが)ゆったりとした: a ~ flow ゆったりとした流れ.

lázy·bònes [名] (複 ~) [C] 《略式》 怠け者. [語法] しばしば親しみをこめて用いられる.

lázy éye [名] [U] 弱視; 斜視(の目).

lázy Súsan [名] [C] 《米》 (回転式の)食品[食器]台, 回転盆 (《英》 dumbwaiter).

*__lb.__ /páʊnd, páʊndz/ [略] ポンド (pound(s)) 《重さの単位; ☞ pound¹ 2, ℔》: 1 *lb.* 1 ポンド 《one [a] *pound* と読む》 / 5 *lb.* 5 ポンド 《five *pounds* と読む》. [語源] 「はかり」 を意味するラテン語 libra を略したもの; ☞ deliberate¹ [語源].

*__lbs.__ /páʊndz/ [略] ポンド (pounds) 《☞ pound¹ 2》.

LC [略] =a letter of credit (☞ credit [名] 成句).

+**LCD** /élsìːdíː/ [略] =liquid crystal display, lowest common denominator.

l.c.m., L.C.M. /élsìːém/ [略] =least [lowest] common multiple.

LD /éldíː/ [略] =laser disc, Liberal Democrats.

L-do·pa /éldóʊpə/ [名] [U] 〘薬〙 エルドーパ 《パーキンソン病の治療に用いる》.

lea /líː/ [名] [C] 《詩》 草原, 牧草地.

LEA /élìːéɪ/ [略] 《英》 =Local Education Authority 地方教育当局.

leach /líːtʃ/ [動] [他] 〈液体〉をこす, 〈可溶物〉を(…から)こし出す, 浸出させる, 抜く (*out, away; from*). — [自] こされる, 溶解する (*out; from, into*).

:lead¹ /líːd/ ★ lead² との発音の違いに注意. ([同音] 《英》 lied; [類音] read¹, reed) [動] (**leads** /líːdz/; 過去・過分 **led** /léd/; **lead·ing** /-dɪŋ/)

基本的には「導く」の意.

① 導く, 案内する	[他] 1	
② (…の)先頭に立つ	[他] 2; [自] 1, 2	
③ 指揮する	[他] 3; [自] 4	
④ (ある状態へと)導く	[他] 4	
⑤ 過ごす	[他] 5	
⑥ (道が…に)通じている		[自] 3
⑦ もたらす		[自] 5

— [他] **1** 〈人・動物〉を導く 《手を引いたり先に立ったりして》, 〈…〉を案内する, 先導する, (物・道が)〈…〉を(ある場所へ)連れていく 《☞ guide 類義語》: The mother is ~*ing* her child by the hand. 母親は子供の手を引いている / She ***led*** us ***to*** our room. <V+O+前+名・代> 彼女は我々を部屋へ案内してくれた / Our guide ***led*** us ***through*** the woods. 私たちはガイドの案内で森の中を通り抜けた / The old lady *was* ***led across*** the road. <V+O+前+名・代の受身> おばあさんは手を引かれて通りを渡った / This road will ~ you *to* the heart of the city. この道を行けば町の真ん中へ行けます.
2 〈…〉の**先頭[首位]に立つ**; (競走などで)〈…〉をリードする: ~ the field in electronics 電子工学の分野をリードする / A white horse *led* the parade. 白い馬がパレードの先頭に立った / He ***~s*** the class ***in*** mathematics. <V+O+*in*+名・代> 彼は数学ではクラスで 1 番です / America ~*s* the world *in* biotechnology. バイオテクノロジーの分野ではアメリカは世界一だ.
3 〈…〉を**指揮する**, 率いる, 指導する; 〈議論・会話など〉を(自分の望む方向に)誘導する, 引っ張っていく; 〘ダンス〙〈パートナー〉をリードする: He ~*s* the Democratic Party. 彼は民主党を率いている / I want to ~ a band. 私はバンドを指揮してみたい / Our scout troop *was* ***led by*** Mr. Smith. <V+O の受身> 私たちのスカウト隊はスミス先生が指導してくださいました / I tried to ~ the conversation away from personal matters. 私は個人的な話題から会話をそらそうとした.
4 (説得したり, 影響を与えたりして)〈…〉を(—に)**導く**, 〈…〉を説得して—させる; 〈人〉を(—する)気にさせる; 〈人〉に(間違った考えなどを)抱かせる: You'*re* too *easily* *led*. <V+O+副の受身> あなたは人の影響を受けすぎる / This explanation will ~ you ***to*** a better understanding of geometry. <V+O+*to*+名・代> この説明を聞けば幾何がもっとよくわかるようになるでしょう / What *led* you *to* this conclusion? どうしてこのような結論に至ったのですか / Curiosity *led* Meg *to* New York. 好奇心にかられてメグはニューヨークに出てきた / Her smile ***led*** him ***to*** give her his word. <V+O+C (*to* 不定詞)> 彼女がにこやかな顔をするので彼はつりこまれて約束をしてしまった / His story *led* her *to* believe that he would be promoted. 彼の話を聞いて彼女は彼が昇進すると信じた / That ***led*** her ***into*** debt. <V+O+*into*+名・代> そのことで彼女は負債を負った.
5 〈ある種の人生・生活〉を**過ごす**, 営む: He *led* a very peaceful life in the country. 彼はいなかで大変平穏に暮らした / The man had to ~ a life of hardship. その男は苦難の人生を送らなければならなかった. **6** 〘トラ〙〈…〉を最初の札として出す.

— [自] **1** 先に立って行く, 先導する, 案内する; 〘ダンス〙(パートナーを)リードする: You ~ and we'll follow. あなたは先に行ってください. 私たちはあとをついて行きます.
2 (…で)**先頭[首位]である**, 他に勝っている: [言い換え] Our country ***~s in*** shipbuilding. <V+*in*+名・代> (=Our country has the lead in shipbuilding.) わが国は造船業では他に勝っている / With two laps to go, he ***led by*** two seconds. <V+*by*+名> 最後の 2 周を残した時点で彼は 2 秒リードしていた / Who is ~*ing in* the race? その競走で今はだれが 1 番ですか.
3 (道などが…に)**通じている**, (…に)至る: [T2] Does this road ***~ to*** the station? <V+*to*+名・代> この道を行けば駅に着きますか / This door ***~s into*** the kitchen. <V+*into*+名・代> この戸口から台所へ入れる / This path ***~s from*** the house ***to*** the pond. <V+*from*+名・代+*to*+名・代> この小道は家から池に通じている.
4 指揮する, 指導する: She ***led in*** the campaign against racism <V+*in*+名・代> 彼女は人種差別運動で指導的役割りを果した.
5 (結果などを)**もたらす**, 招く, …につながる: Diligence ***~s to*** success. <V+*to*+名・代> 勤勉は成功をもたらす / Too much smoking can ~ *to* lung cancer. 過度な喫煙は肺癌(がん)を招くおそれがある. **6** 〘トラ〙 最初に

(...)の札を出す《*with*》. **7** (...)をトップ記事にする《*with*》. **8** 〖ボク〗(...で)攻勢に出る《*with*》. **léad the wáy** ☞ way¹ 成句. **This leads me to ....** ⓢ このことに関連して;...について申し上げておきます.

──── **lead¹** の句動詞 ────
léad awáy 動 他 連れ去る; 誘い出す.
léad into ... 動 他 ...を導入する: He mentioned the garbage problem, which *led into* a general discussion on our environment. 彼がごみ問題に触れると環境全般の話題にして発展した.
léad óff 動 他〈...〉を(一で)始める: ~ the party *off* with a song 歌を歌ってパーティーを始める. ── 自 **1** (...で)開始する, 始める: She *led off* with a merry song. 彼女がまず陽気な歌を歌いだした / I'll ~ *off* by giving a short comment. では私がまず最初にひと言申し上げます. **2** (道などが)(...から)延びている《*from*》. **3** 〖野〗先頭打者となる.
léad ... ón 動 他〈人〉をだます, かつぐ; (だまして)ーさせる《*to do*》.
*✦**léad úp to ...*** 動 他 **1** ...に話を向ける, ...へだんだんと誘う: What are you ~*ing up to*? あなたは何を言いたいのですか. **2** (時間的に)...に至る: the days ~*ing up to* graduation 卒業式までの日々. **3** 結局 ...ということになる.

── 名 (leads /líːdz/) **1** [the ~] (競争の)先頭, 優位, リード; [a ~] 差, リード: He has [holds] *the* ~ in the race. そのレースでは彼がリードしている / She has *a* ~ *of* 10 meters *over* the other runners. 彼女は他の走者を 10 メートルリードしている.
2 [C 普通は単数形で] 先導, 指導, 手引き, 手本; (米)主導権, イニシアチブ: Let's go through the cooking routine again. Follow my ~. それでは料理法のおさらいをしてみましょう. 私のする通りにしてください / It is up to adults to give children a moral ~. 子供に道徳の手本を示すのは大人の責任だ. **3** [C [普通は the ~] (劇の)主役; トップ記事[ニュース], 新聞記事の冒頭の一節: He played the ~ in *Hamlet*. 彼は「ハムレット」で主役を演じた. **4** [形容詞的に] 先頭の, 中心の; 主役の: ☞ lead singer. **5** [C] (事件解決の)手がかり, 糸口. **6** [C] (英) (電気の)導線, 引き込み線 ((米)cord). **7** [C] (英) (犬などをつなぐ)(革)ひも, 鎖((米)leash): keep a dog on a ~ 犬をひもにつないでおく. **8** [C [普通は単数形で] 〖トラ〗先手の(権利)]; 最初の札.

be in the léad [動] 自 先頭[トップ]にいる.
take the léad [動] 自 (1) 先頭を切る, 先に立つ: She always *took the* ~ in the race. 彼女はそのレースでずっと先頭だった. (2) 指導的な立場に立つ: He *took the* ~ in the project. 彼が率先してその計画に当たった. (3) 行動を起こす: I think Japanese must *take the* ~ in banning nuclear tests. 日本人が先頭に立って核実験禁止の行動を起こすべきだと思う.

*✦**lead²*** /léd/ ★lead¹ との発音の違いに注意. [同音 led]; [類音 read¹, red] 名 (leads /lédz/) **1** [U] 鉛(元素記号 Pb): as heavy as ~ 鉛のように重い. **2** [U,C] 鉛筆のしん. **3** [C] 測鉛(船上から水の深さを測る器具). **get the léad óut** [動] 自 (米略式)急ぐ.
── 形 鉛(製)の; 鉛を含む. ── 動 他〈...〉を鉛でおおう;〈...〉に鉛でおもりをつける;〈...〉に鉛を入れる.

léad ballóon /-/ (...の成句で) **gò óver [dówn] like a léad ballóon** [動] 自 (冗談などが)(受けないで)失敗に終わる.
léad·ed /lédɪd/ 形 (反 unleaded) [普通は A] 鉛で覆われた[枠づけされた]; (ガソリンが)有鉛の: ~ gas(oline) (英) petrol 有鉛ガソリン.
léaded líght [wíndow] /-/ 名 [C] [普通は複数形で] (英) (色付きの)鉛枠小窓(大窓の一部をなす).
lead·en /lédn/ 形 **1** (体が)重苦しい, だるい. **2** A

鉛製の. **3** 活気のない, 退屈な. **4** 鉛色の: a ~ sky 鉛色の[どんよりとした]空.

*✦**lead·er*** /líːdɚ | -də/ (類音 liter, reader) 名 (~s /-z/) [C] **1** (集団の)**指導者**, リーダー, 長; 主唱者: the ~ *of* the Labour Party 労働党党首 / a great religious ~ 偉大な宗教指導者 / business ~s 実業界の指導者たち.
2 先頭に立つ人, 先導者; 首位の者: the ~ of a procession 行列の先頭の人 / the current ~ 現時点での先頭のランナー[首位打者, 首位チーム] / Mike is the ~ *by* 4 points. マイクは 4 ポイント差で首位に立っている. **3** (米) (オーケストラの)指揮者(conductor); (英)コンサートマスター((米)concertmaster). **4** (テープ・フィルムの)引き出し部分. **5** 主要[ヒット]商品; (客寄せの)目玉商品(loss leader); トップ企業(in). **6** (英)=leading article. **7** 〖植〗頂枝, 主枝. **8** はりす(釣り針を結びつける). **the Léader of the Hóuse** [名] (英) 上・下院の院内総務. **the Léader of the Opposition** [名] (英) 野党党首.
léader·bòard 名 [C] 〖ゴルフ〗スコアボード[上位選手の成績を表示するボード].
léader·less 形 指導[先導]者のいない.

*✦**lead·er·ship*** /líːdɚʃɪp | -də-/ 名 (~s /-s/) **1** [U] 指導[指揮]者の地位[任務]: take over the ~ 指導者の地位を引き継ぐ / He could not have maintained his ~ without her assistance. 彼女の助力なしでは彼は指導的地位を保てなかっただろう.
2 [U] 指導力; 指導者としての素質: There is no ~ in him. 彼には統率力が欠けている / a ~ program 指導者セミナー.
3 [U] 指導, 指揮: collective ~ 集団指導. **4** [C] [the ~ として単数形でも時に複数扱い] 指導者陣[団](全体). **ùnder ...'s léadership** =**ùnder the léadership of ...** [副] ...の指導の下(もと)で.
léad-fóoted /léd-/ 形 (米式)のろまの, ぐずの; (ドライバーが)やたらに飛ばす.
lead-free /lédfríː ⁻/ 形 無鉛の, 鉛を含まない: ~ gasoline (英) petrol 無鉛ガソリン.
lead-in /líːdɪn/ 名 [C] (テレビ・ラジオ番組・コマーシャルなどの)導入部分; 前置き.

*✦**lead·ing¹*** /líːdɪŋ/ (類音 reading) **12** 形 A **1** 場所・国などの一流の; 主演の: the ~ actor [actress] 主演男[女]優 / the ~ issues of the day (放送などでの)その日の主要な話題 / the ~ nations of Europe ヨーロッパの主要な国々 / He played a ~ part [role] in the project. 彼はその事業で主要な役目を果たした.
2 [比較なし] (人の)指導的な, 有力な, 一流の: She is one of our ~ citizens. 彼女はこの町の有力者の一人だ / He was a ~ literary critic of the day. 彼は当時の一流の文芸批評家だった. **3** 先頭の(位置にいる).
lead·ing² /lédɪŋ/ 名 [U] **1** (屋根ふき・窓枠用の)鉛. **2** 〖印〗行間のスペース.
*✦**léading árticle** /líːdɪŋ-/ 名 [C] (英) (新聞の)社説, 論説(editorial, (英) leader).
léading édge /líːdɪŋ-/ 名 **1** [the ~] (科学技術などの)最先端(of). **2** [C] (飛行機の翼などの)前縁.
léading-édge /líːdɪŋ-⁻/ 形 A (技術などが)最先端の, 最も進んだ.
léading lády /líːdɪŋ-/ 名 [C] 主演女優.
léading líght /líːdɪŋ-/ 名 [C] 重要人物, 有力者(in, of).
léading mán /líːdɪŋ-/ 名 [C] 主演男優.
léading quéstion /líːdɪŋ-/ 名 〖法〗誘導尋問.
léading-óff /líːd-/ 形 (米) 先頭[最初]の: a ~ hitter 先頭打者 / a ~ news story 最初のニュース.
léad péncil /léd-/ 名 [C] 鉛筆.

léad pòisoning /léd-/ 名 U 鉛中毒.
leads /lédz/ 名 [複] 1 (格子窓の)鉛の枠. 2 《英》屋根ふき用鉛板, 鉛板ふきの屋根.
+**léad sínger** /líːd-/ 名 C リードシンガー.
léad stòry /líːd-/ 名 C トップ記事[ニュース].
léad tìme /líːd-/ 名 U.C リードタイム《新製品の企画から生産までに要する時間》.
léad-ùp /líːd-/ 名 [単数形で]《英》準備段階 (to).

‡**leaf** /líːf/ (類 reef) 名 (複 **leaves** /líːvz/; 形 **leafy**) 1 C (木・草・野菜の)葉: dead *leaves* 枯れ葉 / lettuce *leaves* レタスの葉 / They swept up the fallen *leaves*. 彼らは落ち葉を掃き集めた / The *leaves* of the trees are turning yellow. 木々の葉が黄色くなりつつあります. 関連 flower 花. 2 C (本などの)1枚《表と裏の2ページ分》: She hid the note between the *leaves* of her book. 彼女はメモを本のページの間に隠した. 3 C (食卓・ドアの)取りはずせる[折りたためる]部分. 4 U (金属の)はく (☞ foil3): gold ~ 金ぱく. **be in léaf** 《動》葉を出している, 葉をつけている. **cóme into léaf** 《動》(落葉樹が)葉を出す[開き始める]. **sháke like a léaf** 《動》(寒さ・緊張・恐怖などで)ぶるぶる震える. **táke a léaf óut of [from] ...'s bóok** 《動》(人の)例にならう. **túrn óver a néw léaf** 《動》心を入れかえて生活を一新する. ━ 動 他 [次の成句で] **léaf thróugh** 《動》他 〈本などの〉ページをぱらぱらとめくる.
leaf・age /líːfɪdʒ/ 名 U 葉(全体).
léaf blòwer 名 C (枯れ葉集めなどに使う)送風機.
léaf cùtter 名 C =leaf-cutting ant [bee].
léaf-cùtting [léaf-cùtter] ànt 名 C 葉切り蟻(熱帯アメリカ産).
léaf-cùtting [léaf-cùtter] bèe 名 C 葉切り蜂.
léaf insect 名 C このはむし《羽が木の葉に似た昆虫で南アジアに多い》.
léaf・less 葉の落ちた; 葉のない.
*+**leaf・let** /líːflət/ 名 (**leaf・lets** /-ləts/) C 1 折りたたみ印刷物, ちらし, (折りたたみの)パンフレット (on): They handed [passed] out ~s at the entrance. 彼らは入り口でパンフレットを配った. 2 小葉, 若い葉. ━ 動 自 (主に政治活動の一環として)ちらしを配る. ━ 他 〈ある地域〉にちらしを配る.
léaf lèttuce 名 U.C サニーレタス.
léaf mòld [mòuld] 名 U 腐葉土.
+**leaf・y** /líːfi/ 形 (**leaf・i・er**, **-i・est**) 1 葉の多い, 葉の繁った; ~ shade 緑陰, 木陰. 2 木の葉や緑が多い: a ~ suburb 緑豊かな郊外.

‡**league**1 /líːɡ/ 名 (~**s** /-z/) C 1 《スポーツの》連盟, リーグ: the major [minor] ~s《米》《プロ野球の》大[マイナー]リーグ. 2 《しばしば L-》(人や国の)連盟, 同盟; 《共通の目的を持つ人々の》団体, 会: the L-~ of Nations 国際連盟 (1920-46; the United Nations の前身) / form a ~ 同盟を形成する / join a ~ 連盟に加入する. 3 《略式》(質の)程度, 水準: I'm not in his ~. 私は彼の足元にもかなわない. 4 《英》ランク表. 語源 ラテン語で「結ぶ」の意. **be in a dífferent léague from ...** 《動》他 ...よりずっとよい. **be in a léague by onesélf [of óne's ówn]** 《動》群を抜いている. **be in léague with ...** 《動》他 (1) ...と同盟[連合]している. (2) ...と(ひそかに)結託している. **be nót in the sáme léague as [with] ...** 《動》他 ...とは比べものにならない. **be òut of óne's léague** 《動》自 技量[経験]不足だ. **be òut of ...'s léague** 《動》他 ...とは格が違う, ...には手が届かない. ━ 動 《格式》他 〈...を〉同盟[団結]させる. ━ 自 同盟[団結]する (*together*).
league2 /líːɡ/ 名 C 《古語》リーグ《距離の単位で, 約3 マイル=4.8 キロ》.

Léague Against Crúel Spórts 名 固 [the ~] 残虐スポーツ反対同盟《1924 年英国で設立; 狩猟など動物を殺すスポーツに反対する運動をしている団体》.
léague-léading 形 《スポ》リーグ1の.
Léague of Wómen Vóters 名 固 [the ~] 女性投票者連盟《女性の投票権行使を指導するための米国の無党派組織》.
léague stàndings 名 [複]《米》選手[チーム]順位表.
léague tàble 名 1 《英》 = league standings. 2 (組織・団体の)ランク表.

*+**leak** /líːk/ (同音 leek) (類 reek) 13 動 (**leaks** /~s/; **leaked** /~t/; **leak・ing**)

意自他の転換
自 1 漏る (to get through a hole, etc.)
他 1 漏らす (to allow (a liquid or gas) to get through a hole, etc.)

━ 自 1 《容器・屋根が》漏る; 《船が》水が漏る: This bucket ~s. このバケツは漏る.
2 《液体・気体が》漏れる; 漏電する: Tea was ~*ing out of* a crack in the cup. <V+前+名・代> 茶わんのひびから お茶が漏れていた / Some water ~*ed onto* the shelf. 水が棚の上に漏れた. 3 《秘密などが》漏れる: The news ~*ed to* the press. そのニュースは報道関係者に漏れた.
━ 他 1 《液体・気体を》漏らす: This pipe ~s oil. このパイプは油が漏れる.
2 《秘密などを》漏らす, 漏洩する: Someone must have ~*ed* the news *to* the press. <V+O+*to*+名・代> だれかがニュースを報道陣に漏らしたに違いない.
léak óut 《動》自 《秘密などが》漏れる.
━ 名 (~**s** /~s/; 複 leaks) C 1 漏れ口, 漏れ穴: There is a ~ *in* the roof. 屋根に漏れ穴があいている.
2 《液体・気体の》漏れ; 漏電: a gas ~ ガス漏れ / a radiation ~ 放射能漏れ. 3 《普通は単数形で》漏れ量. 4 《秘密の》漏れること, 漏洩(ポ); 漏れた情報: a news ~ ニュースの漏洩. **spríng a léak** 《動》自 《船・容器などが》漏れ始める. **tàke** 《英》**hàve] a léak** 《動》自 《卑》小便をする.
leak・age /líːkɪdʒ/ 名 U.C 1 (水・ガスなどが)漏れること: (a) ~ of gas [water] ガス[水]漏れ. 2 漏出物, 漏出量. 3 《秘密などの》漏洩(ポ): the ~ of top secrets 機密の漏洩.
léak・i・ness /líːkinəs/ 名 U 漏れやすいこと.
léak・pròof 形 《容器・パイプなどが》漏れない.
leak・y /líːki/ 形 (**leak・i・er**, **-i・est**; 複 leaky) 漏れやすい; 漏れ穴のある; [比喩] 《組織などが》秘密が漏れやすい.

*+**lean**1 /líːn/ (同音 lien) 13 動 (**leans** /~z/; 過去・過分 **leaned** /líːnd | líːnd, lént/, 《英》ではまた **leant** /lént/; **lean・ing**)

意自他の転換
自 1 傾く (to be in a sloping position)
他 1 傾ける (to cause (something) to be in a sloping position)

━ 自 1 《普通は副詞(句)を伴って》傾く, 上体を曲げる, かがむ: The wall ~*ed* inward. 塀は内側へ傾いた / He ~*ed* back in his chair. 彼は体を後ろに反らせていすに深く座っていた / She ~*ed toward* to hear his explanation. 彼女は彼の説明を聞こうと身を乗り出した / She ~*ed out of* the window. <V+*out of*+名・代> 彼女は窓から身を乗り出した.
2 《副詞(句)を伴って》寄り掛かる, もたれる: She ~*ed on* his arm. <V+*on*+名・代> 彼女は彼の腕に寄り掛かった / A man was ~*ing against* the wall. <V+*against*+名・代> 1人の男が壁にもたれていた. 3 《考えが》...に傾く, ...の傾向がある: He ~s *to* [*toward*

the left. 彼は考え方が左寄りだ.
— 他 1 [副詞(句)を伴って]〈…〉を(—に)もたせかける, 立てかける: The carpenter ~ed a ladder *against* the wall. <V+O+*against*+名・代> その大工は壁にはしごを立てかけた / He ~ed his elbows *on* the table. <V+O+*on*+名・代> 彼はテーブルにひじをついた.
2 [普通は副詞(句)を伴って]〈…〉を傾ける, 曲げる: ~ one's head forward 首を前にかしげる.

lean on [upòn] … 動 他 (1) …に頼る, すがる: My son still ~*s on* me for support. 息子はまだ私の援助に頼っている. (2) (略式)…に圧力をかける, …を脅す (*to do*). **léan on the hórn** 動 クラクションを強く鳴らす. **léan óver báckward(s)** 動 他 (略式) (…しようと)精一杯の努力をする (*to do*).

*lean² /líːn/ (同音 # lien) 形 (lean·er; lean·est) 1 [ほめて](人・動物が)やせ型の, 体が締まった, ぜい肉のない (☞ thin 類義語): a ~ horse やせた馬 / The swimmer had a ~ athletic body. その水泳選手はがっしりと引き締まった体をしていた. **2** (肉が)脂身(あぶらみ)のない; (会社・組織などが)むだのない; 脂身のない肉 / ~ and mean 競争力のある. **3** [主に A] (内容に)乏しい; わずかの; 不況の; (土地が)不毛の: a ~ year 凶年. — 名 U 脂肪分のない肉, 赤身.

léan-búrn éngine 名 C 希薄燃焼エンジン.
lean·ing /líːnɪŋ/ 形 傾いている, かがんでいる: the L- Tower of Pisa ピサの斜塔. — 名 C [しばしば複数形で](考え・好みの)傾向, 性癖, 好み (*toward*).
léan·ness 名 U やせていること; (肉)脂身のないこと.
leant 動 (英) lean¹ の過去形および過去分詞.
léan-tó 名 (~s) C 差し掛け小屋.

leap /líːp/ 13 (類音 reap) 動 (leaps /~s/; 過去・過分 leaped /líːpt, lépt/, leapt /lépt/; leap·ing) 1 跳(は)ねる, 跳ぶ (☞ jump 類義語); 跳び越える: Look before you ~. (ことわざ) 跳ぶ前によく見ないで → 転じて行動せよ, 石橋をたたいて渡れ) / The boys ~ed *over* the stream. <V+*over*+名・代> 少年たちは流れを跳び越えた / My heart leapt at the news of their safe arrival.《主に文》彼らが無事に到着したとの知らせに私の心はときめいた. **2** [副詞(句)を伴って]急に(跳ぶように)動く, さっと移動する: ~ *downstairs* 跳ぶように階下へ降りる / ~ *into* a bus バスに飛び乗る / He ~ed *to* my assistance. 彼は助けに来てくれた. **3** [副詞(句)を伴って]ぱっと(ある状態)になる, ぱっと(別の時・状況に)切り替わる, 急に(あることを)する: The fire ~ed *into* flame. 火がぱっと燃え上がった / That idea ~ed *into* my mind. その考えが急に私の心にひらめいた. **4** (価格などが)急激に上昇[増加]する. — 他 (文)〈…〉を跳び越える.

léap at … 動 (チャンスなどに)飛びつく.
léap óff the páge 動 (…の)目につく (*at*).
léap óut at … 動 他 …の目に飛び込む, 目につく.
léap to one's féet 動 跳び上がる, ぱっと跳(は)ね起きる (☞ foot 成句の囲み).
léap úp 動 さっと立ち上がる.
— 名 (~s /~s/) C **1** 跳躍, 跳ぶこと: with a ~ ひとっ跳びで. **2** 躍進, 大きな進歩: That's one small step for a man, one giant ~ for mankind. 一人の人間にとっては小さな一歩だが, 人類にとっては大きな飛躍である (1969 年初めて月に降りた宇宙飛行士の第一声). **3** (数・量などの)急上昇[増大] (*in*). **4** 想像力の飛躍: It takes a ~ of imagination to solve the problem. その問題を解くには飛躍した考え方をしなければならない.

a léap in the dárk 名 向こう見ずの行動, 暴挙.

a léap of fáith 名 不確かでも(思いきって)信じてみること. **by [(英) in] léaps and bóunds** 副 とんとん拍子に, うなぎ登りに. **take a léap** 動 自 跳ぶ.

léap dày 名 C うるう日 (2月29日).

*leaped /líːpt, lépt/ 動 leap の過去形および過去分詞.

léap·fròg 名 U 馬跳び: play ~ 馬跳びをする. — 動 (-frogs; -frogged; -frog·ging) 他 馬跳びをする; (馬跳びのように[一足飛びに])前進[飛躍]する (*over*). — 自 〈…〉を(馬跳びのように)跳び越える; 〈…〉を飛ばして昇進する; 〈…〉を一足飛びに昇格させる.

*leapt /lépt/ 動 leap の過去形および過去分詞.

léap yèar 名 C うるう年 (英国ではうるう年, しかもこの2月29日には女性から男性へプロポーズできると言われている).
関連 common year 平年.

Lear /líə | líə/ 名 固 リア (Great Britain 島の伝説の王; ☞ King Lear).

Lear·jet /líədʒèt | líə-/ 名 C リアジェット (高速飛行機の一種; 商標).

*learn /lə́ːn | lə́ːn/ 動 (learns /~z/; 過去・過分 learned /lə́ːnd, lə́ːnt | lə́ːnd, lə́ːnt/, (英)ではまた learnt /lə́ːnt | lə́ːnt/; learn·ing)

基本的には「知識を得る」の意.
① 学ぶ 他 1, 自
② 覚える 他 2
③ 知る 他 3

— 他 1 〈…〉を**学ぶ**, 習う, 習い覚える;〈…〉を教わる;〈…〉を身につける,〈…〉ができるようになる (☞ 類義語) (反 teach): Cindy is ~*ing* Japanese. シンディーは日本語を習っている / Have you ~*ed* (*how*) *to* ride a horse? <V+O (*wh* to 不定詞)> あなたは馬の乗り方を覚えましたか / We ~ *from* history *that* we do not learn *from* history. <V+*from*+名・代+O (*that* 節)> 我々が歴史から学ぶのは「我々は歴史から学んでいない」ということだ (ヘーゲル (Hegel) のことば). ★2番目の learn は 自 で文型は <V+*from*+名・代>.

リスニング

learn の後に母音で始まる語が続くと learn の語末の /n/ とその母音とがいっしょになって「ナ」行の音のように聞こえる. learn English /lə́ːnɪ́ŋglɪʃ/ は「ラーニングリッシュ」のように, learn economy at school /lə́ːnɪkánəmiətskúːl/ は「ラーニカナミアトスクール」のように聞こえる. 「ラーン・イングリッシュ」, 「ラーン・イカノミー・アト・スクール」とは発音しない.

2 〈…〉を覚える, 記憶する: You should ~ ten new words a day. 1日に新しい単語を10語ずつ覚えるとよい / ☞ learn … by heart (成句).
3 (格式)〈…〉を知る, 聞く;〈…ということ〉を知る: They ~*ed* the facts *from* a policeman. <V+O+*from*+名・代> 彼らはその事実を警官から聞いた / Mary ~*ed* (*that*) she was expecting a baby. <V+O ((*that*) 節)> メアリーは身ごもっていることを知った / We have yet to ~ *what* has become of them. <V+O (*wh* 節)> 彼らがどうなったか我々はまだわからない / We have not yet ~*ed whether* he got there safely. <V+O (*whether* 節)> 我々は彼がそこに無事に着いたかどうかまだ聞いていない. **4** (非標準)(滑稽)〈…〉に教える, 思い知らせる (teach).

learned

— 自 学ぶ, 習う, 覚える: We must ~ *from* our mistakes [experiences]. <V+*from*+名・代> 我々は失敗[経験]から学ばなければならない / You are never too old to ~. 《ことわざ》学ぶのには年を取りすぎたということはない, いくら年老いても学ぶことはできる.

léarn abòut ... [動] 他 (1) ...について学ぶ. (2) 《格式》=learn of ....

léarn ... at one's móther's knée [動] 他 <...を>母のひざで[幼いときに]覚える.

léarn by dóing [動] 自 実際にやってみて覚える.

léarn ... by héart [動] 他 <...を>暗記する 《受身》 be learned by heart》: The girl ~ed the poem *by heart*. 少女はその詩を暗記した.

léarn of ... [動] 他《格式》...(のこと)を知る[聞く].

léarn one's lésson [動] 自 いい教訓となる, 懲りる (☞ lesson 4 用例).

léarn (...) the hárd wày [動] 他 自 苦い経験を積んで<...を>学ぶ, 思い知る; <...を>苦労して学ぶ.

【類義語】**learn** は知識・技術を学んで身につける, あるいは覚えるという意味であるのに対して, **study** は読書・考察などをすること, あるいは学校の学科目として勉強することを意味し, 結果が身についたかどうかは問題にしない. 日本語の「習う」は両方の語で表現できることも多いが, いずれを用いるかで多少意味合いの相違がある: We *study* English at school. 学校で英語を習っている(英語の授業を受けている) / We *learn* English at school. 学校で英語を習っている(授業を受ける結果として英語を覚える) / I *studied* five English sentences. 英文を5つ勉強した(結果は不明) / I *learned* five new words. 新語を5つ覚えた.

***learned**[1] /lə́ːnd, lə́ːnt | lə́ːnd, lə́ːnt/ ★ 形容詞の learned[2] との発音の違いに注意. **learn** の過去形および過去分詞.
— 形 /lə́ːnd, lə́ːnt | lə́ːnd, lə́ːnt/ (生得的ではなく経験などによって)身につけた, 習得した: ~ helplessness 〖心〗学習性無力感.

*learn·ed[2] /lə́ːnɪd | lə́ːnɪd/ ★ learn の過去および過去分詞の learned[1] との発音の違いに注意. 形《格式》
1 学問のある, 博学な: He is a ~ man. 彼は学者だ / He is ~ in the law. 彼は法律に通じている. 2 学問[学術]的な: a ~ journal 学術誌 / a ~ society 学会.
my léarned fríend [名] (英) 博学なる友(弁護士同士の呼びかけで). **~·ly** 学者らしく; 学問[学術]的に.

*learn·er /lə́ːnə | lə́ːnə/ 名 (~s /-z/) C 1 学習者, 初心者 (*of*); [前に形容詞をつけて]学習[もの覚え]が...の人: an *advanced* ~ 上級の学習者 / He is a *quick* [*slow*] ~. 彼は学習[もの覚え]が早い[遅い]. 2 (英) =learner driver.

léarner dríver 名 C (英) 自動車の運転練習者, 仮免許運転者.

léarner's pèrmit 名 C (米) (自動車の)仮免許証.

*learn·ing /lə́ːnɪŋ | lə́ːn-/ 名 U 1 学ぶこと, 学習: the ~ of foreign languages 外国語の学習 / a ~ experience 勉強になる(苦い)経験.
2 学問, 学識: a person of great ~ 学識のある人 / A little ~ is a dangerous thing. 少しばかりの学問は危ないものだ(生兵法は大けがのもと)《英国の詩人ポープ (Pope) のことば》.

léarning cùrve 名 C 〖教育〗学習曲線.

léarning dífficulty 名 C [普通は複数形で] 学習障害《特に精神障害などによる》.

léarning disàbility 名 C 〖心〗学習障害《読み書きなどの技術習得の障害》.

léarning-disàbled 形 学習障害を持った.

*learnt /lə́ːnt | lə́ːnt/ (英) **learn** の過去形および過去分詞.

leas·a·ble /líːsəbl/ 形 賃貸[賃借]できる.

*lease /líːs/ 名 (leas·es /-ɪz/) C 借地[借家]契約; 借用期間; 賃貸契約書: take a house *on* a five-year ~ 5年契約で家を借りる / take (out) a ~ on the land 土地を賃借りする. **a néw léase on [(英) of] lífe** [名] (人・物事の)寿命が(運よく)延びること; 新たな意欲 [活力, 人生], (機械などの修理後の)生まれ変わったような動き. **by [on] léase** [副] 賃貸[賃借]で.
— 動 (leas·es /-ɪz/; leased /-t/; leas·ing) 他 <土地・家屋>を<人に>賃貸しする (*out*; *to*); (人から)賃借りする (*from*); <機器・車などを>リースする (☞ borrow 表, lend 表): We ~ this house *from* Mr. and Mrs. Smith. <V+O+*from*+名・代> この家はスミス夫妻から賃借りしている.

léase-bàck 名 U.C 賃貸借契約付き売却.

léase-hòld 《主に英》名 C U.C 借地[賃借地], U 土地[家屋]賃借権 (*on*). — 形 賃借りした.

léase-hòlder 名 C 借地[家]人, 賃借人.

leash /líːʃ/ 名 C 《主に米》(犬などをつなぐ)革ひも, 鎖 《(英) lead》; 統制, 支配: Dogs must be (kept) *on* a ~. 犬は鎖につないでおかなければならない. **a shórt [tíght] léash** [名] 厳しい管理. **hàve ... on a léash** [動] 他 《滑稽》<人>を意のままに(束縛)する. **stráin at the léash** [動] 自 《格式》自由になろうとしてもがく, 欲しい物を得ようと必死になる. — 動 《反》unleash》他 《米》<...を>革ひも[鎖]でつなぐ; 制御[抑制]する.

*least[1] /líːst/ 13 形 [little[1] の最上級; ☞ less[1]]

1 A [普通は the ~] いちばん少ない, 最も少ない 《量が最も少ないこと, 程度が最も低いことを示す》(反) most): I decided to buy the car that would use *the* ~ fuel. 私は燃料が最も少なくてすみそうな車を買うことに決めた / The greatest talkers are *the* ~ doers. 《ことわざ》口でいちばんよくしゃべる者は, 実は何もしない者だ.

2 A [普通は the ~] ごくわずかの(...でさえ)(☞ superlative degree 文法 用法についての注意(2)): *The* ~ noise will wake him. 小さな物音でも彼は目をさますだろう.

nót in the léast bít [副] =not in the least.

nòt the léast ... 少しの...もない: There is *not the* ~ danger ahead of us. 我々の前には少しも危険がない.

— 副 [little[1] の最上級; ☞ less[1]] 1 いちばん少なく, 最も少なく 《程度が最も低いことを示す》(反) most): He worked (the) ~ and was paid (the) most. 彼は最少の働きで最大の給料をもらった / The accident happened when he ~ expected it. その事故は私たちが最も予期していないときに起こった.

2 [形容詞・副詞の前につけて, 比較して最も程度の低いことを示す] いちばん...でない, 最も...でない: It was the ~ important matter. それは全くどうでもいいことだった. **lèast of áll** [副] 最も...でない, なかでもいちばん...でない, とりわけ...しない: No one, ~ *of all* the students, listened to the speech. だれも, 中でも生徒たちは, 話を聞いていなかった. **nòt léast** [副] W 《格式》特に, とりわけ 《普通は悪いことを述べるのに用いる》: Exports have decreased in many sectors, *not* ~ in the auto industry. 多くの部門, とりわけ自動車産業において, 輸出が減少している. **nòt the léast (bìt)** [副] 少しも...でない (not in the least): He wasn't the ~ afraid. 彼は少しも恐れていなかった.

— 代 《不定代名詞》[しばしば the ~] いちばん少ないもの, 最も少ないもの, 最少: She ate (*the*) ~. 彼女がいちばん食べなかった / That's *the* ~ of my worries. 私はそんなことは少しも心配していない / "Thank you very much." "Not at all. It was *the* ~ I could do (to help)." 「どうもありがとうございます」「いやどういたしまして, ほんのささいなことですよ」《お礼に対するていねいな返

答》

at léast [T1] [副] (1) 少なくとも, せめて ([反] at (the) most): *At* ~ fifty people were at the party. 少なくとも 50 人がパーティーに来ていた / You should see a dóctor *at* ~ ónce a wéek. 少なくとも週に 1 回は医者に診(み)てもらったほうがいい. [語法]「少なくとも」の意味がかかる語が強く発音される (☞ even[1] 1 [語法](2)) / You should *at* ~ have called me. せめて電話をしてくれればよかったのに. (2) [つなぎ語] [前言より正確に言い直して] 少なくとも: Many people agree with me—*at* ~ my friends all do. 私に賛成してくれる人は多い. まあ少なくとも友達はみんなそうだ. (3) [つなぎ語] [前に述べた悪い点に加えてよい点もあることを示して]それでも, ともかく, 少なくとも: He may be a bore, but *at* ~ he is honest. 確かに彼は退屈な男かもしれないが, 少なくともまじめだよ.

at the (véry) léast [副] 少なくとも, せめて ([反] at (the) most): To repair the car would take a week, *at the very* ~. その車を修理するのに少なくとも一週間はかかるだろう / *At the very* ~, you should have apologized. せめて一言謝っておくべきだった.

nót in the léast [副] 少しも…でない: [言い換え] He was *not in the* ~ afraid. =He was*n't* afraid *in the* ~. 彼は全然恐れていなかった / [会話] "Would you mind holding this package?" "*Not in the* ~." 「すみませんがこの包みを持っていただけますか」「ええ, いいですとも」

to sáy the léast [副] [文修飾語] [悪いことを述べたり遠回しに非難して] ごく控えめに言っても: Her behavior was inconsiderate *to say the* ~! 控えめに言っても彼女のふるまいは思いやりがなかった.

*__least__[2] /líːst/ [形] **little**[2] の最上級.

léast cómmon denóminator [名] [the ~] 《米》〔数〕最小公分母.

léast cómmon múltiple [名] [the ~] 〔数〕《米》最小公倍数 (lowest common multiple) ([略] l.c.m., L.C.M.). [関連] greatest common divisor 最大公約数.

léast squáres [名] [単数扱い] 〔統〕最小二乗法.

léast·wàys, -wise [副] 《米略式》少なくとも, ともかく (at least).

*__leath·er__ /léðɚ | -ðə/ ([類音] rather) [T3] [名] (~s /~z/; [形] léathery) **1** [U] なめし革, 革, 皮革: shoe ~ 靴革 / ~ gloves 革の手袋 / These shoes are made of ~. この靴は革製だ.
2 [C] 革製品; [複数形で] (ライダーの)革製の服; 革製半ズボン. [日英比較] 製本, 家具などに使う模造革の「レザー」は imitation [simulated] leather または leatherette という. **héll for léather** [副] 《略式, 主に英》大急ぎで. **(as) tóugh as léather** [形] (ステーキなどが)革のように堅い.

leath·er·ette /lèðərét←/ [名] [U] 模造革, レザー《製本・家具用; ☞ leather [日英比較]》.

léather·nèck [名] [C] 《米俗》米国海兵隊員.

leath·er·y /léð(ə)ri/ [形] ([名] léather) 革のような, 革のように堅い, ごわごわの.

leave[1] /líːv/ [動] (**leaves** /~z/; 過去・過分 **left** /léft/; **leav·ing**)

> 基本的には「離れる; 放置する」の意.
>
> | | |
> |---|---|
> | ① (…を)去る, (…から)離れる | [他] **1, 2**; [自] **1** |
> | ② 置き忘れる | [他] **3** |
> | ③ 後に残していく; 残す | [他] **4, 5, 7** |
> | ④ …のままにしておく | [他] **6** |
> | ⑤ 任せる | [他] **8** |
> | ⑥ (余りとして)残す | [他] **10** |

— [他] **1** 〈場所〉を去る, 出発する ([反] arrive, reach), 〈電車・船など〉から降りる (☞ 類義語): ~ the table for a moment to get a knife ナイフを取りにちょっとテーブルを離れる / When did you ~ Paris [there]? 君はいつパリ[そこ]を発(た)ったのだ / She is *leaving* London *for* Rome tomorrow. <V+O+*for*+名・代> 彼女はあすロンドンを発ってローマに向かう.

2 〈団体など〉から離れる; 〈学校〉を退学する, 《英》卒業する; 〈地位など〉を去る; 〈仕事など〉をやめる: He will ~ school next year. 彼は来年学校をやめる[《英》卒業する] / Why did you ~ the tennis club? あなたはなぜテニスクラブをやめたのですか / He *left* law 「*for* medicine [*to* study medicine]. <V+O+*for*+名・代 [*to* 不定詞]> 彼は法律をやめて医学の勉強を始めた.

3 〈物〉を(ある場所に)置き忘れる: I *left* the box *outside*. <V+O+副> 私はその箱を外に置き忘れた / My father often **~s** his umbrella ***on*** the train. <V+O+前+名・代> 父はよく電車の中に傘を忘れる / Don't ~ your hat (behind)! 帽子を忘れないように (☞ leave behind (句動詞)).

4 〈人〉を後に残していく, 〈…〉と別れる, 〈…〉を見捨てる; 〈人〉のところからやめていく; (病気・熱意などが)〈…〉から去っていく: I've ***left*** my family ***in*** the country. <V+O+前+名・代> 私は家族をいなかに残してきた / I'm sorry you are *leaving* us so soon. そんなに早くお帰りになるなんて残念です / My wife has ***left*** me ***for*** another man. 妻は私を見捨てて別の男のところへいってしまった / Don't ~ us when we are in trouble. 私たちが困っているときに見捨てないでくれ.

5 〈物〉を置いていく, (…に)置いたままにしておく; 〈…〉を(人に)預けていく: [言い換え] The mailman *left* you this letter. <V+O+O> =The mailman ***left*** this letter ***for*** you. <V+O+*for*+名・代> 郵便屋さんが君あてにこの手紙を配達していった / I ***left*** my bag ***in*** the checkroom. <V+O+前+名・代> 私はバッグをクロークに預けた / ***L~*** the key ***with*** Ken. <V+O+*with*+名・代> 鍵(かぎ)をケンに預けていってくれ / I *left* my children *with* him while I went shopping. 買い物の間子供たちを彼にあずけた.

6 〈人・物〉を…のままにしておく, …するままにしておく, …するままにして〈—〉から離れる; 〈…〉を(—の状態)にする: She *left* the window open all night. <V+O+C (形)> 彼女は一晩中窓を開けておいた / Don't **~** the engine run***ning***. <V+O+C (現分)> エンジンをかけっぱなしにしておくな / I *left* him survey*ing* the scene. 私は彼に現場の調査を(そのまま)続けさせて彼と別れた / Don't ~ your work half finish***ed***. <V+O+C (過分)> 仕事を中途半端でやめてはいけない / You had better ~ it *unsaid*. それは言わないでおけ / The poor child *was* ***left to*** fend for himself. <V+O+C (*to* 不定詞)の受身> かわいそうにその子はほったらかしにされていた / He *was left* wait*ing* in the rain for a while. <V+O+C (現分)の受身> 彼は雨の中をしばらく待たされた.

7 〈人に〉〈…〉を(手をつけないで[結果として]) 残す; 〈物〉を(…に)残す; 〈…〉に(物を)残す; 《格式》〈妻子など〉を残して死ぬ; 〈財産など〉を残して死ぬ: He *left* half his food. 彼は食事を半分残した / How much milk *is* ***left*** in the fridge? <V+O の受身> 冷蔵庫に牛乳はどれだけ残ってますか. [語法] この意味では過去分詞の left が名詞・代名詞の後にしばしば用いられる: There's [We have] little time *left*. 時間はほとんど残っていない // The accident ***left*** a scar ***on*** his face. <V+O+前+名・代> その事故で彼の顔には傷が残った / [言い換え] My father *left* us a large fortune. <V+O+O> =My father ***left*** a large fortune ***to*** us. <V+O+*to*+名・代> 父は私たちに莫大(ばくだい)な財産を残してくれた / [言い換え] Please ~ me some of that cake. <V+O+O> =Please **~** some of that cake ***for*** me. <V+O+*for*+名・代> そのケーキを私にも少し残しておいてね / He *left* a wife and two children. 彼は妻と 2 人の子

供を残して死んだ．
8 〈物事〉を(…に)任せる，ゆだねる；〈人〉に任せて—させる；〈責任・仕事など〉を(…に)負わせる：I'd like to ～ the decision ***to*** you. ＜V+O+*to*+名・代＞ 決定はあなたにお任せしたい / *L*～ it *to* me. それは私に任せてください / [言い換え] They *left* it (up) *to* me to decide on the gift. =They *left* decid*ing* on the gift ***to*** me. 彼らは贈り物を選ぶのを私に任せた / I'll ～ you ***in charge of*** the shop. ＜V+O+前+名・代＞ 店の管理を君にゆだねよう / We can't ～ him ***with*** such a difficult decision. そんなに難しい決定は彼に任せられない． **9** 〈仕事・問題など〉を放置する，しないでおく：Why don't we ～ the dishes for tomorrow? 皿洗いはあしたにしよう． **10** (引くと余りとして)〈ある数〉を残す，残りは…である：[言い換え] Five from eleven ～*s* six. =Eleven minus five ～s six. 11 から 5 を引くと 6 残る．
— [自] **1** 去る，立ち去る ([反] come)；出かける，出発する：It is nine. I'm afraid I must be *leaving* now. 9 時ですからもう失礼します / It's time we *left*. もうおいとまする時刻です《☞ time [名] 7 [語法]》/ I am ***leaving for*** London tomorrow. ＜V+*for*+名・代＞ 私はあすロンドンへ発ちます． **2** 退職[退会，退学]する，やめる．

be léft with … [動] [他] (人が)…を残される；(結果として責任問題など)を抱える，(感情・考えなど)を抱く：I *am left with* only two alternatives. 私には選ぶ道が 2 つしか残っていない．

léave … alóne [動] [他] [普通は命令文で] (1) 〈人〉をひとりにしておく；〈人・物〉をほうっておく (let … alone)：*L*～ me *alone*. 私のことはほっといてください / She was *left alone* in the room. 彼女は部屋にひとりぼっちにされた．(2) 〈物・話題など〉に触れない．

léave … as it [he, she] ís, léave … as they áre [動] [他] 〈…〉をそのままにしておく，そっとしておく：Are you going to ～ John *as he is*? ジョンをあのままにしておくの / *L*～ my books *as they are*. 私の本はそのままにしておいてくれ．

léave … bé [動] [他] 《古風》 =let … be《☞ let² 成句》．

léave … for déad [動] [他] [しばしば受身で] 〈…〉を死んだものとあきらめる．

léave gó [hóld] of … [動] [他] [普通は命令文で] Ⓢ 《英》 …から手を放す．

léave it at thát [動] [自] 《略式》 それ以上はしない[言わない]でおく，それくらいにしておく．

Léave it to … (to dó). Ⓢ (—するとは)いかにも…らしい．

léave … stánding [動] [他] 《略式》 (早く走りはじめて)〈…〉を大きく引き離す；〈…〉にはるかに優る．

léave … to — [動] [他] 〈人〉に—を(そのまま)やらせておく：I *left* him *to* his work. 私は彼にそのまま仕事をさせておいた．

léave … tó it [動] [他] 《略式》 (あとは)〈…〉に 1 人で[勝手に]させておく．

léave … to onesélf [動] [他] (1) 〈…〉を 1 人に[そっと]しておく：Cindy had to ～ her son *to himself*. シンディーは息子を 1 人にしておくしかなかった． (2) 〈…〉に思いどおりにやらせる，勝手にさせる．

léave wéll (enòugh) alóne [動] [自] =let well enough alone《☞ let² 成句》．

léave … with nó chóice [óption] [動] [他] 〈…〉に選択の余地を与えない．

leave¹ の句動詞

léave … asíde [動] [他] 〈問題・費用など〉を別にする，考慮しない．

*__léave behínd__ [動] [他] **1** 〈…〉を置き忘れる；〈人・物〉を(わざと)置いていく，置き去りにする ＜V+名・代+*behind* / V+*behind*+名＞：He often ～*s* his umbrella *behind* in a taxi. 彼はよくタクシーに傘を忘れる《☞ [他] 3》． **2** 《格式》〈物・影響・痕跡(こんせき)など〉を後に残す；[普通は受身で] 〈…〉を引き離す，抜いていく，[比喩] 置いてきぼりにする，取り残す：I just want to ～ a committed life *behind*. 私はただ人のためにつくした一生を残したいだけなのです《Martin Luther King の言葉》/ They walked so fast that I *was left* way [far] *behind*. 皆とても速く歩くので私はずっと後に取り残された． **3** 〈場所など〉を後にする；〈過去など〉を忘れる，〈…〉の記憶を断ち切る．

léave … behínd — [動] [他] —の後に〈…〉を置いていく；〈名声・痕跡(こんせき)・財産など〉を—の後に残す．

léave dówn [動] [他] 〈レバー・スイッチなど〉を下ろしておく；〈音など〉を小さくしておく．

*__léave ín__ [動] [他] **1** 〈…〉を(中に)入れたままにしておく；〈字句など〉をそのままにしておく；〈火〉を燃やしたままにする ＜V+名・代+*in* / V+*in*+名＞：Don't ～ your dog *in* all day. 犬を一日中家の中に入れておくな / "Let's omit this word." "I'd like to ～ it *in*." 「この語は削除しましょう」「それはそのまま残しておきたいんですが」 **2** 〈申込書など〉を出したままにしておく．

*__léave óff__ [動] [他] **1** 《略式》〈…するの〉をやめる，中止する (stop) ＜V+*off*+名＞：She *left off* work at five o'clock. 彼女は 5 時に仕事をやめた / Has it *left off* rain*ing* yet? ＜V+*off*+O (動名)＞ 雨はもうやんだか．
2 〈明かりなど〉を消したままにしておく：When he came home, he turned the radio on but *left* the lights *off*. 彼は家に帰るとラジオはつけたが明かりは消したままにしておいた． **3** 〈衣服など〉を脱いだままでいる，身につけない：After his bath, he *left* his shirt *off*. ふろに入ったあと彼はシャツを着なかった． **4** 〈…〉をはずしておく，(名簿などに)載せないでおく．
— [自] やめる；終わる，(雨が)やむ；《英略式》(人に)構わない：Where did we ～ *off* last time? この前はどこで終わりましたか / He started reading the book from where he *left off*. 彼はこの前の続きから本を読み始めた．

léave … óff — [動] [他] 〈…〉を—からはずしておく．

*__léave ón__ [動] [他] **1** 〈明かりなど〉をつけたままにしておく；〈なべなど〉を火にかけたままにしておく ＜V+名・代+*on* / V+*on*+名＞：You *left* your lights [radio] *on*. 明かり[ラジオ]がつけっぱなしでしたよ． **2** 〈衣服など〉を身につけたままでいる．

*__léave óut__ [動] [他] **1** 〈…〉を外に出した[残した]ままにしておく；〈…〉を(使えるように)出しておく ＜V+名・代+*out*＞：Don't ～ the bicycle *out* in the rain. 自転車を雨の中に出しっぱなしにするな．
2 〈人・物〉を抜かす，除外する；〈ことばなど〉を省く ＜V+名・代+*out* / V+*out*+名＞：*L*～ *out* these two lines. この 2 行を省きなさい． **3** 〈…〉を考えに入れない，無視する：She felt *left out* at the party because no one spoke to her. だれも話しかけてくれないので彼女はパーティーで疎外された気がした． **léave it óut** [動] [自] Ⓢ 《英俗》 [命令文で] いいかげんにする；黙る．

léave … óut of — [動] [他] 〈人・物〉を—から抜かす[省く]：They *left* Bill *out of* their meeting. 彼らはビルを会合に(うっかり[わざと])出席させなかった．

*__léave óver__ [動] [他] **1** [普通は受身で] 〈…〉を残しておく：There was a lot of food *left over from* the party. パーティーの食べ物がたくさん残っ(てい)た． [関連] leftovers (食事の)残りもの． **2** 〈仕事・問題など〉を後にまで延ばす，〈会など〉を延期する．

léave úp [動] [他] 〈レバー・スイッチなど〉を上げておく；〈旗・掲示など〉を掲げたままにする．

léave … ùp to — [動] [他] 〈仕事・決定など〉を—に任せる《☞ [他] 8》．

【類義語】「去る，出発する」という意味の **leave** はある場所から離れることを意味するのに対し，**start** は動作を開始することをいう．従って，特に動作の開始に重点を置かないで，客観的に「出

る, 去る」という意味のときは leave を用いる: The train *leaves* at 11:30 A.M. その列車は午前 11 時 30 分に発車する / I *started* at seven. 私は 7 時に出た. **depart** 多少堅苦しいことばで人・乗り物などが旅行などに出発するという: We *departed* for Italy. 私たちはイタリアに向けて出発した.

leave[2] /líːv/ 名 (~s /-z/) 1 ⓊⒸ 休暇 (特に軍隊や官庁の); 休職期; ⦅主に英⦆ annual ~ 年次休暇 / paid ~ / John asked for 'a two-week [two weeks'] ~. ジョンは 2 週間の休暇を願い出た / She took six months' maternity ~. 彼女は 6 か月の産休を取った / ☞ compassionate leave, sick leave. 2 Ⓤ ⦅格式⦆ 許し, 許可 (permission): He was given ~ to accompany the king. 彼は国王に随行する許可を受けた. **(a) léave of ábsence** ⦅格式⦆ 休暇. **(awáy) on léave** 副形 休暇で: She is home on ~. 彼女は休暇を取って帰省している. **by [with] your léave** 副 ⦅格式⦆ あなたの許しを得て; 失礼ながら. **táke one's léave** 動 ⦅古風⦆ いとまごいする. **táke (one's) léave of...** 他 ⦅古風⦆ ...にいとまごいする. **without as [so] múch as a bý your léave** ☞ by-your-leave. **without léave** 副 ⦅格式⦆ 無断で, 勝手に.

leave[3] /líːv/ 動 (植物が)葉を出す.

-leaved /líːvd ⁻/ 形 ⦅合成語で⦆ ...状⦅形⦆の葉のある, ...(枚)葉の: a narrow-*leaved* plant 針葉樹 / a four-*leaved* clover 四つ葉のクローバー.

leav·en /lév(ə)n/ 名 1 Ⓤ または a ~ ⦅文⦆ (話などを)面白く[明るく]するもの. 2 Ⓤ 酵母 (yeast). ― 動 他 1 ⦅文⦆ 〈...〉を面白く[明るく]する (by, with). 2 (パン種を入れて)〈...〉をふくらます, 発酵させる.

leav·ened /lév(ə)nd/ 形 (反 unleavened) Ⓐ パン種の入った, 酵母を加えた.

leav·en·ing /lév(ə)nɪŋ/ 名 1 Ⓤ 酵母 (leavening agent ともいう). 2 Ⓤ または a ~ ⦅文⦆ 話に趣を変える部分, 他とはひと味違う箇所: *a* ~ *of* humor in a serious story 堅い話に少しユーモアを添える箇所.

leav·er /líːvə | -və/ 名 Ⓒ ⦅英⦆ 新卒者, 卒業生 (school-leaver).

leaves /líːvz/ 名 **leaf** の複数形.

léave-tàking 名 ⒸⓊ ⦅格式⦆ いとまごい, 告別.

leav·ings /líːvɪŋz/ 名 ⦅複⦆ ⦅古風, 主に英⦆ 食べ残し, くず, かす.

Leb·a·nese /lèbəníːz ⁻/ 形 レバノン(人)の. ― 名 (複 ~) Ⓒ レバノン人.

Leb·a·non /lébənən | -nən/ 名 レバノン ⦅イスラエル北方の地中海に面する共和国; 首都 Beirut⦆.

lech /létʃ/ 名 Ⓒ ⦅略式⦆ =lecher. ― 動 ⦅次の成句で⦆ **léch áfter [óver] ...** 他 ⦅英略式⦆ (女性)にいやらしくつきまとう.

lech·er /létʃə/ 名 Ⓒ いやらしい男, 助平.

lech·er·ous /létʃ(ə)rəs/ 形 ⦅軽蔑⦆ (特に男性が)いやらしい, 好色な. **~·ly** 副 いやらしく.

lech·er·y /létʃ(ə)ri/ 名 (-er·ies) ⦅軽蔑⦆ Ⓤ いやらしさ, 好色; Ⓒ いやらしい行為.

lec·i·thin /lésəθ(ə)n/ 名 Ⓤ レシチン ⦅卵黄・大豆などに含まれる燐脂質⦆.

Le Cor·bu·sier /ləkɔ̀ːbuːzjéɪ | -kɔː.bjúːzɪèɪ/ 名 固 ル コルビュジェ (1887-1965) ⦅スイス生まれのフランスの建築家⦆.

lec·tern /léktə(ː)n | -tə(ː)n/ 名 Ⓒ (教会の)聖書台; (講演者用の)書見台.

lec·tor /léktɔː, -tə | -tɔː/ 名 Ⓒ ⦅教会⦆ 聖句を読む人, 読師; (特にヨーロッパの大学の)講師.

lec·ture /léktʃə | -tʃə/ 名 (~s /-z/) Ⓒ 1 **講義, 講演, 講話**: attend a ~ 講義に出席する / A visiting Canadian scholar gave [delivered] a ~ *on* [*about*] environmental protection at this college yesterday. 訪問中のカナダ人学者が昨日この大学で環境保全に関する講義を行なった. 2 (くどくどと長い)小言, 説教 (*on*, *about*): He gave me a ~ because I broke my promise. 約束を破ったので彼は私をしかった. 語源 ラテン語で「読む」の意; ☞ legend 語源, lesson 語源. ― 動 (**lec·tures** /~z/; **lec·tured** /~d/; **lec·tur·ing** /-tʃ(ə)rɪŋ/) 自 (大学などで)(...について)**講義する, 講演する** (*to*): The professor ~*d on* [*about*, *in*] modern architecture. <V+前 *about*, *in*]+名・代> 教授は近代建築について講義をした. ― 他 1 〈...〉に(くどくどと)説教する, 〈...〉をしかる (*about*, *on*): The manager ~*d* the players *for* being lazy. 監督は選手たちにたるんでいると説教した. 2 〈...〉を講義した.

lécture cìrcuit 名 [the ~] 巡回講演, 講演旅行.

lécture hàll 名 Ⓒ 講堂, 大教室.

*****lec·tur·er** /léktʃ(ə)rə | -rə/ 名 (~s /-z/) Ⓒ 1 **講演者,** (大学などで)講義[講演]をする人: A large audience gathered to hear the ~. その講演者の話を聞こうと大勢の聴衆が集まった. 2 (大学などの)**講師**: a ~ *in* Spanish スペイン語の講師. 参考 米国の大学では非常勤の講師. 英国の大学では専任で助教授 (reader) の下 ⦅☞ professor 表⦆.

lécture·shìp 名 Ⓒ 講師の地位[職] (*in*).

lécture thèater 名 Ⓒ 階段教室.

*****led** /léd/ 動 (回音 lead[1]; 同音 lid, read[2], red) 動 **lead**[1] の過去形および過去分詞.

LED /èliːdíː/ 名 =light-emitting diode.

-led /léd/ 形 ⦅合成語で⦆ ...に率いられた: the student-*led* democracy movement 学生主導の民主化運動 / export-*led* economic growth 輸出主導の経済成長.

ledge /lédʒ/ 名 Ⓒ 1 (壁などから突き出た)棚; (がけ・海中の)岩棚: a window ~ 窓台. 2 鉱脈.

ledg·er /lédʒə | -dʒə/ 名 Ⓒ 1 ⦅会計⦆ 元帳, 台帳. 2 =ledger line.

lédger lìne 名 Ⓒ ⦅楽⦆ 加線 (ledger).

*****lee** /líː/ 名 [the ~] ⦅格式⦆ 1 (風を避ける)**物陰** (shelter); **風下(の場所)**: in [under] *the* ~ *of* a wall 壁の陰に. 2 (船の)風下側. ― 形 ⦅海⦆ 風下の.

Lee /líː/ 名 固 リー ⦅男性の名⦆. 2 **Robert Edward** ~ (1807-70) ⦅米国南北戦争当時の南軍の司令官⦆.

*****leech** /líːtʃ/ 名 Ⓒ 1 ひる ⦅吸盤でくっついて吸血する小動物⦆. 2 他人にたかる者. 3 ⦅古語⦆ 医者. **clíng [stíck] like a léech** 動 (...に)くっついて離れない (*to*). ― 自 まつわりつく (*onto*).

Leeds /líːdz/ 名 固 リーズ ⦅英国 England 北部の都市; ☞ city 表; 裏地図 F 5⦆.

*****leek** /líːk/ 名 Ⓒ リーキ, にらねぎ ⦅Wales の象徴⦆.

leer /líə | líə/ 名 Ⓒ ⦅普通は単数形で⦆ **いやらしい目つき, 横目** ⦅好色・悪意などの表情⦆: He gave her a drunken ~. 彼は彼女を酔ったいやらしい目つきで見た. ― 動 (**leer·ing** /lí(ə)rɪŋ/) 自 いやらしい目つきで見る, 横目で見る (*at*).

leer·ing·ly /lí(ə)rɪŋli/ 副 いやらしい目つきで.

leer·y /lí(ə)ri/ 形 (**leer·i·er**; **-i·est**) Ⓟ ⦅略式⦆ 疑い深い, 用心深い; (...を)警戒している (*of*).

lees /líːz/ 名 ⦅複⦆ [the ~] (ワインなどの)おり, かす.

lée shòre 名 Ⓒ ⦅海⦆ 風下の海岸.

lée tìde 名 Ⓒ ⦅海⦆ 順風潮 ⦅風向きと同じ方向から満ちてくる潮⦆.

Leeu·wen·hoek /léɪvənhùk/ 名 固 **An·ton van** /ǽntən vǽn | -tɔn-/ ~ レーウェンフーク (1632-

leek

1723 《オランダの博物学者; 顕微鏡を製作し, 赤血球・細菌などを発見》.

lee·ward /líːwəd | -wəd/ 《反 windward》形, 副 〖海〗風下の[へ]: the ~ side 風下側. ── 名 U 〖海〗風下; steer to ~ 風下に向かう / on the ~ of ... …の風下の側に.

Léeward Íslands 名 個《the ~》リーワード諸島《西インド諸島の小アンティル諸島北部の島々》.

‡**lée·way** 名 1 (時間や金の)余裕; (活動の)余地; 裁量の範囲. **2**《英》(時間・仕事などの)遅れ: make up (the) ~ 遅れを取り戻す. **3**〖海〗風落《船が風で横に流される動き》; 風落差.

‡**left**¹ /left/ 〖類音〗laughed (laugh の過去・過分), lift, raft》形 《反 right》**1** A 〖比較なし〗左の, 左側の, 左手の, 左方への《略 l., l., L., L.)》: the ~ bank of a river 川の左岸《川下に向かっていう》 / Beth writes with her ~ hand. ベスは左手で書く / Take a ~ turn at the corner. 角を左に曲がりなさい / What is the ~ side of an apple? ─ The part that you don't eat. りんごの左側ってどっち──君が食べないほうさ《食べ残した (left²) にかけたもの; ☞ riddle¹》.

2《more ~; most ~, left·est》〖しばしば L-〗〖政〗左翼の, 左派の (left-wing). 〖語源〗古(期)英語で「(力の)弱い」の意.
── 副〖比較なし〗左に, 左手に, 左側へ《略 l., l., L., L.)》《反 right》: Turn ~ at the church. 教会の所で左に曲がりなさい / Look ~ and right before you cross the road. 道路を横断するときには左右を見なさい《☞ right² 副 〖新法〗》 / Keep ~. 左側を通行せよ.
── 名《lefts /léfts/》**1**《the ~》左, 左方, 左側《略 l., l., L., L.)》《反 right》: Jim is third from (the) ~. ジムは左から 3 番目だ / Go through the second door on the ~. 左手の 2 番目のドアから出てください / Turn to the ~ at the crossing. 交差点で左へ曲がりなさい.
2《the ~, the L-》〖単数形でもときに複数扱い〗〖政〗左派, 左翼, 革新〖急進〗派. 〖語源〗フランス革命後の国民議会で, 急進的議長席から見て左側 (left wing) に議席を占めていたことから急進〖革新〗派を Left と呼び, これに対して保守派を Right と呼ぶようになった. **3** C 左に曲がること, 左折: Take [Make, 《米略式》Hang] the first ~. 最初を左へ曲がれ. **4** U 〖野〗＝left field. **5** C 〖ボク〗左手打ち.

on [to] ～'s left=on [to] the left of ... 副 ...の左に[へ], ...の左側[左手]に《☞ 1): Meg sat on my ~. メグは私の左側に座った / The church stands on the ~ of the river. その教会は川の左岸にある / To the ~ of the refrigerator there is a cabinet. 冷蔵庫の左に食器棚がある. 〖語法〗一般に位置の意味では on, 方向の意味では to が多い.

‡**left**² /left/ 〖類音〗laughed, lift, raft》動 leave¹ の過去形および過去分詞.

léft-bráin 形 左脳の《大脳の左半球は身体の右半分と論理的・分析的思考を支配する》.
léft-click 動 自 〖電算〗(...を)左クリックする (on).
léft·field 形 (電子音楽などが)ジャンルに属さない, マニアックな.
léft field 名 U 〖野〗レフト, 左翼《☞ outfield). **cóme óut of [from] léft field** 動 自 《米略式》とても驚くべき[意外な]ことである. **(wáy) óut in léft field** 形《米略式》(まるっきり)奇妙な, 風変わりな.
léft fielder 名 C 〖野〗レフト, 左翼手《☞ outfielder).
‡**left-hand** /léfthǽnd/ 形 **1** 左手の, 左側の; 左の方への《反 right-hand》: ~ traffic 左側通行 / a shop on the ~ side 左側の店 / a ~ drive car 左ハンドル車. **2** 左手を使った[による]. **3** 左利きの.

‡**léft-hánded** 形《反 right-handed》**1** 左利きの; A 左利き用の: a ~ pitcher 左腕投手 / ~ scissors 左利き用のはさみ. **2**《の; (ねじが)左巻きの, (ドアが)左開きの. **3** A 左手を使った, 左手による: a ~ shot 左投げ(の投球). **a léft-handed cómpliment** [名]《米》うわべだけの賛辞《裏に批判が込められた》賛辞, ほめ殺し. ── 副 左手で; 左利きで: write ~ で字を書く. ~**·ness** 名 U 左(であること).

‡**léft-hánder** 名《反 right-hander》C **1** 左利きの人; 〖野〗左腕投手, 左ピッチャー. **2**〖ボク〗左のパンチ.
left·ie /léfti/ 名 C ＝lefty.
left·ism /léftɪzm/ 名 U 左翼〖急進〗主義.
left·ist /léftɪst/ 名 C 《反 rightist》左翼〖左派〗の人, 革新〖急進〗派の人. ── 形 左翼の, 急進派の.
léft lúggage òffice 名 C 《英》(駅・空港などの)手荷物一時預かり所《《米》baggage room》.
léft·móst 形 最も左(側)の.
léft-of-cénter 形 〖政〗左寄りの.
‡**léft·óver** 名 **1**《複数形で》(食事の)残りもの《後で食卓に出す》; (後で使う); 残り物 《a ~》使い残しの名残り (from). ── 形 A (食事が)残りものの, 使い残しの.
left·ward /léftwəd | -wəd/ 《反 rightward》副 形 左の方向への(の), 左の方への(の); (政治的に)左への(の).
left·wards /léftwədz | -wədz/ 副 《英》＝leftward.
léft wíng 名《反 right wing》**1** 《the ~》〖政〗左翼, 左派, 革新〖急進〗派. **2** C 〖サッカーなど〗レフトウイング(の選手・ポジション).
‡**léft-wíng** 形《反 right-wing》**1** 左翼の, 左派の, 革新の: a ~ political party 左翼政党. **2**〖サッカーなど〗レフトウイングの.
‡**léft-wínger** 名《反 right-winger》**1** 左翼〖左派〗の人, 革新〖急進〗主義者. **2**〖サッカーなど〗レフトウイングの選手.
left·y /léfti/ 名《left·ies》C《略式》**1**《主に米》左利きの人, 左腕投手, サウスポー. **2**《主に英》[普通は軽蔑]左翼〖左派〗の人, 急進派. ── 形 左翼の.

‡**leg** /lég/ 〖類音〗lag, rag》名《~s /-z/》**1** C 足, 脚 (☞) (太ももの付け根から足首 (ankle) までの部分》; 《米》ではまたひざから足首 (ankle) までの部分を指す: We walk with [on] our ~s. 私たちは脚で歩く / He was shot in the right ~. 彼は右脚を撃たれた. **2** C (いす・机などの)脚; (ズボンなどの)脚部: A table will not stand on two ~s. テーブルは脚 2 本ではたたない.

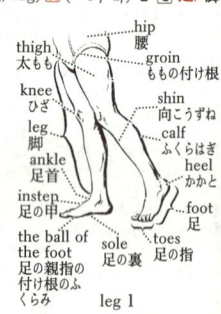

thigh 太もも
hip 腰
groin ももの付け根
knee ひざ
shin 向こうずね
leg 脚
calf ふくらはぎ
ankle 足首
heel かかと
instep 足の甲
the ball of the foot 足の親指の付け根のふくらみ
sole 足の裏
toes 足の指
foot 足
leg 1

─ コロケーション ─
break one's *leg* 足を骨折する
hurt [**injure**] one's *leg* 足に傷を負う[けがをする]
lower one's *leg* 足を下げる[降ろす]
raise [**lift**] one's *leg* 足を上げる
spread one's *legs* 足を広げる, 股を開く

leg (太ももの付け根から下の部分)	足
foot (足首から先の部分)	

★ただし leg は foot を含めた足全体の総称として用いら

れることもある. **3** ⓒⓊ(食用の)脚肉, もも肉. **4** ⓒ (旅程・競技などの)一区間, 一区切り, 一行程, (英)(特にサッカーの二試合のうちの)一試合: the last ~ of our flight to Paris パリへの飛行の最終段階《途中降機した後の》. **5** Ⓤ《クリケ》レッグ《右打者の右方・後方, 左打者の右方・後方のフィールド》. **as fást as one's légs can cárry one** [副] できる限り速く, 全速力で. **be on one's last légs** [動] (略式) 倒れ[死に, 壊れ]かかっている; 万策尽きている; 弱り[困り], 疲れ果てている. **Bréak a lég!** ⓢ [滑稽] がんばれ, 好運を祈るよ《特に役者に向かって》. **cróss one's légs** [動] 脚を組む. **gét one's lég óver** [動] (英俗) (男が)性交する. **give ... a lég úp** [動] 他 (略式) 《…を》助けて登らせる; 《…を》助力[支援]する, 《…の》うしろだてになる. **háve légs** [動] 自 (米俗式)(ニュース・人物などが)興味を持たれる. **nót have a lég to stánd òn** [動] 自 (略式) 正当な根拠がない. **púll ... 's lég** [動] (普通は進行形で)(略式)《ふざけて》…をかつぐ; …をからかう. **sháke a lég** [動] 自 ⓢ (略式) 《普通は命令文で》急ぐ, さっさと始める. **shów a lég** [動] 自 (普通は命令文で)(英古風)起床する. **strétch one's légs** [動] (略式)散歩をする, 歩き回る《長い間座っていた後などで》. **tálk the hínd lég(s) òff a dónkey** [動] 自 (略式)のべつ幕なしにしゃべる. **with one's légs cróssed** [副] 脚を組んで. ── [動] (**legs**; **legged**; **leg·ging**) [次の成句で] (略式) 走る, 逃げる.

cross one's legs

*leg·a·cy /légəsi/ 图 (**-cies** /~z/) ⓒ **1** 遺産; 受け継いだ物; 遺物, 名残(ごり): The tyrant left a ~ *of* fear and oppression. その専制君主は恐怖と抑圧の名残を後世に残した. **2** 昔の会員の血縁者である会員, 卒業生の血縁者である学生.

légacy sỳstem 图 Ⓤ《電算》旧式のシステム.

*le·gal /lí:g(ə)l/ 图 (regal) 圏 (图 legal·ity, 動 légal·ize, 圏 illegal) [比較なし] **1 合法的な**, 法律で認められた: a ~ act 合法的な行為 / It is not ~ to own a gun in this country. この国ではけん銃の所有は法律で認められていない.
2 法律で定められた: a ~ price 法定価格.
3 Ⓐ 法律の, 法律上の; 法律関係の (☞ loyal 語源): the ~ profession 法曹界 / He took ~ *action against* his hospital. 彼は自分の《かかった》病院に対して法的措置を取った[病院を告訴した].

máke it légal [動] 自 (略式) 結婚する, 籍を入れる.
of légal áge [形] 法的に成年の.

légal áge 图 Ⓤ 法定年齢《喫煙・選挙などの》.
*légal áid 图 Ⓤ 法律扶助《貧困者に対する弁護士の無料相談など》.
légal clínic 图 ⓒ (米) 法律問題相談所.
légal éagle 图 ⓒ (略式) 弁護士, 《特に》すご腕[やり手]の弁護士.
le·gal·ese /lìːgəlíːz/ 图 Ⓤ (略式) (素人には難解な)法律用語.
légal hóliday 图 ⓒ (米) 法定祝日 (☞ holiday 表).
le·gal·ism /líːgəlɪzm/ 图 **1** Ⓤ (普通は軽蔑) (法の精神よりも字句にこだわる) 法律至上主義 (的なこと).
2 ⓒ 法律用語.
le·gal·is·tic /lìːgəlístɪk⁻/ 圏 (軽蔑) 法律至上主義的な. **-ti·cal·ly** /-kəli/ 副 法律至上主義的に.
le·gal·i·ty /lɪgǽləṭi/ 图 (圏 légal; 反 illegality) Ⓤ 合法性, 適法性.
le·gal·i·za·tion /lìːgəlɪzéɪʃən, -laɪz-/ 图 Ⓤ 合法化; 公認.
+**le·gal·ize** /líːgəlaɪz/ 動 (圏 légal) 他 《…》を合法化する; 公認する: ~ drugs 麻薬を合法化する.
le·gal·ly /líːgəli/ 副 (反 illegally) 法律[合法]的に: a ~ binding agreement 法的拘束力のある合意.
légal pád 图 ⓒ (米) 法律用箋(せん)《罫線入りで黄色》.
légal procéedings 图 (複) 訴訟.
légal-size 圏 (米) 《書類など》が法定の大きさの《8.5×14 インチ》.
légal sỳstem 图 ⓒ 法律制度.
légal ténder 图 Ⓤ 法定通貨, 法貨.
leg·ate /légət/ 图 ⓒ (ローマ法王の)特使.
leg·a·tee /lègətí:/ 图 ⓒ 《法》遺産受取人.
le·ga·tion /lɪgéɪʃən/ 图 **1** ⓒ 公使館: 関連 minister 公使 / embassy 大使館 / consulate 領事館. **2** [the ~ として単数または複数扱い] 公使館員《全体》.
le·ga·to /lɪgɑ́:toʊ/ (反) staccato) 副 圏《楽》レガート《滑らかに[な], 音を結んで》.
le·ga·tor /lɪgéɪṭə-/ -tə-/ 图 ⓒ 《法》遺贈者.
*leg·end /léʤənd/ 🔊 图 (**leg·ends** /-dndz/; 圏 légendàry) **1** ⓒⓊ 伝説, 言い伝え; 語りぐさ: Lafcadio Hearn wrote stories based on beautiful old Japanese ~s. ラフカディオ・ハーンは美しい昔の日本の言い伝えをもとにして物語を書いた. 関連 myth 神話.
2 Ⓤ 伝説文学, 伝説 (全体). **3** ⓒ 伝説的な人物; 語りぐさの主, 大物, 有名な出来事. **4** ⓒ [普通は単数形で] 記銘《メダル・貨幣などの面の》. **5** ⓒ 《グラフ・地図など》の記号の凡例. 参考 よく図上で使われる ▲ ■ はそれぞれ solid [filled] circle [triangle, square], ○ △ □ は open circle [triangle, square] のように言う. **6** ⓒ [普通は単数形で] (挿絵の)説明文. 語源 ラテン語で「読まれるもの」の意; ☞ lecture 語源. **a légend in one's ówn lifetime=a líving légend** [名] (生存中の)伝説的人物. **the stúff of légend(s)** [名] 伝説的なもの, (すばらしくて)語りつがれるもの.
*leg·end·ar·y /léʤəndèri, -dəri, -dri/ 圏 (名 légend) **1** 伝説(上)の; 伝説めいた: Was King Arthur a ~ character? アーサー王は伝説上の人物なのですか. **2** 語りぐさの, 有名な (for): a ~ singer 大物の歌手.
leg·er·de·main /lèʤə-dəméɪn, -ʤə-/ 图 Ⓤ (古風) **1** 手品《の早業》. **2** ごまかし, こじつけ.
léger líne /léʤə-, -ʤə-/ 图 ⓒ 《楽》= ledger line.
-legged /légɪd/ 圏 [合成語で] 脚(あし)が…な; …本足の: bare*legged* 脚を露出した / cross-*legged* あぐらをかいた / four-*legged* 四つ足の.
leg·gi·ness /léginəs/ 图 Ⓤ 脚[茎]の長いこと.
+**leg·gings** /légɪnz/ 图 (複) **1** スパッツ《女性用の伸縮性に富むぴったりとしたズボン》. **2** すね当て. **3** (悪天候時にズボンの上にはく)オーバーズボン.
leg·gy /légi/ 圏 (**leg·gi·er, -gi·est**) (略式) 《子供や幼獣など》脚の長い; 茎の長い; 《女性が》脚のきれいな.
leg·horn /légho:n, légo(ə)n/ 图 ⓒ [しばしば L-] レグホン種《地中海沿岸原産の卵用の鶏》.
leg·i·bil·i·ty /lèʤəbíləṭi/ 图 (反 illegibility) Ⓤ (字が)判読できること.
leg·i·ble /léʤəbl/ 圏 (反 illegible) (字が)判読できる, 明瞭(りょう)な (readable). **-i·bly** /-əbli/ 副 判読できて, 明瞭に.
+**le·gion** /líːʤən/ 图 ⓒ **1** (文)多数, 大勢: ~s [a ~] of photographers 多数の写真家. **2** (古代ローマの)軍団; 外人部隊; (退役軍人の)在郷軍人会.
── 圏 P (文) 数の多い, おびただしい: Legends about him are ~. 彼の伝説は実に多い.
le·gion·ar·y /líːʤənèri, -ʤ(ə)nəri/ 圏 (古代ローマ

の)軍団の. ━名 (-ar·ies) C 軍団員.

le·gion·naire /lìːdʒəné‑ | -néə/ 名 C (特にフランスの)外人部隊の隊員.

le·gion·náire's diséase /lìːdʒənéəz- | -nɛ́əz-/ 名 U 在郷軍人病《急性肺炎の一種》.

lég irons 名 [複] (鉄製の)囚人用足かせ.

*__leg·is·late__ /lédʒɪslèɪt/ 動 自 (*against, for, on*) 法律を制定する, 立法をする《◆ U (法律を制定して)⟨…⟩を作り出す. **législate from the bénch** [動] 自《軽蔑》(裁判官・法廷が)実質的に立法する. 新法の効果を持つ判決を下す.

*__leg·is·la·tion__ /lèdʒɪsléɪʃən/ 題音 registration **T2** 名 (動 législàte) U 1 (制定された)法律, 法令《個々または全体》: a piece of ~ 1つの法案 / enact ~ 法を定める / These books list all the ~ passed by the Diet. これらの本は国会が通した法律をすべて載せている.
2 法律制定, 立法: The Diet has the power of ~. 国会には立法権がある.

*__leg·is·la·tive__ /lédʒɪslèɪtɪv, -lət̬-/ 形 [主に A] 立法の, 立法権のある, 立法府の: ~ measures 法的措置 / a ~ body [assembly] 立法府《議会・国会》/ the ~ branch 立法機関. 関連 administrative, executive 行政の / judicial 司法の.

*__leg·is·la·tor__ /lédʒɪslèɪt̬ə | -tə-/ 名 C 法律制定者, 立法者; 立法府の議員.

*__leg·is·la·ture__ /lédʒɪslèɪtʃə | -tʃə/ 名 (~s /-z/) C [単数形でもくぎに複数扱い] 立法府, 立法機関: The ~ has the power to make and change laws. 立法府は法律を作ったり変えたりする権限を持つ.

le·git /lɪdʒít/ 形 P (S) (俗) **1** 合法的な, まっとうな (legitimate). **2** (人が)まともな, 正直な.

le·git·i·ma·cy /lɪdʒít̬əməsi/ 名 (反 illegitimacy) U **1** 合法[正当]性. **2** 嫡出(ちゃくしゅつ).

*__le·git·i·mate¹__ /lɪdʒít̬əmət/ **T2** 形 (反 illegitimate) **1** 合法の, 適法の, 正当な: a ~ claim [reason] 正当な要求[理由]. **2** 嫡出の(ちゃくしゅつ), 正妻から生まれた: a ~ child 嫡出子. **3** 筋の通った, 妥当な. **~·ly** 副 **1** 合法的に. **2** 嫡出として.

le·git·i·mate² /lɪdʒít̬əmèɪt/ 動 自 =legitimize.

*__le·git·i·mize__ /lɪdʒít̬əmàɪz/, **-i·ma·tize** /lɪdʒít̬əmətàɪz/ 動 他 **1** 《不法などを正当化する; ⟨…⟩を合法的にする. **2** ⟨私生児⟩を嫡出子とする.

lég·less 形 **1** 足のない. **2** P (英略式) 足腰の立たない程酔っ払って.

lég·man /-mæn/ 名 (**-men** /-mèn/) C [主に米] **1** (現場の)取材記者. **2** 使い走り.

Leg·o /légoʊ/ 名 (~s) [普通は複数形で] レゴ《プラスチック製の積木》.

lég-pùll C [普通は単数形で] (英) (人)をかつぐこと; からかうこと《☞ pull ...'s leg (leg 成句)》.

lég rèst C 足掛け.

lég ròom U (座席などの)脚のスペース《☞ elbowroom》.

le·gume /légjuːm, lɪgjúːm/ 名 C まめ科植物; (食物としての)豆類.

le·gu·mi·nous /lɪɡjúːmənəs/ 形 豆(のような); まめ科の.

lég-ùp 名 [次の成句で] **gíve ... a lég-up** 《☞ give ... a leg up (leg 成句)》.

lég-wàrmer 名 C [普通は複数形で] レッグウォーマー.

lég·wòrk 名 U 《略式》(情報収集など)歩き回る骨の折れる仕事.

lei /leɪ, léiːː/ 名 C レイ《Hawaii で人を送り迎えするときの首にかける花輪》.

Leib·niz /láɪbnɪts/ 名 固 **Gott·fried** /ɡátfriːt | ɡɔ́t-/ **Wil·helm** /vílhelm/ ~ ライプニッツ (1646-1716)《ドイツの哲学者・数学者》.

Lei·ca /láɪkə/ 名 固 ライカ《ドイツ製のカメラ; 商標》.

Leices·ter·shire /léstəʃə | -tʃə-/ 名 固 レスターシャー《England 中部の州》.

Léices·ter Squáre /léstə- | -tə-/ 名 固 レスタースクエア《London 中央部にある広場; 劇場・映画館・レストランが多い》.

Lei·den, Ley- /láɪdn/ 名 固 ライデン《オランダ西部の都市》.

Leigh /liː/ 名 固 リー **1**《男性の名》. **2 Vivien** ~ (1913-67)《英国の映画女優》.

L8R, l8r 《E メールで》=later.

Leip·zig /láɪpsɪɡ/ 名 固 ライプチヒ《ドイツ中東部の都市》.

*__lei·sure__ /líːʒə, léʒə | léʒə/ **T1** 名 (形 léisurely) **1** U 暇《仕事から解放された時間》, 暇な時間, 余暇: 言い換え I have no ~ to read. ⟨N+to 不定詞⟩=I have no ~ for reading. ⟨N+for+動名⟩ 私はゆっくり本を読む暇がない 《◆英米語では leisure は働いていない暇な時間の意味で, 日本語の「レジャー」のように必ずしも娯楽と関係があるわけではない. **2** [形容詞的に] 暇な; 余暇のための: ~ hours [time] 暇な時間 / the ~ industry レジャー産業 / ~ activities 余暇活動. 語源 ラテン語で「許された」の意.

a géntleman [lády] of léisure [名] [滑稽] 遊んで暮らせる男[女], 有閑紳士[婦人].

at léisure [形] 《格式》暇で, 仕事がなく (free): a person who is seldom *at* ~ めったに暇がない人. ━[副] 《格式》自由に(時間を使って); 急がないで, ゆっくりと.

at one's léisure [副] 《格式》暇なときに, ゆっくりと: You can do it *at your* ~. それは暇なときにすればよい.

léisure cèntre 名 C (英) レジャーセンター《公共のスポーツ・娯楽施設》.

lei·sured /líːʒəd, léʒ- | léʒəd/ **1** A (裕福で)暇のある, 有閑の: the ~ classes 有閑階級. **2** ゆったりとした, のんびりした.

lei·sure·li·ness /líːʒəlinəs, léʒə- | léʒə-/ 名 U ゆったりとしていること.

lei·sure·ly /líːʒəli, léʒ- | léʒə-/ 形 (名 léisure) [普通は A] ゆったりした, のんびりした, 悠然とした. ━副 ゆったり[のんびり](と).

léisure sùit C 《米》レジャースーツ《上着がシャツ風》.

léisure·wèar 名 U レジャーウェア, 遊び着《主に業界用語》.

leit·mo·tif, leit·mo·tiv /láɪtmoʊtìːf/ 名 C 《楽》ライトモチーフ, 示導動機;(演説・本などの)反復するテーマ,(言動などに)一貫して見られる)主目的.

Le Mans /ləmɑ́ːŋ/ 名 固 ルマン《フランス北西部の都市; 毎年 24 時間耐久カーレースがある》.

lem·ma /lémə/ 名 C (複 ~**s, -ma·ta** /-tə/) C 《数》補助定理;《文章の表題として付した》テーマ, 主題.

lem·me /lémi/ 動 (略式) =let me.

lem·ming /lémɪŋ/ 名 C レミング, 旅ねずみ《北欧産; 時に大発生し海に向かって集団移動をするとされる》: a ~ -like instinct (レミングのような集団移動を行なう)盲目的本能《群集心理》. **2** 盲目的に指導者に従う集団の一員. **like lémmings** [副] 盲目的に他をまねて.

*__lem·on__ /lémən/ 名 (~s /-z/) C,U レモン; C = lemon tree《☞ lime¹》: a slice of ~ レモンの1切れ. **2** U (主に英)レモンの風味[味]. **3** レモン飲料: the flavor of ~ レモンの味 / I like my tea with ~. 私は紅茶にレモンを入れたのが好きだ. **3** U =lemon yellow. **4** C 《米略式》失敗作, 欠陥製品, はずれ, おんぼろ[欠陥]車. **5** C (英略式) ばか者.
━形 **1** レモン(色)の. **2** A レモンの味[香り]のする.

lem·on·ade /lèmənéɪd/ 名 U 1 《米》レモネード《レモン汁に甘味を加えた冷たい飲料》. 2 《英》= lemon lime, lemon soda.

lémon cúrd 名 U《英》レモンカード《卵・バター・レモン汁で作ったもので, パンにつける》.

lémon dròp 名 C レモンドロップ《レモンの香りをつけた糖果》.

lémon·gràss 名 U レモングラス《稲科の植物でスパイスとして使われる》.

lémon làw 名 C 《時に the ~》《米略式》レモン法《特に自動車などの商品に欠陥があった場合、新品との交換, 修理もしくは返金を業者に義務づけた法律》.

lémon líme 名 U《米》レモンライム《甘ずっぱい炭酸飲料の一種》《英》lemonade.

lémon meríngue píe 名 C,U レモンメレンゲパイ《レモンの風味のついた中身の上に泡立てた卵白をのせて焼いたパイ》.

lémon sóda 名 U《米》レモンソーダ《レモンの味がする炭酸飲料》《英》lemonade.

lémon sóle 名 C,U ばば[レモン]がれい《魚》.

lémon squásh 名 U《主に英》レモンスカッシュ《レモン汁に砂糖を加えた飲料; 水で薄めて飲む》.

lémon squéezer 名 C レモン絞り器.

lémon trèe 名 C レモンの木.

lem·on·y /lémǝni/ 形 レモンのような.

lémon yéllow 名 U レモン色, 淡黄色.

le·mur /líːmǝ | -mǝ/ 名 C きつねざる《マダガスカル(Madagascar)島産の夜行性動物》.

Len /lén/ 名 名 レン《男性の名; Leonard の愛称》.

*__lend__ /lénd/ 動 (題去 land, rend) 動 (lends /léndz/; 過去・過分 lent /lént/; lend·ing) 他 1《物・金などを》〈…に〉貸す, 貸し出す(反 borrow)(⇒ loan 語源): Don't ~ money. 金は貸すな《言い換え》He wouldn't ~ me his bicycle. <V+O+O>=He wouldn't ~ his bicycle *to* me. <V+O+to+名・代> 彼は私に自転車を貸そうとしなかった(⇒ dative verb 文法); indirect object 文法 (1), to¹ 語法》/ Can I ~ you my umbrella? 傘を貸しましょうか / I cannot ~ it to anyone. それはだれにもお貸しできない.

lend, loan《移動可能なものを無料で, お金を利息付きあるいは無利息で》	
rent (out),《英》hire out《移動可能または不可能なものを有料で》	貸す
lease (out), rent (out),《英》let (out)《家屋・部屋・土地などを有料で》	

2 《格式》〈力〉を貸す,〈援助〉を〈人・事業などに〉与える;〈美しさなど〉を添える. 加える(⇒ 言い換え) The President's presence *lent* the occasion significance. <V+O+O>=The President's presence *lent* significance *to* the occasion. <V+O+to+名・代> 大統領が出席したことでその行事には重要な意味が加わった / The flowers ~ a cheerful look *to* the place. 花があるのでその場が明るく見える / He refused to ~ his support to the project. 彼はその計画を支援することを断わった. ― 自 金を貸す, 貸し付ける (反 borrow).

lénd onesélf to ... 動 他 (1)〈物〉…の役に立つ; 〈物・人が〉〈対応・判断など〉を受け[られ]やすい, …しやすい, …に向いている: The novel doesn't ~ *itself* to adaptation for the theater. その小説は演劇に脚色するには向いてない. (2)《格式》…に加担する, 手を貸す: He would never ~ *himself* to such a thing. 彼はそんなことには手を貸さないだろう. **lénd óut** 動 他〈本など〉を貸し出す.

*__lend·er__ /léndǝ | -dǝ/ 名 (~s /~z/) C 1 貸し手, 貸し主 (反 borrower): Neither a borrower, nor a ~ be. 借手にもなるな貸手にもなるな《*Hamlet* 中のせり ふ》. 2《商》金貸し.

lénding library 名 C 貸し出し図書館.

*__lénding ràte__ 名 C (ローンの)金利.

L'En·fant /láːnfaːnt, lɑːnfáːnt/ 名 **Pierre** /pjɛə | pjéə/ ~ ランファン (1754-1825)《フランス生まれの建築家; ワシントン D.C. の都市計画を作成》.

*__length__ /léŋ(k)θ/ 名 T2 (~s /~s/; 複 long¹, lengthy) 1 C,U (距離・寸法の)長さ, 縦, 長短; 丈(たけ); (競走などの)距離 (略 l, L, L.): a stick three meters *in* ~ 長さ3メートルの棒 / the ~ *of* a race 競走の距離 / a ~ *of* about ten inches 10 インチほどの長さ /《金語》"What is the ~ of these curtains?" "They are about 2.2 meters long." 「このカーテンの長さ[丈]はどのくらいですか」「約 2.2 メートルあります」 関連 wavelength 波長.

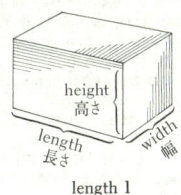

height 高さ
length 長さ
width 幅

length 1

2 C,U [しばしば the ~](時間・演説などの)長さ, 期間; (本・映画などの)長さ, 分量: *the* ~ *of* a speech 演説の長さ / *the* ~ *of* your visit あなたの訪問の長さ[訪問期間] / Modern medicine has succeeded in doubling *the* ~ *of* life. 近代医学は寿命を倍にするのに成功した / I don't want to stay here *for* any ~ *of* time. ここにはあまり長居したくない. 3 C (ボートの)艇身《競馬》馬身; (弓の)射程: The Oxford crew won by a ~. オックスフォードのクルーは1艇身の差で勝った / His horse won by three ~s. 彼の馬は3馬身差で勝った. 4 [the ~] (物の)全長: We walked the whole ~ of the beach. その海岸を端から端まで歩いた. 5 C ある長さの物: a short ~ of rope 1 本の短い縄. 6 C (泳いだ距離の単位としての)プールの長さ: I swim twenty ~s a day. 一日にプールを 10 往復泳ぐ.

at fúll léngth [副] 手足を長々と伸ばして: He lay *at full* ~ on the floor. 彼は床の上に長々と横になった. **at gréat léngth** [副] 長々と; 詳細に. **at léngth** [副] (1) 詳細に; 長々と: She explained *at* ~ what had been decided. 彼女は決定したことを詳しく説明した. (2)《文》ついに, ようやく (at last): *At* ~ she explained what had been decided. とうとう彼女は決まったことを説明した. **at sóme léngth** [副] かなり長く; かなり詳しく. **gó to ány léngths=gó to gréat** [**extréme, unprecédented**] **léngths** [動] 自 徹底的にやる; 何でもやりかねない (to do). **gó to the léngth of dóing** [動] …することまでもやりかねない, …するほど極端に走る: I will not *go to the* ~ *of* saying such a thing. まさかそんなことまで言うつもりはない. **the léngth and bréadth of ...** …じゅう: travel the ~ *and breadth of* New Zealand ニュージーランドをくまなく旅行する.

-length /lèŋ(k)θ/ 形《合成語》…の長さの: a knee-*length* skirt ひざ丈のスカート / a feature-*length* film 長編映画《2時間位のもの》.

*__length·en__ /léŋ(k)θǝn/ 動《形 long¹; shorten》他〈…〉を長くする, 伸ばす: I asked the tailor to ~ my coat. 私は洋服屋に上着の丈(たけ)を伸ばすよう頼んだ. ― 自《物・日・時間など〉が長くなる. 関連 widen 広くする[なる].

length·i·ly /léŋ(k)θɪli/ 副 [時に軽蔑] 長々と.

length·i·ness /léŋ(k)θɪnǝs/ 名 U [時に軽蔑] 冗長さ, 長たらしさ.

léngth·wàys 副 縦(長)に.

léngth·wìse 副, 形 A 縦[長]の[に].

*__length·y__ /léŋ(k)θi/ 形 (length·i·er; length·i·est;

图 length) [時に軽蔑] (時間的に)長い, (話・文章の)長たらしい: a ~ meeting 長い会議 / The mayor's speech was ~. 市長の演説は長たらしかった.

le·ni·en·cy /líːniənsi/, **le·ni·ence** /-niəns/ 图 U 寛大さ, 慈悲(深さ).

†**le·ni·ent** /líːniənt/ 形 寛大な, ゆるやかな; 優しい, 情け深い; [食物などが]甘い: a ~ judgment 寛大な判決 / He is too ~ with [to, toward] his children. 彼は子供に甘すぎる. **~·ly** 副 寛大に; 優しく; 甘く.

Le·nin /lénɪn/ 图 固 **Vla·di·mir I·lich** /vláedəmɪə ɪlíːtʃ | -ɪmɪə/ ~ レーニン (1870-1924)《旧ソ連の革命政治家》.

Len·in·grad /léningræd/ 图 固 レニングラード《St. Petersburg の旧称》.

Len·non /lénən/ 图 固 **John** ~ レノン (1940-80)《英国のロック歌手・作曲家; もと the Beatles の中心メンバー; 熱狂的なファンによって射殺された》.

Len·ny /léni/ 图 固 レニー《男性の名; Leonard の愛称》.

*lens /lénz/ 图 (~·es /-ɪz/) 1 レンズ《☞ glasses 挿絵》: wear glasses with thick ~es 厚いレンズのめがねをかける. 2 (カメラの)レンズ《2枚以上を組み合わせたもの》. 3 [解] (眼球の)水晶体. 4 コンタクトレンズ.

---
lens 1, 2 のいろいろ
cóncave léns 凹レンズ / cóntact lèns コンタクトレンズ / cónvex léns 凸レンズ / sóft léns 《コンタクトの》ソフトレンズ / télephoto léns 望遠レンズ / zóom lèns ズームレンズ
---

*lent /lént/ (同音 leant; 類音 rent) 動 lend の過去形および過去分詞.

Lent /lént/ 图 固 四旬節《復活祭 (Easter) の前の, 日曜日を除く40日間; ☞ carnival》.

Lent·en /léntən, -tn/ 图 四旬節の.

†**len·til** /léntl/ 图 C ひら豆, レンズ豆《マメ科ひら[レンズ]豆の木《地中海沿岸原産; スープなどにする; ☞ bean 表》.

len·to /léntou/ 形 副 《楽》緩やかに[な].

†**Le·o** /líːou/ 图 1 固 **しし座》**, **獅子宮** (the Lion) 《☞ zodiac 挿絵》. 2 C しし座生まれの人.

Leon·ard /lénəd | -nəd/ ★ o は発音しない. 图 固 レナード《男性の名; 愛称は Lenny》.

Le·o·nar·do da Vin·ci /líːənάːdoudəvíntʃi, lèiə- | -náː-/ 图 固 レオナルド ダ ビンチ (1452-1519)《イタリアの芸術家・建築家・科学者》.

Le·o·nid /líːənɪd/ 图 (~s, **Le·on·i·des** /liːάnɪdiːz | -ɔ́n-/) C 【天】 しし座流星群《の星》.

le·o·nine /líːənàm/ 形 《文》 ライオンのような; 堂々とした; ライオンの.

†**leop·ard** /lépəd | -pəd/ ★ o は発音しない. 图 C ひょう《アジア・アフリカに分布》: Can the ~ change his [its] spots? ひょうはその斑点(ザメ)を変えることができるか《本来の性格はなかなか変えられないものだ; 旧約聖書のことばから》.

leop·ard·ess /lépədəs | -pədès, -dəs/ 图 C 雌ひょう.

le·o·tard /líːətὰːd | -tὰː-d/ 图 C レオタード.

lep·er /lépə | -pə/ 图 C 1 [普通は差別] ハンセン病患者. 2 [軽蔑] 嫌われ者.

léper còlony 图 C ハンセン病患者収容所.

lep·re·chaun /léprəkὸːn/ 图 C 《アイル伝》 レプレコン《小さな老人の姿をした妖精》.

lep·ro·sy /léprəsi/ 图 U ハンセン病.

lep·rous /léprəs/ 形 《医》 ハンセン病の[にかかった].

***les·bi·an** /lézbiən/ 形 女性間の同性愛の, レズ(ビアン)の.
— 图 (~s /-z/) C 同性愛の女性. 関連 gay 同性愛の男性 / homosexual 同性愛者《男性および女性》.

les·bi·an·is·m /lézbiənɪzm/ 图 U 《女性間の》同性愛.

les·bo /lézbou/ 图 (~s) C 《俗》 [軽蔑] =lesbian.

Les·bos /lézbɔs | -bɔs/ 图 固 レスボス島《エーゲ海北東部のギリシャの島》.

lèse ma·jes·té /líːzmæʤəstéɪ | léɪzmàʤəstéɪ/, **lése májesty** /líːz- | léɪz-/ 图 U 1 【法】 不敬罪, 大逆罪. 2 [滑稽] 不敬行為, 生意気な言動.

*le·sion /líːʒən/ 图 C 【医】 損傷, 障害, 傷《★ 日常語は wound》; (組織・機能の)障害, 病変《後遺症》.

Les·ley, Les·lie /lésli/ léz-/ 图 固 レスリー《女性の名》.

Le·so·tho /ləsóutou, -súːtuː/ 图 固 レソト《南アフリカ共和国に囲まれた内陸国》.

***less**[1] /lés/ (類音 lest) 形 [little[1] の比較級; ☞ least[1]] 副 lèssen, 图 more) [than とともに] **より少ない, いっそう少ない** 《量について用いられるが, 時には数が少ないことも示す; ☞ lesser》: L~ noise, please. どうかもう少しお静かに / You'd better use ~ sugar. 君は砂糖をもう少し控えなさい / She spends ~ time at work *than* at home. 彼女は家にいる時間よりも仕事の時間のほうが短い(☞ 代 3 番目の例文) / A dozen is two ~ *than* fourteen. 1 ダースは 14 より 2 つ少ない.

語法 数えられる名詞について用いるときは fewer が正しいが,《略式》 では fewer の代わりに less を用いることがある: L~ people go to church *than* to theaters. 教会へ出かける人は劇場へ行く人より少ない.
---

léss and léss ... [形] ますます少なくなっていく...: My son does ~ *and* ~ homework. 私の息子はますます家庭学習をしなくなっていく.

the léss ... [副] ...の度合[量]が少なくなるだけ: *The* ~ money you give them, *the* ~ obedient they will become. 君が連中に払う金が少ないほどあいつらは言うことを聞かなくなるよ(☞ the[2] 1 (1)).

— 副 [little[1] の比較級; ☞ least[1]] 《反 more》 1 [than とともに] **より少なく, いっそう少なく**《程度がより低いことを示す》: You should eat ~ *than* you do now. もっと食事の量を控えたほうがよい / I know ~ about it *than* you do. それについては私は君ほどよくは知らない / He was ~ injured *than* frightened. 彼は傷ついたというよりむしろおびえていた(☞ more[1] 副 2).

2 /lés/ [形容詞・副詞の前につけて, 比較してより程度が低いことを示す] ...より~でない, ...ほど~でない: He is ~ clever *than* his brother. 彼は兄ほど頭がよくない. 語法 He is *not as* clever *as* his brother. のように not as ... as — というほうが普通 // Tom speaks ~ quickly *than* before. トムは以前より早口でなくなった / Try to be ~ impatient. そんなせっかちではだめだ.

àll the léss それだけ(いっそう)...ない, なおさら...ない(☞ the[2] 1 (2)): They will think *all the* ~ of you for your remarks. 君の発言を聞いて彼らは君への評価をますます下げるだろう.

àny (the) léss [否定・疑問文で] それだけ少なく(☞ the[2] 1 (2)): I don't like him *any the* ~ for his faults. たとえ欠点があっても, 彼の私の好意は少しもさめない(やはり彼が好きだ).

èven léss ☞ even[1] 成句.

léss and léss [副] ますます少なく: He works ~ *and* ~. 彼はますます仕事をしなくなった.

léss and léss ... [副] ますます...でなくなって(☞ comparative degree 文法 (1)): He's becoming ~ *and* ~ obedient. 彼はだんだん従順でなくなってきた.

léss ... **than** — [同一物[人]のもつ性質を比較して] ...というよりもむしろ—(☞ more[1] 副 2): He's a musician *than* an entertainer. 彼は音楽家というよりは芸人だ.

léss sò [前の形容詞や副詞を受けて] いっそう…でない: Bill is not popular and Tom is even ~ *so*. ビルは人気がないしトムはなおさらだ.
léss than ... [副] 決して…でない (not at all): His answer to the question was ~ *than* satisfactory. 質問に対する彼の答えは全く満足のいくものではなかった.
lìttle léss than ... …も (no less than...): The task took *little* ~ *than* five hours. 仕事は5時間もかかった.
mùch léss ☞ much [副] 成句.
nò léss (1) 同様に, 劣らず: It is *no* ~ important. それも同様に重要だ. (2) [付加的に用いて] なんと当の…本人, 本物の…: I saw the President, *no* ~. 私はほかならぬ大統領本人を見た.
nò léss than ... (1) =not less than ...; …も《数・量・程度の多いことを表わす; ☞ no more than (more[1] [副] 成句)》: She has *no* ~ *than* eight sons. 彼女には8人も息子がいる. (2) …も同然, …にほかならない: He is *no* ~ *than* a thief. 彼はこそどろと同じようなものだ / And who do you think I saw there? *No* ~ *than* Nelson Mandela! そこで私が誰に会ったと思う. ネルソン・マンデラその人さ.
nò lèss ... than — (1) —に劣らず…, —と同様に…. [語法] 両方とも程度の高いことを強調する; ☞ no more ... than — (more[1] [副] 成句): [言い換え] Helen is *no* ~ charming *than* Sonia. (=Helen is just as charming as Sonia.) ヘレンはソニアと同様に魅力的だ. (2) ほかならぬ…《☞ no less a person than ... (person 成句)》.
nòne the léss [副] =nonetheless.
nòthing léss than ... (1) ちょうど…だけ, 少なくとも…以上: We expected *nothing* ~ *than* an attack. 少なくとも攻撃されるくらいのことは予期していた. (2) …にほかならない, まさに: His survival was *nothing* ~ *than* a miracle. 彼の生存はまさに奇跡だった.
nòt léss than ... 少なくとも…: *not* ~ *than* one thousand books 少なくとも千冊の本.
nòt lèss ... than — —に勝るとも劣らないほど…: He is *not* ~ bright *than* his brother. 彼は兄[弟]に勝るとも劣らないくらい頭がいい.
stìll léss ☞ still[1] 成句.
— [代]《不定代名詞》**より少ないもの**, より少ない数量[人], もっと少量 ([反] more): I won't sell it for ~ ***than*** ¥1000. 千円以下では売りません / I am going to see you in ~ *than* a month. 1か月しないうちにまたお目にかかります / She spends ~ ***of*** her time at work *than* at home. 彼女は家にいる時間よりも仕事の時間のほうが短い《☞ [形] 3番目の例文》. [語法] この [代] の less はそれが表わすものの内容によって単数にも複数にも扱われる: *L*~ *than* 60% of the ⌈books *were* [information *was*]⌉ useful. 役に立ったのはその文献[情報]の6割に満たなかった. **be léss of a ... than —** —ほどの…ではない: You *are* ~ *of a* fool *than* I thought. お前は思ったほどのばかではないな. **léss and léss** [代] ますます少なくなるもの: They had ~ *and* ~ to eat. 彼らはだんだん食べる物がなくなった. **Léss of ...!** Ⓢ《英》…をやめろ, …もほどほどにしなさい: *L*~ *of* that noise! うるさいのもほどほどにしなさいよ.
— /lès/ [前] …だけ少ない, …を減じた (minus): a year ~ four days 1年に4日足りない日数 / a monthly salary of $1,500 ~ tax 税金を引いた1500ドルの月給.

*__less__[2] /lés/ ([類音] lest) [形] ([動] léssen) **little**[2] **の比較級**.

-less /ləs, lɪs/ [接尾] **1** [名詞につく形容詞語尾]「…のない」の意: end*less* 終わりのない / need*less* 不必要な. **2** [動詞につく形容詞語尾]「…することのない, …できない」の意: count*less* 数えきれない.

les·see /lesíː/ [名] [C]〔法〕賃借人, 借地人, 借家人. [関連] lessor 賃貸人.

+**less·en** /lés(ə)n/ [動] ([形] less[1, 2]) [自] 少なくなる, 小さくなる, 減る: The pain has ~*ed*. 痛みがやわらいだ. — [他] ‹…›を少なくする, 小さくする, ‹価値など›を減らす: The driver ~*ed* his speed. 運転手は速度を緩(ゆる)めた.

*__less·er__ /lésə | -sə/ [形] [A] **1**《格式》(価値・重要性が)より低い, より劣った, より小さい: the ~ sin of the two 2つの罪のうち軽いほう / ~ writers 群小作家たち / A ~ man would have put the blame on someone else. (その人ほど)品性のない人だったら他の人のせいにしていたであろう《☞ would B2》. [語法] 元来は little の比較級であるが, than を伴っては用いない《☞ less[1] [形]》. **2** より小さいほうの (smaller). **3** [動植物名で] 小形の: a ~ panda レッサーパンダ.
the lésser of twó évils=the lésser évil [名] 2つの悪いもののうちまだましなほう《☞ evil [名] 2 最後の用例》.

lésser-knówn [形] あまり知られていない(ほうの).

les·son /lés(ə)n/ ([同音] lessen; [類音] listen) [名] (~s /~z/) [C] **1 [普通は複数形で] (続けて受ける)**授業**, けいこ: Mary has piano ~*s* every day. メアリーは毎日ピアノのけいこがあります / I want to take ~*s* ***in*** Chinese. 私は中国語を教わりたい / first ~*s* ***on*** the violin バイオリンの手ほどき.
2《英》**学課; 授業;** (学校の)勉強 (《米》class)《☞ 類義語》: ⌈an English [a history]⌉ ~ 英語[歴史]の授業 / We have ~*s* ***on*** eight different subjects every week. 1週間に8科目の授業がある.

コロケーション
attend *lessons* 授業に出席する
have [**take**] *lessons* (in ...) (…の)授業を受ける
prepare *lessons* 授業の準備をする
review [《英》**revise**] *lessons* 授業の復習をする

3 (教科書の)**課**: *L*~ 2 [Two]=the Second *L*~ 第2課 / [会話] "Where are we today?" "Beginning *L*~ 7."「今日はどこから」「7課からです」
4 教訓, 戒め; (経験から学んだ)**知恵**: I hope it'll be a (good) ~ ***to*** Tom. トムにはいい教訓になるでしょう / Let that be a ~ *to* you! Ⓢ もうそれで懲りるんだな / I learned my ~ (***from*** it). いい勉強になりましたよ, (これで)もう懲(こ)りました / Her failure taught her a (good) ~. 彼女の失敗はいい薬になった. **5**〔キ教〕日課《朝夕の祈りのときに読む聖書の一部分》. [語源] ラテン語で「読むこと」の意; ☞ lecture [語源].
gìve léssons in ... [動] [他] (続けて)…を教える: She *gives* ~*s in* English conversation at school. 彼女は学校で英会話を教えています.
【類義語】**lesson** と **class** は「授業」の意味で同じように使われるが, *class* が始まりと終わりが決められた計画や時間の枠の中に収まっている授業を指すのに対して *lesson* は教える内容に重点を置くことがある: In today's *class* we weren't able to finish the *lesson* about relative pronouns. きょうの授業では関係代名詞の勉強を終えられなかった.

les·sor /lésɔə, lesɔ́ə | lesɔ́ː, lésɔː/ [名] [C]〔法〕賃貸人, 貸地人, 貸家人. [関連] lessee 賃借人.

+**lest** /lést/ [接]《格式》**1** …しないように, …すると困るから: Work quietly, ~ you (*should*) disturb others. 人の迷惑にならぬよう静かに作業せよ.

[語法] (1) lest の後の should は《米》では普通用いない《☞ should A 8》.
(2) lest を使うのはやや古めかしい言い方で, 普通は in case, for fear (that) ...などを使う: Take your umbrella with you *in case* it rains. 雨が降るといけないから傘を持っていきなさい.

2 [fear, be afraid, be anxious などの後で] …ではないかと(心配する), …しはしないかと(心配する): We *were afraid* ~ he (should) arrive too late. 私たちは彼が来

L

Les・ter /léstɚ|-tə/ 名 ⓒ レスター《男性の名》.

let[1] /lét/ (変化 ≠leapt, lit, rat) ★普通は let's を用いられる. ☞ let's.

let[2] /lét/ (変化 ≠leapt, lit, rat) 動 (lets /léts/; 過去・分詞 let; let・ting /-tɪŋ/)

「人に…させる」他 2
├→ [命令文で]「…させてください」他 1
├→ …に行く[来る, 通る]のを許す 他 3
└→ (使用させる) → 「貸す」他 4

— 他 1 /lét, lèt/ [<V+O+C (原形)> の動詞型で, 一人称および三人称に対する間接的な命令を表わす] [受身なし] (格式) (1) [一人称の目的語を伴って] 《私, 私たちに》…させてください: L~ me try once more. もう一度やらせてください / L~ us go there, will you? 私たちをそこへ行かせてくださいませんか ((☞ let's 語法 (3)) / L~ us have some bread. 私たちにパンをください《レストランの注文にも用いる》/ L~ me take your blood pressure. 血圧を計らせてください.

語法 (1) この場合 let us は /létʌs, letás/ のようにアクセントがあるのが普通で, /léts/ と発音される let's, let us (さあ…しよう) と区別され, let's とは短縮されない ((☞ let's 語法 (1)). 上記の例文と次を比較せよ: Let's go there. そこへ行こうじゃないか / Let's have some bread. パンを食べましょう.
(2) 前後関係から原形が省略されることがある: I want to go with you. Please ~ me. いっしょに行きたい. どうぞ行かせてください.

(2) [三人称の目的語または there を伴って間接的な命令・要求・願望を表わす] 〈…〉に―させてやりなさい; …があるようにせよ; 《文》〈…〉が―しますように: L~ him do it by himself. 彼 1 人でそれをやらせろ / L~ there be no mistake about it. その件では間違いのないように / L~ it be done at once. (=Do it at once.) 直ちにそれがなされるようにせよ ((☞ be² B 文法 (2) (v)) / L~ peace prevail on earth. この世に平和が行きわたりますように. (3) (略式) [三人称の目的語を伴って仮定・条件・譲歩などを表わす] 仮に〈…〉が―であるとしよう[とすれば]; たとえ〈…〉が―しようとも: L~ 'x equal 2y [x=2y]. x が 2y と等しいとしよう / L~ him say what he likes; I don't care. 彼が何を言おうと構うものか.

2 [<V+O+C (原形)> の動詞型で] [普通は受身なし] (許して[うっかり]して)…, …させてやる, 〈…〉に―するのを許す, 〈物事〉が―するままにしておく, (積極的に)〈…〉に―させる ((☞ 類義語; forgive 表; causative verb 文法)): The teacher ~ the pupils go home. 先生は生徒たちを家へ帰らせた / He wants to swim but his mother won't ~ him (swim). 彼は泳ぎたがっているが母親が許そうとしない ((☞ 1 (1) 語法 (2))) / She ~ the dish fall [drop] to the floor. 彼女は皿を床に落とした / She tried not to ~ her anger show. 彼女は怒りを顔に出さないように努めた / I'll ~ you have this copy of the report. この報告書の写しをあなたにあげます / Don't ~ yourself be bullied. いじめられてばかりいてはだめだよ.

3 [<V+O+副> か <V+O+前+名・代> の形で] 〈…〉に(―へ)行く[来る, 通る]のを許す.

語法 (1) 副詞(句)には in, out, up, down, by, through とか into, out of などで始まる句をよく用いる (《詳しくは ☞ 句動詞, 成句》): Please ~ me by. す

みません, (そばを)通してください / She ~ us into her room. 彼女は私たちを部屋に通した.
(2) このような場合, 目的語の後に go などの動詞が省略されているとみることができる.

4 《主に英》〈土地・建物・部屋など〉を貸す, 賃貸する (《主に米》rent) ((☞ borrow 表, lend 表))《仕事などに》請け負わせる (to): This room is to ~. この部屋は貸し間です ((☞ to let (成句)) / I want to ~ (out) the upstairs room to a student for a year. <V+(out+)O+to+名・代> 私は 2 階の部屋を 1 年間学生に貸したい / They ~ their apartment by the week. <V+O+by+名> あそこでは週単位でアパートを貸す.

lèt alóne ∴ [接] [普通は否定文の後で] ましてや…(でない), …は言うまでもなく: You should not treat an animal in such a way, ~ alone a man. 動物だってそんな風に扱ってはいけないのに, 人をそんな風に扱うなんてとんでもない / She can't even walk, ~ alone run. 彼女は歩くことさえできないのに, まして走るなんて到底できない.

lèt ... alóne [動] 〈…〉にかまわないでおく, 放任する: L~ me alone. I'll do it myself. 私のことはほうっておいてくれ, 自分でやるから.

lèt ... bé [動] 他 〈…〉をそのままにしておく, ほうっておく, じゃまをしない: L~ me be―I've got a headache. そっとしておいてくれ, 頭が痛いのだから.

lèt dróp [fáll] [動] 他 (1) 〈…〉を落とす, 倒す, こぼす: The child ~ drop [fall] a vase. 子供は花瓶を倒した ((☞ 2). (2) 〈秘密など〉をうっかり[わざと]漏らす (let slip) 言い換え He ~ fall [drop] a hint. =He ~ a hint drop. 彼はうっかりヒントをしゃべった.

lèt ... dróp [rést] [動] 他 〈…〉を打ち切る, やめる: They ~ the matter drop [rest]. 彼らはその問題の話し合いを打ち切った.

lèt gó [動] ⾃ (1) [普通は命令文で] 手を放す. (2) 考えないようにする.

lèt ... gó [動] 他 (1) 〈…〉を自由にしてやる: They ~ the prisoners go (free). 彼らは捕虜を逃がしてやった. (2) [普通は命令文で] 〈つかんでいる物〉を放す: L~ me go. (つかんでいる) 手を放してくれ. 語法 目的語が let go の後に来ることもある: He ~ go the rope. 彼はロープを放した. ★He let go of the rope. というほうが普通. (3) (略式) [婉曲] 〈使用人〉を解雇する. (4) (略式) 〈…〉を大目に見る, 見過ごす. (5) 〈…〉を忘れる, 考えないようにする.

lét ... gó for — [動] 他 (略式) 〈…〉を―の値段にまけて売る: The salesclerk ~ the CD player go for $100. 店員はその CD プレーヤーを 100 ドルに値引きして売った ((☞ go 13).

lèt gó of ... [動] 他 [普通は命令文で] (握っている手から)…を放す: L~ go of my hand. 私の手を放せ / Don't ~ go of the rope. ロープから手を放すな.

lèt ... háve it [動] 他 (略式) 〈人〉をやっつける; 〈人〉を叱りとばす.

lèt it gó (at thát) [動] ⾃ それ以上のことはしない[言わない]でおく, そのままにする.

lèt ... knów ☞ know 成句.

Lèt me sée [thínk]. 感 ええと, そうねえ, はてな (Let's see. ☞ let's 語法 (1)) 《何かを思い出そうとしたり, とっさに答えが出ない場合》; ☞ 1 (1)).

会話 "How many members were present at the meeting?" "L~ me see. About ten." 「会員は何人会議に出ていましたか」「ええと, 10 人ほどでした」

Lèt me téll you. = **Lèt me téll you sòmething.** 言っておきますが, いいですか; 本当には 《大事な話を始めたり, 強い感情を示すときなど》.

lèt onesélf gó [動] ⾃ (1)(いつもより)羽目を外す; 自制心を失う. (2) 身なりをかまわない.

lèt wéll (enòugh) alóne [動] [自] (かえって悪くせぬよう)そのままにしておく, (よけいな)手を加えない.

néver lèt ... gó bý withòut ─ ─しないで〈...〉を過ごすことはない: She *never* ~ a day *go by without going* to the counselor. 彼女は毎日必ずカウンセラーのところへ行った.

néver lèt it be sáid that ... [しばしば滑稽] ...とは決して言わせない.

to lét=**to be lét** [形] 《主に英》賃貸しの(《米》for rent): a house *to let* / ─ 賃家[間]. 語法 単にTO LET として「貸家[間]あり」の意味で掲示・広告にも用いる.

─────**lét² の句動詞**─────

*****lèt bý** [動] [他] 〈...〉を(そばを)通す(☞ let² 3)；〈誤りなど〉を見逃す 〈V+名・代+*by*〉.

*****lèt dówn** [動] [他] 1 〈人〉の期待を裏切る；〈...〉の評価[効率]を下げる 〈V+名・代+*down*/V+*down*+名〉 (图 létdown): The team ~ their coach *down* in the finals. チームは決勝戦に負けコーチを失望させた.
2 〈...〉を降ろす, 下げる 〈V+名・代+*down*〉/V+*down*+名〉: They ~ the boy *down* on [by] a rope. 彼らは少年をロープで降ろした / L~ *down* the shade. ブラインドを下げてくれ. 3 《英》〈タイヤ・風船など〉の空気を抜く. 4 〈衣服〉の丈を伸ばす (lengthen) (反 take up). 関連 let out 幅を広げる. ─ [自] 努力を緩(ゆる)める, 気を抜く. **lèt ... dówn líghtly** [**éasy**, **gèntly**] [動] 〈人がかんわり〉と断わる；〈悪い知らせなどを伝えるとき〉〈人〉の自尊心を傷つけないようにする.

*****lèt ín** [動] [他] 1 〈人・動物〉を(部屋などへ)入れる；〈物が〉〈光・雨・水など〉を通す 〈V+名・代+*in* / V+*in*+名〉: Please ~ me *in*. 中へ入れてください / L~ *in* some fresh air. 新鮮な空気を入れなさい. 2 《略式》〈人〉に気持ちを打ち明ける. **lèt ... ín for ─** [動] 《略式》〈人〉を(面倒なことなど)に巻き込む: He ~ himself *in for* a lot of extra work. 彼は多量の仕事をさらに背負い込むはめになった. **lèt ... ín on ─** [動] [他] 《略式》〈人〉に〈秘密など〉を打ち明ける；〈人〉を(企て)に加える.

*****lèt ... ínto ─** [動] [他] 1 〈...〉を─の中へ入れる, 〈...〉を─へ通す；〈...〉を─(の仲間)に加える；[受身で]〈...〉に─にはめ込む: Who ~ you *into* the building? / The window *is ~ into* the wall. その窓は壁にはめこまれている. 2 《略式》〈人〉に〈秘密など〉を知らせる.

*****lèt óff** [動] [他] 1 (罰・仕事などから)〈人〉を放免する 〈V+名・代+*off*/V+*off*+名〉: He was ~ *off* lightly [*with* a warning]. 彼は軽い罰ですんだ[警告だけで放免となった].
2 (乗り物から)〈...〉を降ろす 〈V+名・代+*off* / V+*off*+名〉: I told the driver to ~ me *off* at Fifth Avenue. 私は運転手に5番街で降ろしてくれと言った. 3 〈銃など〉を発射する, 〈爆薬・花火など〉を爆発させる, 打ち上げる. **lèt ... óff ─** [動] [他] 1 《英》〈人〉を(仕事・罪など)から放免する, 〈人〉に(─すること)を免除する: Jane's mother ~ her *off* drying the dishes last night. ジェーンの母親は昨夜皿ふきを免除してくれた. 2 〈...〉を(乗り物)から降ろす.

*****lèt ón** [動] [他] 1 [しばしば否定文で] [*that* 節または wh 句・節を伴って] 《略式》〈...〉であると漏らす, 認める: Don't ~ *on to* my mother *that* I lost my hat. 私が帽子をなくしたことをお母さんに言わないでね. 2 《略式》〈...〉である[...する]ふりをする (*that; to do*). 3 《略式》〈バスなど〉に乗せる. ─ [自] 1 [しばしば否定文で] 《略式》(事実・計画などについて)漏らす, 秘密を漏(も)らす (*to*): She did *not* ~ *on* about her husband's possible transfer. 彼女は夫が転勤するかもしれないということを人に漏らさなかった. 2 《略式》ふりをする (*that, to do*). **lèt ... ón ─** [動] [他] 〈...〉を(乗り物)に乗せる.

*****lèt óut** [動] [他] 1 〈...〉を外に出す, 解放する, 〈空気・水

Lethe 1003

など〉を抜く；〈疑いなどから〉〈人〉を解放する, (いやな事から)〈人〉を放免する (*from*) 〈V+名・代+*out* / V+*out*+名〉: The school ~ the children *out* early today. 学校はきょう子供たちを早く帰した. 2 〈叫び声・怒りなど〉を発する, あげる, 表に出す. 3 〈秘密など〉をうっかりしゃべる；〈...である〉と口外する: They accidentally ~ (it) *out that* the plan had failed. 彼らは計画が失敗したと漏らしてしまった. 4 〈衣服など〉の幅を広げる (反 take in). 関連 take up, shorten 丈を詰める. 5 《主に英》〈土地・建物・車など〉を貸す, 貸し出す, 賃貸する(☞ let² 4). ─ [自] 《米》(学校・映画などが)終わる, 引ける.

*****lèt ... óut of ─** [動] [他] 〈...〉を─から外に出す, 〈空気・水など〉を─から抜く: He tried to ~ the smoke *out of* the room. 彼は煙を部屋から外へ出そうとした.

lèt thróugh [動] [他] 1 〈人・物〉を通す, 通過させる: The guard didn't ~ us *through*. 番人は私たちを通してくれなかった. 2 〈誤りなど〉を見逃す. 3 〈十分ではないが〉合格と認めて〈...〉を通す.

*****lèt ... thróugh ─** [動] [他] 〈...〉を(門・税関など)で通過させる；〈...〉を(試験など)で合格と認める: We don't ~ such magazines *through* customs. そんな雑誌は税関を通過させるわけにいかない.

*****lèt úp** [動] [自] 1 (雨・風が)やむ, 弱まる；(悪い事が)減少する: The rain ~ *up* about seven. 7 時ごろ雨はやんだ / Around here, the traffic won't ~ *up* until midnight. この辺では午前 0 時まで交通量が減らない.
2 仕事の手を休める, やめる；努力を緩(ゆる)める.

lèt úp on ─ [動] 〈...〉に対してより寛大になる, 〈厳しさ・努力など〉を緩める.

───────────────────

─ 名 [C] 《英》(家などを)貸すこと；貸家, 貸しアパート；賃貸期間.

【類義語】 **let** くだけた感じの語で, 積極的にさせるというよりも, むしろ反対や禁止はせずに「(本人の望みどおりに)させる」とか, また時には不注意や怠慢でそうさせるという意味を表わす: He wanted to go, and his father *let* him (go). 彼は行きたかったので, 父親はそれを許した. **make** 普通は相手の意志にかかわらず「むりやりに...させる」の意: He didn't want to go, but his father *made* him (go). 彼は行きたくなかったが, 父親はむりやり彼を行かせた. **allow** 禁止しない, あるいは黙認するという意味で, *let* とほぼ同じ: It is *allowed* by the law. それは法律で許されている. **permit** やや格式ばった語で, 積極的にはっきりと許可を与えるという意味です: We were *permitted* to use the room. 我々はその部屋の使用を許可された.

let³ /lét/ 名 [C] [普通は単数形で] 《テニスなど》レット (ネットに触れて入ったサーブなどでノーカウントとなる). **withòut lét or híndrance** [副] 何の障害もなし.

-let /lət, lɪt/ 接尾 [名詞につく名詞語尾] 1「小...」の意 (☞ diminutive): book*let* 小冊子 / stream*let* 小川. 2「(体につける)...飾り」の意: ank*let* アンクレット.

letch /létʃ/ 名=lech.

lét-dòwn 名 [動] lèt dówn 1) [C] [普通は a ~] 《略式》失望, 期待はずれ(のもの).

*****le‧thal** /líːθ(ə)l/ 形 致死の, 死を招く；致命的な；有害な；[しばしば滑稽] 危険なほど効果的な[強烈な], 〈アルコール分の〉とても強い: a ~ dose 致死量 / ~ weapons 凶器；死の兵器(核兵器など) / ~ a combination 危険な組み合わせ. **~‧ly** /-θəli/ 副 致命的に.

léthal injéction 名 [C] (死刑・安楽死などにおいて人を殺すための)注射.

*****le‧thar‧gic** /ləθάːrdʒɪk | -θάː-/ 形 無気力な, 不活発な；眠気を誘う；嗜眠(しみん)性の. **-gi‧cal‧ly** /-kəli/ 副 無気力に, 眠気を誘うように.

leth‧ar‧gy /léθərdʒi | -θə-/ 名 [U] 無気力な, 怠惰, けだるさ, 不活発；嗜眠.

Le‧the /líːθi/ 名 [固] 《ギ・ロ神》レーテー (その水を飲むと

生前のすべてを忘れるという地獄の川》.

lét-òut [名] [C] 《英》(責任・義務からの)逃げ道, 抜け穴.

＊＊let's /lèts/ [動詞の原形を伴い勧誘や提案を表わす] [S] 《略式》(さあ)…しよう, …しようじゃないか: *L～* learn English. さあ英語の勉強をしましょう / *L～* go to the zoo. ねえ動物園へ行きましょうよ / *L～* play tennis this afternoon. 午後はテニスをしよう / "Shall we sit here?" "All right [Yes], ～ (sit here)."「ここに座る?」「うん, そうしよう」(「いや, よそう」は "No, ～ not.")

> [語法] (1) **let's と let us**
> let us と書いても普通は /lets, lèts/ と発音する (☞ let² 1 [語法] (1)). ただし 《格式》 では let us を /lèṭəs/ と発音することがある: *Let us* pray. ではお祈りいたしましょう (教会での聖職者のことば) / *Let us* not forget the people who helped us. 私たちを助けてくれた人のことを忘れないようにしましょう.
> (2) **let's の否定**
> 否定「…しないようにしよう」は 《米》 では Let's not が普通で, 《略式》 では Don't let's も用い, 《俗》 では, 時に Let's don't を用いる. 《英》 では L～ not も用いるが, 特に 《略式》 では Don't let's が普通: 「*L～ not* [*Don't* ～] talk about it any more. もうそれは言わないでおこう.
> (3) **let's と付加疑問**
> 付加疑問は普通 shall we となる (☞ tag question [文法] (3)). 《略式》 では代わりに OK も用いる: *L～* start, 「*shall we* [OK]? 出かけようじゃないか / "*L～* have a swim, *shall we?*" "Yes, ～. [No, ～ not]."「泳がないかい」「よし, 泳ごう[いや, よそう]」

Lét's (just) sáy … 単に…とだけ言っておこう (詳細を話すつもりがないとき): *L～ just say* it's not someone you know. それはあなたが知っている人ではない, とだけ言っておこう.

Lèt's sée. [感] [S] ええと, そうねえ, はてな (何かを思い出そうとしたり, とっさに答えが出ないとき) (Let me see.); ちょっと見せてよ: Now, ～ *see*, what else did I want? ええと, ほかに何が欲しいのだったっけ / *L～ see* your new camera. 君の新しいカメラを見せてよ.

L

＊let·ter /léṭə | -tə/ ([類音] ladder, latter, litter) [名] (～s /~z/; [形] líteral)

> 「文字」2 (☞ literature [語源])
> →(文字で書かれたもの)─┬→「手紙」**1**
> 　　　　　　　　　　　　└→「文学」**3**

1 [C] 手紙, 封書, 書状 (*from*) (☞ 類義語): an air ～ 航空書簡 / a ～ of introduction [recommendation] 紹介[推薦]状 ([参考] 英米では進学や就職の際に推薦状は大変重要で, 引き受けた方も真剣に書く) / I wrote a ～ *to* my mother last night. 私は夕べ母に手紙を書いた / I have some ～*s* to write. 私は手紙を何通か書かなければならない / Thank you very much for your ～. お手紙どうもありがとうございます / Be sure to write me a ～. きっと手紙をくださいね.

> **コロケーション**
> **address** a *letter* to … …にあてて手紙を出す
> **answer [reply to]** a *letter* 手紙の返事を出す
> **deliver** a *letter* 手紙を配達する
> **forward** a *letter* 手紙を転送する
> **get [receive]** a *letter* 手紙を受け取る
> **open [unseal]** a *letter* 手紙を開封する
> **send** [《米》 **mail,** 《英》 **post**] a *letter* 手紙を出す
> **write [type]** a *letter* 手紙を書く[タイプで打つ]

英文の手紙の書式 (☞ address 図).

> (1)38–1, Sakura-machi 1 chome
> Chiyoda-ku, Tokyo 101–0071
> Japan
> April 11, 2005
>
> (2)Mr. John Brown
> 4320 Acacia Street
> San Francisco, CA (3) 94120
> USA
>
> (4)Dear Mr. Brown,
> (5)- - - - - - - - - - - - - - - - - - - -
> -
> -
> -
> -
>
> (6)Sincerely yours,
> (7)*Taro Yamada*
> Taro Yamada

(1) 頭書 (heading) ─差し出し人の住所と日付を右肩に記す. (2) 手紙の中のあて名 (inside address) ─相手の氏名と住所を左側に書く. 親しい者への手紙では省略することが多い. (3) 郵便番号 (☞ zip code, America 表 [参考]). (4) 書き出し (☞ salutation, greeting). (5) 本文 (body). (6) 結びのあいさつ (complimentary close). (7) 署名 (signature) ─手紙をタイプした場合でも署名は必ず自分でペンで書く.

2 [C] 文字, 字 (アルファベットや仮名のようにそれ自身では意味を持たずに音声を表わす表音文字): small ～*s* 小文字 (a, b, c など) / capital ～*s* 大文字 (A, B, C など) / The following sentence contains all the 26 ～*s* of the English alphabet. 次の文には英語のアルファベットの 26 文字が全部入っている (☞ over [前] 2 (1) 第 2 例文). [関連] character 表意文字. **3** [複数形で単数または複数扱い] 《格式》 または [誇張] 文学, 学問; 学識: English [American, German] ～*s* 英[米, ドイツ]文学 / arts and ～*s* 芸術と文学 / a man of ～*s* 文学者, 文筆家. **4** [the ～] 文字どおりの意味; 字句 (内容・趣旨などに対して): keep [stick] to *the* ～ of the law 法の条文を厳守する. [関連] spirit 法文の趣旨. **5** [C] 《米》 学校名の頭文字 (優秀な運動選手に与えられシャツの胸などに付ける): win one's ～ 優秀選手に選ばれる.

a létter of crédit ☞ credit [名] 成句. **a létter of intént** [名] (売買などの)同意書, 仮取り決め. **by létter** [副] 手紙で (by mail). **to the létter** [副] 文字どおりに; 正確に, 厳密に: If you follow [obey] his instructions *to the* ～, you'll succeed. 彼の指示通りにやればうまくいくだろう.

── [動] (**let·ter·ing** /léṭərɪŋ/) [他] 〈…〉に文字を印刷する[入れる]; 〈…〉に表題を入れる: a badly ～*ed* sign ひどい字で書かれた看板. ── [自] **1** 《米》 (スポーツで)学校名の頭文字の紋章をもらう (*in*). **2** 文字を書く.

【類義語】 **letter** 最も一般的な語で, すべての手紙にあてはめられるが, はがき (card) は入らない. **note** 短い略式の手紙で, 伝言のメモ, 簡単な置き手紙なども含む. **message** 書いた手紙だけでなく, 口述される伝言をもいう.

létter bòmb [名] [C] (過激派などの)手紙爆弾.

létter bòx [名] 《主に英》 **1** [C] (個人・会社の)郵便受け (《米》 mailbox). **2** [C] ポスト (pillar box, 《米》 mailbox). **3** [U] テレビ画面でのシネマスコープサイズ番組の放映 (上下に黒いバーがかかる).

létter càrrier [名] [C] 《米》 郵便集配人, 郵便屋 (mail carrier, mailman).

let·tered /léṭəd | -təd/ [形] **1** (見出しとして番号などの代わりに)文字を振った. **2** 《格式》 教養のある; 読み

書きのできる (反 unlettered).
létter gràde 名 C (米) 得点ではなく, A や B のようにアルファベットでつけた成績.
létter・hèad 名 C (便箋(びんせん)の頭書(とうがき)) (社名・所在地・電話番号などを印刷した部分); U 頭書が印刷された便箋.
let・ter・ing /létərɪŋ/ 名 U レタリング《デザイン化した文字を書いたり刻んだりする技術》; (特定のスタイルで)書かれた[刻まれた]文字《主に広告用》.
létter・man 名 C (-men /-tɪs/) (古風, 米) 大学[学校]で対抗試合で優秀選手として母校の略字マーク (letter) 着用権を得た者.
létter òpener 名 C (米) (開封用の)ペーパーナイフ.
létter-pérfect 形 (普通は P) (米) ことば[せりふ, 学科]をよく覚えている ((英) word-perfect); (細部にいたるまで)完璧な, 正確な.
létter・prèss 名 U 1 凸版印刷. 2 (主に英) 本文 (挿絵に対して).
létter-quálity 形 (プリンターが)レタークオリティーの (印字が書簡用として十分な品質であること).
létter-size 形 (米) レターサイズの (約 22×28 cm).
let・ting /létɪŋ/ 名 C (英) 貸し家[アパート].
†**let・tuce** /létəs, -tɪs/ 名 C,U レタス, サラダ菜: two heads of ~ レタス 2 個 (⇨ head (iceberg, leaf) lettuce, romaine.
lét・up 名 U または a ~ (活動などの)停止, 減退, 衰え (in).
leu・co・cyte /lúːkəsàɪt/ 名 C =leukocyte.
leu・cot・o・my /luːkátəmi, -kɔ́t-/ 名 (-o・mies) U,C (英) =lobotomy.
†**leu・ke・mi・a**, (英) **leu・kae・mi・a** /luːkíːmiə/ 名 U (医) 白血病.
leu・ko・cyte /lúːkəsàɪt/ 名 C (医) 白血球.
Le・vant /ləvǽnt/ 名 固 (the ~) レヴァント《東部地中海の沿岸諸国》.
lev・ee[1] /lévi/ 名 C (川の)堤防, 土手, 船着き場.
lev・ee[2] /lévi/ 名 C (古語) (君主の)謁見(えっけん); (米) 大統領の接見会[レセプション].

***lev・el** /lév(ə)l/ (類音 rebel)

ラテン語で「小てんびん」の意味から「水準器」4
→「(水準器で示される)「水平面」2
→「(比喩的に)「水準」1
→「平らな」形 1

— 名 (~s /-z/) 1 C,U (文化・学問・技術などの)水準; (別の物と比べた)高さ, 程度, レベル; (社会的な)地位, 身分: a high ~ *of* civilization 高い水準の文明 / the ~ *of* alcohol in the blood 血中アルコール量 / stress ~s = ~s *of* stress ストレスの程度 / a conference *at* Cabinet ~ 閣僚レベルの会議 / *at* (an) international ~ 国際的レベルで / *on* a personal ~ 個人的には / Your idea won't work *on* a practical ~. あなたの考えは実用レベルではうまくいかないだろう.
2 U,C 水平面; 水平 (普通は the ~) 水平面の高さ; C (建物などの)階(全体): the ~ *of* the sea = sea ~ 海面 / *the* water ~ 水位 / a museum built on three ~s 高さの違う 3 つの敷地に(おかれて)建つ美術館 / the oil ~ オイルの量(を示す水平面) / Water always finds its own ~. (ことわざ) 水は常に(低い方へ流れて)一定の水位に落ち着く《人はみな社会で相応の地位に落ち着く》 / It hung 「*at the* ~ of my eyes [*at my eye* ~]. それは私の目の高さに掛かっていた. 3 C (しばしば複数形で) 平地; 平原. 4 C (主に米) 水準器 (spirit level).
a lével of úsage 名 (言) (言語の)用法段階, 位相 (⇨ register 名 5). **descénd [sínk, stóop] to …'s lével** 動 (人の)レベルまで品位を落とす. **find one's (ówn) lével** 動 自 それ相当の地位を得

leveraged buyout 1005

る. **on a lével** 形 同じ水準[高さ]で (*with*). **on the lével** 形・副 平らな面に; (略式) 正直で[に]; 本当で[に].

— 形 1 平らな; 水平の (⇨ flat 類義語): a ~ surface 平(らな表)面 / ~ ground 平地 / a ~ spoonful スプーンにすり切り 1 杯(の量).
2 同じ高さ[水準, 程度]の; (英) 同等[点]の: a ~ race 互角の競争 / The water was ~ *with* my shoulders. <A+*with*+名> 水は私の肩と同じ高さまであった / The two teams finished ~. その 2 チームは同点で終わった. 3 (口調・視線が)一様の, 変化のない; (価格などが)変動のない, 一定の: speak in a ~ tone [voice] 淡々とした話し方をする / give her a ~ look [gaze] 彼女をじっと見つめる. 4 分別のある, 落ち着いた ((英) have a level head (成句), level-headed).
dò one's (déad) lével bést 動 自 最善を尽くす (*to do*). **dráw lével** 動 自 (…の)横に並ぶ; (競技などで)(…に)追いつく (*with*). **hàve a lével héad** 動 分別がある. **kéep a lével héad** 動 正気でいる, 冷静さを失わない.

— 動 (**lev・els** /-z/; **lev・eled**, (英) **lev・elled** /-d/; **-el・ing**, (英) **-el・ling**) 他 1 〈…〉を平らにする, ならす; 一様[同等]にする; 同じ高さ[水準]にする: ~ the score (英) (試合などで)同点にする / Death ~s all men. 死はすべての人を平等にする《人は身分に関係なく死ぬ》/ The ground needs to be ~ed. <V+O の受身> この地面はならす必要がある. 2 〈銃など〉を(…に)向けて(ねらいをつける (*at*). 3 (しばしば受身で) 〈非難など〉を(…に)向ける, 浴びせる: Serious criticism *was* ~*ed at* [*against*] his work. 彼の作品に対しては厳しい批評が浴びせられた. 4 〈人・建物など〉を倒す. — 自 (獲物など)をねらう (*at, against*). **lével the pláying field** 動 自 競争の場を公平にする.

━━ **level の句動詞** ━━

*lével óff 動 自 1 安定する, 横ばいになる: Inflation ~ed off at six percent. インフレは 6 パーセントで落ち着いた. 2 平らになる; (飛行機が)水平飛行に移る. — 他 〈…〉を平らにする; 安定させる.

lével óut 動 他 〈…〉を平らにする, ならす; 安定させる. — 自 平らになる; 安定する; 水平飛行に移る.

lével úp [dówn] 動 他 〈…〉を同じ[同じ高さに]上げる[下げる]: The bank has ~ed up. 土手は一様の[同じ]高さまで高くされた. 日英比較 日本語の「レベルアップ」,「レベルダウン」は単に水準を上下することだが, 英語の level up [down] は水準を上げ下げして, 他との差をなくすこと.

lével with … 動 他 (略式) …にざっくばらんに打ち明ける, 腹を割って話す.

lével cróssing 名 C (英) =(米) grade crossing.
lev・el・er, (英) **-el・ler** /lév(ə)lə | -lə/ 名 C 水平[平ら]にする人[物]; (主に死・病気など)全ての人を平等にする物[人]: Death is the great ~. 死ねば皆同じ.
lével-héaded 形 穏健な, 冷静で, 分別のある. **~・ness** 名 U 穏健[冷静]さ.
lév・el・ler 名 C (英) =leveler.
lével pláying field 名 [a ~] 公平な競争の場.
†**lev・er** /lévə, líː- | líːvə, lév-/ 名 C 1 (機) てこ; レバー: a hand ~ 手動レバー. 2 (目的達成のための)手段.
— 動 (**-er・ing** /-v(ə)rɪŋ/) 他 〈…〉をてこで動かす (*off, up, out*); 無理やり〈人〉を解任する (*out*).
†**le・ver・age** /lév(ə)rɪdʒ, líː- | líː-, lév-/ 名 U 1 てこ入れ, 影響力(の行使). 2 てこの作用[力]. 3 (米) (経) 資金調達力比率 ((英) gearing). — 動 (米) 〈…〉を借入金でてこ入れする.
lev・er・aged búyout /lév(ə)rɪdʒd-, líː- | líː-, lév-/ 名 C (主に米) レバレッジド・バイアウト《借入金をてこにし

lev・er・et /lévərət/ 图 C 子うさぎ.

le・vi・a・than /ləváiəθən/ 图 C 1 《聖》巨大な海獣. 2 《文》[詩ತ]《文》巨大なもの; 巨船[鯨].

Le・vi's, Le・vis /líːvaɪz/ 图 《複》リーバイス《ジーンズの商標》.

Lé・vi-Strauss /léɪvistráus, lévi-/ 图 個 **Claude** ～ レヴィ=ストロース (1908-)《フランスの社会人類学者; 構造主義の代表的論客》.

†**lev・i・tate** /lévətèɪt/ 動 ⦿ (心霊術で)〈…〉を空中に浮かばせる. ― ⦾ 空中浮揚する.

lev・i・ta・tion /lèvətéɪʃən/ 图 U 空中浮揚.

lev・i・ty /lévəti/ 图 U 《格式》または《誇張》軽率, 不謹慎, 浮薄.

le・vo・do・pa /lìːvoʊdóʊpə/ 图 U =L-dopa.

***lev・y** /lévi/ 動 (**lev・ies** /~z/; **lev・ied** /~d/; **-y・ing**) ⦾〈税金など〉を徴収する, 取り立てる, (…に)課する, かける (*upon*): A 5% consumption tax is levied on almost all goods in Japan. 日本ではほとんどすべての商品に5%の消費税が課されている. ― ⦿ 《法》〈財産〉を差し押さえる (*on*). ― 图 C (**lev・ies**) 〈税金などの〉徴収, 賦課; 徴収額, 賦課金, 税: impose a ～ on … …に課税する.

Lew /lúː/ 图 個 ルー《男性の名; Lewis の愛称》.

lewd /lúːd/ 形 (**lewd・er, more ～; lewd・est, most ～**) [けなして] みだらな, わいせつな.   **～・ly** 副 わいせつに.   **～・ness** 图 U わいせつ.

Lew・is /lúːɪs/ 图 個 1《男性の名; 愛称は Lew》. 2 **Carl** ～ (1961-)《米国の陸上競技選手》. 3 **Sin・clair** /sɪnkléə | -kléə/ ～ (1885-1951)《米国の小説家》.

lex・i・cal /léksɪk(ə)l/ 形 《言》語彙(ミ)の: an ～ item 語彙項目.   **～・ly** /-kəli/ 副 語彙的に.

lex・i・cog・ra・pher /lèksəkágrəfə | -kɔ́grəfə/ 图 C 辞書編集者; 辞書学者.

lex・i・co・graph・i・cal /lèksɪkougrǽfɪk(ə)l | -kə-←/ 形 辞書編集上の.

lex・i・cog・ra・phy /lèksəkágrəfi | -kɔ́g-/ 图 U 辞書編集(法); 辞書学.

lex・i・col・o・gy /lèksəkáləʤi | -kɔ́l-/ 图 U 《言》語彙論, 語彙学.

lex・i・con /léksɪkàn | -kə(ə)n/ 图 C 1 [普通は the ～]《言》(特定の言語・集団などの)語彙(ಪ)目録《文法に対して》; 2 《古風》辞書集《特定の作家・分野などの》; 辞書《特にギリシャ語・ヘブライ語などの》.

Lex・ing・ton /léksɪŋtən/ 图 個 レキシントン《米国 Massachusetts 州東部の町; 1775年4月19日, 米国独立戦争発端の地; ☞表地図 I 3》.

lex・is /léksɪs/ 图 U 《言》(特定の分野・言語・個人の)全語彙《》.

ley[1] /léi, líː/ 图 C (一時的な)牧草地.

ley[2] /léi, líː/**, léy lìne** 图 C《英》レイライン《先史時代の道・地相を示すという仮想上の直線; 普通は山頂間を結び, その線上に遺跡が多い》.

Ley・den /láɪdn/ 图 個 =Leiden.

LF /éléf/ 略 =low frequency.

Lha・sa /láːsə, lǽsə/ 图 個 ラサ《中国の都市; 旧チベットの首都でチベット仏教の中心》.

li・a・bil・i・ty** /làɪəbíləti/ 图 (**-i・ties** /~z/; 形 líable) 1 U (法律上の)**責任**(のあること), 義務 (*to*): **～ *to pay taxes 〈N+ *to* 不定詞〉 納税の義務 / product ～ 製造物責任 / He denies any ～ for the accident. 彼はその事故にはいっさい責任がないと言っている. 2 C [普通は複数形で]《法》債務, 負債 (☞asset). 3 C [普通は単数形で] やっかいもの, 足手まとい (*to*). 4 U 《格式》…になりやすいこと: ～ *to* cancer がんにかかりやすいこと.

liability insùrance 图 U 責任保険《被保険者が人に対し損害賠償の義務を負ったときにその損害額を補填する保険》.

***li・a・ble** /láɪəbl/ 【2】形 (图 liabílity) ⓟ 1 (物・人がよくないことや不利なことを)しがちで, …しやすい; 《格式》(病気などに)かかりやすい: Glass is ～ to break. <A+*to*不定詞>ガラスは割れやすい / We are ～ to make mistakes. 我々は間違いをしやすい / Kate is ～ to colds. <A+*to*+名・代> ケートはかぜをひきやすい. 2 《格式》(人が損害の補償などに法的に)**責任がある**;（罰金・拘留などに）処せられるべきで; …を免れない: We are ～ for the damage. 我々はその損害に対して責任がある / Anyone who spits on the street is ～ *to* a fine. 街路につばを吐く人は罰金を科せられます.

***li・aise** /liéɪz/ 動 ⦿ (軍隊・会社間で)連絡をとる, 連絡役を務める (*with*; *between*).

***li・ai・son** /líːəzɑ̀n, liéɪzɑn | liéɪzn/ 图 1 U またはa ～] 連絡; 接触 (*with*, *between*). 2 C [しばしば軽蔑]《特に不正な組織などの》連絡係[員]. 3 C 《格式》[婉曲; しばしば軽蔑] (男女の)密通.

líaison òfficer 图 連絡将校; 連絡調整員.

***li・ar** /láɪə | láɪə/ 图 C 〖軽蔑〗(常習的な)うそつき《lie[2] 图 日英比較》: a big ～ 大うそつき.

†**lib** /líb/ 图 U 《古風, 略式》解放, 解放運動 (liberation): women's ～ ウーマンリブ.

Lib. /líb/ 略 =Liberal.

li・ba・tion /laɪbéɪʃən/ 图 C 1 《文》(古代ギリシャ・ローマの)神酒(ミ゙); (神への)献酒. 2 〖滑稽〗酒.

lib・ber /líbə | -bə/ 图 C 《古風, 略式》[普通は軽蔑] 解放運動家: a women's ～ 女性解放運動家.

Lib Dem /líbdém/ 图 C 《英》=Liberal Democrat.

Lib Dems /líbdémz/ 图 《複》《英》=Liberal Democrats.

***li・bel** /láɪb(ə)l/ 图 (形 líbelous) 1 U 《法》(文書による)**名誉毀損**(ﾈ゙)(罪); C 誹謗(ビ゙)文書, 悪口 (*on*): sue a publisher for ～ 名誉毀損で出版社を訴える. 2 C 《略式》侮辱となるもの(*of*).
― 動 (**li・bels; li・beled**,《英》**li・belled; -bel・ing**,《英》**-bel・ling**) ⦾〈人〉を中傷する;《法》〈人〉に対する誹謗文書を公にする.

li・bel・ous,《英》**li・bel・lous** /láɪb(ə)ləs/ 形 (图 líbel) 《法》名誉毀損(ﾈ゙)の, 中傷的な: a ～ article 中傷的な記事.   **～・ly** 副 中傷的に.

***lib・er・al** /líb(ə)rəl/【3】形 (图 liberty, líberàte, liberalìze)

「自由な」	→ (政治的に)「自由主義の」 2
	(おおらかで)「気前のよい」 3
	(考え方が)「心の広い」 1
	(職業教育に対して, 自由な心を培(ᘛ)う)「一般教育の」 6

1 [普通は A] **心の広い**, 寛大な, 偏見のない; 寛大にふるまった (反 illiberal): a person of ～ views 見識の広い人.

2 自由主義の, 進歩的な: ～ ideas [thought] 自由思想 / a ～ politician 進歩的な政治家.

3 気前のよい, 物惜しみしない; 気前よくふるまった: a ～ giver 気前よく人に物を与える人 / She was ～ *with* her advice. <A+*with*+名・代> 彼女は惜しみなく助言を与えてくれました. **4** 自由な, 字義にとらわれない: a ～ interpretation of the law 法律の自由な解釈. **5** たくさんの, 豊富な (plentiful): a ～ helping of beans 山盛りの豆. **6**《教育》一般教育[教養]の (《liberal education》). **7** [L-] 《英》《政》自由党(員)の (《Lib.; ☞Liberal Party》).

― 图 **1** C 心の広い人; 自由主義者, 進歩的な人, リベラリスト. 日英比較 日本でいう「リベラリスト」に当たるのは liberal で, liberalist という語はあまり使われな

い. **2** [C] [L-] 《英》〘政〙 自由党員 (《[略]》 Lib.).

líberal árts [名] [複] [しばしば the ~] 《主に米》 (一般)教養科目 《専門科目に対し, 哲学・歴史・文学・語学などの科目》.

líberal demócracy [名] [U,C] 自由民主主義.

Líberal Démocrat 《英》 [名] [C] 自由民主党員 (Lib Dem). ― [形] 〘政〙 自由民主党の.

Líberal Démocrats [名] [複; the ~] 《英》 〘政〙 自由民主党 (Lib Dems) 《Liberal Party を前身とする英国の第 3 政党; [略] LD; ☞ Party 表》.

líberal educátion [名] [U] 一般教養教育, 高等普通教育.

+**lib·er·al·is·m** /líb(ə)rəlìzm/ [名] [U] [ときに L-] (主に社会的・政治的)自由主義.

lib·er·al·i·ty /lìbərǽləṭi/ [名] [U] 《格式》 **1** 寛大さ. **2** 気前のよさ.

lib·er·al·i·za·tion /lìb(ə)rəlɪzéɪʃən | -laɪz-/ [T3] [名] [U] 自由にすること, 自由化, 制約解除 (of).

***lib·er·al·ize** /líb(ə)rəlàɪz/ [動] (**-al·iz·es** /~ɪz/; **-al·ized** /~d/; **-al·iz·ing**; [形] líberal) [他] 〈…〉を自由(主義)化する; 〈制限など〉を緩和する: The country has been requested to ~ its import restrictions. その国は輸入制限を自由化するよう要請されている. ― [自] 自由主義化する.

lib·er·al·ly /líb(ə)rəli/ [副] **1** 気前よく, 惜しげもなく; 十分に. **2** 字義にとらわれずに.

Líberal Pàrty [名] [the ~] 《英》 自由党 《現在は Liberal Democrats》.

líberal stúdies [名] [複] 《主に英》 一般教養科目.

lib·er·ate** /líbərèɪt/ [動] (**-er·ates** /-rèɪts/; **-er·at·ed** /-ṭɪd/; **-er·at·ing** /-ṭɪŋ/; [形] líberal, [名] lìberátion) [他] **1** (奴隷・束縛の状態などから)〈人・国など〉を**自由にする**, 解放する ((set) free): Lincoln ~*d* the slaves. リンカンは奴隷を解放した / He ***~d the people ***from*** bondage. <V+O+*from*+名・代> 彼は人々を束縛から解放した. **2** 《格式》 〈囚人〉を釈放する. **3** [滑稽] 〈…〉を盗む (steal).

lib·er·at·ed /líbərèɪṭɪd/ [形] 自由になった; (社会的・性的偏見などから)解放された; (占領が)終わった.

lib·er·at·ing /líbərèɪṭɪŋ/ [形] 解放[釈放]の.

lib·er·a·tion /lìbəréɪʃən/ [名] ([動] líberàte) [U] 解放[釈放](する[される]こと) (of), 解放運動 (《略式》 lib): women's ~ ウーマンリブ.

liberátion theòlogy [名] [U] 解放神学 《人権擁護・政治的自由を説く(特に南米の)反体制的カトリック思想》.

lib·er·a·tor /líbərèɪṭə | -tə/ [名] [C] 解放者.

Li·be·ri·a /laɪbí(ə)riə/ [名] [固] リベリア 《アフリカ西部の共和国; 船舶の便宜置籍国として有名》.

Li·be·ri·an /laɪbí(ə)riən/ [形] リベリアの. ― [名] [C] リベリア人.

+**lib·er·tar·i·an** /lìbəté(ə)riən | -bə-←/ [名] [C] (言論・宗教上の)自由論者. ― [形] 自由論の.

lib·er·tine /líbəṭìːn | -bə-/ 《格式》 [軽蔑] [名] [C] 放蕩(ほうとう)[道楽]者, 性的にふしだらな人. ― [形] 放蕩な.

+**lib·er·ty** /líbəṭi | -bə-/ [T3] [名] (**-er·ties** /~z/; [形] líberal) **1** [U] **自由** 《束縛や制限などが除かれた状態》; 解放 (☞ freedom 類義語): ~ of conscience 良心[信仰]の自由 / They fought for their ~. 彼らは自分たちの自由のために戦った. **2** [U,C] (行動の)自由, (自由に使う)権利. **3** [単数形で] 勝手(な行動), 気まま; 無遠慮. **4** [複数形で] 特権 (privilege), 特典.

at líberty [形] 《格式》 **自由で**, 拘束[束縛]されずに: set … *at* ~ …を解放[放免]する / Two prisoners were caught tonight but the others are still *at* ~. 2 人の囚人は今夜つかまったがほかの者はまだつかまっていない.

be at líberty to dó [動] 《格式》 **自由に[勝手に]…できる**: You *are at* ~ *to* do so. 自由にそうしてよろしい.

tàke líberties with … [動] [他] (1) …を自分勝手に扱う. (2) 《古風》 …に性的になれなれしくする. (3) 《格式》 (規則・文章など)を勝手に変える.

tàke the líberty of dóing [動] 失礼を省みず…する: May I *take the* ~ *of* call*ing* on you tomorrow? 失礼ですが明日お伺いしてもよろしいでしょうか.

Whát a líberty! [感] 《英略式》 何て身勝手な[厚かましい](ことをするんだろう).

Líberty Bèll [名] [固] [the ~] 《米》 自由の鐘 《1776 年 7 月 8 日アメリカ合衆国の独立宣言を記念して鳴らした鐘; Philadelphia に保存されている》.

Liberty Bell

Líberty Hàll [名] [U] 《略式》 自由に行動できる場所[環境].

Líberty Ísland [名] [固] リバティ島 《米国 New York 港の入り口にある小島; Statue of Liberty がある》.

Lib·er·ty's /líbəṭiz | -bə-/ [名] [固] リバティー 《London にある高級百貨店》.

li·bid·i·nous /lɪbídənəs, -dn-/ [形] 《文》 好色な.

li·bi·do /ləbíːdoʊ/ [名] (~s) [U,C] 〘心〙 リビドー; 性的衝動; 生命力, 本能.

+**Li·bra** /líːbrə, láɪ-/ [名] **1** [固] 天秤(てんびん)座 《星座》; 天秤宮 (the Balance) (☞ zodiac 挿絵). **2** [C] 天秤座生まれの人 (Libran).

Li·bran /líːbrən, láɪ-/ [名] [C] 天秤座生まれの人 (Libra). ― [形] 天秤座生まれの.

+**li·brar·i·an** /laɪbré(ə)riən/ [名] [C] 司書, 図書館員.

librárian·shìp [名] [U] 図書館員の職[地位].

****li·brar·y** /láɪbreri | -brəri/ [名] (**-brar·ies** /~z/) [C] **1** **図書館**, 図書室; (個人の)書庫, 書斎: a public ~ 公共図書館 / a circulating [lending] ~ 貸し出し図書館 / a record ~ レコード貸し出し館 / the L~ of Congress 米国議会[国会]図書館 《Washington, D.C. にある》. **2** 蔵書; (レコード・フィルムなどの)コレクション; 〘電算〙 (ソフトウェア)ライブラリー: an extensive ~ of English books 英語の本の多大な蔵書. **3** …文庫, 双書(そうしょ): the Modern L~ モダンライブラリー 《英国の双書の名》. [語源] ラテン語で元来は「木の内皮」の意で, 昔はその上に文字を書いたので, それから「本」を意味するようになった; ☞ book [語源], write [語源].

líbrary pìctures [名] [複] 《英》 (ニュース番組などで流す)資料映像.

líbrary scíence [名] [U] 図書館学.

li·bret·tist /lɪbréṭɪst/ [名] [C] 台本の作者.

li·bret·to /lɪbréṭoʊ/ [名] (複 ~s, **li·bret·ti** /lɪbréṭiː/) [C] (歌劇などの)歌詞, 台本.

Lib·y·a /líbiə/ [名] [固] リビア 《アフリカ北部の共和国》.

Lib·y·an /líbiən/ [形], [名] [C] リビアの; リビア人(の).

+**lice** [名] louse 1 の複数形.

li·cense**, 《英》 **li·cence** /láɪs(ə)ns/ [T1] [名] (**li·cens·es**, 《英》 **li·cenc·es** /~ɪz/; [形] licéntious) **1** [C] **免許状[証]**, 認可書, 鑑札: 《米》 a driver's ~ = 《英》 a driving ~ 運転免許証 / a marriage ~ 結婚認可書 / He has a ~ ***to practice medicine. 彼は医者を開業する免許証を持っている.

コロケーション

apply for a *license* 免許状を申請する
get a *license* 免許状を受ける[得る]
issue [grant] a *license* 免許状を発行する[与え

L

る]
lose one's *license* 免許状を失う, 免停になる
pull ...'s *license* 《略式》...の免許を取り消す
renew a *license* 免許状を更新する
revoke ...'s *license* ...の免許を取り消す
suspend a *license* 免許状を一時停止にする

2 [U,C] **免許, 認可, 承認:** The shop got a **～** ***to*** sell alcohol. <N+*to* 不定詞> その店はアルコール飲料の販売認可を得た. **3** [U] 《格式》(言動の)自由; 《略式》[けなして](過度の)自由, (勝手)気まま, 放蕩(ほうとう), 放縦 (*to* do) (☞ freedom 類義語). **4** [U] (作家・芸術家などの)破格, 許容, 自由 (☞ poetic license).

a lícense to prínt móney [名]《略式》[けなして] ぼろもうけの口, 濡れ手で粟の商売. **ùnder lícense** [副] 認可を受けて, 許可されて.

—— [動] (**li·cens·es** /~ɪz/; **li·censed** /~t/; **li·cens·ing**) [語法] 動詞では《英》でも license のつづりのほうが普通. [他] [普通は受身で]〈...〉を**認可する,** 〈...〉に免許状を与える, 許す (allow): The shop *is* **～*d to*** sell tobacco. <V+O+C (*to*不定詞)の受身> その店はたばこを販売する認可を得ている.

+li·censed, 《英》 **li·cenced** /láɪs(ə)nst/ [形] 認可[免許]を受けた; 《主に英》(店・ホテルが)酒類の販売を認められた; (公的な所有・使用の)許可を受けた《銃など》: a ～ restaurant 酒類の販売を認められた料理店.

lícensed práctical [vocátional] núrse [名] [C] 《米》(有資格の)看護師 《[略] LPN, LVN》.

lícensed víct·ual·ler /-víṭələ | -lə/ [名] [C] 《英格式》(酒類販売免許を持つ)飲食[パブ]店主.

li·cens·ee /làɪs(ə)nsíː/ [名] [C] 免許[認可]された人, 鑑札取得者; 《主に英》酒類などの販売を認められた人.

lícense nùmber [名] [C] 《米》(自動車の)登録番号 (《英》registration number).

lícense plàte [名] [C] 《米》(車の)ナンバープレート (☞ car 挿絵) (plate, 《英》number plate); 《英》(タクシーの)営業許可番号(表示板) (☞ number plate).

lí·cens·ing hòurs /láɪs(ə)nsɪŋ-/ [名] [複] 《英》パブ[酒場]が酒類を出すことのできる時間帯.

lícensing làws [名] [複] 《英》酒類販売規制法.

li·cen·ti·ate /laɪsénʃiət/ [名] [C] 《格式》免(許)状所有者, (開業)有資格者.

li·cen·tious /laɪsénʃəs/ [形] ([名] lícense) 《格式》[けなして] (性的に)放縦な, 放蕩(ほうとう)な, 気ままな. **～·ly** [副] 放縦に. **～·ness** [名] [U] 放縦.

li·chee /líːtʃiː | laɪtʃíː/ [名] =litchi.

+li·chen /láɪk(ə)n/ [名] [U,C] 地衣類 《菌類と藻類の複合体で, 岩石の上や木の表面に生じる》.

lich·gate /lítʃgèɪt/ [名] [C] =lychgate.

Lich·ten·stein /líktənstàɪn/ [名] [固] **Roy** ～ リクテンスタイン (1923–97) 《米国のポップアートの画家》.

lic·it /lísɪt/ [形] ([反] illicit) 《格式》合法の, 正当な.

***lick** /lík/ ([類音] wreck) [動] (**licks** /~s/; **licked** /~t/; **lick·ing**) [他] **1** 〈物〉をなめる (*off, from*); なめて...にする: ～ the spoon clean <V+O+C (形)> スプーンをなめてきれいにする / The cat is ～*ing* its paws. 猫は足をなめている. **2** 《文》(炎が)〈...〉をなめる(ように燃え広がる); (波が)〈...〉にかぶる. **3** 《略式》〈問題〉を解決する, 〈困難〉に打ち勝つ. **4** 《略式》〈相手〉を打ち負かす; 〈...〉をやっつける, たたきのめす. **—** [自] [副詞句を伴って] **1** (舌で)なめる (*at*). **2** 《文》(炎・波が)なめるように動く (*at, against*).

hàve (gòt) ... lícked [動] [他] 《略式》〈...〉を乗り越える, 克服する; 〈人〉をまいらせる. **lìck ...'s bóots** [(《卑》**áss**] [動] 《略式》...にぺこぺこする, おべっかを使う. **líck úp** [動] [他] 〈...〉をなめ尽くす.

—— [名] (~s /~s/) **1** [C] [普通は単数形で] なめること, ひとなめ: have a ～ of ... ...をちょっとなめてみる. **2** [a ～] 《古風》 ほんのわずか(の量); (ペンキなどの)一塗り (*of*). **3** [C] 《略式》(ジャズ・ロックなどの)短い楽句[フレーズ, ソロ]. **4** [C] 《略式》 一発(ぶんなぐること). **5** [a ～] 《略式, 主に英》(すごい)スピード[速さ].

a líck and a prómise [名] 《略式》(1) 《米》(後でやり直すつもりで)大ざっぱにやること, やっつけ仕事. (2) 《英》 ぞんざいな掃除[洗濯]. **at a (gréat [treméndous, héll of a]) líck** [副] 《略式, 主に英》ものすごいスピードで. **gèt one's lícks ìn** [動] [自] 《略式》努力する, たたかう.

lick·e·ty-split /líkəṭisplít/ [副] 《古風, 米略式》全速力[大急ぎ]で.

lick·ing /líkɪŋ/ [名] [a ～] 《略式》ぼろ負け, 大敗北; (お仕置のためむちなどで)打つこと: get [take] *a* ～ ぼろ負けする, ひっぱたかれる / give (...) *a* ～ こてんぱんに負かす, (...を)ひっぱたく.

lic·o·rice, 《英》 **li·quo·rice** /lík(ə)rɪʃ, -rɪs/ [名] **1** [U] かんぞう(甘草) 《まめ科の多年草》; かんぞうの根 《薬・菓子などの原料》. **2** [U,C] かんぞう入りキャンデー 《縄のような形をした赤または黒色の菓子》.

***lid** /líd/ ([類音] lead², led, read², red, rid) [T3] [名] (**lids** /lídz/) [C] **1** (箱・つぼ・なべなどの)ふた (top): open [lift, take off] the ～ ふたを開ける. **2** [普通は複数形で] まぶた (eyelid).

blów [táke, líft] the líd òff ... =líft the líd on ... [動] [他] [新聞で]...の真相を暴露する[すっぱぬく]. [由来] なべのふたを開ける, の意から. **flíp one's líd** [動] [自] [S] 《略式》かっとなる; 興奮する; [滑稽] 狂う. **kéep a [the] líd on ...** [動] [他] 《略式》...を隠しておく; ...を抑制する. **pùt a líd on ...** [動] [他] (1) ...にふたをする. (2) ...を隠す, 抑制する (☞ stink [動] 1 例文). (3) 《略式》...を台なしにする. **pùt a líd on it** [S] [命令・依頼で] 話をやめる, 静かにする. **pút the (tín) líd on ...** [動] [他] 《略式》(1) 《古風, 英》(特に不運続きのあげく)...にとどめを刺す, ...を台なしにする. (2) ...を抑える[隠す, もみ消す].

lid·ded /líḍɪd/ [形] [普通は [A]] **1** (箱などが)ふたのある. **2** まぶたが閉じかかった; [合成語で] まぶたが...の: heavy-～ [heavily ～] eyes まぶたのたれさがった目.

líd·less [形] ふたのない; まぶたのない.

li·do /líːḍou/ [名] (~s) [C] 《英》 **1** 屋外プール. **2** 海岸の保養地, 海水浴場.

***lie**[1] /láɪ/ ([類音] light[1, 2], like[1, 2], rye, wry) [T1] [動] (**lies** /~z/; 過去 **lay** /léɪ/; 過分 **lain** /léɪn/; **ly·ing** /láɪɪŋ/) [自]

基本的には「横たわる」の意 (☞ lay² 囲み; law [語源]).

① 横になる	1
② (物が...に)ある	2
③ 位置する	3
④ ...の状態にある	4
⑤ (事柄が...に)ある	5

1 [副詞(句)を伴って] (人・動物が)**横になる,** 横たわる, 寝る: I often **～ *on*** this bench. <V+前+名・代> 私はよくこのベンチに横になる / I *lay on* my stomach [back]. 私はうつぶせに[あおむけに]なった / This is a very comfortable bed to ～ on. これはとても寝心地のよいベッドです / The baby's mother ***lay beside*** it on the bed. 母親はベッドで赤ちゃんのそばに横になった. [関連] [他] は lay (横にする).

2 [副詞(句)を伴って] (物などが...に横にして)**ある,** 置いてある: There is a book ***lying on*** the desk. <V+前+名・代> 机の上に本が(置いて)ある / The snow *lay* deep. <V+C (形)> 雪が深く積もっていた.

3 [副詞(句)を伴って] (土地・町・建物などが...に)**位置す**

る; (景色などが)展開している; (未来・人生などが)広がっている: Ireland ***~s to*** the west of Great Britain. <V+前+名・代> アイルランドはグレートブリテン島の西にある / The scene ***lying before*** us was beautiful. 《格式》私たちの目の前にある景色は美しかった / A bright future ***~s before*** [***in front of***] you. 《格式》輝かしい将来が君の前に広がっている.
4 …の状態にある (remain): He is *lying* ill in bed. <V+C (形)> 彼は具合が悪くて寝ています / She *lay* awake all night worrying about her family. 彼女は家族のことを心配して一晩中眠れなかった / The cat *lay hidden* in the bushes. <V+C (過分)> 猫は茂みに隠れていた / The old castle ***lay in*** ruins. <V+*in*+名・代> その古城は荒れ果てたままになっていた.
5 [副詞(句)を伴って] (事柄などが…に)ある, (原因・欠陥などが…に)存する (exist) (☞ lie in … (句動詞)): The choice ***~s between*** sports and study. <V+前+名・代> スポーツをするか勉強をするかのどちらかを選ばなければいけません / The problem *~s* right here. 問題はまさにこの点にある. **6** [副詞(句)を伴って] 《格式》(死体が)葬られている, 眠っている: *Here ~s* …. (墓碑銘で)ここに…眠る. **7** [序数詞を伴って] 《英》(競技で)…位[番]である. **8** [副詞(句)を伴って] 《古語》宿泊する.
as [sò] fár as in me líes [副] 《格式》私の力の及ぶ限り. **lét it [thìngs] líe** [動] [自] ほうっておく, 成り行きにまかせる. **táke … lýing dówn** [動] [他] [普通は否定文で] 《略式》〈侮辱など〉を甘んじて受ける.

lie[1] の句動詞

líe ahéad [動] [自] (物事が)(…の)将来に起きる, (…を)待ちうけている (*of*): I wonder if I can cope with the difficulties that ~ *ahead*. 私を待ち受けている難局を切りぬけることができるだろうか.
líe aróund [abóut] [動] [自] **1** (物が)ちらかっている, ほったらかしてある: Don't leave your shoes *lying around* like that. そんなふうに靴を脱ぎすてにしてはいけないよ. **2** (何もしないで)ぶらぶらと過ごす.
líe aróund [abóut] … [動] [他] **1** (物が)…にちらかっている, ほったらかしてある. **2** …でぶらぶら過ごす.
líe báck [動] [自] **1** あおむけに横たわる; (いすなどの)後ろにもたれる. **2** 休む, ゆっくりする.
líe befóre [動] [自] =lie ahead.
líe behínd … [動] [他] **1** …の背後にある. **2** …の(隠れた)理由[原因]となっている: I wonder what *~s behind* his sudden retirement. 彼が突然引退した真の理由は何だろう.
*__líe dówn__ [動] [自] 横になる, 寝る: *L~ down* and make yourself comfortable. 横になって楽にしてください《診察のときなど》/ *L~ down.* 伏せ《犬に対して》/ If you ~ *down* with dogs, you get up with fleas. 《ことわざ》犬と寝ると, のみと共に起きることになる(悪人とつき合えばその影響は避けられない).
líe dówn on the jób [動] [自] まじめに働かない.
líe ín [動] [自] 《英》朝寝ぼうする.
*__líe in …__ [動] [他] (原因などが)…にある, …にかかっている (☞ lie[1] [自] 5): The value of life *~s* not *in* the length, but *in* the use, of it. 人生の価値はその長さではなくその過ごし方にある.
líe óff [動] [自] 〘海〙(船が陸地または他の船から)少し離れて泊まる.
líe úp [動] [自] **1** (長い間)床について休む; 病気で引きこもる. **2** 《主に英》隠れる, 地下に潜(ひそ)る.
líe with … [動] [他] **1** …の役目[仕事, 責任]である: It *~s with* you to make a decision about it. それについて決定するのがあなたの役目だ. **2** (決定・選択などが)…にかかっている. **3** 《古語》…と性交する.

— [名] [C] [普通は単数形で] あり場所, 位置; 〘ゴルフ〙打球の止まった位置, ライ: a good ~ 良いライ. **the líe of the lánd** [名] 《英》=the lay of the land (☞ lay[2] [名] 成句).

*__lie__[2] /láɪ/ ([類音] light[1,2], like[1,2], rye, wry) [名] (~s /~z/) [C] うそ, 偽り ([反] truth): a complete [downright] ~ まっかなうそ / a bald-faced [white] ~ 厚かましい[罪のない]うそ / It was all (a pack [tissue] of) ~s. それは(まったくの)うそだった / Father, I cannot tell a ~. I did it with my little hatchet. お父さん, 僕はうそはつけません. 僕が小さなおのでやったんです《桜の木を切った少年時代の Washington のことばとされている》. [日英比較] 英語の lie, liar は日本語の「うそ」「うそつき」よりずっと強い非難・軽蔑の感情を含む. 日本語の軽い意味の「うそ!」は No kidding!「うそでしょう」は You must be joking. が近い.「うそつき」に相当するのは fibber.

— コロケーション —
detect a *lie* うそを暴く
see through a *lie* うそを見抜く
tell a *lie* うそをつく

gíve the líe to … = **gíve … the líe** [動] [他] 《格式》[しばしば新聞で] …が偽りであることを証明する, …と矛盾する. **líve a líe** [動] [自] 偽りの生活をする. **náil a líe (to the cóunter)** [動] [自] 《略式》[新聞で] うそをあばく. **nó, (I) téll a líe, (…)** [S] 《古風, 英》[発言を訂正して] うそうそ[いや違う](本当は…).
— [動] (**lies** /~z/; **lied** /~d/; **ly·ing** /láɪɪŋ/) [自] **1** うそをつく, 偽る: [言い換え] He ***~d to*** me yesterday. <V+*to*+名・代> (=He told a lie to me yesterday. =He told me a lie yesterday.) 彼はきのう私にうそをついた / She ***~d*** (***to*** me) ***about*** her age. <V(+*to*+名・代)+*about*+名・代> 彼女は(私に)年齢をごまかした. **2** (物が)偽りの印象を与える, 惑わす: Statistics sometimes ~. 統計は時々人を惑わすことがある.
líe through one's téeth [動] [自] (ぬけぬけと)真っ赤なうそをつく. **líe ˹one's wáy [onesèlf] ìnto …** [動] [他] うそをついて(地位など)につく. **líe ˹one's wáy [onesèlf] òut of …** [動] [他] うそをついて[不正な手段で]…から逃れる.
Liech·ten·stein /líktənstàɪn/ [名] [固] リヒテンシュタイン《スイスとオーストリアの間の公国》.
lied /líːt, líːd/ [名] (複 **lie·der** /líːdə | -də/) [C] 〘楽〙リート, (ドイツ)歌曲.
líe detèctor [名] [C] うそ発見器 (polygraph).
líe-dòwn [名] [a ~] 《英》(普通はベッドの上での)短い休息, ひと休み.
liege /líːdʒ/ [名] [C] 《文》 **1** =liege lord. **2** =liege man.
líege lórd [名] [C] 《文》(封建時代の)君主, 王侯.
líege màn [名] [C] 《文》(封建時代の)臣下.
líe-ìn[1] [名] [U] 座り込み.
líe-ín[2] [名] [C] [普通は単数形で] 《略式, 主に英》朝寝.
li·en /líː(ə)n/ [名] [C] 〘法〙先取特権 (*on*); 抵当権.
lieu /lúː/ [名] [普通は次の成句で] **in lìeu of …** [前] 《格式》…の代わりに (instead of).
Lieut. [略] =lieutenant.
*__lieu·ten·ant__ /luːténənt | leftén-/ [名] (**-ten·ants** /-nənts/) [C] **1** 《米》**海軍大尉**; 《英》**陸軍中尉, 海軍大尉** (《略》Lt., Lieut.). **2** 上官代理, 副官. **3** 《米》警部補; 消防副隊長.
lieuténant cólonel [名] [C] 《米》陸[空]軍中佐; 《英》陸軍中佐.
lieuténant commánder [名] [C] 海軍少佐.
lieuténant géneral [名] [C] 《米》陸[空]軍中将; 《英》陸軍中将.
lieuténant góvernor [名] [C] 《米》(州の)副知事; 《英》(植民地の)副総督.
lieuténant júnior gráde [名] [C] 《米》海軍中尉.

L

life

life /láɪf/ 名 (複 **lives** /láɪvz/; 動 live¹, 形 alive, live²)

→（個体の命）→「命」4 →（命のある期間）
　　　　　　　　→「一生」1 →（その記録）→「伝記」8
　　　　　　　　→「人生」2 →（生き方）→「生活」3
「生命」5 →（生命を持つもの）→「生き物」6 →
　　　　　　　（生きたもののように）→「実物」9
→（生命の力）→「元気」7

1 ⓊⒸ (人の)**一生**, 生涯; 今までの[これからの]人生; [形容詞的に] 終身の: He remained single throughout his ~. 彼は一生独身で通した / She spent her early [adult] ~ in Paris. 彼女は若いころ[成年期]をパリで過ごした / She gave [dedicated, devoted] her entire ~ to the struggle against cancer. 彼女は一生を癌(がん)との戦いにささげた / He became a composer in later ~. 彼は晩年に作曲家になった / a ~ member of the association その協会の終身会員 / (for) the rest of one's ~ 余生を(...).

━━━ リスニング ━━━
life の後に母音で始まる語が続くと, その母音と語末の /f/ とが結合して「ファ」行の音のように聞こえる. life in Italy /láɪfɪntǝli/ は「ライフィニタリー」のように, life and death /láɪfəndéθ/ は「ライフンデス」のように聞こえる. 「ライフ・イン・イタリー」,「ライフ・アンド・デス」のようには発音しない.

2 Ⓤ **人生**, この世, 世間: L~ is short and time is swift. 人生は短く時のたつのは速い / L~ begins at forty. [滑稽] 人生は40から / L~ goes on. Ⓢ (つらくても)それでも人生は続く(がんばろう) / Such is ~. = That's ~. Ⓢ 人生[世の中]とはそんなものだ.

3 ⓊⒸ **生活**, 暮らし(方); Ⓤ 生活[人生]の楽しみ, 生きがい; 最も大切なもの[人]: city [country] ~ 都会[田舎]生活 / private [social] ~ 私(社会)生活 / the good ~（道徳的に）正しい生活;（物質的に）豊かな生活 / the quality of ~ 生活の質 / lead a happy married ~ 幸せな結婚生活を送る / live a miserable ~ みじめな生活を送る 《☞ cognate object 文法》 / start [make] a new ~ 新しい生き方を始める / Singing was his (whole) ~. 歌こそ彼の命だった / What is the ~ of a star singer like? スター歌手の生活とはどんなのか / This is the ~! Ⓢ これこそが人生だ; 気分は最高.

4 Ⓒ (個人の)**命**, 生命: Five million people lost their lives [lives were lost] in the war. その戦争で500万人が命を失った / L~ is cheap! 人の命なんて安いものだ.

━━━ コロケーション ━━━
give [**sacrifice**,《文》**lay down**] one's *life* (for ...)（...に）命をささげる《☞ 成句》
lose one's *life* 命を失う
risk one's *life* 命を賭ける
save ...'s *life* ...の命を救う
take [**claim**] ...'s *life* ...の命を奪う

5 Ⓤ **生命**, 命, 生存 (反 death): the origin of ~ 生命の起源 / the struggle for ~ 生存競争 / There is no sign of ~ at the scene of the crash. 墜落の現場には生存者のいる様子はない / While [Where] there is ~, there is hope.（ことわざ）命がある限りは望みがある（命あっての物種(...)).

6 Ⓤ **生き物**（全体）, 生物: animal ~ 動物 / vegetable [plant] ~ 植物 / bird ~ 鳥類 / Is there (any) ~ on Mars? 火星には生物がいるだろうか // ☞ wildlife.

7 Ⓤ 元気, 活気, 生気; 活動, 動き: The children are full of ~. 子供たちは元気いっぱいだ / She gave ~ to the meeting. 彼女のためにその会は活気づいた / There was no sign of ~ in the room. その部屋には人の動く気配はなかった. **8** Ⓒ 伝記 (life story): the lives of great men 偉人たちの伝記 / write a ~ of Byron バイロンの伝記を書く. **9** Ⓤ 実物, 本物, 実物大: a picture sketched from ~ 実物からスケッチした絵. **10** [単数形で] (物の)寿命, 耐用年数; (機械などの)存続期間: during the ~ of the present government 現政府の存続する間に / a long ~ battery もちがいい電池. **11** Ⓒ (難をのがれたあとの)新しい出発, 命拾い; (子供のゲームで決まった回数だけやり直しのきく)チャンス,（出）番. **12** Ⓤ（略式）= life imprisonment.

áll one's lífe [副] 一生涯, 終生: I'll be grateful to you *all my* ~. 御恩は一生忘れません.

(a mátter of) lífe and [or] déath [名] 死活問題, 人命にかかわること《☞ life-and-death》.

(as) bíg [lárge] as lífe [形・副] **(1)** 等身[実物]大の[で]. **(2)**（略式）[滑稽] まぎれもなく, 本人の[で]: There he was, *large as* ~.（驚いたことに）そこに当の本人である彼がいた.

be séntenced to lífe [動] 圊（略式）終身刑に処せられる《☞ 12》.

bring ... to lífe [動] 他〈...〉を生き返らせる;〈...〉の意識を回復させる; 活気づかせる.

còme to lífe [動] 圊 **(1)** 意識を取り戻す.**(2)** 活気づく, 真に迫って[本物のように]見える.**(3)**（不吉な夢などが）現実のものとなる.**(4)**（機械などが）突然動き始める.

éarly in lífe [副] 若いころ(に).

énd one's lífe [動] 圊 **(1)** 自殺する.**(2)** = end one's days 成句.

for déar lífe = **for one's lífe** [副]（略式）命がけで, 必死で: run *for dear* [*one's*] ~ 必死で走る.

for lífe [副・形] 一生涯(の); 終身.

for the lífe of one [副] [否定文で] Ⓢ（略式）(人が)どうしても(...ない): I cannot for the ~ of me remember her name. どうしても彼女の名前が思い出せない.

Gét a lífe! [動] Ⓢ（略式）つまらないぞ, ちゃんと[しっかり]しろ, ばかなことはよせ; まともな生き方をしろ.

gèt lífe [動] 圊（略式）= be sentenced to life.

gíve one's lífe [動] 圊（国などのために）命をささげる（戦死するなど）(for).

hàve the tíme of one's lífe [動] 圊 これまでにない楽しい思いをする.

in (áll) one's lífe [副] 一生で, 生まれてこのかた: I've never in *my* ~ seen such a beautiful sight. 生まれてからまだこんな美しい景色を見たことがない.

in réal lífe [副] 実際のところ, 実生活では.

lárger [英] **bígger] than lífe** [形・副] 実際より大きい[く]; 並を超えていて目立つ.

láte in lífe [副] 晩年に, 年をとってから.

láy dówn one's lífe [動] 圊《文》(...のために)命をささげる (for).

lífe and [or] déath ☞ (a matter of) life and [or] death.

lífe and límb [名] 生命, 生存: risk [sacrifice] ~ *and limb* 生命の危険を冒す.

Lífe is tòo shórt (for ... [to dó]). Ⓢ（...に）時間をかけている暇はない.

màke lífe dífficult [éasier] [動] 圊（...にとって）生活[物事]を難しく[容易に]する (for).

màke ...'s lífe héll [a mísery] [動] 圊（...の生活）をひどくむじめにする.

Nót on yòur (swéet) lífe [副] Ⓢ（略式）とんでもない, まっぴらだ.

pùt one's lífe in ...'s hánds [動] 圊 命を(人)の手にあげすぶる[ゆだねる].

rún ...'s lífe [動]（略式）...の生活に口出しする, ...にあれこれうるさく指示する.

sée (sómething [múch]) of lífe [動] 圊 世間を

(少し[たくさん])見る[知る] ★否定は see nothing of life.

séll one's lífe déarly [動] 圓 《格式》《殺される前に ひと暴れして大勢の敵を倒す[道連れにする].

táke one's lífe in one's (ówn) hánds [動] 圓 (1) 《略式》(絶えず)身を死の危険にさらす. (2) 自分で生活を管理する.

táke one's (ówn) lífe [動] 圓 自殺する.

the lífe (《英》and sóul) of ... [名] 《略式》…の花形, …の中心をなる人: She was the ～ and soul of the party. 彼女はパーティーの花形であった.

the mán [wóman] in one's lífe [名] 《しばしば滑稽》愛人, 恋人; 夫[妻].

the néxt lífe = the lífe to cóme [名] 来世.

the ... of ―'s lífe [形] 今まで(の人生)で一番[最高, 最大]の...: That was the game of his ～. それは彼の人生で最高の試合だった.

to the lífe [副] 《古風》生き写しで, 寸分たがわずに.

Whát a lífe! [感] なんてひどいんだろう; なんてすばらしいんだろう.

lífe-affírming [形] 人生に対して肯定的な, 生きる力を与える.

life-and-death [形] [A] 生きるか死ぬかの, 生死にかかわる; きわめて重大な: ～ situations 死活にかかわる事態.

life annúity [名] [C] 《財》終身年金.

life assúrance [名] [U] 《主に英》生命保険 (life insurance).

life bèlt [名] [C] **1** 《米》(潜水中の)安全[救命]ベルト. **2** 《主に英》= life buoy.

life-blòod [名] [U] **1** 活力のもと, 源泉, 生命 (of). **2** 《文》(命に不可欠な)血液.

+life-bòat [名] [C] 救命艇; 救命ボート.

life bùoy [名] [C] 救命ブイ(浮き輪のこと).

life clàss [名] [C] 実物モデルを使う絵画教室.

+life cỳcle [名] [C] **1** 《生》生活環(卵(さなぎ)から次の世代の卵(さなぎ)までの生活過程など); 生涯過程. **2** (製品などの)寿命(市場導入から廃棄までのサイクル).

life expéctancy [名] (-tan-cies) [U][C] **1** 平均余命(ある年齢の人が今後生存を予想される統計的な平均年数); 平均寿命. **2** (機械などの)寿命, 耐用年数.

life fòrce [名] [C] 生命の根源となる力.

life fòrm [名] [C] 《格式》生き(物), 生命体.

life-gíving [形] 活力を与える, 元気づける.

life-guàrd [名] [C] 水泳監視員, 救助員.

Life Gùards [名] [複; the ～] 《英》近衛騎兵連隊.

life hístory [名] [C] **1** 生活史. **2** = life story.

+life imprísonment [名] [U] 終身(懲役)刑.

+life insúrance [名] [U] 生命保険.

life jàcket [名] [C] = life preserver.

+life-less [形] **1** 活気のない, 気の抜けた (dull). **2** 《主に文》生命のない; 死んだ (dead). **3** 生物の住んでいない. **～·ly** [副] 死んだように; 活気なく. **～·ness** [名] [U] 生命のないこと; 活気のなさ.

life-lìke [形] 生き生きとしている; 真に迫った, 生き写しの.

+life-lìne [名] [C] **1** 生命線, 生活線(重要な輸送路・通信網など) (to, for). **2** 救難索; (潜水夫の)命綱.

+life-lòng [形] [A] 終生の.

life mémber [名] [C] 終身会員.

life nèt [名] [C] 救命網(消防隊員などが, 高い所から飛び降りる人を救う).

life-or-déath [形] [A] = life-and-death.

life pàrtner [名] [C] (生涯の)伴侶, つれあい.

life péer [名] [C] 《英》一代貴族(世襲できない baron か baroness の称号を授かった者).

life péeress [名] [C] 《英》女性の一代貴族.

life presèrver [名] [C] 《米》救命具(ベルト); 救命胴衣 (life belt; life jacket).

lif·er /láɪfə | -fə/ [名] 《略式》**1** 終身刑の囚人. **2** 《米》軍隊に一生を捧げる人; 職業軍人.

---

lift 1011

life ràft [名] [C] (ゴム製の)救命ボート(海に投下すると自動的にふくらむ).

life-sàver [名] [C] **1** 人命救助者; 救命具. **2** 《略式》苦境から救ってくれる人[物], 苦しい時の救いの手. **3** 《豪》= lifeguard.

Lífe Sàvers [名] [複] ライフセイヴァーズ《米国製の浮き輪形のはっか菓子・ドロップ; 商標》.

+life-sàving [名] [U], [形] [A] 人命救助(法)(の), 水難救助(の).

life scíence [名] [C] [普通は複数形で] 生命科学.

+life séntence [名] [C] 終身刑.

life-síze(d) [形] (芸術作品などが)実物[等身]大の.

life spàn [名] [C] 命の長さ; (生物・組織などの)寿命.

life stòry [名] [C] 伝記, 身の上話.

***life-style** /láɪfstàɪl/ [名] (～s /-z/) [C][U] **生活様式**, 暮らしぶり, ライフスタイル: His ～ has changed greatly since his divorce. 離婚以来彼のライフスタイルは大きく変わった.

life-style drùg [名] [C] 生活改善薬(バイアグラや養毛剤など).

life suppòrt [名] [C] = life support system 1.

life-suppòrt machìne [名] [C] = life-support system 1.

life-suppòrt sỳstem [名] [C] **1** (病院・宇宙船などの)生命維持装置. **2** 《生》(生命維持に必要な)環境, 生態系.

life's wórk [名] [U] lifework.

life-thréatening [形] 命を失う危険がある: a ～ disease 命にかかわる病気.

***life·time** /láɪftàɪm/ [名] (～s /-z/) [C] [普通は単数形で] **生涯**, 終生; (物事の存続期間, 寿命: We won't see it happen during [in] our ～. 我々の生きている間にそれが起こるのを見ることはないでしょう. **ónce in a lífetime** [副] ごくまれに. **the chánce [expérience] of a lífetime** [名] またとない機会[経験].
― [形] 一生の, 終身の: ～ employment 終身雇用.

life vèst [名] [C] 《米》= life preserver.

life-wórk [名] [C] 一生の仕事[事業]; 一生をささげる仕事[事業], ライフワーク.

***lift** /líft/ [原音] left [T1] [動] (lifts /lífts/; lift·ed /-ɪd/; lift·ing)

―圓 圓 の転換―
圓 **1** 持ち上げる (to make (something) move upward)
圓 **1** (持ち)上がる (to move upward)

― 圓 **1** 〈重いものなどを〉**持ち上げる** (up) (反 lower); 〈手・足・目・頭などを上げる; 〈電話の受話器・ふたを〉とる, はずす: He ～ed this stone (from the ground). <V+名・代(+from+名・代)> 彼らはこの石を(地面から)持ち上げた / People use a crane to ～ metal pipes. 金属製のパイプを持ち上げるにはクレーン車を使う.
2 〈物・人を持ち上げて(...へ)移す[運ぶ]; 〈物資・人員などを空輸する (airlift): ～ a suitcase into [out of] a car スーツケースを車に積む[車から降ろす] / Will you ～ that box down from the shelf for me? あの箱を棚から降ろしてくれませんか. **3** 〈包囲・封鎖・禁止などを〉解く, 撤廃する; 〈負担などを〉取り除く; 〈...〉の状況を改善する (out of): ～ a test ban 核実験禁止協定を撤廃する / ～ price controls 物価の統制を解除する / ～ economic sanctions 経済制裁を解除する. **4** 〈気分などを〉高揚させる, 〈地位・品位・精神などを高める, 向上させる. 〈数・量を増やす (反 lower): Art ～s up our minds. 芸術は我々の心を高める / ～ ...'s spirits (⇨ spirit 成句). **5** 〈程度などを〉上げる, 《略式》〈声を〉張り上げる (up) (raise). **6** 《略式》盗む, 万引きする; 〈文章などを〉盗用する (from) (⇨ steal 類義語). 関連 shoplift-

ing 万引き. 7 〖農〗〈作物〉を掘り出す, 引き抜く.
— [自] 1 (持ち)上がる: This part of the kitchen floor ~*s*. 台所の床のこの部分は上に上がる[開く]《下に収納庫などがあってそのふたになっている》. 2 (雲・霧などが)晴れる; (気持ち・表情が)晴れる; (声などが)大きくなる.
líft óff [動] [自] (航空機が)離陸する, (宇宙船などが)打ち上げられる《☞ liftoff》. **líft ... pàst —** [動] [他] (試合などで)〈...〉を—に得点で上回らせる[勝たせる].
— [名] (**lifts** /lífts/) **1** [C] (自動車などに)乗せてあげる[もらう]こと《☞ 成句 (1), ride [名] 1》: Does anybody want a ~ *to* town? 町まで(車に)乗っていきたい人はいますか / Thank you for the ~. (車に)乗せてくれてありがとう // thumb a ~ 《☞ thumb [動] 成句》.
2 [C] 《英・豪》 **エレベーター, 昇降機** (《米》 elevator): call [press for] the ~ (ボタンを押して)エレベーターを呼ぶ / I took the ~ to the third floor. 私は 4 階までエレベーターで昇った《☞ floor [語法]》 // ☞ food lift.
3 [a ~] **(持ち)上げる[上がる]こと; 持ち上がる重量[距離]**: I gave the rock *a* ~. その岩を持ち上げた.
4 [a ~] 《略式》 (精神・感情の)高まり; 元気づけ《☞ 成句 (2)》. **5** [C] 持ち上げる装置; =chairlift, ski lift. **6** [U,C] 上昇力, 〖空〗 揚力.
gíve ... a líft [動] [他] (1) 〈...を〉**車に乗せてあげる**: "Will you *give* me *a* ~ to the station, please?" "Sure, hop in." 「駅まで車に乗せてくれませんか」「いいですよ, 乗ってください」 (2) 《略式》〈...の〉気分を高揚させる. (3) 〈景気などを〉浮揚させる.
+**líft·òff** [名] [C,U] **1** (航空機の)離陸; (ミサイル・宇宙船などの)打ち上げ(の瞬間). **2** [主に新聞で] (重要プロジェクト・計画などの)開始, 立ち上げ.
líft tìcket [名] [C] (スキー場の)リフト券.
+**lig·a·ment** /lígəmənt/ [名] [C] 〖解〗 靭帯(じんたい).
lig·a·ture /lígətʃə, -tʃʊ̀ə | -tʃə, -tʃʊ̀ə/ [名] [C] **1** 《格式》 ひも, 帯; 〖医〗 縫い合わせ糸. **2** 〖楽〗 スラー (slur). **3** 〖印〗 合字, 連字, 抱き字 (æ, fi, ʧ など).
light¹ /láɪt/ ([類音] right¹·², write) [名] (**lights** /láɪts/) **1** [U] **光; 明るさ** ([反] darkness); 明るい所; 光の差し込む道筋: dazzling [soft] ~ まばゆいばかりの[穏やかな]光 / The sun gives us ~ and heat. 太陽は光と熱を与えてくれる / People used to read by the ~ of a candle. 昔はろうそくの明かりで読書したものだ / She could just make out the figure of a man in the dim ~. 薄暗い明かりの中で彼女は男の姿をやっと見ることができた / The cat slowly came over into the ~. 猫はゆっくり明るい所に出てきた / Stand out of the ~. 影になるからどいて.

light 1 のいろいろ
cándlelìght ろうそくの明かり / **dáylìght, súnlìght** 日光 / **eléctric líght** 電光 / **gáslìght** ガス灯の光 / **móonlìght** 月の光 / **stárlìght** 星明かり

2 [C] **明かり,** ライト, 電灯 (electric light); 信号灯 (signal light): We saw the ~*s* of the city. 私たちに町の明かりが見えた / The ~*s* went down [out] in the hall. ホールのライトは暗くなった[消えた] / The ~*s* are on, but nobody's home. Ⓢ 明かりはついているが誰もいない《人が起きてはいるがぼやっとしている状態をさす; 転じて少し頭の回転が遅い人にも使う》.

コロケーション
leave a *light* **on** 明かりをつけたままにする
shine a *light* **on** [**over**] ... ...を照らす
ˈ**turn down** [**dim**] a *light* 明かりを暗くする
ˈ**turn off** [**turn out, switch off, put out, put off**] a *light* 明かりを消す
turn [**switch, put**] **on** a *light* 明かりをつける
turn up a *light* 明かりを強くする

light 2 のいろいろ
bráke lìght (自動車の)ブレーキランプ / **fáiry lìghts** 《英》(装飾用の)豆電球 / **fláshlìght** 《米》 懐中電灯 / **flóodlìght** 投光照明灯 / **fluoréscent líght** 蛍光灯 / **fóg lìght** (自動車の)霧灯, フォグライト / **fóotlìghts** フットライト / **héadlìght** (自動車などの)ヘッドライト / **néon líght** ネオン灯 / **níght lìght** 終夜灯 / 《米》 **párking lìght**=《英》 **sídelìght** (自動車の)駐車灯 / **pílot lìght** 表示灯 / **séarchlìght** 探照灯 / **spótlìght** スポットライト / **stréetlìght** 街灯 / **stróbe lìght** 〖写〗 ストロボ / **táillìght** (自動車などの)尾灯 / **wárning lìght** 警告灯

3 [C] [しばしば複数形で] **交通信号(灯)** 《☞ traffic light [語法]》: cross against the ~ 信号を無視して横断する / The ~(*s*) ˈchanged to [turned] green. 信号が青に変わった / put on the brakes at a red ~ 赤信号でブレーキを踏む《☞ red light》.
4 [a ~] (マッチ・ライター・たばこなどの)**火,** (点火するための)火花: strike *a* ~ マッチの火をつける, マッチをする / He took out a cigarette and asked me for *a* ~. 彼はたばこを取り出して私に火を借りたいと言った.
5 [U] [普通は the ~] **日の明かり,** 日光; 昼間, 日中: at first ~ 《文》 夜明けに / *The* ~ begins to fail at four in the winter. 冬は 4 時には暗くなりはじめる / Let's finish while *the* ~ lasts. 日のあるうちに終わらせよう / Each drop of dew caught *the* ~ of the sun. 露が日の光を受けて輝いていた.
6 [単数形で] (物の)**見方, 見解, 見地**: I have never looked upon the matter in this ~. そのことをこの点から考えたことはなかった / He will put the problem in a different ~. 彼ならその問題を違った見地から考えるだろう. **7** [[U] または a ~] 《文》 (顔つきの)明るさ; (感情を表わす)目の光[輝き], 目つき. **8** [C,U] [普通は単数形で] 〖芸〗 (絵・写真の)明るい部分 ([反] shade, shadow): ~ and shade (絵画の)明部と暗部, 明暗. **9** [C] [主に合成語で] 〖建〗 (明かり取りの)窓, 天窓. **10** [C] 誇れる人, 指導者. **11** [U] 《格式》 (解明の)光, 理解, 啓発; 説明(となるもの).
accórding to one's (ówn) líghts [副] 《格式》 自分の判断[能力, 知識]に従って.
bríng ... to líght [動] [他] 〈秘密など〉を**明るみに出す, 暴露する**: Our investigation has *brought* the scandal *to* ~. 我々の調査でその醜聞が明るみに出た.
cóme [**be bróught**] **to líght** [動] [自] (秘密などが)明るみに出る, 暴露される.
gò [**be**] **óut lìke a líght** [動] [自] Ⓢ 《略式》 すぐ眠り込む, 意識を失う.
hàve one's náme in líghts [動] [自] 《略式》 (俳優などが)成功する, 脚光をあびる.
in a góod [**bád**] **líght** [副] (1) (絵などが)よく見える[見えない]ところに. (2) 有利[不利]に.
in the cóld líght of dáy [副] (一夜明けて)冷静な目で見ると.
in (《英》 **the**) **líght of ...** [前] ...に照らして, ...から見て (in view of ...): *In* (*the*) ~ *of* my experience, I'd advise you not to lend him any money. 私の経験から, 彼には金は貸さないほうがよいと忠告します.
sée the líght [動] [自] (1) 納得する, (突然)理解する; 悟る, 改宗する. (2) (物・計画などが)日の目を見る, 世に出る; (法律などが)実施される. (3) 《文》 生まれる.
sée the líght of dáy =see the light (2), (3).
sèt líght to ... [動] [他] 《主に英》 ...に火をつける.
stánd [**be**] **in ...'s líght** [動] ...に当たっている光をさえぎる; ...のじゃまになる.
(the) líght at the énd of the túnnel [名] 苦難の先の光明.
ˈ**The líght** [**Líght**] **dáwned** (**on ...**). (人に)突然理解された, 急にわかり始めた.

the light of ...'s life [名] …の最愛の人.
throw [shed, cast] light on [upon] ... [動] [他] …に(解明の)光を与える, …の説明となる (explain); 《文》…に光を投げかける: His paper will *throw* ~ *on* this difficult problem. 彼の論文はこの難問の手がかりになろう. [語法] light is thrown [shed, cast] on [upon] ... の形で受身になる.
— [動] (**lights** /láɪts/; 過去・過分 **lit** /lít/, **light·ed** /-ṭɪd/; **light·ing** /-ṭɪŋ/) [他] **1** 〈…〉に**火をつける**, **点火する**: a ~*ed* candle [match] 火のついたろうそく[マッチ] / He *lit* a cigar. 彼は葉巻きに火をつけた / Please ~ the candle. ろうそくをともしてください.
2 〈…〉に**明かりをつける**; [普通は受身で]〈…〉を**照らす**, 明るくする: ~ the lamp ランプをつける / The moon *lit* the garden. 月が庭を照らしていた / The hall *is* well ~*ed by* dozens of lamps. <V+O の受身> ホールはたくさんの明かりで照明が行き届いている. **3** 《古風》明かりを照らして〈…〉を案内する (*into, along*). — [自] 火がつく, ともる; 明かりがつく: These matches ~ easily. このマッチは火がつきやすい.

light[1] の句動詞

***light úp** [動] [自] **1** 明るくなる, 輝く (*with*): This lamp ~*s up* automatically when it gets dark. このランプは暗くなると自動的に明かりがつく. **2** (顔などが)輝く, 晴れ晴れとする: Her face *lit up with* joy. 彼女の顔は喜びで輝いた. **3** 《略式》(たばこに)火をつける.
— [他] **1** 〈…〉を明るくする: The floor lamp *lit up* the whole room. フロアスタンドが部屋中を照らした. **2** 〈表情など〉を晴れ晴れとさせる. **3** 〈…〉に火をつける.

— [形] (**light·er** /-ṭɚ | -tə/; **light·est** /-ṭɪst/; [動] líghten[1]) **1** (色などが)**薄い** ([反] dark); (髪・皮膚の色が)薄い (fair), 淡い (☞ fair[1] [形] 5): ~ blue 薄青, ライトブルー (☞ Cambridge blue) / She has ~ brown hair. 彼女は薄茶色の髪をしている.
2 明るい (bright) ([反] dark): It was (as) ~ as day. 昼間のように明るかった / It's beginning to get ~ outside. 外は明るくなり始めている.

****light**[2] /láɪt/ ([類音] right[1, 2], write) [形] (**light·er** /-ṭɚ | -tə/; **light·est** /-ṭɪst/; [動] líghten[2]; [反] heavy)

「軽い」1
→(中身が軽い) →「少ない」3
→(負担が少ない) →「容易な」4
→(内容が少ない) →「(食事が)軽い」5
→(程度が軽い) →「弱い」2
→(気分が軽やかな) →「軽快な」6

1 軽い; [名詞の後で] (…だけ)目方が足りない: a ~ box 軽い箱 / ~ clothing 軽い服 / An airship is ~*er* than air. 飛行船は空気より軽い / That bag of coal is ten kilos ~. あの石炭袋は 10 キロ目方が足りない.
2 (風・雨・力・程度などが)**弱い**, 軽い; (音などが)静かな, かすかな; (刑罰などが)軽い: a ~ breeze 微風 / ~ footsteps 小さな足音 / We had a ~ snowfall yesterday. 昨日は少し雪が降った / He gave me a ~ touch on the shoulder. 彼は私の肩をぽんと軽くたたいた (☞ the[1] 2) / The punishment was ~*er* than we (had) expected. 罰は予期していたよりも軽かった.
3 分量が少ない, 少量の; [A] (人が)食べる[飲む, 吸う]量が少ない: a ~ sleep 浅い眠り / a ~ eater [smoker] 食の細い[たばこを少し吸う]人 / a ~ sleeper 眠りの浅い人 / Traffic is ~ today. きょうは交通量が少ない.
4 (仕事などが)**容易な**, 楽な (easy): ~ exercise 軽い運動 / The work was ~. その仕事は楽だった.
5 (食べ物などが)**軽い**, 腹にもたれない, あっさりした味の; 栄養[カロリー, 脂肪]分の少ない, 軽い; (ケーキが)ふんわりした: a ~ meal 軽食 / (a) ~ beer 低アルコールのビール.
6 (動きの)**軽快な**; 《文》快活な, 浮き浮きした: ~ laughter 屈託のない笑い / He's ~ on his feet. 彼は足どりが軽い. **7** (文章・作品などが)肩の凝(こ)らない, 軽い, 娯楽的な: ~ music 軽音楽 / ~ reading 肩の凝らない読み物. **8** 軽装の, 軽便な: a ~ sweater 薄手のセーター // ☞ light rail. **9** 頭がふらふらする, めまいがする. **10** (土が)くだけやすい, 水はけのよい.
màke líght of ... [動] [他] …を軽んじる, 大したことではないと思う. **with a líght héart** [副] 《文》快活に; 軽率に.
— [副] (**light·er**; **light·est**) 軽装で, 身軽に: travel ~ (荷物などあまり持たずに)身軽に旅行する.
light[3] /láɪt/ [動] (**lights**; 過去・過分 **lit**, /lít/ **light·ed**; **light·ing**) [自] 《文》**1** (鳥などが…に)止まる (*on, upon*). **2** ふと見つける, たまたま出会う (*on, upon*). **líght ínto ...** [動] [他] 《主に米略式》(人)を攻撃する; …を非難する, しかる. **líght óut** [動] [自] [普通は過去形で] 《米略式》(…へ)逃げ出す (*for*); 急いで出発する.
líght adaptàtion [名] [U] 明順応 《暗所から明所に出たときの眼の順応; ☞ dark adaptation》.
líght-adàpted [形] (眼が)明順応した.
líght áircraft [名] (複 ~) [C] 軽飛行機.
líght ále [名] [U] 《英》ライトエール 《弱いビール》.
líght bòx [名] [C] ライトボックス 《内部に電灯を入れ, 外側にすりガラスなどを用いた箱型器具》.
líght bùlb [名] [C] 電球.
líght-e·mìt·ting díode /-ɪmìṭɪŋ-, -iːm-/ [名] [C] 〖電工〗発光ダイオード (《略》 LED).
+light·en[1] /láɪtn/ [動] ([形] light[1]) [他] 〈…〉を明るくする, 照らす (☞ enlighten [語源]) ([反] darken). — [自] **1** 明るくなる; 輝く; 光る; [it を主語として; ☞ it[1] A 2] 稲光がする. **2** (表情などが)明るくなる.
+light·en[2] /láɪtn/ [動] ([形] light[2]) [他] **1** 軽減する; 〈…〉を軽くする: They ~*ed* my workload. 私の仕事量は軽減された (☞ they 2 (2)) / The government ~*ed* taxes. 政府は税金を軽くした. **2** 〈心〉を軽くする, 元気づける, 喜ばせる; 〈雰囲気など〉をやわらげる. **3** 〈スピーチなど〉を軽妙にする (*up*). **4** 〈色など〉を薄くする. — [自] (船・心などが)軽くなる; (気が)楽になる; 色が薄くなる.
Líghten úp! Ⓢ 《米略式》落ち着け, 心配するな.
+light·er[1] /láɪṭɚ | -tə/ [名] [C] ライター (cigarette lighter); 点火器: a gas ~ ガスライター.
ligh·ter[2] /láɪṭɚ | -tə/ [名] [C] はしけ.
ligh·ter·age /láɪṭərɪʤ/ [名] [U] はしけ運搬[使用料].
líghter-than-áir [形] 〖空〗(機体の)排除する空気の重さよりも軽い, 軽航空機の.
líght·fàst [形] 耐光性の, 光で色のさめない.
líght-fíngered [形] **1** 《略式》盗癖のある, 手癖の悪い. **2** (楽器の演奏などで)指がよく動く.
líght-fóoted [形] 敏捷(びんしょう)な.
líght-héaded [形] **1** (飲酒などで)頭がふらふらする. **2** 軽率な. **~·ly** [副] 頭がふらふらして; 軽率に. **~·ness** [名] [U] 頭がふらふらすること; 軽率さ.
+líght·héarted [形] ([反] heavyhearted) 快活な, 肩の凝(こ)らない; 心の軽い, 気楽な. **~·ly** [副] 快活に; 気楽に. **~·ness** [名] [U] 快活さ; 気楽さ.
líght héavyweight [形], [名] [C] (ボクシング・レスリング・重量挙げの)ライトヘビー級の(選手).
+líght·hòuse [名] (~s /-hàuzɪz/) [C] 灯台 (☞ 次ページ写真).
líght índustry [名] [U,C] 軽工業. [関連] heavy industry 重工業.
***light·ing** /láɪṭɪŋ/ [名] [U] 照明(法); 点火: direct [indirect] ~ 直接[間接]照明.
líghting-úp tìme [名] [U] 《英》(自動車の)点灯時刻.

L

lightly

light・ly /láıtli/ 副 **1** 軽く, そっと, 静かに; 少しばかり, あっさり: press the button ~ そっとボタンを押す / ~ armed soldiers 軽装備の兵士 / This fish is grilled. この魚は軽く焼いてある. **2** 軽快に, 機敏に, すばしこく (quickly): jump ~ aside すばやくわきに飛びのく. **3** 陽気に, 快活に, 気軽に: chuckle ~ 陽気に笑う. **4** 軽率に; むとんちゃくに, 平然と: Don't take it lightly. それを気軽に考えてはいけない. **escápe** [**gèt óff**] **líghtly** [動] 自 (略式)(罰などが)軽くすむ.

líght métal 名 C,U 軽金属. 関連 heavy metal 重金属.

líght mèter 名 C 露出計 (exposure meter).

light-mínded 形 軽薄な.

líght・ness¹ 名 U 明るいこと; 明るさ; (色の)薄さ.

líght・ness² 名 U **1** 軽いこと; 軽さ; 敏速, 機敏. **2** 軽率, 軽々しさ.

*light・ning /láıtnıŋ/ 名 **1** U 稲光, 稲妻, 雷 (☞thunder 表): a fork of ~ 叉状(ちまた)電光 (forked) / His house was struck **by** ~. 彼の家に雷が落ちた / ~ never strikes (in the same place) twice.《ことわざ》雷は同じ場所には二度と落ちない (同じ不運に二度見舞われることはない). **2** [形容詞的に] 稲妻の, 非常に速い: a ~ attack 電撃攻撃. (**as**) **quíck** [**fást**] **as líghtning**=**like** (**gréased**) **líghtning=like a stréak of líghtning=with** [**at**] **líghtning spèed** [形・副] 稲妻のようにすばやい[く], 電光石火のごとき[く].

líghtning bùg 名 C (米) ほたる (firefly).

líghtning condùctor 名 C (英) = lightning rod 1.

líghtning ròd 名 C (米) **1** 避雷針. **2** (批判などの)矢面に立たされる人[もの] (for).

líghtning strìke 名 C (英) 不意打ちストと; 落雷.

líght ópera 名 C = operetta.

líght pèn 名 C (電算) ライトペン (ディスプレイ上の文字などを指してコンピュータに指示する器具).

líght pollùtion 名 U 光害 (天体観測などに支障をきたす, 都市などの夜光).

líght-pròof 形 光を通さない.

líght ràil 名 C (米) 軽便鉄道 (路面電車など).

líght ráilway 名 C (英) = light rail.

lights /láıts/ 名 複 (古風) 家畜の肺臓.

líght・shìp 名 C 灯台船.

líght shòw 名 C ライトショー (ポップコンサートなどで多彩な光を用いるショー).

lìghts-óut 名 U 消灯時間; L~! 消灯! (合図のことば).

líght tàble 名 C ライトテーブル (半透明な上板を下から照明して用いるテーブル; スライド検査用・透写用).

líght・wèight 名 C **1** 標準重量以下の人[もの], (ボクシング・レスリング・重量挙げの)ライト級の選手. **2** (略式)[軽蔑] 軽薄なやつ; 小物. **3** (略式) 酒の飲めないやつ, 下戸. ― 形 **1** A 軽量の, 軽い; ライト級の. **2** (けなして)深みのない, 内容が浅い[軽い]. **3** (けなして)大したこと[力量]のない.

*light-yèar 名 C (天) 光年 (光が1年かかって到達する距離; 約9兆5千億キロメートル); [複数形で] (略式)とても長い時間[距離]: ~s ago ずっと昔に / ~s ahead はるかに進んで.

lig・ne・ous /líɡniəs/ 形 (植) 木質の.

lig・nite /líɡnaıt/ 名 U 亜炭, 褐炭.

lik・a・ble /láıkəbl/ 形 好かれる, 好ましい; 魅力ある.

‡like¹ /láık/

基本的には「似ている」の意.
① (…に)**似ている** — 形 1
② …のような[に] — 前 1, 2
③ …らしい[く] — 前 3
④ 同じような — 形 2

― 形 (**more** ~; **most** ~) **1** P (性質などが…に)似ている, 似た (反 unlike).

語法 (1) more, most をつけて比較変化したり, very, so などの副詞の修飾を受けることがある点で 形 といえるが, 次に名詞・代名詞を目的語にとる点では 前 と見ることができ, 両方の性質を持っている: Jane is 'very (much) [a little] ~ her sister. ジェーンは姉によく[少し]似ている / He is nothing ~ his brother. 彼は兄[弟]とは全然違う (☞ nothing 副, anything 副) / Mary is *more* ~ her father than her mother. メアリーは母より父に似ています (会話)"Is your house ~ this one?" "Yes, just ~ it."「あなたの家はこの家に似ていますか」「ええ, そっくりです」.
(2) 2つ(以上)の人[物]が主語にくる場合は The two boys are like each other. (その2人の少年は互いに似ている) / The twins are alike. (その双子はよく似ている)(☞ alike)のようにいう.

2 A (格式)同じような, 類似の, (数量などが)等しい (反 unlike): We are of ~ mind. 我々は同意見だ / ~ father[mother], ~ son[daughter].《ことわざ》この親にしてこの子あり(かえるの子はかえる). **3** P (古語) …しそうな (likely).

― /láık/ 前 **1** …のような[で], …に似た[て] (反 unlike): Dogs ~ this one are very rare. このような犬は非常に珍しい / She's more ~ a daughter to me than my own daughter. 彼女は私にとって実の娘以上に娘みたいだ (☞ 1 語法 (1)) / It was ~ watching a slow-motion picture. それはまるでスローモーション映画を見ているようであった.

2 …のように, …に似て; …と同様に (反 unlike): He acted ~ a brother to me. 彼は私には兄弟のようにふるまった / They treated him ~ a member of the family. 彼らは彼を家族の一員のように扱われた / I worked ~ a slave. 私は奴隷のように(懸命に)働いた. **語法**「役割」または「資格」を表わす as 句との違いに注意: I worked *as* a slave. 奴隷として働いた / He acted *as* (a) guide to us. 彼は私たちの案内役を務めた // L~ me, she sometimes suffers from bad headaches. 私と同様に彼女も時々ひどい頭痛に悩まされる. **3** …らしく[く], …にふさわしい[ふさわしく] (反 unlike): Such behavior is just ~ Meg. そのような行ないはいかにもメグらしい / It isn't ~ him to be so late. こんなに遅れるのは彼らしくない (☞ it¹ A 4). **4** (例えば)…のような ((such) as): There are many sports I enjoy, ~ baseball, soccer, and tennis. 私が楽しむスポーツはいろいろある, 野球, サッカー, テニスのように.

líke néw [形] 新品みたいな.

líke thís [**thát**] [副・形] S この[その]ように[な, で] (こんな[そんな]風に[で] (☞ like so (so¹ 副 成句)): Don't talk ~ that. そんな風に言うものじゃない / It was ~ this. それはこんな次第だった (説明などの前置き).

Thát's mòre like it! S (略式)その方が(ずっと)いい[ありがたい, 真相に近い].

whát is ... líke? (1) (…が)どんな人[もの]か, どんな風

か〈話〉 "What's Tom ～?" "He's a very nice person." 「トムはどんな人ですか」「とてもいい人です」/ I wonder what it's ～ to be in an operating room. 手術室に入れられるのはどんな感じなのだろうか《☞ it¹ A 4》. 〈語法〉主に特徴・性格を尋ねるが, 天候については how と同じように使える《☞ how¹ 3》: What's the weather going to be ～ tomorrow? あすの天気はどうなりそうですか. (2) ...は何に似ていますか.

— 名C [普通は the ～, または所有格の後で単数形で] 似た[同じような]人[物]; (...に)匹敵する人[物].

〈語法〉やや古風な響きの語で, 否定文・疑問文で用いることが多い.: I've never seen [heard] the ～ (of it). こんな(ひどい)のは見た[聞いた]ことがない / Shall we ever see his ～ again? 彼のような男にまた会えるだろうか.

∴ and [or] the like 〈略式〉...およびその他同類のもの, ...など. the likes of ... [名]S〈略式〉[しばしば滑稽]...のような人たち[物]: the ～s of you あんたのような(ひどい)連中 / the ～s of me 私のような(つまらない)者ども.

— /láik/ 接 S 〈略式〉 1 (...が一する[—である])ように (as): ～ I said said というように / She can't cook ～ her mother can. 彼女はお母さんのようには料理できない. 2 (まるで)...である[する]かのように (as if): He behaved ～ he was afraid. 彼はおびえたようにふるまった. 〈語法〉like を接続詞として使うことは誤りとする人もいる.

— /láik/ 副 S 〈略式・非標準〉 1 [主に文末・文中で間をもたせるためのつなぎのことばとして用いて] いわば, まあ, 大体, ある程度; He's weak ～. あいつはなんか弱っちい.
2 [be 動詞の後で人のことばや感情表現を引用して] ...と言う: He was ～, huh? 彼は「何だって」と言った. (as) like as nót=like enóugh [副] S 〈古風, 略式〉文修飾語 多分, 恐らく.

like² /láik/ 動 (likes /-s/; liked /-t/; lik·ing)
[普通は進行形なし]

① ...が好きだ 他 1
② ...したい(と思う) 他 2, 3
③ ...を望む 他 4
④ 気に入る 自

— 他 1 〈...〉が好きだ, 〈...〉を好む, 〈...〉が気に入る; 〈...〉に好意を持つ (⇔ dislike): I ～ dogs. 私は犬が好きです / "Do you ～ ballet?" "Yes, I do." 「バレエは好きですか」「はい, 好きです」/ Henry is ～d by everybody. <V+O の受身> ヘンリーはだれからも好かれている.

〈語法〉 (1) like² と副詞
like とともに使う強めの副詞・比較級・最上級は特に〈略式〉では a lot, very much, much better, best が普通; 時に very well, more, most も使う《☞ love¹ 動 2 最初の〈語法〉: I ～ skiing very much. スキーが大好きだ / Which do you ～ better, summer ♪ or winter? ⤵ 夏と冬のどっちが好き?《☞ つづり字と発音解説 97》/ "What sport [subject] do you ～ (the) best?" "Tennis [English]." 「どんなスポーツ[学科]が一番好き?」「テニス[英語]です」《☞ the¹ (4) 〈語法〉 (2)》/ I ～ this dictionary more than the others [(the) most]. この辞書が他よりも[一番]好きだ.

(2) like² と進行形
普通は進行形にはしないが, enjoy の意味で用いた次のような形は可能: How are you liking your new school? 新しい学校はどうですか《☞ How do you like ...? (成句)》.

〈言い換え〉 Do you ～ to drive sports cars? <V+O (to 不定詞)>=Do you ～ driving sports cars? <V+O (動名)> スポーツカーを運転するのが好きですか. 〈語法〉 この2つの文は同じ意味に用いられるが, 〈英〉では一般的な好みを述べるときには <V+O (動名)> を, ある特定のときに...するのが好きだというときには <V+O (to 不定詞)> を用いる人もいる. // What I ～ about him is his honesty. 私は彼の正直なところが好きです / I don't ～ it when you behave like that. あなたにそんな振舞いをして欲しくない / She didn't ～ the idea [thought] of going away from home. 家から離れるのを考えただけでも彼女はいやだった // get [come, grow] to ～ ...... が好きになる《☞ get 自 4, come 自 7》.

2 [would, should, 'd の後に用いて; 普通は受身なし]《主な表現は ☞ 成句》S〈丁寧〉(1) (できたら)...したい(と思う): He would ～ to go to the football game, wouldn't he? 彼はそのフットボールの試合に行きたいでしょうね / 〈話〉 "Where would you ～ to sit?" "In front." <V+O (to 不定詞)> 「お席はどこをご希望ですか」「前のほうで」.
(2) 〈...〉に—してもらいたい(と思う): I'd ～ you to meet Anne. <V+O+C (to 不定詞)> アンを紹介します / What time would you ～ me to pick you up? 何時にお迎えにまいりましょうか / I would ～ them to tell the truth. 彼らに本当のことを言ってもらいたいのだが. 〈語法〉 〈米〉では I would ～ for them to... の形も用いられる. 〈言い換え〉 We'd ～ this matter settled at once. <V+O+C (過分)> =We'd ～ to have this matter settled at once. この問題をすぐ解決してもらいたい.
(3) 〈...〉が欲しい(と思う), 〈...〉を望む: He would [He'd] ～ a TV in his room. 彼は部屋にテレビを置きたがっている / What would ～ for breakfast? <V+O+for+名・代> 朝食には何がよろしいですか / When would you ～ your bath? おふろは何時にしますか.

3 [否定文で] 〈...〉する気がある, 〈...〉したい: 〈言い換え〉 I don't ～ to ask for his help. <V+O (to 不定詞)>= I don't ～ asking for his help. <V+O (動名)> 私は彼の助けを求めたくない / I don't ～ bothering you, but could you tell me where the office is? 〈丁寧〉 お手数をかけてすみませんが, 事務所はどちらかお教えくださいませんか.

4 〈...〉を望む, 〈...〉のほうがよい; 〈...〉は—であってほしい: Would you ～ coffee ♪ or tea? ⤵ コーヒーとお茶とどちらがいいですか / 〈言い換え〉 I don't ～ you to behave like that. <V+O+C (to 不定詞)>=I don't ～ you behaving like that. <V+O+C (現分)>=I don't ～ your behaving like that. <V+O (動名)> あなたにそんなふるまいをしてもらいたくない《☞ sense subject 文法 (2) の (i) (b) と (iii) (c)》.

〈話〉 "How do you ～ your coffee?" "I ～ it black [strong]." <V+O+C (形)> 「コーヒーはどんなふうに入れますか」「ブラック[濃いの]がいいですね」

5 [普通は否定文で] 〈略式〉 (食物などが)〈...〉の体質に合う.

— 自 [従属節に用いて] 気に入る, 望む: He always does as he ～s. 彼はいつもしたいようにする.

as you like (just) as you wish [like] (as 成句). How do you like ...? S 〈...〉はいかがですか(どの程度好きか, 嫌いかを尋ねるとき); 〈...〉をどう思いますか: "How do you ～ New York?" "I ～ it very much." 「ニューヨークはいかがですか」「とても気に入ってます」/ "How did you ～ this book?" "It was very interesting and instructive." 「この本はどうでした」「とてもおもしろくてためになりました」《☞ 4 〈話〉, How would you like ...? (2) 〈語法〉》.

Hów do you líke that? ⓢ (感想は)どうですか;(同意を求めて)ひどい話だとは思わないか.

Hów would you líke ...? (1) ⓢ (丁寧)〈…(すること)〉はいかがですか《勧誘するとき》: *How would you* ~ *a steak?* ステーキはいかがですか / *How would you* ~ (*to go on*) *a trip around the world?* 世界一周旅行(に出られるの)はいかがですか. (2) 〈…〉はどうするのがよいでしょうか《料理・飲み物などの具体的な調理のしかた, 出し方を尋ねる言い方》 金話 "*How would you* ~ *your steak?*" "*Well-done, please.*"「ステーキの焼き具合はどうしましょうか」「よく焼いてください」 語法 これは How do you ~ your steak? は「普段どういう焼きかたが好きですか」という一般的な質問または「お味はいかがですか」の意 (☞ ⊕ 4 語法).

Hów would you líke ... dóing? ⓢ …が—したらどう思いますか.

Hów would you líke it if ...? ⓢ もし…したらどう思いますか.

I líke thát! ⓢ (略式) (1) 気に入ったぞ. (2) (英) あきれた, ひどいじゃないか《皮肉に用いて驚き・いらだちなどを表わす》.

I would like ... =(格式, 主に英) **I should like ... = I'd like ...** ⓢ (丁寧) 〈…〉が欲しい (want): *I'd* ~ *ten dollars, Dad.* パパ, 10 ドル欲しいんだけど / *I'd* ~ *this shirt, please.* このシャツをください《買い物をするときのことば》.

I would [(英) should] like to dó = I'd like to dó ⓢ (丁寧)(できたら)…したい: *I would* ~ *to have a cup of tea.* お茶を一杯いただきたいのですが / *I'd* ~ *to be a guitarist.* 私はギタリストになりたい. 語法 I want to do よりも丁寧な表現 / "*Care to join us, John?*" "*Yes, I'd* ~ *to.*" 「一緒にどう, ジョン?」「ええ, 喜んで」 (☞ to³ A 1 語法 (1), ellipsis 文法 (1) (iii)).

I'd [I would] like to belíeve [thínk] (that) ...…だと思いたい(希望や推測などを表わす): *I'd* ~ *to believe [think] it's true.* それは事実だろうと思いますが. (2) (多分)…だと思います(遠慮した表現).

I'd like to knów [sée, héar]... ⓢ (本当にできるものなら)〈…〉をぜひ教えて[見せて, 聞かせて]もらいたい(がどうせできやしまい)《皮肉な不信・脅しの表現》: *If she thinks she's such a great pianist, I'd* ~ *to hear her play that sonata.* 彼女のピアノの腕がそんなによいならあのソナタを弾いて聞かせてもらいたいものだ(ができまい).

if you líke (副) 文修飾語 ⓢ (主に英) (1) (丁寧) よろしかったら, よければ: *I'll come to see you if you* ~. よろしかったらお伺いします. (2) そう言いたければ, 多分: *He is poor, if you* ~. 彼はまあ貧乏だとは言えます. (3) (丁寧)(そうしたいなら)そうしましょう《不本意ながら同意するときのことば》.

jùst as you líke ☞ as 成句.

(whèther you) líke it or nót (副) 文修飾語 ⓢ いやが応でも.

would [should] like to have ... = 'd like to have ... (動) [過去分詞を伴って] …したかったのだが(実現されなかった希望を表わす) 言い換え *I'd* ~ *to have seen* her face when she opened the letter. (= I wish I'd seen her face ...) 彼女が手紙を開けたときの顔を見たかったものだ. 語法 I'd have ~d to see her face ... という形になることもある.

Wòuld you líke ...? ⓢ (丁寧) 〈…〉はいかがですか《相手に物を勧めるときなど》; 〈…〉をお望みですか《相手の希望の物を尋ねるときなど》.

金話 "*Would you* ~ *something to drink?*" "*Yes, a cup of tea, please.*"「何かお飲み物はいかがですか」「ええ, 紅茶をください」《レストランで》/ "*Would you* ~ *some fruit?*" "*Yes, thank you [Yes, please] (, I would).*"「くだものはいかがですか」「はい, いただきます」(☞ No, thank you (Thank you 成句)).

Wòuld you líke to dó? ⓢ (丁寧)…したいですか《相手に希望を尋ねるとき》; …なさいませんか《勧誘・提案をするとき》; …していただけませんか《依頼をするとき》.

金話 "*Would you* ~ *to leave a message, or will you call back later?*" "*I'll call back later, thanks.*"「伝言いたしましょうか. それとも後でまたおかけしますか」「後でまた電話します, どうも」 / "*Would you* ~ *to go for a drive?*" "*Yes, I would.*"「ドライブに行きませんか」「ええ, 行きます」

Wòuld you líke ... to dó? ⓢ (丁寧)〈…〉に—してもらいたいですか;〈…〉が—しましょうか.

金話 "*Would you* ~ *me to carry that bag?*" "*Yes, please [thank you].*"「そのかばんをお持ちしましょうか」「ええ, お願いします」

── 名 [複数形で] 好きなもの[こと], 好み (☞ dislike 名 成句).

-like /làɪk/ 接尾 [名詞につく形容詞語尾]「…のような, …らしい」の意: business*like* 事務的な, child*like* 子供のような.

like・a・ble /láɪkəbl/ 形 =likable.

líke・li・hood /láɪklihʊ̀d/ 名 (形) likely, 反 unlikelihood) ありそうなこと, 見込み, 公算, 可能性 (☞ possible 類義語): Is there any ~ *of* snow? 雪が降りそうでしょうか / There was little ~ *that* he knew anything about it. <N+(that) 節> 彼がそのことを少しでも知っているとはとても思えなかった. **in áll likelihood** (副) 文修飾語 多分 (probably).

***like・ly** /láɪkli/ 11 (形) **like・li・er** /-liə/ | -liəɚ|, **more** ~; **like・li・est** /-liɪst/, **most** ~; 名 líkelihòod; 反 unlikely) 1 **ありそうな**, なりそうな, 起こりそうな (☞ possible 類義語): It is a ~ result. それはありそうな結末だ / War is ~ between the two countries. 両国の間で戦争が起きそうだ.

2 P …しそうな, …らしい, 多分…だろう, …するおそれがある (☞ 類義語): It is ~ to be fine. <A+to 不定詞> 天気になりそうだ / 言い換え He is (very) ~ to do well. = *It is* (very) ~ *that* he will do well. 彼は(多分)うまくやるだろう (☞ that² A 2 文法) / This horse seems (more than) ~ to win. この馬が(ほぼ確実に)優勝しそうだ. 3 Ⓐ ちょうどよい, あつらえ向きの: a ~ spot for a restaurant レストランにうってつけの場所 / a ~ place to hide 隠れるのにあつらえ向きの場所. 4 Ⓐ 見込みのある, 有望な (promising): a ~ candidate 有力な候補者. **(Thát's) a líkely stóry!** (感) ⓢ (略式) 信じられまいか, まさか《皮肉な軽蔑・疑いの表現》.

【類義語】**likely** 特定の状況, 制限された範囲内での可能性を表わす: He is ~ to object to this plan. 彼はこの計画に反対しそうだ. **apt** 人の生まれつきの[習慣的な]傾向, 物の傾向について表わす: He is *apt* to get depressed before exams. 彼は試験の前にはいつも落ち込むたちだ.

── (副) 文修飾語 [普通は very, most, quite とともに用いて] **多分**, 恐らく: You are very ~ right. 多分あなたが正しいでしょう / *Most* ~ he will refuse our request. 恐らく彼は私たちの依頼を断わるだろう / He will *quite* ~ come. 彼はまず間違いなく来る. 語法 特に(米)では文中で単独で用いることもある: You've ~ heard the gossip. 多分うわさを聞いているでしょう.

可能性が高い順
1. **always** (いつも)

2. **certainly** (確かに)
3. **very likely, most likely** (多分)
4. **probably** (多分)
5. **likely** (多分)
6. **maybe** (もしかすると)
7. **possibly** (もしかすると)
8. **perhaps** (ことによると)
9. **almost never, hardly, hardly [scarcely] ever** (めったに[ほとんど]…でない)
10. **never** (どんな時でも…でない, 決して…しない)

(as) líkely as nót [副] [S] [文修飾語] 恐らく, 多分. **Nót líkely!** [感] [S] 《主に英》 とんでもない.

⁺**líke-mínded** [形] [普通は [A]] 同じ心の, 同じ意見[趣味]の. **～·ness** [名] [U] 意見[趣味]の一致.

⁺**lik·en** /láɪk(ə)n/ [動] [他] [普通は受身で] 《格式》〈…〉をたとえる, なぞらえる: Books *are* often *～ed to* friends. 書物はしばしば友人にたとえられる.

⁺**like·ness** /láɪknəs/ [名] **1** [U] (性質・外観が)似ていること, 類似; [C] [普通は単数形で] 類似点 (resemblance): He bears some ～ *to* his father. 彼はお父さんに似たところがある. **2** [C] [普通は単数形で前に形容詞を付けて] 《古風》 肖像画, 写真 (portrait) (*of*).

like·wise** /láɪkwàɪz/ [副] **1** 《格式》 同じように, 同様に: Watch him and ***do ～. 彼をよく見て同じようにしなさい. **2** [つなぎ語] 同じように, 同様に (similarly) 《これから述べることが前述の方法や事態・状況と似ていることを示す》: We can't make a horse drink water. *L～*, we can't force our children to do what we want them to do. 馬に無理やり水は飲ませられない. (それと)同様に私たちが望むことを子供たちに無理じいはできない. **3** 《格式》 そのうえに (moreover), また (also): Think this over ～. これもよく考えてごらん. **4** [S] 《略式》 [相手の発言に対して] (私も)同様[同感]です, こちらこそ.

⁺**lik·ing** /láɪkɪŋ/ [名] [[U] または a ～] 好み, 趣味 (taste): This wine is too sweet for my ～. このワインは甘すぎて私の好みに合わない / He has developed *a ～ for* cigars. 彼は葉巻きが好きになった. **hàve a líking for …** [動] [他] 《格式》 …を好む. **tàke a líking to …** [動] [他] …が気に入る. **to …'s líking** [形・副] 《格式》 …の好み[望み]に合った[て].

⁺**li·lac** /láɪlək/ [名] **1** [C] ライラック, リラ 《芳香と花の色が賞美される庭木》. **2** [U] ライラックの花. **3** [U] ライラック[ふじ]色. **—** [形] ライラック[ふじ]色の.

lilac 1

Lil·li·an /líliən/ [名] [固] リリアン 《女性の名》.

Lil·li·put /lílɪpʌ̀t, -pət/ [名] [固] 小人国 《Swift 作の「ガリバー旅行記」*Gulliver's Travels* の中の架空の国》.

lil·li·pu·tian /lɪ̀lɪpjúːʃən←/ [形] [しばしば L-] 《格式》 [主に滑稽] 小人国の; とても小さい; 取るに足りない, ちっぽけな.

Li·long·we /lɪlɔ́ːŋweɪ | -lɔ́ŋ-/ [名] [固] リロングウェ 《マラウィの首都》.

lilt /lílt/ [名] [a ～] 軽快な[抑揚のある]調子[話しぶり], 軽快な歌[曲].

lilt·ing /líltɪŋ/ [形] (口調・曲などが)軽快な.

***lil·y** /líli/ [名] (**lil·ies** /～z/) [C] ゆり: Consider the *lilies* of the field; they toil not neither do they spin. 野のゆりを思いおこせ. 働くことなくまた紡ぐことなし 《聖書からの引用; 一見無用のようでも大切なものがあるというたとえ》.
— [形] ゆりのように白い, 純白の.

Lil·y /líli/ [名] [固] リリー 《女性の名》.

líly-lívered /-lívəd | -vəd←/ [形] 《古風》 おくびょうな (cowardly).

líly of the válley [名] (複 **lil·ies** —) [C] すずらん.

líly pàd [名] [C] 水に浮かんだすいれんの葉.

líly-whíte [形] **1** 《文》 純白な. **2** 《略式》 純粋な, 汚れを知らない. **3** 《略式》 白人だけの.

lily of the valley

Li·ma /líːmə/ [名] [固] リマ 《ペルー (Peru) の首都》.

lí·ma bèan /láɪmə- | líːmə-/ [名] [C] ライマビーン, らい豆, あおい豆 《熱帯アメリカ原産》.

***limb** /lím/ ([類音] limp, rim) [名] (～s /～z/) [C] **1** (人・動物の)手足 (の 1 本), 肢(し) 《頭や胴と区別して arm, leg を指す》; (鳥の)翼 (wing): He rested his tired ～*s*. 彼は疲れた手足を休ませた. [関連] body 胴体. **2** (木の)大枝 (bough). **3** 突出部 《十字架の手など》. **óut on a límb** [形・副] 《略式》 危ない[(支持がなく)孤立した]状態の[で], 困難な立場の[で]: go *out on a ～* 危険を冒す.

-limbed /límd/ [形] [合成語で] …の手足[枝]のある: long-*limbed* 手足の長い.

lim·ber /límbə | -bə/ [形] しなやかな, 柔軟な. **—** [動] (**-ber·ing** /-b(ə)rɪŋ/) [他] 〈体など〉を柔軟にする (*up*). — [自] (体などが)柔軟になる. **límber úp** [動] [自] 筋肉をほぐす, 柔軟体操をする.

lím·bic sỳstem /límbɪk-/ [名] [C] 〘解〙 (大脳)辺縁系 《情動をつかさどる部分》.

límb·less [形] 手足のない; 枝のない.

⁺**lim·bo**[1] /límbou/ [名] [しばしば L-] 〘カトリック〙 地獄の辺土 《地獄と天国との間にあり, キリスト教が起こる前の善人または洗礼を受けない小児・異教徒などの霊魂の住む所》. [関連] purgatory 煉獄(れんごく). **in (a state of) límbo** [形] どっち付かずで; 無視されて.

lim·bo[2] /límbou/ [名] [the ～] リンボーダンス 《西インド諸島起源の踊り; 踊りながら反り身で横棒の下をくぐる》.

***lime**[1] /láɪm/ [名] (～s /～z/) **1** [C] ライム 《熱帯産のレモンに似た果実》, ライムの木. **2** [U] =lime green. **3** [U] =lime juice. **—** [形] 薄緑色の.

lime[1] 1

lime[2] /láɪm/ [名] [U] 石灰; 生石灰 (quicklime), 消石灰. **—** [動] [他] 〈畑など〉に石灰をまく; 石灰(水)で処理する.

lime[3] /láɪm/ [名] [C] =linden.

lime·ade /laɪméɪd/ [名] [U] ライムエード 《ライムジュースに砂糖などを加えた清涼飲料》.

líme gréen [名] [U] 薄緑色 《ライムの実の色》.

líme-gréen [形] 薄緑色の.

líme jùice [名] [U] ライムジュース 《☞ juice [日英比較]》.

lime·kiln /láɪmkìln, -kìl/ [名] [C] 石灰がま.

⁺**líme·lìght** [名] [the ～] 注目の的. **còme [gèt] ìnto the límelight** [動] [自] 脚光を浴びる, 世間の注目を集める. **in [òut of] the límelight** [副・形] 脚光を浴びて[浴びないで]. **stéal the límelight** [動] [自] 人気をさらう (*from*).

⁺**lim·er·ick** /lím(ə)rɪk/ [名] [C] (5 行から成る)滑稽詩.

líme·scàle [名] [U] (白・灰色の)湯あか.

⁺**líme·stòne** [名] [U] 石灰岩.

líme·wàter [名] [U] 石灰水.

lim·ey /láɪmi/ [名] [C] [普通は軽蔑] 《古風, 米》 英国人 《昔英国人水兵が壊血病予防のためライムジュースを飲んだことから》.

***lim·it** /límɪt/ [名] (**lim·its** /-mɪts/) [C] **1** [しばしば複数形で] **限界, 限度**: the upper [lower] ～ 上[下]限 / It is beyond the ～(*s*) of my ability. それは私の能力の限界を越えている / There ⌈is a ～ [are ～*s*] *to* everything. 何ごとにも限度がある / His ava-

L

rice knew no ~*s*. 彼の貪欲さはとどまるところを知らなかった.

2 制限, 許容量 (*on*): a weight ~ 重量制限 / an age ~ 年齢制限, 定年 / exceed the time ~ 時間制限を越える / The speed ~ on this road is 30 miles an hour. この道路の制限速度は時速 30 マイルです.

3 [複数形で]《格式》(限られた)**区域, 範囲**: within the city ~*s*《主に米》市の区域内で, 市内で / off ~*s* (to ...)《主に米》(軍人などの)立ち入り禁止区域である《☞ off-limits》. **4** [the ~] [S]《略式》我慢できない(ほど腹立たしい)もの[人]: He is *the* (absolute) ~. 彼にはまったく我慢ならない. **5** 〔数〕極限(値).

be óver the límit [動] [自]《英》(車の運転者が)法的許容量以上に酒を飲んでいる.

hàve one's límits [動] [自] [S]《略式》(人の行為を)許せる限度がある.

knów one's límits [動] [自]《略式》自分の能力の限界[力量]をわきまえている.

púsh báck the límits [動] [自] (技術などの)新発見をする, (...を)発展させる (*of*).

sèt límits [a límit] to [on] ... [動] [他] ...を制限する.

Thère áre límits! [S] [他人の行為を非難して] それはやり過ぎだ, 物事には限度がある, いいかげんにしろ.

to the límit [副] 十分に; 限界まで, 極端に.

withìn límits [副] 限度内で, 控えめに, 適度に.

withìn the límits of ... [前] ...の範囲内で: I'll help you *within the* ~*s of* my ability. 私にできる範囲でお手伝いいたしましょう.

withòut límit [副・形] 限りなく[ない], 無制限に[の].

— [動] (**lim·its** /-mɪts/; **-it·ed** /-ṭɪd/; **-it·ing** /-ṭɪŋ/; [名] lìmitátion) [他] 〈...〉を(—に)**制限する**, 限る; 〈人〉の所有[割当]量を(—に)限定[制限]する《☞ 類義語》: [言い換え] We ~*ed* our expenses *to* 20 dollars a day. <V+O+*to*+名・代> (=We set [put, placed, imposed] a limit of 20 dollars a day on our expenses.) 我々は出費を 1 日 20 ドルに制限した / *L*~ your answer *to* 50 words. 50 語以内で答えよ / The prisoner *was* ~*ed to* one visitor a week. <V+O+*to*+名・代の受身> 囚人は週に 1 人の面会に制限されていた.

límit onesèlf to ... [動] [他] (自分の行動の範囲などを)...に限る, ...までにしておく.

【類義語】**limit** 制限を設けること: He *limited* himself to five cigarettes a day. 彼はたばこを一日 5 本しか吸わないことにした. **restrain** 欲求・感情・行動などを抑えること: She *restrained* her anger with difficulty. 彼女はかろうじて怒りを抑えた. **restrict** 人の活動を禁止・制約することで, *restrain* よりも制限する力が強い: The law *restricted* immigration from Europe. 法律はヨーロッパからの移民を禁止した.

*__lim·i·ta·tion__ /lìmətéɪʃən/ [T2] [名] (~**s** /~z/; [動] límit) **1** [U] **限定**; 制限: place a ~ ***on*** [*of*] nuclear weapons 核兵器の制限をする.

2 [複数形で] (能力などの)**限界**: We all have our ~*s*. だれにでもできることとできないことがある.

*__lim·it·ed__ /límɪṭɪd/ [形] ([反] unlimited) **1** 限られた, 有限の (*to*); わずかの: a ~ edition (書物などの)限定版 / a ~ war 限定戦, 局地戦 / He has only a ~ knowledge of the subject. その問題についての彼の知識はごく限られた[乏しい]ものだ.

2 〔商〕有限責任の《☞ limited company; partnership 2》. **3** [A]《米》(列車・バスなどが)特別の: a ~ express 特急.

límited cómpany [名] [C] =Ltd.

límited liabílity [名] [U,C] (株主などの)有限責任.

límited-liabílity còmpany [名] =limited company.

lim·it·er /límɪṭə | -tə/ [名] [C] 制限する人[もの]; 〔電〕リミッター《振幅制限回路》.

lim·it·ing /límɪṭɪŋ/ [形] **1** [A] 制限する, 抑制する. **2**《略式》(人の自由などを)拘束する, 束縛する.

⁺**límit·less** [形] 無(制)限の. **~·ly** [副] 無(制)限に. **~·ness** [名] [U] 無(制)限.

lim·o /límoʊ/ [名] (~**s**) [C]《略式》=limousine.

⁺**lim·ou·sine** /límәzì:n, lìməzí:n/ [名] [C] リムジン《運転席と客席の間に(可動の)仕切りのある高級大型車; ふつう専任の運転手付き; ☞ sedan》;《主に米》リムジン(バス)《空港・市内間を往復して旅客を運ぶ小型バス》. [日英比較]「リムジンバス」は和製英語.

*__limp__[1] /límp/ [動] (**limps** /~s/; **limped** /~t/; **limp·ing**) [自] **1** 足をひきずる, 足をひきずって歩く: An old woman ~***ed along*** the street. <V+*along*+名・代> 老婆が足をひきずって通りを歩いていた. **2** [副詞(句)を伴って] (船・車などが故障などで)のろのろ進む, 徐行する. **3** (物事が)もたつく (*along*). — [名] [a ~] 不自由な歩行: He walks with *a* slight ~. 彼は少し足をひきずって歩く.

limp[2] /límp/ [形] **1** 柔軟な, しなやかな; ぐにゃぐにゃした, しなだれた, だらりとした. **2** 弱々しい, 元気のない, 疲れた.

lim·pet /límpɪt/ [名] [C] かさ貝の類《岩礁に付着する》; しつこくまといつく人.

lim·pid /límpɪd/ [形]《文》(気体・液体などが)澄んだ, 透明な; (文体などが)明快な, 簡潔な.

lim·pid·i·ty /lɪmpídəṭi/ [名] [U] 透明; 明快.

lím·pid·ly [副] 透明に; 明快に.

lím·pid·ness [名] [U] 透明; 明快.

límp·ly [副] ぐんにゃりと; 弱々しく, 元気なく.

límp·ness [名] [U] 柔軟さ, 弱々しさ.

límp-wríst·ed /-rístɪd/ [形] [差別] (男が)弱々しい, めめしい; 同性愛の.

lim·y /láɪmi/ [形] 石灰質の, 石灰を含んだ.

lin·age /láɪnɪʤ/ [名] [U] =lineage[2].

linch·pin /líntʃpìn/ [名] [C] 輪止めくさび; [the] (物の)かなめ, かなめとなる人 (*of*).

Lin·coln[1] /líŋk(ə)n/ [名] [固] **Abraham** ~ リンカン (1809–65)《米国の第 16 代大統領 (1861–65); 南北戦争において南軍を破り, 奴隷を解放した; ☞ president 表; Gettysburg [参考]》.

Lincoln[1]

Lin·coln[2] /líŋk(ə)n/ [名] [固] **1** リンカン《米国 Nebraska 州の州都》. **2** リンカン《英国 Lincolnshire の州都》.

Lin·coln[3] /líŋk(ə)n/ [名] [C] リンカーン《米国の大型高級乗用車》.

Líncoln Cènter [名] [固] [the ~] リンカンセンター《New York 市 Manhattan 西部にある演劇・音楽の総合施設; Metropolitan Opera House がある》.

Líncoln gréen [名] [U] リンカングリーン《昔イングランドの Lincoln で織った明るい黄緑色のラシャ; Robin Hood の一党がこれを着た》; 黄緑色.

Líncoln Memórial [名] [固] [the ~] リンカンメモリアル《Washington, D. C. にある Abraham Lincoln にささげられた大理石の記念堂》.

Líncoln's Bírthday [名] [U]《米》リンカン誕生日《2 月 12 日 (2 月のほかの日の州もある); 法定休日 (legal holiday); ☞ holiday 表》.

Lin·coln·shire /líŋk(ə)nʃə | -ʃə/ [名] [固] リンカンシャー《England 東岸の州》.

linc·tus /líŋ(k)təs/ [名] [U]《英》せきどめシロップ.

Lin·da /líndə/ [名] [固] リンダ《女性の名》.

lin·dane /líndeɪn/ [名] [U] 〔化〕リンデン《殺虫剤》.

Lind·bergh /lín(d)bə:g | -bə:g/ [名] [固] **Charles** ~ リンドバーグ (1902–74)《1927 年初の大西洋単独無

着陸横断を達成した米国の飛行家.

lin・den /líndən/ 名 ⓒ《主に米》しなのき属の落葉高木《ぼだいじゅ・しなのきの類》; Ⓤ リンデン材.

★line¹ /láin/ 名 (~s /-z/; 形 línear)

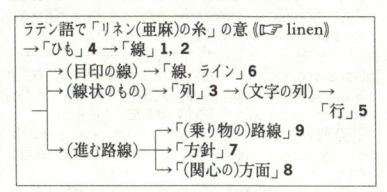

ラテン語で「リンネン(亜麻)の糸」の意 (☞ linen)
→「ひも」4 →「線」1, 2
→(目印の線)→「線, ライン」6
→(線状のもの)→「列」3 →(文字の列)→「行」5
→(進む路線)→「(乗り物の)路線」9
→「方針」7
→「(関心の)方面」8

1 Ⓒ **線**, 直線, 筋; 描線; Ⓤ (画家などの)筆致: in a straight ~ 直線状に, まっすぐ / a ~ drawing 線画 / Draw a ~ from A to B. AからBまで線を引きなさい. 関連 point 点 / plane 面.

─ line 1 のいろいろ ─
bróken líne 破線 / cúrved líne 曲線 / dótted líne 点線 / hórizòntal [vértical] líne 水平[垂直]線 / oblíque líne 斜線 / párallel línes 平行線 / rúled línes 罫線 / slánt líne 斜線 / sólid líne 実線 / únderlìne 下線 / wávy líne 波線

2 Ⓒ (電話の)**線**; (水・ガス・電気などの)導管, 配管, 配線: The ~ is busy. 話し中です《交換手のことば》/ Sorry. It's a bad ~. すみませんがよく聞こえません / The ~s are crossed. 混線している // ☞ be on the line, hold the line (成句) / power ~ 電線.

3 Ⓒ **列**, 縦列, 行列, 並び;《米》(順番を待つ人・車などの)列《英》queue): Excuse me, is this the ~? すみません. ここ並んでますか. 関連 row 横列.

─ コロケーション ─
cut [jump] in *line* 《米》列に割り込む
get in(to) [《米》**on]** (a) *line*=**form** a *line* 列を作る
push into a *line* 列に割り込む
stand in [《米》**on]** *line* 列に並ぶ
wait in [《米》**on]** *line* 列に並んで待つ

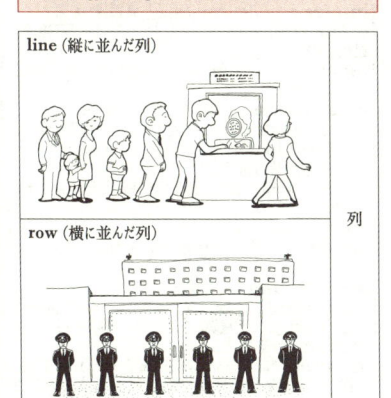

line (縦に並んだ列)

row (横に並んだ列)

列

4 ⒸⓊ ひも, 綱, 針金; 物干し綱 (clothesline); 釣り糸 (fishing line);《海》ロープ: She hung the washing on the ~. 彼女は洗濯物を物干し綱にかけた.

5 Ⓒ (文章の)**1 行**, (詩の)行 (略 l., ll., 複数形は ll.; ☞ l.¹), 一節, 引用; [単数形で]《略式》一筆, 短信 (note): the fifth ~ from the bottom 下から5行目 / See page 10, ~ 7. 10ページの7行目を見よ / Write on every other ~. 1行おきに書きなさい.

6 Ⓒ (道路などに引かれた)線; [普通は the ~] (競技場などの)線, ライン;【アメフト】スクリメージ線, スクラムの列: the finish ~ (競走の)ゴール (☞ goal 日英比較) // ☞ goal line, foul line, starting line.

7 Ⓒ [しばしば複数形で] **方針; 政策, 路線**: on economical ~s 経済的な方針で / be on the right ~s 正しい方針に従う / the party ~ 党の路線 / What's the candidate's ~ on environmental problems? その候補者の環境問題への考え方はどうですか. 関連 guidelines (政策などの)指standard針.

8 Ⓒ《略式》(活躍・商売の)**方面, 職業, 好み, 得手, 専門**: What ~ (of work [business]) are you in?= What is your ~? あなたのお仕事は何ですか / He is in the banking ~. 彼は銀行関係の人だ / Driving a car is not (in) my ~. 車の運転は私には向かない.

9 Ⓒ (列車・バスなどの)**路線**, 航路, 航路; (特に危険な)経路, 通り道, 通り道; [普通は合成語で] バス[鉄道, 運送, 航空]会社; [普通は合成語で]幹線: the main [trunk] ~ (道路・鉄道などの)幹線 / a branch ~ 支線 / a double ~ 複線 / a shipping ~ 海運会社 / "Which ~ should I take for Boston?" "The New Haven L~." 「ボストンに行くにはどの線に乗ればよいのですか」「ニューヘイブン線です」関連 airline 定期航空路線.

10 Ⓒ **境界線, 国境線, 国境線** (borderline); 緯[経]線: county [state] ~ 《米》郡[州]境界線 / They crossed the ~ into Canada. 彼らは越境してカナダへ入った. 関連 coastline 海岸線. **11** Ⓒ 方向; 進路; 方法, 仕方, 流儀: the ~ of flight 飛行する進路 / a ~ of fire 射撃の方向 / ~s of inquiry 調査方法 / along similar ~s 同様の流儀で / a new ~ of argument 新しい角度からの議論 / Your method is on the right ~s. あなたのやり方は間違っていない. **12** Ⓒ【軍】(戦いの)前線, 戦線; 戦列; 横隊: a ~ of battle (軍隊・軍艦の)戦列 / the ~ of battle 戦線 (front line). **13** [the ~] 赤道 (equator): cross the ~ 赤道を越す. **14** [複数形で] 輪郭 (outline): a ship with beautiful ~s 形のよい船. **15** [複数形で]【劇】台詞(^{{*}}); Ⓒ《略式》大げさな[偽りの]言葉: forget one's ~s 自分の台詞を忘れる. **16** [単数形で] 系統, 血筋; (命令などの)系統: the royal ~ of France フランスの王家. **17** Ⓒ (工場などの)生産ライン. **18** Ⓒ (出来事などの)ひと続き, 連なり (of);【楽】一連の音符, メロディー. **19** (顔の)しわ, 縫い目: deep ~s on his forehead 彼のひたいに刻まれた深いしわ. **20** Ⓒ【商】種類, 口(く); 在庫品, 仕入れ品目: a cheap ~ of [in] watches and clocks 安手の時計類. **21** [a ~]《略式》役に立つ情報: get [give] a ~ on ... ...について情報を得る[与える]. **22** [the ~]《英略式》歩兵正規軍;《米軍》機甲部隊. **23** [複数形で]《英》生徒が罰として課される書き取りの詩句. **24** Ⓒ《略式》(鼻から吸い込めるように)鏡などの上に線状に盛った粉末の麻薬.

a fíne [thín] líne betwèen ... and — [名] ...と—のほんの僅かな違い: There is a fine ~ between genius and insanity [madness]. 天才と狂気は紙一重だ / tread [walk] a fine ~ between success and failure 失敗しかねないぎりぎりのところでうまくやっている.

áll alòng [dòwn] the líne [副] 至る所で, あらゆる点で.

alòng ... línes [副] =on ... lines.

be in líne for ... [動] ⓗ (地位・昇進など)を手に入れる見込みがある.

be on the líne [動] ⓘ 電話口に出ている: 「Mr. Young [Your party] *is on the* ~. Please go ahead. ヤングさん[先方]がお出になりました. どうぞお話しください《交換手のことば》/ Mrs. White *is on* another ~. ホワイトさんは別の電話に出ております.

line

be òut of líne [動] 自 《米》〈言動などが〉不適切だ.
bríng ... ìnto líne [動] 他 《略式》〈…〉を説得する；〈…〉を(…に)賛成[一致, 同調]させる (with).
cóme ìnto líne [動] 自 意見が一致する；同調してくる (with).
dówn the líne [副] 《略式, 主に米》完全に, 全面的に；将来のいつか.
dráw a líne in the sánd [動] 自 これ[それ]が限界であると言う《それを越えると争いになるという警告》 (against).
dráw the [a] líne [動] 自 一線を画する, けじめをつける；(…に)限度をおく, (…までは)しない: *draw a ～ between* right and wrong 善悪のけじめをつける / He *draws the ～ at* (using) violence. 彼は暴力とは一線を画している / The agreement *drew a ～ under* the dispute. 《英略式》その合意で論争に結着がついた.
dróp ... a líne＝**dróp a líne to ...** [動] 他 《略式》〈…〉に一筆書き送る.
fáll [**gèt**] **ìnto líne** [動] 自 《略式》(…に)同調する(ようになる) (with).
féed ... a líne [動] 他 〈人〉をだます.
gèt [**hàve**] **one's líness crossed** [動] 自 電話が混線する；《略式》他人との意思疎通がうまくいかない.
gíve ... a líne [動] 〔S〕 他 〈…〉に言い訳をする: Don't *give* me that ～. そんな言い訳は信じられないよ.
hóld the líne [動] 〔S〕 他 電話を切らずにそのまま待つ: *Hold the ～*, please. I'll call him to the phone. 切らずにお待ちください. いま呼んできますから.
in (a) líne [形・副] 一列になって, 並んで: Stand *in ～*. 一列に並べ / People were waiting [standing] *in ～* for the bus. 人々はバスを待って並んでいた.
in líne with ... [前] …と一致して, 同意見で；…の趣旨に賛成で；…に従って: His ideas are *in ～ with* mine. 彼の考えは私と同じだ.
in the líne of dúty [副] 勤務中に, 職務で.
kéep ... in líne [動] 他 〈…〉を抑える.
láy ... on the líne [動] 他 (1) 《略式》〈意見など〉を率直に述べる, ずばり言う: I'm going to *lay it on the ～* this time. 今回ははっきり言わせてもらおう. (2) 〈生命・金などを危険にさらす, 賭(*)ける.
líne of fíre [名] 射線《弾丸の通る線》: in the ～ *of fire* 対立する二者間ではさまれて, 矢面に立って.
líne of vísion [名] 《所有格と共に》視線.
on líne [形・副] (1) 《米》一列になって, 並んで (in line). (2) ⇒on-line. (3) 〈機械などが〉作動して.
on ... líness [前] …の方針[計画・方法]で: He planned his campaign *on* the same *～s as* Kennedy's. 彼はケネディーと同じ方針で選挙運動を計画した.
on the líne [副・形] 《略式》〈仕事・地位など〉危うくなって, 〈試合に〉負けそうになって.
òut of líne with ... [前] …と一致しないで.
pút ... on the líne [動] 他 ＝lay ... on the line (2).
shóot a líne [動] 自 ほらを吹く.
(**sómewhere** [**fúrther**]) **alòng** [**dòwn**] **the líne** [副] どこか途中で, いずれかで.
spín a líne [動] 自 作り話をする.
spín ... a líne [動] 他 〈…〉にほらを吹く.
stép òut of líne [動] 自 (1) 〈集団・政党などの〉方針に反した行動をとる. (2) 無礼な言動をとる.
tàke a stróng [**fírm, hárd, tóugh**] **líne** [動] 自 強硬路線をとる (*about*, *on*, *over*, *with*).
the énd of the líne [名] 終末, 破局.

— [動] (**lines** /~z/; **lined** /~d/; **lin·ing**) 他 1 《しばしば受身で》〈…〉を一列に並べる；(…に)〈道〉に沿って並べる (with)；〈道〉に沿って並ぶ: The road *was ～d*

with trees. <V+O+*with*+名・代の受身> 道路には並木があった / Many people *～d* the street. 多くの人が通りに並んでいた. 2 〈…〉に線を引く：*L～* the paper. 紙に線を引きなさい. 関連 underline 下に線を引く. 3 〈顔〉にしわを作る: Anxiety *～d* his face. 心配で彼の顔にはしわが現われてきた. 4 《野》〈球〉をライナーで打ち返す. — 自 《野》ライナーを打つ.

――――**line¹ の句動詞**――――
*líne úp [動] 〔名〕líneùp) 自 1 《米》行列する, 並んで順番を待つ；queue up (*for*): He *～d up* behind an old woman. 彼は老婆の後ろに並んだ. 2 整列する, 勢ぞろいする: The players *～d up* quickly. 選手たちはすばやく整列した. 3 〈行事などの〉準備をする.
— 他 1 〈…〉を整列させる, 勢ぞろいさせる <V+名・代+*up* / V+*up*+名>: The runners were *～d up* to start. 走者たちはスタートラインに勢ぞろいした. 2 《略式》〈行事・集会など〉を手配する, 〈出演者など〉を確保する (to do): ～ *up* excellent entertainers *for* the show ショーのために優れた芸人を集める. **líne úp agàinst ...** [動] 他 …に結束して反対する. **líne úp behìnd ...** [動] 他 …を(政治的に)支持する.

line² /láin/ 他 《しばしば受身で》 1 〈…〉に裏をつける, 裏打ちする: The overcoat *is ～d with* silk. その外套は裏が絹である. 2 〈…〉の内部[内側]を覆う: a nest *～d with* feathers 羽毛で覆われた巣.

lin·e·age¹ /líniidʒ/ 名 UC 《格式》血統, 家柄: a person of good ～ 家柄のよい人.
lin·e·age² /láinidʒ/ 名 C 〔印刷物の〕行数 (linage).
lin·e·al /líniəl/ 形 1 A 《格式》直系の, 正統の: a ～ descendant 直系の子孫. 2 ＝linear. **-al·ly** /-əli/ 副 直系として, 正統に.
lin·e·a·ment /líniəmənt/ 名 C 《普通は複数形で》《格式》 1 顔だち, 人相. 2 特徴.

⁺**lin·e·ar** /líniə | -niə/ 形 A 《line¹の》《格式》直線[線状]の, 線からなる；直線的な；《数》線形の, 一次(式)の: a ～ equation [function] 一次方程式[関数]. **～·ly** 副 直線的に.

línear accélerator 名 C 《物理》線形加速器.
línear álgebra 名 U 《数》線形代数(学).
lin·e·ar·i·ty /lìniǽrəti/ 名 U 直線[線状]性.
línear mótor 名 C 《電》リニアモーター《直線的な運動をするモーター》.
línear mótor càr 名 C リニアモーターカー, 磁気浮上式車両.
línear perspéctive 名 U 線遠近法.
línear prógramming 名 U 《数》線形計画法.
líne·bàcker 名 C 《アメフト》ラインバッカー《ラインマンのすぐ後ろを守る選手》.
lined¹ /láind/ 形 1 罫(ん)線の引かれた. 2 しわの寄った, しわ[筋]のある.
lined² /láind/ 形 裏打ちされた.
líne dànce 名 C, **líne dàncing** 名 U ラインダンス.
líne dràwing 名 C 線画.
líne drìve 名 C 《野》ライナー, ラインドライブ (liner).
líne·fèed 名 C 《電算》ラインフィード《プリンター上での出力を改行させること》.
line·man /láinmən/ 名 (-men /-mən/) C 1 《主に米》〈電信・電話の〉架線[保線]工夫, 鉄道工夫. 2 《米》《アメフト》ラインマン《攻撃側の前衛の(選手)》.
líne mànagement 名 U 《英》 1 〈企業などの〉直系列経営. 2 〈生産・販売などの〉ライン部門管理, ライン部門経営幹部.
líne mànager 名 C 《主に英》 1 ライン部門の部長. 2 〈直系列の〉上司.

*lin·en /línin/ 名 U 1 麻[亜麻]の布, リンネル 《line¹最初の囲み》.

2 麻[リネン]製品《シャツ・カラー・シーツ・テーブル掛けの類》: ☞ bed linen. 3 《古語》(主に白の)下着類.
wásh [áir] one's dírty línen (in públic) [動] 自 内輪の恥を人前にさらけ出す. 由来 汚れたものを洗濯する, の意から. ━ 形 麻の; リネンのように白い.
línen bàsket 名 C 《英》=laundry basket 1.
línen clòset 名 C 《米》リネン類用の戸棚.
línen cùpboard 名 C 《英》=linen closet.
líne-òut 名 C 《ラグ》ラインアウト.
líne prìnter 名 C ラインプリンター《コンピューターからの情報を1行単位で印刷する装置》.
*lin·er¹ /láɪnɚ | -nə/ 名 (~s /-z/) 1 C 定期船, 大洋航路の豪華船 (ocean liner). 2 C 定期旅客機 (airliner). 関連 jetliner (ジェット旅客機). 3 C 《野》 =line drive. 4 C,U 《略式》 =eyeliner. 5 C =freightliner.
lin·er² /láɪnɚ | -nə/ 名 C 裏当て; (容器などの)内袋.
líner nòtes 名 (複) 《米》ライナーノート《CD・レコードなどのジャケットや付録にある解説》(《英》 sleeve notes).
líne scòre 名 C 《野》ラインスコア《毎回の得点を記した試合結果表; ☞ box score》.
†línes·man /láɪnzmən/ 名 (-men /-mən/) 1 C 《球》 線審, ラインズマン. 2 (主に英) =lineman 1.
*líne·up /láɪnʌp/ 名 (~s /-s/; 動 líne úp) C 《普通は単数形で》 1 《球》 ラインアップ 《出場選手の陣容》; 顔ぶれ, 陣容: the starting ~ 先発メンバー. 2 人の列; 整列, 配列. 3 テレビ番組編成. 4 (主に米) 警察の面通し 《何人かの容疑者の中から選ばせる》 (《英》 identification parade). 5 一連の出来事. 6 (メーカーの)全製品一覧表.

ling /lɪŋ/ 名 C ぎょりゅうもどき 《ヘザー (heather) に似た植物》.
-ling /lɪŋ/ 接尾 1 [名詞につく名詞語尾] 「小...」の意: duckling あひるの子. 2 《普通は軽蔑》「...に関係のある」の意: hireling 金目当てに働く人.
*lin·ger /lɪŋgɚ | -gə/ 動 (同音 ringer) 動 (lin·gers /~z/; lin·gered /~d/; -ger·ing /-g(ə)rɪŋ/) 自 1 ぐずぐずする, なかなか立ち去らない, (...にたっぷり)時間をかける (on); (...を)見続ける (on): I ~ed over my morning paper and missed the bus. <V+前+名・代> 朝刊を読んでぐずぐずしていてバスに乗り遅れた. 2 なかなか消えない[廃(た)れない]: The custom ~s on. その習慣はまだ残っている. 3 (病人などが)生きながらえる (on).
lin·ger·er /lɪŋgərɚ | -rə/ 名 C ぐずぐずする人, 長居する人.
†lin·ge·rie /là:ndʒəréɪ, -rí: | lǽnʒəri/ 《フランス語から》 名 U (女性の)肌着類, ランジェリー.
lin·ger·ing /lɪŋg(ə)rɪŋ/ 形 A 1 長い間続く; なかなか消えない: a ~ disease 長患い / a ~ dispute 長びく論争. 2 なごり惜しそうな. -ly 副 ぐずぐずして, 長引いて; なごり惜しそうに.
lin·go /lɪŋgoʊ/ 名 (~es) C 《普通は単数形で》《略式》ちんぷんかんぷんなことば (外国語・専門用語など).
lin·gua fran·ca /lɪŋgwəfrǽŋkə/ 名 (複 ~s, lin·guae fran·cae /lɪŋgwi:frǽŋki:/) C リングワフランカ 《異なった言語を話す人々の間で使われる共通語》 (of).
lin·gual /lɪŋgwəl/ 形 舌の (☞ language 囲み); 舌音の.
lin·gui·ni, -ne /lɪŋgwí:ni/ 名 (複) リングィーニ 《長くて平らなパスタ; そのイタリア料理》.
†lin·guist /lɪŋgwɪst/ 名 C 1 (いろいろな)外国語に達者な人; [前に形容詞をつけて] 外国語が...の人: He is a good [poor] ~. 彼は外国語が上手[下手]だ. 2 言語学者, 語学者; 言語学教師.
*lin·guis·tic /lɪŋgwístɪk/ 13 形 (名 lánguage) 1 ことば[言語]の. 2 (言語)学の. -ti·cal·ly /-kəli/ 副 言語として; 言語学的に.

lin·guis·tics /lɪŋgwístɪks/ 名 U 言語学.
lin·i·ment /lɪnəmənt/ 名 C,U 塗布薬.
*lin·ing /láɪnɪŋ/ 名 (~s /~z/) C,U 裏張り, 裏付け; 裏地: Every cloud has a silver ~. (ことわざ) どんな雲でも裏は白い(どんな悪いことにも希望はある).

*link /lɪŋk/ (同音 rink) 動 (links /~s/; linked /~t/; link·ing) 他 (輪を鎖にするように) <...>を連結する, 組み合わせる, <...>を(他と)つなぐ [結び付ける, 関連づけて考える] (☞ join 類義語): ~ arms 腕を組む / Their names were ~ed together in the gossip columns. <V+together の受身> 彼らの名前はゴシップ欄で一緒に取りざたされた / These two events are ~ed to each other. <V+O+to+名・代の受身> 2つの事件は互いに結び付いている / That is closely ~ed with this problem. <V+O+with+名・代の受身> それはこの問題と密接に関連しています.
━ 自 (鎖のように)つながる; 連結する (together): This shaft ~s with a piston. このシャフトはピストンとつながっている. línk úp [動] 自 結び付く, つながる; 提携する, 連合する (with, to). ━ 他 <...>を連結する.
━ 名 (~s /~s/) C 1 (鎖の)輪, 環: a ~ in a chain 鎖の輪; 一連の過程の中の 1 つ.
2 結び付けるもの[人], つなぎ, きずな; 関連; (2 地点を結ぶ)交通手段, 接続路[線]: the ~ between smoking and lung cancer 喫煙と肺癌(ガン)の関連 / He has ~s with [to] the political world. 彼は政界とつながりがある. 3 [複数形でしばしば単数扱い] =cuff links. 4 《電算》 リンク.
a [the] wéak línk (in the cháin) [名] (計画・チームの)弱点.

*link·age /lɪŋkɪdʒ/ 名 1 C (鎖の)輪(全体), 連鎖; リンク装置. 2 U または a ~] 連結(の状態), 関連; (外交政策の)抱き合わせ, リンケージ 《諸要因を包括的に結びつけて妥協に導く戦略》 (between, with).
línk·ing vèrb 名 C 《文法》 連結動詞 (☞ copula 文法).
línk·ing wòrd 名 C 《文法》 つなぎ語 (☞ conjunct 文法).
link·man /lɪŋkmən | -mæn/ 名 (-men /-mən | -mèn/) C 《英》 (放送の)総合司会者 《男性および女性》.
links /lɪŋks/ 名 (複 ~) C [単数形でも時に複数扱い] (特に海岸沿いの)ゴルフ場 (golf links, golf course). 関連 rink スケートリンク / ring ボクシング用リンク.
*línk·ùp 名 C 連結, 結合; (コンピューター間などの)接続.
línk·wòman 名 (-women /-wìmən/) C 《英》 (放送の)総合司会者.
Lin·nae·us /lɪní:əs/ 名 圏 Car·o·lus /kǽrələs/ ~ リンネ (1707–78) 《スウェーデンの植物学者》.
lin·net /lɪnɪt/ 名 C むねあかひわ (小鳥).
li·no /láɪnoʊ/ 名 U 《英略式》 =linoleum.
líno·cùt 名 U リノリウム版画(の技法); C リノリウム版画(作品).
li·no·le·um /lənóʊliəm/ 名 U リノリウム (床の敷き材).
Li·no·type /láɪnətaɪp/ 名 U ライノタイプ 《行単位で植字する鋳造植字機; 商標》.
lin·seed /lɪnsiːd/ 名 U 亜麻仁(ジン), リンシード.
línseed òil 名 U 亜麻仁油.
lint /lɪnt/ 名 U 1 《主に米》 糸くず, けば (fluff). 2 《英》 リント 《リネンの片側をけば立てた湿布・包帯用の布》.
lin·tel /lɪntl/ 名 C 《建》 まぐさ(楣) 《窓などの上の横木》.
Lin·ux /lɪnəks, láɪn-/ 名 U リナックス 《コンピューター管理プログラムの 1 つ; 商標》.
*li·on /láɪən/ 名 (~s /~z/) 1 C ライオン, 雄ライオン

(☞ lioness, dandelion [語源]): Wake not a sleeping ~. 《ことわざ》眠っているライオンを起こすな(やぶへびになるようなことをするな). ★ 鳴き声については ☞ cry 表.
2 [C] 《古風》勇敢な人; 有名人, 流行児. **béard the líon in his dén** [動] [自] 勇敢にこわい相手[重要人物]の所へ乗りこんでゆく. **in the líon's dén** [副] 危険な場所にいて. **thrów [tóss] ... to the líons** [動] [他] 《古風》〈...〉を苦境にさらす, 見殺しにする.

Li·o·nel /láɪən(ə)l/ [名] [固] ライオネル《男性の名》.

li·on·ess /láɪənəs | -nès, -nəs/ [名] [C] 雌ライオン (☞ lion).

líon·héarted [形] [W] 勇猛な.

li·on·i·za·tion /làɪənɪzéɪʃən | -naɪz-/ [名] [U] [W] 名士扱い, もてはやし.

li·on·ize /láɪənàɪz/ [動] [他] [W] 〈...〉を名士扱いする, もてはやす.

Líons Clùb [名] [固] ライオンズクラブ《国際的奉仕団体》.

+**líon's shàre** [名] [the ~] 《英》いちばんいいところ; 大部分《イソップ物語より》(of).

*__lip__ /líp/ ([類音] rip) [名] (~s /~s/) **1** [C] 唇. [日英比較] 日本語の「唇」より範囲が広く, 鼻の下を含めて口の上下の柔らかい肉部全体を指すことがある: the lower [upper] ~ 下[上]唇 / the hair on the upper ~ 鼻の下の毛, 口ひげ / She stuck her lower ~ out. 彼女は下唇を突き出した《不平・不満の表情》/ His ~*s* curved downward. 彼は口をへの字に曲げた《不機嫌な表情》.
2 [複数形で] (話す器官としての)口 (mouth): She would not open her ~*s*. 彼女はどうしても口を開こうと[しゃべろうと]しなかった / My ~*s* are sealed. [S] 私は口が堅い《決してしゃべらない》; 言えない.
3 [C] [普通は単数形で] (水差しなどの)口 (☞ pitcher[1] 挿絵); (杯・穴・くぼみなどの)へり, 縁: the ~ of a cup 茶わんの縁. **4** [U] 《略式》生意気なことば, 口答え: None [Don't give me any] of your ~! 生意気言うな《特に大人が子供に向かって》. **5** [C] (渓谷などの)口 (of). **6** [C] [S] 《英》怒りの表情. **be on éveryone's líps** [動] [自] 皆の話題にのぼっている. **bíte one's líp** [動] [自] 唇をかむ《自制・自責・怒りなどの気持ちを表わす》. **bútton (úp) one's líp** [動] [自] 《俗》黙る, 秘密を守る. **cúrl one's líp** [動] [自] (軽蔑して[不満で])口をゆがめる. **fáll from ...'s líps** [動] 《文》(言葉が)...の口からもれる. **kèep a stíff úpper líp** [動] [自] (苦境にも)動じない, 弱音を吐かない. [由来] 英米人は唇を固く閉じてじっと耐えることから. **líck one's líps** [動] [自] 舌なめずりをする, 舌鼓を打つ (over); (舌なめずりして)待つ, 楽しみにする. **páss ...'s líps** [動] [否定文で] (1) (秘密などが)...の口から出る. (2) (食物が)...の口に入る. **púrse one's líps** [動] [自] 口をきゅっと結ぶ《憂慮・沈鬱(ちんうつ)・緊張・不信感・侮蔑などの表情》.

purse (up) one's lips

pùt a [one's] fínger to one's líps [動] [自] 唇に指を当てる《黙っていろという合図》. **réad ...'s líps** [動] (1) 読唇(どくしん)する (☞ read[1] [動] [他] 4). (2) [Read my lips. として] [S] よーく聞け, いいか. **smáck one's líps** [動] [自] =lick one's lips.

líp bàlm [名] [U,C] 《米》リップクリーム.

líp glòss [名] [U,C] リップグロス《唇に塗るつや出し》.

lip·id /lípɪd/ [名] [U] 〔生化〕脂質.

lip·o·suc·tion /lípousʌ̀kʃən/ [名] [U,C] 脂肪吸引法《皮下脂肪を吸引除去する美容外科法》.

-lipped /lípt/ [形] [合成語で] 唇が...の: thin-*lipped* 唇の薄い.

lip·py /lípi/ 《英略式》 [形] (**lip·pi·er**; **-pi·est**) あつかましい, 無礼な, 生意気な. — [名] [U,C] 口紅.

lip·read /lípriːd/ [動] (**lip·reads**; **lip·read** /-rèd/; **lip·read·ing**) [自] 読唇(どくしん)する, 視話で理解する. — [他] 〈...〉を読唇する, 視話で理解する.

líp·rèading [名] [U] (聾唖(ろうあ)者の)読唇術, 視話.

lip·salve /lípsæ̀(l)v, -sɑ̀ː(l)v | -sæ̀lv, -sɑ̀ːv/ [名] [U,C] 《主に英》唇用軟膏, リップクリーム.

+**líp sèrvice** [名] [U] [次の成句で] **páy [gíve] líp sèrvice to ...** [動] [他] ...に口先だけいい返事をする, 口先だけうまいことを言う.

*__lip·stick__ /lípstɪ̀k/ [名] (~s /~s/) [U,C] (棒状の)口紅: remove [wipe off] ~ 口紅をおとす / [言い換え] She is wearing ~. =She has ~ on. 彼女は口紅をつけている. [関連] rouge ほお紅.

lípstick lésbian [名] [C] 《略式》[軽蔑] (女性らしい服装をした)レズビアンのねこ役.

líp-sỳnc(h) [動] [自] (吹き替え録音などで)映像に合わせて音声を吹きこむ,「あてレコ」する. — [他] 〈...〉に合わせて口を動かす. — [名] [U] あてレコの録音, 口パク.

Lip·ton /líptən/ [名] [固] リプトン《英国の紅茶メーカー》.

liq·ue·fac·tion /lìkwəfǽkʃən/ [名] [U] 〔化〕液化, 溶解; 液状化(現象).

liq·ue·fied /líkwəfàɪd/ [形] 〔化〕液化した: ~ natural gas 液化天然ガス《[略] LNG》/ ~ petroleum gas 液化石油ガス《[略] LPG》.

liq·ue·fy /líkwəfàɪ/ [動] (**-ue·fies**; **-ue·fied**; **-fy·ing**) 《格式》[他] 〈...〉を溶かす, 液化させる. — [自] 溶ける, 液化する; 液状化する.

li·ques·cent /lɪkwés(ə)nt/ [形] 〔化〕(気体・固体が)液化する; 液化しやすい; 溶解する.

+**li·queur** /lɪkɚ́ː, -k(j)ʊ́ɚ | -kjʊ́ə/ [名] [U,C] リキュール《香料・甘味入りの強い酒》.

*__liq·uid__ /líkwɪd/ [T3] [名] (**liq·uids** /-wɪdz/) **1** [U,C] 液体, 液状のもの (☞ liquor [語源]). [語法] 液体の種類をいうときには [C]: Water and alcohol are ~*s*. 水やアルコールは液体である. [関連] gas 気体 / fluid 流動体 / solid 固体. **2** [C] 〔音声〕流音 (/l, r/ など).
— [形] ([名] liquídity, [動] líquidìze) [普通は [A]] [比較なし] **1** (普通は固体・気体であるものが)液体の; 液状の: ~ air 液体空気 / ~ food 流動食《病人用》. [関連] gaseous 気体の / fluid 流動体の / solid 固体の.
2 [A] 〔経〕流動性の; (財産などが)現金に換えやすい: ~ assets 流動資産. **3** 《文》澄んだ, 透明な: ~ eyes 澄んだ目. **4** 《文》(音が)澄み切った, 透明感のある.

+**liq·ui·date** /líkwədèɪt/ [動] [他] **1** 〈負債〉を清算する. **2** 〈会社〉を整理する. **3** 〈...〉を除く, 一掃する; 《略式》〈...〉を殺す, 消す. — [自] 清算[破産]する.

liq·ui·da·tion /lìkwədéɪʃən/ [名] [C,U] 清算; 一掃, 除去; 整理; 《略式》粛清, 殺害: go into ~ 破産する.

+**liq·ui·da·tor** /líkwədèɪṭɚ | -tə/ [名] [C] 整理財産管財人《倒産会社などの清算事務をする人》.

líquid cóurage [名] [U] 《米》[滑稽] 酒の上のから元気 (Dutch courage).

líquid crýstal [名] [C] 〔物理〕液晶.

líquid crýstal displày [名] [C] 〔電工〕液晶表示[ディスプレー]《[略] LCD》.

líquid gás [名] [U] 液化ガス.

+**li·quid·i·ty** /lɪkwídəṭi/ [名] ([形] líquid) [U] **1** 〔経〕換金能力, 流動性. **2** 液状.

liq·uid·ize /líkwədàɪz/ [動] ([形] líquid) [他] 〈野菜・果物〉を液状にする, ジュースにする.

liq·uid·iz·er /líkwədàɪzə | -zə/ 名 C 《英》blender.

líquid lúnch 名 C [滑稽] 酒が中心の昼食.

líquid méasure 名 U 液量 (☞ measure 名 8 および表).

Líquid Páper 名 U リキッドペーパー《米国製修正液;商標》.

*__li·quor__ /líkə | -kə/ (同音 wrecker) 名 (~s /-z/) C
1 《米》酒類《ウイスキー・ブランデーなどの強い蒸留酒》: L~ is not sold at this store. この店では酒類はない. 語法 種類をいうときは C: whiskey and other ~s ウイスキーおよび他のアルコール飲料. **2** 《英》アルコール飲料: under the influence of ~ 酒の勢いで. 語源 元来は「液体」の意で liquid と同語源.

li·quo·rice /lík(ə)rɪʃ, -rɪs/ 名 《英》= licorice.

líquor lìcense 名 C 酒類販売許可証《未成年に酒を売ることれが停止になる》.

líquor stòre 名 C 《米》酒類販売店.

+__li·ra__ /lí(ə)rə/ 名 (複 **li·re** /lí(ə)reɪ/, ~s) C **1** リラ《イタリアの旧通貨単位; 略 L》. **2** リラ《トルコなどの通貨単位》.

Li·sa /líːsə, -zə/ 名 リーサ《女性の名; Elizabeth の愛称》.

Lis·bon /lízbən/ 名 リスボン《ポルトガルの首都》.

lisle /láɪl/ 名 U ライル糸《堅よりの木綿糸で手袋や靴下用に使われる》; ライル糸製の布.

lisp /lísp/ 動 自 舌足らずに発音する (/s/ や /z/ を正確に発音できず sixteen /síkstiːn/ や /θɪkθíːn/ などと言う). — 他 ⟨…⟩を舌足らずに発音する. — 名 [a ~] 舌足らずの発音.

LISP /lísp/ 名 U 【電算】リスプ《高水準コンピューター言語》.

lis·some, lis·som /lísəm/ 形 《文》[ほめて] (主に女性の体が) しなやかな; 敏捷 (びしょう) な.

*__list__[1] /líst/ (同音 lest, rest, wrist) 名 (**lists** /lísts/)
C 一覧表, 表, リスト; 目録, 名簿: draw up [make] a ~ of members 会員名簿を作る / His name is [has been put] on the ~. 彼の氏名は名簿にある / My name headed the ~. 私の氏名は表の最初にあった / Her name was left [taken] off the ~. 彼女の名前は名簿から落ちていた[除かれた] / at the top [bottom] of the ~ 最も重要な[重要でない].

list のいろいろ
blácklist ブラックリスト / bóarding lìst (旅客機の) 乗客名簿 / chécklist 照合簿 / guést lìst 招待客名簿 / máiling lìst 郵送先名簿; (電子メールの) メーリングリスト / shópping lìst 買い物リスト / wáiting lìst 補欠人[キャンセル待ち]名簿

— 動 (**lists** /lísts/; **list·ed** /-ɪd/; **list·ing**) 他 ⟨…⟩を表にする, 一覧表にする, ⟨…⟩を表に載せる, ⟨…⟩の目録を作る: Have you ~ed all the names? 全部の名前を表にしましたか. 日英比較 日本語の「リストアップ」は英語では list または listing である / Do you have a number ~ed for a Mr. White? <V+O+for+名・代の受身> ホワイトという人の電話番号は載っていますか.

— 自 《米》(商品が) カタログに (…の値で) 載っている (at).
be lísted in crítical [stáble] condítion [動] 自 重体[安定した状態]である.

list[2] /líst/ 動 自 (船などが) 傾く, かしぐ. — 名 [a ~] 傾斜, かしぎ.

list[3] /líst/ 動 他 《古語》聞く, 傾聴する.

list·ed /lístɪd/ 形 名簿[リスト]にある. **a lísted búilding** 名 《英》文化財指定建造物.

lísted secúrity 名 C 《株》上場証券.

*__lis·ten__ /lís(ə)n/ (同音 lessen, lesson) 動 (**lis·tens** /-z/; **lis·tened** /-d/; **-ten·ing** /-s(ə)nɪŋ/) 自 **1** (聞こうとしてまたは注意して) 聞く, 耳を澄ます, 耳を傾ける (☞ hear 類義語, listen

---

listening device 1023

to … (句動詞)): L~! Birds are singing. 聞いて, 鳥が鳴いてるよ / If you ~ carefully [hard], you can hear the waves. 注意して聞けば波の音が聞こえる.

2 (忠告などに) 耳を貸す, 従う: L~ (here)! S (いいか) よく聞け / I advised her not to marry Tom, but she just wouldn't ~. 私は彼女にトムと結婚しないように忠告したが, 彼女は聞こうともしなかった.

自分の言うことを相手に聞いてほしいときにするジェスチャー

---
listen の句動詞

*__lísten for …__ 動 他 …を聞こうとして耳を澄ます: I ~ed for the steps of the mailman. 私は郵便屋さんの足音を聞こうと耳を澄ました / Please ~ for the telephone while I am upstairs. 私が2階にいる間電話の音に気をつけて.

lísten ín 動 自 **1** (人の話を) 黙って聞く: May I attend the meeting just to ~ in? その会に参加して聞いているだけでもよろしいですか. **2** (人の話を) 盗み聞き[盗聴]する. **lísten ín on** ... [動] 他 …を盗み聞きする, (盗聴器などで) …を盗聴する. **lísten ín to** ... [動] 他 (1) = listen in on .... (2) (ラジオなどのダイアルを合わせて) …を聞く, …を聴取する (listen to) (受身 be listened in to).

lísten óut for ... 動 他 《英略式》…に注意して耳を傾ける[澄ます].

*__lísten to ...__ 動 他 **1** (聞こうとしてまたは注意して) …を聞く, …に耳を傾ける, 耳を澄ます (☞ hear 表, 類義語): They were ~ing to music [the radio]. 彼らは音楽[ラジオ]を聞いていた.

2 (忠告・意見などに) 耳を貸す, 従う: 言い換え He wouldn't ~ to my advice. (= He wouldn't pay any attention to my advice.) 彼は私の忠告に耳を貸そうともしなかった / Don't ~ to John. ジョンの言うことなど聞くな. **lísten to réason** ☞ reason 名 成句.

語法 listen to が他動詞のように感じられるため, 次の例のように hear と同様な構文をとることがある. この場合文型は <V+O+C (現分[原形])> と同じになる (☞ look at ... (look 句動詞) 語法). また受身にも用いられる: We ~ed to him playing the guitar. 私たちは彼がギターを弾いているのに聞き入った / She liked to ~ to children talk. 彼女は子供たちが話すのを聞くのが好きだった / Young people want to be ~ed to. <V+to+名・代の受身> 若者たちは自分の言うことに耳を傾けてもらいたがっている.

---

lísten úp 動 自 [命令形で] S 《主に米》(相手の注意をうながして) いいかい, ちょっとよく聞いて.

— 名 [a ~] 《英略式》聞くこと: Have a ~ to this CD. この CD を聞いてみて.

lis·ten·a·ble /lís(ə)nəbl/ 形 《略式》聴いて楽しい.

*__lis·ten·er__ /lís(ə)nə | -nə/ 名 (~s /-z/) C 聴く人, 聞き手; [前に形容詞を伴って] (人の話を聞いてくれる) 人; (ラジオの) 聴取者: You're always a good ~. いつも人の話をよく聞いてくださいますね / Good morning, ~s! 皆さん, お早うございます 《ラジオ放送で》. 関連 hearer 聞き手; 傍聴者 / viewer テレビの視聴者.

lis·ten·ing /lís(ə)nɪŋ/ 名 U 聞くこと, 聞き取り: ~ comprehension (外国語学習などの) 聞き取り, リスニング (☞ hearing 日英比較).

lístening device 名 C 盗聴機.

lístening pòst 名 ⓒ **1** 秘密情報収集所. **2** ミュージックサイト. **3** (CDなどの)試聴コーナー.

lis・te・ri・a /lɪstí(ə)riə/ 名 Ⓤ リステリア菌《食中毒を引き起こすバクテリア菌》.

Lis・ter・ine /lístəri:n | lístərì:n/ 名 Ⓤ リステリン《米国製の口腔洗浄液; 商標》.

*__list・ing__ /lístɪŋ/ 名 (~s /-z/) **1** ⓒ 一覧表, リスト; (表の)項目, 記載事項. **2** ⓒ 《複数形で》(新聞などに載る)イベント一覧表, 予定[番組]表. **3** Ⓤ 《米》(家・土地などを)不動産業者の広告に載せること.

†**list・less** /lístləs/ 形 (疲れて)元気のない, 気乗りしない, 無関心な; (暑さなどで)だるそうな, もの憂げな. **~・ly** 副 元気なく, もの憂そうに; だるそうに. **~・ness** 名 Ⓤ 元気のなさ; けだるさ.

líst prìce 名 ⓒ 《商》表示価格, 定価.

lists /lísts/ 名 《次の成句で》**énter the lísts** 動 ⓐ 《英》 (…に)挑戦する, (…の)挑戦に応じる; (競技・議論に)参加する 《against》.

list・serve /lístsəːv | -səːv/ 名 ⓒ 《電算》リストサーブ《特定のトピックに関するメーリングリストサービス; 元来は商標》.

Liszt /líst/ 名 **Franz** /fráːnts/ **~** リスト (1811-86) 《ハンガリーの作曲家・ピアニスト》.

*__lit__[1] /lít/ 《類音》 let) 動 **light**[1] の過去形および過去分詞. **be lít úp** 動 (俗)酔っている.

lit[2] /lít/ 動 **light**[3] の過去形および過去分詞.

lit. =literal, literally, literary, literature.

†**lit・a・ny** /lítəni/ 名 (**lit・a・nies**) **1** ⓒ Ⓤ 《キ教》連禱((聖職者の祈願に会衆が唱和); [the L-] 《英国国教会の祈禱書の》連禱. **2** ⓒ 長ったらしい[くどい]話.

li・tchi /líːtʃi; | laɪtʃíː/ 名 ⓒ 茘枝(ﾚｲｼ)(ﾗｲﾁ)《中国原産の常緑樹》; 茘枝の実《食用》.

lit crit /lítkrít/ 名 Ⓤ (略式) 文学批評, 文芸評論 (literary criticism).

lite /láɪt/ 形 (米) **1** (特にビールが)低カロリーの, 脂肪や糖の少い 《商標によく使われる》. **2** 内容のない.

*__li・ter__, (英) **li・tre** /líːtə | -tə/ 《類音》leader) 名 (~s /-z/) ⓒ リットル, リッター (1000 cc; 略 l).

kíloliter		déciliter	
(キロリットル)	1000 *l*	(デシリットル)	1/10 *l*
céntiliter		mílliliter	
(センチリットル)	1/100 *l*	(ミリリットル)	1/1000 *l*

†**lit・er・a・cy** /lítərəsi, -trə-/ 名 Ⓤ (反 illiteracy) 読み書きの能力, 識字能力; (ある分野の)活用能力[知識]: ☞ computer literacy.

†**lit・er・al** /lítərəl, -trəl/ 形 (名 létter) **1** [普通は Ⓐ] 文字どおりの《誇張や比喩の除く》, 字義の; (文字どおり)正確な, ありのままの; (事実などが)まぎれもない: the ~ meaning [sense] 文字どおりの意味 / a ~ account of an event 事件のありのままの記録. 関連 figurative 比喩的な. **2** [普通は Ⓐ] (翻訳などが)一語一語の, 逐語的な: a ~ translation 直訳. **3** (軽蔑) (人・考え方が)想像力に欠けた, 散文的な. 語源 ラテン語で「文字の」の意; (☞ literature 語源). **4** ⓒ 《英》 《印》誤字, 誤植.

*__lit・er・al・ly__ /lítərəli, -trə-/ 副 (類音 literary) **1** 字どおりに《誇張や比喩の除くで》, 字義どおりに《略 lit.》: I took what he said ~. 私は彼の言ったことを文字どおりに受けとった / He said he would quit, but I think he didn't mean it ~. 彼は辞めると言ったが本気で言っていたのではないと私は思う. 関連 figuratively 比喩的に. **2** [形容詞・動詞などを強めて]《略式》文字どおり, 全く, 本当に: I was ~ helpless. 私は文字どおり孤立無援だった / L~, it rained forty days. 文字どおり40日間雨が降った. **3** (翻訳などで)一語一語, 直訳で: translate ~ 直訳する.

líteral-mìnded 形 想像力の欠けた, 散文的な.

literal・ness 名 Ⓤ 文字どおり(の正確さ); 散文的であること.

*__lit・er・a・ry__ /lítərèri | lítərəri, -trə-/ 《類音》literally) 形 (名 léterature) Ⓐ **1** 文学の, 文芸の, 文学的な: ~ works 文学作品. **2** 文筆業の; 文学に通じた, 文学愛好の: the ~ world 文壇. **3** 文語の, 書きことばの《略 lit.》: ~ style 文語体 / ☞「この辞書の使い方」6. **2** (文). 関連 colloquial 口語(体)の. 語源 ラテン語で「文字の」の意; そこから「文学の」の意となった (☞ literature 語源).

*__lit・er・ate__ /lítərət, -trət/ 形 (反 illiterate) **1** 読み書きのできる. 関連 numerate 計算のできる. **2** 教養[学問]のある. **3** (合成語で) …をよく知っている, …に通じている: computer-~ コンピューターが使いこなせる. **~・ly** 副 識字能力上; 教養上. **~・ness** 名 Ⓤ 読み書きできること; 教養[学問]のあること.

lit・e・ra・ti /lítəráːtiː/ 名 [複] 《格式》(ときに軽蔑) 文学者(たち), 知識階級.

*__lit・er・a・ture__ /lítərətʃə, -trə-, -tʃə | -tʃə/ 12 名 (~s /-z/; 略 líterày) **1** Ⓤ 文学, 文芸, 文学作品《略 lit.》: English ~ 英文学 / popular ~ 大衆文学. **2** Ⓤ ⓒ 文献(類), 論文: the ~ **on** American history 米国史に関する文献. **3** Ⓤ (略式)(ちらしなどの)印刷物: advertising ~ 広告印刷物. 語源 ラテン語で「文字」の意; letter, literal, literary と同語源.

-lith /lɪθ/ 名 (合成語で) …石[岩]: monolith 一本石(の柱[碑]) / megalith 巨石.

lithe /láɪð/ 形 (**lith・er**; **lith・est**) (体が)しなやかな, 柔軟な. **~・ly** 副 しなやかに[柔軟に].

-lith・ic /lɪθɪk/ 形 (合成語で) …石[岩]の: monolithic 一本石の / megalithic 巨石の.

lith・i・um /líθiəm/ 名 Ⓤ 《化》リチウム《金属元素; 元素記号 Li》: a ~ battery リチウム電池.

lithium cár・bon・ate /-káːbənèɪt | -káː-/ 名 Ⓤ 《化》炭酸リチウム《うつ病の治療に使う》.

lith・o /líθoʊ/ 名 (略式) =lithography.

lith・o・graph /líθəgrӕf | -grɑːf/ 名 ⓒ 石版(画), リトグラフ. ─ 動 他 を石版で印刷する.

lith・o・graph・ic /lìθəgrӕfɪk←/ 形 石版(画)の.

li・thog・ra・phy /lɪθɑ́grəfi | -θɔ́g-/ 名 Ⓤ 石版印刷, リトグラフィー.

Lith・u・a・ni・a /lìθ(j)uéɪniə/ 名 リトアニア《バルト海に面する北欧の共和国》.

Lith・u・a・ni・an /lìθ(j)uéɪniən←/ 名 **1** ⓒ リトアニア人. **2** Ⓤ リトアニア語. ─ 形 リトアニア(人・語)の.

lit・i・gant /lítɪgənt/ 名 ⓒ 《法》訴訟当事者《原告または被告》.

lit・i・gate /lítɪgèɪt/ 動 《法》ⓐ 訴訟を起こす. ─ 他 《ある事柄》を法廷で争う.

*__lit・i・ga・tion__ /lìtɪgéɪʃən/ 名 Ⓤ 《法》訴訟, 起訴.

li・ti・gious /lɪtídʒəs/ 形 **1** 《法》訴訟(上)の. **2** 《法》[限定][裁判]ざたになりかねない; 訴訟できる. **3** 《格式》[しばしば軽蔑] 訴訟好きな. **~・ness** 名 Ⓤ 訴訟できること; 訴訟好き.

lit・mus /lítməs/ 名 Ⓤ 《化》リトマス《酸にふれると赤くなり, アルカリにふれると青くなる色素》.

lítmus pàper 名 Ⓤ リトマス試験紙.

lítmus tèst 名 [単数形で] **1** (真意・効果などを)試される時, 真価を見極める機会, 試金石 《of, for》. **2** 《化》リトマス試験.

li・to・tes /láɪtətìːz, laɪtóʊtiːz/ 名 Ⓤ 《修辞》緩叙法 (not を付けることで反対の意味を強める方法; not a few (=a great many) など).

*__li・tre__ /líːtə | -tə/ 名 ⓒ 《英》 =liter.

LittD /lítdíː/ 略 =Doctor of Literature [Letters] (☞ doctor).

*__lit・ter__ /lítə | -tə/ 名 (~s /-z/) **1** Ⓤ くず, ごみ, 散

かったもの《特に紙くず》; がらくた: Pick up your ~. 散らかったものを拾いなさい. **2** [a ~] 散乱(状態) 《of》. **3** ⓒ [単数または複数扱い] (犬・豚などの)ひと腹の子《全体》. **4** Ⓤ 敷きわら, 寝わら, (6らの)屋根《猫などの》室内排泄用皿 (litter tray) の砂. **5** ⓒ 担架;(昔の)担いかご. ── 動 (-ter·ing /-tərɪŋ, -trɪŋ/) 他 **1** [普通は受身で]〈部屋などを〉(…で)散らかす《with》;〈物を…〉に散らかっている;〈物を〉散らかす: Don't ~ (up) your room. 部屋を散らかすな. **2**〈動物に〉寝わらを敷いてやる;〈床・馬小屋などに〉敷きわらを敷く. **3**〈ごみ[くず]を〉散らかす: NO LITTERING ごみを散らかさぬ[捨てぬ]こと《掲示》. **2**《格式》〈犬・豚などが〉子を産む. ── be littered with ..., ── 動 他 …に満ちている.

lit·te·ra·teur /lìtərɑtə́ːr, -trɑ-/ 名 ⓒ 文学者.

lítter bàg 名 ⓒ (特に自動車の中で使う)ごみ袋.

lítter·bàsket 名 ⓒ《英》(街頭などの)くず入れ.

lítter·bìn 名 ⓒ《英》=garbage can.

lítter bòx 名 ⓒ =litter tray.

lítter·bùg《略式, 主に米》, **lítter·lòut**《英略式》名 ⓒ 公共の場所にごみを散らかす人.

lítter trày 名 ⓒ《英》《猫などの》室内排泄用皿.

*lit·tle¹ /lítl/ (発音 riddle)

① [a ~] 少しではあるが; 少しは(…する); 少し　　　　　　　　　　　　　　　　　形 1; 副 1; 代 1

② [a をつけずに] ほとんどない; 少しの…しない, 少ししかないもの　　　　　形 2; 副 2; 代 2

── 形 (比 less /lés/; 最 least /líːst/) (☞ less¹, least¹) 語法 (1) 数えられない名詞に用いる (☞ few 語法 表. 最初の 語法). (2) little を 叙 に用いることは《略式》ではまれ. **1** [a ~] **少しではあるが…** (がある), 多少の (some) 《☞ all 形 1の2番目の囲み》: As I had a ~ money with me, I was able to buy the book. 少し持ち合わせがあったのでその本が買えた / There is a ~ hope that he will pass. 彼が合格する望みは少しある / The difference between a ~ money and no money is enormous. 金が少しあるのと全然ないのとでは大違いだ. 語法 関係詞節によって修飾される場合は the little になる《☞ the little ... (that) ...(成句)》: The ~ jam there was in the jar was off. びんの中の少量のジャムは腐りかけていた.

2 [a をつけずに] **ほとんどない**, 少しの…しか, ほんのわずかの《量が少ないこと, 程度が低いことを示す;☞ all 形 1の2番目の囲み》《反 much》《☞ negative sentence 文法 (2)》: I have ~ money with me. ほんの少ししか持ち合わせがない / There is ~ hope of his recovery. 彼が回復する望みはほとんどない.

語法 **a little と little**

1と2の違いは話し手の気持ちの問題で, 必ずしも量の多少によるものではない. 仮に同じ程度のジャムが残っていても, There was *a little* jam left in the jar. と言えば, 「まだ間に合う」という気持ちが含まれることにもなり, There was *little* jam left in the jar. と言えば,「もう残りわずかしかない」あるいは「がっかりした」という気持ちを表わすことになる《語法 表》. little のみではかなり格式張る表現になるためしばしば very, precious などの後で用いる.

a vèry líttle ∴ 形 ごくわずかだが…: I had only a *very* ~ pain after the operation. 手術後にごくわずかだが痛みを感じた.

be tóo líttle, tóo láte 動 自 (救済策などが)少なすぎるうえに遅れて失する. 効果はとうてい望めない.

líttle or nó ∴ 形 [まず]ほとんど…(が)ない: There is ~ *or no* danger. ほとんど危険はない.

nò líttle ∴ 形 少なからぬ…, 多くの (very

little 1025

much): *no* ~ effort 少なからぬ努力.

nòt a líttle ∴ 形 ほんのわずかならぬ…, かなりの: There is *not a* ~ anxiety about it. そのことについては少なからぬ不安がある.

ònly a líttle ∴ 形 ほんのわずかの…, …はほとんどない: There is *only a* ~ wine left. ワインはほんの少ししか残っていない.

quìte a líttle ∴ 形《略式》かなり多くの…: He has *quite a* ~ money. 彼はかなりの金がある.

sòme líttle ∴ 形 かなり(多くの量)の…, 相当の…: for *some* ~ time かなり長い間.

the líttle ∴ (that) ──=**what little ∴** 少しだけあるだけの…: I gave「*the* ~ money (*that*) I had [*what* ~ money I had] to the poor family. なけなしの金を全部その貧しい一家に与えた.

── 副 (比 less /lés/; 最 least /líːst/) (☞ less¹, least¹) 語法 little の前に a がつくときとつかないときの違いは 形 の場合と同じ. **1** [a ~] **少しは…(する)**, 多少とも…(する): Wait *a* ~ longer for him. 彼をもう少し待ってください / "Can you speak English?" "Yes, *a* ~."「英語が話せますか」「ええ, 少し」/ Give me *a* ~ more time. もう少し時間をください / I am feeling *a* ~ better this morning. けさは少しは気分がよい.

2 [a をつけずに]《格式》または[誇張]**ほとんど…しない**, 少ししか…しない《反 much》; 少しも…しない (not ... at all): He is ~ *known* among us. 彼は私たちの間ではほとんど知られていません / I *see* him very ~. 彼とはめったに会いません 《言い換え》He ~ *thought* that he would see me again. =L~ did he think that he would see me again. 私に再び会うとは彼は思っていませんでした《☞ inversion 文法 (1) (vi)》. 語法 know, think, imagine のように思考や認識を表わす動詞の前で使われることが多い.

líttle léss than ... ☞ less¹ 副 成句.

líttle móre than ... ☞ more¹ 副 成句.

móre than a líttle 副《文》少なからず, 大いに.

nòt a líttle 副《格式》少なからず, 大いに: He seemed to be *not a* ~ disappointed by the news. 彼はその知らせに少なからず失望したようだった.

thínk líttle of ... ☞ think 成句.

── 代《不定代名詞》語法 この 代 の little は数えられない名詞の代わりに用いられたり, 漠然としたそれを指すことが多い. 従って単数として扱われる. **1** [a ~] **少しで (はあるがある(もの)), 多少 (some)**: A ~ is enough for me. 少しで十分です / I'll give you *a* ~. 少しばかりあげましょう / He knows *a* ~ about everything. 彼は何についても少しは知っている.

2 [a をつけずに] **少ししかないもの, ほんのわずかしかないもの, ほとんどないもの**《反 much》《☞ few 代》: L~ was left in the jam jar. ジャムのびんには(ジャムは)ほとんど残ってなかった / We see very ~ of her. 私たちはほとんど彼女に会いません / L~ remains to be done. やることはほとんど残っていない / The government has done ~ to help the poorest people. 政府はこれまで最も貧しい人々を助けるための手だてをほとんど講じてこなかった.

àfter a líttle 副 少したって, しばらくして.

for a líttle 副 しばらく.

in líttle [形・副]《格式》小規模の[に], 縮小した[して].

líttle by líttle 副 少しずつ, 徐々に: The level of the water rose ~ *by* ~. 水位は徐々にあがった.

líttle or nóthing=**little if ánything** [代] ほとんど(何も)ない.

màke líttle of ... 動 他《格式》(1) …を軽く見る, …を見くびる《反 make much of ...》. (2) …をほとんど理解できない.

whàt líttle=**the líttle** [代] [後に関係詞節を伴って]わずかばかりのもの[こと]全部: I did *what* [*the*] ~ I could. 私はできるだけのことをした.

‡lit·tle² /lítḷ/ ([類音] riddle) [形] (比 **less** /lés/; 最 **least** /líːst/) [語法] 比は **small·er** 最は **small·est** で代用されることが多い. また 1 の意味では Ⓢ で時に 比 **lit·tler**; 最 **lit·tlest** が用いられる. **1** [A] 小さな ([反] big); 小さくてかわいい《☞ small 表, 類義語》: ~ birds 小鳥たち / a ~ tiny puppy Ⓢ とても小さな小犬 / a pretty ~ house きれいで小さな家. [語法] しばしば little の前に pretty, nice, clever, sweet, funny, nasty, silly, poor など話者の感情を表わす形容詞を伴う // ☞ Little Red Riding Hood.
2 [比較なし]《略式》**年少の, 年下の**; 幼い: my ~ boy [girl] うちの息子[娘] /《略式》a ~ brother [sister] 弟[妹]《☞ brother と sister の [日英比較]》/ I lost my parents when I was ~. 僕は小さいころ両親を失った // ☞ the little ones (one² [代] 成句). **3** [A] (距離・時間が)短い ([反] long): Will you go a ~ way with me? 少し行き[歩き]ませんか / I talked with her (for) a ~ while. 彼女と少しの間話をした. **4** [A] (小さくて)取るに足らない, くだらない; [滑稽] 重大な; 狭量な; 弱い, 力のない ([反] great): ~ problems [mistakes] ささいな問題[誤り] / people with ~ minds 了見の狭い人々 / a ~ smile かすかな笑み // ☞ little guy.

Líttle Béar [名] [固] [the ~]《主に英》小ぐま座《星座; ☞ polestar 挿絵; arctic [語源]》.

Líttle Bíghorn [名] [固] [the ~] リトルビッグホーン川《Wyoming 州北部と Montana 州南部の川; 1876 年米軍部隊がインディアン軍に敗れた地》.

líttle bítty [形]《米略式》ちっちゃい.

líttle bláck bòok [名] [C]《略式》女友達の住所録.

líttle bláck drèss [nùmber] [名] [C]《略式》(肩ひものついた)黒いドレス《パーティー用》.

Líttle Dípper [名] [固] [the ~]《主に米》小北斗《星座; ☞ polestar 挿絵》.

Líttle Én·gland·er /-íŋgləndə | -də/ [名] [C] 小英国主義者; 英国中心主義者.

⁺líttle fínger [名] [C] 小指《☞ hand 挿絵》.

líttle gréen mán [名] [C] 小さな緑色人《宇宙人, 特に火星人》.

líttle gùy [名] [C]《略式》平凡な[普通の]男.

Líttle Lèague [名] [U]《米》リトルリーグ《8–12 歳の少年野球チームで構成される》.

Líttle Lòrd Fáunt·le·roy /-fɔ́ːntlərɔ̀ɪ/ [名] [固]『小公子』《米国の童話》.

Líttle Mérmaid [名] [固] [The ~]『人魚姫』《アンデルセンの童話》.

líttle pèople [fòlk] [名] [the ~] [複数扱い]《略式》庶民;《主にアイル》小妖精《fairy, leprechaun など》.

Líttle Réd Ríding Hòod [Ríding-hòod] [名] [固] 赤ずきん(ちゃん)《童話に登場する女の子》.

Líttle Rhód·y /-róʊḍi/ [名] リトルローディー《米国 Rhode Island 州の俗称》.

Líttle Ròck [名] [固] リトルロック《米国 Arkansas 州中部の州都》.

líttle slám [名] [C]〘トラ〙リトルスラム《ブリッジで 13 トリック (trick) のうち 12 に勝つこと; ☞ grand slam》.

líttle tóe [名] [C] 足の小指.

líttle wóman [名] [the ~] [しばしば滑稽; 差別] Ⓢ《古風》(自分の)妻, (うちの)かみさん.

Líttle Wómen [名] [固]『若草物語』《Louisa May Alcott 作の少女小説 (1868–69)》.

lit·to·ral /lítərəl, -trəl/《格式》[形] 海岸の, 沿海の. **—** [名] [C] 沿海地方.

li·tur·gi·cal /lɪtə́ːdʒɪk(ə)l | -tə́ː-/ [形] [A]《格式》礼拝式の. **-cal·ly** /-kəli/ [副] 礼拝式で.

lit·ur·gy /lítədʒi | -tə-/ [名] (**-ur·gies**) [C,U] 礼拝式; [the ~; ときに L-] 祈禱(きとう)式文, 祈禱書.

liv·a·ble /lívəbl/ [形]《略式》**1** (家などが)住むに適する, 住みよい (*in*). **2** (苦痛・困難などが)我慢できる, 耐えられる (*with*); 生きがいのある. **3** (賃金などが)生きていくのに足る.

‡live¹ /lív/ ([類音] lib, rib) ★ 形容詞の live² との発音の違いに注意. [動] (**lives** /~z/; **lived** /~d/; **liv·ing**; [名] life, [形] alíve, live²) [自]

「生きる」[自] **1** →(ある場所で生きる)→「住む」[自] **2** →(ある状態で生きる)→「暮らす」[自] **3**

1 (人・動物が)**生きる, 生存する**, 生きている; 生きながらえる ([反] die): We cannot ~ without air. 空気がないと生きてゆけない / I'd give him six months to ~. 彼はせいぜいあと半年の命だろう / [言い換え] She **~d to** be ninety. <V+*to* 不定詞> =She ~*d* until she was ninety. =She **~d to** (the age of) ninety. <V+*to*+名> 彼女は 90 歳まで生きた / I hope I shall ~ *to* see my hometown again. 生きているうちにもう一度故郷を見たいものだ / Long ~ the Queen! Ⓢ《格式》女王さまが長生きされるようお祈りします(女王さま万歳)《☞ subjunctive present [文法] (2)》/ L~ [You [We] ~] and learn.《ことわざ》Ⓢ 生きているといろいろなことを知る, 長生きはするものだ; [何かへまをした時に] 失敗も経験のうち / *L~* and let ~.《ことわざ》自分も生き人も生かす(世の中は持ちつ持たれつ).
2 [副詞(句)を伴って] (…に)**住む, 居住する**; (動植物が)(…に)生息[生育]する: My brother **~s** [**in** a small village [**at** number 15, **on** the sixth floor]. <V+前+名・代> 兄[弟]は小さな村[15 番地, 6 階]に住んでいます《☞ at 1 [語法] (2)》/ I **~d with** the Browns in my school days. 学生時代はブラウンさんの家に住んでいました / I ~*d there* [*abroad*] (*for*) ten years. <V+副> そこに[外国に] 10 年間住んでいた《☞ for [前] A 5 [語法]》/ This is not a comfortable house to ~ *in*. これは住みよい家ではない / He is looking for a place to ~. 彼は住む所をさがしている / Polar bears ~ *in* the Arctic. しろくまは北極に生息する[棲(す)む].

> [語法] (1) live は一時的にある場所に住む場合をのぞき普通は進行形は用いない: I don't know where he *is living* now. 彼が今どこに住んでいるか知りません.
> (2) 特定の住居が問題になっているとき live in は受身可能: This house has never *been* ~*d in* since the previous occupant killed himself. 前の入居者が自殺してからこの家には人が住んでいない.

3 [副詞(句)を伴って] (…に)**暮らす**, (…の)生活をする; (ある社会・時代に)生きる: ~ **in** poverty <V+*in*+名> 貧しい生活をする / ~ **well** <V+副> 裕福に暮らす / ~ *happily* 幸せに暮らす / I would like to ~ *quietly* in the countryside. いなかで静かに暮らしたい / We ~ *in* an information-oriented society. 我々は情報化社会に生きている. **4** 楽しい人生を送る, おもしろく暮らす: Now I'm really *living*! 今は本当に人生を楽しんでいるよ / You haven't ~*d* until you see an opera. Ⓢ オペラを見ないうちは人生の楽しみを知ったことにはならないな. **5** 存続する; (人の記憶に)残る: She still ~*s* in my memory. 彼女は今でも私の思い出の中に生きている. **6** [副詞(句)を伴って]《略式》(物が…に)しまわれる, 在る: Where do these forks ~? このフォークはどこにしまうの.
— [他] **1** 〈…の生活〉をする, 送る《☞ live a ... life (成句)》: My aunt ~*d* her life alone. おばはひとり暮らしをした / He ~*d* the life of a hermit. 彼は世捨て人の生活を送った. **2** 〈信念など〉を生活に実行する, 実践する.

líve a ... lífe [動] [自] …の生活をする, …の暮らしをす

《☞ cognate object 文法》: She ~d a happy life. 彼女は幸福な人生を送った.
líve and bréathe [動] (自) (略式) ⟨...⟩に夢中である, 凝っている: He ~s and breathes golf. 彼はゴルフに夢中だ.
líve at hóme [動] (自) 両親と同居する.
líve from dáy to dáy [動] (自) その日暮らしをする.
líve from hánd to móuth [動] (自) その日暮らしをする.
líve in a wórld of one's ówn [動] (自) (略式) 自分の世界に閉じこもる.
líve it úp [動] (自) (略式) (パーティーなどで)にぎやかに楽しむ, 気前よくお金を使って遊ぶ.
líve or díe by ... [動] (他) =live by ... 2 (句動詞).
líve to fíght [sée] anóther dáy [動] (自) 困難にめげず生きのびる, 日の目を見るまでがんばる.
...'ll líve. (S) (何があっても)...は平気だ.
...who [that] éver líved [最上級とともに] 今までにいちばんの...: He is the greatest singer that [who] ever ~d. 彼は史上最大の歌手だ (☞ ever 3 語法).
will líve to regrét ... [動] (他) ...を後悔することになる.

---

live¹ の句動詞

líve by ... [動] (他) 1 ...で生計を立てる: My sister ~s by farming. 私の姉[妹]は農業をして暮らしを立てている. 2 ...を生活の指針とする.

líve dówn ... [動] (他) [普通は否定文で]⟨不名誉・罪・過失など⟩を償う; ⟨汚名⟩をそそぐ: I could not ~ my youthful follies down. 私の若いころの愚かな行ないを人に忘れてもらうことができなかった.

líve for ... [動] (他) 1 ...のために生きる; ...を生きがいにする. 2 ⟨...する日[時]⟩を楽しみに生きる: She ~s for the day when she can have a boutique of her own. 彼女は自分のブティックが持てる日を楽しみに生きている.

líve ín [動] (自) (英) 住み込みで働く; (学生が)学寮に住む (反 live out).

*__líve óff ...__ [動] (他) 1 ...で生計を立てる, 食べていく, (略式) ...を食べて暮らす: He ~s off his father's inheritance. 彼は父親の遺産で食べている ∥ ☞ live off the land (land 成句). 2 [しばしば軽蔑] ...のやっかいになる, ...のすねをかじる.

líve ón [動] (自) 生き続ける; (思い出などが)残る.

*__líve on__ [動] (他) 1 ⟨...⟩を常食にして生きている, 常食にする: The Japanese used to ~ on rice and fish. 日本人は以前米と魚を常食にしていた. 2 ...に頼って暮らす: His family ~s on his small income. 彼の一家は彼のわずかな収入で暮らしている.

líve óut [動] (自) 1 ⟨ある期間の終りまで⟩生き抜く; ⟨人生・月日⟩を終わりまで過ごす. 2 ⟨信念など⟩を実践して生活する; ⟨夢など⟩を実現する. 3 (英) 通いで働く; (学生が)学寮外に住む (反 live in).

líve óut of ... [動] (他) 1 (缶詰め食品など)を食べて暮らす. 2 (略式) (旅行かばん・トランクなど)に入れた持ち物で生活する.

*__líve thróugh ...__ [動] (他) ...を(経験して)生き延びる; ...を切り抜ける: Mr. Miller ~d through two wars. ミラー氏は2度の戦争を生き延びてきた / The sick baby ~d through the night. 病気の赤ん坊はその夜は何とか持ち越した.

*__líve togéther__ [動] (自) いっしょに暮らす; 同棲(どうせい)する: Paula and her boyfriend began to ~ together in June. ポーラとボーイフレンドは6月から同棲を始めた.

*__líve úp to ...__ [動] (他) ⟨期待⟩にこたえる; ...に基づき恥じない行動をする: I will try to ~ up to your expectations. 期待にそえるようにします.

*__líve with ...__ [動] (他) 1 ...といっしょに暮らす, 同居する; ...と同棲する: We ~ with my husband's parents. 私たちは夫の両親と暮らしています. 2

---

lively 1027

《略式》...を我慢する, ...に耐える; [滑稽] ...は気にしない: I can ~ with that. それでもいい[仕方ない]. 3 ...の記憶に残る.

*__live²__ /láɪv/ ★ 動詞の live¹ との発音の違いに注意. [形] (名 life, live¹, enliven, líven) [普通は A] 1 [比較なし] 生きている (living) (反 dead): a ~ fish 生きている魚. [語法] この意味の P の形容詞は普通 alive (☞ living [語法]): The fish is alive. その魚は生きている.
2 [比較なし] (放送などが)生(なま)の, 実演[実況, ライブ]の: a ~ performance [program, broadcast, recording] 生[ライブ]演奏[番組, 放送, 録音] / a ~ concert ライブコンサート / a ~ audience 生演奏の聴衆 / This is ~ from Paris. ⟨A+from+名⟩ パリからの生放送です (☞ record² 2). 3 電流の通じた; (銃弾・爆薬などが)まだ爆発していない; 実弾の; (マッチなどが)未使用の (反 dead): a ~ microphone スイッチが入ったマイク. 4 ⟨火⟩がおこっている, 燃えている: ~ coals 燃えている石炭. 5 当面の, 論議中の: a ~ issue 当面の問題. 6 [球] 競技中の, 有効な (反 dead): a ~ ball 生きている球. 7 (ヨーグルトが)菌が生きている. 8 (コンピューターのシステムなどが)稼働している: go ~ 稼働する. [語源] alive の a- が落ちたもの.

a réal líve ... [形] (S) (略式) 本当[本物]の.... **a líve òne** [名] (略式) かも, だまされやすい人; 熱狂する人, 夢中になる人 (☞ one² 2).

―― [副] 生(なま)で, 実演[実況]で, ライブで: The ceremony will be broadcast ~ from Boston. 式典はボストンから生放送[実況中継]される.

líve·a·ble /láɪvəbl/ [形] =livable.
líve áction /láɪv-/ [名] (U) アクション, 《映》(アニメやコンピューター効果ではない)生の[実演の]ライブアクション.
líve birth /láɪv-/ [名] C,U 生児出産; C 生産児 (人口統計などで用いる; ☞ stillbirth).
-lived /láɪvd, lɪvd | láɪvd/ [形] [合成語で] 命が...の: long-lived 長命の / short-lived 短命の.
líved-in [形] 1 (部屋・家が)実際に使われている, くつろげる; よく使い込まれた. 2 (人の顔が)年季の入った.
*__líve-in__ /lɪvín-/ [形] [A] 1 (略式) 住み込みの: a ~ maid 住み込みのメイド. 2 [しばしば軽蔑] 同棲(どうせい)している.
*__líve·li·hood__ /láɪvlihùd/ [名] C,U [しばしば所有格の後で] 暮らし, 生計; 生きる道. **éarn a [one's] lívelihood** [動] (自) 生計を立てる, 暮らしてゆく.
líve·li·ness /láɪvlinəs/ [名] (U) 1 元気, 活発. 2 陽気, にぎやかさ. 3 鮮やかさ.
líve·long /lívlɔ̀ːŋ, láɪv- | -lɔ̀ŋ/ [形] [A] (古風) (退屈するほど)長い: (all) the ~ day 一日中.

*__líve·ly__ /láɪvli/ [形] (live·li·er /-liə-/; live·li·est /-liɪst/) 1 [ほめて] (人などが)元気のよい, 生気にあふれた; (動作・活動などが)活発な, 軽快な; 元気よく行動する (☞ merry 類義語): Tom is the liveliest boy in his class. トムはクラスでいちばん元気な少年だ / Our reading circle often has ~ discussions. 我々の読書サークルではしばしば活発な討論をする. 2 陽気な, (町などが)にぎやかな: ~ music 陽気な音楽 / The streets were ~ with Christmas shoppers. 町はクリスマスの買物客でにぎわっていた. 3 (描写などが)真に迫った, 生き生きした; (感情などが)激しい, 強烈な: a ~ description of a battle 真に迫った戦闘の描写 / ~ interest 強烈な興味 / ~ imagination 豊かな想像力. 4 (色が)鮮やかな: ~ colors 鮮やかな色彩. 5 活発に[激しく]動く; (投球などが)速い; (ボールなどが)よく弾む. 6 辛口でうまい. **gíve ... a lívely tíme=máke it [things] lívely for ...** [動] (他) ...に気をもませる. **lóok [(米) stép] lívely** [動] [命令文で] (S) (古風, 略式) 急げ.

liv·en /láɪv(ə)n/ [動] ([形] live[2]) [他] **1** 〈…〉を陽気にする, 活気づける (*up*). **2** 〈外観〉を際立たせる; 〈味〉をひきたたせる. — [自] 陽気になる, 元気づく, 活気づく (*up*).

*__liv·er__[1] /lívə | -və/ ([類音] lever, river) [名] (~s /~z/) **1** [C] **肝臓:** ~ failure 肝不全 / The ~ serves to clean the blood. 肝臓は血液を浄化する働きをする.
2 [U,C] (食用の)レバー, 肝(きも).

liv·er[2] /lívə | -və/ [名] [C] [前に形容詞をつけて] …の生活をする人: a *clean* ~ 清い生活をする人.

líve ráil /láɪv-/ [名] [C] 《米》 導体レール《普通のレールに沿って置かれ, 電車に電流を伝えるのに使うレール》.

liv·er·ied /lív(ə)rid/ [形] [A] **1** そろいの服[仕着せ]を着た. **2** 《英》 会社のシンボルカラー[マーク]のついた.

liv·er·ish /lív(ə)rɪʃ/ [形] **1** 肝臓の悪い; 《古風, 英》 [滑稽] (暴飲・暴食で)少し具合の悪い. **2** 気難しい.

Liv·er·pool /lívəpù:l | -və-/ [名] [固] リバプール《英国 England 北西部の港市; ☞ 裏地図 E 5》.

Liv·er·pud·li·an /lìvəpʌ́dliən | -və-←/ [名] [C], [形] リバプール市民(の).

líver sàusage [名] [U] 《主に英》 =liverwurst.

líver spòt [名] [C] [普通は複数形で] 肝斑(かんはん), しみ.

liv·er·wort /lívəwə̀:t | -vəwə̀:t/ [名] [C,U] 苔(たい)類《蛇苔(じゃごけ), 銭(ぜに)苔など》.

liv·er·wurst /lívəwə̀:st | -vəwə̀:st/ [名] [U] 《米》 レバーソーセージ.

+**liv·er·y** /lív(ə)ri/ [名] (**-er·ies**) **1** [C,U] そろいの服, 仕着せ. **2** [U] 《詩》 服装, 装い. **3** [C] [普通は所有格の後で] 《英》 (製品・乗物などに見られる)会社のシンボルマーク[カラー]. **4** [C] 《米》 (乗り物の)レンタル業者. **5** [C] 《米》 =livery stable.

lívery còmpany [名] [C] 《英》 (ロンドンの)同業組合《そろいの制服を着用する》.

liv·er·y·man /lív(ə)rimən/ [名] (**-men** /-mən/) [C] **1** 貸し馬[馬車]屋の経営者[従業員]. **2** 《英》 同業組合員.

lívery stàble [yàrd] [名] [C] 馬の預り所; 貸し馬[馬車]屋.

*__lives__ /láɪvz/ [名] **life の複数形.**

+**live·stock** /láɪvstɑ̀k | -stɔ̀k/ [名] [U] [単数または複数扱い] 家畜類《牛・馬・羊など》.

líve·tràp /láɪvtræ̀p/ [動] [他] 〈…〉を生け捕り用のわなで捕える.

líve tràp /láɪv-/ [名] [C] 生け捕り用のわな.

líve·wèll /láɪv-/ [名] [C] (捕った魚を生かしておくための)船に備えつけのいけす.

líve wíre /láɪv-/ [名] [C] **1** 《略式》 活動的な人, 精力家. **2** 電流が通じている電線.

liv·id /lívɪd/ [形] **1** [普通は [P]] 《略式》 かんかんに怒った. **2** [普通は [A]] (あざのように)青黒い. **3** 《文》 (怒りなどで)青ざめた, 蒼白の. **~·ly** [副] かんかんに怒って; 青ざめて.

*__liv·ing__ /lívɪŋ/ [形] **1 生きている**, 命のある ([反] dead): a ~ bird 生きている鳥 / ~ things 生きとし生ける物 / *the* ~ 生きている人たち, 現存者たち《複数扱い; ☞ the[1] 3》/ The fish is still ~. その魚はまだ生きている // ☞ living legend (legend 成句). [語法] live[2] は普通 [A], alive は [P] だけに使われるが, living は [A] にも [P] にも使われる.
2 現在行なわれて[用いられて]いる; 現存の; 現行の: ~ languages 現代語.
— [名] **1** [C] [普通は単数形で] **生計(の手段), 生活費:** What do you do for a ~? [S] お仕事は何をされているんですか.
2 [U] **生活, 暮らし(方):** a high [low, poor] standard of ~ 高い[低い]生活水準 / plain ~ and high thinking 暮らしは質素に思索は高く《英国の詩人ワーズワース (Wordsworth) のことば》. **3** [形容詞的に] 生活の: ~ expenses [costs] 生活費 / ~ conditions 生活状態[条件]. **4** [C] 《英》《古風》 聖職禄.
éarn [máke, gét] a [one's] líving ... (doing) [動] [自] (...して)生計を立てる. **the cost of living** ☞ cost [名] 成句.

líving déath [名] [単数形で] 悲惨な生活, 死んだほうがいいような生活.

líving fóssil [名] [C] 生きた化石《絶滅したと考えられたが現存する動物; シーラカンスなど》.

líving héll [名] [単数形で] 生き地獄.

líving próof [名] [U] (…の)生き証人 (*of*, *that*).

líving quàrters [名] [複] (軍隊などの)居住区, 宿所.

*__liv·ing room__ /lívɪŋrù:m, -rʊ̀m/ [名] (~s /~z/) [C] 居間《昼間休息や親しい客のもてなしなどいろいろな用途にあてる; ☞ 次ページ挿絵》: We were shown into the ~. 私たちは居間に通された.

+**líving stàndard** [名] [C] [普通は複数形で] 生活水準.

Liv·ing·stone /lívɪŋstən/ [名] [固] **David** ~ リビングストーン (1813–73)《スコットランドのアフリカ探検家》.

líving wáge [名] [a ~] 生活給《人並みの最低生活を保証する賃金》.

líving wíll [名] [C] リビングウィル《署名者が不治の病などにかかった場合に, 医師・肉親などに延命処置をとらないように生前に表明した遺言状》.

Liz /líz/ [名] [固] リズ《女性の名; Elizabeth の愛称》.

Li·za /láɪzə/ [名] [固] ライザ《女性の名; Elizabeth の愛称》.

+**liz·ard** /lízəd | -zəd/ [名] [C] とかげ, やもり.

Liz·zie, Liz·zy /lízi/ [名] [固] リジー《女性の名; Elizabeth の愛称》.

LL [略] =Late Latin 後期ラテン語《2–5 世紀ごろ》.

ll. /láɪnz/ [略] =lines《☞ line[1] [名] 5, pp.[1]》. ★ 用法については ☞ l.[1].

*__'ll__ /l/ 《略式》 **will[1] の短縮形**《☞ I'll, you'll, he'll, she'll, it'll, we'll, they'll, that'll[1, 2], what'll[1, 2], who'll[1, 2], there'll》. [語法] 《英》では I'll, we'll を I shall, we shall の短縮形に代用することがある.

lla·ma /lɑ́:mə/ [名] (複 ~(s)) [C] ラマ, アメリカらくだ《南米産の家畜》.

lla·no /lɑ́:noʊ/ [名] (~s) [C] リャノ《中南米および北米南部の大草原》.

LLB /élèlbí:/ [略] = Bachelor of Laws 法学士.

L.L.Bean /élèlbí:n/ [名] [固] L.L.ビーン《米国のアウトドアライフ用品メーカー》.

llama

LLC /élèlsí:/ [略] **1** =Limited Liability Company 有限責任会社. **2** =《電算》 Logical Link Control 論理リンク制御.

LLD /élèldí:/ [略] =Doctor of Laws《☞ doctor》.

LLM /élèlém/ [略] =Master of Laws 法学修士.

Lloyd's /lɔ́ɪdz/ [名] [固] ロイズ《英国の保険引受業者組合》.

Llóyd's Régister [名] [固] ロイズ船級協会《公益法人》; ロイズ船舶統計[登録簿].

Ln. [略] =lane.

LNG /élèndʒí:/ [略] =liquefied natural gas《☞ liquefied》.

+**lo** /lóʊ/ [感] 《古語》 または [滑稽] (すると)見よ, ほら. **ló and behóld** [感] [滑稽または皮肉] 驚くなかれ, なんとまあ; ほら.

Lo [略] =low atmospheric pressure.

*__load__ /lóʊd/ ([同音] lode; [類音] lord, road, rode) [T1]

(loads /lóudz/; load·ed /-dɪd/; load·ing /-dɪŋ/; 図 unload) 他 1 〈車・船など〉に〈荷を〉積む, のせる; 〈車・船などに〉〈荷を〉積む (on): ~ a truck *with* hay. <V+O+*with*+名・代>=We ~*ed* hay *onto* the truck. <V+O+*onto*+名・代> 我々は トラックに干し草を積み込んだ / Your baggage is ~*ed in* the back of the bus. <V+O+前+名・代の受身> 君の手荷物はバスの後ろに積んである.
2 〈銃〉に弾丸を込める, 〈カメラ〉にフィルムを入れる, 装填(そうてん)する; 〈洗濯機〉に洗濯物を入れる, 〈乾燥機〉に衣類を入れる; 〈弾・フィルム・テープ・CD など〉に(...に)入れる (*into*): ~ a rifle ライフル銃に弾を込める / This camera is ~*ed with* high-speed film. <V+O+*with*+名・代の受身> このカメラには高感度フィルムが入っている / I ~*ed* the washing machine (*with* the laundry) but forgot to turn it on. 洗濯機に洗濯物を入れたがスイッチを入れるのを忘れた. 3 〈...〉に詰め込む, どっさり入れる; 〈人〉にたくさん与える[持たせる]: He ~*ed* 'his plate *with* food [food *onto* his plate]. 彼は皿に食べ物を山盛りにした. **4** 〖電算〗〈データ・プログラム〉をロードする, 書き込む (*into, on; from*). **5** [普通は受身で] 〈さいころ〉を細工する. **6** 〖野〗〖塁〗を満塁にする.
― 自 荷を積む, 乗客を乗せる; 装填される[されるる]; 〖電算〗メモリーにロードされる: The ship ~*ed* in two days. 船は 2 日で船荷を積んだ. **lóad dówn** 動 他 [普通は受身で] 〈車・船など〉に〈荷を〉どっさり積み込む; 〈人〉に〈重荷を〉負わせる (*with*). **lóad úp** 動 他 〈車など〉に〈物を〉積み込む; 〈...〉に〈物をうんと詰め込む, 〈...〉に〈仕事を〉探す (*with*). ― 自 荷を積み込む (*with*). **lóad úp on ...** 他 〈品物など〉を補充する.
― 名 (loads /lóudz/) © 1 (運ばれる)積み荷, (重い)荷: John was carrying a heavy ~ on his shoulder. ジョンは肩に重い荷をかついでいた.
2 [しばしば合成語で]〈乗り物の〉積載量; 〈洗濯機に入れる〉一回分の洗濯物: two bus-~*s of* passengers バス 2 台分の乗客 / Do all these shirts in one ~. このシャツはまとめて一回で洗いなさい.

────── load 1, 2 のいろいろ ──────
cártlòad 荷(馬)車 1 台分(の荷) / óverlòad 過重荷; 積み過ぎ / páylòad 有料荷重 / trúcklòad トラック 1 台分(の荷).

3 [普通は単数形で] (精神的な)負担, (心の)重荷; 苦労, 心配: under a ~ of sorrow 悲しみに打ちひしがれて / a heavy [difficult] ~ to bear 耐えがたい重荷 / That's a ~ off my mind. (略式) それでほっとした. **4** (人や機械の)仕事量, (仕事の)割り当て (workload): a heavy [light] ~ 重い[軽い]仕事量. **5** (建造物に)かかる重量. **6** 〖電・機〗負荷, 荷重. **7** (略式) たくさん(のもの); [副詞的に] 大変, ずっと: There was ~*s* to eat. 食べるものはたくさんあった. **8** 装弾. **9** (オープン投資信託での)手数料. **'a lóad [lóads] of ...** [形] ⓢ (lots of...) たくさんの... (a lot of); 全くの: a ~ *of* rubbish 全くくだらないこと. **dróp a lóad** [動] 自 (俗) くそをする. **gèt a lóad of ...** [動] 自 ⓢ (略式) [普通は命令文で] 〈驚くべき[面白い]もの[人など]〉を見る, ...に注目する. **tàke a lóad òff (one's féet)** [動] 自 ⓢ [促して] 座る, 腰かける. **tàke a lóad òff ...'s mínd** [動] ...の気苦労[心配]を取り除く.

*load·ed /lóudɪd/ 形 **1** 荷を積んだ, (乗り物が)満員の: a ~ truck 荷物を満載したトラック.
2 (鉛・フィルムなどを)詰めた; 弾丸を込めた: ~ *dice* (1 ケ所に鉛などを詰めて重くした)いかさまさいころ. **3** Ⓟ (略式) お金をたんまり持った; [普通はけなして] (...を)いっぱい含んだ (*with*). **4** (議論などが)片方に偏った. **5** [普通はけなして] (ことばなどが)含みのある, わなにかけるような: a ~ question 誘導尋問. **6** Ⓟ (米略式) 酔っ払った. **7** 〖野〗満塁の. **The díce [ódds] are lóaded against ...** [動] (人)が不正に不利な立場におかれる.

load·ing /lóudɪŋ/ 名 **1** Ⓤ **1** (危険に対する)付加[割増]保険料. **2** (豪) 付加給, 手当.
lóading dòck [(英) bày] 名 © 店の裏の荷物の積み降ろし場.
lóad lìne 名 © 〖海〗 載貨[満載]喫水線.
lóad·màster 名 © ロードマスター (輸送機の責任を持つ搭乗員).
loads·a /lóudzə/ 形 ⓢ たくさんの, 多くの (a lot of).
lóad·stàr /lóud-/ 名 =lodestar.
lóad·stòne /lóud-/ 名 =lodestone.

*loaf¹ /lóuf/ 名 (複 loaves /lóuvz/) **1** © (パンの)ひと塊(かたまり) (まるのままの食パン 1 斤やちぎる前のパンをいう) (☞ bread 表, slice 名 1, roll 名 2): a ~ *of* bréad パ

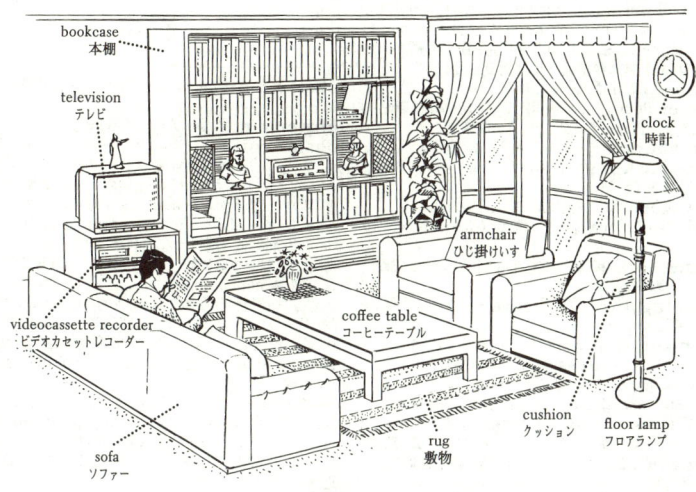

ンひと塊 / Half a ~ (is better than none). 《ことわざ》《古風》パン半分でもないよりはまし. **2** C U 《普通は合成語で》ローフ《ある形に料理した食品》: ☞ meat loaf, nut loaf. **úse one's lóaf** 自《古風, 英》頭を使う, 分別をもつ.

loaf² /lóuf/ 動 自《略式》《軽蔑》のらくら暮らす; ぶらつく, たむろする《*about, around*》.

loaf·er /lóufɚ | -fə/ 名 C **1** 《略式》《軽蔑》のらくら者, 怠け者, 浮浪者. **2** [しばしば L-] ローファー《軽く底の平たいカジュアルな靴; 商標》.

lóaf sùgar 名 U 角砂糖.

loam /lóum/ 名 U 壌土, ローム《砂や粘土から成る肥沃な土》.

loam·y /lóumi/ 形 (loam·i·er, more ~; loam·i·est, most ~) ローム（質）の.

*loan /lóun/ 〘同音〙 lone; 〘類音〙 lawn 名 (~s /~z/)
1 C ローン, 貸付金: a public ~ 公債.

―― コロケーション ――
ask [apply] for a *loan* 借金を頼む[申し込む]
get [receive] a *loan* (on ...) (...を担保に)貸付を受ける
pay off [pay back, repay] a *loan* ローンを返済する
raise a *loan* (on ...) (...を担保に)貸付金を集める
take out a *loan* お金を借りる

2 U 貸し付け, 貸し出し, 貸与: get [have] the ~ of ......を借用する / give ... the ~ of ―(人)に―を貸す. 語源「貸し付け(られたもの)」の意で lend と同源語.
flóat ... a lóan 動 他《略式》〈人〉に貸し付ける.
on lóan 副[形]《略式》貸し付けられて[た]; 〈人が〉出向して[た]: The books out *on* ~ to you should be returned by May 10. 貸し出し中の図書は5月10日までに返却してください《May 10 は May (the) tenth と読む; ☞ ordinal number 文法 (2)》.
―― 動 (loans /~z/; loaned /~d/; loan·ing) 他 **1** (...に)〈物〉を貸す; 《利子を取って》〈金〉を貸す《☞ lend 表》: Will you ~ me your car? あなたの自動車を貸してくれませんか / The bank did not ~ the money *to* the farmer. 銀行はその農家に金を貸し付けなかった.
2 《英式》〈注〉に貴重品などを長期間貸し出す.

lóan càpital 名 U 借入資本.
loan·er /lóunɚ | -nə/ 名 C **1** 《略式》《修理期間中の》代替品《代車など》. **2** 貸付人, 債権者.
lóan shàrk 名 C 《略式》《軽蔑》高利貸し《人》.
lóan-shàrk·ing /-ʃàɚkɪŋ | -ʃàːk-/ 名 U 《軽蔑》高利貸し業.
lóan·wòrd 名 C 借用語, 外来語.
loath /lóuθ, lóuð/ 形 P《格式》〈...が〉大嫌いで《to *do*》.
⁺loathe /lóuð/ 動 他《進行形なし》〈...〉をひどく嫌う, 〈...〉が大嫌いである.
⁺loath·ing /lóuðɪŋ/ 名 U または a ~ 《格式》大嫌い, 嫌悪(感)《*of, for*》.
loath·some /lóuðsəm, lóuθ-/ 形 とてもいやで, たまらない. **~·ness** 名 U とてもいやなこと.
⁺loaves /lóuvz/ 名 loaf¹ の複数形.
⁺lob /láb | lɔ́b/ 名 C 《テニス》高く緩い球, ロブ.
―― 動 (lobs; lobbed; lob·bing) 他 **1** 《テニス・クリケ》〈ボール〉を緩く高く打ち上げる, ロブにする. **2** 《略式》〈...〉を高く投げる. ―― 自 〈ボールが〉緩く高く飛ぶ, ロブする.

LOB /éloubíː/ 略 =left on bases 〘野〙残塁.

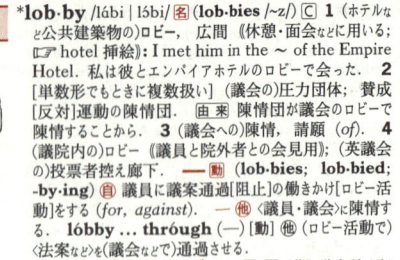

*lob·by /lábi | lɔ́bi/ 名 (**lob·bies** /~z/) C **1** 《ホテルなど公共建築物の》ロビー, 広間《休憩・面会などに用いる; ☞ hotel 挿絵》: I met him in the ~ of the Empire Hotel. 私は彼とエンパイアホテルのロビーで会った. **2** [単数形でもときに複数扱い] (議会の)圧力団体; 賛成[反対]運動団体, 陳情団. 由来 陳情団が議会のロビーで陳情することから. **3** (議会への)陳情, 請願《*of*》. **4** (議院内の)ロビー《議員と院外者との会見用》; 《英議会の》投票者控え席. ―― 動 (**lob·bies** /~z/; **lob·bied** /-bid/; **-by·ing**) 自《議員に議案通過[阻止]の働きかけ[ロビー活動]をする《*for, against*》. ―― 他〈議員・議会〉に陳情する. **lóbby ... thróugh (―)** 動 他《ロビー活動で》〈法案など〉を通過させる.

lóbby correspòndent 名 C 《英》議会詰め記者.
*lob·by·ist /lábiɪst | lɔ́b-/ 名 C (議会への)陳情者, 院外運動者, ロビイスト.
lobe /lóub/ 名 C **1** 耳たぶ (earlobe), 丸い突出部. **2** 〘解〙葉《肺や大脳などの》.
lobed /lóubd/ 形 丸い突出部のある.
lo·be·li·a /loubíːliə/ 名 C U ロベリア《桔梗(ききょう)科の鑑賞用植物; 花は青, 赤, 白など》.
lo·bo·la /lóubələ/ 名 U 《南ア》結納金.
lo·bot·o·mize /loubátəmàɪz | -bɔ́t-/ 動 他〈...〉にロボトミーをする.
lo·bot·o·my /loubátəmi | -bɔ́t-/ 名 (-o·mies) U C 〘医〙ロボトミー《大脳葉切除手術》《英》 leucotomy》.
*lob·ster /lábstɚ | lɔ́bstə/ 名 **1** C ロブスター, うみざりがに《アメリカでは Maine 州の名産》: ☞ spiny lobster. **2** U ロブスターの肉《食用》.

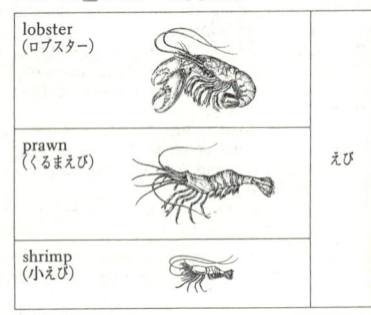

lobster (ロブスター)

prawn (くるまえび)

えび

shrimp (小えび)

lóbster·man /-mən/ 名 C ロブスター捕獲業者[漁師].
lóbster pòt 名 C ロブスターを捕るわな.
lóbster ròll 名 C 《米》ロブスターサンドイッチ.
*lo·cal /lóuk(ə)l/ 形 動 lócalize 《主に A》 **1** [比較なし]《その》土地の, 地域[地方]の, 現地の, 地元の: ~ news その土地のニュース, 地方ニュース / a ~ sightseeing spot 地元の観光名所 / ~ rainfall 局地的な雨量. 日英比較 日本語でいう「ローカル」と違い, 「いなかの」(rural) という意味は含まない. 関連 national 全国的の.
2 〘医〙(病気などが)局部的な, 局所的な: ~ pain 局部的な痛み / ~ anesthesia 局部麻酔. **3** [比較なし]〘鉄道〙(短区間の)各駅停車の; (交通機関などの)短区間を結ぶ: a ~ train 普通列車 / a ~ bus route 近距離バス路線.
―― 名 (~s /~z/) C **1** [普通は複数形で] (ある)地方の人, (その土地の)人: The hotel was popular with the ~s. そのホテルは地元の人に人気があった. **2** 各駅(停車)の列車[バス]. **3** 《米》(労組の)支部. **4** 《英略式》近所の[行きつけの]パブ.
lo·cal /lóukǽl/ 形 =low-cal.

lócal anesthétic 名 C 〖医〗局所麻酔剤.
lócal área nétwork 名 C 〖電算〗構内[ローカルエリアネットワーク](1つのビル内のコンピューターや周辺機器からなるデータ通信網; 略 LAN).
lócal authórity 名 C [単数形でもときに複数扱い](英)地方自治体.
lócal bús 名 C 〖電算〗ローカルバス(汎用バスを介さずに CPU と直結したバス).
lócal cáll 名 C 市内通話. 関連 long-distance call 長距離電話.
lócal cólor 名 U 地方色, 郷土色(小説などの背景となる).
lócal cóuncil 名 C [単数形でもときに複数扱い](英)地方議会.
lócal dérby 名 C (英)地元チーム同士のサッカーの試合.
lo‧cale /loʊkǽl | -kάːl/ 名 C 《格式》(事件などの)現場, (文学作品などの)舞台.
***lócal góvernment** 名 **1** U 地方自治. **2** C 地方自治体. 関連 central government 中央政府.
lócal histórian 名 C 郷土史研究家.
lócal hístory 名 U 郷土史.
†**lo‧cal‧i‧ty** /loʊkǽləti/ 名 (**-i‧ties**) C 《格式》(周囲との関連での)位置; 特定の地域: the children in that ~ その近辺[近所]の子供たち.
lo‧cal‧i‧za‧tion /lòʊkəlɪzéɪʃən | -laɪz-/ 名 U 《格式》局地化, 局部化.
***lo‧cal‧ize** /lóʊkəlàɪz/ 動 (形 lócal) 他 《格式》〈...〉の場所を限定する, 〈災害など〉を一地方[地域]内におさえる[くいとめる]; 〈痛み・病気など〉をある局所にとどめる[おさえる]: ~ the fault in a machine 機械の故障の場所をつきとめる / an infection 伝染病のまん延を防ぐ.
lo‧cal‧ized /lóʊkəlàɪzd/ 形 《格式》(災害・病気などが)一地方の, 局部的な.
lo‧cal‧ly /lóʊkəli/ 副 **1** ある[その]地方で, 地元で; 各地方ごとに. **2** 近くに, 近所に.
lócal óption 名 C (酒類販売などについての住民投票による)地方の選択権.
lócal páper 名 C 地方新聞, 地元紙.
lócal rádio 名 U (ラジオの)地方放送.
lócal rág 名 C 《英略式》=local paper.
†**ló‧cal tíme** 名 U 現地時間(IF UTC): at 5 p.m. ~ 現地時間で午後5時に. 関連 standard time 標準時.
***lo‧cate** /lóʊkeɪt, loʊkéɪt | loʊkéɪt/ 《格式》 他 動 (**lo‧cates** /lóʊkeɪts, loʊkéɪts | loʊkéɪts/; **lo‧cat‧ed** /-ṭɪd/; **lo‧cat‧ing** /-ṭɪŋ/) 名 locátion) **1** 〈...〉の位置を捜し当てる, 位置[場所]を示す[定める], 所在(地)を確認する: The police ~d the suspect. 警察は容疑者の所在を突き止めた / Please ~ the nearest emergency exit. 最寄りの非常口の位置をご確認ください(ホテルなどの掲示). **2** [普通は受身で]〈...〉を設置[配置]する; 〈店など〉を(...に)置く. ― 自 (米) [副詞(句)を伴って](...に)住居を定める, 住み着く, 事務所を構える: The firm intends to ~ in Seattle. その会社はシアトルに事務所を構える予定だ.
***lo‧cat‧ed** /lóʊkeɪṭɪd, loʊkéɪṭ- | loʊkéɪṭ-/ 形 P 《格式》〈物が...に〉ある, 位置する (at, by, near) 〖地図の上などで〗: Where is the police station ~? 警察署はどこにありますか / The island is ~ in the northern part of the Atlantic. その島は大西洋の北部にある.
lo‧ca‧tion /loʊkéɪʃən/ 名 (~s /~z/; 動 lócate) **1** 《格式》所在地, 位置; 場所: a good ~ for the new factory 新工場に好適の場所 / The meeting will be held at a convenient ~ near the palace. 会合は宮殿の近くの便利な場所で行なわれよう. **2** C,U 〖映〗スタジオ外撮影(現)場, ロケ地 〖〘成句〙: 3 U 《格式》位置[場所]を捜し当てること, 所在(地)の確認: The ~ of the missing plane was difficult. 行方不明機の所在の確認は困難であった. **on locátion** [副・形](映画の)ロケ中で[に], ロケ地で[に].

loc. cit. /lάksít | lɔ́k-/ 略 上記引用文中(に)((ラテン語 *loco citato* (=in the place cited) の略; IF op. cit.).
loch /lάk | lɔ́k/ 名 C (スコ)湖; (細い)入り江: IF Ness.
loci 名 locus の複数形.
***lock**[1] /lάk | lɔ́k/ 名 (同音 loch; 類音 lack, luck, rack, rock) 動 (**locks** /~s/; **locked** /~t/; **lock‧ing**) 反 unlock) 他 **1** 〈...〉に鍵をかける, 錠を下ろす(IF key[1] 表), 〈鍵のかかる物〉を閉める, 閉じる: L~ the door when you leave. 出かけるときにはドアの鍵をかけなさい / This suitcase *is* ~*ed*. <V+O の受身> このスーツケースには鍵がかかっている.
2 〈人・動物など〉を(鍵をかけて)閉じ込める, 〈物〉を(金庫などに)しまう: We ~ed him *in* his room. <V+O+*in*+名・代> 我々は彼を部屋に閉じ込めた / ~ the jewelry in the safe 宝石類を金庫の中にしまう. **3** [しばしば受身で]〈物〉を固定する; 〈腕など〉を組み合わせる; 抱き締める: The ship *was* ~*ed* in the ice. その船は氷の中で動けなくなった. **4** [普通は受身で](争いなどに)巻き込む, 陥れる (*in*; *together*).
― 自 **1** 鍵[錠]がかかる, 錠が降りる: electronic ~ing 電子鍵による施錠 / This door won't ~. このドアはどうしても鍵がかからない. **2** 締まる, 組み合う, 動かなくなる, (車輪・ブレーキなど)がロックする. **be lócked ínto ...** 動 (契約など)から抜き出せなくなる.

― **lock**[1] の句動詞 ―

lóck awáy 動 他 **1** 〈物〉を鍵[錠]をかけてしまい込む; 厳重に保管する. **2** 〈人〉を刑務所[精神病院]に入れる. **lóck onesèlf awáy** 動 (自分を)しまい込む.
lóck ín 動 他 **1** 〈人・動物など〉を閉じ込める. **2** 〈利益など〉を確保[固定]する.
lóck ónto ... 動 他 〈ミサイルなどが〉〈目標〉を自動追跡する.
***lóck óut** 動 (名 lóckòut) **1** 〈人〉を締め出す <V+名・代+*out*>: I was ~ed out last night. ゆうべは締め出された / I ~ed myself out. 《鍵を置いたまま》ドアを閉めてしまった(ホテルなど自動ロックのドアで). **2** 〈労働者〉を(職場から)締め出す, ロックアウトする.
lóck ... óut of ... 動 他 〈人〉を...から締め出す: The workers were ~ed out of the factory. 労働者たちは工場から締め出された.
***lóck úp** 動 (名 ―) **1** 〈家など〉に鍵をかける, 戸締まりをする, 〈物〉を鍵をかけてしまい込む <V+名・代+*up*/V+*up*+名>: L~ *up* your valuables *in* the safe before you go out. 外出前に貴重品を金庫にしまっておきなさい.
2 《略式》〈人・動物など〉を閉じ込める; 刑務所[精神病院]に入れる <V+名・代+*up*/V+*up*+名>: He ~ed himself *up* in his room. 彼は鍵をかけて自分の部屋に閉じこもった. **3** [普通は受身で]〈資本〉を固定する (*in*). ― 自 **1** (鍵をかけて)戸締まりをする. **2** (車輪・ハンドルなどが)ロック状態になる. **lóck ... úp and thrów awáy the kéy** 動 他 《略式》〈人〉をずっと刑務所に入れておく.

― 名 (~s /~z/) **1** C 錠, 錠前, 鍵 (IF key[1] 表): on the ~ 錠前[鍵]をかけて / turn the ~ 錠前[鍵]をかける / fasten a ~ 錠を降ろす, 鍵をかける / pick [force] a ~ 錠前をこじあける / He opened the ~ with his key. 彼は錠前を鍵であけた. **2** C 水門, 閘門(ホシホホ) (gate). **3** U からみ合い, (機械の)固定(状態), (車輪・ブレーキなどの)ロック; 〖電算〗(コンピューターのロックの(状態). **4** C 〖レス〗固め技, ロック. **5** U または a ~] (英)車の前輪の最大可動範囲; 小回り性能: on full ~ ハンドルの切れる最大角度で. **6** C (銃の)発火装

置. **7** C 《米略式》確実に成功しそうな人 (*to* do).
8 C 《ラグ》フォワード. — gèt [hàve] a lóck on ... [動] 他 ...にロックをかけた(ものに)する. lóck, stóck, and bárrel [副] どれもこれも, すっかり (completely). ùnder lóck and kéy [副] (1) 鍵をかけられて; 厳重に保管されて. (2) 投獄されて.

lock[2] /lák | lɔk/ 名 **1** C 〈髪の〉房, 巻き毛. **2** [複数形で] 〈詩〉 頭髪.

lock·a·ble /lákəbl | lɔk-/ 形 鍵のかかる, 〈ハンドルなど〉ロック可能な.

Locke /lák | lɔk/ 固 John 〜 ロック (1632–1704) (イングランドの哲学者; 経験主義の祖; ☞ tabula rasa).

+**lock·er** /lákɚ | lɔkə/ 名 C **1** ロッカー. **2** 《海》 (衣服・弾薬などを入れる)箱, 船室. **3** 《米》 (食品用の)冷凍貯蔵室.

+**lócker ròom** 名 C ロッカールーム, 更衣室 《体育館・工場などの》: 〜 humor エッチな冗談, 猥(ﾜｲ)談.

lock·et /lákɪt | lɔk-/ 名 C ロケット 《小さな写真・毛髪・形見の品などを入れてペンダントにする》.

lóck gàte 名 C = lock[1] 2.
lóck·jaw /-dʒɔ̀ː/ 名 U 《略式》 = tetanus.
lóck·kèeper 名 C 水門番, 閘門(ｺｳﾓﾝ)番.
lóck·nùt 名 C 止めナット.
lóck·òut 名 (動 lóck óut) C 工場閉鎖, ロックアウト, 締め出し.

lock·smith /láksmìθ | lɔk-/ 名 C 錠前師[屋].

lóck·stèp 《米》 名 [次の成句で] **in lóckstep** [副] 決まりきった[融通のきかない]やり方で (with). — 形 A 融通のきかない.

lóck·ùp 名 C **1** 《略式》 (小さな)留置場; 刑務所. **2** ...のロック状態. **3** 監禁, 拘留. **4** 《英》 = lock-up garage. — 形 《英》 鍵のかかる.

lóck-up garáge 名 C 《英》 《施錠式》貸し車庫 [倉庫], 貸店舗.

lo·co[1] /lóʊkoʊ/ 形 P 《略式, 主に米》 気が狂った, 気違いの (crazy): go 〜 気が狂う.

lo·co[2] /lóʊkoʊ/ 名 (〜s) C 《略式》 = locomotive.

lo·co·mo·tion /lòʊkəmóʊʃən/ 名 U 《格式》 運動, 移動; 運動 [移動] 力.

*__lo·co·mo·tive__ /lòʊkəmóʊṱɪv⁻/ 名 (〜s /-z/) C **1** 《格式》 機関車 《単語の記憶法》: a steam 〜 蒸気機関車. **2** 推進力; 牽引役 (of). — 形 《格式》 運動の, 移動する; 運動[移動]力のある.

loco paréntis ☞ in loco parentis.

loco·wèed 名 C ロコ草 《家畜に有害なまめ科の植物》.

lo·cum /lóʊkəm/ 名 C 《英》 代理医師 [牧師] 《休暇中などの》.

lócum té·nens /-tíːnenz, -tén-/ (複 〜 te·nen·tes /-tɪnéntɪz/) 《英格式》 = locum.

lo·cus /lóʊkəs/ 名 (複 lo·ci /lóʊsaɪ, -kaɪ/) C 《格式》 場所, 位置, 地点, 焦点 (of); 《数》 軌跡; 《遺》 遺伝子座.

ló·cus clás·si·cus /-klǽsɪkəs/ 名 (複 loci clas·si·ci /lóʊsaɪklǽsəsaɪ, lóʊkaɪklǽsɪsaɪ/) 《ラテン語から》 C 《格式》 古典的典拠 (ある問題に関してよく引用される文句).

+**lo·cust** /lóʊkəst/ 名 C **1** いなご, ばった 《とのさまばったなど》. 参考 grasshopper の中で特に, しばしば集団移動をして農作物に大害を与えるものに用いることが多い. **2** 《米》 せみ (cicada). **3** にせアカシア, はりえんじゅ 《北米原産の落葉高木》.

lo·cu·tion /loʊkjúːʃən/ 名 U 《格式》 話しぶり, 言い方, ことばづかい; C 《言》 フレーズ; (ある地域集団に特有な)語句, 言いまわし.

lode /lóʊd/ 名 C 鉱脈: ☞ mother lode.

lóde·stàr /-stɑ̀ː/ 名 **1** C 《文》 指針, 指導原理. **2** [the 〜] 北極星.

lóde·stòne /lóʊd-/ 名 U,C 《古語》 天然磁石; 強く引きつけるもの.

*__lodge__ /ládʒ | lɔdʒ/ 動 (lodg·es /〜ɪz/) **1** C 山荘, 山小屋, 別荘 《避暑地など》; 《米》 (行楽地などの)ホテル. **2** 番小屋, 門衛(の詰)所; 管理人室, 守衛室. **3** (組合・結社などの)集会所; [〈英〉 単数形でも時に複数扱い] 地方支部. **4** [the L-] (Canberra にある)オーストラリア首相公邸. **5** (ビーバー・かわうそなどの)巣. **6** = wigwam, longhouse.
— 動 (lodg·es /〜ɪz/; lodged /-d/; lodg·ing) 自 [副詞句(句)を伴って] **1** 《古風》 (料金を払ってホテルなどに)泊まる, 宿泊する; 下宿する: I 〜*d at* Mrs. Hill's [*with* Mrs. Hill] while I was in England. 〈V+前+名・代〉 イングランドにいるときヒル夫人の家に泊まった[下宿した]. **2** 〈弾が入って止まる, (矢が)突き刺さる, (魚の骨などが)のどにひっかかる (*in*). — 他 **1** 〈抗議などを〉(正式に)提出する, 持ち出す (*against, with*): They 〜*d* a strong protest. 彼らは強く抗議した. **2** (料金を取って)〈人〉を泊める, 下宿させる (☞ board 動 他 3): We 〜*d* our guests for the night. その晩お客をうちに泊めた. **3** [普通は受身で] 〈(...)に〉打ち込む, 〈矢〉を〈(...)に〉突き立てる. **4** 《格式》 〈金など〉を預ける, 託する (*with, in*).

+**lodg·er** /ládʒɚ | lɔdʒə/ 名 C 《古風, 主に英》 下宿人, 間借人; 《米》 roomer 《普通は部屋を借りるだけ》: She takes in 〜s for a living. 彼女は下宿屋をして食べている. 関連 boarder 賄(ﾏｶﾅ)い付きの下宿人.

*__lodg·ing__ /ládʒɪŋ | lɔdʒ-/ 名 **1** U [または a 〜] 《格式》 宿泊, 宿泊料: board and 〜 賄(ﾏｶﾅ)い付き下宿. **2** [複数形で] 《古風》 貸間, 下宿.

lódging hòuse 名 C 《古風, 英》 (週単位で間貸し) 《米》 rooming house 《普通は賄(ﾏｶﾅ)い付きでない》. 関連 boardinghouse 賄い付きの下宿屋.

lo-fi /lóʊfáɪ⁻/ 形 《電子音楽の》ローファイの, ハイファイでない.

*__loft__ /lɔ́ːft | lɔ́ft/ 名 C **1** 屋根裏(部屋), 小屋裏, ロフト (attic), (納屋・うまやの)2階 《わら・干し草などを蓄える》 = hayloft. **2** 《主に米》 (倉庫・オフィスビルなどの間仕切のない)上階, ロフト; ロフトのある建物; (教会・講堂などの)上階(席) 《オルガン奏者などの席》. **3** はと小屋. **4** 《ゴルフ》 ロフト 《クラブフェースの傾斜》.
— 動 《ゴルフ・クリ》 〈球〉を高く打ち上げる.

lóft apártment 名 C ロフトアパート 《ビルなどのロフトをアパートにしたもの》.

lóft convérsion 名 C 屋根裏の居住用への改造.

loft·ed /lɔ́ːftɪd | lɔ́ft-/ 形 《ゴルフ》 〈クラブが〉(高く飛ばすため)傾斜のついた.

loft·i·ly /lɔ́ːftɪli | lɔ́ft-/ 副 高慢に.

loft·i·ness /lɔ́ːftɪnəs | lɔ́ft-/ 名 U 高尚; 高慢.

*__loft·y__ /lɔ́ːfti | lɔ́fti/ 形 (loft·i·er, -i·est) **1** [普通は A] 〈考えが〉高尚な, 崇高な (noble): 〜 ideals 崇高な理想. **2** 高慢な (haughty), 傲慢(ｺﾞｳﾏﾝ)な (arrogant). **3** [普通は A] 《文》 そびえ立つ, 非常に高い (very high).

*__log__[1] /lɔ́ːɡ | lɔ́ɡ/ 名 (〜s /-z/) C **1** 丸太 《木の幹や太い枝を切ったもの》; まき: The cabin was built of 〜s. その小屋は丸太でできていた. **2** 航海[航空]日誌. **a búmp on a lóg** [名] 《略式》 なまけ者. (as) éasy as fálling óff a lóg [形・副] 《》 すごく簡単な [に]. sléep like a lóg [動] 《略式》 死んだようにぐっすり眠る. — 動 (logs; logged; log·ging) 他 〈...〉〈木〉〈木の枝〉を伐採(ｻ)する, 切り倒す. **2** 〈...〉を(航海日誌などに)記入する. **3** (船・航空機が)〈ある時間・距離〉だけ航行[飛行]する (*up*). — 自 木を伐採する. **lóg ín** [動] 自 《電算》 (一連の操作をして)コンピューターの使用を開始する. **lóg óff** [óut] [動] 自 《電算》 (一連の操作をして)コンピューターの使用を

log² /lɔːg, lάg/ |lɔ́ɡ/ 名 C《略式》=logarithm.
-log /lɔːg, lὰg/ |lɔ̀ɡ/ 接尾《米》=-logue.
Lo·gan /lóʊɡən/ 名 固 Mount ~ ローガン山《カナダ Yukon 準州にある山; カナダの最高峰 (6050 m)》.
lo·gan·ber·ry /lóʊɡənbèri | -b(ə)ri/ 名 (-ber·ries) C ローガンベリー《きいちごの一種で, raspberry と blackberry との雑種》.
log·a·rith·m /lɔ́ːgəriðm, lάg-| lɔ́ɡ-/ 名 C《数》対数.
log·a·rith·mic /lɔ̀ːgəríðmɪk, lὰg- | lɔ̀ɡ-‾/ 形《数》対数の, 対数で表示した.
lóg·bòok 名 C **1** =log¹ 2. **2**《英》(自動車の)登録証, 車検証.
lóg cábin 名 C 丸太小屋, ログハウス.
loge /lóʊʒ/ 名 C《米》(劇場の)仕切り席, 特別席; 正面桟敷.
log·ger /lɔ́ːgə, lάgə | lɔ́ɡə/ 名 C きこり.
lógger·hèads 名[次の成句で] at lóggerheads [形・副] (…と)仲たがいして, けんかして, 意見が合わない (with, over).
log·gi·a /lάdʒ(i)ə | lóʊdʒ-, lɔ́dʒ-/《イタリア語から》名 (複 ~s, log·gie /lά-/) C《建》ロジア《片側に壁のない廊下》.
log·ging /lɔ́ːgɪŋ, lάg- | lɔ́ɡ-/ 名 U《米》丸太の切り出し.

***log·ic** /lάdʒɪk | lɔ́dʒ-/ **13** 名 (形 lógical) U **1**《議論・結論などの》論理, 論法; 理屈め (of): I cannot follow his ~. 彼の論理にはついていけない / There is a leap of ~ in what he says. 彼の言うことには論理の飛躍がある / by the ~ of ~ (…の)勝手な論理だ.
2 論理学. **3** 筋道, 道理, 正当性: What's the ~ in doing that? どういうわけでそんなことをするんだ / I can't see the ~ behind his statement. どういう論理で彼がそんなことを言うのかわからない. **4**《電算》(コンピューターの)設計原理; 論理回路.

***log·i·cal** /lάdʒɪk(ə)l | lɔ́dʒ-/ 形 (名 lógic, lògicálity; 反 illogical) **1**《論理の》論理的な, 筋の通った: a ~ argument 論理的な議論 / His reply was ~. 彼の答えは筋の通ったものだった. **2**〈行動・出来事などが〉論理上)必然な: a ~ outcome of his decision 彼の決断の(論理上)当然の結果.
log·i·cal·i·ty /lὰdʒɪkǽləti | lɔ̀dʒ-/ 名 U 論理性, 筋の通っていること.
log·i·cal·ly /lάdʒɪkəli | lɔ́dʒ-/ 副 [ときに 文修飾語] 論理上, 論理的に(は); (論理上)必然的に.
lógical pósitivism [empíricism] 名 U《哲》論理実証主義.
lo·gi·cian /loʊdʒíʃən | lə-/ 名 C 論理学者; 論法家.
lóg·in 名 C《電算》ログイン, 接続開始; ログイン名.
-lo·gist /ləʤɪst/ 接尾 [名詞語尾]「…学者, …論者」の意: sociologist 社会学者. 語法 直前の音節に第一アクセントがくる.

***lo·gis·tic** /loʊdʒístɪk | lə-/, **-gis·ti·cal** /-k(ə)l | lə-/ 形 **1**《物資などの》配送(補給)の; 物流の;《軍》兵站(へいたん)の: ~ difficulties 補給上の困難. **-gis·ti·cal·ly** /-kəli/ 副 配送(補給)上; 物流の点で;《軍》兵站の面で.
lo·gis·tics /loʊdʒístɪks | lə-/ 名 **1** U《単数または複数扱い》〈事業を効率的に進めるための〉組織的な準備[手配], ロジスティック;《物資などの》配送, 補給, 物流 (of). **2**《軍》兵站(たん)《兵員や軍需品の補給》.
lóg·jàm 名 C **1** 停滞, 行き詰まり (in). **2** 丸太で水路ふさがること.
log·o /lóʊɡoʊ/ 名 (~s /-z/) C ロゴ, 〈社名などの〉意匠[デザイン]文字, シンボルマーク.
LO·GO /lóʊɡoʊ/ 名 U ロゴ《コンピューターのプログラミング言語の一種》.
lo·gos /lóʊɡɑs | lɔ́ɡɔs/ 名 U [L-]《聖》(神のことば);[しばしば L-]《ストア哲学》〈万物を統べる〉理性, ロゴス.

Londoner 1033

lóg·ròlling 名 U **1**《米》(見返りを期待した)援助, 賞賛; 仲間内でのほめ合い. **2**《米政式》(自党の法案通過のための)議員相互の協力. **3** 丸太乗り《競技》(水の上に浮かべた丸太の上の相手を落とし合う》.
-logue /lɔːg, -lὰg | -lɔ̀ɡ/ 接尾 [名詞語尾]「談話, 編集物」の意: dialogue 対話 / catalogue 目録.
lo·gy /lóʊɡi/ 形 (lo·gi·er; -gi·est) P《米政式》だるい, 調子が悪い.
-lo·gy /ləʤi/ 接尾 [名詞語尾]「…学, …論」の意: biology 生物学 / psychology 心理学. 語法 直前の音節に第一アクセントがくる.

***loin** /lɔ́ɪn/ 名 **1** C,U 腰肉《食用肉の》. **2** [複数形で]《文》腰(部);《婉曲》陰部, 生殖器. the frúit of one's lóins [名]《聖》または《滑稽》〈自分の〉子供. gírd (úp) one's lóins [動]《文》《滑稽》褌を締めてかかる.
lóin·clòth 名 C 腰布.
Loire /lwάə | lwάː/ 名 固 [the ~] ロワール川《フランス中部を流れる同国最長の川》.
loi·ter /lɔ́ɪtə | -tə/ 動 (-ter·ing /-t(ə)rɪŋ, -trɪŋ/) 自 **1** 徘徊(はいかい)する, うろつく, ぶらつく (about, around);《公共の場所に》たむろする:《主に米》NO LOITERING このあたりにたむろすることを禁ず《掲示》. **2** 道草を食う, のろのろ仕事をする. **lóitering**《米》=**lóitering with intént** [名]《英》《法》故意徘徊(罪)《犯罪を犯すつもりでうろつくこと》.
loi·ter·er /lɔ́ɪtərə | -rə/ 名 C ぶらつく人.
LOL 略 [E メールで] **1** =laughing out loud 大笑い. **2** =lots of love (☞ love 成句).
Lo·li·ta /loʊlíːtə | lə-/ 名 固 ロリータ《性的好奇心が強い未成熟な少女; 同名の小説で中年男性が恋におちた少女の名にちなむ》. 日英比較「ロリコン」はロリータコンプレックスから来ているがこれは和製英語.
loll /lάl | lɔ́l/ 動 自 [副詞(句)を伴って] のんびりする; くつろいで座る[横になる] (around, back); (舌・頭などが)だらりと垂れる (out). ─ 他〈舌など〉をだらりと垂らす (out).
lol·li·pop,《米》**lol·ly·pop** /lάlipὰp | lɔ́lipɔ̀p/ 名 C 棒付きキャンデー《《米政式》sucker》;《英》アイスキャンデー (ice lolly,《米》Popsicle).
lóllipop màn [wòman, làdy] 名 C《英政式》学童道路横断保護員, 緑のおじさん[おばさん]《先に円形の標識がついた棒で誘導する》.
lol·lop /lάləp | lɔ́l-/ 動 [副詞(句)を伴って] W《略式, 主に英》(人・動物などが)大またで歩く; よたよた歩く (around, across, about).
lol·ly /lάli | lɔ́li/ 名 (**lol·lies**) **1** C《英略式》=lollipop. **2** U《古風, 英》金(な).
lol·ly·gag /lάliɡæ̀ɡ | lɔ́l-/ 動 (-gags; -gagged; -gag·ging)《米略式》ぶらぶらする, 怠ける.
Lóm·bard Strèet /lάmbəd- | lɔ́mbəd-/ 名 固 ロンバード街《London の銀行街; ☞ Wall Street》.
Lo·mé /loʊméɪ | lóʊmeɪ/ 名 固 ロメ《Togo の首都》.
lon. =longitude.

***Lon·don¹** /lándən/ 名 固 ロンドン《英国 (the United Kingdom) および England の首都; ☞ city 2 番目の表; 裏地図 F 6》.
Lon·don² /lándən/ 名 固 **Jack** ~ ロンドン (1876-1916)《米国の作家》.
Lóndon Brídge 名 固 ロンドン橋《Thames 川にかかる橋; 昔は London の唯一の橋だった》.
Lóndon bróil 名 U,C《米》ロンドンブロイル《牛の脇腹肉を焼いたステーキ; 斜めに薄く切って供する》.
Lon·don·der·ry /lándəndèri, lὰndəndéri‾/ 名 固 ロンドンデリー《北アイルランドの港湾都市; ☞ 裏地図 C 4》.
Lon·don·er /lándənə | -nə/ 名 C ロンドン市民.

*lone /lóun/ 形 A 《主に文》孤独な, たった一人[一つ]の: a ～ traveler 一人旅の人. 語源 alone の最初の音が落ちたもの.

L1 /élvən/ 名 C 《普通は単数形で》第一言語, 母語.

*lone・li・ness /lóunlinəs/ 名 U 1 孤独, 寂しさ. 2 人里離れたこと, 寂しさ.

*lone・ly /lóunli/ 形 (lone・li・er /-liə/ -liə/; lone・li・est /-list/) 1 独りぼっちの, 孤独な《☞類語語》: a ～ old man 孤独な老人.
2 寂しい, 心細い: She felt very ～. 彼女は非常に寂しい思いをした.
3 A 《主に文》人の少ない, 人里離れた, 寂しい: a ～ street 人通りの少ない通り. 4 (建物などが)ポツンと孤立した, 隔絶している.
【類語語】lonely は仲間がなく独りぼっちで寂しい気持ちを表わすのに対し, solitary は仲間がいないことを意味するだけで, 気持ちが寂しいことは必ずしも意味しない: He was lonely in the new school. 彼は新しい学校で独りぼっちで寂しかった / He enjoyed his solitary walk. 彼は一人で散歩を楽しんだ. lonesome 孤独で仲間を求める気持ちが強い状態を表わす語: He felt lonesome after he lost his friend. 彼は友人を失って寂しかった. alone 単に人・物などが単独であることを表わすだけで, 必ずしも寂しい気持ちは表わさない: I was alone in the garden. 庭には私一人だけだった.

lónely héarts 名《複》結婚《交際》相手を求めている人々:a 'Lonely Hearts' column (新聞などの)交際相手募集欄.

†lon・er /lóunə/ -nə/ 名 C 一匹おおかみ.

lone・some /lóunsəm/ 形 《主に米》1 (人が)寂しい, 孤独な, 心細い《☞ lonely 類語語》: I felt very ～. 私は大変心細かった. 2 (場所が)人里離れた, 寂しい: That street gets ～ after dark. あの通りは日が暮れると寂しくなる. by [on] one's lónesome (sélf) [副] (略式)独力で; ひとりで (alone).

Lóne Stár Státe 名 [the ～] 一つ星州《米国 Texas 州の俗称; 州旗の一つ星から》.

lóne wólf 名 C =loner.

‡long¹ /lɔ́ːŋ | lɔ́ŋ/《類音 wrong》形 (long・er /lɔ́ːŋgə/ | lɔ́ŋgə/; long・est /lɔ́ːŋgɪst/ | lɔ́ŋg-/; 名 comparison 《文法》; 名 length, 動 lengthen) 1 (距離・寸法が)長い (反 short): a ～ distance 長距離 / a ～ flight 長距離飛行 / a ～ letter 長い手紙 / Which is the ～er, the Nile or the Mississippi? ナイル川とミシシッピ川とではどちらが長いですか《☞つづり字と発音解説 97》/ What is the ～est river in Japan? 日本でいちばん長い川はどこですか / What is the ～est word in the English language?— "Smiles," because there is a "mile" between the first and last letters. 英語でいちばん長い単語は何?— smiles です. 最初と最後の文字の間が1マイル (mile) あるから《☞ riddle¹》. 関連 high 高い / wide 幅の広い.

2 (時間が)長い (反 short, little); 長く続く, 長くかかる; (記憶が)よい; (本が)厚い《☞ long² 語源》: a ～ stay 長い滞在 / a ～ memory よい記憶力 /《言い換え》It's [It's been] a ～ time since I saw you last! = I haven't seen you in [for] a ～ time! ずいぶん久しぶりですね / I thought for the ～est time that he was single. S《米》彼は独身だと長い間思っていました / The nights are getting ～er and ～er. 夜がますます長くなっている / He won't be (in) getting here. S 彼がここへ来るのに長くはかからないでしょう《☞ in¹ 13 語法》/ Wait. I won't be ～. 待って. すぐ戻るから.
3 P [比較なし] 長さが…で[の]; (赤ちゃんの)身長が…で: a rope ten meters ～ 10メートルの長さのロープ / "How ～ is the bridge?" "It is two hundred meters ～ (=in length)." 「橋の長さはどのくらい?」「200メートルだ」/ The lecture was an hour ～. その講義は1時間の長さだった. 語法 普通は長さを表わす語の後につける. 関連 high 高さが…で / wide 幅が…で.

4 (S) 長ったらしい, なかなか終わらない:a ～ talk 長話 / It's been a ～ week for me. 私には長い一週間だった / He spoke 「for two ～ hours [for a ～ two hours]. 彼は長々と2時間も話をした. 5 《音声》(母音字が)長音の (反 short) 《☞ つづり字と発音解説 10》. 6 (賭(か)けで)勝ち目の少ない, オッズの高い: ～ odds 高配当のオッズ. 7 A (飲み物が)冷たくてアルコールをほとんど[全く]含まない; 深いグラスに入った: take a ～ drink 一気にたくさん飲む.

at the lóngest [副] 長くて(も), せいぜい: The work will take two hours at the ～est. その仕事は長くても2時間しかかからないだろう.

be lóng abòut ... [動] 他 …に時間がかかる.

be lóng on ... [動] 他 …をたくさんもっている, …にすぐれている; …をやりすぎる.

Hòw lóng is a pìece of stríng? S《英》知るもんか, さあねえ《答えがまったくわからない時ユーモラスに言う表現》: "Do you have any idea how many people are coming?" "How ～ is a piece of string?"「何人ぐらい来るか知ってる?」「見当もつかないね」

It wàs [will be] a lóng tíme befòre .... …するのに時間がかかった[かかるだろう]: It will be a ～ time before he knows how important it is. 彼にはそれがどんなに大切であるかなかなかわからないだろう.

It 'wàs nòt [will nòt be] lóng befòre .... まもなく…した[するだろう]: It was not ～ before he got well. まもなく彼はよくなった.

—— (long・er /lɔ́ːŋgə/ | lɔ́ŋgə/; long・est /lɔ́ːŋgɪst/ | lɔ́ŋg-/) 1 長く, 長い間, …の間中.

語法 普通は否定文, 疑問文に用い, 肯定文では (for) a long time を用いる: I'm in a hurry, so I can't stay ～. 急いでいるので長居はできません / Have you been waiting ～? 君は長いこと待っているのですか. 次とは比較: Mr. Black has been abroad (for) a ～ time. ブラック氏は長いこと外国にいた.

The meeting lasted ～er than I (had) expected. 会は私が思っていたよりも長く続いた / I wish I could stay with you ～er. もっと長く(いっしょに)いられたらなあ / Can't you stay a little ～er? もう少しゆっくりしていられないのですか.
2 ずっと(前に, 後に): He visited London ～ ago. 彼はずっと昔ロンドンを訪れた / Not ～ after that my mother died. その後まもなく私の母は亡くなった.
3 [期間や時間を表わす語の後に用いて] …の(長い)間, …の間中: I was in bed all day ～ yesterday. きのうは一日中寝ていた / She remained single her whole life ～. 彼女は生涯独身だった.

as lóng as ... 1 [前] …の間, …もの長い間: The project may last as ～ as two years. その計画は2年かかるだろう. —— [接] (1) …であるだけ(長く), …の間: You may stay here as ～ as you want [like]. いたいだけここにいてよい / I will never forget your kindness as ～ as I live. 生きている限り御親切は決して忘れません. (2) …である限りは, …でありさえすれば (if only): You may stay here as ～ as you keep quiet. 静かにしているならここにいてよい. (3) …であるから, …なので: As ～ as we've come this far, let's finish the job. ここまでやったのだから, 仕事を完成させよう.

hòw lóng [副] (日時が)どのくらい(長く): How ～ did you stay there? どのくらい[何日, 何か月, 何年(など)]そこにいたの? 語法 名詞的に用いることもある: How ～ will it take to go there by bus? そこへバスで行くとのくらいかかるの?

hòw lóng agò [副] (時間的に)どのくらい前に.

nòt ... àny lónger=nò lónger ... 【1】《副》も う...ではない:《言い換え》A trip to the moon is *not* a dream *any* ~*er*. A trip to the moon is *no* ~*er* a dream. 月旅行はもう夢ではない / We *won't* keep you *any* ~*er*. これ以上はお引き止めしません.
So lóng!《感》⇨ So long! の項目.
so lóng as ...《接》(1) ...である限りは, ...でありさえすれば (if only): *Any* magazine will do, *so* ~ *as* it is interesting. おもしろいものならどんな雑誌でもいい. (2) =as long as《接》(3).
— 《名》**1**《U》長い間. **2**《C》(紳士服の) 大きめサイズ: a 40 ~ 40インチのL (40は胸囲の寸法).
befòre (vèry [tòo]) lóng《副》まもなく, やがて (soon): *Before* ~ she came into my room. まもなく彼女は私の部屋へ入ってきた.
for (sò [vèry]) lóng《副》[否定文・疑問文・条件文で] 長い間: We *did not* wait for him *for* ~. 私たちは長くは彼を待たなかった (⇨ for a long time《成句》).
tàke lóng (to dó)《動》《自》[普通は否定文・疑問文で] (...するのに)長くかかる: He always *takes* too ~ *to* eat his breakfast! 彼は朝食にいつも時間がかかりすぎる / It will *not take* ~ *to* read that book. その本を読むのに長くはかかるまい.
The lóng and (the) shórt of it is that ....《S》《略式》つまるところ...である: *The* ~ *and (the) short of it is that* my offer was rejected. 要するに私の申し入れは拒絶されたというわけです.

****lóng**[2] /lɔ́ːŋ | lɔ́ŋ/ (類音 wrong) 《動》(**longs** /~z/; **longed** /~d/; **long·ing** /lɔ́ːŋɪŋ | lɔ́ŋ-/) 《自》切望する, 思い焦(こ)がれる;...したいと強く思う: The children are ~*ing for* the summer vacation. <V+*for*+名・代> 子供たちは夏休みを待ち焦がれている / I'm ~*ing to* see you. <V+*to*不定詞> 私はとてもあなたに会いたい / We ~*ed for* the severe winter *to* be over. <V+*for*+名・代+*to*不定詞> 私たちは厳しい冬が過ぎるのを待ち望んでいた. [語源] long[1] (長い)と同語源;「待ち焦がれて長く感じる」から「切望する」となった.

long.《略》=longitude.
+**long-a·wait·ed** /lɔ́ːŋəwéɪtɪd | lɔ́ŋ-⁻/《形》A (出来事・瞬間などが)長く待ち望まれた.
Lóng Bèach《固》ロングビーチ《米国 California 州南西部の保養都市》.
long·boat /lɔ́ːŋbòʊt | lɔ́ŋ-/《名》C (帆船積載の)大型ボート.
long·bow /lɔ́ːŋbòʊ | lɔ́ŋ-/《名》C 大弓, 長弓.
lóng dístance《名》U 市外通話;C 長距離電話局.
+**lóng-dístance**《形》A (走者・運転手・電話などが)長距離の. — 《副》市外通話で.
lóng-distance cáll《名》C 長距離電話: make [have, get] a ~ 長距離電話をかける[受ける]. 【関連】local call 市内電話.
lóng divísion《名》U.C《数》長除法.
lóng dózen《名》C 13個.
lóng-dràwn-óut《形》長く延びた, 長たらしい.
lóng drínk《名》U.C (深いグラスに入った)飲み物.
longed-for /lɔ́ːŋdfɔ̀ɚ | lɔ́ŋdfɔ̀ː/《形》A =long-awaited.
lon·gev·i·ty /lɑndʒévəti | lɔn-/《名》U《格式》**1** 長生き, 長命. **2** (人・動物の)寿命. **3** 雇用期間.
lóng-expécted《形》以前から予想された.
lóng fáce《名》[次の成句で] **màke [púll, pùt ón, wéar] a lóng fáce**《動》悲しい[暗い]顔をする, 憂鬱(%)な表情をする.
lóng-fáced《形》悲しい[暗い]顔の, 憂鬱な表情の.
Long·fel·low /lɔ́ːŋfelou | lɔ́ŋ-/《固》 **Henry Wads·worth** /wɑ́dzwə(ː)θ | wɔ́dzwə(ː)θ/ ~ ロングフェロー (1807-82) 《米国の詩人》.
lóng háir《名》C **1** 長髪の人, 毛の長い人《特にヒッ

longsighted 1035

ピー》. **2**《古風》《軽蔑》(非実際的な)インテリ;クラシック音楽の愛好者.
lóng-háired《形》**1** 長髪の;毛の長い. **2** A《古風》(非実際的な)インテリの;芸術を愛好する.
lóng hánd《名》U 普通の手書き (速記やタイプでなく): write *in* ~ 手書きする. 【関連】shorthand 速記術.
lóng hául《名》C 長距離;時間[手間]のかかること《反》short haul). **be in ... for the lóng hául**《動》《他》《主に米》...に最後まで関わる(つもりでいる). **òver [in] the lóng hául**《副》《主に米》長期的に(は), 結局.
****lóng-hául**《形》A (主に航空機が)長距離の.
lóng-héaded《形》先見の明のある, 賢明な, 鋭い.
lóng hórn《名》C **1** ロングホーン《食肉用の角の長い牛》. **2** ロングホーンチーズ《チェダーチーズの一種》.
lóng hóuse《名》C (北米先住民などの細長い)共同住居.
****long·ing** /lɔ́ːŋɪŋ | lɔ́ŋ-/《名》C.U 切望, 熱望, あこがれ: She has a great ~ *for* home. 彼女は故郷を非常に恋しく思っている / I have a ~ *to* become famous someday. いつか有名になりたいと思う. — 《形》A 切望する, あこがれの: with ~ eyes もの欲しそうな目.
~·**ly**《副》切望して, もの欲しそうに.
long·ish /lɔ́ːŋɪʃ | lɔ́ŋ-/《形》《略式》長めの.
Lòng Ísland《固》ロングアイランド《米国 New York 州南東部の島》; ⇨ 表地図 I 3.
lon·gi·tude /lɑ́ndʒət(j)ùːd | lɔ́ndʒətjùːd/《名》C.U 経度 ((L, L., lon., long., ~ Greenwich)): the east [west] ~*s* 東[西]経. 【関連】latitude 緯度.
lon·gi·tu·di·nal /lɑ̀ndʒət(j)ú:dən(ə)l | lɔ̀ndʒətjú:-⁻/《形》**1** 経度の;縦の. **2**《格式》ある期間の, 長期的な. ~·**ly** /-nəli/《副》経度上;縦に.
lóng jòhns《名》《複》《略式》(足首まである)ズボン下.
lóng júmp《名》[the ~]《スポ》(走り)幅跳び《《米》broad jump》.
lóng júmper《名》(走り)幅跳びの選手.
****long-last·ing** /lɔ́ːŋlæstɪŋ | lɔ́ŋláːst-⁻/《形》長続きする[長持ち]する.
lóng-légged《形》脚の長い; [比喩] 速い.
lóng-lífe《形》《主に英》(牛乳・ジュース・電池などが)長期保存可能な.
lóng-líved /-lívd, -láɪvd | -lívd⁻/《形》(**new** ~, **long·er-lived**; **most** ~, **long·est-lived**) 長命の;永続する.
lóng-lóst《形》A 長い間(行方)不明だった: a ~ friend 長い間消息がない友人.
lóng néck《名》C《米俗》首の長いビールびん.
lóng-pláying récord《名》C LPレコード《略LP》.
****lóng-range** /lɔ́ːŋréɪndʒ | lɔ́ŋ-⁻/《形》《反》shortrange》A **1** 長距離の: a ~ missile 長距離ミサイル. **2** (計画などが)長期の, 遠大な: a ~ forecast 長期予報.
lóng-rún《形》長期にわたる; ロングランの, 長期興行の.
****lóng-rún·ning** /lɔ́ːŋrʌ́nɪŋ | lɔ́ŋ-⁻/《形》A (連続ドラマなどが)長期にわたる; 長期興行中の, ロングランの.
lóng-sérving《形》長期勤続の.
lóng·shíp《名》C ヴァイキング船.
long·shore·man /lɔ́ːŋʃɔ̀ɚmən | lɔ́ŋʃɔ̀ː-/《名》(-**men** /-mən/) C 港湾労働者《《英》docker》.
lóng shót《名》**1** [a ~]《形》shot[2]成句. **2** C 遠写し, ロングショット《映画・テレビなどの》.
lóng-síghted《形》《反》shortsighted》[普通は P] **1**《主に英》遠視で;遠目のきく《《米》farsighted》. **2** 先

long johns

*long-stand·ing /lɔ́ːŋstǽndɪŋ | lɔ́ŋ-⁻/ 形 A 長く続く[続いた], 積年の: a ~ argument [debate] 長年続いている論争.

lóng-stáy 形 A (英) 長期滞在[入院]の.

†lóng-súffering 形 (苦難などに)長く耐えてきた. ― 名 U 辛抱強さ.

lóng súit 名 C 《トラ》手札の中で枚数の多い同種のカード.

*long-term /lɔ́ːŋtə́ːm | lɔ́ŋtə́ːm⁻/ 形 (more ~, long·er-term; most ~, long·est-term; 反 short-term) [普通は A] A 長期の: ~ loans 長期ローン / ~ memory 《心》長期記憶.

*long-time /lɔ́ːŋtáɪm | lɔ́ŋ-⁻/ 形 A 長年の[にわたる]: a ~ customer 長年のお客.

lóng tón 名 C 英トン(☞ ton 1).

lon·gueur /lɔːŋɡə́ːr | -ɡə́ː/ 名 [普通は複数形で]《文》(小説・音楽作品などの)長ったらしく退屈な箇所, 長く退屈な時間.

lóng vacátion [[略式] vác /-væk/] 名 C (英) (大学の)夏期休暇 ((米) summer vacation).

lóng-wáisted 形 胴の長い; (衣服などが)ウエストラインを低くした.

lóng wàve 名 U 《無線》長波 (略 LW). 関連 shortwave 短波 / medium wave 中波.

lóng·wàys 副 《主に米》=longwise.

lóng-wéaring 形 (米) (靴・衣服・素材が)丈夫な ((英) hard-wearing).

lóng wéekend 名 C 長い週末 (通常の週末に金[月]曜日をあわせた3または4連休).

long-wind·ed /lɔ́ːŋwíndɪd | lɔ́ŋ-⁻/ 形 息の長く続く; (話・文などが)長ったらしい, くどい. ~·ly 副 長ったらしく. ~·ness 名 U 長ったらしさ.

lóng·wìse 副 《主に米》縦に.

†loo /lúː/ 名 (~s) C (英略式) [婉曲] トイレ.

loo·fah, loo·fa /lúːfə/ 名 C へちま (浴室用).

loo·gie /lúːɡi/ 名 C (米俗) たん.

☆look /lúk/

① (注意して)見る; 見ること	動 1; 名 1
② ...に見える; 目つき, 外観, 容貌	動 2; 名 2, 3, 4
③ ...に面する	動 3
④ 調べてみる	動 他

― 動 (looks /~s/; looked /~t/; look·ing) 自 1 (見ようとしてまたは探して)見る, (ある方向に)目を向ける; 気をつける. ★☞ look at ... 句動詞: I ~ed but saw [could see] nothing. 私は目をこらして見たが何も見えなかった / ⌈I'm just [Just] ~ing. Ⓢ 見ているだけです《店頭で; ☞ look around 句動詞 2》/ L~, here comes a dog. ごらん[ほら], 犬が来るよ 《発音》/ Don't ~ back [inside]. <V+副> 後ろ[中]を見るな / You should ⌈~ both ways [~ to the left and to the right] before you cross the road. <V+to+名·代> 道を渡る前に両方向[左右]を見なさい.

2 (顔つき・様子から)...に見える, ...である (☞ 他 3); (事物が)...と思われる (☞ seem 類義語), ...らしい: Mary ~s happy [tired]. メアリーは楽しそうだ[疲れているようだ] [言い換え] You ~ worried. = You are ~ing worried. 心配そうだね [言い換え] He ~s to be a perfect gentleman. <V+C (to 不定詞)>=He ~s a perfect gentleman. <V+C (名·代)> 彼は申し分のない紳士に見える [言い換え] You very nice in your new dress.=Your new dress ~s very nice on you. 新しいワンピースはお似合いです

よ / The way it ~s now, no trains will be delayed. 今の様子では列車の遅れはなさそうだ / It ~s as if it is going to snow. 雪になりそうだ / Things are ~ing bad for us. どうもまずいことになりそうだ / "How does he ~?" "He ~s very well."「彼はどんな様子ですか」「とても元気そうです」 関連 sound ...に聞こえる / feel ...に感じる. 3 [進行形にしない; 副詞(句)を伴って] (家などが...の方に)向いている, 面する: Our house ~s (to the) south. うちは南向きだ.

― 他 1 [普通は命令文で] <...かどうか>を調べてみる, 確かめる: L~ what time it is! We'll be late! <V+O (wh 節)> もうひどい時間か! 遅れるよ! / L~ if [whether] the mailman has come yet. <V+O (if·whether 節)> 郵便屋さんがきたかどうか見てきて / L~ where you're going! ぼやぼやするな《ぶつかりそうなときなど》/ L~ what you're doing! Ⓢ 気をつけろ《ほんやり何かをしている人などに》/ L~ who's here! Ⓢ だれかと思ったら君か《驚き》. 2 (目つき[顔つき]で)...>を表わす: She ~ed her thanks. 彼女は感謝の気持ちを目で示した. 3 <年齢・役などに>ふさわしく見える: The actor ~s the part [role]. その俳優は役にぴったりだ / He ~s his age. 彼は年齢相応に見える. 4 [しばしば進行形で][略式] ...しようと思う, 計画する: I'm ~ing to buy a computer. コンピューターを買おうと思う.

Dón't lóok nów. Ⓢ 見るな, 目を合わせるな《会いたくない者が見えた時》.

Lóok hére! [感]《古風》(さあ)こちらを見て[注意して]!; あのねえ!, おい!, ちょっと!, いいかい!《相手に注意を促したり抗議したりすることば》.

lóok ... in the éye [fáce] [動] 他 [普通は否定文で] Ⓢ <人>をまともに見る, 見つめる (☞ the¹ 2): I was so ashamed that I could not ~ her in the face. 私は恥ずかしくて彼女の顔をまともに見ることができなかった.

lóok lívely [動] 自 [普通は命令文で] Ⓢ 《古風》急ぐ, さっさする.

lóok one's bést [動] 自 (人・物が)最も引き立って見える: She ~s her best in jeans. 彼女はジーンズをはくといちばん格好よく見える.

lóok onesèlf [動] 自 [しばしば進行形の否定文で] 様子がいつもと変わらない, 元気である: You aren't ~ing yourself today. Ⓢ きょうはいつものあなたと違いますね《どこか具合が悪いのですか》.

lòok shárp [動] 自 (1) 《主に米》用心する, 気をつける. (2) Ⓢ 《古風》急ぐ. (3) (米) (人が)身だしなみのよい, しゃれている.

lóok the óther wáy [動] 自 (1) よそを見る; (わざと)目をそらす. (2) 見ないようする, 無視する.

lóok to it that ... [動] [命令文で] ...するように[となるように]注意する, ...する[となる]ように取り計らう (see (to it) that ... (see 成句)).

lóok ... úp and dówn [動] 他 <人>を(頭のてっぺんからつま先まで)じろじろ見る.

lòok wéll [動] 自 (1) (人が)健康そうである, 顔色がよい: The boy ~s very well. 少年はとても元気そうだ. (2) (人が)(服などが)よく似合う (in), (やや格式) (服などが)(...に)よく似合う (on) (☞ look 自 2 最後の [言い換え]).

Lóok what you've dóne! Ⓢ このざまを見ろ.
to lóok at [副] 見た目に(は), 外観が[は]: The church is not much to ~ at. (略式) その教会は見た目はぱっとしない.
to lóok at ... [文修飾] ...を外観から判断すると, 見ただけで(は).

― look の句動詞 ―
lóok abóut [動] 自 =look around.
lóok abóut ... [動] 他 =look around ... .
lóok abóut one [動] 自 (1) 自分の周りを見回す (☞ one² 代 3 語法 (4)). (2) 周囲のことをよく考える.

*lòok áfter … [動] [他] 1 …に気をつける; …の世話をする; …を管理する ([受身] be looked after): Excuse me. Will you please ~ *after* my suitcase for a while? I'll be right back. すみませんがスーツケースをちょっと見てていただけませんか. すぐ戻ってきますから / His father *was* (well) ~*ed after* by a nurse. 彼の父は看護師に(よく)世話してもらった. 2 …(のあと)を見送る: We ~*ed after* the train as it left the station. 私たちは列車が駅を出ていくのを見送った. **lòok áfter onesèlf** [動] [自] [普通は can の後で] 自分のことは自分でする, ひとり立ちする; 自分(の利益)を守る. **Lòok áfter yoursèlf!** [S] 《主に英》(お大事に)さようなら!

*lóok ahéad [動] [自] 1 将来のことを考える (*to*): It's wise to ~ *ahead* a few years. 数年先のことを考えるのが賢明である. 2 前方を見る.

*lóok aróund [動] [自] 1 (立ったままで)ぐるりと見回す; (後ろを)振り向く; 周りのことをよく考えてみる: As I ~*ed around* I saw her leaving. 見回すと彼女が立ち去るのが見えた.
2 見て回る, (買う前などに)調べる (☞ around 最初の [語法]): I'm just ~*ing around*. ちょっと見て(回って)るだけです《店頭で》. **lóok aróund for …** [動] [他] (見回って)…を探す, 探し回る.

*lóok aròund … [動] [他] 1 …(のあたり)を見回す: He ~*ed* excitedly *around* the room. 彼は興奮した様子で部屋を見回した. 2 …を見て回る, 見物する: She ~*s around* the stores before she buys anything. 彼女は物を買う前にいろいろな店を見て回る. **lóok aróund** one [動] [自] 自分の周りを見回す (☞ one² [代] 3 [語法] (4)).

‡lóok at … [動] [他] 1 (気をつけて)…をよく見る (☞ look [自] 1; see 類義語); …に注意する ([受身] be looked at): *L*~ *at* this picture. この絵をごらんなさい / Am I ~*ing at* Niagara Falls? 私はナイアガラの滝を見ているのでしょうか(これがナイアガラの滝でしょうか)《観光地などで》/ She was ~*ing at* herself in the mirror. 彼女は鏡で自分の姿[顔]を見ていた.

> [語法] (1) 副詞の位置に注意: She ~*ed happily* [*uncertainly*] *at* her husband. 彼女はうれしそうに[自信なげに]夫を見た.
> (2) look at が他動詞のように感じられるため, 時に see と同じ <V+O+C (現分 [《主に米》原形])> の構文をとることがある (☞ listen to … (listen 句動詞) [語法]). また受身にも用いられる: She ~*ed at* the rain com*ing* down. 彼女は雨が降ってくるのを見ていた / *L*~ *at* the bear *jump*. あのくまが跳びはねるのをごらんなさい / The candidate's record *was* ~*ed at* very carefully. <V+*at*+名・代の受身> 候補者の経歴は綿密に調査された.

2 …を調べる, 検査[診察]する (examine); …を急いで読む ([受身] be looked at): Will [Would] you just ~ *at* these papers? この書類をちょっと見てくれないか. 3 (ある見方で)…を考察する, 見る; …を(~と)みなす (regard) (*as*). 4 [普通は命令文で] [S] (教訓を得るために)…のこと[場合]をよく考えてみる. 5 [普通は will [would] not の後で] (提案・申し出など)を考慮してみる, 受け入れる: I *wouldn't* ~ *at* any offer under $1000. 千ドル以下の付け値なら話にならない. **Lóok at thát!** [感] [S] 《略式》まあ見てごらん! 《嫌悪・感心などを表わす》. **Lóok at you!** [S] (自分を)見てごらんなさい 《服を汚した子供などに対して》.

*lóok a·wáy [動] [自] (…から)目をそらす, 顔をそむける; よそを見る: I can't ~ *away from* this microscope for five more minutes. 私はこの顕微鏡からもう 5 分ほど目を離せない.

*lóok báck [動] [自] 1 (後ろを)振り返って(…を)見る (*at*); (人に見られて)見返す: I called her name but she didn't ~ *back*. 彼女の名を呼んだが振り向かなかった.
2 (心の中で過去を)振り返って見る, (…を)思い出す: As we grow old, we often ~ ***back on*** [*to*] our childhood days. 私たちは年を取るにつれて, 子供時代を思い出すことが多くなる. 3 [普通は never か not とともに] 《略式》うまくいかなくなる; たじろぐ: After that he *never* ~*ed back*. その後彼はずっと順調にいった. **lóoking báck on it** [副] 振り返って考えてみると[みても].

‡lóok dówn [動] [自] 1 見おろす, 下を見る; (はにかんで[当惑して])目を伏せる ([反] look up): *L*~ *down* [*at* the floor [*into* the water]. 床[水中]を見おろしてごらん. 2 (景気・物価が)下降する ([反] look up).
lóok dówn on [upòn] … [動] [他] (1) (人)を見下(くだ)す, (行為など)を軽べつする; …を(軽べつして—と)みなす (*as*) ([受身] be looked down on [upon]) ([反] look up to …): Bob ~***s down on*** his brother ***for*** not be***ing*** good at sports. ボブは弟がスポーツが苦手なのをばかにしている. (2) (高い所の物・人が)…を見おろす.
lóok dówn … [動] [他] (谷など)を見おろす.

‡lóok for … [動] [他] 1 …を探す, 求める ([受身] be looked for): I am ~*ing for* a house to rent. 私は貸家を探している / Were you ~*ing for* me, Miss Lee? リーさん私を探していましたか. 2 《略式》 自分から(面倒など)を招く: ☞ look for trouble (trouble [名] 成句). 3 …を期待する.

*lóok fórward to … [T1] [動] [他] [しばしば進行形で] …を楽しみにして[首を長くして]待つ; …を予期する ([受身] be looked forward to): She's ~*ing forward to* your visit next month. 彼女は君が来月来るのを楽しみにしている / I've been ***~ing forward to*** meet***ing*** you. かねがねお会いしたいと存じておりました. [語法] … to meet you のように to 不定詞は用いない.

*lóok ín [動] [自] 1 中をのぞく, のぞいて(…を)見る: People often ***~ed in at*** the puppies in the shop. 人々は店の子犬をよくのぞいていった.
2 《略式》 (場所に)ちょっと立ち寄る; (人を)ちょっと訪れる: Let's ~ ***in at*** his office. ちょっと彼の事務所に寄っていこう / Why don't you ~ ***in on*** us next time you are in Tokyo? 今度上京したらうちへ寄ってくれよ. 3 《略式》(テレビを)見る (*at*).

*lóok in … [動] [他] 1 (鏡・ショーウインドーなど)をのぞいて見る: I have so many gray hairs now that I hate to ~ *in* the mirror. 私は今では白髪が多いので鏡をのぞくのがいやだ. 2 (辞書など)を引いて見る, 調べる.

*lóok ìnto … [T2] [動] [他] 1 [lóok ínto …] …(の内容[原因])を調べる, 調査する ([受身] be looked into): We have to ~ *into* the cause of the accident. その事故の原因を調べる必要がある.
2 …の中をのぞく, (鏡など)をのぞいて見る; (本など)をちょっと見る[調べる]: Tom ~*ed into* the box. トムは箱の中をのぞいた. 3 [lóok ínto …] 《略式》 (場所)にちょっと立ち寄る.

‡lóok lìke … [動] [他] [普通は進行形なし] 1 …に似ている: "Who does Mary ~ *like*?" "She ~*s* just *like* her mother." 「メアリーはだれに似ていますか」「彼女は母親にそっくりです」
2 (様子などから)…のように見える, …のようである: He ~*s like* a banker. 彼は銀行家のようだ / This ***~s like*** the store (***to*** me). これが(私には)その店のように見える / "What does John ~ *like*?" "He is tall and strong-looking." 「ジョンはどんな(感じの)人ですか」「背が高くて強そうだ」 [語法] How does John look? (ジョンはどんな様子ですか)と異なる (☞ look [自] 2).
3 …になり[…し]そうだ, …の気配がする: It ~*s like* rain, doesn't it? 雨になりそうだね / It ~*s like* our

L

team will win. うちのチームが勝ちそうだ.
4 (まるで)…する[した]ように見える (look as if …): You ~ *like* you've seen a ghost. 幽霊でも見たようだね.
[語法] この like は [接] (☞ like¹ [接]).
lóok óff [動] [自] (遠くの方へ)目をやる (*to*).
***lóok ón** [動] [自] 傍観する; 横目で読む (*with*): He merely *~ed on* and did nothing to help us. 彼はただ傍観するだけで我々を手伝おうとしなかった. [関連] looker-on, onlooker 傍観者.
lóok on [upòn] … [動] [他] **1** (ある感情を持って)…を見る, ながめる: She *~s on* him *with* distrust. 彼女は彼を不信の目で見ている[彼に不信感を抱いている]. **2** (家などが)…に面する.
***lóok on [upòn] … as —** [動] [他] …を—であると考える[みなす] (regard … as —) ([受身] be looked on [upon] as —): I ~ *on* [*upon*] him *as* one of the greatest scholars in this field. 私は彼をこの分野で最も優れた学者の一人と考えている.
lòok ónto [ón to] … [動] [他] (家などが)…に面している.
***lóok óut** [動] ([名] lóokòut) [自] **1** [普通は命令文で] (危険・間違いなどに)気をつける, 注意する: *L~ out!* [S] 気をつけろ, 危ない / *L~ out* (*that*) you don't catch cold. かぜをひかないように気をつけなさい.
2 外を見る: We *~ed out* but saw nobody. 外を見たがだれも見当たらなかった. — [他] 《主に英》(自分の所有物の中から)〈…〉を探し[選び]出す: I'll ~ *out* the book *for* you. あなたにその本を見つけてあげましょう.
lóok óut for … [動] [他] (1) (人・物)を注意して捜す, 見張りながら待つ; …を警戒する ([受身] be looked out for): He was *~ing out for* his uncle at the station. 彼は駅でおじさんを待っていた / *L~ out for* the train. 列車に注意 《踏切の標識》/ You should ~ *out for* pickpockets. すりに気をつけた方がいいよ. (2) (人)の面倒を見る; (健康など)に注意する.
lóok óut for onesèlf [númber óne] [動] [自] 自分のこと[利益]だけを考える.
lóok óut on [òver] … [動] [他] (建物・窓などが)…を見渡す, 見晴らす, …に面している.
***lóok óut …** [動] [他] 《米》(窓・ドアなど)から外を見る (look out of …): I heard a crash and *~ed out* the window. どしんという音が聞こえたので窓の外を見た.
***lóok óut of …** [動] [他] (窓など)から外を見る: She drew back the curtains and *~ed out of* the window. 彼女はカーテンを開けて窓の外を見た.
***lóok óver** [動] ([名] lóok-òver) [他] 〈書類・要求など〉をざっと調べる, 〈…〉にざっと目を通す; 〈身体〉を診察する, 〈人〉を観察する, じろじろ見る <V+名・代+*over* / V+*over*+名・代>: Please「~ the papers *over* [~ *over* the papers] quickly. この書類をざっと調べてください. [語法] look over+名 のときは over を前置詞と見ることができ, 目的語が代名詞でも次の形が可能 (☞ 動詞型・形容詞型の解説 III (1)): Please「~ them *over* [~ *over* them] quickly. — [自] 向こう側を見る: She *~ed over to* Julie. 彼女はジュリーの方に目をやった.
***lóok óver …** [動] [他] **1** (書類など)をざっと調べる, …にざっと目を通す ([受身] be looked over) (☞ look over [語法]). **2** (家・工場など)を点検[視察]する. **3** …越しに(—を)見る[のぞく]; …を見渡す. **4** (過失など)を見逃す, …を大目に見る (overlook).
lóok róund [動] [自] 《英》=look around.
lóok ròund … [動] [他] 《英》=look around ….
***lóok thróugh** [動] [他] **1** 〈文書・提案・品物など〉をよく調べる, 点検する; 〈…〉にざっと目を通す <V+名・代+*through* / V+*through*+名・代>: I'm going to ~ *through* your report this afternoon. きょうの午後君の報告書に目を通すつもりだ. **2** (わざと)〈…〉を見て見ぬふりをする, (考え事などで)〈…〉を見ても気づかないでいる: When I met her later, she *~ed* straight [right] *through* me. 私が後で彼女に会ったとき彼女は全く知らん顔をした. **3** 〈引き出しなど〉を捜す. **4** 〈…(の素性)〉を見抜く.
***lóok through …** [動] [他] (窓・穴・レンズなど)を通して見る, …をのぞく ([受身] be looked through): He was *~ing through* his telescope *at* the islands. 彼は望遠鏡で島を見ていた.
***lóok to …** [動] [他] **1** …に頼る, …を当てにする ([受身] be looked to): Don't ~ *to* him「*for* help [*to* help you]. 彼の援助を当てにしてはいけない / Japan *~s to* the Arab countries *for* oil. 日本は石油をアラブ諸国に依存している. **2** 《格式》…に気をつける. **3** …の方へ目[関心]を向ける. **4** …に面する (☞ look [自] 3).
lóok towàrd … [動] [他] **1** …の方を見る. **2** …に面する; …に傾く.
****lóok úp** [動] [自] **1** 見上げる, (…から)目を上げて見る ([反] look down): She *~ed up at* the ceiling. 彼女は天井を見上げた / He *~ed up from* his book. 彼は読んでいた本から目を上げた. **2** [普通は進行形で] 《略式》(景気・物価が)上昇する, (天候などが)好転する ([反] look down): Business *is ~ing up* this year. 今年は商売の景気がよくなっている.
— [他] **1** (辞書などで)〈…〉を調べる; 〈辞書など〉を調べる, 引く (consult); 〈人・物〉を捜し出す <V+名・代+*up* / V+*up*+名>: *L~ up* (the meaning of) this word *in* your dictionary. 辞書でこの単語(の意味)を調べなさい.
2 《略式》〈…〉を訪問する: *L~* me *up* when you get here. こちらへ来たらうちへ寄ってくれ.
lóok úp to … [動] [他] (1) (人)を尊敬する, 敬う, 仰ぐ ([受身] be looked up to) ([反] look down on [upon] …): [言い換え] They *~ed up to* him as their leader. (=They respected him as their leader.) 彼らは彼を指導者として尊敬した. (2) …(の方)を見上げる.
lóok upòn … as — [動] [他] =look on … as —.

— [名] (~s /~s/) **1** [C] [普通は単数形で] 見ること, 一べつ; 点検; 捜すこと; ざっと見ること, 要約: One ~ is enough. ひと目見るだけで十分だ / I stole a ~ *at* my sister's diary. 私は姉[妹]の日記をこっそり見た.
2 [C] [普通は単数形で] 目つき, 顔つき; 表情: a severe ~ 厳しい目[顔]つき / There was a ~ *of* relief on his face. 彼の顔にはほっとした様子が見えていた.
3 [C] 外観, 様子, 見かけ: Do not judge a man by his *~s*. 見かけで人を判断するな / This town has a Western ~ (to it). この町は西欧風だ.
4 [複数形で] 容貌(ようぼう): keep [lose] one's *~s* 器量が衰えない[衰える] / Her good *~s* and charm made her the most popular actress of her day. 美貌と魅力で彼女は当時一番人気のある女優となった. **5** [単数形で] (流行の)型, …ルック.
by [from] the lóok(s) of … [副] [文修飾語] …の外観から判断すると: *By* [*From*] *the ~(s) of* him, he is sick. 彼の様子から判断すると彼は病気だ / *By* [*From*] *the ~(s) of* it [the sky], we may have snow. この空模様だと雪になるかもしれない.
cást a lóok at … [動] [他] 《文》=take [have] a look at ….
gíve … a lóok=gíve a lóok at … [動] [他] 〈…を〉(ちらっと)見る: She *gave* him *an* angry ~. 彼女は彼を怒った顔つきで見た.
hàve a lóok aróund [at …, báck, dówn] ☞ take a look around [at …, back, down].
háve a lóok for … [動] [他] …を探す: We *had a* good ~ *for* the missing book. 私たちは行方不明の本をよく探した.
hàve a lóok of … [動] [他] …に似ている, …の様子を見せる: The place *had a* ~ *of* confusion. その場所は

混乱している様子であった.
I dón't like the lóok of ... …(の様子が)心配だ[気に入らない]: *I don't like the ~ of that crack in the wall.* あの壁のひびが心配だ.
if lóoks could kíll [副] あんなに怖い目で見られたら.
tàke a (lóng) hárd lóok at ... [動] 他 …を詳しく[厳しく]検討する: *We should take a hard ~ at this problem.* この問題はじっくり検討すべきだ.
tàke [hàve] a lóok aróund [動] 自 見回る, 見て回る: *take [have] a ~ around for bargains.* 見て回って掘り出し物を見つけよう.
tàke [hàve] a lóok at ... [動] 他 …をちょっと見る; 調べる《◆言い換え Let me *take* [*have*] *a* ~ *at* your new dress. (=Let me look at your new dress (quickly).) あなたの新しいワンピースをちょっと見せてください / *Can I take a ~ at* some others? 何かほかのを見せてくれますか《店頭で》/ *Let's have a* (close) ~ *at* your throat. のどを(よく)見てみましょう《病院で》.
tàke [hàve] a lóok báck [動] 自 振り返って見る.
tàke [hàve] a lóok dówn [動] 自 見おろす: *The climbers stopped and took* [*had*] *a* ~ *down at* the valley. 登山者たちは立ち止まって谷を見おろした.
tàke óne lóok [動] 自 ひと目見る(*at*).
— 感 これ(いかい)!, ねえ!, おい!《注意を促したり抗議したりすることば; 普通は文の前に置く; ☞ Look here! (動 成句)》: *L~,* I can't be there tomorrow. ねえ, あしたはそこへ行けないんだよ.
lóok-alìke [名] ⓒ 《略式》よく似た人[もの], うり二つの人[もの], そっくりさん《特に有名人の》.
look·er /lúkə-|-kə/ [名] ⓒ 《略式》《性差別》魅力的な人《特に女性》, 美人, 美形.
lóoker-ón [名] 《複 lookers-》ⓒ 傍観者, 見物人.
lóok-ìn [名] [a ~] 《英略式》**1** 《試合などの》勝ち目; 参加の機会: *give ... a* ~ …にチャンスを与える. **2** ちょっと立ち寄ること. **gèt [hàve] a lóok-ìn** [動] 自 [否定文または疑問文で] 勝ち目がある.
-look·ing /lúkɪŋ/ [形] [合成語で] …に見える; 見た目が…: *good-looking* 美貌(ぼう)の.
lóoking glàss [名] ⓒ 《古風》鏡 (mirror).
look·it /lúkɪt/ [間] 《米略式》おい, 見ろよ.
†**look·out** /lúkaʊt/ [名] (動 lóok óut) **1** [単数形で] 見張り, 警戒 (watch): He kept a careful [sharp] ~ *for* her. 彼は彼女を油断なく見張っていた. **2** ⓒ 見張り番, 《高い》見張り所, 望楼. **3** ⓒ 見晴らしのよいところ, 展望台. **4** [a ~] 《略式, 主に英》見込み: *It's a bad [poor] ~ for* our team. うちのチームは先行きが暗い. **be on the lóokout for ...** [動] …を見張っている, …を探している. **óne's (ówn) lóokout** [名] Ⓢ 《英略式》自分の責任[問題].
lóok-òver [名] [動] lóok óver 他) [a ~] ざっと目を通すこと.
lóok-sée [名] [次の成句で] **hàve [tàke] a lóok-sèe** [動] 自 《米略式》ざっと[ひと目]見る; 簡単なチェックをする.
*****loom**[1] /lúːm/ [動] (**looms** /-z/; **loomed** /-d/; **loom·ing**) 自 [副詞(句)を伴って] ぼんやりと現われる, ぼうっと見える (*up, out, ahead; through*); 《危険などが》気味悪く近づいてくる. **lóom lárge** [動] 自 《恐れなどが》大きくなる; 《事態がさし迫って》不安を生む: The fear of a big earthquake ~*ed large* in our minds. 大地震の恐怖が私たちの心に大きく広がった.
loom[2] /lúːm/ [名] ⓒ はた織り機.
loon[1] /lúːn/ [名] ⓒ あび《水鳥》.
loon[2] /lúːn/ [名] ⓒ まぬけ, 愚か者, 変人.
loon·ie /lúːni/ [名] 《カナダ略式》1 ドル硬貨.
lóon pànts [名] 《複》ひざから下が広がった綿パン.
loons /lúːnz/ [名] 《複》=loon pants.
†**loo·ny** /lúːni/ [名] 《略式》(**loo·nies**) ⓒ 狂人; 変人, まぬけ. — [形] (**loo·ni·er, -ni·est**) 気の狂った; 変わった; まぬけな, ばかな.
lóony bìn [名] ⓒ 《略式》《差別・滑稽》精神病院.
lóony tùne [名] ⓒ 《米略式》=loony.

*****loop** /lúːp/ [名] **(~s /-s/) 1** ⓒ 《ひも・ロープ・針金などの》輪: *make a* ~ 輪を作る / *Use this* ~ *to carry the parcel.* この輪のところで荷物を持ちなさい. **2** ⓒ 輪状のもの; 川や道が湾曲したところ. **3** ⓒ ボタンをかけるループ. **4** ⓒ 避妊リング. **5** ⓒ 《電算》ループ《プログラムの中で一定の条件に達するまで繰り返し実行される命令》; 《電》閉回路. **6** ⓒ 宙返り飛行. **7** ⓒ エンドレステープループ. **8** ⓒ =loop line. **9** [the L-] ループ 《Chicago 市内の中心商業地区》. **ìn [òut of] the lóop** [副・形] 《米略式》《決定などに》関与して[しないで]. **knóck [thrów] ... for a lóop** [動] 他 《米略式》《人》を圧倒する, あわてさせる. — [動] 他 《…》を輪にする; 《…》を《物》に巻きつける (*around, over*); 《…》を輪で囲む[くくる]. **2** 《輪》を描く: ~ *the loop* (飛行機が)宙返りする. **3** 《音楽などを》をエンドレスにかける[再生する]. — 自 《縄などが》輪[環状]になる; 環状[弧状]に取り囲む[進む, 飛ぶ] (*around*).
looped /lúːpt/ [形] 輪になった; 《米俗》酔った.
†**lóop·hòle** [名] ⓒ 抜け穴, 逃げ道.
lóop lìne [名] ⓒ 《鉄》ループ線《本線から分かれて輪を描いて迂回(ぅ)してきて本線に合流する線》.
lóop-the-lóop [名] ⓒ 《空》宙返り; 宙返りジェットコースター.
loop·y /lúːpi/ [形] (**loop·i·er, -i·est**) **1** 《略式》少し頭のおかしい; 混乱した; 気の — Ⓢ 頭がおかしくなる《英》激怒する. **2** 輪[環]の多い.

*****loose** /lúːs/ [B2][形] (**loos·er, loos·est;** [動] lóosen) **1** 《くっつき方・結び方・締め方・詰め方などが》緩(ゅ)い, 緩んだ; 《服などが》だぶだぶの, ゆったりした; がたがたした; 《皮膚などが》たるんだ (⇔ tight, tense); 《組織などが》ゆるやかな: a ~ knot 緩い結び目 / a ~ tooth ぐらぐらの歯 / ~ clothing だぶだぶの服 / These shoes are a little ~. この靴は少し緩い.
2 [P][比較なし] 結んで[縛って]ない, 離れて (⇔ fast); 自由で (free); 《囚人などが》逃亡中で: The cattle are ~. 牛は放してある / Don't let your dog run ~. 犬を放し飼いにしてはいけない / A prisoner got ~. 受刑者が1人脱獄した.
3 [比較なし] 《紙・髪などが》束(たば)ねて[とじて]ない, 包装されてない, ばらの: ~ sheets of paper (とじてない)ばらの数枚の紙 / ~ salt 量り売りの塩.
4 締まりのない, 散漫な; [普通は A] 節度のない; 不正確な, あいまいな: a ~ translation ずさんな訳 / ~ talk 《古風》まとまりのない話 / L~ lips sink ships. 《ことわざ》《古風》口は災いの元 / The contract was rather ~. 契約はかなりいいかげんなものだった. **5** ⓒ 《古風》《滑稽》ふしだらな: ~ morals 不品行 / She led a ~ life. 彼女はふしだらな生活を送った. 日英比較 日本語の「ルーズ」にあたるのは通例 sloppy, careless などいう: cloth of ~ weave 織り目の粗い布. **6** 目の粗(ぁら)い; 《腸が》ゆるい, 《腹が》下っている: ~ bowels 下痢. **8** 《クリケ・スポ》《プレーが》不正確な; 《ボールが》インプレーで.
brèak lóose [動] (1) 《…から》逃げる, 脱出する; 離れる, 自由になる (*from*). (2) 《暴動などが》発生する.
còme [wórk] lóose [動] 自 ほどける; はずれる: Some of the nails had *come* ~ *from* the board. 板からいくつか釘が抜けていた. **cút lóose** [動] 他 《…》を切り離す; 自由にする (*from*). — 自 (1) 自由になる (*from*). (2) 《米略式》自由に振舞う[しゃべる], つき合いをはずす. **hàve a lóose tóngue** [動] 自 口が軽い. **háng [stáy] lóose** [動] 自 《米略式》落ち着いている. **lèt lóose** [動] 他 (1) 《…》を放つ; 《声を》突然発する: *let the bird loose* 鳥を逃がす. (2) 《…》を自由にする; 《人》を《…》に好きなように扱わせる

(on). — 自 (1) (つかんだ)手を離す. (2) 《英略式》= cut loose (2). **teár loóse** [動] 自 無理矢理逃げ出す. **túrn [sét] loóse** [動] 他 = let loose.
— 動 他 **1** 〈動物など〉を放す, 自由にする. **2** 〈文〉〈矢など〉を放つ, 〈銃など〉を撃つ (off; at). **3** 〈結び目など〉を解く, ほどく, 緩(ゆる)める. **4** 〈攻撃・批判など〉をゆるす. **5** 〈…〉を流出させる. **loóse ... on [upòn]** — [動] 他 《普通は受身で》〈人〉〈危険な物など〉にさらす. —— 副 《非標準》緩(ゆる)く (loosely). —— 名 《次の成句で》**on the loóse** [形] (1) 束縛がなく, 自由で; 〈犯人・囚人など〉が逃走[脱獄]して. (2) 浮かれて, 放縦に騒ぎまわり.

loóse bòx 名 C 《英》《馬屋などの》放し飼い用仕切り.
loóse cánnon 名 C 何を言い出すか[しでかすか]わからんやつ, あぶないやつ.
loóse chánge 名 U 小銭, ばら銭.
loóse cóver 名 C 《普通は複数形で》《英》= slipcover.
†**loóse énd** 名 C 《普通は複数形で》(仕事の)やり残した部分, (問題などの)未解決部分: tie up (the) ~s 最後の仕上げをする. 《米》**at loóse énds** = 《英》**at a loóse énd** [形式] 何もすることがなくて; 定職がなくて; 〈将来の〉方針が定まらないで.
loóse-fítting 形 《反 close-fitting》《普通は A》《服など》ゆったりした.
loóse-jóinted 形 関節のゆるい; 自由に動く.
loóse-léaf 形 A ルーズリーフ式の.
loóse-leaf bínder [《米》notebook] 名 C = ring binder.
loóse-límbed 形 W 《運動選手などが》四肢[手足]の柔軟な.
loóse·ly 副 **1** 緩(ゆる)く, ゆったりと. **2** ばらばらに. **3** だらしなく. **4** おおまかに.
*__loos·en__ /lúːs(ə)n/ 動 (loos·ens /~z/; loos·ened /~d/; -en·ing; 形 loose) 他 **1** 〈結び目・握る力など〉を緩(ゆる)める, 解く, 放つ 《反 tighten》: I ~ed my tie. 私はネクタイを緩めた. **2** 〈規則など〉を緩和する. **3** 〈腸〉に通じをつける, 〈せき〉を鎮める.
—— 自 〈結び目・継ぎ目・握る力など〉緩(ゆる)む, たるむ: The knot has ~ed. 結び目が緩んだ.
loósen ...'s tóngue [動] …の口を軽くする: Alcohol ~ed his tongue. 彼は酒で[酔って]おしゃべりになった. **loósen one's gríp [hóld]** [動] (1) 《…》の規制を緩める (on). (2) 〈…を〉つかんでいる手の力を緩める (on). **loósen úp** [動] 自 (1) 筋肉をほぐす, 準備運動をする. (2) 気楽になる; 打ち解ける. —— 他 (1) 〈筋肉など〉をほぐす. (2) 〈人〉を気楽にする.
loóse·ness 名 U 緩(ゆる)み, たるみ; 散漫, 粗雑, 締まりのなさ; ずぼら; 身持ちの悪さ.
loos·ey-goos·ey /lúːsigúːsi/ 形 S 《米略式》とても落ちついた, くつろいだ.
†**loot** /lúːt/ 名 U 戦利品, 《古風, 略式》略奪品, 盗品; (官吏の)不正利得 (類語) [掠奪] 贈り物, 戦勝品; 《俗》金(かね), ゼニ, 財. —— 動 他 〈店など〉から物を(大量に)奪う, 荒らす; 〈全品を〉(…から)略奪する (from). —— 自 略奪する.
†**loot·er** /lúːtər/ 名 C 略奪者.
loot·ing /lúːtɪŋ/ 名 U 略奪.
lop /láp | lɔ́p/ 動 (lops; lopped; lop·ping) 他 **1** 〈枝など〉を切り取る (off), 〈木〉を切る. **2** 〈一部〉を除去する, 減らす, 値引く (off; from).
lope /lóup/ 動 自 《副詞(句)を伴って》(うさぎなどが)跳躍する; (人が)大またで走る (off; along, across, up).
—— 名 [a ~] (動物の)跳躍; 大またの駆け足.
lóp-éared 形 垂れ耳の.
lóp-síded 形 (一方に重くて[大きくて])傾いた, 偏った.
lo·qua·cious /loukwéɪʃəs/ 形 多弁な, おしゃべりな; 騒々しい. **~·ness** 名 U 《格式》= loquacity.
lo·quac·i·ty /loukwǽsəti/ 名 U 《格式》多弁.
lo·quat /lóukwat | -kwɔt/ 名 C 《植》ビワ(の実).
*__lord__ /lɔ́ːd | lɔ́ːd/ 動 《頭音 load, road, rode》《格式》(**lords** /lɔ́ːdz | lɔ́ːdz/; 形 **lórdly**)

古(期)英語で「(家族のために)パンを確保する人」の意 《☞ lady [語源]》→(一家の頭(かしら))→「支配者」

┌→「主」「神」**1**
「領主」**4, 5**─┤
└→「貴族」**2**

1 [the | our] L-] 神 (God); 主(しゅ), キリスト (Christ): (the) L~ God 主なる神 / Jesus our L~ われらが主イエス. **2** 《英》貴族 (peer); [the Lords] 《複数扱い》上院議員たち, [単数または複数扱い] 上院: the House of L~s 上院 (☞ congress 表). **3** /lɔ́ːd | lɔ́ːd/ [L-] 《英》(1) …卿(きょう). [語法] 侯爵 (marquess), 伯爵 (earl), 子爵 (viscount) および男爵 (baron) の位を持つ貴族につける敬称 (☞ lady 4, sir 2, Mr. 1): L~ Derby ダービー卿. (2) [高位の官職名につけられる称号]: Lord Mayor. **4** C 《封建時代の》領主, 殿さま. **5** C 《略式》支配者 (ruler), 君主 (of). **Góod [Óh] Lórd!** [感] S おやおや, とんでもない= Good [Oh] L~! I've left it behind. しまった, 忘れてきちゃった. **live like a lórd** [動] 自 豪勢に暮らす. **Lórd willing** [副] S 《古風》できることなら, 事情が許せば. **my | mi, mai/ Lórd man** [侯爵以下の貴族・市長 (Lord Mayor)・高等法院判事への呼びかけ]; 猊下(げいか) 《主教 (bishop) への呼びかけ》. **one's lórd and máster** [名] 《滑稽》亭主, ボス. —— 名 《次の成句で》**lórd it òver ...** [動] 他 …にいばり散らす.

Lòrd Cháncellor 名 [the ~] 《英》大法官 (最高の司法官で閣僚待遇).
lord·li·ness /lɔ́ːdlinəs | lɔ́ːd-/ 名 U 《格式》[しばしばけなして] 君主のような態度; 横柄さ, 尊大; [ほめて] 威厳.
lórd·ly 形 (lord·li·er, -li·est; 形 lord) **1** [しばしばけなして] 君主[貴族]のような, 傲慢(ごうまん)な, 横柄な. **2** [ほめて] 堂々とした, 威厳のある; 豪華な.
Lòrd Máyor 名 [the ~] 《英》市長 (大都会の; ☞ mayor [参考])): ~'s Day ロンドン市長就任日 (11月第2土曜; 大パレードがある).
Lórd of Creátion 名 [the ~] 万物の霊長 (人間のこと).
Lórd's Dày 名 [the ~] 主日(しゅじつ), 日曜日 (Sunday).
lórd·shìp 名 《格式》**1** C 《普通は L-; しばしば your, his などと共に用いて》閣下; 狩下(でんか): His ~ has arrived. S 《英》《ときに滑稽》閣下がお着きになりました. **2** U 《古風》貴族[君主]であること; 統治(権) (over).
Lórd's Práyer /-préə | -préə/ 名 [the ~] 主の祈り (Our Father) 《新約聖書マタイ伝 (Matthew) 第6章にあるキリストの祈りのことば》.
Lórd's Súpper 名 [the ~] 《プロテスタント》聖餐(せいさん)式《カトリック教会のミサ (Mass) に相当》.
lord·y /lɔ́ːdi | lɔ́ːd-/ 感 S 《古風》おお, ああ! 《驚き・困惑を表わす》.
†**lore** /lɔ́ə | lɔ́ː/ 名 U 《格式》(民間伝説の)伝承; 伝統的知識. [関連] folklore 民間伝承.
L'O·ré·al /lɔːrɪǽl | lɔ́ːrɪæl/ 名 固 ロレアル 《フランスの化粧品・ヘアケア用品メーカー》.
Lo·re·lei /lɔ́ːrəlàɪ/ 名 固 《ドイツ伝》ローレライ 《Rhine 川で歌声で船人を誘惑し船を沈めた魔女》.
Lo·ren /lɔ́ːrən | lɔ́rən/ 名 固 **Sophia** ~ ローレン (1934–) 《イタリアの映画女優》.
Lo·ret·ta /lɔrétə/ 名 固 ロレッタ 《女性名》.
lor·gnette /lɔːnjét | lɔː-/ 名 C 柄付きめがね 《オペラグラス》.
lo·ris /lɔ́ːrɪs/ 名 (複 ~, ~·es) C ロリス, のろまざる.

lorn /lɔ́ːn | lɔ́ːn/ 形 《詩》または《滑稽》孤独な, わびしい.

*__lor・ry__ /lɔ́ːri | lɔ́ri/ 名 (**lor・ries** /~z/) C 《英》トラック, 貨物自動車 (truck). 語源 《英》では現在は truck も lorry 同様普通に使われる: drive a ~ トラックを運転する / a tank ~ タンクローリー / a ~ driver トラック運転手 / The goods were carried by a ~. 貨物はトラックで運ばれた. **fáll óff the báck of a lórry** 動 自 S 《英》《滑稽》盗まれる.
lórry pàrk 名 C 《英》トラックの駐車場.

Los Al・a・mos /lɔːsǽləmòus | lɔsǽləmòs/ 名 固 ロスアラモス 《New Mexico 州北部の町; 最初の原爆を製造した原子力研究所がある》.

*__Los An・ge・les__ /lɔːsǽndʒələs, -ɡəs, -lìːz/ 名 固 ロサンゼルス 《米国 California 州南西部の都市; ☞ city table, 表地図 E 4》. 語源 スペイン語で「天使たち」(the angels) の意. 日英比較 略称は LA か L.A. で日本のように「ロス」とはいわない.

*__lose__ /lúːz/ 動 (**los・es** /~ɪz/; 過去・過分 **lost** /lɔ́ːst | lɔ́st/; **los・ing**; 名 loss)

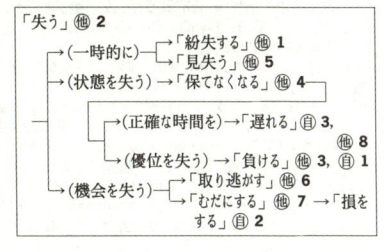

「失う」 他 2		
→ (一時的に) →	「紛失する」他 1	
→	「見失う」他 5	
→ (状態を失う) →	「保てなくなる」他 4	
→ (正確な時間を失う) →	「遅れる」自 3, 他 8	
→ (優位を失う) →	「負ける」他 3, 自 1	
→ (機会を失う) →	「取り逃がす」他 6	
	「むだにする」他 7 →	「損をする」自 2

— 他 **1** (一時的に)《…》を**なくす**, 紛失する, 置き忘れる (反 find): Don't ~ this letter. この手紙をなくさないように / I've ~ my glasses somewhere. 私はめがねをどこかに置き忘れた.

2《…》を**失う**, なくす (反 gain): ~ a baby 赤ん坊を死産する / He has *lost* his job. 彼は失業した / She *lost* her only son *in* a plane crash [*to* cancer]. <V+O+in [to]+名・代> 彼女は飛行機事故[癌]で一人息子を失った / My uncle *lost* an arm in the war. おじは戦争で片腕を失った / Six lives *were lost* on that expedition. <V+O の受身> その探検で 6 人の命が失われた / All *is lost*. 万事休す (☞ *lost*).

3 《戦い・勝負など》に**負ける** (*by*) (反 win); 《…》を(ライバルなどに)取られる: They *lost* the battle. 彼らは戦いに敗れた / The Carp *lost* the last game of the Japan Series *to* [*against*] the Lions. <V+O+*to* [*against*]+名・代> カープは日本シリーズの最終戦でライオンズに負けた.

4《…》を**保てなくなる**《体重など》を減らす,《記憶など》を喪失する;《平静さ・興味など》を失う;《速度・高度》を落とす: I've *lost* five pounds by jogging every morning. 私は毎朝ジョギングをして 5 ポンド減量した / He *lost* his temper. 彼は平静さを失った(かっとなった) / I have *lost* interest in politics. 私は政治には興味をなくした / The play *lost* something in (the) translation. その劇は翻訳で(原文の)よさが失われた / The plane *lost* height suddenly. その飛行機は突然高度を落とした.

5《道・人など》を**見失う**: I *lost* my sister in the crowd. 私は人込みの中で妹[姉]を見失ってしまった.

6《…》を**取り逃がす**,《機会》を逸する, 逃す; 理解し損なう, 聞き落とす;《略式》《人》をわからなくさせる: I listened carefully so that I wouldn't ~ a word of what he said. 私は彼の言うことをひと言も聞き漏らすまいと耳をすました / I'm afraid you've *lost* me. あなたの言うことはよくわからないんだけど.

7 《…》を**むだにする**, 浪費する; 《…》の損をする: There is no time to ~! ぐずぐずしてはいられない / How much did the company ~ *by* it [*on* the deal]? <V+O+前+名・代> その会社はそれで[その取り引きで]どのくらい損をしたの.

8《時計が》《…》を**遅れる** (反 gain): This clock ~s two minutes a day. この時計は 1 日に 2 分遅れる. **9** 《特に事》に…に《×…》を失わせる; 《…》に《試合など》に負けさせる: The incident *lost* him his position in the company. その事件のため彼は会社での地位を失った.

10《…》を引き離す,《尾行者など》をまく: They managed to ~ the police in the crowd. 彼らはなんとかして人混みの中で警察をまいた. **11**《略式》《…》を取り除く.

— 自 **1 負ける**, 敗北する (反 win): Liz hates to ~. リズは負けず嫌いだ / Cambridge *lost in* the match. <V+*in*+名・代> ケンブリッジはその試合で負けた / The Angels *lost to* [*against*] the Tigers (by a score of) three to two. <V+*to* [*against*]+名・代> エンジェルズは 3 対 2 でタイガーズに負けた.

2 損をする: You won't ~ *by* it. <V+前+名・代> それで損をすることはあるまい / They *lost on* the job. 彼らはその仕事で損をした. **3** 《時計が》遅れる.

hàve nóthing [a lót, tòo múch] to lóse 動 自 失うものが何もない [多い, 多すぎる].

lóse it 動 自 S (1) 気が狂う. (2) (笑いなどを)こらえられない; かっとなる: When I saw him dancing, I just *lost it*. 彼がダンスをしているのを見て私は吹き出してしまった. (3) 昔の面影を失う.

lóse onesèlf 動 自 道に迷う; 途方に暮れる.

lóse onesèlf in ... 動 他 (1) …に夢中になる, 没頭する (be lost in ...): He *lost himself in* the book. 彼はその本に夢中になった. (2) …にまぎれこむ.

lóse óut 動 自 《略式》(取り引きなどで)損をする; (競争などで…に)負ける (*to*); (機会・利益などを)逸する (*on*). **You càn't lóse.** S (どうやっても)うまく行きますよ, 損することはないよ.

lóse-lóse 形 A 両方にとって都合の悪い 《☞ win-win》: a ~ situation どちらにも不利な状況.

*__los・er__ /lúːzə | -zə/ 名 (~s /~z/) C **1** 負ける[負けた]人, 敗者 (反 winner): a good ~ 負けて悪びれない人 / a bad [poor] ~ 負け惜しみを言う人, 往生(おうじょう)ぎわの悪い人. **2** (いつも)失敗する人, 落伍者: a born ~ 生まれつきの落伍者. **3** 不利益を被る人, 損失者: You will be the ~ if you don't accept the offer. その申し出を受けなければ損をするのはあなたです.

los・ing /lúːzɪŋ/ 形 (winning) A 勝ち目[見込み]のない, 負けの: a ~ battle 負けいくさ (☞ pitcher²).

*__loss__ /lɔ́ːs | lɔ́s/ 名 (~・es /~ɪz/; 動 lose) **1** U C **失う[なくす]こと**, 紛失, 喪失 (反 gain); 失ったことによる苦しみ: ~ *of* health 健康を損なうこと / ~ *of* memory=memory ~ 記憶喪失 / ~ *of* blood [sight] 出血[失明] / a sense of ~ (最愛の者がいなくなった)喪失感 / The bereaved wife couldn't bear her ~. あとに残された妻は(夫を失った)心の痛手に耐えられなかった.

2 C U 損害, 損失額, なくした物 (反 profit); [単数形で] 損失(による痛手), (いなくなると)不利益をもたらす人: make [take] a ~ (*on* ...) (…で)損をする / The business showed a ~ of 10,000 dollars. その事業は 1 万ドルの損失をみた / The goalkeeper's injury was a great ~ *to* the team. ゴールキーパーのけがはチームに大きな痛手だった.

3 U C (戦い・競技などで)負けること, 敗北 (*to*) (反 victory, win); 失敗; 議席を失った選挙区: the ~ of a game 試合に負けること / three wins and ~*es* 3 勝 5 敗. **4** U C 減額, 減り: a ~ in weight=weight ~ 減量, 目減り. **5** C U 死亡; [複数形で] (戦いによる)死傷者: the ~ *of* ten lives 10 人の人命の損失 / The epidemic caused widespread ~ *of* life. 《格式》その伝染病で多くの命が奪われた / I am so sorry to hear of the ～ *of* your daughter. お嬢様を亡くされたそうでお悔やみを申し上げます / suffer heavy ～*es* in a battle 戦闘で多くの死傷者を出す.

at a lóss [副] 損をして, 原価より安い値段で.

be a déad lóss [動] [自] 《英略式》 全く無用である.

be at a lóss [動] [自] (1) **途方に暮れて**, 当惑して: [言い換え] She ***was at a ～ what to*** do. (＝She was at her wit's end what to do.) 彼女はどうしてよいか途方に暮れた / I ***was at a ～ for*** words. 何と言っていいかわからなかった / He ***was at a ～*** (***as to*** *how*) ***to*** solve the problem. 彼はその問題が解けなくて困っていた. (2) (…が)不足して (*for*).

cút one's lósses [動] [自] (失敗しそうな事業などから)早めに手を引く.

It's [That's] …'s lóss. Ⓢ それは…が損をすることになる, もったいないことだ.

lóss adjùster [名] [C] 《英》 ＝insurance adjuster.

lóss lèader [名] [C] 〔商〕 客寄せ商品, 目玉商品.

lóss·màking [形] 赤字の, 損失を出す.

loss·y /lɔ́ːsi | lɔ́si/ [形] [A] 〔電算〕 (圧縮が)一部データの損失のある.

‡lost /lɔ́ːst | lɔ́st/ ([類音] roast) [動] **lose の過去形および過去分詞.**

― [形] **1** **失った, 紛失した; 失われた**, すたれた, 消滅した: a ～ watch なくした時計 / a ～ art すたれた技術 / LOST AND FOUND 遺失物取扱所 (掲示).

2 [普通は [P]] **道に迷って, 行方不明で; 途方にくれて**, 困惑して; わからなくなって: a ～ child 迷子 / Are you ～? 道に迷ったのですか / I felt ～ in a strange city. 見知らぬ町でどうしてよいか不安だった / I'd be ～ without her (help). 彼女の助力がなければ途方に暮れてしまう.

3 **負けた; 失敗した; 取りそこなった**: a ～ game 負けた試合 / a ～ prize 取りそこなった賞金. **4** [A] (時間などが)空費された: make up for ～ time むだになった[出おくれた]時間を取り戻す. **5** 死んだ, 滅びた; (魂などが)救われない: be ～ at sea (船・人などが)海に消える / a ～ soul 地獄に落ちた魂; [しばしば滑稽] 自分を見失った人.

Áll is nòt lóst. Ⓢ 全く望みがないわけではない.

be lóst for wórds [動] [自] 驚いて[困惑して]ことばが出ない.

be lóst in … [動] [他] …に夢中である (lose oneself in …): He *was* ～ *in* thought. 彼はもの思いにふけっていた.

be lóst on [upòn] … [動] [他] …に理解されない; (しゃれなどが)…に通じない: My advice *was* ～ *on* him. 私の忠告は彼には効き目がなかった.

be lóst to … [動] [他] 《格式》 (1) もはや…のものではない. (2) …に対して無関心[無感覚]である.

for lóst [副] 死んだものとして: give … up *for* ～ …を死んだものとしてあきらめる.

gèt lóst [動] [自] (1) 道に迷う; 理解できなくなる: He spoke so fast that I *got* completely ～. 彼があまり早く話すので私はまるでわからなくなった. (2) (物が)紛失する; (複雑な状況・多忙の中で)忘れ去られる, 気づかれない: *get* ～ *in* the crowd 人込みに紛れ込む.

Gèt lóst! Ⓢ うせろ!; [発言に対して] とんでもない!

lóst-and-fóund (òffice) [名] [the ～] 《米》 遺失物取扱所 (《英》 lost property office).

lóst cáuse [名] [C] 失敗するに決まっている[失敗に終わった]主義[運動]; 見込みのないこと[考え, 人].

Lóst Generátion [名] [固] [the ～] 失われた世代 《第 1 次大戦に出征し多くが戦死した世代; 伝統的価値に幻滅した; 作家では, Hemingway, Fitzgerald など》.

lóst íncome [名] [U] 逸失利益[所得].

lóst próperty [名] 《英》 [U] 遺失物; ＝lost property office.

lóst próperty òffice [名] [C] 《英》 ＝lost-and-found (office).

‡lot¹ /lɑ́t | lɔ́t/ ([類音] rat, rot) [名] (**lots** /lɑ́ts | lɔ́ts/) **1** [a ～ または 《略式》 lots で] **たくさん**, 多くの物[人], 多数, 多量: We want ⌈*a* ～ [～*s*]. 我々はたくさん欲しい / They have lost *an* awful ～. 彼らは実に多くのものを失った / Ten thousand dollars is *a* ～. 1 万ドルといえば大金だ / What *a* ～! ずいぶんたくさんあるねえ / There's *a* ～ to see here. ここには見るべきものがたくさんある. [語法] 次に定まった人・物を示す代名詞や「the＋名詞」などが来ると of がつく. 成句の a lot of … と比較せよ: A ～ (＝*Many*) *of* them [the students] were foreigners. 彼ら[その学生たち]の多くは外国人だった / I managed to read *a* ～ *of* my book tonight. 私は今夜その(1 冊の)本をかなり読み進むことができた.

2 [a ～ または lots で副詞的に] 《略式》 (1) [しばしば形容詞・副詞の比較級を強めて] **大変**, とても; ずっと: He has changed ⌈*a* ～ [～*s*]. 彼はひどく人が変わった / Thanks *a* ～. Ⓢ [しばしば皮肉] どうもありがとう / My car runs *a* ～ faster than his. 僕の車のほうが彼の車よりずっと速く走る (☞ much [副] 2). (2) [動詞の後で] しばしば, しょっちゅう; 長い間: She visits her uncle *a* ～. 彼女はよくおじさんを訪ねている.

a lót of … ＝《略式》 lóts of … [形] **たくさんの…**, 多数の…, 多量の…, 大勢の…: There are ⌈*a* ～ *of* [～*s of*] trees in the park. この公園には木がたくさんある / We have ⌈*a* ～ *of* [～*s of*] rain in June. 6 月にはよく雨が降ります / What *an* awful ～ *of* books you have! すごくたくさんの本をお持ちですねえ. [語法] (1) many や much よりもくだけた言い方 《使い分けについては ☞ many と much の [形] [語法] (2)》. (2) lots of のほうが a lot of よりも意味が強いことがある. 更に強調して lots and lots of と言うこともある.

a lót of tìmes [副] たいてい, よく.

hàve a lót ⌈góing ón [《英》 ón] [動] [自] 《略式》 (短時間にやることがありすぎて)多忙である.

quìte a lót [名] かなりたくさんのもの[人].

quìte a lót of … [形] かなりたくさんの(数[量]の)…: drink *quite a* ～ *of* wine かなりワインを飲む.

lot²** /lɑ́t | lɔ́t/ ([類音] rat, rot) [名] (**lots** /lɑ́ts | lɔ́ts/) **1** [C] くじ; [U] くじ引き: We drew ～s*** ⌈***to*** choose [***for***] the first player. 私たちは最初にプレーする人を決めるのにくじを引いた / The winner was decided ***by*** ～. 勝者はくじ引きで決められた.

2 [C] 《主に米》 **地所, 敷地, (1 区画の)土地; (屋外)駐車場** (《米》 parking lot); (映画の)撮影所, スタジオ: a used-car ～ 中古車置き場 / The building is between the two ～*s*. その建物は 2 つの敷地の間にある. **3** [C] [普通は単数形で; しばしば所有格の後で] **運命** (fate), 巡(めぐ)り合わせ; 境遇. **4** [the ～ として単数または複数扱い] 《略式, 主に英》 全部, そっくり, 全員: That's *the* ～. それで全部だ / *the* whole ～ of you あなた方全員 / Give me *the* ～. 全部ください. **5** [C] [単数形でもときに複数扱い] 《英略式》 連中, (人・物の)ひと組; (競売品などの)ひと口, ひと山: Hurry up, you ～. さあ急いで, 君達 / Another ～ *of* tourists arrived. もうひと組の観光客が到着した / *L*～ fifteen (競売で) 15 番の品. **a bád lót** [名] 《古風, 英》 いやな[悪い]やつ. **àll óver the lòt** [副] 《米略式》 ＝all over the place (place [名] 成句). **Thát's your lót.** Ⓢ (あなたがもらえるのは)それだけだ (☞ 4). **The lót fálls to … to dó ＝It fálls to …'s lót to dó** 《格式》 くじ[巡り合わせ]で…が―することになる: *The* ～ *fell to* me *to* carry the message. その知らせを伝える役目がくじで私に当たった. **⌈thrów ín [cást] one's lót with …** [動] [他] …と運命を共にする.

loth /lóʊθ/ [形] [P] ＝loath.

Lo·thar·i·o /loʊθé(ə)riòʊ, -θɑ́ːr-/ [名] (～s) [C] 《文》 女たらし.

⁺lo·tion /lóʊʃən/ [名] [C,U] 化粧水, ローション; 外用水

薬, 洗い薬: (an) eye ~ 洗眼液.

lot·sa /látsə | lótsə/ 形 《略式》lots of の短縮形 (☞ lot¹ 成句).

lot·ta /látə | lótə/ 形 [a ~] 《略式》lot of の短縮形 (☞ lot¹ 成句): a ~ trees [work] たくさんの木[仕事].

*__lot·ter·y__ /látəri, -tri | lót-/ 名 (-ter·ies /~z/) 1 ⓒ 宝くじ, 福引き: a ~ ticket 宝くじの札 / Judy won 20 million dollars in the ~. ジュディは宝くじで2千万ドル当たった. **2** ⓒⓊ 《米》抽選, くじ引き: by ~ 抽選で. **3** [a ~] [通例 a lottery として] 運, 巡(ツ)り合わせ: Marriage is just a ~. 結婚は宝くじのようなものだ.

Lot·tie, Lot·ty /láti | lóti/ 名 個 ロティー (《女性の名; Charlotte の愛称》).

lot·to /látou | lót-/ 名 **1** Ⓤ ロット (《カードゲーム》). **2** ⓒ 《米》=lottery 1.

lo·tus /lóutəs/ 名 ⓒ **1** すいれん, ひつじぐさ; はす. **2** 《古代エジプトの建築などにみられる》蓮華(ヅ)模様. **3** 《ギ神》ロートス (《その実を食べると浮き世の苦しみを忘れ楽しき結ぶと考えられた想像上の植物》).

lótus-èater 名 ⓒ 安逸をむさぼる人.

lótus posìtion 名 [the ~] 蓮華(ヅ)座, 結跏趺座 (ヅガ)《ヨガ・座禅の座り方》.

Lou /lú:/ 名 個 **1** ルー 《男性の名; Louis の愛称》. **2** ルー 《女性の名; Louisa, Louise の愛称》.

louche /lú:ʃ/ 形 《英格式》いかがわしい, うさん臭い.

*__loud__ /láud/ 12 形 (**loud·er** /-də | -də/; **loud·est** /-dɪst/) **1** 《声・音が》大きい, 大声の (反 low); [けなして] 《人が》声高な, 不作法な: He has a ~ voice. 彼の声は大きい / We sang in ~ voices. 我々は大声で歌った / That TV is too ~. Please turn it down. あのテレビの音が大きすぎる. 音を小さくしてください / As he drank, he became ~ er. 飲むにつれて彼は声が大きくなった. **2** やかましい, 騒々しい (noisy); [けなして]: a ~ party 騒々しいパーティー / This is too ~ a place to study in. ここは勉強するにはうるさすぎる場所だ. **3** [けなして] 《服装・色などが》けばけばしい, はでな (反 quiet); 〈色が〉けばけばしい色: The dress is a little too ~ for me. そのドレスは私にははですぎる. **4** [格式] 〈人・意見などが〉強く表明する[した], しつこい: The newspaper was ~ in its criticism of the government. その新聞は政府批判を執拗に行なった.
— 副 (**loud·er** /-də | -də/; **loud·est** /-dɪst/) Ⓢ 大きな声で[音で], 声高に (反 low); やかましく: Would you speak a little ~er? もう少し大きな声で話してください. **lóud and cléar** 副 非常に明瞭に. **òut lóud** [副] 声を出して (aloud): think out ~ 口に出して[人と話して]考える / He read the message out ~. 彼はそのメッセージを読み上げた.

loud·hail·er /láudhéɪlə | -lə/ 名 ⓒ 《英》=bullhorn.

†**loud·ly** /láudli/ 副 **1** やかましく, 騒々しく: Someone is knocking ~ at the door. だれかが戸をやかましくノックしている. **2** 大声で, 声高に (☞ aloud): We sang ~. 私たちは大声で歌った.

lóud·mòuth 名 (-**mouths** /-màʊðz/) ⓒ 《略式》[軽蔑] 大口をたたくやつ, 口の悪い[軽い]やつ.

loud-mouthed /láudmáʊðd, -máʊθt—/ 形 《略式》[軽蔑] よくしゃべる, うるさい.

†**lóud·ness** 名 Ⓤ 声[音]が大きいこと; やかましさ.

*__loud·speak·er__ /láudspì:kə | -spí:kə/ 名 (**~s** /~z/) ⓒ スピーカー, 拡声器: speak through [over] a ~ 拡声器で話す.

Lóu Géhrig's disèase 名 Ⓤ 《医》ルー・ゲーリッグ病 《筋萎縮性側索硬化(症)のこと; Lou Gehrig がこの病気で死んだのでこの名がついた》.

lough /lák | lɒk/ 名 ⓒ 《アイル》湖, 入江.

Lou·is¹ /lú:i, lú:ɪs/ 名 個 ルイス 《男性の名; Lou の愛称》.

Lou·is² /lú:i/ 名 個 **1** ~ XIV /-ðəfɔːtí:nθ | -fɔ̀:-/ (☞ ordinal number 文法 (3)) ルイ十四世 (1638-1715) 《フランス王 (1643-1715); ☞ America 表 Louisiana》. **2** ~ XVI /-ðəsɪkstí:nθ/ ルイ十六世 (1754-93) 《フランス王 (1774-92)》.

Lou·i·sa /luí:zə/ 名 個 ルイーザ 《女性の名; 愛称は Lou》.

Lou·ise /luí:z/ 名 個 ルイーズ 《女性の名; 愛称は Lou》.

Lou·i·si·an·a /luì:ziǽnə, lù:(ə)zi- | lu·ì:ziǽnə, -á:nə—/ 名 個 ルイジアナ 《米国南部の州; ((略)) La., ((郵便)) では LA; 俗称 the Pelican State; ☞ America 表, 表地図 G 4》.

Louisiana Púrchase 名 個 [the ~] ルイジアナ購入地 (《1803 年米国がフランスから買った Mississippi 川と Rocky 山脈の間の地域》).

Lou·is·ville /lú:ivil/ 名 個 ルイビル 《米国 Kentucky 州北部の都市; Kentucky Derby の開催地》.

Louis Vuit·ton /lú:ivjú:ətàn | -ɪtɒ̀n/ 名 個 ルイヴィトン 《フランスのバッグ・革小物などのメーカー》.

*__lounge__ /láʊndʒ/ 名 ⓒ **1** (英) (ホテルなどの)談話室, 社交室; 休憩室; (空港の)待合室: the television ~ of a seaside hotel 海辺のホテルのテレビの置いてあるロビー / the departure [arrival] ~ (空港の)出発[到着]ロビー. **2** (英) 居間 (living room). **3** (米) =cocktail lounge. **4** (英) =lounge bar.
— 動 自 [副詞(句)を伴って] **1** ゆったり座る[横になる], もたれかかる: She was *lounging* on the sofa. 彼女はソファーにもたれていた. **2** ⊘ ぼんやり[ぶらぶら]する (*around, about*).

lóunge bàr 名 ⓒ 《英》パブ (pub) の特別室[席] (saloon bar) (☞ public bar).

lóunge chàir 名 ⓒ ラウンジチェア, 安楽椅子.

lóunge lìzard 名 ⓒ 《略式》[軽蔑] (バーやホテルのラウンジなどをたむろう)女(の金)目当てのひらくら者.

lóunge mùsic 名 Ⓤ ラウンジミュージック (1940-50 年代の米国のイージーリスニングの音楽).

loung·er /láundʒə | -dʒə/ 名 ⓒ **1** (英) 屋外用の安楽いす (米) sun lounger). **2** 怠け者.

lóunge sùit 名 ⓒ 《古風, 英》=business suit.

lour /láʊə | láʊə/ 名/動 (主に英) =lower¹.

*__louse__¹ /láʊs/ 名 ⓒ **1** (複 **lice** /láɪs/) しらみ. **2** (複 **lous·es**) 《略式》人間のくず, ろくでなし.

louse² /láʊs, láʊz/ 動 [次の成句で] **lóuse úp** [動] 《米略式》⊗ 〈…〉をめちゃくちゃにする, 台なしにする. — 自 しくじる, 失敗する (*on*).

†**lous·y** /láʊzi/ 形 (**lous·i·er**; **-i·est**) **1** [主にⓈ] 《略式》ひどい, 全くいやな, 悪い; Ⓐ 《数量的にひどい》ずかない: ~ weather ひどい天気 / He wouldn't lend me ~ five dollars. 彼はたった5ドルも貸してくれなかった. **2** Ⓢ 《略式》下手な, 苦手な (*at, with*). **3** Ⓟ 《古風, 米》《いやなもので》いっぱいで; (金などを)たんまり持って (*with*). **4** しらみがたかった.

lout /láʊt/ 名 ⓒ 不作法[乱暴]な男, 無骨者.

lout·ish /láʊtɪʃ/ 形 不作法な. **~·ly** 副 不作法に.

lou·ver, (英) **lou·vre** /lú:və | -və/ 名 ⓒ よろい張り(作り); よろい板; よろい窓.

lou·vered, (英) **lou·vred** /lú:vəd | -vəd/ 形 よろい張りのある.

Lou·vre /lú:vr(ə)/ 名 個 [the ~] ルーブル美術館 (Paris にある美術館).

†**lov·a·ble** /láνəbl/ 形 愛すべき, 愛らしい.

*__love__¹ /láv/ 頻出語 lab, lob, rob, rub 動 (**loves** /~z/; **loved** /~d/; **lov·ing**) 他 [進行形なし] **1** 〈…〉を**愛する**, かわいがる (反 hate); 恋する: I ~ you. 私はあなたを愛しています / The people in that family ~ one another. その家族の者はお互いに愛し

1044 love

合っている / The parents ~d their child dearly. その両親は子供を深く愛していた.
2 [受身なし]（大いに）〈...〉を**好む**, 〈...〉が大好きだ, 愛好する (be very fond of): The king would love [better] than anything else. その王さまは何より黄金が好きだった. 語法 love とともに使う比較級・最上級には better, best を使うことがある（☞ like² 語法 (1)）. 言い換え She ~s to sing jazz. <V+O(to不定詞)>＝She ~s singing jazz. <V+O(動名)> 彼女はジャズを歌うのが大好きです / I ~ it when you wear that hat. あなたがその帽子をかぶっているのが大好きだ. 語法 it is when 節を受ける形式目的語 // a much-~d TV program 人気のあるテレビ番組.
3 [would, should, 'd の後に用いて]《丁寧》...したいと思う)（☞ 成句）; 〈...〉が欲しい（と思う）; 〈...〉に...してもらいたい: She would really ~ a photograph of Sam. 彼女は本当にサムの写真を欲しがっている / I'd ~ to see my baby. 泣く泣く私の赤ちゃんを見にきてください. <V+O+C (to不定詞)> 語法《米》では I'd love for you to ... の形も用いる. **4** (動植物が)〈...〉を好む. **5** 〈祖国など〉を大切に思う, 敬愛する.

be góing to lóve ... Ⓢ ...が気に入るだろう, おもしろいだろう; [皮肉] ...がいやだなと思う.
Dón't you just lóve it? Ⓢ (1) それはないな, まずいよ. (2) ＝I love it! (2).
I lóve it! Ⓢ (1) すばらしい, すてき. (2) (人の失敗・不幸などを見て)それは愉快, 面白いな.
'I must [I'll] love you and leave you. Ⓢ《滑稽》(もっといたいけど)おいとまします.
I would [《英》should] lóve to dó＝I'd lóve to dó《丁寧》ぜひ...したい: I would [should] ~ to visit Paris. 私はぜひパリに行ってみたい. 語法 どちらというと女性の言い方で, 次のように独立しても用いる: 会話 "Will you come with us?" "I'd ~ to."「ごいっしょにいらっしゃいますか」「喜んで参ります」
lóve to háte [動] 他〈...〉を好んで嫌う.
You (have) gót to lóve ... Ⓢ ...は実におかしい, ...は傑作だ.

— 名 (~s /-z/; 形 lóvely) **1** Ⓤ (家族・国などへの)愛, 愛情, 好意（☞ 類義語）（反 hate, hatred）;《キ教》(神の人への)愛; a mother's ~ for her child [for] one's country 愛国心（☞ of 6）/ The child needs a lot of ~. あの子には多くの愛情が必要です / He shows no ~ toward his neighbors. 彼は近所の人たちに全く好意を示さない / L~ cannot be bought. 愛情は金では買えない.
2 Ⓤ (異性などへの)愛, 恋愛, 恋; 性愛 (for): my first ~ 私の初恋（☞ 3, 5）/ ~ at first sight ひと目ぼれ / L~ is blind. (ことわざ)恋は盲目(あばたもえくぼ).

┌─── コロケーション ───
│ **declare** one's love 愛を打ち明ける
│ **return** ...'s love   ...の愛に報いる
│ **swear** one's love   愛を誓う
│ **win [earn, gain]** ...'s love ...の愛を得る
└

3 Ⓒ [普通は所有格の後で] 恋人, 愛人: Henry's ~ ヘンリーの恋人 / She reminded me of my first ~. 彼女は私に初恋の人を思い出させた（☞ 2, 5）.
4 Ⓤ または a ~] 強い好み, 愛好, 嗜好(し こう): his ~ of [for] music 彼の音楽好き（☞ of 6） 言い換え Meg has a great ~ of art. (=Meg loves art very much.＝Meg is a great lover of art.) メグはとても美術(品)好きです. **5** [普通は所有格の後で] 大好きなもの: Baseball was my great(est) [first] ~. 野球が私の大のお気に入り[最初に好きになったもの]だった（☞ 2, 3）. **6** Ⓒ《英》いい人 (dear); Ⓢ [呼びかけで] ねえきみ

なた[君]《恋人・夫婦・見知らぬ女性などに対して用いる》: Lend me a hand, (my) ~. ねえあなた, ちょっと手を貸してしてほしい. **7** [L~] 恋愛の神 (Cupid).

Bé a lóve and ..., ＝..., thére's a lóve. Ⓢ《英》[子供・家族に対して] お願いだから...: Now stop crying—there's a ~. 泣くのはおやめ, いい子だこと.
be in lóve [動] 自 (...に)恋している, (...を)愛している: They have been very much in ~ (with each other) for two years. 二人は2年間もとても愛し合ってきた / Every man is a poet when he is in ~. 男はだれでも恋をしているときは詩人だ (Plato のことばから).
fáll in lóve [動] 自 (...に)恋をする, (...が)好きになる: The prince fell in ~ with Cinderella. 王子がシンデレラに恋をした.
fáll óut of lóve [動] 自 恋からさめる, 愛想がつきる.
for lóve or [nor] móney [副] [否定文で] Ⓢ [略式] どうしても..., (でない): We could not make him go there for ~ or money. 我々は彼をどうしてもそこへ行かせることができなかった.
for the lóve of ... [副] ただ...が好きで.
for the lóve of Gód [Míke] [副] Ⓢ《古風》後生だから; えっ, 何だって [激怒・驚きなどを表わす].
gíve my lóve to ...＝gíve ... my lóve [動] 他 Ⓢ ...によろしく(お伝えください): Give my ~ to your brother. お兄さんによろしく.
(jùst) for lóve [副] 好きで, 好意から.
máke lóve [動] 自 (1) セックスをする (with, to).《古語》(異性を)くどく. 関連 lovemaking 性行為.
my lóve Ⓢ あなた, お前（☞ 6）.
My lóve to ... ...によろしく[手紙の結びの文句].
sénd one's lóve [動] 自 (...に)よろしくと言う (to)（☞ give my love to ...）.
the lóve of ...'s lífe [名] ...が(一生で)最も愛する人; 大好きなもの, 生きがい: Gardening is the ~ of his life. ガーデニングが彼の生きがいだ.
There is nò [little, not much] lóve lòst between thèm. 彼らの間には何の愛情もない(憎み合っている). 由来 文字どおりには, 「彼らの間には失われるような愛情はない」.
With lóve, ＝Lóve, ＝Lóts of lóve, ＝Áll my lóve,《略式》さようなら, ではまた(...より) (from)《親しい者同士の手紙の結びの文句》.

【類義語】**love** 最も意味の広い語であるが, しばしば異性に対する情熱・熱情を伴う愛情に用いられる: He is in love with her. 彼は彼女に恋をしている. **affection** love のような激しい情熱的な愛ではなく, 人間や動物に対する優しくて温かい, しかも長続きする愛情.

love² /lΛv/ 名 Ⓤ《テニス》ラブ, 無得点: The score was fifteen-~. スコアは15対0だった（15-0 とも書く）.
lóve·a·ble /lΛvəbl/ 形 ＝lovable.
lóve affáir 名 Ⓒ 情事; 熱中, 熱愛 (with).
lóve bèads 名 [複] (愛と平和を象徴する)首飾り.
lóve·bìrd 名 **1** Ⓒ ぼたんいんこ. **2** [複数形で] [滑稽] 恋人どうし.
lóve bìte 名 Ⓒ《英》キスマーク (《米》hickey).
lóve·chìld 名 (-chil·dren /-tʃildrən/) Ⓒ《婉曲》[主に新聞で]私生児.
lóved óne /lΛvd/ 名 (~s) Ⓒ 最愛の人, 恋人; [複数形で] 家族, 親類（☞ one² 形 2）.
lóved-úp 形《略式》惚れ込んだで, (エクスタシーなどの)麻薬に酔った, 恍惚(こ う こ つ)状態の.
love·fèst /lΛvfèst/ 名 Ⓒ《略式》《滑稽》和気あいあいとした[打ち解けた]状況.
lóve gàme 名 Ⓒ《テニス》ラブゲーム (一方が0点のゲーム).
lóve hándles 名 [複] 《婉曲》お腹まわりの贅肉(セックスのときにつかむことができるところ);《☞ spare tire》.
lóve-háte relàtionship 名 Ⓒ [普通は単数形で] 愛憎の関係《同一(人)物に対する愛憎》(with).

lóve-ìn [名] [C] 《俗》 ラヴイン 《ヒッピーなどの愛の集会》.

lóve ìnterest [名] [U] (映画・小説などでの)恋愛のテーマ; [所有格の後で] 恋愛の対象, 思いをよせる人物.

lóve jùice [名] [U] 愛液.

lóve knòt [名] [C] 恋結び 《愛情を表わす結び方》.

lóve·less [形] 愛のない: a ~ marriage 愛のない結婚.

love knots

lóve lètter [名] [C] ラブレター, 恋文.

+**lóve lìfe** [名] [U,C] [婉曲] 異性関係; 性生活.

love·li·ness /lʌ́vlinəs/ [名] [U] 愛らしさ, 美しさ; 魅力; 親切.

lóve·lòrn [形] 《文》 失恋した; 恋に悩む.

*__love·ly__ /lʌ́vli/ [形] (**love·li·er** /-liɚ | -liə/, **more** ~; **love·li·est** /-liɪst/, **most** ~; [名] love) 《主に英》 **1** (魅力的で)美しい, きれいな (☞ beautiful 類義語): What a ~ girl she is! 何てきれいな女の子なんだろう / Meg wore a ~ dress. メグは美しいドレスを着ていた.
2 Ⓢ すばらしい, すてきな: ~ weather すばらしい天気 / We've had a ~ time. とっても楽しかった. [語法] 《米》でも主に女性が使う. **3** 《略式》 親切な, 人(柄)のよい, 親しみのもてる: a ~ person 人柄のよい人 / It was ~ of you to send me those flowers. お花を送ってくださって本当にありがとう (☞ of 12). **4** Ⓢ [皮肉] ひどい, 全然よくない[楽しくない]: You've made a ~ mess. ずいぶんちらかしたね. **5** Ⓢ [応答などで] 結構な, いいですね, ありがとう: Just put it on the desk. That's ~. 机の上に置いて, ああどうも[ありがとう] / "I'll drop by your office tomorrow." "L~. See you then."「明日会社に寄るよ」「いいわ. じゃあね」 **lóvely and ...** [副] Ⓢ 《英》 (とても)...なので気持ちよい, 申し分なく...だ: It is ~ *and* warm here. ここはとても暖かく気持ちよい.
— [名] (**love·lies**) [C] 《古風》 美女.

lóve·màking [名] [U] 性行為 (☞ make love (love¹ [名] 成句)).

lóve màtch [名] [C] 恋愛結婚.

lóve nèst [名] [C] [滑稽] [新聞で] 愛の巣 《男女の密会するアパート・部屋など》.

*__lov·er__ /lʌ́vɚ | -və/ (類音 robber, rubber) [名] (~s /~z/) **1** [C] 愛人, 恋人; [前に形容詞をつけて] セックスが...な人: She went to Hawaii with her ~. 彼女は愛人といっしょにハワイへ行った.

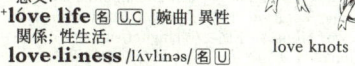

> [語法] 元来は女性から見て男性の愛人をいうが, 現在では男性から見て女性の愛人, さらに同性(愛)の愛人に使われることもある. 夫婦でない肉体関係のある愛人をいうことが多いので注意が必要. 単に「恋人」の意味には boyfriend, girlfriend を用いる.

2 [複数形で] 恋人どうし, 愛人どうし 《同性愛者どうしにも使う》: Romeo and Juliet were ~*s*. ロミオとジュリエットとは恋人どうしでした.
3 [C] (...の)愛好者, (...を)愛する人: a coffee ~ = a ~ *of* coffee コーヒー好きの人 / nature ~*s* 自然を愛する人たち 《ハイキングやバードウォッチングなどが好きな人》.

lóve-ràt [名] [C] 《英略式》 [大衆紙で] 不倫する男.

lóver bòy [名] [C] [滑稽] ボーイフレンド; いい男.

lóvers' làne [名] [C] 恋人たちが二人だけになれる道.

lóve sèat [名] [C] **1** 《米》 2 人用ソファー. **2** (特に S 字型の) 2 人掛けのいす, ラブシート.

lóve sèt [名] [C] 〘テニス〙 ラブセット 《一方が 1 ゲームも取れないセット》.

lóve·sìck [形] 恋に悩む, 恋わずらいの.

lóve sòng [名] [C] ラブソング, 恋の歌.

+**lóve stòry** [名] [C] 恋物語, 恋愛小説.

lóve trìangle [名] [C] (恋愛の)三角関係.

lov·ey /lʌ́vi/ [名] [C] Ⓢ 《英》 [差別] [女性・子供への呼びかけで] あんた, お前.

lov·ey-dov·ey /lʌ́vidʌ́vi←/ [形] 《略式》 [軽蔑] (恋人などが)べたべたした, 甘ったるい.

*__lov·ing__ /lʌ́vɪŋ/ [形] **1** (人を)愛する, 愛情に満ちた: my ~ daughter (親を思ってくれる)情愛のある[優しい]娘 / Your ~ friend, あなたを愛している友より(あなたの親友より) 《手紙の結び》. **2** [普通は [A]] (言動・関係などが)愛情のこもった, 配慮のある: She looked at him with ~ eyes. 彼女は愛情のこもった目で彼を見た.

-lov·ing /lʌ̀vɪŋ/ [接尾] [形容詞語尾]「...を愛する, ...好きの」の意: peace-*loving* 平和を愛する.

lóving cùp [名] [C] 親愛の杯 《両手で持つ大杯; むかし宴の終わりに飲み回した》; 優勝杯.

lóving-kíndness [名] [C] 《主に文》 親愛, 情け.

lóving·ly [副] 愛情をこめて, 優しく; 心をこめて.

low¹ /lóʊ/ (類音 law, load, lobe, raw, roar, row) [形] (**low·er**; **low·est**; [動] lówer¹)

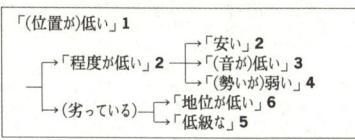

> 「(位置が)低い」 **1**
> → 「程度が低い」 **2** → 「安い」 **2** / 「(音が)低い」 **3** / 「(勢いが)弱い」 **4**
> → (劣っている) → 「地位が低い」 **6** / 「低級な」 **5**

1 (高さや位置などが)低い, 低い所にある, (川などが)水位の低い; (襟(えり)ぐりなどが)深い (略 l, L) ([反] high): a ~ building 低い建物 / There is a ~ hedge in front of my house. 私の家の前には低い生け垣がある / The moon is ~ in the sky. 月が空に低くかかっている / The river is unusually ~. 川は異常に水位が低い.

low (高さ・位置が)	低い
short (背が)	

2 (値段が)安い, (価値・温度・速度・程度などが)低い, 普通以下の; (数などが)小さい; [特に合成語で] (含有量などが)少ない (略 l, L) ([反] high): a ~ price 安い値段 / the ~*est* standard [level] 最低水準 / ~ wages 低賃金 / food that is **~ *in*** calories <形+*in*+名> 低カロリーの食品 / Keep it at a ~*er* temperature. それはもっと低温で保存しなさい / Drive at a ~ speed, when it rains. 雨のときは速度を落として運転すること / The temperature is in the ~ thirties. 気温は 30 数度だ 《31–34 度の間》 / We need more ~-cost housing in the suburbs of Tokyo. 東京の郊外に安価な住宅がもっと必要だ / Morale is getting ~. 士気が低下してきている / ~-alcohol beer アルコール分の少ないビール.
3 (音・声が)低い, 低い調子の ([反] high); 小声の ([反] loud): a ~ note [pitch] 低い調子[音程] / speak in a ~ voice 低い声[小声]で話す.
4 (勢い・光が)弱い: a ~ heat とろ火 / Turn the flame down ~. 炎を(調節して)弱くしなさい.
5 (質などが)低級な, 劣っている; 卑劣な: She has ~ tastes. 彼女の趣味は低級だ / a ~ trick 《古風》 または [滑稽] 卑劣なたくらみ. **6** (地位・身分などが)低い, 下層の, 卑しい; (生物が)下等の ([反] high): a team that is ~ *in* the standings 順位の低いチーム. **7** [普通は [A]] (評価などが)好意的でない, 低い. **8** [P] (人が)(...を)十分に持っていない, 足りない, (貯えなどが)不足している; (電池などの)電気が尽きかけた: [言い換え] We are (running) ~ *on* sugar. = Sugar is (running) ~. 砂糖が不足している / I'm ~ *on* money this month. 今月はお金が足りない. **9** [普通は [P]] 元気のない, ふさぎ込んだ: I feel ~ *over* what is happening in the world. 世の中の出来事を考えると気がめいる / He is in very ~ spirits today. 彼はきょうはちっとも元気がない. **10** (車のギヤが)最低速の, ローの.

L

at the lówest [副] 低くとも，少なくとも． **bríng ... lów** [動] 他 [普通は受身で]《古風》〈人〉を落ちぶれさせる． **láy ... lów** [動] 他 [しばしば受身で] (1) 〈人〉を病気にする：I *was laid* ~ *by* [*with*] *the flu just before my exams*. 私はインフルエンザにかかって試験直前に寝込んでいました．(2)《文》〈...〉を打ち倒す，打ち負かす． **líe lów** [動] 自 うずくまる；身を隠す；目立たぬようにする． **rùn [gèt] lów** [動] 自 (～ of) 不足する (☞ 8).
—[副] (**low·er**; **low·est**) **1**〈高さが〉低く，低い所に (反 high)：bend ~ 低くかがむ / The plane flew too ~ and crashed into the tower. 飛行機はあまり低く飛びすぎてその塔に衝突した / The sun sank ~. 太陽は低くなった / The rice plant that bears the most grain bends (the) ~*est*. いちばん実をつけた稲ほど低くたれる． **2**〈値段が〉安く，〈程度が〉低く (反 high)：Try to buy ~ and sell high. 安く買って高く売るように努めなさい． **3** 低い音[声]で (反 high)；静かに，そっと (反 loud)：sing ~ 低い調子で歌う / Try to speak ~*er*. もっと小声で話すようにしなさい．
—[名] **1** C 低いもの[所]，最低のもの (最低の得点・水準・記録など) (反 high)：hit [fall to]「a new [an all-time] ~ 最安値となる． **2** C 最低気温；[気象]低圧(域)． **3** C (人生の)低調な時期 (反 highs and lows (high [名] 成句)). **4** U =low gear 1. **the lówest of the lów** [名] (1)《略式》最低の人間，最も卑劣な奴．(2) [しばしば滑稽] 下層階級の人．

low² /lóu/ [動] 自 《主に文》〈牛が〉もうと鳴く (moo).

lów átmospheric préssure [名] (反 high atmospheric pressure) U.C 《気象》低気圧 (略 L, Lo；☞ weather map 挿絵).

lów·báll 《米略式》[動] 他 〈顧客〉に故意に安い価格を示す；〈見積もり〉を故意に低くする．—[形] C 故意に安い（価格）．

lów béam [名] (反 high beam) [複数形で]《米》ロービーム（車の下向きにしたヘッドライト）． **be on lów beam** [動] 自 《米》〈車のヘッドライトが〉下向き（近距離用光線）になっている．

lów blów [名] C 《ボク》ローブロー（ベルトより下を打つ反則）；卑劣な攻撃，きたないやり方．

lów·bórn [形]《古風》生まれの卑しい．

lów·bóy [名] C《米》脚つきの低いたんす (☞ highboy).

lów·brów /-bràu/ [普通は軽蔑] [形] 教養の低い．—[名] C 学問や教養の低い人． 関連 highbrow 学問や教養の高い人 / middlebrow 学問や教養が中程度の人．

low-búdget [形] 金をかけていない；安上がりの．

low-cal /lóukǽl←/ [形]《略式》低カロリーの．

lów-cálorie [形] A 《食品》低カロリーの．

Lów Chúrch [the ~] 低教会派《英国国教会の一派；福音を強調し，教会の権威・支配・儀式などをあまり重視しない》(反 High Church).

Lów Chúrchman [名] C 低教会派の人．

lów-cláss [形] 質の悪い，低級な；《古風》下層階級の．

lów cómedy [名] U.C 茶番，低俗喜劇．

Lów Cóuntries [the ~] (北海沿岸の)低地帯（現在のオランダ・ベルギーなどにあたる）．

lów-cút [形]〈服などが〉襟ぐりの深い．

lów·dówn [形] [the ~] 《略式》内幕，内情：get [give ...] *the* ~ *on the project* 計画の実体を知る[...に知らせる]．

lów·dówn [形] A 《略式》卑しい，卑劣な．

Low·ell /lóuəl/ [名] 自 ローウェル **1** Amy ~ (1874–1925)《米国の詩人》. **2** James Russell ~ (1819–91)《米国の詩人・編集者》. **3** Robert ~ (1917–77)《米国の詩人・劇作家》.

lów-énd [形] [普通は A] 安い，安物の；低級の．

*****lów·er¹** /lóuə-|lóuə/ ⓂFM [形] **1** [low¹ の比較級] より低い；〈値段などが〉より安い；〈勢いが〉より弱い (反 higher): This hill is ~ *than* that. この丘はあの丘より低い / Prices are ~ this year *than* last (year). 今年は物価が昨年より安い． **2** A [比較なし]〈場所・位置が〉下の方の，低い所にある，低地の；〈川などの〉南部の；南部の：the ~ Rhine ライン川の下流(地方) / ~ Manhattan マンハッタン南部の (☞ upper 1) // *Lower California* ☞ California 3. **3** A 下等な，下級の (☞ lower class, Lower House); 下層の (反 higher, upper): the ~ animals 下等動物 / a ~ court 下級裁判所．
—[副] [low¹ の比較級] より低く (反 higher): Fly ~. もっと低く飛べ / The ship sank ~ and ~. 船はますます沈んでいった．
—[動] (**low·ers** /~z/; **low·ered** /~d/; **-er·ing** /lóu(ə)rɪŋ/; [形] low¹) 他 **1**〈高さ〉を低くする；〈値段・給料など〉を下げる；〈温度・血圧など〉を下降させる；〈名声・品位など〉を下げる (反 lift, raise): This shower will ~ the temperature. このにわか雨で気温が下がるだろう / Can you ~ the price? 値引きできますか． **2**〈低い位置に〉〈...〉を降ろす，引き下げる (反 lift, raise): ~ one's eyes 目を伏せる / L~ the sails at once. すぐ帆を降ろせ / The boat *was* ~*ed into the water*.〈V+O の受身〉ボートが水面に降ろされた． **3**〈声・調子〉を弱める：He ~*ed his voice to a whisper*.〈V+O+to+名・代〉彼は声を落としてひそひそ声になった．—自〈価格・程度・調子などが〉低下する，下がる，減る：His blood pressure has ~*ed*. 彼の血圧が下がってきている．

lówer onesélf [動] 自 [普通は否定文で]《略式》身[品位]を落とす，卑劣なことをする：He'll never ~ *himself to stealing*. 彼は盗みを働くほど落ちぶれないだろう．

low·er² /láuə-|láuə/ [動] 自《文》(-**er·ing** /láu(ə)rɪŋ/) **1**〈空・雲などが〉怪しくなる：~*ing skies* 一雨来そうな空． **2** けわしい表情をする (*at*, *on*).

lów·er·cáse /lóuə-←|lóuə-←/ [形] A, [名] U《印》小文字(活字)(の) (反 uppercase).

Lówer Chámber [名] =Lower House.

lów·er cláss /lóuə-|lóuə-/ [名] [the ~, (英) 単数または複数扱い；時に ~es]《古風》下層[労働者]階級．

lówer-cláss [形] **1** A 下層階級の，労働者階級の． 関連 upper-class 上流階級の / middle-class 中流階級の． **2**《米》〈高校・大学の〉下級の．

lów·er·cláss·man /lóuə-klǽsmən|lóuəklɑ́:s-/ [名] (**-men** /-mən/) C《米》=underclassman．

lówer cóurt [名] C /lóuə-|lóuə-/ 下級裁判所．

lówer-énd [形] [普通は A] =low-end．

lówer fórty-éight [48] státes [名] [複] [the ~] (Alaska と Hawaii を除く)米国本土 48 州．

lówer gróund flóor [名] C《英》地階．

Lów·er Hóuse /lóuə-|lóuə-/ [the ~] 下院《正式には米国では the House of Representatives, 英国では the House of Commons という；☞ congress 表》(反 Upper House)

lów·er líp /lóuə-|lóuə-/ [名] C 下唇 (☞ lip 日英比較).

lów·er·most /lóuə-mòust|lóuə-/ [形] (反 uppermost)《格式》最低の，どん底の．

lówer órders [名] [the ~]《古風》下層[労働者]階級《自分の方が上位だと思う人が軽蔑的に用いる》．

lówest cómmon denóminator [名] C [普通は the ~] **1** [しばしば軽蔑]〈無分別で単純な〉多数派，大衆；〈集団内の〉最大多数の考え，共通項． **2**《数》最小公分母 (略 LCD)．

lówest cómmon múltiple [名] [the ~] = least common multiple．

lów-fát [形]〈食品が〉低脂肪の：a ~ *diet* 低脂肪食．

lów-flýing 形A 低空飛行の.
lów fréquency 名 U,C 《無線》長波《長距離通信用; 略 LF》; 低周波.
lów-fréquency 形 《無線》長波の; 低周波の.
lów géar 名 1 U,C (自動車の)低速ギヤ. 2 進行ののろい時期, 低調.
Lów Gérman 名 U 低地ドイツ語《ドイツ北部の方言; 歴史的には英語, オランダ語なども含む》.
lów-gráde 形 低級な, 下等な; (病状の)軽度の.
lów-íncome 形A 低収入の, 低所得者用の.
lów íncome hóusing 名 U 《米》低所得者用[公営]住宅《《英》council flat [house]》.
lów-kéy(ed) 形 《文体・演技などが》控えめの, 抑えた.
lów·land /lóʊlənd/ 名 1 [複数形で] 低地《反 highland》. 2 [the Lowlands] (Scotland 南東部の)低地地方《☞ 裏地図D4》. ── 形A 低地の.
lów·land·er 名 C 低地に住む人; [L-] スコットランド低地人.
lów-lével 形 [普通は A] 1 低水準の; 低空の. 2 地位の低い(人)の, 下級な, 低級な. 3 《電算》(コンピューター言語などが)機械語に近い, 低水準の.
lów·life 名 (~s, -lives) 1 U (大都市などの)下層階級(の生活). 2 C 《米俗式》悪人, 犯罪者.
lów-life 形 下層の, 卑しい.
lów·lights 名 [複] 1 髪の毛の暗い色の部分, 濃く染めた髪《☞ highlight 名 2). 2 (出来事などで)興味のない部分.
lów·li·ness /lóʊlinəs/ 名 U 地位の低いこと.
+**lów·ly** 形 (lów·li·er; -li·est) 《ときに滑稽》地位の低い, 身分の卑しい; 謙遜な.
lów-lýing 形 (土地が)低い, 低地の; (雲などが)低い.
lów-máintenance 形 (機械などが)手入れが簡単な; (人が)扱いやすい.
lów·ness 名 U 低いこと, 安いこと, 廉価.
+**lów-páid** 形 (lower-paid; lowest-paid) 低賃金の, 給料の安い: *the* ~ 低賃金の労働者たち《複数名詞のように扱われる; ☞ the¹ 3).
lów-páss fílter 名 C 《電工》低域濾波機.
lów-páying 形 (仕事などが)賃金の安い.
lów-pítched 形 1 (声・音が)低い, 低音域の. 2 (屋根が)傾斜の緩やかな.
lów póint 名 C [普通は単数形で] 最悪の状態.
lów póst 名 C [しばしば the ~] 《バスケ》 ローポスト《ゴールで》; [形容詞的に] ローポストでの.
lów-pówer 形 1 (放送局が)低出力の. 2 (機械などの)低性能の, 馬力の弱い.
lów-pówered 形 =low-power の 1.
lów préssure 名 =low atmospheric pressure.
lów-préssure 形A 低圧の; 低気圧の: a ~ system 《気象》低気圧(系).
lów prófile 名 C [普通は a ~] 低姿勢. **kéep [adópt, maintáin] a lów prófile** 動 自 低姿勢をとる, 目立たぬようにふるまう.
lów-prófile 形 1 低姿勢の, 目立たない. 2 《同じタイプの中で》高さの低い, (タイヤが)偏平な, 薄型の.
lów-rént 形 賃貸料の安い; 質の悪い, 安っぽい.
lów-ríder 名 C 《米》車高を低くした車, 「シャコタン」; シャコタンを運転する人.
lów-ríse 形A (建物が)低層の. 関連 high-rise 高層の.
lów-rísk 形A リスクの低い, 安全な.
lów séason 名 (反 high season) U [しばしば the ~] 《英》(商売などの)閑散期, オフシーズン.
lów-slúng 形 低めの; 地面に近い; 車体の低い.
lów-spírited 形 (反 high-spirited) 元気のない, 意気消沈した.
lów-téch 形 (反 high-tech) [普通は A] (装置などが)低技術の.
lów tíde 名 (反 high tide) C,U 低潮(時), 干潮(時).

lów wáter 名 U 低潮(時), 干潮(時)《反 high water》; (川・湖の)低水位(時).
lów wáter màrk 名 C 1 (川・湖の)低水位線, (海岸の)低潮線. 2 最低水準, どん底.
lox¹ /lάks | lɔ́ks/ 名 U 《米》さけの燻製, スモークサーモン.
lox² /lάks | lɔ́ks/ 名 U 液体酸素.
*lóy·al /lɔ́ɪəl/ 形 (顕比 royal) 13 名 形 lóyalty; 反 disloyal) 1 (国家・権威者などに対して)忠誠な, 忠実な, 誠実な: The soldiers remained ~ *to* their country. <A+*to*+名・代> 兵士たちは依然として国に忠誠をつくした. 2 (製品・店などを)いつも利用する: a ~ customer お得意の客. 語源 ラテン語で「法律の」の意から, 「法律をよく守る」という意味になった; legal と同語源.
*lóy·al·ist /lɔ́ɪəlɪst/ 名 C 1 忠臣; 王党[政府]派の人. 2 [L-] ロイヤリスト 《《米》米国独立戦争当時の英国支持者; 《英》北アイルランドでイギリス本国との分離に反対する住民》. 3 王党[政府]派の.
lóy·al·ly /lɔ́ɪəli/ 副 忠誠をもって, 忠実に.
*lóy·al·ty /lɔ́ɪəlti/ 名 (顕比 royalty) 名 (-al·ties /~z/; 形 lóyal; 反 disloyalty) 1 U 忠誠, 忠実; 誠実さ: command ~ 支持を得る / They swore ~ *to* the king. 彼らは王に対する忠誠を誓った. 2 C [普通は複数形で] 忠誠心: divided [mixed] *loyalties* 引き裂かれた忠誠心. 3 U (製品などの)継続的利用, 顧客であること.

lóyalty càrd 名 C 《英》ポイントカード.
Loyola /lɔɪóʊlə/ Ignatius of Loyola.
loz·enge /lάzɪndʒ | lɔ́z-/ 名 C 1 せき止めの錠剤 《もとはひし形であった》. 2 《数》ひし形.
LP /élpíː/ 名 (LP's, LPs) C エルピー盤のレコード《long-playing record の略; 元来は商標》.
LPG /élpíːdʒíː/ 名 =liquefied petroleum gas 《☞ liquefied》.
L-plate /élplèɪt/ 名 C 《英》 (車の)仮免許プレート《L の赤い文字が入っている; ☞ L¹ 3》.
LPN /élpíːén/ 略 =licensed practical nurse.
LRV /élάːvíː | -άː-/ 名 C 軽量電車 《路面電車; light rail vehicle の略》.
LSAT /élsæt/ 略 =Law School Admissions Test 法学大学院入学試験.
Lsd /élèsdíː/ 名 (古風, 英) ポンド・シリング・ペンス (1971年以前の英国貨幣単位); 金 (money).
*LSD /élèsdíː/ 名 U エルエスディー (幻覚剤).
LSE /élèsíː/ 名 [the ~] ロンドンスクールオブエコノミックス 《経済学・政治学の研究を行う London 大学のカレッジ; the London School of Economics の略》.
LSI /élèsáɪ/ 略 =large-scale integrated circuit 《電工》 大規模集積回路.
*Lt. 略 =lieutenant.
*Ltd., Ltd. /límɪtɪd/ 略 《英》株式会社, 有限責任会社 《☞ Inc., plc》. 語源 limited-(liability company) の略. 社名の後に Smith & Co., Ltd. のようにつける.
L2 /éltúː/ 名 C [普通は単数形で] 《言》第二言語.
Lu·an·da /lwáːndə/ 名 C ルアンダ《アンゴラの首都》.
lu·au /lúːaʊ/ 名 C ルーアウ《ハワイ料理の屋外パーティー》.
lube /lúːb/ 《米略式》 名 1 U,C 潤滑油, 機械油. 2 C =lube job. ── 動 他 …に油をさす.
lúbe jòb 名 C 《米略式》 (車の)注油(サービス).
*lu·bri·cant /lúːbrɪk(ə)nt/ 名 U,C 潤滑油, 機械油; 潤滑剤: Conversation is a social ~. 会話は社交の潤滑油だ. ── 形 滑らかにする.
*lu·bri·cate /lúːbrəkèɪt/ 動 他 <…>に油[潤滑剤]をさす[塗る] (oil), <…>を滑らかにする: A few drinks ~*d* his tongue. 少し酒を飲むと彼の舌は滑らかになっ

た / **lubricating** oil 潤滑油.
lu·bri·ca·tion /lùːbrəkéɪʃən/ 名 U 潤滑; 注油.
lu·bri·ca·tor /lúːbrəkèɪtə | -tə-/ 名 C 滑らかにする人[物]; 潤滑装置; 注油器.
lu·bri·cious /luːbríʃəs/ 形 《格式》《軽蔑》好色な, わいせつな. ~**·ly** 副 好色そうに, わいせつに.
Luce /lúːs/ 名 固 Henry ~ ルース (1898-1967)《米国の編集者・出版人; Time 誌を創刊》.
lu·cern(e) /luːsˈəːn | -sˈəːn/ 名 U =alfalfa.
†**lu·cid** /lúːsɪd/ 形 **1** 明快な, わかりやすい (clear). **2** (一時的に)意識のはっきりした, 正気の: one's ~ moments 意識がはっきりしている時.
lu·cid·i·ty /luːsídəṭi/ 名 U わかりやすさ; 正気.
lú·cid·ly 副 明快に, わかりやすく.
Lu·ci·fer /lúːsəfə | -fə-/ 名 固《文》魔王 (Satan).
*****luck** /lˈʌk/ 《類音 lack, lock, rack, rock》名 (形 lúcky) U

よい・悪いに関係なく「運」**1** →(特によい意の)「幸運」**2** となった(☞ chance 囲み, fortune 囲み)

1 運 (chance), 巡(ﾒ)り合わせ; 縁起: It was ˈhard ~ (on you) [bad ~ (for you)] to have your passport stolen. パスポートを盗まれるなんて運が悪かったね / She was saved by an unexpected ˈpiece of good ~ [stroke of ~]. 彼女は思いがけない幸運に救われた / It's bad ~ to walk under a ladder. はしごの下をくぐると縁起が悪い.
2 幸運, つき (☞ fortune 類義語): pure [sheer] ~ まったくの幸運 / Any [No] ~? S うまくいった[いかなかった]? / I had the ~ to win the prize. <N+to 不定詞> 私は幸運にも賞をもらった / We had no ~. 私たちはついてなかった / I wish you (the best of) ~. ご幸運を祈ります (☞ The best of British (luck) (British 成句))/ I hope ~ will be ˈwith you [on your side]. 天が味方されるよう祈ります / Some people have all the ~! S ついている人はいるものだ / What a stroke of ~ it was! 何てついてたんだろう. **as** (**as** [**ill**]) **lúck would háve it** [文修飾語] 運よく[悪く], 偶然に (by chance): As ~ would have it, I came upon her in the lobby. 何ということか私はロビーで彼女とばったり出会った. **Bád lúck!** [感] 《主に英》 =Bad luck!. (1) それはお気の毒《同情のことば》. (2) ざまをみろ, 知るもんか. **be dówn on one's lúck** [動] 圓《略式》不運である; 金に窮している. **be in lúck** [動] 圓 (人が)幸運である, ついている. (**be**) **júst one's lúck** やっぱりだめだ, ついてない: The train's already left? Just my ~! 電車はもう出ちゃった? ついてないな. **be òut of lúck** [動] 圓 (人が)不運である, ついていない. **Bést of lúck!** [感] =Good luck (to you)! (☞ good luck 成句). **Bétter lúck néxt tíme!** [感] S (今回はうまくいかなかったけど)次はうまく行きますように[がんばって]《慰め・激励のことば》. **by** (**good**) **lúck** [副] 文修飾語 幸運にも. **chánce one's lúck** [動] 《英》 try one's luck. **for lúck** [副] 縁起をかつぎで, 幸運を願って; わけもなく. **góod lúck** [名・感] ☞ good luck の項目. **knówing** [**with**] **...'s lúck** [副] S (いつも運が悪いので)今度も...は(ついてないだろう), 例によって, 案の定. **móre by lúck than júdgment** [副] 判断[腕]がよかったというよりも運がまぐれで, 実力より運[まぐれ]で. **Nó such lúck!** [感] S 《残念ながら》だめだ, そううまくいかないよ. **nót believe one's lúck** [動] 《普通は can, could の後で》とても運がよいと思う. **One's lúck is ín.** ついている, 運がよい. **púsh one's lúck** [動] 圓《略式》調子に乗って大きな危険を冒(ｵﾋ)す. **ríde one's lúck** [動] 圓《英》(無理はないが)調子に乗ってや

る. **the lúck of the dráw** [名] 運, 偶然; 運任せ. **Tóugh lúck!** [感] S《主に英》=Bad luck!. **trúst... to lúck** …を運任せにする (☞ <...>). **trý one's lúck** [動] 圓 運をためす, 一か八(ﾁ)かやってみる (at). **with** (**any**) **lúck** [副] 文修飾語 S うまく行けば: With any (a little bit of) ~ we could make money hand over fist. あわよくばぼろもうけができるかもしれない. **wórse lúck** [副] 文修飾語 [文末・文中に用いて] S《英略式》運悪く, あいにくと.
— 動 [次の成句で] **lúck into ...** [動] 他《米略式》…を運よく手に入れる. **lúck óut** [動] 圓《米略式》ついている; [皮肉] うまくいかない.
*****lúck·i·ly** /lˈʌkɪli/ 名 文修飾語 (反 unluckily) 運よく, 幸いにも: L~, nobody got hurt. 幸いにもだれもけががしなかった / L~ for me, the train was late, too. So I was able to catch it. 私にとっては幸運にも列車も遅れたので乗ることができた.
luck·i·ness /lˈʌkinəs/ 名 U 運のよいこと, 幸運.
lúck·less 形《文》不幸な, 不運な; 失敗した.
*****luck·y** /lˈʌki/ 形 (**luck·i·er** /-kiə/ | -kiə-/; **luck·i·est** /-kiɪst/; 名 luck; 反 unlucky) 運のよい, 幸運な; 縁起のよい (☞ fortune 類義語 ★): a ~ number 幸運[当り]の数字 / a ~ charm 幸運のお守り / a ~ guess まぐれ当たり / It's his ~ day. きょうの彼はついている / I was ~ (enough) to escape [have escaped] unhurt. <A+to 不定詞> 私は幸いけがはせずにすんだ (☞ to⁵ B 2) / Third time('s) ~. S 3度目はうまくいくよ《3度目の正直だ》. [言い換え] You'll be ~ ! =You should be so ~. S [皮肉] それはまず無理だ, おめでたいね(そうは問屋がおろさないよ) / I'm ~ **at** cards. <A+at+名・代> 私はトランプ(の勝負)がついている / We've been very ~ **with** the weather this week. <A+with+名・代> 今週はとても天気に恵まれている / You are ~ **in** havíng so many friends. <A+in+動名> そんなにたくさんの友達がいるとあなたも幸運だ [言い換え] It was ~ for you **that** they arrived in time. =You were ~ **that** they arrived in time. <A+that 節> 彼らが間に合って君は運がいい / You should think yourself ~ you didn't get lost in the woods. 森の中で迷わなかったのは運が良いと思うべきだ. **gèt lúcky** [動] ついていてうまくいく, 《略式》(特に会ったばかりの相手と)セックスをする. **Lúcky** (**òld**) **yóu!** S [しばしば皮肉] ついてるなあ.

Lúcky Còuntry 名 固 [the ~]《豪》幸せな国《Australia の別名; Donald Horne の書名より》.
lúcky díp 名 C 《英》 =grab bag 1, 2.
Lu·co·zade /lúːkəzeɪd/ 名 U.C ルコゼード《ぶどう糖入り強壮炭酸飲料; 商標》.
*****lu·cra·tive** /lúːkrəṭɪv/ 形 (商売・仕事などが)利益のあがる, もうけの: a ~ business もうかる商売. ~**·ly** 副 もうけて. ~**·ness** 名 U 収益性.
lu·cre /lúːkə | -kə/ 名 U《軽蔑》金銭; 利益, もうけ: filthy ~ いかがわしい金もうけ, 悪銭.
Lu·cy /lúːsi/ 名 固 ルーシー《女性の名》.
Ludd·ite /lˈʌdaɪt/ 名 C, 形《軽蔑》機械化[合理化]に反対の(人).
lude /lúːd/ 名 C《米俗》=Quaalude.
*****lu·di·crous** /lúːdəkrəs/ 形 ばかげた, 滑稽な, 不当な. ~**·ly** 副 ばかばかしいほど. ~**·ness** 名 U 滑稽さ.
lu·do /lúːdoʊ/ 名 U《英》=Parcheesi.
Luft·han·sa /lúfthɑ̀ːnzə | -hæ̀nzə, -hǽntsə/ 名 固 ルフトハンザ《ドイツの航空会社》.
†**lug¹** /lˈʌg/ 動 (**lugs**; **lugged**; **lug·ging**) 他《略式》(重い物などを)(苦労して)引きずる, 運ぶ (up, down, around).
lug² /lˈʌg/ 名 C **1** 突出部, 取っ手, 柄. **2** 《米略式》さつま, ばか. **3** =lughole. **4** =lugworm.
luge /lúːʒ/ 名 C リュージュ《1-2 人乗りの競技用小型

そり)); [U] リュージュ競技.

*lug·gage /lʌ́gɪdʒ/ [T1] [名] [U] 手荷物(類), 旅行荷物 ((スーツケース・トランク・箱など)): a piece of ~ 手荷物 1 個 / check (in) one's ~ 手荷物を預ける / She had all her ~ carried by a porter. 彼女はポーターに手荷物を全部運んでもらった / [会話] "You've got three pieces of ~ in all. Is that right?" "Yes, that's right."「手荷物は全部で 3 つでよろしいですか」「はい, そうです」((空港などで))

> [語法] **luggage と baggage の違い**
> スーツケース・トランクなどの手荷物類に対しては ((米)) では baggage, ((英)) では luggage を使うことが多いが, 英米ともに baggage は中身に, luggage は容器自体に重点が置かれる. 従って buy *luggage* at a store (店でスーツケースを買う)とは言うが buy *baggage* at a store と言わない. ただし ((英)) でも船や航空機の手荷物には baggage を使う.

lúggage ràck [名] [C] **1** ((米)) (車の)ルーフラック ((屋根の荷台)) (roof rack). **2** (列車内などの)網棚.

lúggage vàn [名] [C] ((英)) =baggage car.

lug·ger /lʌ́gɚ | -gə/ [名] [C] 〔海〕 ラガー ((ラグスル (lugsail) をつけた小型帆船)).

lug·hole /lʌ́ghòʊl/ [名] [C] ((英)) [滑稽] 耳.

lúg nùt [名] [C] 〔機〕 耳付きナット.

lug·sail /lʌ́gsèɪl, -s(ə)l/ [名] [C] ラグスル ((四角な縦帆)).

lu·gu·bri·ous /lu:g(j)ú:briəs/ [形] ((文)) または [滑稽] ひどく悲しげな, あわれな. **~·ly** [副] ひどく悲しげに. **~·ness** [名] [U] 悲しげなこと, あわれな様子.

lúg·wòrm [名] [C] ごかい, くろむし ((釣りのえさ)).

Luke /lú:k/ [名] [固] **1** ルーク ((男性の名)). **2** St. /sèɪnt | s(ə)n(t)/ ~ ルカ ((新約聖書の第 3 の福音書 (Gospel) の「ルカ伝」の作者といわれる)).

⁺**luke·warm** /lú:kwɔ̀ɚm, -wɔ́ɚm | -wɔ́:m/ [形] [普通はけなして] **1** (湯などが)なまぬるい: ~ water ぬるま湯. **2** (人・態度などが)熱意のない, 気乗りのしない, 冷たい (*about*): a ~ response 冷たい反応.

⁺**lull** /lʌ́l/ [動] [他] **1** 〈赤ん坊など〉を(あやして)寝つかせる; 和(な)ませる: The baby's mother ~*ed* him [her] *to* sleep. 母親は赤ん坊をあやして寝つかせた. **2** 〈人〉に大丈夫と思い込ませる, 〈人〉をだまして…させる; 〈感情など〉を和(やわ)らげる: I *was* ~*ed into* a false sense of security. 私はだまされて安心だと思い込まされた. — [自] (嵐などが)静まる. — [名] [C] [しばしば a ~] (活動などの)一時的休止(期間), とだえ; なぎ, 小やみ: *a* ~ *in* the storm あらしの小やみ / the ~ before the storm あらしの前の静けさ.

lul·la·by /lʌ́ləbàɪ/ [名] (**-la·bies**) [C] 子守歌.

lu·lu /lú:lu:/ [名] [C] ((米略式)) **1** すばらしい物[人]. **2** 実に間抜けな物[事, 人], いやなもの.

lum·ba·go /lʌmbéɪgoʊ/ [名] [U] 腰痛.

lum·bar /lʌ́mbɚ | -bə/ [形] [普通は [A]] 〔解・医〕 腰(部)の; 腰椎(ようつい)の: ~ pains 腰痛.

lúmbar púncture [名] [C] 〔医〕 腰椎穿刺(せん).

*lum·ber[1] /lʌ́mbɚ | -bə/ ([同音] lumbar) [名] [U] **1** ((主に米)) (製材した)材木, 木材 (((英)) timber): saw ~ 材木をのこぎりで切る. **2** ((英)) がらくた ((家具など)). — [動] (**-ber·ing** /-b(ə)rɪŋ/) [他] ((英略式)) [普通は受身で] 〈人〉に(仕事・責任などを)押しつける: I am always ~*ed with* (doing) the laundry. 私はいつも洗濯(の仕事)を押しつけられる. — [自] ((米)) 材木を切り出す, 伐採する.

lum·ber[2] /lʌ́mbɚ | -bə/ [動] (**-ber·ing** /-b(ə)rɪŋ/) [自] [副詞(句)を伴って] もたもた歩く, がたがた動く.

lúmber·jàck [名] [C] ((古風)) 材木切り出し人.

lúmber jàcket [名] [C] ランバージャケット ((きこりの仕事着をまねた厚手のウールの上着)).

lúmber·man /-mən/ [名] (**-men** /-mən/) [C] 製材業者; 材木切り出し人.

lúmber mìll [名] [C] ((米)) 製材所.

lúmber ròom [名] [C] ((英)) がらくた部屋.

lúmber·yàrd [名] [C] ((米)) 材木置き場.

lu·men /lú:mən/ [名] [C] 〔光〕 ルーメン ((光束の単位)).

lu·mi·nance /lú:mənəns/ [名] [U] 〔物理〕 輝度.

⁺**lu·mi·nar·y** /lú:mənèri | -nəri/ [名] (**-nar·ies**) [C] (知的)指導者, 権威者; 有名人, 名士: *luminaries of* the antinuclear movement 反核運動の指導者.

lu·mi·nes·cence /lù:mənés(ə)ns/ [名] [U] ((文)) 冷光; 〔光〕 ルミネッセンス ((熱を伴わない(発)光)).

lu·mi·nos·i·ty /lù:mənɑ́səṭi | -nɔ́s-/ [名] [U] 光輝, (肌などの)健康な輝き; 〔天文〕 光度.

⁺**lu·mi·nous** /lú:mənəs/ [形] **1** 光を発する, 夜光性の; 輝くような, 明るい色の, 蛍光色の: a ~ body 発光体 / ~ paint 夜光[蛍光]塗料. **2** (表情などが)非常に聡明な[美しい], (喜びなどに)輝く (*with*); (話などが)明快な. **~·ly** [副] 光り輝いて.

lum·mox /lʌ́məks/ [名] [C] ((略式)) でくのぼう, のろま.

*lump[1] /lʌ́mp/ ([類音] lamp, ramp, rump) [T3] [名] (~s /~s/; [形] lúmpy) [C] **1** (決まった形のない固く小さな)塊(かたまり): a ~ *of* coal [clay, butter] 石炭[粘土, バター]の塊.

2 角砂糖 ((1 個)): He put two ~*s* (*of* sugar) in his tea. 彼は紅茶に角砂糖を 2 個入れた / One ~ or two? 砂糖は 1 つにしますか, 2 つにしますか. **3** こぶ, はれもの, しこり: a ~ *on* one's neck 首にできたはれもの. **4** [S] ((英略式)) のろま, まぬけ; ずんぐりした子供[人]. **bríng a lúmp to ...'s thróat** [動] (物事が)…の胸を(感激や悲しみで)いっぱいにする: The film *brought a* ~ *to my throat.* その映画を見て私は胸がいっぱいになった. **hàve [féel, gét] a lúmp in one's thróat** [動] [自] (感激や悲しみで)胸がいっぱいである[になる]: He *had a* ~ *in his throat* as he waved good-bye to his only son. 彼は一人息子にさよならと手を振ったとき胸が詰まった. **táke one's lúmps** [動] [自] ((米略式)) (批判・罰などを)甘んじて受け入れる, 報いを受ける.

— [動] [他] 〈…〉をひとまとめにする; 一括して扱う: Don't ~ me (*in*) *with* them. あいつらといっしょくたにしないでくれ. **lúmp togéther** [動] [他] 〈…〉を 1 つにまとめる; 十把(じっぱ)ひとからげに扱う (*with, as*).

lúmp[2] /lʌ́mp/ [動] [次の成句で] **lúmp it** [動] [自] ((略式)) (いやなものを)我慢する. **líke it or lúmp it** [副] ((略式)) いやが応でも.

lump·ec·to·my /lʌmpéktəmi/ [名] (**-mies**) [C] 乳腺(にゅうせん)腫瘤(しゅりゅう)切除[摘出](術).

lum·pen /lʌ́mpən, lʊm-/ [形] [けなして] **1** [A] 野卑な, 無教養な, 下層民の. **2** 重い, ごつごつした.

lump·er /lʌ́mpɚ | -pə/ [名] [C] ((米)) 港湾労働者.

lump·ish /lʌ́mpɪʃ/ [形] **1** ぶきっちょな, もたもたした; のろまな, まぬけな. **2** 塊のような, ずんぐりした.

⁺**lúmp súm** [名] [C] 一括払い(の金額): in a ~ 一括払いで.

⁺**lump·y** /lʌ́mpi/ [形] (**lump·i·er**; **-i·est**; [名] lump[1]) 塊[こぶ]だらけの, でこぼこの, ごつごつの; (ソースなどがよく混ざらず)固まりの残った ([反] smooth).

Lu·na /lú:nə/ [名] [固] 〔ロ神〕 ルナ ((月の女神; ギリシャ神話の Selene に当たる)).

lu·na·cy /lú:nəsi/ [名] [U] **1** 愚かさ, 狂気のさた: It would be sheer ~ to go out on a stormy night like this. こんなあらしの夜に出かけるなんて全く狂気のさただ. **2** ((古風)) 精神異常, 狂気 (madness).

⁺**lu·nar** /lú:nɚ | -nə/ [形] [A] 月の[に関する]: man's first ~ landing 人類最初の月着陸. [関連] solar 太陽の.

lúnar cálendar [名] [the ~] 太陰暦. [関連] solar calendar 太陽暦.

lúnar eclípse [名] [C] 月食.

lúnar módule [名] [C] 月着陸船.

L

lúnar mónth 名C 太陰月(約29日半).

lu·na·tic /lú:nətɪk/ 名 C 1 [しばしば滑稽] 大ばか者, たわけ, 狂気じみた人. 2 (古風)[差別] 精神異常者. —形 1 A 狂気じみた, ばかげた. 2 (古風)[差別] 精神異常者の: a ~ asylum 精神病院(現在はmental [psychiatric] hospitalを使う).

lúnatic frínge 名[the ~ te; (英)単数または複数扱い][軽蔑] 少数過激派.

lunch /lʌntʃ/ (類義 ranch) 名 (~·es /~ɪz/) U.C
1 昼食, ランチ, 昼食会; (米)(時間に関係なく)軽食 ⑦ meal¹ [参考]: a school ~ 学校給食 / a ~ menu ランチのメニュー / Will you come to ~ next Sunday? こんどの日曜日に昼食を食べに来ませんか / Have you made ~? 昼食の用意はできましたか / We dropped in at a pub for ~. 我々はパブへ寄って昼食をとった / I had curry and rice for ~. 昼食にはカレーライスを食べました / I took her (out) to ~. 私は彼女を昼食に連れていった / Let's talk about it over ~. 昼食を食べながら話し合おう / We had [ate] (a light) ~ at one. 私たちは1時に(軽い)昼食を食べた. 語法 形容詞に修飾される場合を除いては動詞の have や前置詞の at, to などの後では普通は冠詞をつけない.
2 (昼の)弁当: a bag [sack] ~ (米)詰めあわせ弁当 (☞ packed lunch) / The children had a picnic ~ at the zoo. 子供たちは動物園でピクニックのお弁当を食べた / Take your ~ with you. 弁当を持っていきなさい.
be at lúnch [動] 自 (外で)昼食中である. **dò lúnch** [動] 自 (人と会って)昼食を共にする. **òut to lúnch** [形·副] (1) 昼食をとりに出て: John is out to ~. ジョンは昼食に出ている. (2) (略式) 現実離れして; 頭がおかしくなって. —動 自 (格式) (レストランなどで)昼食をとる, ランチを食べる (at, in).
lúnch bòx 名 C 弁当箱.
lúnch brèak 名 C 昼休み.
lunch-bùcket 形 C 労働者階級の.
lúnch còunter 名 C (米)(カウンター式の)軽食堂.

lun·cheon /lʌntʃən/ 名 C, U (格式) 1 午餐(会)《客を接待するための正式のもの), 昼食会: A ~ was held in honor of Dr. Smith. スミス博士のために午餐会が催された. 2 昼食, ランチ (lunch).
lun·cheon·ette /lʌntʃənét/ 名 C (米)軽食堂.
lúncheon mèat 名 U ランチョンミート(ハムなどの調理済み(缶詰)食品).
lúncheon vòucher 名 C (英) = meal ticket 2.
lúnch hòur 名 C 昼食時間.
lúnch làdy 名 C (米)(学校の)給食のおばさん((英)dinner lady).
lúnch·pàil 名 C (米)(昔の)弁当箱.
lúnch·pàil 形 (米)労働者階級の.
lúnch·ròom 名 C (米)(学校·職場の)(軽)食堂.

lunch·time /lʌntʃtàɪm/ 名 (~s /~z/) U.C 昼食時間: Let's meet at ~. 昼食の時間に会いましょう.

lung /lʌŋ/ (類義 rang, rung, wrung) 名 (~s /~z/) C 肺: I filled my ~s with fresh air. 私は胸一杯に新鮮な空気を吸った. **at the tóp of one's lúngs** [副] 声を限りに. **hàve góod [a góod páir of] lúngs** [動] 自 (赤ん坊などが)(泣き)声が大きい.

lúng càncer 名 U 肺癌.

lunge /lʌndʒ/ 動 自 突進する (forward; at, toward). —名 C 突進; (人とふいの)突き: make a ~ for ... ...を取ろうと突進する.
lúng·fish 名 (複 ~, ~·es) C 肺魚.
lun·gi /lʊŋɡiː/ 名 C (インド)腰布, 腰巻.
lúng-pòwer 名 U (発声から見た)肺力.
lunk·head /lʌŋkhèd/ 名 C (米·略式) ばか, うすのろ.

lu·pine¹, (英)**lu·pin** /lú:pɪn/ 名 C ルピナス, のぼりふじ(観賞用植物).
lu·pine² /lú:paɪn/ 形 (格式) おおかみ(のような).
lu·pus /lú:pəs/ 名 U (医) 狼瘡(そうそう)(皮膚結核).

lurch /lɜːrtʃ | lɜːtʃ/ 動 自 1 よろめきながら進む, よろめく, 急に傾く: A drunken man ~ed out of the bar. 酔った男が千鳥足で酒場から出てきた. 2 (主に新聞で)(問題などがあるため...から~へと揺れ動く: The speaker ~ed from one topic to another. その話し手は次から次と話題を変えた. 3 (心臓·胃が)(恐怖·興奮などで)とび上がる: My heart ~ed when I saw him. 彼を見たとき心臓がどきっとした. —名 C [普通は単数形で](船·車などが)急に傾く[揺れる]こと; よろめき: **gìve a lúrch** [動] 自 急に傾く[揺れる]; (心臓·胃が)(恐怖などで)とび上がる. **léave ... in the lúrch** [動] 他 ...が困っているところを見捨てる.

lure /lʊər | ljʊə/ 動 (**lures** /~z/; **lured** /~d/; **lur·ing** /lʊərɪŋ | ljʊər-/) 他 [けなして] 〈...〉を誘惑する, おびき寄せる (into); 〈...〉を誘惑して(~から)引き離す (away; from); 〈客·人材など〉を引き寄せる (back): The victim seems to have been ~d to this park. <V+Oの受身> 被害者はこの公園におびき出されたらしい. —名 (~s /~z/) 1 C 誘惑するもの[手段], おびき寄せるもの; [the ~] (...の)魅力, 誘惑: We were attracted by the ~ of money. 我々は金の魅力に引き寄せられた. 2 C とおり; [釣り] 擬似餌(ぎじえ), ルアー.

Lu·rex /lʊəreks/ 名 U ルーレックス《金色や銀色にアルミ被覆をした繊維; 商標》.
lur·gy /lɜːdʒi | lɜː-/ 名 C (英)(滑稽) (軽い)病気.
lu·rid /lʊərɪd | ljʊər-/ 形 [けなして] 1 (表現などが)どぎつい, ぞっとするような. 2 (色彩が)けばけばしい, 毒々しい. ~·**ly** どぎつく; 毒々しく. ~·**ness** U どぎつさ.
lurk /lɜːrk | lɜːk/ 動 自 [副詞(句)を伴って] 1 (人などが)(...に)潜伏する, 潜(ひそ)む; 待ち伏せる (☞ prowl 類義語). 2 (危険·感情などが)潜在する.
Lu·sa·ka /lu:sáːkə/ 名 ルサカ(ザンビアの首都).
lus·cious /lʌʃəs/ 形 1 (果物などが)味がよい[甘い], 香りがよい (delicious); (色·音楽などが)心地よい. 2 (略式)(女性が)肉感的な; 魅力的な.
lush¹ /lʌʃ/ 形 (**lush·er; lush·est**) 1 青々とした, みずみずしく茂った: ~ tropical forests よく茂った熱帯雨林. 2 豪華な; (略式) セクシーな.
lush² /lʌʃ/ 名 C (米·略式) アル中, 飲んべえ.
lust /lʌst/ 名 U.C 1 (強い)性欲, 情欲. 2 強い欲望: a ~ for power 強い権力欲. —動 自 [しばしば滑稽] 1 (...に)強い性欲を抱く (for, after). 2 切望する, 渇望する (for, after).
lus·ter, (英) **lus·tre** /lʌstə | -tə/ 名 U 1 光沢, つや, 輝き: the ~ of pearls 真珠の光沢. 2 魅力, 栄光, 栄光: His deed added [gave] ~ to his name. 彼の行いは名声をさらに輝かせた[高めた]. 語源 ラテン語で「明かり」の意 (☞ illustrate 囲み).
lust·ful /lʌstf(ə)l/ 形 好色な, みだらな. **-ful·ly** /-fəli/ 副 好色に, みだらに.
lust·i·ly /lʌstəli/ 副 元気よく, 活発に.
lust·i·ness /lʌstɪnəs/ 名 U 元気, 活発.
lus·tre /lʌstə | -tə/ 名 U (英) = luster.
lus·trous /lʌstrəs/ 形 光沢のある, つやのある.
lust·y /lʌsti/ 形 (**lust·i·er; -i·est**) 1 強壮な, 元気な, 活発な. 2 = lustful.
lu·ta·nist /lú:tənɪst/ 名 C = lutenist.
lute¹ /lú:t/ 名 C リュート(14–17世紀によく用いられたギターに似た弦楽器).
lute² /lú:t/ 名 U 封泥(ふうでい)(穴などをふさぐ粘土やセ

lute

メント). **2** ⓒ (瓶詰の密封用の)(ゴム)パッキン.
lu・te・nist /lúːtənɪst, -tn-/ 图ⓒ リュート奏者.
Lu・ther /lúːθɚ | -θə/ 图 **Martin** ～ ルター, ルーテル (1483–1546)《ドイツの宗教改革者》.
Lu・ther・an /lúːθ(ə)rən/ 图ⓒ, 形 ルーテル教会派の (信者).
lutz /lúts/ 图ⓒ ルッツ《フィギュアスケートのジャンプのひとつ》.
luv /lʌv/ 图 Ⓤ《英略式》= love 6.
luv・vie, luv・vy /lʌ́vi/ 图ⓒ《英》 **1** 〔略式〕〔軽蔑〕(もったいぶった)俳優. **2** =lovey.
lux /lʌ́ks/ 图 (複 ～) ⓒ〔光〕ルクス《照度の国際単位》.
Lux・em・bourg /lʌ́ksəmbə̀ːg | -bə̀ː/ 图图 ルクセンブルク《ベルギー東方の大公国およびその首都》.
Lux・em・burg /lʌ́ksəmbə̀ːg | -bə̀ː/ 图 **Rosa** ～ ルクセンブルク (1871–1919)《ポーランド生まれのドイツの社会主義者》.
lux・u・ri・ance /lʌɡʒú(ə)riəns, lʌkʃú(ə)r- | lʌɡʒúər-, lʌkʃjúər-/ 图 Ⓤ 繁茂, 華麗さ.
lux・u・ri・ant /lʌɡʒú(ə)riənt, lʌkʃú(ə)r- | lʌɡʒúər-, lʌkʃjúər-/ 形 **1** 〔植物が〕繁茂した; 〔髪が〕ふさふさした. **2** 華麗な, 豪華な;〔想像力などが〕豊かな. **～・ly** 副 豊かに; 華麗に; 快適に.
lux・u・ri・ate /lʌɡʒú(ə)rièɪt, lʌkʃú(ə)r- | lʌɡʒúər-, lʌkʃjúər-/ 動 Ⓦ (...を存分に)楽しむ, (...に)ふける: We ～d in the warm sunshine. 私たちは暖かい日の光を思う存分に浴びた.
⁺**lux・u・ri・ous** /lʌɡʒú(ə)riəs, lʌkʃú(ə)r- | lʌɡʒúər-, lʌkʃjúər-/ 形 (图 lúxury) ぜいたくな, 豪華で快適な (☞ gorgeous 日英比較); 心地よい: ～ taste(s) ぜいたくな趣味 / a ～ armchair 豪華なひじかけいす. **～・ly** 副 ぜいたくに; 快適に.
*****lux・u・ry** /lʌ́kʃ(ə)ri, lʌ́ɡʒ(ə)- | lʌ́kʃ(ə)ri/ T2 图 (-u・ries /~z/; 形 luxúrious) **1** Ⓤ ぜいたく, ぜいたくな生活 / live *in* ～ ぜいたくに暮らす.
2 ⓒ ぜいたく品, 高級品 (⇔ necessity): I cannot afford *luxuries* on my low salary. 私の安い給料ではぜいたく品は買えない. **3** 〔形容詞的に〕〔品物などが〕ぜいたくな, 豪華な: a ～ hotel [liner] 豪華なホテル[豪華船]. **4** Ⓤ または a ～ 〔ぜいたくな〕楽しみ, 快楽, 喜び: the ～ of good music 美しい音楽の楽しみ.
Lu・zon /luːzán | -zɔ́n/ 图图 ルソン《フィリピン諸島 (Philippines) 北部最大の島》.
LVN /élvìːén/ 图ⓒ = licensed vocational nurse.
LW /éldʌ̀bljuː/ 图 = long wave.
*-**ly**¹ /li, (1 で終わる語では普通は) i/ 接尾 〔形容詞・分詞につく副詞語尾〕「...のように」「...の観点からすると」の意: bold*ly* 大胆に / gent*ly* 穏やかに / smiling*ly* にこにこして / political*ly* 政治的に(言うと). 発音 -y で終わる形容詞から副詞をつくるときは -ily /ɪli/, /t/, /d/, /n/, /s/, /z/, /r/ の後では /əli/ となる: happily /-pɪli/; merrily /-rəli/. いっぽう名詞につくときは -iness /ɪnəs/ となる.
*-**ly**² /li, (1 で終わる語では) i/ 接尾 〔名詞につく形容詞語尾〕**1** 「...のような, ...らしい」の意: father*ly* 父親のような. **2** 「...ごとの」の意: dai*ly* 毎日の / week*ly* 毎週の.
ly・can・thro・py /laɪkǽnθrəpi/ 图 Ⓤ〔伝説・物語上の〕人間が魔法により狼に変身すること〔能力〕.
ly・cée /liːséɪ | líːseɪ/ 图ⓒ リセ《フランスの国立高等学校》.
ly・ce・um /laɪsíːəm/ 图ⓒ〔古風, 米〕公会堂.
ly・chee /líːtʃiː | laɪtʃíː/ 图ⓒ = litchi.
lych・gate /lítʃɡèɪt/ 图ⓒ 墓地門《教会の墓地の入り口にある屋根付きの門》.
Ly・cra /láɪkrə/ 图 Ⓤ ライクラ《伸縮性のある素材; ぴったりしたスポーツウェアなどに用いられる; 商標》.
Lyd・i・a /lídiə/ 图图 リディア《女性の名》.
lye /láɪ/ 图 Ⓤ 灰汁(あく).
*****ly・ing**¹ /láɪɪŋ/ 動 **lie**¹ の現在分詞および動名詞.
*****ly・ing**² /láɪɪŋ/ 動 **lie**² の現在分詞および動名詞.
— 形 うそをついている, 偽りの, 不正直な: ～ eyes うそをついている目つき. — 图 Ⓤ うそをつくこと, 偽り.
lýing-ín 图 〔単数形で〕〔古風〕お産《の床につくこと》.
lýing in státe 图 〔単数形で〕《国王などの》遺体の一般公開《期間》.
Lýme diséase /láɪm-/ 图 Ⓤ ライム病《ダニによって媒介される炎症性疾患》.
lymph /límf/ 图 Ⓤ リンパ液.
lym・phat・ic /lɪmfǽtɪk/ 形 リンパ(を運ぶ).
lýmph nòde [glànd] 图ⓒ リンパ節[腺].
*****lynch** /lítʃ/ 動 (**lynch・es** /~ɪz/; **lynched** /~t/; **lynch・ing**) ⑯〈...〉にリンチ[私刑]を加える: The angry mob almost ～*ed* him. 怒った暴徒はもう少しで彼をリンチにかけるところだった. 日英比較 日本でいう「リンチ」が「暴力的な制裁」を意味するのと違って暴徒などが裁判抜きで人を絞首刑にすること.
lynch・ing /lítʃɪŋ/ 图ⓒ, Ⓤ 私刑, リンチ.
lýnch làw 图 Ⓤ 私刑, リンチ《裁判抜きの死刑》.
lýnch mòb 图ⓒ リンチに走る群衆;《激怒して》公認されていない行動を取ろうとする群衆.
lynch・pin /lítʃpìn/ 图ⓒ = linchpin.
Lynn¹ /lín/ 图图 **Loretta** ～ リン (1935–)《米国のカントリーシンガー》.
Lynn², **Lynne** /lín/ 图图 リン《女性の名》.
lynx /líŋ(k)s/ 图 (複 ～, ～・**es**) ⓒ おおやまねこ.
Ly・ons /líəːŋ | líːɔːŋ/ 图图 リヨン《フランス中東部の都市》.
lyre /láɪɚ | láɪə/ 图ⓒ《古代ギリシャの》竪琴(たてごと).
lýre・bird /-bə̀ːd/ 图ⓒ 琴鳥(ことどり)《豪州産の鳴鳥》.

*****lyr・ic** /lírɪk/ 形 A **1** 叙情(詩)の: a ～ poet 叙情詩人. **2** 〔楽〕リリックな, 叙情的な.
— 图 (～**s** /~s/; 形 lýrical) **1** 〔複数形で〕《ポピュラーソングの》歌詞. **2** ⓒ 叙情詩. 関連 epic 叙事詩.

*****lyr・i・cal** /lírɪk(ə)l/ 形 (图 lýric) 叙情詩風[調]の; 《感情の》表現が美しい. **wáx lýrical** 動 Ⓘ〔しばしば滑稽〕熱心に語る (*about, on*). **-cal・ly** /-kəli/ 副 叙情詩的に, 歌のように; 歌詞に関して(は).
lyr・i・cism /lírəsìzm/ 图 Ⓤ 叙情詩風, 叙情性.
lyr・i・cist /lírəsɪst/ 图ⓒ《ポピュラーソングの》作詞家.
Ly・sol /láɪsɔːl | -sɔl/ 图 Ⓒ, Ⓤ リゾール《米国製の家庭用消毒剤; 商標》.

m M

m[1], **M**[1] /ém/ [名] (複 **m's, ms, M's, Ms** /~z/) **1** [C,U] エム《英語アルファベットの第 13 文字》. **2** 〘ローマ数字〙 1000 (☞ number 表).

*__m__[2] [略] **1** [特に書類で] **男性の**, 雄の (male); **男性**, 雄 (male); 〘文法〙 男性の (masculine). **2** **既婚の** (married). **3** **メートル** (meter(s)). **4** **マイル** (mile(s)). **5** =mass[1], million(s), min·ute(s) (☞ minute[1]), month.

*__M__[2] [略] **1** **男性の**, 雄の (male); **男性**, 雄 (male). **2** **既婚の** (married). **3** 《英》 高速自動車道路 (motorway): the *M* 40 高速 40 号線. **4** =Mach, masculine, (主に衣類で) medium (size) (☞ medium [形] 1), member, Monday, month, mountain.

*__m.__ [略] **1** **既婚の** (married). **2** =masculine, month.

M. [略] =Monday, Monsieur, mountain.

‡**-'m** /m/ 《略式》 **am**[1,2] **の短縮形** (☞ be 表, I'm, contracted form [文法]).

+**ma** /máː/ [名] [C] [普通は M-] 《略式》 **1** お母ちゃん, ママ. **2** 《古風》 [年配の女性に対して] (...)おばさん 《米国の一部で用い, Mrs. に相当》.

MA[1] 〘米郵〙 =Massachusetts.

+**MA**[2] /éméɪ/ [略] =Master of Arts (☞ master [名] 3).

+**ma'am** [名] [S] **1** /(強) mǽm, máːm; (弱) məm, (ə)m/ 《米》《丁寧》 奥さん, 先生, お嬢さん: May I help you, ~? いらっしゃいませ 《店員のことば》.

> [語法] 目下の者が目上の女性, 生徒が女性の先生に, あるいは店員などが女性客に対して用いる丁寧な呼びかけや返事のことばで, 既婚・未婚の別なく用いる; 《米》では現在ではやや古風なまたはいなか風な感じを抱く人があるが, 南部では特に子供が大人の女性に使うようにしつけられる (☞ sir).

2 /mǽm, máːm/ 《英》 陛下; 王女様; 奥方様 《女王・貴婦人に対する丁寧な呼びかけ》. **3** /mǽm, máːm/ 《英》 上官殿 《警察・軍の高位の女性に対する呼びかけ》. [語源] madam の短縮形.

má-and-pá [形] 《米》 =mom-and-pop.

Máas·tricht Trèaty /máːstrɪkt-/ [名] [固] [the ~] マーストリヒト条約 《EU の基礎となった》.

Ma·bel /méɪb(ə)l/ [名] [固] メイベル 《女性の名》.

Ma·bo /máːbou/ [名] [固] マボ判決 《オーストラリア先住民の伝統的な土地所有権を初めて認めた 1992 年の最高裁判決》.

mac /mǽk/ [名] **1** [C] 《英》 =mackintosh. **2** [単数形で; 普通は M-] [S] 《米略式》 君, あんた 《名前不明の男性への(しばしば失礼とみなされる)呼びかけ》.

Mac[1] /mǽk/ [名] [固] マック 《男性の名》.

Mac[2] /mǽk/ [名] [C] =Macintosh.

Mac- /mək, mæk/ [接頭] 「...の息子」の意 《スコットランド・アイルランド系の姓をつくる; 例えば MacArthur は元来「Arthur の息子」の意》.

ma·ca·bre /məkáːbr(ə)/ [形] 気味の悪い, 死を暗示するような, 恐ろしい: a ~ tale ぞっとする話.

mac·ad·am /məkǽdəm/ [名] [U] マカダム 《舗装用の割り石》; マカダム舗装[路面].

mac·a·da·mi·a /mækədéɪmiə/ [名] [C] **1** マカダミア 《オーストラリア原産の常緑高木》. **2** マカダミアナッツ 《マカダミアの実》.

macadámia nùt [名] [C] =macadamia 2.

Ma·cao /məkáu/ [名] [固] マカオ 《中国南部の海港都市で特別行政区; ポルトガルの旧植民地》.

ma·caque /məkǽk, -káːk | -káːk/ [名] [C] マカク(ざる) 《アジア・北アフリカ産の短尾の実験によく使われる猿》.

mac·a·ro·ni /mækəróuni/ [名] [U] マカロニ: 《米》 ~ and cheese =《英》 ~ cheese マカロニチーズ 《マカロニをチーズ・バター・牛乳・小麦粉などに混ぜて焼いたもの》. [語法] 種類をいうときには [C] (~(e)s). [関連] spaghetti スパゲッティ / pasta パスタ.

mac·a·roon /mækərúːn/ [名] [C] マコロン 《卵白, 砂糖, つぶしたアーモンドやココナッツなどで作った菓子》.

Mac·Ar·thur /məkáəθə | -káːθə/ [名] [固] **Douglas** ~ マッカーサー (1880–1964) 《米国の軍人; 日本占領軍司令官 (1945–51)》.

ma·caw /məkɔ́ː/ [名] [C] こんごういんこ 《中南米産の美しい大きないんこ》.

Mac·beth /məkbéθ, mæk-/ [名] [固] マクベス 《シェークスピア (Shakespeare) 作の 4 大悲劇の 1 つ(の主人公); ☞ Hamlet》.

Mac·ca·bees /mǽkəbìːz/ [名] [固] [時に the ~] 〘聖〙 マカベア書 《2 書から成る外典》.

mace[1] /méɪs/ [名] [U] メース 《ナツメグの皮で作る香味料》.

mace[2] /méɪs/ [名] [C] **1** 矛(ほこ)の形の権標 《英国の市長・大学総長などの職権の表象》. **2** 槌矛(つちぼこ) 《昔の武器で先端に鋭利な突起のある金属のこん棒》.

Mace /méɪs/ [名] [U,C] メースガス 《護身・暴徒鎮圧用催涙ガス(のスプレー); 商標》.

Mac·e·do·ni·a /mæsədóuniə/ [名] [固] **1** マケドニア 《ギリシャ北部にあった古代の王国; アレキサンダー (Alexander) 大王のとき最盛期を迎えた》. **2** マケドニア 《Balkan 半島の共和国》.

Mac·e·do·ni·an /mæsədóuniən←/ [形] マケドニアの; マケドニア人の. — [名] [C] マケドニア人.

mac·er·ate /mǽsərèɪt/ [動] 《格式》 [他] 〈食品など〉を水[湯]に浸して柔らかくする, ふやかす. — [自] 水[湯]の中で柔らかになる, ふやける.

mac·er·a·tion /mæsəréɪʃən/ [名] [U] 《格式》 水[湯]に浸して柔らかにすること; ふやけること.

Mach, mach /máːk/ [名] [U] 〘物理〙 マッハ 《速度の単位; マッハ 1 は秒速約 330 メートル; [略] M》: fly at ~ 2 マッハ 2 で飛ぶ.

ma·che·te /məʃéti/ [名] [C] (中南米の)なた.

Ma·chi·a·vel·li /mækiəvéli/ [名] [固] **Nic·co·lò** /nìkoulɔ́ː/ ~ マキアベリ (1469–1527) 《イタリアの Florence の政治思想家》.

Ma·chi·a·vel·li·an /mækiəvéliən←/ [形] [普通はけなして] (人や行動が)マキアベリ流の, 権謀術数的な.

Ma·chi·a·vel·li·an·is·m /mækiəvéliənìzm/ [名] [U] マキアベリ主義, 権謀術数的政治(手法).

mach·i·na·tion /mækənéɪʃən/ [名] [C] [普通は複数形で] 《格式》 [けなして] 陰謀, 策謀.

‡**ma·chine** /məʃíːn/ [名] (~**s** /~z/; [形] mechánical) **1** [C] **機械** (☞ machinery 1 [語法]); コンピューター; 留守番電話; 洗濯機; 自動販売機: office ~*s* オフィス機器 《コンピューター・コピー機など》 / The ~ is working well. 機械は調子がよい / The ~*s* are 「out of order [in working order]. 機械は調子が悪い[よい] / "Do you know how to use this ~?" "It's easy. Let me show you." 「この機械の使い方がおわかりですか」「簡単ですよ. 見ててください」

> **machine** のいろいろ
> **(télephone) ánswering machìne** 留守番電話 / **cásh machìne** 現金自動支払機 (ATM) / **cópying machìne** 複写機 / **séwing machìne** ミシン / **slót machìne** 《米》 スロットマシン, 《英》 自動販売機 / **stámp machìne** 切手の自動販売機 / **tíme**

machìne タイムマシーン / vénding machìne 自動販売機 / wáshing machìne 洗濯機.

2 ⒸA《略式》車 (car); オートバイ; 飛行機 (airplane): a mean ~ すごくいい車 / He lost control of his ~. 彼は車のハンドルをとられた / They were watching out for enemy ~s. 彼らは敵の飛行機が現われるのを警戒していた. **3** Ⓒ《しばしば軽蔑》機構, 組織; (政党などの)ボス連中, 幹部連中《全体》: the party ~ 党の機関[幹部連]. **4** Ⓒ《しばしば軽蔑》(感情や意志を示さず)(ある事を)効率よく行なう人[動物]; 機械のような人: a killing ~ 殺人マシーン. 語源 ギリシャ語で「工夫, 仕掛け」の意; ☞ mechanical 語源. **by machine** [副] 機械で. ── 動 《機》 他 〈...〉を機械で作る[仕上げる]; 〈...〉にミシンをかける. ── 自 (物が)機械加工がきく.

machine còde 名 U.C 〖電算〗(コンピューター用の2進法の)電算コード, コンピューター言語.

*__**machíne gùn**__ (~s /~z/) Ⓒ 機関銃.

__**machíne-gùn**__ 動 (-guns; -gunned; -gunning) 他〈...〉を機関銃で撃つ; 機銃掃射する.

__**machíne hèad**__ 名 Ⓒ (機械)ねじ式糸巻き《金属製ギアを用いたギターなどの調弦部》.

__**machíne làngu age**__ 名 U.C 〖電算〗= machine code.

__**machíne-máde**__ 形 機械製の (反 handmade).

__**machíne-réadable**__ 形 〖電算〗(コンピューターで)読み取り[処理]可能の, 機械可読の.

*__**ma·chin·er·y**__ /məʃíːn(ə)ri/ 13 名 Ⓤ **1** 機械(類)《全体》(machines): Mass production requires a great deal of ~. 大量生産にはたくさんの機械が必要である. 語法 machine が一つ一つの機械を指すのに対して, machinery は機械類全体を表わす(☞ -ery 2).
2 (機械の)装置, 機構; (機械の)部品《全体》: the ~ of a clock 時計の機械装置. **3** (組織などの)運営機構 (of, for): the government ~ 政治機構.

__**machíne shòp**__ 名 Ⓒ 機械(で工作を行なう)工場.
*__**machíne tòol**__ 名 Ⓒ 工作機械, 電動工具.

__**machíne-tòoled**__ /-tù:ld/ 形 工作機械で作られた; (演技などが)きっちりした[しすぎた].

__**machíne translàtion**__ 名 Ⓤ 機械翻訳.

__**machíne-wásh**__ 動 他〈...〉を洗濯機で洗う.

__**machíne-wáshable**__ 形 洗濯機で洗える.

*__**ma·chin·ist**__ /məʃíːnɪst/ 名 Ⓒ 機械操作者, 機械工; ミシン工.

__**ma·chis·mo**__ /maːtʃíːzmou | mætʃíz-/ 名 Ⓤ 《普通は軽蔑》(やや単純な)男っぽさ, たくましさ.

*__**ma·cho**__ /máːtʃou/ 形 《略式》《普通は軽蔑または滑稽》男っぽい(のを売りにする), マッチョな.

__**Ma·chu Pic·chu**__ /máːtʃuːpíːktʃuː/ 名 圊 マチュピチュ《ペルー中南部のインカ都市遺跡》.

__**mac·in·tosh**__ /mǽkɪntɑ̀ʃ | -tɔ̀ʃ/ 名 Ⓒ =mackintosh.

__**Mac·in·tosh**__ /mǽkɪntɑ̀ʃ | -tɔ̀ʃ/ 名 圊 マッキントッシュ《米国 Apple 社製のパソコン》; 商標.

__**mack**__ /mǽk/ 名 Ⓒ 《英略式》=mackintosh.

__**Mack**__ /mǽk/ 名 圊 マック《男性の名》.

__**Mac·ken·zie**__ /məkénzi/ 名 圊 **Alexander ~** マッケンジー (1764-1820)《スコットランドの探検家; カナダのマッケンジー川を発見; 北米大陸を初横断》.

*__**mack·er·el**__ /mǽk(ə)rəl/ 名 (複 ~(s)) Ⓒ さば(魚); Ⓤ さばの肉.

__**máckerel ský**__ 名 Ⓒ いわし雲の出た空.

__**mack·i·naw**__ /mǽkɪnɔ̀ː | -kɪ-/ 名 Ⓒ 《しばしば M-》《主に米》マキノーコート《厚手で短いダブルのウールコート》.

__**mack·in·tosh**__ /mǽkɪntɑ̀ʃ | -tɔ̀ʃ/ 名 Ⓒ 《古風, 主に英》レインコート (raincoat).

__**Máck trùck**__ /mǽk-/ 名 Ⓒ **1** マックトラック《大型のトラック》; 商標. **2** 《略式》力の強い大男.

__**mac·ra·mé**__ /mǽkrəmèɪ | məkráːmi/ 名 Ⓤ マクラメ《装飾的な模様に結ばれたレース》.

*__**mac·ro**__ /mǽkrou/ A 形 **1** 大規模な; 巨視的な. **2** 〖写〗拡大写真の, 接写撮影の. ── 名 (~s) Ⓒ 〖電算〗マクロ命令.

__**mac·ro-**__ /mǽkrou/ 接頭 (反 micro-)「大きい, 巨大な」の意: macroscopic 巨視的な.

__**mac·ro·bi·ot·ic**__ /mæ̀kroubaɪɑ́tɪk | -ɔ́t-/ 形 《主に A》長寿食の(野菜中心の自然食をとる).

__**mac·ro·bi·ot·ics**__ /mæ̀kroubaɪɑ́tɪks | -ɔ́t-/ 名 Ⓤ 自然食健康法.

__**mac·ro·cosm**__ /mǽkrəkɑ̀zm | -kɔ̀zm/ 名 Ⓒ (普通は the ~) 大宇宙, 複合体 (反 microcosm); 総合的体系.

*__**màcro·económic**__ 形 マクロ経済(学)の.
__**màcro·económics**__ 名 Ⓤ マクロ経済学.

__**mácro lèns**__ 名 Ⓒ 〖写〗マクロレンズ《接写レンズ》.

__**ma·cron**__ /méɪkrɑn, mǽk- | -rɔn/ 名 Ⓒ 長音記号《母音字の上につける ā, ō などの記号; 正つづり字と発音解説 23》. 関連 breve 短音記号 (˘).

__**mac·ro·phage**__ /mǽkrəfèɪdʒ/ 名 Ⓒ 〖生〗マクロファージ, 大食細胞, 貪食(どんしょく)細胞.

__**mac·ro·scop·ic**__ /mæ̀krəskɑ́pɪk | -skɔ́p-/ 形 (反 microscopic) 肉眼で見える; 巨視的な.

__**Ma·cy's**__ /méɪsiz/ 名 圊 メーシー(ズ)《米国 New York 市最大のデパート》.

*__**mad**__ /mǽd/ (同音 mud) 形 (**mad·der** /-də | -də/; **mad·dest** /-dɪst/; 動 mádden, 名 mádness) **1** Ⓟ《略式》《主に米》腹を立てた, 怒った, 頭にきた(☞ angry 類義語): He was ~ about missing the train. <A+about+動名> 彼は列車に乗り遅れて怒っていた / I got ~ at [《英》with] my husband for forgetting my birthday. <A+at [with]+名・代> 夫が私の誕生日を忘れたので頭にきた.
2 《略式, 主に英》(考え・行動などが)狂ったような, ばかげた, 無謀な: The fugitive made a ~ dash for the bridge. 逃亡者は橋に向かって一目散に走った / [言い換え] You are ~ to do it all by yourself. <A+to 不定詞>=It is ~ of you to try to do it all by yourself. それをひとりでやろうなんて君も無謀だ(☞ of 12).
3 《古風》《差別》気が狂った, 狂気の(☞ crazy 類義語): He must be ~ to do such a thing. <A+to 不定詞> そんなことをするとは彼は狂気にちがいない.
4 Ⓟ《略式, 主に英》夢中になって: Pam is ~ about [on, 《英》for] John. <A+about [on, for]+名・代> パムはジョンに夢中だ / My son is ~ about rock music. 私の息子はロックに熱中している. 語法 次のようにも言える: My son is rock music ~. **5** Ⓟ《略式, 主に米》(気が狂うほどに)興奮した: He was ~ with joy [rage]. 彼は喜び[怒り]で気も狂わんばかりだった. **6** A 大変陽気な. **7** (犬の)狂犬病にかかった.

bárking mád [形] 《英略式》すっかり狂って.

be mád for it [動] 自《英俗》(セックスなどを)ひどくやりたがっている.

drive ... mád [動] 他 (1) 〈...〉を発狂させる. (2) 《略式》〈...〉をひどく怒らせる[いらいらさせる].

gò mád [動] 自 (1) 気が狂う, 発狂する: After her daughter's death, she went ~. 娘の死後彼女は発狂した. (2) 《英略式》激怒する; 狂喜する; (退屈・心配などで)気が狂いそうになる. (3) Ⓢ《英》ばかなことをする, 羽目をはずす.

hópping [bóiling] mád [形] 《略式》激怒して.

like mád [副] 《略式》猛烈に; 必死に; すごく.

-mad /mǽd/ 形 《合成語》名詞につけて《英》...に夢中になって, ...狂で(☞ mad 4 語法): be sports-mad スポーツ狂である.

__**Mad·a·gas·car**__ /mæ̀dəgǽskə | -kɑ̀ː/ 名 圊 マダガスカル《アフリカ南東部海岸沖の島; 共和国》.

†**mad・am** /mǽdəm/ 名 C〘普通は単数形で〙(丁寧) 奥さま, お嬢さま《既婚・未婚の別なく女性(特に店の客など)に対する丁寧な呼びかけや返事に用いることば; ☞ ma'am〘語源〙, sir》. (1) 〘文の終わりで〙Thank you very much, ~. 奥さまどうもありがとうございました / Right this way, ~, please. 奥さまどうぞこちらへお通りください. (2) 〘文の初めで〙M~, I'm Adam. 奥さま, 私はアダムです《回文; ☞ palindrome》. (3) [M-] 〘手紙の書き出しで〙Dear M~: 拝啓《女性あての商用文などで; ☞ letter 図, Dear Sir(s) (sir 成句)》. **2** [M-] 〘役職名と共に呼びかけて〙: M~ President 大統領閣下《女性の大統領の場合》. **3** C 〘略式, 主に英〙〘軽蔑〙いばりちらす(若い)女: a (proper [right]) little ~ 横柄な小娘. **4** C 売春宿のおかみ.〘日英比較〙日本でいう「マダム」(バーやクラブの女主人)にあたる意味はない.

Ma・dame /mədǽm, mǽdəm | mǽdəm/《フランス語から》名 (複 **Mes・dames** /meɪdɑ́:m | meɪdǽm/) C ...夫人,...の奥さま《英語の Mrs. または呼びかけの madam に相当する; また英米人でない年輩の女性の敬称; 略 Mme., 複数形は Mmes., Mmes》: ~ Curie キュリー夫人.

Màdame Tus・sáud's /-tusóuz | -sɔ́:dz/ 名 C マダムタッソーろう人形館(London にある観光名所).

mád・cáp 形 〘古風〙向こう見ずな; ばかげた.

mád・ców disease 名 U 〘略式〙狂牛病(BSE).

MADD /mǽd/ 名《米》=Mothers Against Drunk Driving 飲酒運転防止母の会.

†**mad・den** /mǽdn/ 動 (mad 他)〘普通は受身で〙(...)をひどく怒らせる, いらだたせる; 発狂させる.

mad・den・ing /mǽdənɪŋ, -dn-/ 形 腹立たしい; いらだたせるような, しゃくな. **~・ly** 副 いらだたせるほどに, しゃくに.

mad・der /mǽdə | -də/ 名 U あかね(つる草).

mad・ding /mǽdɪŋ/ 形 A 〘文〙狂乱の.

∗**made** /méɪd/(同音 maid) 動 **make** の過去形およひ過去分詞: ☞ have it made (make 成句). ── 形 **1** A 作られた, 人工の. **2** 〘略式〙幸運[成功]間違いなしの: He'll be ~ for life. 彼は一生安楽に暮らせるだろう. **3** 〘米略式〙犯罪組織の一員となった.

-made /méɪd⁻/ 形 〘合成語で〙...で作られた, ...製の: handmade 手製の.

Ma・dei・ra /mədí(ə)rə/ 名 **1** マデイラ《アフリカ北西方のポルトガル領の諸島》. **2** U C マデイラ酒《同諸島産の白ワイン》.

Madéira càke 名 U C 《英》マデイラケーキ《甘いカステラ風のケーキ》.

Ma・de・moi・selle /mǽdəmwəzél, -dm-⁻ | 《フランス語から》複 **Mes・de・moi・selles** /meɪdəmwəzél, -dm-⁻/ C ...嬢, お嬢さん; 令嬢《英語の Miss に相当する; 略 Mlle., 複数形は Mlles》.

máde-to-órder 形《主に米》, **-to-méasure** 形 注文して作らせた, 特注の (custom-made; tailor-made; 反 ready-made); ぴったりの.〘日英比較〙「オーダーメード」は和製英語《☞ order 名 2 日英比較》.

∗**made-up** /méɪdʌ́p⁻/ 形 **1** 〘普通は A〙でっちあげた, 作った: a ~ story つくり話. **2** 化粧した: be heavily ~ 厚化粧をしている.

Madge /mǽdʒ/ 名 マッジ《女性の名; Margaret の愛称》.

mád・house /-hàʊs; (-hous・es /-hàʊzɪz/) C **1** 〘普通は単数形で〙〘軽蔑〙(人がごった返して)騒々しい場所. **2** 〘古風〙=mental hospital.

Mad・i・son¹ /mǽdəs(ə)n/ 名 **James** ~ マディソン (1751-1836)《アメリカ合衆国第4代大統領》.

Mad・i・son² /mǽdəs(ə)n/ 名《米》Wisconsin 州の州都.

Mádison Ávenue 名 **1** マディソン街《米国 New York 市の大通り; 広告会社や放送局が集中している》. **2** U《米》広告業《界》.

Mádison Squáre Gárden 名 マディソンスクウェアガーデン《米国 New York 市の屋内スタジアム》.

†**mád・ly** 副 **1** 気が狂ったように. **2** 〘略式〙死ぬほど; ひどく: **be** [**fáll**] **mádly in lóve with** ... 〘動〙〘略式〙...に首ったけである[になる].

†**mád・man** /-mən, -mæn/ 名 (**-men** /-mən, -mèn/) C 〘差別〙狂人; ばか人: drive like a ~ 無謀運転をする.

mád mòney 名 U《米略式》不時の出費《衝動買い》に備えてためる金, へそくり.

†**mad・ness** /mǽdnɪs/ 名 U **1** 狂気のさた, 愚行; 〘差別〙狂気, 精神錯乱: It would be (sheer) ~ to swim on a day like this. こんな日に泳ぐなんて(まさに)狂気のさただ. **2** 熱狂, 狂喜.

†**Ma・don・na** /mədɑ́nə | -dɔ́nə/ 名 **1** 〘the ~〙聖母マリア (Virgin Mary). **2** C 〘普通は m-〙聖母マリアの画像[彫像]. **3** C マドンナ (1958-)《米国のポップシンガー・女優》.

†**ma・dras** /mǽdrəs, mədrǽs/ **1** U C マドラス《カレー料理の一種》. **2** U マドラス地《目の細かい, 堅織りの綿の布地》.

Madonna 2 (by Raphael)

Ma・dras /mədrés, -drɑ́:s/ 名 マドラス《インド南東部の海港都市》.

Ma・drid /mədríd/ 名 マドリード《スペインの首都》.

mad・ri・gal /mǽdrɪɡ(ə)l/ 名 C 〘楽〙マドリガル《16世紀ごろの多声楽曲》.

mád・wòman 名 (**-wom・en** /-wìmən/) C 〘差別〙狂女; 狂ったように振舞う女性.

mael・strom /méɪlstrəm/ 名 C **1** 〘文〙激動, 大混乱, あらし (of). **2** 大渦巻き; 暴風雨.

†**mae・stro** /máɪstrou/《イタリア語から》名 (複 **~s, mae・stri** /máɪstri:/) C 〘時に M-〙敬称・呼びかけにも用いて〙**1** 大音楽[作曲]家, 名指揮者. **2** 巨匠, 大家.

Mae・ter・linck /méɪtəlɪŋk | -tə-/ 名 **Mau・rice** ~ メーテルリンク (1862-1949)《ベルギーの劇作家》.

∗**Ma・fia** /má:fiə, mǽf-/ 名 (**~s** /-z/)《C》〘単数形でも時に複数扱い〙**1** [the ~] マフィア《19世紀のSicily島の秘密結社に由来する米国やイタリアの犯罪組織》. **2** [m-] 秘密結社, 暴力団; 〘軽蔑または滑稽〙《隠然たる影響力を持つ》組織内グループ, 派閥.

ma・fi・o・so /mà:fióusou, mæf-/ 名 (複 **ma・fi・o・si** /-si:/) C 〘時に M-〙マフィアの一員.

mag /mǽɡ/ 名 C 〘略式〙=magazine 1.

∗**mag・a・zine** /mǽɡəzì:n, mæɡəzí:n | mæɡəzì:n/ (**~s** /-z/) C **1** 雑誌《☞ 表》: a weekly [monthly, popular] ~ 週刊[月刊, 大衆]誌 / an economics ~ 経済誌 / Do you subscribe to any ~? 何か雑誌を購読していますか / a ~ section 新聞の差し込み冊子, (特に)日曜版.〘日英比較〙雑誌は英語では book の中には含まれない《☞ book 表》.

| magazine (一般の週刊・月刊誌) | 雑 |
| journal (特に専門的な雑誌・機関誌) | 誌 |

2 マガジン《テレビ・ラジオの時事ニュース番組》. **3** 〘連発銃の〙弾倉. **4** 〘兵器・食糧の〙倉庫; (特に)弾薬庫.

(軍艦などの)火薬庫. **5** (カメラ・映写機の)フィルム巻き取り枠. [語源] アラビア語で「倉庫」の意;「雑誌」の意味は「知識の宝庫」ということから.

Magdalene ☞ Mary Magdalene.

Ma·gel·lan /mədʒélən | -gél-, dʒél-/ [名] [固] **1** **Fer·di·nand** /fə́ːdənænd | fə́ː-/ ～マゼラン (1480?–1521) 《ポルトガルの航海者; 太平洋を横断した (1520–21); ☞ Pacific [語源]》. **2** **the Strait of ～** マゼラン海峡 《南米の南端の海峡》.

ma·gen·ta /mədʒéntə/ [名] [U] 深紅色(の染料). **—** [形] マゼンタ色の, 深紅色の.

Mag·gie /mǽgi/ [名] [固] マギー 《女性の名; Margaret の愛称》.

*__mag·got__ /mǽgət/ [名] (**mag·gots** /-gəts/; [形] mág-goty) [C] うじ虫, うじ.

mag·got·y /mǽgəti/ [形] うじのわいた, 腐った.

Ma·gi /méɪdʒaɪ/ [名] [複] [the ～] 〔聖〕 東方の三博士 《キリスト降誕のときに供物を持ってきた賢者》.

*__mag·ic__ /mǽdʒɪk/ [名] ([形] mágical) **1** [U] **魔法, 魔術** (☞ black magic, witchcraft): work [do, use] ～ 魔法を使う. [関連] spell 呪文.
2 [U] **奇術, 手品, マジック**: The conjurer used ～ to produce a dove from his hat. 奇術師は手品を使って帽子からハトを取り出した.
3 [U,C] **不思議な力, 魔力, 魅力; すばらしい物[事]**: the ～ *of* figures [love] 数字[愛]の魔力 / The ～ *of* her voice charmed the audience. 彼女の声の魅力は聴衆を魅了した. **lìke mágic＝as ìf by mágic** [副] (まるで)魔法のように, 不思議にも; たちどころに. **wórk [wéave] one's mágic** [動] [自] 不思議な力を発揮する, 魅了する (*on*).
— [形] **1** [A] **魔法の, 魔法のような; 不思議な**: a ～ mirror 魔法の鏡 (☞ one-way mirror) / ～ words 呪文(じゅもん) / There is ⌜no ～ solution to [no ～ formula for solving] the problem. その問題には魔法のような解決策はない / What's the ～ word? Ⓢ 物をお願いするときの(魔法の)ことばは? (ʻpleaseʼ と添えるように子どもに教える文句). **2** [A] 手品の, 奇術の: a ～ trick 手品. **3** 《略式》 すばらしい, すごい. **hàve a mágic tóuch** [動] [自] (…を)うまく扱う才能がある (*with*).
— [動] (**mag·ics; mag·icked** /-dʒɪkt/; **mag·ick·ing**) [次の成句で] **mágic ... awáy** [動] [他] 《英》 (魔法で)〈…〉を消す[行かせる]. **mágic úp** [動] [他] 《英》 魔法で[をかけたように]〈…〉を呼び出す.

*__mag·i·cal__ /mǽdʒɪk(ə)l/ [形] ([名] mágic) **1** **魔術的な; 不思議な**: ～ power(s) 魔法のような力. **2** 神秘的な; 魅力的な: ～ charm 妖(あや)しい魅力. **-cal·ly** /-kəli/ [副] 魔法のように; 不思議なほど; 神秘的に.

mágical réalism [名] [U] 魔術的リアリズム 《超現実的・空想的な情景などを克明な写実主義で描く》.

mágic búllet [名] [C] 特効薬; 《略式》 妙案 (*for*).

mágic cárpet [名] [C] (空飛ぶ)魔法のじゅうたん.

mágic círcle [名] [C] (互助的な)有力者のグループ.

mágic éye [名] [C] 《英略式》 ＝photoelectric cell.

mágic fígure [名] [C] ＝magic number 1.

⁺**ma·gi·cian** /mədʒíʃən/ [名] [C] **1** 魔法使い, 魔術師: a ～ *with* words 言葉の魔術師. **2** 奇術師, 手品師 (conjurer, illusionist).

mágic lántern [名] [C] 幻灯 《初期のスライド》.

Mágic Márker [名] [C] マジックマーカー 《米国製のマジック(インキ); 商標: ☞ felt marker》.

mágic múshroom [名] [C] 幻覚作用のあるきのこ.

mágic númber [名] [C] **1** 重要な[事態を決する]数字[数値]. **2** 〔野〕 マジック(ナンバー) 《1 位のチームがあと何勝すれば 2 位のチームが残り試合に全勝しても優勝できるかを示す数字》.

mágic réalism [名] [U] ＝magical realism.

mágic squáre [名] [C] 魔方陣 《横・縦・斜めに数えてもその和が常に等しい数字配列表》.

mágic wánd [名] [C] **1** 魔法のつえ. **2** (難問解決の)妙案. **wáve a mágic wánd** [動] [自] (魔法のつえを使って)難問をたちどころに解決する.

mag·is·te·ri·al /mæ̀dʒəstí(ə)riəl←/ [形] 《格式》 **1** 権威[権限]のある, 威厳のある; 横柄な. **2** [A] 治安判事の. **-al·ly** /-riəli/ [副] 威厳をもって.

mag·is·tra·cy /mǽdʒəstrəsi/ [名] **1** [U] 《英》 治安判事の職[任期]. **2** [the ～; 《英》 単数または複数扱い] 治安判事, 行政長官 《全体》.

*__mag·is·trate__ /mǽdʒəstrèɪt, -trət/ [名] (**-is·trates** /-trèɪts, trəts/) [C] **1** **治安判事**. **2** **行政長官**: the chief ～ 最高の行政官 《大統領など》. [語源] ラテン語で「支配者」の意; master と同語源.

Mágistrates' Cóurt [名] [C] 《英》 治安判事裁判所.

mág·lev tràin /mǽglev-/ [名] [C] マグレブ, リニアモーターカー 《磁気浮上方式による超高速列車》.

mag·ma /mǽgmə/ [名] [U] 〔地質〕 マグマ, 岩漿(しょう) 《地下の深所の溶融した物質》.

Mag·na C(h)ar·ta /mǽgnəkáːətə | -káː-/ [名] [固] 〔英史〕 大憲章 (☞ Great Charter).

mág·na cum láude /máːgnə-/ 《ラテン語から》 [副] [形] 《米》 (大学卒業成績が)優等で[の] (summa cum laude と cum laude の中間位).

mag·na·nim·i·ty /mæ̀gnənímәti/ [名] [U] 《格式》 度量の大きさ, 寛大さ, 太っ腹.

mag·nan·i·mous /mægnǽnəməs/ [形] 《格式》 度量の大きい, 寛大な, 雅量のある. **～·ly** [副] おおらかに.

⁺**mag·nate** /mǽgneɪt, -nət/ [名] [C] 有力者, 大立者, …王: an oil ～ 石油王.

mag·ne·si·a /mægníːʒ(i)ə | -ziə/ [名] [U] マグネシア, 酸化マグネシウム.

⁺**mag·ne·si·um** /mægníːʒ(i)əm | -ziəm/ [名] [U] 〔化〕 マグネシウム 《元素記号 Mg》.

⁺**mag·net** /mǽgnɪt/ [名] (**mag·nets** /-nɪts/; [形] magnétic, [動] mágnetìze) [C] **1** (金属を引きつける)磁石: A ～ attracts iron. 磁石は鉄を引きつける. **2** 人を引きつける人[物] (*for*). **3** ＝magnet school.

magnet (金属を引きつけるもの)	磁石
compass (方位を測るもの)	

*__mag·net·ic__ /mægnétɪk/ [形] ([名] mágnet) **1** **磁石の, 磁気の, 磁気を帯びた; 磁気による**: ～ force 磁力. **2** 人を引きつける, 魅力のある: a ～ personality 魅力のある人物. **-nét·i·cal·ly** /-kəli/ [副] 磁気で.

magnétic cómpass [名] [C] ＝compass 1, 2.

magnétic dísk [名] [C] 磁気ディスク.

⁺**magnétic fíeld** [名] [C] 磁場, 磁界.

magnétic héad [名] [C] **1** (テープレコーダーの)磁気ヘッド. **2** 〔電算〕 読み取り[書き込み]ヘッド.

magnétic média [名] [U] [時に複数扱い] 磁気媒体 《データ記録用のテープ・ディスクなど》.

magnétic míne [名] [C] 磁気機雷.

magnétic néedle [名] [C] (磁石の)磁針.

magnétic nórth [名] [U] 磁北 《磁石の指す北; ☞ true north》.

magnétic póle [名] [C] 磁極 (pole).

magnétic résonance ìmaging [名] [U] 〔医〕 磁気共鳴映像法 《略 MRI》.

magnétic stórm [名] [C] 磁気あらし.

magnétic tápe [名] [U,C] 磁気テープ.

mag·ne·tis·m /mǽgnətìzm/ [名] [U] **1** 磁性, 磁気(作用). **2** 人を引きつける(魅)力.

mag·ne·tite /mǽgnətàɪt/ [名] [U] 〔鉱物〕 磁鉄鉱 《鉄鉱石の一種》.

mag·ne·tize /mǽgnətàɪz/ [動] ([名] mágnet) [他] **1**

M

magneto 1056

〈…〉に磁性[磁気]を与える, 磁化する. 2 〈人を引きつける, 魅了する (attract).

mag·ne·to /mægníːtoʊ/ 图 (~s) C 磁石発電機.

mag·ne·tom·e·ter /mæɡnətámətə | -tómətə/ 图 C 1 磁力計. 2 磁力(式金属)探知機.

mag·ne·to·sphere /mægníːtəsfɪə | -sfɪə/ 图 [the ~]〖気象〗磁気圏.

mágnet schòol 图 C (米) マグネットスクール (特定の科目を強化して広域から生徒を集める学校).

Mag·nif·i·cat /mæɡnífɪkæt/ 图 [the ~] 〖キ教〗聖母マリアの賛歌, マニフィカート.

mag·ni·fi·ca·tion /mæɡnəfɪkéɪʃən/ 图 (動 mágnify) U 拡大; 誇張; C,U 倍率.

mag·nif·i·cence /mæɡnífəs(ə)ns/ 图 (形 magnificent) U 壮大さ, 荘厳, 壮麗.

*__mag·nif·i·cent__ /mæɡnífəsnt/ 12 形 (图 magnificence) 1 (建物・装飾・景色・形などが) 壮大な, 荘厳な; すばらしい, 見事な: a ~ palace 壮大な宮殿. 2 (言動などが) 立派な. 語源 ラテン語で「大きい」の意; magnify, magnitude も同語源. **~·ly** 副 堂々と.

mag·ni·fi·er /mæɡnəfàɪə | -fàɪə/ 图 C 拡大する物; 拡大鏡, 虫眼鏡.

+**mag·ni·fy** /mæɡnəfàɪ/ 動 (-ni·fies; -ni·fied; -fy·ing; 图 màgnificátion) 他 1 (レンズなどで)〈…〉を拡大する (☞ magnificent 語源): This microscope *magnifies* things 1000 times. この顕微鏡は物体を千倍に拡大する. 2 〈…〉を大きく[強く, 高く]する, 〈問題などを〉深刻化させる; (実際以上に)誇張する (exaggerate): ~ unimportant details ささいな点を大げさに取り上げる. 3 〖聖〗〈神〉をあがめる.

mág·ni·fỳ·ing glàss /mæɡnəfàɪɪŋ-/ 图 C 拡大鏡, 虫眼鏡.

mágnifying pòwer 图 U (レンズなどの)倍率.

+**mag·ni·tude** /mæɡnət(j)ùːd | -tjùːd/ 图 1 U (形状・量・音などの)大きさ; 重要さ (*of*): of the first ~ 最も重要な. 2 U,C 〖天〗(星などの)等級 (光度を表わす単位). 3 U,C (地震などの)規模, マグニチュード (☞ magnificent 語源).

mag·no·lia /mæɡnóʊljə, -lɪə/ 图 1 C たいさんぼく, マグノリア (米国 Louisiana 州・Mississippi 州の州花), 木蓮(もくれん)属の木 (ほおのき・こぶしなど). 2 U (英) 淡いクリーム色.

Magnólia Stàte 图 [the ~] マグノリア州 (Mississippi 州の俗称).

mag·num /mæɡnəm/ 图 C 1 マグナムびん(の 1 本分) (容量が普通の 2 倍(約 1.5 リットル)で主にワイン用). 2 マグナム弾[拳銃(じゅう)].

mágnum ópus 〈ラテン語から〉 图 [単数形で] (作家・芸術家の)(最高)傑作 (masterpiece).

+**mag·pie** /mæɡpàɪ/ 图 C 1 かささぎ (よく鳴き, 小さな光る物を拾ってきて巣に集める習性がある). ★鳴き声については ☞ cry 表. 2 (米) おしゃべり(人); (英) (がらくたの)収集狂(人).

mág tàpe 图 U (略式) = magnetic tape.

mág whèel 图 C (米) マグホイール (マグネシウム製の自動車用ホイール).

Mag·yar /mæɡjɑɚ | -ɡjɑː/ 图 C マジャール人 (ハンガリーの主要な民族); U マジャール語, ハンガリー語.
—形 マジャール人の; マジャール語の.

ma·ha·ra·ja, ma·ha·ra·jah /màːhəráːdʒə/ 图 C [しばしば M-] 〖インド史〗王, 王子.

ma·ha·ra·ni, ma·ha·ra·nee /màːhəráːni/ 图 maharaja の妻.

Ma·hat·ma /məháːtmə, -hæt-/ 图 マハトマ (インドで高貴な人の名に添える敬称; ☞ Gandhi).

Ma·ha·ya·na /màːhəjáːnə/ 图 U 〖仏教〗大乗(じょう) (☞ Hinayana).

Ma·hi·can /məhíːk(ə)n/ 图 [複] [the ~] マヒカン[モヒカン]族 (もと Hudson 川流域に住んだ北米先住民の一族).

ma·hi·ma·hi /màːhiːmáːhi/ 图 C,U マヒマヒ (特に Hawaii で食用とするしいらの肉).

mah-jongg, mah-jong /màː.ʒɑŋ | -dʒɒŋ/ 图 U 麻雀(マージャン) (元来は商標).

Mah·ler /máːlə | -lə/ 图 Gus·tav /ɡústəf/ ~ マーラー (1860-1911) (オーストリアの作曲家・指揮者).

+**ma·hog·a·ny** /məhɑ́ɡəni | -hɒ́ɡ-/ 图 (-a·nies) 1 C (常緑高木), U マホガニー材. 2 U マホガニー色, 赤褐色. —形 マホガニー製の; 赤褐色の.

ma·hout /məháʊt/ 图 C (インド) 象使い (人).

*__maid__ /méɪd/ (同音 made) 图 (maids /méɪdz/) C 1 [しばしば合成語で] (女性の)お手伝い, メイド: an English-speaking ~ 英語が話せるお手伝い.

┌─── maid のいろいろ ───┐
bármaid 女性のバーテン / **chámbermàid** (ホテルの)客室係のメード / **hóusemàid** (女性の)お手伝い / **núrsemàid** 子守女
└─────────────────┘

2 (古語) 少女, 娘 (girl); 未婚の女性 (☞ old maid).

a máid of hónor 图 (1) (主に米) (花嫁に付き添う未婚女性 (bridesmaid) のうち一番主な付き添い役. (2) 女王・王女に仕える未婚女官 [侍女].

+**maid·en** /méɪdn/ 图 C 1 (文) 乙女, 処女. 2 〖競馬〗未勝利馬. 3 〖クリケ〗= maiden over. —形 1 初めての, 最初の. 2 (古風) 未婚の.

máiden áunt 图 C (古風) 未婚のおば.

máiden flíght 图 C 処女飛行.

máiden háir (férn) 图 U,C アジアンタム (ほうらいしだ・くじゃくしだなどの観葉植物).

máiden·hèad 图 (文) 1 U 処女性. 2 C 処女膜 (hymen).

máiden·ly 形 (文) 乙女らしい; しとやかな, 優しい.

máiden náme 图 C 女性の結婚前の姓, 旧姓 (☞ née).

máiden òver 图 C 〖クリケ〗無得点のオーバー.

máiden spéech 图 C (英) (新人議員の議会での)初めての演説.

máiden vóyage 图 C (船の)処女航海.

máid·sèrvant 图 C (古語) お手伝い (maid).

*__mail¹__ /méɪl/ (同音 male) 图 (~s /-z/) 1 U または the ~(s) (主に米) 郵便, 郵便制度; 郵便の集配[配達] (主に英) post). 語法 次のような用法では (英) でも mail が使われる: sea ~ 船便 / surface ~ (鉄道便・船便などの)普通郵便 / first-class ~ 第 1 種郵便 / The parcel must have been lost in *the* ~. その小包は郵送中に紛失したに違いない.

2 U または the ~] (主に米) **郵便物** (全体); (1 回に集配される)郵便(物) (主に英) post): The plane crashed on the mountain and all *the* ~ was lost. 飛行機が山に墜落して一切の郵便物が失われた / "Is there any ~ *for* me?" "Yes. One registered letter and one parcel." 「私に (何か)郵便が来ていますか」「はい. 書留一通と小包ひとつです」

┌─── ミニ語彙欄 ───┐
コロケーション
動+mail
 address *mail* 郵便物にあて名を書く
 deliver (the) *mail* 郵便物を配達する
 forward *mail* 郵便物を転送する
└─────────────────┘

get [receive] mail 郵便物を受け取る
open the [one's] mail 郵便物を開封する
send (out) mail 郵便物を送る
sort mail 郵便物を仕分ける

[前]+mail
by mail 《主に米》郵便で
by return mail 《英》折り返し郵便で
in the mail 《米》郵送中で

[形]+mail
dead mail 宛先不明[配達不能]の郵便物
domestic mail 国内郵便
foreign mail 外国郵便
hate mail 嫌がらせの郵便
incoming mail 到着郵便物
junk mail くず郵便物
outgoing mail 発送郵便物
personal mail 個人宛郵便物

――― mail のいろいろ ―――
aírmàil 航空郵便 / cértified máil 《米》配達証明郵便 / díret máil ダイレクトメール / émail 電子メール / first-cláss máil 第1種郵便 / régistered màil 書留郵便 / sécond-clàss máil 第2種郵便 / snáil màil (通常の)郵便(email に対して) / spécial-delívery màil 速達郵便 / súrface màil 普通郵便(airmail に対して) / thírd-cláss màil 《米》第3種郵便

【関連表現】
drop [put] a postcard into a mailbox [《英》postbox] ポストにはがきを入れる
enclose a self-addressed, stamped envelope with a letter 手紙に切手を貼りあて名を書いた(返信用)封筒を同封する
Has the mailman [《英》postman] come yet? 郵便配達人はもう来ましたか
mail [《英》post] a letter 手紙を出す
send a letter by「special delivery [《英》express] 手紙を速達で送る
send [get, receive] an email 電子メールを送る[もらう]
Please find「enclosed … […enclosed]. 《格式》…を同封致します
What's the postage for this letter? この手紙の送料はいくらですか
write [read] an email 電子メールを書く[読む]

3 [U] 電子郵便, コンピューターネットワークによる情報. 4 [M- として新聞名で]…新聞: The Daily M~ デイリーメール(新聞). [語源] 中期高地ドイツ語で「郵便物を運ぶ」袋, 旅行かばん」の意.
by máil=through the máil [副] 郵便で 《主に英》by post): send by (separate) ~ (別便で)郵送する / They do business by ~. 彼らは郵便で商売をしている(通信販売など). in the máil [形・副] 《主に米》郵送されて(いる)《主に英》in the post)《☞ 1》; 郵便(中)に: I'll put your photos in the ~ today. 写真は今日郵送します.

― [動] (mails /~z/; mailed /~d/; mail·ing) [他] 1 《主に米》〈…を〉郵便で出す, 郵送する, 〈手紙を〉出す, 投函(はこ)する《英》post): I'd like to ~ this package to Canada. この小包をカナダへ郵送したいのですが. <V+O+to+名・代> He ~ed the package to me.=He ~ed me the package. <V+O+O> 彼は私に小包を送ってくれた / Can you ~ this for me? これを郵送してもらえる? 2 〈…を〉電子郵便で送る.
máil óut [動] [他] 〈郵便を〉(同時に)大量に発送する.
mail² /méɪl/ [名] [U] 鎖かたびら, よろい.
mail·a·ble /méɪləbl/ [形] (法的に)郵送できる.
máil·bàg [名] 1 《米》郵便袋, 郵袋(たい). 2 《主に英》郵便配達かばん(《英》postbag). 3 《主に米》(報道機関や有名人に送られる)大量の郵便物.
máil bòmb [名] [C] 1 [電算] メール爆弾(巨大なファイルを送りシステムを破壊する). 2 《米》郵便[手紙]爆弾.

*mail·box /méɪlbɑks | -bɔks/ [名] (~·es /~ɪz/) [C]
《米》1 ポスト(普通は青色)(《英》postbox, pillar box, letter box): put a letter into the ~ 手紙をポストに入れる.
2 (個人の)郵便受け《英》letter box)(☞ house 挿絵): take a letter out of the ~ 郵便受けから手紙を取り出す.

mailbox	
郵便ポスト	(個人の)郵便受け

[参考] 米国の郊外やいなかでは, 送りたい郵便物を郵便受けに入れて郵便受けについた旗状の部分を上げておくと, 回ってきた郵便集配人が持っていってくれる.
3 [電算] メールボックス.
máil càrrier [名] [C] 《米》郵便集配人(letter carrier). [語法] 女性解放運動家が mailman の代わりに用いることを主張して使われるようになった.
máil dròp [名] [C] 《米》1 (住居と別の)郵便専用住所. 2 (郵便局の)私書箱.
mail·er /méɪlə | -lə/ [名] [C] 1 《主に米》郵送用の(小)容器[封筒]; 郵便物. 2 《主に米》郵送者; 郵送係. 3 [電算] メーラー(電子メール送受信用ソフト).
Mai·ler /méɪlə | -lə/ [名] (固) Norman ~ メイラー (1923-) (米国の小説家).
Mail·gram /méɪlɡræm/ [名] [C,U] 《米》メールグラム(郵便局経由の民営電報配達サービス; 商標).
mail·ing /méɪlɪŋ/ [名] 1 [U,C] 郵送; (特に大量の)送付. 2 [C] (大量送付の)郵便物, 郵送品.
máiling àddress [名] [C] 《米》郵送先の住所.
máiling lìst [名] [C] 1 郵送先名簿. 2 [電算] メーリングリスト.
mail·lot /maɪóʊ/ 《フランス語から》[名] [C] 1 (ワンピースの)女性用水着. 2 (ダンサーなどの)タイツ.

*mail·man /méɪlmæn/ [名] (-men /-mèn/) [C] 《米》郵便配達人 (postman) (☞ mail 語法).
máil·mèrge [名] [U,C] [電算] メールマージ (郵便物に別の住所録からあて名を自動的に追加すること).
máil òrder [名] [C] 1 《米》通信販売: buy a necklace by ~ 通信販売でネックレスを買う. 2 [C] [普通は複数形で] 《主に米》通信販売の注文品.
máil-òrder [形] [A] 通信販売の.
máil·ròom [名] [C] 《米》郵便集配室.
máil sèrver [名] [C] メールサーバー(電子メールの配達を管理するホストコンピュータ).
máil shòt [名] [C] 《米》メールショット(ダイレクトメールによる宣伝パンフレット類の送付)(mailing).
máil slòt [名] [C] 《米》(ドアなどの)郵便受け.
máil tràin [名] [C] 郵便列車.
*maim /méɪm/ [動] [他] (重傷を負わせて)〈…〉を障害者にする: be ~ed for life 終身障害者になる.

main

*main /méin/ (同音 Maine, mane) 形 A [比較なし]《全体の中で》**主な,** 主要な, 主要部を成す (☞ chief 類義語; America 表 Maine): the ~ street of a town 町の大通り / a pipe《ガス・水道など》の本管 / the ~ event 主要試合, 重要行事 / the ~ office 本社 / the ~ point 要旨 / *The ~ thing is that you shouldn't panic.* (S) 肝心なのはあわてないことだ. **B 1** C (水道・下水・ガスなどの)本管, (電気の)本線: a gas ~ ガス供給本管 / a water ~ 給水本管. **2** [the ~s]《英》水道[ガス, 電気]の供給(制度); 水道[ガス, 電気]の建物への引き込み箇所, 内栓, コンセント; [~s として形容詞的に] 本管[配電線]からの: turn off the gas *at the ~s* ガスを元栓で切る / a house with no ~ supply (水道・電気などの)本管[本線]による供給のない家. **3** U 力, 体力 (☞ might⁴ 成句).

in the main 副 文修飾語 概して, 大部分は.

máin chánce 名 [次の成句で] **have [with] an eye to [for, on] the main chance**《英・豪》《軽蔑》自分の利益ばかり考えている[考えて].

máin cláuse 名 C《文法》主節(☞ principal clause 文法).

máin cóurse [dísh] 名 C メーンコース[ディッシュ], 主要料理.

máin drág 名 [the ~]《米略式》大通り.

Maine /méin/ 名 メイン《米国 New England 地方北端の州; 略 Me., 《郵》 では ME; 俗称 the Pine Tree State; ☞ America 表, 表地図 J 3). **from Máine to Califórnia** 副《米》米国の東から西の全土にかけて, 全米にわたって.

⁺máin·fràme (compúter) 名 C (パソコンなどに対して)汎用[大型]コンピューター.

*máin·land /méinlənd, -lənd/ 名 **1** [the ~] 本土《付近の島や半島と区別して》: the ~ of China = the Chinese ~ 中国本土. **2** [形容詞的に] 本土の: ~ Britain ブリテン島本土.

máin·line 動《略式》自 麻薬[暴食]する; (麻薬などの)静脈注射をする[して生活する] (on). — 他 (…を)食べ[飲み]すぎる;《麻薬》を直接静脈に注射する (into).

máin líne 名 **1** C (鉄道・道路などの)幹線, 本線. **2**《略式》(麻薬を注射しやすい)静脈. — 形 A **1** 本線の. **2** 主流派の, 体制側の.

*main·ly /méinli/ 副 [比較なし] **主に,** 主として (mostly); 大概は (chiefly): 言い換え *Our success was ʰdue ~ [~ due] to his efforts.* = *We succeeded ~ because of his efforts.* 我々が成功したのは主に彼の努力のおかげだった / *She dropped out ~ for financial reasons.* 主に経済的理由で彼女は脱退した.

máin·màst 名 C《海》メーンマスト.

máin mémory 名 C《電算》主記憶(装置).

⁺máin róad 名 C 幹線[主要]道路.

main·sail /méinseil, -sl/ 名 C《海》メーンスル《帆船のメーンマストに張る主帆》.

máin·spring 名 **1** (普通は the ~) ⓦ 主因, 原動力: the ~ *of* his artistic output 彼の芸術的創作(活動)の原動力. **2** (時計の)主ぜんまい.

⁺máin·stày 名 C **1** (普通は the ~) 頼みの綱, 大黒柱《人・物事》; 主な生業 (of). **2**《海》メーンステー《メーンマストを支えるロープ》.

*main·stream /méinstri:m/ 名 (~s /-z/) **1** C [普通は the ~] (活動・思想などの)**主流,** 主潮: join *the ~ of* the peace movement 平和運動の主流に加わる. **2** [単数形で] メーンストリーム《ジャズの一種》. — 形 A **1** (活動・思想などの)主流の, 主潮の: the ~ faction 主流派. **2**《ジャズが》メーンストリームの. — 動 他 **1**《思想・方法・人など》を主流にする. **2**《米》〈障害児〉を普通学級に入れる.

main·stream·ing /méinstri:min/ 名 U《米》障害者を一般の学級や職場に編入させること.

Máin Strèet 名 **1** C (通りの名として)《小都市の》大通り, 本通り 《英》high street). **2** U 小都市の実利的・世俗的な人々の暮らし[考え]方.

*main·tain /meintéin, mən-/ T1 動 (**main·tains** /~z/; **main·tained** /~d/; **-tain·ing** 名 máintenance) 他

ラテン語で「手で支える」の意 (☞ manual 語源)
→「維持する」**1**
→ →(ある状態を維持する) → 「保ち続ける」 **2**
→ →(生活を維持する) → 「扶養する」 **4**
→ →(立場を維持する) → 「主張する」 **3**

1〈機械・道路・建築物など〉を**維持する,** (手入れをして)保全する, 整備する, 保守する: He ~s his tools very well. 彼は道具の手入れが非常によい / Vacation homes are costly to ~. 別荘は維持費がかかる / The highways *are ~ed by* the state.〈V+Oの受身〉 その幹線道路は州によって管理されている. **2**〈物事〉を(ある状態に)保ち続ける (keep), 保持する; 〈現状〉を持続する, 継続する (continue) (☞ manual 単語の記憶): ~ a speed of 150 miles an hour 時速150マイルで走り続ける / Food ~s life. 食物は生命を支える / We should endeavor to ~ peace. 我々は平和を保つよう努力せねばならない. **3** [進行形なし]〈…〉を主張する; 言い張る: He ~ed ʰis innocence [*that* he was innocent]. 彼は身の潔白を主張した. **4**〈…〉を養う, 養う (support): ~ a large family 大家族を養う / His aunt ~*ed* him *in* college. おばが彼の大学の学費をもってくれた.
— 自 (S)《米》(何とか)現状を維持する, 困難に対処する.

main·tain·a·ble /meintéinəbl, mən-/ 形 (物や事柄が)保持できる, 維持できる.

*main·te·nance /méintnəns, -tən-/ T1 名 (☞ maintain) **1** U **1**〈機械・道路・建築物などの〉**維持,** 保全, 整備, 管理, メンテナンス: car ~ 車の整備 / the ~ *of* roads 道路の管理[保全] / safety ~ 安全管理 / a ~ fee 管理費. **2** (ある状態の)維持, 保持: the ~ *of* order [peace] 秩序[平和]の維持. **3**《英》(離婚した相手への)扶助料; 養育費.

máintenance màn 名 C (ビルなどの)管理人.

máintenance òrder 名 C《英法》《裁判所が命ずる元の配偶者への》扶助料支払い命令.

máin vérb 名 C《文法》本動詞 (☞ verb 文法).

mai·son·ette /mèizənét, -sə-/ 名《英》(上下2階続きの)アパート, メゾネット.

mai tai /máıtáı/ 名 C [しばしば M- T-]《主に米》マイタイ《ラムに果汁などを混ぜたカクテル》.

maî·tre d' /mètrədi:/ 名《フランス語から》 名 (複 **maî·tre d's** /~z/) = maître d'hôtel.

maî·tre d'hô·tel /mètrədoutél/《フランス語から》 名 (複 **maî·tres d'hô·tel**) 《格式》給仕人頭.

⁺maize /méız/ 名 U《英》とうもろこし 《米》corn).

Maj. = major².

ma·jes·tic /mədʒéstık/ 形 (名 májesty) 威厳のある, 荘厳な, 堂々とした: a ~ view 雄大な眺め.

-jes·ti·cal·ly /-kəli/ 副 荘厳に, 堂々と.

*maj·es·ty /mædʒəsti/ 名 (**-es·ties** /~z/; 形 majéstic) **1** U (物や君主などの)**威厳,** 荘厳; 雄大さ: the ~ *of* the mountains 山々の雄大さ. **2** C [M-] 陛下.

語法 最高主権者およびその夫人に対する敬称. 男性の場合は His, 女性の場合は Her, 複数の場合(国王と王妃など)には Their をつけ, 直接の呼びかけでは Your をつける. すべて三人称扱い. Excellency, Highness, Holiness, Honor, Worship などの用法も同じ: His

[Her] M～ 陛下 / Their *Majesties* 両陛下 / What does Your M～ think about it? それについて陛下はどうお考えあそばしますか.

His [Her] Májesty's Shíp [名] 陛下の船《英国軍艦; 国王在位のときには His, 女王在位のときには Her を用いる; [略] HMS》.

Maj. Gen. [略] =major general.

ma·jol·i·ca /mədʒɑ́lɪkə | -dʒɔ́l-, -dʒɔ́l-/ [名] [U] マジョリカ[マヨリカ]焼《イタリア産の陶器類》.

＊ma·jor[1] /méɪdʒɚ | -dʒə/ ([類音] measure) [T1]

「大きいほうの」[形] 1 (☞ [語源]) →「大きな」[形] 2 → (主要な科目) →「専攻の」[形] 3
→「専攻科目」[名] 1
→「専攻する」[動]

― [形] ([名] majórity; [反] minor) **1** [比較なし] [普通は [A]] (大きさ・量・数・程度などを比べて)**大きいほうの** (greater); 多数の, 過半数の: the ～ part of a day [year] 1 日[1 年]の大半 / the ～ part of the town その町の大部分. [語法] than とともには用いない.

2 [普通は [A]] **大きな** (great), **主要な**, 重要な, 一流の; [P] [S] 《米》 深刻[重大]な: a ～ problem 大問題 / the two ～ parties in the United States 米国の二大政党 / ～ writers 大作家たち / the ～ industries 主要産業 / a ～ operation 大手術 / a ～ earthquake 巨大な地震 / That's not ～ *to* me. それは私には大したことじゃない. [語法] 2 の意味は 1 の比較の意味あいが薄くなったもの (☞ minor [形] 1 [語法]).

3 [A] 《主に米》 (学科が)**専攻の**, 専門の: What's your ～ field? あなたの専攻分野は何ですか. **4** 〔楽〕 長調の, 長音階の: a sonata in C ～ ハ長調のソナタ. **5** [姓の後で] 《古風, 英》 年上の《同姓の男子学生 2 人を区別する》: Brown ～ 年上のブラウン君. [語源] ラテン語で「より大きい」の意; ☞ minor [語源], mayor [語源].

― [名] (～s /～z/) **1** [C] 《主に米》 **専攻科目**, **専門課程**: He chose mathematics as his ～. 彼は専攻科目として数学をとった. **2** [C] 《米》 専攻学生: an English ～ 英語専攻生. **3** [U] 〔楽〕 長調, 長音階 ([反] minor). **4** [the ～s] (野球などの)大リーグ. **5** [U] 大きな競技会. **6** [C] 〔法〕 成人.

― [動] (**ma·jors** /～z/; **ma·jored** /～d/; **-jor·ing** /-dʒ(ə)rɪŋ/) [次の成句で] **májor in ...** [動] [他] 《主に米》 ...を専攻する, (大学で)研究する (《英》 read): He ～*ed in* economics at Harvard. 彼はハーバードでは経済学を専攻した. **májor on ...** [動] [他] 《主に米》 (問題など)に特に注意を払う.

ma·jor[2] /méɪdʒɚ | -dʒə/ [名] [C] [時に M-] 《米》 陸軍[空軍, 海兵隊]少佐; 《英》 陸軍少佐 ([略] Maj.).

Ma·jor /méɪdʒɚ | -dʒə/ [名] [固] **John** ～ メージャー (1943–) 《英国の保守党政治家; 首相 (1990–97)》.

ma·jor·do·mo /mèɪdʒɚdóʊmoʊ | -dʒə-/ [名] (～s) [C] **1** 《米》 世話人[係]. **2** 《古風》 (王家などの)家令.

majorette [名] [C] =drum majorette.

⁺májor géneral [名] [C] [時に M- G-] 《米》 陸[空]軍少将; 《英》 陸軍少将 ([略] Maj. Gen.).

＊ma·jor·i·ty /mədʒɔ́:rəṭi | -dʒɔ́r-/ [T1] [名] (**-i·ties** /～z/; [形] májor[1]; [反] minority) **1** [the ～] **大多数**, **大部分**: *The* ～ *of* the committee *was* [*were*] against the plan. 委員の大多数はその計画に反対だった. [語法] 《英》 では一人一人を指すときには単数形でも複数扱いとなることがある (☞ collective noun [文法]) // *The* great [vast] ～ *of* people prefer watching soccer to playing it. 大多数の人はサッカーを自分でやるより見るほうを好む (★ of の後に複数名詞を伴うときは複数扱いが普通).

2 [C] [普通は単数形で] **多数派**, **多数党**; **多数集団**: The ～ is not always able to impose its will on the minority. 多数党が必ずしも少数党にその意思を押しつけることはできない. **3** [C] 多数(票); 《米》 (得票の)過半数, 絶対多数 (《英》 absolute majority) (*over*) (☞ plurality 2): need a two-thirds ～ 2/3 の多数(票)を要する / win [gain] a ～ in the election 選挙で過半数を得る. **4** [C] (投票での)得票差 (*over*): by a narrow [large] ～ (*of* 500) (500 という)わずかな差[大差]で. **5** [形容詞的に] 多数党[派]の, 多数党[派]による: ☞ majority rule / a ～ decision [ruling] 多数決. **6** [U] 〔法〕 成年. [参考] 米国ではほとんどの州で 18 歳(一部で 21 歳); 英国では 18 歳. **7** [U] 少佐の位[職].

be in the [a] majórity [動] [自] 過半数を占める.

majórity lèader [名] [C] 《米》 (上院・下院の)多数党院内総務 (☞ minority leader).

majórity rùle [名] [C] [普通は the ～] 多数決原理: by (*the*) ～ 多数決で.

majórity vérdict [名] [C] (陪審員の過半数による)多数評決.

májor-léague [形] [A] 《米》 **1** 大リーグの. **2** 有力な, 大物の; 重要な; 抜群の, 徹底した.

májor léagu·er /-lí:gɚ | -gə/ [名] [C] 《米》 大リーグの選手.

májor léagues [名] [複] [しばしば the M- L-] 《米》 大リーグ《プロの野球・アイスホッケーなどの最高位リーグ; 野球では American League と National League がある》. [関連] minor league マイナーリーグ. **móve [máke it] ínto the májor léague(s)** [動] [自] [新聞で] 成功[出世]する.

ma·jor·ly /méɪdʒɚli | -dʒə-/ [副] 《米略式》 すごく.

májor scále [名] [C] 〔楽〕 長音階, 長調.

májor súit [名] [C] 〔ブリッジ〕 スペード[ハート]の揃い札.

＊make /méɪk/ [動] (**makes** /～s/; 過去・過分 **made** /méɪd/; **mak·ing**) [他] ★「作る」という意味の最も普通の語.

基本的には「作る」,「...させる」の意を表わす.

① 作る, 作り[生み]出す	1, 2, 3, 10
② [使役の意味で] ...に―させる	6
③ [make＋動作名詞] ...をする	4
④ ...を―にする[と表わす, と見積もる]	5, 7, 13
⑤ ...になる	9
⑥ 進む	14

1 〈...〉を**作る**, **製作する**, 作り出す; 〈...に〉〈―〉を作ってやる; 建設する; 〈文書など〉を作成する, 〈法律など〉を制定する: Kate *made* a pretty doll. ケートはかわいい人形を作った / Many birds ～ their nests in trees. 多くの鳥は木に巣を作る / [言い換え] My father *made* a chair ***for*** me. <V+O+*for*+名・代> =My father *made* me a chair. <V+O+O> 父は私にいすを作ってくれた (☞ dative verb [文法], indirect object [文法] (2), for [前] A 1 [語法]) / Salad *is* often ***made with*** lettuce and tomato. <V+O+*with*+名・代の受身> サラダはしばしばレタスとトマトで作る (☞ cooking 囲み) / We ～ a great many things ***out of*** paper. <V+O+*out of*+名・代> 私たちは紙からいろいろなものを作る / These chairs are ***made in*** Norway. <V+O+*in*+名・代の受身> これらのいすはノルウェー製だ.

2 (使えるように)〈...〉を**用意する**, 作る, 整える (prepare); 〈...に〉〈―〉を用意してやる: ～ time (忙しい中で)時間を作る / He *made* a fire. 彼は火をおこした / Who is to ～ dinner this evening? 今夜の食事はだれが作ることになっているのですか / [言い換え] Will you please ～ some coffee ***for*** me? <V+O+*for*+名・代> =Will you please ～ me some coffee? <V+O+O> コーヒーを入れてくれませんか // ☞ make the bed (bed 成

M

句).
3 /mèɪk/ (人や物事が)〈ある状態〉を**生じさせる**, 作り出す, 引き起こす (cause): ~ a hole 穴をあける / ~ a scratch ひっかき傷をつくる / Don't ~ so much noise. そんなにうるさく音を立てるな / It will ~ news. それはニュースになるだろう / She is always ***making*** trouble ***for*** me. <V+O+*for*+名・代> 彼女はいつも私に迷惑ばかりかける.
4 /mèɪk/ [動作・行為を表わす名詞を目的語として] 〈…〉を**する**, **行なう** (do): ~ an appointment 約束をする / She *made* a promise to do it. 彼女はそれをする約束をした / [言い換え] My father ***made*** a promise ***to*** me. <V+O+*to*+名・代>=My father *made* me a promise. <V+O+O> 父は私に約束をした / Don't ~ excuses. 言いわけをするな / We are *making* preparations for the trip. 今旅行の用意をしている / An attempt *was made* to save him. <V+O の受身> 彼を救う企(くわだ)てがなされた.

> [語法] この場合, make preparations = prepare, make a promise = promise のように「make+名詞」は全体で名詞に対応する単一動詞と同じ意味になり「動作・移動・発言・判断・試み・授与」などを表わすことが多い.

> [コーパス・キーワード]
> **「make 4+動作名詞」のいろいろ** (☞ corpus)
> **màke an adjústment** 調整する / **màke an alterátion** 手直しする / **màke arrángements** 準備する / **màke an arrést** 逮捕する / **màke an attémpt** 試みる / **màke a cáll** 電話をする / **màke a chánge** 変更する / **màke a chóice** 選ぶ / **màke a compárison (betwèen …)** (2つのものを)比較する / **màke a contribútion (to …)** (…に)寄付[貢献]する / **màke a decísion** 決定する / **màke a discóvery** 発見する / **màke an éffort** 努力する / **màke one's escápe** うまく逃れる / **màke a fúss (abòut …)** (…で)大げさに騒ぐ / **màke a guéss** 推測する / **màke a hít (with …)** (…に)よい印象を与える / **màke inquíries** 質問する / **màke a jóke** 冗談を言う / **màke a jóurney** 旅行する / **màke a mistáke [an érror]** 間違いをする / **màke a móve** 転居する / **màke a nóte of …** …を書き留める / **màke an óffer** 申し出る / **màke prógress** 上達する / **màke a propósal [suggéstion]** 提案する / **màke a replý** 返事をする / **màke a requést for …** …を要請する / **màke a spéech** 演説をする. [語法] 一般に次の意味特徴がある. (i) 努力を伴う動作, (ii) しばしば動作の内容や結果に重点が置かれる, (iii) 単一動詞よりも改まった言い方.
> (☞ have¹ [他] 5, take [他] 6)

5 (人・物事が)〈…〉を—に**する**; 〈…〉を—に任命する, 選ぶ: The best way to ~ children good is to ~ them happy. <V+O+C (形)> 子供たちをよい子にするいちばんの方法は彼らを幸せにすることだ / The noise in the room *made* reading difficult. 部屋の騒音で本を読むのが困難だった / What tune ~*s* everybody glad? どんな曲がみんなを喜ばせるか. ★ Answer: For*tune*. 答 幸運 (☞ riddle¹) / What *made* you so angry? 何であなたはそんなに怒ったのですか / I want to ~ it clear that I have nothing to do with this matter. 私はこの件にはなんの関係もないことを明らかにしたい / I was pleased I could ~ myself *understood* in English. <V+O (代)+C (過分)> 私は英語で話が通じたので喜んだ / Why didn't they ~ Jean chairperson? <V+O+C (名)> なぜジーンを議長にしなかったのか.

> [会話] "I'll have a beer." "M~ that two." "M~ mine a gin and tonic." 「ビール1本」「僕もビール」「私はジントニック」《飲食物の注文》

6 (人・物事が)〈…〉に**—させる** (☞ have¹ 6, causative verb [文法]; let² 類義語): I will ~ him *do* his job at once. <V+O+C (原形)> すぐに彼に仕事をやらせよう / They *made* him *be* good. 彼らは彼を行儀よくさせた / Nothing can ~ her *feel* ashamed. どんなことがあっても彼女は恥ずかしいと思わない / Don't ~ me laugh! (ばかげたことを言って)笑わせないでくれ! / Why is the letter B hot?—Because it ~*s* oil boil. B という文字はなぜ熱いか—油を沸騰させるから (oil に b をつけると boil になるので; ☞ riddle¹).

> [語法] (1) **原形から to 不定詞へ**
> 受身の文にすると原形の代わりに to 不定詞が用いられる: I *was made* ***to*** stay there alone. 私は1人でそこに残らされた.
> (2) **原形の省略**
> 文脈上から次の ( ) 内を省略することがある: The boy didn't want to do it, but they *made* him [he *was made to*] (do it). 少年はそれをしたくなかったが, みんなは(それを)やらせた.

7 (物語・絵・映画などで)〈…〉を**—と表わす**, 〈…〉を—するという設定で描く: In the painting the boy *made* his house very big. <V+O+C (形)> その絵で少年は自分の家を非常に大きく描いた / The photo *made* him (look) older than he was. その写真では彼は実際より老けてみえた. [語法] この文での動詞型は look が入れば <V+O+C (原形)>, look が省かれれば <V+O+C (形)> となる.
8 [受身・進行形なし] 《略式》〈…〉に**到着する**; 〈乗り物・会合など〉に間に合う; Ⓢ 〈会合など〉に都合をつけ(て出)る: ~ a deadline 締め切りに間に合う / They will ~ Sydney by seven this evening. 彼らは今夕7時までにシドニーに着くだろう / Can I ~ the last train? 最終列車に間に合いますか / I'm sorry I can't ~ the next meeting. すみませんが次の会合には出られません.
9 [受身・進行形なし] (総数・総量が)〈…〉に**なる**; (数えて)〈…番目(のもの)〉である[になる], 〈…〉を構成する; (発達・生長して)〈…〉になる, 〈…〉であることがわかる; 〈…〉に使える[適する]: Two and three ~ [~*s*] five. 2 足す 3 は 5 になる (2+3=5) / Twice [Two times] three ~*s* six. 3 の 2 倍は 6 (2×3=6) (☞ time [名] 11 [日英比較]) / Good players do not always ~ good managers. よい選手が常によい監督になるとは限らない / Many small streams ~ a large river. 多くの小さな流れが集まって大きな川となる / [言い換え] Jean *made* Max a good wife. <V+O+C>=Jean ***made*** a good wife ***for*** Max. <V+O+*for*+名・代> ジーンはマックスのよい妻となった. **10** /mèɪk/ 〈金・財産・名声など〉を**得る**, 手に入れる, 作り出す; 〈得点・成績〉をあげる: ~ good money たくさんかせぐ / ~ a living 生計を立てる / ~ a profit 利益を上げる / He *made* $500 *on* the sale of a picture. 彼は絵を売って500ドルもうけた / She *made* a name for herself in literary criticism. 彼女は文芸批評で名を成した / He *made* 20 points in the basketball game. 《主に米》彼はバスケットの試合で20点あげた. **11** 《略式》〈…〉に(一員として)地位を得る; 〈記事など〉に出る: ~ the headline [front page] 新聞の見出しになる[第一面に載る] / He *made* the team. 彼はそのチームの一員に選ばれた / She *made* full professor before she was 30. 《主に米》彼女は30前に正教授になった. **12** [受身・進行形なし] 《略式》〈人・物事〉を**成功させる**; 完全[立派]にする: This novel *made* her. この小説で彼女は名をなした / Your visit really *made* my

day. あなたが来てくれたおかげですばらしい日になりました. **13** [受身なし] 〈…〉を—と見積もる, 算定する (at); 〈…〉を—と思う : I'd ~ the total $500. 総額は500ドル(くらい)になると思う [言い換え] What time do you ~ it? ⓢ (英)=What do you ~ the time? 今何時(ぐらい)なの? **14** [受身なし] 〈ある距離〉を〈ある速度〉で]進む, 行く. **15** [トラ] (特にブリッジで)〈ある札〉を出して勝負に勝つ; 〈勝ази〉に勝つ; 〈コントラクト〉を達成する; 〈札〉を切る. **16** (俗) [性差別] 〈女〉と寝る, ものにする. **17** 〈食事〉をとる.

— 圓 **1** 進む, 向かって行く (☞ make after …, make for …, make toward … (句動詞)). **2** [to 不定詞を伴って] (古語) ⓦ …しようとする : ~ to stand up 立ち上がろうとする. **3** ⓦ (古風) ふるまう : She ~s as if she knows nothing. 彼女は何も知らないふりをしている. **4** [トラ] 札を切る.

be as …[as they máke 'em [as they're máde]] [動] (略式) とても…である.

be máde for … [動] 他 …向きにできている, (生まれつき)…に向いている : I *am* not *made for* this work. 私はこの仕事には向いていない / They *are made for* each other. 2人はお似合いのカップルだ.

be máde to dó [動] 他 (生まれつき)…する[である]のに向いている : Tom *is* not *made to* be a swimmer. トムは(生まれつき)水泳選手には向いていない.

Do you want to máke sómething (òut) of it? ⓢ 何か文句があるのか.

hàve [gèt] it máde=**have gòt it máde** [動] 圓 ⓢ (略式) 成功したようなものだ, 確実にうまくいく.

màke ánything of … [動] [can を伴って] …を理解できる : [疑問文・否定文で can を伴って] …を理解する (☞ make nothing of … (nothing 代 成句)) : *Can* you ~ *anything of* what he's saying? 彼の言っていることがわかりますか.

máke as if [thòugh] to dó [動] …しようとする(ようなしぐさをする) (⇨ 圓 3) : He *made as if to* hit her. 彼は彼女を殴ろう(とするそぶりを)した.

máke … dó=**màke do with …** ⇨ do² 成句.

máke it 🔟 [動] [進行形なし] (略式) **(1)** うまくいく, 成功する; (病気に)よくなる, 危機を切り抜ける, 持ちこたえる (through) : I *made it* うまくいったぜ, やったぞ / I'm sure he'll ~ *it* into college. 彼はきっと大学へ入れるよ. **(2)** 間に合う (to) : I took a taxi and just *made it*. 私はタクシーに乗ってやっと間に合った. **(3)** (…に)うまく行き着く; ⓢ (会などに)出る (to) : They *made it* to the other side of the river. 彼らは川の反対側に辿り着いた / Sorry, I can't ~ *it* to the party. 悪いがパーティーには行けない. [語法] make *it* away [back, down, in, off, out] のように方向を表わす副詞(句)をつけて言える : He *made it on* (the train) just in time. 彼はぎりぎりやっと列車に乗った / She *made it up* the hill first. 彼女は丘の上に一番乗りした.

máke it … [動] **(1)** (日時などを)…と決める, …で都合をつける, …で手を打つ (☞ 他 13) : I can't ~ *it* next Saturday. 今度の土曜日はまずい. **(2)** ⓢ …と訂正する.

máke it bíg [動] 圓 (米略式) 大成功する.

máke it thróugh to … [動] 他 うまく…に行き着く (☞ make it (3)).

máke it with … [動] 他 (米) …とセックスする.

màke nóthing of … ☞ nothing 代 成句.

máke one's wáy [動] 圓 ☞ way¹ 成句.

máke (…) or bréak … [動] 他 〈…〉を成功させるか失敗させるかどちらかである, 〈…〉の運命を左右する.

whàt …'s (réally) máde òf [名] (略式) …の真価[才能, 腕前].

---

make の句動詞

máke àfter … 動 他 …を追いかける.

máke àt … 動 他 …に襲いかかる.

màke awáy 動 圓 (英) 急いで去る.

màke awáy with … [動] 他 **(1)** (略式) = make off with …. **(2)** (古風) …を殺す (do away with) : ~ *away with* oneself 自殺する.

*****máke for …** 動 他 **1** (略式) …に役立つ, 寄与する; …を生み出す, もたらす : Criticism like that doesn't ~ *for* a good atmosphere. あんな批判でいいムードは作れない.

2 …の方へ進む, (急いで)…に向かう : We saw the party *making for* the river. その一行が川の方へ進んでいくのが見えた.

*****máke … from** — 動 他 …から〈…〉を作る (☞ from 6 [語法]) : Bread is *made from* flour. パンは小麦粉で作られる.

*****máke … ìnto** — 動 他 [しばしば受身で] 〈…〉を—にする : She *made* my old overcoat *into* a jacket. 彼女は私の古いオーバーを上着に作り直した / Grapes can be *made into* wine. ぶどうからワインが作れる. / The concert *made* her *into* a star overnight. その音楽会で彼女は一夜にしてスターとなった.

máke like … 動 ⓢ (米略式) …をまねる, …になったふりをする.

*****máke … of** — 動 他 **1** —で〈…〉を作る (☞ of 8) : The bench is *made of* wood. そのベンチは木でできている (☞ make … out of —).

2 —を〈…〉にする : He wants to ~ a baseball player *of* his son. 彼は息子を野球選手にしたがっている. [語法]「—を材料にして…を作る, —を…に変える」という意味から下のような成句が生じた (☞ make … out of —).

成句「make＋名＋of …」のいろいろ (☞ corpus)
màke a cléan bréast of …をすっかり打ち明ける / màke an exámple of …を見せしめに罰する / màke an excéption of …を特別扱いにする / màke a fóol of …をばかにする / màke a hábit [práctice] of …を習慣にする / màke a hásh [méss] of …を台なしにする / màke a núisance of onesélf 人に迷惑をかける / màke a píg of onesélf (がつがつ)食べる / màke a sécret of …を秘密にする

---

3 [普通は what の疑問文で] 〈—〉を〈…〉と思う[解決する] : *What* do you ~ *of* his behavior? 彼のふるまいをどう思いますか. **4** (機会を利用して)—から〈…〉を得る : ☞ make the most of … (most 代 成句), make the best of … (best 名 成句), make something of … (something 代 成句).

màke óff 動 圓 (略式) 急いで去る, 逃げ去る.

màke óff with … [動] 他 〈…〉を持ち去る, 持ち逃げする, 盗む.

*****máke óut** 動 他 **1** [普通は can, could とともに] [進行形なし] 〈…〉を(やっと)見分ける, 認める; 判読する ＜V＋名・代＋out / V＋out＋名＞ : I *could* not ~ *out* his name on the card. カードに書いてある彼の名前が判読できなかった.

2 [しばしば can, could とともに] [受身なし] 〈…〉を理解する, 〈…〉がわかる; (略式)〈人〉を見きわめる (understand) ＜V＋名・代＋out / V＋out＋名＞: I *couldn't* ~ *out what* he said. 彼が何を言ったかわからなかった / I just *can't* ~ *you* out! 私にはあなたが(どういう人間か)どうにもわからない / I *can't* ~ *out if* [*whether*] she likes it or not. 彼女がそれを気に入っているかどうかわからない.

3 〈…〉を作り上げる, 作成する; 〈申し込み用紙など〉に書き入れる; (不足分を満たして)完全にする ＜V＋名・代＋out / V＋out＋名＞ : Will you ~ *out* a list [bill, check]? リスト[請求書, 小切手]を作って[書いて, 切って]くれませんか. **4** (略式) 〈…〉と主張する; 〈…だ〉と見せ

かける, 〈...〉を—とほのめかす: 言い換え They *made out* (*that*) he was a liar. ＝They *made* him *out* (*to* be) a liar. 彼らは彼をうそつきのように言った. **5** 〈結論〉に達する, 〈...〉を証明[しようと]する.
— 自 **1** [普通は中の疑問文で] (略式, 主に米) (何とか)やっていく, (人と)うまくやる: How did you ~ *out* at the oral examination? 面接試験はどうだった? **2** (略式, 主に米) (人と)(抱き合って)いちゃつく; セックスする.

*máke ... òut of — 動 他 〈...〉から〈...〉を作る; —をーにする (☞ make ... of — 1, 2): She *made* a jacket *out of* my old overcoat. 彼女は私の古いオーバーで上着を作った / The coach decided to ~ a third baseman *out of* Tom. コーチはトムを三塁手として育てることに決めた.

*máke óver 動 他 **1** (名 mákeòver) (米) (別のものに)〈...〉を作り直す, 変える, 〈...〉のイメージを変える <V＋名・代＋*over* / V＋*over*＋名>: The garage has been *made over into* a workshop. ガレージは仕事場に改造された. **2** 〈...〉を(—に)譲る (*to*).

máke towàrd ... 動 他 ...の方へ進む (make for ...).

*máke úp 動 (名 mákeùp) 他 **1** [進行形なし] 〈...〉を構成する, 編成する; 〈ある割合〉を占める (☞ be made up of ... (make up の成句)) <V＋*up*＋名>: Eleven players ~ *up* one football team. 11 人の選手で 1 つのフットボールチームができる / In this region, minority groups ~ *up* half of the population. この地方では少数民族が人口の半数を占める.
2 〈話・うそなど〉を(即座で)作り出す, でっちあげる; 〈歌詞・音楽など〉を作る <V＋名・代＋*up* / V＋*up*＋名>: His story is *made up*. 彼の話はでっちあげだ.
3 〈...〉を埋め合わせる, 補う; 〈借金など〉を返済する <V＋名・代＋*up* / V＋*up*＋名>: He worked hard to ~ *up* the loss. 彼はその損失を埋め合わせようと一生懸命働いた / I'm afraid I have to leave early today. I'll ~ *up* the time tomorrow. 悪いけどきょうは早く帰ります. 明日(その部分)の埋め合わせをします.
4 (主に英) 〈数・量〉を完全にする, 満たす, (必要な量まで)そろえる (*to*) <V＋名・代＋*up* / V＋*up*＋名>: He was generous enough to *make up* the sum we asked for. 彼は我々の要求額を気前よくそろえてくれた.
5 〈...〉を作り上げる; 作成する: ~ *up* a list 一覧表を作る / She *made up* the package neatly. 彼女はきちんと荷造りをした. **6** 〈けんかなど〉を丸くおさめる, 〈...〉を解決する; 取り決める. **7** (米) 〈失敗した試験・科目など〉を受け[取り]直す. **8** 〈ベッド・弁当など〉を用意する; 〈物〉をまとめる, 束ねる. **9** 〈薬〉を調合する; 〈注文書・処方箋など〉に従って用意[調剤]する. **10** 〈...〉に化粧する; 〈役者など〉に扮装(さう)させる: ~ oneself *up* お化粧する. **11** 〈衣服・生地〉を仕立てる (*into*). **12** 〈炉火・ストーブなど〉に燃料を追加する. **13** [しばしば受身で] 〈道路〉を舗装する. **14** 〈印〉 〈ページなど〉をまとめる, 組む.
— 自 **1** (略式) 仲直りする: They quarreled, but the next day they kissed and *made up*. 彼らはけんかをしたが翌日キスをして仲直りをした / Why don't you ~ *up with* Tom? トムと仲直りしたらどうだい.
2 化粧する; 扮装する: He *made up as* [*to* look like] a cowboy. 彼はカウボーイに扮した.

be màde úp of [from] ... 動 他 ...で構成されている; ...で作られている: 会話 "How many nations is the European Union *made up of*?" "Fifteen, I think." "EU の加盟国はいくつ?" "15 だろう".

màke it úp 動 自 (英) 〈...と〉仲直りする (make up) (*with*).

màke it úp to ... 動 [他] (略式) ...に対して(迷惑などの)埋め合わせ[償い]をする (*for*).

màke úp (to ...) for — 動 他 〈...に〉—の埋め合わせをする, —を償う, 補う; —の帳じり[つじつま]を合わせる (受身 be made up for): ~ *up for* one's lack of experience *with* enthusiasm 経験不足を熱意で補う / ~ *up for* lost time 時間の遅れ[失われた青春時代]を取り戻す.

máke úp one's mínd ☞ mind 名 成句.
máke úp to ... 動 他 ...に取り入る.
máke with ... 動 他 [the＋名詞を伴って; 普通は命令文で] (俗, 主に米) 〈金・食事など〉を出す, 作り[持ち]出す (produce); (いつものやり方で)...を使う, する, 〈手足〉を動かす.

— 名 (~s /-s/) **1** C 型, 形式, (製造業者を示す)銘柄; 種類 (☞ brand 名 **1** 語法): cars of different ~s いろいろな種類の車 / 会話 "What ~ of car do you have?" "A Mercedes." "車は何をお持ちですか" "ベンツです" / Hundreds of ~s of computers [(やや格式) computer] are available here. ここでは何百という機種のコンピューターが手に入る. **2** U 造り, 製作: a watch of Swiss ~ ＝a Swiss ~ of watch スイス製の時計. **3** U 体格, 体つき (build); 性格. **on the máke** [形・副] (略式) (軽蔑) 自分の利益[金もうけ]を求めて; セックスの相手を求めて.

Máke-a-Wísh Foundàtion 名 固 [the ~] メイクアウィッシュ基金 〘重病の子どもに夢を与えるための慈善事業〙.

máke-belíeve 名 **1** U 見せかけ, ふり; (子供の)ごっこ遊び; 架空. **2** [形容詞的に]見せかけの, 偽りの: a ~ friend うわべだけの友人.

máke-dò 形 A, 名 C ＝makeshift.

máke-or-bréak 形 のるかそるかの.

máke·òver 名 C 改造; (ヘアスタイルなどを変えての)変身, イメージチェンジ.

*mak·er /méɪkɚ | -kə/ 名 (~s /-z/) **1** C [(英) しばしば複数形で] 製造元, メーカー.
2 C 製作者, 作り手; ...を起こす人[もの], ...の原因となる人[もの]: ☞ decision-maker. 関連 shoemaker 靴製造人 / watchmaker 時計屋 / troublemaker いざこざを起こす人. **3** [the [our] M-] 造物主, 神 (God). **méet one's Máker** [動] 自 (略式) [滑稽] 死ぬ.

*máke·shìft 形 A 間に合わせの, 一時しのぎの.

*máke·ùp /méɪkʌp/ 名 (動 màke úp) **1** U (俳優などの)メーキャップ, 扮装(ふそう); 化粧; 化粧品[道具]: [put on [take off] ~ 化粧をする[落とす] / touch up one's ~ 化粧直しをする. He doesn't wear ~. 彼女は化粧をしない. **2** C [普通は単数形で] 組み立て, 構成, 構造; (人の)体質, 性質. **3** C [普通は単数形で] (新聞・本などの)割付け, 構成; レイアウト; メーキャップ. **4** C (米) 再試験, 追試験; [形容詞的に] (試験の)再[追]試の.

máke·wèight 名 C **1** 必要な目方にするために加えるもの. **2** 不足を補うためだけの人[もの], つけ足し.

máke-wòrk 名 U (米) (失業者救済用の)閑(かん)職, (適当にあてがった)仕事[課題], 雑用.

*mak·ing /méɪkɪŋ/ 名 (~s /-z/) **1** U [普通は合成語で] 作ること, 製造: the ~ *of* furniture 家具の製造 / These troubles are all of your own ~. このトラブルはみな君自身が作り出したものだ. **2** [the ~] 成功の原因[手段]: Hardships were the ~ *of* him. 苦労したのが彼の成功のもとだった. **3** [the ~s] 素質: have the ~s of a great singer 大歌手の素質がある.

in the máking [形] (1) 製造[作成]中の; 発達[修業]中の: nurses in the ~ 看護師の卵. (2) ...となる: a fortune *in the* ~ *for* hard workers 勉強家たちを待っている好運.

mal- /mæl/ 接頭 「悪い, 悪く, 不適切な[に]; ...でない」の意: *mal*treat 虐待する.

Ma·la·bo /mɑːlɑ́ːbou/ 名 固 マラボ 〘赤道ギニアの首都〙.

(Equatorial Guinea) の首都).

Ma·lac·ca /məlǽkə/ 名 **the Strait of ~** マラッカ海峡 (Malay 半島と Sumatra 島の間の海峡).

Mal·a·chi /mǽləkàɪ/ 名 固 マラキ書 (旧約聖書の一書).

mal·a·chite /mǽləkàɪt/ 名 Ⓤ 《鉱物》くじゃく石.

mal·ad·just·ed /mæ̀ləʤʌ́stɪd⁺/ 形 (人が)(環境に)不適応の.

mal·ad·just·ment /mæ̀ləʤʌ́s(t)mənt/ 名 Ⓤ (環境)不適応.

mal·ad·min·is·tra·tion /mæ̀lədmìnəstréɪʃən/ 名 Ⓤ 《格式》(処理の)不手際, 悪政, 失政.

mal·a·droit /mæ̀lədrɔ́ɪt⁺/ 形 《格式》不器用な, 不手際な; 気がきかない. **~·ly** 副 不器用に. **~·ness** 名 Ⓤ 不器用(さ).

mal·a·dy /mǽlədi/ 名 (**-dies**) Ⓒ 《社会の》病弊, 弊害; 《古風》病気.

mal·aise /məléɪz, mæ-/ 名 [Ⓤ または a ~] 《格式》(体の)不快感, 不定愁訴(ショック); 社会の沈滞.

Mal·a·mud /mǽləməd, -mùd/ 名 固 **Ber·nard** /bənáɚd | -náːd/ ~ マラマッド (1914-86) 《米国の小説家》.

mal·a·prop·is·m /mǽləprɑ̀pɪzm | -prɔ̀p-/ 名 Ⓤ 発音の似た語の滑稽な誤用 (arrangement を derangement と言うなど); Ⓒ 誤用された語.

ma·lar·i·a /məlé(ə)riə/ 名 Ⓤ 《医》マラリア.

⁺**ma·lar·i·al** /məlé(ə)riəl/ 形 Ⓐ マラリア(性)の; マラリアにかかった; (土地が)マラリアの流行する.

ma·lar·key /məláɚki | -láː-/ 名 Ⓤ 《略式》意味のないおしゃべり, むだ話.

Ma·la·wi /məláːwi/ 名 固 マラウィ 《アフリカ南東部にある共和国》.

⁺**Ma·lay** /məléɪ, méɪleɪ | məléɪ/ 形 マレー諸島[半島, 人, 語]の. — 名 Ⓒ マレー人; Ⓤ マレー語.

Ma·lay·a /məléɪə, mer- | mə-/ 名 固 = Malay Peninsula.

Maláy Archipélago 名 固 マレー諸島 《東南アジア・オーストラリア間の列島》.

Maláy Península 名 固 [the ~] マレー半島 (Malaya) 《アジア南東部の半島》.

Ma·lay·si·a /məléɪʒ(i)ə, -ʃə | -ziə, -ʒ(i)ə/ 名 固 マレーシア 《アジア南東部のマレー半島およびボルネオ島にまたがる国》.

⁺**Ma·lay·si·an** /məléɪʒ(i)ən, -ʃən | -ziən, -ʒ(i)ən/ 形 マレーシアの, マレーシア人の.
— 名 (~**s** /-z/) Ⓒ マレーシア人.

Mal·colm X /mǽlkəmks/ 名 固 マルコム X (1925-65) 《米国の黒人公民権運動指導者》.

mal·con·tent /mǽlkəntènt⁺ | mælkəntént/ 《格式》名 Ⓒ 不平家, 反抗者. — 形 不満の, 反抗的な.

Mal·dives /mɔ́ːldiːvz/ 名 固 [the ~] モルジブ 《インド洋中北部の島国》.

⁺**male** /méɪl/ (同音 mail¹,²) (反 female) **❶** 形 **1** [比較なし] [普通は Ⓐ] (雌に対して)雄の; (女性に対して)男性の, 男の (略 m, M; ☞ masculine と female の 語法): a ~ animal 雄の動物 / a ~ flower 雄花 / the ~ sex 男性 / a ~ (voice) choir 男声合唱団 / ~ domination 男性支配 / a ~ preserve 男性だけの世界[領域]. **2** Ⓐ (部品が)凸型の, 雄の: a ~ screw 雄ねじ.
— 名 (~**s** /-z/) Ⓒ (雌に対して)雄; (女性に対して)男性, 男 (略 m, M).

	雄(の)
male	男性(の)

Ma·le /máːli/ 名 固 マレ 《Maldives の首都》.

mále bónding 名 Ⓤ 男同士のきずな[仲間意識].

mále cháuvinism 名 Ⓤ 《軽蔑》(女性に対する)男性の優越主義, 男尊女卑.

mále cháuvinist 名 Ⓒ 《軽蔑》男性優越主義者, 男尊女卑の男性: a ~ pig 男性優越主義の豚野郎

(略 MCP).

mal·e·dic·tion /mæ̀lədíkʃən/ 名 Ⓒ 《格式》のろい(のことば).

⁺**mále-dóm·i·nàt·ed** 形 男性支配[優位]の.

mal·e·fac·tor /mǽləfæ̀ktɚ | -tə/ 名 Ⓒ 《格式》悪人; 犯罪人.

ma·lef·i·cence /məléfəs(ə)ns/ 名 Ⓤ 《格式》有害.

ma·lef·i·cent /məléfəsnt/ 形 《格式》有害な.

mále ménopause 名 [the ~] 《滑稽》男の更年期 《中年男性が老い不満に悩む時期》.

mále·ness 名 Ⓤ 男性らしさ.

ma·lev·o·lence /məlévələns/ 名 Ⓤ 《格式》悪意, 敵意.

⁺**ma·lev·o·lent** /məlévələnt/ 形 《格式》悪意を持った, 意地の悪い. **~·ly** 副 悪意を持って.

mal·fea·sance /mælfíːz(ə)ns/ 名 Ⓤ 《法》 (特に公務員の)不正行為.

màl·formátion 名 Ⓤ.Ⓒ 不格好(なもの); 《医》(体などの)奇形(部分).

mal·formed /mæ̀lfɔ́ɚmd | -fɔ́ːmd⁺/ 形 不格好な; 《医》奇形の.

⁺**màl·fúnction** 《格式》 ⑬ 名 Ⓒ,Ⓤ (機械などの)不調, 故障. — 動 (機械などが)正常に動かない.

Ma·li /máːli/ 名 固 マリ 《西アフリカの共和国》.

Mal·i·bu /mǽləbùː/ 名 固 マリブ (Los Angeles 西方の海浜地・高級住宅地; サーファーのメッカ).

⁺**mal·ice** /mǽlɪs/ 名 Ⓤ 《格式》悪意, 敵意, 恨み (*toward*). **béar málice to [agáinst, towárd]** ... = **béar ... málice** [動 他] ... に悪意を抱く. **with málice aforethóught** 副 《法》予謀の犯意をもって, 故意に.

⁺**ma·li·cious** /məlíʃəs/ 形 悪意のある, 意地の悪い. **~·ly** 副 悪意を持って, 意地悪く. **~·ness** 名 Ⓤ 悪意のあること.

⁺**ma·lign** /məláɪn/ 《格式》 動 他 [普通は受身で] 〈...〉を悪く言う, そしる, 中傷する: a much ~ed magazine article 批判を多く受けた雑誌記事. — 形 (影響などが)有害な; (人・行動などが)悪意のある.

ma·lig·nan·cy /məlígnənsi/ 名 (**-nan·cies**) 1 Ⓤ 《格式》(強い)悪意, 敵意, 激しい憎しみ; (病気の)悪性. 2 Ⓒ 《医》悪性腫瘍(ユョウ).

⁺**ma·lig·nant** /məlígnənt/ 形 《反 benign》 1 Ⓐ 《格式》悪意[敵意]のある. 2 《医》(病気・腫瘍が)悪性の: a ~ tumor 悪性腫瘍. 3 非常に危険[有害]な. **~·ly** 副 悪意を持って.

ma·lig·ni·ty /məlígnəti/ 名 Ⓤ 《格式》(根深い)悪意, (強い)憎しみ; 有害; 悪性.

malígn·ly 副 悪意を抱いて.

ma·lin·ger /məlíŋɡɚ | -ɡə/ 動 (**-ger·ing** /-ɡ(ə)rɪŋ/) 自 [普通は進行形で] 《軽蔑》仮病を使って仕事を怠ける.

ma·lin·ger·er /məlíŋɡərɚ | -rə/ 名 Ⓒ 《軽蔑》仮病を使って仕事を怠ける者.

⁺**mall** /mɔ́ːl/ 名 Ⓒ 1 《主に米》歩行者専用の商店街, ショッピングセンター (shopping mall): go to the ~ ショッピングセンターへ行く. 2 (高速道路などの)中央分離帯. 3 木陰のある遊歩道.

Mall /mǽl/ 名 固 [the ~] マル 《London 中央部の Buckingham 宮殿と Trafalgar 広場の間の街路》.

mal·lard /mǽləd | -ləd/ 名 (複 ~(**s**)) Ⓒ まがも 《北半球で最も普通のかも》.

mal·le·a·bil·i·ty /mæ̀liəbíləti/ 名 Ⓤ 可鍛性, 展性; 順応性, 柔順.

⁺**mal·le·a·ble** /mǽliəbl/ 形 1 (金属が)鍛えられる, 打ち延べられる, 展性の. 2 《やや格式》(人・性格が)影響されやすい, 柔順な, 教えやすい.

mal·let /mǽlət/ 名 C 木づち; (ポロ (polo) などの)打球づち.

mal·le·us /mǽliəs/ 名 (複 **mal·le·i** /mǽliaɪ/) C 〖解〗(中耳内の)つち骨(⅛), 槌骨(ᵗᶜᵘ).

mal·low /mǽlou/ 名 C,U あおい科の植物, ぜにあおい.

máll ràt 名 C (米俗) ショッピングセンターにたむろする若者.

mál·nóur·ished 形 栄養不良の.

†**mal·nutrítion** 名 U 栄養不良.

mal·oc·clu·sion /mæləklúːʒən/ 名 U 〖歯〗不正咬合(⅛) 〖かみ合わせの不良〗.

mal·ódorous 形 (文) 悪臭のある.

màl·práctice 名 U,C 〖法〗(医師の)医療過誤; (弁護士や高官の)不正[背任]行為.

Mal·raux /mælróu/ 名 固 **An·dré** /ɑːndréɪ/ 〜 マルロー (1901-76 《フランスの小説家・政治家》).

†**malt** /mɔ́ːlt/ 名 **1** U 麦芽, モルト《ビール・ウイスキーの原料》. **2** U,C =malt whisky. **3** U,C =malted milk 2. ── 動 他 〈…〉を麦芽[モルト]にする.

Mal·ta /mɔ́ːltə/ 名 固 マルタ 《地中海の Sicily 島南部の島, 共和国》.

malt·ed /mɔ́ːltɪd/ 形 C (米) =malted milk 2.
── 形 麦芽[モルト]にされた.

málted mílk 名 **1** C,U 麦芽乳 《粉末麦芽と粉ミルクの混合》. **2** U,C (米) 麦芽飲料.

Mal·tese /mɔːltíːz⁻/ 形 〖マルタの; マルタ人の; マルタ語の〗── 名 (複 〜) **1** C マルタ人; U マルタ語. **2** C マルチーズ 《スパニエル犬の一種》.

Máltese cróss 名 C マルタ十字架 《図》.

Mal·thus /mǽlθəs/ 名 固 **Thomas Robert** 〜 マルサス (1766-1834) 《英国の経済学者》.

Mal·thu·sian /mælθ(j)úːʒən | -ziən/ 形 マルサス主義の. ── 名 C マルサス主義の信奉者.

málɪ lìquor 名 U (米) モルトリカー《ビールの一種》.

malt·ose /mɔ́ːltouz/ 名 U 麦芽糖.

mal·tréat 動 他 〖普通は受身で〗〈…〉を虐待する, 酷使する.

mal·tréatment 名 U 虐待[酷使する][される]こと.

málɪ whìsky 名 U,C 〖各種の〗モルトウィスキー.

mam /mǽm/ 名 C (英方言, 略式) =mother.

†**ma·ma** /máːmə, məmáː | məmáː/ 名 C 〖小児〗お母さん (米) mom, mother) 《★《英》では《古風》》.

máma's bòy 名 C (米) 《軽蔑》母親っ子, マザコンの息子《特に大人》《英》 mummy's boy).

mam·ba /máːmbə, mǽm- | mǽm-/ 名 C マンバ《アフリカのコブラ科の毒蛇》.

mam·bo /máːmbou | mǽm-/ 名 (〜s) C,U マンボ《キューバの踊り; その音楽》. ── 動 自 マンボを踊る.

mam·ma /máːmə, məmáː | məmáː/ 名 C (小児) =mama.

†**mam·mal** /mǽm(ə)l/ 〚13〛名 C 哺乳(ᵖᵤ²)動物, 哺乳類《☞ animal 表》.

mam·ma·li·an /məmélliən/ 形 A 哺乳動物[哺乳類]の.

mam·ma·ry /mǽməri/ 形 A 〖解〗乳房の: the 〜 glands 乳腺.

mam·mo·gram /mǽməgræm/ 名 C 乳房の X線写真.

mam·mog·ra·phy /mæmɑ́grəfi | -mɔ́g-/ 名 U 乳房 X 線撮影《法》《乳癌(ᵍ)などの検診用》.

mam·mon /mǽmən/ 名 U 〖しばしば M-〗(格式) 〖普通は軽蔑〗マモン《富の神; 悪の根源崇拝対象としての》富, 金銭, 利益.

†**mam·moth** /mǽməθ/ 名 C マンモス《太古時代の巨獣》. ── 形 巨大な.

mam·my /mǽmi/ 名 (**mam·mies**) C (米・アイル) 〖小児〗おかあちゃん.

mam /mǽm/ (強音) ma'am, men) 名 (複 men /mén/; 形 1, 4 では mánful, mánly)

*__**man**__

元来は「人」3, 2 の意から「男」1 となった.

1 C (大人の)**男性; 男**: an old 〜 おじいさん, 老人 / He is not a 〜 yet, just a boy. 彼はまだ大人じゃない, ほんの子供だ / My son grew up to be a 〜. 息子は立派に成人した. 関連 woman 大人の女性 / boy 男の子.

〖語法〗女性に対して, 「男というもの, 男性全体」を表わす場合は冠詞をつけずに単数形にすることもある 《☞ a² 3 語法 (1), the⁷ 語法 (2), woman 1 語法》: Do you think (a) 〜 is stronger than (a) woman? あなたは男のほうが女より強いと思いますか.

2 U **人類**, 人間《全体を表わす; ☞ a² 3 語法 (1), the¹ 7 語法 (2), woman 1 語法》〖言い換え〗M〜 is mortal. = Men [All men] are mortal. 人間は必ず死ぬ / M〜 cannot live by bread alone. 人はパンのみでは生きられない / How long has 〜 existed on the earth? 地球には人類はいつごろからいるのだろうか / prehistoric 〜 先史時代の人間. 語法 女性解放運動の結果, 人類全体を表わすのに man や mankind を使うのを嫌って代わりに humans, humankind, human beings, the human race, people などを使う人がいる // M〜 proposes, God disposes. 《ことわざ》人は計画し神は処置する《計画するのは人間だが事の成り行きを決めるのは神である》.

3 C 〖古風〗(男女の別なく一般に) **人**; 〖否定文で〗だれも (…でない) = A 〜 cannot live without hope. 人は希望なくしては生きていけない / No 〜 can go there and come back alive. だれもそこへ行って生きて帰ってくることはできない / A 〜 can only die once. 《ことわざ》人間は一度しか死ねないものだ. **4** C 〖性差別〗(一人前の)男: Try to be a 〜. もっと男らしくしろ. **5** C 〖普通は単数形で〗 S (…に)ふさわしい男, 適任者: Tom is the 〜 for the job. トムならその仕事にうってつけの男だ / If you want a good English teacher, he is your /jʊə | jɔː/ [the /ðiː/] 〜. もしよい英語の教師が必要なら, 彼こそ適任だ. **6** C (… の)男, 〜者. 修飾語, 特に後に「of + 名詞」が続いて特定の業務・仕事・性格などを持つ男性を示す: a betting 〜 賭(ᵏ)けごとの(好きな)人間 / a football 〜 サッカー愛好者 / a medical 〜 医者 (doctor); 医療関係者 / a 〜 of action 活動家 / a 〜 of business (=businessman) 実業家 / a 〜 of God 聖職者 / a 〜 of many moods 気分屋 / a 〜 of science (=scientist) 科学者. **7** C 〖普通は複数形で〗(男の)使用人, 部下, 作業員, 従業員; 〖将校に対して〗兵士; 〖単数形で〗〖古風〗召し使い. **8** C (略式) 夫; 恋人, 愛人, 彼氏. **9** C (ある地域の)男; (ある大学の)学生, 卒業生: a Harvard 〜 ハーバード大学の男子学生[卒業生]. **10** C (チェス・チェッカーの)こま. **11** 〖男性への呼びかけで〗 〖古風〗おい, ごら (特に興奮しているときに用いる); (米・カナダ) あなた, そちらの方. **12** 〖the 〜〗 S あの(憎き [愚かな])やつ; ボス, 権力者; (米) 警察; 白人. **13** [a 〜] 〖古風〗わし, おれ (I). **14** C (俗) 男の友だち, 仲間, 相棒. **a mán of stráw** 名 《主に米》 = straw man 1. **a mán's màn** 名 (1) 男と付き合うのが好きな男. (2) (女性よりも)男性に人気のある男. **as mán to mán** 副 〖性差別〗 man to man. **as óne man** 副 《主に文》一斉に; そろって (to a man). **be mán enòugh to dó** 動 〖性差別〗男らしく(も)…する. **be one's ówn mán** ☞ own 成句. **èvery mán for himsèlf (and the dévil take the híndmost)** [It is の後に用いることもある] 《ことわざ》

だれもが他人に頼らずに自分の安全[利益]を計らねばならない. **màke a mán (òut) of ...** [動] [他] ...を一人前の男にする. **mán and bóy** [副] 少年時代からずっと, 生涯. **mán and wífe** [名] 夫婦 (☞ and 1 [語法] (1)): live as ~ *and wife* 同棲(どうせい)する. **mán's bést fríend** [名] [しばしば滑稽] 犬. **mán to mán** [副] [時に [文修飾語]] 男同士で率直に(言って), (男と男)一対一[2 人きり]で. **my (góod [déar]) mán** [身分の低い者へ呼びかけて] 《古風, 英》 ねえ, 君. **my mán** Ⓢ 《米》 やあ(こんにちは) (黒人のあいさつ). **séparate [sórt óut] the mén from the bóys** [動] [自] 《略式》 (物事が)真に実力[勇気]のある者を見分ける, だれが力量があるかを明らかにする. **táke ... lìke a mán** [動] [他] [性差別] 男らしく〈...〉を受け入れる. **the mán in one's lífe** [名] [主に広告で] (...の)愛する男性[恋人]. **the mán in the móon** [名] 月に住む男の人 (☞ moon [参考] (1)). **the mán of the mátch** [名] (スポーツで)勝ち試合のヒーロー. **the mán on [in] the stréet** [名] 普通の人, 一般市民; 素人. **to a mán**=**to the lást mán** [副] 《主に文》 一人残らず; 全員(一致して). **your mán** [名] Ⓢ 《アイル》 あの男.

— [動] (**mans** /~z/; **manned** /~d/; **man·ning**) [他] **1** (作戦などのために)〈...〉に**人員を配置する** (☞ manned): The ship *was **manned by*** forty sailors. <V+O の受身> 船には 40 人の船員が乗り組んでいた. **2** 〈...〉の部署[任務]につく: ~ the computer コンピューターを担当する. — [感] 何とまあ (驚きや興奮を表わす).

Man /mǽn/ [名] [固] **the Isle of ~** マン島 Irish Sea にある英国保護領; ☞ 裏地図 D 4).

-man /mən, mæ̀n/ [接尾] [名詞語尾] (複 **-men** /mən, mèn/) **1** 「...に住む人, ...人」《男性》の意: country*man* 同国人 / Irish*man* アイルランド人. **2** 「...に従事[関係]する人」《男性》の意: business*man* 実業家 / police*man* 警官. **3** /mæ̀n/ [形容詞的に] 「...人(出場[参加])の」の意: a one-*man* show ワンマンショー / a five*man* team 5 人(1 組)チーム.

> [語法] (1) 単数形の発音が /mən/ のときは複数形の発音も /mən/, 単数形の発音が /mæ̀n/ のときは複数形の発音は /mèn/ が原則.
> (2) 性別を示す語を避けるため chairman の代わりに chairperson とか単に chair を, policeman の代わりに police officer を使おうとする人たちがいる (☞ gender [文法] (2) [語法]).

mán-abòut-tówn [名] (複 **men-** /mén-/) [C] (社交界の)プレーボーイ.

man·a·cle /mǽnəkl/ [名] [C] [普通は複数形で] 手錠; 手かせ, 足かせ. — [動] [他] **1** 〈...〉に手錠をかける; 〈...〉に手[足]かせをかける. **2** 〈...〉を束縛する.

man·a·cled /mǽnəkld/ [形] 手錠[手かせ, 足かせ]をかけられて[た].

man·age /mǽnɪdʒ/ [T1] [動] (**man·ag·es** /~ɪz/; **man·aged** /~d/; **man·ag·ing**; [名] mánagement) [他]

> 「(馬を)手で扱う」の意 (☞ manual [単語の記憶]) から (上手にさばく)
> →「運転する」**3** →(運営する)→「経営する」**1**
> →「...を何とかうまくやる」**2**

1 〈事業など〉を**経営する**, 管理[運営, 世話]する, 支配する (control); 〈土地など〉を管理する, 利用する: She ~*s* a shoe store. 彼女は靴屋を経営している / This department store *is **~d by*** Mr. Brown. <V+O の受身> このデパートはブラウン氏の経営だ.

2 〈...〉を何とかやり遂(と)げる, (何とか)うまく...する, ...できる (be able to); [主に Ⓢ] [滑稽] 見事に[無器用にも, 不運にも] ...する: I will ~ it somehow. 何とかやってみましょう / [言い換え] I ***~d to*** get there on time. <V+O (*to* 不定詞)> (=I succeeded in getting there on time.) 私は何とか遅れないでそこへ着くことができた / We *~d* not *to* catch cold. 私たちはどうにかかぜをひかないですんだ / She *~d to* annoy everybody. 彼女ときたら見事なまでにだれからもうるさがられた.

3 〈機械など〉を**運転する**, 操縦する; 〈人など〉をうまくあしらう; 〈馬など〉を御する; 〈感情など〉をうまく処理する: Can you ~ this horse? この馬をうまく乗りこなせますか / I cannot ~ even my bicycle well. 私は自分の自転車でさえうまく乗れない / I know how to ~ difficult customers. 私は難しい客の扱い方を知っている / He *is **~d by*** his daughter. <V+O の受身> 彼は娘の言いなりになっている / How do you ~ stress? あなたはどうやってストレスを処理していますか. **4** [しばしば can, could とともに] [主に Ⓢ] 《略式》 首尾よく〈...〉を行なう[作り出す, 払う, 出席する, 手に入れる, 整える]; 〈時間など〉を使う, あてる; 〈時間など〉の都合がつく; 〈食物など〉を平らげる. [語法] これは 2 の「manage to+動詞+目的語」から「to+動詞」が省かれた形と見ることができ, 目的語によっていろいろな意味合いになる: ~ one's spare time 上手に余暇を過ごす / ~ a forced smile 作り笑いをする / I wish I *could* ~ another day off. もう 1 日休みがとれたらなあ / *Can* you ~ two more in the car? もう 2 人車に乗せられますか / *Could* you ~ lunch on Thursday? 木曜日に昼食のお時間がありますか / I think you *could* ~ another piece of cake. ケーキをもう 1 ついけるでしょう.

— [自] [しばしば can, could とともに] [主に Ⓢ] どうにかやっていく; 事を処理する, やりくりをする: I think I *can* ~ by myself. ひとりでどうにかやっていけそうだ / A man with a family *can't* ***~ on*** ¥150,000 a month. <V+*on*+名・代> 所帯持ちの男が月 15 万円ではやっていけない / We *can't* ***~ without*** her help. <V+*without*+名・代> 我々は彼女の助けなしにはやっていけない / Nobody offered help, so we had to ~ *without*. だれも手伝おうと申し出なかったので助けなしでやりくりするしかなかった (☞ without [副] 1). **ˈI can [ˈI'll] mánage.** 《援助の申し入れを断わって》 1 人で何とかしますので. **mánage with ...** [動] [他] [主に Ⓢ] ...で間に合わせる, 何とか済ます; ...に対処する.

man·age·a·bil·i·ty /mæ̀nɪdʒəbíləṭi/ [名] [U] 扱いやすさ; 従順さ.

+**man·age·a·ble** /mǽnɪdʒəbl/ [形] ([反] unmanageable) 扱いやすい, 御しやすい; 意のままになる; 従順な.

man·aged /mǽnɪdʒd/ [形] 管理された: a ~ currency 統制貨幣 / ~ care (医療機関による)管理医療.

****man·age·ment** /mǽnɪdʒmənt/ [T1] [名] ([動] mánage, [形] mànagérial) **1** [U] **経営**, **管理**, **運営**: the ~ ***of*** a bank 銀行の経営 / property ~ 財産管理 / His business failed because of bad ~. 彼は経営がまずかったので事業に失敗した.

2 [C,U] [《英》 単数形でも時に複数扱い] **経営者側**, **経営陣** 《全体》: Consultations will be held between labor and ~. 労使間で協議が行なわれるだろう / He spent ten years ***in*** ~. 彼は経営者側で 10 年間働いた / ˈThe ~ [*M~*] is considering increasing their wages. 経営者側は彼らの賃上げを検討している // ☞ middle management. [関連] labor 労働者側. **3** [U] 管理[運営]能力, 手際よさ, やりくり.

be ùnder néw mánagement [動] [自] (会社などが)経営者[陣]が新しくなっている.

mánagement búyout [名] [C] (経営陣の)自社株買い占め.

mánagement consùltant [名] [C] 経営コンサルタント.

M

man·ag·er /mǽnɪdʒɚ | -dʒə/ 形 mànagérial | C 1 経営者, 支配人; 幹事, 主事; (野球チームなどの)監督;(芸能人などの)マネージャー;(圏 Mgr, mgr.): a stage ~ 舞台監督 / I complained to the ~ of the hotel about the poor service. 私はホテルの支配人にサービスが悪いと苦情を言った. 2〔前に形容詞をつけて〕(家計などを)やりくりするか人, 処理をする人; ...の人: a good [bad] ~ やりくりの上手[下手]な人.

man·ag·er·ess /mǽnɪdʒərəs | mǽnɪdʒərés, mǽnɪdʒərès/ 名 C《古風, 英》(商店やレストランの)経営者(女性).

man·a·ge·ri·al /mæ̀nədʒíəriəl⁻/ 12 形《名 mánager, mánagement》1 名 1 支配人[経営者, マネージャー]の. 2 経営[管理](上)の.

mán·ag·ing diréctor /mǽnɪdʒɪŋ-/ 名 C《英》専務取締役; 社長 (略 MD).

mánaging éditor 名 C (雑誌などの)編集長.

Ma·na·gua /mənάːgwə | -nǽg-/ 名 固 マナグア(ニカラグア(Nicaragua)の首都).

Ma·na·ma /mənǽmə | -nάː-/ 名 固 マナマ(バーレーン(Bahrain)の首都).

ma·ña·na /mənjάːnə/《スペイン語から》名 U,C, 副 明日, いつかそのうち(に).

Ma·nas·seh /mənǽsə/ 名 固《聖》マナセ(イスラエルの12の支族の1つの祖).

mán-at-árms 名 (複 men-) C《古語》(中世の)兵士, 重騎兵.

man·a·tee /mǽnətì:, mæ̀nətí: | mǽnətí:/ 名 C マナティー, 海牛《大型の熱帯産草食性水生動物》.

Man·ches·ter /mǽntʃestɚ, -tʃɪs- | -tə/ 名 固 マンチェスター《英国 England 北西部の都市; ⇨裏地図 E 5》.

Man·chu·ri·a /mæntʃúəriə/ 名 固 満州.

Man·cu·ni·an /mæŋkjúːniən/ 名 C, 形 マンチェスターの(人).

M & A /éməndéɪ/ 略 =mergers and acquisitions《企業の》合併・吸収.

man·da·la /mʌ́ndələ, mάːn-/ 名 C《ヒンズー教・仏教》曼陀羅(だ).

man·da·rin /mǽndərɪn, -drɪn/ 名 1 C みかん(蜜柑)(の木・実). 2 U [M-] (北京)官話《標準中国語》. 3 C (昔の中国の)上級官吏. 4 C 高級官僚.

mándarin órange 名 C =mandarin 1.

man·date /mǽndeɪt/ 名 (**man·dates** /-deɪts/) C 1 《選挙民が議院[議会]へ与える》権限 (for); 権限の行使期間, 任期: The election victory has given the government a ~ to reform the tax system. <N＋to 不定詞> 選挙に勝ったことにより政府は税制改革をする権限を与えられた. 2《格式》命令, 指図. 3 委任; 委任統治(領)《第1次世界大戦後に国際連盟から与えられた》. ― 動 他 1 [しばしば受身で] 〈...〉に権限をゆだねる (to do). 2 《主に米》〈...〉を命令[強制]する (that).

man·dat·ed /mǽndeɪtɪd/ 形 1 強制[規制, 命令]された. 2 委任統治に指定された.

man·da·to·ry /mǽndətɔ̀ːri | -təri, -tri/ 13 形《格式》強制的な, 必須の: ~ retirement age 強制退職年齢 / It is ~ to wear a helmet when riding a motorcycle. バイクに乗るときはヘルメットをつけることが義務づけられている.

mán·dáy 名 C 人日(にん), 1 人 1 日の仕事量.

Man·del·a /mændélə/ 名 固 Nelson Ro·lih·lah·la /rɔ̀ːliːlάːlə/ ~ マンデラ(1918–)《南アフリカ共和国の黒人運動指導者; 同国最初の黒人大統領 (1994-99)》.

man·di·ble /mǽndəbl/ 名 C《解》(哺乳(にゅう)動物・魚の)あご, (特に)下あご; (鳥の)下[上]くちばし; (昆虫の)大あご.

man·dib·u·lar /mændíbjʊlə | -lə/ 形《解》下あご[くちばし]の.

man·do·lin /mæ̀ndəlín, mǽndəlɪn/ 名 C マンドリン《弦楽器》: play the ~ マンドリンをひく.

man·drake /mǽndreɪk/, 《文》 **man·drag·o·ra** /mændrǽgərə/ 名 C,U マンドレーク, 恋なす《なす科の有毒植物; この根は人体に似た形で昔 催眠剤・下剤などに用いられた; ヨーロッパ産》.

man·drill /mǽndrəl/ 名 C マンドリル《西アフリカ産の大ひひ》.

mane /meɪn/ 名 C 1 (馬・ライオンなどの)たてがみ. 2《格式》ふさふさした長い頭髪.

mán·èater 名 C 1 人食い《人》; 人食い動物《さめ・ライオンなど》. 2《滑稽》男をあさる《手玉に取る》女.

mán·èating 形 1 人食いの. 2 男をあさる.

ma·nège, ma·nege /mænéʒ, -néɪʒ/《フランス語から》名 U 乗馬[調馬]術.

Ma·net /mænéɪ | mæneɪ/ 名 固 É·douard /eɪdwάːə | -dwάː/ ~ マネ (1832-83)《フランスの印象派画家》.

ma·neu·ver, 《英》ma·noeu·vre /mənjúːvɚ | -núːvə/ 動 (**-neu·vers, 《英》-noeu·vres** /-z/; **-neu·vered, 《英》-noeu·vred; -neu·ver·ing, 《英》-noeu·vring**) 1 [副詞(句)を伴って] (巧みに)動く, 位置を変える: She ~ed around a large rock. 彼女は巧みに大きな岩石を避けて通った. 2 策略を用いる; 工作する. ― 他 [副詞(句)を伴って] 〈...〉を巧みに操作する (along, out); 〈...〉をうまく操って[謀って] ―させる (out of): ~ a car into a narrow parking space 車を巧みに操って狭いところに駐車する.

manéuver one's wáy〔動〕巧みに進む.
― 名 (~s /-z/) 1 C,U 策略, 策謀; C 巧妙な動作, 操作; 工作《图 manual 《軍事の記述》》; C《軍》(軍の)作戦行動; 〔複数形で単数扱い〕大演習, 機動演習: The troops are out on ~s. 軍隊は大演習に出ている.

fréedom of manéuver = róom for manéuver 名 U 計画変更[再考]の余地.

ma·neu·ver·a·bil·i·ty, 《英》ma·noeu·vra·bil·i·ty /mən(jù:)v(ə)rəbíləti | -nù:-/ 名 U 機動力; 操縦しやすさ.

ma·neu·ver·a·ble, 《英》ma·noeu·vra·ble /mən(j)úːv(ə)rəbl | -núː-/ 形 機動力のある; 《車などが》操縦しやすい.

ma·néu·ver·ing, 《英》ma·nóeu·vring 名 C,U [普通は複数形で] 策略(的行動).

mán Fríday 名 (**men Fríday(s)**) C 忠僕, 忠実な部下, 右腕.

man·ful /mǽnf(ə)l/ 形 《名 man 1, 4》A 男らしい, 勇ましい (manly); 断固とした. **-ful·ly** /-fəli/ 副 男らしく, 勇敢に; 断固として.

man·ga /mǽŋgə/《日本語から》名 U,C 漫画.

man·ga·nese /mǽŋgənì:z/ 名 U《化》マンガン《元素記号 Mn》.

mange /meɪndʒ/ 名 U (犬・猫・羊などの)皮癬(ひぜん), 疥癬(かいせん)《皮膚病》.

man·ger /méɪndʒɚ | -dʒə/ 名 C《古風》かいばおけ, まぐさおけ. **a dóg in the mánger**《口》意地の悪い人, ひねくれ者. 由来 自分には食べられないものを牛にも食べさせまいとしてかいばおけの中でがんばっていたという「イソップ物語」(Aesop's Fables) の犬から.

mange-tout /mὰːŋʒtúː/ 名 C《英》=snow pea.

man·gle¹ /mǽŋgl/ 動 他 1 [しばしば受身で] 〈...〉をめった切りにする, 切りきざむ, 押しつぶす, めちゃめちゃにする. 2〈ことば・情報など〉を不明瞭[不正確]にする, 台なしにする.

man·gle² /mǽŋgl/ 名 C (洗濯物の)しわ伸ばし機; 《英》=wringer. ── 動 〈洗濯物〉をしわ伸ばし機[《英》水しぼり機]にかける.

man·go /mǽŋgoʊ/ 名 (~(e)s) C,U マンゴー(の実).

man·go·steen /mǽŋgəstiːn/ 名 C マンゴスチン《熱帯産の果物; '果実の女王'とされる》.

man·grove /mǽŋgroʊv/ 名 C マングローブ, 紅樹林《熱帯の河口・海辺に生ずる森林性の樹木》.

mang·y /mǽɪndʒi/ 形 (mang·i·er, -i·est) 1 〈犬など〉皮癬(ひぜん)にかかった. 2 《略式》不潔な, みすぼらしい.

mán·hàndle 動 他 1 〈物〉を人力で動かす. 2 〈人〉を手荒く扱う, 虐待する.

mangrove

Man·hat·tan /mænhǽtn, mən-/ 名 1 固 マンハッタン《米国 New York 市の中心をなす区; 南北に細長い同名の島と周辺の小島から成る》. 2 U,C [しばしば m-] マンハッタン《ウイスキーと甘口のベルモットの入ったカクテル》.

Manháttan Próject 名 [the ~] 《米》マンハッタン計画《米国の原子爆弾開発計画》.

mán·hòle 名 C マンホール.

†**man·hood** /mǽnhʊd/ 名 U 1 《男性の》成人時代, 成年期; 成人[した]男《男になる》: reach [arrive at, come to] ~ 成人する. 関連 womanhood 女性の成人時代 / childhood 子供時代 / boyhood 少年時代 / girlhood 少女時代. 2 男らしさ; 勇気 (courage). 《普通は滑稽》《男性の》性的能力; 〈婉曲〉《文》男性器. 3 《文》《一国の》成年男子《全体》.

mán·hòur 名 C 《普通は複数形で》[時に差別] 人時(にんじ) 《1人1時間の仕事の量》.

mán·hùnt 名 C 《大規模な犯人捜査; 指名手配》.

†**ma·ni·a** /méɪniə, -njə/ 名 U,C 1 《しばしばけなして》《略式》熱狂, ...熱; 大流行: baseball ~ 野球熱 / a ~ for skydiving スカイダイビング熱. 日英比較 日本でいう「...マニア」に相当するのは enthusiast. 2 《心》躁(そう)病. 関連 depression 鬱(うつ)病.

-ma·ni·a /méɪniə, -njə/ 名 《合成語で》[しばしばけなして] ...狂[熱]: kleptomania 盗癖.

†**ma·ni·ac** /méɪniæk/ 名 C 1 《略式》《けなしてまたは滑稽》無謀な人, ...マニア: a religious ~ 宗教に狂った人 / a homicidal ~ 殺人狂 / drive like a ~ 無謀なスピード運転をする. 2 《古風》精神病者. ── 形 A 狂気の; 無謀な.

-ma·ni·ac /méɪniæk/ 名, 形 《合成語で》[悪い意味で] ...狂(の人), ...マニア(の): kleptomaniac 盗癖の(ある)人.

ma·ni·a·cal /mənáɪək(ə)l/ 形 1 《格式》気の狂った, 狂気の. 2 《けなしてまたは滑稽》熱狂[偏執]的な (about). **~·ly** /-kəli/ 副 狂ったように; 熱狂的に.

†**man·ic** /mǽnɪk/ 形 1 《略式》興奮した, 熱狂的な; 《笑いなどが》狂気じみた. 2 《心》躁(そう)病の. **-i·cal·ly** /-kəli/ 副 興奮して[するほど].

mánic depréssion 名 U 《医》躁鬱(そううつ)病.

mánic-depréssive 《医》形 躁鬱(そううつ)病の.
── 名 C 躁鬱病患者.

man·i·cot·ti /mænəkɑ́ti | -nɪkɔ́ti/ 名 U 《イタリア料理》マニコッティ《チーズ入りパスタ》.

†**man·i·cure** /mǽnəkjʊə | -kjʊə/ 名 C,U 手やつめの手入れ《マッサージ・つめ切り[磨き]など》; マニキュア 《☞ cure 単語の記憶》: pedicure 足の(つめの)手入れ. ── 動 (-i·cur·ing /-kjʊ(ə)rɪŋ/) 他 《普通は受身で》 1 〈...〉にマニキュアをする. 2 W 〈庭〉の手入れをする.

man·i·cured /mǽnəkjʊəd | -kjʊəd/ 形 1 《手やつめの》手入れをした; マニキュアをした. 2 W 《庭》の手入れをした.

---

mankind 1067

man·i·cur·ist /mǽnəkjʊ(ə)rɪst/ 名 C マニキュア師.

*****man·i·fest** /mǽnəfest/ 形 《格式》《目で見たり, 理性的に考えて》明白な, はっきりした (in) 《☞ obvious 類義語》; manual 《単語の記憶》: It's a ~ injustice. それは明らかな不正だ / His failure was made ~ to all of us. <A+to+名·代> 彼が失敗したことは我々すべてに明らかにされた.
── 動 (~·ed /mæ̀nɪfestéɪʃən/) 他 《格式》 1 〈感情・気持ちなど〉を表明する. 2 〈...〉を明らかにする, 明示する; 証明する. **mánifest itsélf** [動] 《格式》《徴候などが》現われる (in). ── 名 C 《航空機・船などの》乗客名簿, 積荷目録《税関に提出する》.

†**man·i·fes·ta·tion** /mæ̀nəfəstéɪʃən/ 名 (動 mánifest) C 《格式》 1 C 《明らかに》表われたもの, 《...の》表われ: a ~ of ignorance 無知の表われ. 2 U 明らかにする[示す, なる]こと, 表明; 現われること: ~ of regret 遺憾の意の表明. 3 C 《幽霊・霊魂の》出現, 顕現.

mánifest déstiny 名 U [しばしば M-D-] 《米史》自明の運命(説)《アメリカ合衆国は北米全土を支配開発すべき運命になっているという理論; 19世紀中葉から後半にかけて行なわれた》.

mánifest·ly 副 《時に文修飾語》《格式》明白に, はっきりと.

*****man·i·fes·to** /mæ̀nəféstoʊ/ 名 (~(e)s /~z/) C 《政党などの》宣言, 声明; 宣言書, 声明文.

man·i·fold /mǽnəfoʊld/ 形 《格式》多数の; 種々の; 多方面の. ── 名 C 《機》多岐管.

man·i·kin /mǽnɪkɪn/ 名 C 1 人体解剖模型. 2 《古風》[差別] 小人(こびと). 3 =mannequin.

ma·nil·a, ma·nil·la /mənílə/ 名 U [時に M-] 1 マニラ紙《丈夫な茶色の紙》: a ~ envelope マニラ封筒. 2 マニラ麻《綱やマットの材料》.

Ma·nil·a /mənílə/ 名 固 マニラ《フィリピンの Luzon 島南部の港市で, 同国の首都》.

man·i·oc /mǽniɑ̀k | -ɔ̀k/ 名 U =cassava.

ma·nip·u·la·ble /mənípjʊləbl/ 形 扱うことができる, 操作可能な.

*****ma·nip·u·late** /mənípjʊlèɪt/ 動 (-u·lates /-lèɪts/, -u·lat·ed /-tɪd/, -u·lat·ing /-tɪŋ/; 名 ma·nipulátion, 形 manípulàtive) 他 1 《しばしばけなして》〈人〉を巧みに扱う; 〈世論など〉を操作する; 〈データ・帳簿など〉を(巧妙に)ごまかす: He shamelessly ~d her into marrying him. <V+O+into+動名> 彼は破廉恥にも彼女を操って自分と結婚させた / Public opinion can be ~d easily by the media. <V+O の受身> 世論はメディアによって簡単に操作されうる / ~ evidence 証拠をでっちあげる. 2 《医》〈脱臼(だっきゅう)した骨など〉を手を使って元に戻す[治療する]; 《手で》巧みに扱う, 操縦する; 《電算》〈データ〉を処理する.

†**ma·nip·u·la·tion** /mənìpjʊléɪʃən/ 名 (動 manípulàte) U,C 1 《しばしばけなして》《人などの》こと; 《世論などの》操作; (巧妙な)ごまかし, 小細工. 2 巧みな扱い[操縦]; 《医》揉(も)み療治; 《電算》データ処理.

ma·nip·u·la·tive /mənípjʊlètɪv, -lət-/ 形 (動 manípulàte) 1 《しばしばけなして》巧みな扱いの; 《自分の都合のよいように》人を巧みに操る. 2 《医》《脱臼した》骨を元に戻す; 触診の. 3 《格式》《扱い・操縦が》巧みな. **~·ly** 副 巧みに.

ma·nip·u·la·tor /mənípjʊlèɪtə | -tə/ 名 C 《しばしばけなして》《巧みに》操作する人, ごまかし屋.

Man·i·to·ba /mæ̀nətóʊbə/ 名 固 マニトバ《カナダ中部の州; ☞ 地図図 G2》.

†**man·kind**¹ /mænkáɪnd/ 名 U [時に複数扱い] 人類, 人間《全体》《☞ man 2 語法》: M~ speaks many languages. 人類は種々のことばを話す / War is an enemy of ~. 戦争は人類の敵だ.

man·kind² /mǽnkàɪnd/ [名] [U] 《まれ》男性たち《全体; ☞ womankind》.

man·ky /mǽŋki/ [形] 《英略式》(古くて)きたない.

man·li·ness /mǽnlinəs/ [名] [U] [ほめて] 男らしさ.

⁺**man·ly** /mǽnli/ [形] (**man·li·er**; **man·li·est**; [名] man 1, 4; [反] unmanly) **1** [ほめて] 男らしい, 男性的な, 雄々しい, 勇ましい; 男性にふさわしい: ~ conduct 男らしいふるまい. **2** =mannish 1.

⁺**mán-máde** [形] 人造の, 人工の; 合成の (artificial): a ~ lake 人造湖 / a ~ disaster 人災 / a ~ fiber 合成繊維.

Mann /mɑ́ːn, mǽn | mǽn/ [名] [固] **Thomas** ~ マン (1875–1955) 《ドイツの作家》.

man·na /mǽnə/ [名] [U] **1** 〘聖〙マナ《昔イスラエル人が Arabia の荒れ野で神から恵まれた食物》. **2** (思いがけない)天の恵み: (like) ~ from heaven 天からの恵み(のように[で]).

manned /mǽnd/ [形] ([反] unmanned) (宇宙船などが)人を乗せた: a ~ spacecraft 有人宇宙船.

man·ne·quin /mǽnɪkɪn/ [名] [C] **1** マネキン人形《衣服の展示・陳列用》. **2** 《古風》ファッションモデル (model).

***man·ner** /mǽnə | -nə/ ([同音] manor, 《英》 manna) [名] (~**s** /~z/)

ラテン語で「手の」の意 (☞ manual [単語の記憶]) → (「手で」扱う法)
「方法」1 → (行動のしかた) →「態度」2 → (行動の規準) →「行儀」3
→ (社会生活のやり方) →「風習」4
→ (特殊なやり方) →「流儀」5

1 [単数形で] 《格式》 **方法, やり方** (way) (☞ method 類義語): in the grand ~ 豪勢な[に] / Do it in this ~. それはこういう風にやりなさい / He said it in such a ~ as to flatter me. 彼は私にへつらうような話し方で言った / His courage can be seen in the ~ *of* his death. 彼の勇敢さはその死にざまに示されている.

2 [単数形で] (習慣となったまたは特徴のある)**態度, 様子**: His ~ is always formal. あの人はいつも四角ばっている / I don't like his ~. 私は彼の態度が気に入らない.

3 [複数形で] **行儀, 作法**: She has good [no, bad] ~*s*. Ⓢ 彼女は行儀がよい[悪い] / Mind your ~*s*.=Where are your ~*s*? Ⓢ お行儀はどこへいきましたか《子供などをしかるときのことば》 / It's bad ~*s* to speak with your mouth full. Ⓢ 口に食べ物をいっぱい入れたまましゃべるのは行儀が悪いわよ《子供などに対して》 // ☞ table manners. [日英比較] 日本語の「マナー」と違って常に複数形で用いられる.

4 [複数形で] 《格式》 **風習, 風俗, 習慣**: I studied Japanese ~*s* and customs. 私は日本の風俗習慣を研究した / Other times, other ~*s*. 《ことわざ》時代が変われば風習も変わる. **5** [単数形で] 《格式》(ある時代・個人などの)**流儀, 様式** (style), **手法, 作風**: a painting in the ~ *of* Raphael ラファエロ風の絵. **6** [単数形で] 《文》**種類** (kind): What ~ *of* woman is she? 彼女は一体どんな女性ですか.

áll mánner of ... [形] 《格式》あらゆる種類の...: *all ~ of* food [birds] あらゆる食品[鳥]. **(as [as if]) to the mánner bórn** [副] 生まれつきそうであるように. **by nó mànner of méans=nòt by ány mànner of méans** [副] Ⓢ 《古風, 英》どうしても...でない (by no means). **in a mánner of spéaking** [副] [文修飾語] Ⓢ いわば; ある意味では (in a way).

⁺**man·nered** /mǽnəd | -nəd/ [形] [けなして] (書き方・話し方などが)癖のある, きざな; 気取った.

-man·nered /mǽnəd | -nəd←/ [形] [合成語で] 行儀が...の: a well-*mannered* [ill-*mannered*, bad-*mannered*] child 行儀の良い[悪い]子供.

man·ner·is·m /mǽnərɪzm/ [名] **1** [C,U] (言行・身ぶりの)奇妙な癖. **2** [U] 〘文学・芸〙マンネリズム《表現の手段が型にはまっていること》.

man·ner·ist /mǽnərɪst/ [形] [けなして] 〘文学・芸〙マンネリの, 型にはまった.

mánner·ly [形] [副] ([反] unmannerly) 《格式》礼儀正しい[く], ていねいな[に], 行儀よい[よく].

man·ni·kin /mǽnɪkɪn/ [名] =manikin.

man·nish /mǽnɪʃ/ [形] [A] [普通はけなして] **1** (女が)男のような, 男まさりの, 女らしくない. **2** 男向きの, 男っぽい. **~·ly** [副] 男のように, 男まさりに.

ma·noeu·vra·bil·i·ty /mən(j)ùːv(ə)rəbílət̬i | -nùː-/ [名] [U] 《英》=maneuverability.

ma·noeu·vra·ble /mən(j)úːv(ə)rəbl | -núː-/ [形] 《英》=maneuverable.

***ma·noeu·vre** /mən(j)úːvə | -núːvə/ [動] [名] 《英》=maneuver.

manoeuvring [名] 《英》=maneuvering.

man-of-war /mǽnəvwɔ́ə | -wɔ́ː/, **mán-o'-wár** /-nə-/ [名] [C] 《古語》軍艦 (warship).

ma·nom·e·ter /mənɑ́mət̬ə | -nɔ́mətə/ [名] [C] = sphygmomanometer.

⁺**man·or** /mǽnə | -nə/ ([同音] manner, 《英》 manna) [名] [C] **1** (土地付きの)大邸宅 (manor house). **2** 〘英史〙(封建時代の)荘園; (領主・貴族の)領地: the lord of the ~ 領主. **3** [普通は単数形で] 《英俗》(警察の)管轄区.

⁺**mánor hòuse** [名] [C] (荘園内の)領主の(大)邸宅.

ma·no·ri·al /mənɔ́ːriəl/ [形] [A] 荘園[領地]の.

⁺**mán·pòwer** [名] [U] (一国の軍事・産業などの)有効総人員, 人的資源; 人手.

man·qué /mɑːŋkéɪ | mɑ́ːŋkeɪ/ 《フランス語から》 [形] [名詞の後につけて] 《格式》または [滑稽] (...の)なり[でき]そこないの: a writer ~ 作家のなりそこない.

mán·sard (ròof) /mǽnsaəd- | -sɑːd-/ [名] [C] 〘建〙二重勾配(こうばい)屋根.

manse /mǽns/ [名] [C] **1** (スコットランドの長老教会の)牧師の住宅, 牧師館. **2** 屋敷, 館(やかた).

mán·sèrvant [名] (複 **men·ser·vants**) [C] 《古風, 英》下男, しもべ.

-man·ship /-mənʃɪp/ [接尾] [名詞語尾]「技量・精神」の意: sports*manship* スポーツマンシップ.

***man·sion** /mǽnʃən/ [T3] [名] (~**s** /~z/) **1** [C] 大邸宅, やかた.

[日英比較] 日本でいう「マンション」に当たる英語はふつう 《米》 apartment, 《英》 flat. やや高級な分譲マンションは condominium (《略式》 condo) ともいう.

2 [Mansions として; 建物の名前として] 《英》...マンション[アパート]. [語源] ラテン語で「滞在所, 住み家」の意.

mán-sìze(d) [形] [A] 大人の型の; 大人向きの, 大きい《特に広告文で使う》.

⁺**man·slaugh·ter** /mǽnslɔ̀ːt̬ə | -tə/ [名] [U] 〘法〙故殺《過失致死, 一時的激情による殺人など明確な殺意のない危害の結果人を死なせること; ☞ homicide 表》.

man·ta /mǽnt̬ə/ [名] [C] 糸巻鱝(いとまきえい), マンタ.

mán-tái·lored /-téɪləd | -ləd/ [形] 《米》(婦人服が)男仕立ての.

man·tel /mǽnt̬l/ [名] [C] 《主に米》=mantelpiece.

mántel·pìece [名] [C] マントルピース, 炉棚《上に装飾品などを飾る; ☞ fireplace [参考]》; 炉の前飾り.

mántel·shèlf [名] (複 **-shèlves**) [C] 《古風, 英》炉棚 (mantelpiece).

man·til·la /mæntíː(j)ə, -tílə | -tílə/ [名] [C] マンティーヤ《スペインなどの女性が頭から肩にかける大きなスカーフ》.

man·tis /mǽnt̬ɪs/ [名] [C] =praying mantis.

man·tle /mǽntl/ 名 **1** [the ~] Ⓦ 《格式》《権威の象徴としての》マント; 責任: assume [take on, wear] the ~ of a king 王座に着く. ⓦ 幕, ふた: a ~ of snow 一面の雪. **2** Ⓒ Ⓦ 《文》《そでなしの》外套(がいとう), マント. **4** Ⓒ 《ガス灯などの》マントル《炎を覆って白熱光を放つ》. **5** [単数形で] 《地質》マントル《地殻と地球の核の間配層》. **6** Ⓒ =mantelpiece. — 動 他 《文》…を覆う, 包む.

mántle·piece 名 Ⓒ =mantelpiece.

man-to-mán 形 **1** 《同僚同士の話し合いなどの》率直な, 一対一の. **2** 《スポ》マンツーマンの《各人がそれぞれ相手側の特定の選手について防御する》. 英比校 対応・指導などの「マンツーマン」に当たる英語は one-to[on]-one. ☞ man to man (man 名 成句).

man·tra /mǽntrə, mάːn-/ 名 Ⓒ 《ヒンズー教・仏教》 **1** マントラ《特に Veda からの経文》; 《略式》スローガン, モットー. **2** 瞑想(めいそう)中に繰り返し唱える呪文.

*__man·u·al__ /mǽnjuəl, -njul/ 𝟏𝟐 形 《普通は Ⓐ》 **1** 《反 automatic》手(先)の, 手で行なう, 手作業の, 手動の: ~ skill 手先の熟練 / ~ control 手動制御. **2** 《労働などが》筋肉の, 肉体の: ~ labor [work] 肉体労働 / a ~ worker [laborer] 肉体労働者.
— 名 (~s /~z/) Ⓒ **1** 《使用》説明書, マニュアル, 小冊子; 手引き, 便覧; 教科書: a teacher's ~ 教師用指導書. **2** 《楽》《オルガンの》鍵盤. **on mánual** [形副] 《機械などが》手動(式)の[で]. 語源 ラテン語で「手の」の意.

単語の記憶 《MAN》（手）
manual （手の）
maintain （手で支える）→ 保ち続ける
manage （手で馬を御(ぎょ)する）→ 経営する
maneuver （手で動かす）→ 作戦, 策略
manifest （手で触れた）→ 明白な
manner （手で扱う法）→ 方法
manufacture （手で作る）→ 製造する
manuscript （手で書いた）→ 原稿

mánual álphabet 名 Ⓒ 《聾啞(ろうあ)者用の》指話アルファベット《finger alphabet》.

man·u·al·ly /mǽnjuəli, -njuli/ 副 手で, 手先で; 手動で; 手細工で.

***man·u·fac·ture** /mæ̀n(j)ufǽktʃɚ | -njufǽktʃə-/ 他 (-**fac·tures** /~z/; -**fac·tured** /~d/; -**fac·tur·ing** /-tʃ(ə)rɪŋ/) 他 **1** 《機械など使って》《…》を製造する, 《大規模に》製作する (make): They ~ cars in that factory. あの工場では車を製造している. **2** 《…》を加工する, 製品化する. **3** 《生理》《身体が》《物質》を作り[生み]出す. **4** [普通はけなして] 《話などを》捏造(ねつぞう)する, でっちあげる; 《文学作品など》を乱作する. 語源 ラテン語で「手で作る」の意; ☞ manual 単語の記憶, fact 単語の記憶.
— 名 (~s /~z/) **1** Ⓤ 《格式》《分業による大規模な》製造, 製作; 《ある特殊な》製造工業: steel ~ 製鋼業 / the ~ of women's clothing 女性用衣料の製造 / an automobile of domestic [foreign] ~ 国産[外国製]の自動車. **2** [複数形で] 《経》製品, 製造品.

manufactured hóme 名 Ⓒ 《米》プレハブ住宅; 移動住宅.

***man·u·fac·tur·er** /mæ̀n(j)ufǽktʃ(ə)rɚ | -njufǽktʃ(ə)rə/ 𝟏𝟐 名 (~s /~z/) Ⓒ [しばしば複数形で] 《大規模な》製造業者, 製作者; 工場主 《略 mfr.》: automobile ~s 自動車製造業者.

†**man·u·fac·tur·ing** /mæ̀n(j)ufǽktʃ(ə)rɪŋ | -nju-/ 名 Ⓤ 製造, 製造工業 《略 mfg.》. — Ⓐ 形 製造の, 製造工業の: ~ industries 製造工業.

man·u·mis·sion /mæ̀njumíʃən/ 名 Ⓤ 奴隷[農奴]の解放.

man·u·mit /mæ̀njumít/ 動 (**man·u·mits**, **-mit·ted**; **-mit·ting**) 他 《奴隷[農奴]》を解放する.

---

many 1069

†**ma·nure** /mən(j)úɚ | -njúə/ 名 Ⓤ 肥やし, (有機)肥料《特に動物の排泄(はいせつ)物によるもの》; ☞ fertilizer).
— 動 (**ma·nur·ing** /-n(j)ú(ə)rɪŋ | -njúər-/) 他 《土地・作物など》に肥料を施す.

***man·u·script** /mǽnjuskript | -skripts/ 𝟏𝟐 名 (-**u·scripts** /-skripts/) Ⓒ **1** 原稿, 草稿《手書きまたはタイプしたもの; 略 MS., ms., 複数形は MSS., mss.》: Send the ~ as soon as possible. できるだけ早く原稿を送れ. **2** 手書きのもの. **3** 写本《印刷術発明以前の手書きのもの》. 語源 ラテン語で「手で書いた」の意; ☞ manual 単語の記憶. **in mánuscript** [形副] 《まだ印刷されずに》原稿のままで].

Manx /mǽŋks/ 形 マン (Man) 島の; マン島人の; マン島語の. — 名 [the ~ として複数扱い] マン島人《全体》; Ⓤ マン島語.

Mánx cát 名 Ⓒ マンクス《尾のない猫》.

***man·y** /méni/ 《類音》 mini) 《反 few》形 《比 **more** /mɔ́ɚ | mɔ́ː/; 最 **most** /móust/; more, most についてはそれぞれの項目を見よ》**多くの**, 多数の, たくさんの《数の多いことを示す》; ☞ all 形 1 の 2 番目の囲み》

many (数が多い)	多くの
much (量が多い)	

語法 (1) **many** の使い方
数えられる名詞の複数形とともに用いられる《☞ much 形 語法》: He doesn't have *many* friends. 彼はあまり友達がいない.《注意》普通は His friends aren't *many*. のような用い方《述語用法》はあまりしない.
(2) **many** と **a lot of** など
many は普通は否定文・疑問文で用いる. 肯定文で many を用いるのは so, too, as などに続く場合が普通で, その他では a lot of, lots of, plenty of, a (large) number of などを用いる.
(3) 肯定文で主語の名詞につけるのは格式ばった言い方: *Many* teachers think so.《格式》そう考えている先生が多い.

I did *not* take ~ photos. 私は写真をあまりとらなかった / *Not* very ~ people know this. このことを知っている人はあまりいない / Do you have ~ friends in Tokyo? 東京にはお友達がたくさんいますか / How ~ students are there in this classroom? この教室に生徒は何人いますか / The child ate *too* ~ cookies. その子はクッキーを食べすぎた / Linda has *more* dresses than Liz. リンダはリズよりたくさん服を持っている / Mr. Brown got the *most* votes. ブラウン氏が最も多くの票を獲得した.
— 代 《不定代名詞》**1** [複数扱い] **多数, 大勢**《多数》の人; 多く[たくさん]の物: There are very ~ who wish to see you. あなたに会いたがっている人が大勢います / How ~ came to the meeting? 何人来ましたか / You've given me too ~! こんなにたくさんいただいてしまって.

語法 (1) この 代 の **many** は 形 の独立した用法とも考えられるもので, 数えられる名詞の複数形の代わりに用いられ, 複数として扱われる.
(2) **many of …** の使い方
次に定まった人・物を示す複数の代名詞や「the＋名詞」などが来ると of がつく: *M~ of* them (the inhabitants) were Italian. 彼ら[住人]の多くはイタリア人だった / How ~ *of* you know the truth? あなたたちの中で何人が真相を知っていますか.

2 [the ~] 《格式》大多数の人たち, 庶民《反 the few》:

If a free society cannot help *the* ~ who are poor, it cannot save the few who are rich. もし自由社会が多くの貧しい人たちを助けられないのであれば，富める少数の人たちを救うこともできない(Kennedy大統領のことば).

a góod mány [代]《略式》(かなり)多くのもの: *A good* ~ were still waiting beside the building. かなりたくさんの人がまだ建物の外で待っていた. [語法] 次に代名詞や「the＋名詞」などが来るとofがつく: *A good* ~ *of* the eggs are bad. その卵の中に腐っているものがたくさんある.

a góod mány ∴ [形]《略式》(かなり)多くの..., 相当な数の...: She has *a good* ~ books. 彼女はかなりたくさんの本を持っている.

a gréat mány [代]《とても》多くのもの: *A great* ~ gathered at the scene of the accident. 事故の現場にたくさん(の人)が集まった. [語法] 次に代名詞や「the＋名詞」などが来るとofがつく: *A great* ~ *of* the boys were for the plan. その少年たちの中に計画に賛成するものがたくさんいた.

a gréat mány ∴ [形]《とても》たくさんの..., 非常に多くの...: There were *a great* ~ young girls at the concert. コンサートには若い女の子がたくさん来ていた. [語法] a good many ... よりも意味が強い.

as mány [代] それと同じ数(のもの).

as mány ∴ [形]それと同じ数の...: He read five books in *as* ~ days. 彼は5日間で(それと同数の)5冊の本を読んだ.

as mány agáin [代] さらに同じ数だけ; 2倍の数: He ate two slices of cake and he said he could eat *as* ~ *again*. 彼はケーキを2切れ食べた, そしてさらに(同数の)2切れ食べられると言った.

as mány ∴ [形][数詞を伴って] ...もの(数の): He wrote *as* ~ *as* ten books. 彼は10冊もの本を書いた.

as mány as ∴ (1) ...と同数のもの: I have *as* ~ *as* you. 私はあなたと同じ数持っている. (2) ...するだけの数のもの, ...だけ: You can have *as* ~ *as* you want. あなたが欲しいだけあげる.

as mány ∴ as — (1) ...と同じ数の..., ...と同じくらいたくさんの...: John has *as* ~ ties *as* his father does [has]. ジョンは父親と同じくらいネクタイを持っている / There are half [a quarter, twice] *as* ~ people in this town *as* in yours. この町の人はあなたの町の半分[4分の1, 2倍]だ. (2) ...するだけの数の...: You can have *as* ~ eggs *as* you want. 欲しいだけ卵をあげる.

be óne tòo mány [動] (自) 一つ[一人]だけ多すぎる;《略式》よけいである, じゃまである.

be (óne) tòo mány for ... [動] (他)《古風, 英略式》...に勝る, ...の手に余る.

for mány [副] 多くの人にとって.

have hàd óne tòo mány [動] (自)《略式》飲みすぎて[酔って]いる.

mány a ... [形]《格式》多くの.... [語法] 単数形の名詞を伴って扱われる.: M~ *a* poet *has* struggled to express the same feeling. 大勢の詩人たちが同じ感情を表現しようと苦心してきた.

mány mány ... [形]《とても》たくさんの....

Mány's the ... (that [who, when]) —《古風》—である...は多い: M~'s the time (*that*) I've thought of visiting him. 彼を訪ねようとしばしば考えた.

nót as [so] mány ∴ as — ...ほど多くの...はない: I *don't* have *as* ~ brothers and sisters *as* John. 私はジョンほど大勢の兄弟姉妹はいない.

só mány [代] (1) そんなに多くのもの: You should not take *so* ~. そんなにたくさん取ってはいけない. (2) ある一定数: We can make only *so* ~ an hour. ⓢ 1時間にはある一定の数しかできない. (3) [*sò mány*] いくついくつ: Pears are often sold at *so* ~ (for) a dollar. 西洋なしはしばしば1ドルにいくつというふうに売られる.

só mány ∴ [形] (1) そんなに多くの...: I never knew there were *so* ~ people who go to the beach. 私は海岸にそんなに多くの人が出ているとは思わなかった. (2) 同じ数の..., それだけの数の...; ある限られた一定数の...: The boys were climbing the tree like *so* ~ monkeys. 男の子たちはまるで(同じ数の)猿のように木登りをしていた. [語法] so many は日本語に訳す必要のないことが多い. (3) [*sò mány*...] いくついくつ: pack *so* ~ apples in *so* ~ boxes いくついくつのりんごをこれこれの数の箱に詰める.

thát mány ∴ [形]《略式》そんなに多くの(数の)...: Do you have *that* ~ children? そんなに大勢お子さんがいるのですか.

mán-year [名] Ⓒ 人年(にん)《人が1年かかって可能な作業量》: ☞ man-hour.

mány-síded [形] 多方面にわたる; 多才な, 多芸な.

Máo·is·m /máuɪzm/ [名] Ⓤ 毛沢東主義[思想].

Máo·ist /máuɪst/ [名] Ⓒ 毛沢東主義者. ——[形] 毛沢東主義[思想]の.

Máo·ri /máuri/ [形] マオリ人の; マオリ語の. ——[名] Ⓒ マオリ人《ニュージーランド先住民》; Ⓤ マオリ語.

Mao Ze·dong /máuzədɔ́ŋ, -dzə-/, **Mao Tse-tung** /-tsətúŋ/ [名] ⑥ 毛沢東 (1893–1976)《中国の革命政治家; 中国共産党首席 (1945–76)》.

＊**map** /mǽp/《*強音形* mop/》[名] Ⓒ **1** (1枚の)地図 (~ chart): a road [street] ~ 道路地図 / a subway ~ 地下鉄路線図 / Look up the town *on* the ~. その町を地図で探してください / Could you show me where I am *on* this ~? この地図で現在位置を教えていただけませんか / Could you draw (me) a rough ~ *of* the way to the station? 駅までの略図を描いてくださいませんか. [関連] weather map 天気図.

map (1枚のもの)	地
atlas (地図帳)	図
chart (海図・航空図など)	

—— コロケーション ——
consult [study] a *map* 地図を調べる
fold (up) a *map* 地図をたたむ
read a *map* 地図を読む[解読する]
spread a *map* out 地図を広げる
trace a *map* 地図を描く

2 天体図, 星座図. **3** 図解.

Do I hàve to dráw you a máp? ⓢ [いらだちを示して] これ以上くどく話さなくてはならないのかね. **óff the máp** [形・副] (1)《略式》(場所の)へんぴな. (2) 存在しない. **pút ... on the máp** [動] (他) [ほめて]〈場所・人〉などを有名にする. **wípe ... òff the máp** ☞ wipe [名] 成句.

—— [動] (maps; mapped; map·ping) (他) **1** 〈...〉の地図を作る; 〈...〉を地図で表わす; 〈...〉を計画する. **2** 〈形・配列など〉をつきとめる, 示す;【生】〈遺伝子〉を染色体上に位置づける. **3**【数】〈...〉を写像する (*onto*, on).

máp ... ónto — [動] (他) 〈...〉を—に関連付ける, 結びつける. **máp óut** [動] (他) 〈...〉の(詳細な)計画を立てる (plan); 〈...〉を精密に示す.

＊**ma·ple** /méɪpl/ [名] **1** Ⓒ かえで, もみじ. **2** Ⓤ かえで材; [形容詞的に] かえで製の. **3** Ⓒ ＝sugar maple. **4** Ⓤ かえで糖の風味.

máple léaf [名] Ⓒ かえでの葉《カナダの標章で, その国旗はさとうかえで (sugar maple) の葉をかたどったもの; ☞ 表地図》; メープルリーフ

maple 1

金貨.
máple súgar 名 U かえで糖.
máple sýrup 名 U メープルシロップ, かえで糖みつ《ホットケーキなどにかける》.
máp·màker 名 C 地図製作者.
máp·ping 名 U,C **1** 地図製作. **2** 《数》写像.
máp-rèader 名 C 地図の読める人; 地図を見る係.
máp-rèading 名 U 地図を読み取ること, 読図.
máp rèference 名 U 地図参照.
ma·qui·la·do·ra /mækələdɔ́:rə/ 名 《スペイン語から》 C マキラドーラ《外国企業がメキシコに設立した組み立て工場》.
***mar** /máːr | máː-/ 動 (**mars** /-z/; **marred** /-d/; **mar·ring** /máːrɪŋ/) 他 [しばしば受身で] 〈…〉をひどく傷つける; 損なう, 台なしにする: The image of the country *was marred* by the incident. その事件でその国のイメージは傷つけられた.
***Mar.** 略 3月 (March).
mar·a·bou(t) /mǽrəbùː/ 名 (複 **-a·bou(t)s** /-z/) **1** C アフリカはげこう《頭と首のはげた大きな鳥》. **2** U アフリカはげこうの羽毛《装飾用》.
ma·ra·cas /mərɑ́:kəz, -rǽkəz/ 名 [複] マラカス《中南米のリズム楽器》.
Ma·ra·do·na /mærədɔ́ːnə | -dɔ́n-/ 名 **Di·e·go** /diéɪgou/ ~ マラドーナ (1960-)《アルゼンチンのサッカー選手》.
mar·a·schi·no /mærəskíːnou, -ʃíː-/ 形 (~**s**) **1** U マラスキーノ酒《野生のさくらんぼから作る甘い酒》. **2** C マラスキーノ酒漬けのさくらんぼ《ケーキや飲み物の飾り用》.
máraschino chérry 名 C [普通は複数形で] =maraschino 2.
***mar·a·thon** /mǽrəθɑ̀n | -θən-/ 名 (~**s** /-z/) **1** C マラソン(競走) 《標準距離は 26 マイル 385 ヤード, 42.195 km》: run a [the] ~ マラソンを走る. **2** 持久力・忍耐力が必要な活動[競技]. **3** [形容詞的に] 延々と続く: a ~ debate 延々と続く討論. 語源 紀元前 490 年に Athens 軍が Marathon でペルシャ軍を破ったと伝えるために伝令が Athens まで約 26 マイル走った故事にちなむ.
Mar·a·thon /mǽrəθɑ̀n | -θən-/ 名 固 マラトン《ギリシャの Athens 北東の平野; 古戦場》.
mar·a·thon·er /mǽrəθɑ̀nər | -θənə-/ 名 C マラソン走者[選手].
ma·raud /mərɔ́ːd/ 動 自 略奪する. — 他 〈場所〉を略奪する.
ma·raud·er /mərɔ́ːdər | -də-/ 名 C 略奪者, 荒らし回る動物.
ma·raud·ing /mərɔ́ːdɪŋ/ 形 A W 〈人・動物が〉略奪する.
***mar·ble** /máːrbl | máː-/ 名 (原題 marvel) 名 (~**s** /-z/) **1** U 大理石: a column *in* ~ 大理石の柱. **2** [普通は複数形で] 大理石の彫刻物. **3** C ビー玉《子供のおもちゃ》; [複数形で単数扱い] ビー玉遊び《円の中に置いたビー玉を別のビー玉で円の外へはじき飛ばして遊ぶ》: a game of ~*s* ビー玉遊び / play ~*s* ビー玉遊びをする.

4 [形容詞的に] 大理石(製)の: a ~ tomb [sculpture] 大理石の墓[彫刻]. **5** [形容詞的に] 《文》堅い; 無情な; 〈肌などが〉滑らかで白い.
lóse one's márbles 動 自 《略式》気が狂う.
— 動 他 〈本の小口など〉をまだら模様にする.
márble càke 名 C,U マーブルケーキ《チョコレートで大理石模様がつけてある》.
mar·bled /máːrbld | máː-/ 形 **1** 大理石模様の; 〈牛肉が〉霜降りの. **2** 大理石(製)の.
mar·bl·ing /máːrblɪŋ | máː-/ 名 U 大理石模様(をつけること)[技術].
***march** /máːrtʃ | máː-/ 動 (**march·es** /-ɪz/; **marched** /-t/; **march·ing**) 自 **1** 行進する, ねり歩く; [副詞(句)を伴って] 進軍[行軍]する, デモ行進をする (*on*): The troops ~*ed into* [*through*] the town. <V+*into* [*through*] +名·代> 軍隊は町に[町を]行進した / Quick ~! 速歩進め!《号令》 / ~ *for* peace 平和のためのデモ行進する.
2 [副詞(句)を伴って] 堂々と歩く, (決然として)早早に歩く: The woman got angry and ~*ed off*. その女は怒って立ち去った. **3** [副詞(句)を伴って] 〈時間・事件などが〉進展する, どんどん過ぎていく (*on*). — 他 **1** 〈軍隊など〉を行進[行軍]する: The commander ~*ed* his men *on*. 隊長は部下をなおも行進させた. **2** 〈ある距離〉を行進する. **3** [副詞(句)を伴って] 《主に文》〈人〉を引っ張っていく: The thief *was* ~*ed through* the town. どろぼうは町中を引き回された. **márch pást** 動 自 〈軍隊が〉〈高官など〉の前を分列行進する.
— 名 (~**es** /-ɪz/) **1** U,C [隊を組んだ]行進, 行軍; C デモ行進: a line of ~ 行進路 / a forced ~ 強行軍 / a protest ~ 抗議デモ / go on a ~ デモに参加する. **2** C 行進距離, 行進時間; 行程: a day's [two days'] ~ 1 日 [2 日] の行程.
3 C 《楽》行進曲, マーチ: a wedding ~ 結婚行進曲 / a funeral ~ 葬送行進曲. **4** U,C (行進の)歩調: a slow ~ 遅い歩調 / a double ~ 駆け足. **5** The [格式] 進行, 進展; 発達: *the* ~ *of* history 歴史の進展. **be on the márch** 動 自 進軍[行進]中である; 〈着実に〉進歩している, 発展[進行, 台頭]中である. **stéal a márch on …** 動 他 …を出し抜く, …の機先を制する.

***March** /máːrtʃ | máː-/ 名 U,C (**March·es** /-ɪz/) [冠詞 囲み] 3月: It gets warmer and warmer *in* ~. 3月にはだんだん暖かくなる / My birthday is (*on*) ~ 11. 私の誕生日は3月11日です (March 11 は ~ (the) eleventh と読む; ordinal number 文法 (2)) / ~ comes in like a lion and goes out like a lamb. 《ことわざ》 3月はライオンのようにやって来て子羊のように去っていく《英国の 3月は前半は天候が荒れ, 後半は穏やかになることをいったもの》.

march·er /máːrtʃər | máː-tʃə-/ 名 C (徒歩)行進者; デモ行進者.
march·es /máːrtʃɪz | máː-tʃ-/ 名 [複] [しばしば M-] (英国の)境界地方 (England と Scotland または Wales との).
March háre 名 C (繁殖の時期を迎えた)3月のうさぎ《伝統的に頭がおかしいとされる; 「3月うさぎ」として『不思議の国のアリス』に登場》. (**as**) **mád as a March háre** [☞ hare 成句].
márching bánd 名 C パレード[行進]のバンド.
márching òrders 名 [複] **1** 《軍》出発[出撃]命令. **2** 《英略式》または《滑稽》解雇[決別](通告); 退去命令 (《米》walking papers).
mar·chio·ness /máːrtʃ(ə)nəs | mɑ̀ːʃənés, máː-ʃ(ə)nəs/ 名 C 侯爵夫人; 女侯爵 (☞ peerage 表).
Márch of Dímes 名 [the ~] 《米》10 セントの行

1072 **march-past**

進《小児麻痺(ひ)救済募金の名称》.

márch-pàst /-/ 图 C 《軍隊の》分列行進《高官や来賓の前で行う》.

Mar·co·ni /mɑːkóuni | mɑː-/ 图 固 **Gu·gliel·mo** /ɡuːljélmou/ マルコーニ (1874-1937)《無線電信を完成したイタリアの技師》.

Mar·co Po·lo /máːkoupóulou | máː-/ 图 固 マルコポーロ (1254?-1324?)《イタリアの旅行家;「東方見聞録」で東アジアをヨーロッパに紹介した》.

Mar·cos /máːkous | máːkɔs/ 图 固 マルコス **Ferdinand** ~ (1917-89)《フィリピンの政治家; 大統領 (1965-86)》.

Mar·cus Au·re·li·us /máːkəsɔːríːliəs | máː-/ 图 固 マルクスアウレリウス (121-180)《ローマ皇帝・哲学者》.

Mar·cu·se /mɑːkúːzə | mɑː-/ 图 固 **Herbert** ~ マルクーゼ (1898-1979)《ドイツ生まれの米国の哲学者》.

Mar·di Gras /máːdiɡrɑː | máː-/《フランス語から》 图 C.U 謝肉祭、懺悔(ざんげ)火曜日のお祭り《謝肉祭 (carnival) の最終日; Shrove Tuesday と同じ; 米国の New Orleans などではパレードが行なわれる》.

*****mare**[1] /méə/ 图 C 雌馬, 雌ロバ. 関連 stallion 種馬 / colt 雄の子馬 / filly 雌の子馬.

ma·re[2] /máːrei/ 图 (複 **ma·ri·a** /máːriə/) C 《天》(月や火星の)海《黒く見える部分》.

máre's nèst /méəz-/ 图 C 1 大発見と思ったが実はつまらないもの, 見かけ倒しのもの. 2 混乱, 乱雑な場所.

Mar·ga·ret /máːɡ(ə)rət | máː-/ 图 固 マーガレット《女性の名; 愛称は Madge, Maggie, Margie, May, Meg, または Peggie, Peggy》.

mar·ga·rine /máːdʒ(ə)rin, -dʒəriːn | mɑːdʒəriːn, -ɡə-/ 图 U マーガリン. 関連 butter バター.

mar·ga·ri·ta /màːɡəríːtə | màː-/ 图 C マルガリータ《テキーラとレモン[ライム]果汁で作るカクテル》.

marge /máːdʒ | máːdʒ/ 图 U.S.《英略式》マーガリン (margarine).

Mar·gie /máːdʒi | máː-/ 图 固 マージー《女性の名; Margaret の愛称》.

*****mar·gin** /máːdʒɪn | máː-/ 图 (~s /-z/; 形 **márginal**) C

元来は「辺境地帯」の意 → (物の)「端」, 「縁」5
→ (余分) → 「余白」1
「余裕」3

1 [ページなどの] **余白, 欄外**; 欄外を示す縦線: narrow [small] ~s 狭い余白 / wide [large] ~ 広い余白 / make notes in the ~ ページの余白にメモを記す.
2 [普通は単数形で] (票数・得点・時間・距離などの) **差, 開き**: by a ~ of 100 votes 100 票の差で.
3 [普通は単数形で] (時間・空間・経費などの) **余裕**, (誤りなどの発生する) ゆとり: We allowed a ~ of 15 minutes「for changing [to change] trains. 列車の乗り換えに 15 分の余裕をみておいた / There was no ~ for error. 間違いは許されなかった. **4** 《商》利ざや, マージン (profit margin); 《株》(客が証券業者に預ける)委託証拠金. **5** 《文》縁, へり, 端, 周辺, (湖などの)岸: on the ~ of the forest 森のはずれに. **6** 《豪》特別支給, 技能[職務]手当. **a márgin of érror** 許容できる誤差. **by a góod [húge, wíde, cómfortable] márgin** [副] 十分な余裕をもって, 大差で. **by a nárrow [smáll, slím, thín] márgin** [副] きわどい[少しの]差で. **on [to] the márgin(s)** [副] [比喩] 周辺で[へ], 非主流で[へ] (of).

*****mar·gin·al** /máːdʒɪn(ə)l | máː-/ 形 márgin, 動 márginalìze) **1** (相違などが)わずかな; 周辺的な, 重要でない: a ~ effect 限られた効果 / ~ groups 非主流の集団. **2** A 余白の, 欄外の: ~ notes 欄外の注. **3** かろうじて適格[合格]の; (土地が)耕作限界の, 収穫の少ない; 《経》限界収益点の: ~ revenue 限界収入. **4** 《主に英》(議席・選挙区などが)わずかな得票差で争われる: a ~ seat [constituency] 不安定な議席.
— 图 C 《主に英》僅(わず)かの差で得た議席[選挙区].

mar·gi·na·lia /màːdʒənéɪliə | màː-/ 图 複 余白[欄外]の書きこみ[注釈].

mar·gin·al·i·za·tion /màːdʒɪ(t)nəlɪzéɪʃən | màːdʒɪnəlaɪz-/ 图 U 無視[疎外](すること).

*****mar·gin·al·ize** /máːdʒ(ɪ)nəlàɪz | máː-/ 動 他 (形 márginal) 俚 《…を》主流からはずす, 軽んじる[疎外する].

*****mar·gin·al·ly** /máːdʒɪnəli | máː-/ 副 わずかに: His proposal is only ~ different from mine. 彼の提案は私のとわずかしか違わない.

Mar·got /máːɡou | máː-/ 图 固 マーゴ《女性の名》.

mar·gue·rite /màːɡəríːt | màː-/ 图 C マーガレット《daisy の一種》.

maria 图 mare[2] の複数形.

Ma·ri·a /məríːə/ 图 固 マライア《女性の名》.

ma·ri·a·chi /màːriáːtʃi/ 图 **1** U マリアッチ《メキシコのダンス音楽の一種》. **2** C マリアッチ《メキシコの街頭音楽団(の団員)》.

Mar·i·an /méəriən/ 图 固 メアリアン, マリアン《女性の名》.

Már·i·an·a Íslands /mæriænə-/ 图 固 [複] [the ~] マリアナ諸島《フィリピン東方の Micronesia の諸島》.

Máriana Trénch 图 固 [the ~] マリアナ海溝《Guam 南東の世界最深の海溝》.

Ma·rie /məríː | məríː, mɑːriː/ 图 固 マリー《女性の名》.

Ma·rie An·toi·nette /məríːæntwənét/ 图 固 マリー・アントワネット (1755-93)《フランス王ルイ十六世の妃; フランス革命で処刑された》.

*****mar·i·gold** /mærəɡòuld/ 图 **1** C マリゴールド《きく科の一年草, 観賞用》. **2** U 黄色.

*****mar·i·jua·na**, 《古風》 **-i·hua·na** /mærə(h)wáːnə/ 图 U インド大麻(たいま); マリファナ《インド大麻の乾燥した葉と花から採る麻薬; ☞ pot 5, grass 5》.

Mar·i·lyn /mærəlɪn/ 图 固 マリリン《女性の名》.

ma·rim·ba /mərímbə/ 图 C マリンバ《普通は大型の木琴 (xylophone) に共鳴管がついている》.

marigold 1

*****ma·ri·na** /məríːnə/ 图 C マリーナ《ヨットやモーターボートなどの係留場》.

*****mar·i·nade** /mærənéɪd, mærənèɪd/ 图 U.C マリネード, 漬け汁《酢・ワイン・油・香料などを混ぜた漬け汁で主に肉や魚を漬けて下味をつける》. —— 動 =marinate.

*****mar·i·nate** /mærənèɪt/ 動 他《肉や魚を》マリネード(など)に漬ける (in). —— 動《肉や魚が》マリネードに漬かる.

*****ma·rine** /məríːn/ 形 A **1** 海の; 海に住む, 海産の: ~ products 海産物. **2** 海運業の; 船舶の, 海軍の: ~ supplies 航海[船舶]用品 / ~ transportation 海上輸送, 海運.
—— 图 **1** C [時に M-] 海兵隊員: the Royal M~s 英国海兵隊. **2** [the Marines] 《米》海兵隊. **3** U (一国の)船舶, 海上勢力(全体): the merchant ~ (一国保有の)商船(隊), 海運力. **Téll it [thát] to the marínes!** S (そんなことが)信じられるか, うそつけ.

*****Ma·ríne Còrps** /-kɔ̀ə(r) | -kɔ̀ː(r)/ 图 [the ~ として《英》単数または複数扱い] =marine 2. ★ Corps は

発音については ☞ corps.
maríne párk [名] [C] 海洋公園, マリンパーク.
+**mar·i·ner** /mǽrənɚ | -nə/ [名] [C] 《主に文》水夫.
maríne snów [名] [U] 海雪, マリンスノー《プランクトンの死骸などの降雪に似た海中の降下物》.
mar·i·o·nette /mæ̀riənét/ [名] [C] あやつり人形 (puppet).
mar·i·pó·sa lìly /mæ̀rəpóuzə- | -rɪ-/ [名] [C] マリポーサ, 蝶百合(ちょうゆり).
Mar·is /mǽrɪs/ [名] [固] **Roger** ～ マリス (1934–85)《米国の野球選手; 1961 年に 61 本のホームランを打ち Babe Ruth の記録を破った》.
+**mar·i·tal** /mǽrəṭl/ [形] [A] 婚姻の; 夫婦(間)の: ～ bliss [滑稽] 至福の結婚生活. **-tal·ly** /-ṭəli/ [副] 婚姻上.
márital stàtus [名] [U] [しばしば所有格の後で]《格式》婚姻関係の有無《未婚・既婚・離婚の別; single, married, divorced, separated, widowed など》.
+**mar·i·time** /mǽrətàɪm/ [形] [A] **1** 海の, 海上の, 海運上の: ～ law 海上法 / ～ English 海事英語 / a ～ museum 海洋博物館. **2** 海岸近くの, 沿海の; 海岸近くに住む: a ～ city 臨海都市.
mar·jo·ram /máɚdʒ(ə)rəm | máː-/ [名] [U] マージョラム, はなはっか《しそ科の植物; 薬用・料理用》.

‡mark[1] /máɚk | máːk/

古(期)英語で「境界(の印)」の意 (☞ remark [語源]) から「印(をつける)」[名] **2**, [動] [他] **2**
→「目印」[名] **3**
→(あとに残る印) →「跡(を残す)」[名] **4**, [動] [他] **1** →(目障りな跡) →「斑点」[名] **1**
→(目印となる) →「示す」[動] [他] **4**
→(目をつける) →「注意を払う」[動] [他] **5**
→(評価の印)→「評点」[名] **5**,「採点する」[動] [他] **3**

— [名] (～s /~s/) **1** [C] (物の表面の)**斑点(はんてん)**, きず, しみ, 汚れ: Her shoes left [made] dirty ～*s* on the floor. 彼女の靴は床に汚れた跡をつけた / The horse has a white ～ on its nose. その馬は鼻に白い斑点がひとつある / ink ～*s* インクのしみ / a scratch ～ ひっかき傷 / distinguishing ～*s* 特徴となるあざ[ほくろなど].
2 [C] **印, 記号**, 符号, マーク; =trademark (☞ sign [類義語]): put a ～ on paper 紙に印をつける / punctuation ～*s* 句読点 / a question ～ 疑問符《?》/ quotation ～*s* 引用符《“ ”, ‘ ’》/ The ～ *for* plus is ＋ and that *for* minus is −. プラスの記号は ＋ で, マイナスの記号は − だ. [関連] postmark 消印.
3 [C] **目印, 目標**, 標識; 《格式》ねらい, 的; 《米》(すりなどのねらう)「かも」, (もの笑いなどの)的(となる人): a boundary ～ 境界標 / The arrow hit [missed] its ～. 矢は的を射止めた[はずれた] / the halfway ～ 中間地点. [関連] landmark (航海者・旅人の)目標 / watermark 水位標.
4 [C] **跡**, 痕跡(こんせき); [普通は単数形で] (気持ち・感情などの)**現われ, 印**: His hands bear the ～*s* ***of*** hard work. 彼の手には労働の跡が見える / as a ～ *of* respect 敬意の印として.
5 [C] 《主に英》**評点, 点数** (☞ grade [名] 1 表): a good ～ よい点 / a bad ～ 悪い点 / [言い換え] Her ～ in English was A. =She got a ～ of A in English. 彼女の英語の点は A だった / She got full [80] ～*s* in mathematics. 彼女は数学で満[80]点を取った / a pass ～ 及第点. **6** [C] 特性, 特徴. **7** [C] [しばしば the ～] 〖スポ〗出発点, スタートライン. **8** [C] [普通は the ～] 標準, 水準; 判断の目安となる一定の時間[距離, 数量], 決定的な水準[数値]. **9** [C] 《古語》× 印《名前の書けない人の署名代わり》. **10** [U] [しばしば M-; 後に数字を伴って] (武器・自動車・機械などの)型, 型式記号; [後に数字を伴って]《英》ガスオーブンの温度の段階 (《略》Mk). **be òn [òff] the márk** [動] [自] 正しい[間違っている]. **be quíck [slów] òff the márk** [動] [自] 《略式》(1) 飲み込みが速い[遅い]. (2) 始めるのが早い[遅い]; 動き[反応]が速い[遅い]. **belòw the márk** [形・副] 標準以下の[で]. **besìde the márk** [形・副] 《古風》的はずれで. **gèt fúll márks** [動] [自] 《英》(…で)ほめられる (*for*). **gíve … fúll márks (for —)** [動] [他] 《英》(—の点で)〈…を〉ほめそやす. **hít the márk** [動] [自] 的中する; 目標に達する. **léave [máke] one's [a] márk on …** [動] [他] …に足跡を残す, …に感化[悪影響]を与える. **máke one's márk** [動] [自] (…で)有名になる, 成功する (*as, in, on*). **míss the márk** [動] [自] (1) 的をはずす; 見当違いである. (2) 目的に達しそこなう. **néar [clóse to] the márk** [形] ほぼ正しい[正確な]. **Òn your márk(s), gèt sét, gó!** [感] 〖スポ〗位置について, 用意, どん! **stámp one's márk on …** [動] [他] …に名を残す, 影響を与える. **úp to the márk** [形・副] [普通は否定文で] 《英略式》(1) 標準に達して. (2) 《古風》至極元気で.
— [動] (**marks** /~s/; **marked** /~t/; **mark·ing**)

[自] [他] の転換
[他] **1** 跡[しみ]をつける (make (something) dirty or stained)
[自] 跡[しみ]がつく (to become dirty or stained)

— [他] **1** [しばしば受身で] 〈表面など〉に**跡[しみ]をつける**; 〈…〉に(—の)跡を残す: Look how your dirty shoes have ～*ed* the floor! 床に汚い靴跡がついたぞ / The table *was* ～***ed with*** bloodstains. <V+O+*with*+名・代の受身> テーブルには血痕(けっこん)がついていた.
2 〈…〉に**印[記号]をつける**; 〈…〉にスタンプ[刻印]を押す; 〈…〉に(照合の)印をつけて(…であることを)示す; 〈商品〉に定価をつける: *M*～ the accents in these words. これらの単語のアクセントのある所に印をつけなさい / [言い換え] She ～***ed*** her initials ***on*** the label. <V+O+*on*+名・代> =She ～***ed*** the label ***with*** her initials. <V+O+*with*+名・代> 彼女はラベルに自分のイニシャルの印をつけておいた / The teacher ～***ed*** the three pupils (***as***) absent. <V+O+C ((*as*+)形)> 先生はその 3 人の生徒(の名前)に欠席の印をつけた / The box was ～*ed* “fragile”. その箱には「割れ物注意」と表示されていた.
3 《主に英》〈答案など〉を**採点する** (《米》grade); 〈(競技の)得点〉を記録する: English teachers have to ～ compositions. 英語の教師たちは作文の採点をしなければならない. **4** 〈記念すべき場所・事柄・変化など〉を(はっきりと)示す, 特色づける, 〈感情など〉を表わす; 目立たせる, 〈…〉を(—として)特色づける: The ceremony ～*ed* the 80th anniversary of our school. その式典はわが校の 80 周年を記念するものであった / The leader's death ～*ed* the end of an era. その指導者の死で一時代が終わりを告げた / In his schooldays, he *was* ～*ed as* a loser. 学生時代に彼は落ちこぼれとレッテルを張られていた. **5** 《格式》〈…〉に注意を払う, 注目する: *M*～ [You ～] my words. Ⓢ《古風》私の言うことを注意して聞きなさい(今に私の正しさがわかるよ). **6** 《英》〖スポ〗〈相手〉をマークする. — [自] **1** (表面などが)跡[しみ]がつく, よごれる; 印をつける. **2** 採点する. **márk you** 《古風, 英》Ⓢ = mind you (mind [動] 成句).

mark の句動詞
márk dówn [動] [他] **1** 〈…〉を値引きする, 値下げする: These cameras *have been* ～*ed down* (by) 20%. これらのカメラは 20% 引きになっています. **2** 〈…〉を書き留める; 《主に英》〈人〉を(—と)みなす, 認める (*as*). **3** 《主に英》〈生徒〉に(誤りなどで)低い点数[評価]をつける (*for*).

4 《主に英》(…の候補として)〈人〉に目をつける (for).

márk óff 動 他 **1** 〈…〉に区切りをつける，〈土地など〉を区画する；〈…〉を(一から)区別する (from). **2** (リストで)〈…〉に済みの印をつける. **3** =《米》mark down 3.

márk óut 動 他 **1** (線を引いて)〈土地など〉を区画する. **2** 〔普通は受身〕〈…〉として〉を選ぶ，予定する (for)：be ~ed out for promotion 昇進を約束されている. **3** 〔特質などが〕〈人〉を(…として)際立たせる (as).

márk úp 動 他 **1** 〈…〉を値上げする. **2** 〈…に〉(より)高い点数[評価]をつける. **3** 〈原稿・楽譜など〉に指示を書き加える，手を入れる.

mark² /máək | má:k/ 名 **1** © マルク《ドイツの旧貨幣単位; 略 Mk》 Deutschmark》. **2** [the ~] マルク相場，ドイツの貨幣制度.

Mark /máək | má:k/ 名 **1** マーク《男性の名》. **2** St. /sèin(t) | s(ə)n(t)/ ~ マルコ《キリストの弟子で新約聖書の第2の福音書「マルコ伝」の作者といわれる》. **3** 《聖》マルコによる福音書，マルコ伝《新約聖書の書》.

márk·dòwn 名 © 〔普通は単数形で〕 値下げ(額).

*__marked__ /máəkt | má:kt/ 形 (反 unmarked) **1** 著しい，目立った：a ~ difference 著しい違い. **2** 〔敵などに〕目星をつけられている，注意されている：a ~ man [woman] 目をつけられて[ねらわれて]いる人，(要)注意人物. **3** 印のある，記号のついた.

mark·ed·ly /máəkɪdli | má:k-/ ★ ed は /ɪd/ と発音する. 副 著しく，際立って，明らかに.

†**márk·er** /máəkə | má:kə/ 名 © **1** マーカー，印[記号]をつける道具[人]: ☞ felt marker. **2** (試験・競技などの)採点者. **3** 目印(となるもの)《しおり・旗・道標など》；(物質・事象などの存在を示す)しるし (for, of)；墓標，墓石，記念碑. **4** =marker pen. **5** 《英》《スポ》相手選手をマークする人. **pùt [láy, sèt] dówn a márker** 動 《英》将来の意図を表明する.

márker pèn 名 © 《英》=felt marker.

*__mar·ket__ /máəkɪt | má:-/ 名 (**mar·kets** /-kɪts/) **1** © 市場(いち)，市(いち)の開かれる広場[建物] (marketplace)《特に家畜・食料品などを扱うもの; 略 mkt.》；市: There are many small ~s in this town. この町には小さな市場がたくさんある / There is no street ~ today. きょうは街頭市は立たない
[関連] black market やみ市場 / flea market のみの市. **2** U,C 販路，需要，市場(しじょう)，取引先: [an open [a free] ~ 公開[自由]市場 / the coffee ~ コーヒー市場 / the labor [job] ~ 労働市場 / a ~ for 販路が広がる / the ~ in used cars 中古車市場 / foreign [domestic] ~s for Japanese cars 日本車の海外[国内]市場 / There isn't much of a ~ for these products here. ここではこれらの製品の需要はあまりありません. **3** [the ~] 売買，取り引き; (市場の売り手と買い手. **4** © =market day, stock market. **5** 《米》食料品店: open a meat [fish] ~ 肉[魚]屋を開業する. [関連] supermarket スーパーマーケット. **6** © 市況; 市価，相場 (market price).

be in the márket for ... 動 …を買う気がある；…を求めている.

be on the (ópen) márket 動 他 売りに出ている，一般の人が買える.

bríng ... to [ònto] márket 動 他 〈…〉を売り出す 《受身 be brought to market》: The new-model cars will be brought to ~ in May. その新型車は5月に発売される.

cóme ònto the márket 動 自 売りに出る.

gó on the márket 動 =come onto the market.

pláy the márket 動 〔略式〕株に手を出す.

pút ... on the márket 動 他 〈…〉を売りに出す.

— 動 (**mar·kets** /-kɪts/; **-ket·ed** /-tɪd/; **-ket·ing** /-tɪŋ/) 他 〈…〉を市場で売る，売りに出す，売りこむ (as, for, to): Various types of air-conditioners are ~ed. <V+O の受身> いろいろな型のエアコンが市販されている. — 自 《米》(市場で)買い物をする: go ~ing 買い物に行く.

mar·ket·a·bil·i·ty /mààkɪtəbíləti | mà:-/ 名 U 市場性，売り物になること.

*__márket·a·ble__ /máəkɪtəbl | má:-/ 形 市場向きの; (物・技能が)売れ口のよい，売り物になる.

márket càpitalizátion [**cáp**] 名 U,C 《商》株式の時価総額.

márket dày 名 © 《主に英》市(いち)の立つ日.

márket-driven 形 (経済が)市場原理による，(商品などが)需要先導[主導]の.

márket ecónomy 名 © 市場経済.

mar·ke·teer /mààkətíə | mà:kətíə/ 名 © 〔普通は合成語で〕 **1** (市場の)商人: black ~s やみ業者. **2** …市場主義者: a free ~ 自由市場主義者.

márket·er /máəkɪtə | má:-/ 名 © 販売人[社].

†**márket fórces** 名〔複〕 市場実勢[要因].

márket gárden 名 © 《英》=truck farm.

márket gárdener 名 © 《英》=truck farmer.

márket gárdening 名 U 《英》=truck farming.

*__mar·ket·ing__ /máəkɪtɪŋ | má:-/ 他名 U **1** マーケティング，市場戦略 《製造から販売までの市場調査・流通経路・広告などを含む全過程》: The decline in sales prompted the company to reconsider its ~ of the product. 売上高が減ったので，その会社は製品のマーケティングを再考した. **2** 〔古風，米〕 (食料品などの)買い物(をすること): do the ~ 買い物をする.

márket léader 名 © (ある製品の)市場で首位を占める会社[商品].

márket-lèd 形 《英》=market-driven.

márket màker 名 © 株式取引所員.

*__márket·pláce__ 名 **1** © 市(いち)の開かれる広場，市場(いちば). **2** [the ~] 市場(しじょう); 商業界. **3** © (アイデアなどの)売り込み市場.

márket príce 名 C,U 市価.

†**márket resèarch** 名 U 市場調査.

*__márket shàre__ 名 [U または a ~] 市場シェア，市場占有率.

márket squáre 名 © 市(いち)の立つ広場.

márket tòwn 名 © 《英》市(いち)の立つ町.

márket válue 名 © 市場価値; 市価 (market price) (☞ book value).

†**márk·ing** 名 **1** 〔普通は複数形でまたは U〕 (鳥獣の)皮・羽などの)斑紋(はんもん)，模様，しま，マーク，(道路上の)標識. **2** 《主に英》印(点数など)をつけること，採点. **3** U 《スポ》(ディフェンスで)相手選手をマークすること.

márking ìnk 名 U 洗っても消えないインク《服などに名前を書くのに用いる》.

mark·ka /máəka: | má:-/ 名 (複 **mark·kaa** /-ka:/) © マルッカ《フィンランドの貨幣単位》.

Márks and Spéncer /máəks- | má:ks-/ マークス・アンド・スペンサー《英国の衣類・家庭用品・食品などの小売チェーン》.

†**márks·man** /máəksmən | má:ks-/ 名 (**-men** /-mən/) © 射撃[弓]の名人，狙撃(そげき)兵.

márksman·ship 名 U 射撃の腕前.

Mark Twain /máəktwéɪn | má:k-/ 名 マークウェイン (1835-1910) 《米国の作家》.

márk·úp 名 **1** © 値上げ(額); 〔商〕 値増し率; 利幅. **2** U 〔電算〕(テキストの)マークアップ《段落・文字種など文章の構造や体裁の指定》.

marl /máəl | má:l/ 名 U 泥灰土 《肥料用》.

Marl·bor·o /máːlb(ə)rə/ 名 C マールボロ《米国製のたばこ; 商標》.

Mar·ley /máːli | máː-/ 名 固 Bob ~ マーリー(1945–81)《ジャマイカのレゲエ歌手》.

mar·lin /máːlɪn | máː-/ 名 C (複 ~) まかじき《上あごがやりのように突き出た大きな魚》.

Mar·lowe /máːloʊ | máː-/ 名 固 Christopher ~ マーロー(1564–93)《英国の詩人・劇作家》.

mar·ma·lade /máːməlèɪd | máː-/ 名 U.C マーマレード《オレンジ・レモンなどを皮ごと煮て作ったジャム》.

Mar·mite /máːmaɪt | máː-/ 名 U《英》マーマイト《イースト菌から作り, パンに塗る食品; 商標》.

mar·mo·re·al /maːmɔ́ːriəl | maː-/ 形《文》大理石の(ような).

mar·mo·set /máːməsèt, -zèt | máː-/ 名 C きぬざる《中南米産》.

mar·mot /máːmət | máː-/ 名 C マーモット(属)《りすに似た小動物の総称》; ☞ guinea pig.

ma·roon¹ /mərúːn/ 名 1 U えび茶色, くり色. 2 C 警報用花火(船で用いる). ―― 形 えび茶[くり]色の.

ma·roon² /mərúːn/ 動 他 《普通は受身で》〈人〉を〈孤島など〉に置き去りにする, 孤立(無援)にさせる.

marque /máːk | máːk/ 名 C《英》高級ブランド(の商品)《主に高級車》.

mar·quee /maːkíː | maː-/ 名 C 1《米》《劇場・ホテルなどの》入り口のひさし《劇場の場合は芝居や映画の題名が掲げられる》. 2《主に英》《野外パーティー・サーカスなどの》大テント. ―― 形《米》一流の, 人気のある: a ~ player [actor] スター選手[俳優].

mar·quess /máːkwɪs | máː-/ 名 C 1《英国の》侯爵(☞ peerage 表). 2 =marquis.

mar·que·try /máːkətri | máː-/ 名 U《家具などの》寄せ木細工, はめ木細工, 木象眼(ぞうがん).

mar·quis /máːkwɪs | máː-/ 名 C《英国以外の》侯爵(男性)(☞ peerage 表).

mar·quise /maːkíːz | máː-/ 名 C《英国以外の》侯爵夫人; 侯爵(女性)(☞ peerage 表).

*mar·riage /mǽrɪdʒ/ 発音 名 (mar·riag·es /-ɪz/; 動 márry) 1 U.C 結婚, 婚姻: (an) early [late] ~ 早[晩]婚 / a ~ feast 結婚の祝宴, 披露宴 / an arranged ~ 見合い結婚 / She has had「an offer of ~ [a ~ proposal]. 彼女は結婚を申し込まれた / She had a happy ~ to an engineer. 彼女は技師と幸福な結婚をした. 関連 wedding 結婚式 / divorce 離婚.
2 U.C 結婚生活: Her happy ~ was brought to an end by the war. 彼女の幸福な結婚生活は戦争によって終わった / dissolve [break up] a ~ 結婚生活を破綻させる. 3 C 結婚式, 婚礼(wedding). 4 C 内縁関係, 同棲(せい): a trial ~ 試験結婚. 5 U.C 《密接な》結合. a márriage of convénience 名 政略結婚; 《利害だけの》結びつき. **by márriage** 副 形 結婚によって[による], 結婚して. **gíve ... in márriage (to —)** 動《格式》〈...〉を〈—と〉嫁にやる.

mar·riage·a·bil·i·ty /mæ̀rɪdʒəbíləti/ 名 U《古風》結婚に適していること.

mar·riage·a·ble /mǽrɪdʒəbl/ 形《古風》婚期に達した, 年ごろの: ~ age 婚期, 結婚適齢期.

márriage bròker 名 C 《専門的な》結婚仲介人[業者].

márriage bùreau 名 C 《古風, 英》結婚相談所.

márriage certíficate 名 C 結婚証明書.

márriage còunseling 名 U《米》《専門家による》結婚生活指導.

márriage guídance 名 U《英》=marriage counseling.

márriage lìcense 名 C 《役所などの》結婚許可証.

---

marshal 1075

*mar·ried /mǽrɪd/ 形《反 unmarried, single》1 《人が》結婚している, 妻[夫]のある《略 m, M, m.》: ☞ get married (marry 成句): a ~ couple 夫婦 / Is he ~ or single? 彼は結婚しているのですか, それとも独身ですか / Tom has been ~ to Alice (for) eight years. <A+to+名・代> トムはアリスと結婚して 8 年になる(☞ for A 5 語法 (1)). 2 A 結婚の, 結婚生活の: ~ life 結婚生活 / a woman's ~ name 女性の結婚後の姓. **be márried to ...** 動 〈...〉に没頭している, 打ち込んでいる: She is ~ to her work. 彼女は仕事に専念している. ―― 名 C 《普通は複数形で》既婚者: young ~s 若夫婦.

*mar·row /mǽroʊ/ 名 1 U 骨の髄(ずい)(bone marrow). 2 C.U《英》=squash². 3 [the ~] 核心, 最も重要な点. **to the márrow** 副 骨の髄まで; すっかり: be frozen to the ~ 体のしんまで冷える.

márrow·bòne 名 C.U《英》髄のある骨《スープなどにする》.

*mar·ry /mǽri/ (同音 Mary, merit, merry) 動 (mar·ries /~z/; mar·ried /~d/; -ry·ing /-riŋ/; 名 márriage) 他 1 《受身なし》(☞ be² B 文法 (2) (vi))〈...〉と結婚する(成句)(語法, wed): Grace married John. グレースはジョンと結婚した / Will you ~ me? 私と結婚してください. 語法 with, to は入らない. 関連 divorce 離婚する.
2 〈...〉を(—と)結婚させる: He married his son to a doctor's daughter. <V+O+to+名・代> 彼は息子を医者の娘と結婚させた / He was married to his secretary soon after that. <V+O+to+名・代の受身> 彼はその後まもなく自分の秘書と結婚した. 3 《牧師が》〈...〉の結婚式を行なう: They were married by a priest. 二人は牧師から結婚式をあげてもらった. 4 《格式》〈2 つの異なったもの〉を結び合わせる, 〈...〉を(—と)結合させる(with).
―― 自 結婚する, 嫁(婿)をもらう; 結婚式をあげる: The couple married in October, 1984. 二人は 1984 年の 10 月に結婚した / I married young [late]. <V+C (形)> 私は早婚[晩婚]でした / He is not the ~ing kind. 彼は結婚するようなタイプじゃない / M~ in haste, (and) repent at leisure. (ことわざ) あわてて結婚, ゆっくり後悔.

gèt márried 動 自 (...と)結婚する (to) 語法 marry 他 1 よりくだけた普通の言い方: 言い換え Mr. Black and Miss White got married last month. = Mr. Black **got married to** Miss White last month. ブラック氏はホワイト嬢と先月結婚した.

márry ínto ... 動 他 結婚して...の一員になる: Mary married into a rich family. メアリーは結婚して裕福な家族の一員になった.

márry móney 動 自《略式》金持ちと結婚する.

márry óff 動 他 〈...〉を(—と)結婚させる (to).

márry úp 動 うまく結合する, 符合する.

Mars /máːz | máːz/ 名 固 1《ロ神》マルス《軍神; ☞ god 表, month 表 3 月》. 2 火星(☞ planet 挿絵).

Mar·sa·la /maːsáːlə | maː-/ 名 U マルサラ《Sicily 島マルサラ産の強い甘口ワイン》.

Marseillaise 名 固 = La Marseillaise.

Mar·seilles /maːseí, -séɪlz | maː-/ 名 固 マルセーユ《フランス南部の地中海に臨む港市》.

*marsh /máːʃ | máːʃ/ 名 U.C 沼地, 湿地. 形 márshy.

*mar·shal /máːʃəl | máː-/ (同音 martial) 名 (~s /~z/) C 1《英国・フランスなどの》陸軍元帥; 《米》将官: an air ~《英》空軍中将. 2《会の》接待係, 進行係; 《主に英》儀式係: the ~ of a parade パレードの進行係. 3《米》連邦保安官; 《都市の》警察[消防]署

長. **a Márshal of the Róyal Áir Fòrce** [名] [C] 《英》 空軍元帥.

—[動] (**mar·shals** /~z/; **mar·shaled**, 《英》 **mar·shalled** /~d/; **-shal·ing**, 《英》 **-shal·ling**) [他] **1** 〈…〉を(効果的に)配置する; 〈考えなど〉を整理する; 結集する: He *~ed* the data effectively to support his inference. 彼は自分の推論を裏付けるためにデータを効果的にまとめた. **2** 〈群衆など〉をまとめる, 集結させる (*into*). **márshal one's fórces** [動] [自] 力を結集してそなえる.

Marshall /máəʃəl | má:-/ [名] [固] **George** ~ マーシャル (1880–1959) 《米国の軍人; Marshall Plan を実施した》.

már·shal·ling yàrd [名] [C] 《英》 (主に貨物列車の)操車場.

Már·shall Íslands /máəʃəl- | má:-/ [名] [固] [複] [the ~] マーシャル諸島 《西太平洋 Micronesia 東部の群島で米国と自由連合の関係にある共和国を成す》.

Márshall Plàn [名] [固] [the ~] マーシャルプラン 《米国による欧州復興計画 (1948–52)》.

mársh gàs [名] [U] 沼気, メタン (methane).

mársh·lànd [名] [U] 湿地帯, 沼沢地帯.

marsh·mal·low /máəʃmèlou, -mèl- | ma:ʃmǽlou/ [名] [C,U] **1** マシュマロ 《柔らかい菓子の一種; くしに刺してたき火であぶって食べることがある》. **2** うすべにたちあおい 《湿地に生える多年草》.

mársh màrigold [名] [C] 〘植〙 りゅうきんか.

marsh·y /máəʃi | má:-/ [形] (**marsh·i·er**; **marsh·i·est**; [名] marsh) 沼地[湿地]の, 沼のような.

mar·su·pi·al /maəsú:piəl | ma:s(j)ú:-/ [名] [C] 有袋動物 《コアラ・カンガルーなど》. —[形] [A] 有袋(類)の.

mart /máət | má:t/ [名] [C] 市場 (いちば) (market); 商業の中心地; [M-; 店の名に用いて] …マート.

mar·ten /máətn | má:tɪn/ [名] [C] てん 《小型の肉食獣》.

Mar·tha /máəθə | má:-/ [名] [固] マーサ 《女性の名; 愛称は Mattie, Matty》.

Már·tha's Víneyard /máəθəz- | má:-/ [名] [固] マーサズヴィニヤード 《Massachusetts 州南東岸沖にある島; 避暑地》.

*__mar·tial__ /máəʃəl | má:-/ ([同音] marshal) [形] [普通は [A]] 《格式》 **1** 軍事の, 戦争の: a ~ regime 軍事政権. **2** 勇ましい, 好戦的な.

+**mártial árt** [名] [C] [普通は複数形で] (東洋の)格闘技 《柔道・空手・剣道など》.

+**mártial láw** [名] [U] 戒厳令: be under ~ 戒厳令下にある.

Mar·tian /máəʃən | má:-/ [名] [C] 火星人. —[形] [普通は [A]] 火星 (Mars) の; 火星人の.

mar·tin /máətn | má:tɪn/ [名] [C] つばめ科の鳥 《いわつばめ, しょうどうつばめなど》.

Mar·tin /máətn | má:tɪn/ [名] [固] マーティン **1** 《男性の名》. **2 Dean** ~ (1917–95) 《米国の歌手・俳優》. **3 Steve** ~ (1945–) 《米国の喜劇俳優》.

mar·ti·net /màətənét | mà:-/ [名] [C] 《格式》 [普通は軽蔑] 訓練[規律]の厳しい(軍)人.

mar·ti·ni /maətí:ni | ma:-/ [名] [U,C] マーティーニ 《ジンまたはウォッカとベルモットで作るカクテル》.

Mar·ti·nique /màətəní:k | mà:-/ [名] [固] マルチニーク島 《カリブ海にあるフランス領の島》.

Mártin Lùther Kíng Dày [名] [U] 《米》 キング牧師の日 《キング牧師の誕生を祝う日; 1 月の第 3 月曜日; 法定休日 (legal holiday); ☞ holiday 表》.

+**mar·tyr** /máətə | má:tə/ [名] [C] **1** (キリスト教などの)殉教者; (主義・主張のために)殉じた人; 受難者: a Christian ~ キリスト教の殉教者 / He died (as) a ~ *to* [in the cause of] liberty. 彼は自由に殉じて死んだ(自由のために一身をささげた). **2** [普通は軽蔑] (同情を期待して)犠牲者ぶる人. **3** Ⓢ 《英》 (病気などに)ひどく苦しんでいる人 (*to*). —[動] (**-tyr·ing** /-tərɪŋ/) [他] [普通は受身で] (信仰・主義をとがめて)〈…〉を殺す; 〈…〉を迫害する.

mártyr·dom /-dəm/ [名] [U] 殉教, 殉死; 受難, 苦難(の時期).

már·tyred [形] [A] 《文》 [軽蔑] 犠牲者ぶった.

+**mar·vel** /máəv(ə)l | má:-/ [動] (**mar·vels**; **mar·veled**, 《英》 **mar·velled**; **-vel·ing**, 《英》 **-vel·ling**) [自] (不思議なことに)驚く, 驚嘆する; すばらしいと思う: We *~ed at* his courage. 彼の勇気に驚嘆した. — [他] 〈…すること〉に驚く; 〈…〉を不思議に思う, 怪しむ (wonder): I ~ *that* he is so energetic at his age. 彼があの年でこれほど精力的なのは驚きだ. —[名] ([形] márvelous) [C] **1** すばらしいこと; 不思議なこと, 驚異; [複数形で] すばらしい結果, 偉業: the *~s* of nature 自然の驚異 / The medicine worked [did] *~s*. その薬はすばらしくよく効いた / It is a ~ that he escaped safely. 彼が無事に逃げられたことは驚くべきことだ. **2** すばらしい人[物], 驚くべき人[物]: Jane is a ~ in the kitchen. ジェーンは料理ではすばらしい腕前だ / She is a ~ *of* patience. 彼女には驚くべき忍耐力がある.

*__mar·vel·ous__, 《英》 **-vel·lous** /máəv(ə)ləs | má:-/ [形] ([名] márvel) **1** 驚くべき, 不思議な, 信じられないような: a ~ invention 信じられないような発明. **2** すばらしい, すてきな: What ~ weather! 何ていい天気! **~·ly** [副] 驚くほど; すばらしく.

Marx /máəks | má:ks/ [名] [固] **Karl** /káəl | ká:l/ ~ マルクス (1818–83) 《ドイツの社会主義者・経済学者で共産主義を唱えた》.

+**Marx·is·m** /máəksɪzm | má:k-/ [名] [U] マルクス主義.

Márxism-Lén·in·ìs·m /-lénɪnìzm/ [名] [U] マルクスレーニン主義.

+**Marx·ist** /máəksɪst | má:k-/ [名] [C] マルクス主義者. —[形] マルクス主義(者)の.

Márxist-Lén·in·ist /-lénɪnɪst/ [名] [C] マルクスレーニン主義者. —[形] マルクスレーニン主義者の.

Mar·y /mé(ə)ri/ [名] [固] **1** メアリー 《女性の名; 愛称は May, Molly または Polly》. **2** マリア (Virgin Mary) 《キリストの母; ☞ Ave Maria, Joseph 2》. **3** ~ I /-fə́:st | -fə́:st/ メアリー一世 (1516–58) 《England と Ireland の女王 (1553–58)》. **4** ~, **Queen of Scots** ☞ Mary Stuart.

Mar·y·land /mérələnd | méərɪ-/ [名] [固] メリーランド 《米国東部の州; [略] Md., 〘郵〙 では MD; 俗称 the Old Line State; ☞ America 表, 表地図 I 4》.

Máry Mág·da·lene /-mǽgdəlì:n, -mæ̀gdəlí:ni/ [名] [固] 〘聖〙 マグダラのマリア 《キリストにより悪霊が取り除かれ, 彼に仕えた女性》.

Máry Póp·pins /-pápɪnz | -pɔ́p-/ [名] [固] メアリーポピンズ 《英国の作家 P. L. Travers /trǽvəz | -vəz/ の童話に登場する乳母で魔法の力をもつ》.

Máry Stúart [名] [固] メアリー スチュアート (1542–87) 《Scotland の女王 (1542–67) で Queen of Scots とよばれる; Elizabeth 一世に処刑された》.

mar·zi·pan /máəzɪpæ̀n, -tsɪ- | má:zɪ-/ [名] [U] マジパン 《アーモンドの粉・卵・砂糖を混ぜた練り粉》.

Ma·sai /ma:sáɪ | má:saɪ/ [形], [名] (複 ~(**s**)) [C] マサイ族(の) 《ケニア・タンザニアに住む牧畜民》; [U] マサイ語(の).

ma·sa·la /məsá:lə/ [名] [U] マサラ 《インド料理に使われるスパイスミックス》.

masc. [略] =masculine.

+**mas·car·a** /mæskǽrə | -ká:rə/ [名] [U] マスカラ, まつ毛染め.

+**mas·cot** /mǽskat | -kət/ [名] [C] マスコット, 縁起のよい人[動物, 物].

+**mas·cu·line** /mǽskjulɪn/ [形] ([反] feminine) **1**

[普通は A] 男性の, 男の. 語法 male と違って人にだけ用いる《☞ feminine 語法》: ～ beauty 男性美. **2** 男らしい; (女性が)男性のような, 男まさりの: a ～ voice 男のような声. **3** 〔文法〕 男性の 《略 m., m, M, masc.》. — 名 C [普通は単数形で] 〔文法〕 男性名詞, 男性形.

másculine génder 名 U 〔文法〕 男性 《☞ gender 文法 (1)》.

másculine rhýme 名 C 〔韻〕 男性韻 《詩の行末の音節に compláin, disdáin のようにアクセントがあるもの; ☞ feminine rhyme》.

+**mas·cu·lin·i·ty** /mæ̀skjulínəṭi/ 名 U (反 femininity) 男性であること; 男らしさ.

mas·cu·lin·ize /mǽskjʊlɪnàɪz/ 動 他 [普通は受身で] 《格式》 〈…〉を男性化する, 男性的にする.

ma·ser /méɪzə | -zə/ 名 C メーザー 《マイクロ波を増幅させる装置; *m*icrowave *a*mplification by *s*timulated *e*mission of *r*adiation の略; ☞ acronym》. 関連 laser レーザー.

+**mash** /mǽʃ/ 名 **1** U もろみ, 麦芽汁 《粗くひいた麦芽と湯とを混ぜたもの; ビールの醸造用》. **2** U ふすま・ひき割りなどを水でといたもの 《牛馬の飼料》. **3** 《英略式》 = mashed potatoes. **4** [U または a ～] すり[ひき]つぶしたどろどろのもの[状態] (*of*). — 動 他 〈いもなど〉を(ぐしゃぐしゃに)つぶす (*up*).

máshed potáto(es) 名 U マッシュポテト 《じゃがいもをゆでてつぶしたもの; 米国などでは肉汁 (gravy) をかけて食べることが多い》.

mash·er /mǽʃə | -ʃə/ 名 C (野菜・果物の)すりつぶし器: a potato ～ じゃがいもつぶし器.

másh nòte 名 C 《古風, 米》 (熱烈な)ラブレター.

***mask** /mǽsk | mɑ́:sk/ (同音 masque; 類音 mosque, musk) 名 (～s /～s/) C **1** (顔を保護する)マスク, 面; 〔野・フェン〕 マスク; (化粧用)パック: a ski ～ スキーヤーのマスク / wear a protective ～ (溶接工などの)保護マスクをかぶっている. **2** C =gas mask. **3** C 仮面, 面 《顔を隠すため, または仮面舞踏会 (masquerade) や芝居でかぶる》. **4** C = death mask. **5** [普通は単数形で] (性格・感情を)おおい隠す表情[態度]; みせかけ: one's ～ slips 本心が現われ出る.

masks

pùt ón a másk [動] 自 仮面をかぶる; 正体[本心]を隠す. **thrów óff the másk** [動] 自 仮面を脱ぐ; 正体を現わす. **ùnder the [a] másk of …** [前] 《格式》 …の仮面をかぶって; …にかこつけて. **wéar a másk** [動] 自 (1) 仮面をかぶっている. (2) 正体[本心]を隠している. — 動 他 (反 unmask) **1** 〈…〉に仮面[マスク]をつける, 〈…〉を仮面で覆(おお)う. **2** 〈…〉を覆う; 〈本心・感情など〉を隠す. **3** 〈音・においなど〉を消す.

+**másked** 形 **1** 仮面をかぶった, 覆面の, 変装した: a ～ ball 仮面[仮装]舞踏会. **2** 隠れた, 覆われた.

másk·ing tàpe /mǽskɪŋ- | mɑ́:sk-/ 名 U 保護テープ 《塗装しない部分の保護などに使う粘着テープ》.

+**mas·och·is·m** /mǽsəkìzm, -zə-/ 名 U マゾヒズム, 被虐性愛 《虐待されて(性的)快感をおぼえること》; 《略式》 被虐趣味[傾向] 《自分を苦しめることに楽しみをみいだすこと》. 関連 sadism サディズム.

mas·och·ist /mǽsəkɪst, -zə-/ 名 C マゾ(ヒスト), 被虐性愛者; 《略式》 被虐趣味[傾向]の人. 関連 sadist サディスト.

mas·och·is·tic /mæ̀səkístɪk, -zə-←/ 形 マゾヒズム[マゾヒスト]的な, 被虐性愛の; 《略式》 被虐趣味[傾向]の. 関連 sadistic サディズム的な. **-ti·cal·ly** /-tɪkəli/ 副 マゾヒスト的に.

+**ma·son** /méɪs(ə)n/ 名 C **1** 石工, 石屋 (stonemason). **2** [M-] =Freemason.

Má·son-Díx·on lìne /méɪs(ə)ndíks(ə)n-/ 名 [the ～] メーソンディクソン線 《米国 Maryland 州と Pennsylvania 州の境界線; 以前は南部と北部との境界とされていた》.

Ma·son·ic /məsɑ́nɪk | -sɔ́n-/ 形 A [時に m-] フリーメーソン (Freemason) の.

Ma·son·ite /méɪsənàɪt/ 名 U 《米》 メゾナイト 《断熱用硬質繊維板; 商標》.

Máson jàr 名 C 《米》 メーソンジャー 《果物や野菜保存用の密閉ガラスびん》.

ma·son·ry /méɪs(ə)nri/ 名 U **1** 石[れんが]工事; 石造[れんが造り]建築(の部分)[石やしっくい]. **2** 石工[れんが工]の職[技術]. **3** [M-] =Freemasonry.

masque /mǽsk | mɑ́:sk/ 名 C **1** 仮面劇(の音楽) 《16–17 世紀に英国の貴族の間で流行した》. **2** = masquerade 1. **3** (化粧用)パック (mask).

+**mas·quer·ade** /mæ̀skəréɪd/ 名 **1** C 仮面[仮装]舞踏会. **2** C 《米》 仮装パーティー; 仮装服 (fancy dress). **3** C,U みせかけ, ふり. — 動 自 みせかける, (…の)ふりをする; 仮装する (*as*).

‡**mass**[1] /mǽs/ (類音 mask, mast, math, mess) T3 名 (～·es /～ɪz/; 形 mássive) **1** [単数形で] (大きな)一団, 大集団; (定まった形のない)大きな塊; 大きな集まり: a great ～ *of* earth [sand] 多量の土砂 / People gathered *into* a huge ～. おびただしい数の人々が集まった / The singer was surrounded by a solid ～ *of* screaming fans. その歌手はキャーキャー叫ぶファンの一団にしっかりと囲まれていた.

2 [the ～es] 大衆, 庶民; 勤労者階級: The government should protect the interests of *the* ～*es*. 政府は庶民の利益を守らなければならない. **3** U 大きさ, かさ, 量. **4** [形容詞的に] 多数の; 大規模の; 大衆の(ための): weapons of ～ destruction 大量破壊兵器 / ～ hysteria 集団ヒステリー / a ～ movement 大衆運動 / ～ entertainment 大衆娯楽 // ☞ mass murder, mass media. **5** U 〔物理〕 質量: ～ number 質量数 / the center of ～ 質量中心, 重心 / inertial [gravitational] ～ 慣性[動]質量.

a (gréat) máss of … = másses of … 《英略式》 [形] 多数の…, 多量の…: *M～es of* people visited the town. 大勢の人がその町を訪れた / A (*great*) ～ *of* garbage was thrown into the river. 川には膨大(ぼうだい)な量のごみが投げ捨てられた.

be a máss of … [動] 他 [名詞の複数形が続いて] …がいっぱいである, …だらけだ: Her body *was a* ～ *of* bruises. 彼女の体は傷だらけだった.

in the máss [副] 《格式》 全体として.

the (gréat) máss of … [名] …の大部分.

— 動 他 〈…〉をひと塊(かたまり)にする; 一団に集める. — 自 ひと塊になる; 集合する.

Mass, mass[2] /mǽs/ 名 **1** C,U 〔主にカトリック〕 ミサ 《プロテスタント教会の Lord's Supper (聖餐(さん)式)に相当する》: go to ～ ミサに参列する / celebrate [say] ～ ミサをあげる. **2** C ミサ曲.

Mass. 略 =Massachusetts.

Mas·sa·chu·setts /mæ̀sətʃú:sɪts←/ 名 固 マサチューセッツ 《米国 New England の州; 略 Mass., 〔郵〕 MA; 俗称 the Bay State; ☞ America 表, 表地図 I 3》.

mas·sa·cre /mǽsəkə | -kə/ 名 **1** C,U 大虐殺. **2** C 《略式》 完敗, ボロ負け; 大打撃. **Mássacre of the Ínnocents** [the ～] 〔聖〕 (Bethlehem における Herod 王による)幼児大虐殺. — 動 (-sa·cring /-k(ə)rɪŋ/) 他 **1** 〈…〉を大量虐殺する. **2** 《略式》 〈…〉をこてんこてんにやっつける, 完敗させる.

M

mas·sage /məsάːʒ | mǽsɑːʒ/ 名 C,U 他 マッサージ: give ... a ~ ...にマッサージをする. 〈オイルなどを〉すり込む (into): ~ ...'s ego (人)の自尊心をいたわる[くすぐる]. **2** 〈事実や数値などを〉ごまかす,操作する.

masságe pàrlor 名 C **1** マッサージ治療院. **2** [婉曲] 売春宿.

masságe thèrapist 名 C マッサージ師[療法師,セラピスト].

máss communicátion 名 **1** U,C 大量[大衆]伝達, マスコミ 《新聞・ラジオ・テレビなどによる大衆への伝達》. **2** [複数形で] =media 1.

masse ⇒ en masse の項目.

massed /mǽst/ 形 A (人が)一団となった; (物が)ひと塊(かたまり)になった.

mas·seur /mæsə́ːr | -sə́ː/ 《フランス語から》 名 C マッサージ師(男性).

mas·seuse /mæsə́ːz/ 《フランス語から》 名 C マッサージ師(女性).

mas·sif /mǽsiːf/ 名 C 《地質》中央山塊, 大山塊 《山脈の中心となる峰》.

*****mas·sive** /mǽsiv/ 形 (比較変化 mass¹) **1** 大きくて重い, 巨大な: ~ furniture どっしりした家具 / a ~ building 巨大な建物.

2 (体格・容貌(ようぼう)などが)がっしりした; (精神などが)しっかりした, 重厚な: a ~ jaw がっしりしたあご. **3** (量・規模・程度などの)大きい, 強力な; ひどい, 激しい, (病気が)重度の心臓発作. **4** 《英俗》すばらしい. —**ly** 副 重く大きく, がっしりと; 大規模に. —**·ness** 名 U 巨大さ, 重厚さ; 強力さ.

máss márket 名 [単数形で] 大量[大量販]市場.

máss-márket 形 A 大衆市場の, 大量販売用[向き]の. —動 他 〈商品を〉大量販売する.

⁺máss média 名 [the ~] =media 1.

máss múrder 名 U,C 大量殺人.

máss múrderer 名 C 大量殺人者.

máss nòun 名 C 《文法》質量名詞 《数えられない名詞で,物質名詞と抽象名詞を含む; ⇒ uncountable 文法》.

⁺máss-prodúce 動 〈...〉を大量生産する.

mass-produced /mǽsprəd(j)úːst | -djúːst/ 形 A 大量生産された,量産された.

máss prodúction 名 U 大量生産.

máss tránsit 名 U 《米》大量[公共]輸送(機関).

*****mast¹** /mǽst | mάːst/ 名 C **1** マスト, 帆柱: climb a ~ マストに登る. **2** 真っすぐな柱, 旗ざお; 《英》(放送用の)鉄塔.

mast² /mǽst | mάːst/ 名 U かしわ・ぶな・くりなどの実 《特に豚の飼料》.

mas·tec·to·my /mæstéktəmi/ 名 (-to·mies) C 《医》乳房切除.

-mast·ed /mǽstid | mάːst-/ 形 [合成語で] ...のマストを備えた: a two-*masted* schooner 2 本マストのスクーナー船.

*****mas·ter** /mǽstər | mάːstə/ 名 (~s /~z/; 形 másterful, másterly)

「支配者」(⇒ magistrate 語源)
→ 「主人」**2**
→ (技を自分のものとした人)
→ 「自由に使いこなせる人」**1** → 「修士」**3**
→ 「先生」**6**

1 C 自由に使いこなせる人, 熟練者; 名人, 達人, 大家: a ~ of [at playing] the organ オルガンの名人 / a ~ of the short story 短編を得意とする人 / the old ~s 《古典とされる》絵画の巨匠たち (⇒ old master).

2 C 《古風》(男性の)主人, 支配者, 雇い主 (⇒ servant 参考); 親方 (反 apprentice); 《古風》または《滑稽》(一家の)あるじ, 家長; (犬の)飼い主; (商船の)船長, キャプテン 《軍艦の船長である captain と区別して用いることがある》: He is the ~ of this house. 彼がこの家の主人です / The dog remembered the voice of his dead ~. その犬は死んだ飼い主の声を覚えていた. 日英比較 日本でいう「店のマスター」に相当する英語は proprietor または owner. 関連 mistress 女主人 / stationmaster 駅長 / concertmaster 《米》コンサートマスター.

3 C [しばしば M-] 修士: a M~ of Arts 文学修士 (略 MA, AM) / a M~ of Science 理学修士 (略 MS, MSc) / a ~ 's degree 修士号. 関連 doctor 博士 / bachelor 学士. **4** [形容詞的に] (腕前の)優れた, 親方の; 熟練した: This is the work of a ~ hand. これは優れた腕前の人の手による仕事のものだ. **5** C (レコードなどの)原盤, (書籍などの)原版, 原本; [形容詞的に] 基本となる, 親の; 主要な; 親装置である: a ~ tape マスターテープ.

6 C (男性の)教師; [特に合成語で] (特殊技術の)先生: a fencing ~ フェンシングの先生. 語法 小・中学校の先生を指すことが多いが, 今は teacher を用いるのが普通. 関連 schoolmaster 《英》男の教師. **7** [M-] 《古風, 主に英》坊っちゃま, 若さま (Mr と呼ぶには幼すぎる少年に対し使用人が使った敬称; 現在でも手紙の書き出しに用いる時がある). **8** [M-] 《英》(大学の)学寮長. **9** [M-] [呼びかけにも用いて] (宗教の)指導者, (...)師. **a máster of cérémonies** 名 [しばしば a M- of C-] (バラエティー番組・パーティーなどの)司会者, 進行係 《米略式》emcee) (略 MC). **be a pást máster** [動] (...に)非常に心得ている (at). **be máster of...** [動] 〈...〉を支配している (⇒ mistress 成句); ...の勝利[征服]者である; ...に詳しい: You can't *be* ~ *of* your own fate. 自分の運命は自分ではどうにもならない / He *is* ~ *of* three languages. 彼は 3 か国語を自由に使える. **be one's ówn máster** ⇒ own 形 成句. **sérve twó másters** [動] (普通は否定文で) 二君に仕える, 2 つの相反する主義を信じる.

—**動** (mas·ters /~z/; mas·tered /~d/; -ter·ing /-təriŋ, -triŋ/) 他 **1** 〈...〉に熟練する, 〈...〉を習得する: It is difficult to ~ English [the art of flower arranging] in a short period. 短期間で英語[生け花の技術]を習得するのは難しい.

2 〈...〉を支配する, 征服する, 克服する; 〈感情などを〉抑える: Man has long been trying to ~ nature. 人間は長いこと自然を征服しようとしてきた / He ~ed his sorrow. 彼は悲しみに打ち勝った. **3** 〈...〉の原盤[マスターテープなど]を作る.

máster-at-árms 名 (複 masters-) C (船の)警備主任.

máster bédroom 名 C 主寝室 《バスルーム付きの家の中でいちばん大きい寝室; 夫婦用》.

Mas·ter·Card /mǽstəkὰːrd | mάːstəkὰːd/ 名 固 マスターカード 《米国のクレジットカード(システム); 商標》.

máster cláss 名 C (一流音楽家などが教授する)上級者レッスン, マスタークラス.

máster còpy 名 C 親コピー, 原物 《コピー[複製]の元となるマスターファイルなど》.

mas·ter·ful /mǽstəf(ə)l | mάːstə-/ 形 (名 máster) 人扱いが上手な, 統率力のある; 横柄な; (技術などが)見事な, 巧みな. —**·ly** /-fəli/ 副 如才なく; 見事に.

máster kéy 名 C マスターキー, 親鍵(かぎ).

⁺más·ter·ly 形 副 (名 máster) [ほめて] 名人[大家]らしい[く]; 見事な[に].

máster máriner 名 C 商船長 《の資格をもつ老練船員》.

⁺más·ter·mind 名 C [普通は単数形で] 優れた知能の持ち主; 首謀者, 黒幕. —動 他 〈行動・犯罪などを〉周到に計画する, たくらむ, 陰で糸を引く.

más·ter·piece /mǽstəpìːs ; máːstə-/ 名 (-piec·es /~ɪz/) C 傑作, 名作; [所有格の後で単数形で] (個人の作品中の)最高傑作: van Gogh's ~ ゴッホの代表作. **a másterpiece of ...** ...の典型[模範]的な例: His speech was *a* ~ *of* political doubletalk. 彼の演説は政治家の玉虫色発言の典型だった.

máster plán 名 C [普通は単数形で] 基本[総合]計画, マスタープラン.

máster ráce 名 C 支配者民族《ナチス時代のドイツ人のようにみずからをすぐれた民族とみなし, 他民族を支配するのは当然と考える民族》.

master's 名 (複 ~) C [しばしば M-] (略式) = master's degree.

máster's degrèe 名 C [しばしば M-] 修士号 (⇨ degree 3).

máster sérgeant 名 C [米陸・空軍・海兵隊] 曹長.

Más·ters (Tóurnament) /mǽstəz- ; máːstə-/ 名 固 [the ~] マスターズ(トーナメント)《ゴルフの世界 4 大トーナメントの一つ; 1934 年から毎年 Georgia 州 Augusta で開催》.

máster·stròke 名 C 神業, 巧みな技.

máster switch 名 C マスタースイッチ《建物や地域全体へ電気を供給する際に元となるスイッチ》.

máster·wòrk 名 C =masterpiece.

mas·ter·y /mǽstəri ; máːs-/ 名 U **1** 熟達, 精通, 専門的知識[技能] (*of*). **2** 支配, 制御, 統御, 克服: ~ *of* the air [seas] 制空[海]権 / gain ~ *over* one's emotions 感情を抑制する / obtain ~ *of* the army 軍を掌握する. **3** 優勢, 優越; 勝利: gain ~ *over* the enemy 敵に対して勝利をおさめる[に勝つ].

mást·hèad 名 C **1** (新聞・雑誌の)第一面[表紙など]の表題[紙名, 誌名]; (米) (新聞・雑誌の)発行人欄. **2** マストの先.

mas·tic /mǽstɪk/ 名 U **1** マスチック《乳香樹からとる樹脂; ニス用》. **2** (防水用)しっくい.

mas·ti·cate /mǽstəkèɪt/ 動 [格式] 他 (...)を咀嚼(そしゃく)する (chew). ─ 自 咀嚼する.

mas·ti·ca·tion /mæ̀stəkéɪʃən/ 名 U (格式) 咀嚼.

mas·tiff /mǽstɪf/ 名 (~s) C マスチフ《頑丈な大型番犬; ⇨ dog 挿絵》.

mas·ti·tis /mæstáɪtɪs/ 名 U [医] 乳腺炎.

mas·to·don /mǽstədòn ; -dɔ̀n/ 名 C マストドン《新生代第三紀に生存した巨獣》.

mas·tur·bate /mǽstəbèɪt ; -tə-/ 動 自 オナニー[自慰]をする. ─ 他 ⟨...⟩にマスターベーション[性器愛撫]をする.

mas·tur·ba·tion /mæ̀stəbéɪʃən ; -tə-/ 名 U オナニー, 自慰, マスターベーション.

mas·tur·ba·to·ry /mǽstəbətɔ̀ːri ; mæstəbéɪtəri, -tri-/ 形 [普通は A] 自慰の, オナニーの.

mat¹ /mǽt/ 名 C **1** マット, (玄関前の)靴ふき (doormat); 畳: a bath ~ 浴室のマット / Please wipe your shoes on the ~. どうぞマットで靴をぬぐってください. **2** (花びん・ランプ・皿などの)敷物, 下敷き; (運動競技用の)マット; (米) (写真などの)台紙, 飾り縁. **3** (毛や雑草の)もつれた一団: a ~ *of* hair もつれ髪. **gó to the mát** 自 (略式) 議論する, 争う (*for*). ─ 動 (mats /mǽts/; mat·ted /-tɪd/; mat·ting /-tɪŋ/) 他 **1** ⟨...⟩にマットをかぶせる. **2** [普通は受身で] ⟨...⟩をもつれさせる, からませる.

mat² /mǽt/ 形 (色・面について) 鈍い, つや消しの, 光沢の(ない, 網目の: a ~ finish つや消し仕上げ (⇨ gloss¹).

mat·a·dor /mǽtədɔ̀ɚ ; -dɔ̀ː/ 名 C 闘牛士, マタドール《最後のとどめを刺す主役; ⇨ picador》.

Ma·ta Ha·ri /máːtəháːri/ 名 固 マタハリ (1876-1917)《オランダ生まれの女スパイ》.

---

match¹ /mǽtʃ/ (類音 much) 中1 名 (~·es /~ɪz/)

「似合いの人[物]」**2** → (対等の人) → 「競争相手」**3** → 「試合」**1**

1 C **試合**, 競技, 勝負 (⇨ game¹ 語法, 3 参考): a boxing [wrestling] ~ ボクシング[レスリング]の試合 / a man [woman] for the ~ 最優秀選手 / get into a shouting ~ ののしりあいになる / play a ~ 試合をする / We won [lost] the ~ by a score of 6-0 [six to nothing]. 私たちは試合に 6 対 0 のスコアで勝った[負けた] (⇨ zero 語法). ~ return match.

2 [単数形で] **似合いの人[物]**; 似合いの一対; 対になっているものの片方; (色彩・図案などが)調和のとれたもの (*for*); 類似した[同様の]人[物] (*of*); 結婚, 適合 (*between*): They are a good [perfect] ~. 彼らはまさにお似合いだ / 言い換え The carpet and curtains are a good [bad] ~. (=The carpet and curtains match [don't match] well.) そのじゅうたんとカーテンはうまく調和がとれている[いない].

3 [単数形でしばしば所有格とともに] (実力の同じ) **競争相手**: Tom is more than a ~ *for* me. トムは私では相手にならない程強い. **4** C [普通は単数形で] (古風) 結婚, 縁組 (*between*); (特に金銭的な不安のない)結婚相手 (*for*): make a good ~ 結婚相手としてふさわしい, いい妻[夫]になる. **5** C 【テニス】マッチ (⇨ game³ 参考). **be a mátch for ...** 動 他 (1) ...に匹敵する: Meg *is a* good ~ *for* me (at chess). 〔チェスをするのに〕メグなら相手にとって不足はない. (2) ...によく似合う: Her hat *is a* ~ *for* her coat. 彼女の帽子は上着によく合う. **be nó mátch for ...** 動 他 とても...には匹敵しない[かなわない]: She *is no* ~ *for* him *at chess*. 彼女はチェスでは彼の敵ではない. **méet one's mátch** 動 自 好敵手に出会う: I've met my ~ in John. 私にはジョンという好敵手がいる.

─ 動 (match·es /~ɪz/; matched /~t/; match·ing) 他 **1** (色・模様の点で)⟨...⟩と調和する, 似合う; ⟨...⟩を(～と)調和させる, 合わせる (*against*, *to*): The color of the tie ~*es* that of the suit. そのネクタイの色は服の色に合う / She ~*ed* her hat and gloves *with* her dress. <V+O+*with*+名・代> 彼女は帽子と手袋を服とおそろいにした.

2 (...のために) ⟨─⟩に似通った[ふさわしい]ものを見つける, ⟨...⟩に(見)合う[ふさわしい]; ⟨...⟩に匹敵する(すぐれた)ものを見つける (*to*): M~ the words *with* the pictures. 単語と絵を結びつけなさい / This dictionary ~*es* the needs of high school students. この辞書は高校生の要求に答えるものである. **3** (力で)⟨...⟩と同等である, ⟨...⟩に匹敵する, ⟨...⟩と張り合う[かなう]者を出す: Can anyone ~ him [*at golf* [*in talent*]]? ゴルフで[才能で]彼にかなうものがいるだろうか / No country can ~ France *for* good wine. よいワインではフランスに匹敵する国はない. **4** [しばしば受身で] ⟨...⟩を競争させる, ⟨...⟩を(─と)取り組ませる (*with*): John was ~*ed against* Dick. ジョンはディックの対戦相手となった. **5** ⟨...⟩と合致[一致]する. **6** ⟨...⟩をぴったり(組み)合わせる.

─ 自 **1** (色・模様の点で)調和する, つり合う, 似合う: These curtains and the wallpaper ~. このカーテンと壁紙はつり合う[調和する] / For my birthday she gave me a tablecloth *with* napkins *to* ~. 私の誕生日に彼女はテーブルクロスと, おそろいのナプキンをくれた. **2** 合致[一致]する, ぴったり(組み)合う. **mátch úp** 動 (1) (...と)調和する, ⟨...⟩と一致する, (...と)つじつまが合う: This woman ~*es up to* [*with*] the description of the robber. その女は強盗の特徴に一致している. (2) [普通は否定文で] (基準などに)達する; (期待などに)こたえる (*to*, *with*). ─ 他 (1 つにまとまるように)⟨...⟩を(─と)

match² /mǽtʃ/ (比較 much) 名 (~・es /-ɪz/) C (1本の)マッチ: light [strike] a ~ マッチをする / a box [book] of ~es マッチ1箱[つづり]. **pùt [sèt] a mátch to ... 動** 他 ...に(マッチで)火をつける. 語源 古(期)フランス語で「ろうそくのしん」の意.

mátch・bòok 名 C (米)マッチブック(2つ折りのはぎ取り式紙マッチ).

mátch・bòx 名 C マッチ箱.

matched /mǽtʃt/ 形 1 (人と人が)つり合った, お似合いの: be evenly ~ 互角である / The couple are perfectly ~. その夫婦は全くのお似合いだ. 2 匹敵する, 対等の.

mátch gìrl 名 C マッチ売りの娘: *The Little Match Girl*『マッチ売りの少女』(アンデルセン(Andersen)の童話の題名).

match・ing /mǽtʃɪŋ/ 形 (色・外見などが)似合う, つり合う.

mátch・less 形 (文)無比の.

mátch・màker 名 C 1 結婚の世話をする人; 仲人(なこうど). 2 試合の組み合わせを決める人.

mátch・màking 名 U 1 結婚の世話[仲立ち]. 2 (試合などの)組み合わせの決定.

mátch plày 名 U 〔ゴルフ〕マッチプレー(ホールごとの勝負で勝ったホール数の多い方を勝者とする).

mátch pòint 名 C,U (テニスなどの)マッチポイント (⇨ game point, game¹ 3 参考).

mátch・stìck 名 C マッチ棒; 細長い物: ~ figures [men] (英) (子供の絵のような)単純な線で描いた人物(胴体・手足は一本線で頭は丸く描くもの).

mátch・wòod 名 U (英) 1 こっぱ: break [splinter] into ~ こっぱみじんになる. 2 マッチの軸木.

***mate¹** /méɪt/ (mates /méɪts/) C 1 (しばしば合成語で)〔英略式〕(同じ仕事などをする)仲間, 友だち, 相手; 相棒; (英・豪, 略式)〔特に男性の仕事仲間同士の呼びかけで〕兄弟, 相棒.

― **mate 1 のいろいろ** ―
cláss・màte 同級生	**pláy・màte** 遊び友だち
róom・màte 同室者	**school・màte** 学友, 同窓生
shíp・mate 船員仲間	**téam・mate** チーム仲間

2 (鳥・動物の)つがいの片方(雄または雌); (主に米)(対になっているものの)一方, (略式, 主に米)(性的関係の)相手, 配偶者の一方, 連れ合い(夫または妻; 主に雑誌で用いる): Where's the ~ to this shoe? この靴の片方はどこにあるのだろう. 3 (商船の)航海士; (米海軍)下士官: the first ~ 1等航海士. 4 (英)(職人などの)助手, 見習い: a plumber's ~ 配管工の見習. ― 動 自 (動物が)つがう (with). ― 他 (動物を)つがわせる (with, to).

mate² /méɪt/ 名 U,C, 動 = checkmate.

ma・té /mɑ́ːteɪ/ 名 U マテ茶(南米産).

ma・ter /méɪtə | -tə/ 名 C (古風, 英)または(滑稽)母, おふくろ.

✱ma・te・ri・al /mətíəriəl/ 発音 名 (~s /-z/) C,U 原料, 材料, 材料; U,C (衣類などの)素材, 生地; 物質: building ~s 建築材料 / raw ~s 原料 / Furniture made of good ~s sells well. よい材料で作った家具はよく売れる / There is enough ~ for two suits. スーツ2着分の生地がある / "What ~ is this shirt made of?" "80 percent cotton and 20 percent polyester." 「このシャツの素材は何ですか」「綿80%, ポリエステル20%です」/ radioactive ~ 放射性物質 / waste ~ 廃(棄)物. 2 C,U 〔しばしば複数形で〕用具, 道具: library ~s 図書館用品 / teaching ~(s) 教材. 3 U 資料, 題材; (公演での)出し物: (the) ~

for a novel 小説の題材 / We have been collecting ~ for a biography of Lincoln for a long time. 我々は長いことリンカンの伝記作成の資料を集めてきました. 4 U 人材, ...向きの人: managerial ~ マネージャー向きの人. 語源 ラテン語で matter と同語源.

― 形 (動 matérialize; 反 immaterial) 1 〔普通は A〕〔比較なし〕物質の, 肉体的な (⇔ spiritual); 具体的な: ~ civilization 物質文明 / ~ life 物質的な暮らし / ~ needs 物質的な必需品(食物・住居など). 2 (格式)重要な, 大切な. 3 (格式)適切な; 重要な; 重要な証拠; 物的証拠(品) / His data are ~ to our project. 彼のデータは我々の計画には欠かせない. 3 物質[実利]主義の (materialistic).

***ma・te・ri・al・is・m** /mətíəriəlɪzm/ 名 U 1 〔普通は軽蔑〕物質本位の考え方, 物質[実利]主義. 2 〔哲〕唯物論; 唯物主義 (反 idealism).

ma・te・ri・al・ist /mətíəriəlɪst/ 名 C 1 〔普通は軽蔑〕物質[実利]主義者. 2 唯物論者; 唯物主義者. ― 形 1 〔普通は軽蔑〕物質[実利]主義(者)の. 2 唯物論[主義]的な.

ma・te・ri・al・is・tic /mətìəriəlístɪk/ 形 1 〔普通は軽蔑〕物質[実利]主義的な. 2 唯物論[主義]的な. **-is・ti・cal・ly** /-kəli/ 副 物質[実利]主義的に.

ma・te・ri・al・i・za・tion /mətìəriəlɪzéɪʃən | -laɪz-/ 名 U 具体化, 実現, 具現.

***ma・te・ri・al・ize** /mətíəriəlàɪz/ 動 (形 matérial) 自 〔しばしば否定文で〕(願望・計画などが)実現[具体化]する; 急に現われる.

ma・te・ri・al・ly /mətíəriəli/ 副 1 (格式)実質的に; 大いに, 著しく. 2 物質的に; 実利的に.

matérial nóun 名 C 〔文法〕物質名詞.

文法 **物質名詞**

名詞の一種で, 液体・気体・固体などの物質を表わす名詞をいう. 数えられない名詞であるから, 不定冠詞 (a, an) もつかず, 複数形にもならない: *Wine* is made from grapes. ワインはぶどうから作られる / We have had little *rain* this month. 今月は雨が少なかった / I bought some *sugar* at that store. 私はあの店で砂糖を買った (⇨ some 形 1 語法 (1)).

物質名詞の量を数える場合には, その前に特定の単位を表わす語句を添える: How about having *a cup of coffee*? コーヒーを1杯飲みませんか / Do you have *a piece of chalk*? チョークを1本持っていますか (⇨ piece 語法).

物質名詞が具体的な物を指したり, 特定の意味を持って, 不定冠詞をとったり, 複数形になったりして普通名詞化することがある (⇨ a² 7): a pair of *glasses* めがね / Three *coffees*, please. コーヒーを3つください / She threw *a copper* into the fountain. 彼女は噴水に銅貨を1枚投げ入れた.

ma・té・ri・el, ma・te・ri・el /mətìəriél/ 《フランス語から》名 U (軍隊などの)設備, 軍需品.

***ma・ter・nal** /mətə́ːnl | -tə́ː-/ 形 1 〔普通は A〕母の; 母らしい: ~ love 母性愛 / ~ instincts 母性本能. 2 A 母方の: my ~ grandmother 母方の祖母. 関連 paternal 父方の.

ma・ter・nal・ly /mətə́ːnəli | -tə́ː-/ 副 母として, 母親らしく.

***ma・ter・ni・ty** /mətə́ːnəti | -tə́ː-/ 名 U 1 (格式) 母である[になる]こと; 母性. 2 産科病棟, 産院. 関連 paternity 父性. ― 形 A 妊産婦の(ための).

matérnity allòwance 名 C,U (英) 出産給付金(政府が出産した人に支給する).

matérnity bènefits 名 〔複〕(英) = maternity allowance [pay].

matérnity clòthes 名 〔複〕妊婦服 (maternity dress).

matérnity drèss [名] [C] 妊婦服.
matérnity lèave [名] [U] 産休.
matérnity pày [名] [U] ((英)) 産休手当 ((雇用者が産休を取る人に支給する)).
matérnity wàrd [名] [C] 産科病棟.
máte·shìp [名] [U] ((豪)) (男の)友情.
mat·ey /méɪṭi/ ((英略式)) [形] (**mat·i·er**; **-i·est**) なれなれしい, 付き合いのいい, 親しい (*with*). **—** [名] [C] [普通は男性同士の呼びかけで] Ⓢ 相棒, 仲間, ダチ.
*__math__ /mǽθ/ ([類音] mass, mess) [名] [U] ((米略式)) 数学 (mathematics) (((英略式)) maths): Bob is good at ~. ボブは数学が得意だ. **dó the máth** [動] [自] (1) 計算する. (2) Ⓢ (計算して)事の真相をさぐる.
*__math·e·mat·i·cal__ /mæ̀θəmǽṭɪk(ə)l←/ [形] ([名] màthemátics) [A] **1** 数学の; 数理的な: a ~ problem [genius] 数学の問題[天才]. **2** (非常に)正確な (exact): a ~ certainty 確実なこと / with ~ precision 数学的正確さで. **3** ありそうもない: a ~ chance ごくわずかなチャンス. **-cal·ly** /-kəli/ [副] 数学的に; 非常に正確に.
+__math·e·ma·ti·cian__ /mæ̀θəmətíʃən/ [名] [C] 数学者; 数学の得意な人.
*__math·e·mat·ics__ /mæ̀θəmǽṭɪks/ [名] ([形] màthemátical) [U] **数学** (((米略式)) math, ((英略式)) maths); [((英)) では時に複数扱い] 計算, 数学的処理: *M*~ is his best subject. 数学は彼の最も得意な科目だ. [関連] arithmetic 算数 / algebra 代数 / geometry 幾何学.
+__maths__ /mǽθs/ [名] [U] ((英略式)) 数学 (mathematics) (((米)) math).
Ma·til·da /mətíldə/ [名] [固] マチルダ ((女性の名; 愛称は Mattie, Matty または Maud)).
mat·i·née, mat·i·nee /mæ̀ṭənéɪ | mǽtɪnèɪ/ ((フランス語から)) [名] [C] 〔劇〕 昼間興行, マチネー ((☞ soirée)).
matinée ìdol [名] [C] ((古風)) 女性に人気のある俳優.
mat·ing /méɪṭɪŋ/ [名] [U] (動物の)交尾: the ~ season 交尾期 / ~ behavior 交尾[繁殖]行動.
mat·ins /mǽtnz | -tɪnz/ [名] [U] 〔英国国教会〕 早禱(そうとう); 〔キ教〕 朝課.
Ma·tisse /mətíːs/ [名] [固] **Hen·ri** /ɑːnríː/ ~ マチス (1869–1954) ((フランスの画家)).
ma·tri- /mǽtrə, méɪtrə/ [接頭] 「母の; 女性の」の意. [関連] patri- 父の.
ma·tri·arch /méɪtriɑ̀ək | -ɑ̀ːk/ [名] [C] 女族長, 女家長; 発言力の強い女性. [関連] patriarch 族長.
ma·tri·ar·chal /mèɪtriɑ́ək(ə)l | -ɑ́ː-←/ [形] (社会・集団などが)女性支配の; 女族長[家長](制)の.
ma·tri·ar·chy /méɪtriɑ̀əki | -ɑ̀ː-/ [名] (**-ar·chies**) [C,U] 女族長制, 女家長制; 女性支配(の社会). [関連] patriarchy 男性支配.
matrices [名] matrix の複数形.
mat·ri·cid·al /mæ̀trəsáɪdl←/ [形] 母殺しの.
mat·ri·cide /mǽtrəsàɪd, méɪ-/ [名] **1** [U,C] 母殺し ((行為)). **2** [C] 母殺し ((人)). [関連] patricide 父殺し / parricide 親殺し.
ma·tric·u·late /mətríkjulèɪt/ [動] ((格式)) [自] (試験で)大学に入学する (*at*). — [他] 〈...〉に大学への入学を許す, 入学させる.
ma·tric·u·la·tion /mətrìkjuléɪʃən/ [名] [U,C] ((格式)) 大学入学許可, 大学入学.
mat·ri·lin·e·al /mæ̀trəlíniəl, mèɪ-←/ [形] ((格式)) 母系の.
mat·ri·mo·ni·al /mæ̀trəmóuniəl←/ [形] [普通は [A]] ((格式)) 結婚の, 結婚に関する; 夫婦間の.
mat·ri·mo·ny /mǽtrəmòuni | -məni/ [名] [U] ((格式)) 結婚, 婚姻; 夫婦関係, 結婚生活.
+__ma·trix__ /méɪtrɪks/ [名] (複 **ma·tri·ces** /méɪtrəsìːz, mǽtrə-/, ~**·es**) [C] **1** 網(目)状のもの[組織] (network); 〔数〕 行列, マトリックス. **2** 〔電算〕 マトリックス ((入力・出力導線の回路網)). **3** ((格式)) 母体, 発生源; 〔生〕 細胞間質; 〔解〕 爪母基(そうぼき). **4** ((格式)) (活字などの)字母, 母型, 鋳型; (レコードの)原盤. **5** 〔地質〕 母岩 ((宝石・鉱物などを含む)).
+__ma·tron__ /méɪtrən/ [名] [C] **1** ((英)) 寮母; ((古風, 主に米)) 女性看守. **2** [しばしば M-] ((古風, 英)) 看護師長 ((女性)). **3** ((主に文)) [滑稽] (年輩の)既婚婦人.
a mátron of hónor [名] 花嫁介添役の既婚婦人 ((☞ bridesmaid)).
mátron·ly [形] ((文)) 品のある, 落ち着いた, 貫禄(かんろく)のある; [主に滑稽] (中年の女性が)太めの.
matt /mǽt/ [形] =mat².
Matt /mǽt/ [名] [固] マット ((男性の名; Matthew の愛称)).
matte /mǽt/ [形] =mat².
mat·ted /mǽṭɪd/ [形] **1** (髪などが)もつれた. **2** マット[むしろ, 畳]を敷いた.
‡**mat·ter** /mǽṭə | -tə/ ([類音] martyr, mutter) [T1]

> 「物質」5 ((☞ [語源])) → (物)
> → (物の内容) → 「事柄」1, 「事情」3 → (釈明を要する事柄) → 「困ったこと」2 → (問題になる) → 「重要である」[動]
> → 「印刷物」4

— [名] (~s /~z/) **1** [C] **事柄, 事件, 問題** (*for*): the ~ in [at] hand 当面の問題 / political ~*s* 政治問題 / a ~ of great importance 大変重要な事 / the heart [crux] of the ~ 問題の核心 / a **~ *of*** great interest ***to*** the public 大衆が大いに興味をもつこと / [言い換え] That is ˹quite another ~ [another ~ altogether]. =That is a different ~. それは全く別問題だ / There are several **~*s for*** us ***to*** deal with at the next meeting. <N+*for*+名・代+*to* 不定詞> 次の会合で我々が処理しなければならない問題がいくつかある / It's no easy ~. 全く容易でない事柄だ.
2 [the ~] Ⓢ **困ったこと,** 面倒なこと, 故障, 事故: What is ***the* ~ *with*** your finger? 指をどうかしたのか / ˹Something is [There is something] *the* ~ *with* his hand. 彼は手の調子[具合]がおかしいようだ / Is (there) anything *the* ~ *with* her? 彼女はどこか具合が悪いのか / ˹Nothing is [There is nothing] *the* ~ *with* your stomach. あなたの胃は何ともありません / I'm sure she has something *the* ~ *with* her feet. 彼女はきっと足がどこかおかしいんだ / "What's *the* ~ (*with* you)?" "Nothing." 「一体どうしたの」「別に何でもないよ」 [語法] with you がつくととがめ立ての気持ちが含まれることがある.
3 [複数形で] (漠然と)**事情, 事態:** What you said didn't help ~*s*. Ⓢ 君の発言でことが悪化しただけだった / We took ~*s* seriously. 我々は事態を深刻に考えていた / *M*~*s* are quite different now. 事情は今では全く違っている / He ˹complicated ~*s* [made ~*s* worse] instead of simplifying them. 彼は事態を簡単にするどころかこじらせてしまった.
4 /mǽṭə | -tə/ [U] **印刷物, 郵便物:** postal ~ 郵便物 / reading ~ 読み物 // ☞ printed matter.
5 [U] [修飾語を伴って] 〔物理〕 **物質;** ...質, ...素, ...体, ...物: living ~ 生体 / organic ~ 有機質 / solid ~ 固体 / vegetable ~ 植物質 / waste ~ 廃棄物. **6** [U] 成分, 要素; 本質, 実質; ((格式)) (書物・演説などの)内容. [関連] subject matter 主題. **7** [U] (生体からの)排出物; 膿(のう), うみ (pus), 目やに. **8** [U] [前に形容詞をつけて] ((文)) 重要性 (importance), 意義: points of little ~ 大して重要でない点. [語源] ラ

[M]

Matterhorn

テン語で「物質」の意；☞ material 語源

a mátter of ... (1) ...の問題；*a ~ of life and [or] death* 死活問題 / *a ~ of opinion* 見解の分かれる[異論のありうる]問題 / *a ~ of taste* 好みの問題 / *(only [just]) a ~ of time [money]* (単なる)時間[金]の問題 / *a ~ of urgency [priority]* (格式)緊急の問題 / *as a ~ of interest* Ⓢ ちょっと聞きたい[言っておきたい]のだが / *It's just a ~ of telling* him to do it. それだけを彼に言うように言えばすむ事だ (☞ **a matter of course [routine]** (course [routine] 成句), **as a matter of fact** (fact 成句)). **2** (時間・規模などの)わずか[せいぜい, ほんの]...だけ(の間)；*a ~ of days* ほんの数日．

as mátters stánd [副] 文修飾語 現状では, 今のところでは.

for thát mátter [副] つなぎ語 [主に Ⓢ](いや)そう言えば[それを言うなら]また, (それについては)同じように：*This dictionary is very useful to students, and, for that ~, to teachers.* この辞書は学生に非常に役に立つし, また教師にとっても同様だ．

in the mátter of ... [前] ...に関して(は).

it is [mákes] nò mátter (to —)「whèther (or nót) ... [thát ...]」(古風) ...かどうかは[...ということは](一には)問題ではない[どうでもよい] (*It doesn't matter*「*whether (or not) ... [that ...]*」).

Lèt thát be an énd to the mátter. Ⓢ That's the end of the matter.

lèt the mátter dróp [rést] [動] 自 事態を放置する, 何の手も打たない.

Nò mátter! Ⓢ 大したことではない, 心配するな.

nò mátter whát [whích, whó, whére, whén, hów] ... [副] たとえ何[どれ, だれ, どこ, いつ, いかに]…でも (*whatever, whichever, whoever, wherever, whenever, however*)：*Don't trust him, no ~ what he says [may say].* たとえ彼が何と言おうと も信用するな / *We are all citizens of the world, no ~ where we may live.* 私たちはどこに住んでいようとも世界市民です / [言い換え] *No ~ how fast you (may) run, you won't catch up with him.* (= *However fast you (may) run, you won't catch up with him.*) どんなに速く走っても彼には追いつけない.

nò mátter whát (háppens) [副] Ⓢ どんなことがあっても, 何としても：*Finish by tomorrow, no ~ what!* 明日までには仕上げろ, どんなことがあっても.

tàke mátters ìnto one's ówn hánds [動] 自 自ら行動する, 独自で動く.

Thát's the énd of the mátter.＝Thát's an énd to the mátter. Ⓢ この件はこれでおしまい.

Thére's the líttle [smáll] mátter of ... Ⓢ [皮肉・滑稽] ...のつまらない[ささいな]件が残っている「大事な事・相手の忘れている事について用いる].

to màke mátters wórse ☞ **worse** 形 成句．

— 動 (**mát·ters** /-z/; **mát·tered** /-d/; **-ter·ing** /-təriŋ, -triŋ/) 自 [進行形なし] 重要である, 重大である, (重要なので)問題となる．語法 普通は it を主語にして否定文または疑問文に用いられる：*Don't worry. It doesn't ~.* 心配しないで. 大したことないから / *What does it ~ (to you)?* Ⓢ ＝*I can't see that it ~s (to you).* <V+(*to*+名・代)> それが(あなたにとって)どうしたというのだ(かまわないではないか) (☞ **what¹** 語法, **rhetorical question** 文法) / *It ~s little to me what you do or where you go.* あなたが何をしようとどこへ行こうと僕には同様問題はない / *It ~ed a great deal to her what he thought of her.* 彼女に彼がどう思われているかは彼女にとって大問題だった / *It does not ~ how long we live, but how.* 大切なのはどれだけ長く生きるかではなく, いかに生きるかだ (☞ **it¹** A 4) / *It doesn't ~ that we are not millionaires.* 私たちが大金持ちでないことは

どうでもよいことだ / *It doesn't ~ who said so.* だれがそう言ったかは問題ではない / *It doesn't ~ whether it rains or not.* 雨が降ろうと降るまいとかまわん (☞ *whether* 2 語法 (2)) / *Beer or whiskey? It doesn't ~. ビールかウイスキーですって. 何でもいいですよ / "Did I disturb you?" "Oh, it doesn't ~."*「おじゃまでしたか」「まあ, でも気にしないでください」/ *He wanted to make money. Nothing else ~ed.* 彼は金もうけをしたいだけで他のことは眼中になかった / *Time is all [the only thing] that ~s.* 時間だけが問題である.

Mat·ter·horn /mǽtərhɔ̀ːn | -təhɔ̀ːn/ 名 固 [the ~] マッターホルン《アルプス山脈の高峰 (4478 m)》.

†mátter-of-fáct 形 A **1** 事実の, 実際的な; 無味乾燥な. **2** (感情や憶測を加えずに)事務的な.
~·ly 事務的に. **~·ness** Ⓤ 事務的なこと.

Mat·thew /mǽθjuː/ 名 固 **1** マシュー(男性の名; 愛称は Matt, Mattie または Matty). **2** St. /sèint/ s(ə)n(t)/ ～マタイ《キリストの弟子で新約聖書の第 1 の福音書の「マタイ伝」の作者といわれる》. **3** 聖 マタイによる福音書, マタイ伝《新約聖書中の一書》.

Mat·tie /mǽti/ 名 固 ＝Matty.

mat·ting /mǽtiŋ/ 名 Ⓤ マット[詰めもの]材料; マット[畳, むしろ]類 (全体) (mats).

mat·tins /mǽtnz | -tɪnz/ 名 Ⓤ ＝matins.

mat·tock /mǽtək/ 名 Ⓒ 根掘りぐわ《刃の幅が広いくるはしの一種》, くわ.

†mat·tress /mǽtrəs/ 名 Ⓒ マットレス (☞ bed 1; bedroom 挿絵).

Mat·ty /mǽti/ 名 固 **1** マティー《女性の名; Martha または Matilda の愛称》. **2** マティー《男性の名; Matthew の愛称》.

mat·u·ra·tion /mæ̀tjʊréɪʃən/ 名 動 matúre) Ⓤ (格式) 成熟(期), 円熟(期); 熟成(期).

mattocks

*ma·ture /mət(j)ʊ́(ə)r, -tʃʊ́ə | -tjʊ́ə, -tʃʊ́ə/ 発音 形 (**more ~, ma·tur·er** /-t(j)ʊ́(ə)rə, -tʃʊ́(ə)rə, -tjʊ́ərə, -tʃʊ́ərə/; **most ~, ma·tur·est** /-rɪst/ 名 matúrity; 反 immature) **1** (子供・若者が)(精神的に)成熟した, 分別のある; (人・動物が)十分に発達[成長]した; (人・作品が)円熟した：*She is pretty ~ for her age.* 彼女は年齢の割にはかなりおとなだ / *a ~ thinker* 円熟した思想家 / *her most ~ work* 彼女の最も円熟した作品 / *Fifty is a ~ age.* 50 歳は分別盛りの年齢だ. **2** 熟した; (植物の)成熟した; (チーズ・ワインなどの)熟成した (☞ ripe 類義語)：*~ wine* 熟成したワイン. **3** [丁寧] または [滑稽] 熟年の, 中年の (middle-aged)：*a woman of ~ years* 熟年の女性. **4** A (格式) 十分考慮した, 熟慮した, 慎重な (*careful*)：*~ judgment* 熟慮のうえの判断 / *We did it on [after] ~ consideration [reflection].* 我々は十分考慮したうえでそれを行なった. **5** (商)(請求書・手形が)支払い期限の来た; (保険・証券・定期預金が)満期の (*due*).

— 動 (**ma·tures** /-z/; **ma·tured** /-d/; **ma·tur·ing** /-t(j)ʊ́(ə)rɪŋ/; 名 màturátion) 自 **1** 成長[成熟]する, 円熟する, (チーズ・ワインなどが)熟成する; (計画などが)煮詰まる：*She has ~d into a sensible young woman.* 彼女はしっかりした若い女性に成長した / *Wine and wisdom ~ with age.* 酒と分別は年とともに熟成する. **2** (商)(請求書・手形の)支払い期限が来る, (保険・証券・定期預金が)満期になる. — 他 〈...〉を成熟させる; 完成する. **~·ly** 成熟[円熟]して, 熟成して.

matúre stúdent 名 Ⓒ (英) 入学時に比較的年齢が上である大学生《普通 25 歳以上》.

*ma·tu·ri·ty /mət(j)ʊ́(ə)rəti, -tʃʊ́ər- | -tjʊ́ər-, -tʃʊ́ər-/ 名 形 matúre; 反 immatúrity) Ⓤ **1** 成熟, 円熟, (成長の)完成; 円熟期: *at ~* 完全に成育した時 / *The present mayor lacks ~.* 今の市長は円熟みに

欠ける. **2** 〘商〙(証書などの)満期, (請求書・手形の)支払い期限. **reach matúrity** [動] [自] 成熟[円熟]する; 〘商〙満期になる.

mat·zo(h) /mɑ́:tsə, -tsou | mɔ́ts-/ [名] [U,C] マツォー《ユダヤ人が過ぎ越しの祝いに食べる平たい種なしパン》.

Maud /mɔ́:d/ [名] [固] モード《女性の名; Matilda の愛称》.

maud·lin /mɔ́:dlɪn/ [形] 酔って涙もろい; 泣き上戸の; (本・映画などが)感傷的な.

Maugham /mɔ́:m/ [名] [固] **William Som·er·set** /sʌ́məsèt | -mə-/ ~ モーム (1874–1965)《英国の作家》.

Mau·i /máui/ [名] [固] マウイ島《Hawaii 諸島の島》.

+**maul** /mɔ́:l/ [動] [他] **1** [普通は受身で] 〈…〉をめった打ちにする; (動物が)引っかいて傷つける, ずたずたに切り裂く. **2** 〈…〉を手荒く扱う; 酷評する (*about*). **3** 〈…〉の体にみだりにさわる. **4** 《略式》(試合などで)〈…〉をたたきのめす, 〈…〉に圧勝する. — [名] [C] 大木づち.

Mau·na Kea /máunəkéɪə/ [名] [固] マウナケア《Hawaii 島の火山》.

Máuna Ló·a /-lóuə/ [名] [固] マウナロア《Hawaii 島の活火山》.

maun·der /mɔ́:ndɚ | -də/ [動] (**-der·ing** /-dərɪŋ, -drɪŋ/) [自] 《主に英》だらだら話す; ぶつぶつ不満を言う (*on; about*).

Máun·dy Thúrsday /mɔ́:ndi-/ [名] [U] 洗足木曜日《復活祭の前の週の木曜日》.

Mau·pas·sant /móupəsɑ̀:nt | -sɑ̀:ŋ/ [名] [固] **Guy de** /gí:də/ ~ モーパッサン (1850–93)《フランスの作家》.

Mau·rice /mɔ́:rɪs, mɔ:rí:s | mɔ́rɪs/ [名] [固] モーリス《男性の名》.

Mau·ri·ta·ni·a /mɔ̀:rətéɪniə←/ [名] [固] モーリタニア《アフリカ北西部の共和国》.

Mau·ri·ta·ni·an /mɔ̀:rətéɪniən←/ [形] モーリタニア(人)の. — [名] [C] モーリタニア人.

Mau·ri·tian /mɔ:ríʃən/ [形] モーリシャス(人)の. — [名] [C] モーリシャス人.

Mau·ri·ti·us /mɔ:ríʃəs/ [名] [固] モーリシャス《インド洋上の島国》.

mau·so·le·um /mɔ̀:səlí:əm/ [名] (複 ~s, **mau·so·le·a** /-əlí:ə/) [C] **1** 壮大な墓, 陵(みささぎ), 廟(びょう). **2** 陰気な感じの大きな建物.

+**mauve** /móuv/ [名] [U], [形] ふじ色(の).

ma·ven /méɪv(ə)n/ [名] [U] 《米》物知り, 通(つう).

+**mav·er·ick** /mǽv(ə)rɪk/ [名] [C] **1** 《米》(所有者の)焼き印のない子牛. **2** [しばしば形容詞的に] 独立独歩の人, 一匹狼: a ~ politician 一匹狼の政治家.

maw /mɔ́:/ [名] [C] **1** [普通は単数形で] 《格式》のみこむもの; 奈落(ならく) (*of*). **2** 《文》(動物の)胃, のど.

mawk·ish /mɔ́:kɪʃ/ [形] めそめそした, 感傷的な. **~·ly** [副] めそめそして, 感傷的に. **~·ness** [名] [U] めそめそしていること, 感傷的なこと.

max /mǽks/ [名] [略] =maximum. **to the máx** [副] 《略式》最高に; できる限り, 極限まで. — [副] 《略式》最大で, 最高で. — [動] [次の成句で] **máx óut** 《米略式》[自] (1) できる限りやる, 全力を尽くす (*on*). (2) 飲み[食い]すぎる (*on*). — [他] 〈…〉を使い切る.

Max /mǽks/ [名] [固] マックス《男性の名》.

Máx Fác·tor /-fǽktɚ | -tə/ [名] [固] マックスファクター《米国の化粧品メーカー》.

max·i /mǽksi/ [名] [C] 《略式》**1** マキシ《丈がくるぶしまでのコート[ドレスなど]》. **2** =maxiskirt.

max·i- /mǽksi/ [接頭] ([反] mini-) 「大, 長」の意: *maxi*skirt マキシスカート.

+**max·im** /mǽksɪm/ [名] [C] 格言, 金言; 処世訓.

Max·im /mǽksɪm/ [名] [U] マキシム《米国製のインスタントコーヒー; 商標》.

maxima [名] maximum の複数形.

max·i·mal /mǽksəm(ə)l/ [形] ([名] máximum; [反] minimal) 《格式》最大(限度)の, 極大の, 最高の. **~·ly** /-məli/ [副] 最大(限度)に, 最高に.

max·i·mi·za·tion /mæ̀ksəmɪzéɪʃən | -maɪz-/ [名] [U] 最大化; 最大限の活用 (*of*).

+**max·i·mize** /mǽksəmàɪz/ [動] ([形], [名] máximum; [反] minimize) [他] **1** 〈…〉を最大[最高]にする, 極大化する, 極限まで広げる. **2** 〘電算〙〈ウインドー〉を最大化する, 画面いっぱいに表示する.

*__max·i·mum__ /mǽksəməm/ [T1] [名] (複 **~s** /~z/, **max·i·ma** /mǽksəmə/; [動] máximìze; [反] minimum) [C] [普通は単数形で] **最大限, 最大量, 最高点**; 〘数〙極大 (《略》max): at the ~ 最大(限)で / He increased the speed of the car to the ~. 彼は車のスピードを最高にまであげた / He obtained 82 marks out of a ~ ***of*** 100. 《英》彼は 100 点満点で 82 点を取った / That's the absolute ~ we can afford to pay. それ以上の金額の支払いは絶対に無理です.
— [形] ([動] máximìze, [形] máximal; [反] minimum) [A] [比較なし] **最大の, 最高の, 最高[最大]限度の** (《略》max): the ~ speed 最高速度 / the ~ temperature today きょうの最高気温 / for ~ effect 最大の効果が得られるように / make a [the] ~ effort 最大限の努力をする. — [副] 最大で, 最高で.

máximum secùrity príson [名] [C] 重警備刑務所《凶悪犯罪者用》.

máxi·skìrt [名] ([反] miniskirt) [C] マキシスカート (《略式》maxi).

Max·well /mǽkswel, -wəl/ [名] [固] **1** マクスウェル《米国製のインスタントコーヒー; 正式には Maxwell House; 商標》. **2** マクスウェル **James Clerk** ~ (1831–79)《スコットランドの物理学者》.

__may__[1] /meɪ, méɪ/ ([類音] maid, made, make, mate) [助] (過去 **might** /maɪt, máɪt/; ☞ mightn't) ★ 過去形の用法については ☞ might[1].

基本的には「可能」,「推量」を表わす.

① [可能・推量] …かもしれない	1, 3
② [許可・容認] …してもよい	2
③ [譲歩] …かもしれないが; たとえ…であっても	4
④ [目的] …するために	5
⑤ [wh 節で] …だろうか	7

1 /mèɪ/ [可能や推量を表わす] (1) **…かもしれない**, 多分…だろう; (場合によって)…することがある (☞ might[1] B 1, maybe, must[1] 3, will[1] 5): It ~ rain tomorrow. あすは雨になるかもしれない / He ~́ or ~́ nót come. 彼は来るかもしれないし, 来ないかもしれない / We ~ be moving to London next year. 来年私たちはロンドンに移るかもしれません / "He ~ be there." "Oh yes, he ~." 「彼はそこにいるかもしれない」「ああ, そうだね」
(2) [may have＋過去分詞の形で] …した[だった]かもしれない (過去のことについて推量を表わす; ☞ can[1] 4 (2), 5 (2)): That ~ *have been* the cause of the quarrel. それがけんかの原因だったかもしれない / He ~ *have lied*. 彼はうそをついたのかもしれない.

[語法] (1) この意味の否定文では not は may ではなく本動詞を否定する: [言い換え] She may *not* be at home. =It is possible that she is *not* at home. 彼女はうちにはいないかもしれない. 次を比較せよ: [言い換え] She *can't* be at home. =It is not possible that she is at home. 彼女は家にいるはずはない.
(2) may の後に possibly がつくと可能性が弱まり, well がつくと強まる: Bob ~ *possibly* [*well*] know the answer. ボブはその答えをひょっとすると知っているかもしれない[多分知っているだろう].

may

2 /meɪ/ [許可・容認を表わす] (1) 《格式》…してもよい, …しても差しつかえない (can): You ~ go if you want to. 行きたいなら行ってもよろしい.

> 会話 "M~ I please use your phone?" "Certainly." 《丁寧》「電話をお借りできますでしょうか」「え え, どうぞ」(☞ please¹ (2)) / "M~ I sit down?" "Go right ahead." 「座ってもよろしいですか」「ええどうぞ」/ "M~ I eat this cake?" "No, you ~ *not*." 「このケーキを食べていいですか」「いいえ, いけません」/ "M~ I see your ticket, please?" "Here you are." 「切符を拝見します」「はい, どうぞ」

> 語法 一般には can をこの意味に用いることが多い. ただし疑問文では May I... のほうが丁寧な言い方で, Can I... はややぞんざいな感じを与えることがある. 平叙文では You can ... のほうが You may ... よりも柔らかい感じ.

(2) [否定文で; 規則などに用いて禁止を表わす] …してはならない, …しないでください: Visitors ~ *not* feed the animals. (来園の)お客さまは動物にえさを与えないでください 《動物園などで》/ *Nothing* ~ be contained in or attached to this letter. この郵便物には何も入れたりはったりすることはできません. 語法 may not のほうが must not よりやや柔らかい言い方 (☞ must¹ 2).

3 /meɪ/ [妥当性や可能を表わす] 《格式》…できるかもしれない, できる: We ~ see the difference by examining his work. 彼の作品を検討することによってその相違がわかろう / The matter ~ be considered from different standpoints. この問題は異なった見地から考察しよう. 語法 この用法の may は「…できる」という意味を can よりも控えめに表わす // Study hard while you ~. できるときに一生懸命に勉強をしておきなさい.

4 /meɪ/ [譲歩を表わす] (1) [may ... but — の形で] …かもしれないが(—): She ~ be clever, *but* she hasn't got much common sense. 彼女は利口かもしれないがあまり常識がない.

(2) [副詞節で] たとえ…であっても: *However* hard you ~ try, you can't learn to speak English fluently in a month or two. どんなに一生懸命やっても1か月や2か月で英語を流暢(^{リゅう}_{ちょう})に話せるようにはならない / *Whatever* you ~ say, I don't believe you. 何と言おうと私はあなたの言うことは信用しない. 語法 この場合は may がなくても意味はほとんど変わらない.

5 /meɪ/ [目的を表わす副詞節で] 《格式》…するために, …することができるように: Start at once *so that* you ~ be in time. 間に合うようにすぐ出発しなさい (☞ so that ... may do (so¹ 成句)) / I have written to her *in order that* she ~ know about it. それを知らせようと思って, 私は彼女に手紙を書いた (☞ in order that ... may do (order 名 成句)). **6** /meɪ/ (1) [希望・願望・懸念などを表わす動詞句に続く名詞節で] …するよう(に), …ではないか(と): The family hope(s) [fear(s)] *that* the news ~ be true. 家族の人はその知らせが本当であろうと望んでいる[本当ではないかと心配している]. (2) 《格式》願わくは…ならんことを: M~ you always be happy! どうかいつまでも幸せで / 普通は次のように言う: I hope 'you will [you'll] be happy. (2) この意味では常に may＋主語＋動詞の語順になる (☞ inversion 文法 (1) (vii)). **7** /meɪ/ [wh 疑問文または wh 節で] 《古風》…だろうか, …かしら.

if I máy Ⓢ 《丁寧》もしよろしければ: I'll do it for you, *if* I ~. もしよろしければ, あなたにそれを私にさせてください. **mày júst [máy] as wèll ... as —** ☞ well¹ 成句. **mày (véry) wéll dó** ☞ well¹ 副 成句.

may² /méɪ/ 名 Ⓤ さんざしの花.

˙May¹ /méɪ/ 《類語 maid, made, make, mate》名 (~s /~z/; Ⓛ Ⓤ) **5月** (☞ month 表) 《会話 囲み》: Many flowers are in full bloom *in* ~. 5月にはたくさんの花が満開になる / ~ Day is celebrated *on* ~ 1. 5月祭は5月1日に行なわれる (May 1 is May (the) first と読む; ☞ ordinal number 文法 (2)) / *April* showers bring ~ flowers. 4月の雨が5月の花をもたらす (英国の気候を言ったもの).

May² /méɪ/ 名 固 メイ 《女性の名; Margaret および Mary の愛称》.

Ma·ya /máɪə, máːjɑː/ 名 (複 ~(s)) Ⓒ マヤ族の人 《中米の先住民族》.

Ma·yan /máɪən, máːjɑn/ 名 Ⓒ, 形 マヤ人(の).

˙may·be /méɪbi/ 副 [4以外は 文修飾語] 《略式》**1 もしかしたら**, ことによると, あるいは 《☞ likely 囲み》: [応答で断定を避けて] そうでねえ: M~ you're right. あなたの言うとおりかもしれない / M~ I'll go, and ~ I won't. 行くかもしれないし行かないかもしれない.

> 会話 "Will John be successful?" "M~ [M~ *not*]." "ジョンはうまくいくだろうか" "もしかするとね [もしかするとだめだね]" / "M~ not (5))." "Can I go with you?" "M~." "一緒に行ってもいいか" "まあね"

> 語法 maybe だと丁寧なまたはやや皮肉な依頼を表わすことがある: M~ you *could* move that chair. 《丁寧》そのいすを動かしていただけないでしょうか. **2** [控えめな提案を表わして] Ⓢ …しませんか, …しましょうか: M~ we should have a meeting again tomorrow? 明日また会議をしませんか. **3** [maybe (...) but — の形で] Ⓢ それはそうと—. **4** [数量とともに] だいたい.

máy·bùg 名 Ⓒ 《英》=cockchafer.

may·day /méɪdèɪ/ 名 [時に M-] Ⓒ メーデー 《船舶・航空機の国際無線遭難信号; ☞ SOS》: send out a ~ (signal [call]) 救難信号を発信する. 語法 フランス語の m'aidez (=help me) の発音をまねてつづったもの.

⁺Máy Dày 名 Ⓛ Ⓤ **1** メーデー, 労働祭 《英国では公休日 (bank holiday); ☞ holiday 表》. **2** 五月祭 《5月1日; 5月の女王 (May Queen) を選んで花輪の冠をかぶせ, メイポール (maypole) の周囲で踊る》.

May·er /méɪə | méɪə/ 名 固 ~ メイヤー **Louis B.** ~ (1885-1957) 《ロシア生まれの米国の映画制作者》.

may·est /méɪɪst/ 助 《古語》may¹ の二人称単数現在形.

máy·flòwer 名 **1** Ⓒ 5月に咲く花 《特に《米》ではいわなし, 《英》ではさんざし》. **2** 固 [the M-] メイフラワー号 《1620年 Pilgrim Fathers を乗せて英国からアメリカへ渡航した船の名》.

máy·flỳ 名 (-**flies**) Ⓒ かげろう 《5月に現われる昆虫》.

may·hap /méɪhæp/ 副 《古語》=perhaps.

may·hem /méɪhem/ 名 Ⓤ 破壊, 騒乱 (chaos).

may·n't /méɪnt, méɪənt/ 《まれ》may not の短縮形 (☞ not (1) (i) 語法).

may·o /méɪoʊ/ 名 Ⓤ 《略式》=mayonnaise.

May·o /méɪoʊ/ 名 固 メイヨー 《Ireland 西部の県》.

Máyo Clínic 名 固 [the ~] メイヨークリニック 《米国 Minnesota 州 Rochester にある医療センター》.

⁺may·on·naise /méɪənèɪz, mèɪənéɪz/ 名 Ⓤ **1** マヨネーズ. **2** 《英》マヨネーズをかけた料理: egg ~ 玉子のマヨネーズあえ.

˙may·or /méɪə, méɪə | méə/ 《同音 ⁺mare》 Ⓣ1 名 (~s /~z/; 形 máyoral) Ⓒ 市長, 町長 《男性および女性; ☞ mayoress》: Mr. Smith was elected ~. スミ

mayor	市長
	町長

さんが市長に選出された. 参考 普通は米国では市民の一般投票によって選ばれて任期は1-4年, 英国では市・町議会議員から選ばれて実質的な政治権限のない名誉職で任期は1年 (⇒ Lord Mayor). 語源 ラテン語で「より大きい」の意; major と同語源.

may·or·al /méɪərəl, mé(ə)r- | méər-/ 形 《(名) máyor) A 市長[町長]の.

may·or·al·ty /méɪərəlti, mé(ə)r- | méər-/ 名 U 《格式》市長[町長]の職[任期].

may·or·ess /méɪərəs, mé(ə)r- | -márés, méəres/ 名 C 《古風, 英》女性市長[町長]; 市長[町長]夫人.

máy·pòle /-pòʊl/ 名 C メイポール (⇒ May Day 2).

Máy Quèen 名 [the ~] 5月の女王 (⇒ May Day 2).

Mays /méɪz/ 名 固 **Willie ~** メイズ (1931-)《米大リーグの強打者》.

mayst /meɪst, méɪst/ 助 《古語》may¹ の二人称単数現在形.

may've /méɪəv/ (S) 《略式》may¹ have² の短縮形.

*__maze__ /méɪz/ 名 C [普通は単数形で] **1** 迷路, 迷宮; (子供の迷路遊び): a ~ of streets 迷路のようにややこしい通り. **2** 当惑, 混乱; 煩雑な仕組み[制度]: a ~ of rules ややこしくてわかりにくい規則.

ma·zur·ka /məzɜ́:kə | -zɜ́:-/ 名 C マズルカ (ポーランドの軽快な舞踊); マズルカ舞曲.

MB /émbí:/ 略 **1** =Bachelor of Medicine 医学士. **2** =megabyte.

*__MBA__ /émbíéɪ/ 略 =Master of Business Administration 経営(管理)学修士 (称号および取得者): He has an ~ from Yale. 彼はエール大学でMBAをとった.

Mba·ba·ne /mbɑːbɑ́ːneɪ | əm-/ 名 固 ムババネ (Swaziland の首都).

MBE /émbíː/ 略 =Member (of the Order) of the British Empire 大英帝国五等勲爵士.

Mbps 略 =megabytes per second 《電算》 毎秒メガバイト.

MBSc /émbíːéssí/ 略 =Master of Business Science 経営学修士.

Mbyte 略 =megabyte.

*__MC__ /émsíː/ 略 **1** =master of ceremonies (⇒ master 成句, emcee). **2** (米) =Member of Congress (⇒ congress). **3** (英) =Military Cross.

Mc- /mək, mæk/ 接頭 =Mac-.

MCAT /émkǽt/ 略 (米) =Medical College Admissions Test 医大入学テスト.

Mc·Car·thy /məkɑ́ːθi | -kɑ́ː-/ 名 固 マッカーシー **Joseph ~** (1908-57) 《米国の政治家; '赤狩り' によって米政界を混乱させた》.

Mc·Car·thy·is·m /məkɑ́ːθiɪzm | -kɑ́ː-/ 名 U マッカーシズム, 赤狩り (1950年代米国の極端な反共運動); 異分子迫害, 魔女狩り.

Mc·Cart·ney /məkɑ́ːtni | -kɑ́ː-/ 名 固 **Sir Paul ~** マッカートニー (1942-) 《英国のロックシンガー; もとthe Beatles のメンバー》.

Mc·Cor·mick /məkɔ́ːmɪk | -kɔ́ː-/ 名 固 **Cy·rus** /sáɪrəs/ ~ マコーミック (1809-84) 《米国の自動刈取り機の発明者》.

McCoy ⇒ real McCoy.

Mc·Don·ald's /məkdɑ́nldz | -dɔ́n-/ 名 固 マクドナルド《米国のハンバーガーのチェーン店》.

会話 "Shall we have a hamburger at ~ on the way home?" "Why not?"「帰りにマクドナルドでハンバーガー食べない?」「いいねえ」

Mc·Job /məkdʒɑ́b | -dʒɔ́b/ 名 C 《サービス業などの》単調で給料の安い仕事, しょうもない [将来性のない] 仕事.

Mc·Kin·ley¹ /məkínli/ 名 固 **Mount ~** マッキンリー山 《米国 Alaska 州中南部の山; 北米大陸の最高峰 (6194 m); ⇒ 表地図 S1》.

Mount McKinley

Mc·Kin·ley² /məkínli/ 名 固 **William ~** マッキンリー (1843-1901) 《第25代合衆国大統領 (1897-1901); 暗殺された》.

m-còmmerce 名 U M コマース 《携帯端末を利用した電子取引》.

MCP /émsíːpíː/ 略 =male chauvinist pig (⇒ male chauvinist).

Mc·Queen /məkwíːn/ 名 固 **Steve ~** マクイーン (1930-80) 《米国の映画俳優》.

*__MD¹__ /émdíː/ 略 **1** =Doctor of Medicine (⇒ doctor 名 2). **2** [主に (S)] 《英略式》=managing director. **3** =mentally deficient 精神薄弱の. **4** =MiniDisk. **5** =muscular dystrophy.

MD² 《米郵》=Maryland.

Md. 略 =Maryland.

mdse. 略 =merchandise.

MDT /émdíːtíː/ 略 =mountain daylight time.

*__me¹__ /(弱) mi, (強) míː/ 《同音 #mi, 類音 #meat, #meek, #meet》代 《人称代名詞 I⁶ の目的格》

1 [他動詞の直接目的語として] **私を**: Mr. Smith knows *me* well. スミスさんは私をよく知っている / Take *me* to the zoo, Dad. お父さん, 動物園へ連れていってよ.

2 [他動詞の間接目的語として] **私に**: A friend of mine brought *me* a young cherry tree. 友人が私に桜の苗木を持ってきてくれた (⇒ to¹ 3 語法) / Dad made *me* a model plane. お父さんが僕に模型飛行機を作ってくれた (⇒ for 前 A 1 語法).

3 [前置詞の目的語として]: Will you go fishing *with me*? 僕といっしょに釣りに行かないか / Mom bought a pretty doll *for me*. お母さんが私にかわいらしい人形を買ってくれました. 語法 場所を表わす前置詞の目的語となる場合には myself の意味となることがある: I looked *around me*. 私は (自分の) 周りを見回した / I shut the door *behind me*. 私は入って[出て]から (後ろ手で) 戸を閉めた.

4 /míː/ [主格補語として] **私(だ, です)**: 会話 "Who is it?" "It's *me*."「どなた」「私です」/ That's *me* in the corner of the photo. その写真の隅が私です. ★最後の文の me を I に換えることはできない.

語法 **I と me**
(1) この場合主格の I を用いるのは《格式》か《古風》(ただし I⁶ (2) 語法), または特に強調するとき.
(2) I 以外の人称代名詞でも《格式》では主格補語に主格 (he, she, we, they) を用いて It's *he*., It's *she*. のようにするが, 一般には目的格 (him, her, us, them) を用いて It's *him*., It's *her*. のように言うことも多い.
(3) 《略式》では強調構文で it is の後にも用いる: It's *me* that's [who's] going to be hurt. 傷つくのは私だ (I'm going to be hurt. の I を強調; この場合 that や who に続く動詞が3人称単数扱いになる点に注意);

☞ it[1] A 6 [語法], who[2] 1 [語法] (1) ★)).

5 /míː/ [I の代わりとして] [S] 《略式》 (1) [独立的に用いて]: "Does anybody want some coffee?" "*Me*, please." 「コーヒー欲しい人いる?」「(じゃあ)僕(がもらうよ)」 [語法] 代動詞が続くと *I do*. と主格を用いる.
(2) [比較表現の (as …) as, than の後で]: Is she *as* tall *as me*? 彼女は私くらいの背がありますか / She's taller *than me*. 彼女は私より背が高い.

> [語法] 《略式》 では目的格のほうがよく用いられ, これは他の人称代名詞でも同様である. ただし(代)動詞を伴うときは主格しか用いられない: She is *as* tall *as I am*. / She's taller *than I am*. / You know more *than I do*. あなたは私よりもよく知っている (☞ than [前] [語法]).

(3) [感嘆表現で] 私は(…であるのに) (☞ and me [him, her] … (and 成句)): We had to wade across the stream—and *me* in my best suit! 私たちはその流れを歩いて渡らなければならなかった—私はいちばん上等の服を着ていたというのに. **6** [動名詞の意味上の主語として, my の代わりに] 《略式》: She disapproved of *me* coming. 彼女は私が来ることに賛成しなかった (☞ sense subject [文法] (2) (iii) (c)).
Mé? [S] 《略式》 [相手のことばを軽く聞き返して] 私ですか: "Hey, you!" "*Me*?" 「おい君」「僕ですか」

(1) (2)

[日英比較] 「私ですか」 というしぐさでは日本人は自分の鼻を指す (☞ 挿絵 (1)) が, 英米人は胸を指す (☞ 挿絵 (2), (3)).
Mè(,) néither. [S] 《略式》 = **Nòr(,) mé.** [S] 《略式》 = **Mè(,) éither.** [S] 《非標準》 [相手の言った否定に同意して] 私も同じです: [会話] "I don't want to see that movie." "*Me*(,) *neither*." 「あの映画は見たくないね」「私もです」 **Mè, tóo.** [S] 《略式》 [相手の言ったことに対して] 私も同じです, 私もそうです: [会話] "I want to see the movie." "*Me, too*." 「その映画見たいわ」「僕もだ」

(3)

— [形] [A] 自分本位の: the *me* decade ミー[自己中心]の 10 年 《米国の 1970 年代》.
me[2] /míː/ [感] おや!, まあ! (☞ my[2], dear [感]).
me[3] /míː/ [名] =mi.
ME[1] 〔米郵〕 =Maine.
ME[2] [略] **1** =Middle English. **2** 《英》 =my·al·gic en·ceph·a·lo·my·e·li·tis /maɪǽlʤɪk ɪnsèfəloʊmàɪəláɪṭɪs/ 筋痛性脳脊髄(せきずい)炎.
Me. [略] =Maine.
me·a cul·pa /méɪəkúlpə/ 《ラテン語から》 [感] [滑稽] 私の過失によって.
mead[1] /míːd/ [名] [U] はちみつ酒.
mead[2] /míːd/ [名] [C] 《詩》 牧草地, 草地.
Mead /míːd/ [名] [固] **Margaret ~** ミード (1901–78) 《米国の人類学者》.
⁺**mead·ow** /médoʊ/ [名] [U,C] **1** (干し草を採る)牧草地, 草地. [関連] pasture 放牧用の牧場. **2** 川辺の低湿地.
méadow·làrk [名] [C] まきばどり 《北米産の鳴鳥》.
⁺**mea·ger,** 《英》 **mea·gre** /míːgə | -gə/ [形] **1** 貧弱な, 乏しい, わずかな: a ~ supper 貧しい夕食. **2** やせた. **~·ly** [副] 貧弱に, 乏しく. **~·ness** [名] [U] 貧弱(さ), 乏しさ.
meal[1] /míːl/ [名] (~s /~z/) [C] **食事:** a hearty [square] ~ 十分な食事 / go (out) for a ~ 食事に出かける / My father came home for a light [full] ~. 父は軽く[たっぷり]食事をとりに帰宅した / Do not eat too much between ~*s*. あまり間食してはいけない / To be taken half an hour after ~*s*. 食後 30 分に服用のこと 《薬の飲み方の指示》 / Enjoy your ~! ごゆっくり 《レストランなどで料理を出した時に言う》.

ミニ語彙欄

[コロケーション]

[動]+meal
- **enjoy** one's [a] *meal* 食事を楽しむ (☞ 用例)
- **have** [**eat**] a *meal* 食事をとる[する]
- **make** [**prepare, cook,** 《略式, 主に米》 **fix**] a *meal* 食事を作る, 食事の準備をする
- **order** a *meal* 食事を注文する
- **plan** a *meal* 食事の献立を考える
- **serve** a *meal* 食事を出す
- **skip** a *meal* 食事を抜く
- **snatch** [《略式》 **grab**] a *meal* 食事をさっと済ませる

[前]+meal
- **after** a *meal* 食後に
- **before** a *meal* 食前に
- **between** *meals* 食間に
- **during** a *meal* 食事中に
- **with** the [one's] *meal* 食事と共に

[形]+meal
- a **big** *meal* 量の多い食事
- a **five-course** *meal* 5 品出る食事
- a **heavy** *meal* 腹ごたえのある食事
- a **fatty** [**high-fat**] *meal* 脂っこい食事
- a **high**[**low**]**-calorie** *meal* 高[低]カロリーの食事
- a **high**[**low**]**-cholesterol** *meal* 高[低]コレステロールの食事
- a **hot** *meal* 温かい食事
- a **salty** *meal* 塩分の多い食事
- a **vegetarian** *meal* 菜食主義の食事
- a **well-balanced** *meal* バランスのよい食事

meal のいろいろ
évening mèal 夕食 / **físh mèal** 魚料理 / **hóspital mèal** 病院食 / **ín-flight méal** 機内食 / **méat mèal** 肉料理 / **mídday mèal** 昼食 / **schóol mèal** 学校給食

[関連表現]
- **Are you ready to order?** 注文をお取りしてもよろしいですか
- **ask … to [for] dinner** (人)を夕食に招く
- **be out to lunch** 昼食に出ている
- **Breakfast is ready.** 朝食の用意ができました
- **For here or to go?** 店内でお召し上がりですかそれともお持ち帰りですか
- **have steak for dinner** 夕食にステーキを食べる
- **I'll have … (please).** (…)にします 《注文で》
- **speak with one's mouth full** 口をいっぱいにしながら話をする
- **Pass (me) the pepper, please.** こしょうを取っ

てもらえませんか
talk over coffee コーヒーを飲みながら話をする

[参考] 英米の中流家庭では，起床後，午前中に朝食 (breakfast) をとり，正午から 1 時半ぐらいの間に昼食 (lunch) をとる．そして 6 時半から 8 時ぐらいの間に supper または dinner と呼ぶ夕食をとる．ただし日曜日や祝祭日には昼に dinner を食べる．昼に dinner を食べる場合には夕食は supper と呼ぶ．dinner は一日のうちで最も手間をかける食事で，普通は soup に始まり，肉・魚などの main dish，野菜などの side dish を経て dessert に終わるコース《☞ course 4》をとる．客を招待するときなども dinner に招待するのが礼儀とされる．

[語源] 古(期)英語で「定まった時間」の意．
màke a méal (out) of … [動] [他] (1) …を食べる，平らげる． (2)《略式，英・豪》…に必要以上の時間[労力]をかける，重大に考えすぎる．

meal[2] /míːl/ [名] [U] [しばしば合成語で] (ふるいにかけない麦や豆の)ひき割り，あらびき粉． [関連] oatmeal オートミール / flour 小麦粉．

mea·lie /míːli/ [名] [U,C] 《南ア》とうもろこし．

méals-on-whéels [名] [複] [時に単数扱い] (老人・病人などに対する)食事宅配サービス．

méal tìcket [名] [C] **1** 《略式》生活費をもたらす人[もの]，収入源，金づる． **2** (学校・職場などの)食券．

méal·tìme [名] [C,U] 食事時間．

meal·y /míːli/ [形] (**meal·i·er**; **-i·est**) 粉状の，ひき割りの; 粉をふいた; 水気のない，ぱさぱさした．

méaly-móuthed [形] [軽蔑] もってまわった言い方をする; 遠回しに言う．

‡mean[1] /míːn/ (【同音】 mien) [動] (**means** /~z/; 過去・過分 **meant** /mént/; **mean·ing**)
[他] [進行形なし] **1** (ことば・記号・物事が)〈…〉を**意味する;** 〈…〉の意味を表わす: The Japanese word 'hana' ~*s* 'flower' in English. 日本語の「花」という語は英語で flower という意味です / What does this word here ~?＝What *is **meant by*** this word here? ＜V＋O の受身＞ ここではこの語はどういう意味ですか / In traffic signals a green light ~*s* "Go." 交通信号では青は「進め」の意味だ / The sign **~*s*** (***that***) there is a car approaching. ＜V＋O ((*that*) 節)＞ あの標示は車が近づいて来ていることを示す / These letters **~** nothing ***to*** me. ＜V＋O＋to＋名・代＞ この文字を見ても何のことか私には分からない / Does this name ~ anything *to* you? この名前に何か心あたりがありますか．
2 (…する)つもりである, (本気で)…しようと考えている，〈…〉を意図する; 〈…〉に(—させる)つもりである 《☞ 類義語》: She always **~*s to*** be kind to others. ＜V＋O (*to* 不定詞)＞ 彼女はいつも他人に親切にしようと思っている / I really didn't ~ that [it] at all. [S] 本当にそんなつもりは全くなかったのです / You don't ~ it! まさか本気でそうおっしゃるのではないでしょう / Her mother ***meant*** her ***to*** be a pianist. ＜V＋O＋C (*to* 不定詞)＞ 彼女の母は彼女をピアニストにするつもりだった． [語法] 《略式，主に米》では for を用いて次のように言うことがある: Her mother *meant for* her *to* be a pianist. // I'm sorry to have broken your watch; I didn't ~ *to*. 時計を壊してしまってすみません，壊すつもりではなかったのですが 《☞ to[3] A 1 [語法] (1)》．
3 〈…〉を**(—の)つもりで言う[書く，行なう];** 〈…〉のことを指して言う[書く]; 〈…〉と言おうとしている，〈…だ〉と言う; (…に)〈害など〉を加えるつもりである; 〈…〉を(—向けに)予定している，〈…〉を(—に)与えるつもりでいる; 〈…〉を(—の用途に)あてる: I didn't ~ yóu. [主に [S]] 私はあなたのことを(指して)言ったのではありません / That's what I ~! [S] 私もそれが言いたかったのですよ / I see what you ~. [S] 言いたいことはわかります / I ***meant*** it ***as*** a joke. ＜V＋O＋*as*＋名・代＞ 私は冗談のつもりだったのです / I **~** ***that*** she wants your help. ＜V＋O (*that* 節)＞ つまり彼女はあなたの援助が必要だと言っているのです / *Is* this letter ***meant to*** be an 'm' or an 'n'? ＜V＋O＋C (*to* 不定詞)の受身＞ この文字は m のつもりで書いたのですか，それとも n のつもりで書いたのですか / [言い換え] He ~*s* you no harm. ＜V＋O＋O＞＝He **~*s*** no harm ***to*** you. ＜V＋O＋*to*＋名・代＞ 彼はあなたに悪意はないのです / What do you **~ *by*** that? ＜V＋O＋*by*＋名・代＞ [S] それはどういうこと[意味]ですか 《☞ What do you mean (by) … (成句)》．
4 [受身なし] (人にとって)〈…ほど〉の**重大な意味を持つ,** (人にとって)〈…ほど〉重要である: Health ~*s* everything. 健康は何よりも重要である / It [He] **~*s*** nothing [something] ***to*** me. ＜V＋O＋*to*＋名・代＞ それ[彼の言い分]は私には無意味[重要]なものだ / Your friendship will ~ a lot *to* him. あなたの友情は彼には貴重なものとなるでしょう． **5** (物事が)〈…〉の印[前兆]である，〈…〉を暗示する; 〈…〉という結果になる，(結果として)〈…〉になる: Those clouds ~ rain. あの雲が出たら雨だ / Her accent ~*s* (*that*) she comes from Chicago. なまりからして彼女はシカゴ出身と思われる / Nuclear war would ~ the end of the human race. 核戦争になれば人類は破滅することになろう / Missing the bus ~*s* wait*ing* for two hours. そのバスに乗り遅れると 2 時間待つことになる / She didn't know what it *meant* to be poor. 貧しいということがどういうことなのか彼女は分かっていなかった．
be méant for … [動] [他] …になることに決まっている; …向けにできている; …にあげるつもりのものである: Joe *was meant for* the job. ジョーはその仕事につく定めだった[生まれつきその仕事に向いていた] / These seats *are meant for* elderly or handicapped persons. これらの席はお年寄りや身体の不自由な人たちのためのものです《乗物での掲示》/ They *were meant for* each other. 2 人は夫婦になるべく生まれついていた / *Is* this ring *meant for* me? この指輪は私への贈り物ですか． **be méant to dó** [動] (1) …することになっている，…しなければいけない． (2) …するのに向いている． (3)《英》…だと思わ[言わ]れている． **be méant to be …** [動] [他] …に生まれついている，…に向いている，…が運命だ． **(do) you know what I méan?＝if you know what I méan** [S] [しばしば文末で] (私の言っていることが)わかるでしょ． **「Do you [You] méan …?** [S] …ということ(ですか)． **Hów do you méan?** [S] 《主に英》＝What do you mean ((by) …)? **I mèan** [副] [つなぎ語] [S] つまりその，いやその: She's just amazing. *I* ~, she's ninety years old and actually working on a new novel! 彼女には全く驚くよ．だって 90 歳で新しい小説を書いているんだから / May I speak to Annie … *I* ~, Mrs. Jones? アニーはいますか，いや，ジョーンズ夫人はいらっしゃいますか． [語法] 会話で自分の発言への補足説明や訂正に用いる． **I mèan to sáy** [副] [つなぎ語] [S] つまりその，だって《不賛成などを示すのに用いる》． **I méan what I sáy.＝I méan it.** (冗談でなく)本気で言っているのです． **… méant it for the bést** [S] …は好意的にやった[した]のです． **méan to sáy …** [動] [他] …と言うつもりです． **méan wéll** [動] [自] [軽蔑] (結果に問題あるが)よかれと思ってする[言う]，悪気はない: She is nosy but she ~*s well*. 彼女はおせっかいだが悪意はない． **méan wéll by …** [動] [他] …に好意的である． **Sée what I méan?** [S] わかる[わかった]?． **táke … to méan —** [動] [他] 〈…〉が—を意味すると受け取る[理解する] 《☞ take [動] [他] 12》: I *took* his silence *to* ~ agreement. 私は彼の沈黙を同意と受け取った． **Whát do you méan ((by) …)?** [S] (1) (…とは)どういうこと[意味]ですか《説明を求め

M

て》. (2) …とは何だ[どういうことだ]《相手のことばを繰り返して怒りなどを表わす; ☞ 3 の最後の例文》: "You're pretentious." "*What do you* ～, pretentious?"「うぬぼれているよ, お前は」「うぬぼれてるとは何だ」 **Whát do you méan by ...ing?** [S] …するとはいったいどういうつもりだ《相手の行為への不快感を表わす》. **..., you mèan?** [疑問文の文末に添えて] …という意味(で)ですか.

【類義語】**mean** あることをする意志を持っていること: I didn't *mean* to hurt your feelings. あなたの気持ちを傷つけるつもりはなかったのです. **intend** ある明らかな目的を遂行しようというはっきりした意志を持つこと. その点で *mean* よりも意味が強い: I *intend* to work harder from now on. 私は今からはもっと一生懸命働く[勉強する]つもりだ. しかし, *mean* は *intend* よりも《略式》的な語で, *intend* と同じようにはっきりした意志を示すために用いられることもある. **plan** 具体的な内容がある程度決まっている計画を遂行する意志のあること: I *plan* to leave for the U.S. on Thursday. 私は木曜日にアメリカに出発する予定です.

*__mean__[2] /míːn/ ([同音] mien) [形] (**mean·er**; **mean·est**)

> 元来は「共通の」の意《☞ common 囲み》→(普通の)→(平凡な)→「劣る」**5**,「卑劣な」**1**

1 (性質・行為が)**卑劣な**, 下品な, あさましい: ～ behavior 卑劣なふるまい / [言い換え] ***It was*** ～ ***of*** you ***to*** cheat him. =You were ～ to cheat him. 彼をだますとはお前もあさましい男だ《☞ of 12》. **2** 意地の悪い, 不親切な; 《主に米》(人・動物が)たちの悪い, 扱いにくい, 凶暴な, 攻撃的な: Don't be so ～ *to* your brother. 弟をいじめるな / a ～ boss いやな上司. **3** 《主に英》けちな, 出し惜しみをする (stingy, 《米》cheap); (額などが)少ない: She is very ～ *with* [*about*] her money. 彼女は金に汚い. **4** [A] 《略式》すばらしい, とても上手な, すごい: play a ～ trumpet トランペットをすごく上手に吹く. **5** (能力などが)劣る. **6** [A] 《文》みすぼらしい, 貧弱な: ～ streets スラム街, 暗黒街. **7** [A] 《古語》(身分が)低い, 卑しい. **nó méan ...** [形]《略式》なかなか立派な…, 並々ならぬ…: *no* ～ achievement なかなか立派な業績 / *no* ～ feat [trick] 至難の業 / a person of *no* ～ courage なかなかの勇気の持ち主.

+**mean**[3] /míːn/ [名] [C] [普通は単数形で] **1** 〖数〗平均(値) (average): The ～ of 3, 8, and 10 is 7. 3 と 8 と 10 の平均値は 7 だ. **2** 《格式》中間, 中庸 (*between*) (☞ golden mean). ―[形] [A] **1** 中間の (☞ means 囲み); 中庸の. **2** 平均の.

+**me·an·der** /miǽndɚ | -də/ [動] (**-der·ing** /-dərɪŋ, -drɪŋ/) [自] **1** (川が)曲がりくねって流れる, 蛇行する. **2** [副詞(句)を伴って] 当てもなくさまよう (*around, along, about, through*); (話が)とりとめなく続く (*on*). ―[名] [C] **1** [しばしば複数形で] (川などの)蛇行, カーブ; 曲がりくねった道. **2** [普通は単数形で] そぞろ歩き.

me·an·der·ing·ly /miǽndərɪŋli, -drɪŋ-/ [副] 曲がりくねって; そぞろに, 当てもなく.

me·án·der·ings [名] [複] **1** 曲がりくねった道[川]. **2** とりとめのない話; 放浪.

mean·ie /míːni/ [名] [C] [S] 《小児》意地悪; けちんぼ.

*__mean·ing__ /míːnɪŋ/ [名] (～s /～z/; [形] méaningful) **1** [C,U] (ことばの)**意味** (☞ 類義語): Words often have several ～*s*. 単語には複数の意味があることが多い / There isn't much ～ in this passage. この 1 節にはあまり意味はない / What's the ～ *of* this word? この単語の意味は何か. **2** [U,C] 伝えたいこと, 真意; 含み: I didn't quite get [catch] your ～. あなたの言いたいことがよくわかりませんでした / I don't understand the ～ *of* this painting. 私はこの絵が何を伝えたいのか分からない / Her silence was full of ～. 彼女が黙っていたのは意味深長だった. **3** [U,C] (人生などの)**意義**, 目的, 価値, 重要性 (*of, to*): She felt her life had lost its [all] ～. 彼女は自分の人生に意味がなくなったような気がした.

knów the méaning of (the wórd) ... [動] [他] [しばしば否定文で] 《略式》 …はどんなものか(経験して)知っている. **Whát's the méaning of this?** [S] 《古風》これはどういうつもりだ《相手の釈明を求める表現》.

―[形] [A] (表情などが)意味ありげな, 意味深長な.

【類義語】**meaning** ある物事やことばの一般的意味: This word has a lot of *meanings*. この語にはたくさんの意味がある. **sense** 受け取る側が主観的に理解する特定の意味: These phrases don't make any *sense*. これらの句は意味をなさない. **significance** 表面には表われない重要な意味: I was able to understand the *significance* of what she had done. 彼女がやったことの意味が私には理解できた.

*__mean·ing·ful__ /míːnɪŋf(ə)l/ [形] ([名] méaning; [反] meaningless) **意味のある**, 意味深長な, 重要な: a ～ remark 意味深いことば / a ～ experience 有意義な経験 / Her look was ～. 彼女の目[顔]つきは意味ありげだった. **-ful·ly** /-fəli/ [副] 有意義に, 有効に; 意味深長に. **～·ness** [名] [U] 有意義(さ); 意味深長(さ).

+**méaning·less** [形] 意味のない, 無意味な (*to*); 目的のない: ～ arguments 無意味な議論. **～·ly** [副] 無意味に. **～·ness** [名] [U] 無意味(さ).

méan·ly [副] 卑劣に; けちけちと; みすぼらしく.

méan·ness [名] [U] 卑劣さ; けち; みすぼらしさ.

*__means__ /míːnz/ [T1] [名] (複 ～)

> 「中間の《☞ mean[3]》」→(仲介をするもの)→「方法・手段」**1** →(生計の手段)→「財産」**2**

1 [C] [単数形でも時に複数扱い] **手段**, **方法** (way): a ～ ***to*** an end 目的を達するための手段 / a ～ ***of*** communication [transportation, 《英》transport] 通信[交通]機関 / ***by*** honest [dishonest] ～ 正当な[不正]手段で / [言い換え] We have no ～ ***of*** learn***ing*** the truth. =We have no ～ *by* which we can learn the truth. 真相を知る方法がない.

2 [複数扱い] 《格式》**財産**, **資力** (wealth); 収入 (income): a man [woman] of ～ 資産家 / ～ of support 生活資金 / He lives ***within*** [***beyond***] his ～. 彼は身分相応[不相応]に暮らしている / Does he really have the ***～ to*** buy such an expensive car? <N+*to* 不定詞> 彼にはあんなに高い車を買えるだけの財力が本当にあるのですか.

accórding to one's méans [副] (…の)資力に応じて.

by áll mèans [副] (1) [S] 《丁寧》よろしいですとも, ぜひどうぞ《承諾の返事》: [会話] "May I use your phone?" "*By all* ～."「電話をお借りできますか」「どうぞどうぞ」 (2) 《格式》ぜひとも, 必ず.

by ány mèans [副] [否定文で] 《格式》どうしても…でない: You will *not* be able to persuade him *by any* ～. どうしても彼を説得することはできないでしょう.

by fáir méans or fóul [副] 手段を選ばずに.

by mèans of ... [T1] [前] 《格式》 …によって, …を用いて: We express our thoughts *by* ～ *of* language. 我々は言語によって思想を表現する.

[語法] by だけよりもはっきりと「手段」の意味を表わす.

by nó mèans [副] 決して…でない[しない], どんなことがあっても…しない: It is *by no* ～ easy to satisfy everyone. 皆を満足させることは決して容易ではない.

by sóme mèans or óther [副] 何とかして.

the méans of prodúction [名] 〖経〗生産手段.

wáys and méans ☞ way[1] 成句.

méan-spírited [形] 卑劣な.

méans tèst [名] [C] (生活保護の)資産[収入]調査.

méans-tèst 動 他 〈人〉の資産[収入]調査をする. —自 資産[収入]調査をする.

means-test·ed /míːnztèstɪd/ 形 《主に英》(生活保護など)資産[収入]調査に基づいて与えられる.

‡meant /mént/ (類音 mint¹,²) 動 mean¹ の過去形および過去分詞.

*mean·time /míːntàɪm/ B 名 [次の成句で] **for the méantime** [副] 差し当たり. **in the méantime** [副] つなぎ語 とかくするうちに, その間に; (さて)話変わって(一方) (= meantime): He'll be back in two hours; in the ~, let's go for a walk. 彼は2時間すれば戻るよ. その間散歩しよう.
—副 つなぎ語 (S) (略式) その間に (meanwhile).

méan tìme 名 U 平均[標準]時 (☞ Greenwich (Mean) Time).

‡mean·while /míːn(h)wàɪl/ 副 つなぎ語 **1 その間に**, とかくするうちに (in the meanwhile): They will be here soon. M~ we can have lunch. 彼らはまもなくやって来るだろう. その間に昼食をとればよい.
2 その間: Jill was cooking. M~, Sam was cleaning. ジルは料理をしていた. 一方サムは掃除をしていた.
3 一方では, その一方で 《前述の事とは(全く)異なる状況の存在を示す》: You're still talking about future possibilities. M~, we have people who don't have enough to eat, who don't have a place to live. 君はまだ将来の可能性をうんぬんしている. しかし一方では食べ物にも事欠く住むところもない人々もいるんだ.
—名 [次の成句で] **in the méanwhile** [副] つなぎ語 = in the meantime (☞ meantime 名 成句).

mean·y /míːni/ 名 **(mean·ies)** C = meanie.

⁺**mea·sles** /míːzlz/ 名 U はしか: catch [have] (the) ~ はしかにかかる[かかっている] / Love is like (the) ~— all the worse when it comes late in life. 恋ははしかのようなもの—人生で遅く(やって来るほど始末が悪い.

mea·sly /míːzli/ 形 **(mea·sli·er, -sli·est)** A (略式) 貧弱な, わずかな; ちっぽけな.

⁺**mea·sur·a·ble** /méʒ(ə)rəbl, méɪʒ- | méʒ-/ 形 (反 immeasurable, measureless) **1** 測ることができる: Measure what is ~, and make ~ what it is not so. 測れるものは測り, 測れないものは測れるようにせよ (Galileo Galilei の言葉; and 以下では倒置が起こり補語が前に出ている). **2** (格式) かなりの, 重要な. **-a·bly** /-rəbli/ 副 測れる程度に; 適度に, ある程度まで; かなり.

‡**mea·sure** /méʒə, méɪʒə | méʒə/ (類音 major) 12

```
「寸法を測る; 寸法」動 他 自 1; 名 6
→ (はかりごと) → 「対策」 1
→ 「(計量)単位」 3 → 「基準」 2 → (適正な範囲)
                    → 「程度」 5
→ 「計量器, メジャー」 4
```

—動 (mea·sures /-z/; mea·sured /-d/; mea·sur·ing /-ʒ(ə)rɪŋ/; 名 méasurement) 他 **1** 〈人が〉〈長さ・大きさ・量など〉を **測る**, 測定する, 〈…〉の寸法をとる (up): They ~d the length of the bridge. 彼らはその橋の長さを測った / The tailor ~d him for a suit. <V+O+for+名・代> 仕立て屋は彼の服の寸法をとった / The dressmaker ~d the coat *against* Lucy. <V+O+against+名・代> 洋裁師は上着をルーシーの体にあてて寸法を見てみた. **2** [しばしば受身で] 〈人物など〉を評価[判断]する (by). **3** 〈器具が〉〈…〉を測定する: Clocks ~ time. 時計は時間を測る. **4** 〈…〉を注意深く考える. —自 **1** 測る, 測定する, 寸法をとる (up). **2** [進行形なし] (長さ・幅・高さなどが…だけ)ある: The boat ~s 20 feet (across). その舟は(幅が) 20 フィートある. **méasure ... agáinst [wíth]** —動 他 〈…〉を—と比べる. **méasure óff** [動] 他 (測って)〈…〉の長

measure 1089

さで切り分ける, 区画する. **méasure óut** [動] 他 〈ある目方・寸法など〉を計って分ける. **méasure úp** [動] 自 [普通は否定文で] (希望・標準などに)かなう, 達する: His work didn't ~ *up to* our expectations. 彼の作品は我々の期待した出来に達しなかった.
—名 (~s /-z/) **1** C [普通は複数形で] **対策**, 処置, 方法: 言い換え We must adopt [take] stronger ~s *to* stop drunk(en) driving. <N+*to* 不定詞>＝We must adopt [take] stronger ~s *against* drunk(en) driving. 酔っ払い運転をやめさせるためにいっそう強力な措置を講じなければならない.
2 [単数形で] (評価・判断の) **基準**, 標準, 尺度: a ~ *of* a country's civilization 一国の文化の尺度 / a ~ *of* a country's standard of living 国の生活水準を計る基準.
3 C (測る) **単位**, 計量単位, (慣習的な)一定量(の容積); (パブなどの酒の) 1 杯分の規定量: The yard is *a* ~ *of* length. ヤードは長さの単位である / What are the ~s *of* time? 時間の単位は何か / A bushel is *a* ~ *of* wheat. 1 ブッシェルは小麦(の量)を測る単位だ.
4 C (格式) **計量器**, 測定器具, メジャー 《物差し・巻き尺・ますなど》: a tape ~ 巻尺 / a liter ~ 1 リットルの計量器 / Use this cup as a ~ for the flour. 小麦粉を量る道具にこのカップを使いなさい.
5 [*a* ~] (格式) **(ある)程度**, 適度; 限度: attain *a* certain ~ *of* success ある程度[一応]の成功を収める / Her joy knew no ~. 彼女の喜びは計り知れなかった. **6** U (ある単位で表わされる)寸法, 大きさ, 広さ, 長さ, 分量, 重さ. **7** C 法案, 議案 (bill): A free trade ~ has passed the Senate. 自由貿易法案が上院を通過した. **8** U,C (格式) 計量法, 測定法: liquid ~ 液量 (液体を量る計量法) / dry ~ 乾量 (穀物などを量る計量法). **9** C,U (米) 〔楽〕小節, 小節を区切る縦線 (英) bar); 拍子; (詩の)韻律, 格.

米国の液量 (liquid measure)
1 gallon	=4 quarts	(約 3.8 *l*.)
1 quart	=2 pints	(〃 0.95 *l*.)
1 pint	=4 gills	(〃 0.47 *l*.)
1 gill	=4 fluid ounces	(〃 0.12 *l*.)

米国の乾量 (dry measure)
1 bushel	=4 pecks	(約 35 *l*.)
1 peck	=8 quarts	(〃 8.8 *l*.)
1 quart	=2 pints	(〃 1.1 *l*.)

英国の液量および乾量
1 bushel	=4 pecks	(約 36 *l*.)
1 peck	=2 gallons	(〃 9 *l*.)
1 gallon	=4 quarts	(〃 4.5 *l*.)
1 quart	=2 pints	(〃 1.14 *l*.)
1 pint	=4 gills	(〃 0.57 *l*.)
1 gill	=5 fluid ounces	(〃 0.14 *l*.)

beyònd méasure [副・形] (主に文) 計り知れないほど(の), 非常に[な]. **be a méasure of ...** [動] 他 …の印(しるし)[証左]である. **for góod méasure** [副] おまけに, 余分として. **in gréat [lárge] méasure** [副] (格式) 大いに, 大部分. **in fúll méasure** [副] たっぷりと, 目一杯. **in nó smáll méasure** [副] (格式) 少なからず. **in sòme [a] méasure** [副] (格式) 多少, 幾分. **táke [gèt, háve] ...'s méasure = táke [gèt, háve] the méasure of ...** [動] (英格式) …の能力[性格, 程度]をみる, 見きわめる. **the [one's] fúll méasure of ...** [形] 十分な…, 目一杯の…. **to méasure** [副] 《英》寸法に合わせて: clothes made *to* ~ あつらえの服.

within méasure [副・形] 適度に[の].
mea·sured /méʒəd | -ʒəd/ [形] **1** (ことばなどが)よく考えられた, 慎重な (careful); 正確な (exact). **2** A 整然とした, (ゆっくりとして)拍子のそろった.
méasure·less [形] (文) 計り知れない, 限りない.
＊**mea·sure·ment** /méʒəmənt, méɪʒɚ- | méʒə-/ [名] (**-ments** /-mənts/; [動] measure) **1** C (普通は複数形で)(計った)量, 寸法, 大きさ, 深さ: What are the ~s of this room? この部屋の広さはどのくらいですか / The tailor took Tom's ~s. 仕立て屋はトムの寸法を計った. **2** [複数形で] (古語) 体の(スリー)サイズ(バスト・ウエスト・ヒップの順に並べた数字); プロポーション. **3** U 測定, 測量; 測定法: the ~ of time 時間の測定 / the metric system of ~ メートル法.
méa·sur·ing cùp /méʒ(ə)rɪŋ-, méɪʒ- | méʒ-/ C (主に米) 計量カップ(通常 8 オンス(約 240cc)).
méasuring jùg [名] C (主に英) 計量水差し.
méasuring spòon [名] C 計量スプーン.
méasuring tàpe [名] C 巻き尺 (tape measure).
méasuring wòrm [名] C 尺取虫.
＊**meat** /míːt/ (同音 meet) [名] (~s /méɪts/) **1** U (食用の)肉; (骨と区別して)肉. [語法] 種類をいう時には C. [参考] 普通は魚肉 (fish) 以外の獣肉, 時には鳥肉 (chicken, fowl) も指す: I stopped eating ~ two weeks ago. 私は 2 週間前に肉を食べるのをやめました / She needs some (more) ~ on her bones. (米略式) =She doesn't have much ~ on her. (英略式) 彼女はとてもやせています.

──── meat のいろいろ ────
cóld méat 冷肉 / **frózen méat** 冷凍肉 / **réd mèat** 赤肉 / **slíced méat** 薄切り肉 / **white mèat** 白身の肉; 淡い色の肉

動物名	その肉の名
cow, ox, bull (牛)	beef
calf (子牛)	veal
sheep (羊)	mutton
pig, hog (豚)	pork
deer (鹿)	venison
lamb (子羊)	lamb

──── コロケーション ────
broil [grill] meat 肉を焼き網で焼く[あぶる]
cook meat 肉を料理する
fry meat 肉を油でいためる[揚げる]
roast meat 肉を(オーブンで)焼く
slice (up) [carve] meat 肉をスライスする[切り分ける]

2 U (果物などの)身, 肉. **3** U (略式) (重要な)内容, 実質: the ~ of her argument 彼女の主張の内容 / The title was interesting, but there wasn't much ~ in the book. 題名はおもしろかったがその本の中味は大したことなかった. **4** U (古語) 食事, 食物: ~ and drink 飲食物 / One man's ~ is another man's poison. (ことわざ) ある人の食物は別の人の毒になる(甲の薬は乙の毒), 他人事にはあれこれいろいろさまざま. [語源] 古くは ~ は「食物」の意. その中で特に「(食用の)肉」を意味するようになった (☞ deer [語源]). **be méat and drínk to ...** [動] 他 (略式) ...にとって何よりの楽しみである; ...にとってたやすいことである. **the méat and potátoes** [名] (主に米) (物事の)核心, 要点.
méat-and-potátoes [形] A (主に米) **1** 基本的な, 重要な. **2** (人の)普通の食事[味覚]を好む.
méat·bàll [名] C **1** 肉だんご. **2** (略式) 無能[不器用]な人.

méat grìnder [名] C (米) 肉挽き器 ((英) mincer).
méat·less [形] (食事・料理が) 肉のない.
méat lòaf [名] C ミートローフ (ひき肉に野菜などを混ぜ食パンくらいの塊にして焼いたもの).
méat màrket [名] C **1** 肉の市場, 精肉市場. **2** (略式) 女[男]あさりの巣 (バーなど).
méat pàcker [名] C (米) 精肉業者.
méat pàcking [名] U (米) 食肉加工(卸売)業), 精肉(加工)業.
méat pìe [名] C,U 肉入りのパイ, ミートパイ.
meat·y /míːti/ [形] (**meat·i·er**, **-i·est**; [名] meat) **1** 肉の(多い); 肉のような; (米略式) 肉づきのよい. **2** (略式) 内容の充実した (ワインなどが)こくのある.
＊**Mec·ca** /mékə/ [名] **1** 固 メッカ(サウジアラビア西部の都市; Muhammad の生地で, イスラム教の聖地). **2** C,U (普通は単数形で)(しばしば m-) あこがれの場所, 活動などの中心地; 発祥地: Wimbledon is the m~ for [of] tennis players from all over the world. ウィンブルドンは世界中のテニスをする人のあこがれの地だ.
me·chan·ic /mɪkǽnɪk/ [名] (~s /-s/) C 機械工, 修理工; 職人: an automobile ~ 自動車工.
＊**me·chan·i·cal** /mɪkǽnɪk(ə)l/ [形] ([名] machine, [動] mechanize) **1** A 機械の; 機械製の; 機械で動く: ~ products 機械製品 / a ~ toy 機械じかけのおもちゃ / ~ failure 機械の故障.
2 (しばしば軽蔑) (動作などが)機械的な, 自動的な, 無意識の; 無表情な: ~ movements 機械的な動作. **3** (略式) (人の)機械にくわしい, メカに強い. **4** 物理的な(原因による); 力学的な, 機械(工)学の. [語源] ギリシャ語で machine と同語源.
mechánical enginéer [名] C 機械工学者.
mechánical enginéering [名] U 機械工学.
me·chan·i·cal·ly /mɪkǽnɪkəli/ [副] **1** 機械で. **2** 機械(自動)的に, 無意識に, 無表情に. **3** 機械にくわしく[強く]: ~ minded 機械にくわしい[強い].
mechánical péncil [名] C (米) シャープペンシル ((英) propelling pencil). [日英比較] 「シャープペンシル」は和製英語.
me·chan·ics /mɪkǽnɪks/ [名] **1** U 力学; 機械(工)学. **2** [the ~ として複数扱い] 仕組み, メカ; 手順; (芸術家などの)制作技術, 技巧 (of).
＊**mech·a·nism** /mékənɪzm/ [名] (~s /-z/) C **1** (小さな)機械装置 (全体), 機械仕掛け: the ~ of a watch 時計の機械仕掛け / This ~ controls the flow of ink. この仕組みがインクの流れを調節する. **2** 機構, 構造; 仕組み, 組み立て; 手順, 方法 (for): the ~ of local government 地方自治体の機構. **3** 心 無意識的な手段(ふるまい), 機制: ☞ defense mechanism, escape mechanism.
mech·a·nis·tic /mèkənístɪk/ [形] (普通は A) 機械論(主義)的な. **-nís·ti·cal·ly** /-kəli/ [副] 機械論(主義)的に.
mech·a·ni·za·tion /mèkənɪzéɪʃən | -naɪz-/ [名] U 機械化.
＊**mech·a·nize** /mékənàɪz/ [動] ([形] mechánical) 他 [普通は受身で] **1** <...>を機械化する: ~d farming 機械化農業. **2** <軍隊など>を機甲化する. — 自 機械化する.
MEcon /émɪkɒn | -kɒn/ [略] = (英) Master of Economics 経済学修士.
med /méd/ [名] A (米, 主に米) =medical: a ~ student 医学生.
Med /méd/ [名] [the ~] (英略式) 地中海(地方) (Mediterranean).
MEd /éméd/ [略] =Master of Education 教育学修士.
＊**med·al** /médl/ ([同音 meddle; [類音] metal, middle]) [名] (~s /-z/) C メダル, 記章, 勲章: win [get] a gold [silver, bronze] ~ 金[銀, 銅]メダルを獲得する / the

M～ for Merit《米》功労勲章《国家に大きな貢献をした民間人に授与される》. **desérve a médal** [動] [自] [S] [滑稽] 賞讃に値する (*for*). **the (Congréssional) Médal of Hónor** [名]《米》名誉勲章《軍人に授与される国家最高の勲章》. [語源] 元来は「金属性の小円盤」の意で, metal と同語源.

⁺**med·al·ist,**《英》**-al·list** /méḍəlɪst/ [名] [C] **1** メダル受領[獲得]者, メダリスト: a gold [silver, bronze] ～ 金[銀, 銅]メダル受賞者. **2** メダル製作者.

me·dal·lion /mɪdǽljən, -liən/ [名] [C] (装飾用などの)大メダル; (建物・レースなどの)円形模様; メダル形に切った肉.

med·al·list /méḍəlɪst/ [名]《英》＝medalist.

⁺**med·dle** /méḍl/ [動] ([形] méddlesome) [自] **1** 干渉する, おせっかいを焼く: She is always *meddling*. 彼女はしょっちゅう要らぬ世話ばかり焼いている《☞ be² A 1 (3)》/ Don't ～ ⌈*in* my affairs [*with* my plans]. 私のこと[計画]に口を出さないで. **2** (要らぬ手出しをして)いじくる, ひねくり回す: Don't ～ *with* these cards. このカードをいじくるな.

med·dler /méḍlə | -lə/ [名] [C] おせっかい焼き《人》, 要らぬ世話を焼く人.

med·dle·some /méḍlsəm/ [形] ([動] méddle) おせっかいな. **～·ness** [名] [U] おせっかい.

med·dling /méḍlɪŋ/ [名] [U] 干渉.

Me·de·a /mədíːə/ [名] [固]〖ギ神〗メーデイア《Jason を助けた王女で魔法使い》.

Mé·de·cins sans Fron·tières /méɪḍəsæ̃nsɑːnfrɑntjéə | -frɔntjéə/ [名] [固] 国境なき医師団《内戦などによって医療を必要とする地域に国境を度外視して医師を派遣する団体; 1999 年度ノーベル平和賞受賞》.

med·e·vac /méḍəvæk/ [名] **1** [U] [しばしば M-] 傷病者[医療]後送. **2** [C] 医療後送用ヘリコプター.

méd·flỳ [名] (-flies) [C] [しばしば M-]〖昆〗ちちゅうかいみばえ《幼虫が果樹に大害を与える》.

⁑**me·di·a** /míːḍiə/ [名] [T1] **1** [the ～] **マスメディア, マスコミ(機関)** (mass media)《新聞・テレビ・ラジオなど》, 大衆伝達の手段. [語法] 複数にも単数にも扱われるが, 単数扱いは好ましくないと考える人もいる. **2** [形容詞的に] マスコミ[マスメディア]の, マスコミで話題となる: a ～ personality (テレビ・ラジオなどの)有名人, タレント. **3** medium の複数形.

média còverage [名] [U] (ある事柄に関する)メディア[マスコミ]の報道(量).

*__me·di·ae·val__ /miːḍíːv(ə)l, mèḍiíːv- | mèd-⁻/ [形]《英》＝medieval.

média evènt [名] [C] マスコミ受けをねらった行動[事件・行事].

me·di·al /míːḍiəl/ [形] [A]《格式》**1** 中間にある, 中央の. **2** 平均的な大きさの. **-al·ly** /-əli/ [副] 中間[中央]に; 普通の程度に.

média líteracy [名] [U] メディアリテラシー《さまざまな形態のメディア情報を, 批判的に解読できること》.

⁺**me·di·an** /míːḍiən/ [名] [C] **1**〖数〗中位数, 中線;〖統〗中央値. **2**《米》＝median strip. **―** [形] [A] 中間にある, 中央を通る;〖数〗中線の.

médian stríp [名] [C]《米》(高速道路の)中央分離帯 (《英》central reservation).

média stùdies [名] [U] マスコミ研究.

*__me·di·ate__ /míːḍièɪt/ [動] (-di·ates /-èɪts/; -di·at·ed /-ṭɪd/; -di·at·ing /-ṭɪŋ/; [名] mèdiátion) [自] **調停する, 和解させる; 仲介に立つ** (*in*): ～ *between* Syria and Israel シリアとイスラエルとの調停をする. **―** [他] **1** 〈協定・講和など〉を調停して成立させる; 〈紛争など〉を調停する: ～ a peaceful settlement 和平を成立させる. **2** [普通は受身で]《格式》〈…〉を仲介する; 〈…〉をもたらす, 〈…〉に影響する, 左右する. [語源] ラテン語で「中間を分ける」の意; ☞ immediate [語源].

⁺**me·di·a·tion** /mìːḍiéɪʃən/ [名] ([動] médiàte) [U] 調停, 仲裁.

me·di·a·tor /míːḍièɪṭə | -tə/ [名] [C] 調停者.

med·ic /méḍɪk/ [名] [C] **1**《米》衛生兵. **2**《英略式》医者; 医学生, インターン (medico).

med·ic·aid /méḍɪkèɪd/ [名] [U] [しばしば M-]《米》低所得者医療補助《*medical aid* の短縮形; ☞ medicare》.

⁑**med·i·cal** /méḍɪk(ə)l/ [形] ([名] médicine 2, 3) [A] [比較なし] **1** **医学の, 医療の; 医薬の**: ～ care 医療 / a ～ student 医学生 / a ～ checkup 健康診断 / a ～ certificate (健康)診断書 / a ～ officer《英》軍医《[略] MO》;《英》保健[診療]所員 / the ～ profession 医療にかかわる人々 / under ～ treatment 治療中で[の]. **2** 内科の: a ～ ward 内科病棟. [関連] surgical 外科の. **―** [名] [C]《主に英》＝physical examination.

médical certíficate [名] [C]《主に英》診断書.

médical dóctor [名] [C] 医師《博士の doctor とあえて区別する時によく用いる》.

médical exàminátion [名] [C]《主に英》＝physical examination.

médical exàminer [名] [C]《米》検死官[医].

médical hístory [名] [C] (個人の)病歴.

médical jùrisprúdence [名] [U] 法医学 (forensic medicine).

med·i·cal·ly /méḍɪkəli/ [副] 医学上, 医学的に; 内科的に.

médical practítioner [名] [C]《格式, 主に英》医師, 開業医.

médical schòol [名] [C,U] 医科大学, (大学の)医学部.

me·dic·a·ment /mədíkəmənt, méḍɪk-/ [名] [C] [普通は複数形で]《格式》薬物, 薬剤, 医薬.

med·i·care /méḍɪkèə | -kèə/ [名] [U] [しばしば M-]《米》老齢・身障者医療保険(制度)《*medical care* を短縮した形; ☞ medicaid》.

med·i·cate /méḍəkèɪt/ [動] [他] 〈…〉に投薬する; 〈…〉に薬物を添加する.

med·i·cat·ed /méḍəkèɪṭɪd/ [形] [普通は [A]] 薬物を加えた; 薬用の: ～ soap 薬用せっけん.

*__med·i·ca·tion__ /mèḍəkéɪʃən/ [T3] [名] (～s /～z/) **1** [C,U] 薬剤. **2** [U] 投薬, 薬物治療.

be on medicátion [動] [自] 薬物治療を受けている.

Med·i·ci /méḍɪtʃiː/ [名] [the ～] メディチ家《15–16 世紀の Florence の名家で芸術保護に貢献》.

⁺**me·dic·i·nal** /mədís(ə)nl/ [形] ([名] médicine 1) 薬の, 薬用の; 薬効のある: ～ herbs 薬草 / ～ properties 薬効成分. **for medícinal púrposes** [副] [滑稽] 薬だと思って《酒を飲む時の言い訳のことば》; 薬用として. **-nal·ly** /-nəli/ [副] 薬効があって.

*__med·i·cine__ /méḍəs(ə)n/ [名] (～s /～z/; [形] 1 では medícinal, 2, 3 では médical) [U] **1** **薬**《病気の治療のための》, 内服薬; 水薬: ～ *for* a cold＝cold ～ かぜの薬 / prescribe ～ 薬を処方する / Did you take the ～? 薬を飲みましたか / Do you know any good ～ *for* a headache [hangover]? 頭痛[二日酔い]によく効く薬をご存じですか / Laughter is the best ～. 笑いは最高の薬だ / a ～ bottle 薬びん. [語法] 薬の種類をいうときには [C]: many different ～*s* いろいろ違った薬.

> [会話] "How many times a day should I take this ～?" "Once a day is enough, because it'll go on working for a long time."「この薬は一日何回飲むのですか」「効き目が長いから 1 日 1 回で十分です」

2 医学, 医術, 医療: a Doctor of *M*～ 医学博士 / Chinese ～ 漢方 / Her father practices ～ in this

M

town. 彼女の父親はこの町で医者を開業している. **3** 内科, 内科学. **4** (北米先住民の)まじない, 魔法. [関連] surgery 外科. **gíve ...ˈa dóse [a táste, sóme, a líttle] of ...'s ówn médicine** [動] [他] 〈人に〉されたとおりの(同じ手で)仕返しをする. **táke one's médicine** [動] [自] [普通は滑稽] 甘んじて罰を受ける, つらいことに耐える.

médicine bàll [名] [C] メディシンボール《体を鍛えるのに使う大きな革の重いボール》.

médicine càbinet [chèst] [名] [C] 薬箱, 救急箱.

médicine màn [wòman] [名] [C] (北米先住民などの)まじない師, 祈禱(きとう)師《☞ medicine 4》.

med·i·co /médɪkòʊ/ [名] (~s) [C] 《略式》 =medic 2.

*__me·di·e·val,__ 《英》 **me·di·ae·val** /mìːdíːv(ə)l, mèd- | mèd-ˈ/ [形] **1** [A] 中世の《☞ history [参考]; medium [単語の記憶]》; 中世風の: ~ literature 中世文学. **2** 《略式》[軽蔑·滑稽] 古めかしい, 古くさい.

médieval hístory [名] [U] 中世史《☞ history [参考]》.

Médieval Látin [名] [U] 中世ラテン語.

Me·di·na /mədíːnə/ [名] [固] メディナ《サウジアラビアの都市; Muhammad の墓がある聖地》.

⁺**me·di·o·cre** /mìːdióʊkɚ | -kəˈ/ [形] [軽蔑] 並みの, 平凡な, 二流の, 劣った.

⁺**me·di·oc·ri·ty** /mìːdiɑ́krəṭi | -ɔ́k-/ [名] (**-ri·ties**) [軽蔑] **1** [U] 平凡, 並み, 凡庸. **2** [C] 凡人.

Medit. [略] =Mediterranean Sea.

⁺**med·i·tate** /médətèɪt/ [動] ([名] mèditátion) [自] 深く考える; 瞑想(めいそう)にふける: ~ *on* [*upon*] ... ...について じっくりと考える. — [他] 《格式》〈...〉を計画する, 企てる, もくろむ (*doing*): ~ revenge 復讐をはかる.

*__med·i·ta·tion__ /mèdətéɪʃən/ [名] (~s /~z/; [動] méditàte) **1** [U] 瞑想(めいそう), 熟考 (*on, upon*). **2** [C] [普通は複数形で] 瞑想; 瞑想録 (*on, upon*).

med·i·ta·tive /médətèɪṭɪv, -tət-/ [形] **1** 瞑想的な; 瞑想にふける. **2** 慎重な, 周到な. **~·ly** [副] 瞑想的に; 瞑想にふけって.

*__Med·i·ter·ra·ne·an__ /mèdəṭəréɪniənˈ/ [形] [A] 地中海の, 地中海沿岸(諸国)の; 地中海風の《☞ medium [単語の記憶]》: the ~ islands 地中海の島々.
— [名] [固] [the ~] **1** =Mediterranean Sea. **2** 地中海地域[島々, 国々]. [語源] ラテン語で「陸地の中央」の意; 周囲を大陸に囲まれているので.

M

*__Méditerranean Séa__ [名] [固] [the ~] 地中海《ヨーロッパ·アジア·アフリカに囲まれた海; [略] Medit.》.

*__me·di·um__ /míːdiəm/ ([類音] median) [T2] [形] **1** [A] [比較なし] 中くらいの《大きさ·質·量·程度·色などが》, 中間の, 並みの (average): ~ size 中型, 並みの大きさ《[略] M》/ at ~ temperature 中くらいの温度で / a woman of ~ height 中背の女性 / over a ~ heat 中火で. **2** (肉などが)中くらいに火を通した[焼いた], ミディアムの《☞ steak [参考]》. **3** (食物が)中くらいの辛さの.
médium to lárge (...) [形] 中規模以上の(...).
— [名] (複 **me·di·a** /míːdiə/, ~**s** /~z/) [C] **1** [しばしば複数形で] (通信·表現などの)手段, 機関, 媒体; 〔電算〕記録媒体: news *media* 報道機関 / an advertising ~ 広告媒体《新聞·テレビなど》/ Oil paint is a ~ *of* creation. 油絵の具は創作の一手段だ / the ~ *of* exchange 交換手段, 通貨 / the ~ *of* instruction 教授用言語 // ☞ (mass) media.
2 媒体, 媒剤, 媒介物: Air is a ~ *for* transmitting sound. 空気は音の媒体だ. **3** (芸術表現の)手段, 技法 (*for*). **4** [しばしば複数形で] 環境, 生活条件. **5** (複 ~**s**) 中間, 中庸, 中くらい: ☞ happy medium. **6** (複 ~**s**) みこ, 霊媒. **7** [普通は単数形で] 中型[M サイズ]のもの. **by [thròugh] the médium of ...** [前] ...の媒介で, ...を通して.

[単語の記憶] 《MEDI》(中間)

medium	中くらいの
medieval	中世の
Mediterranean	(陸地の中央) → 地中海
im**medi**ate	(間に何もない) → 即座の
inter**medi**ate	中間の

médium-drý [形] (ワインなどが)辛口と甘口の中間の.

médium fréquency [名] [C] 〔無線〕 中波(の周波数帯), MF (《略》 MF).

médium-ránge [形] 中距離用の.

⁺**médium-sízed, médium-síze** [形] [普通は [A]] 中型の, 中判の, M サイズの.

⁺**médium-térm** [名] [the ~] 中期(的期間).
— [形] 中期の.

médium wáve [名] [U] 〔無線〕 中波 (《略》 MW). [関連] shortwave 短波 / long wave 長波.

med·lar /médlɚ | -lə/ [名] [C] 西洋かりん(の実).

⁺**med·ley** /médli/ [名] [C] **1** 〔楽〕 接続曲, メドレー (*of*). **2** =medley relay. **3** [普通は単数形で] 寄せ集め, ごたまぜ; 雑多な人の集まり (*of*).

médley rèlay [名] [C] メドレー[混合]リレー.

me·dul·la /mədʌ́lə/ [名] (~**s**, **me·dul·lae** /mədʌ́liː/) [C] **1** 〔解〕 骨髄, 脊髄; 髄質. **2** =medulla oblongata.

medúlla òb·lon·gá·ta /-ɑ̀blɔːŋgɑ́ːṭə | -ɔ̀blɔŋ-/ [名] (~**s**, **me·dul·lae ob·lon·ga·tae** /-gɑ́ːtiː/) [C] 〔解〕(脳の)延髄.

Me·du·sa /məd(j)úːsə, -zə | -djúː-/ [名] [固] 〔ギ神〕 メドゥサ《ゴルゴン (Gorgons) の 1 人; 頭髪は蛇でその視線を受ける者は石になった》.

meek /míːk/ [形] (**meek·er**; **meek·est**) (不平など言わずに)おとなしい, 従順な: (as) ~ as a lamb 子羊のようにおとなしい / *the* ~ おとなしい人々《☞ the[1] 3》.
méek and míld [形] 気が優しい, おとなしい.
~·ly [副] おとなしく, 素直に. **~·ness** [名] [U] おとなしさ.

meer·kat /míɚkæ̀t | míə-/ [名] [C] ミーアキャット《マングース類の肉食小動物; 南アフリカ産》.

*__meet__[1] /míːt/ ([同音] meat) [動] (**meets** /míːts/; 過去·過分 **met** /mét/; **meet·ing** /-ṭɪŋ/)

① 会う; 面会する; 会合する	[他] **1, 2**; [自] **1, 2**
② ...と知り合いになる	[他] **3**
③ ...と交わる, ...に合う	[他] **4**
④ 出迎える	[他] **5**
⑤ 〈...〉と対戦する	[他] **6**
⑥ (事故に)あう; (困難に)立ち向かう	[他] **7, 8**
⑦ (要求·希望を)かなえる	[他] **9**

リスニング

meet の後に母音で始まる語が続くと, その母音と語末の /t/ とが結合して「タ」行 (《米》ではまた「ラ」行 ☞ つづり字と発音解説 44. [注意]) の音のように聞こえる. meet him at a party /miːṭɪmətəpɑ́ɚṭi/ は「ミーティマタパーティー」(《米》ではまた「ミーリマラパーリー」)のように聞こえ,「ミート·ヒム·アト·ア·パーティー」とは発音しない (☞ 67). また meet you「ミーチュー」のように聞こえることについては ☞ you[1] リスニング(囲み).

— [他] **1** [受身なし] (偶然に)〈人〉に会う, (約束して[自分の意思で])〈人〉と会う, 出会う: We happened to ~ Mr. Smith at the theater. 我々はたまたま劇場でスミス氏に出会った / Where are you ~*ing* her? 彼女とはどこで会うの《☞ be[2] A (1)》/ I'll ~ you back here in about an hour. <V+O+副> 1 時間ほどしたらまたここで会おう.

2 (日時を定めて)〈人〉と面会する, 面談する; (公式に)〈人〉と会う, 会合を持つ《☞ meet with … (句動詞) 2 [語法]》: Mr. Long *met* his guests in the living room. ロング氏は客と応接間で会った / The Prime Minister will ～ other world leaders at the summit next month. 首相は来月サミットで世界の指導者と会合を持つ予定だ.
3 [受身なし] (紹介されて)〈人〉と知り合いになる: I have often seen Brown at parties but I have never *met* him. 私はブラウンをパーティーでしばしば見かけましたが, まだ紹介されたことはありません / How did you (first) ～ your wife? 奥さんとは(最初)どのようにして知り合いましたか / Mr. Jones, I'd like you to ～ Mr. Smith. ジョーンズさん, スミスさんをご紹介します《Jones のほうが Smith よりも年長[目上]のときの言い方》/ Nice ～*ing* you. [S] 《米》=Nice [Pleased, Glad] to ～ you. [S] はじめまして, よろしく《初対面のあいさつ; 2度目からは see を用いる; ☞ see[1] [他] 3》/ Glad [Nice] to *have met* you. お会いして楽しかったです《別れのあいさつ》.
4 [受身なし] (道・川などが)〈…〉と交わる, 〈…〉に合う; 〈…〉に接触[交差]する, 触れる; (物が)〈目・耳など〉に触れる, 見える, 聞こえる: Where does this river ～ the Mississippi? この川はどこでミシシッピー川に合流するのですか / He *met* my glance with a smile. 彼はにっこり笑って私と視線を合わせた / The hotel bus ～*s* all the trains. ホテルのバスはすべての列車に接続している.
5 〈…〉を出迎える (*off*): I'll ～ your plane. お乗りの飛行機を出迎えに参ります / You will *be* ***met at*** the station *by* my wife. <V+O+*at*+名・代の受身> 妻を駅にお迎えにやります.
6 [受身なし] (決戦などで)〈…〉と対決する, 戦う: The Yankees will ～ the Marlins in the World Series. ヤンキースはワールドシリーズでマーリンズと対決する.
7 [受身なし]〈事故など〉にあう, 遭遇する, 〈…〉を経験する: ～ resistance 抵抗にあう / My uncle *met* his death in a plane crash. 私のおじは飛行機の墜落事故で死亡した.
8 [受身なし]〈困難など〉に立ち向かう, 対処する, 対抗する: I must ～ their objections [criticisms] head-on. 彼らの異議[批判]にまともに反論しなければならない.
9 〈要求〉にこたえる, 〈希望など〉を満たす, かなえる, 〈目標など〉を達成する; 〈負債など〉を支払う (pay): ～ obligations 義務を果たす / ～ one's goal 目標を達成する / We cannot ～ the demands of the hijackers. 乗っ取り犯人たちの要求には応じられない / He was unable to ～ his debts. 彼は借金を払うことができなかった. **10** 〈人〉に同意する.
— [自] **1** 会う, 出会う; 知り合いになる: We *met* quite by chance. 我々は全く偶然に出会った / Good-bye till we ～ again. ではいずれまた / The two leaders *met* face to face in Berlin. 2人の指導者はベルリンで直接対面した.
2 (日時を定めて)会合する; (集会が)開かれる: They ～ ***together*** once a month. <V+副> 彼らは月に1度集まっている / Why not ～ ***for*** lunch tomorrow? <V+前+名・代> 明日昼食をごいっしょしませんか / The Diet will ～ this month. 国会は今月開かれる / Mr. Long's class ～***s in*** room 312. ロング先生の授業は312号室で行ないます《312 は three twelve と読む》. **3** (車などが)接触する; (線・道路などが)交わる; (両端が)接する; 触れ合う: The two cars almost *met* head-on. 2台の車は正面衝突しそうになった / The two roads ～ *at* Paris. 2つの道はパリで交わる / Their eyes *met*. [W] 2人の目が合った. **4** 対決[対戦]する.

meet の句動詞

méet úp [動] [自] **1** (偶然)(人と)出会う, 落ち合う (*with*). **2** (道路などが)交わる.
***méet with …** [動] [他] **1** …を経験する, …に遭遇する (experience); (称賛・非難など)を受ける ([受身] be met with): ～ *with* success 成功する / The plan *met with* approval [opposition]. その計画は賛成を得た[反対された] / We *met with* an accident during our stay in Shikoku. 我々は四国に滞在中に事故にあった / She has never *met with* misfortune before. 彼女はまだ不幸にあったことがない.
2 …と会う, 会見する: The President is scheduled to ～ *with* the French Premier next week. 大統領は来週フランスの首相と会談する予定である. [語法] meet [他] 2 と同じ意味だが, 目的があってあらかじめ会うことが決まっている場合に用いることが多い.

— [名] [C] **1** 《主に米》会, 競技会 (《英》meeting): a track ～ 陸上競技大会. **2** 《英》(狩猟開始前の人・馬・猟犬の)勢ぞろい.

meet[2] /míːt/ [形] 《古語》適した, ふさわしい (*for*).

méet and gréet [名] [C] 《米》 **1** (有名人の)ファンの集い. **2** (空港での)出迎えサービス. **3** (父母と教師の)個人面談.

****meet·ing** /míːṭɪŋ/ [名] (～s /～z/) **1** [C] 会, 集会, 会議, 大会; (特にクエーカー教徒の)礼拝集会; (一連の)競馬大会《☞ 類義語》; 《英》競技会 (《米》meet): a sports ～ 競技大会 / a protest ～ 抗議集会 / I have a ～ *with* my client this afternoon. 今日の午後はお得意さんとの会議があります / A ～ was held to discuss the question. その問題を話し合うために会が催された / We're in (the middle of) a ～, so I'll call you back. 会議(の最)中なので後で電話します // ☞ faculty 2 例文.

コロケーション
adjourn a *meeting* 会議を休会[延期]する
attend a *meeting* 会議に出席する
be in [**at**] a *meeting* 会議に出ている
break up a *meeting* 会議を散会にする
call a *meeting* 会議を招集する
「**call off** [**cancel**] a *meeting* 会議を中止する
chair a *meeting* 会議の議長を務める
organize [**arrange**] a *meeting* 会議を準備する
postpone [**put off**] a *meeting* 会議を延期する

2 [the ～] 《格式》集まった人たち, 会衆《全体》: The president addressed *the* ～. 社長は会に集まった人々に話をした. **3** [C] [普通は単数形で] 会うこと, 出会い; 面会; 遭遇: It was not a date, but a chance ～ in the park. それはデートではなく, 公園での偶然の出会いだった / He gave me a good impression from our first ～. 最初に会ったときから彼には好印象を持った. **4** [C] (スポーツの)試合. **5** [C] 接合[交差, 合流, 連絡]点. **a méeting of mínds** [名] (たちどころの)合意.
【類義語】**meeting**「集まり, 会合」の意の最も一般的な語. 公式・非公式の別や会の目的・規模などに関係なく, 2人以上の集まりに用いられる. **gathering** やや格式ばった語で, 3人以上の非公式で主として社交的な集まり: a lunchtime *gathering* 昼食会. **assembly** 多人数が計画に従って集まる組織化された集会: an unlawful *assembly* 不法集会.

méeting gròund [名] [C] [普通は単数形で] (意見などの)共通点.
méeting·hòuse [名] (-hous·es /-hàʊzɪz/) [C] 教会堂; (クエーカー教徒の)礼拝堂.
+**méeting plàce** [名] [C] 会場, 集会所.
meg /még/ [名] (複 ～(s)) [C] 《略式》=megabyte.
Meg /még/ [名] [固] メグ《女性の名; Margaret の愛称》.
meg·a /mégə/ 《略式》[形] [A] とてもでかい[すごい, 楽しい], 超…; 結構な. — [副] とびきり, 超….
meg·a- /mégə/ [接頭] **1**「100万」の意: *mega*hertz メガヘルツ / *mega*ton メガトン. **2** 《略式》「大」の意: *mega*lith 巨石 / *mega*phone メガホン.

M

méga·bit 名 C 【電算】メガビット (2^{20} ビット).
méga·bùcks 名 (複) 《略式》大金.
méga·byte 名 C 【電算】メガバイト (記憶容量単位; 約100万バイト; 略 MB).
méga·city 名 C 百万都市, 巨大都市.
méga·cycle 名 C =megahertz.
méga·dèal 名 C 大口取引[契約], 大型商談.
méga·dèath 名 U 百万人の死 (核戦争で想定される死亡者数の単位).
méga·dòse 名 C (薬・ビタミンなどの)大量服用.
méga·flòp 名 【電算】メガフロップ (コンピューターの演算能力を表わす単位).
méga·hèrtz 名 (複 ~) C 【物理】メガヘルツ (100万ヘルツ; 略 MHz).
méga·hìt 名 C (映画などの)大ヒット作品.
meg·a·lith /mégəlìθ/ 名 C 1 【考古】巨石 (有史以前の; ☞ Stonehenge 写真). 2 大会社.
meg·a·lith·ic /mègəlíθɪk←/ 形 巨石を使った; 巨石時代の.
meg·a·lo·ma·ni·a /mègəloumémiə/ 名 U 誇大妄想狂.
meg·a·lo·ma·ni·ac /mègəloumémiæk←/ 名 C 誇大妄想狂患者. ── 形 誇大妄想の.
meg·a·lop·o·lis /mègəlápəlɪs | -lɔ́p-/ 名 C 巨帯都市, 巨大都市帯, メガロポリス (いくつかの大都市とその近郊が帯状に連なって形成された地域).
Még·an's Làw /méganz, mí:g- | még-/ 名 U ミーガン法 (性犯罪の前科をもち再犯のおそれのある人物の住所の公表を義務づける法律).
meg·a·phone /mégəfòun/ 名 C メガホン, ハンドマイク. 【語源】 mega-(大)+-phone(音). 音を大きくするから (☞ microphone 【語源】).
meg·a·plex /mégəplèks/ 名 C メガプレックス (映画館がたくさん入っている巨大なビル).
me·gap·o·lis /məgǽpəlɪs | me-/ 名 C =megalopolis.
méga·pròject 名 C 巨大プロジェクト.
méga·stàr 名 C 《略式》超スーパースター (俳優・歌手など).
méga·stòre 名 C 巨大店舗, メガストア.
méga·strùcture 名 C 巨大ビル[建造物].
méga·tòn 名 C 1 100万トン. 2 メガトン (TNT火薬100万トンに相当する爆発力).
méga·vòlt 名 C 【電】メガボルト, 100万ボルト.
méga·wàtt 名 C メガワット, 100万ワット (略 MW).
m8 /éměɪt/ 名 [E メールで] =mate.
mei·o·sis /maɪóusɪs/ 名 (複 mei·o·ses /-si:z/) U,C 【生】(細胞の)減数分裂.
Meis·sen /máɪsən/ 名 U マイセン (ドイツの高級磁器; 商標).
-meis·ter /màɪstə | -tə/ 接尾 [名詞語尾]「...の専門家, ...屋」の意.
Me·kong /mèɪkóuŋ | mì:kóŋ/ 名 圍 [the ~] メコン川 (中国から発して東南アジアを流れる).
mel·a·mine /mélǝmì:n/ 名 U 【化】メラミン.
mel·an·cho·li·a /mèlənkóuliə/ 名 U《文》または【医】鬱病 (depression).
mel·an·chol·ic /mèlənkálɪk | -kɔ́l-←/《格式》形 憂鬱(ゆううつ)な; 鬱病の; もの悲しい. ── 名 C 陰気な人; 鬱病患者.
*__**mel·an·chol·y**__ /mélənkàli | -kəli/ 名 U《格式》憂鬱(ゆううつ), ふさぎ込み: sink into a state of ~ 憂鬱な気持ちになる. 【語源】 ギリシャ語で「黒い胆汁」の意; 胆汁が黒くなると憂鬱になると考えられた. ── 形 憂鬱な, 陰気な; もの悲しい.
Mel·a·ne·sia /mèlǝní:ʒə | -ziə, -ʒə/ 名 圍 メラネシア《Oceania 中部, オーストラリア北東の諸島の総称》.
Mel·a·ne·sian /mèlǝní:ʒən | -ziən, -ʒən←/ 形 1 メラネシアの. 2 メラネシア諸島の. ── 1 C メラネシア人. 2 U メラネシア語群.
mé·lange /meɪláːnʒ/《フランス語から》名 C [普通は単数形で] [主に W] 混合物; ごたまぜ, 寄せ集め.
mel·a·nin /mélənɪn/ 名 U 【生】メラニン, 黒色素 (皮膚を黒くする色素).
mel·a·no·ma /mèlənóumə/ 名 (~s, -ma·ta /-mətə/) C 【医】黒色腫 (黒色色素の悪性腫瘍).
mel·a·to·nin /mèlətóunɪn/ 名 U 【生化】メラトニン (松果腺から分泌されるホルモンの一種).
Mél·ba tòast /mélbə-/ 名 [時に m-] U メルバトースト (薄切りパンをかりかりに焼いたトースト).
Mel·bourne /mélbən, -bəən | -b(ə)n, -bɔ:n/ 名 圍 メルボルン (オーストラリア Victoria 州の州都; ☞ 裏地図 L 4).
Mélbourne Cúp 名 [the ~] メルボルン杯 (毎年11月に行なわれるオーストラリア最大の競馬).
meld /méld/ 動 他 <...>を混合[併合, 融合]させる (into). ── 自 混合[併合, 融合]する (into).
me·lee, mê·lée /méɪleɪ | mél-/《フランス語から》名 [普通は単数形で] 《主に文》乱闘, 混戦; 混雑, 人ごみ.
me·lio·rate /mí:ljərèɪt/ 動《格式》他 <...>を改善する, よりよくする. ── 自 よりよくなる.
mel·lif·lu·ence /məlífluəns | -fluəns/ 名 U 甘美さ, 滑らかさ; 音楽的なこと.
mel·lif·lu·ent /melífluənt | -fluənt/ 形 =mellifluous.
mel·lif·lu·ous /melífluəs/ 形《格式》(声・音楽などが)甘美な, 滑らかな; 音楽的な. ~·ly 副 甘美に, 滑らかに; 音楽的に.
mel·low /mélou/ (-low·er; -low·est) 1 (声・音・色などが)柔らかで美しい, 快い: a ~ color 柔らかで快い色彩 / a ~ baritone 柔らかなバリトンの声. 2 (果物が)熟して柔らかく甘い; (酒などが)こくのある, 芳醇(ほうじゅん)な (☞ ripe 類語集): a ~ taste まろやかな味 / a rich ~ red wine 芳醇な赤ワイン. 3 (人格などが)円熟した, 円満な, 円熟味のある: Character grows ~ with experience. 人格は経験を重ねて円熟する. 4 (土壌が)肥沃(ひよく)な. 5 《略式》(酒を飲んで)くつろいだ, 陽気な, 一杯機嫌の. ── 他 1 <...>を熟させる, <色などを>柔らかにする. 2 <ワインなど>をまろやかにする; <人>を円熟させる. ── 自 1 甘く熟する, (色などが)柔らかになる. 2 (ワインなどが)まろやかになる; (人が)円熟する, 丸くなる. **méllow óut** 動 《米略式》他 <人>を落ち着かせる, くつろがせる. ── 自 落ち着く, くつろぐ. ~·ly 副 よく熟して; 柔らかで美しく; 円熟して. ~·ness 名 U 柔らかい甘さ[気分]; 円熟.
*__**me·lod·ic**__ /məládɪk | -lɔ́d-/ 形 (名 mélody) 1 【楽】(主)旋律の. 2 調子の美しい. **·i·cal·ly** /-dɪkəli/ 副 美しい旋律[調子]で.
me·lo·di·ous /məlóudiəs/ 形 (名 mélody) 《格式》旋律的な, 調子の美しい, 音楽的な. ~·ly 副 美しい調子で, 音楽的に. ~·ness 名 U 旋律的なこと, 音楽的なこと.
*__**mel·o·dra·ma**__ /mélədràːmə, -dræmə | -dràːmə/ 名 C,U メロドラマ; メロドラマ的な事件[行動], 芝居がかった言動.
*__**mel·o·dra·mat·ic**__ /mèlədrəmǽtɪk←/ 形 メロドラマ風の; 芝居がかった, 感傷的で大げさな. **-mát·i·cal·ly** /-kəli/ 副 メロドラマ風に.
mel·o·dra·mat·ics /mèlədrəmǽtɪks/ 名 [複] 芝居がかった行為; 感傷的でおおげさな作品.
*__**mel·o·dy**__ /méləḍi/ 名 (-o·dies /~z/; 形 melódi·ous, melódic) 1 C,U 旋律, メロディー, 節: The right hand plays the ~ in this song. この歌では右手がメロディーを奏でる. 2 U 美しい音楽, 快い調べ.

C 歌曲: old Irish *melodies* 懐かしいアイルランドの歌曲. 語源 ギリシャ語で「歌」の意.

*mel·on /mélən/ 名 C 1 メロン. 関連 muskmelon マスクメロン / watermelon すいか. 2 U メロンの果肉.

Mel·pom·e·ne /melpámənì-, -ni | -pɔ́m-/ 名 《ギ神》メルポメネ《悲劇の女神; the Muses の一人》.

*melt /mélt/ 動 (melts /mélts/; melt·ed /~ɪd/; melt·ing; ☞ molten 語法)

自他 の転換
自 1 溶ける (to change into a liquid)
他 1 溶かす (to make (something) change into a liquid)

— 自 1 溶ける, 解ける, 溶解する (☞ 類義語); 溶けて…となる: The ice has ~ed. 氷が解けた / This cake ~s in your mouth. このケーキは口の中でとろける / Ice ~s *into* water. <V+*into*+名·代> 氷は解けて水になる. 関連 freeze 凍る.
2 《感情などが》和(やわ)らぐ, 優しくなる; 哀れみの情を起こす: Sally's anger ~ed when he smiled. 彼がほほえむとサリーの怒りも和らいだ / Her heart ~ed *with* pity. <V+*with*+名·代> 彼女の心に哀れみがわいた. **3** 《文》《色·音などが》だんだんと…となる, 次第に…に変わる; 《霧·暗闇などに》ゆっくりと消える, 《人込みなどに》紛れて姿を消す: In the rainbow, the green ~s *into* blue, the blue *into* indigo. にじの中は緑が青へ, 青は藍(あい)へと《溶け合うように》色が変わっている / Her anger ~ed *into* pity. 彼女の怒りの感情は次第に哀れみに変わっていった / The young man ~ed *into* the darkness. その若者は暗闇に消えていった.
— 他 1 《…を》溶かす, 溶解する: The sun ~ed my ice cream. 日光で私のアイスクリームが溶けた.
2 《感情を》和(やわ)らげる, 優しくさせる: Pity ~ed her heart. 哀れみで彼女の心は和らいだ.

mélt awáy [動] 自 (1) 溶け去る, 溶けて消える: The snow ~ed *away* when spring came. 春が来ると雪は解けてしまった. (2) 消えてなくなる, 《群衆などが》徐々に立ち去る. — 他 《…を》溶かして消滅させる.
mélt dówn [動] 他 《金属》を溶かす, 鋳(い)つぶす. — 自 解ける, 鋳つぶされる.

— 名 C 1 溶かしたチーズののったサンドイッチ. 2 雪解け水; 雪解け川.

【類義語】 **melt** 固体が熱などによって溶けること: When it's hot, butter [snow] *melts*. 暑いとバター[雪]は溶ける[解ける] (☞ **molten** 語法). **dissolve** 固体が液体に浸すことにより溶けること: Sugar *dissolves* in water. 砂糖は水に溶ける. **thaw** 凍ったのが熱で解けること: The ice [ground] is *thawing*. 氷[地面]が解けだしている.

mélt·dówn 名 C|U 1 《原子炉の》炉心溶融. 2 《略式》《制度·企業·市場などの》崩壊; 暴落.
mélt·ing 形 《普通は A》《声が》優しい, 感じのよい; ほろりとさせる, 哀れをそそる. **~·ly** 副 優しく, 感じよく; ほろりとさせて, 哀れをそそって.
mélting pòint 名 C 《しばしば the ~》融点. 関連 boiling point 沸点 / freezing point 氷点.
mélting pòt 名 《普通は単数形で》多様な人種や階層の入りまじった国[都市]《特に米国》; 多様な意見が議論される状況[場所]. 由来 元来は「るつぼ」の意. 「**be in [gó into] the mélting pòt** [動] 自 流動的である[となる].
mélt-in-the-móuth 形 口の中でとろけるような.
Mel·ville /mélvɪl/ 名 **Herman ~** メルビル (1819–91)《米国の小説家》.

mem·ber /mémbə | -bə/ 名 C (~s /~z/) **1** 《団体·組織などの》会員, 一員, 成員, メンバー; 《分類上》同類の一種《種を問わず》: a club = a ~ of a club クラブの会員 / a life ~ 終身会員 / a ~ of a committee 委員会の委員 / Every ~ of the family came home for Christmas. 家族の全員がクリスマスを過ごしに家に帰ってきた / Our society has over five hundred ~s. 私たちの会の会員は 500 名を越える. **2** 《古語》体の一部, 手足《の 1 本》(☞ dismember); 《婉曲·滑稽》ペニス, 一物(いちもつ). **3** [M-]《英》国会議員, 《特に》下院議員 (MP); 《米》下院議員. **4** 構造物の一部, 部材, 構材. **5** 《数》《集合体の》要素, 元(げん).

mémber cóuntry 名 C = member state.
mem·ber·ship /mémbəʃɪp | -bə-/ 名 (~s /~s/) **1** U 会員であること, 会員[議員]の地位[資格]: apply for ~ 入会の申し込みをする / renew one's ~ 会員資格を更新する / I obtained ~ *in* 《英》*of* the club last year. 私は昨年そのクラブの会員になりました / Mr. Hunt lost his ~. ハント氏は議員の地位を失った. **2** C|U 会員数: Our club has a large ~. 我々のクラブは大所帯だ. **3** [the ~ として《英》単数または複数扱い] 会員, 成員《全体》: The ~ approved the project. 会員はその計画に賛成した.

mémbership càrd 名 C 会員証.
mémbership fèe 名 C 会費.
mémber státe 名 C 加盟国.
*mem·brane /mémbreɪn/ 名 C|U 1 《解》膜: mucous ~s 粘膜. 2 薄い膜[皮].
mem·bra·nous /mémbrənəs/ 形 膜(状)の.
*me·men·to /məméntoʊ/ 名 (~(e)s) C 思い出になるもの, 記念品, 形見 (of).
*mem·o /mémoʊ/ 名 (~s /~z/) C 《略式》メモ, 覚書《業務連絡用の》社内回覧書 (memorandum): Make a ~ of what I say. 私が言うことをメモしてください.
*mem·oir /mémwɑːr, -wɔːr | -wɑː/《フランス語から》名 C 1 《格式》伝記, 略伝; 《故人の》言行録; 体験記.
2 [普通は複数形で]《筆者自身の》思い出の記, 回顧録, 自(叙)伝.
mémo pàd 名 C メモ帳.
*mem·o·ra·bil·i·a /mèmərəbíliə/ 名《複》《有名人や事件の》記念品, 記憶すべきこと.
*mem·o·ra·ble /mém(ə)rəbl/ 形《名 memory》記憶すべき, 忘れられない; 優れた: a ~ experience 忘れられない経験 / Martin Luther King's speeches were ~ *for* their phrasing and rhythm. <A+*for*+名·代> マーティン ルーサー キングの演説はその表現とリズムの点で記憶に残るものであった. **-ra·bly** /-rəbli/ 副 記憶に残るように.
*mem·o·ran·dum /mèmərǽndəm/ 名 (複 ~s, **mem·o·ran·da** /mèmərǽndə/) C 1 《格式》覚書, 備忘録, メモ《略式》memo); 《外交上の》覚書: a ~ of understanding 《正式の協定·契約などに至る前の》覚書. **2** 《商》覚書送り状; 《業務連絡用》社内回報 (to); 《会社の》定款. **3** 《法》《略式》覚書契約(書).
*me·mo·ri·al /məmɔ́ːriəl/ 名 (~s /~z/) C 1 記念物, 記念碑, 記念館; 記念行事[祭]: the Lincoln M~ リンカン記念館 (Washington, D.C. にある) / This building was built as a ~ *to* the late President Kennedy. この建物は故ケネディ大統領を記念して建てられた. **2** 《その人を偲(しの)ばせる》故人の偉業.
— 形《名 memory, 動 memorialize》《A》**1** 記念の, …を記念する: a ~ festival 記念祭 / a ~ prize 記念賞. **2** 追悼の: a ~ service *for* Mr. Allen アレン氏の追悼会.
Memórial Dày 名 U 《米》戦没将兵記念日 (Decoration Day)《多くの州で 5 月の最後の月曜日; 法定休日 (legal holiday); ☞ holiday 表》.
me·mo·ri·al·ize /məmɔ́ːriəlàɪz/ 動 《形 memórial》他《…を》記念する.
me·mo·ri·am /məmɔ́ːriəm/《ラテン語から》**[次の成句で] in memóriam …** [前] …を記念して; …を悼(いた)んで, …を偲(しの)んで: *In M*~ John Smith

(1926–87) ジョン・スミス(生年 1926, 没年 1987)を偲んで《墓などの碑文》.

mem·o·ri·za·tion /mèm(ə)rɪzéɪʃən | -raɪz-/ [名] [U] 記憶, 暗記.

+**mem·o·rize** /méməràɪz/ [動] (〔名〕 mémory) [他] 〈…〉を記憶する, 暗記する: I ~*d* the poem when I was young. 私は若いときにその詩を暗記した.

‡**mem·o·ry** /mém(ə)ri/ [名] (**-o·ries** /~z/; [動] mémorize, [形] mémorable, memórial) **1** [U] **記憶**, 覚えていること; 記憶の(時間的)範囲《☞ remember [語源]》: in recent ~ 最近の記憶では / lose ~ 記憶を失う / That accident is still fresh in my ~. その事故は今でも私の記憶に新しい / I have no ~ of the accident. 私はその事故の記憶がない / My ~ is playing tricks on me. Ⓢ 私の記憶が怪しくなっているのだろうか.

2 [C] [しばしば前に形容詞をつけて] (個人の)**記憶力**: have a *long* [*short*] ~ 記憶力がよい[忘れっぽい] / have a *good* [*bad, poor*] ~ ***for*** figures [names] 数字[名前]を覚えるのが得意[苦手]だ / My ~ is getting worse these days. このごろ記憶力が悪くなってきた.

3 [C] [普通は複数形で] 思い出, 追憶: vivid *memories* 生々しい思い出 / *memories* of childhood=childhood *memories* 幼年時代の思い出 / His ~ lives on. 彼の思い出は今も人々の心に残っている / Everyone has some precious ~ in their heart. だれもが心の中に何か大切な思い出を持っている《☞ everybody 1 [語法] (2)》. **4** [U] 死後の名声[思い出]. **5** [C] 〘電算〙 記憶装置; [U] 記憶容量《☞ RAM, ROM》.

beyònd the mémory of ... [前] …の記憶(のある)以前に: *beyond the* ~ *of* humanity 有史以前に.

commít ... to mémory [動] [他] 《格式》〈…〉を記憶する, 暗記する (memorize).

from mémory [副] 記憶をもとに, 記憶を頼りに: He drew the map *from* ~. 彼は記憶を頼りに地図を書いた.

if (my) mémory sérves me (wéll [ríght, corréctly])=if mémory sérves [副] [文修飾語] 《格式》記憶が正しければ.

in líving mémory [副・形] =within living memory.

in mémory of ... [前] =**in ...'s mémory** [副] …を記念して, …を偲(しの)んで: A statue was erected *in* ~ *of* Lincoln. リンカンを記念して彫像が建てられた.

spéaking from mémory [副] Ⓢ 覚えている限り(では).

to ...'s mémory=to the mémory of ... [副] …の霊にささげて, …を偲(しの)んで: This poem is dedicated *to the* ~ *of* our late professor. この詩は今は亡き教授の霊にささげるものである.

to the bést of my mémory [副] [文修飾語] 私の記憶している限りでは.

withìn líving mémory [副・形] まだ生きている人たちが覚えている範囲で.

withìn ...'s mémory = withìn the mémory of ... [副・形] まだ…の記憶に残って, …の覚えている範囲で.

mémory bànk [名] [C] 〘電算〙 記憶装置.

mémory càrd [名] [C] 〘電算〙 メモリーカード.

mémory chìp [名] [C] 〘電算〙 メモリーチップ.

mémory effèct [名] [C,U] 〘電〙 記憶効果[現象]《ニッケルカドミウム電池が, 完全放電前に充電を行なうと, 後に容量いっぱいまで充電されなくなる現象》.

mémory hòg [名] [C] 《略式》〘電算〙 **1** 大量のメモリーが必要なプログラム. **2** メモリーをたくさん必要なソフトをネットワーク上で使用して他人に迷惑をかける人.

mémory làne [名] [U] なつかしい思い出, 追憶. **tàke a wálk [tríp] dòwn mémory láne** [動] [自] なつかしい思い出に浸る.

mémory spàn [名] [C] 〘心〙 記憶範囲《短期記憶 (short-term memory) の容量のことで, およそ 7±2》.

mémory tràce [名] [C,U] 〘心〙 記憶痕跡.

Mem·phis /mémfɪs/ [名] [固] メンフィス《米国 Tennessee 州南西部の都市》.

mem·sa·hib /mémsɑ̀ː(h)ɪb/ [名] [C] 《古風, インド・パキスタン》ヨーロッパ人の婦人.

‡**men** /mén/ ([類音] man, meant, mend) [名] **man の複数形.**

-men /mən, mèn/ [接尾] -man の複数形.

+**men·ace** /ménəs/ [13] [名] **1** [C] [普通は単数形で] 危険なもの[人], 脅威: a ~ *to* world peace 世界平和に対する脅威 / a public ~ 人々にとって危険なもの[人] / the ~ *of* global warming 地球温暖化の脅威. **2** [C] 《略式》 [時に滑稽] やっかいな人[もの], 困り者. **3** [U] 脅(おど)すような調子[態度]; [複数形で] 《英》〘法〙 脅迫: He spoke to us *with* ~ in his voice. 彼は脅すような口調で我々に話しかけた. ── [動] [他] 《格式》〈…〉を危険にさらす, おびやかす; 脅迫する: Floods ~*d* the village *with* destruction. 洪水が村を壊滅の脅威にさらした.

+**mén·ac·ing** [形] 脅すような, 脅迫的な; (天気などが)荒れ模様の. **~·ly** [副] 脅すように, 脅迫的に.

mé·nage /meɪnɑ́ːʒ/ 《フランス語から》 [名] [C] [普通は単数形で] 《格式》または [滑稽] 家庭, 所帯.

mé·nage à trois /meɪnɑ́ːʒɑːtrwɑ́ː/ 《フランス語から》 [名] (複 **ménages à trois** /~/) [C] 性的関係のある三人所帯《夫婦と一方の愛人が同居する》.

me·nag·er·ie /mənǽdʒ(ə)ri, -nǽʒ-/ [名] [C] **1** (おりに入れたペットや見世物の)動物 《全体》; (巡回)動物園. **2** 風変わりな人々の集団.

Men·ci·us /ménʃ(i)əs/ [名] [固] 孟子(もうし) (372?–289? B.C.)《中国の思想家》.

Menck·en /méŋk(ə)n/ [名] [固] **H. L.** ~ メンケン (1880–1956)《米国の批評家》.

+**mend** /ménd/ [動] [他] **1** 〈破れたもの〉を繕(つくろ)う; 《英》〈壊れたもの〉を直す, 修繕する《☞ repair¹ 類義語, 表》: She ~*ed* a tear in her apron. 彼女はエプロンのかぎ裂きを繕った / Liz ~*ed* the broken doll *with* paper and paste. リズはこわれた人形を紙とのりで直した. **2** 〈行ないなど〉を改める (correct); 〈事態・関係など〉を改善する: That won't ~ matters. それでは事態がよくなるまい. **3** 〈けがなど〉を治す. ── [自] **1** 《略式》 (骨折・けがが)治る; 《古風》 (病人が)快方に向かう: The injury is ~*ing* nicely. けがはとてもよくなってきている. **2** 改心する: It is never too late to ~. 《ことわざ》改心するのに遅すぎることはない(過ちを改むるにはばかることなかれ).

[語源] amend の最初の音が落ちたもの. **ménd one's wáys [mánners]** [動] [自] 行ないを改める. ── [名] [次の成句で] **be òn the ménd** [動] [自] 《略式》(病人などが)よくなってくる; (事態・関係などが)好転する, 回復する.

men·da·cious /mendéɪʃəs/ [形] 《格式》(話が)虚偽の; (人が)うそをつく. **~·ly** [副] 偽って; うそをついて.

men·dac·i·ty /mendǽsəṭi/ [名] (**-i·ties**) 《格式》 **1** [U] 虚偽, 偽り. **2** [C] うそ; 作り話.

Men·del /méndl/ [名] [固] **Gre·gor** /grégɚ | -gə/ **Jo·hann** /joʊhɑ́ːn/ ~ メンデル (1822–84)《オーストリアの遺伝学者・修道士》.

Men·de·le·yev /mèndəléɪəf | -jev/ [名] [固] **Dmi·tri** /dmíːtri/ ~ メンデレエフ (1834–1907)《ロシアの化学者; 元素の周期率を発見した》.

Men·de·li·an /mendíːliən/ [形] メンデルの.

Méndel's láws [名] [複] 〘遺伝〙 メンデルの法則.

Men·dels·sohn /méndls(ə)n/ [名] [固] **Fe·lix** /féɪlɪks/ ~ メンデルスゾーン (1809–47)《ドイツの作曲家》.

mend·er /méndɚ | -də/ [名] [C] 《英》直す人, 修繕者.

men·di·cant /méndɪk(ə)nt/ 〖格式〗形 こじきをする; 托鉢(ない)の. ― 名 C こじき; 托鉢僧.

mend·ing /méndɪŋ/ 名 U〖古風〗繕(ぷろ)い(物).

mén·folk /ménfòʊk/ 名 [複]〖古風〗[滑稽](家族[一族・社会]内の)男連中. 関連 女性が用いる.

MEng /éméŋ/ 略 =Master of Engineering 工学修士.

men·ha·den /menhéɪdn/ 名 (~(s)) C,U メンヘーデン《にしんの一種; 釣りのえさ・魚油・肥料用》.

me·ni·al /míːniəl/ 形 使用人の(する), 熟練[知識]のいらない: a ~ job つまらない仕事, 雑用. ― 名 C 使用人, 奉公人. **-al·ly** /-əli/ 副 卑しいほどに.

me·nin·ges /mənɪ́ndʒiːz/ 名 [複]〖解〗髄膜.

⁺me·nin·gi·tis /mènɪndʒáɪtɪs/ 名 U〖医〗髄膜炎.

me·nis·cus /mənɪ́skəs/ 名 (複 **me·nis·ci** /mənɪ́skaɪ/, **~·es**)〖物理〗メニスカス《毛細管内の液体表面の凹凸》.

Men·no·nite /ménənàɪt/ 名 C〖キ教〗メノー派教徒《兵役・幼児洗礼などに対し質素な生活を送る; Amish はこの一派》. ― 形 メノー派教徒の.

men·o·paus·al /mènəpɔ́ːzl/ 形 〖医〗月経閉止(期)の, 更年期に入った: ~ trouble 更年期障害.

⁺men·o·pause /ménəpɔ̀ːz/ 名 U [しばしば the ~] 月経閉止(期), 更年期 (the change of life).

me·no·rah /mənɔ́ːrə/ 名 C (ユダヤ教の)枝つき燭台.

Men·sa /ménsə/ 名 固 メンサ《知能レベルの非常に高い人の国際社交組織》.

mensch /ménʃ/ 《ドイツ語から》名 C S (米) 立派な人.

mén·sèrvants 名 manservant の複数形.

men·ses /ménsiːz/ 名 [複; しばしば the ~]〖格式〗または〖医〗生理, 月経 (period).

Men·she·vik /ménʃəvɪ̀k/ 名 C (複 **~s**, **-vi·ki** /ménʃəvíːki/) メンシェヴィク《革命期のロシア社会民主労働党穏健派の一員》.

⁺men's room /ménzrùːm, -rùm/ 名 (~**s** /-z/) C [普通は the ~] (主に米) 男性用洗面所[トイレ] (英 gents). 関連 women's room 女性用洗面所.

金言 "Where's the ~?" "Go straight ahead and then turn left." 「(男子)トイレはどこでしょうか」「真っすぐ行って左です」

⁺men·stru·al /ménstruəl/ 形 A (女性の)生理[月経]の: ~ irregularity 生理不順 / ~ cycle 月経周期.

ménstrual périod 名 C〖格式〗(女性の)生理, 月経.

⁺men·stru·ate /ménstruèɪt/ 動 自〖格式〗生理[月経]がある.

men·stru·a·tion /mènstruéɪʃən/ 名 U,C〖格式〗生理, 月経; 生理[月経]期間.

men·su·ra·ble /ménʃ(ʊ)rəbl, -s(ə)r-/ 形〖格式〗=measurable.

men·su·ra·tion /mènʃʊréɪʃən, -sər-/ 名 U〖格式〗計量; 測定法, 推量法, 求積法.

méns·wèar 名 U〖格式〗メンズウェア, 紳士服.

-ment /mənt/ 接尾〖動詞につく名詞語尾〗「結果・状態・動作・手段・産物」などを示す: movement 運動.

⁺men·tal /méntl/ 形 [比較なし] **1** 精神の, 心の (⇔ physical, bodily): (a) ~ disorder [illness] 精神障害 / My problem was chiefly ~, not physical. 私の問題は主に精神的なもので, 肉体的のものではなかった.

2 知能の, 知的な: ~ ability 知能 / ~ development 知能の発達. **3** A 心の中で行なう, そらでする: a ~ picture [image] (心に描く)想像図 / make a ~ arithmetic [calculation] 暗算をする. **4** 精神病の; 精神病を扱う: a ~ patient 精神病患者. **5** P〖英略

式〗気が狂っている, 頭がおかしい: go ~ 怒る; 気が狂う.

méntal áge 名 C [普通は単数形で] 精神年齢 (of).

méntal blóck 名 C〖心〗精神的ブロック, 思考停止; ☞ have a (mental) block (block 名 成句).

méntal bréakdown 名 U =nervous breakdown.

méntal deféctive 名 C 精神薄弱者.

méntal defíciency 名 U =mental retardation.

méntal diséase 名 U,C 精神疾患.

méntal hándicap 名 U,C〖古風〗=learning disability.

méntal héalth 名 U 心の健康, 精神衛生.
― 形 A 心の健康の(ための).

méntal hóspital [〖古風〗**hóme**] 名 C 精神病院 (psychiatric hospital).

méntal institútion 名 C =mental hospital.

men·tal·ist /méntlɪst/ 名 C 読心術師; 占い師.

⁺men·tal·i·ty /mentǽləṭi/ 名 (**-i·ties**) 形 méntal) **1** U〖格式〗精神性; 知性. **2** C [普通は単数形で] 精神状態[構造], (ある)心理状態(の人); 考え方, 態度: a get-rich-quick ~ 手段は選ばずてっとりばやく金持ちになればよいという考え方[態度].

⁺men·tal·ly /méntli/ 副 **1** 精神的に (反 physically): be ~ handicapped [ill] 精神障害がある (反 handicapped). **2** 知能的に, 知的に: a ~ retarded child 知恵遅れの子. **3** 心の中で; 頭で.

méntal nóte 名 C 心覚え. **màke a méntal nóte** [動] 自 忘れず心に留める (of; to do).

méntal retardátion 名 U 精神遅滞.

men·thol /ménθɔːl | -θɒl/ 名 U〖化〗メントール, はっか脳.

men·tho·lat·ed /ménθəlèɪṭɪd/ 形 (軟膏(なんこう)など が)メントールを含んだ.

Men·tho·la·tum /mènθəléɪṭəm/ 名 U メンソレータム《米国製の軟膏(なんこう); 商標》.

⁕men·tion /ménʃən/ 〖類音 mansion〗 **動** (**men·tions** /~z/; **men·tioned** /~d/; **-tion·ing** /-ʃ(ə)nɪŋ/) 他 **1** ⟨…⟩を**話に出す**, 話題にする, ⟨…⟩に言及する; (人に)⟨…⟩のことを話す: Did he ~ the accident *to* you? <V+O+to+名·代> 彼はその事故のことを話しましたか. 〖語法注意〗 mention about [to] the accident とは言わない ∥ We ~*ed* hav*ing* gone there. <V+O (動名)> 私たちはそこへ行ったことを話した (☞ hav*ing*² 2 〖文法〗) / We need hardly ~ *that* honesty is the best policy. <V+O (*that* 節)> 正直が最上の策であることは言うまでもなかろう / Did she ~ *when* she'd seen him? <V+O (*wh* 節)> 彼女は彼にいつ会ったかに触れましたか.

2 (人に)⟨…⟩の名をあげる; ⟨…⟩の名をあげて表彰する: Your name *was* ~*ed*. <V+O の受身> あなたの名前が出ましたよ / I ~*ed* your name *to* him. <V+O+to+名·代> あなたのお名前を彼に言っておきました / Mr. Wilson *was* ~*ed in* the report *for* his contribution to the society. <V+O の受身+for+名·代の受身> ウィルソン氏は報告書の中で協会に対する貢献を表彰された.

Dòn't méntion it. S〖丁寧〗どうもいたしまして《お礼やおわびへの答え》. **méntioned abóve** [形] 上述の, 前記の. **nów (that) you méntion it,** [副] S そう言われてみると: *Now you* ~ *it*, I haven't seen him lately. そう言われてみると彼の最近の姿を見ていないなあ. **nòt to méntion ...** [前]〖略式〗…はさておき, …は言うまでもなく: I can't even afford a car, *not to* ~ a private plane. 自家用の飛行機どころか, 車も買えない. **nòt to méntion (the fáct) that ...** [接

…であることはもちろん.
── 名 (~s /-z/) **1** ① 話に出すこと, 言及, 話題にすること: Several other details deserve [are worthy of] ~. 他のいくつかの細かい点も言及するだけの価値がある / There was no [little] ~ of it in the newspapers. 新聞ではそのことが何も[ほとんど]触れられていなかった / He got angry at the ~ of her name. 彼は彼女の名前を出しただけで怒った. **2** © [普通は単数形で] (名をあげての)表彰, 顕彰: ① honorable mention. **3** © [普通は単数形で] 寸評. **gèt a méntion** 動 ⑥ 言及される, 名をあげてもらう (in). **màke méntion of ...** 動 … に言及する, … を取り立てて言う: He made no ~ of the fact that he knew the accused personally. 彼は被告を個人的に知っていたという事実については何も言われなかった (☞ 'he' **3** 語法).

men·to /méntoʊ/ 名 ① メント (カリプソに似たジャマイカのフォークミュージック).

****men·tor** /méntɔɚ, -tɚ | -tɔː, -tə/ 名 © (格式) (恩)師, 助言者[指導者]. ── (-tor·ing /-tərɪŋ/) 動 ⑥ (格式) 〈…の〉助言者となる.

men·tor·ing /méntɔrɪŋ, -tɔːr-/ 名 ① (職場などで)の経験を積んだ人や有識者による指導体制.

****men·u** /ménju:/ 名 (~s /-z/) © **1** 献立表, メニュー (☞ minute¹ 単語の記憶): What's *on* the ~? メニューには何がありますか / 金語 "Can I see [have] the ~, please?" "Here you are, sir." 「メニューを見せてください」「はい, どうぞ」. 語源 ラテン語で「小さな, 詳細な」の意; それから「食事の内容を細かく記したもの」となった (☞ minute¹ 単語の記憶). **2** 食事, 料理. **3** [電算] メニュー (ディスプレーに表示されるプログラムの一覧表).

ménu bàr 名 © [電算] (ソフトの)メニューバー.
ménu-driven 形 A [電算] (ソフトウェアなどが)メニュー選択方式の.

me·ow, mi·aow /miáʊ/ 名 © にゃあ (猫の鳴き声). ── 動 ⑥ 〈猫が〉鳴く (☞ cry 表 cat, kitten).

****MEP** /émì:pí:/ 略 =Member of the European Parliament 欧州議会議員.

Meph·is·toph·e·les /mèfɪstɑ́fəlìːz | -tɔ́f-/ 名 ⑥ (ドイツ伝) メフィストフェレス (特に Goethe 作の *Faust* に登場する悪魔).

Meph·is·to·phe·li·an, -le- /mèfɪstəfí:liən-/ 形 (格式) メフィストフェレス(のような); 極悪の.

****mer·can·tile** /mə́ːkəntì:l, -tàɪl | mə́ːkəntàɪl/ 形 A (格式) 商業の, 貿易の; 商人の.

mércantile láw 名 ① (商)商事法.

mer·can·til·is·m /mə́ːkəntɪlìzm | mə́ːkən-tɪlìzm/ 名 ① 重商主義 (17-8 世紀のフランス・英国が採った経済政策; 輸入を抑え輸出を奨励する).

Mer·cá·tor('s) projéction /məkéɪtə(z)- | mə(:)kéɪtə(z)-/ 名 ① メルカトル式投影図法 (地球の表面を長方形で表わす).

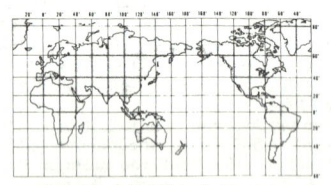

Mercator('s) projection

Mer·ce·des /mə(:)séɪdìːz | mə(:)-/ 名 © (メルセデス)ベンツ (ドイツの乗用車 Mercedes-Benz の略; 商標).

****mer·ce·nar·y** /mə́ːsənèri | mə́ːsən(ə)ri/ 名 (-nar·ies) © (外国人の)雇い兵, 傭(よう)兵. ── 形 欲得ずくの, 報酬目当ての; 金で雇われた.

mer·cer /mə́ːsɚ | mə́ːsə/ 名 © (英) 呉服[反物]商.
mér·cer·ized cótton /mə́ːsəraɪzd- | mə́ː-/ 名 ① つや出し木綿.

****mer·chan·dise** /mə́ːtʃəndàɪz | mə́ː-/ ⑦ 名 ① 商品, 在庫品(全体) (略 mdse.): ~ from all over the world 世界中の商品. ── 〈…〉を商う, 〈…〉の取り引きをする. (宣伝・広告などで) 〈…〉の販売促進を図る. ── ⑥ 商売を営む.

mérchandise míx 名 © 取扱い商品, 品ぞろえ.
mer·chan·dis·er /mə́ːtʃəndàɪzɚ | mə́ːtʃəndàɪzə/ 名 © (米) 小売り業者 (retailer).

****mer·chan·dis·ing** /mə́ːtʃəndàɪzɪŋ | mə́ː-/ 名 ① **1** (人形・衣服などの)キャラクターグッズ[商品]. **2** [商] 商品化計画[政策], マーチャンダイジング (市場調査を中心とする合理的包括的な販売促進策).

****mer·chant** /mə́ːtʃənt | mə́ː-/ 名 (**mer·chants** /-tʃənts/) **1** © (英) 商人 (特に, 外国との取り引きをする卸商): a famous tea ~ 有名な茶商 / The M~ of Venice 「ベニスの商人」 (シェイクスピアの劇). **2** © (米・スコ) 小売商人, 商店主 (storekeeper): In those days the ~s closed their stores on Sundays. 当時日曜日には商人は店を休んだ. 語法 (英) でも次のように, 扱う品物の名前がつくときは「小売商人」の意味となりうる: a coal [wine] ~ 石炭[ぶどう酒]商人. **3** [形容詞的に] 商業の; 商人の; 商船の. **4** (英略式) (軽蔑)…マニア: a speed ~ スピード狂.
mer·chant·a·ble /mə́ːtʃəntəbl | mə́ː-/ 形 = marketable.

****mérchant bánk** 名 © (英) マーチャントバンク (外国為替手形や証券発行を扱う金融機関).
mérchant bánker 名 © (英) マーチャントバンクの(銀)行員.
mérchant bánking 名 ① (英) マーチャントバンクの業務[経営].
mer·chant·man /mə́ːtʃəntmən | mə́ː-/ 名 (複 -men /-mən/) © (古風) =merchant ship.
mérchant maríne 名 [the ~; (英) navy] 名 © [the ~; しばしば the M- M-] (一国の)商船(全体); [(英)単数または複数扱い]商船乗組員(全体).
mérchant prínce 名 © 大商人, 豪商.
mérchant séaman 名 © (商船の)海員.
mérchant shíp 名 © 商船.

****mer·ci·ful** /mə́ːsɪf(ə)l | mə́ː-/ 形 (反 mércy, merciless, unmerciful) **1** 慈悲深い, 情け深い: a ~ queen 慈悲深い女王 / The judge was ~ to [toward] him. 裁判官は彼に慈悲を示した. **2** 幸運な, ありがたい; 神のおぼしめしの: a ~ death [end, release] 安楽死 / The news was a ~ release. そのニュースのおかげでほっとした.

****mer·ci·ful·ly** /mə́ːsɪfəli | mə́ː-/ 副 **1** 慈悲深く, 情け深く. **2** 文修飾 (略式) 幸運なことに; 神のおぼしめしで: M~, she survived the accident. 彼女は事故にあったが幸い助かった.
mérciful·ness 名 ① 慈悲深さ, 情け深さ.

****mer·ci·less** /mə́ːsɪləs | mə́ː-/ 形 (反 merciful) 無慈悲な, 無情な; 情け容赦のない (to, toward).
~·ly 副 無慈悲に, 冷酷に. **~·ness** 名 ① 無慈悲, 無情(さ).

mer·cu·ri·al /mə(:)kjʊ́(ə)riəl | mə́ː-/ 形 **1** (文) (性格などの)移り気の, 気まぐれな; 快活な, 機転のきく. **2** (格式) 水銀(のような), 水銀を含む.
Mer·cu·ro·chrome /mə(:)kjʊ́(ə)rəkròʊm | mə́ː-/ 名 ① マーキュロ(クローム) (外用消毒剤; 商標).

****mer·cu·ry** /mə́ːkjʊri | mə́ː-/ 名 ① **1** (化) 水銀(元素記号 Hg); ~ contamination [pollution] 水銀汚染. **2** [the ~] 水銀柱, 温度計; 気温.
Mer·cu·ry /mə́ːkjʊri | mə́ː-/ 名 ① (ロ神) **1** マーキュリー (神々の使者で, 商業・技術・雄

雄弁・盗賊などの守護神; ☞ god 表). **2** 〖天〗水星 (☞ planet 挿絵).

mércury-vápor làmp 图 C 水銀灯.

*__**mer‧cy**__ /mə́ːsi | mə́ː-/ 图 (形 merciful) **1** Ⓤ 慈悲, あわれみ, 情け《罪人・敵・弱い者に対する》; C 情け深い行為: beg (for) ~ 慈悲を乞う / The general *showed* no ~ *to* the prisoners. 将軍は捕虜たちに少しも情けを示さなかった. **2** [a ~] Ⓢ 幸運(なできごと), (天の)恵み[助け]: It's *a* ~ that he's still alive. 彼が無事だったとはありがたいことだ. 語源 ラテン語で「報酬」の意.

ásk ... for mércy 動 他 〈...〉に慈悲を請う.

Mercury 1

at the mércy of ... = **at ...'s mércy** 前 ...のなすがままに(なって): The ship was *at the* ~ *of* the wind and the waves. 船は風と波に翻弄(就)されていた.
be thànkful [gráteful] for smàll mércies 動 ささいな幸運でも感謝する, 不幸中の幸いと思う.
hàve mércy 動 自 情けを示す[かける] (on).
léave ... to ~'s ténder mércies [mércy] = **léave ... to the 「ténder mércies [mércy] of** ━ 動 他 〔しばしば滑稽〕〈...〉を━のなすがままにさせる, 〈...〉が━にひどい目にあわされるのを放っておく.
Mércy me! 感 おや!, まあ!
thrów oneself on「...'s mércy [the mércy of ...] 動 〘格式〙...の情けにすがる.
withòut mércy 形・副 無慈悲な[に], 容赦ない[なく].
━ 形 A (任務が)(病人や難民の)救済の(ための): a ~ flight [mission] 救急飛行[任務].

mércy kìlling 图 C.U 安楽死 (euthanasia).

*__**mere**__¹ /míə | míə/ (類音 mare, mirror) 形 A ほんの, ただの, 全く...にすぎない (only): He is a ~ child. 彼はまだほんの子供だ / a ~ mortal 凡人 / The thought of meeting him made me nervous. 彼に会うことを考えただけで私は不安になった / It can't be a ~ coincidence. それはただの偶然であるはずがない / the *merest* hint of rain makes him stay indoors. 少しでも雨の気配があると彼は外出しない. 語法 (1) 副詞の only を用いるときには *only a child* の語順になる. (2) 強調のため最上級を用いることはあるが比較級はない: by the *merest* chance 全く偶然に / The *merest* hint of rain makes him stay indoors. 少しでも雨の気配があると彼は外出しない. 語源 ラテン語で「純粋な」の意.

mere² /míə | míə/ 图 C 〘主に文〙湖.

Mer‧e‧dith /mérədɪθ/ 图 George ~ メレディス (1828-1909) 《英国の作家》.

*__**mere‧ly**__ /míəli | míə-/ 副 単に...だけ, わずかに...しか (only): I ~ asked her name. 私はただ彼女の名前を聞いただけです / I'm sure he said so ~ *as* a joke. きっと彼は単に冗談としてそう言ったにすぎない.
nòt mérely ... but (àlso) ━ 接 単に...だけでなく━も(また) (not only ... but (also)).

mer‧e‧tri‧cious /mèrətríʃəs━/ 形 〘格式〙(議論などが)見かけ倒しの, まことしやかな; (装飾・文体などが)俗悪な, けばけばしい. **~‧ly** 副 見かけ倒しで; けばけばしく. **~‧ness** 图 Ⓤ 見かけ倒し; けばけばしさ.

*__**merge**__ /mə́ːdʒ | mə́ː-/ 動 (**merg‧es** /~ɪz/; **merged** /~d/; **merg‧ing** /mə́ːdʒɪŋ/) 自 **1** 合併する, 併合する (*together*): That bank ~*d with* our bank. <V+with+名・代> その銀行はうちの銀行と合併した. **2** 合わさる; (溶け込むように)次第に...になる; いつのまにか...になる; (川などが)合流する: It seems as if the blue sky ~*s into* the sea. まるで青空が海に溶け込んでいるようだ. **3** (米)(車が)分流して合流する (《英》merge in).
━ 他 **1** 〈企業など〉を**合併する**, 併合する (*with*, *together*): The two banks *were* ~*d into* a large one. <V+O+前+名・代の受身> その2つの銀行が合併して大銀行になった. **2** 〈...〉を同化させる, 混ぜ合わせる (*with*). **3** 〖電算〗〈複数のファイル〉を1つにまとめる, マージする. **mérge into the báckground** 動 自 〖電算〗(周囲の人に気づかれないように)静かに振舞う.
━ 图 C 〖電算〗ファイルマージ.

*__**merg‧er**__ /mə́ːdʒə | mə́ːdʒə/ 图 (~s /~z/; merge) C.U (企業などの)合併, 合同: a ~ *between* [*of*] two companies 2つの会社の合併 / There is a rumor about a ~ *with* another bank. もう1つの銀行との合併のうわさがある.

me‧rid‧i‧an /mərídiən/ 图 **1** C 子午線, 経線 (☞ Greenwich). **2** [単数形で] [しばしば the ~] 〘格式〙最高点; 絶頂, 極点, 盛り; C (天体の)最も高く昇った位置. **3** C 〖針療法〗の経路.

me‧rid‧i‧o‧nal /mərídiənl/ 形 南の; 南欧の.

†**me‧ringue** /məræŋ/ 图 C.U メレンゲ《砂糖と泡立てた卵白などを混ぜて焼いたパイ》; メレンゲ菓子.

me‧ri‧no /mərínoʊ/ 图 (~s) **1** C メリノ羊《スペイン原産》. **2** Ⓤ メリノ毛織物; メリノ(毛)糸.

*__**mer‧it**__ /mérɪt/ 图 (**mer‧its** /-rɪts/; 形 mèritórious; 反 demerit) **1** Ⓤ.C **長所**, とりえ (反 fault); (ほめられるべき)価値: a suggestion with [having, of] considerable ~ 非常に価値のある提案 / literary ~ 文学的価値 [言い換え] His idea is of some ~. = His idea has some ~. 彼の考えにちょっと見どころがある / There is not much ~ in doing so. そんなことやっていて大してほめられることではない. 日英比較 日本語の「(利益・不利益の観点からみた)メリットとデメリット」にあたるのは advántage and dísadvàntage であることが多い (☞ demerit 成句, dis- 語法). **2** C [普通は複数形で] 手柄, 功績; ☞ merit increase [pay, system]. **3** [複数形で] 〖法〗(訴訟の)本案, 実態. **màke a mérit of ...** ...を(さも立派なことのように)誇る. **on mérit** = **on its [one's] (òwn) mérits** 副 〈客観的に〉それ自体[その人自身]の価値[実力]に基づいて: We should judge his proposal *on its own* ~*s*. 私たちは私情をはさまずに彼の提案をら判断すべきだ.
━ 動 他 [進行形なし] 〘格式〙〈賞・罰など〉に値する (deserve): ~ praise 称賛に値する.

mérit bàdge 图 C = badge 3.

mérit incréase 图 C 業績昇給.

mer‧i‧toc‧ra‧cy /mèrətákrəsi | -tɔ́k-/ 图 (**-ra‧cies**) **1** Ⓤ.C エリート支配(の国), 実力主義社会; 英才教育《成績次第で進級させる》. **2** [the ~; 〘英〙単数または複数扱い] (エリートの)支配層.

mer‧i‧to‧crat‧ic /mèrətəkrǽtɪk━/ 形 [普通は A] 実力主義の.

mer‧i‧to‧ri‧ous /mèrətɔ́ːriəs━/ 形 (图 mérit) 〘格式〙価値[功績]のある, 感心な, 称賛に値する. **~‧ly** 副 感心なほどに, あっぱれに も.

mérit pày 图 Ⓤ 能力給.

mérit sỳstem 图 Ⓤ (主に米) (公務員などの)任用・昇進の)能力[実力](本位)主義(制度).

mer‧lin /mə́ːlɪn | mə́ː-/ 图 C こちょうげんぼう 《小形のはやぶさ》.

Mer‧lin /mə́ːlɪn | mə́ː-/ 图 圖 マーリン 《アーサー王伝説中の魔法使い・予言者》.

Mer‧lot /məːlóʊ | mə́ːloʊ/ 图 **1** Ⓤ メルロー《ワイン用ぶどうの品種》. **2** C.U メルローで作ったワイン.

*__**mer‧maid**__ /mə́ːmèɪd | mə́ː-/ 图 C (女の)人魚.

mer・man /mˈɚːmæn | mˈəː-/ 名 (**-men** /-mèn/) C (男の)人魚.

mer・ri・ly /mérəli/ 副 **1** 陽気に, 楽しく, 愉快に. **2** 何も考えずに, 何もかも忘れて, のんきに.

mer・ri・ment /mérimənt/ (格式) 名 (形 merry) U (格式) 陽気な騒ぎ, 笑い(声); 楽しさ.

mer・ri・ness /mérinəs/ 名 U 陽気な騒ぎ; 楽しさ.

*__mer・ry__ /méri/ 形 (**mer・ri・er**; **mer・ri・est**; 名 merriment) **1** (古風) 陽気な, うきうきした; 愉快な (☞ 類義語): ~ laughter 陽気な笑い / The children were ~ as they decorated the Christmas tree. 子供たちはクリスマスツリーを飾りながらはしゃいでいた. **2** P (英略式) ほろ酔い(気分)で. **3** (古風) 楽しい.

léad ... a mérry (óld) dánce 動 他 (英)〈...〉に大きな迷惑をかける. **gó ón one's mérry wáy** 動 自 向こう見ずに行動する. **máke mérry** 動 自 (文) 浮かれる, 陽気に遊ぶ (飲み食いし, 歌を歌って; ☞ merrymaking). **the móre the mérrier** (S) (人が)多ければ多いほど楽しい (☞ the² 1).

【類義語】**merry** 愉快に話し合ったり笑ったり, 歌ったり戯れたりする陽気さを表わす. **gay** 気楽で陽気なうきうきした楽しさを表わすが, 現在では「同性愛の」の意味で使われるほうが普通なので注意が必要. **cheerful** 楽しくて明るい気持ちが自然に外に表われた状態. **cheery** 他人を cheerful にしようと努める陽気で明るい態度についていう: a cheery greeting 明るいあいさつ. **jolly** 笑ったりふざけたりして活気にあふれた陽気さを表わすだけの感じの語. **lively** 元気よく, きびきびとして活動的な様子: lively talk [dances] 活発な話し合い[踊り].

mérry-go-ròund 名 C **1** 回転木馬, メリーゴーラウンド. **2** [しばしば a ~] めまぐるしさ, めまぐるしく続くこと, 急転回[旋回] (of).

mérry・màker 名 C 浮かれ騒ぐ人.

mérry・màking 名 U (文) 浮かれ[お祭り]騒ぎ.

Mer・sey・side /mˈɚːzisàid | mˈəː-/ 名 C マージサイド (イングランド北西部の州; 州都 Liverpool).

me・sa /méisə/ 名 C (米国南西部に多い, 周囲が崖で頂上が平らな)岩石台地. ☞ Grand Canyon 写真.

mé・sal・li・ance /meizǽliəns, mèizəljɑ́ːns/ 《フランス語から》 名 C (軽蔑) 身分の低い人との結婚.

mes・cal /mèskǽl/ 名 C メスカルサボテン (メキシコ・米国南西部産の小さいサボテン); U メスカル酒.

mes・ca・line /méskəlɪn, -lìːn/, **-ca・lin** /-kəlɪn/ 名 U メスカリン (mescal を原料とする幻覚剤).

Mesdames 名 Madame の複数形 (略 Mmes., Mmes).

Mesde・moi・selles 名 Mademoiselle の複数形 (略 Mlles.).

*__mesh__ /méʃ/ 名 **1** C,U 網(状のもの); 網目; 網目状の編物[織物], メッシュ. **2** C [しばしば複数形で] 網目細工[模様]. **3** C [普通は複数形で] (魚などを捕る)網. **4** C [普通は単数形で] (考え・組織などの)複雑なからみ合い (of). **in mésh** 形 [副] (歯車の)(歯車がかみ合って. ― 動 自 **1** (歯車が)かみ合う; (性質・考えなどが)うまく合う, 調和する (together; with).

meshed 形 網(目)の(ある).

me・shu・ga /məʃúgə/ 形 (略式) 頭の変な, 気が狂った.

mes・mer・ic /mɛzmérik/ 形 **1** うっとりさせる, 恍惚(ミョョ)とさせる. **2** =charismatic 1.

mes・mer・is・m /mézmərìzm/ 名 U 魅惑.

*__mes・mer・ize__ /mézmərɑɪz/ 動 他 **1** [普通は受身で] 〈人〉の目を奪う; 〈人〉を魅惑する. **2** (古風) 〈...〉に催眠術をかける; 〈...〉を暗示にかける.

mes・mer・iz・ing /mézmərɑɪzɪŋ/ 形 魅惑に満ちた, 〈我を忘れて〉見とれてしまうような.

me・son /méizɑn | míːzɔn/ 名 C (物理) 中間子 (質量が電子と陽子の中間の素粒子).

Mes・o・po・ta・mi・a /mès(ə)pətéɪmiə/ 名 メソポタミア (西アジアの Euphrates 川と Tigris 川との間にあった古代の地域; 古代文明の発祥の地).

Mes・o・po・ta・mi・an /mès(ə)pətéɪmiən/ 形 メソポタミアの. ― 名 C メソポタミア人.

me・so・sphere /mézoʊsfìə | mésoʊsfɪə/ 名 [the ~] 中間圏 (高度 400–1000km の大気層).

Me・so・zo・ic /mèzəzóʊɪk, -sə-/ 形 (地質) 中生代の.

mes・quite, mes・quit /məskíːt/ 名 **1** C メスキート (メキシコ・米国南西部産のとげのある低木). **2** U メスキート木材 (焼肉用).

*__mess__ /més/ (類音 mass, math, miss, Miss) **13** 名 (~・es /~ɪz/; 動 méssy) **1** [単数形で] 乱雑, 取り散らかした状態: a ~ of papers 取り散らかした書類 / make a ~ in the room 部屋を散らかす / The room was (in) an awful ~. 部屋はひどく散らかっていた (☞ in a mess (成句) (1)).

2 [a ~] (略式) 困った立場, 窮境, 困難; どさくさ: an economic ~ 経済的混乱状態. **3** C U 取り散らかしたもの; こぼしたもの; 汚物; (略式, 主に英) (腕曲) (犬・猫や赤ん坊の)排泄(つ)物, ふん. **4** [単数形で] だらしない人, 汚らしい人; (生活が)まともでない人: What a ~ you are! 何て汚いなりをしているの. **5** C (軍隊の)食堂 (mess hall).

a méss of ... 形 (S) (米略式) たくさんの..., 多数[多量]の....

gét into a méss 動 自 〈...〉困ったことになる; 混乱[紛糾]する.

in a méss 形 [副] (1) 取り散らかして; めちゃめちゃになって: ☞ **1** 最後の例文. (2) 困って, 当惑して: I'm [My life is] in an awful ~. 今えらく困ったことになってるんだ.

máke a méss of ... 動 他 〈...〉をしくじる; 〈...〉を台なしにする.

máke a méss of it 動 自 へまをする.

― 動 自 (軍隊などの食堂で)食事をする (together; with). ― 他 (略式, 主に米)〈...〉をよごす, ちらかす; 台なしにする. **méss ... aróund [(英) abóut]** = mess around [(英) about] with .... **méss aróund [(英) abóut]** 動 自 (略式) (1) ぶらぶら暮らす. (2) ばかげたことをする, くだらないおしゃべりをする. ― 他 〈人〉をいい加減に扱う, もてあそぶ. **méss aróund [(英) abóut] with ...** 動 他 (略式) (1) ...をひっかき[いじくり]回す; (仕事の)...に気むずかしく手を出す. (2) 〈人〉を乱暴[いいかげん]に扱う, もてあそぶ; (悪い仲間)とかかわり合う; (異性)に手を出す, ...と不倫する. **méss úp** 動 他 (略式) (1) 〈...〉をひどく散らかす, よごす. (2) 〈...〉を台なしにする. (3) 〈テストなど〉にしくじる (on). (4) 〈人〉をひどい目にあわせる, やっつける. ― 動 自 へまをやる (on). **méss with ...** 動 他 (略式) (S) (略式) [しばしば否定命令文で] ...に手を(いらぬ)ちょっかいを出す; 干渉する; ...を怒らす. **méss with ...'s héad** 動 他 〈人〉を困惑[混乱]させる. **nó méssing** (英略式) 簡単だったよ, 本当[まじ]だよ, 冗談[うそ]じゃなくて.

*__mes・sage__ /mésɪʤ/ **T1** 名 (**mes・sag・es** /-ɪz/) C **1** 言づけ, 伝言 (☞ letter 類義語): I'll give Mr. Ford your ~ as soon as he comes back. フォードさんがお帰りになり次第お伝えしておきます / He received a ~ that his daughter had won the contest. <N+that 節> 彼は娘がコンテストに優勝したという伝言を受け取った / Were there any ~s while I was away? 出かけている間に私への伝言がありませんでしたか(ホテルなどで) / There's a ~ for you from Mr. Ford. フォードさんからあなたへ伝言がありました.

会話 "Can [Shall] I take a ~?" "No, thank you.

I'll call again later."「お言づけをいたしましょうか」「いえ、結構です.あとでまた電話します」

―― コロケーション ――
deliver [send] a *message* メッセージを伝える
get [receive] a *message* 伝言を受け取る
have a *message* (from ...) (...からの)伝言がある
leave (...) a *message* (...に)伝言を頼む

2 (手紙・電信などを通じて送る)通信; (公式な)メッセージ; 呼びかけのことば; 〖電算〗(メールなどの)通信文, (エラーなどの)表示: Telegraph ~s told us that the ship had run onto a rock. 電信は船が座礁したと伝えてきた / The governor sent a ~ to the meeting. 知事はその会にメッセージを送った ‖ ~ error message. **3** 《米》(大統領の)教書. **4** (芸術・文学作品などの)訴え, 主張, ねらい: a movie with a ~ あることを訴えようとする映画 / What is this candidate's ~? この候補者は何を訴えているのか / The movie gets its ~ across to the audience. その映画の意図は見た人によく伝わる. **5** お告げ, 神託. **6** 警告, 予告. 語源 ラテン語で「送られたもの」の意.

bríng hóme a méssage [動] はっきりと意図を伝える (*to*).
gét the méssage [動] 自 《略式》(相手の)本心[本音]を知る, 意をくみ取る.
léave (...) **a méssage** [動] 自 (...に)伝言を頼む: I left a ~ with your secretary. あなたの秘書に伝言を頼んでおきました / Would you like [care] to leave a ~? 何かお言づけをいたしましょうか 《留守中に訪ねてきた人または電話をかけてきた人に言うことば》/ Please leave your ~ after the beep. 発信音の後でメッセージをどうぞ 《留守番電話のメッセージ》.
―― 動 他 (コンピューターで)〈...〉を通信する.

méssage bòard 名 C《米》伝言板.
mes·sag·ing /mésɪdʒɪŋ/ 名 U〖電算〗(コンピューターなどによる)通信, メッセージの授受.
messed /mést/ 形 《次の成句で》 **méssed úp** [形] 《略式》(気分的に)混乱している, 落ち込んで[しょげて]いる.
Messeigneurs 名 Monseigneur の複数形.
⁺**mes·sen·ger** /mésəndʒɚ/ 名 C 使いの者, 使者, 伝令: a diplomatic ~ 外交使節. **bláme [kíll, shóot] the méssenger** [動] 自 [滑稽] 誤りを指摘した[悪い知らせを伝えた]人に腹をたてる.
méss hàll 名 C (軍隊などの)食堂.
⁺**Mes·si·ah** /məsáɪə/ 名 **1** [the ~] 〖ユダヤ教〗救世主, メシア; 〖キリスト教〗キリスト (Christ). **2** C [m-] [普通は単数形で] 救世主.
mes·si·an·ic /mèsiænɪk/ 形 A 《格式》**1** [M-] 救世主[メシア]の. **2** (救世主的)社会変革の.
Messieurs /meɪsjɚ́ːz | -sjɚ́ːz/ 名 Monsieur の複数形 (略 Messrs., Messrs, MM).
mess·i·ly /mésəli/ 副 きたならしく, 乱雑に.
mess·i·ness /mésinəs/ 名 U きたならしさ, 乱雑.
méss kìt 名 C (軍隊などの)携帯用炊飯食器セット.
méss ròom 名 C (船の)食堂.
⁺**Messrs., Messrs** /mésɚz | -səz/ 名 **1** = Messieurs. **2** 《格式》Mr. の複数形. 参考 特に人名を冠した会社へのあてな等などに用いられる: ~ J.P.Brown & Co. J.P. ブラウン商会御中.
méss·ùp 名 C 《略式》台なし; 取り違え; 混乱.
⁺**mess·y** /mési/ 形 (**mess·i·er**, **-i·est**) 名 mess) **1** 取り散らかした, むさ苦しい. **2** きたない; (仕事などが)手の込んだ (状況が込み入った, 困難な).
mes·ti·zo /mestíːzoʊ/ 名 (~s) C メスティーソ《スペイン人と北米先住民との混血児》.
⁎**met** /mét/ 形 〖既項義〗mat, mitt) 動 **meet¹** の過去形および過去分詞.
Met¹ /mét/ 形 《英略式》**1** 気象(庁)の: ☞ Met Office. **2** [m-] = meteorological.
Met² /mét/ 名 [the ~] 《米略式》= Metropolitan Opera House); 《英略式》= Metropolitan Police.
met·a- /métə/ 接頭 「超越, 後位, 変化」などの意.
⁺**met·a·bol·ic** /mètəbɑ́lɪk | -bɔ́l-/ 形 〖生〗新陳代謝の. **-i·cal·ly** /-kəli/ 副 新陳代謝で.
⁺**me·tab·o·lis·m** /mətǽbəlɪzm/ 名 U,C 〖生〗代謝(作用), 新陳代謝.
me·tab·o·lize /mətǽbəlaɪz/ 動 他 〖生〗〈...〉を新陳代謝させる.
met·a·car·pal /mètəkɑ́ɚp(ə)l | -kɑ́ː-/ 形 〖解〗中手(骨).
met·a·car·pus /mètəkɑ́ɚpəs | -kɑ́ː-/ 名 (**-pi** /-paɪ/) C 〖解〗中手; 中手骨.
⁎**met·al** /métl/ (同音 mettle; 類音 medal, meddle, middle) 名 (~s /-z/; 形 metállic) **1** U,C 金属 (☞ medal 語源): heavy [light] ~s 重[軽]金属 / a ~ container 金属製の容器 / The cup is made (out) of ~. そのカップは金属製だ. **2** C 金属元素. **3** U = heavy metal 2.
méta·làn·guage 名 U,C メタ言語(対象)言語について説明するのに用いられる言語).
métal detéctor 名 C 金属[銃器]探知機.
met·aled /métld/ 形 (道路などが)砂利を敷いた.
métal fatìgue 名 U 〖物理〗金属疲労.
⁺**me·tal·lic** /mətǽlɪk/ 形 (名 métal) 〖普通は A〗**1** 金属(質)の. **2** (音・光沢・味などが)金属的な.
met·al·lur·gi·cal /mètəlɚ́ːdʒɪk(ə)l | -lɚ́ː-/ 形 冶金(きん)の, 冶金学(術)の.
met·al·lur·gist /métəlɚ̀ːdʒɪst | metǽlə-/ 名 C 冶金(きん)学(術)者.
met·al·lur·gy /métəlɚ̀ːdʒi | metǽlə-/ 名 U 冶金(きん), 冶金学(術).
métal·wòrk 名 U 金属細工(術); 金属細工物.
métal·wòrker 名 C 金属細工人.
met·a·mor·phic /mètəmɔ́ɚfɪk | -mɔ́ː-/ 形 変態の; 〖地質〗変成の. **-phi·cal·ly** /-kəli/ 副 変態で; 変成で.
met·a·mor·phi·s·m /mètəmɔ́ɚfɪzm | -mɔ́ː-/ 名 U 〖地質〗(岩石の)変成(作用).
met·a·mor·phose /mètəmɔ́ɚfoʊz | -mɔ́ː-/ 動 《格式》自 変態[変形, 変成]する; 変形[一変]する (*into, to, from*). ― 他 〈...〉を(...に)変態[変形, 変成]させる; 変容[一変]させる (*into, to, from*).
met·a·mor·pho·sis /mètəmɔ́ɚfəsɪs | -mɔ́ː-/ 名 (**複 met·a·mor·pho·ses** /mètəmɔ́ɚfəsìːz | -mɔ́ː-/) U,C **1** 《格式》変容, 顕著な変化. **2** 〖生〗変態.
⁎**met·a·phor** /métəfɚ̀, -fɚ | -fə/ 名 (~s /-z/; 形 mètaphórical) U,C **1** 〖修辞〗隠喩(いんゆ), 暗喩, メタファー: ☞ mixed metaphor. 関連 simile 直喩(ちょくゆ).

|参考| ある語を like や as などを用いて「...のような」というはっきりした比喩の形にせず, 本来の意味とは違った比喩的な意味に用いること; 例えば, Mary is *a cat*. (メアリーは猫のように意地悪だ).

2 比喩表現, 象徴 (*for*).
⁺**met·a·phor·i·cal** /mètəfɔ́ːrɪk(ə)l | -fɔ́r-/ 形 (名 métaphòr) 隠喩的な, 比喩的な: a ~ expression 隠喩的な表現. **-cal·ly** /-kəli/ 副 隠喩で, 比喩的に: *metaphorically* speaking たとえて言えば.
⁺**met·a·phys·i·cal** /mètəfɪ́zɪk(ə)l/ 形 **1** 形而(じ)上学の, (物でなく)心の世界に関する. **2** S きわめて抽象的な; 難解な. **3** 形而上派の(17 世紀英国の詩についていう). **-cal·ly** /-kəli/ 副 形而上学的に.
met·a·phys·ics /mètəfɪ́zɪks/ 名 U **1** 形而(じ)

上学. **2** Ⓢ 抽象的[難解]な議論.

me·tas·ta·sis /mɪtǽstəsɪs/ 名 (**me·tas·ta·ses** /mɪtǽstəsìːz/) Ⓒ 〖医〗 Ⓤ (癌(¼)などの)転移; Ⓒ 転移部位.

me·tas·ta·size /mətǽstəsàɪz/ 動 圁 〖医〗 転移する.

me·tath·e·sis /mɪtǽθəsɪs/ 名 (複 **me·tath·e·ses** /mɪtǽθəsìːz/) Ⓒ 〖言〗 音位[字位]転換《単語内の音や字が入れ替わること》.

⁺**mete** /míːt/ 動 他 《次の成句で》 **méte ... óut** (to 一) [動] 他 《格式》《罰などを(...に)与える, 割り当てる.

me·tem·psy·cho·sis /mətèm(p)sɪkóʊsɪs, mètəmp-| mètəm(p)saɪ-/ 名 Ⓤ 霊魂の転生, 輪廻(ʳⁿ½).

⁺**me·te·or** /míːtiə, -tiɔ̀ː| -tiə, -tiɔ̀ː/ 名 Ⓒ 流星; いん石 (☞ **star** 語法).

me·te·or·ic /mìːtiɔ́ːrɪk| -ɔ́r-ʹ/ 形 **1** 流星のような; (一時的に)華々しい. **2** 流星の. **-or·i·cal·ly** /-kəli/ 副 流星のように; 華々しく.

⁺**me·te·or·ite** /míːtiəràɪt/ 名 Ⓒ **1** いん石. **2** = meteoroid.

me·te·or·oid /míːtiərɔ̀ɪd/ 名 Ⓒ 流星体.

⁺**me·te·or·o·log·i·cal** /mìːtiərəlɑ́dʒɪk(ə)l| -lɔ́dʒ-ʹ/ 形 Ⓐ 気象(学上)の: a ~ observatory 気象台 / the M~ Agency (日本の)気象庁.

me·te·or·ol·o·gist /mìːtiərɑ́lədʒɪst| -rɔ́l-/ 名 Ⓒ **1** 気象学者. **2** 気象予報士.

me·te·or·ol·o·gy /mìːtiərɑ́lədʒi| -rɔ́l-/ 名 Ⓤ 気象学.

méteor shòwer 名 Ⓒ 〖天〗 流星雨 《一時的に多数の流星が見られるもの》.

***me·ter**¹, 《英》 **me·tre**¹ /míːtə| -tə/ 名 (~s /~z/; 略 **metric**) Ⓒ メートル (39.37 インチ; 略 **m**): The bridge is 300 ~s long. その橋は 300 メートルの長さがある. 語源 ギリシャ語で「寸法」の意.

kilometer	(キロメートル 1000 m)
centimeter	(センチメートル 1/100 m)
millimeter	(ミリメートル 1/1000 m)

***me·ter**² /míːtə| -tə/ 名 (~s /~z/) Ⓒ **1** メーター, (自動)計量器: a gas ~ ガスのメーター / a fare ~ (タクシーの)料金メーター / a reader 検針計. **2** =parking meter. **féed a méter** [動] 圁 (駐車場などを継続使用するために)メーターにコインを継ぎ足す. ─ 動 (-ter·ing /-tərɪŋ/) 他 **1** 〖普通は受身で〗 〈...〉をメーターで測る. **2** 〈郵便物〉を(郵便料金メーターで)処理する.

⁺**me·ter**³, 《英》 **me·tre**² /míːtə| -tə/ 名 Ⓒ Ⓤ (詩の)韻律; 〖楽〗 拍子.

-me·ter¹ /mətə| -tə/ 接尾 「...を計る器具, ...計」の意. 語法 直前の音節に第一アクセントがくる (☞ **-metry** 語法).

altímeter 高度計	barómeter 気圧計
hygrómeter 湿度計	《英》 mileómeter, 《米》
odómeter 走行距離計	speedómeter 速度計
tachómeter 回転速度計	thermómeter 温度計

-me·ter², 《英》 **-me·tre**² /míːtə| -tə/ 接尾 **1** /-mìːtə| -tə/「...メートル」の意: centimeter センチメートル. **2** /mətə| -tə/ 〖詩学〗「...歩格」の意: pentameter 5 歩格.

méter màid 名 Ⓒ 《古風, 米》 駐車違反を取り締まる婦人警官 (《英》 traffic warden).

meth /méθ/ 名 Ⓒ Ⓤ 《米俗》 =methamphetamine.

meth·a·done /méθədòʊn/ 名 Ⓤ メタドン 《ヘロイン中毒治療薬, 鎮静剤》: a ~ clinic (ヘロイン中毒者のための)メタドン治療クリニック.

meth·am·phet·a·mine /meθǽmfétəmìːn/ 名 Ⓤ 〖薬〗 メタンフェタミン 《中枢神経興奮剤; 日本の一商品名ヒロポン》.

meth·ane /méθeɪn| míː-/ 名 Ⓤ 〖化〗 メタン(ガス) (marsh gas).

meth·a·nol /méθənɔ̀ːl| -nɔ̀l-/ 名 Ⓤ 〖化〗 =methyl alcohol.

me·thinks /mɪθíŋks/ 動 (過去 **me·thought** /mɪθɔ́ːt/) 《古風》 または 《滑稽》 〖私には...と思われる.

***meth·od** /méθəd/ 🔢 名 (**meth·ods** /méθədz/; 形 **méthodical**) Ⓒ **1** 《組織立った》 **方法, 方式** 《☞ 類義語》: ~s of payment 支払い方法 / use [adopt] a new ~ 新しい方法を用いる[採用する] / give up an old ~ 古いやり方をやめる / He has introduced a new ~ of [for] teaching foreign languages. 彼は外国語の新教授法を紹介した. **2** Ⓤ 《格式》(考え・行動などの整然とした) 筋道, 秩序, きちょうめんさ: There's ~ in[to] his madness. 彼の狂気の中にも筋道は通っている(見かけほどむちゃくちゃではない) 《Hamlet の中のことば》. 語源 ギリシャ語で「後を追っていくこと」の意. **with méthod** [副] 順序立てて. **without méthod** [副] でたらめに.

【類義語】 **method** 細部まで整然と筋の通った秩序立った方法: a scientific *method* of investigation 科学的調査法. **manner** 他と異なる独特のやり方の意で, 個性や癖の表われている場合に多く用いられる: He speaks in a general, abstract *manner*. 彼は一般的で抽象的なものの言い方をする. **fashion** 単なる外面上のやり方について多く用いる格式ばった語: in military *fashion* 軍隊式に. **way** 以上のどの語の意味でも用いられるごく一般的な語.

⁺**me·thod·i·cal** /məθɑ́dɪk(ə)l| -θɔ́d-/ 形 (名 **méthod**) (組織立った)方法によった, 整然とした, 組織的な; きちょうめんな. **-cal·ly** /-kəli/ 副 組織的に.

Meth·od·ism /méθədɪzm/ 名 Ⓤ 《キ教》 メソジスト派, メソジスト派教義.

⁺**Meth·od·ist** /méθədɪst/ 名 Ⓒ メソジスト教徒.
─ 形 メソジスト派[教徒]の.

meth·od·o·log·i·cal /mèθədəlɑ́dʒɪk(ə)l| -lɔ́dʒ-ʹ/ 形 《格式》方法論的の. **-cal·ly** /-kəli/ 副 方法論的に.

meth·od·ol·o·gy /mèθədɑ́lədʒi| -dɔ́l-/ 名 Ⓤ Ⓒ 《格式》方法論; 方式, 方法, やり方.

meths /méθs/ 名 Ⓤ 《英略式》 =methylated spirits.

Me·thu·se·lah /məθ(j)úːz(ə)lə| -θjúː-/ 名 圄 〖聖〗 メトセラ 《969歳まで生きたといわれる Noah の洪水前の族長》: **as old as** ~ メトセラのように長生きな.

meth·yl /méθ(ə)l, méθaɪl| míː-/ 名 Ⓤ 〖化〗 メチル(基).

méthyl álcohol 名 Ⓤ メチルアルコール.

méth·yl·at·ed spírits /méθəlèɪtɪd-/ 名 Ⓤ 《主に英》変性アルコール 《ランプ・ヒーター用》 《略式 meths》.

METI /emìːtiːáɪ/ 略 =Ministry of Economy, Trade and Industry. 日本の経済産業省.

⁺**me·tic·u·lous** /mətíkjuləs/ 形 細かいことに気を使う[うるさい]; きちょうめんな, 厳密な (*about, in*). **~·ly** 副 細心に; きちょうめんに. **~·ness** 名 Ⓤ 細心さ; きちょうめんさ.

mé·tier, me·tier /métjeɪ/ 《フランス語から》 名 Ⓒ 〖普通は単数形で〗 《格式》職業; 専門; 得意の分野.

Mét Óffice 名 《the ~》《英略式》気象庁.

mé·too /míːtúː/ 形 Ⓐ 《軽蔑》人のまねの, 模倣主義の.

me·too·is·m /míːtúːɪzm/ 名 Ⓤ 《軽蔑》人まね, 模倣主義.

***me·tre**¹ /míːtə| -tə/ 名 《英》 =meter¹.

⁺**me·tre**² /míːtə| -tə/ 名 《英》 =meter³.

met·ric /métrɪk/ 形 **1** (名 méter¹) メートル法の: a ~ メートル法を採用する. **2** =metrical.

met·ri·cal /métrɪk(ə)l/ 形 **1** 《格式》韻律の, 韻文

の. **2** 計量の. **-cal·ly** /-kəli/ 副 韻律上[的に].

met·ri·cate /métrɪkèɪt/ 動 他 (格式)⟨…⟩をメートル法へ移行させる.

met·ri·ca·tion /mètrɪkéɪʃən/ 名 U (格式)メートル法化[移行].

met·ri·cize /métrəsàɪz/ 動 他 ⟨…⟩をメートル法に換える.

métric sỳstem 名 [the ~] メートル法.

⁺**métric tón** 名 C メートルトン (1000 キログラム).

⁺**met·ro** /métrou/ 名 (~s) C [普通は the ~, the M-] (パリの)地下鉄. [副] 地下鉄で. **by métro** [副] 地下鉄で. ── 形 (米略式) =metropolitan.

met·ro·nome /métrənòum/ 名 C (楽) メトロノーム.

met·ro·nom·ic /mètrənámɪk | -nóm-/ 形 メトロノームの(ような), 規則正しい.

me·trop·o·lis /mətrápəlɪs, -tróp-/ 12 名 (形 mètropólitan) C (主に文) 1 [普通は単数形で] 主要[大]都市; 首都 (capital). **2** (文化などの)中心地. **語源** ギリシャ語で「母なる都市, 首都」の意.

*****met·ro·pol·i·tan** /mètrəpálətn | -pól-/ 形 (名 metrópolis) A 1 大都市の; 首都の: the ~ area 大都市[首都]圏. 2 (植民地に対して)本国の. 3 都会(人)風の, 都会的な. ── 名 C 1 大都会の市民, 都会人. 2 [しばしば M-] (キ教) 大司教.

Metropólitan Muséum of Árt 名 個 [the ~] メトロポリタン美術館 (New York 市にある米国最大の美術館).

Metropólitan Ópera (Hòuse) 名 個 [the ~] メトロポリタン歌劇場 (New York 市 Lincoln Center にある; 通称 the Met).

Metropólitan Políce 名 個 [the ~; 単数または複数扱い] ロンドン警視庁 (《英略式》the Met).

-me·try /mətri/ 接尾「(測定)法」の意: geometry 幾何学. **語法** 直前の音節に第一アクセントがくる(☞ -meter¹ **語法**).

met·tle /métl/ 名 U (格式) 1 気概, 気骨, 勇気: a person of ~ 気概のある人. 2 気性, 気質. **be on one's méttle** [動] (英格式) 発奮している. **shów** [**próve**] **one's méttle** [動] (格式) 気概を示す, 発奮する.

met·tle·some /métlsəm/ 形 (格式) 血気盛んな, 気概のある, 元気のよい.

meu·nière /məːnjéə | -njéə/ 《フランス語から》形 ムニエルの (小麦粉をまぶしてバターで焼いた).

⁺**mew** /mjúː/ 動 自 (猫・かもめが)鳴く (meow). ── 名 C にゃあ, みゃお (猫・かもめの鳴き声).

mewl /mjúːl/ 動 自 (文) (赤ん坊などのように)弱々しく泣く.

mews /mjúːz/ 名 (複 ~) C (主に英) (昔厩舎だった建物の並ぶ)路地[広場] (しばしば地名に用いる).

Mex. 略 =Mexico.

Mex·i·can /méksɪk(ə)n/ 形 メキシコの; メキシコ人[系]の. ── 名 C メキシコ(系)人.

Méxican júmping bèan 名 C メキシコとびまめ (メキシコ産; 中に入っている蛾の幼虫の動きで跳びはねる).

Méxican wáve 名 C (英) =wave 5.

Mex·i·co /méksɪkòu/ 名 個 **1** メキシコ (米国の南にある共和国; 首都 Mexico City; Mex.; ☞ 表地図; America 表 New Mexico). **2 the Gulf of ~** メキシコ湾 (☞ 表地図 G 5).

México Cíty 名 個 メキシコシティー (メキシコの首都; ☞ 表地図 G 6).

mez·za·nine /mézənìːn/ 名 C **1** 中二階. **2** (米) 二階桟敷(の前列) (特等席).

mez·zo /métsou, médzou/ 《楽》名 (~s) C = mezzo-soprano. ── 副 適度に, やや: ~-piano メゾピアノ(やや弱く) / ~-forte メゾフォルテ(やや強く).

micro- 1103

mézzo-sopráno 《楽》名 (~s) C **1** メゾソプラノ (女声の中間音域; ☞ register 表); メゾソプラノの声. **2** メゾソプラノ歌手. ── 形 A メゾソプラノの.

mézzo-tint 名 U (格式) メゾチント彫法 (明暗の調子を主とした銅版術); C メゾチント版画.

MF /émèf/ 略 =medium frequency.

MFA /émèféɪ/ 略 (米) =Master of Fine Arts 美術修士.

mfg. 略 =manufacturing.

mfr. 略 =manufacturer.

⁺**mg** 略 =milligram(s).

MG /émdʒíː/ 略 MG (英国製のスポーツカー).

MGM /émdʒìːém/ 略 個 MGM (アメリカの映画会社).

Mgr, mgr. 略 **1** =Monsignor. **2** =manager.

MHz 略 =megahertz.

mi /míː/ 名 [単数形で] 《楽》ミ (全音階の第 3 音).

MI 略 =《米郵》Michigan.

mi. 略 =mile(s), mill(s) (☞ mill²).

MIA /émàɪéɪ/ 略 (米) missing in action 戦闘中行方不明(者).

Mi·am·i /maɪæmi/ 名 個 マイアミ (米国 Florida 州南東部の港市で避寒地; ☞ 表地図 H 5).

mi·aow /miáu/ 名, 動, (英) =meow.

mi·as·ma /maɪæzmə, mi-/ 名 (~s, -ma·ta /-mətə/) C [普通は単数形で] (文) (沼地などから発生する)毒気; 悪い影響 (雰囲気).

mi·ca /máɪkə/ 名 U (鉱物) 雲母.

Mi·cah /máɪkə/ 名 個 (聖) ミカ書 (旧約聖書中の一書).

*****mice** /máɪs/ 名 mouse の複数形.

Mich. 略 =Michigan.

Mi·chael /máɪk(ə)l/ 名 個 マイケル (男性の名; 愛称は Mike または Mick, Mickey, Micky).

Mich·ael·mas /mík(ə)lməs/ 名 U,C ミカエル祭 (9 月 29 日; ☞ quarter day).

Míchaelmas dáisy 名 C (ミカエル祭のころに咲く)アスター類の花.

Míchaelmas tèrm 名 C (英) (大学の)秋学期.

Mi·chel·an·ge·lo /màɪkəlændʒəlòu/ 名 個 ミケランジェロ (1475–1564) (イタリアの彫刻家・画家・建築家).

Mich·i·gan /míʃɪgən/ 名 個 **1** ミシガン (米国北部の州; 略 Mich., 《郵》では MI; 俗称 the Great Lake State; the Wolverine State; ☞ America 表, 表地図 H 3). **2 Lake ~** ミシガン湖 (米国 Michigan 州と Wisconsin 州の間の湖; ☞ Great Lakes, 表地図 H 3).

mick /mík/ 名 C [時に M-] (英) [しばしば差別] アイルランド人.

Mick /mík/ 名 個 ミック (男性の名; Michael の愛称).

mick·ey /míki/ 名 C =Mickey Finn. **táke the míckey (òut of ...)** [動] Ⓢ (略式, 英・豪) (…)を(まねたり笑ったりして)からかう (しばしば親しみを込めて).

Mick·ey, Mick·y /míki/ 名 個 ミッキー (男性の名; Michael の愛称).

Míckey Fínn /-fín/ 名 C (古風, 略式) 睡眠薬[下剤]入りの酒.

⁺**Míckey Mòuse** 名 個 ミッキーマウス (Disney のアニメに登場するねずみ). ── 形 A (略式) (会社・組織・機械・科目などの)取るにたらない; つまらない, くだらない.

mi·cro /máɪkroʊ/ 名 (~s) C (古風, 略式) =microcomputer.

mi·cro- /máɪkroʊ/ 《ギリシャ語から》接頭 **1**「小, 微小」の意 (反 macro-): microfilm マイクロフィルム / microscope 顕微鏡. **2**「100 万分の 1」の意.

microanalysis

mìcro·análysis 名 U 《化》微量分析, ミクロ分析.

mi·crobe /máikroub/ 名 C 微生物, 細菌.

mi·cro·bi·al /maikróubiəl/ 形 微生物の, 細菌の.

mìcro·biológical 形 A 微生物学の.

mìcro·biólogist 名 C 微生物学者.

mìcro·biólogy 名 U 微生物学, 細菌学.

mìcro·brèw 名 C 小口醸造ビール, 地ビール.

mìcro·brèwery 名 C 小規模[小口]ビールメーカー, 地ビール醸造所[業者].

mícro·bùs 名 C マイクロバス, 小型バス (minibus).

mìcro·cassètte 名 C マイクロカセット《超小型のカセットテープ》.

mícro·chìp 名 C 《電工》マイクロチップ《微小の機能回路》.

mícro·cìrcuit 名 C 《電》超小型[ミクロ]回路.

mícro·clìmate 名 C 小気候《一局地の気候》.

mícro·compùter 名 C マイクロコンピューター.

mícro·còpy 名 (-copies) C マイクロコピー, 縮小複写.

mi·cro·cos·m /máikrəkàzm | -kɔ̀zm/ 名 C 《格式》小宇宙(の)《⇔ macrocosm》; 《宇宙の縮図としての》人間(社会); 縮図 (of).

in microcosm [副]《格式》縮図の形で: If you visit the city, you can see the whole country *in* ~. その都市を訪れればその国全体を縮図の形で見ることができる.

mìcro·cósmic 形 《格式》縮図の.

mícro·dòt 名 C 1 マイクロドット《文書などの極小マイクロ写真》. 2 《俗》LSD 入りのビル[カプセル].

mìcro·económic 形 ミクロ[微視的]経済学の.

mìcro·económics 名 U ミクロ[微視的]経済学.

mìcro·electrónic 形 微小電子工学の.

mìcro·electrónics 名 U 微小電子工学.

mícro·fìber 名 U.C マイクロファイバー《直径数ミクロン程度の合成繊維》.

mi·cro·fiche /máikroufì:ʃ, -fì:ʃ/ 名 (~(s)) C.U マイクロフィッシュ《書籍の全ページなどを写したシート状のマイクロフィルム》.

mícro·fìlm 名 U.C マイクロフィルム《文書などの縮小撮影フィルム》. ― 動 〈…〉をマイクロフィルムにとる.

mícro·fòrm 名 U 縮小複写[撮影].

mícro·gràm 名 C マイクログラム $(10^{-6}$ gram$)$.

mícro·lìght, mícro·lìte 名 C 超軽量飛行機《1 人または 2 人乗り》.

mícro·mánage 動 他 〈…〉の細かい点に至るまで管理[統制]する.

mícro·mánager 名 C 細かい点に至るまで管理する人.

mícro·mèsh 名 U 網目の細かい靴下用の生地.

mi·crom·e·ter¹ /maikrámətə | -krɔ́mətə/ 名 C マイクロメーター, 測微計.

mícro·mèter², 《英》-metre 名 C マイクロメートル《100 万分の 1 メートル》.

mi·cron /máikran | -krɔn/ 名 C ミクロン《100 万分の 1 メートル》.

Mi·cro·ne·sia /màikrəní:ʒə/ 名 固 ミクロネシア《Oceania 北西部の諸島の総称》.

Mi·cro·ne·sian /màikrəní:ʒən/ 形 1 ミクロネシア(人)の. 2 ミクロネシア語群の. ― 名 1 C ミクロネシア人. 2 U ミクロネシア語群.

mìcro·nútrient 名 C 《生化》微量元素; 微量栄養素.

mìcro·órganism 名 C 微生物《バクテリアなど》.

mi·cro·phone /máikrəfòun/ 名 (~s /-z/) C マイクロホン, マイク《《略式》mike》: speak *through [into]* a ~ マイクで話す. 語源 micro- (小)+-phone (音). 小さな音を大きくするから《☞ megaphone 語源》.

mìcro·phýsics 名 U ミクロ物理学《素粒子・原子などを扱う》.

mícro·pròcessor 名 C 《電算》マイクロプロセッサー《超小型コンピューターの中央処理装置》.

mícro·rèader 名 C マイクロリーダー《マイクロフィルムの拡大投射装置》.

mi·cro·scope /máikrəskòup/ 13 名 C 顕微鏡. 語源 ☞ micro-, -scope. **pút** [**exámine**]…**ùnder the micróscope** [動] 他〈…〉を詳細に分析[調査]する: He *examined* a drop of blood *under the* ~. 彼は血液の 1 滴を顕微鏡で調べた.

mi·cro·scop·ic /màikrəskɑ́pɪk | -skɔ́p-/, **-scop·i·cal** /-k(ə)l/ 形 1 顕微鏡でしか見えない, 微小の. 2 A 顕微鏡の[による]. 3 微視的な.

-cal·ly /-kəli/ 副 顕微鏡的に; 微視的に.

mícro·sècond 名 C マイクロ秒《100 万分の 1 秒》.

Mi·cro·soft /máikrəsɔ̀:ft | -sɔ̀ft/ 名 固 マイクロソフト《米国のコンピューターソフトウェア会社》.

mícro·strúcture 名 C 微(細)[ミクロ]構造《顕微鏡を使わなければ見えない構造》.

mìcro·sùrgery 名 U 顕微鏡外科[手術].

mìcro·súrgical 形 顕微鏡外科[手術]の.

mi·cro·wav·a·ble /màikrəwéivəbl/ 形 電子レンジで調理できる.

mi·cro·wave /máikrəwèiv/ 名 (~s /-z/) C 1 電子レンジ《☞ kitchen 挿絵》: I put the fish in the ~ and defrosted it. 魚を電子レンジに入れて解凍した / a ~ safe dish 電子レンジで使用できる皿. 日英比較「電子レンジ」は electronic range とはいわない. 2 《無線》極超短波, マイクロ波《波長は 1 mm から 30 cm》. ― 動 他 〈…〉を電子レンジで調理する.

mi·cro·wav·e·a·ble /màikrəwéivəbl/ 形 = microwavable.

mícrowave òven 名 C = microwave 1.

mid¹ /míd/ 名 A 中央の, 中央の, 中間の: in ~ June 6 月半ばに.

mid² /mɪd/ 前 《詩》…の中で; …に囲まれて (amid).

mid- /míd/ 接頭「中央, 中間」の意: *mid*summer 真夏.

míd·àir 名 U 空中, 中空: in ~ 空中で, 中空に / a ~ collision 空中衝突.

Mi·das /máidəs/ 名 固 《ギ神》ミダス《手に触れるものをみな黄金に変える力を得たが, 食べることも飲むこともできないので元に戻してもらった王様》.

Mídas tóuch 名 [the ~] 金もうけの才能.

mìd-Atlántic 形 《英語の発音などが》英米両方の特徴をもった.

mìd-Atlántic státes 名 固 [複] [the ~] 中部大西洋岸諸州《New York, New Jersey, Pennsylvania 3 州; Delaware, Maryland を含むこともある》.

míd·dày /míddèi/ 名 U A 正午, 真昼 (noon): at ~ 正午に / a ~ meal 昼食.

míd·den /mídn/ 名 C 《古語》ごみ[ふん]の山.

mid·dle /mídl/ 同音 medal, meddle, metal 名 (~s /-z/)

―― リスニング ――

middle /mídl/, idle /áidl/ などの語末の /dl/ は弱い「ドゥー」である《「ルー」については 注意 のように聞こえる《☞ つづり字と発音解説 63》. このため middle, idle は「ミドゥー」, 「アイドゥー」《米》ではまた「ミルー」, 「アイルー」に聞こえる. 「ミドル」, 「アイドル」と発音しない.

1 [the ~] 真ん中 (の部分), 中央の; (期間などの)中間, 中途; (地位などの)中位《☞ 類義語》: *the* ~ *of the room* [field] 部屋[畑]の真ん中 / somewhere *in the*

~ 二つ[両者]の中間あたり / Come and sit *in the* ~. 真ん中へ来てお座りなさい. **2**《略式》[the ~, または所有格とともに](人体の)胴, ウエスト (waist): I measure 25 inches around *the* ~. 私の胴回りは 25 インチある.
be caúght [stúck] in the míddle [動] 自 板ばさみになる; (悪い事態に)巻き込まれる *(of)*.
dòwn the míddle [副] 真っ二つに; ちょうど半分に: split [divide] the cost *down the* ~ 費用を折半する.
in the míddle of ... [前] (1) ...の真ん中に, ...の中央に: The girl was standing (right) *in the* ~ *of* the road. その女の子は道の真(ま)ん中に立っていた / The cherry trees will be in full bloom *in the* ~ *of* April. 桜は 4 月の半ばには満開になるだろう / It occurred *in the* ~ *of* the night. それは夜中に起こった《☞ midnight 1 語法》. (2) ...の最中に, ...している(最中に) (doing): Mr. Long had to leave *in the* ~ *of* the discussion. ロング氏は討論の最中に中座しなければならなかった.

─ 形 A **1** [比較なし] 真ん中の, 中央の, 中間の: the ~ house in the row 家並みの真ん中の家 / the child of three 3 人兄弟の真ん中の子供 / in one's ~ twenties 20 代の半ばで[に]. **2** 中位の, 中等の, 並みの.
《類義語》**middle** は厳密には 2 点または 2 面の間の真ん中を表わす: Fold the paper in the *middle*. その紙を真ん中で折りなさい. **center** は円形または球形の物の周囲から等距離にある真ん中を表わし, 直線的な物には使えない: the *center* of a circle 円の中心. また middle は center に比べて, より漠然と中央付近の線たる場所を示すことが多く, 時間や比喩的な意味にも用いられる. **heart** 重要性も高く, 密度も濃い中心部をいう: The building is in the *heart* of the city. その建物は市の中心部にある.

⁺**míddle áge** 名 U 中年, 初老《40–60 歳または 45–65 歳ぐらい》.
***míddle-áged** 形 **1** 中年の: a ~ man 中年の男 / ~ spread [しばしば滑稽] 中年太り / the ~ 中年の人たち《複数名詞のように扱われる; ☞ the³ 3》.
2《態度・考え方などが》中年特有[好み]の, 保守的の.

⁺**Míddle Áges** 名 [複] [the ~] 中世《ヨーロッパ史では西ローマ帝国衰退期の 4–5 世紀から文芸復興 (the Renaissance) の始まる 15 世紀まで》.

Middle América 名 **1** U 中流階級の米国人《全体; 保守的と見なされている》. **2** 米国中西部 (Midwest). **3** 中部アメリカ《中米 (Central America) のほかにメキシコ, 時に西インド諸島も含む》.

Middle Américan 名 C **1** 中流階級の米国人. **2** 中部アメリカ人.

míddle·brów [普通は軽蔑] 形, 名 C 学問や教養が中程度の(人(向きの)). 関連 **highbrow** 学問や教養の高い人 / **lowbrow** 学問や教養の低い人.

míddle C /-síː/ 名 U 《鍵盤》中央のハ音.

***míddle cláss** /mídlklǽs | -klɑ́ːs⁺/ 名 [the ~, 《英》単数または複数扱い; 時に the ~es] 中流階級《☞ collective noun 文法》: The family belongs to the ~. その家族は中流階級に属す / ☞ **upper middle class**.

***míd·dle-class** /mídlklǽs | -klɑ́ːs⁺/ 形 中流階級の; [しばしば軽蔑] プチブル[小市民]的の: ~ life 中流階級の暮らし. 関連 **upper-class** 上流階級の / **lower-class** 下層階級の / **working-class** 労働者階級の.

míddle constrúction 名 C,U《文法》中間構文.

┌─────────────────────────┐
│ 文法 中間構文
│ 基本的には他動詞である動詞がその目的語に当たるものを主語として用いられ, 形は能動態であり
ながら受動態の意味を表わす場合の文をいう. 次の例では (2) は普通の受動態の文で, (3) が中間構文である. この構文で用いる動詞を中間動詞と呼ぶ.
　(1) Tom *washed* the shirt.《トムはそのシャツを洗った》[能動態の文]
　(2) The shirt *was washed* by Tom.《そのシャツはトムが洗った》[受動態の文]
　(3) This shirt *washes* easily.《このシャツは簡単に洗える》[中間構文]
中間構文にはいくつかの特徴がある. 一般に出来事でなく, 主語で表わされるものの特性を述べる. 受身文で使われる by Tom のような動作主を示す語句は用いられない. 多くは easily, well などの副詞を伴ったり, 否定文になったりする.
類例に cut (切れる), copy (コピーに取れる), lock (錠がかかる), peel (皮がむける), read (読める), sell (売れる) などがある.
└─────────────────────────┘

míddle cóurse 名 [単数形で] 中道, 中庸.
fóllow [táke, stéer] a [the] míddle cóurse [動] 中庸の道をとる.

míddle dístance 名 **1** [the ~]《風景・絵画などの》中景. 関連 **foreground** 前景 / **background** 背景. **2** C《スポ》中距離.

míddle-dístance 形 中距離の: a ~ runner 中距離走者.

míddle éar 名 [the ~]《解》中耳(ちゅうじ).

***Míd·dle Éast** /mídlíːst/ 名 [the ~] 中東, 中近東《リビアからアフガニスタンに至る北東アフリカ・アラビア半島・西南アジアの一帯の総称》. 関連 **Far East** 極東 / **Near East** 近東. 語法 現在では近東 (Near East) の部分も含む.

⁺**Míddle Éastern** 形 中東の.

Míddle Éngland 名 U イングランドの(保守的)中産階級.

Míddle Énglish 名 U 中(期)英語《1100–1500 年ごろの英語; 略 ME》.

míddle fínger 名 C 中指《☞ hand 挿絵》.

míddle gróund 名 [単数形で; 普通は the ~]《政治的立場の》中道, 妥協点 *(between)*.

míddle-íncome 形 中(間)所得(者)層の.

⁺**míd·dle·man** /mídlmæ̀n/ 名 (**-men** /-mèn/) **1** 仲買人, 中間商人《生産者と小売商・消費者との間に立つ》. **2** 仲介[仲裁]者. **cút óut the míddleman** [動] 中間業者を省く.

míddle mánagement 名 U [単数または複数扱い] 中間管理職《全体》.

míddle mánager 名 C 中間管理職の人.

míddle náme 名 C ミドルネーム《Robert Louis Stevenson の Louis のように first name と surname の間の名; ☞ name 名 1 参考》.

...'s míddle náme 名《略式》[しばしば滑稽] ...のきわ立った性格[特徴]: Obstinacy is her ~. 彼女は強情のかたまりみたいな[すごく強情な]人だ.

míddle-of-the-róad 形《政策などが》中道の; 穏健な; 《ポピュラー音楽などが》万人受けする.

míddle schóol 名 C,U《米》ミドルスクール, 中等学校《4-4-4, 6-3-3 などの学年制で中間の学年を教育する学校; ☞ school¹ 表》;《英》= **secondary school**.

míddle-sízed 形 中型の.

míddle wáy 名 [単数形で] = **middle course**.

míddle wéight 名 C《ボクシング・レスリング・重量挙げの》ミドル級の選手.

⁺**Míddle Wést** 名 [the ~] = **Midwest**.

míd·dling /mídlɪŋ/ 形 [普通は A] 並みの, 二流の. **fáir to míddling** [形]《略式》まあまあの.

míd·dy blóuse /mídi-/ 名 C ミディブラウス《女

性・子供用のセーラーカラーのゆるいブラウス).
Mid·east 名 固 [the ~] 《米》=Middle East.
mid·field 名 U (サッカーなどで)フィールドの中央部(の選手(全体)); [形容詞的に] フィールド中央部の.
mid·fielder 名 C 《サッカー》ミッドフィールダー.
midge /mídʒ/ 名 C ゆすりか《吸血しない小さい昆虫》; ぬかか《吸血する》.
midg·et /mídʒɪt/ 名 C **1** [差別] 小人(こびと)《この語を避けて a person of restricted growth などと言う; ☞ dwarf 類義語》; [形容詞的に] 超小型の. **2** 小型の物, 《英俗》あまり背の高くない人.
mid·i /mídi/ 名 C ミディ《ふくらはぎの中ほどまでのドレスなど; ☞ maxi, mini》. ── 形 A ミディの.
MIDI /mídi/ 略 略 =musical instrument digital interface ミディ《電子楽器などの統一規格》.
⁺**mid·land** /mídlənd/ 名 **1** C (国の)中部地方; [形容詞的に] 内陸の, 中部地方の. **2** [the M-] 米国中部地方. **3** [the Midlands として単数または複数扱い] イングランドの中部地方.
Mid·land·er /mídləndə | -də-/ 名 C イングランドの中部地方の人.
mid·life /mídlàɪf/ 名, 形 人生半ば(の), 中年(の).
mid·life crisis 名 C 中年の危機《焦り・自信喪失など》.
mid·line 名 C (身体などの)中線.
mid·most 形 A 《文》真ん中の.
*****mid·night** /mídnàɪt/ 名 **1** U 午前 0 時《☞ day 表》《反 noon》: after [before] ~ 0 時過ぎ[前]に / I returned home *at* ~. 私は 0 時ごろに帰った / 12 時の 12 時《12 noon (昼の 0 時)に対して》. 語法 普通 at midnight は「真夜中の 0 時に」であるのに対し, in the middle of the night は「夜中[深夜]に」の意で午後 11 時から午前 4 時ごろまでと幅がある. **2** [形容詞的に] 真夜中の; 真っ暗やみの: the ~ sun 真夜中の太陽《極地の夏に見られる》 / a ~ feast 《英》《子供が》夜中にこっそり食べる食事 / ~ blue 濃紺色.
Midnight Mass 名 CU 真夜中のミサ《キリストの降誕を祝ってクリスマスイブの深夜に行なわれるもの》.
mid·point 名 C [普通は単数形で] (距離・期間などの)中間[中心](点) (*of*).
mid·range 形 A 普通の, 並の.
mid·riff 名 (~s) C 胴の中央《胸部と腰部の間》; 《解》横隔膜; ─ bulge 《主に米》中年太り.
mid·section 名 C (もの・体の)中央部分.
mid·ship·man /-mən/, **-men** /-mən/ 名 C 《米》海軍兵学校生徒; 《英》海軍少尉候補生.
mid·ships /mídʃɪps/ 副 船の中央に[中央で]《操舵号令》.
mid·size(d) 形 A 《米》(自動車など)中型の.
*****midst** /mídst, mítst/ 名 [the ~, または所有格とともに]《格式》中央, 真ん中: We have an enemy in *our* ~. 我々の内部に敵がいる. **in the midst of** ~ [前] …の真ん中に; …のさなかに (doing); 《古語》…に囲まれて. ── 前 《古語》…の中に; …のさなかに (amid).
mid·stream 名 U (川の)流れの中ほど, 川の中央; (物事の)途中. **in midstream** [副] 川の真ん中で; (話などの)途中で. ── 流れの中ほどで, 途中で.
⁺**mid·sum·mer** 名 U 夏至のころ《6 月 21 日ごろ》; 真夏: ~ madness 《古》狂気のさた, とんでもない愚行.
Midsummer('s) Day 名 UC 《英》バプテスマのヨハネ《☞ John 4》の祭日《6 月 24 日》.
mid·term 名 C (学期や政権任期の)中間(期); 《米》中間試験. ── 形 (学期や政権任期の)中間の: the ~ election [exam] 中間選挙[試験].
midterm break 名 C 学期半ばの短い休み.
mid·town /米》名 U (大都会の)中間部《商業地区 (downtown) と住宅地区 (uptown) の中間地区》.

── 副 形 (大都会の)中間部へ[の].
⁺**mid·way**¹ 名 A, 副 (場所・時間の)中途の[に], (両者の)中ほどに[の] (*between, through, along*).
mid·way² 名 C 《米》(博覧会の)催し物広場.
Midway Atoll /mídweɪ/ 名 固 [the ~] ミッドウェー環礁《the Midway Islands》.
Midway Islands 名 固 [複] [the ~] ミッドウェー諸島《Hawaii の北西方でミッドウェー海戦の場所》.
mid·week 名 U 週の半ば《特に水曜》; [形容詞的に] 週半ばの: in ~ 週の半ばに. ── 副 週半ばに.
⁺**Mid·west** 名 固 [the ~] 米国中西部《Allegheny 山脈から Rocky 山脈に至る地域》.
⁺**Mid·western** 形 米国中西部の.
mid·wife /mídwàɪf/ 名 (**-wives** /-wàɪvz/) C 助産師, 産婆.
mid·wife·ry /mídwàɪf(ə)ri, -wíf-/ 名 U 産科学, 産婆術.
mid·win·ter 名 U 真冬; 冬至《12 月 22 日ごろ》.
mid·year 名 **1** U 一年[学年]の中ごろ. **2** C [しばしば複数形で] 《米》(学年の)中間試験. ── 形 A 一年[学年]の中間の[にある].
mien /míːn/ 名 [単数形で]《文》(…の)態度, 風采(ふうさい): a ~ of gentle ~ 物腰の優しい紳士.
Mies van der Ro·he /míːzvændərróʊə | -də-/ 名 固 **Ludwig** /lúdvɪɡ/ ~ ミース・ファン・デル・ローエ (1886-1969)《ドイツ生まれの米国の建築家・デザイナー》.
miffed /míft/ 形 [普通は P] 《略式》むっとして.
Mif·fy /mífi/ 名 固 ミッフィー《オランダの絵本に出てくるうさぎ》.
MI5 /émaɪfáɪv/ 名 固 U 英国諜報部 5 部《国内のスパイ・破壊活動の取締り》.
MIG, MiG /míɡ/ 名 C ミグ《旧ソ連の戦闘機》.

*****might**¹ /maɪt, máɪt/《同音 mite》助 **may** の過去形.

① …かもしれない	A 1; B 1, 4, 5
② …してもよい; 仮に…してよいのなら	A 2; B 3, 7
③ …するために; …できるかもしれない	A 3; B 2, 6
④ [wh 節で] …だろうか	A 4

A [直説法過去形] 語法 間接話法の場合や複文において主節の述語動詞が過去時制のとき, 従属節において用いられる《☞ sequence of tenses 文法》.
1 /màɪt/ **…かもしれない**, 多分…だろう《☞ may¹ 1》 [言い換え] He said (that) the news ~ not be true. (=He said, "The news *may* not be true.") 彼はその知らせは本当ではないかもしれないと言った / [言い換え] She *said* (that) Sam ~ have arrived in Paris. (=She said, "Sam *may* have arrived in Paris.") 彼女はサムはパリにもう着いたかもしれないと言った / I thought he ~ come. 私は彼が来るかもしれないと思った.
2 …してもよい, …を差し支えない (could) 《☞ may¹ 2》 [言い換え] He *told* me (that) I ~ go wherever I liked. (=He said to me, "You *may* go wherever you like.") 私はどこでも好きな所へ行ってよろしいと言った / [言い換え] I *asked* her if I ~ use the phone. (=I said to her, "*May* I use the phone?") 私は彼女に電話を借りてもいいですかと聞いた / She *an*swered that I ~ take that one. 彼女は私にそれを取ってもよいと答えた.
3 [目的を表わす副詞節で]《格式》**…するために**, …することができるように《☞ may¹ 5》 She *studied* very hard *in order that* she ~ succeed. うまくいくようにと彼女は一生懸命勉強した / We *started* at once *so that* we ~ meet her at the station. 駅で彼女を出迎えられるように私たちはすぐに出かけた (Let's start at once *so that* we *may* meet her at the station. と比較).

4 [主に wh 節で] …だろうか, …かしら《☞ B 9; may[1] 7》: I *wondered what* he ～ be doing there. 一体あの男はそこで何をしているのかなと思った / The girl *asked* me *how* old he ～ be. 少女は私にあの人は一体何歳でしょうと尋ねた.
5 (1) [希望・懸念などを表わす動詞などに続く名詞節で] …するように(と), …ではないか(と)《☞ may[1] 6 (1)》: She *said* she *feared that* he ～ fail. (=She said, "I fear that he *may* fail.") 彼女は彼が失敗するのではないかと心配していると言った. (2)《格式》(願わくは)…しますように(と)《☞ may[1] 6 (2)》: [言い換え] He *wished* that I ～ be happy. (=He said to me, "*May* you be happy!") 彼は幸せになるようにと言ってくれた.
B [仮定法過去形]
1 /màɪt/ (1) **…かもしれない** 《「もしかすると」という仮定の気持ちが加わり may よりも疑いの気持ちが強い場合もあるが, ほぼ同様に用いられる; ☞ could B 1 (4)》: It ～ rain tomorrow. あすは雨かもしれない / Things ～ not be as bad as they seem. 事態は見かけほど悪くないのかもしれない《☞ may[1] 1 [語法] (1)》/ He ～ come or he ～ nót. 彼は来るかもしれないし, 来ないかもしれない / *M*～ it not be better to stop now? もうやめたほうがよいのではないか.
(2) [might have＋過去分詞の形で; ☞ B 5, B 6 (2)] (もしかすると)…**したかもしれない** 《過去のことに対する疑いを含んだ現在の推量を表わす; ☞ if[1] 3 [文法]》: You ～ *have dropped* it somewhere. ひょっとしたらどこかに落としたかもしれない / She ～ not *have known* the truth. 彼女はもしかしたら真相を知らなかったのかもしれない.
2 (1) [平叙文で] …**できるかもしれない** 《may よりは意味が弱い》: He ～ be called the Shakespeare of Japan. 彼は日本のシェークスピアと言えるかもしれない.
(2) [might … but ― の形で, 譲歩を表わす] Ⓢ (あるいは)…**かもしれないが**(しかし―): He ～ be [have been] clever, *but* he doesn't [didn't] know everything. 彼は利口(だった)かもしれないが, 何でも知っている[いた]わけではない《☞ partial negation [文法]》. (3) [副詞節で] たとえ…であっても: Whatever faults he ～ have [have had], meanness is [was] not one of them. 彼にたとえどんな欠点があろうとも[あったとしても]卑劣ということはない[なかった].
3 [現在における仮定を表わす節で] 仮に…してよいのなら, もし…することが許されるのなら《けんそんした言い方を表わす》: *If* I ～ make a guess, I should say that it would be impossible. 私に推量が許されるのならそれは不可能だろうと申し上げたい.
4 /màɪt/ [仮定の結果を表わす節で] (仮に…ならば[だとすれば])…**かもしれない**; …**できるかもしれない**: She ～ (just) be successful *if* she *tried* harder. 彼女はもっと努力すれば成功するかもしれないのに.
5 /màɪt/ [might have＋過去分詞の形で; ☞ B 1 (2); B 6 (2); if[1] 3 [文法]] (1) (仮に…だったとしたならば)…**であったかもしれない**; …**できたかもしれない** 《過去の事実と反対の条件の下での結果を示す》: *If* he ˹*had tried* harder [*were* a different sort of person], he ～ *have succeeded*. もし彼がもっと努力していたら[あんな人間でなかったなら], 成功したかもしれない. (2) [仮定を表わす節などが省略されて]《実際には起こらなかった過去のことについての推量を表わす》: This medicine ～ *have cured* him. この薬があったら彼の病気は治っていたかもしれないのに // ☞ might-have-beens.
6 [非難や残念な気持ちを表わして] Ⓢ (1) (…してくれるつもりなら)**できるのに**, …**してくれてもよいのに**: You ～ (at least) help us. (せめて)私たちを助けて[手伝って]くれてもよさそうなものなのに / You ～ be more grateful! もっとありがたく思ったらどうなの.
(2) [might have＋過去分詞の形で; ☞ B 1 (2), B 5] (…してくれるつもりなら)**できたのに**, …**してくれてもよかったのに**: You ～ *have helped* us when we asked you to. 私たちが頼んだとき助けてくれてもよさそうなものだったのに / I ～ *have known* that she would say so. Ⓢ 彼女がそう言うだろうとわかっていたのに.
7 [主に疑問文で] Ⓢ《古風, 英丁寧》…**してもよい**, …**しても差しつかえない** 《「もしできることなら」という仮定の気持ちが含まれるので, may より丁寧な感じになる》: [会話] "*M*～ I smoke?" "Certainly." 「たばこを吸ってもよろしゅうございますか」「ええ, どうぞ」《答えには一般に might を用いない; ☞ may[1] 2 (1) [語法]》/ *M*～ I ask what you are doing in this room? 一体この部屋で何をなさっているのですか《必要以上に丁寧な言い方で, 非難の気持ちが込められている;《米》でも用いられる; ☞ May [Might] I ask …? (ask [動] 成句)》. **8** [打ち解けた提案[助言]または軽い依頼を表わして] Ⓢ …したら?, …してくれないか《主に友人などの間で用いる》: ˹We ～ meet [You ～ want [like] to meet me] again after the holiday. 休みの後でまた会わないか. **9** [主に wh 疑問文で] Ⓢ《古風》…だろうか《尊大または滑稽な用法》: *Who* ～ you be? はてどなたでしたか.
as you mìght expéct [imágine] Ⓢ お察しのとおり. **I mìght ádd [sáy]** [強意に用いて] それも, しかも. **I mìght have knówn [guéssed] …** Ⓢ …だろうと思っていた(ので別に驚かない). **mìght have been …** (思い出などが)…のことのように思われる: The memorable sight ～ *have been* just yesterday. その忘れ難い光景はきのうのことのように思われる. ˹**mìght júst [míght] as wèll … as ―** [普通は Ⓢ] ☞ well[1] [副] 成句. **trý [stríve] as … míght** [副]《文》(人)がいくら努力しても.

⁺**might**[2] /máɪt/ [名] ([形] míghty) [U] (大きな)力, 勢力, 権力; 腕力: *M*～ is [《米》makes] right.《ことわざ》力は正義なり(勝てば官軍). **with áll one's míght** =**(with) míght and máin**《格式》[副] 力いっぱい, 一生懸命に.

míght-have-bèens [名] [複] (願っていたが)実現しなかったこと, (過去に対する)繰り言.

might·i·ly /máɪṭəli/ [副]《格式》**1** 非常に. **2** 強く, 厳しく.

*__might·n't__ /máɪtnt/《略式》**might[1] not の短縮形** 《☞ not (1) (i) [語法]》. **A** [直説法過去形]《☞ might[1] A》: He said (that) the rumor ～ be true. 彼はそのうわさは本当ではないかもしれないと言った / Polly thought that she ～ be able to enter the room. ポリーはその部屋には入れないかもしれないと思った. **B** [仮定法過去形]《☞ might[1] B》: You ～ be in time for the first train. 始発列車に間に合わないかもしれないよ / They might win the game, ～ they? 彼らはもしかすると試合に勝つかもね《☞ tag question [文法]》/ *M*～ I borrow this book? この本を借りられないかしら.

might've /máɪṭəv/《略式》might[1] have[2] の短縮形.

*__might·y__ /máɪṭi/ [形] (**might·i·er** /-ṭiɚ | -tiə/; **might·i·est** /-ṭiɪst/; [名] might[2])《主に文》**1** (人・物などが)**力強い**; **強力な, 強大な**: a ～ army 強大な軍隊 / a ～ warrior 力強い軍人 / The pen is *mightier* than the sword.《ことわざ》ペンは剣よりも強し(文は武に勝る). **2** 巨大な, 広大な, すばらしい, 非常な: a ～ hit 大当たり / the ～ Mississippi river 広大なミシシッピ川の流れ. **hígh and míghty** [形] =high-and-mighty.
― [副] Ⓢ《略式, 主に米》すごく, とっても (very): a ～ fine record ものすごい好記録.

mi·gnon·ette /mìnjənét/ [名] [U,C] もくせいそう《観賞植物》.

⁺**mi·graine** /máɪgreɪn | míː-, máɪ-/ [名] [C,U] 偏頭痛: suffer from severe ～ ひどい偏頭痛に悩む.

*__mi·grant__ /máɪgrənt/ [名] (**mi·grants** /-grənʦ/) [C] **1** 季節労働者, 移動労働者: an economic ～ 外国への出稼ぎ人. **2** 移住者; 渡り鳥; 移動性動物.

― 形 A 移住性の: a ~ worker 季節労働者.

mi·grate /máɪgreɪt, maɪgréɪt/ 13 (**mi·grates** /máɪgreɪts, maɪgréɪts/; **mi·grat·ed** /-tɪd/; **mi·grat·ing** /-tɪŋ/; 名 migrátion, 形 mígratòry) 自 **1** (鳥・魚などが)定期的に移動する, 渡る, 回遊する: Does this bird ~? この鳥は渡り鳥ですか.
2 (人が職を求めて)移住[移動]する, 渡り歩く 《*from, to*》~ から国外へ移住する.

mi·gra·tion /maɪgréɪʃən/ 名 (動 mígrate) U,C (鳥・魚の)移動, 渡り, 回遊; 移住, 転住.

mi·gra·to·ry /máɪgrətɔːri | -təri, -tri/ (反 sedentary; 動 mígrate) 形 [普通は A] (動物などが)移住性の; 移動[移住]する: a ~ bird 渡り鳥.

mi·ka·do /məkɑ́ːdoʊ/《日本語より》名 (~s) C [しばしば M-] 帝(みかど)《天皇に対する外国人の昔の呼称》.

mike /máɪk/ 《略式》名 C マイク(ロホン) (microphone): speak *through [into] a ~* マイクで話す.
― 動 他 ⊙にマイクを用意する(つける) (*up*).

Mike /máɪk/ 名 マイク《男性の名; Michael の愛称》. **for the lóve of Míke** [副] = for the love of God [Heaven] ☞ love¹ [成句].

Míke Fínk /-fíŋk/ マイク フィンク 《1770?-1823》《米国の伝説的英雄; 平底船の船頭で射撃の名手》.

mil /míl/ 名 C ミル《千分の1インチ; 電線直径測定の単位》.

mi·la·dy /mɪléɪdi/ 名 (-la·dies) C **1** 英国貴婦人; 《古語》《呼びかけ》奥様. **2** (米)上流婦人.

Mi·lan /mɪlǽn, -lάːn/ 名 固 ミラノ《北イタリアの都市》.

mílch còw /míltʃ-/ 名 C **1** 乳牛. **2** (まれ)《軽蔑》ドル箱, 金づる.

mild /máɪld/ 形 (**mild·er; mild·est**) **1** 寛大な, ゆるやかな (反 severe); (病気が)軽い; (影響などが)軽微 (軽度)な, わずかな: a ~ punishment 軽い罰 / a ~ heart attack 軽い心臓発作 / ☞ mild language.
2 (天候などが)温和な, 穏やかな, のどかな (反 severe, hard): We have had ~ weather for the past few days. ここ 2, 3 日は穏やかな天候が続いている / You can enjoy a ~ winter in Florida. フロリダでは暖かい冬が過ごせる.
3 (味・香りなどが)強くない, 甘口の, まろやかな, 刺激の少ない, (薬が効き目の)ゆるやかな (反 hot, strong): a ~ cigar 軽い味の葉巻き / a ~ beer 苦みの少ないビール.
4 (人・態度・表情などが)温厚な, 優しい, おとなしい (gentle)(反 severe): a ~ person 温厚な人 / Kate is ~ *in* disposition.《A+*in*+名·代》ケートは気立てが優しい. ― 名 U (英)マイルド《苦みの少ないビール》. ☞ bitter 名.

mil·dew /míldjuː | -djuː/ 名 U 白かび《湿気のために植物・食品・革などに発生する》; (植物の)うどんこ病. ― 動 他 [普通は受身で]〈…〉に白かびを生やす. ― 自 白かびが生える.

mil·dewed /míldjuːd | -djuːd/ 形 白かびのはえた; うどんこ病になった.

mil·dew·y /míldjuːi | -djuːi/ 形 **1** 白かびの(ような). **2** = mildewed.

míld lánguage 名 U きわどい表現, 許容範囲内ぎりぎりのことば.

míld·ly /máɪldli/ 副 **1** 少し, 少々. **2** 温和に, 優しく, 穏やかに; 控えめに. **to pút it míldly** [副] 文修飾節 ⓢ 控えめに言うとしても.

míld-mánnered 形 (人が)温厚な, おとなしい.

míld·ness 名 U 温暖, 穏やかさ; まろやかさ; 温厚.

Mil·dred /míldrəd/ 名 固 ミルドレッド《女性の名; 愛称は Millie》.

míld stéel 名 U 軟鋼.

*mile /máɪl/《類音 mild》名 (~s /~z/) **1** C マイル《長さの単位; 5280 フィート, 約 1,609 メートル; 正式には statute mile; 略 m, mi.; ☞ yard¹ 表》: at ninety ~s per [an] hour 時速 90 マイルで (90 mph と略す) / walk about ten ~s 約 10 マイル歩く / get [do] ... ~s *to* the [per, a] gallon (車が)(ガソリン)1 ガロンあたり…マイル走行する / It was a ten-~ drive. 車で 10 マイル走った. **2** C = nautical mile. **3** [the ~] 1 マイル競走. **4** [複数形で普通は副詞的に]《略式》何マイルも; かなりの距離[面積]; (主に英)かなりの程度, ずっと: *for* ~s 何マイルにもわたって / be ~s long 何マイルも続く / I'm ~s better today. きょうはずっと具合がよい. 語源 ラテン語で「千」の意 ☞ milli-, million 語源); 元来は「千歩」を意味した. **a míle a mínute** [副] ⓢ (略式) すばやく, 一気に: talk *a ~ a minute*(早口で)まくしたてる. **be míles awáy** [動] 自 ⓢ うわの空である. **be míles óff [awáy, óut]** [動] 自 ⓢ (略式) 全く間違っている. **by a míle** [副] ずっと, 断然. **gó the éxtra míle** [動] 自 一層の努力をする 《*for, to do*》. **míles from ánywhere [nówhere]** [副・形]《略式》遠く離れた所で[に], 孤立して. **rún a míle** [動] 自 ⓢ 《略式》〈…から〉逃げ出す, 怖くなる 《*from*》. **sée [knów, récognize, spót, téll] ... a míle awáy [óff]** [動] 他 [普通は can とともに]《略式》〈…〉が簡単に[すぐ]分かる. **stíck [stánd] óut a míle** [動] 自 ⓢ《略式》(事実・動機などが)明々白々である; (人などが)目立つ.

*mile·age /máɪlɪdʒ/ 名 **1** U または a ~] (一定時間内の)総マイル数; (自動車の)走行距離: unlimited ~ (レンタカーの)乗り放題 / a car with low ~ 走行距離の少ない車 / What is the ~ on your car? 君の車の走行距離はどのくらいなの.
2 [U または a ~] (1 ガロン[リッター]当たりの)走行マイル数, 燃費: You'll get good ~ *from [out of]* this car. この車は燃費がいいよ. **3** U (長さ・距離の)マイル数, 里程. **4** U マイル当たりの料金(手当, 旅費). **5** U (略式)利益, 有用性: We got no ~ *out of* it. それは何のもうけにもならなかった. [置き換え] There's still some ~ *in* this player.=This player still has some ~ left (*in* it). このプレーヤーはまだ使える.

míleage allówance 名 U [または a~] =mileage 4.

Míle-Hìgh Cíty ☞ Denver.

míle-high clúb 名 [次の成句で] **jóin the míle-high clúb** [動] 自 ⓢ (米)(滑稽)飛んでいる飛行機の中でセックスをする.

mile·om·e·ter /maɪlάməṭə | -lɔ́məṭə/ 名 C (英)=odometer.

míle·pòst 名 C (主に米) **1** マイル(里程)標. **2** = milestone 1.

mil·er /máɪlə | -lə/ 名 C 1 マイル競走の選手[馬].

*míle·stòne 名 C **1** (歴史・人生などの)画期的事件[段階] 《*in*》. **2** 里程標《目的地までのマイル数を示す石または柱》.

*mi·lieu /miːljúː | -ljúː ‖ míːljə/《フランス語から》名 (~s, -lieux /miːljúː(z), -ljúː(z) ‖ míːljə(z)/) C [普通は単数形で]《格式》(社会的・文化的な)環境; (社会的)境遇.

milestone 2

mil·i·tan·cy /mílətənsi/ 名 (形 mílitant) U 好戦的なこと, 闘志; 交戦状態.

*mil·i·tant /mílətənt/ 形 (名 形 mílitancy) **1** 闘争的な, 好戦的な (warlike): a ~ (labor) union 戦闘的な(労働)組合. **2** 交戦[戦闘]中の.
― 名 C [普通は複数形で]闘士, 好戦的な人.
~·ly 副 闘志をもって, 好戦的に.

mil·i·tar·i·a /mìlətéə(ə)riə/ 名 複 (歴史的価値をもつ)軍需品コレクション.

mil·i·tar·i·ly /mìlətérəli | mílətərəli, -trə-/ [副] 軍事用に; 軍事的に.

mil·i·ta·ris·m /mílət̬ərìzm/ [名] [U] [けなして] 軍国主義, 軍備増強[拡張]主義[政策].

mil·i·ta·rist /mílət̬ərɪst, -trɪst/ [名] [C] [けなして] 軍国主義者. ― [形] [普通は [A]] =militaristic.

mil·i·ta·rist·ic /mìlət̬ərístɪk←/ [形] [けなして] 軍国主義の; 軍国主義者の.

mil·i·ta·ri·za·tion /mìlət̬ərɪzéɪʃən | -raɪz-/ [名] [U] [普通はけなして] 軍国(主義)化.

mil·i·ta·rize /mílət̬əràɪz/ [動] ([形] mílitàry) [他] [しばしば受身で] 〈...〉の軍備を整える, 〈...〉を軍国[軍隊, 軍用]化する; [普通はけなして] 〈...〉に軍国主義を鼓吹する.

mil·i·ta·rized /mílət̬əràɪzd/ [形] **1** [普通は [A]] 軍隊が配備された. **2** [普通はけなして] 軍国(主義)化された, 軍隊化された.

‡mil·i·tar·y /mílətèri | -təri, -tri/ [T2] [形] ([動] mílitarìze) [普通は [A]] **1** [比較なし] **軍の, 軍事用の**; 軍事的な; 軍人の, 軍人らしい: a ～ band 軍楽隊 / ～ forces 軍隊 / a ～ base 軍事基地 / in ～ uniform 軍服を着て / take ～ action 軍事行動をとる // ☞ military service. [関連] civil 民間の, 文官の. **2** 陸軍の. [関連] naval 海軍の.
― [名] [the ～ として《英》単数または複数扱い] 軍隊, 陸軍《全体》. **be in the mílitary** [動] [自] 軍隊にいる.

Mílitary Acàdemy [名] **1** [the ～] 陸軍士官学校. **2** [C]《米》軍隊式の男子私立中等学校.

Mílitary Cróss [名] [C]《英》(陸軍の)戦功十字章《[略] MC》.

mílitary-indústrial còmplex [名] [C] (軍部と軍需産業との)軍産複合体.

mílitary intélligence [名] [U] 軍事諜報(ちょうほう).

⁺mílitary políce [名] [the ～ として複数扱い] 憲兵隊《[略] MP》.

mílitary políceman [名] [C] 憲兵《[略] MP》.

mílitary sérvice [名] [U] 軍隊で過ごす期間, 兵役;《主に英》徴兵: do (one's) ～ 兵役に服する.

mil·i·tate /mílətèɪt/ [動] [次の成句で] **mílitate agàinst [for] ...** [動] [他]《格式》(事実などが)...に不利に作用する[有利に働く].

***mi·li·tia** /məlíʃə/ [名] (～s /～z/) [C] [普通は the ～ として;《英》単数形でも時に複数扱い] **民兵, 市民軍**; 国民軍; 義勇軍《全体》.

⁺mi·li·tia·man /məlíʃəmən/ [名] (**-men** /-mən/) [C] 民兵; 国民兵; 義勇兵.

***milk** /mílk/ [名] ([形] mílky) [U] **1 牛乳, ミルク, 乳**: a glass of ～ 牛乳1杯 / mother's [breast] ～ 母乳《単に milk ともいう》/ condensed ～ コンデンスミルク / a carton of ～ 牛乳1パック《☞ pack[1] [名] 1 [日英比較]》/ goat's ～ やぎの乳 / soybean ～ 豆乳 / The baby was fed *on* ～. この赤ん坊はミルクで育った / It is no use crying over spilled [spilt] ～.《ことわざ》Ⓢ こぼれた牛乳を嘆いてもしかたがない(後悔先に立たず).

> [日英比較] 冷たいまま飲むのが習慣で, cup でなく glass を用いる. また砂糖を入れて飲む習慣はない. 子供に適した飲み物とされ, 大人がコーヒーを飲むような席で子供には牛乳が出されることが多い. ☞ coffee [日英比較].

2 (植物の)乳液; 乳剤. **a lánd of [flówing with] mílk and hóney** [名]〔聖〕乳と蜜(みつ)の地, 実りの豊かな場所《約束の地 (☞ Promised Land) のこと》. **the mílk of húman kíndness** [名]《文》[しばしば皮肉] 温かい人情(味), 惻隠(そくいん)の情.
― [動] [他] **1** 〈牛など〉の乳を搾(しぼ)る. **2**《略式》[けなして] 〈...〉を搾取する, 〈...〉から(金・情報などを)引き出す, 搾り取る (*for, of*); 〈金など〉を(...から)引き出す, 巻き上げる (*from, out of*). **3** 〈...〉から(樹液・毒などを)搾り出す (*of*); 〈樹液・毒など〉を(...から)搾り出す (*from*). **mílk ... drý** [動] [他] 〈...〉から(金・情報などを)取れるだけ取る, とことん搾り取る (*of*). **mílk ... for áll it's wórth** [動] [他] 〈事態など〉を最大限に利用する.

mílk-and-wáter [形] [A] (話などが)つまらない; 感傷的な. [語法] [P] 用法では milk and water とつづる.

mílk bàr [名] [C]《主に英》ミルクスタンド《牛乳・アイスクリーム・サンドイッチなどを売る店やコーナー》. [日英比較] 「ミルクスタンド」は和製英語.

mílk bòttle [名] [C] 牛乳びん.

mílk chócolate [名] [U] ミルクチョコレート《☞ dark chocolate》.

mílk chùrn [名] [C]《英》大型ミルク缶《運搬用》.

mílk còw [名] [C] 乳牛.

milk·er /mílkɚ | -kə/ [名] [C] **1** 乳搾り《人》, 搾乳機. **2** [前に形容詞をつけて] (乳の出るのが...な)乳牛: a *good* ～ よく乳の出る乳牛.

mílk flòat [名] [C]《英》牛乳配達車《普通は小型の電気自動車》.

mílk glàss [名] [U] (装飾用)乳白ガラス.

milk·i·ness /mílkinəs/ [名] [U] 乳を含んでいること; 白濁.

milk·ing /mílkɪŋ/ [名] [U] 乳搾り, 搾乳.

mílking machìne [名] [C] 乳搾り器.

mílking pàrlor [名] [C] (酪農場の)搾乳室.

mílk-lòaf [名] (**-loaves**) [C]《英》ミルク入りパン.

mílk·màid [名] [C]《古語》乳搾り女.

milk·man /mílkmæ̀n, -mən | -mən/ [名] (**-men** /-mèn, -mən/) [C] 牛乳配達人, 牛乳屋.

mílk pòwder [名] [U] 粉ミルク.

mílk pròduct [名] [C] [普通は複数形で] 乳製品《バター・チーズ・ヨーグルトなど》.

mílk púdding [名] [C,U]《英》ミルクプディング.

mílk ròund [名] **1** [C]《主に英》(毎日の)牛乳配達(路). **2** [the ～]《英略式》(卒業予定者確保のための会社人事担当者の)大学回り[訪問].

mílk rùn [名] [C]《略式》**1**《米》各駅停車の鉄道(の便); 短距離の離着陸を繰り返す飛行(の便). **2**《英》通い慣れた道[(飛行機の)旅]; (毎日の)日課.

mílk shàke [名] [C,U] ミルクセーキ《冷たい牛乳に香料・アイスクリームなどを入れてかき混ぜ泡立てた飲み物》.

mílk·sòp [名] [C]《古風》[軽蔑] 腰抜け, 弱虫《男性》.

mílk sùgar [名] [U] 乳糖, ラクトース.

mílk·tòast [名] [C] =milquetoast.

mílk tòoth [名] [C]《英》=baby tooth.

mílk·wèed [名] [U] とうわた属の植物《白い液を出す》.

mílk-whíte [形]《主に文》乳白色の.

⁺milk·y /mílki/ [形] (**milk·i·er**; **milk·i·est**; [名] milk) **1** (大量の)乳[ミルク]を含んだ. **2** 乳のような, 乳白色の, (肌の色が)白い; (液体が)白く濁った.

Mílky Bár [名] [C] ミルキーバー《スイス製のホワイトチョコレートの板チョコ; 商標》.

⁺Mílky Wáy [名] [the ～] 天の川, 銀河.

***mill[1]** /míl/ ([類音] milk) [名] (～s /～z/) [C] **1 製粉所**, 製粉工場 (flour mill); (粉をひく)水車小屋 (water mill): run [operate] a ～ 製粉所を経営する. **2 ひき割り器**, ...ミル; **製粉機**, ひき臼: Sue is grinding coffee with a coffee ～. スーはコーヒーひきでコーヒーをひいている. **3** (織物などの)**製造工場, 製造所**《☞ factory 表》: a cotton [steel] ～ 紡績[製鋼]工場. **4**《略式》次々と物を作り出す場所[人]《☞ rumor mill》. [語源] 元来は製粉用の「水車小屋」の意. **gó through the míll** [動] [自] つらい経験を積む, しごかれる. **pùt ... through the míll** [動] [他] 〈...〉につらい経験をさせる, 鍛える, しごく.
― [動] [他] **1** [しばしば受身で] (ひきうすで)ひく, 製粉する; 粉砕する; 機械にかける. **2** 〈金属〉をプレスする, 圧延する, 研磨機にかける; 棒[板]状に切る. **3** 〈貨幣(の

mill

へり》)にぎざぎざをつける. ― 自 《略式》《人などの群れいう ろうろする (about, around).

mill² /míl/ 图 C 《米》ミル (10分の1セント; 貨幣の計算上の単位; 略 mi.).

mill³ /míl/ 图 S 100万 (million).

Mill /míl/ 图 固 John Stuart ~ ミル (1806-73)《英国の経済学者・哲学者》.

mille-feuille /míːlfə:jə, -fwíː | -fóɪ, -fə́:jə/ 《フランス語から》 图 C ミルフィーユ.

mil·le·nar·i·an /mìlənéə(ə)riən/ 图 C 至福の時代の到来の信者. ― 形 至福千年の; 千年の.

mil·len·ni·al /mɪlénɪəl/ 形 千年(期)の.

*+**mil·len·ni·um** /mɪlénɪəm/ 图 (複 **mil·len·ni·a** /mɪlénɪə/, ~s)《格式》**1** C 千年間; [普通は the ~]《西暦元年から1000年を単位として数える》千年期; [the ~]《キ教》至福千年《キリストが再臨してこの世を統治するという》: for a ~ 千年間. **2** C [普通は the ~]千年祭; 千年期の初め[終わり]. **3** [the ~] (未来の想像される)至福の(黄金)時代.

mil·le·pede /míləpìːd/ 图 C =millipede.

+**mill·er** /mílə | -lə/ 图 C 《水車や風車を使う》粉屋, 製粉業者.

Mil·ler /mílə | -lə/ 图 固 ミラー **1** Arthur ~ (1915-) 《米国の劇作家》. **2** Glenn /glén/ ~ (1904-44) 《米国のポップス奏者・バンドリーダー》. **3** Henry ~ (1891-1980) 《米国の作家》.

+**mil·let** /mílɪt/ 图 U きび(の実)《いね科の作物》.

Mil·let /miːjéɪ, mɪléɪ | míː(j)eɪ/ 图 固 **Jean** /ʒɑ́ːn/ **Fran·çois** /frɑːnswɑ́ː/ ~ ミレー (1814-75) 《フランスの画家》.

mil·li- /mílə/ 接頭 **1** 「千分の1」を表わす (☞ kilo-表; mile) 用例: *milli*gram ミリグラム. **2** 「千」を表わす: *milli*pede やすで.

mìlli·ámpere 图 C 《電》ミリアンペア (¹∕₁₀₀₀ ampere).

mil·li·bar /míləbàə | -bàː/ 图 C 《物理》ミリバール (圧力, 特に気圧の単位; ¹∕₁₀₀₀ bar; 気象関係では現在 hectopascal を用いる).

Mil·lie /míli/ 图 固 ミリー 《女性の名; Mildred の愛称》.

+**mil·li·gram** /míləgræ̀m/ 图 C ミリグラム (千分の1グラム; 略 mg).

mìlli·lìter, 《英》 **-tre** 图 C ミリリットル (千分の1リットル; 略 ml).

+**mil·li·me·ter**, 《英》 **-tre** /míləmìːṭə | -ṭə/ 图 C ミリメートル (千分の1メートル; 略 mm, 複数形はまた mms).

mil·li·ner /mílənə | -nə/ 图 C 《古風》女性用帽子屋《製造者・販売者》.

mil·li·ner·y /mílənèri | -n(ə)ri/ 图 U 《格式》女性用帽子類; 女性用帽子製造[販売]業.

*+**mil·lion** /míljən/ 图 (複 1 では ~; ~s /-z/) **1** C 100万の, 100万人, 100万個; 100万ドル[ポンド] (略 m; ☞ cardinal number 文法 (1)): a [one] ~ 100万 / three ~ 300万 / ten ~ 1千万 / sixteen ~ 1600万 / a [one] hundred ~ 1億 / four hundred (and) seventy-nine ~, five hundred and eleven thousand, two hundred (and) twelve 479,511,212 (☞ hundred (2)). 関連 billion 10億 / trillion 兆. **2** [~s] 何百万, 多数, 無数: ~s of people 何百万という人たち. 語源 ラテン語で「大きな千」の意; ☞ mile 語源.

in a míllion [形] 千載一遇の好機 / one in a ~ 最高の[まれに見る]人[もの].

― 形 **1** 100万の, 100万人[個]の: three hundred ~ people 3億の人々. **2** A [普通は the ~] 多数[無数]の.

*+**mil·lion·aire** /mìljənéə | -néə/ 图 (~s /-z/) C 百万長者, 大金持ち (☞ billionaire).

mil·lion·air·ess /mìljənéə(ə)rəs | mìljənɛəríːs, -néərəs/ 图 C 《古風》百万長者, 大金持ち《女性》.

+**mil·lionth** /míljənθ/ 图 **1** [普通は the ~; the¹ 1 (4)] 第100万の, 100万番目の (☞ number 表, ordinal number 文法). **2** 100万分の1.

― 图 **1** [単数形で普通は the ~] 100万番目の人[物]. **2** C 100万分の1 (☞ cardinal number 文法 (6)).

mil·li·pede /míləpìːd/ 图 C やすで 《節足動物》 (☞ centipede).

mílli·sècond 图 C ミリセコンド (千分の1秒).

mílli·vòlt 图 C ミリボルト (¹∕₁₀₀₀ volt).

míll·pònd 图 C 水車用貯水池. 「**as cálm as [líke] a míllpond** [形] (海が)とても穏やかで.

míll·ràce 图 C 水車用流水[用水路].

míll·stòne 图 C **1** ひきうす; ひきつぶすもの. **2** 重荷(となるもの). **a míllstone aróund [ròund] ...'s néck** [名] ...にとってのやっかいなもの.

míll·strèam 图 C 水車を回す水流.

míll whèel 图 C 水車(の輪).

Milne /míl(n)/ 图 固 **A.A.** ~ ミルン (1882-1956) 《英国の作家》(☞ Winnie-the-Pooh).

mil·om·e·ter /maɪlάməṭə | -lɔ́məṭə/ 图 C 《英》 =odometer.

milque·toast /mílktòʊst/ 图 C [しばしば M-]《古風, 米》《滑稽》気の弱い男, いくじなし.

milt /mílt/ 图 U (魚の)白子, 魚精.

Mil·ton /míltn/ 图 固 **John** ~ ミルトン (1608-74) 《英国の詩人》.

Mil·wau·kee /mɪlwɔ́ːki/ 图 固 ミルウォーキー《米国 Wisconsin 州中北部, Michigan 湖畔の港市; ☞ 表地図 H 3》.

+**mime** /máɪm/ 图 **1** C,U 物まね, 身ぶり, 手ぶり (☞ mimic 語源): in ~ 身ぶり手ぶりで. **2** C パントマイム (pantomime) 《身ぶりだけで行なう無言劇》. **3** C パントマイム役者. ― 他 **1** 〈...〉の物まねをする, 〈...〉を身ぶりで表わす. **2** 〈...〉を歌って[演奏して]いるふりをする (*to*). ― 自 **1** (身ぶりで)道化芝居をする. **2** 歌って[演奏して]いるふりをする.

míme àrtist 图 C =mime 3.

mim·e·o·graph /mímiəgræf | -grɑ̀:f/ 图 C 謄(とう)写版, 謄写印刷機. ― 他 謄写版で刷る.

mi·met·ic /mɪméṭɪk/ 形 [普通は A] **1** (格式)まねする, 模倣の. **2** 《生》擬態の.

+**mim·ic** /mímɪk/ 動 (**mim·ics**, **mim·icked**; **mim·ick·ing**) 他 **1** 〈人〉の〈話し方〈...〉のまねをする (☞ imitate 類義語): ~ ...'s way of talking ...のしゃべり方のまねをする / a mimicked cry 泣きまね. **2** 〈物〉が〈...〉によく似ている; 〈物〉の擬態をする. ― 图 C **1** 物まねをする人[役者], 物まねのうまい人. **2** 人[ことば]をまねる動物[鳥]. ― 形 A **1** 物まねの, 模倣の. **2** 模造の, 偽の; 《生》擬態の. 語源 mime と同語源.

mim·ic·ry /mímɪkri/ 图 U **1** 物まね. **2** 《生》擬態.

mi·mo·sa /mɪmóʊsə, -zə/ 图 **1** C,U ミモザ《おじぎそう属の植物》. **2** U,C 《米》ミモザ《シャンパンとオレンジジュースを混ぜた飲み物》(《英》Buck's Fizz).

*+**min** 略 =minimum, minute(s) (☞ minute¹).

Min. 略 =minister, ministry.

min·a·ret /mìnərét/ 图 C ミナレット《イスラム教寺院 (mosque) に付属する高い塔》.

min·a·to·ry /mínəṭɔːri | -təri, -tri/ 形 《格式》威嚇的な, 脅しの.

+**mince** /míns/ 動 他 〈肉など〉を細かく切り刻む (*chop* よりも細かく刻む) (up). ― 自 [副詞(句)を伴って] [普通はけなして] 気取って小またに歩く (*across, along, down*). **nót mínce「one's wórds [mátters]** [動] 自 S 《略式》遠慮なくはっきり言う.

[U] **1** 《英》 細かく切った肉, ひき肉 《特に牛の》 (《米》 ground beef). **2** 《米》 =mincemeat.

mínce·mèat [名] [U] **1** ミンスミート 《mince pie の中身; 刻んだりんご・干しぶどうなどを混ぜたもの》. **2** ひき肉. **màke míncemeat (òut) of ...** [動] [他] 《略式》 ...をさんざんにやっつける, 論破する.

mínce píe [名] [C] ミンスパイ 《mincemeat を中に入れて作ったパイ; 特にクリスマスに食べる; 《米》 では普通より大きなものについても言う》.

minc·er /mínsɚ | -sə/ [名] [C] 《英》 =meat grinder.

minc·ing /mínsɪŋ/ [形] [普通はけなして] 気取った, 澄ました; 遠まわしの. **~·ly** [副] 気取って, 澄まして.

⁑mind /máɪnd/

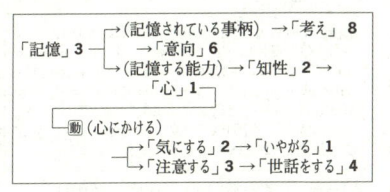

「記憶」**3** ─┬→(記憶されている事柄) →「考え」 **8**
　　　　　　│　→「意向」**6**
　　　　　　└→(記憶する能力) →「知性」**2** →
　　　　　　　　「心」**1**─┐
┌───────────────┘
└[動] (心にかける)
　　　┌→「気にする」**2** →「いやがる」**1**
　　　└→「注意する」**3** →「世話をする」**4**

— [名] (**minds** /máɪndz/; [形] méntal) **1** [U,C] 心, 精神, 精神状態 《人間の肉体に対して, 思考・意識を受け持つ部分; ☞ 類義語》: a state [frame] of ~ 気持ち, 気分 / a turn of ~ 気立て / They are sound in ~ and body. 彼らは心身ともに健全だ / There are two different thoughts in my ~. 私の念頭に 2 つの違った考えがある / So many men, so many ~*s*. 《ことわざ》 人の数だけ心の数もある(十人十色). [関連] body 体.

heart (愛情, 勇気など感情面に重点がある)	心
mind (頭の働き, 知力に重点がある)	頭

2 [C] [普通は単数形で] **知性**, 理知; 知力, 頭脳 (☞ heart): He believed he could improve his ~ with good books. 彼は良書で知性を磨けると信じていた / She has a sharp ~. 彼女は頭の回転が速い / have a logical ~ 論理的な考え方をする / You should use your ~, not your heart, to deal with this situation. この事態に対処するには感情ではなく頭を使うことだ.

3 [U] **記憶** (memory), 覚えていること: That crash is still fresh in my ~. その墜落事故は今でも私の記憶に生々しい / Out of sight, out of ~. 《ことわざ》 見えなくなれば記憶から去る(去る者は日々に疎し). **4** [U,C] 理性, 正気: be of sound [unsound] ~ 〖法〗 正気[狂気]である / He seems to have lost his ~. 《略式》 彼は理性を失った[正気ではない]らしい. **5** [C] 注意, 関心: She often lets her ~ wander during class. 彼女は授業中によく注意がそれる[ぼんやりしている] / Her ~ is not on her work. 彼女は仕事に集中していない. **6** [C,U] 意向, 意思; 意図, ...する気: He was of a ~ *to* obey her. 彼は彼女に従う気があった. **7** [C] (知性を持った)人間, 優れた人物: one of the greatest ~*s* of our time 当代の偉大な思想家の一人 / Great ~*s* think alike. Ⓢ [しばしば滑稽] 《ことわざ》 賢い人間は皆同じように考えるものだ 《他人の意見が自分の意見と同じときに自賛して言う》. **8** [C] [普通は単数形で] 考え, 考え[感じ]方, 意見, 好み: read ...'s ~ [しばしば滑稽] ...の思っていることがわかる (☞ mind reader).

at [in] the back of ...'s mínd [副] ...の心の片すみに(ひっかかって), 何となく...の記憶に残って.

be áll [júst] in one's [the] mínd [動] [自] [主に Ⓢ] (不安などが)気のせいである.

béar ... in mínd [動] [他] =keep ... in mind.

be òff ...'s mínd [動] ...の気にならなくなっている, ...にとって安心だ.

be of óne [a, the sáme, líke] mínd [動] [自] 《格式》 (何人かの人が)同じ意見である (*on, about*).

be of [(《英》) in] twó mínds abòut ... [動] [他] 《略式》 ...について心がぐらついている, 迷っている.

be on ...'s mínd＝be on the mínd of ... [動] ...の心にかかっている, 気になっている: What'*s on your mind*? どうしたの, 何を心配しているの.

be òut of one's mínd [動] [自] 《略式》 気が狂っている (☞ 4); (心配・悲しみ・恐怖などで)取り乱している (*with*); ☞ out of one's mind.

blów ...'s mínd [動] Ⓢ 《略式》 ...をぞくぞく[わくわく]させる, 興奮させる; ショックを与える; (薬が)...に幻覚を生じさせる (☞ mind-blowing).

bríng [cáll] ... to mínd [動] [他] (人が)〈...〉を思い出す, (物が)思い出させる: I couldn't *call* his name *to* ~. 私は彼の名前が思い出せなかった.

cást one's mínd bàck to [òver] ... [動] [他] (過去)を振り返る, 思い起こす.

chánge one's [...'s] mínd [動] [自] 自分の[...の]考えを変える (*about*).

clóse one's mínd to ... [動] [他] (物事)を真剣に考えようとしない; ...を無視する.

cróss [énter, cóme ìnto] ...'s mínd [動] [しばしば否定文で; 進行形なし] Ⓢ (考えなどが)...**の頭に浮かぶ**, 思いつく: A splendid idea *crossed* [*entered, came into*] my ~. すばらしい考えが浮かんだ.

còme to mínd [動] [自] [進行形なし] 思い浮かぶ.

gèt one's mínd aròund [ròund] ... [動] [他] Ⓢ [しばしば否定文で] ...がわかる.

gét [púsh, blóck] ... òut of one's mínd [動] [他] 〈...のこと〉を考えるのをやめる.

gíve ... a píece of one's mínd [動] [他] 《略式》 〈...に〉ずけずけ言う; 〈...を〉しかりつける.

gíve [pút] one's (whóle) mínd to ... [動] [他] ...に専念する, 心を注ぐ.

gò (cléan [ríght]) óut of ...'s mínd [動] (名前・約束などが)...に(すっかり)忘れられる 《多忙などで》.

gò óut of one's mínd [動] [自] 《略式》 気が狂う (go mad) (☞ 4); (心配・しっとなどで)取り乱す (*with*).

gó óver ... in one's mínd [動] [他] 〈...のこと〉を熟考する.

hàve a clósed mínd [動] [自] 新しい考えを受けつけない, 頑固である (*about*).

hàve a mínd of one's ówn [動] [自] (ちゃんと)自分自身の考えがある; [滑稽] (機械などが)制御できない勝手な動き方をする.

hàve a mínd to dó [動] 《略式》 ...する気がある 《怒り・軽い脅し・不満などの気持ちを表わす時がある》: I *have a* good ~ *to* take issue with him about it. Ⓢ その件でぜひ彼に異議を唱えてみたい / I *have* half *a* ~ *to* do so. Ⓢ 私はそうしてみようかなとも思っている.

hàve [kéep] an ópen mínd [動] [自] 柔軟な考え方をしている, 断定的に考えない (*about, on*).

hàve ... in mínd [動] [他] (1) [しばしば疑問文で] 〈...〉のことを考えている, 〈...〉をもくろんでいる: Do you ***have*** someone else ***in ~ for*** the position? そのポストの適任者としてだれかほかに意中の人がいるのですか.

[会話] "What kind of shirt do you *have in* ~?" "I want a bright one." 「どんなシャツをお考え[お求め]ですか 《店員が客に》」 「派手なのがほしいんです」

(2) =keep ... in mind.

hàve (it) in mínd to dó [動] 《格式》 ...しようと決めて[するつもりで]いる.

hàve one's mínd on ... [動] [他] (もっぱら)...に関

M

心を向けている，…を考えている；…を決心する《☞ 6》．
hàve ... on [upòn] one's mínd [動] [他] 〈…〉を気にかけている，〈…〉を心配している：She *has* a lot *on* her ～ these days. 彼女はこのごろ気にかかることがいろいろある．
in one's right mínd [形]《略式》[否定文・疑問文で] 正気で《☞ 4》：*No* one *in their right* ～ would do such a terrible thing. 正気の人間なら誰もそんなひどいことはしないだろう．
kéep ... in mínd [動] [他] 〈…〉を心に留めている，〈…〉を覚えている（[受身] be kept in mind）：I'll *keep* that *in* ～. そのことは心に留めておこう / ***Keep in*** ～ ***that*** my money is limited. 私の金にも限度があることを忘れるな．
kéep one's mínd on ... [動] [他] …に専念する，…に心を注ぐ．
knów one's ówn mínd [動] [自] 意思[意見]がはっきりしている，定見がある；決心がついている．
léap to [ìnto ...'s] mínd [動] [進行形なし] ぱっと思い浮かぶ，ひらめく．
màke úp one's mínd＝màke one's mínd ùp [動] (1)（いろいろ考えた末に)決心する，決意する (*about, on*)《☞ decide 類義語》：Liz has ***made up her*** ～ ***to*** be a doctor. リズは医者になる決心をした / The boys ***made up their*** ～***s that*** they would devote their whole lives to the study of medicine. 少年たちは医学の研究に一生をささげようと決心した. [語法] one's mind is made up の形で受身にできる． (2)（…と)結論を出す，決め込む． (3)《格式》…(するの)はしかたないと思う，…に甘んじる (*to* (do*ing*))．
mínd òver mátter [名] 精神力による肉体[物質]の支配(を信じること)，強い精神力：It's a case of ～ *over matter*. それは気力の問題だ．
Nóthing is [can be] fúrther from ...'s mínd. それほど…の意思とかけ離れたものはない，…はそんなことを全く考えていない．
ópen one's mínd to ... [動] [他] (1) 進んで(物事)を考えようとする． (2)（人)に考えを明かす．
òut of one's mínd [形・副]《略式》気が狂った[て] (mad)《☞ 4》；(悲しみ・心配・恐怖・退屈などで)頭がおかしくなって[なるほどに] (*with*)；酒[麻薬]で酔って．
páy ... nó mínd＝nót pày ... àny mínd [動] [他]《古風》〈…に〉注意を払わない，〈…を〉無視する．
púsh [pút] ... to the báck of one's mínd [動] [他]〈不愉快なことなど〉を忘れようと努める．
pút ... in mínd of — [動] [他] [進行形なし]《古風，格式》〈人〉に—を思い出させる．
pút ... òut of one's mínd [動] [他]〈いやな事・人〉を忘れようとする，考えない．
sét one's mínd on dóing [動] [他] …することを決心する．
sét [pút] one's mínd to ... [動] [他] ＝give [put] one's (whole) mind to ....
slíp ...'s mínd [動] Ⓢ（多忙などで)…に忘れられる，思い出せない：Her name has *slipped* my ～. 彼女の名前を今ちょっと思い出せない．
spéak one's mínd [動] [自]《略式》(いやがられても)自分の意見をはっきり述べる，思っていることを言う．
spríng to mínd [動] [自] ＝come to mind.
stíck [stáy] in ...'s mínd [動]（物・事が)…の心に刻み込まれている．
tàke [gét, kéep] one's [...'s] mínd òff — [動] [他] —から(もっとおもしろいことへ)自分[…の]注意をそらせる，—のことを忘れる[…に忘れさせる]．
to [in] mý mínd [副] [文修飾語] Ⓢ 私の考えでは．
túrn one's mínd to ... [動] [他] ＝give [put] one's (whole) mind to ....
túrn ... óver in one's mínd [動] [他] ＝go over ... in one's mind.
with an éasy mínd [副] 安心して．
with an ópen mínd [副] 柔軟な考えで，柔軟に．
with ... in mínd [副] …を念頭において[おきながら]．

— [動] (**minds** /máɪndz/; **mind·ed** /～ɪd/; **mind·ing**) [他] **1** [普通は否定文・疑問文で] [進行形・受身なし] 〈…〉をいやがる，迷惑に思う《☞ Would you mind doing? (成句)；care [動] [語法]》：I do*n't* ～ hard work. 骨が折れる仕事でも平気だ / Do*n't* ～ him [her]. Ⓢ あの人(の行ない)は気にしないで[許してやって]ください / I do*n't* **～** do*ing* it again. <V+O (動名)> またそれをやってもいいですよ / She did*n't* **～** ***how*** long she waited. <V+O (*wh* 節)> 彼女はどんなに長く待ってもかまわなかった．

> [会話] "Do you **～** the window be*ing* open?" <V+O+C (現分)> ＝"Do you ～ the window open?" <V+O+C (形)>＝"Do you **～** ***that*** the window is open?" <V+O(*that* 節)> "Yes, (I'm afraid) I dó (～); it's too cold."「窓が開いていてもいいですか」「いや困ります．寒すぎるので」 [語法] 肯定文は普通この答えのように応答や対比に使う．

2 [普通は否定文・疑問文で] [進行形・受身なし] 〈…〉を気にする，〈…〉が心配になる：*Never* **～** ***that*** it costs a lot. <V+O (*that*) 節> 多額の費用がかかることは気にするな《☞ never mind (成句)》/ She did*n't* **～** ***what*** her teacher thought of her work. <V+O (*wh* 節)> 彼女は先生が自分の作品をどう思っているか気にしなかった / I do*n't* **～** ***whether*** we go there or not. <V+O (*if*・*whether* 節)> 私はそこに行っても行かなくてもかまわない．
3 [普通は命令文で] [受身なし]《主に英》〈危険なもの・重要なものなど〉に注意する，気をつける：*M*～ the door. (閉まる)ドアにご注意ください《駅の構内放送》/ *M*～ your step [head]. 足もと[頭上]に注意しなさい / ***M～ what*** I tell you. <V+O (*wh* 節)> 私の言うことをよく聞きなさい / ***M～*** (***that***) you don't forget to mail the letter. <V+O ((*that*)節)> 忘れずに手紙を出せよ． **4**《主に英》〈…〉の世話をする，番をする：～ the shop [phone] 店番[電話番]をする． **5** [進行形なし]《主に米》〈…〉の言うことをきく，〈…〉に従う (obey)：～ one's parents [parents' words] 両親の言うことをきく．
— [自] **1** [普通は否定文・疑問文で] [進行形なし] いやがる，迷惑に思う；気にする《☞ [他] 1 [語法]》：*Never* **～** ***about*** the window. <V+*about*+名・代> (割った)窓のことなど気にするな / "I'm sorry I've broken a glass." "*Never* ～."「グラスを割ってしまってごめんなさい」「気にしないで」《☞ never mind (成句)》
2《主に米》(子供が)言うことをきく，従う (obey).
Do you mínd! Ⓢ《古風》すみませんけどね《相手の行為に不快感を示す》．
Do you mínd if ...? Ⓢ《丁寧》…してもいいですか．

> [会話] "*Do you* ～ *if* I smoke here?" "Nó, nòt at áll. [Of cóurse nòt., Go ríght ahéad.]"「ここでたばこを吸ってもかまいませんか」「ええ，どうぞ」/ "*Do you* ～ *if* we play a radio in this room?" "Yes, (I'm afraid) I dó (～). I'm trying to study for a test tomorrow."「この部屋でラジオをつけてもいい?」「だめだよ．明日の試験勉強をするんだ」

> [語法] Do you mind if ...? と聞かれて断わるときには単に Yes, I do (mind). というだけでは失礼なので，その理由をつけ加えるのがよい． しかしその場合でも上のようにはっきり断わるのはごく親しい間柄に限られ，多少遠慮のある人に対しては Well, I have a headache, so I wish you wouldn't. (ちょっと頭痛がするのでできれ

ばやめていただきたいのですが)のような言い方をするのよい.

Do you mínd dóing? ⓢ …してくれませんか: "*Do you ~ telling me where you got this money?*" "*Yes, I do.*"「どこでこのお金を手に入れたか教えてください」「いいえ、お断わりします《やや乱暴な言い方》」

Do you mínd my [me] dóing? (私が)…してもいいですか: "*Do you ~ my [me] playing a CD here?*" "*No, not at all. [Of course not.]*"「ここでCDをかけてもいいですか」「ええ、どうぞ」

[語法] Would you mind my [me] doing (…)? ほど丁寧ではない。また、すでにやり始めたことに対して相手の同意を求めるという感じで言われる。これに対してWould you mind my [me] doing (…)? はこれからしようとすることに対して相手の許可を求める感じが強い.

Dòn't mínd mé. ⓢ 私のことなどどうぞお気になさらぬよう《しばしば皮肉でいらだちを示す》.

Í don't mínd. どっちでもいいよ〔構わない〕.

I dòn't mínd [Dòn't mínd] if I dó. ⓢ《古風、略式》〔滑稽〕悪くないね、頂きます《飲食物などをすすめられた時に》: [会話] "*Have some more coffee.*" "*Don't ~ if I do.*" 「コーヒーもっとどうぞ」「もらおうかな」

I dón't mìnd télling you 本当に、全くのところ.

if you dòn't mínd [副]《丁寧》よかったら;差しつかえなかったら(…してくれませんか)《時に滑稽》(申し出を断ったり相手の発言を訂正して)申し訳ないけれど: We'll take a rest here *if you don't ~.* よかったらここで休みましょう.

if you dòn't mìnd my [me] sáying sò [ásking] ⓢ こう言っては失礼ですが〔お尋ねしてもよろしければ〕.

I wòuldn't mínd … [dóing] ⓢ《略式》…があっても〔しても〕よい、…が(とても)欲しい〔したい〕.

I wòuldn't mìnd, but … (それは)いいとしてもしかし(あきれたことに)…: *She came back after midnight and I wouldn't ~, but her boyfriend was with her.* 彼女が12時すぎに帰ったのはまあいいとして、ひどいのはボーイフレンドと一緒だったんだ.

Mìnd hòw you gó. ⓢ《略式、主に英》〔別れ際に〕気をつけて(お帰り)下さい.

mínd óut [動] [自]《普通は命令文で》ⓢ《英略式》《危険などに》気をつける (*for*).

mínd (you) つなぎ語 ⓢ (1) [挿入句的として] いいですか、よく聞いてよ: *I don't like to scold my students, ~ you, but I couldn't help doing so yesterday.* いいかい、僕は生徒をしかりたくはないが、きのうはそうせずにはいられなかった. (2) [普通は文頭で] 実は、しかし.

néver mínd [動] ⓢ [命令文で] (1) (…を)気にするな; …(するの)をやめないで、…したりするな、…しなくていい《☞ ⓑ ②, ① 1》: *Never ~ the bicycle. I'll put it in the garage later.* 自転車のことは気にしないで. 後で車庫に入れておくから. (2) [前言繰り返しをやめてして]、(気にしなくて)いいんだ. (3) [接続詞的に] …は言うに及ばず (let alone): *I can't (even) walk, never ~ run.* 私は走るのはおろか歩くこともできない.

Néver you mínd (…). ⓢ《古風、主に英》(…は)君の知ったことじゃない.

Wòuld you mìnd if …? ⓢ《丁寧》…してもよろしいですか [語法] 上昇調のイントネーションが用いられる.

[会話] "*Would you ~ if I opened the window?*" "*Nòt at áll. [Cértainly nót., Gò ahéad.]*"「窓を開けてもかまいませんでしょうか」「ええ、どうぞ」

Wòuld you mìnd dóing? ⓢ《丁寧》(…して)いただけませんか《☞ care [動] [語法]》: [会話] "*Would you*

~ *opening the window?*" "*Nòt at áll. [Of course nòt.]*"「すみませんが窓を開けていただけませんか」「ええ、いいですよ」

[語法] (1) 丁寧な言い方。★人にものを頼むときの丁寧の度合いについては ☞ politeness 囲み.
(2) *Will you mind …?* とは言わない.
(3) 上昇調のイントネーションが用いられることが多い.
(4) 承諾の返事は上の例文のものが文法的だが、意味上は Would you please …? と同じなので Certainly., Sure(ly)., Of course., All right. などとも言う.

Wòuld you mìnd my [me] dóing (…)?《丁寧》(私が)…してもよろしいでしょうか

[会話] "*Would you ~ my [me] smoking?*" "*Nòt at áll. [Cértainly nót., Of cóurse nòt., Gò ahéad.]*"「たばこを吸ってもよろしいでしょうか」「ええ、どうぞ」

[語法] (1) 上昇調のイントネーションが用いられる. (2) 断わりたいときには I'd rather you didn't. 「I have a cold [I hate cigarette smoke]. (吸わないでいただきたい。かぜをひいています〔たばこの煙が嫌いな〕ので)のように言う.

【類義語】**mind** 心を表わす一般的な語であるが、特に頭の働き・知力に重きをおく語: *Don't fill your mind with useless ideas.* 心〔頭〕をつまらぬ考えでみたすな. **heart** mind に対して、心の感情的な面を強調する語で、情熱・愛情・勇気などに関する場合に用いる: *His heart was filled with anxiety.* 彼の心は不安で一杯だった. **soul** 人間の身体に宿り、死後も滅びないとされる「霊魂、魂」の意で、宗教的・道徳的な感じを伴う: *May his soul rest in peace!* 彼の魂が安らかに眠りますように. **spirit** 神が人間に吹き込まれたとされる「魂、精神」で、本来「生命の息吹」の意: *the spirit of independence* 独立の精神、独立心.

mind-al·ter·ing /máɪndɔ̀ːltərɪŋ, -trɪŋ/ [形]《幻覚剤などの》精神に変化をもたらす、向精神作用性の.

mínd-bènding [形]《略式》**1** 幻覚性の. **2** 難解な. **3** ぶったまげるような.

mínd-blòwing [形]《略式》**1** 刺激的な、衝撃的な、びっくりするような、ものすごい. **2** 幻覚性の《☞ blow …'s mind (mind [名] 成句)》.

mind-bòg·gling /-bɒ̀ɡlɪŋ | -bɒ̀ɡ-/ [形]《略式》信じられない、ぶったまげるような.

mínd cándy [名] U《略式》= brain candy.

mínd·ed /máɪndɪd/ [形] ℗《英格式》(…したい)気がある: *He could do it, if he were 'so ~ [~ to do so].* 彼はその気になればできるのに.

-mind·ed /máɪndɪd/ [形]〔合成語で〕**1** [形容詞について] …の心をもった: *absent-minded* ぼんやりした. **2** [副詞の後に用いて] (…的に)考える、(…方面に)関心の強い: *be politically minded* 政治的な物の見方をする. **3** [名詞につけて] …に関心のある: *health-minded* 健康に関心のある.

mínd·er /máɪndər | -də-/ [名] ⓒ《主に英》**1** 用心棒、ボディーガード. **2**〔主に合成語で〕…を世話する人、番人. ☞ childminder.

⁺**mínd·ful** /máɪn(d)f(ə)l/ [形]《⊠ mindless, unmindful》℗《格式》心に留める、忘れない; 注意する(*that*): *be ~ of one's duties* 自分の務めを大事にする.

mínd gàme [名] ⓒ **1**《普通は複数形で》心理操作〔戦術〕、心理戦. **2** 頭の体操《パズルを解くなど》.

⁺**mínd·less** [形] **1** 思慮のない、愚かな; 思考力を必要としない〔できる〕こと. **2** ⓐ 非情な、冷酷のない. **3** ℗《格式》心に留めない、気にならない《⊠ mindful》: *be ~ of danger* 危険を顧みない. **~·ly** [副] 思慮なく; 容赦

mind-numbing

〜・ness 名 U 無思慮；無関心．

mind-numb·ing /-nʌmɪŋ/ 形 大変退屈でつまらない．

mind reader 名 C 読心術者；[しばしば滑稽] 人の心を読める人．

mind reading 名 U 読心術．

mind·set 名 C [普通は単数形で；しばしば所有格とともに] 物の見方[考え方]，態度，性向；[しばしばして] 固定した[狭い]考え方，偏見．

mind's eye 名 [次の成句で] **in one's mind's eye** 副 心の中で(思っうちかべて)，想像して．

☆mine¹ /máɪn/ (同音 mind) 代 1 [所有代名詞] ☞ possessive pronoun 文法 私のもの． 語法 指すものが単数ならば単数扱い，複数扱いならば複数扱い: This is 〜. / これは私のですけど / This is John's and 〜. これはジョンと私のものです / Your eyes are blue and 〜 (=my eyes) are dark. あなたの目は青く私の(目)は黒い / What's yours is 〜, and what's 〜 is「my own [mine]. (ことわざ) お前のものはおれのもの，おれのものはおれのもの / They were good to me and 〜 (=my family). 彼らは私と私の家族の者によくしてくれた． 関連 my family.

... of mine 私の... (☞ possessive pronoun 文法 (2), of 2, this 形1 語法, that¹ 形1 語法): this book of 〜 私のこの本 / This is Miss White, a friend of 〜. こちらは友人のホワイトさんです(友人を紹介するとき)．

語法 (1) **a friend of mine** と **my friend**
a friend of mine という言い方は友人関係にある不特定の人物を漠然と表わす場合に用いる．これに対して my friend という言い方で相手がだれであるかがわかる特定の友人を表わす: *My friend* Miss White is a teacher. 私の友人のホワイトさんは学校の先生だ.
(2) この後が所有代名詞のときには a friend of mìne のように of mine の前の名詞のほうが強いアクセントを受ける．次と比較: a frìend of Miss White's.

2 《人称代名詞 I の所有格》 [母音や h で始まる名詞の前，または名詞の後で] 《古語》 私の (my).

☆mine² /máɪn/ (同音 mind) 名 (〜s /-z/)

「鉱山」 2 ─→ 「地下資源」 ─→ 「宝庫」 3
　　　　 →（坑）→ 「敵陣爆破用の地下坑」 →
　　　　　　　　　 「地雷」，「機雷」 1

1 C 地雷；機雷: lay 〜s 機雷を敷設する． **2** C [しばしば合成語で] 鉱山；坑 (☞ mineral 画源): a coal 〜 炭鉱 / dig a 〜 鉱山を掘る / There is gold in this 〜. この鉱山では金が採れる． **3** [a 〜] (知識などの)豊かな源，(...の)宝庫 《人・物》: a 〜 of information about [on] the villagers 村人のことなら何でも知っている人． **4** C 《古語》 [敵陣の下に爆薬をしかける]坑道．

── 動 (mines /-z/; mined /-d/; min·ing) 他 **1** [しばしば受身で] 《鉱石・石炭などで採掘する；(...の採掘のため)土地に坑道を掘る: 〜 gold 金を掘る / Ore *is* 〜*d from* under the ground near the village. <V+O+from+名・代の受身> 鉱石がその村の近くで地下から採掘されている / The hill *is* 〜*d for* copper. <V+O+for+名・代の受身> その山には銅採掘用の坑道が掘られている． **2** [普通は受身で] (...)に地雷[機雷]を敷設する． **3** [しばしば受身で] (...)を地雷[機雷]で爆破する． **4** 《資料などを調べる，あさる (for). **5** 《古語》 (...)に(敵陣爆破の)坑道を掘る．

── 自 (鉱石・石炭などを)採掘する；坑道を掘る: They 〜 *for* silver in those hills. <V+for+名・代> あの山々では銀が掘られている．

mine detector 名 C 地雷[機雷]探知機．

mine disposal 名 U 地雷除去．

mine field 名 **1** C 地雷原；機雷原． **2** [a 〜] 危険[問題]をはらんだ事態，難儀なもの，難関 (*of*, *for*).

☆min·er /máɪnə | -nə/ (同音 minor，(英) myna(h)) 名 (〜s /-z/) C 鉱夫： a coal 〜 炭鉱夫．

☆min·er·al /mín(ə)rəl/ 名 (〜s /-z/) C **1** 鉱物 (塩・石油・水・天然ガスも含む)；(動植物に対して)無機物: Iron and copper are 〜s. 鉄や銅は鉱物である． 関連 animal 動物 / plant 植物． **2** C (栄養素としての)鉱物質，ミネラル． **3** [普通は複数形で] 《古風，英略式》 ＝mineral water 2． 画源 「鉱山の」の意 (☞ mine² 画源).

── 形 鉱物の，鉱物性の，鉱物を含む: 〜 ores 鉱石 / 〜 resources 鉱物資源． 関連 animal 動物性の / vegetable 植物性の．

mineral kingdom 名 [the 〜] 鉱物界 (☞ kingdom 3).

min·er·al·og·i·cal /mìn(ə)rəládʒɪk(ə)l | -lɔ́dʒ-/ 形 鉱物学の．

min·er·al·o·gist /mìnərálədʒɪst, -rǽl-|-rǽl-/ 名 C 鉱物学者．

min·er·al·o·gy /mìnərálədʒi, -rǽl-|-rǽl-/ 名 U 鉱物学．

mineral oil 名 C,U 鉱油 (鉱物から採れる油)．

☆mineral water 名 U,C **1** ミネラルウォーター，鉱泉水 (鉱物塩・ガスを含む天然の水)；炭酸水． **2** 《英》 清涼飲料水 (soft drink).

Mi·ner·va /mɪnə́ːvə | -nə́ː-/ 名 《ロ神》 ミネルバ (知恵・芸術・戦術の女神)． ☞ goddess 表．

min·e·stro·ne /mìnəstróʊni/ 名 U ミネストローネ (野菜・パスタを入れたイタリア風の濃いスープ)．

mine sweeper 名 C 掃海艇 (機雷を取り除く船)．

mine sweeping 名 U 掃海作業．

mine worker 名 C 鉱山労働者，坑夫．

Ming /míŋ/ 名 明(ﾐﾝ) 《中国の王朝 (1368-1644)》: 〜 Dynasty 明朝．

ming·er /míŋə | -ŋə/ 名 C 《英略式》 [差別] 嫌なやつ (特に女性)，ぶす．

ming·ing /míŋɪŋ/ 形 《英略式》 汚らしい，大変不潔 [不快]な．

☆min·gle /míŋgl/ 動 他 [しばしば受身で] (W) (...)を(...と)混ぜる，(...と...)をいっしょにする (*together*) (☞ mix 類語): Our pleasure *was* 〜*d with* some regret. 私たちの喜びには後悔の念も多少混じっていた． ── 自 (物が)混ざる；(人と)つき合う (*together*): 〜 *with* various people いろいろな人たちと親しく交わる．

min·gled /míŋgld/ 形 入り交じった: a look of 〜 joy and disbelief 喜びと信じられない気持ちの交じった表情．

min·gy /míndʒi/ 形 (**min·gi·er**; **-gi·est**) 《英略式》 けちな，しみったれた (*with*)；ささやかな，小さな．

min·i /míni/ 名 C 《略式》 **1** ミニスカート (miniskirt)，ミニドレス． **2** ミニ (英国製の小型自動車；商標)． ── 形 《英略式》 非常に小さい[短い]，ミニの．

min·i- /míni-, -ni/ 接頭 反 maxi- 「小，小型」の意: *mini*bus 小型バス / *mini*skirt ミニスカート．

☆min·i·a·ture /míniətʃə, -nɪtʃə | -tʃə/ 形 A (ごく)小型の；小規模の，縮図の，ミニチュアの (☞ minute¹ 単語の記憶): a 〜 garden 箱庭．

── 名 (〜s /-z/) C **1** ミニチュア，小型の模型． **2** C 小画像 (象牙(ぞうげ)や金属に描かれたもの)，細密画，ミニアチュール． **3** C (ウィスキーなどの)ミニ(チュア)ボトル． **4** C 小型犬． **in miniature** [形・副] (そっくりそのまま)縮めた[て]，小規模で[の]，形は小さいがそっくりの．

miniature golf 名 U 《米》 ミニ(チュア)ゴルフ，ベビーゴルフ (《英》 crazy golf).

min·i·a·tur·ist /mín(i)ətʃərɪst, -tʃʊ(ə)r-|-tʃə-/ 名 C 細密画家．

min·i·a·tur·i·za·tion /ˌmɪn(i)ətʃərɪzéɪʃən | -raɪz-/ 名 U 小型化.

min·i·a·tur·ize /mín(i)ətʃəraɪz/ 動 他 [普通は受身で]〈…〉を小型化する, 〈…〉のミニチュアを作る.

min·i·a·tur·ized /mín(i)ətʃəraɪzd/ 形 小型化した, 小型[ミニチュア]版の.

míni·bàr 名 C (ホテルの客室などの)ミニバー《酒類が置いてある》.

míni·bike 名 C 小型[ミニ]バイク.

míni·brèak 名 C (2, 3 日の)短い休暇.

*__míni·bùs__ 名 C ミニ[マイクロ]バス (6-12 人乗り).

míni·càb 名 C 《英》(電話で呼ぶ)ミニタクシー.

Min·i·cam /mínikæm/ 名 C [しばしば m-] 小型テレビカメラ(携帯用; 商標).

míni·càmp 名 C 《スポ》ミニキャンプ《春期に行なわれる短期間のトレーニングキャンプ》.

míni·càr 名 C 小型自動車.

míni·compùter 名 C ミニ[小型]コンピューター.

Míni·Dìsk 名 C ミニディスク, MD (録音再生ができる小型のディスク); 略 MD; 商標).

míni·gòlf 名 U 《米》= miniature golf.

min·im /mínɪm/ 名 C 《英》= half note.

minima 名 minimum の複数形.

*__min·i·mal__ /mínəm(ə)l/ 形 ⓢ minimum; 反 maximal) **1** 最小(限)の, 最低の, 極小の: make only ~ effort 最低限の努力しかしない. **2** ミニマリズムの: ~ art = minimalism.

min·i·mal·ism /mínəməlɪzm/ 名 U ミニマリズム(単純な型・色などを用いた抽象芸術・音楽).

min·i·mal·ist /mínəməlɪst/ 名 C ミニマリズムの芸術家. ― 形 ミニマリズムの.

míni·màll 名 C 《米》= strip mall.

min·i·mal·ly /mínəməli/ 副 最小限に.

míni·màrt, míni·màrket 名 C 《主に米》(小規模の)食料雑貨店.

min·i·max /mínəmæks/ 名 C 《数》**1** ミニマックス《ある一組の極大値の中の最小値》. **2** ミニマックス《推定される最大限の損失を最小限にする手(の値)》.

min·i·mi·za·tion /ˌmɪnəmɪzéɪʃən | -maɪz-/ 名 U 最小化.

*__min·i·mize__ /mínəmaɪz/ 動 (-miz·es /~ɪz/; -i·mized /~d/; -i·miz·ing; 形 ⓢ minimal; 反 maximize) 他 **1** 〈…〉を最小[最低]にする; 最低[最小]に見積もる: This device will ~ flood damage. この装置は洪水の損害を最低限に抑えるだろう. **2** 〈…〉を小さく[ちっぽけに]見せる, 軽く扱う[見る]. **3** 《電算》〈ウインドー〉を最小化する.

*__min·i·mum__ /mínəməm/ 困 形 (動 mínimìze; ⓢ maximum) Ⓐ [比較なし] 最小の, 最低の, 最低[最小]限度の: the ~ temperature 最低気温 / ~ expense 最低限の支出 / What is the ~ voting age in the United States? 米国では投票できる最低年齢は何歳なのか[何歳から投票できるのか].

― 名 (複 ~s /~z/; **min·i·ma** /mínəmə/; 動 mínimìze; 形 mínimal; ⓢ maximum) [単数形で] 最小限, 最低点, 最小量; 《数》極小 (略 min; ☞ minute¹ 単語の記憶): the absolute [bare] ~ 必要最低限 / keep [hold] costs to a [the] ~ 経費を最低限に抑える / Walk a ~ of three miles a day for exercise. 運動のために 1 日最低 3 マイルは歩きなさい / Children should have a ~ of eight hours' sleep a night. 子供は毎晩最低 8 時間の睡眠が必要です. **at the [a] mínimum** [副] 最小[最低]でも.

mínimum lénding ràte 名 [単数形で] 《商》(イングランド銀行の)最低貸出し金利.

mínimum secúrity prison 名 C 《米》軽警備の[開放型の]刑務所《英》open prison).

mínimum wáge 名 [単数形で] 最低賃金《法律や契約によって定められたもの》.

mínimum-wáge 形 最低賃金の.

*__mín·ing__ /máɪnɪŋ/ 名 U 鉱業; 採鉱: coal ~ 炭鉱業 / a ~ engineer 鉱山技師.

min·ion /mínjən/ 名 C [普通は複数形で, しばしば所有格とともに] [軽蔑・滑稽] 手先, 子分, 下っぱ; 《古風》寵臣(ちょうしん), お気に入り.

míni·pìll 名 C ミニピル《エストロジェンを含まない経口避妊薬》.

min·is·cule /mínəskjùːl/ 形 = minuscule.

míni·sèries 名 (複 ~) C 《主に米》テレビの短期連続ドラマ.

míni·skìrt 名 (反 maxiskirt) C ミニスカート《略式》mini).

*__min·is·ter__ /mínɪstɚ | -tə/ 名 (~s /~z/; 形 mìnistérial) C

ラテン語で「小さい者」, 「使用人」の意
《☞ administer 語源》
→(神の使用人)→「牧師」3
→(国王の使用人)→「大臣」1

1 [しばしば M-] 《英国・日本などの》**大臣, 長官**《省 (ministry) の長; 略 Min.; ☞ minute¹ 単語の記憶》《米》secretary); = Minister of State (☞ 成句): the prime ~ 総理大臣 / the M~ of Finance = the Finance M~ 財務大臣 (☞ Exchequer). 参考 《英》でも外務大臣や内務大臣は secretary と呼ぶ. **2** 公使: the British M~ to France 駐仏英国公使. 関連 legation 公使館 / ambassador 大使 / consul 領事. **3** 牧師《米》ではプロテスタント, 《英》では非国教派・長老派の聖職者を指す; ☞ clergyman 語法). **Mínister of Státe** 名 《英》担当大臣, 副大臣《大臣を補佐するがふつう閣僚ではない》.

― 動 (-ter·ing /-tərɪŋ, -trɪŋ/) 自 [格式] 〈…〉に奉仕する, 仕える; 尽力する (to). **2** 牧師を務める.

*__min·is·te·ri·al__ /ˌmɪnəst(ə)ríəl⁻/ 形 (名 mìnister) Ⓐ **1** 大臣の, 長官の; 内閣の, 政府の: hold ~ office 大臣の職につく. **2** 牧師の職につく.

mín·is·ter·ing ángel /mínɪstərɪŋ-, -trɪŋ-/ 名 C 《文》[ほめて・しばしば滑稽] 救いの天使(病人などを優しく助ける人, 特に女性).

min·is·tra·tion /ˌmɪnəstréɪʃən/ 名 [複数形で; しばしば所有格とともに] 《格式》または [滑稽] (医師・看護師・牧師などによる)世話, 看護, 奉仕, 援助.

*__min·is·try__ /mínɪstri/ 名 (-is·tries /~z/) **1** C [しばしば M-] 《英国・日本などの》省 (department) 《略 Min.》; 省の建物: the M~ of Education, Culture, Sports, Science and Technology (日本の)文部科学省 / the M~ of Defence (イギリスの)国防省. 関連 minister 大臣. **2** [the ~ として 《英》単数または複数扱い] 牧師たち《全体; ☞ clergy; collective noun 語法》. **3** C 牧師の職務[任期]: go into [take up] the ~ 聖職につく.

míni·vàn 名 C 《米》小型[ミニ]バン (8 人乗り).

*__mink__ /mɪŋk/ 名 (複 ~(s)) **1** C ミンク《いたちの類で水辺を好む》. **2** U ミンクの毛皮; C ミンクのコート.

Minn. 略 = Minnesota.

Min·ne·ap·o·lis /ˌmɪni(ə)pəlɪs/ 名 C ミネアポリス《米国 Minnesota 州東部の都市》.

Min·ne·so·ta /ˌmɪnəsóʊtə⁻/ 名 C ミネソタ《米国中北部の州; 略 Minn., 《郵》では MN; 俗称 the North Star State; ☞ America 表, 表地図 G 3》.

Min・ne・so・tan /mìnəsóutən/ 形, 名 C ミネソタ(州)の(人).

min・now /mínou/ 名 (複 ~(s)) C **1** ひめはや; ざこ; 小魚. **2** (略式) 弱小の会社[組織, 国].

Mi・no・an /mínóuən/ 形 ミノス[クレタ]文明の《紀元前3-2世紀の Crete 島を中心とする青銅器文明》.

*****mi・nor** /máinə | -nə/ 《同音 miner, (英) myna(h)》【T1】形 (名 minority, 反 major) **1** [普通は [比較なし] 小さな, 重要でない, 二流な: a ~ operation ちょっとした手術 / a ~ poet 二流の詩人 / ~ alterations わずかな手直し / It is a matter of ~ importance. それは大して重要でない事だ. 語法 この意味では2の比較の意味が薄くなったもの (☞ major¹ 形 2 語法).
2 [A [比較なし] 小さいほうの (lesser) 《比べた場合, 大きさ・量・数・程度などについていう》; 少数の, 過半数に達しない (☞ minute¹ 単語の記憶). 語法 than とともに用いない. **3** 形 短調の, 短音階の: a symphony in G ~ ト短調の交響曲. **4** [姓の後で] (古風, 英) (同じ学校で同姓の男子生徒・兄弟の)年下の, 弟のほうの: Smith ~ 年下のスミス. **5** (主に米) (科目・課程が)副専攻の. 単語の記憶 ラテン語で「より小さい」の意; ☞ major¹ 語源, minute¹ 単語の記憶. ── 名 **1** C (法) 未成年者: NO MINORS 未成年者お断り (掲示). **2** C (主に米) 副専攻科目, 副科目; 副専攻(学)生. **3** U (楽) 短調, 短音階 (反 major). **4** [the ~s] (野球などの)マイナーリーグ. ── 動 (-nor・ing /-nəriŋ/) 自 (主に米) (...を)副専攻にする (in).

******mi・nor・i・ty** /mainɔ́:rəti, mə- | -nɔ́r-/【T1】名 (-i・ties /-z/; 形 mínor, 反 majority) **1** [単数形で] **少数**; 少数派, 少数党: Only a ~ of the students chose to strike. ストライキの手段を選んだのは学生の中の少数の者だけだった / The ~ has [have] to bow to the majority. 少数派は多数派に従わねばならない. 語法 (英) では1人1人を指すときには単数形でも複数扱いとなることがある; ☞ collective noun 文法.
2 C [普通は複数形で] 少数民族, 少数集団; (米) 少数民族の人々. **3** U (法) 未成年期. **be found oneself] in a minority of óne** 動 [しばしば 滑稽] ただ1人の少数派である, 孤立無援である. **be in the [a] minórity** 動 少数派である.
── 形 少数派[党]の, 少数派[党]による: a ~ opinion 少数意見. **2** 少数民族の, 少数民族による: a ~ community 少数民族集団 / a ~ group 少数民族.

minórity góvernment 名 C 少数党政府《議席数が過半数に達しない第1党が政権をとった状態》.
minórity lèader 名 C (米) (上・下院の)少数党の院内総務 (反 majority leader).
minórity repòrt 名 C (少数派の)反対意見書.
mínor léague 名 C **1** [しばしば the M-L-s] マイナーリーグ《プロ野球などで大リーグ (major leagues) 以外のリーグ》. **2** 小さな企業[組織].
mínor-léague 形 [A] (米) **1** マイナーリーグの. **2** (略式) 二流の, さえない.
mínor léagu・er /-líːɡə | -ɡə/ 名 C (米) マイナーリーグの選手.
mínor plánet 名 C 小惑星 (asteroid).
mínor scále 名 C (楽) 短音階, 短調.
Min・o・taur /mínətɔ̀ː, mái- | máinətɔ̀ː/ 名 [the ~] (ギ神) ミノタウルス《人身牛頭の怪物》.
Minsk /mínsk/ 名 ミンスク《ベラルーシの首都》.
min・ster /mínstə | -tə/ 名 C [しばしば M-] (英) 教会堂《元は修道院付属であった》; [教会の名称として] ... 大聖堂: York M~ ヨーク大聖堂.
⁺**min・strel** /mínstrəl/ 名 C **1** (中世の)吟遊楽人[詩人]. **2** (古風) 顔を黒く塗った白人が黒人の歌や踊りを演ずる芸能団).

mint¹ /mínt/ 名 **1** U はっか《しそ科の多年草; 香料にする》: ☞ spearmint. **2** C =peppermint 2. ── 形 [A] はっか入りの, はっかで作った.

mint² /mínt/ 名 **1** C [しばしば the ~] 造幣局 (☞ money 語源). **2** [a ~] (略式) 巨額, 大金: make *a* ~ 大金をかせぐ. **in mint condition** 形 未使用で, 新品(同然)で. ── 動 (貨幣)を鋳造する; (新語)を造り出す.

mint・ed /míntid/ 形 はっかの香りのする; 出来立ての.
mínt júlep 名 C (米) =julep.
Min・ton /mínt(ə)n/ 名 U ミントン《英国製の陶磁器; 商標》.
mínt sàuce 名 U ミントソース《はっかの葉と砂糖・酢を加えたソース》.
mint・y /mínti/ 形 (mint・i・er, -i・est) はっかの味[香り]をもった; はっか性の, はっかのような.
min・u・et /mìnjuét/ 名 C メヌエット《3拍子のゆるやかで優雅な舞踏》; メヌエットの曲.

*****mi・nus** /máinəs/ 前 **1** (数) ...を引いた (反 plus): Eight ~ three is [leaves, equals] five. 8引く3は5 (8-3=5). **2** (略式) (あるべきもの)がなく, ...なしに (without): She came home ~ her handbag. 彼女は家に戻ったときハンドバッグを持っていなかった. ── 形 **1** [A] [比較なし] マイナスの, 負の, 陰の (negative) (反 plus): a ~ quantity (数) 負数《ゼロより小さい数》. **2** 氷点下...(度), 零下...(度): ~ 10 (degrees) 零下10度. **3** [評点の後で] マイナスの, ...の下(で): A ~ A の下 (A⁻と書く). **4** 不利な (disadvantageous), 好ましくない (undesirable), マイナスの面の: a ~ factor マイナスの要因. 語源 ラテン語で「より少ない」の意; ☞ minor 語源, diminish 語源, minute¹ 単語の記憶. ── 名 (反 plus) C **1** =minus sign. **2** 負数. **3** (略式) 不足, 不利; 欠点, 不利な点.

min・us・cule /mínəskjùːl/ 形 非常に小さい.
mínus sìgn 名 (反 plus sign) C 減法[マイナス]記号, 負符号 (─の記号).

*****min・ute¹** /mínit/ ★ minute² との発音の違いに注意. 名 (min・utes /-nits/) C **1** 分《1時間の ¹⁄₆₀; 60秒; 略 m, min; 数字の後に´をつけて表わす》; (century 表): There are sixty ~s in an hour. 1時間は60分です / It's five ~s to [(米) of] eight. 8時5分前です / The station is a ten-~ walk [drive] from here. ここから歩いて[車で]10分です / There are [You have] ten ~s left. あと10分です 《試験など》 / There's one born every ~. (ことわざ) (S) (俗) いつでも簡単にだまされる人がいるものだ.
2 [単数形で, しばしば a ~] (S) (略式) 瞬間, ちょっとの間 (moment, instant): at this [that] ~ この[その]瞬間に, 今 / Just a ~. (S) ちょっと待って / 'Wait *a* [one] ~, please. (S) 少々お待ちください / Do you have *a* ~? ほんの少しだけ(話す)時間があるかしら / Every ~ counts. 一刻一刻が大事である, 急を要する / One ~ she looked happy, and the next she was crying. (S) 彼女はにこにこしていたかと思うと突然泣き出した. // last minute. **3** [複数形で; しばしば the ~s] (会議の)議事録, 会議録 (of): take *the* ~s 議事録を記す. **4** (格式) 覚え書, 下書き; 覚え書き, 控え. **5** C 分《角度などの単位; 1度の ¹⁄₆₀; 数字の後に´をつけて表わす》: 35°45´ north 北緯35度45分 (thirty-five degrees forty-five *minutes* north と読む). 関連 degree 度 / second 秒. 語源 minute² から; 1時間を細分したという意味で; ☞ second² 語源.

単語の記憶 《MIN》 (小さい)
min**ute²** きわめて小さい
min**ute¹** (1時間を細分したもの) → 分

minu	(食事の内容を細かく記したもの) → 献立表
miniature	小型の模型
minimum	最小限
minister	(小さい者 → 使用人) → 大臣
minor	(より小さい) → 小さいほうの
minus	(より少ない) → マイナスの
di**min**ish	(小さくする) → 減らす

(at) ány mínute (nòw) [副] Ⓢ《略式》今すぐにも; 今か今かと: He may call us *(at) any* ~. 彼は今すぐにも電話してくるかもしれない.
at thát (véry) mínute [副] ちょうどその時.
at the mínute [副]《英》今のところ, 当座は.
by the mínute＝évery mínute＝mínute by mínute [副] 刻一刻と, 刻々と.
in a féw mínutes [副] 2, 3 分で; すぐ: I'll be ready *in a few* ~*s*. すぐにしたくができます.
in a mínute [副] Ⓢ すぐに: I'll be with you *in a* ~. すぐに参ります.
nót a mínute tòo sóon [副]《略式》ようやく.
nót for a [óne] mínute [副] [think, believe などと共に用いて] Ⓢ《略式》少しも…ない (never).
(ríght) thís mínute [副] Ⓢ 今すぐ; 今しがた: Do it *this* ~. 今すぐやりなさい.
the mínute (that) ... [接] Ⓢ …するとすぐ, …するやいなや (as soon as).
to the mínute [副] ちょうどその時間に, きっかり: at 5 o'clock *to the* ~ きっかり 5 時に.
úp to the mínute [形]《略式》最新(流行)の; 最新情報を載せた (☞ up-to-the-minute [語法]).
withìn mínutes [副] すぐに; すぐあとに.
— [動] [他] ‹…›を議事録に書き留める.

mi·nute² /maɪn(j)úːt | -njúːt/ ★ minute¹ との発音の違いに注意. [形] (**mi·nut·er**; **-nut·est**) **1** きわめて小さい, 微小の (☞ minute¹ [単語の記憶]): ~ differences わずかな違い. **2** 詳細[精密, 綿密]な: in ~ detail こと細かに. **3** ささいな, つまらない.

mín·ute hànd /mínɪt-/ [名] [C] [普通は単数形で] (時計の)分針, 長針. [関連] hour hand 時針 / second hand 秒針.

mi·nute·ly /maɪn(j)úːtli | -njúːt-/ [副] 詳細に; 精密に; (ごく)細かく; ごくわずかに.

min·ute·man /mínɪtmæ̀n/ [名] (**-men** /-mèn/) [C]《米》民兵《独立戦争当時, 即座に応召できる準備をしていた市民》.

mi·nute·ness /maɪn(j)úːtnəs | -njúːt-/ [名] [U] 詳細; 精密; 微小, 微細.

mín·ute stèak /mínɪt-/ [C,U] ミニッツステーキ《すぐ焼ける薄切りのステーキ》.

mi·nu·ti·ae /mɪn(j)úːʃiìː, maɪ-, -ʃiàɪ | mɪnjúː-/ [名] [複] [しばしば the ~]《格式》ささいな[細かい]点; 細目, 詳細 (*of*).

minx /míŋks/ [名] [C]《古風》生意気な[こずるい]娘.

mips /míps/ [名] [複]〖電算〗ミップス《演算速度の単位; 1 秒当たり 100 万命令》.

mir·a·cle /mírəkl/ ★ 発音については ☞ circle リスニング(囲み). [T3] [名] (~**s** /~z/; [形] miráculous) **1** [a ~]《略式》不思議な出来事, 驚くべきこと[もの]: *a* ~ drug 特効薬 / It was *a* ~ that the girl survived the accident. 少女が事故で助かったのは奇跡だった. **2** [C] 奇跡《普通はよいこと》: by some ~ 奇跡的に / work [perform, do, accomplish] ~*s* 奇跡を行なう. **3** [C] 驚異的な実例, 模範: The Internet is a ~ *of* modern technology. インターネットは現代技術の驚異的な例だ. [語源] admire, mirror と同語源.

míracle cùre [名] [C] 妙薬; (問題解決のための)特効薬 (*for*).

míracle plày [名] [C] 奇跡劇《キリストの生涯などを扱った中世の宗教劇》.

⁺**mi·rac·u·lous** /mɪrǽkjʊləs/ [形] ([名] míracle) 驚くべき; 奇跡的な, 不思議な: a ~ recovery 奇跡的回復.
~·ly [副] [文修飾語] 奇跡的に(も); 不思議に.

mi·rage /mərάːʒ | míraːʒ/ [名] [C] **1** しんきろう. **2** [普通は a ~] 妄想, 幻想; はかない夢[望み].

Mi·rán·da Rìghts /mɪrǽndə-/ [名] [複]《米》ミランダ権利[原則]《容疑者が尋問の前に告知されるべき権利; 黙秘権や弁護士の立ち会いを求める権利など》.

mire /máɪə | máɪə/ [名] [U] Ⓦ **1** 窮地, 苦境 (*of*). **2** 泥, ぬかるみ, 泥沼. **drág ... [...'s náme] through the míre** [動]《文》…の名を汚す. — [動] (**mir·ing** /máɪ(ə)rɪŋ/) [他] [普通は受身で]《主に文》 **1** ‹…›をぬかるみにはまらせる (*down*; *in*); 泥で汚す. **2** ‹人›を(苦境に)陥らせる (*in*).

***mir·ror** /mírə | -rə/ ([類音] mare, mere, miller) [名] (~**s** /~z/) **1** [C] [しばしば合成語で] 鏡; 反射鏡 (☞ rearview mirror [日英比較]): a hand ~ 手鏡 / reflect *in* a ~ 鏡に反射する / She looked *in* the ~. 彼女は鏡をのぞいた. **2** [a ~] (実物・実情を)反映するもの: The press is *a* good ~ *of* public opinion. 新聞は世論を反映するよい鏡だ. [語源] ラテン語で「不思議そうに見る」の意; ☞ admire [語源], miracle [語源].
— [動] (**-ror·ing** /-rərɪŋ/) [他] (鏡のように)‹…›を映す, 反射[反映]する (*in*); ‹…›によく似ている.

mírror bàll [名] [C] ミラーボール.

mir·rored /mírəd | -rəd/ [形] [A] 鏡のある[の付いた]; (鏡に)写った.

⁺**mírror ìmage** [名] [C] **1** 鏡像《左右逆になる》(*of*). **2** よく似たもの; 正反対のもの (*of*).

mírror sìte [名] [C]〖電算〗ミラーサイト《混雑回避などのために設けられた, あるサイトと同内容のサイト》.

mírror sỳmmetry [名] [U] 鏡面対称.

mírror wrìting [名] [U] (鏡に映すと普通の文字になるように書く)逆書き, 鏡映文字.

mirth /mɚ́ːθ | mə́ːθ/ [名] [U] Ⓦ《文》(笑いさざめくような)陽気な騒ぎ, 楽しい笑い.

mirth·ful /mɚ́ːθf(ə)l | mə́ːθ-/ [形] Ⓦ《文》陽気な, 愉快な. **-ful·ly** /-fəli/ [副] 陽気に, 楽しく, はしゃいで.

mírth·less [形] [普通は [A]] Ⓦ《文》楽しくない, 陰気な. **~·ly** [副] 陰気に.

mis- /mìs/ [接頭]「誤って[た], 悪く[い], 不…」の意: *mis*judge 誤審する / *mis*fortune 不運.

mìs·advénture [名]《格式》[U] 不運; [C] 不運な出来事, 災難. **déath by misadvénture** [名]〖英法〗事故死.

mìs·a·lígned /-əláɪnd←/ [形] 調整[取付け]不良の.

mìs·alígnment [名] [U]《格式》調整不良.

mìs·allíance [名] [C]《格式》ふつり合いな[身分違いの]結婚; 不適当な提携[連合].

mìs·allocátion [名] [U] 不適当な割当て.

mis·an·dry /mísændri | mɪsǽndri/ [名] [U]《格式》男嫌い.

mis·an·thrope /mís(ə)nθròʊp/ [名] [C]《格式》人間嫌いの人; 付き合いの悪い人.

mis·an·throp·ic /mìs(ə)nθrάpɪk | -θrɔ́p-←/ [形]《格式》人間嫌いの, 厭人(えんじん)的な.

mis·an·thro·pist /mɪsǽnθrəpɪst/ [名] [C] ＝misanthrope.

mis·an·thro·py /mɪsǽnθrəpi/ [名] [U]《格式》人間嫌い, 厭人.

mìs·applicátion [名] [U,C]《格式》誤用; 悪用 (*of*).

mis·ap·ply /mìsəpláɪ/ [動] (**-ap·plies**; **-ap·plied**; **-ply·ing**) [他] [普通は受身で]《格式》‹…›の用い方を誤る; 悪用する, 不正に使う.

mìs·apprehénd [動] [他]《格式》‹…›を思い違いする,

M

misapprehension

誤解する.

mis·ap·pre·hén·sion 名 C|U 《格式》思い違い, 誤解. **ùnder a misapprehénsion** [副・形]《格式》思い違いで, 誤解して.

mis·ap·pró·pri·ate 動 他《格式》〈金〉を着服[横領]する, 使い込む; 悪用する.

mis·ap·pro·pri·á·tion 名 U《格式》着服, 横領, 使い込み (of).

mis·be·gót·ten 形 A《格式》1《計画・考えなどが》まずい, できそこないの; 《滑稽》《人が》ろくでなしの, 見下げ果てた. 2《古風》私生児の.

mis·be·háve 動 自 または ~ oneself で] 不作法にふるまう; 不品行である.

mis·be·hávior, 《英》**·iour** 名 U《格式》不作法; 不品行.

misc 略 =miscellaneous, miscellany.

*__mis·cál·cu·late__ 動 他〈期間・金額など〉の計算違いをする;〈…〉の判断を誤る (wh 節). — 自 計算違いをする; 判断を誤る.

mis·cal·cu·lá·tion 名 C|U 計算違い, 誤算; 判断の誤り.

mis·cáll 動 他〈…〉を誤った名で呼ぶ.

*__mis·car·riage__ /mískærɪʤ, mìskǽrɪʤ/ 名 (-car·riag·es /-ɪz/) 1 C|U 流産:have a ~ 流産する. 2 U《格式》失敗, 挫折(ちょう), 手違い. **(a) miscárriage of jústice** [法] 誤審.

mis·car·ry /mìskǽri/ 動 自 (-car·ries; -car·ried; -ry·ing) 1 流産する. 2《格式》《計画などが》失敗する, 挫折する. 3《郵便物などが》届かない.

mis·cast /mìskǽst|-kɑ́:st/ 動 他 (mis·casts; 過去・過分 mis·cast; -cast·ing) 《普通は受身で》1〈俳優〉を不適当な役に当てる (as). 2《劇・映画の役》にまずい役のふり当てをする.

mis·ce·ge·na·tion /mɪsèʤənéɪʃən, mìsɪʤɪ-/ 名 U《格式》異人種間の混血[結婚, 性的関係].

*__mis·cel·la·ne·ous__ /mìsəléɪniəs⁼/ 形 《普通は A》種々雑多な; 多方面にわたる (略 misc.). **~·ly** 副 種々雑多に. **~·ness** 名 U 種々雑多.

mis·cel·la·ny /mísəlèɪni|mɪsélə-/ 名 (-la·nies) W 1 C 《雑多な寄せ集め》(of) (略 misc.). 2 C 文集, 雑録; [複数形で] [文集の]作品, 論文.

mis·chánce 名 U 不幸, 不運. **by mischánce** [副] 《文修飾詞》《文》運悪く.

*__mis·chief__ /místʃɪf/ 名 U 1〈子供の〉いたずら, わるさ; ちゃめっ気: Boys are fond of ~. 男の子はいたずらが好きだ / The girl's eyes were full of ~. 少女の目はちゃめっ気にあふれていた. 2《格式》《物質的な》害, 損害, 損害; 《精神的な》悪影響, 害毒. 語源 古(期)フランス語で「悪い結果」の意. **be úp to mischief** [動] 自 いたずらをして[企てて]いる. **dó onesèlf míschief** [動] 自《英式》または[滑稽]けがをする. **gét ìnto míschief** [動] 自 いたずらを始める. **kéep … óut of míschief** [動] 他〈…〉にいたずらをさせないでおく. **màke míschief** [動] 自《格式》(…の間に)不和の種をまく (between); 水を差す. **òut of míschief** [副] いたずらで(半分で).

míschief-màker 名 C 人の仲を裂く人; 中傷者.

míschief-màking 名 U 人の仲を裂くこと; 中傷.

*__mis·chie·vous__ /místʃɪvəs/ 形 1《子供が》いたずら好きな; 《表情・態度などが》いたずらっぽい:a ~ child いたずらっ子 / a ~ smile いたずらっぽい微笑. 2《格式》災いをもたらす, 有害な; 人を傷つける, 悪意のある. **~·ly** 副 災いとなるように; ちゃめっ気で[から]. **~·ness** 名 U いたずら好き, ちゃめっ気.

mis·con·céive 動 他《格式》〈…〉を誤解する.

誤解する,〈…〉について思い違いをする.

mis·con·céived 形 1《計画などが》見当違いの. 2《考えなどが》誤っている.

*__mis·con·cép·tion__ 名 U|C 思い違い (about; that): a popular ~ 世間に流布している誤った考え.

*__mis·con·duct__[1] /mɪskɑ́ndʌkt, -dəkt|-kɔ́n-/ 名 U《格式》1《特に専門家の》非行, 不行跡; 違法行為, 不倫: gross ~ 重大な不正行為. 2《企業などの》誤った管理[経営].

mis·con·duct[2] /mìskəndʌ́kt/ 動 他〈…〉を やりそこなう,〈…〉の処置を誤る.

mis·con·strúc·tion 名 U|C《格式》意味の取り違え, 誤解: be open to ~ 誤解を招く.

mis·con·strúe 動 他《格式》〈…〉の意味を取り違える,〈…〉を(…と)誤解する (as).

mis·cóunt 動 他〈得票数など〉を数え違える. — 自 誤算する. — 名 C《格式》数え違い, 誤算.

mis·cre·ant /mískriənt/ 名 C《文》悪漢. — 形 極悪な.

mis·cue /mìskjú:/ 名 C 1 間違い, ミス. 2《玉突き》突きそこない. — 動 自 1《略式》間違いをする; タイミングをあやまる. 2《玉突き》突きそこなう. — 他 1〈…〉のタイミングをあやまる. 2《玉突き》〈玉〉を突きそこなう.

mis·déed 名 C《格式》悪行, 犯罪.

mis·de·méa·nor, 《英》**·our** 名 C 1《格式》不品行, 非行. 2《主に米》《法》軽罪 (felony より軽い).

mis·di·ag·nóse 動 他〈病気・病気〉を誤診する.

mis·di·ag·nó·sis 名 C|U 誤診.

mis·diréct 動 他《普通は受身で》《格式》1〈精力・才能など〉の使いみちを誤る. 2《郵便物などが》に誤った名を書く; 誤配する. 3〈…〉に(場所・道順)を間違って教える (to). 4《法》《判事が》〈陪審員〉に誤った指示を与える.

mis·di·réc·tion 名 U|C 誤配; あて名の)誤記; 教え違い; 《判事の》不当指示.

mise-en-scène /mí:zɑ:nséɪn/《フランス語から》名 C [単数形で] 1《演劇》《劇の》舞台装置, 道具立て (setting). 2《格式》《事件などの》周囲の状況.

mi·ser /máɪzɚ|-zə/ 名《miserly》C《軽蔑》《金をため込むけちん坊. 語源 ラテン語で「みじめな」の意, miserable と同語源.

*__mis·er·a·ble__ /míz(ə)rəbl/ 13 形 (⇒ misery) 1 みじめな, 不幸な, 哀れな (⇒ miser 語源): a ~ little girl みじめな少女 / I was felt] quite ~ from cold and hunger. 寒くなるしおなかは減るし全くみじめだった. 2 [普通は A] 《場所・状況などが》みじめな気持ちにさせる, 悲しい;《天候などが》ひどい: ~ news 痛ましいニュース / The economy was in (a) ~ condition. 経済は(ひどい)状況だった. 3 A《数量が》わずかな, 貧弱な, みすぼらしい,《失敗が》お粗末な. 4 A《人が》気むずかしい, 怒りっぽい. **-a·bly** /-bli/ 副 みじめに, 悲惨なほどに; 情けないほどに: fail *miserably* みじめに失敗する.

mi·ser·li·ness /máɪzəlinəs|-zə-/ 名 U《軽蔑》けちしみったれ]なこと.

mi·ser·ly /máɪzəli|-zə-/ 形 《名 míser》《軽蔑》金をため込むけちな; 乏しい, わずかな.

*__mis·er·y__ /míz(ə)ri/ 名 (-er·ies /-z/; míserable) 1 U《身・心の》苦しみ・貧乏などのための》みじめさ; 困苦; 苦痛 (of): live in ~ ひどくみじめな生活をする / The flood brought ~ to hundreds of people. 洪水は何百人もの人々を悲惨な状態に追いやった. 2 C《普通は複数形で》苦難, 不幸. 3 C|S《英》いつもぼやいている人, ぐちっぽい人: ~ guts ぐちを言うやつ. **máke (…'s) lífe a mísery** [動] ⇒ life 成句. **pút … óut of …'s mísery** [動] 他 (1)《動物》を安楽死させる. (2)《略式》または《滑稽》《人》の真実を話して楽にしてやる.

mis·fea·sance /mɪsfí:zns/ 名 C《法》不法[不当]行為, 職権乱用.

mis·field 動 〈ボールを〉まずくさばく. ― 名 C ファンブルする. ― 名 C まずいボールさばき.

mis·fire 動 (mis·fir·ing) 自 1 〈銃砲などが〉不発になる; 〈エンジン・ロケットが〉点火しない. 2 《略式》〈計画などが〉失敗する, 〈しゃれなどが〉受けない, すべる. ― 名 C 不発, 不点火 (miss); 〈計画などの〉失敗.

mis·fit 名 C 《環境・仕事・社会などに》順応できない人; 合わない服[靴など].

†**mis·for·tune** /mìsfɔ́ːtʃən | -fɔ́ː-/ 名 1 U 《大きな》不運, 不幸, 災難: suffer ~ 不運な目[作にあう. 2 C 不運[不幸]な出来事, 災難: M~s never come singly [single]. 《ことわざ》不幸は1つだけではやって来ない(泣き面にはち). **have the misfortune 'to dó [of dóing]** 動 《格式》不幸にも…する.

†**mis·giv·ing** /mìsgívɪŋ/ 名 C,U [普通は複数形で] 《格式》《将来への》不安, 心配, 気づかい; 〈正当性に対する〉疑い: feel [have] no ~s about ...について何の不安[疑念]も抱かない / have deep [serious] ~s 深刻な不安[疑念]を抱く.

mis·góvern 動 〈国家などの〉支配[統治]を誤る.

mis·guídance 名 U 誤った指導.

mis·guíded 形 《格式》〈意見・行動などが〉誤った判断にもとづく; 見当違いの: a ~ effort 的外れな努力. ~·ly 副 心得違いをして.

mis·hándle 動 他 〈…を〉手荒く取り扱う; 〈…の〉取り扱いを誤る.

mis·hap /míshæp, mìshǽp/ 名 1 C 《ちょっとした》不幸な出来事, 事故. 2 U 不運, 不幸. **without míshap** 無事に.

mis·héar 動 (mis·hears; 過去・過分 mis·heard /-hə́ːd | -hə́ːd/; -hear·ing /-hí(ə)rɪŋ/) 他 〈…を〉(一を)聞き間違える: I *misheard* "cards" for [as] "cars." 私は cards を cars と聞き間違えた. ― 自 聞き間違える.

mis·hit¹ /mìshít/ 動 (mis·hits; 過去・過分 mis·hit; -hit·ting) 他 《球技で》〈ボール〉を打ちそこなう.

mis·hit² /míshít/ 名 C 打ちそこない.

mish·mash /míʃmæ̀ʃ/ 名 [a ~] 《略式》[普通は軽蔑] 寄せ集め, ごたまぜ (*of*).

mis·infórm 動 他 [普通は受身で] 《格式》〈…〉に《故意に》誤った事柄を伝える: I have been ~ed about the date. 私は日時を間違って教えられた.

mis·informátion 名 U 誤った情報, 誤報 《しばしば意図的なもの》.

mis·intérpret 動 他 〈…〉を誤解する; 誤って説明[解釈]する (*as*).

mis·interpretátion 名 C,U 誤解, 誤った説明[解釈] (*about*): His theory is open to ~. 彼の理論は誤解される可能性がある.

MI6 /émàɪsíks/ 名 U 英国諜報部 6 部 《国外で諜報活動を行なう》.

mis·júdge 動 他 1 〈…の〉判断を誤る, 誤解する. 2 〈距離・時間・量など〉の見積もりを誤る.

mis·júdgment 名 C,U 誤った判断, 誤解 (*of*).

mis·lay /mìsléɪ/ 動 (mis·lays; 過去・過分 mis·laid; -lay·ing) 他 1 〈…〉を置き忘れる. 2 〈…〉を置き違える.

mis·lead /mìslíːd/ 動 (mis·leads; 過去・過分 mis·led /-léd/; -lead·ing) 他 1 〈人〉を誤った方向に導く, 違う方へ案内する: The map *misled* us in the mountains. その地図のために我々は山で道に迷った / That girl was *misled* by her friends. その少女は友達のせいで道を誤った. 2 〈人〉を誤解させる; 惑わす, だます: His appearance *misled* me into believing he was an artist. 彼の風貌から私は誤って芸術家だと信じてしまった / I was *misled* about [as to] the true state of affairs. 私は事の真相を誤解していた / Don't be *misled* by appearances. 外見に惑わされるな.

mis·lead·ing /mìslíːdɪŋ/ 形 人を誤らせるような, 誤解のおそれのある, まぎらわしい: a ~ explanation 誤解を招く説明. ~·ly 副 人を誤らせるように, 誤解を招くように.

†**mis·léd** mislead の過去形・過去分詞.

mis·mánage 動 他 〈…の〉管理[処置]を誤る, 〈…〉をやりそこなう.

mis·mánagement 名 U 誤った管理[処置], 不始末 (*of*).

mis·mátch¹ 動 他 [普通は受身で] 〈…の〉組み合わせを誤る; 〈…〉にふつり合いな結婚をさせる.

mis·mátch² 名 C 誤った[不適当な]組み合わせ[結婚], ふつり合い, 食い違い (*between*).

mis·mátched 形 ふつり合いな.

mis·náme 動 他 〈…〉を誤った[不適当な]名で呼ぶ.

mis·no·mer /mìsnóʊmə | -mə/ 名 C 誤った[不適当な]名称, 誤称; 羊頭狗肉(とう); 呼び誤り.

mi·sog·a·mist /mɪsɑ́gəmɪst | -sɔ́g-/ 名 C 結婚嫌いの人.

mi·sog·a·my /mɪsɑ́gəmi | -sɔ́g-/ 名 U 結婚嫌い.

mi·sog·y·nist /mɪsɑ́ʤənɪst | -sɔ́ʤ-/ 名 C 女性嫌いの人. ― 形 [A] 女性嫌いの.

mi·sog·y·nis·tic /mɪsɑ̀ʤənístɪk | -sɔ̀ʤ-/ 形 女性嫌いの.

mi·sog·y·ny /mɪsɑ́ʤəni | -sɔ́ʤ-/ 名 U 《格式》女性嫌い.

mis·pláce 動 他 [普通は受身で] 《格式》 1 〈受ける価値のない人に〉〈信用・愛情など〉を誤って与える. 2 〈…〉を置き違える (mislay).

†**mis·pláced** 形 1 〈信頼・愛情などが〉見当違いの, 向ける相手を間違った. 2 誤った場所に置かれた.

mis·pláy 動 〈球技での〉処理を誤る. ― 自 エラーする. ― 名 C エラー, 失策.

mis·prínt¹ 名 C ミスプリント, 誤植.

mis·prínt² 動 他 誤植する (*as*).

mis·pronóunce 動 他 〈…〉を誤って発音する (*as*).

mis·pronunciátion 名 C,U 誤った発音.

mis·quotátion 名 U,C 誤った引用(語句).

mis·quóte¹ 動 他 《時に故意に》〈…〉を間違って引用する (*as*).

mís·quòte² 名 C 間違った引用.

mis·read /mìsríːd/ 動 (~s; 過去・過分 mis·read /-réd/; ~·ing) 他 〈…〉を読み違える (*as*); 〈人・状況など〉を誤解する.

mis·réading 名 C,U 誤り, 読み違え, 誤読.

mis·repórt 動 他 [普通は受身で] 〈…〉を誤って報告する. ― 名 C 誤報, 虚報.

†**mis·represént** 動 他 [しばしば受身で] 《故意に》〈人・意見・状況〉を誤って伝える, 偽って述べる; 間違って説明する (*as*).

mis·representátion 名 C,U 誤伝; 間違った[不正確な]説明 (*of*).

mis·rúle 名 U 《格式》 1 失政, 悪政. 2 無秩序, 混乱. ― 動 =misgovern.

***miss** /mís/ 《同音 math, mess, mist, myth》 動 (miss·es /~ɪz/; missed /~t/; miss·ing) 他

原義は「打ちそこなう」→「取り逃がす」1
→「乗りそこなう」2
→《必要なことを逸する》→「省略する」3 →《欠けたことに気づく》→「ないので寂しく思う」4
→《いやなめにあわずにすむ》→「避ける」5

1 〈ねらったもの〉を**取り逃がす**, 打ち[当て]そこなう, 〈的など〉をはずす (反 hit); 〈機会〉を逃す: The player tried to catch the ball, but ~ed it. 選手はボールを取ろうとしたが失敗した / He ~ed the target. 彼は的をはずした /

We were disappointed to have ~ed such a good chance. 我々は絶好のチャンスを逃してがっかりした. **2** 〈車など〉に**乗りそこなう**(反 catch); 〈人に会いそこなう; 見る機会を逃す; 見落とす; 聞き[理解]しない〉そこなう, …しそこなう: I ~ed the last train by a minute. 1分の差で最終列車に間に合わなかった / Bob and I must have ~ed each other in the crowd. ボブと私とは人込みの中で互いに行き違いになったらしい / The man has a red cap on, so you can't ~ him. Ⓢ その男は赤い帽子をかぶっているから見間違える[見逃す]ことはありません / I ~ed my station [stop]. 私は駅[停留所]を乗り過ごしてしまった / I ~ed see*ing* the program on TV. <V+O(動名)> 私はそのテレビ番組を見そこなった. **3** 〈…〉を**省略**する, 抜かす; 欠席する: I was in such a hurry that I ~ed my breakfast. 私はとても急いでいたので朝食を食べられなかった / She ~ed school for a week because she was ill. 彼女は病気で1週間学校を休んだ. **4** 〈…〉が**ない**[**いない**]**ので寂しく思う**; 〈…〉がない[いない]のに気づく; 〈…〉がない[いない]を惜しむ; 〈…〉がなくて[いなくて]困る: I'll ~ you very much [badly]. 私はあなたがいなくなるととても寂しくなります 《人と別れるときなどのことば》/ She won't be ~ed. 彼女がいなくなっても[死んでも]だれ惜しまないだろう / When did you ~ your umbrella? 傘がないのにいつ気がつきましたか / He wouldn't ~ \$3000. あの人なら3千ドルぐらい(損しても)何とも思うまい / I ~ liv*ing* in my hometown. <V+O(動名)> 故郷に住めなくてさびしく思う.

> **語法** 普通は進行形を用いないが, 例外的に進行形を使って連続的な心理状態を強調することがある: I'm ~ing you more and more each passing day. 1日1日とたつにつれてあなたがいないのがますます寂しく感じられます.

5 [進行形なし] 〈事故・混雑など〉を避ける, 逃れる: Fortunately, I ~ed the accident. 幸いにも私はその事故を免れた / We ~ed the other car by a whisker. 私たちは相手の車を間一髪で避けた / He barely ~ed be*ing* knocked down by the car. <V+O(動名)> 彼は危うく車にはねられるところだった. ─ 📖 **1** 的を外す; しそこなう: He fired but ~ed. 彼は発砲したが当たらなかった / The batter swung and ~ed. バッターは空振りした. **2** (エンジンが)点火しない.

be tòo góod to míss [動] みすみす逃すにはあまりにも惜しい. **I wòuldn't míss ... [it] for the wórld.** Ⓢ ぜがひでも…[それ]をやりたい[見たい]: I wouldn't have ~ed that concert for the world. あのコンサートはどうしても聞き逃したくなかったのに. **míss óut** [動] 🅐 (略式)(よいもの・楽しいもの)をもらいそこね, ありつけない, 楽しめない (on). ─ 🅑 (英)〈…〉を省く, 脱かす, 落とす. **míss the bóat** [動] 🅐 (略式)(ぐずぐずしていて)好機を逸する. **nót míss múch** [動] 🅐 Ⓢ (略式)ささいなことも見[聞き]逃さない, 注意深い; 見のがすてもたいしたことはない.

─ 图 © (ねらったものの)取り逃がし, 打ち[当て]そこない, はずれ; (映画などの)失敗作 (反 hit): I had more ~es than hits. 当たるより当たらないほうが多かった / A ~ is as good as a mile. (ことわざ)少しでもはずれははずれ(失敗することに変わりはない, 五十歩百歩); 少しでも成功は成功 / ☞ near miss. 日英比較 日本でいう「ケアレスミス」のような「間違い」の意味はない. **gíve ... a míss** [動] 🅐 (略式, 主に英) (1) 〈人〉を避ける. (2) 〈食事のコースなど〉を抜かす, (普通に)やめておく. (3) 〈会合〉に出ない, 〈…〉を休む, すっぽかす.

***Miss** /mís/ (頭韻) math, mess, mist, myth) 图 (~·es /~ɪz/) **1** /mìs/ © **…さん, …嬢, …先生** (☞ **Mr.**, **Mrs.**, **Ms.**): ~ Long ロングさん / Let me introduce ~ Yumi Ikeda. 池田由美さんをご紹介します / This is Dr. Sweet and his daughter, '~ Nancy Sweet [Nancy]. こちらがスウィート博士と娘さんのナンシーさんです / I am ~ White. 私はホワイトです 《自分が Mrs. でないことを示す》.

> **語法** (1) Miss (Mary) Smith のように未婚女性の姓か姓名の前につけ, Miss Mary のように名だけの前にはつけない.
> (2) 2名以上の氏名を並べるときには, その1つ1つに Miss をつけてもよいが, また次のようにまとめる言い方がある. 姉妹をいっしょに言うときは, the *Misses* Helen (Brown) and Mary Brown, 姓だけのときには the *Miss Browns* のように言う.
> (3) 姉妹でないときには *Misses* Brown and Smith のように言う. ★ (2) (3) ともに格式ばった古風な言い方.
> (4) 女性の既婚・未婚の区別をすることを避けて, 両方に共通の Ms. を用いる傾向が強くなっている.

> 日英比較 「オールド[ハイ]ミス」は和製英語.

2 /mís/ [時に m-] Ⓢ [若い女性への丁寧な呼びかけで] お嬢さん, ねえさん. 語法 やや古風な言い方で, 失礼だと感じる人もありうる. 対等以上の関係の人には ma'am を用いることが多い (☞ **ma'am** 語法): 〔会話〕 "Can I have the menu, ~?" "Yes. I'll bring it right away." 「おねえさん, メニューを見せてくれませんか」「はい. すぐにお持ちします」 **3** /mís/ [時に m-] Ⓢ (主に英) [女性教師への呼びかけで] 先生. **4** /mís/ [m-] (古風) [しばしば滑稽・軽蔑] 少女, 女生徒; 生意気な娘; 未婚女性. **5** [時に滑稽] /mìs/ ミス. (美人コンテストの優勝者がある土地・職場などの代表的な(美人)の未婚女性につける): She was ~ Universe (*for*) 1990. 彼女は1990年度のミスユニバースだった (☞ **for** 前 A 7).

語源 mistress を短縮した形.

Miss. 略 =Mississippi.

mis·sal /mís(ə)l/ 图 © [カトリック] ミサ典書.

mis·shápe 動 🅑 〈…〉を奇形にする.

mis·shap·en /mìs(s)ʃéɪp(ə)n/ 形 (体の(一部)が)奇形の, 不格好な.

***mis·sile** /mís(ə)l | -saɪl/ (同音 (米) missal) 图 (~s /~z/) **1** © ミサイル, 誘導弾: launch a ~ ミサイルを発射する / a guided ~ 誘導ミサイル. **2** [形容詞的に] ミサイル用の: a ~ base ミサイル基地. **3** © 打ち出されるもの, 飛び道具 《投石・矢・火炎びんなど》. 語源 ラテン語で「送られたもの」の意; mission と同語源.

mis·sile·ry, mis·sil·ry /mís(ə)lri | -saɪl-/ 图 Ⓤ **1** ミサイル工学. **2** ミサイル兵器.

***miss·ing** /mísɪŋ/ 形 **行方不明の**, 見当たらない; その場所にない; 紛失している, 欠けている: A diamond is ~ *from* the box. <A+前+名・代> ダイヤモンドが箱からなくなっている / *the* dead, wounded, and ~ 死傷者および行方不明者 《複数名詞のように扱われる》; ☞ **the'** 3) / My name is ~ *from* your mailing list. 私の名前が郵送者名簿からもれている / be ~ in action 戦闘中行方不明になる (☞ **MIA**). **gò míssing** [動] 🅐 (主に英) 行方不明になる.

míssing línk 图 **1** © 論拠[推理]上必要だが欠けている事実. **2** [the ~] 失われた(鎖の)環 《特に進化論で類人猿と人とをつなぐと想像される生物》.

míssing pérson 图 **1** © (家族から捜索願の出ている)行方不明者, 家出人. **2** [M-P-s として] (警察の)行方不明者捜査課.

***mis·sion** /míʃən/ **T3** 图 (~s /~z/; 形 míssionàry)

> 元来は「送る[送られる]こと」 (☞ **missile** 語源) → 「使節」 **2** → (使節の仕事) → 「使命」 **1**, **3**

1 © (派遣される者の)**使命**, 任務; (組織の)目標, (使

節の)派遣; (軍隊の)特別任務, 特命飛行; 宇宙飛行(任務): They went **on** a ~ of inquiry. 彼らは調査の任務を帯びて行った / M~ accomplished. 任務完了.
2 ⒞ [《英》単数形でも時に複数扱い] **使節(団), 派遣団**; 《米》在外大使[公使]館: a member of the ~ to France フランスへの派遣団の一員 / A trade ~ was sent to the U.S.A. 米国へ貿易使節団が派遣された.
3 ⒞ **天職, (一生の)使命**: I wish I had a ~ in life. 私は人生における使命というものを持てたらいいと思う.
4 ⒰⒞ **伝道, 布教. 5** ⒞ **伝道団. 6** ⒞ **伝道所, 教会. 7** ⒞ 貧困者救済施設.

⁺mis·sion·ar·y /míʃənèri | -ʃ(ə)nəri/ ❲**-ar·ies**❳
⒞ 宣教師, 伝道者. ——形 (名 míssion) Ⓐ 伝道(者)の, 布教の; 熱心な, 狂信的な: with ~ zeal 大変な熱意をもって.
míssionary posìtion 名 [the ~] (性交時の)正常位.
missìon contròl 名 ⒰ 指令官《全体》, 指令部, 《宇宙船》管制センター.
míssion stàtement 名 ⒞ (会社・組織の)綱領.
mis·sis /mísɪz/ ❲-SIS | -SIZ❳ ⒞ =missus.
Mis·sis·sip·pi /mìsəsípi͂| ͌/ 名 固 **1** [the ~] ミシシッピー川《米国 Minnesota 州から南に流れ, メキシコ湾に注ぐ川; ☞ 表地図 G 4, Missouri 2》. **2** ミシシッピー《米国南部の州; 俗称 the Magnolia State》; Miss., 〖郵〗では MS; ☞ America 表, 表地図 H 4》.
mis·sive /mísɪv/ 名 ⒞ 《格式》または 《滑稽》(長ったらしい)手紙, 公文書.
Mis·sou·ri /mɪzú(ə)ri/ 名 固 **1** ミズーリ《米国中部の州; 〖略〗Mo., 〖郵〗では MO; 俗称 the Show Me State; ☞ America 表, 表地図 G 4》. **2** [the ~] ミズーリ川《米国 Montana 州に発し, Missouri 州 St. Louis 北方で Mississippi 川に合流する川; ☞ 表地図 G 4》.
mìs·spéll 動 (**mis·spells**; 過去・過分 **mis·spelled**, 《主に英》**mis·spelt** /-spélt/; **-spell·ing**) 他 〈…の〉つづりを間違える.
mìs·spéll·ing 名 ⒞⒰ つづり違い.
mìs·spélt 動 《主に英》misspell の過去形・過去分詞.
mìs·spénd 動 (**mis·spends**; 過去・過分 **mis·spent**; **-spend·ing**) 他 [普通は受身で] 〈時間や金〉の使い方を誤る, 〈…を〉浪費する (on).
mìs·spént 動 misspend の過去形および過去分詞. ——形 むだにした, 浪費した: a ~ youth [しばしば滑稽] 空費した青春.
mìs·státe 動 〈事実・意見 など〉を誤って述べる; 偽って申し立てる.
mìs·státe·ment 名 ⒰⒞ 誤った陳述, 虚偽の申し立て.
mìs·stép 名 ⒞ 《米》踏み外し; 過失, (判断などの)誤り.
mis·sus /mísəz/ ❲-səs | -səz❳ [単数形で] **1** [the または所有格の人に伴って] 《古風, 略式》または 《滑稽》女房, かかあ, かみさん. **2** ⒮ [呼び掛けに用いて] 《主に英》奥さん, おかみさん.
mist /míst/ 名 (**mists** /místs/; 形 místy) **1** ⒰ かすみ, もや, 薄い霧 《☞ The ~ has cleared. 霧が晴れた / The hills were hidden [shrouded] in ~. 山々はかすみに隠れていた / ~ patches 所々に立ち込める霧. 状態や程度については ⒞ となることもある. 《☞ rain 語法》: a dense ~ 濃霧. **2** ⒞ (窓ガラスなどの)曇り. **3** ⒰ または a ~] (スプレーなどの)霧, 噴霧. **4** [単数形で] 《文》(目の)くもり, かすみ, (頭・視界を)ぼんやりにさせるもの. **be lòst in the místs of tíme** 動 自 時のかなたに忘れ去られている.
—— 動 自 **1** もや[霧]がかかる; (目が)涙でかすむ: The sky ~ed over. 空はすっかりもやでかすんでいた. **2** (ガラスなどが)曇る, ぼんやりする (over, up). —— 他 〈…を〉もや

mistily 1121

[霧]でかすませる; 曇らす, ぼんやりさせる; 〈…に〉霧吹きで水をかける: Her eyes were ~ed with tears. 彼女の目は涙で曇った / Our breath is ~ing up the window. 私たちの息で窓が曇ってきた.

⁎mis·take /mɪstéɪk/ 名 (**~s** /-s/) ⒞ **1 誤り, 間違い** (☞ 類義語): an easy ~ to make 犯しやすい間違い / a lesson learned from one's ~ 自らの失敗から得た教訓 / I made the ~ of giving him my phone number. 彼に電話番号を教えたのは間違いだった / You made several spelling ~s in your essay. 君は作文でいくつかつづりを間違えた. 語法 do a mistake とは言わない / There must be some ~. ⓢ これは何かの間違いです, そんなはずはない.
2 誤解, 思い違い: It's a big ~ to think that he'll help you. あいつが君を助けてくれると思ったら大間違いだよ / There's no ~ **about** it. それには間違いがない.
… and nó mistáke 副 ⓢ [前のことばを強めて] 間違いなく, 本当に.
by mistáke 副 ⓢ 誤って: I have taken someone's shoes by ~. 間違ってだれかの靴をはいてきてしまった.
Éveryone màkes mistákes.=We áll màke mistákes. ⓢ 誰でも間違う《慰めのことば》.
lèt there be nó mistáke (abòut it)=màke nó mistáke (abòut it) 副 ⓢ 《略式》間違いなく.
màke the mistáke of dóing 動 …するという誤りを犯す.

—— 動 (**mis·takes** /-s/; 過去 **mis·took** /-tʊ́k/; 過分 **mis·tak·en** /-téɪk(ə)n/; **-tak·ing**) 他 **1** 〈…を〉**間違える, 誤る**; 〈…と〉間違える, 取り違える: I mistook the time [way]. 私は時間[道]を間違えた / I mistook the visitor **for** the mailman. <V+O+**for**+名・代> 私はお客を郵便屋さんと間違えた / She is often mistaken **for** her sister. <V+O+**for**+名・代 の受身> 彼女は妹[姉]とよく間違えられる.
2 〈…を〉**誤解する**: She has mistaken me [my meaning, what I meant]. 彼女は私のことばを誤解している / I mistook you **to** mean that you wanted to marry her. <V+O+C (**to** 不定詞)> 君が彼女と結婚したがっているものと誤解していた. —— 自 誤解する.
語源 「mis- (誤って)+take (取る)」から.
You cán't mistáke …=There is nó mistáking … 動 他 〈…を〉間違えようがない.
【類義語】 mistake 最も一般的な語で, 基準または正解からはずれた誤りや, 日常的な出来事における判断などの誤り: I took his umbrella by mistake. 私は誤って彼の傘を持っていた. error mistake よりも格式ばった語で, 基準または正解からはずれた誤りのみに用いる: errors on a test テストの中の誤り《☞ miss 名 日英比較》.

⁎mis·tak·en /mɪstéɪk(ə)n/ 動 mistake の過去分詞.
—— 形 **1** Ⓟ (人が)誤って, 誤解して (wrong), 勘違いをして: You are ~ **about** …. <A+**about**+名・代> そのことではあなたは考え違いをしている / You were ~ **in** assuming that. <A+**in**+動名> あなたのその憶測は間違っていた / If I am not [Unless I'm (very much)] ~, it was February. 私の(ひどい)勘違いでなければ確か2月だった.
2 (行動・考えなどが)間違った, 誤った: a case of ~ identity 人違い / a ~ kindness ありがた迷惑 / a ~ idea [belief, impression] 誤った考え[信念, 印象].
in the mistáken belíef that … 副 …と誤解して. **~·ly** 副 誤って; 誤解して: These toys are mistakenly believed to be safe. これらのおもちゃが安全とされていたのは誤りだ.

⁺mis·ter /místə | -tə/ 名 **1** ☞ Mr. **2** [子供・セールスマンなどの呼びかけで] ⓢ おじさん, だんな.

mist·i·ly /místəli/ 副 もや[霧]が深く; おぼろげに.

mis·time /mìstáim/ 動 他 〖普通は受身で〗〈…〉をまずいときに行なう[言う];〖スポ〗〈球〉を打つタイミングを誤る.

mist·i·ness /místinəs/ 名 U もや[霧]が深いこと;おぼろげなこと.

mis·tle·toe /mísltòu/ 名 U やどりぎ《欧米ではクリスマスの装飾に用いられ、その下では女性にキスをしてもよいとされる。米国 Oklahoma 州の州花》.

mistletoe

***mis·took** /mistúk/ 動 **mistake** の過去形.

mis·tral /místrɑ:l, místrəl/ 名 〖the ~〗ミストラル《フランスなどの地中海沿岸に吹く寒い北風》.

mis·translate 動 他 〈…〉を誤訳する.

mis·treat 動 他 〖普通は受身で〗〈人・動物など〉を虐待[酷使]する, 乱暴に扱う (maltreat).

mis·treat·ment 名 U 虐待, 不当[乱暴]な扱い.

***mis·tress** /místris/ 名 (~·es /~iz/) C **1** (男性から見て)女性の愛人, 情婦. [語法] やや古風な, 時に軽蔑的な語.
2 (動物の)飼い主《女性》;《古風》支配者, 雇い主《女性》; Mrs. [語法]: the ~ of the house (主に古風)(一家の)主婦, 奥さん. [関連] master 男性の主人. **3** 《古風, 主に英》教師, 先生《女性》. [関連] master 6 [語法].
4 《英》女の教師.
be (the) místress of ... 動 (女性が)…を思い通りにする, …を得意とする.

Mis·tress /místris/ 名 〖敬称として女性名を伴って〗《古語またはスコ》…の《お嬢様[奥様]》.

mis·tri·al 名 C 〖法〗**1** 無効審理, 誤審《手続き上の誤りによる》. **2** 《米》未決定審理《陪審員の意見不一致による》.

†**mis·trust** /mistrást/ 名 U または a ~ 不信[不安]感, 疑念 (of, between). — 動 他 〈…〉を信用しない, 疑う (≒ distrust).

mis·trust·ful /mistrástf(ə)l⁻/ 形 信用しない, 疑い深い (of). **-ful·ly** /-fəli/ 副 疑って.

†**mist·y** /místi/ 形 (**mist·i·er, -i·est**; 名 **mist**) **1** もやのかかった. **2** 《文》(目が)涙でいっぱいの. **3** ぼやけた, 漠然とした.

místy-èyed 形 **1** 目が(涙で)曇った. **2** 幸せで目がうるむ, 感傷[郷愁]的な.

†**mis·un·der·stand** /mìsʌndəstǽnd | -də-/ 動 (**-der·stands**; 過去・過分 **-der·stood** /-stúd/; **-stand·ing**) 他 〖進行形なし〗〈人・ことば・考えなど〉を誤解する, 考え違いをする: Don't ~ me [what I said]. 私の言ったことを誤解しないでくれ. — 自 誤解する: He often ~s. 彼はよく誤解する.

mis·un·der·stand·ing /mìsʌndəstǽndiŋ | -də-/ 名 **1** U.C 誤解, 考え違い (of, about): We should try to remove ~s between nations. 我々は国家間の誤解を取り除くよう努めねばならない. **2** (やや格式)〖しばしば婉曲〗(わずかな)意見の相違, いさかざ (with): ~s between friends 友人間の不和.

†**mis·un·der·stood** /mìsʌndəstúd | -də-/ 動 **misunderstand** の過去形および過去分詞. — 形 (人が)真価を認められない, 正当に理解されない.

†**mis·use**¹ /mìsjú:z/ 動 他 **1** 〈…〉を誤用[悪用]する. **2** 〈…〉を虐待[酷使]する.

†**mis·use**² /mìsjú:s/ 名 U.C (物の)誤用, 悪用 (of).

M.I.T. /émàití:/ 略 =Massachusetts Institute of Technology (☞ **institute**).

Mitch·ell /mítʃəl/ 名 固 **Margaret ~** ミッチェル (1900–49)《米国の女流作家》.

mite¹ /máit/ 名 C だに.

***mite**² /máit/ 名 C **1** 〖普通は単数形で〗少額の[ささやかな]寄付: a widow's ~ 貧者の一灯《貧しい未亡人の出したわずか銭を見て, イエスがその価値をたたえたという聖書の話から》. **2** 《古風》(かわいそうな)小さな子供[動物]. **3** 《古風》小銭. **a míte** 《古風》ごくわずかな量 (of); 〖副詞的に〗ちょっと, 少し.

mi·ter, 《英》mi·tre /máitə | -tə/ 名 **1** 司教[主教]冠. **2** 〖建〗留め継ぎ. — 動 他 〖普通は受身で〗〈…〉を留め継ぎする. (**-ter·ing** /-təriŋ/)

míter jòint 名 C =miter 2.

***mit·i·gate** /mítəɡèit/ 動 他 《格式》〈悩み・痛みなど〉を和らげる, 静める;〈刑罰など〉を軽くする.

mít·i·gàt·ing círcumstances [fáctors] /mítəɡèitiŋ-/ 名 複 〖法〗(犯罪などの)酌量すべき情状.

mit·i·ga·tion /mìtəɡéiʃən/ 名 U **1** (刑罰などの)軽減: in ~ 〖法〗罪の軽減のために. **2** 《格式》和らげること, 緩和, 鎮静.

mi·to·chon·dri·on /màitəkándriən | -kɔ́n-/ 名 (複 **-dri·a** /-driə/) C 〖生〗(細胞内の)糸粒体, ミトコンドリア.

mi·to·sis /maitóusis/ 名 (複 **mi·to·ses** /-si:z/) C 〖生〗(細胞の)有糸分裂.

mi·tre /máitə | -tə/ 名 動 《英》= miter.

mitt /mít/ 名 C **1** 〖野〗(捕手・一塁手用の)ミット: a catcher's ~ キャッチャー ミット 挿絵. (☞ **catcher** 挿絵) [関連] glove グローブ. **2** 〖ボク〗グラブ. **3** (手を守るための)手袋《厚い布でできている》;= mitten: an oven ~ オーブン用手袋《耐熱布でできている; 料理用》. **4** 《略式》手 (hand).

mit·ten /mítn/ 名 C 二また手袋, ミトン《親指だけ離れたもの》. [関連] glove 普通の手袋.

Mit·ter·rand /míːterɑ̀:ŋ | -rɑ̀:ŋ/ 名 固 **François** /frɑ:nswɑ́:/ ~ ミッテラン (1916–96)《フランスの社会党政治家; 大統領 (1981–95)》.

Mit·ty /míti/ 名 固 **Walter ~** 夢想にふける人《James Thurber の短編小説の主人公から》.

mittens

***mix** /míks/ 活用 動 (**mix·es** /~iz/; **mixed** /~t/; **mix·ing**; 名 **míxture**).

―― 自他 の転換 ――
他 **1** 混ぜる (to combine (two or more things) (into a new substance))
自 **1** 混ざる (to be combined (into a new substance))

— 他 **1** 〈…〉を(―と)混ぜる, 〈…〉と―を混合する, ごちゃ混ぜにする (☞ 類義語): [言い換え] He ~ed whiskey *and* water.=He ~ed water *with* his whiskey. <V+O+*with*+名・代> 彼はウイスキーに水を混ぜた / First, ~ flour and milk *together*. <V+O+*together*> まず初めに小麦粉と牛乳とを混ぜなさい.
2 〈…〉を調合する, 調合する: Mother is ~ing a cake. 母は(材料を混ぜて)ケーキを作っている / [言い換え] The doctor ~ed a bottle of medicine *for* him. <V+O+*for*+名・代> = The doctor ~ed him a bottle of medicine. <V+O+O> 医者は彼に薬をひとびん調合した (☞ *for* 前 A 1 [語法]). **3** 〈異なる物事〉をいっしょにする; 調和させる: Don't try to ~ business *with* [*and*] pleasure. 仕事と遊びとを混同しないようにしなさい. **4** 〈複数の音など〉を調整する, ミキシングする; ミキシングして作る.

— 自 **1** 混ざる, 混合する: [言い換え] Oil and water don't ~.=Oil doesn't ~ *with* water. <V+*with*

+名・代> 油と水は[油は水と]混ざらない. **2** (人と)交わる, 親しく付き合う: ~ with the locals 土地の人々と付き合う. **3** (異なる物事が)いっしょになる; [否定文で](本来合わない物事が)相入れる: Drinking and driving do *not* ~. 酒と運転は相入れない.

míx and mátch [動] 他 〈衣服など〉をうまく取り合わせる. **míx it úp**=《主に米》**mix it** [動] 自(略式)(…と)けんかを始める; 競う(*with*).

―― **mix の句動詞** ――

míx ín [動] 他 〈食品など〉を混ぜ合わせる (*with*).

míx ... ìnto ― [動] 他 **1** 〈…〉を—に加えて混ぜ合わせる. **2** 〈…〉を混ぜ合わせて—にする.

*__**míx úp**__ [動] 他 **1** 〈…〉を混同する (confuse) <V+名・代+*up* / V+*up*+名>: We often 「~ you *and* your brother *up* [~ you *up* with your brother]. 私たちはよくあなたと弟さんとを混同する.

2 〈…〉をごちゃ混ぜにする; 乱雑にする; よく混ぜ合わせる <V+名・代+*up* / V+*up*+名>: Our teacher ~*ed* *up* some English sentences and then told us to put them in the right order. 先生は英文をいくつかごちゃ混ぜにしてから私たちに正しい順序にしなさいと言った. **3** 〈…〉をめんくらわせる: I was so nervous that I got all ~*ed* *up*. 私はあがって何が何だかさっぱりわからなくなった. **4** [受身で](よくない人や物事に)〈…〉を関係させる, 巻き込む: I don't want to *be* [*get*] ~*ed* *up* in a movement like that. そんな運動にはかかわりたくない / He got himself ~*ed* *up* with radicals. 彼は過激派と関係するようになった.

―― 名 **1** ⓒ [普通は単数形で]混合: an interesting ~ of people いろいろな人のおもしろい組み合わせ. **2** ⓒⓊ [普通は合成語で]混合物[品]; ミックス(インスタント食品の素)(: an instant ice cream ~ 即席アイスクリームの素. **3** ⓒ リミックス(曲).

【類義語】 mix 2つ以上のものを混合し, 均一に混ぜ合わせること; もとの成分が識別できるときできないときもある: I *mixed* green and yellow paint. 私は緑と黄の絵の具を混ぜた. **mingle** mix よりも文語的で, 混ぜ合わせた後も各成分が識別できるという含みがある: A few cows were *mingled* with the sheep in the field. 野原では羊に数匹の牛が混じっていた. **blend** mix より格式的で, 混合されるものをよく用い, 好ましい結果が得られるような場合をいう: *blended* coffee ブレンドコーヒー.

mix-and-mátch 形 (衣服などを)取り合わせ式の.

*__**mixed**__ /míkst/ 形 **1** 🅐 混ざり合った, 混合した; 種種雑多な(反 pure); 混成の; 詰め合わせの: a ~ salad ミックスサラダ / ~ biscuits ビスケットの詰め合わせ. **2** (反応・感情などが)相反する要素の入り混じった, 両面のある: ~ reviews 賛否入り混じった批評 / I have ~ feelings [emotions] about my daughter's marriage. 娘の結婚に対しては[いろいろ悲しいやら]複雑な気持ちだ. **3** (主に英)男女混合の; 共学の; 〔楽〕混声の: a ~ school 共学校 / ~ bathing 混浴 / a ~ voice choir 混声合唱団 / in ~ company 男女が同席して(いるところ)で. **4** 民族間の, 異教徒間の, 異なる階級間の; 混血の.

míxed-ability 形 🅐 (英)能力混成(方式)の.

míxed bág 名 [a ~]ごたまぜ, 寄せ集め(の).

míxed bléssing 名 ⓒ 利点と欠点を合わせ持つもの, 手離しでは喜べないもの.

míxed dóubles 名 Ⓤ 混合ダブルス(の試合).

míxed drínk 名 ⓊⒸ 混合酒, カクテル.

míxed ecónomy 名 ⓒ 〔経〕混合経済《資本主義と社会主義の並存する経済》.

míxed fárming 名 Ⓤ (酪農と農作の)混合農業.

míxed gríll 名 ⓒ (英)ミックスグリル《各種焼き肉の取り合わせ料理》.

míxed márriage 名 ⓊⒸ 異民族[宗教]間の結婚.

míxed média 名 Ⓤ (絵画・彫刻・テレビなどでの)複合素材[媒体]の使用. ── 形 🅐 マルチメディアの.

míxed méssage 名 ⓒ 行動と矛盾することば.

míxed métaphor 名 ⓊⒸ 混喩(°)《2つ以上性質の違う隠喩の混用》.

míxed númber 名 〔数〕混数(帯分数と帯小数).

míxed séntence 名 ⓒ 〔文法〕混合文.

文法 混合文
文を構造上から分類した場合の一種で, 重文の中にさらに複文が含まれているもの. 混文または重・複文 (compound-complex sentence)ともいう: I see him every day, *but* I don't know *where he lives*. 私は毎日彼に会うが, 彼がどこに住んでいるのか知らない [I see him every day と I don't know 以下は but で結ばれた重文であるが, but 以下にはさらに where he lives という名詞節が含まれているので, but 以下は複文でもある].

míxed-úp 形 頭が混乱した; (略式)精神錯乱の; 社会に不適応の. 語法 Ⓟ では mixed up ともつづる (☞ mix 句動詞動詞 mix up 3).

míxed-úse /-júːs/ 形 (建物などが)多目的の.

*__**mix·er**__ /míksɚ | -sə/ 名 **1** ⓒ [しばしば合成語で]ミキサー, 混合機, 攪拌()[泡立て]器: a concrete ~ コンクリートミキサー. 日英比較 料理用の mixer は普通電動で生地を混ぜたり卵などを泡立てる器具をさす. 固形食物を液状にするミキサーは blender, (英)liquidizer という. **2** ⓒ (ラジオ・テレビ)ミキサー(音声・映像を調整する装置・技師). **3** ⓒ (ウイスキーなどを割る)非アルコール性飲料. **4** ⓒ (略式)[前に形容詞をつけて]人付き合いが…の人: a good [bad] ~ 交際の上手[下手な]人. **5** ⓒ (古風, 米)親睦()会, 懇親パーティー.

míxer tàp 名 ⓒ (英)(湯水)混合蛇口.

míx·ing bòwl /míksɪŋ-/ 名 ⓒ (サラダなどを混ぜる)混ぜ鉢, サラダボール.

Mix·tec /miːsték | míːstek/ 名 [複] [the ~] ミステク族《メキシコ西部に住んでいた先住民族》.

*__**mix·ture**__ /míkstʃɚ | -tʃə/ 名 (~s /~z/; mix) **1** ⓊⒸ 混合物の, (感情・性質などの)入り混じったもの[人]; 混合薬(水薬など); ⓒ 〔化〕混合物: a ~ *of* grief and anger 悲しみと怒りの入り混じった感情 / Air is a ~ *of* various gases. 空気はいろいろな気体の混合物である.

2 Ⓤ (格式) 混合, 混ぜ合わせること. 関連 compound 化合物. **the míxture as befòre** [名] (英)前回と同じ処方《昔, 薬剤師が薬びんに記した表示》; [普通は軽蔑]変わりばえしないもの.

míx·ùp 名 ⓒ (略式)手違い; 混乱, ごたごた.

miz·zen /míz(ə)n/ 名 ⓒ **1** =mizzenmast. **2** =mizzen sail.

mízzen·màst 名 ⓒ 〔海〕ミズンマスト.

mízzen sàil 名 ⓒ 〔海〕ミズンマストの縦帆.

Mk 1 =mark². **2** =mark¹ 10.

mkt. 略 =market.

ml =milliliter(s).

MLitt 略 =Master of Letters 文学修士.

Mlle. 略 =Mademoiselle.

Mlles. 略 =Mesdemoiselles.

M'lord /mɪlɔ́əd | -lɔ́ːd/ 〘判事への呼びかけとして〙閣下(☞ my Lord (lord 成句)).

MLR =minimum lending rate.

M'lud /mɪlʌ́d/ =M'lord.

*__**mm¹, mmm**__ /m/: ⓒ うん, うむ《相手の発言を聞いている, またはその意見に同意していることを示す; また時に食べ物などが気に入っていることを示す発声》.

*__**mm²**__ 略 ミリメートル (millimeter(s)).

MM 略 =Messieurs.

Mme. 略 =Madame.
Mmes., **Mmes** /meɪdɑ:m/ 名 1 =Mesdames. 2 Mrs. の複数形.
mms 略 =millimeters (☞ millimeter).
MN (米郵) =Minnesota.
mne·mon·ic /nɪmɑ́nɪk | -mɔ́n-/ ★語頭の m は発音しない. 名 C 記憶の助けとなる語句 (☞ coffee 1 最後のずれ, pi の例). ── 形 記憶を助ける(ための). **-i·cal·ly** /-kəli/ 副 記憶を助けるために.
mne·mon·ics /nɪmɑ́nɪks | -mɔ́n-/ 名 U 記憶術.
mo /móʊ/ 名 [a~] S (英略式) 瞬間, ちょっとの間 (moment): Wait half a ~. ちょっと待って.
MO[1] /émoʊ/ 名 (~s) 1 [単数形で] =modus operandi. 2 C 軍医(官) (medical officer の略).
MO[2] /émoʊ/ 名 =money order.
MO[3] (米郵) =Missouri.
mo. 略 (米) =month(s).
Mo. 略 =Missouri, Monday.
m.o. /émoʊ/ 略 =mail order, modus operandi, money order.
mo·a /móʊə/ 名 C モア, 恐鳥 (絶滅した無翼の巨鳥).
*****moan** /móʊn/ (**moans** /~z/; **moaned** /~d/; **moan·ing**) 自 1 (苦痛・悲しみ・性的快感などで) うめく, うなる (groan よりも軽い): She lay on the floor ~ing feebly. 彼女はかすかにうめきながら床に横たわっていた. 2 嘆く, 不平を言う (about, to, at). 3 (文)(風が)うなるような音を出す. ── 他 (...と) 不平を言う: He's always ~ing that he is too busy. 彼は忙しすぎるといつもぶつぶつ言っている. 2 (...と) (うめくように)言う. **móan and gróan** 動 自 不満をいう, こぼす (about).
── 名 C 1 (苦痛・悲しみ・性的快感などの) うめき, 悲痛な声: utter [give] a ~ うめき声[嬌声]をあげる. 2 (略式) 不平, 泣きごと, ぐち. 3 (文) (うめきに似た) 風のうなり. **have a móan** 動 自 (英略式) 不平を言う, こぼす (about).
moan·er /móʊnɚ | -nə/ 名 C 文句を言う人, 不平屋.
moat /móʊt/ 名 C 堀 (城・動物園のおりなどの周囲の).
moat·ed /móʊtɪd/ 形 堀のある, 堀で囲まれた.
*****mob** /mɑ́b | mɔ́b/ 名 (~s /~z/) 1 C 暴徒, やじ馬連; 群集 (☞ crowd 類義語).

> 語法 (英) では暴徒を一団と考えるときは単数扱い, 暴徒たちの一人一人に重点を置くときは複数扱い (☞ collective noun 文法): There was an angry ~ in front of the palace. 宮殿の前には怒った暴徒が群れを成していた / The ~ was [were] clamoring for (their) bread. 暴徒たちはパンを求めてわめいていた.

2 C [普通は単数形で] (略式) (同類の)一団, (犯罪者)集団, ギャング団; [the M-] マフィア, 暴力団: a ~ of reporters 一団の記者たち. 3 [the ~] (古風) (軽蔑) 愚民, 貧民; 大衆. 4 C (豪) (牛・羊などの)群れ (of). 語源 ラテン語で「動きやすい」「変わりやすい」の意; mobile[1] と同語源. ── 動 (**mobs**; **mobbed**; **mob·bing**) 他 [しばしば受身で] 群れを成して(...を)取り囲む, (...に)押し寄せる, (一群の鳥・動物が)(他)襲う.
mób·càp 名 C モブキャップ (18-19 世紀に流行した女性用室内帽).
*****mo·bile**[1] /móʊb(ə)l, -bi:l | -baɪl/ 12 形 名 mobility, 反 immobile) 1 [普通は A] [比較なし] 移動式の, 動かしやすい (☞ automobile 語源, mob 語源): a ~ library 移動図書館 / a ~ shop 移動販売の店. 2 [P] (人が)動き回れる, 移動できる: This wheelchair makes the disabled far more ~. この車いすで障害者はずっと外出がしやすくなる (☞ the[1] 3). 3 (人々・社会などが)移動的, 流動性のある (☞ upwardly-mobile). 4 W (表情などが)変わりやすい, 気まぐれな: a ~ face 表情豊かな顔.

mo·bile[2] /móʊbi:l | -baɪl/ 名 C 1 モビール (天井から金属片・紙片などを針金や糸でつるして作る造形品), 動く彫刻. 2 (英) =mobile phone.
Mo·bile /moʊbí:l/ 名 モービル (米国 Alabama 州の都市).

+**móbile hòme** 名 C 1 (米) (設置場所などへ)移動可能な住宅. 2 (英) トレーラーハウス (車で引いて移動できる住宅; 旅行・行楽用型) ((米) trailer house, (英) caravan).

+**móbile phòne** 名 C 携帯電話 (cellular phone).

mo·bil·i·ty /moʊbíləṭi/ 名 (形 móbile, 反 immobility) 1 (社会的な)移動(のしやすさ), 流動性: job ~ 職業の流動性 / social ~ 社会的[階層]の流動性. 2 可動性, 移動の自由; 機動力; (手足などを)動かせること: the ~ impaired 移動に不自由な人々 (☞ the[1] 3).

mobílity allòwance 名 C (英) 交通手当 (身障者の外出を助けるために国が給付する).

mo·bi·li·za·tion /mòʊbəlɪzéɪʃən | -laɪz-/ 名 (動 móbilize) U,C (格式) (力などの)結集; 動員, 利用 (of).

*****mo·bi·lize** /móʊbəlàɪz/ 動 (**-bi·liz·es** /~ɪz/; **-bi·lized** /~d/; **-bi·liz·ing**) (mòbilizátion) (格式) 他 1 〈支持者・人員・力など〉を結集する, 〈多くの支持〉を集める, 〈資源など〉を利用する: They ~d support for the campaign. 彼らはその運動に対する支援を集めた. 2 〈軍隊・艦隊〉を動員する. 3 〈体の器官〉を動くようにする. ── 自 動員される[する].

Mö·bi·us strip /méɪbɪəs-, mə́:-|móʊ-, mɔ́:-/ 名 C メビウスの帯[輪] (帯状の紙片を 1 回ひねって両端をつないだ裏表の区別のない輪).

mób rùle 名 U 暴民[衆愚]支配[政治], リンチ.

mob·ster /mɑ́bstɚ | mɔ́bstə/ 名 C (主に米) 犯罪組織[ギャング]の 1 人 (gangster).

moc·ca·sin /mɑ́kəsɪn | mɔ́k-/ 名 C モカシン (かかとの低い, 柔らかい革の靴; 元来は先住民の鹿(½)革の靴).

mo·cha /móʊkə | mɔ́kə/ 名 U 1 モカ (コーヒーの一種). 2 モカ香料 (コーヒーとチョコレートでつくる). 3 チョコレート色.

*****mock** /mɑ́k, mɔ́:k | mɔ́k/ (類音 mac) (**mocks** /~s/; **mocked** /~t/; **mock·ing**) (名 móckery) 他 1 (ばかにして)(...の)まねをする, (まねをして)(...を)からかう, あざける (☞ imitate 類義語): The pupils ~ed their teacher's speech. 生徒たちは先生の話しぶりをまねてからかった. 2 (格式) 〈物・事〉を侮る; 無視する; 無効にする. ── 自 あざける (at). **móck úp** 動 他 〈...の〉実物大模型を作る.

── 形 A [比較なし] 偽の, まがいの; (テストなどが)模

~ admiration 見せかけの称賛 / with ~ seriousness (特に冗談に)まじめくさったふりで / a ~ trial 模擬裁判. — 名 C [しばしば複数形で] (英) 模擬試験.
màke (a) móck of ... 動 他 (文) ...をあざける. — 副 [合成語で] 1 偽って, ふざけて: ~-sympathetic words 見せかけの同情のことば. 2 [建物ほか](様式)風の: ~-Tudor beams チューダー様式のけた.

mock·er /mákɚ, mɔ́ːk- | mɔ́kə/ 名 C あざける人. **pùt the móckers on ...** 動 他 (英略式) ...を台なしにする; ...に不運をもたらす.

*mock·er·y /mák(ə)ri, mɔ́ːk- | mɔ́k-/ 名 (-er·ies; 動 mock) 1 U ばかにすること, あざけり, 冷やかし; 模倣. 2 [単数形で] まがい物, 茶番, 失敗(例); むだなもの (of). **màke a móckery of ...** 動 他 (特に物事が)...を(あざ笑うように)否定[無視, 侵害]する, (努力・親切など)を無にする.

*mock·ing /mákiŋ, mɔ́ːk- | mɔ́k-/ 形 (表情・態度などが)あざける[ばかにした]ような.

móck·ing·bìrd 名 C まねしつぐみ 《ほかの鳥の歌をまねる米国産の鳥》.

móck·ing·ly 副 からかって; ばかにして.

móck túrtlenèck 名 C (米) (襟の高さがなくフィットした)タートルネックのシャツ[セーター] ((英) turtleneck).

móck tùrtle sóup 名 U まがいの海があるスープ 《子牛の頭などを材料とする》.

móck-ùp 名 C 実物大の模型 (of).

mod /mád | mɔ́d/ 名 C (英) モッズ 《1960 年代英国で, 凝った服装・ソウルミュージック・スクーターを愛好した若者の集団》.

MOD /émòudí/ 略 (英) =Ministry of Defence 英国国防省.

mod. 略 =modern.

mod·al /móudl/ 形 A 1 《文法》法 (mood²) を表わす. 2 様式の, 形態上の; 《楽》旋法の. — 名 C = modal auxiliary.

módal auxíliary (vérb) 名 C 《文法》法助動詞.

文法 法助動詞
本動詞とともに用いられ, 時制・態・相を表わす be や have に対して, 話者のさまざまな気持ちや態度を表わす will, would; shall, should; can, could; may, might; must; ought; dare; need などの助動詞をいう. 詳しい説明についてはそれぞれの項を参照.

mod·al·ly /móudəli/ 副 1 《文法》法 (mood²) 的に(は). 2 《楽》旋法上.

módal vérb 名 = modal auxiliary.

mod cons /mádkánz | mɔ́dkɔ́nz/ 名 複 [しばしば all ~] (英略式) [住宅の広告などで] (備え付けの)最新設備 (*modern conveniences* の略).

*mode /móud/ 名 (modes /móudz/) 1 C (格式) 方法, 様式の, やり方, 流儀 (manner, way): His ~ of doing business is not satisfactory. <N+of+動名> 彼の事業ぶりはよくない. 2 C 形態; モード (特定の作業を行なうための機器の状態). 3 [the ~] (格式) (服装などの)流行 (fashion), 流行型, モード: *the latest* ~ 最新の流行. 4 ☞ à la mode. 5 C 《楽》旋法, 音階. 語源 ラテン語で「様式, 型」の意; ☞ model 囲み. **be in ... mòde** 動 (略式) ...の気分[状態]である: *be in* holiday [work] ~ のんびり[仕事に集中]している.

~ admiration 見せかけの称賛

moderate 1125

Mod.E., ModE 略 =Modern English.

*mod·el /mádl | mɔ́dl/ (類音 muddle)

イタリア語で「小さな型 (model)」→「ひな型」
→「模型(の)」名 1, 形 1 →「模範(の)」名 3, 形 2 →「お手本」→「モデル(になる)」名 4, 動 自 1
→「型」名 2 →「(型に合わせて)作る」動 他 2

— 名 (~s /~z/) C 1 模型, (特に各部分を合体した)ひな型; (彫刻品の)原型; (物事の作用などの)モデル, パターン: a ~ of a ship 船の模型 / a working ~ 実動模型 / cameras of the latest ~(s) 最新型のカメラ. 2 (自動車・服装などの)型, デザイン, 様式: The automobile makers will soon display their latest ~s. 自動車メーカーはもうじき最新型を展示するだろう. 3 模範, 手本 (pattern) (☞ role model); 模倣すべき[できる]例, モデル (for): He is a ~ *of* honesty. 彼は模範的な正直者だ / She took her mother as her ~. 彼女は自分の母を手本にした. 4 (画家・彫刻・小説などの)モデル; ファッションモデル: sit as a ~ モデルをつとめる. 5 (有名デザイナーの)モデル商品の(女性用)服飾品. 6 (主に英) [彫曲] 売春婦. **àfter [on] the módel of ...** 前 ...を模範[手本]として.

— 形 A [比較なし] 1 模型の: a ~ plane [train, car] 模型飛行機[電車, 自動車]. 2 模範的; 典型的, 見本の: a ~ wife [student] 理想的な妻[生徒] / a ~ school モデルスクール. — 他 (mod·els /~z/; mod·eled, (英) mod·elled /~d/; -el·ing, (英) -el·ling /-dəliŋ, -dl-/) 自 1 (...の)(ファッション)モデルになる[をする]: ~ *for* Dior <V+*for*+名・代> (クリスチャン)ディオールのモデルをする. 2 模型を作る. — 他 1 〈服などの(ファッション)モデルをつとめ, (モデルとして)〉<...>を着て見せる: ~ women's clothing 女性服のモデルをする. 2 〈物〉の模型[模型・形・物]を作る, <...>をかたど[こしらえ]て作る (out of); 〈粘土〉などで〈ある形・物〉を作る (into); (ある型・様式に従って)<...>を作る, 似せる: The children were ~*ing* animals *in* clay. 子供たちは粘土で動物を作っていた / He ~*ed* the statue *on [upon]* a Greek one. 彼はその彫像をギリシャの原型をもとにして作った / He ~*ed* his villa *after* one he had seen in Italy. 彼は自分の別荘をイタリアで見たものに似せて作った. 3 〈しくみ・現象など〉をモデル化する.
be módeled on [àfter] ... 動 他 〈物事〉を手本[モデル]にしている. **módel onesèlf on [àfter] ...** 動 ...を手本にする, ...にならう.

mod·el·er, (英) -el·ler /mádlɚ, -dələ | mɔ́d(ə)lə/ 名 C 模型[ひな型]作り, モデル[型]製作者.

módel hóme 名 C (米) (住宅展示場の)モデルハウス ((英) show house [home]).

mod·el·ing, (英) -el·ling /mádliŋ, -dəl- | mɔ́d-/ 名 U 1 (ファッション)モデル業. 2 模型[モデル]製作内; 造形術.

mo·dem /móudem/ 名 C 《電算》モデム, 変復調装置 《電話回線などによるデータ通信用》.

*mod·er·ate¹ /mádərət, -drət | mɔ́d-/ ★動詞の *moderate²* との発音の違いに注意. 13 形 (反 immoderate, excessive) 1 適度の, 中位の, 並みの, ほどほどの; わずかな; [しばしば婉曲] 平均(以下)の: ~ exercise 適度の運動 / He enjoyed ~ success. 彼はまあまあの成功を収めた.
2 穏健, 極端に走らない; 穏健派[主義]の: ~ drinker ほどよく酒をたしなむ人 / a ~ demand 無理のない要求 / a ~ view 穏健な考え方 / Their parents are

being ~. 彼らの両親は節度ある行動をしている. **3**《値段などが》手ごろな,(比較的)安い(☞ cheap 類義語): This hotel's rates are ~. このホテルは料金が手ごろだ. ― 名 (-er·ates /-əts/) C 穏健な人;(政治的に)穏健派の人.

mod·er·ate[2] /mάdərèɪt | mɔ́d-/ ★形容詞の moderate[1] との発音の違いに注意. ― 他 **1**《格式》《...》を和らげる;軽減する: ~ one's language (みだらな[乱暴な])ことばを慎む. **2**《...》の司会を務める. **3**《英》《試験の採点など》を点検[検定]する. ― 自 **1**《格式》和らぐ. **2**《英》採点の点検をする.

⁺mod·er·ate·ly /mάdərətli, -drət- | mɔ́d-/ 副 (反 immoderately) 適度に,ほどほどに;わずかに: a ~ warm room ほどよく暖かい部屋 / ~ priced 手ごろな値段の / The test was ~ difficult. 試験はさほど難しくなかった.

⁺mod·er·a·tion /mὰdəréɪʃən | mɔ̀d-/ 名 U《格式》**1** 適度,中庸(ちゅうよう),穏健;節制: M~ in all things. (ことわざ)何事もほどほどが大事. **2**《格式》緩和,軽減,減少 (*in*). **3**《英》採点の点検[検定]. **in moderátion**[副] ほどよく,ほどほどに.

mod·e·ra·to /mὰdərάːtoʊ | mɔ̀d-⁻/《イタリア語から》副 形《楽》モデラート,中ぐらいの速さで[の].

mod·er·a·tor /mάdərèɪtə | mɔ́dərèɪtə/ 名 C **1** 仲裁者,調停者. **2**(討論・クイズなどの)司会者;議長. **3**(長老教会などの)大会議長. **4**《英》(試験の問題・採点の)点検者,検定委員. **5**《物理》減速材《原子炉内の中性子を減速させる》.

✶mod·ern /mάdən | mɔ́d(ə)n/ 形 (動 mód·ern·ize) **1** A [比較なし] **現代の**;近代の,近世の(☞ 類義語);現代[近代]の,today's (反 ancient): ~ times 現代 / ~ dance モダンダンス / M~ life is stressful. 現代生活はストレスがいっぱいだ. **2** [普通はほめて] **現代的な**,最新式の,当世風の,モダンな (⇔old-fashioned): ~ hotels 近代的なホテル / ~ fashions 最新の流行 / ~ conveniences (家の)最新設備 (☞ mod cons) / His house is very ~. 彼の家は大変モダンだ. **3**(食い物・考えなどが)進歩的な,(非常に)新しい(★一般に受け入れられるとは限らない,という含みがある). 語源 ラテン語で「ちょうど今の」の意. ― 名[普通は複数形で]現代芸術家;(文)現代人.
類義語 modern 歴史的時代区分による現代を表わすのに,「旧式の」に対して「現代的な」の意に用いる. **contemporary** 歴史的にみた現代を指すが,modern より狭い同一世代を指し,また,現代的の新しさの意味を含まないのが普通. **present-day** *contemporary* よりもっそう現在に近いごく狭い期間を指し,新旧による価値判断を含まない単なる時代区分用語. **recent** 時代区分としては *contemporary* と *present-day* の中間の幅をもつが,日常生活で漠然と現在の少し前の意に用いることが多い. **current** 時間的には *recent* と同じ時期を指すが,現在でも行なわれている[通用している]意に重点がある: Not all *recent* topics are *current* topics. 最近の話題がすべて今日の話題というわけではない.

⁺modern-day /mάdəndèɪ | mɔ́d(ə)n-/ 形 A (過去に対して)現代の,今日の: a ~ Joan of Arc 今日のジャンヌダルク.

Módern Énglish 名 U 近代英語(1500年以後の英語;略 Mod.E., ModE).

módern hístory 名 U 近世史(☞ history 参考).

⁺mod·ern·is·m /mάdənìzm | mɔ́dən-/ 名 U 現代風;現代思想;近代[現代]主義,モダニズム.

⁺mod·ern·ist /mάdənɪst | mɔ́dən-/ 形 A 近代主義[モダニズム]の. ― 名 C 近代主義者,モダニスト.

mod·ern·is·tic /mὰdənístɪk | mɔ̀dən-⁻/ 形《建物・家具など》近代[現代]主義の.

mo·der·ni·ty /mɑdə́ːnəṭi | mɔdə́ːn-/ 名 **1**(格

式) 現代性,当世風. **2** 近代(1800年頃から現在まで).

mod·ern·i·za·tion /mὰdənɪzéɪʃən | mɔ̀dənaɪz-/ 名 U,C 近代化,現代化.

✶mod·ern·ize /mάdənàɪz | mɔ́də-/ 動 (**-ern·iz·es** /-ɪz/; **-ern·ized** /-d/; **-ern·iz·ing**; 形 modern, 名 mòdernizátion) 他《...》を近代[現代]化する: We ~d our office equipment. 私たちは職場の機器を近代化した. ― 自 近代[現代]的になる.

mod·ern·iz·er /mάdənàɪzə | mɔ́dənaɪzə/ 名 C 近代[現代]化する者.

módern jázz 名 U モダンジャズ《1940年代以降》.

módern lánguages 名《複》《主に英》(大学・学校の科目としての)ヨーロッパの現代[近代]語.

módern pentáthlon 名《単数形で》《スポ》近代五種競技《クロスカントリー・馬術・競泳・フェンシング・射

✶mod·est /mάdɪst | mɔ́d-/ 形 (名 módesty; 反 immodest) **1** [ほめて](人・態度・行ないなどが)けんそんした,謙遜な,慎み深い (humble) (反 proud) (☞ shy 類義語): a ~ winner 勝ってもおごらない人 / He is always ~ about his achievements. <A+*about*+名・代> 彼は自分の業績を誇ることがない / She is ~ *in* speech and behavior. <A+*in*+名・代> 彼女はことばもうまいもつつましい / You're being too ~. 君はけんそんしすぎだよ.
2(量・額・価値・変化などが)あまり大きく[多く]ない,ささやかな,適度の;(成功などが)そこそこの: a ~ house ささやかな家. **3**(女性などが)肌の露出を嫌う,内気な,しとやかな;(服装などが)挑発的でない,地味な. ~·**ly** 副 けんそんして,慎み深く;ささやかに,ほどほどに;しとやかに.

✶mod·es·ty /mάdɪsti | mɔ́d-/ 名 (反 immodesty) U **1** [ほめて] けんそん,謙遜,慎み深さ: You lack ~. あなたには慎みが欠けている. **2** ささやかなこと;そこそこ. **3** しとやかさ;地味. **in áll módesty**[副 文修飾]《婉曲》自慢する気はないが,控えめに言って(も). **Módesty forbíds [prevénts] (me from ...)** (S) (言うと自慢になるから)私の口からはちょっと(...できない).

mod·i·cum /mάdɪkəm | mɔ́d-/ 名 [a ~]《格式》(特に真実などよいものの)少量 (*of*).

mod·i·fi·ca·tion /mὰdəfɪkéɪʃən | mɔ̀d-/ 名 (動 modify) **1** U,C (部分的な)変更,修正 (*of*, *to*);緩和. **2** U《文法》修飾.

módified Américan plán /mάdəfàɪd- | mɔ́d-/ 名 [the ~] 修正アメリカ方式《室町・朝夕食代を日[週]決め定額で請求されるホテル料金制度》.

mod·i·fi·er /mάdəfàɪə | mɔ́dəfàɪə/ 名 C《文法》修飾語句.

文法 修飾語句

文の要素の1つで,ある語句または文の意味を限定する働きをする語・句・節をいう. 形容詞的な働きをするものと,副詞的な働きをするものとがある.
(1) 形容詞的な修飾語句: She has a *pretty* doll. 彼女はかわいい人形を持っている[形容詞] / Look at the picture *on the wall*. 壁の絵をごらんなさい[形容詞句] / That's the girl *I met at the dance*. あれがダンスパーティーで知り合った少女です[形容詞節].
(2) 副詞的な修飾語句: The car is running *very* fast. その自動車は大変速く[走っている][副詞] / Let's do it *at once*. それをすぐにしよう[副詞句] / *If you see her again*, please give her my best regards. 今度彼女に会ったらどうぞよろしく言ってください[副詞節].

✶mod·i·fy /mάdəfàɪ | mɔ́d-/ 動 (**-i·fies** /~z/; **-i·fied** /~d/; **-fy·ing**; 名 mòdificátion) 他 **1**《計画や意見など》を**修正する**,(少し)変更する: They had to ~

their plans. 彼らは計画を変更せざるをえなかった / The terms of the contract will *be modified*. <V+O の受身> 契約の条件は一部修正されよう。 **2** 《要求など》を緩和[加減]する。 **3** 〖文法〗 <…>を修飾する。

Mo·di·glia·ni /mòudi:ljá:ni | mɔ̀di-/ 名 固 A-me·de·o /à:mədéiou/ ~ モディリアニ (1884–1920) 《イタリアの画家》.

mod·ish /móudɪʃ/ 形 《文》[時に軽蔑] 流行の, 当世風の. **~·ly** 副 当世風に.

mod·u·lar /mάdʒʊlɚ | mɔ́djʊlə/ 形 **1** モジュール式の, 規格化されたユニットからなる, 組み立てユニットの. **2** 《主に英》 〖教育〗 モジュール[単位]方式の.

mod·u·late /mάdʒʊlèɪt | mɔ́djʊ-/ 動 他 **1** 《格式》 <…>を調節[修正]する; <声の高さ[調子など]を変える[整える]. **2** 〖医〗 <薬など>が病状などを調整する; 良くする; 〖無線〗 <…>を変調する; 〖楽〗 転調する. ― 自 〖格式〗 (声の)調子を変える; 〖楽〗 転調する *(from, to)*.

mod·u·lat·ed /mάdʒʊlèɪtɪd | mɔ́djʊ-/ 形 <声など>が(よく)調整された.

mod·u·la·tion /màdʒʊléɪʃən | mɔ̀djʊ-/ 名 U.C **1** 〖格式〗 調節, 調整; 変化. **2** 〖無線〗 変調: frequency ~ 周波数変調 (略 FM). **3** 〖楽〗 転調.

*__mod·ule__ /mάdʒu:l | mɔ́djʊl/ 名 C **1** (コンピューター・宇宙船・建築などの)交換可能な構成部分[単位], (規格化された)ユニット, モジュール: ☞ command module; lunar module. **2** 《主に英》 〖教育〗 (大学などの)履修単位. **3** 〖建〗 モジュール (基準寸法).

mod·u·lo /mάdʒʊlòʊ | mɔ́djʊ-/ 前 〖数〗 …を法として[とした].

mod·u·lus /mάdʒʊləs | mɔ́djʊ-/ 名 (複 -li /-làɪ, -lìː/) C **1** 〖物理〗 係数. **2** 〖数〗 法; 絶対値; 母数.

mo·dus op·e·ran·di /móudəsὰpəréndi | -ɔ̀p-/ 《ラテン語から》 名 [単数形で] 〖格式〗 (…の仕事の)やり方, (犯人の)手口 (略 m.o., MO).

mó·dus vi·vén·di /-vivéndi/ 《ラテン語から》 名 [単数形で] 《格式》 (一時的な)妥協 *(with)*.

mo·fo /móufou/ 名 C = motherfucker.

Mo·ga·di·shu /moʊgɑːdíːʃuː | mɔ̀gədíʃ-/ 名 固 モガディシュ 《ソマリア (Somalia) の首都》.

mog·gie, mog·gy /mάgi | mɔ́gi/ 名 (**mog·gies**) C 《英略式》 猫.

mo·gul[1] /móʊgəl/ 名 C **1** 重要人物, 大(立)物: a movie ~ 映画界の大立者. **2** [M-] ムガル人 《インドにムガル帝国 (Mogul Empire; 1526–1858) を築いたイスラム教徒》.

mo·gul[2] /móʊgəl/ 名 **1** C (スキーの斜面の)雪こぶ 《固められた隆起》. **2** [複数形で] 〖スキー〗 モーグル 《フリースタイル競技種目の一つ》.

mo·hair /móuhèɚ | -hèə/ 名 U モヘア 《小アジア産のアンゴラやぎの毛》.

Mo·ham·med /moʊhǽməd/ 名 固 =Muhammad.

Mo·ham·med·an /moʊhǽmədən/ 形, 名 C = Muhammadan.

Mo·ham·med·an·is·m /moʊhǽmədənìzm/ 名 U =Muhammadanism.

Mo·hawk /móuhɔ:k/ 名 **1** [the ~ で複数扱い] モーホーク族 《北米先住民》. **2** C 《米》 モヒカン刈り 《英》 Mohican).

Mo·he·gan /moʊhíːgən/ 名 [複] [the ~] モヒガン族 《北米先住民》.

Mo·hen·jo-Da·ro /moʊhéndʒoʊdáːrou/ 名 固 モヘンジョダロ 《パキスタン南部のインダス文明の遺跡》.

Mo·hi·can /moʊhíːkən/ 名 C 《英》 =Mohawk 2.

moi /mwɑː/ 《フランス語から》 代 S [滑稽] =me[1].

moi·e·ty /mɔ́ɪəti/ 名 (**-e·ties**) C 《文》 半分 *(of)*.

moi·ré /mwɑ:réɪ | mwɑ́:reɪ/ 《フランス語から》 形, 名 U 波紋[雲紋]のある(絹織物).

---

moldy 1127

*__moist__ /mɔ́ɪst/ 形 (**moist·er; moist·est**; 名 **móis·ture**) **1** [普通はほめて] 湿った, (少し)濡れた, うるおいのある 《☞ wet 類義語》; 雨の多い (rainy): Winds from the sea are ~. 海から吹いてくる風は湿り気を帯びている. **2** (目が)涙にぬれた.

mois·ten /mɔ́ɪs(ə)n/ 動 他 <…>を湿らせる, うるおす, ぬらす. ― 自 湿る, うるむ.

móist·ness 名 U 湿気のある[ぬれている]こと.

*__mois·ture__ /mɔ́ɪstʃɚ | -tʃə/ 名 U 《関連 moist, móis·turize》 湿気, 湿り気, うるおい; (空気中などの)水分: air containing a lot of ~ 湿気の多い空気.

*__mois·tur·ize__ /mɔ́ɪstʃəràɪz/ 動 他 (肌に)うるおいを与える: *moisturizing cream [lotion, oil]* モイスチャライジングクリーム[ローション, オイル] 《肌の乾燥を防ぐ》.

*__mois·tur·iz·er__ /mɔ́ɪstʃəràɪzɚ | -zə/ 名 C.U モイスチャライザー 《肌をうるおわせるクリーム》.

Mojáve Désert 名 固 [the ~] モハーベ砂漠 《米国 California 州の砂漠》.

mo·jo /móudʒoʊ/ 名 (複 **~s**) C 《米》 魔法; まじない.

mo·lar[1] /móʊlɚ | -lə/ 名 C, 形 臼歯(ᵏᵞᵘ)(の).

mo·lar[2] /móʊlɚ | -lə/ 形 〖化〗 モル (mole) の.

mo·las·ses /məlǽsɪz/ 名 U 糖みつ 《《英》 treacle》.

*__mold__[1], 《英》 **mould**[1] /móʊld/ 名 (**molds**, 《英》 **moulds** /móʊldz/) **1** C 鋳(い)型; 型 《材料を流し込んで細工物を作る》, (菓子などの)流し型: a jelly ~ ゼリーの流し型 / pour molten metal into a ~ 鋳型に溶かした金属を流し込む. **2** C 型に入れて作ったもの: bronze ~s ブロンズの鋳物. **3** C [普通は単数形で] (ある)タイプ, 性質, 性格: She doesn't fit (into) the usual ~ of politicians. 彼女は政治家の通常の型に収まらない. **bréak the móld** 動 自 (従来の)型を破る, 新しいものを作る *(of)*.

― 動 (**molds**, 《英》 **moulds** /móʊldz/; **mold·ed** /-ɪd/; **mold·ing**, 《英》 **mould·ing**) 他 **1** <…>を型に入れて作る, 型どる, 鋳る; こね上げる: We ~ statues *out of [from, in]* clay. <V+O+*out of [from, in]+*名・代> 我々は粘土から彫像を作る / Wax is *~ed into* candles. <V+O+*into*+名・代の受身> ろうを固めてろうそくができる.

2 <性格・文体など>を形造る, 形成する; <…>を育てて…にする *(into)*: The novelist seems to have ~*ed* his style on that of his master. その小説家の文体は師匠(のそれ)を手本にしているようだ. **3** <衣服など>を(体に)密着させる *(to, around)*: Her wet clothes *were ~ed to* his body. 彼のぬれた服は体にぴったりくっついて体の輪郭が見えていた. ― 自 (服などが)(体に)まとわりつく, はりつく *(to, around)*.

*__mold__[2], 《英》 **mould**[2] /móʊld/ 名 (**molds**, 《英》 **moulds** /móʊldz/) U.C かび: The bread has ~ on it. パンにかびが生えている. ― 動 自 かびる.

mold[3], 《英》 **mould**[3] /móʊld/ 名 U [しばしば合成語で] 腐植土, 壌土: ☞ leaf mold.

mold·er, 《英》 **mould·er** /móʊldɚ | -də/ 動 (**-er·ing** /-dərɪŋ, -drɪŋ/) 自 朽ちる, 腐る *(away)*.

mold·i·ness, 《英》 **mould·i·ness** /móʊldinəs/ 名 U かびがはえていること, かび[古]くささ.

*__mold·ing__, 《英》 **mould·ing** /móʊldɪŋ/ 名 **1** C.U 〖建〗 繰形(ふな); **2** C 型で作られたもの. **3** U 型に入れて作ること, 塑造(そぞう), 鋳造.

Mol·do·va /mɑldóʊvə | mɔl-/ 名 固 モルドバ 《ルーマニアの東に隣接する共和国》.

Mol·do·van /mɑldóʊv(ə)n | mɔl-/ 名 C モルドバ人. ― 形 モルドバ(人)の.

mold·y, 《英》 **mould·y** /móʊldi/ 形 (**mold·i·er**, 《英》 **mould·i·er; mold·i·est**, 《英》 **mould·i-**

est) 1 かびた, かび臭い. **2** 古くさい, 時代遅れの.
gò móldy かびで覆(おお)われた.

mole[1] /móul/ 名 C **1** もぐら. **2** 《略式》《体制の中にもぐりこんだ》スパイ.

mole[2] /móul/ 名 C ほくろ, あざ《黒いいぼも含む》.

mole[3] /móul/ 名 C 防波堤, 突堤; 《人工の》港.

mole[4] /móul/ 名 C 《化》モル《物質量のSI単位》.

mo·le[5] /móulei/ 名 U モレ《チョコレート入りのメキシコ風辛口ソース; 肉に用いる》.

mo·lec·u·lar /məlékjulɚ | -lə/ 形 名 mólécule) A《化》分子の, 分子からなる: ~ weight 分子量.

molécular biólogist 名 C 分子生物学者.

molécular biólogy 名 U 分子生物学.

mol·e·cule /málikjù:l | mól-/ 名 (~s /-z/; 形 molécular) C 《化》分子. 関連 atom 原子. 語源 ラテン語で「小さな塊」の意《☞ atom 語源》.

móle·hill 名 C もぐら塚(づか). **máke a móuntain òut of a mólehill** 動《軽蔑》針小棒大に言う.

móle·skin 名 U **1** もぐらの毛皮. **2** モールスキン《厚手の綿織物》. **3** すり傷防止用の絆創膏(ばんそうこう).

mo·lest /məlést/ 動 他 **1** 〈女性や子供に〉性的ないたずら[乱暴]する. **2** 《古風》〈…〉を攻撃する, おどす.

mo·les·ta·tion /mòulestéiʃən | mòl-/ 名 U **1** 《女性や子供に対する》性的な乱暴[いたずら]. **2** 《古風》攻撃.

mo·lest·er /məléstɚ | -tə/ 名 C 《女性や子供に》性的な乱暴[いたずら]をする者; 痴漢.

Mo·lière /mouljéɚ | mɔljéə/ 名 固 モリエール (1622-73) 《フランスの喜劇作家》.

moll /mál | mól/ 名 C 《古風, 俗》《ギャングなどの》情婦.

mollie は molly.

mol·li·fi·ca·tion /màləfɪkéiʃən | mòl-/ 名 U 《格式》なだめること, 鎮静.

mol·li·fied /máləfàid | mól-/ 形 気持ちが和らいだ.

mol·li·fy /máləfài | mól-/ 動 (**-fies; -fied; ~·ing**) 他 《格式》〈人・感情など〉をなだめる, 和らげる.

mol·lusk, 《英》mol·lusc /máləsk | mól-/ 名 C 軟体動物.

mol·ly, mol·lie /máli | móli/ 名 (**mol·lies**) C モーリー《アメリカ(亜)熱帯産の観賞魚》.

Mol·ly /máli | móli/ 名 固 モリー《女性の名; Mary の愛称》.

mol·ly·cod·dle /málikàdl | mólikòdl/ 動 他 《軽蔑》〈人・動物〉を甘やかす, 猫かわいがりする.

Mo·lo·kai /màləkái | mòu-/ 名 固 モロカイ《ハワイの Oahu 島の東隣にある島》.

Mól·o·tov cócktail /máləṭɔ̀:f- | mólətòf-/ 名 C 火炎びん.

molt, 《英》moult /móult/ 動 自 〈鳥・動物が〉羽[毛など]を生え[抜け]変わらせる; 〈羽・毛など〉(え)に)生(は)え[抜け]変わる. ── 名 CU 生え[抜け]変わり(の時期).

mol·ten /móultn/ 形《普通は A》《金属などが》《高熱で》溶けた, 溶解した: ~ iron 溶解した鉄. 語法 高温でしか溶けないものに molten を, 溶けやすいものには melted を用いる: *melted* butter 溶けたバター.

mol·to /móultou | mól-/ 副《楽》モルト《非常に》.

mol·y /móuli/ 名* Holy cow (smoke, mackerel, moly, shit)! (☞ holy 成句).

mo·lyb·de·num /məlíbdənəm | mɔl-/ 名 U 《化》モリブデン《元素記号 Mo》.

***mom** /mám | móm/ 名 (類語 ma'am, mum) C 《米略式》お母さん, ママ《英略式》mum). 語法 親しみを表わす語で, 子供が母親に呼びかけるときによく言い, 固有名詞のように, 大文字で始まり, 冠詞もつけないことが多い《☞ mother 語法 (2)》: Where are

you going, M~? お母さん, どこへ行くの / Ask your ~ about it. それはお母さんに聞いてごらん. 関連 dad お父さん. **móm and ápple píe** 名《主に新聞で》《アメリカ人にとって》伝統的に重要なもの《家族など》.

móm-and-póp 形 A《米》〈店が〉夫婦[家族]で経営する, 小さな.

***mo·ment** /móumənt/ 名 (**mo·ments** /móumənts/; 形 **1** では **móm·en·tàry**, **4** では **mo·mén·tous**) **1** C 《しばしば副詞的に用いて》瞬間, ちょっとの間 《☞ 類義語》: Wait a ~, please.＝Just a ~, please.＝One ~, please. ちょっと待ってください / It will be over in a few ~s. もうすぐ終わります / I saw him a ~ ago. ちょっと前に彼に会った / The next ~ it got dark in the room. 次の瞬間には部屋は暗くなった.

2 C 《普通は単数形で》《ある特定の》時; 《…の》時機, 機会, 《…する》場合; 好機: a big ~ 名声を上げる時, 見せ場 / the right [best] ~ 都合の良い[最も良い]時 / at a crucial ~ 重大な時に / at the ~ of danger 危険に際して / in a ~ of weakness 弱気な時に / They all arrived at the same ~. 彼らはみんな同時に到着した / Please drop in at my house when you have a ~. 折があったら私の家に立ち寄ってください / This is the ~ 'to decide [*for* decision]! ＜N+*to* 不定詞 [*for*+名]＞ 今こそ決断するときだ / Choose [Pick] your ~ carefully if you want him to grant your request. 彼に願いを聞き入れてほしいならば時をつけて慎重に選びなさい.

3 [複数形で] 楽しい時, すばらしい[大事な]時期《☞ have one's moments (成句)》: He had only a few pleasant ~s in years of marriage. 彼は何年もの結婚生活で楽しんだ時は少ししかなかった. **4** U [*of* ~] 《格式》重要性 (importance): The issues are of little [no great] ~. その問題は大して重要でない. **5** C 《物理》モーメント《物体を回転させる力》.

(at) ány móment＝ány móment nòw [副] (1) いつ何どき《…かわからない》; いつ…するかと, 今にも: War may break out *at any* ~. いつ戦争になるかわかりはしない / I'm expecting John *at any* ~. 私はジョンを今か今かと待っているところだ. (2) もうすぐ: He'll be back (*at) any* ~. 彼はもうすぐ帰ってくる.

at évery móment [副] 絶えず, 今か今かと.

at the lást móment [副] 時間ぎりぎりに, 土壇場になって.

at the (présent) móment [副]《米格式》[主に S]《英》今のところ, 当座は (now): I don't need any help *at the* ~. 今のところは手伝いはいりません.

at thís [thát] (véry) móment (in tíme) [副] ちょうど今[そのとき].

for a [óne] móment [副] しばらく, ちょっとの間: Won't you come in *for a* ~? ちょっと寄りませんか.

for the móment [副] 差し当たり, 当座は: There is no need to worry about shortages *for the* ~. 当面不足を心配する必要はない.

from thát móment (on) [副] その後.

hàve one's móments [動] 自 調子のよい[面白い, 楽しい]時もある; [皮肉] ひどいこともある.

in a móment [副] たちどころに; すぐに: The house was burned down *in a* ~. 家はあっという間に全焼してしまった / I'll be there *in a* ~. すぐ(そちらに)行きます.

nòt a móment tòo sóon [副] 土壇場になって; かろうじて間に合って.

nòt for a [óne] móment [副] 《主に S》少しも…ない (never): "Have you ever considered marrying her?" "*Not for a* (single) ~." 「彼女との結婚を考えたことがありますか」「全然ありません」.

… of the móment [形] 今の…, 現在の…; 話題の…: the book *of the* ~ 今話題の本 / He is the man *of the* ~. 彼は時の人だ.

the móment of trúth [名] 決定的な時, 正念場.

the (véry) móment (that) ... [接] ...するとたんに, ...するやいなや (as soon as ..., the minute): The ghost vanished *the* (*very*) ~ (*that*) the cock began to crow. 幽霊はおんどりが時を告げるとすぐ消え去った.
thís móment [副] ただちに; たった今: They've just *this* ~ left. 彼らはたった今出たところだ.
【類義語】**moment** 大変短いけれども時間として感じられるつかの間の時間をいう: I'll be back in a *moment*. すぐに戻ってきます. **instant** ほんの一瞬で, 時間として感知できないような瞬間をいい, *moment* よりも短さが強調される: It disappeared in an *instant*. それは一瞬にして消えた.

mo·men·tar·i·ly /mòuməntérəli | móuməntərəli, -trə-/ [副] **1** ちょっとの間, 一時的に (for a moment). **2** [S] 《米》すぐに, 直ちに; 今にも.

⁺**mo·men·tar·y** /móuməntèri | -təri, -tri/ [形] ([名] móment 1) 瞬間の, つかの間の, 一時的な: ~ pleasure つかの間の楽しみ.

⁺**mo·men·tous** /mouméntəs/ [形] ([名] móment 4) [A] 《格式》重大な, 重要な. **~·ly** [副] 重大に. **~·ness** [名] [C] 重大性.

***mo·men·tum** /mouméntəm/ [名] [U] **1** 勢い, (物の)はずみ; 推進力: gain [gather] ~ はずみがつく / lose ~ 勢いがなくなる. **2** 〔物理〕運動量.

⁺**mom·ma** /mámə | mɔ́mə/ [名] [C] 《米略式》お母さん, ママ (mom) 《☞ mother [語法] (2)》.

mom·mie /mámi | mɔ́mi/ [名] [C] =mommy.

***mom·my** /mámi | mɔ́mi/ ([類音] mummy) [名] (**mom·mies** /~z/) [C] 《米小児》**お母さん, ママ** (mom) 《☞ mother [語法] (2)》.

mómmy tràck [名] [C] 《米略式》マミートラック《育児にかかわる女性が昇進・昇給を犠牲にする就労形態》.

***Mon.** [略] 月曜日 (Monday).

Mon·a·co /mánəkòu | mɔ́n-/ [名] [固] モナコ《地中海北岸の公国(の首都)》.

mon·ad /móunæd/ [名] [C] 単(一)体.

Mo·na Li·sa /móunəlí:sə, -zə/ [名] [固] [the ~] モナリザ (La Gioconda) 《Leonardo da Vinci 作の微笑をたたえた女性肖像画》.

Mona Lisa

***mon·arch** /mánək | mɔ́nək/ [名] (~**s** /~s/; [形] monárchic(al)) [C] (世襲の)**君主**《王・女王・皇帝・女帝など男女いずれにも用いる》: an absolute ~ 専制君主 / a constitutional ~ 立憲君主. [語源] ギリシャ語で「1人による支配」の意.

mónarch bùtterfly [名] [C] おおかばまだら《アメリカ産の大型のちょう》.

mo·nar·chi·cal /mənáəkık(ə)l | -ná:-/, **-chic** /-kık/ [形] ([名] mónarch) [A] 君主の; 君主国[政治]の.

mon·ar·chis·m /mánəkìzm | mɔ́nə-/ [名] [U] 君主制, 君主政体.

mon·ar·chist /mánəkıst | mɔ́nə-/ [名] [C] 君主(制)主義者[擁護者]. ― [形] 君主(制)主義(者)の.

***mon·ar·chy** /mánəki | mɔ́nə-/ [名] (**-ar·chies** /~z/) **1** [U,C] **君主制[政体]**, 君主政治. **2** [C] **君主国**: a limited [constitutional] ~ 立憲君主国. [関連] republic 共和国. **3** [the ~] 君主(と一族).

⁺**mon·as·ter·y** /mánəstèri | mɔ́nəstəri, -tri/ [名] (**-ter·ies**) [C] (特に男子の)修道院, 僧院 《☞ monk》. [関連] convent, nunnery 女子修道院.

mo·nas·tic /mənǽstık/ [形] 修道院の; 修道士の(ような), 隠遁(いんとん)した; 禁欲的な. ― [名] [C] 修道士. **-nas·ti·cal·ly** /-kəli/ [副] 禁欲的に.

mo·nas·ti·cis·m /mənǽstəsìzm/ [名] [U] 修道院生活; 禁欲生活; 修道院制度.

mon·au·ral /mànɔ́:rəl | mɔ̀n-←/ [形] (レコードなどが)モノラルの (mono). [関連] stereophonic ステレオの.

***Mon·day** /mʌ́ndeı, -di/ [名] (~**s** /~z/) ★ 詳しい説明は ☞ Sunday. **1 月曜日** 《[略] Mon., M., M, Mo.; ☞ week 表; proper noun [文法] (4) (i); washday》: Today is ~ [a cool ~]. 今日は月曜日[涼しい月曜日]です / ***on* ~** (いつも[大抵])月曜日に(は); (この前[次]の)月曜日に / *on* ~*s* =every ~ 毎週月曜日に / last [next] ~ この前[次]の月曜日に.
2 [形容詞的に] **月曜日の**: *on* ~ morning [afternoon] (この前[次]の)月曜日の朝[午後]に 《☞ on [前] 3 [語法]》. **3** [副詞的に] 《米》《英略式》月曜日に (on Monday); [~s として] いつも月曜日に(は) (every Monday).
that 「Mónday mórning féeling [《豪》 **Mondayitis** /mʌ̀ndeıáıtıs/] [名] (週末の気分が抜けず)月曜日に会社[学校]に行きたくない気持.

Mónday mórning quárterback [名] [C] 《米略式》結果論であれこれ批評する人. [語源] 月曜になって日曜のアメフトの試合運びなどを批判する人の意.

mon·do /mándou | mɔ́n-/ [形] [A], [副] 《俗, 主に米》とんでもない[なく], すごい[く] 《とても大きい[奇妙だ, よい, など]の意》.

Mo·net /mounéı | mɔ́neı/ [名] [固] **Claude** ~ モネ (1840–1926) 《フランスの印象派の画家》.

mon·e·tar·is·m /mánətərìzm | mʌ́n-, mɔ́n-/ [名] [U] 〔経〕マネタリズム, 通貨主義《通貨供給量の調整によって経済を制御しようとする考え》.

mon·e·tar·ist /mánətərıst | mʌ́n-, mɔ́n-/ [名] [C] 通貨主義者. ― [形] 通貨主義(者)の.

***mon·e·tar·y** /mánətèri, mʌ́n- | mʌ́nətəri, mɔ́n-, -tri/ [形] ([名] móney) [A] [比較なし] **通貨の, 貨幣の**; 金銭(上)の: a ~ system 通貨制度 / ~ policy 通貨政策.

mon·e·ti·za·tion /mànətızéıʃən, mʌ̀n- | mʌ̀nətaız-, mɔ̀n-/ [名] [U] 〔経〕貨幣化.

mon·e·tize /mánətàız, mʌ́n- | mʌ́n-, mɔ́n-/ [動] [他] 〔経〕〈公債など〉を貨幣化する.

***mon·ey** /mʌ́ni/ [名] (**~s, mon·ies** /~z/; [形] mónetàry) **1** [U] **貨幣, 通貨**: hard ~ 硬貨 / paper ~ 紙幣 / current ~ 通貨 / Swiss [Japanese] ~ スイス[日本]の通貨 / Bad ~ drives out good (~). 悪貨は良貨を駆逐(くちく)する 《☞ Gresham's law》. [関連] cash 現金 / coin 硬貨.

国 名	通貨単位, 補助通貨単位
Australia	dollar, cent (=$^{1}/_{100}$ dollar)
Belgium	euro, cent (=$^{1}/_{100}$ euro)
Canada	dollar, cent (=$^{1}/_{100}$ dollar)
China	yuan (元), jiao (角) (=$^{1}/_{10}$ yuan) fen (分) (=$^{1}/_{100}$ yuan)
France	euro, cent (=$^{1}/_{100}$ euro)
Germany	euro, cent (=$^{1}/_{100}$ euro)
Ireland	euro, cent (=$^{1}/_{100}$ euro)
Italy	euro, cent (=$^{1}/_{100}$ euro)
Japan	yen
the Netherlands	euro, cent (=$^{1}/_{100}$ euro)
New Zealand	dollar, cent (=$^{1}/_{100}$ dollar)
Russia	ruble, kope(c)k (=$^{1}/_{100}$ ruble)
Spain	euro, cent (=$^{1}/_{100}$ euro)
Switzerland	franc, centime (=$^{1}/_{100}$ franc)
the United Kingdom	pound, penny (=$^{1}/_{100}$ pound)
the United States	dollar, cent (=$^{1}/_{100}$ dollar)

1130 money-back guarantee

2 ⓤ 金(かね), 金銭; 富, 財産; [the ~] 賃金, 給料: counterfeit [launder] ~ 金を偽造[資金洗浄]する / M~ is the root of all evil. ⟨ことわざ⟩金は諸悪の根源 / You'll get good ~ for this job. この仕事をするといいお金になる / Are you all right for ~? お金は十分ありますか ∥ ⇨ grow on trees (grow 成句). 関連 hush money 口止め料 / prize money 懸賞金. **3** [複数形で]《格式》金額.

金をあらわすジェスチャー

ミニ語彙欄

コロケーション

動+money
- borrow *money* (from ...)   (...から)金を借りる
- change *money*   両替する
- charge ... *money*   ...に金を請求する
- collect *money*   集金する
- donate *money*   献金[寄付]する
- earn [make] *money*   金を稼ぐ
- invest *money* in ... ＝put *money* into ...   ...に金を投資する
- lend *money* (to ...)   (...に)金を貸す
- lose *money*   金を失う
- marry (into) *money*   金持ちと結婚する
- pay *money* (for ...)   (...の代金として)金を払う
- save *money*   金を使わないでとっておく[貯める]
- spend *money* on ...   ...に金を使う[費す]
- waste *money*   金を浪費する

前+money
- for *money*   金のために
- out of *money*   金に困って

形+money
- big *money*   大金
- black *money*   不正な金
- counterfeit *money*   偽金
- easy *money*   楽に手に入れた金
- extra *money*   余分な金
- hard-earned *money*   一生懸命働いて得た金
- idle *money*   遊んでいる金
- ready *money*   手元にある金

―― money のいろいろ ――
- húsh mòney 口止め料 / kéy mòney 権利金 / páper mòney 紙幣 / plástic mòney クレジットカード / pócket mòney 小遣い銭 / príze mòney 賞金 / táx mòney 税金

関連表現
- be broke 《略式》一文無しである
- be hard up 《略式》金がなくて困っている
- break a ten-thousand-yen bill [《英》note] 一万円札をくずす
- change Japanese yen into US dollars 日本円を米ドルに替える
- deposit *money* in a bank 金を銀行に預ける
- have no *money* with [on] one 金の持ち合わせがない
- *Money* talks. 金が物を言う
- open a bank account 銀行口座を設ける

語源 ローマ神話の女神 Juno の別名 Moneta から; 古代ローマ時代の女神の神殿で貨幣が造られたので; mint² も同語源.

be in the móney [動] ⓐ 《略式》持ちになる.
be nót màde of móney [動] ⓢ 《貸せるほど》金持ちではない.
cóst móney [動] ⓢ (...は)金がかかる, 高いぞ《相手に警告するような場合にいう》.
for móney [副] 金のために, 金銭ずくで, 利益を考えて《⇨ for love or money (love 成句)》.
for mý mòney [副] 文修飾語 ⓢ 私の考えでは (in my opinion).
gét [háve] one's móney's wòrth [動] ⓐ 払った金[努力]に見合うだけのものを得る[楽しむ].
hàve móney to búrn [動] ⓐ 《略式》捨てるほど金がある.
hàve móre móney than sénse [動] ⓐ ⓢ 金をむだに使っている.
màke móney [動] ⓐ 金もうけをする: Don't try to *make* ~ *out of [from]* stamp collecting. 切手収集でもうけようとするな.
màke móney hánd òver físt [動] ⓐ 急に[どんどん]大もうけする《⇨ hand over fist (hand 成句)》.
màke one's móney [動] ⓐ 一財産を作る.
móney bùrns a hóle in ...'s pócket [しばしば進行形で] (...の)お金がどんどんなくなってしまう; (...は)お金を使いたがっている[すぐ使ってしまう].
móney dówn [副] 即金で, 現金で.
móney 「for óld rópe [for jám] [名] ⓢ 《英略式》楽なもうけ, ぼろもうけ. 由来 古いロープを売ってもうけるという意から.
Móney is nó object. ⇨ object¹ 成句.
My móney's [The smárt mòney is] on ... [動] ⓢ 私は...に賭(か)けている[...を確信している]: My ~'s on the Yankees. 私はヤンキースの勝利を確信している.
on the móney [副・形] ⓢ 《米》まさに正確に[で], ぴったり(合って): Her prediction was right *on the* ~. 彼女の予測はどんぴしゃりだった.
òut of móney [形] 金に困って; 損をして.
páy góod móney for ... [動] ⓗ ⓢ 《特につまらないものに》大金をつぎ込む, 大金を払って...を手に入れる.
prínt móney [動] ⓐ (インフレに対処して)紙幣を増刷[乱発]する.
pút (one's) móney on ... [動] ⓗ (1) ...に金を賭(か)ける. (2) ⓢ ...を確信する, ...の成功を請け合う: I'd *put* (*my*) ~ *on* his passing the exam. 私は彼が試験に合格することを確信している.
pút one's móney whère one's móuth ìs [動] ⓐ 《略式》[しばしば滑稽] 約束したことを行動で[金を出して]示す, (口先だけでなく)実際にやってみせる.
ráise móney on ... [動] ⓗ ...を売って[質に入れて]金をひねり出す.
thát kind of móney [名] ⓢ (そんな[あんな])大金.
the bést ... that móney can búy 《略式》最良の....
there's móney (to be máde) in ... ⓢ ...は金になる[もうかる]: There is no ~ (*to be made*) *in* music. 音楽をやっても金にはならない.
thrów góod móney àfter bád [動] ⓐ [軽蔑] 損した金を取り戻そうとして金を重ねる.
thrów móney at ... [動] ⓗ [軽蔑] (問題など)を金で解決しようとする.
thrów one's móney aròund [《英》abòut] [動] ⓐ 《略式》金をはでに使う.
You páys your móney and you tákes your chóice [chánce]. 《略式》(どれを選んでも同じようなものだから)運を天に任せてお好きなように. 由来 滑稽な感じを出すためにわざと文法的に誤った言い方 (pays, takes) をする決まり文句.

móney-bàck guarantée [名] ⓒ 返金保証(購入した商品に満足できない場合には返金する).

móney·bàgs 名(複 ~) C《略式》金持ち.

móney bèlt 名 C 金入れ仕切りのついたベルト.

móney·bòx 名 C《主に英》貯金[献金]箱.

móney chànger 名 C 両替機[店, 商].

món·eyed 形 A《格式》金のある, 金持ち.

móney·grùb·ber /-gràbə | -bə/ 名 C《略式》金もうけ主義者, 守銭奴.

móney·grùb·bing /-gràbɪŋ/ 形 A《略式》金もうけ主義の.

móney làun·der·ing /-lɔ́:ndərɪŋ, -là:n- | lɔ́:n-/ 名 U 資金洗浄, マネーロンダリング《違法な手段で得た金の出所を隠すこと》.

móney·lènder 名 C《古風》金貸し; 高利貸し.

móney·less 形 一文なしの.

móney·màker 名 C 1 [普通はほめて] 金のもうかる仕事[製品]. 2 金もうけのうまい人.

móney·màking 形 A もうかる. ── 名 U 金もうけ.

móney·màn 名 C《略式》投資家; 金融のプロ.

⁺**móney màrket** 名 C《短期》金融市場.

móney òrder 名 C《主に米》為替, 郵便為替《略 m.o., MO》《英》postal order.

móney pit 名 C 金ばかりかかるもの[事業], 金食い虫.

móney plàyer 名 C《米略式》(競技などの)ここ一番に強い者.

móney-spìnner 名 C《英略式》＝moneymaker 1.

móney-spìnning 形 A《英略式》とてももうかる.

⁺**móney supplỳ** 名 (the ~)《経》マネーサプライ, 通貨供給量.

-mon·ger /máŋɡə | -ɡə/ [合成語中] 1 [主にけなして] …を広める人: warmonger 主戦論者. 2 《主に英》…商人: fishmonger 魚屋.

mon·gol /máŋɡ(ə)l | mɔ́ŋ-/ 名《古風》[差別] ダウン症患者.

Mon·gol /máŋɡ(ə)l | mɔ́ŋ-/ 名 C, 形 モンゴル人(の).

Mon·go·li·a /mɑŋɡóʊliə | mɔŋ-/ 名 モンゴル《アジア中東部, Siberia 南部の地域(の共和国)》.

Mon·go·li·an /mɑŋɡóʊliən | mɔŋ-/ 形 1 モンゴルの; モンゴル人の. ── 名 1 C モンゴル人. 2 U モンゴル語.

mon·gol·is·m /máŋɡəlɪzm | mɔ́ŋ-/ 名 U [時に M-] [差別] ダウン症(候群).

Mon·gol·oid /máŋɡəlɔ̀ɪd | mɔ́ŋ-/ 形 モンゴロイドの, 蒙古(もう こ)人種の. ── 名 C 1 モンゴロイド, 蒙古人種. 2 [m-]《古風》[差別] ダウン症患者.

mon·goose /máŋɡu:s | mɔ́ŋ-/ 名 C マングース《アジア・アフリカなどに分布する動物; 毒蛇の天敵》.

mon·grel /máŋɡrəl | mɔ́ŋ-/ 名 C 1《主に軽蔑》雑種犬; (動植物の)雑種. 2 [差別] 混血児. ── 形 雑種の.

Mon·i·ca /mánɪkə | mɔ́n-/ 名 モニカ《女性の名》.

mon·ick·er /mánɪkə | mɔ́nɪkə/ 名 C ＝moniker.

mon·ied /mánɪd/ 形 ＝moneyed.

mon·ies /mánɪz/ 名 (複) ☞ money 3.

mon·i·ker /mánɪkə | mɔ́nɪkə/ 名 C《略式》《滑稽》名前, あだ名.

mo·nis·m /móʊnɪzm/ 名 U《哲》一元論.

⁺**mon·i·tor** /mánətə | mɔ́nɪtə/ 動 C 1 《危険・状況の変化などの》監視[観察]装置; モニター《音質・映像などのチェック装置》;《電算》モニター《システムの動作を監視するソフト; テレビ画面, コンピューターのスクリーン》: a heart ~ 心臓モニター / on a ~ モニターに[で]. 2 《国際機関などの》監視員. 3 《クラスの》委員. 4 《外国放送の》傍受係. 5 大とかげ. 日英比較 日本語の「モニター」のように一般から選んで放送の批評や感想を報告する人とか, 新製品を試験的に使用して意見を述べる人, という意味はない.

---

monochrome 1131

語源 ラテン語で「忠告をする人」の意; ☞ admonish.

── 動 (-i·tors /~z/; -i·tored /~d/; -tor·ing /-tərɪŋ, -trɪŋ/) 他 1 《危険・状況の変化などを》監視[観察]する,《患者の容態などを》チェックする;《音質・映像などをモニターでチェックする》: ~ the concentration of carbon dioxide in the atmosphere 大気中の二酸化炭素濃度を監視する / constantly ~ what is happening <V+O (wh 節)> 何が起きているかを絶えず監視する. 2 《外国放送を》傍受する;《電話を》盗聴する.

mónitor scrèen 名 C 監視用テレビ(画面).

⁺**monk** /máŋk/ 名 C 修道士《修道院 (monastery) にこもる; ☞ friar》. 関連 nun 修道女.

Monk /máŋk/ 名 **The·lo·ni·ous** /θəlóʊniəs/ ~ モンク (1920-82)《米のジャズピアニスト・作曲家》.

⁺**mon·key** /máŋki/ 名 (~s /~z/) C 1 猿《主に尾の長い猿》: He climbed the tree like a ~. 彼は猿のように木に登った. ★ 鳴き声については ☞ cry 表. 2《略式》いたずらっ子. 3《英俗》500 ポンド. **gét a [the] mónkey òff ...'s báck** [動] …の「重荷を取り除く. **háve a mónkey on one's báck** [動] 《米略式》麻薬依存症にかかっている; やっかいな問題がある. **I dón't [cóuldn't] gíve a mónkey's (shít [búm, fárt])** ... Ⓢ《英》私にとっては…ちっともかまわない. **I'll be mónkey's úncle!**《古風》これは驚いた. **màke a mónkey (òut) of ...** [動] 他《略式》(人)をばかにする. **mónkey in the míddle** [名]《米》2 人が投げあうボールをまん中の 1 人がとろうとする遊び; 2 人の間に立って厄介な立場にある人. **Mónkey sée, mónkey dó.** Ⓢ《ことわざ》人[子供]は他人のすることを(ばかなことでも)まねるものだ.

── 動 圁《略式》いたずらをする, ふざける; ばかにする. **mónkey aróund [(英) abóut]** [動] 圁《略式》(子供が)はしゃぎ回る, ふざけ回る. **mónkey (aróund [abóut]) with ...** [動] 他《略式》…にいたずらする, …をいじくりまわす.

mónkey bàrs 名 (複)《米》＝jungle gym.

mónkey bùsiness 名 U《略式》いんちき, ごまかし; いたずら.

mónkey nùt 名 C《英略式》落花生.

mónkey pùzzle (trèe) 名 C チリ松《南米原産の高木》.

mónkey·shìnes 名 [複]《古風, 米》悪ふざけ.

mónkey sùit 名 C《古風》または [滑稽](男性用)礼服《通例黒のズボン・上着・ちょうネクタイから成る》.

mónkey wrènch 名 C《米》モンキーレンチ, 自在スパナ. **thrów a mónkey wrènch in the wórks** [動]《米略式》計画[仕事など]の妨害をする.

monk·ish /máŋkɪʃ/ 形 修道士の;《軽蔑》坊主くさい.

⁺**mon·o** /móʊnoʊ | mɔ́n-/ 形 モノ(ラル)の (monaural): a ~ record モノラルのレコード. 関連 stereo ステレオの. ── 名 U 1《米略式》《医》＝mononucleosis. 2 モノラル.

mon·o- /móʊnoʊ | mɔ́n-/ 接頭「1, 単」の意: monotone 一本調子 / monopoly 独占.

| mono-, uni- | 1 ... | tri- | 3 ... |
| di-, bi- | 2 ... | poly-, multi- | 多 ... |

mòno·chromátic 形 単色[単彩]の.

mon·o·chro·ma·tis·m /mànəkróʊmətìzm | mɔ̀n-/ 名 U《医》全色盲.

mon·o·chrome /mánəkròʊm | mɔ́n-/ 形 [普通は A] (テレビ・写真・コンピューターの画面が)白黒[モノク

mon·o·cle /mάnəkl | mɔ́n-/ 名 C 片めがね.
mon·o·cled /mάnəkld | mɔ́n-/ 形 片めがねの.
mon·o·cot·y·le·don /mὰnəkὰtəlíːdn | mɔ̀n-oʊkɔ̀t-/ 名 C 〖植〗単子葉植物 (⇨ dicotyledon).
mon·oc·u·lar /mɑnάkjʊlə | mɔnɔ́kjʊlə/ 形 単眼の.
món·o·cùl·ture 名 U,C 単一栽培, 単式農法.
móno·cỳcle 名 C 一輪車. 関連 bicycle 自転車 / tricycle 三輪車.
mo·nog·a·mist /mənάgəmɪst | -nɔ́g-/ 名 C 一夫一婦主義者.
mo·nog·a·mous /mənάgəməs | -nɔ́g-/ 形 一夫一婦(主義)の; (動物が)一雌一雄の. **~·ly** 副 一夫一婦で.
mo·nog·a·my /mənάgəmi | -nɔ́g-/ 名 U 一夫一婦(主義) (⇨ polygamy).
mon·o·gram /mάnəgrὰm | mɔ́n-/ 名 C (氏名の頭文字などの組み合わせ文字《ハンカチ・便箋などに用いる》).
món·o·gràmmed /-græmd/ 形 組み合わせ文字の入った.
mon·o·graph /mάnəgrὰf | mɔ́nəgrὰːf/ 名 C モノグラフ《ある主題を詳しく論じた論文・研究書》(on).

monogram

mon·o·lin·gual /mὰnəlíŋgwəl | mɔ̀n-/ 形 1 つの言語(だけ)を話す[用いた]; a ~ dictionary 1 言語辞書《国語辞典・英英辞書など》. 関連 bilingual 2 言語を話す / trilingual 3 言語を話す / multilingual 数種の言語を話す. ── 名 C 1 言語だけ話す人.
mon·o·lith /mάnəlìθ | mɔ́n-/ 名 C 1 [しばしばけなして] (変革しにくい)巨大組織, 画一的な社会[体制]. 2 一本石(の柱[碑]), 一枚岩; (高い)巨大な建物.
mon·o·lith·ic /mὰnəlíθɪk | mɔ̀n-/ 形 1 [しばしばけなして] (体制・組織などが)一枚岩的な, 画一的な, 変化に対応しない. 2 巨大な, 一本[一枚]石の.
mon·o·log /mάnəlɔ̀ːg | mɔ́nəlɔ̀g/ 名 《米》= monologue.
mon·o·lo·gist /mənάlədʒɪst, -gɪst | -nɔ́l-/ 名 C 1 独白をする人[俳優]. 2 長話をする人.
*****mon·o·logue** /mάnəlɔ̀ːg | mɔ́nəlɔ̀g/ 名 C 1 [時にけなして] (会話の場をひとり占めする)長話. 2 C,U 〖劇〗独白 (⇨ dialogue 1).
mon·o·lo·gu·ist /mάnəlɔ̀ːgɪst | mɔ́nəlɔ̀g-/ 名 C = monologist.
mon·o·ma·ni·a /mὰnəméɪniə | mɔ̀n-/ 名 U 《格式》偏執病; 凝(こ)り固まり, 熱狂.
mon·o·ma·ni·ac /mὰnəméɪniæ̀k | mɔ̀n-/ 名 C 偏執狂(人). ── 形 偏執的な.
mon·o·nu·cle·o·sis /mὰnoʊnjùːkliόʊsɪs | mɔ̀noʊnjùː-/ 名 U 《米》〖医〗単核症, 単核白血球増加症 (《英》glandular fever).
mon·oph·thong /mάnəfθɔ̀ːŋ | mɔ́nəfθɔ̀ŋ/ 名 C 〖音声〗単母音 (⇨ diphthong).
mon·o·plane /mάnəplèɪn | mɔ́n-/ 名 C 単葉機. 関連 biplane 複葉機.
mo·nop·o·list /mənάpəlɪst | -nɔ́p-/ 名 C 独占業者[会社], 専売業者.
mo·nop·o·lis·tic /mənὰpəlístɪk | -nɔ̀p-/ 形 [普通は A] 独占的な, 専売の; 独占主義(者)の.
mo·nop·o·li·za·tion /mənὰpəlɪzéɪʃən | -nɔ̀pəlaɪz-/ 名 U 独占, 専売; ひとり占め (of).
*****mo·nop·o·lize** /mənάpəlὰɪz | -nɔ́p-/ 動 名 monópoly) 1 〈...の独占[専売]権を得る, 独占する. 2 〈人の(時間)・話題などをひとり占めする: ~ a conversation 会話をひとり占めする.

*****mo·nop·o·ly** /mənάp(ə)li | -nɔ́p-/ 名 (-o·lies /~z/; 動 monópolize) 1 C,U 独占, 独占権; 専売; ひとり占め(にすること): a ~ of oil 石油の独占 / Higher education should not be the ~ of the rich. 高等教育は金持ちの占有であってはならない (⇨ the¹ 3). 2 C 独占品, 専売業; 独占企業. 3 C 独占品, 専売品: a government ~ 政府の専売品. 4 U [M-] モノポリー《不動産売買を模した盤上ゲーム; 商標》. 語源 ギリシャ語で「単独の」(⇨ mono-)+「販売(権)」の意. **háve [hóld, gáin] a monópoly on [of, in] ...** 動 他 [しばしば否定文で] ...を独占[専売]する: She doesn't have a ~ on brains. 彼女ひとりが頭がいいわけではない.
Monópoly mòney 名 U 《略式》実体[値うち]がない金; 大金. 由来 モノポリー (⇨ monopoly 4)で使う高額の代用紙幣から.
móno·ràil 名 U,C モノレール, 単軌鉄道. **by mónorail** [副] モノレールで.
mon·o·so·di·um glu·ta·mate /mὰnoʊsóʊdiəmglúː·təmèɪt | mɔ̀n-/ 名 U グルタミン酸ソーダ《化学調味料; 略 MSG》.
mon·o·syl·lab·ic /mὰnəsɪlǽbɪk | mɔ̀n-/ 形 1 (ことばが)1 音節の, ぶっきらぼうな. 2 単音節の, 1 音節の. **-lab·i·cal·ly** /-kəli/ 副 そっけなく.
mon·o·syl·la·ble /mάnəsìləbl | mɔ́n-/ 名 C 1 単[1]音節語 (⇨ disyllable). 2 (1 音節の)そっけない語, つっけんどんなことば: answer in ~s (そっけなく) Yes [No] とだけ言う, そっけない返事をする.
mon·o·the·is·m /mάnəθiːɪzm | mɔ́n-/ 名 U 一神教《神は唯一であるとするキリスト教・イスラム教など》.
mon·o·the·ist /mάnəθiːɪst | mɔ́n-/ 名 C 一神教信者. ── 形 一神教(信者)の.
mon·o·the·is·tic /mὰnəθiːístɪk | mɔ̀n-/ 形 一神教[論]の.
mon·o·tone /mάnətòʊn | mɔ́n-/ 名 [a ~] (話し方・歌い方の)一本調子; (色彩・スタイルなどの)単調さ; [形容詞的に] 単調な: in a ~ 一本調子で.
mon·o·ton·ic /mὰnətάnɪk | mɔ̀nətɔ́n-/ 形 単調な; 〖数〗単調の.
mon·o·ton·i·cal·ly /mὰnətάnɪkəli | mɔ̀nətɔ́n-/ 副 単調に; 〖数〗単調に(増加・減少する): a ~ increasing function 単調増加関数.
*****mo·not·o·nous** /mənάtənəs | -nɔ́t-/ 形 単調な, 変化のない, 退屈な: a ~ song 単調な歌 / ~ work 退屈な仕事. **~·ly** 副 単調に, 一本調子に.
mo·not·o·ny /mənάtəni | -nɔ́t-/ 名 U 単調さ, 一本調子; 退屈: (of-) break the ~ 単調さを破る.
mon·o·va·lent /mὰnoʊvéɪlənt | mɔ̀n-/ 形 〖化〗一価の.
mon·ox·ide /mɑnάksaɪd | mɔnɔ́k-/ 名 C,U 〖化〗一酸化物.
Mon·roe /mənróʊ, mʌn-/ 名 固 1 James ~ モンロー (1758–1831) 《米国の第 5 代大統領 (1817–25); ⇨ Monroe Doctrine》. 2 Marilyn ~ モンロー (1926–62) 《米国の映画女優》.
Monróe Dóctrine 名 [the ~] モンロー主義 《1823 年米国の大統領 Monroe がとった孤立・不干渉主義の外交方針》.
Mon·ro·vi·a /mənróʊviə | mɔn-/ 名 固 モンロビア《リベリア (Liberia) の首都》.
Mon·san·to /mɑnsǽntoʊ | mɔn-/ 名 固 モンサント《米国の大手総合化学メーカー》.
Mon·sei·gneur /mὰnsenjə́ː | mɔ̀nsenjə́ː/ 《フランス語から》名 (複 **Mes·sei·gneurs** /~(z)/) C 殿下, 閣下, 猊下, 僧正《フランスの王族または高位の聖職者に対する敬称》.
Mon·sieur /məsjə́ː | -sjə́ː/ 《フランス語から》名 (複 **Mes·sieurs** /meɪsjə́ːz | -sjə́ːz/) C ...さま, ...君, だん

なさむ《英語の Mr. または呼びかけの sir に相当する; 略 M., 複数形は Messrs., Messrs.》.

Mon·si·gnor /mɑnsiːnjə | mɔnsiːnjə/《フランス語から》名 (複 ~s, **Mon·si·gno·ri** /mɑ̀nsiːnjɔ́ːri | mɔ̀n-/) C 《カトリック》モンシニョール《大司教など高位聖職者につける敬称; 略 Mgr, mgr., Msgr.》.

†**mon·soon** /mɑnsúːn | mɔnsúːn/ 名 -´ 1 [the ~] モンスーン, 季節風《特にインド洋で夏は南西から, 冬は北東から吹く風》; (南西季節風による)雨期. **2** C (モンスーン期の)雨; 豪雨, どしゃぶり.

*__mon·ster__ /mɑ́nstə | mɔ́nstə/ 名 (~s /-z/; 形 mónstrous) C **1** 怪物, 化け物, 醜悪(´)な人[動物]; 奇形の動物[植物]: The Minotaur was an imaginary ~. ミノタウロスは想像上の怪物だ. **2** 極悪非道な人; [しばしば滑稽](行儀の悪い子ども, がき. **3** 《略式》巨大なもの[動物, 植物]. **4** [形容詞的に] 《略式》巨大な (huge): a ~ ship 巨大な船. **5** [喩]脅威となる問題. **a mónster of** ...形 怪物のような..., 巨大な...: a ~ of a bear 怪物のようなくま (☞ of 19).

mon·stros·i·ty /mɑnstrɑ́səṭi | mɔnstrɔ́s-/ 名 (-ties; 形 mónstrous) C 《略式》巨大な物[建物], 怪物, 醜悪なもの.

†**mon·strous** /mɑ́nstrəs | mɔ́n-/ 形 (名 mónster, monstrósity) **1** 極悪非道な, 恐るべき (horrible); とんでもない, 途方もない, けしからぬ: a ~ crime 極悪非道の犯罪. **2** (不快なほど)巨大な; 怪物のような, 奇怪な. **~·ly** 副 法外に, 非常に, ひどく.

mons ve·ne·ris /mɑ́nzvénərɪs/ 名 C (複 **mon·tes veneris** /-tiːz-/)《解》女性の恥丘.

Mont. =Montana.

mon·tage /mɑntɑ́ːʒ | mɔn-/《フランス語から》名 **1** C 合成画; 合成[モンタージュ]写真; (音楽・文学などの)合成作品; U 合成写真[作品]作成過程. **2** U モンタージュ《感情・意思・思想の流れを示すため急速に多くの画面を連続させる技法; そのような画面の連続》.

Mon·taigne /mɑntéɪn | mɔn-/, **Mi·chel Ey·quem de** /miːʃél ekém də/ モンテーニュ (1533–92)《フランスの随筆家・思想家》.

Mon·tan·a /mɑntǽnə | mɔn-/ 名 固 モンタナ《米国北西部のカナダに接する州; 略 Mont., 郵 では MT; 俗称 the Treasure State; ☞ America 表, 表地図 E 3)》.

Mont Blanc /mɔːmblɑ́ːŋ/ 名 **1** 固 モンブラン《フランス・イタリア国境にある Alps の最高峰 (4807 m)》. **2** C モンブラン《ドイツ製の万年筆; 商標》.

Mon·te Car·lo /mɑ̀ntɪkɑ́ːloʊ | mɔ̀ntɪkɑ́ːl-/ 名 固 モンテカルロ《モナコの都市; 賭博(ば)で有名》.

Mónte Cárlo mèthod 名 [the ~]《数》モンテカルロ法《コンピューターによる乱数シミュレーションを用いて近似計算する方法》.

Mon·te·ne·gro /mɑ̀ntəniːgroʊ | mɔ̀ntɪ-/ 名 固 モンテネグロ《Balkan 半島の共和国; 連合国家 Serbia and Montenegro を構成する》.

Mon·tes·quieu /mɑ́ntəskjuː | mɔ̀ntes-/ 名 固 モンテスキュー (1689–1755)《フランスの政治哲学者》.

Mon·tes·só·ri mèthod /mɑ̀ntəsɔ́ːri- | mɔ̀n-/ 名 C モンテッソーリ法《イタリアの女性教育者 Maria Montessori が 1907 年に提唱した幼児教育法; 幼児の自主的な活動を尊重する》.

Mon·te·vi·de·o /mɑ̀ntəvɪdéɪoʊ | mɔ̀n-/ 名 固 モンテビデオ《ウルグアイ (Uruguay) の首都》.

Mon·te·zu·ma /mɑ̀ntəzúːmə | mɔ̀n-/ 名 固 モンテズマ (1446–1520)《アステカ帝国最後の皇帝》.

Montezúma's revénge 名 U [滑稽] モンテズマのたたり《特にメキシコで旅行者がかかる下痢》.

Mont·gom·er·y /mɑntgʌ́məri | mən(t)-/ 名 固 モントゴメリー《米国 Alabama 州の州都》.

*__month__ /mʌ́nθ/ 名 (**months** /mʌ́nθs, mʌ́nts/; 副 mónthly) C **1** (暦の上の)月 (calendar month)《略 m., m, M, 《米》mo., mth, 複数形は mos., mo., mths; ☞ century 表》: this [last, next] ~ 今[先, 来]月 / There are twelve ~s in a year. 1 年は 12 か月ある.

> 語法 前置詞を伴わずに this, last, next, every などとともにしばしば副詞句を作る: We have had too much rain *this* ~. 今月は雨が多すぎた / He died *last* ~. 彼は先月亡くなった / My father and I are going to Canada *next* ~. 父と私は来月カナダへ行く (☞ next 形 1 語法, last¹ 形 1 語法).

季節 season		月 month		略語	月の名前の由来
冬 winter		1 月	January	Jan.	古い年と新しい年の両方に面しているので, 頭の前後に顔があるローマ神話のヤヌス (Janus) の名にちなんでつけられた.
		2 月	February	Feb.	昔ローマで 2 月 15 日に行なわれていた「浄めの祭 (februa) のある月」の意.
春 spring		3 月	March	Mar.	ローマ神話の軍神「マルス (Mars) の月」の意.
		4 月	April	Apr.	一説では「2 番目の月」の意 (☞ 9–12 月の欄).
		5 月	May	—	ローマ神話の大地・生殖の女神である「マイア (Maia /máɪə, méɪjə/) の月」の意.
夏 summer		6 月	June	Jun.	ローマ神話の結婚の女神「女神ユノ (Juno) の月」の意.
		7 月	July	Jul.	7 月生まれのローマの将軍 Julius Caesar にちなむ.
		8 月	August	Aug.	8 月生まれのローマ皇帝 Augustus にちなむ.
秋 autumn	《米》fall	9 月	September	Sept.	September は「7 番目の月」, October は「8 番目の月」, November は「9 番目の月」(☞ noon 語源), December は「10 番目の月」の意. 現在と数が違うのは, ローマの旧暦では 1 年は 10 か月で, 今の March から始まっていたが, 年の初めにさらに月が 2 つ加わったため.
		10 月	October	Oct.	
		11 月	November	Nov.	
冬 winter		12 月	December	Dec.	

参考 南半球のオーストラリアやニュージーランドでは季節が逆《春 (9–11 月), 夏 (12–2 月), 秋 (3–5 月), 冬 (6–8 月)》.

months and seasons of the year

[会話] "What day of the ～ is it today?" "It's May 5, Children's Day in Japan."「きょうは何日ですか」「5月5日，日本ではこどもの日です」(☞ day [会話] 囲み) / "*In* which ～ were you born?" "In September."「何月生まれですか」「9月です」 [語法]「…月に」の場合には前置詞は in を用いる (☞ in¹ [前] 3, season [名] 1 [語法], week [名] 1 の 2 番目の [語法]).

2 1 か月(間): This baby is five ～*s* old. = This is a five-～-old baby. この赤ちゃんは(生後) 5 か月だ / It took me six ～*s* to finish it. それを完成するのに 6 か月かかった / He earns sixteen hundred dollars *a* ～. 彼は月に 1600 ドル稼ぐ (☞ a² 4). **3** [複数形で] 何か月もの間: It's been ～*s* since I moved here. ここに来て何か月にもなる. [語源] 元来は moon と同語源.

áll mónth [副] 1 か月間ずっと.
áll mónth lóng [副] =all month.
a mónth agò todáy [副・名] 先月のきょう.
a mónth from todáy [副] 来月のきょう. [語法]《英》では from が省略されることがある.
a mónth of Súndays [副] [普通は否定文で] [S]《主に英》とても長い間(…しない), 決して(…しない).
by the mónth [副] 月ぎめで, 1 か月いくらで (☞ the¹ 4): I rented the cottage *by the* ～. 私はその小別荘を 1 か月いくらという条件で借りた.
évery mónth [副] **毎月**: I have to see the doctor *every* ～. 私は毎月医者に見てもらわなければならない.
èvery óther [sécond] mónth [副] ひと月おきに.
for [in] mónths [副] **何か月(間)も**: He has been traveling *for* ～*s*. 彼は何か月も旅をしている.
in a mónth or twò [副] 1, 2 か月のうちに.
mónth àfter mónth = mònth ín, mònth óut [副] 毎月毎月.
mónth by mónth [副] 月ごとに, 毎月毎月.
the mónth àfter néxt [副] 再来月(に).
the mónth befòre lást [副] 先々月(に).

***month·ly** /mʌ́nθli/ [T1] [形] ([名] month) [A] [比較なし] **1 毎月の, 月 1 回の, 月ぎめの** (☞ daily 表): ～ payments 月々の支払い / a ～ magazine 月刊雑誌. **2 1 か月間の**, ひと月分の, ひと月続く[有効の]: a ～ income 月収 / a ～ pass 1 か月間有効の定期券.
— [副] **毎月, 月 1 回**: a magazine published ～ 毎月刊行される雑誌.
— [名] (**month·lies** /~z/) **1** [C] **月刊誌**, 月 1 回の刊行物 (☞ daily 表). **2** [複数形で]《古風》月経.

Mon·ti·cel·lo /mɑ̀ntətʃélou, -sél- | mɔ̀n-/ [名] [固] モンティセロ《米国 Virginia 州にある Thomas Jefferson の旧宅地》.

Mont·re·al /mɑ̀ntriɔ́:l | mɔ̀n-ˊ/ [名] [固] モントリオール《カナダ南東部の同国最大の都市; ☞ 表地図 I 3》.

Mon·treux /mɑntrə́: | mɔn-/ [名] [固] モントルー《スイス西部の保養地; ジャズフェスティバルで有名》.

***mon·u·ment** /mɑ́njumənt | mɔ́n-/ [T3] [名] (**-u·ments** /-mənts/; [形] mònuméntal) [C] **1** (人・出来事などの)**記念碑, 記念像, 記念建築物** (*of*) (☞ Washington Monument 写真); [the M-] (1666 年の)ロンドン大火記念塔: A ～ was built [erected] *to* the late governor. 亡くなった知事の記念碑[像]が建てられた. **2 遺跡, 遺構**: Rome has numerous ancient ～*s*. ローマには古代の遺跡がたくさんある. **3** (…の)好例, 著しい例: a ～ *to* carelessness 軽率さの好例. **4** 記念すべき業績, 不滅の労作. [語源] ラテン語で「思い出させるもの」の意.

⁺**mon·u·men·tal** /mɑ̀njuméntl | mɔ̀n-ˊ/ [形] ([名] mónument) **1** [普通は [A]] (建物・彫刻などが)記念碑的な, 堂々とした; (文学・音楽作品などが)不朽の, 不滅の: the ～ operas of Wagner ワグナーの不朽のオペラ. **2** [A] とてつもない, 巨大な. **3** [A] (失敗・無知・不作法などが)とんでもない, あきれた. **4** [A] [比較なし] 記念碑の[となる]. **-tal·ly** /-təli/ [副] きわめて, ひどく.

moo /mú:/ [動] [自] ((特に雌の)牛が)もーと鳴く (☞ cry 表 cattle, cow). — [名] (～s) [C] **1** もー ((特に雌の)牛の鳴き声). **2** 《古風, 英》ばかな女.

mooch /mú:tʃ/ [動] [他]《米略式》(人から)〈物〉をねだる, たかる (*off, from*). **móoch [aróund** [《英》**abóut**]] [動] [自]《略式》ぶらつく, うろつく.

mooch·er /mú:tʃə | -tʃə/ [名] [C] こそこそ歩く人; たかり屋.

mooch·ing /mú:tʃɪŋ/ [名] [U] ムーチング《釣り針をたらしたままにして魚が食いつくのを待つ釣り方》.

móo·còw [名] [C]《小児》もーもー, (雌の)牛さん.

***mood**¹ /mú:d/ [名] (**moods** /mú:dz/; [形] móody) [C] **1** (一時的な)**気分, 気持ち** (☞ 類義語): The girls were in a happy ～. その女の子たちはうきうきしていた / His ～*s* often change. 彼の気分はよく変わる. [日英比較] 日本語でいう「ムード」(雰囲気)に当たる英語は普通は atmosphere (☞ atmosphere 1). **2 不機嫌, むっつり**: be in a ～ 不機嫌である. **3** [単数形で] (集団全体などの)感じ, 雰囲気: the ～ of the moment [times] 時代の風潮 / He thought the ～ *of* the meeting was pessimistic. 彼は集会の空気は悲観的だと思った. **be in a bád [góod] móod** [動] [自] 不[上]機嫌である. **be in a fóul [fílthy] móod** [動] [自] 機嫌が悪い. **be in nó móod ˹for … [to dó]** [動] …の[する]気にはなれない: She *was in no* ～ *for* [*to* read] serious books. 彼女は肩の凝(こ)る本を読む気にはなれなかった. **be in òne of one's móods** [動] [自] (しばしばあることだが)不機嫌である: He *is in one of his* ～*s* today. 彼は例によってきょうもご機嫌ななめだ. **be [féel] in the móod ˹for … [to dó]** [動] …の[する]気になる: I *am in the* ～ ˹*for* singing [*to* sing]. 歌でも歌いたい気分だ / I'*m* not *in the* ～ *for* pizza. ピザを食べる気がしない. **pùt … in a bád [góod] móod** [動] [他] 〈人〉を不[上]機嫌にする.
【類義語】**mood**「気分」を表わす一般的な語. **humor**「気分」の中でも一時的気まぐれや移り気を強調するやや格式ばった古めかしい語. **temper** 強い感情, 特に怒り.

mood² /mú:d/ [名] [C]〔文法〕法.

> [文法] **法**
> 話し手の心的態度を示す動詞の種々の語形をいう. しかし現在の英語の動詞には基本的には現在形しかないので, このような心的態度を表わすのに動詞の変化形だけでは不十分である. 従って仮定法の一部に見られるように助動詞の助けを借りて, 動詞句の形で表わすこともある.
> 英語の法には (1) 直説法 (☞ indicative mood [文法]), (2) 仮定法 (☞ subjunctive mood [文法]), (3) 命令法 (☞ imperative mood [文法]) の 3 つがある.

mood·i·ly /mú:dəli/ [副] 不機嫌に; むら気に.
mood·i·ness /mú:dinəs/ [名] [U] 不機嫌; むら気.
móod mùsic [名] [U] ムード音楽.
móod swìng [名] [C] 気分の著しい変化.

***mood·y** /mú:di/ [形] (**mood·i·er, more** ～; **mood·i·est, most** ～; [名] mood¹) **1 不機嫌な**, むっつりした, ふさぎ込んだ. **2** むら気な, 気分屋の: a ～ girl むら気な女の子. **3** (映画・音楽・場所などが)もの悲しい気持ちにさせる, 哀感のある. [日英比較]「雰囲気などがロマンチックな」という意味での「ムーディー」は和製英語.

moo·la(h) /mú:lə/ [名] [U]《米俗》お金.

Moo·min·troll /mú:mɪntròul/ [名] [固] ムーミン(トロール)《フィンランドの絵本に登場する架空の生き物; ☞ 次ページ写真》.

***moon** /mú:n/ [名] (～s /~z/) **1** [the ～] 月 (☞

M

month 語源): a trip to the ~ 月旅行. 語法 月が出ているかどうかや, 月のいろいろな形についていうときには no や不定詞をつけることもある: There's *no* ~ tonight. 今夜は月が出ていない / *a crescent* ~ 三日月 / There was *a* ~ that night. その晩は月が出ていた / Was it *a full* ~ *or a new* ~? 満月でしたか新月でしたか (☞ phase 挿絵) // ☞ half-moon. 参考 (1) 月の模様は月に住む男の人 (the man in the moon) が見る習慣がある. (2) 月の色は英米では silver (銀色) とされている (☞ sun 日英比較); once in a blue moon (once 成句) 由来). 関連 earth 地球 / sun 太陽 / star 星. **2** C (惑星の)衛星: the ~s of Jupiter 木星の衛星. **3** C [普通は複数形で] (詩) (暦の上での)月 (month): many ~s ago ずっと以前に. **4** U 月の光.

ásk [(古風, 英) **crý**] **for the móon** [動] 自 ないものをねだりをする, できないことを望む. **òver the móon** [形] (英略式) 大喜びして (*about, at, with*).
— 自 (略式) (冗談・侮辱で)尻を出して見せる; (英略式) ぶらぶら[ほっつき]する (*about, around*). — 他 〈…〉に尻を出して見せる. **móon óver ...** [動] 他 (古風) (好きな人[物])にあこがれぼうっと時を過ごす.

móon·bèam 名 C (ひと筋の)月光, 月明かり.
Móon Bòot 名 C ムーンブーツ《防寒長靴; 商標》.
móon-fáced 形 丸顔の.
Moon·ie /múːni/ 名 C 統一教会の信者.
móon·less 形 月(明かり)のない.
†**moon·light** /múːnlàɪt/ 名 **1** U 月の光: by ~ 月明かりで / walk in the ~ 月明かりの中を歩く. **2** [形容詞的に] 月光の, 月明かりの; 月夜の: a ~ night 月夜 / *the M~ Sonata*「月光ソナタ」(Beethoven のピアノソナタ第 14 番). **dò a móonlight** (1) [動] 自 (英略式) 夜逃げする. (2) [動] 自 (略式) (ひそかに)内職[アルバイト]をする, 副業をする (*as*). (2) (英) 失業給付を受けていながら内職する. 由来 月の光がさす夜にこっそり仕事をすることから.
móonlìght·er 名 C (略式) (ひそかに)内職[アルバイト]をする人, 副業のある人.
móonlìght·ing 名 U (略式) (ひそかに)内職[アルバイト](をすること).
móon·lìt 形 A 月の光に照らされた, 月明かりの.
móon·ròof 名 C ムーンルーフ (自動車の屋根につけられる透明部分).
móon·scàpe 名 C **1** 月面の景観. **2** (月面のように)荒涼とした所.
móon·shìne 名 U (略式) **1** ばからしい考え[話], たわごと. **2** (主に米) 密造酒, 密造ウイスキー. **3** 月光.
móon shòt 名 C (古風) (宇宙船の)月への打ち上げ.
móon·stòne 名 U.C 月長石 (乳白色の宝石).
móon·strúck 形 (略式) 少し頭のおかしい; 夢見がちな, (人が)ロマンチックな.
móon·wàlk 名 C (宇宙飛行士の)月面歩行; ムーンウォーク《後ろにさがっているのに前に歩いているように見える break dancing の踊り方》.
moon·y /múːni/ 形 (moon·i·er; -i·est) (略式) 夢見がちの, ぼうっとした.
†**moor**[1] /múə | múə/ 動 (moor·ing /múə(ə)rɪŋ/) 他 **1** (船)を停泊させる (*to*). **2** (…)をしっかり止める, 固定する. — 自 停泊する.
moor[2] /múə | múə/ 名 C [普通は複数形で] (主に英) 荒れ野[地] (heath の生えた高原地帯).

Moomintroll

Moor /múə | múə/ 名 C ムーア人《アフリカ北西部に住むイスラム教徒; 8 世紀にスペインを侵略した》.
Moore /múə, mɔ́ː | múə, mɔ́ː/ 名 **Henry** ~ ムーア (1898-1986) 《英国の彫刻家》.
móor·hèn 名 C (英) ばん《くちばしが赤い黒色の水鳥》.
†**moor·ing** /múə(ə)rɪŋ/ 名 **1** U (船の)係留. **2** [複数形で] 係船設備 (ロープ・錨・係柱など). **3** C [しばしば複数形で] 停泊地. **4** [普通は複数形で] つなぎとめるもの; 精神的よりどころ. **lóse one's móorings** [動] 自 心の支えを失う.
Moor·ish /múərɪʃ/ 形 ムーア人[式]の.
móor·land /-lənd/ 名 U また複数形で] (主に英) (heath の茂る)荒れ野.
†**moose** /múːs/ 名 (複 ~) C **1** アメリカヘラじか (北米産). **2** (米) ヘラじか (elk).
Móose Internátional /múːs-/ 名 ムースインターナショナル《友愛慈善団体》.
†**moot** /múːt/ 動 [普通は受身で] (格式) 議題にのせる, 提案する. — 形 **1** 議論の余地がある, 未解決の (debatable). **2** (抽象的・学問的すぎて)実用価値[意味]のない, 重要でない. **3** (米) 起こり[あり]そうにない.
móot còurt 名 C (米) (法学部学生の)模擬法廷.
móot pòint [quéstion] 名 [a ~] (議論の余地のある)問題点; どうでもいい問題[こと].
†**mop** /máp | mɔ́p/ 名 C **1** モップ (長い柄のついた床用ぞうきん); 柄付きスポンジ (皿洗い用). **2** [a ~] ひとふき: Please give this floor a ~. この床をモップでふいておいてね. **3** [普通は単数形で] (略式) ぼさぼさの髪の毛 (*of*). — 動 (**mops; mopped; mop·ping**) 他 **1** (モップ・スポンジで)〈…〉をふく (*with*). **2** 〈額・額などの涙・汗〉をぬぐう; 〈汚れなど〉をぬぐい取る (*from*). — 自 モップでふく; ぬぐい取る (*up*). **móp úp** [動] 他 (1) 〈くぼれた水・汚れ〉をぬぐい取る. (2) 〈敵の残党〉を掃討する; 〈仕事など〉を片づける, 〈残った人々〉の処置を決める. (3) (略式) 〈資金など〉を使い尽くす (use up).
mope /móʊp/ 動 自 ふさぎ込む. **mòpe aróund** [(英) **abóut**] (...) [動] 落ち込んで(...にこもって)ぶらぶら[ぼうっと]する (*過ごす*). — 名 C **1** ふさぎ屋, 陰気な人. **2** [複数形で] ふさぎ込むこと.
mo·ped /móʊpèd/ 名 C 原動機付き自転車.
mop·pet /mápɪt | mɔ́p-/ 名 C (略式) [普通はほめて] 子供, (特に)かわいい(女の)子.
móp·ping-ùp operátion 名 C 掃討作戦.
mo·quette /moʊkét/ 名 U モケット《厚地でけばのある織物; じゅうたんなどに用いる》.
MOR /émòʊáə | -áː/ = middle-of-the-road (ポピュラー音楽の)万人受けする.
mo·raine /məréɪn/ 名 U.C 〖地質〗堆石(たいせき), モレーン《氷河の運んだ土砂・岩塊; ☞ mountain 挿絵》.
*__**mor·al**__ /mɔ́ːrəl | mɔ́r-/ 類園 mortal) 13

元来は「風俗習慣の」の意 (☞ *mores*) → (公序良俗の) → 「道徳的な」 形 3
├→ 「道徳(の)」 形 **1**, 名 **3**
├→ 「教訓(的な)」 形 **4**, 名 **1**
└→ 「精神的な」 形 **2** → (精神力) → 「士気」
 (☞ *morale*)

moral certainty

—形 (名 morality, 動 móralize) **1** Ⓐ [比較なし] 道徳の, 道徳上の, 倫理的な; 道徳観念に基づく, 道義的な (☞ 類義語): ~ law 道徳律 / ~ standards 道徳的基準 / the ~ sense 道徳観念, 道義心 / a ~ dilemma [issue] 倫理的ジレンマ[問題] / ~ duties [obligations] 道義的義務 / a ~ responsibility 道義的な責任 / on ~ grounds 道義上の理由で / He lacks ~ courage [fiber]. 彼は正しいことをやり抜く気力に欠ける / ~ pressure 道義に訴える説得.
2 Ⓐ [比較なし] 精神的な, 心の (spiritual): a ~ victory 精神的勝利 / We will give them ~ support. 我々は彼らに精神的な援助[支持]を与えよう.
3 Ⓐ 道徳的な, 道義をわきまえた; 純潔な, 貞節な (反 immoral): a ~ person 品行方正な人 / lead a ~ life 正しい生き方をする. **4** 教訓的な, 道徳を教える. **5** Ⓐ 善悪の区別のつく.

táke [cláim, séize] the móral hígh gróund
[動] [普通は ~ なしで] 自分こそが道徳的だと主張する.

—名 (~s/-z/) **1** Ⓒ (物語・体験などによる)教訓, 寓意(ぐ^うい): draw a ~ from a story 物語から教訓を引き出す / The ~ of this story is "Nothing ventured, nothing gained." この物語の教訓は「虎穴(こけつ)に入らずんば虎児を得ず」だ.
2 [複数形で] 道徳, 風紀, モラル; 品行, 素行, 身持ち: social ~ 公徳 / public ~ 風紀 / improve the ~s of a town 町の風紀を改善する.
【類義語】 moral 善悪に関する道徳上の基準に合致していること. ethical moral よりさらに強い正義・公正の概念が含まれていることを暗示する語.

móral cértainty 名 [a ~](格式) まず間違いないと思われること.

mo·rale /mərǽl | -rάːl/ 名 Ⓤ (軍隊・集団の)士気, (労働者の)勤労意欲 (☞ moral 囲み): 「keep up [maintain] ~ 士気を維持する / lift [raise, boost, improve] ~ 士気を高める / Their ~ is high [low]. 彼らはやる気がある[ない].

móral impérative 名 Ⓒ 道徳的要請.

mor·al·ist /mɔ́ːrəlɪst | mɔ́r-/ 名 Ⓒ 道徳教育者, 道徳家; [しばしば軽蔑] 道学者.

mor·al·is·tic /mɔ̀ːrəlístɪk | mɔ̀r-⁺─/ 形 [普通は軽蔑] 道学主義的な, 道学者的な. **-is·ti·cal·ly** /-kəli/ 副.

mo·ral·i·ty /mərǽləti/ 名 (-i·ties; 形 móral) **1** Ⓤ 道徳, 道義; Ⓤ,Ⓒ 倫理体系[観]: public [sexual] ~ 公衆[性]道徳 / corporate ~ (企業の)商業道徳 / in politics 政治倫理.
2 Ⓤ (個人の)品行, 徳性; (行為などの)道徳性 (of): a person of strict ~ きわめて品行方正な人.

moráli·ty pláy 名 Ⓒ 道徳劇 (15–16世紀に流行した寓意劇; 美徳・悪徳などが擬人化されて登場する).

mor·al·ize /mɔ́ːrəlàɪz | mɔ́r-/ 動 (形 móral) 自 [普通は軽蔑] 道徳を説く, 説教する (on, about, over).

mor·al·iz·er /mɔ́ːrəlàɪzə | mɔ́rəlàɪzə/ 名 Ⓒ [普通は軽蔑] 道学者, お説教屋.

mor·al·ly /mɔ́ːrəli | mɔ́r-/ 副 (形 immorally) **1** 道徳的に見て, 道徳上は: What you did is ~ wrong. 君のしたことは道徳的に間違っている. **2** 道徳的に, 正しく. **3** 恐らく, 間違いなく. **mórally cértain** [形] (古風) まず確実で.

móral majórity 名 **1** [the ~; (英) 単数または複数扱い] 伝統的な道徳を守る保守勢力. **2** [the M-M-] モラルマジョリティー (米国の保守的なキリスト教団体).

mo·rass /mərǽs/ 名 **1** [単数形で] 泥沼, 苦境. **2** Ⓒ (文) 沼地, 低湿地.

mor·a·to·ri·um /mɔ̀ːrətɔ́ːriəm | mɔ̀r-/ 名 (複 ~s, mor·a·to·ri·a /-riə/) Ⓒ [普通単数形で] **1** モラトリアム, (緊急時の)支払い猶予(ゅ^うよ)(令); 支払猶予期間 (on). **2** 一時停止(期間), 一時延期 (on).

mó·ray /mɔ́ːreɪ | móreɪ/ 名 Ⓒ うつぼ.

mor·bid /mɔ́ːbɪd | mɔ́ː-/ 形 **1** (心・考えなどが)病的な, 不健全な (特に死に関わる事柄で)(unhealthy); (話などが)ぞっとするような: a ~ curiosity [fascination] (死などへの)病的な興味. **2** 〖医〗病気の, 病気による, 病気にかかった.

mor·bid·i·ty /mɔːbídəti | mɔː-/ 名 Ⓤ **1** (心・考えなどの)病的な状態. **2** (地域などの)疾病率.

mórbid·ly 副 病的に.

mor·dant /mɔ́ːdnt | mɔ́ː-/ 形 (格式) 皮肉な, しんらつな: ~ wit 痛烈な機知. **~·ly** 副 しんらつに.

★more[1] /mɔ́ː | mɔ́ː/ 形 Ⓒ 副 (同音 (英)(類音) maw; mower)

---

① (数が)より多くの(もの) ……… 形 1; 代 1
② (量が)より多くの(もの); もっと多く ……… 形 2; 代 1; 副 1
③ これ[それ]以上の(もの); そのうえ ……… 形 3; 代 2; 副 3
④ …というよりはむしろ ……… 副 2

—形 1 [many の比較級] [しばしば than とともに] (…より)(もっと)多くの, (…より)多数の (数が多いことを示す).

┌─ 語法 数の more の使い方 ─┐
(1) 数えられる名詞の複数形または数詞とともに用いられる.
(2) 数詞とともに用いる more の反意語は less.
(3) 厳密に言うと日本語の「10以上」は 10 を含むのに対して, 英語の more than ten は 10 を含まない.
(4) 10 を含めて「10以上」は ten or more.
└─────────────┘

She has ~ books *than* me [I (do)]. 彼女は私よりたくさん本を持っている (☞ *than* 語法) / M~ *than* a hundred passengers were killed. 100人を超える乗客が死亡した / M~ *than* one person saw the accident. その事故を見たのは1人だけではなかった 《★ more than one は単数として扱われる》/ There were twenty or ~ children in the room. 部屋には20人以上の子供がいた / The library had ~ books *than* we expected. 図書館には思ったよりも多くの本があった.

2 [much の比較級] [しばしば than とともに] (…より)(もっと)多くの, (…より)多量の (量が多いこと, 程度がより高いことを示す) (反 less). 語法 数えられない名詞とともに用いる: We had (much) ~ snow this year *than* last (year). 今年は昨年より雪が(ずっと)多かった / There is ~ water *than* air in the tube. この管には空気より水が多く入っている.

3 これ[それ]以上の, それ以外の, 余分の: Send us ~ water and blankets. もっと水と毛布を送ってくれ / Please give me two ~ pencils. 鉛筆をもう2本ください (☞ 語法 (3)) / Please repeat it one ~ time. どうぞもう一度繰り返してください / How many ~ books are you going to buy? あとどのくらい本を買うつもりですか / "M~ coffee?" "No, thank you." 「もっとコーヒーいかが」「いや, もういいよ」

┌─ 語法 追加の more の使い方 ─┐
(1) この意味の more は数えられる名詞と数えられない名詞の両方について用いる.
(2) more の前につく語
しばしば more の前に他の語がつくが, それらは後にくる名詞が数えられるか否かによって次のように違う. a) 数えられる名詞の場合は数詞, many, a few, a good [great] many. b) 数えられない名詞の場合は much, a little, a bit, rather, a good [great] deal
└─────────────┘

など. c) some, any, no, far, a lot, lots は両方の場合に用いることができる (🔲下の成句欄).
(3) 数詞を伴うとき例えば「もう2つの」を more two とは言わないで, two more とする.

a féw mòre ∴ [形] もう少し多くの...《数えられる名詞について用いる》: Let's wait *a few* ~ *days.* もう何日か待ちましょう.

a lìttle mòre ∴ [形] もう少し多くの...《数えられない名詞について用いる》: Won't you have *a little* ~ *wine?* もう少しワインを飲みませんか.

àny mòre ∴ [形] 《疑問文・否定文で》もう少しの..., 多少なりの...: Are there *any* ~ *questions?* 質問はほかにありませんか / I don't want *any* ~ *work.* もうこれ以上仕事はごめんだ.

mány mòre ∴ [形] 《複数形の名詞につけて》(より)ずっと多くの...(🔲形3の第4の例文および語法).

móre and móre ∴ [形] ますます多くの...: As time went on, the work required ~ *and* ~ effort. 時がたつにつれて, その仕事はますます多くの努力を必要とした.

nó móre ∴ [形] もうこれ以上の...はない: *No* ~ excuses! 言い訳はもうたくさんだ / There is *no* ~ milk in the glass. もうコップにはミルクはない // 🔲 proper noun 文法 (3) (iv) 2番目の例文.

nò móre ∴ **than** ─ ─と同じ数[量]の...だけである (=only as many [much] ... as ─) (🔲 no more ... than ─ (副 成句) (2)): Meg has no ~ friends [money] *than* I have. メグは私と同じくらいしか友達[お金]を持っていない.

some mòre ∴ [形] 《特に肯定文で》もう少し多くの...: I want *some* ~ notebooks. ノートをもう何冊か欲しい / Would you like *some* ~ *cake?* ケーキをもう少しいかがですか (🔲 some [形] 1 語法 (3)).

── [代] 《不定代名詞》

語法 (1) この [代] の more は [形] の独立した用法とも考えられるが, それが表わすものの内容によって単数にも複数にも扱われる.
(2) **more of ...** の使い方
次に代名詞や「the+名詞」などが来ると of をつける: I'd like ~ *of* the cake. そのケーキがもっと欲しい / I would like two ~ *of* those pears, please. そのなしをあと2つ下さい (🔲 [形] 3 語法 (3)) / I want to see ~ *of* you. もっとひんぱんに君に会いたい (🔲 see 成句).

1 (...より)もっとたくさんの人[物, 事], もっと多数[多量], さらに多くの人[物, 事] 《反 less, fewer》: M~ *than* fifty *were* present. 50人以上が出席していた (🔲 [形] 1 語法 (3)) / She bought ~ *than* was [were] necessary. 彼女は必要以上にたくさん買った / Instead of fewer accidents there are ~. 事故は減るどころかかえって多くなっている / The ~ the merrier. 《ことわざ》多ければ多いほどよい楽しい.

2 これ[それ]以上のもの, 余分のこと (🔲形 3 語法 (1) (2)): I want to know ~. もっと知りたい / There is much ~ in the bottle. びんにもっとあります / We need as many [much] ~. さらに同数[同量]の(もの)が必要だ / How many [much] ~ do you need? あといくつ[いくら]必要ですか.

a féw móre [代] もう少し多くのもの《数えられるものについて言う》: We want *a few* ~ (of them). 我々はもう少し(それ)が欲しい.

a lìttle móre [代] もう少し多くのもの《数えられないものについて言う》: He lent me 5000 yen, but I really wanted *a little* ~. 彼は僕に5千円貸してくれたが本当はもう少し欲しかった.

∴ and nó móre [前のことばを受けて] ただそれだけのこと, ...にすぎない: She is my colleague *and no* ~. 彼女は私の同僚だというだけのことだ.

àny móre [代] 《疑問文・否定文で》もう少し, 多少なりとも多いもの[人]: Are there *any* ~ in the box? 箱の中にはまだあるの / I don't want *any* ~. 私はこれ以上は望みません.

be móre of a ∴ **(than** ─**)** [動] ─よりもっと[むしろ]...である: He's ~ *of an* entertainer *than* a musician. 彼は音楽家というよりは芸人だ.

mány móre [代] (それより)ずっと多くのもの (🔲 [代] 2 の第3と第4の例文): We have collected 5000 blankets, but we need *many* ~. 毛布を5千枚集めたがもっとたくさん必要だ.

móre and móre [代] ますます多くのもの: As we went along, we saw ~ *and* ~. 我々は進むにつれてますます多くの(人[物])を目にした.

nò móre [代] もうこれ以上のもの[人]はない: There is [are] *no* ~. もうありません / *No* ~ of your kidding! お前のたわ言はもうたくさんだ.

sòme móre [代] 《主に肯定文で》もう少し: Show me *some* ~. もう少し見せてください.

whàt is móre つなぎ語 Ⓢ そのうえ, おまけに: He is very bright, *what* is ~, he studies hard. 彼はとても頭がいいうえ勉強家だ.

── [副] **1** [much の比較級] 《しばしば than とともに》(...より)もっと(多く), (...より)ずっと, さらにいっそう《程度がより高いことを示す》《反 less》: You had better sleep ~ *than* you do now. 今よりもっと睡眠をとりなさい / She loves painting ~ *than* music. 彼女は音楽より絵をかくほうが好きだ / He loves Betty far [much, a lot] ~ *than* anyone else. 彼はほかのだれよりもずっとベティーを愛している.

2 [than とともに] ...というよりはむしろ─; どちらかといえば─: She is ~ shy *than* cold. 彼女は冷たいというよりもむしろ内気なのだ. 語法 このように同じ人[物]の性質について言うときには -er の形を用いない // He was ~ frightened *than* hurt. 彼はけがをしたというよりぎょっとしたのだった / He is ~ (a) politician *than* (a) statesman. 彼は政治家というよりはむしろ政治屋だ (🔲 politician 類義語).

3 そのうえ, そのほか: 言い換え What ~ can I do? (=What else can I do?) ほかに何が私にできるだろうか.

a lìttle móre [副] もう少し: I want to sleep *a little* ~. もう少し眠りたい.

(àll) the móre (becàuse [if] ...) [副] (...であるだけ[...であれば])ますます, なおさら: I want to help him *all the* ~ *because* he is so helpless. 彼がいかにも無力だからなおさら助けてやりたい.

àny móre [副] 《疑問文・否定文で》《英》もう少し, これ以上, もう (*anymore*): Can't you walk *any* ~? もう少し歩けませんか / I won't trouble you *any* ~. もうこれ以上はご迷惑はおかけしません / He doesn't live here *any* ~. 彼はもうここには住んでいない.

little móre than ... (1) ...ぐらいしか: It takes *little* ~ *than* half an hour. 30分そこそこしかかからない / I've received *little* ~ *than* ¥1000. 私は千円ほどしかもらっていない.
(2) ほとんど...と同じ: Her knowledge of German is *little* ~ *than* elementary. 彼女のドイツ語の知識はほんの片言に過ぎない.

móre and móre [副] 次第に, だんだんと: His interest turned ~ *and* ~ to music. 彼の興味は次第に音楽に向いていった.

móre like ... (すでに述べられている数量よりも)むしろ...に近い: I think it'll be ~ *like* seven months instead of five. 私はむしろ5か月ではなく7か月近くだと思う.

móre or lèss [副] (1) 大体, およそ (almost); 事実

上: I → *or less* know what you're trying to say. あなたのおっしゃりたいことは大体わかります / "Are you ready?" "Yes, ~ *or less* [M~ *or less*]." 「用意できた?」「ええ、大体」 (2) [しばしば数量表現の後に添えて] 約 (approximately): It is an hour's ride, ~ *or less*. 車で1時間ぐらいのところです.

móre than ... [名詞(句)・形容詞・動詞・副詞の前につけて] 十二分に…、…以上で[に]、…というだけでは言い足りない: He is ~ *than* a mere craftsman; he is a great artist. 彼は単なる工芸家ではない、立派な芸術家だ / I was ~ *than* surprised at the sight. そのありさまを見て私はびっくりしたどころの騒ぎではなかった / That's ~ *than* I can stand. それは私にはとうてい耐えられない.

móre than a líttle ... [副] (格式) 少なからず、大いに、きわめて、非常に (very).

móre than ánything élse [副] 何にもまして、何よりもまず.

móre than éver [副] いよいよ(多く)、ますます(多く): I've come to like the picture ~ *than ever*. 私はその絵がますます好きになってきました.

néither móre nor léss (than ...)=(…に)、**néither móre or léss** ちょうど(…); (…に) ほかならない: It was neither ~ *nor* less than a rumor.=It was a rumor, neither ~ *or* less. それは全くのうわさ話にすぎなかった.

néver móre [副] =nevermore.

nó móre [副] (1) (文) もはや…しない; [be no more の形で] もはや存在しない: I saw him *no* ~. 私はもう彼に会うことはなかった. (2) [否定文の後を受けて] (文) …もまた—でない (neither): If she will not go, *no* ~ will he. 彼女が行くつもりがないのなら彼も行かないであろう ([]☞ inversion [文法]).

nó móre than ... [1] (1) …より多くはない (not more than ...): There were *no* ~ *than* six passengers on the boat. その船には6人を超える客はいなかった (6人以下をいう). (2) ほんの…だ (数・量・程度の少ないことを表わす; []☞ not more than ... [語法], no less than ... (less' [副] [成句])): It's *no* ~ *than* five minutes from here by car. 車でならここからたった5分だ. (3) まさしく…: It was *no* ~ *than* she deserved. それはまさしく彼女の当然の報いだった. (4) =nothing more than ...

nó móre ∴ than — (1) …でないのは—でないのと同様、—と同じく…でない (両方を否定しながら…でないことを強調する) ([]☞ not more ... than — [語法], no less ... than — (less' [副] 成句)) [言い換え] I am *no* ~ excited *than* you are. (=I am *not* excited any ~ *than* you are.) あなたと同様私も興奮などしていません / A whale is *no* ~ a fish than a horse is. 鯨が魚でないのは馬が魚でないのと同じことだ (鯨が魚なら馬だって魚だ). (2) …と同じ程度に…だけである ([]☞ no more ... than — [形] 成句) [言い換え] I am *no* ~ excited *than* you are. (=I am *only* as excited *as* you are.) あなたと同じくらいしか私も興奮していません.

nót àny móre ∴ than — = **nót ∴(,) àny móre than** — …でないのは—でないのと同じ (no more ... than — (1) の強調形): Tom *isn't* any ~ courageous *than* Sam (is). トムがサムと同じく勇気がない / She is *not* a fool, any ~ *than* you are. 君が馬鹿でないのは君と同じことだ. [語法] not any more ... than のほうは no more ... than — (2) の意味にもなる.

nòthing móre than ... ただ…にすぎない.

nòt móre than ∴ …より多くは、多くて…だ: There were *not* ~ *than* six passengers on the boat. その船には6人を超える客はいなかった (6人以下をいう). [語法] no more than ... (2) のように「ほんの…」という意味は含まれない.

nòt móre ∴ than — …ほど…でない: He was *not* ~ surprised *than* I was. 彼は私ほどにはびっくりしなかった. [語法] 単に相手より程度が低いというだけで、no more ... than — と違って両方を否定するのではない.

nót mùch móre than ... ただ…にすぎない.

some móre [副] [特に肯定文で] もう少し: I must work *some* ~. もう少し働かなくてはいけない / Can we talk about it *some* ~? もう少しそれについて話しませんか ([]☞ some [形] 1 [語法] [注意]).

still móre []☞ still¹ 成句.

the móre ... []☞ the².

‡**more²** /mɔ́ɚ | mɔ́ː/ [同音] (英) maw; [類音] mower) [副] 普通は3音節以上の ([]☞ つづり字と発音解説 62) および一部の2音節の形容詞および副詞の前につけて比較級 (comparative degree) をつくる ([]☞ comparison [文法] (3), -er¹).

(1) 形容詞の比較級: This picture is ~ *béautiful* than that. この絵はあの絵より美しい / It is much ~ *pléasant* here than in the room. ここは部屋の中よりずっと気持ちがいい.

(2) 副詞の比較級: Please speak ~ *slówly*. どうかもっとゆっくり話してください / You had better study ~ *sériously*. もっと真剣に勉強なさい.

móre and móre ますます…に、いよいよ…に: Life in Tokyo is getting ~ *and* ~ difficult. 東京はますます住みにくくなってきた / He spoke ~ *and* ~ *eloquently*. 彼はますます雄弁に話した ([]☞ comparative degree [文法] (1)).

móre so [前の形容詞や副詞を受けて] ますますそのようで: He is keen on rock music, but she is even ~ *so*. 彼もロックに夢中だが、彼女のほうはそれに輪をかけて夢中だ.

the móre ... [副] []☞ the².

More /mɔ́ɚ | mɔ́ː/ [名] **Sir Thomas ~** モア (1478-1535) (英国の人文主義者; *Utopia* の作者).

more·ish /mɔ́ːrɪʃ/ [形] (S) (英) もっと食べたくなるような、くせになる.

‡**more·o·ver** /mɔ̀ɚróuvɚ | -və/ [副] [つなぎ語] (格式) そのうえ、さらに ([]☞ besides [類語]): I did not like the car. M~, the price was too high. 私はその車が気に入らなかった. それに値段も高すぎた.

mo·res /mɔ́ːreɪz/ [名] [複] (格式) しきたり、慣習、モーレス ([]☞ moral 囲み).

Mor·gan /mɔ́ɚgən | mɔ́ː-/ [名] **John Pier·pont** /píɚpɑnt | píəpɔnt/ ~ モーガン (1837-1913) (米国の金融資本家).

mor·ga·nat·ic /mɔ̀ɚgənǽtɪk | mɔ̀ː-/ [形] 貴賤 (キ)相婚の: a ~ marriage 貴賤相婚 (王族・貴族と平民の結婚で相手の配偶者および子は位階・財産を継承できない).

morgue /mɔ́ɚg | mɔ́ːg/ [名][C] **1** 遺体安置所、霊安室、(身元不明の)死体公示所. **2** (新聞社などの)資料(室). **3** [しばしば滑稽] (さびしい)活気のない場所.

‡**mor·i·bund** /mɔ́ːrəbʌ̀nd | mɔ́r-/ [形] **1** (格式) (産業・会社などが)死にかけている、死に体の. **2** (文) (慣習などが)消滅しかかった.

MORI pòll /mɔ́ːri-/ [名][C] モリ調査 (英米合同の調査機関 Market and Opinion Research International による世論調査).

‡**Mor·mon** /mɔ́ɚmən | mɔ́ː-/ [名][C], [形] モルモン教徒 (の) (*Latter-day Saints*): the M~ Church モルモン教会 (米国のユタ州に多い).

Mor·mon·is·m /mɔ́ɚmənìzm | mɔ́ː-/ [名][U] モルモン教 (1830年に米国で興ったキリスト教の一派; 正式には []☞ Latter-day Saints).

morn /mɔ́ɚn | mɔ́ːn/ [名][C] [普通は単数形で] (詩) 朝、暁 (dawn) ([]☞ morning [語法]).

‡**morn·ing** /mɔ́ɚnɪŋ | mɔ́ː-/ [類音] moaning (moan の現在分

詞)) **名** (~s /-z/) **1** ⓤⓒ **朝, 午前**《日の出から正午ま たは昼食まで; ☞ day 表》: early in the ~ 朝早く《☞ in the morning (成句)》.

語法 **morning** と前置詞
(1)「午前(中)に」には前置詞は in を用いるが, 特定の「…日の午前(中)に」の場合には on を用いる《☞ afternoon **語法**, evening **語法**; on **3 語法**》: He died (on) Friday ~. 彼は金曜日の朝亡くなった / The war broke out on the ~ of December 8. 戦争は 12 月 8 日の朝始まった《December 8 is December (the) eighth と読む; ☞ ordinal number **文法**(2)》.
(2) 前置詞を伴わずに this, every, next, yesterday, tomorrow などとともにしばしば副詞句を作る: I get up at six every ~. 私は毎朝 6 時に起きる / She left for Paris this ~ [yesterday ~]. 彼女はきょう[きのう]の朝パリへ向けて立った / We're going to leave tomorrow ~. 我々はあしたの朝出発するつもりだ.
(3)《米略式》では on を省略することがある.

★午前 0 時から正午までをいうこともある: My husband didn't come home until three in the ~! 夫は朝の 3 時まで帰宅しなかった.

2 [形容詞的に] **朝の, 朝に用いる, 朝に食べる[飲む]**《☞ wake-up call 日英比較》: a ~ paper 朝刊 / coffee 朝飲むコーヒー.

3 [the ~] 初期, 初め. **語源** 古(期)英語で「朝」の意; morrow, morn と同語源語; 中(期)英語で evening の類推で -ing がついた.

all mórning [副] 午前中ずっと.

from mórning till [to] níght [副] 朝から晩まで: They had to work from ~ till [to] night. 彼らは朝から晩まで働かなければならなかった.

gòod mórning ☞ good morning の項目.

in the mórning [副] (1) 朝(に), 午前(中)に. (2) あしたの朝に, 翌朝に.

mórning, nóon, and níght [副] 一日中, いつも.

the óther mórning [副] [主に ⓢ] 先日の朝.

— **名** 《略式》=good morning.

mórning àfter **名** [複 **mornings after**] 《略式》 [the ~] 二日酔い.

mórning-àfter pìll **名** ⓒ [しばしば the ~] 事後に服用する経口避妊薬.

mórning còat **名** ⓒ モーニングの上着.

mórning drèss **名** ⓤ 《主に英》(男性の)昼間の礼服.

mórning glòry **名** ⓒⓤ あさがお《植物》.

mórning pérson /-pə̀ːr-/ **名** ⓒ 《米》朝型人間.

Mórning Práyer /-prèə- | -prèə-/ **名** ⓤ 《英国国教会・米国聖公会の》朝の祈り.

mórning ròom **名** ⓒ 《古風》午前中用いる居間.

morn·ings /mɔ́ərnɪŋz | mɔ́ː-/ 副 (いつも)朝に.

mórning sìckness **名** ⓤ つわり.

mórning stár **名** [the ~] 明けの明星《日の出前に東に見える明るい星, 普通は金星 (Venus) を指す》. **関連** the evening star 宵の明星.

mórning sùit **名** ⓒ =morning dress.

Mo·roc·can /mərɑ́k(ə)n | -rɔ́k-/ 形 モロッコ(人)の. — **名** ⓒ モロッコ人.

mo·roc·co /mərɑ́koʊ | -rɔ́k-/ **名** ⓤ モロッコ革《やぎのなめし革; 製本・手袋用》.

Mo·roc·co /mərɑ́koʊ | -rɔ́k-/ **名** 圓 モロッコ《アフリカ北西部の王国》.

mo·ron /mɔ́ːrɑn | -rɔn/ **名** ⓒ **1** 《略式》《軽蔑》うすのろ, まぬけ. **2** 《古復》《心》軽愚者《精神年令が 8–12 歳の精神薄弱者》.

Mo·ro·ni /mərɔ́uni/ **名** 圓 モロニ《Comoros の首都》.

---

mortality rate 1139

mo·ron·ic /mərɑ́nɪk | -rɔ́n-/ 形 《略式》 [軽蔑] ばかげた, まぬけな. **-i·cal·ly** /-kəli/ 副 ばかみたいに.

mo·rose /mərɔ́us/ 形 気難しい, 不機嫌な. **~·ly** 副 不機嫌に. **~·ness** **名** ⓤ 不機嫌.

morph /mɔ́ərf | mɔ́ːf/ 動 他 **1** 〖電算〗〈…〉をモーフィングする《ある画像を徐々に形を変えて別の画像にする》. **2** 〈…〉を変形[変身]させる. — 自 **1** 〖電算〗モーフィングする. **2** 変形[変身]する (into).

mor·pheme /mɔ́ərfiːm | mɔ́ː-/ **名** ⓒ 〖言〗形態素《言語において意味を持つ最小の単位; teacher における teach と -er など》.

Mor·phe·us /mɔ́ərfiəs, -fjuːs | mɔ́ː-/ **名** 圓 〖ギ神〗モルフェウス《夢と眠りの神》. **in the árms of Mórpheus** [形] 《文》眠って.

†**mor·phine** /mɔ́ərfiːn | mɔ́ː-/, 《古風》**-phi·a** /-fiə/ **名** ⓤ 〖化〗モルヒネ.

morph·ing /mɔ́ərfɪŋ | mɔ́ː-/ **名** ⓤ 〖電算〗《コンピューターグラフィックスの》映像変形, モーフィング.

mor·pho·log·i·cal /mɔ̀ərfəlɑ́dʒɪk(ə)l | mɔ̀ːfəlɔ́dʒ-/ 形 **1** 〖言〗形態[語形]論的な; 〖生〗形態学的な. **2** 形態(構造)の.

mor·phol·o·gy /mɔərfɑ́lədʒi | mɔːfɔ́l-/ **名** **1** ⓤ 〖言〗形態[語形]論; 〖生〗形態学. **2** ⓒⓤ 形態(構造), 構成.

Mor·ris /mɔ́ːrɪs | mɔ́r-/ **名** 圓 **William** ~ モリス (1834–96)《英国の美術工芸家》.

Mórris chàir **名** ⓒ モリス式安楽椅子《背もたれの傾斜が調節でき, クッションの取りはずしが可能》.

mórris dàncer **名** ⓒ モリスダンスの踊り手.

mórris dàncing /mɔ́ːrɪs- | mɔ́r-/ **名** ⓤ モリスダンス《英国古来の男子による舞踏》.

mor·row /mɑ́roʊ, mɔ́ː- | mɔ́r-/ **名** [the ~] 《文》**1** 翌日; 明日; 将来; 朝《☞ morning **語源**》, tomorrow **語源**. **2** (出来事の)直後; 今後 (of). **góod mórrow** 間 《古風》おはよう!

Morse /mɔ́ərs | mɔ́ːs/ **名** 圓 **Samuel** ~ モールス (1791–1872)《米国の発明家; モールス符号の考案者》.

Mórse (códe [álphabet]) /mɔ́ərs- | mɔ́ːs-/ **名** ⓤ [しばしば the ~] モールス式電信符号《☞ SOS **語源**》.

mor·sel /mɔ́ərsl | mɔ́ː-/ **名** ⓒ **1** 《食物の》ひと口 (of). **2** [a ~ として否定文・疑問文で] 少量, 小片: a ~ of hope かすかな望み.

*__**mor·tal**__ /mɔ́ərṭl | mɔ́ː-/《類音 moral》形 [比較なし] 《名 **mortality**; 反 **immortal**》 **1** (いつかは)**死ぬことになっている, 死を免れない**: Humans are [Man is] ~. 人間は死すべきものである.

2 命取りとなる, 致命的な (fatal); 死に際の, 臨終の: a ~ injury [blow] 致命傷[致命的な打撃] / a ~ disease 不治の病 / ~ agony 断末魔の苦しみ / ~ remains 遺骸(いがい) / His wound proved (to be) ~. 彼の傷は致命的だということがわかった. **3** Ⓐ 〖詩〗人間の (human); 人の世の: our ~ existence この世の生 / No ~ power can perform this task. この仕事は人間の力では無理だ. **4** Ⓐ 許されない; 殺さずにはおけない; 必死の: ~ enemies [foes] 不倶戴天(ふぐたいてん)の敵 / ~ combat 死闘. **5** Ⓐ 非常な; ひどい: in ~ fear [terror, dread] ひどく恐れて. **éverý mórtal ∴** [形] 《古風, 略式》ありとあらゆる….

— **名** ⓒ [普通は複数形で] 《主に文》《いつかは死ぬ運命の》人間: lesser [ordinary, mere] ~s 〖滑稽〗凡人; 《主に文》 (神に対して) 人間.

mor·tal·i·ty /mɔərtǽləṭi | mɔː-/ **13 名** [形 **mórtal**; 反 **immortality**] **1** ⓤ または a ~] 死亡者数; 死亡率 (mortality rate): infant ~ 幼児の死亡率. **2** [ⓤ または a ~] (多数の人の)死. **3** ⓤ 死ぬべき運命.

mortálity ràte **名** [ⓤ または a ~] 死亡率.

mortálity tàble 名 C (保) 死亡率表.

mor·tal·ly /mɔ́ːtəli | mɔ́ː-/ 副 **1** 死ぬほどに, 致命的に. **2** (格式) 非常に, 甚だしく.

mórtal sín 名 C,U (カトリック) (地獄落ちの) 大罪.

*__mor·tar__¹ /mɔ́ːtə | mɔ́ː-/ 名 (~s /-z/) C **1** 追撃砲; 臼砲（ポャ）. **2** すり鉢. ── /-tɑːr.ɪŋ /-tɔːr.ɪŋ, -trɪŋ/ 他 …を追撃砲で砲撃する.

mor·tar² /mɔ́ːtə | mɔ́ː-/ 名 U モルタル, しっくい. ── /-tɑːr.ɪŋ /-tɔːr.ɪŋ, -trɪŋ/ 他 〈…〉にモルタルを塗る; 〈…〉をモルタルでつなぐ.

mórtar·bòard 名 C **1** 角帽 (大学の卒業式に教師・卒業生がかぶる). **2** (モルタルをのせる) こて板.

*__mort·gage__ /mɔ́ːɡɪʤ | mɔ́ː-/ ★t は発音しない. 12 名 (**mort·gag·es** /-ɪz/) C **1** 抵当権, 住宅ローン: 'take out [hold] a ~ *on* ... …を抵当に入れる (担保に取る) / We got [took out] a twenty-year [$150,000] ~ *on* our new house. 私たちは新しい家の購入で 20 年間 [15 万ドル] のローンを借りた [組んだ]. **2** 抵当権 [証書]. **3** (抵当に基づく) 借金, 住宅ローンの額: pay off a ~ *of* $150,000 15 万ドルのローンを完済する. **4** (抵当に基づく) 借金の利子, 住宅ローンの利子.

── 動 他 **1** 〈…〉を抵当に入れる (*to, for*): be ~*d* (up) to the hilt 限界一杯に抵当に入っている. **2** (保証として) 〈命など〉を投げ出す, 〈名誉〉をかける.

mórtgage …'s fúture 動 …の将来につけを残す.

mort·ga·gee /mɔ̀ːɡəʤíː | mɔ̀ː-/ 名 C (法) 抵当権者 (金を貸した側; ⇨ mortgagor).

mórtgage pàyment 名 C 住宅ローンの支払い.

mórtgage ràte 名 C 住宅ローンの金利.

mort·ga·gor /mɔ̀ːɡəʤɔ́ː | mɔ̀ː-/, **,gag·er** /mɔ́ːɡɪʤə | mɔ́ː-ɡɪʤə/ 名 C (法) 抵当権設定者 (金を借りた側; ⇨ mortgagee).

mor·tice /mɔ́ːtɪs | mɔ́ː-/ 名 C 動 =mortise.

mórtice lòck 名 C (英) =mortise lock.

mor·ti·cian /mɔːtíʃən | mɔː-/ 名 C (米) 葬儀屋 ((英) undertaker).

mor·ti·fi·ca·tion /mɔ̀ːtəfɪkéɪʃən | mɔ̀ː-/ 名 U 屈辱, 悔しさ. **to …'s mortificátion** [副] (文修飾動詞) …が悔しい思いをしたことに(は).

mor·ti·fied /mɔ́ːtəfàɪd | mɔ́ː-/ 形 [普通は P] 悔しい思いをしている, 気持ちを傷つけられている.

mor·ti·fy /mɔ́ːtəfàɪ | mɔ́ː-/ 動 (-ti·fies; -ti·fied; -fy·ing) 他 **1** [普通は受身で] 〈人〉に悔しい思いをさせる, 屈辱を与える (humiliate), 〈人〉の気持ちを傷つける. **2** 〈情欲など〉を抑制する. **mórtify ['the flésh [onesélf]]** 動 自 (格式) 禁欲生活をする, 苦行をする.

mor·ti·fy·ing 形 悔しい.

mor·tise /mɔ́ːtɪs | mɔ́ː-/ 名 C (木工) ほぞ穴.
── 動 他 〈…〉にほぞ穴を掘る; 〈…〉をほぞ継ぎにする (*together; to, into*).

mórtise lòck 名 C 彫り込み錠, 箱錠.

mor·tu·ar·y /mɔ́ːtʃuèri | mɔ́ːtjuəri/ 名 (**-ar·ies**) **1** C (米) 葬儀場; (英) (病院などの) 死体仮置き場. **2** 形 葬儀の; (格式) 死の; 埋葬の.

mos. 略 =months (⇨ month).

*__mo·sa·ic__ /moʊzéɪ.ɪk/ 名 **1** U モザイク; C モザイク画模様. **2** [a ~] モザイク状のもの, 寄せ集め (*of*). ── 形 A モザイクの; 寄せ集めの.

Mo·sa·ic /moʊzéɪ.ɪk/ 形 モーセ (Moses) の.

Mosáic Láw 名 U [しばしば the ~] モーセ (Moses) の律法.

*__Mos·cow__ /mɑ́skoʊ, -kaʊ | mɔ́skoʊ/ 名 固 モスクワ (ロシアの首都).

Mo·selle /moʊzél/ 名 U,C モーゼルワイン (ドイツ産の白ワイン).

Mo·ses /móʊzɪz/ 名 固 (聖) モーセ (ヘブライの立法者・預言者; イスラエル人を率いてエジプトを去り, のちエホバ (Jehovah) の神より十戒を授かって律法を制定した; ⇨ Ten Commandments).

Móses bàsket 名 C (英) モーセの揺りかご (乳児を寝かせたまま手にさげて移動できるかご).

mo·sey /móʊzi/ 動 (副詞(句)を伴って) (米略式) (滑稽) ぶらぶら歩い(て行)く (*around, down*); 立ち去る (*along*). ── 名 [a ~] (米略式) ぶらぶら歩き.

mosh /máʃ | mɔ́ʃ/ 動 自 (略式) ロックに合わせて激しく踊りまくる.

mósh pìt 名 C (略式) モッシュピット (ロックコンサートで客が熱狂的に踊るステージの前の場所).

Mos·lem /mázləm, mɔ́z-/ 名 C 形 =Muslim.

mosque /mɑ́sk | mɔ́sk/ 名 C モスク (イスラム教の寺院).

*__mos·qui·to__ /məskíːtoʊ/ 名 (~(e)s) C 蚊: 言い換え I was bitten by a ~. = I got a ~ bite. 私は蚊に食われた. 語源 スペイン語およびポルトガル語で「小さなはえ」の意.

mosquíto nèt 名 C 蚊帳（ネネ)).

moss /mɔ́ːs | mɔ́s/ 名 U,C こけ; ⇨ rolling stone 1 例文.

móss gréen 名 U 苔色, モスグリーン.

móss-grówn 形 こけの生えた.

moss·y /mɔ́ːsi | mɔ́si/ 形 (**moss·i·er; -i·est**) こけでおおわれた; こけのような.

*__most__¹ /móʊst/

① (数が) 最も多くの (もの)	形 1;	代 1
② (量が) 最も多くの (もの)	形 2;	代 1; 副 1
③ 大部分 (の)	形 3;	代 2
④ 大変, 非常に		副 2

── 形 **1** [many の最上級; ⇨ more¹ 1] [普通は the ~] 最も多くの, いちばんたくさんの, 最も多数の (数が最も多いことを示す; ⇨ all 形 1 の 2 番目の囲み): Which of them ate *the* ~ apples? 彼らの中でだれがいちばん多くのりんごを食べましたか.

語法 **数の most の使い方**
(1) 数えられる名詞の複数形または数詞とともに用いられる. (2) 数詞とともに用いる most の反意語は least.

2 [much の最上級; ⇨ more¹ 2] [普通は the ~] 最も多くの, いちばんたくさんの, 最も多量の (量が最も多いこと, 程度が最も高いことを示す; ⇨ all 形 1 の 2 番目の囲み) (反 least).

語法 **量の most の使い方**
数えられない名詞とともに用いられる: Mr. Allen made *the* ~ profit. アレン氏がいちばんもうけた / Those who have (*the*) ~ money are not always (the) happiest. いちばんたくさん金を持っている者がいちばん幸福とは限らない.

3 [the をつけずに] たいていの, 大部分の, ほとんど (すべて) の; 大半の: M~ women think so. たいていの女性はそう思っている (⇨ 代 語法 (2)) / M~ prejudice stems from ignorance. たいていの偏見は無知に由来する.

── 代 (不定代名詞) 語法 この 代 の most は 形 の独立した用法とも考えられる. **1** [普通は the ~] 最多数, 最大量; 最大限: This is the ~ I can do for you. これがあなたにしてあげられるぎりぎりのところです / Who said [ate] (*the*) ~? だれがいちばん多く言った [食べた] か. **2** [the をつけずに] (…の) 大部分, 大半 (*of*); たいていの人(たち): M~ became disappointed and left. たいていの人はがっかりして去っていった / "Where are the boys staying?" "M~ are camping, but some are staying in a hostel." 「少年たちはどこに泊まっていますか」「大部分はキャンプしているが, ホステルに泊ってるのもいる」

語法 most of ... の使い方
(1) 次に代名詞や「the＋名詞」などが来ると of をつける: M~ of them are camping. 彼らの大半はキャンプしている / I did ~ of the work. その仕事の大半は私がやった / I was in Tokyo ~ of the time. 私はそのころほとんど東京にいました.
(2) most of に続く名詞が単数形のときには most は単数扱い, 複数形のときには複数扱いとなる: M~ of his *story is* not true. 彼の話の大部分は本当じゃない / M~ of the *passengers were* killed in the accident. その事故で乗客の大半は死亡した.

3 [the ~] 《米俗》いちばんすてきな人[もの].
at (the) móst＝**at (the) véry móst** [副] せいぜい, 多くて (反 at (the) least): He is thirty years old *at (the)* ~. 彼はせいぜい30歳だ.
make the móst of ... [動] 他 ...をできるだけ(有効に)利用する, ...を最大限に活用する: It is a good opportunity for you, so *make the* ~ *of it*. それはあなたにとってはよい機会だから最大限に利用しなさい. **語法** ... is made the most of および the most is made of ... の形で受身にできる.

— **1** [much の最上級] [☞ more¹ [副] 1] **最も多く**, いちばん 《程度が最も高いことを示す》 (反 least): He worked (the) ~. 彼がいちばんよく働きました / What pleased you (the) ~? 何がいちばん気に入りましたか (☞ the¹ 1 (4) **語法** (2)).
2 /móust/ [形容詞・副詞を強めて] 《格式》 **非常に**, とても, 大変 (very): Thank you. You've been ~ *kind*. ありがとうございます. 大変親切にしていただきまして / This is a ~ *dangerous* machine; don't touch it. この機械はとても危ないから触るな / They will ~ *certainly* come. 彼らはきっと来ますよ.

語法 (1) most と very
この意味の most が修飾する語は話し手の主観的な判断・感情を表わす形容詞・副詞に限られる: He is ~ respectful. 彼はとても礼儀正しい. 例えば He is *very* tall. とは言うが He is *most* tall. とは言わない.
(2) 最初の例文の most は, この意味の most² と違い単音節・2音節の語も修飾することができる. またそれが修飾する形容詞が数えられる名詞の単数形とともに用いられるときには不定冠詞の a または 《いっそう意味を強めるときには》 the がつくことに注意 (☞ most² 最初 **語法** および (1)).

3 /moust/ 《米略式》 ほとんど (almost) 《all, everyone, anyone, anything などの前につく》: M~ *everybody* is here already. たいていの人がすでにここに来ている.
mòst of áll [副] 何よりも, まず第一に: I want this vase ~ *of all*. 私は何よりもまずこの花びんが欲しい.

★most² /móust/ [副] **語法** 普通は3音節以上の形容詞および副詞の前につけて最上級 (superlative degree) をつくる 《☞ comparison 文法, -est, most¹ [副] 2 **語法** (1)》
(1) [普通は the ~] 形容詞の最上級: This is *the* ~ *difficult* book of all [the three]. これはすべての中で[その3冊の中で]いちばん難しい本だ / This rose is *the* ~ *béautiful* in my garden. このばらは私の庭の中でいちばんきれいです / The irises in this pond look the ~ *elegant* in the town. この池のあやめは午前中が最も優美に見える (☞ the¹ 1 (4) **語法** (1)). **語法** She is *most* beautiful. は普通は「彼女は非常に美しい」の意で,《米》では「彼女はいちばん美しい」を意味することもある (☞ most¹ **語法**).
(2) 副詞の最上級: She danced (the) ~ *élegantly of* all the people in the hall. 彼女はホールにいる人の中でいちばん優雅に踊った (☞ the¹ 1 (4) **語法** (2)).

-most /mòust/ 接尾 [形容詞語尾] 「最も...の」の意: top*most* 最上の / upper*most* 最高の.
mòst-fávored-nátion státus [名] C,U 《政》 最恵国待遇.
★most·ly /móus(t)li/ [副] **大部分は**, 大体, たいてい; 主として (chiefly): The work is ~ done. 仕事は大部分完成した / He ~ stays in bed in the morning. 彼は午前中はたいてい寝ている / Japanese houses used to be ~ built of wood and paper. 昔は日本家屋は大部分木材と紙でできていた.
MOT¹ /émoutí/ [名] C 車検 (MOT test).
MOT² /émoutí/ [略] 《英》＝the Ministry of Transport 運輸省 (現在は Department for Transport).
mote /móut/ [名] C 《古風》 (一片の)ちり, ほこり.
the móte in ...'s éye [名] 《古風》 ...の目の中のちり《自分の大きな欠点には気づかない人がすぐ気づきがちな他人のささいな欠点; 新約聖書のことば》.
★mo·tel /moutél/ [名] C **モーテル** 《車の旅行者の駐車場つきホテル; 日本のモーテルとは違い誰でも泊まれる》: stay overnight *at a* ~ ひと晩モーテルに泊まる. 語源 *motor* と *hotel* の混成語; ☞ blend [名] 2.
mo·tet /moutét/ [名] C 《楽》 **モテット** 《声楽曲》.
★moth /mɔ́:θ | mɔ́θ/ [名] (**moths** /mɔ́:ðz, mɔ́:θs | mɔ́ðs/) **1** C が(蛾) 《昆虫》. **2** [C] または the ~] ＝clothes moth.
móth-báll [名] C [普通は複数形で] 虫よけ玉 (ナフタリンなど). **in móthballs** [形・副] しまい込んで[で]; 棚上げされて[て]. — 他 <...>をしまい込む; <計画など>を棚上げする, 棚上げする, <...>の操業を停止する.
móth-èaten [形] **1** (衣服が)虫に食われた. **2** 《略式》《軽蔑》使い古された; 時代遅れの.
★moth·er /mʌ́ðə | -ðə/ (~s /~z/; 形 móth·erly) **1** C **母**, 母親; (動物の)雌親 (☞ family tree 図) [言い換え] She is the ~ of two children.＝She is a ~ of two. 彼女は2人の子供の母親です / They are ~ *and daughter*. あの人たちは母娘(#š)です (☞ and 1 **語法** (1)). 関連 father 父 / stepmother まま母; maternal 母の.

語法 (1) 家族の間では mother を固有名詞のように扱って大文字を用い, 冠詞をつけないことが多い: M~ has gone shopping. 母は買い物に出かけました.
(2) 子供は呼びかけに, Mother のほかに, 《米》では Mom, Mommy, Momma, 《英》では Mum, Mummy を用いるのが普通 (☞ father **語法** (2)).

2 [the ~] 本源, (...を生み出す)源 (origin, source); 原因 (*of*). **3** [形容詞的に] 母の, 母親としての; 母のような; 母国の: a ~ *cow* 母牛 / ~ *earth* (母なる)大地 《万物を産み出すものとしての》. **4** [M- として呼びかけて] 《女子修道院の院長》: M~ *Teresa* テレサ院長, マザーテレサ. **5** C 《母親のような人; 寮母. **6** [M- として呼びかけて] 《古風》おばあさん 《特に男性が年配女性に対して用いる》. **7** [the ~] 母性(愛). **8** C 《主に米》大きくてすばらしい物: a real ~ *of a car* でかい車. **9** C 《米》 ＝motherfucker. **10** [the ~] 《略式》ひどい種類[性質]: *the* ~ *of all* hangovers ひどい二日酔い.
at one's móther's knée [副] 母に抱かれて, ごく幼いころ《ものを習ったり聞いたりしたことにいう》. **be (like) a móther to ...** [動] 他 ...に母親のように世話をする. **évery móther's són** [名] 《古風》一人残らず. **Móther of Gód** [名] 《カトリック》神の母《聖母マリア (Virgin Mary) の尊称》.

— 動 (**-er·ing** /-ð(ə)rɪŋ/) 他 <...>の母となる, <...>を母と

mótherbòard 名 C『電算』マザーボード.
móther cóuntry 名 C 1 (格式) =motherland 1. 2 (文) (植民地からの)本国.
Móther Éarth 名 U (時に the ~) (地上の万物の母なる)大地.
móther figure 名 C (後輩の)よき相談相手《母親代わりとして頼りになる人》.
móther·fùcker 名 C (S)(米卑)見下げはてたやつ, くそったれ.
móther·fùcking 形 (S)(米卑)見下げはてた, まったくひどい.
Móther Góose 名 固 マザーグース《英国の民間童謡集 *Mother Goose's Melodies* の伝説的な作者》.
Móther Góose rhỳme 名 (主に米) 童謡, わらべうた (nursery rhyme).
móther hén 名 C 過保護の母親.
⁺**móther·hòod** 名 U 母であること, 母性.
Móther Húb·bard /-hʌ́bəd | -bəd/ 名 固 1 ハバードおばさん《Mother Goose rhyme の一編に登場する人物》. 2 C 女性用の長いホームドレス.
Móth·er·ing Sùnday /mʌ́ð(ə)rɪŋ-/ 名 U,C (古風, 英) =Mother's Day.
⁺**móther-in-làw** 名 (複 **mothers-**, **~s**) C 義理の母, 義母, しゅうとめ (☞ family tree 図).
móther-in-làw suìte [apártment, únit] 名 C (詳) =in-law suite [apartment].
⁺**móther·lánd** 名 C [普通は the ~ または所有格の後で] 母国, 故国 (mother country); 祖国.
móther·lèss 形 母のない, 母親のいない.
móther·lìke 形 母親のような.
moth·er·li·ness /mʌ́ðəlinəs | -ðə-/ 名 U 母親らしさ; 母親の情.
móther lòde 名 C [普通は単数形で] (米) 1 主鉱脈. 2 主要な源泉, 母体.
móther·ly 形 (⇔ mother) [普通は A] 母親のような, 母として(の); 優しい.
Móther Náture 名 固 (母なる)自然.
móther-of-péarl 名 U 真珠層《真珠貝などの内層部分》(nacre). ── 形 A 真珠層の(ような).
móther's bòy 名 C (略式) =mama's boy.
Móther's Dày 名 U,C 母の日《米国・カナダでは5月の第2日曜日, 英国では四旬節 (Lent) の第4日曜日》.
mother shìp 名 C [普通は単数形で] 母艦, 母船.
móther's rúin 名 U (古風, 英) (滑稽) =gin¹.
Móther Supérior 名 C [普通は単数形で] =mother 4.
Móther Terésa 名 固 ☞ Teresa².
móther-to-bé 名 (複 **mothers-**) C 母となる人, 妊婦.
móther tóngue 名 C [普通は the ~ または所有格の後で] (文) 母語, 母国語《幼いときに自然に身につけた言語》.
móth·pròof 形 防虫加工した. ── 動 他 《…》を虫よけする, 防虫加工する.
⁺**mo·tíf** /moutíːf/ 名 (~s) C 1 (芸術の)主題, テーマ, モチーフ. 2 中心となる模様(デザイン). 3 (音楽の)主要旋律.
mo·tile /móutl | -taɪl/ 形『生』自発運動能力のある.
mo·til·i·ty /moutɪ́ləti/ 名『生』自動運動性.
*⁺**mo·tion** /móuʃən/ 名 (~s -z; 動 move) 1 U (物体の)運動, 動き, 運行 (☞ movement 類義語); 活動, 動き; 動揺: the laws of ~ 運動の法則 / the ~ of a ship [car] 船[車]の揺れ / the ~ of heavenly bodies 天体の運行 // ☞ slow motion.
2 C 動作, 動き (gesture); 歩きぶり, 足どり: The runner was fooled by the pitcher's off ~. ランナーは投手の変則モーションにだまされた.
3 C 動議, 発議, 提案: an urgent ~ 緊急動議 / propose [second] a ~ 動議を提出[支持]する / The ~ to close the debate was rejected [passed, carried]. <N+to 不定詞> / They will vote on the ~ that an ad hoc committee (should) be set up. <N+that 節> 彼らは特別委員会を設置するという動議を票決するだろう (☞ should A 8). 4 C (格式, 主に英)『医』便通 (movement); 便.
gó through the mótions 動 (略式) お義理で(…)する, (…)する格好をする (of).
in mótion [形・副] (格式) 動いて, 運転中の[で]: All the machines in the factory are *in* full ~. 工場の機械はみなフル活動中だ.
in slów mótion [形・副] ☞ slow motion 成句.
màke a mótion [動] (自) (1) 身ぶりで合図する: She *made a* ~ *to* me *to* stop there. 彼女は私にそこに止まるよう身ぶりで合図した. (2) 動議を提出する.
on the mótion of ... [前] ...の動議に[提案]で.
pút [sét] ... in mótion [動] 他 〈…〉を動きださせる; 〈計画など〉を実行に移す.
── 動 (**mo·tions** /-z/; **mo·tioned** /-d/; **-tion·ing** /-ʃ(ə)nɪŋ/) 他 〈人〉に身ぶりで示す[頼む], 合図する: He ~ed me in [out, away]. 彼は私に入れ[出て行け, 向こうへ行け]と身ぶりで示した / The waiter ~ed me *into* the room. <V+O+前+名・代> 給仕は手招きして私を部屋に案内した / She ~ed Tom *to* the seat. 彼女はトムに席に着くように合図した / I ~ed them *to* be quiet. <V+O+C (to 不定詞)> 私は手ぶりで彼らに静かにするように合図した. ── (自) 身ぶりで示す[合図する] (at): She ~ed *to* [*for*] her brother to go to the next room. 彼女は弟に隣の部屋へ行くようにと合図した.

┌─────────────────────────────────────┐
│ 単語の記憶 《**MOT**》(動かす)   │
│ **mot**ion   運動   │
│ **mot**ive   (動かす働きがある) → 動機│
│ **mot**or   (動かすもの) → モーター │
│ e**mot**ion (外への動き) → 感情   │
│ loco**mot**ive (場所を移動する) → 機関車│
│ pro**mot**e (前の方に動かす) → 促進する│
│ re**mot**e   (遠くに移された) → 遠く離れた│
└─────────────────────────────────────┘

⁺**mótion·less** 形 動かない, 静止した. **~·ly** 副 動かずに, じっと. **~·ness** 名 U 静止(状態).
mótion pícture 名 C (主に米)(個々の)映画 (《英》film). 2 [the ~s] =movie 5.
mótion sìckness 名 U (米) 乗り物酔い.
*⁺**mo·ti·vate** /móʊtəvèɪt/ 動 (**-ti·vates** /-vèɪts/; **-ti·vat·ed** /-tɪd/; **-ti·vat·ing** /-tɪŋ/) (⇔ mótive, mòtivátion) 他 1 〈人〉に動機を与える, 〈人〉の学習意欲をそそる, 刺激する; 〈人〉に やる気を起こさせる: What ~ed her *to* leave home? <V+O+C (to 不定詞)> 彼女の家出の動機は何ですか / The teachers are trying to ~ their students. 教師たちは生徒にやる気を起こさせようと努力している.
2 [しばしば受身で] 〈行動など〉の動機となる: The crime was ~ed *by* jealousy. <V+O の受身> この犯罪はしっとが動機だった.
mo·ti·vat·ed /móʊtəvèɪtɪd/ 形 動機づけられた; やる気のある: a politically [racially] ~ hijacking 政治的[人種的]動機からのハイジャック / a highly ~ student やる気のある学生.
*⁺**mo·ti·va·tion** /mòʊtəvéɪʃən/ 名 (動 mótivàte) U,C 動機づけ, 動機, 動機となる事情[理由] (for); 刺激; 〈行動する〉意欲, やる気: increase [improve] students' ~ 生徒のやる気を高める / He has no ~ to learn English. <N+to 不定詞> 彼には英語を習わう

mo·ti·va·tion·al /mòutəvéiʃ(ə)nəl/ 形 A 動機となる.

mo·ti·va·tor /móutəvèɪtə | -tə-/ 名 C 動因, 誘因.

*__mo·tive__ /móutɪv/ 名 (~s /-z/; 動 mótivàte) C 1 (ある行動をとる)動機, 真意 (☞ motion 単語の記憶): a selfish ~ 利己的な動機 / He did it from ~s of kindness. 彼は親切心が動機となってそれをしたのだ / What was his ~ for doing it? 彼がそれをした動機は何だったのだろう. 2 =motif. ―形 A (機) 起動力の, 原動力となる: ~ power 起動力, 原動力.

mótive·less 形 動機のない.

mótive pówer 名 起動力, 動力源.

mot juste /móuʒúːst/ 《フランス語から》 名 (複 mots justes /~/) C [(the) ~] 至言.

*__mot·ley__ /mátli | mɔ́t-/ 形 A 1 [軽蔑] 雑多の, ごたまぜの: a ~ crew [bunch] 雑多な人の寄り集まり. 2 (文) (服の色が)まだらの.
―名 U (文) (道化師の)まだら服.

mo·to·cross /móutəkrɔ̀ːs | -krɔ̀s/ 名 U モトクロス《オートバイのクロスカントリー競走》.

*__mo·tor__ /móutə | -tə-/ 名 (~s /-z/) C 1 モーター; エンジン, 内燃機関; 原動力 (☞ motion 単語の記憶): an electric ~ 電動機 / start a ~ モーターを動かす / cut [turn off] a ~ モーターを止める // ☞ linear motor. 2 (古風, 英米式) または [滑稽] 自動車: a ~ coach 長距離バス. 語源 ラテン語で「動かすもの」の意 (☞ motion 単語の記憶).
―形 A 1 モーター[エンジン]で動く; 発動機の. 2 (主に米式) 自動車の, 自動車(運転手)の: a ~ trip 自動車旅行. 3 (医) 運動神経の, 運動(筋肉)の.
―動 (-tor·ing /-tərɪŋ, -trɪŋ/) 自 (古風, 英) [普通は副詞(句)を伴って] 車で行く, ドライブする.

*__mótor·bìke__ 名 C 1 (英) オートバイ, 単車 ((略式) bike): ride a ~ バイクに乗る. 2 (米) (モーターバイク, 原動機付き自転車. **by mótorbìke** 副 (英式) バイクで.

mótor·bòat 名 C モーターボート, 高速エンジン艇.

mo·tor·cade /móutəkèid | -tə-/ 名 C (祝賀パレードなどの)自動車の行列[行進].

mótor càmp 名 C (豪) オートキャンプ場.

+**mótor càr** 名 C (古風, 英) 自動車 ((米) automobile) (☞ car 類義語).

*__mótor·cỳcle__ 名 C オートバイ, 単車. 日英比較「オートバイ」は和製英語. **by mótorcỳcle**=**on a mótorcỳcle** [副] オートバイで.

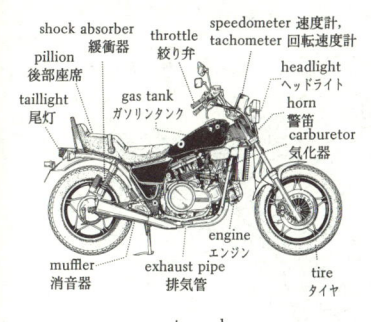

shock absorber 緩衝器
pillion 後部座席
taillight 尾灯
throttle 絞り弁
gas tank ガソリンタンク
speedometer 速度計, tachometer 回転速度計
headlight ヘッドライト
horn 警笛
carburetor 気化器
engine エンジン
muffler 消音器
exhaust pipe 排気管
tire タイヤ

motorcycle

mótor·cỳclist 名 C オートバイ乗り(人), ライダー.

mótor hòme 名 C (主に米) モーターホーム (旅行・キャンプ用の移動住居式自動車). 語法「キャンピングカー」は和製英語.

mo·tor·ing /móutərɪŋ/ 名 U, 形 (古風, 英) 自動車運転(技術)(の).

mótor ìnn 名 C (米) =motel.

+**mótor·ist** /móutərɪst/ 名 C (自家用の)自動車の運転者, ドライバー.

mo·tor·i·za·tion /mòutərɪzéɪʃən, -raɪz-/ 名 U モーター[動力]式にすること; 自動車化.

mo·tor·ize /móutəràɪz/ 動 他 [普通は受身で] (車などを)モーター[動力]式にする; (軍隊などに)自動車を配備する, 自動車化する.

mo·tor·ized /móutəràɪzd/ 形 A 1 モーター[エンジン]のついた. 2 (軍隊などが)自動車を配備された.

mótor lòdge 名 C (米) =motel.

mótor·màn /-mæn/ 名 (-men /-mèn/) C 1 電車[電気機関車]の運転手. 2 モーター操作係.

mótor·mòuth 名 C (略式) 大声のおしゃべり(人).

mótor nèrve 名 C 運動神経.

mótor néurone dìsease 名 U 運動ニューロン病《随意運動神経系のみが冒される原因不明の進行性疾患》.

mótor pòol 名 C (米) =car pool 2.

mótor ràcing 名 U (英) (スポーツとしての)カーレース.

mótor scòoter 名 C (主に米) =scooter 1.

mótor vèhicle 名 C (格式) 自動車[乗用車・トラック・バスなど].

*__mo·tor·way__ /móutəwèi | -tə-/ 名 (~s /-z/) C (英) 高速自動車道路 ((米) expressway, superhighway) (☞ M; ☞ highway 日英比較, road 表).

Mo·town /móutaʊn/ 名 U モータウン (1960-70年代に流行したソウル音楽; 商標).

MÒT tèst /émòutí:-/ 名 C (英) =MOT¹.

mot·tled /mátld | mɔ́t-/ 形 まだらの, ぶちの.

+**mot·to** /mátoʊ | mɔ́t-/ 名 (~es, (主に米) ~s) C 1 標語, モットー; 座右の銘, 処世訓, 金言: His ~ is: "Plain living and high thinking." 彼の座右の銘は「暮らしは質素に, 思想は高く」だ. 2 (書物・章の)題辞; (紋章・貨幣などに入れる)題銘, モットー. 語源 イタリア語で「単語」の意.

*__mould__ /móʊld/ 名 動 (英) =mold¹, ², ³.

mould·er /móʊldə | -də/ 動 (英) =molder.

mould·ing /móʊldɪŋ/ 名 (英) =molding.

mould·y /móʊldi/ 形 (英) =moldy.

Mou·lin Rouge /mùːlænrúːʒ/ 名 固 [the ~] ムーランルージュ《パリのミュージックホール》.

+**moult** /móʊlt/ 動 名 (英) =molt.

+**mound** /máʊnd/ 名 C 1 土手, 堤, 塚; 小丘: heap up soil into a ~ 土を盛り上げて塚を作る. 2 (野) (投手の)マウンド: take the ~ (投手が)登板する. 3 (積み上げた)山 (pile): a ~ of letters 手紙の山. ―動 他 〈...〉を盛り上げる (heap up).

*__mount__¹ /máʊnt/ 動 (mounts /máʊnts/; mount·ed /-tɪd/; mount·ing /-tɪŋ/)

ラテン語で「山へ行く」の意 (☞ mountain), 「登る」 他 2; 自 3 → (何かの上へあがる) → 「乗る」 他 1; 自 2 → (...の上に置く) → 「据え付ける」 他 3

―他 1 〈自転車・馬などに〉乗る (get on); [しばしば受身で] 〈人を〉(馬に)乗せる: ~ a bicycle 自転車に乗る / Some policemen in our town are ~ed on white horses. <V+O+on+名・代の受身> 私たちの町では白馬に乗った巡査もいる.

2 (格式) 〈はしご・山などに〉登る (climb), 上る (ascend): The speaker ~ed the steps to the platform. 弁士が登壇した / He ~ed the ladder slowly. 彼はゆっくりとはしごを上っていった.

3 [しばしば受身で] (適当な位置に)〈...〉を据え付ける,

1144 Mount

のせる; (台紙に)はる; 裏打ちする; 〈宝石など〉をはめ込む; 剥製(はく)[標本]にする; (標本を検鏡用スライドに)固定する: She ~ed her photographs on [onto] cardboard. <V+O+on [onto]+名・代> 彼女は厚紙に自分の写真をはった / The jeweler ~ed a big pearl in the brooch. <V+O+in+名・代> 宝石細工師はそのブローチに大きな真珠をはめ込んだ.
4 〈催し・運動〉を始める, 準備する, 〈攻撃〉をしかける; 〈…〉を上演する: They ~ed a campaign against the reform. その改革に反対の宣伝運動を開始した / The exhibition was ~ed in Tokyo. その展示会は東京で行なわれた. 5 (交尾で)〈大型動物の雄が〉〈雌〉の上に乗る.
— 自 1 〈数量・程度など〉上がる (increase), かさむ (rise), 〈緊張・不安など〉高まる, 増大する (up, to): The death toll is ~ing. 死者の数が増え続けている. 2 〈馬・自転車などに〉乗る (up) (反 dismount). 3 《格式》上がる, 登る (go up). 4 (交尾で動物の雄が雌に)乗る. **móunt guàrd** [動] 自《格式》(…の)見張りにつく (at, on, over).

単語の記憶 ≪**MOUNT**≫ ((山に)登る)
mount (山に)登る
mountain 山
amount (…に上(のぼ)る) → 総額
paramount (山の頂上にある) → 最高の
surmount (山を登り越える) → 乗り越える

— 名 C 1 台紙; (顕微鏡の)スライド板; (指輪の宝石をはめる). 2 《格式》乗用馬.

*Mount /máʊnt/ 名 1 …山. 語法 山の名の前につけ Mt., Mt と略す. (☞ Mt., mountain 語法): ~ Fuji 富士山 / ~ McKinley マッキンリー山 / Mount Vernon. /máʊnt/ C [**mount**²] 《古語》山, 丘 (mountain).

***moun·tain** /máʊntn, -tɪn, -tɪn/ /~z/; 形 móuntainous/ 名 (~s /~z/; 形 móuntainous) 1 C 山, 山岳(さんがく)(略 mt., M., M, 複数形は mts.; ☞ 類義語; mount **単語の記憶**): go up [climb, ascend] a ~ 山に登る / go down [climb down, descend] a ~ 山を下りる / go across [cross] a ~ 山を越す / go to the ~s (遊び・休日などで)山へ行く / a holiday in the ~s 山で過ごす休日. 語法 mountain は固有名詞の前にはつけない. (☞ Mount 語法).
2 [the … Mountains として] …山脈 (略 Mts., mts.): the Rocky M~s ロッキー山脈 (☞ proper noun 文法 (2)). 3 C [しばしば複数形で] 山のように大きなもの; (略式) (山ほどの)多数, 多量: a ~ of debts 山ほどの借金 / a ~ of a wave 山のような大波 (☞ of 19). 4 C [普通は単数形で] (値崩れ防止のため市場に出さない)大量の余剰製品[生産物].
hàve a móuntain to clímb [動] 自《英》前途多難である. **móve** ⌜**a móuntain** [**móuntains**]⌝ [動] 自 奇跡的な[ほとんど不可能な]事を行う.
【類義語】**mountain** かなりの高さにそびえ立つ山. 頂上が険しいものにいうことが多い. **hill** mountain よりも低くなだらかで, 頂上も平らなものが多い.

móuntain àsh 名 C ななかまど (落葉高木).
***móuntain bìke** 名 C マウンテンバイク.
móuntain chàin 名 C =mountain range.
móuntain dáylight tìme 名 U [しばしば M-D- T-] (米国の)山岳夏時間 (Mountain Standard Time の夏時間; 略 MDT).
moun·tain·eer /màʊntnɪ́ə | -nɪ́ə/ 名 C 山の住人; 登山家[者]. — 自 (~·ing /-nɪ́(ə)rɪŋ/) 登山をする.
moun·tain·eer·ing /màʊntnɪ́ə(r)ɪŋ/ 名 U 登山.
móuntain gòat 名 C しろいわやぎ (Rocky 山脈産の野生のやぎ).
móuntain làurel 名 C 〖植〗アメリカしゃくなげ.
móuntain lìon 名 C アメリカライオン (cougar).
***moun·tain·ous** /máʊntnəs, -tn-/ 形 (名 móuntain) 1 山地の, 山の多い: a ~ country 山国. 2 A 山のような, 巨大な: ~ waves 山のような大波.
móuntain rànge 名 C 山脈, 連山.
móuntain sìckness 名 U 高山病.

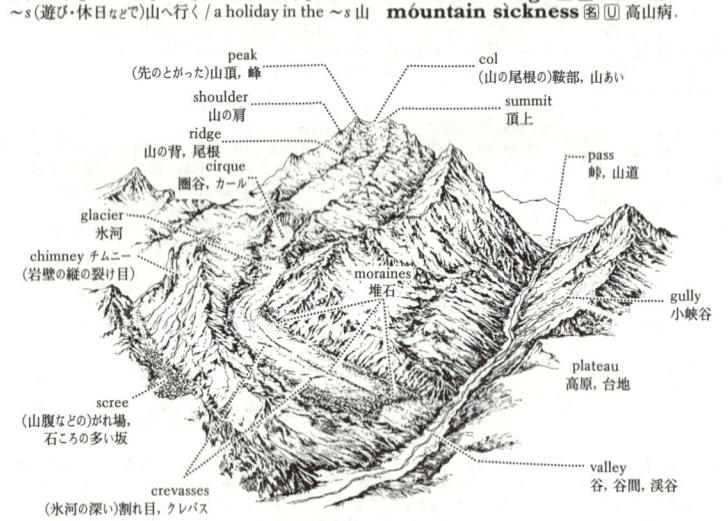

mountain goat

peak (先のとがった)山頂, 峰
shoulder 山の肩
ridge 山の背, 尾根
cirque 圏谷, カール
glacier 氷河
chimney チムニー (岩壁の縦の裂け目)
moraines 堆石
scree (山腹などの)がれ場, 石ころの多い坂
crevasses (氷河の深い)割れ目, クレバス
col (山の尾根の)鞍部, 山あい
summit 頂上
pass 峠, 山道
gully 小峡谷
plateau 高原, 台地
valley 谷, 谷間, 渓谷

mountain

móuntain·sìde 名 C [普通は単数形で] 山腹.

Móuntain Stándard Tìme 名 U 《米》山岳部標準時 (略 MST, ☞ 表地図).

Móuntain Stàte 名 [the ~] 山岳州 《米国 West Virginia 州の俗称》.

Móuntain Tìme 名 U =Mountain Standard Time (略 MT).

móuntain·tòp 名 C 山頂.

moun·te·bank /máʊntəbæŋk/ 名 C 《文》ぺてん師, いかさま師.

*__mount·ed__ /máʊntɪd/ 形 A **1** 馬に乗った, 騎乗の; オートバイに乗った: the ~ police 騎馬警官隊. **2** 台紙にはった.

Mount·ie /máʊnti/ 名 C 《略式》(カナダの)騎馬警官.

mount·ing /máʊntɪŋ/ 名 **1** U 乗馬. **2** U 据え付け(ること). **3** C 台紙, 台; 砲架. — 形 A (緊張などが)高まりゆく, 増える一方の; 次第に悪化する.

Mòunt Vér·non /-vɜ́ːnən | -vɜ́ː-/ 名 固 マウントバーノン 《米国 Virginia 州北東部 Potomac 河岸にある G. Washington の旧居・埋葬地》.

*__mourn__ /mɔ́ən | mɔ́ːn/ 他 〈...〉のために[〈...〉のことを]嘆き悲しむ; 〈人〉の喪(⁽⁾)に服する: The whole nation ~ed the hero's death [loss]. 全国民が英雄の死を悲しんだ. — 自 嘆く, 悲しむ; 喪に服する.

*__mourn·er__ /mɔ́ənə | mɔ́ːnə/ 名 C 嘆く人, 悲しむ者; (死者を)弔う人, 会葬者, 弔問客.

*__mourn·ful__ /mɔ́ənf(ə)l | mɔ́ːn-/ 形 [時にけなして] 悲しみに沈んだ, 悲しげな; 悲しい気持ちにさせる: a ~ song 悲しげな歌. **-ful·ly** /-f(ə)li/ 副 悲しみに沈んで. **~·ness** 名 U 悲嘆.

*__mourn·ing__ /mɔ́ənɪŋ | mɔ́ːn-/ 名 U **1** 悲嘆, 哀悼. **2** 喪, 忌中; 喪服, 喪章. **gò into móurning** 動 自 喪服を着る; 喪に服する. **in móurning** 形 喪服を着て; 喪に服して, 喪中で (for).

móurning bànd 名 C (そでなどに巻く)喪章.

*__mouse__¹ /máʊs/ 《複 mice /máɪs/》 名 C **1** [しばしば合成語で] ねずみ, 家ねずみ, はつかねずみ, マウス: We keep a cat for catching mice. うちではねずみを取るために猫を飼っている (☞ keep 他 **4** 語法) / When the cat's away, the mice will play. 《ことわざ》猫がいないとねずみは遊ぶ(鬼のいぬ間に洗濯)(☞ fieldmouse).
★鳴き声については ☞ cry 表.

mouse

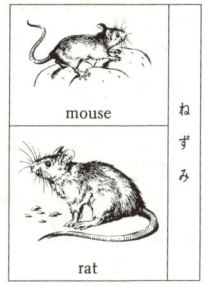

rat

ね
ず
み

参考 (1) 英米の家庭に普通に出没するもので house mouse ともいい, rat よりも小さい. 日本の家庭に出没するどぶねずみ・くまねずみは rat. 一般に欧米ではチーズが好きと考えられている.
(2) 普通 mouse は小さくおくびょうで, かわいらしいという感じがあるのに対して, rat は汚らしく, ずるく, いやらしいものというニュアンスを持つ.

2 [普通は単数形で] 《略式》内気な人, はにかみ屋. **3** 《複 mous·es, mice》〖電算〗マウス: drag the ~ マウスをドラッグする. **(as) póor as a chúrch móuse** 形 ひどく貧乏な. 由来 食べ物のあまりない教会に住みついているねずみに例えた表現. **(as) quíet as a móuse** 形 とても静かで, おとなしい.

mouse² /máʊz/ 動 /máʊz/ 他 **1** ねずみを捜す[捕らえる]. **2** あさり歩く, うろつく (around).

---

mouth 1145

móuse màt 名 C 《英》=mouse pad.

móuse pàd 名 C 〖電算〗マウスパッド.

móuse potáto 名 C 《略式》パソコンおたく.

mous·er /máʊzə | -sə, -zə/ 名 C ねずみを捕える猫.

móuse·tràp 名 C ねずみ取り. — 動 他 《米式》〈...〉をわなにかける; だます.

móusetràp chéese 名 U 《英略式》《滑稽》質の悪いチーズ 《ねずみ取りにチーズを使うことから》.

mous·ey /máʊsi/ 形 =mousy.

mous·i·ness /máʊsɪnəs/ 名 U 《軽蔑》くすんだ茶色; 内気 (さえない)こと.

mous·sa·ka /muːsɑ́ːkə/ 名 U ムサカ 《ひき肉・チーズ・なすなどで作るギリシャ料理》.

*__mousse__ /múːs/ 名 C,U **1** ムース 《クリーム・ゼラチンなどに砂糖・香料を加えて, 冷やして固まらせた菓子》: chocolate ~ チョコレートムース. **2** ムース 《泡状の整髪料》. **3** ムース 《肉や魚のすり身に泡立てた卵白・生クリームを加えて型に入れた料理》. — 動 他 〈髪〉にムースをつける.

mous·tache /mʌ́stæʃ, məstǽʃ | məstɑ́ːʃ, mʌs-/ 名 《英》=mustache.

mous·tached /mʌ́stæʃt, məstǽʃt | məstɑ́ːʃt, mʌs-/ 形 《英》=mustached.

mous·ta·chi·oed /məstǽʃiòʊd, -tɑ́ː-/ 《英》=mustachioed.

mous·y /máʊsi/ 形 (**mous·i·er**, **-i·est**) **1** [けなして] (主に毛が)くすんだ茶色の. **2** [普通は A] [けなして] (主に女性が)内気な, さえない. **3** 《略式》ねずみの(ような). **4** ねずみがはびこっている.

*__mouth__¹ /máʊθ/ 《複数形 mouse》 名 《複 mouths /máʊðz/》 C **1** (人・動物の)口 (☞ head 挿絵): We eat and speak **with** our ~s. 私たちは口で物を食べ, ことばをしゃべる / He had a pipe in his ~. 彼は口にパイプをくわえていた 言い換え The boy stuffed his ~ with cake.=The boy stuffed cake into his ~. 男の子は口いっぱいにケーキをほおばった.

― コロケーション ―

close [shut] one's mouth 口を閉じる; 口を閉ざす[しゃべらない]

fill [stuff, cram] one's mouth with ... …で口をいっぱいにする, 口に…をつめこむ

open one's mouth 口を開ける; 話す, 発言する

rinse (out) one's mouth 口をすすぐ[ゆすぐ]

2 C [普通は単数形で] 口の形をしたもの, 口に当たる部分, (ほら穴などの)入り口, 出口; 河口: the ~ of a jar [bottle] つぼ[びん]の口 / the ~ of the Mississippi ミシシッピー川の河口. **3** C ことば, 発言: He has a foul [big] ~. 彼は口汚いだけだ. **4** U S 《略式》[軽蔑] あつかましい口のきき方, 生意気な言動: He's all ~ and no action. 彼は口先だけで何もしない. **5** C 食べさせなければならない人(家族など): a ~ to feed 被扶養者 / hungry ~s 飢えた者.

còme óut of ...'s móuth 動 S …の口からことばが出る. **dówn in [at] the móuth** 形 《略式》がっくりして. **from móuth to móuth** 副 口から口へと. **hàve [be] a bíg móuth** 動 《略式》おしゃべりだ; 口が軽い (☞ big mouth). **kéep one's móuth shùt** 動 自 《略式》(主に不正について)秘密を守る; 黙っている. **máke ...'s móuth wáter** 動 …によだれを出させる(ほどうまそうである); (ひどく)欲しがらせる. **Mé and my bíg móuth.** S 《私は》まずいよけいなことを言ってしまった. **òut of the móuths of bábes (and súcklings)** 副 《滑稽》みどり児の口から(思いがけないことばが出る)(子供は時にはっとするような警いことを言う). 由来 聖書のことばから. **pùt a [one's] hánd [fíngers] to one's móuth** 動 自 口に手を当てる 《驚きや恐れで息をのんだときにする女

性のしぐさ). **shóot one's móuth òff** [動] [自] 《略式》(秘密などを)ぺらぺらしゃべる (*about*). **shút ...'s móuth** [動] 《略式》...の口をふさぐ, ...に秘密を守らせる. **Shút your móuth!** Ⓢ 黙れ. **Yóu and your bíg móuth.** Ⓢ (あなた)はまずい[よけいな]ことを言ってしまった. **Wátch your móuth.** Ⓢ ことばに気をつけろ.

put a [one's] hand [fingers] to one's mouth

mouth[2] /máuð/ [動] [他] **1** 〈ことば〉を声に出さず口の動きで言う. **2** [軽蔑] わかってもいない[心にもない]のに〈...〉をしゃべる, 弁じ立てる. **móuth óff** [動] [自] 《略式》 (1) 知ったかぶりをして話す, がなりたてる (*at, about*). (2) (生意気な)口答えをする.

-mouthed /máuðd, máuθt/ [形] [合成語で] **1** ...な口をした. **2** [普通は軽蔑] ...な話し方をする.

+**mouth·ful** /máuθfʊ̀l/ [名] **1** [C] ひと口分, 口いっぱい分; [just, only などと] 少量(の食べ物): I'll just [only] have a ~ of cake. ケーキをほんのひと口だけいただきましょう. **2** [a ~] 《略式》 (長くて)発音しにくい語(句). **gíve ... a móuthful** [動] [他] 《略式, 主に英》〈人を〉ののしる. **in a móuthful** [副] ひと口に. **You sáid a móuthful.** 《米略式》君が言ったことは大事なことだ.

móuth òrgan [名] [C] ハーモニカ (harmonica).

+**móuth·pìece** [名] [C] **1** (楽器などの)歌口 《口に当てがう部分》, (パイプの)吸い口; (電話機の)送話口 《☞ telephone 挿絵》; (ボクサーの)マウスピース. **2** [普通は単数形で] (政府・政党などの)代弁者 《人・新聞など》. **3** 《米略式》(刑事)弁護士.

*‡***mouths** /máuðz/ [名] mouth[1] の複数形.

móuth-to-móuth [形] [A] (人工呼吸が)口移し式の: ~ resuscitation 口移し式人工呼吸法. [関連] artificial respiration 人工呼吸. ―[名] [U] 口移し式人口呼吸法.

móuth·wàsh [名] [U,C] 口腔洗浄液, うがい薬.

móuth·wàtering [形] [ほめて] **1** (食べ物・においが)よだれの出そうな, うまそうな. **2** 人を引きつける.

mouth·y /máuði, -θi/ [形] (**mouth·i·er**; **-i·est**) 《略式》おしゃべりな; 大言壮語する, 大げさな; 生意気な.

mou·ton /mú:tɑn | -tɔn/ [名] [U] ムートン 《あざらしやビーバーの毛皮に似せて作った羊の毛皮》.

mov·a·ble /mú:vəbl/ [形] ([反] immovable) 動かせる, 移動できる; (祭日など)年によって日の変わる; 〔法〕動産の. ―[名] [C] [普通は複数形で] 〔法〕動産.

móvable féast [名] [C] **1** 移動祭日 《年によって日が変わる; Easter など》. **2** 《英略式》いつ起こるかわからないこと, 不定期的に行われる行事.

*‡***move** /mú:v/

「動かす, 動く; 動き」[他] **1**, [自] **1**; [名] **1**
→(前へ動く) →「進む」[自] **3**
→(住所を動かす) →「転居(する)」[自] **2**, [名] **2**
→(感情を動かす) →「感動させる」[他] **2**

― [動] (**moves** /~z/; **moved** /~d/; **mov·ing**; [名] mótion, mόvement)

[自] [他] の転換
[自] **1** 動く (to go from one place to another)
[他] **1** 動かす (to make (something) go from one place to another)

― [自] **1** 動く, 体[手足など]を動かす; 移動する: Don't ~—stay where you are till I come back. 動かないで—私が戻るまでそこにいるんだよ / This car won't ~. この自動車はどうしても動かない / The train was so crowded that I couldn't ~. 電車が込んでいて身動きできなかった / *M*~ aside, please. <V+副> どうぞわきへ寄ってください.
2 転居する, 引っ越す; 異動[転勤, 転職]する: We **~d** ***from*** Chicago ***to*** Los Angeles. <V+*from*+名・代+*to*+名・代> 私たちはシカゴからロサンゼルスに引っ越した / We will **~ *to*** [***into***] our new house next month. <V+*to* [*into*]+名・代> 来月新しい家へ引っ越します / These seats aren't very good. Let's ~. この席はあまりよくない, 移ろう.
3 進む, 進行する; 《略式》すごく速く進む[走る]: The earth **~*s around*** the sun. <V+*around*+名・代> 地球は太陽の周りを回っている / That car is really ~*ing*! あの車はすごいスピードを出している. **4** Ⓢ 《略式》出発する, 立ち去る: It's time to be *moving*. そろそろ出発する時間だ. **5** (仕事・事情などが)進展する (*ahead, on*); (ある方向に)(考え・意見・話題などを)変える (*toward, away, from, off*): He refused to ~ *on* money matters. 彼は金銭の問題では考えを変えなかった. **6** [特に新聞で] 行動を起こす, (政府などが)処置を講ずる: ~ fast [quickly] すばやく立ち回る / ~ *on* [*against*] the matter その問題で手を打つ[反対の運動をする]. **7** (社交界などで)活躍する, 生活する: ~ *in* [*among*] exclusive circles 高級な(社交)サークルに出入りする. **8** 《格式》 動議を提出する, 提案する 《☞ move for ... (句動詞)》. **9** (チェスなどで)こまを動かす, 指す; (チェスのこまなどが)動ける. **10** 〔医〕(腸が)通じがつく. **11** 《略式》(商品が)売れる, はける.
― [他] **1** 〈...〉を動かす, 揺り動かす; 移動させる, 〈人〉を異動[転勤, 転職]させる; 〈予定など〉を変更する ([反] fix): ~ house [home] 《英》転居する / No one could ~ the big stone. だれもその大きな石を動かせなかった / *M*~ your chair *nearer* (to) the fire. <V+O+副> いすをもっと火の近くへ寄せなさい / The main office *was* **~d *from*** Osaka ***to*** Tokyo. <V+O+*from*+名・代+*to*+名・代の受身> 本社は大阪から東京に移った.
2 [しばしば受身で] 《格式》〈人〉を感動させる, 〈人〉に(ある感情を)起こさせる; 〈人〉の心を動かして...させる; 〈人〉の態度[考え]を変えさせる; 〈人〉に(...する)気を起こさせる (cause): Their deep friendship ~*d* us profoundly. 彼らの深い友情にはみな心底感動した / His answer **~d** her ***to*** anger. <V+O+*to*+名> 彼の答えは彼女を怒らせた / She *was* **~d *with*** compassion at the sight. <V+O の受身> その光景を見て彼女は同情の念をかき立てられた / Their suffering did not **~** him ***to*** help the poor family. <V+O+C (*to* 不定詞)> その苦しみを見ても彼はその貧しい一家を助けてやる気にはなれなかった. **3** 《格式》〈動議〉を提出する, 提案する (propose): Mr. Chairman, I ~ *that* we (*should*) *take* a five-minute recess now. 議長, 今から5分間休憩することを提議します 《☞ should A 8》. **4** (チェスなどで)〈こま〉を動かす. **5** 〔医〕〈腸〉に通じをつける. **6** 《略式》〈商品〉を売る, さばく. **be [féel] móved to dó** [動] ...したい気になる. **càn't móve for ...** [動] [他] Ⓢ ...でごった返している, ...で身動きできない. **gèt móving** [動] [自] 《略式》 (1) すぐに始める, 急ぐ. (2) Ⓢ すぐに出発する. **gét [kéep] ... móving** [動] [他] 《略式》〈物事〉をどんどん進める. **móve héaven and éarth (to dó)** [動] [自] (...するために)非常な努力をする. **móve it** [動] [自] 《略式》急ぐ.

move の句動詞

***móve abóut** [動] 《主に英》=move around.
***móve alóng** [動] [自] (先へ)どんどん進む 《車掌・警官などのことば》; (仕事などが)進む: There are many people waiting to see these paintings. Please ~ *along*. こ

の絵を見るため大勢の人が待っています. 先へ進んでください. — 他 (警官が)(見物人)を立ち去らせる; (仕事などを)はかどらせる.

*móve aróund 動 自 動き回る, (特に仕事で)転々と住所[職場]を変える. — 他 〈…〉を動き回らせる; 転々と(人)の住所を変えさせる.

*móve awáy 動 自 立ち去る, 立ち退く; 転居する: She ~d away from the window and sat down at the table. 彼女は窓から離れてテーブルについた / The family next door ~ed away last year. 隣りの家族は昨年転居していきました.

móve báck 動 自 後ろに下がる. — 他 〈…〉を後ろに下げる.

móve dówn 動 他 1 〈…〉を下[階下]へ移す. 2 〈…〉を(下位へ)格下げする (to). — 自 1 (低い地位へ)下がる. 2 (バスなどの).

móve for ... 動 他 《格式》…を要求する, …を提案する.

*móve ín 動 自 1 (新居に)移り住む, 引っ越してくる: They bought the house and ~d in the next week. 彼らはその家を買って次の週に移り住んだ. 2 (…を)攻撃[支配]するために近づく (on); (市場などに)参入する (on). — 他 〈…〉を運び込む. móve ín with ... [動] …のところに移り住む.

móve in ... 動 自 …に加わる, 仲間になる.

móve into ... 動 自 1 …に引っ越す. 2 …の分野に進出する.

móve óff 自 立ち去る, (列車などが)出発する.

móve ón 動 自 1 (どんどん)先へ進む, 立ち去る (move along). 2 (新しい場所・話題・活動などに)移る (to). 3 経験が豊かになる (from); 進歩する. 4 (時が経つ). — 他 〈…〉を先へ進める; 《英》(警官が)(見物人など)を立ち去らせる. móve ón to hígher [bétter] thíngs [動] (口語) よい仕事[地位]につく. tíme is móving ón (S) 《英》そろそろ時間だ, 早くしないと(遅れる).

*móve óut 動 自 引っ越して (…から)出て行く (of); (軍隊が)引き上げる; (S) 《米略式》 出発する: Our neighbors ~d out yesterday. 私たちの隣の人はきのう引っ越していった.

*móve óver 動 自 1 (ベンチなどで)席を詰める: M~ over a little, please. 少し席を詰めてください. 2 (後輩のために)地位を譲る, (同じ組織の中で)異動する. 3 (他の方式・制度などへ)変わる, 移行する (to).

móve úp 動 自 1 登っていく, 上がる; (価格などが)上がる. 2 昇進[進級]する. 3 《英》(席・空間などを)詰める. — 他 〈…〉を(上階に)移す; (価格などを)上げる. móve úp in the wórld [動] [しばしば滑稽] よい仕事[地位]につく, 出世する.

— 名 (~s /-z/) 1 [C] 動き, 行動; 処置 (to do, against): a smart [wise] ~ 賢明な措置 / a ~ toward ending the war 戦争終結のための動き. 2 [単数形で] 移動; 転居; 転向 (from, to, into). 3 [C] (チェスなどで)こまを指すこと[番], 一手: the first ~ 先手.

gèt a móve òn [動] 自 [しばしば命令形] (S) 急ぐ (hurry up); 動きだす.

màke a móve [動] 自 (1) 動く, 行動する (toward, for); 手段[処置]をとる, 行動を開始する (for): The government made no ~ to hold down prices. 政府は物価を抑える処置をしなかった. (2) 《英略式》転居する; 移動する, 立ち去る: We will make a ~ to Oxford next spring. 私たちは来春オックスフォードに移り住む. (3) 《略式, 主に米》言い寄る, 口説く (on).

màke the fírst móve [動] 自 (みんながためらっているとき)最初に行動する.

on the móve [形] (1) 始終動いていて; 移動中で: Americans are always on the ~. アメリカ人は始終動

movie 1147

き回っている (職や住居をよく変える). (2) (物事が)進行[進展]して; 活動的で.

wátch [fóllow] ...'s évery móve [動] …のすべての行動を監視する.

move・a・ble /múːvəbl/ 形 [C] =movable.

*move・ment /múːvmənt/ 名 (move・ments /-mənts/; move) 1 [C,U] 動き, 運動; 移動: She saw [heard] (a) ~ in the hedge. 彼女は茂みで何かが動くのを目に[耳に]した / Tom made a ~ toward the door. トムはドアの方へ動いた / He observes the ~(s) of stars. 彼は星の運行を観察している / The story is about the westward ~ of the pioneers. その物語は開拓者たちの西部への移動に関するものである.

2 [C] [しばしば M-] (社会的・政治的な)運動; [(英)単数形でも時に複数扱い] 運動団体: the ~ to stop destruction of the rain forest <N+to 不定詞> 熱帯雨林の破壊を阻止する運動 / the ~ for equal pay 平等の賃金を求める運動 / the labor ~ 労働運動 ‖ ☞ women's movement. 3 [C,U] 動作, 身ぶり: make a ~ of anger [impatience] 怒った[いらいらした]動作をする / He stood there without ~. 彼は身動き一つしないでそこに立っていた. 4 [C] [普通は複数形で所有格の後で] 行動, 活動, 動静: The police had been watching 'the gangster's ~ for weeks. 警察は何週間もそのギャングの動きを監視し続けていた. 5 [単数形で] (世間・時代などの)動向, 潮流, 成り行き, 傾向 (trend); (事件・物語などの)進展, 発展: There is a growing ~ 'toward a healthy diet [away from a high-calorie diet]. 健康的な食事を目ざす[高カロリー食から離れる]傾向が増している. 6 [U,C] (物価・相場などの)動き, 変動 (in). 7 [C,U] (特に軍隊の)計画的な移動, 機動. 8 [C] (時計の歯車などの)機械装置, 仕掛け. 9 [C] [楽] 楽章: the first ~ of Beethoven's Fifth Symphony ベートーベンの第 5 交響曲の第 1 楽章. 10 [C] 《格式》便通 (bowel movement).

【類義語】 movement 特定の物の具体的な動き(方), 実際の動きを表わす. motion movement と同じように用いることもあるが, 多くは, 理論的・抽象的な意味で「運動・動く状態」を表わすのに用いる. 従って, 例えば the laws of motion (運動の法則)には movement は用いられない.

*móv・er /múːvə/ 名 [C] 1 [しばしば複数形で] (主に米) 運送屋 (人・会社). 2 議案提出者, 発議者. 3 動かす人[物]; [前に形容詞をつけて] 動くのが…な人[動物, 物]. 4 《略式》よく売れている[売れ足の早い]もの [株]. móvers and shákers [名] 有力者たち.

*mov・ie /múːvi/ 名 (~s /-z/) (主に米) 1 [C] (個々の)映画 《英》film): an American ~ アメリカ映画 / a horror ~ ホラー映画 / Let's go to this ~. この映画を見に行こう / A lot of people enjoy making home ~s these days. 近ごろ多くの人たちが自家製映画を作って楽しんでいる. 参考 映画の等級 (rating) は次のとおり(説明のないものは各見出しを参照). 米国: G, PG, PG-13, R, NC-17. 英国: U, PG, 12, 15, 18 (それぞれの年齢未満は入場禁止), Restricted 18 (18 歳以上しか入れない成人映画館でのみ上映可).

2 [the ~s] 映画(の上映) (《英》 cinema).

会話 "How about going to the ~s tonight?" "That's a good idea. I'd be glad to." 「今夜映画を見に行かないか」「いいわねえ. 喜んで行くわ」

3 [the ~s] 映画館 (《米》 movie house, movie theater; 《英》 cinema, the pictures): What's on at the ~s? 映画館では何をやっているの. 4 [形容詞的に] 映画の: a ~ actress 映画女優. 5 [the ~s] 映画産業; 映画

móviegoer 名 C (主に米) よく映画を見に行く人, 映画ファン.

móvie hòuse 名 C (古風, 米) =movie theater.

móvie màker 名 C 映画制作者.

móvie màking 名 U 映画制作.

+**móvie stàr** 名 C (主に米) 映画スター((英) film star).

*mov·ie the·a·ter /múːviθìːət̬ə | -θìːətə/ 名 (~s /~z/) C (米) 映画館((米) movie, (米略式) theater; (英) cinema)): go to a ~ 映画館へ行く.

*mov·ing /múːvɪŋ/ 形 1 人を感動させる, 感動的な; 哀れな: a ~ sight 人の心を打つ[感動的な]光景. 2 A 動く, 移動する, 固定されていない: a ~ target 動く標的. 3 A 引っ越しの: a ~ sale 引っ越しセール(引っ越し前に不要なものを売り払う) / a ~ company 引っ越し業者. 4 A 動かす, 原動力となる: She was the ~ force [spirit] behind the movement. 彼女はその運動の主導者だった. **~·ly** 副 感動的に.

móving párt 名 C (機械の)回転部(分).

móving pávement 名 C (英) =moving sidewalk.

móving pícture 名 C (古風, 主に米) (個々の)映画(movie).

móving sídewalk 名 C (米) 動く歩道.

móving stáir·case 名 C (古風) エスカレーター(escalator).

móving ván 名 C (米) 引っ越し用トラック((英) removal van).

+**mow** /móʊ/ 動 (mows; 過去 mowed; 過分 mowed, mown /móʊn/; mow·ing) 他 〈草・麦・芝など〉を刈る, 刈り取る; 〈畑などの〉穀物[草]を刈る. — 自 刈る, 刈り入れる. **mów dówn** [動] 他 (機関銃などで)大勢を殺す, なぎ倒す.

*mow·er /móʊə | móʊə/ 名 C 1 [主に合成語で] 草[麦]刈り機; 芝刈機(lawn mower). 2 (古語) 刈る人.

+**mown** /móʊn/ 動 mow の過去分詞.

mox·ie /máksi | mɔ́ksi/ 名 U (古風, 米略式) 勇気, 決断力.

Mo·zam·bique /mòʊzəmbíːk/ 名 固 モザンビーク《アフリカ南東部の共和国》.

Mo·zart /móʊtsɑːt | -tsɑːt/ 名 固 **Wolf·gang** /wʊ́lfɡæŋ/ **A·ma·de·us** /æ̀mədéɪəs/ ~ モーツァルト(1756–91)《オーストリアの作曲家》.

moz·za·rel·la /mɑ̀tsərélə | mɔ̀ts-/ 名 U モツァレラ《イタリアの白いソフトチーズ》.

MP /émpíː/ 名 (複 **MPs**, **MP's** /~z/) C 1 =Member of Parliament ((> parliament 1). 2 =military police, military policeman.

MPC /émpìːsíː/ 略 =the Monetary Policy Committee (イングランド銀行の)公定歩合決定委員会.

MPEG /émpèɡ/ 名 U [電算] MPEG (略)《動画・音声データの圧縮方式; Moving Picture Experts Group の略》.

mpg /émpìːdʒíː/ 略 =miles per gallon ((> gallon)).

+**mph** /émpìːéɪtʃ/ 略 時速(miles per hour) ((> mile, per)).

MPhil /émfíl/ 略 (英) =Master of Philosophy 哲

学修士.

MP3 /émpìːθríː/ 名 U,C 【電算】MP3《音声データ圧縮規格; またこれを利用したファイル》: an ~ player MP3 プレーヤー《MP3 ファイル再生装置[ソフト]》.

MPV /émpìːvíː/ 名 C 多目的車, ミニバン(multipurpose vehicle の略).

‡**Mr.**, (主に英) **Mr** /místə | -tə/ 名 (複 **Messrs.**, **Messrs** /mésəz | -səz/; (> Messrs. 参考) 1 ...さん, ...さま, ...氏, ...殿, ...先生.

> 語法 **Mr.** の使い方
> 米国では一般の成人男性に, 英国では爵位のない成人男性に用い, Mr. (John) Smith のように姓(と名)の前につけ, Mr. John のように名だけの前にはつけない. ((> lord 3 語法, sir 2 語法)); 元来は mister の略であるが (英)ではピリオドなしで用いられることが多い: Mr. Smith スミスさん[先生] / This is Mr. Long speaking. こちらはロングです(電話に出たとき Dr. などの肩書きを持たないことを示す).

2 [役職名につけ呼びかけで] (格式): Mr. President (主に米) 大統領閣下 / Mr. Chairman! 議長! 3 S [時に滑稽] ミスター...《ある土地・職業・性質などを象徴する男性につける》: Mr. America ミスターアメリカ / Mr. Right (結婚・恋愛相手として)理想的な男性 / Mr. Big (略式) かしら, 親分 / Mr. Clean (略式) 清廉潔白な人 / Mr. Fixit (略式) 修理のうまい人, 厄介事を解決するのがうまい人 / a Mr. Universe ミスターユニバース《ボディビルの世界大会優勝者》 / No more Mr. Nice Guy! ((> guy¹ 成句)).

MRBM 略 =medium-range ballistic missile 中距離弾道弾.

MRI /émàəáɪ | -àːáɪ/ 略 =magnetic resonance imaging 磁気共鳴映像法.

MRP /émàəpíː | -àː-/ 略 (英) =manufacturers' recommended price メーカー希望小売価格, 標準価格.

‡**Mrs.**, (主に英) **Mrs** /mísɪz, -sɪs | -sɪz/ 名 (複 **Mmes.**, **Mmes** /meɪdɑ́ːm/) 1 ...夫人, ...さん, ...さま, ...の奥さん, ...先生.

> 語法 **Mrs.** の使い方
> (1) 米国では一般の既婚女性に, 英国では爵位のない既婚女性に用い, Mrs. Smith のように結婚後の姓の前につける. 以前は Mrs. John Smith のように名の入れる場合の姓の前につけたが, 現在では格式ばって女性蔑視とも見られ Mrs. Mary Smith のように自分の姓名の前につけることが多い ((> lady 4)). 公式でない場合と未亡人の場合には旧姓の前につける. 元来は mistress の略であるが (英)ではピリオドなしで用いられることが多い: Mrs. Brown ブラウン夫人[先生] / Mrs. Barbara Walker バーバラ ウォーカーさん[夫人, 未亡人] / Tonight's guests are Mr. and Mrs. Hill. 今晩のお客さまはヒルさんご夫妻です / I am Mrs. Smith. 私はスミスです(Miss でないことを示す).
> (2) 既婚・未婚の区別を避けて, Ms. を用いる傾向が強くなっている.

2 S [時に滑稽] ミセス...《ある土地・分野・性質などを象徴する既婚女性につける》: Mrs. Tidy きれい好きな人.

MRSA /émàəèséɪ | -àː(r)ès-/ 略 【医】 =methicillin-resistant *Staphylococcus aureus* メチシリン耐性黄色ブドウ球菌(院内感染の原因).

MS¹ /émés/ 略 =Master of Science ((> master 名 3)), multiple sclerosis.

MS² (米郵) =Mississippi.

‡**Ms.**, (主に英) **Ms** /mìz/ 名 (複 **Mses.**, **Mses**, **Ms.'s**, **Ms's**

/-ɪz/) **1** [成人の女性の姓または姓名の前につけて] …さん, …さま, …先生.

語法 Ms. の使い方
Ms. (Mary) Smith のように成人女性の姓か姓名の前につける. Ms. Mary のように名だけの前につけることはない. Miss と Mrs. とを合体したもので, 女性が結婚しているかどうか不明のときや既婚・未婚の区別をしたくないときに用いる傾向が一般化している;《英》ではピリオドなしで用いることが多い: *Ms.* White ホワイトさん[先生] / *Ms.* Margaret Smith マーガレット スミスさん.

2 Ⓢ [時に滑稽] ミズ…《ある土地・分野・性質などを象徴する女性につける》: *Ms.* Right (結婚・恋愛相手として)理想の女性.

MS., ms. /émés, mǽnjuskrɪpt/ 略 =manuscript.
MSc /émessí:/ 略 =Master of Science (⇨ master 名 3).
MS-DOS /émesdás│-dós/ 名 Ⓤ [電算] エムエスドス《米国 Microsoft 社製のパソコン用オペレーティングシステム; 商標》.
Mses., Mses /mìziz/ 名 Ms., Ms の複数形.
MSG 略 =monosodium glutamate.
Msgr. 略 =Monsignor.
MSS., mss. /émèsés, mǽnjuskrɪpts/ 略 =manuscripts (⇨ manuscript).
Ms.'s, Ms's /mìziz/ Ms., Ms の複数形.
MST 略 =《米》Mountain Standard Time.
MT[1] 略 =《米》Mountain Time.
MT[2] 《米略》 =Montana.
mt. 略 =mountain.
⁺**Mt., Mt** /máunt/ …山. **語法** Mount の略で地図などで山の名につける: *Mt.* Fuji 富士山.
mtg. 略 =meeting.
mth 略 =month.
mths 略 =months (⇨ month).
Mts., mts. 略 =mountains (⇨ mountain).
MTV /émtì:ví:/ 名 Ⓤ エムティーヴィー《米国の音楽専門のテレビ会社; music television の略; 商標》.
mu /m(j)ú:│mjú:/ 名 Ⓒ ミュー《ギリシャ語アルファベットの第 12 文字 *μ, Μ*; ⇨ Greek alphabet 表》.

*****much** /mʌ́tʃ/ (類音 match)

① たくさん(の)	形 代 **1**
② [動詞を強めて] 大変に	副 **1**
③ [比較級を強めて] はるかに	副 **2**
④ [too, rather などを強めて] 大いに	副 **3**

—形 (比 **more** /mɔ́ə│mɔ́:/; 最 **most** /móust/; more, most についてはそれぞれの項目を見よ) **多くの, 多量の, たくさんの**《量の多いこと, 程度の高いことを示す; ⇨ **all** 形 **1** の 2 番目の例》 (反 little): I haven't ~ money with [on] me. 私はお金の持ち合わせがあまりありません / Do you have ~ interest in it? そのことに大いに興味がありますか / *How* ~ wine is there in the bottle? びんにはどのくらいワインがありますか / She had (far) *too* ~ coffee. 彼女はコーヒーを(あまりに)多く飲みすぎた / We had *so* ~ rain that the river flooded. 雨がひどく降ったので川があふれんばかりだった / I drank *more* beer *than* him [he (did)]. 私のほうが彼よりもたくさんビールを飲んだ (⇨ **than** 前 語法) / This engine uses the *most* oil. このエンジンがいちばんオイルを食う.

語法 much の使い方
(1) 数えられない名詞とともに用いられる (⇨ many 形 表, 語法): There wasn't ~ food. あまり食物がなかった. **用法注意** The food wasn't ~. のような用

い方(述語用法)はしない.
(2) **much** と **a lot of** など
much は普通は主に否定文・疑問文で用いる. 肯定文で much を用いるのは so, too, as などに続く場合が普通で, その他では a lot of, lots of, a great [good] deal of, plenty of などを用いる.
(3) 肯定文で主語の名詞につけるのは格式ばった言い方: M~ effort will be required. 《格式》多大な努力が必要であろう.

—— リスニング ——
much の後に母音で始まる語が続くと, その母音と語末の /tʃ/ とが結合して「チャ」行の音のように聞こえる. much oil /mʌ́tʃɔɪl/「マッチョイウ」のように聞こえ, as much as you /əzmʌ́tʃəzjú:/ は「アズマッチャズユー」のように聞こえる. 「マッチ・オイル」,「アズ・マッチ・アズ・ユー」とは発音しない. なお as you が「アジュー」のようにも聞こえることについては ⇨ **you**[1] リスニング (囲み).

—代 **1**《不定代名詞》**たくさん(のもの), 多量** (反 little): I don't eat ~ for lunch. 私は昼食はあまりたくさん食べません / I haven't read very ~ of the novel yet. その小説をまだあまり[ほとんど]読んでいません / I haven't seen ~ of him lately. このところあまり彼に会っていない / There's not ~ I can say. 今さら言うべきことはない《相手の発言にあきれたり, 問題外として軽くあしらう表現》/ How ~ did it cost? それはいくらかかりましたか / We have far too ~ to do. やることがあまりにも多すぎる.

語法 (1) この 代 の much は 形 の独立した用法とも考えられるものだが, 漠然と数えられない名詞の代わりに用いることが多い. 従って単数として扱われる.
(2) **much of** … の使い方
定まったものを示す単数の代名詞 it, this, that や「the＋名詞」などが後に来ると of がつく: I still remember ~ *of* it [the labor troubles]. 私はまだその[労働争議の]ことをかなり覚えている / M~ *of* what he said was not true. 彼が言ったことの大半は真実ではなかった.

2 [補語として] **大したもの[こと], 大切なもの[こと]**: His house is not ~ to look at. 《略式》彼の家はあまり見栄えのするものではない.

as múch 代 ちょうどそれだけ[同じだけ]: I thought [guessed] *as* ~. そんなことだと思っていたよ (予想どおりのまずい結果だ).

as múch agáin 代 さらに同じ量だけ; 2 倍の量 (*as*).

as múch as …(1) …と同じ量[程度]のもの: I have *as* ~ *as* you. 私はあなたと同じだけ持っている. (2) …するだけの量のもの, …だけ: You may drink *as* ~ *as* you want. 欲しいだけ飲んでよろしい / Carry *as* ~ *as* possible [you can] on your back. できるだけたくさん背負って運びなさい.

as múch as …[数詞を伴って] …もの(量)の: pay ~ *as* 50 dollars for it それに 50 ドルも払う.

as múch …**as** ― (1) …と同じ量[程度]の…, …と同じほどの…, ―と同じくらいの大きさの…: There is *as* ~ difficulty in doing this *as* in doing that. これをするのはあれをするのと同じくらい難しい / I have half [a quarter, twice] *as* ~ money *as* her [she (does)]. 私は彼女の半分[4 分の 1, 2 倍]の金を持っている. (2) ―するだけの量の…: Take *as* ~ sugar *as* you need. 必要なだけ砂糖を取りなさい.

as múch as … **can** dó …が―できる精いっぱいのこと (⇨ **as** … **as** ― **can** (**can**[1] 成句)): It was *as* ~ *as*

I *could* do to finish the job yesterday. きのうはその仕事を済ませるので精いっぱいだった.
be as múch of a ... as — [しばしば否定文で] —ほどの…である: It *was not as* ~ *of a* success *as* we expected. 我々が期待していたほどの成功ではなかった.
be nót mùch of a ... 《略式》大した…でない: He'*s not* ~ *of a* pianist. 彼は大したピアニストではない.
be nót ùp to múch [動] [自] Ⓢ 《主に英》大してよくない, 大したものではない.
be tòo múch [動] [自] (…には)多すぎる; (…の)手に負えない, (…の)手に余る; (…には)耐えられない: This milk ***is too*** ~ ***to*** drink at one time. この牛乳は一度に飲むには多すぎる / This class is ***too*** ~ ***for*** me. このクラスは私の手には負えない.
be tóo [a bít] múch [動] [自] Ⓢ 《略式》(少し)ひどすぎる, (少し)不当である: It's *a bit* ~ to expect me to do all the cleaning. 私が全部掃除すると思うのは少々虫がよすぎる / You'*re* (just) *too* ~! おまえにはもう我慢できない.
be tòo múch of a góod thíng [動] [自] よいことだが度を越している, ありがた迷惑である.
be tòo múch of a ... to dó とても…だから—できない: He *is too* ~ *of a* coward *to* tell the truth. 彼は非常におくびょうで本当のことは言えまい.
Hòw múch? ☞ how 成句.
màke múch of ... [動] [他] (1) 《格式》…を重んじる, 重視する ([反] make little of …): We must not *make* too ~ *of* this incident. この事件を過大視してはならない. [語法] … is made much of および much is made of … の形で受身にできる. (2) [普通は否定文・疑問文で] …をよく理解する: I could*n't make* ~ *of* his lecture. 私は彼の講義がよく理解できなかった. (3) …をもてはやす, ちやほやする, 甘やかす.
nót as [so] mùch ... as — —ほど多くはない…: You do*n't* have *as* [*so*] ~ money *as* me [I (do)]. 君は私ほど金がない.
nót còme to múch [動] [自] うまくいかない, 大したものにならない.
nóthing [nòt ánything] múch [代] 大したことない量, ごくわずか; 大したことのないもの[こと]: [会話] "What did you find out?" "*Nothing* ~."「何を見つけたの」「大したものじゃない」/ It's *nothing* ~. 大したものではありませんが《贈り物などを渡すときのことば》.
Nót (tòo [vèry]) múch. Ⓢ 《略式》何も大したことしていないね, 相変わらずさ (☞ Not much! ([副] 成句)): [会話] "What have you been doing lately?" "*Not* ~."「最近はどうしている?」「別に何も」.
só múch [代] (1) そんなに多くのもの: Don't eat *so* ~. そんなに食べてはいけない. (2) ある一定量: We can only do *so* ~ in one day. Ⓢ 一日には限られたことしかできない. (3) [sò ~] いくらいくら: They work for *sò* ~ a month. 彼らは1か月にいくらで働く.
só múch ... [形] (1) そんなにたくさんの…: Does he have *so* ~ money? 彼はそんなに金を持っているのですか. (2) 同じ量の…, それだけの量の…; ある限られた一定量の: He looked upon the jobs he had done as *so* ~ labor lost. 彼は自分のやった仕事を(同じ量[まったく]の)むだ骨だと考えた / I can do only *so* ~ work and no more. 私は一定の仕事しかできません. (3) [sò mùch …] いくらいくらの: mix *so* ~ flour with *so* ~ water 小麦粉いくらいくらを水これこれの量と混ぜる.
sò mùch for ... (1) [主に Ⓢ] …についてはこれだけ(で十分), …はこれでおしまい《話などを切り上げたり却下するときに用いる》: *So* ~ *for* Bill. He doesn't care about us after all. ビルの話はこれくらいにしよう. 結局彼は私たちのことを何とも思っていないんだから. (2) 《略式》[皮肉または軽蔑] …なんかそんなもんだ[期待できない], …はもう終わり[だめ]だ: *So* ~ *for* buying a new house — my husband's just lost his job. 新しい家を買うなんてもうだめだわ, 夫が失業したんじゃ.
thàt múch ... ☞ that[1] [副] 成句.
thínk múch of ... ☞ think 成句.
thìs [thàt] múch ☞ this [副], that[1] [副] 成句.

— /mʌ́tʃ/ [副] (比 **more** /mɔ́ɚ | mɔ́ː/; 最 **most** /móʊst/ ☞ more[1, 2], most[1, 2]) **1** [動詞・過去分詞・一部の形容詞を強めて] 大変に, 非常に, 大いに ([反] little); しばしば, よく.

> [語法] (1) 動詞を強める (very) much
> much を単独で用いるのは否定文・疑問文などに多く, 肯定文の動詞を修飾するときは very much とすることが多い. 過去分詞を強める場合については ☞ very[1] 1 [語法] (2): I do*n't* like the movie ~. その映画はあまり好きではない / Does she go out ~? 彼女はよく外出しますか / We enjoyed the concert *very* ~. コンサートは大変楽しかった / Thank you *very* ~. 大変ありがとうございました / How ~ do you love me? 私をどのくらい愛してますか / She works too ~. 彼女は働きすぎる / I laughed so ~ that my sides ached. あまり笑ったので横腹が痛くなった / This picture is (*very*) ~ admired. この絵は大評判です.
> (2) 形容詞を強める (very) much
> aware, alike, alive, ashamed のような [P] に用いる形容詞や比較の意味を持つ形容詞 (like, different など)を強めることもあるが, very と比べると格式ばった言い方: She is *very* ~ *afraid* of earthquakes. 彼女は地震を大変怖がっている / He is (very) ~ *like* his mother. 彼は母親にとても似ている / We are *very* ~ *aware* of the risk. 危険性は充分に承知している.

2 [形容詞・副詞の比較級・最上級を強めて] はるかに, ずっと, 断然 (☞ very[1] 3 [語法]): This is ~ small*er* than that. これはあれよりもずっと小さい / She is ~ young*er* than me [I (am)] (☞ than [前] [語法]). 彼女は私よりずっと若い / Horses can run ~ fast*er* than dogs. 馬は犬よりずっと速く走れる / This is ~ more useful than that. この方があれよりずっと役に立つ / This is ~ *the most* interesting story I've ever read. これは今まで読んだうち断然一番おもしろい話です.
3 [too, rather や前置詞句を強めて] 大いに, 非常に: You are ~ *too* young. あなたは若すぎる / I'd ~ *rather* not go there. そこへはあまり行きたくない / *M*~ *to* my disappointment, she did not come to the party. 《格式》非常にがっかりしたことに彼女はパーティーに来なかった. **4** [「同じ」を意味する語句を修飾] ほとんど, 大体 (nearly): The sizes are ~ the *same*. 大きさはほとんど同じです / They are ~ of *an* age. 彼らはほぼ同じ年だ.
as mùch (...) as — (1) —するだけ大いに(…): Sleep *as* ~ *as* you like. 好きなだけ眠りなさい. (2) —と同じ程度に(…): That is *as* ~ her fault *as* his. それは彼と同じように彼女のせいでもある. (3) [as much as … として] 事実上…も同然, ほとんど…. [語法] 主に動詞の前に用いる: She claimed that he (had) *as* ~ *as* promised to marry her. 彼は実際には結婚の約束をしたのも同然だと彼女は主張した. (4) [as much as … として] [接] 《米》=much as ….
múch as ... [接] 非常に…だけれども (although): *M*~ *as* I would like to come, I can't. 行きたいのはやまやまだが, 行けない.
mùch léss [副] [否定文で] なおさら(…でない), まして(…は—でない): I can*not* even fry eggs, ~ *less* roast a turkey. 私は卵も焼けない, まして七面鳥など無理です.
múch though ... [接] =much as ….
Nót múch! [感] 《略式》[強い否定に用いて] とんでもない (Certainly not); [皮肉] 確かに, 全く(そのとおりで):

"I didn't mean to upset her." "*Not* ~ (you didn't)!" 「彼女をあわてさせるつもりはなかったんだ」「違うよ(そのつもりだったくせに)」

nót [néver] so múch as ... ...さえしない: He can*not* so ~ *as* write his own name. 彼は自分の名前さえ書けない.

nót so so mùch ∴ as 一 ...よりもむしろ一: Oceans do *not* so ~ divide the world *as* unite it. 大洋は世界を分断しているというよりむしろ結び付けている.

sò múch [副] (1) **それほど**, そんなに: Don't worry *so* ~. そんなに心配するな. (2) 大いに, とても (very much)(主に女性が用いる): Thank you *so* ~! どうもありがとう.

sò múch as ... [普通は否定語の後で] ...さえ (even) (☞ not [never] so much as ...; without so much as ...): She avoided mentioning it in *so* ~ *as* a whisper. 彼女は一言でもそれに言及するのを避けた.

sò múch the ∴ [後に比較級を伴って] ⑤ (...には)それだけますます... (*for*): 「That is *so* [*So*] ~ *the better*. それはますます結構です.

withòut sò múch as ... [副] ...さえなしで: He left *without so* ~ *as* 「saying good-bye [a nod]. あの人は「さよなら」も言わず[会釈もせず]行ってしまった.

múch-hér·ald·ed /-/ 形 ④ 前評判のやかましい.

múch·ness 名 [次の成句で] **be múch of a múchness** [動] 《英格式》似たり寄ったり[五十歩百歩]である.

múch-váunted 形 ④ ご自慢の.

mu·ci·lage /mjúːsəlɪdʒ/ 名 ⓤ (植物が分泌する)粘液, ゴムのり.

mu·ci·lag·i·nous /mjùːsəlǽdʒənəs⁻/ 形 **1** 粘液を分泌する. **2** (格式)(液体が)ねばねばする.

muck /mʌ́k/ 名 ⓤ **1** (略式)汚物, ごみ, くず; 牛馬ふん, 肥やし: Where there's ~ there's brass. (ことわざ) (英格式) くそ[汚れ]のあるところに金がある(汚れる仕事は金になる). **2** (英) くだらない[いやな]もの. **máke a múck of ...** [動] 他 (略式) ...を汚す; 台なしにする. **tréat ... líke múck** [動] 他 (略式) 〈人〉を末端に扱う. — 動 他 (略式) **1** 〈...〉に肥やしをやる. **2** 〈...〉を汚す, 散らかす. **múck about [aróund]** [動] 他 (英略式) のらくら[ぶらぶら]する. **múck about [aróund] with ...** [動] 他 (英略式) ...にいい加減な扱い, もてあそぶ, いじくり回す. **múck ín** [動] 他 (英略式) (...と)仕事などを共にする, (...と)食物などを分け合う (*with*). **múck óut** [動] 他 (英略式) 〈家畜小屋など〉を掃除する. — 自 家畜小屋の掃除をする. **múck úp** [動] 他 (略式, 主に英) (1) 〈...〉を汚す. (2) 〈...〉を台なしにする; 〈...〉にしくじる.

muck·a·muck /mʌ́kəmʌ̀k/ 名 ⓒ (米略式) 重要人物, お偉いさん.

muck·et·y-muck /mʌ́kəṭimʌ̀k/ 名 ⓒ = muckamuck.

múck·ràke 動 自 (軽蔑) 醜聞[汚職]をあばく.

múck·ràk·er 名 ⓒ (軽蔑) 醜聞をあさる[暴露する]人; 不正追及[摘発]者.

múck·ràk·ing (軽蔑) 名 ⓤ (有名人などの)あら探し, スキャンダル探し. — 形 あら探しをするような.

muck·y /mʌ́ki/ 形 (muck·i·er, -i·est) (英略式) 汚ない; わいせつな.

mu·cous /mjúːkəs/ 形 ④ 粘液(性)の, 粘液を分泌する[含む]: ~ membranes 〖解〗粘膜.

⁺**mu·cus** /mjúːkəs/ 名 ⓤ **1** (動植物の)粘液, ぬるぬるした物. **2** 鼻汁.

⁎**mud** /mʌ́d/ 形 (願似 mad) **13** 名 (形 múddy) ⓤ **1** 泥, 泥んこ; ぬかるみ: The car splashed ~ all over me. 車は私の体じゅうに泥をはねかけていった. **2** 中傷: M~ sticks. 汚名はついてまわる. **(as) cléar as múd**

muffin 1151

[形] ⑤ (略式)(滑稽)(説明などが)ちっともはっきりしない, ひどくわかりにくい. **drág ...('s náme) through the múd** [動] 〈...〉に恥をかかせる, ...の名を汚す. **Hère's múd in your éye!** [⑤ (古風) 乾杯! **...'s náme is múd** ⑤ (略式) ...の評判は地に落ちている. **thrów [slíng, flíng] múd at ...** [動] (略式) ...の顔に泥を塗る; ...を中傷する, けなす.

múd báth 名 **1** ⓒ 泥ぶろ(美容・健康用). **2** [単数形で] 泥まみれ; ぬかるみ.

mud·di·ness /mʌ́dinəs/ 名 ⓤ 泥だらけの状態, 曇り; 濁り.

⁺**mud·dle** /mʌ́dl/ 動 他 (主に英) **1** 〈物事〉をごちゃごちゃにする; 台なしにする (*up*). **2** 〈人〉を(精神的に)混乱させる, まごつかす (*up*). **3** 〈人・物事〉を混同する, 取り違える (*up*; *with*). — 自 (仕事で)まごつく, でたらめなやり方でする. **múddle alóng [on]** [動] 自 (英) 無目的に過ごす, (あてもなく)適当にやっていく. **múddle thróugh** [動] 自 何とかやっていく[切り抜く]. **múddle thróugh ...** [動] 他 ...を何とか切り抜ける. — 名 [a ~] 混乱, めちゃめちゃ, ごちゃごちゃ (*about*, *over*); (頭の)働かやりしていること. **gèt ínto a múddle** [動] (何が何だかわからなくなる. **in a múddle** [形・副] めちゃめちゃで; ぼんやりして. **máke a múddle of ...** [動] 他 ...をめちゃめちゃにする.

⁺**mud·dled** /mʌ́dld/ 形 混乱した (confused).

múddle·héaded 形 まぬけな, とんまな; まごついた.

mud·dler /mʌ́dlɚ | -lə/ 名 ⓒ マドラー(飲み物を混ぜ合わせる棒).

⁺**mud·dy** /mʌ́di/ 形 (mud·di·er; -di·est; mud) **1** 泥だらけの; ぬかるみの: get ~ 泥だらけになる / a ~ road ぬかるみ道. **2** (色・音などが)曇った, 濁った. **3** 頭のぼんやりした, (考えなどが)混乱した, はっきりしない. — 動 (mud·dies; mud·died; -dy·ing) 他 **1** 〈...〉を泥だらけにする, 汚す. **2** 〈考えなど〉を曇らせる, ぼんやりさせる. **múddy the wáters [íssue]** [動] 自 (軽蔑) 事態(など)を混乱させる.

múd·flàp 名 ⓒ (米) =splash guard.

múd·flàt 名 ⓒ [しばしば複数形で] **1** 干潟(た). **2** (米) 干上った湖底.

múd·guàrd 名 ⓒ **1** (米) (トラックなどの後輪の)泥よけ((英) wing). **2** (英) =fender.

múd·pàck 名 ⓒ 泥パック.

múd píe 名 ⓤⓒ **1** (子供が作る)泥まんじゅう. **2** (米) マッドパイ(アイスクリームとチョコレートのデザート).

múd·ròom 名 ⓒ (米) よごれたりぬれたりした履物や衣服を脱ぐ場所[部屋]《台所の端か地下にある》.

múd·slìde 名 ⓒ 泥流, 土石流.

múd·slìnger 名 ⓒ [軽蔑] (選挙などの)中傷者.

múd·slìnging 名 ⓤ [軽蔑] 中傷; (選挙などの)泥仕合.

múd·stòne 名 ⓒⓤ 泥岩(ミǒ).

Muen·ster /mʌ́nstɚ | -stə/ 名 ⓤ ミュンスター《フランス産のやわらかいチーズ》.

mues·li /mjúːzli/ 名 ⓤ ムースリ(穀粉・乾果・ナッツ・はちみつなどに牛乳を加えた朝食).

mu·ez·zin /m(j)uːézɪn/ 名 ⓒ (イスラム教の)祈禱(きき)時刻告知係.

muff¹ /mʌ́f/ 名 (~s) ⓒ **1** マフ(両手の防寒用の円筒状毛皮). 関連 earmuffs 防寒用耳覆(おおい). **2** (卑) 女性の陰部.

muff² /mʌ́f/ 名 (~s) ⓒ (略式) へま, どじ; 〖球〗落球. — 動 他 (略式) **1** 〈...〉をやりそこなう, 〈球〉を捕球しそこなう; 〈...〉にへまをする. **2** 〈機会など〉を逃す, しくじる (*up*). **múff it** [動] 自 (略式) 落球する. 好機を逃がす.

⁺**muf·fin** /mʌ́fɪn/ 名 ⓒ **1** (米) マフィン(カップの型に入れて焼いた卵入りの菓子パン). **2** (英) イングリッシュマフィン(☞ English muffin). ★ ☞ 次ページ挿絵.

muffin 　　　　English muffin

muf·fle /mʌ́fl/ 動 他 《普通は受身で》**1**〈声・音を立てていないように〉…〉を包む；〈音〉を消す，鈍くする　**2**《普通は受身で》〈保温などのため〉〈…〉を包む，覆う(up, in).

muf·fled /mʌ́fld/ 形〈音が〉こもった，押し殺した．

muf·fler /mʌ́flɚ | -lə-/ 名 C **1**《米》〈エンジンの〉消音器[装置]（《英》silencer）(☞ motorcycle 挿絵)．　**2**《古風》マフラー，襟巻き．

muf·ti¹ /mʌ́fti/ 名 U,C（軍人などの）平服，私服．**in múfti** 形・副《古風》平服の[で]．

muf·ti² /mʌ́fti/ 名 C《イスラム教》宗教解釈官；宗教指導者．

*****mug**¹ /mʌ́g/ 名 (~s/~z/) C　**1** マグ（円筒形で取っ手がついたジョッキ型カップ）(= tankard; jug 日英比較)．**2** マグ1杯分 (mugful) (of)．**3**《S》《略式》《軽蔑・滑稽》顔，面(?)．　**4**《S》《英略式》ばか，お人よし．**5**《S略式》悪党，ちんぴら．

a múg's gàme 名 《S》《略式，主に英》《軽蔑》もうからない[割の悪い]仕事，骨折り損．

mug 1

— 動 (mugs; mugged; mug·ging) 他（路上などで）〈…〉を襲って金を奪う: get mugged 強盗にあう．— 自《米略式》（カメラ・観客の前で）大げさな表情をする．

mug² /mʌ́g/ 動 (mugs; mugged; mug·ging)《英略式》他〈受験で〉〈…〉を詰め込む(up)．— 自 詰め込み勉強をする(up; on)．

mug·ful /mʌ́gfùl/ 名 C マグ1杯分の量(of)．

mug·ger /mʌ́gɚ | -gə-/ 名 C（路上）強盗（人）．

mug·gi·ness /mʌ́ginəs/ 名 U《略式》蒸し暑さ．

mug·ging /mʌ́gɪŋ/ 名 C,U（路上）強盗（行為）．

mug·gins /mʌ́gɪnz/ 名 U《英略式》《滑稽》ばか，どじ，まぬけ．語法 しばしば話し手自身を指す．

mug·gy /mʌ́gi/ 形 (mug·gi·er; -gi·est)《略式》蒸し暑い，暑苦しい．

múg shòt 名 C《略式》（容疑者などの）顔写真．

mug·wump /mʌ́gwʌmp/ 名 C《米》（特に政治で）党議に縛られない人，中立の立場の人．

Mu·ham·mad¹ /mouhǽməd/ 名 固 マホメット，ムハンマド（568?–632）《イスラム教の始祖》．

Mu·ham·mad² /mouhǽməd | mʊ-, muː-/ 名 固 **Elijah ~** ムハンマド(1897–1975)《米国の Black Muslim 指導者》．

Mu·ham·mad·an /mouhǽmədn | mʊ-, muː-/ 形《古風》マホメット[ムハンマド]の，イスラム教の．— 名 C《古風》イスラム教徒．語法 イスラム教徒は軽蔑的に感じるので，現在では Muslim を用いるのが普通．

Mu·ham·mad·an·is·m /mouhǽmədnɪzm | mʊ-, muː-/ 名 U イスラム教．語法 現在では Islam を用いるのが普通．

Muir /mjúɚ | mjúə/ 名 固 **John ~** ミューア(1834–1914)《スコットランド生まれの米国のナチュラリスト；国立公園の設置運動を推進》．

mu·ja·hed·din, -hed·in /mudʒà:hədíːn | mùːdʒəhedíːn/ 名《複》イスラム戦士，イスラム聖戦ゲリラ《イスラム原理主義のために戦うゲリラ》．

muk·luk /mʌ́klʌk/ 名 C《複数形で》《米》マクラク《あざらし・となかいの毛皮の長靴》．

mu·lat·to /məlǽtou/ 名 (~s,《主に米》~es) C《差別》白人と黒人間の（第1代）混血児．

mul·ber·ry /mʌ́lbèri | -b(ə)ri/ 名 (-ber·ries) C　**1** くわの木；くわの実．**2** U 濃い赤紫色．

múlberry trèe 名 C くわの木．

⁺mulch /mʌ́ltʃ/ 名 U または a~ 根覆い，敷きわら《植物の根を保護》．— 動 他〈…〉に根覆いをする．

mulct /mʌ́lkt/ 動 他　**1**〈人〉からだまして取る；〈金品〉をだまし取る，ゆすり取る，盗む: ~ ... of money = ~ money out of ... …をだまして金を奪う．**2**《格式》科料[罰金]に処する．

*****mule**¹ /mjúːl/ 名 C　**1** らば《雄ろばと雌馬との子》．**2**《略式》意地っぱり（人），頑固者．**3**《俗》麻薬の運び屋《身につけたり体内に入れたりして運ぶ》．— 動 他 ならす．

(as) stúbborn as a múle 形 非常に頑固な．

mule¹ 1

mule² /mjúːl/ 名 C《普通は複数形で》スリッパ，つっかけサンダル (☞ slipper 日英比較)．

múle dèer 名 C ミュール鹿《耳の長い鹿；北米西部産》．

múle skìn·ner /-skìnɚ | -nə-/ 名 C《米》らば追い（人）．

mu·le·teer /mjùːlətíɚ | -tíə/ 名 C = mule skinner.

mul·ish /mjúːlɪʃ/ 形《軽蔑》強情な．**~·ly** 副 強情に．**~·ness** 名 U 強情（さ）．

⁺mull¹ /mʌ́l/ 動 他〈…〉を熟考する(over)．

mull² /mʌ́l/ 動 他〈ワイン・ビール〉に砂糖・香料などを加えて温める: ~ed wine ホットワイン．

mull³ /mʌ́l/ 名 C《スコ》岬，半島．

mul·lah /mʌ́lə, múlə/ 名 C ムッラー《イスラムの法・教義に精通した人への尊称》．

⁺mul·let¹ /mʌ́lət/ 名 (複 ~s) C ぼら《食用魚》．

mul·let² /mʌ́lɪt/ 名 C マレット《後ろ髪だけを長くした男性の髪型》．

múl·li·gan stéw /mʌ́lɪg(ə)n-/ 名 U,C《米》マリガンシチュー《肉・野菜などで作るごった煮》．

mul·li·ga·taw·ny /mʌ̀lɪgətɔ́ːni/ 名 U マリガトーニ《カレー粉で味をつけた濃いスープ》．

mul·lion /mʌ́ljən/ 名 C《建》（窓の）縦仕切り．

mul·lioned /mʌ́ljənd/ 形 縦仕切りの．

mul·ti- /mʌ́ltɪ, -tə/ 接頭「多くの…」の意 (☞ mono- 表): multicolored 多色（刷り）の．

múlti·ágency 形 多機関が共同で行なう．

múlti·céllular 形《生》多細胞の．

múlti·cólored,《英》**-óured** 形《普通は A》多色（刷り）の．

múlti·cúltural 形《普通は A》（社会などが）多様な文化から成る，多文化の．

mul·ti·cul·tur·al·is·m /mʌ̀ltɪkʌ́ltʃ(ə)rəlɪzm/ 名 U 多文化主義，文化的多元主義．

mul·ti·cul·tur·al·ist /mʌ̀ltɪkʌ́ltʃ(ə)rəlɪst/ 名 C 多文化主義者．

múlti·diménsional 形 多次元の．

múlti·dísciplinary 形 多くの学問領域にわたる，総合的な．

múlti·éthnic 形 多民族の[から成る]．

múlti·fáceted 形《普通は A》多面的な．

múlti·fáith 形 A 多宗教の．

múlti·fámily 形（住宅が）数家族共用の．

mul·ti·far·i·ous /mʌ̀ltəfé(ə)riəs⁻/ 形《格式》さまざまの，雑多な，多方面の．**~·ly** 副 さ

~・ness 名U さまざまであること, 多様性.
múlti・fócal 形 (レンズが)多焦点の.
múlti・fúnction(al) 形A 多機能の.
múlti・gràde 形 (米)(クラスが)複数の学年がいっしょに学ぶ.
múlti・gràin 形 (パンが)複数の穀物でできた.
múlti・gỳm 名C (一台で各種の筋肉トレーニングができる)多機能ウェートトレーニング装置.
múlti・láne 形 (道路が)多車線の.

*__múlti・láteral__ 形 多面的な, 多角的な; 多国[者]間の: ~ agreements [trade] 多国間協定[貿易]. 関連 unilateral 1面の / bilateral 2面の. **~・ly** 副 多面[多角]的に.

mul・ti・lat・er・al・ism /mÀltilǽtərəlìzm, -trəl-/ 名U 《政》多国間共同政策.
múlti・láy・er(ed) /-léɪə(d) | -léɪə(d)◄/ 形 多層の, 多層性[式]の.
múlti・lév・el(ed) /-lév(ə)l(d)/ 形 多くのレベル[階層]から成る: ~ marketing [sales] マルチ商法[販売].
múlti・língual 形 数か国語の言語を話す; 《文書・掲示など》数か国語[多言語]併用の.
mul・ti・lin・gual・ism /mÀltilíŋgwəlìzm/ 名U 多言語使用.

*__múlti・média__ 名U, 形A マルチメディア(の), 複合媒体(の) 《コンピューター・テレビ・電話などを組み合わせた伝達方式; また多様な形態の情報の組み合わせ表現》.

múlti・míllion 形 数百万の: multimillion-dollar[pound] 数百万ドル[ポンド](相当)の.

*__múlti・millionáire__ 名C 億万長者.

*__mul・ti・nátion・al__ /mÀltinǽʃ(ə)nəl◄/ 形 [普通はA] 多国籍の, 多国家の: a ~ corporation [company] 多国籍企業. ━名C 多国籍企業. **-al・ly** /-nəli/ 副 多国籍[国際]的に.

mul・tip・a・rous /mÀltípərəs/ 形 1 《動》一度に多数の子を産む, 複産の. 2 出産経験のある, 経産の (☞ primiparous).

múlti・párty 形A 複数政党(制)の.

*__múl・ti・ple__ /mÀltəpl/ 形 (動 múltiplỳ, 1では mùltiplícity) 1 A [比較なし] 多様な, 多くの部分[要素]から成る; 複合的な; 多数の: ~ personality 多重人格 / ~ vitamin pills 総合ビタミン剤 / ~ pileup (衝突の)玉突き衝突 / die of ~ injuries 全身の傷を負って死ぬ / ~ birth (双児などの)多子出産. 2 《数》倍数の.
━名 C 1 《数》倍数: "What is the least [lowest] common ~ of 4 and 6?" "It's 12." 「4と6の最小公倍数は?」「12です」. 2 (主に英)=chain store.

múltiple-chóice 形 多肢選択の 《複数の項目の中から正解を1つ選ばせるもの》.

*__múltiple sclerósis__ 名U 《医》多発性硬化症 《略 MS》.

múltiple stóre 名C (主に英)=chain store.
mul・ti・plex /mÀltəplèks/ 形 [普通はA] 《格式》多様な; 複合の; 多重通信の. ━名 C 1 =multiplex cinema. 2 多重通信方式.

múltiplex cínema 名C 複合型映画館 《同じビル内に複数の映画館がある》.

mu・lti・plex・ing /mÀltəplèksɪŋ/ 名U 多重送信.

mul・ti・pli・cand /mÀltəplikǽnd/ 名C 被乗数 《掛け算の掛けられる数; a×b の a; ☞ multiplier》.

mul・ti・pli・ca・tion /mÀltəplikéɪʃən/ 名 (複 múltiplỳ) 1 U,C 掛け算, 乗法. ★ 掛け算の読み方については ☞ time 名 11 および 日英比較. 関連 addition 足し算 / subtraction 引き算 / division 割り算. 2 U 《格式》増加, 増殖, 繁殖 (of).

multiplicátion sìgn 名C 乗法記号 (×). 関連 division sign 除法記号 (÷).

multiplicátion tàble 名C 掛け算表 《日本の「九九の表」にあたり, 12×12 まである》.

mul・ti・plíc・i・ty /mÀltəplísəti/ 名 (複 múltiple 1) U または a~ 《格式》多数であること; 多様性: a ~ of subjects 多種な題目.

mul・ti・plí・er /mÀltəplàɪə | -plàɪə/ 名C 乗数 《掛け算の掛ける数; a×b の b; ☞ multiplicand》.

*__múl・ti・ply__ /mÀltəplàɪ/ 12 動 (-ti・plies /-z/; -ti・plied /-d/; -ply・ing; 形 múltiple, 名 mùltiplicátion) 他 A 1 《数》 ⟨…⟩で(…を)掛ける, ⟨2つの数⟩を掛け(合わせる): M~ 3 by 5. <V+O+by+名>=M~ 3 and 5 (together). 3を5倍せよ / 言い換え Eight multiplied by six equals [is] forty-eight. <V+O+by+名の受身> (=Eight times six is forty-eight.) 8×6 は 48. 関連 add 足す / take, subtract 引く / divide 割る.
2 ⟨…⟩を増やす; 《生》繁殖させる (☞ reply 単語の記憶): Civilization multiplies wealth. 文明は富を増やす. ━自 1 増える; 《生》繁殖する: Rabbits ~ rapidly. うさぎはどんどん繁殖する. 2 掛け算をする.

múlti・prócessor 名C 多重[マルチ]プロセッサー 《一度に多くのプログラムを処理できるコンピューターシステム》.

múlti・púrpose 形A いろいろな目的に使う, 多目的の, 多用途の.

múlti・rácial 形 [普通は A] 多民族[人種]のから成る: a ~ nation 多民族国家.

múlti・stàge 形 (ロケット・ミサイルなどが)多段式の; (過程などが)段階的な.

múlti・stóry, -rey 形A (英)高層の. ━名C (英)立体駐車場.

múlti・tásk・ing /-tæskɪŋ | -tɑːsk-/ 名U 《電算》 マルチタスキング 《単一の中央処理装置 (CPU) によって複数の処理を同時に実行する》.

*__múl・ti・tude__ /mÀltət(j)uːd | -tjuːd/ 名 (複 mùlti-túdinous) C 《格式・文》 1 多数, 大勢: A ~ [M~s] of people gathered in the hall. 大勢の人たちが集まった. 2 [the ~(s)] 《時に軽蔑》 大衆, 庶民; W 《文》 または 《聖》 群衆: The book appealed to the ~(s). その本は大衆受けした. 語法 (英)では単数形でも大衆を一団[一群]と考えるときには単数扱い, 一人一人に重点を置くときには複数扱いされることがある (☞ collective noun 文法). **cóver [híde] a múltitude of síns** 動 [しばしば滑稽] (不快な)面目をおおい隠す, うまい言いわけとなる. **nóun of múltitude** 名 衆多名詞 (☞ collective noun 文法).

mul・ti・tu・di・nous /mÀltət(j)úːdənəs | -tjúː-◄/ 形 《格式》非常に多数の; 多様な.

múlti-úser 形A 《電算》(コンピューター(システム)が)マルチユーザーの 《多数のユーザーの仕事を同時にこなす》.

múlti・vá・lent /-véɪlənt/ 形 1 《化》多価の. 2 (一般に)多面的な意義[価値]を有する.

múlti・vár・i・ate /-véə(ə)riət, -riət/ 形 (特に統計分析で)独立したいくつかの変数のある, 多変量な: ~ analysis 多変量解析.

múlti・vítamin 形 多種のビタミンを含んだ. ━名 C,U 総合ビタミン剤.

*__mum__[1] /mÀm/ 名 《類義 mom》 (~s /-z/) C 《英略式》お母さん, ママ ((米) mom) (☞ mom 語法). 関連 dad お父さん.

mum[2] /mÀm/ 形 [次の成句で] **kéep [stáy] múm** 動 《自》 (略式)黙っている (about). **Múm's the wórd!** (略式)何も話してはならない, 他言無用.

mum[3] /mÀm/ 名C (略式)=chrysanthemum.

*__mum・ble__ /mÀmbl/ 動 他 (口の中で)もぐもぐ[ぶつぶつ]言う (to) (☞ murmur 表): 言い換え She ~d, "I'm still sleepy." =She ~d that she was still sleepy. まだ眠いと彼女は寝ぼけた声で言った. ━自 もぐもぐ[ぶつぶつ]言う (about). ━名 [a ~] ぶつぶつ言

mumble 1153

mum·bler /mʌ́mblɚ | -blə/ 名 C もぐもぐ[ぶつぶつ]言う人.

mum·bo jum·bo /mʌ́mboʊdʒʌ́mboʊ/ 名 U (略式)(軽蔑) わけのわからない言葉《呪文など》; ばかげた儀式; 迷信的信仰[信念].

Mum·ford /mʌ́mfəd | -fəd/ 名 固 Lewis ~ マンフォード(1895-1990)《米国の文明・社会批評家》.

mum·mer /mʌ́mɚ | -mə/ 名 C 無言劇[パントマイム]の役者.

mum·mi·fi·ca·tion /mʌ̀mɪfɪkéɪʃən/ 名 U ミイラ化.

mum·mi·fy /mʌ́məfaɪ/ 動 (-mi·fies; -mi·fied; -fy·ing) 他 《普通は受身で》〈…を〉ミイラにする.

mum·ming /mʌ́mɪŋ/ 名 U 無言劇やじって《パントマイム》.

*__mum·my__[1] /mʌ́mi/ (類音 mommy) 名 (**mum·mies** /~z/) C 《英略式, 主に小児》お母さん, ママ(《米》mommy)(ほぼ 用法).

mum·my[2] /mʌ́mi/ 名 (**mum·mies**) C ミイラ.

múmmy's bòy 名 《英》= mama's boy.

mumps /mʌmps/ 名 U おたふくかぜ, 流行性耳下腺(ジセン)炎: have (the) ~ おたふくかぜにかかる / I got ~ from Tom. トムからおたふくかぜをうつされちゃった.

múm·to·bé 名 C 《英略式》= mother-to-be.

*__munch__ /mʌntʃ/ 動 他 〈…を〉むしゃむしゃ[ぽりぽり]食べる. ― 自 むしゃむしゃ食べる (away; at, on).
múnch (one's) wáy through ... 動 …をむしゃむしゃ食べる.

Munch /mʊ́ŋk/ 名 固 Ed·vard /édvɑəd | -vɑːd/ ~ ムンク(1863-1944)《ノルウェーの画家》.

mun·chies /mʌ́ntʃiz/ 名 [複] 《主に米略式》 **1** [the ~] (スナックがほしい)空腹感: have [get] the ~ ちょっとおなかがすく. **2** スナック, 軽食.

munch·kin /mʌ́ntʃkɪn/ 名 C 《米略式》こびとのようななかわいらしい人, おチビちゃん. 由来 米国の童話 *The Wizard of Oz* に登場するこびとの一族の名から.

*†__mun·dane__ /mʌndéɪn/ 形 **1** [しばしば軽蔑] 日常の, ありきたりの: *the* ~ ありきたりの物 (ほぼ the[1] 6). **2** 《格式》この世の, 世俗的な. **·ly** 副 ありきたりで; 世俗的に. **~·ness** 名 U 俗っぽさ.

múng bèan /mʌ́ŋ-/ 名 C 八重生(ヤエナリ), 文豆(ブンズ), 緑豆(リョクトウ)《普通もやしで食べる》.

Mu·nich /mjúːnɪk/ 名 固 ミュンヘン《ドイツ南部の都市; Bavaria の州都》.

Múnich Pàct [Agréement] 名 [the ~] ミュンヘン条約《1938年英・仏・伊・独4国間に結ばれたナチスに対する妥協的条約》.

*†__mu·nic·i·pal__ /mjuːnísəp(ə)l/ 【2 形 (名 municipality)】 A 市[町]の, 自治都市の; 市[町]営の, 地方自治の: a ~ office 市役所, 市役場 / the ~ government 市[町]政, 市[町]当局 / a ~ corporation 地方自治体. **-pal·ly** /-pəli/ 副 市[町]政[当]は.

muníc·i·pal cóurt 名 C 《米》都市裁判所《自治体内で生じた民事・刑事事件を扱う》.

†**mu·nic·i·pal·i·ty** /mjuːnìsəpǽləti/ 名 (-i·ties; 形 municipal) C 《格式》 **1** (地方)自治体[区], 自治体. **2** 市[町]当局.

mu·nif·i·cence /mjuːnífəs(ə)ns/ 名 U 《格式》惜しみなく与えること, 気前のよさ, 寛大.

mu·nif·i·cent /mjuːnífəs(ə)nt/ 形 《格式》惜しみなく与える, 気前のよい, 寛大な. **~·ly** 副 気前よく.

mu·ni·ment /mjúːnəmənt/ 名 C 《普通は複数形で》《法》《遺産・不動産などの》権利(証)書.

mu·ni·tion /mjuːníʃən/ 名 A 軍需(品)の: ~ factories 軍需工場. ― 名 《複数形で》軍需品《武器・弾薬類》.

Mup·pet /mʌ́pɪt/ 名 C [しばしば m-] マペット《腕手指であやつる人形; 元来は商標》.

†**mu·ral** /mjú(ə)rəl/ 名 C 壁画. ― 形 A 壁の, 壁に描かれた: a ~ painting 壁画.

mu·ral·ist /mjú(ə)rəlɪst/ 名 C 壁画家.

*__mur·der__ /mɚ́ːdɚ | mɚ́ːdə/ 【B 名 (~s /~z/; 形 múrderous) **1** U,C 殺人《計画的な, あるいは強盗などの犯罪に伴った, 殺害含めの》; [軽蔑]《戦争などによる》虐殺; 《法》謀殺(ほぼ homicide 表): commit (a) ~ 殺人を犯す / a ~ case 殺人事件 / attempted ~ 殺人未遂 / He was found guilty of ~. 彼は殺人罪を宣告された / One ~ makes a villain, millions a hero. ひとりを殺せば悪人となるが何百万人を殺せば英雄となる / M~ will out. (ことわざ) 殺人[悪事]はいつか必ず露見する. **2** C 殺人事件. **3** U (無謀な)生命の犠牲, 過失致死. **4** U S (略式) とても難しい[つらい, 危険な]こと[もの]: The exam was ~. 試験はすごく難しかった / Walking all day is ~ *on* my feet. 一日中歩くなんて死ぬほど足にこたえる.
gèt awáy with múrder [動] 自 《略式》《普通は滑稽》ひどいことをしても罰[非難]を免れる, 好き勝手にふるまう. **scréam [shóut, yéll] blóody múrder** [動] 自 《略式》大げさな叫び声を出す, 騒ぎ立てる (*about*). 由来 murder はもと警告・恐怖の叫び声に用いた.
― 動 (mur·ders /~z/; mur·dered /~d/; -der·ing /-dərɪŋ, -drɪŋ/) 他 **1** 計画的に〈人を〉殺害する, 殺す, 虐殺する (kill 類義語): Many people *were* ~*ed by* the serial killer. 〈V+Oの受身〉その連続殺人犯に多数の人々が殺された / He *was* ~*ed with* a gun. 〈V+O+with+名・代の受身〉彼は銃で殺された. **2** 《略式》〈ことば・音楽・演劇など〉を台なし[ふちこぼし]にする. **3** 《略式》〈…を〉打ち負かす, たたきのめす. **4** S 《略式》〈人に〉ひどく腹を立てる. **I could múrder ...** 《英》(略式) 〈…を〉食べて[飲みたくてたまらない.

*__mur·der·er__ /mɚ́ːdərɚ, -drɚ | mɚ́ːdərə, -drə/ 名 (~s /~z/) C 殺人者[犯人]: The ~ seems to have entered through a window. 殺人犯は窓から入ったようだ.

mur·der·ess /mɚ́ːdərəs, -drəs | mɚ́ː-/ 名 C 《古風》殺人者[犯人]《女性》.

múrder óne 名 U 《米俗》第一級謀殺.

*__mur·der·ous__ /mɚ́ːdərəs, -drəs | mɚ́ː-/ 形 (普通は A)(名 múrder) **1** 殺人の; 殺意のある, 残忍な, 激怒した: ~ weapons 凶器 / a look of ~ hatred 殺したいほど憎からの表情. **2** 《略式》殺人的な, ひどい: ~ heat ひどい暑さ. **·ly** 副 残忍に; 殺人的に, ものすごく. **~·ness** 名 U 残忍さ, 凶暴性.

murk /mɚːk | mɚːk/ 名 U 《文》暗闇; 薄暗がり.

murk·i·ly /mɚ́ːkɪli | mɚ́ː-/ 副 暗く; 濃く.

murk·i·ness /mɚ́ːkɪnəs | mɚ́ː-/ 名 U 暗さ.

*__murk·y__ /mɚ́ːki | mɚ́ː-/ 形 (**murk·i·er**; **-i·est**) **1** 暗くて陰気な, (やみ・霧などで)濃い. **2** (水が)濁った, 汚い. **3** (軽蔑・滑稽)怪しげな, やましい, いかがわしい, 後ろめたい, あいまいな: a person with a ~ past いかがわしい過去のある人. **4** 《複雑で》わかりにくい.

*__mur·mur__ /mɚ́ːmɚ | mɚ́ːmə/ (類音 mama) 名 (~s /~z/) **1** C つぶやき, ささやき, 低い話し声: a ~ of voices 低い話し声 / a ~ of agreement [dissent] 賛意[不同意]のつぶやき.
2 C (連続的な)かすかな音, (川・波・木などの)さらさら[ざわざわ]いう音; (低い)ざわめき: the ~ of a stream 小川のせせらぎ. **3** [a ~] ぶつぶつ言うこと: without a ~ 不平を言わずに. **4** C [普通は単数形で]《医》《心臓の》雑音《聴診器で聞こえる》.
― 動 (mur·murs /~z/; mur·mured /~d/; -mur·ing /-m(ə)rɪŋ/) 自 **1** 低い[かすかな]音を立てる, さらさらいう; ささやく (*about*): The brook is ~*ing* over the pebbles. 小川が小石の上をさらさらと流れている. **2** ぶつぶつ(不平を)言う, こぼす (mutter):

against [*about, at*] the heavy taxes 重税に不平の声を漏らす. ― 他 〈...〉をとつぶやく, ささやく, 小声で言う: She ~ed her thanks. 彼女は小声でありがとうと言った 〚言い換え〛 "I can do it," he ~ed. <V+O (引用節)>=He ~ed that he could do it. <V+O (that) 節> 僕ならできてと彼はつぶやいた.

murmur (聞き取りにくい声でぶつぶつ言う)

mutter (不平・怒などを聞こえないようにこぼす)

mumble (口を開けずもぐもぐ[ぶつぶつ]言う)

mur·mur·ing /mə́:m(ə)rɪŋ | mə́:-/ 名 C,U [しばしば複数形で] ささやき, つぶやき, ぼやき (*of*).

Múr·phy bèd /mə́:fi- | mə́:-/ 名 C マーフィーベッド 《折りたたんで押入れにしまえる》.

Múr·phy's láw /mə́:fiz- | mə́:-/ 名 [単数形で] 《主に米》マーフィーの法則《失敗する可能性のあるものは必ず失敗する, などの経験から生まれたさまざまなユーモラスな法則》.

Mus·ca·det /màskədéɪ/ 名 C,U ミュスカデ《フランス産のマスカット系のぶどう〔で造る辛口白ワイン〕》.

mus·cat /mʌ́skæt, -kət/ 名 C マスカットぶどう.

Mus·cat /mʌ́skæt/ 名 マスカット《オマーンの首都》.

mus·ca·tel /mʌ̀skətél/ 名 **1** C,U マスカテル (*muscat* から造る甘口の白ワイン・干しぶどう). **2** C =muscat.

*****mus·cle** /mʌ́sl/ 《同音》mussel) 13 名 (~s /~z/; múscular(形)) **1** U,C 筋肉: [a voluntary [an involuntary] ~ 随意[不随意]筋 / arm [chest] ~s 腕[胸]の筋肉 / My ~s ache all over. 体中の筋肉が痛い / He has been working out to develop his ~s. 彼は筋肉をつけるためにトレーニングしています.

― コロケーション ―
flex a *muscle* 筋肉を屈伸させる《☞ flex one's muscles (成句)》
pull a *muscle* (無理に伸ばして)筋肉を痛める
relax a *muscle* 筋肉の力を抜く
strain a *muscle* 筋肉を(伸ばして)痛める
tear a *muscle* (筋肉に)裂傷を負う
wrench a *muscle* ねじる, 筋を違える

2 U 筋力, 腕力, 体力: a man with a lot of ~ 腕力のある男. **3** U 力, 圧力, 威力, 影響力: military ~ 軍事力 / political ~ 政治的影響力. **4** U 《俗》用心棒. **5** 《米》[形容詞的に] (乗り物が)ハイパワーの」の意; 筋肉の動きがねずみの動作に似ていることから》: a ~ car=hot rod. [ラテン語で「小さなねずみ」の意; 筋肉の動きがねずみの動作に似ていることから]. **fléx one's múscles** [動 (自)] (1) (準備運動で)筋肉を伸ばす. (2) 力を誇示する. **nót móve a múscle** [動] 身動き一つしない, びくともしない. **pút some múscle ìnto it** [動 (自)] (S) もっと身を入れてやる[する]. ― 動 他 筋力で押す[押し開ける]. **múscle ín** [動] 《略式》《軽蔑》強引に割り込む, 縄張りを荒らす (*on*). **múscle one's wáy** [動 (自)] 強引に割り込む (*in, into*).

múscle-bòund 形 **1** (運動過多で)筋肉が硬直した. **2** 柔軟性を欠く.

múscle fìber 名 U,C 【解】筋繊維.

múscle-màn 名 (-mèn /-mèn/) C **1** 筋肉隆々の[たくましい]男. **2** (悪人の)用心棒.

múscle shìrt 名 C 《米》袖なしのTシャツ.

Mus·co·vite /mʌ́skəvàɪt/ 名 C, 形 モスクワ市民.

***mus·cu·lar** /mʌ́skjʊlə | -lə/ 形 múscle(名) **1** A 筋肉の: ~ strength 筋力 / a ~ pain 筋肉痛. **2** 筋肉の発達した, 筋骨たくましい, 強そうな: a ~ arms 筋肉隆々とした腕.

múscular dýstrophy 名 U 【医】筋ジストロフィー, 筋萎縮(ﾞ)症 略 MD.

mus·cu·lar·i·ty /mʌ̀skjʊlǽrəti/ 名 U (筋骨隆隆とした)力強さ.

múscular·ly 副 筋骨たくましく.

mus·cu·la·ture /mʌ́skjʊlətʃə | -tʃə/ 名 U 【解】筋肉組織.

*****muse** /mjú:z/ 動 (**mus·es** /~ɪz/; **mused** /~d/; **mus·ing**) (自) W じっくり考える, もの思いにふける, 熟考する (*about, on*): She sat **musing over** past memories. <V+O+前+名・代> 彼女は過去の思い出にふけりながら座っていた. ― 他 (もの思いにふけりながら) 〈...〉と心の中でつぶやく.

Muse /mjú:z/ 名 C **1** 〖ギ神・ロ神〗ミューズ《学芸・詩・音楽をつかさどる9人の女神》(the Muses) の 1 人. ☞ museum 〖語源〗, music 〖語源〗. **2** [m-] (詩・音楽・絵画などの)霊感[詩想, 詩才, 楽才, 画才]を与えてくれる人[女性].

*****mu·se·um** /mju:zí:əm, mju:-/ **T1** 名 (~s /~z/) C 博物館, 展示館, 美術館, 記念館: a science ~ 科学博物館 / an art ~=a ~ of (fine) art 美術館 / Many interesting objects are displayed in the ~. その博物館には多くの興味ある品が陳列されている. 〖語源〗ギリシャ語で「ミューズの神々 (Muses) の神殿」の意 (☞ music 〖語源〗).

muséum pìece 名 C **1** 博物館物; 珍品. **2** [滑稽・軽蔑] 時代遅れの人[物].

mush[1] /mʌ́ʃ/ 名 **1** U 《米》(とうもろこしの)濃いかゆ. **2** U まはた 【普通はけなして】どろどろしたふやけた]もの[食べ物]. **3** U 《略式》《軽蔑》感傷的なたわごと[本, 映画など]. **4** 《英俗》顔, つら. ― 動 他 どろどろにする[なる][ひき]つぶす.

mush[2] /mʌ́ʃ/ 間 進め! 行け!《犬ぞりの犬に対する掛け声》. ― 動 (自) (雪の上を)犬ぞり旅行をする. ― 名 C 犬ぞりによる雪原[氷原]の旅.

mush·er /mʌ́ʃə | -ʃə/ 名 C 犬ぞりの乗り手.

*****mush·room** /mʌ́ʃru:m, -rʊm/ 名 (~s /~z/) C **1** きのこ: You can eat this ~. このきのこは食べられます. **2** 急成長する人. **3** =mushroom cloud. **4** =magic mushroom.
― 形 A **1** きのこの(ような). **2** 急速に成長する: a ~ town 新興都市. ― 動 (自) **1** きのこ狩りに行く. **2** [時にけなして] 急速に(...に)成長[発展]する (*into*); 急に現れる. **3** [副詞(句)を伴って] (空気中に)きのこ状に広がる.

múshroom clòud 名 [普通は単数形で] きのこ雲《原爆が爆発して生ずる雲》.

mush·y /mʌ́ʃi/ 形 (**mush·i·er**; **mush·i·est**) **1** (かゆのように)軟らかな, どろどろした, ふやけた. **2** 《略式》《軽蔑》ひどく感傷的な, お涙ちょうだいの.

múshy péas 名 [複] 《英》豆のやわらか煮《英北部で食べる》.

Mu·si·al /mju:ziəl/ 名 (固) Stan ~ ミュージアル (1920–)《米国のプロ野球選手》.

*****mu·sic** /mjú:zɪk/ 名 (形 músical) U **1** 音楽: a ~ lesson 音楽の授業[レッスン] / Bob prefers popular ~ to classical ~. ボブはクラシックよりポピュラーが好きです.

――― music 1, 2 のいろいろ ―――
báckground mùsic 背景音楽 / chámber mùsic 室内楽 / cóuntry mùsic カントリーミュージック / dánce mùsic ダンス音楽 / eléctronic músic 電子音楽 / fólk mùsic 民族音楽 / Látin mùsic ラテンミュージック / róck mùsic ロックミュージック / sóul mùsic ソウルミュージック

2 音楽作品, 楽曲, 曲: play ~ 音楽を演奏する /

write [compose] ～ 作曲する / dance to ～ 音楽に合わせて踊る / listen to a piece of ～ 音楽を1曲聴く. **3** 楽譜: read ～ 楽譜を読む / play without ～ 楽譜なしで演奏する. **4** 音楽を理解する能力, 音感. **5** 美しい調べ, 快い響き, 気持ちのよい音. [語源] ギリシャ語で「ミューズの神々 (Muses) の業(わざ)」の意 (☞ museum [語源]).

fáce the músic [動] [自] 《略式》 (いさぎよく)罰[非難, むくい]を受ける. **músic to ...'s éars** [名] 耳に快いもの; よい知らせ, (…が)待ち望んだこと. **sét ... to músic** [動] [他] 〈詩歌など〉に曲をつける.

***mu·si·cal** /mjúːzɪk(ə)l/ [形] ([名] músic) **1** [A] [比較なし] 音楽の, 音楽を伴う, 音楽用の: a ～ performance 演奏 / a ～ score 楽譜.
2 音楽的な, 音のよい; 音楽の上手な; 音楽好きな: a ～ child 音楽の上手な子 / Mr. Lee's family are all ～. リーさんの一家はみな音楽のセンスがいい. **3** 音楽のような, 耳に快い: a ～ speaking voice 響きのよい話し声. ― [名] [C] ミュージカル.

músical bòx [名] [C] 《主に英》 =music box.

músical cháirs [名] [U] **1** いす取りゲーム. **2** [しばしば軽蔑] (地位などの)たらい回し.

músical cómedy [名] [C,U] =musical.

músical dirèctor [名] [C] =music director.

mu·si·cale /mjùːzɪkǽl/ [名] [C] 《米》 (社交的催しの中心となる)音楽会.

⁺**músical ínstrument** [名] [C] 楽器.

mu·si·cal·i·ty /mjùːzɪkǽləṭi/ [名] [U] 音楽性.

mu·si·cal·ly /mjúːzɪkəli/ [副] 音楽上, 音楽的に; 音楽のように, 調子[心地]よく.

músic bòx [名] [C] 《主に米》 オルゴール (《英》 musical box).

músic dirèctor [名] [C] 音楽監督, 指揮者.

⁺**músic hàll** [名] 《英》 **1** [U] =vaudeville. **2** [C] (昔の)演芸場.

***mu·si·cian** /mjuːzíʃən/ [名] (～s /~z/) [C] 音楽家 《作曲家・指揮者・演奏家・歌手など》; 音楽のうまい人: a classical ～ クラシックの音楽家 // ☞ street musician.

musícian·shìp [名] [U] 音楽家としての技能[センス].

mu·si·co·log·i·cal /mjùːzɪkəlɑ́dʒɪk(ə)l | -lɔ́dʒ-←/ [形] 音楽学的(な).

mu·si·col·o·gist /mjùːzɪkɑ́lədʒɪst | -kɔ́l-/ [名] [C] 音楽学者.

mu·si·col·o·gy /mjùːzɪkɑ́lədʒi | -kɔ́l-/ [名] [U] 音楽学, 音楽理論.

músic pàper [名] [C] 楽譜用紙, 五線紙.

músic stànd [名] [C] 譜面台.

músic vìdeo [名] [C] 音楽ビデオ, ミュージックビデオ.

mús·ing [形] (物)思いにふける. ― [名] [U,C] 沈思, 黙想, 物思い. **～·ly** [副] 物思いにふけって; 黙想して.

musk /mʌ́sk/ [名] [U] **1** じゃこう 《香料の一種》, じゃこうの香り. **2** じゃこうの香りのする植物 《総称》.

mus·ket /mʌ́skɪt/ [名] [C] マスケット銃 《現在のライフル銃 (rifle) の前身》.

mus·ke·teer /mʌ̀skətíə | -tíə/ [名] [C] (昔の)マスケット銃兵.

musk·i·ness /mʌ́skinəs/ [名] [U] じゃこうの香り(のすること).

músk·mèlon [名] [C] (マスク)メロン 《果実表面に網目模様がある》.

músk òx [名] (複 **musk oxen**) [C] じゃこううし 《グリーンランドやカナダ北部に住む》.

músk·ràt [名] [C] マスクラット, じゃこうねずみ 《水辺に住む》; [U] マスクラットの毛皮.

musk·y /mʌ́ski/ [形] (**musk·i·er**; **-i·est**) [A] じゃこう(質)の, じゃこうの香りのする.

***Mus·lim** /mʌ́zlɪm, mʊ́s-, mʊ́z-/ [名] (～s /~z/) [C] イスラム教徒. ― [形] イスラム教(徒)の.

mus·lin /mʌ́zlɪn/ [名] [U] モスリン, メリンス.

muss /mʌ́s/ 《略式, 主に米》 [動] [他] 〈…〉をめちゃめちゃにする; 〈服など〉をくしゃくしゃにする; 〈髪〉を乱す (*up*). ― [名] [U] 乱雑, 混乱: no ～, no fuss [滑稽] 造作ない, たやすい.

mus·sel /mʌ́sl/ [名] [C] むらさきいがい 《食用二枚貝》.

Mus·so·li·ni /mùːsəlíːni, mʊ̀s- | mʊ̀s-/ [名] [固] **Be·ni·to** /bəníːṭoʊ/ ～ ムッソリーニ (1883–1945) 《イタリアのファシスト政治家; 首相 (1922–43)》.

Mus·sorg·sky /musɔ́ɚgski | -sɔ́ː-/ [名] [固] **Mo·dest** /moʊdést/ ～ ムソルグスキー (1839–81) 《ロシアの作曲家》.

***must**[1] /(弱) məs(t); (強) mʌ́st/ ([類音] mast) [助]

基本的には「義務」,「必要」を表わす.		
①	[義務・必要] …し[で]なければならない	1
②	[否定文で禁止] …してはいけない	2
③	[推量] …に違いない	3
④	[勧誘・希望] ぜひ…してください	4
⑤	[主張・固執] ぜひ…したいという	5
⑥	[必然] 必ず…する	6

1 [義務・必要を表わす] (1) [主に肯定文・疑問文で] (どうしても)…し[で]なければならない, …すべきである; (規則・法で)…する必要がある (☞ had better の表と [語法] (3); need [助] 2): I ～ go at once. 私はすぐに行かなければいけない. / We ～ always be kind to the weak. 弱い人たちにはいつも優しくしてあげなければいけない.

[会話] "M～ I help her no matter what?" "Of course you ～." 「私はどんなことがあっても彼女を助けなければならないだろうか」「もちろんそうだとも」/ "M～ I start now?" "No, you ˹don't *need to* [*needn't*, don't *have to*]." 「今出発しなければいけないのですか」「いいえ, その必要はありません」(☞ need [助] (1))

[語法] (1) must は助動詞であるからその前にさらに助動詞をつけることができない. そのときには have to を用いる (☞ 項目 have to の [語法] (1)).
(2) must は過去形がないので過去時制は had to を用いる. ★ must と have to の違いについては ☞ 項目 have to の [語法] (3). しかし間接話法の場合または複文において主節の述語動詞が過去時制のとき, 従属節においては must をそのまま用いてもよい: [言い換え] She told me that I ～ [had to] do it myself. (=She said to me, "You ～ do it yourself.") 自分でそれをやらなければいけないと彼女は私に言った / I thought I ～ leave for France immediately. 私はすぐフランスへ立たなければいけないな, と思った.

(2) [must have+過去分詞の形で; ☞ 3 (2)] …してしまっていなければならない: They ～ *have finished* the work by next month. 彼らはその仕事を来月までに片づけておく必要がある.
2 [否定文で; 禁止を表わす] …してはいけない, …するな, …であってはならない 《may not よりも強い言い方; ☞ may[1] 2 (2) [語法], need [助], have to の 2》: You ～ *not* drink so much. あまりたくさん飲むな / Sally, you ～ *never* accept candy from strangers. サリー, 知らない人からお菓子をもらってはだめよ.
3 /mʌ́st/ [確信のある推量を表わす] (1) …に違いない, きっと…のはずだ (☞ may[1] 1): You ～ be ill; you look pale. あなたは具合が悪いんでしょう. 顔色が悪いもの / He ～ be lying. 彼はうそをついているに違いない / I felt there ～ be something wrong with my car. きっと車のどこかが故障しているのだろうと私は思った (☞ 1

(1) 【語法】(2) / The longest day 〜 have an end. (ことわざ) どんなに長い日でも必ず終わりがあるはずだ.
(2) [must have+過去分詞の形で]…だったに違いない. きっと…だったはずだ《過去のことについての確信のある推量を表わす》: Miss Long 〜 have been pretty in her youth. ロング先生は若いころはかわいらしかったに違いない / He hasn't arrived yet. He 〜 have got lost in the forest. 彼はまだ来ていない. 森で迷ったに違いない.

【語法】must と否定
(1) この意味の否定の「…の[…だった]はずがない」の意味では cannot を用いる《⇒ can¹ 4》.
(2) (米) では He 〜 not be there. (=It is definite that he's not there. 彼はそこにいないに違いない[いるはずはない])や You "〜 not [mustn't] have been hungry. (空腹でなかったに違いない)のように否定形で用いることもある.

4 [you must ... として勧誘を表わす] ぜひ…してください; [I [we] must ... として希望を表わす] (相手のために) ぜひ…したい: You 〜 come and have tea with us. ぜひうちにお茶を飲みにきてください / You 〜 (really) have some of this cake. このケーキをぜひ召し上がってみてください / We 〜 have you over again sometime. いつかまたぜひお招きしたい.
5 /mʌ́st/ [主張・固執を表わす] どうしても…しないと承知しない: He 〜 always do everything by himself. 彼はいつも何でも自分でやると言ってきかない.
6 [必然を表わす] 必ず…する: Everyone 〜 die. すべての人は必ず死ぬ. 7 [must have+過去分詞の形で] (古語) (仮に…であったならば)きっと…しただろうに.
If you mùst [話者の不満・不賛成を表わす] どうしてもと[是非にと]いうのなら: "May I smoke here?" "If you (really) 〜." 「ここでたばこをすっていいですか」「どうしてもすいたければ」. If you mùst knów [質問に不快を表わす] そんなに知りたければ(言うが). I mùst sáy [admít, ádd] ... [強調を表わす]…と言わざるを得ない, 確かに…だ: I 〜 say [admit, add] that her work is outstanding. =Her work is outstanding, I 〜 say [admit, add]. 彼女の成績は確かに抜群だ. It mùst be remémbered [nóted, státed] that ... [読者・聴く人の注意を引きつける表現]…は注目に値する. Mùst you dó ... ? [話者の困惑を表わす] どうしても(気がすむように)…するのかね.

must² /mʌ́st/ 图 [a 〜] (略式) ぜひ見る[聞く]べきもの, 絶対必要なもの: This book is a 〜 for golfers. この本はゴルフをする人にとっては必読書だ / a 〜 book [形容詞的に] 必読書. [関連] don't してはならないこと.

must³ /mʌ́st/ 图 [U] (発酵前中)のぶどう[果実]液.

must- /mʌ́st/ 連結 (略式, 主に米) [see, do, read などの動詞を伴って]「ぜひ…すべき(もの)」の意: a must-win game どうしても勝ちたい試合 // ⇒ must-have, must-see.

*mus·tache, (英) mous·tache /mʌ́stæʃ, məstǽʃ | məstáːʃ, MUS-/ 13 图 [C] 口ひげ《⇒ beard 表および挿絵》: a gentleman with a 〜 口ひげを生やした紳士.

mus·tached, (英) mous·tached /mʌ́stæʃt, məstǽʃt | məstáːʃt, MUS-/ 圏 口ひげを生やした.

mus·ta·chi·o /məstǽʃiòu, -táː-/ 图 (〜s) [C] [普通は複数形で] (豊かな)口ひげ.

mus·ta·chi·oed /məstǽʃiòud/ 圏 (文) 口ひげを生やした.

mus·tang /mʌ́stæŋ/ 图 [C] マスタング《米国南西部などに住む半野生の馬》.

mus·tard /mʌ́stəd/ -təd/ 图 1 [U] からしな《あぶらなの一年草》. [U.C] マスタード, からし. 2 [U] からし色, 濃い黄色. (as) kéen as mústard 圏 (古

風・豪・英)非常に興味を持った[て], 非常に熱心な, とても利口な. cút the mústard [動] 圓 [特に否定文で](米略式)(ある仕事をこなす)十分な能力がある.
mústard and créss 图 [U] 貝割れ菜 (サラダ用).
mústard gàs 图 [U] マスタードガス (毒ガス).
mústard plàster 图 [C] からし泥(でい) [軟膏]《昔よく使われていた湿布剤》.
mústard pòwder 图 [U] からし粉.
mústard sèed 图 [U.C] からしなの種子. a gráin of mústard sèed [名] (聖) 一粒のからし種《大発展の因となるもの》.

*mus·ter /mʌ́stə | -tə/ 動 (-ter·ing /-tərɪŋ, -trɪŋ/) 他 1 (点呼・検閲などに)〈…〉を召集する. 2 [しばしば can, could とともに]〈勇気など〉を奮い起こす, 寄せ集める (up); 〜 one's courage 勇気を奮い起こす. 3 〈支援など〉を求める, 集める. ― 圓 集まる, 応召する. múster óut [動] 他 (米) 除隊させる. ― 图 [C] 召集; 集合人員, 勢ぞろい; 点呼: make a 〜 点呼をとる / 〜 point [station] (特に船上で)非常時の集合場所. páss múster [動] 圓 (基準に)達する, 合格する.

múst-hàve 图 [C] (略式) ぜひ備えたいもの, 優れもの, 必需品. ― 圏 (略式) ぜひ備えたい.

must·i·ness /mʌ́stinəs/ 图 [U] かび臭さ.

*mustn't /mʌ́snt/ 《略式》 must¹ not の短縮形 ― 囲 (〜 not) (1) (i) 【語法】): You 〜 smoke here. ここではたばこを吸ってはいけない《⇒ must 項目 had better の 【語法】(3)》 / You must be there by three. "〜 you? [格式] must you not?" そこへは3時までに行かなければならないのでしょう?「I want to open this box." "No, you 〜."「この箱を開けたいな」「いや, いけない」

mùst-sée 图 [C] (略式) 必見のもの. ― 圏 (略式) 必見の.

must've /mʌ́stəv/ (略式) must¹ have² の短縮形.

must·y /mʌ́sti/ 圏 (must·i·er; -i·est) 1 かび臭い. 2 (軽蔑) 時代遅れの, 古くさい.

mu·ta·bil·i·ty /mjùːtəbíləti/ 图 [U] (格式) 変わりやすさ, 無常; むら気.

mu·ta·ble /mjúːtəbl/ 圏 (格式) 変わりやすい; 気の変わりやすい.

mu·ta·gen /mjúːtədʒən/ 图 [C] 〔生〕突然変異原《突然変異を誘発する原因》; 放射能など.

*mu·tant /mjúːtnt/ 圏 1 〔生〕突然変異体, 変種; 変わり者. 2 (略式) (特に SF で)奇形生物, ミュータント. ― 圏 (A) 突然変異の[による].

*mu·tate /mjúːteɪt, mjuːteɪ́t/ 動 圓 突然変化する; 〔生〕突然変異する (into, from). ― 他 〈…〉を突然変化させる; 〔生〕突然変異させる (into).

mu·ta·tion /mjuːteɪ́ʃən/ 图 1 [U.C] 突然変異(体). 2 [U] 〔言〕母音変異. 3 [C] 変化, 盛衰.

mu·ta·tis mu·tan·dis /muːtáːtɪsmuːtáːndɪs | -táːn-/ 《ラテン語から》 圖 必要な変更を加えて.

*mute /mjúːt/ 圏 (mut·er /-tə/, -tə/; mut·est /-tɪst/) 1 無言の, 黙っている (silent); ことばに表わされない: (法) 黙秘して: She stood 〜. 彼女は黙っていた[黙秘した] / 〜 appeal [protest] 無言の訴え[抗議]. 2 (P) (古風) 口のきけない. [関連] blind 盲目の / deaf 耳が聞こえない / dumb 口のきけない. 3 〔音〕発音されない文字, 黙字 (silent): 〜 letters 発音されない文字, 黙字 (knife の k や e).
― 图 [C] 1 〔楽〕(楽器の)弱音器. 2 (古風) 口がきけない人. 3 〔音〕黙字.
― 動 他 [しばしば受身で]〈音・色調など〉を弱める, 〈楽器〉に弱音器をつける; 〈感情・批判・行為など〉を抑える.

múte bùtton 图 [C] 保留ボタン《電話などで一時的に音声の出力をゼロにするボタン》.

mut·ed /mjúːtɪd/ 圏 [普通は (A)] 1 (音・色などが)弱

められた，柔らかい； (感情・批判・反対などが)抑制された． **2** [楽](楽器が)弱音器の付いた．

múte·ly /-li/ 副 無言で; 音を立てずに．

múte·ness 名 U 無言; 発音されないこと．

* **mu·ti·late** /mjúːtəlèɪt/ 動 (しばしば受身形) **1** 〈人の手足など〉を切断する，〈人〉に重傷を負わせる; 〈身体など〉を(ひどく)傷つける，〈もの〉をばらばらにする，完全に損傷する． **2** 〈書物・論文など〉を内容を削って骨抜きにする．

mu·ti·la·tion /mjùːtəléɪʃən/ 名 U,C (手足などの)切断, 切除; (ものの)損傷; (内容の)骨抜き．

mu·ti·neer /mjùːtəníər/ 名 C 暴徒; (軍隊で)上官に反抗する兵士, 反乱分子．

mu·ti·nous /mjúːtənəs, -tnəs/ 形 **1** 暴動の. **2** 反抗的な[不穏な]． ~**·ly** 副 反抗的[不穏]に．

* **mu·ti·ny** /mjúːtəni, -tni/ 名 (**-ti·nies**) U,C (軍隊・水夫などによる)反乱, (上官などに対する)反抗．
— 動 (**-ti·nies**; **-ti·nied**; **-ny·ing**) 自 (軍隊が)反乱を起こす, (上官に)反抗する (*against*).

mutt /mʌ́t/ 名 C (略式) **1** 雑種犬. **2** (軽蔑) あほ, のろま．

* **mut·ter** /mʌ́tə | -tə/ (類語 matter) 動 (**mut·ters** /~z/; **mut·tered** /~d/; **-ter·ing** /-tərɪŋ/) 自 **1** (独り言や不平を)つぶやく; ぶつぶつ言う (*about, against, at*) (☞ *murmur* 表): We heard him ~ing. 彼がぶつぶつ言っているのが聞こえた．
— 他 〈…〉をつぶやく; 〈…〉とぶつぶつ言う: He is always ~ing complaints. あの男はいつもぶつぶつ不平を言っている / Alice ~*ed* (*to us*) *that* John was acting stupid. <V(+*to*+名・代)+O (*that* 節)> アリスは私たちにジョンがばかなまねをしているとぶつぶつ言った．
— 名 C [しばしば a ~] つぶやき, ささやき; 不平．

mut·ter·er /mʌ́tərə | -rə/ 名 C つぶやく人; 不平を言う人．

mut·ter·ing /mʌ́tərɪŋ/ 名 **1** U つぶやき. **2** U または複数形で] ぼやき, 不平 (*of*).

mut·ton /mʌ́tn/ 名 U 羊 (sheep)の肉: roast ~ 焼いた羊の肉. 関連 lamb 子羊(の肉) (☞ meat 表). (軽蔑) **mútton drésssed** (**úp**) **as lámb** [名] (英略式) 若作りの中年女．

mútton chòp 名 C (あばら骨付きの)羊肉片．

mútton·chòps, múttonchop síde·burns [**whískers**] 名 (羊のあばら骨の肉の形の)ほおひげ (上を細く, 下を広く刈りそろえる).

* **mu·tu·al** /mjúːtʃuəl, -tʃəl/ 02 形 [比較なし] **1** お互いの, 相互の: ~ understanding 相互理解 / ~ aid 相互援助 / ~ distrust 相互不信 / They are ~ friends [enemies]. 彼らは味方[敵]どうしです / "Nice to have met you." "The feeling is ~." 「お会いできてよかったです」「こちらこそ(同じ思いです)」. **2** A (友人・利害などが)共通の, 共有の (common, joint): ~ efforts 共同の努力 / Tom and Mary met through a ~ friend. トムとメアリーは共通の友人を通して出会った / This plan would be to our ~ advantage. この計画は我々共通の利益となりましょう． **3** A (保険会社・住宅金融共済組合などが)相互会社[組合]の．
— 名 A 相互会社．

mútual admirátion society 名 C (滑稽) 仲間ほめ(する連中)．

mútual fùnd 名 C (米) 投資信託会社 ((英) unit trust).

mútual insúrance còmpany 名 C 相互保険会社．

mu·tu·al·i·ty /mjùːtʃuǽləti/ 名 U (格式) 相互関係, 相関．

mu·tu·al·ly /mjúːtʃuəli, -tʃəli/ 副 互いに, 相互に: The two ideas are ~ exclusive [contradictory]. その2つの考えは相容れない．

muu·muu /múːmuː/ 名 C (米) ムームー ((ハワイの女性が着るゆったりとした服)).

Mu·zak /mjúːzæk/ 名 U [しばしば m-] [しばしば軽蔑] ミューザック ((有線・ラジオでレストランや商店に流す音楽; 商標)). 退屈な音楽．

muz·zi·ly /mʌ́zɪli/ 副 ぼんやりと; ぼーっと．

muz·zi·ness /mʌ́zinəs/ 名 U 不鮮明; ぼーっとしていること．

* **muz·zle** /mʌ́zl/ 名 C **1** (犬・猫・馬などの)鼻, 鼻面 (☞ nose 関連). **2** (動物にはめる)口輪. **3** 銃口; 砲口．
— 動 (しばしば受身形) 〈動物〉に口輪をかける． **2** (軽蔑) 〈人〉に口止めする; 〈新聞などの〉言論を封じる．

muz·zy /mʌ́zi/ 形 (**muz·zi·er; -zi·est**) (英) **1** (形・音などが)ぼんやりした, 鮮明でない. **2** (頭が)はっきりしない, (病気や酒で)ぼーっとした．

MVP 略 =most valuable player (☞ player 1).

MW 略 =medium wave, mega-watt(s).

* **my**[1] /máɪ, mai/ (類語 might') 代 人称代名詞 I² の所有格 (☞ one's 語法). **1** (1) [名詞の前につけて限定的に] 私の: John is *my* best friend. ジョンは私の親友です / My father is a doctor. 私の父は医者です． 関連 mine 私のもの．
(2) [動名詞の意味上の主語として] (やや格式) 私が (☞ sense subject 文法 (2) (iii) (c)]: Do you mind *my* smoking? たばこを吸ってもよろしいですか．
2 [呼びかけの語句に添えて親しみの気持ちなどを表わす]: *my* boy おい坊や[君] / *my* dear (丁寧) または (滑稽) お前, あなた / *my* darling あなた. **3** [驚きなどを表わす]: My goodness! なんと！

* **my**[2] /máɪ/ 間 おや！, まあ！; ああ！ (驚きや喜びを表わす) (☞ ☞): Oh, ~! おやまあ, おやおや / M~ [Oh, ~], you look nice! まあ, あなたすてきよ．

Myan·mar /mjáːnmɑː | mjænmá/ 名 固 ミャンマー (東南アジアの国; 1989年からの Burma の公式名; 首都 Yangon /jæŋɡáːn | -ɡɔ́n/).

my·col·o·gist /maɪkɑ́lədʒɪst | -kɔ́l-/ 名 C 菌類学者．

my·col·o·gy /maɪkɑ́lədʒi | -kɔ́l-/ 名 U 菌類学．

my·e·li·tis /màɪəláɪtɪs/ 名 U (医) 脊髄(袋)炎．

My Fáir Lády 名 固 『マイ・フェア・レディ』(米国のミュージカル (1956); 映画化 (1964)).

My·lar, my·lar /máɪlɑː | -lɑ-/ 名 U マイラー (録音テープ・絶縁などの薄く強いポリエステル; 商標).

mý·na(h) (bìrd) /máɪnə-/ 名 C 九官鳥．

MYOB /émwàɪoʊbíː/ 略 =Mind your own business! (☞ business 成句).

my·o·cár·di·al infárction /màɪoʊkɑ́ːdiəl-|-kɑ́ː-/ 名 U (医) 心筋梗塞(袋).

* **my·o·pi·a** /maɪóʊpiə/ 名 U **1** (軽蔑) 近視眼的なこと, 視野の狭さ. **2** (医) 近視．

my·op·ic /maɪɑ́pɪk | -ɔ́p-/ 形 **1** (軽蔑) 近視眼的な, 視野の狭い. **2** (医) 近視(性)の． **-op·i·cal·ly** /-kəli/ 副 近視眼的に．

myr·i·ad /mírɪəd/ 名 C (主に文) 無数: ~s [a ~] of stars 無数の星． 形 無数の．

myr·mi·don /mə́ːməd(ə)n | mə́ːmɪdɔn/ 名 C [軽蔑・滑稽] 忠実に命令を実行する人．

myrrh /mə́ː | mə́ː/ 名 U ミルラ, 没薬(箸) ((香気のある樹脂(が採れる植物); 香料・薬剤用)).

myr·tle /mə́ːtl | mə́ː-/ 名 C,U **1** ぎんばいか (常緑低木). **2** =periwinkle¹.

* **my·self** /maɪsélf/ 代 再帰代名詞; ☞ 文法) **1** /maɪsèlf/ [再帰用法; 動詞

前置詞の目的語; 主語がIのときに用いる] (私が)**私自身を[に]**, (私が)自分を[に]; 自分の体[顔, 手など]を: If John doesn't love me, I'll kill ~. もしジョンが私を愛してくれないなら自殺します / I made ~ a cup of coffee. 私は自分でコーヒーを入れた / I looked at ~ in the mirror. 私は鏡で自分の姿[顔]を見た / I cut ~ (while) shaving this morning. けさひげをそっていて顔を切ってしまった.
2 [強調用法; ☞ emphasis 文法 (6)] (1) (私が)自分で; 私本人を[に]: I did it ~. =I ~ did it. 僕がそれをしたのです / I've never been there ~. 私自身はそこへ行ったことがない. (2) [独立構文で意味上の主語] 私自身を: Unhappy ~, I understood what he meant. 私自身不幸だったので, 彼の言うことがわかった. **3** [and, as, than などのあとでI, me の代わりに用いて]: Best wishes to you from John and ~. ジョンと私とであなたの御多幸をお祈り申し上げます.
for mysélf [副] (1) 私自身のために. (2) 私自身で, 独力で. ★以上2つについては ☞ for oneself (oneself 成句). (3) 私個人としては: For ~, I would like to take part in the game. 個人としてはこの競技に参加したいと思います.
★ myself の詳しい用法および by myself, to myself などの成句については ☞ oneself.

*__mys・te・ri・ous__ /mɪstí(ə)riəs/ [形] (名 mýstery) **1** なぞ(のような), 不思議な, 不可解な; (表情などが)なぞめいた: a ~ murder なぞの殺人事件 / a parcel [中身や差出人不明の]なぞの小包 / Mona Lisa's smile is ~. モナリザの微笑は神秘的だ. **2** P (人が)秘密にしたがって, 話し[教え]たがらない: Anne is being very ~ about her new boyfriend. アンは新しい恋人のことをなかなか話したがらない (☞ be² A 1 (4)). **~・ly** [副] なぞのように, 不思議なことに; なぞめいて. **~・ness** [名] U なぞめいていること.

*__mys・ter・y__ /místəri, -tri/ [名] (-ter・ies /-z/; mystérious) **1** C 不可解な事, 不思議な事, 神秘的な[なぞのような]事; 秘密; (略式) 神秘的な人: It is [remains] a ~ to me why he killed himself. なぜ彼が自殺したのか私にはさっぱりわからない.
2 U 神秘, なぞ; 秘密主義: His past is still wrapped [shrouded, veiled] in ~. 彼の過去は依然としてなぞに包まれている. **3** C (小説・映画などの)推理[怪奇]もの, ミステリー. **4** C [しばしば複数形で] (神の啓示による)超自然的真理, 玄義. **5** C [しばしば複数形で] 秘訣(ひけつ); (古代ギリシャ・ローマ民族などの)秘儀, 秘法. [語源] 元来はギリシャ語で 「(目や口を)閉ざす」 の意.
màke a mýstery of ... [動] 他 ...を秘密にする. — [形] A (正体が隠されて)なぞの, なぞにつつまれた; ミステリーの: a ~ woman なぞの女性.

mýstery plày [名] C =miracle play.
mýstery tòur [名] C 《英》ミステリーツアー《行先をふせたバスなどでの行楽旅行》.

†**mys・tic** /místɪk/ [形] =mystical. — [名] C 神秘論[主義者]者.

*__mys・ti・cal__ /místɪk(ə)l/ [形] A **1** 神秘主義的な; 霊感による. **2** 秘法の. **3** 畏怖(いふ)を感じさせる. **-cal・ly** /-kəli/ [副] 神秘(主義)的に.

†**mys・ti・cis・m** /místəsìzm/ [名] U 神秘主義 《祈りや瞑想によって神との合一・真実を会得しようとする立場》.

mys・ti・fi・ca・tion /mìstəfɪkéɪʃən/ [名] U **1** 神秘化. **2** 煙に巻くこと.

*__mys・ti・fy__ /místəfàɪ/ [動] (-ti・fies; -ti・fied; -fy・ing) 他 迷わす, ごまかす, 惑わす, 煙に巻く.

mýs・ti・fỳ・ing [形] 不可解な.

†**mys・tique** /mɪstí:k/ [名] U [単数または a ~] 神秘性.

*__myth__ /mɪθ/ ([類音] miss, Miss, mess) 13 [名] (~s /-s/; [形] mýthical) **1** C 神話; U 神話《全体》: Greek [Roman] ~s ギリシャ[ローマ]神話 / The mountain is famous in ~ and legend. その山は神話と伝説でよく知られている. ★ギリシャ・ローマ神話の神々については ☞ god 表, goddess 表. [関連] legend 伝説. **2** C,U (根拠の薄い)社会的通念; C 架空の人物, 作り話: explode [dispel, debunk] a [the] (popular) ~ (一般に流布している)神話を崩壊させる, 偏見[迷信]を打破する. [語源] ギリシャ語で「ことば, 物語」の意.

myth・ic /míθɪk/ [普通は A] **1** =mythical 1. **2** 神話化された, 伝説的な: ... of ~ proportions 非常に大きな[重要な]....

†**myth・i・cal** /míθɪk(ə)l/ [形] (名 myth) [普通は A] **1** 神話の. **2** 作り話の, 架空の: a ~ beast 架空の動物.

myth・o・log・i・cal /mìθəládʒɪk(ə)l | -lɔ́dʒ-/ [形] [普通は A] 神話(学)の; 神話的な, 架空の.

my・thol・o・gist /mɪθɑ́lədʒɪst | -θɔ́l-/ [名] C 神話学者.

my・thol・o・gize /mɪθɑ́lədʒàɪz | -θɔ́l-/ [動] 他 《格式》神話化する.

†**my・thol・o・gy** /mɪθɑ́lədʒi | -θɔ́l-/ [名] (-o・gies) **1** U 神話《全体》; C 神話集: Greek [Roman] ~ ギリシャ[ローマ]神話. **2** U 神話学. **3** C =myth 2.

myx・o・ma・to・sis /mìksəmətóʊsɪs/ [名] U 粘液腫(しゅ)症《うさぎの致命的な疾患》.

n N

n, N¹ /én/ 名 (複 **n's, ns, N's, Ns** /~z/) **1** ⓒU エヌ《英語アルファベットの第14文字》. **2** Ⓤ《数》n《不特定の値を表わすのに使う》; ☞ nth).

***N**² 略 **1** 北 (north). **2** =northern.

n. 略 =name, neuter, new, noon, note(s) 3, noun, number 2.

'n' /n/ 接 《略式》 =and: rock 'n' roll ロックンロール.

na, n/a, N.A.¹, **NA, N/A** 略 =not applicable 該当せず《アンケートなどである質問・項目に記入が不必要な場合に書く》; not available 入手できず.

N.A.² 略 =North America.

NAACP /éndʌ̀blèɪsìːpíː/ 略 [the ~]《米》=National Association for the Advancement of Colored People 全米黒人地位向上協会.

NAAFI, Naafi /nǽfi/ 略 [the ~]《英》=Navy, Army and Air Force Institutes (英軍の)売店, 食堂.

naan /nɑ́ːn/ 名 ⓒU =nan (bread).

⁺**nab** /nǽb/ 動 (**nabs; nabbed; nab·bing**) 他《略式》〈犯人などを〉つかまえる (for);〈ものを〉ひっつかむ.

na·bob /néɪbɑb | -bɔb/ 名 ⓒ《古風》大富豪, 有力者;《ムガール帝国時代の》インド太守.

Na·bo·kov /nəbɔ́ːkɔf | nǽbəkɔ̀f/ 名 圐 **Vla·di·mir** /vlǽdəmɪr | -mɪə/ ~ ナボコフ (1899–1977)《ロシア生まれの米国の小説家》.

na·celle /nəsél/ 名 ⓒ《空》(航空機の)エンジン室《☞ airplane 挿絵》.

ná·cho chèese /nɑ́ːtʃoʊ-/ 名 Ⓤ ナチョチーズ《トウガラシやスパイスを加えたチーズ》.

na·chos /nɑ́ːtʃoʊz/ 名 [複] ナチョス《チーズのほかチリソースなどをのせたトルティーヤ (tortilla)》.

na·cre /néɪkər/ 名 Ⓤ 真珠層.

na·cre·ous /néɪkriəs/ 形 真珠層の.

na·da /nɑ́ːdə/《スペイン語から》名 Ⓤ ⓢ =nothing.

Na·der /néɪdər/ 名 圐 **Ralph** ~ ネーダー (1934–)《米国の弁護士・消費者運動家》.

⁺**na·dir** /néɪdɪər | -dɪə/ 名 **1** [単数形で]ⓦ 最低点;(失意などの)どん底 (of). **2** [the ~]《天》天底 (⇔ zenith).

nads /nǽdz/ 名 [複] ⓢ《米俗》睾丸 (こうがん).

naff /nǽf/ 形《英俗》馬鹿げた, ださい, ひどい.――動 ⓢ《普通は命令文で》立ち去る, うせる (off).

NAFTA /nǽftə/ 略 =North American Free Trade Agreement 北米自由貿易協定.

⁺**nag**¹ /nǽg/ 動 (**nags; nagged; nag·ging**) 自 **1** がみがみ小言を言う[言って悩ます] (at, about); しつこくせがむ. **2** (心配事などが)つきまとう (at).――他 **1** 〈…に〉しつこくせがむ: Mike is always *nagging* his father *to* buy him a car. マイクはしょっちゅう父親に車を買ってくれとせがんでいる. **2** 〈…に〉がみがみ言う, 小言を言う (about). **3** (心配事などが)〈…を〉苦しめる, 〈…に〉つきまとう.――名 ⓒ《略式》口うるさい人;うるさくせがむ人.

nag² /nǽg/ 名 ⓒ《古風, 略式》老いぼれ馬.

nag·ging /nǽgɪŋ/ 形 (疑い・恐れ・不安・痛みなどが)絶えずつきまとう;がみがみ小言を言う.

nah /nɑː/ 副 ⓢ =no (no のぞんざいな発音を表わしたもの).

Na·hum /néɪ(h)əm | -həm/ 名 圐《聖》ナホム書《旧約聖書中の一書》.

nai·ad /néɪəd | nái-/ 名 (複 ~**s, nai·a·des** /néɪədìːz | nái-/) ⓒ《ギ神話》水の精《川・泉・湖に住む》.

na·if, na·ïf /nɑːíːf/《フランス語から》名 ⓒ《文》単純な人 (☞ naive).

***nail** /néɪl/ 名 (~**s** /~z/) ⓒ **1** くぎ, びょう: drive [hammer] a ~ =hit a ~ (with a hammer) (金づちで)くぎを打つ / remove [draw (out), pull out] a ~ くぎを抜く / "Can I put a ~ in here?" "Oh, no, you can't." 「ここにくぎを打ってもいいですか」「あ, そこはちょっと困るんですけど」 関連 peg 留めくぎ / screw ねじ.

2 [普通は所有格とともに複数形で](手・足の)指のつめ: Don't bite your ~s. つめをかんではいけない. 関連 fingernail 手の指のつめ / thumbnail 親指のつめ / toenail 足の指のつめ.

――――コロケーション――――
break one's *nails* つめをはがす[割る]
cut [pare] one's *nails* つめを切る
do one's *nails* つめの手入れをする
file one's *nails* つめをやすりで磨く
manicure [paint] one's *nails* つめにマニキュアをする
――――――――――――――――

a náil in ...'s cóffin 名 …の寿命を縮めるもの, …の命取りとなるもの. 由来 棺のくぎ, の意. **(as) hárd [tóugh] as náils** 形《略式》(心が)冷酷な; (体が)丈夫な. **hít the náil on the héad** 自《略式》うまく言い当てる, ずばりの事を射る;適切なことをする. **on the náil** 副・形《略式》(1)《主に米》(推測などが)図星で, 的を射て. (2)《英・豪》即座に(払われて): pay cash *on the* ~ 即金で払う.

――動 (**nails** /~z/; **nailed** /~d/; **nail·ing**) 他 **1** [普通は副詞(句)を伴って]〈…を〉くぎで打ちつける, びょうで留める: He ~*ed* the window shut. <V+O+C(形)> 彼は窓をくぎで打ちつけた / I ~*ed* the sign *to* the door. <V+O+*to*+名・代> 私はその掲示をドアに打ちつけた. **2**《略式》〈犯人などを〉つかまえる, 逮捕する (for); 苦労して〈…を〉手に入れる. **3**《米略式》〈スポーツなどで〉〈競技を〉完璧に行なう. **4**《英略式》〈うそ・うわさなどを〉事実でないと証明する: ~ a lie うそを暴く[すっぱぬく]. **náil dówn** 動 他 (1) 〈…を〉くぎで打ちつける. (2)《略式》〈人を〉(期日・値段などに)同意させる, 〈人に〉意見[意向など]をはっきり言わせる, 〈…の〉言質 (げんち) を取る (to). (3)《略式》〈協定などの詳細に〉合意する. (4)《米略式》(苦労して)〈…を〉手に入れる. (5)《略式》〈性格・原因・問題点などを〉はっきりさせる, 〈…を〉明確にする. **náil ... to the wáll [cróss]** 動 他《主に米》〈人を〉厳しく処罰する. **náil úp** 動 他《戸・窓・箱などを〉くぎで打ちつける; 〈絵・掲示などを〉留める.

náil bàr 名 ⓒ《米》ネイルサロン, ネイルバー《つめの手入れ・デザインなどをする店》.

náil-bìter 名 つめをかむ人;《略式》はらはら[どきどき]する小説[試合, 映画など].

náil-bìting 形 Ⓐ (小説・試合・映画などが)はらはら[どきどき]させる.

náil brùsh 名 ⓒ つめブラシ.

náil clìppers 名 [複] つめ切り.

náil enàmel 名 Ⓤ =nail polish.

nail·er /néɪlər | -lə/ 名 ⓒ くぎ打ち機.

náil fìle 名 ⓒ つめやすり.

náil pòlish 名 Ⓤ マニキュア.

náil scìssors 名 [複] つめ切りばさみ.

náil sèt [pùnch] 名 ⓒ (大工の)くぎ締め.

náil vàrnish 名 Ⓤ《英》=nail polish.

Nai·ro·bi /naɪróʊbi/ 名 圐 ナイロビ《ケニアの首都》.

⁺**na·ive, na·ïve** /nɑːíːv/《フランス語から》形《名 naiveté》**1** [けなして] (人・言動・考えなどが)単純な, 世間知らずの, 愚直な;人を信じやすい, だまされやすい: 言い換え You were ~ to believe that.=*It was* ~

you *to* believe that. そんなことを信じるとは君も世間知らずだった (☞ of 12). [日英比較] 日本では「ナイーブ」はおもに「素朴で純真な」というよい意味で使われるが, 英語の naive は「愚直な, だまされやすい」という悪い意味で使うのが普通. **2** [ほめて] (言動が)無邪気な, 純真な, 素朴な. [語源]「生まれつきの」の意で, native と同語源. **~·ly** [副] **1** 単純に, 世間知らずに; 信じやすく. **2** 純真に, 素朴に.

na·ive·té, -ïve- /nɑ̀ːiːvtéɪ | nɑːíːvteɪ/ 《フランス語から》 [名] ([形] naíve) [U] **1** [けなして] 単純さ, 世間知らず, 甘さ; 愚直; 人を信じやすいこと. **2** 純真, 無邪気.

na·ive·ty, na·ïve·ty /nɑːíːvəṭi/ [名] [U] =naiveté.

***na·ked** /néɪkɪd/ [形] **1** [比較なし] 裸の, 裸体の; 毛[羽]の生えていない (☞ bare [類義語]): stark [(米) buck] ~ まっ裸の / go ~ 裸で過ごす / strip ~ 裸になる / The workers were ~ *to* the waist. 労働者たちは上半身裸だった.
2 [A] [新聞で] (事実などが)ありのままの, あからさまの (plain), 赤裸々の, 露骨な: the ~ facts ありのままの事実.
3 [普通は [A]] 覆(おお)いのない, むき出しの; [普通は [P]] 無防備な, 無力な: a ~ light bulb 裸電球 / a ~ electric wire むき出しの電線 / a ~ flame 裸火.

náked éye [名] [the ~] 肉眼, 裸眼.
náked·ly [副] あからさまに; むき出しに.
náked·ness [名] [U] 裸; むき出し.

Nam /nɑ́ːm/ [名] [固] Ⓢ =Vietnam.

na·mas·te /nʌ́məstèɪ/ 《ヒンディー語から》 [感] 《インド英》 こんにちは 《両手を合わせてのあいさつで用いる》.

nam·by-pam·by /nǽmbipǽmbi←/ 《略式》 [軽蔑] [形] 感傷的な; にやけた, 軟弱な. ― [名] (-pam·bies) [C] 感傷的な人[話]; 軟弱な人.

****name** /néɪm/ [名] (~s /~z/; [形] nóminal 1, 2) **1** [C] (人や物の)名, 名前, 名称 (*for*); 姓名 (略 n.; ☞ nominate [語源]): Do you know the ~ *of* this flower? この花の名を知っていますか / Write your ~ and address here, please. お名前とご住所をここにお書きください. [日英比較] 日本語の「住所氏名」と語順が逆 // "What was her maiden ~?" "It was Smith." 「彼女の旧姓は何ですか」「スミスです」 [関連] nickname あだ名 / stage name 芸名.

> [語法] **名前の尋ね方**
> 相手の名前を尋ねるとき, Who are you?↘(あなたはだれなの)と下降調のイントネーション (☞ つづり字と発音解説 93) で言うのは失礼な言い方で普通の会話では用いられない. What is your ~? (名前は何というの)も多少ぶっきらぼうな言い方で, May I have [ask] your ~, please? (お名前は何とおっしゃいますか)などと尋ねるほうが丁寧.

May I have your ~ on this receipt? この受領証にお名前を書いていただけますか / There's no one here *by* that ~. そういう名前の人はここにはおりません.

> [参考] (1) 英米人は家の名つまり姓より, 個人の名を先に言う. 例えば George Washington という名では, 初めの George が個人の名でこれを first name, Christian name (キリスト教徒の場合), 《格式》 forename, 《米》ではまた given name といい, 後の Washington が姓でこれを last name, surname または family name という. また Edgar Allan Poe の Allan のように first name と last name の間にもう 1 つ(時に複数)の名を持っている人が多く, これを middle name という (☞ full name). ただし, middle name も含めて姓以外の名全部を first name(s) のようにまとめて呼ぶこともある. 改まった場合には Mr., Mrs., Miss, Ms. などをつけて last name で呼ぶが, 友人や同僚どうしは普通相手を first name で呼ぶ (☞ first-name).
> (2) 日本人の名前を英語で話したり書いたりするとき, 従来は英米の習慣に従って Ichiro Tanaka のように名 → 姓の順に直して使う習慣があったが最近では日本の習慣どおり Tanaka Ichiro のように姓 → 名の順で言う方式に変わりつつある (☞ Nobel prize 例文).

米国で最も多い姓 10

1. Smith /smíθ/	6. Miller /mílə	-lə/
2. Johnson /dʒɑ́ns(ə)n	dʒɔ́n-/	7. Davis /déɪvɪs/
3. Williams /wíljəmz/	8. Wilson /wíls(ə)n/
4. Brown /bráʊn/	9. Anderson /ǽndəs(ə)n	-də-/
5. Jones /dʒóʊnz/	10. Taylor /téɪlə	-lə/

2 [単数形で] 評判, 名声: one's good ~ 名声, 好評 / The hotel has a (good) ~ *for* its service. そのホテルはサービスがよいので好評だ. [日英比較]「ネームバリュー」は和製英語. **3** [C] [しばしば単数形で] [新聞で] 《略式》 有名な人, 名士: a big [a famous, an important, a household] ~ 有名人. **4** [形容詞的に] 《略式, 主に米》 有名な, 一流の: ☞ name brand. **5** [C] (実(じつ)に対しての)名, 名ばかりのもの, 名目; 名義; 虚名: the land in my wife's ~ 妻名義の土地.

∴ by náme [副] (1) 名を言って, 名指しで: He called me *by* (my) ~. 彼は私の名を呼んだ. (2) 名前が…という. (3) ☞ know … by name.
by the náme of ∴ [前] 《格式》 …という名の; …と称する: I met a man *by the* ~ *of* Jones. ジョーンズという名の人に会った.
cáll … áll the námes ùnder the sún [動] [他] 〈人〉をののしる.
cáll … námes [動] [他] 〈人〉をののしる, (面と向かって)〈人〉の悪態をつく.
dróp námes [軽蔑] (相手を感心させるために)有名人の名を(さも親しげに)口にする[あげる] (name-drop).
énter one's náme for … [動] [他] 《主に英》 =put one's name down for ….
gíve … a bád náme [動] [他] 〈…の〉評判をおとす (☞ 2).
gíve one's náme to … [動] [他] (自分の考案[発明]品)に名を残す[自分の名をつける].
gó by the náme (of) ∴ [動] [他] (特に身元を隠すために)…という名前で通している.
∴ has —'s náme on it. [しばしば滑稽] …は—のものである, …は—にふさわしい.
hàve [gèt] a náme [動] [自] 評判をとる (*for*) (☞ 2).
in áll [éverything] but náme [形・副] (公認ではないが)事実上[実質]の[は].
in Gód's [héaven's] náme=in the náme of Gód [héaven] [副] (1) 神に誓って. (2) Ⓢ [疑問詞を強めて] 一体全体.
in náme ónly [alóne] [形・副] 名目だけの[は].
in the náme of ∴ [前] (1) (神など)の名にかけて, …に誓って: ☞ in God's name. (2) [けなして] …の名において, …の名目で: The war was waged *in the* ~ *of* freedom. その戦争は自由の名において行なわれた. (3) …の権威において: Stop, *in the* ~ *of* the law. 法の定めで停止を命ずる. (4) 《格式》 …に代わって.
knów … by náme [動] [他] 〈…〉の名前は知っている: I *know* Mr. Black just [only] *by* ~. ブラックさんは名前だけは知っています.
lénd one's náme to … [動] [他] (支援して)…に名前を貸す.
máke a náme for onesèlf=máke one's náme [動] [自] (よいことで)有名になる, 評判を高める

(as) (☞ 2).
pùt a náme to ... [動] [他] [普通は cannot, could not を伴って] [S] …を思い出す; …をうまく表現する.
pùt a náme to a fáce [動] [自] [普通は否定文で] 名前を思い出す.
pùt one's náme dòwn for ... [動] [他] …の候補として記名する; …へ応募[入会]する.
pùt one's náme to ... [動] [他] …に署名する.
táke ...'s [the Lórd's 《古風》 または 〘聖〙**] náme in váin** [動] [滑稽] 軽々しく人[神]の名を口にする.
the náme of the gáme [名] 《略式》 肝心な事[物], 眼目, (物事の)決め手.
to one's náme [副] [普通は否定文で] 《略式》 (金銭が)自分の所有で: He did*n't* have a penny *to his* ～. 彼は自分の金は全く持っていなかった.
ùnder the náme (of) ... [前] …という名で; …の名義で.
— [動] (**names** /~z/; **named** /~d/; **nam·ing**) [他] **1** 〈人・物〉を…と名づける, 命名する: The plane *was* ～*d* the Eagle. <V+O+C (名)の受身> その飛行機は「イーグル号」と名づけられた / Once there was a farmer ～*d* John. 昔ジョンという名の農夫がいました.
2 〈…〉の名を言う, 名指す (mention); 名を列挙する: *N*～ some of the flowers you like. あなたの好きな花をいくつか言いなさい. **3** (…に) 〈…〉を指名する, 任命する (*to*; *to* do) (appoint): They ～*d* Mr. Clark *for* the post. 彼らはクラーク氏をその地位に任命した / She *was* ～*d* (*as*) (the) successor to the chairman. 彼女は会長の後継者として指命された. **4** 〈日時など〉をはっきりと決める, 指定する (*for*).
náme 〈...〉 **— àfter** [《米》 **for**] ... [動] [他] **...の名をとって〈...〉を—と命名する:** She was ～*d* Mary *after* her aunt. 彼女はおばの名からメアリーと名づけられた.
náme and sháme [動] [他] 《英》 〈...〉の責任を追及する, 名前を出して辱める.
náme námes [動] [自] (悪事関係者, 特に共犯者の)名を明かす.
yòu náme it. 《略式》 [S] 他にもよりどりみどりで.
náme brànd [名] [C] 《米》 有名ブランド品.
náme-brànd [形] [A] 《米》 有名ブランドの.
náme-càlling [名] [U] 悪口(を言うこと), 中傷.
náme-chèck [動] [他] 〈...〉の名前を引用する. — [名] [C] **1** 名前を挙げること. **2** リストにある人の確認.
náme·chècking [名] [U] 名前を挙げること.
náme dày [名] [C] 聖名祝日 《当人と同名の聖人の日》.
náme-dròp [動] (**-drops; -dropped; -drop·ping**) [自] 《略式》 [軽蔑] または [滑稽] (個人的な知り合いのように)有名人の名前をあげる.
náme-dròpper [名] [C] 《略式》 [軽蔑] または [滑稽] (個人的な知り合いのように)有名人の名前をあげる人.
náme-dròpping [名] [U] 《略式》 [軽蔑] または [滑稽] (個人的な知り合いのように)有名人の名前をあげること.
náme·less [形] [普通は [A]] **1** 名のない; 無名の; 匿名の: a certain person who shall remain ～ [S] 名前は伏せておくがある人. **2** 《文》 (恐怖などが)名状しがたい; (犯罪などが)言語道断の.
***name·ly** /néɪmli/ [T2] [副] [つなぎ語] 《格式》 すなわち, つまり (☞ parenthesis [文法]): the two countries of North America; ～ the United States and Canada 北米の2つの国, つまり米国とカナダ.
[語法] namely も that is to say も前の語句をさらに詳しく説明するときに使うが, namely のほうが前よりもいっそう具体的な説明をするときに用いられる (☞ i.e., viz.).
náme·plàte [名] [C] 表札; 名札.
náme·sàke [名] [C] [普通は所有格の後で] [W] 同名の人[物]; (他人の)名をもらった人.
náme tàg [名] [C] 名札.
náme tàpe [名] [C] 《英》 ネームテープ 《児童の衣服などに貼る名前を書いた布》.
Na·mib·i·a /nəmíbiə/ [名] [固] ナミビア 《アフリカ南西部の国》.
Na·mib·i·an /nəmíbiən/ [名] [C] ナミビア(出身)の人. — [形] ナミビアの.
nan /nǽn/ [名] [C] 《英略式, 小児》 おばあちゃん.
Nan /nǽn/ [名] [固] ナン 《女性の名; Ann(e), Anna の愛称》.
nan·a, 《英》 **nan·na** /nǽnə/ [名] [C] 《略式, 主に小児》 ＝nan.
Nā·nak /náːnək/ [名] [固] ナーナク (1469–1539) 《インドの宗教家; シーク (Sikh) 教の開祖》.
nán (brèad) /náːn-/ [名] [U,C] ナン 《インドの平たい発酵パン》.
Nan·cy /nǽnsi/ [名] **1** [固] ナンシー 《女性の名; Ann(e), Anna の愛称》. **2** [C] [n-] 《古風, 英》 [差別] めめしい男, ホモ.
náncy bòy [名] [C] ＝Nancy 2.
nan·dro·lone /nǽndrəlòun/ [名] [U] ナンドロロン 《スポーツの競技者が不法に用いる筋肉強化剤》.
Nan·jing /nàndʒíŋ/ [名] [固] ナンキン(南京) 《中国東部の揚子江 (Yangtze) に臨む都市》.
Nan·king /nænkíŋ/ [名] [固] ＝Nanjing.
⁺**nan·ny** /nǽni/ [名] (**nan·nies**) [C] **1** 乳母, 子守役 《同居するベビーシッター兼家庭教師で, 普通は女性》. **2** 《英略式, 主に小児》 おばあちゃん.
nánny gòat [名] [C] 《小児》 雌やぎ. [関連] billy goat 雄やぎ.
nan·ny·ing /nǽniɪŋ/ [名] [U] 《英》 **1** [けなして] 甘やかし. **2** 乳母の職.
nánny stàte [名] [the ～] 《英》 [けなして] (国民を過保護に管理する)福祉国家.
nan·o- /nǽnou/ [接頭] 「10億分の1の」の意: *nano*second 10億分の1秒 / *nano*meter ナノメートル (10^{-9} meter).
náno·sècond [名] [C] ナノ秒, 10億分の1秒 《記号 ns, nsec》.
náno·technòlogy [名] [C,U] ナノテクノロジー 《微小な機械の加工など分子・原子のオーダーの材料を扱う技術》.
Nan·tuck·et /næntʌ́kət/ [名] [固] ナンタケット 《Massachusetts 州 Cape Cod の南にある島; 観光地》.
Na·o·mi /neɪóumi, néɪəmì:/ [名] [固] **1** ネオミ 《女性の名》. **2** 〘聖〙 ナオミ 《Ruth の義母》.
⁺**nap**[1] /nǽp/ [T3] [名] [C] うたた寝, 居眠り, 昼寝. **tàke [hàve] a náp** [動] [自] 昼寝する. — [動] (**naps; napped; nap·ping**) [自] うたた寝をする. **cátch ... nápping** [動] [他] [普通は受身で] 《略式》 〈...〉の不意を突く, 油断につけこむ; サボっているところを見つける.
nap[2] /nǽp/ [名] [単数形で] (ベルベットなどの)けば.
nap·a, nap·pa /nǽpə/ [名] [C,U] 白菜.
na·palm /néɪpɑːm/ [名] [U] ナパーム 《ガソリンのゼリー化剤; 火炎放射器・焼夷(しょうい)弾用》. — [動] [他] 〈...〉をナパーム弾で攻撃する.
nape /néɪp/ [名] [単数形で] 《文》 (人の)首筋, うなじ (*of*) (☞ neck 挿絵; scruff[1]).
naph·tha /nǽfθə/ [名] [U] ナフサ 《粗製のガソリン》.
naph·tha·lene /nǽfθəlìːn/ [名] [U] 〘化〙 ナフタリン.
⁺**nap·kin** /nǽpkɪn/ [名] [C] **1** (食卓用の)ナプキン (table napkin): Put your ～ on your lap. ひざにナプキンを置きなさい. **2** 《米》 生理用ナプキン (sanitary napkin). **3** 《古風, 英格式》 おむつ (《米》 diaper).
[語源] 古(期)フランス語で 「小さなテーブル掛け」 の意; ☞ apron [語源].
nápkin rìng [名] [C] ナプキンリング 《ナプキンを巻いてはさんでおく金属などの輪》.
Na·ples /néɪplz/ [名] [固] ナポリ 《イタリア南部の風光の

美しい港市): See ～ and (then) die. 《ことわざ》ナポリを見てから死ぬ(一生に一度はナポリを見物しておけ,日光を見ずして結構と言うなかれ).

na·po·le·on /nəpóυliən, -ljən/ 图 ナポレオン《トランプ遊びの一種》.

Na·po·le·on Bo·na·parte /nəpóυliən-bóυnəpɑ̀ːt, -ljən- | -pɑ̀ːt/ 图 ナポレオン(ボナパルト) (1769-1821) 《フランスの皇帝 (1804-15); Waterloo の戦いに敗れ St. Helena 島へ流されて死んだ》.

nap·pa /nǽpə/ 图 C,U = napa.

***nap·py**¹ /nǽpi/ 图 (**nap·pies**) 《英》= diaper.

nap·py² /nǽpi/ 形 《略式》《髪の毛が》ちぢれた, 短くてきつくカールした(主に黒人が用).

náppy ràsh 图 U 《英》= diaper rash.

narc /nɑ́ɚk | nɑ́ːk/ 图 C 《米俗》麻薬捜査[取締]官. ― 動 自 《米俗》 (麻薬に関して)たれ込む (on).

narcissi 图 narcissus の複数形.

nar·cis·sis·m /nɑ́ɚsəsìzm | nɑ́ː-/ 图 U 《格式》[軽蔑] 自己陶酔(症), ナルシシズム; 自己愛.

nar·cis·sist /nɑ́ɚsəsɪst | nɑ́ː-/ 图 C 《格式》[軽蔑] 自己陶酔者.

nar·cis·sis·tic /nɑ̀ɚsəsístɪk | nɑ̀ː-ˊ/ 形 《格式》[軽蔑] 自己陶酔的な.

nar·cis·sus /nɑɚsísəs | nɑː-/ 图 (複 ～·es, ～, **nar·cis·si** /-saɪ/) C すいせん(⇒ daffodil).

Nar·cis·sus /nɑɚsísəs | nɑː-/ 图 圃 《ギ神》ナルキッソス《泉に映った自分の姿に恋いこがれて水死し, すいせんの花と化した美青年》.

nar·co·lep·sy /nɑ́ɚkəlèpsi | nɑ́ː-/ 图 U 《医》睡眠発作, ナルコレプシー.

nar·co·lep·tic /nɑ̀ɚkəléptɪk | nɑ̀ː-ˊ/ 形 《医》睡眠発作の.

narcissus

nar·co·sis /nɑɚkóυsɪs | nɑː-/ 图 (複 **nar·co·ses** /-siːz/) U,C 《麻酔薬などによる》昏睡(読)状態.

***nar·cot·ic** /nɑɚkɑ́tɪk | nɑːkɔ́t-/ 图 C 1 [しばしば複数形で] 《主に米》麻薬. 2 《医》麻酔薬, 麻酔剤; 鎮静剤, 睡眠薬. ― 形 A 1 《主に米》麻薬の, 麻薬中毒の. 2 《医》麻酔薬[剤]の.

nark /nɑ́ɚk | nɑ́ːk/ 图 C 《俗, 主に英》たれこみ屋, 警察のスパイ.

narked /nɑ́ɚkt | nɑ́ːkt/ 形 [普通は P] 《古風, 英俗》いらいらした, 怒った.

nark·y /nɑ́ɚki | nɑ́ː-/ 形 (**-i·er**; **-i·est**) 《古風, 英俗》怒りっぽい, 機嫌が悪い.

***nar·rate** /nǽreɪt, næréɪt | nəréɪt/ 動 (图 narration, nárrative, 形 nárrative) 他 《格式》〈…〉を物語る, 《順序立てて》述べる, 話す (tell);〈映画など〉の語り手[ナレーター]になる[を務める].

nar·ra·tion /næréɪʃən, nə-/ 图 (動 nárrate) **1** C,U 《格式》叙述, 物語ること; ナレーション. **2** C,U 《格式》物語 (tale). **3** U 《文法》話法.

文法 話法

他人や自分の言ったことを他人に伝える方法をいう. 話されたことばをそのまま伝える言い方を直接話法 (direct narration) といい, その内容を話者自身のことばに直して伝える言い方を間接話法 (indirect narration) という (なお ⇨ represented speech 文法).

直接話法においては, 書く場合には引用符 (quotation marks (" " または ' ' の記号)) を用い, 引用することばの前はコンマで区切り, 引用の初めは大文字で始める. 引用されることばを被伝達部 (reported speech), said などのように引用に用いる動詞を伝達動詞 (reporting verb), He said のような部分を伝達節 (reporting clause) という. また直接話法を間接話法に, または間接話法を直接話法に直すことを話法の転換という.

---

narration 1163

直接話法を間接話法に直す場合の話法の転換について
(1) 平叙文の話法の転換.
(i) コンマや引用符をはずす.
(ii) 伝達節と被伝達部を that でつなぐ. ただしこの that は省略されることもある.
(iii) say to … のように話し相手の指定がある場合には, 普通は tell … that ～ の形を用いる.
(iv) 被伝達部の動詞の時制も, 時制の一致の法則に従って変える (⇨ sequence of tenses 文法).
(v) 代名詞や場所・時を表わす副詞を適宜に変える: He often *says*, "I am busy." → He often *says* (*that*) *he* is busy. 彼は忙しいと言っている / He often *said*, "I am busy." → He often *said* (*that*) *he was* busy. 彼は忙しいと言った / He *said to me*, "I have something to tell you." → He *told me* (*that*) *he had* something to tell *me*. 彼は私にちょっと話があると言った / She *said to me*, "I won't go to the party." → She *told me* (*that*) *she* wouldn't go to the party. 彼女はそのパーティーには行かないつもりだと私に言った / He *said*, "I met the girl *yesterday*." → He *said* (*that*) *he had met* the girl *the previous day* [*the day before*]. 彼は前日にその女の子に会ったと言った / He *said*, "I've been here several times." → He *said* (*that*) *he had been there* several times. 彼はそこに何度か行ったことがあると言った.
以上の場合, 最後の2例においては, 状況に応じて副詞が変わることがある. 例えば, 彼のことばをその日のうちに伝達している場合には, yesterday をそのままで次の previous day に変える必要はなく, また伝達している場所が彼のことばの言われたのと同じ場所であれば here を there に変える必要はない. しかし, 一般的には, 副詞については次のような変化が起こることが多い: this → that / these → those / here → there / now → then / today → that day / yesterday → the day before, the previous day / tomorrow → (the) next day / last night → the night before, the previous night / ago → before, etc.
(2) 疑問文の話法の転換.
(i) 疑問詞のある疑問文の場合.
  (a) 疑問詞を接続詞に用いる.
  (b) 伝達動詞は ask, inquire などに変える.
  (c) 被伝達部の主語と動詞の語順は平叙文の語順に直す.
  (d) 疑問符はつけない.
  (e) その他のことは (i) の場合の話法の転換に準ずる: He *said to me*, "*Where are you going*?" → He *asked me where I was going*. 彼は私にどこに行くのかと尋ねた / She *said to me*, "*How old are you*?" → She *asked me how old I was*. 彼女は私に何歳かと尋ねた / He *said to her*, "*What happened*?" → He *asked her what had happened*. 彼は彼女に何が起こったのか尋ねた.
(ii) 疑問詞のない疑問文の場合.
  (a) if, whether を接続詞に用いる.
  (b) 被伝達部の主語・動詞の語順は平叙文の場合と同じ.
  (c) あとは (i) の場合に準ずる: He *said to me*, "*Are you hungry*?" → He *asked me if* [*whether*] *I was* hungry. 彼は私におなかがすいたかと尋ねた / She *said to me*, "*Did you meet my brother*?" → She *asked me if* [*whether*] *I had met her* brother. 彼女は私が彼女の弟[兄]に会ったかどうか尋ねた 《⇨ if 6 語法》.
(3) 命令文の話法の転換.
(i) 伝達動詞を被伝達部の内容に応じて tell, ask, order, request, beg, advise などに変える.
(ii) 被伝達部は to 不定詞で始める.

(iii) 否定の命令は to 不定詞の前に not を置く.
(iv) その他のことは平叙文の話法の転換に準ずる: He said to me. "Go!" → He told [ordered] me to go. 彼は私に行け[始めろ]と言った / She said to me, "Please wait." → She asked me to wait. 彼女は私に待って下さいと言った / He said to us, "Don't be noisy." → He told us not to be noisy. 彼は我々に騒ぐなと言った.

[語法] 命令文の内容によっては伝達動詞は suggest, propose などを用いることがある: He said, "Let's go." → He proposed [suggested] going [that we go]. 彼は行こうと言った.

*nar・ra・tive /nǽrətɪv/ 名 (動 nárrate) (~s /-z/)《格式》 1 CU (現実の)話; 物語 (story); (会話部分に対して)地[語り]の部分. 2 U 物語ること; 話し方, 話術. —形 A《格式》 1 物語風の: a ~ poem 物語詩. 2 物語りの, 話術の.

nar・ra・tor /nǽreɪtə, næréɪ- | nəréɪtə/ 名 C《格式》物語る人; (テレビなどの)語り手, ナレーター.

*nar・row /nǽrou/ 田 形 (nar・row・er; nar・row・est) 1 幅が狭い (反 broad, wide); 細い: a ~ bridge 狭い橋 / The alley is too ~ for the car to get into. 谷は狭くて車が入れない / The N~ Road to the Deep North『奥の細道』(芭蕉の旅日記の英訳名).

narrow (幅が)	狭 い
small (面積が)	(☞ wide 表)

2 (範囲・知識などが)狭い, 限られた: a ~ circle of friends 狭い友人関係 / in a ~ sense 厳密な意味で. 3 [普通 A] (勝負・議決などが)ぎりぎりの, きわどい: a ~ victory かろうじて勝つこと, 辛勝 / I had a ~ escape. 間一髪逃れた[命拾いした]. 4 《考え・態度などが》心が狭い, 狭量な (反 broad); けちけちしている, けちな: ~ views 狭い見方, 狭量な考え. 5《格式》詳しい, 精密な.

—動 (nar・rows /-z/; nar・rowed /-d/; -row・ing)

——自 他 の転換——
自 狭くなる (to become narrow or narrower)
他 狭くする (to make (something) narrow or narrower)

— 自《道・川など》狭くなる; 細くなる; W 《目が》細まる; (可能性・差など》狭まる: The valley ~s 500 feet ahead. 谷は 500 フィート先で狭くなっている.
— 他《道など》狭くする; 細くする; W《目》を細める; 《差・可能性など》を狭める: We must ~ the gap between young and old. 我々は若者と年寄りの断絶を狭めなければならない. nárrow dówn [動] 他《範囲など》を制限する, 《リストなど》を絞る (to); 《差など》を狭める. —名 [複数形でしばしば N- として時に単数扱い] 海峡, 瀬戸; 《米》 (川などの)狭い部分.

nárrow・bànd 形《通信》狭(周波数)帯域の《データ通信が遅い; ☞ broadband》.

nárrow bóat 名 C《英》=canalboat.

nárrow・càst 動《特定の視聴者に》〈…〉をケーブル[有線]テレビで放送する. — 自 ケーブル[有線]テレビで放送する. —名 C ケーブル[有線]テレビ放送.

nárrow gáuge 名 C《鉄》狭軌《レールの間隔が 1.435 メートルに満たないもの》. [関連] broad gauge 広軌 / standard gauge 標準軌.

nárrow・ly 副 1 かろうじて (barely), あやうく: We ~ escaped death. 私たちはかろうじて死をまぬがれた. 2 狭義に, 狭く. 3 《格式》入念に; 詳しく, 精密に.

nárrow-mínded 形 (反 broad-minded)《軽蔑》心の狭い, 狭量の, 偏狭な. ~・ly 副 狭量に. ~・ness 名 U 狭量, 偏狭.

nárrow・ness 名 U 狭さ; 狭量; きわどさ; 綿密 (of).

nar・whal /nάː(h)wəl | nάː-/ 名 C 一角《北極海産の鯨の一種; 雄は長い角状のきばをもつ》.

nar・y /néǝri/ 形 [nary a ... で]《米文》少しも[一つも]…ない.

†NASA /nǽsə, nάː-/ 名 固 =National Aeronautics and Space Administration 《☞ aeronautics》.

†na・sal /néɪz(ə)l/ 形 1 A《解》鼻の, 鼻腔の: the ~ cavity 鼻腔. 2 鼻にかかった, 鼻声の, 鼻音の. [関連] oral 口の. —名 C《音声》鼻音《/m/, /n/, /ŋ/など》. ~・ly /-zəli/ 副 鼻音的に; 鼻にかけて.

na・sal・ize /néɪzəlàɪz/ 動《音声》〈…〉を鼻音化する.

NASCAR /nǽskɑə | -kɑː/ 略 =National Association for Stock Car Auto Racing《米国の》全国ストックカーレース協会.

nas・cent /nǽs(ə)nt, néɪ-/ 形 A《格式》発生しかけている, 生まれつつある; 初期の, 発生期の.

NASDAQ /nǽzdæk/ 名 固 [the ~] ナスダック《株式店頭市場の気配値のコンピューターによる情報システム; National Association of Securities Dealers Automated Quotations》.

Nash /nǽʃ/ 名 固 Ogden ~ ナッシュ (1902-71)《米国のユーモア詩人》.

Nash・ville /nǽʃvɪl/ 名 固 ナッシュヴィル (Tennessee 州中北部の州都; カントリーミュージックが盛ん).

nas・ti・ly /nǽstəli | nάːs-/ 副 1 意地悪く, 悪意をもって. 2 胸の悪くなるように, 不快に.

nas・ti・ness /nǽstinəs | nάːs-/ 名 U 1 意地悪さ, 悪意. 2 不快, ひどさ.

nas・tur・tium /nəstə́ːʃəm | -tə́ː-/ 名 C のうぜんはれん, きんれんか, ナスターチウム《観賞用植物》.

*nas・ty /nǽsti | nάːsti/ 形 (nas・ti・er /-tiə | nάːstiə/; nas・ti・est /-tiɪst | nάːs-/) 1 (発言・行動などが)意地の悪い, 悪意のある; 脅迫的な; 卑劣な: a ~ question 意地の悪い質問 / a ~ trick 卑劣なたくらみ / Don't be so ~ to me. <A+to+名・代> 私にそんなに意地悪しないで

2 Ⓢ (味・においなどが)(気持ちが悪くなるほど)いやな, 胸の悪くなるような (反 nice): a ~ smell いやなにおい / It tastes ~. それはいやな味がする.

3 《略式》(傷・病気などが)ひどい; (予感などが)いやな; (習性・癖などが)困った; (天候などが)荒れ模様の, 険悪な; A (問題・状況などが)危ない, やっかいな: a ~ cut ひどい傷 / have a ~ feeling (主に英) いやな予感がする / a ~ habit 困った習性 / a ~ situation やっかいな立場. 4 [普通 A] わいせつな, みだらな, いやらしい: a násty piece of wórk 名《英略式》いやに[信頼できない]やつ. túrn [gét] násty 動 自《主に英》(1) 意地悪くなる; 不機嫌になる, 攻撃的になる, 怒る; おどす. (2) (天気が)荒れ模様になる. —名 C《略式》不快なこと. dò the násty《米俗》セックスする.

Nat /nǽt/ 名 固 ナット《男性の名; Nathaniel の愛称》.

nat. =national, natural.

na・tal /néɪtl/ 形 [普通は合成語で] A 出生[産]の: ☞ prenatal.

na・ta・to・ri・um /nèɪt̬ətɔ́ːriəm, nǽt̬- | nèɪtətɔ́ː-ri・a /-riə/) C《米》屋内プール.

natch /nætʃ/ 副 [文修飾的に] Ⓢ (略式) [滑稽で] 当然, もち(ろん) (naturally).

Na·than·iel /nəθǽnjəl/ 名 固 ナサニエル (男性の名; 愛称は Nat).

✱na·tion /néɪʃən/ Ⅰ 名 (~s /-z/; 形 nátional) Ⓒ [(英) 単数形でも時に複数扱い]

ラテン語で「生まれた」の意で, native, nature と同語源. →(地元生まれの人たち)→「種族」「民族」2→「国民」1→「国家」

1 [しばしば the ~] [新聞で] (国家を構成する)国民(全体) (☞ race² 類義語); 国家 (☞ country 表): the voice of *the* ~ 国民の声, 世論 / the Japanese ~ 日本国民 / *The* whole ~ was [were] glad to hear the news. 全国民はその知らせを聞いて喜んだ. 関連 the United Nations 国際連合. **2** 民族 (people), 種族: a ~ without a country 国を持たない民族 / We are a peace-loving ~. 我々は平和を愛する民族である / the Hopi ~ ホービ族.

✱na·tion·al /nǽʃ(ə)nəl/ 形 (名 nátion, 動 nátionalize) [普通は Ⓐ] **1** [比較なし] 国家の; 国民の, 国民的な; 国内の(国際的 (international) に対して) (略 nat., natl.): the ~ flower 国花 (日本の桜, England のばらなど) / a ~ sport 国技 (日本の相撲, 米国のフットボールや野球など) / a ~ hero 国民的な英雄 • be in the ~ interest 国益にかなっている. 関連 international 国際的な.

2 [比較なし] Ⓐ 国立の, 国有の: a ~ theater 国立劇場 / a ~ bank 国立銀行; (米) 国法銀行 / ~ forests 国有林. **3** 全国的な: a ~ newspaper 全国紙. 関連 local 地方の. ── 名 Ⓒ [普通は複数形で (格式)] ...国籍の人, (外国人住む)...人: Japanese ~s in the United States 在米邦人.

⁺nátional ánthem 名 Ⓒ 国歌: the British ~ 英国国歌 (☞ subjunctive present 文法 (2) の例文). 関連 the Star-Spangled Banner 星条旗 (米国歌).

nátional assémbly 名 Ⓒ 国民議会; 下院.
nátional convéntion 名 Ⓒ (米) 全国大会 (大統領候補者を指名し政策綱領を決定する).
nátional cóstume 名 ⒸⓊ 民族衣装.
Nátional Currículum 名 [the ~] (英) (5才から16才までの)公立校の教育課程, カリキュラム.
nátional débt 名 Ⓒ [普通は the ~] 国債.
nátional dréss 名 Ⓤ =national costume.
nátional flág 名 Ⓒ 国旗. ★米国とカナダの国旗は表地図を, 英国・オーストラリア・ニュージーランド国旗は裏地図を参照. 関連 the Stars and Stripes 星条旗 (米国旗) / the Union Jack ユニオンジャック (英国旗).
Nátional Frónt 名 [the ~] (英) (英国)国民戦線 (極右の国家主義政党).
Nátional Geográphic 名 固 [the ~]『ナショナル ジオグラフィック』(米国の月刊誌; 世界各地の珍しい自然や風俗・動物などを写真を中心に紹介する).
Nátional Geográphic Socìety 名 [the ~] 米国地理学協会.
⁺nátional góvernment 名 Ⓒ [普通は単数形で] 挙国一致内閣, 超党派内閣 (非常事態下での).
nátional grìd 名 Ⓒ **1** [しばしば the N- G-] (英) 主要発電所間の高圧送電線網. **2** 地図上の座標系.
Nátional Guárd 名 [the ~] (米) 州兵 (全体), 州軍 (州ごとに組織される民兵軍; 戦時・非常時には連邦正規軍に編入される).
⁺Nátional Héalth Sèrvice 名 [the ~] (英) 国民健康保険制度 (略 NHS; ☞ socialized medicine).
nátional hóliday 名 Ⓒ 国民祝日; 法定休日 (☞ holiday 表).
nátional íncome 名 Ⓤ 国民所得.

⁺Nátional Insúrance 名 Ⓤ (英) (病人・失業者・退職者への)国民保険[年金]制度 (略 NI).
Nátional Insúrance Nùmber 名 Ⓒ 国民保険番号 (労働年齢に達した全英国民に与えられる番号; ☞ Social Security Number).
na·tion·al·ism /nǽʃ(ə)nəlɪzm/ 名 Ⓤ 民族主義; [しばしば軽蔑] 国家主義.
⁺na·tion·al·ist /nǽʃ(ə)nəlɪst/ 名 Ⓒ (形 nàtionalístic) Ⓒ 民族主義者; [しばしば軽蔑] 国家主義者: Scottish ~s スコットランド民族独立主義者. ── Ⓐ 民族主義(者)の; [しばしば軽蔑] 国家主義(者)の.
⁺na·tion·al·is·tic /nèʃ(ə)nəlístɪk◂/ 形 (名 nàtionalism, nátionalist) [しばしば軽蔑] 国家主義的な. **-is·ti·cal·ly** /-kəli/ 副 国家主義的に.
⁺na·tion·al·i·ty /næ̀ʃənǽləṭi/ 名 (-i·ties /~z/) ⒸⓊ 国籍; [普通は複数形で] 民族, 国民: people of various *nationalities* いろいろな国籍の人たち / a ship [plane] of unknown ~ 国籍不明の船[飛行機] / have [hold] French ~ フランス国籍を持っている / dual ~ 二重国籍 / "What is your ~ (=What ~ are you)?" "I'm French." 「あなたの国籍はどちらですか」「フランスです」

na·tion·al·i·za·tion /næ̀ʃ(ə)nəlɪzéɪʃən | -laɪz-/ 名 Ⓤ **1** 国有(化), 国営化. **2** 国民化.
⁺na·tion·al·ize /nǽʃ(ə)nəlàɪz/ 動 (形 nátional) 他 **1** 〈...〉を国有[国営]化する: a ~d industry 国営産業. **2** 〈...〉を国家[国民]的にする.
Nátional Léague 名 固 [the ~] (米) ナショナルリーグ (プロ野球の大リーグ (major leagues) の1つ; 略 NL). 関連 American League アメリカンリーグ.
na·tion·al·ly /nǽʃ(ə)nəli/ 副 国として, 国家的に; 全国的に; 国家的に見て; 全国民によって.
nátional mónument 名 Ⓒ (米) 国定天然記念物[史跡].
✱nátional párk 名 Ⓒ [しばしば N- P-] 国立公園.
Nátional Párk Sèrvice 名 [the ~] (米) 国立公園局.
Nátional Públic Rádio 名 Ⓤ (米) 全米公共ラジオ放送 (略 NPR).
Nátional Rífle Associàtion 名 [the ~] 全米ライフル協会 (銃規制に強く反対している; 略 NRA).
nátional secúrity 名 ⒸⓊ 国家安全保障.
Nátional Secúrity Cóuncil 名 [the ~] (米) 国家安全保障会議 (国防政策に関する大統領の諮問機関; 略 NSC).
⁺nátional sérvice 名 Ⓤ [しばしば N- S-] (英) 徴兵制度 ((米) draft).
Nátional Trúst 名 [the ~] ナショナルトラスト (英国の自然美保護財団; 略 NT).
Nátional Wéather Sèrvice 名 [the ~] (米) 国立気象局 (旧名 Weather Bureau).
Nátional Wíldlife Federàtion 名 [the ~] 全米野生生物連盟.
nátion·hòod 名 Ⓤ 独立国家(としての地位).
Nátion of Íslam 名 [the ~] ネーション オブ イスラム (米国の黒人イスラム教団体).
⁺nátion-státe 名 Ⓒ 国民国家 (社会的・文化的・地理的に一つとみなし得る共同体よりなる国家).
✱na·tion·wide /néɪʃənwáɪd◂/ 形 [普通は Ⓐ] 全国的な: a ~ broadcast 全国放送. ── 副 全国的に.
✱na·tive /néɪtɪv/ Ⅰ 形 [比較なし] **1** Ⓐ 生まれ故郷の, 出生地の; 生国の (☞ nation 囲み, naive 語源): one's ~ country [land] 生まれた国 / His ~ language [tongue] is German. 彼の母語はドイツ語です. **2** Ⓐ (人や物が)土着の, 生粋の; その土地本来の, (動植物が)原産の; Ⓐ [差別] (白人に対して)原住[土着]民の: a ~ speaker of English 英語を母語として話す人 / a

~ New Yorker 生粋のニューヨーク市民 / The potato is ~ *to* the highlands of Central and South America. ＜A+to+名・代＞ じゃがいもは中南米高地原産だ. **3** [A] 《質が》生まれつきの, 生来の: She has a ~ charm. 彼女は生まれながらの愛嬌(じょう)がある. **gò nátive** 〔動〕 〔自〕 〔滑稽〕 または 〔軽蔑〕《旅行者などが》その土地の流儀に従う, 地元人になりきる.
— 〔名〕〔~s /-z/〕 [C] **1** その土地で生まれた人, 本国人. 〔しばしば~s で滑稽〕(その土地の)住民, 地元民, ネイティブ: a ~ *of* New England ニューイングランド生まれの人 / He speaks English like a ~. 彼は英語を母語とする人のように英語を話す. **2** 〔普通 the ~s〕〔差別〕〔古風〕(白人に対して)原住民, 土着民. **3** 土着[原産]の動植物 (*of*). **The nátives are gètting [grówing] réstless.** 〔しばしば滑稽〕みんながまんできなくなっている〔腹が立っている〕.

+Nátive Américan 〔名〕[C] 北米先住民, アメリカインディアン《《米》では American Indian よりも好ましい言い方とされる》. — 〔形〕 北米先住民の.

nátive-bórn 〔形〕 A …に生まれの, 生粋の, はえぬきの.

nátive són 〔名〕[C]《米》土地っ子《男》.

nátive títle 〔名〕[U]《豪》先住権《植民以前から住んでいたアボリジニの土地所有権》.

na·tiv·is·m /néɪtɪvɪzm/ 〔名〕 [U] 《主に米》先住民保護[優先]政策, 固有[国内]文化保護政策.

na·tiv·i·ty /nətívəti/ 〔名〕 (-i·ties) **1** 〔the N-〕キリストの降誕. **2** [C] [N-] キリスト降誕の図. **3** [C]〔格式〕または〔誇張〕出生, 誕生 (birth).

nativity pláy 〔名〕〔しばしば N- P-〕(子どもの演じる)キリスト降誕劇《クリスマスシーズンに行なう》.

nativity scène 〔名〕[C](クリスマスに飾る)キリスト降誕図〔像, 模型〕.

natl. 〔略〕=national.

***NATO, Nato** /néɪtoʊ/ 〔名〕〔固〕ナトー, 北大西洋条約機構 (North Atlantic Treaty Organization の略; ☞ acronym).

nat·ter /nǽtə | -tə/ 〔古風, 英略式〕 (**-ter·ing** /-tərɪŋ/) 〔自〕 ぺちゃくちゃしゃべる (*away, on; about, with, to*). — 〔名〕 [a ~] 〔たわいな話〕おしゃべり.

nat·ti·ly /nǽtəli/ 〔古風, 略式〕こざっぱりと, いきに.

nat·ty /nǽti/ 〔形〕 (**nat·ti·er; -ti·est**) 〔古風, 略式〕 **1** 《人や服が》きちんと[さっぱり, ぱりっと]した, いきな. **2** 《物が》かっこいい, よくできた.

***nat·u·ral** /nǽtʃ(ə)rəl/ 〔形〕 〔名〕 nátureː 〔反〕 unnatural〕 **1** [A] 〔比較なし〕 自然の, 天然の, 自然のままの; 合理的な; (食品が)自然の《略 nat.》 ; 〔反〕 artificial, man-made〕 ; 自然界の 〔反〕 supernatural〕 : the ~ world 自然界 / ~ forces 自然の力《雨・風・雷など》 / ~ foods 自然食 / ~ products 自然の産物 / ~ death=death of [from] ~ causes 自然死 / ~ life 寿命. **2** 当然の, 当たり前の, 自然な; (論理的に[人情として])当然の: *It is* (*only*) ~ *for* parents *to* love their children. 親が自分の子供をかわいがるのは(ごく)当然ですね〔☞ for 前 B 1〕 / *It is* ~ *that* he *should* have gotten [got] angry with you. 彼があなたに腹を立てたのは当然です《☞ should A 7 (1); that[2] A 2 補文》. **3** 〔普通は限定〕《性質・才能などが》生まれつきの(born), 生来の: a ~ poet 生まれながらの詩人 / ~ abilities 天賦の才能. **4** (様子などが)気取っていない, ごく自然な, 普通の: a ~ way of expressing oneself 自然な話し方. **5** [A] (親子などが)実の, 血が続いている; 〔古風〕庶出(しょ)の: one's ~ parents …の生みの親《養父母に対して》. **6** 〔名詞の後につけて〕〔楽〕ナチュラルの, 本位の《記号 ♮》: D ~ 本位ニ音. — 〔名〕 **1** [a ~] 生まれつきの名人, (仕事などに)うってつけの人[もの]: She is *a* ~ *for* the part of Juliet. 彼女はジュリエットの役を演じるのにもってこいだ. **2** [C]〔楽〕ナチュラル, 本位音; 本記号《♮》.

nátural-bórn 〔形〕A〔略式〕生まれつきの, 生来の: a ~ singer 天性の歌手.

nátural chíldbirth 〔名〕[U] 自然分娩(ぶん).

nátural disáster 〔名〕[C] 天災, 自然災害.

nátural énemy 〔名〕[C]《自然界の》天敵.

+nátural gás 〔名〕[U] 天然ガス.

+nátural hístory 〔名〕[U] 博物学, 自然史《植物学・動物学・鉱物学などが生まれる以前の総称》.

nat·u·ral·is·m /nǽtʃ(ə)rəlɪzm/ 〔名〕[U]《文・芸・哲》自然主義.

+nat·u·ral·ist /nǽtʃ(ə)rəlɪst/ 〔名〕[C] **1** 博物学者《特に動植物を戸外で観察・研究する人》. **2**《文・芸・哲》自然主義者. — 〔形〕=naturalistic.

nat·u·ral·is·tic /nǽtʃ(ə)rəlístɪk⁺/ 〔形〕《文・芸・哲》自然主義的な, 写実的な; 自然をまねた. **-ti·cal·ly** /-kəli/ 〔副〕写実的に; 自然をまねて.

nat·u·ral·i·za·tion /nǽtʃ(ə)rəlɪzéɪʃən | -laɪz-/ 〔名〕[U] 帰化; (外国からの)移入, 移植.

nat·u·ral·ize /nǽtʃ(ə)rəlàɪz/ 〔動〕〔普通は受身で〕 **1**《人》を帰化させる, 《人》に市民権を与える. **2**《動植物》を他の風土[気候]に慣らす; (外国から)移入[移植]する. — 〔自〕《動植物が》風土に慣れる.

nat·u·ral·ized /nǽtʃ(ə)rəlàɪzd/ 〔形〕[A] 帰化した, 《動植物が》移植された.

nátural kíller cèll 〔名〕[C] ナチュラルキラー細胞《あらかじめ感作(か)されることなく腫瘍細胞・ウイルス感染細胞を殺すことができる大型顆粒リンパ球》.

nátural lánguage 〔名〕[U]《人工言語・機械言語に対して》自然言語.

nátural láw 〔名〕 [C,U] (道徳上の)自然のおきて, 自然法; 自然の法則 (law of nature).

nátural lógarithm 〔名〕[C]《数》自然対数.

***nat·u·ral·ly** /nǽtʃ(ə)rəli/ 〔反〕 unnaturally〕 〔副〕 **1** 〔文修飾〕 当然, もちろん, むろんに〔言い換え〕 N~, she accepted the invitation.=She ~ accepted the invitation. もちろん彼女は彼の招待に応じた / "Did you go to the party?" "N~!" 〔S〕〔古風〕 または 〔滑稽〕「パーティーに行きましたか」「もちろん」.
2 生まれつき, 生来; 本来: He is ~ a lazy man. 彼は生まれつき怠け者です. **3** 自然に, すらすらと; ふだんと変わらずに, 改まらずに: speak [behave] ~ 自然に話す〔ふるまう〕 / She greeted her ex-husband quite ~. 彼女は前の夫とまったくふだんと変わらずにあいさつした. **4** 自然の力で, 自然に: grow ~ 自生する. **còme náturally to …** 〔動〕 他 …にはすらすら〔楽々〕とできる.

nátural·ness 〔名〕 **1** 自然らしさ. **2** 生来; ふだんと変わらないこと. **3** 当然であること.

nátural númber 〔名〕[C]《数》自然数.

nátural philósophy 〔名〕[U]〔古風〕自然哲学《自然現象研究の意味で, 19 世紀前半ごろまでの用語; 今の自然科学, 特に物理学に当たる》.

+nátural resóurces 〔名〕[複] 天然資源.

nátural scíence 〔名〕[U,C]〔普通は複数形で〕自然科学. 関連 social science 社会科学 / humanity 人文科学.

nátural seléction 〔名〕[U]《生》(適者生存による)自然淘汰(と)《☞ survival of the fittest (survival 1)》.

nátural wástage 〔名〕[U]《英》《商》(転退職による)人員の自然減.

***na·ture** /néɪtʃə | -tʃə/ 〔名〕 (**~s /-z/**; 〔形〕 nátural).

(生まれながらの性質) (☞ nation 囲み) → 「本質」2 → (本質を司(つかさ)るもの) → 「自然(の力)」1

1 [U] 〔冠詞をつけずに〕〔しばしば N-〕自然, 自然現象

自然の力; 自然界; 自然の状態; [N-] 自然の女神: a ~ lover 自然を愛する人 / the laws of ~ 自然の法則 / Return to ~! 自然に帰れ / go [get] back to ~ 自然(の生活)に帰る / Illness is Nature's way of telling us to rest. 病気は我々に休息をとるようにと自然が示唆してくれる方法である. 【語法】しばしば擬人化されて女性・女神として扱われる (☞ Mother Nature).
2 U.C **性質**, 性分, 天性; [the ~] (物の)本質, 特質 (*of*): human ~ 人間性, 人情 / one's better ~ 人の良心 [親切心] / As a child, he had a sweet ~. 彼は子供のとき優しい性格だった / It was not in his ~ to speak ill of others. 他人の悪口を言うのは彼の性に合わなかった. **3** [単数形で] 種類 (sort, kind): matters of that ~ その種の事柄. **4** U [婉曲] 生理的欲求: the call of ~ 《略式》便意.

agàinst náture [形 | 副] 不自然な[に]; 不道徳な[に].
be ∴ by náture [動] 自 生まれつき…である。He is kind *by* ~. 彼は生まれつき親切なのです.
be ∴ in náture [動] 自 本質は…である; 現実は…である; 事実上…である.
be in the náture of ∴ [動] 《格式》…の性質を持っている, …のようなものである.
be the náture of the beast [動] 自 物の根本的な[避けられない]本質[特質]である.
by one's (véry) náture [副] 本質的に.
in a státe of náture [形・副] 未開の状態で, 野生のままで; 〈滑稽〉生まれたままの姿[丸裸]で.
in the náture of thìngs [副] 文修飾節 事の性質上; 当然のことだが.
lèt náture táke its cóurse [動] 自 自然の成り行きに任せる.

Náture Consèrvancy 名 [the ~]《米》自然管理委員会 (非営利団体).
-na·tured /néɪtʃəd | -tʃəd/ 形 [合成語で] 性格[性質]が…の.
naturel ☞ au naturel の項目.
náture-núrture còntroversy 名 [the ~] 生まれか育ちかの論争.
náture resèrve 名 C 自然保護区.
náture stùdy 名 U 自然研究, 理科《小学校などの学科》.
náture tràil 名 C (自然を観察するように作った)自然遊歩道.
na·tur·ism /néɪtʃərìzm/ 名 U《格式, 主に英》裸体主義 (nudism).
na·tur·ist /néɪtʃərɪst/ 名 C《格式, 主に英》裸体主義者 (nudist).
na·tu·ro·path /néɪtʃərəpæθ/ 名 C 自然療法医.
na·tu·ro·path·ic /nèɪtʃərəpǽθɪk⁺/ 形 自然療法の[による].
na·tu·rop·a·thy /nèɪtʃərɑ́pəθi | -rɔ́p-/ 名 U 自然療法.
Nau·ga·hyde /nɔ́ːgəhàɪd/ 名 U ノーガハイド《ビニールレザークロス; 商標》.
naught /nɔ́ːt/ 名 **1** C,U 《米》ゼロ, 零(の数字). **2** U [古語] 無 (nothing). **bríng ... to náught** [動] 他 《文》〈計画など〉を失敗させる. **cáre náught for ...** [動] 《文》…を全然かまわない. **còme to náught** [動] 自《文》無効になる, 失敗に終わる.
naugh·ti·ly /nɔ́ːṭəli/ 副 わんぱくに, 行儀悪く; 《古風, 主に英略式》[滑稽] わいせつに.
naugh·ti·ness /nɔ́ːṭinəs/ 名 U わんぱく, (子供の)行儀悪さ; 《古風, 主に英略式》[滑稽] わいせつに.
⁺naugh·ty /nɔ́ːṭi/ 形 (**naugh·ti·er; naugh·ti·est**)
1 (普通は子どもが)いたずらな, (…に)いたずらをする, わんぱくな, 行儀の悪い, 言うことをきかない, 《主に英》[滑稽] (大人がに)いけない; 《略式, 小児》[童動的に] ひどい. **2**《古風, 主に英略式》[滑稽] (本・雑誌・写真などが)わいせつな, みだらな.

navy 1167

Na·u·ru /nɑːúːru:/ 名 固 ナウル《赤道のすぐ南にある西太平洋上の島国》.
⁺nau·se·a /nɔ́ːziə, -siə/ 名 U《格式》**1** 吐き気, むかつき. **2** 嫌悪(感).
nauseam ☞ ad nauseam の項目.
nau·se·ate /nɔ́ːzièɪt, -ʃi- | -si-, -zi-/ 動 他 [しばしば受身で]《格式》〈…〉に吐き気を起こさせる, 〈…〉をむかつかせる; ぞっとさせる.
nau·se·at·ed /nɔ́ːzièɪṭɪd, -ʃi- | -si-, -zi-/ 形 吐き気を起こした; ぞっとした.
nau·se·at·ing /nɔ́ːzièɪṭɪŋ, -ʃi- | -si-, -zi-/ 形 吐き気を起こさせるような; ぞっとするほどいやな. **~·ly** 副 吐き気がするほど; ぞっとするほど.
nau·seous /nɔ́ːʃəs, -ziəs, -siəs, -zi-/ 形 **1**《主に米》吐き気がする, むかつく. **2**《格式》吐き気を起こさせるような; ぞっとするほどいやな. **~·ly** 副 吐き気がする[むかつく]ほど. **~·ness** 名 U 吐き気; 嫌悪.
⁺nau·ti·cal /nɔ́ːṭɪk(ə)l/ 形 [普通は A] 船の; 船員の; 航海の. **-cal·ly** /-kəli/ 副 船で; 航海上.
náutical míle 名 C 海里 (sea mile)《米》では 6076 フィート, 1,852 キロ; 子午線上の 1 分にあたる距離》. 関連 knot ノット.
nau·ti·lus /nɔ́ːṭələs/ 名 (複 ~·es, nau·ti·li /-làɪ/) C おうむがい《頭足類》.
Na·va·jo /nǽvəhòʊ/ 名 (複 ~(s)) C ナバホ族《米国南西部の先住民》; U ナバホ語. — 形 ナバホ族の.
⁺na·val /néɪv(ə)l/ (同音 navel) 形 《略 návy》 A 海軍の; 軍艦の: a ~ officer 海軍士官 / ~ power 海軍力, 制海権 / a ~ base 海軍基地. 関連 military 陸軍.
Nával Acàdemy 名 [the ~]《米》海軍兵学校.
nave /néɪv/ 名 C [建] (教会堂の)身廊 (☞ church 挿絵).
na·vel /néɪv(ə)l/ 名 C《格式》へそ (belly button) (☞ body 挿絵): gaze at [contemplate] one's ~ [滑稽] 瞑想(\u200b)にふける.
nável gàzing 名 U [滑稽] (けなして) 瞑想(\u200b).
nável òrange 名 C ネーブル《果物》.
nav·i·ga·bil·i·ty /nævɪgəbìləṭi/ 名 U《格式》(川・水路が)航行できること.
nav·i·ga·ble /nævɪgəbl/ 形 (海・川などが)航行可能な.
⁺nav·i·gate /nævɪgèɪt/ 動 他 **1** 〈…〉を誘導する, 〈船・航空機など〉を操縦する, 運転する. **2** 〈道など〉を進む, 通り抜ける; 《格式》〈複雑なことなど〉に対処する, 切り抜ける. **3** 《格式》〈海・川・空〉を航行する, 航海する. **4** 〈インターネット・ウェブサイト〉を見て回る. — 自 **1** 誘導する, 道案内する; 操縦する, 航海する, 運転する. **2** どうにか進む, 歩く;《格式》対処する. **3** インターネット・ウェブサイトを見て回る. **4** (鳥などが)渡りをする, (魚が)回遊する.
⁺nav·i·ga·tion /nævɪgéɪʃən/ 名 U **1** (車の)誘導; 航行, 航海, 航空 (*of*): ~ lights 〖空〗航空灯;〖海〗海灯. **2**《格式》航海[航空]術. **3** (インターネット・ウェブサイト)を見て回ること.
nav·i·ga·tion·al /nævɪgéɪʃ(ə)nəl⁺/ 形 A 航海[航空](術)の.
⁺nav·i·ga·tor /nævɪgèɪṭɚ | -tə/ 名 C 航海者, 航行者; (航空機の)航空士; (車の)ナビゲーター.
nav·vy /nǽvi/ 名 C《古風, 英》(港湾・道路建設などの)未熟練労働者, 工夫.
⁺na·vy /néɪvi/ 名 (**na·vies** /~z/; 略 návəl) **1** [the ~, the N- で]《単数または複数扱い》**海軍**; 海軍力: *the* United States *N*~ 米国海軍《略 USN》/ *the* Royal [British] *N*~ 英国海軍. 関連 army 陸軍 /

navy bean 1168

air force 空軍. **2** ⓒ (海軍の)全艦隊, 海軍軍人(全体). 語法 (英)では複数扱いとなることがある(☞ collective noun 文法). **3** Ⓤ =navy blue. **「be in [join] the Návy** 【動】 (自) 海軍軍人である[になる]. ― 形 =navy blue.

návy bèan 名 ⓒ (米) いんげん豆の一種.

návy blúe 形 濃紺色の. ― 名 Ⓤ 濃紺色 (英海軍の制服の色).

nay /néɪ/ (反 aye, yea) 名 ⓒ (格式) 否定(不賛成)の返事; 反対投票, 反対投票者: The ~s have it! 反対多数 (議長などのことば). ― 副 **1** [接続詞的に] (文) というよりむしろ. **2** (古語) いな, しからず (no). 語法 口頭の採決などでは, しばしば no の代わりに用いられる.

nay·say·er /néɪseɪə | -seɪə/ 名 ⓒ (格式, 主に米) 否定する人; 反対する人.

nay·say·ing /néɪseɪɪŋ/ 名 Ⓤ (格式, 主に米) 否定すること; 反対すること.

Naz·a·rene /næzərí:n⁻/ 名 ⓒ **1** ナザレ人; [the ~] キリスト (Christ). **2** キリスト教徒 (ユダヤ人・イスラム教徒から見て).

⁺**Naz·a·reth** /næzərəθ/ 名 固 ナザレ (パレスチナ (Palestine) 北部の町; キリストが少年時代を過ごした).

*****Na·zi** /ná:tsi, næts/ 名 (~s /~z/) ⓒ (ドイツの)ナチ党員, ナチ; [~s] ナチ党, ナチス (ヒトラー (Hitler) が指導した国家社会主義ドイツ労働者党); ナチズム信奉者; **S** [軽蔑] 権柄(けんぺい)ずくな人. ― 形 ナチ党の; ナチズムの. 関連 Fascist ファシスト党員.

⁺**Na·zism** /ná:tsɪzm, næts-/, **Na·zi·ism** /ná:tsiɪzm, næts-/ 名 Ⓤ ナチズム, ドイツ国家社会主義.

N.B., n.b., (英) **NB, nb** /énbí:, nóʊṭəbéneɪ/ (格式) 注意(せよ) (ラテン語 *nota bene* (=note well) の略; 注記の初めに記す).

NBA /énbì:éɪ/ 略 =National Basketball Association 全米バスケットボール協会 (米国のプロバスケットボールリーグ).

NBC /énbì:sí:/ 略 名 NBC (米国の3大放送会社の1つ; National Broadcasting Company の略; ☞ ABC², CBS).

NbE 略 =north by east (☞ north 成句).

NbW 略 =north by west (☞ north 成句).

NC [米郵] =North Carolina.

N.C. 略 =North Carolina.

NCAA 略 =National Collegiate Athletic Association 全米大学競技協会.

NCO /énsí:óʊ/ 略 (英) =noncommissioned officer.

NC-17 ⓒⓊ, 略 (米) 17歳未満禁止準成人向き(の) (No Children under 17 (admitted) の略).

NCT 略 [the ~] =National Childbirth Trust 全英自然分娩(ぶんべん)・育児促進団体 (自然分娩や母乳による育児を奨励する団体).

ND [米郵] =North Dakota.

N.D., N.Dak. 略 =North Dakota.

-nd /nd/ 接尾 =*second*. 2*nd* (=*second*), 22*nd* (twenty-second) のように数字の2につけて序数を表すのに用いる (☞ number 表).

NE¹ /éni:/ 略 =Nebraska.

*****NE², N.E.¹, n.e.** /éní:/ 略 **1** 北東 (northeast). **2** =northeastern.

NE³ [E メールで] =any.

NE⁴, N.E.² 略 =New England.

NEA /énì:éɪ/ 略 [the ~] =National Endowment for the Arts 全米芸術基金.

Ne·an·der·thal /niǽndəθɔ:l, -tɑ:l | -də-/ 名 Ⓐ ネアンデルタール人; [しばしば n-] (けなして) (考え・行動などが)時代遅れの; 粗野な. ― 名 ⓒ [しばしば n-] **1** [普通は複数形で] ネアンデルタール人. **2** (けなして) または (滑稽) (ネアンデルタール人のように)粗野で鈍い人. (猿なみの)はか.

Neánderthal mán 名 Ⓤ [冠詞なしで] [人類] ネアンデルタール人 (ドイツの Rhine 地方で発見された旧石器時代の原始人).

neap /ní:p/ 名 ⓒ =neap tide.

Ne·a·pol·i·tan /nì:əpálətn | -pɔ́l-⁻/ 形 ナポリ (Naples) の; ナポリ人の; [しばしば n-] (アイスクリームが) ナポリタンの (異なる色と味の層から成る). ― 名 ⓒ ナポリ人.

néap tìde 名 ⓒ 小潮(こしお) (neap) (月が上弦・下弦のときに起こる最低潮).

*****near** /níə | níə/

基本的には「近くに[へ]」の意 (☞ 語源).
① (場所的に)(...の)近くに[へ, の] 前 1; 形 1; 副 1
② (時間的に)(...の)近くに[へ] 前 2; 形 1; 副 1
③ (関係が)近い 形 2

― 前 /nɪə | nɪə/ **1** (距離的に)...の近くに[へ], ...から遠くない所に ((☞ by 類 1 語法, close² 1 語法 nr)): Is there a post office ~ here? この近くに郵便局がありますか / Stay ~ me. 私のそばから離れないでいなさい / Come ~ the fire. 火の近くへ来なさい.

語法 前置詞 **near** は本来は副詞・形容詞用法の **near to ...** の to が省略されてできたもの ((☞ 副 1 語法)), 従って very, so, too などの副詞に修飾されたり, 比較級・最上級の形で用いられることもある ((☞ like¹ 形 1 語法)): The hotel is *very* ~ the station. そのホテルは駅にとても近い / I want to find an apartment ~*er* my college. 私は大学にもっと近いところにアパートを見つけたい / Who's the girl sitting ~*est* the door? ドアに最も近いところに座っている少女は誰ですか.

2 (時間的に)...の近くに, ...に接近した時に; (状態など)に近づいて; (数量)に近接して: It was very ~ noon. 正午近かった / Please phone again ~*er* the end of the month. 月末近くなったらもう一度お電話下さい. 語法 **nearer to ...** とも言える ((☞ 1 語法)) / Our task is ~ completion. 私たちの仕事は完了間近だ / It will cost you ~*er* one hundred dollars. それは百ドル近くかかるよ. **3** ...に近似して, ...の域に近づいて; ...と親密に: He wants to get ~ the new student. 彼は新入生と親しくなりたがっている. **4** ほとんど[危うく]...しかけて: The boy was ~ tears. 少年はほとんど泣きそうになっていた / He came ~ death. 彼は危うく死ぬところだった.

còme néar dóing 【動】 (略式) もう少しで[危うく]...しそうになる: I *came* ~ *forgetting* it. もう少しでそれを忘れるところだった. 語法 **come near to doing** (☞ 副 成句) よりもくだけた言い方.

― 形 (**néar·er** /ní⟨ə⟩rə | -rə/; **néar·est** /ní⟨ə⟩rɪst/; 反 distant) **1** (場所的・時間的に)近い, 近くの ((☞ 類義語)): Our school is very ~. 私たちの学校はすぐそこだ / What is the ~*est* station? 最寄りの駅はどこですか / Osaka is ~*er to* Kyoto than to Tokyo. <A+to+名・代> 大阪は東京よりも京都に近い ((☞ 1 語法)) / Our vacation is very ~ now. 休暇(が始まるの)はもう間もなくだ / "Is there a public telephone anywhere ~?" "There's one over there." 「どこか近くに公衆電話はありませんか」「あそこにあります」// ☞ in the near future (future 名 成句).

2 近親の; 近い; 密接な: a ~ relation [relative] 身内の者 (親や子など); ★ a *close* relation [relative] のほうが普通 / My niece is my ~*est* living relative. 生きている

身内ではめいが私に最も近親だ. **3** [A] 近似した, きわどい, ほとんど…(と言える)《☞ near-》; [主に最上級で] 質がほぼ同じ, (本物に)近い: a ～ disaster 危機一髪のところ / …'s ～*est* rival [challenger] …の好敵手 / in ～ darkness ほとんど真っ暗(な)やみの中で / This is the ～*est* (thing) we have *to* the Eiffel Tower. これは(我が国で)エッフェル塔に最も似た建物だ. **4** [A] (2 つのうちの)近いほうの; 《主に英》(馬・車などの)左側の (［反］ off).

néar and déar [形] 親密な (*to*). **néarest and déarest** [名] [所有格とともに; 複数扱い] [誇張・滑稽] 最も親しい人たち 《身内・恋人・親友など》; 親族. ― [形] 最も親しい. **sò néar and yét sò fár** [形] あと一歩で及ばない. **to the néarest …** [副] [後に数字を伴って] (数量を数えるのに)概算…単位で, …ごとに.

― [副] (**near·er** /ní(ə)rə | -rə/; **near·est** /ní(ə)rɪst/) **1** (場所的・時間的に)近くに[へ], (…の)近くに[へ] (*to*) (［反］ far) 《☞ 類義語》: Do you live ～ (here)? この近くにお住まいですか / He came ～ when I called. 私が呼ぶと彼は近寄ってきた.

> [語法] 後に to … を伴うのは特に比較級・最上級の場合 《☞ [前] 1 [語法]》: Move the chair ～*er to* the table. いすをもっとテーブルに近づけなさい / He lives ～*est to* the station. 彼は駅に最も近くに住んでいる.

2 (…に)近接[近似]して; (…と)親密に (*to*). **3** ほとんど (nearly) 《☞ near-》: ～ impossible ほぼ不可能な. [語源] 元来は古(期)英語で nigh の比較級; ☞ next [語源]; latter [語源].

as néar as … can ⌐ [副] [文修飾語] …が―する限りでは: *as* ～ *as* I *can* judge 私が判断する限りでは.

as néar as ˈdámn it [dámmit] [副] [S] 《略式, 主に英》 ほとんど(それくらい), 大体; もうちょっとで[危なく] (…するところで): I *as* ～ *as damn it* missed the last bus. あとちょっとで最終バスに乗り遅れるところだった.

as néar ((to) …) as màkes nò dífference [副] 《略式, 主に英》 ほとんど(…くらい), 大体; もう少しで(…で): He's *as* ～ (*to*) sixty *as makes no difference*. 彼はまあ 60 かそこらといったところだ.

be [còme] néar to … [動] ほとんど[危うく]…している[する]ところである[しそうになる]: The boy *was* ～ *to* tears. 少年はほとんど泣きそうになっていた / He *came* ～ *to* death. 彼は危うく死ぬところだった 《☞ [前] 4》.

be [còme] néar to dóing [動] もう少しで[危うく]…するところである[しそうになる] (come close to): He *came* ～ *to* being run over by a car. 彼は危なく車にひかれるところだった 《☞ come near doing ([前] 成句)》.

dráw néar [動] [自] 《主に文》 近づく.

néar and fár [副] あらゆる所に[を].

néar at [to] hánd ☞ at hand (hand [名] 成句).

néar bý [副] 近くに: He lives quite ～ *by*. 彼はすぐ近くに住んでいる.

néar enòugh [副] [S] 《英略式》 =as near as damn it.

néar on [upòn] … [前] (時間が)ほとんど…で.

― [動] (**near·ing** /ní(ə)rɪŋ/) 《格式》 [他] 〈目的地・完成・段階など〉に近づく. ― [自] (出来事などが)近づく.

【類義語】 **near** 単に漠然と近いことをいい, *close* ほどはっきりと接近していることは意味しない. **close** 距離・時間においてほとんど接触あるいは同時であるほど接近していること.

near- /níə|níə/ [接頭] [形容詞・名詞につけて] 「ほとんど (almost)」の意: *near*-perfect ほぼ完ぺきな / a *near*-riot ほぼ暴動といえるもの.

néar béer [名] [U] 《略式》 ニアビア 《アルコール分が微量のビール; アルコール飲料とみなされない》.

***near·by** /nìəbáɪ | nɪə-⌐/ [形] [普通は [A]; 比較なし] (すぐ)近くの: the ～ waters 付近の水[海]域. ― [副] =near by 《☞ near [副] 成句》.

néar-dèath expérience [名] [C] 臨死体験.

néar dístance [名] [the ～] (ながめなどの)近景.

Néar Éast [名] [固] [the ～] 近東 《地中海の東方のトルコ・イスラエル・ヨルダン・サウジアラビア・エジプトなどの総称》. [関連] Far East 極東 / Middle East 中東.

Néar Éastern [形] 近東の.

***near·ly** /níəli | níə-/ [T1] [副] **1** 《主に英》 ほとんど, もう少しで, …近くで; 約… 《☞ about 類義語》: ～ every day ほとんど毎日 / It is ～ nine o'clock. もう 9 時近くだ / She is ～ thirty. 彼女ももうすぐ 30 歳だ. **2** 《主に英》 もう少しで…するところ, すんでのことで…するところ (almost): Oh, I ～ forgot. ああ, もう少しで忘れるところでした / We ～ missed the bus. 私たちはもう少しでバスに乗り遅れるところだった. **3** 《格式, まれ》 密接に; 綿密に.

nòt néarly … [副] とうてい…ではない, …とはほど遠い: She is *not* ～ ready. 彼女は準備ができているどころではない(全く準備ができていない). **prètty néarly** [副] ほとんど (almost).

néar míss [名] [C] **1** 至近弾. **2** もう少しでうまくいったこと, 今一歩のところ, 惜しい出来. **3** (航空機・車などの)異常接近, ニアミス.

néar·ness [名] [U] **1** 近いこと, 近さ, 接近; 近似 (*to*). **2** 似ていること; 親しさ (*to*).

near·side /níəsàɪd | níə-/ 《英》 (［反］ offside) [形] [A] (道・車などの)左側の. ― [名] [the ～] (道・車の)左側.

near·sight·ed /níəsáɪṭɪd | nɪə-⌐/ [形] (［反］ far-sighted) 《米》 近視の, 近眼の (《英》 shortsighted). **～·ly** [副] 近視眼的に. **～·ness** [名] [U] 《米》 近視, 近眼.

néar-térm [形] 近々の.

néar thíng [名] **1** [C] [普通は a ～] 《略式》 危機一髪, きわどいところ; 接戦, 辛勝 《試合・選挙など》. **2** [the nearest thing として] (…に)近似したもの (*to*).

***neat** /níːt/ [T2] [形] (**neat·er** /-ṭə | -tə/; **neat·est** /-ṭɪst/) **1** (場所・物などが)きちんとした, さっぱりした; (衣服が)上品な, こぎれいな, 整然とした; (人が)きれい好きの; (体・容姿などが)均整のとれた, (小さくて)かっこうのよい: Keep your room ～ and tidy. 部屋はきちんと整頓(せいとん)しておきなさい / He is always ～ *in* appearance. <A＋*in*＋名・代> 彼はいつも身なりがきちんとしている. **2** (方法・表現・説明などが)適切な, 簡潔な; (動作などが)巧みな, 上手な: a ～ answer 気のきいた答え / Your solution is not so ～. 君の解決法はそんなにうまいものではない. **3** [S] 《米》 最高の, すてきな: That's a ～ idea. そりゃいい考えだ. **4** (酒などが水・炭酸などで)割っていない, 混ぜ物のない, ストレートの (straight).

néat frèak [名] [C] [S] (過度に)きれい好きな人.

'neath, neath /níːθ/ [前] 《詩》 =beneath.

***neat·ly** /níːtli/ [副] **1** きちんと, さっぱりと, こぎれいに: She arranged the dishes ～ on the table. 彼女は皿をきちんとテーブルに並べた / John dressed ～ for the interview. ジョンは面接のためにきちんとした身なりをした. **2** 適切に; 上手に: The manager solved the problem very ～. 支配人は問題を非常に手際よく解決した.

néat·ness [名] [U] こぎれいさ, 整然; 適切さ.

neat·o /níːṭoʊ/ [形] 《俗》 とてもいい, 抜群の.

Neb. [略] =Nebraska.

NEbE [略] =northeast by east 《☞ northeast 成句》.

NEbN [略] =northeast by north 《☞ northeast 成句》.

Nebr. [略] =Nebraska.

Ne·bras·ka /nɪbrǽskə/ [名] [固] ネブラスカ 《米国中部の州; [略] Neb., Nebr., 《郵》 では NE; 俗称 the Cornhusker State; ☞ America 表, 表地図 F 3》.

Ne·bras·kan /nɪbrǽsk(ə)n/ [形] ネブラスカ州(人)の. ― [名] [C] ネブラスカ州人.

Neb·u·chad·nez·zar /nèbjʊkədnézə, -bə- | -bjʊkədnézə/ [名] [固] 〔聖〕 ネブカドネザル (630?–562 B.C.)《新バビロニア王 (605–562 B.C.); エルサレムを破壊して王と住民をバビロニアに幽閉した (586 B.C.)》.

neb·u·la /nébjʊlə/ [名] (複 ~**s**, **neb·u·lae** /nébjʊlìː/) [C] 星雲.

neb·u·lar /nébjʊlə | -lə/ [形] 星雲(状)の.

neb·u·liz·er /nébjʊlàɪzə | -zə/ [名] [C] (医療用の)噴霧器, ネブライザー.

neb·u·lous /nébjʊləs/ [形] 《格式》 **1** (考えなどが)漠然とした. **2** (輪郭が)はっきりしない. **~·ly** [副] 漠然と. **~·ness** [名] [U] 漠然としていること.

***nec·es·sar·i·ly** /nèsəsérəli, nésəsè- | nèsəsérəli, nésəs(ə)rəli/ [副] **1** [否定語とともに] **必ずしも…ではない, 必ず…とは限らない** 《部分否定を表わす》: Beautiful flowers do *not* ~ smell sweet. 美しい花が必ずよい香りがするわけではない / "Will it always be like this?" "Not ~." Ⓢ「いつもこんな風になるの」「いや必ずしもそうじゃない」 [語法] この意味の necessarily の位置は always 3 と同じ. **2** 《格式》 **必然的に**, どうしても, 必ず (of necessity): Complicated procedures ~ involve delay. 複雑な手続きは必ず遅れを伴う.

****nec·es·sar·y** /nésəsèri | -sèri, -s(ə)ri/ [形] ([名] necéssity, [動] necéssitàte; [反] unnecessary) **1 必要な**, なくてはならない: Food is **~ *for*** life. <A+*for*+名·代> 食べ物は生きるために必要である / [言い換え] ***It is*** **~ *for*** you ***to*** go there at once. (☞ for [前] B 1) =***It is*** **~ *that*** you (*should*) *go* there at once. 君がすぐそこへ行くことが必要だ (☞ should A 8; that² A 2 [構文]). [用法注意!] *You* are ~ to go there at once. のように人を表わす語を主語にはできない // He was lacking in the instincts **~ *to*** a politician. <A+*to*+名·代> 彼は政治家に必要な素質に欠けていた / Is it really ~ to be so strict with your child? Ⓢ (非難がましく)そんなに子供に厳しくする必要が本当にあるの. **2** [A] 必然的な, 避けることのできない, やむをえない, 当然の: a ~ conclusion 必然的な結論 / a ~ evil 必要悪.

if nécessary [副] (もし)必要ならば (if need be): I will go with you, *if* ~. もし必要ならば, あなたといっしょに行こう.

whèn [whère] nécessary [副] 必要な場合.

— [名] (**-sar·ies** /~z/) **1** [複数形で] 《文》 必要な物 (☞ necessity [類義語]): a few ***necessaries for*** camping キャンプに必要ないくつかのもの. **2** [the ~] Ⓢ 《英略式》 必要な行動: do *the* ~ 必要な手を打つ.

⁺**ne·ces·si·tate** /nɪsésətèɪt/ [動] ([形] nécessàry) [他] 《格式》 (物事が)〈…〉を必要とする, 〈…すること〉を要する: The increase in traffic accidents ~*s* (tak*ing*) immediate action. 交通事故の増加に対し早急に対策を講ずる必要がある.

ne·ces·si·tous /nɪsésətəs/ [形] 《格式》 [誇張·婉曲] 困窮している, 貧困な (poor).

ne·ces·si·ty** /nɪsésəti/ [T1] [名] (**-si·ties** /~z/; [形] nécessàry) **1** [[U] または a ~] **必要**, 必要性 (*for*): N~ is the mother of invention. 《ことわざ》 必要は発明の母 / Most students know the **~ *of work***ing*** hard. たいていの学生はよく勉強をすることが必要なことは知っている / [言い換え] There is no **~ *for*** you ***to*** stay here. <N+*for*+名·代+*to* 不定詞> (=It is not necessary for you to stay here.) あなたがここに残っている必要はない (☞ for [前] B 1).

2 [C] **必要な物**, 必需品 ([反] luxury) (☞ [類義語]): daily *necessities* 日常の必需品 / the (bare) *necessities* of life 生活必需品 《衣食住; 英語では food, clothing and shelter の順でいう》 / Air and water are ***necessities for*** life. 空気と水は生命[生存]に不可欠な物である. **3** [C] [普通は a ~] 必然(性), 当然のこと. **4** [U] 《格式》 困っていること, 貧困.

be ùnder the necéssity of dóing [動] 《文》 …する必要に迫られている.

by necéssity [副] 必然的に, やむをえず; 必ず.

from [òut of] necéssity [副] **必要に迫られて**: He did it *from* [*out of*] ~. 彼は必要に迫られてそれをした.

of necéssity [副] 《格式》 =by necessity.

【類義語】 **necessity** 最も意味が強い語で, これがないと生きていけないような絶対に必要な物をいう. **need** *necessity* ほどではないが, 不足しているために差し迫って必要なもの. **necessary** *need* より意味が弱く, 何かをするのに必要なもの.

****neck** /nék/ [名] (~**s** /~s/) **1** [C] **首**; 首の骨. ★ 日本語の「首」との違いについては ☞ head [日英比較]: He has a thick [short] ~. 彼は首が太い[短い] / She usually wears a red scarf around her ~. 彼女はふだん首に赤いスカーフを巻いている / I have a stiff ~. 私は首が(痛くて)回らない 《肩が凝っている》 / She twisted her ~. 彼女は首筋を違えた.

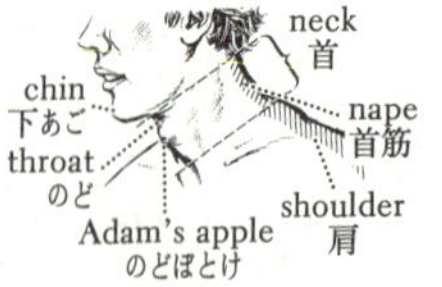
neck
首
chin
下あご
nape
首筋
throat
のど
shoulder
肩
Adam's apple
のどぼとけ

neck 1

2 [C] (衣服の)**襟**: a crew ~ 丸首 / the ~ of a blouse ブラウスの襟. [関連] turtleneck タートルネック. **3** [C] (首のように)くびれた部分: the ~ *of* a bottle びんの首 (☞ bottleneck) / a ~ *of* land (2つの水域間の)地峡. [日英比較] 「障害」という意味の「ネック」に相当する英語は bottleneck. **4** [U,C] (羊などの)首の肉: (a) ~ *of* mutton 羊肉の首の部分. **be úp to one's néck** [動] [自] =be up to one's ears (☞ ear¹ 成句). **bréak one's néck** [動] [自] (1) 首の骨を折る; ひどいけがをする. (2) 《略式》 (…するように)精一杯がんばる: I nearly *broke my* ~ finish*ing* [*to* finish] this homework. 死に物狂いでがんばってこの宿題をすませてしまった. **bréak ...'s néck** [動] =wring ...'s neck (☞ wring [動] 成句). **bréathe dòwn ...'s néck** [動] (競走などで)…のすぐ近くに迫る; 《略式》 …に付きまとう, …を監視する. **by a néck** [副] 〔競馬〕 首の差で; 《略式》 (競走などで)ほんのわずかの差で, かろうじて: win [lose] (a race) *by a* ~ (競走に)わずかの差で勝つ[負ける]. **(hánging) aròund one's néck** [副] (問題·責任などが)肩にかかって. **gét it in the néck** [動] [自] Ⓢ 《英略式》 こっぴどくしかられる[罰せられる]. **in this [one's] néck of the wóods** [副] 《略式》 こんな所で[に](思いがけなく会ったときなどのことば). **néck and néck** [副·形] 《略式》 (競走·選挙などで)肩を並べて, 互角に[で] (*with*). **néck of the wóods** [名] 《略式》 地域, 近辺. **rísk one's néck** [動] [自] 《略式》 (他人を助けるために)危険を冒(おか)す. **rúb the báck of one's néck** [動] [自] 首の後ろに手をやる 《いらだちを抑えているしぐさ》. **sáve one's (ówn) néck** [動] [自] 《略式》 命拾いをする; (うまく自分だけ)助か(ろうとす)る, 罰を逃れる. **stíck one's néck òut** [動] [自] 《略式》 危ないことをする; 物議をかもすようなことを言う[する].

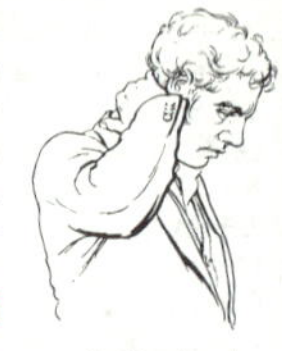

rub the back of one's neck

— [動] [自] [普通は進行形で] 《略式》 (抱きあって)いちゃつく, ペッティング[熱いキス]をする (*with*).

néck·bànd [名] [C] シャツの襟 《カラーをつけるところ》; 首ひも, ネックバンド.

-necked /nékt/ [形] [合成語で] 首が…の, …首の: a V-*necked* sweater V ネックのセーター.

neck·er·chief /nékətʃəf, -tʃiːf | -kə-/ 图 (~s, -chieves /-tʃiːvz/) C ネッカチーフ.

neck·ing /nékɪŋ/ 图 U 《略式》ネッキング《抱き合ってキスすること》.

†**neck·lace** /nékləs/ 图 C ネックレス, 首飾り.

neck·let /néklət/ 图 C 短いネックレス; 毛皮の襟巻.

néck·line 图 C 《普通は単数形で》ネックライン《女性服の襟ぐりの線》: a low ~ 深くえぐれたネックライン.

néck·tie 图 C 《格式, 主に米》ネクタイ.

nécktie pàrty 图 C 《米俗式》絞殺のリンチ.

néck·wèar 图 U 首まわりにつける服飾品《ネクタイ・スカーフ・カラー類》.

necr- /nékr/, **necro-** /nékrou/ 接頭 「死(者)の」の意: ☞ necropolis, necrophilia.

ne·crol·o·gy /nəkrúlədʒi, nek- | -krɔ́l-/ 图 (-o-gies) C 死亡者名簿; 死亡記事 (obituary).

nec·ro·man·cer /nékrəmænsər -sə/ 图 C 《文》 《死者の霊との交信を行なう》占い師; 魔術師.

nec·ro·man·cy /nékrəmænsi/ 图 U 《文》《死者の霊との交信による》占い; 魔法, 魔術; 降霊術.

nec·ro·phil·i·a /nèkrəfíliə/ 图 U 《心》屍姦(かん).

nec·ro·phil·i·ac /nèkrəfíliæk/ 图 C 屍姦者.

ne·crop·o·lis /nəkrápəlɪs, nek- | -krɔ́p-/ 图 C 《文》《特に古代都市の》共同墓地.

ne·cro·sis /nəkróʊsɪs, nek- / 图 (複 -ses /-siːz/) U.C 《医》壊死(し)《局所の細胞・組織の死》.

†**nec·tar** /nékta -ta/ 图 U 1 花みつ. 2 《ギ・ロ神》神酒 (☞ ambrosia). 3 おいしい飲み物, 美酒. 4 ネクター《果肉の入ったフルーツジュース》.

nec·tar·ine /nèktəríːn | néktəriːn/ 图 C ネクタリン, ずばいもも《毛のない桃》.

Ned /néd/ 图 個 ネッド《男性の名; Edgar, Edmund, Edward, Edwin の愛称》.

Ned·die, Ned·dy /nédi/ 图 個 ネディー《男性の名; Edgar, Edmund, Edward, Edwin の愛称》.

née, nee /néɪ/ 《フランス語から》 形 旧姓は《既婚女性の旧姓につけて用いる; 口 maiden name》: Mrs. White, ~ Red ホワイト夫人, 旧姓レッド.

*__need__ /níːd/ 图 (同意 knead) 動 (**needs** /níːdz/; **need·ed** /-dɪd/; **need·ing** /-dɪŋ/) 他 《普通は進行形なし》 **1** 《...を》**必要とする** (for); 《物・場所などが...する[される]必要がある; 《仕事などが》質量》を要求する: I (badly) ~ your help. 私はあなたの援助を(とても)必要としている / Some advanced examples are ~ed. <V+O の受身> もう少し実例が必要です / She looks tired. She may ~ to rest for a while. <V+O(to 不定詞)> 彼女は疲れているかれが, 少し休む必要があるのかもしれない 《言い換え》This house ~s painting. <V+O (動名)> =This house ~s to be painted. この家はペンキを塗る必要がある. 語法 目的語が動名詞のときには受身の意味となる.

2 《義務を表わして》...**する必要がある**, ...しなければならない (must と ought to の中間の意味): You'll ~ to study harder if you want to pass the test. <V+O (to 不定詞)> 試験に合格したいならもっと真剣に勉強する必要があるだろう / Did you really ~ to say that? 本当にあんなこと言う必要があったの / She did not ~ to come. 彼女は来る必要はなかった (☞ (2) 語法). **3** 《...に》—してもらう必要がある; 《...を》—してもらう必要がある; 《...が》—される必要がある: I ~ you to come here at once. あなたにすぐにここへ来てもらう必要がある / I ~ my camera repaired. カメラを修理してもらう必要がある. **That's áll** [**the lást thíng**] **I** [**we**] **néed.** 《略式》《皮肉》《いやなことが続いて》ありがたくって涙が出るよ, もう最悪(うんざり), 限界(だ). **Whó nèeds ...?** Ⓢ 《略式》...なんか必要ない.

リスニング
need の後に母音で始まる語が続くと, その母音と語末の /d/ とが結合して「ダ」行《米》ではまた「ラ」行の音のように聞こえる. need a help /níːdəhélp/ は「ニーダヘウァ」《米》ではまた「ニーラヘウァ」のように, I need you. /aɪníːdju/「アイニーデュー」《米》ではまた「アイニーリュー」のように聞こえ, 「ニード・ア・ヘルプ」「アイ・ニード・ユー」とは発音しない. need you が「ニージュー」のように聞こえることについては ☞ you¹ リスニング《囲み》.

— /nɪd/ 助 《否定文・疑問文・if [whether] 節中で; ☞ 2》(1) ...する必要がある (☞ must¹ 1): She ~ not do it herself. 彼女は自分でそれをしなくてもいい / "N~ I go right now?" "No, you needn't. [Yes, you must.]" 「今すぐ行く必要がありますか」「いいえ, それには及びません[はい, あります]」

語法 どちらかというと《英》の言い方だが, 《英》でも上のような言い方は《格式》で, 普通は She [does not [doesn't] ~ to do it herself. / "Do I ~ to go right now?" "No, you don't (~ to)." を用いる(☞ needn't 語法)

Nothing more ~ be said. もうこれ以上何も言う必要がない / I ~ hardly remind you. あなたに念を押すまでもないだろう / N~ you ask? Ⓢ 聞くまでもないだろう. (2) [need not have+過去分詞の形で] 《英》...**する必要がなかった(のに)** 《過去に実際あった[行なった]ことについて, その必要がなかったことを表わす; ☞ should A 1 (2)》: She ~ not have come. (実際は来たのだが)彼女は来る必要はなかったのに. 語法 次と比較: She did not ~ to come. 彼女は来る必要がなかった (実際に来たかどうかは問題にしていない). (3) [need not+原形の形で] ...**であるとは限らない; ...であるはずがない**: It needn't always be my fault. いつも私のせいであるとは限らない / It needn't be hot in Florida now. フロリダは今暑いとは限らない.

— 图 (**needs** /níːdz/; 形 néedy) **1** U または a ~ **必要, 入り用**: I have no ~ for such a thing. <N+前+名・形> 私にはそのような物は必要でない / I feel a ~ to think it over. <N+to 不定詞> それについてよく考えてみる必要がありそうだ (☞ to³ C (4) 構文) / 《言い換え》 There is no ~ for you to stay here. = There is no ~ of you(r) stay**ing** here. <N+of+動名>あなたがここにとどまっている必要はない (☞ for 前 B 1) / He spoke of the ~ to build a new library. 彼は新しい図書館を作る必要性を説いた / ☞ urgent 1.

2 C 《普通は複数形で》《格式》**必要とする物[こと], 要求** (☞ necessity 類義語): daily ~s 日用必需品 / My ~s are few. 差し迫って私が入り用なものは少ない / Will this money meet [answer, fill] your ~s? このお金で(あなたの用は)足りますか. **3** U 《格式》または《婉曲》困ったとき[状態], 困窮, 貧困; 不足, 欠乏.

be in néed of ... 動 他 《格式》...を必要とする: We are badly in ~ of food. 私たちは食物を非常に必要としている. 語法 強調のためには badly をよく用いる.

hàve néed [**nó néed**] **of ...** 動 他 《格式》...が必要である[必要でない].

if néed bé [副] もし必要ならば (if necessary).

in néed [形] 《格式》困って, 困窮して: A friend in ~ is a friend indeed. 《ことわざ》まさかのときの友が真の友《自分が困っているときの友が本当の友》.

in ...'s hóur of néed [副]《格式》...が困ったときに, ...のみちがるときに.

when [**as, if**] **the néed arises** [副] 必要があれば.

need·ful /níːdf(ə)l/ 形 《反 needless》《古風》必要な (necessary). — 图《英略式》**1** 必要なこと: do the ~ 《金を提供するなど》必要なことをする. **2** 《滑稽》金 (名). **-ful·ly** /-fəli/ 副 必ずしなく.

neediness

need·i·ness /níːdinəs/ 名 ⓤ 貧困, 困窮.

***nee·dle** /níːdl/ 🄭 名 (~s /~z/) **1** ⓒ 針, 縫い針; 編み棒 (knitting needle): sew with a ~ 縫い針で縫う / knit with ~s 編み棒で編む / a ~ and thread 糸のついた針《単数扱い; ☞ and 1 語法 (1)》/ I got the thread to go through the eye of my ~. 私は針の目に糸を通した.

needle (縫い針やレコードプレーヤー・注射器などの針)	
hand (時計などの針)	
hook (釣り針)	針
indicator, pointer (メーターなどの針)	
staple (ホッチキスの針)	
sting (はちなどの針)	

2 ⓒ (レコードプレーヤー・注射器などの)針; (磁石・羅針盤の)針; (米略式)注射: This ~ is worn down [out]. この針はすり減っている / Many people get AIDS by sharing a ~. 多くの人が(麻薬の)注射針を共用してエイズになる. **3** ⓒ 針のようにとがったもの; 先のとがった岩[山頂]; 方尖(せん)塔 (obelisk): pine ~ 松葉. **4** ⓤ(英略式)(スポーツなどで)激しい対抗意識, 恨み; 毒舌: a ~ game [match] 遺恨試合. **gèt the née·dle** [動] 🄐 (俗) いらいらする. **gíve ... the née·dle** [動] 🄑 (俗) 〈...〉をいらいらさせる[怒らせる]. **lóok for [trý to fínd] a néedle in a háystack** [動](略式)むだ骨を折る. 由来 干し草の山の中から1本の針を捜し出そうとする, の意. ── 動 🄑 (略式)〈...〉にねちねち嫌みを言う; 〈...〉をからかう (about); 〈...〉をからかって...させる[怒らせる] (into).

Néedle Pàrk 名 ⓤ (俗)麻薬常習者のたまり場 《使った注射針を捨てていく公園》.

néedle·pòint 名 ⓤ 針編みレース[ししゅう].

+**need·less** /níːdləs/ 形 (反 needful) 不必要な: ~ work [trouble] 不必要な仕事[もめごと]. **Néedless to sáy** [副] 文修飾語 [文頭で] 言うまでもなく, もちろん: N~ to say, there are always plenty of applicants for such a good job. こんないい仕事にはいつも志願者がたくさんいることは言うまでもない. **~·ly** 副 不必要に, 用もないのに. **~·ness** 名 ⓤ 必要のなさ.

néedle vàlve 名 ⓒ 【機】ニードル弁, 針弁.

néedle·wòman 名 (-wom·en) ⓒ 裁縫婦.

néedle·wòrk 名 ⓤ **1** 針仕事, 裁縫; 縫った物: do ~ 針仕事をする. **2** ししゅう; ししゅうした物.

***need·n't** /níːdnt/ 《略式》need not の短縮形 (not (1) (i) 語法): You ~ finish it by tomorrow. あすまでに仕上げなくてもいいよ. 語法 これは主に《英》の言い方で,《米》では You don't need to finish it by tomorrow. というほうが普通《☞ need (1) (1) 語法》// Mary ~ have telephoned Tom; he had already heard the news. メアリーはトムに電話しなくてもよかったんだ. そのことはもう聞いていたんだから / N~ I read this book? この本を読まなきゃいけないかな.

needs /níːdz/ 副 [次の成句で] **múst néeds** [néeds mùst] dó [助] または [滑稽・皮肉] 必ず...する, きっと...になる: He must ~ get sick the day before the exam! あいつは試験の前の日には決まって体の具合が悪くなるのだから / N~ must when the devil drives. (ことわざ)悪魔に追い立てられては拒むことはできぬ(背に腹はかえられぬ)《★主語と本動詞が倒置されている》.

néed-to-knów 形 [次の成句で] **on a néed-to-knów básis** [形・副] 知る必要のある方式で[の].

+**need·y** /níːdi/ 形 (need·i·er; -i·est) 名 need) 非常に貧乏な, 困窮した: We should help the ~. 我々は貧しい人たちを援助すべきだ《☞ the¹ 3》.

ne'er /néə ｜ néə/ 副 (詩) かつて [決して]...でない (never).

né'er-do-wèll 名 ⓒ (古語) ろくでなし, ごくつぶし.
── 形 役立たずの.

NEET /níːt/ 名 ⓒ ニート, 無業者《義務教育以後は教育や技能訓練を受けず, 就職もしない人; not in education, employment or training の略》.

ne·far·i·ous /nɪféəriəs/ 形 (格式) または (滑稽)(行為などが)極悪な, ふらちな, 不法な. **~·ly** 副 極悪[ふらち]に. **~·ness** 名 ⓤ 極悪さ.

neg. 略 =negative.

+**ne·gate** /nɪɡéɪt/ 動 🄑 (格式) **1** 〈...〉を無効にする, 無駄にする. **2** 〈...〉を否定する, 打ち消す (反 affirm).

ne·ga·tion /nɪɡéɪʃən/ 名 ⓤ または a ~]《格式》否定, 打ち消し (of) (反 affirmation); 拒絶, 反対;【文法】否定.

文法 **否定**

「...ではない」と打ち消すこと, また打ち消しの表現をいう. 意味の上から否定ということを考えると, どこまでを否定と考えてよいのかはっきり線を引くことは難しいが, 形の上から否定を考える場合には not またはこれに類する否定語を含む表現をいう. 否定には語を否定する語否定と文の主語・述語の関係を否定する文否定の2つがある.

(1) **語否定** 否定する語に否定の接頭辞の dis-, un-, in- や否定の接尾辞の -less をつけるか, no, not を前に置く: *disappear* 見えなくなる / *unhappy* 不幸な / *inactive* 不活発な / *cloudless* 雲のない / He is *no* scholar. 彼が学者なんてとんでもない / *Not* many people live in this area. この地域に住んでいる人は少ない.

(2) **文否定** 否定文の形で否定を表わすこと (☞ negative sentence 文法).

★ なお部分否定については ☞ partial negation 文法, 二重否定については ☞ double negation 文法. また否定の強さの度合いの一例として ☞ single 語法

***neg·a·tive** /néɡətɪv/ 🄭 形 **1**《格式》否定の, 打ち消しの; 拒否の, 反対の (略 neg.) (反 affirmative, positive): a ~ answer [response] 否定の答え, 「いいえ」という返事 / a ~ vote 反対投票 / His answer was ~. 彼の答えは「否」であった. **2** (態度・見方などが)消極的な, 控えめな; 悪い面だけを考える, 悲観的な (about) (反 positive, constructive): a ~ attitude 消極[悲観]的な態度 / That's rather a ~ compliment! それはあまり気乗りのしないほめ方だ. **3** (結果などが)期待はずれの, 成果のない, (影響が)悪い, マイナスの.【医】(検査結果が)陰性の, (血液が)RH マイナスの;【電】負の, 陰の;【数】負の, マイナスの (minus) (反 positive): a ~ quantity 負数, 負量 / the ~ sign 負符号(−) / ~ electricity 陰電気 / The results of the test were ~. 検査の結果は陰性だった. **5**【写】陰像の (反 positive): a ~ film 陰画フィルム, ネガ.
── 名 (~s /~z/) ⓒ **1** 【写】ネガ, 陰画 (of) (略 neg.). **2**【電】陰極板;【数】負数, 負の量 (反 positive). **3** 否定 (反 affirmative), 反対; 否定語 (no, not, nobody, no one, none, nothing, nowhere, neither, never, nor など; ☞ negation 文法), negative sentence 文法, double negation 文法, 否定文. **4** 否定的な答え[意見]; 問題点, 欠点; 反対決議 (反 affirmative). **5**【医】陰性 (反 positive). **in the négative** [副・形](格式) 否定で[の]; 言い換え He answered *in the* ~. =His answer was *in the* ~. 彼の答は「否」であった. (2) 反対で[の]. ── 動 🄑 (格式) **1** 〈...〉を否決[拒否]する; 〈...〉に反対投票する. **2** 〈...〉を否定する; 〈...〉の誤りを証明する. **3** 〈...〉を無効にする. **~·ly** 副 (格式) 否定的に (反 affir-

négative équity 名 U 負の資産《住宅ローンなどで担保物件の時価下落により負債額が担保評価額を上回っている状況》.

négative márketing 名 U《米》押しつけ販売《注文していない商品を送りつけて返品されない場合には代金を請求する商法》《英》inertia selling.

négative óption 名 C ネガティヴオプション《不要と通知しないかぎり定期的に送付される商品を購入する》.

négative póle 名 反 positive pole》C《電》陰極, 負極;《磁石の南極, S 極.

négative rèinfórcement 名 U《心》負の強化《不快な刺激を促進し, 望ましくない反応は避けるように条件付けること》.

négative séntence 名 C《文法》否定文.

文法 否定文

「…ではない」という否定を表わす文で, 肯定文 (affirmative sentence) に対する.

(1) 形の上から見た否定文は not を用いて述語動詞を否定したり, no, nobody, no one, none, nothing, nowhere, neither, never, nor などの否定語を用いてつくる. not を用いる否定文については ⇨ not.
その他の否定語による否定の場合は文の構造は肯定文と同じである:*Nobody* knows her secret. だれも彼女の秘密は知らない / I have *no* money. 私にはお金がない. ★ 詳しくはそれぞれの語の項を参照.

(2) hardly, seldom, scarcely, rarely, little¹, few などの否定語に準ずる語を用いて肯定文の形をとりながら, 意味は否定文になる: I *hardly* think he will go. 彼は行くとはまず考えられない / I *scarcely* know him. あの人のことはほとんど知らない / Very *little* is known about him. 彼についてのことはほとんど知られていない / *Few* will believe his story. 彼の話を信じる人はほとんどいないだろう.

---

neg·a·tiv·i·ty /nègətívəṭi/ 名 U 消極性; 陰性.

ne·ga·tor /nigéɪtɚ | -tə/ 名 C 否定する人;《文法》否定辞 (not など).

***ne·glect** /nɪglékt/ 他 動 (**ne·glects** /-glékts/; **-glect·ed** /-ɪd/; **-glect·ing**; négligent, négligible) 1《仕事・義務など》を怠る; 〈…〉の世話をおろそかにする; 無視［放置］する (⇨ 類義語; ⇨ elect 単語の記憶)》: He often ~s his homework. 彼はよく宿題をなまける.

2《格式》《特に怠慢・不注意から》〈…〉をしない, …し忘れる: 言い換え She ~ed to write to her parents. <V+O (to 不定詞)》= She ~ed writ*ing* to her parents. <V+O (動名)》 彼女はうっかりして[無精をして]両親に便りをしなかった.

— 名 (形 negléctful) U 1 怠慢, 怠ること; 放置《当然なすべき義務・世話などをしないこと》, 育児放棄; 無視: ~ *of* one's duty 義務の怠慢. 2 無視されていること, 放置状態: in a state of ~ 放置されて.

【類義語】 **neglect** 当然注意を払うべきことを, 故意にまたは不注意で無視すること. **disregard** 普通は故意に注意を払わなかったり軽視すること. 正当な場合もある. **ignore** 認めたくないものをわざと無視すること. *neglect* や *disregard* より意図的な含みが強い.

ne·glect·ed /nɪgléktɪd/ 形 おろそかにされた: a ~ child 親の怠慢で適切な養育を受けられない子供.

ne·glect·ful /nɪgléktf(ə)l/ 形 (形 neglect) 《格式》怠慢な, 投げやりな, むとんちゃくな, 不注意な (*of*). **-ful·ly** /-fəli/ 副 怠って; むとんちゃくに. **~·ness** 名 U 怠慢, むとんちゃく.

neg·li·gee, nég·li·gé /nègləʒéɪ, néglɪʒèɪ/ 名 C《女性の》部屋着, 化粧着;《ネグリジェ. 日英比較 日本の「ネグリジェ」と違い, 普通は nightdress などの上に着る薄手のナイトガウンをさすことが多い.

***neg·li·gence** /néglɪdʒəns/ 名 U 1 怠慢; 不注意: professional ~ 職務怠慢; 職務上の過失. 2《法》《不注意などによる》過失: criminal ~ 刑事過失.

***neg·li·gent** /néglɪdʒənt/ 形 (動 neglect) 1 怠慢な, 不注意な (*of, about, in*). 2《古》《ほめて》《仕草・着こなしなどが》飾らない; 打ちとけた (*about*). **~·ly** 副 不注意に; むとんちゃくに, 打ちとけて.

***neg·li·gi·ble** /néglɪdʒəbl/ 形 (動 neglect)《量・影響などが》無視してよい, 取るに足らない; わずかな. **-gi·bly** /-dʒəbli/ 副 取るに足らないほどに.

***ne·go·tia·ble** /nɪgóʊʃ(i)əbl/ 形 1《価格などが》交渉の余地のある;《交渉によって》協定できる. 2《商》《手形が》譲渡できる;《小切手が》換金可能な. 3《略式》《道・橋・川などが》通行できる.

***ne·go·ti·ate** /nɪgóʊʃièɪt/ 動 (**-ti·ates** /-èɪts/; **-ti·at·ed** /-ṭɪd/; **-ti·at·ing** /-ṭɪŋ/; 名 negotiátion) 自 交渉する, 協議する: ~ *for* higher wages 賃上げを求めて交渉する / They ~d *with* their employer *about* [*over*] their wages. <V+*with*+名・代+*about* [*over*]+名・代》 彼らは賃金のことで雇い主と交渉した.

— 他 1《話し合って》《協定・契約・価格など》を取り決める, 結ぶ: The small country ~d a treaty *with* its neighbor. <V+O+*with*+名・代》 その小国は隣国と条約を結んだ. 2《難所など》をうまく通り抜ける;《困難など》を切り抜ける, 乗り切る: I barely managed to ~ the curve. 私はからうじてカーブを曲がり切った. 3《商》《手形・小切手など》を取り扱う, 金に換える.

***negótiat·ing tàble** 名 《次の成句で》**cóme to the negótiating tàble**《動》自 交渉の席につく.

***ne·go·ti·a·tion** /nɪgòʊʃiéɪʃən/ 名 (~s /-z/; 動 negótiàte) 1 U.C [しばしば複数形で] 交渉, 折衝 (*on*): conduct [resume, break off] ~s 交渉を行なう[再開する, 打ち切る] / We ¹entered into [opened, began, started] ~s *with* (the) management. 我々は経営側と交渉を始めた / The salary is open to ~. 給料は交渉の余地がある. **be in negotiátion** 《動》自《人が》《…と》交渉中である (*with*). **be ùnder negotiátion** 《動》自 交渉中である.

***ne·go·ti·a·tor** /nɪgóʊʃièɪtɚ | -tə/ 名 (~s /-z/) C 交渉《当事》者: a great ~ 交渉上手.

Ne·gress, ne·gress /níːgrəs/ 名 C《古風》黒人《女性; ⇨ Negro》. 語法 この語は軽蔑的で, 普通は black woman を用いる (⇨ black 形 3 語法).

ne·gri·tude /négrətjùːd | -tjùːd/ 名 U [しばしば N-] 黒人独自の文化に対する自覚[誇り].

***Ne·gro, ne·gro** /níːgroʊ/ 名 (~**es**)《古風》1 C 黒人, ニグロ (⇨ Negress). 2 [形容詞的に] 黒人の; 黒人に関する: ~ spirituals 黒人霊歌. 語法 軽蔑的にとられることが多いので普通は black を用いる (⇨ black 形 3 語法).

ne·groid /níːgrɔɪd/ 形 [しばしば N-] 黒色人種［ネグロイド］の. — 名 C 黒色人種[ネグロイド]の人.

NEH /éniːéɪtʃ/ 略 [the ~] =National Endowment for the Humanities 全米人文科学基金.

Ne·he·mi·ah /nìː(h)əmáɪə/ 名 ネヘミヤ記《旧約聖書の一書》.

Neh·ru /néruː, néɪ- | néɪ(ə)ruː/ 名 **Ja·wa·har·lal** /dʒəwɑ́ːhɚlɑ̀ːl | -hə-/ ~ ネルー (1889-1964)《インドの政治家; 首相 (1947-64)》.

neigh /néɪ/ 動 自《馬が》いななく, ひひーんと鳴く (⇨ cry 表 horse). — 名 C《馬の》いななき.

***neigh·bor,**《英》**neigh·bour** /néɪbɚ | -bə/ 名 (~**s** /-z/; 形 néighborly) C 1 近所の人; 隣の住人; [前に所有格をつけて] 近所付き合いの…の人: We are next-door ~s. 私たちは隣どうしだ / She is our ~ from across the street. 彼女は通りの向

neighborhood

かいの人だ / He is a good [bad] ~. 彼は近所付き合いがよい[悪い]. **参考** マンションなどでは上下の階の人を指すこともある. **2** [the ~ として《英》単数または複数扱い] 近所の人; 隣国(人); 隣にあるもの, 近くにあるもの: my ~ at the dinner table 食卓で私の隣の席の人 / Japan's nearest ~ is the Republic of Korea. 日本にいちばん近い隣国は韓国だ. **3**《古風・文》同胞, 仲間. **古**《期》英語で「近くの(⇨ nigh)住民」百姓, の意. ── (格式) (-bor·ing, 《英》 -bour·ing /-b(ə)rɪŋ/) 自 隣接する: (on). ── 他《…に》隣接する.

*neigh·bor·hood, 《英》 **neigh·bour·hood** /néɪbəhùd | -bə-/ **名** (-bor·hoods, 《英》 -bour·hoods /-hùdz/) **1** [the ~ または所有格などを伴って] [滑稽] 近所, 近くの地域, 付近: a friendly ~ policeman [滑稽] 親切な近くのお巡りさん / There are many temples *in* my ~. 私の住んでいるあたりには寺が多い. **2** [the ~ として《英》単数または複数扱い] 近所の人たち; (ある地域の人たちの (全体)) (neighbors): He was respected by *the whole* ~. 彼は近所の人たちみんなに尊敬された. **3** C (ある特色を持った)地域, 地区, 地帯: live in a quiet [rich] ~ 静かな[高級な]地域に住む.

in the néighborhood of ... 副 (1) …の近く[近所]に: He lives in the ~ of the park. 彼は公園の近くに住んでいる. (2) およそ…, 約… (about): The price was in the ~ of $500. 値段は約 500 ドルだった.

néighborhood wátch 名 U 近隣住民による防犯[自警].

*neigh·bor·ing, 《英》 **neigh·bour·ing** /néɪb(ə)rɪŋ/ 形 近隣の, 近くの; 隣接した: ~ countries 近隣諸国.

neigh·bor·li·ness, 《英》 -bour- /néɪbəlinəs | -bə-/ 名 U 隣人のよしみ, 隣人らしい親切.

néighbor·ly, 《英》 -bour- 形 (名 néighbor) 隣人らしい, 親切な.

*neigh·bour /néɪbə | -bə/ 名 動 《英》 = **neighbor**.

*neigh·bour·hood /néɪbəhùd | -bə-/ 名 《英》 = **neighborhood**.

Neil /níːl/ 名 ニール (男性の名).

*nei·ther /níːðə, náɪ- | náɪðə, níː-/

① どちら(の...)も―で[し]ない 形 代 接
② [否定文に続いて] ...もまた―し[で]ない 副

── 形 [単数形の可算名詞につけて] (2つあって)どちらの…も―でない, 2つ[両方]の…とも―でない (not either) (⇨ negation 文法, negative sentence 文法): N~ story is true. 2つの話はどちらも本当ではない / I like ~ flower. 私はどちらの花も好きではない (⇨ 代 (2)).

語法 (1) **neither** と **not either**
《略式》では I *don't* like *either* flower. と言うほうが普通.
(2) **neither** と **both**
(a) 「2つあって両方とも…である」と言うときは both を用いる: *Both* (the) stories are true. 2つの話は両方とも本当だ.
(b) 次の例文のように both が否定されたときの部分否定と比較 (⇨ both 代 2 語法): *Both* (the) stories are *not* ↘ true. ↗ その2つの話は両方とも本当というわけではない(どちらか一方だけが本当だ).

語源 古(期)英語で 'not whether' (どちらも…でない); ⇨ not.

── 代《不定代名詞》 (2つあって)どちらも―でない (not either).

語法 (1) **neither of ...**の使い方
(a) 普通は neither of の形で 後に複数の代名詞や the+複数名詞などを伴う (言い換え) I like ~ *of* them. (=I *don't* like *either of* them.) 私はあの2人[2つ]のどちらも好きではない / N~ of the girls plays soccer. その女の子は2人ともサッカーをしない.
(b) 例えば N~ *of* the children was [《略式》were] hurt. (子供はどちらもけがをしなかった)は 形 を用いて N~ child was hurt. ともいえ, 意味の違いはない.
(2) **neither** と **none**
3つ[3人]以上については none を用いる: *None* of the three children were [《略式》was] hurt. (3人の子供のだれもけがをしなかった) (⇨ none 代 1).
(3) **neither** の数
neither が主語のときには単数扱いが原則だが, 《略式》では複数扱いのこともある: "Which is correct?" "N~ (is correct)." 「どちらが正しい?」「どちらも正しくない」/ N~ was in pain. 《格式》どちらも苦しんでいなかった.
(4) **neither** と **both**
(a) 「2つあって両方とも…である」というときには both を用いる: I like *both of* them. 私はあの2人[2つ]ともどちらも好きだ.
(b) 次の例文のように both が否定されたときの部分否定と比較 (⇨ both 代 3 語法): I *don't* like *both of* them. 私はあの2人[2つ]を両方とも好きというわけではない (好きなのは1人[1つ]だけだ).

── 副 [否定文の後を受けて] …もまた―しない, …もまた―でない (⇨ nor 2, either 副) (言い換え) Mary is *not* kind. N~ is Helen. (=*Nor* is Helen.=Helen is *not*, *either*.) メアリーは親切でないしヘレンもまた親切ではない / (言い換え) The husband *doesn't* work hard, (and) ~ does his wife. (=《格式》... (《英》and) *nor* does his wife. =... and his wife *doesn't*, *either*.) 亭主は一生懸命働かないし, 女房もそうだ / "I *don't* want [I am *not* inclined] to go." "N~ 'do Í [am Í]."= "Me ~." 「僕は行きたくないね」「私も行きたくない」

語法 (1) **neither** と語順
neither の後には主語と動詞または助動詞の語順が逆になる (⇨ inversion 文法 (1) (v), do¹ 代動詞 5).
(2) **"...もまた"** の言い方
肯定文では次の例文のように too, also または so を用いる: He can swim, and Í can swim, *too*.=He can swim, and I can *also* swim. =He can swim and *so* can Í. 彼は泳げる. 私もまた泳げる (⇨ too¹ 1, also 1, so¹ 9).
(3) 「…もまた」の意味がかかる語が強く発音される (⇨ also 語法, (3), either 副 語法 (2), too¹ 語法 (2)).

── /níːðə | náɪðə/ 接 [neither ... nor ─ として] …も―もまた…しない[でない], どちらも―[でない] (⇨ either 接): N~ he *nor* I can move it. 彼も私もそれを動かすことができない (代名詞と代名詞) / It is ~ blue *nor* green. 青でも緑でもない (形容詞と形容詞) / We ~ moved *nor* made any noise. 我々は身動きもしなかったし物音一つ立てなかった (動詞と動詞).

語法 (1) **neither A nor B** と **both A and B**
neither A nor B は both A and B に対する否定の言い方. 次の文を比較: N~ Mary *nor* Betty can swim. メアリーもベティーも泳げない / *Both* Mary *and* Betty can swim. メアリーもベティーも泳げる.
(2) **neither A nor B** と数
neither A nor B で結ばれる名詞・代名詞に続く動詞の人称や数は nor の後の名詞または代名詞 (B) に呼応するのが原則 (⇨ concord 文法 (8)): N~ you *nor*

Mr. Smith *likes* baseball. あなたもスミス氏も野球が好きではない. ただし《略式》では後の名詞・代名詞が単数でも複数扱いとなることが多い. また[副]を用いてしばしば次のようにも言う: You don't like baseball and ～ does Mr. Smith.
(3) 3つ以上のことを同時に否定することもある: I ～ drink, (*nor*) smoke, *nor* eat meat. 私は酒も飲まないし, たばこも吸わないし, 肉も食べない.

Nell /nél/ [名] [固] ネル《女性の名; Eleanor, Eleanore, Elinor, Helen の愛称》.
Nel·lie, Nel·ly /néli/ [名] [固] ネリー《女性の名; Eleanor, Eleanore, Elinor, Helen の愛称》.
nel·ly /néli/ [名] [C]《英略式》ばか者, まぬけ.
nel·son /néls(ə)n/ [名] [C]〘レス〙ネルソン《首固め》.
Nel·son /néls(ə)n/ [名] [固] ネルソン **Ho·ra·ti·o** /həréɪʃiòʊ/ ～ (1758–1805)《英国の提督; Trafalgar の戦いでフランス・スペイン艦隊を破った》.
Nélson's Cólumn [名] [固] ネルソン(提督)記念碑《London の Trafalgar Square にある》.
nem·a·tode /némətòʊd/ [名] [C] 線虫《ぎょう虫》.
nem con /némkán | -kɔ́n/ [副]〘法〙満場一致で《ラテン語の *nem*ine *con*tradicente の略》.
nem·e·sis /néməsɪs/ [名] (**nem·e·ses** /néməsì:z/) **1** [N-]〘ギ神〙ネメシス《復讐(ふくしゅう)の女神》. **2** [U,C]《格式》天罰, 因果応報. **3** [C] 強敵, 鬼門, 疫病神.
ne·o- /ní:oʊ/ [接頭]「新, 近代」の意.
+**ne·o·clas·si·cal** /nì:oʊklǽsɪk(ə)l←/, **-clas·sic** /-klǽsɪk←/ [形]〘芸〙新古典主義の《古代ギリシャ・ローマの影響を受けた》.
ne·o·co·lo·ni·al·is·m /nì:oʊkəlóʊniəlìzm/ [名] [U] [軽蔑] 新植民地主義《強国が元の植民地などを経済的・政治的な影響下におくこと》.
nèo·consérvatism [名] [U] 新保守主義.
nèo·consérvative [形] [普通は [A]] 新保守主義的な. ―[名] [C] 新保守主義者.
nèo·córtex [名] [C]〘解〙(大脳の)新皮質, ネオコルテックス.
nèo-Dárwinism [名] [U] [しばしば N-] 新ダーウィン主義[説].
nèo·fáscism [名] [U] 新ファシズム.
ne·o·lith·ic /nì:oʊlíθɪk←/ [形] [しばしば N-]〘考古〙新石器時代の.
ne·ol·o·gis·m /niάlədʒìzm | -ɔ́l-/ [名] **1** [C] 新語, 新造語; 新語義. **2** [U] 新語(義)使用[考案].
+**ne·on** /ní:ɑn | -ɔn/ [名] [U]〘化〙ネオン《元素記号 Ne》. ―[形] **1** ネオンの. **2** 蛍光性の, 鮮やかな.
ne·o·na·tal /nì:ənéɪtl←/ [形] [A] 新生児の.
ne·o·nate /ní:ənèɪt/ [名] [C]〘医〙(生後1か月以内の)新生児.
Nèo-Názi [名] [C], [形] ネオナチ(の)《ナチスの綱領・政策を奉ずる集団の一員》.
néon líght [名] [C] ネオン灯.
néon sígn [名] [C] ネオンサイン.
ne·o·phyte /ní:əfàɪt/ [名] [C] **1**《格式》初心者, 初学者. **2** 新改宗者, (修道会の)修練士. ―[形] [A] 初心者の.
ne·o·plas·m /ní:əplǽzm/ [名] [C]〘医〙新生物, できもの, 腫瘍(しゅよう).
ne·o·prene /ní:əprì:n/ [名] [U]〘化〙ネオプレン《合成ゴムの一種》.
Ne·pal /nɪpɔ́:l, -pά:l/ [名] [固] ネパール《中国とインドの間にある王国》.
Nep·a·lese /nèpəlí:z←/, **Ne·pal·i** /nəpɔ́:li, -pά:-/ [名] [C] (複 ～, ～**s** /～z/) ネパール人; [U] ネパール語. ―[形] ネパールの; ネパール人[語]の.
+**neph·ew** /néfju: | néfju:, -vju:/ [T3] [名] [C] おい《☞ family tree 図》.
ne·phri·tis /nɪfráɪṭɪs/ [名] [U]〘医〙腎炎(じんえん).
ne·phro·sis /nɪfróʊsɪs/ [名] [U]〘医〙ネフローゼ.
ne plus ul·tra /néɪplὰsáltrə, néɪplùsúltrɑ:/《ラテン語から》[名] [U] 最上のもの, 頂点, 極地.
nep·o·tis·m /népətìzm/ [名] [U]《格式》(就職などでの)縁者びいき, 縁故者[身内]優遇, 縁故採用.
nep·o·tis·tic /nèpətístɪk←/ [形] 縁者びいきの.
Nep·tune /népt(j)u:n | -tju:n/ [名] [固] **1**〘ロ神〙ネプチューン, ネプトゥヌス《海の神; ☞ god 表》. **2**〘天〙海王星《☞ planet 挿絵》.
nerd /nə́:d | nə́:d/ [名] [C]《略式》[軽蔑] 間ぬけ; ダサいやつ; おたく: a computer ～ コンピューターおたく.
nerd·y /nə́:ḍi | nə́:-/ [形]《略式》間ぬけな, ダサい.
Ne·re·id /ní(ə)riɪd/ [名] [C] [時に n-] ネーレーイス《海の女神[精]; 50[100]人いるとされる》.
Nerf /nə́:f | nə́:f/ [形] (おもちゃが)ナーフの《柔らかい気泡ゴムでできた; 商標》.
Ne·ro /ní(ə)roʊ, ní:r- | níər-/ [名] [固] ネロ (37–68)《ローマ皇帝 (54–68); 暴君として有名》.
*__nerve__ /nə́:v | nə́:v/ [T2] [名] (～**s** /～z/; [形] nérvous) **1** [C] **神経**, **神経繊維**: The operation caused damage to the ～. 手術によって神経を損傷した // ☞ motor nerve.
2 [複数形で] **神経過敏**; おくびょう; (環境に対応するための)神経の働き, **精神状態**: an attack of ～*s* 急にあがってしまうこと / get [suffer from] ～*s* 神経過敏になる[である] / calm [steady] one's ～*s* 神経を鎮める / It's just ～*s*. それはただの気のせいだ / He doesn't know what ～*s* are. 彼はものに動じない / The job needs steady [strong] ～*s*. この仕事は胆(きも)がすわっていないとつとまらない. **3** [U] 勇気, 度胸 (courage): get one's ～ back 勇気[自信]を取り戻す / It takes (a lot of) ～ to jump into the sea from here. Ⓢ ここから海に飛びこむのには(相当な)勇気がいる. **4** [[U] または a ～]《略式》ずうずうしさ, 厚かましさ: Tom has *a* ～. Ⓢ トムは図太い / What *a* ～! 何というずうずうしさだ. **5** [C]〘生〙葉脈; (昆虫の)翅脈(しみゃく).
be a búndle [bág] of nérves [動] [自]《略式》すごく神経質である, ぴりぴり[いらいら]している.
gét on ...'s nérves [動] …の神経にさわる, …をうるさがらせる: Her shrill voice *gets on my* ～*s*. 彼女のかん高い声がかんにさわる.
hàve the nérve to dó [動] (1)《略式》厚かましくも…する: He *had the* ～ *to* say I had no manners. 彼は厚かましくも私のことを行儀作法を知らないなどと言った. (2) …する勇気がある.
hít [stríke, tóuch] a (ráw [sénsitive]) nérve [動] [自] 人の気にしている[気にさわる]ことをいう.
líve on one's nérves [動] [自]《主に英》絶えずいらいら[心配]している.
lóse one's nérve [動] [自] 気おくれする.
of áll the nérve [副]《略式》[ずうずうしさを強調して] ぬけぬけと: *Of all the* ～! 何て厚かましいんだ.
stráin èvery nérve [動] [自] 全力を尽くす (*to* do).
― [動] ([反] unnerve) [他]《格式》[次の成句で] **nérve onesèlf「for ... [to dó]** [動]《格式》勇気[元気]を出して…に向かう[…する].
nérve cèll [名] [C] 神経細胞.
nérve cènter [名] [C] **1** (組織などの)中枢部分. **2** 神経中枢.
nérve èndings [名] [複]〘解〙(軸索の)神経終末.
nérve fìber [名] [C]〘解〙神経繊維.
nérve gàs [名] [U] 神経ガス《毒ガスの一種》.
nérve ìmpulse [名] [C]〘生理〙神経インパルス《神経繊維に沿って伝導される化学的・電気的変化》.
nérve·less [形] **1** [A] (指・手などが)力の入らない. **2** 冷静な; 勇敢な. ～**·ly** [副] 冷静に.
nérve-(w)ràcking [形] 神経にさわる[こたえる].

*ner·vous /nə́ːvəs | nə́ː-/ 形 (名 nerve) **1** 神経質な, 不安な; 心配して, びくびくして; あがって (🖙 anxious 類義語); いらいらした (🖙 twiddle one's thumbs (thumb 成句)挿絵); 緊張した, 興奮した. 不安定な: She is ~ about the result of the test. <A+about+名・代> 彼女はテストの結果にびくびくしている / She is ~ of [speak*ing* in public [thunder]. <A+of+動名[名]> (英)彼女は人前で話をするの[雷]をこわがっている / The girl was full of ~ energy. 少女は興奮して活発だった[騒ぎ立てていた] / Sam was ~ at the interview. サムは面接でふるえあがっていた. **2** A 神経(性)の: ~ diseases 神経病.

màke ... nérvous 動 他 <…>をいらいらさせる; <…>を不安にする.

+**nérvous bréakdown** 名 C ノイローゼ, 神経衰弱.

+**nérvous·ly** 副 神経質に, びくびくして; いらいらして.

nérvous·ness 名 U 神経過敏, 不安, おくびょう; いらいら (about).

+**nérvous sỳstem** 名 [the ~] 神経系.

nérvous wréck 名 C (略式)《ストレスなどで》ひどくびくついて[びりびりして]いる人, 神経が参っている人.

nerv·y /nə́ːvi | nə́ː-/ 形 (**nerv·i·er; nerv·i·est**) **1** (米略式)大胆な; 厚かましい, ずうずうしい. **2** (英略式)神経質な, びくびくした, いらいらした.

Nes·ca·fé /néskəfèɪ | néskæfeɪ/ 名 C,U ネスカフェ (Nestlé 社製のインスタントコーヒー; 商標).

Ness /nés/ 名 固 **Loch ~** ネス湖 (Scotland 北西部の湖; the Loch ~ monster (略式)Nessie) と呼ばれる怪獣がすむといわれる; 🖙 裏地図 D 3).

*-**ness** /nəs, nɪs/ 接尾 [形容詞や分詞につく抽象名詞語尾]「状態・性質」を示す: kindness 親切 / tiredness 疲れ.

Ness·ie /nési/ 名 固 (略式)ネッシー (🖙 Ness).

*nest /nést/ 名 C **1** 巣: A bird has built a ~ in a big tree in my garden. 1 羽の鳥がうちの庭の大木に巣を作った / a ~ (=nesting) box 巣箱. **2** 巣のような場所; 心地よい場所 (of); 親元. **3** (悪事の)巣窟(そうくつ), 温床: a ~ of crime 犯罪の温床. **4** 巣の中のもの《卵・ひななどの全体》; 《鳥・昆虫などの》群れ. **5** (入れ子式の)ひと組, ひと重ね: a ~ of tables (大きいものの中に小さいテーブルを収納できる)入れ子式テーブル. **6** (機関銃などの)陣地. **léave [flý] the nést** 動 自 巣立つ; 親元を離れる. —— 動 自 **1** 巣を作る, 巣ごもる: Swallows are ~ing under the roof. 屋根の下につばめが巣を作っている. **2** (大小の箱などが)入れ子に収まる. —— 他 **1** <…>を巣に入れる. **2** <大小の箱など>を入れ子にする. **gò nésting** 動 自 鳥の巣を探しに行く.

nest·ed /néstɪd/ 形 (電算)(サブルーチンが)繰り込まれた, 入れ子にされた.

nést ègg 名 C 将来のための蓄え, 貯金.

+**nes·tle** /nésl/ 動 自 [副詞(句)を伴って] **1** 気持ちよく横になる[座る], 寝そべる: He ~d down in bed. 彼はベッドに心地よく体を横たえた. **2** 寄り添う (up; against, to, beside, by). **3** 《家・村などが周囲のものに》〖囲まれて〗(山などの中に)抱かれている (among, between). —— 他 **1** <頭・肩など>を<…>にすり寄せる (against, on, beside). **2** <…>を抱き寄せる.

Nest·lé /nésli, -leɪ/ 名 固 ネスレ(スイスのインスタントコーヒー・乳製品などのメーカー).

nest·ling /nés(t)lɪŋ/ 名 C 巣立っていないひな.

Nes·tor /néstə, -tɔə | -tə, -tɔː/ 名 固 (ギ神)ネストル(Iliad に登場するギリシャ軍の老知将).

*net¹ /nét/ 名 C (**nets** /néts/) **1** C,U 網, 捕虫網; [普通は the ~] (テニスなどの)ネット; (落ちる人などを受けとめるための)救助網: cast a ~ 網を打つ / draw in a ~ 網を引く / set a ~ 網を張る / put up a ~ (テニスなどで)ネットを張る. 関連 hairnet ヘアネット / safety net 安全ネット. **2** U 網状のもの, 網細工. **3** [the ~] (サッカーなどの)ゴール(の網): kick the ball into the back of *the* ~ ゴール(の奥)にボールをけり込む. **4** C 放送網, ネットワーク: a communication(s) ~ 通信網. **5** [the N-] インターネット: on *the* N~ インターネット上の[で] / surf *the* N~ ネットサーフィンする.

cást one's nét wíde 動 自 (人・情報などを求めて)網を広く打つ, 手広く探す, (見逃しのないように)門戸を広げる (for). **slìp through the nét** 動 自 (1) 網をくぐり抜ける. (2) (逮捕などを)のがれる. (3) (制度などの)対象から漏れる. **spréad one's nét** 動 自 網を張る; 影響力[勢力範囲]を広げる.

—— 動 (**nets** /néts/; **net·ted** /-tɪd/; **net·ting** /-tɪŋ/) 他 **1** <…>を網で捕らえる; <犯人など>を網で捕らえる: ~ a butterfly ちょうを網で捕らえる. **2** <配偶者・大金など>を(首尾よく)得る, つかまえる. **3** <果樹など>を網で覆う, <…>に網を張る. **4** (略式)〖スポ〗<ボール>をネット[ゴール]の中に打ち[け]り込む.

*net² /nét/ 形 [普通は A] **1** 掛け値のない; 正味の (風袋(ふうたい)を除いた) (反 gross): a ~ profit [gain] 純益 / This can of sardines weighs a pound ~. この缶詰のいわしは正味 1 ポンドの重さがある / We have already earned two million dollars ~ *of* tax. 我々はすでに税抜きで 200 万ドルの利益をあげている // 🖙 net weight. **2** (結果などが)最終[実質]的な: the ~ result of the government's efforts 政府の努力による実質的な成果. 語源 neat と同語源. —— 動 (**nets**; **net·ted; net·ting**) 他 (主に米) <ある額の純益>をあげる; <全額>を手取りとしてもらう: The new line of cars is expected to ~ the company more than one billion dollars. 新シリーズの自動車はその会社に 10 億ドル以上の利益をもたらすと見込まれている.

nét·bàll 名 U (主に英) ネットボール(バスケットボールに似た主に女性の競技).

nét cúrtain 名 C レースのカーテン.

neth·er /néðə | -ðə/ 形 A (文)または(滑稽)低いほうの; 下の (lower) (🖙 Netherlands 語源): 🖙 nether regions.

Neth·er·land·er /néðələndə | -ðəlændə/ 名 C オランダ人 (🖙 Netherlands 表).

Neth·er·lands /néðələn(d)z | -ðə-/ 名 [the ~ として単数または複数扱い] オランダ (ヨーロッパ北西部の北海 (North Sea) に面する王国; 首都 Amsterdam). 語源 nether「低い」+lands「土地」.

オランダ	the Netherlands, Holland (俗称)
オランダ人	Netherlander, Dutchman, Dutchwoman
オランダ語	Dutch
オランダ(人, 語)の	Dutch

néther·mòst 形 (文) 最も下の (lowest).

néther régions 名 [複] **1** (滑稽)下半身, 陰部. **2** 暗黒部, やみの世界.

néther·wòrld, néther wòrld 名 C [普通は単数形で] (文) **1** =underworld 1. **2** 地獄.

net·i·quette /nétɪkət, -kèt/ 名 U ネチケット(ネットワーク上で情報交換する際の礼儀).

net·i·zen /nétəz(ə)n/ 名 C (略式)ネット住民, ネチズン (インターネットの利用者).

Nét·scape Návigator /nétskeɪp-/ 名 固 ネットスケープナビゲーター(インターネットのブラウザ; 商標).

nét·spèak 名 U (略式)ネット言語, インターネット特有の表現.

nét·sùrfer 名 C ネットサーファー(インターネットのサイトを次々に見て回る人).

nét·sùrfing 名 U ネットサーフィン.
nett /nét/ 形 《英》＝net².
net·ting /néṭɪŋ/ 名 U 網の材料; 網製品[細工].
†**net·tle** /néṭl/ 名 C いらくさ(触れると痛くて, 皮膚が赤くなる). **grásp the néttle** 動 自《主に英》思い切って[敢然と困難に立ち向かう.
― 他 [しばしば受身で]《略式》〈…〉を(ちょっと)怒らす, いらだたせる.
néttle ràsh 名 C,U じんましん.
net·tle·some /néṭlsəm/ 形《格式》いらだたしい.
nét wéight 名 U 正味の重量(略 nt. wt.). 関連 gross weight 総重量.

☆**net·work** /néṭwɜːk | -wɜːk/ 名 (~s /-s/) C **ネットワーク**, 放送網, 通信網, (コンピューターなどの)ネットワーク; 網状の組織: a support ~ 支援組織 / This program will be shown on an American TV ~. この番組はアメリカのテレビネットワークで全国放送される / A ~ of railroads soon spread over the entire country. まもなく鉄道網が全国に広がった ∥ local area network. ― 自 コンピューターのネットワークを作る; 系列局を通して放送する; 同業者と情報交換する. ― 他 [しばしば受身で] **1** 〈コンピューターなどの〉ネットワークを作る, 〈…〉をネットワーク化する (to). **2** 〈番組など〉を系列局を通して放送する.

nétwork administrátor 名 C《電算》ネットワーク管理者《ネットワークの運用の責任者》.
†**nét·wòrking** 名 U **1** 同業者間情報交換網(形成), 人脈(作り). **2** ネットワーキング《コンピューターネットワークの構築・利用》. **3** 委託販売.
neur- /n(j)ʊ(ə)r/ 接頭 ＝neuro-.
†**neu·ral** /n(j)ʊ́(ə)rəl | njʊ́ər-/ 形《解》神経(系)の.
neu·ral·gia /n(j)ʊrǽldʒə | njʊ(ə)r-/ 名 U《医》(顔面などの)神経痛.
neu·ral·gic /n(j)ʊrǽldʒɪk | njʊ(ə)r-/ 形《医》神経痛の.
néural nét(wòrk) 名 C《電算》神経回路網, ニューラルネット(ワーク)《脳神経系をモデル化した並列的な情報処理システム》.
neu·ras·the·ni·a /n(j)ʊ̀(ə)rəsθíːniə | njʊ̀(ə)r-/ 名 U《医》神経衰弱(症).
neu·ras·then·ic /n(j)ʊ̀(ə)rəsθénɪk | njʊ̀(ə)r-ˈ/ 名 C, 形 神経衰弱症の(患者).
neu·ri·tis /n(j)ʊráɪṭɪs | njʊ(ə)r-/ 名 U《医》神経炎.
neu·ro- /n(j)ʊ́(ə)roʊ | njʊ́ər-/ 接頭「神経の」の意: ☞ neurosis.
nèu·ro·anátomy 名 U 神経解剖学.
nèuro·biólogy 名 U 神経生物学.
†**neu·ro·log·i·cal** /n(j)ʊ̀(ə)rəládʒɪk(ə)l | njʊ̀ərəlɔ́dʒ-, njɔ̀ːr-ˈ/ 形 神経(病)学の;(病気が)神経の.
neu·rol·o·gist /n(j)ʊráləʤɪst | njʊ(ə)rɔ́l-/ 名 C 神経学者, 神経科医.
neu·rol·o·gy /n(j)ʊrálədʒi | njʊ(ə)rɔ́l-/ 名 U 神経(病)学.
†**neu·ron** /n(j)ʊ́(ə)ran | njʊ́ərɔn/, **-rone** /-roʊn/ 名 C《生》神経単位, ニューロン.
nèuro·science 名 U 神経科学.
†**neu·ro·sis** /n(j)ʊróʊsɪs | njʊ(ə)r-/ 名 (複 **neu·ro·ses** /-siːz/)《医》神経症, ノイローゼ; 不安.
nèuro·surgery 名 U 神経外科.
†**neu·rot·ic** /n(j)ʊráṭɪk | njʊ(ə)rɔ́t-/ 形 神経症の, ノイローゼにかかった; 神経過敏な, 過度に気にする (about). ― 名 C 神経症患者. **-rót·i·cal·ly** /-ṭɪkəli/ 副 ノイローゼ的に.
nèuro·transmítter 名 C《生理》神経伝達物質.
neut. 略 ＝neuter.
neu·ter /n(j)úːṭɚ | njúːtə/ 形 **1**《文法》中性の(略 neut.; ☞ gender 文法). **2**《生》無性[中性]の. ― 名 C **1** [普通は the ~]《文法》中性の(名詞

---

never 1177

-語形], **2** 去勢動物. **3** 動 中性状昆虫.
(-ter·ing /-tərɪŋ, -trɪŋ/) 他 [普通は受身で]《婉曲》〈犬・猫など〉を去勢する. 関連 spay 卵巣を除去する / castrate 去勢する.

néuter génder 名 U《文法》中性(☞ gender 文法 (3)).
☆**neu·tral** /n(j)úːtrəl | njúː-/ 13 形 (名 neutrálity, 動 neutralize) **1** 中立の; 中立国の; 公平な, 不偏不党の: a ~ nation [state] 中立国 / a ~ zone 中立地帯 / on ~ ground [territory] 紛争当事者などと無関係な国[土地]で / That country remained ~ *in* World War II. <A+*in*+名・代> その国は第二次世界大戦では中立を保っていた. **2** 特徴のない; (色などが)中間の, あいまいな, 灰色がかった; (言葉が)感情的でない; (声・表情などが)何げない: ~ colors 中間色 / a ~ character 特徴のない性格. **3**《化》中性の;《電》帯電していない, 中性の. 関連 acid 酸性の / alkaline アルカリ性の. 語源 ラテン語で「2つのうちどちらでもない」の意. ― 名 **1** C 中立国, 中立国の人; 中間色. **2** U (車のギヤの)ニュートラル, 中立位置; in [into] ~ ニュートラルになって[にして].

-neu·tral /n(j)úːtrəl | njúː-/ 形 [接尾]「…において中立[公平]な」の意: gender-*neutral* 性差別のない.
néutral córner 名 C《ボク》ニュートラルコーナー《競技者の休憩用に指定されていないコーナー》.
neu·tral·ist /n(j)úːtrəlɪst | njúː-/ 名 C 中立主義者. ― 形《米》中立主義の.
neu·tral·i·ty /n(j)uːtrǽləṭi | njuː-/ 名 (形 néutral) U (特に戦争における)中立(状態); 局外中立; 何げなさ: unarmed ~ 非武装中立.
neu·tral·i·za·tion /n(j)ùːtrələzéɪʃən | njùːtrəlaɪz-/ 名 U 中立化; 無効化;《化》中和.
†**neu·tral·ize** /n(j)úːtrəlàɪz | njúː-/ (形 néutral) 他 **1** 〈…〉を中立にする, 中立化する. **2** 無効にする.《化》中和する. **3** 〈敵〉を殺す; 〈国など〉を制圧する.
neu·tral·ly /n(j)úːtrəli | njúː-/ 副 中立的に.
neu·tri·no /n(j)uːtríːnoʊ | njuː-/ 名 (~s /-z/) C《物理》ニュートリノ, 中性微子.
†**neu·tron** /n(j)úːtrɑn | njúːtrɔn/ 名 C《物理》中性子, ニュートロン. 関連 electron 電子 / proton 陽子.
néutron bòmb 名 C 中性子爆弾.
néutron stàr 名 C《天》中性子星, ニュートロン星.
Nev. ＝Nevada.
Ne·va·da /nəvǽdə, -váː- | -váː-/ 名 ネバダ《米国西部の州; 略 Nev., (郵) では NV; 俗称 the Silver State; ☞ America 表, 表地図 E 4)》.
Ne·va·dan /nəvǽdn, -váː- | -váː-/ 形 ネバダ州(人)の. ― 名 C ネバダ州人.

☆**nev·er** /névɚ | -və/ 副 **1** どんな時でも…でない […しない]《☞ always 囲み; negative sentence 文法, negation 文法》.

語法 (1) never には基本的に時間の観念が含まれていて,「過去・現在・未来のどういう時でも決して…でない[…しない]」という意味を表わす: I'll ~ forget you. 私は今までもこれからも決してあなたのことを忘れません / Joan of Arc ~ feared death. ジャンヌダルクは少しも[どんな時でも]死を恐れたことはなかった / I have ~ danced. 私はいままでに踊ったことはありません / "Have you ever seen a koala?" "No, I ~ have."「あなたはコアラを見たことがありますか」「いいえ, ありません」(☞ have² 1 (2) 語法) / In the strict sense of the term, a true democracy has ~ existed and 「will ~ [~ will] exist. その語の厳密な意味において, 真の民主主義国はかつて存在したことはないし, また今後も存在しないであろう《フランスの思想

never-ending

家ルソー (Rousseau) のこと》.
(2) 従って1回だけ，あるいは短期間の行為をいうときに never を使うのは不自然なので，not を使う: I haven't heard from her recently. (I've never heard ... とはいわない) 最近彼女から便りがない.
(3) 強調のために never を文頭におくと改まった言い方になる 《⇨ inversion 文法 (1) (vi)》: N~ have I seen such an attractive woman. あれほど魅力的な女性を見たことがない.

2 決して…でない［…しない］, 少しも…でない［…しない］ (not よりも強い否定; ⇨ likely 囲み); 〖驚き・疑いを表わして〗まさか…しまい: N~ mind! Ⓢ 心配するな / She 「so much as [even] said "Thank you." 彼女は「ありがとう」とさえ言わなかった / She ~ once said, "Thank you." Ⓢ 彼女は一度たりとも「ありがとう」と言わなかった / That will ~ do for a party. それは全然パーティー向きじゃないね / You'll ~ tell! まさか人にしゃべらないだろうね / Am I going to marry John? N~! Ⓢ (英略式) 私がジョンと結婚するですって, とんでもない / She's ~ twenty! (英) 彼女はまさか20歳じゃあるまい / "I tore up her letter in her face." "You ~ (did)."「彼女の目の前で手紙を破いたよ」「まさか[うそだろう]」.

àlmost néver 副 めったに…しない, めったに…でない (hardly ever) 《⇨ always 囲み; likely 囲み》: My mother almost ~ complains. 私の母はめったに不平を言いません(今まであまり言ったこともないしこれからもあまり言わないだろう) 《⇨ present tense 文法》.

néver ... but — (古風) すれば必ず—する: It rains but it pours. ⇨ pour 2.

néver éver 副 Ⓢ (どんな時でも)絶対…しない (never の強調): I'll ~ ever meet you again. 金輪際あなたとはお会いします.

néver fáil to dó ⇨ fail 成句.

néver sày néver 副 決してしてない[できない]とは言わない (少しは可能性があるので).

nèver the + 比較級 + for ... (格式) …だからといってそれだけ―というわけではない. 語法 比較級の語が強いアクセントを受ける: I was ~ the wiser for his explanation. 私は彼の説明を聞いてもやはりわからなかった.

Nó, I néver! Ⓢ (英) ぜったいちがうよ[そんなことしてない]《子供が言い訳するときに》.

(Wéll,) I néver (díd)! Ⓢ (古風) 本当あいた.

†**néver-énding, néver-ènding** 形《望ましくないことが》終わりのない, 果てしない.

néver-móre 副 Ⓢ (文) 今後は[もう]決して…しない.

néver-néver 名 《次の成句で》 **on the néver-néver** 副 (英略式)《滑稽》分割払いで.

Néver-néver 名 〖the ~〗(豪略式) 奥地, 内陸部 (outback).

néver-néver lànd 名 〖U または a ~〗(略式) 夢のような国, 理想郷 《Peter Pan の住むおとぎの国から》.

***nèv·er·the·less** /nèvəðəlés | -və-/ 副
つなぎ語 (格式) それにもかかわらず, それでも, やはり (still): Tom is a naughty boy, but I love him ~. トムはいたずらっ子だが, それでもやはり私は彼がかわいい.

Nev·ille /név(ə)l/ 名 固 ネビル《男性の名》.

***new** /n(j)úː | njúː/ 同音 knew, gnu, nu; 類音 nude, nuke) 形 (new·er; new·est) **1** 新しい; 新品の; 新発見の (⇨ old, secondhand, used): a ~ desk 新しい机 / a ~ invention 新発明 / ~ potatoes 新じゃが / ~ foliage 新葉 / The information is ~ to me. <A+to+名・代> その情報は私には初耳だ / That's a ~ one on me. Ⓢ 〖その名前・語〗は初耳だ.

会話 "What's ~?" Ⓢ (主に米) = "Anything ~?" "Nothing in particular. How [What] about you?"「どう, 調子は」「あいかわらず[まあまあ]だね. そっちは?」《親しい人どうしのあいさつ》.

2 新型の, 新式の (⇨ old): the ~ fashion 新しい流行 / This car is a ~ model. この車は新型車です // ~ rich.

3 〖A〗〖比較なし〗新たな, 改まった, 更生した, 生まれ変わった; 新たに始まる: a ~ school year 新学年 / begin a ~ life 新生活を始める / He felt like a ~ man. 彼は生まれ変わったような気がした 《⇨ feel 自 2 最後の例文》.

4 〖A〗〖比較なし〗新任の, 新規の, 今度来た: He is our ~ teacher. あの人が私たちの新しい[今度の]先生です / the ~ boy [girl] (英)《滑稽》新入り, 新入生.

5 まだ慣れていない, 初めての: I'm ~ here. ここは初めてです / You is ~ to [at] her job. <A+to [at]+名・代> 彼女は仕事に慣れていない / Japan was a ~ country to them. 日本は彼らにとってはなじみのない国だった.

lìke [as] néw 形 新品同様で. **the néw** 名 新しい考え[変化] 《⇨ the[6]》.

—— 副 **1** 新しく, 最近. 語法 主として newborn, new-laid, new-found のように合成語として用いる. **2** 新品で: I can't afford to buy a piano ~, so I'll have to get a secondhand one. 新品のピアノを買う余裕はないので中古品を手に入れなければならないだろう.

***Néw Áge** 名 **1** ニューエイジ《20世紀後半欧米で展開された東洋思想的・全体論的人間観》. **2** 〖n- a-〗ニューエイジ《ミュージック》《1980年代アメリカで生まれたジャズやクラシックを基本とするイージーリスニング音楽》.
—— 形 ニューエイジの.

Néw Áge trávelers 名 〖複〗(英) ニューエイジトラベラー《英国において従来の生活様式に反発し, 車で旅をしながら生活する人》.

New·ark /n(j)úːək | njúː-/ 名 ニューアーク《ニューヨーク市の対岸にある New Jersey 州北東部の市》.

new·bie /n(j)úːbi | njúː-/ 名 Ⓒ 〖電算〗(略式) インターネット初心者.

néw blóod 名 Ⓤ 《組織などを活性化する》新しい血, 新人.

***néw·bórn** 形 〖A〗 生まれたての. —— 名 Ⓒ 新生児.

néw bróom 名 Ⓒ 《改革》意欲に燃える《要職に》着任したての人 《⇨ broom 用例《ことわざ》》.

Nèw Brúns·wick /-bránzwik/ 名 固 ニューブランズウィック《カナダ東部の州》《⇨ 表地図 J 3》.

New·cas·tle /n(j)úːkæsl | njúːkàːsl/ 名 固 ニューキャッスル《英国 England 北部の海港で近郊の大炭田の石炭の積み出し港として発展した》《⇨ 裏地図 F 4》.
cárry [táke] cóals to Néwcastle 動 自 (英略式) 骨を折る, よけいなことをする. 由来 石炭の産地にわざわざ石炭を運ぶ, の意.

***new·com·er** /n(j)úːkÀmə | njúːkÀmə/ 名 (~s /-z/) Ⓒ 新来者, 新参者, 新入生[社員], 新顔 (to); 新機軸.

néw déal 名 **1** Ⓒ 《特に社会・経済・政治の》新計画. **2** Ⓤ 〖the N- D-〗ニューディール政策《1933年に米国の F. D. Roosevelt 大統領が経済復興と社会福祉のために始めた新政策》.

Nèw Dél·hi /-déli/ 名 固 ニューデリー《インド北部にある同国の首都》.

néw ecónomy 名 〖the ~, a ~〗ニューエコノミー《IT 産業を中心とした新しい経済》.

néw·el (pòst) /n(j)úːəl- | njúː-/ 名 Ⓒ 《らせん階段の親柱; 手すりの端[角]の柱.

Nèw Éngland 名 固 ニューイングランド《米国北東部の大西洋に臨む地方; 略 NE; ⇨ 表地図 I 3》. 参考 Maine, Vermont, New Hampshire, Massachusetts, Rhode Island, Connecticut の 6 州.

Nèw Én·gland·er /-íŋɡləndə | -də/ 名 Ⓒ ニュー

イングランド地方の人.

Néw Énglish Bíble 名 圇 [the ~] 新英訳聖書《英国で各派合同委員会によって翻訳刊行された聖書; 新約の部は 1961 年, 新旧約の合本は 70 年刊》.

⁺**new fáce** 名 © 新顔, 新人.

new・fan・gled /n(j)úːfǽŋgld | njúː-^ㄴ/ 形 [普通は A]《普通は軽蔑》(考え方・道具などが)はやりの, 最新流行の; 目先が変わったの, 奇をてらった.

⁺**néw-fòund** 形 A 新たに[最近]見つけた[手に入れた].

New・found・land /n(j)úːfən(d)lənd, -lænd | njúː-/ 名 圇 ニューファンドランド《カナダ東岸の島; 本土の一部とともに一州を成す; ☞ 表地図 J 2, K 3》.

néw-generàtion 形《電気製品・コンピューターなどが》新世代の, 最新式の.

Nèw Guínea 名 圇 ニューギニア《オーストラリアの北方にある世界で二番目に大きい島》.

Nèw Hámp・shire /-hǽm(p)ʃə | -ʃə/ 名 圇 ニューハンプシャー《米国 New England 地方の州; 大統領予備選挙が最初に行なわれる; 略 N.H., 〖郵〗では NH; 俗称 the Granite State; ☞ America 表, 表地図 I 3》.

Nèw Há・ven /-héɪv(ə)n/ 名 圇 ニューヘイブン《米国 Connecticut 州南部の都市; Yale 大学がある》.

Nèw Jérsey 名 圇 ニュージャージー《米国東部の州; 略 N.J., 〖郵〗では NJ; 俗称 the Garden State; ☞ America 表, 表地図 I 3》.

néw-láid 形《卵が》産みたての.

néw-lóok 形 新流行(型)の, 刷新した.

[*]**new・ly** /n(j)úːli | njúː-/ 副 [過去分詞の前で] **1** 近ごろ, 最近: a ~ built house 新築の家 / a ~ married couple 新婚の夫婦. **2** 新しく, 新たに: The door has been ~ painted. 戸は新しくペンキが塗られた.

néwly-wéd 形 [普通は複数形で] 新婚者の, 新婚夫婦の《☞ riddle¹ 囲み 2》. — 名 新婚の.

Néw Mán 名《主に英》男性フェミニスト《男女平等を信じ, 家事や子供の世話を進んでする男性》.

new math[《英》**máths**] 名 U 新数学《1970 年代前半に始まった新しい数学教授法》.

Nèw Méxican 形 ニューメキシコ州(人)の. — 名 ニューメキシコ州人.

Nèw México 名 圇 ニューメキシコ《米国南西部の州; 略 N.Mex., N.M., 〖郵〗では NM; 俗称 the Land of Enchantment, the Sunshine State; ☞ America 表, 表地図 F 4》.

néw móney 名 U **1** 成金. **2** にわかに手に入れた大金.

new moon 名 **1** © 新月《目には見えない; ☞ moon 語法》; phase 挿絵》. **2** © (細い)三日月; C,U 細い三日月の時期.

néw-mówn 形《芝・干草などが》刈りたての.

new・ness /n(j)úːnəs | njúː-/ 名 U 新しいこと, 新しさ; 珍しいこと, 不慣れ.

Nèw Ór・le・ans /-ɔə́liənz, -əəliːnz | -ɔːlíːənz/ 名 圇 ニューオーリンズ《米国 Louisiana 州の都市; Mississippi 川の河口の港; ☞ 表地図 H 5》.

néw rích 名 [the ~ として複数扱い]《米》成金《the¹ 3》. — 形 成金の.

[*]**news** /n(j)úːz | njúː-/ (形《廃》néwsy) 名 U **1** ニュース, 報道, 記事; 情報, 知らせ; 便り, 消息: foreign [home] ~ 海外[国内]ニュース / international [local] ~ 国際[地元]のニュース / financial [sports] ~ 経済[スポーツ]ニュース / front-page ~ 《第 1 面の》トップ記事 / What is the latest ~ *about* [*of*] the earthquake? 地震についての最新のニュースは何ですか / Did you hear the ~ *about* last night? 昨晩のことは聞きましたか / That's [It's] ~ *to* me. ⓢ それは私には全く初耳です / Here is the ~. ニュースをお伝えします / Everyone welcomed the ~ *that* he had been elected

chairman. <N+*that* 節> あの人が会長[議長]に選ばれたという知らせにみんなが喜んだ《☞ that² A 4; apposition 図法 (iii)》/ No ~ is good ~.《ことわざ》便りのないのはよい便り《☞ no 形 1 (3)》.

語法「1つ, 2つ」と数えるときには *a piece* [*two pieces*] of *news* か *a news item, two news items* のように言う《☞ piece 語法》: We heard *a piece of good* ~ this morning. けさ私たちはよい知らせを1つ聞いた.

---

2 変わったこと, 興味のある事件; 報道の価値のある人 [事件]: That is no ~. そんなことはちっとも珍しくはない / When a dog bites a human that is not ~, but when a human bites a dog that is ~. 犬が人をかんでもニュースにならないが, 人が犬をかめばニュースになる / I've got ~ for you. ⓢ《望ましくないことについて》君に知らせることがあるのだが / "Is there any ~?" "Yes. My son has passed the entrance exam for college." 「何か変わったことでもあるかい?」「うん, 息子が大学に受かったよ」

3 [the ~] (テレビ・ラジオの)ニュース(番組): *the* seven o'clock ~ 7 時のニュース / The resignation of the Prime Minister has just been *on* the ~. 首相の辞任がたった今報道された.

be in the néws [動] (事件などが)新聞種になる, 紙面をにぎわす. **bréak the néws (to ...)** [動] (…に)(悪い)知らせを最初に伝える. **He's [She's] bád néws.**《略式》彼[彼女]はやっかいなもの《for》. **máke the néws** [動] (重要だとして)ニュースになる.

[*]**néws àgency** 名 © 通信社《AP, Reuters など》.

[*]**néws・àgent** 名 ©《英》=newsdealer.

néws blàckout 名 © 報道差しとめ, 報道規制.

néws・bòy 名 © 新聞売り; 新聞配達人.

néws bùlletin 名 © **1**《米》(ラジオ・テレビの) ニュース速報. **2**《英》(ラジオ・テレビの)短いニュース放送.

⁺**néws・càst** 名 ©《米》(ラジオ・テレビの)ニュース放送 [番組].

[*]**news・cast・er** /n(j)úːzkæ̀stə | njúːzkɑ̀ːstə/ 名 (~s /-z/) ©《ラジオ・テレビの》ニュースアナウンサー, キャスター《《英》newsreader》.

néws cònference 名 © =press conference.

Nèw Scótland Yárd 名 圇《単数または複数扱い》ロンドン警視庁《刑事部》《☞ Scotland Yard》.

⁺**néws・dèaler** 名 ©《米》新聞雑誌販売人[店]《《英》newsagent》.

néws dèsk 名 [the ~] ニュース報道部[局].

néws flàsh 名 ©《主に英》=flash 名 4.

néws・gròup 名 ©《インターネット》ニュースグループ《加入者間で情報交換をするための共通の関心をもつ集団》.

néws・hàwk 名 ©《略式》=newshound.

néws・hòund 名 ©《略式》ネタを精力的に追いかける新聞記者.

⁺**néws・lètter** 名 © (団体などの)会報; (官庁・会社などの)公報, 社内報.

néws・màgazine 名 © (週刊の)ニュース雑誌, 時事週刊誌《Time, Newsweek など》.

néws・màker 名 © 新聞種になる人[もの, 事件].

néws・man /n(j)úːzmən | njúːz-/ 名 © (**-men** /-mən/) ニュースキャスター; 報道記者.

néws・mònger 名 ©《軽蔑》うわさ好き(人).

Néw Sòuth Wáles 名 圇 ニューサウスウェールズ《オーストラリア南東部の州; 略 N.S.W.》.

[*]**news・pa・per** /n(j)úːzpèɪpə, n(j)úːs- | njúːzpèɪpə, njúːs-/ 名 (~s

newspaperman

/~z/) **1** ⓒ 新聞 (paper) (☞ evening paper, morning 2 用例): *According to* the ~, he will leave for America tomorrow. 新聞によれば彼はあすアメリカへ出発するということだ / I read it *in* the ~. それは新聞で読みました / "What ~ do you 'subscribe to [take, get]?" "I 'subscribe to [take, get] the Washington Post." 「新聞は何をとってるの?」「ワシントンポストです」 **2** Ⓤ 新聞紙. **3** ⓒ 新聞社.

newspaper·man (-men /-mèn/) ⓒ 新聞記者 (journalist); 新聞経営者, 新聞社社主.
newspaper stand 名ⓒ=newsstand.
newspaper·woman (-wom·en) ⓒ 新聞記者 (journalist); 新聞経営者《女性》.
new·speak 名Ⓤ《軽蔑》《政府などの》世論操作のための欺瞞(ぎまん)的表現.
news·person 名ⓒ=reporter.
news·print 名Ⓤ 新聞用紙; 新聞本文; 新聞雑誌用インク.
news·reader 名ⓒ《主に英》=newscaster.
*__news·reel__ /n(j)úːzrìːl | njúːz-/ 名 (~s /-z/) ⓒ ニュース映画.
news release 名ⓒ=press release.
+**news·room** 名ⓒ《新聞社・放送局の》ニュース編集室.
news·sheet 名ⓒ 一枚新聞《簡単な新聞》.
news·stand 名ⓒ 新聞[雑誌]売り場《駅・街頭などの》.
news story 名ⓒ ニュース[新聞]記事.
news·vendor 名ⓒ《街頭の》新聞売り《人》.
News·week 名固『ニューズウィーク』《米国のニュース週刊誌》.

newsstand

news·weekly 名ⓒ 時事週刊誌.
news·woman 名 (-wom·en) ⓒ ニュースキャスター; 報道記者《女性》.
news·worthy 形《事件・事実・人が》ニュース価値のある, 新聞種となる.
news·writer 名ⓒ 報道記者.
news·y /n(j)úːzi | njúː-/ 形 (news·i·er; -i·est; 名 news)《略式》ちょっとしたニュースの多い,《手紙などが》話題の豊富な.
newt /n(j)úːt | njúːt/ 名ⓒ いもり《両生類》.
new technólogy 名Ⓤ 新技術《ビジネスや産業のコンピュータ化》.
+**New Téstament** 名固《しばしば the ~》新約聖書《キリストの伝記と教えやその弟子たちの書簡予黙示録を集めたもの; ㊂ NT》. 関連 the Bible 聖書 / the Old Testament 旧約聖書.
new·ton /n(j)úːtn | njúː-/ 名ⓒ《物理》ニュートン《力の単位》.
New·ton /n(j)úːtn | njúː-/ 名固 Sir Isaac ~ ニュートン (1642-1727)《英国の数学者・物理学者; 万有引力の法則などを発見した》.
New·to·ni·an /n(j)uːtóʊniən | njuː-/ 形 ニュートン《学説》の: ~ mechanics ニュートン力学.
+**new tòwn** 名ⓒ《英》《都市計画に基づく》ニュータウン.
new wáve 名Ⓒ.Ⓤ《しばしば N- W-》《芸術・政治などの》新しい傾向[波]《の旗手》《映画のヌーベルバーグや1970年代後半のニューウェーブロックなど》; ニューウェーブ音楽.
—形 ニューウェーブの.

*__Néw Wórld__ 名《the ~》新世界, アメリカ大陸; 西半球《⇔ Old World》: *From the ~* 『新世界より』《ドボルザーク (Dvořák) の交響曲第9番の通称》. —形 アメリカ大陸の.

*__new year__ /n(j)uːjíə | njuːjíː, -jɔː-/ 名 (~s /-z/) **1** [N- Y-] Ⓤ《または a ~》新年: a ~'s resolution 新年の誓い. **2** 《the ~》正月《の最初の数週間》. **Háppy Néw Yéar** 感 新年おめでとう《年頭から1月なかばぐらいまでのあいさつ》. 語法 返事は 'The sáme [Sáme] to yóu. と言う. **sée ín the néw yéar** 動 自 新年を祝う.
New Year's 名《米》=New Year's Day.
+**New Year's Day** 名Ⓤ《または a ~》元日《1月1日; 米国・カナダなどでは法定休日 (legal holiday), 英国では公休日 (bank holiday); ☞ holiday 表》.
+**New Year's Eve** 名Ⓤ《または a ~》大みそか.

*__New York__ **1** ニューヨーク《米国東部の州; N.Y., 《郵》では NY; 俗称 the Empire State; ☞ America 表, 表地図Ⅰ3》. **2** ニューヨーク市 (New York City).

*__New York Cit·y__ /n(j)úːjɔːksíti | njúː-jɔːk-/ 名固 ニューヨーク市《米国 New York 州にある同国最大の都市; the Bronx, Brooklyn, Manhattan, Queens, Staten Island の5つの区 (borough) から成る; ㊂ NYC; ☞ city 表, 表地図Ⅰ3》.
New·Yórk·er /-jɔ́ːkə | -jɔ́ːkə/ 名 **1** ⓒ ニューヨーク市民. **2** 固《the ~》『ニューヨーカー』《米国の文芸週刊誌》.
New York Stock Exchànge 名《the ~》ニューヨーク証券取引所《Wall Street にある世界最大の取引所; ㊂ NYSE》.
New York Times 名固《the ~》『ニューヨークタイムズ』《米国の代表的な日刊新聞》.
*__New Zea·land__ /n(j)uːzíːlənd | njuː-/ 名固 ニュージーランド《オーストラリア東方の太平洋にある国; 英連邦 (the Commonwealth of Nations) の加盟国, 南北2つの島 (North Island および South Island) を中心とする; 首都 Wellington; ㊂ NZ; ☞ 裏地図, Southern Cross》.
*__New Zéa·land·er__ /-zíːləndə | -də/ 名 (~s /-z/) ⓒ ニュージーランド人.

*__next__ /nékst/

① 《時間・順序的に》次の	形 1, 2
② 《名詞的に》次の人[もの]	名 3
③ 次に	副

—形 **1** 《比較なし》《時間的に》次の, すぐ後の, 来…; 《the ~》その次の, 翌…《☞ last¹ 1, this 形 3》: I'm going to New York ~ week [month]. 私は来週[来月]ニューヨークへ行く《☞ week 表》/ I visited Washington and then went to New York the ~ week. 私はワシントンを訪れてその翌週ニューヨークへ行った / It'll be hot this ~ week. この1週間は暑いだろう《☞ week 表》/ I will be very busy the ~ two weeks. これから2週間私はとても忙しくなる.

語法 **next の使い方**
(1) 現在を基準として「来週・来月」のように言うときには the をつけないが, 過去・未来のある時を基準として「その翌週・翌月」のように言うときには the をつける.
(2) 原則として next は《ある時点に一番近い未来の》の意だが例外もある. 例えば月曜に next Wednesday と言うなど比較的近接した曜日に用いると, 今週をとびこして「来週の水曜日」を意味することが多いが,「今週の水曜日」という意味にもなりうる《☞ last¹ 1 語法》.

(1)). この場合, (this [on]) Wednesday (今週の水曜に), (on) Wednesday next week (来週の水曜に) のように言うとはっきりする: The concert will be held *next* Wednesday. 音楽会は来週の[今度の]水曜日に開かれる / He left for Paris *the next* day. 彼は翌日パリへ出発した.

2 [比較なし] (順序が)次の, 隣の (☞ next to の項目): Read the ~ lesson. 次の課を読みなさい / Let's get off at the ~ station. 次の駅で降りよう / *N*~, please. [S] 次の方どうぞ (窓口などで) / Who's ~? [S] 次はどなたですか (順番を聞くとき) / Turn left at the ~ corner. 次の角を左に曲がりなさい / She is our ~ best pianist after Mr. Long. 彼女はロング氏に次ぐすぐれたピアニストである / Look at these victims; we might be ~. この被害者たちをごらんなさい. 次は私たちかもしれない (ひと事ではありませんよ).
3 [the または所有格の後で名詞的に] 次の人, 次のもの: Who will be *the* ~ to go? 次に行くのはだれですか.
[語源] 古(期)英語で nigh の最上級; ☞ near [語源]; last¹ 最初の囲み.
as ... as the néxt pérson [gúy, mán, wóman] (だれにも)劣らず…; 他の人同様…: I can drive a car *as* well *as the* ~ *person*. 車の運転にかけてはだれにも引けをとらない.
in the néxt plàce [副] [つなぎ語] 第二に.
(the) néxt (...) but óne [twó] [形] (主に英) 1 つ[2 つ]おいて隣の: *the* ~ room *but one* [*two*] 1 つ[2 つ]おいて隣の部屋.
(the) néxt thíng one knóws [副] (略式) 気がついてみると, いつのまにか: The ~ thing you know, there's nobody there. [S] 気がついてみたら[いつのまにか]誰もいないのです.
the néxt wórld [名] あの世.
(the) Súnday [Mónday, etc.] àfter néxt [名・副] 再来週の日曜日[月曜日など](に).
the wéek [mónth, yéar] àfter néxt [名・副] 再来週[月, 年](に).
— [副] **1** 次に, 今度, 隣に (☞ next to の項目): What did you see ~? あなたは次に何を見ましたか / When I ˹see him ~ [~ see him], I'll tell him so. 今度彼に会ったらそう言っておきましょう. **2** [つなぎ語] 次に (前に話した[した]ことに続いて何を話す[する]かを述べるときに用いる): *N*~, I'd like to discuss the history of this town. 次にこの町の歴史についてお話ししたいと思います. **3** [疑問詞の後で驚きを示して] これでは次には(どうなることやら).
— /nekst, nèkst, nékst/ [前] (古語) …の次[隣]に (☞ next to の項目).

néxt bést, néxt-bést [形] [A] 次善の: the ~ thing [solution] 次善の策[解決策].

*__next door__ /néks(t)dɔ́ɚ | -dɔ́ː/ [副] 隣に[へ]. **néxt dóor to ...** [副] (1) 隣に[へ], 隣の家[部屋]に: I live ~ *to* John. 私はジョンの隣に住んでいる. (2) [否定語・悪い意味の語を伴って] ほとんど…(と同じ), …に近い (almost): She was ~ *to* insane. 彼女はほとんど正気でなかった. — [形] [名詞の後で] 隣の: the girl ~ 隣の女の子 (どこにでもいる親しみやすい女の子) / The children ~ are quiet. 隣のこどもたちはおとなしい. — [名] [U] [時に複数扱い] (英略式) 隣の家の人たち.

néxt-dòor [形] [A] 隣家の, 隣の: our ~ neighbors 隣家の人たち.

‡**next to** /(母音の前では) nèks(t)tu, (子音の前では) -tʊ/ [T1] [前] …の隣に[の], …の次に[の]; …に次いで: Who is the girl ~ Alice? アリスの隣の女の子はだれですか / The family live(s) in the house ~ ours. その家族は私たちの家の隣に住んでいます / We'd like to have two seats ~ each other. 隣り合った席が 2 つ欲しいのですが.

— [副] [普通は否定語とともに] ほとんど (almost): She bought the book for ~ *nothing*. 彼女はその本をただ同然で買った / It was ~ impossible to win. 勝つなんてとても不可能だった.

nex·us /néksəs/ [名] (複 ~, ~·es) [C] [普通は単数形で] (格式) 結び付き, 関係 (*of*) (link, connection).

NFC /énèfsíː/ [略] =National Football Conference ナショナルフットボールカンファレンス (NFL の 2 つの conference の 1 つ).

NFL /énèfél/ [略] =National Football League ナショナルフットボールリーグ (米国のプロリーグ).

NGO /éndʒìːóʊ/ [T2] [略] =nongovernmental organization (☞ nongovernmental).

NH 〔米郵〕 =New Hampshire.

N.H. [略] =New Hampshire.

NHL [略] =National Hockey League ナショナルホッケーリーグ (米・カナダのプロアイスホッケーリーグ).

NHS /énèɪtʃés/ [略] [the ~] (英) =National Health Service.

NI [略] =National Insurance, Northern Ireland.

⁺**ni·a·cin** /náɪəsn | -sɪn/ [名] [U] =nicotinic acid.

Ni·ag·a·ra /naɪǽg(ə)rə/ [名] [固] **1** [(the) ~] ナイアガラ川 (Erie 湖に発して Ontario 湖に注ぐ川; 米国とカナダの国境をなす). **2** =Niagara Falls.

Niágara Fálls [名] [固] [複] [(the) ~ として普通は単数扱い] ナイアガラの滝 (米国とカナダとの間 Niagara 川の途中にある滝; カナダ側の Horseshoe [Canadian] Falls (写真) と米国側の American Falls がある; ☞ 表地図 I 3).

Niagara Falls

Ni·a·mey /niáːmeɪ/ [名] [固] ニアメー (ニジェール (Niger) の首都).

nib /níb/ [名] [C] ペン先.

⁺**nib·ble** /níbl/ [動] [他] (ねずみ・魚などが)〈…〉を少しずつかじる (*away*); かじって穴をあける; ちびちび食べる; そっとかむ. — [自] **1** 少しずつかじる (*at, on*). **2** (申し出などに)気のあるそぶりをする (*at*). **níbble awáy at ...** [動] [他] 〈…〉をちびちびと使い尽くす. — [名] [C] **1** (略式) ひとかじり; ひとかじりの量. **2** [複数形で] (主に英) (パーティーなどでの)おつまみ. **3** (魚がえさに)少し食いつくこと, 魚信; 気のあるそぶり, 販売物件などへの問い合わせ.

nibs /níbz/ [名] [his [her] ~ として] (古風, 英略式) [滑稽] 親分, お偉方; 親分ぶる人, 尊大な人.

NICAM /náɪkæm/ [名] [U] ナイカム (英国のテレビステレオ放送システム; 商標).

Nic·a·ra·gua /nìkəráːgwə | -rǽgjuə/ [名] [固] ニカラグア (中米の共和国).

Nic·a·ra·guan /nìkəráːgwən | -rǽgjuən←/ [形] ニカラグア(人)の. — [名] [C] ニカラグア人.

‡**nice** /náɪs/ [形] (**nic·er**; **nic·est**; [名] nícety)

元来は「愚かな」,「鈍い」の意. 態度がはっきりしないことから「気難しい」→(細かいことにうるさい)
→「細かな」**4** →「微妙な」,「難しい」
→(細かく行き届く) →(結構な)
→「すてきな」**1**,「親切な」**2**
→(反語的に) →「いやな」**3**

1 すてきな, すばらしい, きれいな; おいしい; 心地よい (pleasant; [反] nasty); うまい, 見事な: a ~ house すてきな家 / *N*~ day, isn't it! いい天気だね / Good-bye.

Nice

Have a ~ time [day]! Ⓢ (主に米) じゃあ楽しんできてね、いってらっしゃい《遊びに行く人・客などに》/ He is a very ~ person. 彼はとてもいい人だ / She looks ~ in pink. 彼女はピンクが似合う / How ~ of you to come! よくいらっしゃいました《来客などに》/ ☞ (of 12) / 「It's ~ [N~] 「to meet [(米) meeting] you. Ⓢ はじめまして、よろしく《ややくだけた言い方》/ It's been ~ seeing [meeting] you. お会いできてよかったです《別れのあいさつ》/ a ~ warm room とてもぬくい部屋 (語法) 好ましさを強調して限定用法の形容詞の前につける)/ Well, it's ~ to know I'm not the only one. Ⓢ まあ、私一人だけでないとわかってよかったよ / It'd be ~ if you could check this out for me. Ⓢ これを確かめていただけるとありがたいのですが / N~ shot [catch]! ナイスショット [キャッチ]! 日英比較 このとき日本ではいつも「ナイス」を使うが、英語では fine, beautiful, great など様々な形容詞を使う.

2 親切な, 思いやりがある (kind); 親切にした: He was ~ to me. <A+to+名・代> 彼は私に親切にしてくれた / It is ~ of you to give me a present. 贈り物をくださってありがとうございます (☞ good 形 7; of 12) / You're being so ~ to me. ほんとに親切にしていただいて. **3** 《略式》《皮肉》いやな, 困った. ひどい: What a ~ person you are! こりゃどうもご親切に《薄情なやつだ》《頼みごとを断られたときなど》. **4** 《格式》微妙な, 難しい; 慎重を要する; 精密な; 敏感な, 細かな, 綿密な: a ~ distinction in meaning 微妙な意味の違い / She is ~ in her dress [food]. 彼女は服装[食べ物]にやかましい. **5** 《普通は否定文で》《古風》上品な, 教養のある: She doesn't come from a ~ family. 彼女はよい家柄の出ではない.

in the nícest póssible wáy [副] 最大限愛想よく. **màke níce** [動] ⑥ (表面上は)愛想をよくする. **nìce and** /nàɪs(ə)n/ [副] 《略式》(とても)…なの気持ちよい, 申し分なく …だ: It is ~ and warm by the fire. 火のそばはとても暖かくて気持ちよい. **Níce òne!** Ⓢ 《英》《発言・行為に対して》うまいね! やったね! **Níce wórk!** Ⓢ 《英》よくやった, でかした! **Níce wórk if you can gét it.** (他人の幸運な仕事について)うらやましい限りだ.

Nice /níːs/ 名 固 ニース《フランス南東岸の町; 避寒地》.

nice-looking 形 かっこいい, 見ばえのよい.

*nice·ly /náɪsli/ 副 **1** きちんと, うまく, 申し分なく. **2** 心地よく, 見事に. **3** 《格式》精密に, 細かく. **dò nícely** [動] ⑥ (1) [普通は進行形で](金もうけなどで)うまくやる. (2) (主に患者などに)よくなる. (3) [しばしば will とともに] 十分間に合う, 適当である.

níce·ness 名 Ⓤ **1** 心地よさ; 親切さ. **2** 精密さ.

ni·ce·ty /náɪsəti/ 名 (-ce·ties) **1** 《格式》正確さ, 精密さ; 微妙さ. **2** Ⓒ [普通は複数形で] 微妙[詳細]な点; 優雅なもの, ぜいたく品 (of). **to a nícety** [副] 《格式》精確に, 正確に.

*niche /nítʃ, níːʃ/ 名 Ⓒ **1** (人・物の)適所, ふさわしい職業 (in). **2** 特定の購買層[市場分野]. **3** ニッチ, 壁龕 (がん)《彫像・花びんなどを置く壁のくぼみ》. **4** 《生》生存領域. **find [cárve óut, creáte, máke] a níche for onesélf** [動] ⑥ (はまり)所を得る.

niche màrketing 名 Ⓤ 特定の市場分野への売り込み.

Nich·o·las /níkələs/ **1** ニコラス《男性の名; 愛称は Nick》. **2** Saint ~ 聖ニコラス《4世紀ごろの小アジアの僧ロシアの守護聖人; 子供・船乗り・商人などの守護聖人にもされ

ている; ☞ Santa Claus (語源)》. **3** ~ II /-dəsékənd/ ニコライ二世 (1868-1918)《ロシア最後の皇帝, 二月革命後退位, 十月革命後銃殺された》.

*nick /ník/ 名 Ⓒ **1** 《略式》刻み目, 切り目; 軽い切り傷. **2** [the ~] 《英略式》ぶた箱, ムショ; 警察署, サツ. **in góod [bád] níck** [形] 《英略式》(体や機械などの)調子がいい[悪い]. **(jùst) in the nick of tíme** [副] 間一髪で, ぎりぎりで. ── 動 **1** 《略式》〈…に〉刻み目をつける; 軽く傷つける. **2** 《略式, 主に米》〈人に〉高値をふっかける; 〈人から〉ふんだくる. **3** 《英略式》〈…を〉盗む (from); 逮捕する, パクる (for).

Nick /ník/ 名 固 ニック《男性の名; Nicholas の愛称》.

*nick·el /níkəl/ Ⓒ (~s /-z/) **1** Ⓒ 《米・カナダ》5 セント貨《Ⓟ coin 表》: The boy has only three ~s. 少年は5セント貨を3枚しか持っていない. **2** Ⓤ ニッケル《元素記号 Ni》: This coin is made of ~. この硬貨はニッケル製です.

nickel-and-dime 形 A 《米略式》取るに足らない, 安価な. ── 他 《米略式》**1** 〈…に〉けちな対応をする. **2** 〈…に〉少額の出費を重ねさせる; 〈…を〉徐々に弱らせる.

níckel bàg 名 Ⓒ 《米俗》5ドル相当の麻薬.

Nick·el·o·de·on /nìkəlóʊdiən/ 名 固 ニコロデオン《子供向けのケーブルテレビ局》.

níckel sílver 名 Ⓤ 洋銀《銅・亜鉛・ニッケルの合金》.

nick·nack /níknæk/ 名 Ⓒ = knickknack.

*nick·name /níkneɪm/ 名 (~s /-z/) Ⓒ ニックネーム, あだ名; 愛称《James を Jim と呼ぶような親しみを表わす呼び名; ☞ John Bull, Uncle Sam》. (語源) 中期英語の 'an ekename' (付け足した名)が a nekename と誤解されてできたもの. ── 動 他 [しばしば受身で] 〈…に〉あだ名[愛称]をつける: He was ~d "(the) Lion." 彼は「ライオン」というあだ名をつけられた.

Nic·o·si·a /nìkəsíːə/ 名 固 ニコシア《キプロスの首都》.

*nic·o·tine /níkətìːn/ 名 Ⓤ ニコチン.

nícotine pàtch 名 Ⓒ ニコチンパッチ《ニコチンを含ませた禁煙用貼り薬; 皮膚にはって喫煙欲をおさえる》.

nic·o·tin·ic ácid /nìkətìːnɪk-/ 名 Ⓤ 《化》ニコチン酸《ビタミン B の一種》.

*niece /níːs/ 名 ⒔ Ⓒ めい (☞ family tree 図).

Níel·sen Ràtings /níːls(ə)n-/ 名 [the ~ として複数扱い]《米》(テレビの)ニールセン視聴率.

Níel·sens /níːls(ə)nz/ 名 [the ~]《米》= Nielsen Ratings.

NIEs /énaɪíːz/ 名 固 ニーズ《新興工業経済地域, Newly Industrializing Economies の略; 韓国・台湾・シンガポール・香港などの総称》.

Nie·tzsche /níːtʃə/ 名 固 Frie·drich Wil·helm /fríːdrɪk vílhelm/ ~ ニーチェ (1844-1900)《ドイツの哲学者》.

niff /níf/ 名 Ⓒ 《英略式》いやなにおい, 臭み.

niff·y /nífi/ 形 (niff·i·er, -i·est) 《英略式》臭い.

nif·ty /nífti/ 形 (nif·ti·er, -ti·est) 《略式》気のきいた, 巧みな, 格好いい: a ~ trick あざやかな芸当.

Ni·gel /náɪdʒəl/ 名 固 ナイジェル《男性の名》.

Ni·ger /náɪdʒə | nɪʒéə/ 名 固 **1** ニジェール《アフリカ西部の共和国》. **2** [the ~] ニジェール川《アフリカ西部の川》.

Ni·ge·ri·a /naɪdʒí(ə)riə | -dʒíə-/ 名 固 ナイジェリア《アフリカ西部の英連邦内の共和国》.

Ni·ge·ri·an /naɪdʒí(ə)riən | -dʒíə-/ 形 ナイジェリア(人)の. ── 名 Ⓒ ナイジェリア人.

Ni·ger·ois /nìːʒeəwɑ́ː, -ʒər- | -ʒeər-/ 名 Ⓒ ニジェール人. ── 形 ニジェール(人)の.

nig·gard /nígəd | -gəd/ 名 Ⓒ 《古風》けちん坊.

nig·gard·li·ness /nígədlinəs | -gəd-/ 名 Ⓤ 《古

風」けっ(な性質).
níggard·ly 形《古風》けちな; ごく少ない.
nig·ger /nígɚ | -gə/ 名 C《卑》《差別》黒んぼ (☞ black 形 3 語法).
nig·gle /nígl/ 動 自 1 くだらないことにこだわる (about, over). 2 (疑いなどが)いつまでもひっかかる (at). ― 他〈人〉の気にさわる;...を悩ませる. ― 名 C 1 難くせ; ささいな心配. 2 軽い痛み.
nig·gling /nígliŋ/ 形 A 1 (疑い・心配などが)いつまでも気にかかる; つまらないことにこだわった［くよくよする］. 2 (仕事などが)細かくて面倒な; ささいな. 3 (けがなどが)なかなか治らない.

†**nigh** /náɪ/ 形 副 (nigh·er; nigh·est)《文》近くの[に]: The apocalypse is drawing ~. 終末が近づいている. **nígh on** [ònto, ùnto] ... 副《古風》ほとんど (almost).《☞ near, next, neighbor の 語源》.

*__night__ /náɪt/ 名［発音］ (nights /náɪts/; 形 nightly) 1 U.C 夜, 晩 (日没から日の出［就寝］まで; ☞ day 表) (反 day): a cold ~ 寒い夜 / We stayed at the hotel for two ~s. 私たちはそのホテルに2晩泊まった (on) Sunday ~. 私たちは日曜の晩に彼を訪問した / The accident occurred on the ~ of August 15. その事故は8月15日の夜に起こった (August 15 は August the fifteenth と読む; ☞ ordinal number 文法(2)) / I danced with her last ~. 私はゆうべ彼女と踊った.［語法］(1)「...日の夜に」の場合の前置詞は on (☞ day 語法). (2) 前置詞なしで tomorrow, every, next, last などとともにしばしば副詞句をつくる. 2 C (催しのある)晩; [普通は単数形で] (祝祭日の)晩: the first [opening] ~ of the show 初演の晩 / Christmas ~ クリスマスの晩. 3 [形容詞的に] 夜(間)の: a ~ train 夜行列車 / a ~ breeze 夜風. 4 U 暗やみ, 夜陰: N~ began to fall.《文》日が暮れ始めた. 5 U《文》(死・忘却・無知などの)暗やみ, 失意の時. 6 C S [夜遅く主に子供への呼びかけに用いて] お休み!
áll níght (lóng) 副 一晩中, 終夜: I talked with an old friend of mine *all ~ (long).* 私は旧友と一晩を語り明かした.
áll ríght on the níght [形] (上演などが)当日は問題がない, 本番ではうまくいく.
a night óut [名] 外で楽しく過ごす一夜.
at night 副 夜に, 夜間に: He called on me *at ~.* 彼は夜訪ねてきた.
at thís tíme of nìght [副] 夜こんな(遅い)時間に.
by night [副] (昼に対して)夜に (反 by day).
by night and dáy [副] = day and night (☞ day 成句).
cáll it a níght [動] 自《略式》仕事を切り上げる, 今夜はもうおしまい.
évery night [副] 毎晩: I used to drink *every ~.* 昔は毎晩酒を飲んだものだ.
fár [déep] into the níght [副] 夜ふけまで.
for the níght [副] その夜［晩］に.
góod night [間] good night の項目.
have a góod [bád] night [動] 自 よく眠れる[眠れない], 安眠する[できない].
have「a láte [an éarly] night [動] 自 (いつもより)夜ふかし[早寝]する.
in [dùring] the níght [副] 夜のうちに, 夜間に: I awoke three times *in the ~.* 私は夜中に3度目を覚ました.
lást thìng at níght [副] 寝る直前に.
màke a níght of it [動] 自《略式》飲み[遊び]明かす.
night àfter níght [副]《略式》毎晩毎晩: I had insomnia ~ *after* ~. 私は毎晩毎晩不眠に悩まされた.
night and dáy ☞ day 成句.
night níght S [特に子供に[が]言う] おやすみ, ねんね.
sléep the níght [動] 自《英》(人の家に)一泊泊まる.
spénd the níght [動] 自 (1) (人の家に)泊まる (with). (2) 《婉曲》一夜をともにして性関係をもつ (together; with).
stáy the night [動] 自 (人の家に)泊まる.
the òther níght [副] [主に S] 先日の晩[夜].
tùrn níght into dáy [動] 自 徹夜で仕事をする[遊ぶ].

níght·càp 名 C 1 寝酒. 2 (昔の)寝帽子, ナイトキャップ.
níght·clòthes 名 [複] 寝巻き.
*__night·club__ /náɪtklʌb/ 名 C (~s /-z/) ナイトクラブ.
níght cràwler 名 C《米》おおみみず(夜になると地面に出てくる).
níght depósitory 名 C《米》(銀行の)夜間金庫, 夜間受け入れ口.
níght·drèss 名 C 《主に英》ナイトドレス, ネグリジェ (女性用のゆったりした寝巻き).
níght·fàll 名 U《文》夕暮れ; 夕方, 日暮れ, たそがれ: *at ~* 夕暮れに. 関連 daybreak 夜明け.
níght gàme 名 C 夜間試合, ナイター.［日英比較］「ナイター」は和製英語.
níght·gòwn 名 C = nightdress.
níght·hàwk 名 C 1 アメリカよたか《アメリカ産の夜鳥》. 2《主に米略式》夜ふかしする人.
night·ie /náɪti/ 名 C《略式》 = nightdress.
night·in·gale /náɪtŋgèɪl, -tɪŋ- | -tɪŋ-/ 名 C ナイチンゲール, さよなきどり (つぐみに似た小鳥で雄が夕方から美しい声で鳴く).★ 鳴き声については ☞ cry 表.

Night·in·gale /náɪtŋgèɪl, -tɪŋ- | -tɪŋ-/ 名 **Flórence ~** ナイチンゲール (1820-1910)《英国の看護師; 近代看護法の祖といわれる》.

nightdress

nightingale

níght·jàr 名 C よたか, (特に)ヨーロッパよたか.
níght·lìfe 名 U 夜の楽しみ, 夜遊び《ナイトクラブやバーなどの》.
níght·lìght 名 C (寝室・病室などの)終夜灯.
níght·lóng 《文》形 副 夜通しの, 徹夜の.
†**night·ly** 形 (名 night) A 毎夜の; 夜の. ― 副 毎夜, 夜ごとに.
*__night·mare__ /náɪtmèɚ | -mèə/ 名 (~s /-z/; 形 níghtmàrish) C 1 悪夢 (*about*): have a ~ 悪夢を見る, うなされる. 2《略式》悪夢のような出来事; [形容詞的に] (旅・状況などが)ひどい, 最悪の; 恐ろしい: a ~ scenario 最悪のシナリオ［事態］.
night·mar·ish /náɪtmè(ə)rɪʃ/ 形 (名 níghtmàre) 悪夢のような.
night-níght 間 S おやすみ《子供への呼びかけ》.
níght òwl 名 C《略式》(仕事などで)夜ふかしをする人.
níght pòrter 名 C《英》(ホテルの)夜間フロント係.
nights /náɪts/ 副 《主に米》(いつも)夜に, 晩に.
níght sàfe 名 C《英》= night depository.
níght schòol 名 U.C 夜間学校, 夜学: at [《主に米》in] ~ 夜学で. 関連 day school 昼間の学校.
níght·shàde 名 U.C いぬほおずき; ベラドンナ《有毒植物》.
níght shìft 名 (反 day shift) 1 C (昼夜交代制の)夜間勤務(時間)《普通夜10時から朝8時まで》: *on the ~* 夜勤(中)で. 2 [the ~ として《英》単数または複数扱い] 夜間勤務者, 夜勤組《全体》.
níght·shìrt 名 C《主に男性用》寝巻き.

níght spòt 名 C (略式) ナイトクラブ.
níght・stànd 名 C (主に米) =night table.
níght・stìck 名 C (米) (警官の)警棒 (baton, billy club, (英) truncheon).
níght tàble 名 C (主に米) ナイトテーブル《ベッドのそばに置く; ☞ bedroom 挿絵》((英) bedside table).
†**níght・tìme** 名 (反 daytime) U 夜間; [形容詞的に] 夜間の. **at nighttime** 副 夜間に[は].
níght vìsion 名 U 暗視: ~ goggles 暗視めがね《赤外線で夜でも物が見える》.
níght wàtch 名 U 夜警(時間); [the ~] (昔の)夜警団; ☞ night watchman.
níght wátchman 名 C 夜警(人).
níght・wèar 名 U 寝巻き.
níght・y /náɪṭi/ 名 (**night・ies**) C (略式) =nightdress.
níght・y-níght /náɪṭi-/ 間 S おやすみ《子供への呼びかけ》: go ~ ねんねする.
NIH 略 [the ~] =National Institutes of Health (米国の)国立衛生研究所.
ni・hil・ism /náɪ(h)əlɪ̀zm, níː-/ 名 U **1** ニヒリズム, 虚無主義. **2** 無政府主義.
ni・hil・ist /náɪ(h)əlɪst, níː-/ 名 C ニヒリスト, 虚無主義者; 無政府主義者.
ni・hil・is・tic /nàɪ(h)əlístɪk, nìː-ˊ/ 形 虚無主義の; ニヒルな; 無政府主義の.
Ni・jin・sky /nɪʒínski, -dʒín-/ 名 固 **Vas・lav** /vάːtsləːf/ ニジンスキー (1890-1950) 《ポーランド系ロシアの舞踏家・振付師》.
-nik /nɪk/ 接尾 [名詞語尾] (略式) [しばしばけなして] 「...通」「...愛好家」の意: a computer*nik* コンピューター通 / a peace*nik* 平和運動家.
Ni・ke[1] /náɪki/ 名 固 《ギ神》ニケ《勝利の女神》.
Ni・ke[2] /náɪkiː, náɪk/ 名 固 ナイキ 《米国のスポーツシューズメーカー》.
†**Níkkei índex [áverage]** /níːkeɪ-, níːk-/ 名 [the ~] [株] 日経平均(指数) (☞ Dow Jones Average).
*****nil** /níl/ 名 U **1** (英) (競技の得点の)ゼロ, 零点: Our team lost *three-nil*. 私たちのチームは 3 対 0 で負けた. **2** ゼロ, 無《(米) nothing》.
Nile /náɪl/ 名 固 [the ~] ナイル川《アフリカ東部を流れる世界最長の川》.
nimbi 名 nimbus の複数形.
†**nim・ble** /nímbl/ 形 (**nim・bler, more ~; nim・blest, most ~**) **1** すばやい, はしこい, 敏速な: He is ~ on his feet. 彼は足が速い. **2** 頭の働きが鋭い, 理解の早い, 機敏な, 決断の早い. **~・ness** 名 U すばやさ; 鋭敏.
nim・bly /nímbli/ 副 身軽に, はしこく, 敏速に.
nim・bus /nímbəs/ 名 (複 **nim・bi** /-baɪ/, **~・es**) **1** C,U 乱雲, 雨雲. **2** C (格式) (聖人図などの)後光, 光輪.
nim・by, NIMBY /nímbi/ 形, 名 C (略式) 自分に関係なければよいという身勝手な(人), 総論賛成各論反対の(人) 《*not in my backyard* の略; ☞ acronym》.
nim・rod /nímrɑd | -rɔd/ 名 C S (米略式) ばか者.
Ni・na Ric・ci /níːnəríːtʃi/ 名 固 ニナリッチ《フランスのファッション会社; 商標》.
nin・com・poop /nínkəmpùːp/ 名 C (古風, 略式) ばか者, とんま.
*****nine** /náɪn/ 代 (題音) (数詞) [複数扱い] 九つ, 9 人, 9 個; 9 ドル[ポンド, セント, ペンスなど] (☞ number 表): N~ are not enough. 9 人[9 個, 9 ドル, 9 ポンド]では足りない. 関連 ninth 9 番目の.
— 名 (~s /-z/) **1** C (数としての)**9**: Lesson N~ = 第 9 課 / N~ and ~ is [makes, equals, are, make] eighteen. 9 足す 9 は 18 (9+9=18) / Four times ~ is thirty-six. 9 の 4 倍は 36 (4×9=36) (☞ time 11 日英比較) / Twenty-seven divided by ~ equals [is] three. 27 を 9 で割ると 3 (27÷9=3).
2 U **9 時**, 9 分; 9 歳: It's ~ to ten. 10 時 9 分前です / The meeting was over *at* ~. 会合は 9 時に終わった / a boy of ~ 9 歳の少年. **3** C 9 の数字. **4** C 9 つ[9 人, 9 個] ひと組のもの; (米) 野球のチーム (☞ eight 表). **5** C (トラ) 9 の札.
999 [**níne nìne nìne**], **911** [**níne òne óne**] (☞ dial 動) 成句. **níne to fíve** 副 朝 9 時から夕方 5 時まで (通常の勤務時間).
— 形 **1** 9 つの, 9 人の, 9 個の: ~ times 9 回, 9 倍 / A cat has ~ lives. (ことわざ) 猫は 9 つの命を持つ / cat 日英比較. **2** P 9 歳で: My sister died when she was only ~. 妹はたった 9 歳で死にました. **níne tímes òut of tén** 副 十中八九まで, たいてい.
900 (nùmber) /náɪnhʌ́ndrəd(-)/ 名 C 900 番《日本のダイヤル Q²に相当する米国の有料電話情報サービス》.
9/11 /náɪnɪlév(ə)n, -əl-/ 名 U 9 月 11 日《米国同時多発テロが起こった 2001 年 9 月 11 日とその事件をさす; September 11 ともいう》.
nine・pin (英) [~s として単数扱い] ナインピンズ, 九柱戯《9 本ピンを使う遊びで今のボウリングの原型》. **2** C (ナインピンズ用の)木製の柱[ピン]: ˈgo down [fall, drop] like ~s (病気などで)ばたばたたおれる.

*****nine・teen** /nàɪntíːnˊ/ 代 (題音 ninety) (数詞) [複数扱い] **19**, 19 人, 19 個; 19 ドル[ポンド, セント, ペンスなど] (☞ number 表, -teen, teens).
— 名 (~s /-z/) **1** C (数としての)**19**. **2** U (24 時間制で)19 時, 19 分; 19 歳. **3** C 19 の数字. **4** C 19[19 人, 19 個] ひと組のもの. **spéak [tálk, chát awáy] nìneteen to the dózen** 動 自 (略式, 英・豪) のべつ幕なしにしゃべりまくる.

Nìneteen Éighty-Fóur 名 固 『一九八四年』《George Orwell の未来小説 (1949); 個人の自由を許さない一党独裁の全体主義国家を描いた》.

*****nine・teenth** /nàɪntíːnθˊ/ 形 **1** [普通は the ~; ☞ the¹ 1 (4)] **19 番目の; 第 19 の** (19th とも書く; ☞ number 表, ordinal number 文法): *the* ~ *lesson* 第 19 課 / the ~ hole [滑稽] 19 番ホール《ゴルフのプレイ後のつき合い》. **2** 19 分の 1 の.
— 名 (~s /-s/) **1** [単数形で普通は the ~] **19 番目の人[もの]**; (月の)**19 日** (19th とも書く; ☞ ordinal number 文法 (2)). **2** C 19 分の 1, 1/19 (☞ cardinal number 文法).

*****nine・ti・eth** /náɪntiəθ/ 形 **1** [普通は the ~; ☞ the¹ 1 (4)] **90 番目の; 第 90 の** (90th とも書く; ☞ number 表, ordinal number 文法). **2** 90 分の 1 の.
— 名 (~s /-s/) **1** [単数形で普通は the ~] **90 番目の人[もの]**.
2 C 90 分の 1, 1/90 (☞ cardinal number 文法 (6)).

nìne-to-fíve 形 A (仕事が)朝 9 時から夕方 5 時までの.

*****nine・ty** /náɪnṭi/ 代 (題音 nineteen) (数詞) [複数扱い] **90**, 90 人, 90 個; 90 ドル[ポンド, セント, ペンスなど] (☞ number 表, -ty²).
— 名 (**nine・ties** /-z/) **1** C (数としての)**90**. **2** U 90 歳. **3** [複数形で the または所有格の後で] 90 年代; 90 歳代; (速度・温度・点数などの)90 番[度, 点]台《しばしば the 90's ['90s] とも書く》: in the eighteen *nineties* [*1890's, 1890s*] 1890 年代 (☞ -s¹ 文法 (1) (ii)) / in one's *nineties* 90 歳代で. **4** C 90 の数字. **5** C 90[90 人, 90 個] ひと組のもの.

— [形] 1 90の, 90人[個]の. 2 [P] 90歳で.
nínety-níne [代] 《数詞》[複数扱い] 99. — [名] 1 [C] (数としての)99. 2 [U] 99歳. — [形] 1 [A] 99の. 2 [P] 99歳で. **nínety-nine tímes òut of a húndred** [副] 《略式》ほとんどいつも.
nin·ja /níndʒə/ 《日本語から》[名] (~, ~s) [C] 忍者.
nin·ny /níni/ [名] (**nin·nies**) [C] 《古風, 略式》ばか.
Nin·ten·do /nɪnténdoʊ/ [名] [C] (日本の任天堂製の)テレビゲーム《商標》.
⁑**ninth** /náɪnθ/ [形] 1 [普通は the ~; ☞ the[1] 1 (4)] 9番目の, 第9の, 9位の《9th とも書く; ☞ number 表, nine, ordinal number [文法]》: *the* ~ lesson 第9課 / *the* ~ floor 《米》9階, 《英》10階 《☞ floor [語法]》/ the nine hundred (and) ~ person 909番目の人 / Beethoven's *N*~ Symphony ベートーヴェンの第9交響曲. 2 9分の1の: a ~ part 9分の1の部分.
— [名] (**ninths** /~s/) 1 [単数形で普通は the ~] 9番目の人[もの], 9位の人[もの], 第9号.
2 [単数形で普通は the ~] (月の)9日, ここのか《9th とも書く》: *on the* ~ of February=*on* February 9 2月9日に《February 9 は February (*the*) *ninth* と読む; ☞ ordinal number [文法] (2)》.
3 [C] 9分の1, $^1/_9$ 《☞ cardinal number [文法] (6)》: a [one] ~ $^1/_9$ / four ~*s* $^4/_9$.
ninth·ly [副] [つなぎ語] (第)9番目に.
Ni·o·be /náɪəbi/ [名] [固] 〔ギ神〕ニオベー《子供自慢の罰にすべての子を神々に殺され悲しみのあまり石と化した女》.
+**nip**[1] /níp/ [動] (**nips**; **nipped**; **nip·ping**) [他] 1 〈…〉をつねる, はさむ, かむ: That puppy *nipped* my hand. その小犬が私の手をかんだ / Be careful not to get your finger *nipped in* the door. 戸に指をはさまれないように注意しなさい《☞ get [他] 12》. 2 《格式》(霜・寒風などが)〈植物〉の生長を妨げる, 止める; 枯らす. 3 《米略式》〔スポ〕〈相手〉をわずかの差で負かす. — [自] 1 つねる, はさむ, かむ (*at*); (寒さなどが)身を切る. 2 [副詞(句)を伴って] 《略式, 主に英》(近所などに)走る, 急ぐ: He's just *nipped out* to buy cigarettes. 彼はたばこを買いに飛び出していったところだ. **níp at ...'s héels** [動] (人)のすぐ近くにまで迫る. **níp ín** [動] [他] [普通は受身で]〈服など〉を(身体にあうように)詰める (*at*). — [自] 《英略式》さっとはいる[割り込む]. **níp ... in the búd** [動] [他] 〈…〉を早いうちにやめさせる, 〈危険など〉を未然に防ぐ. [由来] つぼみのうちに摘む, の意. **níp ... òff** — [動] [他] 〈…〉を(一から)つみ[切り]取る. — [名] [a ~] 1 ひとつねり, ひとかみ. 2 身を切るような寒さ: There's a ~ in the air this morning. けさは空気が刺すように冷たい. **níp and túck** [形・副] 《米略式》(競走・確率などが)五分五分の[に], 負けず劣らずの[に].
nip[2] /níp/ [名] [C] [普通は単数形で] 《略式》(ウイスキーなどの)ひと口[飲み]; 少量 (*of*).
Nip /níp/ [名] [C] 《俗》[差別] 日本人野郎.
nip·per /nípə | -pə/ [名] [C] 《略式》子供, (特に)少年, 坊や.
níp·pers [名] [複] 1 [しばしば a pair of ~] 《略式》やっとこ, ニッパー. 2 (かに・えびなどの)はさみ.
nip·pi·ly /nípɪli/ [副] 肌寒く.
nip·pi·ness /nípinəs/ [名] [U] 肌寒さ.
+**nip·ple** /nípl/ [名] [C] 1 (人の)乳首《☞ body 挿絵》; 《主に米》哺乳(ほにゅう)びんの乳首 (《英》teat). [関連] teat 動物の乳首. 2 (機械の)給油口.
nip·py /nípi/ [形] (**nip·pi·er**; **-pi·est**) 《略式》1 肌寒い. 2 《主に英》すばしこい.
nir·va·na /nɪəvá:nə | nɪə-/ 《サンスクリット語から》[名] [U] 1 [時に N-] 〔仏教・ヒンズー教〕涅槃(ねはん). 2 超脱; 至福, この世の極楽.
ni·sei, Ni·sei /ni:séɪ/ 《日本語から》[名] (複 ~, ~s) [C] 《米》二世《一世 (issei) の子, 米国で生まれて教育を受けた日系米人》. [関連] sansei 三世.

nisi [名] ☞ decree nisi.
Nís·sen hùt /nís(ə)n-/ [名] [C] 《英》=Quonset hut.
nit /nít/ [名] [C] 1 (しらみなどの)卵, 幼虫. 2 《英略式》ばか (nitwit).
nite /náɪt/ [名] [C] 《略式》[看板などで] =night.
ni·ter /náɪṭə | -tə/ [名] [U] 〔化〕硝酸カリウム; 硝酸ナトリウム, 硝酸ソーダ.
nít·pìck [動] [自] 《略式》つまらないことにけちをつける, 重箱の隅をつつく.
nít·pìcker [名] [C] 《略式》小うるさい人.
nít·pìcking [名] [U], [形] 《略式》細かいあら探し(をする).
+**ni·trate** /náɪtreɪt, -trət/ [名] [U,C] 〔化〕硝酸塩; 硝酸ソーダ.
ni·tre /náɪṭə | -tə/ [名] [U] 《英》=niter.
ni·tric /náɪtrɪk/ [形] 〔化〕窒素の, 窒素を含む.
nítric ácid [名] [U] 〔化〕硝酸.
ni·trite /náɪtraɪt/ [名] [U,C] 〔化〕亜硝酸塩.
ni·tro /náɪtroʊ/ [名] [U] 《略式》=nitroglycerin(e).
ni·tro·cel·lu·lose /nàɪtroʊséljʊlòʊs, -loʊz/ [名] [U] 〔化〕ニトロセルロース《ラッカーや爆薬の原料》.
+**ni·tro·gen** /náɪtrədʒən/ [名] [U] 〔化〕窒素《元素記号 N; ☞ generate [単語の記憶]》: ~ oxide (大気汚染を起こす)窒素酸化物 / ~ cycle 〔生〕窒素循環.
nítrogen diòxide [名] [U] 〔化〕二酸化窒素.
nítrogen fixàtion [名] [U] 〔化・生〕窒素固定《空中の遊離窒素を地中の微生物が摂取してアンモニアに還元すること》.
ni·trog·e·nous /naɪtrá:dʒənəs | -trɔ́dʒ-/ [形] 〔化〕窒素の.
ni·tro·glyc·er·in(e) /nàɪtroʊglís(ə)rɪn/ [名] [U] 〔化〕ニトログリセリン《爆薬, 心臓病などの薬》.
ni·trous /náɪtrəs/ [形] [A] 〔化〕窒素の; 硝石[硝酸]の.
nítrous óxide [名] [U] 亜酸化窒素, 笑気 (laughing gas) 《麻酔剤》.
nit·ty-grit·ty /níṭigríṭi/ [名] [the ~] [S] 《略式》実状, (問題の)核心, 本質: get [come] (down) to *the* (real) ~ 問題の核心へ入る.
nít·wìt [名] [C] 《略式》ばか, うすのろ.
nix /níks/ 《古風, 米》[副] いや, 違う (no); 全然…でない. — [名] [U] 無 (nothing); 拒否. — [動] [他] 〈…〉を拒否する, はねつける (refuse).
Nix·on /níks(ə)n/ [名] [固] **Richard Mil·hous** /mílhaʊs/ ~ ニクソン (1913–94) 《米国第37代大統領 (1969–74); Watergate 事件で辞任》.
NJ 〔米郵〕=New Jersey.
N.J. [略] =New Jersey.
NL [略] 〔スポ〕=National League.
NM 〔米郵〕=New Mexico.
N.Mex., N.M. [略] =New Mexico.
NMR [略] =nuclear magnetic resonance 核磁気共鳴《医療でのスキャンに使う》.
NNE [略] =north-northeast.
NNW [略] =north-northwest.

⁑**no** /nóʊ/ ([同音] know; [類音] nope, nor, note)

① いいえ; いやそれどころか; まさか	[副] 1, 2, 3
② [比較級の前で] 少しも…ない	[副] 4
③ 少しの…もない, 一つも…ない	[形] 1
④ 決して…でない	[形] 2
⑤ …してはならない	[形] 3

— [副] 1 [S] いいえ; 違います, そうではない《相手の問いやことばに対して否定・不賛成・拒否などを表わす》([反] yes, ay(e)).

[語法] 問いが肯定文でも否定文でも, 答えの内容が否

定ならば no を用い，日本語の「はい」と「いいえ」とは逆になることがある《☞ yes [語法]》.

"Do you have a dog?" "*No*, I do*n't*."「犬を飼ってる?」「いや，飼ってない」/ "Do*n't* you have a dog?" "*No*, I do*n't*."「犬を飼ってないの?」「うん，飼ってない」/ "Would you like some beer?" "*No*, thank you."「ビールはいかがですか」「いえ，結構です」《☞ No, thank you. (Thank you. 成句) [語法]》/ "You don't play football, do you?" "*No*, I don't."「フットボールはしませんね」「ええ，しません」《☞ tag question [文法]》.

2 [not, nor とともに用いて否定の意味を強める] **いやそれどころか:** No one praised him; *no*, *not* a soul. だれも彼をほめるものはなかった，だれ一人としていなかった / He could not believe it; *no*, *nor* could anybody. 彼はそれを信じられなかった，いやだれだって信じられなかったのだ.

3 Ⓢ **まさか(そんなことが)，えっ(本当ですか)**《感嘆詞的に用いて驚きや強い疑問を表わす》**:** "We are going to build a bridge across this river." "*No*, that's impossible!"「私たちはこの川に橋をかけるつもりです」「まさか! そんなことは不可能です」/ "He gave the money back to me." "Oh, *no!*" "Yes, he really did!"「彼はその金を私に返してくれましたよ」「あの男がまさか(そんなはずはない)」「いや，本当に返してくれたんです!」

4 [比較級の前で] **少しも…ない:** I can walk *no further* [*farther*]. 私はこれ以上はもうとても歩けない / She was a little girl *no* bigg*er* than you are now. 彼女は今のあなたと全く同じような小さな女の子でした《☞ than [前] 1 [語法] (1)》. [語法] このほか *no* better than ... 《☞ better[1] [形] 成句》, *no* less than ... 《☞ less[1] [副] 成句》, *no* longer ... 《☞ long[1] [副] 成句》, *no* more than ... 《☞ more[1] [副] 成句》などの言い方によく用いられる.

Nó can dó. 《略式》(私には)やれません《☞ Can do (can[1] 成句)》.

— [形] 1 少しの…もない，一つも…ない (not any) 《☞ all [形] 1 の 2 番めの囲み》.

> [語法] **no と not any**
> (1) no は not any に相当するが，それより少し格式ばった言い方で，意味が強い《☞ any [形] 1 [語法] (1)》: [言い換え] There are *no* buses after midnight. = There are*n't any* buses after midnight. (午前) 0 時を過ぎるとバスはありません.
> (2) 文頭に no がある場合は not any では言い換えられない《☞ any [形] 3 [語法]》: *No* student can do it in a day. それを 1 日でできる学生はいない.

(1) 数えられる名詞の複数形につく: He has *no* children. 彼には子供が(1 人も)いません / *No* rooms are reserved. 部屋は(1 つも)予約して[されて]いない / Almost *no* students knew this. ほとんどの学生がこれを知らなかった. (2) 数えられる名詞の単数形につく: There is *no* swimming pool in the hotel. ホテルにはプールはない / He has *no* car. 彼には車がない. (3) 数えられない名詞につく: I have *no* money with [on] me. 私は手持ちのお金がありません / There is *no* hope. 見込みはない / *No* news is good news. 《ことわざ》便りのないのはよい便り.

2 [be 動詞の補語または形容詞の前につけて]《格式》[しばしば誇張] **決して…でない，とても…などではない:** He is *no* fool. 彼がばかだなんてとんでもない(大変賢い). [語法] この言い方は強い否定で，事実はむしろその反対であることを強調する. これに対して He is *not* a fool. は単にばか者ではない，という意味 // That was *no* easy task. それは決して容易だとは言えない仕事だった.

3 [省略文として] **…してはならない，…するべからず，…禁止[お断り].** [語法] 主に掲示などに用いる: NO PARKING 駐車禁止 / NO SMOKING 禁煙 / NO PHOTOGRAPHS 撮影禁止 / NO THOROUGHFARE 通り抜けお断り.

nó òne ☞ no one の項目.

there is nó dóing ☞ there[1] 成句.

— [名] (~(e)s /~z/) [C] **1** [普通は単数形で] **いいえという返事，否定，拒絶** ([反] yes)**:** [会話] "How about going for a drive with me?" "I wouldn't say *no*."「僕といっしょにドライブに行きませんか」「ええ，いいわ」. **2** [普通は複数形で] (主に議会で)**反対投票(者)** ([反] yes, ay(e))**:** The *noes* have it! 反対多数《議長などのことば》.

I wón't tàke nó for an ánswer. いやとは言わせませんよ.

*__No., no.__ /nʌ́mbə | -bə/ [略] **1** (複 **Nos., nos.** /~z/) **第…番，第…号**《記号は《米》#》**:** *No.* 5 第 5 番 / Room *No.* 10 10 号室 / *Nos.* 3, 4 and 5 3 号と 4 号と 5 号. [語法] 数字の前に置き定冠詞をつけない. [語源] ラテン語 numero (数[順番]は)の省略形. **2** 《米》=north, northern.

nó-accòunt [形] [A] 《古風，米略式》(人が)無能な.

No·ah /nóuə/ [名] [固] **1** 〘聖〙ノア《アダム (Adam) から 10 代目の子孫で信仰の厚い男性》.

> [参考] 人類の堕落に怒ったエホバ (Jehovah) が地上に大洪水 (the Deluge) を起こしたが，Noah だけは Jehovah の命に従って一族協力して箱舟を作り，家族とすべての動物を一つがいずつ乗せて洪水を逃れたので，全世界の生物が滅亡せずにすんだという. この舟を Noah's Ark という《☞ olive branch [由来]》.

2 ノア《男性の名》.

Nóah's Árk [árk] [名] [U] 〘聖〙ノアの箱舟《☞ Noah [参考]》.

nob /nάb | nɔ́b/ [名] [C] [普通は複数形で]《古風，英略式》[軽蔑・滑稽] 上流階級の人，名門の出の人; 金持ち.

nob·ble /nάbl | nɔ́bl/ [動] [他] 《英略式》 **1** 〈…〉の歓心を買う，〈人〉を買収する. **2** 〈競走馬〉を(薬物を与えるなどして)勝たせないようにする. **3** 〈…〉を不正に入手する.

No·bel /nòubél←/ [名] [固] **Alfred Bern·hard** /bə́ːnhaəd | bə́ːnhɑːd/ ~ ノーベル (1833–96)《スウェーデンの化学者・技術者; 1863 年にダイナマイトを発明》.

No·bel·ist /noubélɪst/ [名] [C] 《主に米》ノーベル賞受賞者.

Nó·bel príze [Príze] /nóubel-, noubél-/ [名] [C] ノーベル賞《ノーベル (Nobel) の遺言により 1901 年から世界の文芸・学術・平和に尽くした人々に毎年与えられる物理学・化学・生理学および医学・経済学・文学・平和分野の賞》**:** Oe Kenzaburo was awarded the 1994 ~ *for* literature. 大江健三郎は 1994 年度のノーベル文学賞を受賞した《☞ name 1 [参考] (2)》.

+**no·bil·i·ty** /noubíləṭi/ [名] ([形] nóble) 《格式》 **1** [the ~; 《英》単数または複数扱い] (主に封建時代の)**貴族階級，貴族たち**《全体》《☞ peer[2] 2, peerage 表》. **2** [U] **気高さ，高貴さ; 高尚; 壮大.**

*__no·ble__ /nóubl/ [T3] [形] (**no·bler; no·blest;** [名] nobílity, [動] ennóble; [反] ignoble) 《格式》 **1 気高い，高潔な，崇高な:** a ~ deed 崇高な行い / He has a ~ mind. 彼は気高い心を持っている. **2** [A] (外観・質が) **堂々とした，立派な，見事な:** a ~ horse 立派な馬 / a ~ attempt 立派な試み. **3** [普通は [A]] **貴族の，身分の高い，高貴な:** He was born into a ~ family. 彼は貴族の家柄に生まれた. **4** [A] (金属が)腐食[酸化]しない: ~ metals 貴金属. [語源] ラテン語で「有名な」の意. **— [名] [C]** [普通は複数形で] (主に封建時代の)貴族.

nóble gás [名] [C] 〘化〙希[貴]ガス.

nóble·man /-mən/ [名] (**-men** /-mən/) [C] 貴族，華族 (peer).

nóble sávage [名] [C] 《文》高潔な野人《ロマン主義

文学での文明に毒されていない理想化された未開人).

no·blesse o·blige /noʊblésəblíːʒ/《フランス語から》名 U (格式) 高い身分に伴う〔徳義上の〕義務(感).

nóble·wòman (-**wom·en**) 名 貴族(女性).

no·bly /nóʊbli/ 副 (反 ignobly) 気高く, 立派に, 堂々と: ~ born (文) 高貴な生まれの.

***no·bod·y** /nóʊbədi, nóʊbɑ̀di | -bədi, -bɑ̀di/ 代 (不定代名詞) だれも…でない, 一人も…でない (not anybody)(☞ negation 文法, negative sentence 文法).

> 語法 (1) 単数として扱われる 《☞ somebody 代 語法, anybody 代 語法, everybody 1 語法》: There was ~ in the room. 部屋にはだれもいませんでした / N~ can understand it. だれにもそれはわかりません / N~ else came to help me. ほかにだれ一人として私を助けにこなかった (☞ else 代).
> (2) 特に (略式) では nobody を複数の代名詞で受けることがある: N~ has finished *their* work. だれも自分の仕事を終えていない.
> (3) 付加疑問文では they を用いるのが普通: N~ believed it, did *they*? だれもそれを信じなかったのですね.

— 名 C [普通は a ~; 補語として] 取るに足らない人. 関連 somebody ひとかどの人.

nó·bràin·er /-brèɪnə | -nə/ 名 C (米略式)(頭を使わずに)たやすくできる仕事, 簡単なこと.

nó-cláims bònus 名 C (英) 無事故のときの保険料の割引.

nó-cónfidence vòte 名 C = a vote of no confidence (☞ vote 名 成句).

nó-cóunt 形 A (米) (人が)怠け者でどうしようもない.

†**noc·tur·nal** /nɑktɚːnl | -tɚːn(ə)l/ 形 (反 diurnal) (格式) **1** (動物が)夜行性の; (花が)夜開くこと. **2** [普通は A] 夜(間)の. **-nal·ly** /-nəli/ 副 夜に.

noc·turne /nɑ́ktɚːn | nɒ́ktəːn/ 名 C (楽) 夜想曲, ノクターン (特にピアノ曲); 夜景画.

***nod** /nɑ́d | nɒ́d/ 動変化 動 (**nods** /nɑ́dz | nɒ́dz/; **nod·ded** /-dɪd/; **nod·ding** /-dɪŋ/) 自 **1** うなずく, 首を縦に振る; うなずいて承知する; (…の方向へ)首を振って場所を示す (*at, to, toward*): He *nodded* in agreement. 彼は賛成してうなずいた / He *nodded to* [*at*] me to come in. <V+to[*at*]+名·代+to 不定詞> 彼は私に中に入るようにすすめて合図した.

2 会釈する, 目礼する: He *nodded to* me when I greeted him. <V+to+名·代> 私があいさつすると彼はうなずいて答礼した.

3 (略式) (居眠りして)こっくりこっくりする, うとうとする: My grandfather often ~s over his newspaper. 祖父はよく新聞を読みながらこっくりこっくりする. **4** (文) (木·花などが)上下に揺れる, (建物などが)傾く.

— 他 **1** 〔首を縦に振る, 〔頭〕を縦に振ってうなずく: She *nodded* her head. 彼女はうなずいた (承知·賛成·了解などの気持ちを表わす; ☞ shake 動 他 1).

2 <承諾·同意などを〉うなずいて示す: ~ one's consent [approval] うなずいて承知[同意]の気持ちを示す / ~ yes うなずいて同意を示す / 「言い換え」He *nodded* me a welcome. <V+O+O (名)> = He *nodded* a welcome *to* me. <V+O+to+名·代> 彼はうなずいて私を歓迎した. **3** [サッカー]〔ボール〕を軽くヘディングする. **be on nódding térms** [動] 自 (人と)会えば会釈を交わす程度の知り合いである (*with*). (**Èven**) **Hómer sòmetimes nóds.** (ことわざ) ホメロスのような大詩人でもへまをすることがある (弘法も筆の誤り; 猿も木から落ちる). **nód óff** [動] 自 (略式) 居眠りする, こっくりする.

— 名 C [普通は単数形で] うなずき; 会釈; 目礼: He agreed with a ~ (of the head). 彼はうなずいて同意した / A wink's as good as a ~. (米) A ~'s as good as a wink. (英·豪)(ことわざ) (滑稽) うなずきは目くばせと同じく(口に出さなくても考えていることはわかる). **gèt the nód** [動] 自 (略式) 承認を得る. **gíve ... a nód** [動] 他 <…に>うなずく. **gíve ... the nód**=**gíve the nód to ...** [動] 他 (略式, 英·豪) <…に>承認する. **on the nód** [副] (1) (略式, 主に英) (売買が掛けで, 信用で. (2) (英略式で) 暗黙の了解で. **the lánd of Nód** ☞ land 成句.

nod·al /nóʊdl/ 形 節の, 交点の (☞ node).

nód·ding acquáintance /-dɪŋ-/ 名 [次の成句で] **hàve (òntly) a nódding acquáintance with ...** [動] 他 (1) …とは会えば会釈する(だけの)知り合いである. (2) …を(ほんの)少しは知っている.

nod·dle /nɑ́dl | nɒ́dl/ 名 C (古風, 英略式) 頭, おつむ (head); 脳 (米) noodle.

†**node** /nóʊd/ 名 C **1** 〔植〕 節(ふし) (茎の枝·葉の生ずる所); こぶ. **2** 〔数〕 結接点; 節点, 交点; 〔物理〕 振動の節, 波節 (反 antinode). **3** 〔解〕 = lymph node. **4** 〔電算〕 ノード (ネットワークにおける受信[送信]ステーション(コンピューター端末など)).

nod·u·lar /nɑ́dʒʊlɚ | nɒ́dʒʊlə/ 形 こぶのある[状の].

nod·ule /nɑ́dʒuːl | nɒ́djuːl/ 名 C (植物·人体の)小さなこぶ, (鉱石などの)塊(かたまり); 根粒 (植物の根に生ずる小さいこぶ).

No·el[1] /nóʊəl/ 名 固 ノエル (男性または女性の名).

No·el[2] /noʊél/ 名 固 (詩) クリスマス (Christmas).
語法 歌詞, カードなどで用いる.

nó-fáult 形 A (主に米) (自動車保険で過失責任が誰にあるかの判明する前に補償する) 無過失損害賠償制度の; 〔法〕 (離婚で) 当事者双方の責任が問われない.
— 名 U 無過失責任保険.

nó-flý zòne 名 C 飛行禁止区域.

nó-fríllss 形 A 実質本位の: a ~ airline 機内サービスを最小限にとどめ料金を設定する航空会社.

nog·gin /nɑ́gɪn | nɒ́g-/ 名 C [普通は単数形で] (古風) **1** (酒の)少量, 少し (普通は 4 分の 1 パイント (pint)). **2** (略式) 頭, おつむ.

nó-gó (略式) (物事が)うまく行かない; 中止になった. — 名 C [普通は a ~] 不首尾, 不調, 不可能なこと.

nó-gó àrea 名 C (英) **1** (都会の)無法地帯, 立入り禁止区域. **2** (略式) タブーである話題.

nó-góod 形 (略式) どうしようもない(やつ).

nó-hítter 名 C 〔野〕無安打無得点試合 (☞ perfect game).

nò-hòlds-bárred 形 A 制限のない, 何でもありの.

nó·hòw 副 S (主に米) [普通は滑稽] 決して…ない.

noir /nwɑ́ɚ | nwɑ́ː/《フランス語から》 形 (映画·文学が) 暗鬱(うつ)なスリラーの.

***noise** /nɔ́ɪz/ 変化 名 (**nois·es** /~ɪz/; 形 **nóisy**) **1** U,C (やかましい)音, 物音, 騒音; 騒ぎ (☞ sound) 類義語: the ~(s) of the street = street ~(s) 通りの騒音 / I could not sleep because there was a lot of ~ in the next room. 隣の部屋でいろいろやかましい大きな音がして眠れなかった. **2** U 〔電〕(機器などの)雑音; 〔電算〕 ノイズ (信号の乱れによって生じるデータのあやまり).

màke a nóise [動] 自 (1) (やかましい)音を立てる; 騒ぐ: "Don't *make* so much ~. I can't study." "I'm sorry. I'll keep quiet."「うるさいなあ, 勉強できないよ」「ごめん, 静かにするよ」
(2) (...について)騒ぎ立てる, 不平を言う (*about*).

màke nóises [動] 他 (1) 音[騒音]を立てる; 不満[不平]を言う. (2) [形容詞を伴って] …なことを言う, …のような考えを口にする (*about*): *make* (all) the right [proper, correct] ~s (あれこれ)もっともらしいことを言う. (3) (略式) それとなく言う, ほのめかす (*about*).

noiseless

—動 他 [次の句で] **be nóised abóut [abróad, aróund]** 〖動〗〖自〗〖古風〗言いふらされている.

nóise·less 形〖反〗noisy) 音のしない, 静かな; 騒音の少ない. **~·ly** 副 音を立てずに. **~·ness** 名〖U〗音のしないこと.

nóise·màker 名〖C〗音を立てる道具;(祝いで使う)鳴りもの.

nóise pollùtion 名〖U〗騒音公害.

nois·i·ly /nɔ́izəli/ 副 騒がしく, がやがやと.

nois·i·ness /nɔ́izinəs/ 名〖U〗騒がしさ.

noi·some /nɔ́isəm/ 形〖普通は Ａ〗〖文〗不快な; 悪臭のする.

*__nois·y__ /nɔ́izi/ 形 **(nois·i·er** /-ziə/; -zia/; **nois·i·est** /-ziist/; 〖反〗quiet, noiseless)やかましい, 騒々しい; がやがやした, ざわついている; ノイズの入った: ~ children やかましい子供たち / a ~ room 騒々しい部屋 / Don't be ~! 静かにしなさい.

nó·load 形〖投資信託・株〗手数料なしの.

no·lo con·ten·de·re /nóuloukənténdəri/ 名〖U〗〖法〗不抗争の答弁.

no·mad /nóumæd/ 名〖C〗 **1** [しばしば複数形で] 遊牧民《食物や牧草を求めて移動する》. **2** 放浪者.

*__no·mad·ic__ /noumǽdik/ 形 遊牧の; 放浪の.

nó·màn's-lànd 名〖C〗(相対する陣営間の)中間地帯; あいまいな状態[立場]; 主のない土地.

nom de guerre /nɑ́mdəgéə | nɔ́mdəgéə/ 《フランス語から》名(複 **noms de guerre** /nám(z)- | nɔ́m(z)-/)〖兵士・政治運動家の〗偽名.

nom de plume /nɑ́mdəplú:m | nɔ́m-/ 《フランス語から》名(複 **noms de plume** /nám(z)- | nɔ́m(z)-/, **~s** /-z/)〖格式〗筆名.

no·men·cla·ture /nóuməŋklèitʃə | noumén-klətʃə/ 名〖U,C〗〖格式〗命名法;〖U〗学名(全体).

*__nom·i·nal__ /námən(ə)l | nɔ́m-/ 形 **1** (名 1, 2 では name, 3 では noun) [普通は Ａ] **1** (最高責任者などが)名ばかりの, 有名無実の;(金額などが)わずかの, 申しわけ(ほど)の《『☞ noun 語源》: the ~ king 名ばかりの王 / a ~ fee 申しわけほどの謝礼金. **2** 名前の, 名の上の: a ~ index 人名索引 / ~ wages 名目賃金. **3** Ａ〖文法〗名詞の(働きをする), 名詞的な. ——名〖C〗名詞類.

〖文法〗 **名詞類**
本来の名詞だけでなく, それ以外の語・句・節で名詞のような働きをするものの総称: You must not despise the poor. 貧しい人たちを軽べつしてはならない〖形容詞 (『☞ the¹ 3) / I want to stay here as long as possible. 私はここにできるだけ長くいたい[不定詞の句] / I did not know that he was a great writer. 私は彼が立派な作家だということを知らなかった[節—that 以下は the fact のような名詞と置き換えられる]. to 不定詞については 『☞ to¹ A. 名詞句または名詞節については 『☞ noun phrase〖文法〗, noun clause〖文法〗.

~·ly /-nəli/ 副 **1** 名義上, 名目上; 名ばかりで. **2** 〖文修飾〗名目上は, たてまえとしては. **3** 〖文法〗名詞として, 名詞的に.

nom·i·nal·ism /námənəlìzm | nɔ́m-/ 名〖U〗〖哲〗唯名論, 名目論.

nóminal válue 名〖U〗(株券などの)額面価格.

*__nom·i·nate__ /námənèit | nɔ́m-/ 他 **(-i·nates** /-nèts/; **-i·nat·ed** /-ṭid/; **-i·nat·ing** /-ṭiŋ/, -ation) **1** 〈…〉を(候補者として)指名する, 推薦する, 〈作品などを〉(賞の対象として)候補にあげる: 〖言い換え〗 Mr. Hill was ~d for [〖英〗as] President. <V+O+for [as]+名・代の受身>=Mr. Hill was ~d to be President. ヒル氏は大統領候補に指名された / They ~d him for the Presidency. <V+O+for+名・代> 彼らは彼を大統領の職に推薦した.
2 〈…〉を〈職・地位などに〉任命する, 指名する: 〖言い換え〗 The President ~d him Secretary of State. <V+O+C(名)> =The President ~d him as Secretary of State. <V+O+C(as+名)> =The President ~d him to be Secretary of State. <V+O+C(to 不定詞)> 大統領は彼を国務長官に指名した / He was ~d to the school board. <V+O+to+名・代の受身> 彼は教育委員会に任命された.
3 〈…〉を(正式な日取り・場所として)決定する (as). 語源 ラテン語で「名をつける」の意; name と同語源.

*__nom·i·na·tion__ /nàmənéiʃən | nɔ̀m-/ 名 **(~s /-z/**, -ation). **1** 〖U,C〗指名: I don't think he will get the ~ for the prize. 彼は賞の候補者に指名されないと思う. **2** 〖C〗推薦[指名]された人[作品] (for). **3** 〖U,C〗任命, 推薦 (as, to).

nom·i·na·tive /nám(ə)nətiv | nɔ́m-/ 〖文法〗形 主格の (subjective): the ~ case 主格(『☞ subjective case〖文法〗). ——名 **1** [the ~] 主格. **2** 〖C〗主(格)の語.

*__nom·i·nee__ /nàməní: | nɔ̀m-/ 名(~s /-z/)〖C〗 **1** 指名された人, 推薦された人: the presidential ~ 大統領候補に指名された人. **2** 〖商〗名義人.

*__non-__ /nán/ nɔ́n/ 接頭 **1**「非…, 不…, 無…」の意: nonprofessional 非職業的な / nonsmoker 非喫煙者. 語法 dis-, in- や un- が積極的な否定や反対を表わすのに対して, non- は単なる否定を示すだけのことがある. また non- のつく形容詞は un- のつくものと違って通例比較変化をせず very や rather などに修飾されない: nonmoral 道徳に無関係の《『☞ immoral》. **2** 〖略式〗「…と呼ぶに値しない」の意: nonevent 期待はずれのこと.

nòn·addíctive 形〖薬が〗習慣性をもたらさない.

nòn·a·ge·nar·i·an /nànədʒəné(ə)riən | nòunə-́/ 形〖C〗90歳代(の人).

nòn·aggréssion 名〖U〗不可侵[侵略].

nòn·alcohólic 形 アルコールを含まない.

*__nòn·alígned__ 形 [普通は Ａ] 非同盟の, 中立の.

*__nòn·alígnment__ 名〖U〗非同盟(主義), 中立.

nòn·allérgic 形〖医〗非アレルギー(性)の.

nó·nàme 形〖U〗無名の, 有名ブランドでない.

nòn·appéarance 名〖U〗(法廷への)不出頭; 不参(加), 欠席.

nòn·assértive 形〖文法〗(文や節が)非断定的な.

nòn·atténdance 名〖U〗欠席, 不参加.

nón·bánk 形〖U〗ノンバンクの, 非銀行(系)の.

nòn·bínding 形 拘束力のない.

nòn·biodegrádable 形 非生物分解性の.

nòn·biológical 形 非生物学的な;(親が)血のつながっていない.

nonce /náns | nɔ́ns/ 形〖Ａ〗〖言〗(語句が)その場で臨時に作られた: a ~ word 臨時語《その場限りに臨時に作られる語や用法のこと; 例えば We don't Mr each other. (我々はお互いにミスター付けなんかしていない)のように動詞として使われた Mr など》. **for the nónce** 副〖文〗または〖滑稽〗今回に限り; 目下; 当座.

non·cha·lance /nànʃəláːns | nɔ́nʃələns/ 名〖U〗むとんちゃく, わざと無関心を装うこと: with ~ 平気で; 冷淡に.

*__non·cha·lant__ /nànʃəlá:nt̀ | nɔ́nʃələnt/ 形 むとんちゃくな, 無関心な; 冷淡な: ~ expressions 無関心を装った表情. **~·ly** 副 平然と, 無関心に, 冷淡に.

nòn-Chrístian 形 非キリスト教(徒)の.

nòn·cítizen 名〖C〗〖米〗非市民, 外国人.

non·com /nánkàm | nɔ́nkɔ̀m/ 名〖C〗〖略式〗= noncommissioned officer.

nòn·cómbat 形〖Ａ〗(任務が)戦闘以外の.

nòn·combátant 名〖C〗〖軍〗非戦闘員.

nòn·commìssioned ófficer 名〖C〗〖軍〗下

士官《(略式)》noncom, (略)(英) NCO. 関連 commissioned officer 士官.

nòn·committal 形 意見[態度]を明らかにしない,当たり障りのない,どっちつかずの;あいまいな (about, on): a ~ answer 当たり障りのない返事. **-tal·ly** /-təli/ 副 当たり障りなく;あいまいに.

non com·pos (men·tis) /nánkámpəs(méntɪs) | nɔ́nkɔ́m-/《ラテン語から》形 P 1《法》精神異常で,心神喪失で. 2《略式》(酒などで)ぼんやりして.

nòn·conductor 名 C《物理》不導体,絶縁体. 関連 conductor (伝)導体/ semiconductor 半導体.

nòn·cónfidence 名 U 不信任.

non-con·form·is·m /nànkənfɔ́ːmɪzm | nɔ̀nkənfɔ́ː-/ 名 U =nonconformity 1 および [N- として] 2.

nòn·confórmist 名 1 非協調的な人,体制に従わない人. 2 [N-]《英》非国教徒. ── 形 1 非協調主義の. 2 [N-]《英》非国教徒の.

nòn·confórmity 名 U 1 非協調, (体制に対する)不服従. 2 [N-]《英》非国教徒の教義[慣習]. 3 不一致.

nòn·contríbutory 形 (受給者が)負担しなくてよい, (年金・保険が)雇用者負担の.

nòn·cooperátion 名 U 非協力(運動).

nòn·cóunt nòun 名 C《文法》=uncountable.

nòn·crédit 形 (科目が)単位として認められない.

nòn·custódial 形 (親が)子どもの保護監督権を持たない;(刑務所などに)拘置されない.

nón·dáiry 形 牛乳[乳製品]を含まない.

nòn·dedúctible 形 課税金額から控除できない.

nòn·denominátional 形 特定宗派に属さない.

non-de·script /nándɪskrɪ̀pt | nɔ́ndɪskrɪ̀pt/ 形 [普通は A] [けなして](これといった)特徴のない,目立たない;漠然とした.

nòn·disclósure 名 U 非開示.

nòn·discriminátion 名 U 非差別.

nòn·drínker 名 C (主義として)酒を飲まない人.

*****none** /nʌ́n/ (同音 nun) (類音 numb)

元来は古(期)英語で「not+one」.
① …のどれも~でない 代 1
② だれも~でない   代 2
③ 少しも…(で)ない 代 3; 副

── 代《不定代名詞》**1** [of のついた句の前で] …のどれも~でない, 何も~でない, …のだれも~でない (not any)《☞ negation 文法, negative sentence 文法; all 代 1 語法 (4)》.

語法 単数・複数両方に扱われるが, (S) では(代)名詞の複数形が後に来れば複数扱いが普通で単数扱いは《格式》. 数えられない名詞が後に来れば単数扱い: N~ of them are [is] here. 彼らのだれもここにはいない / N~ of this money is yours. この金は一銭たりとも君のものではない / N~ of my friends come [comes] to see me. 友人は一人として私に会いにこない / He took ~ of it. 彼はそれを少しも受け取らなかった.

2 だれも…でない.

語法 複数扱いにすることが多い; no one より格式ばった言い方: There are ~ present. だれも出席者はいない / N~ have arrived. だれも来てません / And Then There Were N~『そしてだれもいなくなった』《英国の推理小説家 Christie の作品名》.

3 少しも…ない, 決して…ない《先行する単数名詞を否定する》: You have a lot of money, but I have ~. あなたはたくさんお金を持っているが, 私は少しも持っていな

い / "How much milk is left in the bottle?" "N~ (at all)." 「びんに牛乳がどのくらい残っていますか」「全然ありません」 語法 some や any には 形 の用法も 代 の用法もあるが, no には 代 の用法はなく, no の 代 の用法に相当するのが none である.

nóne but … 《文》ただ…だけ (only). **Nóne of …!** …はやめろ: N~ of your tricks! いんちきはよせ. **nòne óther than …** 《格式》…にほかならない, まさに…だ《驚きを表わす》: He was ~ other than the prince. 彼をそほかならぬ王子その人だった. **will have [wànt] nóne of …** 動 他《略式》…を認め[受け入れ]ない. **nòne + 比較級 + than …** 《文》…より~な人は他にいない《比較級の所にも第1アクセントが来る》: Dick is aware, ~ better than he, of the man's contempt for him. その男に軽蔑されているのがディックには誰よりもよくわかっている.

── 副 少しも…でない, 決して…でない (not at all). **nóne so …** [副] あまり…でない, それほど…でない. **nòne the + 比較級 + for …** …だからといってそれだけ─というわけではない, …なのにいっこうに─ではない. 語法 比較級の語が強いアクセントを受ける: He seems (to be) ~ the happier for his great wealth. 彼は大金持ちの割に少しも幸福ではないようだ. **nòne the léss** [副]《英》=nonetheless. **nóne tòo …** [副] 決して…しすぎてはいない; あまり…でない: The price is ~ too high. その値段は決して高すぎることはない.

nòn·éntity 名 (-ties) C 1 取るに足らぬ人. 2 実在しない事[物].

nòn·esséntial 形 必ずしも必要でない.

nòn·esséntials 名 (複) 必ずしも必要でないもの.

nóne·sùch 名 C [普通は単数形で]《古語》比類のない物[人]; 逸品《古》.

*****none·the·less** /nʌ̀nðəlés/ 副 つなぎ語《格式》それでもなお (nevertheless): The work was not easy for him; ~ he tried to do his best. その仕事は彼には容易ならぬものではなかった. それでも最善を尽くそうとした.

nòn-Euclídean 形 非ユークリッドの: ~ geometry 非ユークリッド幾何学.

nòn·evént 名 C [普通は単数形で]《略式》期待はずれの出来事.

nòn-exècutive diréctor 名 C《英》(役員会の)相談役.

nòn·exístence 名 U 存在[実在]しないこと.

nòn·exístent 形 (反 existent) 存在しない; 架空の.

nón·fát 形 A 無脂肪の.

nòn·fíction 名 U ノンフィクション《小説・物語以外の散文文学》. ── 形 ノンフィクションの.

nòn·fínite 形 [普通は A] 1《文法》非定形の. 2 無限の.

nónfinite fórm 名 C《文法》非定形.

文法 非定形

動詞のさまざまな形のうち, 不定詞・分詞・動名詞は文中にあって主語の人称・数によって違った形をとることがなく, 常に同じ形でよい. このような形を非定形という: I like to swim. / You like to swim. / He [She, It] likes to swim. / We like to swim. / They like to swim. [不定詞] // I am swimming now. / You are swimming now. / He [She, It] is swimming now. / We are swimming now. / They are swimming now. [現在分詞] // I have finished my work. / You have finished your work. / He [She, It] has finished his [her, its] work. / We have finished our work. / They have finished their work. [過去分詞] // I am fond of swimming. / You are fond of swimming. / He [She] is fond of swimming. / We are fond of swimming. / They are fond of swimming. [動名

1190 nonflammable

詞]これらの3つは準動詞(⇒ verbal 文法)とも呼ばれる. 非定形の意味上の主語については ⇒ sense subject 文法 (2). 意味上の目的語については ⇒ sense object 文法 (2).

nòn·flámmable 形 (反 inflammable) (布・素材が)不燃性の, 難燃性の (⇒ flammable 語法).

nòn·govern·méntal 形 A 非政府(機関)の, 民間の: a ~ organization 非政府機関 (略 NGO).

nòn·húman 形 人間以外の.

nòn·ímmigrant 名 C, 形 A 一時滞在の外国人(の).

nòn·inféctious 形 (病気が)非伝染性の.

nòn·inflámmable 形 =nonflammable.

nòn·intervéntion, -interférence 名 U 内政不干渉; 不介入.

nòn·invásive 形 《医》 1 (検査・治療が)非侵襲性の(《切ったり器具を挿入したりしない》). 2 拡張しない, 他の組織に広がらない.

nòn·íron 形 (衣類が)ノーアイロンの, アイロン不要の.

nòn·íssue 名 C 取るに足らない事柄.

nòn·judgméntal 形 個人的判断を避けた, 中立的な.

nòn·línear 形 非線形の; 時系列に沿わない.

nòn·linguístic 形 言語外の, 言語によらない.

nòn·mémber 名 C 非会員, 非加入者[国].

nòn·métal 名 C,U 《化》 非金属(元素).

nòn·metállic 形 非金属の.

nòn·nátive 形 1 (植物が)非土着の, 外来の. 2 (話者が)母語としない. 3 現地生まれでない.

nòn·negótiable 形 (権利などが)交渉の余地のない; (小切手などが)譲渡できない.

nòn·núclear 形 A 非核の, (兵器が)通常の.

nó-nó 名 [a ~] (略式) してはいけない事, 認められない事.

nòn·obsérvance 名 U (規則・法律・宗教上のしきたりなどの)無視, 違反.

nòn·obsérvant 形 (規則などに)従わない.

⁺nò·nónsense 形 A [ほめて] 実際的な; 経済的な.

nòn·orgánic 形 有機栽培でない (⇒ inorganic).

non·pa·reil /nànpərél | nònpəríl″/ 形 (文》 (天下)無比の. — 名 1 [複数形で]《米》色つきの粒砂糖. 2 C 《米》粒砂糖のついたケーキ[チョコレート]. 3 [単数形で]《文》無比の物[人]; 極上品.

nòn·pártisan 形 党派心のない; 党派に属さない, 無所属の: ~ diplomacy 超党派外交.

⁺nòn·páyment 名 U 不払い, 未納 (of).

nòn·pérson 名 C 1 政府が存在を否定している人. 2 どうでもよい人.

non·plus(s)ed /nànplást | nòn-/ 形 [普通は P] 途方に暮れて.

nòn·polítical 形 政治に関係しない, 非政治的な.

nòn·prescríption 形 A (薬が)処方箋なしで買える.

nòn·proféssional 形 非職業的な, ノンプロの, アマチュアの. — 名 C 素人, ノンプロ, アマチュア.

⁺nòn·prófit 形 [普通は A] 1 非営利的な. 2 利益の出ない. — 名 C 非営利団体.

nòn·prófit-màking 形 《英》 =nonprofit.

⁺nòn·prolife·rátion 名 U (核兵器などの)非拡散, 拡散防止: the ~ treaty 核拡散防止条約 (略 NPT).

nòn·refúndable 形 払い戻せない.

nòn·renéwable 形 1 (エネルギー源などが)再生不可能な. 2 (契約が)更新不可の.

nòn·résident 名 C, 形 非居住者, 一時滞在者; (ホテルなどの)宿泊客以外の外来者; 居住しない

人; (大学などの)学外居住者. — 形 1 非居住者の, 一時滞在者の; そこを本拠としない; (家の所有者が)居住していない; (ホテルの)外来客の, (任地などに)居住しない, (大学などの)学外居住の. 2 人が住み込みでない.

nòn·resi·déntial 形 1 (建物が)住居用でない. 2 (職場[学内]の)居住を必要としない.

nòn·resístance 名 U (権力・法律などに対する)無抵抗(主義).

nòn·resístant 形 無抵抗(主義)の. — 名 C 無抵抗主義者.

nòn·restríctive 形 《文法》 非制限的な.

nónrestrictive úse 名 U 《文法》 非制限用法.

文法 非制限用法

関係代名詞や関係副詞が導く節, つまり関係詞節 (relative clause) が, 先行詞を直接限定しないで, それを間接的に受けて付加的に説明している場合の用法をいう. 制限用法に対する. 話しことばではあまり用いられない.

制限用法と違って, 書く場合には関係詞の前にコンマが置かれ, 読むときには前に休止 (pause) があり上昇調のイントネーション (⇒ つづり字と発音解説 94) が用いられるが, 非制限用法には (1) のように挿入語句に用いられる場合 (⇒ parenthesis 文法) と, (2) のように and, but のような「接続詞+人称代名詞」に言い直せる場合とがある. 後者のような場合を特に継続用法 (continuative use) と呼ぶことがある.

(1) The man, ♪ who took off his hat when he saw me, ♪ said nothing, but his wife began to speak to me. 男のほうは, 私を見て帽子を取ったが, 別に何も言わなかった. しかし彼の妻が話しかけてきた / The letter, ♪ which I had received from her the previous day, ♪ contained nothing important. その手紙は—その前日に彼女から受け取ったのだが—別に重要なことは書いてなかった.

(2) I couldn't solve the problem, ♪ which (= because it) *was very difficult*. 私はその問題が解けなかった. とても難しかったから / At last we got to the village, ♪ where (=and there) *we took a rest*. とうとうその村にたどり着き, 私たちはそこでひと休みした // ★次の例のように関係詞の前にコンマがないこともある. Money is like a sixth sense without which you cannot make a complete use of the other five. 金というものは第六感のようなもので, それがないとほかの五感を完全に使うことができなくなる (英国の作家 Maugham のことば). なお制限用法と非制限用法による意味の相違については ⇒ who² 語法 囲み.

---

nòn·retúrnable 形 返却できない, (空き瓶などが)販売店に返しても代金のもらえない.

nòn·schéduled 形 (飛行機などが)不定期の.

nòn·sectárian 形 特定の宗派に属さない.

＊non·sense /nánsens, -s(ə)ns | nɔ́ns(ə)ns/ 名 (形 nonsénsical) 1 U [《英》ではまた a ~] ばかげた考え, つまらないこと; 無意味なことば, たわごと; ばかげた行為, ナンセンス: talk (utter) ~ (全く)ばかげたことを言う / It's ~ to try that. そんなことをしても無意味だ. 2 [形容詞的に] ナンセンス詩の. **máke** (《英》 **a) nónsense of** ... [動] ... を台なしにする, ... をだめにする. **wòn't stánd [táke] àny nónsense**=《英》 **stànd nò nónsense** [動] ⾃ ばかげた行為を許さない (*from*).

— 間 ばかな!, くだらない!, なに言ってるんですか, とんでもない: "I'm sure I failed the test." "N~! You worry too much." 「きっと試験に落ちたんだ」「ばか言え. 心配しすぎだよ」

non·sen·si·cal /nɑnsénsɪk(ə)l | nɔn-/ 形 (名 nónsense) ばかげた, とんでもない; 無意味な. **-cal·ly** /-kəli/ 副 ばかげて; 無意味に.

non se·qui·tur /nànsékwɪṭɚ | nɔ̀nsékwɪtə/

nòn·shrínk, nòn·shrínk·a·ble /-ʃríŋkəbl/, **nòn·shrínking** 形 (繊維などが)洗っても縮まない, 非収縮性の.

nòn·skíd 形 (A) (タイヤが)滑り止めをした.

nòn·slíp 形 滑らない, 滑り止め処理をした.

†**nòn·smóker** 名 C **1** たばこを吸わない人, 非喫煙者: ~s' rights 嫌煙権. **2** (英) 禁煙車[室].

nòn·smóking 形 A 禁煙の; (人が)たばこを吸わない: a ~ car 禁煙車 / ~ seats 禁煙席.

nòn·specífic 形 **1** 非特定の. **2** (医) (病気・薬・治療が)非特異性の[的な].

nòn·stándard 形 標準外の; (ことばづかいなどが)非標準的な.

nòn·stárter 名 C **1** [普通は単数形で] (略式) (成功の)見込みのない人[物事]. **2** レースに出ない馬[人].

†**nòn·stíck** 形 [普通は A] (なべなどが)食べ物がこびり付かない.

†**nòn·stóp** 形, 副, 途中で止まらない[で], 直行の[で]; (飛行機が)無着陸の[で]: a ~ flight to Paris パリまでの直行便 / talk ~ 絶え間なく話す. 関連 stopping 各駅停車の.

non·súch /nʌ́nsʌ̀tʃ/ 名 =nonesuch.

nòn·suppórt 名 U (離婚後の)扶養義務不履行.

nòn·tàriff bárrier 名 C (経) 非関税障壁.

nòn·thréatening 形 人に恐怖(感)を与えない.

nòn·tóxic 形 (医) 非毒性の.

nòn·tradítional 形 非伝統的な.

nòn·transférable 形 譲渡できない.

non-U /nʌ̀njuː | nɒ̀n-/ 形 (古風, 英)(ことばづかいなどが)非上流階級的な, 庶民的な (☞ U²).

nòn·únion 形 [普通は A] 労働組合に属さない; 労働組合を認めない.

nòn·vérbal 形 [普通は A] ことばを用いない, ことばによらない, 非言語の: ~ communication 言語以外による伝達 (身ぶりなど). **-ly** /-bəli/ 副 ことばによらずに.

nòn·víolence 名 U 非暴力主義.

†**nòn·víolent** 形 **1** 非暴力(主義)の; 平和的な. **2** (犯罪が)障害事件でない. **-ly** 副 暴力によらずに.

†**nòn·whíte** 形, 名 C [普通は差別] 白人でない(人).

noo·dle /núːdl/ 名 C **1** [普通は複数形で] ヌードル, 麺(½) (小麦粉と卵で作った麺類, スープなどに入れる): instant ~s インスタントヌードル. **2** (古風) (米略式) 頭. — 動 (米略式) 楽器などをいじくる (on, around).

noo·gie /núːgi/ 名 C (略式)(ふざけて)人の頭を抱えてこぶしをこすりつけること.

nook /núk/ 名 C (木陰などの)引っ込んだ所, 奥まった所; (部屋の)隅, 角(½) (corner). **évery nóok and cránny** [名] (時には all the nooks and crannies として)あらゆる所, 隅々: search every ~ and cranny 隅から隅まで捜す.

noo·kie, noo·ky /núːki/ 名 U (略式) (滑稽) 性交, セックス.

***noon** /núːn/ 名 U 正午, 真昼 (图 n.; ☞ day 表) (反 midnight): 12 ~ 昼の12時 (12 midnight (夜の12時)に対して) / The clock has just struck ~. 時計がちょうど正午を打ったところです / The bell rings *at* ~. ベルは正午に鳴ります / "In what way are the letter "A" and ~ the same?" "Both are in the middle of the day." "A の字と正午とはどういうわけで同じなの」「両方とも日 (day) の真ん中にあるから (☞ riddle¹)」 語源 ラテン語で「(日の出から)第9時」の意; month 表 November.

noon·day /núːndèi/ 形, 名 [単数形で] (文) 正午(の), 真昼の.

***no one** /nóuwʌn/ 代 (不定代名詞) だれも…でない (☞ none 2 語法), 一人も…でない (nobody). 語法 用法は nobody と同じ (☞ nobody 代 語法): We saw ~ in the garden. 庭にはだれも見えなかった / N~ believes it. だれもそれを信じない / N~ *else* appeared. ほかにはだれも姿を現わさなかった (☞ else 代).

nóon·tide 名 [単数形で] (文) =noonday.

nóon·time 名 U 真昼; [形容詞的に] 真昼の.

***noose** /núːs/ 名 C 輪縄, 引き結び; [単数形で] 窮地; 絞首刑用の首つり縄; [the ~] (主に文) 絞首刑: put [have] a ~ around one's (own) neck 困った状況に陥る [陥っている] / tighten the ~ around …'s neck …を窮地に追い込む.

NOP /énoupíː/ 略 =National Opinion Polls (英国の)全国世論調査会社.

***nope** /nóup/ 副 (略式) =no. 参考 最後の /p/ は唇を閉じたままで開かない (☞ yep).

nó-pláce 副 (略式, 主に米) どこにも…ない.

***nor** /(強) nɔ́ə | nɔ́ː; (弱) nə | nə/ 接 (同意接続詞) *gnaw; (類語) Knorr, (英) (等位接続詞) **1** [neither … nor — として] どちらも…しない, どちらもでない (☞ neither 接).

2 [nóə | nɔ́ː] [否定文の後で] …もまた—しない, …もまた—でない: I can't read French, ~ can I speak it. 私はフランス語が読めませんし話すこともできません / They won't help her, (英) and ~ will I. 彼らは彼女を助けない. 私だっていやだ / I *never* saw him again, ~ do I regret it. 私は二度と彼とは会わなかったし, それを悔やみもしなかった. 語法 nor の後では neither の場合と同じく主語と述語動詞の語順が逆になる (☞ inversion 名 (1) (v), do¹ 5).

3 [not の後で] (格式) (…も)—も…しない, (…も)—もでない: *Not* a penny ~ have I on a dog came. 1文どころか犬1匹だってやって来なかったよ. **4** [肯定文の後で] (格式) そしてまた…でない: I find his work lacking in imagination; ~ am I sure his creations are completely original. 私は彼の作品は想像力に欠けていると思う, また彼の創作内容も完全に独創的と言えるかどうか確信がもてない. 語源 古(期)英語で neither の短縮形.

nor' /nɔ́ə | nɔ́ː/ 略 [特に合成語で] (主に海) =north: *nor'*east 北東(に[の]).

Nor. 略 =Norway.

No·ra /nɔ́ːrə/ 名 ノーラ (女性の名; Eleanor, Eleanore, Elinor の愛称).

nor·a·dren·a·lin(e) /nɔ̀ːrədrénəlɪn/ 名 U (生化) ノルアドレナリン (副腎から分泌されるホルモン).

†**Nor·dic** /nɔ́ədɪk | nɔ́ː-/ 形 **1** 北欧の; 北欧人の(長身で金髪・青い目の). **2** [時に n-] (スキー) ノルディック(種目の) (☞ Alpine).

nor'east·er /nɔ̀ːríːstə | -stə/ 名 C =northeaster.

Nor·folk /nɔ́əfək | nɔ́ː-/ 名 固 ノーフォーク (イングランド東部の州).

Nórfolk jácket 名 C ノーフォークジャケット (前後の箱ひだとベルト付きの上衣).

***norm** /nɔ́əm | nɔ́ːm/ 名 (~s /-z/; 形 nórmal) C **1** [普通は the ~] 標準, ノルマ (労働の基準量) (*of, for, in*): The five-day workweek has become *the* ~ in Japan as well. 日本でも週5日2日制はあたりまえになった. **2** [普通は複数形で] 規範, (知能)水準: cultural [social] ~s 文化的[社会]規範. 語源 ラテン語で「大工の物差し」の意; ☞ enormous 語源.

Norm /nɔ́əm | nɔ́ːm/ 名 C (豪略式) テレビ[スポーツ中継]を見てばかりいるぐうたら男.

nor·mal /nɔ́ːm(ə)l | nɔ́ː-/ 🔊 形 (動 nórmalize, 名 norm, nórmalcy, normálity) **1** 標準の, 正常な, 正規な; [差別] (心身が)正常な (反 abnormal) (🖙 common 類義語): ~ height 標準の高さ / ~ (body) temperature 平熱 (人間では約 36.9℃)/ 言い換え It's only ~ (for you) *to* feel that way. = It's only ~ *that* you (*should*) feel that way. そのように感じるのはごく普通のことです (🖙 should A 7). **2** 数 法線の; 垂直の (*to*).
── 名 U 普通, 正常; 標準, 平均; (人体の)平熱: Your blood pressure is above [below] ~. あなたの血圧は標準より高い[低い]です.

nórmal distribútion 名 C 統 正規分布.

nor·mal·i·ty /nɔːmǽləṭi | nɔː-/, (主に米) **nor·mal·cy** /nɔ́ːm(ə)lsi | nɔ́ː-/ 形 (形 nórmal) U 正常, 常態.

nor·mal·i·za·tion /nɔ̀ːməlɪzéɪʃən | nɔ̀ːməlaɪz-/ 名 U 正常化, 常態化.

nor·mal·ize /nɔ́ːməlàɪz | nɔ́ː-/ 動 (形 nórmal) 他 〈状況・関係など〉を正常化する; 標準化する, 常態にする. ── 自 〈状況・関係が〉正常化する; 標準化する.

nor·mal·ly /nɔ́ːməli | nɔ́ː-/ 副 (形 abnormally) 正常に, 普通に, 平静に, 正規に; 文修飾副詞 普通は, いつもは ((🖙 always 囲み)): The engine is working ~. エンジンは正常に動いている / N~, cranes live in cold countries. 通例つるは寒い国に住む.

Nor·man /nɔ́ːmən | nɔ́ː-/ 名 C ノルマンディー (Normandy) 人; ノルマン人. ── 形 ノルマンディー人 [ノルマン人]の; [建] ノルマン式の.

Nórman Cónquest 名 固 [the ~] ノルマン人の征服 (1066 年ノルマンディー公ウィリアム ((🖙 William 2)) の England 征服) (the Conquest).

Nor·man·dy /nɔ́ːməndi | nɔ́ː-/ 名 固 ノルマンディー (フランス北西部の地方).

Nórmandy Lándings 名 固 [the ~] ノルマンディー上陸 (1944 年第二次大戦で連合軍が実行した).

nor·ma·tive /nɔ́ːməṭɪv | nɔ́ː-/ 形 [普通は A] (格式) 規範的な; 規範となるような.

Nor·plant /nɔ́ːplæ̀nt | nɔ́ːplàːnt/ 名 [単数形で] ノルプラント (皮下埋込み式避妊薬; 商標).

Norse /nɔ́əs | nɔ́ːs/ 形 A 北欧の; ノルウェー人の; ノルウェー語の; 古代スカンジナビア(人, 語)の, バイキングの. ── 名 U ノルウェー語; = Old Norse.

Norse·man /nɔ́əsmən | nɔ́ːs-/ 名 (-men /-mən/) C (文) バイキング, 古代スカンジナビア人.

north /nɔ́əθ | nɔ́ːθ/ 🔊 形 (反 south, nórtherly) **1** [the ~ または U; しばしば N-] 北, 北部, 北方 (*of*) N, Nth; 🖙 compass 挿絵): Turn to the ~. 北へ曲がりなさい / A cold wind was blowing from [toward] *the* ~. 北から[北へ]冷たい風が吹いていた / On a map, ~ is at the top. 地図の上では北は上です. 日英比較 方位をいう場合, 日本語では東西南北の順にいうが, 英語では north, south, east, west の順にいう. 関連 south 南 / east 東 / west 西. **2** [the ~] 北極地方; [the N-] (米) 北部諸州; [the N-] (英) (England の)北部地方 / [the N-] (北の)先進諸国. 関連 the South (南の)発展途上国.

in the nórth of ... 前 ...の北部に.

nórth by éast 名 北微東 (略 NbE).

nórth by wést 名 北微西 (略 NbW).

to the nórth of ... 前 ...の北方に (🖙 to¹ 1 語法): Canada is *to the* ~ *of* the United States. カナダは米国の北にある.

── リスニング ──
north の後に母音で始まる語が続くと, その母音と語末の /θ/ とが結合して「サ」行の音に近く聞こえる.

North America /nɔ̀ːθəmérikə/ は「ノーサメリカ」のように, north of Asia /nɔ̀ːθəvéɪʒə/ は「ノーソヴィジャ」のように聞こえる. 「ノース・アメリカ」, 「ノース・アヴ・エイジャ」のようには発音しない.

── 形 [時に N-] [比較なし] A 北の, 北部の, 北方の, 北向きの; (風などが)北からの: the ~ wall 北側の壁 / on the ~ coast [side] 北海岸[北側]に / a ~ wind 北風. 語法 政治的・行政的・地理的境界が明確な地域を指す場合 North, South, East, West を用い, 境界があまり明確でないときには Northern, Southern, Eastern, Western を用いる: North Korea 北朝鮮 / Northern Japan 北日本.

── 副 [しばしば N-] 北に, 北へ, 北方へ: My room faces due ~. 私の部屋は真北に向いている / The wind is blowing ~. 風が北に吹いている(南風だ) / Oklahoma is [lies] ~ *of* Texas. オクラホマ州はテキサス州の北にある.

úp nórth 副 (略式)北へ[で, に].

North África 名 固 北アフリカ.

North América 名 固 北アメリカ, 北米 (略 N.A.; 🖙 America 語法).

North Américan 形 北アメリカの, 北米の; アメリカ[北米]人の. ── 名 C 北米人.

north·bound 形 A (乗り物・道路などが)北へ向かっている, 北行き[回り]の.

North Carolína 名 固 ノースカロライナ (米国南東部の州; 略 N.C.; 郵 NC; 俗称 the Tarheel State; 🖙 America 表, 表地図 I 4; Carolina 語源).

North Cóuntry 名 [the ~] (英) イングランド北部.

North Dakóta 名 固 ノースダコタ (米国北部の州; 略 N.D., N.Dak., 郵 ND; 俗称 the Sioux State; 🖙 America 表, 表地図 F 3; Dakota 語源).

North Dakótan 形 ノースダコタ州(人)の. ── 名 C ノースダコタ州人.

north·east /nɔ̀əθíːst | nɔ̀ːθ-ˈ-/ 形 (反 southwest) 名 (形 nòrtheástern) **1** [the ~ または U; しばしば N-, North-East] 北東 (略 NE; 🖙 compass 挿絵). **2** [the N-] 北東部.

northéast by éast [名] 北東微東 (略 NEbE).

northéast by nórth [名] 北東微北 (略 NEbN).

── 形 A **1** 北東の. **2** (風が)北東からの.
── 副 北東へ[に].

nòrth·éast·er 名 C 北東(から)の強風[暴風].

nòrth·éast·er·ly /-ṭəli | -ṭə-/ 形 A **1** 北東(寄り)の. **2** (風が)北東からの. ── 名 (-lies) C 北東風.

north·east·ern 形 (= nòrtheást) [普通は 北東(へ)の; 北東からの; [しばしば N-] 北東部の (略 NE).

Northeast Pássage 名 固 [the ~] 北東航路 (欧州およびアジアの北海岸に沿って北大西洋から太平洋に出る航路).

nòrth·éast·ward 副形 (反 southwestward) 北東の方へ[の], 北東に向かって[向かう], 北東向きに[の].

north·er·ly /nɔ́əðəli | nɔ́ː- 形 (= north) [普通は A] **1** 北の, 北寄りの. **2** (風が)北からの. ── 副 **1** 北に[へ], 北寄りに. **2** (風が)北から. ── 名 (-lies) C [しばしば複数形で] 北風.

north·ern /nɔ́əðən | nɔ́ːðən/ 🔊 形 **1** [比較なし] A 北の; north; 反 southern) [しばしば N-] 北の, 北からの; 北向きの; 北への (略 N, n.; 🖙 compass 挿絵): N~ Europe 北ヨーロッパ / on the ~ side 北側に / a ~ wind 北風. 関連 southern 南の / eastern 東の / western 西の. **2** [N-] (米) 北部(諸州)の.

north·ern·er /nɔ́əðənə | nɔ́ːðənə/ 名 C **1** 北部の人. **2** [N-] (米) 北部の州の人[出身者].

Nórthern Hémisphere 名 [the ~] 北半球.

Nórthern Íreland 名 固 北アイルランド (Ireland 島北部の英国 (the United Kingdom) に属する地方).

nórthern líghts 图 [複] [the ~] 《普通は N- L-》 北極光 (aurora borealis).

Nórthern Mariána Íslands 图 個 [複] [the ~] 北マリアナ諸島 (Guam を除く Mariana 諸島).

nórthern·móst 形 [比較なし]《普通は A》最北(端)の.

nórthern sóul 图 U ノーザン ソウル《アメリカのソウル音楽の一種; 1980 年代初期に流行した》.

Nórthern Térritory 图 個 [the ~] ノーザンテリトリー《オーストラリア中北部の連邦直轄地》; ⇨裏地図 K 2).

Nórth Ísland 图 個 北島, ノースアイランド《ニュージーランドの主要な2島のうち北方の島》; ⇨裏地図 Q 2).

Nórth Koréa 图 個 北朝鮮《朝鮮民主主義人民共和国の通称; ⇨ Korea 参考》.

Nórth·man /nɔ́ːθmən | nɔ́ː-/ 图 (-men /-mən/) C 古代スカンジナビア人 (Norseman).

nòrth-northéast 图 [the ~] 北北東《略 NNE; ⇨ compass 挿絵》. — 形 A 北北東の.

nòrth-northwést 图 [the ~] 北北西《略 NNW; ⇨ compass 挿絵》. — 形 A 北北西の.

Nórth Póle 图 個《反 South Pole》 [the ~] 北極《⇨ zone 挿絵》.

Nórth Séa 图 個 [the ~] 北海《ヨーロッパ北西方の Great Britain 島とヨーロッパ大陸北西部に囲まれた海; ⇨裏地図 G 3).

Nórth-Sóuth 图 A 南北の, 先進国と発展途上国の: the ~ divide 南北格差[分裂] 《North/South とつづることもある》.

Nórth Stár 图 [the ~] 北極星 《⇨ polestar 挿絵》.

Nórth Stár Stàte 图 [the ~] 北極星州《米国 Minnesota 州の俗称》.

North·um·ber·land /nɔːθʌ́mbələnd | nɔː-θʌ́mbə-/ 图 個 ノーサンバーランド《イングランド最北の州》.

†**north·ward** /nɔ́ːθwəd | nɔ́ːθwəd/《反 southward》副 北の方へ, 北に向かって, 北向きに. — A 北の方への, 北に向かう, 北向きの.

†**north·wards** /nɔ́ːθwədz | nɔ́ːθwədz/ 副《英》= northward.

*__north·west__ /nɔ̀ːθwést | nɔ̀ːθ-́/《反 southeast》图 形 northwéstern) **1** [the ~ または U; しばしば N-] 北西《略 NW; ⇨ compass 挿絵》.

2 [the N-] 北西部.

northwést by nórth [名] 北西微北《略 NWbN》.
northwést by wést [名] 北西微西《略 NWbW》.
— 形 A **1** 北西の. **2** 《風が》北西からの.
— 副 北西へ[に].

Nórthwest Áirlines 图 個 ノースウェスト航空《米国の航空会社》.

north·west·er /nɔ̀ːθwéstə | nɔ̀ːθwéstə/ 图 C 北西(から)の強風[暴風].

nòrth·wést·er·ly /-təli | -tə-/ 形 A **1** 北西(へ)の. **2** 《風が》北西からの. — 图 (-lies) C 北西風.

†**north·wéstern** 形 (時に Nòrthwést·ern) 《普通は A》北西の; 北西にある; 北西への; [しばしば N-] 北西部の《略 NW》.

Nórthwest Pássage 图 個 [the ~] 北西航路《北米大陸北岸に沿って大西洋と太平洋を結ぶ航路》.

Nórthwest Térritories 图 個 [the ~ として単数扱い] ノースウェストテリトリーズ《カナダ北西部の連邦直轄地; ⇨表地図 D1》.

Nórthwest Térritory 图 個 [the ~] 《米史》北西部領地《1787 年に成立した, 現在の Ohio, Indiana, Illinois, Michigan, Wisconsin および Minnesota の一部を含む地方》.

nose 1193

nòrthwést·ward 副 形《反 southeastward》北西の方へ[の], 北西に向かって[向かう], 北西向きに[の].

Norw. 略 = Norway.

Nor·way /nɔ́ːweɪ | nɔ́ː-/ 图 個 ノルウェー《ヨーロッパ北部 Scandinavian Peninsula 西部の王国; 首都 Oslo; 略 Nor., Norw.》.

Nor·we·gian /nɔːwíːdʒən | nɔː-/ 形 ノルウェーの; ノルウェー人の; ノルウェーの; ノルウェー語の. — 图 C ノルウェー人; ノルウェー系人; U ノルウェー語.

Nos., nos. /nʌ́mbəz | -bəz/ 略 No., no. の複数形.

*__nose__ /nóʊz/ 图 (nos·es /-ɪz/) **1** C 鼻 《⇨ head 挿絵》. 日英比較 「高い鼻」は普通 a high nose といわず, a long [large] nose という. 同様に「低い鼻」は a low nose ではなく a short [small] nose という《⇨ if 4 語法 第 2 の例文》: a flat ~ ぺちゃんこの鼻 / a straight ~ 鼻筋の通った鼻 / the bridge of the ~ 鼻柱 / ˈpunch ... [give ... a punch] on the ~ ... の鼻をなぐる / pick one's ~ 鼻をほじる / Your ~ is bleeding. 鼻血が出ているよ / My ~ is stuffy [running]. 鼻がつまって[鼻水が出て]いる / Americans rub their ~s when puzzled. アメリカ人は当惑すると鼻をこする / Wipe your ~ with [on] a tissue. ティッシュで鼻をふきなさい // ⇨ snook. 関連 nostril 鼻の穴 / muzzle 犬・猫・馬などの鼻 / snout 豚などの鼻 / trunk 象の鼻.

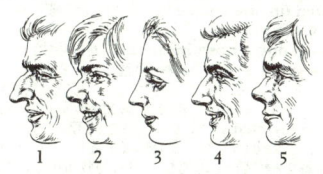

1 aquiline nose (わし鼻, かぎ鼻), 2 bulbous nose (だんご鼻), 3 Grecian nose (ギリシャ鼻), 4 Roman nose (ローマ鼻, わし鼻), 5 pug [snub] nose (しし鼻)

2 C 《鼻のように》突き出た部分, 先端; 《飛行機の》機首《⇨ airplane 挿絵》; 《ミサイルの》弾頭: the ~ of a gun 銃口 / the ~ of a plane [ship] 機(船)首. **3** [a ~] 嗅覚(常用); 《略式》《物事を》かぎつける能力: have a good [sharp, keen] ~ 鼻が鋭い / He has a (good) ~ for scandals. 彼にはスキャンダルをかぎつける勘がある. **4** C 《ワインの》芳香.

blów one's nóse [動] 自 鼻をかむ《時には涙を隠すため》: He used a handkerchief to blow his ~. 彼は鼻をかむのにハンカチを使った.

by a nóse [副]《競馬》鼻の差で; 《略式》わずかの差で.

cùt óff one's nóse to spíte one's fáce [動] 自《略式》腹立ち紛れに自分に不利なことをする.

fóllow one's (ówn) nóse [動] 自《略式》直観的に行動する, 勘による; 真っすぐに進む.

gèt (ríght) úp ...'s nóse [動] S 《略式, 主に英》... をいらいらさせる, ひどく悩ます.

hàve a nóse róund [動] 自《英》《あちこち》見て回る, 捜し回る.

hàve one's nóse in a bóok [動] 自《略式》本を熱心に読んでいる.

hóld one's nóse [動] 自《臭いので》鼻をつまむ.

kéep one's (bíg) nóse òut of ... [動] 他 S《略式》《他人事》に干渉しない, 首を突っ込まない.

kèep one's nóse cléan [動] 自 S《略式》面倒なことに巻き込まれない, 手をよごさない.

léad ... (aróund) by the nóse [動] 他《略式》《...》を思うように操る《あごで使う》.

lóok dówn one's nóse at ... [動] [他] 《略式》…をばかにする，見下す.
nóse to táil [副] 《主に英》(交通が)渋滞して，じゅずつなぎになって.
nòt sée beyònd the énd of one's nóse [動] [自] 自分のしている[関係している]こと以外は頭にない.
on the nóse [副] Ⓢ 《主に米俗》正確に，ぴったりと.
páy through the nóse [動] [自] Ⓢ 《略式》(…に)とんでもない[法外な]金を払う (*for*).
póke [shóve, stíck] one's nóse ìnto [in] ... [動] [他] 《略式》(他人のことなど)に干渉する，おせっかいする; 詮索(せんさく)する: Don't *poke your* ～ *into* my business. よけいなお世話だ.
pówder one's nóse [動] [自] 《古風，略式》[婉曲] (女性が)トイレに行く，用を足す.
pùt ...'s nóse òut of jòint [動] 《略式》…の鼻を明かす，…にねたましい思いをさせる.
(rìght) ùnder ...'s (véry) nóse＝(rìght) ùnder the (véry) nóse of ... [副] 《略式》…の面前で; …に対して公然と.
rúb ...'s nóse in it [the dírt] [動] 《略式》…にいやなことを思い出させる，…をなじる.
spéak [tálk] through one's nóse [動] [自] 鼻声で言う.
túrn one's nóse ùp at ...＝tùrn úp one's nóse at ... [動] [他] 《略式》…を鼻であしらう.
tùrn úp one's nóse [動] [自] (女性が)鼻をつんと立てる《軽蔑などの表情》.
with one's nóse in the áir [副] 《略式》偉そうに.
— [動] [他] **1** 〈車など〉をゆっくり進める. **2** (動物が)〈…〉に鼻をすりつける; 鼻で〈…〉を押す. — [自] **1** 《略式》人のことに首をつっこむ，詮索(せんさく)する: She is always *nosing into* my affairs. あの女はしょっちゅう僕のことによけいな口出しばかりしている. **2** [副詞(句)を伴って] ゆっくりと前進する，(船などが)進む. **3** (動物が)においをかぐ.
nóse ahéad [in frónt, ìnto the léad] [動] [自] 一歩前に出る，わずかにリードする. **nóse aróund [abóut, róund]** [動] [自] 《略式》[軽蔑] (あちらこちらと)かぎ回る，捜し回る (*for*). **nóse one's wáy** [動] [自] (船などが)じりじり進む. **nóse óut** [動] [他] (1) 《略式》〈…〉をかぎ出す，かぎつける. (2) 《米略式》〈…〉をわずかの差で破る，〈…〉にかろうじて勝つ.
nóse·bàg [名] [C] 《英》＝feedbag.
nóse·blèed [名] [C] 鼻血の出ること: I often have a ～. 私はよく鼻血が出ます.
nósebleed séat [séction] [名] [C] 競技場の最後[最上]部の観客席[観客席の区画].
nóse càndy [名] [U] 《米略式》鼻から吸入する麻薬.
nóse còne [名] [C] (ロケットなどの)円錐(えんすい)形の頭部.
-nosed /nóʊzd/ [形] [合成語で] 鼻が…な: long-*nosed* 鼻が高い / red-*nosed* 赤鼻の.
nóse·dìve [名] [C] [主に新聞で] (価格の)暴落; 〔空〕急降下: take a ～ 暴落する / go into a ～ 暴落する; 急降下する. — [動] (**-dives**; 過去 **-dived**, **-dove**; 過分 **-dived**; **-div·ing**) [自] **1** (価格などが)暴落する. **2** 〔空〕急降下する.
no-see-um /nousíːəm/ [名] [C] 《米》糠蚊(ぬかか).
nóse·gày [名] [C] 《古風》(小さな)花束.
nóse jòb [名] [C] 《略式》鼻の整形手術.
nóse·pìece [名] [C] (めがねの)ブリッジ.
nóse·rìng [名] [C] (牛などにつける)鼻輪; (人の)鼻飾り.
nóse·whèel [名] [C] (飛行機の)前輪.
nos·ey /nóʊzi/ [形] ＝nosy.
nosh /nɑ́ʃ | nɔ́ʃ/ [名] 《略式》 **1** [U] 《英》食べ物; [[U] または a ～] めし. **2** [a ～] 《米》軽食. — [動] [自] 《米》軽食をとる (*on*); 《英》食べる. — [他] 《米》〈軽食〉をとる; 《英》〈…〉を食べる.
nó-shów [名] [C] (列車・飛行機などの)座席を予約しながら出発のときに現われない客，ノーショウ; (特に無断の)欠席者. — [動] [自] [他] 《米》予約しながら現われない.
nósh-ùp [名] [単数形で] 《英略式》たっぷりとした食事.
nó síde [名] [U] 〔ラグ〕ノーサイド，試合終了.
nos·i·ly /nóʊzəli/ [副] 詮索(せんさく)して; おせっかいがましく.
nos·i·ness /nóʊzinəs/ [名] [U] 詮索好き; おせっかい.
+**nos·tal·gia** /nɑstǽlʤə | nɔs-/ [名] [U] 郷愁，ノスタルジア (*for*).
+**nos·tal·gic** /nɑstǽlʤɪk | nɔs-/ [形] 郷愁の[にふけった] (*for*): ～ melodies なつかしいメロディー. **-tál·gi·cal·ly** /-kəli/ [副] 懐古的に.
Nos·tra·da·mus /nɑ̀strədɑ́ːməs, -déɪ- | nɔ̀s-/ [名] [固] ノストラダムス (1503–66) 《フランスの医師・占星家》.
+**nos·tril** /nɑ́strəl | nɔ́s-/ [名] [C] 鼻の穴，鼻孔.
nos·trum /nɑ́strəm | nɔ́s-/ [名] [C] **1** 《格式》(まやかしの)妙策，解決策 (*of*). **2** 《古風》[軽蔑] (あやしげな)妙薬，万能薬，インチキ薬.
nos·y, nos·ey /nóʊzi/ [形] (**nos·i·er**; **-i·est**) [軽蔑] 詮索(せんさく)好きな; おせっかいな.
nósy párker [名] [C] [時に N- P-] 《英略式》[軽蔑] 詮索好きな人.

not /nɑ́t | nɔ́t; (変則定形動詞の後ではまた) nt/ ([同音] knot; [類音] nut) [副] **…ではない，…しない. [語法] 否定を表わす. 述語動詞を否定して否定文をつくるときと，述語動詞以外の語・句・節を否定するときがある.

① [述語動詞の否定]	(1)
② [語・句の否定]	(2)
③ [不定詞・分詞・動名詞の否定]	(3)
④ [名詞節の否定]	(4)
⑤ [否定の節の代用]	(5)
⑥ [部分否定]	(6)

(1) [述語動詞を否定する] (i) [平叙文で]

[語法] **平叙文での not の位置**
助動詞，本動詞の be，また時に《英》では「持っている」という意味の have の場合，not はその後にくる(助動詞が 2 つ以上あるときには第 1 の助動詞の直後). その他の動詞の場合には <do (助動詞) +not+動詞> の語順をとる. 《略式》では助動詞，be，have，do の後で not が短縮されて -n't /nt/ となることが多い (☞ auxiliary verb [文法] (2)，contracted form [文法]).

This ⌈is ～ [is*n't*] my pen. これは私のペンではない / You ⌈must ～ [must*n't*] go out today. あなたはきょうは外出してはいけない / He ⌈will ～ [wo*n't*] succeed. 彼は成功しないだろう / She ⌈has ～ [has*n't*] been told. 彼女は知らされていない / We ⌈do ～ [do*n't*] go to school on Sundays. 私たちは日曜日には学校へ行かない / [言い換え] I ⌈did ～ [did*n't*] have any money. ＝《英》I ⌈had ～ [had*n't*] any money. 私はお金を持っていなかった (☞ have[1] 1 (1) [語法]).
(ii) [疑問文で]

[語法] **疑問文での not の位置**
(1) 《略式》では助動詞・動詞の be, have に -n't をつけた形を主語の前に置く 《疑問代名詞が主語である文については ☞ interrogative sentence [文法] (2) (iv)》. ただし am は Am I not ... の順 《☞ auxiliary verb [文法] (1)》.
(2) 《格式》では <助動詞＋主語＋not＋動詞>，<動詞 be [have]＋主語＋not＋補語[目的語]> の順になる. (3) 否定疑問文の形で驚きや感嘆の意を表わすことがある 《☞ rhetorical question [文法]》.

Isn't that your umbrella? あれはあなたの傘ではありませんか / *Doesn't* Helen like chocolate? ヘレンはチョコレートが好きではありませんか / *Am I ~ permitted* to do it? 私はそれをするのを許されていないのですか / *Are* you *~ afraid* of it? あなたはそれを恐れてはいないのですか / *Has* he *~ arrived* yet? 彼はまだ到着していないのですか / *Does* he *~ trust* us? 彼は我々を信用しないのですか / *Haven't* you had breakfast? まだ朝ごはんをすんでないの? / *Wasn't* it a marvelous concert! すてきなコンサートだったね.

(iii) [命令文で] be も含めすべての動詞の前に do not, don't をつける: *Don't* open the window. 窓を開けてはいけない / *Do ~* be noisy. 騒がしくするな (⇨ imperative mood 文法 (2)).

語法 ただし《文》や《詩》では動詞の後に直接 not をつけることがある (⇨ do¹ [ⓐ): *Ask ~* what your country can do for you—ask what you can do for your country. 諸君が国に何をしてもらえるかを問うな—諸君が国に対して何ができるかを問いたまえ《ケネディ(Kennedy)大統領の就任演説のことば》.

(2) [語・句を否定する]: Ask Bill, *~* his wife. 頼むのはビルにしなさい, 奥さんではなくて / She's the author of two *~* very good novels. 彼女はあまりできはよくないが2編の小説を書いている / See you on the 25th, if *~* before. 25日にまた会いましょう, それ以前は無理だとしても / I believe he will succeed, though *~* without some difficulty. 彼は成功すると思います. 多少困難がないわけではありませんが / "Are you going fishing today?" "*N~* I will. I'll go tomorrow." 「あなたはきょう釣りに行きますか」「きょうは行きません. あす行きます」 / *N~* ten minutes had passed, and I was already bored. 10分もたっていないのに私はもう飽きてしまっていた.

語法 **not と語句の否定**

(1) not は単にある語・句を否定するだけでなく, その語と反対の意味を強調することがある: *~* a little 少なからず, 大いに / *~* once 一度ならず, 何度も / *~* seldom まれではなく, しばしば.

(2) not が語・句を否定した文と述語動詞を否定した文とを比較: The teacher did *~ scóld* the boy. 先生はその少年をしかったわけではない (単に語としての scold を否定しただけ) / The teacher did *~ scold* the bóy. 先生はその少年をしからなかった (not は述語動詞の scold を否定しているので全体は否定文).

(3) 語・句だけを否定する特殊な場合として下の (6) の部分否定がある. なお ⇨ because 2 語法.

(3) [不定詞・分詞・動名詞を否定する] 語法 (1) not は原則として不定詞・-ing 形の前に置く: I told her *~ to* be late. 私は彼女に遅れないようにと言った / *N~ knowing* what to do, Meg asked her friend for advice. どうしてよいかわからなかったので, メグは友人に助言を求めた / They insisted on *~ giving up*. 彼らはあきらめないと言い張った.   (2) 時に次のような形も見られる (⇨ split infinitive); She will soon learn how *to not* make the same mistakes again. 彼女はじきに同じ間違いを再びしない方法を覚えるだろう.

(4) [I don't think [believe, suppose, imagine] …との形で後続の名詞節を否定して] …でないと思う: *I don't think* you've met my sister. あなたは私の妹に会ったことがないと思う. 語法 文字どおりには「会ったと思わない」の意であるが, このほうが I think you've *not* met my sister. の意味でそれよりも柔らかに響き言い方と一般に好まれる / *I don't believe* she's at home. 彼女は家にいないと思います. 語法 次も参照: Jane *doesn't seem* to like you. =《格式》Jane *seems ~ to* like you. ジェーンは君が好きでないようだ.

(5) [否定の節の代用をする] (i) [I think, I hope, I fear, I guess, I suppose, I believe, I expect, I'm afraid などや, の後で; ⇨ so¹ 6 語法]: Is anybody feeling cold? If *~*, let's turn the heating off. 誰か寒い人はいますか. もしいなければ暖房を切ろう / Shall I call this evening, 「*or* [*or shall I ~* call]? 今夜電話しましょうか, それともしないでおきましょうか / "Is he a good doctor?" "*I think ~.*" (=I think he is *~* a good doctor.) 「彼は腕のよい医者ですか」「(とても)そうは思えませんね(さあどうでしょうかね)」語法 この場合 I don't think so. とも言え, そのほうが普通 // "Can you come tomorrow?" "*I'm afraid ~.*" (=I'm afraid I can*~* come tomorrow.)「あす来られますか」「残念ながら伺えません」(⇨ hope 囲み).

(ii) [certainly, maybe, perhaps, probably, of course などの後で; 会話]: "May I drive your car?" "*Cértainly ~.*" (=No!)「あなたの車の運転をしてもいいですか」「とんでもない, だめです」 / "Will he come?" "*Perháps [Máybe] ~.*"「彼は来ますか」「来ないかもしれない」

(6) [both, every, always, all などと用いて部分否定を表わす; ⇨ partial negation 文法; necessarily 1]: I don't know *both* ↘ of them. 片方 [両人] を知っているのではありません(片方[一人]は知らない) / *N~ every* ↘ pupil can become a college student. ↘. 全部の生徒がそれぞれ大学生になれるわけではない(なれない生徒もいる) / Their opinions are *always* ↗ right. ↗ 彼らの意見がいつも正しいわけではない(間違っていることもある) [言い換え] *N~ all* ↘ humans are wise. ↘=*All* humans are *~ wise.* ↘. 人間はみんな賢いというわけではない(愚かな人もいる).

語法 次のような全部否定を表わす文と比較. イントネーションの違いに注意: [言い換え] I don't know *either* of them. ↘=I know *neither* of them. ↘ 私は両方[二人]とも知らない / *No* pupil can become a college student. ↘ どの生徒もみんな大学生にはなれない / Their opinions are *never* right. ↘ 彼らの意見はいつも正しくない / *All* humans are *unwise.* ↘ 人間はみんな賢くない.

… nót! [前言を強く否定して] Ⓢ …とか言っちゃって, …なーんてうそだよ《主に若者が使うことば》.

nòt …! Ⓢ …はうんざりだ, …とは驚いた: *N~* again! またか!

nòt a [óne] … [形] ただの一つも[一人も]…でない. 語法 no …よりも強い否定を表わし, not a の次の名詞が強く発音される (⇨ not a single … (single 形 成句)): *N~ a* ship entered the port. 1 隻の船も入港しなかった.

nòt … àny lónger ⇨ long¹ 副 成句.

nòt at áll [副] (1) ⇨ at all (all 代 成句). (2) 《丁寧》[礼やわびなどを言われた返事として] どういたしまして.

会話 "Thank you very much for your kindness." "*N~ at all.*"「ご親切にどうもありがとうございました」「いいえ、どういたしまして」 / "I'm sorry to have bothered you." "*N~ at all.*"「おじゃましてすみません」「どういたしまして」

nòt … but — …ではなくて—(だ): It is *~* his mistake, *but* mine. それは彼の間違いではなくて私の間違いだ / I dislike *~* what he says *but* the way he says it. 私は彼女の言うことがいやなのではない, 言い方がいやなのだ / The most important thing in the Olympic

notability 1196

Games is ~ to win *but* to take part. オリンピック競技で最も大切なことは勝つことではなくて参加することだ.

nòt éven a [óne] ∴ 一つの…もない.

nòt ónly ∴ but (àlso) ⇨ *only* 副 成句.

nót that ... とはいうものの…というわけではない, といって…というのではない: I cannot accept the offer — ~ *that* I don't like it. その申し出は受け入れられません.(ただ)気に入らないわけではないのですが.

no·ta·bil·i·ty /nòʊtəbíləṭi/ 名 (**-i·ties**) 《格式》 1 Ｕ 注目に値すること; 著名. 2 《普通は複数形で》 名士.

*__**no·ta·ble**__ /nóʊtəbl/ 形 注目に値する, 目立つ; 傑出している: ~ achievements 優れた業績 / a ~ exception 目立った例外 / This book is ~ *for* its fine illustrations. <A+*for*+名·代> この本は挿絵イラストがすばらしい点で優れている / *It is* ~ *that* he opposed the move. 彼がその措置に反対したのは注目に値する. ─ 名 《複数形で》《格式》または《滑稽》有名人, 名士.

*__**no·ta·bly**__ /nóʊtəbli/ 副 1 《つなぎ語》 特に, とりわけ: Several politicians, (most) ~ the previous prime minister, criticized the bill. 何人かの政治家, 特に前首相がその法案を批判した. 2 《格式》 著しく, 明白に, 特に目立って: The situation has ~ improved. 情況は著しく好転した.

no·ta·rize /nóʊtəràɪz/ 動 他 《しばしば受身で》《格式》 (公証人が)〈書類〉を公証公正証書にする.

no·ta·ry /nóʊtəri/ 名 (**-ries**) Ｃ =notary public.

nótary públic 名 《複 **notaries public**, ~s》 Ｃ 公証人.

no·ta·tion /noʊtéɪʃən/ 名 1 Ｃ,Ｕ 《数学·論理学などの記号による》表記(法), 表示(法); 《楽》記譜法; Ｃ 《1組の》記号; 楽譜: chemical ~ 化学記号法. 2 Ｃ,Ｕ 《主に米》覚え書き, メモ.

*__**notch**__ /nɑ́tʃ | nɔ́tʃ/ 名 Ｃ 1 《棒や物の端につけた》Ｖ字形の刻み目: He cut [made] a ~ in his walking stick. 彼はステッキに切り込みをつけた. 2 《略式》 級, 段: His painting is a ~ above the others. 彼の絵は他の者より一段上である. 3 《米》 《山あいの》狭い道, 峠道. **túrn ... úp a nótch** 動 他 《勝つために》〈…〉にもっと力を入れる. ─ 動 他 1 〈…〉に刻み目[切れ目]をつける 《記録·目印のため》. 2 《略式》《スポーツなどで》〈勝利など〉を得る, 〈点など〉を取る (*up*).

notched /nɑ́tʃt | nɔ́tʃt/ 形 《V字形の》刻み目を入れた.

*__**note**__ /nóʊt/ 用1 名 (**notes** /nóʊts/)

「注意を引くための印」(⇨ 語源)→「覚え書き」2
→「短い手紙」1
→「ことばへの注意書き」→「注」3
→《支払いを約束する書き付け》→「紙幣」4
→《楽音を示す注記》→「音符」7 →《楽器の》音」5

1 Ｃ **短い手紙**, 短信 (⇨ letter 類義語); 《外交上の》《政府間の》公式書簡, 通牒(ちょう), 文書, 書き付け: a thank-you ~ =a ~ of thanks 礼状 / a suicide ~ (自殺者の)書き置き.

──コロケーション──
address a *note* to ... …にあてて短信を出す
enclose a *note* 短信を同封する
leave (...) a *note* (…に)置き手紙をする
send [drop] ... a *note* …に短信を出す
write a *note* 短信を書く

2 Ｃ 《普通は複数形で》 **覚え書き**, メモ, 手記; ノートに書いたもの; 記録: write ~s *for* a speech 演説の原稿を書く / speak without [from] ~ メモなしで[を見ながら]話す. 日英比較 note は日本語の「ノート」に相当する帳面 (notebook) という意味はない.

3 Ｃ **注**, 注釈, 注解 ⇨ *n*.): The textbook has plenty of ~s. この教科書にはたくさんの注がついている / The ~s *on* the meaning of these words are on page 50. これらの語の意味についての注は 50 ページにある. 関連 footnote 脚注.

4 Ｃ 《主に英》**紙幣**, 札(ฐฅ) 《《米》bill》(bank note): a five-pound ~ 5 ポンド紙幣 / twenty pounds in ~s 紙幣で 20 ポンド.

5 Ｃ 《楽器や声の》**音**, 音色, 楽音 《《米》tone》, 調子; 《口笛》《鳥などの》鳴き声: a high ~ on the violin バイオリンの高い音. **6** [a ~] 語気, 語調; 気配, 様子; 特徴: We sensed [*a* melancholy ~ *of* melancholy] in his voice. 彼の声には憂鬱(ゆううつ)な調子が感じられた / The meeting ended *on an* optimistic ~. 会議は楽観的な調子で終わった. 語法 しばしば感情·態度を表わす形容詞[名詞]を伴う. **7** Ｃ 記号, 符号 (mark); 音符; 《ピアノの》鍵(かぎ)(key). **8** Ｕ 《格式》注目, 注意 (notice); 重要性: an event worthy *of* ~ 注目に値する事件. **9** Ｕ 《格式》有名, 著名, 名声 (reputation): a man of some ~ 《かなりの》有名人, 名士. 語源 ラテン語で「印」の意.

compáre nótes [動] 自 情報[意見]を交換する (*with*, *on*).

hít the ríght [wróng] nóte =strike the right [wrong] note.

màke「a nóte [nótes] of ... [動] 他 …を書き留める, メモする (⇨ mental note 成句): I made *a* ~ of the number. 私はその番号を書き留めた.

on a ~ nòte [副] 調子を…にするが: *On a* lighter ~, we are planning to go skiing. もっと気楽な話だが, 私たちはスキーに行く計画を立てているんだ.

sóund a fálse nóte [動] 自 =strike a false note (2).

stríke a fálse nóte [動] 自 (1) 間違った鍵(かぎ)をたたく. (2) 見当はずれのことを言う[する].

stríke [sóund] a nóte of ... [動] 他 (…の意見·気持ち)を伝える[におわす], …(の必要性)を口にする.

stríke the ríght [wróng] nóte [動] 自 (1) 正しい[間違った]鍵(かぎ)をたたく. (2) 適切な[不適切な]ことを言う[する].

tàke nóte of ... [動] 他 …に注目する, …に注意する: I *took* ~ of what he was saying. 私は彼の言っていることに注意した. 語法 …is taken note of … の形で受身にできる.

tàke nótes [動] 自 ノートをとる, 書きとる (*of*): Kate *took* careful ~s on the history lecture. ケートは歴史の講義を丹念にノートにとった.

──動 (**notes** /nóʊts/; **not·ed** /-ṭɪd/; **not·ing** /-ṭɪŋ/) 他 1 《格式》〈…〉に注意する, 注目する; 気づく: Please ~ my words. 私のことばを注意して聞いてください / Mother ~*d that* my feet were not clean. <V+O (*that* 節)> 母は私の足がよごれていることに目を留めた / N~ *how* I do it. <V+O (*wh* 節)> 私がどんなふうにそれをやるかよく見ていなさい. **2** 《格式》〈…〉のことを述べる, 〈…〉に言及する: He ~*d that* the problem must be handled carefully. 彼はその問題は慎重に扱わねばならないと述べた. **3** =note down. **nóte dówn** [動] 〈…〉を書き留める; 〈…〉のメモを取る.

*__**note·book**__ /nóʊtbʊ̀k/ 名《~s /-s/》Ｃ 1 **ノート**, 手帳, 筆記帳, 帳面 (⇨ note 名 2 日英比較). **2** ノート型パソコン.

nótebòok compúter 名 Ｃ ノート型パソコン (notebook).

nóte càrd 名 Ｃ 《米》《普通は表に絵がかかれた二つ折

りの)短い手紙用の小さなカード (《英》 notelet).

not·ed** /nóuṭɪd/ [T2] [形] 有名な, 著名な 《☞ famous 類義語》: a ～ poet 有名な詩人 / She is **～ *as a singer. <A+*as*+名·代> 彼女は歌手として有名だ / Mt. Fuji is **～ *for*** its beautiful shape. <A+*for*+名·代> 富士山は姿が美しいので有名です.

note·let /nóutlət/ [名] [C] 《英》 =note card.

No.10 [名] [固] =Number Ten.

nóte·pàd [名] [C] (はぎ取り式の)メモ帳; 〖電算〗 メモ帳 《簡略なワープロソフト》; =notepad computer.

nótepad compúter [名] [C] ノートパッドコンピューター 《ペン入力式の超小型コンピューター》.

nóte·pàper [名] [U] 便箋(びんせん).

nóte·wòrthy [形] (特に物事が)注目すべきで (notable); 目立って, 顕著で.

nót-for-prófit [形] (団体などが)非営利の.

'noth·er /nʌ́ðə | -ðə/ [形] [次の成句で] **a whóle 'nóther ...** ☞ whole [形] [副] 成句.

***noth·ing** /nʌ́θɪŋ/ [代] 《不定代名詞》 **1** 何も…しない, 何も…でない (not anything).

[語法] (1) 否定文 《☞ negation [文法]》 で用いられ, 単数として扱われる 《☞ no [形], nobody [代]》. 肯定文では something が用いられる 《☞ something [代] 1 [語法] (1)》. (2) nothing を修飾する形容詞はその後へ置く 《☞ attributive use [文法] (2) (i), something [代] 1 [語法] (2), anything [代] 1 [語法] (2), everything [代] 1 [語法] (2)》:

[言い換え] I know ～ about it. (=I don't know anything about it). 私はそのことについて(全く)何も知りません 《★ I don't know ～ about it. は 《非標準》》 / *N*～ happened. 何事も起こらなかった / There *is* ～ *interesting* in the newspaper. 新聞には何もおもしろいことは載っていない / I have heard ～ *else* from him yet. 彼からはまだそのほかには何の便りもない 《☞ else [形]》 / *N*～ ventured, ～ gained. 《ことわざ》 冒険をしなければ何も得られない(虎穴(こけつ)に入らずんば虎子を得ず). / "What's the food like at the company cafeteria?" "*N*～ special."「社内食堂の食事はどうだい?」「どうってことない[あまりよくない]ね」

リスニング
nothing の後に母音で始まる語が続くと, その母音と nothing の語末の /ŋ/ とが結合して「ガ゜」行 《☞ つづり字と発音解説 64》 の音のように聞こえる. nothing else /nʌ́θɪŋéls/ は「ナスィンゲ゜ウス」, make nothing of it /mèɪknʌ́θɪŋəvɪt/ は「メイクナスィンガ゜ヴィト」のように聞こえる.「ナッスィング·エルス」,「メイク·ナッスィング·アヴ·イット」とは発音しない.

2 大した[面白い]もの[こと]は何も…ない 《☞ [名] 3》: There's ～ (in particular) on television this evening. 今夜テレビには(特に)これといった番組がない / [会話] "What's the matter?" "It's ～. I just felt a bit dizzy."「どうしたの」「いや大したことないよ[なんでもないよ]. ちょっと目まいがしただけだ」 [語源] 古(期)英語で no+thing.

àlmost nóthing [代] ほとんど何もない.

be nóthing compáred to ... [動] [他] (物事·人が) …とは比べものにならない: Our problems *are* ～ *compared to* hers. 私たちの問題なんて彼女のと比べると取るに足らない.

be nóthing shórt of ... [動] [自] まさしく…である.

be nóthing to ... [動] [他] (1) …には何でもない, …に関係がない; (人が)どうでもいい存在である: The rumor *was* ～ *to* him. そのうわさを彼は何とも感じなかった. (2) =be nothing compared to .... (3) =mean nothing to ... (1).

be nóthing to dò with ... [動] [他] …と関係がない.

còme to nóthing [動] [自] むだになる, 失敗に終わる.

dò nóthing but dó [動] …するだけだ, …してばかりいる: He *did* ～ *but* read newspapers. 彼はただ新聞を読むだけで何もしなかった.

for nóthing [副] (1) ただで (free); ただ同然で: I got it *for* ～. 私はただでそれを手に入れた. (2) むだに: He did not visit America *for* ～. 彼がアメリカへ行ったのはむだではなかった. (3) [しばしば not for nothing として] これといった理由なしに: It was *not for* ～ that she was at the top of the class. 彼女がクラスで一番になったのもはっきりと理由があってのことだ.

hàve nóthing ón [動] [自] (1) 何も着ていない, 何も身につけていない 《☞ have on (have[1] の句動詞) 1》. (2) 《略式》 何の予定[約束]もない 《☞ have on (have[1] の句動詞) 3》. (3) ☞ have nothing on ... (have[1] 成句).

hàve nóthing to dò with ... ☞ have[1] 成句.

It's [It was] nóthing. (1) Ⓢ 《丁寧》 [礼に対する返事として] どういたしまして. (2) どうってことないよ.

màke nóthing of ... [動] [他] (1) [can を伴って] …を理解しない: I listened carefully but *could make* ～ *of* what the speaker said. 私は注意して聞いたが講演者の言うことは全くわからなかった. (2) …を何とも思わない; (…すること)が平気である: He spilled coffee on her skirt, but she *made* ～ *of* it. 彼は彼女のスカートにコーヒーをこぼしてしまったが, 彼女は少しも大騒ぎしなかった.

méan nóthing to ... [動] [他] (1) …にとって何の意味ももたない; …には理解できない. (2) =be nothing to ... (1).

nèxt to nóthing [代] =almost nothing 《☞ next to [副]》.

nóthing but ... [副] 《格式》 ただ…だけ (only): I have ～ to offer *but* blood, toil, tears and sweat. 私が提供できるのは血と苦労と涙と汗のみであります 《英国の政治家チャーチル (Churchill) の第二次大戦中の議会でのことば》. [語法] 次の文のように but の代わりに except が使われることもある: In this world ～ can be said to be certain, *except* death and taxes. この世で確かなものと言えるのは死と税金だけなのだ 《米国の著述家フランクリン (Franklin) のことば》.

nóthing dóing [感] Ⓢ 《略式》 (1) 絶対いやだ, だめだ, ありえない. (2) 効果[見込み]がない.

nóthing if nòt ... [副] [形容詞·名詞を伴って] まぎれもなく…, とても…: She's ～ *if not* patient. 彼女は全くもって辛抱強い.

nóthing múch ☞ much [形] 成句.

nóthing of ... 《格式》 少しも…ではない: There is ～ *of* the banker in his bearing. 彼の態度には銀行家らしいところが全くない.

nóthing of the kínd [《主に英》 **sórt**] [代] Ⓢ (予想·評判と)全く違うもの[こと, 人]; 絶対できない[やってはいけない]こと; [否定的な返答として] とんでもない, (いいえ)全然: [会話] "Can I go out tonight?" "You'll do ～ *of the kind* [*sort*]."「今夜出かけてもいい」「(そんなこと)いけませんったら」

there is nòthing (èlse) fór it but to dó 《英》 …するよりしかたがない: With the car stolen, *there was* ～ *for it but to* walk. 車を盗まれ, 歩くしかなかった.

(there is) nóthing 'in it [in ...] (1) それ[…]は何の根拠もない, 本当じゃない: *There is* ～ *in* what she said. 彼女の言ったことはまるっきりでたらめだ. (2) それ[…]はわけないことだ.

there is nóthing lìke ... Ⓢ 《略式》 …に及ぶものはない: *There is* ～ *like* fresh air. 新鮮な空気ほどよいものはない.

(there is) nóthing 'tó it [to ...] (1) Ⓢ それ[…]は全然むずかしくない, わけないことだ. (2) それ[…]は本当じゃない.

thìnk nóthing of ... ☞ think 成句.

to sày nóthing of ... ☞ say 成句.
wànt nóthing to dó with ... [動] [他] …とかかわりたくない，…とかかわりたがらない.
— [副] 少しも…でない，決して…でない (not at all): I care ～ for the news. その知らせなんか何ともない.
nòthing léss than ... ☞ less[1] [副] 成句. **nóthing lìke ...** (1) …に少しも似ていない: He looks ～ *like* a doctor. 彼は医者のようには全然見えない. (2) …(するもの)にほど遠い: Life at this college is ～ *like* I expected. この大学での生活は全く期待外れだ.
nóthing lìke [nèar] as [so] ... as — 《英》とても—ほど…ではない: The team played ～ *like as* well *as* they played today. そのチームはきょうほどよくプレーしたことは全くなかった.
— [名] **1** [U] 無，無価値: Can we create something out of ～? 無から有を作り出すことができるだろうか.
2 [U] ゼロ (☞ zero [語法] (2)); 《米》(競技の得点の)ゼロ，零点 (《英》 nil): The Yankees won the game 6–0 [six (to) ～]. ヤンキーズはその試合に 6 対 0 で勝った. [語法] 年号の 1900 は nìnetèen húndred と読む (☞ cardinal number [文法] (5)). **3** [U,C] [普通は単数形で] つまらないもの[こと]; 取るに足らない人[金額]: A fight started about [over] ～ between them. 彼らの間でつまらないことをめぐってけんかが始まった. [関連] something 重要なもの[人].
nóth·ing·ness [名] [U] 無，空虚; 存在しないこと; 死; 無価値.

***no·tice** /nóuṭɪs/ [T1]

> 元は「知らされること」の意から,
> →「通知」[名] **2**,「掲示」[名] **1** →「…に気がつく」[他] **1**
> →「注意」[名] **3** →「…に注意する」[他] **2**

— [動] (**no·tic·es** /～ɪz/; **no·ticed** /～t/; **no·tic·ing**) [進行形なし] [他] **1** (見て)〈…〉に**気がつく** (perceive), 〈…〉を見つける，認める; 〈…ということ〉がわかる: He ～*d* me [the noise]. 彼は私[物音]に気がついた / She ～*d* (*that*) a green sedan was following her car. <V+O ((*that*) 節)> 彼女は緑色のセダンが自分の車の後をついてくるのに気づいた / I did not ～ *how* she was dressed. <V+O (*wh* 節)> 私は彼女がどんな服装をしているのか気づかなかった / We ～*d* the man *enter* her room. <V+O+C (原形)> わたしたちはその男が彼女の部屋に入るのを見た. [語法] 上の文を受身の文にすると次のように原形の代わりに to 不定詞を用いて The man *was noticed to* enter her room. となるがむしろ The man was *noticed* entering her room. の方が普通 // I ～*d* her hands shak*ing*. <V+O+C (現分)> 私は彼女の手が震えているのを見てとった.
2 [しばしば受身で] 〈…〉に**注意する**，注目する: The boy dyed his hair because he wanted to be ～*d*. その少年は注目されたくて髪を染めた. — [自] [進行形なし] 気がつく，注意を払う.
— [名] (**no·tic·es** /～ɪz/) **1** [C] **掲示**，お知らせ，告示，公告，はり紙: They posted [put up] a ～ of the baseball game on the wall. 彼らは野球の試合のビラを塀にはった.
2 [C] **通知**，通告; 通知状: a ～ *about* a change in bus schedules バス運行予定の変更についての通知 / The president issued a ～ *that* every member was to attend the next meeting. <N+*that* 節> 会長は次の会合に全員出席されたいという通知を出した.
3 [U] **注意**，注目，人目を引くこと (attention): attract ～ 注意[人目]を引く / deserve [be worthy of] ～ 注目に値する / I hope my mistake will escape his ～. 私の誤りが彼の目に留まらなければよいが.
4 [U] (解雇・退職・解約などの)**予告**，通告，辞表; 警告: They gave their maid ⌈two weeks' [a week's] ～. 彼らはお手伝いさんに 2 週[1 週]間後に解雇することを前もって知らせた / The family received two months' ～ *to* quit the premises. <N+*to* 不定詞> 一家は 2 か月後には家を立ち退くようにという通知を受けた. **5** [C] [普通は複数形で] (新聞などの本・劇の)批評 (review).
at a móment's nótice [副] すぐに，直ちに.
at shórt nótice [T3] [副] 《主に英》 =on short notice.
benèath ...'s nótice [形] 《格式》 …にとって注目する[取る]に足らない.
bríng ... to —'s nótice [動] [他] 《格式》〈…〉に—の目を向けさせる，〈…〉を—に指摘する，—が〈…〉に注目する[気づく]ようにさせる: His lecture has *brought* this fact *to our* ～. 彼の講演で我々はこのことに気づいた.
cóme to ...'s nótice [動] 《格式》 (物事が)…の注意を引く，…の目にとまる，…に注目される.
gíve [hánd ín one's] nótice [動] [自] 退職する旨申し出る; 辞表を出す.
gìve [《格式》 sérve] nótice of ... [動] [他] …を通知する，…を知らせる.
gìve [《格式》 sérve] nótice that ... [動] …ということを知らせる.
on shórt nótice [副] 《主に米》 知らされてすぐに.
sìt úp and tàke nótice [動] [自] 《略式》 はっと身を乗り出して注目する，目をみはる.
tàke nótice of ... [動] [しばしば否定文で] (警告・忠告など)に注意する，…を心に留める: He *took no* [*little*] ～ *of* my advice. 彼は私の忠告を少しも[あまり]心に留めなかった. [語法] notice is taken of ... および ... is taken notice of の形で受身にできる.
tàke nótice that ... [動] …ということに注意する，…ということを心に留める.
untìl fúrther nótice [副] 追って通知があるまで，当分の間: The store is closed *until further* ～. 当店は追ってお知らせするまで閉店します.
withòut nótice [T2] [副] 無断で，断わりなしに: be absent from work *without* ～ 無断欠勤する.
***no·tice·a·ble** /nóuṭɪsəbl/ [形] 目立った，人目を引く，顕著な; 注目すべき (remarkable) (*in, to*): There are ～ differences between the two. 両者には著しい違いがある. **-a·bly** /-səbli/ [副] 目立って，著しく.
nótice bòard [名] [C] 《英》 =bulletin board.
no·ti·fi·a·ble /nóuṭəfàɪəbl, nòutəfáɪ-/ [形] 《格式》 (伝染病・犯罪などが)届け出義務のある.
+no·ti·fi·ca·tion /nòuṭəfɪkéɪʃən/ [名] 《格式》 **1** [U,C] 通知，告示 (*of*; *that*). **2** [C] 通知書，届け (*of*).
+no·ti·fy /nóuṭəfàɪ/ [T1] [動] (**-ti·fies**; **-ti·fied**; **-fy·ing**) [他] 《格式》 (正式に)〈…〉に通知する，通報する，届け出る: ～ the police at once すぐ警察に通報する / I will ～ you *of* the arrival of the goods. 品物が到着しましたらご連絡いたします / We have not been *notified that* they have changed their address. 私たちは彼らの住所の変更を知らされていない.
no·tion** /nóuʃən/ [T2] [名] (～**s** /～z/; [形] nótional) **1** [C] 考え，観念; 概念 (☞ idea 類義語); 見解，意見 (*of*): a strange ～ 妙な考え / He had a ～ ***that she was very angry with him. <N+*that* 節> 彼は彼女が自分のことをとても怒っていると考えていた. **2** [C] 《古風》 (ふとした)思いつき，気まぐれな考え[願望]; 意図，…しようという考え (intention): I had [got] (half) a ～ *to* say what I had seen. 私の見たことを話そうかなとふと思った(がやめた). **3** [複数形で] 《米》 小間物 《ピン・ボタン・リボンなど》 (《英》 fancy goods). **hàve nó nótion (of) ...** = **nót hàve the fáintest [slíghtest, váguest, fóggiest] nótion (of) ...** [動] [他] (1) …が少しも[さっぱり]わからない: I*'ve no* ～ (*of*) what

she wants. 彼女が何を欲しがっているのか私にはさっぱりわからない. (2) …する考え[気持ち]はない: We have no ~ of attacking him. 彼を攻撃する気持ちはない.

no·tion·al /nóʊʃ(ə)nəl/ 形 (名 nótion) **1** 《格式》観念的な, 観念上の; 抽象的な. **2** 《格式》想像上の; 架空の. **3** 《言》概念を表わす; 意味上の. ~·ly /-nəli/ 副 観念的には, 観念[概念]上は.

no·to·ri·e·ty /nòʊtəráɪəti/ 名 形 notórious) U [けなして] 悪い評判, 悪名(高いこと) (for, as): gain ~ (悪いことで)有名になる.

*no·to·ri·ous /noʊtɔ́ːriəs/ [13] 形 (名 nòtoríety) [けなして] 悪名高い, 有名な, 名うての (as) (⇨ famous 類義語): Our town is ~ for its muddy roads. <A+ for+名・代> 私たちの町は泥んこ道で有名だ. ~·ly 副 悪評高く, 悪名が知れわたるほど(…)で.

No·tre Dame /nòʊtrədɑ́ːm | -trə-/ 名 固 ノートルダム (Paris にある初期ゴシック様式の大聖堂).

Not·ting·ham /nátɪŋəm | nɔ́t-/ 名 固 ノッティンガム (England 中部の都市).

Nót·ting Hìll Cárnival /nátɪŋ- | nɔ́t-/ 名 固 [the ~] ノッティングヒルカーニバル (London 西部の Notting Hill 近辺で 8 月に開催されるカーニバル).

†**not·with·stand·ing** /nɑ̀twɪθstǽndɪŋ, -wɪð- | nɔ̀t-/ 《格式》前 …にもかかわらず (in spite of): The group set out, ~ the teachers' advice [the teachers' advice ~]. 教師たちの忠告にもかかわらず一行は出発した. 語法 前置詞であるがしばしば付く語句の後に置かれる. ── 副 つなぎ語に それにもかかわらず (nevertheless).

Nouak·chott /nwɑ́ːkʃɑt, nwɑ́ːk- | nuɑ́ːkʃɔt, nùːækʃɔ́t/ 名 固 ヌアコット (Mauritania の首都).

nou·gat /núːɡət | -ɡɑː/ 名 (**nou·gats** /-ɡəts -ɡɑːz/) U ヌガー (あめ菓子).

†**nought** /nɔ́ːt/ 名 **1** CU 《主に英》ゼロ, 零(の数字) (⇨ zero 語法). **2** U 《古語》無 (nothing).

nóughts and crósses 名 U 《英》= ticktacktoe.

*noun /náʊn/ 名 (~s /-z/; 形 nóminal 3) C 《文法》名詞 (略 n.; ⇨ countable 文法, uncountable 文法): a ~ equivalent 名詞相当語句 (⇨ nominal 文法). 由来 ラテン語で「名前, 名詞」の意; nominal と同語源.

文法 名詞
8 品詞の 1 つで, 人・動物・事物を表わす語. 形の上からの特徴は, 単数・複数という数の区別があること, the girl's doll の girl's のように所有格をつくりうること, 形の上から言えば文の主語, 動詞や前置詞の目的語・補語になりうること, a, an, または the という冠詞を伴うことができることなどである. この辞書では 名, [名] と示す.
名詞は用法の上からトで 2 つに分けられる 可算名詞 《⇨ countable 文法》と不可算名詞 《⇨ uncountable 文法》 とに分けられ, また意味の上からさらに普通名詞 《⇨ common noun 文法》・固有名詞 《⇨ proper noun 文法》・集合名詞 《⇨ collective noun 文法》・抽象名詞 《⇨ abstract noun 文法》・物質名詞 《⇨ material noun 文法》の 5 種類に分けられる.
参考 この辞書の名詞型の指示では N で表わされる 《⇨ 名詞型解説(巻末)》

nóun clàuse 名 C 《文法》名詞節.

文法 名詞節
文中で主語・目的語・補語となる節をいう. that, whether, if などの接続詞や what, where, why, how などの疑問詞, 関係代名詞の what または関係副詞の where, how, why などの導かれるのが普通: That she was here is true. 彼女がここに来たことは本当だ / What I need is your help. 私が必要としているのはあなたの助けだ [主語]

// I know that you don't like him. あなたが彼を嫌いなことは知っている / She asked me who the kind man was. 彼女は私にその親切な男はだれかと聞いた [目的語] // The trouble was that she did not love him. 困ったことに彼女は彼を愛していなかった / This is where I used to live in my school days. ここが私が学生時代に住んでいた所です [補語].
名詞節が疑問副詞に導かれる場合, 語順は平叙文と変わらない (⇨ word order 文法 (2) (ii) (a)): He asked me where I lived. 彼は私がどこに住んでいるかと聞いた / Whether it is true is the problem. 真偽が問題だ.

nóun infìnitive 名 C 《文法》名詞的不定詞 《名詞の働きをする to 不定詞; ⇨ to³ A》.

nóun phràse 名 C 《文法》名詞句.

文法 名詞句
名詞の働きをする句をいう. to 不定詞や動名詞に導かれるものが普通で, 文中で主語・目的語・補語となる.
(1) 主語になる場合: To teach a foreign language is not easy. = It is not easy to teach a foreign language. 外国語を教えることは決して易しいことではない [後者の it は形式主語で, to 以下は意味上の主語] // Playing tennis is great fun. テニスをするのはとてもおもしろい [動名詞句].
(2) 動詞の目的語になる場合: I like to swim in the river. 私は川で泳ぐのが好きだ / Do you know how to open this box? あなたはこの箱の開け方を知っていますか [不定詞句] // You should stop finding fault with others. 他人のあら探しをやめるべきだ [動名詞句].
(3) 補語になる場合: The only thing I can do now is (to) do my best. 今私にできることは最善を尽くすことしかない [不定詞句] // A good kind of exercise in summer is swimming in the sea. 夏のよい運動は海で泳ぐことだ [動名詞句].

†**nour·ish** /nə́ːrɪʃ | nʌ́r-/ [13] 動 (名 nóurishment) 他 **1** 〈…〉を養う, 〈…〉に栄養を与える; 育てる, はぐくむ, 培(??)う (on, with) (⇨ nurse 類語): Milk ~es a baby. 牛乳は赤ん坊の栄養となる. **2** 《格式》〈望み・怒り・恨みなど〉を抱く; はぐくむ, 強くする.

nour·ish·ing /nə́ːrɪʃɪŋ | nʌ́r-/ 形 栄養になる, 栄養分の多い.

†**nour·ish·ment** /nə́ːrɪʃmənt | nʌ́r-/ 名 (動 nóurish) U (格式) **1** 栄養物, 食物; (精神的な)糧(??). **2** 養育, 栄養状態.

nous /núːs | náʊs/ 名 U 《英略式》常識, (日常生活上の)知恵 (to do).

nou·veau /nuːvóʊ | nùːvoʊ/ 形 **1** [滑稽または軽蔑] 新しく(…)になった, 新参の. **2** 現代的な, 流行の.

nou·veau riche /núːvʊəriːʃ/ 《フランス語から》[軽蔑] 名 (複 **nou·veaux riches** /núːvʊəriːʃ/) C (普通は複数形で) (にわか)成金. ── 形 (にわか)成金の.

nou·velle cui·sine /nuːvélkwɪziːn/ 《フランス語から》名 U ヌーベルキュイジーヌ 《素材の持ち味を生かす, フランスに発する独創的な料理法》.

*Nov. 略 11 月 (November).

no·va /nóʊvə/ 名 (複 ~s, **no·vae** /nóʊviː/) C 《天》新星.

No·va Sco·tia /nòʊvəskóʊʃə/ 名 固 ノバスコシア (カナダ南東の半島, 州を成す; ⇨ 北米 地図 J 3).

*nov·el¹ /nɑ́v(ə)l | nɔ́v-/ 名 (~s /-z/; 形 nóvelize) C (長編)小説 (⇨ story¹ 類義語): a popular ~ 大衆小説 / a historical [modern] ~ 歴史[現代]小説 / read a long ~ by Dickens ディケンズの長編小説を読む. 語源 novel² から「新しい話」の意となった.

novel

*nov·el[2] /nάv(ə)l | nɔ́v-/ 形 (nóvelty) [しばしば〜ly] 目新しい (new); 独創的な: a 〜 proposal 目新しい提案 / a dress of 〜 design 斬新(ざん)なデザインの服.

nov·el·ette /nὰvəlét | nɔ̀v-/ 名 [しばしば軽蔑] 短[中]編小説, (軽い)恋愛[ロマンス]小説.

nóvel fòod 名 C,U 遺伝子組み替え食品 (特に公文書中で); ☞ GM food).

*nov·el·ist /nάv(ə)lɪst | nɔ́v-/ 13 名 (-el·ists /-lɪsts/) C 小説家.

nov·el·is·tic /nὰvəlístɪk | nɔ̀v-‿/ 形 (格式)小説的な, 小説で(よく)使われる.

nov·el·i·za·tion /nὰvəlɪzéɪʃən | nɔ̀vəlaɪz-/ 名 C 小説化 (ヒットした映画などを小説にして出版すること).

nov·el·ize /nάvəlàɪz | nɔ́v-/ 動 (名 nóvel[1]) 他 ⟨...⟩を小説化する, ⟨映画の脚本など⟩を小説にまとめる.

no·vel·la /nouvélə/ 名 (〜s, no·vel·le /-li:/) C 中編小説.

†nov·el·ty /nάv(ə)lti | nɔ́v-/ 名 (-el·ties/形 nóvel[2]) 1 U 目新しいこと, 珍しさ, 新奇; [形容詞的に] もの珍しい: The 〜 of her music soon wore off. 彼女の音楽の目新しさはすぐに色あせてしまった. 2 C 目新しい物[事, 経験]. 3 C [しばしば複数形で] 目先の変わった品物[商品] ⟨おもちゃ・装飾品など⟩.

*No·vem·ber /nouvémbə, nə- | -bə/ 名 (〜s /-z/) U,C 11月 《略 Nov.; ☞ month 表および 金囲 の囲み》: The cold north winds begin to blow in 〜. 11月になると冷たい北風が吹き始める / I was born on 「〜 19 [(英) 19th 〜], 1964. 私は1964年の11月19日に生まれた (年月日の読み方については ☞ cardinal number 文法 (5), date[1] 名 [語法](1)).

*nov·ice /nάvɪs/ 名 (nov·ic·es /-ɪz/) C 1 初心者, 初学者 (beginner): a 〜 cook 新米のコック / a complete 〜 at [in] golf 全くのゴルフ初心者[しろうとゴルファー]. 2 見習い僧[尼]. 3 [競馬] 大レースで勝ったことのない馬.

no·vi·ti·ate, (主に英) no·vi·ci·ate /nouvíʃiət, -ʃièɪt/ 名 C [宗] (特に僧・尼の)見習い(期間); 修練者用宿舎.

No·vo·cain /nóuvəkèɪn/ 名 U (米) ノボカイン ⟨歯の治療などに用いる局所麻酔薬塩酸プロカイン; 商標⟩.

*now /náʊ/

① 今, 今すぐ; 現在	副 1, 2; 名
② さて	副 6
③ そのとき	副 5
④ 今はもう...であるから	接

―― 副 1 今, 現在; たった今 ⟨☞ just now (成句), then 副 1⟩): I'm busy 〜. 今(は)忙しい / I am writing a letter 〜. 手紙を書いている / It's too late 〜. 今となっては遅すぎる / He doesn't smoke 〜. 彼は今はたばこをやめている. [語法] 間接話法では now が then などに変わることがある ⟨☞ narration 文法 (1)(v)⟩ // "Can I play outside?" "Not 〜, it's nearly time for lunch." "外で遊んでもいい?" 「今はだめ, もうお昼だから」 2 今すぐ, 直(ただ)ちに (at once): Go (and) get it 〜. すぐ買いに[取りに]行ってちょうだい / Will you get out 〜? 今すぐ出ていってください. 3 (ある事の起こった結果)今では, それだから: She did not turn up. N〜 we have to start without her. 彼女は来なかった. こうなったら私たちだけで出発しなければならない. 4 [時間を示す語句の後に用いて] 現在から数えて, 今, もう, 今までに: We've been waiting for him for an hour 〜. 我々はもう1時間も彼を待っている / It is 〜 twenty years since he died. 彼が亡くなってから20年になる. 5 そのとき, 今や (then) ⟨物語の中などで過去形とともに用いる⟩: He was 〜 a national hero. 彼は今や国民的英雄になった / The reason 〜 became quite clear. 理由は今や完全に明らかになった. 6 S [感嘆詞的に] さて, ところで, さあ, そら ⟨話題や気分を変えたり, 注意を促したり, 命令や依頼を親しみをこめて強調したり, 次に話すことを考える間をつないだりするときに用いる⟩: N〜, this country girl was really a princess. さて, このいなか娘は実は王女だったのです / N〜, where did I leave my briefcase? さて, どこにブリーフケースを置いたかな / N〜 let me see. さて, ええと. 7 (一連の迷惑などのあげくにいらだちを示して) 今度は: What is it 〜? S 今度は何なの.

and nów [副] (1) [司会者などが人や物の紹介に用いて] さて次は. (2) [質問で] で, 現在は(どうなの).

ány móment [mínute, sécond, tíme] nòw [副] 今すぐにでも, いつなんどきでも.

cóme [còme ón] nòw [感] さあさあ; これこれ; まあまあ ⟨催促・非難あるいはなだめる気持ちを表わす⟩.

èven nów [副] S (1) 今でさえ: Even 〜 she won't speak to me. 今でも彼女は私に口をきいてくれない. (2) [進行形とともに] (格式) ちょうど[まさに]今.

(èvery) nów and thén [agáin] [副] 時々: I visit my uncle in the country (every) 〜 and then [again]. 私は時々いなかのおじを訪ねる.

jùst nów [副] S (1) [主に過去時制とともに] ちょっと前に, つい先ほど: I arrived just 〜. =I just 〜 arrived. 今しがた着いたばかりです. [語法] 特に (米) では現在完了形とともに用いることもある; I have just 〜 arrived. (2) [現在時制・現在進行形とともに] (主に英) ちょうど今, 今は (right now): I am very busy just 〜. 今はとても忙しい.

nòt nów [副] S (依頼に対して)今はだめ.

nów and forèver [副] 今からずっと.

nów for... [副] S (1) [つなぎ語] さあ...にしよう: N〜 for a nice cool drink. さあ冷たいのを1杯飲もう. (2) 次の話題に移ろう: And 〜 for some sports news. ⟨テレビなどで⟩ さて(今度)[次]はスポーツの話題です.

Nów I knów. S ⟨ああそれで⟩ようやくわかった.

Nów, now! [感] S (古風) よしよし, いいのいいの ⟨相手を慰めるときのことば⟩; これこれ, おいおい, まあまあ ⟨注意・警告を示すことば⟩.

nów..., nów... [文] 時には...また時には....

nòw or néver [副] 今こそ...今を逃したら...はない: Don't hesitate! It's 〜 or never. ためらうな, やるなら今しかない.

nów thèn [感] S (1) [相手に注意を促すときに用いて]さてそこで, さて; おいおい, さあさあ: N〜 then, let's start, shall we? さて出かけようか. (2) [次の発言・行動を考える合間に用いて] さてと.

right nów [副] (1) S 現在, ただ今: The boss is out right 〜. 所長はただ今外出中です. (2) [しばしば will とともに] 今すぐ, すぐに: I will do it right 〜. 今すぐやります / I have to go home right 〜. すぐに家へ帰らなくちゃ.

wéll nòw [副] S [意見を述べたり, 質問をするのに用いて] さてと, それで.

―― 接 [しばしば 〜 that として] 今はもう...であるから, ...となった今(以上)は: N〜 (that) you have a fine computer, you should make the best use of it. いいコンピューターを持っているのだから十分に利用しなさい.

―― 名 U 今, 現在, 目下: N〜's the time to do what we promised. S 今こそ約束を果たす時だ.

às of nów [副] (1) 今から, これからは: As of 〜, you are in charge of this office. これからはあなたがこの事務所の責任者です. (2) 現在のところ.

às from nów [副] 今から.

by nów = befòre nów [副] (多分)現在までには, (多分)今はもう ⟨完了・終了などを表わす⟩: She will be in

Paris *by* ~. 彼女は今ごろはもうパリに着いているだろう / The workmen will have finished their job *by* ~. 今ごろは職人たちは仕事を終えているだろう.
for nów [副] 今のところ(は), さしあたり, とりあえず(は): That's enough *for* ~. 今回はこれで十分です / Goodbye *for* ~. じゃあまたね.
from nów [副] 今から, 今後: six months *from* ~ 今から6か月後.
from nów ón [副] これからは, 今後は: You must be more honest *from* ~ *on*. これからはもっと正直になりなさい.
until [till, ùp to] nów [副] 今までは(継続を表わす): *Until* [*Till*, *Up to*] ~ I have been thinking only of passing the examination. 私は今までは試験に通ることばかり考えてきた.
NOW /náu/ [略] [the ~] =National Organization for Women 全米女性機構《女性解放運動組織》.
Nów accòunt /náu-/ [略] =Negotiable Order of Withdrawal account《米》小切手当座預金口座《小切手が切れて利息もつく》.
*__now·a·days__ /náuədèiz/ [13] [副] (以前に比べて)このごろは, 現今では: *N*~ traffic accidents are increasing (in number). 最近は交通事故が増えている / Kids ~ have a lot more money. 最近の子供は(昔より)ずっと金持ちだ. [語法] 現在(進行)形の動詞とともに用いる ([☞] lately [語法], recently [語法]).
no·way /nóuwèi, nòuwéi/ [S] (略式) [副] [普通 no way として] 少しも, 決して…でない[しない]: there's ~ … 絶対に…でない. — [感] 絶対だめ, いやだ: *N*~, Jose [José]! /nòuwéi houzéi/ (略式) [滑稽] だーめ 《韻とリズムを使った語呂合わせ》.
*__no·where__ /nóu(h)wèə | -wèə/ **1** どこにも…ない (not anywhere) ([☞] negation [文法]; everywhere 1 [語法]): I could find the book ~. その本はどこにも見つからなかった. [語法] (略式) では I couldn't find the book *anywhere*. と言う方が普通 // The book [child] is ~ to be found [to be seen, in sight]. その本[子供]はどこにも見当たらない / He has gone ~ *else* for the past ten months. 彼はこの10か月間他にはどこにも行ってない ([☞] else [形]). [語法] 名詞的に用いることもある: [言い換え] There was ~ for her to go. =She had ~ to go. 彼女には行くところがなかった // "Where are we going?" "*N*~ special [in particular]." 「どこへ行くの」「特に[別に]どこへも(行かないよ)」.
2 どうってことのない所に: "Where have you been all this while?" "*N*~." 「ずっとどこに行ってたの」「別に」. **3** (略式)(レースなどで)等外に.
be [còme (ín)] nówhere [動] (自) (略式)(試合などに)出ない; 負ける. **from (òut of) nówhere** [副] どこからともなく; (無名の人などが)突然; だしぬけに. **gèt [gó, héad, léad] nówhere (fást)** [動] (自) (1) どこにも達しない. (2) [しばしば進行形で] (略式)(人が)(…で)何の成果も上げない, 成功しない (with, in); (事が)何の成果も上げない, 何にもならない ([☞] get somewhere (somewhere 成句), get anywhere (anywhere 成句). **gèt [léad] … nówhere** [動] (他) [しばしば進行形で] (略式)〈人〉の役に立たない. **in the míddle of nówhere** [副] (略式) ひどくへんぴな[人里離れた]所に[で]. **nówhere néar** [副] …にはほど遠い; 全く…でない (far from): The project was ~ *near* finished. その計画は全く完成していない. **òut of nówhere** [副] =from nowhere. **táke … nówhere** [動] (他) = get [lead] … nowhere.
nó-wín [形] [A] 勝つ[成功する]見込みのない: a ~ situation プラスになる見込みのない状況.
no·wise /nóuwàiz/ [副] (古語) 少しも…ない.
nowt /náut/ [代] 《英方言・略式》=nothing.

nox·ious /nákʃəs | nɔ́k-/ [形] [普通は A] (格式)(ガス・物質などが)有害な, 有毒な; (物事・人が)いやな, 不愉快な.
*__noz·zle__ /názl | nɔ́zl/ [名] [C] ノズル; 吹き出し, 吹出口, 管先, (きゅうすの)口.

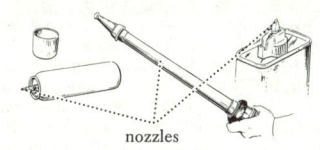

nozzles

NPO /énpì:óu/ [13] [略] =nonprofit organization ([☞] nonprofit 1).
NPR /énpì:á:ɹ | -á:/ [略] =National Public Radio 全米公共ラジオ放送《非営利》.
NPT /énpì:tí:/ [略] =nonproliferation treaty ([☞] nonproliferation).
nr [略] 《英》near《村の住所表記などに用いる》.
NR [略] =Not Rated《映画の》視聴年齢制限未表示《古い作品または米国内未公開のものに付される; 通常17歳未満は視聴できない》.
NRA /énə̀əéɪ | -á:(r)-/ [略] [the ~] =《米》National Rifle Association; 《英》National Rivers Authority 全国河川管理局.
NRC /énə̀ə̀sí: | -à:-/ [略] =Nuclear Regulatory Commission《米国の》原子力規制委員会.
NSA [略] 《米》=National Security Agency 国家安全保障局.
NSB /énèsbí:/ [略] 《英》=National Savings Bank 国民貯蓄銀行.
NSC /énèssí:/ [略] [the ~] 《米》=National Security Council 国家安全保障会議.
NSF /énèséf/ [略] =not sufficient funds 〔商〕(小切手などが)不渡りで, 資金不足で.
NSPCA /énèspì:sì:éɪ/ [略] [the ~] 《米》=National Society for the Prevention of Cruelty to Animals 全米動物虐待防止協会.
NSPCC /énèspì:sì:sí:/ [略] [the ~] 《英》=National Society for the Prevention of Cruelty to Children 全国児童虐待防止協会.
NSU /énèsjú:/ [略] =nonspecific urethritis 非特異性尿道炎.
N.S.W. [略] =New South Wales.
NT /éntí:/ [略] =National Trust, New Testament, Northern Territory.
*__-n't__ /nt/ (文法) **not** の短縮形 ([☞] contracted form [文法], not (1) (ii) [語法]).
nth /énθ/ [形] [A] **1** [数] n 番目の; n 倍の; n 次の. **2** (略式)(何度も繰り返されて)最後の, 何番目かわからないほどの: For the ~ time, I refuse to do it! 何度言われてもそれはお断わりだ. **to the ńth degrée** [副] (略式) ものすごく, 最高に. [由来] 数学の「n 乗まで」の意から.
Nth [略] =north.
NTT /éntì:tí:/ [名] 日本電信電話株式会社 (the Nippon Telegraph and Telephone Corporation の略).
nt. wt. [略] =net weight.
nu /n(j)ú: | njú:/ [名] [C] ニュー《ギリシャ語アルファベットの第13文字 *ν*, *N*; [☞] Greek alphabet 表》.
nu- /n(j)ú: | njú:/ [接頭]「新…(new)」の意《特に新形式の音楽や文化に関して用いる》.
*__nu·ance__ /n(j)ú:ɑ:ns | njú:ɑ:ns; njú:ɑ:ns, nju:-á:ns/ [名] [C,U] (色・音・調子・意味・感情などの)微妙な違い, 色合い, ニュアンス (*of*).

nuanced 1202

nu·anced /n(j)úːɑːnst, n(j)uːáːnst | njúáːnst/ 形 [普通はほめて] 微妙な違いのある.

nub /nʌb/ 名 **1** [the ~] [議論・問題などの]要点, 核心 (of). **2** Ⓒ 小さなかたまり, 食べ残し.

nu·bile /n(j)úːb(ə)l | njúːbaɪl/ 形 [普通は A] (格式)または(滑稽)(女性が)結婚適齢期の; 艶(っぽ)っぽい.

nu·buck /n(j)úːbʌk | njúː-/ 名 Ⓤ ヌバック革(靴などに使われる表面がざらざらした表面の革材).

***nu·cle·ar** /n(j)úːklɪə | njúːklɪə/ 13 形 (⇐ núcleus) [普通は A] **1** [比較なし] 核の, 原子力の; 核兵器の: a ~ bomb [test] 核爆弾[実験] / ~ reprocessing 核再処理 / ~ nonproliferation 核拡散防止. **2** (物理) 原子核の. 語法 1, 2 ともに現在では atomic よりは nuclear のほうが多く使われる. **gò núclear** 動 (自) 核保有国になる; (S) (主に英) 激怒する.

núclear capabílity 名 Ⓤ.Ⓒ 核保有能力.
núclear capácity 名 Ⓒ (一国の)核保有数.
núclear detérrence 名 Ⓤ 核抑止力.
núclear detérrent 名 Ⓒ 抑止力(としての核).
núclear disármament 名 Ⓤ 核軍縮.
núclear énergy 名 Ⓤ 原子力.
núclear facílity 名 Ⓒ 核施設.
núclear fámily 名 Ⓒ (社)核家族 (夫婦(とその子)だけの家族). 関連 extended family 拡大家族.
núclear físsion 名 Ⓤ 核分裂.
núclear-frée 形 [普通は A] 核(兵器)のない, 非核の: a ~ zone 非核地帯.
núclear fréeze 名 Ⓒ 核凍結.
núclear fúel 名 Ⓤ 核燃料.
núclear fúsion 名 Ⓤ [物理] 核融合.
núclear míssile 名 Ⓒ 核ミサイル.
núclear phýsics 名 Ⓤ [物理] 物理学.
núclear pówer 名 **1** =nuclear energy. **2** Ⓒ 核保有国.
núclear pówer plànt [stàtion] 名 Ⓒ 原子力発電所.
núclear reáction 名 Ⓒ [物理] 核反応.
***núclear reáctor** 名 Ⓒ 原子炉.
Núclear Régulatory Commìssion 名 [the ~] (米国の)原子力規制委員会(原子力発電所の安全を管理するアメリカの連邦政府機関; 略 NRC).
núclear umbrélla 名 Ⓒ 核の傘(核兵器による抑止力).
núclear wár 名 Ⓤ.Ⓒ 核戦争.
núclear wárfare 名 Ⓤ 核戦争.
núclear wárhead 名 Ⓒ 核弾頭.
núclear wáste 名 Ⓤ 核廃棄物.
núclear wéapon 名 Ⓒ 核兵器.
núclear wínter 名 Ⓒ 核の冬(核戦争の結果予想される世界的寒冷化現象).

nu·clé·ic ácid /n(j)uːklíːɪk-, nju:-/ 名 Ⓤ.Ⓒ (生化) 核酸 (細胞中の重要な生体高分子; DNA と ribonucleic acid がある.)

nu·cle·o·tide /n(j)úːklɪətàɪd | njúː-/ 名 Ⓒ (生化) ヌクレオチド(核酸を構成するもの, その4種類の塩基の組み合わせに遺伝情報が組み込まれている).

***nu·cle·us** /n(j)úːklɪəs | njúː-/ 名 (複 **nu·cle·i** /-klɪàɪ/, **~·es**; 形 núclear) Ⓒ **1** (物理) 原子核; (生) 細胞核. **2** [普通は the ~] 中核, 中核体, 中心点: They are the ~ of the team. 彼らはこのチームの中心だ. 語源 ラテン語で「小さな木の実」の意.

***nude** /n(j)úːd | njúːd/ 形 (nud·er; nud·est) **1** (特に美術などで) 裸体の, (☞ bare 類語語): ~ pictures ヌード写真. **2** A ヌーディストの. — 名 **1** Ⓒ (美術の)裸体, 裸体像, 裸の人(特に女性). **in the núde** [副・形] 裸体で.

***nudge** /nʌdʒ/ 動 他 **1** (注意などで)ひじ[腕, 肩]でそっとつつく; そっと押す, そっと押しながら進める; 促す (into, toward); [普通は進行形で] 〈ある数値に〉近づく. — 圓 [副詞(句)を伴って] そっと押しながら進む; [普通は進行形で] 〈ある数値に〉近づく (into). **núdge (one's wáy) through ...** 動 他 ...を押し分けて進む. — 名 Ⓒ (ひじなどでの)軽いひと突き.

nud·ie /n(j)úːdi | njúː-/ 名 《俗》 ヌード映画[写真など], ヌードもの. — 形 A ヌードものの.

nud·ism /n(j)úːdɪzm | njúː-/ 名 Ⓤ 裸体主義.

nud·ist /n(j)úːdɪst | njúː-/ 名 Ⓒ 裸体主義者: a ~ camp [colony] ヌーディスト村.

***nu·di·ty** /n(j)úːdəti | njúː-/ 名 Ⓤ 裸であること, 裸.

nud·nic(k) /núdnɪk/ 名 Ⓒ (米略式)厄介なやつ.

'nuff /nʌf/ 《俗》 =enough (くだけた発音通りに表記したもの).

nu·ga·to·ry /n(j)úːgətɔːri | njúːgətəri, -tri-/ 形 (格式) 価値のない; 無効の.

nug·get /nʌgɪt/ 名 Ⓒ **1** (天然の)金塊; (チキン・バターなどの)小さな塊; (滑稽)価値のあるもの[事柄]: ~s of information いくつかの有用な情報.

***nui·sance** /n(j)úːs(ə)ns | njúː-/ 13 名 (**nui·sanc·es** /-ɪz/) Ⓒ [普通は a ~] **1** 迷惑な行為; 不法妨害: a public ~ (法) 公的不法妨害; (騒音などの)公害(⇒ pollution 日英比較); 迷惑な人間 / The noise from the machines was a ~ to the public. その機械の騒音は一般の人には迷惑だった.

2 うるさいもの[人], やっかいなもの[人]: What a ~! (S) 何てことだ / It's such a ~ to have to change classrooms for each period. 毎時間教室を変わらなければならないのは実にやっかいだ / You're being a ~. 君のやってることは迷惑だ. 語源 ラテン語で「害する」の意. **Commìt nò núisance** (英) 小便無用(掲示); ごみ捨てるべからず(掲示). **màke a núisance of onesèlf** 動 (自) 人に迷惑をかける.

núisance vàlue 名 [Ⓤ または a ~] いやがらせるだけの価値[効果], 抑制[妨害]力.

NUJ /énjúːdʒéɪ/ 名 (英) =National Union of Journalists 全国ジャーナリスト組合.

nuke /n(j)úːk | njúːk/ (略式) 名 Ⓒ **1** 核兵器, 核爆弾. **2** 原子力発電所, 原発: No ~s! 原発[核兵器]反対! — 動 他 **1** 〈...〉を核(兵器)を使って攻撃する. **2** (主に米) 電子レンジで(食物を)調理する[暖める].

null /nʌl/ 形 **1** (格式) 無効の, 無益な (useless); (存在)価値のない. **2** A 値が空の: a ~ set 空集合. **núll and vóid** [形] P (法) 無効の.

núll hypóthesis 名 Ⓒ (統) 帰無仮説(2つのサンプルの差異を偶然によるものとする).

nul·li·fi·ca·tion /nʌləfɪkéɪʃən/ 名 Ⓤ (法) 無効, (格式)無価値にすること; 破棄, 取り消し.

nul·li·fy /nʌləfàɪ/ 動 (-li·fies; -li·fied; -fy·ing) 他 〈...〉を無効にする; (格式)無価値にする; 破棄する, 取り消す (cancel).

nul·li·ty /nʌləti/ 名 Ⓤ (法) (結婚などの)無効: a ~ suit 婚姻[債務]無効訴訟.

NUM /énjúːém/ 名 (英) =National Union of Mineworkers 全国鉱山労働者組合.

***numb** /nʌm/ 形 (**numb·er** /nʌmə | -mə/; **numb·est** /nʌmɪst/) 感覚のない; しびれた, かじかんだ; (ショックなどで)呆(ぼう)然とした: The swimmers were ~ with cold. 泳いでいる人たちは体が冷えて感覚がなくなっていた. — 動 他 [しばしば受身で] 〈...〉の感覚をなくする, しびれさせる, かじかませる (with); (ショックなどで)呆然とさせる: She was completely ~ed by her husband's death. 彼女は夫の死で呆然自失の状態になった.

***num·ber** /nʌmbə | -bə/ 名 (~s /-z/; 形 númerous, numérical) **1** Ⓒ 数: ~s from 1 to 10 1から10までの数 / an even [odd, enormous] ~ 偶[奇, すごい]数 / a high [low] ~ 大きい[小さい]数 / Choose any ~ between 3 and 8. 3か

ら 8 までのどの数でもいいから選びなさい / Seven is sometimes considered a lucky ～. 7 は時に運のよい数とされる. [関連] figure, numeral 数字. [参考] 数学で扱う数: natural number 自然数, integer 整数, rational [irrational, real, imaginary, complex] number 有理[無理, 実, 虚, 複素]数. ★ ☞ 次ページ表.
2 [C] (電話・部屋・家などの)**番号**; …番 (([略] No., no., n., 複数形は Nos., nos.; また ((主に米)) では数字の前に # の記号を用いて number と読むこともある; ☞ No.)); ((英)) (車の)登録番号: What's your seat ～? あなたの座席は何番ですか / Could you give me Mr. Smith's ～? スミスさんの電話番号を教えていただけますか / What ～ are you calling, please? 何番におかけですか ((電話交換手または間違い電話を受けた人のことば)).

> [会話] "Hello. Is this [((主に英)) that] Mr. Bird?" "No, you have the wrong ～." 「もしもし, バードさんですか」「いいえ, 番号違いです」((電話口で)).

> **number 2 のいろいろ**
> **cáll nùmber** ((米)) (図書館の)図書整理番号 / **códe nùmber** コード番号 / **emérgency nùmber** 緊急電話番号 / **hóuse nùmber** 戸番, 番地, 家屋番号 / **phóne nùmber** 電話番号 / **registrátion nùmber** (自動車の)登録番号 / **róom nùmber** 部屋番号 / **télephone nùmber** 電話番号 (☞ unlisted) / **úniform nùmber** (運動選手などの)背番号 / **wínning nùmber** 当籤(とうせん)番号

3 [単数形で] **数量, 総数** (☞ amount [名] [語法]): The ～ *of* boys in our class is twenty-five. うちのクラスの男子生徒の数は 25 人だ / The ～ *of* imported cars was large [small]. 輸入車の数は多かった[少なかった].
4 [the ～s として複数扱い] (売り上げ・業績などの)数字; 統計(資料). **5** [～s として単数または複数扱い] ((略式)) 算数: She is good [bad] at [with] ～*s*. 彼女は算数がよくできる[できない]. **6** [複数形で] 多数, 大勢; 出席[参加]者数: There are great ～*s* who believe the rumor. そのうわさを信じている人は大勢いる. **7** [C] 出し物, 曲目, 番組の一つ. **8** [単数形で普通は所有格を伴って] ((格式)) (人や物の)集団, 仲間, グループ: one of *our* ～ 我々の一人. **9** [C] ((英)) (雑誌の)号数, …号 (((米)) issue): a back ～ バックナンバー ((雑誌などの古い号)). **10** [C] [普通は a ～ として形容詞を伴って] ((略式)) 品物; (特に女性の)衣類, ドレス. **11** [the ～s (game) として単数扱い] ((米)) 数あて賭博(とばく); 「ナンバーズ」((くじの一種)). **12** [C] [普通は a ～ として形容詞を伴って] ((米略式)) …な人[もの, こと, 状態]: That girl's *a* sexy ～. あの娘(こ)はいかすね. **13** [U] 〘文法〙 数(すう).

> [文法] 数(すう)
> 数(かず)の概念が語形変化の上に表わされるものをいう. 数は名詞・代名詞・動詞について存在する. 1 つのものを表わす数を単数 (singular number), 2 つ以上のものを表わす数を複数 (plural number) という.
> [語法] $1^1/_3$ のような帯分数や, 1.6 のような帯小数が名詞を修飾するときには, 修飾される名詞は複数形になる: $1^2/_3$ inches / 1.8 liters.
> 数えられる名詞および代名詞の一部, つまり人称代名詞・指示代名詞・不定代名詞のうちのあるものは, 複数を表わすときには単数とは違った形をとる. 単数を表わす語形を単数形 (singular form), 複数を表わす語形を複数形 (plural form) と呼ぶ.
> 述語動詞は主語が単数である場合と複数である場合で違った語形をとることがある (☞ agreement [文法]).
> なお集合名詞の数の扱い方については ☞ collective noun [文法].

14 [Numbers として単数扱い] 民数記 ((旧約聖書中の一編)).

a gréat [lárge] númber of … = gréat [lárge] númbers of … [形] とてもたくさん[多く]の…: There are *a great* [*good, large*] ～ *of* schools in this city. 当市にはたくさんの学校がある.
a númber of … [形] (1) いくつかの, いくらかの (some, several). (2) かなりの… (many); (理由・要因などが)色々な: 「*a* (good) ～ *of* [quite *a* ～ *of*] places to see かなりの見物箇所.
a smáll númber of … = smáll númbers of … [形] 少数の….
àny númber of … [形] …がいくらでも, たくさんの…: *any* ～ *of* times 何度(で)も.
beyònd númber [形] ((文)) 数えきれない, 無数の.
bríng the númber of … to — [動] [他] …の数を—にする.
by (shéer) fórce [wéight] of númbers [副] (全くの)数の力で, (断然)数が優位で.
by 'the númbers [((英)) númbers] [副] 型[順序]通りに, 機械的に.
dò a númber on … [動] [他] ((米略式)) …をだめにする; 困らせる; やっつける.
hàve [gèt, have gòt] …'s númber [動] ((略式)) …の本心[真意]を見抜く; …の弱みを握る.
in gréat [lárge] númbers [副] 多数で.
in númber [副] 数は; ((格式)) 総数[全部]で: They were greater *in* ～ than us [we]. 彼らは人数では我々よりも多かった (☞ than [前] [語法]).
in smáll númbers [副] 少数で.
númbers of … [形] たくさんの…, 多数の…: There are ～*s of* people who believe it. それを信じている人はたくさんいる.
…'s númber còmes ùp …につきが回ってくる, 運がむいてくる.
…'s númber is [has còme] ùp ((略式)) …の運が尽きる, 万事休す, もう終わりである; 死ぬ.
the númber of tímes I've … Ⓢ 何度…したことやら.
There is sáfety in númbers. ((ことわざ)) Ⓢ 数の多いほうが安全.
withòut númber [形] ((文)) = beyond number.
— [動] (**num·bers** /~z/; **num·bered** /~d/; **-ber·ing** /-b(ə)rɪŋ/) [他] **1** 〈…〉に**番号をつける**: N～ the pages in the top right corner. ページの右上隅に番号をつけ[打ち]なさい / The rooms *are* **～*ed from*** one ***to*** ten. <V+O+*from*+名・代+*to*+名・代の受身> 部屋には 1 号から 10 号までの番号がついている.
2 〈…〉の数に達する, 総計〈…〉になる: The mistakes in your composition ～*ed* thirty-five in all. 君の作文の間違いは全部で 35 あった. **3** ((格式)) 〈…〉を(…の中に)含めて数える, 含める (*as, with*): John is ～*ed among* Mary's good friends. ジョンはメアリーの親友の一人に入る. **4** ((文)) 〈…〉を(指折り)数える. — [自] **1** ((格式)) 含まれる, …の中に数えられる (*as, with*): She ～*s among* the best writers in Japan. 彼女は日本で屈指の優れた作家だ. **2** 合計…になる (*in*). **be númbered** [動] [自] 限られている, いくらもない: His days *are* ～*ed*. 彼は余命いくばくもない. **númber óff** [動] [自] ((英)) 〘軍〙 = count off (count¹ 句動詞).

númber crùnch·er /-krʌ̀ntʃə | -tʃə/ [名] [C] ((略式)) [滑稽] **1** 数字を扱う仕事をする人 ((会計士・統計係など)). **2** (高速[大型])コンピューター.
númber crùnch·ing /-krʌ̀ntʃɪŋ/ [形], [名] [U] ((略式)) [滑稽] 〘電算〙 大きな数の計算をする(こと).
númber·less [形] [普通は [A]] ((文)) 無数の.
***númber óne** [名] ((略式)) **1** [形容詞的に] 最も重要な, 一番最初の: the ～ problem 最も重要な問題.

number plate

cardinal numbers (基数)

	Arabic numerals (アラビア数字)	Roman numerals (ローマ数字)
zéro	0 (☞ zero 語法)	
óne	1	I, i
twó	2	II, ii
thrée	3	III, iii
fóur	4	IV, iv
fíve	5	V, v
síx	6	VI, vi
séven	7	VII, vii
éight	8	VIII, viii
níne	9	IX, ix
tén	10	X, x
eléven	11	XI, xi
twélve	12	XII, xii
thìrtéen	13	XIII, xiii
fòurtéen	14	XIV, xiv
fiftéen	15	XV, xv
sixtéen	16	XVI, xvi
sèventéen	17	XVII, xvii
èightéen	18	XVIII, xviii
ninetéen	19	XIX, xix
twénty	20	XX, xx
twénty-óne	21	XXI, xxi
thírty	30	XXX, xxx
fórty	40	XL, xl
fórty-óne	41	XLI, xli
fífty	50	L, l
fifty-óne	51	LI, li
síxty	60	LX, lx
séventy	70	LXX, lxx
éighty	80	LXXX, lxxx
nínety	90	XC, xc
a [óne] húndred	100	C, c
a [óne] húndred (and) óne	101	CI, ci
twó húndred	200	CC, cc
fóur húndred	400	CD, cd
fíve húndred	500	D, d
níne húndred	900	CM, cm
óne thóusand	1,000	M, m
twó thóusand	2,000	MM, mm
fíve thóusand	5,000	V̄
tén thóusand	10,000	X̄
sixteen thóusand	16,000	X̄V̄M
a [óne] húndred thóusand	100,000	C̄
a [óne] míllion	1,000,000	M̄
twó míllion	2,000,000	M̄M̄
a [óne] bíllion	1,000,000,000	

ordinal numbers (序数)

first	1st
sécond	2nd
thírd	3rd
fóurth	4th
fífth	5th
síxth	6th
séventh	7th
éighth	8th
nínth	9th
ténth	10th
eléventh	11th
twélfth	12th
thìrtéenth	13th
fòurtéenth	14th
fiftéenth	15th
sixtéenth	16th
sèventéenth	17th
èightéenth	18th
ninetéenth	19th
twéntieth	20th
twénty-fírst	21st
twénty-sécond	22nd
twénty-thírd	23rd
twénty-nínth	29th
thírtieth	30th
thírty-fírst	31st
fórtieth	40th
fíftieth	50th
síxtieth	60th
séventieth	70th
éightieth	80th
nínetieth	90th
a [óne] húndredth	100th
a [óne] húndred (and) fírst	101st
twó húndredth	200th
a [óne] thóusandth	1,000th
tén thóusandth	10,000th
sixteen thóusandth	16,000th
a [óne] húndred thóusandth	100,000th
a [óne] míllionth	1,000,000th
a [óne] bíllionth	1,000,000,000th

★ 注意すべき用法については ☞ ordinal number 文法 .

★ (1) hundred, thousand については ☞ hundred 語法 , thousand 語法 .
(2) 1,000—9,999 は, 特に《英》ではコンマなしで 1000 —9999 のように示すことがある.
(3) 注意すべき数字の読み方については ☞ cardinal number 文法 .

2 Ⓤ いちばんえらい[大事な]人[もの], トップ, 大物, ナンバーワン; ヒットチャートのトップ; Ⓢ 《小児》《婉曲》おしっこ (☞ number two). **3** Ⓤ 自分自身 (oneself): 「look out for [look after] ~ Ⓢ 《略式》自分のことだけ考える.

⁺númber plàte 名Ⓒ《英》(自動車の)ナンバープレート (☞ car 挿絵) (plate, 《米》license plate). 語法 イギリスのタクシーの後部にはナンバープレートと営業許可番号《英》license plate) がついている.

númbers gàme 名Ⓒ 数当て賭博,《軽蔑》数字遊び《自説補強のため都合のよい統計・数値を持ち出すこと》.

Númber Tén, No.10 名圀 英国首相官邸《Downing Street の 10 番地にあることから》; 英国政府.

númber twó 名Ⓤ《略式》2番目にえらい[大事な]人[もの], ナンバーツー; Ⓢ《小児》《婉曲》うんち.

Númber twó pèncil 名Ⓒ《米》色の濃い鉛筆《マークシート試験で使う》.

numb·ing /nʌ́mɪŋ/ 形 呆然とするような.
numb·ly /nʌ́mli/ 副 呆然と.
númb·ness 名Ⓤ 無感覚, 呆然とすること.
numb·skull /nʌ́mskʌl/ 名Ⓒ《略式》=numskull.
nu·mer·a·ble /n(j)úːm(ə)rəbl | njúː-/ 形 数えられる, 計算できる, 計数可能な.
nu·mer·a·cy /n(j)úːm(ə)rəsi | njúː-/ 名《反 innumeracy》Ⓤ《格式》計算能力のあること, 算数[理数系]に強いこと.

⁎nu·mer·al /n(j)úːm(ə)rəl | njúː-/ 名 (~s /-z/) Ⓒ 数字;《文法》数詞 (☞ number 表): Arabic ~s アラビア[算用]数字 (0, 1, 2, 3 …) / Roman ~s ローマ数字 (I, II, III, …). ── 形 数の; 数を表わす.

文法 数詞
数を表わす語で, 1つ, 2つ, 3つと数えるときに用いる基数

nu·mer·ate /n(j)úːməˌreɪt | njúː-/ 動《格式》計数能力のある, 算数のできる; 理数系に強い. 関連 literate 読み書きのできる.

nu·mer·a·tion /n(j)ùːməréɪʃən | njùː-/ 名 [U,C] 〖数〗 数え方, 計算(法); 数字の読み方, 命数法.

nu·mer·a·tor /n(j)úːməˌreɪtɚ | njúː-/ 名 [C] 〖数〗 分子. 関連 denominator 分母.

nu·mer·ic /n(j)uːmérɪk | njuː-/ 形 =numerical.

*__**nu·mer·i·cal**__ /n(j)uːmérɪk(ə)l | njuː-/ 形 (~number) A 数の, 数字で表わした: a ~ equation 数式 / (in) ~ order 番号順(に). -**cal·ly** /-kəli/ 副 数のうえでは.

nu·mer·ol·o·gy /n(j)ùːməɹɑ́lədʒi | njùːməɹɔ́l-/ 名 [U] 数勢学, 数占術, 数字占い(術) 〖誕生日・名前の画数や字数などに関するもので人でできごとを占う; ☞ astrology〗.

nu·me·ro u·no /n(j)ùːməroʊúːnoʊ/ 《イタリア語から》名 [U]《米》=number one 2.

*__**nu·mer·ous**__ /n(j)úːm(ə)rəs | njúː-/ 12 形 (~number) 《格式》1 多数の, たくさんの (many): He has ~ friends in the Diet. 彼は国会に大勢の友人がいる. 2 [単数形の集合名詞の前で] 多数からなる: a ~ class 学生数の多いクラス.

nu·mi·nous /n(j)úːmənəs | njúː-/ 形 《文》神秘的な; 神聖な.

nu·mis·mat·ic /n(j)ùːmɪzmǽtɪk | njùː-↩/ 形 《格式》貨幣の; 貨幣研究(者)の, 古銭収集(家)の.

nu·mis·mat·ics /n(j)ùːmɪzmǽtɪks | njùː-/ 名 [U] 《格式》貨幣研究, 古銭[コイン, 紙幣, メダル]収集.

nu·mis·ma·tist /n(j)uːmízmətɪst | njuː-/ 名 [C] 《格式》貨幣研究者, 古銭収集家.

num·skull /nʌ́mskʌ̀l/ 名 [C] 《略式》ばか, まぬけ.

*__**nun**__ /nʌ́n/ (同音 none) 名 (~s /-z/) [C] 修道女, 尼僧. 関連 monk 修道士.

Nu·na·vut /núːnəvùːt/ 名 固 ヌナブト 〖カナダ北部の先住民の Inuit が自治を行なう準州; 1999年 Northwest Territories を分割して設置された〗.

nun·cha·ku /nʌ́ntʃɑ̀ːkuː/ 名 (~(s)) =nunchucks.

nun·chuks /nʌ́ntʃʌks/ 名 [複] ヌンチャク 〖短い木の棒を2つつないだ武具〗.

nun·ci·o /nʌ́nsioʊ/ 名 (~s) [C] ローマ法王使節.

nun·ner·y /nʌ́n(ə)ri/ 名 (-ner·ies) [C] 《古風》女子修道院, 尼僧院 (convent).

nup·tial /nʌ́pʃəl, -tʃəl/ 形 《格式》結婚の, 婚礼の, 結婚式の. — 名 [複数形で] 《古風》結婚式.

*__**nurse**__ /nɚ́ːs | nə́ːs/ 13 名 (**nurs·es** /-ɪz/) [C] ◆ 1 看護師 〖日本では2002年より男女共通の正式職名; 以前は女性に「看護婦」男性に「看護士」を用いた〗, ナース: a male ~ 男性看護師 / Red Cross ~s 赤十字の看護師たち / a school ~ (学校の)養護教諭 / N~ Johnson ジョンソン看護師 // ☞ practical nurse. 〖 呼びかけの時, 人名の前に用いる時, 特定の付き添いの看護師をさす時は大文字で始め冠詞をつけないことが多い. 関連 patient 患者 / doctor 医師. 2 《古風》子守女, 保母 (dry nurse); 乳母(⅃) (wet nurse). 〖ラテン語で「養う, 食物を与える」の意; nourish と同語源〗.

nurse	看護師
	乳母

— 動 (**nurs·es** /-ɪz/; **nursed** /-t/; **nurs·ing**) 他 1 〈病人・けが人〉を看護する, 看病する; [受身なし] 〈病気・けが・患部〉を治そうと努める, いたわる: She ~d the sick woman with the greatest care. 彼女は細心の注意を払ってその病気の女性を看護した / You must ~ your cold. かぜをお大事に. 2 [受身なし] (長年ひそかに)〈悪意・不平・望みなど〉を心に抱く. 3 〈困難を切り抜けられるように〉〈人・組織など〉を支援する (through, along). 4 〈植物〉の世話をする; (大事に)育てる. 5 〈動物など〉を大事そうに抱く, 〈物〉を大切に扱う, 〈グラスに入った酒など〉をゆっくりと味わう. 6 《古風》〈赤ん坊〉に乳を飲ませる. — 自 1 [普通は進行形で] 看病する, 看護師として働く. 2 《古風》乳を吸う (at). **núrse ... báck to héalth** [動] 他 〈…〉が治るまで看病する.

núrse-máid 名 [C] 《古風》子守女.

núrse-practítioner 名 [C] 臨床看護師 〖簡単な医師の仕事をする資格をもつ正看護師〗.

*__**nurs·er·y**__ /nɚ́ːs(ə)ri | nə́ːs-/ 名 (-er·ies /~z/) [C] 1 託児所, 保育所 (day nursery, day-care center): We leave our children at the ~ while we work. 私たちは働く間は子供たちを託児所に預ける. 2 《古風》育児室, 幼児部屋. 3 苗床, 育種場.

núrsery·man /-mən/ 名 (-men /-mən/) [C] 育種場経営者, 苗木屋.

núrsery núrse 名 [C] 《英》保母.

núrsery rhýme 名 [C] 童謡, わらべ歌 (《主に米》Mother Goose rhyme).

*__**núrsery schóol**__ 名 [C,U] (2[3]-5 歳の幼児の)保育園 (《米》preschool).

núrsery slópe 名 [C] [普通は複数形で] 《英》 (スキー場の)初心者用ゲレンデ.

núrse's áide 名 [C] 補助看護師, 看護助手 〖ベッド・入浴などの世話をする〗.

*__**nurs·ing**__ /nɚ́ːsɪŋ | nə́ːs-/ 名 [U] 看護師の仕事, 看護, 介護; (職業としての)育児, 保育: ~ care (病人・老人などの)看護, 介護.

núrsing bóttle 名 [C] 《米》哺乳(⅃)びん (《英》feeder, feeding bottle).

*__**núrsing hóme**__ 名 [C] (私立の)老人ホーム.

núrsing móther 名 [C] 乳母.

nurs·ling /nɚ́ːslɪŋ | nə́ːs-/ 名 [C] 《古風》(乳母に育てられている)乳飲み子, 幼児.

nur·tur·ance /nɚ́ːtʃərəns | nə́ː-/ 名 [U] 《米格式》愛情こまやかな世話, 心づかい.

nur·tur·ant /nɚ́ːtʃərənt | nə́ː-/ 形 《米格式》愛情こまやかな, いたわりのある.

*__**nur·ture**__ /nɚ́ːtʃɚ | nə́ːtʃə/ 13 《格式》動 (**nur·tures** /~z/; **nur·tured** /-d/; **nur·tur·ing** /-tʃ(ə)rɪŋ/) 他 1 しばしば受身で]〈人〉を育てる, 養育する, 育成する; 養成する: To properly ~ a child is not easy. 子どもをちゃんと育てるのは容易ではない. 2 〈感情〉を(長い間)抱き続ける, 深める〈計画などを発展させる, 進める. — 名 [U] 養育, 養成, いつくしむ; 教育; しつけ: nature and ~ 氏(⅃)と育ち, 持って生まれたものと受けた教育.

*__**nut**__ /nʌ́t/ (同音 knot, not) 名 (**nuts** /nʌ́ts/) 形 **nútty**. 1 [C] [しばしば合成語で] 木の実, 堅果, ナッツ 〖殻の固い実; くるみ・くり・どんぐりなど〗; ☞ fruit 表; 次ページ写真): Here we go gathering ~s in May. 五月に木の実を拾いに行こう 〖遊戯の歌; 英国の童謡集 *Mother Goose's Melodies* の中のことば〗. chestnut くり / walnut くるみ / peanut ピーナッツ; berry 柔らかい実. 2 [C] 《略式》ナット, 親ねじ 〖次ページ挿絵〗. 3 [C] 《略式》〖軽蔑〗変人, 狂人; [名詞の後で] …マニア 〖ファン, 狂〗(freak, buff) (on): a computer ~ コンピューター狂 // ☞ nuts. 4 [複数形で]《卑》睾丸(⅃), きんたま. 5 [C] 《略式》頭, おつむ. **a hárd [tóugh] nút (to cráck)** [名] 《略式》扱いにくい人[もの]; 難問. **cán't ... for núts** [S] 《英》全然…できない. **dó one's nút** [動] [S] 《英俗》ひどく怒る[心配する]. **óff one's nút** [形] [S] 《略式》気が狂って. **(the) núts and bólts** [名] 《略式》基本, 基礎; (機

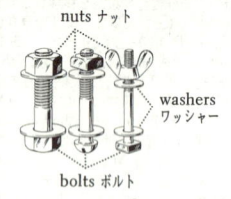

nuts ナット
washers ワッシャー
bolts ボルト
nut1   nut 2

械などの)仕組み (of).
— 動 他 (S) 《英略式》〈人〉に頭突きをくらわす.
nút・brówn 形 くり色の.
nút・càse 名 C 《略式》《滑稽・軽蔑》狂人.
nút・cràcker 名 C [《英》ではしばしば複数形で]くるみ割り器.
nút・hòuse 名 C 《俗》[差別]精神病院.
nút lòaf 名 C,U 砕いたナッツ類を焼き固めた食べ物.
†**nut・meg** /nʌ́tmeg/ 名 1 U (香料・薬用としての)ナツメグ《にくずくの種子からとる》. 2 C にくずく《熱帯産の常緑高木》; にくずくの種子.

nutcracker

nu・tra・ceu・ti・cal /n(j)ù:trəsúːtɪk(ə)l | njù:trəsjúː-/ 名 C (医薬品ではない)機能性食品, 栄養補助食品[剤], サプリメント.
nu・tri・a /n(j)úːtriə | njúː-/ 名 C ヌートリア《南米原産の水辺に生息する大型のねずみに似た動物》; U ヌートリアの毛皮.
*__nu・tri・ent__ /n(j)úːtriənt | njúː-/ 名 (~s /-ts/) C [普通は複数形で]栄養素, 栄養分. — 形 A 栄養になる[のある] (nutritious).
nu・tri・ment /n(j)úːtrəmənt | njúː-/ 名 U,C 《格式》栄養物, 栄養素分; 食物.
*__nu・tri・tion__ /n(j)uːtríʃən | njuː-/ 名 [形 nutritional] U 1 栄養; 食物; 栄養の摂取: Good ~ is essential if you want to stay healthy. 健康であるためにはきちんと栄養をとることが欠かせない. 2 栄養学.
†**nu・tri・tion・al** /n(j)uːtríʃ(ə)nəl | njuː-/ 形 [普通は A] 栄養(学)上の. **~・ly** /-nəli/ 副 栄養(学)上.
†**nu・tri・tion・ist** /n(j)uːtríʃ(ə)nɪst | njuː-/ 名 C 栄養士, 栄養学者.
†**nu・tri・tious** /n(j)uːtríʃəs | njuː-/ 形 《格式》栄養分のある[豊富な], 栄養になる.
nu・tri・tive /n(j)úːtrətɪv | njúː-/ 形 A 《格式》栄養のある, 栄養になる; [比較なし] 栄養に関する.

nuts /nʌ́ts/ 形 P 《略式》気が狂って (crazy). **be núts abòut [òver] ...** 動 他 (S) 《略式》…に熱中している, …に夢中になって[はまって]いる. **dríve ... núts** [動] 他 〈…〉をひどく困らせる[いらいらさせる, パニックに陥らせる]. **gò núts** [動] 自 (S) 気が狂う; かんかんになる. — 間 《古風, 米俗》[憤慨・怒り・拒絶などを表わして]ちぇっ, くそっ, ばか言え, うそつけ.
nút・shèll 名 C 木の実の殻. **(to pút it) in a nútshell** 副 文修飾語 (S) 手短に言えば, 要するに.
nut・so /nʌ́tsoʊ/ 名 (~s) C 《米略式》変人, 狂人.
nuts・y /nʌ́tsi/ 形 (**nuts・i・er**; **-i・est**) 《米略式》気の狂った, 狂人のような.
nut・ter /nʌ́tə/ 名 C 《英略式》変人, 狂人.
nut・ti・ness /nʌ́tinəs/ 名 U 木の実の香りのすること; 《略式》狂人性, ばからしさ.
†**nut・ty** /nʌ́ti/ 形 (**nut・ti・er**; **-ti・est**; 名 nut) 1 木の実の香りがする, ナッツの風味がある; ナッツ[木の実]の入った. 2 《略式》[けなして] 気の狂った, ばかげた, 夢中になった. **(as) nútty as a frúitcake** 形 《略式》[滑稽] 全く頭がおかしい, 気が狂って.
nuz・zle /nʌ́zl/ 動 自 [副詞(句)を伴って] (豚などが)鼻でこする, 鼻で穴を掘る; (犬などが)鼻でくんくんかぐ (up; against, to). — 他 〈…〉に鼻をすりつける; 〈…〉をすりつけ[寄せ]る (up; against).
NV 《米郵》=Nevada.
*__NW__ 略 1 北西 (northwest). 2 =northwestern.
NWbN 略 =northwest by north ([☞ northwest 成句]).
NWbW 略 =northwest by west ([☞ northwest 成句]).
NY 《米郵》=New York 1.
N.Y. 略 =New York 1.
NYC, N.Y.C. 略 =New York City.
†**ny・lon** /náɪlɑn | -lɔn/ 名 1 U ナイロン: a ~ blouse ナイロンのブラウス. 2 [複数形で]《古風》ナイロンの靴下.
nymph /nímf/ 名 C 1 《ギ・ロ神話》ニンフ, 妖精《山・川・森などに住む半神半人の少女》([☞ fairy]): a wood ~ 森の精. 2 《詩》乙女. 3 《生》(不完全変態)昆虫の若虫(わかむし)(ようちゅう).
nym・phet /nímfət, nɪmfét/ 名 C 《略式》《滑稽》(10-14 歳くらいの)性的魅力のある若い娘.
nym・pho /nímfoʊ/ 名 (~s) C 《略式》《軽蔑》= nymphomaniac.
nym・pho・ma・ni・a /nìmfəméɪniə/ 名 U 《軽蔑》(女性の)淫乱(いんらん)症, 色情狂.
nym・pho・ma・ni・ac /nìmfəméɪniæk/ 《軽蔑》名 C 色情狂の女, 淫乱女. — 形 (女性が)色情狂の.
NYPD /énwaɪpìːdíː/ 略 =New York Police Department ニューヨーク市警察.
NYSE /énwaɪèsíː/ 略 =New York Stock Exchange.
NZ, N.Z. 略 =New Zealand.

O

o O

o, O[1] /óʊ/ [名] (複 **o's, os, O's, Os** /~z/) **1** [C,U] オウ《英語アルファベットの第 15 文字》. **2** [C,U] [S] (電話番号などの)ゼロ (☞ zero [語法], cardinal number [文法](2)-(5)). **3** [U] (血液型の) O 型. **4** [C] O 字型(のもの).
O[2] /óʊ/ [感]《文》おお!, ああ! (oh). [語法] 常に大文字で書き, 普通は文の初めに用いられる. 用法についてはなお ☞ oh[1] [語法].
O[3] [略] =object[1] 4, ocean, old, organization.
O. [略] =Ohio.
o' /ə/ [前] [W] =of《特に f を発音しない《略式》の発音を表わしたもの; ☞ o'clock [語源]》: a cup *o'* coffee コーヒー 1 杯.
O' /oʊ | oʊ, ə/ [接頭] (アイルランド系の名前に用いて)「…の息子」の意: *O'* Connor オコーナー.
OA /óʊéɪ/ [名] [C] オーストラリア勲章《1975 年に制定; Order of Australia の略》.
oaf /óʊf/ [名] (~s) [C] まぬけ, 武骨者《普通は男性》.
oaf·ish /óʊfɪʃ/ [形] まぬけな; 武骨な. **~·ly** [副] 愚かにも, 鈍感に. **~·ness** [名] [U] まぬけなこと.
O·a·hu /oʊɑ́ːhuː/ [名] [固] オアフ《米国 Hawaii 州中央部の島; ☞ 表地図 N 1》.
***oak** /óʊk/ [名] (~s /~s/) **1** [C] オーク(の木) (oak tree)《ぶな科こなら属のなら・かし類の樹木; ヨーロッパならなど》: Great [Big, Tall] *~s* from little acorns grow. 《ことわざ》オーク[かし]の大樹も小さなどんぐりより育つ, 千里の道も一歩から. **2** [U] オーク材. **3** [the Oaks] [単数扱い] (英国の Epsom で行なわれる)オークス競馬.

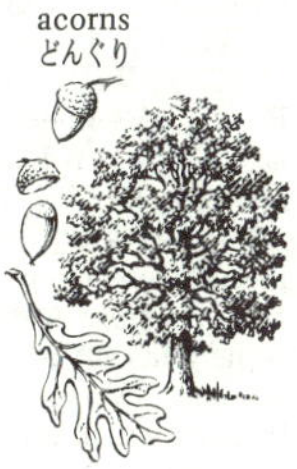

oak 1

óak àpple [名] [C] 没食子(もっしょくし)《オークにできる虫こぶ》.
oak·en /óʊk(ə)n/ [形] [A] 《文》オーク製の.
Oak·land /óʊklənd/ [名] [固] オークランド《米国 California 州西部の海港都市》.
óak trèe [名] [C] =oak 1.
oa·kum /óʊkəm/ [名] [U] まいはだ《古い麻綱をほぐしたもので, 甲板などのすき間に詰める》.
oak·y /óʊki/ [形] (ワインなどが)オーク樽の香りのする.
OAP /óʊèɪpíː/ [名] [C]《英》=old age pensioner.
+**oar** /ɔ́ɚ | ɔ́ː/ [名] [C] (舟の)オール, かい, ろ: pull on the *~s* オールをこぐ. **pùt [stíck, shóve] one's óar ín** [動] [自]《英略式》[けなして] よけいな口をはさむ, 干渉する. **rést [léan] on one's óars** [動] [自]《英》一休みする, 努力するのをやめる.
óar·lòck [名] [C]《米》オール受け (《英》rowlock).
óars·man /-mən/ [名] (**-men** /-mən/) [C] こぎ手; ボート選手《男性》.
óars·wòman [名] (**-women**) [C] こぎ手; ボート選手《女性》.
OAS /óʊèɪés/ [略] [the ~] =Organization of American States 米州機構.
+**o·a·sis** /oʊéɪsɪs/ [T3] [名] (複 **o·a·ses** /oʊéɪsiːz/) [C] オアシス《砂漠の中の緑地》; 憩いの場所 (haven).
óast hòuse /óʊst-/ [名] [C]《英》(ホップの)乾燥場.
oat /óʊt/ [形] [A] からす麦入りの. ★ ☞ oats.
óat·càke [名] [C] オートミールケーキ《オートミールで作った薄くて平らなビスケット》.
***oath** /óʊθ/ [T3] [名] (**oaths** /óʊðz, óʊθs/) [C] **1** 誓い, 誓約(せいやく); 宣誓: break [keep] one's ~ 誓いを破る[守る] / an ~ *of* loyalty 忠誠の誓い. **2** [W] ののしりのことば, 悪態《怒ったり驚いたりしてやたらと By God! などと言うこと; ☞ swear [動] [自] 1》.
be ùnder [on] óath [動] [自]〔法〕真実を述べると宣誓をしている.
tàke [swéar] an óath [動] [自] 誓って言う; 堅く約束する: He *swore an ~ to* [*that* he would] give up smoking. 彼はたばこをやめるという誓いを立てた.

take the oath

tàke the óath [動] [自]〔法〕(法廷などで)宣誓をする《証人などが聖書に手を触れて偽りを申し立てないことを神に誓うこと》.
tàke the óath of óffice [動] [自] (大統領・知事などが公職への)就任の宣誓をする (*of*).
+**oat·meal** /óʊtmìːl/ [名] [U] **1** ひき割りからす麦; 《米》オートミール《牛乳と砂糖をひき割りからす麦に混ぜて作ったかゆ; 朝食用》(《英》porridge). **2** [時に形容詞的に] 灰色がかった黄色(の).
+**oats** /óʊts/ [名] [複] **1** からす麦, オート麦 (☞ wheat 挿絵; wild oats). **2** =oatmeal 1. **be òff one's óats** [動] [自]《英略式》食欲がない. **féel one's óats** [動] [自]《古風》元気いっぱいである. **gét one's óats** [動] [自]《英略式》定期的にセックスする.
OAU /óʊèɪjúː/ [略] [the ~] =Organization of African Unity アフリカ統一機構.
ob·bli·ga·to, ob·li- /àblɪgɑ́ːṭoʊ | ɔ̀b-/ [名] [C] (複 **~s, -ti** /-tiː/)〔楽〕オブリガート《不可欠な声部; 助奏》.
ob·du·ra·cy /ɑ́bd(j)ʊrəsi | ɔ́bdjʊ-/ [名] [U]《格式》[軽蔑] 強情, 頑固.
ob·du·rate /ɑ́bd(j)ʊrət | ɔ́bdjʊ-/ [形]《格式》[軽蔑] 頑固な (stubborn) (*on*). **~·ly** [副] 頑固に.
OBE /óʊbìːíː/ [略] =officer (of the Order) of the British Empire 大英帝国四等勲士.
o·be·di·ence /oʊbíːḍiəns, əb-/ [名] ([動] obéy, [形] obédient; [反] disobedience) [U] 服従; 従順, 忠順 (*to*): demand unquestioning ~ from ... …に無条件の服従を要求する.
+**o·be·di·ent** /oʊbíːḍiənt, əb-/ [形] ([動] obéy, [名] obédience; [反] disobedient) 従順な, 素直な, よく言うことを聞く: an ~ child 素直な子供 / be ~ *to* one's parents 両親の言うことをよく聞く. **~·ly** [副] 従順に.
o·bei·sance /oʊbéɪs(ə)ns, -bíː-, ə-/ [名]《文》**1** [C] おじぎ, 会釈. **2** [U] 尊敬, 服従. **màke [pày] obéisance to ...** [動] [他]《文》…に敬意を表する; …におじぎをする.
ob·e·lisk /ɑ́bəlìsk | ɔ́b-/ [名] [C] **1** オベリスク, 方尖(ほうせん)塔 (☞ Washington Monument 写真). **2** 〔印〕短剣符 (†) (dagger).
+**o·bese** /oʊbíːs/ [形]〔医〕肥満体の, (病的に)太った (☞ fat 類義語).
o·be·si·ty /oʊbíːsəṭi/ [名] [U]〔医〕(病的)肥満.
***o·bey** /oʊbéɪ, ə-/ [T1] [動] (**o·beys** /~z/; **o·beyed** /~d/; **o·bey·ing**; [名] obédience, [形] obédient; [反] disobey) [他] **1** 〈…〉の言うことに従う; 〈法律・命令・法則など〉に従う, 〈感情など〉に従って行動する: ~ the law 法律に従う / ~ the order(s) 命令に従う / ~ one's conscience 良心に従って行動する. **2** 《略式》〈…〉の思いどおりになる[動く]. — [自] 言われるとおりにする.
ob·fus·cate /ɑ́bfəskèɪt, abfʌ́skeɪt | ɔ́bfʌskèɪt/ [動] [他]《格式》〈物事〉を故意に混乱させる, わかりにくくする.

obfuscation

ob·fus·ca·tion /ˌɑbfəskéɪʃən | ˌɔbfʌs-/ 名 ① または複数形で》《格式》故意に混乱させること, 不明瞭.

ob-gyn, ob/gyn /óʊbìːdʒíːwàɪɛn/ 名《米略式》 1 ① =obstetrics and gynecology. 2 © =obstetrician gynecologist (☞ obstetrician).

O·bie /óʊbi/ 名 © オフブロードウェー賞《毎年 off Broadway の劇場でのすぐれた劇に与えられる; off Broadway の略 OB から》.

o·bit /óʊbɪt, oʊbít | óbɪt/ 名 © 《略式》 =obituary.

o·bi·ter dic·tum /óʊbɪt̬ədíktəm | ɔ́bɪt̬ə-/ 名《複 **óbiter díc·ta** /-tə/》 © 《法》(判決の際の)判事の付随的意見.

***o·bit·u·ar·y** /əbítʃuèri | -tʃʊəri/ 名《-ar·ies /-z/》 © (新聞・雑誌の)死亡記事, 追悼(ᘮᴸᘮ)欄《略歴・業績紹介の追悼記事》: the ~ column 死亡記事欄.

obj. 略 =object[1] 4.

***ob·ject**[1] /ɑ́bdʒɪkt | ɔ́b-/ ★動詞の object[2] とのアクセントの違いに注意. T1 名《**ob·jects** /-dʒɪkts/》形 **objéctive** (☞).

```
「対象(物)」2 ─┬─→「物」1
              └→「目的」3 →「目的語」4
```

1 物 (thing), 物体: art ~s 美術品 / an unidentified flying ~ 未確認飛行物体, ユーフォー (☞ UFO) / I touched a strange ~ in the dark. 私は暗やみの中で変な物に触った.

2 《普通は単数形で》(動作・感情の)**対象**, 対象物; (…の)的: an ~ of interest 興味の対象 / She became the ~ of admiration. 彼女は賛美の的となった.

3 《普通は単数形で》**目的** (aim), 目当て (purpose) 《☞ 類義語》: with the ~ of helping people 人々を助ける目的で / The sole ~ of her research is to find a cure for AIDS. 彼女の研究の唯一の目的はエイズの治療法を見つけることである / He seems to have no ~ in life. 彼は人生に何の目的も持っていないようだ // ☞ the object of the exercise (exercise 成句).

4 《文法》 **目的語** 《略 O, obj.》. 語源 ラテン語で「…に対して投げられたもの」の意; ☞ jet[1] 単語の記憶. **(be) nó óbject** 動 … は問題にしない, を問わず《広告文などで》: Money (is) no ~. 金額は問いません.

【類義語】 **object** 行動・活動・計画などの(特に困難な)目的. **objective** 達成を目指している目的[目標].

文法 **目的語**
文の要素の1つで, 動詞の目的語は, 動作の対象となる人または物を表わす語句をいう. また前置詞も目的語をとり, さらに形容詞の worth も目的語をとる. 目的語になりうる語句は名詞・代名詞・名詞句・名詞節などの名詞類である. 人称代名詞が目的語となるときには目的格が用いられる.

参考 この辞書の動詞型の指示では動詞の目的語は O で表わす 《☞ 動詞型解説 I (巻末)》.

He bought a *camera*. 彼はカメラを買った [名詞が目的語] / I like *him* very much. 私は彼が大好きだ [代名詞が目的語] / I want to *stay* here. 私はここにいたい [不定詞が目的語] / Do you know *that Mr. Smith is sick in bed*? スミス先生が病気で寝ていることを知っていますか [節が目的語] / It depends on *what you choose as your subject*. それは君が何を主題に選ぶかによる [節が前置詞の目的語] / The book is worth *reading*. その本は読む価値がある [動名詞が形容詞の目的語].

★ 目的語の語順については ☞ **word order** 文法 (2). 他動詞が目的語を2つとる場合, 普通は事物を表わす目的語を**直接目的語** 《☞ **direct object** 文法》という. 例えば give ならば 「…に—を与える」という意味の場合, 「—」に当たる部分が直接目的語である. これに対して「…に」という「人」を表わす目的語を**間接目的語**《☞ **indirect object** 文法》という. なお詳しくは ☞ **dative verb** 文法, to[1] 3 語法, for 前 A 1 語法.

***ob·ject**[2] /əbdʒékt/ ★名詞の object[1] とのアクセントの違いに注意. 動《**ob·jects** /-dʒékts/; **-ject·ed** /-ɪd/; **-ject·ing** 》形 **objéction** (☞).
自 (…に)**反対する**, 異議を唱える 《☞ **oppose** 類義語》: All the local people ~ed strongly *to* the new airport. <V+*to*+名・代> 地元の人たちは皆新空港に強く反対した / He ~ed *to* my [me] *going* there alone. <V+*to*+動名> 彼は私が一人でそこへ行くことに反対した / I ~ *to being* treated unfairly. 不公平な扱いに対しては(断固)抗議する / I ~! (法廷などで)反対!, 異議あり!
— 他 《…》と言って反対する: They all ~ed *that* he was unfit for the post. <V+O (*that* 節)> 彼らはみんな彼がその地位に不適任であると言って反対した.

óbject bàll 名 © 《玉突》的球(ᴸᴸᴸ).
óbject còde 名 Ⓤ =machine code.
óbject cómplement 名 © 《文法》目的格補語.

文法 **目的格補語**
補語 《☞ **complement** 1 文法》の一種で, 他動詞が目的語だけで意味が完全にならないときに, その意味を補うために用いられる語句をいう. 目的語と目的格補語の間には主語と述語の関係が成り立つ. 目的格補語として用いられる語句は名詞・代名詞・形容詞, 不定詞・現在分詞・過去分詞, またはそれらに相当する語句である. 目的格補語を必要とする動詞は不完全他動詞 《☞ **incomplete transitive verb** 文法》と呼ばれる. 目的格補語を含む文の語順は <S (主語) +V (不完全他動詞) +O (目的語) +C (目的格補語)> となる: We called him *Baron*. <V+O+C (名詞)> 我々は彼を「男爵」と呼んだ [he [him] is Baron の関係] / I found the book *interesting*. <V+O+C (形容詞)> その本は読んでみたらおもしろかった [the book is interesting の関係] / Please keep him *waiting for a few minutes*. <V+O+C (現在分詞)> 彼を2, 3 分待たせておいてください [he waits の関係] / My father wanted me *to be* a teacher. <V+O+C (to 不定詞句)> 私の父は私を教師にしたかった [I [me] am [be] a teacher の関係].
なお詳しくは ☞ 動詞型解説 II 5 (巻末).

ob·jec·ti·fi·ca·tion /əbdʒèktəfɪkéɪʃən/ 名 Ⓤ 具体化, 客観化; 《人》を物扱いすること.
ob·jec·ti·fy /əbdʒéktəfàɪ/ 動 (**-ti·fies**; **-ti·fied**; **-ti·fy·ing**) 他 1 《感情・考えなど》を具体[客観]化する. 2 《人》を物扱いする.

***ob·jec·tion** /əbdʒékʃən/ 名 (~s /-z/; 動 objéct[2])
1 Ⓤ.© 異議, 異論, 反対; 不服 《言い換え》 I have no ~ *to* [*against*] your plan. (=I quite agree with you about [on] your plan.) 私はあなたの計画に関して反対はありません / I have no ~ *to* getting up early. 朝早く起きるのは別にいやではありません / Bill was made chair *over the* (strong) ~*s of* some members. ビルはメンバーの何人かの(強い)反対にもかかわらず議長になった / O ~! (法廷などで)反対!, 異議あり!
2 © 反対理由; 難点, 差し障(ᴷᴷ)り: One of my ~*s to* [*against*] the program is that it will cost too much. その計画に私が反対する理由の1つは費用がかかりすぎるということです.

máke [**ráise, vóice**] **an objéction to ...** 動 他 …に異議を唱える, …に反対する: They made an ~ *to* our proposal. 彼らは我々の提案に反対した / He *made* no ~ *to* visiting Kenya. 彼はケニアを訪れることに異議を唱えなかった. 語法 an objection is made [raised, voiced] to ... の形で受身にできる.

ob·jec·tion·a·ble /əbdʒékʃ(ə)nəbl/ 形《格式》不快な, いやな. **-a·bly** /-nəbli/ 副 不快に.

*__**ob·jec·tive**__ /əbdʒéktɪv/ 名 **1** (~**s** /-z/) C 《普通は所有格の後で》目的, 目的物；目標, 目標物；《軍》(戦時の)目標地点 (☞ object¹ 類義語): achieve [attain] one's main ~ 主目的を達成する.
── 形 ① óbject) **1** 客観的な, 事実に基づく (反 subjective); 公平な: ~ data 客観的なデータ / ~ opinion 公平な意見. **2** 《哲》客観的な, 実在の. **3** 《文法》目的格の, 目的格の.

objéctive cáse 名 [the ~]《文法》目的格.

文法 目的格
格 (☞ case¹ 文法) の 1 つで, 他動詞・前置詞などの目的語 (☞ object¹ 文法) になるときの名詞や代名詞の語形. ただし人称代名詞および who 以外の名詞や代名詞では目的格は主格と同じ形なので通格 (common case) と呼ばれることがある.

---

objéctive cómplement 名 C =object complement.

objéctive·ly 副 (反 subjectively) 客観的に.

ob·jec·tiv·i·ty /ὰbdʒektívəti/ 名 U (反 subjectivity) 客観的なこと, 客観性；公平さ.

óbject lànguage 名 C **1**《論》対象言語《言語研究の対象となる言語》. **2**《電算》オブジェクト言語.

óbject lèsson 名 C 《普通は単数形で》実物教育；[ほめて] 実地の教訓, 他山の石 (in).

ob·jec·tor /əbdʒéktə/ -tə-/ 名 C 反対者, 異議を唱える人 (to) (☞ conscientious objector).

óbject-óriented 形《電算》オブジェクト指向の.

ob·jet d'art /ὰbʒeɪdɑ́ː | ὰbʒeɪdɑ́ː/《フランス語から》 (複 **ob·jets d'art** /ὰbʒeɪdɑ́ː | ὰbʒeɪdɑ́ː/) C 小美術品.

óblate sphére /ὰbleɪt- | ób-/ 名 C 扁球.

ob·la·tion /əbléɪʃən, oʊ-/ 名 C 《しばしば複数形で》《格式》奉納物, 供物; U 奉納 (offering) (to).

ob·li·gate /ὰblɪgeɪt | ób-/ 動《普通は受身で》《主に米》(人)に…することを義務づける (to do).

ob·li·gat·ed /ὰblɪgeɪtɪd | ób-/ 形《主に米》(obligation) (主に米) (法律・道徳上の)義務を負った: I am ~ to you. 君には恩[義理]がある. **be [féel] óbligated to dó** 動《主に米》…する義務がある[があると思う].

*__**ob·li·ga·tion**__ /ὰblɪgéɪʃən | ób-/ 名 (~**s** /-z/; ⑯ oblíge, oblígatòry, óbligàted) C,U (法律・道徳上の)**義務**, 責任; 恩, 恩義 (to, toward): a sense of ~ 義務感, 恩義 / ten days' free trial without ~ 購入返却自由で 10 日間の無料試用《広告で》 / We have to try to fulfill [meet, 《格式》honor] the ~**s** of the contract. 私たちは契約を果たすように努めなければならない / I have [feel] an ~ **to** tell the truth. <N+to 不定詞> 私は真実を述べる義務がある (と思う).

be ùnder an [nó] obligátion to do 動 …する義務がある[ない]: We are under no ~ **to** pay them any money. 彼らには全く金を払う義務はない. **hàve [be ùnder] (an) obligátion to ...** 動《人》に恩[義理]がある. **pláce ... ùnder an obligátion** 動 他 <...>に恩を施す; <...>に義理を負わせる.

obligato ☞ obbligato.

*__**ob·lig·a·to·ry**__ /əblígətɔ̀:ri | -təri, -tri/ 形 (☞ obligátion) **1**《格式》(法律・道徳上)義務として負わされる, 義務的な (反 optional). **2**《米》(学科目が)必修の (required, 《英》compulsory; 反 elective, optional): an ~ subject 必修科目. **3** 《S》《しばしば諧謔》恒例の, おきまりの: wear the ~ hat おきまりの帽子をかぶっている.

*__**o·blige**__ /əbláɪdʒ/ 動 (**o·blig·es** /-ɪz/; **o·bliged** /-d/; **o·blig·ing**) (名 obligátion)《格式》他 **1** 《進行形なし》[普通は受身で] (約束・法律などによって)

<...>にやむをえず…させる, …せざるをえなくする (☞ force 類義語): I was ~**d to** borrow money to pay my father's hospital bills. <V+O+C (to 不定詞)の受身> 私は父の入院費の支払いをするためにやむなく借金をした / The Constitution of Japan ~**s** us to renounce war forever. <V+O+C (to 不定詞)> 日本国憲法は我々が永久に戦争を放棄することを規定している. **2** (求めに応じて)<...>に…をしてやる, …して helpingする; <...>に恩恵を施す: She will now ~ us **with** a song. 彼女はこれから私たちに歌をうたってくれます / Would you ~ me **by** opening the window? どうぞ窓を開けてくださいませんか. ── 自 (相手の)求めに応じる, 親切にする: If you need any help, I'd be happy to ~. 何かお手伝いが必要でしたら喜んで伺います.

be oblíged [動] 自 (S) 《丁寧》感謝している, ありがたく思う: Much [I'm much] ~**d** (to you). 《古風》どうもありがとうございます / We should be greatly ~**d** if you would come with us. 我々といっしょにおいでいただければ大変ありがたいのですが.

*__**o·blig·ing**__ /əbláɪdʒɪŋ/ 形 [ほめて] 人に親切にする, よく尽くす (kind). **~·ly** 親切に, 快く.

*__**o·blique**__ /oʊblíːk, əb-/ 形 **1** 遠回しの, 婉曲な: make an ~ reference to the divorce 離婚を暗にほのめかす. **2** 《普通は》Ⓐ 斜めの, はすの: an ~ line [stroke] 斜線 (/) / an ~ glance 流し目. **3**《幾》 (角度が)斜角の (直角でない): an ~ angle 斜角. ── 名 C (英) 斜線 (/).

oblíque·ly 副 遠回しに; 斜めに, はすに.

oblíque·ness 名 U 遠回しなこと, 斜めであること.

*__**o·blit·er·ate**__ /əblítərèit/ 動 他 **1**〈物・地域など〉を完全に破壊する. **2**〈…〉を覆い隠す. **3**〈…〉の形跡をなくす; 〈記憶など〉を抹殺する; 〈文字など〉をかき消す.

o·blit·er·a·tion /əblìtəréɪʃən/ 名 U 完全な破壊; 消し去ること; 抹殺.

*__**o·bliv·i·on**__ /əblíviən/ 名 U **1** 忘れられること, 忘却. **2** (眠りや泥酔による)無意識状態, 人事不省. **3** (完全に)破壊された状態: bomb a city into ~ 都市を爆撃で完全に破壊する. **sínk [páss, fáll, fáde] into oblívion** [動] 自 世に忘れられる.

*__**o·bliv·i·ous**__ /əblíviəs/ 形 Ⓟ <...>に気がつかないで, <...>を忘れて: He seems ~ **of** [**to**] the impending danger. 彼は危険が迫っていることに気づいていないようだ. **~·ly** 副 気づかずに. **~·ness** 名 U 気がつかないこと.

ob·long /ὰblɔːŋ | óblɔŋ/ 形, 名 C 《米》細長い形(の); (英) 長方形(の).

ob·lo·quy /ὰblɔkwi | ób-/ 名 U 《格式》 **1** (世間からの)悪口, そしり. **2** 悪評, 汚名, 不面目.

*__**ob·nox·ious**__ /ɑbnɑ́kʃəs, əb-/ | əbnɔ́ks-, ɑb-/ 形 (人・言動などが)気に障(さわ)る, 不快な (to); (においなどが)いやな: an ~ drunk 飲んで醜態をさらす人. **~·ly** 副 不快に(なるほど). **~·ness** 名 U 不快なこと.

obo, o.b.o. /óʊbi:óʊ/ 略《米》=or best offer (☞ offer 名 成句).

o·boe /óʊboʊ/ 名 C 《楽》オーボエ《高音の木管楽器》.

o·bo·ist /óʊboʊɪst/ 名 C オーボエ奏者.

*__**ob·scene**__ /ɑbsíːn/ 形 **1** わいせつな, みだらな: ~ phone calls わいせつないたずら電話 / ~ language ひわいなことば. **2** 実にひどい, めちゃくちゃな: an ~ amount of money けしからぬほど多額の金. **3**⒮ 醜悪な, おぞましい. **~·ly** 副 わいせつに; ひどく.

*__**ob·scen·i·ty**__ /ɑbsénəti/ 名 (**-i·ties**) U わいせつ; U《普通は複数形で》わいせつ行為, ひわいなことば.

ob·scu·ran·tis·m /ὰbskjúɹ(ə)rəntizm, ɑb- | ὰb-skjʊɑːrɛ́n-/ 名 U《格式》反啓蒙主義, 愚民政策.

ob·scu·ran·tist /ὰbskjúɹ(ə)rəntɪst, ɑb- | ὰb-skjʊɑːrɛ́ntɪst/ 名, 形《格式》反啓蒙主義[愚民政策]の.

obscure

*ob·scure /əbskjúɚ, ab- | əbskjúə, ɔb-/ 形 (**ob·scur·er** /-skjú(ə)rə | -rə/; **ob·scur·est** /-skjú(ə)rɪst/; 名 obscúrity) **1** 世に知られない, 無名の: The movie made the ~ writer famous. その映画で有名になった. **2** (意味・説明などが)はっきりしない, わかりにくい, あいまいな, 不明瞭(な)《☞類義語》: for some ~ reason 何かはっきりしない理由で / There are some ~ points in his proposal. 彼の提案にはわかりにくい点がいくつかある. **3** A (形状などがぼんやりした; 薄暗い. 語源 ラテン語で「覆われている」の意. — (**ob·scur·ing** /-skjúrɪŋ/) 他 〈…〉を見えなくする, 覆い隠す (hide); 〈意味・発音・事実など〉を不明瞭[あいまい]にする. **~·ly** 副 世に知られず に; はっきりせずに, 不明瞭に; ぼんやりと.

【類義語】obscure 見方が悪いか, あるいは隠れて見にくいために不明瞭なこと. **vague** 精密さ, 精確さに欠けているために不明瞭なこと. **ambiguous** 2つ以上の意味にとれるために不明瞭なこと. **equivocal** 2つ以上の意味にとれるために不明瞭なことだが, ambiguousと違ってわざとあいまいにしようとする意図を含む.

*ob·scu·ri·ty /əbskjú(ə)rəṭi, ab- | əb-, ɔb-/ 名 (**-ri·ties**; 形 obscúre) **1** ∪ 世に知られないこと, 無名: die in ~ ひっそりと亡くなる / sink [fade] into ~ 世に忘れられる. **2** ∪,C 不明瞭(な点), 難解さ: a poem full of obscurities 難解な所の多い詩. **3** ∪ (文) 暗さ.

ob·se·quies /ábsəkwɪz | ɔ́b-/ 名 (複) (格式) 葬式.

ob·se·qui·ous /əbsíːkwiəs/ 形 (格式) (軽蔑) こびへつらうような, 卑屈な (to). **~·ly** 副 こびへつらって, 卑屈に. **~·ness** 名 ∪ こびへつらい, 卑屈さ.

ob·serv·a·ble /əbzɚ́ːvəbl | -zɚ́ː-/ 形 観察できる, 目につく. **-a·bly** /-vəbli/ 副 目に見えて.

*ob·ser·vance /əbzɚ́ːv(ə)ns | -zɚ́ː-/ 名 (形 obsérve 他 4, 5) **1** ∪ 〈法律・しきたりなど〉を守ること, 遵守(じゅんしゅ): the ~ of the law 法律を守ること. **2** ∪ 〈祭り・祝日など〉を祝うこと: the ~ of Easter イースターを祝うこと. **3** C [しばしば複数形で] (宗教上の)儀式, 祭典.

ob·ser·vant /əbzɚ́ːv(ə)nt | -zɚ́ː-/ 形 (動 obsérve) **1** [ほめて] 注意深い, 観察力の鋭い (of). **2** (格式) (宗教上の規律や慣習などを)よく守る, 厳守する (of).

*ob·ser·va·tion /ɑ̀bzɚvéɪʃən, -sɚ- | ɔ̀bzə-/ 名 (~s /-z/; 動 obsérve 1, 2, 3, 自) **1** ∪,C 観察, 観測, [複数形で]観察結果, 観測値 [観測]報告; ∪ 観察力: the ~ of nature 自然の観察 / the ~ of the stars 星の観測 / powers of ~ 観察力 / ~s on [about] human behavior 人間の行動の観察記録.

2 C (観察をもとにした)意見, 考え, 所見, 発言 (remark): make some ~s on [about] the subject その問題について2, 3 考えを述べる / He was right in his ~ that poverty was one cause of war. 彼が貧困が戦争の原因のひとつであると述べたのは正しかった. **3** ∪ (人に)見られること, 人目(につくこと); 監視, 看護: escape ~ 人目に見られないですむ. **4** ∪ =observance 1. **be ùnder observátion** 動 自 (容疑者・患者などが)監視[看護], 観察されている. **kéep ... ùnder observátion** 動 自 〈容疑者・患者など〉を監視[看護], 観察する.

ob·ser·va·tion·al /ɑ̀bzɚvéɪʃ(ə)nəl, -sɚ- | ɔ̀bzə-/ 形 (格式) 観察の, 観察に関連した.

observation dèck 名 展望台[デッキ].

observátion pòst C (敵を見張る)監視所.

observátion tòwer 名 C 監視塔.

*ob·ser·va·to·ry /əbzɚ́ːvətɔ̀ːri | -zɑ́ːvətəri, -tri/ 名 (**-to·ries**) 観測[測候]所, 天文[気象]台: 'an astronomical [a meteorological] ~ 天文[気象]台.

*ob·serve /əbzɚ́ːv | -zɚ́ːv/ 動 (T1) (**ob·serves** /-z/; **ob·served** /-d/; **ob·serv·ing**) 他 (形 obsérve 1, 2, 3 では 名 òbservánce; 4, 5 では 名 òbservánce; 形 ob-sérvant) 他

元来は「注意をする」の意.
→「観察する」**2** → 「見てとる」**1** → 「気がつく」
→「気づいたことを述べる」**3**
→「(決まりに)留まおる」→「守る」**4** → 「(決められた行事を守る)」→ 「(祝祭日を)祝う」**5**

1 [進行形なし] (格式) (観察によって)〈…〉を見てとる, 見てつる, 〈…〉に気がつく (notice): Darwin ~d the difference between the two plants. ダーウィンはその2つの植物の違いに気がついた / He ~d that the temperature had dropped suddenly. <V+O (that 節)> 彼は気温が急に下がったことに気がついた / I ~d her **go** out of the room. <V+O+C (原形)> 彼女が部屋から出て行くのに気がついた. 語法 上の文を受身の文にすると上の原形の代わりに不定詞が用いられる《☞ verb of perception 文法》: She was ~d to go out of the room. // I ~d them talk**ing** happily. <V+O+C (現分)> 彼らが楽しそうに話しているのを見た. 語法 上の文を受身の文にすると次のようになる: They were observed talking happily.

2 〈…〉を観察する, 観測する, (注意して)見守る, 監視[傍聴]する: He spent most of his time observing the behavior of birds. 彼は鳥の生態観察に時間の大部分を費やした / the eclipse of the moon 月食を観測する / **O~** closely **how** the young buds grow. <V+O (wh 節)> 若芽がどう生育するかよく観察しなさい.

3 (格式) (意見・考えとして)〈…〉を述べる, 言う (remark): He ~d that the government should take the necessary measures immediately. <V+O ((that) 節)> 彼は政府は必要な手段を直ちに講ずるべきだと述べた / "It's getting warmer and warmer," she ~d. <V+O (引用節)> 「だんだん暖かくなってきますね」と彼女は言った. **4** 〈命令・規則・慣習など〉を守る, 遵守(じゅんしゅ)する: ~ the traffic regulations 交通法規を守る. **5** 〈祝日〉を祝う, 〈式など〉を行なう (☞ celebrate 類義語): ~ Christmas クリスマスを祝う. — 自 観察する, 観測する.

*ob·serv·er /əbzɚ́ːvɚ | -zɚ́ːvə/ 名 C **1** 観察者, 観測者; [新聞で] (政治・経済などの)評論家; 傍観者, 目撃者: a shrewd ~ of human behavior 人間の行動を鋭く観察する者 / a casual ~ 何の気なしに見ている人. **2** 視察員, 視察者; (会議などの)オブザーバー, 立会人; 傍聴人.

Ob·serv·er /əbzɚ́ːvɚ | -zɚ́ːvə/ 名 固 [the ~] 『オブザーバー』(英国の日曜版新聞).

*ob·sess /əbsés, ab- | əb-, ɔb-/ 動 (**ob·sess·es** /-ɪz/; **ob·sessed** /-t/; **-sess·ing**; 名 obséssion) 他 [しばしば受身で] (固定観念・妄想が)〈人〉に取りつく; 〈…〉を悩ます: She **is** ~ed with [**by**] strange fears. <V+O の受身> 彼女は得体の知れない恐怖に取りつかれている. — 自 過度に意識する, 気にしすぎる (about, over).

*ob·sessed /əbsést, ab- | əb-, ɔb-/ 形 (妄想などに)取りつかれた[て], (…のこと)ばかり考えて (with).

*ob·ses·sion /əbséʃ(ə)n, ab- | əb-, ɔb-/ 名 (~s /-z/; 動 obséss) ∪,C (心) 強迫観念, 妄想; とりこになること; C とりついて悩ます人[物]: Kate has an ~ **with** cleanliness. ケートは清潔強迫観念にとりつかれている.

ob·ses·sion·al /əbséʃ(ə)nəl, ab- | əb-, ɔb-/ 形 = obsessive.

*ob·ses·sive /əbsésɪv, ab- | əb-, ɔb-/ 形 (動 ob-séss) [普通は限定] 妄想に取りつかれたようにまでにこだわる (about); (考え・感情などが)頭[心]から離れない, 強迫的な; 異常な(までの). — 名 C (医) 強迫観念[妄想]に取りつかれた人. **~·ly** 副 異常なまでのこだわりで. **~·ness** 名 ∪ 異常なまでのこだわり.

obsèssive-compúlsive 形 (心) 強迫の:

neurosis 強迫神経症 / ~ **disorder** 強迫性障害(《略》OCD). ── 名 C 強迫神経症患者.

ob·sid·i·an /əbsídiən/ 名 U 黒曜岩.

ob·so·les·cence /ὰbsəlés(ə)ns/ | ɔ̀b-/ 名 U 廃(すた)れかけていること: planned [built-in] ~ 計画的旧式化(《買い替えを促すために次々とモデルチェンジすること》).

ob·so·les·cent /ὰbsəlés(ə)nt/ | ɔ̀b-/ 形 廃れかけた, 旧式になった.

***ob·so·lete** /ὰbsəlíːt, ǽbsəlìːt | ɔ̀bsəlíːt, ɔ́bsəlìːt/ 13 形 今では時代遅れの, 廃れた: an ~ word 死語.

***ob·sta·cle** /ɑ́bstəkl | ɔ́b-/ T2 名 (~s /-z/) 障害, じゃま(物); 障害物 (☞ stand 単語の記憶): an ~ **to** promotion 昇進の妨げ / put ~**s in the way of** the plan 計画の進行を妨げる / They had cleared the ~ from the road. 道路から障害物が取り除かれた.

óbstacle còurse 名 C 1 (障害物競走での)一連の障害物; 軍事教練場 (《英》 assault course). 2 (目標達成までの)一連の難関, 険しい道のり.

óbstacle ràce 名 C 障害物競走.

ob·stet·ric /əbstétrɪk/ 形 [普通は A] (医)産科の.

ob·ste·tri·cian /ὰbstətríʃən | ɔ̀b-/ 名 C (医)産科医: an ~ gynecologist (主に米) 産婦人科医 (《略》 ob-gyn》.

ob·stet·rics /əbstétrɪks/ 名 U (医)産科学. **ob·stétrics and gynecólogy** 名 (主に米)産婦人科学 (《略》 ob-gyn).

ob·sti·na·cy /ɑ́bstənəsi | ɔ́b-/ 名 U 頑固(さ).

***ob·sti·nate** /ɑ́bstənət | ɔ́b-/ 形 1 [しばしばけなして]頑固な, 強情な (☞ stubborn 類義語): an ~ **child** 強情な子供. 2 A (問題などが)厄介な; (病気などが)難治の, しつこい; (しみ・雑草などが)取り除きにくい. **~·ly** 副 頑固に, 強情に; 執拗(しつよう)に.

ob·strep·er·ous /əbstrép(ə)rəs/ 形 (格式)または(滑稽)(子供・酔っぱらいなどが)騒々しくて手に負えない, 乱暴な. **~·ly** 副 騒がしく(手に負えないほど).

***ob·struct** /əbstrʌ́kt/ 13 動 他 (道などを)通れなくする, ふさぐ (with); (人・通行・活動・議事の進行などを)じゃまする, 妨げる; (視野)をさえぎる (☞ prevent 類義語; structure 単語の記憶).

***ob·struc·tion** /əbstrʌ́kʃən/ 名 1 妨害; 障害, 支障, 議事妨害 (of): ~ **of justice** 司法妨害. 2 C U じゃま物, 障害物; (管の中の)詰まりもの; (医)閉塞(へいそく): bowel ~ 腸閉塞. 3 U (スポ)プレー妨害.

ob·struc·tion·ism /əbstrʌ́kʃənìzm/ 名 U (格式) (特に議事の)進行妨害.

ob·struc·tion·ist /əbstrʌ́kʃ(ə)nɪst/ 名 C (格式) (議事)妨害者. ── 形 妨害的な.

ob·struc·tive /əbstrʌ́ktɪv/ 形 1 妨害をする; (…の)じゃまになる (to). 2 A (医) 閉塞(へいそく)性の. **~·ly** 副 妨害して.

***ob·tain** /əbtéɪn/ T1 動 (**ob·tains** /~z/; **ob·tained** /-d/; **-tain·ing**) (格式) 他 (…を)得る, 手に入れる; 買う (☞ get 類義語; contain 単語の記憶): I managed to ~ the CD **for** you. 〈V+O+for+名・代〉 やっとのことで君に渡す CD が手に入った / They ~**ed** the information **from** a spy. 〈V+O+from+名・代〉 彼らはその情報をスパイから得た / It can be ~**ed for** less than 100 dollars **at** [from] (the) duty-free shops. 〈V+O の受身〉 それは免税店で 100 ドルの出さないで買える. ── 自 (進行形なし)(状況・風習・規則などが)存在する, 広く行われている, 通用する.

ob·tain·a·ble /əbtéɪnəbl/ 形 (反 unobtainable) [普通は P](格式) 手に入れられる, 得られる; 買える.

ob·trude /əbtrúːd/ 動 (格式) 他 1 (ひどく)目立つ; (…に)割り込む, でしゃばる (on, upon, into). 2 (頭などが)突き出る. ── 他 1 〈考えなど〉を(無理に)押しつける, 強いる (on, upon). 2 〈頭など〉を突き出す. **obtrúde onesèlf** 動 自 (格式)でしゃばる.

ob·tru·sive /əbtrúːsɪv/ 形 (反 unobtrusive) (格

---

occasion 1211

式)押しつけがましい, でしゃばり; ひどく目立ち, 鼻につく. **~·ly** 副 でしゃばって; ひどく目立って.

ob·tuse /əbt(j)úːs | əbtjúːs/ 形 1 (格式)(けなして) 鈍感な, 愚鈍な: He's being ~. やつはわざとわからないふりをしてる. 2 (幾)鈍角の (反 acute): an ~ angle 鈍角. **~·ly** 副 鈍感に. **~·ness** 名 U 鈍感さ.

ob·verse /ɑ́bvəːrs, əbvə́ːrs | ɔ́bvəːs/ 名 [the ~](格式) 1 正反対(のもの) (of). 2 (コイン・メダルの)表, 表面 (反 reverse): the ~ **of** a medal メダルの表側.

ob·vi·ate /ɑ́bvièɪt | ɔ́b-/ 動 他 (格式) 〈危険・困難・必要性など〉を取り除く, 除去する (remove): ~ the need for …… を不要にする.

***ob·vi·ous** /ɑ́bviəs | ɔ́b-/ T1 形 1 明らかな, 明白な; (見て)すぐわかる; (誰の目にも)自然な (類義語): **for** ~ reasons はっきりした理由から / the [an] ~ **choice** 誰でも選びそうな人[もの] / His fatigue was ~. 彼が疲れていたことははっきりしていた / **It is** ~ **(to** everyone) **that** she did not write the novel herself. 彼女が自分でその小説を書いたのではないことは(だれの目にも)明らかである. 2 (けなして)わかりきった, (人が)見え透いた態度を見せる: state the ~ わかりきったことを言う (☞ the[6]) / But did she have to be so ~ **about** it? しかし彼女はそのことにそんな見え透いた態度を見せる必要があったのか. 語源 ラテン語で「道(☞ via)に横たわっている」の意から, 「だれにでも目につく」の意となった. ☞ -ous.

【類義語】**obvious** 見てすぐわかるような明白さで, 隠れている部分がないこと: The reason for his failure is *obvious*. 彼の失敗の理由は明らかだ. **clear** 疑いなどを起こさせる要素が存在しないような明らかさ: It is *clear* that this is a mistake. これが誤りだということは明らかだ. **plain** 単純でわかりやすくて明白なこと: The facts are quite *plain*. 事実は非常に明白だ. **apparent** *evident* とほぼ同じ意味に用いられることもあるが, 目に見えることから判断して明白なことを指す: His intentions were *apparent*. 彼の意図は明らかだった. **evident** 外に現われている事実から推論して明白であることで, 事実に推論が加わることが特徴である. **manifest** *evident* より強いことばで, 外に現われている事実がすべてを物語るような明白さで, 推論や判断の必要もないほどの明白さをいう: It is *evident* that the story has been plagiarized, and in comparison with the original, its inferiority is *manifest*. その物語は盗作であることは確かで, 原作と比べてみるとその劣っていることは明白だ.

***ob·vi·ous·ly** /ɑ́bviəsli | ɔ́b-/ 副 文章飾語 明らかに, 当然ながら; [返答で](その点は)明らかです: an ~ **wrong** answer 明らかに間違った答 / You are ~ mistaken. 君は明らかに思い違いをしている / O~, they did not release the murderer. 無論のこと殺人犯は釈放されなかった / O~ not! 明らかに違います.

óbvious·ness 名 U 明白さ; わかりきったこと.

oc·a·ri·na /ὰkəríːnə | ɔ̀k-/ 名 C オカリナ (《陶・金属製のつぼ形の笛》).

O'Ca·sey /oʊkéɪsi, ə-/ 名 固 **Sean** ~ オケーシー (1880-1964) (《アイルランドの劇作家》).

Óc·cam's rázor /ɑ́kəmz-|ɔ́k-/ 名 [単数形で] (哲)オッカムのかみそり (《無用な複雑化を避け, 最も簡潔な理論を採るべきだという原則》).

***oc·ca·sion** /əkéɪʒən/ T1 名 (~**s** /~z/; 形 occásional)

元来は「物事が降りかかること」の意.
→「機会」3「場合」1 →(特別の場合の)意から「行事」2 の意となった.

---

1 C (何か出来事のある)**場合**, 折, 時 (☞ case[1] 類義語): I have been there *on* several ~**s**. 私はそこに何回か行ったことがあります.

occasional

2 ⓒ 行事のある時, 行事; 式日; 祭典, 盛儀: She wore those jewels only *on* special ~s. 彼女はそれらの宝石を何か特別の行事のある場合だけ身につけた / This dress is for formal ~s. この服は改まった席向きです / His birthday party was [great [quite an] ~. 彼の誕生日のパーティーはとても盛会でした.
3 [単数形で] 機会, 折; 好機; (何かにふさわしい)場合: This is a good ~ *to* contact him. <N+to 不定詞> 今が彼に近づくよいチャンスだ / This is not an ~ *for* complaints. 今は不平を言っている場合ではない. **4** [U] また単数形で] (格式) 理由 (reason); きっかけ, 原因 (cause); 必要: the ~ *of* the riot 暴動のきっかけ / There is no ~ *for* him *to* get excited. 彼が興奮するいわれはない (⇒ **for** 前 B 1) / Is there any ~ *for* anxiety? 何か心配する理由があるのですか.

a sénse of occásion [名] 時と場所をわきまえた良識; その場にふさわしい感情.
if [when] (the) occásion aríses [副] (格式) 機会があったら, 必要があれば.
márk the occásion [動] ⓐ (…を)お祝いする (of).
on an [óne] occásion [副] かつて, ある時 (once).
on occásion(s) [副] 時折, 折にふれて: I meet him *on* ~ at our club. 彼とは時々クラブで会う.
on the occásion of … [前] (特別な出来事)のとき [折]に: I met him *on the* ~ *of* the opening of the museum. 私は博物館が開館したときに彼と会った.
ríse to the occásion [動] ⓐ 臨機応変の処置をとる, とっさに対応する.
táke [úse] thís [the] occásion to dó [動] この[その]機会を利用して…する: I would like to *take this* ~ *to* thank everybody. この機会を利用して皆さんに感謝したい.
— [動] ⓗ (格式) 〈…〉を引き起こす (cause); 〈人に×〉不安感など〉を引き起こさせる.

*oc·ca·sion·al /əkéɪʒ(ə)nəl/ 形 (名 occásion) [比較なし] [普通は A] **1** 時折の, たまの: an ~ visitor たまに来る客 / The outlook for tomorrow is (for) cloudy skies with ~ showers. あすは曇り時々雨でしょう《天気予報で》/ I drink the ~ glass of wine. 私はたまにワインを飲む. **2** (格式) 特別な場合のための; 臨時の: an ~ speech 特別な席でのあいさつ / an ~ chair 補助いす / an ~ table 予備テーブル.

*oc·ca·sion·al·ly /əkéɪʒ(ə)nəli/ 副 (1) 時折, 時々(〔➔〕 **always** 表): My son ~ writes to me. 息子はたまに手紙をよこす / I see Mr. Smith only ~ these days. 最近はスミスさんにたまにしか会わない / It rains *very* ~ (in) this season. この季節に雨はめったに降らない.

Oc·ci·dent /á(ː)ksədənt, -dnt | ɔ́k-/ 图 [the ~] 《文》西洋; 欧米, 西欧諸国 (the West). 語源 ラテン語で「日の沈む地域」の意. 関連 Orient 東洋.

*oc·ci·den·tal /ɑ̀(ː)ksədéntl | ɔ̀k-/ (格式) 形 A 西洋の, 西欧の (Western). 関連 oriental 東洋の.
— 图 ⓒ 西洋人.

oc·cip·i·tal /ɑ(ː)ksípətl | ɔk-/ 形 [解] 後頭(部)の: the ~ lobe 後頭葉 (視覚野がある).

oc·clude /əklúːd/ 動 ⓗ **1** (格式) 〈通路・穴など〉をふさぐ; 〈視覚的に〉さえぎる. **2** [化] 〈気体〉を吸蔵する.
— ⓐ [歯] 咬合(ﾛ)する.

oc·clu·sion /əklúːʒən/ 图 [U.C] (格式) 閉鎖, 遮へい; [化] 吸蔵; [歯] 咬合; [気象] 閉塞(前)線.

*oc·cult /əkʌ́lt | ɔkʌ́lt/ 形 A 神秘的な, 不思議な; 秘法の: ~ arts 秘術 (錬金術・占星術など). — 图 [the ~] 神秘的なもの, オカルト.

oc·cult·is·m /əkʌ́ltɪzm | ɔkʌ́ltɪzm/ 图 [U] 神秘的な力[オカルト]の信仰, 神秘主義.

oc·cult·ist /əkʌ́ltɪst | ɔkʌ́lt-/ 图 (格式) 神秘的な力[オカルト]の信仰者, オカルティスト.

oc·cu·pan·cy /ákjʊp(ə)nsi | ɔ́k-/ 图 [U] (格式) **1** (家・土地などの)占有, 領有; 占有期間: take ~ of … …を占有する / IMMEDIATE OCCUPANCY 即時入居可《空き家などの掲示》. **2** (部屋・建物の)占有[利用]人数, 占有利用率: single [double] ~ お 1 人[2 人]様利用(で).

+**oc·cu·pant** /ákjʊpənt | ɔ́k-/ 图 ⓒ (格式) **1** (家・部屋・土地などの)占有, 入居)者 (of); (乗物などに)乗っている人, 乗客. **2** (ある地位に)就いている人 (of).

*oc·cu·pa·tion /ɑ̀(ː)kjʊpéɪʃən | ɔ̀k-/ [T1] 图 (~s | ~z) òccupátional)

動詞 occupy (占める, 費やす)から
→ (時間を取られること) → (仕事) → 「職業」 1
→ (場所を取ること) → 「占有」 3

1 C.U. [主に W] 職業, 職, 定職, 仕事 ((➔ 類義語)): He has no steady ~. 彼には定職がない / 会話 "What is your ~?" "I'm a nurse." (格式) 「ご職業は」「看護師です」. 語法 最も一般的には What do you do? を用いる (➔ **do²** 他 1).

2 ⓒ (特定の時間の)使い方, 暇つぶし; (一般に)活動する事《趣味・仕事など》: Reading is one of her favorite ~s. 読書は彼女の好きな時間の過ごし方の一つです. **3** [U] (軍隊などによる土地の)占領; (建造物の)占拠; 占領[占拠]期間; (場所・地位・時間などの)占有; (ある場所での)居住: the ~ of a town 都市の占領 / under ~ ~ 占領されて(いる) / ~ forces 占領軍.

【類義語】**occupation** 従事している職業を, その背景に関係なく表し, 書類に用いる語. **profession** 弁護士・医師・教師・牧師・建築家のように知的・専門的な技術・学識を必要とするもの: the teaching *profession* 教職. **business** 商業・実業関係の営利を目的とする職業: What *business* is he in? 彼の商売は何ですか. **vocation** そこで生活費を稼ぐかどうかは問わず, 社会のために自分の天職として打ち込む仕事: Medicine is my *vocation*. 医学が私の天職だ. **trade** 手を使う技術的な訓練と経験を必要とする職業: He is a mason by *trade*. 彼の職業は石屋だ. **employment** 職種に関係なく給料を得て働く勤め(ロ)を意味する: I found *employment*. 就職口が見つかった. **job** [C か job 類義語 参照] 一時的と永久的とを問わず, ある特定の時期に従事する職業を意味し, 上のいずれの語の代わりにも用いられるだけ感じの語: I'm looking for a part-time *job*. 私はアルバイトを探している. **work** 金を稼ぐか稼がないかを問わず, あらゆる種類の仕事を表わし最も一般的な語: Raising children is her *work*. 子供を育てるのが彼女の仕事だ. **career** 成功を求めて一生の仕事とするような職業: "Has Tom decided on a *career* yet?" "Yes, he's going to be a doctor."「トムはもう何になるのか決めたのかい」「ええ, 医者になるらしい」

+**oc·cu·pa·tion·al** /ɑ̀(ː)kjʊpéɪʃənəl | ɔ̀k-/ 形 (名 òccupátion) A 職業の, 職業から起こる: an ~ disease 職業病 / an ~ hazard 仕事に伴う危険 / an ~ pension 《英》職業年金. **~·ly** /-nəli/ 副 職業上.

occupátional héalth 图 [U] 職業[労働]医学.
óccupational thérapist 图 ⓒ 作業療法士.
óccupational thérapy 图 [U] [医] 作業療法.
oc·cu·pied /ákjʊpàɪd | ɔ́k-/ 形 P **1** 〈場所・建物・時間など〉占有[使用]されて; 《米》〈トイレが〉使用中で《英》engaged). (反 vacant). **2** 〈国・地域など〉占領[占拠]された.

+**oc·cu·pi·er** /ákjʊpàɪə | ɔ́kjʊpàɪə/ 图 ⓒ (主に英) (部屋・建物・土地などの)占有者, 居住者 (of); 占領軍の一員.

*oc·cu·py /ákjʊpàɪ | ɔ́k-/ [T1] 動 (-cu·pies /~z/; -cu·pied /~d/; -py·ing; òccupátion, óccupancy) 他 **1** [しばしば受身で] 〈場所・建物・地位など〉を占める, 占有する; 〈…〉に居住する《仕事など〉に〈時間〉を費やみ, 〈事が〉〈人〉に時間を使わせる; 〈人〉を従事させる; 〈心・注意など〉を引く: Is this seat *occupied*? <V+O の受身> この席はふさがっていますか

My family *occupied* most of the apartment. 私の家族がアパートのほとんどを使用していた / She *occupies* an important position in our firm. 彼女はわが社の重要な地位についている / Looking after the baby *occupied* most of her time. 赤ん坊の世話で彼女の時間のほとんどがとられた / The new video game kept the kids *occupied* for hours. その新しいテレビゲームに子供たちは何時間も夢中になった.
2 《軍隊などが》〈土地〉を占領する,〈建造物〉を占拠する: Napoleon failed to ～ Moscow. ナポレオンはモスクワの占領に失敗した / an ～*ing* army 占領軍.

be óccupied with [in] ... 〖動〗他 …に従事している, …で忙しい: He *was* (fully) *occupied* with the work [(*in*) writing the report]. 彼は仕事[その報告書を書く(の)]に(すっかり)時間をとられていた. ★ doing の前では in を省くこともある.

óccupy onesèlf with [in, by] ... 〖動〗他 …に従事する, …で忙しい: The actress *occupies herself with* [*in, by*] answering fan letters every day. その女優は毎日ファンレターの返事を書くのに忙しい.

*oc·cur /əkə́ː | əkə́ː/ 〖動〗 (**oc·curs** /～z/; **oc·curred** /～d/; **-cur·ring** /əkə́ːrɪŋ | əkə́ː-/;〖名〗occúrrence)自 **1** 〖格式〗(思いがけないことが)**起こる**, 発生する, 生ずる 〖⇨ happen 類義語〗; current 〖単語の記憶〗: The accident *occurred* at noon. その事故は正午に起こった / Such a mistake will never ～ again. こんな間違いは二度とないだろう.
2 〈考えが〉浮かぶ, ふと思いつく: 〖言い換え〗Then a good idea *occurred to* her. ＜V+*to*+名・代＞ (=Then a good idea came into [across] her mind.) その時よい考えが彼女の頭に浮かんだ / Didn't it ever ～ *to* you *that* she was lying? あなたには彼女がうそをついているとは思わなかったのですか. 〖語法〗it is that 節を受ける形式主語; 動詞型は ＜V+*to*+名・代＞ / It never *occurred to* me to help him. 彼を助けようという思いは浮かばなかった. 〖語法〗it is to 不定詞を受ける形式主語. **3** 〖副詞(句)を伴って〗〖格式〗〈物が〉存在する, ある (exist); 見つかる (be found): This sort of plant does not ～ in Asia. この種の植物はアジアにはない.

+**oc·cur·rence** /əkə́ːrəns | əkÁr-/ 〖名〗(〖動〗occúr)〖格式〗**1** Ⓒ 出来事, 事件 〖⇨ event 表〗: Traffic accidents are an everyday ～. 交通事故は毎日の出来事だ(日常茶飯事だ). **2** Ⓤ 《事件などが》起こること, 発生[出現](の確率): the ～ of a fire 火事の発生.

OCD /óusì:dí:/ 〖名〗Ⓤ 〖医〗強迫性障害 (obsessive-compulsive disorder の略).

***o·cean** /óuʃən/ 〖名〗(～**s** /～z/; 〖形〗océanic) **1** Ⓒ 〖普通 the ～〛〖主に米〛**海**: I like to swim in the ～. 私は海で泳ぐのが好きだ.
2 Ⓒ 〖しばしば O-〛**大洋**, 海洋, 大海 〖略 O; ⇨ proper noun 〖文法〗(2) (ii)〛: an ～ voyage 大洋航海 / The great ～ of truth lay all undiscovered before me. 広大な真理の大海が全く未発見のまま私の前にあった 《Newton のことば》.

―――― 世界の五大洋 ――――
the Pacific Ócean 太平洋 / the Atlántic Ócean 大西洋 / the Índian Ócean インド洋 / the Árctic Ócean 北極海 / the Antárctic Ócean 南極海

3 [～s, an ～] 〖略式〗たくさん: ～*s of* money 大金. 〖語源〗ラテン語で「(地中海に対して)外洋」の意.

ócean·frònt 〖名〗Ⓒ, 〖形〗〖米〛臨海地(の).
ócean-gòing 〖形〗《船が》遠洋[外洋]航行の.
O·ce·an·i·a /òuʃiǽniə, -éni-| -siéni-, -á:n-/ 〖名〗固 オセアニア, 大洋州 《中部太平洋・南太平洋の諸島とオーストラリア大陸の総称》.
o·ce·an·ic /òuʃiǽnɪk⁻/ 〖形〗(〖名〗ócean) [普通は Ⓐ] 大洋の, 大海の; 遠海に住む: ～ currents 海流.

ócean lìner 〖名〗Ⓒ 遠[大]洋航路の定期船.
o·cean·og·ra·pher /òuʃənɑ́grəfə˞ | -nɔ́grəfə/ 〖名〗Ⓒ 海洋学者, 海洋研究家.
o·cean·o·graph·ic /òuʃənəgrǽfɪk⁻/ 〖形〗Ⓐ 海洋学の.
o·cean·og·ra·phy /òuʃənɑ́grəfi | -nɔ́g-/ 〖名〗Ⓤ 海洋学, 海洋研究 《特に海洋生物・環境学》.
o·cean·ol·o·gy /òuʃənɑ́lədʒi | -nɔ́l-/ 〖名〗Ⓤ (総合)海洋学 (oceanography や海洋工学なども含む).
ócean·sìde 〖形〗Ⓐ 海辺の.
ócean·view 〖形〗Ⓐ 海の見える.
oc·e·lot /ɑ́səlɑ̀t | ɔ́səlɔ̀t/ 〖名〗Ⓒ オセロット 《中南米産のひょうに似たねこ科の動物》.
och /ɑ́k | ɔ́k/ 〖感〗《スコ・アイル》おお!《驚きや発言を強調したい気持ちとかを表して》.
o·cher 《米》**o·chre** /óukə˞ | -kə/ 〖名〗Ⓤ 黄土(黄・赤色絵の具の原料); オークル(黄褐色絵の具). ――〖形〗黄土色の.

***o'clock** /əklɑ́k | əklɔ́k/ 〖副〗 ...時 〖⇨ hour 4 〖語法〗〛: It's seven ～ now. 今7時です / They started at two ～. 彼らは2時に出発した. 〖語法〗「何分」まで言うときには o'clock はつかない: It's ten (minutes) past [《米》after] eight now. = It's eight ten now. 今は8時10分です. 〖語源〗元々は 'of the clock'.

O'·Con·nor /oukɑ́nə˞, ə- | -kɔ́nə/ 〖名〗固 **Flan·ner·y** /flǽn(ə)ri/ ～ オコナー (1925–64)《米国の小説家》.
OCR /óusì:áː˞ | -áː/ 〖名〗Ⓤ 〖電算〗光学式文字認識(ソフト)(optical character recognition の略).
-oc·ra·cy /ɑ́krəsi | ɔ́k-/ 〖接尾〗=-cracy.
-o·crat /əkræ̀t/ 〖接尾〗=-crat.

***Oct.** 〖略〗10月 (October).
oc·t(a)- /ɑ́kt(ə) | ɔ́k-/ 〖接尾〗「8...」の意.
oc·ta·gon /ɑ́ktəgɑ̀n | ɔ́ktəgən/ 〖名〗Ⓒ 〖幾〗八角形, 八辺形 〖⇨ triangle 表〗.
oc·tag·o·nal /ɑktǽgən(ə)l | ɔk-/ 〖形〗〖幾〗八角形の.
oc·ta·he·dron /ɑ̀ktəhíːdrən | ɔ̀k-/ 〖名〗(複 ～**s**, **-dra** /-drə/) Ⓒ 八面体.
oc·tane /ɑ́kteɪn | ɔ́k-/ 〖名〗Ⓤ 〖化〗オクタン《石油中の無色液体炭化水素》: high-～ fuel ハイオクタン燃料.
óctane nùmber [ràting] 〖名〗Ⓤ 《ガソリンなどの》オクタン価.
oc·tave /ɑ́ktɪv, -teɪv | ɔ́k-/ 〖名〗Ⓒ 〖楽〗オクターブ, 8度(音音程); 1オクターブの音域(の和音).
oc·ta·vo /ɑktéɪvou | ɔk-/ 〖名〗(複 ～**s**) Ⓤ,Ⓒ 八折判(の本).
oc·tet /ɑktét | ɔk-/ 〖名〗Ⓒ **1** 《英》単数形でも時に複数扱い 八重奏団 〖⇨ solo 表〗. **2** 八重奏曲.
oc·to- /ɑ́ktou | ɔ́k-/ 〖接尾〗=oct(a)-.

***Oc·to·ber** /ɑktóubə˞ | ɔktóubə/ 〖名〗(～**s** /～z/) Ⓤ,Ⓒ **10月** 〖略 **Oct.**; ⇨ month 表および 〖文法〗囲み〛: The leaves begin to fall *in* ～. 10月には木の葉が落ち始める / We were [got] married *on* ～ 25 [the 25th of ～] 1980. 私たちは1980年の10月25日に結婚しました (October 25 は October (the) twenty-fifth と読む; ⇨ ordinal number 〖文法〗(2)).

oc·to·ge·nar·i·an /ɑ̀ktoudʒəné(ə)riən | ɔ̀k-⁻/ 〖名〗Ⓒ 80歳代の人.
oc·to·pus /ɑ́ktəpəs | ɔ́k-/ 〖名〗(複 ～**·es**, **oc·to·pi** /ɑ́ktəpàɪ | ɔ́k-/) Ⓒ たこ 《海洋動物》; Ⓤ 《食用としての》たこ(の身)《英米ではあまり食べない》.
oc·u·lar /ɑ́kjələ˞ | ɔ́kjʊlə/ 〖形〗〖医〗視覚の, 目の.
oc·u·list /ɑ́kjʊlɪst | ɔ́k-/ 〖名〗Ⓒ 〖古風〗眼科医 (ophthalmologist).
OD /óudí:/ 〖俗〗〖動〗自 (**OD's**; **OD'd**; **OD'ing**) 麻薬

を使いすぎる; やりすぎる, 中毒になる: ~ *on* TV テレビを見すぎる. ━━ 名 C 麻薬のやりすぎ (overdose).

ODA /óudì:éi/ 略 名 U 政府開発援助 (Official Development Assistance の略).

o·da·lisque /óudəlìsk/ 名 C《文》昔の女奴隷.

＊odd /ád | ɔ́d/ (発音 ad, add) 13 形 (**odd·er** /ádə | ɔ́də/; **odd·est** /ádɪst | ɔ́d-/; 名 óddity)

〔(対(ぶ)からはみ出した)の意から.〕
→ (2 で割れない) → 「奇数の」4
→ (はみ出した) → 「(ふだでない)」→「変な」1
→「片方だけの」3 → (余分の) → 「雑多な; 臨時の」2

1 [しばしばけなして] **変な**, 風変わりな, 普通ではない, 妙な; 異様にふるまう (☞ strange 類義語): He's an ~ fellow. 変わったやつだ /「*It's* ~ *that* [*The* ~ *thing is*] she didn't speak. 彼女が口をきかなかったのは妙だ [変だ] / You seem ~ today. 今日の君は変だ.

2 A [比較なし] **雑多な**, 細切れの; **臨時の**, 片手間の; 時たまの (occasional); 《英》(ちょっとした)暇な: ~ *bits* of information 雑報 / I do ~ *jobs* during the summer vacation. 私は夏休みの間に臨時のアルバイトをします / She has *the* ~ drink now and then. 彼女はたまに酒を飲む / He helps me when he's got *the* ~ few minutes. 彼は少し暇があるときは手伝ってくれる.

3 A [比較なし] (対になっている物が)**片方だけの**, (組になっている物が)半端な; 余りの, あふれた: an ~ shoe 片方だけの靴 / ~ socks 左右そろわない靴下 / an ~ volume (全集などのうちの)半端な 1 巻.

4 [比較なし] **奇数の** (反 even²): an ~ number 奇数 / 1, 3, 5, and 7 are ~ (numbers). 1, 3, 5, 7 は奇数である. **5** [端数のない数の後で普通にハイフンとともに]《略式》…ちょっとの, …余り: 200-~ children 200 何人の子供たち / twenty-~ years 20 数年 (21 年から 29 年までの範囲).

at ódd móments [tímes] [副]《英》ちょっとした暇に, 折々に, 時々. **the ódd òne [màn, pèrson] óut** [名] (1) 仲間はずれの人. (2) 組分けで余った物 [人]; (主に英) 他とは違う物[人], 孤立した人[物].

ódd·báll 名 C, 形 A《略式》変わり者(の).

Ódd Féllows 名 複 オッドフェローズ《18 世紀英国に創立された一種の秘密共済組合》.

⁺odd·i·ty /ádəti | ɔ́d-/ 名 (**-i·ties**) **1** C 変人, 奇人; 奇行; 奇妙な物. **2** U,C 風変わりなこと, 奇妙なこと (oddness).

ódd-jób màn, ódd-jóbber 名 C《英》(主に家事などの)半端仕事をする人, 臨時雇人.

ódd-lòoking 形 (見た目に)風変わりな, 変な.

ódd lót 名 C 半端物;《株》端株.

⁺odd·ly /ádli | ɔ́d-/ 副 **1** 奇妙に, 奇異に: an ~ matched [assorted] pair 奇妙な組み合わせの 2 人. **2** 文修飾 妙なことに: O~ (enough), he rejected our proposal. 不思議なことに彼は私たちの提案を断わった.

odd·ments /ádmənts | ɔ́d-/ 名 複《略式》残り物, 半端物; がらくた.

ódd·ness 名 U 風変わり(なこと), 奇妙さ; 半端.

＊odds /ádz | ɔ́dz/ 名 複 **1** [普通は the ~] (一般に)見込み, 可能性: *The* ~ *of* his pass*ing* the exam are slim [very good]. 彼が合格する見込みは小さい [大きい] /「*The* ~ [*O~*] *are (that)* he will succeed. 多分彼は成功するだろう / What are the ~ (that) he will win? 彼が勝つ見込みはどうだろうか.

2 勝目; 優劣の差, 不利: even ~ 五分五分の勝目 / *The* ~ *are* 「*in our favor* [stacked] *against us*]. 我々に勝ち目がある [勝ち目はほとんどない] / *The* ~ *are* fifty-fifty. 勝負は五分五分だ / We won in the face of heavy [enormous] ~. 我々は大変な不利をものともせず勝った. **3** (競技などで弱い者に与える)有利な条件 (handicap); (賭(ゕ)け事の)賭け率, オッズ: give [receive] ~ ハンディ(キャップ)をつけてやる [もらう] / at ~ of ten to one 10 対 1 の賭け率で.

against áll (the) ódds [副] 猛烈な困難[抵抗]にもかかわらず, 見込みがないのに. **be at ódds** [動] 意見が合わない, 争っている (*with, over, on*); 一致しない (*with*).「**by áll** [《米》**by**] **ódds**」 [副] たぶん; [比較級・最上級とともに]はるかに.「**It** [**That**] **màkes nó ódds** [**dóesn't màke àny ódds**].」 S《英》どっちでも問題ではない, 大差はない. **láy** [**gíve, óffer, sét**] **... ódds** [動] 他〈人〉に〈ある率の〉有利な条件[賭け率]を与える (*of*). **léngthen the ódds on ...** [動] 他 …の可能性を弱める. **lóng ódds** [名] 可能性の少ないこと; 大差の賭け率. **òver the ódds** [副]《英略式》必要[予想]以上に〈代金を〉: pay [charge] *over the* ~ 法外な金を支払う[請求する]. **shórt ódds** [名] 可能性の大きいこと; 小差の賭け率[賭け金]. **shórten the ódds on ...** [動] 他 …の可能性を強める. **Whát's the ódds?** S《英》かまうものか, そんなことどうでもいいじゃないか.

ódds and énds [《英》sóds] 名 複《略式》こまごました物, 半端の寄せ集め, がらくた.

ódds·màker 名 C 賭け率を設定する人[業者], オッズ屋.

⁺ódds-ón 形《略式》勝ち目のある; 可能性の強い, そうな (likely): 言い換え *It's* ~ *that* she will win the election.=She's ~ *to* win the election. 彼女は当選しそうだ. **the ódds-on fávorite** [名]《略式》かたい本命馬; 当選の可能性のある候補者.

ódd-sóunding 形 (聞いてみて)変な, 風変わりな.

ode /óud/ 名 C 賦(ふ), 頌詩(しょう) (特定の人・物に寄せる叙情詩).

O·des·sa /oudésə/ 名 圃 オデッサ《ウクライナ南部の黒海に面した港湾都市》.

O·din /óudm/ 名 圃《北欧神話》オーディン《知識・文化・戦争・死者をつかさどる最高神》.

o·di·ous /óudiəs/ 形《格式》憎むべき, 憎らしい; ひどくいやな. **~·ly** 副 いやらしく.

o·di·um /óudiəm/ 名 U《格式》憎悪, 不評判.

o·dom·e·ter /oudámətə | -dɔ́mətə/ 名 C《米》(自動車の)走行距離計 (《英》mileometer).

o·don·tol·o·gy /òudantáləʤi | ɔ̀dəntɔ́l-/ 名 U 歯(科)学.

⁺o·dor,《英》**o·dour** /óudə | -də/ 名 C,U《格式》**1** (特にいやな)におい, 香り (☞ smell 類義語): the ~ of medicine 薬のにおい / foul ~s いやなにおい. **2** (の)気配, 気味: the [an] ~ of scandal スキャンダルのにおい. **be in bád [góod] ódor with ...** [動] 他《格式》…に評判が悪い[よい].

o·dor·if·er·ous /òudərífərəs/ 形《文》または《滑稽》においの強い, (特に)芳香のある.

ódor·less,《英》**ódour-** 形 においのない, 無臭の.

o·dor·ous /óudərəs/ 形《文》(反 malodorous) においのよい, かぐわしい.

⁺o·dour /óudə | -də/ 名《英》= odor.

O·dys·se·us /oudísiəs, -sju:s/ 名 圃《ギ伝》オデュッセウス《トロイ戦争 (Trojan War) に参加した知勇兼備のギリシャの将軍》.

⁺Od·ys·sey /ádəsi | ɔ́d-/ 名 **1** [the ~] オデュッセイア, オデッセイ 《トロイ戦争からのオデュッセウスの帰還を扱ったホメロス (Homer) の大叙事詩》. **2** C [普通は単数形で] [o-]《文》長い冒険旅行, (精神的)遍歴.

O.E., OE 略 =Old English.

OECD /óuì:sì:dí:/ 略 [the ~] =Organization for Economic Cooperation and Development (☞ economic).

OED /óuì:dí:/ 略 [the ~] =Oxford English Dictionary オックスフォード英語辞典《Oxford 大学出版局から出版されている最大の英語辞典》.

oedema [名] [C] ＝edema.

oed·i·pal /édəpəl | íːd-/ [形] [普通は [A]] エディプスコンプレックスの.

Oe·di·pus /édəpəs | íːd-/ [名] [固] 〘ギ神〙 オイディプス, エディプス. [参考] Sphinx が出したなぞの答えを「人間」と解いて Thebes の王となった英雄; 知らずに父を殺し母を妻とした. 後にこれを知り自ら両眼をえぐって放浪した (☞ Sphinx 2 [参考]).

Óedipus còmplex [名] [C] [普通は単数形で] 〘心〙 エディプスコンプレックス 《男の子が無意識のうちに父親に反発し母親を慕う傾向》. [関連] Electra complex エレクトラコンプレックス.

OEIC /ɔ́ɪk/ [名] (～s) [C] 〘株〙 オープンエンド投資信託会社 《Open Ended Investment Company の略》.

0800 nùmber [lìne] /óuèɪthʌ́ndrəd-/ [名] [C] 《英》 ＝800 (eight-hundred) number [line].

OEM /óuìːém/ [名] (～s) [C] 〘商〙 他社製部品組込製品製造販売業者[企業] 《original equipment manufacturer の略》.

oenology ☞ enology.

o'er /ɔə | ɔː/ [前] [副] 《詩》 ＝over.

oe·soph·a·gus /ɪsɑ́fəgəs, iː- | -sɔ́f-/ [名] (複 ～es, **oe·soph·a·gi** /-gàɪ/) [C] 《主に英》 ＝esophagus.

⁺**oes·tro·gen** /éstrədʒən | íːs-, és-/ [名] [U,C] 《主に英》 ＝estrogen.

óes·trous cỳcle /éstrəs- | íːs-/ [名] [C] 〘動〙 発情周期, 性周期.

oeu·vre /ɜ́ːvr(ə)/ 《フランス語から》 [名] (～s /～/) [C] [普通は単数形で] 《格式》 (作家・画家などの)全作品.

⁑**of** /(弱) (ə)v, ə; (強) ɑ́v, ʌ́v | ɔ́v/ ([同音] #a², #have², 《英》 are¹·², 《英》 #her, 《英》 #or) [前]

基本的には「所有」と「分離」(☞ off 囲み) の意.
A. [所有] …の **1, 2**
B. [分離・起源] …から離れて, から **13, 15**
C. その他
① [分量・種類] …の量[種類]の **3**
② [部分] …の中での **4**
③ [同格を示して] …という **5**
④ [目的語の関係] …を **6**
⑤ [主語の関係] …の **7**
⑥ [原料・構成要素] …から(成って) **8**
⑦ [主体を示して] …が **12**
⑧ [原因] …で **14**
⑨ [性質] …の性質を持った **16**

リスニング
of は普通は文中で弱く /əv/ と発音される. of の前に子音で終わる語があると of の /ə/ はその前の子音と結合して, a cup of coffee /əkʌ̀pəvkɔ́ːfi/, a book of economy /əbúkəvɪkɑ́nəmi/ は「アカッパヴコーフィー」,「アブッカヴィカナミー」のように聞こえる.「ア・カップ・オブ・コーフィー」,「ア・ブック・オブ・イカナミー」のように発音しない.

1 [所有・所属・特徴・性質の主体を示して] **…の, …のものである:** the size *of* the window 窓の大きさ / the legs *of* a table テーブルの脚(あし) / The roof *of* my house is red. 私の家の屋根は赤い.

[語法] **of … と所有格**
(1) 所有の主体が人の場合は所有格を用いることが多い: my father's friend's car 私の父の友人の車 (☞ -s¹ [文法]).
(2)「～の人たち」を意味する「the＋形容詞」(☞ the¹ 3) の場合は of を用いる: the needs *of the* old 老人たちの必要とするもの.
(3)「…の権利・義務」 などの意味を表わすときはしばしば of を用いる: the rights *of* workers (＝workers' rights) 労働者の権利 / the duties [responsibilities, role] *of* a teacher 教師の義務[責任, 役割].

2 [名詞＋of＋独立所有格の形で] **…のある―:** a fríend *of míne* 私のある友人. [語法] 一方 *my* friend と言えば the friend と同じく前後の関係でだれであるかがわかる特定の友人を指す (☞ mine¹ 成句 [語法]) // An old acquaintance *of* my *father's* visited us yesterday. 父の古い知人がきのううちに来た / Look at that strange hat *of his*! 彼のあのおかしな帽子を見てごらんなさい.

3 [分量・種類を示して] **…の量の, …分の; …の種類の:** a glass *of* milk 1 杯の牛乳 / a sheet *of* paper 紙 1 枚 / three pieces *of* chalk チョーク 3 本 / four acres *of* land 土地 4 エーカー / varieties *of* roses 種々のばら / a pile *of* books 山ほどの本.

4 [部分・一員を示して] (1) **…の中での, …の(うちの):** one *of* us 私たちのうちの 1 人 / five members *of* the team チームの 5 人 / None *of* them agreed. 彼らのうちだれも賛成しなかった / Some *of* the ships were lost in a storm. あらしで船のうち何隻かは行方不明になった / All *of* us got to work at once. 私たちはみなすぐに仕事に取りかかった. [語法] all *of* us は we all と言い換えられる (☞ all [代] 2). また all *of* the students は all the students と同じ.
(2) [最上級とともに] **…の中で(いちばん…):** Summer is the warm*est* season *of* the year. 夏は一年中でいちばん暑い季節です / This is the happi*est* day *of* my life. きょうは私の生涯で最も幸福な日です.

5 [名詞＋of＋名詞の語順で, 同格関係を示して] **…という:** the Republic *of* Cuba キューバ共和国 / the city *of* Rome ローマ市 / the problem *of* transporting the luggage 荷物を(どう)運ぶ(か)という問題 / the fact *of* his being a student (＝the fact *that* he is a student) 彼が学生であるという事実 (☞ that² [接] A 4).

6 [名詞＋of＋名詞の語順で, 後の名詞が前の名詞の意味上の目的語の関係にある事を示して] **…(に対して)の, …を; …を描いた[扱った]:** the love *of* God (人類が)神を愛すること (← (Man) *loves* God.; この of はまた次の 7 の意味にもなる) / the fear *of* God 神をおそれること (← (Man) *fears* God.) / a maker *of* shoes (＝a man who *makes* shoes) 靴を作る人 / the writing *of* letters (＝to *write* letters) 手紙を書くこと / the explanation *of* the cause (＝to *explain* the cause) その原因を説明すること.

7 [名詞＋of＋名詞の語順で, 後の名詞が前の名詞の意味上の主語の関係にある事を示して] **…の(行なう), …による:** the love *of* God 神の(人類に対する)愛 (← God *loves* (man).; この of はまた前の 6 の意味にもなる) // the love *of* a mother (＝a mother's love) 母の(子に対する)愛情 (← A mother *loves* (her child).) / the falling *of* rocks 岩が落ちること, 落石 (← Rocks *fall*.).

8 [原料・材料を示して] **…から, …で, …を使って;** [構成要素を示して] **…から成って:** a family *of* five 5 人家族 / The committee consisted [was made up] *of* ten members. 委員会は 10 人の委員で構成されていた / "What is this dress made *of* /ə̀v | ɔ̀v/?" "It's made *of* /əv/ wool."「このドレスは何でできていますか」「ウールです」 [語法] of は製品になったときに材料の質が変わっていないときに用いる (☞ from 7 [語法], 項目 out of 6).

9 [日付を示して] **…の:** the 15th *of* January 1 月 15 日. **10** [S] 《米》 [時刻を示して] **…前** (*to*): [言い換え] It's ten *of* two. (＝It's ten *to* two.) 2 時 10 分前だ.

11 [関連を示して] **…に関して(の):** the results *of* the

peace talks 和平会談の結果 / the topic *of* the meeting 会議の話題. **12** [it is [was]+形容詞+of+名詞・代名詞+to 不定詞の語順で，行為や状態の主体を示して] …が(—である[する]のは) (☞ for [前] B 1, it¹ [代] A 4): [言い換え] *It's* very kind [nice] *of* you *to help* me. (=You are very kind [nice] to help me.) お手伝いくださってありがとうございます. [語法] (1) 人の性質や行為のよしあしを示す形容詞が用いられる. (2) 行為を this や that で表わすことがある: That is kind *of* you. それはご親切に. (3) 時に it is などが省略される: How nice *of* you (to call). (電話をくれて)ご親切なこと.

[構文]「It is+形容詞+of+名詞・代名詞+to 不定詞」をとる形容詞

[例] *It was* foolish *of* him *to lie* to the police. 警察にうそをつくとは彼も愚かだった.
brave 勇敢な / **clever** 利口な / **courageous** 勇気のある / **cruel** 残酷な / **mean** 卑劣な / **right** 正しい / **rude** 無礼な / **stupid** ばかな / **thoughtful** 思いやりのある / **wise** 賢明な / **wrong** 悪い

13 [出所・作者を示して] …の, …による; [出生地・起源を示して] …から: men *of* England (=Englishmen) イングランド人 / He comes *of* (=*from*) a good family. 彼は名門の出である / the works *of* Shakespeare (=Shakespeare's works) シェークスピアの作品 (全体). **14** [原因を示して] …で, …のために (from): She died *of* grief. 彼女は悲しみのあまり死んだ / I was sick *of* the endless rain. 私はいつまでも続く雨にうんざりした. **15** [距離・分離を示して] …から離れて, …から; …から取り除いて, …から奪い取って (☞ off [前] [語源]): The hotel is within a six-minute walk *of* the station. ホテルは駅から歩いて 6 分以内だ. [語法] of が「距離」を示すのは普通は north, south などのような方位を表わす語，または「within+名詞」の後に続く場合である // We cleared the road *of* snow. 私たちは道路から雪を取り除いた / I was robbed *of* my bag on my way home. 私は帰宅の途中バッグを奪われた. **16** [性質・特徴などを示して] …の性質[特徴]を持った, …である, …の. [語法] しばしば「of+名詞」と同じ意味を形容詞で表わすことができる: a person *of* importance (=an important person) 重要人物 / things *of* use (=useful things) 役に立つもの / troubles *of* my own making 私自身が原因の問題. **17** [主題を示して] …について(の). [語法] about よりもやや格式ばった言い方: What was he speaking *of* /ɑ̀v | ɔ̀v/? 彼は何の話をしていたのですか / He was speaking *of* /əv/ his young days. 彼は若い頃の話をしていた. **18** 《英》 …(の時)に(よく): *of* an evening 夕方に / play golf *of* a Sunday 日曜日によくゴルフをする (*on* Sunday(s) のほうが普通). **19** [名詞+of+名詞の語順で，後の名詞が前の名詞のようであることを示して] [語法] しばしば同じ意味を形容詞で表わすことができる: an angel *of* a girl (=an *angelic* girl) 天使のような少女 / What a mountain *of* a wave! (=What a *mountainous* wave!) まるで大山のような波だ.
of áll ... ☞ all [形] 成句.

‡of course /əvkɔ́ːs, əf- | -kɔ́ːs/ [副] ☞ course [名] 成句.

‡off /ɔ́ːf, ɑ́f | ɔ́f/

基本的には「分離」の意 (☞ [語源]; of 囲み).

① (間隔が)離れて[た]	[副] 1; [前] 1; [形] 2
② (衣服が)体から取れて，脱いで	[副] 2; [前] 2
③ (仕事から)離れて，休んで	[副] 4; [前] 3; [形] 4
④ (スイッチが)切って，切れて	[副] 3; [形] 3
⑤ 割引きして	[副] 5

リスニング

off の前に子音で終わる語があると off の始めの /ɔː/ は その子音と結合して, put off /pùtɔ́ːf/, take off /tèɪkɔ́ːf/ は「プトーフ」,「テイコーフ」のように聞こえる.「プット・オーフ」,「テイク・オーフ」のように発音しない. (/t/ の発音については ☞ つづり字と発音解説 44 [注意]).

— [副] **1** 離れて; 離陸して; 向こうのほうへ, 遠くへ: get ～ (乗り物から)降りる / HANDS OFF. 手を触れぬこと《掲示》/ Our plane took ～ at two. 私たちの飛行機は 2 時に離陸した / He went ～ in his car. 彼は自動車に乗って去っていった.
2 (衣服などを)脱いで, 身につけないで ([反] on): Take ～ your hat.=Take your hat～. 帽子を脱ぎなさい / Help your father ～ ***with*** his coat. お父さんが上着を脱ぐのを手伝ってあげなさい / Shall I take the wrappings ～? 包装紙を取りましょうか.

コーパス・キーワード

「動詞+off」のいろいろ (☞ corpus)
(1) [off を 1 の意味で用いて] (自動詞) **còme óff** (柄などが)はずれる / **dróp óff** 落ちる / **húrry óff** 急いで立ち去る / **sèt óff** 出発する / **wálk óff** 歩いて立ち去る // (他動詞) **blów óff** 吹き飛ばす / **bréak óff** もぎ取る / **brúsh óff** 払いのける / **cút óff** 切り取る / **dríve óff** 追い払う / **fríghten óff** 脅して立ち去らせる / **knóck óff** たたき落とす / **márk óff** 区画する / **péel óff** (皮などを)むく / **píck óff** 摘み取る / **scrápe óff** こすり落とす / **séll óff** 手放す / **sénd óff** 発送する / **sháke óff** 振り落とす / **slíce óff** 切り取る / **téar óff** 引きはがす / **wípe óff** ふき取る.
(2) [off を 2 の意味で用いて] **hélp óff** (**with ...**) 手伝って(…を)脱がせる / **púll óff** さっと脱ぐ / **slíp óff** すばやく脱ぐ / **stríp óff** 脱ぐ / **thrów óff** 脱ぎ捨てる.

3 (電気・スイッチ・ガス栓などを)切って, 止めて ([反] on): Turn [Switch] ～ the television. テレビを消して.
4 (仕事・学校を)休んで, 休暇として: We had [took] a few days ～. 私たちは 2, 3 日休みました / He has Thursday ～. 彼は木曜日がお休みです.
5 (値段を)割引きして, 値引きして: Can you give me ten dollars ～ ***on*** it? それを 10 ドルまけてもらえますか / He let me have it at five dollars ～. 彼はそれを 5 ドルまけて売ってくれた / 20% ～! 2 割引 《商店の広告》. **6** すっかり, 終わりまで, (…して)しまう: When did you pay ～ your debts? あなたはいつ借金を払い終わりましたか / This chemical is effective in killing ～ harmful insects. この薬は害虫根絶に有効だ. **7** (予定の催し・活動などが)中止になって, 取りやめで: The parade was (called) ～ because of rain. パレードは雨で中止になった. **8** 《主に英》 (食物が)腐って: This milk has gone ～. このミルクはもう腐っている. **9** 〘劇〙 舞台裏に[で]: voices ～ 舞台裏からの声[せりふ].
óff and ón=ón and óff [副] 断続的に, 時々: It rained ～ *and on*. 雨が降ったりやんだりしていた.
óff of ... [前] 《米俗》 …から (off): take the magazine ～ *of* the table テーブルからその雑誌を取る.
Óff we gó! 《略式》 さあ行こう!, 出発!; よしやろう!
Óff with ...! …を取れ, …を除け: *O*～ *with* your shoes! 靴を脱げ / *O*～ *with* you! 行ってしまえ.
rìght [《英》 **stràight**] **óff** [副] 《略式》 =right away (☞ right¹ [副] 成句).
wéll óff ☞ well-off.
— [前] /ɔːf, ɑf, ɔ̀ːf, ɑ́f/ **1** [分離・隔離を示して] …から(離れて); …からそれて, …から分岐して; …から離陸して; (岸など)の沖に ([反] on) (☞ from 1 [語法]): get ～ a bus バスから降りる / He fell ～ his horse. 彼は馬から落ちた / The paint came ～ the wall. ペンキが壁からはげ落ちた / KEEP OFF THE GRASS. 芝生に入らないでくだ

さい《掲示》/ Take the book ~ the shelf. 本棚からその本を取ってください / My house stands ~ the main road. 私の家は大通りからちょっと離れた所にある / The ship went a long way ~ the course during the storm. 船は嵐の間にかなりコースをはずれた.

[語法] off は「接触」を示す on と反対の意味を表わす《⇨ on 前 挿絵》. なお on と off との関係は in と out of との関係に似ている《⇨ 項目 out of の挿絵》.

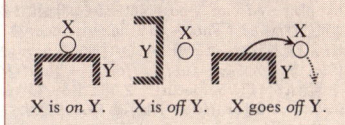

X is *on* Y.　X is *off* Y.　X goes *off* Y.

2《衣服などが》《体など》**から取れて**, …からはずれて, 脱げて《反 on》: A button has come ~ my shirt. 私のワイシャツのボタンが取れた.
3《仕事・義務など》から離れて, 免れて《反 on》: We get [are] ~ duty at 5 p.m. 仕事は午後5時に終わる / The responsibility is ~ my shoulders. 肩の荷が下りました. **4**《値段など》から割り[差し]引いて: We can take ten percent ~ the price. 値段から10%割引きいたします. **5**《略式》《入手先》から《from》: I borrowed ten thousand yen ~ a friend. 私は友達から1万円借りた. **6** …を差し控えて, やめて;《主に英》…を嫌って: She is ~ food. 彼女は食事を控えている[食欲がない] / The doctor took him ~ antibiotics for a while. 医者はしばらく彼に抗生物質を使うのをやめた. **7**《別の部屋に》離れて, 通じて: The bathroom is ~ the bedroom. 浴室は隣の寝室に通じている. **8**《英》《機械など》の…燃料[動力源]にして. [語法] 元来 off と of とは同じ語で, 強いアクセントを受けたときに off, 弱いアクセントのときに of となった. 今でも of には off の意味が残っている.

—形 [比較なし] **1** P 去って, 立ち去って: Tom is ~ *to* New York. トムはニューヨークに行っています[ニューヨークに発(た)つところだ] / I must be ~ now. もうおいとましなければなりません / At last we're ~ on our trip. さあいよいよ旅に出たぞ / They're ~!《レースが始まりスタートしました》《アナウンサーのことば》.
2 P 離れて;《ふたなどが》取れて,《衣服など》脱げて《反 on》: The station is still two miles ~. 駅はまだ2マイル先だ / The vacation is only two weeks ~. 休みまであとほんの2週間だ / The lid was ~. ふたが取れていた.
3 P 《電気・ガス・水道・電話などが》切れて, 止まって;《機械などが》止まって《反 on》;《主に英》《食堂などで》品切れで: The lights are ~. 電灯が消えた《だれかがスイッチを切って》/ Is the motor ~? モーターは止まっていますか.
4 休んで, 休みで[の], 休暇で[の]: I was ~ for the afternoon. 私は午後は非番でした. ⇨ off-season. **5**《主に英》《食べ物などが》腐った: The fish is ~. この魚は腐ってる. **6** P 《計画などが》中止になって, 取り消されて;《活動・数量などが》減って, 衰えて, 不活発な: The strike is ~. ストは中止になった / Business is 'a little ~ [~ a little]. 商売は少し低調だ.
7 正常でない, 調子が出ない; 間違って;《質など》が悪い, 劣った: She seemed to be feeling ~ when I saw her last. この前彼女に会ったとき彼女は元気がなかった / He was ~ in his calculations. 彼は計算が間違っていた. **8** P 暮らしが, 調子が《⇨ well-off, badly-off の項目, be comfortably off《⇨ comfortably 成句》》.
9《略式》《a bit, rather, very などの後で》《略式, 主に英》失礼な《with》; 認められない. **10** A 遠い, 向こう側の: the ~ side of the ship 船の沖側. **11** A《英》《馬・車などの》右側の《反 near》. **12** A 本筋から分かれた; 枝葉の.　**be óff with …**《動》他 …とは関係がない.　**Hòw are you óff for …?** …はどんな具合?,

offending 1217

…に困っていないか: How are you ~ for money? お金は十分[どの位]ある?　—名 [the ~] **1**《主に英》《レースなどの》スタート, 出走, 出発: be ready for (the) ~ ⓢ 出発の用意ができている. **2**《クリケ》《打者の》右前方.　—動 他《米略式》《…》を殺す, 始末する《kill》.　—感 あっちへ行け!

off- /5:f, ɑ́f | 5f/ [接頭] **1**「…から離れて」の意: *off*shore 沖合いの[に]. **2**「《色が》不十分な, くすんだ」の意: *off*-white オフホワイト

óff-áir 形 A, 副 放送中でない(ときの[に]).

of·fal /5:f(ə)l, ɑ́f- | 5f-/ 名 ⓤ 内臓肉, 肉のあら.

óff-bálance 形 P =off balance《⇨ balance 名 成句》.

óff-béam 形《略式, 主に英》間違った, 不正確な.

óff-béat¹ 名 ⓒ《楽》弱拍(小節内の弱やか拍)《普通第1拍以外の拍》; オフビート《ジャズなどでアクセントを置く第2·第4拍》.

óff-béat² 形《普通は A》《略式》風変わりな, 型破りの.

óff-brànd¹ 形 A《商品が》無名のブランドの.

óff-brànd² 名 ⓒ 無名の[人気のない]ブランド.

óff Bróadwày 名 ⓤ オフブロードウェー《New York の Broadway に対抗して Broadway 街以外の劇場で上演される演劇》.

óff-Bróadway 形 副 オフブロードウェーの[で].

óff-cámpus 形 副《米》《大学の》キャンパスの外の[で].

óff-cénter《英》**-céntre** 形《普通は P》中心をはずれた, 中心からそれた; 正統でない, 一風変わった.

óff chánce 名 [the ~] かすかな望み.　**on the òff chánce of …** 前 **=on the òff chánce that …** 接 万一にも…と思って, …を期待して.

óff-cólor,《英》**-cólour** 形 **1**《冗談などが》きわどい, わいせつな. **2**《米》気分が[健康が]すぐれない;《新聞で》《演技などが》普段ほどよくない: feel [look] *off color* 気分が[顔色が]よくない. [語法] P ではしばしば off color とつづる. **3** 普通の色でない.

óff-cút 名 ⓒ《木材などの》くず, 木ぎれ,《紙などの》たち落とし(くず).

óff-dày 名 ⓒ **1**《選手などにとって》ついてない日, 厄日(やくび). **2**《米》休みの日.

óff-drý 形《ワインが》かすかに甘い, オフドライの.

⁺óff-dúty 形 勤務のない, 非番の: an ~ policeman 非番の警官.　[語法] P ではしばしば off duty とつづる《⇨ off duty (duty 成句)》.

⁎of·fence /əféns/ 名《英》=offense.

⁎of·fend /əfénd/ 動 (**of·fends** /əféndz/; **-fend·ed** /~ɪd/, **-fend·ing** /~ɪŋ/) 他 offense) ⓘ 他《人の》機嫌をそこねる,《…》を怒らせる: She is ~*ed by* [*at*] the mildest criticism. <V+O の受身> 彼女はちょっとした批判でもすぐ腹を立てる / Have I done anything to ~ you? 何かあなたの気に障(さわ)ることをしたかしら?
2《見るもの·聞くものなどが》《…》に不快な感じを与える: ~ the ear [eye] 耳[目]障りである / Such a sight will ~ her. そんな光景を見れば彼女は不愉快だろう. **3**《格式》《法律·礼儀などに》背く.
—自《格式》**1** 罪を犯す《sin》: He has ~*ed* in many ways. 彼は多くの点で罪を犯している. **2**《法律·礼儀などに》背く: Such behavior ~*s against* common decency. そんなことをすると礼儀作法に反します. [語源] ラテン語で「打つ, 殴る」の意.

of·fend·ed /əféndɪd/ 形 気を悪くした, 怒った.

⁎of·fend·er /əféndə | -də/ 名 (~*s* /~z/) ⓒ **1**《法律の》違反者; 犯罪者: a first ~ 初犯者 / a repeat ~ 常習犯 / No trespassing: ~*s* will be prosecuted. 立入り禁止. 違反者は訴えられます《掲示》. **2**《問題の》元凶となるもの.

⁎of·fend·ing /əféndɪŋ/ 形 [the ~ として]《しばしば滑稽》不快な感じを与える, 問題のある; 違反した.

offense

*of·fense, (英) **of·fence** /əféns/ 图 (**of·fens·es**, (英) **of·fenc·es** /-ɪz/; 動 offénd, 形 offénsive)

1 C 罪, 違反, 反則; 過失: a criminal ~ 犯罪 / an ~ *against* the law 法律の違反 / a traffic ~ 交通違反 / a minor ~ 軽犯罪 / a first ~ 初犯 / a capital ~ 死刑に値する犯罪 / commit a serious ~ *against* humanity 人道に反するひどい行ないをする.

2 U (他人の)感情を傷つけること, 侮辱; 無礼 (to); (自分が)気を悪くすること, 立腹: I meant [intended] no ~. 私は悪気で言った[した]のではありません.

3 U (格式) 攻撃 (attack) (反 defense): The best defense is a good ~. 最善の防御は有効な攻撃である.

4 U (米)『スポ』攻撃側, オフェンス《全体》 (英) attack; (反 defense): 会話 "Which team is on ~?" "I don't know. Let's flip a coin." 「どっちのチームですか」「どうしようかな. コインで決めよう」 語法 この意味で defense と対照させるときは (米) ではしばしば /ʌ́fens/ と同じ発音される (ぽ defense 5 語法). **5** C 不愉快な事[もの], 腹の立つ事[もの]: an ~ to the eye [ear] 目[耳]ざわりなもの.

give [cáuse] offénse to... 動 ...を怒らせる: Her words *gave* [*caused*] great ~ *to* him. 彼女のことばは彼を非常に怒らせた.

Nò offénse. S (私の発言に)悪気はないです, 気を悪くしないで: I'm leaving — no ~ *to* you, but I'm tired. 私は帰りますが気を悪くしないで. 疲れているもので.

tàke offénse [動] 自 怒る: I hope you will not *take* ~ *at* what I (have to) say. 私のことばをお聞きになって怒らないでください. 語法 take offense *at* ... の場合は, offense is taken at ... の形で受身にできる.

*of·fen·sive /əfénsɪv/ 13 形 (图 offénse) **1** (人・言動などが)しゃくにさわる, 無礼な, 侮辱的な (反 inoffensive): His jokes may sound ~ *to* some women. <A+*to*+名・代> 一部の女性には彼の冗談は侮辱的に聞こえるだろう.

2 (格式) いやな, 不快な (unpleasant, disagreeable) (反 inoffensive): an ~ smell いやなにおい / a noise ~ *to* the ear 耳ざわりな音 / It was ~ to hear him say so. 彼がそんな事を言うのを聞くのは不快だった.

3 A 攻撃的な, 攻撃用の, 攻勢の (反 defensive): ~ weapons 攻撃用の武器. **4** (米)『スポ』攻撃側の (反 defensive).

——图 C **1** 攻勢, 攻撃: begin [launch] an ~ *against* the enemy 敵への攻撃をかける / take [go on, go over to] the ~ 攻勢に出る. **2** (非軍事的な)活動, (積極的な)活動: a sales [diplomatic] ~ 販売[外交]攻勢. **be [áct] on the offénsive** [動] 自 攻勢に出ている, 攻撃中である.

~·ly 副 気に障る(ほど)に, 無礼に. **2** 不快に. **~·ness** 图 U 気に障ること, 無礼.

of·fer /ɔ́:fɚ, ɑ́f-/ | /ɔ́fə/ (類語 author) **11 動 (**of·fers** /~z/; **of·fered** /~d/; **-fer·ing** /-f(ə)rɪŋ/) 他 **1** ~を**提供する**, 差し出す; 提案する, 申し出る (*for*) (ぽ confer 単語の記憶法): He ~*ed* a good plan. 彼はよい計画を申し出た 言い換え He ~*ed* his hand *to* me. <V+O+*to*+名・代> = He ~*ed* me his hand. <V+O+O> 彼は(握手しようと)私に手を差し出した / She ~*ed* me some ice cream. 彼女は私にアイスクリームを勧めた 言い換え We ~*ed* a good job *to* Mr. Hill. = We ~*ed* Mr. Hill a good job. 我々はヒル氏によい仕事を提供した (ぽ to¹ 3 語法). 語法 上の文を受身の文にすると2つが可能で, A good job *was* ~*ed* (to) Mr. Hill. (直接目的語を主語としたもの) / Mr. Hill *was* ~*ed* a good job. (間接目的語を主語としたもの) ((ぽ be² B 文法)).

2 ...しようと申し出る, ...しようと言ってあげる: He ~*ed to* help the victims. <V+O (*to* 不定詞)> 彼は被災者たちを助けようと申し出た / I ~*ed* him a lift. <V+O+O> 私は彼に車に乗せてあげようと言った.

3 <物を>(...の値で)売りに出す; (...の値で)買おうという, (物に)<...の値>をつける: The dealer was ~*ing* the used car *for* $800. <V+O+*for*+名・代> 業者は中古車を800ドルで売りに出している / He ~*ed* (me) £500 *for* my painting. 彼は私の絵に500ポンドの値をつけた. **4** <忠告・情報など>を与える; (物事が)もたらす, 提供する (*to*); <感情など>を表わす[示す]; <抵抗など>を試みる: That plan ~*ed* a lot of possibilities. その計画には多くの可能性があった / They ~*ed* little resistance. 彼らはほとんど抵抗しなかった. **5** (格式)<神に><祈りなど>をささげる; <物>を(人に)贈る (*up; to, for*). —— 自 **1** (格式) 現われる, 起こる (occur). **2** 提供する, 勧める. **hàve... to óffer** ((to) —) [動] 他 (...に)提供すべき<...が>ある: The city *has* much [a lot] *to* ~ (*to*) foreigners. 外国人はその市で楽しめる所がたくさんある // ☞ nothing but (nothing 代 成句) 用例. **óffer onesèlf** [動] 自 (格式)(物事が)現われる, 姿を現わす, 起こる.

——图 (~**s** /~z/) C **1** 提供; 提案, 申し出 (proposal): a job ~ 仕事口 / Thank you very much for your kind ~ *to* help. <N+*to* 不定詞> ご親切に援助を申し出てくださりありがとうございます (☞ to³ C (4) 構文)).

──── コロケーション ────
accept [take (up)] an *offer* 申し出を受け入れる
consider an *offer* 申し出を考慮する
turn down [decline, refuse, reject] an *offer* 申し出を断わる[辞退する]
withdraw an *offer* 申し出を撤回する
─────────────────

2 申し込み値段, 付け値; (安値での)提供: a special ~ 特価提供 / They made [put in] an ~ of $1000 *for* the painting. その絵を千ドルで買いたいと言ってきた.

an óffer... càn't refúse [名] (略式)(人が)(断わるには惜しい)大変うまい話.

màke... an óffer = màke an óffer to... [動] 他 ...に申し出をする, ...に提案する: If he *makes* 「you a good [a good ~ to you], accept it. 彼があなたによい申し出をしたら受けなさい. 語法 an offer is made to ... または ... is made an offer の形で受身にできる.

on óffer [副・形] (1) 発売中で, 提供中で. (2) (英) (値引きされて)出ている.

ópen to óffers [形] (売り手が)買い手の付け値に乗り気で.

or bést óffer (米) = (英) **or néar(est) óffer** [副] あるいはそれに(最も)近い値で «主に広告で使う; 略 obo, ono».

únder óffer [形] (英) (家などが)買い手がついて.

*of·fer·ing /ɔ́:f(ə)rɪŋ, ɑ́f-/ 图 (~**s** /~z/) **1** C 売り物, (最近の)製品[作品, 演劇, 曲など]: the latest ~ *from* ... ...の最近作. **2** U 申し出; 提供: the ~ of aid 援助の申し出. **3** C [しばしば複数形で] (神への)ささげ物, いけにえ; (教会への)献金, (人への)贈り物: accept [take] an ~ 献金を受け取る / a peace ~ 仲直りのしるしの贈り物. **4** U (格式) (神への)奉納.

óffering prìce 图 C (証券取引の)募集価格.

óffer prìce 图 C (英) = offering price.

of·fer·to·ry /ɔ́:fɚtɔ̀:ri, ɑ́f-/ | /ɔ́fətəri, -tri/ 图 (**-to·ries**) C **1** (教会での)献金. **2** 《カトリック》(ミサ中に行なわれる)パンとぶどう酒の奉献.

óff-fíeld 形 『スポ』フィールド外での.

óff-glíde 图 C 『音声』 離り音.

óff-guárd 形 P 警戒を怠って, 油断して. **cátch [táke]... óff-guárd** [動] 他 <...>の油断につけこむ.

óff·hánd 形 [けなして] ぶっきらぼうな, ぞざなりな (*with*); 即座の, 即席の: his ~ manner 彼のぶっきらぼうな態度. —— 副 **1** 即座に, 即席に, 直ちに: I can't

óff-hánded 形 =offhand. **~･ly** 副 =offhand. **~･ness** 名 U ぞんざいさ.
óff-hòur 名 C, 形 非番の時(の), 休み時間(の).

*of･fice /ɔ́ːfɪs, άf-/ 5f-/ 名 (**of･fic･es** /~ɪz/; 形 official)

元来は「任務」の意から「職務」5
→（職務の場所）→「事務所」1→「局, 省」2
　　　　　　　　　　　→「事務所の職員」4
→（職務の地位）→「官職」3

1 事務所[室], 営業所, 会社, 役所; 勤め先, 職場;《米》診療所, （大学教員の）研究室: the manager's ~ 支配人室 / the doctor's ~ 医者の診察室[診療所] / the headmaster's ~ 校長室 / the main [head] ~ 本店 / a branch ~ 支店 / an ~ romance オフィスラブ / go to the ~ 会社[役所]へ出勤する / work in an ~ 事務所[会社]に勤めている / The company moved to new ~s last year. 会社は去年新社屋に移った / He's now at the ~. 彼は今事務所にいます.

─ office 1, 2 のいろいろ ─
bóx òffice（劇場などの）切符売り場 / **búsiness òffice** 事務所 / **informátion òffice** 案内所 / **léft lúggage òffice**（英）手荷物一時預り所 /《米》**lóst-and-fóund òffice**, （英）**lóst próperty òffice** 遺失物取扱所 / **póst òffice** 郵便局 / **tícket òffice**,（英）**bóoking òffice**（駅などの）切符売り場

2 C [普通は O-]《米》（官庁の）...局[部]; （英）...省[庁]: the Foreign O~《英》外務省 / the Home O~《英》内務省 / the O~ of Management and Budget《米》行政管理予算局 / the ~ of educational affairs（大学などの）教務課.
3 U,C 官職, 公職, （要）職〔☞ job 類義語〕; 地位, 職務, 任務 (duty): the ~ of President 大統領職 / act in the ~ of chairman 議長の役目を果たす (★ of の次は普通名詞でも無冠詞が普通).

── コロケーション ──
accept [enter (into)] office 公職に就く
hold office 在職する
leave [resign] office 辞職する
seek office 職を求める
take office 就任する

4 [the ~] 事務所[会社, 役所]の職員《全体》.
5 C [O-; 主に単数形で]（宗教上の）儀式, 礼拝式: say one's O~(s) 日課の祈りを唱える.
be in óffice 動 圓 （人が）在職している;（政党が）政権を握っている. **be òut of óffice** 動 圓 （人が）在職していない;（政党が）政権を離れている. **by [through] the góod óffices of ...** = **by [through] ...'s (góod) óffices** 前《格式》...の好意あるご尽力[あっせん]で.

óff-ice 形『アイスホッケー』リンク外の.
óffice automátion 名 U オフィスオートメーション, 事務処理の自動化.
óffice blòck 名 C 《英》=office building.
óffice bòy 名 C 《古風》（会社などの）給仕, 使い走り.
óffice building 名 C《米》オフィスビル.
óffice girl 名 C《古風》（会社などの）女性社員, 使い走りの女性. 日英比較 「オフィスレディー」は和製英語. なお英語では secretary, typist のように職務名を具体的に言うのが普通.
óffice-hòlder 名 C （主に公的な）役職者, 高官.
óffice hòurs 名 [複] **1** 執務時間, 営業時間: work after ~ 残業する. **2**《米》診察時間;『米大学』学生との面接時間.
óffice pàrty 名 C 職場のクリスマスパーティー《イブ（の直前）に行なう》.

*of･fi･cer /ɔ́ːfɪsɚ, άf-/ 5fɪsə/ 名 (~s /~z/) C **1** 士官, 将校: an army ~ 陸軍士官 / a naval ~ 海軍士官 / a commanding ~ 指揮官. 関連 soldier 兵士 / sailor 水兵.
2（地位の高い）役人, 上級公務員 (official): a local government ~ 地方自治体職員 / 「an immigration [a passport control] ~ 入国審査官.
3 警察官, 警官, 巡査 (police officer)〔☞ policeman 語法〕: ~ Smith《米》スミス巡査.

会話 "Would you help me, ~?" "What's wrong, sir?"「お巡りさん, 手を貸してくれませんか」「どうしましたか」

ófficers' quàrters 名 [複]（駐屯地の）将校宿舎.
óffice wòrker 名 C 会社[役所]で働く人, 勤め人, サラリーマン〔☞ businessman 日英比較〕.

*of･fi･cial /əfíʃəl/ 田 形 名; 反 unofficial) **1** A 公の, 公務上の, 職務上の; 政府の: ~ documents 公文書 / an ~ fund 公金 / an ~ residence 官邸 / an ~ language 公用語 / He went to Osaka on ~ business. 彼は公用で大阪へ行った.
2 公認の, 公式の, 正式の; 表向きの: ~ records 公認記録 / an ~ reason 表向きの理由《必ずしも事実ではないことを暗示》/ The news is not ~. そのニュースは公式のものではない. **3** お役所風の.
── 名 (~s /~z/) C **1**（上級）**公務員**, 役人, 官僚, （幹部）職員; 役員: a government ~ 上級国家公務員, 政府高官 / White House ~s ホワイトハウス当局者[高官] / Bad ~s are elected by good citizens who fail to vote. 悪い役人は投票をしない善良な市民によって選ばれる. **2**《米》『スポ』審判(員) (referee).

Official Bírthday 名 [the ~] 公式誕生日《英国国王の公式誕生日（現在は 6 月の第 2 土曜日）》.
of･fi･cial･dom /əfíʃəldəm/ 名 U [普通は軽蔑] 官僚, (お)役人《全体》; お役所《仕事》.
of･fi･cial･ese /əfìʃəlíːz/ 名 U [軽蔑] お役所ことば; 役人用語, 官僚語法.
ófficial lìst 名 C (London の証券取引所が毎日発行する)最新の株価一覧表.

*of･fi･cial･ly /əfíʃəli/ 副 (反 unofficially) **1** 公式に, 正式に, 公に; 公人として, 職務上: The government ~ announced the introduction of indirect taxes. 政府は公式に間接税の導入を発表した / The museum was ~ opened yesterday. 新しい博物館はきのう正式に開館した.
2 [文修飾語] 公式には, 正式には; （事実ではないが）表向きは: O~ he is on leave, but actually he is being investigated by the police. 彼は表向きは休暇中になっているが, 実際は警察に取り調べられている.

offícial recéiver 名 [しばしば O- R-]《英》『法』破産管財人.
Official Sécrets Àct 名 [the ~] 公職秘密法《公務員の守秘義務を定めた英国の法律》.
of･fi･ci･ate /əfíʃièɪt/ 動 圓 **1** （聖職者が）司祭する; 式をつかさどる (at). **2** 審判(員)を務める (at). ── 他 〈儀式〉をつかさどる; 〈...〉審判(員)を務める.
officio ☞ ex officio の項目.
of･fi･cious /əfíʃəs/ 形 [軽蔑] おせっかいな, 差し出がましい; 横柄な. **~･ly** 副 おせっかいに; 偉そうに. **~･ness** 名 U おせっかい.
off･ing /ɔ́ːfɪŋ, άf-/ 5f-/ 名 [the ~] 沖, 沖合い. **in the óffing** [形・副] （物事が）間もなく起こりそうな[で].
off-ish /ɔ́ːfɪʃ, άf-/ 5f-/ 形《略式》よそよそしい.
óff-kéy 形 音程の外れた, 調子外れの; 不適当な.

— 副 音程を外して.
óff-kílter 形 1 (少し)斜めの, 傾いた; バランスのとれてない. 2 (人物・方法などが)一風変わった, 独特の.
óff-lìcence 名 C (英) =liquor store.
óff-límits 形 立ち入り禁止の (to); 許されない.
óff-líne 形 副 〖電算〗オフライン(式)の[で](《インターネットまたはコンピューターに接続[直結]していない(で)〗).
óff-lóad 動 他 1 (荷を降ろす (unload). 2 《…を〛処分する, まかせる (onto, on). 3 《悩み・罪などを〛打ち明ける. ― 自 1 荷を降ろす. 2 心中を打ち明ける.
óff-méssage 形 〘主に新聞で〙(政治家が)党の方針からはずれた.
óff-òff-Bróadway 形 A, 副 (演劇などが)オフオフブロードウェーの[で] (《ニューヨークにおいて小規模で実験的な[に]》).
óff-péak 形 A, 副 最高時をはずれた[て], ピーク時でない(時に); 閑散期の[に].
óff-píste 形 副 (スキーが)通常(滑降)コース外の[で].
óff-príce 形 (米) 値引き[バーゲン]品の(を売る).
óff-prínt 名 C (雑誌・論文の)抜き刷り.
óff-pútting 形 〘主に英〙がっかりさせる, 不愉快な; 気が散る, 当惑させる. ― ly 副
óff-rámp 名 C (米) 高速自動車道から一般道に出る車線.
óff-róad 形 (車などが)オフロード仕様の (未舗装地用).
óff-scréen 形 副 映画[テレビ]に写らない(所)で; 実生活の[で], 私生活で(の).
óff-séason 名 〘the ~〙シーズンオフ, 閑散期. ― 形 シーズンオフの[に], 閑散期の[に]. 日英比較 「シーズンオフ」は和製英語.
***óff·sèt¹** /ɔːfsét, àf-│ɔ̀f-/ 動 (-sets /-séts/; 過去・過分 -set; -set·ting /-tɪŋ/) 他 《…を〛埋め合わせる, 償う, 相殺(ますます)する (against): The loss of a few old members *was* more than ~ *by* the gain of new ones. <V+O の受身> 前のメンバーを数人やめたが新たにメンバーを獲得して十分に埋め合わせができた.
óff·set² /ɔ́ːfsèt, ɑ́f-│ɔ́f-/ 名 1 C (負債などの)差し引き, 埋め合わせ, 相殺するもの. 2 C,U オフセット印刷 (版). 3 C 枝, 枝分かれ; (山などの)支脈. ― 形 オフセット印刷の: ~ printing オフセット印刷. ― 副 ずれて, 斜めに.
óff·shòot 名 C 1 (組織の)支流, 分派 (of); (氏族の)分かれ, 分家. 2 (幹から出た)横枝, 側枝. 3 支脈, 支流, 支線.
***óff-shóre** /ɔːfʃɔ́ə, àf-│ɔ̀fʃɔ́ː/ 形 〘普通は A〙 1 (岸)沖合いの, 海岸から離れた; (風が)沖に向う (反 inshore, onshore): an ~ oil field 海底油田 / ~ fishing [fisheries] 近海漁業[場]. 2 〘商〙海外の, 国外での. ― 副 沖に向かって.
***óff·síde¹** /ɔːfsáɪd, àf-│ɔ̀f-/ 形 1 〘サッカー・ホッケー〙オフサイドの (反 onside). 2 A (英)(車などの)道路の中心に近い側の, 右側の (反 nearside). ― 副 〘サッカー・ホッケー〙オフサイドで; 道路の中央側に.
óff·sìde² /ɔːfsáɪd, ɑ́f-│ɔ̀fsáɪd/ 名 U 〘サッカー・ホッケー〙オフサイド; 〘the ~〙(英)道路の中央側.
óff·síd·er /-sáɪdə│-də/ 名 C 〘豪式〙パートナー, 相棒, 友だち.
óff·sìte 形 A, 副 (仕事場を)離れての, オフィス外[別の所]の[で]. ― 名 C (従業員の)親善旅行.
óff·spéed 形 〘野〙(投球が)スピードを殺した.
⁺**óff·sprìng** 名 (複 ~) C [しばしば 滑稽] (…の)子供 (child), 子孫; 動物の子. 語法 単数のときでも不定冠詞は用いない: He died young without leaving any ~. 彼は子供を残さずに早死にした.
óff·stáge 形 副 舞台横の, 舞台の陰の; 私生活の. ― 副 舞台横で, 舞台の陰で; 私生活で.
óff·stréet 形 表通りから外れた, 裏通りの: ~ parking 裏通りの駐車.
óff-the-cúff 形 〘普通は A〙, 副 即興[ぶっつけ本番]の[で]. 語法 P, 副 ではしばしば off the cuff とつづる.
óff-the-pég 形 副 (英) =off-the-rack.
óff-the-ráck 形 (反) =made-to-order] (米) (衣服などが)既製の[で]. 語法 P, 副 ではしばしば off the rack とつづる.
óff-the-récord 形 副 記録にとどめない(で); 非公開[オフレコ]の[で] (off the record のつづりは ☞ record¹ 成句).
óff-the-shélf 形 副 (商品などが)既製の[で]. 語法 P, 副 ではしばしば off the shelf とつづる.
óff-the-shóulder 形 (ドレスなどが)肩を出すタイプの.
⁺**óff-the-wáll** 形 〘略式〙ひどくふざけた, ばかげた; 風変わり[とっぴ]な. 語法 P ではしばしば off the wall とつづる.
óff-tráck 形 (米) (競馬の賭けや馬券販売が)場外の.
óff-whíte 名 U オフホワイト (灰色[黄色]がかった白). ― 形 オフホワイトの.
óff yéar 形 〘普通は単数形で〙1 (米) 大きな選挙のない年. 2 実りのない[充実していない]年 (for).
oft /ɔːft, ɑ́ft│ɔ́ft/ 副 〘主に合成語で〙〘文〙しばしば (often): ~-repeated しばしば繰り返される.
***of·ten** /ɔːf(ə)n, ɑ́f-│ɔ́f-/ 副 (more ~, (まれ) of·ten·er; most ~, (まれ) of·ten·est) 1 よく, たびたび, しばしば (反 seldom) (☞ always 囲み; frequently 囲み): She ~ comes to see me. 彼女はよく私を訪ねてくる / My father *would* take me to the zoo with him. 父はよく私を動物園へ連れていってくれたものでした (☞ would A 5) / He writes to me very [quite] ~. 彼はしょっちゅう私に手紙をくれます / I've told you not to be impertinent ~ enough. 生意気なことを言うなと何度も言ってきたじゃないか / I go jogging twice as ~ as last year. 去年の倍ジョギングをしている (☞ as often as … 成句) / In Japan it rains *more* ~ in September than in August. 日本では 8 月より 9 月のほうが雨が降る / The pitcher that goes too ~ to the well is broken at last. 〘ことわざ〙あまりひんぱんに井戸へ持っていく水差しは最後には割れる (危険な目もほどほどに) / It's not ~ (that) he is late. 彼が遅れることはめったにない. 2 〘複数名詞とともに〙…のことが多い: Children ~ dislike carrots. 子供にはにんじんが嫌いなことが多い.
áll tòo óften 副 (残念ながら)あまりにもひんぱんに.
as óften as … 接 …するたびに: He failed *as* ~ *as* he tried. 彼はやるたびに失敗した. ― 形 〘数詞を伴って〙…回も: He has visited New York *as* ~ *as* ten times. 彼は 10 回もニューヨークを訪れている.
as óften as … cán [cóuld] 副 できるだけひんぱんに: I visited my mother in the hospital *as* ~ *as* I *could*. 私はできるだけひんぱんに入院中の母を見舞った.
as óften as nót 副 S よく, しばしば (10 回のうち少なくとも 5 回は; ☞ more often than not).
èvery so óften 副 時々.
hòw óften 副 幾度, 何回: *How* ~ a day should I take these tablets? この錠剤は 1 日何回飲めばよいですか.
mòre óften than nót 副 S よく, しばしば (10 回のうち 5 回以上; as often as not より多い).
ónly tòo óften 副 =all too often.
óften-tìmes 副 〘米式〙=often.
Og·den /ɔːgdən│ɔ́g-/ 名 C (**Charles**) **K(ay)** /kéɪ/ ~ オグデン (1889-1957) 《英国の心理学者; Basic English を考案》.
o·give /óʊdʒaɪv/ 名 C 〘統〙累積度数分布図.
o·gle /óʊgl/ [けなして] 動 他 《…に〛色目を使う. ― 自 色目を使う (at). ― 名 C 色目, エッチな目つき.
Ó grade /óʊ-/ 名 C 〘スコ〙普通級試験 《普通は 16 歳で受ける学力試験》.

o·gre /óʊgɚ | -gə/ 名 C **1** (童話などの)人食い鬼. **2** 恐ろしい人. **3** 恐ろしいもの[こと].

*__oh__¹ /óʊ/ (同音 O²), owe; (類音 awe, oak, oar, #or)) 感 S **1** つなぎ語 [相手のことばに対する返答やコメントを導いて] **ああ, まあ,** あら(それ自体にあまり意味はない): "Don't you like me?" "*Oh*, yes." 「私のこと好きじゃないの?」「ああ, 好きだよ」
2 おお!, ああ!, おや! (驚き・恐れ・感嘆・願望などを表わす): *Oh*! I almost forgot. ああ, もう少しで忘れてしまうところだった / *Oh*, what a pity! ああ, かわいそうに / *Oh*, no! まさか(なんてこと) / "They've won." "*Oh*, have they?" 「やつらが勝ったよ」「え, 本当?」

語法 O は大文字で書かれコンマや感嘆符を伴わないが (☞ O² 語法), oh は文中に用いることもあり, 文頭では普通にコンマや感嘆符を伴う. また, O は oh よりも詩的な感じがある.

3 [相手の言うことを了解して] **なるほど, ああそう. 4** つなぎ語 [話すのをちゅうちょして, ことばを探して] **えーと, その:** I've been waiting for — *oh* — about 30 minutes. 待ち始めてから, そう 30 分ぐらいはたちますよ. **5** [呼びかけに用いて] **おい, ねえ:** *Oh*, Bill, just look at that! おい, ビル, 見てみろよ.
Óh, for ...! ...があればいいのに: *Oh*, *for* an umbrella! ああ, かさがあればいいのに. **Óh that ...!** [仮定法とともに] [文] ...であればいいのだなあ: *Oh that* I *could* see her again! ああ, 彼女にもう一度会えればなあ.

oh² /óʊ/ 名 C ゼロ (☞ zero 語法, cardinal number 文法 (2)-(5)).

OH [米郵] =Ohio.

O'·Ha·ra /oʊhɑ́ːrə, ə- | -hɑ́ːrə/ 名 ~ **Scar·lett** /skǽələt | skɑ́ː-/ スカーレット=オハラ (Mitchell 作の *Gone with the Wind* の女主人公).

O'·Háre (Áirport) /oʊhéɚ, ə-, | -héə-/ 名 オヘア空港 (米国シカゴにある国際空港).

O. Hen·ry /óʊhénri/ 名 オー=ヘンリー (1862-1910) (米国の短編作家; 本名 W. S. Porter).

O·hi·o /oʊháɪoʊ, ə-/ 名 **1** オハイオ (米国中北部の州; 略 O., [郵] では OH; 俗称 the Buckeye State; ☞ America 表, 地図 H 4) **2** [the ~] オハイオ川 (米国中東部の川, Mississippi 川に合流する; ☞ 表地図 H 4).

O·hi·o·an /oʊháɪoʊən, ə-/ 形 オハイオ州の. — 名 C オハイオ州人.

ohm /óʊm/ 名 C [電] オーム (電気抵抗の単位).

OHMS /óʊémès/ 略 (英) =On Her [His] Majesty's Service 「公用」 (公文書などの無料配達の印).

Óhm's láw /óʊmz-/ 名 U [電] オームの法則.

o·ho /oʊhóʊ/ 感 [文] ほーっ! (驚き・喜びなどを表わす).

OHP /óʊéɪpíː/ 略 =overhead projector.

oi /ɔɪ/ 感 (英) こら! おい! (特にしかるときなどに用いる).

-oid /ɔɪd/ 接尾 [形容詞・名詞語尾] 「...のような(もの) -の意: a human*oid* robot 人間の姿をしたロボット.

oik /ɔɪk/ 名 C [英略式] いやなやつ, ひどいやつ.

*__oil__ /ɔ́ɪl/ 名 (~**s** /-z/; 古 oily) **1** U **油;** オイル; オリーブオイル; 油性(状)物: machine ~ 機械油 / O~ and water do not mix. 水と油は混じらない (☞ be (like) oil and water (成句)). 語法 種類をいうときには C になることもある: animal, vegetable, and mineral ~**s** 動物油, 植物油および鉱物油.

――― oil 1, 2 のいろいろ ―――
báth òil 浴用油 / **cód-liver óil** 肝油 / **córn òil** コーン油 / **díesel òil** ディーゼル燃料 / **éngine òil** エンジンオイル / **fúel òil** 燃料油 / **háir òil** 髪油 / **línseed òil** 亜麻仁油 / **ólive òil** オリーブオイル / **sálad òil** サラダ油 / **súntan òil** 日焼け用オイル

2 U **石油:** heavy ~ 重油 / A great deal of crude ~ is obtained here. ここでは原油がたくさん採れる.

――― コロケーション ―――
drill for *oil* 石油を掘る
produce *oil* 石油を生産する
pump *oil* 石油をくみ出す
refine *oil* 石油を精製する
strike *oil* 石油を掘り当てる (☞ 成句)

3 [複数形で] **油絵の具:** The picture is painted *in* ~*s*. その絵は油絵の具でかいてある. **4** C [普通は複数形で] 油絵. **5** [形容詞的に] **油(性)の.**

be (like) óil and wáter 動 (自) 水と油の関係[間柄]である. 相性が大変悪い (☞ 1 の 2 番目の例文).
póur óil on the flámes [fíre] 動 (自) 火に油を注ぐ, ますます事態を悪くする. **póur óil on tróubled wáters** 動 (自) (仲裁などで)穏やかに争いを鎮める.
stríke óil 動 (自) (1) 石油を掘り当てる. (2) 幸運をつかむ; うまい具合に欲しい物を見つける.

— 動 (**oils** /~z/; **oiled**; **oil·ing**) 他 〈...〉に油を塗る. 油を引く, 油をさす: You'd better ~ your gears. ギアに油をさしなさい.

óil-bàsed 形 油を主成分とした, 油性の.
óil-bèaring 形 (地層など)石油を含有する.
óil càke 名 U.C 油かす (家畜の飼料・肥料).
óil càn 名 C 油の缶, 注油器, 油さし.
óil clòth 名 U オイルクロス, 油布 (厚地の布に油を塗った防水布); C オイルクロスのテーブルかけ.
óil còlor 名 U.C 油絵の具. 関連 watercolor 水彩絵の具.
óil drùm 名 C ドラム缶.
+**oiled** /ɔ́ɪld/ **1** 油を塗った[さした]. **2** =well-oiled.
oil·er /ɔ́ɪlɚ | -lə/ 名 C 油差し; タンカー; 給油係.
+**óil fìeld** 名 C 油田.
óil-fíred /-fáɪɚd | -fáɪəd/ 形 (暖房などに)石油を使う.
óil hèater 名 C 石油ストーブ.
oil·i·ness /ɔ́ɪlinəs/ 名 U 油っぽさ; [けなして] 口達者.
óil làmp 名 C 石油ランプ.
oil·man /ɔ́ɪlmæn/ 名 (**-men** /-mèn/) C 製油業者, 石油業者, 油田労働者.
óil pàint 名 C.U 油絵の具; 油性ペンキ.
óil pàinting 名 C 油絵; U 油絵画法: He's no ~. (英) [滑稽] 彼はとても絵にならない[魅力がない].
óil pàlm 名 C 油やし (実から油をとるやしの木).
óil pàn 名 C (米) (エンジンなどの)油だめ ((英) sump).
óil pàtch 名 C (米) 油田 [石油生産]地帯; [the ~] 石油産業; 油田労働者.
óil plàtform 名 C =oilrig.
óil-rìg 名 C (海底油田での)石油掘削装置, 海上採油基地.
óil-sèed rápe /ɔ́ɪlsìːd-/ 名 U 西洋あぶらな.
óil shàle 名 U [鉱石] 油母頁(けつ)岩.
óil·skìn 名 U.C (油を引いた)防水布(の服); [複数形で] (上着とズボンからなる)防水服上下.
óil slìck 名 C 水面に流出した油.
óil stòve 名 C 石油レンジ (料理用); 石油ストーブ.
óil strìke 名 C 油脈発見.
+**óil tànker** 名 C 石油輸送船[車], タンクローリー (☞ tanker 日英比較).
+**óil wèll** 名 C 油井, 油田.
oil·y /ɔ́ɪli/ 形 (**oil·i·er**, **-i·est**; (古 oil) **1** 油の, 油のような; 油を塗った; 油っぽい, 脂性の; (食べ物が)脂っこい. **2** [けなして] お世辞のうまい, うわべだけの.
oink /ɔ́ɪŋk/ 感 名 C ぶーぶー (という豚の鳴き声).
— 動 (自) (略式) (豚が)ぶーぶー鳴く (☞ cry 表 pig).
+**oint·ment** /ɔ́ɪntmənt/ 名 U.C 軟膏(こう); 化粧用ク

リーム.

OJ /óudʒéi/ 名 (米略式) =orange juice.

O·jib·wa, O·jib·way /oudʒíbwei/ 名 [複] [the ~] オジブウェー族 (北米先住民の大部族).

OJT /óudʒèiti:/ 略 =on-the-job training (☞ on-the-job).

＊OK¹, O.K. /òukéi, óukèi | òukéi/ 感, 副, 形, 名 (複 OK's, O.K.'s; OK'd, O.K.'d; OK'ing, O.K.'ing, O.K.'s) (略式) =okay (☞ okay 動 語法).

OK² (米郵) =Oklahoma.

o·ka·pi /ouká:pi/ 名 (複 ~(s)) © オカピ(アフリカ産のきりんの仲間; 小型で首は短い).

＊o·kay /òukéi, óukèi | òukéi/ 感 オーケー, よし, 結構だ, 承知した (all right) (納得・承知・賛成・確認などを表わす); では, さて (話題を変えるときなどに用いる); (相手の発言を封じて)わかった(わかった): "Let's start right away." "O~." 「すぐ始めよう」「オーケー(そうしよう)」 / O~, Jim, I'll let you know later. わかったよ, ジム, 後で知らせるよ / Let's stop here, ~? ここでやめにしようか, いいだろ? / O~, any questions? ところで何か質問は?

—副 (S) 順調に, うまく; 立派に, ちゃんと: They are getting along ~. 連中はうまくやってるよ / A fine is a tax you have to pay for doing wrong. A tax is a fine you have to pay for doing ~. 罰金とは悪いことをすると払わなきゃいけない税金. 税金は悪いこともしてないのに払わなきゃいけない罰金.

—形 1 P (S) 問題ない, 結構で; 大丈夫で; まずまずで: Everything is [turned out] ~. 万事うまくいっている(うまくいった) / Are you ~? 大丈夫ですか / I'm ~ now. もう大丈夫だ[元気になった] / "What's the matter?" "Nothing. Everything's ~." 「どうした」「何でもない, 大丈夫だ」 / "Would it be [Is it] ~ 'for me to smoke [if I smoke] here? ここでたばこを吸ってもいいですか / It's ~ **with** [**by**] me. <A+with [by]+名・代> 私はそれでいいよ. 参考 英米人は okay と言いながら ring'の挿絵のようなしぐさをすることが多い. 2 (人)(信頼[尊敬]できる. **It's** [**That's**] **okay.** (S) 〈わびなどを言われた返事として〉 いいんですよ, 気にしないで.

—動 他 (略式) 〈...〉をオーケーする, 承認[承知]する: All right, I'll ~ that. よろしい, 承知します. 語法 新聞の見出しなどでは OK と書くことが多い: Canada OK's Japanese Plan カナダ日本案を承認.

—名 [単数形で] (略式) 承認, 許可: Did you give his plan your ~? 君は彼の計画をオーケーしましたか / We've got the ~ to carry out the plan. その計画を実行してよいという許可を取ってある.

ÓK Corrál /óukɚ-/ 名 固 [the ~] OK 牧場 (Arizona 州にある畜舎): Gunfight at the ~ 『OK 牧場の決闘』(Wyatt Earp らの決闘を描いた米国映画).

O'Keeffe /ouki:f/ 名 固 **Georgia** ~ オキーフ (1887–1986) (米国の画家).

o·key·doke /òukidóuk/, **-do·key** /-dóuki/ 形 [しばしば感嘆詞的に] (S) (略式) オーケー(した), わかった (OK).

O·khotsk /ouká:tsk | -kɔ́tsk/ 名 固 **the Sea of** ~ オホーツク海.

O·kie /óuki/ 名 © (米) 1 (略式) オクラホマ州の人. 2 (古風) [差別] (1930 年代の)オクラホマ出身の移民農業労働者.

Okla. =Oklahoma.

O·kla·ho·ma /òukləhóumə/ 名 固 オクラホマ (米国南部の州; 略 Okla., 郵 では OK; 俗称 the Sooner State; ☞ America 表, 表地図 G 4).

Óklahoma Cíty 名 固 オクラホマシティー (米国 Oklahoma 州の州都).

O·kla·ho·man /òukləhóumən/ 形 オクラホマ州 (人)の. —名 © オクラホマ州人.

o·kra /óukrə/ 名 © オクラ (lady's fingers) (あおい科の植物; さやはスープなどに使う).

＊old /óuld/ 形 (**old·er; old·est;** ☞ elder¹) 1 (人・動物が)年を取った, 老人の, 老齢の (反 young); 類義語 young and old (young 形 成句): an ~ lady 老婦人 / ⇒ elderly 語法 / the ~ 老人たち (複数名詞のように扱われる; ☞ the¹ 3) / As he grew ~er, he became weaker. 彼は年を取るにつれて体が弱った.

> 日英比較 次のような例では「ある基準よりは年を取っている」という意味で, 「年寄り」の意味はない: She looks ~ for her age. 彼女は年の割には老けて見える / Susie is too ~ to play with dolls. She's twelve. スージーは人形遊びをするほど子供ではない. 12 歳だから / He is ~ enough to know better. 彼はもっと分別があってもよい年ごろだ.

2 (年齢が)...歳の, ...歳になる (物の寿命・物事の経過が)...年[月]になる; (生まれて[できて, 始まって]から)...たった: 金印 "Hòw ~ are you?" "I am twénty (yèars ~)." 「おいくつですか」「20 歳です」 日英比較 欧米人は日本人のように簡単に相手の年齢を聞くことはしない. 失礼と取られることが多いので注意が必要 // a ten-year-*old* boy 10 歳の少年 / an eight-year-*old* war (始まってから) 8 年たった戦争 / This baby is six mònths ~. この赤ん坊は生後 6 か月です / 言い換え This building is fifty years ~. = This is a fifty-year-*old* building. この建物は建ってから 50 年になる (☞ -s¹ 文法 (2) 語法). 語法 普通は年月を表わす語の後につける.

3 年上の, 年長の (反 young): 言い換え She is three years ~er than me [I]. = She is ~er than me [I] by three years. 彼女は私よりも 3 つ年上です (☞ than 前 語法) / The ~est member of our club is still young. 私たちのクラブの最年長の会員でもまだ若い.

4 (物事が)古い, 古くなった, 昔の, 古代の; 昔からの (反 new); [O-] A (言語が)古期の: an ~ castle 古城 / an ~ family 旧家 / ~ clothes 古着 / He is one of my ~ students. 彼は私の昔の教え子の 1 人です / O~ customs are not always bad. 昔からの風習が必ずしも悪いとは限らない.

old	(人・動物が)年老いた
	(物が)古い, 古くなった

5 旧式の (old-fashioned), 古びた, 古くさい (反 new); (昔からよくある: an ~er model of the same car 同じ車の古いほうの型 / It's an ~ trick. それはよくある手だ. 6 A [比較なし] 昔なじみの, (古くから知っているので)懐かしい; [the ~] (略式) または (滑稽) いつもの, 例の: an ~ friend of mine 旧友 / an ~ enemy 宿敵 / tunes ~familiar tunes 懐かしい歌 / "My O~ Kentucky Home" 『懐かしきケンタッキーのわが家』(Foster 作の曲名) // ☞ good old ... (good 成句), the same old (same 成句). 7 A 以前の, 元の, かつての: I met her at my ~ school. 元の学校で私は彼女と知り合った. 8 A [普通は呼びかけで親しみ・嫌悪の気持ちを表わす] (S): O~ boy [chap, fellow, man]! ねえ君 (年輩者が用いる) / Good ~ Bob! 親愛なるボブ / the ~ bastard あのくそったれ. 9 (英) すばらしい, 大変な: We had a good ~ time. 私たちはとても楽しい時をすごした (☞ 6). **ány òld** [形] (略式) どんな, いつもの. **be óld befòre one's tíme** [動] 自 年のわりにませている, 大人びている. **be óld beyònd one's yéars** [動] 自 年のわりにませている, 早熟である. **óld enòugh to be ...'s fáther** [**móther**] [形] ...よりずっと年上の, 親子ほど年のはなれた. **pláin òld** [形] 全くありきたり

の. **you [the] òld ∴** 形 この…《驚きや喜びを表わす》: *You ~ liar!* このうそつき!
— 名 C 《年齢を示す語を伴って》…歳の人[動物]: a three-year-old 三才児. **of óld** 《文》形 昔の: Then I remembered the days of ~. その時私は昔を思い出した. — 副 昔は, 古くは; 昔から, 古くから.

【類義語】 old 最も一般的な語で年齢をいう場合には, 2の意味になる場合を除き, かなりの年齢に達していて体力なども衰えている意味を含む. **aged²** 少し格式ばった語で, old よりさらに高齢の感じを含み, 衰えを暗示する. **elderly** 中年以上の人に用いられる語; old や aged では失礼な感じがあるので代わりに用いられる. 時に年輩者の貫禄・威厳などを含意する.

⁺**óld áge** 名 U 老年, 老齢《普通は65歳以上》: in one's ~ 老後に[は].

óld àge pénsion 名 U.C 《英》老齢年金 (retirement pension).

óld àge pénsioner 名 C 《英》老齢年金受給者(略 OAP).

óld bág 名 C 《差別》ばばあ.

Óld Báiley /-béɪli/ 名 [the ~] (London の) 中央刑事裁判所《通りの名に由来する俗称》.

óld bát 名 C 《差別》くそばばあ.

Óld Bíll 名 [the ~] 《英略式》警察, サツ.

⁺**óld bóy** 名 C 《英》**1** 《男性の》卒業生, OB (☞ alumnus). **2** S 老人; 中年男, おじさん. **3** 《男性への呼びかけに用いて》《古風》ねえ, 君.

óld-bòy nétwork 名 [the ~] 《しばしばけなして》同窓生の団結; 学閥意識; 同窓生全体.

óld cóuntry 名 [the ~] 《移住民の》母国, 故国; 《主に米》《米国人から見た》ヨーロッパ.

Óld Domínion 名 [the ~] 米国 Virginia 州の俗称.

old-e /óʊldi/ 名 形 =old 《店名などに見る昔風のつづり》.

óld ecònomy 名 [the ~, a ~] オールドエコノミー《IT を活用しない旧来の手法に基づく経済》.

old-en /óʊld(ə)n/ 形 《次の成句で》 **in (the) ólden dáys**=**in ólden tímes** 副 昔は.

Ol·den·burg /óʊldnbə̀ːg | -bə̀ːg/ 名 固 **Claes** /klɔ́ːs, klás | klɔ́s/ ~ オーデンバーグ (1929-) 《スウェーデン生まれの米国の彫刻家》.

Óld Énglish 名 U 古(期)英語《700-1100 年ごろの英語; 略 O.E., OE》.

Óld Énglish Shéepdog 名 C オールドイングリッシュ シープドッグ《英国原産の大型牧羊犬》.

óld-estáblished 形 A 古い歴史のある, 昔からの.

óld-e-wòrld-e /óʊld(i)wə́ːld(i) | -wə̀ːl-⁻/ 形 《英略式》《店などが》わざと古風な作りにした; 古めかした.

Óld Fáithful 名 固 オールドフェイスフル《Yellowstone 国立公園の有名な間欠泉》.

óld fárt 名 C 《俗》時代遅れの面白くないやつ.

⁺**óld-fásh·ioned** /óʊl(d)fǽʃənd⁻/ 形 **1** 《時にけなして》旧式の, 古風な; 流行遅れの (反 modern): an ~ camera 旧式のカメラ / Your ideas are quite ~. あなたの考えは全く時代遅れだ. ☞「この辞書の使い方」6.2 《古風》. **2** 《ほめて》《料理のスタイルなどが》昔ながらの, 伝統的な. **3** A 《古風, 英》《表情などが》非難がましい: an ~ look とがめるような顔つき. — 名 C 《しばしば O-F-》《米》オールドファッション《カクテルの一種》.

óld fláme 名 C かつての恋人[愛人].

óld fo·g(e)y /-fóʊgi/ 名 (**old fo·gies** [**fo·geys**]) C 《略式》時代遅れの人, 旧弊な頑固者《普通は老人》.

óld fólks, **《英》óld fólk** 名 《複》お年寄りたち.

óld fòlks' hòme 名 C 《略式》老人ホーム.

⁺**óld gírl** 名 C 《英》**1** 《女子の》卒業生 (☞ alumna). **2** S 老女; 《親しい女性に対する呼びかけに用いて》ねえ, おばさん.

Óld Glóry 名 U 《米略式》星条旗 (Stars and Stripes).

óld guárd 名 [the ~; 《英》時に複数扱い] 《軽蔑》保守(派)の人々; 《グループ内の》古株の連中.

⁺**óld hánd** 名 C 老練な人, 熟練者 (*at*).

Óld Hárry 名 固 =Old Nick.

óld hát 形 P 《けなして》古くさい, 旧式な, 時代遅れの.

⁺**old-ie, old-y** /óʊldi/ 名 C 《略式》古いもの《なつかしい古い映画, なつかしいジョークなど》; 年寄り: ~ but goodie songs なつメロ.

old-ish /óʊldɪʃ/ 形 やや年取った; 古めかしい.

⁺**óld lády** 名 《所有格の後でまたは the ~》 S 《時に差別》おふくろ; かみさん, ガールフレンド (☞ old man).

Óld Lády of Thréad·needle Strèet /-θrédniːdl-/ 名 固 [the ~] スレッドニードル街の老婦人 (Bank of England の俗称; London の Threadneedle 街にあることから).

óld-líne 形 伝統[保守]的な.

Óld Líne Stàte 名 [the ~] オールドライン州《米国 Maryland 州の俗称》.

óld máid 名 **1** 《差別》オールドミス. **2** 《略式》《軽蔑》口やかましい[堅苦しい]人. ⬛日英比較「オールドミス」は和製英語.

old-maid·ish /óʊldméɪdɪʃ⁻/ 形 **1** 《差別》オールドミスのような. **2** 《略式》堅苦しい, 口やかましい.

⁺**óld mán** 名 **1** 《所有格の後でまたは the ~》 S 《時に差別》おやじ; 亭主, ボーイフレンド (☞ old lady); 雇い主, だんな; my ~ うちのおやじ[亭主]. **2** 《男友達への呼びかけに用いて》《古風, 英》君.

⁺**óld máster** 名 C 大画家《15-18 世紀ヨーロッパの》; 大画家の作品.

óld móney 名 U 世襲財産(のある家[人]).

óld-mòney 形 世襲財産のある.

Óld Níck 名 固 《古風》《滑稽》悪魔 (the Devil).

Óld Nórse 名 U 古(期)ノルド語《アイスランド・スカンジナビア半島・ユトランド半島で 8-14 世紀に用いられた》.

óld péople's hòme 名 C 《古風》老人ホーム.

óld sált 名 C 《古風》老練な船乗り.

óld schóol 名 **1** 《単数形で》**1** 母校, 出身校. **2** 保守派(のグループ). **of [from] the óld schóol** 形 《普通はほめて》旧式の, 古風な.

óld-schóol 形 A 保守的な, 昔風の; 昔の.

óld schòol tíe 名 《主に英》**1** C 《ある学校, 特にパブリックスクールの出身を示す》母校のネクタイ. **2** [the ~] 《略式》母校[同窓生]びいき(の現われ), 学閥意識.

Óld Sóuth 名 固 [the ~] 《米》南北戦争以前の(古きよき)米国南部.

óld-stág·er /-stéɪdʒə | -dʒə/ 名 C 《略式》老練家, 古参.

old-ster /óʊldstə | -stə/ 名 C 《略式》老人, 年寄り.

⁺**óld-stýle** 形 A 時代遅れの, 旧式の.

⁺**Óld Téstament** 名 固 [the ~] 旧約聖書《天地の創造から紀元前 1 世紀頃に至るまでのイスラエル民族の伝承・歴史を記録したもの; 略 O.T.》. 関連 the Bible 聖書 / the New Testament 新約聖書.

óld-tíme 形 A 昔の, 昔からの; 昔風の.

óld-tímer 名 C **1** 古参, 古顔, 古株. **2** 《主に米》老人《普通は男性》.

Óld Víc /-vík/ 名 固 [the ~] オールドヴィック《London にある劇場; Shakespeare の劇で有名》.

óld wíves' tàle 名 C 《古くからの》言い伝え, 迷信.

óld wóman 名 **1** 《所有格の後でまたは the ~》 = old lady. **2** C 《軽蔑》《老婆じみて》小うるさい男.

old-wóm·an·ish /-wʊ́mənɪʃ⁻/ 形 《略式》《けなして》《男が》心配性の, 小うるさい.

Óld Wórld 名 《反 New World》[the ~] 旧世界《Asia, Europe, Africa の大陸》; 《主に米》東半球《特に Europe 大陸》.

óld-wórld 形 A 《ほめて》旧世界の, 《アメリカに対して》ヨーロッパ風の; 古風な.

oldy 名 =oldie.

ole /óul/ 形 W =old (発音をまねたつづり).

o‧lé /ouléɪ/《スペイン語から》間 オーレ! いいぞ! (賛辞・声援などの叫び). ── 名 「オーレ!」という声援.

o‧le‧a‧gi‧nous /òuliǽdʒɪnəs/ 形 《格式》油 (脂肪)を含む,油を生じる;油性の;[けなして] 口のうまい,お世辞たらたらの.

o‧le‧an‧der /óuliændə | òuliǽndə/ 名 C,U 西洋きょうちくとう.

o‧le‧o /óuliòu/ 名 U《米略式》マーガリン.

òleo‧márgarine 名 U《古風,米》マーガリン.

Ó lèvel /óu-/ 名 C,U《英》=ordinary level.

ol‧fac‧tion /alfǽkʃən | ɔl-/ 名 U《生理》嗅覚(作用).

ol‧fac‧to‧ry /alfǽktəri, -tri | ɔl-/ 形《医》嗅覚(器官)の: the ~ organ 嗅覚器,鼻.

olfáctory búlb 名 C《解》(脳の)嗅球(嗅覚を司る).

ol‧i‧garch /ɑ́lɪgɑ̀ək | ɔ́lɪgɑ̀:k/ 名 C 寡頭(とう)政治の執政者.

ol‧i‧gar‧chic /ɑ̀lɪgɑ́əkɪk | ɔ̀lɪgɑ́:-/, **ol‧i‧gar‧chi‧cal** /ɑ̀lɪgɑ́əkɪk(ə)l | ɔ̀lɪgɑ́:-/ 形 寡頭政治の.

ol‧i‧gar‧chy /ɑ́lɪgɑ̀əki | ɔ́lɪgɑ̀:-/ 名 (-gar‧chies) 1 U 寡頭政治,少数独裁政治. 2 C [普通は単数形で] 寡頭制の国;[(英)時に複数扱い] 少数独裁者(全体).

ol‧i‧gop‧o‧ly /àlɪgɑ́pəli | ɔ̀lɪgɔ́p-/ 名 C,U《経》(売り手)寡占(ない).

ol‧i‧go‧sac‧cha‧ride /àlɪgousǽkəràɪd | ɔ̀l-/ 名 C《生化》オリゴ糖.

*****ol‧ive** /ɑ́lɪv | ɔ́l-/ 名 (~s /-z/) 1 C オリーブの木(南ヨーロッパ産の常緑樹). 2 C オリーブの実(油をとったり,食用とする). 3 U =olive green. ── 形 1 オリーブの;オリーブの木(の). 2 黄緑色の;(肌が)オリーブ色の《黄色っぽい褐色》: an ~ complexion 小麦色の肌.

Ol‧ive /ɑ́lɪv | ɔ́l-/ 名 固 1 オリーブ(女性の名). 2 オリーブ(Popeyeの恋人).

ólive brànch 名 [単数形で] オリーブの枝《平和・和解の象徴》;和解のしるし. 由来 ノア (Noah) が箱舟から放ったはとがオリーブの枝を持ってきたという聖書の物語から;国連の旗の模様にも採用されている》☞ United Nations 挿絵. 「**hóld óut [óffer, exténd, presént] an ólive brànch** [動] 和平[和解]を申し出る.

ólive dráb《主に米》形 くすんだ緑色の《特に軍服の》. ── 名 U 濃黄緑色.

ólive gréen 名 U 黄緑色.

*****ol‧ive oil** /ɑ́lɪvɔ̀ɪl | ɔ́l-/ 名 U オリーブオイル.

Ol‧i‧ver /ɑ́lɪvə | ɔ́lɪvə/ 名 固 オリバー (男性の名).

Óliver Twíst /-twíst/ 名 オリヴァー・トゥイスト (Dickensの同名の小説 (1839) の主人公;苛酷な運命にもてあそばれる孤児》.

Ol‧ives /ɑ́lɪvz | ɔ́l-/ 名 固 **the Mount of ~**《聖》オリブ山《イエスが復活後に昇天した場所》.

ólive trèe 名 C =olive 1.

O‧liv‧i‧a /əlíviə | ɔl-/ 名 固 オリビア (女性の名).

Ol‧iv‧i‧er /oulívièɪ, -viə/ 名 固 **Laurence ~** オリヴィエ (1907-89) 《英国の俳優・演出家;Shakespeareの劇で有名).

-ol‧o‧gist /ɑ́lədʒɪst | ɔ́l-/ 接尾 ☞ -logist.

-ol‧o‧gy /ɑ́lədʒi | ɔ́l-/ 接尾 ☞ -logy.

O‧lym‧pi‧a /əlímpiə, ou-/ 名 固 1 オリンピア《ギリシャ南西部の平野;オリンピック競技の始まった地》. 2 オリンピア (米国 Washington 州の州都).

O‧lym‧pi‧ad /əlímpiæ̀d, ou-/ 名 C 1《格式》国際オリンピック大会 (the Olympic Games). 2 オリンピア紀《古代ギリシャで1つのオリンピック競技から次のオリンピア競技までの4年間》. 3 (定期的な)国際大会;《科学・数学などの》学生コンテスト.

O‧lym‧pi‧an /əlímpiən, ou-/ 形 A 1 [しばしば o-] 《オリンポスの神々のように》堂々とした,威厳のある. 2 オリンポス (Olympus) 山の;オリンポスの神々の. ── 名 C 1 オリンピック[オリンピア]競技出場選手. 2 オリンポス山の十二神の一人.

*****O‧lym‧pic** /əlímpɪk, ou-/ 形 国際オリンピック競技の: a new ~ record オリンピック新記録.

*****Ol‧ym‧pic Games** /əlímpɪkgéɪmz, ou-/ 名 [複] (the ~) 1 国際オリンピック大会《the Winter ~ 冬季オリンピック大会》. 2 オリンピア競技《古代ギリシャの Olympia で4年ごとに行なった競技》.

O‧lym‧pics /əlímpɪks, ou-/ 名 [複] [the ~] = Olympic Games.

Olýmpic-sìze póol 名 C オリンピックプール《長さ50 m,幅21 m 以上》.

O‧lym‧pus /əlímpəs, ou-/ 名 固 オリンポス,オリュンポス《ギリシャ北部の山;神々が住むとされた》.

OM /óuém/ 略 =Order of Merit.

O‧ma‧ha /óuməhɑ̀:, -hɔ̀: | -hɑ̀: -hɔ̀:/ 名 固 オマハ《米国 Nebraska 州東部の都市》.

O‧man /oumɑ́:n/ 名 固 オマーン《アラビア半島南東端の国》.

O‧man‧i /oumɑ́:ni/ 形 オマーン (Oman) (人)の. ── 名 C オマーン人.

Ó‧mar Khay‧yám /óuməəkaɪjɑ́:m | -maɪ-/ 名 固 オマル(ウマル)ハイヤーム (1048?-?1131)《ペルシャの数学者・天文学者・詩人》.

OMB /òuèmbí:/ 略《米》=Office of Management and Budget (政府の)行政管理予算局.

+**om‧buds‧man** /ɑ́mbədzmən | ɔ́m-/ 名 (-buds‧men /-mən/) C オンブズマン,行政監察官《行政に対する苦情を調査・処理する》;苦情調査官.

o‧me‧ga /oumégə, -mégə | óumɪ-/ 名 C オメガ《ギリシャ語アルファベットの最後の文字 ω, Ω; ☞ Greek alphabet 表; alpha 成句》; [the ~] 最後,最終段階.

O‧me‧ga /oumégə, -mégə | óumɪ-/ 名 固 オメガ《スイスの時計メーカー;商標》.

+**om‧e‧let, -lette** /ɑ́m(ə)lət | ɔ́mlət/ 名 C オムレツ: You can't make an ~ without breaking eggs.《ことわざ》卵を割らずにオムレツはできない《まかぬ種は生えぬ》a plain [cheese] ~ プレーン[チーズ入り]のオムレツ.

+**o‧men** /óumən/ 名 C,U 前兆,きざし (of, for): a good [bad] ~ 吉[凶]兆;words of ill ~ 不吉なことば.

om‧i‧cron /ɑ́mɪkrɑ̀n | oumáɪkrɔn/ 名 C オミクロン《ギリシャ語アルファベットの第15文字 o, O; ☞ Greek alphabet 表》.

+**om‧i‧nous** /ɑ́mənəs | ɔ́m-/ 形 不吉な,縁起の悪い;不気味な. **~‧ly** 副 不吉に,不気味に.

+**o‧mis‧sion** /oumíʃən, ə-/ 名 (動 omit) 1 U,C 省略;脱落《わざとされて》;抜かすこと. 2 U《格式》怠慢,手抜かり: sins of ~ 怠慢の罪.

+**o‧mit** /oumít, ə-/ 動 (o‧mits /-míts/; o‧mit‧ted /-tɪd/; o‧mit‧ting /-tɪŋ/) (名 omission) 他 1 (わざと)(…)を省略する,省く (☞ permit¹ 単語の記憶): You may ~ this chapter. この章は省いてもよい.

2 (うっかりして)抜かす (leave out), 落とす: I carelessly *omitted* his name *from* the list.〈V+O+*from*+名・代〉私はうっかりしてリストから彼の名前を抜かしてしまった. 3《格式》(うっかり)…し忘れる,…し落とす (fail); (わざと…することを)怠る: She omitted to

tell us the answer. 彼女は我々に答えを言い忘れた.

om·ni- /ámnɪ | ɔ́m-/ [接頭]「すべての, 全…, 総…, 普遍的(に)」の意: *omni*presence 遍在.

om·ni·bus /ámnɪbəs | ɔ́m-/ [名] **1** [C] 選集《同一作家の既刊の作品を 1 冊にまとめたもの》; 《英》オムニバス版(番組), 総集編: a Mark Twain ～ マーク トウェイン選集. **2** 《古語》乗合馬車; バス (bus). ― [形] [A] 多数のものを含む, 包括[総括]的な. [語源] ラテン語で「すべての人のための(乗り物)」の意; ☞ bus [語源].

om·nip·o·tence /amnípətəns, -tns | ɔm-/ [名] [U] 《格式》全能.

om·nip·o·tent /amnípətənt, -tnt | ɔm-/ [形] 《格式》全能の (almighty): the *O*～ 全能の神.

om·ni·pres·ence /àmnɪpréz(ə)ns | ɔ̀m-/ [名] [U] 《格式》遍在.

om·ni·pres·ent /àmnɪpréz(ə)nt | ɔ̀m-←/ [形] 《格式》遍在する, 同時にどこにでもいる[ある].

om·ni·science /amníʃəns | ɔmnísiəns/ [名] [U] 《格式》全知; 博識.

om·ni·scient /amníʃənt | ɔmnísiənt/ [形] 《格式》全知の; 博識の: the *O*～ 全知の神.

om·ni·vore /ámnɪvɔ̀ə | ɔ́mnɪvɔ̀ː/ [名] [C] 〔動〕雑食(性)動物.

om·niv·o·rous /amnív(ə)rəs | ɔm-/ [形] **1** 〔動〕何でも食べる; 雑食性の. [関連] carnivorous 肉食性の / herbivorous 草食性の / insectivorous 食虫の. **2** 《格式》乱読する, 何でも読む[摂取する].

＊＊**on** /an, ɔːn; án, ɔ́ːn | ɔn; ɔ́n/ ([類音] #an)

基本的には「…の上に」から「接触」の意を示す.

①	…の上に	[前] **1**; [形] **3**
②	…に近接した	[前] **2**
③	[日を示して] …に	[前] **3**
④	…の所を	[前] **4**
⑤	…について, …に関して	[前] **5**
⑥	[手段・支え・根拠を示して] …で; …によって	[前] **6**, **7**, **12**
⑦	身につけて	[前] **8**; [副] **2**
⑧	(用事を)帯びて, …の最中で; 行なわれて	[前] **9**, **15**; [形] **2**
⑨	…すると(すぐ)	[前] **10**
⑩	…の一員で	[前] **11**
⑪	続けて; 前へ	[副] **1**
⑫	(電気・ガスが)通じて	[副] **4**, [形] **1**

リスニング

on の後に母音で始まる語が続くと on の /n/ とその母音とがいっしょになって「ナ」行の音のように聞こえる. on ice /anáɪs/ は「アナイス」, on a table /anətéɪbl/ は「アナテイボー」のように聞こえる. また on の前に子音で終わる語があると on の始めの /ɑ/ はその子音と結合して, Come on. /kʌ̀mán/ は「カマッヌ」となる. 更に a book on America /əbúkanəmérɪkə/ では前後の音と結合して「アブッカナメリカ」のように聞こえる.「アン・アイス」,「アン・ア・テイブル」,「カム・アン」,「ア・ブック・アン・アメリカ」のように発音しない.

― [前] **1** [表面・線上に接触していることを示して] …の上に(触れて), …に接して; …に乗って ([反] off) (☞ off [前] 挿絵): the carpet *on* the floor 床に敷いたじゅうたん / the glass *on* the table テーブルの上のコップ (☞ 挿絵 (A)) / pictures *on* the wall 壁にかけてある絵 (☞ 挿絵 (B)) / the words (written) *on* the blackboard 黒板に書かれたことば / pictures *on* the ceiling 天井の絵 (☞ 挿絵 (C)) / the theater *on* the corner 角にある劇場 / Let's sit *on* the grass. 芝生に腰を下ろそう / I met John *on* (=《英》*in*) the street. 私は通りでジョンに会った / Marmalade tastes good *on* bread. マーマレードはパンに塗って食べるとおいしい / The passengers *on* the train were frightened. その電車に乗っていた客はおびえていた.

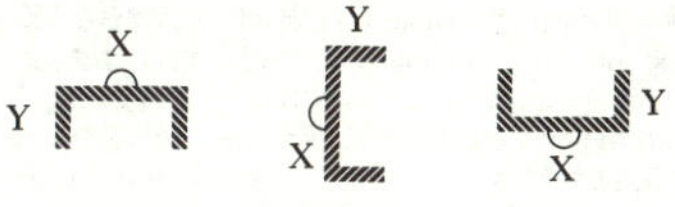

(A) (B) (C)

X is *on* Y.

[語法] **on の意味**

(1) on は表面に接触していることを表わし, 日本語の「…の上に」とは意味の範囲がずれている. 挿絵 (A) (B) (C) はいずれも X is *on* Y. と言える.

(2) on と in の比較は ☞ in¹ [前] 1 (1) [語法] および挿絵. ただし on を使うか in を使うかは慣用で決まっていることが多い.「農場で」は *on* the farm だが fields を使うと They are working *in* the fields. (彼らは農場で働いています)となる.

(3) on と over の比較は ☞ over [前] 1 [語法] (2).

2 …に近接して[した], …に面して; [方向や対象を示して] …の方に, …に対して (☞ 16): a house *on* the river 川のほとりの家 / a town *on* the coast 海岸の町 / Mr. Smith sat *on* my left. スミス氏が私の左に座っていた / He lives *on* (=《英》in) Fírst Strèet. 彼は 1 番街に住んでいる (☞ street [語法]).

[語法] 番地を言うときには The British prime minister lives *at* No. 10 Dówning Strèet. (英国首相はダウニング街 10 番地に住んでいる)または Mr. Nelson lives *at* 204 James St. /strìːt/ (ネルソン氏はジェームズ街 204 番地に住んでいる)のように *at* を用いる.

The town is *on* the west side of the Mississippi. その町はミシシッピー川の西側にある (☞ to¹ 1 [語法]) / The enemy advanced *on* Rome. 敵はローマに進軍した / A new tax was imposed *on* alcohol. 酒類に新しい税が課せられた / Those movies have a bad influence *on* young people. そんな映画は若者に悪影響を与える.

3 [普通は日を表わす名詞とともに] …に (☞ at 2 [語法], in¹ [前] 3): He often drops in to see me *on* Sundays. 彼はよく日曜日に私に会いにくる / She left *on* Christmas Day 彼女はクリスマスに出発した / My sister was born *on* January 7, 1989. 妹は 1989 年 1 月 7 日に生まれた (January 7 は January (the) seventh と読む; ☞ ordinal number [文法] (2)).

[語法] **on と特定の日の朝など**

「朝[午後, 晩]に」は *in* the morning [afternoon, evening] というが, 特定の日の「朝[午後, 晩]に」では on を用いる. 《米》ではこの on は省略可能: *on* Monday morning [afternoon, evening] 月曜日の朝[午後, 晩]に / He died *on* the evening of June 29. 彼は 6 月 29 日の晩に死んだ.

4 [動作の行なわれる個所を示して] …の所を, …のあたりを: He struck [hit] me *on the* head. 彼は私の頭を殴った. [語法] この用法の on の後の名詞には the がつく (☞ the¹ 2).

5 …について, …に関して, …に関する (☞ about [前] 2 [語法]): a book *on* China 中国に関する本 / The professor lectured *on* French history. 教授はフランスの歴史について講演した (☞ speak about … (speak 句

on-again

(動詞) 語法

6 [支え・支点・依存を示して] …を軸として，…を基として，…を頼って，…によって，…を食べて，(薬など)を常用して: turn *on* one's heel かかとでくるりと回る《怒りや拒絶を表わすしぐさ》/ lean *on* a stick つえにすがる / Keep the dog *on* the leash. 犬をひもにつないでおきなさい / Tom lay *on* his back. トムはあおむけに寝ていた / You can depend *on* me for the money. その金のことは私に任せておきなさい / This toothbrush runs *on* electricity. この歯ブラシは電動だ / She lives *on* vegetables. 彼女は菜食主義だ / He's *on* drugs. 彼は(麻)薬を常用している[麻薬中毒だ].

7 [手段・方法を示して] …で: go to work *on* the 7 o'clock bus 7時のバスで通勤する / cut one's hand *on* a knife ナイフでうっかり手を切る / watch a baseball game *on* TV テレビで野球の試合を見る / play a waltz *on* the piano ピアノでワルツを弾く / I heard it *on* the radio. 私はそれをラジオで聞きました / I talked with him *on* the phone. 私は彼と電話で話した.

8 (衣服など)…の身につけて，…に着用して，はめて，かぶって 《☞ wear 語法, put on (put 句動詞) 1, in¹ 8 語法》(反 off): have a cap *on* one's head 帽子をかぶっている / He put the ring *on* her finger. 彼は彼女の指に指輪をはめた / It looks good *on* you. それを着る[はく，かぶる]とよく似合うよ 《☞ have … on one (成句)》.

9 (用事)を帯びて，(仕事)に従事して (反 off); …のために，…で: He went to New York *on* business. 彼は仕事でニューヨークへ行きました / Mr. Smith is now *on* duty. スミスさんは今勤務中です / They went *on* a trip. 彼らは旅行に出かけました.

10 《格式》…すると，…するとすぐ，…の時点で: *On* the death of his father, he gave up the idea of studying abroad. 父親が死んで，彼は留学を断念した / *On* his arrival [arriving] there, he went straight to see his uncle. そこへ着くとすぐ彼はおじに会いにいった 《☞ -ing² 文法》. 語法 *on* の後には動詞的な意味を含む名詞か動名詞がくる.

11 [所属を示して] …の一員で，…に属して; …で働いて: He is *on* the committee. 彼はその委員会のメンバーです / She was *on* the staff of the newspaper. 彼女はその新聞の編集をしていた.

12 [根拠・理由を示して] …に基づいて，…によって，(ことばなど)にかけて(誓って): act *on* a person's advice 人の忠告に従って行動する / His story is founded [based] *on* experience. 彼の話は経験に基づいている / I'll do it *on* one condition. 1つの条件付きでそれをしましょう.

13 Ⓢ (飲食物などの勘定が)…持ちで，…の負担で: This coffee is *on* me. このコーヒーは私が払います / Have a drink *on* me! おごるから1杯飲みなさい. **14** [比較の基準を示して] …と比べて，…より: Our profits are up *on* last year. 昨年よりも利益は上昇している.

15 [状態を示して] …している最中で，…中で: a house *on* fire 燃えている家 / workers on strike ストライキ中の労働者 / Those articles are now *on* sale. それらの品物は今売り出されている / Crimes are *on* the increase. 犯罪が増加している. **16** [行為の対象・不利益者を示して] 《略式》…に当てて，…の不利となるように 《☞ 2; hang up (hang 句動詞) 自 語法》: The joke's *on* me. その冗談は私に当てつけたものだ / The children enjoyed playing tricks *on* their teacher. 子供たちは先生にいたずらをして喜んだ / The phone went dead *on* us. 電話が通じなくて困った. **17** [前後に同じ名詞を重ねて] 《格式》(好ましくないことが)…の次々の…. 語法 名詞には冠詞がつかない. この意味では after のほうが普通 《☞ after 前 8》: He suffered loss *on* loss. 彼は重ね重ね損失をこうむった. **18** [電話番号を示して] 《英》…番で 《米》at): You can reach us *on* 「this number [220-3676]. この番号 [220-3676] で私どもに連絡がつきます 《☞ call 動 他 1 最後の例文》.

háve [cárry] … on one [動] 《略式》〈…〉を身につけて持っている，手もとに持っている 《☞ one² 代 3 語法》(4): Do you have a lighter *on* you? ライター持ってる? **háve [gét] sòmething on …** [動] 他 《略式》〈人〉の弱味を握っている(握る). **ón and óff** [前]…日以降に: *on* and after the 15th 15日以降に.

— [副] /án, ɔ́:n/ /ɔ́n/ **1** [動作の前進・継続，時間の方向を示して] 続けて，引き続いて…して; 前へ，先へ 《☞ on and on (成句)》: Come *on*! さあさあ，さあ早く 《☞ come on (come 句動詞)》/ from that day *on* その日以来[以降] / sleep *on* 眠り続ける / It went *on* raining. 雨が降り続いた / We drove *on* to the village. 私たちはその村までずっと車を走らせた 《☞ onto 語法 (3)》/ He is well *on* in years. 彼は大分年を取ってきた.

2 (衣服など)を身につけて，着て，身につけて，背負って (反 off): Put *on* your hat. = Put your hat *on*. 帽子をかぶりなさい / The child had nothing *on*. その子は何も着ていなかった / Shall I help you *on* with your overcoat? オーバーを着せてあげましょうか. **3** (…の)上に; (乗り物)に乗って: sew a button *on* ボタンを縫いつける / get *on* 乗る. **4** (スイッチや栓)を入れて，あけて (反 off): turn [switch] *on* the radio ラジオをつける.

and só òn 《☞ so¹ 成句》

hàve ón [動] 他 《☞ have¹ 句動詞》.

ón and óff [副] 《☞ off 成句》

ón and ón [副] どんどん，しきりに: The traveler went *on* and *on* till he found himself in a strange place. 旅人はどんどん歩いていくうちに知らない所へ来てしまった.

òn to … [前] (1) 《主に英》= onto. (2) 《略式》…の意図[真意]に気づいて.

— [形] /án, ɔ́:n/ /ɔ́n/ ⓟ **1** [比較なし] (電気・ガス・水道・電話などが)通じて，出て，接続して; (機械などが)動いて (反 off): Is the gas *on*? ガスは出ていますか / Who left this tap *on*? この蛇口はだれが締め忘れたのか / The emergency brake was not *on*. 非常ブレーキがかかっていなかった.

2 [比較なし] (催し・活動などが)行なわれて，進行中で (反 off); (映画・劇などが)上映[上演]されて; (俳優などが)出番で; (人が)勤務中で; 予定されて: What's *on* tonight? 今晩(テレビ)で何か(いいの)ある? / Is the meeting still *on*? 会議はまだ行なわれていますか.

3 [比較なし] 上にのって; (乗り物に)乗って; (表面に)触れて，接して (反 off): Is the tablecloth *on*? テーブルクロスはかかっていますか / The lid was *on* properly. ふたはちゃんと閉まっていた. **4** [普通は否定文で] Ⓢ 《略式，主に英》許される，実行性がある，受け入れられる: That (just) isn't *on*. そんなのはだめだ. **5** Ⓢ 《略式》乗り気で，賛成で: Are you *on* for the picnic? 君もピクニックに行くかい / You're *on*. (賭け・取り引きなどで)よろしく承知した.

be [gò, kèep] òn abòut … [動] 《略式，主に英》 [けなして] …について長々と話す: What is he *on about*? あの男は何をくどくどとしゃべっているんだ. **be [gò, kèep] ón at …** [動] 他 《略式，主に英》 [けなして] 〈人〉にしつこく(がみがみ)言う 《☞ *to* do). **be òn to sòmething** [動] 自 何かおもしろいものを見つける. **Whàt is … ón?** Ⓢ 《米》(あんなふるまいをして)…はどうなってるのか?

ón-agàin, óff-agàin [形] 《米》断続的な，一定しない.

ón-áir [形] Ⓐ 実況中継の.

ó·nan·is·m [形] /óʊnənɪzm/ Ⓢ Ⓤ 自慰，オナニー.

ón-bóard [形] Ⓐ 船上[機上]の; (電算)回路基盤の上の[に実装された].

ón-cámera [形] [副] (映画・テレビの)カメラに写るところに[の]，カメラのフレーム内で[の].

***once** /wʌ́ns/ [副] [語法] 1, 2の意では文末(近く)に, 3の意では文中(一般動詞の前, be動詞の後)と文頭に用いることが多い. **1** **1度, 1回** (☞ time 10): ~ every six months 半年に1度 / I have met her only ~. 彼女には1度だけ会ったことがある / I've been there ~ before. 私は前に1度そこへ行ったことがある / Ben gives me a call ~ a week. ベンは週に1度電話をくれる / Christmas comes but ~ a year. 《ことわざ》 クリスマスは年に1度しか来ない(たまの騒ぎだ, とがめ立てするな). [関連] twice 2度, 2回.
2 [否定文で] **1度も**(…しない); [疑問文で] 今までに(1度でも): I haven't talked to him even ~! 彼とは1度も口をきいたことがない / *Never* ~ did he work for me. Ⓢ 彼が今までに私のために働いたことは1度もない.
3 /wɑ̀ns/ かつて, 以前; 昔(あるとき) (物語を始めるときなど): She was ~ a beauty. 彼女は以前は美人だった / *O*~ there was a giant in this tower. 昔この塔には1人の巨人がいました. **4** [条件・時を表わす節で] いったん(…すれば), ひとたび(…なら) (☞ [接]): If ~ we lose sight of the ship, we will never find it again. いったんその船を見失えばもう二度とは見つけられまい. [語源] 元来は one の所有格の副詞的用法; ☞ twice [語源].
(èvery) ónce in a whíle [副] 時々, たまに (every now and then).
móre than ónce [副] 一度ならず, 何回も: He has lied to me *more than* ~. 彼は私に何度もうそをついた.
ònce agáin [副] (1) もう一度[一回]; 再び (once more): Try it ~ *again*. もう一度やってごらん. (2) [文修飾語] [文頭で] 《格式》 繰り返し述べるが.
ónce and agáin [副] 《古風》 何度も, 繰り返し.
ónce and for áll [副] (1) Ⓢ これ一度だけ, 今回限り, これを最後に: I will answer your question ~ *and for all*. お答えするのも今回限りですよ. (2) 最終的に, きっぱりと, はっきりと: I refuse ~ *and for all*. きっぱりとお断わりします.
ónce in a blúe móon [副] 《略式》 ごくまれに. [由来] 月が青く見えるのはごくまれなことだから (☞ moon [参考] (2)).
ònce móre [副] (1) もう一度[一回]; 再び: *O*~ *more*, please. もう一度やってください. [語法] 相手の言うことが聞き取れないときには Please say that again. あるいはもっと丁寧に I beg your pardon? と言うほうが普通. (2) =once again (2).
ónce or twíce [副] 数回, 何度か; 1度か2度.
ónce tòo óften [副] (よせばいいのに)もう一度, またも 《度が過ぎてまずいことになるという含みをもつ》: You'll do it ~ *too often*! 今度やったらひどいことになるよ.
ónce upòn a tíme [副] (1) 昔々: *O*~ *upon a time* there was a beautiful princess. 昔々美しい王女さまがいました. [語法] おとぎ話の始めに用いられる. (2) Ⓢ (よくない今と違って)昔[前]は.
— [接] **いったん…すれば, ひとたび…すると; …してしまえば** (☞ [副] 4): [言い換え] *O*~ he declines (=If ~ he declines), he'll never change his mind. あの男がいったん断わったら絶対に気持ちを変えないよ / You will be safe ~ you have crossed the river. 川を渡ってしまいさえすればもう安全ですよ. [語法] <主語+be動詞> が省略されることもある (☞ while [接] 1 [語法]): *O*~ (it is) learned, it isn't easily forgotten. いったん覚えると容易に忘れられない.
— [名] [U] 1度, 1回: *O*~ is enough for me. Ⓢ 私は1度でたくさんです.
áll at ónce [副] (1) **突然, 不意に** (suddenly): Then *all at* ~ there was a heavy thunderstorm. すると突然ものすごい雷雨がやって来た. (2) 全く同時に: be happy and sad *all at* ~ うれしくもあり悲しくもある(悲喜こもごもである).
at ónce [副] (1) **すぐに, 直ちに** (immediately): Come here *at* ~. すぐここに来なさい. (2) **一度に, 同時に**: I cannot do two things *at* ~. 一度に2つのことはできない.
at ònce ... and — [接] 《格式》 …であると同時に—でもある: The song is *at* ~ sad *and* beautiful. その歌は悲しくまた美しい.
(jùst) for ónce [副] Ⓢ (もっとあってもよいが)今回[一度]ぐらいは; (例外として)今回だけ(は), その時限り.
(jùst) thàt [the, thìs] ónce [副] Ⓢ あの[その, この]時だけ(は): I've only played rugby (*just*) *that* ~. ラグビーはあの時1回だけしかやったことがありません.

ónce-in-a-lífetime [形] [A] 一生に一度あるかないかの, 千載一遇の, (機会が)またとない.
ónce-òver [名] [次の成句で] **gíve ... the [a] ónce-over** [動] [他] 《略式》 〈…に〉ざっと目を通す[調べる]; 〈…を〉ざっと掃除する.
on·col·o·gist /ɑnkɑ́ləʤɪst | ɔnkɔ́l-/ [名] [C] 〔医〕 腫瘍(しゅよう)学者[専門医].
on·col·o·gy /ɑnkɑ́ləʤi | ɔnkɔ́l-/ [名] [U] 〔医〕 腫瘍学.
ón·còming [形] [A] 近づいてくる: an ~ car 対向車.
on-déck cìrcle [名] [C] 〔野〕 ネクストバッターズサークル, 次打者席.

***one**[1] /wʌ́n/ ([同音] won; [類音] run, wan)

① 1つ; 1つの	[代]; [形] **1**
② (数の)1	[名] **1**
③ ある	[形] **3**

リスニング
one の後に母音で始まる語が続くと one の /n/ とその母音とがいっしょになって「ナ」行の音のように聞こえる. one o'clock /wʌ́nəklɑ́k/ (☞ ◎ 81), one apple /wʌ́næpl/ は「ワノクラック」,「ワナプー」のように聞こえる.「ワン・オクロック」,「ワン・アップル」のように発音しない (語末の /pl/ が「プー」のように聞こえることについては ☞ つづり字と発音解説 63). nine や ten なども同じ.

— [代] 《数詞》 [単数扱い] **1つ, 1人, 1個**; 《米》 1ドル [《英》 セント, ポンド, ペンスなど] (☞ number 表; a[2] [語源], once [語源]): *O*~ is enough. 1つ[1人, 1個]で十分だ / *O*~ of the girls began to cry. 少女たちのうちの1人が泣きだした. [関連] first 第1の.
be [becòme] óne of the fámily [bóys] [動] [自] 家族[少年グループなど]の一員として受け入れられる.
be òne of ús [動] [自] Ⓢ 仲間である, 考え方が同じである.
for óne [副] (1) [文修飾語] Ⓢ 個人としては: I, *for* ~, don't want to vote for him. 私個人としては彼に投票したくない. (2) [つなぎ語] 例えば, 一例として.
It tàkes óne to knów òne. Ⓢ 自分がそうだから相手のこともよくわかる (性格上の欠点などについて).
óne and áll [代] 《古風, 格式》 だれもかも.
óne by óne [副] **1つ[1人]ずつ**: The crow dropped (the) pebbles into the jar ~ *by* ~. そのからすは小石をつぼの中へ1つずつ落とした.
— [名] (~s /~z/) **1** [C] (数としての) **1**; 1の数字: Book *O*~ 第1巻 / *O*~ and ~ is [makes, equals, are, make] two. 1と1では2 (1+1=2) / *O*~ from ten is [leaves] nine. 10から1を引くと9 (10−1=9).
2 [U] **1時**, 1分; 1歳: We had lunch *at* ~. 私たちは1時に昼食をした / a baby of just ~ ちょうど1歳の赤ん坊. **3** [a ~] 《古風, 主に英》 失礼な[馬鹿な]やつ, おかしな人.
(áll) in óne [副] 1つでみんなを兼ねて: She is a politician, a wife, and a mother (*all*) *in* ~. 彼女は政治家と妻と母とをみな兼ねている. **... and — in óne**

one

[接] …と—とを1つに合わせたもの, …兼—: shampoo *and* conditioner *in* ~ シャンプー兼コンディショナー. **as óne** [副] Ⓦ みんなでまとまって; いっせいに. **be as óne** [動] 🅐 (格式) (…に関して)意見が一致している (*on*). **be [féel] at óne with …** [動] 🅐 (1) …と一体となって(くつろぐ). (2) (格式) …と一致している[気が合う]. **be [gét] óne úp** [動] (略式) (…より)一歩優位に立っている, 一枚上手[有利]である, (1点)リードしている (*on*, *over*) (☞ one-upmanship). **be óne with …** [動] 🅐 …と同じ意見である (*about*, *on*). **gét … in óne** [動] 🅐 (英) 〈…〉をすぐに理解できる: Got [You've got] it *in* ~. (こちらの話が)わかってるじゃないか, その通りなんだよ. **gèt óne óver (on) …** [動] 🅐 (略式) …より分(ⁿ)よくなる, …を一歩リードする. **in óne** [副] (略式) いっぺんで(やり直しをせずに). **in ónes and twóes** [副] 1人2人と.

—形 **1** **1つの**, 1人の, 1個の, 単一の (single): my ~ and only son 私のただ1人の息子 (☞ only 形 [成句]) / There is ~ book on the desk. 机の上に本が1冊ある / ONE WAY 一方通行 (道路の表示). 語法 特に「1つ」の意味を強調する以外は普通 one の代わりに a, an を用いる: I want only ~ apple, not two. 私はりんごは1つだけ欲しいので, 2つは要らない / Our God is ~. 私たちの神はただ1つだ.
2 [P] 1歳で: "How old is your baby?" "He's just ~." 「赤ちゃんは何歳ですか」「ちょうど1歳です」
3 🅐 **ある…** (some): ~ day [night] ある日[夜] / You'll see it ~ day. いつかそれがわかるときがきます. 語法 one day などは過去および未来に用いられる (☞ one day (day 成句), someday 語法) // At ~ time I used to go skiing every winter. ひところ私は毎年冬にはスキーに出かけたものだった.
4 [所有格の後または the ~] 🅐 **ただ1つ[1人]の** (only): *my* ~ worry 私のただ1つの心配事 / *the* ~ way to achieve it それを成し遂げるただ1つの方法. **5** 🅐 [形容詞を伴って] Ⓢ (略式, 主に米) 実に…な, 並はずれて…の: He is ~ *bright* boy! 彼は実に優秀な少年だ. **6** 🅐 (文) …と同一の: We always act with ~ heart and mind. いつも一心同体だ. **7** 🅐 [否定語と共に] 1つの…も: *not* ~ word 一言も.

be áll óne [動] 🅐 (別々ではなく)一体である.
be áll óne to … [動] 🅐 …にとっては(どちらも)同じことだ: It's *all* ~ *to* me whether she is marrying or not. 彼女が結婚していようといまいと私には関係ない.
be máde óne [動] 🅐 1つになる; 結婚する.
be óne with … [動] 🅐 …と一体である.
mòre than óne … [形] [普通は単数扱い] 2人[2つ]以上の…: *More than* ~ person *was* killed. 複数の人が死んだ.
óne and the sáme (…) [形] 全く同じ(…) (same を強調した言い方).
óne or twó … [形] (略式) **1, 2の…, わずかの** (a few): It will take ~ *or* two years to finish it. それを完成するには1, 2年かかりましょう.

＊one² /wʌ́n/ (同音 won) (類音 run, wan)

① (同じ種類の)1つのもの	代 **1**
② (…の)もの[人]	代 **2**
③ (一般的に)人	代 **3**
④ 一方の(もの)	代 **4**; 形 **1**

—代 (不定代名詞) **1** /wʌn/ [数えられる名詞の代わりに用いて〈前に出た名詞と同種類のものを受けて〉] (同じ種類の) **1つのもの**: I want a *watch*, but I have no money to buy ~ (=*a* watch). 時計が欲しいけれど買うお金がない / I want an *apple*. May I have ~ (=*an* apple)? りんごが欲しいのですが1ついただいてよろしいですか / She always criticizes my pies, but she never lets me taste ~ of hers! 彼女はいつも私のパイにけちをつけるけど, 自分が焼いたパイを私に味見させない.

語法 **one と it**
この用法では one は「同じ種類のうちの任意の1つ」を表わすから, 特定のものを指す it を代わりに用いることはできない. しかし次の例文では前に出た名詞は前後関係からすでに特定のものを指していると考えられるので, それを受ける代名詞は it である: I see an *apple* on the table. May I have *it*? テーブルの上にりんごが1つありますね(それを)いただいてもよろしいですか / "Please lend me something to write with." "Will a *pencil* do?" "Yes, *it* will."「何か書く物を貸してください」「鉛筆でよろしいですか」「結構です」

---

2 /wʌn/ (複 ~s /-z/) (…の)**もの**, (…の)**人**. 語法 限定詞や形容詞などとともに, 数えられる名詞の代わりに用いられる: My *family* is a large ~. 私のうちは大家族だ / I don't like this computer. Please show me a *better* [*cheaper*] ~. このコンピュータは気に入らない, もっといい[安い]のを見せてください / This *book* is more interesting than *the* ~ I read last week. この本は私が先週読んだのよりおもしろい / Are you *the* ~ *who* won the contest? あなたがコンテストに優勝した方ですか / "Which ~ will you take?" "I'll take *this* ~ [*This* ~, please]."「どれにしますか」「これにします」/ "Which would you like?" "*The* ~s on that shelf."「どれがよいですか」「あの棚の上のにします」.

3 /wʌ́n, wʌn/ (格式) (一般的に) **人**, 人はだれでも (☞ one's¹, oneself): O~ must do ~'s best in everything. 人は何事も最善を尽くすべきだ / O~ should take care of *oneself*. だれでも自分を大切にすべきだ.

語法 (1) **一般の人を表わす言い方**
この意味での one は格式ばった言い方で, 複数形は用いない. 一般的には you, they, we を用いるがそれぞれの意味合いの違いについては ☞ generic use 文法 (2).
(2) **one を受ける代名詞**
主語 one を用いるとそれを受ける代名詞は one, one's, oneself であるが, 何度も繰り返す場合, また特に (米) では, he, his, him, himself; she, her, her, herself; (米略式) では they, their, them, themselves で受けることが多い: O~ should do what *they* must even if *they* don't want to. (人は)たとえ気が進まなくとも義務を果たさなければならない.
(3) (英格式) では one は話し手, つまり I の代わりに用いられることがある: O~ tries to take an interest in what is going on. 私は今起こっていることに関心を持つようにしている.
(4) **辞書の中の one**
辞書の成句の説明などでは人称代名詞の代表形として one が用いられることがある. 例えばこの辞書の1の句動詞の囲みの **look about** … の項目にある **look about one** (自分の周りを見回す)という成句は主語の人称・性・数によって次のように変わることを示す (☞ one's¹ 語法 (2), oneself 2 語法): I looked about *me*. 私は自分の周りを見回した / She looked about *her*. 彼女は自分の周りを見回した / The onlookers looked about *them*. 見物人たちは周りを見回した.

---

4 /wʌ́n/ [another または the other と対応して] **一方(のもの)** (☞ one another の項目): All the players competed ~ against [with] *another* for the first prize. 選手たちはみな1等賞を得ようと互いに争った / The two sisters resemble each other so closely that we cannot distinguish ~ from *the other*. その

2人の姉妹はよく似ていて見分けがつかない.
ány òne¹ ☞ any one¹ (any 形) 成句).
ány òne² 代 =anyone.
as [like] òne [主語と同じものとして, それなりに]: I am a teacher, and expect to be treated *as [like]* ~. 私は教師で, そのように扱っていただきたい.
be nòt óne 《to dó》 **[whó ...]** 動 《略式》(性格からして)…するような人ではない.
be (a gréat) òne for ... ☞ great 形 成句.
èvery óne¹ ☞ every one¹ (every 成句).
èvery óne² 代 =everyone.
Hàve a góod òne. さようなら《陳腐な表現》.
nó òne ☞ no one の項目.
óne àfter anóther [3つ以上のものについて] 次から次へと: The planes arrived ~ *after another*. 飛行機が次から次に到着した.
òne àfter the óther [副] [普通は2つのものについて] 代わる代わる, 交互に: The elephant lifted its forefeet ~ *after the other*. その象は前足を交互に上げた.
òne anóther ☞ one another の項目.
óne or óther 《of ...》 名 《英》(2つ[2人])のいずれか.
óne ... the óther(s) ☞ other 代 2 語法.
óne whò ... [文] …する者はだれでも; …するような人《☞ those 代 3 語法》: O~ *who* sleeps well will live long. よく眠る人は長生きする.
the líttle [yóung] ònes [名] Ⓢ 《古風》(小さな)子供たち.
the óne abòut ... [名] Ⓢ 《略式》…についての冗談[おもしろい話]: Have you heard *the* ~ *about* the politician and an actress? 政治家と女優についてのこんな話知ってる?《冗談の前置き》.
the óne ... the óther — [2つのものについて] 先に述べたものは[, に]...また後に述べたものは[, に]— (the first ... the second —; the former ... the latter —): Diligence and idleness are opposites. *The* ~ (= diligence) leads to success and *the other* (=idleness) to failure. 勤勉と怠惰は互いに相反するもので, 前者(=勤勉)は成功を招き後者(=怠惰)は失敗を招く.
── 形 /wán/ Ⓐ 1 [another または the other と対応して] 一方の, 別の《☞ other 代 2, another 代 2, 代 3》: The boat will overturn if the passengers move from ~ side to *the other*. 乗っている人が一方の側から他の側へ移ったら舟はひっくり返るだろう / Talking is ~ thing and [but] doing is *another*. 《ことわざ》言うこととすることは別. **2** [名詞につけて] 《格式》…とかいう. 語法 不定冠詞の a, an または a certain を使うほうが普通: ~ Peter Smith ピーター スミスさんとかいう人.
òne ... àfter anóther [形] 1つの…の後にまた…, …を[が]次々から次へと: I seem to get ~ cold *after another*. 次々とかぜばかりひいているようだ. **òne ... or anóther** [形] なんらかの…, なにかしらの…: No one can go through life without worries of ~ *sort or another*. なんの悩みもなく人生を過ごせる人はいない.

one- /wán/ 連結 「1つ[1人, のある[いる]...]の意」: a *one-room* apartment ワンルームマンション / a *one-parent family* 片親だけの家庭.

*one an·oth·er /wʌnʌnʌ́ðə | -ðə-/ 代 《不定代名詞》
1 互いに(相手を[に])《☞ each other の項目》: They were helping ~ in their work. 彼らは互いに助け合って働いていた / On Christmas Eve they gave presents to ~. クリスマスイブには彼らは互いに贈り物をした / The girls used ~'s books. 少女たちは互いの本を交換して使った. 語法 (1) 所有格 one another's 以外では動詞または前置詞の目的語として用い, 主語としては用いない. (2) 3人以上のときは one another, 2人のときは each other を用いるのが原則だが, 必ずしも守られていない. **2** 1つが他を[に], 次々に: Don't pile all those books on top of ~! 本を次から次へと重ねないでよ.

リスニング
another の前に子音で終わる語があると another の始めの /ə/ はその子音と結合する. また one の後に母音で始まる語が続くと語末の /n/ はその母音といっしょになって「ナ」の音となる. 従って help one another /hélpwʌnʌ́nʌðə/ は「ヘゥプワナナザァ」のように聞こえ,「ヘルプ・ワン・アナザー」とは発音しない《☞ ⑧ 81》.

óne-ármed 形 Ⓐ 1本腕の, 片腕の.
óne-àrmed bándit 名 Ⓒ =slot machine 1.
óne-diménsional 形 一次元の; [けなして] 深みのない, 薄っぺらな.
óne-éyed 形 1つ目の, 片目の.
óne-hánded 形 手が一本しかない; 片手用の. ── 副 片手で; 楽々と.
óne-hórse 形 Ⓐ 《馬車など》1頭引きの. **a óne-hórse ráce** [名] 一人勝ち, 独走状態. **a óne-hórse tówn** [名] 《略式》ちっぽけで退屈な町.
O'Neill /ouníːl, ə-/ 名 圄 **Eugene** ~ オニール (1888-1953)《米国の劇作家》.
óne-légged 形 1本脚(で)の, 片脚の.
óne-líner 名 Ⓒ 短いジョーク, 寸言.
†óne-mán 形 Ⓐ 1人で行なう, 1人で動かす; 1人用の: a ~ play 1人芝居 // ☞ one-man show. 日英比較 日本でいう「ワンマン」のような「独裁者・専制者」(autocrat, dictator)の意味はない.
óne-màn bánd 名 Ⓒ **1** 一人楽団《複数の楽器を1人で演奏する大道芸人》. **2** 《略式》1人でやりくりする事業[組織].
óne-màn shów 名 Ⓒ 《劇・音楽など》のワンマンショー; 《絵など》の個展: a ~ of oil paintings 油絵の個展. 語法 女性の場合は *one-woman show* という.
óne·ness 名 Ⓤ **1** 一体感, 心が1つになること《*with*》. **2** 団結, 統一性, 調和. **3** 単一性.
óne-nìght stánd 名 Ⓒ **1** 《略式》一晩限り[ゆきずり]の情事(の相手). **2** (1か所で)1回[1夜]限りの興行[公演].
óne-of-a-kínd 形 Ⓐ 《主に米》唯一の, 独特の.
†óne-óff 形 《英》 ── =one-shot. ── 名 Ⓒ **1** = one-shot. **2** 《略式》変わり者, 変人.
óne-on-óne 形 《バスケ》マンツーマンの; 1対1の (one-to-one). ── 副 マンツーマンで; 1対1で.
one p, 1 p /wánpiː/ 名 Ⓒ 《英》1ペニー(の貨)《☞ penny 名》.
óne-pàrent fámily 名 Ⓒ 一人親の家庭, 母子[父子]家庭 (single parent family).
óne percènt mìlk 名 Ⓤ (脂肪分1%の)低脂肪乳.
†óne-pìece 形 Ⓐ ワンピース(型)の: a ~ swimsuit ワンピースの水着. 日英比較 日本で「ワンピース」といている女性服は普通 dress という. ── 名 Ⓒ 《米》ワンピース型の水着.
†on·er·ous /ánərəs | óun-/ 形 《格式》わずらわしい, やっかいな, 面倒な. **~·ly** 副 わずらわしく. **~·ness** 名 Ⓤ わずらわしさ.
†one's¹ /wʌnz, wánz/ 代 《one² 代 3 の所有格》《格式》自分の, その人の, …の: One should respect ~ parents. 両親を敬うべきである.

語法 (1) 代名詞 one を主語とする時の所有格は《英》では one's であるが《米》では格式ばった言い方で, 普通は his, her, 《略式》では their を使う.
(2) 辞書の中の one's
辞書などでは my, your, his, its など人称代名詞の所有格が人称・性・数において主語と一致する場合は, その代表形として成句などの記載形式として one's が用いられる. 例えばこの辞書の **mind** の 名 の項目にある

màke úp one's mínd (決心する)という成句は主語の人称・性・数によって次のように変わることを示す《☞ one² [代] 3 [語法] (4), oneself 2 [語法] (2)》: *I* made up *my* mind to stay there. 私はそこに残ることにした / *He* made up *his* mind to leave. 彼は去ることにした / *The people* made up *their* minds to fight. 人々は戦う決心をした. 《minds の複数形に注意》.

one's² /wʌ́nz/ Ⓢ または Ⓦ 《略式》 one is² の短縮形.
one's³ /wʌ́nz/ Ⓢ または Ⓦ 《略式》 one has² の短縮形.
***one·self** /wʌnsélf/ [代] 《再帰代名詞; ☞ -self [文法]》

① [再帰用法] 自分自身を[に]	1
② [強調用法] 自分自身で	2

《格式》 **1** /wʌnsèlf/ [再帰用法; 不定代名詞 one² 3 が主語のときに用いられる] **自分自身を**, 自分を, 自分の体[手, 顔]を; **自分自身に**, 自分に: teach ~ 独学する / *One* will hurt ~ badly if *one* falls down the stairs head first. もし階段から真っ逆さまに落ちたら大けがをするだろう.

[語法] (1) 代名詞 one を主語とする文中でも, 《米》では oneself の代わりに himself を用いることが多い《☞ one² [代] 3 [語法] (2)》.
(2) 場所を表わす前置詞の目的語にするときには再帰代名詞でなく人称代名詞の目的格を用いる.

2 /wʌnsélf/ [強調用法《☞ emphasis [文法]》; 不定代名詞 one² [代] 3 が主語のときに用いられる] **自分自身で**, 自分で《他人は別として, 他人の助けを借りず, などの意味を含む》: Duty is what *one* expects from others; it is not what *one* does ~. 義務というものは他人に期待するもので, 自分自身で果たすものではない《英国の作家ワイルド (Wilde) のことば》.

[語法] (1) 代名詞 one を主語とする文中で oneself のまま使うのは非常に格式ばった言い方.
(2) 辞書の中の **oneself**
辞書の成句の説明などでは myself, himself などの -self のつく再帰代名詞の代表形として oneself が用いられる. 例えばこの辞書の **warm** の [動] の項目にある **wárm onesèlf** (体を暖める)という成句は主語の人称・性・数によって次のように変わることを示す: *He* warmed *himself* at the stove. 彼はストーブで体を暖めた / *The cat* is warming *itself* at the stove. 猫はストーブで体を暖めている / *The children* warmed *themselves* at the stove. 子供たちはストーブで体を暖めた《☞ one² [代] 3 [語法] (4), one's¹ [語法] (2)》.

(áll) by onesélf [副] (1) (他人と離れて)独りぼっちで (alone), 自分だけで: *He* lived there (*all*) *by himself*. 彼はそこに(全く) 1 人で住んでいた. (2) (他人の助けを借りないで)独力で, 自分で, 1 人で: *I* cannot carry this desk (*all*) *by myself*. 1 人(だけ)ではこの机を運べない. [語法] この意味では for oneself に近いが by oneself には「自分のために」という気持ちは全く含まれない. (3) ひとりでに, 自然と: *The door* opened (*all*) *by itself*. 戸はひとりでに開いた.
(áll) to onesélf [副] 自分だけに[で]; (自分の)心の中に[で]: *He* has the large room (*all*) *to himself*. 彼はその大きな部屋をひとり占めしている / *She* kept the secret (*all*) *to herself*. 彼女はその秘密を自分の胸に秘めておいた // ☞ say to oneself (say 成句).
be onesélf [動] [自] (1) [しばしば否定文で] Ⓢ 《略式》 (体の調子などが)正常である, いつものとおりである: *I'm not myself* today. きょうはどうも体の調子がよくない / *The Giants are not themselves* today. 巨人の選手たちはきょうはいつもの調子ではない.
(2) 自然に[のびのびと]ふるまう, 落ち着く.
by onesélf [副] =(all) by oneself.
féel (lìke) onesélf [動] [自] =be oneself (1).
for onesélf [副] (1) **自分(自身)のために**: *I* will keep this book *for myself*. この本は私の分として取っておこう. (2) (他人に頼らないで)**自分で**: I won't tell you. *You'll* have to find out *for yourself*. 教えません. 自分で調べなさい.
in (and of) onesélf [副] **それ自体で[は]**, 本来は《この句は普通は in itself, in themselves (この themselves は it の複数形 they に対するもの)の形で用いられる》: *These substances* are not poisonous *in themselves*. これらの物質はそれ自体では有毒ではない.
séem [lóok] (lìke) onesélf [動] [自] 《略式》 [普通は否定文で] Ⓢ いつもどおり(の様子)である: He does*n't seem* [*look*] (*like*) *himself* today. 今日はいつもの彼らしくない.

óne-shòt 《米》 [形] [A] ただ 1 回限りの. — [名] [C] 1 つだけ[1 回限り]のもの (《英》 one-off).
⁺óne-síded [形] **1** [けなして] 一方に偏った, 不公平な: a ~ view 偏見. **2** ふつり合いの, (勝負などが)一方的な. **3** 一方[片側]だけの. **~·ly** [副] 一方に偏って; 一方だけに. **~·ness** [名] [U] 不公平(さ).
óne-sìze-fits-áll [形] [A] (服などが)フリーサイズの; 何にでもあてはまる, 万人向けの《しばしば質の悪さを示唆》.
óne-stàr [形] [A] (ホテル・レストランなどが)1 つ星の《星の数で等級を示す; 最高級は ☞ five-star》.
óne-stép [形] 1 段階で終わる; 簡単な.
óne-stòp [形] [A] (店などが)一か所で何でもそろう.
***one-time** /wʌ́ntàɪm/ [形] [A] **1** [新聞で] **かつての**, 以前の (former): a ~ folk singer かつてのフォーク歌手. **2** ただ一回限りの.
⁺óne-to-óne [形] [A] (対応などが)1 対 1 の, 相関的な; 《主に英》 1 人対 1 人の (one-on-one) 《☞ man-to-man [日英比較]》: ~ teaching (先生 1 人に生徒 1 人の)1 対 1 の授業. — [副] 《主に英》 1 対 1 で.
óne-tràck [形] 視野の狭い, (考え方などが)単細胞の: have a ~ mind 特定の事(特にセックス)だけを考えている.
óne-twó [名] [C] =one-two punch; 〚サッカー〛(パスの)ワンツー.
óne-twó pùnch [名] [C] 〚ボク〛 ワンツー(パンチ).
óne-úp [動] [他] 《略式》 ‹...›に負けまいとする, ‹...›を出し抜く.
óne-úp·man·shìp [名] [U] 《略式》 [けなして] (人より)一歩先んずること[こつ].
one-up·ping /wʌ́nʌ́pɪŋ/ [名] [U] =one-upmanship.
óne wáy [副] 片道で.
⁺óne-wáy [形] [普通は [A]] **1** (道路が)一方通行の: ~ traffic 一方通行 / a ~ street 一方通行の通り. [関連] two-way 両方向通行の. **2** 《主に米》 (切符・乗車賃が)片道の (《英》 single): a ~ fare 片道料金. **3** 一方向(から)だけの: a ~ contract 一方的な契約.
óne-wày mírror [名] [C] マジックミラー.
óne-wày tícket [名] [C] **1** 《米》 片道切符 (《英》 single): a ~ *to* New Delhi ニューデリーへの片道切符. [関連] round-trip ticket 《米》, return (ticket) 《英》 往復切符. **2** 《略式》 避けられない事態の原因 (*to*).
óne-wòman [形] [A] ☞ one-man show [語法].
ón-glìde [名] [C] 〚音声〛 入りわたり.
***on·go·ing** /ángòuɪŋ, ɔ́ːn- | ɔ́n-/ [形] [普通は [A]] **目下進行中の**; 絶えず前進[発展]する: an ~ depression 続く不景気.
***on·ion** /ʌ́njən/ [名] (~s /~z/) [C,U] **たまねぎ**: Life is like an ~: you peel off layer after layer and then you find there is nothing in the center. 人生はたまねぎのようなものだ. ひと皮ひと皮むいていくと中には何もな

いことがわかる. **knów one's ónions** [動] (自)《古風, 略式, 英・豪》[滑稽] 万事心得ている.

ónion rìng [名] C オニオンリング

ónion-skìn [名] U《米》オニオンスキン紙《複写用などの半透明紙》.

òn-líne [形][副] オンライン(式)の[で];《コンピューターなどが》作動した[して]. **gò [còme] on-líne** [動] (自) オンライン化される.

ón-line bánking [名] U 《銀行の》オンライン[インターネット]取引.

ón-lòoker [名] C 傍観者, 見物人 (looker-on).

ón-lòoking [形] A 傍観している, 見物の.

*on·ly /óunli/

① 唯一の [形] 1
② ただ...だけ(の) [形] 2; [副] 1, 2
③ ただし [接] 1

— [形] A 1 [比較なし] [単数名詞につけて] **ただ1つの, 唯一の, ただ1人の**: an ~ child 一人っ子 / an ~ son [daughter] 一人息子[娘] / He is the ~ person (who [that]) I know in this town. この町で私が知っているのは彼だけだ / His ~ answer was to shake his head. 彼の返事は首を横に振るばかりだった.
2 [比較なし] [複数名詞につけて] **ただ...だけの**: They are the ~ *people* who know the truth. 真実を知っているのは彼らだけだ / Henry and Richard are the ~ *boys* who met the captain. ヘンリーとリチャードだけが船長に会った少年だ. **3** [the ~] 最適の, 最善の, 他に得られない (the best): He is *the* ~ man *for* the job. 彼はこの仕事に最もふさわしい人だ. 語法 古(期)英語では one¹ + -ly¹. **óne and ónly** ... [形] (1) [所有格とともに; only の強調] 唯一の..., ただ1つの...: This is *your* one and ~ chance! これがあなたに与えられたただ1度の機会だ. (2) [the ~] 最高の, 不世出の《歌手や有名人を紹介するときに用いる》: Ladies and gentlemen, next we bring you *the one and* ~ Stevie Wonder! 皆さん, 次は音楽界の第一人者スティービー・ワンダーの登場です. **The ónly thíng [próblem] is, ...** (S) 唯一の問題は...ということだ.

— [副] /òunli/ **1** [語句を修飾して] **ただ...だけ, 単に, わずかに...しか.** 語法 日本語には「ただ...だけしかない」というように否定的に訳されることが多い: on éarth か けがえのない地球 / I had ~ two dollars [two dollars ~]. たった2ドルしかなかった / Polly is still ~ a child. ポリーはまだほんの子供だ / I('ve) a² [助動] (S) We have ~ begun the work. まだ仕事を始めたばかりだ / I will tell ~ what I know. 自分が知っていることだけを話そう / I didn't mean it. It was ~ a joke. 本気ではなかったんだ. ただの冗談だよ.

語法 only の位置

(1) (a) 《格式》では only は修飾する語の直前に置き, 「...だけ」と強調される語が強く発音されるのが普通.
Ó~ Tóm saw the panda. トムだけがパンダを見た / Tom ~ *sáw* the panda. トムはパンダを見ただけだった《写真をとったりはしなかった》 / Tom saw ~ the *pánda*. トムはパンダしか見なかった.
(b) 話しことばでは《時に書きことばでも》動詞の後に来る語句を強調するときでも only を動詞の前《または助動詞》や be 動詞の後に置く傾向がある: Tom ~ saw *the pánda*. トムはパンダしか見なかった / Tom ~ [has ~ seen] pandas *on télevision*. トムはパンダをテレビでしか見ていない.
(2) 《格式》では only が文頭にくる場合, 語順が転倒することがある: O~ in sóme zoos *can we see* pandas. いくつかの動物園でだけしかパンダは見られない.

2 [動詞の前で] **ただ...するばかりだ, ...するだけだ**: *I can* ~ *guéss* how he got it. (S) 彼がどうやってそれを手に入れたか私には推測しかできない / *I* ~ *héard* of this today. 私はきょうこれを聞いたばかりだ《まだどうするかわからない》 / I ~ *hópe* my daughter gets back safely. (S) 娘が無事に戻ってくることだけは望んでいる. **3** [動詞の前で] 結局は...するだけだ: His resignation will ~ make things worse. 彼の辞任はただ事態を悪化させるだけだろう. **4** [名詞の後で] ...だけ, ...のみ, ...専用《しばしば掲示に用いる》: MEMBERS ONLY 会員専用 / LADIES ONLY 女性専用 / EXIT ONLY 出口専用. **5** [過去を示すときの副詞(句)を修飾して] つい, ほんの: John phoned me ~ *yésterday* [*an hóur ago*]. ジョンは私についきのう[1時間前に]電話してきた. 語法 文脈によっては「電話をしてきたのはきのう[1時間前]だけである」の意味にもなる.

hàve ónly to dó ☞ have to の成句.

if ónly ... [接] (1) ...でさえあれば《言い換え》He will succeed *if* ~ he does his best (=*if* he ~ does his best). 全力でやりさえすれば彼は成功するだろう. ★ 帰結節を省略することがある (☞ if' 11). (2) [願望を表わして] ...さえすればよいのになあ《言い換え》*If* ~ *I could buy a car!*=*If I could* ~ *buy a car!* もし車が買えたらなあ! (3) たとえ...だけであるとしても: You must come over, *if* ~ *for a day*. たとえ1日だけでもぜひ来てください.

nòt ónly ∴ but (àlso) — [接] (ただ)...だけでなく—(もまた): She is *not* ~ *kind but (also) honest*. 彼女は親切なだけでなく正直だ / *Not* ~ *I but (also) Kate attends his class.* 私だけでなくケートも彼の授業に出ている.

語法 (1) not only ... but (also) — では—が強調される (☞ *...* as well as — (well¹ [副] 成句)).
(2) この成句を含む語句が主語になった場合は述語動詞の人称・数は普通は but (also) 以下の語に呼応する (☞ concord 文法 (7)).
(3) only の代わりに, merely, simply, alone などを用いたり, また also の代わりに too, as well などが用いられることがある: For me, watching television is *not merely* an amusement *but (also)* a professional necessity. 私にとっては, テレビを見ることは娯楽であるばかりでなく職業上必要なことでもあるのだ.
(4) 《格式》で not only が文頭にくる場合, 語順が転倒することがある: *Not* ~ *were they tired, but (also) hungry.* 彼らは疲れていただけでなく空腹だった (☞ inversion 文法 (1) (vi)).

ónly hàve to dó ☞ have to の成句.

ònly júst [副] 《主に英》(1) たった今...したばかり: I've ~ *just* met him. たった今彼と会ったばかりだ. (2) ようやく, やっと: *I* ~ *just* caught the last train. 私はやっと最終列車に間に合った.

ònly to dó (1) [目的を示して] ただ...するために: I am saying this ~ *to* encourage you. 私はただあなたを励ますためにこのことを言っているのだ. (2) [意外なまたは望ましくない結果を示して]《しかし》結局...するだけのことだ, 残念ながら...ということになる: 《言い換え》 He worked hard, ~ *to* fail the examination. (= He worked hard, but failed the examination.) 彼は一生懸命に勉強したのに結局は試験に落ちた.

ònly tóo ∴ [副] (1) [glad, happy, pleased などの前で] 非常に, とても (very): I am [I'd be] ~ *tóo glád* to hélp you. 喜んでお手伝いいたしましょう. 語法 too の後の形容詞が強く発音される. (2) 残念ながら...だ, 遺憾ながら...だ: The rumor is ~ *too* true. そのうわさは残念ながら全く事実なのだ / We know ~ *too* well that

there are many needy people. 貧しく困っている人が多いことはわかりすぎるほどよくわかっている.
—— 接 ⓢ《略式》**1** ただ, ただし, だがしかし《前述のことがらを無理по理由を述べたり, 条件をつけたり, 修正・限定する》《言い換え》 I'd like to do it, ~ I'm too busy now. (=Though I'd like to do it, I'm too busy now.) やりたいのは山々なんだが, あいにく今忙しいもので / You can join us. O~ behave yourself. 仲間に加わってもいいが行儀よくしなさい / He is a grown man, a little bit childish. 彼は大人だが少し子供っぽいところがある. **2**《仮定法の would を用いた主節に接して直説法の従属節が》…ということさえなければ, …でさえなければ: She'd succeed, ~ she gets very nervous. そんなにあがりさえしなければ彼女はうまくいくと思うのですが.

ono, o.no. /óunóu/《英》=or near(est) offer 《☞ offer 名 成句》.

ón-óff 形 **1**《スイッチが》切換えがオン・オフだけの, オン・オフ動作の. **2**《英》= on-off again.

on·o·mat·o·poe·ia /ὰnəmæ̀təpíːə | ὸn-/ 名《言》**1** Ⓤ 擬声[音](による造語法). **2** Ⓒ 擬声語 (buzz, dingdong, thud など).

on·o·mat·o·poe·ic /ὰnəmæ̀təpíːɪk | ὸn-/ 形《言》擬声語の; 擬声[音]の.

ón-ràmp 名 Ⓒ《米》(一般路から)高速自動車道に入る車線.

ón-rùsh 名[単数形で] Ⓦ 突進, 突撃; 奔流 (of).

ón-rùsh·ing /-rʌ̀ʃɪŋ/ 形 Ⓐ 突進する[してくる].

†**ón-scréen** 形《コンピュータ処理などが》スクリーン上の[で]. **2** 映画[テレビ]の[で]; 映画[テレビ]の役の[で].

†**ón-sèt** 名[the ~] **1**《特に不快なことの》始まり;《病気などの》発作, 発病: at the ~ of war 開戦時に. **2** 襲撃, 攻撃 (attack).

ón-sét 形 Ⓐ《スタジオなどの》セット上での.

ón-shòre 形 副 **1**《風が海から》陸上への;[普通は Ⓐ] 陸上での, 岸近く(で)の. —— 副《海から》陸の方へ; 陸上に.

ón-síde 形 副 **1**《サッカー・ホッケー》(反則でない)正しい位置で[の]《反》offside. **2** Ⓟ 支持して, 味方して (with): get [bring] a person ~ 人を味方にする, 同調させる.

ón-síte 形 Ⓐ, 副 現場[現地]で(の).

†**ón·slaught** /ánslɔ̀ːt, ɔ́ːn- | ɔ́n-/ 名 Ⓒ[普通は単数形で] Ⓦ **1** 猛攻撃, 猛襲 (on, against). **2**《…の》連続, 殺到 (of).

†**ón-stáge** 形 Ⓟ, 副 舞台上の[で].

†**ón·strèam** 形 Ⓟ, 副 操業[稼働(か)]中の[で].

On·tar·i·o /antɛ́əriòu | ɔn-/ 名 **1** Lake ~ オンタリオ湖《米国とカナダの間の湖; ☞ Great Lakes; 表地図 I 3》. **2** オンタリオ《カナダ南部の州; ☞ 表地図 H 2》.

ón-the-jòb 形 Ⓐ 職につきながら学ぶ, 職場中の: ~ training 職場内訓練, 実地研修《略 OJT》.

†**ón-the-spót** 形 Ⓐ 現場[現地, その場]での, 即座[即決]の.

✱**on·to** /(子音の前では) àntu, ɔ̀ːn-, -tə | ɔ̀n-, (母音の前では) -tu/ 前 **1** …の上へ, …へ; …の方へ[に]: get ~ (=on) the bus バスに乗る / jump ~ the table テーブルの上に跳び上がる / climb back ~ the raft いかだの上にはい戻る / The boy stepped out (of) the window ~ the roof. 少年は窓から出て屋根に上がった / This window looks [opens] ~ the street. この窓は通りに面している / Now let's move ~ another subject. さあ別の話題に移ろう.

語法 (1) 上例のように to か on だけでよいときに onto を使うことがある. onto と on の差は into と in の関係に似ている.

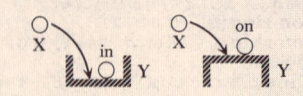

X comes into Y. X comes onto Y.

(2)《英》では on to とつづることがある.
(3) He rán ón to the gate.《彼は門まで走り続けた》のように副詞の on と前置詞の to とが続く場合と区別が必要.

2《略式》《悪事などに》気づいて; …を発見し(かけ)て;《ビジネスチャンスなどを》つかんで: The police are ~ them. 警察は彼らの悪事に気づいている. **3**《略式, 主に英》《人と》…のことで》連絡[接触]して (about): Can you put me ~ a good doctor? よい医者を紹介してくれますか.

on·tog·e·ny /antɑ́dʒəni | ɔntɔ́dʒ-/ 名 (-nies) Ⓤ《生》個体発生.

on·to·log·i·cal /ὰntəlɑ́dʒɪk(ə)l | ɔ̀ntəlɔ́dʒ-◄/ 形《哲》存在論(上)の, 存在論的な.

on·tol·o·gy /antɑ́lədʒi | ɔntɔ́l-/ 名 Ⓤ《哲》存在論.

o·nus /óunəs/ 名 [the ~]《格式》責務, 重荷; 汚名,《過失に対する》責任: The ~ is on me (to disprove the theory). (その理論の誤りの立証が)私の責務だ.

†**on·ward** /ánwəd, ɔ́ːn- | ɔ́n-/ 副 **1**《格式》前方へ, 前へ (forward);《ある場所・目標へ向かって》進んで;《時間的に》先へずっと. **from** … **ónward** 前 …以降, …以後: I'll be home from five o'clock ~. 5時以降はうちにいます. **ónward and úpward** 副 (引き続き)好調で. —— 形 Ⓐ 前方への; 前進的な, 前向きの: an ~ movement to world peace 世界平和への前向きの行動.

on·wards /ánwədz, ɔ́ːn- | ɔ́nwədz/ 副《主に英》= onward.

on·yx /ániks | ɔ́n-/ 名 Ⓤ《鉱石》しまめのう.

oo·dles /úːdlz/ 名 [複] [次の成句で] **óodles of** … 形《略式》たくさんの….

oof /úːf/ 間 **1** うーん《腹を打たれた時などのうめき声》.

✱**ooh** /úː/《略式》—— 間 **1** おー, うわあ《喜び・不快・驚きを表わす》: "Look how he skates." "O~! Great!" 「彼のスケートを見てごらん」「うわあ. すごい」. —— 動 @ 驚きなどを…と叫ぶ: ~ and aah うわあと歓声を上げる.

ooh la la /úːlɑ̀ːláː/《フランス語から》間《滑稽》キャッホー, ヒューッ, すげー《驚嘆の発声》.

oo·long /úːlɔːŋ | -lɔŋ/ 名 Ⓤ ウーロン茶.

oomph /úmf/ 名 Ⓤ《略式》精力, 迫力;《性的》魅力.

oops /úːps, (w)úps/ 間《略式》おっと, ありゃりゃ, あっけない, しまった《失態・失望・失敗などを表わす》.

oops-a-daisy /úːpsədèɪzi/ 間《略式》よいしょ《子供を抱き上げたりするかけ声》; おっとどっこい《転倒した子に向かってのかけ声》.

†**ooze** /úːz/ 動 [副詞(句)を伴って] **1**《液体などが》《…から》じくじく流れ出る, にじみ出る, しみ出る (from, out of). **2**《性質などが》にじみ出る (from); 《人などが》発散する (with). —— ⓗ **1**《…を》じくじく出す. **2**《魅力・自信などを》にじみ出させる. **óoze awáy** 動 @《勇気などが》なくなってゆく. **óoze óut** 動 @ 流れ出る;《秘密などが》漏れる. —— 名 Ⓤ (水底の)軟泥. **2**[しばしば形容詞を伴って a ~] にじみ出ること[たもの], 分泌(物).

ooz·y /úːzi/ 形 (**ooz·i·er**; -**i·est**)《略式》**1** 泥(のよう)の, 泥を含んだ. **2** じくじくする.

✱**op** /ɑ́p | ɔ́p/ 名 (~**s** /~s/) **1** Ⓒ《英略式》手術, オペ (operation); = operation 4. **2** Ⓤ Ⓒ = op art.

op., Op. 《略》= opus 1.

o·pac·i·ty /oupǽsəti/ 名 Ⓤ **1** 不透明(さ). **2**《格式》あいまい(さ); 難解.

o·pal /óup(ə)l/ 名 ⓤⓒ オパール《10月の誕生石》.
o·pal·es·cence /òupəlés(ə)ns/ 名 ⓤ《格式》(オパールのような)乳白光.
o·pal·es·cent /òupəlés(ə)nt⁻/ 形《格式》(オパールのような)乳白光を発する.
⁺**o·paque** /oupéɪk/ 形 **1** 光を通さない, 不透明な (反 transparent). **2**《格式》理解しがたい, 不明瞭な. The doors are ~. ~·ly 副 不透明で; 不明瞭に. ~·ness 名 ⓤ 不透明; 不明瞭.

óp àrt 名 ⓤ オプ アート (optical art)《幾何学的模様を用いて目に錯覚を起こさせる抽象芸術》.

op. cit. /ápsít | ɔ́p-⁻/ 略《格式》(前に)引用された文献に《論文の脚注などで参照文献を示す際に用いる; ラテン語の *opere citato* (=in the work cited) の略; ☞ loc. cit.》.

ope /óup/ 動《詩》=open.

⁺**OPEC** /óupek/ 略 =Organization of Petroleum Exporting Countries (☞ petroleum).

op-ed, Op-Ed /ápéd | ɔ́p-⁻/ 形 ⓐ《米》(新聞の雑記事欄の《署名記事などのあるページ》; 社説 (editorial) の向かい (opposite) にあったことから》.

✱**o·pen** /óup(ə)n/

「あいている」形 1, 2 → 「公開の; 公開する」形 4; 動他 3
   ↓   「自然の, 率直な」形 5
「あける, 開く」   「空いている」形 10
動他 1, 自 1   「開始する」動他 2, 自 2

― 形 (**o·pen·er**; **o·pen·est**) **1 あいている**, 開いた (反 shut, closed); (花が)咲いた; (傷口が)あいている;『電算』(ファイルなどが)開いて: an ~ window あいている窓 / keep one's eyes ~ 目をあけている / The doors are ~. 戸はあいている / Who has left the gate ~? だれが門をあけたままにしておいたのですか / His notebook was lying ~ on the desk. 彼のノートが机の上に開いたまま置いてあった.

2 ⓟ［比較なし］(店などが)**あいている**, (事業・営業を)行なっている (反 closed): The bank is ~ (*for* business) from nine to four. その銀行は9時から4時まであいている / WE'RE OPEN 営業中《店の掲示》/ ALWAYS OPEN 年中無休《店の掲示》.

3 ⓐ 広々した, さえぎる物のない: ~ water 広々とした水面, 見透すかぎりの水域 / an ~ space 広々とした空間 / On the ~ plains you can go for miles without seeing either houses or trees. その広々とした草原では何マイル行っても家も木立ちも見えません.

4 公開の, (一般に)開放されている, 自由に参加できる (反 closed): an ~ race だれでも参加できる競走 / in ~ court 公開裁判で / once a year. <A+*to*+名・代> その庭園は年に一回一般に公開される / ~ government 開かれた政府.

5 率直な, 隠しだてのない, 公然の, あからさまの; 率直にふるまう (☞ frank 類義語): an ~ manner 率直な態度 / an ~ secret 公然の秘密 / with ~ hostility 敵意をむき出しにして / She was very ~ *with* me *about* her intentions. 彼女は自分の意向を隠さずに私に打ち明けた. **6** ⓐ 覆い[屋根]のない, 無蓋(ふたい)の; (衣服の)ボタン[ジッパーなど]のない, 開襟(かいきん)の: an ~ fire おおいのない(壁炉の)火 / an ~ sewer ふたのない下水 / an ~ car オープンカー / an ~ shirt オープンシャツ / ~ *to* the sky [elements] 屋根のない[風雨にさらされた]. **7** ...にかかりやすい, ...を受けやすい; ...に寛容な, ...を受け入れる: His conduct is ~ *to* criticism. 彼の行為は人からとやかく言われやすい / I am always ~ *to* suggestions. 提案はいつでも歓迎する // ☞ have [keep] an open mind (mind 名 成句). **8** (問題などが)未解決の, 未決定の: Let's leave

the matter ~. その問題は結論を出さずにおこう // ☞ *open* question. **9** ⓟ (...にとって)可能な, (...が)利用できる: This is the only choice ~ *to* us. これが我々にとって唯一可能な選択だ. **10**［比較なし］ⓟ (地位・職などが)空いている, 空位の; (時間などが)空いている, 暇な; (場所が)空いている: I will keep an hour ~ *for* the interview. 会見のために1時間空けておきます. **11** 凍らない, 氷結しない; 霜[雪]が降らない: an ~ harbor 不凍港. **12** 普通は ⓐ《織物など》目の粗い. **13**『音声』(母音が)広い (反 close).

brèak ópen 動 他 <...>を無理に[壊(こわ)して]あける, こじあける, 破る. <V+O（名・代）+*open*> と <V+*open*+O（名）> の両型可能:［言い換え］He broke the door. ~. =He broke ~ the door. 彼はドアをこじあけた. ― 自 急激に［壊れて］開く.

bùrst ópen 動 自 ぱっと開く: Suddenly the door burst ~. 突然ドアがぱっと開いた. ― 他 <...>をぱっとあける;〈ドアなど〉を破ってあける〉: The soldiers burst ~ the gate and entered the fort. 兵士たちは門を破ってとりで内に入った.

còme ópen 動 自 あく, 開く (☞ come 10).

láy [léave] onesélf (wíde) ópen to ... 動 他《格式》(非難などに)身をさらす (☞ 7).

lày ópen 動 他 (1) <...>を切り開く,〈傷口など〉を切開する. (2) <...>をあばく, 暴露する.

ópen and abòve bóard 副・形 全く率直に[な].

púll ópen 動 他 <...>を引っ張ってあける.

púsh ópen 動 他 <...>を押しあける: I *pushed* the door ~. 私は戸を押しあけた.

split ópen 動 他 破ってあける. ― 自 破れて開く.

thrów ópen 動 他 (1) 〈ドアなど〉をぱっとあける. (2) 〈(主要な)場所〉を(一般に)開放する (*to*).

o·pens /-z/; **o·pened** /-d/; **o·pen·ing** /-p(ə)nɪŋ/

―――― 自 他 の転換 ――――
他 **1** あける (to make (something))
自 **1** 開く (to become open)

― 他 **1**〈閉じているもの〉を**あける, 開く**;『電算』〈ファイルなど〉を開く (反 shut, close, fold); 広げる: ~ a window [bottle] 窓[びん]をあける / ~ a tunnel トンネルを切り開く / ~ one's arms 両手を広げる《人を歓迎するの意もある》/ She ~*ed* her eyes. 彼女は目をあけた / I ~*ed* the bag to take out a book. 私はかばんをあけて本を取り出した / *O~* your books *to* [《英》 *at*] page ten. <V+O+前+名・代> 教科書の10ページを開きなさい / The secretary ~*ed* the door *for* me. <V+O+*for*+名・代> 秘書は私にドアをあけてくれた.

2 〈議論・捜査など〉を**開始する**, 始める;〈店など〉をあける,〈営業・事業など〉を始める;〈銀行口座〉を開く (反 close, shut): They ~*ed* the discussion at 5 p.m. 彼らは午後5時に[から]討議を始めた / He ~*ed* the meeting *with* a short speech. <V+O+*with*+名・代> 彼は短いスピーチをしてから会を始めた / What [At what] time do you ~ your office? 何時に事務所をあけますか / The new highway will be ~*ed to* traffic before long. <V+O+*to*+名・代の受身> その新しい幹線道路はまもなく開通するだろう / I would like to ~ a savings account. 普通預金口座を作りたいのです.

3 <...>を(人に)公開する, 開放する;〈議会など〉の開会を宣する: The garden *is* ~*ed to* the public once a year. <V+O+*to*+名・代の受身> その庭園は年に1度一般公開される. **4** 〈心など〉を(...に)開く, 開かせる: He ~*ed* his heart [mind] *to* me. 彼は自分の気持ち[考え]を私に打ち明けた.

― 自 **1 開く**, 割れる, 広がる (反 close): This door [umbrella] won't ~. この戸[傘]はどうしても開かない

1234 open air

(☞ will¹ 3) / The buds of the tulips are beginning to ~. チューリップのつぼみが開き始めている / His office doesn't ~ on Monday(s). 彼の事務所は月曜日は休みだ. **2 開始する**, 始まる: The meeting ~ed with the president's speech. <V+with+名・代> 会議は社長のあいさつで始まった / The baseball season ~s this month. 野球のシーズンは今月から始まる / The store ~s at 8 a.m. その店は朝の8時に[から]始まる / The new movie ~s on July 15th. その新しい映画は7月15日に封切られる. **3** (展望などが)開ける, 広がる. **4** (株価や為替相場などが)開いて, 寄り付きが…である (at).

━ open の句動詞 ━

ópen ìnto [**ònto**] … 動 他 …へ通じる: That door ~*ed into* a small storage room. そのドアは狭い貯蔵室に通じていた.

ópen óut 動 他 (地図などを)広げる; (包みなどを)開く. ━ 自 **1** (道などが)広がる (*into*). **2** (花が)開く, 咲く. **3** (英) 心を開く (*to*).

*ópen úp 動 他 **1** (市場などを)開放する; (土地を)開発する <V+名・代+*up* / V+*up*+名>: The Canadian Government requested Japan to ~ *up* its markets *to* Canadian goods. カナダ政府は日本に対してカナダ製品に市場を開放するように要請した.
2 (店を)開く, 開店する <V+名・代+*up* / V+*up*+名>: They ~*ed up* a new shop on Mill Street. 彼らはミル通りに新しい店を開いた.
3 (箱・包みなどを)あける, 広げる <V+名・代+*up* / V+*up*+名>: The man ~*ed up* the box but found nothing in it. 男は箱をあけたが中には何もなかった. **4** (機会などを)開く, 利用できるようにする. **5** (亀裂・仲間割れなどを)生じさせる; (ゲーム差などを)生む; (切り傷・さけ目などを)切り開く; (略式)(人体を)切開する. ━ 自 **1** 開発される; 開放される (*to*); 開店する. **2** (包み・口などが)すっかりあく, ぱっくりと開く. **3** (機会・可能性などが)開けてくる, 生じる. **4** 発砲を開始する (*on*). **5** (亀裂・仲間割れなどが)生じる; (切り傷・さけ目などが)開く. **6** 遠慮なく話す, ざっくばらんにしゃべる (*to*, *about*); 情報を提供する. **7** (普通は命令文で)(略式)(戸を)あける.

━ 名 (the ~) **1** 空き地, 広場; 戸外, 野外. **2** [O-] 〘ゴルフ・テニス〙(主要な)選手権試合.

in the ópen 副・形 戸外で[の], 広々とした野外で[の]: play *in the* ~ under the blue sky 青空のもと広々とした所で遊ぶ.

(òut) in [ìnto] the ópen 副・形 (秘密などが)明るみに出て[に]; bring … (*out*) *in* [*into*] *the* ~ …を明るみに出す / come (*out*) *in* [*into*] *the* ~ 明るみに出る.

⁺ópen áir 名 戸外, 野外. **in the ópen áir** 副・形 戸外[屋外]で, 野外で.

ópen-áir 形 A 戸外[野外]の: an ~ school 野外[林間]学校.

ópen-and-shút cáse 名 C 容易に判断[解決]できる問題[訴訟事件].

ópen bár 名 C (米) (結婚披露宴などで)無料で飲み物を供るパー.

ópen-bòok examinátion 名 C 参考書・辞書類の持ち込みが自由な試験.

ópen-càst 形 (普通は A) (英) =open-cut.

Open Cóllege 名 (the ~) オープンカレッジ《放送・通信教育を行なう英国の国営放送大学》.

ópen-cùt 形 (米) (鉱山が)露天掘りの[による] ((英) opencast).

ópen dáy 名 C (英) =open house 2.

⁺ópen dóor 名 (the ~) 門戸開放; 機会均等.

ópen-dóor 形 A 門戸開放の; 機会均等の: an ~ policy 門戸開放[機会均等]政策.

⁺ópen-énded /-éndɪd⁺⁻/ 形 (期限などが)制限のない; (計画などが)自由に変更できる; 決まった解答のない.

*ó·pen·er /óʊp(ə)nɚ | -nə/ 名 C (普通は合成語で) **1** ~を開く道具 (缶切り・栓抜きなど); 開く人, 開ける者; 開幕試合; 〘クリケ〙先頭打者: a can ~ (英) tin) 缶切り / a bottle ~ 栓抜き. **for ópeners** 副 (略式, 主に米) 手始めに, 最初に, 第一に.

ópen-éyed 形 副 **1** (驚いたりして)目を大きく見開いた[で]; 目を凝(こ)らした[で]; (抜かりなく)気を配った[で], 十分承知した[で].

ópen-fáced sándwich 名 C (米) オープンサンド《1枚のパンの上に卵・野菜などをのせたもの》((英) open sandwich).

ópen-hánded 形 **1** 気前のよい, 物惜しみしない (generous). **2** 手を広げた. **~·ly** 副 気前よく; 手を広げて. **~·ness** 名 U 気前よさ.

ópen-héarted 形 隠しだてしない, 率直な (frank); 親切な, 寛大な.

ópen-héart súrgery 名 U 〘医〙心臓切開手術, 開胸手術.

ópen hóuse 名 C **1** オープンハウス《自宅を開放し親戚・友人を気軽に迎えもてなすパーティー; 来客を歓迎すること》. **2** (米) (学校・工場などの)一般公開日 ((英) open day). **3** 売家の公開日. **kèep ópen hóuse** 動 自 いつでも来客を歓迎する.

*ó·pen·ing /óʊp(ə)nɪŋ/ 名 (~s /-z/) **1** C (普通は単数形で)開く[開ける]こと, 開始, 開業, 開会, 開通: the ~ *of* a college 大学の開校 / the ~ *of* a new road 新しい道路の開通 / ☞ grand opening.
2 [単数形で] 初め, 冒頭 (beginning): He spoke at the ~ *of* the meeting. 彼はその会合の始まりで話をした / the ~ *of* this book この本の初めの所.
3 C すき間, 穴, 裂け目 (gap); 空き地, 広場: The children went through a large ~ *in* the fence. 子どもたちは垣根の大きな穴を通り抜けた. **4** C 機会, 好機 (*to do*). **5** C (地位・職などの)空き, 欠員: There is an ~ *at* [*in*] this school for a history teacher. この学校には歴史の先生の欠員[口]がある.
━ 形 A 開始の, 初めの (反 closing): an ~ address 開会の辞 / an ~ sentence 書き出しの文 / an ~ line (本などの)最初の1行[文], 最初のせりふ[一言].

ópening cèremony 名 (反 closing ceremony) C 開会式.

ópening hòurs 名 [複] (レストラン・銀行などの)営業時間.

⁺ópening níght 名 C (普通は the ~) (公演などの)初日.

ópening tìme 名 C,U (普通は the ~) (パブなどの)開店時刻; [複数形で] =opening hours.

ópening úp 名 (the ~) **1** (土地などの)開発, 開拓 (*of*). **2** (機会などの)開放 (*of*).

ópen invitátion 名 [an ~] **1** 好きな時に訪ねてよいという招待. **2** (犯罪などの)誘因.

⁺ópen létter 名 C 公開(質問)状《新聞・雑誌などに発表する手紙形式のища陳への抗議状》.

ópen-líne 形 (テレビ(ラジオ)番組が)視聴者参加の.

*ó·pen·ly /óʊp(ə)nli/ 副 **1** 公然と, 人前で (publicly), あからさまに: He ~ criticized their policies. 彼は彼らの政策を公然と批判した.
2 率直に (frankly), 遠慮なく: Let's talk about the matter ~. その問題を率直に話し合う.

⁺ópen márket 名 C **1** [しばしば the ~] 公開[自由]市場: *on the* ~ 公開市場で. **2** 青空市場.

ópen márriage 名 C 開かれた結婚《結婚相手以外との性行為を認め合う》.

ópen míke 名 U (米) (ナイトクラブなどで)自由に冗談を言ったり歌ったりできる時間, オープンマイク.

ópen-míke 形 A オープンマイクの.

⁺ópen-mínded 形 心の広い, 偏見のない (*about*).

~・ly 副 偏見なく. **~・ness** 名 U 心の広いこと.
ópen・mouthed /-máuðd/ 形 副 口を開いた[て](驚いたりして)口をあんぐりと開けた[て].
ópen・nécked 形 A (シャツなどが)オープンの, 開襟(えり)の.
ópen・ness 名 U 1 率直さ; 心の広いこと, 寛大 (*to*). 2 開いていること, 開放状態.
ópen-plán 形 (部屋などが)オープンプランの, 細かく仕切っていない.
ópen prímary 名 C (米) 開放予備選挙.
ópen príson 名 C (英) =minimum security prison.
ópen quéstion 名 C 先の読めない[未解決の]問題.
ópen relátionship 名 C 開放的な恋愛関係 (恋愛相手以外との性的関係を認め合う).
ópen róad 名 [the ~] (自由に走れる)交通量の少ない道路 (特に郊外の).
ópen sándwich 名 C (英) =open-faced sandwich.
ópen séa 名 [the ~] 外洋; 公海 (国の領域外で陸地に囲まれていない海).
ópen séason 名 U 1 狩猟(解禁)期間 (*for, on*) (反 closed [close] season). 2 (...を)強く批判する時期 (*on*).
ópen sésame ☞ sesame 成句.
ópen shóp 名 C オープンショップ (労働組合未加入者も雇う事業所). ☞ closed shop, union shop.
ópen sóurce 名 U (電算) (プログラムなどの)ソースコードを公開すること.
ópen spáce 名 U,C (米) (法的に保護された)開放空間 (野外活動などのために建築が禁止されている土地).
ópen stánce 名 C (野・ゴルフ) オープンスタンス (右利きの人なら左足を引いた構え). 関連 closed stance クローズドスタンス.
ópen stóck 名 C (米) (補充用に)ばら売り品も用意 (常備)してあるセット商品 (食品など).
ópen sýllable 名 C (音) 開音節 (母音で終わる音節).
ópen sýstem 名 C (電算) オープンシステム (他社製のコンピューターと接続可能なシステム).
ópen-sýstem 形 A (電算) オープンシステムの.
ópen-tóed 形 (靴などが)つまさきの部分があいた.
⁺**Ópen Univérsity** 名 [the ~] (英) 放送大学 (主に放送・通信教育による教育機関; 略 OU).
ópen vérdict 名 C (英法) 有疑評決 (死因について決定しない評決).
ópen・wòrk 名 U, 形 A (編み物・彫刻などの)透かし細工(の).

⁺**op・er・a**¹ /áp(ə)rə | ɔ́p-/ 名 (~s /~z/; òperátic) 1 C,U オペラ, 歌劇: stage [perform, put on] an ~ オペラを上演する / a comic ~ 喜歌劇 / go to the ~ オペラを見に行く. 2 C =opera house. 3 C 歌劇団. 語源 ラテン語で「仕事, 作品」の意; operate, opus と同語源.

opera² 名 opus の複数形.
op・er・a・ble /áp(ə)rəbl | ɔ́p-/ 形 (反 inoperable) (医) 手術可能の; 実施[使用]できる.
ópera glàss・es 名 [複] オペラグラス.
ópera・gòer 名 C オペラを見に行く人.
⁺**ópera hòuse** 名 C オペラ劇場, 歌劇場.
op・er・and

opera house

---

operation 1235

/ápərænd | ɔ́p-/ 名 C (数・電算) 被演算子, (被)演算数 (演算の対象).
óp・er・ant condítioning /áp(ə)r(ə)nt- | ɔ́p-/ 名 U (心) オペラント条件づけ (自発的行動を報酬や罰によって強化する条件づけ).

⁎**op・er・ate** /ápərèɪt | ɔ́p-/ 動 (-er・ates /-rèɪts/; -er・at・ed /-tɪd/; -er・at・ing /-t̬ɪŋ/; 名 òperátion, 形 óperative)

— 自 ⇔ 他 の転換 —
他 1 運転する (to make (a machine) work)
自 1 作動する (to work)

— 他 1 〈機械など〉を運転する, 操作する, 動かす: Fred ~s a bulldozer. フレッドはブルドーザーの運転手だ / This machine is ~d by electricity. <V+O の受身> この機械は電気で動く.
2 運営する, 経営する (run); 機能させる: This hall is ~d by the city. <V+O の受身> このホールは市によって運営されている.

— 自 1 [副詞(句)を伴って] (格式) 〈機械など〉が作動する (work) (*at, in*); 〈器官〉が働く; (...の)役目をする (*as*): The engine is *operating* properly. エンジンは調子よく動いている / The brakes failed to ~ properly. ブレーキがうまくきかなかった.
2 [副詞(句)を伴って] 作用する (act); 影響する, 効果がある, 〈薬など〉が効く: The new law ~*d against* small businesses. 新しい法律は小企業に不利に働いた / Many causes ~*d to* bring about the riot. <V+*to* 不定詞> 多くの原因が働いてその暴動を引き起こした.
3 (患者・患部に)手術をする: Dr. Smith ~*d on* my father *for* lung cancer. <V+*on*+名・代+*for*+名代> スミス先生が父の肺癌(がん)の手術をした. 4 [副詞(句)を伴って] (会社・企業などが)営業活動をする, 操業する (*in, within, under, from*). 5 (軍事) 行動をとる (*against*). 語源 ラテン語で「働く, 作用する」の意; ☞ opera¹.

⁺**op・er・at・ic** /ɑ̀pərǽt̬ɪk | ɔ̀p-/ 形 (名 ópera¹) [普通は A] オペラの, 歌劇の; オペラ[歌劇]風の. **-át・i・cal・ly** /-kəli/ 副 オペラ風に; 芝居染みて.
óp・er・àt・ing còsts [expénses] /ápərèɪt̬ɪŋ- | ɔ́p-/ 名 [複] 経営費, 運営費.
óperàting pròfit 名 C 営業利益.
óperàting ròom 名 C (米) (病院の)手術室 (略 OR) (英) (operating) theatre.
⁺**óperàting sỳstem** 名 C (電算) オペレーティングシステム (コンピューターの管理プログラム; 略 OS).
óperàting tàble 名 C 手術台.
óperàting thèatre 名 C (英) =operating room.

⁑**op・er・a・tion** /ɑ̀pəréɪʃən | ɔ̀p-/ 名 (~s /~z/; 動 óperàte, 形 òperátional)

「仕事・行為をすること」の意 (☞ opera¹ 語源)から, 「作業, 活動」
→ (医術上の仕事) → 「手術」1
→ (経営上の活動) → 「運営」2
→ (運行上の作業) → 「運転」3
→ (戦略上の行為) → 「作戦」4

1 C (医) **手術** ((略式) op) (*to do*): He had [underwent] an ~ *on* his liver [*for* liver trouble]. 彼は肝臓(病)の手術を受けた / The surgeon performed an ~ *on* the patient. 外科医はその患者の手術をした.
2 C,U 操業, 仕事, 活動; (事業の)運営, 経営, 営業; 会社, 企業; [普通は複数形で] (企業などの)作戦, 事業活動: a rescue ~ *to* save a damaged ship <N+*to*

不定詞〉被害にあった船の救出作業. **3** Ⓤ(機械などの)運転, 操作: The ~ *of* this machine requires advanced skill. この機械の操作は高度の技術を必要とする. **4** Ⓒ[しばしば複数形で]〖軍〗軍事行動, 作戦((略式))op(s); [O-] (特定の作戦名などに用いて)…作戦. **5** Ⓤ〖器官などの〗作用; 効力. **6** Ⓤ〖法令などの〗施行, 実施 (*of*). **7** Ⓒ〖数〗演算; 〖電算〗オペレーション, 操作: (the) four ~s 加減乗除.
cóme [gó] into operátion 〖動〗㊀(機械などが)運転を始める; (法律などが)施行される.
in operátion 〖形〗(1) (機械などが)運転中で; (法律などが)施行されて: The engine is ~. エンジンは順調に動いている. (2) 経営して, 運営して; 活動中で.
pút [bríng] … into operátion 〖動〗㊁〈機械など〉を動かす; 〈法律など〉を施行する; 〈…に〉軍事行動をおこさせる.

*op·er·a·tion·al /ˌɑpəréɪʃ(ə)nəl | ˌɔp-/ 〖形〗ˌòperátion) **1** 機能を果たせる, 運転可能で, 使用できる; 操業中の: All the machines are fully ~. 機械はすべて稼動している[可能だ].
2 Ⓐ軍事上の, 経営上の: ~ difficulties 運営上の難点. **-al·ly** /-nəli/ 〖副〗機能[運用, 運営]上.

operátions reséarch, operátional reséarch /ˌɑpəréɪʃənz-| ˌɔp-/ 〖名〗Ⓤ〖経〗オペレーションズリサーチ《企業経営上の科学的な研究調査》.

operátions róom 〖名〗Ⓒ〖軍〗指令室.

*op·er·a·tive /ˈɑp(ə)rətɪv, ˈɑpəreɪt-| ˈɔp-/ 〖形〗 **1** 〖動〗óperàte〖反〗inóperative) Ⓟ(機械などが)運転している, 調子のよい; 作用する; 〈薬〉が効き目のある; (法律などが)施行されている, 効力ある. **the óperative wórd** 〖名〗[前の語を繰り返して] 鍵を握る語, 重要語: She was supposed to get married last month. 'Supposed' *is* the ~ *word*. 彼女は先月結婚することになっていた.「なっていた」というのが重要なんだ.
— 〖名〗Ⓒ **1** 〖格式〗〖腕曲〗工具, 熟練職工. **2** 《米》(政府機関の)スパイ, 諜報〈ちょうほう〉員.

*op·er·a·tor /ˈɑpəreɪtɚ | ˈɔpəreɪtə/ 〖名〗(~s /-z/) Ⓒ
1 電話交換手 (telephone operator); 無線通信士, 電信技手.
2 (機械の)運転者, (装置などの)操作係: an elevator ~ 《米》エレベーター運転係, エレベーターボーイ[ガール]. **3** (小規模の)経営者; 会社. **4** 〖軽蔑〗やり手で: a smooth [shrewd] ~ なかなかのやり手.

op·er·et·ta /ˌɑpərétə | ˌɔp-/ 〖名〗Ⓒ オペレッタ, 軽歌劇, 喜歌劇.

O·phe·lia /oʊˈfiːljə, -əf-, -lɪə/ 〖名〗⌾ オフィーリア《Hamletの恋人》.

oph·thal·mi·a /ɑfˈθælmiə | ɔf-/ 〖名〗Ⓤ〖医〗眼炎.

oph·thal·mic /ɑfˈθælmɪk | ɔf-/ 〖形〗Ⓐ〖医〗目に関する, 眼科の.

ophthálmic optícian 〖名〗Ⓒ《英》=optometrist.

oph·thal·mol·o·gist /ˌɑfθəlmɑ́lədʒɪst | ˌɔfθəlmɔ́l-/ 〖名〗Ⓒ〖医〗眼科医.

oph·thal·mol·o·gy /ˌɑfθəlmɑ́lədʒi | ˌɔfθəlmɔ́l-/ 〖名〗Ⓤ〖医〗眼科学.

o·pi·ate /ˈoʊpiət, -pièɪt/ 〖名〗Ⓒ あへん剤, 鎮痛[催眠]剤; (気分を)落ちつけるもの, 感覚を鈍らせるもの.

o·pine /oʊˈpaɪn/ 〖動〗〖格式〗〈…〉と考える, (…)という意見を述べる (*that*). — ㊀ 考える, 意見を抱く (*on*, *about*).

‡**o·pin·ion** /əˈpɪnjən/ 〖T1〗〖名〗(~s /-z/) **1** Ⓒ,Ⓤ [普通は所有格の後で] (個人の)意見, 考え, (ものの)見方: different ~s *about* [*on*] the idea その考え方についての異論 / a difference of ~ 見解の相違 / It's [That's] a matter of ~. それは意見のわかれるところだ / May we ask *your* honest ~ *of* our plan? 私たちの計画についてのあなたの率直なご意見を伺いたいのですが / The new evidence has confirmed *my* ~ *that* she is innocent. 〈N+*that*節〉新しい証拠により彼女は無罪だという私の意見は固まった.

――――― コロケーション ―――――
confirm …'s *opinion* …の考えを固めさせる
express [**give, pass, state**] one's *opinion* 意見を述べる
form an *opinion* 考えをまとめる
hold [**have**] an *opinion* 意見を持っている
seek …'s *opinion* …の意見を求める
――――――――――――――――――

2 Ⓤ(一般の人々の)意見, 世論: public ~ 世論 / the general ~ 大半の人々の考え / O~ has changed [turned] 「in favor of [against] nuclear power stations. 世論は原子力発電所に有利[不利]に傾いた.

3 [形容詞を伴って a ~] 評価, (善悪などの)判断: I have *a good* [*bad*, *poor*] ~ *of* the new method. 私はその新しい方法を高く評価している[よくないと思っている, 低く評価している] / They had *a high* [*low*] ~ *of* her talent(s). 彼らは彼女の才能を高く[低く]評価した. **4** Ⓒ[普通は単数形で](専門家の)意見, 鑑定: an expert('s) ~ 専門家の意見 / get a second ~ 2人目の医師の判断[参考意見]を聞く. 《☞ second opinion》. 〖語源〗ラテン語で「考える」の意.

be of the opínion that … 〖動〗〖格式〗…という意見を持っている: I am *of the* ~ *that* drunken driving is a challenge to our community. 酔っ払い運転は社会に対する挑戦であるというのが私の意見です 《☞ *that*[2] A 4〈接文〉》.

còme [gò] dówn in …'s opínion 〖動〗…を失望[幻滅]させて評価が下がる.

if you wánt mý opínion 〖副〗私の意見では.

in …'s opínion 〖副〗〖文修飾語〗…の意見[考え]では: *In mý* ~, drinking is a bad habit. 私の考えでは酒を飲むのは悪習です. 〖語法〗(1) opinion の前の所有格の名詞や代名詞が強く発音される. (2) 文頭・文中・文末いずれにも用いる.

o·pin·ion·at·ed /əˈpɪnjəneɪtɪd/ 〖形〗〖けなして〗自説に固執する, 頑固な.

opínion léaders [**màkers**] 〖名〗〖複〗オピニオンリーダー, 世論形成者.

***opínion pòll** 〖名〗Ⓒ 世論調査 (poll).

***o·pi·um** /ˈoʊpiəm/ 〖名〗Ⓤ (麻薬) 麻薬のようなもの: an ~ den あへん窟 / Religion is the ~ of the people. 宗教は人民のアヘンだ《Marxのことば》.

o·pos·sum /əˈpɑsəm/ 〖名〗(複 ~**(s)**) Ⓒ オポッサム, ふくろねずみ《米俗式》possum《アメリカ・オーストラリア産の有袋類; びっくりすると死んだふりをする》.

opp. 〖略〗=opposite.

Op·pen·hei·mer /ˈɑpənhaɪmɚ | ˈɔpənhaɪmə/ ⌾ Robert ~ オッペンハイマー (1904-67)《米国の理論物理学者; 第2次大戦中原子爆弾の完成を指導》.

opossums

***op·po·nent** /əˈpoʊnənt/ 〖名〗(**-po·nents** /-nənts/) Ⓒ **1** [普通は所有格の後で] (競技・争い・討論などの)相手, 敵 (*at*): a political ~ 政敵 / He defeated *his* ~ in the last election. 彼は前回の選挙で競争相手を破った. **2** 反対者 (反 proponent): leading ~s of the death penalty 死刑に反対する中心人物.

op·por·tune /ˌɑpɚˈt(j)uːn | ˈɔpətjuːn/ 〖形〗〖格式〗(時機が)適切な, (行為などが)時宜にかなった, 都合のよい: an ~ moment [time] ちょうど都合のよい時. **~·ly** 〖副〗折よく, 適切に.

op·por·tun·ism /ˌɑpɚˈt(j)uːnɪzm | ˌɔpəˈtjuːn-/

Ⓤ 便宜[ご都合, 日和見]主義.

†**op·por·tun·ist** /ˌɑpət(j)úːnɪst | ˌɔpətjúː-/ Ⓒ 便宜[ご都合, 日和見]主義者. ── 形 =opportunistic.

†**op·por·tu·nis·tic** /ˌɑpət(j)uːnístɪk | ˌɔpətju:-⁻/ 形 **1** 便宜主義的な, 日和見的な. **2** Ⓐ (病原体が)抵抗力の弱った人に感染する, 日和見感染性の.
-nís·ti·cal·ly /-kəli/ 副 便宜的に, 日和見的に.

*__**op·por·tu·ni·ty**__ /ˌɑpət(j)úːnəti | ˌɔpətjúː-/ Ⓣ1 名 (**-ties** /-z/; 形 ópportune) **1** Ⓤ.Ⓒ (よい)**機会, 好機, チャンス**《☞ chance 表》: the ~ of a lifetime for you 君にはまたとないよい機会 / I will tell her so **at** the first [earliest] ~. (格式) 機会があり次第彼女にそう言いますな / Do not miss this golden ~. この絶好の機会を逃すな / I don't have many **opportunities to** go downtown. <N+to不定詞> 町の中心へ出る機会は余りない (☞ to³ C (4) 用例) / I have little ~ **for** [**of**] traveling. 旅行する機会がめったにない // ☞ twice 1 用例.

─── コロケーション ───
create an *opportunity* 機会をつくる
find an *opportunity* 機会を見つける
get an *opportunity* 機会を得る
give ... an *opportunity* 〈...に〉機会を与える
────────────

2 Ⓒ 就職の機会, 就職口.
at évery opportúnity [副] あらゆる機会に.
tàke the opportúnity to dó [動] 好機をとらえて...する: You must *take the* ~ *to* show what you can do. この機会をとらえて君の実力を見せなさい.

opportúnity còst 名 Ⓒ 〔経〕 機会原価[費用].
opportúnity shòp 名 Ⓒ (豪) オポチュニティーショップ《慈善のため中古品や不要品を売る店》.

op·pós·a·ble thúmb /əpóuzəbl-/ 名 Ⓒ (人・猿などの)他の指と向かい合わせにできる親指.

*__**op·pose**__ /əpóuz/ Ⓣ1 動 (**op·pos·es** /~ɪz/; **op·posed** /~d/; **op·pos·ing**) 他 形 òpposition, 形 ópposite) **1** <...に>**反対する**, 対抗する; <...を>はばむ; <...と>争う, 競争する (☞ 類義語; compose 単語の記憶): We fiercely [bitterly] *~d* his plan. 我々は彼の計画に猛反対した / I ~ changing the plan. 〈V+O (動名)〉 計画の変更は反対です. **2** <...に>対比させる; 〈...に〉対抗[対抗]させる (*to*, *against*). 語源「...に対して姿勢 (pose) をとる」の意.

【類義語】 **oppose**「反対する」の意のごく一般的な語. 証拠や正当な論理に基づく反対も単なる感情的反対にも用いられ, 実力行使の意味することもある. **object** 特定の意見の不一致点について, 嫌悪・反感などをもって反対すること. oppose ほど意味が強くない. **resist** 反対の意思を積極的な行動に表わして抵抗する意に用いることが多い. **withstand** 格式ばった語で, 相手からしむけられた行動に対して, 受動的に自分の損害を防ぐために抵抗すること.

*__**op·posed**__ /əpóuzd/ 形 **1** Ⓟ 反対で: Public opinion is strongly ~ *to* this policy. <A+名・代> 世論はこの政策に強く反対している. **2** 対立する, 反対の: Their view is diametrically ~ *to* ours. 彼らの考え方は私達とは正反対だ. **as oppósed to** ... [前] ...とは対照的に, ...ではなくむしろ: personal *as ~ to* business expenditures 仕事上の支出とは別の個人的な支出.

†**op·pos·ing** /əpóuzɪŋ/ 形 Ⓐ **1** 敵対[相対]する. **2** (考えなどが)正反対の, 相いれない.

*__**op·po·site**__ /ɑ́pəzɪt, -sɪt | ɔ́p-/ Ⓣ1 形 (動 oppóse) **1** [普通は Ⓐ; 比較なし] (性質・意味などが)**正反対の**, 逆の; 全く別の (☞ opp.): the ~ result 反対の結果 / 'High' and 'low' have ~ meanings. 「高い」と「低い」は反対の意味を持つ. **2** [普通 Ⓐ; 比較なし] (位置が)**向こう側の**, 向かい

opt 1237

合った; (方向などが)**反対(側)の**: on the ~ side of the street 通りの向こう側に / The car started to move in the ~ direction. 車は反対方向に走りだした / They sat at ~ ends of the table (*to* [*from*] each other). 彼らはお互いにテーブルの反対側の端に座った. **3** [名詞の後で] 向かい側の: the houses ~ 向かい側の家.
─── 前 **1** ...の向こう向かいに; [の]: the house ~ the school 学校の向かいの家 / Their house is just ~ ours. 彼らの家は私たちの家の真向かいです / They sat ~ each other. 彼らは向かい合って座った (☞ 副 語法). **2** (俳優が)... の相手役で.
─── 名 [Ⓒ または the ~] 逆のこと[物], 反対[正反対]の物[こと, 人]; 逆 (☞ opp.): That is just *the* ~ *of* what I thought. それは私の考えたこととまさに逆だ / O~s attract. 正反対の者同士はひかれあうものだ.
─── 副 向かい合わせの位置に, 向こう側に; 反対方向に: They sat ~ to each other. 彼らは向かい合っていた位置についた. 語法 to のないほうが普通(☞ 前 最後の例).

†**ópposite númber** 名 Ⓒ [普通は単数形で所有格の後で] [特に新聞で](別の組織から...に)対等の立場[地位]にある人.

ópposite séx 名 [the ~] 異性.

*__**op·po·si·tion**__ /ˌɑpəzíʃən | ˌɔp-/ Ⓣ2 名 (~s /~z/; 形 oppóse) **1** Ⓤ **反対**; 対抗, 抵抗; 妨害; Ⓤ.Ⓒ (格式) 対立: The bill met (with) fierce ~. 議案は強硬な反対にあった / The mob offered no ~ *to* the police. 暴徒は警官隊に抵抗しなかった.
2 Ⓒ [普通は the O- で] (英) [単数または複数扱い] [政] 野党. **3** [the ~ で] (英) [単数または複数扱い] 対抗者, 相手(側), ライバル. **in opposítion** [形・副] 野党の[で]. **in opposítion to ...** [前] ...に反対して; (野党などが)...に抵抗して.

*__**op·press**__ /əprés/ 動 (**-press·es** /~ɪz/; **op·pressed** /~t/; **-press·ing**; 名 oppréssion, 形 oppréssive) 他 [しばしば受身で] **1** <...を>**圧迫する**, 抑圧する, 虐げる (☞ press 単語の記憶): The people were *~ed* by the government. 国民は政府に抑圧されていた. **2** <...に>圧迫感[重苦しい感じ]を与える; 憂鬱にする, ふさぎ込ませる (depress). 語源 ラテン語で「押しつける」の意(☞ press 単語の記憶).

op·pressed /əprést/ 形 抑圧された, 虐げられた; 意気消沈した: *the* ~ 抑圧された人々 (☞ the³ 3) / Freedom is never voluntarily given by the oppressor; it must be demanded by *the* ~. 自由は圧政者によってすすんで与えられることは決してない. 自由は虐げられた者達が要求しなくてはならないのだ (King 牧師の言葉).

†**op·pres·sion** /əpréʃən/ 名 (動 oppréss) **1** Ⓤ 抑圧, 圧迫, 圧制: *the* ~ *of* the weak *by* the strong 強者の弱者に対する圧迫 (☞ by¹ 3). **2** 圧迫感, 重苦しい感じ; 憂鬱, 意気消沈: a feeling of ~ 圧迫感.

†**op·pres·sive** /əprésɪv/ 形 (動 oppréss) **1** 圧制的な, 圧迫的な; 苛酷な, 厳しい: an ~ regime 圧制的な体制. **2** (天候が)蒸し暑い: ~ heat うだるような暑さ. **3** (精神的に)重苦しい: ~ silence 重苦しい沈黙. **~·ly** 副 圧制的に; 重苦しく. **~·ness** 名 Ⓤ 圧制的なこと.

op·pres·sor /əprésə | -sə/ 名 Ⓒ 圧制者, 迫害者.

op·pro·bri·ous /əpróubriəs/ 形 (格式) **1** 侮辱的な, 口汚い. **2** 不名誉な. **~·ly** 副 (格式).

op·pro·bri·um /əpróubriəm/ 名 Ⓤ (格式) **1** 公然たる非難, 憎悪. **2** 不名誉[恥辱] (disgrace).

ops /ɑps | ɔps/ 名 [複] (略式) =operations (☞ operation 4).

*__**opt**__ /ɑpt | ɔpt/ Ⓣ3 動 (**opts** /ɑpts | ɔpts/; **opt·ed** /~ɪd/; **opt·ing**; 名 óption) 自 選ぶ, 選択する (☞

choose 類義語》: Tom ~*ed for* Miss Snow's class. トムはスノー先生のクラスを選択した. — [他] 〈…〉を選ぶ, 選択する (*to* do). **ópt ín** [動] [自] (活動などに)参加する (*to*). **ópt óut** [動] [自] (1) 避ける, 逃れる (*of*). (2) (…に)参加しないことにする, (…から)身を引く (*of*). (3) 《英》(学校・病院が)地方自治体の管理下から離れる《国費により自主管理する》.

⁺**op·tic** /ɑ́ptɪk | ɔ́p-/ [形] [A] 《格式》目の, 視覚の, 視力の: the ~ nerve 〘解〙視神経. — [名] [C] 《英》(居酒屋の)酒量計量器.

⁺**op·ti·cal** /ɑ́ptɪk(ə)l | ɔ́p-/ [T3] [形] [A] **1** 光学の: ~ glass 光学ガラス / ~ instruments 光学器械. **2** 目の, 視覚[視力]の: an ~ illusion 幻覚, 目の錯覚. **3** 〘電算〙光学式の《データの伝送・記録に光を用いる》: ~ character recognition 光学式文字認識. **-cal·ly** /-kəli/ 光学的に; 視覚的に.

óptical dísk [dísc] [名] [C] 光ディスク《レーザー光により読取り・書込みを行なう》.

óptical fíber [《英》 fíbre] [名] [C,U] 光ファイバー.

óptical scánner [名] [C] 〘電算〙光学スキャナー《文字や画像の読取装置》.

op·ti·cian /ɑptíʃən | ɔp-/ [名] [C] **1** 《米》めがね[コンタクトレンズ]製造業者. **2** 《英》検眼士; めがね屋.

⁺**op·tics** /ɑ́ptɪks | ɔ́p-/ [名] [U] 光学.

optima [名] optimum の複数形.

op·ti·mal /ɑ́ptəm(ə)l | ɔ́p-/ [形] [普通は [A]] 《格式》最適の, 最上の, 最善の (optimum) (*for*).

***op·ti·mis·m** /ɑ́ptəmìzm | ɔ́p-/ [T2] [名] ([形] òptimístic; [反] pessimism) [U] **楽観論, 楽観, 楽天主義**: The President voiced cautious ~ *about* the future. 大統領は控えめながら将来の楽観的な見通しを示した.

⁺**op·ti·mist** /ɑ́ptəmɪst | ɔ́p-/ [名] ([反] pessimist) [C] 楽観論者, 楽天家.

op·ti·mis·tic** /ɑ̀ptəmístɪk | ɔ̀p-⁻/ [形] ([名] ópti-mìsm; [反] pessimistic) **楽観的な, 楽天的な**; (見通しなどが)明るい: [言い換え] We are **~ *about the success of the conference. <A+*about*+名・代> =We are **~ *that*** the conference will succeed. <A+*that* 節> 我々は会談の成功については楽観している.
-ti·cal·ly /-kəli/ [副] 楽観的に, 楽天的に.

op·ti·mi·za·tion /ɑ̀ptəmɪzéɪʃən | ɔ̀ptəmaɪz-/ [名] [U] 最大限に活用すること; 〘電算〙最適化.

op·ti·mize /ɑ́ptəmàɪz | ɔ́p-/ [動] [他] 《格式》〈…〉を最も効果的にする, 最大限に生かす; 〘電算〙〈プログラム〉を最適化する.

⁺**op·ti·mum** /ɑ́ptəməm | ɔ́p-/ 《格式》[形] [A] 最適の, 最上[最善]の (*for*): under ~ conditions 最適の条件で. — [名] (複 **~s, op·ti·ma** /ɑ́ptəmə | ɔ́p-/) [C] [普通は the ~] (成長などの)最適条件; 最善の量[度合].

***op·tion** /ɑ́pʃən | ɔ́p-/ [T2] [名] (~**s** /~z/; [動] opt, [形] óptional) **1** [U,C] **選択** (choice); **選択権, 選択の自由; 随意**: ~ A A 案《いろいろある中で》/ If I had the [any] ~, I would do it. 私に選択権があればそうするのだが / It is the chairman's ~ to decide. 決定は議長に任せられている / You have the ~ *of* tak*ing* it or leaving it. <N+*of*+動名> あなたに採択するしないの自由がある.
2 [C] **選択肢**, 選択するもの[されるもの]; 《英》選択科目: a viable ~ 実行可能な選択肢 / Only a few ~*s* are open to me. 私にはごくわずかな選択肢しか残されていない // ☞ soft option. **3** [C] 〘商〙オプション, 選択売買権《将来の定められた時に売買する権利》(*on*): the first ~ 誰より先に入手できる権利. **4** [C] (車などの)オプション《買い手が選択できる標準装備以外の装備品[部品]》. **5** 〘電算〙オプション《プログラムの選択項目》.
hàve nó óption but to dó [動] …するほかない.
kéep [léave] one's óptions òpen (for the móment) [動] [自] (当面)選択の自由を保留しておく, 最終決定をしないでおく.

⁺**op·tion·al** /ɑ́pʃ(ə)nəl | ɔ́p-/ [形] ([名] óption) **1** 選択のきく, 自由に選べる, 随意の ([反] obligatory): an ~ extra (標準装備以外の)オプション品. **2** (学科目が)選択の (《米》 elective; [反] 《英》 compulsory, obligatory). **-al·ly** /-nəli/ [副] 任意に, 自由に.

op·tom·e·trist /ɑptɑ́mətrɪst | ɔptɔ́m-/ [名] [C] 《主に米》検眼士 (《英》 (ophthalmic) optician).

op·tom·e·try /ɑptɑ́mətri | ɔptɔ́m-/ [名] [U] 《主に米》検眼《視力測定・めがねレンズなどの処方》.

ópt-òut [名] [C] **1** (条約などからの)選択的離脱. **2** 《英》学校[病院]が地方自治体の管理下から離れること. — [形] [A] **1** 《英》(学校・病院が)地方自治体の管理から離れた. **2** 《主に英》(条約などが)選択離脱の.

op·u·lence /ɑ́pjʊləns | ɔ́p-/ [名] [U] 《格式》華やかさ; 富裕 (wealth); 豊富 (abundance) (*of*).

⁺**op·u·lent** /ɑ́pjʊlənt | ɔ́p-/ [形] 《格式》**1** 豪奢(ごうしゃ)な, 華やかな. **2** 富んだ (rich); 豊富な, あり余る (abundant). **~·ly** [副] きらびやかに; 裕福に; 豊富に.

⁺**o·pus** /óʊpəs/ [名] (~**·es, o·pe·ra** /óʊpərə | ɔ́p-/) [C] [普通は単数形で] **1** [しばしば O-] 〘楽〙作品番号《略 Op., op.》. **2** 《格式》[しばしば滑稽] 作品, 大作《☞ opera¹ [語源]》.

***or** /(強) ɔ́ə | ɔ́ː; (弱) ə | ə/ ([同音] #oar, #o'er, #ore, #are¹·², #her, 《英》 #awe, 《英》 #a², 《英》 #of; [類音] 《米》 awe, oh, owe, 《米》 a²) [接] 《等位接続詞》

① …かまたは—	1
② [否定語の後で] …もまた—でない	2
③ [命令文の後で] そうでないと	3
④ 言いかえれば	4
⑤ …でも—でも	6

1 [選択すべき文法上対等の語・句・節をつないで] **…かまたは—,** …かあるいは—, …か—か (☞ either [接], whether): Is the box white ↗ *or* black? ↘ その箱は白ですか黒ですか [形容詞と形容詞] / Which do you like better, spring ↗ *or* fall? ↘ 春と秋のどちらが好きですか[名詞と名詞] / Which color do you like—red, ↗ green, ↗ yellow ↗ *or* blue? ↘ あなたは赤, 緑, 黄, 青のうちどの色が好きですか. [語法] 通常最後の要素の前にだけ or を置き, その他はコンマで結ぶ / Did he succeed ↗ *or* fail? ↘ 彼は成功したのですか, それとも失敗したのですか [動詞と動詞] / To be, *or* not to be: that is the question. この世に生きているかそれとも死ぬか, それが問題だ《Hamlet のことば》[句と句(不定詞と不定詞)] / Will you come to see me, ↗ *or* shall I visit you? ↘ うちへいらっしゃいますか, それともそちらへ参りましょうか [節と節] / Please come to see me. *Or* if you can't, at least give me a call. 会いにきてください. もしできないなら, せめて電話をください.

[発音] (1) … *or* —という選択疑問文では文の終わりは下降調で発音される (☞ interrogative sentence [文法] (1) (iii)).
(2)「…かまたは—」という選択の意味が弱いときは /ə | ə/ と発音される: two ↗ *or* /ɔə | ɔː/ thrée ↘ míles 2 マイルかまたは 3 マイル《どちらか》/ twó *or* /ə | ə/ thrèe míles ↘ 2, 3 マイル(ほど) / Will you have coffee *or* /ə | ə/ tea? ↗ コーヒーか紅茶(のような飲み物)を飲みますか. ★ この文は選択疑問文ではない. 選択疑問文である次の文とのイントネーションの違いに注意: Will you have coffee ↗ *or* /ɔə | ɔː/ tea? ↘ コーヒーにしますかそれとも紅茶にしますか.

[語法] **or と動詞の人称・数**
or で結ばれた主語に続く動詞の人称・数は後の語に一致する (☞ concord [文法] (8)): He *or* I *am* wrong. 彼か私が間違っている (He *and* I *are* wrong. (彼も私

も間違っている)と比較, ただしこの形を避けて次のように言い換えることもある: Either he *is* wrong or I *am* (wrong).

2 [no, not, never などの否定語の後で] …もまた—でない[しない] (nor): Nancy has *no* brothers *or* sisters. ナンシーには兄弟も姉妹もいない / There *never* was a good war *or* a bad peace. いまだかつてよい戦争とか悪い平和というものはなかった《米国の政治家フランクリン (Franklin) のことば》.

3 /ɔɚ | ɔː/ [命令文または must, have to, had better などを含む文の後で] そうでないと, さもないと (☞ **and 4**); そうでなければ: *Stop* or I'll shoot! 動くな, でないと撃つぞ / You *must* [*have to, had better*] attend the party, *or* you'll be spoken ill of. 会に出なければなりません. さもないと悪口を言われます. 語法 この用法の or の代わりに else が用いられることもある (☞ **else 副 成句**).

4 言いかえれば, つまり, すなわち. 語法 or の前にコンマを置くのが普通: a mile, *or* 1609 meters 1 マイルすなわち 1609 メートル / He studies astronomy, *or* the science of stars. 彼は天文学, つまり星の学問を研究している. **5** [前言を修正・訂正・補足・説明して] いや, というか, それどころか: He is, *or* was, a famous actor. 彼は有名な俳優です, いや, でした / "How is he?" "He is much better, *or* at least he looks much better." 「彼はどうだい?」「かなりよくなったよ, というか, かなりよくなったようには見えるけど」 **6** …でも…でも: I'd like it to be red *or* yellow *or* blue. これが赤でも黄色でも青でも結構です《ただしほかの色ならいやだ》/ Rain *or* shine, I'll go. 雨でも晴れでも私は行く.

or ràther, … ☞ **rather¹ 成句**

∴ or sò (略式) …かそのくらい, およそ… (about): He must be forty *or so*. 彼は 40 歳ぐらいのはずだ / It will be warmer in a month *or so*. もう 1 か月位で暖かくなるでしょう. 語法 数や量を示す語句の後で用いる.

∴ or twò [単数名詞の後で] (略式) およそ…, 少なくとも…, …以上 (☞ **one¹ or two … (one¹ 形 成句)**): an hour *or two* 1, 2 時間.

OR¹ 略 = operating room.

OR² (米郵) = Oregon.

-or /ɚ | ə/ 接尾 [名詞語尾]「…するもの」,「…する人」の意 (☞ **-ee**): elevator エレベーター / editor 編集者.

or·a·cle /ɔ́ːrəkl | ɔ́r-/ 名 1 (古代ギリシャ・ローマなどの)神のお告げ, 神託; 神託所, 神の使い, みこ; 預言者. 2 © (滑稽) 賢人, 哲人, 権威ある書物.

o·rac·u·lar /ɔːrǽkjʊlɚ | ɔrǽkjʊlə/ 形 (格式) または (滑稽) 神託の(ような); なぞめいた.

*o·ral /ɔ́ːrəl/ 形 ([同音] aural) 1 [普通は A] [比較なし] 口頭の, 口述の (spoken): an ~ exam(ination) 面接[口述]試験 / the ~ approach (外国語の)口頭訓練から入る教授方法. 関連 written 筆記の. 2 [普通は A] (解) 口の, 口部の: the ~ cavity 口腔(ジャ). 関連 nasal 鼻の. 3 A (医) (薬などが)内服の, 経口の: an ~ contraceptive 経口避妊薬.
—— 名 (~s /-z/) © (英) (外国語での)口述試験, 面接試験. 2 (米) 修士号の口頭試問.

óral hístory 名 © 口述歴史(歴史上の出来事に参加した人との面接から録音・記述された資料).

o·ral·ly /ɔ́ːrəli/ 副 1 口頭で. 2 (薬が)内服で.

óral séx 名 [U] オーラルセックス, 口淫 (☞ **cunnilingus, fellatio**).

óral súrgeon 名 © 口腔外科医.

*or·ange /ɔ́ːrɪndʒ, áːr-|ɔ́r-/ 名 (or·ang·es /-ɪz/) 1 © オレンジ, オレンジ色の木: mandarin ~ ミカンん / O ~s grow in warm countries. オレンジは暖かい国で育つ. 2 U オレンジ色, だいだい色 (☞ **spectrum 挿絵**). 3 U (1 杯分の)オレンジジュース. —— 形 オレンジ色の; オレンジの味[香り]がする.

or·ange·ade /ɔ̀ːrɪndʒéɪd, àːr-|ɔ̀r-/ 名 U.C オレンジエード(オレンジ果汁に甘味を加えた発泡性飲料).

órange bádge 名 © (英) オレンジバッジ(障害者優先駐車スペース使用証明書).

órange blóssom 名 U.C オレンジの花(純潔の象徴として婚礼のときに花嫁が頭につけたり, 花束として手に持つ白い花; 米国 Florida 州の州花).

Órange Bòwl 名 固 [the ~] オレンジボウル(1月1日フロリダで行なわれる大学のフットボールゲーム).

órange júice 名 U オレンジジュース (☞ **juice 日英比較**).

Órange·man /-mən/ 名 (-men /-mən/) © オレンジ党員(アイルランドプロテスタントの秘密結社オレンジ党 (Orange Order) の一員).

orange blossom

órange pékoe 名 U オレンジペコー(インド・セイロン産の上質の紅茶).

Órange Prìze 名 [the ~] (英) オレンジ小説賞(英国の女流文学賞).

or·ange·ry /ɔ́ːrɪndʒ(ə)ri, áːr-|ɔ́r-/ 名 © オレンジ栽培温室.

órange squásh 名 U.C (英) オレンジスカッシュ(オレンジ濃縮果汁に水を加えた発泡性飲料).

o·rang·u·tan /ɔːrǽŋʊtæn/, **-ou·tan**, **-u·tang** /-tæŋ/ 名 © オランウータン(マレー語で「森の人」の意).

o·rate /ɔːréɪt/ 動 自 (格式) 演説をする, 演説口調で話す.

o·ra·tion /əréɪʃən/ 名 © (格式) 演説, 式辞(特別な場合の形式ばったもの).

or·a·tor /ɔ́ːrətɚ | ɔ́rətə/ 名 © (格式) 演説者, 講演者; 雄弁家.

or·a·tor·i·cal /ɔ̀ːrətɔ́ːrɪk(ə)l | ɔ̀rətɔ́r-⁻/ 形 (格式) 1 演説の, 雄弁の; 雄弁家の: an ~ contest 弁論大会. 2 (時にけなして)演説口調の, 修辞的な. **-cal·ly** /-kəli/ 副 演説口調で.

or·a·tor·i·o /ɔ̀ːrətɔ́ːriòʊ | ɔ̀rətɔ́ːri-/ 名 (~s) © オラトリオ, 聖譚(タン)曲(聖書に題材を取った独唱・合唱・管弦楽などを伴う大規模な楽曲).

or·a·tor·y¹ /ɔ́ːrətɔ̀ːri | ɔ́rətəri, -tri/ 名 U 1 (格式) 雄弁; 雄弁術. 2 美辞麗句, 修辞, 修辞的文体.

or·a·tor·y² /ɔ́ːrətɔ̀ːri | ɔ́rətəri, -tri/ 名 (-to·ries) © (特にカトリック教会の)小礼拝堂.

orb /ɔːrb | ɔːb/ 名 © 1 (文) 球体; 天体(特に太陽と月). 2 (十字架付きの)宝球(王権の象徴).

*or·bit /ɔ́ːrbɪt | ɔ́ː-/ 13 名 (or·bits /-bɪts/; © órbital) © 1 (惑星や人工衛星などの)軌道: the ~s of the planets *around* [*round*] the sun 太陽を回る諸惑星の軌道 / a satellite *in* ~ 軌道に乗っている[を回っている]人工衛星. 2 [普通は単数形で] 活動範囲, 勢力圏; 生活の軌道. **cóme** [**fáll**] **withín the órbit of …** 動 他 …の影響[勢力]下に入る. **pùt … ínto órbit** 動 他 …を軌道に乗せる. —— 動 他 1 軌道を描いて…を回る. 2 〈衛星〉を軌道に乗せる. —— 自 軌道を旋回する.

or·bit·al /ɔ́ːrbət(ə)l | ɔ́ː-/ 形 A 軌道の; (英) (道路が)環状の.
—— 名 © (英) = beltway.

orch. 略 =orchestra, orchestral, orchestrated (by) (編曲者を示す).

+**or·chard** /ɔ́ːrtʃɚd | ɔ́ːtʃəd/ 13 名 © (柑橘(ン)類以外の)果樹園: an apple ~ りんご園. 関連 grove オレンジ[オリーブなど]の果樹園.

*or·ches·tra /ɔ́ːrkɪstrə, -kes- | ɔ́ː-/ 名 (~s /-z/; © orchéstral) © 1 オーケストラ, 管弦楽団 (略 orch.): a symphony ~ 交響楽団 / a string ~ 弦楽合奏団.

1240 orchestral

語法 (英)では楽団の1人1人を指すときは単数形でも複数扱いとなることがある(☞ collective noun **文法**). **日英比較** 日本語の「オーケストラ」のように「管弦楽」(orchestral music)の意味はない. **関連** band 楽団.

関連
- string(s) 弦楽器部
- wind(s) 管楽器部
- woodwind(s) 木管楽器部
- brass 金管楽器部
- reeds リード楽器部
- percussion 打楽器部

2 =orchestra pit. **3** (米)(劇場の)1階席最前列の座席(全体) (英) stalls. **語源** ギリシャ語で「踊る(場所)」の意.

⁺or·ches·tral /ɔːkéstrəl | ɔː-/ 形 (名 órchestra) [普通は A] オーケストラの[による]; オーケストラ用の (略 orch.): ~ music 管弦楽 (☞ orchestra **日英比較**)

órchestra pìt 名 C (舞台前の)オーケストラ席, オーケストラボックス (☞ theater 挿絵).

órchestra stàlls 名 [複] (英) =stall 5.

⁺or·ches·trate /ɔ́ːkɪstrèɪt, -kes- | ɔ́ː-/ 他 **1** [時にけなして] (巧みに, こっそり)〈…〉を計画する, 仕組む (plan). **2**〈曲〉を管弦楽用に作曲[編曲]する (略 orch.).

ór·ches·trat·ed 形 **1** 仕組まれた, 画策された. **2** 管弦楽用に作曲[編曲]された.

or·ches·tra·tion /ɔ̀ːkɪstréɪʃən, -kes- | ɔ̀ː-/ 名 U 調整, お膳立て. **2** U,C 管弦楽作曲[編曲] (法).

or·chid /ɔ́ːkɪd | ɔ́ː-/ 名 C らんの花 (特に栽培種).

⁺or·dain /ɔːdéɪn | ɔː-/ 他 **1** [しばしば受身で]〈聖職者〉を任命する, 聖職を授ける (as). **2** (格式)〈神・運命・法律など〉が〈…〉を定める (that).

⁺or·deal /ɔːdíːl | ɔː-/ 名 (~s /~z/) C [普通は単数形で] 厳しい試練 (of), (精神的に)苦しい体験: go through an ~ 試練を経験する.

✳or·der /ɔ́ːdə | ɔ́ː·də/ (同音 odor) 他 名 (~s /~z/; 形 4, 5 では órderly, 1 では órdinal)

元来は「序列」の意から「順序」**1**
→(順序立った状態)→「整頓」**4**
→(順序の維持)→「規律」**5** →(規律を求める)
→「命令」**3**
→(商行為での)→「注文」**2**

1 U,C (前後の)順, 順序, 順番 (☞ ordinary **語源**): *in* ~ *of* age [height] 年齢[身長]順に / *in* reverse ~ 逆の順に / All the names are listed *in* alphabetical ~. 名前は全部アルファベット順に載っている / Then came Tom, John, and Bob *in that* ~. それからトムとジョンとボブがこの順にやって来た // *in* order (成句) (1) (2), out of order (成句).

2 [注文; 注文書; 注文品; 飲食物の注文(品), オーダー: I got [received] an ~ *from* Mr. Kent. ケントさんから注文を受けました / My father gave the bookseller an ~ *for* the new English dictionary. 私の父は本屋にその新しい英語の辞書を注文した / ☞ short order, side order. **日英比較**「イージーオーダー」「オーダーメード」は和製英語で, 正しくは custom-made や made-to-order を用いる.

【会話】"May I take your ~?" "I'll have ham and eggs, and toast."「御注文はお決まりでしょうか」「ハムエッグとトーストをください」

コロケーション
- **cancel** an *order* 注文を取り消す
- **fill** an *order* (主に米) 注文に応じる
- **get [receive, have]** an *order* 注文を受ける
- **place** an *order* (with …) (for —) (…に)(—を)注文する
- **take** …'s [an] *order* (…の)注文を受ける[取る]

3 C [しばしば複数形で] **命令**, 指令, 指図 (☞ 類義語): I gave them ~s to start at once. <N+to 不定詞> 私は彼らにすぐ出発するようにという命令を与えた / O~s are ~s. 命令は命令だ (命令には従わなければならない) / The captain gave an [the] ~ *that* his men (*should*) *stay* behind. <N+*that* 節> (☞ should A 8)=The captain gave an [the] ~ *for* his men *to* stay behind. <N+*for*+名・代+*to* 不定詞> 隊長は部下にあとへ残っているようにと命じた.

コロケーション
- **cancel** an *order* 命令を取り消す
- **carry out** *orders* 命令を実行する
- **disobey** *orders* 命令に逆らう
- **give [issue]** an *order* 命令を出す
- **have [receive]** *orders* (*to* do) (…するようにとの)命令を受けている[受ける]
- **obey** *orders* 命令に従う

4 U 整頓された状態), 整理; [通例形容詞を伴なって] (機械などの)調子 (反 disorder): They got themselves into ~. 彼らは整列した // ☞ in order (成句) (4), out of order (成句) (1); working order.

5 U 規律, (社会などの)秩序, 治安 (反 disorder): public ~ 公共の秩序 / Our teacher always maintains (good) ~. 私たちの先生はいつも生徒に静かに授業を受けさせる / The police restored [kept] ~. 警察は治安を回復[維持]した. **6** C 命令書, 裁判所命令 (court order); (郵便などの)為替: make out an ~ *for* a hundred pounds 100 ポンドの為替を組む. **7** C (格式)[普通は複数形で][けなしてまたは滑稽で] 階級, 等級 (class, rank); [単数形で] 種類 (kind); [単数形で] (社会の)体制, 階層: the lower ~s (古風, 英)下層階級 / She has talent *of* 'a high [the highest, the first] ~. 彼女の才能は一流です / the established ~ 既存体制 / the new ~ 新体制 / the (natural) ~ *of* things 当然のこと. **8** C [しばしば O-; (英) 単数形でも時に複数扱い] 教団, 修道会; 結社. **9** [複数形で] (格式) 聖職, 牧師の職; C [しばしば the ~ として (英) 単数形でも時に複数扱い] 聖職の位階(の人たち) (*of*): take [be in] (holy) ~s 聖職につく[にある]. **10** C [しばしば the O-] 勲章, 勲位; [(英) 単数形でも時に複数扱い] 勲爵士団 (*of*): ~ of Merit. **11** C (生) (生物分類上の)目 (☞ family 5). **12** U 議事(進行): on a point of ~ (格式) 議事進行については / raise a point of ~ (格式) 議事進行手順を提起する. **13** C (建) オーダー, 様式 (古代ギリシャなどの柱部分の様式). **14** [the ~] (宗) 宗教的儀式: *the* ~ *of* service 礼拝の儀式. **15** C (電算) (米) =queue 3. (数) 次数: an equation of the first ~ 1 次方程式 // ☞ order of magnitude.

by órder of … [前]…の命令によって.

cáll [bríng] … to órder [動] (格式) (議長が)〈…〉に静粛を命ずる; 〈…〉の開会を宣する.

in órder [副・形] (1) 順序よく, 秩序正しく, 整然と, きちんと (反 out of order): keep the class *in* ~ クラスの生徒を静かにさせる / The demonstrators marched *in* (good) ~. デモ隊は整然と行進した. (2) 順を追って, 順序どおりに; (…の)順で (反 out of order): I will tell you about these events *in* ~. これらの出来事を順を追ってお話ししましょう. (3) (格式) 規則にかなって, 正式の (*to* do); …するのが当然の; 使える状態で,

有効で: An apology is *in* ~. (こういうときは)おわびを言うのが礼儀です / Is your driver's license *in* ~? あなたの運転免許証は有効ですか. (4) (機械などが)調子よく (反 out of order): *in* (good) running [working] ~ 調子よく動いて.

in òrder that ... may dó (格式)…が~する目的で, …が~するように (⇨ that² B 1, may¹ 5》): [言い換え] Mr. Brown works hard *in* ~ *that* his family *may* live a comfortable life. (=Mr. Brown works hard so that his family will live a comfortable life.) ブラウン氏は家族が楽な暮らしができるようせっせと働いている.

in òrder to dó …する目的で, …するために: I called *in* ~ to ask her opinion. 私が電話したのは彼女の意見を聞くためだった.

> [語法] (1) 「目的」を表わす to 不定詞の句 (⇨ to³ B 1) よりも「目的」がいっそう強く表現される. 上の文と次の文とを比較: I called *to* ask her opinion. 私は彼女の意見を聞くため電話した.
> (2) **in order to** to do
> in order に続く不定詞の意味上の主語を表わすため <for+名詞・代名詞> を挿入することがある (⇨ for 前 B 1): Stone implements were necessary *in ~ for* man *to* live. (格式) 人間が生きていくために石器が必要である.

léave ... in órder =put ... in order.
of [in] the órder of ... (副) (英) =on the order of ....
on órder (形) 注文中で: I have a new computer *on* ~. 新しいコンピューターを注文中だ.
on the órder of ... (副) (米) 約, およそ; …に似た, ほぼ同じの.
on the órder(s) of ... (副) =by order of ....
Órder! Órder! (感) (格式) (法廷・議会などで)静粛に!; (議事進行に関して)違法をやめよ! 議事規則違反だ!
òut of órder (形) (1) 調子が狂って, 故障で, 具合が悪く (反 in order): The elevator seems to be *out of* ~. エレベーターが故障のようだ. (2) 順が狂って (反 in order): They started to speak *out of* ~. 彼らはわれがちにしゃべりだした. (3) (格式) 規則に反して[た]. (4) (英略式) (行動が)穏当でない, 不届きな.
pút [sét] ... in órder (動) 他 <…>を整理する, 整頓(とん)する (受身 be put [set] in order): My wife *puts* the room *in* ~ every day. 妻は部屋を毎日整理している / I *put* my ideas *in* ~ before the speech. 私はスピーチの前に考えをまとめた.
tàke órders from ... =**táke ...'s órders** (動) …の指図を受ける, …の言いなりになる.
the fírst [máin, néxt] órder of búsiness (名) 処理すべき最初の[主な, 次の]議題[問題] (⇨ 12).
the órder of the dáy (名) (1) (格式) 議事日程 (⇨ 12). (2) その時[場]にふさわしい[当り前の]こと. (3) 時代の風潮.
to órder (副) 注文によって, あつらえで: be made *to* ~ 特注である (⇨ made-to-order) / make [supply] bags *to* ~ 注文で鞄を作る.
ùnder ...'s órders=**ùnder the órders of ...** (前) …の命令で.

—— (動) (or·ders /~z/; or·dered /~d/; -der·ing /-dərɪŋ, -drɪŋ/) 他 **1** <…>を**注文する**; <…>を(~のために)注文してやる: I have ~*ed* breakfast *for* seven o'clock. <V+O+*for*+名> 私は朝食を7時に出してもらうように頼んでおいた / I will ~ the book directly *from* the publisher. <V+O+*from*+名・代> 私はその本を出版元へ直接に注文しよう. [用法注意] *to* the publisher とは言わない / [言い換え] My husband has ~*ed* a new dress *for* me. <V+O+*for*+名>=

orderly 1241

My husband has ~*ed* me a new dress. <V+O+O> 夫は私のために新しい服を注文してくれました (⇨ for 前 A 1 [語法]) / Did you ~ a taxi? タクシーは頼んでおきましたか.

2 <…>を**命令する**, 指図する; <…>に~するよう命じる, 指示する (⇨ 類義語): The teacher ~*ed* silence. 先生は静粛にするように命じた / He *was* ~*ed abroad*. <V+O+副の受身> 彼は海外出張を命じられた / [言い換え] The doctor ~*ed* a rest *for* her. <V+O+前+名・代> =The doctor ~*ed* her *to* take a rest. <V+O+C (*to* 不定詞)>=The doctor ~*ed* that she (*should*) *take* a rest. <V+O (*that* 節)> 医者は彼女に休養をとるように指示した (⇨ should A 8) / He *was* ~*ed* not to smoke. <V+O+C (*to* 不定詞)の受身> 彼は禁煙を命じられた / He ~*ed* the prisoner to be executed. = (米) He ~*ed* the prisoner executed. <V+O+C (過分)> 彼はその囚人の処刑を命じた.

> [語法] **order と間接話法: 命令文の場合**
> 命令文を間接話法にするときの伝達動詞として用い (⇨ narration 文法) より命令的な感じがさらに強い: [言い換え] The man ~*ed* me to get out. <V+O+C (*to* 不定詞)> (間接話法) (=The man said to me, "Get out!") (直接話法) その男は私に「出て行け」と言った / [言い換え] The president ~*ed* me *to* leave for Japan immediately. <V+O+C (*to* 不定詞)> (間接話法) (=The president said to me, "Leave for Japan immediately.") (直接話法) 社長は私に「すぐ日本に向け出発したまえ」と言った.

3 (格式) 配列する; (古語) <…>を整頓(とん)する, 整理する; 処理する.

—— 自 注文を出す: Have you ~*ed* yet? もうオーダーはお済みですか.

órder ... aróund [(主に英) **abóut**] (動) 他 <…>にあれこれしろと言いつける; <…>をこき使う, あごで使う: I don't like *being* ~*ed around*. 私はこき使われるのは嫌いだ. **órder ... ín** (動) 他 <…>に(一の)中にいる[入る]ように命じる; <…>(食物)を出前注文する. **órder ... óff** (動) 他 (スポ) <…>に退場を命じる. **órder óut** (動) 自 (米) (食物)の出前をとる (*for*). **órder ... óut** (動) 他 <…>に(―から)出るように命じる (*of*); <警察・軍隊などに>出動命令を出す: The chairperson ~*ed* that member *out*. 議長はその委員に退場するように命じた.

> 【類義語】**order** 「有無を言わせず…せよと言う, 命令する」の意で一般的な語である: He *ordered* the men to begin work. 彼はその男たちに仕事を開始せよと命じた. **command** *order* より格式ばった語で, 特に軍隊などで権力や権限のある者が正式に命令を下す場合に用いる: The general *commanded* his men to fire. 将軍は部下に発砲命令を下した. **direct** やり方・手段などに関する説明や助言を与える意味を含めて指示する場合が多く, 命令の意味が弱い: I *directed* him to drive slowly. 私は彼に徐行運転するよう指示した. **instruct** *direct* よりもさらに細かな点までは言わずと指示すること: I've already *instructed* you how to process invoices. 送り状の処理法は指示済みだ.

órder bòok (名) C 注文控え(帳面).
ór·dered (形) (普通は A) 整然(きぜん)とした.
órder fòrm (名) C 注文用紙.
or·der·li·ness /ɔ́ədəlinəs | ɔ́ːdə-/ (名) U 整然のよさ; 規律正しさ.
⁺**or·der·ly** /ɔ́ədəli | ɔ́ːdə-/ (形) (名) órder 4, 5; (反 disorderly) (1) (物や場所が)整頓(とん)された, 整理された. **2** 規則を守る, 従順な; 静かな, 落ち着いた. —— (名) (-der·lies) C **1** (病院の)介護員, 用務員 (medical orderly). **2** 当番兵 (将校の従卒).

órder of magnitude 名C 1 ある数値からその10倍までの範囲, 桁(ゖた): two *orders of magnitude* 2桁(100倍). 2 程度, 量, 大きさ.

Órder of Mérit 名 固 [the ~] メリット勲位[勲爵士団, 勲章] (略 OM).

Órder of the Báth 名 固 [the ~] バス勲位[勲爵士団, 勲章] (英国の勲位のひとつ).

Órder of the Gárter 名 固 [the ~] ☞ garter 3.

órder pàper 名 C (英) 議事[委員会]日程表.

or·di·nal /ˈɔːdənl, -dn-|ˈɔː-/ 形 order 1) 順序の[を示す]. ── 名 《文法》 =ordinal number.

órdinal númber 名 C 《文法》 序数詞, 序数 (first, second, third など).

> 《文法》 序数詞
> 数詞 (numeral) のうちで, 第1の, 第2の, 第3の[1番目の, 2番目の, 3番目の]というように順序を表わすときに用いるものをいう. 基数詞に対する. 実例については ☞ number 表. 序数詞は first (第1の), second (第2の), third (第3の)を除いては基数詞に -th /θ/ をつけてつくるが, five → fifth, twelve → twelfth のような例外, および eight → eighth, nine → ninth のつづりに注意. また -ty /-ti/ で終わる10位の数詞は -tieth /-tiəθ/ となる. 次に序数詞の注意すべき用法を示す.
> (1) 名詞・形容詞としての序数詞は普通は定冠詞を伴う: He was *the first* to explore that land. 彼はその地を探検した最初の人だった / We live on *the fourth* floor. うちは4階に住んでいる / *the First* [*Second*] World War 第一[二]次世界大戦. ★ World War I /wán/ 第一次世界大戦 / World War II /túː/ 第二次世界大戦ともいう.
> ただし序数詞としての意味が弱く another に似た意味, または another に続いて「さらに(不特定の)もう一つの」の意味で用いられる場合には不定冠詞つくことがある: They went on *a second* voyage. 彼らはまた航海に出た / One of the coins was gold, another was silver and *a third* was copper. 貨幣の一つは金貨, もう一つは銀貨で, さらにもう一つは銅貨だった.
> (2) 日付には, 数字で書く場合には基数詞を用いるが, 読むときには序数詞の読み方をする (☞ date¹ 《語法》): March 11 (March (the) eleventh). なお (米) では March eleven のように基数詞で読むことも多い (☞ September 11).
> (3) 同名の(女)王の在位の順を示す場合: Elizabeth II (=Elizabeth (the) second) エリザベス二世 / Charles I (=Charles (the) first) チャールズ一世.
> (4) 分数の分母に用いる: ☞ cardinal number 《文法》 (6).

***or·di·nance** /ˈɔːdənəns, -dn-|ˈɔː-/ 名 C,U 《格式》 1 法令, 布告. 2 (米) (市・町の)条令, 禁止令.

or·di·nand /ˌɔːdəˈnænd/ 名 C 聖職候補者.

***or·di·nar·i·ly** /ˌɔːdəˈnerəli|ˈɔːd(ə)n(ə)rəli/ 副 《文修飾語》 1 普通は, 通常, たいてい (usually): O~, Mrs. Lee arrives at school (at) about a quarter to eight. 普段はリー先生は8時15分前に学校に着く. 2 普通に, 人並みに: behave ~ 普段通り振舞う.

or·di·nar·i·ness /ˈɔːdənərinəs|ˈɔːd(ə)n(ə)ri-/ 名 U 普通であること.

‡**or·di·nar·y** /ˈɔːdəneri|ˈɔːd(ə)n(ə)ri/ T1 形 1 **普通の**, 通常の (反 extraordinary) (☞ common 類義語): the ~ price 通常価格 / It will do for ~ purposes. それは普通の目的なら間に合うでしょう / Everything seemed perfectly ~ that morning. その日の朝は, 全くいつもと変わらないようにみえた.

2 平凡な, 凡庸な; (けなして) 並み(以下)の, 大したことのない: an ~ man 平凡な[凡庸な]男 / an ~ meal ありきたりの食事と同語源. 語源 ラテン語で「順序立った」の意; order と同語源.

in the órdinary wày 副 《文修飾語》 (主に英) 普通ならば, 普段は. **òut of the órdinary** 形 普通[いつも]と違い, 異常な.

órdinary lèvel 名 C,U 《英教育》 普通レベル (O level) (GCSE (☞ certificate 成句)の旧称).

órdinary séaman 名 C 二等船員; (英海軍) 三等水兵 (able seaman の下) (略 OS).

órdinary sháres 名 (複) 《英》 《株》 =common stock.

or·di·nate /ˈɔːdənət, -dnət|ˈɔː-/ 名 C 《数》 縦座標, Y 座標.

***or·di·na·tion** /ˌɔːdəˈneɪʃən/ 名 U,C 《宗》 聖職授任式 (聖職者に任ずる式); 聖職授任.

ord·nance /ˈɔːdnəns|ˈɔːd-/ 名 U 1 大砲 (全体). 2 兵器 (全体); 軍需品 (全体). 3 (政府の)軍需品部.

Órdnance Súrvey 名 固 (英) (英国政府の)陸地測量部 (略 OS). **an「órdnance súrvey [Órdnance Súrvey] màp** 名 陸地測量部作成の詳細な地図.

or·dure /ˈɔːdʒə|ˈɔːdjuə/ 名 U 《格式》 排泄(はいせつ)物.

ore /ɔː|ˈɔː/ 名 U,C 鉱石, 原鉱: iron ~ 鉄鉱石.

Oreg., Ore. 略 =Oregon.

o·reg·a·no /əˈreɡənoʊ|ˌɒrɪˈɡɑːnoʊ/ 名 U はなはっか, オレガノ (しそ科の多年草; 香辛料).

Or·e·gon /ˈɔːrɪɡən|ˈɒr-/ 名 固 オレゴン (米国北西部の州) (略 Oreg., Ore., (郵)) は OR; 俗称 the Beaver State; ☞ America 表, 表地図 D 3).

Or·e·go·ni·an /ˌɔːrɪˈɡoʊniən|ˌɒr-/ 形 オレゴン州の. ── 名 C オレゴン州人.

Óregon Tráil 名 固 [the ~] オレゴン街道 (米国 Missouri 州北西部から Oregon 州に至る約3200 km の山道; 19世紀中ごろ開拓者が盛んに利用した).

Or·e·o /ˈɔːrioʊ|ˈɒr-/ 名 固 (~s) 1 オレオ (米国製の白いクリームをはさんだチョコレートクッキー; 商標). 2 《米俗》 《軽蔑》 白人のまねをする[にへつらう]黒人.

O·res·tes /əˈrɛstiːz/ 名 固 《ギ神》 オレステース (☞ Electra).

org /ɔːɡ|ˈɔːɡ/ 略 [.org の形でインターネットで] = organization (com, gov などに属さないものを表わす).

***or·gan** /ˈɔːɡən|ˈɔː-/ (~s /~z/) T2 名 (☞ orgánic) C 1 (動植物の)器官, 臓器, 内臓; (婉曲)または(滑稽)ペニス: vital ~s 生命の維持に不可欠な器官 / the digestive [respiratory, reproductive] ~s 消化[呼吸, 生殖]器官 / the sense ~s 感覚器官.

2 (教会などの)(パイプ)オルガン (pipe organ); パイプなしのオルガン: play the ~ オルガンを弾く (☞ play 他 2 《語法》).

3 《格式》 政治・情報などの**機関, 組織**; (政府や政党の)機関紙: (the) ~s *of* public opinion 世論の伝達機関, 社会の公器 (新聞・テレビ・ラジオなど). 語源 ギリシャ語で「器具」の意.

órgan bànk 名 C 臓器銀行.

or·gan·die, or·gan·dy /ˈɔːɡəndi|ˈɔː-/ 名 U オーガンジー (薄地の綿布; 女性の服地用).

órgan grìnder 名 C 1 (街頭の)手回しオルガン弾き (人; しばしば人の扮装をした猿を連れている). 2 (

organ 2

俗》ボス, 責任者.

*or·gan·ic /ɔəgǽnɪk | ɔː-/ [T3] [形] ([名] órgan) **1** [主に [A]] 有機物の; 〚化〛有機の ([反] inorganic): ～ matter 有機物.
2 [主に [A]] (食品が)有機肥料[飼料]を用いた, 化学肥料[飼料, 薬品]を用いない: ～ vegetables 有機栽培[無農薬]の野菜. **3** [A] 《格式》有機的な, 組織的な, 系統的な: an ～ structure 組織的な構造. **4** [普通は [A]] 《格式》(変化・成長などが)(ゆっくり)自然な. **5** 《格式》(体の)器官の, 臓器の: ～ diseases 器質性疾患《内臓自体の病気》. **-gán·i·cal·ly** /-kəli/ [副] 有機肥料を用いて; 器官的には; 有機的に; 組織的に.

orgánic chémistry [名] [U] 有機化学. [関連] inorganic chemistry 無機化学.

orgánic fárming [名] [U] 有機農法[農業].

‡**or·ga·ni·sa·tion** /ɔ̀əgənɪzéɪʃən | ɔ̀ːgənaɪz-/ [名] 《英》 =organization.

‡**or·ga·nise** /ɔ́əgənàɪz | ɔ́ː-/ [動] 《英》 =organize.

*or·gan·is·m /ɔ́əgənìzm | ɔ́ː-/ [名] (～s /～z/) [C] 有機体, (微)生物《動物・植物》; 有機的組織体《社会・宇宙など》.

or·gan·ist /ɔ́əgənɪst | ɔ́ː-/ [名] [C] オルガン奏者.

‡**or·ga·ni·za·tion** /ɔ̀əgənɪzéɪʃən | ɔ̀ːgənaɪz-/ [名] (～s /～z/; [動] órganìze; [反] disorganization) **1** [C] (ある目的を持つ)組織(体); 団体, 協会: establish [found, set up] a political ～ 政治組織を設立する / run a religious [charitable] ～ 宗教[慈善]団体を運営する / dissolve [disband] an ～ 組織を解散する.
2 [U] 組織(化), 編成; 構成, 機構; 効率のよいとりまとめ, 計画, 準備: the ～ ***of*** working people 働く人たちの組織化.

⁺**or·ga·ni·za·tion·al** /ɔ̀əgənɪzéɪʃ(ə)nəl | ɔ̀ːgənaɪz-⁻/ [形] [主に [A]] 構成(上)の; 組織(化)の; 団体の. **-al·ly** /-nəli/ [副] 組織的に; 構成上.

organizátion chàrt [名] [C] 組織[機構]図.

Organizátion of Américan Státes [名] [the ～] =OAS.

‡**or·ga·nize** /ɔ́əgənàɪz | ɔ́ː-/ [T1] [動] (**-ga·niz·es** /～ɪz/; **-ga·nized** /～d/; **-ga·niz·ing**; [名] órgan, òrganizátion) [他] **1** 〈会など〉を取りまとめる, 〈催し物・飲食物など〉を準備[計画]する, 主催する (arrange): ～ some entertainment for the party パーティーの余興を準備する / Who ～*d* that meeting? その大会を準備したのはだれですか.
2 〈…〉を組織する; 編成する; 〈考えなど〉をまとめる (*in, along, around*); 〈労働者〉を組合組織化する: ～ a baseball team 野球チームを作る / He has **～*d*** the workers ***into*** a labor union. <V+O+*into*+名・代> 彼は労働者を組織して労働組合を作った / A large expedition to the South Pole *was ～d*. <V+O の受身> 大規模な南極探検隊が編成された.
— [自] 労働組合を作る.

*or·ga·nized /ɔ́əgənàɪzd | ɔ́ː-/ [形] ([反] unorganized, disorganized) **1** [A] 組織された; 組合に加入した: an ～ tour 団体旅行 / ～ labor 組織労働者《全体》.
2 うまくまとまった, よく整理された; (人が)能率のいい, きちんと仕事をする: an ～ report よくまとまった報告書 / ～ educational system 組織的教育体制 / get ～ Ⓢ (仕事の)準備をする.

⁺**órganized críme** [名] [U] 組織犯罪.

*or·ga·niz·er /ɔ́əgənàɪzə | ɔ́ːgənàɪzə/ [名] [C] **1** まとめ役, 世話人; (催し物などの)主催者; (会などの)幹事; (労働組合などの)組織拡大担当者: the ～ of a concert コンサートの主催者. **2** 組織者; 創立者: ～*s* of the project そのプロジェクトを組織する人々. **3** (書類などを)整理するもの《整理用キャビネット・ファイルなど》.

órgan lòft [名] [C] (教会などの)オルガン(の演奏台)のある2階.

órgan of Cór·ti /-kɔ́əṭi | -kɔ́ː-/ [名] [C] 〚解・動〛(内耳の蝸牛(かぎゅう)管内の)コルチ器官.

órgan trànsplant [名] [C] 臓器移植.

or·gan·za /ɔəgǽnzə | ɔː-/ [名] [U] オーガンザ《絹・レーヨンなどの薄地で丈夫な布地》.

⁺**or·gas·m** /ɔ́əgæzm | ɔ́ː-/ [名] [U,C] 〚生理〛オルガスム《性交時の性的絶頂感》. — [動] [自] オルガスムに達する.

or·gas·mic /ɔəgǽzmɪk | ɔː-/ [形] **1** [普通は [A]] 〚生理〛オルガスムの. **2** 《略式》非常に興奮させる, 楽しい.

órg chàrt /ɔ́əg- | ɔ́ːg-/ [名] [C] 《略式》 =organization chart.

or·gi·as·tic /ɔ̀ədʒiǽstɪk | ɔ̀ː-⁻/ [形] [A] 飲めや歌えの大騒ぎの; 乱交パーティーの.

⁺**or·gy** /ɔ́ədʒi | ɔ́ː-/ [名] (**or·gies**) **1** [C] 飲めや歌えの大騒ぎ; 乱交パーティー. **2** [an ～] 《略式》やり過ぎ, (過度の)熱中 (*of*).

ó·ri·el (wíndow) /ɔ́ːriəl-/ [名] [C] 〚建〛出窓《階上の壁面から突き出した多角形の窓》.

⁺**o·ri·ent** /ɔ́ːrìent/ [T3] [動] [他] [普通は受身で] 《格式, 主に米》〈…〉の関心[活動, 目標]を(ある方向[分野]へ)向ける, 導く; 〈…〉を方向づける, 〈…〉を一志向[向け]にする; (新しい環境などに)慣れさせる (☞ oriented). **be óriented to [toward, aròund] …** [動] [他] …志向[向け]である; …に関心がある, …を中心に考える: This language course *is ～ed to* [*toward*] intermediate students. この語学のコースは中級学生向けだ. **órient oneselfl** [動] [自] 《格式》自分の位置[立場]を見定める; (環境に)順応する (*to*).

*O·ri·ent /ɔ́ːriənt/ [名] ([形] òriéntal) [the ～] 《古風》東洋 (the East); アジア (Asia). [関連] Occident 西洋. [語源] ラテン語で「上る」の意から「日が昇る方向」の意味となった; ☞ origin [語源]. — [形] [o-] [A] 《詩》東方の; (太陽・星が)昇る.

*o·ri·en·tal /ɔ̀ːriénṭl⁻/ [形] ([名] Órient) [時に O-] 東洋の (Eastern): O～ civilization 東洋文明 / an O～ rug [carpet] 毛織り[ペルシャ]じゅうたん. [関連] occidental 西洋の. — [名] [C] [O-] 《古風》[普通は差別] 東洋人.

o·ri·en·tal·ist /ɔ̀ːriénṭəlɪst/ [名] [C] 東洋学者[通].

o·ri·en·tate /ɔ́ːriəntèɪt/ [動] [他] 《主に英》 =orient.

o·ri·en·tat·ed /ɔ́ːriəntèɪṭɪd/ [形] 《主に英》 =oriented.

*o·ri·en·ta·tion /ɔ̀ːriəntéɪʃən/ [名] (～s /～z/) **1** [U,C] (活動・組織などの)志向, 目的, 方向性 (*to, toward, of*); (個人の)志向, 信条: political [religious] ～ 政治[宗教]的信条.
2 [U] 《主に米》(新入生などへの)オリエンテーション《始め展望を与えその後の学習や作業を方向づけること; ☞ guidance [日英比較]》; (新しい環境への)適応: The new students get a week's ～. 新入生は1週間のオリエンテーションを受ける / an ～ program オリエンテーションプログラム. **3** [U,C] 《格式》(建物などの)方位決定.

*o·ri·ent·ed /ɔ́ːrièntɪd/ [形] 《主に米》(…の)傾向を持つ, (…を)志向する, 方向づけされた. [語法] profit-*oriented*「利益追及型の」, family-*oriented*「家庭志向の」のように合成語の第2要素となることが多い: youth-*oriented* advertising 若者向けの広告.

o·ri·en·teer·ing /ɔ̀ːriəntí(ə)rɪŋ/ [名] [U] オリエンテーリング《地図と磁石を頼りに規定コースを回る競走》.

Órient Expréss [名] [固] [the ～] オリエント急行《Paris と Istanbul 間を走った豪華列車》.

or·i·fice /ɔ́ːrəfɪs | ɔ́r-/ [名] [C] 《格式》(体の)開口部, 穴, 孔《口・耳・鼻などの》; 口, 穴《管・煙突・傷などの》.

orig. [略] =origin, original, originally.

o·ri·ga·mi /ɔːrɪgáːmi | ɔ̀r-/ 《名》U.C 折り紙.

***or·i·gin** /ɔ́ːrədʒɪn, άr- | ɔ́r-/ 《名》C,U 1 C,U [しばしば複数形で] 起源, 発端(ほったん), 起こり, 始まり; もと (⇨ beginning 類義語): the ~(s) of civilization 文明の起源 / the ~(s) of a quarrel けんかのもと / Some of our customs are 'of Chinese ~ [Chinese *in* ~]. 私たちの習慣には中国から来たものがある / The O~ of Species ⇨ species 1.

2 U または複数形で] 生まれ (birth), 素性, 身元 (略 orig.): a person of noble [humble] ~(s) 高貴の[低い]身分の人 / He is *of* Greek ~. 彼はギリシャ人の血を引いている / All people are treated equally, regardless of racial ~. すべての国民はどこの民族の出身であるかに関係なく平等に扱われる. **3** C 《数》原点.

have one's órigin(s) in ... 《動》 ... に端を発する, もとは ... に起源である. 語源 ラテン語で「上る, 始まる」の意; Orient と同語源.

※o·rig·i·nal /ərídʒ(ə)n(ə)l/ 《形》《名》**1** A [比較なし] 最初の (first), 元の; 原始の; 原文の (略 orig.): the ~ plan 原案 / the ~ painting 原画 《複写に対し》/ The damaged car was restored to its ~ condition. その事故車は元の状態に修復された.

2 独創的な, 創意に富んだ (creative): an ~ work 独創的な作品 / an ~ composer 独創的な作曲家 / There is nothing ~ *about* his idea. <A+*about*+名・代> 彼の考えには少しも独創的なところがない. **3** 奇抜な, 新奇な, 珍しい: Isn't that an ~ deal なかなか奇抜なアイデアじゃないか.

— 《名》 (~s /-z/) **1** C [普通は the ~] 《美術品などの》原物, 原画, 原型, 《写真などの》本人: The ~ of the Mona Lisa is in the Louvre in Paris. モナリザの原画はパリのルーブル博物館にある. 関連 copy 写し. **2** [the ~] 原文, 原書, 原典: read Tolstoy *in the* ~ トルストイを原文[原書]で読む. **3** C [普通は単数形で] 《略式》独創的な人; 《滑稽》変人, 風変わりな人.

original instrument 《名》C オリジナル楽器.

†**o·rig·i·nal·i·ty** /ərìdʒənǽləti/ 《名》《original 2, 3》U 独創力[性], 創造力; 創意, 目新しさ; 奇抜さ, 風変わり: a work of ~ 創意に富んだ作品.

※**o·rig·i·nal·ly** /ərídʒ(ə)nəli/ 《副》**1** [時に 文修飾語] 元来(は), 本来(は), 初めは (略 orig.): That firm was ~ a small store. あの会社はもとは小さな商店だった / She was ~ from Canada. 彼女はもともとはカナダ人でした. **2** 独創的に; 奇抜に.

original print 《名》C 《版画の》オリジナルプリント.

original sin 《名》U《キ教》原罪 (Adam & Eve の堕落に基づく人間生来の罪; ⇨ Eden).

†**o·rig·i·nate** /ərídʒənèɪt/ 《動》 (**-i·nates** /-nèɪts/; **-i·nat·ed** /-tɪd/; **-i·nat·ing** /-tɪŋ/; 《名》 órigin) 《格式》《自》 [進行形なし; 副詞(句)を伴って] **1** 発生する, 起こる, (...に)源を発する: The rumor ~*d in* the radio program. <V+*in*+名・代> そのうわさはラジオ番組に端を発した / Some of these medicines ~ *from* herbs. <V+*from*+名・代> これらの薬には野草からとったものもある / The war ~*d in* [*as*] a quarrel over the island. <V+前+名・代> 戦争はその島をめぐる争いから始まった.

2 《物事が人から》始まる, ... の考案になる: The system ~*d with* the Romans. <V+*with*+名・代> その制度はローマ人が始めた. — 他 **1** <...>を引き起こす, 始める. **2** <...>を発明[発案]する.

o·rig·i·na·tion /ərìdʒənéɪʃən/ 《名》U 発生; 始まり.

o·rig·i·na·tor /ərídʒənèɪtər | -tə-/ 《名》C 《格式》創作者, 考案者, 創設者, 発起人, 元祖 (*of*).

O·ri·no·co /ɔːrənóukou | ɔ̀r-/ 《名》《固》[the ~] オリノコ川《ベネズエラ南部から大西洋に注ぐ》.

o·ri·ole /ɔ́ːriòul/ 《名》C こうらいうぐいす《ヨーロッパ産》; アメリカむくどりもどき《北米産》.

O·ri·on /əráɪən/ 《名》《固》**1** オリオン座 《星座》. **2** 《ギ神》オリオン《美男の猟師》.

Oríon's Bélt 《名》《固》オリオン座の三つ星.

or·i·son /ɔ́ːrəz(ə)n | ɔ́r-/ 《名》C 《古語》祈り.

Órk·ney Ís·lands /ɔ́ːrkni- | ɔ́ːk-/ 《名》《固》[複] オークニー諸島 《Scotland 北方の諸島で州となす; ⇨ 裏地図 E 2》.

Or·lan·do /ɔːrlǽndou | ɔːlǽn-/ 《名》《固》オーランド《米国 Florida 州中東部の都市; Disney World がある》.

Or·lé·ans /ɔ̀ərliːəŋ, -líːənz | ɔːliːənz/ 《名》《固》オルレアン《フランス中北部の都市; 百年戦争で英国軍はジャンヌダルク (Joan of Arc) に救われた (1429)》.

the Máid of Orléans 《名》オルレアンの少女 (Joan of Arc の異名).

Or·lon /ɔ́ːrlɑn | ɔ́ːlɔn/ 《名》U オーロン《ナイロンに似たアクリル繊維; 商標》.

or·mo·lu /ɔ́ːrməlùː | ɔ́ː-/ 《名》U オルモル《銅・亜鉛などの合金》; 《家具装飾用の》金めっきブロンズ.

†**or·na·ment¹** /ɔ́ːrnəmənt | ɔ́ː-/ ★ 動詞の ornament² との発音の違いに注意. 13 《名》 **1** 装飾品, 飾り物: Christmas ~s クリスマス《ツリー》の装飾品. **2** U 《格式》装飾, 飾り (decoration): for [by way of] ~ 飾りとして. **3** [an ~] 《古風》[時に軽蔑] 《...にとって》ほまれとなる人[物], 「かんばん」 (*to*).

or·na·ment² /ɔ́ːrnəmènt | ɔ́ː-/ ★ 名詞の ornament¹ との発音の違いに注意. 《動》他 [普通は受身で] 《格式》飾る (*with*) (⇨ decorate 類義語).

or·na·men·tal /ɔ̀ːrnəméntl | ɔ̀ː-/ 《形》 **1** [普通は A] 装飾用の, 飾りの, 飾り立てた. **2** [けなして] 飾りだけの, 飾り立てた. **-tal·ly** /-təli/ 《副》装飾的に.

or·na·men·ta·tion /ɔ̀ːrnəmentéɪʃən | ɔ̀ː-/ 《名》U 《格式》 **1** 装飾. **2** 装飾品《全体》.

†**or·nate** /ɔːrnéɪt | ɔː-/ 《形》飾り立てた; [普通はけなして] 《文章が》美辞麗句を並べた. **~·ly** 《副》飾り立てて, 華麗に; 美辞麗句を並べて. **~·ness** 《名》U《装飾などの》華麗さ; 装飾過剰.

or·ner·y /ɔ́ːrn(ə)ri | ɔ́ː-/ 《形》 (**or·ner·i·er**; **or·ner·i·est**) 《米略式》 [滑稽] 怒りっぽい; へそ曲がりの.

or·ni·tho·log·i·cal /ɔ̀ːrnəθəlɑ́dʒɪk(ə)l | ɔ̀ːnəθəlɔ́dʒ-/ 《形》 [普通は A] 《格式》鳥類学上の.

or·ni·thol·o·gist /ɔ̀ːrnəθɑ́lədʒɪst | ɔ̀ːnəθɔ́l-/ 《名》C 《格式》鳥類学者.

or·ni·thol·o·gy /ɔ̀ːrnəθɑ́lədʒi | ɔ̀ːnəθɔ́l-/ 《名》U 《格式》鳥類学.

o·ro·tund /ɔ́ːrətʌnd | ɔ́r-/ 《形》《格式》[時に滑稽] 《声が》朗々と響く; 《ことばなどが》大げさな, 気取った.

†**or·phan** /ɔ́ːrf(ə)n | ɔ́ː-/ 13 《名》C **1** 孤児, みなしご; 親のない子: The little girl was left an ~. その少女はみなしごになった. 語法 普通は両親をなくした子供だが, 片親のない子にも用いることがある. **2** [形容詞的に] 親のない; 孤児のための. — 《動》他 [普通は受身で] <...>を孤児にする: A lot of children *have been* ~*ed* by AIDS. エイズで両親を失った子供が多い.

or·phan·age /ɔ́ːrf(ə)nɪdʒ | ɔ́ː-/ 《名》C 孤児院.

Or·pheus /ɔ́ːrfjuːs, -fiəs | ɔ́ː-/ 《名》《固》《ギ神》オルフェウス《草木や野生の動物をも感動させたという竪琴の

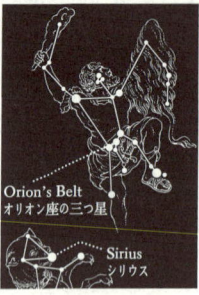

Orion 1

(lyre) の名手; ☞ Eurydice).

or·th(o)- /ɔ́ːθ(ə)/ 接頭「直…, 正しい…」の意 (母音の前では orth-).

or·tho·don·ti·a /ɔ̀ːθədántiə | ɔ̀ː·θə·dón-/ 名 U =orthodontics.

or·tho·don·tic /ɔ̀ːθədántɪk | ɔ̀ː·θə·dón-/ 形【医】歯科矯正(学)の.

or·tho·don·tics /ɔ̀ːθədántɪks | ɔ̀ː·θə·dón-/ 名 U【医】歯科矯正(学術).

or·tho·don·tist /ɔ̀ːθədántɪst | ɔ̀ː·θə·dón-/ 名 C 歯科矯正医.

*__or·tho·dox__ /ɔ́ːθədɑ̀ks | ɔ́ːθədɔ̀ks/ 形 (名 órthodòxy; 反 unorthodox, heterodox) 1 (考え·行動などが)正統的な; 伝統的な, 世間一般に認められている: ~ views about morals 道徳に対する世間一般の考え方. 2【宗】正統派の[的な]; [O-] (東方)正教会の.

Órthodox Chúrch 名 [the ~] (東方)正教会 (Eastern (Orthodox) Church).

Órthodox Júdaism 名 正統派ユダヤ教.

+__or·tho·dox·y__ /ɔ́ːθədɑ̀ksi | ɔ́ːθədɔ̀k-/ (-dox·ies; 形 órthodòx; 反 heterodoxy) U C 1 伝統主義, 伝統を守ること; (信仰の)正統性. 2 [しばしば複数形で]《格式》伝統的慣行[考え方]; 正統派信仰. 3 [O-]【宗】(東方)正教会の(信仰[教義]).

or·thog·o·nal /ɔːθɑ́gən(ə)l | ɔːθɔ́g-/ 形【数】直交(の)する].

or·tho·graph·ic /ɔ̀ːθəgrǽfɪk | ɔ̀ː-ˊ/, **-i·cal** /-fɪk(ə)l-ˊ/ 形《格式》正字[書]法の.

or·thog·ra·phy /ɔːθɑ́grəfi | ɔːθɔ́g-/ 名 U《格式》(正しい)つづり字法, 正字[書]法.

or·tho·pe·dic, 《英》**-pae-** /ɔ̀ːθəpíːdɪk | ɔ̀ː-ˊ/ A【医】整形外科(用)の, 骨格整形用の.

or·tho·pe·dics, 《英》**-pae-** /ɔ̀ːθəpíːdɪks | ɔ̀ː-ˊ/ 名 U【医】整形外科学, 骨格矯正.

or·tho·pe·dist, 《英》**or·tho·pae·dist** /ɔ̀ːθəpíːdɪst | ɔ̀ː-ˊ/ 名 C【医】整形外科医.

Or·well /ɔ́ːwel, -wəl | ɔ́ː-/ 名 George ~ オーウェル (1903-50)《英国の作家》.

Or·well·i·an /ɔːwélian | ɔː-/ 形 オーウェル風の, 非人間的な社会の.

-or·y /ー(ー)ːri, -(ə)ri | (ə)ri/ 接尾 1 [形容詞語尾]「…のような, …の働き[性質]を持つ」の意: compulsory 強制的な. 2 [名詞語尾]「…する場所[物], …所」の意: factory 工場.

or·yx /ɔ́ːrɪks | ɔ́r-/ 名 (複 ~(·es)) C オリックス (アフリカ産の大きなれいよう).

or·zo /ɔ́ːdzou | ɔ́ː-/ 名 U オルゾー《米粒形のパスタ》.

OS /óués/ 略 =ordinary seaman, 《英》Ordnance Survey, operating system, outsize.

Os·borne /ázbɔːn, -bən | ɔ́zbən, -bɔːn/ 名 John ~ オズボーン (1929-94)《英国の劇作家》.

Os·car /áskə | ɔ́skə/ 名 1 オスカー (男性の名). 2 C【映】オスカー (賞) (Academy賞受賞者に与えられる小型黄金立像).

os·cil·late /ásəlèɪt | ɔ́s-/ 動 自 1 (振り子のよ

Orpheus

---

osteoarthritis 1245

うに)揺れる, (2点間)を振動する. 2《格式》(考え·態度などが)ぐらつく, 動揺する (between). 3【物理】(電流などが)周期的に振動する.

os·cil·la·tion /àsəléɪʃən | ɔ̀s-/ 名 1 U【物理】(振り子などの)振動. C (1周期の)振動. 2 U C《格式》(考え·態度の)ぐらつき, 動揺.

os·cil·la·tor /ásəlèɪtə | ɔ́səlèɪtə/ 名 C【電】発振器.

os·cil·la·to·ry /ásələtɔ̀ːri | ɔ́səlætəri, -tri/ 形【物理】(周期)振動の.

os·cil·lo·graph /əsíləgræf | əsíləgràːf/ 名 C【電】オシログラフ, 振動記録器.

os·cil·lo·scope /əsíləskòup | əs-/ 名 C【電】オシロスコープ《電圧の波形を調べる装置》.

os·cu·late /áskjulèɪt | ɔ́s-/ 動 自【数】(曲線·面が曲線·面と)接触する (with).

-ose /ous/ 接尾 1 [形容詞語尾]「…の多い, …性の」の意: bellicose 好戦的な. 2 [名詞語尾]「炭水化物, 糖」の意: lactose 乳糖.

-o·ses /óusiːz/ 接尾 -osis の複数形.

OSHA /óuʃə/ 略《米》=Occupational Safety and Health Administration 労働安全衛生局.

OSI /óuèsáɪ/ 略 =open systems interconnection【電算·通信】開放型システム間接続.

o·sier /óuʒə | -ziə/ 名 C 柳の一種《枝はかごの材料》.

O·si·ris /ousáɪ(ə)rɪs | ɔː-/ 名 【エジプト神話】オシリス《冥界の王》.

-o·sis /óusɪs/ 接尾 (複 -o·ses /-siːz/) [名詞語尾] 1【医】「…病, …症状」の意: neurosis 神経症. 2「…の状況[過程]」の意: metamorphosis 変態.

Os·lo /ázlou, áːs- | ɔ́z-, ɔ́s-/ 名 オスロ《ノルウェー南東部にある同国の首都》.

os·mi·um /ázmiəm | ɔ́z-/ 名 U【化】オスミウム《金属元素; 記号 Os》.

os·mo·sis /azmóusɪs | ɔz-/ 名 U 1【化·生】浸透. 2 (繰り返し聞くことによる考えなどの)吸収.

by [through] osmosis 副 (学習·理解などが)徐々に, じわじわと.

os·mot·ic /azmɑ́tɪk | ɔzmɔ́t-/ 形 A【化·生】浸透する[性]の. **-mót·i·cal·ly** /-kəli/ 副 浸透して.

os·prey /áspri, -preɪ | ɔ́s-/ 名 C みさご(たかの一種で魚を主食とする).

os·si·fi·ca·tion /àsəfɪkéɪʃən | ɔ̀s-/ 名 U《格式》[けなして] (感情·考えなどの)硬(直)化, U【生理】骨化.

os·si·fy /ásəfàɪ | ɔ́s-/ 動 (-si·fies; -si·fied; -fy·ing) 他 [普通は受身で] 1《格式》[けなして]〈考え·感情など〉から柔軟性を奪う; 〈…を〉かたくなにする. 2【生理】〈…を〉骨化させる. ― 自 1《格式》[けなして]〈考え·感情など〉が柔軟性を失う, 凝り固まる; かたくなになる. 2【生理】骨化する.

+__os·ten·si·ble__ /asténsəbl | ɔs-/ 形 A《格式》(理由が)表向きの, うわべだけの, 見せかけの. **-si·bly** /-səbli/ 副 表面上は[で]; うわべは.

os·ten·ta·tion /àstəntéɪʃən | ɔ̀sten-/ 名 U《格式》[けなして] (富·知識などの)ひけらかし, 見え[張り]; 虚栄.

*__os·ten·ta·tious__ /àstəntéɪʃəs | ɔ̀sten-ˊ/ 形《格式》[けなして] これ見よがしの; けばけばしい; (行動などに)仰々しい. **-ly** 副 これ見よがしに; 仰々しく.

os·te(·o)- /ásti(ou) | ɔ́s-/ 接頭【医】「骨」の意.

òsteo·arthrítis 名 U【医】骨関節炎.

osprey

os·te·o·path /ástiəpæθ | ɔ́s-/ 名 C 整骨医.
os·te·o·path·ic /ˌɑstiəpǽθɪk | ɔ̀s-⁻/ 形 整骨医の.
os·te·op·a·thy /ὰstiάpəθi | ɔ̀stiɔ́p-/ 名 U 〖医〗整骨療法.
*__os·te·o·po·ro·sis__ /ὰstiouparóusis | ɔ̀s-/ 名 U 〖医〗骨粗鬆(そしょう)症.
os·tler /ásla | ɔ́sla/ 名 C (《主に英》)=hostler.
os·tra·cis·m /άstrasìzm | ɔ́s-/ 名 U 《格式》(集団・社会からの)追放, 排斥, 村八分.
os·tra·cize /άstrasàız | ɔ́s-/ 動 他 [しばしば受身で]《格式》…を追放する, 村八分にする.
†**os·trich** /άstrɪtʃ, ɔ́ː- | ɔ́s-/ 名 C **1** だちょう (アフリカ産). **2** 《略式》現実逃避者. [由来] だちょうは危険が迫ると砂に頭を隠すという俗説から.
Os·tro·goth /άstragòθ | ɔ́stragòθ/ 名 [the ~s] 東ゴート族(6世紀にイタリアに王国を建国); C 東ゴート族の人.
O.T. 略 =Old Testament, overtime.
O.T.C. 略 =over-the-counter.
O·thel·lo /əθélou/ 名 固 オセロ (Shakespeare 作の4大悲劇の1つ(の主人公); ☞ Hamlet).

✱**oth·er** /ʌ́ðə | ʌ́ðə/

① ほかの(物[人])　形 1; 代 1
② [the ~] もう一方の(物[人])　形 2; 代 2

──形 [A] **1** ほかの, 他の; 別の, 異なった: Any ~ question(s)? ほかに質問は / I have two ~ sisters. 私にはほかに2人の女のきょうだいがいる / He has no ~ coat **than** [**besides, but**] that (one). 彼はあれ以外はコートは持っていない / Could we talk some ~ time? いつか別の時に話をしませんか.

[語法] (1) other は単独では名詞の複数形または数えられない名詞の前に用いる: There must be ~ ways of solving the problem. その問題を解くほかの方法があるに違いない / She has ~ work to do. 彼女にはほかにも仕事がある. 数えられる名詞の単数形の場合には one, some, any, no などと共に用いるか, another を代りに用いる 《☞ another 形》: I want to meet one [any] ~ teacher. 私にはほかにもう1人の先生[だれかほかの先生]と会いたい.
(2) 次のような文では any other の後で複数形も使われるが単数形のほうが普通 《☞ 2 (2) 最後の例》: She is taller than any ~ girl(s) in the class. 彼女はクラスのどの女の子よりも背が高い.

2 [普通は the ~, 所有格の後などで] (1) [普通は単数名詞の前に用いて] (2つのうちの)もう一つの, もう一方の; 反対の, 向こう側の (《☞ one² 形 1》): in the ~ direction 反対方向に / Put up the ~ hand. もう一方の手を上げなさい / Shut the ~ eye. もう一方の目を閉じなさい / Your jeans are dirty. Change into your ~ ones [jeans]. そのジーンズは汚れている. もう1つのにはきかえなさい / He is on the ~ side of the Atlantic. 彼は今大西洋の向こう側にいる. (2) [複数名詞の前に用いて] (3つ以上のうちで)残り(全て)の, あとの: Take these two. She wants (all) the ~ three (apples). この2つを持って行きなさい. 彼女は残りの3つ(のりんご)を欲しがっている / My [~ two [two ~] sisters are away on vacation. 私のほかの2人の姉妹は休暇をとって出かけている / She is taller than (any of) the ~ girls in the class. 彼女はクラスのほかの女の(だれ)より背が高い.

──リスニング──
other の前に子音で終わる語があると other の始めの /ʌ/ が子音と結合する. また other の後に母音で始まる語が続くと, other の語末の /ə/ とその母音との間に /r/ が聞こえる. 従って his other uncle /hızʌ́ðəʌ́ŋkl/ は「ヒザザランクー」のように, some other eggs /sʌmʌ́ðəégz/ は「サマザレッグズ」のように聞こえる. 「ヒズ・アザー・アンクル」,「サム・アザー・エッグズ」のようには発音しない.

èvery óther ... ☞ every 成句.
nóne [nò] óther than ... ほかならぬ…: The gentleman was *none* [*no*] ~ *than* your father. その紳士はほかでもない君のお父さんだった.
nóthing óther than ... ただ…だけ: Her words meant nothing ~ than a flat refusal. 彼女のことばは断固とした拒否を意味するだけだった.
óther than ... 12 [前·接] [普通は否定文で] (1) 《格式》…以外の; …以外に(は) (except): The boy has no clothes ~ than what he's wearing. その少年は今着ているもの以外に服を持っていない. [語法] other を名詞の前に移して … no ~ clothes than … とも言える 《☞ 形 1 の 3 番目の例文》 / Some one ~ than me [I] must decide. 私以外のだれか一人が決定すべきだ. (2) [補節に用いて] …とは異なって, …とは別の: Helen cannot be ~ than kind. ヘレンは全く親切な人だ [それ以外ではありえない] / I wouldn't want him (to be) ~ than (the way) he is. 彼は今のままでよい.

the óther wày [副] 逆に, 反対に: It all happened just the ~ way with him. 彼については事が全くあべこべに起こった.
the óther wày aróund [**róund, abóut**] [副·形] 逆に, あべこべに: Turn it the ~ way around. 逆に回しなさい.

──代 《不定代名詞》 (~s /-z/) **1** ほかの物, 他の人たち, 他人; 別のもの 《☞ another 代 [語法]》. [語法] 複数形で用いられることが多い: You must be kind to ~. 他人には親切にしなさい / I don't like these books. Show me some ~s. この本は気に入らないからほかのをいくつか見せてください / Jane and two [several] ~s came. ジェーンのほかに2人[数人]が来た / *Some* (people) believe in God and ~s do not. 神を信じる者もいるし信じない者もいる 《☞ some 代 2 [語法]》.
2 [the ~] もう一方の物[人]; そのほかの物[人].

[語法] **one と the other または the others**
2つの物[人] については初めの物[人] は one, もう1つ [1人] のほうは the other という. 3つの物[3人] 以上のうちから1つ[1人] または数個[数人] を除いた残りの物[人] 全部を指すときには the others を用いる 《☞ one² 代 4》: There are two roses in the vase. *One* is white and *the* ~ (is) red. 花びんにばらが2本いけてある. 1本は白でもう1本は赤です / *One* [*Two*] of them remained and *the* ~s left. 彼らのうち1人[2人] は残ってあとは全員出かけた.

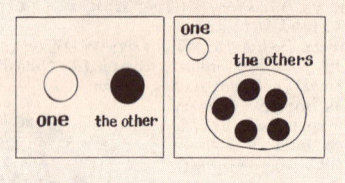

èach óther ☞ each other の項目.
óne àfter the óther ☞ one² 代 成句.
the óne ... the óther — ☞ one² 代 成句.
thís, thát, and the óther ☞ this 代 成句.
──副 そうでなく, 別の方法で. **nòt (...) óther than** — …以外ではできない: I can't do ~ than (to) go. 行くよりほかに手がない.

óther hálf 图 =better half.
oth・er・ness /ʌ́ðənəs | -ðə-/ 图 U 《格式》(他と)異なっていること, 珍しさ; 異国情緒.
Óther Síde [the ~] /ʌ́ðəwàɪɚ | -ðə-/ 图《文》霊界, あの世.

＊oth・er・wise /ʌ́ðəwàɪɚ | -ðə-/ 副 **1** つなぎ語 (1) [命令文などの後で, or 3] さもないと, そうしなければ (or else) 《もし前述の通りにしないとどうなるかを述べる》: Leave at once; ~ you will miss the train. すぐ行きなさい, さもないと列車に遅れますよ.
(2) そうでなければ (if not) 《もし前述のようでなかったら, どうなっていたかを述べる》: Yes, you can have it. O~ I wouldn't have shown it to you. ええ, あなたにあげますよ. そうでなければお見せしたりしませんでした.
2《格式》別の方法で[は], 違うふうに[は], ほかのやり方で[は]: He was unable to do [say] ~. 彼はそうする[言う]ほかなかった / I wanted my son to become a doctor, but he decided ~. 医者になってもらいたかったが, 息子は別の方向に進むことを決めた / Please come tomorrow if you are not ~ engaged. 忙しくなかったら明日お越し下さい / He would have done it ＝ **than** he did. 彼はそれを別のやり方ですべきだったのに.
3 つなぎ語 その他の点では: The house is small, but ~ perfect. その家は小さいがその他の点では申し分ない. **∴ and ótherwise** …その他, …や何か. **∴ or ótherwise** (1) …あるいはその逆で, …ないしは別の方法で: I'll contact you before Friday, by letter or ~. 手紙かまたは別の方法で金曜日前に連絡します. (2)《主に英》そうでないにせよ: This union is for all workers, skilled *or* ~. この組合は熟練か否かを問わずすべての労働者のためのものです. **ótherwise knówn as ∴** 別名….
— 形 P《古風》別の, そうでない: Would he have done it if the circumstances had been ~? 事情が違っていたら彼はそれをしただろうか. **Hów can it be ótherwise?** ＝ **It cánnot be ótherwise.** それは当然だ.

óther wóman 图 C 《普通は the ~》(男性が付き合っている) 愛人, 不倫相手.
óther wórld 图 C あの世; 空想の世界.
óther-wórldly 形 現実離れした, あの世の.
-ot・ic /átɪk | ɔ́t-/ 接尾「…病の」「…の状況の」の意.
o・ti・ose /óʊʃiòʊs | -tiòʊz, -ðʊs/ 形《格式》(考え・ことばなどが) むだ[余計] な (redundant).
o・ti・tis /oʊtáɪtɪs/ 图《医》耳炎.
otítis média /-míːdiə/ 图 U《医》中耳炎.
OTOH [E メールで] ＝on the other hand (☞ hand 成句).
OTT /óʊtìːtíː/ 略《主に英》 ＝over-the-top.
Ot・ta・wa /átəwə, -wàː | ɔ́təwə/ 图 **1** オタワ《カナダ東部の同国の首都; ☞ 表地図 I 3》. **2** オタワ族《北米先住民》.
＋ot・ter /átɚ | ɔ́tə/ 图 C かわうそ; U かわうその毛皮. ☞ sea otter.
Ot・to /átoʊ | ɔ́t-/ 图 **1** オットー《男性の名》. **2** オットー I (912-973)《ドイツ王 (936-973), 神聖ローマ皇帝 (962-973)》.

otter

ot・to・man /átə-mən | ɔ́t-/ 图 C 背やひじ掛けのない長いソファー《しばしば収納部付きも》;《米》(クッションつき) 足台.
Ot・to・man /átəmən | ɔ́t-/ 形 トルコの; トルコ人[民族]の. —图 C トルコ人.
Óttoman Émpire 图 固 [the ~] オスマン帝国《旧名称 (1300?-1922)》.
OU /óʊjúː/ 略 ＝open university.

---

ounce 1247

ou・bli・ette /ùːbliét/ 图 C《昔の城の》牢屋, 密牢.
＋ouch /áʊtʃ/ 間 あ痛いっ!; あっち!《突然鋭い痛みなどを感じたときの叫び》.
＊ought¹ /ɔ́ːt/ (同音 aught) 助 (auxiliary verb) [to 不定詞とともに] 語法 疑問文, 否定文において to を用いないことが多い.

①	…すべきである	1
②	…する必要がある	2
③	…のはずだ	3

1 (1) …すべきである, …するのが当然だ: You ~ to help your mother. お母さんの手伝いをしなければいけません / You ~ not (to) visit such a place after dark. 暗くなってからそんな場所へ出かけてはいけません / O~ I (to) leave so soon? こんなに早く出かけなければいけませんか / We ~ to follow these rules, *oughtn't* we? 私たちはこれらのルールに従うべきですね / "Do you think we should tell Mom?" "Well, we ~ to."「お母さんに話すべきだろうか」「うん, 話すべきだね」.
(2) [ought to have + 過去分詞の形で] …すべきであった (のに), …するのが当然であった (のに)《当然すべきであったのに実際にはしなかったことなどを示し, 非難・叱責(ѣ)の気持ちを表わす; ☞ should A 1 (2)》: You ~ *to have* read that book. あなたはあの本を読んでおくべきでしたね (読まなかったようですが).
2 (1) …する必要がある, …したほうがよい (☞ had better の表と 語法 (3); need 動 2): There ~ to be more buses during (the) rush hours. ラッシュアワーの間にはもっとバスを出すべきだ / You ~ to see a doctor at once. すぐ医者に見てもらったほうがいい. (2) [ought to have + 過去分詞の形で] …したほうがよかった (のに): He ~ *to have been* a football player. 彼はフットボール選手になったらよかったのに.
3 (1) …のはずだ, 恐らく…だ: He ~ *to* know that. 彼はそのことは知っているはずだ / If she started at seven, she ~ to be there by now. もし彼女が 7 時に出たのなら今ごろはあちらに着いているはずだ. (2) [ought to have + 過去分詞の形で] …してしまっている[した]はずだ (が): They ~ *to have arrived* by now. 彼らは今ごろはもう到着しているはずだ. 語源 元来は古(期)英語で owe の過去形に相当する.

ought² /ɔ́ːt/ 图 C,U《略式》零, ゼロ.
ough・ta /ɔ́ːtə/ 助《非標準》 ＝ought to (☞ ought¹).
＊ought・n't /ɔ́ːtnt/《略式》**ought not** の短縮形 (☞ not (1) (i) と ought¹ の 語法): You ~ to obey his orders. あなたは彼の命令に従うべきではない / That 項目 had better the 語法 (3)) / O~ we (to) go home soon? すぐに家に帰るほうがよいのではないか. 語法 疑問文では shouldn't のほうが普通.
oui /wíː/《フランス語から》副 はい, そうです (yes).
Oui・ja bòard /wíːdʒə-/ 图 C ウィージャ《心霊術で使う占い盤; 商標》.
＊ounce /áʊns/ 13 图 (**ounc・es** /-ɪz/) **1** C オンス《重量の単位; 1/16 ポンド, 約 28.35 グラム; 貴金属, 薬品では 1/12 ポンド, 約 31.1 グラム; 複数形は oz(s).; ☞ pound¹ 表; inch 語源》言い換え The parcel is 25 ~s in weight. ＝The parcel weighs 25 ~s. 包みは重さが 25 オンスある. **2** [an ~ として主に否定文・条件節で]《略式》少量: There is not an ~ of truth in what he says. 彼のことばにはひとかけらの真実もない / He doesn't have an ~ of fat on him. 彼は全ぜい肉がついていない / An ~ of prevention is worth a pound of cure.《ことわざ》わずかな予防は多くの治療に匹敵する (転ばぬ先の杖). **évery (lást) óunce of ∴** [形] ありとあらゆる…, …のすべて. **if (∴ is) an óunce** ☞ if 成句.

‡our /(弱) aʊə | ɑː; (強) áʊə, áə | áʊə, áː/ ([同音] #are[1,2], #hour; [類音] #art) [代] 《人称代名詞 we の所有格; ☞ one's[1] [語法]》. **1** (1) [名詞の前につけて限定的に] **私たちの, 我々の**; わが国の. ★ 詳しい用法については ☞ we: We love ~ country. 私たちは私たちの国を愛している / Mrs. White is ~ teacher. ホワイト先生は私たちの先生です / O~ children are all very well. うちの子たちはみんな元気だ / What do ~ viewers think? テレビをごらんの皆さまはどうお考えでしょうか 《テレビ解説者などのことば》. [関連] ours 私たちのもの.
(2) [動名詞の意味上の主語として] 《格式》 **私たちが** 《☞ sense subject [文法] (2) (iii) (c)》: She insisted on ~ *going*. 彼女は私たちが行くように強く言った.
2 我々が問題にしている, 例の 《話題となっているものを指す》: ~ lady in white 例の白服のご婦人. **3** [名前とともに] Ⓢ 《英方言》 うちの 《家族・親友に関して》.
Òur Fáther [名] [固] 《略式》 主の祈り (Lord's Prayer); 神 《☞ father 4》.
+Òur Lády [名] [固] 聖母マリア (Virgin Mary).
Òur Lórd [名] [固] =lord 1.
***ours** /áʊəz, áəz | áʊəz, áːz/ [代] 《所有代名詞; ☞ possessive pronoun [文法]》 **私たちのもの, 我々のもの.** [語法] 指すものが単数ならば単数扱い, 複数ならば複数扱い: This car is ~. この自動車は私たちの(もの)です / Your children are all boys, but ~ (=our children) are all girls. あなたがた(ご夫妻)のお子さんはみんな男の子ですが私たち(夫婦)の子供はみんな女の子です. [関連] our 私たちの.
... of òurs 《略式》 **私たちの...**: a friend *of* ~ 我々の友人(の 1 人) / this garden *of* ~ 私たちのこの庭園 《☞ ... of mine (mine[1] 成句) [語法], of 2, that[1] [形] 1 [語法] (1), this [形] 1 [語法]》.
our·self /aʊəsélf, ɑə- | aʊə-, ɑː-/ [代] 《再帰代名詞》 [語法] 君主が公式に自分のことを指すときに用いる; ☞ we 5. **1** /aʊəsèlf, ɑə- | aʊə-, ɑː-/ [再帰用法] (私が) 自分自身を[に] 《☞ we 5》. **2** [強調用法; ☞ emphasis [文法] (6)] (私が)自分自身で.
‡our·selves /aʊəsélvz, ɑə- | aʊə-, ɑː-/ [代] 《再帰代名詞; myself の複数形; ☞ -self [文法]; we [語法] (2)》. **1** /aʊəsèlvz, ɑə- | aʊə-, ɑː-/ [再帰用法; 主語が we のときに用いる] (私たちが)**自分自身を[に]**, (我々が)自分たちを[に]; 自分の体[顔, 手]を: *We* must be careful not to hurt ~. 私たちはけがをしないように気をつけなければいけない / *We* do harm to ~ when we speak ill of others. 我々が他人の悪口を言えば自分で自分自身を傷つけることになる.
2 [強調用法; ☞ emphasis [文法] (6)] 《格式》 (私たち)が自分たちで, (我々が)自分たち自身で, 我々自身を[に]: *We* ~ did it.=*We* did it ~. 私たちが自分たちでそれをやったのです / *We* went to see him ~. 我々は自分たちで直接彼に会いにいった. ★ 詳しい用法および by ourselves, for ourselves, to ourselves などの成句については ☞ oneself. **3** [主に as, like, except の後で us の代わりに用いて] 私たちを[に]: people *like* ~ 我々のような人々.
-ous /əs/ [接尾] [形容詞語尾] 「...の多い, ...性の, ...に似た」の意: danger*ous* 危険な / fam*ous* 有名な.
oust** /áʊst/ [動] (**ousts** /áʊsts/; **oust·ed** /~ɪd/; **oust·ing**) [他] 《格式》 (場所・地位などから)〈人〉を追放する, 放逐する: He was **~*ed from his position ***as*** director. <V+O+*from*+名・代+*as*+名の受身> 彼は重役の地位を追われた.
óust·er [名] [U] 《米》 追放 (*of*).

‡out /áʊt/

基本的には「外へ」の意.

① 外へ, 外に; 不在で	[副] 1, 2; [形] 1; [前]
② (外へ)出て, 現われて	[副] 5; [形] 2
③ 消えて, 品切れで	[形] 3
④ すっかり; 尽きて	[副] 7; [形] 4
⑤ はっきりと	[副] 8

リスニング
out の前に子音で終わる語があると out の始めの /aʊ/ はその子音と結合して, put out /pʊ̀ṭáʊt/, turn out /tə̀ːnáʊt/ は「プタウト」(《米》ではまた「プラウト」), 「ターナウト」のように聞こえる. 「プット・アウト」, 「ターン・アウト」のように発音しない (/t/ の発音については ☞ つづり字と発音解説 44 [注意]).

— [副] **1** [be 動詞以外の動詞とともに] **外へ, 外に** ([反] in): Get ~! 出て行け / Are you coming ~ with me? いっしょに出かけますか / He couldn't get the nail ~. 彼はそのくぎを抜けなかった / Let's go ~ for a walk. 散歩に出かけよう / I opened the cage and ~ flew the bird. 私が鳥かごをあけると小鳥は飛び出していった 《☞ inversion [文法] (1) (vi)》.
2 外に, (家の)外で, 戸外で; (遠く)離れて; 《米》 西部に向かって; 沖合へ[で] ([反] in): Let's have an evening ~. 一晩外で楽しむことにしよう 《劇場へ行くとかレストランで食事をするなど》 / Our uncle is staying with us, but he usually eats ~. おじは私たちの家に泊まっていますが食事は普通外でとります / It's very cold ~. 外はとても寒い / You go in, I'll wait ~ here. 君が中に入ってくれ. 私は(入らずに)ここで待つから / He lives (far) ~ in the country. 彼は(遠くの)いなかに住んでいる.
3 分配して: send ~ the invitations 招待状を送る / Hand ~ the papers. 書類を配ってください.

コーパス・キーワード
「**動詞＋out**」**のいろいろ** 《☞ corpus》
(1) [out を 1, 5 の意味で用いて] (自動詞) **cráwl óut** はって出る / **dróp óut** 中途退学する / **fáll óut** 外へ落ちる, 抜ける / **gèt óut** 外に出る / **gó óut** 出て行く / **lóok óut** 外を見る / **móve óut** 引っ越して出て行く / **róll óut** 転がり出る / **púll óut** (列車などが)出発する / **rún óut** 走って出て行く, (品が)なくなる / **rúsh óut** 飛び出す / **sèt óut** 出発する / **stép óut** 外へ出る / **stíck óut** 突き出る / **wálk óut** 立ち去る // (他動詞) **bríng óut** 引き出す, 世に出す / **cárry óut** 運び出す / **gèt óut** 出す / **háng óut** 掲げる / **hóld óut** 差し出す / **lèt óut** 外に出す / **púll óut** 抜く / **púsh óut** 押し出す / **pùt óut** 外に出す, 公にする / **sée óut** 玄関まで見送っていく / **sénd óut** 外へ出させる, 発送する / **sèt óut** 陳列する / **stánd óut** 目立つ / **stíck óut** 突き出す / **táke óut** 取り出す[除く], 連れ出す, 持ち帰る / **thrów óut** 外へ投げ出す.
(2) [out を 2 の意味で用いて] (自動詞) **cámp óut** キャンプをする / **díne óut** 外食する / **stáy óut** 外にいる // (他動詞) **ásk óut** 招く / **kèep óut** 中に入れない / **kíck óut** 追い出す / **lóck óut** 締め出す / **shút óut** 締め出す / **túrn óut** 外へ出す
(3) [out を 3 の意味で用いて] (他動詞) **gíve óut** 配る / **páss óut** 配る / **sháre óut** 分配する / **páy óut** 支払う

4 除いて; 追い出して; 見つけ[選び]出して: pick ~ the clothes 服を選ぶ / Leave ~ minor points! 重要でないことは省きなさい. **5** (外へ)出て[出して], 突き出して, 広げて; 現われて; 目立って; (花が)咲いて; 《略式》 同性愛者であると公表して: reach ~ one's hand 手を伸ばす / It was already hot when the sun came ~. 日が出た時もう暑かった. **6** 出版されて; 生産されて; 排出されて: bring ~ a book 本を出版する / There's a new model coming ~ this fall. この秋に新型が発売される.
7 すっかり, 徹底的に, 最後まで: He looks tired ~. 彼

は疲れきっているようだ / We argued it ～. 我々はそれを(結論が出るまで)徹底的に議論した / Hear me ～! 私の言うことを最後まで聞いてくれ. **8** はっきりと, 大声で; 率直に: cry ～ 大声で叫ぶ / read ～ a letter 手紙を読み上げる / Please speak ～ about this matter. この問題について遠慮なくご意見をおっしゃってください. **9** (火などが)消えて, なくなって, 尽きて; (潮が)引いて: All the tickets are sold ～. チケットはすべて売り切れです / All the lights went ～. 明かりがすべて消えた. **10** 寝込んで. **11** 《英略式》ストをして. **12** 〘スポ〙アウトになって.
óut and awáy [副] [比較級・最上級を強めて] 比べもののないほどに, はるかに. **óut of ...** ☞ out of の項目. **Óut with it!** Ⓢ 言ってしまえ, 白状しろ. **Óut you gó!** Ⓢ 出て行け.

— [形] **1** [P] [比較なし] (人が)**不在で**, (少しの間)外出して (☞ away [形] 1 [語法]) ([反] in): "Is John in?" "No, he's ～." 「ジョンはいますか」「外出中です」 / Mother is ～ shopping. 母は買い物に出てます.

2 [P] [比較なし] (人・物が)**外に出て**, 持ち[追い]出されて; (本などが)出版されて; (秘密などが)皆に知れて; はずれて; (花が)咲いて; (星などが空に)出て; (列車などが)出発して; (刑務所から)出所して; 《略式》同性愛であると公にして: Our dog is ～ (there) under the tree. うちの犬は外の(あそこの)木の下にいる (★ out (there) でおおまかな位置を示したあとで場所を明示している) / The book is now ～. その本は貸し出し中です[出版されている] / The cherry blossoms will soon be ～. 桜の花はまもなく咲くだろう / The secret is ～. 秘密がばれた.

3 [P] [比較なし] (明かり・火が)消えて; 眠って; 意識を失って; 品切れで; (潮が)引いて: When the firefighters got there, the fire was already ～. 消防士たちが着いたときには火はすでに消えていた / He's been ～ cold for ten minutes. 彼は10分間意識不明になっている / Our supply of coal has run ～. 石炭が切れた. **4** [P] [比較なし] (服装などが)流行しなくなって, 廃(すた)れて ([反] in); 《略式》尽きて, (期間などが)終わって: That hairstyle is definitely ～. その髪型は全く流行遅れだ / The work must be finished before the week is ～. この週が終わらぬうちにその仕事を終えねば. **5** [P] 《略式, 主に米》(機械などが)故障[破損]して, 狂っていて, 不調で; (人が病気などで)休んで; 《略式》ストをして: My watch is two minutes ～. 私の時計は2分狂っている. **6** 政権から離れて(いる); 〘スポ〙欠場の, メンバーからはずされて; アウトになって ([反] safe); 〘スポ〙(ボールが)アウトになって ([反] in): The batter is ～. その打者はアウトだ. **7** [P] 間違って (*by*): He is ～ *in* his estimate. 彼の見積もりは間違っている. **8** 《略式》(物事が)不可能で, 問題にならない, 論外で: I am on a diet, so rich foods are ～. ダイエット中なので栄養価の高い食物はだめです. **9** [最上級の形容詞の後でそれを強めて] 《英略式》いままで(一番), 断然: He's *the finest* fellow ～. なんたってあんなにいいやつはいないよ. **10** [P] 損をして: I am 「～ ten dollars [ten dollars ～]. 私は10ドル損している. **be óut and abóut** [動] [自] (1) (病後などに)外出できるようになっている. (2) 旅をして回る; 動き回る. **be óut for ...** [動] [他] 《略式》(懸命に)...を得ようとしている. **be òut thére** [動] [自] (1) (ここでなく)どこか他の場所にいる. (2) 目立つところにいる[ある]. (3) Ⓢ 《略式》(考えなどが)変[風変り]である. **be óut to dó** [動] 《略式》...しようと努めて[決意して]いる. **be óut to gét ...** [動] [他] ...に仕返しをしようとしている. **be óut with ...** [動] [他] ...と仲たがいしている. **gèt óut from ùnder ...** [動] [他] ...から逃がれる.

— [前] /aʊt/ 《略式》(ドア・窓など)から外へ (外側への運動などを示す; ☞ out of 1 [語法]); (道路)を通って (along): John went ～ the door. ジョンは戸口から出て行った / She looked ～ the window at the tower. 彼女は窓から外の塔を眺めた. — [名] **1** [C] 〘野〙アウト: Three strikes make(s) an ～. ストライクが3つでアウトが1つになる / How many ～s? アウトカウントはいくつですか. **2** [an ～] 《略式》言いわけ, 口実. **3** [the ～s] 野党. **be on the óuts with ...** [動] [他] 《略式》...と仲が悪い. **hàve an óut** [動] [自] 言いわけをする. — [動] [他] [普通は受身で] 《略式》〈有名人など〉が同性愛者であることを暴露する; 〈人〉の不愉快な事実を暴露する. — [自] **1** 露見する, 表に出る: The truth will ～. 《古風》真実は隠し通せないものだ. **2** 故障する. — [感] 出ていけ.

out- /àʊt/ [接頭] **1** 動詞・名詞につけて「...以上に, ...より優れて」などの意の他動詞をつくる: *out*do 〈...〉に勝る / *out*live 〈...〉より長生きする. **2** 名詞・分詞につけて「外の, 外に; 離れた[て]」などの意: *out*house 《米》屋外トイレ / *out*patient 外来患者. **3** 名詞・分詞につけて「外側へ(の); 完全に, はっきりと」などの意: *out*burst 爆発 / *out*spoken 率直な.

out·a /àʊṭə/ [前] ☞ outta.

out·age /áʊṭɪʤ/ [名] [C] 《米》停電時間.

óut-and-óut [形] [A] [普通はよくないことに用いて] 全くの, 純然たる, 徹底的な: an ～ lie 全くのでたらめ.

óut·bàck [名] [the ～] (オーストラリアの人の少ない)内陸部.

òut·bálance [動] [他] 〈...〉よりも重い; 〈...〉より上[重要]である.

òut·bíd [動] (**-bids** /-bídz/; 過去・過分 **-bid**; **-bid·ding** /-bídɪŋ/) [他] (競売で)〈...〉より高い値をつける (*for*).

óut·bòard [形] [A] 船[機]外の. — [名] [C] ＝outboard motor.

óutboard mótor [éngine] [名] [C] (モーターボートの)船外エンジン (取り外せる).

óut·bòund [形] ([反] inbound) [普通は [A]] 《格式》(航空機・船などが)外国行きの; (電車などが)郊外に向かう.

óut·bòx [名] [C] **1** 《米》既決書類(整理)箱 (《英》out-tray) (☞ in-box). **2** (E メールの)送信箱 (☞ in-box).

òut·bráve [動] [他] 〈...〉に敢然と立ち向かう.

*__out·break__ /áʊtbrèɪk/ [T3] [名] (～s /～s/; [動] brèak óut [自] 1) [C] (火事・戦争・暴動・疫病などの)**突発**, **発生**: the ～ *of* violence 暴動の勃発(ぼっぱつ) / an ～ *of* flu インフルエンザの流行.

óut·buìlding [名] [C] [普通は複数形で] 付属建物 (母屋(おもや)から離れた納屋など); 別棟 (《英》outhouse).

+__óut·bùrst__ [名] [C] (怒り・笑いなどの)爆発; (涙などの)ほとばしり; 暴発: an ～ *of* laughter 大爆笑.

+__óut·càst__ [名] [C] 追放された人, 見捨てられた人; 浮浪者. — [形] (社会などから)追放された, (家族などから)見捨てられた.

óut·càste [名] [C] (インドで)カーストから追放された人, 賤民(せんみん).

òut·cláss [動] [他] [しばしば受身で] 〈...〉より段違いに上である, 〈...〉にはるかに勝る.

*__out·come__ /áʊtkʌ̀m/ [T1] [名] (～s /～z/) [C] [普通は単数形で] **結果**, **成果** (result); 成り行き: the ～ *of* an election 選挙の結果 / Successful ～*s* were reported in 80% of the patients treated. 患者の80%が治療に成功したという結果が報じられた.

óut·cròp [名] [C] (鉱脈の)露頭.

óut·cròpping [名] [U] 《米》＝outcrop.

+__óut·crỳ__ [名] (**-cries**) [C,U] [普通は単数形で] **1** (公の)抗議 (protest) (*about, over, against*). **2** 叫び(声).

+__òut·dáted__ [形] **1** 時代遅れの. **2** 期限切れの.

outdid [動] outdo の過去形.

òut·dístance [動] [他] 〈...〉をはるかに引き離す[追い抜く]; 〈...〉にはるかに勝る.

+__out·do__ /àʊtdúː/ [動] (**-does** /-dʌ́z/; 過去 **-did** /-dɪ́d/; 過分 **-done** /-dʌ́n/; **-do·ing**) [他] 〈...〉に勝る, しのぐ; 〈...〉に打ち勝つ (*in*). **nót to be outdóne** [副] (人に)負けてなるものかと. **outdó onesèlf** [動]

outdoor

(自) 今まで以上にうまくやる。

óut·door /áutdɔ́ːr, -dɔ̀ːr/ 形 (反 indoor) A **1** [比較なし] 屋外の, 戸外の, 野外の: ~ sports 屋外競技 / ~ clothing 戸外で着る衣服. **2** 野外(活動)が好きな: an ~ type 野外活動を好むタイプの人.

óut·doors /àutdɔ́ːrz, -dɔ̀ːz/ 副 屋外で[へ], 戸[野]外で[へ] (反 indoors): He stayed ~ until it began to rain. 雨が降りだすまで彼は外にいた. ── 名 [the ~ として単数扱い] 屋外, 戸外. **the gréat outdóors** [名] 大自然.

òut·doors·man /-mən/ 名 (-men /-mən/) C 野外生活[アウトドア活動]好きの人 (男性).

óut·doors·person 名 C 野外生活[アウトドア活動]好きの人 (男性および女性).

óut·doors·woman 名 (-women /-wímən/) C 野外生活[アウトドア活動]好きの人 (女性).

óut·doors·y /àutdɔ́ːrzi/ -dɔ̀ː-/ 形 (略式) 野外活動が好きな.

òut·dráw 動 (-draws; 過去 -drew /-drúː/; 過分 -drawn /-drɔ́ːn/; -draw·ing) 他 〈...〉より早く銃[ピストル]を抜く.

*out·er /áutər/ -tə/ 形 (反 inner) A 外側の, 外部の, 中心から離れた; [地名に付いて] 遠い, 外の: ~ garments 外衣 / the ~ suburbs 都心から遠い郊外.

óuter éar 名 C (解) 外耳.

Óuter Mongólia 名 外蒙古.

óuter·mòst 形 (反 inmost, innermost) A 最も外部の; 最も遠くの.

óuter plánet 名 C (天) 外惑星 (太陽系の惑星のうち小惑星帯より外側の木星から冥王星まで; ☞ inner planet).

*óuter spáce 名 U (大気圏外の)宇宙(空間).

óuter·wèar 名 U 上着, コート, 外套(がいとう)類.

òut·fáce 動 他 〈...〉に動じない, 敢然と立ち向かう.

óut·fall 名 C 河口; (下水の)落ち口.

óut·field 名 [the ~ として] (野) 外野; [(英) 単数または複数扱い] 外野手(全体). 関連 left field 左翼 / center field 中堅 / right field 右翼 / infield 内野.

óut·field·er 名 C (野) 外野手. 関連 left fielder 左翼手 / center fielder 中堅手 / right fielder 右翼手 / infielder 内野手.

òut·fíght 動 (-fights; 過去 -fought /-fɔ́ːt/; -fight·ing) 他 〈...〉を打ち負かす.

*óut·fit /áutfìt/ 名 (-fits /-fìts/) C **1** 身の回り品ひとそろい; (ある目的のための)装備一式, 身にでく一式: a new ~ for the wedding 結婚式用の新しい服. **2** [(英) 単数形でも時に複数扱い] [新聞で] (共に働く)一団, チーム; 企業, 会社. **3** 道具一式. ── 動 (-fits; -fit·ted; -fit·ting) 他 (主に米) 〈...〉に身にくさせる (with); 〈...〉に装備を施す.

óut·fit·ter 名 C **1** (米) アウトドア用品店. **2** [しばしば複数形で単数扱い] (古風, 英) 紳士用品店.

òut·flánk 動 他 **1** 〈敵など〉の側面を回って行く[背後をつく]. **2** 〈...〉の裏をかく.

*óut·flòw 名 (反 inflow) C [しばしば単数形で] (金・液体・人などの)流出; 流出量; 流出物 (of, from).

óut·fóx 動 他 〈...〉を出し抜く, だます.

óut·frónt 形 (米略式) **1** 率直な[に(言って)], 隠しだてなく[して]. **2** 前面に立つ, 率先しての.

òut·géneral 動 他 〈...〉に戦術[作戦]で勝つ.

*óut·gó 名 (~·es) U.C (米) 出費, 支出 (英) out-goings). 関連 income 収入.

*óut·gó·ing /áutgóuɪŋ/ 形 **1** 社交性に富んだ, 気さくな. **2** (反 incoming) A (職などをやめることになっている), 引退する; 出て行く, 去っていく; 発信用の.

óut·gòings 名 [複] (主に英) =outgo.

óut·gròup 名 C (社) 外集団, 他者集団.

*óut·grów /àutgróu/ 動 (-grows; 過去 -grew /-grúː/; 過分 -grown /-gróun/; -grow·ing) 他 **1** 大きくなりすぎて〈...〉に合わなくなる (grow out of): ~ one's clothes 体が大きくなって服が合わなくなる. **2** (成長し)〈...〉から抜け出す: ~ one's shyness 人見知りをすることが過ぎる. **3** 〈...〉より大きくなる; 成長が早く〈...〉を追いつかす. **óutgrów one's stréngth** [動] (英) (子供が)背ばかり伸びて体力が伴わない.

óut·gròwth 名 C (格式) **1** [普通は単数形で] 自然[当然]の成り行き[結果]; 副産物 (of). **2** 伸び出たもの(髪・鼻毛など); 枝, ひこばえ.

òut·guéss 動 他 〈...〉の先を読み取る.

òut·gún 動 (-guns; -gunned; -gun·ning) 他 [普通は受身で] 〈武器の数・強さなどで〉〈...〉を圧倒する.

òut-Hérod, -hérod 動 他 [次の成句で] **out-Hérod Hérod** [動] 残虐極まりない: Nero's cruelty ~ed Herod. ネロの残虐さはヘロデ以上だった. 由来 残忍さで名高い Herod 王に勝る, の意. Hamlet の中のことばから.

óut·hòuse 名 (-houses) C **1** (米) 屋外トイレ. **2** (英) =outbuilding.

óut·ie /áuti/ 名 C (略式) 出べそ (☞ innie).

*óut·ing /áutɪŋ/ 名 (~s /~z/) C **1** 遠足, ピクニック; (休みの日の)遠出 (に): go on an ~ **to** the country 田舎への遠足に行く. **2** C (略式) (競技会・試合などへの)出場. **3** U.C 同性愛者であると暴露すること.

óut·láid outlay² の過去形および過去分詞.

óut·land·er /áutlændər, -ləndə/ -də/ 名 C 外国人; 外来者.

*óut·land·ish /àutlændɪʃ/ 形 [普通ははなしで] 風変わりな, 異様な. **～·ly** 副 異様に.

òut·lást 動 [受身なし] 〈...〉より長もちする, 〈...〉より長く続く; 〈...〉より長生きする.

*óut·law /áutlɔ̀ː/ 名 (~s /~z/) C 逃亡(犯罪)者; (史) アウトロー(法の保護を奪われた人). ── 動 他 **1** 〈行為など〉を非合法化する, 禁止する: an ~ed union 非合法化された組合. **2** C 〈...〉から法律の保護を奪う. ── 形 非合法な, ならず者の.

*óut·lay¹ 名 C.U 支出, 出費, 経費 (on, for).

óut·láy² 動 (-lays; 過去・過分 -laid; -laying) 他 (主に米) 〈...〉を費やす, 支出する (on, for).

*óut·let /áutlet, -lət/ 名 (-lets /-lèts, -ləts/) C **1** 販路; 特約店, (系列下の)直売店; (メーカーの在庫品などを格安で売る)アウトレット: a retail ~ for electrical appliances 電化製品の直売の小売店 / an ~ mall アウトレットモール (アウトレット店が集合したショッピングセンター). **2** (感情などの)はけ口: find an ~ for one's energy 精力のはけ口を見出す. **3** (水・煙などの)出口, はけ口 (反 inlet): an ~ for water 水のはけ口. **4** (米) (電気の)コンセント (socket, (英) power point): a convenience ~ 室内コンセント / Put the plug in [into] the ~. プラグをコンセントに差し込んでください. 日英比較 「コンセント」は和製英語.

óutlet bòx 名 C アウトレットボックス (コンセントなどを収めた配線接続箱).

óut·li·er /-làɪər, -làɪə/ 名 C (統) アウトライアー(通常の分布から大きくはずれた値).

*óut·line 名 (~s /~z/) C **1** 概略, 大要, あらまし: He explained the broad ~s of the government's strategy. 彼は政府の方針の概略を述べた. **2** 輪郭, 形, 外形線; 略図: draw the ~ of mountains 山々の輪郭を描く / an ~ map [sketch] 略図 / The ~ of Italy suggests a boot. イタリアの輪郭は長靴を思わせる. **3** [複数形で] (主に米) 基本的特徴, 主要点. **in outline** [副・形] 概略的に[な]; 輪郭で. ── 動 (-lines /~z/; -lined /~d/; -lin·ing) 他 **1** 〈...〉のあらまし[概略]を述べる: O~ (**to** everyone) **what** you plan to do. <V(+to+名・代)+O(wh 節)> あなたのやろうとしていることの概略を(皆に)言ってください. **2**

[しばしば受身で]〈…〉の輪郭を描く，略図を書く；〈…〉の輪郭を目立たせる：The mountain range *was* clearly *~d against* the evening sky. 山並みが夕暮れの空にくっきりと浮かび上がっていた．

+**out·live** /àʊtlív/ [動] [他] **1** 〈…〉より長生きする，生き残る (survive). **2** 長生きして[年がたって]〈…〉を失う[免れる]：~ one's fame 年を取って昔の名声を失う．

***out·look** /áʊtlʊ̀k/ [T2] [名] (~s /~s/) [C] [普通は単数形で] **1 見解** (view), …観：The accident changed my whole *~ on* life. 事故で人生観が全く変わった．
2 (将来の)見通し；前途，見込み，展望 (prospect)：the weather *~ for* tomorrow あすの天気予報 / the economic *~ for* the next year 来年の経済の見通し．
3 《格式》見晴らし，眺め (view)：This room has [commands] a splendid *~ over* the valley. この部屋は渓谷の見晴らしがすばらしい．

+**óut·lỳing** [形] [A] 中心を離れた；遠い．

òut·mán [動] [他] [普通は受身で] 人数で〈…〉にまさる．

òut·maneúver, 《英》 **-manóeuvre** [動] (**-maneuvering**, 《英》 **-manoeuvring**) [他] 〈…〉に策略で勝つ，〈…〉の裏をかく．

òut·mátch [動] [他] 〈競争相手など〉にまさる．

òut·mód·ed /-móʊḍɪd←/ [形] 流行遅れの，旧式の．

óut·mòst [形] [A] ＝outermost.

+**òut·númber** [動] [しばしば受身で] (**-ber·ing** /-b(ə)rɪŋ/) [他] 〈…〉より数で勝る．

‡out of /áʊṭə(v)/ [前]

① 外へ；…の外に；…の範囲外に	1, 2, 4
② …がなくて，…が切れて	3
③ [原因・動機] …から，…で	5
④ [原料・材料] …から，…で	6
⑤ …のうちから	7

1 (…の中から)**外へ** ([反] in, into)：He walked ~ the house. 彼は家から出てきた / He jumped ~ bed. 彼はベッドから飛び出した / She looked ~ the window. 彼女は窓から外を眺めた / Can you help me ~ my trouble(s)? 私は困っているんですが助けてくださいませんか．

> [語法] **out＝out of**
> 「窓から飛び出す」「戸口から出る」のように，through (…を通り抜けて)の意味のとき特に《米略式》と Ⓢ《英略式》では He jumped *out* the window. He ran *out* the door. のように言うことがある (☞ out [前])．しかし立体的なもの「の中から外へ」の意では用いないので次のようには言わない：He walked *out* the house. / He ran *out* the room.

2 …**の外に，**…の外で ([反] in)：thirty miles ~ Chicago シカゴから 30 マイルのところで / Fish cannot live ~ water. 魚は水の外では生きられません / My father is ~ town now. 父は今町にいません / He is now ~ debt. 彼はもう借金はない．

> [語法] in と out of との関係は on と off との関係に似ている (☞ off [前] 挿絵)．
>
> 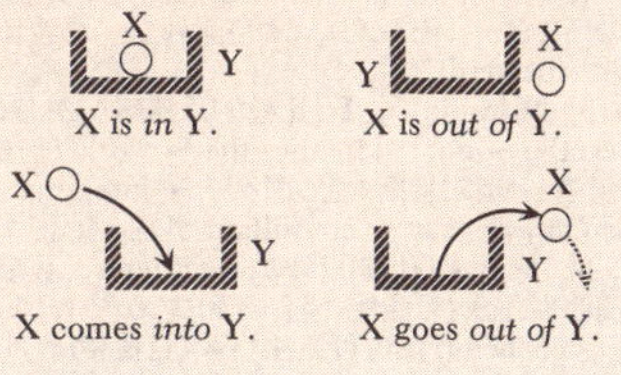
> X
> Y
> X is *in* Y.
> X
> Y
> X is *out of* Y.
> X
> Y
> X comes *into* Y.
> X
> Y
> X goes *out of* Y.

3 …**がなくて，**…**が切れて，**…を失って (without)：My car is (clean) ~ gas. 私の車は(すっかり)ガソリンが切れた / [言い換え] We're ~ sugar. (＝We've run ~ sugar.) 砂糖が切れました / This book is ~ stock [print]. この本は在庫がありません[絶版です] / I am ~ patience with her. 彼女にはもう我慢できません．

4 …**の範囲外に，**…**を離れて：**The ship sailed ~ sight. 船は見えなくなった / As soon as Ann was ~ hearing, he cursed her violently. アンが聞こえない所へ行ってしまうと彼は激しく彼女をののしった．

5 [原因・理由・動機などを示して] …**から，**…**で，**…**のために：**I helped her ~ pity. 私は彼女に同情して助けてやった / I'm sure he advised you to do so ~ kindness. きっと彼は親切心からあなたにそうするよう忠告したのですよ．

> [構文]「**out of＋[U]の名詞」をとる名詞**
> (1) [out of を 3, 4 の意味で用いて] [例] He is *out of* work. 彼は失業している．
> **òut of bréath** 息が切れて / **òut of cháracter** ふさわしくなく / **òut of contról** 制しきれなくなって / **òut of dánger** 危機を脱して / **òut of dáte** 時代遅れで / **òut of fáshion** 流行遅れで / **òut of fávor** 嫌われて / **òut of fócus** 焦点がずれて / **òut of hánd** 手に余って / **òut of lúck** 不運で / **òut of órder** 調子が狂って / **òut of pláce** 場違いで / **òut of práctice** 練習不足で / **òut of réach** 手の届かないところに / **òut of séason** 季節はずれで / **òut of stép** 歩調を乱して / **òut of tóuch** 事情に通じてなくて / **òut of túne** 調和しないで / **òut of túrn** 順番が来ないのに / **òut of úse** 用いられていない．
> (2) [out of を 5 の意味で用いて] [例] He did it only *out of* curiosity. 彼はただ好奇心からそれをやった．
> **òut of afféction** 愛情から / **òut of ánger** 怒りから / **òut of chárity** 哀れみの気持ちから / **òut of compássion** 同情心から / **òut of considerátion** (**for** …) (…に)配慮して / **òut of cóurtesy** 礼儀上 / **òut of dúty** 義務として / **òut of féar** 不安になって / **òut of guílt** 罪悪感から / **òut of ígnorance** 無知のために / **òut of jéalousy** しっとから / **òut of málice** 悪意から / **òut of necéssity** 必要に迫られて / **òut of príde** プライドのために / **òut of respéct** 敬意を表して / **òut of spíte** 悪意から / **òut of sýmpathy** 同情して．

6 [原料・材料を示して] …から，…で，…を使って：He made this table ~ an old box. 彼はこのテーブルを古い箱で作ったのです / Nothing can be made ~ nothing. 無からは何もできない．

7 (いくつかある)…**のうちから，**(何人かの)中で：He was chosen ~ a hundred applicants. 彼は 100 人の応募者の中から選ばれた / It will happen ⌈in nine cases [nine times] ~ ten. それは十中八九起こるでしょう．

8 [起源・出所を示して] …から (*from*)；〘競馬〙 …を母として生まれた：a scene ~ a play by Shakespeare シェークスピア劇の一場面 / He paid for the camera ~ his savings. 彼は貯金からカメラ代を払った． **9** 関係がない，掛かわり合いがなくて：I'm ~ the scandal. 私はそのスキャンダルとは関係がない． **10** [結果を示して] 一のない状態に：cheat … ~ …'s money …をだまして金をまきあげる． **óut of it** (**àll**) [形] 《略式》 (1) 仲間はずれで(さびしい)． (2) Ⓢ (酒・麻薬に)酔ってぼんやりして． (3) 無関心で． (4) 疲れ果てた． (5) まごついた．

óut-of-bòdy expérience [名] [C] 体外離脱[肉体離脱]体験．

òut-of-bóunds [形] [副] 〘球〙 境界線の外に出た[て]；限度を超えた[て]；立入り禁止の[で]．

óut-of-cóurt [形] [A] 法廷外の：an ~ settlement

1252　out-of-date

法廷外の和解, 示談 (☞ out of court (court 图 成句)).

*out-of-date /àʊtə(v)déɪt⁻/ 形 A 1 時代遅れの, 旧式の; 廃(すた)れた (反 up-to-date). 2 期限切れの. 語法 P の用法では out of date とつづる (☞ date¹ 图 成句)).

óut-of-dóor 形 =outdoor.
óut-of-dóors 副 =outdoors.
óut-of-pócket 形 A 現金払いで の: ～ expenses [costs] 現金支払経費[出費].
óut-of-síght 形《米》(価格が)べらぼうに高い, 法外な;《古風, 俗》抜群の.
óut-of-státe 形 他州(から)の.
⁺óut-of-the-wáy 形 A へんぴな, 片いなかの (☞ out of the way (way¹ 成句)).
⁺óut-of-tówn 形 A 1 町[市]の中心から離れた, へんぴな (☞ be out of town (town 成句)). 2 よその町[市]から来た.
óut-of-wórk 形 A 仕事のない, 失業した. 語法 P の用法では out of work とつづる (☞ out of work (work 图 成句)).
òut·páce 動 他 〈…〉より速い; 〈…〉をしのぐ.
⁺óut·pátient 图 (反 inpatient) C 外来患者.
òut·perfórm 動 他 [特に新聞で] 〈…〉をしのぐ.
óut·perfórmance 图 U 〈…〉より高性能なこと.
óut·pláce 動 他 〈解雇する社員〉に就職を世話する.
óut·pláce·ment 图 C,U (雇用主による従業員のための)再就職の世話.
òut·pláy 動 他 [しばしば受身で](競技で)〈…〉を負かす.
òut·póint 動 他 [ボク]〈…〉より多く点を取る.
òut·póll 動 他 〈…〉より多く得票する.
⁺óut·póst 图 C 辺境の開拓地; 出先機関;[軍]前哨(ぜんしょう)部隊[基地] (of).
óut·pòur·ing 图 1 C (感情などの)ほとばしり, 発露: an ～ of the heart 感情の吐露. 2 C,U (大量の)流出, 噴出 (of).

*óut·put /áʊtpʊt/ 変化 (-puts /-pʊts/; 動 pʊt óʊt) 1 U,C [普通は単数形で](ある期間の)生産高; 生産高; 〈文学者の〉作品数: manufacturing ～ 生産高 / The daily ～ of cars has increased by 5%. 毎日の車の生産高は 5％ 増加した. 2 U[電算] アウトプット (コンピュータから出されるデータ) (反 input): The ～ is converted to a form suitable for (a) tape or disk. アウトプットはテープやディスクに適した形に変換される. 3 U[電・機] 出力 (反 input). — (-puts; 過去・過分 out·put; -put·ting) 他 [電算]〈…〉を出力する.
óutput device 图 C [電算] 出力装置.

*óut·rage /áʊtreɪdʒ/ 图 (out·rag·es /-ɪz/; 形 òutrágeous) 1 U 乱暴, 暴行; 不法行為, 非道な行ない; 憤慨させる[けしからぬ]行為: Any person who commits an ～ against humanity should be punished severely. 人道にもとる暴虐な行ないを働くものはだれにせよ厳しく罰せられるべきである. 2 U (乱暴や侮辱に対する)憤慨, 激怒. — 動 他 [普通は受身で] 〈…〉を憤慨[憤激]させる; 侮辱する.

*out·ra·geous /aʊtréɪdʒəs/ 形 (图 óutràge) 1 不法な, けしからん; 途方もない; (非常に)乱暴な: ～ behavior 不法なふるまい / an ～ price 法外な値段 / It's ～ that he should put the blame on me. 彼が私に責任を負わせるなんてひどい話だ. 2 とっぴな, 風変りな. — ly 副 不法に[も]; 途方もなく.

òut·rán 動 outrun の過去形.
òut·ránk 動 他 (序列などにおいて)〈…〉の上に位する, 〈…〉より上位の[階級]を占める; 〈…〉よりすぐれている.
ou·tré /uːtréɪ | úːtreɪ/ 《フランス語から》 形 [格式] [けなして]〈服装・行動などが〉常軌を逸した; 途方もない.

óut·rèach 图 U 特別救済[奉仕]活動, 出張[訪問]サービス; 教会の奉仕[布教]活動. — 形 A (奉仕活動が)特定の人を対象とした; 出先機関の.
òut·ríde 動 (-rides; 過去 -rode; 過分 -rid·den; -rid·ing /-dɪŋ/) 他 〈馬などに〉乗って〈…〉より速く[遠く, うまく]走る.
óut·rìder 图 C (オートバイなどに乗った)護衛警官.
óut·rìg·ger /áʊtrɪɡə | -gə/ 图 C [海] (カヌーの)舷外材, 舷外浮材; 舷外浮材付きの船.
*óut·rìght¹ /áʊtrànt/ 形 A 1 あからさまの, 率直な: ～ condemnation [hostility] あからさまな非難[敵意]. 2 全くの, 完全な: an ～ winner 完勝者.
*óut·ríght² /àʊtráɪt/ 副 1 あからさまに; 率直に; 公然と: ask ～ 率直に尋ねる. 2 全く, すっかり, 完全に: reject a proposal ～ 提案にべもなく拒否する. 3 すぐに: buy a house ～ 即金で家を買う / be killed ～ 即死する.
òut·ríval 動 (-ri·vals; 過去・過分 -ri·valed, 《英》-ri·valled; -val·ing, 《英》-val·ling) 他 〈相手〉に競争で勝つ.
òut·róde outride の過去形.
òut·rún 動 (-runs; 過去 -ran; 過分 -run; -run·ning) 他 1 〈…〉より速く[遠くまで]走る, 追い越す; 〈…〉から逃げる. 2 〈…〉の範囲を越える, 超過する.
òut·scóre 動 他 〈…〉より多く得点をいれる.
òut·séll 動 (-sells; 過去・過分 -sold; -sell·ing) 他 〈ほかの物〉より多く[速く]売れる;〈ほかの人〉より多く[速く]売る.
*óut·sèt /áʊtsèt/ 图 [the ～] 初め, 最初, 始まり (beginning). at the (véry) óutset [副] 初めに (of). from the (véry) óutset [副] 最初から (of).
òut·shíne 動 (-shines; 過去・過分 -shone, -shined; -shin·ing) 他 1 〈…〉より優秀である, 〈…〉に勝る (surpass). 2 〈…〉よりよく光る.
òut·shóot 動 [射撃能力[性能]において]〈…〉に勝る;《主に米》〈相手チーム〉より多くシュートし[得点]する.

*óut·síde 前 (反 1 では inside, 2 では within) /àʊtsáɪd, àʊtsaɪd/ 1 …の外に[へ, で], …の外側に[へ, で]: live (just) ～ the town 町(のすぐ)はずれに住む / I went ～ the gate to see if the fire engine would pass. 消防車が通るかどうかを見に門の外に出た. 2 …の範囲外では, …の範囲を越えて (beyond); …以上に; …以外に, …を除いて (except): The affair is ～ the jurisdiction of this department. その事件はこの課の管轄外だ / The policy is unpopular ～ the party. その政策は党外では不評だ. — /àʊtsáɪd, áʊtsàɪd/ 副 (反 inside) 1 外に[で, へ, は], 外側に[で, へ, は]; 外部に[で, へ, は]; 戸外に[で, へ, は]: go and play ～ 外へ出て遊ぶ / We waited ～ in the corridor. 私たちは(部屋の外の)廊下で待った / Come [Step] ～ ! 《略式》表へ出ろ (けんかなどで). 語法 go outside は外に出てまだ近くにいるのに対して, go out は外に出て別の場所へ行くことを意味する // It's windy ～ 外は風が強く吹いている. 2 《俗》(刑務所の)外で, シャバにもどって.
outsíde of ... [前] 《略式》(1)《主に米》 ...以外に, ...を除いて (except): Nobody knows the fact ～ of you and me. あなたと私の他はだれも事実を知りません. (2) S 《主に米》 ...の外に[へ, で]: The girl was standing just ～ of our garden. その女の子は私たちの庭のすぐ外の所に立っていた. (3) ...の範囲外で, ...の及ばないところで (beyond).
— 形 (反 inside) A 1 [比較なし] 外部の, 外側の; 戸外の: the ～ door 外側の戸 / the ～ world [刑務所や修道院とは別の]世間; 他の国々 / ～ interference 外部からの干渉 / an ～ consultant 外部[雇い]のコンサルタント. 2 本業[仕事]以外の: ～ interests 仕事以外の関心事. 3 (可能性・機会などが)ごくわずかの (slight): an ～ chance わずかな可能性. 4 (見積もりなどが)最大限の: an ～ estimate 最大限の見積もり.

― [名] (out·sides /àutsáɪdz, áutsàɪdz/; [反] inside) [普通は the ～] 1 (物の)外部, 外側, 外面; 部外, 門外; 《俗》(刑務所の)外の世界, シャバ: *the* ～ *of* a bottle びんの外側 / those *on the* ～ 部外者 / We can open this door only from *the* ～. この戸は外側からしか開かない / This building has slate *on the* ～. この建物は外壁がスレートでできている.
2 (物事の)表面, 外観, 外見; 見かけ: We must not judge things from *the* ～ only. 物事を外側[外見]から だけで判断してはいけない / She looks calm *on the* ～. 彼女は見かけはおとなしい.
3 (舗道・道路の)外側《建物・カーブから遠い方》; 追い越し車線: on *the* ～ 追い越し車線で.
at the (véry) outsíde [副] せいぜい, 多くて. **be on the outsíde lòoking ín** [動] [自] しめ出されている; 失業している. **óutside ín** [副] 裏返しに (inside out).
óutside bróadcast [名] [C] 《主に英》スタジオの外からの放送.
óutside láne [名] [C] 《英》追い越し車線 (☞ passing lane).
óutside líne [cáll] [名] [C] (電話の)外線.
*__out·sid·er__ /àutsáɪḍɚ | -də/ [名] (～s /~z/) [C] 1 外部の者, 部外者, 局外者; 門外漢; よそ者; 第三者 ([反] insider): The villagers treated him as an ～. 村人たちは彼をよそ者扱いにした. 2 (競技などで)勝てそうもない人[馬など] (☞ favorite [名] 3).
óut·sìze [形] [普通は [A]] [婉曲] (衣服などの)特大(型)の; 大きい人用の (《略》OS). ― [名] [C] 特大サイズ.
óut·sìzed [形] =outsize.
*__out·skirts__ /áutskə̀ːts | -skə̀ːts/ [名] [複] 郊外, 町はずれ (☞ suburb 類義語); 周辺: *on the* ～ *of* Chicago シカゴの郊外に.
òut·smárt [動] [他] 《略式》〈...〉を知恵で負かす, 〈...〉の裏をかく. **outsmárt oneself** [動] [自] (考えすぎて)自分で自分の首を絞める結果となる.
òut·sóurce [動] [他] 〈業務など〉を外部に委託する.
òut·sóurc·ing /-sɔ́ɚsɪŋ | -sɔ́ːs-/ [名] [U] 外部委託.
òut·spénd [動] (-spends; 過去・過分 -spent; ～·ing) [他] 〈人〉より多く金を使う (*on*).
+**òut·spóken** [形] 率直な, 遠慮のない (*in*) (☞ frank[1] 類義語): an ～ critic 遠慮なく批判する人. **～·ly** [副] 率直に, 遠慮なく. **～·ness** [名] [U] 率直さ.
òut·spréad [形] (腕などを)広げた: with ～ wings=with wings ～ 両翼を広げて.
*__out·stand·ing__ /àutstǽndɪŋ←/ [T2] [形] 1 傑出した, 群を抜いた; [普通は [A]] 目立つ (distinguished): an ～ student 優等生 / areas of ～ natural beauty きわだった自然美のある地域. 2 未払いの; 未解決の; まだ終わっていない. **～·ly** [副] 傑出して, 群を抜いて.
òut·stáre [動] [他] 〈人〉を見据えて赤面[困惑]させる.
òut·stáy [動] [他] 〈...〉より長く滞在する.
òut·strétch [動] [他] 〈...〉を延ばす; 広げる; 〈...〉の限界を超えて広がる.
+**òut·strétched** [形] (手足などが)いっぱいに広げた.
+**òut·stríp** [動] (-strips; -stripped; -strip·ping) [他] 〈...〉に勝る; 〈...〉を上回る; 〈...〉を追い越す.
out·ta, out·a /áuṭə/ [前] 《略式, 主に米》=out of: I'm ～ here. もう帰るよ, じゃね.
óut·tàke [名] [C] (映画・テレビ番組・ビデオ・録音などの)カットされた部分, 失敗[NG]場面.
òut·tálk [動] [他] 話すことで〈...〉をしのぐ, 言い負かす.
òut·thínk [動] (-thinks; 過去・過分 -thought; ～ing) [他] (考え方で)〈...〉を負かす.
óut·tráy [名] [C] 《英》=out-box 1 (☞ in-tray).
òut·vóte [動] [他] [しばしば受身で] 〈...〉に得票数で勝つ.
+**out·ward** /áutwəd | -wəd/ [T3] [形] [A] 1 表面的な, 外面的な, うわべの: show no ～ signs of anxiety 表向きは全く心配した顔は見せない. 2 外へ向かう, 外向きの; 国外[海外]向けの ([反] homeward): an ～ voyage (帰りに対して)行きの航路, 外国航路. 3 外の, 外側にある, 外部の. ([反] inward, homeward) **to (áll) óutward appéarances** [副] [文修飾語] (実際はともかく)見たところは. ― [副] 1 外へ, 外側へ, 外部へ ([反] inward): look ～ 他[外]に関心がある / The door opens ～. そのドアは外側に開く. 2 国外へ; 港[出発点]を離れて ([反] homeward).
Óutward Bóund [名] [U] 《英》若者が野外スポーツ[活動]をする組織.
óutward-bóund [形] 外国行きの; 外へ向かう.
+**óut·ward·ly** [副] [時に [文修飾語]] 外見上(は), 表面上(は): She was ～ interested in it. 彼女は表面上は関心があるようだった.
out·wards /áutwədz | -wədz/ [副] 《英》=outward.
òut·wéar [動] (-wears; 過去 -wore /-wɔ́ɚ | -wɔ́ː/; 過分 -worn /-wɔ́ɚn | -wɔ́ːn/; -wear·ing /-wé(ə)rɪŋ/) [他] 〈...〉よりもちがよい, 長もちする. **outwéar one's wélcome** =wear out one's welcome (1) (☞ welcome [名] 成句).
+**òut·wéigh** [動] [他] 1 《格式》(重要性・価値などの点で)〈...〉より勝る: The advantages far ～ the disadvantages. 長所が短所をはるかに上回る. 2 〈...〉より重い.
òut·wít [動] (-wits; -wit·ted; -wit·ting) [他] 〈...〉の(計画の)裏をかく, 出し抜く, だます.
òut·wóre [動] outwear の過去形.
óut·wòrk[1] [名] [U] 職場外[在宅]での仕事.
òut·wórk[2] [動] [他] 〈...〉よりよく働く.
òut·wórker [名] [C] 職場外[在宅]で仕事をする人.
òut·wórn [動] outwear の過去分詞. ― [形] (考え・習慣が)廃(すた)れた, 古くさい; (表現が)使い古した.
ou·zel /úːz(ə)l/ [名] [C] くびわつぐみ《ヨーロッパ産の黒色のつぐみ (thrush) の類》.
ou·zo /úːzou/ (～s) [名] [U] ウーゾ《ギリシアの無色リキュール》; [C] 一杯のウーゾ.
ova [名] ovum の複数形.
*__o·val__ /óuv(ə)l/ [形] [普通は [A]] 卵形の, 楕円(だえん)形の. ― [名] [C] 1 卵形のもの, 楕円. 2 (楕円形の)競技場; [the O-] オーバル《ロンドンにあるクリケット場》.
Óval Óffice [名] [the ～] 《米》(ホワイトハウス内の)大統領執務室.
+**o·var·i·an** /ouvé(ə)riən/ [形] [A] 〔解〕卵巣の; 〔植〕子房の.
+**o·va·ry** /óuv(ə)ri/ [名] (o·va·ries) [C] 〔解〕卵巣; 〔植〕子房.
+**o·va·tion** /ouvéɪʃən/ [名] [C] 《格式》大かっさい, 激賞; 熱烈な歓迎: a standing ～ 全員総立ちでの拍手.
*__ov·en__ /ʌ́v(ə)n/ [T1] [名] (～s /~z/) [C] オーブン, 天火(てんぴ) (☞ kitchen 挿絵); かまど: hot from the ～ 焼きたての, ほかほかの / turn on [off] an ～ オーブンのスイッチを入れる[切る] / preheat an ～ オーブンをあらかじめ熱しておく. **lìke an óven** [形] 《略式》暑苦しい, 蒸し暑い.
óven·pròof [形] (食器が)オーブンに入れられる, オーブン耐熱性の.
óven-rèady [形] (食べ物が)オーブンで温めるだけの.
óven·wàre [名] [U] (オーブン・電子レンジ用の)耐熱皿.

o·ver /óuvɚ | -və/ ([同音] 《英》ova)

基本的には「...の上に」の意.

①	...の上に[を], ...を覆(おお)って, 一面に	[前] 1, 5; [副] 6
②	[動作・状態] ...を越えて	[前] 2; [副] 2
③	[数量] ...より多く	[前] 3
④	...を支配して	[前] 4
⑤	...中ずっと, ...しながら	[前] 6, 7; [副] 7
⑥	...に関して	[前] 8

over

⑦ 倒れて　　副1
⑧ 繰り返して　副8
⑨ 終わって　　形

───リスニング───
over の前に子音で終わる語があると over の始めの /ou/ はその子音と結合して, look over /lúkouvə/, run over /ránouvə/ は「ルッコウヴァ」,「ラノウヴァ」のように聞こえる.「ルック・オウヴァ」「ラン・オウヴァ」のように発音しない.

─ 前 /óuvə| -və/ 1 (1) **…の上に**, …の上方に《直接接触していない状態を表わす; ☞挿絵(A)》(反) under》; …の上を(横切って): the clock 〜 the door ドアの上方の時計 / A lamp was hanging 〜 the bed. ベッドの上にランプがかかっていた / There is a bridge 〜 the river. その川には橋がかかっている / The plane was flying 〜 the castle. 飛行機は城の上を飛んでいた.

(2) **…を覆(お)って**, …にかぶさって《接触して覆っている状態を表わす; ☞挿絵(B)》(反) under》: spread a cloth 〜 (=on) the grass 芝生の上に布を広げる / put one's hand 〜 mouth 口を手でおおう / She wore a coat 〜 her dress. 彼女は服の上にコートを着ていた / He pulled his hat (down) 〜 his eyes. 彼は帽子をぐいと目深(まぶか)にかぶった.

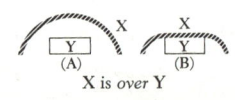

X is *over* Y

語法 (1) over は under に対する語で上から覆いかぶさる感じを表わす. 挿絵(A)のようにXがYに接触していないことも, (B)のように接触していることもある. (A) (B)ともYのほうから言えばX is *over* Y. であり, Yのほうから言えばY is *under* X. である. なお above は below に対する語で, あるものよりも上のほうにあることを表わすが必ずしも真上でなくてもよい《☞above 挿絵》. ただし, 接触していないときは over の代わりに above を用いることもある: They held a large umbrella *over* [*above*] the king's head. 彼らは王に大きな傘をさしかけた. また移動を表わすときは above ではなく over を使う: A bird flew *over* the pond. 池の上を鳥が一羽飛んで行った.
(2)「…の上に」を表わす語にはまた on があるが, X is *on* Y. と言えばXがYに支えられている感じとなる《☞on 前 1 語法》.

2 (1) [動作を示して] **…を越えて**, …越しに, …の向こう側へ《☞挿絵(A)》(反) under》; …を横切って; (の端)を越えて下へ: climb 〜 a wall 塀を乗り越える / The quick brown fox jumps 〜 the lazy dog. すばやい茶色のきつねがものぐさな犬を飛び越える 《アルファベット26文字を使った文; タイプの練習に使う》 / He talked to me 〜 his shoulder. 彼は振り返って肩越しに私に話しかけた / He heard low voices from 〜 the stone wall. 彼には石塀越しに低い話し声が聞こえた / We walked 〜 the bridge. 我々は歩いて橋を渡った. 語法 この場合 … across the bridge と across も用いられる《☞across 前 1 語法》// hang a towel 〜 the back of a chair いすの背にタオルを掛ける / fall 〜 a cliff がけから落ちる.

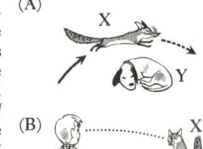

(2) [状態を示して] **…を越えた所に**; 《主に英》 …の向こうの[反対側の]; 《☞挿絵(B), across 前 2》; (難関など)を乗り越えて, (病気など)を克服して: My house is just 〜 the hill. 私の家はあの山を越えた所にあります / "O〜 the Rainbow"「にじのかなたに」《映画の主題歌名》/ Who lives in that house 〜 (=across) the road? 道の向こうのあの家にはだれが住んでいるのですか / They are 〜 the worst of it. 彼らは最悪の事態を乗り越えた.

3 (年齢・時間・数量などの点で) **…より多く**, …を越えて (more than) (反) under): My father is already 〜 sixty. 私の父はもう60歳を越えています. 語法 over sixty は60を含めないで「60以上」と言う場合には sixty and [or] over と言う《☞副 4》// The tunnel is just [well] 〜 five miles long. そのトンネルは長さが5マイルを少し[かなり]越える.

4 (上位にいて) **…を支配して**, …を制して, …を監督して, …を指揮[指導]して (反) under); …に優先して, …にまさって: He reigned 〜 his country for ten years. 彼は10年間国を治めた / He has no control 〜 himself. 彼は自制心がない / Is he 〜 you at work? 彼は仕事で君の上役ですか. 語法 a person *above* me は単に「地位が私より上の人」, a person *over* me は「私の上役で私を監督[指導]している人」を示す《☞under 前 4 語法》.

5 **…の一面に**, …中を《☞all over … (成句)》: Snow is falling (all) 〜 Hokkaido. 北海道全域で雪が降っています / She showed us 〜 her new house. 彼女は我々を案内して新しい家を見せてくれた.

6 (飲食・仕事などを)しながら, …している間に: talk 〜 lunch [a glass of beer] 昼食をし[ビールを飲みながら話]す / Tom fell asleep 〜 his work. トムは仕事[勉強]をしながら眠ってしまった.

7 (時間が) **…中ずっと**, …の終わりまで, …の間に《距離が)…にわたって: I'm going to stay here 〜 the weekend. 私は週末いっぱいここに滞在する予定だ. 8 …に関して, …のことで: quarrel 〜 a problem ある問題のことで口論する. 9 (電話・ラジオなどに)よって, …で: hear the news 〜 the radio そのニュースをラジオで聞く / talk 〜 the telephone 電話で話をする. 語法 on のほうが普通. 10 (音が)より高く[大きく]: His voice was heard 〜 the noise. 騒音にもかき消されず彼の声が聞こえた.

áll óver … 前 …一面に, …の至る所に, …のどこでも: Snow fell *all* 〜 the region. その地方一帯に雪が降った / travel *all* 〜 the world 世界中を旅行する.

áll óver … 前 (略式) …にべたべた[けなして]…にべたべたして《☞be all over … (all 副) 成句》.

óver and abóve … 前 …に加えて, …のうえに.

─ 副 /óuvə| -və/ 1 **倒れて**, 横倒しに; 折り曲げて, 裏返しになって, ひっくり返って[返して]: fall 〜 on the ice 氷の上で転ぶ / bend 〜 身をかがめる / fold the paper 〜 紙を折る / He knocked the chair 〜. 彼はいすを倒した / Turn the page 〜. ページをめくりなさい / O〜. 《米》裏面へ続く《《英》PTO¹).

2 **向こうへ**, あちら[そちら, こちら, わき]へ; 家へ《(縁などを)横切って》, 向こう側へ; 真上に上方へ: Please take this teapot 〜 to the table. このティーポットをテーブルに持っていってください / swim 〜 (=across) to the other side of the river 川の向こう岸まで泳ぐ 《言い換え He is 〜 in France. =He has gone 〜 to France. 彼はフランスに行きました / Come 〜 and see us sometime. いつかこちらに遊びに来てください / pull 〜 to the side of the road 道路のわきに車を寄せる / I'm 〜 at Bill's (house) again. またビルの家に来ているんだ《電話口で》/ I'll be right 〜. すぐにそっちへ行くよ / A plane flew 〜. 飛行機が頭上を飛んでいった / He lives 〜 *on* the Fifth Avenue. 彼は向かいの5番通りに住んでい

3 (相手側へ)渡って, 譲って; 交換して: Hand the gun ～ to me. 銃を私に渡せ / O～ (to you)! Ⓢ (無線などで)相手を呼ぶに応答どうぞ.
4 (数量が)それ以上に[で], 超過して (☞ under 副 2): people of 18 and [or] ～ 18才以上の人たち / Her speech ran five minutes ～. 彼女の話は予定を5分越えた.
5 余って, 余分に: He paid his bill and had three dollars left ～. 彼は勘定を払ってまだ3ドル余った (★ この文の over は省略できる) / 〖言い換え〗 3 into 14 is 4 and [with] 2 left ～. ＝3 into 14 goes 4 times, with 2 left ～. 14を3で割ると4と余り2である. 6 一面に, 全面を覆うように, 全体に (☞ all ... over (成句)): He painted the whole box ～ in red. 彼は箱全体を赤く塗った / The fields are covered ～ with flowers. 野は一面に花に覆われている / The lake was frozen ～. 湖は全面結氷していた. 7 初めから終わりまで, すっかり; 《主に米》(ある期間を)越えて, (期間中)ずっと: Now, think it ～. さあよくそれを考えてみなさい / She stayed ～ till June. 彼女は6月までずっと滞在した. 8 繰り返して; 《主に米》もう一度 (again): three times ～ 3回も / begin [start] ～ もう1度始める / Do it ～! もう一度やりなさい.

áll óver [副] (1) 一面に, 至る所に; 体中に: He painted the box green all ～. 彼はその箱全体を緑色に塗った / He was caught in a shower and got drenched all ～. 彼はにわか雨にあって全身ずぶぬれになった. (2) [名詞・代名詞の後で] Ⓢ まったく; いかにも…らしい: Don't worry. That's her all ～. 気にしなさんな. 彼女はそういう (ことをやり[言い])そうな) 人だから.

áll ‥ óver [副] 《格式》…の至る所, …のどこでも: all the world ～ 世界中で.

(all) óver agáin [副] (いやだが)もう一度, 繰り返して: Do I have to start (all) ～ again? また(初めから)やらなくてはいけませんか.

óver agàinst ... [前] 《格式》…と比べると.

óver and óut [形] Ⓢ [無線交信で] 通信終わり.

óver and óver (agáin) [副] 何度も何度も: When he is drunk, he says the same thing ～ and ～ (again). 彼は酔うと同じことを何度も言う.

òver hére ☞ here 成句.

òver thére ☞ there² 成句.

óver to ‥. [前] 次は…の番です(司会者のことば).

—— /óuvə | -və/ Ⓟ 終わって (☞ get over (get 句動詞) 2): The concert will be ～ before we arrive. 私たちが着かないうちに音楽会は終わってしまいますよ / The rainy season was declared (to be) ～. 梅雨明けの宣言が出された.

be áll óver [動] 圓 もうだめだ: It's all ～ (with me). もう(私は)おしまいだ[万事休すだ].

be óver (and dóne) with [動] 圓 《略式》(1) (いやなことが)すっかり終わっている, 済んでいる. (2) もう済んだ[どうでもいい]ことだ, もう問題ではない.

—— 名 Ⓒ 【クリケ】オーバー (同一投手が三柱門の同じ端から連続して6球[時に8球]投げること).

o·ver- /óuvə, óu- | -və/ 接頭 1 「過度の[に], 限度を越えた[て]」の意: the over-50s 50 才を越えた人々 (☞ fifty 名 3) / overestimate 過大評価する / overproduction 生産過剰. 日英比較 日本語の「オーバー」のように over を単独で「大げさな」「誇張した」という意味には用いない (☞ exaggerate 日英比較). 2 「上方に[から], 上部に」の意 (反 under-): overhang …の上にしかかる / overlook 見下ろす. 3 「横断の」の意: overland 陸路で. 4 「上の, 外側の」の意: overcoat オーバー.

òver·achíeve [動] 圓 1 標準[期待]以上の成績[成果]をおさめる. 2 やたらとがんばる.

òver·achíever 名 Ⓒ 1 期待以上の成果をおさめる人. 2 身の程知らずのがんばり屋.

òver·áct [動] (反 underact) 圓 [けなして] 大げさな演技をする; (感情などを)大げさに表現する. —— 他 (劇などで)〈役〉を大げさに[オーバーに]演じる.

òver·áctive 形 活動しすぎの: have an ～ imagination 想像(力)がたくましすぎる.

òver·áge¹ 形 (反 underage) 規定の年齢を越えた, 年をとりすぎた (for).

òver·áge² /óuv(ə)rɪdʒ/ 名 Ⓤ 供給過剰, 余剰分[量], 黒字額.

*o·ver·all¹ /òuvəɔ́:l | -vərɔ́:l´/ ★ 名詞の overall² とのアクセントの違いに注意. 形 Ⓐ [比較なし] 全体の[全部]にわたる, 全体の: the ～ impression 全体の印象 / the ～ cost 全費用. —— 副 1 全部で, 何から何まで入れて: How much do they weigh ～? 全部でどのくらいの目方になりますか. 2 文修飾節 全体としては, 全体的に(見て): O～, the concert was successful. 全体としてコンサートは成功だった.

o·ver·all² /óuvərɔ̀:l | -və-/ ★ 形容詞・副詞の overall¹ とのアクセントの違いに注意. 名 1 [複数形で] 《主に米》(作業用の)上ばきズボン, オーバーオール (胸あてがついていて, 普通のズボンの上にはく). 2 [《米》は Ⓒ, 《英》は複数形で] ＝jump suit. 3 Ⓒ 《英》(作業用)上っ張り.

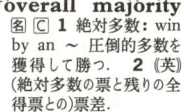

†**óverall majórity** 名 Ⓒ 1 絶対多数: win by an ～ 圧倒的多数を獲得して勝つ. 2 《英》(絶対多数の票と残りの全得票との)票差.

bib 胸当て

overall² 1

òver·árch·ing 形 Ⓐ 《格式》1 すべてを含む, すべてに影響する, なにより重要な. 2 アーチ形に架かる.

óver·àrm 形 《主に英》＝overhand 1.

†**òver·áte** [動] overeat の過去形.

òver·áwe [動] [普通は受身で]〈…〉を威圧する.

òver·bálance [動] 圓 《主に英》平衡を失う, バランスを失って倒れる. —— 他 〈…〉の平衡を失わせる. 2 《米》〈…〉に重量[価値, 重要性]で勝る.

òver·béar [動] (-bears; 過去 -bore; 過分 -borne; -bear·ing) 他 [普通は受身で] 《格式》〈…〉を威圧[制圧]する, 圧倒する.

òver·béaring 形 [けなして] 高圧的な, 横柄な. ～·ly 高圧的に.

òver·bíd [動] (-bids; 過去・過分 -bid; -bid·ding) 圓 underbid) (値打ち以上の)高値をつける (for). —— 他 〈…〉より高く値をつける[入札する]; 〖トラ〗(ビッドを)〈相手・自分の手札(の実力)〉より高くせり上げる.

óver·bìte 名 Ⓒ【歯】オーバーバイト (前歯の咬み合わせで上が前に出すぎている状態).

òver·blówn 形 1 《格式》[けなして] (話などが)大げさな, 誇張した, 飾られた. 2 (花などが)盛りを過ぎた.

†**òver·bóard** 副 船外に, (船から)水中に: fall ～ 船外に落ちる / Man ～! Ⓢ 人が落ちたぞー! (船上での警告). **gò overboard** [動] 《略式》度を過ごす; 夢中になる (for, about, on). **thrów {chúck, tóss} ... overboard** [動] 他 《略式》〈…〉を見捨てる, 放棄する.

òver·bóok [動] 他 [普通は受身で]〈ホテル・航空便など〉に定員以上の予約をとる. —— 圓 定員以上の予約をとる.

òver·búrden [動] 他 [普通は受身で]〈負担・心労など〉を〈…〉にかけすぎる; 〈…〉を過労にする (with).

***o·ver·came** /òuvəkéim | -və-/ 動 overcome の過去形.

òver·capácity 名 [U] または an ~】【経】(需要を上まわる)過剰生産(能力).

òver·cást 形 (空が)一面に曇った.

***òver·chárge**¹ 他 **1** 〈人〉に不当な値段[掛け値]を要求する, 実際よりある金額以上高く〈人〉に請求する (反 undercharge): ~ ... by $100 (for my purchase) ...(の買い物)に100ドルの不当な値段をふっかける. **2** 〈…〉に〈感情を込めて〉書きこむ; 〈…〉に荷を積みすぎる; 〈…〉に充電しすぎる (with). ── 自 不当な値段を要求する, 料金を(ある金額だけ)よけいに取る(for).

òver·chàrge² 名 [C] **1** (金額の)過剰請求. **2** 積みすぎ, 過充電.

òver·clóud 動 [普通は受身で]〈…〉を一面に曇らせる; 陰気にする, 悲しくさせる.

*o·ver·coat /óuvərkòut | -və-/ 名 [C] オーバー, 外套(がいとう), コート: put on [take off, hang up] an ~ オーバーを着る[脱ぐ, かける].
日英比較「オーバー」は和製英語.

*o·ver·come /òuvəkám | -və-/ 動 (o·ver·comes /-z/; 過去 o·ver·came /-kéim/; 過分 o·ver·come; -com·ing) 他 **1** 〈困難など〉に打ち勝つ, 〈…〉を克服する; 《格式》〈競争相手や敵〉を負かす, 圧倒する(⇨ defeat 類義語): ~ difficulties [obstacles] 困難[障害]に打ち勝つ / She managed to ~ her fear of speaking in public. 彼女は人前で話す不安な気持ちをなんとか克服した.

2 [普通は受身で](精神的・肉体的に)〈…〉を参らせる (defeat): Two men died when they *were* ~ *by* smoke. <V+Oの受身> 煙に巻かれて2人の男性が死んだ / She *was* ~ *with* grief. 彼女は悲しみに打ちひしがれていた.

── 自《格式》(打ち)勝つ: ⇨ shall 3 最後の例文.

òver·cómpensate 動 自 過補償する (for, by) 《弱点・誤りなどを補うため極端に反対のことをする》.

òver·compensátion 名 [U] 過補償.

òver·cóok 他 [普通は受身で]〈…〉を調理しすぎる: ~ed vegetables 煮すぎた野菜.

òver·cróp 他 過作して〈土地〉をやせさせる.

òver·crówd 動 [普通は受身で]〈場所・期間など〉に人[予定]を入れすぎる, 混雑させる (with).

òver·crówd·ed 形 超満員の, とても混雑した.

òver·crówd·ing /-kráudiŋ/ 名 [U] 混雑(している状態), 超満員: relieve [ease] ~ 混雑を緩和する.

òver·devéloped 形 **1** 過度に発達した, 大きくなりすぎた. **2** (地域などが)開発されすぎた. **3**【写】現像過度の.

òver·díd 動 overdo の過去形.

*òver·dó 動 (-does; 過去 -did; 過分 -done; -do·ing) 他 **1** 〈…〉をやりすぎる, 度を越してする; 誇張する (exaggerate): You're ~ing the sarcasm, I'm afraid. 皮肉が過ぎますよ. **2** 〈調味料など〉を使いすぎる. **3** [普通は受身で]〈…〉を煮すぎる, 焼きすぎる. **overdó it [thíngs]** 動 働きすぎる; 度が過ぎる.

*òver·dóne 動 overdo の過去分詞. ── 形 (反 underdone) (肉などが)煮すぎた, 焼きすぎた; 誇張した.

*òver·dóse¹ 名 [C] [普通は単数形で] **1** (薬・麻薬の)与え[飲み]過ぎ, 過量服用: an ~ of sleeping pills 睡眠薬の飲みすぎ. **2** 《略式》(有害物などの)取り過ぎ (of).

òver·dóse² 自 (薬・麻薬を)飲みすぎる (略 OD); 《略式》〈食べ物〉を食べ[飲み]すぎる (on).

*òver·dráft 名 [C]【商】当座貸し越し(高); (手形の)過振(かぶり).

òver·dráwn 形 [P]【商】(口座が)貸し[借り]越しの: be ~ by $500 500ドル借り越している.

òver·dréss 自 着飾りすぎる.

òver·dréssed 形 着飾りすぎた, 厚着した.

óver·drive 名 [U]【機】オーバードライブ《推進軸をエンジンより速く回転させる自動ギヤ》. **be in óverdrive = gó [móve] into óverdrive** [動] 自 オーバードライブになる; 猛烈に働く; 気分が高まる.

*òver·dúe 形 [P] **1** 支払い[返却]期限の過ぎた, 未払いの: an ~ bill 支払い期限の切れた請求書. **2** [普通は P] (実現・処理などを)長い間待っている (for); 遅れた, 延着した: The reform is long ~. 改革は延び延びになっている. **2** (出産が)予定日を過ぎた.

òver·éasy 形 《米》(目玉焼きが)軽い両面焼きの《黄身の表面だけ固い》.

*òver·éat 動 (-eats; 過去 -ate; 過分 -eat·en; -eating) 自 食べすぎる.

òver·égg 動 [次の成句で] **overégg the púdding** [動] 自《英略式》必要以上におおげさにする[言う], 必要以上に複雑にする.

òver·emótional 形 感情過多の.

òver·émphasis 名 [U] または an ~] 過度の強調.

òver·émphasize 他 〈…〉を過度に強調する.

*o·ver·es·ti·mate¹ /òuvəréstəmèit | -və-/ 動 (反 underestimate¹) 他〈…〉を過大に評価する[見積もる], 買いかぶる: The importance of health can't be ~d. 健康の大切さはいくら評価してもしすぎることはない. ── 自 過大に評価する[見積もる] (by).

o·ver·es·ti·mate² /òuvəréstəmət | -və-/ 名 [C] [普通は単数形で] (反 underestimate²) 過大評価.

òver·estimátion 名 [U] 過大評価.

òver·excíted 形 [普通は P] 興奮しすぎた.

òver·expóse 他 [特に受身で]《反 underexpose》〈フィルムなど〉を露出過度にする; 〈芸能人など〉を(人前に)登場させすぎる.

òver·expósure 名《反 underexposure》[U,C]【写】露出過度; (肌を太陽光線などに)さらし過ぎること; (芸能人などが)人前に登場しすぎること.

òver·exténd 動〈…〉を使いすぎる, やりすぎる;〈手足など〉を伸ばしすぎる. **overexténd onesélf** [動] 自 (1) 無理をしすぎる. (2) 支払い能力以上に金を使う.

òver·exténded 形 **1** 伸ばしすぎた, 手を広げすぎた. **2** 能力以上に債務を負った.

òver·féed 動 他〈…〉に食べさせすぎる.

òver·fíll 動 他 あふれるほどいっぱいにする[なる].

òver·físhing 名 [U] (魚の)乱獲.

òver·fléw 動 overfly の過去形.

*o·ver·flow¹ /òuvəflóu | -və-/ 動 ★名詞の overflow² とのアクセントの違いに注意. 自 (名 óverflòw²) **1** あふれる, こぼれる; (川などが)はんらんする (with): Oh! The tea [cup] is ~ing. ほら, お茶[カップ]があふれていますよ / The people ~ed into the street. 人々は通りにあふれ出た. **2** (…が)有り余る(ほどある), (場所などが)(…で)いっぱいである: be filled to ~ing いっぱいであふれそうになる / Her heart was ~ing with joy. 彼女の心は喜びでいっぱいだった. ── 他 **1** (水など)が〈…〉からあふれ出る;〈…〉にはんらんする. **2** (場所)からあふれる, 〈…〉に入りきれない.

óver·flow² ★ 動詞の overflow¹ とのアクセントの違いに注意. 名 (動 òverflòw¹) **1** [U] または an ~] あふれ出る[流れ出た]人[物] (of). **2** [U] はんらん, あふれ出すこと, 流出. **3** [U,C] (あふれるほど)多すぎること, 過剰. **4** [C] = overflow pipe.

óverflow pipe 名 [C] 排水口[管].

òver·flý 他 (-flies; -flew; -flown; -fly·ing) 他〈…〉の上空を飛ぶ; 〈…〉の領空を侵犯する.

òver·géneralize 動 自 一般化しすぎる.

òver·gróund 形 [普通は A], 副《英》地上の[で].

*òver·grówn 形 **1** [P] (土地が)草が生えるにまかせた, 草ぼうぼうの (with). **2** [A] [しばしばけなして] 成長し

すぎた, 大きくなりすぎた: an ～ schoolboy [child] 《滑稽》子供っぽい行動をする大人.

óver·grówth 名 1 (森などで人より高く)はびこっている植物[雑草など], 繁茂. 2 過度の成長.

óver·hànd 形 1 《米》《球》投げおろしの, オーバースローの (《英》overarm; 反 underhand). 日英比較 日本での「オーバースロー」に相当する英語は an overhand(ed) throw [pitch]. 2 《泳》抜き手の(クロールとの泳ぎ方). — 副 1 《米》投げおろしで, オーバースローで (《英》underhand); pitch ～ 《野》(投手が)オーバースローで投球する. 2 《泳》抜き手で.

†**o·ver·háng**¹ /òuvəhǽŋ | -və-/ 動 (-hangs; 過去・過分 -hung /-hʎŋ/; -hang·ing) 他 〈…〉の上にさしかかる, 〈…〉の上に突き出る, 張り出す: The cliff ～s the sea. がけが海に突き出ている. — 自 突き出る, 張り出す.

óver·hàng² 名 C 〔普通は単数形で〕 1 (がけなどの)張り出し, 突き出し; 〔建〕張り出し, バルコニーなど); 張り出し[突き出し]の程度. 2 (在庫などの)過剰.

†**o·ver·haul**¹ /òuvəhɔ́:l | -və-/ 13 動 (-hauls; 過去・過分 -hauled; -haul·ing) 他 1 〈…〉を分解検査[修理]する, オーバーホールする; 改善[修正]する. 2 〈…〉を追い越す, 〈…〉に追いつく.

†**o·ver·haul**² /òuvəhɔ́:l | -və-/ 名 C 分解検査, 分解修理, オーバーホール; 改善, 修正 (of).

***o·ver·héad**¹ /òuvəhéd | -və-/ ★形容詞・名詞の overhead² とのアクセントの違いに注意. 副 頭上に; 高く, 空高く; 階上で: I could see birds flying ～. 頭上を鳥が飛ぶのが見えた.

***o·ver·head**² /óuvəhèd | -və-/ ★副詞の overhead¹ とのアクセントの違いに注意. 形 A 1 頭上の; 高架の: an ～ wire 高架(電)線. 2 (経費などの)一切を含めた.
— 名 1 U 《主に米》間接経費, 一般経費(《英》overheads). 2 C (オーバーヘッドプロジェクターで使う)透明シート. 3 ＝overhead projector.

óverhead projéctor 名 C オーバーヘッドプロジェクター (略 OHP).

†**óver·hèads** /-hèdz/ 名 [複]《主に英》＝overhead² 1.

†**o·ver·héar** /òuvəhíə | -vəhíə/ 動 (-hears; 過去・過分 -heard /-hə́:d | -hə́:d/; -hear·ing /-hí(ə)rɪŋ/) 他 〈…〉をふと耳にする, 漏れ聞く; (たまたま)立ち聞きする. 関連 eavesdrop 故意に立ち聞きする. — 自 立ち聞きする.

†**òver·héat** 動 自 (エンジンなどが)過熱[オーバーヒート]する; (経済が)過熱する. — 他 〈…〉を過熱させる.

†**òver·héated** 形 1 過熱した. 2 過度に興奮した. 3 (経済が)過熱した, インフレ傾向にある.

†**òver·húng** 動 overhang の過去形および過去分詞.

òver·indúlge 動 自 食べ[飲み]すぎる; (…に)ふけりすぎる (in). — 他 〈…〉を過度に放任する[甘やかす].

òver·indúlgence 名 U 1 食べ[飲み]すぎ(ること), ふけりすぎ. 2 過度の放任.

òver·jóyed /-dʒɔ́ɪd/ 形 P 大喜びの (☞ pleased 囲み), 狂喜した (at; to do).

óver·kìll 名 1 過剰, やりすぎ. 2 核兵器の過剰殺傷[破壊]力.

òver·láid 動 《主に英》overload¹ の過去形. — 形 荷を積みすぎた, 荷物がかかりすぎた.

òver·láid 動 overlay¹ の過去形および過去分詞.

òver·láin 動 overlie の過去形および過去分詞.

†**o·ver·lánd** 形 《旅が陸地[上]の), 陸路の; 陸地[上]の, 陸地を (by land); 陸地[上]で.

*†**o·ver·láp**¹ /òuvəlǽp | -və-/ ★名詞の overlap² とのアクセントの違いに注意. 動 (-laps; -s/; -lapped /-t/; -lap·ping) 自 (部分的に)重なる, 重なり合う; 重複する, かち合う (with): Your interests and mine ～. あなたと私の興味は共通するところがある. — 他 (部分的に)〈…〉を重ねる, 重ね合わす; 〈…〉とかち合う.

ó·ver·láp² /óuvəlæ̀p | -və-/ ★動詞の overlap¹ とのアクセントの違いに注意. 名 C 重複する部分; 〔単数形で〕〈…〉と(時間の)同時進行; U 重複(すること) (between).

*†**o·ver·láy**¹ /òuvəléɪ | -və-/ 動 (-lays; 過去・過分 -laid /-léɪd/; -lay·ing) 他 〔普通は受身で〕《格式》 1 〈…〉に上張り[上塗り]をする (with). 2 (感情・音・においなどで)〈…〉をおおい隠す (with).

óver·lày² 名 C (装飾用の)上敷き, 上掛け, 上張り; オーバーレイ(印刷の写真などに重ね訂正点を書き込む透明な紙); おおい隠すこと; うわべ, 外面.

overlay³ 動 overlie の過去形.

o·ver·léaf /-lí:f/ 副 裏面に, 次ページに: Please see ～. 裏面をごらんください.

òver·líe 動 (-lies; 過去 -lay, 過分 -lain; -ly·ing) 他 〈…〉の上に横たわる[寝る], 〈…〉をおおう; (人・動物の親が添い寝などで)赤ん坊・子を窒息死させる.

†**òver·lóad**¹ 動 (-loads, 過去 -loaded; 過分 -loaded, 《主に英》-laden; -ing) 他 〔しばしば受身で〕〈…〉に荷を積みすぎる; 〈…〉に重荷[負担]をかけすぎる; 〈ヒューズ・発電器などに〉負荷をかけすぎる (with).

†**óver·lòad**² 名 U または an ～ 過積(載), 過重荷, 積みすぎ, 過剰; 〔電〕過負荷.

òver·lóad·ed 形 積みすぎた; 負荷がかかりすぎた.

òver·lóng 形 (時間が)長すぎる.

*†**o·ver·lóok**¹ /òuvəlúk | -və-/ 11 動 (-s/; -looked /-t/; -look·ing) 他 1 (不注意から)〈…〉を見落とす, 見逃す; 無視する, 考慮に入れない: You have ～ed [are ～ing] an important fact. 君は重要な事実を見落としている.
2 〈罪・間違いなど〉を大目に見る, 見逃す: I can't ～ an employee's dishonesty. 従業員の不正を見逃すわけにはいかない.
3 (人や場所が高い所から)〈…〉を見下ろす, 見渡す: This window ～s a lake. この窓からは湖が見下ろせる.

o·ver·lóok² /óuvəlùk | -və-/ 名 C 《米》見通しのきく地点.

óver·lòrd 名 C 大君主(封建時代の諸侯を支配した); 権力者.

*†**o·ver·ly** /óuvəli | -və-/ 副 〔形容詞の前に用いて; しばしば否定文で〕過度に, 甚だしく; 非常に.

òver·lýing 動 overlie の現在分詞および動名詞.

òver·mánned 形 (反 undermanned) (工場などが)人員過剰の.

òver·mánning /-mǽnɪŋ/ 名 U 人員過剰.

òver·máster 動 (-ter·ing /-tərɪŋ, -trɪŋ/) 他 《文》〈…〉を圧倒する; 〈…〉に打ち勝つ.

òver·mátch 動 《主に米》〈…〉にまさる[勝つ], 圧倒する; 〈…〉に実力の上回る相手と試合させる.

òver·múch 副 〔普通は否定文で〕《文》 1 あまり (…でない). 2 過度に[の], 度を越して[した].

*†**o·ver·níght** /òuvənáɪt | -və-←/ 13 副 1 夜通し, 徹夜で, ひと晩中: stay ～ ひと晩泊まる.
2 《略式》一夜のうちに, 一夜にして; 突然, たちまち: A bad habit cannot be broken ～. 悪い癖というものは一朝一夕に直るものではない. 3 前夜(中)に.
— 形 1 前夜からの, 夜通しの, 2 一泊の; 一泊用の, 小旅行用の: an ～ guest 一晩泊まりの客 / an ～ bag 小旅行かばん. 3 《略式》あっという間の, にわかの: an ～ success 突然の成功. — 自 一泊する.

òver·níght·er /-náɪtə | -tə/ 名 C 《米》一泊旅行者; 一泊旅行; 小旅行かばん.

òver·optimístic 形 楽観的すぎる.

òver·páid 動 overpay の過去形および過去分詞.
— 形 (給料などが)払い過ぎの. (名 underpaid)

óver·pàss 名 C 《主に米》(立体交差の)上の道路, 高架道路; 跨線(せん)橋, 陸橋(《英》flyover; 反 underpass): a pedestrian ～ 歩道橋.

òver·páy 動 (-pays; 過去・過分 -paid; -pay·ing; 反 underpay) 他 ⟨…⟩に給料[代金]を払いすぎる (for). ― 自 払いすぎる.

òver·páyment 名 ⓊⒸ 給与[代金]の払いすぎ; Ⓒ 支払いすぎた給料[代金].

òver·pláy 動 (反 underplay) 他 ⟨価値・重要性など⟩を強調[重視]しすぎる; 大げさにやり[ふるまい]すぎる; ⟨曲・番組など⟩を演奏[放送]しすぎる. **overpláy one's hánd** [動] 自分の力を過信する.

òver·pópulated 形 (反 underpopulated) 人口過多[過密]の.

òver·populátion 名 Ⓤ 人口過多[過剰].

⁺**òver·pówer** 動 (-pow·er·ing) 他 (力ずくで)⟨…⟩を押し倒す; 負かす, ⟨…⟩に打ち勝つ (overcome); (におい・味・感情などが)⟨人⟩を圧倒する, 参らせる.

òver·pów·er·ing /-páu(ə)rɪŋ⁻/ 形 (感情・においなどが)圧倒的な, 強烈な; 高圧的な, 横柄な. **~·ly** 副 圧倒的に; 高圧的に.

òver·príced /-práɪst/ 形 高すぎる値段のついた.

òver·prínt¹ 動 他 ⟨すでに印刷してあるもの⟩に⟨…⟩をさらに刷り重ねる (特に郵便切手で) (with); ⟨文字など⟩を⟨…⟩に重ね刷りする (on).

òver·prínt² 名 Ⓒ 重ね刷り, 刷り込み.

òver·prodúce 動 他 ⟨…⟩を過剰生産する. ― 自 過剰生産する.

òver·prodúction 名 (反 underproduction) ⓊⒸ 生産過剰 (of).

òver·próof 形 (酒などが)標準アルコール量を越えた, 強度の (⇨ proof 4, proof spirit).

òver·protéctive 形 (親が)過保護の.

òver·quálified 形 (人が)(ある仕事に対して)必要以上の資格[学歴, 経験など]を有する, 資格過剰の (for).

⁺**òver·rán** 動 overrun の過去形.

òver·ráte 動 (反 underrate) 他 [しばしば受身で] ⟨…⟩を過大評価する.

òver·ráted /-réɪtɪd/ 形 過大評価された.

òver·réach¹ 動 自 行き過ぎる, 越える; (無理をして)やりすぎる. ― 他 [~ oneself として] 無理をしすぎて失敗する.

òver·réach² 名 ⓊⒸ 行き過ぎること, やりすぎ.

òver·reáct 動 自 過度[過剰]に反応する (to).

òver·reáction 名 Ⓤ または an ~ 過剰反応 (to).

⁺**òver·ríde**¹ 動 (-rides; 過去 -rode; 過分 -rid·den; -rid·ing) 他 1 ⟨命令・要求など⟩を無視する; 拒絶する, くつがえす. 2 (物事が)⟨他の事⟩に優先する, ⟨…⟩より大事[先]である. 3 ⟨…⟩の自動制御装置を停止する.

òver·ríde² 名 Ⓒ 1 (主に米)(政)(決定などの)拒絶, 無効にすること. 2 自動制御装置.

⁺**òver·ríd·ing** 形 最優先の, 最も重要な: a question of ~ importance 最重要問題.

⁺**òver·rípe** 形 1 熟しすぎた. 2 (略式)(小説・映画などが)感傷的な, お涙ちょうだいの (sentimental).

⁺**òver·róde** 動 override の過去形.

⁺**òver·rúle** 動 (格式) ⟨決定・議論・方針など⟩をくつがえす, 却下する, 無効にする (overturn): Overruled [Objection ~d]. 異議は却下する《裁判長のことば》.

⁺**òver·rún**¹ 動 (-runs; 過去 -ran /-rǽn/; 過分 -run; -run·ning) 他 1 [しばしば受身で] (雑草・害虫などが)⟨…⟩にはびこる, 群がる; (犯罪などが)⟨国土など⟩を侵略する, 踏みにじる (with, by). 2 ⟨範囲・制限時間・予算など⟩を越える, (停止線を越えて)走り[行き]過ぎる, オーバーランする. ⟨川⟩が⟨堤防⟩を乗り越える, あふれる. ― 自 超過する; ⟨川⟩があふれる.

òver·rún² 名 Ⓒ (主に米) (時間・費用などの)超過: cost ~s 費用の超過 (⟨英⟩overspend).

⁺**òver·sáw** 動 oversee の過去形.

⁺**o·ver·séas** /óʊvəsíːz | -və-⁻/ 副 形 (海外から)の(foreign); 海外向けの: make an ~ trip 海外旅行をする / ~ trade 海外貿易 / ~ flights 国際便. 語法 (1) ~ students は「外国から勉強に来ている学生」, students ~ は「外国へ勉強に行っている学生」の意. (2) foreign students というより ~ students というほうがやや丁寧.
― 副 海外へ, 外国に (abroad): go ~ 海外[外国]へ行く / send money ~ 海外に送金する.

⁺**o·ver·sée** /òʊvəsíː | -və-⁻/ 動 (-sees; 過去 -saw /-sɔ́ː/; 過分 -seen /-síːn/; -see·ing) 他 (格式) ⟨仕事・労働者など⟩を監督する; 監視する: The UN forces ~ the peace process between the two countries. 国連軍は二国間の平和の行く先を監視する.

⁺**òver·séen** 動 oversee の過去分詞.

òver·séer 名 Ⓒ (古風) 監視者, (現場)監督《人》.

òver·séll (-sells; 過去・過分 -sold; -sell·ing) 他 1 ⟨…⟩を売りすぎる. 2 ⟨…⟩を誇大に売り込む.

òver·sénsitive 形 敏感すぎる, 過敏性の.

òver·séxed 形 性欲[性的関心]が異常に強い.

⁺**òver·shádow** 動 他 1 [しばしば受身で] 見劣りさせる, ⟨…⟩より勝る. 2 (かぶさって)⟨…⟩に影を投げかける, ⟨…⟩を暗くする. 3 ⟨喜び・幸せなど⟩に暗い影を投じる.

óver·shòe 名 Ⓒ [普通は複数形で] オーバーシューズ《防寒・防水用に靴の上にはく》.

òver·shóot¹ 動 (-shoots; 過去・過分 -shot; -shoot·ing) 他 1 ⟨目標地点⟩を行き過ぎる, (飛行機が)滑走路を(止まりきれずに)飛び出す. 2 ⟨予定額・目標値など⟩を超過する. ― 自 走り過ぎる, 度を越す; 予算額が限度を超える. **overshóot the márk** [動] 自 やりすぎる; 大げさに言う.

óver·shòot² 名 Ⓒ (費用の)行き過ぎ, 超過.

òver·síde 副 形 (海) 舷側越しに[の].

⁺**óver·sìght** 名 1 ⓊⒸ 見落とし, 手落ち. 2 Ⓤ 監視, 監督: have ~ of ……を監視する.

òver·simplificátion 名 ⓊⒸ 過度の単純化.

òver·símplified 形 単純化しすぎた.

òver·símplify 動 (-pli·fies; 過去・過分 -pli·fied; -fy·ing) 他 ⟨…⟩を単純化しすぎる. ― 自 単純化しすぎる.

òver·síze(d) 形 Ⓐ (主に米) 特大の; 大きすぎる.

òver·sléep 動 (-sleeps; 過去・過分 -slept; -sleep·ing) 自 寝過ごす.

òver·spénd¹ 動 (-spends; 過去・過分 -spent; -spend·ing) 自 金を使いすぎる (on). ― 他 ⟨予算など⟩を使いすぎる.

òver·spénd² 名 [単数形で] (主に英) = overrun.

òver·spénding 名 Ⓤ 浪費.

óver·spìll 名 Ⓤ または an ~ (主に英) (過密のため)都心からあふれ出る過剰人口; あふれたもの.

òver·stáffed 形 (反 understaffed) 人員[従業員]が多すぎる.

⁺**òver·státe** 動 (反 understate) 他 大げさに言う, 誇張する (exaggerate). **overstáte one's cáse** [動] 自 自分のことを大げさに言う.

òver·státement 名 (反 understatement) 1 Ⓤ 大げさに言うこと, 誇張. 2 Ⓒ 大げさなことば[表現].

òver·stáy 動 他 ⟨…⟩より以上に長く滞在する.

óver·stèer (車) 名 Ⓤ オーバーステア《ハンドルをきった角度に比して車体がカーブで切れ込む操縦特性》.
― 動 自 [òvər·stéer] (車が)オーバーステアする[である].

òver·stép 動 (-steps; -step·ped; -step·ping) 他 ⟨…⟩を越える; ⟨…⟩の限界を越える. **overstép the márk [líne]** [動] 自 度を越す, やりすぎる.

òver·stóck¹ 動 他 ⟨…⟩に供給しすぎる, 仕入れすぎる; ⟨乳牛など⟩を⟨牧場など⟩に放牧しすぎる (with). ― 自 仕入れすぎる (with).

óver·stòck² 名 ⓊⒸ 過剰の在庫(品) (of).

òver·strétch 動 他 ⟨…⟩に過度の負担を求める, 無理をさせる: ~ oneself 無理をする. ― 自 (手足などが)過度に伸びる.

òver·strétched 形 1 無理をした. 2 (筋肉を)伸ばしすぎた.

òver·stúffed 形 1 (いすが)厚く詰め物をした. 2 (物を)詰め込みすぎた.

òver·sub·scríbed 形 [普通は P] [主に経] (公債・入場券などの)申し込みが募集[予定]数を上回る.

òver·supplỳ 名 C|U 供給過剰 (of). — 他 [òver·supplý] 供給過剰にする.

o·vert /ouvə́ːt, óuvəːt | ouvə́ːt, óuvəːt/ 形 (反 covert) A (格式) (証拠などが)明らかな; 公然の.

*o·ver·take /òuvətéik | -və-/ T2 動 (o·ver·takes /~s/; 過去 o·ver·took /-túk/; 過分 o·ver·tak·en /-téik(ə)n/; o·ver·tak·ing) 他 1 〈…〉に追いつく (catch up with); (主に英) 追い越す ((米) pass): The squad car *overtook* the dump truck. パトカーはダンプカーに追いついた.

2 [普通は受身で] (あらし・災難などが)〈…〉を急に襲う, (感情などが)〈…〉を不意に襲う: The ship *was over·taken by* a storm. <V+O の受身> 船はあらしに襲われた. 3 (業績・生産などで)〈…〉をしのぐ, 〈…〉に先行する, (追い)抜く. — 自 (主に英) (車が)追い越しをする ((米) pass): No *overtaking*. 追い越し禁止 (道路の標識) ((米) No passing).

be overtáken by evénts [動] 自 (計画などが)事態の変化に合わなくなる[の前で無力になる].

*o·ver·tak·en /òuvətéik(ə)n | -və-/ 動 overtake の過去分詞.

òver·táx 動 他 1 〈…〉に無理を強いる, 過度に働かせる: ~ oneself 無理をする. 2 〈…〉に重税をかける.

òver-the-cóunter 形 1 〈薬が〉薬局で処方箋なしで買える. 2 (米) (証券などが)店頭売買[取引]の(略 O.T.C). — 副 処方箋なしで.

òver-the-tóp 形 (略式, 主に英) (発言・行動などが)大げさな, やりすぎの, とんでもない (略 OTT; ⌐ over the top (top¹ 名 成句)).

*òver·threw /òuvəθrúː | -və-/ 動 overthrow¹ の過去形.

*o·ver·throw¹ /òuvəθróu | -və-/ ★名詞の overthrow² とのアクセントの違いに注意. 動 (-throws /~z/; 過去 -threw /-θrúː/; 過分 -thrown /-θróun/; -throw·ing) 他 1 〈政権などを倒す, 転覆する; 〈制度など〉を廃止する: ~ the government 政府を倒す.

2 〈…〉をひっくり返す, 倒す: Many trees *were over·thrown by* the storm. <V+O の受身> 多くの木があらしで倒れた. 3 [野] (米) 〈…〉へ暴投する (⌐ overhand 日英比較).

*o·ver·throw² /òuvəθròu | -və-/ ★動詞の overthrow¹ とのアクセントの違いに注意. 名 (~s /~z/; 動 òverthrów¹) C 1 [普通は the ~] (政権などの)転覆 (ふく), 打倒[される]こと; 征服; 敗北; 滅亡: *the ~ of* the government 政府の転覆. 2 C [野] (米) 暴投 (⌐ overhand 日英比較).

*o·ver·thrown /òuvəθróun | -və-/ 動 over·throw¹ の過去分詞.

*o·ver·time /óuvətàim | -və-/ T1 名 U 1 規定外労働時間; 超過勤務, 残業 (略 O.T.): He is working three hours ~ now. 彼は今 3 時間残業している. 2 超過勤務手当, 残業手当: pay ~ 超過勤務手当を払う / earn ~ 残業手当を稼ぐ. 3 (米スポ) (試合の)延長時間 [その時間によるロスタイムの分] ((英) extra time). **on óvertime** [副・形] 超過勤務で[の]. — 形 A 時間外の, 超過勤務[残業]の; (試合が)延長の: ~ pay [payments] 超過勤務手当. — 副 時間外に, 超過勤務で. **work overtime** [動] 自 (1) 時間外勤務[残業]をする. (2) [普通は進行形で] (略式) 活発に動く[働く], がんばる.

òver·tíred 形 [普通は P] 疲れ果てた, 過労の.

òvért·ly 副 (格式) 明白に; 公然と.

1259

*óver·tòne 名 C 1 [普通は複数形で] 含み, ニュアンス (of). 2 [物理・楽] 上音; 倍音.

*o·ver·took /òuvətúk | -və-/ 動 overtake の過去形.

òver·tóp 動 (-tops; -topped; -top·ping) 他 (格式) 1 〈…〉の上に高くそびえる. 2 〈…〉に勝る.

*o·ver·ture /óuvətʃə, -tʃuə | -vətjùə, -tʃə/ 名 C 1 [楽] (オペラの)序曲. 2 [普通は複数形で] (協定などの)提案, 申し入れ, (異性への)口説き方; 予備交渉 (of). **be an óverture to ...** [動] 他 …の前兆である, …を予期させる. **màke óvertures to ...** [動] 他 …に提議する, …に申し込む (of); (略式) [滑稽] …に言い寄る.

*o·ver·turn /òuvətə́ːn | -vətə́ːn/ 動 (-turns /~z/; -turned /~d/; -turn·ing) 他 1 〈…〉をひっくり返す, 転覆させる, くつがえす (upset): Our boat *was ~ed by* a great wave. 我々のボートは大波を受けて転覆した. 2 〈決定・判決など〉をくつがえす, 無効にする. 3 (政府など)を倒す, 打ち倒す (overthrow). — 自 ひっくり返る, 横転する; 転覆する.

o·ver·use¹ /òuvəjúːz | -və-/ 動 他 〈…〉を使いすぎる.

o·ver·use² /òuvəjúːs | -və-/ 名 U または an ~] 使いすぎ.

òver·valuátion 名 U.C 過大評価 (of).

*òver·válue 動 (反 undervalue) 他 [しばしば受身で] 買いかぶる, 過大評価する; 〈…〉に高すぎる値段をつける.

*óver·vìew 名 C [普通は単数形で] 概要, 大要 (summary): give an ~ of … …の概略を述べる.

o·ver·ween·ing /òuvəwíːniŋ | -və-/ 形 A (格式) 自信過剰の強い, うぬぼれた, 傲慢 (ごう) の; 過度の.

*òver·wéight 形 (反 underweight) 1 [婉曲] 太りすぎの (⌐ fat 類義語). 2 重量超過の.

*o·ver·whelm /òuvə(h)wélm | -və-/ T2 動 (o·ver·whelms /~z/; o·ver·whelmed /~d/; -whelm·ing) 他 1 [しばしば受身で] (感情などが)〈…〉を圧倒する, 大いに驚かす; 参らせる, 閉口させる: She *was ~ed with [by]* grief [gratitude]. <V+O の受身> 彼女は悲しみに打ちひしがれていた[感謝の気持で一杯だった]. 2 (数・勢力で)〈…〉を圧倒する; 〈…〉に完勝する. 3 (色・味などが)〈他の色・味など〉を損なう. 4 (文) (洪水などが)〈…〉を水浸しにする, 沈める (flood).

*o·ver·whelm·ing /òuvə(h)wélmiŋ | -və-/ 形 A 抵抗できないほどの, (数・勢力が)圧倒的な; たいへん(感動的な): feel an ~ desire to do it 何がなんでもそれをしたい気持ちになる / an ~ majority [victory] 圧倒的な多数[勝利]. **~·ly** 副 圧倒的に, 抗しがたいほど.

òver·wínter (-win·ter·ing) 自 (動植物が)越冬する. — 他 〈…〉に越冬させる.

*o·ver·work¹ /òuvəwə́ːk | -vəwə́ːk/ 動 他 1 〈…〉を働かせすぎる, 使いすぎる; 過労にさせる. 2 [普通は受身で] 〈語句など〉を使い過ぎる. — 自 働きすぎる, 過労になる.

óver·wòrk² 名 U 過度の労働[仕事, 勉強]; 過労.

òver·wórked /-wə́ːkt | -wə́ːkt/ 形 1 過労の. 2 [普通は A] (語句などが)使い古された, 陳腐な.

òver·wríte 動 1 [電算] 〈ファイル〉を上書きする, もとのデータを捨て新しいデータを書き込む; 〈文字など〉を書き直す. 2 〈…〉を細かく書きすぎる, 凝った書き方をする. — 自 細かく書きすぎる; 凝った書き方をする.

òver·wróught 形 1 (不安などで)緊張しすぎた. 2 凝り[飾り]すぎた.

òver·zéalous 形 あまりに熱心な.

Ov·id /ávid | ɔ́v-/ 名 [固有] オヴィディウス (43 B.C.–A.D. 17?) (ローマの詩人).

o·vi·duct /óuvədʌ̀kt | -vɪ-/ 名 C [解] (輸)卵管.

o·vip·a·rous /ouvípərəs | -və-/ 形 [生] 卵生の (⌐ viviparous).

o·void /óuvɔid/ 形, 名 C (格式) 卵形の(もの).

o·vu·late /άvjʊlèɪt | ɔ́v-/ 動 自 《生》排卵する.
o·vu·la·tion /àvjʊléɪʃən | ɔ̀v-/ 名 U 《生》排卵.
o·vum /óʊvəm/ 名 (複 **o·va** /óʊvə/) C 《生》卵(子), 卵細胞.
ow /áʊ/ 間 あいた!, 痛い!《突然の痛みなどを表わす》
*__owe__ /óʊ/ 同音 O², oh¹,², 類音 awe, oak, oar, #or》
(**owes** /~z/; **owed** /~d/; **ow·ing**)

古(期)英語で「所有する」の意から「支払いの義務を持つ」→「借りがある」**1**→「恩を受けている」**3** となった《own と同語源; ☞ ought¹ 語源》

[普通は進行形なし] — 他 **1** 〈人〉に〈金銭上の〉借りがある, 〈…に〉〈ある物〉の借金[つけ]がある, 〈…に〉〈金〉を支払う義務がある《☞ IOU》[言い換え] How much [What] do I ~ (you)? <V(+O)+O> (=How much is it?) いくら(払えばいい)ですか / [言い換え] I ~ the tailor 50,000 yen. <V+O+O> = I ~ 50,000 yen *to* the tailor. <V+O+*to*+名・代> 私は洋服屋に 5 万円つけがある《☞ to¹ 3 語法》 語法 (1) 上の文に対応して次の受身形が可能: Fifty thousand yen is ~*d* (to) the tailor. =The tailor is ~*d* fifty thousand yen. (2) このように be owed は「〈金銭などが〉〈人〉に与えられるべきである」と「〈人〉が〈金銭など〉を与えられるべきである」の 2 通りに使える《☞ due 語法》/ I ~ her (ten dollars) *for* the ticket. <V+O(+O)+*for*+名・代> 私はまだ彼女に切符代(10 ドル)の借りがある.
2 〈人〉に〈感謝・説明などを〉当然行なうべきである, 〈…に〉借りがある; 《格式》〈人〉に義務などを当然尽くすべきである: I ~ her an apology. <V+O+O> 私は彼女におわびしなければならない. 用法注意 これに対応する受身形として She is ~*d* an apology. 《彼女は当然おわびをすべきではない》は可能であるが, An apology is ~*d* (to) her. の言い方はしない // I ~ him a favor [letter]. 彼にお返しをしなければ[手紙を書かなくては]ならない / He ~*s* me! 《略式》つけはおれに借りがあるのさ《★直接目的語に当たるものが省略されている》/ We ~ loyalty [allegiance] *to* our king. <V+O+*to*+名・代> 我々は国王に対して忠誠を尽くすべきだ.
3 〈…〉に関して〈…から〉恩恵を受けて[こうむって]いる, 《人などのおかげで〉〈…〉を得て[享受して]いる, 〈…〉は〈…〉のおかげである, 〈…の恩恵〉を〈…に〉負っている: I ~ everything *to* him. <V+O+*to*+名・代> =I ~ him everything. <V+O+O> 私は彼に何から何まで世話になっています 語法 この表現では everything の他には a lot, a great deal, much, all などが用いられる // I ~ my success *to* you. 私の成功はあなたのおかげです / I ~ you my life. あなたのおかげで今の私があるのです.
— 自 借金している, 借りがある. **I ówe you (òne).** (S) 《略式》すまないね, 恩にきるよ. **ówe it to … to dó** 動 —することが…にとり必要である, …のために—したほうがよい. **… thínk that the wórld ówes you a líving** 動 自 《自分は何もしないで》世間に面倒をみてもらうのはあたりまえだと思う. **You ówe me (òne).** (S) 《略式》(君には)貸しがあるぜ.

Ow·ens /óʊənz/ 名 **Jesse** ~ (1913-80) オーエンズ《米国の黒人陸上選手》.
ow·ie /áʊi/ 名 C 《小児》小さなけが.
ow·ing /óʊɪŋ/ 形 《主に英》〈金が〉借りとなっている, 〈…に〉支払われるべきで(ある) (to). **ówing to …** 前 《やや格式》…のために, …が原因で (due to) 《掲示などで用いる》: O~ *to* the snow(,) the trains were delayed. 雪のため列車が遅れた.
*__owl__ /áʊl/ 名 (~**s** /~z/) C **1** ふくろう《知恵の象徴とされている; 子は owlet》. **2** みみずく (horned owl). ★鳴き声については ☞ cry 表. **3** 《略式》=night owl. **(as) wíse as an ówl** 形 非常に賢明で.

owl	
ふくろう	みみずく

owl·et /áʊlət/ 名 C ふくろうの子; 小さいふくろう.
owl·ish /áʊlɪʃ/ 形 ふくろうに似た; 《めがねをかけ》賢そうな顔をした. **~·ly** 副 ふくろうのように; 賢そうに.

*__own__ /óʊn/ T1 形 A [比較なし] [所有格の後で所有の意味を強める] **1** 自分[その人(たち)]自身の, 自身の; 〈肉親など〉が実(ら)の: This is *my* ~ book. これは私自身の本です《人に借りたのではない》/ I saw it with *my* ~ eyes. 私は自分の目でそれを見たのだ / They have *their* ~ troubles. 彼らには彼らなりの悩みがある / She is *his* ~ mother. 彼女は彼の実の母です《義母でなく》/ You are *my* ~ true love. ぼくが好きなのは君だ.
2 自分[それ]独特の, 独自の: She did it in *her* ~ way. 彼女はそれを彼女独特の方法[やり方]でやった / I have *my* ~ way of solving it. 私はそれを解決する独自の方法がある.

be one's ówn mán [máster, wóman, pérson] 動 自 何事にも拘束されない, 思うようになる. **dò one's ówn thíng** 動 自 《略式》(他人に拘束されず)自分のやりたい事をやる. **hàve [gèt] one's ówn báck** 動 自 《略式》仕返しをする, かたきをとる (on, for). **of …'s ówn dóing** 形 [名詞の後で] …が自分でした—: It is a problem *of his* ~ making. それは彼が自分で招いた問題です.

— 代 [所有格の後で独立して用いて] **自分自身のもの**: That house is *his* ~. あの家は彼自身のものです《借家でなく》/ Your day off is *your* ~. 休暇の日は好きなように過ごしてよろしい / May I have it for *my* ~? それを私のものとして[私がいただいて]もよいですか / The singer made the song (all) *her* ~. その歌手はその曲を自分のものにした[自分の持ち家がほしい. (2) 独特の, 自分だけの: I want a telephone of *my very* ~. 私は自分だけの電話が欲しい. (2) 独特の, 自分だけの.
— 動 (**owns** /~z/; **owned** /~d/; **own·ing**) 他

「持っている」**1** →「(自分のものであると)認める」→「自白する」**2**

[進行形なし] **1** 〈…〉を**持っている**, 所有する (possess) 《☞ owe 囲み; have¹ 類義語》: Who ~*s* this house? この家の持ち主はだれか. **2** 《古風, 格式》〈…〉を認める (admit); 自白[白状]する (confess): He ~*ed that* he had done it. 彼は自分がそれをやったと白状した.
— 自 《古風, 格式》認める; 自白[白状]する (confess).

He ~ed to his errors. 彼は自分の誤りを認めた.
「as if [(米) like] ... ówn(s) the pláce [副] (略式)
[けなして] (行動などが)わがもの顔で; 横柄で遠慮なく.
ówn úp [動] ⓘ 〈自分の非・罪などを〉あらいざらい認める,
白状する (to).
ówn bránd [形] [しばしば Ⓐ], [名] Ⓒ (英) =store
brand.
-owned /óund/ [形] [合成語で] ...所有の: state-
owned industry 国営企業.
*own·er /óunə/ -nə-/ [名] Ⓒ 持ち主, 所有者: Are you the ~ of
the dog? あなたがこの犬の飼い主ですか / [言い換え] Who
is the ~ of that land? (=Who owns that land?) そ
の土地の所有者はだれですか / ▷ master [英日比較].
[関連] homeowner 自宅所有者.
ówner-óccupied [形] (主に英) (家などが)持ち主が
住んでいる.
ówner-óccupier [名] Ⓒ (主に英) 持ち家に住む
人. [関連] tenant 借家人.
*own·er·ship /óunəʃɪp | -nə-/ [名] Ⓤ 所有権; 持ち
主[所有者]であること: the ~ of the house その家の所
有権 / under new ~ (会社などが)持ち主[所有者], 経営
陣が新しくなって[代わって].
ówn góal [名] [普通は単数形で] (英) 1 「サッカー・
ホッケー] オウンゴール. 2 (略式) (自分の首をしめる)ばか
[よけい]な言動[失敗, 失言].
ówn lábel [形] Ⓒ Ⓤ (英) =own brand.
+ox /áks | ɔ́ks/ [名] (複 ox·en /áksn | ɔ́ksn/) Ⓒ 1 (農耕
用の去勢された)雄牛 (bullock) (▷ cattle 表). ★鳴
き声については ▷ cry 表. [関連] beef 牛肉 (▷
meat 表). 2 [普通は複数形で] (古風) (一般に) 牛
(buffalo, bison も含む総称).
óx·bòw /-bòu/ [名] Ⓒ (川の) U字形の湾曲部.
Ox·bridge /áksbrɪdʒ | ɔ́ks-/ [名] Ⓤ 1 [名] オックス
ブリッジ (Oxford 大学, Cambridge 大学のこと; red-
brick と呼ばれる新しい大学に対して古い名門大学の意
味に用いられる). 2 [形容詞的に] オックスブリッジの(よ
うな). [語源] Oxford と Cambridge の混成語.
óx·càrt [名] Ⓒ 牛車.
+oxen [名] ox の複数形.
ox·eye [名] Ⓒ フランス菊.
Ox·fam /áksfæm | ɔ́ks-/ [名] 圉 オックスファム (Ox-
ford を本部として貧窮者を支援する英国の民間救済機
関; Oxford Committee for Famine Relief の略).
ox·ford /áksfəd | ɔ́ksfəd/ [名] (米) 1 Ⓤ [紡績] オッ
クスフォード(地). 2 Ⓒ オックスフォードシャツ(厚手の
コットンシャツ). 3 Ⓒ [普通は複数形で] オックスフォー
ドシューズ(甲の上をひもで結ぶ浅い靴).
Ox·ford /áksfəd | ɔ́ksfəd/ [名] 圉 オックスフォード (英
国 England 中南部の都市; Oxfordshire の州都で
Oxford 大学の所在地; ▷ Cambridge; 裏地図 F
6).
Óxford blúe [名] Ⓤ オックスフォード ブルー (dark
blue) (Oxford 大学の校名を表わる濃い青; ▷ Cam-
bridge blue, blue[1] 1, 5).
Óxford Énglish Díctionary [名] 圉 [The
~] =OED.
Ox·ford·shire /áksfədʃə | ɔ́ksfədʃə-/ [名] 圉 オック
スフォードシャー (England 南部の州).
Óxford Stréet [名] 圉 オックスフォード通り (有名店
が建ち並ぶロンドン中央部の大通り).
ox·i·dant /áksədənt, -dnt | ɔ́k-/ [名] Ⓒ [化] 酸化体,
オキシダント (光化学スモッグの原因などになる).

Ozzie and Harriet 1261

ox·i·da·tion /àksədéɪʃən | ɔ̀k-/ [名] Ⓤ [化] 酸化.
*ox·ide /áksaɪd | ɔ́ks-/ [名] Ⓒ Ⓤ [化] 酸化物.
ox·i·di·za·tion /àksədɪzéɪʃən | ɔ̀ksədaɪz-/ [名] Ⓤ
=oxidation.
+ox·i·dize /áksədàɪz | ɔ́k-/ [動] ⑩ [化] ⟨...⟩を酸化させ
る; さびつかせる. — ⓘ 酸化する, さびる.
óx·i·dìz·ing àgent /áksədàɪzɪŋ- | ɔ́k-/ [名] Ⓒ
[化] 酸化剤.
Ox·o /áksou | ɔ́ks-/ [名] 圉 オクソ (英国製のキューブ状の
固形牛肉エキス; 商標).
Ox·on /áksan | ɔ́ksɔn/ [略] [普通は学位の後に付けて]
オックスフォード(大学)の (▷ Cantab). — [名] 圉 [普
通は住所の表記に用いて] オックスフォードシャー (Ox-
fordshire) (ラテン語 Oxonia の略).
óx·tàil [名] Ⓒ Ⓤ 牛の尾 (スープ・シチューなどに用いる).
ox·y·ac·et·y·lene /àksiəsétəlìːn, -lɪn | ɔ̀k-/
[化] 名 Ⓤ, [形] 酸素アセチレン(の).
*ox·y·gen /áksɪdʒən | ɔ́k-/ [名] Ⓤ 酸素 (元素記号
O; generate [単語の記憶]): A fire cannot burn
without ~. 酸素がないと火は燃えない.
ox·y·gen·ate /áksɪdʒənèɪt | ɔ́k-/ [動] ⑩ [化] ⟨...⟩を
酸素で処理する, 酸化させる.
ox·y·ge·na·tion /àksɪdʒənéɪʃən | ɔ̀k-/ [名] Ⓤ [化]
酸化処理.
óxygen màsk [名] Ⓒ [医] 酸素マスク.
óxygen tènt [名] Ⓒ [医] (病院の)酸素吸入用テント.
ox·y·mo·ron /àksɪmɔ́ːrɑn | ɔ̀ksɪmɔ́ːrɔn/ [名] Ⓒ
[修辞] (ox·y·mo·ra /-rə/) 矛盾語法 (相矛盾する言葉
を組み合わせる修辞法; make haste slowly (ゆっくり急
げ) など).
o·yez, o·yes /oujés, -jéɪ/ [間] 謹聴!, 静粛に! (法廷
の延刊が普通 3 回連呼する).
+oys·ter /ɔ́ɪstə | -tə/ [名] Ⓒ かき(貝); Ⓤ かき(の身) (食
用): Never eat ~s unless there's an R in the
month. (ことわざ) R のない月にかきは食べるな (5月から
8月はかきを食べるなという言い伝え). The wórld is
...'s óyster. 世間は...の思うままだ, ...は前途洋々だ.
óyster bàr [名] Ⓒ バー式かき料理店; (レストランの)か
きを出しているカウンター.
óyster bèd [名] Ⓒ かき養殖場.
óyster-càtcher [名] Ⓒ みやこどり (ちどり科の鳥).
óyster·sàuce [名] Ⓒ オイスターソース.
Oz /áz | ɔ́z/ [名] 圉 (略式, 英・豪) オーストラリア.
*oz. /áunsɪz/ [略] オンス (ounce(s)).
O·zarks /óuzɑːks | -zɑːks/ [名] 圉 [the ~] オザーク
山地 [高原] (Missouri, Arkansas 州にまたがる).
+o·zone /óuzoun | ɔ́ʊ-/ [名] Ⓤ 1 [化] オゾン. 2 (英略
式) (海浜などの)新鮮な空気.
ózone deplètion [名] Ⓤ オゾン層破壊.
ózone-frìendly [形] オゾン層にやさしい [を破壊しな
い].
ózone hòle [名] Ⓒ オゾンホール (南極大陸上でオゾン
濃度が極端に減少する現象).
+ózone làyer [名] [the ~] [気象] オゾン層 (地上 10-
50 キロの上空にあるオゾンの多い大気層).
ozs. /áunsɪz/ [略] =ounces (▷ ounce).
Oz·zie /ázi | ɔ́zi/ [名] [形] =Aussie.
Óz·zie and Hárriet /ázi- | ɔ́zi-/ [名] 圉 オジーと
ハリエット (米国テレビのホームコメディーの主人公夫婦;
健全な米国中流階級の代名詞的存在).

p P

p[1], **P**[1] /píː/ [名] (複 **p's, ps, P's, Ps** /~z/) [C,U] ピー《英語アルファベットの第 16 文字》. **mínd one's ṕ's and q́'s** [動] [自]《古風》行儀よくする.

***p**[2] /píː/ [略]《英》ペニー, ペンス (penny, pence)《通貨単位; ☞ penny 1》: 4 *p* 4 ペンス《four *pence*, four *p* /píː/ と読む》.

p[3] [略] =piano[2]; pressure 4.

***P**[2] [略] **1** 駐車(場所)《道路標識で》(parking). **2**《英》=provisional《仮免許中を示す》.

***p.**[1] /péɪdʒ/ [略] (複 **pp.** /péɪdʒɪz/) ページ (page[1])《☞ 1.[1]》: *p.* 58 (=*page* fifty-eight) 58 ページ / 150 *pp.*(=a hundred and fifty *pages*) 150 ページ《ページ数》/ *pp.* 7–10 7 ページから 10 ページまで《from *page* seven to *page* ten と読む》.

p.[2] [略] =participle, past, per, pint, population.

⁺**pa** /pάː/ [名] [C] [しばしば P-; 呼びかけで]《古風, 小児》お父ちゃん, パパ.

PA[1]〔米郵〕=Pennsylvania.

PA[2] /píːéɪ/ [略] =personal assistant; [the ~] public-address (system); [the ~] Press Association.

Pa. [略] =Pennsylvania.

p.a. [略] =per annum.

pab·lum /pǽbləm/ [名] [U]《格式》陳腐でおもしろ味のないもの《本・スピーチ・映画など》.

PAC /pǽk/ [名] [C] =political action committee.

***pace**[1] /péɪs/ [名] (**pac·es** /~ɪz/) **1** [単数形で] (活動・変化などの)速さ, ペース; (筋の展開などの)テンポのよさ: the ~ *of* life 生活のテンポ / the very slow ~ *of* economic reconstruction 大変遅い経済再建ペース.
2 [単数形で] 歩く[走る]速さ, 歩調《☞ pass [語源]》; [U] 速く走る能力: walk ***at a*** slow [brisk] ~ ゆっくりとした[きびきびとした]歩調で歩く / He slowed [quickened] his ~. 彼は歩く[走る]速度をゆるめた[速めた].
3 [C] **1** 歩; 歩幅《普通は約 75 センチ》(step): take three ~*s* forward 3 歩前進する / The lion was about ten ~*s* from me. ライオンは私から 10 歩ほど離れていた. **4** [C] (馬の)足並み《☞ canter, gallop, trot; walk [名] 7》.
at a góod páce [副] 相当の速さで. **at one's ówn páce** [副] 自分の速さで, マイペースで: I'll do the job *at my own* ~. マイペースで仕事をします. **fórce the páce** [動] [自] (競走相手を疲れさせるため)無理に速く走る; (物事を普通より)早めに進める, せかす (*of, on*). **gáther páce** [動] [自] 速度を速める; 数を増す. **gó through one's páces** [動] [自] =show one's paces. **kèep páce with ...** [動] [他] ...に遅れずについていく; ...と同じ割合で変わる. **píck [spéed, stép] úp the páce** [動] [自] ペースを早める. **pùt ... through ...'s páces** [動] [他] 〈...〉の力量[性能]を試す. **sét the páce** [動] [自] (レースで)ペースメーカーとなる; (商品開発などで)最先端を行く (*for*). **shów one's páces** [動] [自] 力量を示す. **stánd [stáy] the páce** [動] [自] (仕事・生活で)遅れをとらずについていく.
— [動] [自] [副詞(句)を伴って] (心配などがあるため, 行ったり来たりして)歩く (*about, around*): He was *pacing* ˈ*up and down* [*back and forth*]. 彼は行ったり来たりしていた. **—** [他] **1** (心配などがあるため, 行ったり来たりして)〈部屋など〉を歩く. **2** 〈...〉を歩いて測る, 歩測する (*off, out*). **3** 〈...〉の速度[時間]調節をする; 〔スポ〕〈走者〉にペースを示す; 〈チーム〉を引っぱる. **4** [普通は受身で]〈物語・映画など〉を進める, 展開させる. **páce onesèlf** [動] [自] (レースなどで)ペースを決める; (あわてず)一定のペースで処理する.

pa·ce[2] /péɪsi/《ラテン語から》[前]《格式》...には失礼ながら《反対意見を述べる時》.

páce càr [名] [C]〔自動車レース〕先導車, ペースカー.

-paced /péɪst/ [形] [副詞とともに] (物語の展開などが)...テンポの[で].

páce làp [名] [C]〔自動車レース〕ペースラップ《スタート前に pace car に先導されて全車がコースを一周すること》.

páce·màker [名] [C] **1**〔医〕(心臓の)ペースメーカー. **2** =pacesetter.

páce·sètter [名] [C]《主に米》**1** (先頭で)ペースをつくる走者[馬], ペースメーカー. **2** 首位のチーム[人]. **3** (ある分野の)先導[指導]者; 全体を引っ張るもの (*for*).

pac·ey /péɪsi/ [形] =pacy.

pa·chin·ko /pətʃíŋkoʊ/ [名] [U] パチンコ.

pach·y·derm /pǽkɪdə̀ːm | -dəːm/ [名] [C]〔動〕厚皮動物《象・かばなど》.

pa·cif·ic /pəsífɪk/ [T3] [形]《格式》穏(おだ)やかな; 平和を愛する《☞ peace 囲み》.

***Pa·cif·ic** /pəsífɪk/ [形] **太平洋の**: the ~ coast of Japan 日本の太平洋沿岸.
— [名] **1** [固] [the ~] **太平洋** (Pacific Ocean). [関連] the Atlantic 大西洋. [語源]「穏やかな」の意《☞ pacific》. 海上が穏やかだったのでポルトガルの航海者マゼラン (Magellan) がこう命名した. **2** [U] [S] =Pacific (Standard) Time.

pac·i·fi·ca·tion /pæ̀səfɪkéɪʃən/ [名] [U] **1** 鎮静(ちんせい)化, なだめること. **2** 鎮定; 平和の回復.

Pacífic Dáylight Tìme [名] [U] 太平洋夏時間《Pacific Standard Time の夏時間; [略] PDT》.

Pacífic Northwést [名] [固] [the ~] (北米の)太平洋岸北西地域《Oregon 州, Washington 州; (カナダの) British Columbia 州の一部など》.

***Pa·cif·ic O·cean** /pəsífɪkóʊʃən/ [名] [固] [the ~] **太平洋**《世界最大の海洋; ☞ ocean 表, Magellan》: The yacht sailed across *the* ~. そのヨットは太平洋を横断した.

Pacífic Rím (cóuntries) [名] [固] [the ~] 環太平洋諸国《特に経済圏としての》.

Pacífic (Stándard) Tìme [名] [U]《米》太平洋標準時《[略] PST, PT; ☞ 表地図》.

Pacífic Tén [名] [U] パシフィックテン《☞ Pac 10》.

pac·i·fi·er /pǽsəfàɪə | -fàɪə/ [名] [C] **1**《米》(赤ん坊用の)おしゃぶり (《英》dummy). **2** なだめる人[物].

pac·i·fis·m /pǽsəfɪzm/ [名] [U] 平和主義.

⁺**pac·i·fist** /pǽsəfɪst/ [名] [C] 平和主義者《☞ conscientious objection》. **—** [形] 平和主義の.

⁺**pac·i·fy** /pǽsəfàɪ/ [動] (**-i·fies**; **-i·fied**; **-fy·ing**) [他] **1** 〈...〉を鎮静(ちんせい)する, なだめる. **2** 〈...〉を鎮定する; 〈...〉の平和を回復する.

pac·ing /péɪsɪŋ/ [名] [U] **1** (物語・映画などでの)展開のテンポ. **2** (心配などのため)行ったり来たりすること.

***pack**[1] /pǽk/ ([類音] peck, puck) [動] (**packs** /~s/; **packed** /~t/; **pack·ing**; [反] unpack) [他]
1 〈持ち物〉の**荷造りをする**, 〈箱・トランク・容器など〉に詰める; 〈...〉を包装する (*in*): Have the books *been* ~*ed* yet? <V+O の受身> 本の荷造りはもうできましたか / She's ~*ing* her suitcase. 彼女はスーツケースに荷物を詰めている / [言い換え] We ***~ed*** our clothes ***into*** a suitcase. <V+O+*into*+名・代>=We ***~ed*** a suitcase ***with*** our clothes. <V+O+*with*+名・代> 我々はスーツケースに衣類を詰めた. [語法] 厳密には前の文はトランクの中が衣類ばかりでないことを表わし, 後の文は衣類でいっぱいであることを表わす // [言い換え] *P~* me (a) lunch. <V+O+O>=***P~*** (a) lunch ***for*** me.

2 《人・物》を詰め込む (in; onto); 《大勢が》場所などに一杯に入る, 《人・物》を《場所などに》詰め込む: 言い換え The angry citizens *were ~ed into* a small room. <V+O+*into*+名・代の受身>=The small room *was ~ed with* the angry citizens. <V+O+*with*+名・代の受身> 怒った市民が小部屋に詰めかけていた (☞ packed). 3 《保護するために》《皿・花びんなど》に詰め物を当てる[入れる] (*in, with*). 4 《米俗式》を缶詰[パック]する; 《水・油など》に漬けて保存する (*in*). 関連 vacuum-packed 真空包装の. 5 《雪など》を吹き寄せ固める, 《土・砂など》を押し固める. 6 《銃など》を持ち歩く, 運ぶ. 7 《進行形なし》《略式》強打を与えることができる (☞ *pack a (hard) punch* (*punch*¹ 成句)).
—自 1 物を詰める; 荷造りをする: Help me ~. 荷造りを手伝って. 2 〔副詞句〕を伴って〕 ~ed いっぱいに入る (*in, onto*): Crowds of people *~ed into* the train. 大勢の人が列車に乗り込んだ. 3 《雪など》が固まる. 4 《米略式》銃を持ち歩く.

sénd ... pácking [動] 《略式》〈…〉を首[お払い箱]にする, 追い出す.

— pack の句動詞 —
páck awáy [動] 他 1 〈…〉をしまう. 2 《略式》〈大量の食べ物〉を平らげる. — 自 《物が》しまえる.
páck ín [動] 他 1 〈人・物〉を詰め込む; 《短期間に》〈多くの活動(の予定)〉を詰め込む. 2 《略式, 主に英》〈仕事・活動など〉をやめる. 3 《英略式》〈恋人〉をふる. — 自 1 = pack up 3. **páck it ín** [動] 〔しばしば命令文で〕《英》やめる. **páck them ín** [動] 《略式》《映画・演劇など》が大観客を呼ぶ.
páck ... ínto — 動 他 〈活動〉を〈限られた時間など〉に詰め込む, 〈短期間で多くのこと〉をする (☞ 他 1).
páck óff [動] 他 《略式》〈子供など〉を〈せきたてて〉追い出す (*to*). **páck onesélf óff** [動] 《略式》荷物をまとめて出て行く.
páck óut [動] 他 《主に米》〈劇場など〉を満員にする.
páck togéther [動] 他 〈物〉をぎっしり詰める.
*páck úp [動] 他 1 〈…〉の荷造りをする, 〈旅行などのために〉〈荷物〉をまとめる: I *~ed up* my belongings and got ready to go. 私は身の回りの物をまとめて出かける支度(し)をした. 2 《英略式》〈仕事など〉をやめる. — 自 1 荷造りをする, 荷物をまとめる. 2 《略式》仕事[活動]をやめる, あきらめる. 3 《略式, 主に英》〈機械など〉が止まる, 故障する.

— 名 (~s /-s/) 1 ⓒ《主に米》〈小さな〉包み; 〈食品などを一定量包装した〉箱, 袋, パッケージ, パック (packet); 〈ある目的のために〉必要な物一そろい 《略 pk., 複数形は pks.; ☞ packet 類語〉: an information ~ 資料一そろい / in a ~ of 10 1 パック 10 個入りで / a hard [soft] ~ 堅い[柔かい]パッケージ《たばこの》 / a ~ of cigarettes たばこ 1 箱. 日英比較 日本語では牛乳などの紙容器も「パック」というが, 英語では pack は液体には用いず, carton を使う.
2 ⓒ《主に英》荷, 荷物, 包み《人が背負ったり馬に積んだりするもの》; リュックサック (backpack): The climbers carried their food in ~s on their backs. 登山者たちは食糧をリュックに入れて背負っていた. 3 ⓒ《主に英》〈トランプ〉1 組 (52 枚) 《《米》deck》. 4 ⓒ《英》単数形でも時に複数扱い》〈猟犬・おおかみなど〉の群れ《☞ group 類語》;《悪人》一味, 〈戦闘機・潜水艦など〉一隊; 〈年少のボーイ[ガール]スカウトの〉一団; 〈競走などで先頭の後に〉続いている集団; 《ラグ》前衛 全体. 5 ⓒ《略式》〔しばしばけなして〕たくさんのもの, 多数: a ~ of lies うそ八百. 6 ⓒ《医》湿布, 〈止血用の〉包帯《ガーゼなど》; = face pack. 7 ⓒⓤ = pack ice.
be ahéad of the páck = **léad the páck** [動] 自 先頭を走る; リードする (*of*) (☞ 4).

【類義語】**pack** 紙や厚紙でできたそろいの品を入れる容器. **package** 小・中型のきっちり包装された, 箱などに詰めた荷物・包み. **packet** 小さな package のこと.

pack² /pǽk/ [動] 他 《けなして》〈委員会・陪審など〉を〈不正に〉自分に有利な構成にする, 味方で固める (*with*).

*pack·age /pǽkɪdʒ/ 1名 (pack·ag·es /~ɪz/) ⓒ 1《主に米》包み, 小包, 小荷物《《英》parcel》《☞ pack 類義語》: He carried a ~ *of* books under his arm. 彼は本の包みを小わきに抱えていた.

— コロケーション —
deliver a *package* 小包を配達する
get [receive] a *package* 小包を受け取る
open [unwrap] a *package* 小包をあける
send [mail, post] a *package* 小包を送る[郵送する]
wrap a *package* 小包を作る

2《米》〈包装した〉箱, 袋; 〈たばこなどの〉1 箱, パック 《略 pkg.》《《英》packet》: a ~ of cigarettes たばこ 1 箱. 3 = package deal. 4 = package tour. 5 《電算》パッケージソフト. 6〈会社などから〉一括して提供されるもの〈金・サービスなど〉.
— 動〔しばしば受身で〕1〈…〉を包装する, 荷造りする (*up*), 一括する (*together; with*). 2〈提案・場所・政治家など〉を魅力的に見えるようにする (*as*).
páckage bòmb 名 ⓒ《米》小包爆弾《《英》parcel bomb》.
pack·aged /pǽkɪdʒd/ 形 1 包装された. 2 魅力的に見えるように作られた.
páckage dèal 名 ⓒ 一括取り引き[交渉]; セット販売, 抱き合わせ販売; = package tour.
páckage hóliday 名 ⓒ《英》パック旅行.
páckage stòre 名 ⓒ《古風》= liquor store.
páckage tòur 名 ⓒ パック旅行.
páck·ag·ing 名 ⓤ 1 包装[梱包]材料. 2 包装, 荷造り. 3〈好感を与えるための〉イメージ作り.
páck ànimal 名 ⓒ 1 荷物を運ぶ動物《牛・馬・らばなど》. 2 群棲(☆)動物.
*packed /pǽkt/ 〔同音 pact〕形 1〈ぎっしり〉詰まった; 〈部屋・建物・乗物などが〉込み合った (crowded): The train was ~ *with* [full of] skiers. <A+*with*+名・代> 列車はスキー客でいっぱいだった. 関連 jam-packed すし詰めの / action-packed 戦闘ずくめの. 2〈土・雪など〉押し固められた.
be [gèt] pácked (úp) [動] 自 荷造りをすませる.
pácked lúnch 名 ⓒ《英》弁当《サンドイッチ・フルーツなどの詰め合わせ》《《米》bag lunch, box lunch》.
pácked óut [叙述]《英略式》〈映画館など〉満員で.
†**páck·er** 名 ⓒ 荷造り人[機], 荷造り業者; 〈容器に〉詰める人; 缶詰業者; 食品製造出荷業者.
*pack·et /pǽkɪt/ 〔同音 pocket〕名 (pack·ets /-kɪts/) 1 ⓒ 小さな包み, 小さな束, 〈封筒状の〉小袋;《主に英》〈たばこなどの〉1 箱, パック 《略 pkt.》《《米》pack, package》《☞ pack 類義語》: fifty ~*s of* drugs 50 包みの麻薬. 語源「小さな -et 包み (pack)」の意. 2 ⓒ《電算》パケット《ネットワークで送るために分割されたデータの単位》. 3 ⓒ《米》文書ひとそろい. 4 〔a ~〕《英略式》大金: make [cost] a ~ えらくもうける[金がかかる]. **cátch** (**cóp, gét, stóp**) **a pácket** [動] 自《古風, 俗》面倒を起こす; ひどい目にあう.
pácket bòat 名 ⓒ《古風》定期郵便船.
pácket-switching 名 ⓤ 《電算》パケット交換《データを小分けにして電話線で送信する方式》.
páck·hòrse 名 ⓒ 1 荷物運送用の馬, 駄馬.
páck ìce 名 ⓤ 浮氷群, 流氷 (pack).
*pack·ing /pǽkɪŋ/ 名 ⓤ 1 荷造り; 包装: He has

to do his [the] ~ by tomorrow. 彼は明日までに荷造りしなくてはいけない。 **2** 包装用品，詰め物．
pácking cràte [《英》 **càse**] 名 C (木製の)荷箱．
pácking hòuse [**plànt**] 名 C 食品包装[缶詰]出荷工場．
pácking matèrial 名 C,U 包装材料，詰め物．
páck ràt 名 C **1** もりねずみ《北米産，巣の中にものを蓄える習性がある》．**2** 《米略式》がらくたをため込む人．
páck・sàck 名 C 《米》 リュックサック．
páck・sàddle 名 C 荷鞍(にぐら)．
páck・thrèad 名 U (荷造り用の)ひも，からげ糸．
páck trìp 名 C 馬での旅行[行楽]《《米》 pony-trekking》．

***pact** /pǽkt/ (同音 packed) 名 (**pacts** /pǽkts/) C 協定，条約》. The two nations made [signed] a ~ (*with* each other) not *to* commence hostilities. <N+*to* 不定詞> 両国は(相互に)不戦条約を結んだ / announce the signing of a「~ *between* labor and management [labor-management ~]」 労使間協定の調印を発表する．
Pac 10 /pǽktén/ 名 U パックテン《米国太平洋岸の大学 10 校からなるフットボールなどの競技連盟》．
pac・y /péɪsi/ 形 (**pac・i・er**, **-i・est**) 《英略式》 **1** (小説・映画などが)展開の速い．**2** (特に選手が)足の速い．

***pad**[1] /pǽd/ 名 (**pads** /pǽdz/) C **1** 詰め物，当て物，クッション《摩擦・損傷防止用》; (清掃・医療用の)脱脂綿などの小片; [普通は複数形で] 《球》 すね当て: 「an elbow [a knee] ~ ひじ[ひざ]当て / shoulder ~s 肩パッド．**2** (便箋(びんせん)などの)1 つづり: a writing ~ 便箋の 1 つづり / a scratch ~《主に米》 メモ用紙のつづり．関連 sketchpad 写生帳．**3** 生理用ナプキン．**4**=inkpad．**5** 肉趾(にくし) 《人の指先や犬・猫などの足の裏の柔らかい部分》．**6**=launchpad《ヘリコプターの発着場》．**7** 〖植〗 (すいれんなどの)浮き葉．**8** 《古風，略式》アパート．
— 動 (**pads**; **pad・ded** /-dɪd/; **pad・ding** /-dɪŋ/) 他 **1** [しばしば受身で] (保護・整形などのために) <...>に詰め物[当て物]をする (*out*): The box *was pad-ded with* cloth. <V+O+*with*+名・代の受身> その箱は布の詰め物がされていた．**2** <話などを>引き延ばす (*out*; *with*): ~ one's résumé 経歴を立派に見せる．**3** 《米》 <請求書などを>不正に水増しする．**4** (追加得点で)<リードを>広げる．

pad[2] /pǽd/ (**pads**; **pad・ded**; **pad・ding**) 自 [副詞(句)を伴って] 音をたてずに[そっと]歩く (*about*, *around*, *down*)．— 名 [単数形で] (そっと歩く)足音．

pád・ded /-dɪd/ 形 詰め物がされた，クッションつきの，パッド入りの: a ~ envelope《中身の破損を防ぐ》詰め物をした封筒．
pádded céll 名 C (精神病院などの)クッション壁収容室《凶暴な患者のけがなどを防ぐための部屋》．
pád・ding /-dɪŋ/ 名 U **1** 詰め物をすること．**2** 詰め物; (時間・紙面の)埋めくさ，枝葉，余談．

Pad・ding・ton Bear /pǽdɪŋtənbéər | -béə/ 名 固 パディントン ベア《英国の童話に登場するくま》．

+**pad・dle**[1] /pǽdl/ 名 C **1** (幅広の短い)かい《カヌー用など》．**2** かい状のもの，へら《料理用》; (水車の)水かき; 《米》 (卓球の)ラケット．**3** 《古風，米》体罰用のへら．
— 動 自 **1** <カヌーなどを>かいでこぐ．**2** 《古風，米》 (罰として)<...>をへらでたたく． — 他 [副詞(句)を伴って] か

Paddington Bear

いでこぐ (*along*)．**páddle one's ówn canóe** [動] 自 《英略式》自活する．
pad・dle[2] /pǽdl/ 名 [単数形で] 《英》水遊び(の時間); 水中を歩くこと (《米》 wade)．— 動 自 (犬のように)ばちゃぱちゃ泳ぐ; 《英》 浅瀬を歩く，水遊びする (*about*) (《米》 wade)．
páddle・bòat 名 C **1** 《米》=pedal boat．**2** 外輪船．
páddle stèamer 名 C=paddleboat 2.
páddle whèel 名 C (外輪船の)外輪．
páddle whèeler 名 C 《米》外輪船．
pádling pòol 名 C 《英》=wading pool.
*+**pad・dock** /pǽdək/ 名 C **1** (馬や牛を放す)小牧場．**2** [the ~] パドック《出走前に馬・車を見せる所》．
*+**pad・dy**[1] /pǽdi/ 名 (**pad・dies**) **1** C=paddy field．**2** U 稲，もみ．
pad・dy[2] /pǽdi/ 名 [a ~] 《英略式》かっとなること．
Pad・dy /pǽdi/ (**Pad・dies**) C 《略式》 [差別] アイルランド人．
*+**páddy field** 名 C 稲田，水田 (rice paddy)．
páddy wàgon 名 C 《米略式》囚人護送車 (patrol wagon)．
*+**pad・lock** 名 C 南京(ナンキン)錠．— 動 他 <...>に南京錠をかける．
pa・dre /pɑ́:dreɪ, -dri/ 名 C [しばしば呼びかけで] 《略式》(特に従軍の)牧師 (chaplain)．
pae・an /pí:ən/ 名 C 《文》 賛美[感謝，勝利]の歌．
paed・er・ast /pédərəst/ 名 C 《英》=pederast．
pae・di・at・ric /pì:diǽtrɪk←/ 形 《英》=pediatric．
pae・di・a・tri・cian /pì:diətríʃən/ 名 C 《英》=pediatrician．
pae・di・at・rics /pì:diǽtrɪks/ 名 U 《英》=pediatrics．
pae・do・phile /pí:dəfàɪl/ 名 C 《英》=pedophile．
pae・do・phil・i・a /pì:dəfíliə/ 名 U 《英》=pedophilia．
pa・el・la /pɑ:éljə | paɪélə/ 名 U,C パエリア《魚介類などを煮てサフランで香りをつけたスペインの米料理》．
*+**pa・gan** /péɪɡən/ 名 (~s /-z/) C [時に軽蔑] **1** (主要宗教を信じない)異教徒《以前はキリスト教徒でない者》; 多神教徒．**2** (滑稽)不信心[無神論]者．
— 形 A [時に軽蔑] 異教(徒)の; 不信心の．
Pa・ga・ni・ni /pæ̀ɡəní:ni/ 名 固 **Nic・co・lò** /ní:kəlòʊ/~ パガニーニ (1782-1840) 《イタリアのバイオリン奏者・作曲家》．
pa・gan・is・m /péɪɡənìzm/ 名 U 異教信奉．

★**page**[1] /péɪdʒ/ 名 (**pag・es** /-ɪz/) C **1** ページ(略 p., 複数形では pp.; ☞ p.[1]; leaf 2); (印刷物の)1 葉，1 枚: Open your book *to* [《英》 *at*] ~ 20. 本の 20 ページを開きなさい / Let's begin *at* [*on*] ~ ten today. きょうは 10 ページから始めましょう / Turn the ~ over. ページをめくりなさい / You can find the picture 「*on* ~ three [*on* the opposite ~]」. その絵は 3 ページ[反対側のページ]にあります．☞ front page．
2 (新聞・雑誌などの)欄，記事: the sports ~s スポーツ欄．**3** 〖電算〗 (コンピューターの画面上の)1 ページ分の文書; 画面上の文書全体．**4** 《文》 (歴史的な)期間，事件 (*in*)．**5** [しばしば複数形で] 《文》記録，書物．**be** [**gèt**] **on the sáme pàge** [動] 自 (目標について)同じ考え方をする，協力し合っている[合う]．**júmp óff the páge** [動] 自 (語句・写真が)目に飛び込んでくる，目立つ (*at*)．**òver the páge** [副・形] 次のページに[の]．— 動 [次の成句で] **páge dówn** [**úp**] [動] 〖電算〗 (コンピューターで)次[前]のページに移る．
páge thròugh [動] 他 <本・雑誌・新聞などを>読む，見る．[語源] ラテン語で「縛る，とじる」の意．
*+**page**[2] /péɪdʒ/ 動 他 (ホテル・空港・駅・劇場などで) <人>を呼び出す; (携帯電話・ポケットベルで)<人>を呼び出す: *Paging* Mr. Green. Please come to the infor-

mation desk. お呼び出しを申し上げます。グリーンさま、案内係までお越しくださいませ《空港・劇場などで》. 图 [C] 1《米》(国会議員の)雑用係《大学生がする仕事》. 2 (結婚式で)花嫁に付き添う少年. 3《英》(ホテル・クラブなどの)ボーイ(《米》bellhop, bellboy). 4 (昔の)騎士見習;《古語》小姓, 従者.

pag·eant /pædʒənt/ 图 [C] 1 野外劇《歴史的な出来事を舞台で見せる》, ページェント;華やかな行列. 2 [C]《米》(美人)コンテスト, ショー. 3 [単数形で]《文》華麗な historic な絵巻 (of). 4 [U] 見せびらかし.

pag·eant·ry /pædʒəntri/ 图 [U] 華やかな見もの, 壮観さ (of).

páge bòy 图 [C] = page² 2, 3. 2 [単数形で普通は pageboy として] ページボーイ《女性のヘアスタイル;髪をかなり短く同じ長さにカットして内側にカールさせる》.

páge pròof 图 [C]《印》まとめ(組み)校正刷り.

pag·er /péɪdʒər/ 图 [C] ページャー, ポケットベル.
日英比較「ポケットベル」は和製英語.

páge thrée gìrl 图 [C]《英》タブロイド紙のヌード写真のモデル.

páge tràffic 图 [U] (雑誌・新聞などの)あるページの読者数.

páge-tùrner 图 [C]《略式》(次々にページを繰りたくなるくらい)おもしろい本.

pag·i·nate /pædʒəneɪt/ 動 他《格式》〈本など〉にページ付けする.

pag·i·na·tion /pædʒənéɪʃən/ 图 [U,C]《格式》ページ付け;ページ数;ページを示す数字.

pa·go·da /pəɡóʊdə/ 图 [C] (東洋風の)塔, パゴダ.

Pa·go Pa·go /páːŋɡoʊpáːŋɡoʊ/ 图 固 パゴパゴ《南太平洋の米国領サモア (Samoa) の中心地》.

pah /pɑː/ 感 [主に (S)] 《嫌悪・反対などを表わして》ふん.

pagoda

＊paid /péɪd/ 動 pay の過去形および過去分詞《略 pd.》.
—— 形 (反 unpaid) 1 Ⓐ 有給の;雇われた: a ~ vacation 有給休暇. 2 [副詞とともに] (仕事などが)利益が …の: a well [badly, poorly] ~ job 割りに合う[合わない]仕事. 3 支払い済みの. **pùt páid to ...** 動 他《英略式》(計画・希望などを)だめにする え, ぶちこわす.

⁺páid-úp 形 Ⓐ (会費を)完納した, 正規の; [しばしば fully を伴って] 自他ともに認める, 熱烈な: a (fully) ~ member 会費全納会員;《英略式》熱心な活動家.

＊pail /péɪl/ (同音 pale¹,²) 图 [C]《主に米》1 バケツ, 手おけ (bucket). バケツ状の容器: carry the water in a ~ 水を手おけで運ぶ. 2 手おけ[バケツ] 1 杯(の量): three ~s of milk おけ 3 杯の牛乳.

pail·ful /péɪlfʊl/ 图 [C] 手おけ[バケツ] 1 杯(の量).

＊pain /péɪn/ (同音 pane; 類音 paint) 图 1 图 (~s /~z/; 複 painful) [C,U] (肉体的)痛み, 苦痛《⇒類義語》: Do you feel any ~ *in* your joints? 関節に痛みがありますか / 金閣「Are you still *in* ~?" "I'm afraid so." 「まだ痛む?」「うん」/ No ~, no gain.《ことわざ》苦労がなければ成果もない(まかぬ種は生えぬ).

---ミニ類義語欄---

コロケーション
動+pain
bear [endure] pain 痛みを我慢する[堪え忍ぶ]
cause [give] pain=inflict pain on ... 〈人に〉痛みを引き起こす[与える]
ease [relieve, soothe] pain 痛みをやわらげる
feel [be in, have, suffer (from)] pain 痛みがある, 痛みを覚える

pain+動
pain begins [appears, comes] 痛みが始まる
pain disappears [goes away, leaves] 痛みが消える
pain ebbs 痛みがひく
pain returns [comes back] 痛みが戻る

形+pain
a bad pain ひどい痛み
a chronic pain 慢性的な痛み
a dull pain 鈍い痛み
a nagging pain しつこい痛み
a piercing pain きりきりする痛み
a severe pain 激しい痛み
a sharp pain 鋭い痛み
a slight [mild] pain 軽い痛み
a stabbing pain 刺すような痛み
a throbbing pain ずきずきする痛み

---pain のいろいろ---
báck páin 背中[腰]の痛み / chést páin 胸の痛み / jóint páin 関節の痛み / lábor páins 陣痛 / lég páin 足の痛み / múscle páin 筋肉痛 / néck páin 首の痛み / périod páin(s) 生理痛 / stómach páin 胃の痛み

関連表現
I have a (bad) backache [headache, stomachache, toothache]. 背中[頭, 胃, 歯]が(ひどく)痛い
I have a *pain* in my ... ...に痛みがある
I have a sore throat. のどが痛い
I have stiff shoulders. 肩がこっている
My lower back hurts. 腰が痛い
Ouch! あ痛いっ[あっちち]!
The *pain* increased. 痛みが激しくなった
The *pain* suddenly stopped. 痛みが急に治まった
This medicine will kill the *pain* at once. この薬を飲めばすぐに痛みが止まるだろう
Where does it hurt? どこが痛いのですか

2 [C] (体の一部の)痛み: ☞1のミニ類義語欄の関連表現. 3 [U,C] (精神的)苦痛, 心痛: She seems to be in (severe [great]) ~. 彼女は(大変)悩んでいるようだ / It caused me a great deal of ~ to part with the dog. その犬を手放すのはとてもつらかった. 4 [a ~]《略式》= a pain in the neck (成句). 語源 ギリシャ語で「罰」の意; penal と同語源.

a páin in the néck 《米卑》**bútt,**《米卑》**áss,**《英卑》**báckside,**《英卑》**árse** 图 ⓢ《略式》いやな[うんざりするような]こと;いやなやつ.

be at páins to dó 動 ...しようと骨折っている.

for one's páins 副 [しばしば皮肉] 骨折り賃[骨折りの報い]として.

gíve ... a páin 動 他《略式》〈...を〉いらいら[うんざり]させる, 困らせる.

gó to (gréat) páins to dó 動 自 = take (great) pains.

on [upòn, ùnder] páin of ... 前《格式》(違反したら)...を免れないという条件で, ...を承知で.

spáre nó páins to dó 動 ...するに労を惜しまない.

tàke (gréat) páins 動 自 (非常に)骨を折る, 苦労する, 注意する (with, over): The Government took great ~s to conclude the treaty. 政府はその条約を締結しようと非常に努力した. 語法 pains are taken の形で受身にできる.

—— 動 他 [受身なし] [進行形なし] 1 [普通は it を主語として] 《格式》〈...するのは〉〈人〉の心を痛める: It ~ed her to admit that she had lied. 彼女は自分がうそをついたことを認めるのは苦痛だった. 2《古語》(傷・手足などが)

pain barrier

痛んで)人に苦痛を与える.
【類義語】pain 痛み・苦痛を表わす一般的な語で,心身いずれについてもいうが,突然襲う短期間の痛みをいうことが多い. ache 通常,身体の一部の継続的な鈍痛を示し,痛む場所を表わすとともに合成語を成すことが多い. pang 一時的に間をおいて起こる差し込むような強い痛み. agony 長く続く耐えきれない痛み. anguish 絶望感を伴う苦痛.

páin bárrier 名 [the ~] [新聞で](運動選手が経験する)苦痛の壁.

Paine /péɪn/ 名 圖 **Thomas ~** ペイン (1737-1809) 《英国生まれの米国独立戦争時の愛国者・著述家・政治理論家》.

†**pained** /péɪnd/ 形 (表情・態度などが)不機嫌な,感情を害した,腹を立てた (at).

*__pain・ful__ /péɪnf(ə)l/ 形 (反 painless) **1** 痛い (sore): a ~ wound 痛い傷 / That bruise looks ~, doesn't it? その打ち身は痛そうですね. 語法 人は主語にならない.
2 (体験・思い出などが)つらい,苦しい; (仕事などが)骨の折れる,(決定・選択などが)困難な (for, to): a ~ experience つらい経験 / *It was* very ~ *for* Meg to tell her mother about John's death. ジョンが死んだことを母に告げるのはメグにはとてもつらかった. **3** (見聞きするのがつらくなるほど)ひどい,だめな: It's ~ to listen to her excuses. 彼女の言い訳は聞くにたえない.

†**pain・ful・ly** /péɪnfəli/ 副 **1** 痛んで,痛そうに. **2** つらく,苦しく,苦労して; (残念ながらたいへん,ひどく.

páinful・ness 名 Ⓤ 痛さ; つらい[苦しい]こと.

†**páin・kill・er** 名 Ⓒ 痛み止め,鎮痛剤[薬].

páin・kill・ing 形 Ⓐ 痛み止めの.

†**páin・less** 形 (反 painful) **1** 痛みのない,苦しまない. **2** 骨の折れない,たやすい,やさしい. **~・ly** 副

†**pains・tak・ing** /péɪnztèɪkɪŋ/ 形 骨身を惜しまない; (仕事などが)丹精こめた,骨の折れる: ~ work 骨の折れる仕事. **~・ly** 副 骨身を惜しまずに; 丹精こめて.

*__paint__ /péɪnt/ 動 (**paints** /péɪnts/) **1** Ⓤ ペンキ,塗料; [the ~] (表面の)乾いたペンキ塗装: WET PAINT ペンキ塗りたて 《掲示》 / He gave the doors two coats of ~. 彼はドアにペンキを2度塗った.

――コロケーション――
daub paint on [over] ... にペンキを塗りつける
mix [**dilute**] paint with ... でペンキを薄める
put paint on ... =**spread** paint on [over] ... にペンキを塗る
remove [**scrape**] paint (from ...)=**scrape** paint (off ...) (...から)ペンキをはがす
spray paint on [over] ... =**spray** ... with paint (スプレー式の)ペンキを...に吹きつける

2 [複数形で] (ひとそろいの)絵の具: tubes of ~s 絵の具のチューブ / oil ~s 油絵の具. **3** Ⓤ 〔古風〕口紅; 化粧品. **4** [the ~] 〔バスケ〕フリースローレーン.

―― 動 (**paints** /péɪnts/; **paint・ed** /-tɪd/; **paint・ing** /-tɪŋ/) 他 **1** 〈物〉にペンキを塗る,〈物〉にペンキを塗って...の色にする: He's ~ed the gate blue. ＜V+O+C (形)＞ 彼は門を青く塗った.
2 〈絵〉を描く,(絵の具で)かく,〈人・物〉の絵をかく (☞ draw 表): He is good at ~ing pictures. 彼は絵をかくのがうまい / The child ~ed flowers. 子供は(絵の具で)花の絵をかいた. **3** 〈人・物〉を(...と)描写[表現]する: She ~ed herself *as* the victim during the trial. 裁判の間彼女は自分を犠牲者だと述べた / He ~ed the situation *in a bad light* [*in black colors*]. 彼は事態を暗く描いた. **4** 〈唇・つめ〉などの化粧をする. **5** 〈薬〉を〈傷口〉などに塗る (*with*).
―― 自 ペンキを塗る; 絵をかく: He ~ed in oils [watercolors]. ＜V+in+名・代＞ 彼は油絵[水彩画]をかいた.

páint a vívid [**grím, rósy**] **pícture of** ... [動] 他 ...を生き生きと[陰うつに,バラ色に]描く. **páint ín** [動] 他 (絵に)〈...〉をかき加える. **páint óut** [動] 他 (ペンキなどで)〈...〉を塗りつぶす. **páint óver ...** [動] 他 ...の上にペンキを塗る. **páint the tówn** (**réd**) [動] 自 〔略式〕(飲み歩いて)陽気に騒ぐ.

páint・ball 名 Ⓤ ペイントボール《命中すると破裂する塗料入りの弾丸(を用いるサバイバルゲーム)》.

páint・bòx 名 Ⓒ 絵の具箱.

páint・brùsh 名 Ⓒ ペンキ用はけ; 絵筆.

Páinted Désert 名 圖 [the ~] ペインテッド砂漠《米国 Arizona 州の砂漠地帯; 色鮮やかな岩石で有名》.

*__paint・er__[1] /péɪntə/ 名 Ⓒ (~s /-z/) Ⓒ **1** 絵かき,画家 (artist): a Sunday painter. **2** ペンキ屋.

pain・ter[2] /péɪntə/ 名 Ⓒ 〔海〕もやい綱.

páinter and décorator 名 Ⓒ ペンキ屋兼内装業者,塗装工.

páint・er・ly 形 Ⓦ 画家[絵画]特有の.

páinter's pánts 名 [複] ペインターパンツ《綿生地で作られた白のズボン; 道具入れの大きなポケットなどが付く》.

*__paint・ing__ /péɪntɪŋ/ 名 (~s /-z/) **1** Ⓒ (絵の具の)絵: an oil ~ 油絵 / a watercolor ~ 水彩画 / a famous ~ by Chagall シャガールの有名な絵画 / do a ~ 絵をかく. 関連 drawing 鉛筆[ペン,クレヨン]画.
2 Ⓤ 絵をかくこと,画法: Cézanne's style of ~ セザンヌの画法. **3** Ⓤ ペンキ塗装.

páint jòb 名 Ⓒ 〔略式〕塗装.

páint shòp 名 Ⓒ (工場などの)塗装(作業)場.

páint strìpper 名 Ⓤ ペンキ落とし(剥離剤).

páint thìnner 名 Ⓤ ペンキ希釈液,シンナー.

páint・wòrk 名 Ⓤ (車・建物などの)塗装(面).

*__pair__ /péə | péə/ 同音 pare, pear; 類音 peer[1], pier) 名 (~s /-z/, ~) Ⓒ

ラテン語で「等しい」の意 (par[1], peer[2]と同語源) → (相等しいもの) → 「1対を成すもの」となった.

1 (2つから成る)**ひと組, 1対**《はさみ・めがねのように常に2つの部分が使われるものに用いる; 略 pr, 複数形は prs; ☞類義語》: (対のもの)一方,片方: a ~ of shoes [socks] 靴[靴下]1足 / a ~ of scissors はさみ1丁 / a ~ of trousers ズボン1着 / a ~ of glasses めがね1個 / A ~ of gloves makes a nice present. 手袋はすてきな贈り物になる. 語法 上のような a pair のつく用例は単数扱いが普通 // three ~s [〔略式〕~] of slippers スリッパ3足 / I've only got one ~ of hands. Ⓢ I gotta / Where is the ~ *for* [*to*] this sock? この靴下の片方はどこ.

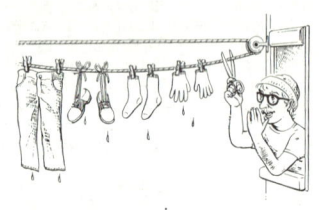

pairs

2 [単数形でもしばしば複数扱い] **2人ひと組**《★夫と妻・恋人どうしなどには couple を用いる方が普通》, 2人組; (動物の)つがい; 〔古風〕(馬の)2頭立て: five ~s of dancers 5組の踊り手たち / The happy ~ *were* [*was*] smiling happily. 新郎新婦は楽しそうにほほえんでいた / Get out of here, the ~ of you! Ⓢ 〔英〕おまえら2人(とも)出て行け!. **3** 〔トラ〕同点の2枚札 (*of*).

ˈan éxtra [anóther] pàir of hánds [名] [S] 手伝ってくれる人, 人手.
a sáfe pàir of hánds [名] [新聞で] 信頼できる人.
in páirs [副・形] 2つ[2人]ひと組になって: These gloves are not *in* ～*s*. この手袋は両方がそろってない.
— [動] (**pair·ing** /pé(ə)rɪŋ/) [他] [しばしば受身で] <…>を(2つ[2人]ずつ)組み合わせる, 対にする: ～ John ˈand Alice (*together*) [*with* Alice] for the dance ジョンとアリスを組ませて踊らせる / I was ～*ed with* Mary in a doubles match. ダブルスでメアリーと組まされた. — [自] 対になる; (動物が)つがう (*with*).
páir óff [動] [他] <…>を(ペアとして)組ませる; 恋人どうし[夫婦]にする (*with*). — [自] ペアになる; 恋人どうし[夫婦]になる (*with*). **páir úp** [動] [他] [普通は受身で] (競技などで)<…>を(ペアとして)組ませる (*with*). — [自] (1) ペアを組む; (動物が)つがう (*with*). (2) 《英》 友人としてつき合い始める.
【類義語】**pair** 類似または同類のもので, 必ず2つをひと組にして用いるものをいう. **couple** 同種類のもの2つをいうが, 必ずしもその2つが1つのものとしての働きをするとは限らない: I found a *couple* of socks in my room but they aren't a *pair*. 部屋で2つの靴下を見つけたが, 組になっていない.
paired /péəd | péəd/ [形] 対になった.
+**pair·ing** /pé(ə)rɪŋ/ [名] **1** [U] 対にすること. **2** [C] 対, ひと組; 〔スポ〕ペアリング《組をつくること》, (対戦の)組み合わせ: the ～ *of* Jane and Tim ジェーンとティムのペア.
páirs skàting [名] [U] ペアスケート《男女がペアになって演じるフィギュアスケート競技》.
+**pais·ley** /péɪzli/ [名] [U,C] ペイズリー模様[織]《色あざやかな曲線模様》; [形容詞的に] ペイズリー模様の.
Pai·ute, Pi- /páɪ(j)uːt, paɪ(j)úːt/ [名] **1** [the ～(s) として複数扱い] パイユート族《米国西部に居住する先住民》. **2** [C] パイユート族の人.
pajáma pàrty [名] [C] 《米》 パジャマパーティー《女の子が集まり, パジャマを着て夜通しおしゃべりを楽しむ》.
+**pa·ja·mas,** 《英》 **py-** /pədʒáːməz, -dʒǽməz | -dʒáː-/ [名] [複] **1** パジャマ《上着 (top) とズボン (bottoms) で1組》; 寝巻き: a pair of ～ パジャマ1着《単数扱い; ☞ pair 1 [語法]》/ change into ～ パジャマに着替える / These ～ *are* too short for me. このパジャマは私には短かすぎる. [語法] 形容詞的に用いるときは単数形となる: *pajama* bottoms パジャマのズボン. **2** (インド・パキスタンのイスラム教徒の)ゆるいズボン. [語源] ペルシャ語で「脚の着物」つまり「ズボン」の意.
pak choi /pæ̀ktʃɔ́ɪ/ [名] [U] 《英》 =bok choy.
pa·ke·ha /páːkəhàː/ [名] [C] 《豪》 白人.
Pak·i /pǽki, páːki/ [名] [C] 《英》 [差別] パキスタン人.
Pa·ki·stan /pǽkɪstæ̀n, páːkɪstàːn | pàːkɪstáːn/ [名] [固] パキスタン《インドの西隣にある共和国》.
Pa·ki·stan·i /pæ̀kɪstǽni, pàːkɪstáː-←/ [形] パキスタン(人)の. — [名] (～**s**, ～) [C] パキスタン人.
pa·ko·ra /pəkɔ́ːrə/ [名] [C,U] パコーラ《野菜・鶏肉・えびなどを衣をつけて揚げたインド料理》.
+**pal** /pǽl/ [名] (～**s** /～z/; [形] pálly) [C] **1** 《古風, 略式》 友達, 仲よし, 仲間 (☞ friend 類義語): a drinking ～ 飲み友達 / Be a ～. 頼むよ. [語法] 男性を指して使われるのが普通. **2** [S] [男性へのけんか腰の呼びかけとして]おい, 君. [語源] ジプシー語で「兄弟」の意. — [動] (**pals; palled; pal·ling**) [次の成句で] **pál aróund** [動] [自] 《米》 (…と)行動を共にする (*with*). **pál úp** [動] [自] 《英》 (…と)仲よくなる (*with*).
***pal·ace** /pǽləs/ ([類音] Paris) [名] (**pal·ac·es** /～ɪz/; [形] palátial) **1** [C] [しばしば P-] 宮殿; (主教・大主教の)公邸: the Imperial *P*～ 皇居 / Buckingham *P*～ バッキンガム宮殿《英国(女)王が住む》. **2** [the P-] 《主に英》 [新聞で] 王室(の側近[スポークスマン]); 《略式》 バッキンガム宮殿. **3** [C] (豪華な)大邸宅, 御殿: His house is a ～ compared with mine. 彼の家は私の家と比べたら御殿だ. **4** [C] [しばしば P-; 建物の固有名詞の一部として] 《古風》 (公共の)殿堂, 豪華なレストラン[ホテル, 映画館]. [語源] Augustus 皇帝が住んでいたローマの七つの丘の1つの名から.
pálace cóup [名] [C] =palace revolution.
pálace guárd [名] **1** [C,U] (宮殿の)護衛兵. **2** [U] (王・大統領などの)側近.
Pálace of Wéstminster [名] [固] [the ～] ウエストミンスター宮《英国の国会議事堂のこと》.
pálace revolútion [名] [C] 宮廷革命《側近や高官によるクーデター》.
pal·a·din /pǽlədn, -dɪn | -dɪn/ [名] [C] **1** パラディン《Charlemagne 配下の12勇士の1人》. **2** 《文》 (政治的な主義・主張の)強力な支持者.
pa·lae(·o)- /péɪli(oʊ) | pǽl-/ [接頭] 《英》 =pale(o)-.
pa·lais de danse /pæléɪdədǽns | pǽleɪdədáːns/ 《フランス語から》 [名] (複 ～) [C] 《英》 広いダンスホール.
+**pal·at·a·ble** /pǽlət̬əbl/ [形] ([反] unpalatable) **1** 《格式》 (特別ではないが)味のよい, 口に合う. **2** (考え・方法などが)好ましい, 容認できる (*to*).
pal·a·tal /pǽlət̬l/ [形] 〔解〕 口蓋(こうがい)の; 〔音声〕 口蓋音の. — [名] [C] 〔音声〕 口蓋音 (/ʃ/, /ʒ/, /j/ など).
+**pal·ate** /pǽlət/ [名] **1** [the ～] 〔解〕 口蓋(こうがい). **2** [C] [普通は単数形で] 味覚 (*for*). **3** [C,U] 好み (*for*).
pa·la·tial /pəléɪʃəl/ [形] ([名] pálace) [普通は [A]] 宮殿の(ような), 豪華な, 壮大な.
Pa·lau /pəláʊ/ [名] [固] パラオ《太平洋西部の群島; 共和国》.
pa·lav·er /pəlǽvə | -láːvə/ [名] **1** [U] 《略式》 むだ話. **2** [[U] または a ～] 《略式, 主に英》 面倒, わずらわしさ; 紛糾. **3** [C] 《古風》 交渉, 協議.
***pale**[1] /péɪl/ ([同音] pail) [形] (**pal·er; pal·est**) **1** 顔色が悪い, 血の気がない: a ～ face 青白い顔 / You look ～ today. あなたはきょうは顔色が悪いですね / He turned [went] deadly ～ *with* rage. 彼は怒って顔面蒼白になった.
2 (色が)薄い, 淡い: ～ blue 薄い青色. **3** (明かりが)薄い, 暗い; (光が)弱い: ～ winter sunlight 弱い冬の日差し. **4** (それほど)よくない, 見劣りがする: a ～ imitation [copy] of the real thing. それは本物と比べてつまらないまがいものだ.
— [動] [自] **1** [W] (顔色が)青ざめる (*with, at*); (色が)薄くなる; (明かりが)薄暗くなる; (光が)弱まる. **2** (…と比べ)見劣りがする: All other worries ～ into insignificance *beside* the fear of war. どんな心配事も, 戦争の恐れに比べればささいなものとなる / His achievements ～ *in comparison with* yours. 彼の業績も君のと比べると色あせて見える.
pale[2] /péɪl/ [名] **1** [C] =paling 1. **2** [the ～] 範囲.
beyònd the pále [形] (言動が)常軌を逸して.
pále ále [名] [U] 《英》 =light ale.
pále·fàce [名] [C] [軽蔑] 白人. [語法] 西部劇映画の中で北米先住民が用いることば.
pále·ly [副] 青白く, 青ざめて; (色が)薄く.
pále·ness [名] [U] 青ざめていること; (色の)薄さ.
pa·le(·o)- /péɪlioʊ | pǽl-/ [接頭] 古代の, 太古の.
pa·le·og·ra·pher /pèɪliágrəfə | pæ̀liɔ́grəfə/ [名] [C] 古文書学者.
pa·le·o·graph·ic /pèɪliəgrǽfɪk | pæ̀l-←/ [形] 古文書学の.
pa·le·og·ra·phy /pèɪliágrəfi | pæ̀liɔ́g-/ [名] [U] 古文書学.
pa·le·o·lith·ic /pèɪliəlíθɪk | pæ̀l-←/ [形] [しばしば P-] 旧石器時代の.
pa·le·on·tol·o·gist /pèɪliantáləd͡ʒɪst | pæ̀liɔn-tɔ́l-/ [名] [C] 古生物学者.
pa·le·on·tol·o·gy /pèɪliantálədʒi | pæ̀liɔntɔ́l-/

Paleozoic 名 U 古生物学.
Pa·le·o·zo·ic /pèɪliəzóʊɪk | pæl-‐/ 形 古生代の.
***Pal·es·tine** /pǽləstàɪn/ 名 (形 Pàlestínian) 固 パレスチナ《地中海の南東地方》: the ~ Liberation Organization パレスチナ解放機構 (略 PLO).
+**Pal·es·tin·i·an** /pæləstíniən‐/ 名 (形 Pálestine) パレスチナ(人の). ── 名 C パレスチナ人.
pal·ette /pǽlət/ 名 C 1 パレット, 調色板. 2 [普通は単数形で] (絵) (ある画家の使う)独特の色彩の範囲); (一般に色・音・形・味覚などの)幅 (of). 3 [電算] パレット《画面上に表示できる色の範囲》.
pálette knife 名 C パレットナイフ.
Pa·li /pάːli/ 名 U パーリ語 (Sanskrit の俗語).
Pa·li·kir /pὰːliːkíːr | -kíə/ 名 固 パリキール《ミクロネシア (Micronesia) の首都》.
pal·i·mo·ny /pǽləmòʊni | -məni/ 名 U《主に米》(同棲して別れた相手に払う)慰謝料 (略 alimony).
pal·imp·sest /pǽlɪmpsèst/ 名 C 1 パリンプセスト《もとの字句を消した上に字句を記した羊皮紙》. 2《格式》加筆[改変, 歴史など]の跡の見られるもの (of).
pal·in·drome /pǽlɪndròʊm/ 名 C 回文《前後どちらから読んでも同じ語・文・数など》.

---
palindromes
---
eye 目, noon 正午, radar レーダー.
Madam, I'm Adam. 奥さま, 私はアダムです.
Able was I ere I saw Elba. エルバ島を見る前は私は強かった.
Was it a cat I saw? 私の見たのは猫でしたか.
Step on no pets. ペットを踏まないで.
---

pal·ing /péɪlɪŋ/ 名 1 C [普通は複数形で] (柵を作る)先のとがった木製のくい. 2 U =palings.
pal·ings /péɪlɪŋz/ 名 [複] (くいを巡らした)柵.
pal·i·sade /pæləséɪd‐/ 名 1 C《防御用の》柵 (の). 2 [複数形で]《米》(海・川沿いの)断崖(絶壁).
pal·ish /péɪlɪʃ/ 形 少し青ざめた, 青白い.
+**pall**[1] /pɔːl/ 動 自 [進行形なし] (…にとって物事が)飽きがきてつまらなくなる. 興味が薄れる (on, upon).
pall[2] /pɔːl/ 名 C 1 [普通は a ~] (煙・闇などの)(暗い)幕, とばり; 陰気な雰囲気 (of). 2 (棺などにかける)覆(おお)い; (死体の入った)棺, ひつぎ. **cást a páll óver [on]** ...動 他 …を台なしにする.
Pal·la·di·an /pəléɪdiən/ 形 [建] パラディオ様式の《16 世紀イタリア, 18 世紀イギリスの古典的様式》.
pal·la·di·um /pəléɪdiəm/ 名 U [化] パラジウム《金属元素; 元素記号 Pd》.
páll·bèarer 名 C 棺をかつぐ人, 棺の付き添い人.
pal·let[1] /pǽlət/ 名 C 1 (フォークリフト用の)荷台. 2《画家の》パレット (palette).
pal·let[2] /pǽlət/ 名 C《古風》わらぶとん; 粗末な寝床.
pal·liasse /pæljǽs | pǽliæs/ 名 C《文》わらぶとん.
pal·li·ate /pǽlièɪt/ 動 他《格式》1 (病気・痛みなど)を一時的に和(やわら)げる. 2《過失など》を言いつくろう.
pal·li·a·tion /pæliéɪʃən/ 名 U《格式》(病気・痛みなどの)一時的な緩和; (過失の)弁解.
pal·li·a·tive /pǽliètɪv | -ət-/《格式》形 緩和する. ── 名 C 1 緩和的[対症的]療法; 緩和剤. 2 [普通はけなして]一時しのぎ (for, to).
pal·lid /pǽlɪd/ 形 (顔色などが)青ざめた, 青白い《特に病弱なため》; くすんだ; (本・演奏などが)退屈な, 活気のない. **~·ly** 青ざめて; 活気なく. **~·ness** 名 U 青白さ; 活気のなさ.
Pall Mall /pǽlmǽl, pèlméːl‐/ 名 固 パルマル《ベルメル》街《London の有名なクラブの多い通り》.
pal·lor /pǽlə | -lə/ 名 U《文》(顔色の)青白さ.
pal·ly /pǽli/ 形 (**pal·li·er; -li·est;** or pal)《略式》(…と)仲のよい, 親しい (with).

***palm**[1] /pάːm, pάːlm | pάːm/ 名 (~s /-z/) C 1 手のひら, 掌(たなごころ) (略 hand 挿絵): in the ~ of one's hand 手(のひら)に /金脳 "Shall I read your ~?" "Yes, please. Do you see anything good?"「手相を見てあげようか」「うん, たのむわ. 何かいいことあるって出てるかい」 2 手(手袋)の手のひらの部分. **cróss ...'s pálm with sílver** [動] (占い師・情報提供者などに)金をつかませる; わいろを贈る. **grèase ...'s pálm** [動] …にわいろをつかませる (with). **hàve an ítching pálm** [動] 金品を欲しがっている. **hóld [háve] ... in the pálm of one's hánd** [動] 他 (人)を完全に支配している.
── 動 他 (手品などで)…を手のひらに隠す. **pálm óff** [動] 他《略式》(1) (安物など)を(…に)だましてつかませる, 押しつける (on, onto, as). (2) (人)をだまして(安物などを)つかませる[売りつける]; (人)を(作り話などで)だます (with).
palm[2] /pάːm, pάːlm | pάːm/ 名 C 1 やし, しゅろ (palm tree). 2 しゅろの葉 (勝利の印). 語源 葉の形が手のひら (palm[1]) に似ていることから.
Pálm Béach 名 固 パームビーチ《米国 Florida 州の避寒地》.
pálm·còrd·er /-kɔ̀ədə | -kɔ̀ːdə/ 名 C 小型ビデオカメラ《手のひらに乗るサイズ》.
Palm·er /pάːmə | pάːmə/ 名 固 Arnold ~ パーマー (1929–)《米国のプロゴルファー》.
pal·met·to /pælmétoʊ/ 名 (~(e)s) C やしの一種《米国南東海岸地方産》.
Palmétto Státe 名 [the ~] やしの木州《米国 South Carolina 州の俗称》.
palm·ist /pάːmɪst/ 名 C =palm reader.
palm·is·try /pάːmɪstri/ 名 U =palm reading.
pálm òil 名 U やし油《せっけん・化粧品などの原料》.
pálm rèader 名 C《米》手相を見る人, 手相占い師 (palmist).
pálm rèading 名 U《米》手相占い (palmistry).
Pálm Spríngs 名 固 パームスプリングス《Los Angeles の東にある保養地》.
Pálm Súnday 名 U.C《カトリック》しゅろの聖日, 枝の主日《復活祭直前の日曜日》.
pálm·tòp C パームトップパソコン《手のひらに乗る小型サイズのもの》; 略 laptop.
pálm trèe C やし, しゅろ.
palm·y /pάːmi, pάːlmi | pάːmi/ 形 (**palm·i·er; -i·est**) 1 やしの多い, やしの繁った. 2《文》(過去のある時期が)繁栄する, 盛んな: ~ days 全盛時代.
Pal·o Ál·to /pǽloʊǽltoʊ/ 名 固 パロアルト《San Francisco の南東方; Stanford 大学がある》.
Pal·o·mar /pǽləmὰː | -mὰː/ 名 固 **Mount ~** パロマー山《米国 San Diego 郊外; 天文台で有名》.
pa·loo·ka /pəlúːkə/ 名 C《米俗》とんま, のろま.
+**pal·pa·ble** /pǽlpəbl/ 形 (反 impalpable)《格式》1 (感情などが)明白な, 明瞭(めいりょう)な; A 全くの. 2 触知[感知]できる. **-pa·bly** /-pəbli/ 明らかに.
pal·pate /pǽlpeɪt/ 動 他 [医] (…)を触診する.
pal·pa·tion /pælpéɪʃən/ 名 U.C [医] 触診.
pal·pi·tate /pǽlpətèɪt/ 動 自 1 [医] 動悸(どうき)がする. 2《文》(恐怖などで)どきどきする, 震える (with).
pal·pi·ta·tion /pælpətéɪʃən/ 名 U.C [普通は複数形で] [医] 動悸; have ~s [滑稽] 大変ショックを受ける.
pal·sied /pɔ́ːlzid/ 形《文》震える, しびれる.
pal·sy /pɔ́ːlzi/ 名 U 震え; 《古語》=paralysis.
pal·sy-wal·sy /pǽlziwǽlzi‐/ 形 S《古風, 英》とても仲のいい, (いかにも)親しげな.
+**pal·try** /pɔ́ːltri/ 形 (**pal·tri·er; -tri·est**) [普通は A] (額などが)わずかな, ささいな; つまらない, 価値のない.
Pa·mirs /pəmíəz | -míəz/ 名 固 [the ~ として複数扱い] パミール《アジア中部の高原》.

pam·pas /pǽmpəz, -pəs/ 名 [the ~ として単数または複数扱い] パンパス《南米, 特にアルゼンチンの大草原》. ☞ savanna《関連》. 語法 元来の単数形 pampa はほとんど用いない.

pámpas gràss 名 U パンパスグラス, しろがねよし《すすきに似た観賞用の植物》.

pam·per /pǽmpə | -pə/ 動 (**-per·ing** /-p(ə)rɪŋ/) 他 [時に軽蔑] 〈子供など〉を甘やかす (spoil), 手厚く世話する: ~ oneself (with a nice hot bath) (温かい風呂に入って)いい気持ちになる.

pam·pered /pǽmpəd | -pəd/ 形 甘やかされた.

Pam·pers /pǽmpəz | -pəz/ 名 [複] パンパース《米国製の使い捨て紙おむつ; 商標》.

pam·phlet /pǽmflət/ 13 C パンフレット, 小冊子 (booklet). 日英比較 日本語でいう営業用の「パンフレット」に相当するのは brochure.

pam·phlet·eer /pæ̀mflətíə | -tíə/ 名 C パンフレットの著者《特に社会・政治問題についての》.

*pan[1] /pǽn/ (頭韻 pen[1]-, pun, pant) 名 (~s /-z/) C **1** [しばしば合成語で]《料理用の》平ななべ, フライパン (frying pan) (☞ 表); 平なべ 1 杯(分) (of): fry fish in a ~ フライパンで魚をいためる. 《関連》 saucepan シチューなべ. **2**《米》パンなどを焼く金属の容器《英》tin). **3** てんびんの皿 (☞ balance 挿絵). **4**《英》便器. **5** 金属製パン《スチールバンド音楽用》. **6**《米》選鉱なべ《砂金をふるい分ける》. **gò dówn the pán** 動 自《英俗》無駄[おじゃん]になる.

| pan (片手用平なべ) | な |
| pot (深めの両手なべ) | べ |

— 動 (**pans; panned; pan·ning**) 他 **1** [しばしば受身で]《略式》〈新聞・放送などで〉〈映画・劇〉をこきおろす, 酷評する. **2**〈砂金など〉を選鉱なべでふるい分ける. — 自〈砂金などを〉ふるい分ける (*for*). **pán óut** 動 自《略式》〈物事が〉結局…となる, (うまくいく).

pan[2] /pǽn/ 動 (**pans; panned; pan·ning**)《映・テレビ》[副詞(句)を伴って] パンする《全景撮影にカメラを左右[上下]に回して写す》; 〈カメラが〉パンする (*over, around*). — 他〈カメラ〉をパン(して撮影)する.

Pan /pǽn/ 名《ギ神》パン, 牧神《羊・森・野原・野生動物の神で, やぎの角と足を持ち, panpipes を吹き音楽を好む; ☞ panic 語源》.

pan- /pǽn/ 接頭 [時に P-] 「全…, 汎(はん)…」の意.

*pan·a·ce·a /pæ̀nəsíːə/ 名 C **1** 万能薬. **2**《ありえないような》万能の策, 良策 (cure-all) (*for*).

*pa·nache /pənǽʃ/ 名 U さっそうとした[上品な]態度.

pan·a·ma /pǽnəmɑ̀ː, -mɔ̀ː | pæ̀nəmɑ́ː/ 名 C パナマ帽.

Pan·a·ma /pǽnəmɑ̀ː, -mɔ̀ː | pæ̀nəmɑ́ː/ 名 パナマ《中米の共和国および同国の首都》.

Pánama Canál 名 固 [the ~] パナマ運河《パナマを横断し, 太平洋と大西洋を結ぶ運河》.

Pánama Cíty 名 固 パナマシティ《パナマの首都》.

pánama hát 名 C パナマ帽.

Pan·a·ma·ni·an /pæ̀nəméɪniən/ 名 形 パナマ(人)の. 名 C パナマ人.

pàn-Américan 形 全米[汎(はん)米](主義)の.

Pàn-Américan Gámes 名 [複; the ~] パンアメリカン競技大会《北・中・南米すべてを含むスポーツ大会》.

Pàn-Américan Híghway 名 固 [the ~] パ

ンアメリカンハイウェー《南北アメリカを結ぶ道路網》.

Pán-Américanism 名 U 全米[汎米]主義.

pan·a·tel·a, -tel·la /pæ̀nətélə/ 名 C パナテラ《細長い葉巻》.

pan·cake /pǽnkèɪk/ 名 **1** C《米》パンケーキ, ホットケーキ (hot cake, flapjack)《朝食用》;《英》クレープ (crepe)《薄いパンケーキ》. **2** U パンケーキ《おしろいの一種》. **(as) flát as a páncake** [形]《土地などが》まったく平らで,《タイヤなどが》ぺちゃんこで. — 動 **1**〈飛行機〉を平落ち着陸させる. **2**《略式》〈…〉をぺちゃんこにする.

Páncake Dày [Túesday] 名 C,U《英略式》=Shrove Tuesday.

páncake lánding 名 C《空》平落ち着陸《失速による》.

páncake máke-ùp 名 U =pancake 2.

páncake ràce 名 C《英》パンケーキレース《フライパンにパンケーキを入れて走る Pancake Day のレース》.

páncake ròll 名 C《英》《中国料理の》春巻.

Pán·chen Láma /pɑ́ːntʃən-/ 名 [the ~] パンチェンラマ《Dalai Lama の次位》.

pan·chro·mat·ic /pæ̀nkroʊmǽtɪk/ 形《写》《フィルムが》全(整)色性の《可視光の全色に感光する》.

pan·cre·as /pǽnkriəs/ 名 C《解》膵臓(ぞう).

pan·cre·at·ic /pæ̀nkriǽtɪk/ 形《解》膵臓の.

*pan·da /pǽndə/ 名 (複 ~s) C **1**《大》パンダ (giant panda). **2** レッサーパンダ (red panda).

pánda càr 名 C《英略式》小型パトロールカー.

pan·dem·ic /pændémɪk/ 形《医》《流行病が》広域[全国, 全世界]に広がった.《関連》endemic 風土性の/epidemic 流行性の. — 名 C 広域[全国, 全世界]的な流行病.

pan·de·mo·ni·um /pæ̀ndəmóʊniəm/ 名 U 大混乱 (chaos): Then ~ broke out. そのとき大騒動が起こった.

*pan·der /pǽndə | -də/ 動 (**-der·ing** /-dərɪŋ, -drɪŋ/) 自 [軽蔑]〈事・人〉におもねる, 迎合する (*to*).

pan·der·ing /pǽndərɪŋ/ 名 U 売春宿の仲介.

P & G /píː ən(d)dʒíː/ 略 =Procter & Gamble.

p & h 略《米》=postage and handling (☞ postage 成句).

pan·dit /pǽndɪt/ 名 C [しばしば P-] 師, 先生《インドで賢者への尊称として》; ヒンズー教の僧.

P and L 略 =profit and loss 損益.

Pan·do·ra /pændɔ́ːrə/ 名《ギ神》パンドラ《Zeus が Prometheus を罰するため下界につかわした人類最初の女》.

Pandóra's bóx 名 U [時に a ~]《ギ神》パンドラの箱《Zeus が Pandora に与えた箱; 開けるなという禁を犯し開けると人間のいろいろな悪が地上に飛び出し, 最後に「希望」だけが残ったという》: open (a) ~ 思いがけなく多くの災いを引き起こす.

p & p /píː ən píː/ 略《英》=postage and packing (☞ postage 成句).

*pane /pǽn/ 名 C 窓ガラス (windowpane): two ~s of glass 窓ガラス 2 枚.

pan·e·gyr·ic /pæ̀nədʒírɪk/ 名 C《格式》称賛の演説[文, 詩], 賛辞 (*on, upon*).

*pan·el /pǽn(ə)l/ 13 C (~s /-z/)

元は「一枚の布切れ」5 の意から
→（全体の中の一部）→（一個の区画）→「パネル」2 →「計器盤」3
→（名簿用の紙切れ）→（名簿登録者）→「討論者団」1

1 [《英》単数形でも時に複数扱い]《聴衆の前で討論す

る)討論者団, 審査団; 《米》陪審員団[名簿]; 《クイズ番組などの》解答者団: A ~ of experts met to discuss the issue. 専門家の委員たちが集まってその問題を論じた / 《言い換え》What does [do] the ~ think?＝What do the members of the ~ think? 解答者の皆さんのお考えはいかがですか.
2 パネル《壁・天井などを仕切って浮き上がったり引っ込ませたりした部分の1つ; 装飾用》; 羽目板, 鏡板: The wall was divided up into ~s. 壁はパネルに仕切られていた.
3《自動車・飛行機などの》計器盤, パネル (instrument panel); 制御盤: read the dials on the ~ 計器盤の計器を読む. **4** 画板; パネル画.
5 縦長の布切れ《婦人服やスカートにはぎ合わせる》. **6**《自動車の車体などの》パネル. ── 動 (**pan·els**; **pan·eled**, 《英》**pan·elled**; **-el·ing**, 《英》**-el·ling**) 他 [普通は受身で] 《...》をパネルで仕切る (in, with).

pánel-bèater 名 C 《英》《自動車の》板金工.
pánel discússion 名 C パネルディスカッション《決められた問題を聴衆の前で討論する》.
⁺**pán·eled**, 《英》-**elled** 形 [普通は A] **1** パネル[鏡板]をはめた. **2** [合成語で] ...でできたパネル[鏡板]をはめた: a glass-~ door ガラスのはまった扉.
pánel gàme 名 C 《英》クイズ番組.
⁺**pán·el·ing**, 《英》-**el·ling** /pǽnəliŋ/ 名 U パネル張り; パネル用木材.
pan·el·ist, 《英》-**el·list** /pǽnəlist/ 名 C パネルディスカッションの討論者, パネリスト; クイズ番組の解答者. 日英比較 「パネラー」は和製英語.
pánel pìn 名 C 《英》パネル釘《細く短い釘》.
pánel trùck 名 C 《米》小型バン.
pánel vàn 名 C 《米・豪》小型バン.
pán·fry 動 他 《料理》《...》をフライパンでいためる.
⁺**pang** /pǽŋ/ 名 C **1** 《一時的な》激痛, 差し込み《☞ pain 類語》: ~s of hunger 激しい空腹. **2** 心の痛み, 苦悩: a ~ of conscience 良心のかしゃく.
Pan·gae·a /pændʒíːə/ 名 《地質》パンゲア《三畳紀以前に存在していたとされる大陸》.
pán·han·dle 名 C 《米》《他州に入り込んでいる》細長い地域. ── 《米略式》路上で物ごいをする (beg) (for).
pán·han·dler 名 C 《米略式》《路上の》物ごい《人》.
＊**pan·ic** /pǽnɪk/ 名 [形 pánicky] **1** [U または a ~] パニック, 恐慌, 恐怖《☞ fear 類義語》: Her cry created [caused] a ~. 彼女の叫び声が大騒ぎを起こした / When the department store caught fire, there was ~. デパートが火事になって大混乱となった. **2** [U または a ~] 《経》恐慌, パニック《突発的大事件などのため経済界が不安と混乱に陥ること》. **3** [形容詞的に] 恐慌の, ろうばいの: a ~ decision ろうばいの下での決定 / ~ selling [buying] 狂乱売り[買い]. **4** [単数形で] 《略式, 主に英》《時間間ぎわの》大あわて: There's no ~; we'll help you. あわてることはないよ. 手伝うから. 語源 ギリシャ語で「Pan の神が起こした《恐怖》」の意. **gèt into [in] a pánic＝be thrówn [sént] into (a) pánic** 動 自 パニック状態になる (about, over). **in (a) pánic** 副・形 パニック状態で[の] (about, over). **it is pánic statíons** 《英略式》大あわて状態である. ── 動 (**pan·ics**; **pan·icked**; **pan·ick·ing**) 自 パニックを起こす, うろたえる (about, over, at): Don't ~! あわてるな. ── 他 《...》にパニックを起こさせる; [しばしば受身で] 《...》をあわてさせて...させる: I was panicked into agreeing with his plan. 私はあわてて彼の案に賛成した.

pánic attàck 名 C 《精神医》パニック発作.
pánic bùtton 名 C 《略式》《緊急時に押す》非常ボタン. **púsh [préss, hít] the pánic bùtton** 動 自 《英》あわてふためく; 非常手段をとる. 由来 非常ボタンを押す, の意で, 緊急時の行動から.
pan·ick·y /pǽnɪki/ 形 (pánic) 《略式》パニック状態の, びくびくした.
pánic-strìcken 形 パニックをきたした, ろうばいした.
pan·jan·drum /pændʒǽndrəm/ 名 C 大将, お偉いさん《あざけった呼び方》.
pan·nier /pǽnjə, -niə|-niə/ 名 C 《自転車の荷台の両側につける》荷物入れ, 《馬などの背の両側につける》荷かご; 背負いかご.
pan·ni·kin /pǽnɪkɪn/ 名 C 《古風》小金属杯.
pan·o·ply /pǽnəpli/ 名 [しばしば a ~] 《格式》《式典などの》豪華な装い[装飾], 《人・物の》大多数; 《完璧な》ひとそろえ (of).
⁺**pan·o·ram·a** /pæ̀nərǽmə, -rɑ́ː-|-rɑ́ː-/ 名 C 《普通は単数形で》 **1** パノラマ, 《すばらしい》全景; パノラマ写真. **2** 全般的記述, 全貌(ぼう) (of).
⁺**pan·o·ram·ic** /pæ̀nərǽmɪk⁻/ 形 パノラマ式の, 全景が見える: a ~ view 360度の眺め. **-i·cal·ly** /-ɪkəli/ 副 全景として.
pan·pipes /pǽnpàɪps/ 名 [複] パンの笛《あし (reed) の茎や木などの管で作った原始的な楽器; ☞ Pan 挿絵》.
pan·sy /pǽnzi/ 名 (**pan·sies**) C **1** パンジー, 三色すみれ. **2** 《略式》《軽蔑》めめしい男; 《差別》ホモ. 語源 フランス語で「思い」の意; 花の模様が考える人の顔を連想させる.
⁺**pant**¹ /pǽnt/ 動 自 **1** あえぐ, 息切れする, はあはあいう《運動・暑さなどで; ☞ gasp 表》; あえぎながら走る[行く] (along, down). **2** [進行形で] 熱望する (for, after). ── 他 《...》をあえぎながら言う; 《...》と息を切らして言う. ── 名 C 《普通は複数形で》あえぎ, 息切れ.
pant² /pǽnt/ 名 [A] 《米》ズボンの《☞ pants》.
pan·ta·loons /pæ̀ntəlúːnz/ 名 [複] 《古風》パンタロン《脚の部分が広くすそが締っているズボン》.
pan·tech·ni·con /pæntéknɪk(ə)n/ 名 C 《古風, 英》引っ越しトラック (moving van).
pan·the·is·m /pǽnθiɪzm/ 名 U 汎(はん)神論《万物は神であるという信仰》; 多神教.
pan·the·ist /pǽnθiɪst/ 名 C 汎神論者.
pan·the·is·tic /pæ̀nθiɪstɪk⁻/ 形 汎神論の.
⁺**pan·the·on** /pǽnθiàn|-iən/ 名 **1** C 国民の信仰する神々《全体》. **2** C パンテオン《神々や国の英雄・偉人を祭った殿堂》. **3** [P-] パンテオン《ローマの神々を祭る殿堂》. **4** C 《文》偉人[有名人]たち (of).
⁺**pan·ther** /pǽnθə|-θə/ 名 C **1** ひょう (leopard), 《特に》黒ひょう. **2** 《米》ピューマ (puma, cougar).
＊**pant·ies** /pǽntiz/ 名 [複] 《主に米》パンティー《《英》 pants》: wash ~ パンティーを洗濯する.
pan·ti·hose /pǽntihòuz|-θə/ 名＝pantyhose.
pan·tile /pǽntàɪl/ 名 C パンタイル《波形のかわら》.
pan·to /pǽntou/ 名 (~s) C,U 《英略式》＝pantomime 3.
pan·to·graph /pǽntəgræf|-grɑːf/ 名 **1** 写図器, 縮図器. **2** 《電車の》パンタグラフ, 集電器.
⁺**pan·to·mime** /pǽntəmàɪm/ 名 **1** C パントマイム (mime) 《身ぶりだけの無言劇》. **2** U 身ぶり, 手まね. **3** C,U 《英》おとぎ芝居《普通はクリスマスに子供向けに上演される歌・踊りもある童話劇》. **4** C 《普通は単数形で》《英》お笑いぐさ, 茶番.
pántomime dáme 名 C 《英》《おとぎ芝居に登場する》滑稽なおばさん《男が演じる》.
pántomime hórse 名 C 《英》パントマイムの馬《人が2人入るぬいぐるみの馬》.
pan·to·mim·ist /pǽntəmàɪmɪst/ 名 C パントマイム役者[作者] (mime).

pan·to·then·ic ácid /pæntəθénɪk-/ 名 U パントテン酸《ビタミン B 複合体の一つ》.

pan·try /pǽntri/ 名 (**-tries**) C 食料品置き場, (台所のそばの)大きな食料品貯蔵棚; 食器室.

***pants** /pǽnts/ 名 [複] **1** 《主に米》ズボン (trousers): John 'put on [took off] his ~. ジョンはズボンをはいた[脱いだ]. 参考 ズボンのサイズは inch で 31-30 のように waist, inseam の順に示す.
2 《英》パンツ, パンティ, ズボン下《《米》underpants》《男性・子供用》; パンティー《女性用》(panties). 語源 pantaloons の短縮形.
beát the pánts òff ... 動 S 《略式》... をこてんぱんにやっつける, ... にボロ勝ちする; ... よりはるかに優れる. **bóre [scáre, shóck] the pánts òff ...** 動 他 S 《略式》... を死ぬほどうんざりさせる[こわがらせる, ぎょっとさせる]. **cátch ... 's pánts dòwn** 動《略式》...〈の〉不意を襲う, ... の気打ちをくらわして〈... 〉を狼狽させる. **chárm the pánts òff ...** 動 他 S 《略式》... をすっかり魅了する. **fáncy the pánts òff ...** 動 他 《英俗》... をひどくセクシーだと思う. **gèt in [ìnto] ...'s pánts** 動《米俗》... の体に(いやらしく)さわる, ... とセックスする. **piss [shít] one's pánts** 動 自 《俗》急に不安になる, びびく. **púts one's pánts òn óne lég at a tíme** 動 自 S 《米》(偉い人などが)皆と同じだ, 普通の人間だ. **(since ... was) in shórt pánts** 《略式》(... が)まだ(ほんの)子供で(あったときから). **súe the pánts òff ...** 動 他 S 《略式》大金を求めて... を訴える. **wéar the pánts** 動 自 《米略式》[しばしば軽蔑]《特に妻が》家で一番偉っている, 夫をしりに敷く. ─ 感 P 《英俗》無価値な, ひどい. ─ 感 《英俗》ばかな, いやだ.

pánt-sùit, pánts sùit 名 C 《米》パンツスーツ《女性用の上着とスラックスのスーツ》(《英》trouser suit).

pánt·y·hòse /pǽnti-/ 名 [複] 《米》パンティーストッキング(《英》tights). 日英比較 panty stocking は普通は用いない.

pánty·lìner 名 C パンティーライナー《薄型の生理用ナプキン》.

pánty ràid 名 C 《米》(男子大学生の女子寮への)パンティー奪って「戦利品」と呼ぶ遊び.

pánty·wàist 名 《米略式》めめしい男 (sissy).

pap /pǽp/ 名 U **1** (どろどろした)パンがゆ《幼児・病人用》. **2** 《軽蔑》くだらない読み物[娯楽, 番組].

⁺**pa·pa** /pɑ́ːpə | pəpɑ́ː/ 名 C 《小児》お父さん (dad) 《★《英》では《古風》》.

pa·pa·cy /péɪpəsi/ 名 (**-cies**) 《格式》**1** [the ~] ローマ教皇 (Pope) の職位, 権威. **2** C [普通は単数形で] ローマ教皇の任期.

⁺**pa·pal** /péɪp(ə)l/ 形 A ローマ教皇 (Pope) の.

pápal búll 名 C (教皇の)大勅書.

pa·pa·raz·zo /pɑ̀ːpərɑ́ːtsou; pæ̀pərǽtsoʊ/ 《イタリア語から》名 (複 **-raz·zi** /-tsi:/) C [普通は複数形で](有名人を追い回す)芸能記者[カメラマン].

pa·paw /pɔ́ːpɔː/ 名 C,U ポポー(の木・果実) 《ばんれいし科の植物; 北米原産》.

pa·pa·ya /pəpɑ́ɪə/ 名 C,U パパイア(の木・果実) 《熱帯アメリカ原産》.

***pa·per** /péɪpə | -pə/ 名 (**~s** /-z/) **1** U [しばしば合成語で] 紙: lined ~ 罫紙《*ル*》/ blank ~ 白紙 / This box is made (of) ~. この箱は紙製だ. 語源 「紙切れ」1 枚, 2 枚と数えるときには 'a *piece* [two *pieces*] of ~' という (☞ piece 語法); また一定の大きさや形を持った用紙を数えるときは 'a *sheet* [two *sheets*] of ~' のようにもいう.

──── **paper** のいろいろ ────
gráph pàper グラフ用紙 / **lítmus pàper** リトマス試験紙 / **nótepàper** 便箋 / **sándpàper** 紙やすり / **scrátch pàper** 《米》メモ用紙 / **thérmal páper** 感熱紙 / **tóilet pàper** トイレットペーパー / **vóting**

pàper 投票用紙 / **wállpàper** 壁紙 / **wástepàper** 紙くず / **wríting pàper** (上質の)便箋

2 C 新聞 (newspaper): an evening ~ 夕刊 / a daily ~ 日刊新聞 / a local ~ 地方新聞 / subscribe to a ~ 新聞を購読する / The event is reported *in* today's ~*s*. その事件はきょうの各紙に報道されている.
3 [複数形で] 書類, 文書; (身分)証明書; 書簡集, 個人的記録: I checked the ~*s* my section chief handed me. 私は課長が渡してくれた書類を調べた.
4 C 《英》試験問題; 答案(用紙)《格式》examination paper): He was marking examination ~*s*. 彼は試験の答案を採点していた. 日英比較 「ペーパーテスト」は和製英語. 英語では a written test という.
5 C 論文, 研究発表; レポート: a ~ *on* population 人口問題に関する論文 / read [deliver, give] a ~ 論文を(口頭で)発表する. 日英比較 学生が宿題や試験の代わりに提出するものを「レポート」と呼ぶのは和製英語. 英語では (term) paper という.

金語 "Mr. Holiday, when are we required to hand in our ~s?" "The deadline is January 31." 「ホリデー先生, いつまでにレポートを提出すればいいんですか」「締切は 1 月 31 日です」

6 U 紙幣. 関連 coin 硬貨. **7** U,C =wallpaper. 語源 papyrus から.
be in the pápers [páper] [動] 自 新聞に出ている.
commít ... to páper [動] 他〈... 〉を書きとめる.
gèt into the pápers [páper] [動] 自 新聞に出る.
máke the pápers [páper] [動] 自 新聞で大きく取り上げられる. **nòt wórth the páper it is wrítten [prínted] òn** [形] (契約書などが)何の価値もない. **on páper** [副・形] 紙面で[の], 文書で[の]; [時に文修飾語] 理論上は, 建前では (in theory). **pùt [sèt] pén to páper** [動] 書き始める.
── 形 A **1** 紙(製)の; 紙のように薄い: a ~ bag 紙袋 / a ~ cup 紙コップ / a ~ napkin 紙ナプキン. **2** (通貨などが)印刷された, (電子版での)紙に書かれた. **3** 紙の上だけの, 机上の, 空論の: a ~ plan 紙上の計画, 机上の空論 / ~ qualifications 書面上の資格.
── 動 (**pa·pers** /-z/; **pa·pered** /-d/; **-per·ing** /-p(ə)rɪŋ/) 他〈壁などに〉紙をはる〈言い換え〉 Nancy ~*ed* her room green. <V+O+C(形)> = Nancy ~*ed* her room *in* green *with* green paper]. <V+O+C (*in* [*with*]+名)> ナンシーは部屋の壁に緑の紙を貼った. **páper óver** [動] 他 壁紙などで〈傷など〉をおおう, 隠す; 〈欠陥・不和など〉を繕う, 取りつくろう(☞ paper over the cracks (crack 名 成句)).

***pa·per·back** /péɪpəbæ̀k | -pə-/ 名 (~**s** /-s/) C,U ペーパーバック, 柔らかい紙表紙の本; [形容詞的に] ペーパーバックの, 柔らかい紙表紙の.

金語 "I'd like to order *Curtain* by Agatha Christie." "Certainly. Which would you like, the ~ or the hardback?" "The ~ will do." 「アガサ・クリスティの『カーテン』を注文したいのですが」「かしこまりました. ペーパーバックとハードカバーとどちらがよろしいですか」「ペーパーバックでけっこうです」

関連 hardcover 堅い表紙の本.
in páperback [形・副] ペーパーバックの[で].

páper·bòard 名 U, 形 A ボール紙[厚紙](の).
páper·bòy 名 C 新聞配達の少年, 新聞の売り子.
páper chase 名 C **1** 《略式, 主に米》大学の学位を取得しようとする努力. **2** 《英》ペーパーチェイス《紙片をまき散らしながら逃げる人を他の大勢が追う遊び》.

páper clìp 名C クリップ, (金属製の)紙ばさみ.
páper dòll 名C 紙人形.
páper fàstener 名C《英》=brad.
páper-gìrl 名C 新聞配達の少女.
páper-hànger 名C 壁紙張り職人.
páper knìfe 名C (開封用の)ペーパーナイフ(☞ knife 挿絵).
páper·less 形 (コンピューターなどで)紙を使わない.
pa·per-mâ·ché /pèɪpəməʃéɪ│-pə-/ 名U《米》=papier-mâché.
páper móney 名U 紙幣. 関連 coin 硬貨.
páper pùsher 名C《米》=pencil pusher.
páper róund 名C《英》=paper route.
páper róute 名C《米》新聞配達(ルート).
páper shòp 名C《英》=newsdealer.
páper-thín 形 紙のように薄い;(根拠などが)貧弱な.
páper tíger 名C 張り子の虎(ど)《虚勢を張る人[敵];見かけ倒しのもの》.
páper tówel 名C ペーパータオル《タオルとして用いる使い捨ての紙》.
páper tràil 名C ペーパートレイル《個人の犯罪歴などを探る記録・文書など》.
páper·wèight 名C 文鎮, 紙押さえ(weight).
***páper·wòrk** 名U 1 書類事務. 2 (商用・旅行などに)必要な書類.
pa·per·y /péɪp(ə)ri/ 形 (紙のように)薄くて乾燥した, カサカサした.
pa·pier-mâ·ché /pæpjeɪməʃéɪ│pæpjeɪmæʃéɪ, 《フランス語から》名U コンクリ紙《紙粘土》. ── 形A コンクリ紙で作った, 張り子の.
pa·pil·lon /pǽpəlɑn│-lɔn/ 名C パピヨン《スパニエルの一種で耳が蝶の羽のように見える》.
pap·is·m /péɪpɪzm/ 名U《軽蔑》カトリック(教).
pa·pist /péɪpɪst/ 名C, 形《しばしば P-》《軽蔑》カトリック教徒(の)《主にプロテスタントが用いる》.
pa·poose /pæpúːs, pə-│pə-/ 名C 1《古》《北米先住民の》赤ん坊《幼児》. 2 赤ん坊の背負い袋.
pap·py /pǽpi/ (pl. **pap·pies**) 名C《古, 米》お父さん.
pa·pri·ka /pəpríːkə, pǽprɪ-/ 名U パプリカ《あまとうがらしなどの実から作る香味料》.
Páp smèar [tèst] /pǽp-/ 名C《米》《医》標本検査, パップテスト《子宮癌(%)などの検査法》《《英》smear test》.
Pap·u·a /pǽp(j)uə/ 名固 パプア《New Guinea 島の南東部》.
Pap·u·an /pǽp(j)uən/ 形 パプア(人)の. ── 名C パプア人.
Pápua Nèw Guínea 名固 パプアニューギニア《太平洋西部の New Guinea 島東部と付近の島々から成る国》.
pa·py·rus /pəpáɪ(ə)rəs/ 名《~·es, -ri│-raɪ/》 1 U パピルス, カミがやつり《アフリカなどに産する大型の多年草》. U《パピルスから作った(一枚の)紙(☞ paper 語源)》. 2 C 《パピルスに書かれた》古文書.
***par** /pɑː│pɑː/ 名 1 U [a ~] 同等, 同位 (equality)《☞ pair 囲み》. 2 U《略式》標準;《健康・精神の》常態. 3 U《商》平価(par of exchange); 為替基準; 額面価格 (par value). 4 U《ゴルフ》規準打数(l コース[ホール]の), パー《☞ birdie, eagle, bogey²》.
abòve [belòw] pár 形·副 額面以上[下]で.
at pár 形·副《商》額面価格で.
be abóut pár for the cóurse 動自《略式》普通[いつも]のことだ,《...に》よくあることだ.
be nòt úp to pár 動自《略式》=be under par.
be ùnder [belòw] pár 動自《略式》いつもの調子[状態]でない; 具合が悪い; 標準以下である.
be ùp to pár 動自《略式》いつもの調子[状態]である; 標準に達している.
on a pár 形·副 同様[同等]で, 肩を並べて: Her work is *on a ~ with* her husband's. 彼女の業績は夫のひけをとらない.
── 形 1 額面[平価]の. 2 標準[平均]の.
── 動他 (**pars**, **parred**; **par·ring** /pɑ́ː(r)ɪŋ/)《ゴルフ》《コース・ホール》をパーであがる.
par. 略 =paragraph, parish.
par·a /pǽrə/ 名C《略式》=paratrooper.
par·a- 連結形 1「防護」の意: *para*chute パラシュート / *para*sol 日傘. 2「...の傍らに, そばに」の意: *para*llel 平行線. 3「超」の意: *para*normal 超常的な. 4「補足する, 副次的な」の意: *para*medic 医療補助員. 5「...に似た, そっくりの」の意: *para*military 準軍事的な.
para. 略 =paragraph.
Para. 略 =Paraguay.
***par·a·ble** /pǽrəbl/ 名C《聖書でイエス・キリストが語っているような》たとえ話, 寓話(ぐ): speak in ~s たとえ話で語る.
pa·rab·o·la /pərǽbələ/ 名C《幾》放物線.
par·a·bol·ic /pæ̀rəbɑ́lɪk│-bɔ́l-/ 形《普通は A》放物線状の;たとえ話の.
parabólic anténna, párabolic áerial 名C パラボラアンテナ.
pa·rab·o·loid /pərǽbəlɔ̀ɪd/ 名C《数》放物面.
par·a·ce·ta·mol /pæ̀rəsíːtəmɔ̀l│-mɔ̀l/ 名C,U《英》パラセタモール《鎮痛剤の一種》.
***par·a·chute** /pǽrəʃùːt/ 名C パラシュート, 落下傘《略式》 chute. 語源 フランス語で「落下を防ぐ」の意《☞ para-1, chute》. **by párachute** 副 パラシュートで. ── 動自《普通は副詞(句)を伴って》パラシュートで降りる (into, on). ── 他《副詞(句)を伴って》パラシュートで降ろす《落とす》(to, into).
par·a·chut·ing /pǽrəʃùːtɪŋ/ 名U,C パラシュート降下《投下》.
par·a·chut·ist /pǽrəʃùːtɪst/ 名C パラシュート降下者, 落下傘兵.
***pa·rade** /pəréɪd/ 名 (**pa·rades** /-réɪdz/) C 1《示威・祭典などの》行進, 行列, パレード;《軍》閲兵: There was a ~ on the Fourth of July. 7月4日《米国の独立記念日》にはパレードがあった. 2《次から次へと現われる》人[物, 事の]連なり (*of*). 3《普通は単数形で》見せびらかし, 誇示 (*of*). 4 細かく述べたてること. 5 [主に地名につけて]《主に英》商店街, 遊歩道. 6 [P-]《街路の固有名詞の一部として》...通り[街]. **màke a paráde of ...**《...》を見せびらかす, 誇示する. **on paráde**《形·副》パレードをして;《軍隊が》閲兵の隊形で, かっこよく見せて; 展示されて. **ráin on ...'s paráde** 動《米略式》《...の》楽しみに水をさす, 台無しにする.
── 動 (**pa·rades** /-réɪdz/; **pa·rad·ed** /-dɪd/; **pa·rad·ing** /-dɪŋ/) 自 1《副詞(句)を伴って》《列を成して》行進する, パレードをする (around, through);《服などを見せびらかして》歩く (up, down): Boys and girls were *parading along* the street. <V+前+名·代> 少年少女たちが通りをパレードしていた. 2《軍》閲兵のために整列[行進]する. 3《...と》うまく見せかける (*as*).
── 他 1《道など》を行進する;《人など》を行進させる. 2《軍》《軍隊》を閲兵する. 3《...》を見せびらかして歩く;《知識·持ち物など》をひけらかす, 誇示する. 4《副詞(句)を伴って》《権力誇示のために》《...》を見せものとする. 5《普通は受身で》《...》を《一と》見せかける (*as*).
paráde gròund 名C 閲兵場, 練兵場.
pa·rad·er /-də│-də/ 名C 行進者, 練り歩く人.
***par·a·digm** /pǽrədàɪm/ 名C 1《格式》例, 模範, 典型 (*of*); パラダイム《思想·科学などを規定する方法論·体系》. 2《文法》語形変化表.
par·a·dig·mat·ic /pæ̀rədɪgmǽtɪk⁺⁻/ 形 1《格式》模範になる. 2《文法》語形変化の. **-i·cal·ly**

/-kəli/ 副 模範的に; 語形変化上.

páradigm shift 名 C パラダイムシフト《天動説から地動説へと変わるような学問パラダイムの大変革》.

***par·a·dise** /pǽrədàɪs/ 名 (**-dis·es** /~ɪz/) **1** U 《冠詞をつけずに; 普通は P-》天国, 極楽: He is in P~. 彼は天国にいる《死んでいる》.
2 U または a ~)楽園, 天国[極楽]のような所: Hawaii is a ~ for foreign tourists. ハワイは外国人旅行者の楽園だ // ☞ fool's paradise. **3** U 《普通は P-》エデンの園《= Eden》: P~ Lost『失楽園』《Milton の叙事詩》. **4** U 至福の状態).

\+**par·a·dox** /pǽrədàks | -dɔ̀ks/ 名 **1** C,U 逆説, パラドックス《表面上は間違っているようで実は正しいこと》; More [The more] haste, less [the less] speed.「急げば急ぐほど遅くなる」など). **2** C つじつまの合わないこと, 矛盾した(面のある)人[こと].

\+**par·a·dox·i·cal** /pæ̀rədáksɪk(ə)l | -dɔ̀k-‐/ 形 逆説の; 逆説的な; 矛盾する. **-cal·ly** /-kəli/ 副 《時に 文修飾節》逆説的に(言えば).

par·af·fin /pǽrəfɪn/ 名 U **1** パラフィン《ろう(wax)の一種ろうそくの原料》. **2** 《英》灯油《《米》kerosene》.

páraffin òil 名 U 《英》= paraffin 2.

páraffin wàx 名 U = paraffin 1.

par·a·glid·er /pǽrəglàɪdə | -də/ 名 C パラグライダー.

par·a·glid·ing /pǽrəglàɪdɪŋ/ 名 U パラグライディング.

\+**par·a·gon** /pǽrəgàn | -gən/ 名 C 模範, 手本; 完璧な人[物]: a ~ of virtue 美徳の鑑(かがみ).

***par·a·graph** /pǽrəgræ̀f | -grɑ̀ːf/ 名 (**~s** /~z/) C **1** 段落, パラグラフ《略 par., para.; ☞ graph 単語の記憶》. 参考 いくつかの文からなり, あるまとまった考えや状況を表わす; 書き出しは少し引っ込めて書く. **2** (新聞の)小記事, 短評. **3** 段落符号《¶ の記号》.
—— 動 他 〈文章を〉段落に分ける.

Par·a·guay /pǽrəgwàɪ, -gwèɪ/ 名 固 パラグアイ《南米中部の共和国; 略 Para.》.

Par·a·guay·an /pæ̀rəgwáɪən, -gwéɪ-‐/ 形 パラグアイ(人)の. —— 名 C パラグアイ人.

par·a·keet /pǽrəkì:t/ 名 C 《小型の》いんこ《せきせいいんこなど》.

pára·làn·guage 名 U,C 〖言〗パラ言語《言語外の伝達行為; 声の調子など》.

par·a·le·gal /pæ̀rəlí:g(ə)l‐/ 名 C 《米》弁護士[法律家]補助員《無資格だが補助訓練を受けた》.

par·al·lax /pǽrəlæ̀ks/ 名 U,C 〖天·光·写〗視差《観察者の位置の変化で, 物体の位置がずれて見えること》.

parakeets

***par·al·lel** /pǽrəlèl/ 13 名 (~**s** /~z/) **1** C,U 匹敵するもの, 対等のもの (to, with): Her success as a singer has no ~ in our country. 歌手としての彼女の成功はわが国に類のないものだ.
2 C 平行線[面] (to, with).
3 C 緯線 (parallel of latitude): The 38th ~ separates South Korea and [from] North Korea. 38度線は韓国と北朝鮮とを分ける. 関連 latitude 緯度. **4** C 比較, 対比 (between); [しばしば複数形で] 類似点 (between, with). **5** U 〖電〗並列: in ~ 並列に. 関連 series 直列.

dráw a párallel betwèen ... 動 他 《類似の2つのもの》を比較する: Many interesting ~s may be drawn between Shakespeare and Chikamatsu. シェークスピアと近松との間には多くの興味ある類似点が指摘できる.

in párallel [形·副] 平行して, 同時に (with, to).
withòut párallel [形] 比べるものがない(ほどの).

—— 形 **1** [比較なし] 平行な[した] 《言い換え》Draw ~ lines to this. = Draw lines ~ to [with] this. これに平行線を引きなさい / a highway running ~ to [with] the railroad 線路と平行に走っている幹線道路. **2** 《格式》類似[同様]の; 同じ《傾向の》: a ~ circuit 並列回路. 関連 series 直列の. **4** 〖電算〗(データ処理が)並列の《反 serial》. 語源 ギリシャ語で「お互いのそばに」の意 ☞ para- p.

—— 動 (**-al·lels** /~z/; **-al·leled**, 《英》**-al·lelled** /~d/; **-lel·ing**, 《英》**-lel·ling**) 他 **1** 《格式》〈...〉に類似する; [普通は受身で] 〈...〉に匹敵する: Cleopatra's beauty has never been ~ed. クレオパトラの美しさに並んだものはない.
2 《格式》〈...〉に平行する: The railroad ~s the highway. 鉄道は幹線道路と平行している. **3** [普通は受身で] 〈...〉と平行して[同時に]起こる.
—— 副 (...と)平行に (to, with).

párallel bárs 名 [複] 〖スポ〗平行棒.

par·al·lel·is·m /pǽrəlelìzm/ 名 《格式》平行, 並行; 類似, 対応; C 類似点.

par·al·lel·o·gram /pæ̀rəléləgræ̀m/ 名 C 〖幾〗平行四辺形.

párallel párking 名 U 縦列駐車.

párallel pórt 名 C 〖電算〗パラレルポート《同時に複数のビットを伝送する出入力ポート》.

párallel prócessing 名 U 〖電算〗並列処理.

Par·a·lym·pics /pærəlímpɪks/, **Par·a·lym·pic Gámes** /pærəlímpɪk-/ 名 [複] [the ~] パラリンピック《国際身体障害者スポーツ大会》.

\+**par·a·lyse** /pǽrəlàɪz/ 動 《英》= paralyze.

par·a·lysed /pǽrəlàɪzd/ 形 《英》= paralyzed.

\+**pa·ral·y·sis** /pərǽləsɪs/ 名 (**pa·ral·y·ses** /-sì:z/) **1** U,C まひ, 中風. **2** U まひ状態; 無力 (of).

par·a·lyt·ic /pæ̀rəlítɪk‐/ 形 **1** [普通は A] まひした; 中風の. **2** [普通は P] 《英略式》べろべろに酔った. —— 名 C まひ患者. **-lýt·i·cal·ly** /-kəli/ 副 まひして; べろべろに酔って.

\+**par·a·lyze, 《英》-a·lyse** /pǽrəlàɪz/ 動 **1** 〈...〉をまひさせる, しびれさせる: My left arm was ~d. 左腕がまひした. **2** [しばしば受身で] 《ショックや恐怖で》〈...〉を無力にする, 身動きできなくする;〈機能など〉をまひさせる: be ~d with fear 恐怖に縮み上がる / Rail services were ~d by the snow. 雪で列車が不通になった.

pár·a·lỳzed, 《英》-a·lỳsed 形 **1** 体(の一部)がまひした. **2** 頭が働かなくなった, 《気が》動転した.

Par·a·mar·i·bo /pæ̀rəmǽrəbòʊ/ 名 固 パラマリボ《スリナム (Surinam) の首都》.

par·a·med·ic /pæ̀rəmédɪk/ 名 C **1** 救急医療隊員; 医療補助員《X 線技師·薬剤師·救護員など》. **2** 《俗》(地への)落下傘降下医. **3** 〖軍〗パラシュート衛生兵.

par·a·med·i·cal /pæ̀rəmédɪk(ə)l‐/ 形 医療補助の.

\+**pa·ram·e·ter** /pərǽmətə | -tə/ 名 C **1** [普通は複数形で] 限定要素, 要因; 制限(範囲), 限界: establish [set, lay down] ~s 限界を定める, 制限を設ける. **2** 〖数〗パラメーター, 媒介変数. **3** 〖統〗パラメーター, 母数.

pa·ram·e·ter·ize /pərǽmətəràɪz/, **pa·ram·e·trize** /pərǽmətràɪz/ 動 他 〖数〗〈...〉をパラメーターで表示する.

par·a·met·ric /pæ̀rəmétrɪk‐/ 形 パラメーターによる.

\+**par·a·mil·i·tar·y** /pæ̀rəmílətèri | -təri, -tri‐/

paramount 1274

形 [普通は A] (非合法組織が)準軍事的な, 軍隊組織的な; 軍補助の. ── 名 C 準軍事的組織のメンバー.

†**par·a·mount** /pǽrəmàunt/ 形 《格式》最高の (supreme); 最も優れた; 最高位の 《⇨ mount [単語の記憶]》: Catching the killer is ~ [of ~ importance]. 殺人犯の逮捕が最も重要だ.

Paramount /pǽrəmàunt/ 名 固 パラマウント 《米国の映画会社》.

par·a·mount·cy /pǽrəmàuntsi/ 名 U 最高(位).

par·a·mour /pǽrəmùə | -mùə/ 名 C 《文》愛人, 情婦.

Pa·ra·ná River /pæ̀rəná:-/ 名 固 [the ~] パラナ川 《ブラジル南部より流れアルゼンチンで大西洋に注ぐ》.

†**par·a·noi·a** /pæ̀rənɔ́iə/ 名 U **1** (他人をむやみに疑うこと, 考え[かんぐり]すぎ, 被害妄想. **2** 〖心〗パラノイア, 偏執症, 妄想症.

†**par·a·noid** /pǽrənɔ̀id/, **par·a·noi·ac** /pæ̀rənɔ́iæk←/ 形 **1** (根拠もないのに)異常に疑い深い, 考え[かんぐり]すぎの (about). **2** 〖心〗偏執[妄想]症の. ── 名 C **1** 〖心〗偏執症患者. **2** 異常に疑い深い[考えすぎる]人.

pàra·nórmal 形 科学では説明できない, 超常的な (supernatural). ── 名 [the ~] 超常(的)現象.

par·a·pet /pǽrəpət, -pèt/ 名 C (バルコニー・橋などの)欄干, 手すり; (城などの)胸壁, (ざんごうの前に盛り上げた土石の)防御壁. **kéep one's héad belòw the párapet** 〖動〗〖自〗《主に英》危険を避ける. **pút [stick] one's héad abòve the párapet** 〖動〗〖自〗《主に英》物議をかもすことを言う[する].

par·a·pher·na·lia /pæ̀rəfənéiljə, -liə | -fənéliə/ 名 U **1** 身の回りの品; 諸道具. **2** めんどうな事[手続き].

par·a·phrase /pǽrəfrèiz/ 動 他 〈文章など〉を別の(易しい)言い方で言い換える, 意訳する. ── 自 (易しい)言い換えをする. ── 名 C 易しい言い換え (of).

par·a·ple·gi·a /pæ̀rəplí:dʒ(i)ə/ 名 U 〖医〗(下半身の)対まひ.

par·a·ple·gic /pæ̀rəplí:dʒik←/ 〖医〗形 A 対まひの. ── 名 C 対まひ患者.

pàra·proféssional 名 C, 形 A (医師などの)専門職補助員.

pàra·psychólogist 名 C 超心理学者.

pàra·psychólogy 名 U 超心理学 《テレパシーなどの心霊現象を扱う》.

par·a·quat /pǽrəkwàt | -kwɔ̀t/ 名 U パラコート 《強力な除草剤; 商標》.

pára·sàiling 名 U パラセーリング 《パラシュートを身につけモーターボートにひかせて空中を舞うスポーツ》.

par·a·scend·ing /pǽrəsèndiŋ/ 名 U パラセンディング 《パラシュートを身につけ, 車にひかせて空中を舞い上がり, パラシュートにより降りるスポーツ》.

†**par·a·site** /pǽrəsàit/ 名 C **1** 寄生動[植]物. 関連 host 寄生動植物の宿主. **2** 居候(いそうろう), (他人から利益を得て生活する)寄生虫(のような人) (on).

†**par·a·sit·ic** /pæ̀rəsítik←/, **-i·cal** /-sítik(ə)l←/ 形 **1** [普通は A] (動物・植物の)寄生の; (病気などの)寄生生物で起こる. **2** 居候の, 寄生虫のような. **-cal·ly** /-kəli/ 副 寄生虫のように; 居候して.

par·a·sol /pǽrəsɔ̀:l, -sɑ̀l | -sɔ̀l/ 名 C (女性用の)日傘, パラソル 《⇨ beach umbrella 日英比較》. 関連 umbrella 傘 / sunshade 日傘. 語源 イタリア語で「太陽(の熱)を防ぐ」の意; ⇨ para- 1, Sol.

par·a·stat·al /pæ̀rəstéɪtl/ 名, 形 C 準国営[半官]の(団体).

pár·a·sym·pathèt·ic nérvous sỳstem /pǽrəsɪ̀mpəθètɪk-/ 名 [the ~] 〖生理〗副交感神経系.

pa·ra·tha /pərá:tə/ 名 C パラーター 《なべで焼いたインドの平たいパン》.

pàra·thýroid 〖解〗名 C, 形 副甲状腺(の).

par·a·troop /pǽrətrù:p/ 形 A 落下傘部隊の.

†**par·a·troop·er** /pǽrətrù:pə | -pə/ 名 C 落下傘兵.

pára·tròops 名 〖複〗落下傘部隊.

pàra·týphoid 名 U パラチフス.

par a·vion /pà:rævjɔ́:ŋ/ 《フランス語から》 副 航空便で (by airmail) 《航空郵便の表記》.

par·boil /pɑ́əbɔ̀ɪl | pɑ́:-/ 動 他 〈…〉を軽くゆでる, 半ゆでにする, (さっと)湯通しする.

*__par·cel__ /pɑ́əs(ə)l | pɑ́:-/ 名 (~s /-z/) C **1** 《主に英》包み; 小包, 小荷物 (of) 《米》package 《⇨ bundle 類義語》: "Will you take this ~ to the post office?" "OK." 「この小包を郵便局に持っていってくれませんか」「いいですよ」

┌─ コロケーション ─────
deliver a parcel 小包を配達する
get [receive] a parcel 小包を受け取る
mail [post] a parcel 小包を郵送する
open [unwrap] a parcel 小包をあける
send a parcel 小包を送る
wrap a parcel 小包を作る
└─────────────

2 (土地などの) 1 区画: a ~ of land 1 区画の土地. **3** 《主に英》一包, 多数 (of). **4** 《英》包み焼き, ペーストリー. **párt and párcel** 名 重要部分 (of). 語源 ラテン語で「小さく分けた部分」の意.
── 動 (par·cels; par·celed, 《英》par·celled; -cel·ing, 《英》-cel·ling) 他 **1** 《英》〈…〉を包みにする, 小包にする: She ~ed up her books and sent them to her uncle. 彼女は本を小包にしておじに送った. **2** 〈…〉を分配する. **3** 〈…〉を分ける (off).

párcel bòmb 名 C 《英》 =package bomb.

párcel pòst 名 U 小包郵便.

parch /pɑ́ətʃ | pɑ́:tʃ/ 動 他 **1** (日光・風が)〈…〉を干からびさせる. **2** 〈人〉ののどをからからにする.

parched /pɑ́ətʃt | pɑ́:tʃt/ 形 **1** (土地などが)からからに乾いた, 干からびた. **2** 《略式》のどがからからで.

Par·chee·si /pɑətʃí:zi | pɑ:-/ 名 U パーチージ 《米国の卓上ゲーム; 商標》.

parch·ment /pɑ́ətʃmənt | pɑ́:tʃ-/ 名 U 羊皮紙; 羊皮紙状の紙; 羊皮紙(状の紙)の文書 《古文書・証書など》. **2** 《米》卒業証書.

pard·ner /pɑ́ədnə | pɑ́:dnə/ 名 C 《米》(滑稽)《呼びかけで》君.

*__par·don__ /pɑ́ədn | pɑ́:-/ 名 (~s /-z/) **1** U (古風) 許すこと, 容赦(ぜん)[勘弁]すること: He ˈasked (for) [begged, sought] my ~. 彼は私の許しを請うた. **2** C 許し, 容赦: A thousand ~s **for** interrupting you. お話し中誠に恐れ入ります. **3** C 《米》恩赦, 特赦; 恩赦状; (ローマ教皇の)赦免, 免罪符.

Bég párdon? 《古風, 略式》 =Pardon (me)? 《⇨成句》.

I bég [Bég, I dó bèg] your párdon. 《丁寧》 (1) Ⓢ 《やや古風, 英》ごめんなさい, 失礼しました 《相手にぶつかったり, またはちょっとした過ちや無礼をわびるとき》 (Pardon me.). 語法 下降調で発音される 《⇨つづり字と発音解説 93》. (2) 失礼します, ちょっと通してください. (3) 失礼ながら…に賛成しかねるとき: I beg your ~, but I believe you're wrong. 失礼ですがそうではないと思います. (4) 《米》すみません, 失礼ですが 《見知らぬ人に話しかけるとき》 (Excuse me (, but …)). (5) 失礼ですがそれは違います; 何ですって 《怒りや驚きを込めて》.

(I) bég your párdon? 《丁寧》 《恐れ入りますが》もう一度おっしゃってください 《相手の言ったことがわからなかったり聞き取れなくて聞き返すとき》. 語法 上昇調で発音

される《☞ つづり字と発音解説 94》.

> [会話] "May I ask your address?" "I beg your ～? ↗" "I said, 'May I ask your address?'"「ご住所をうかがいたいのですが」「何とおっしゃいましたか」「ご住所をうかがいたいのです」

── [動] (**par·dons** /～z/; **par·doned** /～d/; **-don·ing**) [他] **1** [進行形なし] 《格式》〈…〉を許す, 大目に見る, 見逃す《☞ forgive 表, 類義語》: Please ～ his rudeness. He's not at all well. 彼の失礼をお許しください. 具合がよくないのです / [言い換え] Please **～** my interrupt*ing* you. <V+O (動名)> =Please **～** me (*for*) interrupt*ing* you. <V+O+(*for*+)動名> お話のおじゃまをして申しわけありません. **2** 〈人・罪〉を赦免(しゃめん)[特赦]する.

if you'll párdon ⌜**the expréssion** [**my fránkness**]⌝ [副] [文修飾語] Ⓢ (悪いけど)言わせてもらえるなら, (こう)言っちゃ何だけど, 汚いことばで申しわけないが.

may be párdoned for dóing (人が)…するのも無理もない.

Párdon me. Ⓢ 《丁寧》 (1) ごめんなさい, 失礼しました (I beg your pardon.).

> [会話] "Oh! was this your pencil?" "Yes." "Oh. *P～ me*. I thought it was mine."「まあ, これはあなたの鉛筆だったの」「ええ」「あら, ごめんなさい. 私のだと思っていたの」

(2) 失礼します, ちょっと通してください. (3) 《古風, 主に英》すみませんが《人に話しかけるとき》.

Párdon (《米》**me**)**?** すみませんがもう一度. [語法] 上昇調で発音される《☞ つづり字と発音解説 94》: She spoke in such a low voice that I had to say, "*P～* (*me*)?" 彼女はとても低い声で話したので「何とおっしゃいました」と聞き返さなければならなかった.

Párdon me, but … Ⓢ 《丁寧》失礼ですが…, お言葉ですが《相手に注意・不賛成の意を表わす》: *P～ me, but* that is my hat. 失礼ですがそれは私の帽子です.

Párdon me for bréathing [**líving**]. Ⓢ 悪うございましたね《わけもなく怒られたとき》.

Párdon me for interrúpting [**ásking**] **but …** Ⓢ おじゃまして[お尋ねして]すみませんが….

Párdon my ígnorance [**rúdeness**], **but …** Ⓢ 知らなくてすみませんが[失礼ですが]….

par·don·a·ble /pάədnəbl | pά:-/ [形] 《格式》許すことができる, 容赦できる, 無理もない. **-a·bly** /-nəbli/ [副] 許すことができる程度に, 無理もなく.

pár·don·er /-nə | -nə/ [名] [C] 許す人; (中世の)免罪符売り.

⁺**pare** /péə | péə/ [動] (**par·ing** /pé(ə)rɪŋ/) [他] **1** 〈つめなど〉を切り整える. **2** 〈野菜・果物〉の皮をむく (*away, off*) 《刃物で; ☞ peel 表》. **3** 〈出費など〉を減らす (*down*).

páred-dówn [形] 切り詰めた.

*⁑***par·ent** /pé(ə)rənt, pǽr- | péər-/ [名] (**par·ents** /-rənts/; [形] paréntal) **1** [C] **親**《father または mother》, (動植物の)親; [複数形で] **両親** ([反] child): The girl has only one ～. その少女には片親しかいない / "What do your ～*s* do?" "My dad is a high school English teacher, and my mom gives piano lessons at home."「ご両親のお仕事は何ですか」「父は高校の英語の教師で, 母は自宅でピアノを教えています」 **2** [形容詞的に] 親の; 元となる: ～ birds 親鳥. [語源] ラテン語で「子を産む」の意.

── [動] [他] 〈…〉の親(代わり)となる.

⁺**par·ent·age** /pé(ə)rəntɪʤ, pǽr- | péər-/ [名] [U] 家柄, 血統, 生まれ.

⁺**pa·ren·tal** /pəréntl/ [形] ([名] párent) [普通は [A]] 親の, 親らしい, 親としての; 親身の.

paréntal léave [名] [U,C] 育児休暇.

párent cómpany [名] [C] 親会社.

pa·ren·the·sis /pərénθəsɪs/ [名] (複 **pa·ren·the·ses** /-sì:z/) [C] **1** [普通は複数形で] 《主に米》[《英》では《格式》] 丸かっこ《( ) の記号》: put … *into* [*in*] *parentheses* …をかっこに入れる.

parentheses, 《英》 (round) brackets	丸かっこ ( )
angle brackets	かぎかっこ 〈 〉
《米》 brackets, 《英》 square brackets	角がっこ [ ]
braces	大かっこ { }

2 〚文法〛挿入語句.

> [文法] **挿入語句**
> 文中において, 他の文の要素から独立して説明や注釈を加えるために挿入される語句をいう. 話しことばにおいては本文と区別するために前後もしくは後のみに休止 (pause) を置き, 低い音調で最後は上昇調《☞ つづり字と発音解説 94》で言われる. また書きことばでは前後をコンマ (,) で区切ったり, かっこでくくったり, あるいはダッシュ (—) で区切るのが普通である. 挿入語句には主語・述語を備え, 節の形をしているものや, 単に語のみのものもある: If you are wrong—*and I am sure you are in the wrong*—you must apologize. もしあなたが間違っていたら—私はきっとあなたが間違っていると思うのだが—あなたは謝らなければならない / He is, *so to speak*, a living corpse. 彼はいわば生けるしかばねだ.
> なお関係代名詞の非制限用法もこの挿入的表現として用いられることがある《☞ nonrestrictive use [文法]》.

in paréntesis [副] [つなぎ語] ついでながら, ついでに言いますが (incidentally).

par·en·thet·i·cal /pæ̀rənθétɪk(ə)l←/, **-thét·ic** /-tɪk←/ [形] [普通は [A]] 挿入語句的な; ついでの. **-cal·ly** /-kəli/ [副] 挿入語句的に; ついでに.

⁺**párent·hòod** [名] [U] 親であること.

⁺**par·ent·ing** /pé(ə)rəntɪŋ, pǽr- | péər-/ [名] [U] 子育て, 養育.

párent-téacher associàtion [名] [C] [しばしば P- T- A-] ピーティーエー (《略》 PTA).

par ex·cel·lence /pa:rèksəlά:ns | -éksəlà:ns/ 《フランス語から》 [形] [名詞の後に置いて] 一段と優れた, 抜群の.

par·fait /pa:ə féɪ | pa:-/ [名] [U,C] パフェ《果物・シロップ・アイスクリームなどで作る冷たいデザート》.

par·fleche /pάəfleʃ | pά:-/ [名] [U] (バッファローの)生皮; [C] 生皮で作ったもの《箱・袋・外衣など》.

pa·ri·ah /pəráɪə/ [名] [C] **1** (社会からの)のけ者, きらわれ者, つまはじきにされる人. **2** 《古語》(インドの)パリア《カースト外・最下層カーストの人》.

pa·ri·e·tal /pəráɪətl/ [形] 〚生・解〛頭頂(部)の.

paríetal lòbe [名] [C] 〚解・動〛(脳の)頭頂葉.

par·i·mu·tu·el /pæ̀rimjú:ʧuəl/ 《フランス語から》 [名] **1** [U] (競馬で)勝馬に賭けた人々が手数料・税金・賭け金を分配する賭け方. **2** [C] 《米》賭け金表示器.

pari-mútuel machíne [名] [C] 《米》賭け金[配当金]表示器.

par·ing /pé(ə)rɪŋ/ [名] **1** [U] 皮むき; 削り[切り]取ること. **2** [複数形で] (皮などの)むき[切り]くず.

páring knìfe [名] [C] 果物ナイフ.

*__Par·is__[1] /pǽrɪs/ ([類音] palace) [名] ([形] Parísian) [固] パリ《フランス北部の Seine 川にまたがる同国の首都》.

Par·is[2] /pǽrɪs/ [名] [固] 〚ギ神〛パリス《Troy の王子; Sparta 王妃 Helen を誘拐しトロイ戦争を起こした》.

Paris-Dakar Rally

Pa·ris-Da·kar Ral·ly /-dəkáɚ-|-dékɑː-/ 名 固 [the ~] パリダカールラリー《Paris からセネガルのダカールまでの長距離自動車レース》.

***par·ish** /pǽrɪʃ/ 名 (~·es /-ɪz/; 形 paróchial 2) **1** ⓒ 教区《1つの教会 (church) と1人の牧師 (parson) を有する区域で英国では行政上の最小単位》(略 par.; ☞ rector, vicar). **2** [the ~ として《英》時に複数扱い] 教区民《行政教区》の住民《全体》. **3** ⓒ 《米》(Louisiana 州の)郡 (☞ county 参考). **…'s párish** 名 《古，英》…のよく知っている分野，「守備範囲」.

párish chúrch 名 ⓒ 教区教会.
párish clérk 名 ⓒ 《英》教区教会の庶務係.
párish cóuncil 名 ⓒ 《英》教区会《自治機関》.
pa·rish·ion·er /pərɪ́ʃ(ə)nɚ | -nə/ 名 ⓒ 教区民.
párish-pùmp 形 Ⓐ 《古風，英》《事件・政治などが》ローカルな，地元の.
párish régister 名 ⓒ 教会記録簿《教区の教会に保存されている洗礼・結婚・埋葬などの記録》.

***Pa·ri·sian** /pərɪ́ʒən | -ziən/ 名 ⓒ 固 Páris パリの; パリ市民の; パリ風の. —— 名 ⓒ パリ市民.

***par·i·ty** /pǽrəti/ 名 Ⓤ **1** 《格式》(給料・地位などの)同等; 等量; 同率 (with). **2** 《経》平価(価格); 等価. **3** 《電算》パリティ，奇偶.

párity bit 名 ⓒ 《電算》奇偶検査ビット.

✲park /pάɚk | pάːk/ 類音 perk¹,²,³

```
元来は「囲まれた場所」の意.
  → 「公園」1
  → 「…場」 → 「駐車場」2 → 「駐車する」動 1
```

—— 名 (~s /-s/) **1** ⓒ 公園 (略 pk.); 遊園地《米 amusement park》: a nature ~ 自然公園 / a national ~ 国立公園 / My father takes a walk in the ~ every morning. 私の父は毎朝公園を散歩する. 参考 park は普通大きく広いものを指し，町の中の小さな公園は square と呼ぶことがある.

2 ⓒ 駐車場 (parking lot, 《英》car park). **3** ⓒ 《米》野球場 (ballpark), 運動《競技》場; [the ~]《英略式》(主にプロの)サッカー[ラグビー]場. **4** ⓒ 《私有の》大庭園; (…用の)広大な敷地. **5** Ⓤ《車》パーク《オートマチック車の駐車時のレバーの位置》.

—— (parks /-s/; parked /-t/; park·ing) 他 **1** 〈車を〉(しばらく)駐車する, 止めておく: He ~ed his car *behind* the building. <V+O+前+名+代> 彼は車を建物の裏手に止めた / There's a car ~ed *in front of* my house. 私の家の前に1台の車が止まっている / My car *is ~ed over there*. <V+O+副の受身> 私の車はあそこに駐車してある (I'm ~ed over there. ともいう; ☞ 成句). **2** Ⓢ 《略式》〈物を〉(…に)置いていく, 《迷惑》〈子供などを〉(…に)預ける (on): She ~ed her bag [children] *at* the reception desk. 彼女は手さげ[子供]をフロントに預けた. —— 自 駐車する: Can I ~ here? ここに駐車できますか.
be párked 動 自 (人が)駐車している (☞ I).
párk onesèlf 動 自 Ⓢ 《略式》(迷惑を顧みず)すわる, 腰かける, 陣取る.

par·ka /pάɚkə | pάː-/ 名 ⓒ **1** パーカ《フード付き防寒服》. **2** 《エスキモーの冬用フード付き毛皮製パーカ》.

párk-and-ríde 名 Ⓤ パークアンドライド方式《鉄道・バスのターミナル駅で自家用車を駐車し，電車などで市内へ通勤する方式》.

Párk Avenue 名 固 パークアベニュー《New York 市 Manhattan の高級住宅・オフィス街》.

Par·ker /pάɚkɚ | pάːkə/ 名 **1** ⓒ パーカー《米国製の万年筆・ボールペン; 商標》. **2** 固 Charlie ~ パーカー (1920-55)《米国のジャズアルトサックス奏者・作曲家》.

par·kin /pάɚkɪn | pάː-/ 名 Ⓤ 《英》パーキン《しょうが・オートミール・糖みつのケーキ》.

***park·ing** /pάɚkɪŋ | pάː-/ 名 Ⓤ **1** 駐車 (略 P): NO PARKING 駐車禁止《掲示; ☞ no 形 3》 / We'll have a ~ problem there one of these days. そのうちそこでは駐車は難しくなるだろう.
2 駐車場, 駐車スペース (略 P): There is plenty of ~ near the theater. 劇場近くには駐車場所が十分ある.

párking bràke 名 ⓒ 《米》= emergency brake.
párking garàge 名 ⓒ 《米》(屋内)駐車場《多層のことが多い》(《英》car park).
párking lìght 名 ⓒ [普通は複数形で]《米》(自動車の)駐車灯, 側灯 (《英》sidelight).
✲párking lòt 名 ⓒ 《米》(屋外)駐車場 (《米》park, 《英》car park).
párking mèter 名 ⓒ パーキングメーター.
párking spàce [spòt] 名 ⓒ 駐車スペース.
párking tìcket 名 ⓒ 駐車違反の切符.

Par·kin·son's (disèase) /pάɚkɪnsə(ə)nz- | pάː-/, **Par·kin·son·is·m** /pάɚkɪnsənìzm | pάː-/ 名 Ⓤ 《医》パーキンソン病.

Párkinson's láw 名 Ⓤ 《滑稽》パーキンソンの法則《組織の問題点を法則で表わしたもの; 「仕事は割り当てられた時間いっぱいまでのびる」など》.

párk kèeper 名 ⓒ 《英》公園管理人.
✲párk lànd 名 Ⓤ (公園用の)緑地; 《英》(特にいなかの)大邸宅周辺の緑地.
párk rànger 名 ⓒ 《米》国立公園管理人.

Parks /pάɚks | pάːks/ 名 固 Rosa ~ パークス (1913-)《1955年バスで白人に席をゆずるのを拒否して逮捕された Alabama 州の黒人女性; これが公民権運動の先駆となったバス・ボイコットのきっかけを作った》.

párk·wày /pάɚkwèɪ | pάːk-/ 名 ⓒ 《米》(道の両側や中央分離帯に)樹木や芝生を植えた広い道路 (略 pkwy., pky.).

park·y /pάɚki | pάː-/ 形 (park·i·er; park·i·est) 《英略式》《気候・空気が》冷え冷えとした.

par·lance /pάɚləns | pάː-/ 名 Ⓤ 《格式》話しぶり, 口調; (特有な)語法: in common [legal] ~ 普通の[法律]用語で.

par·lay /pάɚleɪ, -li | pάːli/ 《米》動 他 **1** 〈賭(か)け金と賞金を〉さらに次のレース[試合]に賭ける. **2** 〈資金・才能を〉活用する (into). —— 名 ⓒ 賭け金と賞金をさらに次のレース[試合]に賭けること.

par·ley /pάɚli | pάː-/ 《古風》名 ⓒ 会談, 和平交渉《特に戦場での》(with). —— 動 自 (主に平和のために)談判[交渉]する (with).

✲par·lia·ment /pάɚləmənt, -ljə- | pάː-/ 名 13 (par·lia·ments /-mənts/; 形 pàrliaméntary)

```
古(期)フランス語で「話し合う (☞ parlor 語源)」の意
  → (話し合いの場所) → 「議会」1
```

1 [P-] 《英国の》議会, 国会《英連邦の自治領の議会にも用いる; ☞ congress 表》: a Member of P~ 下院議員 (略 MP; ☞ congress 表) / the Houses of P~ 《英国の》国会議事堂 / convene P~ 議会を召集する. **2** ⓒ (一般に)議会, 国会; 国会の会期中: dissolve [adjourn] a ~ 議会を解散する / The bill will be passed during the present ~. その法案はこの会期中に可決されるだろう. **3** ⓒ 国会議事堂.

the Houses of Parliament

énter [gò ínto, gèt ínto] Párliament [動] (自) (英) 下院議員になる. ópen Párliament [動] (自) (英) (英国の(女)王が)議会の開会を宣す. stánd for Párliament [動] (自) (英) 国会議員に立候補する.

+par·lia·men·tar·i·an /pɑ̀ːləmentéə)riən, -ljə-| pɑ̀ː-⌐/ 名 1 ベテランの議員. 2 議事運営に詳しい人. ── 形 議会の (parliamentary).

*par·lia·men·ta·ry /pɑ̀ːləméntəri, -ljə-, -tri | pɑ̀ː-⌐/ 形 (名 párliament, 反 unparliamentary) 1 [普通は限定] 議会の; 議会で制定した: ~ democracy 議会制民主主義. 2 (ふるまい・ことばが)議会にふさわしい(品位のある).

+par·lor, (英) par·lour /pɑ́ːlə | pɑ́ːlə/ 名 C 1 [普通は合成語で] 《主に米》(客間風に造った)店, 営業所: a beauty ~ 美容院 / a funeral ~ 葬儀店 / an ice-cream ~ アイスクリーム店. 2 C (古風) 客間; 応接室. ── 口先だけの, 空論をもてあそぶ: a ~ socialist 口先だけの社会主義者. 語源 古(期)フランス語で「話をする部屋」の意; ☞ parliament 囲み.

párlor càr 名 C (米) 特等客車 (Pullman).
párlor gàme 名 C (古風) 室内ゲーム [遊戯] (クイズ・ことば遊びなど).
párlor·màid 名 C (昔の)お手伝い, メード.
par·lour /pɑ́ːlə | pɑ́ːlə/ 名 C (英) =parlor.
par·lous /pɑ́ːləs | pɑ́ː-/ 形 (格式) 危険な; 不安定な; 非常に悪い: in a ~ state 緊迫して.
Pár·me·san (chéese) /pɑ́ːməzæ̀ːn- | pɑ́ːmɪzæ̀n-/ 名 U [時に p-] パルメザンチーズ(イタリア産).
Par·nas·sus /pɑːnǽsəs | pɑː-/ 名 1 (固) パルナッソス(ギリシャ中部の山; 古くは Delphi があり文人に神聖視された). 2 A 文[詩]壇, 詩歌の世界.

+pa·ro·chi·al /pəróukiəl/ 形 (名 párish) 1 (考えなどが)狭い. 2 (格式) 教区の. 3 A (主に米) 教区学校の.
pa·ro·chi·al·ism /pəróukiəlìzm/ 名 U (考えなどの)狭さ, 偏狭, 狭量; 教区制度.
pa·ro·chi·al·ly /pəróukiəli/ 副 (考えなどが)狭く, 偏狭などに.
paróchial schòol 名 C 《主に米》教区学校(教会などが運営する小・中・高等学校).
par·o·dist /pǽrədist/ 名 C パロディー作者.
+par·o·dy /pǽrədi/ 名 (-o·dies) 1 C,U もじり文, パロディー; 替え歌 (of, on). 2 C 下手な模倣, 猿まね: a ~ of justice (茶番じみた)不公正な裁判. ── 動 (-o·dies; -o·died; -dy·ing) 他 ...をもじる, パロディー化する; 下手にまねる.

+pa·role /pəróul/ 名 [法] 仮出所(許可); C,U 仮出所の宣誓; U [言] パロール(具体的言語行為; ☞ langue): break ~ 仮出所時の宣誓を破る. on pa·róle [形・副] [法] 仮出所して. ── 動 [普通は受身で] 〈人〉を仮出所させる. ── 形 [法] 仮出所(者)の.
pa·rol·ee /pəròulíː/ 名 C 仮出所者.
par·ox·ysm /pǽrəksìzm/ 名 C (感情などの)激発; (病気の周期的な)発作: a ~ of rage [laughter, jealousy] 激怒[爆笑, 激しいしっと].
par·ox·ys·mal /pæ̀rəksízm(ə)l⌐/ 形 激発の; 発作の.
par·quet /pɑɑkéi, pɑ́ɑkeɪ | pɑ́ːkeɪ/ 名 1 U 寄せ木細工(の床). 2 C (米) (劇場の)1 階前方席 (1 等席). ── 動 他〈床〉を寄せ木細工にして作る, 寄せ木張りにする.
párquet círcle 名 C (米) (劇場の)1 階後方席 (parquet の後ろでバルコニーの下にある席).
par·que·try /pɑ́ːkɪtri | pɑ́ː-/ 名 U (床の)寄せ木細工[張り].
parr /pɑə | pɑː/ 名 (複 ~(s)) C さけの幼魚.
par·ra·keet /pǽrəkìːt/ 名 C =parakeet.
par·ri·ci·dal /pæ̀rəsáɪdl⌐/ 形 親[近親]殺しの.
par·ri·cide /pǽrəsàɪd/ 名 (格式) 1 C,U 親[近親]殺し(の行為). 2 C 親[近親]殺し(人). 関連

---

patricide 父殺し / matricide 母殺し.

+par·rot /pǽrət/ 名 C 1 おうむ: She only repeated the words like a ~. 彼女はその文句をただおうむのように繰り返すだけだった. ★ 鳴き声については ☞ cry 表; 名前は ☞ Polly. ★ (わけもわからず)ただ他人のことばをおうむ返しする人. (as) síck as a párrot [形] Ⓢ (英略式) [滑稽] がっかりして.
── 動 他 [普通は軽蔑] 〈...〉をおうむ返しに言う.
párrot-fàshion 副 (英) おうむ返しに; 棒暗記で.
par·ry /pǽri/ 動 (par·ries; par·ried; -ry·ing) 他 1 〈打撃〉をかわす; 〈質問など〉をうまく流す. ── 名 (par·ries) C かわし(フェンシングなどで突きを払うこと).
parse /pɑ́ːs | pɑːz/ 動 他 [文法] 〈文〉を分析する(文中の語の品詞・文法的な関係を説明すること).
Par·see /pɑ́ːsiː | pɑːsíː/ 名 C, 形 パルシー教徒(の) (インド西部のペルシャ系ゾロアスター教徒).
pars·er /pɑ́ːsə | pɑːzə/ 名 C [電算] パーザ(構文解析プログラム).
Par·si /pɑ́ːsiː | pɑːsíː/ 名 C =Parsee.
par·si·mo·ni·ous /pɑ̀ːsəmóʊniəs | pɑ̀ː-⌐/ 形 (格式) けちな (with). ~·ly 副 けちって. ~·ness 名 U けち.
par·si·mo·ny /pɑ́ːsəmòʊni | pɑ́ːsəməni/ 名 U (格式) けち, しみったれ.
+pars·ley /pɑ́ːsli | pɑ́ːs-/ 名 U パセリ.
pars·nip /pɑ́ːsnɪp | pɑ́ːs-/ 名 C,U パースニップ; パースニップの根(食用): Fine words butter no ~s. (ことわざ) 立派なことばではパースニップにバターはつかない(口先だけ立派でも何の役にも立たない).
+par·son /pɑ́ːs(ə)n | pɑ́ː-/ 名 C (古風) 1 英国国教会の(教区の)牧師. 2 (略式) (一般に)牧師.
par·son·age /pɑ́ːs(ə)nɪdʒ | pɑ́ː-/ 名 C (古風) 牧師館.
párson's nóse 名 (英略式) =pope's nose.

*part /pɑ́ət | pɑ́ːt/ 動 (parts /pɑ́əts | pɑ́ːts/; 形 pártial 1)

(全体に対して)「部分」 1
    → 「部品」 3
    → (人に割り当てられた部分)「役」 4
    → 「地方」 5

1 C 部分 (略 pt., 複数形は pts.) (☞ 類義語): every ~ of the body 体の全部分 / the front ~ of a car 車の前部分 / the hard [easy] ~ of the work 仕事の難しい[易しい]部分 / I've never been in that ~ of the city. 町のその辺りには行ったことがない / P~s of the book are not interesting. 本書の何々ているない / He spent the early ~ of his life in Kobe. 彼は若いころ神戸で暮らした / The best ~ of the trip was visiting the Capitol. 旅行でいちばん良かったのは国会議事堂を訪れたことだ / A large [good] ~ of the vacation was spent on an island. 休暇の多くは島で過ごした. 関連 whole 全体.

2 [(a) ~ of ... として] ...の一部, ...の一部分; ...の一員: I feel I am ~ of your family. 私はあなたの家族の一員になったような気がする / Cleaning the classroom is thought of as ~ of education. 教室の掃除は教育の一部だと考えられている / Overpopulation is only ~ of the problem. 人口過多は問題の一部にすぎない / Learning to use a computer forms (a) ~ of the course. コンピューターを使えるようになることがこの講座の一部を成している / P~ of me wanted to quit my job. 私は仕事をやめたいという気持ちもあった.

語法 part of ... の使い方
(1) 不定冠詞をつけない part of ... のほうが普通:

part-

Only ~ *of* the report is true. その報告は一部分だけが事実だ. (2) part of の後の名詞が単数なら動詞も単数扱い, 名詞が複数なら動詞も複数扱い. ただし of の後に複数名詞が来る時は some of ... が正しいとされる: P~ *of* my collection of paintings *has* been stolen. 私の絵のコレクションの一部が盗まれた.

3 [C] [しばしば複数形で] (機械などの)**部品** (*of*); 《略式》予備部品: automobile ~s 自動車の部品 / Do you sell ~s for Toyota cars? こちらではトヨタ車の部品を売っていますか. **4** [C] (芝居などの)**役** (role); せりふ: a leading [supporting] ~ 主役[わき役] / learn [memorize] one's ~ せりふを覚える / He acted the ~ *of* the king well. 彼は王の役をうまく演じた. **5** [C] [しばしば複数形で] **地方**, 地域 (region): foreign ~s 外国 / Fan letters come to him from all ~s *of* the country. ファンレターが全国至る所から彼に来る / We don't have much snow in [round] *these* ~s. 《古風》この辺りでは雪はあまり降らない. **6** [C] (書物などの)**部**, 編; 分冊, 巻: P~ I 第 1 部 / This novel consists of four ~s. この小説は 4 部から成っている. **7** [C] 《楽》音部, 声部, パート: a three-~ song 三部合唱. **8** [C] [数詞の後で] (全体をいくつかに)等分した部分, ...分の一 (略 pt., pts.): mix one ~ (of) wine with three ~s (of) water ワイン 1, 水 3 の割で混ぜる. **9** [U] (論争・競技・契約などの一方の)側, 方(side). **10** [a ~] 本分, 務め(duty); (仕事などでの)関係: I had [wanted] no ~ in the decision. 私はその決定には一切タッチしていなかった[したくなかった]. **11** [C] [普通は単数形で] 《米》(髪の)分け目 《英》parting). **12** [複数形で] 《文》資質, 才能: a man [woman] of (many) ~s 有能[多才]な人.

単語の記憶 《**PART**》(部分)	
part	(部分)
partial	(一方の部分に偏る) → 不公平な
participate	(部分を取る) → 参加する
participle	(部分に分けること) → 分詞
particle	(小部分) → 小さな粒
particular	(小部分に関する) → 格別の
party	(分けられた部分) → 集まり
a**part**	(一方の側へ) → 離れて
de**part**	(部分に分ける) → 出発する
im**part**	分け与える

dó one's párt [動] (自) 職分を尽くす.
dréss [lóok] the párt [動] (自) (地位・身分などに)ふさわしい身なりである.
for óne's párt = **for the párt of ...** [副] [文修飾語]《格式》...(の方)としては (as far as one is concerned): *For my* ~, I have nothing to say about it. 私としてはそれについて何も言うことはない.
for the móst párt [副] (1) **大部分は**: The audience was *for the most* ~ enthusiastic. 大部分の聴衆は熱心だった. (2) [文修飾語] 大体は, いつもは.
in lárge [nó smáll] párt [副] 大部分は, 大いに.
in párt [副] 《格式》一部分は, いくぶん (partly, partially): Her success was *in* ~ due to good luck. 彼女の成功は幸運にもよる.
in párts [副] 部分的に(は).
on ...'s párt = **on the párt of ...** [副・形] ...の方で[の], ...の側では: There is no objection *on our* ~. 私たちの方には全く異議はない. 語法 所有格の語が来ることが多い.
pláy a párt [動] (1) 役目を果たす, 役比を遂行する; かかわる: He *played a* very important [big] ~ *in*

the research. 彼はその研究で大変重要な[大きな]役割を果たした. (2) (俳優が)役を演ずる; 見せかける, 演技する: It's hard to find an actress to *play* this ~. この役を演ずる女優を見つけるのは難しい.
táke ... in góod párt [動] (他)《古風》〈...〉をよい意味[善意]に解釈する, 〈冗談・批判などを〉怒らずに聞く.
táke párt [動] (自) (競技などに)加わる, 参加する; 関係する: The most important thing in the Olympic Games is not to win but to *take* ~. オリンピック競技において最も大切なことは勝つことではなくて参加することである / Three thousand students *took* ~ *in* the parade. 3 千人の学生がそのパレードに参加した. 語法 attend と違い積極的に参加することを意味する.
táke ...'s párt = **táke the párt of ...** [動] ...に味方する, ...の肩を持つ (*in*).
the bétter [bést, gréater] párt of ... [名] ...の大半, ...の大部分.

【類義語】 **part** 最も一般的な語で, あるものの全体 (the whole) に対してその一部をいい, この類義語の他のすべての語の代わりに用いることができる: *(a) part* of the letter 手紙の一部. **fragment** 壊れた断片をいう: a *fragment* of an ancient urn 古いつぼの破片. **piece** 均一の質でできた全体の一部をとったもの. *fragment* は全体を表すのを常に気にしない. **piece** は全体と同じ質のものとして見本となりうるもの: a *piece* of cake ケーキ 1 切れ. **division** 全体を分割・分類した結果得られる一部. *section* も同じ分割された一部だが *division* より小さいもの: *section* 1, the sales *division* 営業部第一課. **portion** 各人に割り当てられる一部: one *portion* of roast beef ローストビーフ 1 人前.

— (parts /páːts | páːts/; **part-ed** /-tɪd/; **part-ing** /-tɪŋ/) (他) **1** 〈...〉を**分ける**, 分割する (separate); 〈綱〉を切断する, 〈布など〉を裂く; 〈髪〉を分ける; 〈カーテン〉を開く (☞ separate² 類義語): He ~s his hair *on* the left [right]. <V+O+前+名・代> 彼は髪を左[右]で分ける.
2 《格式》〈人〉を**引き離す**, 別々にする (separate): The war ~ed him *from* his wife. <V+O+*from*+名・代> 戦争で彼は妻と別れ別れになった / A fool and his money *are* soon ~ed. (ことわざ) 愚か者と金とはじきに別れる. — (自) **1** 《格式》**別れる** (separate) (*from*): The couple ~ed at the door. 2 人は戸口の所で別れた. **2** 分かれる, 離れる (separate); 〈綱などが〉切れる, 〈布などが〉裂ける; 〈雲が〉切れる: Her lips ~ed into a broad smile. 彼女は口を開けてにっこりと笑った.
párt (as) friends [動] (自)《格式》(けんか別れでなく)仲よく別れる.
párt with ... [動] (他) 〈物〉を手放す, 〈...〉を譲り[売り]渡す (受身 be parted with): Why did you ~ *with* the ring? なぜ指輪を手放したのか.
— 副 [普通は part ..., part ... の形で] 一部分は (partly); 幾分: The box is ~ white, ~ red. その箱は一部は白で一部は赤だ.
— 形 [A] 部分的な, 一部分の, 分割の: ~ payment 分割払い.
part- /páːt | páːt/ [接頭] [形容詞・名詞・動詞につけて] 一部[部分]の....
part. [略] = participle.

par·take /paətéɪk | paː-/ (動) (**par·takes**; 過去 **par·took** /-tók/; 過分 **par·tak·en** /-téɪk(ə)n/; **par·tak·ing**) (自)《格式》**1** (食事が飲食)に与る[共にする]: She *partook* of dinner with us. 彼女は我々と食事を共にした. **2** 参加する, 加わる (*in*). **3** 幾分...の気味がある: His manner ~s of arrogance. 彼の態度には少々傲慢なところがある.

par·ták·er [名] [C] 分担者, 相伴(しゃうばん)者; 関係者; (苦楽を)共にする人.

párt·ed (形) (分)かれた; ばらばらの.
be párted [動] (自) (愛する者と)別れる, 引き離される (*from*) (☞ part (動) (他) 2).

par·terre /pɑːtéə | pɑːtéə/ 名 花壇・芝生・道路を美しく配置した庭園.

párt exchánge 名 U.C (英) =trade-in.

par·the·no·gen·e·sis /pɑ̀ːθənouʤénəsɪs | pɑ̀ː-/ 名 U《生》単為[処女]生殖.

Par·the·non /pɑ́ːθənɑn | pɑ́ːθənən/ 名 (the ~) パルテノン《ギリシャの Athens の Acropolis の丘にある, 女神 Athena の神殿》.

Pár·thi·an shót /pɑ́ːθiən- | pɑ́ː-/ 名 C 捨てぜりふ.

Parthenon

***par·tial** /pɑ́ːʃəl | pɑ́ː-/ 形 (名 1 では part, 2, 3 では pàrtiálity)

「部分 (part) の」の意 (☞ part 単語の記憶) から
→「一部分の」1
→ (一方の側 (part) に偏(かたよ)る) →「不公平な」3

1 [普通は A] [比較なし] **一部分の**, 部分的な (反 total); 不完全な: ~ damage 部分的な損害.

2 P [格式] (…が)好きで, お気に入りで: She is ~ to fruitcake. <A+to+名・代> 彼女はフルーツケーキとなると目がない.

3 [普通は P] **不公平な**; えこひいきのある (反 impartial): be ~ to [toward] neither side <A+to [toward]+名・代> どちら側にもえこひいきしない.

pártial derívative 名 C《数》偏導関数.

par·ti·al·i·ty /pɑ̀ːʃiǽləti | pɑ̀ː-/ 名 (形 pártial 2, 3) **1** U 不公平, 偏愛 (toward) (反 impartiality). **2** [a ~]《格式》強い好み: She has a ~ for fur coats. 彼女は毛皮のコートが何よりも好きだ.

***par·tial·ly** /pɑ́ːʃəli | pɑ́ː-/ 副《格式》**1** 部分的に; 不完全に (partly, in part): The new tunnel is only ~ completed. 新しいトンネルは部分的にしか完成していない. **2** 不公平に, えこひいきをして (反 impartially).

pártial negátion 名 U.C《文法》部分否定.

【文法】**部分否定**
物事を全面的に否定する(全部否定 (total negation))というのではなく,「全部が…とは限らない」「いつも…というわけではない」などのように部分的に否定する言い方をいう. all, both, every, always, entirely などに not などの否定辞が加えられると部分否定になることがある. 部分否定では下降上昇調のイントネーションが重要な働きをする(☞ つづり字と発音解説 95): I haven't read *both*↗ of these books. ↗ [下降上昇調] 私はこれらの本を両方とも読んだわけではない―片方しか読まなかった[部分否定] / I've read *neither* of these books.↘ [下降調] I haven't read *either* of these books.↘ 私はこれらの本を両方とも読んでいない[全部否定] / *Not everybody*↘ was present. ↗ みんなが出席していたわけではない[部分否定] / *Nobody* was present. ↘ だれも出席していなかった[全部否定] // *All* cats do not like water. ↘ 猫はみな水を好まない (=*No* cats like water. ↘) [全部否定]; 猫はみな水を好きだというわけではない (=*Not all*↘ cats like water.↗) [部分否定] 語法 この文のように主節の all を述部で打ち消すと全部否定とも, 部分否定ともとれるあいまいな文となることが多い. はっきりと部分否定にするには, not all のように all を直接打ち消す言い方にしなくてはならない.

***par·tic·i·pant** /pɑːtísəp(ə)nt, pɑə- | pɑː- /p-(ə)nts/-/ 名 C 参加者, 関係者: ~s in the Olympic Games オリンピック参加者.

***par·tic·i·pate** /pɑːtísəpèɪt, pɑə- | pɑː-/ 動 (-i·pates /-pèɪts/; -i·pat·ed /-tɪd/; -i·pat·ing /-tɪŋ/; 名 participátion) 自 (人が物事に)参加する, 加入する, 加わる (take part) (☞ part 単語の記憶): the *participating* nations 参加国 / Did the members of the union ~ *in* the demonstration? <V+*in*+名・代> 組合員はデモに参加したのか.

***par·tic·i·pa·tion** /pɑːtìsəpéɪʃən, pɑə- | pɑː-/ 名 (動 participáte) U 参加, 加入: China's ~ *in* the Olympic Games 中国のオリンピックへの参加.

par·tic·i·pa·tive /pɑːtísəpèɪtɪv | pɑː-/ 形 [普通は A] (経営・意思決定が)全員参加の.

par·tic·i·pa·to·ry /pɑːtísəpətɔ̀ːri | pɑːtísəpətə-ri, -tri/ 形 [普通は A]《格式》(民主主義が)直接参加の; (個々人が)参加する; (スポーツが)自らやって楽しむ.

par·ti·cip·i·al /pɑ̀ːtəsípiəl | pɑ̀ː-/ 形 A 《文法》分詞の.

partícipial ádjective 名 C《文法》分詞形容詞《現在分詞・過去分詞に由来する形容詞; interesting や married など》.

particípial constrúction 名 C《文法》分詞構文.

【文法】**分詞構文**
分詞に導かれる句で, 文全体を修飾する副詞の働きをするものをいう. 分詞構文は内容をほとんど変えずに副詞節で言い換えることもできる. その場合には適当な接続詞を補い, 主語が省かれている場合には主文の主語と同じものを補う. 分詞構文とそれを言い換えた副詞節は内容はほぼ同じであっても, 分詞構文のほうが簡潔で, また主文とのつながり方も密接になるが, 概して格式ばった言い方で《略式》ではあまり用いない. 分詞構文の意味上の主語が主節の主語と一致しない場合については ☞ absolute participial construction 文法.
分詞構文を意味の上から分類すると次のようになる.
(1) 時を表わす場合: *Looking into the room*, I found nobody there. (=*When I looked into the room*, ...) 部屋をのぞいて見たらだれもいなかった / *Walking along the street*, I met an old friend of mine. (=*While I was walking along the street*, ...) 通りを歩いていると旧友に出会った / *Having finished his work*, he went to the movies. (=*After he had finished his work*, ...) 仕事を終えてから彼は映画に行った. 語法 完了形の分詞構文(最後の例)は主節の述語動詞より以前のことや, 主節の述語動詞の表わす時までの完了を表わす (☞ having¹ 1 語法).
(2) 原因・理由を表わす場合: *Living near the school*, I usually walk there. (=*Because I live near the school*, ...) 学校の近くに住んでいるので私はいつも歩いて行く / *Overcome [Being overcome] with grief*, she did not know what to do. (=*Because she was overcome with grief*, ...) 悲しみに打ちひしがれて彼女はどうしてよいかわからなかった. 語法 上例のように受身の分詞構文では普通は being が省略される / *Having known him for so many years*, I cannot think of my life without him. (=*Because I have known him for so many years*, ...) 彼とは長年の付き合いなので, 彼なしの生活など考えられない.
(3) 条件を表わす場合: *Turning to the right*, you will see a post office. (=*If you turn to the right*, ...) 右へ曲がると郵便局が見えるでしょう.
(4) 付帯状況を表わす場合. この場合には副詞節に言い換えることがほとんどできない.「…しながら」という日本語に当たる場合が多く, また and で結ばれる等位節とほぼ同じ場合もある: He was sitting in a chair, *reading a book*. 彼は本を読みながらいすに座っていた / *Waving her hand*, she smiled. 彼女は手を振りながらほほえんだ / *Taking*

out a pipe, he stuffed the bowl with tobacco. (= He took out a pipe and ...) 彼はパイプを取り出して、火皿にたばこを詰めた.

分詞構文を用いるとき・理由・譲歩などの区別がはっきりしないことが多い. そこでそれをはっきりさせるために接続詞を添えることがある: *While standing in front of the statue*, she took several pictures of it. その像の前に立っている間に彼女は何枚かの写真をとった / *Though living near the sea*, he has never learned to swim. 海の近くに住んでいるが彼は少しも泳げない.

par·ti·cíp·i·al·ly /-piəli/ 副 分詞として.
par·ti·cíp·i·al phráse 名 C 《文法》分詞句 (☞ phrase 文法 (1) (iii)).
par·ti·ci·ple /pάːṛṭəsìpl | páː-/ 名 C 《文法》分詞 (略 p., part.; ☞ part 単語の記憶).

文法 分詞

準動詞 (verbal) の1つで、動名詞が名詞的な働きを持つのに対して分詞は動詞と形容詞の働きを兼ねる. 分詞には現在分詞と過去分詞とがある. それぞれについては ☞ -ing 文法, past participle 文法.
分詞の意味上の主語については ☞ sense subject 文法 (2) (ii).

*par·ti·cle /pάːṛṭɪkl | páː-/ 名 (~s /-z/) C 1 小さな粒, 微粒子, 小片 (☞ part 単語の記憶): ~s *of* dust = dúst ~s 細かいちり.
2 ごく小量, かけら: He has not a ~ *of* kindness in him. 彼には親切心はひとかけらもない. 3 《文法》不変化詞《副詞の一部・前置詞・接続詞など》; 接頭[接尾]辞.
4 《物理》粒子: an elementary ~ 素粒子.
párticle accélerator 名 C 《物理》粒子加速器.
párticle phýsics 名 U 素粒子物理学.
par·ti·col·ored /pάːṛṭɪkʌ́ləd | páː-tikʌ́ləd⁺/ 形 さまざまな色の, まだらの, 染め分けの.

*par·tic·u·lar /pɚtíkjʊlɚ | pətíkjʊlə/ 田 形 (⓲ particularer) A
1 [比較なし] 特定の, 個々の (individual) 《日本語には訳さないしない場合もある》(反 general); 特有の (☞ special 類義語); part 単語の記憶): The rule holds (good) in this ~ case. その規則はこの場合には適用される.
2 A [比較なし] 格別の, ことさらの, 特別の; 著しい: I have nothing ~ to do this evening. 今夜は特に仕事もない / He took ~ trouble to get the book. 彼はその本を手に入れるのに格別の苦労をした / He resigned for no ~ reason. 彼は特に理由もなく辞任した. 3 〖普通は P〗好みがやかましい, 気難しい, きちょうめん: My father is ~ ˈabout his food [*over what he eats*]. 父は食べ物にうるさい. 4 A 《格式》詳細な; 入念な. 語源 「小さな部分に関する」の意 (☞ part 単語の記憶).
I'm nót particular (ˈhów you dò it [*what you dò*]). Ⓢ 私は(あなたがそれをどういうふうにしようと)[何をしようと]構わない.
— 名 (~s /-z/) 《格式》 1 [複数形で] 詳細 (details); 〈事件・人物の〉詳しい点〖事実〗: (the) full ~s *of* the accident その事故の詳細すべて / The detective wrote [took] down all her ~s. その刑事は彼女の住所氏名などをすべて書き留めた. 2 C 個々の項目[事項]: His account was exact ˈin every ~ [*in all* ~s]. 彼の説明はあらゆる点で正確だった.
gíve ... particulars 動 〈人に〉詳しく述べる[説明する].
in partícular [副] (1) 特に, とりわけ: This book is popular with young people *in* ~. この本は特に若者に人気がある / "You look pale. What's the matter?" "Nothing *in* ~." 「顔色が悪いですよ. どうしたのですか」「別にどうもしません」
(2) つなぎ語 特に, とりわけ 《あることについて概括的に述べた後で, 最も重要な例をあげるときに用いる》: The company came in for severe criticism. *In* ~, it was criticized for attempting to conceal all the unfavorable data. その会社は激しい批判にさらされた. 特に, 都合の悪いデータをすべて隠そうとしたことが非難された.

par·tic·u·lar·i·ty /pɚtìkjʊlǽrəṭi | pə-/ 名 (-ties) 《格式》 1 U 個別性, 特殊性; C 細目; 特別なもの. 2 C 特色, 特徴, 特色. 3 U 詳細; 入念(さ). 4 U 気難しさ, きちょうめん.
par·tic·u·lar·i·za·tion /pɚtìkjʊlərɪzéɪʃən | pətìkjʊlərɑɪ-/ 名 U 《格式》詳細; 列挙.
par·tic·u·lar·ize /pɚtíkjʊlərɑ̀ɪz | pə-/ 動 他 〈…を〉詳細に述べる; 〈…〉を列挙する. — 自 詳細に述べる; 列挙する.

*par·tic·u·lar·ly /pɚtíkjʊləli | pətíkjʊ-lə-/ 副 特に, とりわけ (especially): That book is ~ interesting. その本は特におもしろい / "Are you fond of music?" "No, not ~." 「音楽は好きですか」「いいえ, 別に」

par·tic·u·late /pɚtíkjʊlət | pɑː-/ 名 C,U 〖普通は複数形で〗(エンジンの排気中などの)微粒子. — 形 微粒子の[から成る].

*part·ing /pάːṛṭɪŋ | páːt-/ 名 1 U,C 別れること, 別離, 死別; 分離 (*from*); on ~ 別れに臨みて. 2 C 別れ目[道], 分岐点. 3 C 《英》(髪の)分け目《《米》part》. **the [a] párting of the wáys** 名 《道・人生の》分かれ目, 分岐点. — 動 A 分ける, 分け目となる; 去り行く; 別れの, 告別の: a ~ kiss 別れのキス.
párting shót 名 C = Parthian shot.
*par·ti·san /pάːṛṭɪz(ə)n | pὰːtɪzǽn/ 名 C 1 (党・計画などの)盲目的[熱狂的]支持者, ゲリラ隊員, パルチザン. — 形 1 〖普通は P〗党派意識[派閥根性]の強い; 偏見のある. 2 A ゲリラ隊員の, パルチザンの.
pártisan·shìp 名 U 党派意識, 派閥根性; 盲目的な支持.
*par·ti·tion /pɚtíʃən | pɑː-/ 名 1 C (部屋などの)仕切り. 2 U (土地などの)分割; 区分 (*of*, *into*). 3 C 分割[区分]された部分, 区画; 〖電算〗パーティション (ハードディスクを分割利用する際の区切り). — 動 他 1 〈部屋などを〉仕切る (*off*). 2 〈土地などを(...に)〉分割する, 区分する (*into*); 〖電算〗〈ハードディスクを〉分割する.
par·ti·tive /pάːṛṭɪṭɪv | páː-/ 名 C 《文法》形 部分を示す. — 名 部分語 (some of the boys の some のように全体の中の一部分を示す語).
par·ti·zan /pάːṛṭɪz(ə)n | pὰːtɪzǽn/ 名 = partisan.

*part·ly /pάːṛṭli | páːt-/ 田 副 1 一部分か[は], 少しは, 部分的に (partially, in part) (反 wholly): The roof has ~ collapsed. 屋根が一部くずれた / Tomorrow will be ~ cloudy. あすは所により曇りだろう.
2 ある程度, 幾分か: His success is due ~ to luck. 彼の成功はある程度は運による.

*part·ner /pάːṛtnɚ | páːtnə/ 田 名 (~s /-z/) C 1 配偶者 《夫または妻》, つれあい; 愛人, 恋人: one's sex ~ (性交渉の)パートナー.
2 (共同事業の)仲間, 共同者; (協定などで結ばれた)(他の)同盟[加盟]国; 《滑稽》相棒: a ~ *in* business [*crime*] 事業[犯罪]の相棒 / I'd like you to be my ~. あなたに仲間になってほしい.
3 (遊戯・競技などの)組む相手, パートナー: a dancing [dance] ~ ダンスの相手 / In today's tennis match, I was ~s *with* Cindy. きょうのテニスの試合で私はシンディーと組んだ / "Who is your tennis ~?" "(It's) Jimmy." "Jimmy is my ~." 「あなたのテニスのパートナーはだれですか」「ジミーです」

— 動 (-ner·ing /-nərɪŋ/) 他 〈人〉と組む; 〈人〉を〈人と〉組ませる (*with*): I ~ed her at tennis. 私はテニスで

女と組んだ. — 自 (人と)組む (with).
pártner úp [óff] [動] 自 (人と)組む (with); ペアを組む. — 他 〈人〉を〈人と〉組ませる (with).

*__part·ner·ship__ /pάːtnəʃìp | pάːtnə-/ 名 (~s /-s/)
1 U (事業などの)協力, 提携, 共同(経営): The ~ between the two men lasted for several years. 2人の男の協力関係は数年続いた / We have been in ~ for ten years. 我々は10年間お互いに協力してきた. 2 C 合名[合資]会社: a limited [general] ~ 合資[合名]会社. 3 C 共同経営者たち; ペアを組んだ2人.
gó [énter] into pártnership [動] 自 (…と)提携する (with). **in pártnership with …** [前] …と共同で[協力して].

párt of spéech 名 (複 **parts of speech**) C 【文法】品詞.

文法 品詞
語を語形変化と働きによって分類したものをいう. 英語の品詞には次の8種がある.
語形変化のあるもの:
(1) 名詞 (noun) (2) 代名詞 (pronoun) (3) 形容詞 (adjective) (4) 動詞 (verb) (5) 副詞 (adverb)
語形変化のないもの:
(6) 前置詞 (preposition) (7) 接続詞 (conjunction) (8) 感嘆詞 (interjection)
---

par·took /pɑətúk | pɑː-/ partake の過去形.
párt ówner 名 C 共同所有者.
par·tridge /pάːtrɪdʒ | pάː-/ 名 (複 ~, **par·tridg·es**) C やまうずら, いわしゃこ《猟鳥》; U やまうずら[いわしゃこ]の肉.

párt·sòng 名 C 合唱曲(4部で無伴奏のものが多い); U 合唱.

párt tíme 名 U パートタイム, 非常勤. 関連 full time 常勤, 専任.

*__part-time__ /pάːttáɪm | pάːt-/ 形 A パートタイムの, 非常勤の, アルバイトの: a job パートの仕事, アルバイト / a ~ teacher 非常勤講師. 日英比較 日本語でいう「アルバイト」はドイツ語からきたもので, 英語では a part-time job のようにいう. 関連 full-time 常勤の, 専任の. — 副 パートタイム[非常勤]で: work ~ at a supermarket スーパーでパートで働く.

partridge

párt-tímer 名 C (略式) パートタイマー, 非常勤者.
par·tu·ri·tion /pὰːt(j)ʊrɪ́ʃən | pὰːtjʊ(ə)r-/ 名 U 【医】出産, 分娩(べん).
párt·wáy 副 途中で[まで]; ある程度, いくらか (in, through, down).
párt wòrk 名 C (英) 分冊出版物(毎週[毎月]発行され, 集めてとじると1冊[1セット]の本になる).

*__par·ty__ /pάːṭi | pάː-/ 名 (**par·ties** /~z/) C

ラテン語で「分けられた一部分 (☞ **part** 単語の記憶)」の意から →
「一団」4 → (一団となること) → 「集まり」1
                → (党派) → 「政党(の)」2, 3
---

1 [主に合成語で] (社交上の)**集まり**, 会, パーティー: a birthday ~ 誕生日祝いの会 / a dinner ~ 晩餐(ばん)会, 夕食会 / a tea ~ ティーパーティー / a welcoming ~ 歓迎会 / a wedding ~ 結婚披露宴 / We're having a ~ for Tom this evening to celebrate his graduation. 卒業を祝ってトムのために今晩パーティーをする (☞ **be²** A 1 (2)) / "Thank you for a delightful ~. I had a wonderful time." "Thank you for coming." 「楽しいパーティーをありがとう. とてもすばらしかった」「来てくれてありがとう」

─ コロケーション ─
attend a *party* パーティーに出席する
have [throw, give] a *party* パーティーを開く
host a *party* パーティーを主催する

参考 英米では, 簡単な飲食物を用意し気どらない集まりを開くことが多い. パーティーはただ楽しむだけでなく, 知人をふやす場としても大切である. パーティーの主人役のホスト (host), ホステス (hostess) は知らない客を引き合わせ, 客もできるだけ多くの人と話をし知り合いになるよう努めるのがエチケット.

2 **政党**, 党; 党派: the opposition ~ 野党 / There are two major (political) *parties* in the United States. 米国には2つの大政党がある. 語法 (英)では政党の一人一人に重きを置くときには単数形でも複数扱いとなる (☞ **collective noun** 文法): *Are* (all) the members of the Conservative P~ against that bill? 保守党員は(全員)その法案に反対なのか.

米国と英国の主な政党

《米》	the Democratic Party 民主党 the Republican Party 共和党
《英》	the Conservative Party 保守党 the Labour Party 労働党 the Liberal Democrats 自由民主党

3 [形容詞的に] 政党の, 党派の; パーティー(用)の: a twó-pàrty sýstem 2大政党制 / a ~ leader 党首 / a ~ drèss パーティードレス.
4 (何人かの人の)**一団**, 一行, 連中 (*of*): Mrs. Black and her ~ ブラック夫人とその一行. 語法 (英)では一団の1人1人に重きを置くときには単数形でも複数扱いとなる (☞ **collective noun** 文法): The mountaineering ~ *was* [(英) *were*] exhausted when they reached the summit. 登山隊は頂上に着いた時疲れきっていた // *search party*. 5 (格式) パーティ仲間, 一味, 味方, 仲間. 6 (格式) (契約・訴訟などの)当事者; 関係者, 相手方, (電話の)相手 (*to*): an interested ~ 利害関係者 / the guilty ~ 犯人 // *third party*. 7 《古風, 略式》(滑稽) 人. **be** (a) **párty to …** [動] 他 (格式) (悪いことに)加わる, 加担する. **the párty concérned [invólved]** 12 名 (格式) 関係者, 当事者. — 動 (**par·ties**, **par·tied**; **-ty·ing**) 自 (略式, 主に米) パーティーに行く[を開く]; (パーティーなどで)(大いに)楽しむ, どんちゃん騒ぎをする (*down*).

párty ánimal 名 C (略式) パーティ好きの(人).
párty bòat 名 C (米) (乗り合いの)釣り船.
Párty Cónference 名 C (英国政党の)党大会.
párty fàvor 名 C [普通は複数形で] (主に米) パーティーの景品(子供に与える紙の帽子・おもちゃなど).
párty gàme 名 C パーティーで行なわれるゲーム.
párty gìrl 名 C (米略式) パーティーに出たりして遊び暮らす女子学生.
párty-gòer 名 C パーティーによく行く人.
párty hòuse 名 C (米略式) 騒がしいパーティーをよくする家.
párty líne¹ 名 [the ~] 党路線. **fóllow [tóe] the párty líne** [動] 自 党路線に従う (*on*).
párty lìne² 名 C (電話の)共同加入線; 親子電話.
párty pìece 名 C (英略式) [普通は滑稽] (パーティーでの)得意の出し物, 十八番(おはこ)(歌など).

párty plàn 名 C (ホーム)パーティー商法 《ホームパーティーで商品の展示販売を行なう》.

†**párty polítical** 形 A 《主に英》政党(政治)の, 党利党略の: a ~ broadcast 政見放送.

***párty polítics** 名 U 〖時に複数扱い〗政党本位の政治, 党利党略; 政党政治.

párty pòop・er /-pùːpə | -pə/ 名 C 《略式》(パーティーなどを)しらけさせる人, 水をさす人.

párty schòol 名 C 《米略式》遊び人大学 《学生が勉学よりもパーティーに関心があるとみなされている学校》.

párty spírit 名 U パーティー(を楽しむ)気分.

párty wàll 名 C 境界壁 《隣接の建物との》.

pár válue 名 U 《商》額面価格.

par・ve・nu /pάːvnəju | pάː vənjùː/ 名, 形 《フランス語から》《古風, 格式》〖普通は軽蔑〗成金(の), 成り上がり(の).

Pas・a・de・na /pæ̀sədíːnə/ 名 個 1 パサデナ 《米国 California 州南西部の都市》. 2 パサデナ 《米国 Texas 州南東部の都市》.

pas・cal /pæsk(ə)l/ 名 C 《物理》パスカル 《圧力の単位; 1/100 hectopascal》.

Pas・cal /pæskǽl/ 名 個 **Blaise** /bléɪz/ ~ パスカル (1623–62) 《フランスの哲学者・数学者》.

PASCAL /pæskǽl/ 名 U パスカル 《コンピューターのプログラム言語》.

pas・chal /pǽsk(ə)l/ 形 〖しばしば P-〗 1 《ユダヤ教》過ぎ越しの祝い (Passover) の. 2 復活祭 (Easter) の.

pas de deux /pάː də dúː | -dɔ̀ː/ 《フランス語から》《複》~ 〗 《バレエ》パドドゥ, 対舞 《二人の舞踏》.

pash・mi・na /pæʃmíːnə/ 名 U パシュミナ 《ヤギの毛を使った高級毛織物》; C パシュミナで作ったショール.

***pass** /pǽs | pάːs/ 《発音》past, path》動 (**pass・es** /-ɪz/; **passed** /-t/; **pass・ing**; 名 pássage)

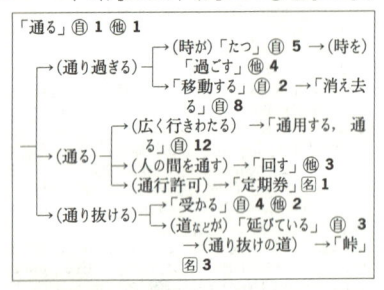

「通る」	1 自 1 他	
→ (通り過ぎる)	→ (時が)「たつ」	自 5 → (時を)「過ごす」 他 4
	→ 「移動する」	自 2 → 「消え去る」 自 8
→ (通る)	→ (広く行きわたる)	→ 「通用する, 認められる」 自 12
	→ (人の間を通す)	→ 「回す」 他 3
	→ (通行許可)	→ 「定期券」 名 1
→ (通り抜ける)	→ 「受かる」	自 4 他 自
	→ (道などが) 「延びている」	→ 自 3
		→ (通り抜けの道) → 「峠」 名 3

— 自 1 通る, 進む; 通り過ぎる, (車・運転者が)追い越す; 通り抜ける (along, over, through) (⇒past 語源): Let me ~, please. どうぞ通してください / As the road is narrow, only small cars can ~. 道が狭いので小さい車しか通れない.

2 〖副詞(句)を伴って〗 (短時間に)移動する, (さっと)よぎる; (ある考え・表情などが一時的に)浮かぶ: Several white clouds ~**ed across** the sun. <V+前+名・代> 白い雲がいくつか太陽をよぎった.

3 〖副詞(句)を伴って〗 (線・道路・河川などが)延びている, 通っている: The new subway ~**es under** the river. <V+前+名・代> 新しい地下鉄は川の下を走っている.

4 (試験などに)受かる, 合格する (反 fail); (議案などが)通過する: I think you'll ~. 君は受かると思う / When a bill has ~**ed**, it becomes (a) law. 法案が通過すると法律となる / just ~**ed** (成績の) F / conditionally ~**ed** 条件つき合格 (⇒ grade 1 表).

5 (時が)たつ, 経過する: The time ~**ed** quickly. 時が速く経過した / 言い換え Two months have ~**ed** since she left for France. (=It is [has been] two months since she left for France.) 彼女がフランスに行ってから2か月が過ぎた.

6 〖スポ〗パスする, ボールを渡す (off; to); 〖トラ〗パスする.

【会話】 "It's your turn, Anne." "Oh, I'm sorry. Go ahead, Betsy. I ~." 「アン, あなたの番よ」「あらごめんなさい. ベッツィ, 先にやって. 私パスするわ」

7 《略式》 ((クイズなどの)質問に対して)パスします, わかりません; (S) (申し出などに対して)遠慮[辞退]します (on).

8 消え去る, (痛み・感情などが)なくなる; 《略式》[婉曲] 死ぬ (⇒ pass away (句動詞)): The pain has now ~**ed**. 痛みはなくなった / The ship gradually ~**ed out of** sight. その船はだんだん見えなくなった. **9** W (ことば・目くばせ・手紙などが)交わされる; (出来事が)起こる: Angry words ~**ed between** the two of them. 両者の間で激しいことばのやりとりがあった. **10** (…から別の所へ)渡る, 手渡される (from, into); 〖副詞(句)を伴って〗 (順次に)回る, (うわさなどが)広まる: His whole fortune ~**ed to** his eldest son. 彼の財産はすべて長男に渡った. **11** 《格式》 (…から別の物に)変わる, 変化する (change), 推移する (into): The color of the sky ~**ed from** light red to pale yellow. 空の色が薄い赤から薄黄色に変わった. **12** (世間に)通る, 通用する, (誤って…と)認められる (as) (⇒ pass for … (句動詞)); [差別] (黒人系の人が)白人として通る; (ホモがホモに見えない) This picture could ~ **as** a genuine Picasso. この絵は本物のピカソとして通るかもしれない. **13** (判決が) F(される) (on). **14** 大目に見られる, 見逃される: His incorrect statement ~**ed** without comment. 彼は間違ったことを言ったがだれも何も(文句を)言わなかった.

— 他 **1** 〈…のそば[前など]を〉通る, 通り過ぎる; 〈…と〉すれ違う; 〈場所を〉通る, 通過する: I ~**ed** Mr. Smith on the street. 私は町でスミス氏とすれ違った / Have we ~**ed** Boston yet? もうボストンは通過しましたか / No food has ~**ed** his lips for three days. ここ3日間彼は何も食べていない.

2 〈試験などに〉受かる, 合格する (反 fail); 〈人・製品などを〉(…として)合格させる, 認可する; 〈議案・提案などが〉議会などを通過する; 〈議案などを〉可決する: Did she ~ the entrance examination? 彼女は入学試験に受かりましたか / He was ~**ed** (**as**) fit for the job by the doctor. <V+O+C ((as+)形)の受身> 彼はその仕事に耐えられると医者に認定された / The law has ~**ed** the Lower House. その法案は下院を通過した / The Senate ~**ed** the bill. 上院はその議案を可決した.

3 〈食卓などで〉〈料理などを〉〈人に〉回す, (手)渡す; 〈うわさなどを〉広める; 〈情報などを〉〈警察などに〉流す; 〈偽金などを〉通用させる, つかます; 〈問題などを〉(…に)話す: Would you ~ (me) the salt, please? <V+O+O> 塩を取ってくださいませんか 〖参考〗食卓で人の前にあるものを手を伸ばして取るのは失礼とされる // 〖言い換え〗 Please ~ this note to him. <V+O+to+名・代> =Please ~ him this note. <V+O+O> どうぞこのメモを彼に渡してください (⇒ to¹ 3 語法).

4 〈時を〉過ごす (spend) 《特に退屈しないで過ごす》; 〈日を〉送る: They ~**ed** a night in a mountain hut. 私たちは山小屋で一夜を過ごした / He ~**ed** the rest of his life in obscurity. 彼は余生をひっそりと過ごした. **5** 〈判決・判断などを〉下す; 〈意見を〉述べる: ~ comments on a book 本を論評する / The judge ~**ed** (a) sentence on him. 裁判官は彼に判決を下した. **6** 〖副詞(句)を伴って〗 〈手などを〉さっと動かす, 〈網などを〉回す, 〈糸・紐・指などを〉通す; 〈目などを〉ざっと通す (across, around): ~ a rope through a ring 輪にロープを通す / He ~**ed** his eyes over the paper. 彼はその書類にざっと目を通した. **7** 《格式》〈理解力などを〉越える, 超過する; 〈ある数値を越える〉: ~ …'s understanding [comprehension] (人)には

理解できない / Her story ～*es* belief. 彼女の話はとても信じられない. **8** 〘スポ〙〈ボールなど〉を渡す, パスする (*off*): Tom ～*es* the ball *to* John. トムはボールをジョンにパス《実況放送; ☞ present tense [文法] (6)》. **9** 〘医〙〈便など〉を出す, 排泄(はいせつ)する: ～ urine [stools] 排尿[便]する // ☞ *pass* water (water [名] 成句).

[語源] ラテン語で「歩み, 歩(ほ)」の意; pace と同語源.

lèt ... páss [動] [他] 〈...〉を大目に見(てや)る, 見逃してやる; 無視する, ほっておく: I don't like his comment on this, I won't *let* it ～. この件に関する彼の意見は気に入らないな, 聞き流すわけにはいかない.

[単語の記憶] «PASS» (通る)

pass	通る
passenger	乗客
com**pass**	(同じ歩み) → コンパス
sur**pass**	(上を越える) → ...に勝る
tres**pass**	(越えて渡る) → 侵入する

pass の句動詞

páss alóng [動] [自] (立ち止まらないで)どんどん進む: *P*～ (right) *along* (inside), please. 中ほどへお進みください《乗客に言うことば》. — [他] 〈...〉を(次へ[先へ])回す, 順に伝える: Please ～ this memo *along*. このメモを順に回してください.

páss alòng ... [動] [他] (線・道路など)を通る, 進む; (バスなど)の奥へ進む.

*__páss aróund [róund]__ [動] [他] 〈...〉をぐるりと回す, 順々に回す <V+名・代+*around* [*round*] / V+*around* [*round*]+名>: The candy was **～*ed around to*** the guests. 菓子がお客に順々に回された / I'll ～ this paper *around*. Those who wish to attend the party, please write your names on it. この紙を回します. パーティーに出席希望の方は名前を書いてください.

*__páss awáy__ [動] [自] **1** [婉曲] (人が)亡くなる, 息を引き取る《☞ die[1] 類義語》: She ～*ed away* peacefully last night. 彼女は昨夜安らかに息を引き取った. **2** 行ってしまう, 過ぎ去る, 消滅する; (怒り・恐れが)なくなる. — [他] 〈時〉を過ごす: We ～*ed* the time *away* talking. 私たちはおしゃべりをして時を過ごした.

*__páss bý__ [動] [自] **1** (そばを)通り過ぎる《☞ passer-by》: He said a woman ～*ed by*, but I didn't notice. 彼は女の人がそばを通り過ぎたと言ったが, 私は気がつかなかった.
2 (時が)過ぎ去る: Days ～*ed by* but there was no news from them. 何日もたったのに彼らから何の知らせも来なかった. — [他] (機会などが)(チャンス・楽しみなどをもたらさずに)〈人〉の前を素通りする; 〈...〉をそのまま通す, 大目に見る; 〈...〉を無視する, 避ける: Life has ～*ed* him *by*. 人生がいたずらに過ぎていった.

*__páss by ...__ [動] [他] (気づかずに)...のそばを素通りする: A man happened to ～ *by* us while we stood talking. 我々が立ち話をしているときたまたま 1 人の男がそばを通りかかった.

páss dówn [動] [自] 下[奥]へ進む: *P*～ (right) *down* (inside), please. 中ほどへお進みください《乗客に言うことば》. — [他] **1** 〈...〉を(下にいる人に)手渡す (*to*). **2** 〈...〉を(次へ)回す (*to*). **3** [しばしば受身で] = hand down (hand 句動詞) 1.

páss dòwn ... [動] [他] (バスなど)の奥へ進む.

páss for ... [動] [他] (実際はそうでないが)...として通る (pass as): She could easily ～ *for* 20. 彼女は 20 歳だと言っても十分通用するだろう.

páss ín [動] [自] **1** (合格して学校などに)入る (*to*). **2** 中へ進む, 入る. — [他] **1** 〈...〉を中に通す, 入れる. **2** 〈答案など〉を提出する.

páss into ... [動] [他] **1** (学校など)に入学する. **2** (変化して)...となる, ...に変わる. **3** ...の一部となる: Many English words have ～*ed into* the Japanese language. 多くの英単語が日本語の一部となった.

páss óff [動] [自] **1** (時が)過ぎ去る; (痛み・怒りなどが)消え去る, (あらしなどが)やむ. **2** [普通は well などの副詞(句)とともに] (ある事柄・行事が)(うまく)いく[終わる].

*__páss ... óff as [for]__ — [動] [他] (偽って)〈...〉を—として通す: She ～*ed* the jewel *off as* her own. 彼女はその宝石を自分のものとして押し通した / He ～*ed* himself *off as* a doctor. 彼は医者になりすました.

*__páss ón__ [動] [他] 〈物〉を次へ回す; 〈...〉を(お下がりとして)与える; 〈利益・経費など〉を還元[転嫁]する; 〈知らせなど〉を伝える; 〈伝染病など〉をうつす, 伝染させる, 遺伝させる: Write down your name on the card and ～ it ***on to*** the next person. カードに名前を書いて次の人へ回してください. — [自] **1** どんどん通り過ぎる, 先へ進む; (次の話題などに)進む: After ten minutes, they ～*ed on to* a new topic. 10 分後に彼らは新しい話題に移った. **2** [婉曲] (人が)死ぬ (☞ die[1] 類義語).

*__páss óut__ [動] [他] 〈ビラ・商品見本など〉を配る <V+名・代+*out* / V+*out*+名>: The teacher **～*ed out*** pencils ***to*** her class. 先生はクラスに鉛筆を配った.
— [自] **1** 意識を失う, 気絶する; 酔いつぶれる: I ～*ed out* when I saw all that blood. ひどい出血を見て私は気を失った. [語法] pass out cold ともいう. **2** 外へ進む, 出る; 《主に英》(士官学校などを)卒業する (*of*).

páss óver [動] [自] **1** 上[頭上]を通り過ぎる. **2** (あらしなどが)過ぎ去る, やむ. — [他] **1** [普通は受身で] 〈...〉を省く, (昇進などの対象から)はずす (*for*); 〈チャンス〉を見逃す. **2** 〈...〉を見落とす; 〈発言など〉を大目に見る; 〈...〉を避ける: You ～*ed over* a few mistakes. 君は誤りをいくつか見落とした.

páss òver ... [動] [他] **1** ...の上[上空]を通り過ぎる; ...を越えて行く, 越す; (川など)を渡る. **2** ...をざっと調べる[読む], さっと扱う.

páss róund [動] [他] =pass around.

páss thróugh [動] [自] [普通は進行形で] [S] (ちょっとそばを)通りかかる, (留まらずに)通り過ぎる.

*__páss thróugh ...__ [動] [他] **1** ...を通り過ぎる; ...を貫く ([受身] be passed through) 《☞ pass [他] 1》: We ～*ed through* several small villages. 私たちはいくつかの小さな村を通り抜けた. **2** (苦しみなど)を通り抜ける, 経験する.

páss úp [動] [他] **1** 《略式》〈招待など〉を断わる, 辞退する; 〈チャンスなど〉を逃す, 見送る; 〈...〉を無視する. **2** 〈...〉を(上にいる人に)手渡す (*to*).

— [名] (～·es /-ɪz/) **1** [C] 入場[通行, 外出]許可証; 無料入場券, 無賃乗車券 (free pass), 定期(乗車)券: a rail [bus] ～ 列車[バス]の無賃乗車券 / a commuter ～ 通勤用定期券 / I have two ～***es for*** [***to***] the game. 私はその試合の入場券を 2 枚持っている.
2 [C] 〘球〙パス, 送球 (*to*); 〘トラ〙パス; 〘フェン〙突き; 〘野〙四球による出塁: make a fine ～ うまいパスをする.
3 [C] 峠, 山道 《☞ mountain 挿絵》: cross a ～ 峠を越す / an Alpine ～ アルプス越えの道.
4 [C] (ある過程における)段階 (stage), 情報処理の工程.
5 [C] 合格; 《主に英》(大学課程の)普通及第 《☞ honor [名] 5》: He got a ～ ***in*** history. 彼は歴史の学科試験に普通の成績で通った. **6** [C] (飛行機などの)上空通過 (*over*). **7** [C] 手を動かす動作《特に奇術・催眠術で》. **8** [a ～] 《古風, 略式》または [滑稽] (困った)状況, 形勢: ˹come to [reach] *a* pretty [sorry] ～ (事態・人などが)困った状況になる / What has brought you to such *a* ～? どうしてそんなはめになったのか. **9** [C] 作戦行動, 試み, 努力; (異性への)アタック, 口説き.

bríng ... to páss [動] [他] 《格式》〈...〉を引き起こす.

cóme to páss [動] [自] 《格式》(事件などが)発生する (happen); 実現[成就]する. **màke a páss at ...**

[動] 他 (略式)(男が)(女)に言い寄る, モーションをかける.
pass. 略=passive 形2.
pass・a・ble /pǽsəbl | pάːs-/ 形 1 [普通は A] まずまずの, 一応の, まあまあの, 悪くはない: a ~ knowledge of Europe ヨーロッパについての一応の知識. 2 [普通は P] (道路などが)通行できる; (川などが)渡れる(徒歩や馬で)(反 impassable). **-a・bly** /-səbli/ 副 まずまず, 一応, どうやら.

*__pas・sage__ /pǽsɪdʒ/ 中1 名 (pas・sag・es /-ɪz/; 動 pass)

> pass (通過する) に対する名詞.
> →(通過すること)→「通行」3;「航海」6
> →(通過するところ)→「通路」1
> →(通過するもの)→「(時の)流れ」7 →(流れるもの)→「文の一節」2

1 C (建物の中などの)通路, 廊下 (passageway); 水路, 航路: a ~ into a bay 湾へ通ずる水路 / Don't leave your bicycle in the ~. 通路に自転車を置かないで. 2 C 文の一節, 引用部分; (楽曲の)一節, (人生・行事などの)一節: a ~ from the Bible 聖書の一節. 3 U または a ~ (格式) 通行, 通過 (of); U 通行の権利[許可]: force a ~ through a crowd 群衆を押し分けて進む / The hijackers demanded safe ~ to another country. ハイジャック犯は別の国へ安全に行かせろと要求した. 4 U (議案の)可決, 通過 (of, through). 5 C (体内の)(導)管 ↔ back passage. 6 C (古風) (古風)(船, 船)旅 (by, from, to); 旅費: have a stormy ~ 荒れた航海となる. 7 U (文)(時の)流れ, 経過; 移行, 移動; 進展, 変遷: the ~ of time [the years] 時[歳月]の経過.
wórk one's pássage [動] 自 (働いて)乗車賃[船賃]を稼ぎながら旅行する (to).
⁺**pássage・wày** 名 C 通路, 廊下.
passant ☞ en passant の項目.
páss・bànd 名 C (電)(フィルターなどの)通過帯域.
páss・bòok 名 C (主に英) 預金通帳 (bankbook).
pas・sé /pæséɪ/ ≪フランス語から≫ 形 [普通は P] (格式) 古めかしい, 時代遅れの; 盛りの過ぎた.
pássed báll 名 C (野) パスボール, 捕逸.
pas・sel /pǽsl/ 名 C (古風, 米) 多数, 集団 (of).

*__pas・sen・ger__ /pǽsəndʒɚ | -dʒə/ 中1 名 (~s /-z/) C
1 乗客, 旅客 (乗務員 (crew) に対して); ☞ visitor 表; pass 単語の記憶): ~s on a train [a bus, a taxi, an airplane, a ship] 列車[バス, タクシー, 飛行機, 船]の乗客たち // a transit passenger 通過乗客.

― コロケーション ―

carry passengers (乗り物が)乗客を運ぶ
let off passengers 乗客を降ろす
「pick up [take on] passengers 乗客を乗せる

2 (英式)(軽蔑)(組織の)無能力者, お荷物.
pássenger cár 名 C 客車; 乗用車.
pássenger sèat 名 C (運転席の横の)助手席. 関連 driver's seat (米), driving seat (英) 運転席.
pássenger shíp 名 C 客船.
pássenger tráin 名 C 旅客列車.
⁺**pass・er・by** /pǽsɚbáɪ | pάːsə-/ 名 (複 pass・ers-) C 通りすがりの人, 通行人.
páss-fáil (米) (教育) 形 (成績のつけ方が)合否判定方式の. ― 名 C 合否判定方式(成績を合格か不合格のどちらかでつける).
pas・sim /pǽsɪm/ ≪ラテン語から≫ 副 (格式) (引用文献の)至る所に.

*__pas・sing__ /pǽsɪŋ | pάːs-/ 形 A 1 通過する, 通りがかりの; (文)(時が)過ぎ行く: a ~ taxi 通りがかりのタクシー ~ / with each [every] ~ day (=with each [every] day that passes)(文) 日を追うごとに. 2 一時的の, つかの間の; ちょっとの間だけの: ~ joy つかの間の喜び / Barbara has only a ~ interest in math. バーバラは数学には一時的な興味しかない. 3 ふとした, 何気ない, (知識などが)浅い: His ~ remarks made me feel insecure. 彼のふとしたことばを聞いて私は不安になった. 4 (点数などが)合格の. ― 名 U 1 通過, 経過: No ~. (米) 追い越し禁止(道路標識) (英) No overtaking) / with the ~ of time 時とともに. 2 (格式) 終末, 消滅 [普通は所有格の後で] (婉曲) 死 (death) (of). 3 パスをすること[技術]. 4 (議案などの)可決. **in pássing** [副] つなぎ語 ついでに(言えば): mentioned in ~ ついでに何気なく触れられた.
pássing acquáintance 名 C [次の成句で] **hàve a pássing acquáintance with ...** [動] 他 (1) ...とちょっとした知り合い[顔見知り]である. (2) ...を少し知っている.
pássing láne 名 C 1 (米) 追い越し車線 (英 outside lane). 2 (バスケ) パスコース.
pássing shót 名 C (テニス) パッシングショット(ネット近くの相手のわきを抜くショット).

*__pas・sion__ /pǽʃən/ 中3 名 (~s /-z/; 形 pássionate)

「苦しみに耐えること」(☞ 語源) から

> →(心の動揺)→「熱情」2 →「情欲」1
> →「かんしゃく」4
> →「受難」5

1 [U または a ~] (異性に対する)情欲, 欲情, 色情: John felt a strong ~ for Linda. ジョンはリンダに対して強い欲望を感じた. 2 U.C 熱情, 激情, 情熱; 信念: Beethoven's ~ for music 音楽におけるベートーベンの熱情 / Tom spoke with ~ of people's need for food and medicine. トムは人々が食料と薬を必要としていることを熱っぽく語った / P~s ran high at the protest meeting. その抗議集会では感情が高ぶっていた. 3 [U または a ~] 熱中, 熱愛; 大好きもの: 言い換え Bird-watching is a ~ with him.=Bird-watching is his ~. 彼は野鳥観察に熱中している. 4 [a ~] (文) かんしゃく, 激怒: fly into a ~ かっとなって怒る. 5 [the P-] (格式) キリストの受難; キリスト受難の物語[劇]. 語源 ラテン語で「耐える」の意; passive, patient と同語源.
hàve a pássion for ... [動] 他 ...に熱中している, ...が大好きだ: Ben has a (real) ~ for stamp collecting. ベンは切手の収集に(全く)熱中している. **thrów ... into a pássion** [動] 他 (...)をかっと怒らせる.

*__pas・sion・ate__ /pǽʃ(ə)nət/ 形 (名 pássion; 反 dispassionate) 1 (人・言動が)情熱的な, 熱烈な: ~ love 情熱的な恋 / a ~ speech 熱狂的な演説 / Mary had a ~ interest in music. メアリーは音楽を熱烈に愛好していた. 2 P 熱中して, 熱心で: He is ~ about golf. 彼はゴルフに熱中している. 3 情欲[情熱]にかられやすい. 4 気性の激しい, 怒りっぽい. **~・ly** 副 1 情熱的に, 熱烈に. 2 激しく, 非常に.
pássion・flòwer 名 C とけいそう(熱帯植物).
pássion frúit 名 C.U とけいそうの実(食用).
pássion・less 形 情熱のない; 冷静な.
pássion pít 名 C (米俗) カップルがいちゃつくのに都合がよい場所.
pássion pláy 名 C [しばしば P-] キリスト受難劇.
Pássion Súnday 名 U.C 受難の主日(復活祭の前々週の日曜日).
Pássion Wèek 名 U.C 受難週 (Passion Sunday から始まる 1 週間).

*__pas・sive__ /pǽsɪv/ 中2 形 (名 passívity) 1 [時に軽蔑] 受身の, 受動的な, 活気のない, 消極的な(☞ passion 語源): His ~ attitude made things worse. 彼の

消極的な態度が事態を悪くした. **2** [比較なし]『文法』受身の, 受動態の(《略》 pass.) (《反》 active): ☞ passive voice. **3** Ⓐ 逆らわない, 無抵抗の. ~ (語彙などの)理解できるが使えない: a ~ vocabulary 受容語彙.

— 名 **1** [the ~]『文法』=passive voice. **2** Ⓒ 受身の形[文]. **~·ly** 副 **1** 受身に, 不活発に, 消極的に. **2** 無抵抗に. **~·ness** 名 Ⓤ =passivity.

pássive obédience 名 Ⓤ 絶対服従, 黙従.

pássive resístance 名 Ⓤ (政府・占領軍官権に対する)消極的抵抗《非協力など》.

pássive smóker 名 Ⓒ 受動喫煙者《自らは喫煙しないが喫煙者の出す煙を吸わされる人》.

pássive smóking 名 Ⓤ 《他人のたばこによる》受動喫煙, 受動[間接]喫煙《の被害》.

pássive vóice 名 [the ~]『文法』受身, 受動態 (☞ be² B 表).

pas·siv·i·ty /pæsívəṭi/ 名 (形 pássive) Ⓤ 《時に軽蔑》受動性; 消極性; 不活発.

pas·siv·i·za·tion /pæsivizéiʃən | -vaiz-/ 名 Ⓤ 『文法』受動態化.

pas·siv·ize /pǽsəvàiz/ 動 『文法』 ⾃ 受動態になる.
— ⽋ 〈文・動詞〉を受動態にする.

páss·kèy 名 Ⓒ **1** 親鍵 (master key). **2** 私用の鍵(ᵆ), 合い鍵.

páss làws 名 [複] パス法《南アフリカで黒人に対して身分証明書の所持を義務づけた法; 1986 年廃止》.

páss màrk 名 Ⓒ 合格レベル[点].

Páss·over 名 Ⓤ Ⓒ 過ぎ越しの祝い《古代へブライ人の Egypt からの解放を祝うユダヤ人の祝祭; ユダヤ民間暦 7 月の 14 日(現在の 4 月 12 日ごろ)に始まる 7 日間》.

***pass·port** /pǽspɔ̀ət | pɑ́ːspɔ̀ːt/ 名 (-ports /-pɔ̀əts | -pɔ̀ːts/) Ⓒ **1** パスポート, 旅券. ⟦金融⟧ "May I see your ~, ma'am?" "Here you are."「パスポートを拝見できますか」「はいどうぞ」/ Have you applied for a ~ yet? もうパスポートを申請しましたか. **2** (ある目的のための)手段 (into): a ~ to wealth 富を得る手段.

pássport contról 名 Ⓤ 《主に英》入国審査; パスポート検査局《空港などでのパスポート検査《をする所》》. passport 1

páss rùsh 名 Ⓤ 《アメフト》パスラッシュ《相手のパスを封じるディフェンスの突進》.

páss-thròugh 名 Ⓒ 《台所と食堂の間などの》壁面の開口部.

páss·wòrd 名 Ⓒ **1** 〖電算〗パスワード《アクセスに必要な暗証記号[番号]》. **2** 合いことば.

***past** /pǽst | pɑ́ːst/ (類音 pest)

① 過去(の)   名; 形
② (場所の)…を過ぎて   前 1; 副
③ (時間の)…を過ぎて   前 2; 副
④ (比喩的に)…を越えて   前 3

— 名 **1** [the ~] 過去; 過ぎ去ったこと, 過去のこと: The story begins in the distant ~. 話は遠い昔に始まる / Let's forget the ~. 過去のことは忘れよう / It's all in the ~. 《S》 それは全て昔のことだ《から忘れよう》/ Letter writing seems to be a thing of the ~. 手紙を書くことは今では過去のものようだ. 関連 present 現在 / future 未来.

2 [a ~, または所有格とともに] 《人・人の》過去の歴史; 経歴; 《古風》《軽蔑》いかがわしい経歴: The general has a glorious ~. その将軍には輝かしい経歴がある / A person with a (shady) ~. 暗い過去の人.

3 [the ~]『文法』過去, 過去時制[形]《《略》 p., pt.;

☞ past form, past tense [文法]》. 関連 present 現在(時制) / future 未来(時制). **live in the pást** [動] ⓐ 昔のことばかり考えたり, 過去の思い出に生きる.

— 形 **1** [比較なし] **過去の**, 過ぎ去った; 以前の; 《文》 終わって, 済んで: my ~ life 私の過去の生活 / ~ wars 過去の戦争 / in ~ years [《文》in years ~] 過去の年月に, 昔は / My days of struggling to make a living are ~! あくせくと暮らした日々ももう終わった. 関連 present 現在の / future 未来の.

2 [比較なし] Ⓐ [しばしば the ~ として期間を表わす語とともに] **過ぎたばかりの, 過去…, この…**: We've had two earthquakes during the ~ month. この 1 か月間に 2 回地震があった (☞ week 表) / My daughter has been taking piano lessons for the ~ five years. 娘はこの 5 年間ピアノを習っている. 語法 動詞はしばしば完了形が用いられる.

3 [比較なし] Ⓐ 『文法』過去の, 過去時制[形]の《《略》 p., pt.; ☞ past form, past tense [文法]》. **4** Ⓐ 元の, 任期を終えた. **5** (今から)…前 (ago): five days ~ 5 日前. 語源 元来は pass の過去分詞.

for sóme tìme pást [副] これまでしばらくの間.

— 副 (場所の)**を通り越して, (そばを)過ぎて**: run ~ 走って通り過ぎる / The troops marched ~. 軍隊は行進して行った / Months went ~ without any news from him. 彼から何の便りもないまま何か月も過ぎた.

— 前 /pæst | pɑːst/ 〔前〕 **1** …(のそば・前)を通り過ぎて, …とすれ違って; (場所の)…を過ぎた所に, …の先に: He walked ~ the house. 彼はその家を通り過ぎた / He hurried ~ me without a word. 彼は私に話しかけもせずに急いで通り過ぎた / His office is (just) ~ the bank on your left. 彼の事務所は銀行を過ぎて(すぐ)左側にある. 語法 「…を通り過ぎる」は go by …, hurry by … など by を使っても表わせる (☞ by 前 8). ただし最後の例では by the bank とすると「銀行のそばにある」と意味が変わることに注意 (☞ by 前 5).

2 (時間が)…を過ぎて, …時(…分)過ぎて (☞ to¹ 5; half past (half Ⓐ 成句)); (年齢が)…を越えて: It's (a) quarter ~ eight. 8 時 15 分過ぎだ / The next bus leaves at twelve (minutes) ~ three. 次のバスは 3 時 12 分過ぎに出る / We stayed up until ~ 11 o'clock. 私たちは 11 時過ぎまで起きていた. 語法 (1) 《米》では past の代わりに after も用いられる (2) 《英》で past の目的語を省略することがある: The buses leave at five ~ (the hour). バスは毎時 5 分に出る // She seems to be (well) ~ forty. 彼女は(優に) 40 歳を越えているようだ / He is long ~ retirement age. 彼は退職年齢をとっくに越している. **3** …の及ばない所に, …の限界を越えて; …の年齢を越えて: His story is ~ belief. 彼の話はとても信じられない / My anger was ~ bearing. 私は堪忍(ᴷⁿ)袋の緒が切れた / I'm quite ~ caring (what she says). 私は(彼女が何を言おうが)全く気にならなくなった. **I wóuldn't pùt it pást … (to dó)** 《S》《略式》…は(一を)やりかねないと思う: *I wouldn't put it ~ her* to have lied about it. 彼女ならそのことでうそをついたとしてもおかしくない. **pást it** [形] 《S》《英略式》年を取り[古くなり]過ぎて; …以前ほど役立たなくなって: My car is getting ~ it. 私の車がたがきている.

***pas·ta** /pɑ́ːstə | pǽs-, pɑ́ːs-/ 名 Ⓤ パスタ《マカロニ・スパゲッティなど》. 語法 料理名を言うときに Ⓒ.

✝**paste** /péist/ 名 **1** Ⓤ または a ~ 《水と混ぜた》練り物, 練り物状のもの: Add water and stir to a ~. 水を加えてペースト状になるまでかき混ぜよ. 関連 toothpaste 練り歯磨き. **2** Ⓤ 練り粉《小麦粉・バターなどを練り合わせたもの》; [主に合成語で] 《主に英》ペースト《魚・肉などを練った食品》: liver [tomato] ~ レバー[トマト]ペースト. **3** Ⓤ Ⓒ のり《接着用》: I stuck two sheets of paper together with ~. 私はのりで 2 枚の

紙をはり合わせた。 **4** [U] 模造宝石(用ガラス). ── 動 他 [副詞(句)を伴って] **1** 〈…〉をはる: ~ pictures in [into] a scrapbook スクラップブックに写真をはる / ~ posters on [onto, over] a wall 壁にポスターをはる / P~ these sheets of paper together. この紙をはり合わせなさい. **2** 〖電算〗〈データ〉をはりつける. **3** 《古風, 略式》〈人〉をなぐる, たたく; 〈…〉に楽勝する.

páste-ùp [動] [他] 〈…〉を(壁や台紙に)のりではりつける.

páste·board [名] [A] 厚紙(の), ボール紙(の).

†**pas·tel** /pæstél | pǽstel/ [名] **1** [U.C] パステル(クレヨン); [C] パステル画. **2** [C] [普通は複数形で] 淡くやわらかな色彩, パステルカラー. ── 形 パステル(画)の; (色が)パステル調の, 淡い: ~ shades パステルの色合い.

pas·tern /pǽstən | -tə(:)n/ [名] [C] [動] つなぎ(牛・馬などのひづめとくるぶしの間).

páste-ùp [名] [C] [印] はり込み台紙.

Pas·teur /pæstə́: | -tə́:/ [名] 固 Lou·is /lú:i/ ~ パスツール(1822-95)(フランスの細菌学者; 狂犬病の予防接種法に成功した).

pas·teur·i·za·tion /pæ̀stəraizéiʃən, -stər- | -raiz-/ [名] [U] 低温殺菌法.

pas·teur·ize /pǽstʃəràiz, -stər-/ [動] 他 〈牛乳など〉を低温殺菌する.

pas·teur·ized /pǽstʃəràizd/ [形] (牛乳などが)低温殺菌された: ~ milk 低温殺菌牛乳, パス乳.

pást fòrm [名] [C] 〖文法〗過去形.

【文法】 **過去形**

動詞および助動詞の活用の1つで過去時制に用いられる形をいう. この辞書では過去と示す. 大多数の動詞の過去形は規則活用によってつくられて規則動詞 (regular verb) と呼ばれるが [☞ -ed¹ 文法], 少数の動詞は それ以外の方法で過去形をつくる不規則活用をして不規則動詞 (irregular verb) と呼ばれる. 不規則動詞の過去形については [☞ 不規則動詞活用表(巻末)].

---

†**pas·tiche** /pæstí:ʃ/ 《フランス語から》 [名] **1** [C] (文学・美術・音楽の)模倣作品 (*of*). **2** [C] 寄せ集め作品. **3** [U] 模倣[寄せ集め]技法.

pas·ties /péistiz/ [名] [複] (ストリッパーなどの)乳首隠し.

pas·tille /pæstí:l | pǽstəl/ [名] [C] 《主に英》(薬用)ドロップ(のどの痛み止め用).

†**pas·time** /pǽstàim | pá:s-/ [名] (~s /-z/) [C] 気晴らし, 娯楽, 慰み: Gardening is her favorite ~. ガーデニングが彼女のいちばんの楽しみだ.

past·ing /péistiŋ/ [名] **1** [C] [普通は a ~] 《略式, 主に英》ぶんなぐること, 強打; 酷評; (試合などで)てひどく負かす[やられる]こと: get [take, receive] a 6-0 ~ 6 対 0 でボロ負けする. **2** [電算] はりつけ.

pást máster [名] [C] (…の)大家[名人] (*at, in, of*).

†**pas·tor** /pǽstə | pá:stə/ [名] [C] 牧師(特に非国教徒の).

pas·to·ral /pǽstərəl, -trəl | pá:s-/ [形] [A] **1** 牧師の, 牧師としての; (精神的)指導の: ~ duties [care] (教会信徒への)牧師の助言, (生徒への)教師の助言 / make ~ visits 牧師の務めとしての訪問をする. **2** 《文》田園生活の, 牧歌的な: the "P~" Symphony 『田園交響曲』(Beethoven の交響曲第 6 番の通称). **3** 牧畜の[に関する], (土地が)牧畜に適した. ── [名] [C] **1** 牧歌, 田園詩; 牧歌的な絵画. **2** [キ教] 教書.

pást párticiple [名] [C] 〖文法〗過去分詞 (略 pp.).

【文法】 **過去分詞**

(1) 動詞の活用の1つで分詞の一種. この辞書では過分と示す. 大多数の動詞の過去分詞は過去形と同形で規則動詞と呼ばれるが [☞ -ed¹ 文法], 少数の動詞はそれ以外の方法で過去分詞をつくる不規則活用をして不規則動詞と呼ばれる. 不規則動詞の過去分詞については [☞ 不規則動詞活用表(巻末)]. 不規則動詞には過去形はない. 過去分詞は動詞としての意味や働きかに形容詞としての働きをあわせ持つ. また現在分詞が能動的 (active) な意味を持つのに対して過去分詞は受動的 (passive) または完了的 (perfect) な意味を持つ.

(2) 過去分詞の用法. (i), (ii) は動詞的な性格が強く, (iii), (iv) は形容詞的な性格が強い.

(i) <助動詞 be+過去分詞> で受動態をつくる.
John is *loved* by Mary. ジョンはメアリーに愛されている. ★受動態の詳しい用法については [☞ be² 文法].

(ii) <助動詞 have+過去分詞> で完了形を表わす: I have just *finished* the work. 私は今ちょうどその仕事を終えたところだ. ★完了形の詳しい用法については [☞ perfect form 文法], have².

(iii) 名詞を修飾する.
(a) 名詞の前に置く.
A *burned* child dreads the fire. 《ことわざ》やけどした子供は火を恐れる(羹(あつもの)に懲(こ)りて膾(なます)を吹く).
(b) 名詞の後に置く. この場合は (a) よりも動詞的性格が強い: This is a picture *painted* by a famous painter. これは有名な画家の描いた絵だ.

(iv) 補語として用いられる.
(a) 主格補語として: He felt *cheated*. 彼はだまされたような気がした / We got *scolded*. 私たちは叱られた [この例は一種の受動態とも考えられる].
(b) 目的格補語として: Better leave it *unsaid*. それは言わないでいたほうがよい, 言わぬが花 / I had my camera *stolen*. カメラを盗まれた.

(v) 分詞構文を導く: [☞ participial construction 文法] (2) 語法.

---

pást pérfect [名] [the ~] 〖文法〗過去完了(形)(〖☞ past perfect form).

pást pérfect fòrm [名] [the ~] 〖文法〗過去完了形 (〖☞ had² A).

pást pérfect progréssive fòrm [名] [the ~] 〖文法〗過去完了進行形 (〖☞ been² 1 (2) 文法).

pást progréssive fòrm [名] [the ~] 〖文法〗過去進行形 (〖☞ be² A 2).

pas·tra·mi /pəstrá:mi | pæs-/ [名] [U] パストラミ(香辛料をきかせた牛のくん製肉).

†**pas·try** /péistri/ [名] (**pas·tries** /-z/) **1** [U] 練り粉 (paste).
2 [C] ペーストリー(pie・tart など). [☞ Danish pastry.

pástry bàg [名] [C] しぼり(出し)袋(漏斗形で, クリームをはり出すのに使う).

pást ténse [名] [the ~] 〖文法〗過去時制 (略 pt.).

【文法】 **過去時制**

時制の1つで, 過去の事柄を述べるのに用いられる. 動詞は過去形が用いられる.

(1) 過去の動作・状態を表わす: He *died* in 1920. 彼は 1920 年に死んだ / I *was* in London last year. 私は去年ロンドンにいた.

(2) 過去の習慣や事実などを表わす: I *went* to church every Sunday when I was a boy. 私は少年のころは日曜日ごとに教会に行っていた / There never *was* a good war or a bad peace. いまだかつてよい戦争とか悪い平和というものはなかった (Benjamin Franklin のことば).

(3) 時制の一致によって名詞節の動詞は過去時制をとることがある: I *thought* he wouldn't go. 私は彼は行かないだろうと思った.

(4) 現在完了形に代わる過去時制, 特に《米》では, 現在に近い過去のできごとについて, それがいつであったかはっきりしない場合に用いられる: 《米》Did you *eat* yet? [=《英》Have you *eaten* yet?] もう食べた (〖☞ just¹ 副 1 語法); have² 1 文法 (1) 語法).

(5) 特別な場合には現在のことについての丁寧な言い方に過去時制を用いる: Did you *want* something? 何かお入り用ですか (Do you want ...? よりも丁寧な言い方; ☞ want 動 他 成句).
★ 以上はすべて直説法の過去時制の用法で, 仮定法における過去形の用法については ☞ if 2 文法.

pas·tur·age /pǽstʃərɪdʒ | pάːs-/ 名 U 牧草地.

⁺pas·ture /pǽstʃə | pάːstʃə/ 名 **1** C,U (放牧用の)牧場: There is plenty of 〜 for sheep on the hillside. 丘の中腹には羊の牧場がたくさんある. **2** U 牧草. 関連 meadow 干し草を採る牧草地. **gréener [néw] pástures** =《英》**pástures gréener [néw]** 名《略》《新たな職場, おもしろい新たな仕事. **pút ... óut to pásture** 動 (1)〈家畜〉を放牧する. (2)《略》《滑稽》〈高齢のために〉〈人〉を引退させる. —— (**pas·tur·ing** /-tʃərɪŋ/) 他 〈家畜〉を放牧する. —— 自〈家畜が〉牧草を食う (on).

pásture·lànd 名 U =pasture 1.

past·y¹ /péɪsti/ 形 (**past·i·er**; -**i·est**) **1** (顔色が)青白い; 元気のない. **2** のり(練り粉)のような.

pas·ty² /pǽsti/ 名 (**pas·ties**) C《主に英》パスティー《肉・野菜・チーズ入りのパイ》.

past·y-faced /pǽstiféɪst⁺/ 形 青白い顔をした.

PA sỳstem /píːéɪ-/ 名 =public-address system.

⁺pat¹ /pǽt/ (頭音 pet, pot, putt) 動 (**pats** /pǽts/; **pat·ted** /-tɪd/; **pat·ting** /-tɪŋ/) 他〈...〉を軽く打つ;〈人・犬など〉を(平手で)軽くたたく(激励・慰めのために); なでる: She *patted* her hair. 彼女は(形を整えるために)髪を軽くたたいた[なでつけた] / 言い換え He *patted* me *on* the shoulder. <V+O+on+名> =He *patted* my shoulder. 彼は軽く私の肩をたたいた(☞ the² 2 語法; shoulder 成句) / She *patted* the hamburger meat *into* a flat shape. <V+O+名> 彼女はハンバーグの肉をたたいて平たくした / He *patted* his hands dry (*with* a towel). <V+O+C(形)> 彼は(タオルで)ぽんぽんとたたいて手を乾かした.

pát dówn 動〈手をたたいて〉〈人〉のボディーチェックをする. **pát ... on the báck** 動〈...〉の背中をぽんとたたく《賛成・称賛・激励・慰めのしぐさ》. **pát onesèlf on the báck** 動 自分をほめる (*for*).

—— 名 (**pats** /pǽts/) **1** C 軽く打つこと, 軽くたたくこと《慈しみ・慰めのため》(on). **2** [a 〜] 軽くたたく音. **3** C (バターなどの)小さな塊 (*of*). **a pát on the báck** 名《略》ほめること, 称賛(のことば) (*for*).

pat² /pǽt/ 形 **1** おあつらえ向きの, 適切な. **2** [しばしば A] 《軽蔑》(返答・説明などが)お決まりの; うますぎる. **3** [しばしば軽蔑] (あらかじめ用意していたように)すらすらと, 即座に. **hàve [knów, gét] ... (dówn)** 《英》《óff] **pát** 動〈...〉をすっかり知っている, 覚えている. **stánd pát** 動 自《略, 主に米》(意見などを)固守する (*on*).

Pat /pǽt/ 名 **1** パット《女性の名; Patricia の愛称》. **2** パット《男性の名; Patrick の愛称》.

pat. 名 =patent¹ 名, patented (☞ patent¹ 動).

Pat·a·go·ni·a /pæ̀təɡóʊniə/ 名 パタゴニア《南米大陸南部の地域》.

⁺patch /pǽtʃ/ 名 (〜·es /-ɪz/; 形 patchy) C **1** 継ぎはぎ, 継ぎ切れ;《パッチワークを作る》布切れの一片;《米》ワッペン, 記章: a jacket with 「〜*es* on the elbows [elbow 〜*es*] ひじの所に当て布をした上着. **2** 眼帯 (eyepatch). **3** 斑点(ななん), まだら, しみ, ぶち: 〜*es of* blue sky 雲間にのぞく青空 / a bald 〜 はげた部分 / icy 〜*es* (路面の)凍結箇所. **4** (耕作した)小地面, 畑: a cabbage 〜 キャベツ畑. **5** (個人・警官などの)担当(受け持ち)区域, 得意分野, なわばり. **7**《電算》パッチ《プログラムミスの臨時修正》. **8** =nicotine patch.

be nót a pátch on ... 動 他《英略》〈...〉とは比べものにならない《ほど劣る》. **「gó through [hít, strìke] a bád** 《困難な, 荒っぽい, きびしい》**pátch** 動 自《略式》ひどい目にあう. **in pátches** 副 所々, あちこち.

—— 動 (**patch·es** /-ɪz/; **patched** /-t/; **patch·ing**) 他 **1** 〈穴・ほころびなど〉に継ぎを当てる, 継ぎはぎをする; 〈継ぎを当てたりして〉〈衣服など〉を修理する (up; with): The sailors were 〜*ing* the sails. 水夫たちは帆に継ぎを当てていた. **2** 〈...〉を継ぎ合わせて[継ぎはぎして]作る. **3** [普通は受身で] 斑点をつける. **4**《電算》〈プログラム〉に臨時訂正をする[パッチを当てる].

pátch togéther 動〈...〉を継ぎはぎして[継ぎはぎして]作る;〈考えなど〉を早急にまとめる.

pátch thróugh 動 パッチコードを使って一時的に〈人〉に回線をつなぐ (*to*).

pátch úp 動 (1)〈穴・ほころびなど〉に継ぎを当てる;〈...〉に応急の修理をする. 応急の処置を施す: She 〜*ed* up her old dresses. 彼女は古い服を直した. (2)〈争い・不和〉を仲裁する. おさめる: 〜 it [things] *up with* ... ...と仲直りをする.

patch·i·ly /pǽtʃɪli/ 副 きれぎれに; 不ぞろい[まだら]に.

patch·i·ness /pǽtʃinəs/ 名 U むら(のあること).

patch·ou·li /pǽtʃʊli/ 名 U **1** パチョリ《東インド諸島産のしそ科の植物》. **2** パチョリ香油.

pátch pócket 名 C 貼り付けポケット.

pátch tèst 名 C 《医》貼付(ちょうふ)試験, パッチテスト《皮膚のアレルギー反応を調べる検査》.

⁺pátch·wòrk 名 **1** U パッチワーク《いろいろな色や形の小きれを寄せ集めて作ったもの》: a 〜 quilt《英》パッチワークによる掛けぶとん. **2** [a 〜] 寄せ集め物: a 〜 *of* fields (空から見た)パッチワークのような田畑 / a 〜 *of* ideas いろいろな考えの寄せ集め.

patchwork 1

⁺patch·y /pǽtʃi/ 形 (**patch·i·er**, -**i·est**; patchy) **1** 継ぎはぎだらけの; 寄せ集めの; まだらな. **2** きれぎれの, (知識などが)断片的な. **3** むらのある; 一定していない, 不完全な (spotty).

pát-dòwn séarch 名 C 衣服の上から手でたたいて武器の有無を調べるボディーチェック.

pate /péɪt/ 名 C《古語》または《滑稽》(特にはげた)頭(のてっぺん).

pâ·té /pɑːtéɪ | pǽteɪ /《フランス語から》名 U,C 《料理》パテ《レバーなどに香辛料を加えてペースト状にしたもの》.

pâ·té de foie gras /pɑːtéɪdəfwάːɡrάː | pǽteɪ-/《フランス語から》名 U フォアグラ (foie gras)《がちょうの肝臓のパテ》.

pa·tel·la /pətélə/ 名 (複 〜**s**, **pa·tel·lae** /-liː/) C 《解》=kneecap.

⁺pat·ent¹ /pǽtənt, -tnt | péɪt-, pǽt-/ 発音 名 (**pat·ents** /-ṭənts, -tnts/) C **1** 特許権; 特許状(略 pat.); 特権: apply for a 〜 特許を申請する / take out a 〜 *on [for]* an invention 発明の特許を取る / sell a 〜 *to* a company 会社へ特許権を売る / 〜 pending 特許出願[申請]中(略 pat. pend.; 〜 applied for ともいう). **2** 特許品. **by pátent** 副 特許(権)で: goods protected *by* 〜 特許で守られた製品.

—— 形 A **1** [比較なし] 特許の, 特許(権)のある, 特許(権)を取った: a 〜 lock 特許を取った錠 / a 〜 right 特許権. **2**《略式》巧妙な;《滑稽》新案の, 斬新な.

—— 動 他〈...〉の(専売)特許を取る(過去分詞の略は

pat.ent² /pǽtənt, péɪt-, -tnt | péɪt-/ 形 A 《格式》明らかな,明白な: a ~ lie 全くのうそ.

Pátent and Trádemark Òffice 名 固 [the ~] (米国の)特許商標局.

pat.en.tee /pæ̀təntíː, -tn- | pèɪt-, pæt-/ 名 C 《法》(専売)特許権所有者.

pátent léather /pǽtənt, -tnt- | péɪt-/ 名 U パテント革,(黒の)エナメル革《靴・ハンドバッグ用など》.

pa.tent.ly /pǽtntli, péɪt-, -tnt- | péɪt-/ 副 《格式》明らかに,はっきりと: ~ false 明らかに誤った. 語法 普通は悪いことに用いる.

pátent médicine /pǽtənt, -tnt- | péɪt-/ 名 C 1 特許医薬品《1 社だけに製造が許される》. 2 (処方箋なしで買える)売薬.

pátent òffice /pǽtənt, -tnt- | péɪt-/ 名 [the ~] (英国などの)特許局.

pa.ter /péɪtə | -tə/ 名 C 《古語》または《滑稽》= father.

pa.ter.fa.mil.i.as /pèɪtəfəmíliəs | -tə-/ 名 (複 **pa.tres.fa.mil.i.as** /pèɪtreɪz-/) C 《普通は単数形で》《格式》または《滑稽》家長.

*__pa.ter.nal__ /pətə́ːn(ə)l | -tə́ː-/ 形 《普通は A》1 父の; 父らしい: ~ love 父性愛. 2 父方の; 父から受け継いだ[相続した]: ...'s ~ grandmother ...の父方の祖母. 関連 maternal 母(方)の.

pa.ter.nal.is.m /pətə́ːnəlìzm | -tə́ː-/ 名 U 《時にけなして》家長主義,温情主義; 保護者ぶった干渉.

pa.ter.nal.ist /pətə́ːnəlɪst | -tə́ː-/ 名 C, 形 A 家長主義者(の),温情主義者(の).

pa.ter.nal.is.tic /pətə̀ːnəlístɪk | -tə̀-´/ 形 《時にけなして》家長主義的な,温情主義の; 保護者ぶって干渉して. **-is.ti.cal.ly** /-kəli/ 副 家長主義的に; 干渉して.

pa.ter.nal.ly /pətə́ːnəli | -tə́ː-/ 副 父として,父親らしく.

pa.ter.ni.ty /pətə́ːnəti | -tə́ː-/ 名 U 1 《法》父系; 父性. 2 《格式》父であること.

patérnity lèave 名 U 夫の産休; 父親の育児休暇.

patérnity sùit 名 C 父親認知訴訟.

patérnity tèst 名 C (血液による)実父確定検査.

pa.ter.nos.ter /pɑ̀ːtəːnɒ́stə | pæ̀tənɒ́stə/ 名 C,U 《普通は P-; 時に the ~》(ラテン語の)主の祈り (⇨ Lord's Prayer).

*__path__ /pǽθ | pɑ́ːθ/ 《類語 pass》13 名 (paths /pǽðz, pǽðz | pɑ́ːðz/) C 1 小道,細道 (pathway, 《英》footpath): We cleared [beat] a ~ *through* the woods. 我々は藪を切り開いて[踏み分けて]道をつくった. 参考 山林・野原などの人や動物に踏みつけられて自然にできた小道や公園・庭園などの小道をいう.

path (野山・畑・公園などの狭い道)	小道
lane (生け垣・家などの間の細い道)	
alley (狭い裏通り,路地)	

2 通路,軌道,コース: the ~ *of* a satellite 衛星の軌道 / They blocked my ~. 彼らは私の行く手をふさいだ / The typhoon destroyed almost everything in its ~. 台風は進路にあったものをほとんど破壊した.

3 (人生の)進路,行路; (行動の)方針; 《普通は単数形で》(...への)道 (*to*): be *on* the ~ *to* glory [ruin] 栄光[滅亡]への道をたどる. 4 《電算》パス《階層ディレクトリーにおいてあるファイルの位置を特定するための一連のディレクトリーリスト》. **béat a páth to ...'s dóor** 動 ...のところに大挙して押しかける[殺到する]. **cróss ...'s páth** 動 偶然...と出会う. **...'s páths cróss** 動 (二人(以上)が)偶然出会う: Our ~s seem to *cross* often. よくお会いしますね. **in [ínto] the páth of ...** 前 ...の行く手[前]に (in front of ...). **stánd in ...'s páth = stánd in the páth of ...** 動 ...の進路[すること]をじゃまする.

-path /-pæθ/ 接尾 「...療法医」「...病患者」「...異常者」の意: homeo*path* 同毒療法医 / psycho*path* 精神異常者.

Pa.than /pətɑ́ːn/ 名 C パターン人《アフガニスタン西部の民族》. — 形 パターン人の.

páth.brèaker 名 C 開拓者,先達,先駆.

páth.brèaking 形 道を切り開く,開拓者的な.

*__pa.thet.ic__ /pəθétɪk/ 形 1 哀れを誘う,悲しい; 感傷的な: the ~ sight of a child crying 子供が泣き叫んでいる痛ましい光景. 2 《略式》情けないくらい下手な; 痛ましいほど無能な,まるで不十分な; 無残にも失敗した. **-thet.i.cal.ly** /-kəli/ 副 1 哀れっぽく,悲しそうに; 感傷的に. 2 《略式》情けないくらい下手に.

pathétic fállacy 名 U 《修辞》感傷的虚偽《無生物に人間的な感情を与える手法; the angry sea (怒れる海)など》.

páth.finder 名 C 《主に米》探検者 (explorer); 開拓者; 草分け.

-path.ic /-pǽθɪk/ 接尾 「...療法の」「...の感情の」の意: homeo*pathic* 同毒療法の / tele*pathic* テレパシーの.

páth.less 形 道のない.

path(.o)- /-pǽθ(oʊ)/ 接頭 「病気の」の意: *pathology* 病理学.

path.o.gen /pǽθədʒən/ 名 C 病原体[菌].

path.o.gen.e.sis /pæ̀θədʒénəsɪs/ 名 U 病原[病因](論).

path.o.gen.ic /pæ̀θədʒénɪk-´/ 形 病原(性の),発病させる.

*__path.o.log.i.cal__ /pæ̀θəládʒɪk(ə)l | -lɔ́dʒ-´/ 1 病理学(上)の. 2 《略式》病的な,異常な(ほどの). 3 (精神の)病気の[による]. **-cal.ly** /-kəli/ 副 病的なほど; 病理学上; 病気によって.

*__pa.thol.o.gist__ /pəθɑ́lədʒɪst | -θɔ́l-/ 名 C 病理学者.

*__pa.thol.o.gy__ /pəθɑ́lədʒi | -θɔ́l-/ 名 U 1 病理学. 2 病状; 異常.

*__pa.thos__ /péɪθɑs | -θɒs/ 名 U 《格式》悲哀,ペーソス《作品などで悲しみ・哀れみなどの気持ちを起こさせる特質》.

*__paths__ /pǽθs, pǽðz | pɑ́ːðz/ 名 path の複数形.

páth.wày 名 C 1 小道,細道,歩道 (path). 2 (成功などへの)道 (*to*).

-pa.thy /-pəθi/ 接尾 「...の感情」「...の苦しみ」「...療法」などの意: sym*pathy* 同情,osteo*pathy* 整骨療法. 直前の音節に第一アクセントがくる.

*__pa.tience__ /péɪʃəns/ 形 *pátient*; 反 *impatience*) U 1 (苦痛・不快をおさえる)忍耐(力),我慢[辛抱]強さ; Have ~. 我慢しなさい / I have no [little] ~ *with* him. あいつには我慢がならない.

―― コロケーション ――
have *patience* **with ...** ...を我慢する
lose (one's) *patience* (with ...) = **run out of** *patience* (...に)我慢しきれなくなる, (...に対して)堪忍袋の緒が切れる.
show *patience* 忍耐強いところを見せる
try [tax] ...'s *patience* ...をいらいらさせる

2 根気,がんばり (*for*): I didn't have the ~ *to* wait any longer. 私はそれ以上は待ちきれなかった. 3 《英》= solitaire 2. **the pátience of Jób** 名 《やや古風》= **the pátience of a sáint** (⇨ saint 成句)

*__pa.tient__ /péɪʃənt/ 11 名 (**pa.tients** /-ʃənts/) C 患者, (治療を受けている)病

mental ~s 精神病患者. 関連 inpatient 入院患者 / outpatient 外来患者 / nurse 看護師 / doctor 医師.

―コロケーション―
cure a *patient* 患者を治療する
discharge a *patient* 患者を退院させる
examine [see] a *patient* 患者を診察する
treat a *patient* 患者に処置を施す

― 形 (名 pátience; 反 impatient) **1** 我慢強い, 辛抱強い; 我慢する (⇨ passion 語源): You must be ~ *with* a baby. <A+*with*+名・代> 赤ん坊には一々腹を立ててはいけない / Just be ~ for another ten minutes. もう 10 分間我慢しなさい. **2** 根気のある, がんばる, 辛抱して働く; 粘り強い: a ~ worker 根気よく働く人. **~·ly** 副 我慢強く, 根気よく, 気長に: wait ~ 根気よく待つ.

pa·ti·na /pǽtənə, pətíːnə/ 名 **1** 緑青(ろくしょう). **2** (使い込まれた器具の表面の)つや. **3** (富や成功の)まばゆき, 威光 (*of*).

†**pa·ti·o** /pǽtiòu/ 名 (~s) **1** (スペイン風の家の)中庭, パティオ (いす・テーブルなどが置いてある).

pátio dòors 名[複] (居間からパティオに面した)ガラスドア.

pa·tis·se·rie /pətíːs(ə)ri/ 《フランス語から》 名 **1** C (フランス風)ペストリー・ケーキを売る店. **2** U (フランス風)ペストリー, ケーキ.

pa·tois /pǽtwɑː/ 《フランス語から》 名 (複 **pa·tois** /pǽtwɑːz/) U·C 方言, 地方なまり.

pa·too·tie /pətúːṭi/ 名 C ((米略式)) **1** 《古風》かわいこちゃん. **2** 尻.

pat. pend. 略 =patent pending (⇨ patent¹ 囲み).

pat·ri- /pǽtrə, péi-, -tri/ 接頭 「父の」「男性の」の意. 関連 matri- 母の.

pa·tri·al /péitriəl/ 名 C ((英)) (英国生まれの両親・祖父母の関係で)英国居住権を持つ人.

†**pa·tri·arch** /péitriàːrk | -àːk/ 名 C **1** 長老; 族長, 家長. 関連 matriarch 女族長. **2** [普通は P-] 【初期キ教・カトリック】 総大司教, 【ギ正教】 総主教.

†**pa·tri·ar·chal** /pèitriáːrk(ə)l | -áː-◄/ 形 **1** 長老の; 尊敬すべき; 族長[家長](制)の; 大御所的な. **2** (社会・集団などか)男性支配の.

pa·tri·arch·ate /péitriàːrkət | -àː-/ 名 C 総大司教の地位[任期, 管区].

†**pa·tri·ar·chy** /péitriàːrki | -àː-/ 名 (**-ar·chies**) C·U 族長[家長]政治, 族長[家長]制度; 父権社会; 男性支配. 関連 matriarchy 女性支配.

Pa·tri·cia /pətríʃə/ 名 固 パトリシア (女性の名; 愛称は Pat, Patsy, Pattie または Patty).

pa·tri·cian /pətríʃən/ 名 C (格式) **1** 古代ローマの貴族; 貴族. **2** 洗練された人. ― 形 古代ローマの貴族の; 貴族の, 貴族的な, 高貴な; 洗練された.

pat·ri·cide /pǽtrəsàid/ 名 【法】 **1** U 父殺し(行為). 関連 matricide 母殺し / parricide 親殺し. **2** C 父殺し(人).

Pat·rick /pǽtrɪk/ 名 固 **1** パトリック (男性の名; 愛称は Pat). **2** St. ~ ⇨ St. Patrick.

pat·ri·lin·e·al /pǽtrəlíniəl◄/ 形 (格式) 父系(制)の, 父方の.

pat·ri·mo·ni·al /pǽtrəmóuniəl◄/ 形 (格式) 世襲の, 先祖伝来の.

pat·ri·mo·ny /pǽtrəmòuni | -məni/ 名 U または a ~] (格式) **1** 国家の財産[至宝], (国の)文化遺産. **2** 世襲財産, 家に伝わるもの.

*__**pa·tri·ot** /péitriət | pǽtriət, péitri-, pǽtri-/ 名 (**-tri·ots** /-əts/) C **1** 愛国者. **2** [P-] 【軍】 パトリオット (米国の地対空ミサイル). 語源 ギリシャ語で「祖国」の意.

*__**pa·tri·ot·ic** /pèitriɑ́ṭɪk | pǽtriɔ́t-, pèitri-◄/ 形 愛国的な行為. **-ót·i·cal·ly** /-kəli/ 副 愛国的に.

†**pa·tri·ot·ism** /péitriətìzm | pǽtri-, péitri-/ 名 (形 pàtriótic) U 愛国心.

*__**pa·trol** /pətróul/ 動 (**pa·trols** /-z/; **pa·trolled** /-d/; **-trol·ling**) 他 C <ある地区を>巡回する: The police were *patrolling* the area. 警官たちはその地区をパトロールしていた. **2** (集団が示威のため)街頭などを練り[のし]歩く. ― 自 (副詞(句)を伴って)巡回する, パトロールする.
― 名 (~s /-z/) **1** U·C 巡回, パトロール: **on** ~ 巡回中(で). **2** C [(英)単数形でも時に複数扱い] 警備[パトロール]隊; パトカー; 巡視艇, 哨戒(しょうかい)機: the highway ~ (米) ハイウェーパトロール. **3** C [(英) 単数形でも時に複数扱い] ボーイ[ガール]スカウトの班 (6–8 人).

patról càr 名 C パトカー (squad car).

pa·trol·man /pətróulmən/ 名 (**-men** /-mən/) C (米) 巡回警官; (英) 道路パトロール員.

patról òfficer 名 C (米) =patrolman; ⇨ police officer 語法.

patról wàgon 名 C (米) 囚人護送車 ((米略式) paddy wagon, (英略式) Black Maria).

*__**pa·tron** /péitrən/ 名 (~s /-z/) C **1** (経済面での)パトロン, 後援者[団体]; チャリティーなどを支援するため名前を使わせる有名人 ((♀ patroness)): a ~ *of* the arts 芸術の保護者. 語法 元来は「父親の役目をする者」の意: ⇨ pattern 囲み. **2** (格式)(商店・ホテルなどの)ひいき客, お得意, 常連.

†**pa·tron·age** /pǽtrənɪdʒ, péitrə-/ 名 U **1** 後援, 保護; 助成金 (*of*). **2** (格式, 主に米) (商店などへの)引き立て, ひいき. **3** (重要な地位への)任命権; (政治的な支持者に対する)見返りの仕事. **4** (古風) (軽蔑) 庇護者ぶった(相手を見下した)態度.

pa·tron·ess /péitrənəs | pèitrənés/ 名 C 女のひいき客, 女の後援者, 女性のパトロン (⇨ patron).

*__**pa·tron·ize** /péitrənàiz, pǽtrə- | pǽtrə-/ 動 他 **1** (けなして) <…に>目上のような[庇護者ぶった]態度をとる. **2** 後援[保護]する; (格式) <商店などを>ひいきにする.

pa·tron·iz·ing /péitrənàizɪŋ, pǽtrə- | pǽtrə-/ 形 (けなして) 目上のような態度の, 恩着せがましい; 横柄な. **~·ly** 副 先輩ぶって; 横柄に.

pátron sáint 名 C 守護聖者 (ある土地・人・職業などを保護すると考えられている聖者); (一般に)守護神, 守り神 (*of*).

守護聖者	
England	St. George (セントジョージ)
Scotland	St. Andrew (セントアンドルー)
Ireland	St. Patrick (セントパトリック)

pat·ro·nym·ic /pǽtrənímik◄/ 名 (格式) 名 C 父(祖)の名を取った名 (Johnson (=son of John) など). ― 形 父(祖)の名を取った.

pat·sy /pǽtsi/ 名 (**pat·sies**) C (米略式) **1** だまされやすい人, カモ. **2** (人の罪をかぶる)身代わり, お人よし.

Pat·sy /pǽtsi/ 名 固 パッツィー (女性名; Patricia の愛称).

pat·ten /pǽtn/ 名 C パッテン (鉄製の歯をつけて底を高くしたぬかるみ用の木靴; ⇨ clog).

*__**pat·ter**¹ /pǽtə | -tə/ 動 [副詞(句)を伴って] (雨などが)ばらばらと音を立てる; ばたばたと音を立てる[立てて歩く] (*around, along, down*): Rain was ~*ing on* [*against*] the roof. 屋根に雨がばたばたと当たっていた. ― 名 [単数形で] ばらばらばたばた]という音 (*of*). **the pátter of tíny féet** 名 [滑稽] 幼児の走りまわる音 (生まれる予定の赤ん坊を指す).

pat·ter² /pǽtə | -tə/ 名 **1** U または a ~] 早口, ぺら

ぺら(しゃべること); 商人の売りこみ口上. **2** ⓤ 《犯罪者集団などの》符丁, 隠語. — 動 (-ter·ing /-təriŋ, -triŋ/) 他 〈祈りなど〉を早口に唱える. — 自 ぺらぺらしゃべる.

‡pat·tern /pǽtən | -t(ə)n/ **T1** 名 (~s /~z/) ⓒ

元は patron と同じ語 (☞ patron 語法).
(模範となるもの) → 「手本」4
 ┃ ┃→ (行動の手本) → 「型, 様式」2
 ┗━→ (物の手本) → 「型」3 → 「模様」1

1 模様, 柄(ᵉ̂ᵃ): the ~s on the cloth 布の模様 / geometric ~s 幾何学的な模様.

会話 "Do you have (any) other ~s?" "Yes, here are some paisley and checked ones." 「ほかの柄はありませんか」「はい, ペイズリーと格子じまがあります」

2 (事件・行動などの)型, 様式, パターン (in): new life ~s=new ~s of life 新しい生活様式 / These robberies all follow [fit] the same [a set] ~. これらの強奪事件はすべて同じ手口である.

3 [しばしば合成語で] 型, 原型, 模型, 型紙, 鋳型: a paper ~ **for** a dress 服の型紙. **4** [普通は単数形で] 模範, 手本; [形容詞的に] 模範的な: set a ~ (**for** others) (他の者への)模範を示す. **5** 《文法》型: verb ~s 動詞型 (☞ ⑦ 動詞型解説(巻末)). **6** (洋服地などの)見本つづり. **7** (音や言葉の規則的な)繰り返し. — 動 他 **1** 〈…〉に模様をつける (with). **2** [しばしば受身で]《格式》〈…〉を模造する; (…に)ならって行なう, まねる (on, upon): His opinion is ~ed after his teacher's. 彼の意見は先生の意見にならったものだ.

†pát·terned 形 模様[柄]のついた (with).

pát·tern·ing 名 ⓤ **1** 《格式》(行動・思考・慣習などの)様式, パターン化 (of). **2** (特に動物の皮膚の)模様; デザイン, 図柄.

Pat·tie /pǽti/ 名 パティー《女性の名; Patricia の愛称》.

pat·ty /pǽti/ 名 (**pat·ties**) ⓒ **1** (主に米)ひき肉などを小さな円盤状にまとめたもの. **2** =pasty².

Pat·ty /pǽti/ 名 ⓠ パティー《女性の名; Patricia の愛称》.

pátty mèlt 名 ⓒ パティーメルト《円盤状の牛肉とチーズをのせた調理パン》.

pátty shèll 名 ⓒ =patty 1.

pau·ci·ty /pɔ́ːsəti/ 名 ⓤ または a ~] 《格式》少数, 少量; 不足: a ~ of evidence 証拠物件の不足.

Paul /pɔ́ːl/ 名 **1** ポール《男性の名》. **2** St. ~ パウロ《キリストの弟子で, 新約聖書中の書簡の著者》.

Pául Búnyan /-bʌ́njən/ 名 《米国伝説》ポールバニアン《北部の森林で活躍したとされる巨人で怪力の材木切り出し人》.

paunch /pɔ́ːntʃ/ 名 ⓒ (男性の)太鼓腹.

paunch·y /pɔ́ːntʃi/ 形 (**paunch·i·er**; **-i·est**) (男性が)太鼓腹の.

pau·per /pɔ́ːpə | -pə/ 名 ⓒ 《古風, 格式》生活困窮者, 貧乏人.

pau·per·is·m /pɔ́ːpərizm/ 名 ⓤ 《やや古風》貧困状態《救済の必要があるもの》.

pau·per·i·za·tion /pɔ̀ːpəraizéiʃən | -raiz-/ 名 ⓤ

貧困化.

pau·per·ize /pɔ́ːpəraiz/ 動 他 〈人〉を貧しくする.

‡pause /pɔ́ːz/ (類音 pose) **T2** 動 (**paus·es** /~iz/; **paused** /~d/; **paus·ing**) 自 **1** (歩み・仕事・話しの途中で)中断する, 少し休む[止まる], 間(*)をあける, ひと息入れる (**for**) — (**for**) a moment 一瞬中断する / He ~**d to** look around. 〈V+to不定詞〉 彼はちょっと足を止めて話をやめて辺りを見回した. **2** ためらう, ちゅうちょする: She ~d on the last word. 彼女は最後のことばで言いよどんだ. **3** (ビデオなどを)一時停止させる. — 他 〈ビデオなど〉を一時停止させる.

— 名 (**paus·es** /~iz/) ⓒ **1** (歩み・仕事・話しなどでの)ちょっとした途切れ, 間 (in): She continued speaking after a ~. 彼女は間をおいてまた続けた / Most singers take a ~ **for** breath here. たいていの歌手はここで息つぎの間を取る. **2** (文などの)切り目, 段落; 《楽》フェルマータ (fermata) (⁀, ⁀; 音符の上, 下につける). **3** (ビデオ・ゲーム機などの)一時停止ボタン.

gíve ... páuse (for thóught) [動] 他 《格式》〈人〉に慎重に考えさせる, ためらわせる.

withòut (a) páuse [副] 休みなく: She talked and talked **without** ~. 彼女は休みなくしゃべりまくった.

pa·vane /pəvɑ́ːn/ 名 ⓒ,ⓤ パヴァーヌ《16-17世紀の宮廷風の優美な舞踏曲》.

Pa·va·rot·ti /pæ̀vərɑ́ːti | -rɔ́ti/ 名 **Lu·ci·a·no** /lùːtʃiɑ́ːnou/ ~ パバロッティ(1935-)《イタリアのオペラ歌手》.

‡pave /péiv/ 動 (**paves** /~z/; **paved** /~d/; **pav·ing**) 名 pávement 他 [普通は受身で] **1** 〈道路など〉を舗装する: The roads **were** ~**d with** asphalt. 〈V+O+with+名・代の受身〉 その道路はアスファルトで舗装されていた. **2** 〈場所〉を(...で)覆う, 満たす.

be páved with góld [動] 自 (場所など)もうけ話(成功の機会)がころがっている. **páve óver ...** [動] 他 [普通は受身で] 〈...〉を一面舗装する. **páve the wáy for ...** [動] 他 〈...〉への道を開く, ...の準備をする.

‡pave·ment /péivmənt/ **T2** 名 (**pave·ments** /-mənts/) **1** ⓤ,ⓒ (米)(道路の)舗装(面): a crack in the ~ 舗装のひび割れ. **2** ⓒ (英)(舗装した)歩道((米)sidewalk): Walk on the ~. 歩道を歩きなさい. **3** ⓒ,ⓤ (一般に)舗装した所, 舗装面. **pòund [hít] the pávement** [動] 自 (就職などのため)かけずり回る.

pávement àrtist 名 ⓒ (英) =sidewalk artist.

pave·ment ca·fé /péivməntkæféi | -kæ̀fei/ 名 ⓒ (英)歩道にテーブルを一部出しているレストラン.

‡pa·vil·ion /pəvíljən/ 名 ⓒ **1** (博覧会などの)展示館, パビリオン. **2** 大型テント《品評会などを行なう》. **3** (米)(スポーツなどのための)大型施設; (主に英)(主にクリケット競技場の)付属建物《選手控室などに使う》. **4** (公園などの)休憩(ᵏ̇ˠ)所. **5** (コンサートやダンスパーティー用の)大ホール. **6** (病院などの)別館.

páv·ing 名 **1** ⓤ 舗装材料. **2** ⓤ (道路の)舗装部分[面]. **3** ⓒ [普通は複数形で] 敷石《舗装用》.

páving stòne [(英) **slàb**] 名 ⓒ 敷石《舗装用》.

Pav·lov /pǽvloːv | -lof/ 名 **I·van** /iːvɑ́ːn/ ~ パブロフ(1849-1936)《ロシアの生理学・心理学者; 条件反射を研究; ノーベル賞受賞》.

pav·lo·va /pævlóuvə | pæv-/ 名 ⓒ,ⓤ (英)パブロバ

ケーキ《クリームとフルーツを飾ったメレンゲをのせたケーキ》.

Pav·lo·va /pɑːvlóuvə | pǽvlə-/ 图 ⓐ Anna ~ パブロバ(1881-1931) [ロシアのバレリーナ].

Pav·lov·i·an /pɑːvlóuviən | pæv-/ 形 パブロフ(学説)の, 条件反射(説)の.

⁺**paw** /pɔ́ː/ 图 © 1 〈犬や猫の〉足(つめ(claws)のある動物の足をいう): a dog's ~ 犬の足. [関連] hoof ひずめのある足. **2** 《略式》〈滑稽・軽蔑〉〈人の〉手. — 他 **1** 〈動物が〉…に足で触れる; 〈馬などが〉前足で繰り返しかく. **2** 《略式》〈人が〉…をいやらしく触る(させる), 〈やたらに〉触る(about). — 自 **1** 〈動物が〉足で触れる; 〈馬などが〉前足でかく (around; at). **2** 指でさわる, いじる (at).

paw·ky /pɔ́ːki/ 形 《主にスコ》〈ユーモアの〉まじめなようで滑稽な, とぼけた.

pawl /pɔ́ːl/ 图 © 《機》歯止め(歯車の逆回転防止用).

⁺**pawn**¹ /pɔ́ːn/ 他 **1** 質に入れる; 〈生命・名誉〉をかける. **páwn óff** [他] 《米俗式》 **1** 〈粗悪品などを〉人に売りさばく, つかませる (on). **2** 〈…〉を(—と)思わせる (as). — 图 ⓤ 《古風》質(ち), 抵当. **in páwn** [形・副] 質に入って, 抵当に取られて.

pawn² /pɔ́ːn/ 图 © **1** 〈チェス〉ポーン, 歩. **2** 〈人の〉手先, 歯車, こま (in).

páwn·bròker 图 © 質屋(人).

Paw·nee /pɔːníː/ 图 (複 ~(**s**)) © ポーニー族《北米先住民》; ⓤ ポーニー語.

páwn·shòp 图 © 質屋(店).

páwn tìcket 图 © 質札.

paw·paw /pɔ́ːpɔː/ 图 C,U **1** 《米》=papaw. **2** =papaya.

pax /pǽks/ 間 《英俗》たんま! 待った! 〈子供が議論・けんかの中止, 遊びの中断を要求する時に発する〉.

Pax /pǽks/ 图 ⓐ 《ローマ神》 パクス《平和の女神; ギリシャ神話の Irene に当たる》.

Páx Americána 图 ⓤ パクス アメリカーナ《米国の覇権の下における国際平和》.

Páx Bri·tán·ni·ca /-brɪtǽnɪkə/ 图 ⓤ パクス ブリタニカ《英国の支配による平和; 19 世紀の国際秩序》.

Páx Ro·má·na /-rouméɪnə | -máː-/ 图 ⓤ パクス ローマナ《ローマの支配による平和》.

***pay** /péɪ/ 動 (**pays** /~z/; 過去・過分 **paid** /péɪd/; **pay·ing**) 图 páyment

peace と同語源で, ラテン語で「安心させる」の意.〈貸し手を安心させる〉→〈決済する〉→〈支払う〉他 **1** →〈支払いがある〉→〈引き合う〉

— 他 **1** 〈棒給・賃金・代金など〉を〈…に〉**支払う**;〈ある額〉を(…の代金として)**払う** (for);〈人〉に支払う (for),〈人〉に金を払う…させる: ~ money お金を払う / ~ wages 賃金を支払う / I get paid 1,000 yen an hour. 給料は時給で1,000円もらっている / [言い換え] The company has **paid** her five hundred dollars. <V+O+O> =The company has **paid** five hundred dollars **to** her. <V+O+to+名・代> 会社は彼女に500ドル払った(☞ to¹ 3 [語法]). [語法] 上の文を受身の文にすると次のようになる: Five hundred dollars has been paid(to) her by the company. (直接目的語を主語としたとき) / She has been paid five hundred dollars by the company. (間接目的語を主語としたとき)(☞ be² B [文法]) // I **paid** him to paint my fence. <V+O+C (to 不定詞)> 彼を雇って塀(へい)にペンキを塗ってもらった. [語法] 上の文と次の to 不定詞の副詞的用法の場合とを比較: I **paid** twenty dollars **to** have my radio fixed. 20ドル出してラジオを修理してもらった.

2〈借金・代価〉を**支払う** (to),…に返済する: ~ the rent 家賃を払う / I haven't **paid** my taxes yet. 私はまだ税金を払っていない.

3〈行為などが〉〈…に〉とって**利益になる**, 引き合う;〈仕事などが〉〈報酬[利益]として〉〈人〉に…をもたらす: It will [would] ~ you to read this carefully. これを注意して読めばそれだけのことはありますよ. [語法] it is to 以下を受ける形式主語; 動詞型は <V+O> // This job ~s four hundred dollars a month. この仕事は週に400ドルのもうけになる.

4〈注意・敬意など〉**を払う**;〈訪問などを〉**する**: You must ~ more attention **to** his advice. <V+O+to+名・代> 君は彼の忠告にもっと注意を払わなくてはいけません / We are to ~ a [visit **to** [call on] Mr. Smith next week. 来週スミス先生を訪問することになっている.

— 自 **1 支払い**をする, **代金**を払う; 〈借金などを〉返す: ~ in dollars [euros, yen] ドル[ユーロ, 円]で支払いをする / How are you ~ing? By card or in cash? お支払いはどうなさいますか. クレジットカードですか現金ですか / Let me ~ for myself. 私の分は払わせてください / She **paid to** attend the concert. <V+to 不定詞> 彼女は金を払って演奏会を聞いた.

2 [しばしば副詞(句)を伴って] (行為・仕事などが)**引き合う,** もうかる, 探算がとれる; 割に合う: This job doesn't ~ well. この仕事はあまり引き合わない / Crime doesn't ~. 犯罪は引き合わない / It ~s to advertise. 広告すればそれだけのことはある(元はとれる). [語法] it is to 以下を受ける形式主語; 動詞型は <V>. **3** 罰[報い]を受ける, 償いをする: You'll ~ (dearly) **for** this! 君にこんなまねをした以上(ひどい)報いを受けるぞ, あとで(ひどく)後悔するぞ / He paid for the crime with his life. 彼はその罪に対して死をもって償った / She will ~ **for** betraying me. 彼女は私を裏切ったことの報いを受けるだろう. **páy as you gó** [動] 自 現金払いにする; 《米》(税金を)源泉徴収してもらう. **páy for itsélf** [動] (購入物などの)元がとれる. **páy one's wáy** [動] 自 自前でやる; 赤字を出さずにやっていく.

─── pay の句動詞 ───

***páy báck** 動 他 **1**〈借りた金を〉(…に)**返す**,〈人〉に金を返す; 払い戻す <V+名・代+back | V+back+名>: Tom **paid back** the money he had borrowed from a friend of his. トムは友人に借りた金を返した / I'll ~ you **back** (the money) as soon as I can. できるだけ早く(お金を)お返しいたします.

2〈…〉に**仕返し**をする, 腹いせをする;〈受けた好意に対して〉〈…〉に返礼する: I **paid** him **back for** his insults. 彼に侮辱された仕返しをしてやった.

***páy dówn** 動 他 **1**〈…〉を**即金で払う**, その場で払う; 《米》(月賦などで)頭金として払う <V+名・代+down>: You can ~ $20 **down** and the rest later. 頭金は20ドル, 残りは後で結構です.

***páy for…** 動 他 **1**〈…〉の代金を払う [受身 be paid for]: The poor artist could not ~ **for** a model. その貧しい画家はモデル代が払えなかった / Have these things **been paid for?** この品物の支払いは済んでいますか. **2**〈…〉の報いを受ける (☞ 自 3).

***páy…for ─** 動 他 **1** ─の代金として〈ある金額〉を払う, 〈—の代金[料金]として〉人に支払いをする: How much did you ~ (him) **for** those shoes? その靴の代金として(彼に)いくら払いましたか. **2**〈…〉に—の仕返しをする (☞ pay back 2).

páy ín 動 他 〈金・小切手などを〉(銀行・口座などに)**払い込む**[預ける]: I **paid** the money **in** yesterday. お金はきのう払い込みました. ── 自 (銀行・口座に)金を払い込む[預ける]: Are you ~ing in or withdrawing [making a withdrawal]? ご預金ですか, お引き出しですか.

páy ìnto… 動 他 (銀行・口座に)金を払い込む[預ける].

páy…into ─ 動 他 〈…〉を(銀行・口座などに)払い込む: My monthly salary is paid **into** the bank by my employers. 私の月給は雇主から銀行に振り込まれている.

***páy óff** 動 (图 páyòff) **1**〈借金を〉**すっかり返す**,

完済する; 〈ローンなど〉を少しずつ返済する ＜V＋名・代・*off* / V＋*off*＋名＞: I expect you to ~ *off* all your debts. 借金を全部返してもらいたい。 **2** (英)〈…〉を給料を払って解雇する ＜V＋名・代・*off* / V＋*off*＋名＞: The miners *were paid off* and the mine was closed. 坑夫たちは賃金を清算され炭鉱は閉鎖された。 **3** (口止めなどのために)〈…〉を買収する。
— 自 もうかる, 利益をもたらす; (計画などが)うまくいく。

páy óut 動 (páyòut) 他 **1** 〈料金・報酬など〉を支払う(普通はかなり多額のものをいう); 〈預金・利子など〉を払い出し[戻す] ＜V＋名・代・*out* / V＋*out*＋名＞: I've *paid out* a lot *for* your piano lessons. あなたのピアノのレッスンには大変なお金を払っているのよ。 **2** (格式)〈綱・釣り糸〉を(少しずつ)繰り出す。 語法 この意味では過去形・過去分詞は *payed* (*out*) のこともある。
— 自 (大金の)支払いをする。

páy óver 動 他 〈金〉を正式に支払う[納付する]。

páy úp 動 自 (滞納料金など)全額支払う, (借金)完済する: I have to ~ *up* within a month. 1 か月以内に完納しなければならない。 — 他 〈借金〉を全部払う, 完納する。 関連 paid-up 完納した。

— 名 U 給料, 報酬, 手当 (⇒ 類義語): high ~ 高給 / a ~ increase 賃上げ / We get our ~ every Friday. 毎週金曜日が給料日だ / vacation [holiday] ~ 休暇手当。 **in the páy of ...** 前 (普通は軽蔑)(よくない者)に使われて, …に雇われて。

【類義語】**pay** あらゆる種類の仕事に用いることができる一般的な語。 **wages** 肉体労働などの報酬で, 週給・日給・時間給などの報酬も含み, 現金支払いが普通。 **salary** 知的な職業に対して月給またはそれ以上の長い期間を単位として銀行振り込みなどで支払われる給料。 **fee** 報酬の意では, 医者・弁護士などの専門職に対して 1 回ごとに支払われる謝礼。 **income** は家賃収入なども含む定期収入を指す。

⁺**pay·a·ble** /péɪəbl/ 形 P (…に)支払うべき; 支払うことのある: a bank draft ~ *in* yen 円で支払い可能な銀行手形 / This check is ~ *to* you. この小切手は受取人があなたになっています。

páy-as-you-éarn 名 U (英)(税金の)源泉徴収(方式) PAYE, (米) withholding tax)。

páy-as-you-gó 名 U, 形 現金払い方式(の); (携帯電話・インターネット接続)のプリペイド方式(の)。

páy·bàck 名 **1** 見返り, 払い戻し。 **2** U 仕返し (*for*). — 形 A 返済の, 払い戻しの: a ~ period 返済期間, (投資額の)回収期間。 **2** 仕返しの: It's ~ time. 仕返しの時だ。

páy·bèd 名 C (英)(病院の)差額ベッド。

páy·chèck, (英) -**chèque** 名 U 給料(支払い)小切手, (主に米) 給料。

páy cláim 名 C (英)(労働組合の)賃上げ要求。

páy dày 名 U 給料日; 支払い日。

páy dìrt 名 U 採掘して引き合う鉱石。 **strìke [hìt] páy dìrt** 動 (米略式) 幸運な発見をする, うまい金づるをつかむ。

PAYE /píːwàɪ/ 略 (英) =*pay-as-you-earn*。

pay·ee /peɪíː/ 名 C (普通は単数形で)(手形・小切手の)受取人, 被支払人。

páy ènvelope 名 C (米) 給料袋; 給料((英) pay packet)。

⁺**páy·er** 名 C 支払い人; [前に形容詞をつけて] 支払い(ぶり)…の人。 関連 taxpayer 納税者。

páy·ing gùest 名 C (英) (時に短期間の)下宿人(略 PG)。

páying-ín bòok 名 C (英) 預金通帳。

páying-ín slìp 名 C (英) =deposit slip。

páy·lòad 名 C **1** 有料荷重(船客・船荷など). **2** ミサイルの弾頭, 爆撃機の搭載爆弾。 **3** (ロケットや人工衛星の)搭載機器[乗員]。

páy·màster 名 C **1** 会計部長[課長]; (軍隊の)主計官, (普通は複数形で) (軽蔑) 金を使って組織[人]を牛耳る人[集団], 黒幕。

páymaster géneral 名 [the ~; しばしば P- G-] (英) 大蔵主計局長官。

*⁺**pay·ment** /péɪmənt/ 🔊 名 (**pay·ments** /-mənts/; 動 pay) **1** C 支払い金(額) (*for, to*): meet monthly ~*s on* a television set テレビ購入代金の月々の払いをする / a ~ *of* $100 down 100 ドルの頭金(分割払いで); ⇒ pay down (pay の句動詞)。 **2** U 支払い (略 pt.), 払い込み (*for*), (支払い金)を納めること: the prompt ~ *of* taxes 税の即時納入 / ~ in full [in part] 全額[一部]払い / ~ in kind 現物払い[支給] (⇒ in kind (kind¹ の成句) / delay [withhold] ~ 支払いを延ばす / a 20-year ~ plan 20 年返済のローンで。 **3** U または単数形で [しばしば皮肉] 報酬 (reward), 償い, 罰: Is this the ~ I get *for* my efforts? 努力した報いがこれなのか。

màke (a) páyment 動 自 支払う, 払い込む: *make* cash ~ 現金で払う。 **on páyment of ...** 前 …の支払い時点で。

*⁺**páy·òff** 名 (動) páy óff) C **1** (給料・もうけなどの)支払い。 **2** (行為の)結末, 結実, 利益。 **3** わいろ (bribe), 献金。 **4** (解雇するときの)清算金, 退職金。

pay-o·la /peɪóʊlə/ 名 U または a ~ (略式, 主に米) (商品宣伝のみかえりの)わいろ(の支払い)。

*⁺**páy·òut** 名 (動 páy óut) C 支払い; 支払い金(普通はかなり多額のものをいう)。

páy pàcket 名 C (英) =pay envelope。

páy-per-víew 名 U, 形 ペイパーヴュー方式(の)(見た番組の本数で料金が決まるケーブルテレビ方式)。

páy phòne 名 C 公衆電話。

páy ràise (米), **páy rìse** (英) 名 C 賃上げ。

*⁺**páy·ròll** 名 **1** C 給料支払い簿; 従業員名簿。 **2** [a ~] (従業員の)給料支払い総額, 賃金, 人件費。 **3** C 従業員総数。 **on [òff] the páyroll** [形・副] 雇われて[解雇されて]。

páyroll tàx 名 C,U (米) 給与税(給与から源泉徴収される税)。

páy sèttlement 名 C (労使間の)賃金合意。

páy·slip 名 C (英) =pay stub。

páy stàtion 名 C (米) 公衆電話(ボックス)。

páy stùb 名 C (米) 給料明細(書)。

páy télephone 名 C =pay phone。

pay-TV /péɪtíːvíː/ 名 U 有料テレビ(放送)。

PBS /píːbìːés/ 略 =Public Broadcasting Service 公共放送網(米国の非営利放送局; 政府補助や寄付で運営され良質の番組を放送する)。

PBX /píːbìːéks/ 略 (**PBX**(`)**s**) C 内線電話(システム)。 (*private branch exchange* の略)。

⁺**PC¹** /píːsíː/ 🔊 名 (**PC**(`)**s** /-z/) C パソコン (*personal computer* の略)。

PC² /píːsíː/ 略 = (英) police constable, politically correct, (英) Privy Councillor [Counsellor]。

p.c. /píːsíː/ 略 **1** /pəsént | pə-/ =percent: 10 *p.c.* 10 パーセント(10% と記すのが普通)。 **2** =postcard。

PCB /píːsìːbíː/ 略 =polychlorinated biphenyl。

pcm 略 (英) =per calendar month (毎月の家賃を示すのに用いる): £600 *pcm* 月 600 ポンド。

PCMCIA /píːsìːémsíːàɪéɪ/ 略 [電算] =Personal Computer Memory Card Interface Adapter (特にノート型パソコンに用いられる拡張カードの標準規格)。

PCP /píːsìːpíː/ 略 U フェンシクリジン(麻酔剤; 麻薬としても使われる; (俗) angel dust)。

PCS /píːsìːés/ 略 =personal communications service パーソナル通信サービス(米国の携帯電話方式の一つ)。

pct (米) =percent.
pd. (略) =paid.
PDA /píːdìːéɪ/ 名 C 【電算】PDA《携帯用個人情報端末; 電子手帳などのペン入力式》小型コンピューター; *personal digital assistant* の略》.
PDF /píːdìːéf/ 名 U 【電算】PDF《システムを問わず, 体裁を保ったまま文書を交換するためのファイルフォーマット; *portable document format* の略》.
PDP /píːdìːpíː/ 名 【電算】 =parallel distributed processing 並列分散処理.
pdq /píːdìːkjúː/ 副 S 《略式》すぐに, 大至急 (*pretty damn quick* の略).
PDT /píːdìːtíː/ 略 =Pacific Daylight Time.
⁺PE /píːíː/ 略 =physical education (《英》PT).
***pea** /píː/ (同音 pee) 名 (~s /-z/) C 《普通は複数形で》えんどう(豆); えんどう豆に似た豆, ひよこ豆 (☞ bean 表): green ~s 青えんどう, グリンピース. **like twó péas in a pód** [形] (《略式》) まるでうり二つで.
péa-bràined [形] (《略式》) ばかな.

***peace** /píːs/ (同音 piece) 名 (形 péaceful, péaceable)

「争いのないこと」の意で, pacific と同語源.
→ (国家間に争いのない状態) → 「平和」**1**
→ (国内に武力衝突のない状態) → 「治安」**2**
→ (個人的に争いのない状態) → 「平穏」**3**

1 U 《時に a ~》**平和** (反 war), 和平: a lasting ~ 恒久平和 / achieve [threaten] world ~ 世界平和を達成する[おびやかす] / We have enjoyed ~ for more than fifty years. 我々は50年以上も平和な時を過ごしている / There never was a good war or a bad ~. いまだかつてよい戦争とか悪い平和というものはなかった (Franklin のことば) / ~ negotiations 和平交渉.
2 U 《普通は the ~》**治安**, 秩序: disturb [break] the ~ 【法】治安を乱す / The police are necessary in order to keep [maintain] 「the ~ [~ and order]. 警察は治安[秩序]を維持するために必要である. 関連 Justice of the Peace 治安判事.
3 U **平穏**, 無事; 安らぎ, 静寂, 沈黙 (☞ pay 動 囲み): ~ of mind 心の安らぎ / I need ~ and quiet to study. 勉強するのに静かな環境が必要だ. **4** U 《a ~》《しばしば P-》平和[講和]条約 (peace treaty); 停戦; 和平: the P-~ of Paris パリ講和条約.

at péace [副・形] (1) 和やかに[で]; 仲よく (反 at war): We are *at ~ with* all neighboring countries. 私たちはすべての近隣の国々と仲よくやっています. (2) 安らかに[で]; 安心して: His mind was *at ~*. 彼の心は安らかだった. (3) 《婉曲》死んで (dead).
be at péace with onesèlf [the wórld] [動] 自 心の中に[世の中との]葛藤がない; 心安らかである.
hóld [kéep] one's péace [動] 自 (古風, 格式) (言いたいことがあっても)沈黙を守る.
in péace [副・形] 静かに[な], 平和に[で]: May he rest *in ~*! (格式) 彼の霊よ安らかに眠れ.
kéep the péace [動] (1) 争わない, 仲よくする. (2) 秩序を保つ (☞ 2); (法を守って)平穏にする.
máke (one's) péace [動] (自) 仲直りする, 和解する: The two nations *made ~ (with each other)*. 両国は講和を結んだ.

peace·a·ble /píːsəbl/ 形 (名 peace) **1** 平和を好む. **2** 穏やかな, 平和な; 平和な. **-a·bly** /-səbli/ 副 穏やかに, 平穏に; 平和に.
péace agrèement 名 C 和平協定.
péace cònference 名 C =peace talks.
⁺Péace Còrps 名 (the ~, (英) 単数または複数扱い) 平和部隊 (米国から開発途上国に派遣される技術者など).
péace dividend 名 C 《普通は単数形で》平和の配当《冷戦終結後の軍事費削減により生じた福祉などに振り分けられると期待される剰余金》.

***peace·ful** /píːsf(ə)l/ 形 (名 peace) **1** 平和的な; 平和を愛好[推進]する; 平和のための: ~ coexistence 平和共存 / solve the dispute by ~ means 紛争を平和的な手段で解決する / a ~ relationship between the two countries 両国の平和的な関係.
2 静かな, 平穏な, 安らかな, 平和な: a ~ evening 静かな夕方.
⁺peace·ful·ly /píːsfəli/ 副 平和的に, 平和に; 穏やかに, 静かに.
péaceful·ness 名 U 穏やかさ, 平穏.
péace·kèeper 名 C 平和維持をはかる組織(の一員), 国連の停戦監視者.
péace·kèeping 形 A 平和維持(のための): a ~ force 平和維持軍. — 名 U 平和維持(活動).
***péacekèeping operátion** /píːskìːpɪŋ-/ 名 C (国連の平和維持活動組織(PKO).
péace-lòving 形 《普通は A》平和を愛好する.
péace·màker 名 C 調停者, 仲裁人.
péace·màking 名 U, 形 A 調停[仲裁](の).
péace màrch 名 C 平和行進.
péace mòvement 名 **1** C 平和団体. **2** U 平和運動.
peace·nik /píːsnɪk/ 名 C 《略式》反戦運動家.
péace òffering 名 C 《略式》和解の贈り[ささげ]物, おわびのしるし.
péace òfficer 名 C (米) 保安担当官 (警官など).
péace pìpe 名 C (北米先住民が吸う)和睦(ぼく)の印のパイプ(きせる).
péace pròcess 名 C 和平交渉.
péace sìgn 名 C ピースサイン, Vサイン; =peace symbol.
péace sỳmbol 名 C 平和のしるし (Nuclear Disarmament の頭文字の手旗信号を図案化した ☮ のしるし).
péace tàlks 名 《複》和平会談, 平和会議.
⁺péace·tìme 名 U 平和な時, 平時; [形容詞的に] 平時の. 関連 wartime 戦時.
péace trèaty 名 C 平和条約, 講和条約.
***peach** /píːtʃ/ 名 (~·es /-ɪz/) **1** C 桃, 桃の実; 桃の木; U 桃の果肉: a ~ stone [(米) pit] 桃の種. 日英比較 日本の桃より実が小さい. **2** U 《黄色みの強い》桃色; [形容詞的に] 桃色の. **3** C 《古風, 略式》[ほめて] すてきな人; すばらしいもの: a ~ *of* a shot 見事なシュート, ナイスショット / She is a real ~. 彼女はとてもすてきな女の子だ. **péaches and créam** [形] 《普通は A》きれいなピンク色をした: have a ~es *and cream* complexion きれいなピンクの顔色をしている. — 名 [否定文で] (米) 好ましい事態[状態]: It wasn't all ~es *and cream*. 万事 OK というわけではなかった.
péach fùzz 名 C 桃の綿毛; (米略式) 《特に少年のほおなどの》うぶ毛.
Péach Mél·ba /-mélbə/ 名 C,U ピーチメルバ (桃とアイスクリームにラズベリーソースをかけたデザート).
péach trèe 名 C 桃の木 (peach).
peach·y /píːtʃi/ 形 (peach·i·er; -i·est) **1** 《普通は A》(色や手ざわりなどが)桃のような. **2** S (米略式) すばらしい, すてきな.
péachy-kéen 形 《米略式》=peachy 2.
péa·còat 名 C =pea jacket.
pea·cock /píːkɑ̀k | -kɔ̀k/ 名 C **1** 雄のくじゃく; (一般に)くじゃく (☞ peahen; peafowl). **2** 見え坊, うぬぼれ屋. **(as) próud as a péacock** 大いばりで.
péacock blúe 名 U, 形 (光沢のある)緑青色(の).
péa·fòwl 名 (複 ~(s)) C くじゃく《雌雄ともにいう》. ★鳴き声については ☞ cry 表.
péa grèen 名 U, 形 青豆色(の), 淡緑色(の).

péa·hèn 名C 雌のくじゃく.
péa jàcket 名C ピーコート, ピージャケット《厚手のウール製の腰まであるダブルのコート》.
***peak** /píːk/ (同音 peek, pique) 名 (~s /-s/) C **1** ピーク, (特に変動する量・過程などの)最高点, 最高度, 絶頂: reach [hit] a ~ 最高点に達する / She has passed her ~ as a swimmer. 彼女は水泳の選手として峠を越した / The accident happened at the ~ of the rush hour. 事故はラッシュアワーの真っ最中に発生した.
2 (先のとがった)山頂, 峰(⇨ mountain 挿絵); (山頂のとがった)山: The「~ of the mountain [mountain ~] was covered with snow. その山の頂は雪でおおわれていた. **3** 帽子(cap)のひさし, つば. **4** (とがった)先端(グラフなどの)頂点. **be at the peak of one's caréer** 動 ⓐ (人が)全盛期にある. **「be at [reach] one's peak** 動 ⓐ (スポーツ選手などが)絶好調である[に達する]. ── 形 ⓐ 最高の, 絶頂の; 最も活動的な, ピーク(時)の(⇨ off-peak): in ~ condition 最高の状態で / ~ hours (of electrical consumption) (電力消費の)ピーク(時) / a ~ rate (ホテルや航空機などの)ピーク時[繁忙期]料金 / ⇨ peak time. ── 動 ⓐ (活動・売上げ・需要などが)頂点[ピーク]に達する(at).
peaked[1] /píːkt/ 形 先[頂]のとがった; (帽子が)ひさしがある.
peak·ed[2] /píːkɪd/ ∣píːkt/ 形 (主に米) 顔色が悪い; やつれた.
péak tíme 名 (英) **1** Ⓤ =prime time. **2** C (電力消費・交通量などの)ピーク(時).
peak·y /píːki/ 形 (**peak·i·er**; **-i·est**) 《略式, 主に英》=peaked[2].
peal /píːl/ 名 C **1** 鐘の響き: a ~ of bells 鐘の音. **2** (調音した)一組の鐘(の音). **3** (雷・大砲などの)とどろき: ~s of laughter どっとわく笑い声. ── 動 ⓐ **1** (鐘が)鳴り響く(out). **2** 《文》どっと笑う, 大声で話す; (雷が)とどろく. ── 他 〈鐘〉を鳴らす.
⁺pea·nut /píːnʌt/ 名 C **1** 落花生, 落花生の実, ピーナッツ(groundnut) (⇨ Peanuts): a bag of ~s ピーナッツ1袋 / No man in the world has more courage than the man who can stop after (eating) one ~. この世でいちばん勇気のある男は, ピーナッツを1個食べた後でやめられる人だ. **2** C 《米》[差別] 小柄な(子), つまらない人[もの].
3 [複数形で単数扱い] 《略式》わずかな金額, はした金.
péanut brittle 名 Ⓤ ピーナッツブリトル《砂糖をキャラメル状にしてからピーナッツを入れて固めた菓子》.
péanut bùtter 名 Ⓤ ピーナッツバター.
péanut bùtter cóokie 名 C ピーナッツバター入りのクッキー《⇨ cookie 挿絵》.
péanut gàllery 名 C 《米》《滑稽》(劇場の2階最後部の)料金のいちばん安い席(に座る人).
Pea·nuts /píːnʌts/ 名 ⓐ 『ピーナッツ』《米国の Schulz の漫画; ⇨ Snoopy, Charlie Brown》.
***pear** /péə ∣ péə/ (同音 pair, pare) (類音 peer¹, pier) 名 (~s /-z/) **1** C 西洋なし(の実); Ⓤ 西洋なしの果肉. **2** C =pear tree.

peanut 1

pears

***pearl** /páːl ∣ páːl/ (同音 purl¹,²) 名 (~s /-z/; péarly) **1** C 真珠(6月の誕生石); (形や色が)真珠に似たもの(の露など): a natural [cultured] ~ 天然[養殖]真珠 / an imitation ~ 模造真珠 / wear a string of ~s 真珠のネックレスを身につけている / ~s of dew 《文》露の玉. **2** Ⓤ 真珠色. **3** [形容詞的に] 真珠(色)の, 真珠で作った: ~ earrings 真珠の耳飾り. **4** Ⓤ =mother-of-pearl. **5** C [普通は単数形] 貴重な人; 貴重なもの, 精華.
péarls of wísdom 名 [しばしば滑稽・皮肉] 知恵の精華, 名言.
péarl bárley 名 Ⓤ 精白麦《スープ用》.
péarl díver 名 C 真珠貝採りの潜水夫.
Péarl Hárbor /páːl ∣ páːl/ 名 ⓐ 真珠湾, パールハーバー《米国 Hawaii 州 Oahu 島南部の軍港; 1941年12月7日日本軍が奇襲攻撃を行なった》.
péarl ónion 名 C パールオニオン《小粒のたまねぎ》.
péarl òyster 名 C 真珠貝.
pearl·y /páːli ∣ páː-/ 形 (**pearl·i·er**, **-i·est**; ⇨ pearl) 名 真珠のような; 真珠色の; 真珠で飾った.
péarly gátes 名 [複] [the ~; しばしば P- G-] [しばしば滑稽] 天国の門.
péarly kíng 名 C 《英》パーリーキング《祝祭などの折に多数の真珠貝ボタンをちりばめた華美な衣装を着た London の呼び売り商人》.
péarly quéen 名 C 《英》パーリークイーン《pearly king の妻》.
péarly whítes 名 [複] 《略式》(真っ白な)歯.
péar-shàped 形 西洋なし形の; (人の体形が)下半身の方が幅広の. **gó péar-shaped** 動 ⓐ 《英略式》まずいことになる, 失敗する.
péar trèe 名 C 西洋なしの木(pear).
***peas·ant** /péz(ə)nt/ 名 (**peas·ants** /-z(ə)nts/) C **1** 小作農民, 小農(人), 農民, 農夫; 農場労働者. [語法] 発展途上国などの小作農民をいう. 英国・米国・カナダ・オーストラリア・ニュージーランドのように農業が farmer (農場経営者)によって行なわれている国では現在は用いられない. **2** 《略式》[差別] いなか者, 教養のない人.
peas·ant·ry /péz(ə)ntri/ 名 [the ~; 《英》単数または複数扱い] (一国の)小作農たち(全体), 小作人階級.
Péasants' Revólt 名 ⓐ [the ~] 《英史》農民(百姓)一揆《1381 年》.
péase pùdding /píːz-/ 名 Ⓤ 《古風, 英》ピーズ[干しえんどう豆]プディング《ハムなどに添える》.
péa·shòoter 名 C 豆鉄砲.
péa sòup 名 **1** Ⓤ えんどう豆の濃いスープ. **2** 《米・豪》=pea-souper.
pea-soup·er /píːsúːpə ∣ -pə/ 名 Ⓤ 《古風, 英略式》黄色の濃霧《昔のロンドンの名物とされた》.
⁺peat /píːt/ 名 Ⓤ 泥炭, ピート《燃料・肥料用》.
péat bòg 名 C 泥炭沼, 泥炭地.
péat mòss 名 Ⓤ 水苔(ごけ); 草炭(たん).
peat·y /píːti/ 形 (**peat·i·er**; **-i·est**) 泥炭(質)の, 泥炭の多い.
⁺peb·ble /pébl/ 名 C (形 **pébbly**) C (河岸や海岸の)小石《水の作用で丸くなったもので砂(sand)よりは大きい; ⇨ stone 類義語》.
pébble-dàsh 名 Ⓤ 《英》《建》(外装用の)小石入りセメント, 小石打ち込み仕上げ.
peb·bly /pébli/ 形 (**peb·bli·er**, **-bli·est**; [普通は A]) (浜辺や川床などが)小石の多い. 名 **pébble**.
pe·can /pɪkáːn ∣ pɪkǽn/ 名 C **1** ペカン《米国中・南部産のくるみ科の木》. **2** ペカンの果実(pecan nut).
pécan nùt 名 C =pecan 2.
pec·ca·dil·lo /pèkədíloʊ/ 名 (~(e)s) C Ⓦ ちょっとした過ち.
pec·ca·ry /pékəri/ 名 (複 **-ca·ries**, ~) C ペッカリー《いのししに似た熱帯アメリカ産の動物》.
⁺peck[1] /pék/ 動 **1** くちばしでつつく, ついばむ: The hens were ~ing (away) at the corn. めんどりはとうもろこしをついばんでいた. **2** (食物をほんの少し食べる, 食欲がなく): You're just ~ing at your food. What's wrong? 少ししか食べないのね, どうしたの. ── 他 **1** (くちばしで)〈…〉をつつく, ついばむ; つついて〈…〉を食べる; つっき出す, くり抜く(out): The chickens ~ed

grain. ひよこは穀粒をつついて食べた / The birds ~*ed* many little holes *in* the tree trunk. 鳥が木の幹をつついてたくさんの小さな穴をあけた. **2** (お義理に)〈…に〉軽くキスをする: He ~*ed* her *on* the cheek. 彼は彼女のほおにちょっとキスした. — [名] [C] **1** (くちばしなどで)つつくこと (*at*). **2** (お義理の)軽いキス: He gave her a ~ *on* the cheek. 彼は彼女のほおにちょっとキスした.

peck[2] /pék/ [名] **1** [C] ペック《米国では乾量の単位で約 8.8 リットル; 英国では液量と乾量の単位で約 9 リットル; [略] pk., 複数形は pks.; ☞ measure 表》; 1 ペックます. **2** [a ~] たくさん (*of*).

Peck /pék/ [名] [固] **Gregory** ~ ペック (1916–2003)《米国の映画俳優》.

péck·er [名]《米俗》ペニス (penis), ちんぽこ. **kéep one's pécker ùp** [動] [自] [S]《英略式》(困難な時でも)元気を失わない.

pécker·hèad [名] [C]《米俗》いやな野郎.

pécker·wòod [名] [C]《米俗》[軽蔑] (南部の)貧乏白人.

péck·ing òrder [名] [C] [しばしば滑稽] (人間社会の)序列, 順位. [由来] 強い鳥が弱い鳥をつつく順位から.

peck·ish /pékɪʃ/ [形] [P]《英略式》少し腹がすいた.

Pé·cos Bíll /péɪkəs-/ [名] [固] ペーコスビル《米国南西部の伝説に出てくる超人的なカウボーイ》.

pecs /péks/ [名] [複]《略式》胸筋 (pectorals).

pec·tic /péktɪk/ [形]〔化〕ペクチンの.

pec·tin /péktɪn/ [名] [U]〔化〕ペクチン《多糖類の一種》.

pec·to·ral /péktərəl, -trəl/ [形] [A] **1**〔解〕胸の, 胸部の: a ~ fin (魚の)胸びれ / ~ muscles 胸筋. **2** 胸につける: a ~ cross 胸十字架《bishop がつける》. — [名] [複数形で] [しばしば滑稽] 胸筋 (《略式》pecs).

pec·u·late /pékjʊlèɪt/ [動] [他]〈公金・委託金〉を横領する. — [自] 公金[委託金]横領をはたらく.

pec·u·la·tion /pèkjʊléɪʃən/ [名] [U,C] 公金[委託金]横領.

****pe·cu·liar** /pɪkjúːljə | -ljə/ [T3] [形] ([名] pecùliárity)

> ラテン語で「個人の財産の」の意から(自分の) →「独特の」**2** →「特別の」**3** →「妙な」**1**

1 妙な, 変な, 一風変わった; 妙な態度の《☞ strange 類義語》; [婉曲] 少々頭がおかしい: a ~ smell 妙なにおい / ~ behavior 妙な行動 / He is a very ~ person. 彼はとても変わった人だ / It's ~ that his gate is still locked. 彼の家の門がまだ閉まっているのは変だ / He seemed very ~ yesterday. 昨日の彼の様子はとても変だった. **2** 独特の, 固有の; [P] (…に)特有である: a custom ~ *to* Ireland アイルランド独特の習慣 / Every nation has its own ~ character. 各国民にはそれぞれ固有の性格があります. **3** [A]《格式》特別の, 特殊な (special): a matter of ~ interest to experts 専門家に特に興味のあること. **4** [P]《略式》気分が悪い: I'm feeling a little ~. ちょっと気分が悪いんだ.

pe·cu·li·ar·i·ty /pɪkjùːliǽrəṭi/ [名] (-i·ties; [形] pecúliar) **1** [C] 特色, 特性 (*of*). **2** [C] 風変わりな点; 妙な癖; [U] 風変わり, 奇妙.

pe·cu·liar·ly /pɪkjúːljəli | -liə-/ [副] **1** 妙に, 変に: behave ~ 異様な行動をする. **2** 固有に, 特有に: a ~ Japanese gesture 日本人独特の身ぶり. **3** 特に.

pe·cu·ni·ar·y /pɪkjúːnièri | -njəri/ [形]《格式》金銭(上)の: ~ advantage 金銭上の利益.

ped·a·gog·i·cal /pèdəgáʤɪk(ə)l | -gɔ́ʤ-←/, **-gog·ic** /-ʤɪk←/ [形] [A]《格式》教育学の; 教育的な. **-cal·ly** /-kəli/ [副] 教育(学)的に.

ped·a·gogue /pédəgàg | -gɔ̀g/ [名] [C] **1**《格式》物知りぶる人, 石頭の先生. **2**《古風》先生.

ped·a·go·gy /pédəgòuʤi | -gɔ̀ʤi/ [名] [U]《格式》教育学; 教授法.

****ped·al**[1] /pédl/ [名] [C] ペダル, 踏み板《ミシン・自転車・オルガン・ピアノなどの; ☞ bicycle 挿絵》: use the ~(*s*) ペダルを踏む / a gas ~《米》(車の)アクセル. [語源] ラテン語で「足」の意; pedestrian と同語源. **pút [préss, púsh] the pédal to the métal** [動] [自]《米》(1) アクセルをグーッと踏み込む. (2) (試合などで勝てるように)奮闘する. **tàke one's fóot òff the pédal** [動] [自]《略式》リラックスする. — [動] (ped·als; ped·aled,《英》ped·alled; -al·ing,《英》-al·ling) [他]〈…の〉ペダルを踏む; 〈…の〉ペダルを踏んで動かす: ~ a bicycle 自転車を走らせる. — [自] [副詞(句)を伴って] ペダルを踏む; ペダルを踏んで[自転車に乗って]進む[走る] (*along, away*).

ped·al[2] /píːdl/ [形] [しばしば滑稽] 足の.

pédal bìn /pédl-/ [名] [C]《英》(ペダルを踏むとふたが開く)ごみ入れ.

pédal bòat, ped·a·lo /pédəlòu/ [名] (~s) [C] ペダルボート, 水上自転車.

pédal pùshers [名] [複] ペダルプッシャー《ふくらはぎまでの長さの女性用ズボン; 元来は自転車乗り用》.

pédal stèel (guitár) [名] [C] ペダルスチールギター《ペダルで調弦を変える方式の電気スチールギター》.

pédal-to-the-métal [形] 全(速)力の.

ped·ant /pédnt/ [名] [C] [軽蔑] 学者ぶる人; (文法などの)細かい規則を強調する人, しゃくし定規な人; 空論家.

pe·dan·tic /pɪdǽnṭɪk/ [形] [軽蔑] 学者ぶった, もの知り顔の; 石頭の. **-dán·ti·cal·ly** /-kəli/ [副] 学者ぶって, もの知り顔で.

ped·ant·ry /pédntri/ [名] (-ant·ries) [U] [軽蔑] 学者ぶること; 細かいこと, しゃくし定規.

+**ped·dle** /pédl/ [動] [他] **1** 〈…〉を行商する, 売り歩く; 〈麻薬〉を売る (*to*). **2** 〈うわさ・思想〉をふれ回る, 広める (*to*). **3**《略式, 主に米》〈質の悪いもの〉を売る. — [自] 売り歩く. **péddle one's ínfluence** [動] [自] 実力者に口を利いてやると言って金銭を受け取る.

ped·dler /pédlə | -lə/ [名] [C] **1**《米》行商人, 売り歩く人 (《英》pedlar). **2** [主に新聞で] (麻薬の)売人 (drug peddler). **3** [軽蔑] (うわさなどを)ふれ回る人, (思想などを)切り売りする人.

ped·er·ast /pédəræ̀st/ [名] [C]《古風》(少年との)男色者.

ped·er·as·ty /pédəræ̀sti/ [名] [U]《古風》(少年との)男色(行為).

+**ped·es·tal** /pédɪstl/ [名] [C] (胸像・円柱などの)台, 台座, 柱脚; [形容詞的に] 1 脚の. **knóck ... òff ...'s pédestal** [動] [他] 〈人〉を尊敬されている立場から引きずり下ろす. **pút [pláce] ... on a pédestal** [動] [他] 〈…〉を祭り上げる.

pédestal bàsin [名] [C]《主に英》1 脚洗面台.

pédestal tàble [名] [C]《主に英》(中央の支柱で支える)1 脚テーブル.

+**pe·des·tri·an** /pɪdéstriən/ [T3] [名] [C] 歩行者《☞ pedal[1] [語源]》: A ~ was killed in the traffic accident. その交通事故で歩行者が 1 人死亡した / PEDESTRIANS ONLY 歩行者専用, 車両お断わり《掲示》. — [形] **1** [A] [比較なし] 徒歩の, 歩行の; 歩行者用の: ~ traffic 歩行者の往来. **2** 平凡[退屈]な.

pedéstrian cróssing [名] [C]《英》=crosswalk.

pe·des·tri·an·i·za·tion /pɪdèstriənɪzéɪʃən | -naɪz-/ [名] [U] (道路を)歩行者専用にすること.

pe·des·tri·an·ize /pɪdéstriənàɪz/ [動] [他] 〈道路〉を歩行者専用にする, 歩行者天国にする.

pedéstrian máll [《英》précinct] [名] [C] (市街地の)車両進入禁止地域, 歩行者天国.

ped·i- /pédɪ/ [接頭]「足」の意.

pe·di·at·ric /pìːdiǽtrɪk←/ [形] 小児科(学)の.

pe·di·a·tri·cian /pìːdiətríʃən/ [名] [C] 小児科医.

pe·di·at·rics /pìːdiǽtrɪks/ [名] [U] 小児科(学).

ped·i·cab /pédɪkæ̀b/ [名] [C] (東南アジアなどの)足こぎ3輪車, 輪(りん)タク.

ped·i·cure /pédɪkjʊ̀ɚ | -kjʊ̀ə/ [名] [C,U] 足の(つめの)手入れ; ペディキュア《足の美爪(びそう)術》. [関連] manicure 手やつめの手入れ.

ped·i·cur·ist /pédɪkjʊ̀(ə)rɪst/ [名] [C] ペディキュア師.

P

⁺**ped·i·gree** /pédəgrìː/ [名] **1** [U,C] (動物の)血統, 家系; (人・ものの)経歴; 立派な家柄, 名門: a dog of unknown ～ 血統不明の犬. **2** [C] 血統書; 系図《☞ family tree》; 血統のよい動物. ― [形] [A] (動物が)血統のよい.

péd·i·grèed [形] (動物が)血統のよい.

ped·i·ment /pédəmənt/ [名] [C] 〘建〙 ペディメント《古代建築の三角形の切妻壁(に似せた戸口などの装飾)》.

ped·lar /pédlɚ | -lə/ [名] 《主に英》 ＝peddler 1.

pe·dom·e·ter /pɪdɑ́məṭɚ | -dɔ́mətə/ [名] [C] 歩数計《「万歩計」は日本の商標》.

pe·do·phile /píːḍəfàɪl/ [名] [C] 小児(性)愛者.

pe·do·phil·i·a /pìːḍəfíliə/ [名] [U] 〘心〙 小児(性)愛《大人が子供を性愛対象とする性的倒錯》.

⁺**pee** /píː/ 《略式》 [動] [自] 小便[おしっこ]をする. ― [名] [[U] または a ～] 小便(をすること), おしっこ. **hàve [gó for, tàke] a pée** [動] [自] 《略式》 小便をする[しに行く].

peek /píːk/ [動] [自] **1** (見てはいけないものを)ちらっとのぞく (peep) (*at, through, over*). **2** ちらっと見える (*out; from*) ― [名] [a ～] のぞき見 (peep): take [have] *a* ～ *at* ... …をのぞき見する.

peek·a·boo /píːkəbùː/ [名] [U], [感] 《米》 いないいないばあ《赤ん坊をあやす遊戯(のかけ声)》.

*__peel__ /píːl/ ([同音] peal) [動] (**peels** /～z/; **peeled** /～d/; **peel·ing**) [他] **1** 〈野菜や果物〉の皮をむく《刃物や手で》; 〈人に〉〈…〉の皮をむいてやる: He ～*ed* a banana. 彼はバナナの皮をむいた / [言い換え] Please ～ me an orange. <V+O+O> ＝Please ～ an orange ***for*** me. <V+O+*for*+名・代> 私にオレンジの皮をむいてください《☞ for [前] A 1 [語法]》.

peel (刃物や手でむく)	皮をむく
pare (刃物を使ってむく)	

2 [副詞(句)を伴って] 〈皮など〉をはぐ, はぎ取る, むく: They ～***ed*** the bark ***off*** [***from***] a tree. <V+O+*off* [*from*]+名・代> 彼らは木の皮をはいだ.
― [自] **1** (皮が)むける, (ペンキなどが)はげ落ちる: Ripe peaches ～ easily. 熟した桃は楽に皮がむける / My face ～*ed*. 顔の皮がむけた(日に焼けたりして). **2** 《米》 (車などが)すばやく発車する (*out, away*).

péel awáy [動] [他] ＝peel off (1). ― [自] ＝peel off (3).

péel báck [動] [他] (1) ＝peel off (1). (2) 〈ズボンのすそなど〉を折り返す.

péel óff [動] [他] (1) 〈皮など〉をむく, はがす: Use this knife to ～ *off* the skin. 皮をむくのにこのナイフを使いなさい. (2) 〈服など〉を脱ぐ. ― [自] (1) (皮が)むける; (ペンキなどが)はげる. (2) 服を脱ぐ. (3) (飛行機や車が)編隊[集団]から離れる.

― [名] [U,C] (むいた果物などの)皮《☞ skin 囲み》: the ～ of an apple＝(an) apple ～ りんごの皮.

péel·er [名] [C] [主に合成語で] 皮むき器: a potato ～ じゃがいもの皮むき器.

peel·ings /píːlɪŋz/ [名] [複] (果物・野菜の)むいた皮.

⁺**peep**[1] /píːp/ [動] [自] **1** (こっそり)のぞき見する; こっそりと見る (*into, over*): The boy ～*ed in* at the window. その少年は窓からのぞき込んだ / Don't ～ *through* the keyhole. 鍵穴(かぎあな)からのぞき見などしてはいけません / The girl was ～*ing at* us from behind the curtain. 少女はカーテンの陰からこっそり私たちをのぞいていた. **2** [副詞(句)を伴って] 見え始める; ちらっと見える, 顔を出す (*out; from, through*). ― [名] [a ～] のぞき見; こっそりと見ること: One ～ *into* the room told me that something was wrong. 私は部屋をちょっとのぞいてみて何かがおかしいことに気がついた. **at the péep of dáy** [副] 《文》 夜明けに. **tàke [hàve] a péep at ...** [動] [他] …をこっそり見る.

peep[2] /píːp/ [名] **1** [C] (ひな鳥・ねずみなどの)ぴいぴい[ちゅうちゅう]鳴く声. **2** [C] [時に peep peep として] 《英》 プープー《クラクションの音》. **3** [単数形で] 《略式》 音, (特に不満の)声: I don't want to hear another ～ out of you! つべこべ言うな《子供をしかるとき》. **a péep from [òut of] ...** [名] [普通は否定文で] [S] 《略式》 …からの音[声, 便り, 泣き言]. ― [動] [自] **1** ぴいぴい[ちいちい]鳴く. **2** (クラクションが)プープー鳴る. ― [他] 《英》〈クラクション〉をプープー鳴らす.

peep·bo /píːpbòʊ/ [名] [U], [感] 《英》 ＝peekaboo.

pée-pèe [名] [動] 《小児》 ＝pee.

péep·er [名] [C] **1** [普通は複数形で] 《古風, 略式》 目 (eye). **2** [軽蔑] のぞき見する人. **3** 《米俗》 私立探偵.

péep·hòle [名] [C] (ドア・壁などの)のぞき穴.

péep·ing Tóm [名] [C] [しばしば P-] [軽蔑] (人の裸などを)のぞき見するやつ, のぞき男.

péep shòw [名] [C] **1** (ヌードなどを見せる)いかがわしい見せ物. **2** のぞきめがね[からくり].

*__peer__[1] /píɚ | píə/ ([同音] pier; [類音] pair, pear) [動] (**peers** /～z/; **peered** /～d/; **peer·ing** /pí(ə)rɪŋ/) [自] [副詞(句)を伴って] (目を凝(こ)らして)じっと見る: She ～***ed at*** herself in the mirror. <V+前+名・代> 彼女は鏡の中の自分の姿をじっと眺めた / I ～*ed into* the darkness. 私は暗闇をじっと見た.

⁺**peer**[2] /píɚ | píə/ [名] [C] **1** [普通は複数形で] (年齢・能力などが)同等の者; 同輩, 同僚; 仲間; 同級生《☞ pair 囲み》: He was criticized by his ～*s*. 彼は同僚から批判された. **2** 《英》 貴族(の一員) 《☞ peeress; peerage 表》; 上院議員《☞ congress 表》.

⁺**peer·age** /pí(ə)rɪdʒ/ [名] **1** [the ～] 貴族《全体; ☞ collective noun [文法]》, 貴族階級: be raised to *the* ～ 貴族に列せられる. **2** [C] 貴族の位.

英国の貴族の階級

	男 性	女 性
公 爵	duke	duchess
侯 爵	marquess	marchioness
伯 爵	earl	countess
子 爵	viscount	viscountess
男 爵	baron	baroness

英国以外の貴族の階級

	男 性	女 性
公 爵	prince	princess
侯 爵	marquis	marquise
伯 爵	count	countess
子 爵	viscount	viscountess
男 爵	baron	baroness

peer·ess /pí(ə)rəs | pɪərés, píərəs/ [名] [C] 《英》 貴族《女性》; 貴族夫人《☞ peer[2] 2》; 上院議員《女性》《☞ congress 表》.

péer gròup [名] [C] 同輩の集団, 仲間のグループ.

péer·less [形] [普通は [A]] 《格式》 無比の, 比類のない.

péer prèssure [名] [C] 同輩[仲間]からの圧力.

péer revièw [名] [U,C] ピアレビュー《論文や研究費申請書などの同じ分野の学者による審査》.

péer-to-péer [形] 〘電算〙 ピアツーピアの《ネットワークを構成するコンピューター同士が同等の機能を有して通信

し合う場合をいう. 國 P2P).

peeve /píːv/ 他 〈人〉をいらいらさせる, 怒らす.
— 名 C しゃくの種.

peeved /píːvd/ 形 《略式》いらいらした (about).

pee・vish /píːvɪʃ/ 形 気難しい, 怒りっぽい; すねた.
~・**ly** 副 気難しく. ~・**ness** 名 U 気難しさ.

pee・wee /píːwiː/ 形, 名 C 《米略式》ちっちゃな(人[物, 動物]), ちび.

pee・wit /píːwìt/ 名 C = pewit.

* **peg** /pég/ (題音 pig) 名 (~s /-z/) C **1** 留め木, 留め金; 留めくぎ. 参考 片方がとがった木製・金属製のもので木片の継ぎ合わせなどに用いる: The wooden pieces are fastened with a ~. 木片は1本の留め木で留めてある. 関連 nail くぎ.
2 掛けくぎ, …掛け〔上着や帽子などをかけるため壁に取り付けたもの〕: Hang my coat on the ~. 上着を掛けくぎに掛けてくれ. **3** テント用くい (tent peg); 〔境界を示す〕くい. **4** 《英》干し物留め, 洗濯ばさみ (clothes peg〔《米》pin〕). **5** 〔弦楽器の〕糸巻き (tuning peg). **6** 口実, 理由: a good ~ to hang an argument on 議論をするよい口実. **7** 〔為替レートなどの〕設定水準. **8** 《古風, 英》少量のウィスキー〔ブランデー〕.

a squáre pég in a róund hóle [名] 《英略式》丸い穴に四角なくぎ〔ある仕事に向いていない[任せて不適任な]人〕. **òff the pég** [副・形] 《英》〔衣服などが〕既製で〔の〕(《米》off the rack). **tàke [bríng, knóck] ... dówn a pég (or twò)** [動] 他 〈…〉をやり込める, 〈…〉の鼻柱を折る.

— 動 (pegs /-z/; pegged /-d/; peg・ging) 他 **1** 〔しばしば受身で〕〈…〉をくぎ〔くい〕で留める, 〈…〉にくぎ〔くい〕を打つ: P~ this notice *to* the wall. 〈V+O+前+名・代〉この掲示を壁にくぎで打ちつけてくれ. **2** 〔しばしば受身で〕〔新聞で〕〈物価・賃金などを〉安定させる; 〈通貨などを〉一定させる (at, to). **3** 《米略式》〈…〉と〈…〉と決めつける: We had him *pegged as* a liar. 私たちは彼のことを嘘つきよばわりしていた. **4** 《主に英》〈洗濯物を〉干す (up). **5** 《米》《野》〈送球で〉〈走者を〉アウトにする.

pég awáy at ... [動] 〔受身なし〕《英略式》〈…〉を一生懸命にやる. **pég dówn** [動] (1) くいを打って〈テントなど〉を張る. (2) 〈人〉を〔あることに〕くぎづけにする, 〈規則など〉で縛りつける (to). **pég óut** [動] 他 (1) 《英》〈洗濯物〉を干す. (2) 〈くいを打って〉〈土地〉を区画する. — 自 《英略式》死ぬ (die); 〔疲れて〕動けなくなる.

Peg・a・sus /pégəsəs/ 名 固 《ギ神》ペガサス《殺された Medusa の血から生まれ出た翼の天馬》.

pég・bòard 名 **1** UC ハンガーボード. **2** C ペッグボード《ゲーム用のくぎ[ピン]差し盤》.

Peg・gie, -gy /pégi/ 名 固 ペギー《女性の名; Margaret の愛称》.

pég lèg 名 C 《古風, 略式》〔木製の〕義足; 〔差別〕義足をつけた人.

Pei /péɪ/ 名 固 Ieoh Ming ~ /jóʊ mɪ́ŋ/ ペイ (1917-) 《中国生まれの米国の建築家》.

pei・gnoir /peɪnwɑ́ːr | peɪnwɑː/ 名 C ペニョワール《婦人用のゆったりとした部屋着[ネグリジェ]》.

Peirce /píːrs/ 名 固 Charles Sanders ~ パース (1839-1914) 《米国の哲学者》.

pe・jo・ra・tive /pɪdʒɔ́ːrətɪv | -dʒɔ́r-/ 《格式》形 〔ことばなどが〕軽蔑的な, 悪口の, 非難の. — 名 軽蔑語, 蔑(さ)称. ~・**ly** 副 軽蔑的に.

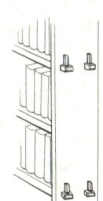

Pegasus

---

pen 1297

Pe・kin・ese /pìːkɪníːz⁻/ 名 (複 ~(s)) C, 形 〔時に p-〕= Pekingese.

* **Pe・king** /pìːkíŋ⁻/ 名 固 = Beijing.

Péking dúck 名 U 《中国料理》ペキンダック.

Pe・king・ese /pìːkɪŋíːz⁻/ 名 (複 ~(s)) C, 形 〔時に p-〕ペキニーズ《(の) 《ペット用の犬》. ☞ dog 挿絵》.

Péking Mán 名 U 《人類》北京原人.

pe・koe /píːkoʊ/ 名 U ペコー《インド・セイロン産の上質の紅茶》.

pe・lag・ic /pəlǽdʒɪk/ 形 《海》遠洋(で)の, 遠洋の(海面近くに)住む; 〔堆積物などが〕深海の: ~ fish 浮魚(登).

Pe・lé /péleɪ/ 名 固 ペレ (1940-) 《ブラジルのサッカー選手》.

pel・i・can /pélɪkən/ 名 C ペリカン《水鳥》.

Pélican Bòoks 名 固 ペリカン ブックス《英国の教養書のペーパーバックシリーズ》.

pélican cróssing 名 C 《英》押ボタン式横断歩道.

Pélican Stàte 名 〔the ~〕ペリカン州《Louisiana 州の俗称》.

pel・la・gra /pəlǽgrə/ 名 U 《医》ペラグラ《ビタミン B の不足による皮膚・中枢神経などの障害》.

pel・let /pélət/ 名 C 小球《紙・ろうなどを丸めたもの》; 小弾丸, 小丸薬.

pell-mell /pélmél/ 副, 形 《古風》あわてふためいて[た]; 乱雑に[な], めちゃくちゃに[な].

pel・lu・cid /pəlúːsɪd/ 形 《文》透明な, 澄んだ; 〔文体や意味が〕明瞭(り*r*)な. ~・**ly** 副 透き通って; 明瞭に.

Pel・met /pélmət/ 名 C 《英》= valance 1.

Pel・o・pon・ne・sian Wár /pèləpənìːʒən | -ʃən/, -sən/ 名 〔the ~〕ペロポンネソス戦争《アテナイとスパルタ間の戦い (431-404 B.C.)》.

Pel・o・pon・ne・sus /pèləpənìːsəs/ 名 〔the ~〕ペロポンネソス半島《ギリシャ本土南部の半島》.

pe・lo・ta /pəlóʊtə | -lótə/ 名 U ペロタ《スペイン・南米・フィリピンなどの球技の一種; jai alai の別名》.

+ **pelt**[1] /pélt/ 動 他 **1** 〈石などを続けて〉〈…〉に投げつける (with); 〈人などに〉〈石など〉を投げつける (at): The rioters ~ed the police *with* stones. 暴徒たちは警官に石を投げつけた. **2** 〈質問・悪口などを〉〈…〉に浴びせかける (with). **3** 〈雨・あられなどが〉〈…〉に激しく打ちつける.
— 自 **1** 〈雨・あられなどが〉ひどく降る: It [The rain] is ~*ing* (down). (= 《米》It is ~*ing* with rain. 雨がひどく降っている. **2** 〔副詞(句)を伴って〕《略式》全速力で走る (down, up, along). — 名 〔次の成句で〕

(at) fúll pélt [副] 《英》全速力で.

pelt[2] /pélt/ 名 C 〔羊・やぎなどの〕生皮, 毛皮; 〔生きている羊・やぎなどの〕毛.

pelt・ry /péltri/ 名 **1** U 〔集合的に〕毛皮. **2** 〔複数形で〕さまざまな種類の毛皮.

pel・vic /pélvɪk/ 形 《解》骨盤の.

+ **pélvic inflámmatory diséase** 名 U 《医》骨盤内炎症性疾患《不妊症の主な原因; 圈 PID》.

+ **pel・vis** /pélvɪs/ 名 (複 ~・es, pel・ves /pélviːz/) C 《解》骨盤.

pem・mi・can /pémɪkən/ 名 U ペミカン《肉などで作った保存食品》.

* **pen**[1] /pén/ (同音 Penn; 題音 pan[1], pin) 名 (~s /-z/) C **1** ペン 参考 pen は以前はペン軸にペン先 (nib) をつけたものを指したが, 最近ではボールペン (ballpoint pen), 《英》biro か万年筆 (fountain pen) を指すのが普通; 《電算》書き込み用ペン: write with a ~/check で書く / a felt-tip ~ フェルトペン. **2** 〔普通は単数形で〕文筆, ペン: He lives by his ~. 彼は文筆で暮らしている / The ~ is mightier than the sword. 《ことわざ》ペンは剣よりも強し《言論・文筆の力は武力に勝る》. 語源 ラテン語で「羽」の意; 古くはがちょうの羽を

で作られた; ☞ quill pen 挿絵.

in pén [副・形] (インクを使った)ペンで(の); インクで(の), ペン書きで[の]. **pùt [sèt] pén to páper** [動] [自] 書き始める, ペンを執る. **—** [動] (**pens**; **penned**; **pen·ning**) [他] 《格式》〈…〉を(ペンで)書く.

+**pen**[2] /pén/ [名] [C] [しばしば合成語で] おり, 囲い《家畜用の》. [関連] pigpen 《米》 豚小屋. **—** [動] (**pens**; **penned**; **pen·ning**) [他] 〈動物〉を囲いに入れる, 〈人〉を(狭い場所に)閉じ込める (*up, in*).

pen[3] /pén/ [名] [C] 《米略式》 =penitentiary.

pen., Pen. [略] =peninsula.

P.E.N. /pén/ [名] [固] 国際ペンクラブ《International Association of Poets, Playwrights, Editors, Essayists and Novelists の略》.

+**pe·nal** /pí:n(ə)l/ [形] ([名] pénalty) [A] **1** 刑罰の; 刑事[刑法]上の; 刑事罰の対象となる《☞ pain [語源]》: ~ servitude 〘法〙懲役(刑) / a ~ system 刑事罰制度 / a ~ offense 刑事犯罪. **2** (場所が)刑罰執行の. **3** 非常に厳しい.

pénal còde [名] [C] 刑法.

pe·nal·i·za·tion /pì:nəlɪzéɪʃən | -laɪz-/ [名] [U] **1** 処罰(すること). **2** 〘スポ〙ペナルティーを科すこと. **3** 不利な立場に置くこと.

pe·nal·ize /pí:nəlàɪz/ [動] [他] [しばしば受身で] **1** 〈人〉を処罰する, 〈…〉に刑を課す (*for*). **2** 〘スポ〙〈反則者〉にペナルティーを科す (*for*). **3** (物事が)〈…〉を(不当に)不利な立場に置く (*for*).

pénal séttlement [còlony] [名] [C] 流刑地.

pen·al·ty** /pén(ə)lti/ [T1] [名] (**-al·ties** /~z/; [形] pénal) [C] **1** 刑罰, 罰: The ~ ***for drunken driving should be made much heavier. 酔っ払い運転の罰はもっと重くすべきだ / The crime carries a severe ~. その犯罪を犯すと厳罰を受ける / impose a heavy [stiff, tough] ~ 重い刑を科す // ☞ death penalty. **2** 罰金 (fine); 違約金: The ~ ***for*** spitting is five pounds. つばをはくと罰金は 5 ポンドです. **3** 〘スポ〙ペナルティー; =penalty kick. **4** =penalty goal. **5** 報い, 代償, 天罰 (*of, for*).

on [ùnder] pénalty of ... [前] 《格式》 違反すれば…の罰に処せられるという条件で[ということを覚悟して]: Such conduct is forbidden *under* ~ *of* imprisonment. そういう行為は禁止されており, これに違反すれば禁固刑を科されることになっている. **páy the pénalty** [動] [自] 刑罰を受ける; 報いを受ける (*for*).

+**pénalty àrea** [名] [C] 〘サッカー〙ペナルティーエリア《ここで守備側が反則すると相手側にペナルティーキックが与えられる》.

pénalty bòx [名] [C] **1** 〘アイスホッケー〙ペナルティーボックス 《反則者が一定時間隔離される所》. **2** 《主に英》〘サッカー〙=penalty area.

pénalty clàuse [名] [C] (契約中の)違約条項.

pénalty gòal [名] [C] 〘球〙ペナルティーゴール《ペナルティーキックによる得点》.

pénalty kìck [名] [C] 〘球〙ペナルティーキック, PK《反則に対して相手側に与えられるキック》.

pénalty pòint [名] [C] 《英》 交通違反点数.

pénalty shóot-òut [名] [C] 《主に英》〘サッカー〙PK (合)戦.

pénalty shòt [名] [C] 〘アイスホッケー〙ペナルティーショット《サッカーの PK にあたる》.

pénalty spòt [名] [C] 〘サッカー〙 ペナルティースポット《ペナルティーキックをける位置》.

pen·ance /pénəns/ [名] **1** [C,U] 悔い改め(の行為); [U] [しばしば P-] 〘カトリック〙告解の秘跡(ひせき). **2** [C] [単数形で] (いやでも)しなければならないこと, やっかいなこと. **dò pénance** [動] [自] (…の)償いをする (*for*).

pén-and-ínk [形] [普通は [A]] ペンで書いた: a ~ drawing ペン画.

Penates [名] [複] =Lares and Penates.

pén-bàsed [形] 電子ペンによる手書き入力の.

‡**pence** /péns/ [名] **penny 1 の複数形.** [語法] しばしば数字とともに合成語を作る《[略] p》: a 25-~ [25*p*] stamp 25 ペンスの切手.

pen·chant /péntʃənt | pá:nʃa:ŋ/ 《フランス語から》 [名] [C] [a ~] (…に対する)強い好み, 偏向; 傾向 (*for*).

‡**pen·cil** /péns(ə)l/ [名] (~**s** /~z/) **1** [C] **鉛筆;** [U] 鉛筆のしん: a colored ~ 色鉛筆 / the lead of a ~ 鉛筆のしん / a mechanical [《英》 propelling] ~ シャープペンシル / a ~ drawing 鉛筆画 / sharpen a ~ 鉛筆を削る / This ~ is blunt. この鉛筆は先が丸い. **2** [C] [しばしば合成語で] 鉛筆形のもの; (棒状の)まゆ墨 (eyebrow pencil). **3** [C] (光の)線束: a ~ *of* light 光線束. [語源] ラテン語で元来は「小さい尾」の意で,「絵筆」を指した;「鉛筆」の意味は pen[1] に影響されたもの.

wríte with a [in] péncil [動] [自] 鉛筆で書く.

— [動] (**pen·cils**; **pen·ciled**, 《英》 **pen·cilled**; **-cil·ing**, 《英》 **-cil·ling**) [他] 〈…〉を鉛筆で書く[描く]. **péncil ... ín** [動] [他] 〈…〉を一応予定に入れておく: I'll ~ you *in for* May 1. あなた(と会うの)をとりあえず 5 月 1 日に予定しておきましょう.

péncil càse [名] [C] 鉛筆入れ, 筆箱.

péncil mùstache [名] [C] 細い口ひげ.

péncil pùsher [名] [C] 《米略式》 [軽蔑] 事務屋 (《米》 paper pusher, 《英》 pen pusher).

péncil shàrpener [名] [C] 鉛筆削り.

péncil skìrt [名] [C] 細長いスカート.

péncil-thín [形] とても細い[やせた].

pén compùter [名] [C] タッチペン式コンピューター.

pen·dant /péndənt/ [名] [C] (首輪などの)ペンダント.

pen·dent /péndənt/ [形] 《文》 **1** たれ下がっている. **2** (がけなどが)突き出ている. **—** [名] [C] =pendant.

+**pend·ing** /péndɪŋ/ [形] 《格式》 **1** (問題などが)未決定の; 審理中の《☞ depend [単語の記憶]》: ~ tray 未決の書類入れ. **2** (事が)起ころうとしている, 差し迫った. **—** [前] 《格式》 **1** …まで (until); …を待つ間: ~ his reply 彼の返事があるまで. **2** …の間(ずっと) (during).

pen·du·lous /péndʒʊləs | -djʊ-/ [形] 《文》 たれ下がっている, 揺れている. **~·ly** [副] たれ下がって.

+**pen·du·lum** /péndʒʊləm | -djʊ-/ [名] [C] **1** (時計などの)振り子 《☞ depend [単語の記憶]》. **2** 揺れ(動くもの): the ~ of public opinion 世論の変動. **the swíng of the péndulum** [名] (1) 振り子の揺れ. (2) 権力・世論・情勢の動き[変化].

Pe·nel·o·pe /pənéləpi/ [名] [固] 〘ギ神〙 ペーネロペー《Odysseus の妻で貞節のかがみ》.

pen·e·tra·bil·i·ty /pènətrəbíləṭi/ [名] [U] 《格式》 浸透性, 貫通できること; 見抜けること.

pen·e·tra·ble /pénətrəbl/ [形] ([反] impenetrable) 《格式》 浸透できる, 貫通できる; 見抜ける.

***pen·e·trate** /pénətrèɪt/ [動] (**-e·trates** /-trèɪts/; **-e·trat·ed** /-ṭɪd/; **-e·trat·ing** /-ṭɪŋ/; [名] pènetrátion, [形] pénetràtive) [他] **1** 〈…〉に**突き通る,** 〈…〉を貫く, 貫通する; (光・声などが)〈…〉を通過する, 通る: The bullet ~*d* the wall. 弾丸は壁を貫通した / The sunshine couldn't ~ the thick foliage. 日光はしげった木の葉にさえぎられ(て差し込めなかっ)た. **2** 〈市場など〉に浸透する; 〈組織など〉に潜入する, 入り込む; (液体・においなどが)〈…〉にしみ込む; (思想などが)〈…〉に浸透する (*with*). **3** 〈闇など〉を見通す; 〈人の心・意図など〉を見抜く, 見通す; 《格式》 理解する; ~ ...'s disguise …の変装を見抜く. **4** 《格式》 (性交で)〈…〉にペニスを挿入する. **—** [自] **1** 〈におい・液体など〉がしみ通る, 広がる, 浸透する; (音が)遠くまで伝わる; …に入り込む (*through, into*). **2** 《格式》 (真意などが)理解される, 意味が通じる.

+**pen·e·trat·ing** /pénətrèɪṭɪŋ/ [形] **1** [普通は [A]] 見

抜く力のある, 鋭い. **2** 貫通する; 《声などが》よく通る, かん高い: a ~ wind 突き刺すような風. **3** 《四方に》広がった, 浸透する. **4** 洞察力のある, うがった: a ~ look 鋭いまなざし. **~ly** 副 貫通して; 見通して, うがって: *penetratingly* cold wind 身にしみる寒風.

pen·e·tra·tion /pènətréɪʃən/ 名 ⓤ 動 pénetràte) **1** 貫通, 浸透; 侵入. **2** 《格式》見抜く力, 眼識; 洞察力, 理解(力). **3** 《格式》《ペニスの》挿入.

pen·e·tra·tive /pénətrèɪtɪv | -trət-/ 形 動 pénetràte) 浸透する; 《格式》眼力の鋭い; 洞察力のある; Ⓐ 《ペニスを》挿入する.

pén fríend 名 Ⓒ 《英》=pen pal.

*__pen·guin__ /péŋgwɪn/ 名 (~s /-z/) Ⓒ ペンギン.

Pénguin (Bóoks) 名 ペンギン(ブックス)《英国のペーパーバックシリーズ; 商標》.

pen·i·cil·lin /pènəsílɪn/ 名 ⓤ 《薬》ペニシリン.

pe·nile /píːnaɪl/ 形 Ⓐ 《解》ペニスの.

*__pen·in·su·la__ /pənínsələ, -ʃʊ- | -sjʊ-/ 名 (~s /-z/) 略 península) Ⓒ 半島(略 pen., Pen.): the Korean P~ 朝鮮半島. 語源 ラテン語で「ほとんど」(pen-),「島」(☞ insular) の意.

pen·in·su·lar /pənínsələ, -ʃʊ- | -sjʊlə/ 形 略 península) 半島の, 半島のような.

*__pe·nis__ /píːnɪs/ 名 略 (複 ~·es /-ɪz/) Ⓒ 《解》ペニス, 陰茎.

pénis ènvy 名 ⓤ 《精神分析》ペニス羨望《男根を所有したい[男性になりたい]という女性の意識的・無意識的欲求》.

pen·i·tence /pénətəns, -tns/ 名 ⓤ 《格式》後悔, 懺悔(ざんげ) (for).

pen·i·tent /pénətənt, -tnt/ 形 《格式》《...を》後悔している (for); 悔い改めた. (反 impenitent) — 名 ⓒ 悔悟者; 《カトリック》告解者. **~·ly** 副 後悔して.

pen·i·ten·tial /pènəténʃəl/ 形 《普通は Ⓐ 《格式》後悔の; 贖罪(しょくざい)の. **-tén·tial·ly** /-ʃəli/ 副

pen·i·ten·tia·ry /pènəténʃəri/ 名 (-tia·ries /~z/) Ⓒ 《米》刑務所 (prison, correctional facility).

pén·knife 名 (-knives /-nàɪvz/) Ⓒ ポケットナイフ 《米 pocketknife》(☞ knife 挿絵).

pén·light 名 Ⓒ 《米》ペンライト《ペン型懐中電灯》.

pen·man·ship /pénmənʃɪp/ 名 ⓤ 《格式》書法; 書道; 書体.

Penn /pén/ 名 固 **William** ~ ペン (1644-1718) 《英国の Quaker 教徒の指導者; 米国の Pennsylvania 植民地を開拓した; ☞ America 表 Pennsylvania).

Penn., Penna. =Pennsylvania.

pén nàme 名 Ⓒ ペンネーム, 筆名.

*__pen·nant__ /pénənt/ 名 Ⓒ **1** 三角旗, ペナント《船・学校・応援団などが使う細長いタイプ》. **2** 《米》優勝旗《大学などの》応援旗: That baseball team has won the ~ for the third consecutive season. その野球チームは 3 季連続で優勝した / a ~ race 《米》ペナントレース.

pennants 1

pen·nies /péniz/ 名 penny 2, 3 の複数形.

†**pen·ni·less** /pénɪləs/ 形 無一文の; 非常に貧しい.

Pen·nines /pénaɪnz/ 名 固 [the ~] ペナイン山脈《イングランド北部の高地》.

pen·non /pénən/ 名 Ⓒ **1** 槍旗(やりばた) 《馬上の騎士が持つ三角形か燕尾(えんび)形の旗》. **2** =pennant.

penn'·orth /pénəθ | -nəθ/ 名 [a ~] 《古風, 英》=pennyworth.

Pénn Státion 名 固 ペンシルバニア駅《ニューヨークの Manhattan にある 2 大鉄道駅の 1 つ; ☞ Grand Central Station).

Penn·syl·va·nia /pènsəlvéɪnjə, -niə/ 名 固 ペンシルベニア《米国東部の州; 略 Pa., Penn., 《郵》では PA; 俗称 the Keystone State ☞ America 表; 表地図 I 3).

Pennsylvania Dútch 名 **1** [the ~ として複数扱い] ペンシルベニアダッチ (Pennsylvania 州に住むドイツ系住民で Amish もこれにあたる; Dutch は Deutsch (ドイツ人)がなまったもの). **2** ⓤ ペンシルベニアドイツ語《英語まじりのドイツ語》.

Penn·syl·va·nian /pènsəlvéɪnjən, -niən/ 形, 名 Ⓒ ペンシルベニア州(出身)の人.

*__pen·ny__ /péni/ 名 (複 1 では **pence** /péns/, 他は **pen·nies** /~z/) **1** Ⓒ 《英》ペニー, ペンス《100 分の 1 ポンド; ☞ pound'¹; money 表》: the [...'s] last ~ 最後の一文, 最後に残っていたお金 / This cup costs sixty *pence*. この茶わんは 60 ペンスだ / A ~ saved is a ~ earned [gained]. 《ことわざ》節約した 1 ペニーはもうけた 1 ペニーと同じ / In for a ~, in for a pound. 《ことわざ》《古風, 英》やりかけたら最後まで, 乗りかかった船, 毒食らわば皿まで. 参考 英国では 1971 年以降, 従来の 12 分の 1 シリング (shilling) のペニー《略 d, d,》が 100 分の 1 ポンド (☞ pound'¹) となり, 現在の penny, pence は《略式》では p /píː/ と略し, 4 p (4 ペンス)のように記す《読み方については ☞ p²》.

2 Ⓒ 《英》1 ペニー貨: He gave me my change in *pennies*. 彼はつり銭を 1 ペニー貨でくれた.

3 Ⓒ 《米略式・カナダ》 **1** 1 セント貨 (☞ coin 表): change a dime into *pennies* 10 セント貨を 1 セント貨にくずす. 関連 quarter 25 セント貨 / dime 10 セント貨. **4** [a ~; 否定文で]小銭, はした金: I *don't have a ~ with me now.* 今はお金(の持ちあわせ)が全然ない. **A pénny for ⌈your thóughts [thém].** Ⓢ 何を考えているんだい《黙っている人に対して》. **a prétty pénny** [名] 《古風, 略式》かなりの大金. **be twó [tén] a pénny** [動] 🅘 《略式》《けなして》安物である; ありふれている; 簡単に一山当たる《米略式》be a dime a dozen). **be wórth èvery pénny** [動] 🅘 払った金額の価値がある. **cóunt ⌈(the) pénnies [èvery pènny]** [動] 🅘 《略式》倹約する. **cút ... óut** 《英》**óff** **without a pénny** [動] 他 《英》《遺言などで》...に遺産を残してやらない. **éarn [túrn] an hónest pénny** [動] 🅘 まじめ[正直]に(働いて)金を稼ぐ. **if (... is) a pénny** 🅘 if' 成句. **nót hàve twó pénnies to rúb togéther** [動] 🅘 《英略式》《滑稽》文なしで何も買えない. **pénny wise (and) póund fóolish** 《略式》小銭をけちるあまり大金を損して. **pínch pénnies** [動] 🅘 倹約する. **spénd a pénny** [動] 🅘 Ⓢ 《英略式》《婉曲》トイレに行く, 用を足す. **The pénny (has) drópped.** 《英略式》《言われたことが》やっとわかる. **to the pénny** [副] 正確に, きっかり. **túrn úp like a bád pénny** [動] 🅘 《英略式》《いやな人[もの]が》頼みもしないのに必ず現われる. **wátch èvery pénny** [動] 🅘 倹約する.

pénny ánte 形 《米略式》取るに足りない; 小額の.

pénny arcáde 名 Ⓒ 《米》(簡単な)ゲームセンター.

pénny áuction 名 Ⓒ 《チャリティー目的の安い品物の多い》オークション.

pénny bláck 名 Ⓒ ペニーブラック《英国で 1840 年に発行された最初の郵便切手》.

pénny fárthing 名 Ⓒ 《英》(前輪が大きく後輪が小さい)旧式自転車.

pénny pìncher 名 Ⓒ けちんぼう, しみったれ《人》.

pénny-pìnching 形 けちんぼうの, しみったれな. — 名 ⓤ けちなこと.

pénny stòck 名 Ⓒ 《米》投機的低位株《1 株の価格が 1 ドル未満の株式》.

pénny·wèight 名 Ⓒ ペニーウェイト《重量の単位;

24 グレイン (grain) に相当.
pén·ny·whìstle 名 C (安物の)横笛.
pén·ny-wíse 形 一文惜しみの ((🖙 penny 成句)).
pen·ny·worth /péniwə̀(ː)θ | -wəθ/ 名 [a ~] 《古風》1ペニー分(の量) (of).
pe·nol·o·gist /piːnάlədʒɪst | -nɔ́l-/ 名 C 刑罰学者; 刑務所管理学者.
pe·nol·o·gy /piːnάlədʒi | -nɔ́l-/ 名 U 刑罰学; 刑務所管理学.
***pén pàl** 名 C ペンパル, 文通友達 ((英) pen friend).
pén pùsher 名 C 《英略式》《軽蔑》= pencil pusher.
***pen·sion**¹ /pénʃən/ 📕 名 (~s /-z/) C 年金, 恩給: ☞ old age pension / a disability ~ 障害年金 / 「an occupational [a company] ~ 厚生年金 / draw one's ~ 年金を受け[取]る / retire on a ~ 年金をもらえるようになって退職する / He lives *on* a ~. 彼は年金で暮らしている. ── 動 他 《英》〈…〉に年金を支給する.
pénsion óff [動] 〈しばしば受身で〉《英》〈人〉に年金[恩給]を与えて〈…〉を退職させる; 〈物〉をお払い箱にする.
pen·sion² /pɑːnsjóːŋ | pɑ́ːnsjɔːŋ/ 名 C 《フランス語から》《ヨーロッパ大陸の》賄いつきの下宿. [日英比較] 日本語の「ペンション」のような「しゃれた家庭的な感じの洋式旅館」という意味はない.
pen·sion·a·ble /pénʃ(ə)nəbl/ 形 《英》年金[恩給]を受ける資格がある; 年金[恩給]のつく: a ~ salary 年金のための控除を引かれた給与.
pénsion bòok 名 C 《英》年金手帳.
***pen·sion·er** /pénʃ(ə)nə | -nə/ 名 (~s /-z/) C 年金生活者, 年金受給者; = old age pensioner.
pénsion fùnd 名 C 年金基金.
pénsion plàn [《英》 **schème**] 名 C 年金制度[計画].
pen·sive /pénsɪv/ 形 考え込んでいる, もの思わしげで悲しげな. **~·ly** 副 もの思わしげに.
~·ness 名 U 考え込んでいること.
pent /pént/ 形 閉じこめられた ((🖙 pent-up)). **be pént úp** [動] 自 (感情などが)鬱積(ぅっせき)している.
pen·ta- /péntə/ 《接頭》「5つの」の意.
***pen·ta·gon** /péntəɡὰn | -ɡən/ 名 1 [the P-] 米国国防総省《建物が五角形なので》; [単数または複数扱い] 米国国防総省総司令部.

the Pentagon

2 C 五角形, 五辺形 ((🖙 triangle 表)).
pen·tag·o·nal /pentǽɡən(ə)l/ 形 五角[辺]形の.
pen·ta·gram /péntəɡrӕm/ 名 C 五角の星形, 星印 (☆; 昔, まじないの印として用いた).
pen·ta·he·dron /pèntəhíːdrən/ 名 C (複 ~s, -dra /-drə/) 五面体.
pen·tam·e·ter /pentǽməṭə | -tə/ 名 C 《詩》 5 歩格, 弱強 5 歩格.
pent·am·i·dine /pentǽmədìːn/ 名 U 《薬》ペンタミジン《カリニ肺炎予防薬とする》.
Pen·ta·teuch /péntət(j)ùːk | -tjùːk/ 名 [the ~] 《聖》モーセ (Moses) の 5 書 《旧約聖書の初めの 5 書》.
pen·tath·lon /pentǽθlən/ 名 C [しばしば the ~]《スポ》五種競技. 関連 decathlon 十種競技.
Pen·te·cost /péntɪkɔ̀ːst | -kɔ̀st/ 名 U.C 1 《キ教》五旬節, 聖霊降臨の祝日 ((《英》Whitsunday, Whitsun)) ((Easter 後の第 7 日曜日)). 2 《ユダヤ教の》ペンテコステ《過越しの祝い (Passover) の後 50 日目の収穫祭》.
Pen·te·cos·tal /pèntɪkάstl | -kɔ́s-/ 形 ペンテコステ派の; ペンテコステ (Pentecost) の; 五旬節の.
pént·hòuse 名 (-**hous·es** /-hàʊzɪz/) C 1 ビルの屋上に作ったアパート式住宅《普通は高級》; 《マンションの》最上階の部屋. 2 差し掛け屋根[小屋]. 3 [P-] 『ペントハウス』《米国の男性向け月刊誌》.
Pen·ti·um /péntiəm/ 名 商 ペンティアム (Intel 社製のマイクロプロセッサー; 商標).
pént-úp 形 A (感情などが)閉じ込められた; 鬱積(うっせき)した: ~ anger 鬱憤.
pen·ul·ti·mate /penʌ́ltɪmət/ 形 A 《格式》最後から 2 番目の.
pen·um·bra /pənʌ́mbrə/ 名 (複 -**brae** /-briː/, ~**s**) C 《絵》明暗[濃淡]の境, 半影部.
pe·nu·ri·ous /pən(j)ʊ́(ə)riəs | -njʊər-/ 形 《格式》1 極貧[赤貧]の. 2 吝嗇(りんしょく)な, けちな. **~·ly** 副 窮乏して; けちけちして. **~·ness** 名 U 窮乏; 吝嗇.
pen·u·ry /pénjʊri/ 名 U 《格式》極貧, 赤貧, 窮乏.
pe·on /píːɑn | -ən/ 名 C 《米》1 《略式》《滑稽》日雇い労働者. 2 《南米の》借金返済のため奴隷のように働かされる人.
pe·o·ny /píːəni/ 名 (-**o·nies**) C しゃくやく, ぼたん《植物; 米国 Indiana 州の州花》.

***peo·ple** /píːpl/ ★ o は発音しない.

───リスニング───
people /píːpl/, couple /kʌ́pl/ などの語末の /pl/ は弱い「プー」のように聞こえる ((🖙 つづり字と発音解説 63)). このため people, couple は「ビープー」, 「カプー」に聞こえる. 「ピープル」, 「カプル」と発音しない.

── 名 1 [複数扱い] (一般に)人々, 人たち; 世間の人人 ((🖙 person 語法); man 2 語法); popular 語源, population 語源, public 語源, they 2 (1)): The street was crowded with ~. 通りは人で混雑していた / Thirteen ~ were killed in the accident. その事故で 13 人の人が死んだ / Many [Few, Some] ~ think so. そう考えている人は多い[少ない, いくらか]いる ((🖙 few 2, some 2)) / P~ like that really get on my nerves. S あのような人たちは本当に気にさわる.
2 [複数扱い] 《ある地方・階級・職業の》人々, 人たち: the ~ of the village = the village ~ 村の人たち / middle-class ~ 中流階級の人々 / theater ~ 演劇人.
3 [the ~ として複数扱い] (一国家に属する)国民; 大衆, 庶民; 人民; 選挙民, 有権者 ((🖙 race² 類義語)): the Japanese ~ 日本国民 / government of the ~, by the ~, for the ~ 人民の, 人民による, 人民のための政治 ((🖙 Gettysburg 参考)) / the P~'s Republic of China 中華人民共和国.
4 (複 ~s /-z/) C 民族, 国民《共通の文化や社会を持った集団; 🖙 race² 類義語》: many ~s of Asia and Africa アジアとアフリカの多くの民族 / a peace-loving ~ 平和を愛する国民. 5 [所有格とともに用い複数扱い] 臣民; 部下, 家来; 家族; 両親; 《古風, 略式》妻: my wife's ~ 私の妻の実家の者たち. 6 [the ~ または P-] 《米法》《裁判における》検察側. 7 [呼びかけて用いて] S 《米》皆さん.

a mán [wóman] of the péople 庶民の味方, 庶民派 《大衆に人気のある政治家》. **gó to the péople** [動] 自 《政党・政治家》国民の信を問う.
of áll péople [副] [挿入句的に] S 人もあろうに, よりによって. **∴ of áll péople** [副] S だれよりも特に…が[を]: You of all ~ should have known how much I loved that summer cottage. どんなに私があの別荘を気に入っていたかだれよりもあなたが知っていたはずなのに.
Péople sày (that)…. 🖙 say 動 成句.

——動 他 [普通は受身で]《格式》〈…〉に人を住まわせる, 植民する;〈人で〉〈場所〉を満たす;〈人が〉〈…〉に住む (with);〈時代・状況など〉に登場する.

-peo·ple /pìːpl/ 《合成語で》 ☞ -person 語法

péople pèrson 名 C 《略式》社交的な人.

People's Dáily 名 個 [the ~]『人民日報』.

péople's repúblic 名 C [しばしば P- R-] 人民共和国《通例 共産[社会]主義国》.

péople-wàtching 名 U 人間観察.

Pe·o·ri·a /piɔ́ːriə/ 名 個 ピオリア (Illinois 州中西部の市). **pláy in Peória** 動 U 中流階級に受け入れられる, 地方でうける.

†**pep** /pép/ 動 (peps; pepped; pep·ping) [次の成句で] **pép úp** 動《略式》〈…〉を元気[活気]づける, おもしろくする: ~ up a dish 料理の味をピリッとさせる.
——名 U《略式》元気, 気力, 精力.

PEP /pép, píːíːpíː/ 名《英》=Personal Equity Plan.

pép bànd 名 C 《スポーツの試合などの》応援バンド.

***pep·per** /pépɚ | -pə/ 名 (~s /-z/; 形 peppery) **1** U こしょう 《粉状のもの》; 粉末とうがらし, パプリカ: white [black] ~ 白[黒]こしょう / Finally, sprinkle a dash of ~ over it. 最後にその上にこしょうを少々振りかけてください. **2** C とうがらし(の実): red ~s とうがらし, 赤ピーマン / green [《米》bell] ~ ピーマン.
——動 (-per·ing /-p(ə)rɪŋ/) 他 **1** 〈語句・数字などを〉〈…〉にちりばめる;〈弾丸・質問などを〉〈…〉に浴びせかける: a speech ~ed with jokes 随所に冗談をまじえた演説. **2** 〈…〉にこしょうをふりかける.

pépper-and-sált 形 A (頭髪・ひげなどが)ごましおの; 《服地が》霜降りの.

pépper bòx 名 C こしょう入れ (《英》pepper pot). 関連 saltshaker (《英》saltcellar) 卓上塩入れ.

pépper·còrn 名 C (干した)こしょうの実.

péppercorn rént 名 C《英》格安の賃貸料.

pépper mìll 名 C こしょうひき《道具》.

***pep·per·mint** /pépəmìnt | -pə-/ 名 **1** U 西洋はっか, ペパーミント; ペパーミントの味[香り]. **2** C はっか入り菓子.

pep·pe·ro·ni /pèpəróuni/ 名 C,U ペパロニ《香辛料のきいたイタリアソーセージで特にピザに乗せて食べる》.

pépper pòt 名 C《英》=pepperbox.

pépper shàker 名 C《米》=pepperbox.

pépper sprày 名 C,U 催涙スプレー《用の液体》.

pépper stèak 名 C,U ペパーステーキ (1) ピーマン・タマネギ・トマトと共にしょうゆで炒めたステーキ (2) 粒こしょうをつけたステーキ).

pep·per·y /pép(ə)ri/ 形 (名 pepper) **1** こしょうのような, こしょうの味のする. **2** 短気な.

pép pill 名 C《古風, 略式》興奮剤, 覚醒剤.

pep·py /pépi/ 形 (pep·pi·er; -pi·est)《略式》元気いっぱいの, 張りのある.

pép rally 名 C《米》《スポーツ競技大会前の》壮行会, 激励集会.

Pep·si /pépsi/ 名 C,U ペプシ(コーラ)《米国製のコーラ飲料; 商標》.

pep·sin /pépsɪn/ 名 U《生化》ペプシン《胃液に含まれるたんぱく質分解酵素》.

pép squàd 名 C (チアリーダーなどの)応援団.

pép tàlk 名 C《略式》《短い》激励(のことば), はっぱ.

pep·tic /péptɪk/ 形《生化》消化力を有する, 消化を助ける; ペプシンの.

péptic úlcer 名 C《医》消化性潰瘍(ﾟﾃﾜ).

pep·tide /péptaɪd/ 名 C《生化》ペプチド.

Pepys /píːps/ 名 個 **Samuel ~** ピープス (1633-1703)《イングランドの海軍大臣; 克明な日記で有名》.

***per** /(弱) pɚ | pə; (強) pɚ́ː | pə́ː/ 前 (一定の時間や数量)ごとに, 〈…〉につき (略 p.); ☞ percent, per annum [capita, head]: 50 miles [kilometers] ~ hour 時速 50 マイル[キロ] (略 50 mph [kph]) / 65 words ~ minute 1 分間に 65 語《タイプを打つ速度; 略 65wpm》/ How many miles ~ gallon does your car get? あなたの車は 1 ガロンあたり何マイル走りますか. 語法 (1) 上のような場合を除いては, per を用いるのは技術・商業英語で, 一般には (*a*) per の代わりに *a* が用いられる. (2) per の後に続く単数名詞には冠詞がつかない: ~ week 1 週間につき

ás per ... 前《格式》…に従って, …によって (according to). **às per úsual [nórmal]** 副 S いつものように (as usual).

per- /pɚ | pə/ 接頭「…を抜けて, すっかり, 非常に」の意; per-fect 完全な.

per·ad·ven·ture /pɚ̀ːrədvéntʃɚ | pɚ̀ːrədvéntʃə/ 副《古語》**1** たぶん, おそらく (perhaps). **2** [if または lest 節で] 万一, 万一.

per·am·bu·late /pərǽmbjulèɪt/《古風, 格式》または《滑稽》動 自 歩き回る, 巡回する; 散策する.
—— 他 〈場所〉を歩き回る; 散策する.

per·am·bu·la·tion /pərǽmbjulèɪʃən/ 名 C,U《古風, 格式》または《滑稽》ぶらつくこと, 散策.

per·am·bu·la·tor /pərǽmbjulèɪtɚ | -tə-/ 名 C《古風, 格式》《米》baby carriage, 《英》pram).

†**per án·num** /pɚ(ː)ǽnəm | pə(r)-/ 副《格式》1 年につき, 1 年ごとに (略 p.a.).

P/É rátio /píːíː-/ 名 C《経》株価収益率《price-earnings ratio の略》.

per·cale /pɚkéɪl | pə-/ 名 U,C《米》パーケール《シーツなどに用いる上質の綿布》.

†**per cáp·i·ta** /pɚkǽpətə | pə(ː)-/《格式》副, 形 A 1 人当たりの, 頭割りの[で].

per·ceiv·a·ble /pɚsíːvəbl | pə-/ 形 感知できる, 知覚されうる.

***per·ceive** /pɚsíːv | pə-/ 動 (per·ceives /-z/; per·ceived /-d/; per·ceiv·ing; 形 percéptive 名 percéption) 他 **1** 〈…〉が[と]わかる, 了解する;〈…〉を(—と)受け取る《言い換え》When I met her, I ~d that she was reliable. <V+O (*that* 節)> = When I met her, I ~d her *as* reliable. <V+O+C(*as*+形)> = When I met her, I ~d her *to* be reliable. <V+O+C(*to* 不定詞)>. 彼女に会ったら信頼できる人だとわかった / I ~d her behavior *as* a threat. <V+O+C(*as*+名)> 私は彼女の行為をおどしと受け取った.

2 《格式》《見て》〈…〉に気づく,〈…〉を知覚する, 認める,〈…〉がわかる;〈…〉が―するのに気づく (☞ receive 単語の記憶)《言い換え》I ~d a slight change in her attitude. =I ~d *that* her attitude had changed slightly. <V+O(*(that)*節)> 私は彼女の態度に少し変化を認めた / Some animals can ~ the arrival of earthquakes ahead of time. 事前に地震が来るのを感知できる動物がいる / I ~d him entering the room. <V+O+C(現分)> 私は彼が部屋に入るのに気づいた. 語法 この文の受身は He *was* ~*d* entering the room.《★ He *was* ~*d* to enter the room. の型も可能》.

***per·cent, 《英》per cent** /pɚsént | pə-/ 名 C [普通は単数形で; しばしば形容詞・副詞的に] **1** (複 ~) パーセント, 100 分の 1(の率), 100 につき〈…の割〉《記号 %; 略 p.c.,《米》pct; ☞ cent 単語の記憶》: three ~ 3 パーセント (3%, 3 *p.c.* のように記すことが多い) / a [one] hundred ~ 100 パーセント / interest *at* five ~ 5 パーセントの利息 / We give a 10 ~ discount for cash. 現金払いなら 1 割引きにします / Prices have increased (*by*) 50 ~. 物価が 5 割上がった / This tie is 40 ~ silk. このネクタイは絹が 40 パーセント入っております.

percentage

> **語法** percent of ... の後に続く名詞が単数形であれば原則として percent は単数扱い、複数形であれば複数扱いとなる：Over ten *percent* of the *population* of Japan *live(s)* in Tokyo. 日本の人口の1割以上が東京に住む。

2 《略式》百分率，割合，部分，パーセンテージ.
語源 ラテン語で「百につき」の意; ☞ per, cent.
単語の配置 **óne [a] húndred percént** 副 全く，完全に：I am *one [a] hundred* ~ satisfied. 私は100パーセント[全く]満足しています.

per·cent·age /pəséntɪdʒ | pə-/ **中** 名 (-cent·ag·es /~ɪz/) **1** © [普通は単数形]《格式》百分率，百分比，パーセンテージ；比率： in ~ terms 率で言えば / the ~ *of* profits 利益の率 / the ~ *of* black people (as) compared to white 白人と比較した黒人の率.
2 © [普通は a ~] 割合，部分：A large [high] ~ *of* the men were jobless. 男たちの大部分は職がなかった / A small [low] ~ *of* the evacuees remain unemployed. 避難民のうち失業中なのはごく一部だ. **語法** 述語動詞は原則として of に続く名詞が単数形なら単数扱い，複数形なら複数扱いとなる. **3** © [普通は単数形] (パーセントで示す) 手数料，利潤，マージン. **There is no percéntage in dóing** ...しても何にもならない：*There's no* ~ *in* worrying. 心配しても何の役にも立たない.

percéntage póint 名 © パーセント(ポイント)《パーセントの数値》: Interest rates have been raised by two ~s. 公定歩合が2パーセント上がった.

per·cen·tile /pəséntaɪl | pə-/ 名 © 《統》百分位数，百分順位: He is in the 99 th ~ (rank) for height. 彼は身長で98%から99%の間に属している《彼より背の高い者は全体の1%しかいない》.

per·cept /pə́ːsept | pə́ː-/ 名 © 知覚対象[表象].

per·cep·ti·ble /pəséptəbl | pə-/ 形 (反 imperceptible)《格式》知覚[認識]できる，気づくことができるほどの; 目立る, かなりの (*to*). **-ti·bly** /-təbli/ 副 感知できるほどに; 目立って.

per·cep·tion /pəsépʃən | pə-/ **中** 名 (~s /-z/; 《 percéive) © 理解, 受けとめ方; ① 知覚(作用)《視力・聴力・頭脳などによって認識すること》, 知覚力; 認識：There is a common ~ *that* an only child will be spoiled. <N+*that* 節> ひとりっ子は甘やかされてだめになるという一般の受けとめ方がある / This machine tests ~ *of* sound. この機械は音の知覚をテストするものです / His ~ *of* the situation is quite different from mine. 彼の状況認識は私と全く違う.

per·cep·tive /pəséptɪv | pə-/ 形《 percéive) (ほめて) **1** 知覚[認]の鋭い，明敏な. **2** △ 知覚力のある. **~·ly** 副 鋭く(知覚[洞察]して), 明敏に. **~·ness** 名 ① 知覚力; 明敏, 鋭敏.

per·cep·tu·al /pəséptʃuəl | pə-/ 形 《格式》知覚的な.

perch¹ /pə́ːtʃ | pə́ːtʃ/ 動 (**perch·es** /~ɪz/; **perched** /~t/; **perch·ing**) ⓘ **1** (人が)ちょこんと座る《高い所や狭い場所に》: ~ *on* the side of a bed <V+*on*+名代> ベッドの端に座る. **2** (建物などが)頂[端]にある (*on*). **3** (鳥が)止まる: The bird ~ed *on* a branch. その鳥は枝に止まった. — ⓗ (受身で) (高い所・縁に)〈...〉を置く, 据(*)える (*on, upon, over*). **pérch onesèlf** 動 ⓘ ちょこんと座る (☞ ⓘ **1**).
— 名 (~·es /~ɪz/) © **1** 鳥の止まるところ《木の枝など》; (鳥かごの)止まり木：a bird *on* a ~ 止まり木に止まっている小鳥. **2** (高い)座席, 観客席, 運転席, 御者台. **knóck ... óff ...'s pérch** = knock ... off ...'s pedestal (☞ pedestal 成句).

perch² /pə́ːtʃ | pə́ːtʃ/ 名 (複 ~, ~·es) **(米)** © パーチ《食用の淡水魚》; ① パーチの身.

per·chance /pətʃǽns | pətʃɑːns/ 副 《古語・文》おそらく (perhaps); [if または lest 節で] 偶然に, 万一.

perched 形 ℗ (鳥が枝などに)止まった; (高い所や狭い場所に)座った; 設置した, 置いた (*on, upon, over*).

per·cip·i·ence /pəsípiəns | pə-/ 名 ① 《格式》知覚(能力), 識別(力).

per·cip·i·ent /pəsípiənt | pə-/ 形 《格式》知覚[勘]の鋭い (perceptive).

per·co·late /pə́ːkəlèɪt | pə́ː-/ 動 ⓘ **1** (副詞(句)を伴って) (液体などが)しみ出る, しみ通る; (光が)こぼれる. **2** (情報などが)(...に)次第に広まる, 浸透する (*through, down, over*). **3** (パーコレーターでコーヒーが)できる, (《略式》perk). — ⓗ 〈コーヒー〉をパーコレーターでいれる (《略式》perk).

per·co·la·tion /pə̀ːkəléɪʃən | pə̀ː-/ 名 ©ⓤ 浸透, ろ過.

per·co·la·tor /pə́ːkəlèɪṭɚ | pə́ːkəlèɪtə/ 名 © パーコレーター《ろ過装置によるコーヒー沸かし器》.

per·cus·sion /pəkʌ́ʃən | pə(ː)-/ 名 **1** ① 打楽器《全体》; [the ~, 《英》単数または複数扱い] (オーケストラの)打楽器部, 打楽器の演奏者たち (percussion section) 《全体》(☞ orchestra 囲み); ① 打楽器の演奏(法). **2** ① 《衝突による》震動; 音響.

percolator

percússion cáp 名 © (弾丸の)雷管; 《格式》= cap 7.

percússion ìnstrument 名 © 打楽器《太鼓・シンバルなど》.

per·cus·sion·ist /pəkʌ́ʃ(ə)nɪst | pə(ː)-/ 名 © 打楽器奏者.

percússion sèction 名 [the ~; 《英》単数または複数扱い] = percussion 1.

per·cus·sive /pəkʌ́sɪv | pə(ː)-/ 形 《格式》衝撃の.

per di·em /pə̀ː díːəm | pə̀ː-/ 《ラテン語から》形 副 《格式》一日当たりの[で] (daily); 日割りの[で]: (a) ~ allowance 日当. — 名 © 《主に米》1 日当たりの(出張)手当. **2** 日雇い労働者の日給.

per·di·tion /pədíʃən | pə(ː)-/ 名 ① **1** 《格式》《宗》 (死後の)永遠の破滅, 地獄(行き). **2** 《古語》完全な破壊, 壊滅.

per·du·ra·ble /pəd(j)ʊ́(ə)rəbl | pə(ː)djʊ́ər-/ 形 永続する, 不朽の.

per·e·gri·nate /pérəgrənèɪt/ 動 ⓘ 《文》または 《滑稽》(徒歩で)旅行する.

per·e·gri·na·tion /pèrəgrənéɪʃən/ 名 © [普通は複数形で] (文) または (滑稽) (異国での)さすらいの旅.

pér·e·grine (fálcon) /pérəgrɪn-/ 名 © はやぶさ.

pe·remp·to·ri·ly /pərém(p)tərəli, -trə-/ 副 《格式》**1** 横柄に. **2** 断固として, 有無を言わせずに.

pe·remp·to·ry /pərém(p)tari, -tri/ 形 《格式》**1** 横柄な. **2** (命令が)有無を言わせない, 断固とした.

peremptory challenge 名 ©《法》事断忌避, 理由不要の忌避《理由を示さずに一定数までの陪審員を忌避できる刑事被告人の権利》.

pe·ren·ni·al /pərénɪəl/ 形 **1** 絶え間ない, 長年にわたる; 永久の: a ~ problem 繰り返し起こる問題. **2** 《植》多年生の. — 名 © 多年生植物. **関連** annual 一年生植物 / biennial 二年生植物.
a hárdy perénnial 名 (1) 耐寒性多年生植物. (2) しょっちゅう持ち上がる問題, よく言われること. **-al·ly** /-əli/ 副 絶えず; 永久に.

per·e·stroi·ka /pèrəstrɔ́ɪkə/ 《ロシア語から》 名 ① ペレストロイカ《旧ソ連の経済・政治・社会改革》.

perf. [略]=perfect 5.

*per·fect¹ /pə́ːfɪkt | pə́ː-/ ★動詞の perfect² とのアクセントの違いに注意. [形] (動 perféct²; 反 imperfect) **1** [比較なし] 完全な, 完ぺきな, 欠点[欠陥]のない; 申し分のない, 理想的な ([☞] complete 類義語): 欠けたところのない完全なダイヤモンド / a ~ crime 完全犯罪 / the ~ gentleman 理想的な紳士 / Your answer is ~! あなたの答えは完ぺきです / The weather was ~ yesterday. きのうは天気は申し分なかった / Nobody's ~. (S) 完全無欠な人はいない.

[語法] 意味上[比較なし]であるが,《略式》では比較級 more perfect, 最上級 most perfect も使われることがある. 修飾する副詞としては absolutely, almost, just about, nearly, practically, quite, truly などがある.

2 [A] [比較なし] 正確な, 寸分たがわない (exact): a ~ copy 正確な写し, 実物と同じコピー / She drew a ~ circle. 彼女は正確な円を描いた.

3 [比較なし] (...に) 最適の, うってつけの, 十分な: Mr. Long is ~ *for* the job. <A+*for*+名・代> ロングさんならその仕事にうってつけだ / This'd be a ~ role for De Niro. これはデ・ニーロにうってつけの役だろう.

4 [A] [比較なし]《略式》全くの (thorough), 純然たる: He's a ~ stranger. あの人は赤の他人だ / He made a ~ mess of things. あいつは何もかもぶちこわしにしやがった. **5** [A]《文法》完了の; 完了形の (略 perf.): present [past, future] ~ 現在[過去, 未来]完了(形)の. ― [名] [the ~]《文法》=perfect form [tense].

*per·fect² /pə(ː)fékt | pə(ː)-/ ★形容詞の perfect¹ とのアクセントの違いに注意. [動] (**per·fects** /-fékts/; **-fect·ed** /-ɪd/; **-fect·ing**; [形] péfect¹; [名] perféction) [他] <...> を完成する, 仕上げる, 完全にする (finish, complete): To ~ his theory, he conducted many experiments. 彼は自分の理論を完成するために数多くの実験を行なった. **perfect onesèlf in ...** [動] [他] ...に熟達する.

pérfect fòrm [名] [the ~]《文法》完了形.

[文法] 完了形
時制の1つで, ある時を基準として, その時点までに動作・状態が完了したこと, 継続していること, またはその時までの経験を表わす. <助動詞 have+過去分詞>の形をとるが, have が現在形の have または has であれば現在完了形, have が過去形の had であれば過去完了形, have の前に will または shall がつけば未来完了形となる. 現在完了形については [☞] have¹ [文法], 過去完了形については [☞] had² A [文法], 未来完了については [☞] have³ [文法]. また <be+運動や変化を表わす自動詞の過去分詞>で完了を表わすことがある ([☞] be² D).

pérfect gáme [名] [C]《野》完全試合;《ボウリング》パーフェクト.

pérfect gérund [名] [C]《文法》完了動名詞 ([☞] having² 2 [文法]).

per·fect·i·bil·i·ty /pəfèktəbíləṭi | pə-/ [名] [U] 完成可能である[完成しうる]こと.

per·fect·i·ble /pəféktəbl | pə-/ [形] 完全にする[なる]ことができる.

pérfect infínitive [名] [C]《文法》完了不定詞 ([☞] to³ G 1 [文法]).

*per·fec·tion /pəfékʃən | pə-/ [名] (動 perféct²; 反 imperfection) [U] **1** 完全(なこと), 申し分のないこと, 完ぺき: aim at ~ 完ぺきを目ざす.

2 完全に仕上げること, 完成: They are working toward the ~ *of* the moon rocket. 彼らは月ロケットの完成を目ざして働いています. **3** 極致, 典型; 完全な人

[物]. **to perféction** [副] 完全に, 完ぺきに.

per·fec·tion·is·m /pəfékʃənɪzm | pə-/ [名] [U] [時に軽蔑] 完全[完ぺき]主義; 凝り性.

*per·fec·tion·ist /pəfékʃənɪst | pə-/ [名] [C] [時に軽蔑] 完全[完ぺき]主義者(者); 凝(こ)り性の人. ― [形] 完全[完ぺき]主義(者)の; 凝り性の.

per·fec·tive /pəféktɪv | pə-/ [形]《文法》完了[完結]を示す.

*per·fect·ly /pə́ːfɪk(t)li | pə́ː-/ [副] **1** (反 imperfectly) 完全に, 完ぺきに; 申し分なく: [言い換え] He speaks Russian ~. (=He speaks perfect Russian.) 彼はロシア語を完ぺきに話す.

2 全く, すっかり (completely): You are ~ right, Mr. Long. ロングさん, あなたのおっしゃるとおりです / You know ~ well what I mean. 私の言っていることをすっかりよくご存じでしょう(に).

pérfect·ness [名] [U] 完全さ, 申し分なさ.

pérfect párticiple [名] [C]《文法》完了分詞 ([☞] having² 1 [文法]).

pérfect pítch [名] [U]《楽》=absolute pitch.

pérfect progréssive fòrm [名] [the ~]《文法》完了進行形.

[文法] 完了進行形
完了形の1つで, <助動詞 have+been+動作を表わす動詞の現在分詞>の形をとり, ある時点までの動作の継続を表わす. have が現在形の have または has であれば現在完了進行形, have が過去形の had であれば過去完了進行形, have の前に will または shall がつけば未来完了進行形となる.

pérfect ténse [名] [the ~]《文法》完了時制.

per·fid·i·ous /pə(ː)fídiəs | pə(ː)-/ [形]《文》不信の, 不実な, 裏切りの (*to, toward*). **~·ly** [副] 不実に, 裏切って. **~·ness** [名] [U] 不実, 裏切り.

per·fi·dy /pə́ːfədi | pə́ː-/ [名] (**-fi·dies**)《文》[U] 不信, 不実, 裏切り.

per·fo·rate /pə́ːfərèɪt | pə́ː-/ [動] [他] **1**《普通は受身で》<紙> にミシン目を入れる, 目打ちする. **2** <...>に穴をあける. ― [自] 穴をあける, 目打ちする.

per·fo·rat·ed /pə́ːfərèɪṭɪd | pə́ː-/ [形] [A] **1** ミシン目のある. **2** 穴のあいた, 貫通した;《医》穿孔(キャッ)した.

per·fo·ra·tion /pə̀ːfəréɪʃən | pə̀ː-/ [名] **1** [C] [普通は複数形で]〈紙などの〉ミシン目, 目打ち; 切り取り線. **2** [U] 穴をあけること; 貫通;《医》穿孔.

per·force /pəfɔ́əs | pə(ː)fɔ́ːs/ [副]《格式》必然的に.

*per·form /pəfɔ́əm | pəfɔ́ːm/ [T1] [動] (**per·forms** /-z/; **per·formed** /-d/; **-form·ing**; [名] perfórmance) [他] **1** <役>を演ずる, <劇>を上演する, <音楽>を演奏する (play): ~ *Hamlet*「ハムレット」を上演する.

2 <事・仕事・約束・命令など>を実行する, <機能・役割など>を果たす (do, carry out) ([☞] form [単語の記憶]): He ~ed his duties faithfully. 彼は職務を忠実に実行した. **3** <儀式・式典など>を行なう, 挙行しきる.

― [自] **1** 演ずる, 演奏する: The actress ~ed wonderfully. その女優はすばらしい演技をした / We'll have a band ~*ing* live. <V+副>バンドの生演奏が聞けるだろう / Miss White ~*ed* skillfully *on* the piano. <V+*on*+名>ホワイト嬢はピアノを見事に演奏した.

2 <動物が>芸をする. **3** [副詞(句)を伴って] (機械などが)うまく動く; (人が)うまくやってこなす: This car ~s well [badly]. この車は調子がよい[悪い]. [語源] ラテン語で「完全に形づくる」の意 ([☞] form [単語の記憶]).

*per·for·mance /pəfɔ́əməns | pəfɔ́ːs-/ [T1] [名] (**-for·manc·es** /-ɪz/; [動] perfórm) **1** [C] 上演, 公演; 演技, 演奏:

1304 performance appraisal

give a poor ~ 下手な演技[演奏]をする / put on a ~ of Hamlet「ハムレット」を上演する. **2** ⓤ (機械などの)性能, (人の)能力; できばえ, 成績: a company's business ~ 会社の営業成績 / This car's ~ needs to be improved. この車の性能は改善する必要がある / Her ~ on the exams was rather poor. 彼女の試験のできはかなり悪かった. **3** ⓤ (格式) 実行, 履行(%ん): the faithful ~ of duties 職務の忠実な履行 / promises without ~ 実行されない約束. **4** [a ~] ⓢ (略式) ひと騒動, 面倒なこと; ばかな事: What a ~! 何て(ばかな)ことをするんだ!
in perfórmance [形] 上演[演奏]中の.
perfórmance apprìsal 名 ⓒ 勤務評定.
perfórmance àrt 名 ⓤ パフォーマンス(アート) (踊り・映像・音楽など複数の芸術形式を組み合わせた芸術).
perfórmance càr 名 ⓒ 高性能車.
perfórmance-relàted pày 名 ⓤ 能力給 (仕事の出来・不出来により上下する給料).
perfórmance revìew 名 ⓒ = performance appraisal.
per·for·ma·tive /pəfɔ́əmətɪv | pəfɔ́ː-/ 名 ⓒ [哲] 遂行文 (その文を発することでその文の表わす行為の遂行となる文; 例 I promise to marry you.).
*__per·form·er__ /pəfɔ́əmə | pəfɔ́ːmə/ 名 (~s /~z/) ⓒ 演技者, 演奏者; [前に形容詞をつけて] 演技[演奏]が...の人; 売れゆきが...の会社[製品]: be a good [poor] ~ 演技[演奏]がうまい[下手だ] / the star [top] ~ of the motor industry 自動車業界でトップの会社.
perfórm·ing árts 名 [複] [the ~] 舞台芸術 (演劇・ダンスなど).
*__per·fume[1]__ /pə́ːfjuːm, pə(ː)fjúːm | pə́ːfjuːm/ ★ 動詞の perfume[2] とのアクセントの傾向の違いに注意. 名 (~s /~z/) ⓒⓤ perfume[2] ⓒⓤ **1** 香水, 香料: put on ~ 香水をつける (☞ put on (put 句動詞)表) / I seldom wear ~. 私はめったに香水をつけません (☞ wear 表) / She smelled of (a) strong ~. 彼女は強い香水のにおいがした. **2** (よい)香り, (よい)におい, 芳香 (☞ smell 類義語): the ~ of roses ばらの香り.
*__per·fume[2]__ /pə(ː)fjúːm, pə́ːfjuːm | pə(ː)fjúːm, pə́ːfjuːm/ ★ 名詞の perfume[1] とのアクセントの傾向の違いに注意. 動 (名 perfume[1]) 他 [普通は受身で]〈…に〉香水をつける[ふりかける]; (文) 〈花などが〉〈部屋・空気などを〉香りで満たす (with).
*__per·fumed__ /pə(ː)fjúːmd | pə́ːfjuːmd/ 形 香水をつけた; [芳香】のある.
per·fum·er·y /pə(ː)fjúːm(ə)ri | pə(ː)-/ 名 (-er·ies) **1** ⓤ 香水製造業. **2** ⓒ 香水製造[販売]所.
per·func·to·ri·ly /pəfʌ́ŋ(k)tərəli, -trə- | pə(ː)-/ 副 (格式) おざなりに; うわべだけに.
per·func·to·ry /pəfʌ́ŋ(k)təri, -tri | pə(ː)-/ 形 (格式) 〈行為が〉おざなりの, 通りいっぺんの; 〈人が〉やる気[熱意]のない: a ~ apology おざなりの謝罪.
per·go·la /pə́ːgələ | pə́ː-/ 名 ⓒ パーゴラ (ばら・ふじなどをからませたあずまや).
*__per·haps__ /pəhǽps, præps | pəhǽps, præps/ 副 **1** 文修飾語 ことによると, もしかしたら, 多分 (☞ likely 囲み; happen 単語の記憶): That's true. あるいはそれは本当かもしれない / P~ I'll come to see you next Sunday. もしかすると次の日曜日にお伺いするかもしれません / When a diplomat says 'yes' he means '~'; when he says '~' he means 'no'; and when he says 'no' he is no diplomat. 外交官が「イエス」と言ったら, それは「もしかした]の意味;「もしかしたら」と言ったら「ノー」の意味;「ノー」と言ったらその男はもう外交官ではない / The price is ~ twenty dollars. 値段は多分 20 ドルです / "Will it rain tomorrow?" "P~." 「あしたは雨が降るで

しょうか」「(降る)かもしれません」 / "Doesn't she speak German?" "P~ nót." 「彼女はドイツ語を話さないのでしょうか」「話さないのかもしれません」 (☞ not (5) (ii)). **2** ⓢ (丁寧) もしかして, できましたら, よろしければ 《依頼・提案・意向などを控えめに表わす》: P~ you would be good [kind] enough to lend me your typewriter. タイプライターを貸していただけないでしょうか. 語源 元来は「偶然によって」の意; ☞ happen 単語の記憶
per héad 副 1 人当たり.
peri- /péri/ 接頭 「...のまわりの」「...の近くの」の意: periscope 潜望鏡 / perigee 近地点.
per·i·car·di·um /pèrikɑ́ədiəm | -kɑ́ː-/ 名 (複 -di·a /-diə/) ⓒ [解] 心膜.
Per·i·cles /pérəkliːz/ 名 ⓖ ペリクレス (495–429 B.C.) (古代ギリシア・アテネの政治家・将軍).
per·i·dot /pérədɑ̀t | -dɔ̀t/ 名 ⓤ ペリドット (8月の誕生石).
per·i·gee /pérədʒìː/ 名 ⓒ (反 apogee) [天] 近地点 (月や人工衛星がその軌道上で地球に最も近づく点).
per·i·he·li·on /pèrəhíːliən/ 名 (複 ~s, per·i·he·li·a /-liə/) (反 aphelion) [天] 近日点 (惑星などが太陽に最も近づく点).
*__per·il__ /pérəl/ ⓒⓤ 名 (主に文) **1** ⓤ 危険 (☞ danger 類義語): the ~ of war 戦争の危険. **2** ⓒ [普通は複数形で] 危険な事[物]: the ~s of the ocean 海上の危険. **at one's péril** [副] (主に文) 命がけで, 危険を承知で: Trespass at your ~. 立ち入り危険 (警告). **in péril** [形] (主に文) 危険にひんした[て] (of).
per·il·ous /pérələs/ 形 (主に文) 危険な, 冒険的な. **~·ness** 名 ⓤ.
per·il·ous·ly /pérələsli/ 副 危険なほどに. **périlously clóse to ...** [副] あやうく...しそうに: The driver came ~ close to losing his life. 運転手はあやうく命を落とすところだった.
*__pe·rim·e·ter__ /pərímətə | -tə/ 名 ⓒ (平面の)周囲, (飛行場などの)周辺, 周辺の長さ.
per·i·na·tal /pèrənéɪtl/ 形 ⓐ [医] 周産期[出産前後]の: ~ health care 出産前後の健康管理.
per·i·ne·um /pèrəníːəm/ 名 (複 per·i·ne·a /-níːə/) ⓒ [解] 会陰(%ん)部 (肛門と性器の間).
*__pe·ri·od__ /pí(ə)riəd/ 名 (-ri·ods /-ədz/; 形 perìódic)

ギリシャ語で「ぐるりと回ること」の意.
→ (一巡りの間) → 「期間」1   「時限」3
→ (一巡りの終わり) → 「ピリオド」2   「時代」4

---

1 ⓒ 期間, 時期: the lunch ~ 昼食時 / a cooling-off ~ 冷却期間 / ~s of cool weather 涼しい天気の時期. He stayed with us for a short ~ of time. 彼は短期間私のうちに滞在した.
2 ⓒ (主に米) [文法] ピリオド, 終止符 (《英》full stop).

文法 ピリオド
終止符ともいう. 句読点の一種で, (.) の記号. 平叙文・命令文の終わりにつける. その他に, U.S. (米国), Apr. (4月) などの略語につけたり, 《英》では 11.40 a.m. (午前11時40分)のように時刻を示すときにも用いる.

---

3 ⓒ (授業の)時限: the fourth ~ 第4時限 / a chemistry ~ 化学の時間 / a study ~ 自習時間 / I teach 16 ~s a week. 私は1週に16時間教えています. **4** ⓒ (歴史上の)時代 (☞ 類義語), (発達の)段階, 期: the ~ of Queen Victoria's reign ビクトリア女王治世のころ / Van Gogh's early ~ ゴッホの初期. **5** ⓒ (女性の)生理, 月経 (menstrual period): I've missed my ~. 生理がなかった. **6** ⓒ [地質] 紀 (era の下位区分; ☞ era 表): the Jurassic ~ ジュラ

紀. **7** 〖スポ〗ピリオド《試合の1区切り》. **8** ©周期,...期: tidal ~s 潮の周期. **9** ©〖文法〗完全文.
— 感 ⓈS《略式,主に米》…なのだ,…だけのことだ《文の最後に置いて断定的な口調にする》((英)) full stop): Helen hates me, ~! ヘレンは僕が嫌いなんだよ,それだけのことさ.
— 形 Ⓐ (過去の)ある時代の; 古風な: a ~ costume 時代衣裳.
【類義語】period 長短に関係なくある区切られた期間を表わす最も一般的な語: in the period of World War II 第二次世界大戦の時代に. era 根本的な変化や重要な事件があった時代: an era of reform 改革の時代. epoch era と同じ意味に用いられるが,厳密には era の初期の段階を指す: an epoch of invasion 侵略の時代. age ある権力者や大きな特徴によって代表される時代: the Victorian Age ビクトリア朝.

†**pe·ri·od·ic** /pìːriɑ́dɪk | -ɔ́d-⁻/ 形 Ⓐ 周期的な, 定期的な.

†**pe·ri·od·i·cal** /pìːriɑ́dɪk(ə)l | -ɔ́d-⁻/ 13 名 ⒸC 定期刊行物, 月刊[季刊]雑誌(⇒ daily 囲み).
— 形 **1** Ⓐ 定期刊行(物)の. **2** =periodic.
-cal·ly /-kəli/ 副 周期[定期]的に.

periódic fúnction 名 ⒸC〖数〗周期関数.

pe·ri·o·dic·i·ty /pìː(ə)riədísəti/ 名 ⓊU 周期[定期]性.

periódic láw 名 [the ~]〖化〗周期律.

periódic táble 名 [the ~]〖化〗(元素の)周期(律)表.

per·i·o·don·tal /pèriəʊdántl | -dɔ́n-⁻/ 形〖歯〗歯周(病)の: ~ diseases 歯周病.

périod páins 名 ⓊU ((英)) 生理痛 ((米)) cramps).

périod píece 名 ⒸC **1** (家具・芸術作品などの)時代 [年代]物. **2** 古風な[時代遅れの]人.

per·i·pa·tet·ic /pèrəpətétɪk⁻/〖格式〗形 [普通は Ⓐ] 歩き回る, 巡回する, (教員が) 2 校以上で巡回して教える. —名 ⒸC 歩き回る人, 行商人. **-tét·i·cal·ly** /-kəli/ 副 巡回して.

†**pe·riph·er·al** /pərɪ́f(ə)rəl/ 形 **1** 末梢(まっしょう)的な, 重要でない (to). **2** 周囲の, 周辺(部)の. **3** Ⓐ〖電算〗周辺装置の. —名 ⒸC [しばしば複数形で]〖電算〗周辺装置[機器]. **~·ly** /-rəli/ 副 抹梢的に.

periphéral nérvous sỳstem 名 [the ~]〖解〗末梢神経系.

periphéral vísion 名 ⓊU 周辺視野.

†**pe·riph·er·y** /pərɪ́f(ə)ri/ 名 (-er·ies) ⒸC **1** [普通は the ~] 周囲, 円周; 外辺, 周辺; (都市の)周辺部 (of). **2** [普通は the ~]〖格式〗傍系, 非主流派: people on the ~ of the movement. (社会的な)運動の周辺部にいる人たち.

pe·riph·ra·sis /pərɪ́frəsɪs/ 名 (複 **-ra·ses** /-sìːz/) ⓊC **1**〖文法〗迂言(うげん)法. **2**〖格式〗回りくどい言い方.

per·i·phras·tic /pèrəfrǽstɪk⁻/ 形 **1**〖文法〗迂言法の. **2**〖格式〗(言い方が)回りくどい.

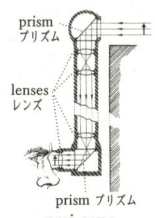

per·i·scope /pérəskòup/ 名 ⒸC 潜望鏡.

per·i·scop·ic /pèrəskɑ́p-⁻ | -skɔ́p-⁻/ 形 潜望鏡の(ような).

†**per·ish** /périʃ/ 動 Ⓘ **1** Ⓦ《主に文》(飢え・悪天候・事故などで)死ぬ; 滅びる (⇒ die¹ 類義語): The explorers ~ed on Mt. McKinley. 探検家はマッキンリー山で死亡した / Most abandoned pets ~ from starvation. 捨てられたペットはたいてい餓死する / Publish or ~. 論文を失うか《大学教授の厳しさを表わす表現》. **2** ((英米格式)) (ゴムなどが)腐る, ぼろぼろになる. **3** 悪化[低下]

する (with). — 他 ((英)) 腐らせる, ぼろぼろにする.
Pérish the thóught! 感 Ⓢ ((略式)) よしてくれ, ごめんだね《不快感や反対を表わす》.

per·ish·a·ble /périʃəbl/ 形 (反 imperishable) (食品などが)腐りやすい. —名 [複数形で] 腐りやすいもの(食品など).

pér·ished 形 Ⓢ《英略式》(死ぬほど)こごえて, (寒さなどで)死ぬ思いで (with).

pér·ish·er 名 ⒸC《古風, 英》困った子供.

pér·ish·ing 形 Ⓢ《主に英》**1** Ⓟ(人が)ひどく寒がって (with). **2** Ⓟ(天候が)ひどく寒い. **3** Ⓐ《古風, 略式》いまいましい. **~·ly** 副 ひどく.

per·i·style /pérəstàɪl/ 名 ⒸC〖建〗**1** (建物・中庭などを囲む)柱列. **2** 柱列に囲まれた場所[中庭].

per·i·to·ne·um /pèrətəníːəm/ 名 (複 **~s, per·i·to·ne·a** /-níːə/) ⒸC〖解〗腹膜.

per·i·to·ni·tis /pèrətənáɪtɪs/ 名 ⓊU〖医〗腹膜炎.

per·i·wig /périwɪ̀g/ 名 ⒸC (昔の男性用)かつら《現在は弁護士などがかぶるもの》.

per·i·win·kle¹ /périwɪ̀ŋkl/ 名 **1** ⒸC ひめつるにちそう; にちそう(観賞用植物). **2** ⓊU 明るい青紫色.

per·i·win·kle² /périwɪ̀ŋkl/ 名 =winkle.

per·jure /pə́ːdʒɚ | pə́ːdʒə/ 動 (**-jur·ing** /-dʒ(ə)rɪŋ/) 他 [~ oneself として]〖法〗偽証する(宣誓後に).

pér·jured 形 [普通は Ⓐ]〖法〗偽証の; 偽証した.

per·jur·er /pə́ːdʒərɚ | pə́ːdʒərə/ 名 ⒸC〖法〗偽誓者, 偽証者.

per·ju·ry /pə́ːdʒ(ə)ri | pə́ː-/ 名 (**-ju·ries**) ⓊC〖法〗偽証(罪).

perk¹ /pə́ːk | pə́ːk/ 名 ⒸC [普通は複数形で]《略式》給料外の給付; (職務から生ずる)臨時収入; 役得, 特典 (《格式》perquisite).

perk² /pə́ːk | pə́ːk/ 動 [次の成句で] **pérk úp** 動《略式》他 **1** 元気づける, 活気づける; 〈…の〉見映えをよくする; 〈頭や耳〉を立てる. — 自 元気になる, 活気づく.

perk³ /pə́ːk | pə́ːk/ 動《略式》=percolate 動, 自 **3**.

perk·i·ly /pə́ːkɪli | pə́ː-/ 副《略式》自信たっぷりと; 意気揚々として.

perk·i·ness /pə́ːkɪnəs | pə́ː-/ 名 ⓊU 自信たっぷり[意気揚々]としていること.

perk·y /pə́ːki | pə́ːki/ (**perk·i·er; -i·est**)《略式》自信たっぷりの, 生意気な; 意気揚々とした.

†**perm** /pə́ːm | pə́ːm/ 名 ⒸC パーマ(ネント): I'd like a cut and a ~. カットとパーマをしてほしいんだけど.
— 動 他 〈髪〉にパーマをかける: ~ed hair パーマした髪.

per·ma·frost /pə́ːməfrɔ̀ːst | pə́ːməfrɔ̀st/ 名 ⓊU 永久凍土[層].

per·ma·nence /pə́ːm(ə)nəns | pə́ː-/ 名 (形 pér·manent) ⓊU 永久; 不変, 永続性.

per·ma·nen·cy /pə́ːm(ə)nənsi | pə́ː-/ 名 (**-nen·cies**; 形 pérmanent) **1** ⓊU =permanence. **2** ⒸC 永久[不変]のもの[人]; 終身職.

†**per·ma·nent** /pə́ːm(ə)nənt | pə́ː-/ 12 形 (名 pérmanence, pérmanency; 反 impermanent, temporary) 永久的な, いつまでも続く, 終身の; 耐久性のある: ~ peace 永久の平和 / a ~ address 定住所(長期不在中でも確実に郵便の届く自宅や実家などの住所) / a staff member 正社員 / a ~ tooth 永久歯 / No treaty is ever really ~. いまだかつて永久に有効な条約というものはない. —名 ⒸC ((米)) =perm.

pérmanent fíxture 名 ⒸC いつもそばに居る人[ある物].

pérmanent·ly 副 永久に, いつまでも: Do you plan to live in Japan ~, Mr. Smith? スミスさん, あなたは日本に永住するつもりですか.

pérmanent mágnet 名 ⒸC 永久磁石.

pérmanent préss 名 ⓊU, 形 パーマネントプレス加

permanent secretary

工(の)(洗濯後アイロンがいらない).

pérmanent sécretary [undersécretary] 名C(英)事務次官.

pérmanent wáve 名C(格式)パーマ(ネット).

per·mán·ga·nate (of pótash) /pəˈmæŋɡəneɪt | pə(ː)-/ 名(:)-/化)過マンガン酸塩.

per·me·a·bil·i·ty /ˌpɜːmiəˈbɪləti | pə-/ 名U(格式)浸透性, 透水性.

per·me·a·ble /ˈpɜːmiəbl | pə-/ 形(格式)(水・液体が)浸透できる, 浸透性の, 透過性の.

per·me·ate /ˈpɜːmieɪt | pə-/ (格式) 他〈...〉にしみ渡る, 浸透する;(思想などが)〈...〉に行き渡る. — 自[副詞(句)を伴って]〈...〉にしみ渡る;行き渡る(into, through).

per·me·a·tion /ˌpɜːmiˈeɪʃən | pə-/ 名U(格式)浸透;普及.

per mil(l) /pəˈmɪl | pə(ː)-/ 副 千について, 千分の.

per·mis·si·ble /pəˈmɪsəbl | pə-/ 形(反 impermissible)(格式)〈...にとって〉許される, 差しつかえない(to). **-si·bly** /-səbli/ 副差しつかえない程度に.

per·mis·sion /pəˈmɪʃən | pə-/ 名(動 permit¹) **1** U許可, 許し, 認可: to get ~ to leave. 許可を得る / Give [Grant] them ~ to leave. <N+to 不定詞> 彼らに出発の許可を与えなさい / Nobody can enter the room without (my) ~. だれも(私に)無断でその部屋に入ることはできない. **2** C [普通は複数形で]許可(書), 認可(書). **ásk (for) permíssion** [動] 自 許可を求める (from). **with your permíssion** [副] 文修飾 S お許しを得て, お許しがあれば: With your ~, we will take a 15-minute coffee break. お許しを頂いて 15 分間の休憩(きゅうけい)としたいと存じます.

per·mis·sive /pəˈmɪsɪv | pə-/ 形(動 permit¹)[普通は A] [しばしば軽蔑](子供や性に対して)寛大な, 緩(ゆる)やかな: the ~ society (性について)寛大な社会 / parents 子供に甘い親. **~·ly** 副 寛大に, 緩やかに. **~·ness** 名U寛大さ; 甘やかすこと.

per·mit¹ /pəˈmɪt | pə-/ ★ 名詞の permit² とのアクセントの違いに注意. (格式) 他 (per·mits /-ˈmɪts/; -mit·ted /-tɪd/; -mit·ting /-tɪŋ/) (名 permission, pérmit², 形 permíssive) **1** 〈人に〉〈...〉を許可する, 許す, 〈...〉の余地を残す[がある];[副詞(句)を伴って]〈人に〉入る[出る, 通る, 近づく]のを許す (☞ let¹ 類義語): The law does not ~ the sale of such drugs. 法律ではこのような薬品の販売は許可されていない / Smoking is not permitted in this room. <V+O の受身> この部屋では喫煙です / P~ me a few words. <V+O+O> ちょっと私に言わせてください / [言い換え] My father permitted me to go abroad. <V+O+O+C (to 不定詞)> =My father permitted my going abroad. <V+O+動名> 父は私が外国へ行くのを許してくれた / My parents won't ~ me out late at night. <V+O+副> =My parents won't ~ me out of the house late at night. <V+O+前+名・代> 私の両親は私が夜遅く外出するのを許さない (☞ let² 3) / We were not permitted into the room. 私たちは入室を許されなかった. **2** [受身なし] 〈物事が〉可能にする, 〈事情が〉〈...〉を許す, 〈人〉が...できるようにする [言い換え] Circumstances did not ~ my going there. =Circumstances did not ~ me to go there. 事情があってそこに行けなかった / I'll attend the meeting, if my schedule ~s it [me to]. もし都合がつけば会に出席します.

— 自 許す, (…の)余裕がある: The ship will sail tomorrow, weather permitting. もし天気がよければ船はあす出帆する / The wording of the law ~s of no other interpretation. <V+of+名・代> その法律の文句にはほかの解釈の余地がない. 語法 of はなくてもよい. その場合は 他 となる. **Permít me to**

dó《丁寧・格式》(せん越ですが)(私に)…させてください.

単語の記憶	《MIT》〈送る〉
per**mit**	(通過させる) → 許す
ad**mit**	(…に送り込む) → 通す, 認める
com**mit**	(…に送り込む) → 罪などを実行に移す
o**mit**	(向こうへ送り出す) → 省略する
sub**mit**	(下に置く) → 提出する
trans**mit**	(向こうへ送る) → 送り届ける
e**mit**	(外へ送る) → 発する
re**mit**	(もとへ送りかえす) → 許す

per·mit² /ˈpɜːmɪt | pə-/ ★ 動詞の permit¹ とのアクセントの違いに注意. 名(動 permit¹) C 許可証[書] (to do): a building ~ 建築許可証 / a fishing ~ 釣りの許可証 / a ~ holder 許可証の所有者.

per·mu·ta·tion /ˌpɜːmjuˈteɪʃən | pə-/ 名C **1** 交換, 置換; 配列. **2** 《数》順列.

per·mute /pəˈmjuːt | pə-/ 他《数》〈...〉の順序を入れかえる, 置換する.

per·ni·cious /pəˈnɪʃəs | pə-/ 形(格式)有害な, 有毒の, 致命的な (to). **~·ly** 副 有害で.

pernícious anémia 名U悪性貧血.

per·nick·et·y /pəˈnɪkəti | pə-/ 形(英格式) = persnickety.

Pe·rón /pəˈrɒn | -ˈrɒn/ 名 (個) ペロン **Juan (h)wá:n | hwá:n/ (Domingo)** ~ (1895-1974)《アルゼンチンの軍人・政治家》.

per·o·ra·tion /ˌpɜːrəˈreɪʃən | pə-/ 名C(格式)(演説などの)結び;(中味のない)長広舌.

per·ox·ide /pəˈrɒksaɪd | -ˈrɒk-/ 名U **1** 過酸化水素, 過酸化水素水 (hydrogen peroxide)(消毒・漂白用, 日本の商標名は「オキシフル」): a ~ blonde 《古風, 略式》(過酸化水素で髪を脱色した)金髪女性. **2** 過酸化物. — 他 過酸化物で〈髪を〉脱色する.

perp /pɜːp | pɜːp/ 名C(米略式)犯人, ホシ (perpetrator).

per·pen·dic·u·lar /ˌpɜːpənˈdɪkjulə | pə-ˌpəndɪkjulə/ 形 **1** 垂直の, (線や面に対し)直角を成す: a ~ line 垂線 / The pole was ~ to the ground. 柱は地面に対して垂直であった. **2** 直立した, 切り立った: ~ cliffs 切り立った崖. **3** [P-]【建】垂直様式の(英国ゴシック様式の一種). — 名 **1** C 垂線. **2** U [普通は the ~] 垂直の位置[姿勢].

per·pen·dic·u·lar·i·ty /ˌpɜːpənˌdɪkjulæˈrəti | pə-/ 名U垂直, 直立.

pèrpendícular·ly 副 垂直に, 直立して.

per·pe·trate /ˈpɜːpətreɪt | pə-/ 動 他 (格式)〈悪事・過失など〉を犯す (commit), しでかす: ~ acts of violence against women 女性に暴力行為をはたらく.

per·pe·tra·tion /ˌpɜːpəˈtreɪʃən | pə-/ 名 (格式) U 悪事[愚行]を犯すこと.

per·pe·tra·tor /ˈpɜːpətreɪtə | pə-ˌpətreɪtə/ 名C (格式)(悪事などの)加害者, 犯人(《米略式》perp).

per·pet·u·al /pəˈpetʃuəl | pə-/ 形(動 perpétuàte, 名 pèrpetúity)[比較なし] **1** 絶え間のない, ひっきりなしの, のべつ幕なしの (continuous): I was annoyed by the ~ chatter of the children. 私は子供たちのひっきりなしのおしゃべりに腹が立った. **2** (文)永久的の, 不朽の (eternal); 永続的な, いつまでも続く: ~ snow 万年雪 / a country of ~ summer 常夏(とこなつ)の国 / ~ fame 不朽の名声. **3** (花が)四季咲きの. — 名 C 多年草.

perpétual cálendar 名 C 万年暦.

per·pet·u·al·ly /pəˈpetʃuəli | pə-/ 副 **1** 絶え間なく, ひっきりなしに. **2** 《文》永久に, 永続的に.

perpétual mótion 名U(機械の)永久運動.

per·pet·u·ate /pəˈpetʃueɪt | pə-/ 他(格式)〈...〉を存続[永続]させる; 不滅にする.

per·pet·u·a·tion /pəˌpetʃuˈeɪʃən | pə-/ 名U (格式)

per·pe·tu·i·ty /pɚ̀ːpətjúːəṭi | pə̀ːpətjúː-/ 图 (形 perpétual) [次の成句で] **in perpetúity** 副 (法) 永久に (forever).

†**per·plex** /pɚplɛ́ks | pə-/ 動 [普通は受身で] 他 〈人や心〉を悩ませる, 困惑させる, 途方に暮れさせる 《解決策・理由・相手の気持ちなどが分からなくて》: The problem ~ed him. その問題は彼を悩ました / The police were ~ed by the crime. 警察はその犯罪に悩まされた.

†**per·pléxed** 形 まごついている, とまどっている (by, about). ~·**ly** -sıdli, -st-/ 副 まごついて.

per·pléx·ing 形 〈人や心〉を悩ませるような, 困惑させる, 途方に暮れさせる: a ~ problem ややこしい問題.

per·plex·i·ty /pɚplɛ́ksəṭi | pə-/ (-**i·ties**) 1 U 悩んでいること, 困惑, 途方に暮れること: In ~, he began to pray. 困り果てて彼は祈り始めた. **2** C [普通は複数形で] 込み入っていること, 難題.

pèr pró /-próuˈ/ 《ラテン語から》 副 [署名の前で] 代理として (☞ pp 1).

per·qui·site /pɚ́ːkwəzıt | pə́ː-/ 图 C [普通は複数形で] (格式) =perk¹.

Per·ri·er /pèriéı/ 图 U ペリエ 《フランス産の発泡性の天然ミネラルウオーター; 商標》; C 1本[1杯]のペリエ.

per·ry /péri/ 图 (**per·ries**) (主に英) 1 U ペアワイン 《洋なしからつくる酒》. 2 C ペアワイン1杯.

Per·ry /péri/ 图 固 ペリー **Matthew Cal·braith** /kǽlbreıθ/ ~ (1794–1858) 《米国の提督; 1853年浦賀に来港して幕府に開港を迫った》.

pers. **1** =person 1, 3. **2** =personal 1, 5.

per se /pɚ̀ːséı | pə̀ː-/ 《ラテン語から》 副 (格式) それ自体は, 本質的には.

†**per·se·cute** /pɚ́ːsɪkjùːt | pə́ː-/ 動 他 **1** [しばしば受身で] 〈...〉を迫害する 《宗教的・政治的に》: The people were ~d for their religion. 人々は自らの信仰のために迫害された. **2** 〈...〉をうるさく悩ませる, 苦しめる (harass): He felt that his boss was persecuting him. 彼は上司がわざと自分につらくあたっている気がした.

†**per·se·cu·tion** /pɚ̀ːsɪkjúːʃən | pə̀ː-/ 图 U.C 《宗教的・政治的な》迫害; 虐待 (of).

persecútion còmplex 图 C 《心》被害妄想.

per·se·cu·tor /pɚ́ːsɪkjùːtɚ | pə́ːsɪkjùːtə/ 图 C 迫害者, 虐待者.

Per·seph·o·ne /pɚ(ː)séfəni | pə(ː)-/ 图 固 《ギ神》ペルセポネー 《Demeter の娘; Hades にさらわれて その妻となった; 春の女神》.

Per·se·us /pɚ́ːsiəs, -sjuːs | pə́ːsjuːs, -siəs/ 图 固 《ギ神》ペルセウス 《Zeus (Zeus) の子でメドゥーサ (Medusa) を退治し, アンドロメダ (Andromeda) を救った英雄》.

per·se·ver·ance /pɚ̀ːsəví(ə)rəns | pə̀ː-/ 图 U 根気が,

んばり, 不屈の精神.

†**per·se·vere** /pɚ̀ːsəvíɚ | pə̀ːsə-víə/ 動 (-**ver·ing** /-ví(ə)rıŋ/) 自 根気強くやり通す, へこたれないで続ける, がんばる: She ~d at [in, with] her work. 彼女はへこたれないで仕事をやり通した / My son was a slow learner, but his teacher ~d with him. 息子はのみこみが遅かったが先生はねばり強く教えてくれた.

per·se·ver·ing /pɚ̀ːsəví(ə)rıŋ | pə̀ː-/ 形 **1** 根気のよい, へこたれない. **2** いつまでも続く (persistent)

Per·sia /pɚ́ːʒə | pə́ːʃə/ 图 固 ペルシャ (Iran の旧名).

Per·sian /pɚ́ːʒən | pə́ːʃən/ 形 ペルシャの; ペルシャ人 [語]の. — 图 **1** C (古風) イラン人; ペルシャ人. **2** U ペルシャ語. **3** C ペルシャねこ (Persian cat).

Pérsian cárpet [rúg] 图 C ペルシャじゅうたん.

Pérsian cát 图 C ペルシャねこ.

Pérsian Gúlf 图 固 [the ~] ペルシャ湾.

Pérsian lámb 图 U ペルシャ小羊の毛皮 《黒くちぢれていてコート用》.

per·sim·mon /pɚsímən | pə(ː)-/ 图 **1** C かき(の木). **2** かきの実.

*__per·sist__ /pɚsíst, -zíst | pəsíst/ 発音 動 (**per·sists** /-sísts, -zísts | -sísts/; -**sist·ed** /-ṭıd/; -**sist·ing**; -**sist·ent**, **persistence**) 自 (自分の考えなどを)あくまで通す, 強く主張する, 固執する, やり通す (☞ insist 類義語; exist 単語の記憶): He ~ed in his project. <V+in+名・代> 彼は自分の計画に固執した / Why do you ~ in blaming yourself? <V+V+動名> どうしてあなたはいつまでも自分を責め続けるのか / They ~ed with the tax reform. <V+with+名・代> 彼らは税制改革をあくまで押し進めた. **2** (格式) 〈いやなことが〉続く (last), もつ: Take 2 tablets every 4 hours with symptoms ~. 症状が続く間は4時間ごとに2錠を服用のこと.

— 他 〈...〉と主張する, 言い張る: "But all my friends have their own phones," Diana ~ed. <V+O (引用節)> 「だけど私の友達はみんな自分の電話を持っているわ」とダイアナは言い張った.

†**per·sis·tence** /pɚsístəns, -tns | pə-/ 图 U (動 persist) **1** U 頑固, 固執; がんばり, 粘り. **2** 存続, 持続; 頻発.

*__per·sis·tent__ /pɚsístənt, -tnt | pə-/ 形 (動 persist) **1** (自分の考えに)固執する, 頑固な, しつこい, 粘り強い: a ~ salesman しつこいセールスマン / The laborers were ~ in their demands. <A+in+名・代> (=The laborers persisted in their demands.) 労働者たちはあくまでも要求を繰り返した. **2** (いやなことが)いつまでも続く, 持続する; 頻発する: a ~ pain in my lower back なかなか治らない私の腰痛.

†**per·sís·tent·ly** 副 頑固に, しつこく; 粘り強く; いつまでも, 持続的に.

persístent végetative státe 图 C [普通は単数形で] 《医》遷延(せんえん)性植物状態 《生命維持装置などによって体内の機能が維持された長期的な植物状態》.

per·snick·e·ty /pɚsníkəṭi | pə-/ 形 《米略式》 **1** つまらないことにくよくよする, こうるさい. **2** 〈仕事などが〉細心の注意を必要とする, 扱いにくい.

*__per·son__ /pɚ́ːs(ə)n | pə́ː-/ (同音 parson) 图 (~**s** /-z/; 形 pérsonal) **1** C 人, 個人, 人間 (man, woman, child などを含む; 略 pers.); [軽蔑] やつ; [名詞の後に用い] ...が好きな人: a nice ~ いい人 / There's a young ~ to see you. 《格式》 若い方が訪ねてきています / After his father's death Robert became a different ~. 父の死後ロバートは人が変わったようになった / Any ~ damaging the exhibits shall be held responsible. 陳列品を破損する者はいかなる者でも責任をとらせる / a cat ~ 猫好きな人 / a morning [night] ~ 朝[夜]型の人. 語法 (1) 名詞[身元]の分

からない者に対してしばしば軽蔑的に用いることがある. (2) person の複数としては実際には people を用いることが多い. persons は公文書や掲示などの改まった言い方. **2** [C] [普通は単数形で] 《格式》(人の)体, 身体; 容姿, 風采(ふうさい): The police searched his ~. 警察は彼の体を調べた. **3** [U,C] 〘文法〙 人称 (《略》 pers.).

P

> [文法] **人称**
> 話し手[書き手], 聞き手[読み手], および第三者の区別を表わす文法上の区別をいう. 話し手[書き手]を第一人称 (first person), 聞き手[読み手]を第二人称 (second person), 第三者を第三人称 (third person) と呼ぶ. 名詞および人称代名詞はすべて第三人称として扱われる. 英語では人称による語形変化を持つものは, 人称代名詞と主語が第三人称のときの述語動詞の現在形とに限られる. ただし動詞および助動詞の be は人称により特殊な形を持つ (☞ be 表). 人称の違いによる語順については ☞ I² [語法] (2), we [語法] (3).

4 [C] 〘キ教〙 位格, ペルソナ. [語源] ラテン語で「役者の仮面」の意から「役者」, 単に「人」の意味になった.
as a pérson [副] 一個の人間として, 一個人として. **in pérson** [副] (代理人でなく)自分で, 本人が. **in the pérson of…** [前] 《格式》 …という(人の形で[の]): Just then help arrived *in the* ~ *of* a retired policeman. ちょうどそのとき退職警官というよい助っ人が到着した. **nò léss a pérson than …** [名] ほかでもない(身分の高い)…: It was *no less a* ~ *than* the Queen. それはおそれ多くも女王様だった. **on [abòut] one's pérson** [副] 《格式》 身につけて, 携帯[所持]して. **the pérson of the mómont [hóur]** [名] 時の人.

-per·son /pə̀ːs(ə)n | pə̀ː-/ [名] [合成語で] …に従事[関係]する人.

> [語法] (1) 男性を表わす salesman, congressman や女性を表わす saleswoman, congresswoman などの代わりに sales*person*, congress*person* などを使用する人たちがいる (☞ gender [文法] (2) [語法]). (2) -person の複数形には -people を使う.

⁺**per·so·na** /pəsóʊnə | pə(ː)-/ [名] (複 ~s, **per·so·nae** /-niː, -naɪ/) [C] 〘心〙 ペルソナ, 外的人格 《表向きの人格》; (劇などの)登場人物.

per·son·a·ble /pə́ːs(ə)nəbl | pə́ː-/ [形] 《格式》 風采(ふうさい)のよい (handsome); (行動などが)感じのよい.

personae [名] persona の複数形.

per·son·age /pə́ːs(ə)nɪʤ | pə́ː-/ [名] [C] 《格式》 名士, 有名人; (劇・本の)登場人物, (歴史上の)人物.

⁑per·son·al /pə́ːs(ə)nəl | pə́ː-/ ([類音] personnel) [形] ([名] pérson, pèrsonálity; [動] pérsonalìze; [反] impersonal) **1** [主に [A]] [比較なし] **個人の**(ための, もつ), 個人的な; 私的な, 個人(の内面)に関する, 一身上の; (手紙が)親展の (《略》 pers.; ☞ 類義語): a ~ letter 私信 / ~ belongings 私物 / a ~ friend (仕事上でない)個人的友人 / ~ rights 個人の権利 / ~ details 個人情報 《住所・年齢など》 / a ~ opinion 個人的な意見 / I don't know about his ~ life. 彼の私生活については知りません.
2 [A] [比較なし] 本人の, 自身の; 本人が直接行なう: a ~ experience 身をもって体験したこと / a ~ best (競技などの)自己最高記録 / I made a ~ call on him. 私は自ら(出かけていって)彼を訪問した.
3 [比較なし] [軽蔑] 個人に向けられた, 個人攻撃の: make a ~ attack on the mayor 市長に個人的な攻撃をする / Let's not get too ~. あまり個人攻撃をするのはやめよう. **4** [A] 身体の, 身体に関する: ~ hygiene 体の衛生 / ~ appearance (人の)容姿. **5** 〘文法〙 人称の (《略》 pers.; ☞ personal pronoun [文法]). **6** 人格の; (機械ではなく)人間の: ~ development 人格の発達 / ~ contact 人間としての接触.
(it's) nóthing pérsonal Ⓢ 悪気[個人的なうらみ]はありません, 悪く思わないでください.
— [名] 1 [C] 《米》 (友だちや恋人を求めて新聞や雑誌で交際者を募る)短い個人広告欄. **2** [the ~s] (新聞の)個人消息欄.

【類義語】 **personal** 「個人の」という意味で common (一般の)の反対である. **private** 「公的でない」という意味で public (公的な)の反対である: The FBI was maintaining *private* files on the *personal* affairs of many public figures. 連邦捜査局は多くの公人の私事に関する内密の記録を保持していた.

pérsonal ád [名] [C] =personal [名] 1.
pérsonal allówance [名] [C] 《英》 =exemption.
pérsonal assístant [名] [C] 個人秘書 (《略》 PA).
pérsonal chéck [名] [C] 個人用小切手.
pérsonal cólumn [名] [C] (新聞・雑誌の)個人消息[広告]欄, 交際欄.
***pér·son·al com·pút·er** [名] [C] パソコン 《小型コンピューター; 《略》 PC》.
pérsonal dígital assístant [名] [C] =PDA.
pérsonal efféects [名] [複] 《格式》 身の回り品.
pérsonal electrónic devìce [名] [C] 携帯用電子機器 《ラップトップ・携帯電話など》.
Pérsonal Équity Plàn [名] [C] 《英》 個人株式投資プラン 《個人が非課税で一定の株を所有するのを認めた英国政府のプラン; 《略》 PEP》.
pérsonal exémption [名] [C] 《米》 (所得税などの)控除額.
pérsonal flotátion devìce [名] [C] 一人用浮漂用具 《救命胴着など; 《略》 PFD》.
pérsonal fóul [名] [C] 〘スポ〙 パーソナルファウル 《バスケットボールなどで相手選手の体に触れた反則》.
pérsonal identificátion nùmber [名] [C] 暗証番号, 個人識別番号 (《略》 PIN).
***per·son·al·i·ty** /pə̀ːsənǽləṭi | pə̀ː-/ [名] (-i·ties /~z/; [形] pérsonal) **1** [U,C] **人格**, 人間性 (☞ character 類義語): You must respect a child's ~. 子供の人格を大事にしなければならない.
2 [U,C] **個性**, 性格, 人柄: a dual [split] ~ 二重人格 / a woman of [with a] strong ~ 個性の強い女性 / a ~ clash 個性の衝突 / a ~ problem 人格上の問題 / He has [is a] ~. 彼は個性のある[個性的な]人だ. **3** [C] (主に芸能・スポーツ界の)有名人, 名士; パーソナリティー: a TV ~ テレビの有名人, テレビタレント (☞ talent [日英比較]). **4** [C] [普通は単数形で] (場所・事物などの)雰囲気; 独特の風格; 特色.
personálity cùlt [名] [C] 個人崇拝.
personálity disòrder [名] [C] 〘心〙 人格障害.
personálity tỳpe [名] [C] 〘心〙 性格型.
per·son·al·i·za·tion /pə̀ːs(ə)nəlɪzéɪʃən | pə̀ːs(ə)nəlaɪz-/ [名] ([動] pérsonalìze) [U] **1** 個人名を入れること. **2** 人身攻撃へのすりかえ.
⁺**per·son·al·ize** /pə́ːs(ə)nəlàɪz | pə́ː-/ [動] ([形] pérsonal, [名] pèrsonalizátion) [他] [しばしば受身で] **1** 〈便箋(びんせん)・封筒・ハンカチなど〉に個人名[イニシャル]を入れる 《印刷したり縫い込んだりして》. **2** 〈物〉を(…向けに)する, (…の好みに)合わせる (*to*). **3** 〈議論・問題など〉を個人の問題としてとらえる; 人身攻撃にすりかえる.
pér·son·al·ìzed [形] [A] 個人名[イニシャル]入りの.
pérsonalized lícense plàte [名] [C] =vanity plate.
***per·son·al·ly** /pə́ːs(ə)nəli | pə́ː-/ [副] **1** [文修飾語] Ⓢ **自分(個人)としては**: 「*P*~ (speaking), I am against the idea. 私としてはその案に反対です.
2 自ら, 直接: The president 「conducted us ~ [~ conducted us] to his office. 社長自ら我々を社長室

に案内してくれた. **3** (一個の)人間として(は), 個人としては: He is ~ attractive but not trustworthy. 彼は個人として魅力はあるが信頼できない / I don't know him well ~. 彼を個人的にはよく知らない. **4** 個人へのあてつけ[攻撃]として: Don't take what he said ~. 彼の言ったことで気を悪くしないでくれ. **5** (他人を介する)関係.

pérsonal órganizer 名 C 個人用整理手帳 (システム手帳・電子手帳など).

pérsonal pénsion plàn 名 C 個人年金計画 《企業などの年金制に加入していない個人のための計画》.

pérsonal prónoun 名 C 《文法》人称代名詞.

文法 人称代名詞

代名詞の一種で人称の区別を示すものをいう. 人称・格および数によって次のような語形変化がある. 第三人称の単数形だけは性による区別もある. 用法についてはそれぞれの人称代名詞の項を参照. なお人称代名詞は文中では普通は弱く発音される.

		単数形			複数形	
人称	格	主格	所有格	目的格	主格	所有格	目的格
第一人称		I	my	me	we	our	us
第二人称		you	your	you	you	your	you
第三人称	男性	he	his	him	they	their	them
	女性	she	her	her			
	中性	it	its	it			'em《略式》

pérsonal próperty 名 U 《法》動産《金銭など》. 関連 real estate [property], realty 不動産.

pérsonal shópper 名 C 買い物相談係, 買い物代行業者.

pérsonal spáce 名 U **1** 個人空間《不快を感じない他人との距離》. **2** 一人の自由な時間.

pérsonal stéreo 名 C 携帯用のステレオカセットプレーヤー, ウォークマン. 参考 Walkman は商標.

pérsonal tóuch 名 C **1** 人間味, ふれあい. **2** 個性, その人らしさ.

pérsonal tráiner 名 C 個人トレーナー.

persóna nòn grá·ta /-nàngrɑ́:tə | -nɒ̀n-/《ラテン語から》《複 personae non gra·tae /-ti:, -tai/》C [普通は単数形で]《格式》(主に外国政府にとって)好ましからざる人[外交官]; 歓迎されない人.

per·son·i·fi·ca·tion /pəsɑ̀nəfɪkéɪʃən | pə-sɔ̀n-/ 名 **1** [the ~] (ある性質・性格の)権化, 化身: the ~ of evil 悪の権化. **2** U,C 《格式》人間のように扱うこと, 擬人化 (of).

*†**per·son·i·fy** /pəsɑ́nəfàɪ | pə-sɔ́n-/ 動 (**-fies**; **-fied**; **-fy·ing**) 他 [進行形なし] **1** 〈...〉を人間のように扱う, 擬人化する. **2** 〈ある性質・性格〉を具体化する, 象徴する, 〈...〉の権化である.

*****per·son·nel** /pə̀:sənél | pə̀:-/《類音》personal》 **1** 名 **1** [複数扱い]人員, 職員, 社員; 隊員《全体》: Our ~ are all well trained. 私どもの職員は全員よく訓練されています / There were six airline ~ on the plane. 飛行機には6名の乗員がいた / the ~ department 人事部 / the ~ manager 人事部[課]《全体》. **2** U [単数形に複数扱い]人事部[課]《全体》.

pérson-to-pérson 形《主に米》(長距離電話が)指名通話の. 関連 station-to-station 番号通話の. **2** 個人対個人の, 直接の, ひざづめの.

*****per·spec·tive** /pəspéktɪv | pə(:)-/《類音》prospective》 **12** 名 (**~s** /-z/) **1** C,U (...の)見方, 観点: a different ~ on the plan その計画に対する異なった見解 / You must consider the problem from a broader ~. その問題はもっと広い視野で[大所高所から]考えなければならない. **2** U つり合いのとれた見方: a sense of ~ 総合的な判断力 / lose ~ 正しい判断力を失う. **3** U 遠近画法, 透視画法; C 透視図画. **4** C (将来の)見込み, 予想; 展望. **5** C 遠景, 眺望. 語源 ラテン語で「見通す」の意 (📖 prospect 単語の記憶).

gét [kéep] ... in perspéctive 動 他 〈...〉を正しいつりあい[総合的視野]で見る. **gét ... óut of perspéctive** 動 他 〈...〉に対し誤った見方をする. **in perspéctive** [副] 遠近画法にかなって; つり合いがとれて. **òut of perspéctive** [副] 遠近画法からはずれて, バランスがくずれて. **sée [lóok at] ... in perspéctive** 動 他 〈...〉に対してつり合いのとれた見方をする.

Per·spex /pə́:speks | pə́:-/ 名 U [しばしば p-]《英》パースペックス《プラスチックガラスの一種で風防ガラスやレンズ用; 商標》《米》Plexiglas.

per·spi·ca·cious /pə̀:spəkéɪʃəs | pə̀:-/ 形 《格式》洞察力のある, 明敏な. **~·ly** 副 洞察力で.

per·spi·cac·i·ty /pə̀:spəkǽsəti | pə̀:-/ 名 U 《格式》洞察力, 明敏.

per·spi·cu·i·ty /pə̀:spəkjúːəti | pə̀:-/ 名 U 《格式》**1** = perspicacity. **2** 明快さ.

per·spic·u·ous /pəspíkjuəs | pə-/ 形 《格式》(議論などが)明快な; (人が)はきはきした.

per·spi·ra·tion /pə̀:spəréɪʃən | pə̀:-/ 名 U 《格式》発汗(作用); 汗 (sweat).

per·spire /pəspáɪə | pəspáɪə/ 動 (**per·spir·ing** /-spáɪ(ə)rɪŋ/)《格式》汗をかく, 汗ばむ (sweat).

*****per·suade** /pəswéɪd | pə-/ **1** (**per·suades** /-swéɪdz/; **per·suad·ed** /-dɪd/; **per·suad·ing** /-dɪŋ/; 反 dissuade) 他 **1** 〈人〉を説き伏せる, 〈人〉を説得して...させる, 勧めて...させる (📖 coax 語法): We ~d him at last. 我々はついに彼を説き伏せた / The boy ~d his father to take him to the movies. <V+O+to 不定詞> その少年は父親を説き伏せて映画に連れていってもらった / The movie ~d Tom not to smoke any more. その映画を見てトムはたばこをすわなくなった / She was ~d into attending the conference. <V+O+into+名・代の受身> 彼女は説得されて会議に出た. **2** [しばしば受身で]《やや格式》(はっきりした証拠などによって)〈人〉に〈事実〉を信じさせる (convince); 〈...〉に〈事実〉を納得させる [言い換え] I could not ~ him (that) I was honest. <V+O+O (that 節)>=I could not ~ him of my honesty. <V+O+of+名・代> 私が正直者だということを彼にわかって[信じて]もらえなかった [言い換え] I am ~d that he is innocent.=I am ~d of his innocence. 彼の潔白を信じている.

per·suád·er /-də | -də/ 名 C **1** 説得者. **2**《略式》強制手段《武器など》.

*****per·sua·sion** /pəswéɪʒən | pə-/ 名 (**~s** /-z/; 反 persuade; 反 dissuasion) **1** U 説得, 説得すること; 説得力 (to do): powers of ~ 説得力 / The problem must be solved by ~ rather than by force. その問題は力づくではなく説得して解決すべきだ. **2** U 《格式》(政治的・宗教的な)信条; 宗派, 党派. **3** [単数形で] 《格式》または[滑稽]種類 (sort), ...流[派]: a writer of the female ~ 女流作家.

*****per·sua·sive** /pəswéɪsɪv | pə-/ 形 《類音》persuáde》説得力のある, なるほどと思わせる: a ~ tongue 口のうまいこと. **~·ly** 副 説得力をもって, ことば巧みに. **~·ness** 名 U 説得力のあること.

pert /pə́:t | pə́:t/ 形 (**pért·er**; **pért·est**) [時に差別] (女児・若い女性が)生意気な; (服装などが)小いきな, しゃれた; (鼻などが)小さくてかわいく; 《米》元気な.

*†**per·tain** /pətéɪn | pə(:)-/ 動 自 《格式》(...に)直接関係がある, (...に)適する; 《法》(...に)付属する. 語法し

しばしば pertaining to ... として 前 のように用いる: problems ~ing to education 教育に関係する問題.

Perth /pə́ːθ | pə́ːθ/ 名 固 パース《オーストラリア Western Australia 州の州都》.

per・ti・na・cious /pə̀ːtənéiʃəs | pə̀ː-/ 形《格式》不屈の, 粘り強い; しつこい, 頑固な. **~・ly** 副 粘り強く; しつこく; 頑固に.

per・ti・nac・i・ty /pə̀ːtənǽsəti | pə̀ː-/ 名 U《格式》粘り強さ; しつこさ; 頑固.

per・ti・nence /pə́ːtənəns | pə́ː-/ 名 U《格式》直接関係があること; 適切, 妥当.

⁺per・ti・nent /pə́ːtənənt | pə́ː-/ 形《格式》関係する; 適切な, 妥当な (relevant) (to): a ~ question 的を得た質問. **~・ly** 副 直接関係して; 適切に言うと.

pért・ly 副 [時に軽蔑] 生意気に.

pért・ness 名 U [時に軽蔑] 生意気(さ).

per・turb /pətə́ːb | pə(ː)tə́ːb/ 動 他 [普通は受身で]《格式》〈人〉を動揺させる, 困らせる, 不安にする.

per・tur・ba・tion /pə̀ːtəbéiʃən | pə̀ːtə- | pə̀ːtə(ː)-/ 名《格式》U〈心を〉かき乱す[乱される]こと, 動揺, 不安; C|U 変動;《天》摂動.

per・túrbed 形《格式》動揺した, 不安である (at, by).

per・tus・sis /pətʌ́sis | pə(ː)-/ 名《医》=whooping cough.

Pe・ru /pərúː/ 名 固 ペルー《南米北西部の共和国》.

pe・rus・al /pərúːz(ə)l/ 名 U または a ~《格式》または [滑稽] 熟読, 精読.

pe・ruse /pərúːz/ 動《格式》または [滑稽]〈...〉を熟読する, 精読する.

Pe・ru・vi・an /pərúːviən/ 形 ペルーの; ペルー人の. — 名 C ペルー人.

perv /pə́ːv/ 名 C|S《略式》=pervert².

per・vade /pəvéid | pə(ː)-/ 動《格式》〈においなどが〉〈...〉に広がる, 〈思想などが〉〈...〉に行き渡る, 浸透する.

per・va・sive /pəvéisiv | pə(ː)-/ 形《格式》広がる(傾向のある), 行き渡っている; しみ通る. **~・ly** 副 普及して; 浸透して. **~・ness** 名 U 普及.

per・verse /pə(ː)və́ːs | pə(ː)və́ːs/ 形〈人や行為が〉つむじ曲がりの, ひねくれた, 片意地な; 邪悪な, 誤った. **2** =perverted. **~・ly** 副 あいにくながら; ひねくれて. **~・ness** 名 U ひねくれ.

per・ver・sion /pə(ː)və́ːʒən | pə(ː)və́ːʃən/ 名 C|U **1** 異常性; 性的倒錯. **2** 悪用, 曲解 (of).

per・ver・si・ty /pə(ː)və́ːsəti | pə(ː)və́ː-/ 名 (-si・ties) U 強情, 性的倒錯; C 性的倒錯行為.

⁺per・vert¹ /pəvə́ːt | pə(ː)və́ːt/ 動《格式》**1**〈...〉を邪道に導く; 性的倒錯に導く. **2**〈...〉を悪用する, 逆用する: ~ the course of justice《法》正義の道を歪(ゆが)める《偽証・証拠隠滅など》. **3**〈...〉を誤解[曲解]する.

per・vert² /pə́ːvəːt | pə́ːvəːt/ 名 C《軽蔑》変質者; 性的倒錯者.

per・vert・ed /pəvə́ːtid | pə(ː)və́ːt-/ 形《軽蔑》**1** 邪道に陥った, 誤まった. **2** 変態的な; 性的倒錯の.

pe・se・ta /pəséitə/ 名 C ペセタ《スペインの旧通貨単位; 100 センチモ (centimos)》.

pes・ky /péski/ 形 (pes・ki・er, -ki・est) A《略式, 主に米》やっかいな, いやな, うるさい.

pe・so /péisou/ 名 (~s) C ペソ《フィリピン・中南米諸国の通貨単位》.

pes・sa・ry /pésəri/ 名 (-sa・ries) C《医》ペッサリー《女性用避妊具》; 子宮圧定器; 膣(ちつ)坐薬.

pes・si・mism /pésəmìzm/ 名 U《反 optimism》悲観論, 悲観, 厭世(えんせい)主義 (about).

⁺pes・si・mist /pésəmist/ 名 C《反 optimist》悲観論者, 厭世家.

⁺pes・si・mis・tic /pèsəmístik⁻/ 形 B《反 optimistic》悲観的な, 厭世的な《見通しなど》暗い: He is ~ about his future. 彼は自分の将来について悲観している. **-mís・ti・cal・ly** /-kəli/ 副 悲観的[厭世的]に.

⁺pest /pést/ 名 (pests /pésts/) C **1** 有害生物, 害虫《害獣など》: ~ control (毒薬・わなによる)有害生物の駆除. **2**《略式》いやなやつ《特に子供》; いやなこと.

Pes・ta・loz・zi /pèstəlátsi | -lɔ́tsi/ 名 固 **Jo・hann** /jouháːn/ **Hein・rich** /háinrik/ ~ ペスタロッチ (1746–1827)《スイスの教育学者》.

⁺pes・ter /péstə | -tə/ 動 (-ter・ing /-təriŋ, -triŋ/) 他〈物を〉せがんだりして〈人〉を困らせる, 悩ませる (with): Tommy ~ed his parents for [to buy him] that video game. トミーはあのテレビゲームを買ってくれとせがんで親を困らせた. — 自 困らせる. 悩ます.

péster pòwer 名 U 子供が親にせがんで希望を実現する能力.

⁺pes・ti・cide /péstəsàid/ 名 (-ti・cides /-sàidz/) U|C 殺虫剤.

pes・ti・lence /péstələns/ 名 C|U《文》疫病, (悪性の)流行病, ペスト.

pes・ti・lent /péstələnt/, **pes・ti・len・tial** /pèstəlénʃəl⁻/ 形 A《文》または[滑稽]うるさい, しつっこい;《古語》疫病の, 疫病をおこす.

pes・tle /pés(t)l/ 名 C 乳棒; すりこ木, きね.

pes・to /péstou/ 名《イタリア語から》U ペストソース《にんにく・バジル・オリーブ油などを混ぜたパスタソース》.

⁺pet¹ /pét/ 名 (頭音 pat, pit) 名 (pets /péts/) C **1** ペット, 愛玩(がん)動物: Meg has a cat as [for] a ~. メグはペットに猫を飼っている // keep 動 他 4 語法 / Step on no ~s. ペットを踏まないで《始めから読んでも終わりから読んでも同じ文; ☞ palindrome》/ "What ~ is always found on the floor?" "A carpet." 「床の上にいつもいるペットは何」「カーペット」《☞ riddle¹》.

2 [普通は所有格の後で] [普通は軽蔑]《略式》かわいがられている人; お気に入り《特に子供》: the teacher's ~ 先生のお気に入り. **3** [子供・若い女性への呼びかけに用いて] S《英略式》かわいい[人]子, いい子.

— 形 **1** ペットの, 愛玩(用)の: a ~ dog ペット犬. **2** 〈考えなどが〉いつも抱いている, 持論の; 特別に強い: my ~ theory 私の持論 // ☞ pet peeve, pet subject. **3** お気に入りの, 大好きな.

— (**pets**; **pet・ted**; **pet・ting**) 他 **1**〈動物を〉愛撫(ぶ)する, なでる. **2**《略式》〈人〉とペッティングをする. — 自《略式》(男女が)ペッティングをする.

pet² /pét/ 名 [次の成句で] **in a pét** [形・副]《古風》(つまらぬことに)かんしゃくを起こして[で].

PET /pét/ 略 =positron emission tomography 陽電子放射断層撮影法: a ~ scan 陽電子放射法による(脳の)映像撮影.

PET² /píːiːtíː/ 略 =polyethylene terephthalate ポリエチレンテレフタレート《ポリエチレン樹脂; 「ペットボトル」の「ペット」はこれのことだが, 英語では普通 plastic bottle という》.

PETA /píːtə/ 略 =People for the Ethical Treatment of Animals《動物愛護団体》.

pet・a・flop /pétəflàp | -flòp/ 名 C [普通は複数形で] ペタフロップ《コンピューターの作動速度の測定単位》.

pet・al /pétl/ 名 C 花びら, 花弁.

pe・tard /pitáːd | pitáːd/ 名 C [次の成句で] **be hóist** /hóisted/ **by** [**with**] **one's ówn petárd** 動 自《格式》[しばしば滑稽] 自縄自縛になる.

Pete /píːt/ 名 固 ピート《男性名; Peter の愛称》.

⁺Pe・ter¹ /píːtə | -tə/ 動 (pe・ters /-z/; pe・tered /~d/; -ter・ing /-təriŋ/) [次の成句で] **péter óut** [動] 自 次第に消える, 尽きていく, 廃(すた)れる: Support for the Royal Family of the U.K. might be ~ing out. 英国王室に対する支持は減少しているかもしれない.

pe・ter² /píːtə | -tə/ 名 C S《略式, 主に米》ペニス.

Pe・ter /píːtə | -tə/ 名 固 **1** ピーター《男性の名; 愛称は Pete》. **2** St. ~ ペテロ (?–67?)《キリストの弟子》

キリスト教会の創始者とされている);『聖』ペテロ書《新約聖書のペテロの第1[第2]の手紙). **3** ~ **the Great** ピョートル大帝 (1672-1725)《ロシアの皇帝 (1682-1725)》. **rób Péter to páy Pául** 〘動〙《略式》[けなして] 甲から借りて乙に返す, 借金して借金を返す. 由来 St. Peter と St. Paul の祝日が同日であることから, 同じようなものを左から右へ回すだけの意.

Péter Pán 〘名〙 ピーターパン《永遠に大人にならない少年; Barrie の同名の劇などの主人公》; いつまでも若く見える人, 永遠の青年; 大人のふるまいをしない人.

Péter Píp·er /-páɪpɚ | -pə/ 〘名〙 ピーター・パイパー《英国の伝承童謡の主人公; この童謡は 'Peter Piper picked a peck of pickled pepper' で始まり, 頭韻を踏んだ早口ことばになっている》.

Péter Prínciple 〘名〙 [the ~] ピーターの法則《階層社会の構成員は各自の能力を超えたレベルまで出世するというもの》.

Péter Rábbit 〘名〙 ピーターラビット《B. Potter 作の童話に登場するうさぎ》.

Péter's pénce 〘名〙〘U〙ペテロ献金《カトリック教徒が毎年教皇庁へ納める任意の献金》.

pét háte 〘名〙〘C〙《英》=pet peeve.

peth·i·dine /péθədìːn/ 〘名〙〘U〙《英》《薬》ペチジン《特に出産時の鎮痛剤》.

pe·tit bóurgeois /pətíː-/《フランス語から》[普通は軽蔑] 〘名〙〘複〙〘C〙[普通は ~ で《英》時に複数扱い] プチブル, 小市民; 物欲[出世欲]の強い人 (petty bourgeois). ── 〘形〙[普通は A] プチブル[小市民]の; 物欲[出世欲]の強い.

⁺**pe·tite** /pətíːt/《フランス語から》〘形〙[ほめて](女性が)小柄でいきな[ほっそりした]; 小サイズの.

pe·tit four /pətífɔː/《フランス語から》〘名〙〘複 pe·tit(s) fours /-z/〙〘C〙 プチフール (小型のケーキ).

⁕**pe·ti·tion** /pətíʃən/ 13 〘名〙(~s /-z/) 〘C〙 1 請願書, 陳情[嘆願]書 (*against*): draw up a ~ 請願書を作成する / present a ~ for financial assistance 市長に財政援助の請願書を提出する. **2** 〘法〙請願, 陳情, 申請, (裁判所への)申し立て(書) (*for*): file a ~ 請願する. **3** 《格式》(神・支配者への)祈願.
── 〘動〙(-ti·tions /~z/; -ti·tioned /~d/; -tion·ing /-ʃ(ə)nɪŋ/) 他 (...に賛成[反対]だと)《当局など》に請願する, 陳情[申請, 嘆願, 祈願]する, 申し立てる (*against*): 言い換え The inhabitants ~ed the mayor *for* a park.=The inhabitants ~ed the mayor *to* build a park. <V+O+C (*to* 不定詞)> 住民たちは市長に公園を造るように請願した. ── 〘自〙 (...に賛成[反対]して)請願[陳情, 祈願]する, 申し立て[訴え]を起こす (*for, against*).

pe·ti·tion·er /pətíʃ(ə)nə | -nə/ 〘名〙〘C〙 **1** 陳情者. **2** 〘法〙(訴訟の)申立人; 離婚訴訟の原告.

pét·it júry /péti-/ 〘名〙〘C〙〘法〙小陪審 (通例 12名からなる; ☞ grand jury).

pe·tit mal /pətíː | -mǽl/《フランス語から》〘名〙〘U〙《医》てんかんの小発作(☞ grand mal).

pét náme 〘名〙〘C〙 愛称 (nickname).

pét péeve 〘名〙〘C〙[所有格の後で]《米》(...の)しゃくの種; (...の)大嫌いなもの《英》pet hate).

petty 1311

Pe·trarch /píːtrɑːk, pétr- | pétrɑːk/ 〘名〙 ペトラルカ (1304-74)《イタリアの詩人》.

pet·rel /pétrəl/ 〘名〙〘C〙 **1** みずなぎどり科の海鳥. **2** =storm petrel.

pé·tri dìsh /píːtri-/ 〘名〙〘C〙[しばしば P-] ペトリ皿《細菌培養用》.

pet·ri·fac·tion /pètrəfǽkʃən/ 〘名〙〘U〙 **1** びっくり仰天, 茫然(ぼうぜん)自失. **2** 《格式》石化(作用).

⁺**pet·ri·fied** /pétrəfàɪd/ 〘形〙 **1** 茫然(ぼう)自失して(*of*): ~ with fear 恐ろしさで体がすくんで. **2** A 《格式》石化した; 硬直化した: ~ trees 石化した木.

Pétrified Fórest 〘名〙 [the ~] ペトリファイドフォレスト《米国アリゾナ (Arizona) 州の国立公園》.

pet·ri·fy /pétrəfàɪ/ 〘動〙(-ri·fies; -ri·fied; -fy·ing) 他 **1** 〈...〉をびっくり仰天させる, 茫然(ぼう)自失させる (*with*). **2** 《格式》〈...〉を石に変える, 石化する. ── 〘自〙《格式》石化する; 硬直化する.

pet·ri·fy·ing /pétrəfàɪɪŋ/ 〘形〙 びっくり仰天させる.

pet·ro- /pétroʊ/ 〘接頭〙「石油の」, 「岩石の」の意.

⁺**pètro·chémical** 〘名〙〘C〙 石油化学製品: the ~ industry 石油化学産業.

pètro·chémistry 〘名〙〘U〙 石油化学; 岩石化学.

pétro·dòllar 〘名〙[複数形で] オイルダラー《特に中東の産油国が保有するドル》.

pet·ro·glyph /pétrəɡlìf/ 〘名〙〘C〙 岩面線画《特に有史前になされた》.

⁕**pet·rol** /pétrəl/ (同音 petrel) 〘名〙〘U〙《英》ガソリン《米》 gas, gasoline).

pet·ro·la·tum /pètrəléɪtəm/ 〘名〙《米》《化》ワセリン (Vaseline).

pétrol bòmb 〘名〙〘C〙《英》火炎びん.

⁕**pe·tro·le·um** /pətróʊliəm/ 13 〘名〙〘U〙 石油: Organization of P~ Exporting Countries 石油輸出国機構 (略 OPEC). 語源 ラテン語で「石 (petro-) から採れる油 (-oleum)」の意.

petróleum jélly 〘名〙〘U〙 =petrolatum.

pe·trol·o·gist /pətrɑ́lədʒɪst | -trɔ́l-/ 〘名〙〘C〙 岩石学者.

pe·trol·o·gy /pətrɑ́lədʒi | -trɔ́l-/ 〘名〙〘U〙 岩石学.

⁺**pétrol stàtion** 〘名〙〘C〙《英》ガソリンスタンド, 給油所 (☞ gas station 日英比較).

pétrol tànk 〘名〙〘C〙《英》(車などの)ガソリンタンク《米》 gas tank).

pét shòp 〘名〙〘C〙 ペットを売る店, ペットショップ.

pét súbject 〘名〙〘C〙 得意な話題[題目].

pet·ti·coat /pétikòʊt | -kə̀ʊt/ 〘名〙 **1** ペチコート《女性用のスカート形の下着》. **2** スリップ (slip).

pet·ti·fog·ger·y /pétifɔ̀ːɡ(ə)ri, -fɑ̀ɡ- | -fɔ̀ɡ-/ 〘名〙〘U〙《古風》[軽蔑] つまらないこだわり.

pet·ti·fog·ging /pétifɔ̀ːɡɪŋ, -fɑ̀ɡ- | -fɔ̀ɡ-/ 〘形〙《古風》[軽蔑] (議論などで) くだらない[ささいな]事にこだわりすぎる; くだらない.

pet·ti·ness /pétinəs/ 〘名〙〘U〙[けなして] ささいなこと(へのこだわり).

pet·ting /pétɪŋ/ 〘名〙〘U〙 ペッティング, 愛撫(あいぶ); 動物に優しくさわる[なでる]こと.

pétting zòo 〘名〙〘C〙《米》(動物にさわることができる) 子供動物園.

pet·tish /pétɪʃ/ 〘形〙[軽蔑] (つまらぬことに) すねる, すぐふくれる, 気難しい, 怒りっぽい. ~·**ly** 〘副〙 すねて. ~·**ness** 〘名〙〘U〙 すねること.

⁕**pet·ty** /péti/ 〘形〙 (**pet·ti·er**; **-ti·est**) [普通はけなして] **1** [普通は A] 取るに足らない, ささいな, つまらない: ~ expenses 雑費 / ~ faults ささいな欠点. **2** ささいな

[取るに足らない]事にこだわった. **3** Ⓐ 心の狭い, 狭量な: a ~ dictator 狭量な独裁者. **4** Ⓐ 小規模の; 劣った: (a) ~ crime 軽犯罪 / a ~ thief こそどろ.
pétty bóurgeois 图形 =petit bourgeois.
pétty cásh 图 Ⓤ 当座用現金; 小口支払い用現金.
pétty lárceny 图 Ⓤ Ⓒ 〖法〗軽窃盗罪.
pétty ófficer 图 Ⓒ 〖英海軍〗下士官 (略 PO).
pet·u·lance /pétʃʊləns | -tju-/ 图 Ⓤ 〖W〗〖軽蔑〗短気, かんしゃく (*at*).
pet·u·lant /pétʃʊlənt | -tju-/ 形 〖W〗〖軽蔑〗(つまらぬことに子供のように)短気な, 怒りっぽい. **~·ly** 副 短気に, 怒りっぽく.
pe·tu·nia /pɪtjú(ʊ)njə, -nɪə | -tjúː-/ 图 Ⓒ ペチュニア, つくばねあさがお.
Peu·geot /pəːʒóʊ | páːʒoʊ/ 图 プジョー (フランスの自動車メーカー); Ⓒ プジョー社製の自動車.
†**pew**¹ /pjúː/ 图 Ⓒ (教会の)座席 (☞ church 挿絵): Take a ~. Ⓢ (英) 〖滑稽〗座ってくれ.
pew² /pjúː/ 間 Ⓢ (米) あー臭い ((英) pooh).
pe·wee /píːwiː/ 图 Ⓒ もりたいらんちょう (北米産の鳥).
pe·wit /píːwɪt/ 图 Ⓒ たげり (lapwing, peewit) (鳥); ゆりかもめ.
†**pew·ter** /pjúːtə | -tə/ 图 Ⓤ しろめ, びゃくろう (すずと鉛などの合金); しろめ製の器物.
pey·o·te /peɪóʊtɪ/ 图 Ⓒ ペイヨーテ (メキシコ産のサボテンの一種); Ⓤ ペイヨーテ (幻覚剤の一種).
PFC, Pfc. 略 =Private First Class 米陸軍上等兵.
PFD 略 =personal flotation device.
†**pfen·nig** /féniɡ/ 图 (複 ~s, **pfen·ni·ge** /féniɡə/) Ⓒ ペニヒ (ドイツの旧通貨単位; 100 分の 1 マルク (deutsche) mark)).
pg 略 =page.
PG¹ /píːdʒíː/ 图 Ⓒ Ⓤ, 形 〖映〗父母同伴(の)〔親の同伴で〕入場可能 (*p*arental *g*uidance の略; ☞ X²).
PG² /píːdʒíː/ 略 =paying guest.
Pg. 略 =Portugal, Portuguese.
PGA /píːdʒíːéɪ/ 图 固 [the ~] プロゴルフ協会 (*P*rofessional *G*olfers' *A*ssociation の略).
PGCE /píːdʒíːsíːíː/ 略 =*P*ostgraduate *C*ertificate of *E*ducation (英国の)公立学校教員免許取得過程 〖免許状〗.
PG-13 /píːdʒíːθəːtíːn | -θə-/ 形, 图 Ⓒ Ⓤ (米) 〖映〗13 歳未満の子供には保護者同伴の必要な(映画).
†**pH** /píːéɪtʃ/ 图 [単数形で] 〖化〗ペーハー, ピーエイチ (水素イオンの濃度指数) (*of*).
Pha·ë·thon /féɪəθɑ̀n | -θən/ 图 固 〖ギ神〗パエトーン (Helios の息子; 父の持つ日輪の馬車を御しそこなって Zeus に殺された).
pha·e·ton /féɪətən, -tn | féɪtn/ 图 Ⓒ 2 頭立て 4 輪馬車.
phag·o·cyte /fǽɡəsàɪt/ 图 Ⓒ 〖医〗食細胞 (白血球など).
pha·lan·ger /fəlǽndʒə | -dʒə/ 图 Ⓒ クスクス, ゆびむすび (オーストラリアの有袋類).
pha·lanx /féɪlæŋks | fǽl-/ 图 (複 ~·es, **pha·lan·ges** /fəlǽndʒiːz | fæ-/) Ⓒ (英) 単数形でも時に複数扱い 〖格式〗(人・物などの)密集, 集結; 密集軍 (*of*).
phal·lic /fǽlɪk/ 形 [普通は ~] 男根像の.
phal·lus /fǽləs/ 图 (複 **phal·li** /fǽlaɪ/, ~·es) Ⓒ 男根像 (男性の生殖力(崇拝)の象徴); 〖解〗ペニス.
phan·tasm /fǽntæzm/ 图 Ⓒ (文) 想像の産物, 幻想, 幽霊 (phantom).
phan·tas·ma·go·ri·a /fæntæzməɡɔ́ːriə | fæntæzməɡɔ́r-/ 图 Ⓒ (文) (夢の中などの)次から次へ移り変わる光景〖幻影, 幻想〗; 走馬灯.
phan·tas·ma·gor·i·cal /fæntæzməɡɔ́r- k(ə)l | fæntæzməɡɔ́r-/ 形 (文) 次から次へと移り変わる, 走馬灯のような.
phan·tas·mal /fæntǽzm(ə)l/ 形 (文) 幻(想)の; 幽霊の.
phan·ta·sy /fǽntəsi, -zi/ 图 (**-ta·sies**) Ⓒ Ⓤ 〖古語〗=fantasy.
†**phan·tom** /fǽntəm/ 图 Ⓒ (文) 幽霊 (phantasm), 幻, 幻影 (夢で見る); 妄想 (☞ phenomenon 語源). ── 形 Ⓐ (文) 幽霊の; 幻の, 妄想の; 〖滑稽〗正体不明の: a ~ company 幽霊会社 / (a) ~ pregnancy 想像妊娠.
phántom límb 图 Ⓒ 〖医〗幻(想)肢 (切断後手足がまだあるような感じ).
phar·aoh /féɪroʊ/ 图 [しばしば P-] Ⓒ ファラオ, パロ (古代エジプトの王の称号).
Phar·i·sa·ic /færəséɪɪk/ 形 **1** パリサイ人の. **2** [p-] 〖軽蔑〗形式主義の; 偽善の.
Phar·i·see /fǽrəsìː/ 图 Ⓒ **1** [普通は the Pharisees として複数扱い] パリサイ人 (古代ユダヤの律法学者から起こったユダヤ教の一派の人で, 律法を厳格に遵守した). **2** [p-] 〖軽蔑〗形式主義者; 偽善者.
phar·ma·ceu·ti·cal /fàəməsúːtɪk(ə)l | fàːməsjúː-/ 〖13〗形 Ⓐ 製薬の; 薬学の; 薬剤の: a ~ company 製薬会社.
phar·ma·ceu·ti·cals /fàəməsúːtɪk(ə)lz | fàːməsjúː-/ 图 [複] 〖格式〗医薬品; 医薬品会社.
†**phar·ma·cist** /fáəməsɪst | fáː-/ 图 Ⓒ **1** 製薬者, 調剤者, 薬剤師. **2** (主に英) 薬屋 ((英) chemist, (米) druggist).
phar·ma·co·log·i·cal /fàəməkəlάdʒɪk(ə)l | fàːməkəlɔ́dʒ-/ 形 薬(理)学の. **-cal·ly** /-kəli/ 副 薬学上は.
phar·ma·col·o·gist /fàəməkάlədʒɪst | fàːməkɔ́l-/ 图 Ⓒ 薬理学者.
phar·ma·col·o·gy /fàəməkάlədʒi | fàːməkɔ́l-/ 图 Ⓤ 薬理学, 薬学.
phar·ma·co·poe·ia, -co·pe·ia /fàəməkəpíːə | fàː-/ 图 Ⓒ 〖格式〗薬局方 (薬品を列挙しその性能・用途・用法を記載した政府出版物).
†**phar·ma·cy** /fáəməsi | fáː-/ 图 (**-ma·cies**) **1** Ⓒ (ドラッグストアなどの)薬局, 薬屋 ((米) drugstore, (英) chemist('s)); (病院の)薬局 (dispensary). **2** Ⓤ 調剤; 薬学.
phar·yn·ge·al /fərɪ́ndʒiəl, fæ̀rɪndʒíːəl/ 形 〖解〗咽頭の(込約).
pharynges 图 pharynx の複数形.
phar·yn·gi·tis /fæ̀rɪndʒάɪtɪs/ 图 Ⓤ 〖医〗咽頭炎.
phar·ynx /fǽrɪŋ(k)s/ 图 (複 **pha·ryn·ges** /fərɪ́ndʒiːz/, ~·es) Ⓒ 〖解〗咽頭(込約).
*****phase** /féɪz/ (同音 faze) 〖13〗图 (**phas·es** /~ɪz/) Ⓒ **1** (変化・発達などの)段階 (stage), 局面 (*in*): a ~ *of* history 歴史の一段階 / The war was entering a critical ~. 戦争は重大な局面に入りつつあった.
2 (月などの)相. **gó through a … pháse** 動 …の段階を経る: It's just *a* ~ he's going *through*. 〖略式〗(子供っぽさを皮肉って)誰にもそんな時期があるものだ. **in pháse** [形・副] (主に英) (…と)同調して, 一致して (*with*). **òut of pháse** [形・副] (主に英) (…と)一致しない[で], 一致せず (*with*). ──動 他 [普通は受身で] 〔計画などを〕段階的に実施する; 漸次導入する. **pháse in** [動] 他〈…〉を段階的に導入する. **pháse óut** [動] 他〈…〉を段階的に廃止する.
phased /féɪzd/ 形 段階的に実施される: a ~ with-

phases of the moon

new moon 新月
crescent 三日月
half-moon 半月
full moon 満月
half-moon 半月
crescent 三日月

wax 満ちる
wane 欠ける

drawal 段階的撤退.
phat /fǽt/, 《米》 **phát-àss** [形] 《略式》 すごい, とてもいい 《若者ことば》.
⁺**PhD** /píːèɪtʃdíː/ [略] 博士(号) (Doctor of Philosophy, DPhil) (☞ doctor 2); 博士号取得者: get a [one's] *PhD in* economics 経済学の博士号をとる.
⁺**pheas·ant** /féz(ə)nt/ [名] (複 ～(s)) [C] きじ; [U] きじ肉 《食用》: a cock [hen] ～ 雄[雌]きじ.
Phe·be /fíːbi/ [名] [固] フィービ 《女子名》.
phe·no·bar·bi·tal /fìːnoubáəbətɔ̀ːl | -báːbɪtl/ [名] [U] 《米》 フェノバルビタール 《鎮痛・催眠剤・鎮静薬》.
phe·no·bar·bi·tone /fìːnoubáəbətòun | -báː-/ [名] [U] 《英》 =phenobarbital.
phe·nol /fíːnoul, -nɔːl | -nɔl/ [名] [U] 〔化〕 フェノール, 石炭酸 (carbolic acid).
phe·nol·phthal·e·in /fìːnoulθǽliɪn | -nɔl-/ [名] [U] 〔化・薬〕 フェノールフタレイン 《指示薬・下剤》.
phe·nom /fɪnám | -nɔ́m/ [名] [C] 《米略式》 (スポーツ・音楽などの)天才, スーパースター.
***phe·nom·e·na** /fənámənə | -nɔ́m-/ [名] **phenomenon** の複数形.
⁺**phe·nom·e·nal** /fənámən(ə)l | -nɔ́m-/ [形] ([名] phenómenòn) 驚くほどの, 驚嘆すべき: a ～ success 驚異的な成功. **-nal·ly** /-nəli/ [副] すごく, 驚異的に.
phe·nom·e·no·log·i·cal /fənàmənəládʒɪk(ə)l | -nɔ̀mənəlɔ́dʒ-←/ [形] [普通は [A]] 現象学の[的な].
phe·nom·e·nol·o·gy /fənàmənálədʒi | -nɔ̀mənɔ́l-/ [名] [U] 〔哲〕 現象学.
***phe·nom·e·non** /fənámənàn, -nən | -nɔ́mənən/ [T1] [名] (複 **phe·nom·e·na** /fənámənə | -nɔ́m-/; 2 ではまた ～s /~z/; [形] phenómenal) [C] **1** 《格式》 (自然・社会での特異で興味ある)現象 (*of*): A rainbow is a natural ～. にじは自然現象である. **2** [普通は単数形で] 驚くべき人[物], 途方もない人[物]. [語源] ギリシャ語で「見えたもの」の意; fancy, phantom と同語源.
phé·no·tỳpe /fíːnə-/ [名] [C] 〔遺〕 表現型 《遺伝子(群)によって発現された形質の型; ☞ genotype》.
phen·yl·ke·ton·u·ri·a /fèn(ə)lkìːṭoun(j)ú(ə)riə | fìːnaɪlkìːtounjúər-/ [名] [U] 〔医〕 フェニルケトン尿(症) 《遺伝性代謝疾患で幼児期に知能障害がみられる; [略] PKU》.
⁺**pher·o·mone** /férəmòun/ [名] [C] [普通は複数形で] 〔生〕 フェロモン 《同種の他個体に性的な刺激を与える分泌物質》.
phew [感] [S] 《略式》 [普通は滑稽] ひゃあ!, へえっ!, ちぇっ! 《不快・驚きなどを表わす発声》; やれやれ 《安堵(あんど)・安心などを表わす発声》 (whew). [語法] 実際の会話では口笛に似たような音を出す. 単語として読むときは /fjúː/.
phi /fáɪ/ [名] [C] フィー, ファイ 《ギリシャ語アルファベットの第 21 文字 ϕ, Φ; ☞ Greek alphabet 表》.
phi·al /fáɪəl/ [名] [C] 《格式》 小型ガラス[薬]びん (*of*).
Phi Be·ta Kap·pa /fáɪbéɪṭəkǽpə | -bíː-/ [名] [固] ファイ ベータ カッパ クラブ 《1776 年設立の米国の成績優秀な大学生のクラブ》; [C] ファイ ベータ カッパ クラブ会員.
Phil /fíl/ [名] [固] フィル 《男性の名; Philip の愛称》.
phil- /fɪl/ [接頭] =philo-.
Phila. [略] =Philadelphia.
Phil·a·del·phi·a /fìlədélfiə, -fjə←/ [名] [固] フィラデルフィア 《米国 Pennsylvania 州南東部の都市; [略] Phila.; ☞ city 表; 表地図 I 4》. [語源] ギリシャ語で「兄弟愛」の意.
phi·lan·der·er /fɪlǽndərə | -rə/ [名] [C] 《古風》 [軽蔑] 女たらし.
phi·lán·der·ing /-ḍərɪŋ, -drɪŋ/ 《古風》 [軽蔑] [形] [A] 女たらしの. ― [名] [U] 女遊び.
phil·an·throp·ic /fìlənθrápɪk | -θrɔ́p-←/ [形] 《格式》 博愛(主義)の, 情け深い; 社会事業(家)の.
phil·an·throp·i·cal·ly /fìlənθrápɪkəli | -θrɔ́p-/ [副] 《格式》 博愛的に; 社会事業として.
phi·lan·thro·pist /fɪlǽnθrəpɪst/ [名] [C] 博愛家; 社会事業家, 慈善家 《寄付を沢山する人》.
phi·lan·thro·py /fɪlǽnθrəpi/ [名] [U] 博愛(主義); 社会事業, 慈善.
phil·a·tel·ic /fìlətélɪk←/ [形] 《格式》 切手収集[研究]の, 郵趣の.
phi·lat·e·list /fɪlǽṭəlɪst/ [名] [C] 《格式》 切手収集[研究]家, 郵趣家 (stamp collector).
phi·lat·e·ly /fɪlǽṭəli/ [名] [U] 《格式》 切手収集[研究], 郵趣 (stamp collecting).
-phile /fàɪl/, **-phil** /fɪl/ [接尾] 「…を好む(人)」の意: an Anglo*phile* 親英派の人.
⁺**Phil·har·mon·ic** /fìlhaəmánɪk | haːmɔ́n-←/ [形] [A] 音楽(愛好)の: the Berlin *P*～ Orchestra ベルリンフィルハーモニー管弦楽団. ― [名] [C] 交響楽団.
-phil·i·a /fíliə/ [接尾] 「…の(病的)愛好; …傾向」の意: hemo*philia* 血友病.
-phil·i·ac /fíliæ̀k/ [接尾] 「…を(病的に)愛好する者; …傾向の者」の意.
Phil·ip /fílɪp/ [名] [固] **1** フィリップ 《男性の名; 愛称は Phil》. **2 St.** ～ ピリポ 《キリストの 12 使徒の一人》.
phi·lip·pic /fɪlípɪk/ [名] [C] 《文》 激しい攻撃演説.
Phil·ip·pine /fíləpìːn/ [形] フィリピン諸島の; フィリピン人 (Filipino) の.
Phílippine Íslands [名] [固] [複] [the ～] フィリピン諸島.
Phil·ip·pines /fíləpìːnz/ [名] [固] [the ～] フィリピン諸島 (Philippine Islands): the Republic of the ～ フィリピン共和国 《フィリピン諸島から成る共和国; 首都 Manila; [略] RP》. [語源] スペイン王 Philip 二世の名にちなむ.
Phi·lips /fílɪps/ [名] [固] フィリップス 《オランダに本拠を置く大手電気・電子機器メーカー》.
Phi·lis·tine /fíləstìːn | -tàɪn/ [名] [C] **1** ペリシテ[フィリステア]人 《昔 Palestine の南西部に住んでいた民族でイスラエル[ユダヤ]人の敵》. **2** [p-] [軽蔑] 俗物, 実利主義者, 教養のない人. ― [形] **1** ペリシテ人の. **2** [p-] [A] [軽蔑] 俗物の, 平凡な, 教養のない.
phi·lis·tin·is·m /fíləstiːnìzm | -tɪn-/ [名] [U] [軽蔑] 俗物根性, 実利主義.
Phil·lips /fílɪps/ [形] [A] (ねじ・ねじ回しが)プラスの (☞ screwdriver 1).
Phil·ly /fíli/ [名] [固] フィリー 《Philadelphia 市の俗称》.
phil·o- /fílou/ [接頭] 「愛好する」の意: *philo*sophy 哲学.
phil·o·den·dron /fìlədéndrən/ [名] [C] フィロデンドロン 《熱帯アメリカ産の観葉植物》.
phil·o·log·i·cal /fìləládʒɪk(ə)l | -lɔ́dʒ-←/ [形] 文献学の; 《古風》 言語学の.
phi·lol·o·gist /fɪlálədʒɪst | -lɔ́l-/ [名] [C] 文献学者; 《古風》 言語学者.
phi·lol·o·gy /fɪlálədʒi | -lɔ́l-/ [名] [U] 文献学; 《古風》 言語学 《現在は linguistics が普通》.
***phi·los·o·pher** /fɪlásəfə | -lɔ́səfə/ [名] (～s /~z/) [C] **1** 哲学者. **2** 思慮深い人, 学者タイプ.
philósopher's stóne [名] [the ～] 賢者の石 《中世の錬金術師が卑金属を黄金に変える力があると考えた物質》.
phil·o·soph·ic /fìləsáfɪk | -sɔ́f-←/ [形] =philosophical.
***phil·o·soph·i·cal** /fìləsáfɪk(ə)l | -sɔ́f-←/ [形] ([名] philósophy) **1** 哲学の, 哲学に通じている; 理性的な. **2** [ほめて] 達観した, 淡々とした; あきらめのよい (*about*). **-cal·ly** /-kəli/ [副] **1** 哲学的に, 哲学者らしく. **2** [ほめて] 達観して, 冷静に; あきらめよく.
phi·los·o·phize /fɪlásəfàɪz | -lɔ́s-/ [動] ([名] philósophy) [自] [普通はけなして] 哲学的に考える[論じる],

思索する《about, on》.

*phi·los·o·phy /fɪlɑ́səfi | -lɔ́s-/ 〈13〉名 (-o·phies /-z/; 形) philosóphical, 動 philósophize) 1 ⃝U 哲学; ⃝C 哲学体系 (of): P~ teaches us how to live. 哲学は我々にいかに生きるべきかを教えてくれる.
2 ⃝C [普通は単数形で] 人生観; 哲理, 原理: a ~ of life 人生哲学, 人生観 / a ~ of living 処世法. 語源 ギリシャ語で「知 (sophy) を愛すること (philos)」の意.

phil·ter, 《英》phil·tre /fíltɚ | -tə/ 名 ⃝C 〈文〉媚薬(び やく), ほれ薬.

phish·ing /fíʃɪŋ/ 名 ⃝U フィッシング《インターネットや E メールで相手をだましてクレジットカード番号などの個人情報を引き出し金を盗む行為》.

phle·bi·tis /flɪbáɪtɪs/ 名 ⃝U 〖医〗静脈炎.

phlegm /flém/ 名 ⃝U 1 〖生理〗たん. 2 ⓦ 《格式》落ち着き, 冷静, 沈着.

phleg·mat·ic /flegmǽtɪk/ 形 《格式》落ち着いた, 冷静な. ~·mat·i·cal·ly /-kəli/ 副 落ち着いて.

phlox /flɑ́ks | flɔ́ks/ 名 (複 ~·es, ~) ⃝C フロックス, くさきょうちくとう.

Phnom Penh /(p)nɑ́mpén | (p)nɔ́m-/ 名 固 プノンペン《カンボジアの首都》.

-phobe /fòʊb/ 接尾 「...を恐れる[嫌う] 人」の意: an Anglophobe 英国嫌いの人.

⁺pho·bi·a /fóʊbiə/ 名 ⃝CU 病的恐怖, 恐怖症 (about, of).

-pho·bi·a /fóʊbiə/ 接尾 「...嫌い; ...恐怖症」の意: Anglophobia 英国嫌い.

pho·bic /fóʊbɪk/ 形, 名 ⃝C 恐怖症の(人).

-pho·bic /fóʊbɪk/ 接尾 「...恐怖症の(人)」の意.

Phoe·be /fíːbi/ 名 1 〖ギ神〗フォイベ, フェーベ《月の女神アルテミス (Artemis) の呼び名》. 2 フィービ《女性の名》.

Phoe·bus /fíːbəs/ 名 固 〖ギ神〗フォイボス《日の神アポロン (Apollo) の呼び名》.

Phoe·ni·cia /fəníʃə, -níː-/ 名 固 フェニキア《紀元前 2000 年ごろの地中海東岸に栄えた王国》.

Phoe·ni·cian /fəníʃən, -níː-/ 名 ⃝C 形 フェニキア人.

phoe·nix /fíːnɪks/ 名 ⃝C 〖エジプト神話〗フェニックス, 不死鳥《アラビアの砂漠に住み, 500-600 年ごとに自ら積み重ねたまきに火を放って焼死し, その灰の中から再び若い姿となって現われるという霊鳥》. rise like a phóe·nix (from the áshes) [動] 倒 不死鳥のようによみがえる, 打撃から立ち直る.

Phoe·nix /fíːnɪks/ 名 固 フェニックス《米国 Arizona 州の州都; ⇨ 表地図 E4》.

phon /fɑ́n | fɔ́n/ 名 ⃝C ホン, フォン《音の強さの単位》.

phon- /fòʊn/ 接頭 =phono-.

*phone¹ /fóʊn/ /(類語) foam, form, home) 名 (~s /-z/) 1 ⃝U [普通は the ~] 電話《telephone の短縮形》: answer [come to, get] the ~ 電話に出る [を受けに行く] / be called to the ~ 電話口に呼ばれる / speak [talk] on [over] the ~ 電話で話をする / The ~ has gone dead suddenly. 電話が突然切れた / The ~'s ringing. 電話が鳴っている / Mr. Green, you are wanted on the ~. =Mr. Green, there's someone on the ~ for you. グリーンさん, お電話ですよ.
2 ⃝C [しばしば the ~] 電話(機); 受話器: pick up [put down] the ~ 電話[受話器]を取る[置く] 会話 "May I use your ~?" "Sure thing." 「電話を借りてもいい?」「いいとも」 / Your ~'s been busy [《英》 engaged] for hours. ずいぶん長電話だったね / George slammed down the ~. ジョージは乱暴に電話を切った. 関連 cell(ular) [mobile] phone 携帯電話.
be on the phóne [動] 倒 (1) 電話に出ている; (...と)電話で話している (to). (2) 電話を引いている.
by phóne [副] 電話で: He answered our questions

by ~. 彼は我々の質問に電話で答えた.
hóld the phóne [動] ⓢ [普通は命令文で用いて] 《米》そのままで, ちょっと待って下さい.
pút the phóne dówn on ... [動] 他 (人)との電話を突然切る.
— ⓟ (phones /~z/; phoned /~d/; phon·ing) 他 〈人など〉に電話する, 電話をかける (call, 《英》ring) 《telephone の短縮形》: ~ 03-3288-7711 03-3288-7711 に電話をかける (⇨ cardinal number 文法 (2)) / Please ~ me [my office] later. <V+O+副> 後で私[私の会社]に電話してください.
— 倒 電話をかける, 電話で話す (call, 《英》 ring): ~ back 折り返しの電話をする / I'm phoning from the office. <V+from+名・代> 会社から電話しています / Please ~ for an ambulance. <V+for+名・代> 電話で救急車を呼んでください / She ~d to say she had been delayed. <V+to 不定詞> 彼女は出発が遅れていると電話してきた.

phóne ín [動] 倒 (1) (職場などに)電話を入れる. (2) (視聴者などが)テレビ番組などに電話をかける, 電話で意見を言う. — 他 〈...〉を電話で知らせる.

phóne ìn síck [動] 倒 (電話で)病気で行けないと言う, 病気だから休むと電話を入れる.

phóne úp [動] 他 〈...〉に電話をかける, 電話口に呼び出す (call up, 《英》 ring up) <V+名・代+up / V+up+名>: P~ me up when you get to your office. 会社に着いたら電話をください. — 倒 電話をかける (call up, 《英》 ring up).

phone² /fóʊn/ 名 ⃝C 〖音声〗言語音, 単音.

-phone /fòʊn/ 接尾 1 「音を出す機械[装置]」の意. 2 「...語を話す(人)」の意.

---

cárdphone カード電話 / éarphòne イヤホン / héadphònes ヘッドホン / mégaphòne メガホン / mícrophòne マイクロホン / sáxophòne サクソホン / sóusaphòne スーザホン / téléphòne 電話 / víbra·phòne ビブラホン / xýlophòne 木琴

語源 ギリシャ語で「音」の意.

phóne bànking 名 ⃝U =telebanking.

⁺phóne bòok 名 ⃝C 電話帳 ((telephone) directory): Look up his name in the ~. 電話帳で彼の名を調べなさい.

*phóne boòth /fóʊnbùːθ | -bùːð, -bùːθ/ 名 (-booths /-bùːðz, -bùːθs/) ⃝C 《主に米》(街頭の)(公衆)電話ボックス ((telephone) booth): She called me from a ~. 彼女は公衆電話から私に電話をかけた.

phóne·bòx 名 ⃝C 《英》=phone booth.

*phóne càll /fóʊnkɔ̀ːl/ 名 (~s /~z/) ⃝C 電話の呼び出し, 通話 (call): I got [had, received] a ~ from Tom. トムから電話があった / I need change to make a ~. 電話をかける小銭がいる.

phóne·càrd 名 ⃝C テレホンカード.

⁺phóne-ìn /:-ìn/ 名 ⃝C 《主に英》=call-in.

pho·neme /fóʊniːm/ 名 ⃝C 〖言〗音素《ある言語における音声上の最小単位》.

pho·ne·mic /foʊníːmɪk/ 形 〖言〗音素(論)の. -mi·cal·ly /-kəli/ 副 音素(論)的に.

pho·ne·mics /foʊníːmɪks/ 名 ⃝U 〖言〗音素論.

*phóne nùm·ber /fóʊnnʌ̀mbɚ | -bə/ 名 (~s /~z/) ⃝C 電話番号 (telephone number): 会話 "May I have your ~?" "Certainly. I'll be glad to write it down for you." 「電話番号をお教えくださいませんか」「いいですよ. 書いてあげましょう」 ★電話番号の読み方については ⇨ cardinal number 文法 (2).

phóne phrèak 名 ⃝C 《略式》電話を無料でかけられるように改造する者.

phóne sèx 名 ⃝U テレホンセックス.

phóne tàg 名 ⃝U 《略式》電話連絡がすれ違いでなかな

phóne-tàpping 名 U 電話盗聴.
pho·net·ic /fənétɪk/ 形 言 A 音声の; 音声学の. **2** 音声[発音]を表わす; (つづりが)表音(式)の. **-nét·i·cal·ly** /-kəli/ 副 音声学的に; 発音どおりに.
phonetic álphabet 名 C (一式の)音標文字.
pho·ne·ti·cian /fòunətíʃən/ 名 C 音声学者.
pho·net·ics /fənétɪks/ 名 U 音声学, 発音学.
phonetic sýmbol 名 C 発音記号 (⟹ 発音記号表(巻頭)とつづり字と発音解説(別冊).
phóne trèe 名 C (略式) 電話連絡網.
pho·ney /fóuni/ 形 (略式) (英)=phony.
phon·ic /fɑ́nɪk | fɔ́n-/ 形 A 音声 音の; 音の, フォニックスの.
-phon·ic /fɑ́nɪk | fɔ́n-/ 接尾 「音を出す機械[装置]の」の意.
phon·ics /fɑ́nɪks | fɔ́n-/ 名 U 言 フォニックス (初歩的なつづり字と発音の関係を教える教科).
pho·ni·ness /fóuninəs/ 名 U (略式) いんちき(さ); 不誠実(さ).
pho·no- /fóunou/ 接頭 「音の; 音声の」の意: *phonology* 音韻論.
pho·no·graph /fóunəgræf | -grɑ̀:f/ 名 C (米古風) 蓄音機 (record player, (英) gramophone).
pho·no·log·i·cal /fòunəlɑ́dʒɪk(ə)l | -lɔ́dʒ-/ 形 言 音韻的な, 音韻論の. **-i·cal·ly** /-kəli/ 副 音韻(論)的に.
pho·nol·o·gist /fənɑ́lədʒɪst | -nɔ́l-/ 名 C 音韻学者.
pho·nol·o·gy /fənɑ́lədʒi | -nɔ́l-/ 名 U 言 **1** 音韻論. **2** (ある言語の)音韻組織[記述].
pho·ny /fóuni/ (略式) 軽蔑 形 (**pho·ni·er**; **-ni·est**) 偽(造)の, いんちきな; (人が)不誠実な. ― 名 (複 **pho·nies**) C 偽物; 詐欺師, ぺてん師.
phóny wár 名 [単数形で] 戦闘のない開戦状態, 戦時の平穏.
⁺**pho·ey** /fúː/ 間 (古風, 略式)[滑稽] へー!, (そんな)ばかな!, ちぇっ! (不信・失望などを表わす).
phos·gene /fɑ́zdʒiːn | fɔ́z-/ 名 U 化 ホスゲン (塩素系の猛毒ガス).
⁺**phos·phate** /fɑ́sfeɪt | fɔ́s-/ 名 U,C **1** 燐酸(りんさん)塩. **2** [普通は複数形で] 燐酸肥料.
phos·pho·res·cence /fɑ̀sfərés(ə)ns | fɔ̀s-/ 名 U (格式) 燐光(りんこう)(を発すること); 青光り.
phos·pho·res·cent /fɑ̀sfərés(ə)nt | fɔ̀s-/ 形 (格式) 燐光を発する, 青光りする; 燐光性の.
phos·phor·ic /fɑsfɔ́ːrɪk | fɔsfɔ́r-/ 形 化 燐(りん)の; 燐を含む: ~ acid 燐酸.
⁺**phos·pho·rus** /fɑ́sf(ə)rəs | fɔ́s-/ 名 U 化 燐(りん) (非金属元素; 元素記号 P).
⁂**pho·to** /fóutou/ 名 (~s /~z/) C (略式) 写真 (photograph): a ~ album (写真)アルバム / take a ~ *of* a ship 船の写真をとる / I had my ~ taken. 写真をとってもらった.
pho·to- /fóutou/ 接頭 「光; 写真」の意: *photo*chemical 光化学の / *photo*graph 写真.
phóto bòoth 名 C 証明用[3分間]写真ボックス.
phóto càll 名 C =photo opportunity.
Phóto CD /-siːdíː/ 名 C フォト CD (写真記録用 CD; 商標).
phóto·cèll 名 C =photoelectric cell.
phòto·chémical 形 (格式) 光化学の: ~ smog 光化学スモッグ.
phóto·còpier 名 C 写真複写機, コピー機.
⁺**pho·to·cop·y** /fóutəkɑ̀pi | -kɔ̀pi/ 名 (**-cop·ies**) C (複写機による)コピー, 複写. ― 動 (**-cop·ies**; **-cop·ied**; **-y·ing**) 他 (複写機で)(...)のコピーをとる, 複写[コピー]する. ― 自 コピーをとる; [副詞(句)を伴って] コピーがとれる.

phòto·eléctric 形 光電(効果)の.
phótoelectric céll 名 C **1** 光電管 ((略式) electric eye, magic eye)(自動警報器などに利用される). **2** 光電池.
phòto-engráving 名 **1** U 印 写真製版. **2** C 写真製版で作った凸版(の印刷物[版画]).
phóto·èssay 名 C フォトエッセイ (あるテーマ・ストーリーを一連の写真で表現するもの).
phóto finish 名 C (競馬などの)写真判定(を要する決勝場面); (選挙などの)大接戦.
phòto-fínishing 名 U 写真の仕上げ(工程).
Pho·to·fit /fóutəfɪt/ 名 U (英) モンタージュ(写真) (商標).
phóto·flàsh 名 U, 形 写真(撮影用)フラッシュ(の).
pho·to·gen·ic /fòutədʒénɪk⁻/ 形 写真に適する, 写真向きの, 写真うつりのよい.
⁂**pho·to·graph** /fóutəgræf | -grɑ̀:f/ 名 (~s /~s/; 形 photográphic) C 写真 ((略式) photo) (⟹ picture 2): My mother doesn't like 'to have [having] her ~ taken. 母は写真をとられるのが嫌いです / NO PHOTOGRAPHS 写真撮影禁止 (掲示). 語源 ギリシャ語で「光で書いたもの」の意 (⟹ photo-, graph 単語の記憶).

─── コロケーション ───
develop a *photograph* 写真を現像する
enlarge [**blow up**] a *photograph* 写真を引き伸ばす
pose for a *photograph* 写真をとってもらうためにポーズをとる
put a *photograph* **in** a frame 写真を額に入れる
take a *photograph* (**of** ...) (...の)写真をとる

― 動 他 ⟨...⟩の写真をとる. ― 自 [副詞(句)を伴って] 写真にうつる: My sister ~s well [*badly*]. 私の姉[妹]は写真うつりがよい[悪い].
⁂**pho·tog·ra·pher** /fətɑ́grəfə | -tɔ́grəfə/ 発音 名 (~s /~z/) C カメラマン, 写真をとる人, 写真家, 写真技師; [前に形容詞をつけて] 写真をとるのが...の人: a press ~ 新聞[雑誌]社のカメラマン / a good ~ 写真をとるのがうまい人. 日英比較 新聞や雑誌などの(スチール)写真をとる人も日本では「カメラマン」と呼ぶが, 英語では普通 photographer という. 英語の cameraman は映画やテレビの撮影をする人を指す.
⁂**pho·to·graph·ic** /fòutəgræfɪk⁻/ 形 (名 photográph) [普通は A] **1** 写真(機)の[用の]: ~ supplies カメラ用品 (フィルム・フラッシュ・三脚など). **2** 写真のように正確な: a ~ memory 写真のように正確[鮮明]な記憶力. **-gráph·i·cal·ly** /-kəli/ 副 写真によって.
⁂**pho·tog·ra·phy** /fətɑ́grəfi | -tɔ́g-/ 名 U 写真術; 写真撮影(業).
pho·to·gra·vure /fòutəgrəvjúə | -vjúə/ 名 **1** U グラビア印刷. **2** C グラビア印刷物[写真].
phóto ID /-áɪdíː/ 名 C 写真付きの身分証明書.
phòto·jóurnalism 名 U 写真ジャーナリズム (写真を主体にした新聞・雑誌).
phòto·jóurnalist 名 C 報道写真家.
pho·tom·e·ter /foutɑ́mətə | -tɔ́mətə/ 名 C 写露出計.
pho·to·mon·tage /fòutəmɑntɑ́:ʒ | -mɔntɑ́:ʒ/ 名 C,U モンタージュ写真(の作成法).
pho·ton /fóutɑn | -tɔn/ 名 C 物理 光(量)子 (光の一種で, 光のエネルギー単位).
phòto-óffset 名 U 印 写真オフセット(印刷).
phóto opportúnity /-ɑ̀p | -ɔ̀p/ 名 C (政治家・有名人がカメラマンに与える)写真撮影時間; おもしろい[よい]写真を撮影する機会.

phòto-réalism 名 U フォトリアリズム, スーパーリアリズム《写真のように都市や人物を精密・克明に描写する絵画のスタイル》.
phòto-recéptor 名 C 〖生〗光受容器[体].
phòto-sénsitive 形 感光性の.
phòto-sénsitize 動 他 〈紙など〉を感光性にする.
phóto sèssion [shòot] 名 C 《モデル・俳優などのコマーシャル用》撮影会.
Pho·to·stat /fóutəstæt/ 名 C [時に p-] フォトスタット《直接複写カメラ; 商標》; 写真複写, コピー. — 動 他 -stats, -stat·ed, -stat·ted, -stat·ing, -stat·ting 〈…〉をフォトスタットで複写する.
pho·to·stat·ic /fòutəstǽtɪk⁻/ 形 フォトスタットの.
phòto·sýnthesis 名 U 〖生〗《植物の》光合成.
phòto·sýnthesize 動 他 〈二酸化炭素・水〉を原料にして光合成する. — 自 光合成をする.
pho·tot·ro·pis·m /foutátrəpɪzm | -tɔ́tɹə-/ 名 U 〖生〗屈光性.
phòto·týpesètting 名 U 〖印〗写真植字.
phòto voltáic 形 光電性の.
phóto voltáic cèll 名 C 光電池.
phr. 略 = phrase.
phras·al /fréɪz(ə)l/ 形 (名 phrase) 句の, 句から成る.
phrásal vérb 名 C 〖文法〗句動詞.

|文法| 句動詞
2つ以上の語がまとまって1語の動詞のような働きをするもので, 普通は動詞に down, off, out, up のような副詞やat, for, with のような前置詞が結びついたものをいう. |参考| この辞書では句動詞の重要性を考えて, 重要な句動詞はそれぞれの動詞の項の後に特別に囲まれとして扱い, 動 と表示して詳しく意味を説明し, 必要があればその動詞型を示している 《☞ 動詞型解説 III 《巻末》》.

*__phrase__ /fréɪz/ T3 名 (phras·es /~ɪz/; 形 phrásal)

ギリシャ語で「話す」の意 《☞ paraphrase》 →《話し方》→「ことばづかい」2 →《独特の言い回し》→「成句」1 →「句」3

C 1 成句, 熟語, 慣用句, 決まり文句: a set [fixed] ~ 成句, 決まり文句 / "Drop in" is a common ~ meaning 'visit casually.' drop in は「ふらりと立ち寄る」の意味でよく使う慣用句である.
2 ことばづかい, 言い回し, 言葉, 名言, 警句: a happy ~ うまい言い方. |関連| catchphrase 標語.
3 〖文法〗句 (略 phr.; sentence 名 1 表): a prepositional ~ 前置詞句. 4 〖楽〗楽句.

|文法| 句
2つ以上の語が集まって文中で1つの単位を成し, ある品詞に似た働きをしているもの. ただし〈主語+述語動詞〉の構造をとらない点で節と異なる.
(1) 句を構造の上から分類すると次のようになる.
(i) 前置詞句 《前置詞で始まる句》: ☞ prepositional phrase |文法|.
(ii) 不定詞句 (infinitive phrase)《to 不定詞で始まる句》: *To see* is *to believe*. 《ことわざ》百聞は一見にしかず[前者は主語, 後者は補語の働きをしている名詞句] / Is there anything *to eat* in the kitchen? 台所に何か食べ物がありますか[形容詞句] / I like *to swim* in the river. 私は川で泳ぐのが好きだ[名詞句] / We eat *to live*. 我々は生きるために食べる[副詞句].
(iii) 分詞句 (participial phrase)《分詞で始まる句》: Who is that gentleman *standing by the window*? あの窓の所に立っている人はだれですか[形容詞句] / I received a letter *written in English*. 私は英語で書かれた手紙を受け取った[形容詞句] / *Seeing me*, he ran away. 私を見て彼は逃げ出した[副詞句] / *Tired from reading*, I looked out of the window. 読書に疲れたので私は窓の外を見た[副詞句]. 最後の2例については ☞ participial construction |文法|.
(iv) 動名詞句 (gerundial phrase)《動名詞で始まる句》: I like *fishing in the river*. 私は川で釣りをするのが好きだ[目的語の働きをしている名詞句].
(2) 句をその働きの上から分類すると, 名詞句・形容詞句・副詞句のほかに, そのほか動詞の働きをする動詞句および前置詞の働きをする群前置詞 《group preposition 文法》などがある.

a túrn of phráse 名 (1) 言い回し. (2) [形容詞を伴って] …な表現力. **to cóin a phráse** 副 S |文修飾| [陳腐な文句を言う時ふざけて・皮肉に] 独創的な言い方をすれば, 新しい表現[用い方]をすれば. **túrn a phráse** 動 自 うまい言い回しをする.

— 動 他 1 [普通は副詞(句)を伴って]〈…〉をことばで表わす (*as*). 2 〖楽〗〈…〉を楽句に分ける.

phráse bòok 名 C 《海外旅行者などのための》外国語の慣用表現集, 会話表現集.
phra·se·ol·o·gy /frèɪziáləʤi| -ɔ́l-/ 名 U 《格式》ことばづかい, 言い回し; 語法, 語句.
phráse preposítion 名 C 句前置詞 《☞ group preposition 文法》.
phrás·ing 名 U 1 ことばづかい, 語法 (*of*). 2 〖楽〗フレージング《楽句の正しい演奏法》.
phreak /fríːk/ 名 C =phone phreak. — 動 自 他 電話を改造して《通話を》無料で行なう.
phreak·ing /fríːkɪŋ/ 名 U フリーキング《電話回線網の不正使用; 一般にネットワークなどへの侵入》.
phre·nol·o·gist /frənáləʤɪst | -nɔ́l-/ 名 C 骨相学者.
phre·nol·o·gy /frənáləʤi | -nɔ́l-/ 名 U 骨相学.
PHS /píːèɪtʃés/ 略 = personal handyphone system 《日本の》簡易携帯電話式.
Phu·ket /puːkét/ 名 固 プーケット《タイのマレー半島西岸の島》.
phut /fʌt/ 名 [単数形で] 《略式, 主に英》 ぱん, ぽん 《破裂音》. **gò phút** 動 自 《略式, 主に英》《機械など》壊れる; 《映画など》おもしろくなくなる.
phyla 名 phylum の複数形.
Phyl·lis /fílɪs/ 名 固 フィリス《女性の名》.
phyl·lo /fíːlou, fáɪ-/ 名 U 《米》 1 =phyllo dough. 2 =phyllo pastry.
phýllo dòugh 名 U 《米》フィロ《ペストリー用に練った小麦粉を薄くのばした生地》.
phýllo pàstry 名 U 《米》フィロペストリー《多くの薄い層からなる菓子パン》.
phy·log·e·ny /faɪláʤəni | -lɔ́ʤ-/ 名 U 〖生〗系統発生 (☞ ontogeny).
phy·lum /fáɪləm/ 名 (複 **phy·la** /fáɪlə/) C 〖生〗門 《特に動物の》 (☞ family 5).
phys. ed. /fízéd/ 名 《略式》 = physical education.
phys·i- /fízi/ |接頭| = physio-.
phys·ic /fízɪk/ 名 U 《古風》 = medicine 1, 2.

*__phys·i·cal__ /fízɪk(ə)l/ T2 形

ギリシャ語で「自然に関する」の意.
→《物体の》→「物質的な」2,「物理的な」3 《☞ physicist》
→《人体の》→「身体の」1 《☞ physician》

1 [普通は A] **身体の, 肉体の** (反 mental): (a) ~ appearance 体つき / ~ fitness 体の健康 / ~ disabilities 身体障害.

2 Ⓐ 物質的な, 有形の (material); 自然界の, 自然の: the ~ world 物質の世界 / ~ evidence 物証.
3 Ⓐ (名 physics) 物理学(上)の, 物理的な: a ~ change 物理的変化 / ~ impossibility 自然法則的に不可能なこと. **4** [婉曲] (略式) (特に競技で)荒っぽい, 腕力を用いる; 人の体にさわりたがる: get ~ 手荒なことをする / a ~ game 腕力を使う試合. **5** Ⓐ 性的な, 肉体的な. ── 名 Ⓒ =physical examination.

phýsical anthropólogy 名 Ⓤ 自然人類学.
phýsical educátion 名 Ⓤ (学校の)体育 (略 phys. ed., PE).
phýsical examinátion 名 Ⓒ 健康診断, 身体検査.
phýsical geógraphy 名 Ⓤ 自然地理学; 自然地理.
phys·i·cal·is·m /fízikəlìzm/ 名 Ⓤ〖哲〗物理主義 (すべては物理法則に還元できるという考え).
phys·i·cal·i·ty /fìzəkǽləṭi/ 名 Ⓤ (格式) 力強さ.
phýsical jérks 名 [複] (古風, 英) 体操.
phys·i·cal·ly /fízikəli/ 副 **1** 身体上, 肉体的に (反 mentally): ~ fit 身体的に健康な / a ~ demanding work 肉体的にきつい仕事. **2** 自然の法則に従って: ~ impossible 絶対無理な[で]. **3** 荒っぽく, 腕力を用いて. **4** 物質的に.

phýsically chállenged 形 (主に米) [婉曲] 身体の不自由な, 身体障害(者)の.
|語法| handicapped, disabled の言いかえ.

phýsical science 名 Ⓤ または複数形で〗 自然科学 (物理学・化学・天文学など).
phýsical thérapist 名 Ⓒ (米) 物理療法士.
phýsical thérapy 名 Ⓤ (米) =physiotherapy.
phýsical tráining 名 Ⓤ =physical education.

***phy·si·cian** /fizíʃən/ [12] 名 (~s /-z/) Ⓒ (格式, 主に米) 医者, 開業医 (doctor); 内科医: He practiced as a ~. 彼は開業医をしていた. |語法| (英) では古風な言い方になっている. [関連] surgeon 外科医 / dentist 歯科医.
physícian's assístant 名 Ⓒ (主に米) 医師助手.

***phys·i·cist** /fízəsɪst/ 名 (-i·cists /-sɪsts/) Ⓒ 物理学者.

***phys·ics** /fíziks/ 名 (形 physical 3) Ⓤ 物理学: nuclear ~ 原子核物理学 / applied ~ 応用物理学.

***phys·i·o** /fíziòu/ 名 (~s) Ⓒ (英略式) =physiotherapy, physiotherapist.

phys·i·o- /fíziòu-/ 接頭 「自然(力)の; 物理の; 身体の」の意.

phys·i·og·no·my /fìziá(g)nəmi | -ɔ́(g)nə-/ 名 (-no·mies) (格式) Ⓒ (滑稽) 人相; 顔つき (of); Ⓤ 人相学.

phys·i·o·log·i·cal /fìziəládʒɪk(ə)l | -lɔ́dʒ-⁻/ 形 生理的な; 生理学の, 生理学上の. **-i·cal·ly** /-kəli/ 副 生理学上; 生理的に.

phys·i·ol·o·gist /fìziáləʤɪst | -ɔ́l-/ 名 Ⓒ 生理学者.

†**phys·i·ol·o·gy** /fìziáləʤi | -ɔ́l-/ 名 **1** 生理学. **2** 生理(機能) (of).

***phys·i·o·ther·a·pist** /fìziouθérəpɪst/ 名 Ⓒ (英) 理学[物理]療法士.
phys·i·o·ther·a·py /fìziouθérəpi/ 名 Ⓤ (英) 理学[物理]療法 (運動・マッサージ・温熱などによる治療).

†**phy·sique** /fizíːk/ 名 Ⓒ (特に男性の筋肉質の)体格: a fine ~ 立派な体格.

pi /páɪ/ 名 **1** パイ, ピー《ギリシャ語アルファベットの第 16 文字 π, Π; ☞ Greek alphabet 表). **2** Ⓤ〖数〗円周率, パイ (3.1415926...): How I wish I could calculate ~! 円周率が計算できればいいのだが《この文の単語の字数を並べると円周率となる; ☞ mnemonic).

pick 1317

|参考| 円周率暗記の助けとなる文についてはさらに ☞ coffee 1最後の例文.
Pi·a·get /pìːɑːʒéɪ | pìəʒéɪ/ 名 **1** ピアジェ《スイスの時計メーカー). **2 Jean** /ʒɑ́ːn/ ~ (1896-1980)《スイスの心理学者; 特に児童心理学の研究で有名).

pi·a·nis·si·mo /pìːəníssəmòu/ 副 形〖楽〗ピアニシモで[の]《きわめて[ごく]弱く; 略 pp). [関連] fortissimo きわめて強く.

***pi·an·ist** /piǽnɪst, píːən-/ 名 Ⓒ ピアニスト, ピアノ演奏者; [前に形容詞をつけて] ピアノを弾くのが...の人: Mary is a good [poor] ~. メアリーはピアノ(を弾くの)がうまい[下手だ].

***pi·an·o¹** /piǽnou, piɑ́ːn-/ 名 (~s /-z/) Ⓒ ピアノ: accompany ... on (the) ~ ピアノで...の伴奏をする / He used to play that tune **on** his old ~. 彼はその曲を古いピアノでよく弾いたものだった / She takes [gives] ~ lessons on Fridays. 彼女は毎週金曜日にピアノを習って[教えて]いる // ☞ grand piano, upright piano. |語源| イタリア語 pianoforte (強弱)の略; 音の強弱を出せるという意味.

─── コロケーション ───
play the *piano* ピアノを弾く (☞ play 他 2 |語法|)
practice (on) the *piano* ピアノを練習する
tune a *piano* ピアノを調律する

pi·a·no² /piɑ́ːnou | pjɑ́ː-/ 副 形〖楽〗ピアノ(の)《弱く, 弱音[声]で; 略 p). [関連] forte フォルテ, 強く.
piáno accórdion 名 Ⓒ (英) =accordion.
piáno bàr 名 Ⓒ ピアノバー.
pi·an·o·for·te /piǽnoufɔ̀ətei, -ṭi | -fɔ́ː-/ 名 Ⓒ (古風, 格式) ピアノ (piano¹).
pi·a·no·la /pìːənóulə/ 名 Ⓒ [時に P-] 自動ピアノ (player piano)《商標).
piáno stòol 名 Ⓒ (高低自在の)ピアノ用いす.
piáno tùner 名 Ⓒ (ピアノの)調律師.
pi·as·ter, (英) **pi·as·tre** /piǽstə | -tə/ 名 Ⓒ ピアストル (中近東などの通貨単位・貨幣).
***pi·az·za** /piɑ́ːtsə, -ǽtsə | -ǽtsəi/ 名 (複 ~s, pi·az·ze /-ǽtsei/) Ⓒ (イタリアの都市などの)広場 (square).
***pic** /pík/ 名 (~s) Ⓒ (略式) 映画; 写真 (picture).
pi·ca /páɪkə/ 名 Ⓤ パイカ《タイプライターの活字の大きさ; 1インチで10字). [関連] elite エリート.
pic·a·dor /píkədɔ̀ə | -dɔ̀ː-/ 名 Ⓒ 騎馬闘牛士《馬上から牛の背をやりで刺して怒らせる役; ☞ matador, toreador).
pic·a·resque /pìkərésk⁻/ 形 [普通は Ⓐ] (格式) (小説が)悪漢を主人公にした, ピカレスクの, 悪漢小説の.
Pi·cas·so /pikɑ́ːsou | -kǽs-/ 名 **Pa·blo** /pɑ́ːblou | pɑ́b-/ ~ ピカソ (1881-1973)《スペイン生まれのフランスの画家・彫刻家).
pic·a·yune /pìkəjúːn⁻/ 形 Ⓦ (米) つまらない, くだらない.
Pic·ca·dil·ly /pìkədíli⁻/ 名 固 ピカデリー《英国 London の大通り・繁華街).
Píccadilly Círcus 名 固 ピカデリーサーカス《Piccadilly 通りの東端にある広場).
pic·ca·lil·li /píkəlìli/ 名 Ⓤ 野菜のからし漬.
pic·co·lo /píkəlòu/ 名 (~s) Ⓒ ピッコロ《フルートより小さく, 1オクターブ高い音を出す横笛).

***pick¹** /pík/ (同音 pic, 類音 peck¹) 動 (picks /~s/; picked /~t/; pick·ing)

```
「(尖ったもので)つつく」3, 4 → (ついて取る)
→「摘む」2 → (選んで摘む) ┬→「選ぶ」1
                          └→「抜き取る」5
```

─── 他 **1** 〈...〉を**選ぶ**, 選び取る; 〈人〉を選び出す, 選んで

...させる (⇨ choose 類義語): They ~ed a good day *for* the picnic. <V+O+*for*+名・代> 彼らはピクニックによい日を選んだ / She ~ed a nice tie *for* me. 彼女は私にすてきなネクタイを選んでくれた / She was ~ed *as* captain of the team. 彼女はチームのキャプテンに選ばれた (⇨ as 前 1 語法) / She was ~ed *to* chair the meeting. <V+O+C (to 不定詞)の受身> 彼女は議長に選ばれた.
2 〈草花・実・葉など〉を**摘む**, 摘み取る, もぐ; 〈人に〉〈花・実など〉を摘んで[もいで]やる; ~ flowers in the field 野原で花を摘む / You mustn't ~ fruit *from* the trees yet. まだ木から実をもぎ取ってはいけない <V+O+*from*+名・代> [言い換え] He ~ed her an apple. <V+O+O>=He ~ed an apple *for* her. <V+O+*for*+名・代> 彼女にりんごを1つもぎ取ってやった.
3 〈鳥などが〉〈えさ〉をつつく, ついばむ; つまみ取る; 〈…〉の肉を取る: The chick was ~ing grains of rice. そのひなは米粒をついばんでいた / He ~ed the meat *from* the bone. <V+O+*from*+名・代> 彼は骨をつついて肉を取った.
4 (とがった物で)〈…〉をつつく, (つつくようにして)掘る; つついて〈…に〉穴をあける: She ~ed little holes in the paper with a pin. <V+O+*in*+名・代> 彼女はピンで紙に小さな穴をあけた.
5 〈…〉を**抜き取る**, 抜く; 〈鳥〉の羽毛をむしり取る (料理のため): Please ~ this thorn *out of* my finger. <V+O+*out of*+名・代> 私の指に刺さったこのとげを抜いてください. **6** 〈歯・鼻など〉をほじくる. **7** (米) (指で)〈弦楽器〉をつまびく, かき鳴らす (pluck). **8** 〈錠〉をこじあける (鍵以外の針金やピンなどで). **9** 〈…〉を盗む, すり取る. **10** 〈けんかなど〉をふっかける (with).
pick and chóose [動] 念入りに選ぶ, より好みする. ― [動] 〈…〉を念入りに選ぶ. **píck ... apárt** [動] 他 (1) 〈…〉をばらばらにする [ほぐす]. (2) (略式) 〈…〉のあら探しをする, こきおろす. **píck ... cléan** [動] 他 〈骨・鳥など〉から肉[羽毛]を残らず取り去る; 〈場所〉から全て盗み去る. **píck one's wáy** [動] 自 道を選びながら[慎重に]進む (⇨ way¹ コーパス・キーワード).

pick の句動詞

*pick at [動] 他 **1** 〈…〉をつつく, ついばむ; …をちょっとだけ食べる, つつき回す (受身 be picked at): She only ~ed at her food. 彼女はほんの少ししか食べなかった. **2** (指で)…を引っ張る; つまむ; いじくる. **3** …にけちをつける.
*pick óff [動] 他 **1** 〈…〉を摘み取る, もぎ取る, むしり取る; つまむ [抜き取る] <V+名・代+*off* / V+*off*+名>: P~ *off* all the withered leaves. 枯れ葉を全部摘み取ってください. **2** 〈…〉を一人[一機, 一匹]ずつねらい撃ちする. **3** [野] 〈走者〉を牽制刺殺する.
*pick ... óff ― [動] 他 〈…〉を…から摘み取る, もぎ取る: He ~ed the faded blossoms *off* the rose bush. 彼はばらの木からしおれた花を摘み取った.
pick on ... [動] 他 S (略式) **1** …のあら探しをする, 責める; …をいじめる: P~ *on* someone your own size! 弱い者いじめをするな. **2** …を選び出す (いやな任務などをさせるために)〈人〉を選ぶ.
*pick óut [動] 他 **1** 〈…〉をつまみ[抜き]出す; (念入りに)選ぶ, えり抜く <V+名・代+*out* / V+*out*+名>: She ~ed me out a nice tie. = She ~ed *out* a nice tie *for* me. 彼女は私にすばらしいネクタイを選んでくれた (⇨ pick up 他 4 日英比較). **2** (多くの中から)…を見分ける, 見つけ出す: I soon ~ed Mr. Green *out* 'in the crowd [*among* the people]. 人込み [大勢] の中ですぐにグリーンさんを見つけ出せた. **3** 〈意味など〉を発見[識別]する. **4** (照明などが)〈…〉を照らし出す; [しばしば受身で](周りと異なった色で)〈…〉を際立たせる (in, with). **5** 〈曲〉を聞き覚えで(たどたどしく)演奏する (on).

pick óver [動] 他 **1** 〈果物・野菜など〉を念入りに調べる; 選び抜く. **2** 〈…〉を詳しく論じる, ほじくる.
pick thróugh ... [動] 他 …の中をくまなく探す.
*pick úp T [動] 他 (名 píckùp) **1** 〈…〉を拾い上げる, 拾う; 取り上げる, 抱き上げる; (寄せ)集める <V+名・代+*up* / V+*up*+名>: I ~ed *up* a purse on the street. 私は路上で財布を拾った / Charles ~ed *up* the phone. チャールズは受話器を取り上げた.
2 〈物〉を取りにいく[くる], 取ってくる; (車で)〈人〉を迎えに行く[来る], 連れてくる <V+名・代+*up* / V+*up*+名>: This is room 405. Can you ~ *up* my laundry? 405号室ですが, 洗濯ものを取りにきてくれますか (405 is four o(h) /óu/ five と読む) / I'll ~ you *up* at your house at five. 5時にあなたの家に迎えに行きます.
3 〈…〉を(車に)乗せる, (タクシーが)〈客〉を拾う <V+名・代+*up* / V+*up*+名> (反 drop): The bus ~ed *up* several people at the first stop. バスは最初の停留所で数人を乗せた.
4 〈…〉を手に入れる[見つける]; 〈外国語など〉を聞き覚える, 身につける; 〈知識・情報など〉を得る; 〈病気〉にかかる; 〈…〉を買う (通りがかりに, またはお得な値段で); 〈生活費〉を稼ぐ <V+名・代+*up* / V+*up*+名>: You can ~ *up* the pictures tomorrow morning. 写真は明朝お渡しできます / I'll ~ *up* the ticket at the airport counter. 空港のカウンターで切符を受け取ります / I ~ed *up* this information at a restaurant. 私はこの情報をレストランで耳にした / Can I ~ *up* anything at the supermarket *for* you? スーパーで何か買ってきてあげましょうか. 日英比較 日本語でいう「選ぶ」の意味の「ピックアップする」に当たるのは pick out. **5** (略式) 〈…〉をナンパする. **6** 〈犯人〉を捕らえて(連行する); 〈…〉の誤りを正す; しかる (on). **7** 〈…〉を受信[探知]する (on). **8** (中断のあとで)〈話など〉をまた始める, 更に論じる. **9** 〈…〉の支払いを引き受ける (for). **10** 〈…〉の元気を回復させる, 立ち直らせる (⇨ pick-me-up). **11** 〈…〉を片づける, (米) 〈部屋など〉を整頓(せいとん)する. **12** 〈速度〉を上げる, 速める. **13** 〈海難にあった人〉を救助する. **14** 〈匂い・音など〉に気づく; 〈臭跡など〉を発見してたどる. **15** 〈家具などが〉〈…〉の色を少しおびる. **16** 〈特徴などを〉発見する, 確認する.
― 自 **1** (元気[健康]が)回復する; (景気・天候などが)よくなる: Tom has been ill, but he is ~ing *up* now. トムは病気でしたがいまは少しずつよくなっています.
2 (米) 部屋を片づける: Why do I always have to ~ *up* after my husband? どうして夫のあとをいつも私がしなきゃいけないのよ. **3** (話・活動など)を再開する: Let's ~ *up* where we left off. 前回中断したところから始めましょう. **4** (速度が)上がる, (風が)強くなる, (音などが)速くなる. **5** (失敗などから)立ち直る. **píck onesèlf úp** [動] 自 (転んで)起き上がる; (失敗などから)立ち直る. **píck úp on** ... [動] …を理解する; …に気づく; …を取り上げる, …に戻って論じる.

― 名 **1** U [普通は所有格の後で] 選択(権): You can take [have] your ~ (*of* these). (これらの中から)自由に選べる. **2** [the ~] (略式) えり抜き, 最上のもの: *the* ~ *of* the bunch 群を抜いた人[物], ぴか一. **3** C (米略式) 選ばれた人[物]: a first-round ~ (米) (スポ) ドラフト一順目の指名選手. **4** [合成語で] つつく道具, つまようじ (toothpick); くせ毛用の歯の長いくし. **5** C =pickax. **6** C (略式) (ギター・バンジョーなどの)つめ, ピック (plectrum).
pick-and-mix /píkənmíks+⁻/ 形 A よりどりみどりの. ― 名 U 各種取りそろえたもの. ― 動 〈…〉をよりどりみどりに選ぶ. ― 自 よりどりみどりに選ぶ.
pick·a·nin·ny /píkənìni/ 名 (-nies) C (古風) [差別] 黒人の子供.
pick·ax, (英) **-axe** /píkæks/ 名 C つるはし.
picked 形 A **1** 精選した, えり抜きの. **2** 摘み取った; もいだ; (羽毛を)むしり取った.

+**pick·er** /píkɚ | -kə/ 名 C （草花・実などの）摘み手; 摘み取り機: a cotton ~ 綿の摘み手.

+**pick·et** /píkɪt/ 名 C 1 [《英》単数形でも時に複数扱い] ピケ隊; 抗議のデモ隊; =picket line. 3 見張り(兵); [《英》単数形でも時に複数扱い] 警戒隊: on ~ duty 見張りに立って. 4 [しばしば複数形で] 先のとがったくい（垣根・柵(ᵃ)を作るのに使う）. ── 他 1 (スト中に)[工場・労働者などの]監視をする, 〈…に〉ピケを張る, 〈…に〉ピケ[デモ]隊をおく; 〈兵士〉を見張りに配置する. 2 〈…に〉くいを立てる, 柵を巡(ｸﾞﾗ)らす. ── 自 ピケに立つ; 見張りをする.

pícket fénce 名 C 《米》くい垣(ᵏ), くい垣.
pícket·ing 名 U ピケを張ること.
pícket líne 名 C （労働争議などの）ピケライン: cross a ~ スト破りをする.

pick·ing 名 1 U 摘(ᵘ)むこと, 摘み取り: go strawberry ~ いちご摘みに行く. 2 [複数形で]《略式》不当な利益; 役得: expect easy [rich] ~s ほろいもうけを期待する. 3 U （鍵を）こじあけること, ピッキング.

+**pick·le** /píkl/ 名 1 [普通は複数形または U] ピクルス, 漬物（野菜の塩漬けや酢漬け）. 参考 《米》ではきゅうりの, 《英》ではたまねぎのピクルスを指すことが多い. 2 U 漬け汁; 《英》ピクルスソース. 3 C 《英略式》いたずらっ子. **be in a (prétty [sórry]) píckle** [動] 自 《古風》苦境にある, 困っている. ── 他 〈野菜など〉を漬物にする (in).

pick·led 形 1 ピクルスにした, 漬物の. 2 [普通 P]《古風, 略式》酔っ払って.

pick-me-ùp 名 C 《略式》疲労を回復させるもの, 元気のもと《酒やドリンク剤・休息など》.

pick'n'mix /píkənmíks‐/ 名 A =pick-and-mix.

píck·off 名 C 《野》牽制による刺殺.
píck·pòcket 名 C すり(人).

*+**pick·up** /píkʌp/ 名 (~s /~s/; 動 píck úp)

「拾い上げる, 集める」 (☞ pick up (pick 句動詞)) ことから,
→ （荷物などを拾い集めるもの） → 「小型トラック」 1
→ （行きずりに拾った相手） → 「ひっかけた女」 2
→ （録音した音を拾い上げるもの） → 「ピックアップ」 6

1 C 《主に米》小型無蓋(ﾑｶﾞｲ)トラック (pickup truck): We use a ~ to make deliveries. 私たちは配達するのに小型トラックを使う. 2 C 《略式》ナンパ; ひっかけた女[男]. 3 U 《米》（車の）加速(力) (acceleration). 4 C （景気などの）好転, 回復 (in). 5 C （乗り物が）客を乗せること, (タクシーの)客(拾い); (トラックの)荷積み; （郵便物などを）集めること; ~ service (ホテルなどの)送迎サービス. 6 C （レコードプレーヤー・エレキギターの）ピックアップ. 7 C 拾い上げること. 8 C 偶然手に入れる[見つける]こと.
── 形 A 《米》間に合わせの, 即席の; 寄せ集めの.

píckup truck 名 C =pickup 1.
pick·y /píki/ 形 (**pick·i·er; -i·est**) 《略式》《軽蔑》好みがうるさい (about): a ~ eater （食べ物の）好き嫌いの多い人.

píck-your-ówn 形 （果樹園などが）自分で取るスタイルの.

*+**pic·nic** /píknɪk/ 名 (~s /~s/) C 1 （食事に重点をおいた）ピクニック, （食べ物持参の）遠足; [形容詞的に] ピクニック(用)の: go on a ~ ピクニックに行く / a ~ table [lunch] ピクニック(用)のテーブル[弁当]. 2 野外での食事[会食]; 《英》野外に持参する食べ物: Let's have a ~ in the backyard. 裏庭で食事をしよう / Japanese people gather for ~s under the cherry blossoms. 日本人は桜の下に集まって花見の宴を開く. 日英比較 日本語の「ピクニック」にはこの意味はない (☞ hike 参考). 3 [単数形で普通は否定文に用いて] 《略式》楽しい経験[時間]; 楽な仕事: It's no ~. それは楽じゃないよ.

── 動 (**pic·nics** /~s/; **pic·nicked** /~t/; **pic·nick·ing**) 自 野外の食事の集まりをする: Let's ~ on this bench. <V+前+名・代> このベンチで持ってきたものを広げて食べよう.

pícnic àrea 名 C （車乗り入れの）ピクニック場.
pícnic bàsket 名 C ピクニック用の手さげかご.
pícnic hàmper 名 C =picnic basket.
pic·nick·er /píknɪkɚ | -kə/ 名 C ピクニック客.
pic·nick·ing 名 U ピクニック(をすること), 野外の食事の集まり(をすること): NO PICNICKING. ここでの会食を禁ず〔掲示〕.

Pict /píkt/ 名 C ピクト人 《Britain 北部に住んだ古代人》.

pic·to·graph /píktəgrǽf | -grɑ̀ːf/, **pic·to·gram** /píktəgrǽm/ 名 C 1 絵グラフ. 2 象形文字, 絵文字.

gas station
ガソリンスタンド

no smoking
禁煙

playground
運動場

pictographs 1

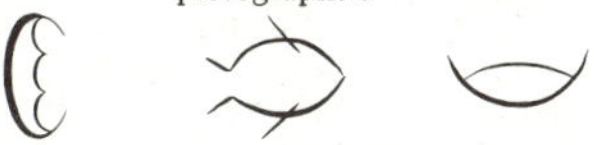

ear
耳

fish
魚

sun
太陽

pictographs 2

+**pic·to·ri·al** /pɪktɔ́ːriəl/ 形 （名 picture） A 1 絵の; 絵[写真]で表わした: a ~ magazine 絵[写真]入り雑誌 / a ~ record 絵[写真]による記録. 2 （描写などが）絵のような, 生き生きとした. ── C 絵[写真]中心の雑誌[新聞], 画報. **-al·ly** /-əli/ 副 絵によって, 絵[写真]入りで.

*★**pic·ture** /píktʃɚ | -tʃə/ （類音 pitcher¹,²）名 (~s /~z/; 形 pic·tur·esque, pictorial) 1 C 絵; 肖像画, 肖像: This is a ~ of Mrs. Lee. これはリー夫人を描いた絵だ / A ~ is a poem without words. 絵はことばのない詩である《ローマの詩人ホラティウス (Horace) のことば》.

picture	絵
	写真
	映画

ミニ語彙欄
コロケーション
動+picture
collect pictures　絵を収集する

picture book

- **draw** a *picture* （線画の）絵を描く
- **exhibit** *pictures* 絵を展示する
- **finish** a *picture* 絵を仕上げる
- **frame** a *picture* = **put** a *picture* **in** a frame 絵を額に入れる
- **hang** a *picture* 絵を掛ける
- **paint** a *picture* （絵の具で）絵を描く
- **retouch** a *picture* 絵に手を入れる

- **develop** a *picture* 写真を現像する
- **enlarge** a *picture* 写真を引き伸ばす
- **overexpose [underexpose]** a *picture* 写真を露出過度[不足]にする
- **print** a *picture* 写真を焼きつける
- **reprint** a *picture* 写真を焼き増しする
- **snap** a *picture* スナップ写真を撮る

形＋picture
- an **abstract** *picture* 抽象画
- an **celebrated** *picture* 名画
- a **fake [genuine]** *picture* 偽物[本物]の絵
- a **modern** *picture* 現代画
- the **original** *picture* 原画
- a **valuable** *picture* 高価な絵

- a **blurred** *picture* ピンボケの写真
- a **composite** *picture* 合成写真
- an **electronic** *picture* 電子写真
- a **pornographic** *picture* ポルノ写真
- **sequential** *pictures* 連続写真
- a **sharp** *picture* 鮮明な写真
- a **still** *picture* スチール写真
- an **underwater** *picture* 水中写真
- a **yellowed** *picture* 黄ばんだ写真

――picture のいろいろ――

[絵画] **génre pícture** 風俗画 / **lándscape pícture** 風景画 / **núde pícture** 裸体画 / **pén(-and-ink) pícture** ペン画 / **still-life pícture** 静物画
[写真] **bláck-and-white pícture** 白黒写真 / **cólor pícture** カラー写真 / **fámily pícture** 家族写真 / **núde pícture** ヌード写真 / **sátellite pícture** 衛星写真 / **3-D picture** 立体写真 / **X-ray picture** エックス線写真
[映画] **mótion [((古風)) móving] pícture** ((米))映画 / **scáre pícture** ホラー映画

関連表現
- He is a good **painter [photographer]**. 彼は絵を描く[写真を撮る]のがうまい
- I had a *picture* **taken**. 写真を撮ってもらった
- **pin (up)** a *picture* on the wall 壁に写真をピンで留める
- The model **posed [sat] for** a *picture*. モデルは写真のポーズをとった
- This is 「a *picture* **of** my mother [my mother's *picture*]. これは母の写真だ

2 C 写真 (photograph よりもくだけた語): May I take your ~? あなたの写真をとってもいいですか / The ~s came out nicely. 写真はうまくとれていた.

会話 "Are we allowed to take ~s in here?" "I'm afraid not." 「この中で写真をとってもよいでしょうか」「申し訳ありませんがとれません」

3 C [普通は単数形で] (映画・テレビの)画面, 映像, 画像: Do you get a clear ~ on your television (set)? あなたのテレビはよく映りますか.

4 [the ~] 状況, 事情, 様子 (situation): The murder changed *the* whole ~ of the affair. その殺人事件は事件の全局面を変えてしまった.

5 C [普通は単数形で] 生き生きとした描写, 記述, 説明; (心に描く)像 (image), 観念 (idea): This novel gives [paints] a good ~ *of* life in 18th century London. この小説は 18 世紀のロンドンの生活を生き生きと描いている / Can you form a mental ~ *of* what happened? 何があったかあなたは想像できますか. **6** C 映画 (cinema, film), (特に映画界の人が使うことば); [the ~s] ((古風, 英)) 映画館, 映画上映; [複数形で] 映画産業, ((米)) movies): go to the ~s 映画を見に行く. **7** [単数形で] 生き写し, 化身(じん): She is the ~ of her mother. 彼女は母親そっくりだ / He is [looks] the very ~ of misery. ((略式)) 彼はみじめさを絵にかいたようだ(何ともみじめな様子だ). **8** [a ~] ((略式, 主に英)) (絵のように)美しいものの風景, 人; 見もの (☞ …'s face is a picture (face 名 成句)): be [look] *a* ~ (絵のように)美しい. 語源 ラテン語で「描かれたもの」の意.

(as) **prétty as a pícture** [形] ((古風)) とてもきれいで.
be in píctures [動] ⓐ (1) 映画に出演する. (2) 映画界の人間である. **build (úp) a pícture of …** [動] ⓗ …を徐々に理解する. **gét the pícture** [動] ⓐ ⓢ ((略式)) 事情がわかる, 理解する. **in [òut of] the pícture** [形] ((略式)) 事情に通じて[うとくて]; 事態にかかわって[無関係で]: He wasn't put *in the* ~ about the plan. 彼はその計画については何も知らされていなかった. **the wíder [lárger, óverall] pícture** [名] = the big picture (☞ big picture).

— [動] (pic·tures /~z/; pic·tured /~d/; pic·tur·ing /-tʃ(ə)rɪŋ/) ⓗ **1** ⟨…⟩を心に描く, 想像する (imagine): It was hard to ~ life on the island. その島での生活を想像することは難しかった / I can't ~ myself (*as*) a parent. ⟨V+O+C ((*as*+)名)⟩ 私は親となった自分など想像もできません / I tried to ~ my former student teach*ing* somewhere. ⟨V+O+C (現分)⟩ 私はかつての教え子が どこかで教師をしているのを想像しようとしてみた / He ~*ed what* she would do when she found him gone. ⟨V+O (wh 節)⟩ 彼は自分がいなくなったのを知ったら, 彼女がどうするか想像した. **2** [しばしば受身で] ⟨事物⟩を(…として)描写する: Orion *was* ~*ed as* a handsome hunter. オリオンは美男の狩人として描かれていた. **3** [普通は受身で] ⟨…⟩を絵にかく; ⟨…⟩の写真を新聞・雑誌などに載せる. **pícture … to onesélf** [動] ⓗ ⟨…⟩を想像する, 心に思い浮かべる.

pícture bòok 名 C 絵本.
pícture càrd 名 ((英)) (トランプの)絵札.
pícture gàllery 名 C 絵画展示室, 画廊.
pícture pàlace 名 C ((古風, 英)) 映画館.
pícture-pérfect 形 ((米)) 絵のように完ぺきな.
pícture póstcard 名 C 絵はがき.
pícture-póstcard 形 A 非常に美しい.
pícture ràil 名 C (絵をつるす)額長押(なげし).
pic·tur·esque /pìktʃərésk/ 形 (☞ picture) **1** (場所などが)絵のように美しい; (美しくて)絵に向く. **2** (ことば・表現などが)生き生きとした, 真に迫った, 生々しい, あけすけ[露骨]な. **3** (人・態度・服装などの)風変わりな, 異様な. **~·ly** 副 絵のように美しく; 生き生きと, 真に迫って. **~·ness** 名 U 絵のような美しさ.

pícture tùbe 名 C ブラウン管.

pícture wìndow 名 C 見晴らし窓(外景を取り入れられるように居間などに設けた大きな一枚ガラスの窓).

PID = pelvic inflammatory disease.

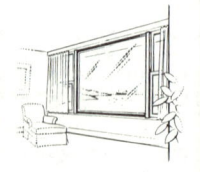

picture window

pid・dle /pídl/ 動 自 《略式》おしっこする. **píddle aróund** [《英》**abóut**] [動] 自 《略式》だらだら時を過ごす. ― 名 C 《幼児》おしっこ(をすること).

pid・dling /pídlɪŋ/ 形 [普通は A]《略式》軽蔑 つまらない, 取るに足らない.

pid・gin /pídʒɪn/ 名 U.C ピジン《違った言語を話す人たちの取り引きなどで使われる. 語彙(ﾞ)・文法が簡略化された混合言語》. 関連 creole クレオール.

pídgin Énglish 名 U ピジンイングリッシュ《アジア・アフリカなどの一部で用いられる通商英語で, その土地の言語が混合した変則的な英語》.

***pie** /páɪ/ (同音 pi; 類音 pipe) 名 (~s /-z/) 1 C.U [しばしば合成語で] パイ《小麦粉とバターをこねて, 果物・肉などを中に詰めて焼いたもの; 肉や野菜を入れたものは《英》》: Mom is baking a ~. ママはパイを焼いています. 参考 《米》では中身が見えても見えなくても pie というが, 《英》では中身の見えるものは tart か flan という.

――― pie のいろいろ ―――
ápple píe アップルパイ / **chérry píe** さくらんぼ入りのパイ / **méat píe** 肉入りのパイ / **mínce píe** ミンスパイ / **pórk píe** 豚肉入りパイ / **pótpìe** 深皿で作る肉入りパイ / **púmpkin píe** かぼちゃのパイ

2 C.U 《クリーム・ゼリーなどをはさんだ》レーヤーケーキ. 3 C 《分配すべき収益などの》総額, 全体: a slice [share, piece] of the ~ 《金・収益などの》分け前.
(as) éasy as píe [形] 《略式》 とても易しい. **(as) níce as píe** [形] S 《怒るはずなのに》とても愛想がよい.
píe in the ský [名] 当てのない空想, 絵にかいたもち.

píe and másh 名 C.U 《英》パイアンドマッシュ《小さなミートパイとマッシュポテト; 安い料理》.

pie・bald /páɪbɔːld/ 形 《馬などが》白黒まだらの, ぶちの. ―― 名 C 《白と黒の》まだら馬[の動物].

****piece** /píːs/ (同音 peace) 名 (**piec・es** /-ɪz/) C 1 [数えられない名詞を個別に数えるときの単位として] (1) [物質名詞とともに用いて] **1つ, 1個**, 1切れ, 1本, 1枚 (☞ part 類義語): a ~ of wood 木片1つ / several ~s of meat 何切れかの肉 / two ~s of chalk チョーク2本 (☞ chalk 語法) / I found a ~ of cloth on the table. テーブルの上に1枚の布があった. (2) [抽象名詞につけて, 普通は単数形で] 1つ, 1例: a useful ~ of advice (1つの)有益な忠告 / a ~ of stupidity 愚行 / I'll give you a ~ of information [good news]. あなたに情報[よい知らせ]を1つさしあげよう.

語法 piece は後に続く名詞ほどの強いアクセントを受けず, a ~ of méat, a ~ of advíce のように発音される. a cùp of téa, a glàss of wáter, a shèet of páper, a càke of sóap, an àrticle of fúrniture などのアクセントも同様.

2 一部分, 1片, 《ひと組の中の》一部, 部品; 《土地の》一区画: a bad ~ of road 道路の悪い部分 / a jigsaw (puzzle) with 500 ~s=a 500-piece jigsaw (puzzle) 500ピースのジグソーパズル / Some ~s of the coffee set were broken. コーヒーセットのうちのいくつかが割れていた / A ~ of land was sold. その土地の一区画が売れた.
3 (1つの)芸術作品, 小品《文・詩・脚本・絵・楽曲など》; 《新聞・雑誌の》記事: a ~ of music [poetry] 楽に書かれた一曲[詩の一編] / a dramatic ~ 戯曲 / an excellent ~ of sculpture すばらしい彫刻作品. 4 《製品の》単位, 個: a ~ of linen リネン1反 / two nice ~s of work 見事な製品2個. 5 硬貨 (coin): ten ~s of gold [silver] 《古語》金[銀]貨10枚 / a ten cent ~ 10セント貨. 6 《チェスなどの》こま. 7 [a ~ of ass で]《米略式》[差別] 女, あま. 8 《米略式》《小》銃, ガン. 9 [普通は a ~]《米略式》短い距離[道のり].

píe-eyed 1321

(áll) in óne píece [副] 《略式》 《物・人が》無事に.
(áll) of a píece [形] (1) 同じ性質[種類]の. (2) (…と)一致して (*with*).
a píece of éight [名] 昔のスペイン銀貨.
a píece of shít [**cráp**] [名] S 《くだらないもの.
a píece of wórk [名] (1) [主に形容詞を付けて] (…な)作品, 製品, 細工物 (☞ 3, 4; work 名 5 語法). (2) [主に real を伴って] S 《略式》[滑稽] つきあいにくい人物; 変わり者.
by the píece [副] (1) 1個いくらで. (2) 《仕事の》出来高で.
còme to píeces [動] 自 《機械などが》分解できる.
cút ... to píeces [動] 他 〈…〉をずたずたにする; 壊滅させる.
dó [**wríte**] **a píece on** [**abóut**] **...** [動] 他 …について記事[一文]を書く.
fáll to píeces [動] 自 (1) 粉々[ばらばら]になる. (2) [進行形で] 《特に古くなって》いたむ (☞ fall² 4). (3) (人が)(悲しくて)精神的に参る, うろたえる. (4) 《計画・関係などが》だめになる, 支離滅裂になる.
gò (áll) to píeces [動] 自 《略式》ばらばらになる; 《人が》肉体的・精神的に参ってしまう.
in píeces [形・副] (1) ばらばらになって, 粉々になって, 壊れて: I found my favorite vase *in* ~s. 私のお気に入りの花びんが粉々になっていた. (2) ばらされて.
ìnto píeces [副] ばらばらに, 粉々に.
pick ... to píeces [動] 他 =pull ... to pieces.
pick úp the píeces [動] 自 《ばらばらなものを》寄せ集める; 事態を収拾する.
píece by píece [副] 一つ一つ, 少しずつ.
púll ... to píeces [動] 他 〈…〉をこきおろす.
ríp ... to píeces [動] 他 =pull ... to pieces.
sáy one's píece [動] 自 思い[考え]をぶちまける.
tàke a píece òut of ... [動] 他 …をひどく叱責する.
táke ... to píeces [動] 他 〈…〉をばらばらにする.
téar ... to píeces [動] 他 (☞ tear 成句).
to píeces [副] ずたずたに, 粉々に.
―― 動 [次の成句で] **píece togéther** [**óut**] [動] 他 《いくつかの断片から》〈…〉をまとめて[仕上げる], 結合する; 〈真相など〉を見出す; 〈破片・部分など〉をつなぎ合わせる, つなぎ合わせて作る.

pi・èce de ré・sis・tance /piésdərèɪzi:stá:ns | -rèzɪs-/ 《フランス語から》 名 (**pi・èces de ré・sis・tance** /piésdərèɪzi:stá:ns | -rèzɪs-/) C 1 主要事件[作品, 記事], 呼び物; クライマックス. 2 主料理《正餐(ｻﾞｳ)の中での》.

⁺**piece・meal** /píːsmìːl/ 副形 [けなして]《変化・過程などが》少しずつ(の); 断片的な[に].
píece ràte 名 C.U 出来高賃金.
píece・wòrk 名 U 出来高(払い)の仕事.
píe chàrt 名 C 円グラフ. 関連 bar graph [chart] 《米》棒グラフ.
píe・crùst 名 C.U パイの皮: Promises are like ~, made to be broken. 《ことわざ》約束はパイの皮のように破られる.
pied /páɪd/ 形 A 《鳥などが》《黒と白の》まだらの, 雑色の.
pi・ed-à-terre /piéɪdɑ:téə | -téə/ 《フランス語から》 名 (複 **pi・eds-à-terre** /piéɪdɑ:téə | -téə/) C 《町中の》仮住居, セカンドハウス.
píed píp・er /páɪdpáɪpə | -pə/ 名 C 人を巧みに誘導する者 (☞ Pied Piper of Hamelin).
Píed Píper of Hám・e・lin /-hǽm(ə)lɪn/ 名 [the ~]《ドイツ伝》ハーメルンの笛吹き《ハーメルン《ドイツの都市》の町中のねずみを退治したのに約束の礼金がもらえず, 仕返しに町中の子供を笛で誘い出して隠したという笛吹き》.
píe-éyed 形 《古風, 略式》 酔っぱらった.

píe pàn [pláte] 名 C パイ焼き皿.

pier /píə | píə/ 名 C **1** 埠頭(ふとう), 船着き場(船の乗り降りのほか(主に英)で遊歩道ともなる; ☞ wharf 表). 防波堤: The ship came alongside the 〜. 船は桟橋に横付けした. **2** 橋脚, 橋げた. **3** (アーチなどを支える)支柱. **4** 窓間(まどあい)壁.

pier 1

***pierce** /píəs | píəs/ 動 (**pierc·es** /-ɪz/; **pierced** /-t/; **pierc·ing**) 他 **1** (とがったもので)⟨…⟩を突き抜く, 貫く, 突き破る, ⟨…⟩に穴をあける; 突入[突破]する: The arrow 〜d the wall. 矢は壁を貫いた / The bullet 〜d his right lung. 弾が彼の右肺を貫通した / I had my ears 〜d on my 15th birthday. 私は15歳の誕生日に耳たぶにピアスの穴をあけてもらった.
2 (文)⟨苦痛・寒さ・悲しみなどが⟩⟨…⟩の身にしみる, ⟨…⟩にしみ通る: The cold 〜d me to the bone. 寒さが骨までしみた / Her heart was 〜d with sorrow. <V+O+with+名・代の受身> 彼女の心は悲しみで張り裂けそうだった. **3** (文)(叫び声などが)⟨静けさ⟩を破る; (光が)(暗やみに)差し込む. — 自 突き刺さる, 貫く; (音・光が)入り込む; ⟨苦痛などが⟩身にしみる: His words 〜d to the heart of the matter. 彼のことばは問題の核心に触れるものだった.
pierce through 動 他 ⟨…⟩を突き進む[破る].

pierced /píəst | píəst/ 形 穴のあいた; (イヤリングなど)ピアス用に穴のあいた: earrings for 〜 ears ピアスのイヤリング.

***pierc·ing** /píəsɪŋ | píəs-/ 形 **1** 突き刺すような. **2** A (寒さ・風・悲しみなどが)身にしみる; (声・批判などが)鋭い; (光線が)目を射る, 強い. **3** A ⓦ (目・視線などが)(物事を)見通すような. — 名 U ピアスの穴をあけること (☞ body piercing). 〜·ly 副 突き刺すように; 鋭く; 見通すように.

Pierre /píə | píə/ 名 固 ピア《米国 South Dakota 州の州都》.

Pi·erre Car·din /píèəkɑədǽn | pìəká:dæn/ 名 ピエール カルダン《フランスの衣料品ブランド》.

Pier·rot /pí:ərou | píərou/ 《フランス語から》名 (〜s /〜z/) **1** C ピエロ《昔のフランス無言劇の道化役; おしろいを塗った円錐(えんすい)形の帽子をかぶり, だぶだぶの白服を着る》. **2** [p-] (特に昔の)道化役者, ピエロ (clown).

píe-shàped 形 (米)1切れのパイのような形をした.

Pi·e·tà /pì:eɪtá:/ 名 ピエタ《キリストの遺体をひざに抱いて嘆く聖母マリアの絵[像]》.

pi·e·ty /páɪəti/ 名 (-e·ties; 形 píous, 反 impíety) **1** U 敬虔(けいけん), 信心; U 敬虔な行為. **2** [複数形で] (誠意のこもった)お題目.

pi·e·zo·e·lec·tric /pìèɪzouɪléktrɪk | pì:zou-/ 形 圧電性の.

pif·fle /pífl/ 名 U (古風, 略式) くだらないこと.

pif·fling 形 [普通は A] (古風, 英略式) くだらない, わずかの.

***pig** /píg/ (頭韻 peg) 名 (〜s /〜z/) **1** C 豚; U 豚肉; [形容詞的に] 豚の. ★鳴き声については ☞ cry 表. 関連 pork 豚肉 (☞ meat 表), ham, bacon.

pig, (主に米) hog	boar (去勢しない雄豚)	豚
	hog (去勢した食用豚)	
	sow (雌豚)	

2 C ⓢ (略式) [軽蔑] 薄汚い[意地の汚い, 欲深い, 食いしんぼうな]人; ⓢ (英) 難しいこと, いやなもの: a 〜 of a job 大変な仕事. **3** C ⓢ (略式, 軽蔑, 差別) 警官, ポリ公. **4** C なまこ《鉄などの長方形の塊》. **5** U =pig iron.
búy a píg in a póke 動 自 (品物を)無造作に買う, 現物を見ないで買う. 由来 poke は袋を指し, 中を見もせず袋に入った豚を買うという意味. **in a píg's éye** (古風, 米) ⓢ (…なんて)まさか[とんでもない]! **màke a píg's éar (òut) of ...** 動 (略式, 主に英) …をしくじる[やりそこなう]. **màke a (réal) píg of onesèlf** 動 自 (略式) がつがつ食べる, がぶがぶ飲む. **píg in the míddle** 名 (英)(1) [a 〜] (略式) 板ばさみになった人. (2) =keep-away. **Pígs míght flý!** (略式, 主に英) [相手のことばを打ち消して皮肉に] 豚だって空を飛ぶかも知れない(そんなことあるわけがない). **swéat like a píg** 動 (略式) ひどく汗をかく. **when pígs flý** 副 ⓢ (米) 絶対ありえないほ.
— 動 (pigs; pigged; pig·ging) 自 ⓢ (英) 大食いする. — 他 ⓢ (英)⟨…⟩をがつがつ食べる. **píg it** 動 自 不潔な生活をする.
píg onesèlf 動 自 (米略式) [軽蔑] 大食いする (on). **píg óut** 動 自 (略式, 主に米) (…を)がつがつ大食いする (on). **píg togéther** 動 自 =pig it.

***pi·geon** /pídʒ(ə)n/ 名 (〜s /〜z/) **1** C はと《野鳥のほかに家にも用いる》; U はとの肉: a carrier [homing] 〜 伝書ばと. ★鳴き声については ☞ cry 表. **2** C (略式) 若い女性. **3** C (略式) かも, だまされやすい人. **4** [所有格の後で] (古風, 英略式) 責任, 関心事. 語源 元来はラテン語で「ひな鳥」の意.

| pigeon (普通の) | はと |
| dove (特に小型の) | |

pígeon-chésted 形 C 鳩胸の.

pígeon·hòle 名 C **1** (書類などの)区分け棚, 整理棚. **2** (はとの)仕切り巣箱. **pút ... into a pígeonhole** 他 ⟨…⟩を枠[型]にはめて考える, 固定観念をもって見る. — 動 他 **1** ⟨…⟩を区分け棚に入れる; ⟨…⟩を分類整理する; ⟨人・物⟩を型にはめる[類型化する] (as). **2** ⟨…⟩を棚上げする, 後回しにする.

pigeonhole 1

pígeon-tóed 形 C 内またの.

pig·ger·y /pígəri/ 名 (-ger·ies) **1** C (英) 養豚場, 豚小屋. **2** U (軽蔑) 食欲な行為.

pig·gish /pígɪʃ/ 形 豚のような; 汚らしい, 汚い; 欲の深い, 意地汚い; 嫌な. 〜·ly 副 意地悪く.

pig·gy /pígi/ 名 (pig·gies) C (略式, 小児) **1** 小豚. **2** 足の指. **píggy in the míddle** (pig 名 成句). **(英)** =pig in the middle — 形 (pig·gi·er; -gi·est) (略式) [軽蔑] **1** がつがつした. **2** 豚のような: 〜 eyes 小さなしょぼしょぼした目.

píg·gy·bàck 名 C 肩車, おんぶ: Give me a 〜, Daddy. お父さん, おんぶして. — 形 **1** 肩車の, おんぶした: a 〜 ride おんぶ. **2** 付加[補足, 追加]の. **3** 台車輸送の. — 副 **1** 肩車して, おんぶされる. **2** (略式) 便乗して, おんぶする (on, onto). — 他 **1** ⟨…⟩を肩[背]に乗せて運ぶ, 背負う. **2** ⟨…⟩に付加[補足, 追加]する, 便乗させる. **3** ⟨…⟩を台車で輸送する.

píggy bànk 名 C 子豚の形をした貯金箱《子供用の; ☞ 次ページ写真》; [一般に] 貯金箱.

píg·héaded 形 強情な, つむじ曲がりの. 〜·ly 副 強情に. 〜·ness 名 U 強情さ.

píg ìron 名 U
銑鉄(せん).

píg Làtin 名 U
ピッグラテン《語頭の子音(群)を語末にまわし, それに /eɪ/ という音を加えてつくる子どもの隠語; 例 oybay = boy》.

pig·let /pɪ́glət/ 名 C 子豚.

†**pig·ment** /pɪ́gmənt/ 名 U.C 1 顔料, 絵の具. 2 《生》色素.

pig·men·ta·tion /pɪ̀gməntéɪʃən/ 名 U 《格式》染色, 着色; 色素形成; (皮膚の)色.

pig·my /pɪ́gmi/ 名 = pygmy.

píg·òut 名 C 《米俗》ばか食い, 大食らい.

píg·pèn 名 C 《米》 1 豚小屋《英 pigsty》. 2 《略式》汚い部屋[家].

píg·skin 名 1 U 豚の皮. 2 [単数形で]《米略式》フットボール用ボール.

pig·sty /pɪ́gstàɪ/ 名 (-sties) C 《英》 = pigpen.

pig·swill /pɪ́gswɪ̀l/ 名 1 《英》 豚のえさ, 残飯. 2 《略式》まずい食べ物.

píg·tàil 名 C (一つ[二つ]にたばねた)おさげ髪 《米 braid, 英 plait》; in ~s お下げにして. 関連 ponytail ポニーテール.

†**pike**[1] /páɪk/ 名 C S 《米》高速有料道路, ハイウェー(= turnpike). **cóme dówn the píke** 動 自 《米》現われる, やって来る; 起こる.

†**pike**[2] /páɪk/ 名 C (複 ~(s)) C.U かわかます《食用の大きな淡水魚》.

pike[3] /páɪk/ 名 C 1 ほこ, やり《昔 歩兵が使った》. 2 《北英》峰のとがった山. —— 動 他 〈...〉をほこ[やり]で突く[傷つける, 殺す].

pike·man /páɪkmən/ 名 (-men /-mən/) C やりほこ]兵.

pik·er /páɪkə | -kə/ 名 C 《豪》用心深い人, けちな人.

píke·stàff 名 (複 -staves /-stéɪvz, -stɑ́ːvz | -stéɪvz/) C やりの柄. **(as) pláin as a píkestaff** 形 きわめて明白な.

pi·laf, pi·laff /pɪlɑ́ːf | pɪ́læf/ 名 U.C ピラフ《味をつけた米に肉などを入れて炊いたもの》.

pi·las·ter /pɪlǽstə | -tə/ 名 C 柱形(ばしら)《柱の形に張り出した壁の一部》.

Pi·late /páɪlət/ 名 **Pon·tius** /pɑ́ntʃəs | pɔ́ntɪəs/ ~ 《聖》ピラト《キリストの処刑を許可したローマのユダヤ総督》.

pi·lau /pɪlóʊ | piːlaʊ/ 名 U.C = pilaf.

pil·chard /pɪ́ltʃəd | -tʃəd/ 名 (複 ~(s)) C ピルチャード《西ヨーロッパ産いわしの一種; ☞ sardine》.

piggy bank

pile[1] /páɪl/ 活用 名 (~s /-z/) C 1 積み重ね, (...の)山: a huge ~ of mail どっさり山のようにたまった郵便物 / When I clean my desk, I first sort my papers into ~s. 私が机を片づけるときはまず書類を仕分けして積み重ねます.

pile (同種類のものをきちんと山積みにした)	積み重ね
heap (多少乱雑に高くこんもりと積み上げた)	
stack (同じ大きさ・形のものをきちんと山積みした)	

2 (火葬用の)積みまき(= pyre). 3 [普通は単数形で]《略式》大金, 財産. 4 《主に英》(偉容を誇る)大建築物[邸宅](群). 5 = atomic pile. 6 (乾)電池. **a píle of ... = píles of ...** 形 《略式》 たくさんの, 大量の: I've got ~s [a ~] of work to do today. きょうはしなければならない仕事が山ほどある.

pillar 1323

máke a [one's] píle 動 自 《略式》 ひともうけする, ひと財産つくる.

(the) tóp [bóttom] of the píle 名 (社会・組織・重要性の)頂点[底辺].

—— 動 (piles /-z/; piled /-d/; pil·ing) 他 1 〈...〉を積み重ねる, 山と積む: We ~d the old magazines (high) **in** the corner. <V+O+前+名・代> 私たちは古雑誌を隅に(うず高く)積んだ.

2 〈場所〉に(...を)積み上げる; 〈...〉を(場所に)積み上げる: a plate ~d high **with** fries フライドポテトを山盛りにした皿 / The farmers ~d hay (high) **on** (**to**) the cart. 農夫たちは荷車に干し草を(うず高く)積み上げた.
—— 自 1 積もる; たまる. 2 [副詞(句)を伴って] どやどやと入る[出る] (in, out); They ~d **into** [**out of**] the car. 彼らはどやどやと車に乗り込んだ[車を降りた].

píle it ón 動 自 《略式》 大げさに言う, 誇張する.

píle ón ... 動 他 《略式》 (1) ...を誇張して言う: ~ on the praise [criticism] 称賛[酷評]を浴びせる ∥ ~ on the agony (人に)圧力をかける ∥ = on the agony (☞ agony 成句). (2) (何人もが)...に座る[寝そべる].

píle úp 動 自 (1) 積み重なる, 積もる, こびりついてたまる, 山積する. (2) (何台もの車が)玉突き衝突する.
—— 他 (1) 〈...〉を積み重ねる: Dishes were ~d up on the table. 皿がテーブルの上に積み重ねられていた. (2) 〈...〉を累積させる.

pile[2] /páɪl/ 名 C パイル《地盤に打ち込むくい》.

pile[3] /páɪl/ 名 C.U (ビロード・じゅうたんなどの)けば.

píle driver 名 1 くい打ち機. 2 《英略式》《スポ》強烈なパンチ; 強烈なキック.

piles /páɪlz/ 名 [複]《略式》痔(じ) (= hemorrhoids).

píle·ùp 名 1 (車の)玉突き衝突. 2 (いやな仕事・請求書などの)山, 山積.

pil·fer /pɪ́lfə | -fə/ 動 他 (-fer·ing /-f(ə)rɪŋ/) 他 〈...〉を(少しだけ)盗む, くすねる (from). —— 自 こそどろをする (from) (☞ steal 類義語).

pil·fer·age /pɪ́lf(ə)rɪdʒ/ 名 U こそどろ(行為).

pil·fer·er /pɪ́lfərə | -rə/ 名 C こそどろ(人).

pil·fer·ing /pɪ́lf(ə)rɪŋ/ 名 U = pilferage.

†**pil·grim** /pɪ́lgrɪm/ 名 1 C 巡礼者; (名所・旧跡への)旅行者: The *P~'s Progress*『天路歴程』 (John Bunyan の宗教寓話物語 (1678)). 2 [the Pilgrims で] = Pilgrim Fathers. 語源 ラテン語で「外国人」の意; それから「外国からの巡礼者」の意味になった.

pil·grim·age /pɪ́lgrəmɪdʒ/ 名 C.U 巡礼の旅, 聖地巡り; (名所・旧跡への)旅. **'gó on [màke] a pílgrimage** 動 自 巡礼の旅に出る (to).

Pílgrim Fáthers 名 [複] [the ~] ピルグリムファーザーズ《1620年 Mayflower 号でアメリカへ渡り, 現在の Massachusetts 州南東部に Plymouth 植民地を築いた 102名の英国の清教徒たち》.

píl·ing 名 C [普通は複数形で] くい.

pill /pɪ́l/ 活用 名 (~s /-z/) C 1 丸薬, 錠剤 (for); swallow a sleeping ~ 睡眠薬を飲み込む / Take three ~s a day. 1日3錠飲むこと.

2 [the, P-] ピル, 経口避妊薬. 3 C 麻薬. 4 C 《米略式》いやなやつ, 世話のやける子供. **a bítter píll ((for ...)) to swállow** 名 ((...が)耐えねばならない)いやなこと, つらいこと. **be [gó] on the píll** 動 自 ピルを常用している[飲み始める]. **còme [gó] óff the píll** 動 自 ピルの服用をやめる. **swéeten [《主に英》súgar] the píll** 動 自 いやな[苦しい]ことを受け入れやすくする. 《不平不満をなだめるための処置として》.

†**pil·lage** /pɪ́lɪdʒ/ 動 他 〈...〉を略奪する. —— 自 略奪する. —— 名 U (戦争中の)略奪.

pil·lag·er /pɪ́lɪdʒə | -dʒə/ 名 C 略奪者.

pil·lar /pɪ́lə | -lə/ 名 (~s /-z/) C 1 柱, 支柱; 記念碑: He put up a ~ to support the roof. 彼は屋根を

1324 pillar box

支える柱を立てた. **2**《格式》柱[支え]となるもの, 《社会・地域などの》中心人物, 大黒柱; 《教義などの》柱, 礎(%): Newspapers are a ~ of democracy. 新聞は民主主義の支えである. 語源 pile¹と同語源.

a píllar of stréngth [suppórt] [名]《困った時》頼りになる人. **from píllar to póst** [副]《略式》あちこち(回って), 右往左往して.

píllar bòx 名 C《古風, 英》《柱状の》郵便ポスト《普通は赤色》《《米》mailbox》.

píl·lared /píləd | -ləd/ 形 柱で支えた; 支柱のある.

Píllars of Hércules 名 [複][the ~] **1** ヘラクレスの柱《Gibraltar 海峡をはさんでそびえる 2 つの岩山で, ヘラクレスが 2 つに割ったという伝説がある》. **2** [比喩] 地の果て, ぎりぎりの地点.

píll·bòx /píl-/ 名 C **1** 丸薬入れ. **2**《軍》トーチカ《コンクリート製の小型のとりで》. **3**《上の平らな》女性用の縁なし帽.

píllbox hát 名 C =pillbox 3.

pillar box

pil·lion /píljən/ 名 C《オートバイ・馬などの》後部座席《☞ motorcycle 挿絵》; 《女性用》添え鞍(%). **ríde píllion** [動] 自《オートバイ・馬の後ろに》相乗りする.

píl·lock /píl-/ 名 C《英略式》《英》大ばか者.

píl·lo·ry /píləri/ 動 (-lo·ries, -lo·ried, -ry·ing) 他 **1**《格式》[普通は受身で]《特にマスコミが》《人》をもの笑いの種にする, 嘲笑する. **2**《人》をさらし台にさらす. ―名 (-lo·ries) C [普通は単数形で] さらし台《首と手を板の間に挟む昔の刑具》.

*__pil·low__ /pílou/ 名 (~s /-z/) C まくら《☞ bedroom 挿絵, bolster 挿絵》; まくらの代わりになるもの, 《米》《ソファーなどの》《装飾用》クッション: toss and turn on one's ~ 眠れないで寝返りを打つ.
― 動 他《眠るために》《頭》を《まくらなどに》のせる (on).

†**píl·low·càse** /pílouk`eɪs/ 名 C まくらの覆い(%), 袋状のまくらカバー.

píllow fíght 名 C《子供の》まくら投げ[合戦].

píllow shàm 名 C《米》装飾用の枕掛け.

píllow slíp 名 C まくらカバー (pillowcase).

píllow tàlk 名 U《略式》寝室の睦言(窓).

píll pòp·per /-pùpə | -pɔ̀pə/ 名 C《略式》《覚醒剤》の錠剤の常用者.

*__pi·lot__ /páɪlət/ ⦅類音⦆ pirate) 名 (pi·lots /-ləts/) C **1**《航空機などの》パイロット, 操縦士: a test ~ テストパイロット / a jet ~ ジェット機のパイロット. **2**《船の》水先《案内》人; 舵取り: He served as the ~ of the ship. 彼はその船の水先人を務めた. **3** 指導者; 案内人. **4**《テレビ番組の》パイロット版《視聴者の反応を調べる》. **5** 試験的実施, 試行. **6** =pilot burner. 語源 ギリシャ語で「オール, かじ」の意.
― 形 A 試験的な, 実験的な; 予備的な: a ~ farm 試験農場 / a ~ project [scheme] 試行計画.
― 動 他 **1**《飛行機》を操縦する, 《…》のパイロットを務める: My uncle ~s jumbo jets. 私のおじはジャンボジェット機のパイロットだ. **2**《船》の水先案内をする. **3**《…》を試験的に行なう. **4**《文》《…》を案内する (guide); 《…》を指導する (lead). **5**《英》《法案など》を通す (through).

pi·lot·age /páɪlətɪdʒ/ 名 U 水先案内(料); compulsory ~ 強制水先.

pílot bòat 名 C 水先案内船.

pílot bùrner 名 C 口火 (pilot)《ガスなどの点火用に常時燃やしておく》.

pílot·hòuse 名 (-hous·es /-hàʊzɪz/) C《海》《船の》操舵室.

pi·lo·ti /pɪláti | -lɔ́ti/ 名 C《建》ピロティ《建物を地表から持ち上げる支柱によってできる通路空間》.

pílot làmp 名 C 表示灯, パイロットランプ.

pílot líght 名 C **1** =pilot burner. **2** =pilot lamp.

pílot òfficer 名 C [肩書では P- O-]《英》空軍少尉.

pílot stùdy 名 C 予備研究[調査, 実験].

píl·sner /pílznə | -nə/ 名 U,C [しばしば P-] ピルスナー《ホップのきいた軽いビール》.

pi·men·to /pɪméntoʊ/, **pi·mien·to** /pɪm(j)éntoʊ | pɪmɪén-/ 名 (~s) C,U ピメント, 赤ピーマン.

pimp /pímp/ 名 C《売春婦の》ひも; 《女を取り持つ》ポン引き. ― 動 自 売春婦の客引きをする.

pim·per·nel /pímpənèl | -pə-/ 名 C るりはこべ《植物》.

pim·ple /pímpl/ 名 C にきび, 吹き出物 (spot).

pim·pled /pímpld/ 形 =pimply.

pim·ply /pímpli/ 形 (pim·pli·er; -pli·est) にきびのできた, 吹き出物だらけの.

*__pin__ /pín/ ⦅類音⦆ pen¹ ², pink) 名 (~s /-z/) **1** C ピン, 留め針, まち針: fasten the butterfly to the cardboard with a ~ ちょうをボール紙にピンで留める / You could hear a ~ drop. S《静かで》針が落ちる音も聞こえるくらいだ《☞ could B 1 (4)》. **2** C《英》のみで合成語》飾りピン《ネクタイピンなど》, 《主に米》ブローチ, バッジ《英》brooch》; 留め具《くぎ》, 添え木, 《骨折部などを固定する》ピン, 金属棒; 《車輪の》安全ピン; =hairpin 1; 《電》ピン《プラグから突き出ている細長い金属片》.
3 C《ボウリング》ピン; 《ゴルフ》ピン《ホールを示す旗ざお; ☞ golf 挿絵》; 《弦楽器の》糸巻き; 栓. **4** [複数形で]《英略式》脚 (legs). **for twó píns** [副]《古風, 英》《腹立たしい時などにすぐにでも《…したい》. **nót càre [gíve] 'a pín [twó píns]** [動] 自 重要性や価値を認めない, ちっとも構わない (for). **on píns and néedles** [副] やきもきして. 由来 針の上に立っているような落ち着かない気持ちで, の意. **píns and néedles** [名]《単数扱い》ちくちくする感じ《手足のしびれが切れたときの》: get ~s and needles ちくちくする.

― 動 (pins /-z/; pinned /-d/; pin·ning) 他 [副詞(句)を伴って] **1** 《…》をピンで留める, 画びょうで留める (back, down, up): He pínned the letters together. <V+O+together> 彼は手紙類をピンでまとめた / Peggy pinned a flower to her coat. <V+O+前+名・代> ペギーは花をコートにピンで留めた / I pinned the calendar to [on] the wall. 私はカレンダーを壁にピンで留めた. **2**《…》を押さえつける (to): He was pinned 'under the fallen tree [against the wall]. 彼は倒れた木の下で《壁に押しつけられて》身動きできなかった. **3**《レス》《相手》をフォールする. **Pín your éars báck!** S《英略式》よく聞けよ, いいか.

pin の句動詞

pín dówn 動 他 **1** 《…》をくぎづけにする, 動けなくする: He was pinned down by a fallen log. 彼は倒れた丸太の下敷きになって身動きできなかった. **2** 《…》の考えをはっきり言わせる; 《…》をのっぴきならぬところへ追い込む. **3** 《人》を同意させる, 《人》に《…》を約束させる: I don't like to be pinned down to (keeping) such a promise. 私はそんな約束に縛られたくはない. **4** 《…》の正体をつきとめる, はっきりさせる, 明言する.

pín ... on ― 動 他 ―に《罪》を着せる, ―に《責任》を負わせる: She tried to ~ the blame on me. 彼女はその罪を私に着せようとした / ~ one's faith on ... 《☞ faith 成句》 / ~ one's hopes on ... 《☞ hope 名 成句》.

pín úp 動 他 **1** 《ポスター・写真など》をピン[びょう]で留める, 張る. **2** 《衣服(のすそ)・髪など》を《落ちないように》

げてピンで留める.

PIN /pín/ =personal identification number (クレジットカードなどの)暗証番号.

pi·ña co·la·da /píːnjəkouláːdə/ píːnə-/ 《スペイン語から》 名 C|U ピニャコラーダ 《ラム酒から作るカクテルの一種》.

pin·a·fore /pínəfɔ̀ː/ -fɔ̀ː-/ 名 C 1 《英》エプロン 《略式》pinny). 2 《米》エプロンドレス. 3 《英》ジャンパースカート (《略式》jumper¹ 1).

pínafore drèss 《英》=pinafore 3.

pi·ña·ta, pi·na·ta /piːnjáːtə/ 《スペイン語から》 名 C ピニャータ (菓子・果物・景品などを入れた容器; 天井につるしてパーティーの時子供が目隠しして棒で割る).

Pi·na·tu·bo /piːnətúːbou/ pìnə-/ 名 ⦿ Mount ~ ピナツボ山 《フィリピンの Luzon 島にある活火山》.

pín·bàll 名 ピンボール 《ゲーム》.

pínball machìne 名 C ピンボール機 《英》pin-table).

pince-nez /pænsneɪ, pænsnéɪ/ 名 (複 ~) C 鼻めがね.

pin·cers /pínsəz/ -səz/ 名 [複] 1 やっとこ, くぎ抜き. 2 (えび・かになどの)はさみ (⇒ lobster 挿絵).

pín·cer(s) mòvement /pínsə(z)- -sə(z)-/ C 挟み撃ち作戦.

*****pinch** /píntʃ/ 動 (pinch·es /-ɪz/; pinched /-t/; pinch·ing) 他 ⟨...⟩をつねる. 挟む: We *are ~ed for* space. <V+O+*in*+名·代> 指をドアに挟まないように注意しなさい / I had to ~ myself. 《普通は S》 (夢かと思って)わが身をつねらずにはいられなかった.

2 [普通は受身で] ⟨...⟩を苦しめる, 困らせる; (寒さなどで)縮み上がらせる: We *are ~ed for* space. <V+O+*for*+名·代の受身> 空いた場所がなくて困っている / Susie *was ~ed with* cold. <V+O の受身> スージーは寒さで縮み上がった. 3 (靴·帽子などが)⟨...⟩を締めつける: Shoes that ~ your toes should be avoided. 足にきつい靴はさけるべきだ. 4 《英略式》⟨...⟩を盗む; 黙って持って行く (*from*) (⇒ steal 類義語). 5 [普通は受身で] 〈顔〉をやつれさせる. 6 [普通は受身で] 《古風, 英略式》⟨...⟩をつかまえる, 逮捕する (arrest) (*for*).

— 自 1 つねる: Stop ~*ing*! つねらないで.
2 (靴·帽子などが)締めつける: These shoes ~. この靴はきつい.

pínch and scrápe [動] 自 《英》金をけちけちする, 切り詰めた生活をする. **pínch óff** [**óut**] [動] 他 〈若芽·枝〉を摘み取る.

— 名 (~·es /-ɪz/) C 1 ひとつまみ, 少量: a ~ *of* salt 塩ひとつまみ.

2 ひとつねり, つまむこと: He gave me a ~ on the cheek. 彼は私のほおをつねった. 3 (靴·帽子などが)きつくて痛いこと. 4 《俗》(警察の)手入れ, 逮捕; 盗み. **féel the pínch** [動] 自 金に困っている. **if it cómes to the pínch** [副] 緊急の時に(は). **in** [《英》**at**] **a pínch** [副] いざという時に(は).

pinch·beck /píntʃbèk/ 名 U 金色銅 《銅と亜鉛の合金; 金のまがい物》. — 形 まがい物の.

pinched 形 1 (顔が)やつれた, 青白い; (寒さなどで)縮み上がった (*with*). 2 P (金などがなくて)困った (*for*).

pinch-hít 動 (-hits; -hit; -hit·ting) 自 1 【野】代打に出る. 2 (緊急の際に)代役を務める (*for*).

pínch hítter 名 C 《米》 1 【野】ピンチヒッター. 2 代役.

pínch-rún 動 自 【野】ピンチランナーで出る.

pínch rúnner 名 C 【野】ピンチランナー.

pín cùrl 名 C (髪の毛の)ピンカール.

pín·cùshion 名 C -də/ 名 ⦿ 針刺し.

Pin·dar /píndə/ -də/ 名 ⦿ ピンダロス (522?–?438

B.C.). (古代ギリシャの詩人).

*****pine¹** /páɪn/ 《音》 pint) 名 (~s /-z/) 1 C 松, 松の木 (pine tree). 2 U 松材: a ~ table 松材の食卓 / This table is (made of) ~. このテーブルは松材製だ.

pine² /páɪn/ 動 自 1 (病気·悲しみで)やつれる, やせ衰える (*away*; *for*). 2 思い焦がれる: She is pining *for* home. 彼女はしきりと家に帰りたがっている.

pín·e·al glànd /píniəl-/ 名 C 【解】松果体[腺].

*****pine·àpple** 名 1 C|U パイナップル; C パイナップルの木. 2 C 《俗》手榴弾.

pineapple júice 名 U パイナップルジュース 《juice 日英比較》 日英比較 「パインジュース」は和製英語.

píne·còne 名 C 松かさ, 松ぼっくり.

píne márten 名 C まつてん 《欧州産のてんの一種》.

píne nèedle 名 C [普通は複数形で] 松葉.

píne nùt 名 C [普通は複数形で] 松の実.

píne tàr 名 U パインタール 《松材から採るタール》.

píne trèe 名 C 松の木 (pine).

Píne Trèe Státe 名 [the ~] 松の木州 《米国の Maine 州の俗称》.

píne·wòod 名 1 C [しばしば複数形で] 松林 (⇒ wood 語法). 2 U 松材.

pine·y /páɪni/ 形 =piny.

ping /píŋ/ 名 C (弾丸などの)ぴゅーっと飛ぶ音; コップをちんとよする音. — 動 自 1 (弾丸などが)ぴゅーっと飛ぶ; ちんと音がする. 2 《米》 (エンジンが)ノッキングする (《英》pink). — 他 ⟨...⟩にちんと音をさせる.

ping-pong /píŋpɑ̀(ː)ŋ, -pɔ̀ːŋ/ 名 U ピンポン, 卓球 (table tennis) 《元来は Ping-Pong として商標》.

pín·hèad 名 C 1 ピンの頭; ちっぽけな[つまらない]物. 2 《略式》間抜け, ばか.

pín·hèaded 形 《略式》頭の悪い, ばかな.

pín·hòle 名 C 針であけた穴, 小さい穴.

pínhole cámera 名 C ピンホールカメラ 《レンズの代わりに小穴を開けたカメラ》.

pin·ion¹ /pínjən/ 名 C 1 《文》鳥の翼; 《格式》翼の先. 2 動 風切り羽. — 他 1 [副詞(句)を伴って] 〈人の両手足〉を縛る, 押えつけて動けなくする (*together*; *against*, *to*). 2 [普通は受身で] 〈翼〉の先を切る (飛べなくするため).

pin·ion² /pínjən/ 名 C 【機】小歯車 (⇒ rack¹ 挿絵).

*****pink¹** /píŋk/ 形 1 桃色の, ピンクの: a ~ rose 桃色のばら / go ~ (顔が)赤くなる (⇒ pink slip. 2 《略式》《軽蔑》(思想的に)左翼がかった. 3 A 同性愛者の.

— 名 (~s /-s/) 1 U|C 桃色, ピンク: ⇒ salmon pink. 日英比較 健康・若さ・純真さを象徴し, 日本語の「ピンク」のように性的な意味合いはなく, そのような場合英語ではしばしば blue を用いる. 2 U ピンクの服[布]: She was dressed in ~. 彼女はピンクの服を着ていた. 3 C なでしこ, せきちくの(植物). 4 C 《略式》左翼がかった人.

in the pínk (of condítion [héalth]) [形] 《古風, 略式》すごく元気で, ぴんぴんして; 好調で.

pink¹ 3

pink² /píŋk/ 動 自 《英》=ping 動 自 2.

pink³ /píŋk/ 動 他 1 ⟨...⟩を刺す, 突く. 2 〈布地〉のへりをぎざぎざに切る; ⟨...⟩に穴をあけて飾る.

pink-cóllar 形 A 《主に米》(職業が)女性が中心する, ピンクカラーの. 関連 white-collar 頭脳労働者の / blue-collar 肉体労働(者)の.

pínk dóllar 名 [the ~] 《米》(集団としての)同性愛者の購買力 (《英》pink pound).

P

pínk élephant [名] [C] [しばしば複数形で] [滑稽] (酒などによる)幻覚.

pínk·èye [名] [U] はやり目, 急性結膜炎.

pínk gín [名] [U,C] ピンクジン 《ジンにビターズ (bitters) を混ぜた飲み物》.

⁺**pin·kie** /píŋki/ [名] [C] 《略式, 主にスコ・米》 小指.

pínk·ing shèars [scìssors] [名] [複] ピンキングばさみ 《刃にジグザグがある; 布用》.

pink·ish /píŋkɪʃ/ [形] 桃色[ピンク, 左翼]がかった.

pink·o /píŋkoʊ/ [軽蔑] [名] [C] **1** 《古風, 米略式》 社会[共産]主義者. **2** 《英》 左翼がかった人. ― [形] 社会[共産]主義者の[がかった].

Pínk Pánther [名] [固] **1** [The ~] 『ピンクパンサー』 《英国のコメディ映画 (1964)》. **2** [the ~] ピンクパンサー 《映画アニメに登場するスマートなピンク色の豹(ひょう)》.

pínk póund [名] [the ~] 《英》 =pink dollar.

pínk sálmon [名] [C] 樺太鱒(からふとます).

pínk slíp [名] [C] 《米略式》 **1** 解雇通知. **2** 自動車登録証.

pink·y[1] /píŋki/ [形] (**pink·i·er**; **pink·i·est**) ピンク色の, 薄桃色の.

pin·ky[2] /píŋki/ [名] (**pin·kies**) [C] =pinkie.

pín mòney [名] [U] こづかい銭.

pin·na /pínə/ [名] [C] (複 **~s**, **-nae** /-niː, -naɪ/) 〔解〕 耳介, 耳たぶ.

pin·nace /pínəs/ [名] [C] 艦載ボート.

⁺**pin·na·cle** /pínəkl/ [名] [C] 《文》 **1** [普通は the ~] 頂点, 絶頂 (*of*). **2** 小尖塔(せんとう). **3** 頂上, 峰; 岩のとがってそそり立っている部分.

pin·nate /píneɪt/ [形] 〔植〕 (葉が)羽状の.

PÍN nùmber /pín-/ [名] [C] =PIN.

pin·ny /píni/ [名] (**pin·nies**) [C] 《英略式》 =pinafore 1.

Pi·noc·chi·o /pɪnóʊkiòʊ/ [名] [固] ピノキオ 《イタリアの童話に登場する木の人形; うそをつくと鼻がのびる》.

pi·noch·le /píːnʌkl/ [名] [U] 《米》 〔トラ〕 ピノクル 《2–4人が 48 枚の札でするゲーム》.

pi·ñon, pin·yon /pínjən | -njoʊn/ [名] [U,C] (複 **~s**, **-ño·nes** /pɪnjóʊniːz/) 種子が食用になる各種の松(の実・種子) (北米西部産).

Pi·not Blanc /píːnoʊblɑ́ːŋ/ [名] [U] ピノブラン 《白ワイン用ぶどうの品種》; [C,U] ピノブラン製ワイン.

Pínot Nóir /-nwɑ́ə | -nwɑ́ː/ [名] [U] ピノノワール 《赤ワイン用ぶどうの品種》; [C,U] ピノノワール製ワイン.

⁺**pín·pòint** [動] [他] 〈…〉をつきとめる, 〈…〉の位置[本質]を正確に指摘[記述]する. ― [名] [C] ピンの先; ごく小さい点 (*of*). ― [形] [A] きわめて精密[正確]な: with ~ accuracy [precision] きわめて正確に.

pín·prìck [名] [C] **1** 針であけた(ように小さい)穴, 点 (*of*). **2** ちくりとした痛み; ちょっとうっとうしいこと.

pín·strìpe [名] [C] ごく細い縦じま(の服); [U] ピンストライプの服地. ― [形] =pinstriped.

pín·strìped [形] ごく細い縦じまの.

***pint** /páɪnt/ [名] (**pints** /páɪnts/) [C] **1** パイント 《液量 (liquid measure) と乾量 (dry measure) の単位で, ½ quart, 4 gill; 米国の液量では約 0.47 リットル, 乾量では約 0.55 リットル, 英国では液・乾量ともに約 0.57 リットル; [略] pt., 複数形は pts.; ☞ measure 表》: a ~ *of* milk 牛乳 1 パイント. **2** 《英》 1 パイントのビール.
 gó for a pínt [動] [自] 《英》 (ビールを) 1 杯飲みに行く.

pín·tàble [名] [C] 《英》 =pinball machine.

pin·to /píntoʊ/ [形], [名] (**~(e)s**) [C] 《米》 ぶちの(馬).

pínto bèan [名] [C] (米国南西部に多い)ぶち隠元豆.

pínt-sìze(d) [形] [A] 《略式》 (人・物が)ちっぽけな.

pín·ùp [名] [C] 《略式》 ピンナップ 《ピンで壁に留めた(半)裸体の美人などの写真・ポスター》; ピンナップのモデル.

pín·whèel [名] [C] **1** 《米》 (おもちゃの)風車(かざぐるま) (《英》 windmill). **2** 回転花火. ― [動] [自] (風車のように)くるくる回る.

pin·y, pine·y /páɪni/ [形] 松の(茂った); 松のような.

Pin·yin /pìnjín/ [名] [U] 拼音(ピンイン) 《中国語のローマ字による表音アルファベット》.

pin·yon /pínjən | -njoʊn/ [名] [U,C] =piñon.

***pi·o·neer** /pàɪəníə | -níə←/ [B3] [名] (**~s** /~z/) [C] **1** (学問・研究などの)先駆者, 創始者; 草分け, パイオニア: Dr. White was 「a ~ *in* [the ~ *of*] organ transplants. ホワイト博士は臓器移植の先駆者であった. **2** 開拓者: the ~*s* of the West (米国の)西部の開拓者たち / a ~ spirit 開拓者精神. [語源] 古(期)フランス語で「歩兵」の意.
― [動] (**-neer·ing** /-ní(ə)rɪŋ/) [他] **1** 〈…〉の先駆者となる, 〈…〉を初めてうみ出す; 〈集団〉の先頭に立つ. **2** 〈道〉を開く, 開拓する. ― [自] 開拓者となる, 率先する (*in*).
― [形] [A] **1** 先駆的な: ~ work 先駆的業績. **2** 最初[初期]の.

⁺**pi·o·neer·ing** /pàɪəní(ə)rɪŋ | -níər-←/ [形] [普通は [A]] 先駆的な, 先がけとなる; 開拓者の.

⁺**pi·ous** /páɪəs/ [形] ([名] píety; [反] impious) **1** 信心深い, 敬虔(けいけん)な: a ~ Christian 敬虔なクリスチャン. **2** [軽蔑] うわべだけ信心深そうな, 偽善的な. **a píous hópe [wísh]** [名] はかない望み. **~·ly** [副] 敬虔に; 偽善的に. **~·ness** [名] [U] 信心深さ, 敬虔(けいけん).

⁺**pip**[1] /píp/ [名] [C] **1** 《英》 種(たね) (seed) 《レモン・オレンジ・りんごなどのように小さい種がいくつもあるもの; ☞ stone 4》. **2** (トランプ・さいころの)目, 点. **3** 《古風, 英》 (軍人の)肩章の星. **4** 《略式》 すばらしい人[もの].

pip[2] /píp/ [名] [C] [普通は the ~s] 《英》 (電話などが切れる前や時報の)ピッという音.

pip[3] /píp/ [動] (**pips**; **pipped**; **pip·ping**) [他] 《英略式》 〈…〉にわずかな差で[どたん場で]勝つ. **píp ... at [to] the póst** [動] [他] [普通は受身で] 《英略式》 (試験・競争で)かろうじて[どたん場で]〈…〉に勝つ.

pi·pal /píːp(ə)l/ [名] [C] インド菩提(ぼだい)樹.

***pipe** /páɪp/ [名] (**~s** /~s/) [C] **1** 管, パイプ 《☞ 類義語》: lay water ~*s* 水道管を敷く / Where do these ~*s* lead [run] to? これらのパイプはどこへ通じているのですか / The water ran through a long ~. 水は長い管を流れた. [日英比較] 英語の pipe には日本語の「パイプ役」の意味はない.

> **pipe 1 のいろいろ**
> **dráinpìpe, wáste pìpe** 排水管 / **exháust pìpe** 排気管 / **gás pìpe** ガス管 / **wáter pìpe** 水道管 / **wíndpìpe** 気管

2 (喫煙用の)パイプ: ~ tobacco (パイプに詰める)刻みたばこ / Put that in your ~ and smoke it. Ⓢ 《略式》 それをパイプに詰めて吸ってみろ(いやでも私の言ったことを受け入れろ) / a ~ and slippers パイプとスリッパ 《しばしば男性が仕事を終えてくつろぐ時の必須アイテムとされる》.

> **コロケーション**
> **fill** one's *pipe* パイプにたばこを詰める
> **light** a *pipe* パイプに火をつける
> **put out** a *pipe* パイプの火を消す
> **smoke [puff on, puff at]** a *pipe* パイプをふかす

3 パイプ一服分: a ~ of tobacco たばこ一服 / have a ~ 一服吸う. **4** 笛, 管楽器 《フルートなど》, [複数形で] 1 組のフルート; (パイプオルガンの)パイプ; [複数形で; しばしば the ~] バグパイプ. **5** [複数形で] 声(帯). **the pípe of péace** [名] =peace pipe.
― [動] [他] **1** [普通は受身で] 〈液体・気体〉をパイプで送る[運ぶ]: The water *is* ~*d into* [*to*] the tank. 水はパイプを通ってタンクに送られる. **2** 〈曲〉を笛で吹く; (鳥が)〈歌〉をさえずる; (子供などが)甲高い声で言う[歌う]. **3** 〈人〉を号笛で歓迎する. **4** 〈ケーキ〉にパイピング[縁取り]をする, 飾りつける (*with*). **5** [普通は受身で] 〈音楽など〉を(テープ・放送

などで)流す. ― 圓 **1** 笛を吹く. **2** (鳥が)ぴいぴいとさえずる;(子供などが)甲高い声で話す. **pípe dówn**[動]圓[普通は命令文で]Ⓢ《略式》静かにする. **pípe úp**[動][動]圓《略式》話に加わる[歌い出す](with).
【類語】pipe と tube はともに筒状の管であるが, pipe は両端が開いていて液体を通過させるのに対して, tube は片端が閉じていて容器としても使われる. また pipe は金属やプラスチックのような耐久性のある材質でできていて比較的太くて曲がらないが, tube は短くて曲がることが多い: a gas pipe ガス管 / a tube of toothpaste 歯磨きのチューブ.

pípe bànd 名 Ⓒ《英》バグパイプ楽隊.
pípe bòmb 名 Ⓒ 鉄パイプ爆弾.
pípe clèaner 名 Ⓒ パイプ掃除棒.
píped músic 名 Ⓤ canned music.
pípe drèam 名 Ⓒ (実現の見込みのない)空想的な希望[計画]《あへん吸飲者が抱くような, の意》.
pípe fitter 名 Ⓒ ガス・水道などの配管工.
*__pípe·line__ 名 (~s /-z/) Ⓒ **1** (石油・水・ガスなどの)輸送管, パイプライン: an oil ~ 石油パイプライン. **2** (特別な[秘密の]情報[流通]ルート. **in the pipeline**[副・形]輸送中で;(法律・改革などが)準備[進行]中で.
pípe·lìn·ing 名 Ⓤ **1** パイプラインの敷設. **2**《電算》パイプライン処理.
pípe òrgan 名 Ⓒ パイプオルガン.
†__pip·er__ /páɪpɚ | -pə/ 名 Ⓒ **1** バグパイプの演奏者(☞ bagpipes 写真). **2** 笛を吹く人(☞ Pied Piper of Hamelin). **páy the píper**[動]圓 費用を負担する: He who *pays the* ~ calls the tune. 《ことわざ》笛吹きに金を出す者が曲を注文する権利がある(金を出す者は口も出す(権利がある)).
pípe ràck 名 Ⓒ パイプ掛け[立て].
pi·pette /paɪpét | pɪ-/ 名 Ⓒ ピペット《ごく少量の液体を移すときに用いる小管》. ― 他〈液体〉をピペットで測る[たらす].
pípe·wòrk 名 Ⓤ 配管.
†__pip·ing__ 名 Ⓤ **1** パイプ(材);配管(系統). **2** 笛を吹くこと;笛の音. **3**《衣服の)パイピング(へりがほつれないように包むひも飾り). 《ケーキの)飾り, パイピング;パイピングをすること. ― 形 《声・音が》甲高い, 鋭い. ― 副 [次の成句で] **píping hót** [形] ほめて《飲食物などが》ふーふー吹くほど熱い, 作りたての[あつあつ]の.
pip·it /pípɪt/ 名 Ⓒ [普通は合成語で] たひばり《ひばりに似た鳥類の総称》.
pip·pin /pípɪn/ 名 Ⓒ ピピン種のりんご.
píp·squèak 名 Ⓒ《古風》または[軽蔑] 取るに足らない若造.
pi·quan·cy /píːkənsi/ 名 Ⓤ《味などが》ぴりっとすること; 痛快.
pi·quant /píːkənt/ 形 Ⓦ《味が》ぴりっとする;(話などが)痛快な. **~·ly** 副 ぴりっと;痛快に.
pique[1] /píːk/ 名 Ⓤ 立腹, 不機嫌《特に自尊心を傷つけられた時の》: in a fit of ~ 立腹して. ― 動 他 [普通は受身で] **1** 〈…の〉感情を害する, 自尊心を傷つける (at). **2**〈主に米〉〈好奇心・興味〉をそそる.
pi·qué, pi·que[2] /pɪkéɪ | píːkeɪ/《フランス語から》名 Ⓤ ピケ《うね織りにした織り物》.
piqued /píːkt/ 形 感情を害して, 腹を立てて.
†__pi·ra·cy__ /páɪ(ə)rəsi/ 名 (**-ra·cies**) Ⓤ,Ⓒ **1** 著作権侵害;海賊放送. **2** 海賊行為.
pi·ra·nha /pərɑː(n)jə/ 名 Ⓒ ピラニア《群をなして動物を襲う南米産の淡水魚》.
*__pi·rate__ /páɪ(ə)rət/《同音 pilot》名 (**pi·rates** /-rəts/) **1** Ⓒ (形 piratical) 海賊; 海賊船: play ~s 海賊ごっこをする / *The P~s of Penzance*『ペンザンスの海賊』(Gilbert と Sullivan のオペラ).
2 Ⓒ 著作権侵害者: a software ~ ソフトウェアの違法コピー犯. **3** Ⓒ =pirate radio [TV] (station). **4** [形容詞的に] 海賊の; 海賊版の, 著作権侵害の;(放送などが)無許可[もぐり]の: a ~ video 海賊版ビデオ.

― 動 他 **1** 〈…の〉著作権を侵害する, 〈…の〉海賊版を作る, 〈…の〉を略奪する. 語源 ギリシャ語で「挑む, 攻撃する」の意.
pi·rat·ed /páɪ(ə)rətɪd/ 形 海賊版の.
pírate rádio [TV] (station) 名 Ⓒ 海賊[もぐり]放送[テレビ](局).
pi·rat·i·cal /paɪræ̀tɪk(ə)l/ 形(名 pirate) 1) 海賊を働く. **-cal·ly** /-kəli/ 副 海賊を働いて.
pi·rosh·ki /pɪrɑ́ːʃki | -róʃ-/ 名 [複] ピロシキ《肉などを詰めて揚げたロシア風のパイ》.
pir·ou·ette /pɪruét/ 名 Ⓒ (バレエの)つま先旋回, ピルエット. ― 動 圓 つま先旋回する.
Pi·sa /píːzə/ 名 圓 ピサ《イタリア中部の都市》: the Leaning Tower of ~ ピサの斜塔.
pis·ca·to·ri·al /pɪ̀skətɔ́ːriəl⁻/ 形《格式》漁夫の; 漁業の.
*__Pi·sces__ /páɪsiːz/ 名 **1** 圓 魚座《星座》; 双魚宮 (the Fishes)(☞ zodiac 挿絵). **2** Ⓒ 魚座生まれの人.
piss /pís/ (**piss·es** /-ɪz/; **pissed** /-t/; **piss·ing**) 圓《卑》小便をする (urinate). *Go píss ùp a rópe!* Ⓢ《米卑》あっちへ行け. *nót hàve a pót to píss in* [動] 圓《米》ひどく貧乏である. **piss about [aróund]** [動] 圓《英》(何もせずに)ぶらぶら[ちんたら]する, さぼる; ばかげた振舞いをする. ― 他(ふざけた振舞いで)〈…〉を手間どらす. **piss all óver ...** [動] 他《英》〈…〉をこてんこてんにやっつける. **piss awáy** [動] 他《卑》〈…〉を浪費する. **píss dówn (with ráin)** [動] 圓 [it を主語として]《英粗式》(雨が)どしゃぶりになる. **piss in the wind** [動] 圓 むだなことをする. **píss óff** [動] 圓(1) [普通は命令文で] 立ち去る, 失せる. (2) [命令文で] いやなこった. ― 他 [しばしば受身で]《卑》〈人〉をうんざりさせる;(かんかんに)怒らせる. **piss on ...** [動] 他《英》=piss all over ....
píss onesèlf [動] 圓 Ⓢ《英》小便をもらす; ちびてしまうほど笑う: ~ *oneself* laughing 笑いころげる.
― 名 Ⓤ Ⓢ《英》**1** 小便 (urine). **2** [a ~] 小便をすること: take [have] a ~ 小便をする. **a píece of píss** [名] Ⓢ《英》簡単なこと. **be òn the píss** [動] 圓 Ⓢ《英》大酒を飲んでいる. **fúll of píss and vínegar** [形] Ⓢ《米》活気に満ちた. **tàke the píss òut of ...** [動] 他 Ⓢ《英粗》…を笑い[なぶり]ものにする. ― 副 Ⓢ《英》とても, ひどく: ~ poor ひどく貧しい; とてもひどい.
piss·ant /písænt/ 形 A, 名 Ⓒ《米粗式》くだらない (人), ろくでなし.
píss àrtist 名《英粗式》大酒飲み, ろくでなし.
píss-àss 形 A Ⓢ《米》くだらない.
pissed 形 P《卑》**1** Ⓢ《米》(かんかんに)怒っている (*about, at*). **2** Ⓢ《英》酔っぱらって: ~ ⌜as a newt [out of one's head]⌝ べれれけに酔って.
píssed óff [形] Ⓢ《米卑》= pissed 1.
piss·er /písɚ | -sə/ 名 Ⓒ Ⓢ **1** いやなこと, ひどいもの. **2** 便所. **3**《米》すごくいいこと[もの].
píss·hèad 名 Ⓒ Ⓢ《英》大酒飲み.
pis·soir /pɪswɑ́ːr | -swɑ́ː-/《フランス語から》名 Ⓒ 公衆便所.
píss·póor 形《卑》てんでだめな; すっからかんの.
píss·tàke 名 Ⓒ [普通は単数形で] Ⓢ《英》からかい, ものまね.
píss-ùp 名 Ⓒ Ⓢ《英粗式》酒盛り.
piss·y /písi/ 形 P Ⓢ **1**《主に米》怒って, 腹をたてて. **2**《英》くだらない, つまらない.
pis·ta·chi·o /pɪstǽʃiòu | -tɑ́ː-/ 名 (**~s**) Ⓒ ピスタチオ (pistachio nut ともいう); ピスタチオの木.
piste /píːst/《フランス語から》名 Ⓒ ピスト《スキー用の滑走路》.
pis·til /pístɪl/ 名 Ⓒ 〖植〗雌ずい, めしべ. 関連 sta-

men 雄ずい.

pis·til·late /pístəlèɪt/ [形]〘植〙雌ずい(だけ)の.

***pis·tol** /pístl/ [名] (~s /~z/) [C] けん銃, ピストル (gun): shoot (with) a ~ ピストルで撃つ. **hóld a pístol to ...'s héad** [動] ...の頭にピストルを突きつける, ...を脅して望みを遂げようとする.

pístol grìp [名] [C] ピストル形の握り, (小銃の)握り.

pístol shòt [名] [C] ピストルの発射弾; ピストルの射程.

pístol-whìp [動] (-whips; -whipped; -whipping) [他]〈頭〉をピストルでなぐる.

+**pis·ton** /píst(ə)n/ [名] [C] **1**〘機〙ピストン. **2**〘楽〙ピストン《金管楽器の活栓(かっせん)》.

píston rìng [名] [C]〘機〙ピストンリング.

píston ròd [名] [C]〘機〙ピストン棒, ピストンロッド.

***pit**[1] /pít/ ([類音] pet) [名] (pits /píts/) [C] **1** (地面に掘られた)穴 (hole); くぼみ; 落とし穴 (*for*); 思わぬ危険: The factory dug a ~ and threw all its waste into it. 工場は穴を掘って廃棄物を全部そこに捨てた. **2** 採掘坑; 炭坑; 鉱山: a stone ~ 採石場. **3** [普通は複数形で] あばた, ほうそう[にきび]の跡; (金属, ガラスなどの表面の)小さなへこみ;〘植〙壁[膜]孔. **4** [S] きたない[整理してない]部屋[家]. **5** (体の)くぼみ; 《米略式》わきの下 (armpit): feel fear in the ~ of the [one's] stomach みぞおちに[心底]恐怖を感じる. **6** (自動車修理工場の)ピット; [the ~; 《英》 the ~s] (レース場の)修理場, ピット. **7** [普通は the ~] オーケストラボックス (orchestra pit). **8** [普通は the ~] 《英古語》(劇場の安い)1 階席(の客) 《2 階席の下の席(の客)全体》. [関連] stall 1 階最前部の 1 等席. **9** 闘犬場, 闘牛場(など). **10** 《米》(取引所の)立会い場 (《英》 floor). **11** (カジノの)賭博(とばく)場. **12** [the ~]〘聖〙地獄 《the pit of hell, the fiery pit ともいう》. **13** [普通は単数形で] [滑稽] 《古風, 英俗》(自分の)寝床.

a [the] pít of ... [名] 《文》...な(悲しい[いやな, 悪い])状況, ...のどん底: *a* ~ *of* despair 絶望のどん底. **be the píts** [動] [自] [普通 [S]] 《略式》最悪[最低]だ.

— [動] (pits; pit·ted; pit·ting) [他] **1** 〈...〉を取り組ませる, 戦わせる; (...に対して)〈能力・技など〉をためす[発揮する] (*against*): ~ one's wits 知力を総動員して戦う. **2** [普通は受身で] 〈...〉に斑点をつける; 〈顔〉にあばた[ほうそうの跡]を残す; 〈...〉に穴をあける, へこます (*with*). **3** 《米略式》(汗で)〈服〉のわきの下をぬらす (*out*). — [自] (カーレースで)車をピットに入れる.

pit[2] /pít/ 《米》 [名] [C] 種(たね) 《桃・さくらんぼなどの》 (《英》 stone). — [動] (pits; pit·ted; pit·ting) [他] [普通は受身で] 〈果物〉の種を取る.

pi·ta (brèad) /píːṭə- | pítə-/ [名] [U,C] 《主に米》ピータ 《中東・ギリシャなどで中にサラダを詰めて食べるパン》.

pit-a-pat /píṭəpæ̀t | pìtəpǽt/ [名] [形] [副] 《略式》= pitter-patter.

pít bùll (térrier) [名] [C] ピットブル 《小型の闘犬》.

***pitch**[1] /pítʃ/

「くいを打ち込んでぴしっと固定する」の意から,
→(投げつける) →「投げる」[他] **1**, [自] **1**
→「投球」[名] **2**
→(船首を波頭へ投げ込む) →「縦に揺れる」[自] **2**
→「(テントを)張る」[他] **2**
→(決められた点) →(最高限度) →「高さ」[名] **1**

— [名] (~·es /~ɪz/) **1** [U] または a ~] (音の)高さ, 調子; 正確な音程で歌う[演奏する]能力: the ~ *of* a voice 声の高さ.
2 [C] 投げること,〘野・クリケ〙投球: a wild ~ 暴投 / John hit the batter with a ~. ジョンは打者に死球を与えた (☞ dead ball [日英比較]).
3 [U] または a ~] (物事の)程度; 頂点: be *at a* high ~ 最高潮に達している / My fear was *at* a ~ *of* terror. 私の心配は恐怖にまで高まっていった / My excitement reached [rose to] *a* high [fever] ~. 私の興奮は最高潮に達した. **4** [C] [普通は単数形で] 《略式》強引な売り込み(口上) (sales pitch): make a ~ for ... ...を売り込む[勧める]. **5** [U] または a ~] 傾斜度: the ~ *of* a roof 屋根の勾配. **6** [単数形で] (船・飛行機の)縦揺れ (☞ [動] 表). **7** [C] 《英》(サッカーなどの)競技場. **8** [C] 《英》(露天商などの)いつもの居場所. **9** [C]〘登山〙ピッチ. **10** [C]〘ゴルフ〙=pitch shot.

— [動] (pitch·es /~ɪz/; pitched /~t/; pitch·ing) [他]
1 (目標をねらって)〈...〉を投げる, 投げ入れる, ほうり投げる[出す] (*out, over, through*);〘野〙〈試合〉の投手をつとめる (☞ throw [類義語]): She *~ed* the letter *into* the fire. <V+O+*into*+名・代> 彼女は手紙を火の中に投げ込んだ / The relief pitcher *~ed* a fast ball *to* the batter. <V+O+*to*+名・代>=The relief pitcher ~*ed* the batter a fast ball. <V+O+O> リリーフ投手は打者に速球を投げた. **2** 〈テント〉を張る, 〈くいなど〉を立てる (put up) ([反] strike). **3** 〈表現など〉を(相手に合わせて)調節する, 〈...〉の調子[レベル]を合わせる; 〈価格〉を(ある高さに)設定する;〘楽〙〈音・声・曲〉の高さを決める. **4** [副詞(句)を伴って] 〈...〉を前向き[外側]に倒す[落とす]. **5** 〈船など〉を縦[前後]に揺らす. **6** 《米略式》〈話など〉をする: ~ a yarn [line] ほらを吹く. **7** 《略式, 主に米》〈品物〉を宣伝する, 売り込む. **8**〘ゴルフ〙〈ボール〉をピッチショットする;〘クリケ〙〈ボール〉をバウンドさせる. — [自] **1**〘野〙投球する, 投手をつとめる: ~ for seven innings 7 イニング投げる.
2 (船などが)縦[前後]に揺れる: The plane began to ~, and several people got sick. 飛行機が揺れ出し数人が気分が悪くなった.

pitch (縦[前後]に)	(船などが)揺れる
roll (横[左右]に)	

3 [副詞(句)を伴って] ばったり倒れる; つんのめる: His foot caught on a log and he *~ed* forward. 足が丸太に引っかかって彼は前へつんのめった. **4** [副詞(句)を伴って] 下方に傾斜する. **5**〘ゴルフ〙ピッチショットする;〘クリケ〙バウンドする.

pitch の句動詞

pítch ... agàinst — [動] [他] 《略式》〈人・物事〉を—に対抗させる, 戦[競]わせる.

pítch for ... [動] [他] 《略式》...を得ようとする; ...を売り込もうとする.

pítch ín [動] [自] 《略式》**1** 協力[援助]する (*with*). **2** 意見を述べる, アイデアを出す (*with*). **3** 《英》せっせと仕事[食事]を始める.

pítch ínto ... [動] [他] 《略式》**1** [S] ...を激しく攻撃する. **2** (仕事・食事など)をせっせと始める.

pítch ... ínto — [動] [他] 《略式》〈人〉を—に追い込む.

pítch ... óut [動] [他] 《略式》〈人〉を追い出す (*of*).

pítch úp [動] [自] [S] 《英》到着する, 現われる.

pitch[2] /pítʃ/ [名] [U] ピッチ 《コールタールや松やにからできる黒い粘液》; 松やに, 樹脂. **(as) bláck as pítch** [形] 真っ黒な, 真っ暗やみの.

pítch-and-pútt [名] [U] 《英》〘ゴルフ〙ピッチアンドパット 《小規模コース(の試合)》.

pítch-bláck [形] 真っ黒な, 真っ暗な.

pítch·blènde /-blènd/ [名] [U] 瀝青(れきせい)ウラン鉱 《ウランとラジウムの主原鉱》.

pítch-dárk [形] 真っ暗な, 真っ黒な: a ~ night 真の闇(やみ)夜.

pitched [形] (屋根が)勾配(こうばい)のある.

pítched báttle [名] [C] **1** (戦備を整えた上での)会

戦. **2** 交戦, 激論.

pitch・er¹ /pítʃɚ/ -tʃə/ 名 C **1** (米)(古風, 英) 水差し《広口で取っ手がついている》(《英》jug); 水差し一杯の量: pour water into a ~ 水差しに水を注ぐ / The ~ goes (once) too often to the well. (ことわざ) 水差しは (一度だけ) 余計に井戸に運ばれる (いんちきは何度もやれば必ずばれる). **2** (英) 陶製の液体容器.

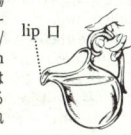

lip 口

pitcher¹ 1

pitch・er² /pítʃɚ/ -tʃə/ 名 C (野球の) 投手, ピッチャー: a starting [relief] ~ 先発 [リリーフ] 投手 / a winning [losing] ~ 勝ち [負け] 投手 / P~s, like poets, are born, not made. 投手は詩人同様生まれつきで, 訓練でなれるものじゃない (Cy Young のことば). 関連 catcher 捕手 / battery バッテリー.

pitch・fork 名 C 干し草用くま手. — 動 他 **1** 突然 〈…〉を (ある状態) に押しやる (into, in, onto). **2** 〈干し草など〉をかき上げる.

pitch・ing 名 U (船などの) 縦揺れ. 関連 rolling 横揺れ.

pítch invàsion 名 C (サッカー・ラグビー・クリケットの) ファンの競技場への侵入.

pitch・man /pítʃmən/ 名 C (-men /-mən/) (米) (商品などの) 宣伝者; 行商人; 露店商《男性および女性》.

pitch・òut 名 C 『野』ピッチアウト《投手が盗塁・スクイズを警戒して外した球を投げる》.

pítch pìne 名 C,U 松やにを採る松.

pítch pipe 名 C 調子笛《調律の規準にする》.

pítch shòt 名 C 『ゴルフ』ピッチショット (pitch).

pit・e・ous /pítiəs/ 形 (文) 哀れな, 悲惨な; 悲しげな. **~・ly** 副 悲惨な様子で.

pít・fall 名 C [しばしば複数形で] 落とし穴; 隠れた危険; 陥りやすい誤り (for): avoid ~s 陥りやすい誤りを避ける / fall into a ~ 陥りやすい誤りをする.

pith /píθ/ 名 **1** U [普通は the ~] 髄《茎の中心の柔組織》;(オレンジなどの) 中果皮《内側の白い部分》; 脊髄 (髄). **2** C 物事の核心, 要点 (of).

pít・hèad 名 C [普通は単数形で] 《主に英》坑道入口《付近の建物》.

pith・e・can・thro・pus /pìθɪkǽnθrəpəs, -kænθróu-/ (**pith・e・can・thro・pi** /-pàr, -par/) C 『人類』 ピテカントロプス《30–50 万年前の化石人類》.

píth hèlmet 名 C =topee.

píth・i・ly /píθəli/ 副 力強く; 簡潔に.

pith・i・ness /píθməs/ 名 U 力強さ; 簡潔さ.

pith・y /píθi/ 形 (**pith・i・er; -i・est**) **1** (w) (表現などが) 力強い; 簡潔な: a ~ remark [comment] 核心をついたことば. **2** 皮の厚い; 髄の (ある, ような).

pit・i・a・ble /pítiəbl/ 形 (格式) **1** 哀れな, かわいそうな: a ~ woman 気の毒な女. **2** 情けない; あさましい. **3** 乏しい. **-a・bly** /-əbli/ 副 哀れに; 情けないほど; あさましく.

pit・i・ful /pítɪf(ə)l/ 形 《名 píty》 **1** かわいそうな, みじめな: a ~ sight 哀れな光景. **2** 情けない; あさましい: a ~ excuse くだらない弁解. **3** 乏しい. **-ful・ly** /-fəli/ 副 みじめに (も); あさましく (も). **~・ness** 名 U みじめさ; あさましさ.

pit・i・less /pítɪləs/ 形 無情な, 冷酷な; (風雨などが) 容赦のない. **~・ly** 副 無情に, 冷酷に. **~・ness** 名 U 無情 [冷酷] さ.

pit・man /pítmən/ 名 (**-men** /-mən/) [普通は複数形で] 《英》〖新聞で〗(炭) 坑夫.

pi・ton /pí:tɑn/ -tɔn/ 名 C 〖登山〗ピトン《ロープを通す金属製のくい》.

Pi・tot tùbe /pí:ṭou-/ 名 C 〖物理〗ピトー管《飛行機の速度測定に使う》.

pít pòny 名 C 坑内用ポニー《石炭運搬用》.

pít pròp 名 C 坑道支柱.

pít stòp 名 C (自動車レースで) ピットで止まること.

màke a pít stòp 動 自 (米略式) (長距離ドライブで食事・給油・トイレ休憩などで) 途中停車する.

pít・ta (brèad) /píṭə-/ 名 U,C (英) =pita (bread).

pit・tance /pítəns, -tns/ 名 [単数形で] (けなして) わずかな手当 [収入].

pit・ted¹ /pítɪd/ 形 穴が多い, あばた状の (with).

pit・ted² /pítɪd/ 形 (果物が) 核を除いた.

pit・ter-pat・ter /pítɚpæ̀ṭɚ/ -təpæ̀tə/ 名 [単数形で; 普通は the ~], 副 ぱらぱらと [ぱたぱた, どきどき] (と)《雨音・足音・鼓動の形容》. — 動 自 go ~ ぱらぱら [ぱたぱた, どきどき] いう.

Pitts・burgh /pítsbɚːg -bəːg/ 名 固 ピッツバーグ《米国 Pennsylvania 州の都市; 表地図 I 3》.

pi・tu・i・tar・y /pɪt(j)ú:əṭèri -tjú:əṭəri, -tri/ (**-tar・ies**) **1** C =pituitary gland. **2** U 〖薬〗脳下垂体製剤. — 形 〖解〗脳下垂体の.

pitúitary glànd 名 C 〖解〗脳下垂体.

pít vìper 名 C まむし科毒蛇.

pit・y /píti/ 13 名 (**pit・ies** /-z/; 形 píteous, pítiable, pítiful) **1** U 哀れみ, 同情 (類義語): a feeling of ~ 哀れみの気持ち / an object of ~ 哀れみの対象.
2 C [普通は a ~] S 残念なこと, 気の毒な [悲しい] こと: It's a ~ to lose this chance. この機会を失うのは惜しい.

fèel píty for ... 動 他 ... を哀れむ, 気の毒に思う.

for píty's sàke sake¹ 成句.

hàve píty on ... 動 他 (格式) ... を気の毒がる; ... を気の毒に [かわいそうに] 思って手を貸す.

It is a píty (that) ... = Píty. S ... とは残念なことだ, ... とは気の毒なことだ:「It's a ~ (that) [P~] they have to tear down such a beautiful castle. あんな美しい城を取り壊さなければならないなんて残念です / It's a (great) ~ (that) he couldn't swim. 彼が泳げなかったとは (全く) 気の毒だ / It's a lovely park. P~ about the location though. きれいな公園だよ. 遠いのが惜しいけど.

mòre's the píty 副 (主に英) S 残念ながら (unfortunately): 金脈 "Could you come this evening?" "No, more's the ~." 「今晩おいでになれますか」「いいえ, 残念ながら行けません」

òut of píty 副 気の毒に思って, 同情から.

shòw píty [nò píty] 動 自 (格式) 哀れみの情を示す [示さない].

tàke píty on ... 動 他 =have pity on ....

Thàt's a píty. S (それは) 気の毒に.

The píty (of it) is that ... = It is a pity (that) ....

Whàt a píty (that ...) S (1) (...とは) 何と残念な: What a ~ (that) you can't come with us! あなたがいっしょに来られないとは全く残念です. (2) (...とは) 何と気の毒な: You lost all your money? What a ~! お金を全部なくしたの？ お気の毒に.

— 動 (**pit・ies; pit・ied; -y・ing**) 他 [普通は進行形なし] 〈...〉を気の毒に思う, 〈...〉に同情する; 哀れな [情けない] やつと思う: I ~ him. 私は彼をみじめなやつだと思う〈軽蔑する〉; 私は彼をかわいそう [気の毒] に思う / I ~ her for her loneliness. 彼女は独りぼっちで気の毒だと思う.

[類義語] pity 自分より下か弱い者に対する哀れみの気持ちを示すことが多い. **sympathy** 相手の苦しみや悲しみを理解するとともに苦しんだり悲しんだりする気持ちを表わす: They don't want pity. What they need is your thoughtful sympathy. 彼らは哀れみを欲しているのではない. 彼らに必要なのはあなたの思いやりです. **compassion** pity よりも意味が強く, 積極的に相手を助けてあげようという気持ちを含むことが多い: I gave him money out of compassion. 私は深く同情して彼に金を与えた.

pít・y・ing 形 [普通は A] 哀れみをこめた; 哀れ (みつつさげす) むような. **~・ly** 副 哀れみをこめて.

Pi·us /páɪəs/ 名 ① **1** ~ **IX** /-ðənáɪnθ/ ピウス9世 (1792-1878)《ローマ教皇 (1846-78)》. **2** ~ **XII** /-ðətwélfθ/ ピウス12世 (1876-1958)《ローマ教皇 (1939-58)》.

Piute ☞ Paiute.

piv·ot /pívət/ 名 © **1** 【機】旋回軸, ピボット; (てんびんの)軸 (☞ balance 挿絵). **2** (議論などの)中心点, 要点; 中心となる物[人] (*of*). **3** 片足旋回. ── 動 ⓐ **1** (…を軸として)回転[旋回]する (*on*). **2** (…に)依存する, (…で)決まる (*on*). ── 他 [普通は受身で⟨…に⟩旋回軸をつける, ⟨…⟩を回転させる.

piv·ot·al /pívətl/ 形 旋回軸の, 重要な (*to*); 旋回軸の(ような): play a ~ role 重要な働きをする.

pix /píks/ 名 [複数扱い] (略式) 写真, 絵, 映画.

pix·el /píks(ə)l/ 名 ©【電算】ピクセル, 画素《コンピューター画像などの最小単位》.

pix·ie, pix·y /píksi/ 名 (**pix·ies**) © (いたずら好きな)小妖精(ようせい); いたずら者. ── 形 いたずら(好き)な.

Pi·zar·ro /pɪzáːrou/ 名 **Fran·cis·co** /frænsískou/ ~ ピサロ (1475?–1541)《インカ帝国を征服したスペインの軍人》.

***piz·za** /píːtsə/ 名 (~**s** /-z/) ©⋃ ピザ, ピッツァ《トマト・チーズ・肉などのせたパイ》.

pízza pàrlor 名 © (米) ピザレストラン.

piz·zazz, pi·zazz /pɪzǽz/ 名 ⋃ (略式) 元気, 活力, 活気.

piz·ze·ri·a /pìːtsəríːə/ 名 © ピザレストラン.

piz·zi·ca·to /pìtsɪkáːtouˈ/【楽】形 副 ピチカートで[の]. ── 名 (複 ~**s, piz·zi·ca·ti** /-ti:/) © ピチカート部[曲].

pj's, p.j.'s, P.J.'s /píːdʒéɪz/ 名 [複] Ⓢ (米略式) パジャマ (pajamas).

pk. 略 =pack(s) (☞ pack¹), park, peak, peck(s) (☞ peck¹).

Pk. 略 =park.

pkg. 略 (米) =package 2.

PKO /píːkèɪóu/ 略 =peacekeeping operation.

pks. /péks/ 略 =packs (☞ pack¹), pecks (☞ peck²).

pkt. 略 =packet.

PKU 略 =phenylketonuria.

pkwy., Pkwy., pky. 略 =parkway.

+**pl.** 略 plural.

Pl. 略 (特に地図で) =Place (☞ place 名 6).

P/L /píːél/ 略 =profit and loss 損益.

***plac·a·ble** /plǽkəbl/ 形 なだめやすい; 寛容な.

***plac·ard** /plǽkɑːd, -kəd | -kɑːd/ 名 © はり紙, 掲示, ポスター; (デモ隊などの)プラカード.

***pla·cate** /pléɪkeɪt | pləkéɪt/ 動 他 (格式) ⟨…⟩をなだめる, 慰める; 鎮(しず)める (soothe).

pla·ca·tion /pleɪkéɪʃən | plə-/ 名 ⋃ (格式) なだめること.

pla·ca·to·ry /pléɪkətɔːri | pləkéɪtəri, -tri/ 形 (格式) なだめるような, 懐柔的な.

‡**place** /pléɪs/ (同音 plaice)

> 「広場」6 (☞ 語源) から「場所(を定める)」名 1; 動 4
> ┌→「箇所」名 2 →(住む所) →「うち」名 4
> └→「位置(に置く)」名 3; 動 1, 2
> 　　　　　└→「順位」名 5
> 　　　　　└→(地位) →「職」名 10

── 名 (**plac·es** /-ɪz/) **1** © **場所, 所** (略 pl.): a ~ *to* eat <N+*to* 不定詞> 食堂 / a ~ of work [business] (格式) 職場 / a ~ of learning (格式) 学問の場(大学など) / ~s of entertainment (格式) 娯楽場(映画館・劇場など) / get out of this ~ (略式) ここから出る / Tokyo is a very expensive ~ *to* live (in). 東京は住むのに非常に金がかかる所だ / Canada is a great ~ *for* sightseeing. カナダは観光にはいい所だ / Can you describe the ~ *where* the kidnappers kept you? <N+*wh* 節> 誘拐犯があなたを閉じ込めた場所はどんなだったか説明できますか. 関連 workplace 仕事場.

2 © (特定の)**箇所**, (本・劇などの途中の)一節, (ある)くだり: a sore ~ on his leg 脚の痛む箇所 / Mary put a letter in the book to mark her ~. メアリーは読んでいる所がわかるように本に手紙を挟(はさ)んだ / I have lost my ~. 私は読みかけていた所[歌っていた所, 言いかけた事]がわからなくなった.

3 © [しばしば所有格とともに] (列車・バス・劇場などの)(決まった)**位置**; (座)席; 特定の場所 (*for*): Please put it back in *its* ~. もとの場所に戻してください.

─── コロケーション ───
find one's *place* 自分の席[場所]を見つける
go back [return] to one's *place* 自分の席[場所]へ戻る
keep [save] 「…'s *place* [a *place* for …] =**save** … a *place* …の(ために)席をとっておく
lose one's *place* 席[場所]をとられる
take one's *place* 席につく

4 [単数形で] [普通は所有格の後で] (略式) うち; [P- として固有名詞とともに] …邸; (主にいなかの)屋敷: a ~ of *my* own 自分の住む家 / He has a nice ~ in the country. 彼にはいなかにいい家がある / Why don't you come over to *my* ~ this afternoon? きょうの午後うちへ来ないか.

5 © [普通は単数形で] (競技などの)**順位**; 【競馬】入賞《(英) 特に 2 位か 3 位; (米) 2 位》: Tom took second ~ in the race. トムは競走で 2 位だった / She finished in third ~. 彼女は 3 着だった.

6 © 地域, 地方, 土地; 市, 町, 村; [P- として固有名詞とともに] …広場, …通り[街] (略 Pl.); 建物, 店: Portland P- ポートランド街. **7** © [普通は否定文でふさわしい場所[機会]: That park is no ~ *for* a girl *to* be alone at night. あの公園は女の子が夜 1 人で行く所じゃない. **8** [単数形で] 立場, 境遇 (*in*): If I were in Tóm's [hís] ~, I wouldn't do it. もし私がトム[彼]の立場だったら, それはしないだろう. 語法 place よりもその前にくる所有格の(代)名詞のほうを強く発音する. **9** © 地位, 身分; 入学[受講]資格, (運動チームの)出場[参加]資格 (*at, in, on*); [普通は単数形で] 重要な位置: Does love have a ~ in your life? あなたの人生に愛は大切な位置を占めていますか. **10** © 職, 仕事口; ⋃ 役目, 権限, 義務: He tried to get a ~ in the firm. 彼はその会社に就職しようとした / It's not my ~ to do so. それをするのは私の役目ではありません. **11** © (食卓での)食器一揃(そろ)い (ナイフ・スプーン・皿など並べられたもの). **12** ©【数】(数の)けた, 位(くらい): Give the answer to three decimal ~s. 小数点以下 3 けたまで答えよ. 語源 ギリシャ語で「広い通り」の意; plaza と同語源.

àll óver the pláce [副] (略式) (1) 至る所に, どこでも. (2) ごちゃごちゃに, 散乱して. (3) 混乱して.

A pláce for éverything (and éverything in its pláce). (ことわざ) どんな物にもふさわしい場所がある(整理整頓のすすめ).

a pláce in the sún [名] 日のあたる場所, 特権的な[有利な]立場.

as if one ówns the pláce [副] 偉そうに, 偉ぶって.

be shówn [képt] in one's pláce [動] ⓐ [しばしば滑稽] 身のほどを知る.

chánge pláces [動] ⓐ (…と)席をかわる; [しばしば否定文で] (…と)立場を変える (*with*).

fáll [clíck, fít, slót] into pláce [動] ⓐ (事実な

事態などが)はっきりしてくる，つじつまが合う；(計画などが)軌道に乗る．
from pláce to pláce [副] あちらこちらへ：My family moved *from* ～ *to* ～ in my boyhood. 子供のころ私の家族はあちこちへ引っ越した．
gìve pláce to ... [動] [他] …に席[地位]を譲る；《格式》…に取って代わられる．
gó plàces [動] [自] (1) [進行形で]《略式》成功[出世]する．(2)《米》広く旅行する；遊び回る．
hàve nó pláce [動] [自]《格式》受け入れられない (*in*).
in hígh pláces [副・形] 上層部[高官]で[の].
in pláce [T2] [形・副] (1) 正しい位置に[の]；適切に[な] ([反] out of place)：The furniture was not *in* ～. 家具類は本来の位置になかった．(2) 準備ができて；対応可能な状態な[に]，(方式・方法などが)利用されて．(3)《米》その場の[で].
in plàce of ... [前] …の代わりに，…に代わって (instead of ...)：Let me work *in* ～ *of* my sister. 私を姉[妹]の代わりに働かせてください．
in pláces [副] ところどころ，所により．
in ...'s pláce [副] (1) …の代わりに，…に代わって．(2) Ⓢ …の立場にいて (☞ 8). (3) 決まった場所に，当然あるべき所に (☞ 3).
knów [kéep] one's pláce [動] [自] [しばしば滑稽] 身のほどをわきまえている．
láy [sét] pláces for ... [動] [他] …のために食卓をととのえる．
òut of pláce [形・副] (1) (人が)場違いの[で]，居心地が悪い[く]．(2) 場違いの[で]，不適当な[に]；間違った場所の[に] ([反] in place)：His speech was *out of* ～. 彼の話は場違いであった．
pút ... in ...'s pláce [動] [他] 〈…〉に身のほどをわきまえさせる．
pút onesèlf in ...'s plàce [動] …の身になってみる．
slót ìnto pláce＝fall into place.
swáp pláces [動] [自] ＝change places.
táke one's pláce [動] [自] (1) 所定の位置につく；座につく．(2) (…に)位置する；(…と)見なされる．
tàke pláce [動] [自] (行事などが)行なわれる；(事件などが)起こる (☞ happen 類義語)：The school festival will *take* ～ next month. 学園祭は来月行なわれる / The French Revolution *took* ～ in 1789. フランス革命は 1789 年に起こった．
tàke sécond pláce to ... [動] [他] …ほど大事ではない．
táke ...'s pláce＝táke the pláce of ... [動] …の代わりをする，…に取って代わる；…と交替する：Who will *take* ｢*the* ～ *of* Mr. Lee [Mr. Lee's ～]? だれがリー氏の代理になる[後を継ぐ]のか．
thère is nò pláce for ... …の(入り込む)余地[余裕]はない．
— [動] (**plac·es** /～ɪz/; **placed** /～t/; **plac·ing**; [名] plácement) [他] **1** [副詞(句)を伴って] 〈…〉を**置く**，すえる (put)；[受身で副詞を伴って] …な位置にある；配置[配列]する；〈人〉をある立場に追いやる：*P*～ the following words in the right order. 次の語を正しい順序に並べよ / ***P*～** the candles ***on*** the table. <V+O+前+名・代> ろうそくをテーブルに並べなさい / A bomb *was* ***～d in*** the station. <V+O+前+名・代の受身> 駅に爆弾が仕掛けられていた / His offer ～*d* me *in* a favorable position. 彼の申し出で私は有利な立場に立った．
2《やや格式》〈信用など〉を置く (put)；〈希望〉をかける；〈注文・広告など〉を出す；〈電話〉を入れる；〈制限・圧力など〉をかける；〈責め〉を科す；〈重きなど〉を置く：I ～ great confidence ***in*** her. <V+O+前+名・代> 私は彼女をとても信用しています / She ～*d* an order ***for*** the new dictionary ***with*** the bookstore. 彼女は書店にその新しい辞書を注文した / I ～*d* a call ***to*** my office just at five. 私はちょうど 5 時に会社へ電話を入れた．**3**《格式》〈人〉を配置[任命]する (appoint)；仕事につかせる；〈孤児など〉に里親を世話する (*with*)：He *was* ～*d in* the sales department. 彼は販売部に配置された．**4** [普通は否定文で] 〈…〉の場所を定める；突き止める；〈…〉がだれ[何]であるか思い出す：I remember his face, but I can'*t* ～ him. その男の顔は覚えているが名前が思い浮かばない．**5** 〈…〉を評価する，みなす，ランクづけする；〈値段・年齢など〉を判定する：I'd ～ him *among* the best conductors of our time. 彼を当代最高の指揮者の 1 人と考えたい．**6** 〈…〉を投資する (*in*). **7** [普通は受身で]〘スポ〙〈…〉の順位を決定する；(競技などで)〈…〉を 3 位までに入賞と判定する；〘競馬〙入賞と判定する (《米》2 位；《英》特に 2 位か 3 位) (*in*) (☞ [名] 5).
— [自]《米》…位になる；〘米競馬〙2 位に入賞する．
pláce ... abòve [befòre, òver] — [動] [他] —より〈…〉を重要視する．

pláce bèt [名] [C]〘競馬〙複勝式の賭(か)け (☞ place [名] 5).
⁺**pla·ce·bo** /pləsíːboʊ/ [名] (～s, ～es) [C]〘医〙偽薬，プラセボ《薬の効力を調べる際非投与群の患者に薬と偽って飲ませるもの》；[特にけなして] 気休め(のことば[行動])：the ～ effect 偽薬投与による効果．
pláce càrd [名] [C] (正餐会などの)座席指定札．
placed [形] [P] [普通は副詞を伴って] **1** …できる(有利な)立場にある (*to* do). **2** …を備えている (*for*). **3** …位になった；〘競馬〙入賞した (《米》2 位；《英》特に 2 位か 3 位). **Hów are you pláced for ...?** Ⓢ …は十分にお持ちですか．**Hów are you pláced for dòing ...?**《英》Ⓢ …することはできますか．
-placed /pléɪst←/ [形容詞語尾] **1** [接尾] …の立場にある：well-*placed* to know the secret 秘密を知る立場にある．**2** …な場所にある：a well-*placed* store いい場所に構えている店．
pláce·kìck [名] [C]〘ラグビーなど〙プレースキック《ボールを地面にすえてける；☞ dropkick》.
pláce·man /-mən/ [名] (**-men** /-mən/) [C] [普通は複数形で]《英》[軽蔑] (欲得ずくの)役人．
pláce màt [名] [C] プレースマット《食器の下に敷く》.
⁺**place·ment** /pléɪsmənt/ [名] ([動] place) **1** [U] 就職[住居]斡旋(あっせん) (*of*). **2** [C,U]《英》実習．**3** [C,U] 置くこと，配置 (*of*).
plácement tèst [名] [C] クラス分け試験．
pláce-nàme [名] [C] 地名．
pla·cen·ta /pləsénṭə/ [名] (複 ～s, **pla·cen·tae** /-tiː/) [C] [普通は the ～]〘解〙胎盤．
plac·er /plǽsɚ | -sə/ [名] [C] 砂鉱；砂鉱床．
pláce sètting [名] [C] **1** (食卓の)1 人分の食器具(の配置). **2** (販売用の)各人用食器具セット．
⁺**plac·id** /plǽsɪd/ [形] (人・動物が)穏やかな，もの静かな；落ち着いた；(物事が)平穏な．
pla·cid·i·ty /plæsídəṭi/ [名] [U] 平穏；落ち着き．
plácid·ly [副] 穏やかに；落ち着いて．
⁺**plac·ing** /pléɪsɪŋ/ [名] [C] [しばしば複数形で] (競争などの)順位，順番；〘商〙(株などを)売りさばくこと．
plack·et /plǽkɪt/ [名] [C] スカートのわき開き；(シャツ・ドレスなどの)前開き．
pla·gia·ris·m /pléɪdʒərìzm/ [名] [U] 剽窃(ひょうせつ)；[C] 剽窃[盗作]されたもの．
pla·gia·rist /pléɪdʒərɪst/ [名] [C] 剽窃[盗作]者．
pla·gia·rize /pléɪdʒəràɪz/ [動] [他] 〈他人の文章・説など〉を剽窃[盗作]する (*from*). — [自] 剽窃[盗作]する．
***plague** /pléɪg/ [名] (～s /～z/) **1** [C,U] 伝染病，疫病：*P*～*s* kill fewer people than they used to. 伝染病で死ぬ人は昔ほど多くない．**2** [the ～] ペスト，黒死病．**3** [a ～] はびこって不快なもの；災難：*a* ～ *of* mosquitoes 蚊の大襲来．**a plágue on ...**《文》...

1332 plaice

に災いあれ. **avóid ... like the plágue** [動] 他 《略式》こわくて[いやで]〈…〉を避ける, 遠ざける.
— [動] 他 [普通は受身で]〈…〉を絶えず悩ます, 〈…〉にしつこく言う[せがむ]《*with*》.

+**plaice** /pléis/ [名] (複 ~) [C][U] つのがれいの一種(の肉) 《北大西洋産の食用魚》.

+**plaid** /plǽd/ [名] [C] (Scotland 人の)長い肩掛け; 格子じま; 格子じまの布. — [名] 《略式》格子じまの.

*****plain**[1] /pléin/ (同音 plane[1-3]) [限定] [形] (**plain·er**; **plain·est**)

元来の「平らな」の意 (⇨ 語源) から, (はっきり見通せる) → 「明白な」 1 → (簡単明瞭(めいりょう)な) → 「簡素な」 3 → 「飾り(気)のない」 2, 4 となった.

1 明白な, わかりやすい, はっきりした, 明瞭(りょう)な 《 obvious 類義語》: the ~ truth [fact] ありのままの真実[事実] / ~ and simple 明々白々な / Rewrite the following in ~ English. 次をわかりやすい英語で書き直せ / The problem is quite ~ *to* us. <A+*to*+名・代> その問題は我々にははっきりわかっている / Make your idea ~. あなたの考えをはっきりさせなさい / *It was* ~ (*that*) she would not accept the offer. 彼女がその申し出を受け入れないのは明らかだった.
2 (物が)飾りのない, (生地が)無地の, (織り方・編み方が)単純な, (紙が)無罫(けい)の: a ~ blouse 無地のブラウス.
3 簡素な, 質素な, (食べ物などが)あっさりした: ~ yoghurt (香料などを含まない)プレーンヨーグルト / ~ living and high thinking 暮らしは質素に思索は高く 《ワーズワース (Wordsworth) のことば》. **4** (人・ことば・態度などが)飾り気のない, 率直な (frank): a ~ man 率直な男 / speak in ~ words 率直に言う. **5** [A] 全くの (sheer): ~ stupidity 全く馬鹿げたこと. **6** [婉曲] (特に女性の容貌(ぼう)が)平凡な, 並の; 不器量な (⇨ ugly 1 類法); (服装・家具などが)つつましい: a ~ woman 器量のよくない女. **7** [A] 普通の (ordinary): (just) ~ Mister 《主に英》普通[ただ]の人 / ~ people 庶民. [語源] ラテン語で「平ら」の意; ⇨ plan 囲み, plane[2] [語源].

as pláin as dáy [(古風, 英) **a píkestaff**, 《英》 **the nóse on ...'s fáce**] [形] きわめて明白で.

máke onesélf pláin [動] ⊜ 言わんとすることをはっきり述べる.

The pláin trúth [fáct] is ... [主に S] 率直に言って.

to be pláin with you [副] [文修飾語] 率直に[ありのままに]言えば (⇨ to[3] B 7): *To be* ~ *with you*, I don't like your proposal. 率直に申しますと私はあなたの提案が気に入りません.

— [名] (~s /~z/) [C] 平地, 平野; [しばしば複数形で単数扱い] 大草原: the ~s of India インドの大平原 // Great Plains, Plains Indian.

— [副] 《主に米》**1** はっきりと, 明瞭(りょう)に: speak ~ はっきりと話す. **2** 飾らずに, 質素に. **3** 率直に, 包み隠さずに. **4** 《略式》全く: ~ stupid とてもばかな.

plain[2] /pléin/ [名] [U] 表編み, メリヤス編み. [関連] purl (stitch) 裏編み.

pláin·chànt [名] [U] =plainsong.

pláin chócolate [名] [U] 《英》 ブラックチョコレート (ミルクが入っていない) (《米》 dark chocolate).

pláin clóthes [名] [複] (警官などの)私服.

pláin-clóthes [形] [A] (刑事・探偵などが)私服の.

pláin-clothes·man /pléinklóu(ð)zmən/ (-men /-mən/) [C] 私服刑事[警官].

pláin-clóthes wòm·an (-wom·en /-wìmən/) [C] 女性私服刑事[警官].

pláin flóur [名] [U] 《英》 ベーキングパウダーを含まない小麦粉 (⇨ self-rising flour).

pláin Jáne [名] 《略式》地味な人.

pláin-Jáne [形] 《略式》地味な, 地味で, 普通の.

+**pláin·ly** /pléinli/ [副] **1** わかりやすく, はっきりと: Express yourself more ~. もっとはっきり言いなさい. **2** 飾り気なく, 率直に: He said it quite ~. 彼はそれを率直に話してくれた. **3** [文修飾語] 明らかに (... obviously), ...は明白だ: *P~*, the accident was caused by carelessness. 明らかにその事故は不注意によるものだ. **4** 簡素に, 質素に: She was dressed ~. 彼女は質素な身なりをしていた. **To speák pláinly** [副] 率直に言えば.

pláin·ness [名] [U] 明白; 質素, 率直; 不器量.

pláin sáiling [名] [U] 順調な航海. **2** (特に困難の後)滞りなく[容易に]物事が運ぶこと, 順調な進行.

Pláins Índian [名] [C] 平原インディアン 《かつて Great Plains に住んだ北米先住民の総称》.

pláins·man /pléinzmən/ [名] (-men /-mən/) [C] 大草原 (Great Plains) の住民.

pláin·sòng [名] [U] 単旋律聖歌.

pláin-spóken [形] [ほめて] (ことばなどが)遠慮のない, あからさまな, 率直な.

plaint /pléint/ [名] [C] 《詩》嘆き, 悲嘆.

pláin·tèxt [名] [U,C] 【電算】 プレーンテキスト 《テキストファイルの内容》.

+**pláin·tiff** /pléintɪf/ [名] (~s) [C] 【法】 原告, 提訴人 (反) defendant).

+**pláin·tive** /pléintɪv/ [形] (声・音などが)悲しそうな, 哀れな. **-ly** [副] 悲しそうに, 訴えるように.

plait /plǽt, plért | plǽt/ 《主に英》 [名] [C] (少女の)編んだ髪, おさげ髪 (《米》 braid). — [動] 他 《髪・わらなどを》編む; おさげに結う 《米》 braid); 編んで作る.

*****plan** /plǽn/ (類音 plank, plant)

ラテン語で「平ら」の意 (⇨ plain[1] [語源]). (平面上に図面を描いたことから) → 「図面」 [名] 2 → 「計画(する)」 [名] 1; [動] 1

— [名] (~s /~z/) [C] **1 計画**, 案, プラン, 予定 《類義語》: a five-year ~ 5 か年計画 / the [one's] best ~ (...の)最善策 / a ~ of action 行動計画 / a change of ~ (s) 計画変更 / P~ A 《略式》第 1 案 / P~ B 《略式》第 2 案 / [言い換え] I have no ~*s to* travel this year. <N+*to* 不定詞>= I have no travel ~*s* this year. 今年は旅行する計画はありません (⇨ to[3] C (4) [構文]) / "Have you made any ~*s for* the summer vacation?" "Yes, but rough ones." 「夏休みの計画を立てましたか」「はい. 大ざっぱですけど」

--- コロケーション ---
change one's *plans* 計画を変更する
have *plans* (for ...) (...する)計画である; (デートなどの)約束がある
make [**lay**] *plans* (for ...) (...の)計画を立てる
obstruct a *plan* 計画を妨げる
outline a *plan* 計画のあらましを述べる
present [**propose**] a *plan* 計画を提出する
put a *plan* **into operation** [**practice**]=**carry out** [**implement**] a *plan* 計画を実行に移す
reject a *plan* 計画を拒む
shelve a *plan* 計画を棚上げにする
stick [**keep**] **to** a *plan* 計画を厳守する
work out [**draw up, devise**] a *plan* 計画を練る

2 (詳しい)見取り図; 平面図, 図面 (*of*); [普通は複数形で] (機械などの)設計図; 座席表: ~s *for* the new school 新しい学校の設計図. [関連] elevation 立面図. **3** [普通は合成語で] やり方, (支払いなどの)方式, 制度: the installment ~ 《米》分割払い方式 (⇨ Euro-

gó [rún] accórding to plán [動] 自 計画どおりに行なわれる.
háve bíg pláns =have big ideas (⇨ idea 成句).
—[動] (plans /-z/; planned /-d/; plan·ning) 他 1 〈…〉を計画する, …する計画を立てる (⇨ mean¹ 類義語) 言い換え We are planning a trip across Canada. =We are planning to take a trip across Canada. <V+O (to 不定詞)>=We are planning that [how] we will take a trip across Canada. <V+O (that [how]) 節> 我々はカナダを旅行する計画を立てている. 2 〈…〉を設計する, 〈…〉の図面をかく. —自 計画する (for, on); 〜 ahead で将来に備えて計画する [将来に備えて]計画する. plán for a contíngency [eventuálity] [動] 自 万一の場合に備える. plán on dóing [動] (1) …するつもりである: They planned on building a monument. 彼らは記念碑を建てる計画を立てた. (2) …するのを期待する. plán óut [動] 他 〈綿密に〉〈…〉を計画する.
【類義語】plan「計画」という意味の最も一般的な語で, 漠然とした計画から, 精密な最終的な計画をも意味する. blueprint 細微な点まで決定されて完ぺきな計画. project 想像力や企業精神を働かせた大規模な計画. schedule 計画を具体的に時間順に割り当てたもの, またはその一覧表. design「技術, 技巧」面を強調するが, しばしば「たくらみ」という悪い意味あいをもつ. scheme 綿密に計画された陰謀のような悪い意味に用いられることが多い.

plá·nar /pléɪnɚ | -nə/ [形] 〖数〗 平面の; 二次元の.
pla·nar·i·a /pləné(ə)riə/, pla·nár·i·an /-riən/ [名] 〖C〗 プラナリア (水生生物).
plan·chet /plǽntʃɪt | plɑ́ːn-/ [名] 〖C〗 硬貨用の型(型押しする前の硬貨の形をした平金).
Planck /plɑːŋk | plæŋk/ [名] Max 〜 プランク (1858-1947) 《ドイツの理論物理学者》: 〜's constant =the 〜 constant 〖物理〗 プランク定数.

*plane¹ /pléɪn/ (同音 plain¹·²) [名] (〜s /-z/) 〖C〗 飛行機 ((米) airplane, (英) aeroplane の短縮形): get on a 〜 飛行機に乗る (⇨ get on (get 句動詞) 表) / get off a 〜 飛行機から降りる (⇨ get off (get 句動詞) 表) / a 〜 for [to] Paris パリ行きの飛行機に乗る / There were 150 passengers on the 〜. 飛行機には 150 名の乗客が乗っていた.

plane¹ のいろいろ
bíplàne 複葉(飛行機) / séaplàne 水上飛行機 / jét plàne ジェット機 / módel plàne 模型飛行機 / skíplàne 雪上飛行機 / wárplàne 軍用機

by pláne =in [on] a pláne [副] 飛行機で, 空路で: We went to New York by 〜 [on a 〜]. 我々は飛行機でニューヨークへ行った (⇨ by 前 語法). by plane は by train, by car などに対して用いられる言い方で, 普通は fly to New York のように言う.
—[動] 自 1 (飛行機などが) 滑走する (down). 2 (ボートが) 滑水する. 3 (鳥が) 飛行機飛行する.

*plane² /pléɪn/ (同音 plain¹·²) [名] (〜s /-z/) 〖C〗 1 平面, 水平面; 〖幾〗 平面: the horizontal 〜 水平面 / an inclined 〜 斜面. 関連 point 点 / line 線. 2 水準, 程度: Her work is on a higher 〜 than his. 彼女の仕事の方が彼より高水準にある. 3 かんな. 日英比較 欧米のかんなは前に押して削る. 語源 plain¹ と同語源 (⇨ explain 語源).
—[形] A 〖格式〗 平らな, 平面の; 〖幾〗 平らな: a 〜 surface 平らな表面.
—[他] 1 〈…〉にかんなをかける; かんなで…にする. 2 〈…〉を平らにする (away, down, off).
plane³ /pléɪn/ [名] 〖C〗 =plane tree.

plane² 3

pláne cràsh [名] 〖C〗 (飛行機の)墜落事故.
pláne geómetry [名] 〖U〗 平面幾何学.
pláne·lòad [名] 〖C〗 飛行機 1 分量の乗客[積み荷, 搭載量].
plán·er /pléɪnɚ | -nə/ [名] 〖C〗 電気かんな.
pláne sáiling [名] 〖U〗 〖海〗 平面航法 (地球を平面と仮定して航路を測る航海法).

*plan·et /plǽnɪt/ [13] [名] (plan·ets /-nɪts/; [形] pláne·tàry) 1 〖C〗 惑星 (⇨ star 1 語法; satellite 2): The 〜s 'move around [orbit] the sun. 惑星は太陽の周りを回る. 語源 ギリシャ語で「さまよい歩く(もの)」の意. 地球から見た軌道が恒星より複雑なため (⇨ plankton 語源). 2 [the 〜] (環境面から見た) 地球. ... is (líving) on anóther plánet=Whàt plánet is ... ón [fróm]? 〖S〗 〖滑稽〗 …は〈考え方などが〉現実離れしている, まともでない.
plan·e·tar·i·um /plæ̀nɪté(ə)riəm/ (複 〜s, plan·e·tar·i·a /-té(ə)riə/) [C] プラネタリウム (館), 星座投影機.

1 冥王星   2 海王星
3 天王星   4 土星
5 木星   6 金星
7 地球   8 太陽
9 水星
planets

1 Pluto
2 Neptune
3 Uranus
4 Saturn
5 Jupiter
6 Mars 7 Earth
8 Venus
9 Mercury
10 the sun

*plan·e·tar·y /plǽnətèri | -təri, -tri/ [形] (名 plánet) A 惑星の, 遊星の.
plánetary nébula [名] 〖C〗 〖天〗 惑星状星雲.
plan·et·oid /plǽnətɔɪd/ [名] 〖C〗 〖天〗 小惑星.
plan·et·ol·o·gy /plæ̀nətάlədʒi | -tɔ́l-/ [名] 〖U〗 惑星学.
pláne trèe [名] 〖C〗 プラタナス, すずかけの木.
plan·gen·cy /plǽndʒənsi/ [名] 〖U〗 〖文〗 1 (音の)鳴り響き. 2 (曲などの)もの悲しい調子.
plan·gent /plǽndʒənt/ [形] 〖文〗 1 (音が)鳴り響く. 2 (曲などの)もの悲しい調子の. 〜·ly [副] 鳴り響いて; もの悲しい調子で.

+plank /plǽŋk/ [名] 〖C〗 1 厚板, (厚)板材. 参考 board より厚くて長い, 普通厚さ 5-10 センチ, 幅 20 センチ以上の板. 主に床材用. 2 (主に米) [新聞で] (選挙の際などの)政党綱領の主要項目; (方針・計画などの)原則 (of). (as) thíck as twó (shòrt) plánks [形] 〖略式〗 とても間抜けで. wálk the plánk [動] 自 (1) 船の舷側(ばか)から海上に突き出た板を目隠しされて歩く (17 世紀ごろ海賊が捕虜を海に落として死刑にした方法). (2) (米略式) 解雇される. — 他 〈床などに〉厚板を張る, 厚板で作る (with); 〈食物を〉厚板の上で焼いて出す.

plánk·ing [名] 〖U〗 板張り; 張り[敷き]板 (全体).
plank·ton /plǽŋ(k)tən/ [名] 〖U〗 プランクトン. 語源 ギリシャ語で「さまよう(もの)」の意 (⇨ planet 語源).
plánned ecónomy [名] 〖C〗 計画経済.
plánned obsoléscence /plǽnd-/ [名] 〖U〗 計画的旧式化 (消費者の買い替えを促進するため, じきに旧式になるような製品を作ること).
Plánned Párenthood [名] 〖固〗 プランドペアレントフッド (家族計画の知識を普及させる米国の非営利組織; 商標).

*plan·ner /plǽnɚ | -nə/ [名] (〜s /-z/) 〖C〗 1 立案者, 計画者. 2 都市計画立案者 (city [(英) town] planner). 3 (予算などの)計画ソフト. 4 (米) 予定帳.

*plan·ning /plǽnɪŋ/ [名] 〖U〗 計画(すること), 立案; 市計画 (city [(英) town] planning): Nothing succeeds without good ~. 何事も十分な計画なしに成功しない.

plánning permìssion 名 U 《英》建築許可.

＊plant /plént | plá:nt/ 中1

ラテン語で「若枝」の意.「植物(を植える)」名1, 2; 動1→(根付かせる)→「しっかりと据(す)える」→(据えられたもの)→「設備」名4→「工場」名3

— 名 (plants /plǽnts | plá:nts/) 1 C《動物に対して》植物: ~s and animals 動植物 / "There are no ~s [There is no ~ life] on the island. その島には草木が生えていない. 関連 animal 動物 / mineral 鉱物. 2 C (樹木に対して)草; 植木, 苗; 作物 (crop): garden ~s 園芸用の草花 / cabbage ~s キャベツの苗 / water the ~s 植木に水をやる. 関連 tree 木 / bush, shrub 低木. 3 C[しばしば合成語で]《大規模な》(製造)工場 (☞ factory 表): a power ~ 発電所 / an automobile ~ 自動車製造工場. 4 U,C《英》機械[生産]装置, 工場設備, プラント: an engineering ~ 工学機械(設備) / ~ hire 設備リース. 5 C[普通は単数形で]《略式》(人を陥れるためにまぎれ込ませた)おとりの品, 盗品; さくら, 回し者; スパイ.

— 動 (plants /plǽnts | plá:nts/; plant·ed /-tɪd/; plant·ing /-tɪŋ/) 他 1〈植物を植える, 〈種〉をまく; 〈土地など〉に〈植物を〉植える (with): She ~ed roses in his garden. ＜V+O+in+名・代＞ 彼は庭にばらを植えた. 2 [副詞(句)を伴って]《略式》〈...〉をしっかりと据(す)える; 配置する: ~ one's feet on the ground 地に足をつけて立つ / A policeman was ~ed on every corner of the street. 警官が街の角角に配置された. 3 [略式]〈爆発物など〉を(...に)仕掛ける; 〈スパイなど〉を送り込む: A time bomb was ~ed in [at] the airport. 空港に時限爆弾が仕掛けられていた. 4[しばしば受身で]《略式》(人を陥れるために)〈盗品など〉をまぎれ込ませる: The stolen wallet must have been ~ed on me. 誰かがその盗まれた財布を私の持ち物の中へ入れたに違いない. 5 [副詞(句)を伴って]《略式》〈打撃など〉を(...に)加える; 〈キスを〉(...に)する: He ~ed a kiss on her cheek. 彼は彼女のほおにキスをした. 6〈思想・疑いの念など〉を植え付ける, 〈考え〉を吹き込む: Someone must have ~ed the idea in her mind. だれかがその考えを彼女に入れ知恵したに違いない. **plánt onesélf** [動]《略式》(...に)立つ; 腰をおろす. **plánt óut** [動] 他 〈苗木〉を間隔をおいて植え付ける; (鉢から地面に)移植する.

Plan·tag·e·net /plæntǽdʒ(ə)nət/ 名 固《英史》プランタジネット朝 (England の王朝 (1154–1485)).

plan·tain¹ /plǽntn, -tɪn | -teɪn/ 名 C おおばこ (雑草).

plan·tain² /plǽntn, -tɪn | -teɪn/ 名 C,U 料理用バナナ(果実); C 料理用バナナの木.

plán·tar wárt /plǽntə | -tə-/ 名 C《医》足の裏のたこ, いぼ.

＊plan·ta·tion /plæntéɪʃən/ 名 (~s /-z/) C 1 [しばしば合成語で] 大農場, プランテーション《特に熱帯地方の大規模な》: a coffee [tea, rubber, sugar] ~ コーヒー[茶, ゴム, 砂糖]農園. 2 植林地; 森 (of).

⁺plant·er /plǽntə | plá:ntə/ 名 C 1 プランター《屋内植物栽培容器》. 2 [しばしば合成語で] 農園経営者. 3 植え付け機, 種まき機[器].

plánt·ing /-tɪŋ/ 名 C [普通は複数形で] 1 植え付け, 種まき. 2 作物.

plánt kíngdom 名 [the ~] 植物界 (vegetable kingdom) (☞ kingdom 3).

⁺plaque /plǽk | plá:k, plǽk/ 名 C 1 (金属・焼き物・象牙(ぞうげ)などの)飾り板, 銘板, 額《建物の壁面などにはめ込んで有名人が住んだなどの由緒を記す》. 2 U《医》歯垢(しこう). 3 U《医》斑(はん)点, プラーク.

plash /plǽʃ/ 名 C 「ザブン[バシャッ]」という音; 水たまり. — 動 自 他 バシャバシャ音がする[をさせる].

⁺plas·ma /plǽzmə/, **plas·m** /plǽzm/ 名 U 1《生理》血漿(けっしょう)(血液中の液状成分). 2《生》原形質 (protoplasm). 3《物理》プラズマ.

plásma displày [scrèen] 名 C《コンピューター・テレビなどの》プラズマディスプレー《ガス放電によるプラズマ光で画像を表示する》.

plásma tèlevision 名 C プラズマテレビ.

plas·mid /plǽzmɪd/ 名 C《遺》プラスミド《染色体から独立に増殖できる遺伝因子》.

＊plas·ter /plǽstə | plá:stə/ 名 1 U しっくい, プラスター, 壁土. 2 U = plaster of Paris. 3 U,C《英》ばんそうこう (《米》Band-Aid): 'a sticking [an adhesive] ~' (格式) ばんそうこう. **in plǻster** [副・形]《英》ギプス(包帯)をして[た]. — 動 **-ter·ing** /-tərɪŋ, -trɪŋ/ 他 1 [しばしば受身で]〈表面〉に〈物を〉のべたり[はりつける]; (...に)〈物を〉塗り[はり]つける (onto); 〈...〉を大々的に報道する: The laborers ~ed 「the wall with posters [posters on [over] the wall]. 労働者たちは壁にべたべたとポスターをはった. 2〈天井・壁〉にしっくいを塗る. 3〈...〉に軟膏(なんこう)[青薬, ばんそうこう]をはる. 4 [普通は受身で]〈髪など〉を(ポマードなどで)べったりなでつける (to): His hair was ~ed down with pomade. 彼の髪はポマードでべったりなでつけてあった. 5《略式》〈...〉を一方的にやっつける. **plǻster óver** [動] 〈割れ目など〉をしっくいで繕(つくろ)う.

plás·ter·bòard 名 C (壁下地用の)プラスターボード《しんが石こうの板紙》.

plás·ter cást 名 C 1 ギプス(包帯) (cast). 2 石こう模型, 石こう像.

⁺plás·tered 形 P 1 (表面などに)(べったり)くっついて (to); (ねばねばしたものなどが)くっついて, ...まみれで (with). 2 (記事などが)目立って. 3《英略式》べろべろに酔っぱらって. 4 (手足などに)ギプスをした.

plas·ter·er /plǽstərə | plá:stərə/ 名 C 左官.

plas·ter·ing /plǽstərɪŋ, -trɪŋ | plá:s-/ 名 U しっくい塗り; しっくい工事.

plǻster of Páris 名 U 焼き石こう.

plǻster sáint 名 C (皮肉) りっぱな人, 聖人君子.

plás·ter·wòrk 名 U しっくい仕上げ.

＊plas·tic /plǽstɪk/ 中3 名 (~s /-s/) 1 U,C プラスチック, 合成樹脂; ビニール: Paper or ~? 紙袋にしますか, ビニール袋にしますか《スーパーなどで》.

plastic	(堅い)プラスチック
	(柔らかい)ビニール

2 C [普通は複数形で] プラスチック製品; ビニール製品. 3 U または ~ 《略式》= plastic money. — 形 1 A プラスチック製の, 合成樹脂の; ビニール(製)の: a ~ bucket プラスチック製のバケツ / a ~ bag ビニール[ポリ]袋 / a ~ greenhouse ビニールハウス. 日英比較 (1) 日本語の「プラスチック」は形の決まった堅いものを指すが, 英語の plastic はビニールのような柔らかいものも指し, vinyl は専門用語. (2)「ビニールハウス」は和製英語. 2《格式》(材料が)思いどおりの形にしやすい; 可塑(かそ)性の; (性格などが)柔軟な. 3《略式》(けなして) 合成された, 人工的な; 不自然な: ~ food 合成食品 / a ~ smile 作り笑い. 4 A《格式》造形の; 形成の.

plástic árt 名 U または複数形で《格式》造形美術.

plástic bómb 名 C = plastic explosive.

plástic búllet 名 C プラスチック弾.

plástic explósive 名 C,U プラスチック爆弾.

Plas·ti·cine /plǽstəsì:n/ 名 U《英》[しばしば p-]《英》プラスティシン《工作用粘土; 商標》.

plas·tic·i·ty /plæstísəṭi/ 名 U《格式》可塑性；造形力，柔軟さ，適応性．

plástic mác 名 C《英》(安物の)ビニール製レインコート．

plástic móney 名 U《略式》(プラスチック製の)クレジットカード．

plás·tics 名 U プラスチック製造(術)．

plástic súrgeon 名 C 形成外科医．

plástic súrgery 名 U 形成外科，整形手術 (on).

plástic wráp 名 U《米》(食品を包む)ラップ《英》clingfilm).

plat du jour /plá:dəʒúə, -d(j)uʒúə/《フランス語から》名 (複 **plats du jour** /plá:dəʒúə, -d(j)uʒúə/)C (レストランの)本日のおすすめ[日替わり]料理．

***plate** /pléit/《回画米》plait/ 名 (**plates** /pléits/)
1 C [しばしば合成語で] (食卓の上の)**取り皿**《料理が盛られている盛り皿ではなくからめいめいがこれに取る》《☞ dish 表および類義語》: a soup ~ スープ皿 / a paper ~ 紙皿 / My mother put a slice of meat on everyone's ~. 母はめいめいの皿に肉をひと切れずつ盛った．

soup plate

dinner plate

plates 1

2 C ひと皿分(の料理)；(皿に盛った)料理1人前: a ~ of soup スープひと皿 / a ~ of beef and vegetables 牛肉と野菜ひと皿．
3 C [しばしば複数形で](車の)ナンバープレート《米》license plate,《英》numberplate)《☞ car 挿絵》．
4 C (金属製の)**表札**(医者・弁護士などの): a brass ~ 真ちゅうの表札．
5 C,U [しばしば合成語で] **金属板**，板金，めっき板；薄板，平板；ガラス板；ガラス戸，(額縁込みの)プレートガラス；版画；[印] 図版，(別刷りの)ページ大挿絵；[写] 乾板: a steel ~ = a ~ of steel 鋼板．**関連** doorplate, nameplate 表札．**6** C 《生》(はちゅう類などの)甲．**7** C 《地質》プレート《地球の表面を構成する岩板》．**8** U (金・銀製[金銀めっき]の)食器類《スプーン・皿・ボールなど): a piece of ~ (金・銀製の)食器1点 / gold [silver] ~ 金[銀]製の食器類《全体). **9** C 《米》(ガスレンジの台のなべをのせる)プレート．**10** C 《野》ベース《the ~ = home ~ 本塁 / the pitcher's ~ 投手板．**11** [the ~] (教会の)献金皿；献金額[高]．**12** C [普通は単数形で] 義歯床 (dental plate)；歯列矯正器 (brace). **13** [the ...Plate] で 優勝者が銀のプレートをもらう競技会．**cléan [cléar, émpty] one's pláte** [動] 他 残さずに食べる．**hánd [gíve, óffer] ... to — on a pláte** [動] 他《略式》(けなして)《ほしがっているもの》を(人)にたやすく与える．**háve 'a lót [enóugh, tóo múch] on one's pláte** [動] 自《略式》しなければならないことがたくさんある．
— 動 他 [受身で] 〈...〉にめっきをする；〈...〉を板金で覆(ôò)う: The dish is '~d with silver [silver-plated]. その皿は銀でめっきされている（☞ ~-plated).

+**pla·teau** /plætóu, plǽtou/ 名 (複 **~s** /~z/, **pla·teaux** /~z/) **1** 高原，台地（☞ mountain 挿絵）．**2** (学習・事業などの)停滞期．— 自《略式》停滞状態に達する，頭打ちになる，伸びない．

+**-plat·ed** /pléiṭid/ 形 [合成語で] ...でめっきした: a silver-~ spoon 銀めっきのスプーン．

plate·ful /pléitfùl/ 名 C ひと皿分(の料理)．

pláte gláss 名 U (上質の)板ガラス．

pláte·lày·er 名 C《英》=tracklayer.

plate·let /pléitlət/ 名 C 血小板．

plat·en /plǽtn/ 名 C **1** (印刷機の)圧盤，圧胴．**2** (タイプライターの)プラテン．

pláte ràck 名 C《英》皿立て《水切り用；☞ kitchen 挿絵》 (dish rack).

pláte tectónics 名 U《地質》プレートテクトニクス《プレートの移動で地殻変動が生じるとする説).

* **plat·form** /plǽtfəom | -fɔ:m/ **13** 名 (~**s** /~z/) C
1 壇，演壇，教壇；ステージ；見解表明の場[機会]: mount [get on] a ~ 演壇に立つ / appear on the same ~ (as ...) =share a ~ (with ...) (...と)同じ演壇に登場する / provide a ~ *for* consumers' views 消費者の意見を述べる機会を提供する．
2 [しばしば冠詞なし数詞の前で] (駅の)プラットホーム《米》track): I was waiting for a train *on* the ~. 私はプラットホームで電車を待っていた / The train which has arrived *at* ~ 6 is for York. 《主に英》6番線に到着した列車はヨーク行きです．**参考** 米国では小さな駅では普通プラットホームがなく地面に足台を置いて乗る．

会話 "What ~ does the train for Washington depart from?" "Seven, I guess. Ask someone else and make sure."「ワシントン行きの列車は何番線から出ますか」「7番線かな．誰かに聞いて確かめてください」

3 (高くした)足場《海底油田の掘削の足場など》；(発着などのための)台．**4** [普通は単数形で]《主に米》《政》(特に選挙前の政党の)綱領，政綱: adopt a ~ 綱領を採択する．**5** [普通は単数形で]《英》(ダブルデッカーバスの端の)乗降口，デッキ．**6** 《電算》プラットホーム《システムを構成する基盤》．**7** [普通は複数形で] =platform shoe. **8** きっかけ，足がかり (for).

plátform gàme 名 C プラットホームゲーム《背景がおおむね固定され，はしごや段をキャラクターが移動してゆくタイプのアクションコンピューターゲーム》．

plátform shóe 名 C [普通は複数形で] 厚底の靴．

plat·ing /pléitɪŋ/ 名 U (金・銀の)めっき；(車体・船体などの)装甲．

+**plat·i·num** /plǽṭənəm/ 名 U **1** 白金，プラチナ《元素記号 Pt》．**2** [形容詞的に] **1** (CD・LP などが)プラチナディスクの《100万枚以上などの大ヒットとなった》．**2** 白金[プラチナ]色の；(髪が)プラチナブロンドの．

plátinum blónde 《略式》名 **1** C プラチナブロンドの女性《特に染めたりして銀白色に近い薄い金髪をしている》．**2** U プラチナブロンドの色．— 形 プラチナブロンド色の髪の．

plat·i·tude /plǽṭət(j)ù:d | -tjù:d/ 名 C《格式》(陳腐な)決まり文句．

plat·i·tu·di·nous /plæṭət(j)ú:dənəs | -tjú:-/ 形《格式》陳腐な，平凡な．

Pla·to /pléitou/ 名 圖 プラトン (427?—347 B.C.)《ギリシャの哲学者；ソクラテスの弟子でアリストテレスの師；イデア(概念)と理性を知識の柱とし西洋思想に多大な影響を与えた ☞ academy 語源》．

pla·ton·ic /plətánɪk | -tɔ́n-/ 形 **1** (純粋に)精神的な，プラトニックな: ~ love 精神的(恋)愛．**2** [P-] プラトン(哲学)の，イデア[概念]の．**-tón·i·cal·ly** /-kəli/ 副 精神的に，プラトニックに．

+**pla·toon** /plətú:n/ 名 C **1** 《陸軍》小隊（☞ corps 参考）．**2** 《アメフト》プラトーン《攻撃または守り専門のチーム》．— 他 《スポ》〈選手〉を1ポジションで別の選手と交替で使う．

plat·ter /plǽṭə | -tə/ 名 C **1** 《主に米》大皿《肉・魚などを盛る；☞ dish 類義語》；大皿に盛った食物 (of).《英古風》(普通は木製の)大皿．**2** 《古風, 米》レコード．**hánd [gíve] ... to — on a (sílver) plátter** [動] 他《欲しがっているもの》を(人)にたやすく与える．

plat·y·pus /plǽṭɪpəs/ 名 (複 **~·es**, **plat·y·pi** /-pài/) C かものはし《卵を産む原始的な哺乳類》．

plau·dits /plɔ́:dɪts/ 名 [複]《格式》かっさい，称賛．

plau·si·bil·i·ty /plɔ̀:zəbíləṭi/ 名 U もっともらしさ；

妥当性，信憑(しんぴょう)性．

⁺**plau·si·ble** /plɔ́ːzəbl/ [形] **1** (説明などが)もっともらしい，確度の高そうな． **2** (人が)信頼できる． **3** 《主に英》[しばしば軽蔑] (人が)口先のうまい，もっともらしいことを言う． **-si·bly** /-zəbli/ [副] もっともらしく．

⁎⁎play /pléɪ/ ([類音] plague, plate, pray, prey)

① 遊ぶ；遊び	[自] 1；[名] 1
② 競技する；競技，技	[自] 2，[他] 1，3，4；[名] 2，3
③ 演奏する	[自] 3，[他] 2
④ 出演する，演じる；劇	[自] 4，[他] 6；[名] 4
⑤ ふるまう，する，果たす	[自] 5，[他] 5

— [動] (**plays** /~z/; **played** /~d/; **play·ing**)

[自] [他] の転換
[自] **3** 演奏する (to produce music)
[他] **2** 演奏する (to make (a musical instrument) produce music)

— [自] **1** (子供などが)**遊ぶ，戯れる** ([反]work)**:** The children were **~*ing around*** instead of doing their homework. <V+副> 子供たちは宿題もせずに遊び回っていた / Helen is **~*ing in*** the yard. <V+前+名·代> ヘレンは庭で遊んでいます (☞ garden 類義語) / The child was **~*ing with*** a lighter. <V+*with*+名·代> その子はライターで火遊びをしていた．
2 競技[試合]をする； 競技[試合]に出る；競技[ゲーム]ができる**:** She always **~*s*** well. <V+副> 彼女はいつもよいプレーをする / Our school is [are] **~*ing against*** Nishi High School next week. <V+*against*+名·代> わが校は来週西高校と対戦する / They **~ *for*** Japan. <V+*for*+名·代> 彼らは日本代表選手である / I have only **~*ed in*** one game so far. <V+*in*+名·代> 私はこれまで 1 試合しか出場していない / He **~*ed*** only ***as*** a pinch runner. <V+C (*as*+名)> 彼はただ代走として出場しただけだった．
3 (楽器を)**演奏する，** 弾く；(楽器·ラジオなどが)鳴る；(楽器·音楽が)演奏される；(人·楽団が)演奏する**:** My son **~*s in*** the school orchestra. <V+*in*+名·代> 私の息子は学校のオーケストラの一員です / The organ was **~*ing*** in the church. 教会ではオルガンが鳴っていた．
4 出演する， 芝居に出る；[副詞(句)を伴って] (脚本などが)上演できる；[普通は進行形で用いて] (劇·映画などが)上演[上映]される，かかる (*to*)**:** Who **~*ed in*** that movie? <V+*in*+名·代> その映画にはだれが出演したか / What is **~*ing at*** the theater this weekend? この週末はその劇場では何が上演[上映]されますか．
5 ふるまう (behave)；(…の)ふりをする**:** Always **~** fair. <V+副> いつも正々堂々とふるまいなさい / He is just **~*ing*** sick. <V+C (形)> 彼は仮病を使っているだけだ． **6** [副詞(句)を伴って] 《しばしば文》 (動物·鳥などが)跳(は)ね回る，飛び回る，(ちょうなどが)戯れる；(旗などが)翻(ひるがえ)る；(光·波·風などが)踊る，揺らぐ，(微笑などが)浮かぶ**:** Some rabbits were **~*ing*** among the flowers. 幾匹かのうさぎが花の間を跳ね回っていた． **7** (照明·水·砲火などが…に)向けられる，浴びせられる (*on, over*)；(噴水·ホースなどが)水を噴出する**:** The searchlights **~*ed*** *over* the roofs. サーチライトが屋根を照らしていた． **8** 勝負事[賭(か)け事]をする． **9** (球を)処理する． **10** [well, badly などの副詞を伴って] (競技場が)試合するのに…である． **11** 《略式》 (人に)受け入れられる (*with*).

— [他] **1** 〈競技·勝負事·遊びなど〉**をする；** 〈ゲームなど〉ができる；(ゲームで)〈あるカードなど〉を使う**:** They are **~*ing*** baseball [tennis]. 彼らは野球[テニス]をしている． [語法] 競技·勝負事などの名には定冠詞がつかない (☞ 2 [語法]) // Let's **~** catch in the yard. 庭でキャッチボールをしよう / The team **~*ed*** a good [poor] game. そのチームはよい[まずい]試合をした / Will you **~** (a game of) chess ***with*** me? <V+O+*with*+名·代> 私とチェスをしませんか / Japan **~*s*** football ***against*** Germany on Sunday. <V+O+*against*+名·代> 日曜日に日本はドイツとサッカーの試合をする / They **~** volleyball ***for*** Japan. <V+O+*for*+名·代> 彼らはバレーボールの日本代表である．
2 〈楽器·曲〉**を演奏する，** 〈ある作曲家〉の曲を演奏する；〈CD·テープ·ラジオなど〉をかける；〈コンサート〉を行なう；〈…に〉〈曲など〉を演奏してやる，かけてやる**:** Can she **~** *the* piano [violin]? 彼女はピアノ[バイオリン]が弾けますか． [語法] 楽器の名には普通は定冠詞がつくが，プロの演奏家の場合にはつけないことが多い (☞ 1 [語法]) **:** He **~*s*** *piano* in a band. 彼はバンドでピアノを弾いている // [言い換え] Beethoven **~*ed*** a piece of music ***for*** [***to***] the blind girl. <V+O+*for* [*to*]+名·代> ＝Beethoven **~*ed*** the blind girl a piece of music. <V+O+O> ベートーヴェンはその盲目の少女のために 1 曲弾いてあげた (☞ for [前] A 1 [語法]) / He **~*ed*** a sad tune ***on*** his flute. <V+O+*on*+名·代> 彼は悲しい曲をフルートで吹いた / Let's **~** this CD [tape]. この CD [テープ]をかけよう．
3 (試合で)〈…〉**の役割をする，** 〈あるポジション〉をつとめる，守る；(選手として)〈…〉を試合に出す，(…に)使う (*as*)**:** George **~*ed*** shortstop ***in*** the game. <V+O+*in*+名·代> ジョージは試合でショートを守った． [語法] ポジションを表わす名詞には冠詞をつけない // We'll **~** him *in* the next game. 次の試合には彼を出そう．
4 〈…〉と**試合[勝負]をする；** 〈人と〉〈ある競技〉の試合[勝負]をする**:** We **~*ed*** the sophomores ***at*** basketball. <V+O+*at*+名·代> 私たちは 2 年生とバスケットボールの試合をした / Will you **~** me a game of chess? <V+O+O> 私とチェスをしませんか ([他] 1 の 4 番目の例文のほうが普通の言い方).
5 (実生活で)〈…の役割〉**を果たす，** 務める；[受身なし] 〈…〉らしくふるまう，〈…〉ぶる；〈…〉のふりをする；[副詞(句)を伴って] 《文》 〈状況など〉に対応する**:** Water **~*s*** an important part ***in*** the functioning of the body. <V+O+*in*+名·代> 水は体の働きの面で重要な役割を果たす / She **~*ed*** hostess at the party. 彼女がパーティーの接待役を務めた / Don't **~** the fool. ばかなまねはよせ．
6 〈役·場面〉**を演じる；** 〈劇〉を上演する (perform)；〈場所〉で演じる**:** (The part of) Hamlet *was* **~*ed*** *by* Tom. <V+O の受身> ハムレット(の役)はトムがやった / Our company is now **~*ing*** *The Cherry Orchard* at the Imperial Theatre. 我々の劇団はいま帝国劇場で「桜の園」を上演している． **7** (子供が)〈…〉(のまね)をして遊ぶ，〈…〉ごっこをする**:** The children **~*ed*** school [house]. 子供たちは学校ごっこ[ままごと遊び]をした / Let's **~** detectives. 探偵ごっこをしよう / The children **~*ed*** travel*ing* through space. 子供たちは宇宙旅行のまねをして遊んだ． **8** 〈いたずら·卑劣なことなど〉をする，〈冗談など〉を言う；(…に)〈いたずらなど〉をする**:** [言い換え] He **~*ed*** a mean trick *on* me. ＝He **~*ed*** me a mean trick. 彼は私に卑劣な仕打ちをした． **9** (…に)〈光など〉を当てる，向ける；(…に)〈水·砲火など〉を浴びせる (*on, over*)**:** They **~*ed*** a searchlight [hose] *on* the field. 彼らは野原に探照灯を当てた[ホースで水をかけた]． **10** 〈球〉を打つ，扱う． **11** 『トラ』〈札〉を出す，使う；『チェス』〈こま〉を動かす． **12** 《略式》 〈…〉を扱う，処理する (handle). **13** 〈…〉に賭(か)ける；〈…〉で賭け事をする**:** **~** the market 株に手をだす． **14** 〈針にかかった魚〉を泳ぎ回らせて疲れさせる． **15** 〈勘など〉を働かせる，〈…〉にたよる．

pláy bóth énds agàinst the míddle [動] [自] (両者を争わせて)漁夫の利を占める． **pláy hárd to gét** [動] [自] 《略式》 (異性に対して)関心がないふりをする，(仕事などが欲しいのに)興味がないふりをする． **pláy it cárefully** [**cóol, stráight**] [動] [自] 注意深く[冷静

に, 誠実に]ふるまう. **pláy it one's (ówn) wáy** [動] (自) 自分が最善と思うしかたでする. **pláy onesèlf ín** [動] (自) (ゲームなどで)プレーに体を慣らす, 徐々に調子を上げる.

play の句動詞

pláy alóng [動] (自) 《略式》(...に)調子を合わせる(ふりをする), (一時的に)協力する (with). ― (他) (回答・決定を出さないで)(相手)をじらす, あやつる.

pláy aróund [abóut] [動] (自) 《略式》(人・動物が)遊び[飛び]回る, ふざける (☞ play (自)). **pláy aróund [abóut] with ...** [動] (他) 《略式》(1) (異性)と関係をもつ, 浮気[不倫]する. (2) ...をあれこれ考えて[試しに], いじり回してみる.

pláy at ... [動] (他) 1 ...をして遊ぶ, ...ごっこをする: ~ at being soldiers 兵隊ごっこをする. 2 ...を遊び半分でやる, いいかげんにする: ~ at business 商売を遊び半分でやる / 'What do you think you're [What are you] ~ing at? (略式)(いたずらを見つけて)何をばかなことをしているのか. 3 (あるポジション)を守る: ~ at third サードを守る.

pláy awáy [動] (自) (スポーツで)遠征試合をする.

***pláy báck** [動] (名 pláybàck) (他) 1 〈テープ(の録音)・ビデオなど〉を再生する 〈V+名・代+back / V+back+名〉: When you've finished the recording, ~ it *back* to me. 録音が終わったらそれを再生して聞かせて下さい. 2 〈ボール〉を返す.

pláy dówn [動] (他) 〈物事・重大さ〉を重要でないように見せる, (新聞などが)(記事)を小さく扱う (反 play up).

pláy ín [動] (自) 音楽を演奏して〈人・新年など〉を中に導く. **pláy onesèlf ín** [動] (自) (試合などで)徐々に調子を出す, 腕を慣らす.

***pláy óff** [動] (名 pláyòff) (他) (引き分け・同点などの)決勝試合をする; (一連の試合)を行なって終了させる; (同点者)に決勝試合をさせる: They had to ~ *off* the tie to decide the championship. 優勝者を決めるために同点の決着をつけなければならなかった.

pláy ... óff ―(米) = pláy ... óff agàinst ―(英) [動] (他) (自己の利益のために)(...)と一を張り合わせる, 対抗させる.

pláy ón [動] (自) 遊び[演奏, 演技]を続ける; 〚スポ〛試合を続行[再開]する.

pláy on [upòn] ... [動] (他) 〈恐怖・不安など〉につけ込む, ...を利用する.

pláy óut [動] (他) 1 〈場面など〉を演じる, 〈考え・感情・願いなど〉を行動に表わす. 2 最後まで演じる[プレーする]; 〈試合〉の決着をつける, 〈出来事など〉を展開させる. 3 音楽を演奏して〈人・旧年〉を送り出す. ― (自) 1 戸外で遊ぶ. 2 (出来事が)展開する, 生じる, (貯え)が尽きる. **pláy onesèlf óut** [動] (自) 役立たなくなる, 尽きる. **be pláyed óut** [動] (自) (1) (出来事が)展開する, へとやっとになっている (☞ played out の項目 1). (2) (貯え)が尽きている; 役立たなくなっている, 旧式である.

pláy úp [動] (他) 1 〈...〉を重要であるように見せる, 強調する (反 play down). 2 《英略式》〈人〉を困らせる, 悩ます. 3 《英略式》(子供が)〈...〉に不作法なふるまいをする. ― 《英略式》1 人を困らせる. 2 (子供が)行儀悪く(する. (2) ...の助演をする.

***pláy with ...** [動] (他) (受身 be played with) 1 ...と遊ぶ: Mr. Smith is ~*ing with* his son in the pool. スミスさんはプールで息子さんと遊んでいます / The little boy has no one to ~ *with*. その男の子は遊び相手がいない (☞ ... to play with).

2 ...で遊ぶ, 〈物・考え・ことば・感情など〉をもてあそぶ, ...をいじくる; ...を色々と試す: The little girl was ~*ing with* a toy. その小さな女の子はおもちゃで遊んでいた / He was just ~*ing with* his food. 彼は食べ物をつついているだけだった. **pláy with onesèlf** [動] (自) [婉曲] オナニーをする (masturbate). **pláy with the idéa**

of ... [動] (他) ...についてふと考えてみる. **... to pláy with** [形] [名詞の後につけて]《略式》使える, 利用できる (available) (☞ play with ... (1)): time [money] *to* ~ *with* 使える時間[金].

― 名 (~s /~z/; 形 pláyful) 1 U 遊び, 遊戯; 気晴らし; 戯れ (反 work): We need time for ~. 私たちは遊びの時間を必要とする / All work and no ~ makes Jack a dull boy. (ことわざ) 勉強ばかりしていては男の子はだめになる(よく学びよく遊べ).

2 U 競技, 勝負事: P~ will begin at 1 p.m. 競技は午後1時に始まります.

3 U プレー, 試合ぶり, 演技; [a ~] 《米》(競技での)動き, (勝敗・取り引きなどの)やり方: fair ~ 正々堂々の試合ぶり, フェアプレー / foul ~ 〚スポ〛反則 / team ~ チームプレー / rough ~ 乱暴なプレー / He made *a* good ~ on that grounder. 彼はそのゴロをうまくさばいた / Nice [Great] ~! ナイスプレー! (☞ nice 形 1 日英比較).

4 C 芝居, 劇, 戯曲; 脚本 (about). ★ drama よりはくだけた感じの語: a TV [radio] ~ by Miller ミラー作のテレビ[ラジオ]ドラマ / the ~s of Shakespeare シェークスピアの戯曲. 関連 screenplay 映画脚本.

― コロケーション ―

direct a *play* 劇を演出する
do [put on, stage, perform, produce] a *play* 劇を上演する
go to a *play* 劇を見に行く
rehearse a *play* 劇のリハーサルをする
revive a *play* 劇を再上演する
see a *play* 劇を見る
「take part [act, perform] in a *play* 芝居に出る
write a *play* 劇(の台本)を書く

5 C お芝居, 口実 (to do). 6 [単数形で, しばしば the ~] 《主に文》(光などの)ちらつき, ゆらめき; (表情などの)ちょっとした動き: *the* ~ *of* sunlight *on* the green leaves 緑の葉にちらちらと差す日光. 7 U (機械などの)運動の自由, 遊び, (ロープなどの)ゆるみ, (感情などの)活動(の自由). 8 U 働き, 作用, 活動 (*of*). 9 [単数形で] (勝負事などの)手, 番 (turn): Now it is yóur ~. 今度はあなたの番ですよ. 10 U (マスコミの)報道; 注目, 関心.

a pláy on wórds [名] だじゃれ, ごろ合わせ (pun).

as góod as a pláy [形] (芝居のように)大変おもしろい.

at pláy [形] (1) 遊んで(いる): The children were *at* ~ in the yard. 子供たちは庭で遊んでいた. (2) 作用している, (影響が)働いている.

bríng [cáll] ... into pláy [動] (他) 〈...〉を活動させる; 〈...〉を活用する, 使いだす.

còme into pláy [動] (自) 活動し始める.

give (frée) pláy to ... [動] (他) ...を(自由に)活躍させる[働かせる].

gìve ... fúll pláy = gìve fúll pláy to ... [動] (他) 〈...〉に完全な活動[表現]の自由を与える.

in fúll pláy [形] 盛んに活動中で; (機械などが)フル稼動して.

in pláy [副] 冗談に, ふざけて. ― [形] 〚球〛(ボールが)生きている.

màke a [one's] pláy for ... [動] (他) 《主に米》(利益など)を得ようとする, 〈異性〉を引き付けようとする.

màke gréat [múch] pláy of ... [動] (他) ...を強調する.

òut of pláy [形] 〚球〛(ボールが)死んでいる.

pút ... ìnto pláy = bring [call] ... into play.

through pláy [副・形] 遊びを通しての(の).

playa /plérja/ 名 C (S) ナンパ名人, 女たらし.
play·a·ble /pléiabl/ 形 (反 unplayable) 1 パソコン[ビデオなど]で利用できる(on); パソコンで利用しやすい. 2 (競技場が)競技のできる, (球が)プレー可能な. 3 (楽器や曲が)演奏できる.
pláy·àct 動 自 見せかける, ふりをする, 芝居をする.
pláy·àcting 名 U みせかけ(の行動); 演技.
pláy·bàck 名 動 pláy bàck) C/U (テープ・ビデオなどの)再生, プレーバック; 再生画面: Let's watch this scene again on ~. このシーンをプレーバックでもう1度見てみよう.
pláy·bìll 名 C (古風) 芝居のビラ[ポスター]; (米) 芝居のプログラム.
pláy·bòok 名 C (アメフト) プレーブック (チームのすべてのプレーの作戦・戦術をファイルした極秘資料ブック).
pláy·bòy 名 C 道楽男, 遊び人, プレイボーイ.
pláy-by-pláy 名 C [普通は単数形で] (米) (スポ) (詳しい解説付きの)実況放送.
pláy dàte 名 1 (米) 子供が一緒に遊ぶことが決まっている時間. 2 上演日程.
Play-Doh /pléidou/ 名 U プレイドー (子供用の合成粘土; 商標).
played out /pléidáut⁻/ 形 P (略式) 1 へとへとになって, 力を使い果たして. 2 古くさい (☞ be played out (play out (play の句動詞)成句)).

*__play·er__ /pléra │ pléia/ (類音 prayer) 名 (~s /-z/) C 1 **選手**, 競技者; [前に形容詞をつけて] (競技などをする)...な人: a baseball ~ 野球の選手 / the most valuable ~ 最優秀選手 (MVP) (言い換え He is a good [poor] tennis ~. (= He plays tennis well [poorly].) 彼はテニスがうまい[下手だ] / I'm not much of a ~. 私は大してうまくはない. 2 (楽器の)演奏者; [前に形容詞をつけて] 演奏[演技]の...の人: She is a skillful "~ on the violin [violin ~]. 彼女はバイオリンを弾くのがうまい. 3 プレーヤー, 演奏装置; カセットプレーヤー (cassette player): listen to a CD on the ~ プレーヤーでCDを聴く. 4 (新企画・商取引などの)重要参加者[企業, 国]. 5 (古風) 俳優, 役者. 6 = playa.
pláyer piáno 名 C 自動ピアノ.
pláy·fèllow 名 C (古風) = playmate.
*__play·ful__ /pléifl/ 形 (更 play) 1 陽気な, 元気で楽しそうな: a ~ little dog 楽しそうに飛び回っている子犬. 2 ふざけている, 戯れの: a ~ remark 冗談で言ったこと. **-ful·ly** /-fəli/ 副 陽気に; ふざけて, 冗談半分に. **~·ness** 名 U 陽気, 戯れ, ふざけ; ちゃめっけ.
pláy·gòer 名 C 芝居の常連.
*__play·ground__ /pléigràund/ 名 C 1 (学校の)運動場; 遊び場: Children are running around on [in] the ~. 子供たちが運動場で走り回っている. 2 行楽地, リゾート. 3 (米) (公共の)運動場, グランド, 公園 ((英) recreation ground).
*__pláy·gròup__ 名 C [単数形でも時に複数扱い] (英) (私設の)保育所(の子供たち).
*__pláy·hòuse__ 名 (-hous·es /-hàʊzɪz/) C 1 [劇場名としてしばしば P-] 劇場 (theater). 2 子供が入って遊ぶ小屋, おもちゃの家.
pláying càrd 名 C (格式) トランプの札.
pláying fíeld 名 C 球技場. **lével the pláying fíeld** 動 自 機会を均等にする (☞ level playing field).
play·let /pléilət/ 名 C 短い劇, 寸劇.
pláy·lìst 名 C (ラジオ番組などの)放送曲目リスト.
pláy·màker 名 C (バスケットボール・ホッケーなどで)味方の攻撃の先導役となる選手.
pláy·màte 名 C (子供の)遊び友達.
pláy mòney 名 U (ゲームなどの)おもちゃのお金.

*__pláy·òff__ (~s; 動) pláy óff) C プレーオフ, 決勝試合 (引き分け・同点・同率のときなどの).
pláy·pèn 名 C 赤ん坊[幼児]用の遊び場用囲い, ベビーサークル. 日英比較 「ベビーサークル」は和製英語.
pláy·ròom 名 C 遊戯室.
pláy·schòol 名 C (英) = playgroup.
pláy·thìng 名 C 1 (格式) おもちゃ (toy). 2 おもちゃにされる人, 慰みもの.
pláy·tìme 名 U,C (学校での)遊び[休み]時間.
*__pláy·wrìght__ /pléirait/ 名 (-wrìghts /-raits/) C 劇作家.
*__pla·za__ /plá:zə, plá:zə │ plá:zə/ 名 C 1 ショッピングセンター. 2 (特にスペイン語圏の都市の)広場 (square 〖類義〗). 3 (高速道路沿いの)サービスエリア.
*__plc, PLC__ /pí:èlsí:/ 名 (英) = public limited company.
*__plea__ /plí:/ (類音 plead) 名 (~s /-z/) 1 C (格式) 嘆願: make a ~ for mercy 慈悲を嘆願する[願う] / She responded to my ~ for help at last. ついに彼女は私の援助の懇願に応じてくれた. 2 C [普通は単数形で] (法) 抗弁, 申し立て: make [enter] a ~ of guilty [not guilty] 有罪[無罪]の申し立てをする.
cóp a pléa 動 自 (米俗) (罪を軽くするため)口を割る, 司法取引 (plea bargain) をする. **on the pléa of ...** 前 = on the pléa that ... 接 ...を口実に(して), ...という口実で.
pléa bàrgain 名 C 司法取引.
pléa-bàrgain 動 自 司法取引をする[に応じる].
pléa bàrgaining 名 U 司法取引 (被告が重罪での告訴取り下げと引換えに軽罪を認めること).
pleach /plí:tʃ/ 動 他 [しばしば受身で] (枝などを組み合わせて)生垣を作る[修理する].
*__plead__ /plí:d/ 動 (**pleads** /plí:dz/; 過去・過分 **plead·ed** /-dɪd/, (主に米・スコ) ではまた **pled** /pléd/; **plead·ing** /-dɪŋ/) 自 1 嘆願する, 懇願する (言い換え She ~ed with me for more time. <V+with+名・代+for+名・代> = She ~ed with me to give her more time. <V+with+名・代+to 不定詞> 彼女は私にもっと時間を下さいと嘆願した. 2 弁護する; 申し開きをする: The lawyer ~ed for her. <V+for+名・代> その弁護士は彼女の弁護に立った.
―― 他 1 <...である>と弁解する; 言いわけとして<...>を言う, <...>を申し立てる; <...>を主張する; <真偽・重要性など>を主張する 言い換え He ~ed ignorance of the new regulation. = He ~ed that he didn't know about the new regulation. <V+O (that 節)> = He ~ed, "I don't know about the new regulation." <V+O (引用節)> 彼はその新しい規則は知らないと弁解した. 2 [受身なし] (法廷で)<...>を弁護する; <...>を抗弁として主張する: The lawyer ~ed her case. 弁護士は彼女の言い分を弁護してくれた. **pléad agàinst ...** 動 他 (法) (弁護士が)...に反論[抗弁]する. **pléad gúilty** 動 自 (法廷で)有罪を認める, 身に覚えがあると認める. **pléad nót gúilty** 動 自 (法廷で)無罪を申し立てる, 身に覚えがないと訴える.
pléad·er /-də │ -də/ 名 C 1 弁護人, 抗弁者. 2 嘆願者.
*__pléad·ing__ /-dɪŋ/ 名 1 U 弁護, 弁解; 嘆願. 2 [複数形で] (法) 訴答(書面). ―― 形 [普通は A] 嘆願するような. **-ly** 副 嘆願するように.
*__pleas·ant__ /plézənt/ (類音 present) 13 形 (more ~, -ant·er /-tə │ -tə/; most ~, -ant·est /-tɪst/; 動 please²; 名 pleasure; 反 unpleasant) 1 (物事が)(...にとって)気持ちのよい, 楽しい, 愉快な (天候が)快適な: We had a ~ evening [time]. 私たちは楽しい晩[時]を過ごした / Her singing is ~ to listen to. <A+to 不定詞> 彼女の歌は聴いていて気持ちがよい. 語法 この意味では to 以下の動詞は他動詞またはそれに相当する句

動詞で，主語の位置の名詞や代名詞はその意味上の目的語になる《☞ to³ B 6 [語法]》 // [言い換え] *It is* ～ *to* talk with her. = *It is* ～ talk*ing* with her. = She is a ～ person *to* talk with. 彼女と話すのは楽しい.
2 (人・言動・性格などが)**感じのいい**，(相手に)いい感じを与える，楽しそうな；愛想のよい：a ～ companion いっしょにいると楽しい人 / Try to be ～ *to* your interviewer. <A+*to*+名・代> 面接担当者には愛想よくするように努めなさい / What a ～ smile she has! 彼女の笑顔はなんて感じがいいのでしょう. **màke onesèlf pléasant to …** [動] [他] …に愛想よくふるまう.

pleas·ant·ly /pléz(ə)ntli/ [副] **1** 心地よく，快適に：a ～ cool night 気持ちよく涼しい夜. **2** 感じよく，愛想よく：smile ～ 感じよくほほえむ.

pleas·ant·ry /pléz(ə)ntri/ [名] (**-ant·ries**) [C] [普通は複数形で] 《格式》 礼儀上のことば《あいさつ，世間話など》，社交辞令，お愛想；軽い冗談，軽口.

****please¹** /plí:z/ [副] **1** [普通は命令文の文頭・文尾に添えて] **どうぞ**：*P*～ come in. どうぞお入りください / *P*～ don't forget your key. どうぞ鍵(かぎ)をお忘れなく / [会話] "Close the door, ～." "Okay."「ドアを閉めてください」「分かりました」/ Help yourself, ～. どうぞご遠慮なくおめしあがりください.

> [語法] (1) 人にものを頼むときの最も普通な言い方《☞ politeness 囲み》で，文の終わりにくる please の前には普通コンマ (comma) を置く. 相手に対する依頼のない，機械などの使用方法の掲示には用いない.
> (2) 上昇調のイントネーションを用いることが多い《☞ つづり字と発音解説 94》.
> (3) 《略式》では動詞 bring, come, give, make などを用いないで，次のように言うことも多い：Two coffees, ～. コーヒーを2つください / No noise, ～. お静かに願います / This way, ～. どうぞこちらへ(来てください) // ☞ Attention, please. (attention 成句).
> (4) 平叙文の形で命令的に用いることがある：You will ～ leave the room. 部屋から出ていってください.
> (5) 《略式》では次のように to 不定詞とともに用いることがある：I asked him to ～ come to work on time. 私は時間どおりに仕事に来てくださいと彼に頼んだ.

2 [疑問文で] **すみませんが，**どうか.
(1) [Will you ～ …?, Would you ～ …?, Could you ～ …? などとして丁寧な依頼を表わす]：*Will* [*Would, Could*] *you* ～ show me the way to the station? すみませんが駅へ行く道を教えてくださいませんか. ★ 丁寧さの度合いについては ☞ politeness 囲み.

> [語法] please が文の終わりにくることもある：[会話] "*Will you* pass the salt, ～?" "Yes, certainly."「塩をとっていただけませんか」「はいわかりました」

(2) [May I ～ …?, Could I ～ …? などとして丁寧に許可を求める]：*May I* ～ use your phone? 電話をお借りできますでしょうか / *May I* use the bathroom, ～? お手洗いを拝借できますか《☞ bathroom [語法], borrow [他] 1 [日英比較]》/ *May I* have [ask] your name, ～? お名前は何とおっしゃいますか《☞ name [名] 1 [語法]》.
(3) [丁寧な尋ね方をして]：Is John there, ～? ジョンはそちらでしょうか.
3 [疑問文の形での申し出・誘いなどに答えて；Yes, please または Please として] **はいお願いします.**

> [会話] "Will you have another cup of coffee?" "*Yes*, ～. (=《主に英》Yes, thank you.)"「コーヒーをもう1杯いかが」「はい，いただきます」《☞ Yes, please. (yes 成句)》. [語法] (1) 断わるときは No, thank you. 《☞ 項目 Thank you. の成句》. (2) 次のように用いることもある："May I open the window?" "*P*～ do!"「窓を開けてもよろしいですか」「ええどうぞ」

4 [感嘆詞的に用いて相手の注意を促す；時に滑稽]：*P*～! 《略式》 お願いです；(抗議して)やめて / *P*～, sir, I can't hear you. [S] 《主に英》 すみません，よく聞こえないんですけど《主に子供が先生や大人に対して》/ *P*～, it's cold in here. すみません，ここは寒いのですが(窓を閉めて下さい). [語源] 'if (it) please you' (もしあなたがよろしければ) 《☞ please²》 から独立したもの.

***please²** /plí:z/ [動] (**pleas·es** /～ɪz/; **pleased** /～d/; **pleas·ing**; [名] pléasure, [形] pléasant; [反] displease) [進行形なし] [他] **1** 〈…〉を**喜ばせる，楽しませる，満足させる**《☞ pleased》：[言い換え] We cannot ～ everybody. = There is no *pleasing* everybody. すべての人を満足させることは無理だ / [言い換え] He's hard [a hard person] to ～. = It's hard to ～ him. あの男は気難しい. **2** [as や what(ever) などの関係代名詞が導く節の中で] 《格式》 したいと思う，好む (like) 《★ [自] 1 として扱うこともある》：Take as many [much] *as* you ～. 好きな(数[量])だけ取りなさい / Do *whatever* [anything] you ～. (何でも)好きなようになさい.
— [自] **1** [従属節に用いて] 《格式》 **したいと思う，好む** (like)：I'll do as I ～. 私は好きなようにします / You can go wherever [anywhere] you ～. どこでも好きなところへ行ってよい. **2 人を喜ばせる，人の気に入る：**We aim to ～. (お客などに)喜んでいただけるように努めます. **(as) … as you pléase** [S] まったく…(に[で]) 《★ …には big, bold, cool, casually, charming, nice などの形容詞・副詞が入る》：She walked in (*as*) calm(ly) *as you* ～. 彼女はまったく平然とした態度で入ってきた. **if you pléase** [副] [文修飾語] 《古風》 (1) [S] 《丁寧》 どうか，恐れ入りますが：*If you* ～, Miss Smith, I'd like a word with you. スミスさん，恐れ入りますが，ちょっとお話があるのですが. (2) 《主に英》 ところが驚いたことには：She was, *if you* ～, already married! 驚いたことに，彼女はもう結婚していた. **pléase Gód** [副] (神のおぼしめしで)是非とも；うまくいけば. **pléase onesèlf** [動] [自] (1) 自分の好きなようにする. (2) [Please yourself! として] [S] 《略式》 勝手にしなさい《特にいらだちを示す皮肉な言い方》.

pleased** /plí:zd/ [形] **喜んだ，満足した，うれしい**：She was **～ *with her new dress. <A+前+名・代> 彼女は新しいドレスが気に入った / Ben is **～ *about*** his new job. ベンは新しい仕事が気に入っている / He is **～ *at*** his son's success. <A+*at*+名・代> 彼は息子の成功を喜んでいる / [言い換え] He was very **～ *at*** find*ing* his wife so well. <A+*at*+動名> = He was very **～ *to*** find his wife so well. <A+*to* 不定詞> = He was very **～ (*that*)** he found his wife so well. <A+(*that*) 節> 彼は妻が元気なのがわかってうれしかった《☞ very¹ 1 [語法] (2), to³ B 2》/ My mother had a ～ look on her face 母は満足顔だった.

> 番号の順序に喜びの度合いが小さくなる.
> 1. **overjoyed** (大喜びして)
> 2. **delighted** (とても喜んで)
> 3. **glad, pleased** (喜んで)

be (ònly tóo) pléased to dó [動] (1) 《丁寧》 (非常に)喜んで…いたします；…してうれしく存じます：I shall *be* ～ *to* go with you. 喜んでお供いたしましょう / I'm ～ [*P*～] *to* meet you. [S] 《格式》 はじめまして (How do you do?) 《初対面のあいさつ》. [語法] 次のように独立しても用いられる：[会話] "Would you like to try some Japanese dishes?" "I'd *be* ～ *to*."「日本料理を召し上がってみませんか」「喜んで」《☞ to³ A 1 [語法]

(1), ellipsis 文法(1)(iii)). (2)《格式》(ありがたくも)…してくださる: The Crown Prince *was ~ to* attend the opening ceremony. 皇太子殿下が開会式にご列席下さいました.

nót vèry [tòo] pléased＝nóne tòo pléased 〔形〕〔しばしば滑稽〕面白くない, 怒って.

pléased with onesèlf 〔形〕〔主に軽蔑〕自己満足して.

You'll be pléased to dó. 《丁寧》〔主に know, hear, see などの動詞とともに〕ぜひ…していただきたいと存じます: *You'll be ~ to* know that Mr. White was selected for the job. ホワイトさんがその仕事に選ばれたことをご通知申し上げます.

pleas・er /plíːzɚ | -zə/〔名〕〔C〕〔合成語で〕(人を)喜ばせる人[もの]: a crowd-~. 人を喜ばせる人[もの].

✝pleas・ing /plíːzɪŋ/〔形〕《格式》**1** 快い, 楽しい; 感じのよい: ~ *to* the eye 見た目に快い / The lullaby was ~ *to* the ear. 子守歌は耳に心地よかった. **2** (…にとって)喜ばしい, 満足な (*to*). **-・ly** 〔副〕快く.

✝plea・sur・a・ble /pléʒ(ə)rəbl/〔形〕(〔名〕pleasure)《格式》楽しい, 愉快な. **-a・bly** /-rəbli/〔副〕楽しげに.

✽plea・sure /pléʒɚ | -ʒə/〔名〕(~**s** /-z/; 〔動〕: please[2], 〔形〕pléasant, pléasurable; 〔反〕displeasure) **1** Ⓤ **楽しみ**, 喜び, 愉快, 満足(〔類義語〕 the ~ of listening to good music よい音楽を聴く楽しみ /〔言い換え〕 I got a lot of [~ *from* (reading) this book [~ reading this book]. ＝This book gave [brought] me a lot of ~. この本はとても楽しく読めた / She expressed her ~ *at* the news. 彼女はその知らせを聞いて喜びを表わした / The old man found great ~ *in* Jim's company. 老人はジムといっしょにいるととても楽しんだ.

2 Ⓒ Ⓤ 楽しいこと, 娯楽; (肉体的)快楽, 喜び; 遊興: It was a ~ *to* see [seeing] you again. あなたに再びお会いできて楽しかった /〔言い換え〕 It's a ~ *to* work with her. ＝She's a ~ *to* work with. 彼女といっしょに仕事をするのは楽しい. **3** Ⓤ 《格式》好み, 意向.

at His [Her] Májesty's pléasure 〔副〕《英》《法》(刑の)執行中.

at one's pléasure 〔副〕《格式》好きなよう[とき]に.

for pléasure 〔副〕楽しみで, (仕事でなく)遊びに: I'm here for ~, not on business. 私はここに仕事でなく遊びで来ています.

hàve the pléasure of … 〔動〕⦿《丁寧》…の光栄に浴する(【語法】反語的にも用いる: May I *have the ~ of* this dance? 一曲踊っていただけますでしょうか / We *had the ~ of* dining with him. 我々はあの方と食事を共にする光栄に浴しました.

It is a pléasure to dó. Ⓢ《丁寧》…するのは喜び[光栄]です(☞2): (*It's a*) ~ *to* meet you. はじめまして(お会いできて光栄です, が原義).

It's mý [óur, a] pléasure.＝Mý [Óur] pléasure. Ⓢ《丁寧》どういたしまして, こちらこそ: 会話 "Thank you for your help." "Not at all; (*it's*) *my* ~." 「お手伝いありがとうございます」「どういたしまして」

It's my pléasure to dó. ＝**It gíves me pléasure to** dó. Ⓢ《丁寧》…するのは光栄で, 謹んで…いたします:「*It's my* [*It gives me*] *great ~ to* introduce to you Dr. Rich from England. 英国から来られたリッチ博士をご紹介いたします(司会者のことば).

take [find] pléasure in … 〔動〕⦿(時に悪趣味なこと)を楽しむ, 喜んで…する(☞ **1** の使い方の例文): My mother *takes* (great) ~ *in* play**ing** the piano these days. 母は近ごろピアノを弾くのを(大いに)楽しんでいる / He *takes* no ~ *in* his studies. 彼は勉強が全然おもしろくない / I *take* ~ *in* introducing the chairman. 議長を紹介いたします.

The pléasure is míne [óurs]. Ⓢ《丁寧》(どういたしまして)私のほうこそうれしいのです: 会話 "Thank you for appearing on our show." "*The ~ is mine.*" 「このショーにおいていただきありがとうございます」「いえ, こちらこそ(お招きにあずかって喜んでおります)」

the pléasure of …'s cómpany 〔名〕《格式》…のご来臨: request *the ~ of …'s company* …のご臨席を賜る.

Whát's your pléasure? Ⓢ《古風》何をお望みですか.

with pléasure 〔副〕(1) 喜んで: He did the work *with ~*. 彼はその仕事を喜んでやった. (2) Ⓢ《丁寧》よろしいですとも(喜んで承知するという返事に使う).

会話 "Will you come to our party?" "Thank you, *with ~* [*With ~*]."「パーティーに来ませんか」「ありがとうございます. 喜んでまいります」

── 〔動〕⦿《略式》〈…〉に性的快感を与える.

【類義語】**pleasure** 最も一般的な語で, 単なる満足の気持ちから, 興奮を伴う喜び・楽しみまで広い範囲の意味を表わす. **delight** *pleasure* のうちの度合いの強い喜びを表わし, はっきりと喜びの色が表現されるのが普通. 突然の大きな喜びのほか, 場合によっては, かなりの期間にわたって感ずる喜びを意味することもある. **joy** *delight* よりさらに大きな躍り上がったくなるような喜びで, 人を有頂天にさせるような喜び.

pléasure bòat [cràft] 〔名〕Ⓒ 遊覧船; レジャー用の船[モーターボート].

pléasure gròund 〔名〕Ⓒ 公園.

pléasure prínciple 〔名〕[the ~]《精神分析》快感原則(快を求め, 不快を回避しようとする傾向).

pléasure sèeker 〔名〕Ⓒ 遊び人, プレイボーイ.

✝pleat /plíːt/〔名〕Ⓒ(スカートなどの)ひだ, プリーツ. ── 〔動〕⦿〈…〉にひだをつける.

pléat・ed 〔形〕ひだ[プリーツ]のある[ついた].

pleath・er /pléðɚ | -ðə/〔名〕Ⓤ プレザー《人口皮革》.

pleb /pléb/〔名〕Ⓒ(普通は (the) ~**s**)《英略式》《差別》または《滑稽》〈無教養な〉庶民, 大衆.

pleb・by /plébi/〔形〕《英略式》庶民の, 下層民の.

plebe /plíːb/〔名〕Ⓒ《米略式》(陸軍士官[海軍兵]学校の)最下級生.

ple・be・ian /plɪbíːən/〔名〕Ⓒ **1**《差別》庶民, 下層民; (身分の)卑しい人. **2**(古代ローマの)平民. ──〔形〕**1**《差別》庶民の; (身分の)卑しい. **2**(古代ローマの)平民の. **3**《軽蔑》粗野な, 下賤な; 粗末な.

✝pleb・i・scite /plébəsàɪt, -sɪt/〔名〕Ⓒ《政》(国の重要問題をめぐる)国民[一般]投票(☞ referendum): hold a ~ *on* … …に関する国民投票を行なう. **by pléb iscite** 〔副〕国民投票で.

plec・trum /pléktrəm/〔名〕(複 **plec・tra** /-trə/, ~**s**) Ⓒ《楽》(マンドリンなどの)ピック, つめ(《略式》pick).

pled /pléd/《米・スコ》plead の過去形および過去分詞.

✝pledge /pléʤ/〔名〕(**pledg・es** /-ɪz/) Ⓒ **1**〔主に新聞で〕誓い, 誓約, 公約; 《古風》約束(promise): fulfill a ~ 誓いを果たす / break [keep] a ~ 誓いを破る[守る] / a campaign ~ 選挙公約 / the P~ of Allegiance (米国民の自国への)忠誠の誓い(の言葉)《公式行事の場のほか, 毎朝多くの小学校で国旗に対してとなえる》 / The government *made a ~ to [that* it would] reduce taxes. ＜N+to 不定詞 [*that* 節]＞ 政府は減税をすると公約した. **2**(愛情の)誓約; 約束した寄付金: a ~ *of* $500 500 ドルの寄付の約束. **3**(愛情などの)印, 保証; 抵当の品, 質物(しちもつ): a ~ *of* friendship 友情の印. **4**《米》(大学の学生社交クラブへの)入会誓約者《入会前にテストに合格しなければならない》. **sign [take] the plédge** 〔動〕〔古風〕禁酒の誓いをする.

── 〔動〕⦿ **1**〔主に新聞で〕〈…〉を(人に)誓約[保証]する; 〈金額の寄付を約束する (*to*):〔言い換え〕 He ~*d* us his support [loyalty]. ＝He ~*d* his support [loyalty] *to* us. 彼は我々に支持[忠誠]を誓った / The men ~d (to us) to [that they would] do their best. 部下たちは(我々に)最善を尽くすことを誓った / He ~d $200,000 to the charity. 彼は20万ドルをその慈善団体に寄付することを約束した. **2** 《人》に誓約[保証, 約束]させる: 言い換え He was ~d to keep the secret. =He was ~d to secrecy. 彼は秘密を守る約束になっていた. **3** 《…》を抵当[質]に入れる (for). **4** 《米》《大学の学生社交クラブに入会の誓約をする. ― 自《米》入会の誓約をする. **plédge onesèlf to dó** [動] …すると誓う.

Ple·ia·des /plí:ədìːz | plárə-/ 图 《複》 [the ~] プレアデス, すばる 《牡牛(お社)座にある星団》.

Pleis·to·cene /pláɪstoʊsìːn/ 图 [しばしば p-] 《地質》更新[洪積]世の.

ple·na·ry /plí:nəri/ 图 Ⓐ 《格式》 **1** (会議などが)全員出席の: a ~ session [meeting] 全体会議, 総会. **2** (権力などが)絶対的な, 最大限の: ~ powers 全権. ― 图 Ⓒ 全体会議, 総会.

plen·i·po·ten·ti·ar·y /plènəpouténʃəri, -ʃièri, -ʃɪ(ə)-, -ʃi(ə)-/ 图 (-ar·ies) Ⓒ 全権使節[大使]. ― 形 (大使などが)全権を有する; (権限などが)絶対的な: a minister ~ 全権大使.

✝**plen·i·tude** /plénət(j)ùːd | -tjùːd/ 图 ⓊⓁⒾ 《文》 **1** Ⓤ 充実(感), 完全, 十分. **2** [a ~] 豊富, 多量 (of).

plen·te·ous /pléntiəs/ 图 《詩》 =plentiful.

✝**plen·ti·ful** /pléntfəl/ 图《plenty》 たっぷりある, 十分な, 豊富な (反 scarce): a ~ table ごちそうのたくさんある食卓 / in ~ supply 供給量が豊富で / Fish are ~ in this lake. この湖には魚がたくさんいる. **-ful·ly** /-fəli/ 副 たっぷりと, 豊富に.

✱**plen·ty** /plénti/ [Ⅱ 图《形 pléntiful》 Ⓤ **1** たっぷり, 十分, 豊富 (反 lack): There's always ~ **to** eat and drink at her parties. <N+to 不定詞> 彼女のパーティーではいつも飲み物や食べ物がたっぷりある (☞ drink 動 [日英比較]) / If you run out of paper, you'll find ~ more in this drawer. 紙がなくなったらまだこの引き出しにいっぱいありますから. 語法 plenty は必要なだけ, または必要以上に数量があることを表わし, 必ずしも「非常にたくさん」は意味しない: Two is ~. 2つあれば十分です.

会話 "Will you have some more cake?" "No, thank you. I've had ~." 「お菓子をもう少しいかがですか」「結構です. もう十分にいただきました」

2 《格式》(物, とくに食物の)豊富さ: days [years, a time] of ~ 物が豊富にある時代.

in plénty [副] 《主に文》たっぷりと, 豊富に: There was water *in* ~ in the camp. キャンプには水がふんだんにあった.

plénty of ... [形] たっぷりとした…, 十分足りる…, 豊富な…: They had ~ *of* money for their tour. 彼らは旅行用の金を十分持っていた.

語法 (1) 動詞は plenty of に続く名詞の数と一致する: P~ *of* stores *are* still open. まだ開いている店がたくさんある.
(2) 否定文では enough で代用するのが普通: He *didn't* have *enough* money. 彼はお金を十分持ってはいなかった.

― 副 《略式》[主に Ⓢ] **1** たっぷり, 十分に: It's ~ long (*enough*). 長さは十分だ / We will need ~ more money. もっと多くのお金が必要になる. 語法 plenty ... (enough), plenty more ... の形で用いる. **2** 《米》とても, 非常に: He's ~ fat. 彼はとても太っている / She works ~. 彼女はよく働く.

― 形 《略式》たくさんの, 豊富な.

---

ple·num /plí:nəm/ 图 Ⓒ 《格式》(法人などの)総会.

ple·o·nas·m /plí:ənæzm/ 图 Ⓤ《修辞》冗語法; Ⓒ 重複語(句) (a false lie など).

ple·o·nas·tic /plì:ənǽstɪk⁻/ 形 冗長な.

ples·sor /plésə/ 图 =(医)plexor.

pleth·o·ra /pléθərə/ 图 [a ~] 《格式》過剰, 多数: *a* ~ of committees 多すぎる委員会.

pleu·ra /plʊ́(ə)rə/ 图 (複 pleu·rae /-riː/) Ⓒ 《解》肋(ろ)膜, 胸膜.

pleu·ri·sy /plʊ́(ə)rəsi/ 图 Ⓤ《医》胸膜炎.

Plex·i·glas /pléksɪglæs | -glàːs/ 图 Ⓤ [時に plexiglass] 《米》プレキシガラス《プラスチックガラスの一種で風防ガラスやレンズ用; 商標》(《英》Perspex). 語法「プラスチック」の意でしばしば用いられる.

plex·or /pléksə | -sə/ 图 Ⓒ 《医》打診槌.

plex·us /pléksəs/ 图 Ⓒ 《解》(神経・血管などの)叢(そう), 網状組織: ☞ solar plexus.

pli·a·bil·i·ty /plàɪəbíləti/ 图 Ⓤ **1** 曲げやすさ, 柔軟さ, しなやかさ. **2** (人の)言いなりになること.

pli·a·ble /pláɪəbl/ 形 **1** 曲げやすい, 柔軟な. **2** [時に軽蔑] (人の)言いなりになる, 従順な, 影響されやすい; 順応性のある.

pli·an·cy /pláɪənsi/ 图 Ⓤ =pliability.

pli·ant /pláɪənt/ 形 **1** (体などが特に柔軟性に富み)柔らかな, しなやかな: her ~ lips 彼女のしなやかな唇. **2** = pliable.

pli·ers /pláɪəz | -əz/ 图 《複》ペンチ, プライヤー: a pair [two pairs] of ~ ペンチ 1[2]丁.

✱**plight**¹ /pláɪt/ 图 Ⓒ [普通は単数形で] 苦境, 窮状, 苦しい状態: They were *in* a terrible ~. 彼らは目も当てられない窮状にあった.

plight² /pláɪt/ 動 《次の成句で》 **plíght one's tróth** [動] 他 《古語》婚約する.

plim·soll /plímsəl/ 图 Ⓒ《古風, 英》=sneaker.

Plímsoll lìne [màrk] 图 Ⓒ (船の)満載喫水(きっすい)線.

plink /plɪ́ŋk/ 動 他 ポロン(ポロン)と鳴る[鳴らす].

plinth /plínθ/ 图 Ⓒ 柱の台座; 彫像の台座.

Pli·o·cene /pláɪəsìːn/ 形《地質》鮮新世の.

PLO /píːèloʊ/ 略 [the ~] =the Palestine Liberation Organization (☞ Palestine).

✝**plod** /plád | plɔ́d/ 動 (plods; plod·ded; plod·ding) 自 **1** (副詞(句)を伴って)ゆっくりと(重い足どりで)歩く (along, on; through). **2** [しばしば ~ along [on]] こつこつ働く[勉強する]; のろのろと進む: The teacher plodded [on with [away at]] the pile of essays. その教師は作文の山を前にしてこつこつと仕事を続けた. ― 他 《道》をとぼとぼと歩く. ― 图 [単数形で] 重い足取り.

plód·der /-də | -də/ 图 Ⓒ [普通は軽蔑] 《略式》(能がなく)こつこつやるだけの人; とぼとぼ歩く人.

plód·ding /-dɪŋ/ 形 **1** とぼとぼ歩く; のろのろ退屈な. **2** [軽蔑] (能がなく)こつこつやるだけの.

plonk¹ /plɑ́ŋk | plɔ́ŋk/ 動 他 《主に英》=plunk.

plonk² /plɑ́ŋk | plɔ́ŋk/ 图 Ⓤ《英略式》安物のワイン.

plonk·er /plɑ́ŋkə | plɔ́ŋkə/ 图 Ⓒ《英俗》 **1** ばか, まぬけ(とくに男性に用いる). **2** ペニス.

plop /plɑ́p | plɔ́p/ 動 (plops; plopped; plop·ping) 自 [副詞(句)を伴って] ぽちゃんと[ぽとりと]落ちる (down; into, on, onto). ― 他 《…》をぽとりと[静かに]落とす; 無造作に置く, 放り出す (into, on). **plóp (onesèlf) (dówn)** [動] 自 どさっと横になる[座る]. ― 图 ぽちゃんと[ぽとり]という音: with a ~ ぽちゃんと. ― 副 ぽちゃんと.

plo·sive /plóʊsɪv/ 《音声》形 破裂音の. ― 图 Ⓒ 破裂音, 閉鎖音 (stop).

✱**plot** /plát | plɔ́t/

plotless

「(分割した)土地」名 3 → 「平面」(plan 囲み) →
(図面) → 「図表を描く」動 他 2 →(計画)
　　→ 「陰謀」「たくらむ」名 1; 動 自, 他 1
　　→ (構想) → 「筋」名 2

— 名 (plots /pláts | plóts/) **1** C 陰謀, (秘密の)計画: A ~ *against* the king was discovered. 王に対する陰謀が発覚した / The ~ *to* kidnap him failed. <N+*to* 不定詞> 彼を誘拐する陰謀は失敗した.

┌─ コロケーション ──────────────┐
│ devise [concoct, hatch] a *plot* 陰謀を企てる │
│ discover a *plot* (普通は受身で) 陰謀を暴く │
│ thwart [foil] a *plot* 陰謀をくじく │
│ uncover a *plot* 陰謀を暴く │
└──────────────────────┘

2 C,U (小説・劇の)筋, 構想: I've forgotten the ~ of this play. この芝居の筋を忘れてしまった / The ~ thickens. (S) [滑稽] 話の筋[事態]はますますややこしく[面白く]なってきた. **3** C (分割した)土地, 地所; 墓地の所有区画: a vegetable ~ 菜園 / Mr. Mill bought a ~ of land for a house. ミルさんは宅地を買った / a family ~ 先祖代々の墓地. **4** (米) 見取り図, 図面 (ground plan). **lóse the plót** [動] (英略式) **1** 事態が理解できなくなる, どうしたらいいかわからなくなる. **2** おかしな行動をとる.

— 動 (plots /pláts | plóts/; plot・ted /-tɪd/; plot・ting /-tɪŋ/) 自 (陰謀を)たくらむ, 秘密の計画を立てる: He *plotted* (*with* his colleagues) *against* the boss. <V+(*with*+名・代+)*against*+名・代> 彼は(同僚と)上司に対する陰謀を企てた.

— 他 **1** 〈悪事など〉をたくらむ, [滑稽] 〈パーティなど〉をひそかに計画する; [言い換え] Who *plotted* the murder of this woman?=Who *plotted to* murder this woman? <V+O (*to* 不定詞)> この女性を殺そうと計画したのはだれだ / They are *plotting how* to obtain the confidential papers. <V+O (*wh* 句)> 彼らはどうやってその機密書類を手に入れようかとたくらんでいる. **2** 〈...〉を(グラフ・地図などに)記入する; 〈...〉の図表[地図, グラフなど]を描く; 〈図形など〉を描く (*out*): They *plotted* the course of the plane [ship]. 彼らはその飛行機[船]のコースを地図に記入した / The sales increase *is plotted on* the graph. <V+O+前+名・代の受身> 売り上げの伸びがグラフに示されている. **3** 〈小説など〉の筋書きを立てる; 〈戦略・方針など〉を練る.

plót・less 形 (小説などの)筋のない; 計画のない.
plót・line 名 C (劇・小説などの)筋 (plot).
plot・ter /plátɚ | plótə/ 名 C **1** 陰謀者. **2** [電算] 作図装置, プロッター. **3** (航路などの)図示員[板].
*plough /pláʊ/ 名 **1** C (英) =plow. **2** [the P-] (英) 北斗七星 (《米》 the Big Dipper).
— 動 =plow.
plóugh・bòy 名 C (英) =plowboy.
plóugh・man /pláʊmən/ 名 C (英) =plowman.
plóughman's (lúnch) 名 C (英) (パブなどで出る)簡単な昼食 (パン・チーズ・ピクルス・サラダ程度).
plóugh・shàre 名 C (英) =plowshare.
*plov・er /plʌ́vɚ | -və/ 名 (複 ~(s)) C ちどり.
*plow, (英) plough /pláʊ/ 名 (~s /~z/) **1** C (耕作用の)すき (牛・馬・トラクターが引く); すきに似たもの: Breaking the new ground with a ~ was terribly hard work. 新しい土地をすきで開墾するのはとても辛い仕事だった. **関連語** snowplow 雪かき具. **ùnder the plóugh** [形・副] (英格式) (土地の)耕作用の.
— 動 (plows, (英) ploughs /~z/; plowed, (英) ploughed /~d/; plow・ing, (英) plough・ing) 他 **1** 〈畑〉を耕す; (主に米) 〈道〉の雪かきをする: The far-

mer is ~*ing* (*up*) the field. <V+(*up*+)名・代> 農夫は畑を耕している.
— 自 **1** 耕す: He ~s every day. 彼は毎日畑を耕している. **2** [副詞(句)を伴って] 骨折って進む, かき分けて進む: The ship ~ed *across* [*through*] the waves. 船は波を押し分けて進んだ.

plów ahéad [動] 自 (物事を)押し進める (*with*).
plów báck [動] 他 (1) 〈すき起こした草〉を(肥料として)畑に埋め返す (*in; into*). (2) 〈利益〉を再投資する (*in; into*). **plów ínto ...** [動] 他 ...と衝突[激突]する. **plów ... ínto** — [動] 他 ...に〈資金〉を大量に投資[投入]する. **plów ón** [動] 自 困難[退屈]なことを続ける (*with*); ~ *on* regardless (反対などに)かまわずにやり続ける. **plów (one's wáy) through ...** [動] 他 (1) 〈人混みなど〉をかき分けて進む (☞ 自 2); 〈暴走車など〉...を突き抜けて進む. (2) 〈困難な事〉をこつこつする, やり通す; 〈本〉を読み通す; 〈大量の食べ物など〉を(やっと)平らげる. **plów úp** [動] 他 〈畑など〉をすきで掘り起こす (☞ 他); 〈車など〉〈地表〉を掘り返して荒らす.

plów・bòy 名 C (古風) すきをつけた馬を引く少年.
plów・man /-mən/ 名 (-men /-mən/) C (古風) すきを使う人.
plów・shàre 名 C すきの刃.
*ploy /plɔ́ɪ/ 名 C (優位に立つための)うまい手, 策略: a ~ *to* attract... (人)を引き付ける手.
PLR /píːèlɑ́ː | -á:/ 略 =public lending right.
PLS 略 [Eメールで] =please¹.
*pluck /plʌ́k/ 動 他 **1** 〈...〉を引き抜く, ぐいぐい引っ張る; ひょいと取る (*from, off*): I ~ed (*out*) white hairs *from* my mother's head. 私は母の頭から白髪を抜いた / Meg ~s her eyebrows. メグは眉毛を抜いて(形を整えている). **2** 〈鳥の羽〉をむしり取る (料理のために): They were ~*ing* (feathers *from*) the chicken. 彼らは鶏の羽をむしっていた. **3** [副詞(句)を伴って] 〈困難[不快]な状況から〉〈人〉を救い出す, 連れ出す (*from, off, away*): ~ ... to safety (人)を救出する. **4** W 〈人〉を(無名状態などから)引っ張り上げて, 抜擢(ばってき)する (*from*). **5** 〈指で〉〈弦楽器〉をはじく, かき鳴らす (米 pick). **6** (文) 〈花や実を〉摘(つ)む. — 自 **1** (繰り返し)ぐいと引っ張る: The boy ~ed *at* my sleeve and asked me to follow him. 少年は私のそでを引っ張って後についてきてくれと言った. **2** 〈弦楽器〉をかき鳴らす (*at*). **plúck ... òut of [from] the [thín] áir** [動] (略式) 最初に思いついた数・名前・事実などをよく考えずに口にする. **plúck úp (the) cóurage** [動] 勇気を奮い起こす. — 名 U (古風, 略式) 勇気 (courage), 決断力.
pluck・i・ly /plʌ́kɪli/ 副 (略式) 勇気があって.
pluck・i・ness /plʌ́kinəs/ 名 U (略式) 勇気, 大胆.
pluck・y /plʌ́ki/ 形 (pluck・i・er; -i・est) (略式) (困難にあっても)勇気のある, 断固とした.
*plug /plʌ́g/ **1** 名 (~s /~z/) C **1** (コードなどの)差し込み, プラグ; (略式) ソケット, コンセント: insert a ~ in a 'wall outlet [socket] 壁のコンセントにプラグを差し込む. **日英比較** 「コンセント」は和製英語.
2 (たる・洗面台・浴槽などの)栓; ふさぎ物 (止血用の綿球など); (米) びんの栓 (stopper): pull out a ~ 栓を抜く. **関連語** earplug 耳栓. **3** (エンジンの)点火プラグ (spark plug); 消火栓 (fireplug). **4** (略式) (テレビ・ラジオの)スポット広告, 宣伝: give a new product a ~ =put [put] in a ~ for a new product 新製品を宣伝する. **5** プラグ (ねじをしっかり止めるために穴に入れるプラスチック製の細い円柱形をした詰め物). **6** かみたばこ.
púll the plúg [動] (略式) (1) 〈資金の提供など〉を止めて(...)を突然中止する (*on*). (2) 生命維持装置をはずす. 由来 プラグを抜くことから.

— 動 (plugs /~z/; plugged /~d/; plug・ging; 反 unplug) 他 **1** 〈穴など〉を詰める, ふさぐ (*with*); 〈物〉を〈穴など〉に詰める, 差し込む (*into*): I *plugged up* the hole.

<V+*up*+名・代> 私はその穴に栓をしてふさいだ. **2** (米) [普通は受身で]〈洗面台・トイレなどの〉排水パイプを詰まらせる. **3** (テレビ・ラジオで)〈...〉を盛んに宣伝する. **4** (古風, 米略式)〈人〉を銃で撃つ. ― 🅐 (米) 排水パイプが詰まる. **plúg awáy** [動] 🅐 こつこつと(...を)する (*at*). **plúg for ...** [動] 🅑 (米)...を支持[応援]する. **plúg ín** [動] 🅑 (1) 〈...〉をコンセントに差し込む;〈...〉をプラグでつなぐ: *plug in a toaster [a toaster in]* トースターのプラグを差し込む. (2) 〈データ・数値など〉を加える, 入力する. ― 🅐 (電気器具がプラグでつながり, 接続できる. **plúg ínto ...** [動] 🅑 (1) 〈電気器具が〉プラグで...につながる;〈コンピューターネットワークなど〉につながる. (2) 〈人々・市場など〉と関わる, つながる. (3) 〈活動・情報など〉に通じる. **plúg ... ínto** ― [動] 🅑 〈電気器具〉をプラグで―につなぐ (🖙 🅑 1): Bill *is plugged into* the Internet. ビルはコンピューターをインターネットに接続している. **plúg the gáp [gáps]** [動] 🅐 溝を埋める, 不足を補う.

plúg and ['n'] pláy 名 🅤 プラグ・アンド・プレイ《コンピューターに周辺機器などを接続すると自動的に認識・設定が行なわれ, すぐ使用できる性能・規格》.

plúgged-ín 形 プラグに接続した;(略式) 事情通の.

plúg·hòle 名 🅒 (英)=drain 2.

plúg-ín 形 🅐 差し込み式の, プラグイン式の. ― 名 🅒 【電算】プラグイン《機能追加ソフト》.

plúg-ùgly /⁴⁻⁴/ 形 (略式, 主に米) 名 🅒 ならず者, チンピラ. ― 形 ひどく醜い.

⁺**plum** /plʌ́m/ 名 **1** 🅒 西洋すもも, プラム(🖙 prune¹); =plum tree. **2** 🅒 干しぶどう《プディングなどに使う》. **3** 🅤 暗紫色. **4** 🅒 好ましいもの, いい仕事. ― 形 **1** (略式) 魅力的な, 好ましい: a ~ job 魅力ある仕事. **2** 暗紫色の.

⁺**plum·age** /plúːmɪdʒ/ 名 🅤 鳥の羽 (feather の集まったもの).

⁺**plumb** /plʌ́m/ 動 🅑 **1** (格式)〈未知・神秘など〉を探る, 解明する, 理解する. **2** 〈家など〉に配管工事をする. **3** 〈...〉を下げ振り糸で測る. **plumb ín** [動] 🅑 〈風呂・洗濯機など〉に給水[排水]管を取り付ける. **plúmb néw dépths** [動] さらにひどくなる[悪化する] (*of*). **plumb the dépths of ...** [動] 🅑 〈絶望・不幸など〉のどん底にまで落ちる;〈悪事など〉の極みを行なう;〈物事が〉〈悪趣味など〉の最たるものとなる. ― 名 🅒 おもり, 鉛錘《ひもの先につけて水の深さや建物の傾きなどを測る》. **óut of plúmb** [形] 垂直でない, 傾いている. ― 副 **1** [副詞(句)を伴って](略式) 正確に, もろに. **2** (古風, 米略式)または(滑稽)完全に, 全く. ― 形 垂直な; 水平な.

plúmb bòb 名 🅒 下げ振り《plumb line のおもり》.

plum·be·ous /plʌ́mbiəs/ 形 鉛の; 鉛色の.

⁺**plumb·er** /plʌ́mɚ | -mə/ 名 🅒 配管工, 水道業者.

plúmber's fríend [hélper] 名 🅒 (古風)=plunger 1.

plúmber's snáke 名 🅒 金属棒のパイプ通し《排水管の詰まりを除く》.

⁺**plumb·ing** /plʌ́mɪŋ/ 名 🅤 **1** (建物内の) 配管(設備); 下水(設備). **2** (水道・ガスなどの) 配管工事.

plúmb lìne 名 🅒 下げ振り糸.

plúm càke 名 🅒 🅤 (主に英) 干しぶどう菓子.

plume /plúːm/ 名 🅒 **1** (飾り用の) 大きな羽; 羽飾り: a hat decorated with ~s 羽飾りのついた帽子. **2** 羽の形をしたもの;(立ち昇る煙・埃などの) 柱; 雲: a ~ of smoke 煙の柱. **3** (鳥がくちばしなどで) 羽を整える. ― 🅐 (煙など) 雲のように立ち昇る. **plúme oneself on ...** [動] 🅑 (文)...を自慢する.

plumed 形 🅐 羽のある, 羽飾りをした.

⁺**plum·met** /plʌ́mɪt/ 動 🅐 (高所から) 垂直に落ちる;〈価格など〉が急落する. ― 名 🅒 下げ振り糸, おもり.

plum·my /plʌ́mi/ 形 (**plum·mi·er; -mi·est**) **1** (色・味など) プラムのような, プラムがたくさん入った. **2** (英) [普通は軽蔑]〈声などが〉上流階級風な, 気取った.

⁺**plump¹** /plʌ́mp/ 形 (**plump·er; plump·est**) **1** [普通はほめて] 丸々と太った, ふっくらした;〈腕・曲〉太い (🖙 fat 類義語): a ~ baby 丸々と太った赤ちゃん. **2** 〈物が〉丸々した, ふっくらした. ― 動 🅑 〈枕・クッションなど〉をふっくらさせる;〈干しぶどうなど〉をふくらませる (*up*). ― 🅐 ふっくらなる, ふくらむ (*up*).

plump² /plʌ́mp/ 動 🅐 〈...〉をどすんと落とす (*down*). ― 🅐 [副詞(句)を伴って]〈...〉をどすんと置く, どすんと降ろす. **plúmp (oneself) dówn** [動] 🅐 どさりと座る(横になる): He ~ed himself down in a chair. 彼はどすんといすに腰をおろした. **plúmp for ...** [動] 🅑 (英略式)(考えた末)...を選ぶ, ...に決める. ― 副 どしん[どさっ]と.

plúmp·ness 名 🅤 ふくよかさ.

plúm púdding 名 🅒 🅤 《主に米》=Christmas pudding.

plúm sàuce 名 🅤 プラムソース《肉のつけ合わせ》.

plúm tomàto 名 🅒 プラムトマト《西洋すももに似た形で, 料理に用いられる》.

plúm trèe 名 🅒 西洋すももの木 (plum).

plum·y /plúːmi/ 形 羽毛のような; 羽毛で飾った.

⁺**plun·der** /plʌ́ndɚ | -də/ 動 (**-der·ing** /-dərɪŋ, -drɪŋ/) 🅑 〈人・場所〉から〈物〉を略奪する (*of*);〈物〉を分捕る (*from*); 横領する,(勝手に) 使う: The soldiers ~ed the town. 兵士たちはその町を略奪した. ― 🅐 略奪する (*from*). ― 名 🅤 略奪; 略奪品; 盗品.

plun·der·er /plʌ́ndərɚ, -drɚ | -dərə, -drə/ 名 🅒 (文) 略奪者, 盗賊.

⁺**plunge** /plʌ́ndʒ/ 動 (**plung·es** /~ɪz/; **plunged** /~d/; **plung·ing**) 🅑 **1** 〈...〉を(急に) 入れる, 突っ込む, つっこむ; 刺す: I ~d my hand *into* the bucket of water. <V+O+*into*+名・代> 私は手をバケツの水の中へ突っ込んだ / The impact ~d him *forward*. <V+O+副> その衝撃で彼は前へつんのめった. **2** 〈人・物〉を(急に)...の状態にする,〈...〉に陥れる: She *was* ~d *into* grief by the loss of her father. 彼女は父親を亡くして悲嘆に暮れた. **3** (米) (プランジャーで)〈トイレ・浴槽など〉の詰まりを取り除く.

― 🅐 **1** [副詞(句)を伴って] 飛び込む, 潜る; つんのめる; (崖・階段などが) 急に下降する (*to*): He ~d *into* the river. <V+*into*+名・代> 彼は川に飛び込んだ / She ~d in for a swim. <V+副> 彼女は飛び込んでひと泳ぎした / The man ~d *from* a cliff to his death. <V+*from*+名・代> その男はがけから飛び降りて自殺をした. **2** (急に)...の状態になる[突入する];(急に) つっこむ: We must prevent our country from *plunging into* war. 我々はわが国が戦争に突入するのを防がなければならない. **3** (価値などが) 急落[急減] する. **4** 船などが)激しく縦に揺れる. **plúnge ín** [動] 🅐 (話などを) すぐに始める, 自信をもって始める.

― 名 🅒 **1** [普通は a ~] 飛び込むこと, 突入; ひと泳ぎ; 急な下降: take a ~ *into* a pool. ざぶんとプールに飛び込む. **2** (価値などの) 急落 (*in*): Her popularity has taken a ~. 彼女の人気が急落した. **3** 衝動的な行為, 猛進 (*into*). **táke the plúnge** [動] 🅐 (しばらく悩んだ末) 思い切ってやってみる.

plúnge pòol 名 🅒 **1** 滝つぼ. **2** (サウナなどの) 水風呂.

⁺**plúng·er** 名 🅒 **1** プランジャー《排水管の詰まりを除く器具, 柄の先にゴムの吸着カップがつく》. **2** 【機】ピストン. **3** (注射器やコーヒー液などの) 押し出し部分. **4** (略式) 賭け好き, 大ばくち打ち; 相場師.

plúng·ing néckline /plʌ́ndʒɪŋ-/ 名 🅒 (婦人服の) 下がった襟ぐり, V 字型の襟.

plunk /plʌ́ŋk/ 動 (略式) 🅑 **1** (米)〈...〉をぽんとほうり出す (*in, on*); ばたんと置く (*down*);〈...〉を強打する. **2**

〈楽器〉をぽろんと鳴らす. ― 自 ぽろんと鳴らす.
plúnk dówn 動 (略式) 〈大金〉を払う (for).
plúnk (onesélf) dówn 動 (略式) どしんと座る, どさっと横になる (in, on). ― 名 C [普通は a ~] (略式, 主に米) どん[ばたん]という音; 強打; ぽんと鳴らすこと[鳴る音]. ― 副 (略式, 主に米) どしんと; 正確に.
plu·per·fect /plùːpə́ːfikt | -pə́ː-←/ (文法) 名 [the ~] 大過去, 過去完了 (⇨ had² A, sequence of tenses の項). ― 形 大過去の, 過去完了の.

†**plu·ral** /plú(ə)rəl/ 形 名 plurálity) **1** (文法) 複数の(略 pl.). ⇨ -s¹ (文法), number (文法): a ~ form 複数形 / a ~ noun 複数名詞. 関連 singular 単数の. **2** (格式) 複数の, 2人[2人]以上から成る. 語源 ラテン語で「より多い」の意; plus と同語源. ― 名 [the ~] 複数(形); (C) 複数名詞.

†**plu·ral·is·m** /plú(ə)rəlìzm/ 名 U (格式) **1** 多元的共存 (一社会に人種・宗教・文化などを異にする集団が共存すること), 多元性, 多元(的共存)主義; (哲) 多元論. **2** (普通は軽蔑) 聖職[役職]兼任.

plu·ral·ist /plú(ə)rəlist/ (格式) 名 C 多元的共存(主義)の; 多元的の; (哲) 多元論の. ― 名 C 多元的共存主義者; 聖職兼任者.

*plu·ral·is·tic** /plù(ə)rəlístɪk←/ 形 =pluralist.
plu·ral·i·ty /plu(ə)rǽləti/ 名 (-i·ties) 形 plúral) **1** C,U (主に米) (過半数を超えない)最高得票数, 相対多数(の次点との得票差) (of). **2** C (格式) (異なる物の)多数; 大多数 (of). **3** U (文法) 複数(性).

plu·ral·ize /plú(ə)rəlàɪz/ 動 他 〈…〉を複数(形)にする.

plúral númber 名 U (文法) 複数 (⇨ number 文法).

*****plus**** /plʌ́s/ 前 **1** ...を加えた (反) minus): Three ~ four is [equals] seven. 3足す4は7 (3+4 =7).

2 (略式) ...に加えて, ...のほかに: In doing anything we must have perseverance ~ intelligence. 何をするにも根気に加えて知能が必要だ.

― 形 **1** A [比較なし] プラスの, 正の, 陽の (positive) (⇨ plural quantity) (反) minus): a ~ quantity (数) 正数 (ゼロより大きい数) / a temperature of ~ 5° 5度の気温 (5° is five degrees と読む). **2** [数字の後につけて] ...以上; [評点の後につけて] プラスの, ...の上(ぴょう): $2,000「a year ~ [~ a year]年に2ドル以上 / B ~ B の上 (B⁺ と書く). **3** A 有利な, 好ましい, プラスの面の: a ~ factor [point] 利点. **plús or mínus** 形 プラスマイナスの: errors of ~ or minus three percent プラスマイナス3%の誤差. **on the plús side** [副] つなぎ語 利点として(は), プラス面では.

― 名 (~·es /-ız/; (反) minus) C **1** (略式) 利点, 強み; おまけ: If you can swim, that's a big ~ in your favor. もしあなたが泳げるなら, あなたの大きな利点ですよ. **2** プラス記号; 正数. **plúses and mínuses** [名] 長所と短所. ― 接 おまけに, それに加えて.

plús fóurs 名 [複] 緩い半ズボン (昔のゴルファーなどが着用).

†**plush** /plʌ́ʃ/ 名 U フラシ天 (けばのある柔らかい絹・絹の布). ― 形 **1** すばらしい, 快適な, 豪華な. **2** フラシ天製の.

plush·y /plʌ́ʃi/ 形 (plush·i·er, -i·est) =plush.

plús sign 名 (反 minus sign) C 加法 [プラス] 記号, 正符号 (+の記号).

Plu·tarch /plúːtɑːk | -ta:k/ 名 C プルタルコス, プルターク (46?-?120) (ギリシャの伝記作家).

Plu·to /plúːtou/ 名 固 **1** (神) プルートー (黄泉(よみ)の国の神; ⇨ god 表). **2** 冥王星(めいおうせい) (⇨ planet 挿絵).

plu·toc·ra·cy /plu:tɑ́krəsi | -tɔ́k-/ 名 (-ra·cies)

(軽蔑) **1** C 金権国家, 金権政府; U 金権政治. **2** C 富豪階級, 財閥.

plu·to·crat /plúːtəkræt/ 名 C (軽蔑) 金権政治家.

plu·to·crat·ic /plùːtəkrǽtɪk←/ 形 金権政治(家)の, 金権体質的な; 財閥の.

†**plu·to·ni·um** /plu:tóuniəm/ 名 U (化) プルトニウム (元素記号 Pu).

†**ply¹** /pláɪ/ 動 (plies; plied; ply·ing) 他 **1** [副詞(句)を伴って] (文) 〈船などが〉定期的に, 通う (between). **2** [特に ~ for hire [trade] として] (英) (タクシーの運転手などが)客待ちをする. ― 他 **1** (文) 〈船などが〉〈川など〉を定期的に往復する. **2** (飲食などを) 〈…〉にしつこく勧める; 〈…〉を(質問)で悩ます (with). **3** (文) 〈…〉に精を出す; (古風) 〈道具など〉をせっせと[巧みに]動かす: ~ one's trade 商売に精を出す. 語源 中(期)英語で apply の最初の net が脱落したもの.

ply² /pláɪ/ 名 U [普通は数詞に伴って合成語で] (綱の)約(より); (よりあわせた糸の本数); (毛糸の)より; (合板などとの)(幾)重; (布の)厚さ: 2-~ toilet tissue 2枚重ねのトイレットペーパー.

Plym·outh /plíməθ/ 名 固 **1** プリマス (英国南部の港市; 1620年 Mayflower 号がアメリカ大陸へ向け出港した; ⇨ 裏地図 D 6). **2** プリマス (Massachusetts 州南東部の港町).

Plýmouth Bréthren 名 [複] [the ~] プリマスブレズレン (規律の厳しい Calvin 派の組織).

Plýmouth Còlony 名 固 プリマス植民地 (Pilgrim Fathers が 1620 年に植民した土地).

Plýmouth Róck 名 固 プリマスロック (Pilgrim Fathers が上陸の最初の一歩を印したとされる Plymouth Colony に保存されている石).

†**ply·wòod** 名 U 合板(ごうはん), ベニヤ板 (⇨ veneer 日英比較).

†**PM** /píːém/ 略 (略式, 主に英) =prime minister.

*****p.m., P.M.**** /píːém←/ 略 午後の (afternoon): 8:40 p.m. 午後 8 時 40 分 (eight forty p.m. と読む) / The shop closes at 5 p.m. 店は午後 5 時に閉まります. 語法 p.m. は数字の後につける. 数字の後に o'clock はつけない. 関連 a.m., A.M. 午前の. 語源 ラテン語 post (=after) meridiem (=noon) の略.

PMS /píːèmés/ 略 (米) =premenstrual syndrome 月経前緊張症 (英) PMT).

PMT /píːèmtíː/ 略 (英) =premenstrual tension 月経前緊張症 (米) PMS).

pneu·mat·ic /n(j)u:mǽtɪk | nju:-/ 形 [普通は A] 空気[気体]の; 圧搾空気で動かされる; 空気の入っている: a ~ tire 空気入りタイヤ. **-mat·i·cal·ly** /-kəli/ 副 圧搾空気(の作用)で.

pneumátic dríll 名 C (圧搾)空気ドリル.

pneumátic túbe 名 C 気送管 (空気圧で手紙などを送る管).

pneu·mo·coc·cus /n(j)ùːmoukɑ́kəs | njùː-moukɔ́k-/ 名 (複 -coc·ci /-kǽk(s)aɪ | -kɔ́k-/) C (医) 肺炎双球菌.

pneu·mo·co·ni·o·sis /n(j)ùːmoukòunióusɪs | njùː-/ 名 U (医) 塵肺(じんぱい)(症).

pneu·mo·cys·tis /n(j)ùːmousístɪs | njùː-/ 名 U カリニ肺炎 (エイズなどで免疫機能が低下してかかる肺炎).

†**pneu·mo·ni·a** /n(j)uːmóuniə, -njə | nju:-/ 名 U 肺炎.

Po /póu/ 名 固 ポー川 (イタリア北部を流れる川).

†**PO¹** /píːóu/ 略 =post office.

PO² /píːóu/ 略 =petty officer, postal order.

†**poach¹** /póutʃ/ 動 他 〈魚・割った卵など〉を熱湯などの中に落としてゆでる, ゆがく, 煮込む: ~ed eggs 落とし卵.

†**poach²** /póutʃ/ 動 自 **1** 密猟[密漁]する (for). **2** 他人の領域(縄張り)を侵す (on); (人の考えなど)を横取りする (from). ― 他 **1** 〈…〉を密猟[密漁]する; 〈…〉を

猟[密漁]する. **2**《…》の領域[縄張り]を侵す;〈人の考えなど〉を横取りする (*from*);〈選手・人材・顧客など〉を引き抜く (*from*).

póach·er¹ 名 C 落とし卵用の鍋.
póach·er² 名 C 密猟者, 密漁者; 侵入者. (**a**) **póacher túrned gámekeeper** 名 C《英》逆の立場に転身した人《特に反権力側から権力側に転じた人》; ☞ **turn** 自 5 語法 (3)).
póach·ing 名 U 密猟[密漁].
⁺**PO Box** 名 C =post-office box.
Po·ca·hon·tas /pòʊkəhάntəs | pòkəhɔ́n-/ 名 固 ポカホンタス (1595?-1617)《北米先住民の娘で, 捕えられた英国軍人が処刑されるのを救ったことで有名》.
po·chette /poʊʃét | pɔ-/《フランス語から》名 C ポシェット《肩やベルトにつるす小さなバッグ》.
pock /pάk | pɔ́k/ 名 C 痘瘡, あばた.
pocked /pάkt | pɔ́kt/ 形 =pockmarked.

*★**pock·et** /pάkɪt | pɔ́k-/《頭音 packet》名 (**pock·ets** /-kɪts/) C **1** **ポケット**: He put the money in [into] his ～. 彼はその金をポケットにしまった / He took the money out of his ～. 彼はその金をポケットから取り出した / He stood with his hands in his trouser ～s. 彼は両手をズボンのポケットに入れて立っていた / He turned out his ～s, but couldn't find the key. 彼はポケットを裏返しにしてみたが, 鍵は見つからなかった / It's in my breast [hip] ～. それは私の胸[尻]のポケットにあります.

2 [形容詞的に] ポケット型の, 小型の: a ～ dictionary [camera] 小型辞書[カメラ].

3 ポケット状のもの《衣類の後ろの袋, ブックカバーの差し込み部分など》;《玉突き台の》玉受け;《パンなどの》詰めもの用の穴, 空洞: You will find further information in the ～ attached to the seat. 座席についている袋の中にもっと詳しい説明が入っております.

4 [普通は単数形で]《懐中の》金(ぜに); 所持金, こづかい銭;《略式》懐ぐあい: She paid for it from [out of] her own ～. 彼女は自腹を切ってそれを払った / ☞ **deep pocket**. **5**《周囲とは異なった》地域[集団];《周囲とは異なった》少量のもの: There are several ～s of unemployment in this area. この地域には(局地的に)失業者の多いところがいくつかある. **6** 鉱脈瘤(りゅう)《鉱脈の中で特に鉱石が多い所》. **7** =air pocket. **8**《アメフト》ポケット;《ボウリング》ポケット;《野》(ミットの)ポケット. 語源 古《英》フランス語で「小さな袋」の意 (☞ -et).

be in ...'s pócket 動 …の意のままになっている.
be [líve] in èach óther's póckets 動 自《略式》(2人が)いつもべったり一緒にいる;(2人が)一緒に狭苦しく暮らしている. **búrn a hóle in one's pócket** 動 自《金を》使いたくてうずうずしている. **díg déep into one's pócket** 動 自 金を思い切って使う. **hàve ... in one's pócket** 動 他 〈…〉を完全に自分のものにしている;〈人・ゲームなど〉を思いのままに動かす. **hít ...'s pócket** 動 …のふところを直撃する. **(...) in pócket** 副·形](…)相当もうけて. **líne one's (ówn) pócket(s)** 動 自 不正なもうけをする, 私腹を肥やす. 由来 ポケットの中に(不正に)手に入れる金をためる, の意. この line は line². **líne ...'s póckets** 動 …に不正に利益をもたらす. (...) **óut of pócket** [副·形] (1)《英略式》(...)損をして. (2) 自費で. **pick ...'s pócket** 動 …の懐中をねらう, にすりを働く. 関連 pickpocket すり (☞ ...). **pùt one's hánd in one's pócket** 動 自 金を使う, 寄付する. **súit évery pócket** 動 自 誰にでも払える.

— 動 他 **1** 〈金〉を横領[着服]する; 〈新聞で〉〈賞金など〉を楽に手に入れる: Mr. Smith seems to have ～*ed* most of the funds. スミス氏は資金の大半を着服したらしい. **2** 〈...〉をポケットに入れる[しまう]: He ～*ed* his wallet. 彼は財布をポケットにしまった. **3**《ビリヤード》

〈玉〉をポケットに打ち込む. **pócket the dífference** 動 自 差額を(不正に)自分のものにする.

pócket·bòok 名 C **1** [所有格と共に]《米》資力, 財源; 懐ぐあい. **2**《古風, 米》(肩ひものない)女性用ハンドバッグ. **3**《古風》手帳. **4**《古風, 米》財布 (wallet). **5**《米》ポケットブック《小型の廉価本》.
pócket cálculator 名 C《古風》(ポケット)電卓.
pócket chánge 名 U《米》小銭; はした金.
pock·et·ful /pάkɪtfʊ̀l | pɔ́k-/ 名 C ポケット一杯の(量);《略式》たくさん (*of*).
pócket-hándkerchief 名 (～**s**)《古風》(ポケットに入れておく普通の)ハンカチ. — 形 A《略式, 主に英》〈庭など〉がとても小さい.
pócket·knìfe 名 (**-knives** /-nàɪvz/) C 折りたたみナイフ (☞ **knife** 挿絵).
⁺**pócket mòney** 名 U **1**《略式》こづかい銭. **2**《英》《子供の毎週の》こづかい《米》allowance).
pócket pàrk 名 C《高層ビルの谷間の》ミニ公園.
pócket protéctor 名 C《インク汚れなどを防ぐためポケットに入れる》ビニールケース.
pócket-síze(d) 形 A 小型の;《略式》小さい.
pócket véto 名 C《米》《大統領·州知事の》議案の握りつぶし, 議案拒否権.
pócket wátch 名 C 懐中時計.
pock·mark /pάkmὰːk | pɔ́kmὰːk/ 名 C [普通は複数形で] あばた, (表面の小さな)へこみ. — 動 他 〈...〉にあばた(のような印)をつける.
póck·màrked 形 あばたのある, 穴だらけの (*with*).
Pó·co·no Móuntains /pόʊkənoʊ-/, **Po·co·nos** /pόʊkənoʊz/ 名 固 [the ～] ポコーノーズ山脈《Pennsylvania 州の山地; ニューヨーカーのリゾート》.
⁺**pod** /pάd | pɔ́d/ 名 C **1**《えんどうなどの》さや. **2** ポッド《ジェット機の燃料などの格納部》; 宇宙船の本体から切り離せる部分》. **3** さや状のもの;《蚕の》まゆ, (いなごの)卵袋. **4**《鯨·いるかの》群れ. — 動 (**pods; pod·ded; pod·ding**) 〈...〉のさやをむく.
p.o.'d, P.O.'d /píːoʊd/ 形《米俗》かんかんで, むかついて, キレて (pissed off の頭文字から).
podg·y /pάdʒi | pɔ́dʒi/ 形 (**podg·i·er, -i·est**)《略式, 主に英》[普通は軽蔑] ずんぐりした, ぽっちゃりの, でぶの (☞ **fat** 類語典) (pudgy).
podia 名 podium の複数形.
po·di·a·trist /pədάɪətrɪst/ 名 C《主に米》足治療士[医]; [時に podiatrist's] 足治療医院.
po·di·a·try /pədάɪətri/ 名 U《主に米》足治療《まめ·たこ·つめの異常などの治療》(chiropody).
⁺**po·di·um** /pόʊdiəm/ 名 (複 ～**s, po·di·a** /-diə/) C **1** (オーケストラの)指揮台; 演壇. **2**《米》(講演者用の)書見台.
po·dunk /pόʊdʌŋk/ 形 [時に P-] S《米略式》《場所が》ちっぽけでとるにたりない, 名もない.
Poe /pόʊ/ 名 固 Edgar Allan ～ ポー (1809-49)《米国の詩人·小説家》.
⁺**po·em** /pόʊəm/ 名 (～**s** /-z/; 形 poétic) C (1 編の)詩, 韻文 (☞ **poetry** 1 語法): write [compose] a ～ 詩を書く.

poem (1 編の詩)	詩
poetry (文学の 1 分野としての詩)	

語源 ギリシャ語で「作られたもの」の意.
po·e·sy /pόʊəzi/ 名 U《古風》詩(作).
⁺**po·et** /pόʊɪt/ 名 (**po·ets** /-ɪts/) C **1** 詩人: Shakespeare is one of the greatest ～s who ever lived. シェークスピアは史上最大の詩人の 1 人です. **2** 詩的才能のある人; 詩人肌の人. 語源 ギリシャ語で「作る人」の意.

po·et·ess /póuətis | pòuətés/ 图 © (古風) 女流詩人. 語法 女流詩人の多くは poet と呼ばれるのを好む.

po·et·ic /pouétɪk/ 形 图 ① péom, póetry) **1** Ⓐ 詩の; 詩人の: a ～ drama 詩劇. **2** 詩的な, 詩のような: a ～ scene 詩のような景色 / ～ beauty 詩情ある美しさ // ⇒「この辞書の使い方」6.2〔詩〕. 関連 prosaic 散文的な.

po·et·i·cal /pouétɪk(ə)l/ 形 **1** 詩で書かれた. **2** =poetic. **-cal·ly** /-kəli/ 副 詩的に.

poétic jústice 图 Ⓤ 詩的正義《文学作品に見られる, 勧善懲悪・因果応報の思想》.

poétic license 图 Ⓤ 詩的許容《詩に許された, 一般の文法・形式・論理などに反する自由》.

póet láureate 图 (複 poets laureate, ～s) © 〔しばしば the P-L-〕(英) 桂冠詩人《国王から1名だけ任命される終身王室付きの詩人; 公式の祭典などのときに詩を作る》; (米) (国・地方たちを) 代表する詩人.

po·et·ry /póuətri/ 图 12 图 **1** Ⓤ 〔文学の1分野としての〕詩歌, 詩文; (ある時代・国・詩人の) 詩 (全体) 《⇒ poem 表》: a collection of ～ 詩集. 語法 1つ1つの詩作品は poem という. 関連 verse 韻文 / prose 散文. **2** 作詩法. **3** 〔ほめて〕詩的な情緒, 詩情, 美しさ, 優美さ.

póetry rèading 图 Ⓤ Ⓒ 詩の朗読(会).

po-faced /póuféɪst´/ 形 (英略式) 〔軽蔑〕まじめくさった, しかつめらしい.

po·go /póugou/ 動 ⓐ 飛びはねて踊る.

pógo (stìck) 图 © ポゴ《ばねのついた棒に乗って跳ねる遊びの道具》.

po·grom /póugrəm | pɔ́g-/ 图 © (特にユダヤ人の) 大虐殺.

poi /pɔi/ 图 Ⓤ ポイ《たろいもから作るハワイの食べ物》.

poi·gnan·cy /pɔ́ɪnjənsi/ 图 Ⓤ 鋭さ, 激しさ; しんらつ.

poi·gnant /pɔ́ɪnjənt/ 形 (思い出すなど) 痛ましい; (悲しみなどが) 痛切な; 痛烈な. **-ly** 副 痛ましく.

poin·set·ti·a /pɔɪnsétɪə/ 图 © ポインセチア《クリスマスの装飾用植物》.

★point /pɔ́ɪnt/ 图 (**points** /pɔ́ɪnts/)

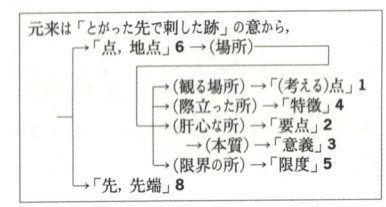

pogo stick

元来は「とがった先で刺した跡」の意から,
→「点, 地点」**6** →「場所」
 →(観る場所)→「考える点」**1**
 →(際立った所)→「特徴」**4**
 →(肝心な所)→「要点」**2**
  →(本質)→「意義」**3**
 →(限界の所)→「限度」**5**
→「先, 先端」**8**

1 © (考える)**点**, 事柄, 問題; 言わんとするところ, 言い分, 意見, 主張; (有効な) 論点 (about); 項目: the ～s at issue 問題点 / a sore ～ 〔話題にしたくない〕痛い所 / the finer ～s of ... の詳細〔複雑な点〕/ We focused our attention on two ～s. 我々は2つの項目に焦点を絞ってきた / You've got a (good) ～ (there). Ⓢ (その点で)君の言うこともっともだ / That's a (good) ～. Ⓢ いいことを言うよ / That's my ～. それが私の言いたいことだ / I'd just like to make the ～ *that* further action is needed. <N+*that* 節> もっと行動が必要だと主張したいと思います. 関連 viewpoint 観点.

2 〔the ～〕(物語・議論・冗談などの) **要点**, 眼目; さわり: What's *the* ～ *of* his speech? あの男の演説の要点は何ですか / That's *the* (whole) ～. Ⓢ それが肝心な点だ / That's not *the* ～ (at issue). それはどうでもいいことだ / *The* (whole) ～ *is* (that) we have no other alternative. 要は我々にはほかに取るべき道はないということだ.

3 Ⓤ 〔普通は疑問文・否定語(句)と共に〕**意義, 効果, 目的** (purpose): There's **no** ～ **in** do**ing** so. <N+前+動名> = (略式) *No* ～ *in doing so.* Ⓢ そんなことをしたって無駄だ / *What's the* ～ *of worrying* about a thing like that? Ⓢ そんなことで心配して何になるんだ / *I can't see* [get] *any* ～ *in waiting.* Ⓢ 待っている意味がわからない.

4 © **特徴**, 特質, (特色のある)点: a strong ～ 長所, 強み / a weak ～ 短所, 弱点 / a selling ～ セールスポイント / the finer ～s 詳細 / This new car has many good ～s. この新車は多くの優れた点があります.

5 © (進展などの)**(到達)点**, 段階; 程度, 限度: the high [low] ～ *of* ... の絶頂〔どん底〕/ a ～ *when* something must be done <N+*wh* 節> 何かしなければならない時 / I've「come to [reached] the ～ *where* I cannot hold out any longer. 私は我慢の限界まできた / I admitted that she was right *up to* a (certain) ～. ある程度までは彼女が正しいことを私は認めた.

6 ⒸⓊ (空間や時間の)**点, 地点, 時点; (目盛りの)度**: a ～ of contact = a contact ～ 接触点, 〔数〕接点 / the four ～s of the compass コンパスの四方位 / from all ～s of the compass ありとあらゆるところから 《⇒ compass 挿絵》. 関連 line 線 / plane 面

point 6 のいろいろ

bóiling pòint 沸点 / chéckpòint 検問所 / fréezing pòint 氷点 / mélting pòint 融点 / sáturation pòint 飽和点 / stárting pòint 出発点 / túrning pòint 転換地点

7 © (競技などの)**点数, 得点**; (株価などの)ポイント《略 pt., 複数形は pts.; ⇒ score 表》: win [lose] a ～ 1点取る〔失う〕/ Scotland beat Wales by sixteen ～s to six. スコットランドはウェールズに16対6で勝った.

8 © (鉛筆・ナイフなどの)**先, 先端**《形 póinty》; (陸地の) 突端, 〔しばしば P-〕で地名として〕岬; 〔複数形で〕〔バレエ〕つま先: the ～ *of* a pen ペンの先 / sharpen the ～ *of* a pencil 鉛筆の先をとがらせる / I pricked my finger on the ～ *of* a needle. 針先で指を刺した / at the ～ *of* a gun (= at gunpoint) けん銃を突きつけられて. **9** © (文字・記号としての)点《略 pt., 複数形は pts.; ⇒ line¹, punctual 語源, punctuate 語源》; 小数点 (decimal point); (米) 句読点, 終止符; (光・色などの)点: four ～ six five 4.65 《⇒ cardinal number 文法》. **10** © (活字の) (活字の大きさを示す単位; 1/72 インチ). **11** © (英) (電気の) コンセント (英) power point, (米) outlet); 〔普通は複数形で〕〔電〕(自動車などの)ポイントスイッチ, 接点. **12** 〔複数形で〕(英) 〔鉄〕転轍(ﾃﾝ)機, ポイント ((米) switches).

a pónt of víew ⇒ view 图 成句.

at áll pónts 副 どの点から見ても, 完全に.

at sóme pónt 副 あるとき, ある時点で.

at [on] the pónt of ... 前 ... の間際〔せとぎわ〕で: My grandfather was *at [on] the* ～ *of* death when I arrived. 私が着いたときには祖父は息を引き取るところだった.

at thís [thát] pónt 副 この〔その〕場所で; ちょうどこの〔その〕とき.

at thís pónt in tíme 副 (略式) この〔今の〕時点で.

be on the pónt of ... 動 (まさに) ... するところである: The lost child *was on the* ～ *of* crying when his mother finally found him. 母親がやっと見つけたときその迷子はいまにも泣きだしそうだった.

besìde the pónt 〔形・副〕= off the point.

cóme [gét] (stráight) to the póint [動] [自] (直ちに)要点に触れる，本題に入る．
gét the póint [動] [自] 相手の言わんとすること[要点]を理解する (*of*).
háve one's póints [動] [自] (それなりに)よいところがある．
if it cómes [cáme] to the póint =when it comes [came] to the point.
in póint [形]《格式》適切な，該当する：This is a case *in* ～. これこそ適切な事例だ．
kéep to the póint [動] [自] (議論で)要点をはずさない．
lábor the póint [動] [自] (わかっていることを)必要以上に詳しく論じる．
màke a póint [動] [自] 意見を述べる，主張する．
màke a póint of dóing＝màke it a póint to dó [動] 必ず…することにしている《大事なことだと考えて，あるいは主義や信条として》；努めて…することにしている；(…するのだと)よく口にしている：Helen *makes a* ～ *of doing* everything by herself. ヘレンは何でも自分ひとりでするのだと言っている．
màke one's póint [動] [自] (自分の)主張の正しさを力説する，考えを十分述べる．
míss the póint [動] [自] 要点[肝心な点]がわからない；(冗談などが)わからない．
móre to the póint [副] Ⓢ 更に(大事なことは)．
nót to pùt tóo fíne a póint on it [副] [文修飾語] Ⓢ 率直[ありのまま]に言うと，きついことを言えば．
óff the póint [形・副] **見当違いで，的はずれで，要領を得ないで** ([反] to the point)：His remark seems to be *off the* ～. 彼の言うことは見当違いのようです．
on póints [副]〘ボク〙判定で：win [lose] *on* ～*s* 判定で勝つ[負ける]．
póint by póint [副] 一つ一つ細かく，詳細に．
Póint táken. Ⓢ おっしゃる通りです；分かりました．
próve one's póint [動] [自] =make one's point.
sée [táke] …'s póint [動] Ⓢ (人)の話[言っていること]の要点がわかる．
sée [táke] the póint of … [動] [他] …の要点[意義]がわかる．
strétch a póint [動] [自] (規則などを)勝手に解釈する，融通をきかせる；言いすぎる．
the póint of nó retúrn [名] 帰還不能点《航空機などが出発点へ帰る燃料がなくなる限界》；後に引けない段階．
to the póint [形・副] **要領を得て，適切な** ([反] off the point)：His answer was short and *to the* ～. 彼の答えは短く要領を得ていた．
to the póint of … [前] …と言ってもよいほど(の)．
whèn it cómes [cáme] to the póint [副] [文修飾語]《古風》いざとなると．
── [動] (points /pɔ́ɪnts/; point·ed /-ṭɪd/; point·ing /-ṭɪŋ/) [自] **1 指さす，指し示す**；(方向・傾向を)示す，暗示する；(矢印・カメラなどが)(…の方を)向いている：The policeman **～*ed at*** [***to, toward***] the building. <V＋前＋名・代> 警官はその建物を指さした / The captain ～*ed at* an island on the map. 船長は地図の上のある島を指さした / The hour hand of the clock was ～*ing to* three. 時計の針は 3 時を指していた / All the circumstances ～ *to* [*toward*] his guilt. すべての状況が彼の有罪であることを示している．
2 (猟犬が)立ち止まって獲物の方向を示す．
── [他] **1** [副詞(句)を伴って] 〈指・銃・カメラなど〉を(…に)向ける (*to, toward*)：He **～*ed*** a gun ***at*** the boy. <V＋O＋*at*＋名・代> 彼はその少年に銃を向けた《☞ at 3 [語法]》． **2** [副詞(句)を伴って]〈人〉に方向を教える；〈人〉をある方角に案内する． **3** 〈…〉をとがらす． **4** 《英》(修理のため)〈壁など〉のれんがの目地をセメント[しっくい]で塗る． **5** (ダンサーなどが)〈つま先〉を立てる．
póint the fínger at … [動] [他]《略式》…を非難する． **póint the wáy** [動] [自] (1) 道を(指で指して)教える． (2) (発展の)可能性を示す，(将来の)道[方向]を示す (*to, toward*).

point の句動詞

póint óut** [T1] [動] [他] **1** (注意を引くために)〈人や物〉を(指などで)**指し示す，指さす，示す** (show) <V＋名・代＋*out* / V＋*out*＋名>：She ～*ed out* the player. 彼女は指さしてその選手を教えた / Could you **～ *out the building ***to*** me? その建物を指で私に示していただけませんか．
2 〈…〉**を指摘する** (indicate) <V＋名・代＋*out* / V＋*out*＋名>：I **～*ed out*** his mistakes ***to*** him. 私は彼に誤りを指摘してやった / He ～*ed out that* the plan would cost a lot of money. 彼はその計画は金がたくさん要ることを指摘した．
póint to … [動] [他] **1** …を指さす (☞ [自] 1). **2** …に言及する，ふれる． **3** =point toward ….
póint towàrd … [動] [他] (物事が)…の可能性を示す，…を暗示する．
póint úp [動] [他]《格式》〈…〉を強調[力説]する；〈必要性など〉をはっきりと示す，際立たせる．

póint-and-clíck [形] [A]〘電算〙(プログラムが)(アイコン操作で)ワンタッチ式の，ポイントアンドクリックの．
póint-and-shóot [形] (カメラが)(被写体に向けてシャッターを)押すだけの，全自動の．
⁺**póint-blánk** [形] [A] **1** 単刀直入の，あけすけの，きっぱりとした：a ～ refusal そっけない拒絶． **2** 至近距離から射った[ねらった]． ── [副] **1** あけすけに，きっぱりと：refuse ～ そっけなく断わる． **2** 至近距離で．
póint dùty [名] [U]《英》(警官の)交通整理任務．
pointe /pwǽnt/ 《フランス語から》[名] [U]〘バレエ〙ポアント《トウシューズのつま先で立つこと》．
***point·ed** /pɔ́ɪnṭɪd/ [形] [普通は [A]] **1** (先の)とがった：a ～ tower 先のとがった塔． **2** (ことばなどが)しんらつな，鋭い；意味ありげな；当てつけた：a ～ comment しんらつな批評． **～·ly** [副] しんらつに；当てつけて；露骨に．
⁺**point·er** /pɔ́ɪnṭə | -tə/ [名] [C] **1**《略式》助言，ヒント，指針 (*on*). **2** (図表などを指し示す)棒；(パソコン画面上の)ポインター；(計器類の)針 (☞ needle 表). **3**〘電算〙ポインター《プログラミングにおいて，データの所在地を格納する変数》． **4** ポインター《猟犬；☞ point [自] 2; dog 挿絵》． **5** 指標；徴候 (*to*).
póint guàrd [名] [C]〘バスケ〙ポイントガード《攻撃の指示を行なうガードの選手》．
poin·til·lis·m /pwǽnṭəlɪzm, pɔ́ɪn-/ [名] [U] 点描画法《19 世紀後半のフランスの小さな点を使う画法》．
poin·til·list /pwǽnṭəlɪst, pɔ́ɪn-/ [名] [C] 点描画家． ── [形] 点描画法の．
póint·ing [名] [U] **1** 指し示すこと，指示． **2**《英》目地仕上げ(材)．
⁺**póint·less** [形] 無意味な，無益な：～ violence 無益な暴力 / It is ～ ˈto try [trying] to persuade him. 彼を説得しようとしても無駄だ． **～·ly** [副] 無意味に． **～·ness** [名] [U] 無意味さ．
póint màn [名] [C] **1**〘軍〙偵察隊[斥候]の先頭に立つ兵士． **2** (政治運動などの)先頭に立つ人，代表交渉者[責任者] (*on*).
póint of órder [名] (複 **points** ―) [C] 議事進行上の問題．
póint of présence [名] [C]〘電算〙インターネットのアクセス点《市内電話回線でアクセスできるサーバー》．
póint of úse [名] [単数形で] (商品・サービスなどが)利用できる場所．
points·man /pɔ́ɪntsmən/ [名] (**-men** /-mən/) [C]《英》(鉄道の)転轍(てんてつ)手 (《米》switchman).
póint sprèad [名] [C]《米》(スポーツ試合の賭けでの)予

想点差.

póint-to-póint 名 C 《英》クロスカントリー競馬.
point·y /pɔ́ɪnti/ 形 (point·i·er; -i·est; ☞ point 8) 《略式》先のとがった; とがった先[部分]の多い.
póinty-héad 名 C 《米俗》《軽蔑》インテリぶった人.
póinty-hèaded 形 《米俗》インテリぶった; 頭でっかちの.
Poirot 名 固 ☞ Hercule Poirot.
poise /pɔ́ɪz/ 名 U 1 (心の)平静, 落ち着き; 自信. 2 (優雅な)身のこなし, 態度. 3 つり合い, バランス (balance). ── 動 1 《副詞(句)を伴って》〈体などの〉つり合いよく置く[保つ] (over, above). ── 自 つり合う; 〈鳥が〉空を舞う.

*__poised__ /pɔ́ɪzd/ 形 1 P (...する)準備ができて; (次の行動に移れるように)身構えて; 宙に浮いて, 静止して (above, in, over): They were ~ 'for attack [to attack]. <A+前+名・代 [to 不定詞]> 彼らはすぐ攻撃できる態勢にあった / A ball was ~ *on* the seal's nose. ボールはおっとせいの鼻の上に静止していた.
2 落ち着いた, 自信のある: a ~ manner 落ち着いた物腰. **be poised betwèen ...** 動 他 (危険な状態で)...の間をさまよっている, どっちつかずでいる. **be poised on the brínk [édge] of ...** 動 他 ...の瀬戸際である.

*__poi·son__ /pɔ́ɪz(ə)n/ 13 名 (~s /-z/; 形 póisonous)
1 U.C 毒, 毒薬 (☞ skull 成句): a deadly ~ 猛毒 / take ~ 毒を飲む / put ~ in [on] ...... に毒を盛る / She spread rat ~. 彼女は猫いらずをまいた. 2 C.U (社会などに対する)害毒, 弊害(%); U 毒を含んだ言葉[表情]. 3 U 《俗》《滑稽》酒, アルコール: 'What's [Name] your ~? Ⓢ 《古風》酒は何にする? 4 [形容詞的に] 毒(性)の, 毒のある (poisonous): ☞ poison gas. 語源 ラテン語で「飲み物」の意. **háte...like póison** 動 他 《略式》〈...〉をひどく嫌う.
── (poi·sons /-z/; poi·soned /-d/; -son·ing /-z(ə)nɪŋ/) 他 1 〈...〉を毒殺する; 〈...〉に毒を入れる; 〈...〉を汚染する (with): Many prisoners were ~ed. <V+O の受身> 大勢の囚人が毒殺された / This river is ~ed by industrial waste(s). この川は産業廃棄物で汚染されている. 2 〈...〉に(道徳的に)毒する, 害する; 〈...〉をだめにする: Some movies ~ the minds of boys and girls. 少年少女の心に悪影響を与える映画もある. 3 (有害物質が)〈人〉を重病にする[殺す]; 〈体の一部〉を(病菌に)感染させる, 冒す, むしばむ. **póison ...'s mínd agàinst ―** 動 [普通受身で] ...に―に対する反感を持たせる.
pói·soned 形 毒入りの, 毒を塗った.
pói·son·er /-z(ə)nə | -nə/ 名 C 毒殺者.
póison gás 名 U 毒ガス.
poi·son·ing /pɔ́ɪz(ə)nɪŋ/ 名 U.C 中毒; 毒物混入: food [gas] ~ 食[ガス]中毒.
póison ívy 名 U 1 つたうるし《北米産》. 2 (つたうるしによる)かぶれ.
póison óak 名 U ポイズン オーク《北米産で触れるとかぶれる植物》.

*__poi·son·ous__ /pɔ́ɪz(ə)nəs/ 形 (名 póison) 1 有毒な, 有害な (to): a ~ snake 毒へび / This mushroom is ~. これは毒きのこです. 2 悪意に満ちた, ひどく不快, いやな; (道徳的に)毒[害]のある. 《英》意地の悪い. ~·ly 副 1 毒をもって. 2 悪意に満ちて.
póison-pén lètter 名 C 《匿名》の中傷の手紙.
póison píll 名 C ポイズンピル《企業買収の防衛策; 特に現株主に株式配当の形で転換優先株を発行することにより買収を難しくすること》.
póison súmac 名 U 《毒の強い》うるしの一種.

*__poke__[1] /póʊk/ 動 他 1 〈指・棒など〉を突っ込む, 突き出す; 〈...〉を〈指・棒の先で〉突く (with); 突いて〈穴〉をあける (in): ~ a stick *into* the sand 棒を砂の中に突っ込む / Don't ~ your head 'out of [through] the window. 窓から顔を突き出してはいけない (☞ head 名 1 [英米比較]). 2 〈火〉を棒で突いて〉かき立てる: ~ the fire (石炭などをかき回して)火をかき立てる. 3 《卑》〈女〉とセックスする. ── 自 1 突く, つっつく; (フォークなどで)つっついて食べる (at). 2 《副詞(句)を伴って》突き出る, 突き出ている: Their heads ~d 'out of [through] the windows of the building. 彼らの顔がビルの窓から出た (☞ head 名 1 [英米比較]). 3 のろのろ進む (along). **póke a hóle** 動 (つついて)穴をあける (in); (議論などの)あらさがしをする (in). **póke aróund [abóut]** 動 自 《略式》探し回る; 詮索(ツネ)する: He ~d about in his pocket for his ticket. 彼は切符を見つけようとポケットの中を探った. **póke aróund ...** 他 ...をぶらぶら見て回る. **póke ínto ...** 動 ...に干渉する.
póke óut [úp] 動 [自] 突き出る. ── 名 C [普通は単数形で] 突くこと; つっつくこと: give ... a ~. ...をつっつく. 2 C 《略式》こぶしで殴ること; 《米略式》非難, 批判: take a ~ at ......をたたく; 酷評する. 3 U 《英》《俗》馬力.
poke[2] /póʊk/ 名 C 《米》(小さな)バッグ; 財布.

+__po·ker__[1] /póʊkə | -kə/ 名 U ポーカー《トランプの一種》.
pók·er[2] 名 C 火かき棒.
póker fáce 名 C 《略式》無表情な顔, ポーカーフェース.
póker-fàced 形 副 《略式》ポーカーフェースの[で].
póker-wòrk 名 U 《英》焼き絵《焼きごてなどで木や皮に絵や模様を描く工芸》.
pok·ey[1] /póʊki/ 形 =poky.
pok·ey[2] /póʊki/ 名 C 《米略式》監獄.
pok·y /póʊki/ 形 (pok·i·er; -i·est) 1 《英略式》〈部屋など〉が狭苦しい. 2 《米》のろい.
pol /pɑ́l | pɔ́l/ 名 C 《米略式》=politician.
Pol. = Poland, Polish.
Po·lack /póʊlæk/ 名 C 《米》《差別》ポーランド系の人.
Po·land /póʊlənd/ 名 固 ポーランド《ヨーロッパ中東部の共和国; 首都 Warsaw; 略 Pol.》.

ポーランド人	Pole
ポーランド語	Polish
ポーランド(人・語)の	Polish

+__po·lar__ /póʊlə | -lə/ 形 (名 pole[2]) A 1 極の, 北極の (arctic), 南極の (antarctic); 極地での: ~ ice 極地の氷. 2 磁極の(ある). 3 《格式》対極の, 正反対の: ~ opposites [extremes] 正反対のもの.
pólar béar 名 C 北極ぐま, 白くま.
pólar cáp 名 C 極冠《両極地の氷でおおわれた地域》.
pólar círcle 名 [the ~] 北[南]極圏.
pólar coórdinates 名 [複] 《数》極座標.
Po·lar·is /pəlǽrɪs | -láːr-/ 名 固 1 《天》北極星 (the polestar, the North Star). 2 ポラリス《米軍の潜水艦から発射できる核弾頭ミサイル》.
po·lar·i·ty /poʊlǽrəti/ 名 U.C 《格式》1 (主義・性格などの)正反対, 両極端, 対立, 矛盾性 (of, between). 2 両極性, 両極の性; (陰・陽)極性 (negative [positive] ~ 陰[陽]極性.
po·lar·i·za·tion /pòʊlərɪzéɪʃən | -raɪz-/ 名 U.C 《格式》分極化; 極性を生ずること; 偏光.
+__po·lar·ize__ /póʊləràɪz/ 動 他 《格式》1 〈...〉を両極化[分極]化; 対立[分裂]させる (into). 2 〈...〉に極性を与える; 《物理》〈...〉を偏光させる. ── 自 両極化[分極]する; 分裂する (into).
pólar líghts 名 [複] 極光《オーロラ》.
+__Po·lar·oid__ /póʊlərɔ̀ɪd/ 名 1 C ポラロイド《撮影直後に写真ができるカメラ; 商標》; ポラロイド写真. 2 U 人造偏光板《サングラスなどに用いる; 商標》. 3 [複数形で] (偏光板使用の)サングラス《商標》.

Pólaroid càmera 名 C ポラロイドカメラ.

*__pole__¹ /póul/ (同音 poll) 13 名 (~s /-z/) C [しばしば合成語で] 棒, さお, 柱：support with a ~ 棒で支える.
ùp the póle [形]《古風, 英略式》気が狂って.

―― pole のいろいろ ――
físhing pòle《米》釣りざお / **flágpòle** 旗ざお / **skí pòle**《米》スキーのストック / **télephone [útility] pòle**《米》, **télegraph pòle**《英》電柱 / **tótem pòle** トーテムポール

―― 動 他 《舟》をさおで押し進める; さおで突く. ―― 自 (さおをさして) 進む.

*__pole__² /póul/ (同音 poll) 名 (~s /-z/; 形 pólar) C **1** 極 (北極 (the North Pole) または南極 (the South Pole)), 極地. **2** [電] 電極, 磁極 (magnetic pole): the positive [negative] ~ 陽[陰]極. **3** 両極端, 正反対. **4**《球心》中心線[軸]の両端.
be póles apàrt [動] 《略式》= be worlds apart (☞ world 成句).

Pole /póul/ 名 C ポーランド人; ポーランド系人 (☞ Poland 表).

póle-àx,《英》**-àxe** 動 《…》を(おので)殴り倒す[殺す]; [普通は受身]《…》をびっくり仰天させる.

póle-àxed 形 [P]《略式》**1** びっくり仰天して. **2** (殴られて)立てなくて.

póle·cat 名 (複 ~(s)) C **1**《米略式》スカンク (skunk). **2** けながいたち《ヨーロッパ産》.

†**po·lem·ic** /pəlémɪk/ 《格式》**1** C,U 鋭い批判, 非難 (against); 論争, 激しい主張. **2** U = polemics. ―― 形 = polemical.

po·lem·i·cal /pəlémɪk(ə)l/ 形 《格式》**1** 論争的な, 議論好きな. **2** A 論争術の. **-cal·ly** /-kəli/ 副 論争的に.

po·lem·i·cist /pəlémɪsɪst/ 名 C《格式》論客.

po·lem·ics /pəlémɪks/ 名 U《格式》論争術.

po·len·ta /pouléntə, pə-/《イタリア語から》名 U ポレンタ《とうもろこし粉を使ったイタリア料理のかゆ》.

†**póle posítion** 名 C,U ポールポジション《自動車レース開始時の最前列》.

póle·stàr 名 **1** [the ~] 北極星 (the North Star, Polaris). **2** C 指針(となるもの), 指導原理.

†**póle vàult** 名 **1** [the ~] 棒高跳び. **2** C (1回の) 棒高跳び.

póle-vàult 動 自 棒高跳びをする.

póle-vàult·er 名 C 棒高跳びの選手.

*__po·lice__ /pəlí:s/ 名

元来はギリシャ語で「都市」の意. それから(都市の秩序)→(秩序維持にかかわる国家権力)→「警察」となった. policy¹, political と同語源.

1 [the ~ として複数扱い] **警察** (☞ collective noun 文法); dial **成句**: Call the ~! 警察を呼べ / The ~ are investigating the cause of the accident. 警察はその事故の原因を調査中だ. 語法 新聞などでは the を省略することが多い. 関連 **military police** 憲兵隊 / **riot police** 機動隊 / **secret police** 秘密警察.

2 [複数扱い] 警官たち, 警官隊: Several hundred ~ guarded the palace. 数百名の警官隊が宮殿を警備した. 語法 1人の警官は policeman という.

―― 動 他 **1** 《地域》を(警察力で)警備する, 取り締まる; 《…》の治安を保つ. **2** 《…》を管理[監視]する. **3** 《キャンプ地など》をきれいにする.

políce àction 名 U,C (軍家の)治安活動.

políce brutálity 名 U 警察による容疑者虐待.

políce càr 名 C パトカー (squad car, patrol car).

políce cónstable 名 C《英格式》巡査 (略 PC).

políce còurt 名 C,U《米》警察裁判所《軽い罪を裁く》.

políce depártment 名 C《米》(自治体の)警察局.

políce dòg 名 C 警察犬.

*__políce fòrce__ 名 C [普通は the ~] 警察 (全体), 警官隊; U 警察力.

*__po·líce·man__ /pəlí:smən/ 名 (**-men** /-mən/) C 警官 (☞ police 2 語法): Let's ask that ~ the way to the station. あの警官に駅へ行く道を尋ねよう // police officer 語法; gender 文法 (2) 語法. 語法 呼びかけには普通は officer を用いる (☞ officer 3).

*__políce of·fi·cer__ /pəlí:sɔ̀:fɪsɚ/ 名 (~s /-z/) C **警察官**, 警官, 巡査: Two ~s arrested the criminal. 2人の警官が犯人を逮捕した. 語法 性別を示す語を避けるために policeman, policewoman の代わりに公式には police officer を使う傾向にある (☞ gender 文法 (2) 語法).

políce stàte 名 C [けなして] 警察国家.

*__políce stàtion__ 名 C 警察署.

*__po·lice·wom·an__ /pəlí:swùmən/ 名 (**-wom·en** /-wìmən/) C 警官(女性) (略《英》PW; ☞ police officer 語法).

po·líc·ing 名 U 警備, 治安維持 (of); 監視.

*__pol·i·cy__¹ /páləsi / pɔ́l-/ ⓫ 名 (**-i·cies** /-z/) C,U (政党などの)**政策**, (会社などの)**方針** (for, toward) (☞ police 囲み): the foreign ~ **of** the government 政府の外交政策 / the premier's ~ speech 首相の施政方針演説 / a housing ~ 住宅政策 / a change of ~ 方針転換 / The government's ~ **on** economic recovery is thought to be inadequate. 景気回復に関する政府の政策は不十分だと思われている.

――コロケーション――
abandon a policy 政策を放棄する
adopt a policy 政策[方針]を採用する
change a policy 方針[政策]を変える
formulate [**develop**] a policy 政策を打ち出す
pursue [**carry out**, **implement**] a policy 政策を実行する
reject a policy 政策を拒否[否定]する
stick to [**follow**, **adhere to**] a policy 政策[方針]に従う

2 (一般的な)**方策**, やり方, 手段;《格式》主義, 信条, 行動方針: I think striking is not always the best ~ for workers. ストライキが必ずしも労働者にとっての最善の手段ではないと思う / It is our ~ in this dictionary to indicate important words in large letters. この辞書では重要語を大きな文字で示すことにしている.

pol·i·cy² /páləsi / pɔ́l-/ 名 (**-i·cies**) C 保険証券[証書] (insurance policy).

*__pólicy·hòlder__ 名 C 保険契約者.

pólicy·màker 名 C 政策立案者.

*__pólicy·màking__ 名 U 政策[方針]決定.

†**po·li·o** /póuliòu/ 名 U 《略式》= poliomyelitis.

po·li·o·my·e·li·tis /pòuliòumàɪəláɪtɪs/ 名 U [医] ポリオ, 灰白髄炎, 小児まひ.

pol·i·sci /pálisái | póli-/ 名 U S《米略式》= political science.

pol·ish /páliʃ | pɔ́l-/ ★ Polish との発音の違いに注意. 13 動 (-ish·es /-ɪz/; pol·ished /-t/; -ish·ing) 他 1 ～を磨く, ～のつやを出す (with)《polite 囲み》: ~ one's glasses [shoes] めがね[靴]を磨く.
2 〈言動・文章・演技・演奏・イメージなど〉に磨きをかける, 洗練する: ~ one's speech スピーチを練り上げる / ~ one's English 英語力をつける[伸ばす].
pólish óff [動] 他《略式》(1)〈仕事・食事など〉をすばやく仕上げる[片づける]. (2)《主に米》〈人〉をやっつける, 殺す. **pólish úp** [動] 他 (1) 〈…〉を磨き上げる; 仕上げをする. (2) 〈技能など〉に磨きをかける (brush up).
pólish úp on … [動] 他 …に磨きをかける.
— 名 (~·es /-ɪz/) 1 U,C つやを出すもの, 磨き粉, 光沢剤: shoe ~ 靴墨(ﾂﾞﾐ) / floor ~ 床用つや出し. 2 [a ~] 磨くこと; 磨きをかけること: shoes with a good ~ よく磨いた靴. 3 [単数形で] 磨き, つや, 光沢. 4 U 〈態度などの〉優雅, 上品さ;〈作品・技能などの〉洗練.
give … a pólish [動] 他 〈…〉を磨く.

Pol·ish /póʊlɪʃ/ ～ polish との発音の違いに注意. 形 1 ポーランドの; ポーランド人 (Pole) の; ポーランド系の (CF Poland 表). 2 ポーランド語の (略 Pol.).
— 名 U ポーランド語 (Pol.; CF Poland 表).

pól·ished 形 1 磨かれた. 2 洗練された, 上品な, あか抜けした; 巧みな, 優れた, 完璧な.
pól·ish·er 名 C つや出し機器; 磨く人.
pól·ish·ing 名 U 磨くこと, 洗練すること.
po·lit·bu·ro /pálətbjʊ̀(ə)roʊ | póliːtbjʊ̀ə-/ 名 (~s) C 政治局 (共産主義国の政策決定機関).

po·lite /pəláɪt/ 11 形 po·lit·er /-t̬ə-| -tə-/, more ~; po·lit·est /-tɪst/, most ~)

ラテン語で「磨かれた」の意で、polish と同源源.「上品な」3 →「礼儀正しい」1 →「儀礼的な」2

1 [ほめて] 礼儀正しい, 行儀のよい, 丁寧な (反 impolite, rude): You've got to be ~ to your teacher. ＜A+前+名・代＞ 先生には行儀よくしなければなりません / *It's* not very ~ *of* you *to* speak that way. そういう言い方は失礼でしょう (《of 12》/ CF「この辞書の使い方」6.2 (丁寧)). **2** (単に) 儀礼的な, おざなりの, 外交辞令的な: I said so, but I was just [only] being ~. 私はそうは言ったが, 一応お付き合いで言ったまでだ. **3** 《格式》[しばしば滑稽] 上品な; 上流の; 洗練された: in ~ society [circles, company] 上流社会で.

【類義語】 **polite**「礼儀正しい, 丁寧な」という意味では最も一般的な語. 時に単に外面的に礼儀正しいこと, あるいは他人行儀なことを意味することもある: He said it just to be *polite*. 彼は外交辞令でそう言っただけ. **courteous** *polite* よりも積極的な意味の語で普通は思いやりのある礼儀正しさと丁寧さを表わす: What a *courteous* man he is! 何と思いやりのある人だろう. **civil** 粗野にならない程度に社交上の儀礼を守ることで, 消極的で「不作法でない」の意に用いる. 他人行儀であることを暗示する: Try to be *civil* to your neighbor if you can't be friendly. 隣人に好意がもてなくとも礼を失しないように.

po·lite·ly 副 1 礼儀正しく, 丁寧に: Speak more ~. もっと丁寧な話し方をしなさい. **2** 儀礼的に, おざなりに. **to pút it polítely** [副] つなぎ語 (批判的な直接的な表現になるのを避けて) 上品な[控え目な]言い方をすれば.

po·lite·ness 名 U 1 礼儀正しさ, 丁寧. 2 礼儀的なこと, おざなり.

下にいくほど丁寧な言い方となる.

1. **Open** the window.
2. **Will [Can] you** open the window?
3. **Would [Could] you** open the window?
4. **Do you think you could** open the window?
5. **I wonder if you could** open the window.
6. **Would you mind** opening the window?
7. **I'd 「be grateful [appreciate it] if you would** (be good [kind] enough to) open the window.

1., 2., 3. に please がつくと原則として多少丁寧さが増す (CF *please*¹).

po·li·tesse /pɑ̀liːtés | pɔ̀l-/ 名 U《格式》礼儀正しさ.
pol·i·tic /pálətɪk | pɔ́l-/ 形《格式》1〈行為など〉が思慮深い, 賢明な. **2** 政治上の: CF body politic.

po·lit·i·cal /pəlítɪk(ə)l/ 11 形 [比較なし] **政治の**, 政治的な, 政治に関する, 政治にたずさわる (CF police 囲み): a ~ problem 政治(的)な問題 / a ~ party 政党 / His motive was ~ rather than academic. 彼の動機は学問的というよりむしろ政治的であった. **2** 政治活動をする, 政治に関心がある: a ~ animal 政治に関心の強い人 / ~ students 政治(活動)に関わる学生たち. **3** [比較なし] [軽蔑・婉曲] 政略的な, 政略上の.

political áction commìttee 名 C《米》政治活動委員会《企業・組合などが候補者を議会に送り込むために資金集めをする機関》; 略 PAC).
political asýlum 名 U 政治亡命者の保護.
political corréctness 名 U《女性・弱者などに対する過度なほどの》差別の排除, 言動の正しさ《fireman のかわりに firefighter を使うようなこと. しばしば差別用語に過度に敏感な態度を評して軽蔑的に用いる; 略 PC》.
political ecónomy 名 U 政治経済学;《古風》経済学.
political fóotball 名 C《主に英》政争の具.
political geógraphy 名 U 政治地理学.
po·lit·i·cal·ly /pəlítɪkəli/ 副 政治的に, 政略上; 文修飾 政治的に言うと.
politically corréct 形《女性・少数人種・弱者などの差別を過度なほどに避けて》言動が正当[妥当]な, 差別を排除(しようとする) (CF political correctness; 略 PC); [the ～ として名詞的に] 反差別の立場の人たち(全体).
politically incorréct 形《女性・弱者などに対して》言動に問題のある, 差別的な.
political machíne 名 [単数形で]《米》政治的利益団体.
political prísoner 名 C 政治犯.
political science 名 U 政治学 (politics).
political scíentist 名 C 政治学者.

pol·i·ti·cian /pɑ̀lətíʃən | pɔ̀l-/ 名 (~s /-z/) C 政治家; 策士.
【類義語】現在では「政治家」の意味では一般に politician を用いるが, statesman には聡明で識見ある立派な政治家の意味が含まれていることがあるのに対して, politician は特に《米》ではしばしば信念のない, 自己または党派中心に駆け引きをする人たちに対して軽蔑に用いることがある: A *politician* thinks of the next election; a *statesman*, of the next generation. 政治家は次の選挙のことを考え, 政治家は次の世代のことを考える.

po·lit·i·ci·za·tion /pəlìtəsəzéɪʃən | -saɪz-/ 名 U 政治問題化すること.
po·lit·i·cize /pəlítəsàɪz/ 動 (形 political) 他 政治的にする, 政治問題化する; 政治に興味を持たせる.
pol·i·tick·ing /pálətɪkɪŋ | pɔ́l-/ 名 U《略式》[しばしば軽蔑]《個人の利益のための》政治活動.
po·lit·i·co /pəlítɪkoʊ/ 名 (~s, ~es) C《略式》[普通は軽蔑] 政治屋.

po·lit·i·co /pəlítikou/ 接尾「政治の」の意: *politico*-economic 政治経済的な.

＊pol·i·tics /pálətiks | pól-/ 発音 名 (形 *political*) **1** U [時に複数扱い] **政治**: foreign ～ 外交 (⇨ *power politics*) / P～ *has* [*have*] been in the news a lot recently. 最近は政治がよくニュースになる / P～ *does* [*do*] not interest me. 私は政治には興味がない. 語法 語義 1, 2 ではどちらかというと単数扱いが好まれる.

2 [時に複数扱い] **政治活動, 政治活動;** [軽蔑] **政争, 駆け引き, 策略**: the ～ of the Democratic Party 民主党の政策 / office ～ 会社内の権力闘争 / Not many people go in for ～ these days. 最近は政治的な活動に携わる人の数は多くない.

3 [複] [普通は所有格の後で] **政見, 政治についての意見**: What *are* your ～? あなたの政治に関する意見はいかがですか. **4** U 政治学 (*political science*).

gò ìnto [**énter**] **pólitics** 動 ⾃ 政治の世界に入る, 政治家になる. **pláy pólitics** 動 ⾃ (私利を図るために)策を弄じる.

pol·i·ty /páləti | pól-/ 名 (*-i·ties*) [格式] **1** U 政治形態(組織). **2** C 政治の組織体, 国家(組織).

⁺pol·ka /póu(l)kə | pól-/ 名 C ポルカ《2人で組んで行なう活発な舞踏》; ポルカの曲. — 動 ⾃ ポルカを踊る.

pól·ka dòt /póukə- | pólkə-/ 名 C [複数形で] 水玉模様.

pólka-dòt 形 A 水玉模様の.

＊poll /póul/ (同音 pole[1,2], Pole) 名 (～s /~z/) C

1 世論調査(の結果) (*on*) (*opinion poll*): conduct [carry out, take, do] a ～ 世論調査をする.

—— poll 1 のいろいろ ——
éxit pòll (投票の)出口調査 / Gállup pòll ギャラップ世論調査 / opínion pòll 世論調査 / stráw pòll 《米》(投票前の)非公式の世論調査

2 [しばしば the ～s] **投票, 選挙; 開票** (⇨ *vote* 類義語): win a victory at the ～s 選挙で勝利する / *The* ～ will be held on Sunday. 投票は日曜日に行なわれる / The results of *the* ～ will be announced soon. 投票の結果はまもなく発表される.

3 [しばしば the ～s] **投票数, 投票結果**: a heavy [light] ～ 高い[低い]投票率 / He headed *the* ～. 彼は最高点で当選した. **4** [普通は the ～s] **(主に米) 投票場**. **decláre the póll** 動 ⾃ 投票結果を発表する. **gó to the pólls** 動 ⾃ (選挙の)投票をする.

—— 動 ⾃ **1** [しばしば受身で] 〈…〉の世論調査をする (*on*). **2** 〈ある数の票〉を得る: Mr. Smith ～*ed* about 5000 votes. スミス氏は約 5 千票を獲得した.

pol·lard /páləd | póləd/ 動 他 [特に受身で] 〈木〉の枝を刈り込む. —— 名 C 枝を刈り込まれた木.

⁺pol·len /pálən | pól-/ 名 U 花粉: be allergic to ～ 花粉症である / a ～ allergy 花粉症.

póllen còunt 名 C 花粉数《花粉情報で流す》.

pol·li·nate /pálənèɪt | pól-/ 動 他 [植] 〈…〉に授粉する.

pol·li·na·tion /pàlənéɪʃən | pòl-/ 名 U [植] 授粉(作用).

pol·li·na·tor /pálənèɪtə | pòlənèɪtə/ 名 C 花粉媒介者《昆虫・鳥など》.

⁺poll·ing /póulɪŋ/ 名 U 投票; 世論調査: heavy [light] ～ 高[低]投票率.

pólling bòoth 名 C 《主に英》投票用紙記入所 (《米》*voting booth*).

pólling dày 名 U.C 《英》投票日.
⁺pólling plàce 名 C 《米》投票所.
⁺pólling stàtion 名 C 《主に英》投票所.

pol·li·no·sis /pàlənóusɪs | pòl-/ 名 U [医] 花粉症.

pol·li·wog /páliwàg | pòliwɔ̀g/ 名 C 《米》おたまじゃくし (*tadpole*).

polybag 1351

⁺póll·ster /póulstə | -stə/ 名 C 《略式》世論調査員[業者].
⁺póll tàx 名 C 人頭税.
⁺pol·lut·ant /pəlú:tənt, -tnt/ 名 C.U 汚染物質.

＊pol·lute /pəlú:t/ 動 (**pol·lutes** /-lú:ts/; **pol·lut·ed** /-tɪd/; **pol·lut·ing** /-tɪŋ/; 名 *pollution*) 他 **1** 〈大気・水・土壌など〉を**汚染する**, よごす (*by, with*) (⇨ 類義語): The air and water of this area have been extremely ～*d*. <V+O の受身> この地域の空気と水は汚染がきわめてひどくなってきた. **2** 〈心など〉を堕落させる; 〈神聖なもの〉を汚(けが)す; 冒瀆(とく)する (*with*).

[類義語] pollute 健康を害し, 生命に危険を与えるほどに大気・水・土壌などを汚染すること. 汚染の程度が明らかにわかるような場合に用いる. contaminate 外部から入り込んだ物質・細菌などによって汚染されるということ. pollute に比べて, 汚染の程度は重大でそれほど明らかにわからないような汚染のしかたをいう.

pol·lut·ed 形 汚染された; よごれた; 堕落した.
⁺pol·lut·er /-tə | -tə/ 名 C (環境)汚染者; 汚染源.
＊pol·lu·tion /pəlú:ʃən/ 名 U (動 *pollúte*) U **1 汚染, (汚染による)公害, よごすこと, よごれ**: prevent ～ 汚染を防止する / Why has Japan let ～ get so bad? どうして日本はこの公害がこれほどひどくなるまでほうっておいたのか. 日英比較 日本語の「公害」に当たる英語は pollution と public nuisance だが, 前者は主に水のよごれなど汚染によるもの, 後者は主に暴走族の騒音とか, はとの糞などによる被害などを指す.

—— pollution のいろいろ ——
áir pollùtion 大気汚染 / environméntal pollùtion 環境汚染 / nóise pollùtion 騒音公害 / wáter pollùtion 水質汚染

2 汚染物質. **3** 堕落; 冒瀆(とく).

póll wàtcher 名 C 《選挙の際の》投票立会人.
Pol·ly /páli | póli/ 名 固 **1** ポリー《女性の名; Mary の愛称》. **2** ポリー《おうむやいんこによくつける名; ⇨ Fido, Rover》.

Pol·ly·an·na /pàliǽnə | pòl-/ 名 C [普通は単数形で] 〈古風, 主に米〉底抜けの楽天家.

pol·ly·wog /páliwàg | pòliwɔ̀g/ 名 = polliwog.
⁺po·lo /póulou/ 名 [スポ] **1** U ポロ《4人ずつの2チーム組で行なう馬上球技》. **2** C 《略式》= polo shirt.

Po·lo[1] 名 固 ⇨ Marco Polo.

Po·lo[2] /póulou/ 名 固 ポロ《正式には ～ by Ralph Lauren; 米国の紳士服ブランド; 商標》.

pol·o·naise /pàlənéɪz | pòl-/ 名 C.U ポロネーズ《ポーランドのゆるやかなダンス(曲)》.

pólo nèck 名 C 《英》= turtleneck.
pólo shìrt 名 C ポロシャツ.
pólo stìck 名 C ポロ用打球槌, ポロスティック.

Pol Pot /pálpát | pólpɔ́t/ 名 固 ポル・ポト (1928?-98)《カンボジアの政治家; 国民を大量虐殺し, ベトナム軍侵攻によって政権を追われた (1979)》.

pol·ter·geist /póultəgàɪst | póltə-/ 《ドイツ語から》名 C 騒々しいいたずら好きの霊, ポルターガイスト.

pol·troon /paltrú:n | pɔl-/ 名 C 〈古風〉臆病者.

pol·y /páli | póli/ 名 (～s) C 《英略式》= polytechnic.

pol·y- /páli | póli/ 接頭 「多くの…」の意 (⇨ *mono*-表): *poly*glot 複数の言語を話せる[書ける] / *poly*gon 多角形, 多辺形.

pol·y·an·drous /pàliǽndrəs | pòl-/ 形 **1** [格式] 一妻多夫(制)の. **2** [植] 雄しべが多い.

pol·y·an·dry /páliæ̀ndri | pól-/ 名 U 《格式》一妻多夫(制).

pol·y·an·thus /pàliǽnθəs | pòl-/ 名 C.U ポリアンサス《さくらそうの園芸種》.

pol·y·bag /pálibæ̀g | pól-/ 名 C ポリ袋.

pol·y·chlo·ri·nat·ed bi·phen·yl /pálɪklɔ̀ːrənèɪtɪdbáɪfén(ə)l | pòlɪklɔ̀ːrənèɪtɪdbáɪfí:naɪl/ 图 U《化》ポリ塩化ビフェニール (圏 PCB).

pol·y·clin·ic /pàlɪklínɪk | pòl-/ 图 C 総合診療所, 総合病院.

pol·y·cot·ton /pàlɪkátn | pòlɪkɔ́tn/ 图 U ポリコット (ポリエステルと綿の混紡).

*__pol·y·es·ter__ /pálɪèstɚ | pólɪèstə/ 图 1 U《化》ポリエステル. 2 C ポリエステル製品.

*__pol·y·eth·y·lene__ /pàlíéθəlìːn | pòl-⌐/ 图 U《米》《化》ポリエチレン (《英》polythene).

po·lyg·a·mist /pəlígəmɪst/ 图 C《格式》一夫多妻者; 一妻多夫者.

po·lyg·a·mous /pəlígəməs/ 形《格式》一夫多妻(制の); 一妻多夫(制の).

po·lyg·a·my /pəlígəmi/ 图 U《格式》一夫多妻(制); 一妻多夫(制).

pol·y·glot /páliglàt | pólɪglɔ̀t/ 形 A《格式》(人が)複数の言語を話せる[書ける]; (本などが)複数の言語を用いた; (社会などが)多言語集団の. —— 图 C 複数の言語を話せる[書ける]人.

pol·y·gon /páligàn | pólɪgɔ̀n, -gən/ 图 C《幾》多角形, 多辺形.

po·lyg·o·nal /pəlígən(ə)l/ 形《幾》多角形[多辺形]の.

pol·y·graph /páligræf | pólɪgrà:f/ 图 C《格式》ポリグラフ, うそ発見器 (lie detector); ポリグラフによる検査.

pol·y·he·dral /pàlihíːdrəl | pòl-⌐/ 形《幾》多面体の.

pol·y·he·dron /pàlihíːdrən | pòl-/ 图 (~s, pol·y·he·dra /-drə/) C《幾》多面体.

Pol·y·hym·ni·a /pàlihímniə | pòl-/ 图 固《ギ神》ポリュヒュムニア《賛歌の女神; the Muses の一人》.

pol·y·math /pálimæθ | pól-/ 图 C《格式》博学多識の人.

pol·y·mer /páləmɚ | pólɪmə/ 图 C《化》重合体, ポリマー.

pol·y·mer·ic /pàləmérɪk | pòlɪ-⌐/ 形《化》重合体の, ポリマーの.

pol·y·morph /pálimɔ̀ːf | pólɪmɔ̀ː f/ 图 C《生》多形(体).

pol·y·mor·phous /pàlimɔ́ɚfəs | pòlɪmɔ́ː-⌐/, **-phic** /-fɪk⌐/ 形《格式》(成長などの過程で)いろいろな形態をもつ.

Pol·y·ne·sia /pàləníːʒə, -ʃə | pòl-/ 图 固 ポリネシア (Oceania 東部に散在する諸島の総称).

Pol·y·ne·sian /pàləníːʒən, -ʃən | pòl-⌐/ 形 1 ポリネシアの; ポリネシア人の. 2 ポリネシア語の. —— 图 1 C ポリネシア人. 2 U ポリネシア語.

pol·y·no·mi·al /pàlinóumiəl | pòl-⌐/ 形 C, A《数》多項式(の).

pol·yp /pálɪp | pól-/ 图 1 C《医》ポリープ (粘膜の肥厚による突起). 2 C, U《動》ポリプ (さんご・いそぎんちゃくなど).

pol·y·phase /páliſèɪz | pól-/ 形《電》多相の: a ~ current 多相電流.

pol·y·phon·ic /pàlifánɪk | pòlɪfɔ́n-⌐/ 形 多音の;《楽》多声音楽の.

po·lyph·o·ny /pəlífəni/ 图 U《楽》ポリフォニー, 多声音楽, 対位法.

pol·yp·ous /pálɪpəs | pól-/ 形 1《医》ポリープ状の. 2《動》ポリプの.

pol·y·pro·pyl·ene /pàlipróupəlìːn | pòl-/ 图 U《化》ポリプロピレン (プラスチックの一種).

pol·y·sac·cha·ride /pàlisǽkəràɪd | pòl-⌐/ 图《化》多糖.

pol·y·se·mous /pàlisíːməs | pəlísə-/ 形《言》多義的な.

po·ly·se·my /pàlisíːmi | pəlísə-/ 图 U《言》多義性.

pol·y·sty·rene /pàlistáɪriːn | pòl-/ 图《主に英》《化》ポリスチレン (発泡スチロールなどに用いる合成樹脂) (《米》Styrofoam).

pol·y·syl·lab·ic /pàlisɪlǽbɪk | pòl-⌐/ 形 1《言》多音節の. 2 (文章などが)多音節語を多用する.

pol·y·syl·la·ble /pálisíləbl | pòlɪsíləbl/ 图《言》(3 音節以上の)多音節語.

*__pol·y·tech·nic__ /pàliték nɪk | pòl-⌐/ 图 C 1《主に英》(大学レベルの)総合高等教育機関; 科学技術大学 (《英略》poly). 2《米》工芸[工科]学校.

pol·y·the·ism /páliθiːɪzm | pól-/ 图 U 多神論, 多神教.

pol·y·the·ist /páliθiːɪst | pól-/ 图 C 多神論者, 多神教徒. —— 形 多神論[多神教]の.

pol·y·the·is·tic /pàliθiːístɪk | pòl-⌐/ 形 多神論の, 多神教の.

pol·y·thene /páliθiːn | pól-/ 图 U《英》= polyethylene.

pol·y·un·sat·u·rate /pàliʌ̀nsǽtʃʊrèɪt | pòl-/ 图 C (普通は複数形で) 多価不飽和脂肪(酸).

*__pol·y·un·sat·u·rat·ed__ /pàliʌ̀nsǽtʃʊrèɪtɪd/ 形 多価不飽和脂肪(酸)の (植物性で健康によい).

pol·y·u·re·thane /pàlijʊ́(ə)rəθèɪn | pòl-/ 图《化》ポリウレタン (プラスチックの一種).

pol·y·vi·nyl /pàliváɪn(ə)l | pòl-⌐/ 形《化》ポリビニールの.

pólyvinyl chlóride 图 U《化》ポリ塩化ビニール.

pom /pám | póm/ 图 C《略》 1《豪俗》= pommy. 2 = Pomeranian.

po·made /poʊméɪd/ 图 U ポマード, 髪油.

po·man·der /póʊmændɚ | poʊmǽndə/ 图 C におい玉(入れ).

pom·e·gran·ate /pámǝgrænət | pómɪ-/ 图 C ざくろ; ざくろの木.

Pom·er·a·ni·an /pàmǝréɪniən | pòm-/ 图 C ポメラニアン (毛の長い小犬; ☞ dog 挿絵).

pom·mel /pám(ə)l | póm-/ 图 C くら頭(がしら)《馬のくらの前方の突起部》; (剣の)つか頭 《手でにぎる部分の先端》. —— 動 (pom·mels; pom·meled, 《英》pom·melled; -mel·ing, 《英》-mel·ling) (《主に米》)〈…〉をげんこつで続けて打つ; 〈…〉に圧勝する; 〈…〉を激しく非難する (pummel).

pómmel hórse 图 C 鞍馬(あんば).

pom·my, pom·mie /pámi | pómi/ 图 C《豪略式》[差別] (移住してきた)イギリス人.

*__pomp__ /pámp | pómp/ 图 U《格式》 1 (公式の行事などの)華やかさ, 壮観: the ~ of the festival 祝典の盛観. 2 見せびらかし, 虚飾. **pómp and círcumstance** 图《文》華麗で堂々とした威儀 (式典など): P~ and Circumstance 『威風堂々』(Elgar の行進曲集).

pom·pa·dour /pámpədɚ | pómpədʊ̀ə/ 图 C ポンパドゥール (前髪を高くなで上げた髪型).

Pom·pei·i /pampéɪi, -péɪ | pɔm-/ 图 固 ポンペイ (イタリアの Naples 近くの古都; 紀元 79 年 Vesuvius 山が噴火して埋没したが発掘されている).

Pom·pey /pámpi | pómpi/ 图 固 ポンペイウス (106-48 B.C)《ローマの軍人・政治家; Caesar に敗れた》.

pom·pom /pámpam | pómpɔm/, **pom·pon** /pámpan | pómpɔn/ 图 C (帽子・チアガールなどの)ポンポン, 玉房飾り.

pom·pos·i·ty /pampásəti | pɔmpɔ́s-/ 图 U《格式》[軽蔑] もったいぶり, 尊大; C もったいぶった[大げさな]行動.

*__pom·pous__ /pámpəs | póm-/ 形[軽蔑] もったいぶっ

た, 気取った; (ことばづかいが)大げさな. ~·ly 副 もったいぶって; 大げさに. ~·ness 名 =pomposity.

ponce /páns | póns/ 名 《英》 《俗》 1 《売春婦の》ひも. 2 《略式》《軽蔑》《格好を気にする》めめしい男. —— 動 自 《略式》《軽蔑》《男が》やけたふるまいをする; だらだらと過ごす (about, around). **ponce off** 動 他 《英》《たばこ・酒などを》無心する.

ponc·ey /pánsi | pón-/ 形 =poncy.

pon·cho /pántʃou | pón-/ 名 (~s) C 1 ポンチョ《南米先住民の外套の一種》. 2 《米》 ポンチョ《真ん中から頭を出すレインコート》.

ponc·y /pánsi | pón-/ 形 《英略式》《男の行動・服装が》なよなよした, きざな.

*pond /pánd | pónd/ 13 名 (ponds /pándz | póndz/)
1 C 池《pool より大きく lake より小さい; 人工のものが多い》: Can we swim in this ~? この池で泳げるか / Several boys were rowing boats on the ~. 池では少年が数人ボートをこいでいた. 2 [the ~] 《略式》《滑稽》大西洋: across [on the other side of] the ~ 大西洋の向う側で[の], 《英国からみて》米国で[の], 《米国からみて》英国で[の].

*pon·der /pándə | póndə/ 《格式》 (pon·ders /~z/; pon·dered /~d/; -der·ing /-dəriŋ, -driŋ/) 他 《結論を出す前に》《…を》じっくりと考える, 熟考する: I ~ed how I could get along without his help. どうしたら彼の援助なしでやっていけるだろうかと私は考えた.

—— 自 じっくり考える, 思案する (on, over, about).
語源 ラテン語で「重さを量る」の意; ☞ pound¹ 囲み.

pon·der·o·sa (píne) /pándərousə, -zə- | pón-/ 名 C ポンデローサ松《北米西部原産》. U ポンデローサ材《赤材》.

*pon·der·ous /pándərəs, -drəs | pón-/ 形 W 《動きが》鈍重で, 重い. 2 《軽蔑》《文体などが》重苦しい,《話・内容などが》専門的で退屈な. ~·ly 副 どっしりと; 鈍く; 重苦しく. ~·ness 名 U どっしりした様子; 鈍いこと, 重苦しさ.

pónd lìfe 名 U 池にすむ動物.
pónd lìly 名 C すいれん.
pónd scùm 名 C 1 よどんだ水面上の緑色の藻類,《特に》青みどろ. 2 《米俗》卑しいやつ, かす.
pone /póun/ 名 U 《米》 = corn pone.
pong /pá:ŋ | póŋ/ 《英略式》《しばしば滑稽》名 C 《普通は単数形で》悪臭, いやなにおい. —— 動 自 悪臭を放つ (of).

pong·y /pá:ŋi | póŋi/ 形 《英略式》くさい.
pon·iard /pánjəd | pónjəd/ 名 C 短剣 (dagger).
pons /pánz | pónz/ 名 (pon·tes /pánti:z | pón-/) C 《解》《延髄と中脳の間の》脳橋.
Pon·ti·ac /pántiæk | pón-/ 名 C ポンティアック《米国製の乗用車; 商標》.
pon·tiff /pántɪf | pón-/ 名 C 《格式》教皇; [the (Supreme) P-] ローマ教皇《きょう》 [法王].
pon·tif·i·cal /pɑntífɪk(ə)l | pɔn-/ 形 《格式》 ローマ教皇[法王](から)の; 独断的な, 尊大な. **-i·cal·ly** /-kəli/ 副 独断的に, 尊大に.
pon·tif·i·cate¹ /pɑntífɪkət | pɔn-/ 名 C 《格式》ローマ教皇[法王]の職[位, 任期].
pon·tif·i·cate² /pɑntífɪkèɪt | pɔn-/ 動 自 《…について》独断的な言い方をする (about, on), もったいぶって[尊大に]話す.

pon·toon /pɑntú:n | pɔn-/ 名 1 《海》 平底 (ひら)舟; 《水上機のフロート》(☞ seaplane 挿絵). 2 C ポンツーン, 箱舟《起重機船などの台船》; =pontoon bridge. 3 U 《英》 = twenty-one.
pontóon brìdge 名 C

舟橋, 浮き橋《平底舟を並べて作った橋》.

*po·ny /póuni/ 名 (po·nies /~z/) C 1 ポニー《子供の乗馬用の小型の馬; 丈夫で忍耐力がある》; 《一般に》小さな馬. 2 小型[リキュール]グラス. 3 《古風, 俗語》 25 ポンド. 成句の **póny úp** 動 他 《米略式》清算する.

póny·tàil 名 C ポニーテール《後ろで束ねて垂らす髪型》.

póny-trèk·king 名 U 《英》ポニー(に乗った)旅行《行楽・スポーツ》.

Pón·zi schème /pánzi- | pón-/ 名 C ポンジー《利殖性の高い架空の投資対象を考え出し, それに先に投資した人が後から投資する人の投資金によって利を得る方式の詐欺》.

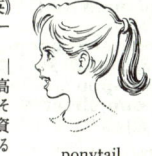

ponytail

poo /pú:/ 名 動 《英小児》=poop¹.
pooch /pú:tʃ/ 名 C 《略式, 主に米》犬, ワン公.
poo·dle /pú:dl/ 名 C プードル《小型の愛玩用の犬; ☞ dog 挿絵》. **be ...'s póodle** 動 《英》《滑稽》《…の》言いなりになる.
poof¹ /púf/ 名 (複 ~s) C 《英·豪俗》《軽蔑》ホモ; 軟弱男
poof² /pú:f, púf/ 間 1 ぱっ, さっ!《突然さを表わす》. 2 ふーん, ばかな《あざけりを表わす》.
poof·ter /púftə | púftə/ 名 C =poof¹.
poof·y /pú:fi | púfi/ 形 1 《米略式》《髪・服が》ふわっとふくらんだ. 2 《英·豪俗》ホモの.
pooh /pú:/ 間 1 《古風, 略式》 1 ふーん!, ばかな!, へー!《あざけり・軽蔑・あせりを表わす》. 2 《英》 S あー臭い 《米》pew). —— 名 1 ふーん[ばかな, へー]という発声. 2 U 《英小児》うんち. —— 動 自 《英小児》うんちをする.

Pooh ☞ Winnie-the-Pooh.
poo(h)-bah /pú:bà: | pù:bá:/ 名 C [しばしば Poo(h)-Bah] 《肩書の多い》偉いさん; 尊大な人物.
pooh-pooh /pù:pú:/ 動 他 《略式》《提案などを》あざける, 鼻先であしらう.

*pool¹ /pú:l/ 名 (~s /~z/) C 1 《水泳用の》プール (swimming pool): We went swimming in the ~ yesterday. 私たちはきのうプールへ泳ぎに行った. 2 水たまり, 小さな池, ため池 (☞ pond): After the rain there were ~s of water on the road. 雨の後で道路にいくつも水たまりがあった. 3 《液体・光の》たまり: a ~ of blood 血の海. 4 《川の水のよどみ, ふち.

*pool² /pú:l/ 名 (~s /~z/) 1 U プール《玉突きの一種》: shoot [play] ~ プールをする. 2 C 《スポーツ・競馬などの》賭(か)け金, 総賭け; [the ~s] 《英》=football pools. 3 C 《共同利用の》要員, 一団; 共同利用をするグループ (☞ carpool): a secretarial ~=a ~ of secretaries 秘書要員. 4 C 共同資金; 《共同利用のための》共有物, 蓄え (of): a ~ to buy a bus バスを購入するための共同資金.

—— 動 他 《…を》共同出資する, 《資金・資源・アイデアなど》を提供しあって出し合う, 共通にする, 共有する: They ~ed their resources and bought a car. 彼らは資金を出し合って車を買った.

póol hàll 名 C 《主に米》玉突き場.
póol·ròom 名 C 玉突き場.
póol·sìde 名 [単数形で], 形 A プールサイド(の).
póol tàble 名 C 《米》《6つのポケットのある》玉突き台.
poon·tang /pú:ntæŋ/ 名 U 《米卑》《セックスの対象としての》女; 《女のあそこ》; 性交.

*poop¹ /pú:p/ 名 U 《英小児》うんち; C うんちをすること《《英》poo). —— 動 自 うんちをする《《英》poo). —— 他 《…に》うんちをする[もらす] 《《英》poo).

poop

poop³ /púːp/ 名 [the ~] 《米略式》最新の内部情報.
poop³ /púːp/ 名 C 《海》船尾楼; 船尾楼甲板.
── 動 自 (波が)船尾にくずれかかる.

poop⁴ /púːp/ 動 [次の成句で] **póop óut** 《米略式》
(1) 〈疲れなどで〉ばてる. (2) 〈機械などが〉止ま
る, 機能しなくなる. (3) 〈約束などを〉すっぽかす (*on*).
── 他 〈…〉をくたくたに疲れさせる.

póop dèck 名 C =poop³.
póoped (óut) /púːpt-/ 形 《米略式》へとへとに疲れて.
poop·er-scoop·er /púːpəskùːpə | -pəskùːpə/ 名 C 《略式》飼主が携帯する犬のふんの始末器.
poo-poo /púːpùː/ 名 U C 《略式》=poop¹.
póop shèet 名 C 《米略式》書面での公的説明[情報]《新聞記者用説明書など》.

★poor /púə, pɔ́ə | pɔ́ː, púə/ 《同音 #pour, #pore¹,², (英) #paw; 類音 (米) #paw, #pork, #port》
形 (poor·er /púərə, pɔ́ːrə-|pɔ́ːrə, púərə/; poor·est /púərɪst, pɔ́ːr-|pɔ́ːrɪst, púərɪst-/) 1, 5 では pɔ́oness

┌─────────────────────────────┐
│「物が少ない」の意から   │
│ ┌→「貧しい」1→「哀れな」3   │
│ └→「乏しい」5→「質の悪い」2→「下手な」4 │
└─────────────────────────────┘

1 貧しい, 貧乏な (反 rich): a ~ family 貧しい家庭 / The villagers were all ~. 村人たちはみな貧しかった / "Stop the war and feed the ~" was their slogan.「戦争をやめ, 貧しい人々に食物を与えよ」というのが彼らのスローガンだった《複数名詞のように扱われる; ⇒ the¹ 3》.

2 質の悪い, 粗末な, 劣る; (聴覚・視覚・記憶力などが)衰えた, (健康状態が)優れない: goods of ~ quality 質の悪い品物 / be in ~ health 健康が優れない / My hearing is ~. 私は耳が遠い.

3 A [主に (S)][比較なし] 哀れな, 不幸な, 気の毒な; 亡くなった: P~ fellow! かわいそうなやつだ《★呼びかけに準じて無冠詞》/ You ~ thing. かわいそうね / The ~ girl was barefoot. かわいそうにその少女ははだしだった / Her ~ son was killed in the war. 彼女の息子は気の毒に戦死した. 語法 副詞的に訳せる場合が多い.

4 《格式》下手な, まずい, 不出来な; 〈…が〉苦手で (反 good): a ~ excuse 下手な言いわけ / Meg is ~ *at* mathematics. <A+at+名・代> メグは数学が苦手だ.

┌─────────────────────────────┐
│ 語法 「…するのが下手だ」というときには「…する者」│
│ の意味を持つ名詞の前に poor をつけて表わすことが多い│
│ 《⇒ bad 6 語法, good 3 語法》: She is a ~ cook. 彼│
│ 女は料理が下手だ / Mary is a ~ *pianist* [*violinist*].│
│ メアリーはピアノ[バイオリン]が下手だ.   │
└─────────────────────────────┘

5 乏しい, 不十分な, 貧弱な; (土地が)やせた (反 rich): a ~ harvest [crop] 不作 / ~ soil やせた土地 / Our country is ~ *in* natural resources. <A+in+名・代> わが国は天然資源が乏しい. **6** A 卑しい, 下劣な: a ~ loser 負けると怒る人.

fínish [còme (ín), be] a póor sécond [thírd] 動 自 前の競技者から大きく遅れて2位[3位]になる.
the [a] póor màn's ... 形 [しばしば滑稽] 貧乏人の…, 安価な[劣った]…, の粗末な代用《有名な品・人物に代わる質の劣るもの》.
-poor [合成語で] 〈資源などの〉乏しい: oil-poor nations 石油の乏しい国々.

póor bòx 名 C 《教会の門側に備えた》慈善箱.
póor bòy 名 C 《米》=submarine 2.
póor·house 名 C **1** [C] 《昔の》救貧院. **2** [the ~] (貧乏状態): end up in *the* ~ 一文無しになる.

póor làw 名 C 《昔の》貧民救助法.
★poor·ly /púəli, pɔ́ə- | pɔ́ː-, púə-/ 副 **1** 乏しく, 不十分に: a ~ equipped hospital 設備の貧弱な病院 / He is ~ paid. 彼は給料が安い. **2** 下手に, まずく: I did ~ on [in] the test. 試験はできなかった. **póorly óff** 形 P 裕福でない, 貧しい (badly off). **thínk póorly of ...** 動 《古風》…を悪く思う[評価する].
── 形 P 《英略式》気分[健康]がすぐれない.

póor mòuth /-màυθ/ 名 C 《米》(口実・弁解として)貧しさを強調すること[人].
póor-mòuth /-màυð, -màυθ/ 動 他 《米》〈…〉をけなす; 卑下して言う.

póor·ness 名 (形 poor 2) U 《格式》(質の)悪さ, 劣等; 欠如 (*of*).
póor relátion 名 C (同類の中で)劣った人[物] (*of*).

póor-spírited 形 《文》気の弱い, おくびょうな.
~·ly 副 気弱そうに, おくびょうに.

póor white 名 C 《普通は差別》(米国南部などの)貧しい白人《黒人が使う語》.

Poo·te·rish /púːtəriʃ/ 形 俗物的な, 尊大な《19世紀の小説 *The Diary of a Nobody* の主人公の名前から》.

poo·tle /púːtl/ 動 自 《英》ゆったりと時間をすごす, のんびりする (*about, around*).

pooves 名 poof¹ の複数形.

★pop¹ /páp | pɔ́p/ 名 U ポップ, ポピュラー[ポピュラー]音楽《主に若者の好むビートのきいた音楽; ⇒ pops¹》.
── 形 A [比較なし] **1** ポップの, ポピュラー音楽の: a ~ singer [song] ポピュラー歌手[ソング]. **2** 大衆向きの, 通俗的な.

★pop² /páp | pɔ́p/ 動 (pops /~s/; popped /~t/; pop·ping) 《略式》 自 **1** ぽんという音を出す, (とうもろこしなどが)ぽんとはじける; [副詞(句)を伴って] 急にはずれる[飛び出す]; ひょいと現われる (*off, up*): The cork *popped out*. <V+副> コルク栓がぽんと抜けた / *Out popped* a small head from the mother kangaroo's pouch. おかあさんカンガルーの腹の袋から小さな頭が急にのぞいた. **2** [副詞(句)を伴って] (S) 《主に英》急に動く, さっと行く[来る], (店などまで)ひとっぱしりする (*across, down, off, out, over, round; to*): He will ~ *in on* Meg on the way home. 彼は帰りにメグのところにちょっと寄るだろう. **3** (急激な上昇などにより)(耳が)つまったように[じーんと]なる. **4** (銃で)撃つ. ── 他 **1** <…>をぽんと破裂させる; <栓>をぽんと抜く; <とうもろこし>をはじけさせる. **2** [副詞(句)を伴って] (主に英) <…>をひょいと[急に]動かす[入れる, 出す] (*in, round, over*): The magician *popped* the rabbit *into* his top hat. 手品師は兎をシルクハットの中にひょいと入れた. **3** 《麻》薬を常用[乱用]する. **4** 《米》<人>を殴る: ~ a person (one) (人)に一発くらわす. **5** <…>を撃つ.

póp ín 動 《略式, 主に英》ちょっと訪ねる, (立ち)寄る 《⇒ 自 2》. ── 他 <物>を(通りがかりに)入れる, 届ける. **póp óff** 動 自 《略式》(1) 《英》急に死ぬ. (2) 《米》まくしたてる. **póp ón** 動 他 (S) 《英略式》(1) <洋服>をさっと着る. (2) <機器>のスイッチをぱちっと入れる. **póp one's clógs** 動 自 《英》[滑稽] 死ぬ. **póp óut** 動 自 《略式》(1) (ことばが)口をついて出る. (2) 急に現われる 《⇒ 自 1》. (3) 《野》ポップフライを上げてアウトになる. **póp the quéstion** 動 自 《略式》[しばしば滑稽]〈…に〉結婚を申し込む, プロポーズする (*to*). **póp úp** 動 自 《略式》(1) 不意に現われる; 突然起こる. (2) 《野》凡フライを打ち上げる. **...'s éyes póp (óut of ...'s héad)** 動 自 (S) 《略式》非常に驚いて[興奮して]目が飛び出る.

── 名 (~s /~s/) **1** C ぽんぽんという音: the ~ of a cork コルクがぽんと抜ける音. **2** U C 《略式》ソーダ(水), サイダー (soda)《果汁などのつき炭酸飲料; ⇒ cider 日英比較》. **3** [a ~ として副

詞的に] [S] 《米略式》 一つ(につき), 一個, 一回: $10 *a* ～ 1つ10ドル. **4** [C] =pop fly. **tàke [hàve] a póp at ...** [動] [他] 《略式》 (1) …を殴る; 《英》 …を非難する. (2) …を試みる.
— [副] ぽんと, ひょいと: The cork went ～. ぽんとコルクが抜けた.

pop³ /páp | pɔ́p/ [名] [C] [時に P-; しばしば呼びかけで] 《古風, 米略式》 父ちゃん (poppa); じいさん.

pop. [略] =population.

pop·a·dum, -a·dom /pápəḍəm | pɔ́p-/ [名] [C] 薄くカリカリしたインドのパン 《カレーなどと一緒に食べる》.

póp árt [名] [U] 〔美〕 ポップアート 《1960 年代の漫画や広告・ポスターなどの手法を取り入れた前衛美術》.

póp còncert [名] [C] ポップコンサート 《主にポップ音楽を演奏する音楽会; ☞ pops concert (pops¹ [形])》.

⁺**pop·corn** /pápkɔ̀ən | pɔ́pkɔ̀ːn/ [名] [U] ポップコーン.

póp cùlture [名] [U] ポップ文化, 大衆文化.

*__Pope__¹ /póup/ ([類音] pulp) [名] [C] [しばしば the ～] ローマ教皇(きょうこう), ローマ法王: ～ Benedict XVI 教皇ベネディクト 16 世 / Is *the* ～ Catholic? 《略式》 [滑稽] 当たり前だろ 《答えが yes であることがわかりきった質問に対して言う》. [参考] わが国のカトリック教会の正式の称号は「ローマ教皇」.

Pope² /póup/ [名] [固] **Alexander** ～ ポープ (1688–1744) 《英国の詩人・風刺作家》.

pópe mo·bìle /-moubìːl/ [名] [C] 《略式》 ローマ法王が公式訪問で使用する(防弾ガラスの)乗り物.

pop·er·y /póupəri/ [名] [U] 《古風》 [差別] ローマカトリック(の制度[教義, 儀式]).

pópe's nóse [名] [C] 《米略式》 料理した鳥[鶏など]のしり肉 (《英》 parson's nose).

Pop·eye /pápaɪ | pɔ́p-/ [名] [固] ポパイ 《米国の漫画の主人公》.

póp-èyed [形] 《略式》 (びっくり[興奮]して)目を丸くした; どんぐりまなこの.

póp fèstival [名] [C] ポップフェスティバル 《普通は野外で数日間続く大きなポップ音楽祭》.

póp flý [名] [C] 〔野〕 凡フライ, ポップフライ.

póp gròup [名] [C] ポップグループ 《ポップ音楽の》.

póp·gùn [名] [C] 豆鉄砲 《コルクの栓が飛び出る》.

pop·in·jay /pápɪndʒèɪ | pɔ́p-/ [名] [C] 《主に文》 伊達(だて)男, めかし屋.

pop·ish /póupɪʃ/ [形] [差別] ローマカトリックの[に関連した].

⁺**pop·lar** /páplə | pɔ́plə/ [名] [C] ポプラ(の木).

pop·lin /páplɪn | pɔ́p-/ [名] [U] ポプリン 《綿・絹・羊毛などのうね織りの一種》.

póp músic [名] [U] **1** =pop¹. **2** 流行の音楽.

póp·òver [名] [C] 《米》 中が空(から)のマフィン.

pop·pa /pápə | pɔ́pə/ [名] [単数形で] [しばしば呼びかけで] 《米略式》 お父さん, パパ (dad) 《☞ dad [語法]》.

pop·pa·dom, -dum /pápəḍəm | pɔ́p-/ [名] [C] = popadum.

pop·per /pápə | pɔ́pə/ [名] **1** [複数形で] 《略式》 ポッパーズ 《鼻から吸引する液状の麻薬》. **2** [C] 《米》 ポップコーン製造器. **3** [C] 《英略式》 =snap fastener.

pop·pet /pápɪt | pɔ́p-/ [名] [C] [しばしば呼びかけで] [S] 《英略式》 かわいい子, ぼくちゃん 《子供などに対する愛称》.

póp psychólogy [名] [U] 通俗心理学.

⁺**pop·py**¹ /pápi | pɔ́pi/ [名] (**pop·pies**) **1** [C] けし. **2** [U] けし色, 黄赤色.

pop·py² /pápi | pɔ́pi/ [形] (音楽が)ポップス調の.

póppy·còck [名] [U] 《古風, 略式》 =nonsense.

póppy sèed [名] [U] けしの実, けしつぶ 《料理用》.

poppy¹ 1

póp quìz [名] [C] **1** 《米》 抜き打ちテスト. **2** ポップ音楽クイズ.

pops¹ /páps | pɔ́ps/ 《米》 [形] [A] (オーケストラ・コンサートなどが)大衆向きのクラシックの曲[軽音楽]を演奏する, ポップスの: a ～ concert ポップスコンサート 《☞ pop concert》 / a ～ orchestra ポップスオーケストラ. — [名] [U] [しばしば P-] ポップス[軽音楽](を演奏するオーケストラ).

pops² /páps | pɔ́ps/ [名] =pop³.

Pop·si·cle /pápsɪkl | pɔ́p-/ [名] [C] 《米》 アイスキャンデー 《商標》 (《英》 ice lolly, lollipop). [日英比較] 「アイスキャンデー」は和製英語.

póp sòng [名] [C] ポピュラーソング.

póp stàr [名] [C] ポピュラー音楽を歌うスター歌手.

póp-tòp [名] [C] 《米》 (缶の)引き上げリング[タブ] (tab, 《英》 ring-pull).

⁺**pop·u·lace** /pápjuləs | pɔ́p-/ [名] [U] [普通は the ～ として 《英》 単数または複数扱い] 《格式》 大衆, 民衆 《☞ collective noun [文法]》.

pop·u·lar /pápjulə | pɔ́pjulə/ [T1] [形] ([名] pòpulárity, [動] pópularìze; [反] unpopular) **1 (大衆に)人気のある, 評判のよい; 流行した: a ～ sport 人気のあるスポーツ / a ～ author 人気作家 / These elephants are very **～ *with*** [***among***] children. <A+*with* [*among*]+名・代> この象たちは子供たちにとても人気がある / He's ～ *with* girl students. 彼は女生徒にもてる / [言い換え] You'll be ～.= That'll make you ～. [皮肉] [S] 皆に恨まれるぞ.
2 [A] [時にけなして] 大衆向きの, ポピュラーな, 通俗的な: ～ songs 流行歌 / a ～ singer 流行歌手 / ～ music 流行の[ポピュラー]音楽 / ～ newspapers 大衆紙 / ～ science 通俗科学. **3** [A] 民衆の, 庶民の, 人民の; 民間に普及した: ～ opinion 世論 / a ～ uprising 庶民の反乱 / ～ support 国民の支持 / a ～ misconception 世間の人の誤った考え / by ～ demand 大衆の要求によって. [語源] ラテン語で people と同語源.
cóntrary to pópular belíef [opínion] [副・形] 一般人が信じて[言って]いるのとは反対に[の].

pópular cúlture [名] [U] =pop culture.

pópular frónt [名] [the ～] [しばしば P- F-] 人民戦線 《政治権力などに対する市民の連合勢力》.

⁺**pop·u·lar·i·ty** /pɑ̀pjulǽrəṭi | pɔ̀p-/ [名] ([形] pópular; [反] unpopularity) [U] (大衆の間の)人気, 流行, 俗受け (*of*): gain [grow, increase] in ～ 人気が出始める / at the height [peak] of one's ～ 人気絶頂で / Soccer has begun to enjoy great ～ in Japan. サッカーは日本で非常な人気を集め出した / The singer lost ～ *with* young people. その歌手は若者に受けなくなった.

pop·u·lar·i·za·tion /pɑ̀pjulərɪzéɪʃən | pɔ̀pjuləraɪz-/ [名] [U] [W] 人気を高めること; 普及; 通俗化 (*of*).

⁺**pop·u·lar·ize** /pápjuləràɪz | pɔ́p-/ [動] ([形] pópular) [他] [W] **1** 〈…〉の人気を高める; 〈…〉をはやらせる, 普及させる. **2** 〈…〉を通俗的にする, 大衆的にする.

⁺**pop·u·lar·ly** /pápjuləli | pɔ́pjulə-/ [副] **1** 一般的に; 俗に: Smoking is ～ believed [thought, known] to cause lung cancer. 喫煙は肺癌の原因になると一般に信じ[考え, 知]られている. **2** 民衆[大衆, 人民]によって; 大衆向けに: a ～ elected leader 大衆に選ばれた指導者 / ～ priced books 大衆向けの安い本.

pópular prèss [名] [the ～] 大衆紙.

pópular vóte [名] [C] (米国大統領選挙の一般有権者による)一般投票 《☞ electoral vote》.

⁺**pop·u·late** /pápjulèɪt | pɔ́p-/ [動] [他] **1** [普通は受身で] (人々などが)〈場所〉に住む; 植民する; 〈場所〉に人々を住まわせる (*with*): a densely [sparsely, thinly] ～*d* district 人口の密な[まばらな]地域. **2** 〈物語・映画など〉に登場する.

P

**pop·u·la·tion /pɑ̀pjʊléɪʃən | pɔ̀p-/ [T1] [名] ([形] pópulous) 1 [C,U] (ある地域の)人口 (《略》 p., pop.): Tokyo has a ~ *of* about twelve million. 東京の人口は約千二百万だ / What is the ~ *of* Japan? 日本の人口はどのくらいか. [語法] How many ~ ...? とはいわない // The world is rapidly growing [increasing] in ~. 世界の人口はどんどん増加している. ★ 英米の五大都市の人口, 米国の各州の人口については ☞ city 表, America 表. 2 [the ~] (ある地域の)住民; (共通の特徴を持った)人々[動物]: *the* urban [white] ~ 都会[白人]住民 / *The* ~ *of* this town gets its water from the dam. この町の住民はそのダムから水をとっている. [語法] 《英》 では住民の一人一人を考えるときには単数形でも複数扱いとなることがある (☞ collective noun [文法]). 3 [C] [普通は the ~] (ある地域の)(動物の)棲息(せいそく)数 《全体》: *the* whale ~ of the Antarctic Ocean 南氷洋の鯨の棲息数. 4 [U] 人口密度. 5 [C] 〖統〗 母集団. [語源] ラテン語で people と同語源. a cénter of populátion [名] =population center.

populátion cènter [名] [C] 人口集中地域.

populátion explòsion [名] [C] 人口の爆発的増加, 人口爆発.

pop·u·lis·m /pάpjʊlìzm | pɔ́p-/ [名] [U] [しばしば軽蔑] (政治上の)人民[民衆]主義.

+pop·u·list /pάpjʊlɪst | pɔ́p-/ [名] [C] 人民主義者, 民衆の代弁をする者. — [形] [普通は [A]] 人民主義の.

+pop·u·lous /pάpjʊləs | pɔ́p-/ [形] ([名] pòpulátion) [普通は [A]] 《格式》 人口の多い, 人口密度の高い. ~·ness [名] [U] 人口の多さ, 高人口密度.

+póp-ùp [形] [A] 1 ぽんと飛び出す仕組みの: a ~ book 飛び出す(絵)本 / a ~ toaster 焼きあがるとトーストが自動的に飛び出すトースター. 2 〖電算〗 (メニューなどが)ボタンをクリックすると画面に現われる. — [名] [C] 〖電算〗 ポップアップ 《画面に突然現われる広告のウィンドウなど》.

+por·ce·lain /pɔ́əs(ə)lən | pɔ́:-/ [名] 1 [U] [しばしば形容詞的に] 磁器(の) (china). 2 [U,C] 磁器製品 《全体》.

+porch /pɔ́ətʃ | pɔ́:tʃ/ [T3] [名] [C] 1 《米》 ベランダ, 縁側 (《英》 veranda). 2 《英》 ポーチ, 玄関 《家・教会などの入り口から外に突き出た屋根のある所》.

porch 2

pórch swìng [名] [C] 《米》 ベランダの天井からつり下げたベンチ型ブランコ 《2 人掛け用》.

por·cine /pɔ́əsaɪn | pɔ́:-/ [形] 《格式》 豚の; 豚のような (☞ pork).

por·cu·pine /pɔ́əkjʊpàɪn | pɔ́:-/ [名] [C] やまあらし 《長いとげのある動物》.

pórcupine fìsh [名] [C] 針千本, 針河豚(はりふぐ).

+pore[1] /pɔ́ə | pɔ́:/ [名] [C] (皮膚の)毛穴; 気孔; 小穴. from évery póre [副] 体じゅう[全面]から.

pore[2] /pɔ́ə | pɔ́:/ [動] (por·ing /pɔ́:rɪŋ/) [次の成句で] póre òver ... [動] [他] ...をじっくり見る; 熟読する.

por·gy /pɔ́əgi | pɔ́:-/ [名] (~, -gies) [C] 《米》 鯛(たい)の一種.

*pork /pɔ́ək | pɔ́:k/ ([類音] poke) [名] [U] 1 豚肉 (☞ meat 表): roast ~ 豚肉を焼く. 2 《米略式》 [けなして] (議員が選挙区のために政府に出させる)国庫交付金.

pórk and béans [名] [U] 《米》 ポークアンドビーンズ 《豚肉入りのベークトビーンズ》.

pórk bàrrel [名] [[U] または a ~], [形] [A] 《米略式》 [けなして] (議員が選挙区の利益を図る)公共[政府]事業(の); 国庫交付金流用(の): ~ politics 利益誘導型政治.

pork·er /pɔ́əkɚ | pɔ́:kə/ [名] [C] 1 食用に太らせた子豚. 2 《略式》 [しばしば滑稽] でぶ. 3 《俗》 うそ.

pórk pìe [名] [C,U] 《英》 豚肉入りパイ.

pórk·pìe (hát) [名] [C] 頂が平らなフェルトの中折帽.

pórk rínds [名] [複] 《米》 豚の皮揚げ.

pórk scrátchings [名] [複] 《英》 =pork rinds.

pork·y[1] /pɔ́əki | pɔ́:-/ [形] (pork·i·er; -i·est) 《略式》 [しばしば滑稽] (人が)太った, でぶの.

pork·y[2] /pɔ́əki | pɔ́:-/ [名] (porkies) [C] 《米略式》 = porcupine.

pór·ky[3] (píe) /pɔ́əki- | pɔ́:-/ [名] [C] 《英俗》 うそ.

+porn /pɔ́ən | pɔ́:n/, por·no /pɔ́ənoʊ | pɔ́:-/ [名] [U], [形] 《略式》 =pornography, pornographic.

por·nog·ra·pher /pɔənάgrəfɚ | pɔ:nɔ́grəfə/ [名] [C] [軽蔑] ポルノ作者[写真家]; ポルノ商.

+por·no·graph·ic /pɔ̀ənəgrǽfɪk | pɔ̀:-←/ [形] [普通は [A]] [軽蔑] 好色文学の, ポルノ(写真)の. -graph·i·cal·ly /-kəli/ [副] ポルノのように.

+por·nog·ra·phy /pɔənάgrəfi | pɔ:nɔ́g-/ [名] [U] [軽蔑] ポルノ 《本・雑誌・映画など; 全体》, ポルノ写真[映画]; ポルノ製作.

po·ros·i·ty /pərάsəṭi | pɔ:rɔ́s-/ [名] [U] 《格式》 = porousness.

+po·rous /pɔ́:rəs/ [形] 1 (小さな)穴の多い; (徐々に)液体[気体]を通す. 2 (国境・防御などが)容易に人の侵入[脱出, 攻撃]を許す. ~·ness [名] [U] 多孔性; 浸透[吸水, 吸気]性.

por·phy·ry /pɔ́əfəri | pɔ́:-/ [名] [U] 〖地質〗 斑岩(はんがん).

por·poise /pɔ́əpəs | pɔ́:-/ [名] (~s) [C] ねずみいるか (☞ dolphin 表).

+por·ridge /pɔ́:rɪdʒ | pɔ́r-/ [名] [U] 1 《主に英》 かゆ (《米》 oatmeal) 《野菜や穀粒を牛乳や水でどろっとするまで煮たもの》; かゆ状の食べ物: a bowl of ~ 1 杯のかゆ. 2 《英俗》 刑期, おつとめ: do ~ ムショ入りする.

Por·sche /pɔ́əʃ, -ʃə | pɔ́:-/ [名] [C] ポルシェ 《ドイツの高級スポーツカー; 商標》.

*port[1] /pɔ́ət | pɔ́:t/ [T1] [名] (ports /pɔ́əts | pɔ́:ts/) [C,U] 港, 海港 (《略》 pt.); [時に地名の一部として P-] 港湾都市, 港町 (seaport) 《特に税関のある港》: a naval ~ 軍港 / reach ~ (船が)港に着く / Any ~ in a storm. 《ことわざ》 [普通は Ⓢ] あらしのときにはどんな港でもよい(急場しのぎだからしかたない) / the ~ authority 港湾当局. [関連] airport 空港 / heliport ヘリコプター発着場.

port (付近の都市などを含む商港)	港
harbor (避難などのために船の停泊する水域)	

a pórt of cáll [名] (1) 寄港地. (2) 《略式》 (旅行先の)滞在地; 立ち寄り先.

a pórt of éntry [名] 〖法〗 通関地, 通関手続地 《関税手続をする港[空港]》.

còme ìnto pórt [動] [自] 入港する: The *Queen Elizabeth II came into* ~ yesterday. クイーンエリザベス二世号は昨日入港した.

in pórt [副・形] 入港して(いる).

léave pórt [動] [自] 出港する: Our ship will *leave* ~ tomorrow. 我々の船はあす出港する.

+port[2] /pɔ́ət | pɔ́:t/ [名] ([反] starboard) [U] 左舷(さげん) (船首に向かって左側); (航空機の)左側. to pórt [副] 左舷側に. — [形] 左舷の.

port[3] /pɔ́ət | pɔ́:t/ 〖電算〗 [名] [C] ポート 《データの受け渡し用の入出力端子》. — [動] [他] 〈ソフト〉を(別のシステムから[に])移植する (*from*, *to*).

port[4] /pɔ́ət | pɔ́:t/ [名] 1 [U] ポートワイン 《ポルトガル原産の甘い赤ワイン酒》. 2 [C] 1 杯のポートワイン.

port[5] /pɔ́ət | pɔ́:t/ [動] [次の成句で] Pórt árms! 〖軍〗 控え銃(つつ)! 《号令; 体の前で銃を斜めに保持する》.

Port. [略] =Portugal, Portuguese.

por·ta·bil·i·ty /pɔ̀əṭəbíləṭi | pɔ̀:-/ [名] ([形] pórta-

***por·ta·ble** /pɔ́ːrtəbl | pɔ́ː-/ 【発音】形 名 pòrtabílity
1 持ち運びできる，携帯用[型]の，可搬(かはん)型の；移動可能な(⟹ export¹【単語の記憶】): a ~ television 携帯用テレビ．**2** 【電算】〈文書・ソフトウェアが〉異機種間の移植が可能な．**3** 〈年金が〉職種間で通算できる．**4** 【単語の記憶】型の物，ポータブル（携帯用コンピューター・テレビなど）．

Por·ta·crib /pɔ́ːrtəkrìb | pɔ́ː-/ 名 C 《米》携帯用ベビーベッド（商標）（《英》carrycot）．

por·tage /pɔ́ːrtɪdʒ | pɔ́ː-/ 名 U 運搬《2 水路間での船などの陸上輸送》． —動 他〈船〉を陸上輸送する．

Por·ta·kab·in /pɔ́ːrtəkæbɪn | pɔ́ː-/ 名 C 《英》ポータキャビン《可動性プレハブ住宅；商標》．

por·tal /pɔ́ːrtl | pɔ́ː-/ 名 C **1** 【電算】ポータル（サイト）《インターネットへの起点となるサイト；ブラウザを起動したときに表示される》．**2** [しばしば複数形で] 《文》(堂々とした)表玄関，正門；入り口 (of).

Por·ta Pot·ti, por·ta-pot·ty /pɔ́ːrtəpɑ̀ti | pɔ́ːtəpɔ̀ti/ 名 C 《米》移動式トイレ《商標》．

Port-au-Prince /pɔ̀ːrtoupríns | pɔ̀ː-/ 名 固 ポルトープランス《ハイチ (Haiti) の首都》．

port·cul·lis /pɔːrtkʌ́lɪs | pɔːt-/ 名 C 昔の城門などの)落とし格子，つるし門．

por·tend /pɔːrténd | pɔː-/ 動 他 《文》特に悪いこと)の前ぶれ[前兆]となる．

por·tent /pɔ́ːrtent | pɔ́ː-/ 名 C 《文》(不吉[重大]なこと)の前兆 (omen) (of).

por·ten·tous /pɔːrténtəs | pɔː-/ 形 **1** 《文》(不吉[重大]なこと)の前兆となる，縁起の悪い．**2** 《格式》[軽蔑] もったいぶった，尊大な．**~·ly** 副 もったいぶって．**~·ness** 名 U もったいぶり．

*porter¹ /pɔ́ːrtər | pɔ́ːtə/ 名 (~s /-z/) **1** C (駅・ホテルなどの)ポーター，荷物運搬人，赤帽 (⟹ export¹【単語の記憶】).**2** C 《古風，米》(寝台車の)ボーイ．**3** C 《米》(ビル・店などの)清掃[修理]係．**4** C 《英》(市場などの)かつぎ人夫，運搬人；(病院の)患者運搬係 《米》orderly).**5** U 《古風》(昔の)黒ビール．

por·ter² /pɔ́ːrtər | pɔ́ːtə/ 名 C 《主に英》(ホテル・病院・学校などの)門衛，門番 (doorman).

pórter·hòuse (stéak) 名 C,U (骨付きの)上等のステーキ．

*port·fo·li·o /pɔːrtfóuliòu | pɔːt-/ 名 (~s /-z/) C **1** 紙ばさみ，折りかばん（革製が多い）．**2** (デッサン・写真などの)作品のサンプル集，作品集《自分の業績を示すためのもの》．**3** 【経】金融資産(全体)，資産構成，有価証券(の明細表): ~ management 資産管理．**4** 〈製品・サービスなどの〉範囲，幅，広がり．**5** 《格式，主に英》大臣の職務[地位]: a minister without ~ 《格式》無任所大臣《★無冠詞》．

pórt·hòle 名 C (飛行機の)丸窓，機窓，(船の)舷窓．

Por·tia /pɔ́ːrʃə | pɔ́ː-/ 名 固 ポーシャ《シェークスピア (Shakespeare) 作の「ベニスの商人」(The Merchant of Venice) の才色兼備の女性》．

por·ti·co /pɔ́ːrtɪkòu | pɔ́ː-/ 名 (~(e)s /-z/) C 【建】(柱廊式)玄関．

*por·tion /pɔ́ːrʃən | pɔ́ː-/ 【発音】名 (~s /-z/) | **1** C 部分，一部 (⟹ part 類義語; proportion 語法): the lower ~ of a rocket ロケットの下部 / The cake was cut in [into] five small ~s. ケーキは5つに小さく切られた．**2** C (特にレストランの食べ物の)1人前，盛り (⟹ helping): order two ~s of ice cream アイスクリームを2人分注文する / They serve children's ~s at that restaurant. あのレストラン

portico

ンはお子様向けの盛りも出してくれる．**3** C [普通は単数形で] (責任などの)分け前 (share): a ~ of the responsibility 責任の一端．**4** [単数形で所有格の後で] 《文》運命，定め．—動 [次の成句で] **pórtion óut** 動 他 ⟨…⟩を分配[分割]する (between, among).

Port·land /pɔ́ːrtlənd | pɔ́ːt-/ 名 固 ポートランド **1** 米国 Oregon 州の港湾都市．**2** 米国 Maine 州の港湾都市．

Pórtland cemént 名 U ポートランドセメント《普通のセメント》．

Pórtland stóne 名 U ポートランド石《建築用石灰岩》．

pórt·li·ness 名 U かっぷくのよいこと，肥満．

Pòrt Lóuis /-lúːɪs, -lúːi/ 名 固 ポートルイス《モーリシャス (Mauritius) の首都》．

pórt·ly 形 (年配の男性が)かっぷくのよい，太った．

port·man·teau /pɔːrtmǽntou | pɔːt-/ 名 (複 ~s, port·man·teaux /-z/) C 《古風》両開きの旅行かばん．—形 複合的な，包括的な．

portmánteau wòrd 名 C 【言】かばん語，混成語 (⟹ blend 2).

*por·trait /pɔ́ːrtrət, -treɪt | pɔ́ː-/ 名 (por·traits /-trəts, -treɪts/; 動 portráy) C **1** (特に顔・上半身だけの)肖像画，肖像写真 (of): This is my father's ~. これは父を描いた[父の所有する]肖像画です / Mrs. White had her ~ done [painted]. ホワイト夫人は自分の肖像画を描いてもらった．**2** (人物・風物の)描写: a ~ of college life 学生生活のひとこま / do ~s 似顔絵を描く．[語源 中期フランス語で「描かれたもの」の意]

—形 (文書のページなどが)縦長の．関連 landscape 横長の．

por·trait·ist /pɔ́ːrtrətɪst, -treɪ- | pɔ́ː-/ 名 C 肖像画家．

por·trai·ture /pɔ́ːrtrətʃər | pɔ́ːtrɪtʃə/ 名 U 《格式》肖像画法；肖像画(全体)；人物描写．

*por·tray /pɔːrtréɪ | pɔː-/ 動 (por·trays /-z/; por·trayed /-d/; -tray·ing) 他 名 pórtrait, portráyal) **1** ⟨…⟩の肖像を描く；(ことばなどで)〈人・物〉を表現する，(…であると)描写する《正確さは問わない》: The woman is ~ed as a victim in the movie. <V+O+(as+名)の受身> その女性は映画では被害者として描かれている．**2** (劇で)⟨…⟩の役を演じる．

*por·tray·al /pɔːrtréɪəl | pɔː-/ 名 (動 portráy) U,C **1** (絵・ことばによる)描写，記述 (of). **2** (…の役を)演じること，演技 (of).

Ports·mouth /pɔ́ːrtsməθ | pɔ́ːts-/ 名 固 ポーツマス《New Hampshire 州の港町； 1905 年の日露講和条約締結地》．

*Por·tu·gal /pɔ́ːrtʃʊgəl | pɔ́ː-/ 名 固 ポルトガル《ヨーロッパ南西部の共和国；首都 Lisbon》(略 Pg., Port.)．

*Por·tu·guese /pɔ̀ːrtʃʊgíːz | pɔ̀ː-ˈ-/ 形 **1** ポルトガル(人)の；ポルトガル系の．**2** ポルトガル語の．
—名 (複 ~) **1** C ポルトガル人；ポルトガル系人．**2** [the ~ として複数扱い]ポルトガル人(全体)；ポルトガル国民 (⟹ the¹ 5).**3** U ポルトガル語 (略 Pg., Port.): ~ is spoken in Brazil. ブラジルではポルトガル語を話す．

Pórtuguese màn-of-wár 名 (複 -men-of-war) C かつおのえぼし，電気くらげ．

Port-Vi·la /pɔːrtvíːlə | pɔːt-/ 名 固 ポートビラ《バヌアツ (Vanuaturh) の首都》．

pos. =positive.

*pose /póuz/ (類音 pause) 動 (pos·es /-ɪz/; posed /-d/; pos·ing) 他 **1** ⟨危険・問題など⟩を持ち出す，生じる；《格式》⟨難問など⟩を提出する: ~ a serious threat *to* international security <V+O+*to*+名・代> 世界の安全にとって大きな脅威を与える / The incident ~d a problem [question]. その事件は1つの問題を提起し

Poseidon

た. **2** 《モデルなどに》ポーズをとらせる.
— 自 **1** (絵・写真のために)ポーズをとる: She ~*d for* the cameras. ＜V+*for*+名・代＞ 彼女はカメラのためのポーズをとった. **2** (…の)ふりをする (*as*); [普通は進行形で] [軽蔑] 気取った態度をとる, 装って見せる.
— 名 (**pos·es** /~ɪz/) C **1** (絵・写真のためにとる)姿勢, ポーズ: She adopted [assumed] a ~ *for* the photograph. 彼女は写真のポーズをとった. **2** [軽蔑] 気取った態度[行動]; 見せかけ, 気好つけ. **cóp a póse** [動] 自 =cop an attitude （⇨ attitude 成句）. **in a póse** [形・副] ポーズをとって. **stríke a póse** [動] ポーズをとる, わざとらしい態度をとる.

Po·sei·don /pəsáɪdn/ 名 固 《ギ神》 ポセイドン《海の神; ⇨ god 表》.

pos·er /póʊzɚ | -zə/ 名 C [略式] **1** =poseur. **2** 《古風》 難問, 難題.

po·seur /poʊzɚ | -zɔ́ː/《フランス語から》名 C [軽蔑] 気取り屋, きざなやつ.

posh /pɑʃ | pɔ́ʃ/《略式》形 (**posh·er**, **more** ~; **posh·est**, **most** ~) **1** (ホテル・車などが)豪華な, しゃれた; ぜいたくな. **2** 《英》 [時に軽蔑] お上品な, 上流の. — 副 《次の成句で》 **tálk pósh** [動] 自 S 《英略式》 (上流風に)気取った話し方をする.

pos·it /pázɪt | pɔ́z-/ 動 他 [格式] ＜…＞を(事実と)仮定する (*that*) (postulate).

*po·si·tion /pəzíʃən/ 名 (~s /~z/; 形 po·sitional)

ラテン語で「(ある場所に)据えること」の意.

(場所) → 「位置」3 → (地位) → 「勤め口」5
(置かれた様態) → 「姿勢」1 → 「考え方」4
(置かれた状況) → 「立場」2

1 C.U (位置をとった)**姿勢**, 構え; 向き, あり方; [バレエ] ポジション: *in* a sitting [kneeling, standing] ~ すわった[ひざまずいた, 立った]ままで / *in* 'a vertical [an upright] ~ 縦にまっすぐに / The body was lying *in* an odd ~. 死体は妙な姿勢で横たわっていた.
2 C [普通は単数形で] **立場**, 境遇, 状態: the economic ~ of Japan in the world 世界における日本の経済的立場 / put ... *in* 'a difficult [an awkward] ~ …を苦しい立場に置く / be *in* a very difficult [good] ~ 非常に難しい[良い]立場にある / What would you do if you were in my ~? もし私の立場だったらどうしますか.
3 C (人・物の)**位置**, 所在地; U.C 所定の位置; C 《スポ》 守備位置, ポジション （⇨ compose 〔単語の記憶〕): the ~ *of* the town on the map その町の地図上の位置 / a key ~ 主要地点 / the ~*s of* the players 選手の守備位置 / take up (a) ~ 所定の位置につく / screw the shelf *into* ~ 棚を正しい位置にねじで取り付ける / What ~ does he play? 彼のポジションはどこか. **4** C (格式) (…に対する)考え方, 意見; (心の)態度: reconsider one's ~ 意見を再考する / What is the senator's ~ *on* trade with Japan? 対日貿易についてのその上院議員の考えはどうなのか / She took the ~ *that* further resistance would be useless. 彼女はこれ以上抵抗してもむだだと考えた. **5** C (格式) 勤め口, 職 （⇨ job 類義語）: apply for a ~ *in* [*with*] a big company 大会社の職に応募する / I got a ~ as a secretary. 私は秘書の職を得た / He holds a good ~ *with* the trading company. 彼はその商社でいい職に就いている / The ~ has already been filled. そのポストはもう人が決まっている. **6** C.U 地位, 身分(特に社会的に高い): a person in a ~ of authority [influence] 地位の高い人 / a ~ of trust [responsibility] 信頼される[責任ある]地位 / abuse one's ~ 身分を悪用する / The ~ *of* women *in* society is increasingly rising. 社会における女性の地位はますます高まっている. **7** C.U 順位, 席次: finish in 2nd [3rd, 4th] ~ 2位[3位, 4位]になる. **8** C 要地; [普通は複数形で] 《軍》 陣地. **9** C (性交の)体位.

be in a posítion to dó [動] …することができる立場にある: I am 「not in a [in no] ~ to answer that question. 私は立場上[職務柄]その質問には答えられない. **be in a 「posítion of stréngth [stróng posítion]** [動] 自 有利な立場にある. **be in nó posítion to tálk** [動] 自 S 人を批判できる立場にない. **in [out of] posítion** [副・形] 所定の位置に[をはずれて]（⇨ 3）. **jóckey [manéuver, jóstle] for posítion** [動] 自 (競走などで)有利な位置につこう[立とう]とする.

— 動 他 **1** [普通は副詞(句)を伴って] ＜…＞を(適当な場所に)置く: Please ~ the desk *for* the meeting. 会議に適当な場所に机を置いてください. **2** 《商》 ＜商品など＞を(販売促進などのために)…として位置づける, 売り込む (*as*). **be wéll [ideálly] posítioned** [動] 自 (…するのに)有利な立場にある (*to do*). **posítion onesélf** [動] (ある場所に)位置する, 陣取る.

po·si·tion·al /pəzíʃ(ə)nəl/ 形 (名 position) A **1** 《スポ》 守備位置に関する. **2** 位置の; 地位[身分]上の.

posítion páper 名 C (政策)方針[声明]書.

*pos·i·tive /pázəṭɪv | pɔ́z-/ T2 形

「明確な」5 （⇨ 語源）の意から → 「確信した」1
→ (建設的な) → 「積極的な」2
→ 「肯定的な」3 → 「陽性の」6

1 P **確信した** (certain), 自信のある (confident): 〖言い換え〗 Are you ~ *about* [*of*] his innocence? ＜A+*about* [*of*]+名・代＞ = Are you ~ (*that*) he is innocent? ＜A+(*that*) 節＞ あなたは彼の無罪を確信しているのですか / "Are you sure?" "P~." 「確かですか」「間違いありません」.
2 積極的な; 前向きの, 楽観的な (*about*) （反 negative）: a ~ attitude 積極的な態度 / ~ thinking 前向きな考え(方), プラス思考 / take a ~ approach to life 人生に積極的に取り組む. **3** 好ましい, プラスの, 改善の方向を示す; (経験などが)有益な（反 negative）: a ~ result [outcome] 好ましい結果 / on the ~ side プラス面では / P~ progress has been made during the summer. 夏の間に有意義な進展が見られた. **4** 肯定的な (affirmative); 好意的な (*about*) （反 negative）: ~ criticism [feedback] 建設的な批評[意見]. **5** [普通は A] 明確な, 明白な (definite); 疑問の余地がない; きっぱりとした (⇨ compose 〔単語の記憶〕): a ~ evidence 明確な証拠 / ~ proof =(格式) proof 確証 / a ~ refusal きっぱりとした拒絶. **6** (検査結果が)陽性の; 《数》 正の, プラスの (plus); 《電》 正の, 陽の（反 negative）: Rh-~ blood 〖医〗 Rh プラスの血液 / a ~ number 正数 / the ~ sign 正符号（+）/ ~ electricity 陽電気 / HIV ~ （⇨ HIV）/ He tested ~ *for* HIV. 彼は HIV 検査で陽性だった. **7** A S (略式) 全くの, 完全な; (強調に用いて): It's a ~ miracle! それは全くの奇跡だ. **8** 《写》 陽画の（反 negative）: (a) ~ film 陽画フィルム, ポジ. **9** 《文法》 原級の (略 pos.). 語源 ラテン語で「はっきりと(位置が)定められた」の意（⇨ compose 〔単語の記憶〕）.

— 副 積極的に, 前向きに: think ~ 前向きに考える.
— 名 **1** C [しばしば the ~] よい点, プラス面. **2** C 〖医〗 陽性（反 negative）. **3** C 〖数〗 正数, 正量（反 negative）. **4** C 《写》 ポジ, 陽画 （⇨ negative 写真）. **5** [the ~] 〖文法〗 =positive degree.

pósitive degrée 名 [the ~] 〖文法〗 原級（⇨ comparison 〔文法〕）.

pósitive discriminátion 名 U 《英》積極的[逆]差別 《不当に差別されてきた人々を逆に優遇すること; ☞ affirmative action, reverse discrimination》.

***pos·i·tive·ly** /pázəṭɪvli | pɔ́z-/ 副 **1** Ⓢ 《驚くかもしれないが》本当に: Their tastes are ~ absurd. 彼らの趣味はまるでばかげている. **2** 肯定[好意]的に; 好ましく 《反 negatively》: respond ~ 好意的に反応する. **3** 積極的に, 前向きに 《反 negatively》: think ~ プラス思考をする. **4** 明確に; きっぱりと: be ~ identified はっきりと確定される. **5** 〖電〗 正[陽]電気を帯びて: ~ charged 正電気を帯びた.

pósitive·ness 名 U 確信; 積極性; 陽性.

pósitive póle 名 《反 negative pole》 Ⓒ 〖電〗陽極, 正極; 《磁石の》北極, N極.

pósitive reinfórcement 名 U 正の強化 《相手をほめたりしてやる気をいっそう起こさせること》.

pósitive vétting 名 U 《英》要人の適性資格審査, 身元調査.

pos·i·tiv·is·m /pázəṭɪvìzm | pɔ́z-/ 名 U 実証主義〖哲学〗《思弁によらず観察可能な事実を重視する》.

pos·i·tiv·ist /pázəṭɪvɪst | pɔ́z-/ 名 Ⓒ 実証主義[哲学]者. —— 形 実証主義〖哲学〗の.

pos·i·tron /pázətràn | pázətɔ̀n/ 名 Ⓒ 〖物理〗陽電子, ポジトロン. 語源 positive と electron の混成語.

poss /pás | pɔ́s/ 形 Ⓟ 《英略式》 = possible.

poss. 略 = possessive.

*+**pos·se** /pási | pɔ́si/ 名 Ⓒ **1** 《略式》《共通の目的を持った》一団の人 《of》; 《音楽》仲間 《若者ことば》. **2** 《米》《昔 犯人逮捕のために》召集された》民兵隊.

***pos·sess** /pəzés/ [変化] 動 《-sess·es /-ɪz/; pos·sessed /-t/; -sess·ing /-ɪŋ/; poss·ess·ive》他 《進行形なし》 **1** 《格式》〈物などを〉所有する 《own》, 持つ 《☞ have¹ 類義語》: Those who ~ nothing lose nothing. 何も持たない者は失う物もない. **2** 《格式》〈性質・能力などが〉ある: He doesn't ~ the ability to do it. 彼にはそれをする能力がない. **3** 《文》〖しばしば受身で〗《感情・悪魔などが〉⟨…に⟩取りつく, ⟨…の⟩心を奪う: They are ~ed by the desire to be rich. 彼らは金持ちになりたいという欲望に取りつかれている.
「**Whát (on éarth) [Whatéver] posséssed ... to dó?** Ⓢ 一体どうして…は(そんな愚かなこと)をしたのか.

*+**pos·séssed** 形 〖Ⓟまたは名詞の後につけて〗 《文》 《悪霊などに》取りつかれた, 狂気の: She began to dance like one [a woman] ~. 彼女は取りつかれた人のように踊り始めた. **be possessed of ...** 動 他 《文》《資質・能力などに》恵まれている; 《感情・考えなどに》とらわれている.

***pos·ses·sion** /pəzéʃən/ 名 《~s /-z/; -ing》 **1** Ⓒ 〖普通は複数形で〗所有物, 財産; 《格式》領土, 属国: personal ~s 身の回りの品 / His ~s were all burned. 彼の全財産は焼けてしまった. **2** U 《格式》持っていること, 所有, 占有; 〖法〗《銃・麻薬の》不法所持: He was charged with (the) ~ of stolen goods. 彼は盗品所持のかどで告発された / P~ is nine tenths [〖英〗 points] of the law. 《ことわざ》所有は 9分の勝ち 《預かり物は自分の物》. **3** Ⓒ 〖球〗ボールを支配していること: Our team had ~ (of the ball) at that point. その時点では我々のチームがボールを保持していた. **4** U 《悪霊などに》取りつかれること.
be in possession of ... 動 他 《格式》《人が〉…を所有している: He is in ~ of many houses in the country. 彼はいなかにたくさんの家を持っている.
be in the possession of ... = be in ...'s posséssion 動 《格式》《物が〉…に所有されている: The island is in the ~ of a rich businessman. その島はある金持ちの実業家が所有している.
còme into possession of ... 動 他 《格式》《人が〉…を手に入れる.
còme into ...'s possession = còme into the possession of ... [動] 〖格式〗〈物が〉…の手に入る, …の所有[もの]となる.
gèt [gáin, tàke, wín] possession [動] 自 〖球〗ボールを支配する.
gèt [gáin] possession of ... [動] 他 …を手に入れる.
háve ... in one's possession [動] 他 〖格式〗⟨…⟩を所有している.
in (fúll) possession of one's sénses [fáculties] [形] 《全く》正気で(ある), 異常のない.
lóse possession [動] 自 〖球〗ボールを失う.
tàke possession of ... [動] 他 (1) …を手に入れる; …を占有する. (2) 《文》《恐怖などが》…に取りつく.

***pos·ses·sive** /pəzésɪv/ 形 (動 posséss) **1** 〖軽蔑〗所有〖独占, 支配〗欲の強い; 《自分の物を〉人に使わせたがらない 《of》: She is ~ about her car. 彼女は車を他の人に使わせない. **2** 〖文法〗所有の, 所有格の 《略 poss.; ☞ -'s¹ 文法, possessive pronoun 文法》. —— 名 〖文法〗 **1** 〖the ~〗 = possessive case. **2** Ⓒ = possessive pronoun.

posséssive cáse [form] 名 〖the ~〗〖文法〗所有格 《☞ -'s¹ 文法》.

posséssive·ly 副 わが物顔に.

posséssive·ness 名 U 独占欲.

posséssive prónoun 名 Ⓒ 〖文法〗所有代名詞.

文法 所有代名詞

人称代名詞の所有格は my book, your book のように後に名詞を伴うが, これに対して mine, yours のように後に名詞を伴わず単独で用いる形をいう. 次に普通の所有格と所有代名詞の対応を示す.

人称代名詞の所有格	所 有 代 名 詞
my	mine
your	yours
his	his
her	hers
our	ours
your	yours
their	theirs

it の所有格 its に対応する所有代名詞はない. 所有代名詞はすべて第三人称として扱われることに注意. また, 所有代名詞はそれが指すものが単数か複数かによって単数としても複数としても扱われる.
所有代名詞は次のような場合に用いる.
(1) 名詞の繰り返しを避けるため: His pen is expensive, but *mine* (=*my* pen) *is* cheap. 彼のペンは高価だが私のは安物だ [mine は単数扱い] / Her shoes are expensive, but *mine* (=*my* shoes) *are* cheap. 彼女の靴は高価だが私のは安物だ [mine は複数扱い] / Whose book is this?—It's *mine*. これはだれの本ですか—私のです. 日英比較 この場合, 日本語では「この本はだれの本ですか」「私の本です」のように「本」という名詞の繰り返しをするが, 英語では同一文内ではもちろん, 答えの文でも It's my book. のように同一名詞の繰り返しをしないのが普通である点に注意.
(2) this, that, a, an などと所有格とは併用ができないのでその代わりに <of+所有代名詞>の形を使う: *this* book *of yours* あなたのこの本 / Mr. White is *a friend of mine*. ホワイト氏は私の友人の一人だ 《☞ -'s 文法》
(3) (以上, absolute possessive 絶対所有格, mine¹, of 2).
★ a friend of mine と my friend の違いについては ☞ ... of mine (mine¹ 成句) 語法.

---

pos·ses·sor /pəzésə | -sə/ 名 Ⓒ 〖普通は the ~〗

posset

《格式》または《滑稽》持ち主, 所有者 (owner) (of).
be the próud posséssor of ... [動] 他 [しばしば滑稽] ...を持っている.
pos・set /pɑ́sɪt | pɔ́s-/ [名] U (昔の薬用の)ミルク酒.

*pos・si・bil・i・ty /pɑ̀səbíləṭi | pɔ̀s-/ [名] (-i・ties /-z/; [形] possible; [反] impossibility) **1** U,C 可能性 起こり[あり]うること; 実現性 (⇒ possible 類義語): a strong [distinct, real] ~ 大きな[はっきりとした, 現実的な]可能性 / rule out the ~ of success 成功の可能性を否定する / [言い換え] There is no [some] ~ of his win**ning** the election. <N+of+動名>=There is no [some] ~ (that) he will win the election. <N+(that)節> 彼が選挙に勝つ見込みは全然ない[少しある] / There is only a remote ~ that an earthquake will hit this town. この町に地震が起こる可能性はまずない / Agreement is still within [not beyond] the realms [bounds] of ~. 合意はまだ可能だ[不可能ではない]. **2** C [しばしば複数形で] (いくつか可能なものの中で)やれること, 考えられること[候補], 案, チャンス(for); ありそうなこと: explore the possibilities of [for] studying abroad 留学の可能性をさぐる / Take all the possibilities into consideration. 考えられることはすべて考慮に入れなさい. **3** [複数形で] 発展[改善]の可能性, 見込み: wonderful possibilities すばらしい将来性.
exháust áll the possibilities [動] 自 (だめでも)できることはみなやってみる.

*pos・si・ble /pɑ́səbl | pɔ́s-/ ([類音] passable) [形] (póssibility; [反] impossible) **1** 可能な; 実行できる: Is it ~ for him to get there in time? 彼はそこへ間に合うように着くことができるだろうか / This new technology has made it ~ to repair the bridge within a week. この新技術で1週間以内に橋を修理することが可能になった. [用法注意!] 「人が...できる」という場合は He is possible to get there. のような言い方はしない. He is able to get there. のように言う (⇒ impossible [用法注意!]) // There is only one ~ solution. 実行可能な解決法はたったひとつしかない. **2** 起こり[あり]うる, (もしかしたら)(...に)なるかもしれない(こと[もの, 人]) (⇒ 類義語): a ~ danger 起こりうる危険 / your ~ wife あなたの妻になるかもしれない人 / a ~ case of murder 殺人の可能性のある事件 / Snow is ~ even in April. 4月でも雪が降ることがある / It is (just) ~ that the roads will be crowded. 道路が混雑しているかもしれない《⇒ that² A 2 [構文]》 / Anything is ~ here. ここではどんなことも可能だ. **3** [最上級または all, every などとともに用いその意味を強めて] できる限りの, できるだけ...で: The car drove away [at the fastest ~ speed [at the highest speed ~]. 車は最大限のスピードで走っていった / She spoke with all ~ calmness. 彼女はできるだけ落ち着いて話をした / The doctors made every ~ attempt to save the patient. 医師たちはその患者を救おうとできる限りの手を尽くした. **4** A (一応)満足できる, まあまあの.
as ... as póssible [《英略式》póss] [副] できるだけ...; [言い換え] Throw the ball as far as ~. (=Throw the ball as far as you can.) できるだけ遠くまでそのボールを投げなさい // ⇒ as soon as possible (soon 成句).
if (at àll) póssible=《英略式》**if póss** [副] [文修飾語] できるならば: Come on Tuesday, if ~. できたら火曜日に来なさい.
whenéver póssible [副] できるときはいつでも.
where [wheréver] póssible [副] できるところでこそ.
Would it be póssible (for ...) to dó? (S) (...に)...していただけないでしょうか《丁寧な依頼》: Would it be ~ for you to lend me your car? 車を貸していただけな

いでしょうか.
── [名] **1** C ふさわしい人[もの], 適任[候補]者. **2** [the ~] 可能性.
【類義語】possible は理論的に可能である, あるいは起こりうることを意味するのに対して, probable は確実ではないにしても, 統計上, あるいは状況から判断して大いにありそうなことをいう: Rain is possible but not probable before the evening. 夜までに雨が降らないとは断言できないが[降る可能性もあるが], まず降らないだろう. likely は possible と probable の中間. 単に可能に起こりうるというだけではなく, ある程度の可能性はあるが, しかし確実性がそれほど高くない場合に用いる.

*pos・si・bly /pɑ́səbli | pɔ́s-/ [副] **1** [文修飾語] ことによると, もしかすると, あるいは《⇒ likely 囲み》.

[会話] "What caused the accident?" "P~ the driver fell asleep." 「事故の原因は何ですか」「もしかすると運転手が眠っていたのかもしれません」/ "Did he go to the office?" "Quite [Very] ~ [P~ nót]." 「彼は会社へ行ったのですか」「もしかするとそうかも[そうでないかも]しれません」《⇒ not (5) (ii)》

2 [しばしば最上級や every などを伴う肯定文で can とともに] できる限り, 何とかして; [否定文で can とともに] どうあっても(...できない), とても (...でない); [疑問文で can とともに] 何とか(...できるか): It was the best news that we could ~ have imagined. それは我々の想像できた最善の知らせだった / I will come as soon as I ~ can. できるだけ早く参ります / I cannot [couldn't] ~ come tomorrow. 私はどうしてもあすは来られません / Could I ask you not to smoke here?《丁寧》ここでは(何とか)禁煙をお願いできませんでしょうか / How could you ~ speak to me like that? (S) 私に対してよくもそんな口がきけますね.
Còuld [Can] you póssibly dó? (S)《丁寧》...していただけませんか: Could you ~ let me exchange it? それを交換していただけませんか. **dò éverything one póssibly cán** できるかぎりのことをやる.
pos・sum /pɑ́səm | pɔ́s-/ [名] C =opossum. **pláy póssum** [動] 自 《略式》とぼける; たぬき寝入りする.

*post¹ /póʊst/ [名] (posts /-ts/) C **1**《格式》地位; (重要な)職《⇒ job 類義語》; compose [単語の記憶]: the ~ of personnel manager 人事部長の地位 / a teaching ~ 教職の口 / The authorities relieved her of her duties as professor at the university. 当局は彼女をその大学の教授の地位からはずした.

─── コロケーション ───
apply for a post 職[求人]に応募する
appoint ... **to** a post 〈...〉を職[地位]につける
fill a post 職[地位]を補充する; 職務を果たす
hold a post 職[地位]についている
give ... a post 〈...に〉職[地位]を与える
offer ... a post 〈...に〉職[地位]を提供する
resign (from) [leave, quit] one's post 辞職する
take up a post (重要な)地位につく

2 (兵士などの)持ち場, 部署: The brave soldier died at his ~. その勇敢な兵士は持ち場に踏みとどまって死んだ. **3** (軍隊の)駐屯地; (辺境の)駐屯部隊. **4**《米》(退役軍人会の)支部. [語源] ラテン語で「置かれたもの」の意《⇒ compose [単語の記憶]; post² 囲み》.
── [動] 他 **1** [普通は受身で] 〈人〉を(...で)勤務につかせる, 配属する; 〈兵士など〉を配置する (at): be ~ed to New York ニューヨークに配属になる / She was ~ed abroad [overseas] for three years. 彼女は3年の海外勤務をした. **2**《法》《主に米》〈保釈金〉を積む.

*post² /póʊst/ [名] (posts /póʊsts/; [形] póstal)

イタリア語で「宿場」を意味した語. そこには交替要員, 替え馬の用意があることから(早飛脚, 早馬) →「郵便(物)」の意となった; post¹ と同語源.

《主に英》 **1** [[U] または the ～] **郵便,** 郵便制度 (《米》 mail): The parcel possibly got lost in *the* ～. 小包は郵送中に紛失したのかもしれない.
2 [U] [普通は the ～] **郵便物** 《全体》; (1 回に配達される)郵便(物); 郵便の集配[配達](時間) (《米》 mail): *the* first [second] ～ 1 日の最初[2 度目]の配達 / open one's ～ 郵便(物)を開封する / "Has *the* ～ arrived [come] yet this morning?" "No, not yet."「けさはもう郵便が来ましたか」「いいえ, まだです」/ What time does the (next) ～ go? 郵便が(次に)収集されるのはいつですか / I caught [missed] *the* last ～. 最終便に間に合った[間に合わなかった]. **3** [P-; 新聞名で] …ポスト (☞ Washington [New York] Post).
by póst [副] 《主に英》 郵便で (by mail): I'll send the book *by* ～. その本を郵便で送ります.
in the póst [形・副] 《主に英》 郵送中で (☞ 1): put … *in the* ～ …を郵送する.
— [動] (**posts** /póʊsts/; **post·ed** /-ɪd/; **post·ing**) [他] **1** 《主に英》 ‹…›を**郵便で出す,** 郵送する (*off*); ‹人に›‹…›を郵送する; ‹手紙›を出す, 投函(とうかん)する (《米》 mail): *P*～ this letter, please. この手紙を出してください / [言い換え] I ～*ed* John that book this morning. <V+O+O>=I ～*ed* that book *to* John this morning. <V+O+*to*+名・代> その本はけさジョンに送った. **2** 《英》 ‹…›を(郵便受けなどに)入れる: ～ a key *through* the door 鍵を玄関の郵便受けから入れる.
kéep … pósted [動] [他] [S] ‹…›に最新の事情[情報]を絶えず知らせる: *Keep* me ～*ed on* the latest happenings. 最新の出来事を絶えず私に知らせてください.

*__post³__ /póʊst/ [名] (**posts** /póʊsts/) **1** [C] [しばしば合成語で] **柱,** くい: He put a ～ at the gate. 彼は門の所に柱[くい]を立てた.

post のいろいろ
gátepòst 門柱 / góalpòst (フットボール・ホッケーなどの)ゴールポスト / guídepòst 道しるべ / lámppòst 街灯の柱

2 [C] =goalpost. **3** [the ～] (競馬・競走などの)標識柱: *the* starting [finishing] ～ スタートライン[ゴール]の柱. **4** [C] (たんすの角・いすの背などの)直立した支柱. **5** [C] (イヤリングの)留め金具. **6** [C] 〔電算〕 = posting² 2. **(as) déaf as a póst** [形] 《略式》 全然耳が聞こえない. **be first pàst the póst** [動] [自] 《英》 (競馬・選挙などで)一着になる.
— [動] (**posts** /póʊsts/; **post·ed** /-ɪd/; **post·ing**) [他] **1** ‹ビラなど›をはる, 掲示する: POST NO BILLS! はり紙禁止 《掲示》/ A notice about the next meeting *was* ～*ed* (*up*) *on* the door. <V+O (+*up*)+*on*+名・代の受身> 次の会議の通知がドアに掲示された. **2** 〔電算〕 (ネットワーク上に)‹メッセージ›を掲示する. **3** 《主に米》 ‹利益・販売高など›を公表する, 公示する.
be pósted míssing [動] [自] (兵士などが)行方不明と発表される.

post- /pòʊst/ [接頭]「後の, 後部の, 次の, …以後の」の意 ([反] ante-, pre-) (☞ preposterous [語源]): *post*graduate 大学院の / *post*war 戦後の.

⁺__post·age__ /póʊstɪʤ/ [名] [U] 郵便料金; 切手代[数]: return ～ 返信料 / ～ paid 送料別納 / ～ free [due] 郵便料金無料[不足] / What [How much] is the ～ *on* this letter? この手紙の送料はいくらですか.
póstage and hándling [(《英》) **pácking**] [名] (通信販売などで)荷造り料込みの郵送料 (《略》 p and h, p & h; p and p, p & p).

póstage mèter [名] [C] 《米》 郵便料金別納証印刷機 (《英》 franking machine).

*__post·age stamp__ /póʊstɪʤstæ̀mp/ [名] (～**s** /～s/) [C] 《格式》 **郵便切手** (stamp). [語法] 小さいものの例えにも用いられる: a bikini the size of a ～ 切手ほどの大きさの超小型ビキニ(水着).

*__post·al__ /póʊst(ə)l/ [形] ([名] post¹) [A] [比較なし] **郵便の**; 《主に英》 郵便による: ～ matter 郵便物 / ～ charges [fees] 郵便料金 / ～ savings 郵便貯金. **gò pòstal** [動] [自] 《米俗》 (キレて)暴れる, 人をおそう.

póstal bàllot [名] [C] 《英》 =absentee ballot.
póstal càrd [名] [C] 《米》 官製はがき (☞ postcard [参考]).
póstal còde [名] [C] =postcode.
póstal òrder [名] [C] 《英》 郵便為替 (《略》 PO) (《米》 money order).
póstal sèrvice [名] **1** [the P- S-] 《米》 郵政公社 (Post Office). **2** [C] 郵便業務.
póstal vòte [名] [C] 《英》 =absentee vote.
póst·bàg [名] 《英》 **1** [a ～] [主に新聞で] (要人・報道機関に届く)郵便物の束. **2** [C] =mailbag 2.
post·bel·lum /pòʊs(t)béləm⁺/ [形] 《米》 南北戦争後の.
post·box /póʊs(t)bɑ̀ks | -bɔ̀ks/ [名] [C] 《英》 ポスト 《普通は赤色》 (《米》 mailbox).

*__post·card__ /póʊs(t)kɑ̀ɚd | -kɑ̀:d/ [名] (**-cards** /-kɑ̀ɚdz | -kɑ̀:dz/) [C] **はがき** (card) (《略》 p.c.). [参考] 官製はがき (《米》 postal card) も私製はがき (commercially printed postcard, privately made postcard) も絵はがき (picture postcard) も含む. 英国には官製はがきはない: a return ～ 返信用はがき.

postbox

póst·còde [名] [C] 《英》 郵便番号(制度) 《文字と数字で表わす》 (《米》 zip code).
pòst·cóital [形] [A] 性交後の.
pòst-consúmer [形] 使用済みの, 中古の.
pòst·dáte [動] ([反] antedate) [他] **1** ‹小切手など›の日付を遅らせる. **2** ‹…›より期日[時代]が後である.
post·doc /póʊstdɑ́k | -dɔ́k/ [名] [C] 《略式》 博士号取得後の研究者, ポスドク.
pòst-dóctoral [形] [A] 博士課程修了後の(研究の).

*__post·er__ /póʊstɚ | -tə/ [名] (～**s** /～z/) [C] **ポスター,** 広告ビラ (*for, of*): put up a ～ ポスターを張る.

póster chìld [名] [C] 《米》 (障害などを持つ子供の支援団体の宣伝ポスターに登場する)イメージキャラクター; [滑稽] (ある性質を示す)代表者, 典型 (*for*).
póster còlor [名] [C,U] ポスターカラー.
poste res·tante /póʊstrestɑ́:nt/ [名] [U] 《英》 = general delivery.
pos·te·ri·or /pɑstí(ə)riɚ | pɔstíəriə/ [形] [A] 〔医〕 後部の ([反] anterior); 《格式》 (時間的に)後の (*to*) ([反] prior¹). — [名] [C] [滑稽] しり (buttocks).
posteriori ☞ a posteriori の項目.

⁺__pos·ter·i·ty__ /pɑstérəṭi | pɔs-/ [名] [U] 《格式》 後世, 後の代の人々; 子孫 《全体》: for ～ 子孫[後世]のために / be handed down to ～ (名声などが)後の代にまで伝わる. [関連] ancestry 先祖.

póster pàint [名] [C,U] 《主に英》 =poster color.
póst exchànge [名] [C] 〔米陸軍〕 酒保(しゅほ) (《略》 PX).
pòst·féminist [形] フェミニズム運動後の[に生じた].
pòst-frée [形] [A], [副] 《英》 郵便料金無料の[で]; = postpaid.
pòst·gáme [形] [A] 《米》 試合の後の.

⁺__pòst·gráduate,__ 《略式》 **pòst-grád** [形] [A] 《英》

posthaste

大学院の((米)) graduate); ((米))博士[修士]課程修了後の研究の: a ~ course 大学院課程. ——名 C ((英)) 大学院生 (postgraduate student, graduate student); ((米))博士[修士]課程修了後の研究者. 関連 undergraduate 学部学生.

póst·háste 副 ((文)) 大急ぎで.

post-hóc /póustHák, -hóuk/ 形 ((格式)) 事後の.

*__post·hu·mous__ /pástʃʊməs | póstjʊ-/ 形 [普通は A] (名声・著書などが)本人の死後に現れた, 死後(出版)の: ~ fame 死後に博した名声. ~·**ly** 副 死後に.

pòst-hypnótic suggéstion 名 C 後催眠暗示 (催眠が解けた後に効果が出る暗示).

post·ie /póusti/ 名 C ((英略式)) = postman.

pòst-impréssionism 名 U ((美)) 後期印象派 (印象主義 (impressionism) 以後の画風).

pòst-indústrial 形 ((経)) 脱工業化(時代)の.

*__póst·ing__¹ 名 ((主に英)) (特に軍隊の)任命, 配属 (to).

póst·ing² 名 C 1 (求人の)広告掲示. 2 ((電算)) (ネットワーク上に)掲示されたメッセージ (post).

Post-it /póustìt/ 名 C ポストイット (付箋(*ふせん); 商標).

post·lude /póustluːd/ 名 C (礼拝の終わりの)後奏曲; 終楽章, 完結部 (⇨ prelude).

*__post·man__ /póus(t)mən/ 名 (-men /-mən/) C ((主に英)) 郵便集配人 ((米)) mailman).

póstman's knóck 名 U ((英)) = post office 3.

póst·màrk 名 C (郵便の)消印. ——他 [普通は受身で] 郵便物に(...の)消印を押す.

pòst·màster 名 C 郵便局長 (⇨ postmistress).

Póstmaster Géneral 名 (複 **Postmasters General**) [C または (the) ~] (米国などの)郵政公社総裁.

pòst·menopáusal 形 ((医)) 月経の閉止した; 閉経後の.

post merídiem /póusmərídiəm/ ((格式), まれ) =p.m., P.M.

pòst·místress 名 C ((古風)) 郵便局長 (女性).

*__pòst·módern__ 形 ポストモダニズムの, ポストモダンの.

*__pòst·módernism__ 名 ポストモダニズム (近代の合理主義と伝統的様式をとりませぬ, 特に1980年代の芸術運動) (⇨ modernism).

*__pòst·módernist__ 名 C, 形 ポストモダニズムの(芸術家).

*__post-mórtem__ /póusmɔ́ːtəm | -mɔ́ː-/ 名 C 1 検死(解剖) (autopsy) (on). 2 (特に失敗などの)事後検討, 反省 (on, of). ——形 死後の; 検死の: a ~ examination ((格式)) 検死の.

pòst·násal 形 ((解)) 後鼻部の[に起こる].

post·na·tal /póus(t)néɪtl/ 形 ((医)) 出生後の, 産後の (反 prenatal); 新生児の.

póstnàtal depréssion 名 U 産後のうつ病.

*__pòst óf·fice__ /póustɔ̀ːfɪs, -àf-/ -ɔ̀f-/ 名 (~·es /-ɪz/) 1 C 郵便局 (略 PO): Mail this letter at the nearest ~. この手紙を最寄りの郵便局で出してくれ / Please have this parcel registered at the ~. 郵便局でこの小包を書留にしてください. 2 [the P- O-] 郵政省; 郵政公社 ((米)) Postal Service) (略 PO). 3 U ((米)) 郵便屋さんごっこ (手紙を配達してお礼にキスをしてもらう子供の遊び).

póst-óffice bòx 名 C ((格式)) (郵便局の)私書箱 (略 PO Box).

póst·óperative, ((略式)) **post-op** /póustàp | -ɔ̀p/ 形 A ((医)) (手)術後の.

póst·páid 形 A, 副 郵便料金前払いの[で] (略 pp., p.p., ppd.) ((英)) post-free): a ~ reply card 返信用はがき.

post·par·tum /póʊs(t)pɑ́ːtəm | -pɑ́ː-/ 形 ((医)) 出産後の.

póstpàrtum deprèssion 名 U 産後のうつ病.

*__post·pone__ /pous(t)póun/ 他 動 (post·pones /-z/; post·poned /-d/; post·pon·ing; 名 post·ponement) 他 〈...〉を延期する, 遅らせる (put off) (⇨ advance); 後回しにする: a ~ a meeting 会を延期する / I have ~d sending my reply. <V+O (動名)> 私は返事を後回しにした / The game was ~d until [till] the following week because of rain. <V+O+ until [till]+名・代の受身> 試合は雨のため次週まで延期された.

*__post·pone·ment__ /pous(t)póunmənt/ 名 (動 postpóne) U,C 延期, 回し (of).

post·pran·di·al /póustprændiəl←/ 形 [普通は A] ((格式)) または [しばしば滑稽]) 食後すぐの.

post·script /póus(t)skrìpt/ 名 C 1 (手紙の)追伸 (略 PS): add [write] a ~ to one's letter 手紙に追伸を加える[書く]. 2 (話・本などに)追加されるもの, 追記 (to).

pòst·séason ((米)) 形 A レギュラーシーズン後の, プレーオフの. ——名 [単数形で] プレーオフ.

pòst·secondary 形 中等教育後の.

póst·tèst 名 C 事後テスト (学習効果などを検査する).

póst time 名 U ((競馬)) (レースの)出走時刻.

pòst-traumàtic stréss disòrder 名 U,C または a ~ ((医)) 心的外傷後ストレス障害 (略 PTSD).

pos·tu·late¹ /pástʃəlèɪt | póstjʊ-/ 他 ((格式)) (自明のこととして)〈...〉を仮定する, 前提とする (that).

pos·tu·late² /pástʃələt, -lèɪt | póstjʊ-/ 名 C ((格式)) (論理を発展させるための)仮定, 前提条件 (of).

pos·tu·la·tion /pàstʃəléɪʃən | pòstjʊ-/ 名 U,C ((格式)) 仮定.

pos·tur·al /pástʃərəl | pós-/ 形 A ((格式)) 姿勢の.

*__pos·ture__ /pástʃə | póstʃə/ 名 1 U,C 姿勢; (モデルとの)ポーズ (pose): have good [bad, poor] ~ よい[悪い]姿勢をする / get into a relaxed ~ ゆったりした姿勢をとる. 2 C [普通は単数形で] (格式)) 心構え, 態度, 見方 (toward, on).
——動 (pos·tur·ing /-tʃərɪŋ/) 自 ((格式)) [しばしばけなして] (...の)ふりをする (as); (気取った)姿勢[ポーズ]をとる.

pos·tur·ing /pástʃərɪŋ | pós-/ 名 U,C ((格式)) [しばしばけなして] 見せかけ; 気取ったポーズ(をとること).

pòst·víral (fatígue) sỳndrome 名 U ((医)) ウィルス後(疲労)症候群 (筋肉痛など).

*__post·war__ /póus(t)wɔ́ə | -wɔ́ː←/ 形 A, 副 戦後の[に] (反 prewar): ~ reconstruction 戦後の復興.

po·sy /póuzi/ 名 (**po·sies**) C ((主に文)) (小さい)花束 (of); ((米)) 花.

*__pot__ /pát | pɔ́t/ 名 (甕証 pat¹, putt) 名 (**pots** /páts | pɔ́ts/) 1 C 丸い入れ物 (陶器・金属・ガラスなどで作ったもの), ポット (深いなべ・ティーポット・つぼ・鉢・かめ・びん・植木鉢など; ⇨ pan¹ 表; kitchen 挿絵): ~s and pans なべかま類, 台所用品 / a ~ of jam ((主に英)) ジャムのびん / a ~ of paint ((主に英)) ペンキ入れ / He made coffee in a large ~. 彼は大きなポットでコーヒーを入れた / A watched ~ never boils. ((ことわざ)) ((古風)) 見守っていても鍋は煮立たない (気をもんだり悩んでも事が早く進展するわけではない). 日英比較 日本語の「ポット」のような「魔法びん (英語では thermos (bottle))」の意味はない.

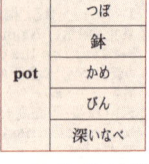

pot	つぼ
	鉢
	かめ
	びん
	深いなべ

——pot 1 のいろいろ——
cóffeepòt コーヒーポット / **flówerpòt** 植木鉢 / **mélting pòt** るつぼ / **téapòt** ティーポット

2 C ポット1杯分 (potful): She served us a ~ of tea. 彼女は私たちにポット1杯分の紅茶を出してくれた.

pots 1

3 ⓒ (手作りの)焼物, 陶器 (☞ potter¹, pottery). 4 [the ~] (俗式, 主に米) (ポーカーの) 1 回の賭け金(全部); (共通の目的のための)共同資金. 5 Ⓤ (略式) マリファナ (marijuana). 6 [単数形で] (略式) =potbelly. 7 ⓒ (英) (玉突き) ポケットに入れるショット. 8 ⓒ =potty¹. 9 ⓒ でたらめに撃つこと (potshot): take [have] a ~ at ……を手当り次第に撃つ.
(a cáse of) the pót cálling the kéttle bláck [名] (ことわざ) (自分も黒いのに)やかんを黒いとうなべかま(目くそ鼻くそを笑う, 五十歩百歩). a pót of góld [名] (略式) 決して手に入ることのない富[報い]. gò to pót [動] (略式) 落ちぶれる, だめになる. keep the pót bóiling [動] (自) 勢いをなくさないようにする; (人々の)関心が冷めないようにする. nót hàve a pót to píss in [動] (自) (卑) ひどく貧乏である. póts of … [形] (英略式) 多額の….
— [動] (pots; pot·ted; pot·ting) (他) 1 〈植物〉を鉢に植える (up). 2 〈肉・魚など〉をびんに入れて保存する. 3 (主に英) 〈獲物〉を(やたらに)撃つ. 4 (英) 〈玉突きで〉〈玉〉をポケットに入れる. pót ón [動] (英) 〈植物〉を大きな鉢に植え替える.

po·ta·ble /póʊtəbl/ [形] (格式) (水が)飲用に適した.
po·tage /poʊtɑ́ːʒ | pɔt-/ 《フランス語から》 [名] Ⓤ,ⓒ (古風) ポタージュ (濃いスープ). 参考 フランス料理のレストランなど専門的な場合しか使わない. 普通は thick soup とか cream soup のようにいう.
pot·ash /pɒ́tæʃ | pɔ́t-/ [名] Ⓤ カリ (肥料など).
*po·tas·si·um /pətǽsiəm/ [名] Ⓤ 〔化〕 カリウム, カリ (元素記号 K): ~ chloride 塩化カリウム.
potássium cýanide [名] Ⓤ 〔化〕 青酸カリ, シアン化カリウム.

po·ta·to /pətéɪtoʊ/ [名] (~es /~z/) Ⓒ,Ⓤ 1 じゃがいも: baked ~es 焼きじゃがいも, ベイクトポテト (バターをつけて食べる) / mashed ~es [(英) ~] マッシュポテト. 語法 (米) ではさつまいも (sweet potato) と特に区別するときには white potato または Irish potato という. 2 =sweet potato.

— コロケーション —
bake *potatoes* じゃがいもを(オーブンで)焼く
boil *potatoes* じゃがいもをゆでる
dig (up) *potatoes* じゃがいもを掘る
fry *potatoes* じゃがいもを揚げた[フライにする]
mash *potatoes* じゃがいもをつぶす
peel *potatoes* じゃがいもの皮をむく
roast *potatoes* じゃがいもを(オーブンで)焼く
sauté *potatoes* じゃがいもをソテーにする

potáto chíps [名] [複] 1 (米) ポテトチップス (薄切りのじゃがいもをフライにしたもの)((英) potato crisps). 2 (英) =French fry.
potáto crísps [名] [複] (英格式) =potato chips 1.
Potáto Fàmine [名] [the ~] 〔アイルランド史〕 じゃがいも飢饉(1840年代アイルランドでの不作によるもの).
potáto pèeler [名] ⓒ (じゃがいもの)皮むき器.
potáto sálad [名] Ⓤ,ⓒ ポテトサラダ.
pot-au-feu /pʌ́toʊfʌ́ː | pɔ́t-/ 《フランス語から》 [名] (複) ⓒ ポトフー (肉と野菜を煮込んだフランス料理).

pót·bèllied [形] (人が)太鼓腹の.
pótbellied píg [名] ⓒ ペットの小型黒豚.
pótbellied stóve [名] ⓒ (昔の)だるま型ストーブ.
pót·bèlly [名] (-bel·lies) ⓒ 太鼓腹.
pót·bòiler [名] ⓒ (軽蔑) 金もうけのための作品[著作].
pót·bòund [形] =root-bound.
po·teen /poʊtíːn | pətʃíːn/ [名] Ⓤ アイルランドの密造ウイスキー.

⁺po·ten·cy /póʊtənsi, -tn-/ [名] Ⓤ または a ~] 1 (薬などの)効能, 作用; (問題・議論などの)影響力, 説得力, 威力 (of). 2 (男性の)性的能力.
*po·tent /póʊtənt, -tnt/ [形] 1 強力な, 強烈な; (議論などが)説得力のある: a ~ weapon 強力な武器. 2 (薬などが)効能のある: a ~ drink 強い飲み物. 3 (男性が)性的能力のある (反 impotent).
po·ten·tate /póʊtəntèɪt, -tn-/ [名] ⓒ (文) (昔の専制)君主.

*po·ten·tial /pətén ʃəl/ [12] [形] [A] [比較なし] (発展・発達の)可能性のある, (将来)起こりうる, (人[もの])がになる)見込みのある; 潜在的な: a ~ market 将来市場となる可能性のある地域[分野] / a ~ danger 起こりうる危険 / Those children are our ~ customers. あの子供たちはこれからうちのお客になってくれそうだ.
— [名] Ⓤ 1 (将来の)可能性, 潜在力; 潜在能力, 将来性, 発展性 (of): fulfill [achieve, realize] one's ~ 持っている能力を発揮する / She has the ~ to succeed in college. <N+to不定詞> 彼女は大学で立派にやる力がある / This technology has [shows] great ~ for exploitation by terrorist nations. この技術はテロ活動をする国に利用される可能性が非常に高い. 2 〔物理〕 電位: (a) ~ difference 電位差.

poténtial énergy [名] Ⓤ 〔物理〕 位置エネルギー.
po·ten·ti·al·i·ty /pətènʃiǽləti/ [名] (-i·ties) ⓒ,Ⓤ (格式) 潜在能力, 将来性 (for).
po·ten·tial·ly /pəténʃəli/ [副] 潜在的に; 可能性を持って: a ~ dangerous slope (場合によっては)危険な(もの)になりそうな斜面.
pótent·ly [副] 強力に; 説得力を持って.
pot·ful /pɒ́tfʊl/ [名] ⓒ ポット1杯分.
pót·hèad [名] ⓒ (俗) (軽蔑) マリファナ常習者.
pót hòlder [名] ⓒ なべつかみ.
pót·hòle [名] ⓒ (路面の)穴ぼこ, くぼみ; 深い(岩)穴.
pót·hòled [形] [普通は A] (路面の)穴だらけの.
pót·hòl·er [名] ⓒ (英) 洞窟(どうくつ)探検者 ((米) spelunker).
pót·hòl·ing [名] Ⓤ (英) (スポーツとしての)洞窟探検.

⁺po·tion /póʊʃən/ [名] ⓒ 1 (文) [しばしば滑稽] (魔力を持つ)飲み薬; (水薬・毒薬・霊薬の)1服: a love ~ ほれ薬. 2 不思議な薬.
pót·lúck, pót lúck [名] 1 Ⓤ 出たとこ勝負, 運を天に任せること. 2 ⓒ (米) =potluck dinner. tàke pótlúck [動] (自) (1) (客が)あり合わせの料理を食べる[でもてなされる]. (2) 出たとこ勝負で選ぶ.
pótluck dínner [súpper] [名] ⓒ (米) ポットラック (参加者各自食べ物持ち寄りのパーティ).

Pót Nóodle [名] 固 ポットヌードル (英国製の即席麺食品; 商標).
Po·to·mac /pətóʊmək | -mæk/ [名] 固 [the ~] ポトマック川 (米国の首都ワシントン (Washing-

the Potomac

pótpie 名 C,U 《米》深皿で作る肉入りパイ; だんご入りのシチュー.

pót plànt 名 C 1 《英》鉢植え植物. 2 《米略式》インド大麻.

pot・pour・ri /pòupurí:/ 名 1 C,U ポプリ(ばらなどの乾燥した花弁を香料と混ぜてつぼに入れたもの). 2 [a ~] 混成曲;(文学作品の)雑集 (of); 雑多な[いろいろな]ものの寄せ集め.

pót ròast 名 U,C とろとろ煮た牛肉(の固まり).

Pots・dam /pátsdæm | póts-/ 名 ポツダム《ドイツ北東部の都市; 1945 年ポツダム宣言が出された》.

Pótsdam Declarátion 名 [the ~] ポツダム宣言《1945 年 7 月 Potsdam で開かれた米・英・ソ 3 国の巨頭会談で決定; 日本に無条件降伏を要求した》.

pót・shèrd 名 C 《考古学》(発掘された)陶器の破片.

pót・shòt 名 C 《略式》でたらめに[手当り次第に]撃つこと; 出まかせの非難: take a ~ at ....をよくねらわないで撃つ; ...を出まかせに非難する.

pot・ted /pátɪd | pɔ́t-/ 形 A 1 鉢植えの: a ~ flower [plant] 鉢植えの花[植物]. 2 《英》(肉・魚などを調理して)つぼ[びん]に入れた、ペースト状にされた. 3 《英》《名作などを》要約した、ダイジェスト版の.

***pot・ter¹** /pátɚ | pɔ́tə/ 名 (~s /~z/) C 焼き物師、陶工.

pot・ter² /pátɚ | pɔ́tə/ 動 名 《英》 =putter².

Pot・ter /pátɚ | pɔ́tə/ 名 Beatrix ~ ポッター(1866–1943)《英国の子ども向け動物物語の作家; Peter Rabbit で有名》.

pótter's field 名 C (貧民や身元不明者を葬る)無縁墓地.

pótter's whèel 名 C [普通は単数形で] ろくろ.

***pot・ter・y** /pátəri | pɔ́t-/ 名 (-ter・ies) 1 U 陶器類, 陶器製造法[業], 陶芸; 陶土. 2 C 陶器製造所.

pot・ti・ness /pátinəs | pɔ́ti-/ 名 U 《英略式》狂気; 夢中.

pót・ting còmpost /pátɪŋ- | pɔ́t-/ 名 U 鉢植え用コンポスト.

pótting shèd 名 C 《英》植え替え前の草花を鉢植えで保護する小屋.

pótting sòil 名 U 《米》園芸用土.

pot・ty¹ /páti | pɔ́ti/ 名 (pot・ties) C 《略式》(子供用の)室内便器、おまる. **gò pótty** [動] 自 S 《米》《小児》トイレに行く. **pótty brèak** 名 S 《米》《おどけて》トイレ休憩.

pot・ty² /páti | pɔ́ti/ 形 (pot・ti・er; -ti・est) 《英略式》1 ばかな、ばかげた; 頭の狂った: drive ...~ ...を発狂させる. 2 P 夢中の (about).

pótty chàir 名 C (幼児用の)椅子型おまる.

pótty mòuth 名 C S 《米》口汚いやつ.

pótty-tràin 動 他 《幼児を便器[トイレ]が使えるようにしつける.

pótty-tràined 形 《幼児が便器[トイレ]を使うようにしつけられた.

pótty-tràining 名 U 《幼児を便器[トイレ]が使えるようにしつけること.

†**pouch** /páʊtʃ/ 名 C 1 ポーチ, (ポケットなどに入れておく)小袋; 物入れ (of); 《主に米》郵便袋、郵袋. 2 (カンガルーなどの腹の)袋; (ハムスター・リスなどの)ほお袋. 3 《米》(目の下の)たるみ.

pouf /púːf/ 名 C 《英》(~s /~s/) 1 =hassock 2. 2 《略式》[差別] ホモ、おかま.

pouffe /púːf/ 名 C 《英》 =hassock 2.

poul・ter・er /póʊltərɚ | -rə/ 名 C 《古風, 英》 =poultryman 2.

poul・tice /póʊltɪs/ 名 C 温湿布(薬).

†**poul・try** /póʊltri/ 名 1 [複数扱い] 家禽(きん)《肉や卵を取るために飼う鶏・あひる・七面鳥など; ☞ fowl; collective noun《文脈》》. 2 U 家禽の肉、鳥肉.

póultry・man /-mən/ 名 (-men /-mən/) C 1 家禽飼育業者. 2 鳥肉屋.

†**pounce** /páʊns/ 動 自 1 急に飛びかかる、突然襲う (on, upon). 2 (人の誤りや失態を)のがさず攻撃[非難]する (on, upon). 3 (提案・勧誘に)とびつく (on, upon). — 名 C 急襲.

‡**pound¹** /páʊnd/ 変化 名 (pounds /páʊndz/)

> ラテン語で「重さ」の意 (☞ ponder 語源); 銀 1 ポンドの重さから通貨単位となった.

1 C ポンド (100 ペンス; ☞ money 表); 1 ポンド紙幣[硬貨]: an eight-~ picture 8 ポンドの絵 (☞ 2 語法) / The price of this picture is eight ~s. この絵の値段は 8 ポンドです.

> 参考 英国の通貨単位; pound に相当するラテン語 libra の頭文字をとって £, L と略し, £3 (3 ポンド), £6.10 (6 ポンド 10 ペンス)のように記す《正式には pound sterling という; 読み方については ☞ £, p》.

2 C ポンド《重量の単位; 16 オンス (ounces), 約 454 グラム; 貴金属・薬品では 12 オンス (ounces), 約 373.24 グラム; 略 lb., 複数形は 略 lbs.; ☞ lb.》: 言い換え This meat is three ~s in weight. =This meat weighs three ~s. この肉の塊は 3 ポンドの重さです. 語法 an eight-*pound* baby (8 ポンドの赤ちゃん[新生児])のように数字とともに形容詞的に用いると pound は複数形にならない.

英米の重量の単位

1 ton	=20 hundred-weight	《米》約 907kg 《英》約 1016 kg
1 hundred-weight	=《米》100 pounds =《英》112 pounds	約 45.36 kg 約 50.8 kg
1 pound	=16 ounces	約 454 g
1 ounce	=16 drams	約 28.35 g
1 dram	=27.343 grains	約 1.77 g
1 grain	=約 0.06 g	

3 [the ~] ポンド相場; 英国の通貨制度: The ~ has fallen against the yen lately. 最近円に対してポンド安になった. 4 C ポンド《エジプト・シリア・レバノンなどの通貨単位》.

by the póund [副] (1) ポンド単位で, 1 ポンドいくらで: Butter is sold *by the* ~. バターは 1 ポンド単位で売っている (☞ the¹ 4). (2) 何ポンドも.

háve [gét, wánt, demánd] one's póund of flésh [動] 《けなして》(どんなに苛酷でも)取り立てる権利のあるものを確実に、ひどい要求をする. 由来 Shakespeare 作『ベニスの商人』(*The Merchant of Venice*) 中の Shylock の要求から.

‡**pound²** /páʊnd/ 動 他 1 〈...〉を強く何回も打つ, 連打する: 言い換え ~ the table *with* the fist =~ the fist *on* the table テーブルをこぶしでどんどんたたく. 2 〈...〉を打ち砕く, 粉砕する、ペースト状にする (*up*, *into*, *to*). 3 〈...〉を激しく砲撃する. 4 〈...〉《知識・技術などを》〈...の頭に〉たたき込む (*into*). — 自 1 強く何回も打つ, 連打する: ~ *on* [*at*] a door ドアをどんどんたたく / The waves ~*ed against* the rocks. 波は強く岩に当たった. 2 (心臓などが)激しく鼓動する (*with*); (頭が)

割れそうに痛む. **3** 《副詞(句)を伴って》 ずしずしと歩く, どたばた走る (*along, down, up, through*). **póund awày** [動] 自 (1) せっせと仕事[勉強]を続ける. (2) 激しく砲撃[攻撃]する(*at*). **póund òut** [動] 他 (1) (ピアノ・ドラムなどで)曲をがんがん鳴らす[弾く]. (2) 〈...〉を急いでタイプする[仕上げる]. **póund the pávement** [動] 他 (職探しで)靴をすりへらして歩く.

pound³ /páund/ 名 おり (野犬や野良猫などを収容する); (駐車違反車両などの)置き場.

Pound /páund/ 名 **Ez·ra** /ézrə/ ~ パウンド (1885–1972)《米国の詩人》.

pound·age /páundɪdʒ/ 名 ⓊⒸ **1** 《格式》1 ポンド(の金額・重量)につき支払う手数料 (*on*). **2** 《略式》体重.

póund càke 名 ⒸⓊ パウンドケーキ《小麦粉・バター・砂糖などを各 1 pound ずつ入れて作ったことから》.

póund còin 名 Ⓒ 1 ポンド硬貨.

pound·er /páundə | -də/ ─/ [合成語で] ...ポンドの重さの魚[獲物, 人]; ...ポンド砲; ...ポンドの肉入りハンバーガー: a quarter ~ ¼ ポンドのハンバーガー.

póund·ing 名 **1** Ⓤ どんどんと強打すること, 連打. **2** Ⓤ/Ⓒ (心臓などの)鼓動, ずしずしと歩くこと. **3** Ⓒ [普通は単数形で] 《略式》(競技などの)完敗; 大打撃: get [take] a ~ ぼろ負けをする; 爆撃を受ける.

póund kèy 名 《米》=pound sign 1.

póund nòte 名 Ⓒ 1 ポンド紙幣《1985年廃止》.

póund sígn 名 **1** Ⓒ 《米》 # 記号《数字の前につける; ☞ number 名 2》 《英》 hash》. **2** [the ~] £ 記号 (☞ pound¹ 参考)》.

póund stérling 名 [the ~]《格式》《英貨の》ポンド (☞ pound¹ 参考)》.

***pour** /pɔ́ə | pɔ́ː/ 《同音 pore¹·², #poor, 《英》paw; 類音 paw, pork, port》 **∎** 動 (**pours** /~z/; **poured** /~d/; **pour·ing** /-rɪŋ/) 他 〈...〉を注ぐ, つぐ, 流れ出させる; 〈人に〉〈...〉をついでやる (*down*): ~ *in* the water ＜V＋副＋O＞ 水を注ぎ入れる / ~ the water *into* the bucket ＜V＋O＋前＋名・代＞ 水をバケツに入れる / Helen ~ed *some* milk *from* [*out of*] the bottle. ヘレンはびんから牛乳をついだ / 言い換え Please ~ me a cup of tea. ＜V＋O＋O＞=Please ~ a cup of tea *for* me. お茶を 1 杯ついでください (☞ **for** 前 A 1 語法).

2 (注ぐように)〈...〉を出す;〈光・熱など〉を注ぐ;〈ことば・声・音など〉を立て続けに発する, 浴びせる;〈建物などが〉〈人の波〉をどっと吐き出す: The sun ~s *down* its heat. 太陽は熱を送ってくる. **3** 〈金・労力など〉をつぎ込む, 投入する (*into*).

─ 自 **1** 《副詞(句)を伴って》(液体・煙など)流れる (*down*); (人の波・光線などが)流れる; (手紙・情報などが)どっと来る, 押しよせる (*into, through, in*): Water ~*ed from* the broken pipe. ＜V＋前＋名・代＞ 水が壊れたパイプからどっと流れ出した / The crowd ~*ed out of* the stadium. 群衆が競技場からどっと出てきた.

2 [しばしば it を主語にして](雨が)激しく降る 言い換え 「The rain [It] was ~ing *down*. ＜V+*down*＞=《米》It was ~ing. =《英》It was ~ing *with* rain. ＜V+*with*＋名＞ どしゃ降りだった / It never rains but it ~s. =《米》When it rains it ~s. 《ことわざ》雨が降れば必ず必ずどしゃ降り《不幸[物事]は必ずかたまってやってくるものだ, 二度あることは三度ある》. 語法 これは天候を表すが (☞ **it**¹ A 2 文法)).

it's póuring ráin [動] 自 《米》雨が激しく降っている. **póur cóld wáter òver** [**on**] ... [動] 他 ...に水を差す, やる気を失わせる. **póur it ón** [動] (1) 《略式》(同情を得るために)大げさに言う. (2) 全力を注ぐ. **póur ón** [動] 〈魅力など〉を振りまく, 見せつける. **póur óut** [動] 他 (1) 〈お茶など〉を注ぐ, つぐ. (2) 〈物語・うわさなど〉をぺらぺらしゃべる;〈悩みなど〉をぶちまける (*to*).

─ 自 (言葉などが)どっと口をついて出る. **póur óut**

one's héart [**sóul**] [動] 心の内を打ち明ける.

pour·ing /pɔ́ːrɪŋ/ 形 (雨が)土砂降りの.

⁺**pout** /páut/ 動 自 口をとがらす, ふくれる《子供がすねたとき, または不満・不機嫌な表情》; 唇を突き出す《性的関心を引くとき》. ─ 他 〈唇〉を突き出す. ─ 名 Ⓒ [普通は単数形で] 口をとがらすこと; ふくれっら.

pou·tine /puːtíːn/ 名 Ⓤ プーティン《凝乳や肉汁をかけたカナダのフライドポテト》.

pout·y /páuti/ 形 ふくれた; すぐふくれる.

***pov·er·ty** /pávəti | pɔ́və-/ ▣ 名 (形 **poor** 1, 5) **1** Ⓤ 貧困, 貧しさ, 貧乏: conditions of dire [abject, grinding] ~ 極貧の状態 / live *in* ~ 貧しい暮らしをしている / wipe out ~ 貧困を一掃する / When ~ comes in at the door, love flies out at [of] the window. 《ことわざ》 貧困がドアから入ってくると愛は窓から飛び出す《金の切れ目が縁の切れ目》/ P~ was not created by God. It was created by men because we forgot to share. 貧困は神によって造られたのではなく, 人の手によって造られたのです. 我々が分かちあうことを忘れてしまったから《マザーテレサのことば》. **2** Ⓤ 貧弱さ; 不毛: the ~ *of* the land その土地の不毛[やせていること]. **3** [Ⓤ または a ~] 《格式》欠乏, 不足: Japan's ~ *in* petroleum 日本に石油が乏しいこと.

póverty lìne [《米》**lèvel**] 名 [the ~] 貧困線, 最低生活水準: live below the ~ 最低生活水準以下の暮らしをする.

poverty-strìcken 形 貧乏に打ちひしがれた, 非常に貧乏な.

póverty tràp 名 [the ~] 《英》貧困のわな《収入増で生活保護などが受けられず貧困から脱せられない状況》.

pow /páu/ 間 《略式》バン, ポカン, ドカン, バシッ《子供向けの漫画などに出てくる擬音語》.

⁺**POW** /píːòudʌ́blju:/ 名 Ⓒ =prisoner of war (☞ **prisoner**)》.

***pow·der** /páudə | -də/ 名 (~**s** /~z/; 形 **pówdery**) **1** Ⓤ/Ⓒ 粉, 粉末; 粉末製品, (粉)おしろい, パウダー: grind into ~ ひいて粉にする.

─── powder のいろいろ ───
báking pòwder ふくらし粉 / **cúrry pòwder** カレー粉 / **cústard pòwder** 粉末カスタード / **fáce pòwder** おしろい / **mílk pòwder** 粉ミルク / **sóap pòwder** 粉石けん / **tálcum pòwder** タルカムパウダー / **tóoth pòwder** 歯磨き粉

2 Ⓤ =powder snow. **3** Ⓤ 《古風》=gunpowder.

kéep one's pówder drỳ [動] 自 《古風》 万一に備えておく. **tàke a pówder** [動] 自 《略式, 米古風》 急いで立ち去る, ずらかる.

─── 動 (**-der·ing** /-dərɪŋ, -drɪŋ/) 他 **1** 〈...〉におしろいをつける;〈...〉に粉を塗る;〈...〉に粉をふりかける: I must ~ my nose. [婉曲]《ちょっと》お化粧を直して来ます《女性がトイレに行くときに使う》/ The sidewalk *was* ~*ed with* snow. 歩道は粉をまいたように雪で白くなっていた. **2** 〈...〉を粉[粉末, 粉状]にする.

pówder blúe 名 Ⓤ, 形 淡青色(の).

pów·dered /páudəd | -dəd/ 形 粉状の; 粉の; 粉だらけの; おしろいをつけた: ~ milk 粉ミルク (dried milk).

pówdered súgar 名 Ⓤ 《米》粉砂糖白砂糖 (《英》icing sugar).

pówder kèg 名 Ⓒ **1** 火薬樽(だる); 爆発危険物. **2** 今にも紛争が起きりそうな状況[地域].

pówder pùff 名 Ⓒ (化粧用の)パフ (puff).

pówder ròom 名 Ⓒ 《格式》[婉曲] **1** 《ホテル・劇場などの》女性用化粧室[洗面所]. **2** 《米》(個人の家の)洗面所.

pówder snòw 名 Ⓤ 粉雪.

pow·der·y /páudəri/ 形 (名 **pówder**) 粉状の, 粉に

power

なりやすい、もろい；粉だらけの．

pow·er /páuɚ | páuə/ 名(~s /-z/; 形 pówerful, 動 empówer)

```
(何かをすることができる)→「能力,力」3
 ├─「(物理的な)力」電力」5
 └─「権力」1 ─┬─「権限」2
              └─(権力大国)→「強国」6
```

1 Ｕ **権力**, 勢力, 支配力; 政権; 軍事力: the ~ of the law 法律の力 / the party in ~ 政府与党 / land [sea, air] ~ 陸[海, 空]軍力 / He who has great ~ should use it lightly. 大きな権力を持っている者はそれをそっと使わなくてはならない《セネカ (Seneca) のことば》.

─ コロケーション ─
abuse ...'s power　権力を乱用する
「come (in)to [rise to, get into, gain] power (選挙などで)政権(の座)につく, 政権をとる
fall into ...'s power　...の支配下に入る
have [exercise, wield] power (over ...) (...に対して)権力を握っている[行使する, 振るう]
lose [fall from] power　政権を失う
return to power　政権に返り咲く
take [assume, seize] power　政権を握る

2 ＣＵ (法律で定められた)**権限**: the separation of ~s 〘政〙三権分立 / the ~s of Congress (アメリカ)議会の諸権限 / Parliament has the ~ to declare war. ＜N+to 不定詞＞議会は宣戦布告をする権限を持つ.

3 Ｕ **能力**; 能力体力, 力強さ, 迫力: earning ~ 〘経〙収益(能)力 / the ~ of nature 自然の力 / lose the ~ of speech 話す力を失う / an adventure story of great ~ すごい迫力の冒険物語 / The bird lost the ~ to fly. ＜N+to 不定詞＞その鳥は飛ぶ力を失った // ☞ purchasing power.

4 Ｕ **影響力**: the immense ~ of television テレビの大きな影響力 / student ~ (社会への)学生の影響力.

5 Ｕ 〘物理〙**力**; **動力**; エネルギー (energy); 電力 (electric power): nuclear ~ 原子力 / wind ~ 風力 / solar ~ 太陽エネルギー / lose [run out of] ~ 力がなくなる[尽きる] / the ~ supply 電力供給 / turn on [off] the ~ 電源を入れる[切る] / The ~ was [went] out in all the hotels in Waikiki. ワイキキのホテルは全部停電した. 関連 horsepower 馬力 / manpower 人力 / waterpower 水力.

6 Ｕ **強国**, 大国, 権力者, 実力者: an economic ~ 経済大国 / a military ~ 軍事大国. 関連 superpower 超大国 / world power 世界の強国. **7** [複数形で] **知力**, 体力; 才能: ...'s ~s of judgment [persuasion] (人の)判断[説得]力 / a person of great intellectual ~(s) 知力の優れた人 / His ~s are failing. 彼は(体力も知力も)衰えてきた / She is at the height of her ~s as a singer. 彼女は歌手として最盛期にある. **8** Ｕ パワー, 運動《社会的に弱い人々の政治運動》: ☞ Black Power. **9** [単数形で] 〘数〙**乗**: three to the ⁴fourth ~ [~ of four] 3 の 4 乗(3⁴). 関連 square 2 乗, 平方 / cube 3 乗, 立方. **10** Ｕ (レンズの)**倍率**: a lens of high ~ 高倍率のレンズ. **11** Ｃ **精霊**; 神; 魔神.

a power in the land [名](古風)(国家的)影響力の持主, 有力者.

beyond [outside] ...'s pówer = nòt within [in] ...'s pówer [形] ...の力の及ばない: It is beyond my ~ to raise your salary. 君の給料を上げてやる力[権限]は私にはない.

hàve ... in one's pówer = hàve pówer òver ... [動] 他 〈...〉を支配[思いのままに]する.

háve it in one's pówer to dó ... [動] ...する権限がある: The President has it his power to end the war. 大統領は戦争を終結させる権限をもつ.

in one's pówer [形] (...)にできるだけ: I'll do everything in my ~ to help you. あなたのためできるだけのことをしましょう.

in ...'s pówer [形] 〘文〙...に支配されて (under the control of ...).

Mòre pówer to you! = (英) Mòre pówer to your élbow! Ｓ 君のご健闘[成功]を祈る.

the pówer behind the thróne [名] 陰の実力者.

the pówers of dárkness [évil] [名] 〘文〙悪魔(の勢力).

the pówers of góod [名] 善(の力).

the pówers that bé [名] (略式) (しばしば話者との意見の違いを示して)当局, その筋.

ùnder ...'s ówn pówer [副] 自力で.

─ 動 (pow·er·ing /páuərɪŋ/) 他 [普通は受身で] 〈...〉に動力をつける, 〈...〉にエンジンをつける; 〈...〉にエネルギーを供給する, 動かす (up): The truck is ~ed by a diesel engine. そのトラックにはディーゼルエンジンがついている. ─ 自 [副詞(句)を伴って] (車などが)疾走する; 破竹の勢いで進む.

pówer one's wáy [動] 自 破竹の勢いで進む (to).

─ 形 **1** 動力のついた, 電動の: ☞ power saw. **2** 電気を通す, 伝導性の: a ~ cable 電線. **3** (略式) 実力者の, 権力を表わす: a ~ breakfast [lunch] (おどけて)実力者朝食[昼食]会 / a ~ suit [tie] 地位[実力]を印象づけるようなスーツ[ネクタイ]. **4** 〘野〙(技より)力にものを言わせる: a ~ hitter 強打者.

【類義語】**power** 能力として持っている力: the hauling power of the engine その機関車の牽引力. **force** 実際に発揮される(物理的な)力: the force of a blow 一撃の力. **energy** 潜在的な力または蓄積された力: We spent all our energy on the election. 我々はその選挙に全力を費やした. **strength** ある行為・行動を可能にする力; 人間については体力を意味する: the strength to lift a rock 岩を持ち上げる力.

pówer-assísted 形 〘ブレーキ・ステアリングなどが〙操作を動力で行なう: ~ steering = power steering.

pówer bàr 名 Ｃ (米) OA タップ《主にパソコン用でスイッチ付き》.

pówer báse 名 Ｃ 権力の基盤, 支持母体.

pówer·bòat 名 Ｃ (レース用)モーターボート.

pówer bróker 名 Ｃ (政界の)黒幕.

pówer cènter 名 Ｃ **1** 権力中枢; 権力者. **2** (米)ショッピングセンター.

pówer cùt 名 Ｃ (英) = power outage.

pówer dréssing 名 Ｕ パワードレッシング《実力・地位を誇示するような服装》.

pówer drill 名 Ｃ パワードリル, 電動ドリル.

pow·ered /páuɚd | páuəd/ 形 動力のある, エンジンのついた; ...エネルギーによる. 語法 しばしば high-~ (強力エンジンのついた), solar-~ (太陽エネルギーの)のように合成語をつくる.

pówer fáilure 名 Ｃ (事故による)停電.

pówer fórward 名 Ｃ 〘バスケ〙パワーフォワード《主にリバウンドボールを捕る屈強なプレーヤー》.

pow·er·ful /páuɚf(ə)l | páuə-/ 形 (pówer; 反 powerless) **1 勢力のある**, 有力な: a ~ politician 有力な政治家 / He is ~ in the government. ＜A+前+名・代＞彼は政府の有力者である.

2 強力な, 強い; (機械などが)出力の高い; たくましい, 頑丈な: a ~ blow 強打 / a ~ engine 強力なエンジン / a ~ enemy 強大な敵 / a ~ voice 力強い声 / He has a ~ physique. 彼は頑丈な体格をしている. **3** 効き目のある, 効果的な; 人を動かす, 説得力のある; (におい・味・音・光・感情などが)強烈な: a ~ medicine よく効く薬 / ~ arguments 説得力のある議論. **4** (レンズの)倍率の

pówer gàme 名C《軽蔑》権力闘争.

pówer・house 名 (-houses) C **1** 発電所. **2**《略式》活動の場, アジト; 影響力を持つグループ[国]. **3**《略式》精力家, やり手.

pówer・less 形《反 powerful》P (...に対して)無力な (against), 力のない: I am 〜 to act. 行動を起こす力がない. **〜・ly** 副 無力に; 頼りなく. **〜・ness** U 無力さ.

pówer-lìft・ing 名U《重量挙げ》パワーリフティング.

pówer lìne 名C 電線, 送電線.

pówer-nàp 名C (活力回復のための)短い昼寝.

pówer of attórney 名《法》C (代理)委任状; U (委任状に基づく)代理権.

pówer òutage 名C《米》停電(時間)(《英》power cut).

pówer pàck 名C《電》パワーパック《電源からの電力を装置に給電するのに適した電圧に変換するユニット》.

Pówer PC /-pí:sí:/ 名C パワー PC《米国製 CPU; 商標》.

*__pówer plànt__ 名 (〜s /-ts/) C **1** 発電所 (power station): a nuclear 〜 原子力発電所. **2**《格式》発電[動力]装置.

pówer plày 名U **1** (サッカーなどの)集団集中攻撃. **2** (軍事・政治・外交上の)実力行使.

pówer pòint 名C 《主に英》(電気の)コンセント (《英》point, 《米》outlet).

pówer pòlitics 名U《時に複数扱い》武力外交.

pówer sàw 名C 電動のこぎり.

*__pówer shàring__ 名U 権力分担, 連立(政権).

pówer shòvel 名C《米》パワーシャベル《大型の動力シャベル; 整地用》(《英》excavator).

*__pówer stàtion__ 名C《主に英》= power plant.

pówer stéering 名U (自動車のハンドル操作を軽くする)パワーステアリング, パワステ.

pówer strúcture C 権力(側), 体制(側).

pówer strúggle 名C 権力闘争.

pówer supplỳ 名C 電源ユニット.

pówer sùrge 名C サージ《電圧の急激な上昇》.

pówer tòol 名C 電動工具.

pówer trìp 名C《略式》権力の誇示[ひけらかし], 親分風[気取り]: be on a 〜 権力をほしいままにしている.

pówer wàlking 名U (運動としての)速歩.

pow-wow /páuwàu/ 名C **1** (北米先住民の)祈禱(きとう)式, 集会《病気の回復や戦勝を祈るもので, 踊りや酒宴を伴う》. **2** (北米先住民(と)の)会議, 協議; 《略式》[滑稽]話し合い.

pox /páks | póks/ 名 **1** [the 〜]《古風, 略式》梅毒 (syphilis). **2** U 天然痘 (smallpox). **3** U [合成語で] 痘症(とうしょう): chicken 〜 水ぼうそう. **A póx on ...**《古風》...は[め!]いまいましい[腹が立つ]《人に対する腹立たしい気持ちを表す》.

pox・y /páksi | póks-/ 形 A《英略式》いまいましい, つまらない.

pp 1 = pianissimo. **2**《格式》…に代わって (per pro)《秘書などが代理でする署名の前に添える; ラテン語 per procurationem の略》.

*__pp.__¹ /péidʒɪz/ 略《格式》ページ (pages) (『page¹ 1, ll.』). ★用法については ☞ p.¹.

pp.², **p.p.** 略 = past participle, postpaid, prepaid.

ppd. = postpaid, prepaid.

P-plàte /pí:-/ 名C《英・豪》(自動車の初心者[若葉]マーク) (☞ P² 2).

ppm /pí:pí:ém/ 略 = parts per million (100万分の1; 微少含有量の単位).

PPO /pí:pí:óu/ 略 = Preferred Provider Organization.

PPP /pí:pí:pí:/ 略 = Point-to-Point Protocol《電算》PPP《モデムと電話回線を使ってインターネットに接続するための通信手順》.

ppr., p.pr. 略 = present participle.

pps /pí:pí:és/ 略 **1** 再[追]追伸《ラテン語 post postscriptum の略》. **2** = Parliamentary Private Secretary《英》議員私設秘書《大臣を補佐する議員》.

pr 略 = pair, present¹ 形 4, 名 2, price.

Pr, Pr. 略 = priest, prince.

PR¹ 略 = public relations. 日英比較「新製品の PR」などのように商業的な宣伝, 広告の意味で用いるのは和製英語. 商業的宣伝は advertisement.

PR² /pí:áː/ 略 **1**《英》= proportional representation. **2** = Puerto Rico.

prac・ti・ca・bil・i・ty /præktɪkəbíləṭi/ 名《反 impracticability》U《格式》実行できること; (道路などが)利用できること.

prac・ti・ca・ble /præktɪkəbl/ 形《格式》**1** (計画などが)実行できる, 実際的な: a 〜 plan 実行可能な計画. **2** 使用できる; (道路などが)通行できる. (反 impracticable) **-ca・bly** /-kəbli/ 副 実行できるように; 利用可能な程度に.

*__prac・ti・cal__ /præktɪk(ə)l/ ❶ 形 (名 práctice, prácticality, 反 impractical) **1** [普通は A] (物事が)実際的な, 実地の: 〜 experience 実際の経験 / 〜 studies 実地の研究 / The plan has many 〜 difficulties. 計画には多くの実際上の困難がある.

2 [しばしばほめて] (人や考え方が)現実的な, 実際的な; 実務[実地]に向いている: a 〜 person 現実的な人《理論を振り回すだけの人間ではない》/ Your ideas are hardly 〜. あなたの考えはとても実際的とは言えない. 関連 academic 学問的な.

3 実(際)の, (実際の)役に立つ: 〜 English 実用的な英語 / Your invention seems to be 〜. あなたの発明は実用になると思われる. 関連 theoretical 理論的な.

4 実質上の, 事実上の: His silence was a 〜 admission of guilt. 彼の沈黙は事実上罪を認めたことだ. **5** (修理などで)器用な. **for [to] áll práctical púrposes** 副 文修飾語 事実上は, 実際は.
— 名C《英略式》(主に理系や料理などの)実習, 実地試験.

*__prac・ti・cal・i・ty__ /præktɪkǽləṭi/ 名 (-i・ties; 形 práctical) **1** U 実際[実用]的であること, 実用性; 実用主義. **2** [複数形で] 現実的な問題[面] (of).

práctical jóke 名C 悪ふざけ《口先の冗談ではなく実際に相手が迷惑するもの》.

práctical jóker 名C 悪ふざけをする人.

*__prac・ti・cal・ly__ /præktɪk(ə)li/ 副 **1** [主に S] ほとんど...も同然で (almost): He is 〜 dead. 彼は死んだも同然だ / We've had 〜 no fine weather this month. 今月は好天の日はほとんどなかった. **2** 実際的に; 実用的に, 実地に (反 theoretically). **3** 文修飾語 事実上, 実際には; 実際問題として.

práctical núrse 名C《米》準看護師.

*__prac・tice__ /préktɪs/ ❶ 名 (prac・tic・es /-ɪz/; 形 práctical)

ギリシャ語で「行なう」の意.
「実行」3 →[(繰り返し行なうこと) →「練習」1
　　　　　→[(日常的に行なうこと) →「習慣」2

1 U.C (繰り返し行なう) 練習, けいこ (☞ 類義語): batting 〜 バッティング練習 / a 〜 game 練習試合 / Dancing 〜 begins at eleven. 踊りのけいこは11時から始まります / P〜 makes perfect. 《ことわざ》練習を積めば完全になる《習うより慣れよ》/ With 〜, your serve will get much better. 練習すればサーブがもっとよくなるよ / It *takes* 〜 to play the piano. ピアノを弾くには練

習が必要だ.
2 [C,U] **習慣, 慣例** (☞ habit); 習俗, 風習: standard [common, normal] ~ 普通の習慣 / good ~ 良い習慣 / *the* ~ *of* keeping late hours 夜ふかしの習慣 / bad [unacceptable] medical ~*s* 医学上の悪習. **3** [U] **実行, 実施, 実際** ([反] theory): Both theory and ~ are important. 理論も実際も大切だ. **4** [C,U] (医師・弁護士の)業務, 仕事; 開業(場所).

be òut of práctice [動] [自] 練習不足(のために下手)である: Saying that he *was out of* ~, he refused to sing for us. 練習不足だと言って, 彼は私たちに歌ってくれなかった.

in práctice [副] [普通は [文修飾語]] 実際に(は), 事実上は: *In* ~, this rule is ignored. 実際にはこの規則は無視されている. ([反] in theory) — [形] (練習を積んで)熟練して; (医者・弁護士が)開業して.

pùt ... ìnto práctice [動] [他] 〈...〉を実行する: *Put* your plan *into* ~ as soon as possible. できるだけ早く計画を実行に移しなさい.

【類義語】**practice** 技能を習得するため絶えず繰り返す練習: daily piano *practice* 毎日のピアノ練習. **drill** 能力向上・技術習得のために指導者のもとで繰り返し行なわれる集団的訓練: *drill* in English sentence patterns 英語文型の練習. **exercise** すでに習ったことを発達させるため頭や体を使って組織的・体系的にやる練習または練習問題: grammatical *exercises* 文法の練習問題. **training** 運動・技術に熟達するために一定期間繰り返し行なわれる訓練・練習: It takes many years of *training* to become a doctor. 医者になるには長年の訓練が必要だ.

— [動] (**prac·tic·es** /~ɪz/; **prac·ticed** /~t/; **prac·tic·ing**) [語法] 《主に英》では practise のつづりが普通.
[他] **1** 〈...〉を(繰り返して)**練習する**, けいこする: ~ the violin バイオリンのけいこをする / You should ~ speak*ing* English. <V+O (動名)> 英語を話す練習をしなさい / I will ~ the melody *on* the piano. <V+O+*on*+名・代> そのメロディーをピアノで練習します.
2 〈...〉を(絶えず)**実行する**, (習慣として)行なう; 〈...〉を心がけて行なう: ***P~ what*** you preach. <V+O(*wh* 節)> 《ことわざ》 (他人にむかって)お説教していることは(自分でも)実行せよ / You should ~ patience. いつも忍耐を心がけなさい.
3 〈医者・弁護士業〉を**開業する[している]**: ~ medicine [law] 医者[弁護士]を開業している. **4** 〈宗教・思想〉を信奉する.
— [自] **1** **練習する**, けいこする: She is ~*ing* hard *for* the next tennis tournament. <V+*for*+名・代> 次のテニスの大会に備えて彼女は一生懸命練習している.
2 (医者・弁護士が) **開業する[している]**: Ms. Reed ~***s as*** a lawyer. <V+C(*as*+名)> リードさんは弁護士をしている.

práctice ... on [upòn] — [動] [他] (だまして)(—に)〈...〉を行う; [普通は受身で] 〈不愉快なこと〉を(人に)行う.

prác·ticed, 《英》 **-tised** [形] ([反] unpracticed) **1** (...の)練習を積んだ, (...に)熟練した (*in, at*). **2** [A] 《格式》 (身のこなし・動作が)熟練した, 練習によって得た. **to the prácticed éye** [副] 熟練した人が見て, 肥えた目で見ると.

prác·tic·ing, 《英》 **-tis-** [形] [A] **1** (生き方・信仰などを)実践している, 宗教の教えを守っている: a ~ Catholic 敬虔(けん)なカトリック教徒. **2** (医者・弁護士が)開業している, 現役の.

prac·ti·cum /prǽktɪkəm/ 《ラテン語から》 [名] 《主に米》 [C] 実践[実習]科目 (教育実習や職業体験などを通じた実際的応用を主眼とする).

*__prac·tise__ /prǽktɪs/ [動] 《英》 =practice.

practised [形] 《英》 =practiced.

*__prac·ti·tion·er__ /præktíʃ(ə)nə | -nə/ [名] (~**s** /~z/) [C] 《格式》 **1** **開業医** (medical practitioner): a general ~ 一般開業医. **2** 弁護士. **3** (技芸などに)たずさわる者, (...を)行なう者 (*of*).

prae·sid·i·um /prɪsídiəm/ [名] [C] 《英》 =presidium.

prae·tó·ri·an guárd /priːtɔ́ːriən-/ [名] [C] [しばしば the ~ として 《英》 単数形でも時に複数扱い] 《格式》 (有名人の)親衛隊 (《古代ローマ皇帝の》近衛兵より).

⁺**prag·mat·ic** /prægmǽṭɪk/ [形] [普通は [A]] [ほめて] 実際的な, 実用本位の. **-cal·ly** /-kəli/ [副] 実用的に.

prag·mat·ics /prægmǽṭɪks/ [名] [U] 〔言〕 語用論 (言語を使用場面と関連づけて研究する).

⁺**prag·ma·tis·m** /prǽgmətɪzm/ [名] [U] **1** 《格式》 [ほめて] 実利[実用]的な考え方, 実利主義. **2** 〔哲〕 実用主義; プラグマティズム.

prag·ma·tist /prǽgməṭɪst/ [名] [C] 《格式》 [ほめて] 実用主義者.

Prague /prɑ́ːg/ [名] [固] プラハ (チェコ共和国の首都).

Prágue Spríng [名] [固] [the ~] プラハの春 (1968年1月にチェコスロヴァキア全土をおおった一連の自由化のうねり; 同年8月のソ連などの介入により崩壊).

⁺**prai·rie** /pré(ə)ri/ [名] [C] (北米の)大草原, プレーリー (☞ savanna [関連]).

práirie dòg [名] [C] プレーリードッグ (北米産のマーモット (marmot) の一種; 犬のような声で鳴く).

prairie dog

práirie òyster [名] [C] **1** 生卵, (特に)生卵の卵黄に塩・胡椒・酢などで味をつけた飲み物 (病人・二日酔い用). **2** 《米》 (食用にする)小牛の睾丸.

práirie schòoner [名] [C] 《米》 大型ほろ馬車 (植民時代に開拓者が大草原を横断するのに用いた).

Práirie Stàte [名] [the ~] プレーリー州 (米国 Illinois 州の俗称).

*__praise__ /préɪz/ ([類音] plays (play の三単現)) [T2] [動] (**prais·es** /~ɪz/; **praised** /~d/; **prais·ing**) [他] **1** 〈...〉をほめる, 称賛する, たたえる (*as*) ([反] blame): The teacher ~*d* the pupils highly. 先生は生徒を大いにほめた / The villagers ~***d*** him ***for*** his courage. <V+O+*for*+名・代> 村人は彼の勇敢さをほめたたえた. **2** 〈神〉を賛美する. [語源] ラテン語で「価値」の意; precious, price と同語源. **Gód [Héaven] be práised.** 神をたたえよ, ありがたや. **práise ... to the skíes** [動] [他] 《古風》 〈...〉をほめちぎる. **Práise the Lórd.** 主をほめたたえよ.
— [名] (**prais·es** /~ɪz/) **1** [U] ほめること, 称賛: I received [won] high [a lot of] ~ ***for*** my performance in the play. 私はその芝居の演技で非常にほめられた. **2** [U] 《古風》 (神への)賛美; [複数形で] (神・人への)賛美のことば: *P~* be (to God)! 《古風》 神をたたえよ, ありがたや. **be fúll of práise for ...** [動] [他] ...を大いにほめる. **in práise of ...** [前] ...をほめて[たたえて]. **síng ...'s práise(s)** [動] ...を口を極めてほめそやす.

praise·wor·thi·ness /préɪzwə̀ːðinəs | -wə̀ː-/ [名] [U] 《格式》 称賛に値すること.

práise·wòrthy [形] 《格式》 (完ぺきではないが)称賛に値する, 感心な, あっぱれな.

pra·line /prɑ́ːliːn/ [名] [U] プラリーヌ (木の実を砂糖水で茶色く煮たもの; チョコレート菓子に使われる); [C] プラリーヌ菓子.

⁺**pram** /prǽm/ [名] [C] 《英》 乳母車 (perambulator, 《米》 baby carriage, buggy).

prance /prǽns | prɑ́ːns/ [動] [自] [副詞(句)を伴って] [しばしばけなして] (人が)跳びはねる, いばって歩く; (馬が)

(脚を高く上げ)跳びはねて進む. ― 名 C 意気揚々とした態度; (馬の)跳躍.

prang /prǽŋ/《古風, 英略式》動 他《車などをぶつけて傷つける. ― 名 C 衝突事故; 衝突事故の傷.

prank /prǽŋk/ 名 C (悪気のない)ふざけ, いたずら, 冗談. **pláy [púll] a pránk on ...** 動 他 ...にいたずらをする.

prank·ster /prǽŋkstɚ | -stə/ 名 C いたずら者.

prat /prǽt/ 名 C《英略式》ばか, まぬけ.

prate /préɪt/ 動 自《古語》《軽蔑》くだらないおしゃべりをする (on; about).

prat·fall /prǽtfɔːl/ 名 C 1《米》(喜劇などで)しりもち(をつくこと). 2《主に米》きまりの悪い事故[しくじり].

prat·tle /prǽtl/ 動《軽蔑》 動 他 (大人が)むだ話をする, ぺちゃくちゃしゃべる (on, away; about). ― U むだ話.

prát·tler 名 C《略式》《普通は軽蔑》むだ話をする人.

Prav·da /práːvdə/ 名 固《プラウダ》(ロシアの日刊新聞).

prawn /prɔːn/ 名 C くるまえび類 (大きさは 20 センチメートルくらいまでのえび; ⟨⇒ lobster 表).

práwn cócktail 名 C《英》えびのカクテル(前菜).

pray /préɪ/ (同音 prey; 類音 play) 動 (**prays** /~z/; **prayed** /~d/; **pray·ing**) 自 1 祈る, 祈願する: They **~ed** *to* God. <V+*to*+名・代> 彼らは神に祈った / The villagers **~ed** *for* rain. <V+*for*+名・代> 村人は雨乞いをした / She **~ed** *to* God *for* forgiveness of her sins. 彼女は神に罪の許しを祈った. 2 願い求める, (...があれば)希望する: **~** *for* pardon 許しを請う.
― 他 (...を(神などに))祈る, (...するように)祈願する: We **~ed** (*to* God) *that* our ship *would* reach port safely. <V+(*to*+名・代)+O(*that* 節)> 私たちは船が無事に港に着くことを(神に)祈った / He **~ed** (*to* God) *to* be forgiven. <V+(*to*+名・代+)O(*to* 不定詞)> 彼は許されますようにと祈った.

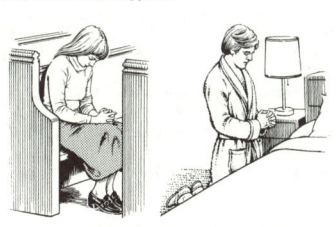

pray

pràp dó 副《古風》どうぞ...してください.

prayer[1] /préɚ | préə/ ★ prayer[2] との発音の違いに注意.(類音 player) 名 (~**s** /~z/; 動 pray) 1 U.C 祈り, 祈禱(ゞ): a ~ *for* peace 平和への祈り / kneel in ~ ひざまずいて祈る /*"A Maiden's P~"*『乙女の祈り』《ピアノ曲の名》/ We will remember him in our ~s. ご成功[回復, 冥福]をお祈りいたします(難局にある人・病人・故人などに対して言うことば) / My ~**s** were answered.《略式》私の祈りはかなえられた.
2 C 祈りのことば: We say [offer] a ~ before every meal. 私たちは食事の前ごとにお祈りを言う[する] / ⟨⇒ Lord's Prayer. 3 [複数形で] 祈りの集い. 4 C [普通は単数形で] 願い事, 嘆願. **at práyer** [形・副] お祈りして. **Bóok of Cómmon Práyer** 名 英国国教会の祈禱書. **nót hàve a práyer** [動] 自《略式》(...の)見込みがない (*of*).

pray·er[2] /préɚ | préə/ 名 C 祈る人.

práyer bèads /préɚ- | préə-/ 名 [複] 数珠(ゞ), ロザリオ.

precautionary 1369

práyer bòok /préɚ- | préə-/ 名 C 祈禱(ゞ)書.

práyer màt /préɚ- | préə-/ 名 C (イスラム教徒の)お祈り用敷物.

práyer mèeting /préɚ- | préə-/ 名 C (プロテスタント教会の)祈禱会.

práyer rùg /préɚ- | préə-/ 名 C = prayer mat.

práyer whèel /préɚ- | préə-/ 名 C (チベット仏教の)マニ車《経文が入っている筒を回すことが祈りにあたる》.

práy·ing mántis 名 C かまきり《前足を祈るような形に合わせることから》.

PRC /píː.àːsíː | -àː-/ 略 =People's Republic of China (⟨⇒ China).

pre- /priː/ 接頭「あらかじめ, 前の, 前部の, ...以前の」の意 (反 post-) (⟨⇒ preposterous 語源): *pre*pay 前払いする / *pre*war 戦前の. 関連 ante- 前の.

preach /príːtʃ/ 動 (**preach·es** /~ɪz/; **preached** /~t/; **preach·ing**) 他 1《信仰・道徳について》説教する, 〈説教などを〉する, 述べる; 〈...の教えを〉説く: ~ the gospel 福音を説く / **~** the word of God *to* people <V+O+*to*+名・代> 人々に神のことばを説く / He **~ed** *that* we should love our neighbors. <V+O (*that* 節)> 彼は隣人を愛するようにと説いた. 2 〈...を〉(大事なこととして)説き勧める, 勧告する: ~ patience 忍耐の大切さを説く / ~ the virtues of peace 平和のありがたさを説く.
― 自 1 説教する, 教えを説く; 伝道する (*against, about, on*): He **~ed** *to* the poor on the street. <V+*to*+名・代> 彼は街頭で貧しい人たちに説教した. 2 [しばしば軽蔑] くどくどしかる, お説教をする (*about, to, at*).
préach to the convérted [chóir] [動] 自 相手が既に知って[実践して]いることを説く, 釈迦(ゞ)に説法をする.

preach·er 名 C 教えを説く人, 説教師, 伝道師.

preach·y /príːtʃi/ 形 (**preach·i·er**, **-i·est**)《略式》[しばしば軽蔑] お説教っぽい, くどくど言う.

pre·am·ble /príːæmbl, priæm-/ 名 C.U《格式》序言; (条約などの)前文; 前触れ, 予兆 (*to*): the ~ *to* the Constitution 憲法の前文 / without ~ 前置きなしに, 単刀直入に.

pre·am·pli·fier, pre·amp /príːæmp/ 名 C 【電】プリアンプ《パワーアンプへの信号電圧をつくる》.

pre·ar·range /prìːəréɪndʒ/ 動 他 前もって〈...の〉手はずを整える, 〈...を〉打ち合わせる; 予定する.

pre·ar·ránged 形 A 打ち合わせずみの.

pre·ar·range·ment /prìːəréɪndʒmənt/ 名 U 事前の打ち合わせ; 予定.

pre·but·tal /prɪbʌ́tl/ 名 C 事前反駁(ゞ).

pre·can·cer·ous /prɪkǽnsərəs⁻/ 形【医】前癌(ゞ)性の, 癌に発展する可能性のある.

pre·car·i·ous /prɪkéə(ə)riəs/ 形 不安定な, 危険な; 頼りにならない: a ~ existence 不安定な生活 / a rope bridge *like a* ~ 危なっかしいロープの橋. **~·ly** 副 不安定に, 危なっかしく, 頼りにならない状態で. **~·ness** 名 U 不安定; 頼りなさ.

pre·cast /príːkǽst, -káːst⁻/ 形 プレキャストの《コンクリートがすでにブロックに成型されている》.

pre·cau·tion /prɪkɔ́ːʃən/ 名 (~**s** /~z/; 形 precautionary) C 用心, 警戒; 予防措置 (*against*): Take medicine *as a* [by way of] ~.《病気になるといけないから》用心に薬を飲みなさい. **táke precáutions** [動] 自 (1) 用心[警戒]をする. (2)《婉曲》避妊する. **táke the precáution of dóing** [動] 他 用心して...をする, ...という予防措置をとる.

pre·cau·tion·ar·y /prɪkɔ́ːʃənèri | -ʃ(ə)nəri/ 形 (名 precáution) 用心のための, 予防上の: a ~ measure [step] 予防策.

*pre·cede /prisíːd/ 他動 (pre·cedes /-síːdz/; pre·ced·ed /-did/; pre·ced·ing /-diŋ/) (préce-dence, précedent) 他 《格式》1 (時・順序などで)〈…〉より先に来る (come before), 〈…〉より先に行く (go before) (⇔ proceed 【単語の記憶】)(反 follow, succeed): The wind ~d the rain. 雨になる前に風が吹いた / His victory ~d his brother's by two hours. 彼の勝利は兄より 2 時間早かった. 2 〈…〉にまさる, 優先する. 3 (…で)〈話などの〉前置きをする, (…で)始める (with).

*pre·ce·dence /présədəns, prisíː-, -dns/ 名 (précede) ⓤ (時間・順序などで)先立つこと, 上位, 優先(権). in órder of précedence [副] (格式) 重要度順に. táke [háve] précedence [動] 自 (…より) 優先する (over).

*prec·e·dent /présədənt, -dnt/ 名 (-e·dents /-dənts, -dnts/; 動 précede) ⒸⓊ 《格式》先例, 従来の慣例; 【法】 判例 (for). bréak with précedent [動] 自 《格式》先例を破る. sét [créate, estáblish] a précedent [動] 《格式》先例を作る (for). withóut précedent [形] 《格式》先例のない.

pre·ced·ing /prisíː·diŋ/ 形 Ⓐ 《格式》前の, 先立つ; 前述の, 上記の (反 following, succeeding): the ~ year その前年 / in the ~ section 前節において.

pre·cept /príːsept/ 名 ⒸⓊ 《格式》教訓, 戒め, 教え: Example is better than ~. 《ことわざ》実例は教訓に勝る.

prè-Chrístian 形 キリスト以前の; キリスト教布教[伝来]以前の.

*pre·cinct /príːsiŋ(k)t/ 名 1 Ⓒ (米) 選挙区; 警察管区. 2 [複数形で] 境界; (ある場所の)近辺, 付近; [しばしば複数形で] 《格式》構内, 境内. 3 Ⓒ (英) (特定の)地区, 区域: a pedestrian ~ 歩行者天国 // ⇨ shopping precinct.

pre·ci·os·i·ty /prèʃiásəṭi, -sí-/ 名 Ⓤ 《文》(言葉などの)凝りすぎ; いやに気取った言葉遣い.

*pre·cious /préʃəs/ 形 1 貴重な, 高価な, 大切な, 尊い; 非常にかわいい (⇨ valuable 類義語; praise 語源): ~ time 貴重な時間 / a ~ ring 高価な指輪 / ~ experiences [memories] 貴重な経験[思い出] / This vase is very ~ to me. ＜A+to+名・代＞ この花びんは私にとってとても大事なものです. 2 《軽蔑》(言葉などが)気取った, 凝った; (人が)もったいぶった. 3 Ⓐ《略式》[しばしば皮肉] 全くの, ひどい (つまらないものに用いて)ご立派な[ご大層]な, かなりの. ── 副 [~ few [little] で] 《略式》すごく, ひどく (very): I have ~ little patience with fools! ばかな連中には我慢できない. ── 名 Ⓤ [呼びかけで] Ⓢ いとしい子, かわいい子. ~·ly 副 凝って, もったいぶって; 高価に; 大切に.

*précious métal 名 ⒸⓊ 貴金属.

précious·ness 名 Ⓤ 大切なこと; [軽蔑] もったいぶっていること; 高価, 貴重.

précious stóne [gém] 名 Ⓒ 宝石.

prec·i·pice /présəpis/ 名 Ⓒ 絶壁, がけ (cliff); 危機: fall over a ~ がけから落ちる. on the édge of a [the] précipice [副・形] 危機に瀕(ﾋﾝ)して[た].

pre·cip·i·tant /prisípəṭənt, -tnt/ 形 《格式》= precipitate². ── 名 Ⓒ 【化】 沈殿剤.

*pre·cip·i·tate¹ /prisípətèit/ 動 他 1 《格式》〈よくないことの〉到来を促進する, 〈…〉を早める. 2 〈危険な状態へ〉陥れる; 〈…〉を真っ逆さまに落とす, 投げ落とす (into). 3 【化】〈…〉を沈殿させる, 凝結させる (out). ── 自 1 【化】沈殿する; 凝結する (out). 2 【気象】(水蒸気が雨[雪]などになって)降水する.

pre·cip·i·tate² /prisípəṭət/ 名 1 ⒸⓊ 【化】 沈殿物; 凝結物. 2 【気象】 Ⓤ (雨・雪などになって降った)凝結物. ── 形 [普通は Ⓐ]《格式》性急な; 軽率な; 突然の. ~·ly 副 性急に; 軽率に.

pre·cip·i·ta·tion /prisìpəṭéiʃən/ 名 1 ⒸⓊ 【気象】降雨[水](量), 降雪(量). 2 Ⓤ 【化】沈殿. 3 Ⓤ 《格式》性急; 軽率.

*pre·cip·i·tous /prisípəṭəs/ 形 《普通は Ⓐ》《格式》切り立った, 険しい, 絶壁の; 性急な, 突然の, 急激な. ~·ly 副 切り立って; 急に, 突然に. ~·ness 名 Ⓤ 勾配(ﾊﾞｲ)のきつさ.

pré·cis /préisiː, préisi: | préisi:/ 《フランス語から》《格式》名 (複 ~·z/) Ⓒ (論文などの)大意, 要約 (of). ── 動 (pré·cis /~z/; pré·cised /~d/; pré·cis·ing) 他 〈…〉を要約する, まとめる.

*pre·cise /prisáis/ 12 形 (名 precision; 反 imprecise) 1 (きわめて)正確な, 精密な (⇨ correct 類義語); 明確な: ~ measurements 正確な寸法 / His translation is very ~. 彼の翻訳は非常に正確だ. 2 Ⓐ まさにその: at that ~ moment まさにその瞬間に. 3 [時に軽蔑] (性格などが)きちょうめんな; よくしつけ規律の. to be precise [副] 文修飾副 厳密に言えば.

*pre·cise·ly /prisáisli/ 副 1 正確に (exactly); ちょうど, まさに, はっきりと: It is ~ as you said. 全く君が言ったとおりだ / The plane took off at twelve ~. 飛行機は 12 時きっかりに離陸した / I can't tell ~ how it began. それがどの様に始まったかはっきりとはわからない. 2 Ⓢ まさにそのとおり (返事などに用いる): "Was it like this?" "P~." 「それはこんなふうでしたか」「そのとおりです」

precíse·ness 名 Ⓤ =precision.

*pre·ci·sion /prisíʒən/ 名 (形 precise; 反 imprecision) 1 Ⓤ 正確, 精密: with ~ 正確に. 2 [形容詞的に] 正確な; 精密な: a ~ tool 精密機械.

prè·clássical 形 (芸術・文学が)古典期以前の.

prè-clínical 形 【医】 病状発現前の[に関する], 臨床前の. ── 名 Ⓒ 前臨床コース 《解剖・生理学などの》.

*pre·clude /priklúːd/ 動 他 《格式》〈…〉を妨げる, 阻む (prevent) (from doing).

pre·clu·sion /priklúːʒən/ 名 Ⓤ 《格式》妨害.

*pre·co·cious /prikóuʃəs/ 形 [普通は Ⓐ] [しばしば Ⓢ] (子供・才能などが)早熟の; [しばしば軽蔑] ませた. ~·ly 副 早熟に; ませて. ~·ness 名 Ⓤ =precocity.

pre·coc·i·ty /prikásəṭi | -kɔ́s-/ 名 Ⓤ 《格式》早熟(さ); [しばしば軽蔑] おませ.

pre·cog·ni·tion /prìːkɑɡníʃən | -kɔɡ-/ 名 Ⓤ 《格式》事前認知, 予知.

pre·cog·ni·tive /prìːkɑ́ɡnəṭiv | -kɔ́ɡ-/ 形 予知の.

prè·cóital 形 性交前の, 前戯の.

prè·colónial 形 植民地時代前の.

pre-Co·lum·bi·an /prìːkəlʌ́mbiən/ 形 (アメリカ大陸などが)コロンブス(の到着)以前の.

pre·con·ceived /prìːkənsíːvd/ 形 Ⓐ [普通はけなして] (十分な知識や経験なしで)あらかじめ思い描いていた, 予想していた: a ~ idea [notion] 先入観.

*pre·con·cep·tion /prìːkənsépʃən/ 名 Ⓒ [しばしば複数形で] [普通はけなして] 予想; 先入観, 偏見 (about, of).

*pre·con·di·tion /prìːkəndíʃən/ 《格式》名 Ⓒ 前提条件 (prerequisite) (of, for, to).

pre·cook /prìːkúk/ 動 他 〈食品〉をあらかじめ加熱調理する.

prè·cóoked 形 [普通は Ⓐ] 半調理の, 調理済みの.

*pre·cur·sor /prikə́ːsɚ | -kə́ːsə/ 名 Ⓒ 《格式》1 先駆者, 先駆け; 前身 (of, to). 2 前ぶれ, 前兆 (of): the ~ to an earthquake 地震の前兆.

pre·cur·so·ry /prikə́ːsəri | -kə́ː-/ 形 《格式》先駆け[前ぶれ]となる.

pred. 略 =predicate¹, predicative.

pre·date /prìːdéit/ 動 他 =antedate.

pre·da·tion /pridéiʃən/ 名 Ⓤ 【動】 捕食.

+**pred·a·tor** /prédətə, -tə/ 名 C 1 肉食動物. 2 [軽蔑] 略奪[強奪]者, (経済的・性的に)他人を食い物にする人; 乗っ取り屋[会社].

+**pred·a·to·ry** /prédətɔːri, -təri, -tri/ 形 [普通は A] 1 [動] 生物を捕らえて食う, 肉食の. 2 [軽蔑] 略奪(を目的)とする; (人[他]を食い物にしようと)鵜(う)の目鷹(たか)の目の, (価格が)不当に安い.

pre·dawn /príːdɔːn/ 名 夜明け前(の).

pre·de·cease /prìːdíːsiːs/ 動 他 [法] 〈…〉より前に死ぬ, 〈…〉に先立つ.

*pred·e·ces·sor /prédəsèsə, prèdəsésə | príːdɪsèsə/ 発音 名 (~s /-z/) C 1 前任者 (反 successor); 先輩: We like the present headmaster better than his ~. 前の校長先生より今度の校長先生のほうが好きです. 2 前に存在していたもの, 前のもの.

pre·de·fined /prìːdɪfáɪnd/ 形 あらかじめ説明[決定]された.

pre·des·ti·na·tion /priːdèstənéɪʃən/ 名 U 1 【神学】予定説《この世の出来事はあらかじめ神に定められているとする説》. 2 《格式》天命, 宿命.

pre·des·tined /priːdéstənd/ 形 あらかじめ運命づけられた: She was ~ to live an unhappy life. 彼女は不幸な一生を送る宿命だった.

pre·de·ter·mi·na·tion /prìːdɪtə̀ːmənéɪʃən | -tə̀ː-/ 名 U《格式》先決; 予定.

pre·de·ter·mined /prìːdɪtə́ːmɪnd | -tə́ː-/ 形《格式》前もって決められた: at a ~ time あらかじめ決めておいた時間 | Blood type is genetically ~. 血液型は遺伝的にあらかじめ決定されている.

pre·de·ter·min·er /prìːdɪtə́ːmɪnə | -tə́ːmɪnə/ 名 C 【文法】前決定[限定]辞《both, all, half など冠詞の前に用いられる語》.

+**pre·dic·a·ment** /prɪdíkəmənt/ 名 C《格式》苦しい立場, 苦境, 窮地: be in a ~ 苦境にある.

pred·i·cant /prédɪk(ə)nt/ 名 C 1《南ア》オランダ改革派教会の牧師. 2 ドミニコ会修道士.

pred·i·cate[1] /prédɪkət/【文法】名 C 述部, 述語《略 pred.》. ── 形 述部[叙述]の.

文法 述部

文の要素の一つ. 節において, 主題となっている主部に対して述べる部分で述語ともいう. 述部の中心を成す動詞を述語動詞という: The sky *is blue*. 空は青い / All of us *are your friends*. 我々はみな君の友人だ / *Where did you go yesterday*? あなたはきのうどこに行きましたか.

---

pred·i·cate[2] /prédɪkèɪt/ 動 他《格式》1 [普通は受身で] 〈…〉を(ある根拠に)基づかせる (on). 2〈…〉と断定[断言]する (that).

préd·i·cate vérb /prédɪkət-/ 名 C【文法】述語動詞.

文法 述語動詞

文の要素の1つで, 述部の中心となって主語について説明する動詞(群)をいい, 単に「動詞」(verb)と呼ばれることもある. 述語動詞は動詞1つより成る場合とその前に助動詞がつく場合がある: Our team *won* the game. 我々のチームは試合に勝った / Camels *can go* for days without water. らくだは水なくても何日も旅ができる / I *have been waiting* for you for hours. あなたを何時間も待っていました.

参考 この辞書の動詞型の指示では述語動詞はVで表わされる(☞ predicate[1] **文法**; 動詞型・形容詞型の解説(巻末)I (2)).

---

pred·i·ca·tion /prèdɪkéɪʃən/ 名 U《格式》断定, 断言.

pred·i·ca·tive /prédɪkətɪv, prɪdík- | prɪdík-/ 形【文法】述語的な, 叙述的な《略 pred.; ☞ predicative use **文法**, attributive》: a ~ adjective 叙述形容詞. **-ly** 副 述語[叙述]的に.

prédicative úse 名 U【文法】述語用法, 叙述用法.

文法 述語用法

形容詞が動詞の補語として用いられて, 主語または目的語を間接に修飾する用法で叙述用法ともいい, 限定用法(☞ attributive use **文法**)に対する. **参考** この辞書では主に述語的に使われる形容詞の語義を P と示してある: They are *happy*. 彼らは幸福である / She looks *pale*. 彼女は青ざめた顔をしている / The flower smells *sweet*. その花はよい香りがする[以上は主格補語; ☞ subject complement **文法**] // He made me *angry*. 彼は私を怒らせた / I found the box *empty*. その箱を開けてみたらからだった[以上は目的格補語; ☞ objective complement **文法**]

---

*pre·dict /prɪdíkt/ 発音 動 (pre·dicts /-díkts/; -dict·ed /~ɪd/; -dict·ing; 名 prediction) 他〈…〉を予言する; 予測する, 予報する(☞ forecast 類義語); dictionary [単語の記憶方]: ~ a drought 干ばつを予言する / The report ~*ed* (*that*) there would be an election within the year. <V+O(*that*節)> その記事では年内に選挙が行なわれると予測した / No one can ~ *what* will happen next. <V+O (wh 節)> 次に何が起こるのか誰も予言できない.

pre·dict·a·bil·i·ty /prɪdìktəbíləti/ 名 (形 predictable) U 予想がつくこと, 予測可能性.

*pre·dict·a·ble /prɪdíktəbl/ 形 (名 predictability; 反 unpredictable) 1 予測できる; 予言できる, 予想される. 2 [しばしば軽蔑] (人が)(そんなことをするだろう)とあらかじめわかっている, やることが変わりばえしない. **-bly** /-bli/ 副 1 **文修飾語**…は予想されたことだが, 予想どおり, 案の定. 2 予言できるように.

*pre·dic·tion /prɪdíkʃən/ 名 (~s /-z/; 動 predict) C,U 予言; 予測, 予報: His ~ *of* her election victory came true. 彼女が選挙で勝利するという予測は的中した / Mr. Hill made a ~ *that* trade disputes would diminish. <N+*that* 節> ヒル氏は貿易摩擦は減少すると予言した.

pre·dic·tive /prɪdíktɪv/ 形 [普通は A]《格式》予言[予測]の. **~·ly** 副 予言[予測]として.

pre·dic·tor /prɪdíktə | -tə/ 名 C《格式》(予言の根拠となる)手がかり, 徴候 (of); 予言者; 予測装置.

pre·di·gest·ed /prìːdaɪʤéstɪd, -dɪ-/ 形 [やや軽蔑] (ニュースなどが)易しく書き直された.

pred·i·kant /prédɪkənt/ 名 C =predicant.

pre·di·lec·tion /prèdəlékʃən, prìː- | prìː-/ 名 C [普通は単数形で]《格式》偏愛, 好み, ひいき (for).

pre·dis·pose /prìːdɪspóʊz/ 動 [普通は受身で] 1《格式》(物事が)〈人〉を…に向く[…する]ようにしむける, 〈人〉に(自然に)…させる, (…の方向・性質に)傾かせる (toward; to do). 2【医】〈人〉を(病気に)かかりやすくする (to).

pre·dis·posed /prìːdɪspóʊzd/ 形 P《格式》1 (…に)傾いた, (…する)傾向のある (to, toward; to do). 2【医】(病気に)かかりやすい (to, toward).

pre·dis·po·si·tion /prìːdɪspəzíʃən/ 名 C,U《格式》(しばしば悪い)傾向, 質(た);【医】(病気などにかかりやすい)素因, 素質 (to, toward; to do).

pre·dom·i·nance /prɪdámənəns | -dóm-/ 名 U または a ~]《格式》(力・数が)勝っていること; 優勢 (of, in, over).

+**pre·dom·i·nant** /prɪdámənənt | -dóm-/ 形 (動 predómināte) 1 (力・数が…より)勝っている (over); 優勢な, 有力な: the ~ mood (その場の)支配的な雰囲

気. **2** 目立った，目につく: the ～ color 主色.

*pre・dom・i・nant・ly /prɪdάmənəntli | -dɔ́m-/ 圖 圧倒的に, 主に; 他に勝って, 優勢に: The passengers on the boat were ～ Japanese tourists. 船客はほとんど日本人観光客だった.

⁺pre・dom・i・nate /prɪdάmənèɪt | -dɔ́m-/ 働 圏 prédominant) 圁 《格式》優勢である; (…に)勝る; (数量の点で)目立つ (over).

pre・dom・i・nate・ly /prɪdάmənətli/ 圖 ＝predominantly.

pree・mie /príːmi/ 图 ⓒ 《米略式》早産児.

pre・em・i・nence /priémənəns/ 图 Ⓤ 《格式》[ほめて] 抜群, 卓越, 傑出; 顕著 (in).

⁺pre・em・i・nent /priémənənt/ 圏 《格式》[ほめて] 抜群の; 秀でた; 顕著な (in, among, at). ～・ly 圖 抜群に; 傑出して, 優れて; 著しく.

⁺pre・empt /priém(p)t/ 働 ❶ 《やや格式》〈事〉を(先手を打って)回避する; 〈…〉を先取する; 出し抜く, 〈…〉の機先を制する. **2** 《米》(テレビ・ラジオで) 〈予定された番組〉の代わりをする. **3** 《商》〈…〉を先買権によって獲得する; 《米》〈公有地〉を先買権を得るため占有する.

pre・emp・tion /priém(p)ʃən/ 图 Ⓤ ❶ 《商》優先買い取り権, 〈公有地〉の先買(権). **2** 先取り; 出し抜くこと, 先制(攻撃).

pre・emp・tive /priém(p)tɪv/ 圏 ❶ [普通は Ⓐ] 《やや格式》先制(攻撃)の: a ～ attack [strike] 先制攻撃. **2** 先買の, 先買権のある. ～・ly 圖 先制して; 出し抜いて.

preen /príːn/ 働 〈羽〉をくちばしで整える. ― 圁 羽づくろいする; [しばしば軽蔑] 得意がる, やにさがる.

préen onesèlf 働 圁 [しばしば軽蔑] (1) 髪をとかして身づくろいする; 〈鳥が羽〉づくろいする. (2) 得意になる, やにさがる (on).

pre・en・joyed /prìːɪndʒɔ́ɪd, -en-◄/ 圏 《米》中古の.

pre・ex・ist /prìːɪgzíst, -eg-/ 《格式》働 圁 あらかじめ存在する. ― 他 〈…〉より前に存在する.

pre・ex・is・tence /prìːɪgzístəns, -eg-/ 图 Ⓤ 《格式》(霊魂などの)先在; 前世.

pre・ex・is・tent /prìːɪgzístənt, -eg-/ 圏 先在の.

pre・ex・ist・ing /prìːɪgzístɪŋ◄/ 圏 《格式》前から存在する, 既存の.

pref. 略 ＝preface, prefix.

pre・fab /príːfæb/ 图 ⓒ 《略式》プレハブ, 組み立て式家屋. ― 圏 《略式》＝prefabricated.

pre・fab・ri・cate /prìːfǽbrɪkèɪt/ 働 他 〈建物・船などを規格の部品で組み立てる.

prè・fáb・ri・càt・ed 圏 Ⓐ プレハブの, 組み立て式の: a ～ house プレハブ住宅.

pre・fab・ri・ca・tion /prìːfæbrɪkéɪʃən/ 图 Ⓤ (建物・船などの)規格の部品での組み立て, プレハブ生産.

⁺pref・ace /préfəs/ 图 Ⓒ ❶ 序文, 緒言, はしがき 《著者自身が書くもの; 略 pref.》; (スピーチの)前置き (to). **2** (…への)発端, きっかけ, 前兆 (to). 関連 foreword 著者以外の人が書く序文. 語源 ラテン語で「前もって言うこと」の意. ― 働 《格式》❶ [普通は受身で] 〈…〉に序文を書く (with). **2** 〈話など〉の前置きをする (with, by).

pref・a・to・ry /préfətɔ̀ːri | -təri, -tri/ 圏 [普通は Ⓐ] 《格式》序文の, 前置きの.

⁺pre・fect /príːfekt/ 图 Ⓒ ❶ 《英》(public school の) 監督生 《生徒の指導にあたる上級生》. **2** [時に P-] (パリの)警視総監; (日本やイタリアなどの)知事.

pre・fec・tur・al /príːfektʃərəl, prɪfék- | prɪfék-/ 圏 ❨图 préfecture》(日本などの)県の, 府の: a ～ government 県庁.

*pre・fec・ture /príːfektʃɚ | -tʃə/ 图 (～s /~z/; 圏 préfectural) Ⓒ (日本などの)県, 府: I was born in Osaka [Aichi] P- in 1978. 私は 1978 年に大阪府[愛知県]に生まれた.

*pre・fer /prɪfɚ́ː | -fɚ́ː/ 働 (pre・fers /~z/; pre・ferred /~d/; -fer・ring /-fɚ́ːrɪŋ | -fəːr-/; 图 préference, 圏 préferable) 他 [進行形なし] 〈他のものより〉むしろ〈…のほうを好む〉 (like better), 〈他のものより〉むしろ〈…〉を選ぶ; どちらかと言えば〈人〉に…してもらったほうがいい, 〈食べ物など〉に…したのが好きだ (☞ confer 類義語)): Which do you ～, tea or coffee? ↗ お茶とコーヒーとどちらが好きですか 《↗つづり字と発音解説 97》 [言い換え] I (much) ～ apples to oranges. ＝ ＜V+O+to+名・代＞ I like apples (much) better than oranges.) オレンジよりりんごのほうが(ずっと)好きです | I ～ flying to going by train. ＜V+O (動名)+to+動名＞ 列車より飛行機で行くほうがいい | I ～ not to go. どちらかと言えば行きたくない. 語法 一般的な好みを言うときは＜V+O (動名)＞, 特定の場合の好みの選択を言うときは＜V+O (to 不定詞)＞の型を用いる (☞ like² 1 の 2 番目の 語法) | Do you ～ me to do the work by myself? ＜V+O+C (to 不定詞)＞ ＝ 《格式》Do you ～ that I (should) do the work by myself? ＜V+O (that 節)＞ (☞ should A 8) 君は私一人でその仕事をやったほうがよいのですか / I ～ to wait rather than (to) go at once. ＜V+O (to 不定詞)＞ すぐ行くより私としては待つほうがよい.

語法 目的語が to 不定詞のときは「…より」の意の to の代わりに rather than を用いる. 次の言い方にも注意: Rather than go there, I'd (much) ～ to stay here on my own. そこへ行くよりここにひとりでいるほうが(ずっと)いい.

I ～ my eggs hard-boiled. ＜V+O+C (形)＞ 卵はかたゆでがいい. 語源 ラテン語で「前に置く」の意.

if you prefér 圖 [文修飾節] (あなたが)そのほうがよければ, そう言ったほうがよければ.

I would prefér it if ... ⓢ (1) (丁寧)…していただきたい: *I would prefer it if* you didn't smoke in the car. 車ではたばこを吸わないでいただけませんか. (2) …であればよいのに. 語法 if 節は普通は仮定法過去形.
Ｉwould [I should, I'd] prefér ... (to [ràther than] ― (丁寧) (…よりも)むしろ〈…〉のほうがいいのですが ―般的な好みではなく特定の場面での好みを言う): "Would you like some whiskey?" "I'd ～ coffee." 「ウイスキーはいかがですか」「コーヒーのほうがいいのですが」. 語法 I'd rather have coffee. のほうがくだけた言い方.

(jùst) as you prefér ☞ as 成句.

would [should] prefér to dó (ràther than dó) (丁寧) (―するよりも)むしろ…するほうがいい(と思う): "Shall we go to the movies tonight?" "Well, I'd ～ to stay at home." 「今夜映画に行きましょうか」「そうですねえ, できれば家にいたいんですけど」

would [should] prefér ... to dó (丁寧・格式) (どちらかと言うと)〈人〉に…してもらいたい(と思う): I'd ～ you not to wait. あなたに待っていただかないほうがいいのですが. 語法 次の形で言いかえることも可能: ⓢ I'd ～ it if you didn't wait. ＝ (格式) I'd ～ (that) you 'not wait [didn't wait].

*pref・er・a・ble /préf(ə)rəbl/ 圏 ❨ 圏 prefér》 Ⓟ (…よりも)望ましい, 望ましい選ぶべき: Death is (infinitely) ～ to shame. ＜A+to+名・代＞ 恥よりも死のほうが(はるかに)ましである. 語法 普通は more か than とともに用いられる.

pref・er・a・bly /préf(ə)rəbli/ 圖 [しばしば 文修飾節] (もし)できれば; むしろ: We want an assistant, ～ someone with experience. 助手を求めています. なるべくならば経験者を望みます.

*pref·er·ence /préf(ə)rəns/ [T1] [名] (-er·enc·es /~ɪz/; [動] prefér, [形] 3 では prèferéntial) 1 [U] または a ~] (他のものより)…を好むこと, 好み; (好みによる)選択; ひいき: express *a* ~ 好みを言う / in order of ~ 好みの順で(は) / a matter of personal ~ 個人の好みの問題 / [言い換え] My ~ is *for* dogs rather than cats. (=I prefer dogs to cats.) 猫よりむしろ犬のほうが好きだ / sexual ~ 性的嗜好.
2 [C] 好きなもの: "Would you prefer a window or an aisle seat?" "I've no special [strong, particular] ~." 「窓側の席と通路側の席とどちらがよろしいでしょうか」「特に好みはありません(どちらでも結構です)」 3 [U,C] 優先, 優先権; (貿易上の)特恵 (*over*).
gìve [shów] préference to ... [動] [他] …を優先する. **hàve a préference for ...** [動] [他] …を好む, (他のものよりは)…を選ぶ. **in préference to ...** [前] …よりはむしろ, …に優先して.

préference shàre [名] [C] 《英》 =preferred stock.

⁺**pref·er·en·tial** /prèfərénʃəl←/ [形] ([名] préference 3) [A] 優先の, 優先権のある; (貿易上の)特恵のある. **gèt [gìve] preferéntial tréatment** [動] [自] 特別待遇を受ける[与える]. **-tial·ly** /-ʃəli/ [副] 優先して; 優遇して.

pre·fer·ment /prɪfə́ːmənt | -fə́ː-/ [名] [U,C] 《格式》 昇進, 昇級; 抜てき, 登用.

preférred províder organizàtion [名] [C] 医療者選択会員制団体健康保険 《行きたい医院を選択できる; [略] PPO》.

pre·férred stóck [名] [C] 《米》〘株〙 優先株 (《英》 preference share). [関連] common stock 普通株.

pre·fig·u·ra·tion /prìːfɪgjʊréɪʃən/ [名] [C,U] 《格式》 予示; 予想.

pre·fig·ure /prìːfígjə | -gə/ [動] (-fig·ur·ing /-gjərɪŋ | -gər-/) [他] 《格式》 1 〈…〉を前もって示す, 予示する, 〈…〉の前兆となる. 2 〈…〉を予想する.

pre·fix[1] /príːfɪks/ [名] [C] 1 〘文法〙 接頭辞 (《略》 pref.). 2 《古風》 (氏名の前につける)敬称 (Mr., Dr. など); (個人の番号や記号の)前につける番号[記号]. 3 (電話の)市外局番. ― [動] [他] 〈語〉に接頭辞をつける.

> [文法] 接頭辞
> 語の前につけてその接頭辞の意味の加わった派生語を作る働きをする. 接尾辞 (suffix) に対する. 語と違って接頭辞はそれ自身は独立しては用いられない. この辞書では [接頭] と示す: *dis*- (「反対, 非…, 不…」の意)+appear (現われる) → *dis*appear 消える / *re*- (「再び, さらに, …しなおす」の意)+build (建てる) → *re*build 再建する / *un*- (「…ではない」の意)+happy (幸福な) → *un*happy 不幸な.

pre·fix[2] /prìːfíks/ [動] [他] 《格式》 〈序文・敬称など〉を冠する. **prefix ... to ― = prefix ― with ...** [動] [他] …を―の前[初め]につける[置く].

prè·fixed [形] 前[初め]に(…と)つけられた[置かれた] (*by, with*).

prè·flíght [形] 飛行前の, 飛行に備えた.

prè·gáme [形] ゲーム前の.

preg·gers /prégəz | -gəz/ [形] 《英》 [S] 妊娠している.

*__preg·nan·cy__ /prégnənsi/ [名] (-nan·cies /~ɪz/; [形] prégnant) [U,C] 妊娠, 妊娠期間: (an) imaginary ~ 想像妊娠 / a ~ test 妊娠検査.

*__preg·nant__ /prégnənt/ [形] ([名] prégnancy) 1 [比較なし] 妊娠した (*with*) 《日常会話では普通 She is going to have a baby. や She is expecting. 《略式》 など遠回しに言う; ☞ be expecting (expect 成句)》: a (heavily) ~ woman (出産間近の)妊婦 / get [become, 《古風, 英》 fall] ~ 妊娠する / John's wife is eight months ~. ジョンの妻は妊娠 8 か月だ / She got ~ *by* Bill. <A+*by*+名・代> 彼女はビルの子を宿した / Bill got her ~. ビルが彼女を妊娠させた. 2 [A] 《格式》 (ことば・表情などが)含みのある; 含蓄のある: a ~ look 意味ありげな表情 / a ~ pause [silence] 意味深長な沈黙. 3 [P] 《格式》 (意味合いなどを)含んだ, (可能性などに)満ちた; (危険などを)はらんだ (*with*).

⁺**pre·heat** /prìːhíːt/ [動] [他] 〈オーブンなど〉を(ある温度まで)前もって温める[熱する] (*to*).

pre·hen·sile /prɪhéns(ə)l | -saɪl/ [形] 〘動〙 (足・尾などが)つかむのに適する.

⁺**pre·his·tor·ic** /prìːhɪstɔ́ːrɪk | -tɔ́r-←/ [形] 1 [普通は [A]] 有史以前の. [関連] historic 有史時代の. 2 [滑稽または軽蔑] 旧式の, 古風な. **-tór·i·cal·ly** /-kəli/ [副] 有史以前に.

pre·his·to·ry /prìːhístəri, -tri/ [名] [U] 1 有史以前, 前史時代. 2 草創期; (…までの)経緯, いきさつ.

pre·hu·man /prìːhjúːmən←/ [形], [名] [C] 人類(出現)以前の(動物).

pre·in·dus·tri·al /prìːɪndʌ́striəl←/ [形] [A] 産業革命以前の.

prè·instáll [動] [他] [しばしば受身で] 〈ソフト〉を(前もってコンピューターに)インストールする.

pre·judge /prìːdʒʌ́dʒ/ [動] [他] [軽蔑] 〈…〉を予断[速断]する; 審理せずに判決する.

pre·judg·ment, 《英》 -judge- /prìːdʒʌ́dʒmənt/ [名] [U,C] [軽蔑] 予断, 速断.

*__prej·u·dice__ /prédʒʊdɪs/ [T3] [名] (-u·dic·es /~ɪz/; [形] prèjudícial) [U,C] 偏見, 先入観; 悪感情: sexual ~ 性的な偏見 / Listen to what he says *without* ~. 偏見を持たずに彼の言うことを聞いてやりなさい / There is little ~ *against* [*about*] minorities here. ここでは少数民族に対する偏見はほとんどない. [語源] ラテン語で「前もっての判断」の意; ☞ pre-, judicial.
to the préjudice of ... [前] 《格式》 …の不利益となるように, …を侵害して; …をそこなって. **without préjudice** [副] 《格式》 (…に)不利益とならずに, (…を)侵害しないで; (…を)そこなわずに (*to*).
― [動] (-u·dic·es /~ɪz/; -u·diced /~t/; -u·dic·ing) [他] 1 〈…〉に偏見をもたせる, 反感をもたせる (*against*); 〈…〉に好意をもたせる (*in favor of*): The experience ~*d* her *against* the police. <V+O+*against*+名・代> その経験で彼女は警察に対して反感を抱くようになった. 2 《格式》 〈利益など〉を害する, そこなう.

⁺**préj·u·diced** [形] ([反] unprejudiced) [普通は軽蔑] 偏見のある, 先入観をもった, 公平でない; 反感を抱いて (*against*), 好感をもった (*in favor of*): a ~ opinion 偏見 / be racially ~ 人種的偏見をもつ.

prej·u·di·cial /prèdʒʊdíʃəl←/ [形] ([名] préjudice) 《格式》 1 [P] (…にとって)害となる, 不利な (*to*). 2 偏見を抱かせる(ような).

prel·ate /prélət/ [名] [C] 《格式》 高位の聖職者 《司教 (bishop)・大司教 (archbishop) など》.

pre·lim /príːlɪm, priːlím/ [名] 《略式》 1 [C] [普通は複数形で] 予備[準備]段階; 予備試験; 〘スポ〙 予選. 2 [複数形で] 《英》 (本の)前付け.

*__pre·lim·i·nar·y__ /prɪlímənèri | -nəri/ [T3] [形] [普通は [A]] 予備的な, 準備のための: a ~ examination 予備試験 / ~ remarks 序言.
― [名] (-nar·ies) [C] [普通は複数形で] 1 予備段階, 予備行為, 下ごしらえ (*to*). 2 予備試験; 〘スポ〙 予選. [語源] ラテン語で「入り口の前」の意.

pre·lit·er·ate /prìːlítərət, -trət←/ [形] 文字使用以前の; 書きことばをもたない.

prè·lóaded [形] 〘電算〙 プレインストールされている.

⁺**prel·ude** /prél(j)uːd | -ljuːd/ [名] [C] 1 [普通は単数形で] 序幕; 序文, 前口上; 前兆 (*to*). [関連] interlude 間奏曲, 幕あい, 合間(の出来事). 2 〘楽〙 前奏曲, プレリュード, 序曲 (*to*) (☞ postlude).

pre·mar·i·tal /priːmǽrətl/ 形 A (男女関係が)(結)婚前の: ~ sex 婚前交渉.
pre·mar·i·tal·ly /priːmǽrətəli/ 副 (結)婚前に.

*****pre·ma·ture** /priːmətjúər, -tʃúər | prémətʃə, príː-/ 形 **1** (普通[予想]より)早い; 早産の: ~ death 早死, 若死 / a ~ baby 早産児. **2** [けなして] 早まった, 時期尚早の (in): Your decision was a little ~. あなたの決定は少々早まったものでした. **~·ly** 副 **1** (普通[予想]より)早く; 早産で. **2** 早まって.

pre·med /priːméd/ 《米略式》 名 **1** U 医学部進学課程. **2** C 医学部進学課程の学生. —— 形 = premedical.

pre·med·i·cal /priːmédɪk(ə)l/ 形 (米)医学部進学課程の, 医大予科の.

pre·med·i·tate /priːmédətèɪt/ 動 [普通は受身で]〈...〉を前もってよく考える; あらかじめ計画する.

pre·med·i·tat·ed /priːmédətèɪtɪd/ 形 (反 unpremeditated) (犯罪などを)あらかじめ熟慮[計画]された, 計画的な.

pre·med·i·ta·tion /priːmèdətéɪʃən/ 名 U 前もって考えること; あらかじめ計画すること.

pre·men·stru·al /priːménstruəl/ 形 《医》月経前の.

prèmènstrual sýndrome [《英》ténsion] ▶︎ PMS, PMT.

*****pre·mier** /prɪmíər, príːmɪə | prémɪə/ 名 C [しばしば P-] **1** 総理大臣, 首相 (prime minister): P~ John Smith ジョンスミス首相 / John Smith Appointed P~ ジョンスミス首相に新聞でよく使われる. **2** (カナダ・オーストラリアの)州知事. —— 形 A 《格式》 **1** 第一位の, 首位の, 最も重要な. **2** 最初[最古]の.

*****pre·miere, pre·mière** /prɪmíər | prémɪèə/ 名 (~s /~z/) C (劇の)初日; (映画の)封切り: the world ~ 世界初公演[公開]. —— 動 他 [普通は受身で]〈劇〉を初演する;〈映画〉を封切る. —— 自 初演される; 封切られる.

Premíer Léague 名 固 [the ~] プレミアリーグ (イングランドサッカーの最上級のチーム群).

pre·mier·ship /prɪmíərʃɪp, príːmɪə- | prémɪə-/ 名 U.C 首相の地位[任期].

prem·ise /prémɪs/ 名 C 《格式》(理論的の)前提: the major [minor] ~ 大[小]前提. —— 動 [しばしば受身で]〈...〉を前提とする (on).

*****prem·is·es** /prémɪsɪz/ 名 [複] **1** 家屋 (土地・付属物を含む), 構内, 店内. **2** 《法》前記財産, (証書の)頭書. **on [òff] the prémises** 副 敷地内[外]で, 店内[外]で.

pre·miss /prémɪs/ 名 C 《英》 = premise.

*****pre·mi·um** /príːmiəm/ 名 (~s /~z/) **1** C 保険料: payment of a ~ 保険料支払い. **2** C 割増金, プレミアム: pay a ~ 割増金を払う. **3** C 賞金; 特別賞与, ボーナス; 手数料; 謝礼. **4** U 《主に米》ハイオクガソリン. **at a prémium** [形・副] (1) (入手が困難で)貴重. (2) プレミアム付きで, 額面以上で. **pút [pláce] a (hígh) prémium on ...** 動 他〈...〉を重視する.—— 形 A 高価な; 高品質の.

prémium bònd 名 C 《英》割増金付債券.

prémium prìces 名 [複] (品不足などによる)割増価格.

pre·mix¹ /priːmíks/ 動 他 使用前に混ぜる.

pre·mix² /príːmɪks/ 名 C すでに適切な割合に調合されたもの (料理の材料など), 「...の素」.

†**pre·mo·ni·tion** /prìːmənɪ́ʃən, prèm-/ 名 C 予告, 警告; 前兆; (悪い)予感, 虫の知らせ (of; that).

pre·mon·i·to·ry /prɪmɑ́nətɔ̀ːri | -mɔ́nɪtəri, -tri/ 形 《格式》予告の, 警告の; 前兆の.

pre·na·tal /prìːnéɪtl/ 形 (反 postnatal) A 《医》出生前の, 胎児期の; 出生前の (antenatal). **-tal·ly** /-təli/ 副 出生前に, 胎児期に; 出生前に.

pre·nup /prìːnʌ́p/ 名 C 《米略式》= prenuptial agreement.

prè·núp·tial agréement /prìːnʌ́pʃəl-/ 名 C 結婚前の取り決め (離婚した場合の財産・慰謝料などについて結婚前に決めておく書類).

†**pre·oc·cu·pa·tion** /prìːɑ̀kjupéɪʃən | -ɔ̀k-/ 名 **1** U または a ~] 没頭, 夢中 (with). **2** C 夢中になっている事柄[問題].

pre·oc·cu·pied /prìːɑ́kjupaɪd | -ɔ́k-/ 形 [普通は P] (...に)夢中の, うわの空の: be ~ with personal problems 個人的な問題に気を取られる.

pre·oc·cu·py /prìːɑ́kjupàɪ | -ɔ́k-/ 動 (-cu·pies; -cu·pied; -py·ing) 他 《格式》〈...〉の心を奪う,〈人〉を夢中にさせる.

pre·op /prìːɑ́p | -ɔ́p/ 形 《略式》 = preoperative.

pre·op·er·a·tive /prìːɑ́p(ə)rətɪv | -ɔ́p-/ 形 手術前の.

pre·or·dain /prìːɔərdéɪn | -ɔː-/ 動 他 [普通は受身で]《格式》予定する,〈神・運命が〉定める.

prè·or·dáined 形 P《格式》(運命などが)定められている.

pre·or·di·na·tion /prìːɔ̀ədənéɪʃən | -ɔ̀ː-/, **-or·dain·ment** /prìːɔədéɪnmənt | -ɔː-/ 名 U《格式》(神・運命による)予定, 予知.

prè-ówned 形 《主に米》中古の (used).

prep /prép/ 名 《略式》 **1** U《英》宿題. **2** U (試験などの)準備. **3** C《米》= preparatory school 1. **4** C《英》= preparatory school 2. —— 動 (**preps**; **prepped**; **prep·ping**) 《米略式》自 (...の)準備をする (for). —— 他〈人〉に(受験などの)準備をさせる;〈人〉の手術などの準備をする (for);(レストランなどで)〈料理〉の下ごしらえをする.

prep² = preparation, preparatory, preposition.

pre·pack·aged /prìːpǽkɪdʒd/ 形 **1** (食料品などが)販売前に包装された. **2** (他人に)御膳立てされている.

prè·pácked 形 = prepackaged 1.

pre·paid /prìːpéɪd/ 形 前払いの (略 pp, p.p., ppd.).

prepáid cárd 名 C プリペイド(式)カード.

*****prep·a·ra·tion** /prèpəréɪʃən/ 名 (~s /~z/; ~) **1** U 準備, 用意, する[ができている]こと, した〈 (略 prep): ~ for an examination 試験準備[勉強] / After months of ~, they announced a new policy. 何か月もの準備の後, 彼らは新政策を発表した. **2** C [普通は複数形で](具体的な)準備: Our ~s for the party are complete [under way]. パーティーの準備はすべて整った[進行中です]. **3** U.C (授業などの)予習, 下調べ: ~ for tomorrow's classes あすの授業の予習. **4** U 調理(すること); C 料理. **5** C 《格式》調製したもの; 調合剤[薬, 化粧品].

in preparátion [形] 準備中で: The plan is in ~. その計画はいま作成中です.

in preparátion for ... [前] ...に備えて, ...の準備中で: They were busy in ~ for the journey. 彼らは旅行の準備で忙しかった.

màke preparátions for ... [動] 他 (...の(ための))準備をする, ...の用意[したく]をする. 語法 preparations are made for ... の形で受身にできる.

†**pre·par·a·to·ry** /prɪpǽrətɔ̀ːri | -təri, -tri/ 形 《格式》prepáre) A 準備(するため)の (普通 prep). **preparátory to ...** [前] 《格式》...の準備として; ...に先立って.

prepáratory schòol 名 C **1** 《米》(大学進学希望者のための)私立高校 (略 prep school) (富裕な家の子が通う). **2** 《英》私立小学校 (略 prep school). 参考 パブリックスクール (public school) へ

の進学希望者を8歳ごろから13歳ごろまで教育する学校. ここに入学する前は家庭教師(tutor, governess)の個人指導を受けることが多い(⇒ school¹ 表).

*pre・pare /prɪpéər | -péə/ **❶** 他 (**pre・pares** /~z/; **pre・pared** /~d/; **pre・par・ing** /-péərɪŋ/; 图 prèparátion, 形 prepáratòry) 他

1 〈…の〉**準備をする**, 〈…の〉したくをする, 〈…の〉用意をする; 〈人に(…の)準備をさせる (for): ~ one's lessons 授業の予習をする / ~ a room for a guest <V+O+for+名・代> 客に部屋の用意をする / The children are *preparing* to go hiking. <V+O(to 不定詞)> 子供たちはハイキングに行く準備をしている / 言い換え The teacher ~d the boys for the examination. = The teacher ~d the boys to take the examination. <V+O+C(to 不定詞)> 先生は少年たちに受験準備をさせた[受験指導をした].

2 〈人の〉〈食事を〉したくをする, 調理する (⇒ cooking 囲み); 〈薬を〉調合する; 作製する, 作る: ~ a meal 食事のしたくをする / 言い換え My mother was *preparing* us lunch. <V+O+O> = My mother was *preparing* lunch for us. <V+O+for+名・代> 母は私たちの昼食のしたくをしていた / The program was specially ~d for kindergarten pupils. <V+O+for+名・代の受身> その番組は幼稚園児のために特に作られた.

3 [普通は受身で] 〈…に〉(心の)用意をさせる, 〈…に対する〉覚悟をさせる (⇒ prepared): Are you ~d for the worst? <V+O+for+名・代の受身> 最悪の場合の覚悟はできているか / Are you ~d to deal with an earthquake? <V+O+C(to 不定詞)の受身> 地震に対する備えはできているか.

— 圓 **1 準備する**, 用意する, したくする (⇒ repair¹ 語源): Tom is *preparing* for college [an examination]. <V+for+名・代> トムは大学へ入る[試験の]準備をしている. **2** 覚悟をする: We should ~ 'for disaster [to face disaster]. 我々は災害に備えることが必要である / Hope for the best and ~ for the worst. (ことわざ) 最善を望み最悪に備えよ.

prepáre oneself for [**to dó**] ... 動 他 …の[する]準備[用意]をする; …の覚悟をする: Actually, we had ~d ourselves for [to accept] defeat. 実は我々は敗北を覚悟していた.

*pre・pared /prɪpéərd | -péəd/ 形 (反 unpre-pared) **1** P **覚悟ができた**; …する意志がある: 言い換え I'm [I stand] ~ to do anything you order me to do. <A+to 不定詞>=I'm ~ for anything you order me to do. <A+for+名・代> あなたの命令されることなら何でもします / I'm not ~ to accept it. (S) それを容認するわけにはいかない.

2 準備された, (前もって)用意のできた: a ~ statement あらかじめ用意された声明(書) / Be ~. 常に準備をおこたるな《ボーイスカウトのモットー》.

gét ... prepáred 動 他 〈…を〉準備[用意]する.
pre・par・ed・ness /prɪpéə(ə)rɪdnəs, -péəd- | -péəd-, -péərɪd-/ 图 ℃ 準備; 覚悟; 戦時即応, 軍備.
pre・pay /prìːpéɪ/ 他 (**pre・pays** /~z/; 過去・過分 **pre・paid** /-péɪd⁺/; **-pay・ing**) 他 〈…を〉前払いする. — 圓 前払いする.
pre・pay・ment /prìːpéɪmənt/ 图 ℃,Ｕ 前納.
prè・plán 動 事前に〈…を〉計画を立てる.
pre・pon・der・ance /prɪpándərəns, -drəns | -pɔ́n-/ 图 [a ~] (数・力の)優勢 (over); (…の)圧倒的多数[部分] (of): a ~ of evidence 《法》証拠の優越.
pre・pon・der・ant /prɪpándərənt, -drənt | -pɔ́n-/ 形 (格式) 数[力]で(…より)勝る, 優勢な (over); 圧倒的な. **~・ly** 副 優勢で; 圧倒的に.
pre・pon・der・ate /prɪpándərèɪt | -pɔ́n-/ 動 圓 (格式) 数[力]で(…より)勝る; 重要である (over).
prep・o・si・tion /prèpəzíʃən/ 图 ℃ 《文法》前置詞

(略 **prep**). 語源 ラテン語で「前に置かれたもの」の意; ⇒ pre-, position.

文法 前置詞

8品詞の1つで, 普通は名詞または名詞類の前に置いて形容詞句・副詞句をつくる語. この辞書では 前 と示す. 前置詞の次に置かれる語を目的語 (⇒ object¹ 文法) と呼ぶ. 目的語には普通は名詞または代名詞が来るが, Man is superior to animals in that he can speak. (人間は話せるということで動物に勝っている)のように節や, He was given up for dead. (彼は死んだものとあきらめられた)のように形容詞や, How far is it *from* here to Chicago? (ここからシカゴまでどのくらい(の距離)がありますか)のように副詞なども来ることがある.

疑問詞で始まる疑問文では, 前置詞が疑問詞と密接に結び付いているときには分離せず, *Under what* circumstances did he succeed? (どういう状況で彼は成功したのか) / *By what* means are you going to obtain it? (どういう手段でそれを手に入れようとするのか)のようになるが, 普通は前置詞が文の終わりに来る (⇒ whom¹ (2) 語法): What is he crying *for*? (なぜ彼は泣いているのですか) / Where did you come *from*? (あなたはどこから来ましたか).

前置詞は文中では普通は弱く発音されるが, 文の終わりに来る前置詞はやや強く発音され, 強形 (strong form) が用いられる (⇒ つづり字と発音解説 90, 91).

前置詞は関係代名詞との関係については ⇒ relative pronoun 文法 (3).

prep・o・si・tion・al /prèpəzíʃ(ə)nəl⁺/ 形 A 《文法》前置詞の, 前置詞の働きをする, 前置詞的な.
-al・ly /-nəli/ 副 《文法》前置詞として, 前置詞的に.
prepositional phrase 图 ℃ 《文法》前置詞句.

文法 前置詞句

前置詞とその目的語から成る句をいい, 文中では普通副詞的または形容詞的な働きをする: I go to school by bus. 私はバスで通学する[副詞句] / She is a teacher of mathematics. 彼女は数学の先生の[形容詞句].

次の例では前置詞句 under the table そのものが前置詞 from の目的語として名詞的な働きをし, from under the table 全体としては副詞句を作っている: He crawled out from *under the table*. (彼はテーブルの下からはい出た).

pre・pos・sess /prìːpəzés/ 動 他 [普通は受身で] 《格式》〈…に〉よい印象を与える, 好意を抱かせる: be ~ed by ... …に好感をもつ.
prè・posséss・ing 形 (反 unprepossessing) [しばしば否定文で] 《格式》人好きのする, 魅力のある; (一目で)好感を抱かせる.
pre・pos・ses・sion /prìːpəzéʃən/ 图 ℃,Ｕ 《格式》先入観 (against, for).
⁺pre・pos・ter・ous /prɪpástərəs, -trəs | -pɔ́s-/ 形 《格式》非常識な, 不合理な; ばかげた (absurd). 語源 ラテン語で「前 (⇒ pre-) と後 (⇒ post-) が逆になった」の意. **~・ly** 副 非常識(に)も, 不合理(に)も; ばかげて. **~・ness** 图 Ｕ 非常識, 不合理.
prep・py, prep・pie /prépi/ 图 ℃ 《米略式》私立進学高校(卒業)生, プレッピー《preparatory school 1》. — 形 (**prep・pi・er**; **-pi・est**) (特に服装が)進学校風の, プレッピーの.
prè・pro・cess 動 他〈資料・データなどの〉予備的処理をする.
prè・prógrammed 形 前もってプログラムされた, あらかじめ据え付けられた, 前もって決められた.
⁺prép schòol 图 ℃ 《略式》= preparatory school.

prép·time 名 U《米》教師の空き時間《授業のない時間》.

pre·pu·bes·cence /prì:pju:bés(ə)ns/ 名 U《格式》思春期前.

pre·pu·bes·cent /prì:pju:bés(ə)nt/ [普通は A]《格式》思春期前の.

prè·publicátion 形 A 出版[刊行]前の《予約特価などについて》.

pre·puce /prí:pju:s/ 名《解》包皮.

pre·quel /prí:kwəl/ 名 C 1(本・放送番組などの)前編. 2(時間的には前の出来事を扱う)続編.

Pre-Ra·pha·el·ite /prì:ræfiəlàɪt/ 形, 名 C ラファエロ前派の(画家).

prè·re·córd 動 他〈...〉を前もって録音しておく.

prè·re·córd·ed 形 前もって録音された.

prè·re·córd·ing 名 U.C 前もっての録音.

prè·reg·is·ter /prì:rédʒɪstə | -tə/ 動 自 予備[事前]登録する.

prè·reg·is·tered 形 予備[事前]登録された.

prè·registrátion 名 U 予備[事前]登録.

prè·reléase 形 A 一般公開[発売]前の. — 名 一般公開[発売]前の作品[ソフトなど].

pre·req·ui·site /prì:rékwəzɪt/ 名 C《格式》必須[必要]条件; あるコースを履修する前にとっておかねばならない授業(of, for, to). — 形 前もって必要な, 欠くことのできない(for, to).

pre·rog·a·tive /prɪrɑ́gətɪv | -rɔ́g-/ 名 C《普通は単数形で》《格式》(ある地位に伴う)特権: the royal ~《英》国王の特権.

pres. =present¹ 4.

Pres. 大統領(President) (☞ president 1).

pre·sage¹ /prɪsédʒ | présɪdʒ/ 動 他《格式》〈...〉の前兆となる;〈...〉を予言する.

pres·age² /présɪdʒ/ 名 C《格式》前兆, 予感.

pres·by·o·pi·a /prèzbióʊpiə/ 名 U《医》老眼.

pres·by·ter /prézbətə | -tə/ 名 C《長老教会の》長老(elder), 《英国国教会などの》司祭(priest).

Pres·by·te·ri·an /prèzbətíəriən/ 名 C 長老教会派の人; 長老部年主義者; 《複数形で》長老派. — 形 1 長老教会派(所属)の. 2 [p-] 長老(会)制の.

Pres·by·te·ri·an·ism /prèzbətíəriənìzm/ 名 U 長老教会の教義[原理]; 長老制.

pres·by·ter·y /prézbətèri | -təri, -tri/ 名 (-ter·ies) C 1 長老会, 中会; 長老会管轄区. 2《カトリック》司祭館. 3 司祭席.

pre·school /prí:skú:l/ 形 就学前の(2-5, 6歳).
— 名 C《米》幼稚園, 保育園(《英》nursery school).

pré·schòol·er 名 C《米》幼稚園児, 保育園児; 就学前の児童.

pre·sci·ence /préʃ(i)əns, prí:- | présiəns/ 名 U《格式》予知, 予感; 先見の明.

pre·sci·ent /préʃ(i)ənt, prí:- | présiənt/ 形《格式》予知しての, 先見の明のある.

*__**pre·scribe**__ /prɪskráɪb/ 他 動 (pre·scribes /~z/; pre·scribed /~d/; pre·scrib·ing /~ɪŋ/, prescription, 形 prescriptive) 1 (医者が)薬を処方する,《療法などを指示する》(☞ describe 単語の記憶):The doctor ~d a new medicine [drug] for my headaches. <V(+O)+O+for+名・代> 医者は私の頭痛に新しい薬を処方した / My family doctor has ~d me painkillers. <V+O+O> かかりつけの医者が私に痛み止めを処方してくれた / The physician ~d complete rest for the patient. 医師は患者に対して完全な休養を命じた. 2《格式》〈...〉を[と]規定[指示], 指図する.

pre·scríbed 形 規定[指示]された.

pre·script /prí:skrɪpt/ 名 C《格式》規定, 指令.

*__**pre·scrip·tion**__ /prɪskríp∫ən/ 名 (~s /~z/;

prescríbe) 1 C 処方(箋(せん)); 処方薬; U 処方することと: The doctor wrote a ~ for sleeping pills. 医者は睡眠剤の処方箋を書いた. 2 U 規定すること; C 指示; 規定;(提)案, (...の) 処方箋 (for). **by [《英》on] prescription** [副](医者の処方によって.
— 形(薬品が)購入に処方箋が必要な.

prescríption chàrge 名 C《普通は複数形で》《英》(国民健康保険で)薬代の患者負担分.

prescríption còst 名 C《普通は複数形で》《米》薬代の患者負担分.

prescríption drùg [mèdicine] 名 C 処方箋調剤薬, 要指示医薬品.

pre·scrip·tive /prɪskríptɪv/ 形(動 prescríbe) 1《格式》規定する, 指示を与える. 2《文法》規範的な(反 descriptive): ~ grammar 規範文法. **~·ly** 副 規範的に; 規定されて.

prescríptive ríght 名 C《法》時効[慣行]による権利.

pre·sea·son /prì:sí:z(ə)n/ 形(観光・スポーツなどの)シーズン前の, ~ 名 C シーズン前.

prè·seléct 動 他〈...〉を前もって選ぶ.

*__**pres·ence**__ /préz(ə)ns/ 名 (pres·enc·es /~ɪz/) 1 U (ある場所に)居合わせていること, 出席《普通は present¹ 1; 反 absence): She said nothing, so no one noticed her ~. 彼女は何も言わなかったのでだれも彼女がいることに気づかなかった / Your ~ is requested at the ceremony. 《格式》式典にご出席くださるようお願いします / Tests revealed the ~ of a poisonous substance in the food. 検査の結果その食物中には有毒物質が含まれていることが判明した. 2 [U または a ~]《ほめて》存在感, 風采(さい), 貫禄(かく): a woman of great ~ 気品のある風采の女性. 3 《単数形で》《軍隊などの》駐留,《外国への経済的》進出: the American ~ in Greece ギリシャにおけるアメリカ軍の駐留. 4 C 《普通は単数形で》霊的な存在, 霊気.
be admitted to ...'s présence [動 自]《格式》(重要人物の部屋に)入室[引見]することを許される.
in the présence of ... =in ...'s présence [前]...のいる前で; ...に直面して: The girls danced in the ~ of the princess. 少女たちは王女の前で踊った.
màke one's présence félt [動 自](人柄・能力などで)存在を知らしめる; 影響力を持つ.

présence of mínd 名 平静さ: have the ~ of mind to call the police 落ち着いて警察に電話する.

*__**pres·ent**__¹ /préz(ə)nt/ (類義 pleasant)

```
ラテン語で「(目の)前にいる」の意 (☞ pre-).
    ┌→「居合わせている」形 1
    └→「目下の」3 → 「現在の」形 2, 4 → 「現在」名
```

— 形 [比較なし] 1 P (ある場所に)居合わせている, 出席している; ある, 存在している (in)《反 présence 1; 反 absent¹): All the students are ~. 生徒は全員出席している / Were you ~ at the party? <A+前+名・代> あなたはその会に出席しましたか. 語法 名詞や代名詞を直接修飾するときはその後に置く: 'The girls [Those] ~ were shocked. その場にいた少女[人]たちは衝撃を受けた.

2 A [the または所有格の後で] **現在の**, 今の: the ~ government 現在の政府 / My ~ assistant is a graduate student. 私の今の助手は大学院の学生だ // ☞ present day. 関連 past 過去の / future 未来の / former¹ 以前の.

3 A [the ~] 目下(もっか)の, 当面の; 考慮中の: That rule does not hold in the ~ case. この場合にはその規則は当てはまらない / I have no objection to the ~ proposal. この(検討中の)提案については私には何の異論

もない.
4 Ⓐ 〖文法〗現在の, 現在時制[形]の (略 pr, pres.; ☞ present tense 文法). **5** Ⓟ 〖格式〗まざまざと思い出される; 記憶に新しい (in).
áll présent and ˈaccóunted fòr [《英》correct] Ⓢ 全員[すべて]そろいました. **présent còmpany excépted** [副] 文修飾語 〖丁寧〗[しばしば滑稽]ここにおられる皆さまは別ですが《何か批判がましいことを言うときの言いわけ》.

—名 [the ~] **1** 現在, 今: You must live in *the* ~, not in the past. 過去にではなく現在に生きねばならない / 'There's no time [No time] like *the* ~. 〖ことわざ〗今こそ絶好のチャンスだ(思い立ったが吉日). 関連 past 過去 / future 未来. **2** 〖文法〗現在(時制・形)(略 pr, pres.; ☞ present form 文法). 関連 past 過去(時制) / future 未来(時制).
at (the) présent [副] 現在は, 目下(もっか) (now): Everything is going well *at* ~. 今はすべて順調だ.
by thése présents [副] 〖法〗本(証)書により.
for the présent [副] 文修飾語 さしあたり, 当分(は), とりあえず(は): Two hours of exercise each day will be enough *for the* ~. さしあたり1日2時間の運動で十分だろう.

*pre·sent² /prɪzént/ 動 (pre·sents /-zénts/; -sent·ed /-tɪd/; -sent·ing /-tɪŋ/; 名 présentátion) 他

元来は「前に差し出す」の意 (☞ pre-; present¹,³ 囲み).

「差し出す」**2** → 「贈呈する」**1**
(人前に) → 「上演する」**3**
→ 「紹介する」**4**

1 〈…〉を〈人に〉贈呈する, 贈与する (give) (to); 〈人〉に〈…〉を贈呈する (with); 言い換え The principal ~*ed* certificates *to* the students. ＜V+O+to+名・代＞＝The principal ~*ed* the students *with* certificates. ＜V+O+with+名・代＞ 校長は生徒たちに修了証書を授与した.

2 〈…〉を差し出す, 〈書類など〉を提出する (submit); 〈小切手・請求書〉を渡す; 申し出る (offer); 〈人〉に〉提示する[見せる, 示す]; 〈表情など〉を表わす, 示す; 〈…〉を(…として[に])描く (as, in); 〈問題・困難など〉を生じる, 〈人〉に〈困難など〉をもたらす, 言い換え He ~*ed* his card *to* me. ＜V+O+to+名・代＞ 彼は私に名刺を差し出した / Will you ~ your plan *for* consideration? 検討用にあなたの企画を提出してくれませんか / 言い換え The situation ~s no difficulties *to* us.＝The situation doesn't ~ us *with* any difficulties. ＜V+O+with+名・代＞ 情勢は我々にとって何ら難しいものではない / Mr. White ~s his compliments *to* you. 〖格式〗ホワイトさんがあなたによろしくとのことでした. **3** 〖劇〗を上演する; (テレビ・ラジオで)放送する; (映画会社が)映画を公開する; 〈俳優など〉を出演させる; 〈英〉〈番組など〉の司会者[キャスター, 案内役]をつとめる (《米》 host): The drama *was* ~*ed* last month. その劇は先月上演された. **4** 〖格式〗〈…〉を紹介する[披露]する (introduce): Mrs. Smith, may I ~ Mr. Hill? スミスさん, ヒル氏をご紹介いたします.
Présent árms! 〖軍〗ささげ銃(つつ)(号令).
presént oneself [動] 他 (1) (問題・機会などが)起こる, 生ずる: A good idea ~*ed itself*. よい考えが浮かんだ / A magnificent sight ~*ed itself to* [before] us. すばらしい景色が我々の前に現われた. (2) 〖格式〗〈人〉が(会などに)出席する, 出頭する, 姿を現わす (at, in); 〖医〗(症状が)現われる: Mr. Jones ~*ed himself* 'to the police [for an interview]. ジョーンズ氏は警察に出頭した[インタビューに現われた]. (3) 自分を(…に)見せる (as).
— 自 〖医〗(患者・病気などが)(症状が)示す (with).

present perfect progressive 1377

*pres·ent³ /préz(ə)nt/ 名 (pres·ents /-z(ə)nts/) Ⓒ

present² から「前へ(差し出す物)」→「贈り物」

贈り物, プレゼント; 土産(みやげ) (☞ 類義語; souvenir 日英比較): wrap a birthday [Christmas] ~ 誕生日[クリスマス]の贈り物を包む / Nancy bought ~*s for* her parents. ナンシーは両親にお土産を買った / This ~ is *from* all of us. このプレゼントは私たちみんなからです / I am going to give her a ~. 彼女に贈り物をするつもりだ. 参考 英米では贈り物は普通その場で開けて礼を言う. **màke ... a presént of** (1) 〈…に〉—を贈る: John *made* Meg *a* ~ *of* a necklace. ジョンはメグにネックレスをプレゼントした. (2) 〖格式〗〈…に〉—をうっかり与えてしまう: Our team *made* the other team *a* ~ *of* two runs by a careless error. うちのチームは不用意なエラーで相手に2点もやってしまった.
〖類義語〗**present** しばしば親しみの気持ちから表わされての贈り物. **gift** やや改まった感じの語で多少価値のある贈り物を意味する. **donation** 多額の金銭的な寄付.

pre·sent·a·ble /prɪzéntəbl/ 形 人前に出せる, 見苦しくない, 体裁(ていさい)のよい. **màke oneself preséntable** [動] 自 身なりを整える. **-a·bly** /-təbli/ 副 体裁よく, きちんと.

*pres·en·ta·tion /prèz(ə)ntéɪʃən, prìː- | prèz-/ 名 (~s /-z/; 動 présent²) **1** U,C (案・証拠などの)提示, 披露, 紹介, (意見などの)発表, プレゼン(テーション), 説明, 実演; U (品物などの)体裁: The company has scheduled a ~ *of* [on] the new model tomorrow. その会社はニューモデルの発表(会)をあす行なう予定だ. **2** U,C 贈呈, 授与; C 贈呈品: the ~ *of* prizes 賞品の授与(式) / make the ~ 賞品を手渡す. **3** C 上演, 公開 (of). **4** C,U 〖医〗(分娩時の)胎位.
màke [gìve] a presentátion [動] 自 説明[発表]する, 考え[案]を述べる (on).

pres·en·ta·tion·al /prèz(ə)ntéɪʃ(ə)nəl, prìː- | prèz-/ 形 発表の, 意見提示の.

presentátion còpy 名 C 贈呈[献]本.
présent dáy 名 [the ~] 現代, 今日(こんにち).
*présent-dáy 形 Ⓐ 現代の, 今日の (☞ modern 類義語): ~ English 現代英語.

prè·sen·tenc·ing /prìːséntənsɪŋ/ 形 〖米〗〖法〗判決前の.

*pre·sent·er /prɪzéntə | -tə/ 名 C **1** 《米》(賞などの)贈呈者; プレゼンをする人. **2** 《主に英》(テレビ・ラジオの)司会者, キャスター (《米》 host).

présent fòrm 名 [the ~] 〖文法〗現在形.

文法 **現在形**
動詞や助動詞の活用の1つで現在時制に用いられる形をいう. 動詞の現在形は三人称単数現在形を除いて, すべて原形(☞ root 文法)と同じであるが, be 動詞だけは特殊な形を持つ (☞ be 表).

pre·sen·ti·ment /prɪzéntəmənt/ 名 C 〖格式〗(悪い)予感, 虫の知らせ (of).
*pres·ent·ly /préz(ə)ntli/ 副 〖格式〗**1** 〔主に米・スコ〕現在(は), 目下(もっか) (now): He is ~ traveling in Canada. 彼は今カナダを旅行中だ. **2** 〔未来に関して〕〖古風〗まもなく, やがて (☞ soon 類義語): They will be here ~. 彼らはまもなくここへ来るだろう. **3** 〔過去に関して〕Ⓦ (その後)まもなく.
présent párticiple 名 C 〖文法〗現在分詞 (略 ppr., p.pr.; ☞ -ing¹ 文法).
présent pérfect 名 [the ~] 〖文法〗現在完了.
présent pérfect fòrm 名 [the ~] 〖文法〗現在完了形 (☞ have² 1).
présent pérfect progressive fòrm 名

1378 present perfect tense

[the ~]〖文法〗現在完了進行形 (⇨ been² 1 (1)).

présent pérfect ténse 图 [the ~]〖文法〗現在完了時制.

présent progréssive fòrm 图 [the ~]〖文法〗現在進行形 (⇨ be² A 1).

présent ténse 图 [the ~]〖文法〗現在時制.

文法 現在時制

時制の1つで、現在の習慣・事実・一般的真理などを表わすのに用いられる。動詞は現在形が用いられる。論理的に言えば現在という時点には広がりがなく、ただ一瞬のうちに過ぎてしまうものであるから、現在時制が、時の流れの中の一点としての現在に行なわれる動作を述べることはまれで、この場合には現在進行形が用いられるのが普通である。現在時制は普通は過去・未来を含めたある時間の中でのことを述べるわけで、現在時制が習慣的事実を述べることが主になっているのもこのような理由によるものである。

(1) 現在の事実・状態を表わす: It *is* very warm today. きょうは暑い / I *know* him very well. 私は彼をよく知っている.

(2) 現在の習慣的事実を表わす: Tom *goes* to college. トムは大学生だ. 語法 トムが大学に通学している途上であることを述べるには現在進行形を用いて Tom *is going* to college. となる // I *go* to bed at ten. 私は10時に就寝する.

(3) 一般的真理を表わす: Two and two *make*(s) four. 足す2は4 (2+2=4).

(4) 確定的な未来の予定を表わす. 通例未来を表わす語句を伴う: The ship *sails* tomorrow. 船はあす出帆する / Tomorrow *is* my birthday. 明日は私の誕生日だ.

(5) 時や条件を表わす副詞節の中で未来時制の代わりに用いる: Please wait till he *comes* back. 彼が帰ってくるまでお待ち下さい / We will not go on a picnic next Sunday if it *rains*. もし雨が降ったら次の日曜日にピクニックには行かない.

(6) 過去の事実を眼前にほうふつさせるために用いられる. これを歴史的現在 (historical present) と呼び修辞的技法として用いられる: Brown *passes* the ball to White, and White *shoots*! ブラウンがボールをホワイトにパス、ホワイトがシュート(実況放送).

以上はすべて直説法の現在時制の用法で、仮定法の現在時制の用法については ⇨ subjunctive present 文法.

---

pre·serv·a·ble /prɪzə́ːvəbl | -záː-/ 形 (食品などが)保存[貯蔵]できる.

***pres·er·va·tion** /prèzəvéɪʃən | -zə-/ 图 動 presérve) U 1 (自然・環境などの)保存、保護: the ~ *of* nature [the environment] 自然[環境]保護.

2 保存; 貯蔵: a beautiful temple *in* a good state of ~ よく手入れされた美しい寺.

3 保持、維持、保つこと: ~ *of* law and order 法と秩序の維持.

pres·er·va·tion·ist /prèzəvéɪʃ(ə)nɪst | -zə-/ 图 C (動植物・文化財などの)保存[保護]主義者.

preservátion òrder 图 C (主に英)(歴史的建築物などの)保存命令.

***pre·ser·va·tive** /prɪzə́ːvəṭɪv | -záː-/ 图 C,U 防腐剤 (動 presérve). ── 形 [普通は A] 保存力のある.

***pre·serve** /prɪzə́ːv | -záː-/ 動 (pre·serves /~z/; pre·served /~d/; pre·serv·ing) 图 preservátion, 形 preservátive) 他 **1** 〈物品などを〉保存する、保管する: Valuable papers *are* ~*d* here. <V+O の受身> 重要な書類はここに保存されている / They ~*d* the article *from* decay. <V+O+*from*+名・代> 彼らはその物品が傷(いた)まないように保存した.

2 〈自然・環境などを〉保存する、保護する; [普通は受身で]

〈...の〉猟[採集]を禁じる; 〈...〉を禁猟地とする: It is important to ~ these rare birds. この珍しい鳥を保護することが大切だ / struggle to ~ nature *for* future generations <V+O+*for*+名・代> 自然を後世に残すために戦う.

3 〈食品などを〉(腐らないように)保存する: These pears *are* ~*d in* [*with*] sugar. <V+O+*in* [*with*]+名・代の受身> そのなしは砂糖漬けになっている.

4 〈...〉を(ある状態に)保つ、維持する: Singers try to ~ their looks. 歌手たちは容色が衰えないように努めている / We must ~ our peace constitution. 我々は平和憲法を守らなければならない. **5** 《格式》〈人〉を(危険から)守る, 保護する (protect): May Heaven ~ us *from* danger. 神が我々を危険からお守りくださいますように.

── 图 **1** [単数形で]《格式》(個人のための)猟地、漁区; (活動の)分野 (*of*). **2** C 《主に米》禁猟地[区]; 保護区. **3** C [複数形または U] [果物名を伴って] 砂糖漬け; びん詰[缶詰]の果物; ジャム (jam).

pre·sérv·er 图 C 保護者[物]; U,C (木材の)防腐剤.

pre·set /prìːsét/ 動 (pre·sets; pre·set; -set·ting) 他 〈機器などを〉前もってセット[調節]する.

prè·séttlement 形 A 《米》(北米において)ヨーロッパからの移住以前の.

prè·shrúnk 形 〈衣服・布が〉防縮加工した.

***pre·side** /prɪzáɪd/ 動 (pre·sides /-záɪdz/; pre·sid·ed /-dɪd/; pre·sid·ing /-dɪŋ/; 图 président) 自 **1** 議長となる, 司会する: Who will ~ *at* the meeting? <V+*at*+名・代> だれが会の議長[司会]をするだろう. **2** (会・委員会などの)主宰[主管]する, (会食で)主人役を務める; 最高責任者として取り組む, (危機などに)直面[対処]する: The association *is* ~*d* over by Mr. Black. その協会はブラック氏が最高責任者だ. 語法 この文では preside over が他動詞と同じように扱われて受身になっている. 語源 ラテン語で「前に (⇨ pre-) 座る」の意; ⇨ president 語源.

***pres·i·den·cy** /prézɪd(ə)nsi, -dn-/ 图 (-den·cies /~z/) C **1** [しばしば the ~] 大統領の地位[任期]; 社長[会長, 学長]の地位[任期]: gain *the* ~ *of* an organization 組織の長の地位に就く. **2** [しばしば the P-] 米国大統領の地位[任期]: the Democratic candidate for *the* P~ 民主党の大統領候補.

***pres·i·dent** /prézɪdənt, -dnt/ 图 (-i·dents /-dənts/; 图 presíde, 形 prèsidéntial) C **1** [しばしば the P-] 大統領 (略 Pres.): *the* P~ *of* the United States 米国大統領 (⇨ 次ページの表) / P~ Bush will visit France next month. ブッシュ大統領は来月フランスを訪問する. 語法 呼びかけるときは Mr. President (男性), Madam President (女性) という. 関連 vice-president 副大統領.

president	大統領
	社長, 会長, 学長など

2 《米》社長, 頭取: the ~ *of* a company 会社の社長. **3** 総裁, 会長; 学長, 総長: the P~ *of* Columbia University コロンビア大学学長. **4** [the P-] 上院議長, 《日本の》参議院議長. 関連 Speaker 下院議長, 《日本の》衆議院議長. 語源 ラテン語で「前に座る人」の意; ⇨ preside 語源.

***président-eléct** 图 [単数形で] (就任前の)次期大統領 (形 elect 形 語法); 次期選出者.

***pres·i·den·tial** /prèzɪdénʃəl←/ 形 (图 président) A **1** 大統領の, 大統領に関する: a ~ election 大統領選挙 / a ~ year 《米》大統領選挙の年 / a ~ adviser 大統領顧問. **2** A 社長[会長, 学長]の(地位)の. **3** 自信ありげの.

président pro tém·po·re /-proutémpəri/ 图
C 上院議長代行《米国副大統領(上院議長を兼任)が不在の際に上院議長を代行する上院議員》.
Présidents' Day 图 U《米》大統領誕生日《ワシントン (Washington) とリンカン (Lincoln) の両大統領の誕生日を祝う法定休日 (legal holiday); 2月の第3月曜日; ☞Washington's Birthday》.
pre·sid·ing 形 A 統轄[主宰]している; 議長を務めている: the ~ judge 裁判長, 主席判事.
pre·sid·i·um /prɪsídiəm/ 图 (複 **pre·sid·i·a** /-diə/, ~s) C [しばしば P-]《共産主義国の》最高会議幹部会.
Pres·ley /présli, préz-| prés-/ 图 固 **El·vis** /élvɪs/ ~ プレスリー (1935-77)《米国のロック歌手》.
prè·sóak 動 他〈洗濯物・種子など〉を前もって浸す, つけおきする.

***press** /prés/ ⓬ 图 (~·es /-ɪz/)

「押しつける」(☞ print 語源) ことから, (押す道具) →「印刷機」3 → (印刷物) →「新聞・雑誌」1 →「報道陣」2 となった.

1 [the [a] ~;《英》単数または複数扱い] 新聞・雑誌《全体》, 出版物; マスメディア, 新聞界, 報道業界, 出版界: the freedom of the ~ = ~ freedom 報道[出版]の自由 / a free ~ 言論出版の自由, 自由なマスメディア / the local [national] ~ 地方[全国]紙 / the gutter ~ 扇情新聞 / the daily ~ 日刊新聞 / be criticized severely in the ~ 新聞で酷評される.
2 [the ~;《英》単数または複数扱い; しばしば P-] 報道陣, 記者団《全体》: 「*The P~* is [(Members of) *the P~* are] waiting for the president's arrival. 記者団は大統領の到着を待っている.
3 C 印刷機 (printing press); 印刷[発行]所, 出版部: (the) Cambridge University P~ ケンブリッジ大学出版局. **4** [a ~]《新聞・雑誌などの》批評, 論評; U《人の》評価: The book got [was given] *a good* [*bad*] ~. その本はマスコミで好評[不評]だった. **5** [単数形で] 押すこと, 圧迫; 握りしめる[抱き締める]こと: give the buzzer another ~ ブザーをもう一度押す. **6** U [格式] 繁忙; 切迫, 急を要すること: the ~ of business 仕事の忙しさ. **7** [単数形で] 人込み, 雑踏; 群衆 (*of*). **8** C 圧搾(き)機; 圧縮機, 搾(こ)り器; 押しボタ

P

代	米 国 大 統 領		任 期
1	George Washington	(1732- 99)	1789- 97
2	John Adams	(1735-1826)	1797-1801
3	Thomas Jefferson	(1743-1826)	1801- 09
4	James Madison /mǽdəs(ə)n/	(1751-1836)	1809- 17
5	James Monroe	(1758-1831)	1817- 25
6	John Quincy Adams	(1767-1848)	1825- 29
7	Andrew Jackson	(1767-1845)	1829- 37
8	Martin Van Buren /vænbjú(ə)rən/	(1872-1862)	1837- 41
9	William Henry Harrison /hǽrəs(ə)n/	(1773-1841)	1841
10	John Tyler /táɪlə	-lə/	(1790-1862)	1841- 45
11	James Knox Polk /nákspóuk	nóks-/	(1795-1849)	1845- 49
12	Zachary Taylor /zǽkəriteɪlə	-lə/	(1784-1850)	1849- 50
13	Millard Fillmore /mílədfílmɔə	-lədfílmɔ:/	(1800- 74)	1850- 53
14	Franklin Pierce /píəs	píəs/	(1804- 69)	1853- 57
15	James Buchanan	(1791-1868)	1857- 61
16	Abraham Lincoln	(1809- 65)	1861- 65
17	Andrew Johnson	(1808- 75)	1865- 69
18	Ulysses Simpson Grant	(1822- 85)	1869- 77
19	Rutherford Birchard Hayes /rʌ́ðəfədbə́:tʃədhéɪz	-ðəfədbə́:tʃəd/	(1822- 93)	1877- 81
20	James Abram Garfield /éɪbrəmgáəfi:ld	-gá:-/	(1831- 81)	1881
21	Chester /tʃéstə	-tə/ Alan Arthur	(1830- 86)	1881- 85
22	Grover Cleveland /gróuvəklí:vlənd	-və-/	(1837-1908)	1885- 89
23	Benjamin Harrison /hǽrəs(ə)n/	(1833-1901)	1889- 93
24	Grover Cleveland	(1837-1908)	1893- 97
25	William McKinley	(1843-1901)	1897-1901
26	Theodore Roosevelt	(1858-1919)	1901- 09
27	William Howard Taft /tǽft/	(1857-1930)	1909- 13
28	(Thomas) Woodrow Wilson	(1856-1924)	1913- 21
29	Warren Gamaliel Harding /wɔ́:rəngəméɪliəlháədɪŋ	wɔ́rəngəméɪliəlhá:-/	(1865-1923)	1921- 23
30	Calvin Coolidge /kú:lɪʤ/	(1872-1933)	1923- 29
31	Herbert Clark Hoover /hú:və	-və/	(1874-1964)	1929- 33
32	Franklin Delano Roosevelt	(1882-1945)	1933- 45
33	Harry S Truman	(1884-1972)	1945- 53
34	Dwight David Eisenhower	(1890-1969)	1953- 61
35	John Fitzgerald Kennedy	(1917- 63)	1961- 63
36	Lyndon Baines /líndənbéɪnz/ Johnson	(1908- 73)	1963- 69
37	Richard Milhous Nixon	(1913- 94)	1969- 74
38	Gerald Rudolph Ford	(1913-)	1974- 77
39	James Earl Carter /ɔ́:lkáətə	ɔ́:lká:tə/ Jr.	(1924-)	1977- 81
40	Ronald Wilson Reagan	(1911-2004)	1981- 89
41	George Herbert Walker Bush	(1924-)	1989- 93
42	William Jefferson Clinton	(1946-)	1993-2001
43	George Walker Bush	(1946-)	2001-

ン: a trouser ~ ズボンプレッサー. **9** ⓒ 〘普通は a ~〙 アイロンをかけること: give ... *a* ~ ...にアイロンをかける. **10** ⓒ 〘スコ・アイル〙(大型の)戸棚, 本棚. **11** ⓒ 〘重量挙げ〙 プレス.

gó to préss 〘動〙 ⓐ 印刷に回される. **hót òff the préss(es)** 〘形〙 (記事・情報などが)最新の, ほやほやの. **in [at] (the) préss** 〘形・副〙 印刷中で. **sénd ... to préss** 〘動〙 ⓑ 〈...〉を印刷に回す. **stóp the préss** 〘動〙 ⓐ = stop the presses (1). **stóp the présses** 〘動〙 ⓐ (1) (入ってきたニュースを紙面に追加するために)印刷機を止める. (2) 新聞[出版]社を畳む. (3) Ⓢ 〘滑稽〙 大ニュースだぞ!

— 〘動〙 (press・es /-ɪz/; pressed /-t/; press・ing; 图 préssure) ⓑ **1** 〘普通は副詞(句)を伴って〙〈...〉を〈ぎゅっと〉押す, 押しつける (*together*; *to*, *into*, *onto*): P~ the button. ボタンを押しなさい / The crowd ~*ed* them *back*. <V+O+副> 群衆が彼らを押し戻した / The spy ~*ed* his ear *against* the door. <V+O+前+名・代> スパイはドアに耳を押し当てた / Please ~ the lid firmly *shut*. <V+O+C(形)> ふたをぎゅっと押してしっかり閉めてください.

2 〈...〉を搾(しぼ)る; 〈...〉を押しつぶす, 圧搾(あっさく)する, 〈...〉を型押しする, 型押しして作る 〘言い換え〙 They ~ grapes for [to make] juice. = They ~ juice *from* [*out of*] grapes. <V+O+*from* (out of)+名・代> ぶどうからジュースを搾る ～ frying pans *out of* sheets of steel = ~ sheets of steel *into* frying pans 鉄板をプレスしてフライパンを作る.

3 〈...〉に圧力を加える, 〈衣服〉にアイロンをかける: ~ flowers 押し花を作る / She ~*es* her skirt every day. 彼女は毎日スカートにアイロンをかける. **4** 〈...〉を握りしめる, 抱き締める: He ~*ed* her hand [arm] *firmly*. 彼は彼女の手[腕]をしっかりと握った / The mother ~*ed* the child *to* her. 母親はその子を抱き寄せた / She ~*ed* her clenched fist *against* her chest. 彼女は握ったこぶしで胸を押さえた 〘女性の驚き・恐怖の際のしぐさ〙. **5** 〈人をせきたてる; 〈人〉に〈...〉をせまる; 〈人〉に無理に...させる: Don't ~ me so hard. そうせきたてるな / He ~*ed* me *for* an answer. 彼は私に回答を迫った / Because of (my) work, I *was* ~*ed* to return. 私は仕事でやむなく戻った / They ~*ed* her *into* (taking) the position of adviser. 彼らは彼女を無理やり顧問の地位に就けた. **6** 〈物・考えなど〉を〈...に〉押しつける, 強(し)いる: He ~*ed* the money *on* [*upon*] me. 彼は私にその金をどうしても受け取れと迫った. **7** 〈論点などを強調する; 〈主張, 力説〉する: ~ the point その点を強調する / She ~*ed* her claim for compensation. 彼女はどうしても弁償してくれと言ってきかなかった. **8** 〈CD・レコード〉を原版から複製する, プレスする. **9** 〈物〉を〈...に押しつけて〉貼りつける (*onto*). **10** 〘重量挙げ〙〈バーベル〉をプレスで上げる.

— ⓐ **1** 〘副詞(句)を伴って〙 押しつける; 押し寄せる, どっと群がる (*forward*): P~ (*here*) to shut ここを押して閉めてください / P~ *on* the lid. <V+前+名・代> ふたを押しなさい / Your bag is ~*ing against* my back. 君のかばんが僕の背中に当たって痛い / Thousands of people ~*ed into* the park. 何千人もの人がその公園へと詰めかけた. **2** 〘副詞(句)を伴って〙 押しのけて進む; 急ぐ (hurry): We ~*ed through* the crowd. 我々は人込みを押し分けて進んだ. **3** 〘略式〙 急を要する: Business [Time] ~*es*. 用事[時間]が切迫している. **4** せまる, 強要する: ~ *for* higher wages 賃上げを迫る.

préss ahéad [**ón**] 〘動〙 ⓐ 先を急ぐ, どんどん進む.
préss ahéad [**ón**] **with ...** 〘動〙 ⓑ 〈仕事・行動など〉をどんどん進める. **préss (dówn) on ...** 〘動〙 ⓑ 〈...〉にのしかかる; ...を困らせる, 苦しめる. **préss onesèlf**

agàinst ... 〘動〙 ⓑ ...に体を押しつける. **préss ... óut** 〘動〙 ⓑ 〈ジュースなどを〉搾(しぼ)り出す.

〘単語の記憶〙 **《PRESS》(押す)**	
press	押す
com**press**	(いっしょに押す)→ 圧縮する
de**press**	(下に押しつける)→ 気落ちさせる
ex**press**	(〈考えを〉外に押し出す)→ 表現する
im**press**	(心に押しつける)→ 印象を与える
op**press**	(...に押しつける)→ 圧迫する
sup**press**	(下に押しつける)→ 抑圧する

préss àgency 图 ⓒ 通信社.
préss àgent 图 ⓒ (劇団などの)広報係.
Préss Associàtion 图 ⓔ [the ~] プレスアソシエーション (英国の通信社; 略 PA).
préss bàron 图 ⓒ 〘略式, 主に英〙 新聞王.
préss bòx 图 ⓒ (競技場の)記者[放送]席.
préss-bùtton 形 〘主に英〙 = push-button.
préss clípping 图 ⓒ 〘普通は複数形で〙〘米〙 (新聞の)切り抜き 〘英〙 press cutting).
*__**préss cònference**__ 图 ⓒ (-fer·enc·es /-ɪz/) ⓒ 記者会見: hold a ~ 記者会見を行なう.
préss còrps 图 [the ~] 〘英〙 単数または複数扱い] 記者団. ★ *corps* の発音については ☞ *corps*.
préss cútting 图 ⓒ 〘英〙 = press clipping.
pressed /prést/ 形 **1** 押された; 圧搾(あっさく)された; (食品が)プレス加工の: ~ flowers 押し花 / ~ ham プレスハム / ~ trousers アイロンのかかったズボン. **2** ⓟ せきたてられた, あせった; 強いられた: feel ~ あせりを感じる / ~ *for* time [money] 時間に追われて[金に困って] / He is hard ~ to finish the job in time. 彼は仕事を時間内に終わらせようとあせって[苦労して]いる 〘⇨ hard-pressed〙. **when** [**if**] **préssed** 〘副〙 せきたてられれば.
press·er /présə∕ | -sə/ 图 ⓒ 圧搾機; アイロン.
préss gàllery 图 ⓒ (議会などの)新聞記者席.
préss-gàng 图 ⓒ **1** 人に無理強いする集団. **2** 〘英史〙(水兵などの)強制徴募隊. — 〘動〙 〘略式〙〈人〉に無理やり...させる (*into*).
pres·sie /prézi/ 图 ⓒ Ⓢ 〘英略式〙 = present³.
*__**préss·ing**__ 形 **1** 急を要する, 緊急の, 差し迫った: Time is ~. 時間が切迫している. **2** (人が)せがむ, しつこい. — 图 **1** ⓒ (原盤から)プレスした物 (CD・レコード・自動車部品など; 一度にプレスされた物の全体についてもいう). **2** ⓊⒸ 押す[圧搾]すること. **~·ly** 副 差し迫って; しつこく.
press·man /présmən, -mæn/ 图 (-men /-mən, -mèn/) **1** 印刷(職)工. **2** 〘古風, 英〙 新聞記者.
préss·màrk 图 ⓒ 〘英〙 = call number.
préss òffice 图 ⓒ (企業などの)広報部.
préss òfficer 图 ⓒ (企業などの)広報担当者.
préss pàck 图 ⓒ **1** (企業などの)広報[宣伝]資料(セット). **2** (有名人・重要行事担当の)報道陣.
préss relèase 图 ⓒ (政府機関などの)新聞発表; 声明文.
préss ròom 图 ⓒ (印刷所内の)印刷室; 記者室.
préss sècretary 图 ⓒ 〘米〙 (米国大統領の)報道官. **2** (有名人・組織の)広報担当者.
préss-stùd 图 ⓒ 〘英〙 = snap fastener.
préss-ùp 图 ⓒ 〘普通は複数形で〙〘英〙 = push-up.
*__**pres·sure**__ /préʃə∕ | -ʃə/ 图 (~s /~z/; 動 press) **1** Ⓤ **強制**, 圧力; 〘言い換え〙 The ~ *for* tax reform is growing. = The ~ *to* reform the tax system is growing. <N+*to* 不定詞> 税制改革の圧力が高まっている.

2 ⓊⒸ (精神的な)**重圧, 圧迫, 負担**: mental ~ 精神的な重圧 / suffer from the ~ *of* work 仕事の負担に苦しむ / There are a lot of ~s on the students today. 今日学生達はたくさんのストレスをかかえている.

―コロケーション―
be [come] under *pressure* (*to do*) (…するように)圧力を感じる，圧力をかけられる
feel *pressure* 圧力[重圧]を感じる
「**give in [bow] to** *pressure* 圧力に屈する
pile on *pressure* 圧力[プレッシャー]をかける
put [exert] *pressure* **on** … (*to do*) …に(―するように)圧力をかける，強いる
put … **under** *pressure* 〈…〉に圧力[プレッシャー]をかける
raise [increase, build up] (the) *pressure* 圧力を増す
relieve [ease] (the) *pressure* 重圧を取り除く
resist (the) *pressure* 圧力[重圧]に抵抗する
stand the *pressure* プレッシャーに耐える

3 ⓤ 圧迫，押すこと: The gate finally gave way under the ~ of the water. 水に押されてとうとう水門は開いてしまった. **4** ⓤ⒞ 圧力 (atmospheric pressure); 血圧 (blood pressure) (略 p): the ~ of water in the tank タンクの中の水圧 / high [low] (atmospheric) ~《気象》高[低]気圧. **5**《複数形で》(社会(政治・経済)的な)圧力, 圧迫: relieve inflationary ~s インフレ圧力を緩和する. **6** ⓤ⒞ 困難, 窮乏, 苦悩: ~ *for* money 金詰まり / financial ~ 財政難.
bring préssure to béar on … 動 他《格式》…に(ある事をせよと)圧力をかける, 迫る (*to do*). **únder préssure** 副・形 (1)(気体・液体が)加圧されて. (2)強制されて, やむをえず, ストレスがたまって: I feel under ~ *from* my boss to change my whole plan. 上司の圧力でどうも計画全体を変更せざるを得ないようだ. (3)急がされて, せかされて. **únder the préssure of …** 前 …に迫られて, …のためやむをえず.
― 動 (**prés·sur·ing** /-ʃ(ə)rɪŋ/) 他 〈…〉に圧力をかける, 強制する (《英》pressurize)［言い換え］The premier *was ~d into* resignation [resigning]. =The premier *was ~d to* resign. 首相は辞任を迫られた.
préssure còoker 名 ⓒ **1** 圧力がま[なべ]. **2** 重くのしかかってくる事態. **3** 一触即発の状況.
prés·sured 形 (精神的に)プレッシャーを受けた.
préssure gàuge 名 ⓒ 圧力計.
⁺**préssure gròup** 名 ⓒ《単数形でも時に複数扱い》圧力団体 (☞ interest group, lobby).
préssure pòint 名 ⓒ **1** (皮膚の)圧点, つぼ. **2** 止血点. **3**《主に英》政治圧力の標的, 弱点.
préssure sùit 名 ⓒ《空》与圧服(気圧の低下から飛行士を保護する).
pres·sur·i·za·tion /prèʃərɪzéɪʃən | -raɪz-/ 名 ⓤ 圧力をかけること; 加圧.
pres·sur·ize /préʃəràɪz/ 動 他 **1**《普通は受身で》〈飛行機などの〉気圧を正常に保つ, 加圧する. **2**《英》=pressure.
⁺**prés·sur·ized** 形 **1** (航空機・潜水具などの内部が)一定の気圧に保たれた: a ~ cabin 与圧室 / a ~ water reactor 加圧水型原子炉. **2**《英》=pressured.
pres·ti·dig·i·ta·tion /prèstədìdʒətéɪʃən/ 名 ⓤ《格式》または《滑稽》手品, 奇術; 早わざ.
pres·ti·dig·i·ta·tor /prèstədídʒətèɪtər | -tə-/ 名 ⓒ《格式》または《滑稽》手品師, 奇術師.
⁺**pres·tige** /prestíːʒ/ ⓭ 名 (形 prestigious) **1** ⓤ 名声, 信望, 威信: loss of ~ 威信の失墜(ﾂ) / Several universities in this country enjoy [have] great ~. この国のいくつかの大学は非常に名声が高い. **2** [形容詞的に] 高級な, 一流の: a ~ firm [car] 一流会社 [高級車].
pres·ti·gious /prestídʒəs, -tíːdʒ-/ 形 (名 prestíge) 名声のある; (学校などが)名門の: a ~ school 名門

pretend 1381

校.
pres·to /préstoʊ/ 形 副《楽》プレスト《急速な[に], 速い[く]》. ― 名 (~s) ⓒ プレストの楽節[章]. ― 間《主に米》**1** ⓢ (手品のかけ声で)あら不思議, はいっ! (《英》hey presto). **2**《略》すぐに, さっと.
prè·stréssed 形 (コンクリートが)補強鉄線[ピアノ線]入りの.
pre·sum·a·ble /prɪzúːməbl | -z(j)úːm-/ 形《格式》推定できる, ありそうな (probable).
*⁺**pre·sum·a·bly** /prɪzúːməbli | -z(j)úːm-/ 副
文修飾語 多分, 恐らく, 推定するに: The report is ~ correct. その報道は恐らく正確だろう.
*⁺**pre·sume** /prɪzúːm | -z(j)úːm/ ⓭ 動 (**pre·sumes** /~z/; **pre·sumed** /~d/; **pre·sum·ing**) 名 presumption; 形 1 は presumptive, 2, (自) では presúmptuous) 他 **1**《進行形なし》〈…〉を推定する; 〈…〉と考える; 〈物事を〉(…と)みなす (suppose), 仮定する ([☞ 類義語: resume] 単語の記憶 [言い換え] We ~ his guilt. =We ~ him guilty. <V+O+C (形)> =We ~ him *to* be guilty. <V+O+C (to不定詞)> =We ~ (*that*) he is guilty. <V+O ((that)節)> 私たちは彼は有罪だと思っている / Two swimmers are missing, (and) ~d dead. 泳いでいた 2 人が行方不明で, 死亡したものとみなされている. **2**《普通は否定文・疑問文で》《格式》あえて[厚かましくも]…する: I wouldn't ~ *to* question your judgment. あなたの判断を疑うつもりはありません. **3**《普通は現在形で》《格式》(物事が)〈…〉を前提とする (that). ― 自《格式》でしゃばる: You ~ too much. 少しおぼえなさい. **I presúme** …《格式》…だと思いますが, 多分…(です). 語法 文の終わりで …, I presume (?) のように用いることがある: (You are) Mr. White, I ~? ホワイトさんでいらっしゃいますね《初対面の人に話しかけるときなどに用いる》. **presúme on [upòn]** … 動 他《格式》…につけ込む.
[☞ 類義語] **presume** 何らかの証拠に基いて推定すること. **assume** 証拠はないが一応事実として仮定すること.
⁺**pre·sump·tion** /prɪzʌm(p)ʃən/ 名 (動 presúme) **1** ⓒⓤ 推定, 仮定; 憶測 (*of*; *that*): the ~ of guilt [innocence]《法》有罪[無罪]の推定. **2** ⓤ《格式》ずうずうしさ. **hàve the presúmption to dó** 動《格式》ずうずうしくも…する. **on the presúmption that …** 接 …と推定[仮定]して.
pre·sump·tive /prɪzʌm(p)tɪv/ 形 (動 presúme 他 1) Ⓐ《格式》仮定の, 推定の, 推定に基づく (☞ heir presumptive). **~·ly** 副 推定に基づいて.
pre·sump·tu·ous /prɪzʌm(p)tʃuəs/ 形 (動 presúme 他 2, 自) でしゃばりな, おこがましい, 生意気な (*of*). **~·ly** 副 でしゃばって. **~·ness** 名 ⓤ でしゃばり(であること).
pre·sup·pose /prìːsəpóʊz/ 動 他《進行形なし》《格式》**1** 〈必要条件として〉〈…〉を前提とする: Success ~s diligence. 成功には勤勉が必要だ. **2** 〈…〉を[と]前もって推定[仮定]する.
pre·sup·po·si·tion /prìːsʌpəzíʃən/ 名 ⓒⓤ《格式》前提(条件); 予想, 仮定.
⁺**pre·tax** /prìːtǽks⁻/ 形 Ⓐ 税引き前の, 税込みの: ~ earnings 税込み所得. ― 副 税込みで.
pre·teen /prìːtíːn⁻/ 形 Ⓐ (子供の年齢が)ティーンエージャーより少し下の《大体 10–12 歳》. ― 名 ⓒ ティーンエージャーより少し下の子供.
*⁺**pre·tence** /príːtens | prɪténs/ 名《英》=pretense.
*⁺**pre·tend** /prɪténd/ ⓫ 動 (**pre·tends** /-téndz/; **-tend·ed** /-ɪd/; **-tend·ing**; 名 préten·se, 形 preténtious) 他 **1** 〈…〉のふりをする《ざまし, 人をだますために; ☞ 類義語》(偽って)〈…〉であると主張する (☞ tend) 単語の記憶 [言い換え] She ~*ed to* be ill. <V+O(to不定詞)> =She ~*ed* (*that*) she

pretended

was ill. <V+O((that)節)>=(格式) She ~ed illness. 彼女は仮病をつかった / She ~ed not to see me. 彼女は私が目に入らないふりをした / He knew the truth, but he ~ed otherwise. 彼は真実を知っていたが そうでない(知らない)ふりをした.

2 (子供が)(...の)まねをして遊ぶ, ...ごっこをする: 言い換え Let's ~ to be cowboys. <V+O(to 不定詞)>= Let's ~ (that) we are cowboys. <V+O((that) 節)> カウボーイごっこをしよう. **3** (普通は否定文・疑問文で) (うぬぼれて)(...)であると言う: 言い換え I don't ~ to be an artist. I don't ~ (that) I am an artist. 私は自分が芸術家だなどと言うつもりはない.

— 自 **1** (...する)ふりをする. **2** (子供が)まねごと遊びをする. **3** (格式)(地位などにつくことを)主張する, 要求する (to). (...があるという うぬぼれる (to). 語源 ラテン語で「前へ張り出す」の意から「言い張る」,「主張する」となった; ☞ tend¹ 単語の記憶).

— 形 (普通は A)(主に小児)(遊びで)...であるつもりの, まねごとの, うそっこの: This is my ~ father. この子が私のお父さん(のつもり)だからね.

【類義語】**pretend** 最も一般的な語で, 真実でないものを真実と見せかける: The detective *pretended* to be a visitor. 探偵は訪問客をよそおった. **affect** 他人にある印象を与えるためにそのふりをする: She *affected* illness to avoid going to work. 彼女は仕事に行かなくてもすむように病気のふりをした. **assume** ある外見をよそおう: She *assumed* a calm air. 彼女は平静をよそおった. **feign** 偽って巧みに見せかける: He *feigned* death. 彼は死んだふりをした.

pre·tend·ed 形 偽りの: ~ illness 仮病.
pre·tend·er 名 C 詐称者; (王位などの)要求者 (to); (...の)ふりをする人.

***pre·tense**, (英) **pre·tence** /prítɛns, prɪténs | prɪténs/ 名 (動 pretend) **1** U または a ~ 見せかけ, (...の)ふり: keep up the ~ *that* ... ...という芝居を続ける / She made no ~ *of* concealing her grief. 彼女は悲しみを隠そうとするそぶりさえ見せなかった / 全く隠そうともしなかった / He *made* a ~ *of* illness. 彼は仮病をつかった. **2** U (普通は否定文・疑問文で) 見せびらかし, 見え; C 主張: a person *without* (any) [*with* no, *who makes* no] ~ *to* education 教育のあるところなど全く見せない人. **ùnder [on, by] fálse preténses** 副 事実を偽って: He obtained [got] money from them *under false* ~*s*. あいつは皆から金をだましとった. **ùnder [on] the preténse of ...** 前 ...という口実で, ...のふりをして.

***pre·ten·sion** /prɪténʃən/ 名 C (普通は複数形で)(厚かましいまたは)うぬぼれた)主張, 要求; 自任: have social ~*s* 上流階級ぶっている / She makes no ~*s to* good looks. 彼女は自分が好いだろうぬぼれた様子は見せない. **2** U,C 見せかけ, 気取り. (動 pretend)

***pre·ten·tious** /prɪténʃəs/ 形 (動 pretend) 反 unpretentious) これみよがしの, 気取った, きざな; うぬぼれた. **~·ly** 副 これみよがしに. **~·ness** 名 U 気取り; うぬぼれ.

pret·er·it(e) /prétərɪt, -trɪt/ 名 [the ~], 形 (文法) 過去(の): the ~ tense 過去時制 (past tense).
pre·term /prìːtə́ːm | -tə́ːm◂/ 形 出産予定日前の (より早い).
pre·ter·nat·u·ral /prìːtənǽtʃ(ʊ)rəl | -tə-◂/ 形 (格式) 超自然的な; 不思議な, 異常な. **-ral·ly** /-rəli/ 副 超自然的に; 異常に.
pre·test¹ /príːtèst/ 名 C **1** (新製品の)予備テスト, 試用. **2** (学生が新課程の勉学に準備ができているかを試す)予備試験.
pre·test² /prìːtést/ 他 (...を)あらかじめ試験(検査)する. — 自 あらかじめ試験(検査)する.
pre·text /príːtekst/ 名 C 口実, 弁解 (to do): She

made a sore leg her ~ *for* staying at home. 彼女は脚が痛いのを家にいる口実にした. **find a préxt for ...** 動 他 ...の口実を見つける. **on sóme prétext or óther** 副 なんだかんだと理由をつけて. **on [ùnder] the préxt of [that]** ... 前 ...(であること)を口実にして.

Pre·to·ri·a /prɪtɔ́ːriə/ 名 プレトリア (南アフリカ共和国の行政上の首都; ☞ Cape Town).
pre·tréat 動 他 前もって処理する.
pre·tri·al /prìːtráɪəl◂/ 形 公判前の.
pret·ti·fy /prítɪfàɪ/ 動 (**-ti·fies**; **-ti·fied**; **-fy·ing**) (普通は軽蔑) 他 (...)を安っぽく飾り立てる, 体裁よくきれいに)見せる. — 自 安っぽく飾り立てる.
pret·ti·ly /prítəli/ 副 きれいに, かわいらしく; (子供が)行儀よく.
pret·ti·ness /prítɪnəs/ 名 U きれいさ, かわいらしさ; こぎれいさ.

***pret·ty¹** /príti, pə̀ːti | príti/ 副 Ⓢ (略式) **1** [形容詞・副詞を強めて] かなり, なかなか (類義語 fairly よりも強く; very! 2 番目の囲み; 次にくる形容詞よりも少し弱く発音される): a ~ fair idea of なかなかいい考え / That question is ~ hard to answer. それはかなり答えにくい質問だね / He will get well ~ soon. 彼は間もなく元気になるだろう. **2** すごく, とても. (囲み ☞ pretty² (☞ fair¹ 囲み).

prètty múch 副 Ⓢ (略式) ほとんど, だいたい: It's ~ *much* the same. ほとんど同じことだよ.
prètty néar 副 (主に米) ほとんど, もう少しで.
prétty pléase 副 Ⓢ (滑稽) お願いだから, 頼むから.
prétty wéll 副 Ⓢ (略式) **(1)** なかなかうまく, かなり上手に; とてもよく: Peggy can dance ~ *well*. ペギーはダンスがわりとうまい. **(2)** ほとんど, まず (almost): Our work is ~ *well* finished. 我々の仕事はほぼ終わった.

***pret·ty²** /príti/ 形 (**pret·ti·er** /-t̬iə | -t̬iə/; **pret·ti·est** /-t̬iɪst/) **1** (女性・子供が)かわいらしい, きれいな (必ずしも美しいとは限らない; ☞ beautiful 類義語): a ~ girl かわいらしい女の子.

2 (物が)小さくてきれいな, かわいい; (場所・光景などが)すてきな: a ~ doll かわいらしい人形 / What a ~ little house! 何てきれいなお家でしょう / The child sang a ~ song. その子はきれいな歌を歌った. **3** Ⓐ (男の子が)きゃしゃな, なよなよした (☞ pretty boy). **4** Ⓐ (古風) かなりの, ずいぶんの: cost a ~ penny かなりの大金がかかる. **5** 形容詞 (考え・表現などが)巧みな, 見事な. **6** Ⓐ (やや古風) [反語的に] ひどい: a ~ state of affairs ひどい状態. 語源 元来は「ずるい」の意. (利口な)—(好ましい)—(かわいらしい)—(とてもよい)—(とても, かなり) (☞ pretty¹) となった. **nót a prétty síght [pícture]** 形 [しばしば滑稽] 見るに耐えない. — 名 C きれいな物; かわいい子[人]. — 動 (**-ties, -tied; ~·ing**) 他 [~ oneself として] 着飾る; 〈部屋などを〉きれいにする (up).

prétty bóy 名 C (略式) (中身のない)やさ男, ホモ.
prétty-prétty 形 (英略式) こてごて飾り立てた.
pret·zel /préts(ə)l/ 名 C プレッツェル (棒形または結び目形で塩味のビスケット).

***pre·vail** /prɪvéɪl/ 12 動 (**pre·vails** /-z/; **pre·vailed** /-d/; **-vail·ing**) 形 prévalent) 自 [進行形なし] (格式) **1** 普及[存在]している, 流行している (among): This custom still ~*s in* Africa. この慣習は今でもアフリカで一般に行なわれている / I think common sense will ~ in the end. 最後には常識的な判断がされるだろう. **2** (敵などに)打ち勝つ, 克服する; うまくいく (over, against).

pretzels

prevaíl upòn [on] ... 動 他 (略式) ...を説き伏せ

pre·vail·ing 形 A 1 広く行なわれている, 一般の (current); (最も)普通の (usual); (最も)優勢な; 現在の (☞ prevalent 他) 意見 有力な意見. 2 (風が)(ある方向から)最も頻繁に吹く: the ~ wind here この地域でよく吹く風.

prev·a·lence /prév(ə)ləns/ 名 (形 prévalent) U 広く行きわたること, 流行, 普及 (of).

prev·a·lent /prév(ə)lənt/ 形 (動 prevail, 名 prévalence) 流行の, はやっている, よくある: attitudes ~ among young people 若い人たちの間によく見られる態度. 語法 prevailing と違って「最も広く行なわれている」ということは必ずしも意味しない: A ~ pronunciation of a word isn't necessarily the *prevailing* pronunciation. ある語のはやりの発音が必ずしも広く普及した発音とは限らない. **~·ly** 副 はやって.

pre·var·i·cate /privǽrəkèit/ 動 (格式) 言い紛(ま)らす, 言い逃れる (on, over).

pre·var·i·ca·tion /privǽrəkéiʃən/ 名 U,C (格式) 言い逃れ, ごまかし, うそ.

pre·var·i·ca·tor /privǽrəkèitə | -tə/ 名 C (格式) 言い逃れを言う人; うそつき.

***pre·vent** /privént/ T1 動 (pre·vents /-vénts/; pre·vent·ed /-tid/; -vent·ing /-tiŋ/; 名 prevéntion, 形 prevéntive) 他

ラテン語で「先に来る」の意 →「(先に来て)じゃまする」1 →「防ぐ」2

1 〈人など〉を**妨害する**, じゃまする; 〈人など〉が(…するのを)妨げる, 〈人など〉が…できないようにする (☞ 類義語); event [単語の記憶]: Before he could ~ me, I opened the door and entered. 彼がじゃましないうちに私は戸を開(あ)けて入ってしまった / A storm ~ed the plane (*from*) tak*ing* off. <V+O(+*from*)+動名> あらしのために飛行機は離陸できなかった. 語法 (1) *from* の省略は主に (英) (☞ stop 他 3 語法). (2) 受身になると普通は *from* を省略できない // 言い換え Business ~*ed* my attend*ing* the meeting. <V+O (動名)>=Business ~*ed* me (*from*) attend*ing* the meeting. 用事でその会に出られなかった (☞ -ing² 文法) / Who can ~ us [*from*] getting married? だれが私たちの結婚をじゃまできるもんですか (☞ rhetorical question 文法).

2 (あらかじめ用意して)**防ぐ**, 防止する, 予防する; 〈物事〉が(…するのを ~ed? <V+O の受身> なぜこのような事故が防止できないのだろうか / No measures were taken to ~ air pollution. 大気汚染を防止する措置は何もとられていなかった / 言い換え How can we ~ the spread of this disease? =How can we ~ this disease (*from*) spread*ing*? <V+O(+*from*)+動名> どうやってこの病気が広がるのを防ぐことができるだろうか.

【類義語】**prevent** はある行為またはその進行を完全に阻止する語; **hinder** は一時的に妨げるという意味のやや格式ばった語: Rain *prevented* [*hindered*] us from completing the work. 雨で私たちの仕事が完成できなかった[仕事の進行が遅れた]. **interrupt** 話の腰を折ったり, 仕事を妨害すること; Don't *interrupt* me when I'm talking. 私が話している時に口出ししないでくれ. **obstruct** 進路の途中にじゃま物をおいて進行・運動を妨害すること: The snowslide *obstructed* traffic. 雪崩のために交通が妨げられた. **disturb** 眠りを妨げたり, 平静をかき乱すこと: She's asleep, you must not *disturb* her. 彼女は眠っているからそっとしておきなさい.

pre·vent·a·ble /privéntəbl/ 形 予防できる: a ~ disease 予防可能な病気.

pre·ven·ta·tive /privéntətiv/ 形 名 C =preventive. **~·ly** 副 =preventively.

***pre·ven·tion** /privénʃən/ 名 (動 prevént) U 止めること; 防止, 防ぐこと; 予防: crime [accident] ~ 犯罪[事故]防止 / the ~ *of* a nuclear war 核戦争の防止 / 《米》「the Society [《英》the Royal Society] for the P~ of Cruelty to Animals 動物愛護協会 (略 《米》 SPCA [《英》RSPCA]) / P~ is better than cure. 《ことわざ》予防は治療に勝る / the P~ of Terrorism Act テロ防止法 《英国の法律; 1989 年に制定》.

***pre·ven·tive** /privéntiv/ 形 (動 prevént) A 予防の, 予防[防止]に役立つ: ~ medicine 予防医学 / ~ measures 予防措置. ─ 名 C 予防策[法], 防止する人[もの]; 予防薬.

prevéntive deténtion 名 U 《法》《米》予防拘留; 《英》予防禁.

prevéntive·ly 副 予防として, 予防的に.

pre·ver·bal /priːvə́ːb(ə)l | -və́ː-/ 形 A (幼児が) 言葉を話し始める前の.

***pre·view** /príːvjùː/ 名 (~s /-z/) C 1 試写会, 試演; (展覧会などの)内覧, 内見(似) (*of*): a press ~ 報道関係者向けの試写会[内覧]. 2 予告[予知]となるもの; (映画などの)予告編, (ラジオ・テレビの)番組予告 (*of*). ─ 動 他 1 〈…〉の試写[試演]を見せる; 〈…〉を下見[試用]する. 2 〈…〉を下見[試用]する.

***pre·vi·ous** /príːviəs/ T1 形 [比較なし] 1 A (時間・順序が)**先の**, 前の (preceding): the ~ lesson この前の課 / ~ offenses [convictions] 前科 / Excuse me, I have a ~ engagement. すみません. 私には先約があります / She said he had left for Paris by the ~ day. 彼は前日にパリに発(た)ったと彼女は言った (☞ narration 文法 (1) (v)). 2 P (古風, 略式) 早まった, せっかちな. 語源 ラテン語で「前の道」の意; ☞ pre-, via 語源.

prévious to ... 前 (格式) …の前に (before): The battle ended ~ *to* their arrival. 彼らの到着する前に戦闘は終わっていた.

***pre·vi·ous·ly** /príːviəsli/ 副 以前に[は], 前に; 前もって: three days ~ 3 日前に / We had informed him of our visit ~. 私たちは彼に前もって訪ねることを知らせておいた.

pre·vi·sion /priːvíʒən/ 名 U,C (格式) 予知, 先見 (*of*).

pre·vue /príːvjùː/ 名 C =preview 2.

***pre·war** /priːwɔ́ː | -wɔ́ː-/ 形 (反 postwar) A 戦前の.

prè·wásh 名 U 前[予]洗液, つけおき洗剤.

prè·wáshed 形 (ジーンズなどの布地を柔らかく着込んだ感じを出すために)販売前に洗濯された, プレウォッシュ加工の.

prex·y /préksi/, **prex** /préks/ 名 (**prex·ies**) C (米俗) 学長, 総長.

***prey** /préi/ (同音 pray; 類音 play) 名 U 1 (肉食動物の)えじき, 獲物: An eagle was looking for ~. わしが獲物を捜していた. 2 (えじきを)捕食する習性; a beast of ~ 猛獣 / a bird of ~ 猛禽(きん). 3 (…の)犠牲 (victim), (…に)だまされやすい人[もの]: Lonely old women are easy ~ *for* handsome flatterers. 孤独なお年寄りの女性はハンサムで口のうまい人に引っかかりやすい. **fáll [be, becòme] préy to ...** 動 他 (1) …のえじきになる; 犠牲になる: He *fell* ~ *to* a cunning salesman. 彼はずるい外交員に引っかかった. (人が)…に取りつかれる, …のとりこになる. ─ 動 [次の成句で] **préy on [upòn] ...** (1) …をえさとして食う, 食い物とする: Big fish ~ *on* [*upon*] small fish. 大きな魚は小さな魚をえさにする. (2) …を苦しめる, 悩ます: Care ~*ed on* [*upon*] her mind. 心配が彼女の心をさいなんだ. (3) (人)を食い物にする; …を襲う.

prez·zie /prézi/ 名 C S 《英略式》=present³.

price

price /práis/ 名 (pric·es /~ɪz/) **1** C 値段, 価格; [複数形で] (諸物価 略 pr; ☞類義語; praise 語源, prize¹ 語源): a fair ~ 手頃な値段 / a fixed [set] ~ 定価 / a ~ rise [increase] 値上がり / I bought it *at* a reduced ~. 私はそれを割引値で買った / He sold the house *at* [*for*] a good ~. 彼はその家をかなりの値段で売った. / 言い換え What is the ~ of this necklace?(=How much is this necklace?)このネックレスはいくらですか. 語法 How much is the *price* of ...? とは言わない // "Can you give me a better ~?" "I'm sorry, we can't change the ~." 「もっと安くなりませんか」「あいにくですが値引きはできません」

ミニ語彙欄

コロケーション

動+price
- **bring down** a price 値段を負けさせる
- **charge** [**ask**] a price for ... ...の代金を請求する
- **control** prices 価格を統制する
- **freeze** prices 価格を凍結する
- **lower** [**reduce, cut, mark down, slash**] prices 値下げする
- **maintain** prices 価格を維持する
- **pay** a price 代金を払う (☞成句)
- **place** [**put**] a price (on ...) (...に)値段をつける
- **put up** [**raise, increase**] prices 値上げする
- **set** [**fix**] a price 値段を決める[つける]

price+動
- prices **fluctuate** 価格が上下する
- prices **go down** [**fall**] 物価が下がる
- prices **go up** [**rise**] 物価が上がる
- prices **plummet** [**skyrocket, shoot up**] 価格が急落[急騰]する

形+price
- an **affordable** price 買えそうな値段
- a **high** [**stiff**] price 高い値段
- a **low** price 安い値段
- a **prohibitive** price とても手が出ない価格
- a **reasonable** price 手ごろな価格
- ⌈a **steep** [an **outrageous**]⌋ price 法外な値段

price のいろいろ
ásking príce 言い値 / búying príce 買い値 / cóst príce 原価 / líst príce 表示価格 / márket príce 市価 / nét príce 正価 / rétail príce 小売価格 / stóck príce 株価 / tráde [whólesale] príce 卸値

関連表現

- be **expensive** [**inexpensive**] (物が)値段が高い[安い]
- be **overcharged** (人が)余分に請求される
- be **short-changed** (人が)おつりが足りない
- **buy ... at half** price ...を半額で買う
- **How much do I owe you?** おいくらですか
- *Prices* are **subject to change**. 価格は変動することがあります
- **sell ... at a reduced** price ...を割引価格で売る
- **Two for the** *price* **of one.** 一つ買えばもう一つお付けします

2 [単数形で] 代償, 犠牲: The loss of your health is too great a ~ to pay. 健康を害することはあなたにとってあまりに高価な代償となる / He succeeded ~ at what (a) ~ to his family! 彼は成功するにはしたがどんな犠牲を家族に強いたことか. **3** C (競馬などの)賭け率.

above [**beyònd, withòut**] **príce** 形 (《主に文》)(値段をつけられないほど)高価な.
a príce on ...'s héad 名 ...の首[命]にかけられた懸賞金.
at ány príce 副 (1) どんな犠牲を払っても: We must achieve our aim *at any* ~. 我々はいかなる犠牲を払っても目標を達成せねばならぬ. (2) [否定文で] どんな条件でも, どうあっても.
at [**for**] **a príce** 副 (1) かなりの値段で, 高い値で. (2) (大きな)犠牲を払って.
at [**for**] **hálf príce** 副 半価で.
Éveryone [**Évery mán**] **has their** [**his**] **príce.** (ことわざ) どんな人でも買収できるものだ.
in príce 副 値段で, 価格が: This camera is high *in* ~. このカメラは値段が高い.
náme one's príce 動 自 売り[買い]たい希望の値段を言う, 言い値を言う.
of gréat príce 形 《文》大変な値うちのある, きわめて貴重な.
páy a [**the**] **príce for ...** 動 他 ...のために代償[犠牲]を払う.
pút [**sét**] **a príce** (**tàg**) **on ...** 動 他 ...に懸賞金をかける.
Whát príce ...? S (1) ...はいったい(あれだけの犠牲を払って)何の役に立つか[立ったか], ...は何というざまだ: *What* ~ success? 成功とは聞いてあきれる. (2) 《主に英》...の見込みかどうか (可能性の低い時に用いる).

— 動 他 **1** [普通は受身で] ⟨...⟩に値段[定価]をつける; ⟨品物⟩に値段を表示する: The coat I wanted *was* ~*d* at three hundred dollars. 私が欲しかったコートは300ドルの値段がついていた. **2** ⟨品物⟩の値段を尋ねる[比べる, 確かめる]; ⟨...⟩を値ぶみする.

príce onesèlf òut of the márket 動 自 (自分の商品[仕事など]に)高値をつけすぎて市場から締め出される[買手がつかなくなる]. **príce ... òut of the márket** 動 他 ⟨商品など⟩を法外な値のために売れなくする.

【類義語】**price** 品物の値段: The *price* of this bicycle is too high. この自転車の値段は高すぎる. **charge** サービス・労働などに対する料金をいう: I paid an extra *charge* for the service. 私はそのサービスに対して余分な料金を支払った. **fare** 乗り物などの料金: What is the train *fare* from Tokyo to Osaka? 東京から大阪までの鉄道運賃はいくらですか. **cost** 実際に支払われた代価; 貨幣以外の場合もあるし, またその代価は必ずしも妥当な値段 (price) とは一致しない: The price of this article does not cover the *cost* of its manufacture. この品物の値段では製造費を賄えない. **rate** 一定の単位当たりの率 [規準]によって決められた料金: parking [hotel, insurance] *rates* 駐車[ホテル, 保険]料.

príce contròl 名 U,C 物価統制.
príce discriminàtion 名 U 《経》価格差別 (同じ商品・サービスを相手によって違う値段で売ること).
príce-éarnings ràtio [**mùltiple**] 名 C 《経》株価収益率.
príce-fìx·ing 名 U **1** [普通は軽蔑] (生産者間などの)価格協定[操作]. **2** = price control.
príce gòuging 名 U 《米》法外な値段で売ること.
príce index 名 C 物価指数.
⁺**príce·less** 形 **1** (値段をつけられないくらい)非常に価値のある (☞ valuable 類義語). 語法 valueless (価値のない)との違いに注意. **2** (情報などが)きわめて重要[有用]な. **3** [主に S] 《略式》とてもおもしろい[おかしな].
príce list 名 C
príces and íncome pólicy 名 C 所得政策 (政府によるインフレ抑制などのための賃金抑制策).
príce-sénsitive 形 (市場が)価格に左右される; (情報が)価格を左右する; (消費者が)価格に敏感な.
príce suppòrt 名 U (政府による)価格維持.
⁺**príce tàg** 名 C **1** 値札; 正札: 金額 "Would you

please take the ～ off?" "Certainly, ma'am."「値札をとっていただけますか」「かしこまりました」 **2** 《略式》(多額の)値段, 費用 (on).

príce wàr 名 C 値引き競争.

pric·ey /práisi/ 形 (**pric·i·er**, **-i·est**) 《普通は P》《略式》値段が高い (expensive).

prick /prík/ 動 他 **1** 〈とがった物で〉…をちくりと刺す, 〈…〉に刺し傷をつける; 刺して〈穴〉をあける: The thorns of the roses ～ed my skin. ばらのとげが私の肌を刺した / I ～ed /my finger [myself] with/ on a pin. 私はピンで指を刺した / She ～ed small holes *in* the wrapping. 彼女は包装紙に小さな穴をあけた. **2** 〈…〉をちくりと〔ひりひりと〕させる, (精神的に)〈…〉に苦痛を与える, 苦しめる: A guilty feeling ～ed him. 罪の意識が彼を苦しめた. **3** 《主に文》〈涙が〉〈目〉にじわっとわく. ─ 自 **1** ちくちく痛む; 〈良心などが〉とがめる. **2** 〈耳が〉ぴんと立つ (up). **prìck ... óut** 動 他 〈草木の苗〉を掘った穴に植えつける. **príck (úp) one's éars** 動 自 (動物が)耳を立てる; (人が)耳をそばだてる. ─ 名 C **1** ちくりと刺すこと; 刺してできた穴, 突き傷; ちくちくされた痛み: give one's finger a ～ with a pin ピンで指を刺す. 関連 pinprick 針であけた穴. **2** (動植物の)とげ, 針 (prickle). **3** 《主に文》(心の)うずき, 痛み: the ～s of conscience 良心のとがめ. **4** 《卑》ペニス, ちんぽこ (penis). **5** 《卑》《差別》あほ, とんま, いやなやつ. **kíck agàinst the prícks** 動 自 むだな抵抗〔反抗〕をして身を傷つく.

prick·ing 名 U または a ～ ちくりとさすこと; ちくちくする痛み.

prick·le /príkl/ 名 C **1** 《しばしば the ～》ちくりとした痛み; (精神的な)動揺. **2** (動植物の)とげ, 針 (⇒ hedgehog 挿絵). ─ 動 他 〈皮膚など〉をちくちくさせる. ─ 自 **1** (皮膚などが)ちくちく痛む. **2** (人・体の一部が)ぞくぞくし・恐怖などで〉ぞくぞくする (with).

prick·li·ness /príklinəs/ 名 U とげだらけなこと; 《略式》扱いにくさ; 怒りっぽさ.

prick·ly /príkli/ 形 (**prick·li·er**, **-li·est**) **1** とげだらけの, 針のある; 刺すような, ちくちくする. **2** 扱いにくい, やっかいな; 《略式》(人が)怒りっぽい.

príckly héat 名 U あせも.

príckly péar 名 C,U うちわさぼてん(の実).

pric·y /práisi/ 形 = pricey.

pride /práid/ (同音 pried) 名 (形 proud) **1** U 《しばしば a ～》自慢, 得意(の気持ち), 満足(感): He looked at his work *with* ～. 彼は自分の作品を満足げに見た. **2** U 自尊心, 誇り, プライド: Where's your ～? あなたのプライドはどこにいったのですか(恥も外聞もないのですか) / His words hurt /wounded, injured/ my ～. 彼の言葉が私の自尊心を傷つけた / The victory gave him his ～ back. その勝利で彼はプライドを取り戻した. **3** U 《軽蔑》うぬぼれ, 思い上がり, 高慢, 傲慢(ごう): P～ goes before a fall. 《ことわざ》おごりは没落に先立つ(おごる平家は久しからず) / They are puffed up with ～. 彼らはうぬぼれでいっぱいだ / *P*～ *and Prejudice*『自負と偏見』(Jane Austen の小説). 語法 2 の意味を true [proper] pride, 3 の意味を false pride といって区別することがある. **4** [the ～] 〈…の〉自慢の種: The painting is *the* ～ *of* his collection. その絵は彼の集めた中で自慢のものである. **5** C [単数形でも時に複数扱い] (ライオン・くじゃくなどの)群れ: a ～ *of* lions ライオンの群れ. **príde and jóy** 名 [所有格とともに] (…の)大変な自慢の種. **príde of pláce** 名 最高位: This stamp has ～ *of place* in my collection. この切手は私のコレクションの中でも最高の位置を占めている. **pùt one's príde in one's pócket** 《主に英》=**swállow one's príde** 動 自 (何かの目的のために)プライドを捨てる, 恥を忍ぶ. **tàke /féel, expréss, shów/ príde in ...** 動 他 …を自慢する,

…に誇りをもつ (doing): He *takes* ～ in his ability to speak Russian. 彼はロシア語を話せることを自慢している.
─ 動 他 [次の成句で] **príde onesèlf on ...** 動 他 …を自慢する (doing).

pride·ful /práidf(ə)l/ 形 思い上がった, 大得意の, 尊大な. **-ful·ly** /-fəli/ 副 尊大に.

pried 動 pry¹,² の過去形および過去分詞.

pries 動 pry¹,² の三人称単数現在形.

priest /prí:st/ 名 (**priests** /prí:sts/; 形 príestly) C 《英国国教会・カトリック・正教会》司祭 (略 Pr, Pr., priest); (キリスト教以外の)聖職者, 僧. 語源 ギリシャ語で「長老」の意.

priest·ess /prí:stəs, prí:stés, prí:stəs/ 名 C (キリスト教以外の)尼, みこ.

priest·hood 名 [the ～] **1** 司祭職, 聖職, 僧職. **2** [単数または複数扱い] 聖職者たち〔全体〕.

priest·ly /prí:stli/ 形 (**priest·li·er**; **-li·est**; 名 priest) 《普通は A》聖職者[司祭, 僧]の; 聖職者[僧]らしい.

prig /príg/ 名 C 《軽蔑》堅苦しい人, 高潔ぶった人, (道徳・礼儀などに)口やかましい人.

prig·gish /prígiʃ/ 形 《軽蔑》堅苦しい, 高潔ぶった, 口やかましい. **～·ly** 副 堅苦しく, 口やかましく. **～·ness** 名 U 高潔さ, 堅苦しさ.

prim /prím/ 形 (**prim·mer**; **prim·mest**) **1** 《軽蔑》(特に女性が)きちょうめんな, 堅苦しい; 上品ぶった: ～ and proper くそまじめな. **2** 《古風》きちんとした (neat).

prima ballerína /prí:mə-/ 名 C プリマバレリーナ(バレエ(団)のトップをつとめる女性の踊り手).

pri·ma·cy /práiməsi/ 名 (**-ma·cies**) **1** U 《格式》第一位, 首位; 優位, 卓越: the ～ *of* experience *over* knowledge 知識よりも経験を重んじること. **2** C 大主教[大司教]の職[地位].

prima don·na /prí:mədánə | -dɔ́nə/ 名 C **1** プリマドンナ(歌劇の主役の女性歌手). **2** 《軽蔑》うぬぼれた女[男], 自分勝手な女[男].

pri·mae·val /praimí:v(ə)l/ 形 《英》= primeval.

prima fa·ci·e /práiməféiʃii:, -ʃi:-/ 《ラテン語から》《主に法》形 A 一見した限りでの; 〈反証がない限り〉申し立てるものとみなされる. ─ 副 一見したところでは.

pri·mal /práim(ə)l/ 形 (名 prime¹) **1** 《格式》第一の, 最初の; 原始の. **2** 根本の; 主要な.

prímal scréam thèrapy 名 U 《医》プライマル(スクリーム)療法 (幼児期の外傷体験を再体験させて神経症を治療する精神療法).

pri·mar·i·ly /praimérəli, praimér-, práimər-/ 副 もっぱら, 主に, 主として (chiefly): I listen ～ to piano music. 私は主にピアノの音楽を聴く / This dictionary is ～ intended for high school and college students. この辞書は主として高校生と大学生を対象としたものだ. つなぎ語 最初に, 最初は; 本来は.

pri·mar·y /práimeri, -məri | -məri/ 12 形

(最初の) → 「第一の」1 → 「初級の」3
             ↓   ↓
           「主要な」5   「根本の」4

[普通は A] **1** 第一(番)の, 第1位[次]の; 最も重要な: This is the ～ reason for my refusing your request. これが私があなたのご依頼を断わる第一の理由です / This is a matter of ～ importance. これは最重要事項だ. 関連 secondary 第二(番)の / tertiary 第三(番)の. **2** (時間・発達段階などの)初期の, 最初の, 原始的な; 《医》原発性の: *the* ～ *stage of* civilization 文明の初期の段階.

3 初級の, 初等の, 《英》初等教育の, 小学校の: ~ grades《米》低学年 (⟹ primary school). 関連 secondary 中級の.
4 根本の, 基本的な: the ~ meaning of a word 単語の本来の意味.
5 主要な, 主な: a ~ road《米》主要道路（主として州道）/ ~ members of the association 協会の主な会員. 関連 secondary 二次的な. **6**《口 P-》《地質》最古の, 原成の: ~ rocks 原成岩. ━ 名 (-mar·ies) C **1**《主に米》予備選挙. 参考 公職選挙の前に各政党の候補者を決定する選挙. 大統領選挙の場合は大統領候補者を指名する代議員を選出する. **2** =primary color. **3**《英》=primary school.

prímary áccent 名 U,C 【音声】第一アクセント (primary stress) (⟹ つづり字と発音解説 86).

prímary cáre 名 U (特に一般開業医による)一次医療[診療].

prímary cólor 名 C 原色 (赤·黄·青).

prímary educátion 名 U《英》初等教育.

prímary eléction 名 C《主に米》=primary 1.

prímary héalth càre 名 U =primary care.

prímary índustry 名 C 第一次産業.

****prímary schòol** /práɪmərɪskùːl | -məri-/ 名 (~s /~z/) C,U《英》小学校, 初等学校（6年制の初等教育機関; 5歳から11歳まで; ⟹ school¹ 表》《米》elementary school (grade school, grammar school)《特に幼稚園も含めた》小学校低学年を受け持つ学校》. 関連 secondary school 中等学校.

prímary sóurce 名 C 一次資料（研究·調査の対象となる文献）.

prímary stréss 名 U,C 【音声】第一強勢 (primary accent).

****pri·mate¹** /práɪmeɪt/ 名 C 【生】霊長類の動物.

pri·mate² /práɪmət/ 名 C 《しばしば P-》《英国国教会》大主教,《カトリック》大司教.

****prime¹** /práɪm/ 形 A **1** 最も重要な; 第一の; 主な (chief), 最も有力な: a matter of ~ importance 最重要事項 / a ~ candidate [suspect] 最も有力候補[最も怪しい容疑者]. **2** 最優秀の, 第一級の, (肉が)極上の; 最も典型的な: ~ residential land 高級住宅地 / a ~ example 最も典型的な例. **3** 基本的な, 根本の. ━ 名 (~s /~z/, 形 U [普通は the ~ または所有格とともに] 全盛期, 最良の時: in the ~ of youth 青春のまっただ中に / He is in [past] his ~. 彼は人生の盛りにある[盛りを過ぎた]. **2** C プライム記号 (´) (⟹ minute¹ 1, foot 名 2). **3** C =prime rate. **4** C 【数】=prime number. **5** C《古語》初期; 春. **be cùt óff [dówn] in one's príme** [動] C 若死[夭折 (ﾖｳｾﾂ)]する.

prime² /práɪm/ 動 他 **1** [普通は受身で]〈人に〉入れ知恵をする, 前もって教えておく (for, with; to do). **2**〈地雷に火薬をつめる,〈爆雷などを〉仕掛ける,〈キャブレターに〉ガソリンを入れる. **3**〈板·壁に〉下塗りする. **4**〈器具など〉すぐ動くように準備する (with). **príme the púmp** [動] 自 (1) ポンプに呼び水をする. (2) (景気刺激のために)財政支出をする.

príme cóst 名 U,C【経】主要費用; 仕入原価.

príme fáctor 名 C 【数】素因数.

príme merídian 名 [the ~] 本初子午線（英国のGreenwich を通過する経度 0° の線）.

****príme min·is·ter** /práɪmmínɪstə | -stə-/ 名 (~s /~z/) C [しばしば P- M-] 総理大臣, 首相（略 PM］: Mr. White was appointed ~ last week. ホワイト氏は先週首相に任命された.

Príme Mínister's quéstion tìme 名 U 首相への質疑応答時間（毎週, 英国首相が下院に出向き, 議員からの質問に答える時間）.

príme móver 名 C **1** 発起人; 原動力（となるもの）(of, in). **2** 【物理】原動力（風力·水力など）.

príme númber 名 C 【数】素数 (prime).

prim·er¹ /prímə | práɪmə/ 名 C《米》手引き;《古風》初等読本; 入門書 (of).

prim·er² /práɪmə | -mə/ 名 **1** U,C (板壁などの)下塗り剤. **2** C 雷管, 導火管.

****príme ráte** 名 C プライムレート（銀行が優良企業に融資するときの最低の金利）(prime).

príme ríb 名 U,C 極上あばら肉.

****príme tíme** 名 U 【放送】視聴率の最も高い時間, ゴールデンアワー. prime-time として形容詞的にも用いられる: *prime-time* advertising ゴールデンアワーに流すコマーシャル. 日英比較 「ゴールデンアワー」は和製英語.

pri·me·val /praɪmíːv(ə)l/ 形 [普通は A] **1** 原始時代の; 太古の, 初期の: ~ forests 原生林. **2** (原始人のように)動物的な, 本能[直観]的な.

pri·mip·a·rous /praɪmípərəs/ 形 【医】出産経験のない, 初産の. 関連 multiparous.

****prim·i·tive** /prímɪtɪv/ 13 形 [普通は A] **1** 原始の, 原始時代の; 太古の, 初期の: ~ man 原始人 / ~ cultures 原始時代の文化.
2 原始的な, 幼稚な, 素朴な; 旧式で不便な: ~ weapons 原始的な武器（やり·弓矢など）/ Our life by the lake was very ~. 湖のそばでの我々の生活は非常に原始的なものだった. ━ 名 C **1** ルネサンス以前の画家や彫刻家（の作品）. **2** 素朴な画風の画家（の作品）. **3** 素朴な人;《古風》《差別》未開人, 原始人. 語源 ラテン語で「最初の」の意; ⟹ prime¹. **~·ly** 副 原始的に, 素朴に; 元来, 元は. **~·ness** 名

prím·ly 副 [普通は軽蔑] きちょうめんに, とりすまして; きちんと.

prím·ness 名 U [普通は軽蔑] きちょうめんさ, とりすまして[きちんとしすぎて]いること.

pri·mo·gen·i·tor /prìːmoʊdʒénətə | -nɪtə/ 名 C 先祖; 始祖.

pri·mo·gen·i·ture /prìːmoʊdʒénətʃə | -tʃə/ 名 U 長子であること, 長子の身分; 【法】長子相続権 (right of primogeniture), 長子相続制.

pri·mor·di·al /praɪmɔ́ːdiəl | -mɔ́ː-/ 形 [普通は A]《格式》原始の, 原始時代からある; 最初の; 根本的な, 本能的な. **~·ly** /-əli/ 副 原始的に, 根本的に.

primórdial sóup 名 [the ~] 太古のスープ（地球に生命を発生させた有機物の混合溶液）.

primp /prímp/ 動 自《頭髪·衣服などを》めかしたてる: ~ oneself めかす. ━ 自 めかす, しゃれる.

****prim·rose** /prímroʊz/ 名 **1** C さくらそう（の花）. **2** U =primrose yellow. ━ 形 淡黄色の.

prímrose páth 名 [the ~]《文》歓楽の道（破滅へ至る道[生き方]）: lead ... down the ~ ...をだます.

prímrose yéllow 名 U, 形 さくらそう色(の), 淡黄色(の).

prim·u·la /prímjʊlə/ 名 C プリムラ（さくらそう科の植物）.

Pri·mus /práɪməs/, **Prímus stòve** 名 C《英》プリムス（キャンプなどで使う小型石油こんろ; 商標）.

****prince** /príns/ 名 (~s /prínsɪz/ 複) 名 (princ·es /-ɪz/; 形 princely) C
1 [しばしば P-] 王子, 親王（略 Pr, Pr.; ⟹ princess）: P~ Charles チャールズ王子 / a crown ~《英国以外の》皇太子. **2**《英》princess 王女. **3** [しばしば P-] (小国の)王, 君主: the P~ of Monaco モナコの国王. **3**《英国以外の》公爵, 貴族（⟹ peerage 表）: P~ Bismarck ビスマルク公爵. **4** [普通は単数形で] 大家, 第一人者 (among, of). 語源 ラテン語で「第一

の席を占める」の意; ⇨ principal.

the Prínce of Dárkness [名] 闇の王子(悪魔のこと). **the Prínce of Péace** [名] 平和の王子(イエスのこと). **the Prínce of Wáles** [名] 英国の皇太子. **the Prínces in the Tówer** [名] 塔の中の二王子(イングランド王 Edward 5世 (1470-?83) とその弟 Richard (1472-83); ロンドン塔に幽閉され, 殺害されたとされる悲劇の貴公子).

Prínce Chárming [名] ⓒ 《略式》《滑稽》 (女性にとって)理想的男性. [語源] シンデレラ (Cinderella) に求婚する王子の名.

prínce cónsort [名] (複 **prínc·es con·sort**, **prínce consorts**) ⓒ [しばしば P- C-] (女王・女帝の)夫君.

prínce·dom /prínsdəm/ [名] 《格式》 **1** Ⓤ prince の地位[身分]. **2** ⓒ (小国の)王 (prince) の領土, 公国 (principality).

Prínce Édward Ísland [名] 固 プリンスエドワード島 《カナダ南東部にある島で, カナダ最小の州; 小説『赤毛のアン』の舞台として有名; ⇨ 表地図 J3》.

prínce·ly [形] (**prínce·li·er**, **-li·est**; ⇨ prince) [普通は A] **1** 王子の, 王子のような, 王侯のような. **2** 《格式》[しばしば滑稽] 気前のよい, 豪華な, たっぷりとした: a ~ gift 豪華な贈り物 / a ~ sum 大金; [皮肉] はした金.

***prín·cess** /prínsəs, -ses | prìnsés◂, prínsəs/ [名] (~·es /-ız/) ⓒ **1** [しばしば P-] 王女, 内親王: ~ Anne アン王女 / a crown ~ (英国以外の)皇太子妃 / the P~ Royal 第一王女 (英国王の長女に与えられる称号). [関連] prince 王子.

2 [しばしば P-] 皇太子妃, (小国の)王妃: P~ Diana ダイアナ妃. **3** (英国以外の)公爵夫人 (⇨ peerage 表). **4** [軽蔑] 甘やかされた若い女性.

the Príncess of Wáles [名] 英国の皇太子妃.

Prínce·ton Univérsity /prínstən-/ [名] 固 プリンストン大学 《米国 New Jersey 州 Princeton にある名門大学で Ivy League の一つ》.

***prín·ci·pal** /prínsəp(ə)l/ 《同音》 *principle) [13] [形] A 最も重要な, 主な, 主要な (chief) (⇨ prince [語源]; principle [語源]): the ~ cities of the United States 米国の主要都市.
— [名] (~s /-z/) **1** ⓒ [しばしば P-] 校長 (★ 《英》では小·中学校の校長は head teacher, また男性は headmaster, 女性は headmistress という); 《英》(大学の)学長. **2** [単数形で] 《経》元金. [関連] interest 利息. **3** ⓒ [時に複数形で] (組織の)代表者, 社長. **4** ⓒ [しばしば複数形で] 主役, 主演者. **5** ⓒ [しばしば複数形で] 《法》(代理人·裏書人などに対しての)本人; 主犯. [関連] accessory 従犯者.

prínc·ipal bóy [名] ⓒ 《英》おとぎ芝居 (pantomime) の主役の男役 《普通は女性が演じる》.

prínc·ipal cláuse [名] ⓒ 《文法》主節 (⇨ clause [文法]).

[文法] 主節
文中に2つ以上の節が含まれている場合, 従属節に対して, これを従えて主位に立つ節をいう. main clause ともいう.

She was playing the piano **when I came in**. 私が中へ入ったときには彼女はピアノを弾いていた [when 以下は副詞節] / *Do you know* **that John is in (the) hospital now?** ジョンが今入院しているのを知っていますか [that 以下は名詞節].

prin·ci·pal·i·ty /prìnsəpǽləti/ [名] (**-ties**) **1** ⓒ 公国 (prince が治めている国) (princedom). **2** [the P-] 《英》[主に新聞で] =Wales.

***prín·ci·pal·ly** /prínsəpəli/ [副] 主に, 主として (chiefly): Accidents of this kind occur ~ on rainy days. この種の事故は主に雨の日に起こる.

prínc·ipal párts [名] [複] [the ~] 《文法》(動詞の)主要形 《原形·過去形·(現在分詞)·過去分詞》.

***prin·ci·ple** /prínsəpl/ 《同音》 *principal) **T1** [名] (~s /-z/)

「本源」6 → 「(根本の)原理」2 → (基本的な考え方) → 「主義」1

1 Ⓒ,Ⓤ [しばしば複数形で] **主義**, 信条, 方針: as a matter of ~ 主義として / It is *against* my ~s to pamper a child. 子供を甘やかすのは私の主義に反する / We follow the ~ *that* peace is essential. ＜N+ *that* 節＞ 我々は平和は絶対必要であるという主義を信奉する.

2 ⓒ (根本の)原理, 原則: the ~ *of* democracy 民主主義の原理 / (the (basic)) ~ *that* all men are equal ＜N+ *that* 節＞ 人はみな平等であるという(根本)原則 (⇨that² A 4; apposition [文法] (iii)). **3** [複数形で] 物の根本原理; 基礎: the ~s of fishing 釣りの基礎. **4** Ⓤ,Ⓒ [しばしば複数形で] 節操, 道義: a person of [without] ~ 節操のある[ない]人 / He has *no* ~s where money is concerned. 彼は金に関しては節操がない. **5** ⓒ (機械などが動く)原理, 仕組み: the ~ *of* the lever てこの原理. **6** ⓒ 《格式》本源, 本質. [語源] principal と同語源.

in prínciple [副] [しばしば 文修飾節] 原則的(に); 原理的には: *In* ~ you are right. 原則的にはあなたの言うことは正しい.

on prínciple [副] 主義として.

on the prínciple that ... [接] …という方針[原理]に基づいて.

stíck to [stánd by] one's prínciples [動] 自己の主義を固く守る.

the prínciple of the thíng [名] Ⓢ 基本的な道義.

prín·ci·pled [形] (反) unprincipled) A 原則[主義]に基づいた, 節操のある: ~ high-principled.

***print** /prínt/ 《語尾》 三単現·複 **prints** で prince) [動] (**prints** /príns/; **print·ed** /-tɪd/; **print·ing** /-tɪŋ/) 他 **1** ＜書物などを＞**印刷する** (on); 印刷して書物にする[出版する], 活字に(して公表)する (up): How many copies are you going to ~? 何部刷りますか / The local newspaper *is* ~*ed* in. ＜V+O の受身＞ その地方紙はここで印刷される / In this dictionary, important words *are* ~*ed* in red. この辞書では重要語は赤で印刷されている.

2 ＜名前·住所などを＞(1字1字をはなして)活字体で書く: Please ~ your name. お名前を活字体で書いてください.

3 〔写〕＜…を＞焼き付ける, (印画紙に)焼く; (パソコンが)画面に＜文字を＞表示する; (プリンターが)＜文字を＞印刷する: Please ~ three copies *from* each negative. ＜V+O+前+名·代＞ 各ネガから3枚ずつ焼いてください.

4 ＜型·模様などを＞押しつける, ＜布＞に捺染(なっせん)する, プリントする (with); ＜…の＞跡をつける; ＜…の＞印象を与える: The victim had ~*ed* the murderer's name *in* the sand before he died. ＜V+O+*in*+名·代＞ 被害者は死ぬ前に砂に殺人者の名を書いていた / The event *was* deeply ~*ed on* her mind. ＜V+O+*on*+名·代 の受身＞ その事件は彼女の心に深く刻み込まれた.

— [自] **1** 印刷する (on); 印刷屋をする; 出版する. **2** 活字体で書く. **3** [副詞(句)を伴って] 刷れる, 印刷になる: (写真が)(焼き付けて)…にできあがる, 写る; (パソコンで)印刷される. [語源] press と同語源.

print óut /óff/ [動] 他 (1)《電算》〈…〉を打ち出す, 印字する; 画面に表示する. (2)《写》〈…〉を焼き付ける.
the prínted wórd [名] 活字になった文字, 印刷物.
— 名 (**prints** /prínts/) **1** U 印刷(物); 印刷された文字[ことば]: I cannot read the small [fine] ~ without glasses. 私は小さい活字で印刷されたもの(の契約書などの)細字事項はめがねなしでは読めません (☞ small print) / ~ unions 印刷労組 / ~ journalists 活字メディアの記者. 日英比較 授業などで配る「プリント」は和製英語で, 英語では handout という.
2 C 版画;《写》印画, 陽画; 複製画,《映》プリント: old Japanese ~s 古い日本の版画 / I'd like three more ~s. もう 3 枚焼き増ししてください.
3 C [しばしば合成語で] (押しつけてできた)模様, 印: I found the ~s of the wheels in the snow. 雪の上に車の跡がついていた. 関連 footprint 足跡 / voiceprint 声紋. **4** [複数形で] 指紋 (fingerprint): The police found some ~s on the murder weapon. 警察は凶器にいくつもの指紋を発見した. **5** C [普通は単数形で] [主に合成語で](式)跡, 痕跡(詩)(on). **6** U.C プリント生地: a ~ dress プリント生地のドレス.
in prínt [形·副] (1) 印刷されて, 出版されて, 活字になって: The book is not yet *in* ~. その本はまだ出版されていない / see one's name *in* ~ 自分の名前が活字になる[新聞や雑誌に載る]. (2) 出版物で, 本で;(本などが)入手可能で, 絶版でない.
gèt ìnto prínt [動] 自 印刷される, 活字になる.
gèt ... ìnto prínt [動] 他 〈…〉を印刷[出版]してもらう.
òut of prínt [形]〈本などが〉絶版になって.
pút ... ìnto prínt [動] 他 〈…〉を印刷する.
rúsh ìnto prínt [動] 自 急いで出版する.
print·a·ble /príntəbl/ [形] (反 unprintable) P **1** [普通は否定文で][新聞][出版]できる; 出版価値のある. **2** 焼き付けできる.
print·ed círcuit [名] C《電》プリント配線.
prínted màtter [名] U《郵》印刷物.
prínted pápers [名·複]《英》《郵》印刷物.
*print·er /prínta|-tə/ [名] (~s /-z/) C **1** 印刷機, (パソコンの)プリンター, 印字装置;《写》焼き付け機.
2 印刷工; 印刷業者; 印刷所.
prínter's ínk [名] U = printing ink.
prínt·hèad [名] C《電算》(プリンターの)印字ヘッド.
print·ing /príntɪŋ/ [名] **1** U 印刷(術); 印刷業. **2** C (1 回の)印刷部数; 版, 刷(り) (☞ edition 語法). **3** U《写》焼き付け. **4** 活字体の文字(全体).
prínting ínk [名] U 印刷用インク.
prínting prèss [machìne] [名] C 印刷機.
prínt·màker [名] C 版画制作家.
prínt·màking [名] U 版画制作(術).
prínt mèdia [名] [the ~]《放送媒体に対して》活字メディア.
prínt·òut [名] C.U《電算》プリントアウト《印字[印刷]されたデータ》.
prínt rùn [名] C《印》(本などの)1 回の印刷部数.
prínt shòp [名] C (小規模の)印刷所.
pri·on /prí:ɑn/ [名] C《生》プリオン《BSE など神経系を冒す感染症の病原体とされる, 核酸を持たないたんぱく質性粒子》.
*pri·or[1] /prái·ə | práɪə/ [名詞] 形 (名 priority) A **1** [比較なし] [時間·順序·重要性が]前の, 先の (反 posterior): a ~ arrangement あらかじめの準備[手配, 申し合わせ] / ~ notice [warning] 事前の注意[警告] / I'm sorry, but I have a ~ engagement.《格式》申しわけありませんが先約があります. **2** 優先する: have a ~ claim 優先権がある. **príor to ...** T [前] 《格式》(1) …より前に (before). (2) …より優先的に.
— 名 C 《略式》前科.

pri·or[2] /práiə | práiə/ [名] C 小修道院長; 修道院副長《院長 (abbot) の次席》.
pri·or·ess /práiəris | práiərés, práiərəs/ [名] C 小修道院長《女性》; 修道院副院長《女性; 院長 (abbess) の次席》.
priori ☞ a priori の項目.
pri·or·i·ti·za·tion /prai>ː·rəti:zéɪʃən | -ðrətaɪz-/ [名] U 優先(順位を並べること).
pri·or·i·tize /prai>ː·rətàiz | -ðr-/ [動] (名 priority) 他 〈…〉を優先させる, …を優先する;〈…〉を優先順に並べる[する]. — 自 優先順位を決める.
*pri·or·i·ty /prai>ː·rəti | -ðr-/ T 名 (-i·ties /-z/; 形 príor[1], 動 prióritize) **1** C 優先する[させる]物[こと], 優先事項: Our top [first] ~ is to find the victims. 我々はまずなによりも犠牲者を発見せねばならない.
2 U (順序·重要性の)優先, 優先権, (他より)先行する[させる]こと: a high [low] ~ 高い[低い]優先権 / the ~ of national *over* local interests 地方の利益よりも国益を優先する[させる]こと. **3** U《車》の優先権.
estáblish [sét, idéntify] prióritìes [動] 自 優先順位を決める.
gèt one's prióritìes rìght [《米》stràight] [動] 自 何が優先事項[大事]かを見極める.
gíve prióritỳ to ... [動] …に優先権を与える, …を優先する[させる]: The new prime minister *gave* highest [top] ~ *to* the economy. 新首相は経済を最優先した.
hàve [tàke, gèt] prióritỳ òver ... [動] 他 …より優先する: His claim *has [takes]* ~ *over* yours in this case. この場合は彼の要求があなたのよりも優先する.
pùt [pláce] a hígh prióritỳ on ... [動] 他 …に高い優先順位を与える, …を非常に重んじる.
prióritỳ màil [名] U《米》優先郵便《速達扱い》.
prióritỳ sèat [名] C (老人や身障者のための). 日英比較「シルバーシート」は和製英語.
*pri·o·ry /prái·əri/ [名] (-o·ries) C [しばしば P-] 小修道院《大修道院 (abbey) の下位》.
prise /práɪz/ [動] 他《主に英》〈…〉をてこで動かす; こじ開ける (*up, off, apart*). **príse ... òut of —** [動] 他《主に英》〈人〉から(無理に[苦労して])情報を聞き出す.
pris·m /prízm/ [名] **1** C《光》プリズム (☞ spectrum 挿絵). **2**《数》角柱.
pris·mat·ic /prɪzmǽtɪk/ [形] **1** プリズムで分光した; 鮮やかな; 色どりどりの. **2** 角柱の, 角柱のような.

*pris·on /príz(ə)n/ [類語 prism] 名 (~s /-z/) **1** C 刑務所, 監獄, 牢獄(だ); 拘置所 (☞ jail 語法): a state ~《米》州立刑務所 / the ~ population (一国の)囚人人口. **2** U 刑務所に入れ(られ)ること; 投獄, 監禁, 禁固: a ~ term 刑期 / a ~ sentence 禁固刑. **3** C《文》《軽蔑》牢獄のようなところ[もの]. **4** ラテン語で「捕らえる」の意.
be in prison [動] 自 刑務所に入っている, 服役中である: He has *been in* ~ for the past three years. 彼はここ 3 年間服役している.
be sént to prison [動] 自 刑務所に入れられる.
escápe from prison [動] 自 脱獄する.
gò to prison [動] 自 服役する.
pút ... in prison [動] 他 〈…〉を投獄する.
príson càmp [名] C 捕虜[政治犯]収容所.
príson cèll [名] C 独房.
*pris·on·er /príz(ə)nə | -nə/ [名] (~s /-z/) C **1** 囚人; 刑事被告人: release a ~ 囚人を釈放する / a political ~ 政治犯 / a ~ of conscience 政治犯《思想犯など》/ a ~ at the bar 刑事被告人.
2 (戦争などの)捕虜: ~ of war (戦争)捕虜 (略 POW). **3** 自由を奪われた人[動物];《文》(…の)とりこ: a ~ *of* one's past 過去に縛られ[とらわれ]た人.
kéep [hóld] ... prísoner [動] 他〈…〉を捕虜にしておく. **táke ... prísoner** [動] 他 〈…〉を捕虜に

príson gòvernor 名C(英)=warden 1.
príson vísitor 名C(英)囚人面会者.
pris・si・ly /prísəli/ 副(略式)[軽蔑]神経質(そう)に.
pris・si・ness /prísinəs/ 名U(略式)[軽蔑]潔癖, 神経質.
pris・sy /prísi/ 形(pris・si・er; -si・est) [軽蔑](人が)小うるさい, 潔癖な, 神経質な;(衣服が)野暮ったい.
*__pris・tine__ /prístiːn/ 形 1 元のままの; 真新しい, 汚れのない; 清廉な. 2 A (文) 原始の(時代)の; 最も初期の. **in prístine condítion** [形](中古品などが)新品同様の, ほとんどまっさらの.
prith・ee /príði/ 間(古語)=please¹.
*__pri・va・cy__ /práivəsi | prív-, práːv-/ 名 (形 private). U 1 他人から干渉されないこと, 個人の自由な生活, プライバシー: the right to ~ プライバシーの権利 / an invasion of (...'s) ~ (...の)プライバシーの侵害 / respect one's daughter's ~ 娘のプライバシーを尊重する / He often intrudes on my ~. 彼はしょっちゅう私の私事に立ち入る. 2 他人には秘密にしておくこと, 内密; 人目を避けること: They exchanged contracts *in the ~ of* the president's office. 彼らは人目につかぬ社長室で契約書を交わした. **in prívacy** [副]内々に, 極秘に.

*__pri・vate__ /práivət/ 形 (名 prívacy, 動 prívatìze)

「公職から離れた」の意から,
「個人の, 私的な」1 ─┬─「私立の」3
　　　　　　　　　　└─「内密の」2

1 [普通は A][比較なし] (公のものでなくて)**個人の**, 個人に属する, 私用の, 私的な; (冗談が)内輪の, 内輪だけに受ける (反 public) (⇨ privilege 画源; personal 類義語): a ~ office 個人用の事務所 / a ~ joke 内輪のジョーク / I refused to tell for ~ reasons. 私は(言いたくない)個人的な理由でそれを断わった / Stay out of my ~ life! 私の私生活に立ち入るな.
2 [普通は A]**内密の**, 秘密の, 非公開の, ないしょの (secret);(手紙が)親展の (封筒の表に Private と書く): This is a very ~ matter and you must not tell it to anybody else. これはないしょのことだから誰にも言ってはいけません.
3 A [比較なし] **私立の**, 私営の, 私有の; 民営の (反 public): a ~ railroad 私鉄 // ~ **prívate énterprise**. 4 A 公職についていない, 在野の: return to ~ life (公職を離れて)民間人の生活に戻る. 5 (場所などが)人目につかない, 自分たちだけになれる;(人が)引っ込み思案の, 人と交わらない.
gò prívate [動] 自 (英略式) 私立病院で(有料の)診療を受ける.
── 名 1 C [しばしば P-](軍) 兵卒 (略)(米) Pvt, (英) Pte). 2 [複数形で](略式) =private parts.
in prívate [副] ないしょで, 人のいない所で; 非公式に (反 in public).
prívate bìll 名 C (法) 私法律案 (特定個人・法人に関する法案).
prívate cómpany 名 C (英)(商) 私公司 (株式非公開の小規模の会社組織; ⇨ public company).
*__prívate detéctive__ 名 C 私立探偵.
prívate educátion 名 U,C 私教育.
*__prívate énterprise__ 名 1 U (企業の)自由競争制度. 2 C 民間企業, 私企業.
pri・va・teer /pràivətíər | -tíə/ 名 C 私掠(りゃく)船 (敵船拿捕の許可を得た昔の民間武装船); 私掠船の船長[船員].
*__prívate éye__ 名 C (略式) =private detective.
prívate fírst cláss 名 C (米軍) 上等兵;(海兵)兵卒.
prívate íncome 名 U,C 不労所得.
prívate invéstigator 名 C 私立探偵.

prívate láw 名 U (法) 私法 (一般個人やその財産などについて規定した法律).
*__prívate・ly__ 副 1 ないしょで, 秘密に, 内心で(は); 人のいないところで: I want to speak to you ~. 2人きりでお話ししたい. 2 文修飾語 ひそかに: P~, he thought her work a failure. ひそかに彼は彼女の作品を失敗作と考えていた. 3 (主に英) 個人として, 個人的に; 民営[民学]で: a ~ owned house 私有家屋.
prívate méans 名 U =private income.
prívate médicine 名 U (英)(有料の)民間医療機関での治療[医療] (⇨ NHS).
prívate mémber 名 C (英)(閣僚でない下院の)平議員: a ~'s bill 議員立法案.
prívate párts 名[複](略式)[婉曲]陰部.
prívate pátient 名 C (英)(有料の)民間医療機関で治療を受ける患者.
prívate práctice 名 U,C 1 自営, (医師・弁護士などの)個人開業. 2 (英) 自己負担患者に対する診療(所). **in prívate práctice** [形・副] 自営の[で], 個人開業の[で].
prívate schóol 名 C 私立学校 ((英) independent school). 関連 public school (主に米・スコ・豪) 公立学校.
prívate sécretary 名 C 個人秘書.
*__prívate séc・tor__ 名 [the ~] 民営部門, 民間企業 (⇨ public sector).
prívate-sèctor 形 民間部門の.
prívate sóldier 名 C (格式) 兵卒.
prívate víew(ing) [shówing] 名 C (絵画などの)一般公開前の内覧会.
pri・va・tion /praivéi∫ən/ 名 C,U (格式)(必需品などの)欠乏, 不足, 窮乏: suffer many ~s いろいろなものに不自由する.
pri・vat・i・za・tion /pràivətizéi∫ən | -taɪz-/ 13名 U (動 prívatize).
*__pri・vat・ize__ /práivətaiz/ 動 (形 private, 名 privatizátion) 他 (政府の事業・組織)を**民営化する**: The Japanese National Railway was ~d in 1987. 日本の国鉄は1987年に民営化された.
priv・et /prívɪt/ 名 U,C いぼたのき, 西洋いぼた.
*__priv・i・lege__ /prív(ə)lɪdʒ/ 13名 (-i・leg・es /~ɪz/) 1 C (地位・身分などに伴う)**特権**: the ~ *of having* an office of one's own 自分のオフィスを持てるという特権 / What ~s do members have? 会員にはどんな特典がありますか / We give foreign tourists the ~ *of* tax exemption. 外国人旅行者には免税の特権がある. 2 U [しばしばけなして](富・家柄・高位などによる)特権, 特別扱い: We were granted the ~ *of* fish*ing* in this bay. 我々はこの湾内で漁業する特権を与えられた / the days of white ~ 白人が特権をもっていた時代 / be born into ~ 特権をもって生れる.
3 [単数形で](個人的な)恩典, 特典, 特別な名誉, 光栄: I had the ~ of meeting the president. 大統領にお会いする栄誉を得た / It is a great ~ (for me) to attend this ceremony. (格式) この式典に参列するのは(私にとって)大変名誉なことです. 4 (法)(弁護士・医師などが有する)守秘権. 5 C,U (発言・行動に対する)(免責)特権 (特に議会での): a breach of (parliamentary) ~ (議員)特権の濫用 ラテン語で「個人 (⇨ private) にだけ当てはまる法律」の意.
── 動 他 (格式)〈人に〉特権[特典]を与える.
*__priv・i・leged__ /prív(ə)lɪdʒd/ 形 1 [時にはけなして]特典を与えられた, 特権のある: *the ~* (classes) 特権階級 (⇨ the³ 3) / *the ~* few 少数の特権者 / *the least [less]* ~ 恵まれない人たち / ~ information 特定の人にだけ知らされる情報. 関連 underprivileged 社会的・経済的に恵まれない. 2 U 光栄な: We are very ~

priv·i·ly /prívili/ 副 《格式》 ひそかに, 内密に.

to have with us Dr. Jones. ジョーンズ博士にお越しいただき誠に光栄に存じます. **3** 証言[開示]を拒否できる: a ~ communication 《法》秘匿(%)特権付き情報《医師・弁護士などが保持する, 開示を強制されない情報》.

priv·i·ty /prívəti/ 名 《格式》秘密.

+**priv·y** /prívi/ 形 (**priv·i·er**; **-i·est**) **1** P 《格式》(秘密などを1人だけに)ひそかに知っている (*to*). **2** 《古語》秘密の. —名 (**priv·ies**) C 《古風》(屋外)便所.

Prívy Cóuncil 名 [the ~] 《英》枢密院《重要な政治家からなる国王の諮問機関; 現在は形式的なもの》.

Prívy Cóuncillor [Cóunsellor] 名 C 《英》枢密顧問官 [略 PC].

prívy púrse 名 [the ~] 《英》国王手元金.

prix fixe /prí:fíks/ 《フランス語から》 C [しばしば形容詞的に] コースメニューの).

*☆**prize**[1] /práiz/ (同音 pries) 名 (**priz·es** /-ɪz/) C
1 賞; 賞品, 賞金, ほうび (☞ 類語集):
The boy was awarded [given] a ~ *for* good conduct. その少年は善行に対して賞をとった / She took [got, won] (the) first ~ at the flower show. 彼女は花の展示会で1等賞をとった. [語法] 「1[2, 3]等賞をとる (take, get, win)」,「1[2, 3]等賞を授ける (give, award)」のような場合は the のないのが普通 / a consolation ~ 残念賞 / "What do you get as (the) first ~?" "A trip to Hawaii, I hear." 「1等賞は何がもらえるの?」「ハワイ旅行だって」.
2 (努力して獲得する)価値ある物; 貴重なもの: Fame is a ~ almost everyone wants to win. 名声はたいてい だれもが手にしたいと思うすばらしいものだ.
[語源] 中(期)英語で price と同語源.
(there are) nó prizes for guéssing ... S …はだれにでも分かる, 明白だ.
— 動 (**priz·es** /-ɪz/; **prized** /~d/; **priz·ing**) 他 [しばしば受身で] 〈...〉を大切にする, 重んじる; 高く評価する: Her picture was highly **~*d for*** its originality. ◇V+O+*for*+名・代の受身 彼女の絵はその独創性を高く評価された. —形 A **1** 入賞した, 受賞に値する; 賞品の, 賞金の: a ~ novel 入選小説. **2** 見事な, すばらしい: ~ roses 見事なばら. **3** 《略式》完全な: a ~ fool [idiot] 大ばか. **4** 最上の, 最重要の.
【類語】**prize** 競技・勝負事またはくじなどで得た賞金[賞品]. **award** 審査員などの判定によって与えられた賞; 競争は表面には表われない.

prize[2] /práiz/ 動 他 《米》 = prise.

prize[3] /práiz/ 名 C (特に昔の)戦時の海上捕獲品《船やその貨物》; 捕獲品, 戦利品.

prized 形 大変貴重な; かけがえのない: the girl's most ~ possession その少女の最も大切にしているもの.

príze dày 名 C 《英》(年1回の)優等生表彰日.

príze·fight 名 C 《米》プロボクシングの試合 / **2** 《英》懸賞ボクシングの試合《金を賭けて素手で行なう》.

príze·fighter 名 C 《米》プロボクサー; 《英》懸賞ボクシング競技者.

príze·fighting 名 U 《米》プロボクシング; 《英》懸賞ボクシング.

príze-gìving 名 C 《英》(学校の)優等生表彰式《年一回行なわれる》.

príze mòney 名 U 懸賞金, 賞金.

príze·winner 名 C 受賞者; 受賞作(品).

*☆**pro**[1] /próʊ/ 名 (**~s** /-z/) C 《略式》プロ(選手), 本職 (professional): a tennis ~ プロテニスプレーヤー / an old ~ ベテラン, 達人.
— 形 プロの, 本職の: a ~ baseball player プロ野球選手. **túrn [gò] pró** 動 自 《略式》プロに転向する.

pro[2] /próʊ/ 名 (**~s** /-z/) 賛成者[票, 意見]: ☞ pros and cons. —副 賛成して[の], 好意的に[な].

pro[3] /próʊ/ 名 C 《古風, 英略式》売春婦 (prostitute).

PRO /píːáːrɔ́ʊ | -àː(r)ɔ́ʊ/ 略 = public relations officer.

pro-[1] /prə, prəʊ/ 接頭 「前へ, 前に」の意: *proceed* (先に)進む / *progress* 進歩.

pro-[2] /proʊ/ 接頭 「...に賛成の, ...びいきの」の意 (反 anti-): *pro*-American アメリカびいきの.

pro-[3] /proʊ/ 接頭 「...の代わり, 代理」の意: *pronoun* 代名詞.

pro·ac·tive /proʊǽktɪv←/ 形 先を見越して行動する.

pro-am /próʊǽm←/ 形 A, 名 C (特にゴルフで)プロアマ参加の(競技).

prob. 略 = probable, probably, problem.

prob·a·bi·lis·tic /prɑ̀bəbəlístɪk | prɔ̀b-←/ 形 《普通は A》確率(論)的な; 見込みの[に基づく].

+**prob·a·bil·i·ty** /prɑ̀bəbíləti | prɔ̀b-/ 名 (**-i·ties**) **1** U または A 見込み, 公算 (反 improbability) : **1** U [または A] 見込み, 公算: a high [strong] ~ 大きな見込み / There is every ~ of our winning. 我々の勝利の見込みは十分にある / There is little [no] ~ *that* your dream will come true. 君の夢が実現する公算はほとんど[全く]ない. **2** C 起こり[あり]そうな事柄, 生じそうな結果: Her recovery is a ~. 彼女の病気は治る見込みがある / What are the *probabilities* of ...? …はどうですか / The ~ is that the bill will be rejected. その法案はどうも否決されそうだ. **3** C,U 《数》確率. **in áll probability** 副 多分, 十中八九.

*☆**prob·a·ble** /prɑ́bəbl | prɔ́b-/ 形 prȯbability; 反 improbable) ありそうな, 起こりそうな; 多分(そう)なりそうな[しそうな](☞ prob.; ☞ possible 類語集): the ~ results of the election 選挙で(多分こうなると)予想される結果 / A railroad strike seems highly [very] ~. 鉄道ストはまず確実と思われる / [言い換え] It is ~ that he will pass the examination. (=Probably he will pass the examination.) 彼は多分試験に合格するだろう. [用法注意] It is ~ *for* him *to* pass ... とはいわない / Who is the ~ winner? 勝ちそうな人はだれですか. [語源] ラテン語で「証明可能な」の意; **probe**, **prove** と同語源. —名 C 可能性の強い人[もの]; 予想される候補者[勝者] (*for*).

próbable cáuse 名 U 《法》(犯罪を処罰するに足る)相当の根拠.

*☆**prob·a·bly** /prɑ́bəbli | prɔ́b-/ 副 文修飾語 (反 improbably) 多分, 恐らく (略 prob.; ☞ likely 囲み): She is most [very] ~ stuck in a traffic jam. 彼女は恐らく交通渋滞に巻き込まれたのだろう / John will ~ pass the exam. =P~ John will pass the exam. ジョンは多分試験に受かるだろう / "Is Mary coming tomorrow?" "P~ [P~ *nót*]." 「メアリーはあした来ますか」「多分ね[多分来ないでしょう]」(☞ not (5))

pro·bate /próʊbeɪt/ 名 U 《法》遺言などの検認《本物であることの確認》. —形 遺言検認(裁判所)の. —動 他 《米》《法》〈遺言書〉を検認する (prove).

+**pro·ba·tion** /proʊbéɪʃən/ 名 U **1** 《法》保護観察; 執行猶予. **2** (適性などの)試験, 審査; 見習い期間; 仮及第[入学, 採用]. **3** 《米》解雇猶予期間《この間に改善が見られれば解雇されない》. **on probátion** [副・形] (1) 保護観察中で, 執行猶予で. (2) 見習い中で, 試用期間中で, 仮及第[入学, 採用]で.

pro·ba·tion·a·ry /proʊbéɪʃəneri | -ʃ(ə)nəri/ 形 A 保護観察中の, 執行猶予中の; 試用期間中の, 見習い中の; 仮及第[入学, 採用]中の.

pro·ba·tion·er /proʊbéɪʃ(ə)nə | -nə/ 名 C **1** 見習い中の人; 見習い看護師, 採用見習い教師《教団など》の 練者. **2** 保護観察[執行猶予]中の人.

probátion hòstel [名] [C] プロベーションホステル《英国の地方自治体が運営する，保釈中の人の宿舎》.

+**probátion òfficer** [名] [C] 保護観察官.

***probe** /próʊb/ [B1] [動] [他] (**probes** /~z/; **probed** /~d/; **prob·ing**) **1** 〈真相などを〉突き止める，探り立てる，調査する，〈...〉に探りを入れる (☞ probable [語源]): The TV program ~*d* the prime minister's involvement in the scandal. そのテレビ番組は首相のスキャンダルへの関与を探った. **2** (指・棒などで)〈...〉を探る (*for*); 〔医〕探り針で探る. **3** 〔軍〕[新聞で]〈敵情・場所などを〉偵察する.

— [自] 突き止める; 探る (*for*): ~ deeply ***into*** financial scandals 汚職事件を徹底的に調査する.

— [名] [C] **1** 調べるための針状の用具; 〔医〕探り針. **2** =space probe. **3** [主に新聞で] (徹底的な)調査，(不正などの)摘発調査 (*into*). **4** 〔軍〕偵察.

prób·ing [形] 探りを入れる; 徹底的な; 鋭い. **~·ly** [副] 探りを入れるように; 徹底的に.

pro·bi·ty /próʊbəṭi/ [名] [U] 《格式》誠実，正直，廉潔 (integrity).

****prob·lem** /prɑ́bləm, -lem | prɔ́b-/ [名] (~s /~z/; [形] pròblemátic, -átical) **1** [C] **問題，** 課題 (《略》 prob.; ☞ 類義語): ~*s* ***in*** mathematics=mathematical ~*s* 数学の問題 / discuss the pressing ~ ***of*** housing 急を要する住宅問題を話し合う / Pollution is a serious social ~. 汚染は深刻な社会問題である / There's a rather difficult ~ with that. それについてはかなり難しい問題がある.

ミニ語彙欄

[コロケーション]

[動]+problem

attack [**tackle**] a *problem* 問題に取り組む
avoid [**sidestep**] a *problem* 問題を避ける
be [**constitute**] a *problem* 問題となる
cause [**create, present, pose**] a *problem* 問題をひき起こす
deal with [**cope with, address**] a *problem* 問題を処理する
face [**confront**] a *problem* 問題に直面する
raise [**bring up**] a *problem* 問題を持ち出す
solve [**settle**] a *problem* 問題を解決する

problem+[動]

a *problem* **arises** [**comes up, occurs**] 問題が生じる
a *problem* **lies in** ... 問題は...にある
a *problem* **remains** 問題が残る
a *problem* **surfaces** 問題が表面化する

[形]+problem

a **basic** *problem* 基本的な問題
a **big** [**major**] *problem* 大問題
a **complex** [**complicated**] *problem* 複雑な問題
a **grave** [**serious**] *problem* 重大な問題
a **minor** [**petty**] *problem* 些細な問題
a **personal** *problem* 個人的な問題
a **sensitive** *problem* 微妙な問題
a **technical** *problem* 技術的な問題
a **temporary** *problem* 一時的な問題
a **thorny** [**knotty**] *problem* やっかいな問題

problem のいろいろ

áttitude pròblem 態度の問題(付き合いにくいこと) / **críme pròblem** 犯罪問題 / **drínking** [《英》**drínk**] **pròblem** 飲酒問題[アルコール依存症] / **drúg pròblem** 麻薬問題 / **héalth pròblem** 健康上の問題 / **hóusing pròblem** 住宅問題 / **lábor pròblems** 労働問題 / **tráffic pròblem** 交通問題 / **unemplóyment pròblem** 失業問題

[関連表現]

It's **a question** [**matter**] **of time**. それは時間の問題だ
The *problem* **is that** I can't drive. 問題は私が車の運転ができないことだ
The *problem* **remains unsolved** [**unsettled**]. その問題は未解決のままだ
What's the *problem* [**matter**]**?** どうしたんですか

2 [C] **やっかいなこと，** 面倒なこと，**トラブル，** 悩みの種: That'd be no ~. (いっこうに)かまいませんよ / We had a little ~ *with* the employees. 従業員たちとちょっとしたトラブルがあった / The ~ is finding [to find] an appropriate person for the job. 問題はその仕事にふさわしい人を見つけることだ. **3** [形容詞的に] 問題となる，問題を提供する: a ~ child 問題児 / a ~ drinker アルコール依存者. **4** [C] 故障，障害: an engine ~ エンジンの故障. [語源] ギリシャ語で「(問題として)前へ投げ出す」の意.

hàve a próblem with ... [動] [他] 《略式》...に不満がある: Do you *have a* ~ *with* that? Ⓢ これで不満なのかね.

It's [**Thàt's**] **nót my próblem.** Ⓢ そんな事は私には関係ない.

Nó próblem. Ⓢ 《略式》 (1) [頼み・質問の受け答えとして] いい(です)とも，承知し(まし)た; そう(です)とも (certainly); [お礼・陳謝などの返事として] どういたしまして.

[会話] "May I smoke here?" "*No* ~."「ここでたばこを吸ってもいいですか」「ええ，どうぞ」/ "Excuse me." "*No* ~."「すみません」「いいんですよ」

(2) わけないよ，大丈夫だ.

[会話] "Can you finish your homework by tomorrow?" "*No* ~."「あしたまでに宿題を片づけられるの?」「大丈夫」

Thàt's yóur pròblem. Ⓢ それは君の問題だ; 私の知ったことではない.

Whát's your próblem? Ⓢ どうしたのかね《不可解なことをした相手に対して》.

【類義語】**problem** はっきりと解決することが要求される問題をいう. **question** 解決がつくかどうかは別問題として困難や議論を引き起こす問題をいう. **issue** 論争の対象となっている問題点で，法律上の争点や，決着を迫られている社会的・国際的な問題などに用いる.

+**prob·lem·at·ic** /prɑ̀bləmǽṭɪk | prɔ̀b-←/, **-át·i·cal** /-ṭɪk(ə)l←/ [形] ([名] próblem) 問題のある，疑問の; (主に結果が)疑わしい. **-cal·ly** /-kəli/ [副] 問題を含んで; 疑わしく.

próblem pàge [名] [C] 《英》(雑誌などの)身上相談コーナー.

próblem-sòlving [名] [U], [形] [A] 問題解決(の).

pro bo·no (**pub·li·co**) /pròʊbóʊnoʊ(pʌ́blɪkòʊ)/ 《ラテン語から》 [形] [副] 〔法〕(弁護士などの仕事が)無料奉仕[善意]で(行なわれる)，公共の利益のための[に].

pro·bos·cis /prəbɑ́sɪs | -bɔ́s-/ [名] (複 ~·**es, pro·bos·ci·des** /-sədiːz/) [C] **1** (昆虫などの)吻(ふん). **2** (象などの)鼻. **3** [滑稽] 人間の(大きな)鼻.

+**pro·ce·dur·al** /prəsíːdʒ(ə)rəl/ [形] ([名] procédure) 《格式》(訴訟)手続き上の，進行上の.

pro·ce·dure** /prəsíːdʒə | -dʒə/ [T1] [名] (~s /~z/; [形] procédural) **1** [C] (物事の)手続き，手順，処置: follow the correct [proper, standard] ~ 正しい[所定の]手順をふむ / What's the normal [usual] ~ ***for getting a driver's license? 運転免許証をとるには普通

proceed

どんな手続きがいるの.
2 C,U (法律上・政治上などの)手続き: legal ~ 法的な手続き / boarding ~s (航空機の)搭乗手続き. **3** C 〖医〗手術. **4** 〖電算〗プロシージャー,サブルーチン.

*pro·ceed /prəsíːd, proʊ-/ 〖12〗 動 (pro·ceeds /-siːdz/; -ceed·ed /-dɪd/; -ceed·ing /-dɪŋ/; 名 prócess¹, procéssion) 自 〖格式〗**1** (中断した話・仕事などを)続ける,進行する;続けて...する (go on); さらに...をしだす: He ~ed with his speech. <V+with+名・代> 彼は演説を続けた / Let's ~ to the next item. <V+to+名・代> では次の項目に移ろう / After that he ~ed to explain. <V+to不定詞> それから彼はまた説明を始めた.

2 [副詞(句)を伴って] 〖格式〗(先に)進む: Passengers on flight 785, please ~ to Gate 9. <V+前+名・代> 785便にお乗りの方は9番ゲートへお進みください (空港のアナウンス). **3** 〖格式〗(ある原因から)発生する,生じる,由来する (from). **4** 〖法〗...に対して訴訟を起こす (against).

単語の記憶 《CEED》(行く)

proc**eed**	(前へ行く) → 進む
conc**ede**	(共に行く) → 認める
exc**eed**	(外に行く) → 越える
prec**ede**	...よりも先に行く
rec**ede**	(後ろへ行く) → 退く
succ**eed**	(次に行く) → ...の後に続く

*pro·ceed·ings /prəsíːdɪŋz, proʊ-/ 名 〖複〗**1** 〖法〗訴訟手続き (for): divorce ~ 離婚訴訟 / take [start, institute] (legal) ~ against a company ある企業を相手どって訴訟を起こす. **2** [the ~] (一連の)出来事,(事の)成り行き. **3** [the ~] 〖格式〗議事録;議事,会報 (of); 〈議事・儀式などの〉進行,式次第.

pro·ceeds /próʊsiːdz/ 名 〖複〗 [the ~] 収入,売上高,収益 (of, from).

*proc·ess¹ /práses, próʊ-; próʊ-, prɒ́s-/ 名 (~·es /-ɪz/; 動 procéed) C **1** 過程,プロセス;進行,経過;作用 (☞ access 単語の記憶): the ~ of growth [learning] 成長[学習]の過程 / thought ~es 思考過程 / advance [start] the peace ~ 和平プロセスを進める[始める] / For Japan, restoring its economic status may be a painful ~. 日本にとって経済的な地位を回復するのは苦しみを伴う過程となるかもしれない.

2 製法,工程;加工,処理: By what ~ is cloth made waterproof? 服地はどんな工程で防水加工されるのですか. **3** C 〖法〗訴訟手続き;召喚状,出頭令状.

be in the prócess of ... 〖動〗...が進行中である,...中である: The railroad *is* now *in the ~ of* construction [be*ing* constructed]. その鉄道は今建設中だ.

in prócess [形] 進行中で: the work *in ~* 進行中の仕事.

in the prócess [副] その過程において.

— 動 他 **1** 〈原料・食品を〉加工する,(化学的に)処理する: ~*ed food* 加工食品. **2** 〈書類などを〉(決まったやり方で)処理[審査]する;〈人を〉一定の手順で扱う. **3** 〖電算〗〈情報・資料などを〉処理する. ~ *ing of* information 情報の処理. **4** 〖写〗現像[焼き付け]する.

proc·ess² /prəsés/ 動 自 [副詞(句)を伴って] 〖格式〗(ゆっくりと)行列して歩く.

próc·ess(ed) chéese 名 U プロセスチーズ《生のチーズに貯蔵可能な処理をしたもの》.

*pro·ces·sion /prəséʃən/ 名 (~s /-z/; 動 procéed, 形 procéssional) **1** C (儀式などの)行列,列 (☞ concession 単語の記憶): a funeral ~ 葬列 / a ~ *of* visitors 次から次への来客.

2 C,U (行列の)行進: march [walk] *in ~* 列を作って行進する[歩く].

pro·ces·sion·al /prəséʃ(ə)nəl/ 形 名 procéssion) A (宗教的)行列(用)の. — 名 C 行列;行列聖歌.

pro·ces·sor /práses, próʊ- | próʊsesə, prɒ́s-/ 名 (~s /-z/) C **1** 〖電算〗(中央)処理装置;言語処理プログラム: a word ~ ワープロ. **2** (食品などの)加工機. **3** (食品の)加工業者;フィルム現像業者. **4** 書類処理者.

prò-chóice 形 (反 pro-life, pro-family) 妊娠中絶支持[賛成]の,中絶合法化に賛成の.

*pro·claim /proʊkléɪm, prə-/ 動 (pro·claims /-z/; pro·claimed /-d/; -claim·ing 名 pròclamátion) 他 〖格式〗**1** 〈...を〉宣言する,布告する,布告する (declare); 〈...を〉(...であると)声明[公表,発表]する: The island ~ed its independence. その島は独立を宣言した / A holiday *was* ~*ed*. <V+O の受身> 祝日が布告された / 言い換え The government ~*ed* him a traitor. <V+O+C(名)>=The government ~*ed* him *to* be a traitor. <V+O+C(to不定詞)>=The government ~*ed* (*that*) he was a traitor. <V+O+((that)節)> 政府は彼が反逆者であると発表した. **2** (物事が)〈...(であること)〉を示している,〈...〉の証明となっている.

*proc·la·ma·tion /prɑ̀kləméɪʃən | prɒ̀k-/ 名 (動 procláim) **1** U 宣言,布告,発布;声明,発表: the ~ *of* a national holiday 国民の祝日の発布. **2** C 声明書,宣言書.

pro·clit·ic /proʊklítɪk/ 〖文法〗 形 (単語などの)後接(的)の. — 名 C 後接語《自らにアクセントがなく次の語に密着して発音される単音節語》.

pro·cliv·i·ty /proʊklívəti/ 名 (**-i·ties**) C 〖格式〗(好ましくない)気質,性癖,傾向 (*to*, *toward*; *for*; *to do*).

pro·con·sul /proʊkɑ́nsəl | -kɒ́n-/ 名 C (古代ローマの)地方総督.

pro·con·su·lar /proʊkɑ́nsələ | -kɒ́nsjʊlə/ 形 地方総督(下)の.

pro·con·su·late /proʊkɑ́nsələt | -kɒ́nsjʊ-/, **procónsul·ship** 名 C 地方総督の地位[任期].

pro·cras·ti·nate /proʊkrǽstənèɪt, prə-/ 動 自 〖格式〗 [けなして] やるべきことを(ぐずぐず)先に延ばす,ちゅうちょする,逡巡(しゅんじゅん)する.

pro·cras·ti·na·tion /proʊkrǽstənéɪʃən, prə-/ 名 U,C 〖格式〗 [けなして] ぐずぐず先に延ばすこと,ちゅうちょ: P~ is the thief of time. 《ことわざ》 遅延は時間の盗人である《やるべきことを延ばすのは時間の浪費だ》.

pro·cras·ti·na·tor /-tə- | -tə/ 名 C 〖格式〗 やるべきことを先に延ばす人.

pro·cre·ate /próʊkrièɪt/ 動 〖格式〗 他 〈子を〉産む. — 自 出産する.

pro·cre·a·tion /pròʊkriéɪʃən/ 名 U 〖格式〗 出産;生殖.

pro·crus·te·an /proʊkrʌ́stiən/ 形 [しばしば P-] 無理に基準[規則]に合わせられている;個々の事情を無視した,杓子(しゃくし)定規な: a ~ bed 無理やり従わされる体制[方針]. 由来 ギリシャ神話中の強盗 Procrustes /proʊkrʌ́stiːz/ が,捕えた人を寝台の長さに合わせて引き伸ばしたり足を切り落としたりしたことから.

**Proc·ter & Gam·ble /prɑ́ktəən(d)gǽmbl | prɒ́ktə(r)ən(d)-/ 名 固 プロクター アンド ギャンブル 《米国の大手家庭用品・食品メーカー》《略 P & G》.

proc·tol·o·gy /prɑktɑ́lədʒi | prɒktɒ́l-/ 名 U 直腸[肛門]病学,肛門科.

proc·tor /prɑ́ktə | prɒ́ktə/ 名 C (米) 試験監督官; (英) (オックスフォード・ケンブリッジ大学の)学生監,監督官. — (**-tor·ing** /-tərɪŋ/) (米) 他 〈...の〉試験監督をする ((英) invigilate). — 自 試験監督をする ((英) invigilate).

pro·cur·a·ble /prəkjúr(ə)rəbl/ 形 入手可能な.
proc·u·ra·tor /prάkjurèitə | prɔ́kjurèitə/ 名 C **1** (古代ローマの)行政長官. **2** 代理人.
procurator fiscal 名 C [(スコ)]地方検察官.
pro·cure /prəkjúə | -kjúə/ 動 (**pro·cur·ing** /-kjú(ə)rɪŋ/) 《格式》他 **1** (苦労・努力して)〈…〉を手に入れる (obtain) (for) [単語の記憶]; 〈人に×…〉をとってやる: He ~d me a seat in the front row. 彼は私に最前列の席をとってくれた. **2** 〈売春婦〉をあっせんする (for). ─自 売春婦のあっせんをする (for). [語源] ラテン語で「世話をする」の意; [☞] cure 語源.
pro·cure·ment /prəkjúəmənt | -kjúə-/ 名 U **1** (官庁・企業などの)(必需品の)調達. **2** 《格式》獲得. **3** 《格式》売春のあっせん.
pro·cur·er /prəkjú(ə)rə | -kjúərə/ 名 C 《格式》売春あっせん業者.
pro·cur·ess /prəkjú(ə)rəs | -kjúrəs, -rəs/ 名 C 《格式》売春あっせん業者〔女性〕.
prod /prάd | prɔ́d/ 動 (**prods; prod·ded; prod·ding**) 他 **1** 〈指・棒などで〉〈…〉を突く, 刺す. **2** 〈人〉を(…へと)駆り立てる; 励ます (into; to do). ─名 C [普通は単数形で] **1** 突くこと, ひと突き. **2** 刺激; 促し, 催促. **3** 突き棒〔家畜を追い立てる、思い出させる。
give ... a pród [動] 他 〈人〉を突く; 〈人〉に催促する, 思い出させる.
pród·ding 名 U 駆り立てること; 励まし.
prod·i·gal /prάdɪg(ə)l | prɔ́d-/ 形 《格式》 **1** (…を)浪費する (of, with); 放蕩(とう)な: the [a] ~ son (悔い改めた)放蕩息子, 行ないを改めた道楽者〔聖書のことばから〕. **2** ⓟ (…を)惜しげもなく使う[与える]; …を豊富に産する (of). **3** (滑稽) 浪費家; 放蕩者.
prod·i·gal·i·ty /prὰdəgǽləti | prɔ̀dɪ-/ 名 U 《格式》 **1** 浪費, 放蕩. **2** 惜しみなく使う[与える]こと; 豊富.
prod·i·gal·ly /prάdɪgəli | prɔ́d-/ 副 浪費して; 惜しげもなく.
pro·di·gious /prədídʒəs/ 形 《格式》巨大な, 莫大(ばい)な; 感嘆すべき, 驚異的な. **~·ly** 副 莫大に; 驚異的に.
prod·i·gy /prάdədʒi | prɔ́d-/ 名 (**-gies**) C **1** 並はずれた天才: 'a child [an infant] ~' 神童. **2** (…の)驚くべき実例[見本]; 驚異的な事例: the *prodigies of nature* 自然の驚異 / a ~ of learning 驚くべき学識.

*pro·duce¹ /prədjú:s | -djú:s/ ★ 名詞の produce² とのアクセントの違いに注意. T1 動 (**pro·duc·es** /-ɪz/; **pro·duced** /-t/; **pro·duc·ing**) 名 próduct, prodúction, prodúce²; 形 prodúctive) 他 **1** 〈物〉を**作り出す**, 〈大量に〉**生産する**, 製造する; 〈食事・芸術作品など〉を作る (make) (反 consume): Our town ~s steel. 私たちの町では鋼鉄が生産される / This factory ~s television sets. この工場ではテレビを作っている / It is hard to ~ good crops from poor soil. やせた土地から豊かな作物を作るのは難しい.
2 〈…〉を産み出す; 《格式》〈子〉を産む, つくる: Hens ~ eggs. めんどりは卵を産む. / This mine ~s plenty of coal. この鉱山は多量の石炭を産出する.
3 〈結果など〉を招く, 引き起こす (cause): The play has ~d a great sensation. その劇は大変な評判を巻き起こした / Hunger often ~s quarrels. 空腹はしばしばいさかいを生む / Heated negotiations soon ~d results. 熱のこもった交渉はすぐに結果をもたらした.
4 〈劇・映画〉を制作する, 上演[上映]する; 〈本など〉を出版する: He lost a lot of money in his three attempts to ~ a hit play. 彼はヒットする芝居を作ろうと3度試みて大金を失った. **5** 〈見えるように〉取り出す, 〈証拠など〉を提示する (*from, out of*): I ~d my ticket. 私は切符を出して見せた. **6** 〔幾〕〈線など〉を延長する, (…)と結ぶ (*to*). ─自 生産する; 産出する; 製造する; 制作する. [語源] ラテン語で「前へ導き出す」の意 [☞] pro-¹.

prod·uce² /prάdju:s, próu- | prɔ́dju:s/ ★ 動詞の produce¹ とのアクセントの違いに注意. 名 (反 prodúce¹) U 生産物〔野菜・果物などの農産物〕; 製品.
*pro·duc·er /prədjú:sə | -djú:sə/ 名 (~s /-z/) C **1** 〔劇・映画・テレビ番組などの〕プロデューサー, 制作者〔特に経済面での責任者で, director のように俳優の演出はしない〕 (of); (オペラ・アマチュア劇団などの)ディレクター, 演出家: a movie [cinema, film] ~ 映画制作者 / the ~ of the show そのショーのプロデューサー. **2** 生産者[国] (of) (反 consumer): rice ~s 米の生産者 / the world's largest coffee ~ 世界一のコーヒー生産国.
prodúcer góods 名 (反 consumer goods) [複] 〔経〕生産財.

*prod·uct /prάdʌkt, -dəkt | prɔ́d-/ T1 名 (**prod·ucts** /-dʌkts, -dəkts/; [☞] prodúce¹) **1** C (天然の)産物, (人工の)製品; 創作品; (時代などの)申し子; U 〔商〕生産物, 製品, 生産高: natural ~s 天然の産物 / a new ~ 新製品 / He is a ~ of the computer age. 彼はコンピュータ時代の申し子だ / The government tries to keep dangerous ~s off the market. 政府は危険な製品を市場から締め出そうと努めている. [関連] waste product 廃棄物.
2 C (努力などの)**結果**, 成果 (result); 産物: ~s of hard work 勤労の成果. **3** C 〔数〕積 (of) (反 quotient). **4** C 〔化〕生成物.

*pro·duc·tion /prədʌ́kʃən/ 名 (~s /-z/; [☞] prodúce¹) **1** U (特に大量の)**生産**, 産出, 製造, (体内物質などの)生成 (反 consumption): the ~ of crops 作物の生産 / the costs of ~ = the ~ costs 生産費 / a new car *in* ~ 生産中の新型車.
2 U 生産高, 生産量: The ~ of automobiles is increasing. 自動車の生産は伸びている.
3 U 〔劇・映画・テレビ番組などの〕制作, 創作, 著作; 演出, 上演: The ~ *of* the play seemed impossible. その劇の上演は不可能のように見えた. **4** C 芸術作品〔劇・映画など〕; (研究などの)成果; (心の)産物: dramatic ~s 劇作品. **5** U 《格式》提出, 提示. [日英比較] 英語では「音楽プロデュション」のような意味はない. theatrical agency のようにいう.
gò ìnto [òut of] prodúction [動] 自 (品物などの)生産が開始[中止]される. **màke a (bíg) prodúction (òut) of …** [動] 《略式》…を大げさにする, 騒ぎ立てる.

*prodúction líne 名 C 流れ(作業)の生産ライン.
prodúction númber 名 C (ミュージカルなどでの)配役総出演の豪華場面〔歌とダンス〕.
prodúction plátform 名 C (海底油田の)採油台.
*pro·duc·tive /prədʌ́ktɪv/ 形 (動 prodúce¹; 名 prodúctivity; 反 unproductive) **1** 生産力のある, 実りの多い; (土地が)肥えた, 肥沃(よく)な; 多産の; 有意義な: ~ land 肥沃な土地 / ~ effort 報われることの多い努力 / The discussion was highly ~. 討論は非常に実り多いものであった. **2** A 生産の, 生産的な: ~ capacity 生産能力. **3** P 《格式》(…を)生じる, (…)を起こしがちな: New ideas are ~ of debate. 新しいアイデアは議論を呼びがちだ. **~·ly** 副 有益に; 生産的に; 豊富に. **~·ness** 名 U 生産力[性]のあること; 多産, 実りの多さ.
*pro·duc·tiv·i·ty /prὸʊdʌktívəti, -dʌk- | prɔ̀d-/ 名 《格式》 prodúctive) U 生産力, 生産性: ~ agreement 生産高に応じた労使間の賃金改善協定.
próduct mìx 名 C (企業の)製品構成.
próduct plàcement 名 U プロダクトプレースメント〔テレビドラマ・映画で商品を使用する宣伝方法〕.

prof¹ /práf | prɔ́f/ 名 (~s) C (略式) 教授 (professor).

prof² /práf | prɔ́f/ 略 =professional 形 2.

Prof. 略 [肩書きとして用いて] …教授.

> 語法 (1) 姓だけの前に用いるときには略語を用いない: *Prof.* William Clark / *Professor* Clark.
> (2) 〖米〗では呼びかけのときには普通 Dr. Clark, Mr. [Mrs.] Clark のようにいう.

prò-fámily 形 伝統的価値を重んじる; =pro-life.

prof·a·na·tion /prὰfənéɪʃən/ 名 1 U 神聖を汚すこと, 冒瀆(ぼうとく). 2 C 冒瀆行為.

pro·fane /proʊféɪn, prə-/ (格式) 形 1 神聖を汚(けが)す, 冒瀆的な; 口ぎたない, 下品な. 2 A 世俗的な. — 動 他 冒瀆する. **~·ly** 副 冒瀆的に; 口ぎたなく. **~·ness** 名 U =profanity.

pro·fan·i·ty /proʊfǽnəṭi, prə-/ 名 (-i·ties) (格式) 1 U 神聖を汚(けが)すこと, 冒瀆; 下品なことば遣い. 2 C [普通は複数形で] 冒瀆的[下品な]ことば.

‡**pro·fess** /prəfés/ 動 他 (格式) 1 …するふりをする, 〈…を〉装う; 〈知識などを〉もっていると称する: ~ ignorance 知らないふりをする / ~ *to* know a lot about mountaineering 登山のことをよく知っているようなふりをする. 2 〈思っていること〉をはっきり言う, 公言[明言]する; 〈人が〉が〈…と〉公言[明言]する: ~ a great interest in politics 政治に大いに関心があると公言する / She ~*ed* herself (to be) convinced. 彼女は納得したとはっきり言った. 3 〈…を〉信仰する(と告白する).

pro·fessed 形 A (格式) 1 (…と)公言した, 公然の. 2 見せかけだけの; 自称の.

pro·fess·ed·ly /prəfésɪdli/ 副 [しばしば 文修飾語] (格式) 1 明言して…で, 公然と. 2 偽って: She is ~ an artist. 彼女は芸術家を自称している.

‡**pro·fes·sion** /prəféʃən/ 名 (~s /-z/; 形 professional)

「(知識・技量を持っていることの)公言」 3 → 「専門職」 → 「職業」 1

1 C (主に知的な)**職業**, 専門職(☞ occupation 類義語): the teaching ~ 教職: "What ~ do you want to get [go] into?" "Teaching." 「あなたはどういう職業につきたいですか」「教職です」 2 [the ~; 〖英〗時に複数扱い] 同業者(全員): *the* medical ~ 医師界. 3 C 公言; 明言; 告白 (*of*).

by profession [副] 職業は (…である): Mr. Lee is a lawyer *by* ~. リー氏の職業は弁護士です.

the óldest proféssion (in the wórld) [名] (滑稽) (世界)最古の職業(売春のこと).

‡**pro·fes·sion·al** /prəféʃ(ə)nəl/ 形 名 (関連) profession; 動 professionalize; 反 unprofessional) 1 A [比較なし] (専門)的な**職業の**, 知的職業の; 職業上の: a ~ person 専門職の人(医師・弁護士など); (会社などの)役職者 / ~ advice [skill] 専門的な助言[技術].

2 A [比較なし] **プロの**, 本職の (略 prof) (反 amateur): ~ baseball プロ野球.

3 [ほめて] 〈腕前などが〉**本職の**, プロ並みの (反 amateur): a very ~ performance まさに玄人(はだし)の演技[演奏]. 4 A (格式) (滑稽) (人が)(…に)商売としているような, いつも…している: a ~ complainer いつも不平を言っている人. 5 A [腕曲] 〖スポ〗 (反則が)意図的な: a ~ foul 故意の反則.

túrn [gó] proféssional [動] (自) プロに転向する.

— 名 (~s /-z/) C 1 本職の人, 専門家, プロ, 玄人(くろうと) (略式) pro): Whoever made this bomb was a real ~. だれにせよこの爆弾を作ったのは完全なプロだ.

2 職業選手, プロ; (テニスなどの)レッスンプロ (略式) pro) (反 amateur): a soccer ~ プロ(の)サッカー選手.

proféssional devélopment 名 U 職能開発.

pro·fes·sion·al·ism /prəféʃ(ə)nəlɪzm/ 名 U 1 [ほめて] 専門職業人の技術; 専門家[プロ]気質(かたぎ). 2 プロ選手の起用.

pro·fes·sion·al·i·za·tion /prəfèʃ(ə)nəlɪzéɪʃən | -laɪz-/ 名 U 職業[プロ]化(すること).

pro·fes·sion·al·ize /prəféʃ(ə)nəlàɪz/ 動 (他) (…を)職業[プロ]化する.

pro·fes·sion·al·ly /prəféʃ(ə)nəli/ 副 職業的に, 専門的に; 玄人的に; プロによって.

proféssional wréstler 名 C プロレスラー.

proféssional wréstling 名 U ショープロレス(俳優がドラマ仕立ての格闘技を演じる).

‡**pro·fes·sor** /prəfésɚ | -sə/ 名 (~s /-z/; 形 professórial) C 1 教授 (略式 prof); (米) (一般的に)大学の教員 [肩書きとしては Prof.]: P~ Long ロング教授 (略式 Prof. 語法) / a full ~ (米) 正教授 (特に助教授や準教授と区別するときにいう) / an exchange ~ 交換教授 / a visiting ~ 客員教授 / a 「~ *of* history [history ~] *at* Columbia University コロンビア大学の歴史学の教授.

米 国	英 国	日 本
(full) professor	professor	教 授
associate professor		助教授
assistant professor	reader	
instructor	lecturer	講 師

2 (ダンスなどの)先生, 教師.

pro·fes·so·ri·al /prὰʊfəsɔ́ːriəl | prɔ̀f-/ 形 (名 professor) 教授の; 教授らしい, 教授にふさわしい. **-al·ly** /-əli/ 副 教授として[らしく].

proféssor·ship 名 C 教授の地位[職] (*in*).

‡**prof·fer** /práfɚ | prɔ́fə/ (格式) 動 (-fer·ing /-f(ə)rɪŋ/) 他 1 〈…に〉×物を差し出す; 〈助言・説明などを〉与える, 提示[提供]する (offer) (*to*). — 名 C 提出.

pro·fi·cien·cy /prəfíʃənsi/ 名 U 熟達, 熟練, たんのう: an English ~ test =a test of ~ *in* English 英語実力テスト.

pro·fi·cient /prəfíʃənt/ 形 熟達した, 熟練した, 上手な: She is ~ *in* [*at*] German. 彼女はドイツ語がとても上手だ. **~·ly** 副 上手に.

‡**pro·file** /próʊfaɪl/ 名 C 1 **横顔**, プロフィール, (像)の側面: I drew the writer's ~. 私はその作家の横顔を描いた.

2 (人物・団体・土地などの簡単な)**紹介**, プロフィール (新聞・テレビなどでの); (物事などの)素描: present the ~*s of* famous boxers 有名なボクサーの人物紹介をする. 3 (世間の)注目(度), 評価 (⇒ high profile): raise ... 's ~ …の注目度を上げる. 4 輪郭 (outline). 5 (地形面の)縦断面. **in prófile** [副・形] 横顔で; 側面から(見た). — 動 他 〈…の〉人物[事物]紹介をする; [普通は受身で] 〈…〉の横顔を描く.

pro·fil·ing /próʊfaɪlɪŋ/ 名 U 1 =DNA profiling. 2 プロファイリング (種々のデータによる人物像などの分析・作成).

‡**prof·it** /práfɪt | prɔ́f-/ (同音 prophet) 名 (**prof·its** /-fɪts/) 1 C,U (金銭的な)**利益**, もうけ (反 loss) (☞ 類義語): net ~ 純益 / gardening for pleasure and ~ 趣味と実益を兼ねた

芸 / Did you make [reap, turn] any ~? もうかりましたか.

2 ⓤ《格式》ためになること, 益, 利益: There is little ~ to be gained [had] from joining that association. その会に入っても得ることがほとんどない. 語源 ラテン語で「前へ出る」から「役に立つ」の意.

a prófit and lóss státement 名《米》損益計算書. **at a prófit** 副 利益を得て, もうけて. **màke [túrn] a prófit on [from]...** 動 他 ...で利益をあげる, ...でもうける. **the prófit and lóss account** 名《簿》損益勘定. **to ...'s prófit** = **to the prófit of ...** 副《格式》...の利益になって: I read the book to my great ~. その本を読んで大変ためになった. ― 動 (prof·its / -fɪts/; -it·ed / -tɪd/; -it·ing / -tɪŋ/) 圓《格式》(...から)利益を得る; (...で)得をする: Whoever ~s by [from] the crime is guilty of it. <V+by [from]+名・代>その犯罪で利益を得るものはだれでも有罪だ. ― 他《格式》(物事が)<...>の利益になる, <...>に役立つ.

【類義語】**profit** 金銭上または物質的利益: They made a *profit* of $7000 on the deal. 彼らは取り引きで7千ドルの利益を得た. **benefit** 主として金銭以外の個人・集団の幸福につながる利益: Education is of great *benefit* to children. 教育は子供たちにとって非常にためになる. **advantage** 他より有利な立場・地位にあることから生じる利益: One of the *advantages* of this method is that it saves a lot of money. この方法の利点の一つは大いにお金を節約できる点だ.

prof·it·a·bil·i·ty /prɑ̀fɪṭəbíləṭi | prɔ̀f-/ 名 ⓤ 収益性, もうけ, 利益率.

*****prof·it·a·ble** /prɑ́fɪṭəbl | prɔ́f-/ 形 (動 prófit; 反 unprofitable) **1** 利益[もうけ]になる; 有利な: a (highly) ~ business (大変)もうかる商売 / It is ~ to sell computers. コンピューターを売るのはもうかる.

2 ためになる, 有益な: very ~ discussions 大変有益な討論. **-a·bly** /-ṭəbli/ 副 利益をあげて, もうかって; ためになって, 有益に.

prof·i·teer /prɑ̀fətíɚ | prɔ̀fɪtíə/ 名 Ⓒ (戦争・災害で)暴利をむさぼる者, 不当利得者. ― 動 (-teer·ing /-tí(ə)rɪŋ/) 圓 暴利をむさぼる (*from*).

pròf·i·téer·ing 名 ⓤ 暴利をむさぼること, 不当利得.

pro·fit·er·ole /prəfíṭəròul/ 名《主に英》プロフィトロール《チョコレートを載せた小型シュークリーム》.

prófit·less 形 **1** 利益のない, もうからない. **2** 無益な, ためにならない. **-ly** 副 利益もなく; 無益[むだ]に.

prófit-màking 形 [普通は A] 利益をあげる, 営利の.

*****prófit màrgin** 名 Ⓒ《商》利ざや.

prófit shàring 名 ⓤ (労使間の)利益配分(制).

prófit tàking 名 ⓤ《商》利食い.

prof·li·ga·cy /prɑ́flɪgəsi | prɔ́f-/ 名 ⓤ《軽蔑》浪費; 放蕩(ハウ), 不品行.

prof·li·gate /prɑ́flɪgət | prɔ́f-/《軽蔑》形 浪費する, 金づかいの荒い (*of*); 放蕩(ハウ)の, 不品行な. ― 名 Ⓒ 浪費家, 放蕩者.

pro for·ma /pròʊfɔ́ɚmə | -fɔ́:-/《ラテン語から》形 副《格式》形式上の(で), 見積もりの[で]. ― 名 Ⓒ《商》見積もり送り状 (pro forma invoice).

prò fórma ínvoice 名 Ⓒ《商》= pro forma.

*****pro·found** /prəfáʊnd/ 形 (-found·er; -found·est; ⓤ profúndity) **1** (影響などが)強い, 激しい; 完全な: ~ change 激しい変化 / ~ deafness 全く耳が聞こえないこと.

2 心の奥の: We felt ~ sadness at his death. 私たちは彼の死に深い悲しみを感じた.

3 (考え・学問などが)深遠な, 深い; 難解な: ~ doctrines 深遠な思想 / a person of ~ learning 学識の深い人 / The event is cloaked in ~ secrecy. 事件深いなぞに包まれている. **4**《文》深い (deep). **~·ly** 副

---

program 1395

強く, 激しく; 心から; 非常に.

pro·fun·di·ty /prəfʌ́ndəṭi | -di-/ 名 (-di·ties; ⓤ profóund)《格式》**1** ⓤ (考えなどの)深遠さ, 深さ; (感情などの)深さ, 激しさ (*of*). **2** Ⓒ [普通は複数形で] 深遠な思想[ことば], 深い英知.

pro·fuse /prəfjúːs/ 形 **1** 多量の, おびただしい: ~ thanks 過剰なほどの礼. **2** Ⓟ (人が)気前のよい, 惜しまない (*in, of*). **~·ly** 副 多量に, おびただしく; 何度も. **~·ness** 名 ⓤ.

*****pro·fu·sion** /prəfjúːʒən/ 名 [a ~ または ⓤ]《格式》多量, 多様 (*of*): in ~ 豊富に, たくさん.

pro·gen·i·tor /proʊdʒénəṭɚ | -tə/ 名 Ⓒ《格式》**1** (人・動植物の)祖先, 先祖; 親. **2** 創始者, 先覚者; 先駆, 原型 (*of*).

prog·e·ny /prɑ́dʒəni | prɔ́dʒ-/ 名 ⓤ《格式》**1** [時に複数扱い] (人・動植物の)子孫;《古風》または《滑稽》子供《全体》. **2** 結果, 所産 (*of*).

*****pro·ges·ter·one** /proʊdʒéstəròʊn/ 名 ⓤ プロゲステロン, 黄(ワッ)体ホルモン《女性ホルモンの一種》.

prog·na·thous /prɑ́gnəθəs | prɔgnéɪ-/ 形《人類》あごの突き出た.

*****prog·no·sis** /prɑgnóʊsɪs | prɔg-/ 名 (複 prog·no·ses /prɑgnóʊsiːz | prɔg-/) Ⓒ **1**《医》予後(経過の予測) (☞ diagnosis). **2**《格式》予測, 予想 (*of*).

prog·nos·tic /prɑgnɑ́stɪk | prɔgnɔ́s-/ 形《医》予後の; (経過を)予測する, 予兆となる.

prog·nos·ti·cate /prɑgnɑ́stəkèɪt | prɔgnɔ́s-/ 動 他《格式》<...>を予測する, 予言する; <...>の徴候を示す.

prog·nos·ti·ca·tion /prɑgnɑ̀stəkéɪʃən | prɔgnɔ̀s-/ 名 Ⓒⓤ《格式》予測; 予言.

prog·nos·ti·ca·tor /prɑgnɑ́stəkèɪṭɚ | prɔgnɔ́s-təkèɪtə/ 名 Ⓒ《格式》予測者; 予言者.

*****pro·gram,《英》pro·gramme**
/próʊgræm, -grəm | -græm/ 🅃🅄 名 (~s /-z/) Ⓒ **1** (テレビ・ラジオの)番組, (コンサート・演劇などの)プログラム(表), パンフレット; 催し, 演奏: ~s *on* TV = TV ~ テレビ番組 / the ~ *of* a concert = the concert ~ 音楽会のプログラム / arrange a ~ *for* television テレビの番組を組む / put on a ~ *on* [*about*] Shakespeare シェークスピアを扱った番組を放映する.

2 計画 (plan), 予定: a business ~ 事業計画 / What's (on) the ~ *for* today? 今日の予定はどうなってるの / Tell me about your ~ *for* the future. あなたの将来の計画について話してください.

3《電算》プログラム《資料の処理のしかたをコンピューターに指示する一連の指令》. 語法 この意味では《英》でも program のつづりが普通. **4**《学習》課程, コース, プログラム: a training ~ 研修講座. **5**《洗濯機などの》一連の操作. 語源 ギリシャ語で「前もって書いたもの」の意;☞ 単語の記憶 pro-¹.

gét with the prógram 動 圓 [しばしば命令文で]《米略式》やるべきことをやる, (うかうかせずに)しっかりする; 事情に通じる. **gò alóng with the prógram** 動 圓《米略式》何も言わずにやるべきことをやる.

単語の記憶	《GRAM》《書いたもの》
pro**gram**	(前もって書いたもの) → 番組(の計画), プログラム
tele**gram**	(遠くから書いたもの) → 電報
grammar	(書いたもの) → 文法

― 動 (pro·grams,《英》pro·grammes /-z/; pro·grammed, pro·gramed /-d/; -gram·ming, -gram·ing) 他 **1**《電算》<コンピューターなど>にプログラムを与える, プログラムで指示する: Can computers *be programmed to* talk in the same way as humans? <V+O+C (*to* 不定詞)の受身> コンピューターを人間と

同様に話すようプログラムできるか. 語法 この意味では(英)でも普通のつづりが普通.
2 〈機械など〉に〈…の仕組み[仕掛け]を〉組み込む,〈物〉を〈…するように〉セットする;〈普通は受身で〉〈人〉などを〈…するように〉方向[条件]づける: This air conditioner is *pro*grammed to turn itself off at 1 a.m. <V+O+C (to 不定詞)の受身> このクーラーは午前1時に切れるようにセットしてある. 3 〈…〉を計画[予定]する (for).

pro·gram·ma·ble /próugræməbl, -grəm-/ 形 (コンピューターの)プログラムで制御できる,プログラム化可能な.

pro·gram·mat·ic /pròugrəmǽtɪk⊢/ 形 (格式) プログラム(通り)の[に従った]; おきまり[型通り]の.

pro·gramme /próugræm, -grəm | -græm/ 名 C, 動 (英) = program.

pró·grammed cóurse 名 C プログラム学習課程.

prógrammed instrúction 名 U プログラム学習による教授法.

prógrammed léarning 名 U プログラム学習.

*__pro·gram·mer__ /próugræmə | -mə/ 名 C プログラマー《コンピューター用プログラムを書く人》.

pró·gram·(m)ing 名 U 1 【電算】プログラミング《コンピューター用プログラムを書くこと》. 2 〈テレビ・ラジオの〉番組編成,〈編成された〉番組.

prógramming lànguage 名 U,C 【電算】プログラミング言語.

prógram mùsic 名 C 標題音楽《風景や場面を描写する音楽》.

*__prog·ress__[1] /prágrəs, -gres | próugres, prɔ́g-/ ★動詞の progress[2] とのアクセントの違いに注意. T1 名 (progress[2]) 1 U 進歩,向上,発達,発展: ~ *in* civilization 文明の発達 / He is making ~ *in* [*with*] his studies. 彼はいっこうに勉強が進歩しない / The new policy seems to be facilitating ~ *toward* peace. 新政策が平和に向けての進展を容易にしているようだ. 2 U (物事の)進展,経過 (*of*): ⇨ progress report. 3 〈主に文〉前進,進行: They *made* slow ~ through the crowd. 彼らは群衆の間をゆっくりと進んでいった. 4 C 〈古題〉(国王・女王の)巡幸. 語源 ラテン語で「前へ (⇨ pro-[1]) 進む」の意.

in prógress [形] (格式) 進行中で[の]: A transformation is now in ~ in that country. その国では今変革が進行している / EXAM IN PROGRESS 試験中《標示》/ work in ~ 進行中の仕事.

máke (góod [rápid]) prógress [動] (自) (1) (人が)(技術・仕事などで)どんどん上達する (*in*, *with*, *on*) (⇨ 1 の第2例); (どんどん)進む (⇨ 3). (2) (病人が)どんどん快方に向かう.

*__pro·gress__[2] /prəgrés/ ★名詞の progress[1] とのアクセントの違いに注意. 動 (progress[1], progression; 形 progressive) (自) 1 進歩する,上達する; 快方に向かう; (次へ)進む (反) regress: He ~ed *in* French little by little. 彼のフランス語は少しずつ進歩した / Later we ~ed *to* the main topic. 私たちはその後で本題に移った. 2 (仕事などが)進捗する; (事態が)進展する; (時などが)経過する (*to*): How is the work ~ing? 仕事のはかどり具合はいかがですか. 3 〈主に文〉(人・車などが)ゆっくりと進む. ― 他 (格式) 〈計画など〉を進める,進行させる.

*__pro·gres·sion__ /prəgréʃən/ 名 (動 progress[2]) 1 U または a ~] 進行,推移 (*from*, *to*); 前進,移動. 2 C 連続,継起; 移り変わり. 3 C 【数】数列: an arithmetic [a geometric] ~ 等差[等比]数列.

*__pro·gres·sive__ /prəgrésɪv/ 形 (動 progress[2]) 1 進歩的な,革新的な (反) conservative); 発展[向上]している; [教育] 進歩主義の: a ~ policy 進歩的な政策 / ~ parties 革新政党. 2 漸進(ぜん)的な; (税など)累進的な; (病気など)進行性の. 3 A (絶えず)前進する (反) regressive): ~ movement 前進運動. 4 【文法】進行形の,進行時制の. 5 【楽】(ジャズ・ロックなどが)プログレッシブの,前衛的な. ― 名 (反) conservative) C [普通は複数形で] 進歩的な人,革新論者.

progréssive fórm 名 [the ~] 【文法】進行形 (⇨ be[2] A 表).

pro·grés·sive·ly 副 次第に,だんだんと; 累進的に; (病気などが)進行性で.

progréssive·ness 名 U 漸進[累進]性.

progréssive róck 名 U プログレッシブロック《前衛的ロック音楽》.

progréssive táx 名 C [単数形で] 累進税.

progréssive ténse 名 [the ~] 【文法】進行時制.

prógress repòrt 名 C 経過[中間]報告(書).

*__pro·hib·it__ /prouhíbɪt, prə-/ T2 動 (-hib·its /-bɪts/; -it·ed /-tɪd/; -it·ing /-tɪŋ/; 名 prohibition, 形 prohibitive, prohibitory) 他 1 [普通は受身で] (規則・法律などで)〈ある事〉を禁じる (⇨ forbid 類義語): Parking is ~ed in this area. <V+Oの受身> この地域は駐車禁止となっています / Children are ~ed *from* smoking. <V+O+from+動名の受身> 子供たちはたばこを吸うのを禁じられている / It is strictly ~ed to copy these videos. これらのビデオを複製することは厳禁されている. 2 (格式) (物事が)〈ある事〉を妨げる,阻止する; 〈人〉が〈…するのを〉妨げる (prevent): An accident ~ed my [me from] taking part in the meeting. 事故があって私はその会に参加できなかった.

*__pro·hi·bi·tion__ /pròu(h)əbíʃən/ 名 (動 prohibit) 1 U (規則・法律で)禁止(する[される]こと): We demand the strict ~ *of* smoking here. 私たちはこの場所での喫煙の厳禁を求める. 2 C 禁止命令 (*against*, *on*). 3 U [普通は P-] 酒類醸造販売の禁止; 《米》禁酒法実施期間《1920年から1933年》.

pro·hi·bi·tion·ist /pròu(h)əbíʃ(ə)nɪst/ 名 C 酒類醸造販売禁止主義者.

*__pro·hib·i·tive__ /prouhíbətɪv, prə-/ 形 (動 prohibit) 1 (価格が)手が出ないほど高い,法外な. 2 (規則・税などが)禁止[抑制]するための,禁止の. **~·ly** 副 (価格が)手が出ないほど,法外に.

pro·hib·i·to·ry /prouhíbətɔ̀ːri, prə- | -təri, -tri/ 形 (動 prohibit) (格式) 禁止の,禁制の.

*__proj·ect__[1] /prádʒekt, -dʒɪkt | prɔ́dʒ-/ ★動詞の project[2] とのアクセントの違いに注意. T3 名 (proj·ects /-dʒekts, -dʒɪkts/; 動 project[2]) C 1 計画,企画 (⇨ plan 類義語; jet[1] 単語の記憶法]); 計画事業,プロジェクト; 活動: a ~ *to* build a new city <N+to 不定詞> 新都市を建設する計画 / draw up [carry out] a ~ 計画を立てる[遂行する]. 2 (学生が取り組む)研究[学習]課題,自主研究: do a ~ *on* AIDS 課題としてエイズを研究する. 3 [しばしば the ~s として] (米略式) =housing project.

*__pro·ject__[2] /prədʒékt/ ★名詞の project[1] とのアクセントの違いに注意. 動 (pro·jects /-dʒékts/; -ject·ed /-ɪd/; -ject·ing /-ɪŋ/; 名 projection, 6 では project[1], 7 では projéctile) 他 1 [普通は受身で] 〈…〉を予測する,予想する: next year's ~ed sales 来年の予想売上高 / ~ sales *for* next year <V+O+for+名・代> 来年の売上高を予測する [言い換え] Prices are ~ed *to* rise (by) two percent next year. <V+O+C (to 不定詞)の受身> =It is ~ed *that* prices will rise (by) two percent next year. <V+O (that 節)の受身> 来年は物価が2%上昇すると予想されている.
2 〈映画・スライドなど〉を映写する,投映する (⇨ jet[1] 単語の記憶法]): He ~ed color slides *onto* [*on*] the screen. <V+O+前+名・代> 彼はスクリーンにカラ

スライドを映した. **3** 〈影・光・熱など〉を投げかける, 写し[送り]出す; 〘数〙〈…〉を投影する; 〈地図〉を投影法で作る: The tree's shadow was ~*ed on* [*onto*] the grass. 木は芝生に影を投げていた. **4** 〈イメージなど〉をうまく表出する, 他人に(好ましく)印象づける; (行動で)〈感情など〉を表わす: ~ oneself *as* a new leader 自分を新しい指導者として印象づける. **5** 〈心・想像〉を(未来などに)置いてみる, 向ける; 〘心〙〈自分の感情など〉を(他に)投射する《他人も同じ感情などを持っていると考える》(*on*): a science fiction novel that ~*s* the reader *into* the world of the year 3000 読者を(西暦)3000 年の世界にいざなう SF 小説 / Don't ~ your anxieties *onto* me. 自分が不安だからといって私も不安がっていると思わないでくれ. **6** [普通は受身で]《格式》〈…〉を計画する, 企てる: a ~*ed* dam 計画されたダム / Our trip to Hawaii *is* ~*ed for* next fall. 私たちのハワイ旅行はこの秋の予定だ. **7** 発射する; 〈…〉を投げ出す; 突き出す: ~ a missile *into* space ミサイルを空中に打ち上げる. **8** 〈…〉を伝える; 〈声〉を遠くまで聞こえるようはっきり出す.

— [自] **1** 突き出る (*from*): The cliff ***~ed out over*** the sea. <V+*out*+前+名・代> がけは海の上に突き出ていた. **2** 声を遠くまで聞こえるようはっきり出す. [語源] ラテン語で「前へ投げる」の意; ☞ pro-[1], jet[1] [単語の記憶]. **projéct onesèlf** [動] [自] (1) (想像力を働かせて)自分を(…の世界・立場)に置いてみる (*into*). (2) 自分を(うまく)表現する (☞ [他] 4).

pro·jec·tile /prədʒéktl, proʊ- | -taɪl/ 《格式》[名] [C] ([動] projéct[2] [他] 7) 発射される物, 発射体《弾丸・ロケット・誘導ミサイルなど》. **—** [形] 発射できる.

*__pro·jec·tion__ /prədʒékʃən/ [名] (~s /~z/; [動] projéct[2]) **1** [C] 予測, 予想, 見積もり (*of*): sales ~*s* ***for*** next year 来年の売上高の予測. **2** [U] 投影, (映画・スライドなどの)映写; 〘数〙 投影法. **3** [C] 投影図, 映写されたもの: ~*s* of scenes *on* the wall 壁に映写された景色. **4** 〘心〙 [U] (感情などの)投影, 投射; [C] 投影されたもの《感情・観念など》. **5** [C] 《格式》突き出(し)たもの, 突起: a ~ *from* the cliff 断崖から突き出たもの. **6** [U,C] 〘地図〙 投影法[図].

projéction bòoth [名] [C] 《米》映写室.

pro·jec·tion·ist /prədʒékʃ(ə)nɪst/ [名] [C] 映写技師.

projéction ròom [名] [C] 映写室.

pro·jec·tive /prədʒéktɪv | proʊ-/ [形] 射影の; 〘心〙投影の; 〘数など〙投影法の[による].

projéctive tèst [名] [C] 〘心〙投影検査法《あいまいな図形や文章などに対する被験者の反応からその性格特性をみるテスト》.

+**pro·jec·tor** /prədʒéktə | -tə/ [名] [C] **1** 映写機; スライド映写機. **2** =overhead projector.

Pro·kof·i·ev /prəkɔ́:fièf | -kɔ́f-/ [名] [固] **Ser·gey** /séəgeɪ | séə-/ ~ プロコフィエフ (1891–1953)《旧ソ連の作曲家》.

pro·lac·tin /proʊlǽktɪn/ [名] [U] 〘生化〙 プロラクチン《乳汁分泌を促す脳下垂体前葉ホルモン》.

pro·lapse /proʊlǽps/ 〘医〙[名] [C] (腸などの)脱出(症). **—** [動] [自] (腸などが)脱出する.

pro·lápsed [形] 〘医〙 (腸などが)脱出した.

pro·late /próʊleɪt/ [形] (丸いものが)上下の両極方向に延びた; 〘数〙 扁長の.

prole /próʊl/ [名] [C] 《英略式》[差別] プロレタリア(階級の人).

pro·le·gom·e·non /pròʊlɪgɑ́mənɑ̀n | -gɔ́mənən/ [名] (複 **pro·le·gom·e·na** /-nə/) [C] 《格式》(書物の)序言, 序論.

pro·le·tar·i·an /pròʊləté(ə)riən←/ [名] [C], [形] ([反] bourgeois) [しばしば差別] プロレタリア(の), 無産者(の), 労働者(の).

pro·le·tar·i·at /pròʊləté(ə)riət/ [名] ([反] bourgeoisie) [the ~; 《英》単数または複数扱い] [時に差別] 無産階級《全体》, プロレタリアート.

prò-life [形] ([反] pro-choice) [普通は [A]] 妊娠中絶(合法化)反対の (pro-family).

prò-líf·er /-láɪfə | -fə/ [名] [C] 妊娠中絶(合法化)反対派の人.

+**pro·lif·er·ate** /prəlífərèɪt, proʊ-/ [動] [自] 《格式》急増する; (細胞などが)増殖する. — [他] 〈核兵器〉を拡散させる.

pro·lif·er·a·tion /prəlìfəréɪʃən, proʊ-/ [名] **1** [[U] または a ~] 《格式》急増; (核兵器の)拡散; 数の多さ. **2** 〘生〙 [U] 増殖; [C] 増殖部分.

+**pro·lif·ic** /prəlífɪk, proʊ-/ [形] **1** (作家などが)多作の, 創造力に富む; (スポーツ選手が)得点[勝利]の多い. **2** 多産の; たくさん実を結ぶ. **3** 《文》豊富な, 多数存在する. **-líf·i·cal·ly** /-kəli/ [副] 豊富に.

pro·lix /proʊlíks, próʊlɪks/ [形] 《格式》(話・文章などが)冗長な, くどい.

pro·lix·i·ty /proʊlíksəṭi/ [名] [U] 《格式》冗長(さ).

prol·ly /prɑ́li | prɔ́li/ [副] [E メールで用いて] =probably.

pro·log /próʊlɔ:g, -lɑg | -lɔg/ [名] [C] 《米》=prologue.

Pro·log, PROLOG /próʊlɔ:g, -lɑg | -lɔg/ [名] [U] 〘電算〙 プロログ《コンピューター言語の一種; 商標》.

+**pro·logue** /próʊlɔ:g, -lɑg | -lɔg/ [名] [C] **1** [時に P-] (詩・物語・劇の)序詞, 序幕, プロローグ (*to*) ([反] epilogue). **2** 《文》(事件などの)前ぶれ, 序幕 (*to*).

+**pro·long** /prəlɔ́:ŋ | -lɔ́ŋ/ [動] [他] 〈事〉を長引かせる, 延ばす: He ~*ed* his visit. 彼は訪問の期間を延長した.

pro·lon·ga·tion /pròʊlɔ:ŋgéɪʃən | -lɔŋ-/ [名] 《格式》[U] 長引かせること, 延長 (*of*); [C] 延長部分 (*of*).

+**pro·lónged** [形] [普通は [A]] 長引いた, (非常に)長い: over a ~ period of time 長期にわたって.

prom /prɑ́m | prɔ́m/ [名] [C] **1** 《米》(高校などの)舞踏会, ダンスパーティー: the senior ~ 最上級生の卒業ダンスパーティー. **2** 《英略式》=promenade 2. **3** [しばしば P-] 《英略式》=promenade concert.

+**prom·e·nade** /prɑ̀mənéɪd, -nɑ́:d | prɔ̀mənɑ́:d←/ [名] [C] **1** 《古風》(公園などでの)散歩, 遊歩; (車などでの)行進. **2** 《英》(公園・海岸沿いなどの)散歩道, 遊歩道, プロムナード. **3** 《米》=prom 1. **—** [動] [自] 《古風》散歩する; 行進する.

prómenade cóncert [名] [C] 《英》プロムナードコンサート《聴衆の一部が立ったまま聴く音楽会; ☞ Proms》.

promenáde dèck [名] [C] 遊歩甲板.

pro·meth·a·zine /proʊméθəzì:n/ [名] [U] 〘薬〙 プロメタジン《抗ヒスタミン剤・制吐剤・精神安定剤》.

Pro·me·the·an /prəmí:θiən/ [形] プロメテウスの(ような), きわめて独創的な.

Pro·me·the·us /prəmí:θiəs, -θju:s/ [名] [固] 〘ギ神〙 プロメテウス《火の神; 天の火を盗み, 人類に与えた罰として岩につながれ, はげわしに肝臓を食われたという; ☞ Pandora》.

+**prom·i·nence** /prɑ́mənəns | prɔ́m-/ [名] ([形] próminent) [U] 目立って[傑出して]いること, 著名; [C] 《格式》目立つ所, 突出部. **gíve ... próminence** =**gìve próminence to ...** [動] [他] …を目立たせる. 「**cóme to** [**ríse to, gáin**] **próminence** [動] [自] 目立つようになる.

*__prom·i·nent__ /prɑ́mənənt | prɔ́m-/ [形] ([名] próminence) **1** 傑出した, 卓越した, 著名な (distinguished); 重要な: a ~ writer 優れた作家 / Mr. Hill is **~ *in*** economic affairs. <A+*in*+名・代> ヒル氏は経済問題(の分野)で著名である. **2** 目立つ, 人目につく. **3** 突き出ている: a ~ nose 際立って高い鼻. **~·ly** [副] 目立って, 顕著に.

prom·is·cu·i·ty /prɑ̀məskjúːəṭi | prɔ̀m-/ 名 U〔軽蔑〕(性関係で)相手を選ばないこと, ふしだら.

*__pro·mis·cu·ous__ /prəmískjuəs/ 形〔軽蔑〕**1** (性関係で)相手を選ばない, 見境のない, ふしだらな. **2**〔古風〕無差別の; 雑多な. ~·**ly** 副 相手かまわずに.

*__prom·ise__ /prɑ́mɪs/ 動 (**prom·is·es** /-ɪz/; **prom·ised** /-t/; **prom·is·ing**) 他 **1**〈…〉を**約束する**;〈人に〉〈…する〉と〈…〉を与えると約束する;《略式》〈…〉を行なう: I'll do my best, but I can't ~ anything. Ⓢできるだけのことはしますが, 確約はできません〔言い換え〕He ~d (me) *to* wait [not *to* leave] till we came. <V+(O+)O (to 不定詞)>=He ~d (me) (*that*) he would wait [would not leave] till we came. <V+(O+)O ((*that*) 節)> 彼は(私に)私たちが来るまで待っていると約束した〔言い換え〕Tom ~d the money [reward] *to* me. <V+O+*to*+名・代>=Tom ~d me the money [reward]. <V+O+O> トムはその金[報酬]を私にくれると約束した (☞*to*² 3 [語法]). [語法] 上の文を受身の文にすると次のようになる: The money [reward] *was* ~*d* (*to*) *me by* Tom. (直接目的語を主語としたとき) / I *was* ~*d the money* [*reward*] *by* Tom. (間接目的語を主語としたとき) (☞ *be*² B [文法]).

2 (物事が)〈…〉を予示する: An evening glow often ~*s* good weather on the following day. 夕焼けがあるとしばしば翌日は晴れる. **3**〈人・団体・出版物などが〉(…に)〈…〉が予想されると発表する: They've ~d (us) good weather for the weekend. 週末はよい天気の見込みだと発表した.

— 自 **1** 約束する: My father always ~*s*, but he never performs. うちの父は口ばかりだ. **2** (物事・人が)…し[…になり]そうだ: It ~*s to* be fine [rainy] tomorrow. あすは天気[雨]になりそうだ. **as prómised** [副・形] 約束した通りに[の]. **I** [**We**] **prómise**. (そう)約束します〔返事に用いる〕: 金話 "Will you pay me tomorrow?" "I ~." 「あすは払ってくれますか」「きっとそうします」 **I (can) prómise you** Ⓢ 《略式》約束する[うけあう]よ; きっと, 確かに, 絶対に;〔警告として〕言っておくと: I'll come, I ~ you. 絶対行くってば. **Prómise?** Ⓢ 約束するかい. **prómise oneself** … 動 (1)〈…〉を(することを)楽しみにする, (ひそかに)期待[予定]する. (2)〈…しよう〉と決心する (*that*). **prómise … the móon** [**wórld, éarth**] [動] 他《略式》〈…〉にできもしないことを約束する.

— 名 (**prom·is·es** /-ɪz/) **1** C **約束**, 契約: a ~ *of* payment 返済の約束〔言い換え〕She broke her ~ *to* pay within a month. <N+*to* 不定詞>=She broke her ~ *that* she would pay within a month. <N+*that* 節> 彼女は1か月以内に支払うという約束[契約]を破った (☞ *to*¹ C (4) [構文]; *that*¹ A 4 [構文]).

— コロケーション —
give … **a** *promise* 〈人に〉約束する
keep [**break**] **one's** *promise* 約束を守る[破る]
make a *promise* 約束する

2 U (前途・将来の)**見込み**, 有望なこと; 将来性: a young writer of ~ 前途有望な若い作家 / The therapy holds ~ *of* helping patients live longer. その治療は延命の助けになる見込みがある / The boy shows a lot of ~. その少年は非常に有望だ[見どころがある]. **3** U または a ~ 気配, きざし (*of*).
on a prómise [副・形] (…する)約束で (*to do*; *that*);《略式》(特に性的関係がもてると)確信して. **Prómises, prómises!** Ⓢ 口先の約束ばっかりだ.

Próm·ised Lánd 名 [the ~]〔聖〕約束の地《神がアブラハム (Abraham) とその子孫に与えると約束した土地で Canaan のこと》; まだ見ぬあこがれの地[状態].

*__prom·is·ing__ /prɑ́mɪsɪŋ | prɔ́m-/ 形 前途有望な, 末頼もしい; 見通しが明るい: a ~ student 見どころのある学生 / The weather is ~. 天気はよくなりそうだ. ~·**ly** 副 (最初は)うまく行きそうな風に, 有望に.

prom·is·so·ry /prɑ́məsɔ̀ːri | prɑ́mɪs(ə)ri/ 形 約束の, 約束を含む.

prómissory nòte 名 C 約束手形.

*__pro·mo__ /próʊmoʊ/《略式》名 (~*s* /-z/) C 宣伝用映画[ビデオ]; 宣伝物: Many colleges make ~*s* of their own. 多くの大学が紹介[宣伝]ビデオを作っている.
— 形 宣伝(用)の: a ~ video 宣伝用ビデオ.

prom·on·to·ry /prɑ́məntɔ̀ːri | prɔ́məntəri, -tri/ 名 (**-to·ries**) C 岬 (headland).

*__pro·mote__ /prəmóʊt/ 動 (**pro·motes** /-móʊts/; **pro·mot·ed** /-ṭɪd/; **pro·mot·ing** /-ṭɪŋ/; 名 promótion; 反 demote, relegate) 他 **1**〈…〉を**促進する**, 助長する; 奨励[主唱]する (☞ motion [単語の記憶]): We need to ~ world peace. 世界平和を促進しなければならない.

2 [普通は受身で]〈職員など〉を**昇進させる**;《米》〈学生〉を進級させる: Mr. Lee *was* ~*d* (*from* assistant manager) *to* manager. <V+O(+*from*+名・代)+*to*+名の受身> リー氏は(副支配人から)支配人に昇進した. **3** (宣伝・値引きで)〈商品〉の販売を促進する, 売り込む. **4**〈催し物など〉を主催する;〈会社など〉を設立する. **5** [普通は受身で]〔英〕〈チーム〉を(上位リーグへ)昇格させる.

*__pro·mot·er__ /prəmóʊṭɚ | -tə/ 名 (~*s* /-z/) C **1** (スポーツやコンサートの)**主催者**, プロモーター;《会社などの》設立人. **2** 推進者, 奨励者, 主唱者 (*of*).

*__pro·mo·tion__ /prəmóʊʃən/ 名 (~*s* /-z/; 動 promóte; 2 では 形 promótional) **1** U.C **昇進**, 引き立て, 《米》進級 (*to*) (反 demotion): apply [put in] for ~ 昇進を申請する / get a ~ 昇進する / Are there good prospects of ~ in this company? この会社では昇進できる見込みは大きいのですか.

2 U.C (販売などの)**促進(活動)**, 助長, 奨励: sales ~ 販売促進 / the ~ *of* world peace 世界平和の促進. **3** C 販売促進中の商品. **4** U〔英〕〔スポ〕(上位リーグへの)昇格.

*__pro·mo·tion·al__ /prəmóʊʃ(ə)nəl/ 形 (名 promótion 2) (資料・催しなどが)販売促進(用)の.

*__prompt__ /prɑ́m(p)t | prɔ́m(p)t/ 動 (**prompts** /prɑ́m(p)ts | prɔ́m(p)ts/; **prompt·ed** /-ɪd/; **prompt·ing**) 他 **1** [主に新聞で]〈…〉を促(ᵘᴳ)す, 刺激する;〈人〉を駆りて[刺激して]…させる: What ~*ed* this hasty action? なぜこんな早まった行動をしたの / Concern ~*ed* her *to* ask the question. <V+O+*to* 不定詞> 気になって彼女はその質問をした. **2**〈人〉を促して話を続けさせる,〈…〉と言って話を促す;〈俳優〉にせりふをつける (☞ prompter). **3**〔電算〕(画面で)〈ユーザー〉に(…するように)促す. — 自〔俳優に〕せりふをつける.

— 形 (**prompt·er**; **prompt·est**; 名 prómptitude) **1** (行動が)**迅速な**, すばやい: ~ action 敏速な行動 / I need a ~ reply from you. あなたの即答が欲しい. **2** (人が)すぐさま…する, 時間を守る: The players were ~ *to* obey the manager. <A+*to* 不定詞> 選手たちはすぐに監督の指示に従った / She is ~ *in* paying her rent. <A+*in*+動名> 彼女は家賃[部屋代]をいつも遅れずに払う. **3** (事が)時間きっかりの: a ~ start at 7 a.m. 午前 7 時きっかりのスタート. — 副 時間きっかりに (sharp): at six o'clock ~ 6 時きっかりに. — 名 **1** C 話を促すこと[ことば]; 教えられたせりふ. **2** =prompter. **3**〔電算〕プロンプト《次の入力を促すコンピューター画面の記号・文字》.

prompt·er /prɑ́m(p)ṭɚ | prɔ́m(p)tə/ 名 C プロンプター《俳優に小声でせりふを教える人》(☞ Tele-PrompTer).

prómpt·ing 名 C.U 説得行為; U せりふ付け.

promp·ti·tude /prɑ́m(p)tət̬(j)ùːd | prɔ́m(p)-

tjùːd/ 名 (形 prompt) U (格式) 敏速(さ), 機敏.
*prómpt･ly /prám(p)tli | prɔ́m(p)t-/ 副 **1** 敏速に, すばやく; [動詞の前に用いて] 即座に, 急に: He always acts ～. 彼はいつも行動が敏速だ. **2** きっかり(…時に): ～ at six o'clock きっかり6時に.
prómpt･ness 名 U 敏速, 機敏: with ～ 敏速に.
Proms /prámz | prɔ́mz/ 名 [複] [the ～]《英略式》プロムス《毎夏ロンドンで行われる BBC 主催の一連のプロムナードコンサート》.
*pro･mul･gate /prʌ́məlgèɪt | prɔ́m-/ 他 (格式)《教義・思想などを》(法令などを)発布[公布]する.
pro･mul･ga･tion /prʌ̀məlgéɪʃən | prɔ̀m-/ 名 U (格式)(法令などの)発布, 公布; (教義などの)普及.
pro･mul･ga･tor /prʌ́məlgèɪtə | prɔ́məlgèɪtə/ 名 C (格式) 発布人; 伝道者.
pron. 略 =pronoun, pronounced, pronunciation.
*prone /próʊn/ 形 (prón･er, more ～; prón･est, most ～) **1** P …の(する)傾向がある, …にかかりやすい《よくないことに用いる》: He is ～ *to* anger [*to* get angry]. <A+*to*+名・代 [*to* 不定詞]> 彼は怒りっぽい. **2** (格式) うつぶせになった. 関連 supine あおむけになった. ～･ness 名 U (…しがちな)傾向 (to).
-prone /próʊn | prɔ́n/ 形 [合成語で] (よくないことを)起こしがちな, …になりやすい: an avalanche-*prone* area 雪崩(なだれ)の多発地域 // ➡ accident-prone.
prong /próːŋ | prɔ́ŋ/ 名 C **1** (くま手・フォークなどの)また《➡ fork 挿絵》; (しかなどの)角の枝. **2** (方針などの)段階, 方面. **3** (米俗) ペニス (penis).
-pronged /próːŋd | prɔ́ŋd/ 形 [合成語で] …のまた の; (攻撃・戦術などが)…方面[段階]の: four-*pronged* fork 4つまたのフォーク.
próng･horn 名 C プロングホーン《北米産のかもしか》.
pro･nom･i･nal /proʊnámənl | -nɔ́m-/ 形 (文法) 代名詞の, 代名詞的な: ～ adjectives 代名詞的形容詞《this, that や所有格の my, your など》. — 名 代名詞類. **-nal･ly** /-nəli/ 副 代名詞的に.
pro･noun /próʊnàʊn/ 名 C (文法) 代名詞《略 pron.》. 語源 ラテン語で「名詞の代わりをするもの」.

┌─ 文法 代名詞 ─────────────────────┐
│ 8品詞の1つで, 名詞, 名詞句[節]または文の代わりをする │
│ 働きを持つ語. この辞書では 代, [代] と示す. 一般に次 │
│ のように分類される.   │
│ (1) 人称代名詞. (2) 所有代名詞. (3) 再帰代名詞.   │
│ (4) 指示代名詞. (5) 疑問代名詞. (6) 関係代名詞.   │
│ (7) 不定代名詞. ★ 数詞も代名詞に加えることがある.   │
└─────────────────────────────┘

*pro･nounce /prənáʊns/ 13 動 (pro･nounc･es /-ɪz/; pro･nounced /-t/; pro･nounc･ing; 名 1 では pronùnciátion; 他 2, 3, 自では pronóunce(ment)) 他 **1** 〈文字・単語・文などを〉発音する: How do you ～ this word? この語はどう発音しますか / "ch" is ～*d* (*as*) /k/ in this case. <V+O+C ((as+) 名) の受身> この場合 ch は /k/ と発音される.
2 〈人などに〉(であると)宣言する (declare), 公言する; 〈…を〉断定する: I now ～ you man and wife. <V+O+C (名)> ここにあなたがたが夫婦であることを神に宣言します《結婚式で聖職者が言うことば》 言い換え The doctor ～*d* the patient *out of* danger. <V+O+C (前+名)> =The doctor ～*d* the patient to be out of danger. <V+O+C (*to* 不定詞)> 医者は患者が危険を脱したと断言した / The king *was* ～*d* dead. <V+O+C (形) の受身> 王は亡くなったと発表された / He ～*d that* it was a fake. <V+O (*that* 節)> 彼はそれは偽物だと断定した. **3** 〈判決などを〉宣告する, 下す (*for*, *against*): The judge ～*d* a sentence of death on [*upon*] the criminal. 裁判官は犯人に死刑を宣告した. — 自 判断[判決]を下す;《格式》(…について)意見を述べる (on): The judge ～*d* for [*against*] him. 裁判官は彼に有利[不利]な判決を下した.
pro･nounce･a･ble /prənáʊnsəbl/ 形 (音・語が) 発音できる.
pro･nóunced 形 **1** 発音される《略 pron.》. **2** 顕著な, 目立つ; (意見などが)明確な.
pro･nounc･ed･ly /prənáʊnsɪdli, -stli/ 副 著しく.
*pro･nounce･ment /prənáʊnsmənt/ 名 C ＝ pronóunce (他 2, 3, 自 2)《格式》宣言, 発表 (on).
pron･to /prántoʊ | prɔ́n-/ 副 Ⓢ《略式》すぐに, 早速.
*pro･nun･ci･a･tion /prənʌ̀nsiéɪʃən | -ʃi-/ 名 pronóunce 他 1) **1** U.C 発音(法)《略 pron.》: lessons in ～ 発音の授業 / There are two (different) ～s of "advertisement." advertisement には2つの(違う)発音がある. **2** U [単数形で a ～] (個人の)発音の仕方.
*proof /prúːf/ 12 名 (～s /-s/; 動 prove) **1** U (確実な)証拠; C 証拠となるもの: positive ～ = ～ positive 確証 / There is no (conclusive) ～ (*that*) he is guilty. <N+(*that*) 節> 彼が有罪だという(決定的な)証拠はない / a ～ of love 愛情の印 / a ～ of purchase (商品の)購入を証明するもの《レシートなど》// ➡ living proof. **2** U 立証: the ～ of his statement 彼の言ったことの証明. **3** C [普通は複数形で] (印) 校正刷り (galley proof). **4** C (写) (ネガの)試し焼き. **5** C (数) 検算, (機・論) 証明; (古風) 吟味: The ～ of the pudding (is in the eating). =The ～ is in the pudding.《ことわざ》プディングの味は食えばわかる(論より証拠). **6** U (アルコール飲料の)標準強度《➡ 形 2》.
as (a) próof of … = in próof of … [前] …の証拠として. **pút … to the próof** [動] 〈…〉を試す.
— 形 **1** P W《格式》(材料などに)耐える; 持ちこたえられる: A calm mind is ～ *against* adversity. 冷静な心は逆境に耐えられる. **2** (酒類が) …の強度の: This whisky is 90 (=ninety degrees) [(英) 45%] ～. このウイスキーは45度だ. 参考 50% のアルコール度(日本の50度)を (米) では100 proof と表わす.
— 動 他 **1** [しばしば受身で] 〈布などを〉(防水)加工する (*against*). **2** ＝proofread.
-proof /prùːf/ [合成語で] 形 **1** …を防ぐ, 防…の: fire*proof* 防火の. **2** …に安全な, …にも扱える: child*proof* 子供がいじっても安全な. — 動 他 〈…〉の～を防ぐ; 〈…〉を～に安全なようにする《➡ soundproof》.
*proof･read /prúːfrìːd/ 動 (-reads; 過去・過分 -read /-rèd/; -read･ing) 他 〈ゲラを〉校正する.
— 自 校正をする.
próof･read･er 名 C 校正係, 校正担当者.
próof spìrit 名 U 標準強度のアルコール飲料《米国では50%, 英国では約57%》.
*prop[1] /práp | prɔ́p/ 動 (props /～s/; propped /-t/; próp･ping) 他 [副詞(句)を伴って] 〈…を〉もたせかける, 支える, 立て掛ける (*on*): I propped a ladder *against* the wall. <V+O+前+名・代> 私は塀にはしごを立て掛けた. **próp … ópen** [動] 他 (棒などで)〈…を〉開けておく. **próp úp** [動] 他 (1) 〈…〉を(棒などで)支える (*with*); もたせかける: He propped himself *up against* the wall. 彼は壁によりかかるようにした. (2) [しばしば非難して] 〈…を〉(経済的に)支える; 支援する.
— 名 C **1** 支え, 支柱, つっかい棒. **2** (主に精神的な)支えとなる人[物], (営業・政権などの)存続を助けるもの, 支援: He is her only ～ in old age. 彼が彼女の老後の唯一の支えだ. **3** (ラグビー) プロップ (prop forward)《スクラム最前列の左右のフォワード》.
prop[2] /práp | prɔ́p/ 名 C [普通は複数形で] (舞台の) 小道具 (property).
prop[3] /práp | prɔ́p/ 名 C (略式) =propeller.

prop. =proposition 3, proprietor.

*__prop·a·gan·da__ /prɑ̀pəgǽndə | prɔ̀p-/ 名 U [普通 はけなし]《主義・主張の》宣伝, プロパガンダ: a ~ campaign 宣伝戦 / They were spreading ~ *against* the building of the garbage disposal plant. 彼らはごみ処理工場建設反対の宣伝を繰り広げていた.

prop·a·gan·dist /prɑ̀pəgǽndɪst | prɔ̀p-/ 名 C [しばしば軽蔑] 宣伝活動をする人.

prop·a·gan·dize /prɑ̀pəgǽndaɪz | prɔ̀p-/ [普通はけなし] 動 自 宣伝する. — 他《人々》に宣伝する.

*__prop·a·gate__ /prɑ́pəgèɪt | prɔ́p-/ 動《格式》他 1《考え・知識など》を広める, 普及させる. 2《植物》を〈接ぎ木などで〉生育させる;《動物・細胞など》をふやす, 繁殖させる. — 自《植物など》が生育する; 繁殖する.

prop·a·ga·tion /prɑ̀pəgéɪʃən | prɔ̀p-/ 名 U《格式》広めること, 普及; 生育, 繁殖 (*of*).

prop·a·ga·tor /prɑ́pəgèɪt̬ə | prɔ́pəgèɪtə/ 名 C 1 普及[宣伝]者. 2《種・苗の》成長促進器.

pro·pane /próʊpeɪn/ 名 U《化》プロパン(ガス).

*__pro·pel__ /prəpél/ 動 (**pro·pels**; **pro·pelled**; **-pel·ling**) 他 1〈…〉を推進する, 進ませる: ~ oneself along 前へ進む. 2〈人〉を駆り立てる (*to, into*).

pro·pel·lant, -pel·lent /prəpélənt/ 名 U,C (ロケットの)推進燃料, (銃の)発射火薬;(スプレー用の)高圧ガス. — 形 推進する, 推進用の.

*__pro·pel·ler__ /prəpélə | -lə/ 名 C (飛行機の)プロペラ (screw,《略式》prop), (船の)スクリュー.

propéller hèad 名 C《略式》コンピューターおたく.

propéller sháft 名 C プロペラ軸;《車》プロペラシャフト (変速機から駆動車軸まで動力を伝える).

pro·pél·ling péncil 名 C《英》=mechanical pencil.

*__pro·pen·si·ty__ /prəpénsət̬i/ 名 (**-si·ties**) C《格式》(特によくないことを好む)性質, 傾向 (*for; to do*).

*__prop·er__ /prɑ́pə | prɔ́pə/ 12 形《反》improper)

ラテン語で「自分自身の」の意(property と同語源)→「(ある物に)特有の」**4**→(本来の姿の)→「礼儀正しい」**2**→「適切な」**1**

1 A [比較なし] (…に)**適切な**, 適当な, ふさわしい《⇨類義語》; 正しい: a ~ dress *for* the party そのパーティーにふさわしいドレス / I cannot find ~ words *to* express my thanks. (⇨ that² A 2 [構文]) <A+名+to 不定詞> 何とお礼を申し上げてよいやらことばに窮します. **2** 礼儀正しい, 作法にかなった; 妥当な; 固苦しい: ~ behavior 礼儀正しいふるまい / *It's* not ~ *for* a man *to* wear a hat indoors. 男性が室内で帽子をかぶるのは礼儀に反する (⇨ for 前 B 1) / *It is* only right and ~ *that* you *should* apologize. あなたが謝るのが(世間の常識からすれば)当然です (⇨ that² A 7 (1), should A 7 (1)). **3** [名詞の後で] 厳密な意味での, 本来の, …本体: Japan ~ 日本本土 / England ~ is about the size of Pennsylvania. (英国という広い意味でなく厳密な意味での)イングランドはペンシルベニア州とほぼ同じ大きさだ. **4** P《格式》(…に)特有の, 固有の; 適化した: the cheerful disposition ~ *to* the Mediterranean islanders 地中海の島の人たちに特有の明るい気性. **5** A S《英》本物の; まともな, ちゃんとした: a ~ koala 本物のコアラ(ぬいぐるみでなく) / a ~ meal まともな食事. **6** A S《英》全くの, ひどい(主に悪い意に用いる): a ~ mess ひどい大混乱 / a ~ miser どけち.
— 副 S《英》=properly 1, 2. **góod and próper** [副] S《英》全く, 完全に.

[類義語] **proper** 理性的な判断によって, そうねばならないと考えられるような適切さをいう: Is his behavior *proper*? 彼のふるまいは適切か(礼儀にかなっているか). **suitable** 状況・条件・目的などに実用的に合致すること. 理性的・道徳的判断からの適切の意味は含まない: This is *suitable* as a birthday gift. これは誕生日の贈り物に適している. **fit** *suitable* よりくだけた語で, 条件・目的などに合致していることを意味する: It was a meal *fit* for a king. それは王にふさわしい食事だった. **appropriate** そのもの以外のものについては考えられないほど, 巧みに目的・条件にかなっていることで, *suitable* よりも個別的で趣味的な感じが強い: an *appropriate* adjective 適切な形容詞.

próper fráction 名 C《数》真分数.

*__prop·er·ly__ /prɑ́pəli | prɔ́pə-/ 副《反》improperly) **1 適切に**, きちんと; 正しく: Do try to speak English ~! 英語をちゃんと話すようにしなさいよ / The engine is running ~. エンジンは快調に動いている.
2 礼儀正しく, 作法にかなって: be ~ dressed ちゃんとした服装をしている. **3** 文修飾語 当然のことながら; 実際は, 本当は: He is (quite [very]) ~ angry. 彼が腹を立てるのは当然だ. **4**《略式, 主に英》全く, 完全に.
próperly spéaking [副] 文修飾語《主に英》正しく言えば, 実は.

próper nóun [náme] 名 C《文法》固有名詞.

文法 **固有名詞**
名詞の一種で, ある特定の人・動物・事物・場所などにつけた名前. 普通はただ1つしかないものを表わし, 1つ2つと数えることはできないので, 原則として複数形にならず, 不定冠詞の a や an をつけない. この辞書では 固 と示す.
(1) 固有名詞は書くときには常に大文字 (capital letter) で書き始める: *John* / *Mary* / *Smith* / *England* / *London* / *Europe* / the *Thames*.
このほか合成語 (compound) や句 (phrase) が固有名詞化になることもある: the *Pacific (Ocean)* 太平洋 / the *Fourth of July* 7月4日の米国独立記念日 / *World War II* 第二次世界大戦.
(2) 固有名詞と定冠詞の関係: 固有名詞は普通は定冠詞を伴わないが, 次のような場合定冠詞をつける:
(i) 山脈・諸島・連邦・家族などの複数形の固有名詞: the *Alps* アルプス山脈 / the *Philippines* フィリピン諸島 / the *United States of America* アメリカ合衆国 / the *Browns* ブラウン夫婦[一家, 兄弟, 姉弟, 兄妹, 姉妹, 親子].
(ii) 川・海・海峡・半島などに関係のある固有名詞: the *Mississippi* ミシシッピー川 / the *Atlantic (Ocean)* 大西洋 / the *Dardanelles* ダーダネルス海峡 / the *Suez Canal* スエズ運河 / the *Balkan Peninsula* バルカン半島. 語法 湾や湖には普通定冠詞はつかない.
(iii) 船・列車・飛行機など乗り物の名: the *Queen Elizabeth II* クイーンエリザベス二世号 (II は the second と読む) / the *Nozomi* のぞみ号 / the *Boeing 747* ボーイング 747 (747 は seven four seven と読む).
(iv) 公共の建物の名: the *Lincoln Memorial* リンカン記念堂 / the *White House* ホワイトハウス / the *US Capitol* アメリカ合衆国国会議事堂.
(v) 固有名詞が修飾語(句)によって限定されているとき: the *London of the 17th century* 17世紀のロンドン / the *new China* 新中国 (古い中国と対比させるとき).
(3) 固有名詞の普通名詞化: 固有名詞は次のような場合には普通名詞 (common noun) として扱われ, 単数形には不定冠詞がつき, 複数形にもなる.
(i) 同じ名前のものがいくつかある場合: *three Americas* 3つのアメリカ大陸 / There are *three Marys* in our class. 私達のクラスにはメアリーという人が3人いる (⇨ -s¹ (1) (i) (d) ★).
(ii) 家族の一員をいう場合: My wife was *a Jones*. 私の妻はジョーンズ家の出[旧姓ジョーンズ]です.
(iii)「…とかいう人」の意味の場合: A Mr. Brown

came to see you while you were away. ブラウンさんとかいう人がお留守の間にお見えになりました.
(iv)「…のような人, …のような物[こと]」の意味の場合: He wants to be a Chopin. 彼はショパンのような人になりたいと思っている / No more Hiroshimas. これ以上の広島はごめんだ《二度と原爆は許さない》. 語法 Hiroshima は普通名詞化して複数形をとっている.
(v) 作品や製品を表わす場合: My father owns a Picasso. 私の父はピカソ(の絵)を持っています / He bought a Honda. 彼はホンダ(の車)を買った.
(4) 普通名詞の固有名詞化.
(i) 曜日の名. 1つしか存在しないものなど: Sunday is the first day of the week. 日曜日は週の始めの日だ(☞ week 1 語法 (1)) / The earth goes around the sun, and the moon the earth. 地球は太陽の周りを回り, 月は地球の周りを回る.
(ii) 家族関係を表わす語 (☞ father 名 1 語法 (1), mother 名 1 語法 (1)).

próp·er·tied 形 (A) 《格式》財産のある, 地所の持つ: the ~ classes 有産[地主]階級.

＊＊prop·er·ty /prápəti | própə-/ 名 (-er·ties /-z/) 《格式》1 ① 所有物 (☞ proper 囲み): stolen ~ 盗品 / personal ~ 個人の持ち物; 動産 / Don't touch those jewels; they are my mother's ~. そこの宝石には手を触れないでくれ, 私の母のものだから / The secret became common ~. その秘密は皆に知れ渡った.
2 ① 不動産, 資産, 財産: a person of ~ 資産家 / "Private P~, Keep Out [Off]."「私有地につき立ち入り禁止」(掲示), (☞ 4) / the common ~ of this town この町の共有財産 / ☞ public property 1, real property.
3 ⓒ 所有地, 地所(そこにある家を含むことも含まないこともある): He has a large ~ in Texas. 彼はテキサスに大きな地所を持っている. 4 ① 《法》所有, 所有権: private ~ 私有(財産)権. 5 ⓒ [普通は複数形で] 特性 (その種類のものに共通な性質): the properties of metal 金属の特性. 6 ⓒ 《古風》= prop².

próperty devèloper 名 ⓒ 不動産開発業者.
próperty tàx 名 ⓒⓤ 財産税.
próp fórward 名 ⓒ = prop¹ 3.

⁺proph·e·cy /práfəsi | próf-/ 名 (-e·cies) ⓒ 予言, 神のお告げ; ⓤ 予言すること, 予言能力: fulfill a ~ 予言を的中させる.

proph·e·sy¹ /práfəsàɪ | próf-/ 動 (-e·sies; -e·sied; -sy·ing) 他 〈…〉を[と]予言する (☞ forecast 類義語): He prophesied war [that war would break out]. 彼は戦争が起きると予言した. — 自 予言する (of).

proph·e·sy² /práfəsi | próf-/ 名 ⓒⓤ 《米》= prophecy.

⁺proph·et /práfɪt | próf-/ 名 1 ⓒ 予言者; 預言者《神のお告げを述べる人》; [the P-] = Muhammad: The best ~ of the future is the past. 未来を最もよく予言するものは過去である / a ~ of doom [disaster] 悲観論者. 2 ⓒ (主義の)唱道者, 提唱者 (of). 3 [the Prophets] 《聖》預言書; 預言書.

proph·et·ess /práfɪtəs; pròfətés, prófətès/ 名 ⓒ 《古風》予言[預言]者(女性).

pro·phet·ic /prəfétɪk/, **-i·cal** /-tɪk(ə)l/ 形 1 《警告などが》未来を正しく言い当てる (of); 予言的な: prove ~ 事実そのとおりになる. 2 予言(者)の, 予言者らしい. **-cal·ly** /-kəli/ 副 予言的に, 予言して.

pro·phy·lac·tic /pròʊfəlǽktɪk | pròf-/ 《医》形 病気[性病]予防の. — 名 ⓒ 予防薬[具]; 予防装置; 《主に米》[しばしば滑稽] 性病予防器具 《コンドーム》.

pro·phy·lax·is /pròʊfəlǽksɪs | pròf-/ 名 (複 pro·phy·lax·es /-si:z/) ⓒⓤ 《医》予防(法).

pro·pin·qui·ty /prəpíŋkwəti/ 名 ⓤ 《格式》(時・場所の)近いこと, 近接 (of, to); 近親(性).

pro·pi·ti·ate /proʊpíʃièɪt/ 動 他 《格式》〈怒っている人・神〉をなだめる; 〈…〉の機嫌をとる.

pro·pi·ti·a·tion /proʊpìʃiéɪʃən/ 名 ⓤ 《格式》なだめること, 償い (for).

pro·pi·ti·a·to·ry /proʊpíʃ(i)ətɔ̀:ri | -təri, -tri/ 形 《格式》(怒っている人を)なだめる(ための).

pro·pi·tious /prəpíʃəs/ 形 《格式》幸先(さいさき)のよい, 都合のよい (for, to). **~·ly** 副 幸先よく, 都合よく.

prop·o·lis /prápəlɪs | próp-/ 名 ⓤ プロポリス, 蜂蠟.

⁺pro·po·nent /prəpóʊnənt | -póʊ-/ 名 ⓒ (⇔ opponent) 《格式》(主義・方針などの)支持者, 唱道者 (of).

＊pro·por·tion /prəpɔ́əʃən | -pɔ́:-/ 【① 名 (~s /~z/; 形 proportional, proportionate) 1 ⓒⓤ 割合, 比率(部分と全体との)比率: The ~ of women in Parliament is still low. 議会における女性議員の割合はまだ低い / "What is the ~ of boys to girls in your class?" "Three to two." 「あなたのクラスの男女比はどうですか」「(男子, 女子が)3対2(の割合)です」
2 ⓒ 部分 (part), 割り当て, 分け前 (share): Only a small ~ of the work is done by full-timers. 常勤者はその仕事のほんの一部しかやっていない. 語法 特に《英》では of の後が単数形の名詞であれば単数扱い, 複数形の名詞であれば複数扱い: A high [large] ~ of women have part-time jobs here. ここでは大部分の女性がパートです.
3 ⓒⓤ [しばしば複数形で] つり合い, 均衡, 調和, バランス: keep [lose] a sense of ~ バランス感覚を保つ[失う] / The mutual ~s of the rooms in this house are very good. この家の間取りはとてもよくできている.
4 [複数形で] 大きさ, 広さ, 形; 規模, 程度: a temple of noble ~s 堂々とした大寺院 / a crisis of huge ~s 重大な危機 / a woman of generous ~s 《滑稽》体格がいい[太った]女性 / reach crisis [epidemic] ~s 《広まって》深刻な状況となる. 5 ⓒ 《数》比: direct [inverse] ~ 正[反]比例. 語源 ラテン語で「部分 (portion) との関係において」の意.

gét [blów] ... (àll) òut of propórtion [動] 他 〈…〉に大げさに反応[言う], 〈…〉を大げさに扱う.

in propórtion [形・副] (1) (…と)つり合いがとれた (to, with): Try to see [keep] things in ~. つり合いのとれた物の見方を心がけよ. (2) 《数》同比率で.

in propórtion to ... [前] (1) …に比例して: Any city should have public hospitals in ~ to its population. どんな都市でもその人口に比例した数の公立病院があるのがよい. (2) …の割には, …と比べると.

in the propórtion of ... to ─ [形・副] …対—の割合で: Mix sugar and salt in the ~ of three to one. 砂糖と塩を3対1の割合で混ぜなさい.

òut of (àll) propórtion [形・副] (全く)(…との)つり合いを失って (to, with): get out of ~ 大げさに扱われる (☞ get [blow] ... (all) out of proportion).

— 動 他 [普通は受身で] 《格式》〈…〉をつり合わせる; 調和させる (to) (☞ proportioned).

⁺pro·por·tion·al /prəpɔ́əʃ(ə)nəl | -pɔ́:-/ 形 《格式》(…に)比例した, つり合った: Your income will be ~ to your effort. あなたの収入は努力に比例するでしょう. **be diréctly [invérsely] propórtional to** [動] 他 …に正[反]比例する.

pro·por·tion·al·i·ty /prəpɔ̀əʃənǽləti | -pɔ̀:-/ 名 ⓤ 《格式》比例(していること); つり合い(の原則).

pro·por·tion·al·ly /prəpɔ́əʃ(ə)nəli | -pɔ́:-/ 副 (…に)比例して (to).

⁺propórtional represèntátion 名 ⓤ (選挙での)比例代表制 (略 PR).

⁺pro·por·tion·ate /prəpɔ́əʃ(ə)nət | -pɔ́:-/ 形 《格

proportioned

propórtion; 反 disproportionate 《格式》(…)に比例した(to). 〜・ly 比例して.
pro·pór·tioned 形 [副詞のつく合成語で]《格式》つり合いが…な: a perfectly 〜 body 均整のとれた体.

*pro·pos·al /prəpóuzəl/ 名 (〜s /-z/; 動 propóse) 1 C|U 《正式の》提案, 申し込み; (提案された)計画: 〜s for peace=peace 〜s 和平の提案 / a 〜 for exchanging professors between the two universities 二大学間での教授の交換の提案 / 言い換え He made a 〜 for us to take a rest for a while. <N+for+名・代+to 不定詞>=He made a 〜 that we (should) take a rest for a while. <N+that 節> 彼はしばらく休憩しようと提案した (☞ should A 8; that² A 4 構文).

─ コロケーション ─
accept [adopt, agree to] …'s *proposal* …の提案に同意する[を受け入れる]
consider a *proposal* (出された)提案を検討する
make [present, offer, put (forward)] a *proposal* 提案する
turn down [reject] a *proposal* 提案を拒む

2 C 結婚の申し込み, プロポーズ: accept [refuse] a 〜 結婚の申し込みを受け入れる[断わる]. 日英比較 日本語の「プロポーズ」のように propose (☞ 動 4)を名詞として使うことはない.

*pro·pose /prəpóuz/ T1 動 (pro·pos·es /-ɪz/; pro·posed /-d/; pro·pos·ing; 名 propósal, 1 では propósition) 他 1 《正式で》〈計画・理論・動議など〉を提案する, 提唱する; 申し出る (★ suggest よりも格式ばった語; ☞ compose 単語の記憶》): She 〜d a new idea to us. <V+O+to+代・名> 彼女は私たちに新しいアイデアを提案した.

語法 (1) 次のような間接話法的な言い方で伝達動詞 (reporting verb) として用いることがある (☞ narration 文法 (3)): 言い換え He 〜d a party. =He 〜d giving a party. <V+O (動名)>=He 〜d that we [they] (should) give a party. <V+O (that 節)>=(主に米) He 〜d to give a party. <V+O (to 不定詞)> (間接話法) = "Let's give a party," he 〜d. <V+O (引用節)> =(He said, "Let's give a party.") (直接話法) 彼は「パーティーを開こう」と言い出した (☞ should A 8).
(2) He 〜d to give a party. はしばしば 3 の意味にもなる.

2 〈人〉を推薦する, 指名する: May I 〜 John for (membership in) our club? ジョンをクラブの会員にしてはどうか / I 〜 him as a candidate for the presidency. 彼を会長候補に推薦します. 3 《格式》〈…〉を企てる, …するつもりである (intend): He 〜d the purchase of [to purchase, purchasing] a new house. 彼は新しい家を買うつもりだった. 4 《格式》〈結婚〉を申し込む (☞ proposal 日英比較): He 〜d marriage to Mary. 彼はメアリーに結婚を申し込んだ. 5 〈乾杯〉の音頭を取る.
─ 自 結婚を申し込む: They say he's 〜d to every girl in his office. <V+to+名・代> 彼は職場のどの女の子にもプロポーズしたようだ. 語源 ラテン語で「前へ置く」の意 (☞ pro-¹; compose 単語の記憶》).

*pro·posed /prəpóuzd/ 形 A 提案[提議]された: a 〜 reform 改革案.
pro·pos·er /prəpóuzə | -zə/ 名 C (動議などの)提案者 (☞ seconder); 推薦者.

*prop·o·si·tion /pràpəzíʃən / pròp-/ 《類音 preposition》 名 (〜s /-z/; 動 1 では propóse; 形 pròposítional) 1 C 陳述, 主張, 説: The 〜 that some people are genetically disposed to violence is not convincing. <N+that 節> 遺伝的に暴力的な傾向を持っている人がいるという主張は説得力がない. 2 C (商売・政治上の)提案, 提言, 申し入れ; 企画: an attractive 〜 魅力的な案. 3 C [しばしば P-](米)(直接住民投票にかける)提案, 条例案: P-13 提案第13号 (1978年カリフォルニア州の住民が票決した固定資産税を引き下げる法案; 略 prop.). 4 C [論・数] 命題 (証明・討論を必要とする提出された問題); [数] 定理. 5 C [普通は a 〜; 形容詞を伴って] (扱い…な)こと, 問題, 仕事, 相手: a tough 〜 困難なこと, 難物. 6 C 《異性への性的な)誘い, 言い寄り. **máke [pút] a propositión** 自 (人)に提案する (to), 《異性に)誘いをかける, 言い寄る.
prop·o·si·tion·al /pràpəzíʃ(ə)nəl | pròp-⁻/ 形 (名 pròposítion) 命題の; 陳述の.
pro·pound /prəpáʊnd/ 動 他 《格式》〈説・案など〉を提出する, 提起する.

*pro·pri·e·tar·y /prəpráɪətèri | -təri, -tri/ 形 [普通は A]《格式》1 (商品などが)商標登録された, 独占の, 専売の: 〜 articles 専売品 / a 〜 name 商標名. 2 所有者(権)の. 3 (態度・感情などが)独占的な.
propríetary informátion 名 U 企業秘密.
propríetary schòol 名 C (私営の)職業専門学校.

*pro·pri·e·tor /prəpráɪətə | -tə/ 名 C 《格式》(ホテル・店などの)所有者, 主人, マスター (☞ master 日英比較); (新聞社などの)事業主, オーナー (略 prop.).
pro·pri·e·to·ri·al /prəpràɪətɔ́ːriəl⁻/ 形 《格式》 [しばしば軽蔑] 所有者(のような), 所有者然とした. **-al·ly** /-əli/ 副 所有者のように.
pro·pri·e·tress /prəpráɪətrəs/ 名 C 《古風》所有[経営]者(女性).
pro·pri·e·ty /prəpráɪəti/ 名 (-e·ties; 反 impropriety)《格式》1 U 礼儀(正しさ), 礼節; 妥当, 正当(性) (of): with 〜 礼儀正しく. 2 [the proprieties として] (主に英) 礼儀作法, 社交慣習.
props /práps | próps/ 名 《俗, 主に米》感 でかしたぞ.
─ 名 [複] 敬意, 賞賛.

*pro·pul·sion /prəpʌ́lʃən/ 名 U 《格式》推進(力).
pro·pul·sive /prəpʌ́lsɪv/ 形 《格式》推進する.
próp wòrd 名 C [文法] 支柱語 (形容詞に添えてそれを名詞化する語; たとえば I don't like this watch. Please show me a smaller one. における one).
pro ra·ta /pròʊréɪtə, ráːtə / ラテン語から 形 副 《格式》案分した[て], 比例した[て].
pro·rate /proʊréɪt/ 動 他 [普通は受身で] (米)〈…〉を比例配分する, 〈報酬など〉を(実働時間などに応じて)計算する (to).
pro·ro·ga·tion /pròʊroʊgéɪʃən, -rə-/ 名 U|C 《格式》(議会の)閉会.
pro·rogue /proʊróʊg/ 動 他 《格式》〈議会〉を閉会する.

*pro·sa·ic /proʊzéɪɪk/ 形 (名 prose) W [普通は軽蔑] 散文的な; 無味乾燥な, 退屈な, 平凡な: a 〜 speaker 話のおもしろくない人. 関連 poetic 詩的な. **-sái·cal·ly** /-kəli/ 副 平凡に; 散文的に.
pros and cons /próʊz ən(d) kɑ́nz | kɔ́nz/ 名 [the 〜] [複] メリットとデメリット; 賛否両論 (of).
pro·sce·ni·um /proʊsíːniəm/ 名 C 前舞台 (幕とオーケストラ席との間); =proscenium arch.
proscénium árch 名 C 額縁 (客席から見て舞台の上下左右の区切りとなる枠の部分).
pro·sciut·to /proʊ[j(uː)tou/《イタリア語から》名 U プロシュート (イタリアの生ハム; 薄くスライスして食べる).
pro·scribe /proʊskráɪb/ 動 他 1 《格式》(危険なものとして)〈…〉を禁止[排斥]する; 〈人〉を(…することを)禁じる (from). 2 《古語》〈人〉を法の保護外におく.
pro·scrip·tion /proʊskrípʃən/ 名 U|C 《格式》

(法律による)禁止; (危険物などの)使用禁止, 排斥.

*prose /próuz/ 图 (pros·es /-ɪz/; 形 prosáic) 1 ⓊC (詩に対して)散文《日常使われている書きことば》: ~ works 散文の作品 / It is written in ~. それは散文で書かれている. 関連 verse 韻文 / poetry 詩. 2 Ⓒ《英》(学生に対する)外国語への翻訳課題(の文章).

*pros·e·cute /prɑ́sɪkjùːt | prɔ́s-/ 動 (-e·cutes /-kjùːts/; -e·cut·ed /-tɪd/; -e·cut·ing /-tɪŋ/; 图 pròsecútion) 他 1 ⟨…⟩を起訴する, 告発する: The man was ~d for theft. <V+O+for+名 の受身> その男は窃盗罪で起訴された / Trespassers will be ~d. 無断で立ち入る者は告訴される(掲示). 2 ⟨訴訟⟩の検察官[訴追者]をつとめる. 3 《格式》⟨任務・戦争など⟩を続行する, 遂行する. ── 自 起訴する, 告発する; 検察官[訴追者]をつとめる.

prós·e·cut·ing attórney /prɑ́sɪkjùːtɪŋ- | prɔ́s-/ 图 Ⓒ [普通は単数形で]《米》検事.

*pros·e·cu·tion /prɑ̀sɪkjúːʃən | prɔ̀s-/ 图 (動 prósecùte) 1 ⓊC 《法》起訴, 告発 (of): bring a ~ against a person 人を告訴する / ~ for driving without a license. 彼は無免許運転で告訴された. 2 [the ~; 《英》時に複数扱い] 検察側《全体》, ☞ collective noun 文法 (反 defense). 3 Ⓤ 《格式》続行, 遂行: in the ~ of one's duties 任務の遂行上.

*pros·e·cu·tor /prɑ́sɪkjùːtə | prɔ́sɪkjùːtə/ 图 (~s /~z/) Ⓒ 検察官, 検事: a public ~ 検察官.

pros·e·lyte /prɑ́səlàɪt | prɔ́s-/ 图 Ⓒ 《格式》改宗者; 転向者. ── 動《米》= proselytize.

pros·e·ly·tize /prɑ́s(ə)lətàɪz | prɔ́s-/ 動 《格式》 [しばしばけなして] 〈人〉を改宗[転向]させる(ようとする). ── 他 〈人〉を改宗[転向]させる(ようとする).

pros·e·ly·tiz·er /prɑ́s(ə)lətàɪzə | prɔ́s(ə)lətàɪzə/ 图 Ⓒ 《格式》改宗[転向]させる人.

próse pòem 图 Ⓒ 散文詩.

Pro·ser·pi·na /proʊsə́ːpənə | -sə́ː-/ 图 固《ローマ神話》 プロセルピナ 《Ceres の娘; Pluto にさらわれて下界の女王となった; ギリシャ神話の Persephone に当たる》.

pró shòp 图 Ⓒ プロショップ《ゴルフコースやテニスクラブにあるスポーツ用品店》.

pro·sod·ic /prəsɑ́dɪk | -sɔ́d-/ 形 韻律(学)の.

pros·o·dy /prɑ́səd̬i | prɔ́s-/ 图 Ⓤ 韻律形式[学].

*☆pros·pect¹ /prɑ́spekt | prɔ́s-/ 🔊 图 (pros·pects /-pekts/; 形 prospective)

1 ⓊC (特によいことの起こる)見込み, 可能性, 望み (for); [単数形で] 予想(されること): There is every [little] ~ of his recovery. 彼が回復する見込みは大いにある[ほとんどない] / There is a real ~ of her becoming [that she will become] a superstar. <N+of+動名 N+that 節]> 彼女にはスーパースターになる現実的な可能性がある / I wasn't happy at the ~ of having to have an interview. 私は面接を受けなければならないと思うと不愉快だった.

2 [複数形で] (職業などの)成功する見込み, 将来性: a job with great ~s 大いに将来性のある仕事 / His ~s in the firm were very bright. 会社での彼の前途は洋々たるものだった. 3 Ⓒ 見込みのある人[仕事, 計画]; 顧客になりそうな人, 有望候補者. 4 Ⓒ 《文》(高い所からの)見晴らし, 眺め (view). 語源 ラテン語で「前を見る」の意(☞ 単語の記憶).

in próspect [形]《格式》予想されて, 見込みがあって.

単語の記憶 《SPECT》(見る)
pro**spect** (前を見る)→予想
a**spect** (…の方を見る)→外観
e**xpect** (外を見る)→予期する
in**spect** (中を見る)→検査する
per**spect**ive (見通す)→遠近画法
re**spect** (振り返って見る)→敬う
su**spect** (下を見る)→疑う

protect 1403

| **spect**acle (見る物)→壮観 |
| **spect**ator 見物人 |

pros·pect² /prɑ́spekt | prəspékt, prɔspékt/ 動 自 (鉱石・石油などを)探す, 試掘する (for); (顧客などを)探す (for). ── 他 ⟨場所⟩を探査する (for).

*pro·spec·tive /prəspéktɪv | (類音 perspective) 形 (图 próspect) Ⓐ 《格式》…しそうな】予想される, (いつかは…となる)予定の; 将来の, 有望な: ~ buyers いずれ買ってくれそうな人たち / Barbara's ~ husband バーバラの将来の夫 / ~ changes 予想される変化.

pros·pec·tor /prɑ́spektə | prəspéktə/ 图 Ⓒ (鉱石・石油などの)試掘者, 探鉱者, 鉱脈探しの人.

+pro·spec·tus /prəspéktəs | prɔs-/ 图 Ⓒ (大学・学校などの)案内書(新事業などの)趣意書, 内容説明書.

*pros·per /prɑ́spə | prɔ́spə/ 動 (-per·ing /-p(ə)rɪŋ/; 图 prosperity, 形 prósperous) 自 《格式》(特に経済的に)成功する, 繁盛する; よく育つ: Many immigrants have ~ed in America. アメリカで成功した移民者が多くいる. ── 他 《古語》⟨国など⟩を繁栄させる.

*pros·per·i·ty /prɑspérət̬i | prɔs-/ 图 (動 prósper) Ⓤ (特に経済的な)成功, 繁栄, 繁盛: a period of great ~ 大きな繁栄の時期.

+pros·per·ous /prɑ́sp(ə)rəs | prɔ́s-/ 形 (動 prósper) 《格式》(特に経済的に)成功した, 繁盛している, はぶりがよい: a ~ merchant 事業に成功した商人.

pros·ta·glan·din /prɑ̀stəglǽndɪn | prɔ̀s-/ 图 Ⓤ 《生化》プロスタグランジン《子宮筋収縮・血圧降下などの作用があるホルモン物質》.

+pros·tate /prɑ́stert | prɔ́s-/, próstate glànd 图 Ⓒ 《解》前立腺(ゼン).

pros·the·sis /prɑ́sθəsɪs | prɔs-/ 图 (複 pros·the·ses /-sìːz/) Ⓒ 《医》補綴(テツ)した人工器官《義足・義眼・義歯など》.

pros·thet·ic /prɑsθétɪk | prɔs-/ 形 Ⓐ 《医》補綴の.

pros·thet·ics /prɑsθétɪks | prɔs-/ 图 Ⓤ 《医》補綴学.

*pros·ti·tute /prɑ́stət(j)ùːt | prɔ́stɪtjùːt/ 图 (-ti·tutes /-t(j)ùːts | -tjùːts/) Ⓒ 売春婦; ~ a male → 男娼. ── 動 他 [けなして] 1 〈人〉に売春させる. 2 《格式》⟨才能など⟩を金のために売る, 間違った目的に使う.

próstitute oneself [動] [けなして] (1) 売春する, 身を売る. (2) 《格式》(金などのために)卑しい行為をする.

+pros·ti·tu·tion /prɑ̀stət(j)úːʃən | prɔ̀stɪtjúː-/ 图 1 Ⓤ 売春. 2 ⓊC 《格式》(才能などの)悪用 (of).

pros·trate /prɑ́strert | prɔs-/ 形 1 うつぶせになった, (屈服・尊敬して)ひれ伏して. 2 (悲しみなどに)打ちひしがれて (with); 疲れきった. ── 動 /《英》prɔstréɪt/ [普通は受身で] 《格式》(病気・気候などが)〈人〉を弱らせる.

próstrate oneself [動] ひれ伏す, 平伏する.

pros·tra·tion /prɑstréɪʃən | prɔs-/ 图 1 ⓊC ひれ伏すこと, 屈服. 2 Ⓤ 《格式》衰弱, 疲労.

pros·y /próuzi/ 形 (pros·i·er; -i·est) (文体・話などが)退屈な, 平凡な, 陳腐な.

prot- /próut/ 接頭 = proto-.

+pro·tag·o·nist /proʊtǽgənɪst/ 图 Ⓒ 《格式》 1 (劇の)主役, (物語・事件などの)主人公, 中心人物 (反 antagonist). 2 (政治運動などの)主唱者, 支持者 (of, for). 3 (競技・競闘などの)参加者, 当時者.

Pro·tag·o·ras /proʊtǽgərəs | -ræs/ 图 固 プロタゴラス (485?–410 B.C.) 《ギリシャの哲学者; 「人間は万物の尺度である」とした》.

pro·te·an /próutiən, proutíː-/ 形 《文》 (Proteus のように)変幻自在な, 一人で数役を演ずる.

*☆pro·tect /prətékt/ 🔊 動 (pro·tects /-tékts/; -tect·ed /~ɪd/; -tect·ing /-tɪŋ/; 图 protéction, 形 protéctive) 他 1 (危険・敵などから)…

protectant

保護する, 守る, かばう, 防ぐ (defend 類義語); [普通は受身で] 〈建物・動物などを法律で守る (= protected): We have to ~ wild animals. 我々は野生の動物たちを保護しなければならない / P~ your eyes *from* the sun. <V+O+*from*+名・代> 目を太陽から守りなさい / The flowers *are* ~*ed against* the weather. <V+O+*against*+名・代の受身> その花は雨風にさらさないように保護されている. **2** (保) 〈国内産業〉を保護する. **3** [普通は受身で] (保)〈保険証券など〉が〈損失など〉から〈人や物〉を保険で守る (*against*). ― 自 (危険などから)保護する: This cream ~s *against* sunburn. このクリームは日焼けどめになる. 語源 ラテン語で「前を覆(おお)う」の意.

pro·tec·tant /prətéktənt/ 名 C 保護剤.
pro·téct·ed 形 (法律など)で保護された; (電算)プロテクトのかかった: a ~ species 保護動物[植物] / ~ sex 避妊具を用いたセックス. **a protected building** 名 (米) 文化財指定建造物 (英) listed building).

*pro·tec·tion /prətékʃən/ 名 (~s /-z/; 動 protect) **1** U 保護 (*for*): ~ *of* the environment 環境保護 / A nylon scarf gives [provides, offers] little ~ *against* the cold. ナイロンスカーフはあまり防寒にならない / The police gave him ~ *from* terrorists. 警察はテロリストから彼を保護した. **2** C,U 保護する人, 保護用具, コンドーム; C 〈権利など〉を保護する法律[手段]: a ~ *against* frost [rain] 霜[雨]よけ / a ~ *from* the sun [wind] 日[風]よけ / a ~ *for* the feet 足を保護するもの. **3** U (保) 保険金の支払保証, 補償. **4** U (国内産業の)保護(制度). **5** U (商店主などが暴力団に払う)保護料; (警官などへの)わいろ. **under the protection of ...** = **under ...'s protection** [前] ... の保護下で.
pro·tec·tion·is·m /prətékʃənɪzm/ 名 U 保護貿易主義; 保護主義.
*pro·tec·tion·ist /prətékʃ(ə)nɪst/ 名 C 保護貿易主義者. ― 形 保護貿易主義の =protection 5.
protéction mòney 名 U =protection 5.
protéction ràcket 名 C (略式) 保護料取り立て (《暴力団などが商店街に金を納めさせること》.
*pro·tec·tive /prətéktɪv/ 形 (動 protect) **1** A [比較なし] 保護する, 保護(安全)のための: ~ measures 保護対策 / ~ clothing 防護服. **2** (人などを)保護したがる, 保護的な: You're too ~ *toward* [*of*] your son. 君は息子をかばいすぎる. **3** 国内産業の保護(のための).
protéctive cóloring 名 U (動) 保護色.
protéctive cústody 名 U 保護拘置.
protéctive·ly 副 保護的な態度で.
protéctive·ness 名 U 保護的であること.
protéctive sérvices 名 [複] child protective services; adult protective services.
protéctive táriff 名 C 保護関税.
*pro·tec·tor /prətéktə | -tə/ 名 C 保護する人[組織], 保護するための道具: a chest ~ (野球の)胸当て, プロテクター (catcher 挿絵).
pro·tec·tor·ate /prətéktərət, -trət/ 名 C 保護国, 保護領.
*pro·té·gé /próutəʒèɪ/ 《フランス語から》名 C (パトロンなどの)保護[援助]を受ける人, 弟子 《男性および女性》.
pro·té·gée /próutəʒèɪ/ 《フランス語から》名 C 保護[援助]を受ける人, 弟子 《女性》.
*pro·tein /próuti:n, -tiɪn/ 13 名 (~s /-z/) U,C たんぱく質: vegetable ~ 植物性たんぱく質.
pro tem /proutém/, **pro tem·po·re** /proutémpəri/ 《ラテン語から》形 臨時に[の], 一時の.
Pro·te·ro·zo·ic /prátərəzóuɪk | pròt-/ 形 (地質) 原生代の. ― 名 [the ~] 原生代[層].

*pro·test¹ /prətést/ ★ 名詞の protest² とのアクセントの違いに注意. 動 (pro·tests /-tésts/; -test·ed /-ɪd/; -test·ing; 名 prótest², pròtestátion) 自 抗議する, 異議を申し立てる, 反対する: The clerks ~*ed to* their boss. <V+*to*+名・代> 店員たちは店長に抗議した / The students ~*ed about* [*at*] the decision. <V+*about* [*at*]+名・代> 学生たちはその決定に抗議した / The demonstrators ~*ed* [*against* the continuation of] / The war. <V+*against*+名・代[動名]> デモの参加者たちは戦争を継続することに抗議した.
― 他 **1** 〈…〉と異議を唱える; (米) 〈政策など〉に抗議する: 言い換え The students ~*ed that* the test was too difficult. <V+O(*that* 節)> = "The test was too difficult!" the students ~*ed*. <V+O (引用節)> 学生たちはテストが難しすぎると文句を言った / The players ~*ed* the umpire's decision. 選手たちは審判の判定に抗議した / We ~ their be*ing* granted amnesty. <V+O (動名)> 私たちは彼らに恩赦が与えられることに抗議した.
2 〈…〉を主張する; 〈…〉と断言する: ~ one's innocence 無罪を(繰り返し)主張する 言い換え He ~*ed* his ignorance of the matter. = He ~*ed that* he was ignorant of the matter. <V+O(*that* 節)> = "I am ignorant of the matter," he ~*ed*. <V+O (引用節)> 彼はその件は知らないと言い張った. 語源 ラテン語で「前で証言する」の意; testimony.
protest tòo múch [動] 自 (文)(かえって怪しまれるほどに)むきになって否定する.

*pro·test² /próutest/ ★ 動詞の protest¹ とのアクセントの違いに注意. 名 (pro·tests /-tests/; 動 prótest¹) **1** C,U 抗議, 異議(の申し立て); C 抗議文; 抗議集会: a storm [wave, firestorm] of ~ 抗議のあらし / A mass ~ was organized [staged] *against* the war. その戦争に反対する大規模な抗議集会が計画された[行なわれた] / a march 抗議のデモ / a ~ song 抗議歌[反戦歌など]. **2** C (…という)断言 (*that*).
in prótest [副] 抗議して (*against, at*): They sent letters to the government in ~. 彼らは政府に抗議して書簡を送った.
màke [lódge, régister] a prótest agàinst [abòut] ... [動] 他 ...に抗議する, 異議を唱える.
ùnder prótest [副] ぶつぶつ言いながら, しぶしぶ.
without prótest [副] 異議なく, おとなしく.

*Prot·es·tant /prátəstənt | prót-/ 形 プロテスタント(教会)の, 新教の: the ~ Church プロテスタント教会. 関連 (Roman) Catholic カトリックの, 旧教の. ― 名 C 新教徒. 語源 宗教改革に反対する決定に protest (抗議)したことから (Puritan 語源).

Prótestant Epíscopal Chúrch 名 [the ~] (米) 米国聖公会.

Prot·es·tant·is·m /prátəstəntɪzm | prót-/ 名 U 新教; 新教の教義[信仰].

Prótestant (wórk) éthic 名 U プロテスタンティズムの(労働)倫理 《労働への献身・倹約・労働の成果を上げることを強調する; 資本主義社会の支配的見解》.

prot·es·ta·tion /prátəstéɪʃən | pròt-/ (名 prótest²) 名 C,U **1** 断言, 主張 (*of*). **2** 抗議 (*against*); 異議申し立て.

*pro·test·er /prətéstə | -tə/ 名 C 抗議する人, 異議を唱える人, デモ参加者.

Pro·te·us /próutiəs, -tju:s/ 名 固 《ギ神》プロテウス《姿を自由に変じる海神》.

pro·to- /próutou/ 接頭「最初の, 原始の, 第 1 [筆頭]の, 主な」の意: prototype 原型.

*pro·to·col /próutəkò:l | -kòl/ 名 **1** U (外交上の)儀礼, 典礼. **2** C (格式) 協定; 議定書; 条約原案. **3** C (電算) プロトコル《情報を送受信するための

手順). **4** ⓒ 〖医〗プロトコル(患者の治療のプログラム).
pro·to·lan·guage /próʊṭoʊlæŋgwɪdʒ/ 图 ⓒ 〖言〗共通基語, 祖語.

†**pro·ton** /próʊtɑn | -tɔn/ 图 ⓒ 〖物理〗陽子. 関連 electron 電子 / neutron 中性子.

pro·to·plas·m /próʊṭəplæzm/ 图 Ⓤ 〖生〗原形質.

pro·to·plas·mic /pròʊṭəplæzmɪk‐/ 形 〖生〗原形質の.

*__pro·to·type__ /próʊṭətaɪp/ 图 (~s /-s/) ⓒ 原型, 試作品(大量生産のためのもの); 典型, 模範, 手本 (for).

pro·to·typ·i·cal /pròʊṭətípɪk(ə)l‐/ 形 [普通は Ⓐ] 典型的な; 原型の.

pro·to·zo·an /pròʊṭəzóʊən‐/ 〖生〗图 (複 ~s, -zo·a /-zóʊə/) ⓒ 原生動物. ── 形 原生動物の.

pro·to·zo·on /pròʊṭəzóʊɑn | -ɔn/ 图 ⓒ =protozoan.

†**pro·tract** /proʊtrǽkt/ 動 (格式)[普通は受身で]⟨…⟩を長引かせる.

†**pro·tráct·ed** 形 Ⓐ (格式)[しばしば軽蔑]長引いた, 引き延ばされた: ~ negotiations 長引く交渉.

pro·trac·tion /proʊtrǽkʃən/ 图 Ⓤ,ⓒ (格式)長引かせること, 引き延ばし.

pro·trac·tor /proʊtrǽktɚ | -tə/ 图 ⓒ 分度器.

†**pro·trude** /proʊtrúːd, prə-/ 動 (格式)突き出る (from): protruding teeth 出っ歯.

pro·tru·sion /proʊtrúːʒən, prə-/ 图 (格式) **1** ⓒ 突出したもの, 突出部. **2** Ⓤ 突出.

pro·tru·sive /proʊtrúːsɪv, prə-/ 形 (格式)突き出た.

pro·tu·ber·ance /proʊt(j)úːb(ə)rəns, prə- | -tjúː-/ 图 (格式) Ⓒ 突起物, こぶ, ふくらみ; Ⓤ 隆起.

pro·tu·ber·ant /proʊt(j)úːb(ə)rənt, prə- | -tjúː-/ 形 (格式)(目・鼻などが)突き出た, 突起した.

*__proud__ /práʊd/ (**proud·er** /-də‖-də/; **proud·est** /-dɪst/; 图 pride) **1** [ほめて]⟨…⟩を誇りに思う; (…で[を])得意になって, ⟨…⟩を自慢している, うれしがっている(反 ashamed): I am ~ **of** my son. ⟨A+of+名·代⟩ 私は息子を誇りに思う / 言い換え He is ~ **of** be**ing** a doctor. ⟨A+of+動名⟩ =He is ~ (**that**) he is a doctor. ⟨A+(that) 節⟩ 彼は医者であることを誇りとしている (☞ that² B 3 補文) / 言い換え We were ~ **to** work with Dr. Hill. ⟨A+to 不定詞⟩ = We were ~ (**that**) we worked with Dr. Hill. 私たちはヒル博士と仕事をすることを誇りとしていた / Meg's ~ parents gave her a wonderful present. 喜んだメグの両親は彼女にすばらしいプレゼントをした / Today you made me ~ **to** be your coach (by playing the game so well). きょう(大変いい試合をしてくれて)君たちのコーチとして鼻が高かった.

2 [軽蔑]うぬぼれた, いばった, 高慢な, 尊大な(反 humble, modest): a ~ manner 高慢な態度 / Mrs. Bell was so ~ she wouldn't speak to us. ベル夫人はとても尊大で私たちに話しかけようともしなかった.

3 [Ⓐ] 自尊心[プライド]のある, 誇り高い: poor but ~ people 貧しいが誇り高い人たち / Mr. White was too ~ to accept the money. ホワイト氏はプライドがあったので金は受け取らなかった. **4** Ⓐ (時・事業などが)誇るに足る, 誇らしい; (文)(建物などが)見事な, 堂々とした: the town's ~est building 町で一番自慢の建物 / Her ~est moment was winning the gold medal. 彼女が一番誇りに思う時は金メダルを取ったときだ. **5** (古風, 英)突き出た: A nail stood ~ of the floor. 床から釘が浮きあがっていた. **dó onesèlf próud** 動 ⓘ 立派なふるまいをする. **dó ... próud** 動 ⓘ (1) ⟨人⟩に誇りを感じさせる. (2) (古風)⟨人⟩を豪勢にもてなす.

†**proud·ly** /práʊdli/ 副 **1** 誇らしげに; 自尊心をもって: display the photo ~ 写真を自慢げに飾る. **2** うぬぼれて.

Proust /prúːst/ 图 **Mar·cel** /mɑɑsél | mɑː-/ ~ プルースト (1871–1922) 《フランスの作家》.

Prov. 略 [特に地図で] =province.

prov·a·ble /prúːvəbl/ 形 証明できる, 立証可能な. **-a·bly** /-vəbli/ 副 証明できるように.

*__prove__ /prúːv/ 動 (**proves** /-z/; 過去 **proved** /-d/; 過分 **proved, prov·en** /prúːv(ə)n/; **prov·ing**; 图 proof; 反 disprove) 他 **1** [普通は受身なし]⟨…⟩を証明する, 立証[論証]立てる; ⟨人·物⟩が(…であると)立証する(☞ probable 類義): I can ~ the truth **to** you. ⟨V+O+to+名·代⟩ それが正しいことをあなたに証明できます / 言い換え I ~d his innocence. = I ~d him innocent. ⟨V+O+C (形)⟩ = I ~d him **to** be innocent. ⟨V+O+C (to 不定詞)⟩ = I ~d (**that**) he was innocent. ⟨V+O ((that) 節)⟩ 私は彼が無罪であることを証明した / I can't ~ **when** I went to bed last night. ⟨V+O (wh 節)⟩ 昨夜何時に寝たという証拠はありません. **2** ⟨…⟩を実地に試す (test). **3** 〖法〗⟨遺言書⟩を検認する.

── ⓘ **1** (人や物事が)(…であることがわかる, …と判明する (turn out); (結果として)…となる[である]: 言い換え He ~d an ideal husband. ⟨V+C (名)⟩ =He ~**d to** be an ideal husband. ⟨V+C (to 不定詞)⟩ 彼は理想的な夫であることがわかった / 言い換え The rumor ~d false. ⟨V+C (形)⟩ = The rumor ~d **to** be false. そのうわさは結局誤りだった / She ~d (**to**) be) capable as a teacher. 彼女は(使ってみると)有能な教師だった. **2** (イースト入りのこね粉などが)ふくらむ.

hàve sómething (a lót) to próve 動 ⓘ (期待に応えられるように)大いに頑張る必要がある. **próve one's[the] cáse[póint]** 動 ⓘ 主張[論点]の正しさを証明する. **próve onesèlf** 動 ⓘ (1) 自分の価値[能力]を証明する (as). (2) …であると主張する; …であるとわかる: She ~d herself (to be) a most amusing child. (接してみると)彼女はとてもおもしろい子供だとわかった. **Whát are you trýing to próve?** Ⓢ 何を明らかにしたいの; どういうつもり?(相手の言動にいらだった時などに用いる).

prov·en /prúːv(ə)n/ 動 prove の過去分詞. ── 形 [普通は Ⓐ] (本物と)証明された; (実験)実証済みの: a ~ remedy 立証済みの治療法. **Nót Próv·en.** 〖スコ法〗(陪審の評決で)証拠不十分.

prov·e·nance /práv(ə)nəns | próv-/ 图 Ⓤ,ⓒ (格式)起源, 出所; 来歴: of doubtful ~ 出所の疑わしい.

Pro·ven·çal /próʊvɑnsɑ́ːl | prɔ̀v-‐/ 图 ⓒ プロヴァンス人; Ⓤ プロヴァンス語 (南フランス方言群の総称). ── 形 プロヴァンスの; プロヴァンス人[語]の.

Pro·ven·çale /próʊvɑnsɑ́ːl | prɔ̀v-‐/ 形 〖料理〗プロヴァンス風の(オリーブ油・ニンニク・トマトを用いる).

Pro·vence /prəvɑ́ːns, prɑ- | prɔv-/ 图 ⓟ プロヴァンス(フランス南東部の地中海に面する地方).

prov·en·der /práv(ə)ndə | próvɪndə/ 图 Ⓤ (古風)(家畜の飼料); (滑稽)(人の)食料.

prov·erb /práv ɚːb | próv ɜːb/ 图 **13** 图 **1** Ⓒ ことわざ, 格言(警告·忠告·風刺などを織り込んだ短いことば; ☞ saying): A ~ is a short sentence based on long experience. ことわざは長い経験に基づく短い文章である(Cervantes のことばから). **2** [the (Book of) Proverbs として単数扱い] 〖聖〗箴(しん)言. **as the próverb góes[sáys]** 動 〖文修飾詞〗ことわざにあるとおり.

pro·verb /próʊvɚb‐ | -vɜb‐/ 图 ⓒ 〖文法〗代動詞(☞ 同じ動詞を繰り返すことを避けるため用いる do をいう(☞ 代動詞)).

†**pro·ver·bi·al** /prəvɚ́ːbiəl | -vɜ́ː-/ 形 **1** [the ~ として]ことわざにある, 成句でいう: behave like the ~ cat on a hot tin roof. いわゆる熱いトタン屋根の猫のように(びくびく)振る舞う(☞ like a cat on a hot tin roof

(cat 成句)). **2** よく知られて(いる), おなじみの. **3** ことわざ(風)の. **-al・ly** /-biəli/ 副 よく知られているように.

*pro・vide /prəváid/ 動 (**provides** /-váidz/; **pro・vid・ed** /-did/; **pro・vid・ing** /-diŋ/; 名 provision, 形 próvident)

ラテン語で「前を見る」(☞ pro-¹, video 語源)の意から「(将来を見て)備えをする」(自) →「(準備をする)」→「供給する」(他) **1** となった.

— 他 **1** (…に)必要な物を**供給する**, 支給する ((☞ supply); (…)に)×(物資などを)提供する, 与える; (…)に(装置などを)備えつける; (…に)必要な物を供給する, 用意する: 言い換え Bees ~ us *with* honey. /<V+O+*with* +名・代>=(米) Bees ~ us honey. /<V+O+O> みつばちは私たちにはちみつを与えてくれる / 言い換え We must ~ the victims *with* food and clothes. =We must ~ food and clothes *for* [*to*] the victims. /<V+O+*for* [*to*]+名・代> 我々は被災者たちに食べ物と衣服を与えねばならない / Students must ~ 'their own [themselves *with*] textbooks. 学生は各自教科書を用意すること / This filling station ~s rest rooms. このガソリンスタンドにはトイレがあります / Use the form ~*d*. 備えつけの用紙をお使いください. **2** (物事が)(好ましい結果・機会・例など)をもたらす; (人)に(…)を提供する: Her research ~*d* the necessary information *for* us [*us with* the necessary information]. 彼女の研究で必要な情報が得られた. **3** (格式) (法律などが)(…)と規定する: The law ~s *that* everyone must submit this tax information. 法律はだれもが税制上この情報を提示すべしと規定している.

— 自 (格式) (将来・危険などに)備えをする, 準備する: P~ *against* unforeseen contingencies. /<V+ *against*+名・代> 万一の場合に備えておきなさい / I have to ~ *for* the education of my son. /<V+*for*+ 名・代> 息子の教育の準備をしなければならない.

provide for … [動] 他 (1) (人)に(衣食住など)必要なものを与える, (家族など)を扶養する (受身 be provided for): He has four children to ~ for. 彼は 4 人の子供を養ってゆかなければならない. (2) (格式) (…のこと)を考えておく (☞ 自). (3) (格式) (法律・規則などが)…を規定する, 認める.

*pro・vid・ed /prəváidid/ 動 接 [時に ~ that として] 仮に…とすれば, …という条件で (if) (☞ conditional clause 文法), providing 語法): I prefer to go by bus, ~ (*that*) the roads aren't crowded. 道路が混んでいなければ私はバスで行くほうがいい.

†prov・i・dence /právədəns, -dns | próv-/ 名 (文) **1** [U] または a ~] 神の配慮, 神意. **2** [P-] 神 (God).

Prov・i・dence /právədəns, -dns | próv-/ 名 **1** 回 プロビデンス (米国 Rhode Island 州の州都; ☞ 表 地図 I3). **2** ☞ providence 2.

prov・i・dent /právədənt, -dnt | próv-/ 形 (動 provide; 反 improvident) (格式) 先見の明のある, (貯金などして)将来に対して備えのある; 用心深い.

prov・i・den・tial /pràvədénʃəl | pròv-/ 形 (格式) **1** 幸運な (lucky); 折よい. **2** 神の(意志による). **-tial・ly** /-ʃəli/ 副 好運にも; 折よく.

próvident・ly 副 (格式) 先見の明をもって, 将来に備えて; 用心深く.

próvident socìety 名 C =friendly society.

pro・vid・er /prəváidɚ | -də/ 名 C **1** (家族などを)扶養する者. **2** 供給者[会社]. **3** プロバイダー (インターネットへの接続サービスを行なう会社).

†pro・vid・ing /prəváidiŋ/ 接 [時に ~ that として] もしも…ならば. 語法 if よりも改まっているが, provided よりくだけた言い方.

*prov・ince /právins | próv-/ 名 (**prov・inc・es** /-iz/; 形 provincial) **1** C [時に P-] (カナダなどの)州 (略 Prov.; ☞ county, state 3) (昔の日本の国): the ~s of Canada カナダの諸州 / Musashi P~=the P~ of Musashi 武蔵の国. **2** [the ~s] 地方, いなか (英国・カナダ・オーストラリアなどで首都と主要都市から離れた地域). **3** [単数形で, しばしば所有格の後で] (格式) (人などの)知識[関心, 活動]の範囲, 領域, 分野; 職分. **4** C (教会の)管区.

*pro・vin・cial /prəvínʃəl/ 形 (名 province) **1** A 州の; 地方の, いなかの: a ~ government 州政府. **2** [軽蔑] 視野の狭い, 偏狭な; 粗野な. — 名 C [普通は軽蔑] **1** いなか者; 地方の人. **2** 偏狭な人.

pro・vin・cial・ism /prəvínʃəlìzm/ 名 [U] (軽蔑) いなか風; いなか根性, 偏狭さ.

pro・vin・cial・ly /prəvínʃəli/ 副 (軽蔑) いなか風に.

próv・ing gròund /prú:viŋ-/ 名 C (新兵器・新理論などの)実験場; (車などの)性能試験場.

*pro・vi・sion /prəvíʒən/ 名 (~s /-z/; 動 provide) **1** [U] 供給, 支給 (for); C [普通は単数形で] 供給[支給]量, 蓄え: the ~ *of* food 食糧の供給 / We had a large ~ *of* medical supplies. 私たちは多量の医療品をもらっていた.

2 [U] (先を見越した)用意, 準備; U.C 備え, 設備: You have to make ~ *for* 'old age [the future]. 老後[将来]の備えをしなければなりません / The citizens made no ~ *against* earthquakes. 市民たちは地震に対する備えを何もしなかった.

3 [複数形で] (旅の)食糧, 食料: lay in ~s *for* the expedition 遠征の食糧を蓄える / run out of ~s 食糧がなくなる. **4** C [法] 規定, 条項; (…という)条件. **make provision for …** [動] 他 …に備える (☞ 2); …のために必要なものを用意する. **with the provision that …** [接] …という条件で.

— 動 他 [しばしば受身で] (格式) (旅の準備として)(…)に食糧を供給する (for, with).

*pro・vi・sion・al /prəvíʒ(ə)nəl/ 形 暫定(ざんてい)的な, 仮の, 臨時の: a ~ government 暫定[臨時]政府 / ~ bookings 仮予約. **-al・ly** /-ʒ(ə)nəli/ 副 仮に, 暫定的に.

Provisional IRÁ 名 固 [the ~] 暫定派 IRA (1969 年に IRA から独立した過激な手段を奉じる一派で, 今日 IRA という時にはこの一派をさす; ☞ Provos).

provisional licence 名 C (英) 仮(自動車運転)免許証 ((米) learner's permit).

pro・vi・so /prəváizou/ 名 (~(**e**)**s**) C ただし書き. **with the proviso that …** [接] …という条件で.

prò・vítamin 名 C [生化] プロビタミン (動物体内でビタミンに変わる物質).

pro・vo・ca・teur /prəvàkətɚ | -vòkətə:/ 名 C (警察の)おとり捜査官.

*prov・o・ca・tion /pràvəkéiʃən | pròv-/ 名 (動 provoke) U 挑発, じらすこと, 刺激; 怒らすこと; 気に障(きわ)ること: get angry at the slightest ~ ちょっとしたことで腹を立てる. **2** C 挑発するもの, 怒らせる原因. **ùnder provocátion** [副] 挑発されて; 憤慨して.

*pro・voc・a・tive /prəvákətiv | -vók-/ 形 (動 provoke) (人を)怒らせる, 刺激する, 論議を呼ぶ; (行動・服装が性的に)挑発的な, 煽情(せんじょう)的な, 興味をそそる. **~・ly** 副 人を怒らせるように, 挑発的に.

*pro・voke /prəvóuk/ 動 (**pro・vokes** /~s/; **pro・voked** /~t/; **pro・vok・ing**; 名 pròvocátion, 形 provócative) 他 **1** 挑発する, (…)を怒らせる, 刺激する: His insulting words ~*d* her. 彼の失礼なことばに彼女は怒った.

2 (人)の感情を刺激する…させる (rouse): Poor living conditions can ~ people *to* revolt. /<V+O+*to*+ 名> 貧しい生活状況は人々を暴動に駆り立てることがある / 言い換え His nasty behavior ~*d* Peggy into slapp**ing** him. ＜V+O+*into*+動名＞=His nasty behavior ~*d* Peggy to slap him. ＜V+O+C (*to* 不定詞)＞彼の失礼な態度に怒ってペギーは彼をひっぱたいた. **3** 〈怒り・笑いなどを〉起こす, 誘う; 〈事件を〉引き起こす (cause): His mistake ~*d* a roar of laughter. 彼の誤りにどっと笑いが起こった.

pro·vók·ing /形/《古風, 格式》しゃくに障(å¼)る.

pro·vo·lo·ne /pròuvəlóuni/《イタリア語から》/名/ /U/ プロボローネ《淡い色のイタリアチーズ》.

Pro·vos /próuvouz/ /名/ [the ~ として複数扱い]《略式》=Provisional IRA.

pro·vost /próuvoust | prɔ́vəst/ /名/ /C/ [普通は P-] **1**《米》(大学の学務担当の)副学長《学長 (president) の下でカリキュラム編成などを担当する学術面の責任者》; 《英》(大学の)学寮長. **2**《スコ》市長. **3**《英国の大聖堂の》首席司祭.

pró·vost còurt /próuvoust- | prɔvóust-/ /名/ /C/ 軍事裁判所.

próvost guárd /名/ /C/《米》憲兵隊.

próvost márshal /名/ /C/《陸軍》憲兵司令官.

prow /práu/ /名/ /C/《主に文》船首, へさき (bow).

prow·ess /práuəs/ /名/ /U/《格式》際立って優れた腕前 [能力];《非常な》勇気, 勇敢さ (*as, at, in*).

prowl /prául/ /動/ /自/ うろつく《動物が獲物を求めたり, どろぼうが盗みの機会をねらったりして》;《略式》ぶらつく《することがなくて落ち着かなくて》(*about, around*). — /他/《通りなどを》うろつく. — /名/ [単数形で] うろつき回ること, 獲物探し. **be [go] on the prówl** /動/ /自/ うろついている《獲物・異性などを求めて》; 《警官などが》巡回する.

【類義語】**prowl (about [around])** 動物が獲物を求めたり, どろぼうが盗みの機会をねらったりしてうろつくこと. **roam** あてもなくどこかをうろつくこと. **sneak (in [out])** 人にこそこそと入る[出る]こと. **steal (in [out])** 人が気づかないようにこっそり入る[出る]こと. **slink** 〈何かを恥じて〉こそこそ歩く[逃げる]こと. **sidle** 神経質に, そっと歩くこと. **skulk** 何かを恐れたり悪事をたくらんで潜んだり, 人目を避けてこそこそと逃げ隠れすること. **lurk** 人目を避けて潜んだり攻撃のために待ち伏せること.

prówl càr /名/ /C/《古風, 米》パトカー (squad car).

prowl·er /práulə | -lə/ /名/ /C/ うろつく人【動物》;《夜間《帰宅時》を狙う》痴漢, 泥棒, 空き巣ねらい.

prox·i·mate /prɑ́ksəmət | prɔ́k-/ /形/《格式》**1**《時間, 順序・関係が》近い, 直前[直後]の, 直後の (*to*). **2** /A/《原因などが》直接の. **~·ly** /副/ 直前[直後]に.

prox·im·i·ty /prɑksíməti | prɔk-/ /名/ /U/《格式》(距離・時間が)近いこと, 接近 (*to*). **in clóse proxímity to ...** /前/《格式》...のすぐ近くに. **in the proxímity of ∴** /前/《格式》...の近くに.

prox·y /prɑ́ksi | prɔ́k-/ /名/ (**prox·ies**) /C/ 代理人; 委任状. **by próxy** /副/ 代理人[委任]をもって.

próxy vòte /名/ /C/ 代理投票.

Pro·zac /próuzæk/ /名/ /U/ プロザック《抗(å)鬱(å¤)薬》.

prs =pairs (☞ pair).

prude /prúːd/ /名/ /C/《軽蔑》《特に性的なことで》上品ぶる人, 気取り屋.

pru·dence /prúːdəns, -dns/ /名/ (反 imprudence) /U/《格式》慎重さ, 用心深さ, 分別.

pru·dent /prúːdənt, -dnt/ /形/ (反 imprudent) 慎重な, 用心深い, 分別のある; 用意周到な.

pru·den·tial /pruːdénʃəl | -dén-/ /形/《古風》慎重な, 細心な; 用心深い; 分別のある (prudent). **-tial·ly** /-ʃəli/ /副/ 慎重に, 用心深く.

prúdent·ly /副/ 慎重に, 用心深く.

prud·er·y /prúːdəri/ /名/ /U/《軽蔑》上品ぶり, ますました態度.

Pru·dhoe Báy /prúːdou- / /名/ /固/ プルードベイ《Alaska 州北部; アメリカ最大級の油田の中心地》.

prud·ish /prúːdɪʃ/ /形/《軽蔑》《特に性的なことで》上品ぶった, すましとった. **~·ly** /副/ すましとって. **~·ness** /名/ /U/ 上品ぶり.

*__prune__¹ /prúːn/ /名/ (~**s** /-z/) /C/ プルーン, 干しもも.

prune² /prúːn/ /動/ /他/ **1**《木などを》刈り込む, 剪定する, 《枝を》下ろす (*back, away, off, from*). **2**《余分なものを》取り除く, 切り詰める (*of; down*).

prun·er /prúːnə | -nə/ /名/ /C/ 剪定する人[道具].

prun·ing /prúːnɪŋ/ /名/ /U/ 剪定; 削減.

prúning hòok /名/ /C/ 刈り込みがま.

prúning shèars [scìssors] /名/ [複] 刈り込み[剪定]ばさみ (☞ shears 挿絵).

pru·ri·ence /prú(ə)riəns/ /名/ /U/《格式》《軽蔑》好色, わいせつ.

pru·ri·ent /prú(ə)riənt/ /形/《格式》《軽蔑》好色な, わいせつな. **~·ly** /副/ 好色に, わいせつに.

Prus·sia /prʌ́ʃə/ /名/ /固/ プロイセン, プロシャ《ドイツ北東部の地方; 旧王国》.

Prus·sian /prʌ́ʃən/ /形/ プロイセン[プロシャ]の; プロイセン[プロシャ]人の. — /名/ /C/ プロイセン[プロシャ]人; [the ~s] プロイセン[プロシャ]人《全体》.

Prússian blúe /名/ /U/ 紺青(こんじょう)《色の》.

prús·sic ácid /prʌ́sɪk-/ /名/ /U/《化》青酸.

*__pry__¹ /práɪ/ /動/ (**pries; pried; pry·ing**) /自/ 《好奇心で》のぞく,《こっそり》様子をうかがう;《他人のことを》詮索(せんさく)する (*into*). **awáy from prýing éyes** /副/ 人目につかない所で.

pry² /práɪ/ /動/ (**pries; pried; pry·ing**) /他/《主に米》**1**《てこなどで》動かす (*away*): ~ the door [lid] open ドア[ふた]をこじあける. **2**《秘密などを》《...から》ほじくり出す, かぎ出す (*out of*). — /名/ (**pries**) /C/《金》てこ, くぎ抜き.

prý bàr /名/ /C/ くぎ抜き.

*__PS, P.S.__ /píːés/ /略/ =postscript,《米》public school 1.

PSA =public service announcement.

psalm /sɑ́ːm/ /名/ **1** /C/ 賛美歌, 聖歌. **2** [the Psalms として単数扱い]《旧約聖書の》詩編.

psalm·ist /sɑ́ːmɪst/ /名/ /C/ 賛美歌作者.

psal·ter /sɔ́ːltə | -tə/ /名/ /C/ 詩編歌集《礼拝用》.

psal·ter·y /sɔ́ːltəri, -tri/ /名/ /C/ プサルテリウム《昔の弦楽器》.

PSAT /píːèsèitíː/ /略/ =Preliminary Scholastic Aptitude Test 進学適性予備試験《米国の高校2年生が受ける SAT の予備試験》.

pse·phol·o·gist /siːfɑ́lədʒɪst | -fɔ́l-/ /名/ /C/ 選挙学者.

pse·phol·o·gy /siːfɑ́lədʒi | -fɔ́l-/ /名/ /U/ 選挙学《選挙における投票についての研究》.

pseud /súːd | s(j)úːd/ /名/《英略式》《軽蔑》/C/ 知ったかぶり屋. — /形/ 知ったかぶりの.

pseud- /súːd | s(j)úːd/, **pseu·do-** /súːdou | s(j)uː-/ /接頭/「偽りの, 仮の, 擬似の」の意: *pseudo*classic 擬古典的な / *pseudo*science 擬似[えせ]科学.

pseu·do /súːdou | s(j)úː-/ /形/《略式》偽りの, 偽物の.

pseu·do·nym /súːdənɪm | s(j)úː-/ /名/ /C/ ペンネーム (pen name). **ùnder the pséudonym of ∴** /前/ ...というペンネームで.

pseu·do·nym·i·ty /sùːdəníməti | s(j)úː-/ /名/ /U/ 偽名で書く[書かれている]こと, ペンネーム[雅号]使用.

pseu·don·y·mous /suːdɑ́nəməs | s(j)uːdɔ́n-/ /形/《格式》ペンネームで書く[書かれた]. **~·ly** /副/ ペンネームを用いて.

pshaw /(p)ʃɔ́ː/ /感/《古風》ふん, へん, くそっ, ちぇっ《嫌悪・いらだちを示す》.

psi¹ /psáɪ/ /名/ /C/ プシー《ギリシャ語アルファベットの第23文字 Φ, ψ; ☞ Greek alphabet 表》.

psi² /略/ =pound(s) per square inch ポンド毎平方イン

チ《圧力の単位》.
psit·ta·co·sis /sìtəkóusɪs/ 名 U《医》おうむ病《鳥類の病気; 人に伝染すると高熱を伴う肺炎を起こす》.
P60 /píːsíksti/ 名 P60《英国で雇用者から被雇用者に毎年手渡される, 被雇用者の年間の総収入・納税額と国民保険に納めた額を証明する書類》.
pso·ri·a·sis /sərάɪəsɪs/ 名 U 乾癬(かんせん)《皮ふが乾いて赤くなる病》.
psst, pst /ps(t)/ 間 ちょっと!《目立たぬように人の注意を引くとき小声で言う》.
PST /píːèstìː/ 《米》=Pacific Standard Time.
PSTN /píːèstìːén/ =Public Switched Telephone Network PSTネットワーク《音声やデータの送受信のための国際的な電話システム》.
psych- /saɪk/, **psych** [接頭] =psycho-.
psych. 略 =psychologist, psychology.
psych(e) /saɪk/ 動《次の成句で》 **psých onesélf úp** [動]《略式》(...に対する)心構え[覚悟]をする(for). **psých óut** [動] 他《略式》〈対戦相手を〉おじけづかせる, びくつかせる. ── 名 U S《米略式》心理学. ─ 形(略式)精神医学の.
Psy·che /sáɪki/ 名 1 《ギ・ロ神》プシュケ《キューピッド(Cupid)が愛した美少女》. 2 [the [one's] p-]《格式》霊魂, 精神, 心, プシケ.
psyched /saɪkt/ 形《略式, 主に米》ひどく驚いて[興奮して, びくついて]. **be psýched (úp)** [動] 自《略式, 主に米》覚悟をしている, やる気を出している(about, for).
psy·che·del·i·a /sàɪkədíːliə/ 名 U サイケ調の音楽[美術など].
⁺psy·che·del·ic /sàɪkədélɪk⁻/ 形《麻薬》が幻覚を生じさせる; 〈色・形・音が〉サイケ調の. ── 名 C 幻覚剤. **-dél·i·cal·ly** /-kəli/ 副 幻覚的に; サイケ調に.
⁺psy·chi·at·ric /sàɪkiǽtrɪk⁻/ 形 ▲ **精神医学の**, 精神病(治療)の: a ~ patient 精神病患者 / get ~ treatment 精神病の治療を受ける. **-át·ri·cal·ly** /-kəli/ 副 精神医学的に.
psychiátric hòspital 名 C 精神病院(mental hospital).
⁺psy·chi·a·trist /saɪkάɪətrɪst, sə-/ 名 C (**-a·trists** /-trɪsts/) **精神科医**, 精神病医; 精神医学者.
⁺psy·chi·a·try /saɪkάɪətri, sə-/ 名 U 精神医学; 精神病治療法.
⁺psy·chic /sáɪkɪk/ 形《比較なし》 1 〈人が〉超能力のある; 心霊現象を感じやすい: ~ research 超能力研究 / You must be ~ to know what I'm thinking about. 私の考えていることが分かるなんて, あなたは超能力をもっているに違いない. 2 〈死者の〉霊魂の; 心霊の: ~ phenomena 心霊現象. 3《格式》〈病気が〉心因性の. ── 名 C 霊媒, みこ; 超能力者, 心霊現象に敏感な人.
psy·chi·cal /sáɪkɪk(ə)l/ 形 =psychic 2, 3. **-cal·ly** /-kəli/ 副 精神的に(は); 超能力的に.
⁺psy·cho /sáɪkou/《略式》(**~s**) C =psychopath. ── 形 =psychopathic.
psy·cho- /sáɪkou/ [接頭]「精神, 心理(学)」の意: psychology 心理学.
psỳcho·áctive 形《薬などが》精神に作用する.
⁺psỳcho·análysis 名 U 精神分析(学[療法]).
psỳcho·ánalyst 名 C 精神分析医[学者].
psỳcho·analýtic, psỳcho·analýtical 形 ▲ 精神分析(療法)の. **-cally** 副 精神分析(法)によって.
psỳcho·ánalyze 動 他 〈...〉の精神分析をする; 〈...〉に精神分析療法を施す. ── 自 精神分析をする; 精神分析療法を施す.
psýcho·bàbble 名 U《略式》《けなして》《もっともらしい心理用語; やたらと心理用語を使う話し方[文

章].
psỳcho·biólogy 名 U 精神生物学《精神と肉体との関係などを研究する》.
psýcho·dràma 名 C 1 心理劇《患者に劇を演じさせて治療する心理療法》. 2 心理描写を中心とした映画[劇].
psý·cho·gen·ic /sàɪkədʒénɪk⁻/ 形 心因性の.
psy·cho·ki·ne·sis /sàɪkoukəníːsɪs, -kaɪ-/ 名 U 念力.
psỳcho·kinétic 形 念力の.
psỳcho·linguístics 名 U 心理言語学.
⁺psy·cho·log·i·cal /sàɪkəlάdʒɪk(ə)l | -lɔ́dʒ-⁻/ 形 (名 psychólogy) 1 [普通は ▲] **心理的な, 精神的な** (mental); 気のせいの: ~ effects 心理的効果 / ~ problems 精神的な問題 / Your pain is ~. あなたが痛みを感じるのは心因性のものです.
2 ▲ **心理学上の**, 心理学的な: ~ studies of human behavior 人間の行動の心理学的研究. **-cal·ly** /-kəli/ 副 心理学的に; 心理的に.
psychológical móment 名 [the ~]《格式》絶好の機会, 潮時(しおどき): at the ~ ちょうどよいときに.
⁺psy·chol·o·gist /saɪkάlədʒɪst | -kɔ́l-/ 名 (**-o·gists** /-dʒɪsts/) C 心理学者《略 psych.》.
⁺psy·chol·o·gy /saɪkάlədʒi | -kɔ́l-/ ★ p は発音しない. **B** 名 (**-o·gies** /~z/; 形 psychólogical) 1 U **心理学**《略 psych.》: child ~ 児童心理学 / group ~ 集団心理学.
2 U C《略式》(個人や集団の)**心理(状態)**, 精神状態, 気持ち: mob ~ 群集心理 / the ~ of murderers 殺人者の心理. 3《略式》人の心理[性格]を読む力. 語源 ☞ psycho-, -logy.
psycho·met·ric /sàɪkoumétrɪk⁻/ 形 ▲ 精神測定の.
psỳcho·métrics /-métrɪks/ 名《心》精神[心理]測定(学).
psy·cho·path /sáɪkəpæθ/ 名 C〈暴力的な傾向をもつ〉精神異常者; 変質者《略式 psycho》.
psy·cho·path·ic /sàɪkəpǽθɪk⁻/ 形 精神異常の《略式 psycho》.
psỳcho·pathólogy 名 U 精神病理学; 精神病理.
psy·chop·a·thy /saɪkάpəθi | -kɔ́p-/ 名 U 精神病; 精神病質.
psỳcho·phýsics 名 U 精神物理学.
⁺psy·cho·sis /saɪkóusɪs/ 名 (複 **psy·cho·ses** /-siːz/) U C《医》精神病, 精神異常.
psy·cho·so·cial /sàɪkousóuʃəl/ 形 心理社会的な.
psy·cho·so·mat·ic /sàɪkəsəmǽtɪk⁻/ 形《病気などが》精神に大きく左右される, 心身症の; 心身医学の. **-mát·i·cal·ly** /-kəli/ 副 心身(症)的に, (身体に対する)精神的原因[心因]によって.
psỳcho·thérapist 名 C 精神療法士.
psỳcho·thérapy 名 U C 精神療法.
psy·chot·ic /saɪkάtɪk | -kɔ́t-/《医》形 精神病の, 精神異常の. ── 名 C 精神異常者. **-chót·i·cal·ly** /-kəli/ 副 精神病を患って.
psy·cho·tro·pic /sàɪkoutróupɪk | -trɔ́p-⁻/ 形 精神に影響を及ぼす, 向精神性の. ── 名 C 向精神薬.
PT /píːtíː/ 略 =Pacific Time; 《主に英》=physical training.
⁺pt. 略 =part, past, past tense, payment, pint(s), point, [しばしば Pt] (特に地名で) port.
PTA /píːtìːéɪ/ 略 =parent-teacher association.
PT bòat /píːtíː-/ 名 C《米》快速哨戒(しょうかい)魚雷艇.
Pte 略《英》=private C《米》Pvt》.
pter·o·dac·tyl /tèrədǽktl/ 名 C プテロダクティル, 翼竜《古生物》.
pter·o·saur /térəsɔ̀ː | -rousɔ̀ː/ 名 C 翼竜.

PTO[1] /píːtìːóu/ 略《英》裏面をごらんください、裏面へ続く (please turn over の略; ☞ turn over (turn 句動詞))《(米) Over; ☞ over 副 1).

PTO[2] /píːtìːóu/ 略《主に米》=parent-teacher organization (PTA とは別の各校ごとの父母・教師協力制度).

Ptol·e·ma·ic sýs·tem /tάləmèɪk-│tɔ́l-/ 名 [the ~] 天動説. 関連 Copernican system 地動説.

Ptol·e·my /tάləmi│tɔ́l-/ 名 個 **1** トレミー, プトレマイオス《紀元 2 世紀ごろのエジプトの天文学者・数学者・地理学者》. **2** プトロマイオス《紀元前 4-1 世紀のエジプトを支配した歴代の王の名》.

pto·maine /tóumeɪn/ 名 U,C 《化》プトマイン.

pts. 略 =parts (☞ part 名 1, 8), pints (☞ pint), points (☞ point 名 7, 9).

PTSD 略 =post-traumatic stress disorder.

P2P /píːtuːpíː/ 略 **1**《電算》ピアトゥピアの(ネットワーク)《ネットワークを構成するコンピュータ同士が同等の機能を有して通信し合う場合をいう; *peer to peer* から》. **2** =person-to-person.

pty, PTY 略《豪・南ア》=proprietary《会社名の後につける; Ltd. に相当》.

*__**pub**__ /páb/ 名 (~s /-z/) C パブ, 酒場《《格式》public house》《英国人の社交の場》: have a drink at the ~ パブで一杯やる.

púb-crᾱwl 名 C《英格式》パブを飲み歩く(はしご)酒: go on a ~ はしご酒をする.

*__**pu·ber·ty**__ /pjúːbəṭi│-bə-/ 名 U 思春期《法律的には普通男子は 14 歳, 女子は 12 歳とされる》.

pu·bes /pjúːbiːz/ 名 (複 ~) 陰毛, 恥毛.

pu·bes·cence /pjuːbésəns/ 名 U 思春期に達していること; 年ごろ.

pu·bes·cent /pjuːbésənt/ 形 思春期[年ごろ]の.

pu·bic /pjúːbɪk/ 形 A 陰部の~ hair 陰毛.

*__**pub·lic**__ /páblɪk/ T1 形 (動 públish, públicize, 名 publícity)

「人々に関する」(☞ 語源; republic 語源)
  ┌「社会一般の」 **3** →「公然の」**4**
  └「公共の」**1** →「公務の」**2**

1 A [比較なし] 公共の, 公立の, 公(衆)の (反 private): ~ buildings 公共建物 / a ~ library 公共図書館 / a ~ telephone 公衆電話 / ~ money 公金 / He was arrested for indecent behavior in a ~ place. 彼は公共の場所でわいせつ行為で逮捕された.

2 A [比較なし] 公務の, 公職の, 官公庁の: ~ affairs 公務 / retire from ~ life 公的な生活から身を引く / P~ officials must be careful not to abuse their privileges. 公務員は特権を乱用しないように注意しなければならない.

3 A [比較なし] 社会一般の, 一般大衆の, 公衆の (反 private): ~ safety 社会の安寧 / ~ morals 公衆道徳 / ~ welfare 公共の福祉 / a ~ outcry 世間の抗議.
4 だれでも知っている, 公然の, 人目にさらされる, 周知の, 公開の: a ~ figure 有名人 / the company's ~ image《世間の人がもつその会社のイメージ》/ a matter of ~ knowledge 周知の事柄 / a ~ display of grief 人目をはばからぬ悲しみの吐露 / This place is too ~ to have a private conversation. ここでは人目につきすぎて個人的な話はできない. 語源 ラテン語で people と同語源.

---

public inquiry 1409

becòme públic [動] 自 公表される. **be in the públic éye [víew]** [動] 自 世間の注目を浴びている, マスコミで報道されている. **gò públic** [動] 自 (1) (会社が)株式を公開する. (2) (情報・秘密などを)公表する. **4. màke públic** [動] 他 <...>を発表する, 公にする.
— 名 **1** [the ~] 大衆, 公衆, 人民, 国民; (一般)社会, 世間: the general ~ 一般大衆 / the ([滑稽] great) British ~ 英国民 / The ~ is the best judge. 大衆が最もよい審判者である.

語法 公衆の一人一人が重視されているときには《英》では複数扱いとなることがある (☞ collective noun 文法): The ~ *are* requested not to enter this room. 一般の方々はこの部屋には入らないでください.

2 [the ~, a ~ または所有格とともに; (英) では単数または複数扱い] (ある階層の)人々, …のファン 【全体】: the music-loving ~ 音楽愛好家たち / the reading ~ 一読者層 / That movie star has *a* large and faithful ~. その映画俳優には熱心なファンが多い.

in públic [副] 公然と, 人前で (publicly) (反 in private): He denounced the government's policy *in* ~. 彼は公然と政府の政策を非難した.

públic áccess 名 U 公的利用権《一般の人の立ち入り[閲覧]権》 (*to*).

públic áccess chànnel 名 C《米》(ケーブルテレビの)視聴者制作番組.

públic-addréss sỳstem 名 C 場内[構内・校内]放送設備《 PA system》.

pub·li·can /páblɪk(ə)n/ 名 C《英格式》パブ (pub) の主人.

públic assistance 名 U 公的扶助《貧困者・障害者・老齢者などへの米国政府の補助》.

*__**pub·li·ca·tion**__ /pàblɪkéɪʃən/ 名 (~s /-z/; 動 públish) **1** U (書籍・雑誌・新聞などの)出版, 発行, 刊行: the date of ~ 発行年月日.
2 C 出版物, 刊行物《書籍・雑誌など》: new ~s 新刊書 / monthly ~s 月刊刊行物. **3** U 発表, 公表; (法律などの)公布.

públic bár 名 C《英》パブ (pub) の一般席 (☞ lounge bar).

públic bíll 名 C 公共関係法律案.
*__**públic cómpany**__ 名 C《英》=public limited company.

públic convénience 名 C《英格式》公衆便所《(英) convenience》.

públic corporátion 名 C **1**《米》株式公開会社《(英) public limited company》. **2**《英》公共企業体, 公社, 公団.

públic débt 名 C 公共負債, 公債.

públic defénder 名 C《米》公選弁護人.

públic domáin 名 U [普通は the ~] 《法》公有《著作権・特許などが消滅した状態》. **in the públic domáin** [副] (情報が)公開されて. — 形 公有の, パブリックドメインの, 著作権の消滅した.

públic énemy 名 C 社会の敵. **públic énemy nùmber óne** 名 社会の最大の脅威.

públic expénditure 名 U 公共支出.

públic fóotpath 名 C《英》散策用公道.

públic fúnding 名 U (政府の)助成[補助]金.

públic héalth 名 U **1** (政府の)保健行政, 医療サービス. **2** 公衆衛生.

públic hóliday 名 C 祝日, 祭日.

públic hóuse 名 C《英格式》=pub.

públic hóusing 名 U《米》(貧困者用)公営住宅.

públic ínquiry 名 C **1** (事故の)公的調査. **2** 公的機関への情報照会.

pub・li・cist /pʌ́bləsɪst/ 名 C **1** 宣伝係, 広報係. **2** 政治評論家, 政治記者.

pub・lic・i・ty /pʌblísəti/ 名 (形 públic) U **1** 知名度, 知れ渡っていること; 世間の注目; 有名: bad ~ 悪評 / Her new novel gained wide [a lot of] ~. 彼女の新しい小説は広く評判になった. **2** 宣伝, 公報活動: a ~ campaign 集中的な宣伝活動 / a ~ stunt 売名行為.

publícity àgent 名 C 広告代理業者; 広報係.

pub・li・cize, (英) -cise /pʌ́bləsàɪz/ 動 (-liciz・es /-ɪz/; -li・cized /-d/; -li・ciz・ing) 他 (形 públic) 〈…〉を公表する, 発表する; 〈…〉を広告する, 宣伝する: The events planned for the school festival were not well ~d. <V+O の受身> 学園祭での催しは宣伝がうまくいかなかった.

públic láw 名 U.C 公法.

públic lénding right 名 C.U (英) 公貸権 (公共図書館での貸出しによって著者がこうむる損失の補償を要求できる権利; 略 PLR).

públic límited cómpany 名 C (英) 株式公開会社 (略 plc) ((米) public corporation).

pub・lic・ly /pʌ́blɪkli/ 副 公 (然) に, 公然と; 公的に, 一般大衆に, おおっぴらに (in public): a ~ funded health service 公的資金による医療制度 / criticize ... ~ ...を公然と非難する.

públic núisance 名 C **1** 〔法〕 公的不法妨害; (騒音などの) 公害 (▷ pollution 日英比較). **2** (略式) (世間の) やっかい者.

públic óffice 名 U 公職, 官職.

públic opínion 名 U 世論: arouse [stir up] ~ 世論をかき立てる / a ~ poll 世論調査.

públic ównership 名 **1** U (企業などの) 国有 (化). **2** (米) 一般の人が法人に投資した金.

públic próperty 名 C **1** 公共物 [財産]. **2** (略式) だれもが知る権利のある事柄. **3** 有名になりすぎて個人の生活が持てない人.

públic prósecutor 名 C 検察官: the ~'s office 検察庁. 関連 judge 裁判官 / (米) counselor, (英) barrister 法廷弁護士.

públic púrse 名 [the ~] (略式) 国庫.

Públic Récord Òffice 名 [the ~] (ロンドンの) 公文書館.

públic relátions 名 **1** U 広報活動, 宣伝 (略 PR). **2** [複] (企業などの) 対社会関係, (世間に対する) 受け.

públic relátions èxercise 名 C (売名的) 宣伝活動.

públic relátions òfficer 名 C 広報担当員, 渉外係 (略 PRO).

públic schóol 名 C.U **1** (主に米・スコ・豪) 公立学校 (略 PS) ((英) state school). 関連 private school 私立学校.
2 (英) (主にイングランドの) パブリックスクール 参考 日本の中学校と高等学校を合わせた程度の全寮制の男子私立学校; 卒業生の多くは Oxford や Cambridge などの名門大学を目ざす (☞ Eton College, Harrow, Rugby, school¹ 表, preparatory school 2).

públic séctor 名 [the ~] 公営 (企業) 部門 (↔ private sector).

públic sérvant 名 C 公務員.

públic sérvice 名 **1** C [普通は複数形で] 公共事業 (ガス・電気・水道など). **2** C 社会奉仕. **3** U 公務, 公用.

públic sérvice annóuncement 名 C (主に米) 公共広告 (略 PSA).

públic spéaking 名 U 演説 (法); 話術.

públic spénding 名 U (政府の) 公共支出.

públic spírit 名 U 公共心.

públic-spírited 形 公共心のある.

públic télevision 名 U (米) 公共テレビ.

públic tránsit 名 U (米) = public transportation.

públic tránsport 名 U (主に英) = public transportation.

públic transportátion 名 U (主に米) 公共輸送機関 (バス・鉄道など).

públic utílity 名 C 公共事業 [企業] (体) (ガス・電気, 水道・交通機関など).

públic wórks 名 [複] 公共 (土木) 事業; 公共建造物 [施設].

***pub・lish** /pʌ́blɪʃ/ 動 (-lish・es /-ɪz/; pub・lished /-t/; -lish・ing) 他 (形 públic, 名 pùblicátion) 他 **1** 〈書籍・雑誌・新聞などを〉 出版する, 刊行する, 発行する; 〈新聞などに〉…を記事にする, 掲載する: Our company ~es books on science. 弊社は科学書を出版しています / That dictionary was ~ed by an American company. <V+O の受身> その辞書は米国の出版社から出版された.
2 [普通は受身で] 〈…〉を (新聞・雑誌などで) 発表する, 公表する (make known): The names of the successful exam candidates will be ~ed tomorrow. <V+O の受身> 試験の合格者名は明日発表される.
— 自 出版 [発行] する; 〈著者などが〉本を出す: The writer ~es with Kenkyusha. その作家は研究社から本を出している / P~ and be damned. 公表したいなら (公表) しろ, 脅しには乗らないぞ.

***pub・lish・er** /pʌ́blɪʃə | -ʃə/ 名 (~s /-z/) C 〈書籍・雑誌・新聞などの〉 出版社, 出版業者, 発行人.

***pub・lish・ing** /pʌ́blɪʃɪŋ/ 名 U 出版業: get a job in ~ 出版業界に職を得る.

***públishing hóuse** 名 C 出版社.

Puc・ci・ni /puːtʃíːni/ 名 Gia・co・mo /ʤáːkəmòʊ/ ~ プッチーニ (1858-1924) (イタリアのオペラ作曲家).

puce /pjuːs/ 名 U 暗褐色. — 形 暗褐色の.

puck /pʌ́k/ 名 C (アイスホッケー) パック (ボールに相当するゴム製の平たな円盤).

Puck /pʌ́k/ 名 パック (いたずらな妖精 (**R**) の名).

puck・er /pʌ́kə | -kə/ 動 (-er・ing /-k(ə)rɪŋ/) 他 〈…〉をしかめる, 〈唇〉をすぼめる (up); 〈布〉にひだを取る. — 自 すぼまる; しわが寄る, ひだができる (up). — 名 C しわ, ひだ.

púck・ered 形 しわになった, すぼめられた.

puck・ish /pʌ́kɪʃ/ 形 (W) (古風) いたずら好きな. **~・ly** 副 いたずらっぽく.

pud /pʊ́d/ 名 U.C (英略式) = pudding 1, 2.

***pud・ding** /pʊ́dɪŋ/ 名 (~s /-z/) **1** U.C プディング, プリン (甘味がなく料理のつけ合せとするものもある; ☞ Christmas [Yorkshire] pudding): The proof of the ~ is in the eating. (ことわざ) プディングのうまいまずいは食べてみればわかることである (論より証拠). **2** U.C (英) デザート: What's for ~? デザートは何ですか. **3** C プディング状のもの: a ~ face (軽蔑・滑稽) 太った大きな顔. **4** (英略式) 太っていてまぬけな人.

púdding bàsin 名 C (英) プディング調理用ボウル (に似た髪型).

***pud・dle** /pʌ́dl/ 名 C (雨のあとなどの) 水たまり; 液体のたまり. — 動 他 水たまりになる.

púddle jùmper 名 C (米俗) 軽飛行機.

pu・den・dum /pjuːdéndəm/ 名 (複 -den・da /-də/) C [普通は複数形で] (格式) (女性の) 外陰部.

pudg・i・ness /pʌ́ʤinəs/ 名 U (略式) ずんぐりした [太った] 様子.

pudg・y /pʌ́ʤi/ 形 (pudg・i・er, -i・est) (略式) (指・子供などが) ずんぐりした, 太った (podgy).

pueb・lo /pwéblou/ 《スペイン語から》 名 C **1** プエブ

口集落《アメリカ南西部の先住民の集落; adobe 製の共同住宅が多い》. **2** (中南米で)町, 村; (フィリピンで)町, 郡区.

pu·er·ile /pjúːərəl | pjúərail/ 形 [格式] [軽蔑] 子供っぽい (childish); たわいのない; 愚かな.

pu·er·il·i·ty /pjùːəríləti/ 名 U [格式] [軽蔑] おとなげないこと.

pu·er·per·al /pjuːə́ːp(ə)rəl | -ə́ːp-/ 形 [医] 出産の, 分娩(ぶん)による.

Puer·to Ri·can /pwéətəːriːk(ə)n | pwə̀ːtou-/ 形 プエルトリコ(人)の. ― 名 C プエルトリコ人.

Puer·to Ri·co /pwéətəːriːkou | pwə̀ːtou-/ 名 固 プエルトリコ《西インド諸島 (West Indies) の大アンチル諸島の島; 米国の自治領; 略 PR; ☞ 表地図 J 6》.
語源 スペイン語で「豊かな港」の意.

+**puff** /pʌ́f/ 名 (形 púffy) **1** C (空気・蒸気・煙などの)ひと吹き, ぷっと吹くこと, ぷっと吹く音; ひと吹き, 一陣の風 / ~s from a locomotive 蒸気機関車のしゅっしゅっぽっぽっという音. **2** C ふわっとふくらんだ菓子 (シュークリーム (cream puff) など). **3** C (たばこの)一服 (on, at): take [have] a ~ 一服する. **4** (英略式) 息, 呼吸 (breath). **5** C (略式) べたぼめ, 誇大宣伝 (for). ― 自 **1** ぷっと吹き出す, (蒸気・煙などが)ぱっぱっと出る; (たばこを)ふかす (away): Smoke was ~ing up from the chimney. 煙突から煙がぱっぱっと立ち上っていた / ~ on [at] a pipe パイプをくゆらせる. **2** (略式) 荒い息づかいをする, あえぐ (☞ huff 挿絵). **3** (蒸気・煙などを)ぱっぱっと出しながら進む, あえぎながら進む (along, in, out, up). **4** あえぎながら言う. ― 他 (空気・蒸気・煙などを)ぱっぱっと出す; (たばこ)をふかす: He ~ed cigarette smoke into my face. 彼はたばこの煙をぷかりと私の顔へ吹きかけた. **2** (...)をふくらませる, ふくらます. **3** (...)とあえぎながら言う. **púff and blów** [**pánt**] [動] 自 (略式) (1) 息をはずませる. (2) =huff and puff (☞ huff 挿絵). **púff óut** [動] 他 (1) (ほお)をふくらませる, (胸)を張る. **púff úp** [動] 他 (1) (...)を(空気で)ふくらませる. (2) (人・心)を得意にさせる, のぼせ上がらせる. ― 自 (体の一部が)はれる, (空気をはらんで)ふくらむ.

púff àdder 名 C パフアダー《アフリカ産の猛毒の蛇; おどろきをふくらませる》.

púff·bàll 名 C ほこりたけ《成熟すると胞子をまき散らすきのこ》.

puffed /pʌ́ft/ 形 **1** P (英略式) (人が)あえいで, 息切れして (out). **2** はれた, ふくらんだ (up). **púffed úp** (1) [軽蔑] 得意になっている, 思い上がっている (with). **2** =puffy.

púffed sléeve 名 C =puff sleeve.

púffed whéat 名 U パフホイート《ふくらませた小麦; シリアル用》.

puff·er /pʌ́fə | -fə/ 名 **1** ぷっと吹く人[もの]. **2** 【魚】河豚(ふぐ).

púffer·fish 名 (複 ~, ~·es) C =puffer 2.

puf·fin /pʌ́fin/ 名 C にしつのめどり《北極海・北大西洋などに集団で住むくちばしの大きな海鳥》.

puff·i·ness /pʌ́finəs/ 名 U ふくらみ, はれ.

púff pàstry 名 U パフペーストリー《シュークリームなどの皮を作るこね粉》.

púff pièce 名 C 美化したレポート[報道], 誇大宣伝, ちょうちん持ちの記事.

púff slèeve 名 C パフスリーブ, ちょうちんそで.

puff·y /pʌ́fi/ 形 (**puff·i·er, -i·est**; 名 puff) 丸くふくらんでいる, ふくれ上がった.

pug /pʌ́g/ 名 C **1** パグ《ブルドッグ (bulldog) に似た小型犬; ☞ dog 挿絵》. **2** =pug nose. **3** (俗) ボクサー.

Pú·get Sóund /pjúːdʒɪt-/ 名 固 ピュージェットサウンド《米国 Washington 州北西部の湾》.

pu·gi·lism /pjúːdʒəlìzm/ 名 U [格式] ボクシング, 拳闘 (boxing).

pu·gi·list /pjúːdʒəlist/ 名 C [格式] (プロ)ボクサー, 拳闘選手 (boxer).

pu·gi·lis·tic /pjùːdʒəlístɪk/ 形 [格式] ボクシングの, ボクサーの.

pug·na·cious /pʌgnéɪʃəs/ 形 [格式] けんか好きな, けんかっ早い. **~·ly** 副 けんか腰で.

pug·nac·i·ty /pʌgnǽsəti/ 名 U [格式] けんか好き(な性質).

púg nòse 名 C しし鼻 (pug) (☞ nose 挿絵).

púg-nòsed 形 しし鼻の.

puh-leeze /pəlíːz/ 間 やめて, お願い (please).

puis·sance /pwíːsɑːns/ 名 C (馬の)障害飛越(ひえつ)競技.

puke /pjúːk/ (略式) 動 他 (...)を吐く, ゲロする, 吐き出す (up). ― 自 (へど)を吐く, もどす (up). **It mákes me (wànt to) púke!** (S) (略式) まったくむかつく. ― 名 U ゲロ, へど; C むかつくやつ.

puk·ey, puk·y /pjúːki/ 形 (俗) むかつく, 吐き気がする.

puk·ka /pʌ́kə/ 形 [主にインド・パキスタン] **1** 本物の. **2** 優れた.

pul·chri·tude /pʌ́lkrət(j)uːd | -tjuːd/ 名 U [格式]または [滑稽] (特に女性の)美, 美しさ.

Pú·lit·zer Príze /pʊ́lɪtsə-, pjúː- | -tsə-/ 名 C ピューリツァー賞《Joseph Pulitzer (1847–1911) 創設の毎年ジャーナリズム・文学・音楽の分野で優れた活躍をした人に与えられる米国の賞》.

*****pull** /pʊ́l/ 動 (**pulls** /~z/; **pulled** /~d/; **pull·ing**) 他 **1** (...)を引っ張る, 引く (☞ push 挿絵): 引いて進む; 引き寄せる, (引くようにして)動かす, (車など)を(わきへ)押す; (…)を引っ張って…にする (push); [類義語]: ~ a rope 綱を引っ張る / P~ your chair *to* the table. <V+O+前+名・代> いすをテーブルの方に引き寄せなさい / She ~ed the curtain *over* the window. 彼女は窓のカーテンを引いた / He ~ed his son *by the ear*. <V+O+by+名> 彼は息子の耳を引っ張った / Lynn ~ed the door open [shut]. <V+O+C (形)> リンは戸を引っ張って開けた[閉じた] / P~ it tight. ぴんと引っ張れ / An old farmer went by, ~ing a two-wheeled cart behind him. 老いた農夫が2輪車を引きながら通り過ぎていった.
2 (...)を引き抜く; 引き裂く: She ~ed weeds. 彼女は草むしりをした / I had a tooth ~ed. 私は歯を抜いてもらった / The puppy ~ed the scarf *to bits* [*pieces*]. 子犬はスカーフをずたずたに引き裂いた. **3** (始動スイッチ・引き金など)を引く; (ピストル・ナイフなど)を抜いて構える: In an emergency, ~ the lever to stop the train. 非常の場合にはレバーを引いて列車を止めてください / He ~ed a gun *on* her. 彼は彼女に銃を突き付けた. **4** (略式, 主に米) <大胆なこと・ごまかし・犯罪など>を行なう, やらかす: ~ a stunt [trick] 離れ業[いたずら]をする / What are you trying to ~? 何をたくらんでいるんだ. **5** (筋肉など)を無理に引き伸ばして痛める. **6** <支持(票)>を集める, 得る; <観衆・顧客など>を引きつける (attract); ⦅英略式⦆ <人>を引きつける, <人>を引きつける. **7** (主に英) (客にビールを)樽からつぐ: ~ a pint (of beer) 1パイントのビールをつぐ. **8** (野・ゴルフなど)(打者が)<ボール>を2塁までを引っ張って打つ. **9** (ボク) (負けるためにわざと)パンチを手加減する (☞ pull one's punches (punch¹ 名 成句)); (競馬) わざと<馬>を制する. **10** (オール・ボート)をこぐ. **11** <選手など>を引っ込める. **12** <任務など>を引き受ける.
― 自 **1** 引っ張る, 引く (反 push): P~ harder. もっと強く引っ張れ.
2 進んでいく, (人が)乗り物を動かして進む, (わきへ)寄る: He ~ed *over* to let a truck pass. <V+副> 彼はト

ラックを通すために車を横に寄せた. **3** (器具・車などが)引っ張られて動く, 引かれて進む; (車が不調で)(…の側へ)寄る. **4** (馬が)はみをかんであばれる(くせがある). **5** Ⓢ《英略式》(性的に)人を引きつける. **6**〔野・ゴルフなど〕ボールを引っ張って打つ. **7** ボートをこぐ.

púll a fást òne [動] [自] Ⓢ《略式》(人を)だます (*on*).

púll the óther òne [lèg] (, it's gòt béllls òn) [動] [自] Ⓢ《英略式》かつぐのはよせ, その手は食わんよ《pull …'s leg (…をかつぐ)をもとにした言い方《☞ leg 成句》》.

pull の句動詞

púll abóut [動] [他] =pull around.

***púll ahéad** [動] [自] **先頭に立つ:** Our company is ~*ing ahead* in the battle for the computer market. 弊社はコンピューター市場獲得合戦の先頭に立っています.

púll ahéad of … [動] [他] **…を追い抜く:** A red car ~*ed ahead of* me. 赤い車が私を追い抜いた.

púll apárt [動] [他] **1** 〈…〉を(引っ張って)ばらばらにする, 引きちぎる; 〈人間関係〉を引き裂く; 〈けんか中の人・動物〉を引き離す. **2** 〈…〉をよく調べる, あらさがしする, 酷評する; ひどく悲しませる. — [自] ばらばらになる.

púll aróund [動] [他] 〈…〉を引っ張り回す; 乱暴に扱う.

***púll at …** [動] [他] **1** …を引っ張る, 引く ([受身] be pulled at): Stop ~*ing at* my sleeve! そでを引っ張るのはやめて. **2** (パイプなど)を深く吸い込む;《古風》酒をぐいと飲む.

púll awáy** [動] [他] 〈…〉を(無理に)引き離す; もぎ取る: The mother ~ed*** her child ***away from*** the TV. 母親は子供をテレビから引き離した.
— [自] **1** (車などが)**出ていく, 発車する:** The bus ~***ed away from*** the curb. バスは歩道の縁から離れて行った.
2 (…を)引き離していく: The Giants gradually ~***ed away from*** the other teams. ジャイアンツは次第に他のチームを引き離した. **3** (…から)身を引き離す, 逃れる (*from*).

púll báck [動] [他] **1** 〈人・物〉を(…から)引き戻す (*from*). **2** 〈軍隊〉を撤退させる. **3**《英》(試合で)〈点〉を取り返す, 〈ゲーム〉をばん回する. — [自] **1** 引きさがる, 取りやめる, 手を引く (turn back) (*from*). **2** (軍隊が)撤退する. **3** (…から)身を引き離す (*from*).

***púll dówn** [動] [他] **1** 〈…〉を引き降ろす <V+名・代+*down*/V+*down*+名>: Please ~ *down* the shades. どうぞ日よけを降ろしてください.
2 〈建物・像〉を取り壊す; 〈政府〉を倒す <V+名・代+*down* / V+*down*+名>: They ~*ed down* the old factory. 彼らはその古い工場を取り壊した. **3**《米》〈…〉の健康を衰えさせる; 〈人〉の地位[成績]を引き下げる; 〈経済など〉を弱体化させる. **4**《米略式》〈…〉を稼ぐ; 〈成績・点〉を取る. **5**〔電算〕〈メニュー〉を表示させる.

púll for … [動] [他]《略式》…を応援する.

púll ín** [動] [自] **1** (列車・バスなどが)**到着する**, 駅に入る: The train ~ed in*** (***at*** the station) half an hour late. 列車は 30 分遅れて(駅に)着いた. **2**《英》(車などが)(道路わきに)寄って止まる (*to*); (運転手が)車を寄せる[入れる]: Let's ~ *in* here. ここに車を止めよう. — [他] **1** 〈…〉を(中へ)引っ張り入れる; 〈首・腹など〉を引っ込める; 〈手綱〉を締める. **2** 〈客など〉を引きつける, 呼び寄せる; 〈票など〉を獲得する. **3**《略式》〈容疑者など〉を連行する. **4**《略式》〈金〉を稼ぐ, もうける. **5** 〈車〉を寄せて止める.

púll ìnto … [動] [他] **1** (列車などが)(駅など)に入る, 到着する. **2**《英》(運転手が)車を…に入れる.

púll … ìnto — [動] [他] 〈車など〉を—に入れる.

***púll óff** [動] [他] **1** 〈…〉を(さっと)脱ぐ, はずす, 〈…〉を引っ張って取る <V+名・代+*off* / V+*off*+名>: Help me (to) ~ my boots *off*. ブーツを脱ぐのに手を貸してください. **2**《略式》〈困難なこと〉をうまくやり遂(と)げる. **3** 〈車〉を道路わきなどに寄せて止める. — [自] **1** 車を道路から道路わき・駐車場などに入れ[寄せ](て止め)る. **2** 離れる; 出発する.

***púll óff …** [動] [他]《略式》(車・運転者が)(道路)から(道路わき・駐車場などに)**入る, 寄(って止ま)る:** The taxi ~*ed off* the road. タクシーは道路わきに寄って止まった.

***púll … òff** — [動] [他] **1** 〈車〉を(道路)から**離れた方へ向ける:** John ~*ed* his car *off* the highway. ジョンは車を幹線道路からわき道に入れた. **2**《略式》〔電算〕〈データなど〉を—から引っぱってくる.

***púll ón** [動] [他] 〈…〉を(さっと)**着る, はく** <V+名・代+*on* / V+*on*+名>: She ~*ed* her sweater *on*. 彼女はセーターを着た.

púll on … [動] [他] =pull at ….

***púll óut** [動] [他] **1** 〈歯・栓など〉を**抜く**; 引き[取り]出す; 取りはずす <V+名・代+*out* / V+*out*+名>: I had a bad tooth ~*ed out*. 私は虫歯を抜いてもらった. **2** 〈軍隊など〉を撤退させる; 〈…〉に(仕事などから)手を引かせる.
— [自] **1** (列車・バスなどが)**出発する**, 駅を出る; (ボートなどが)こぎ出る: The train ~*ed out* on time. 列車は定刻どおりに出発した. **2** (車などが)別の道路に出る, (道路わきに止めた後)発車する; (追い越すため)車線を変える. **3** (仕事などから)手を引く.

***púll òut of …** [動] [他] **1** (列車や船が)…**から出発する:** The taxi ~*ed out of* the garage at two. タクシーはガレージを 2 時に発車した. **2** (困難など)から抜け出す; (契約など)から手を引く; (軍隊が)…から撤退する.

***púll … òut of** — [動] [他] **1** —から〈…〉を**引っ張り出す[引き抜く]**; 〈…〉を—から引き[取り]出す: He ~*ed* the cork *out of* the bottle. 彼はびんの栓を抜いた. **2** 〈…〉を(困難・危険など)から救い出す; 〈軍隊〉を—から撤退させる.

púll óver** [動] [他] **1** 〈車など〉を**道路わきに寄せる**, (警察が合図して)〈車(の運転者)〉を**わきに寄らせる** <V+名・代+*over*>: He ~ed*** his car ***over to*** the side of the road. 彼は車を道路わきに寄せた. **2** 〈セーターなど〉を頭からかぶって着る. — [自] (車が)(進路を譲って)わきに寄る; (運転者が)車を道路際に寄せる (*to*).

púll … òver — [動] [他] 〈…〉を—の上に[から]かぶせる[着る, はく]《☞ [他] 1 第 3 例文》: ~ one's sweater *over* one's head セーターを頭からかぶって着る.

púll róund《英略式》[動] [他] 〈…〉の元気を回復させる. — [自] 元気[意識]を回復する.

***púll thróugh** [動] [自] (難局などを)**切り抜ける**; 元気[意識]を回復する: I hope my mother will ~ *through*. 母がよくなるといいのですが. — [他] 〈…〉に病気[難局]を切り抜けさせる.

púll thróugh … [動] [他] (難局など)を切り抜ける.

púll … thròugh — [動] [他] 〈…〉に(病気など)を切り抜けさせる.

púll … tó /túː/ [動] [他] 〈ドア・カーテンなど〉を(引いて)閉める《☞ to[2]》.

púll togéther [動] [自] 協力して働く, 協力してやっていく. — [他] 〈組織〉を立て直す, まとめる. **púll oneself togéther** [動] [自] [しばしば命令文で] 気を静める, しっかりする.

púll úp** [動] [他] **1** 〈馬・車など〉を**止める** <V+名・代+*up* / V+*up*+名>: She ~ed*** her car ***up at*** the gate. 彼女は車を門の所で止めた.
2 引っ張り上げる; 〈いすなど〉を引き寄せる <V+名・代+*up* / V+*up*+名>: When the bucket was full, he ~*ed* it *up*. バケツがいっぱいになると彼は引き上げた.
3 〈草・木・くいなど〉を**引き抜く** <V+名・代+*up* / V+*up*+名>: He ~***ed up*** the weeds ***from*** his vegetable garden. 彼は菜園の雑草を抜いた. **4** 〈…〉を制止する, 〈人〉を立ち止まらせる, 〈…〉の誤りを正す;《英略式》とがめる (*on*, *for*). **5** (成績・努力などが)〈…〉の順位を引き上

げる;〈科目などの〉成績を引き上げる.
— ⓐ 1 (車などが)止まる;〈運転手が〉車を止める: He ~ed up at the traffic lights. 彼は信号の所で車を止めた. 2 (他の競争者に)追いつく,(...と)並ぶ(to, with). 3 (人が)立ち止まる. **púll onesèlf úp** 【動】〈人が〉まっすぐに立つ: I ~ed myself up to get out of the hole. 私は穴から手で体を引き上げて出た. **púll ... úp shórt [shárply]**【動】他〈人〉を急に止める; 考え直させる.

— 图 (~s /-z/) 1 ⓒ 引っ張ること, 引くこと, 引っ張り(反 push): 言い換え Just give this handle a ~ = Just give a ~ **on [at]** this handle. ちょっとこのハンドルを引いてください.
2 Ⓤ,ⓒ [しばしば the ~] 引く力, 引力; 人を引き付ける力, 魅力: the ~ of a magnet 磁石の引く力 / She felt the ~ of family ties. 彼女は家族のきずなを感じた. 3 [a ~] (英) (つらい)急な登り, (進む[登る]ときの)努力: It is a long, hard ~ to the top of Mt. Fuji. 富士山の頂上までは長くてつらい登りだ. 4 Ⓤ (略式) (他に対する)影響力, 縁故, コネ; 利点: He has (quite) a lot of ~ **with** that firm. 彼はあの会社にはかなりのコネがある. 5 ⓒ [普通は合成語で] (戸・引き出しなどの)引き手, 取っ手; 引きひも. 6 ⓒ (たばこの)一服, (酒などの)ひと飲み (at, on). 7 ⓒ (野・ゴルフなど)ボールを引っ張って打つこと. 8 ⓒ (印)刷り; 校正刷り. 9 ⓒ (伸ばし過ぎによる)筋肉の損傷.
【類義語】 pull 自分の方へ引き寄せることを意味する最も一般的な語. 上下左右の方向は問題にしない: The dentist *pulled* (out) my tooth. 歯医者は私の歯を抜いた. **draw** 滑らかに引っ張ること: She *drew* the curtains. 彼女はカーテンを引いて閉め[開け]た. **drag** かなりの重さのあるものを水平に, または坂の上の方へ向かって引っ張ること: He *dragged* the bed across the floor. 彼は床の向こう側へベッドを引きずっていった. **haul** 重い物を, しばしば機械を使って引っ張ることを意味する: The locomotive is *hauling* a long freight train. その機関車は長い貨車の列を引いている. **tug** 綱引きのときのように, 力を入れてぐいと手前へ引っ張ること: He *tugged* her sleeve to get her attention. 彼は彼女の注意を引くそでを引っ張った. **tow** 故障した車などをロープなどを用いて牽引すること: They towed the car to the nearest garage. 彼らはその車を最寄りの修理工場へ引いていった.

púll·bàck 图 ⓒ (軍隊などの)退却, 計画的撤退, 後退; (株価などの)低下.
púll dàte 图 ⓒ (米) (食品の)販売[賞味]期限 ((英) sell-by date) (☞ best before date, expiration date, use-by date).
púll·dòwn 形 🄰 (椅子・ベッドなどが)折りたたみ式の. **a púlldown mènu** [名] 【電算】プルダウン式のメニュー.
pul·let /púlɪt/ 图 ⓒ (産卵を始めた)若いめんどり.
pul·ley /púli/ 图 ⓒ 滑車, ベルト車, プーリー.
púlley blòck 图 ⓒ 滑車装置.
púll hítter 图 ⓒ (野)引っ張る打者, プルヒッター.
púll-in 图 ⓒ (英略式)道路わきの軽食堂.
Pull·man /púlmən/ 图 ⓒ 1 特等客車(寝台付きの豪華な客車). 2 [しばしば p-] =Pullman case.

Pullman 1

Púllman càr 图 ⓒ =Pullman 1.
Púllman càse 图 ⓒ プルマンケース(大きなスーツケース).
púll-òn 形 🄰 (セーターなどを)引っ張ったりかぶったりして着る.
púll·òut 图 ⓒ 1 (本や雑誌の)別とじ(付録). 2 (軍隊などの)撤退 (from, of). — 形 折り込み[とじ込み]式の; (家具などが)引き出せる, 取り出せる.
púll·òver 形 🄰, 图 ⓒ 頭からかぶって着る(セーター).
púll-tàb 图 ⓒ (米) (缶の)引き開けリング.
pul·lu·late /páljuleɪt/ 動 ⓐ (格式) (急激に)繁殖する.
púll-ùp 图 ⓒ [普通は複数形で] (米)懸垂(運動) (chin-up).
pul·mo·nar·y /pálmənèri, púl-|-nəri/ 形 🄰 【医】肺の, 肺を冒(鎔)す: a ~ artery [vein] 肺動[静]脈.

*pulp /pálp/ 图 1 Ⓤ パルプ (wood pulp). 2 Ⓤ または the ~] 果肉(果物・野菜などの食用になる柔らかい部分); (植物の)髄; (果物・野菜などの)つぶしたもの, おろし. 3 Ⓤ 低俗雑誌[作品] (粗悪な紙を用いた). 4 Ⓤ 歯髄 (dental pulp). **be redúced to (a) púlp**【動】ⓐ どろどろになる; 綿のように疲れる. **béat ... to [into] (a) púlp**【動】他〈...〉をたたきのめす. **to (a) púlp** [副] どろどろに, ぐずぐずに. — 形 🄰 (本・雑誌の)低俗な: ~ fiction 低俗小説. — 動 他 1 どろどろ[パルプ状]にする; 〈書類・紙幣など〉を溶かして処分する. 2 (出版物を)どろどろ[パルプ状]に再生する.

*pul·pit /púlpɪt/ 图 1 ⓒ 説教壇 (☞ church 挿絵); 演壇. 2 [the ~] (格式)説教職; 聖職者(全体).
púlp·wòod 图 Ⓤ パルプ材.
pulp·y /pálpi/ 形 (pulp·i·er; -i·est) 1 果肉の, 果肉状の; 柔らかい, パルプ状の. 2 (格式) (本・雑誌などが)くだらない, 低俗な.
pul·sar /pálsɑɚ, -sə|-sɑː, -sə/ 图 ⓒ 【天】パルサー(周期的に電磁波を出す中性子星). 関連 quasar 準星.

pulpit

*pul·sate /pálseɪt|pʌlséɪt/ 動 (图 pulse¹) ⓐ 〈脈などが〉打つ, 鼓動[律動]する; 振動する; (文) (興奮などで)どきどきする(with). — 他 振動させる.
pul·sát·ing /-tɪŋ/ 形 脈打つ, 律動する; (文)わくわくする, 興奮させる.
pul·sa·tion /pʌlséɪʃən/ 图 Ⓤ,ⓒ (格式)脈拍, 動悸(ぎ); 振動.

*pulse¹ /páls/ 图 (puls·es /-ɪz/; púlsate) ⓒ 1 [普通は単数形で] 脈拍; =pulse rate: My ~ beats about 70 times a minute. 私の脈は1分間に70くらいだ / His ~ quickened [raced] with excitement. 興奮で彼の脈拍が速くなった. 2 鼓動, 波動; (ドラムなどの)律動音, 拍子. 3 (主に文) (生気・感情などの)衝動, 躍動 (of). 4 【通信・電】パルス. 5 意向, (世間の)動向[傾向]. **quícken ...'s púlse = gét [sét] ...'s púlse rácing** 【動】...を興奮させる. **táke [féel] ...'s púlse**【動】...の脈をとる.
— 動 ⓐ 1 脈打つ, 鼓動する; (興奮・エネルギーなどで)脈動する (with). 2 (興奮などが)人々の間を伝わる (through). 3 【通信・電】パルスを出す(フードプロセッサーのスイッチを短く入れたり切ったりするのに使う).
pulse² /páls/ 图 ⓒ [普通は複数形で] 豆類.

púlse-còde modulátion 名 U 《通信》パルス符号変調.

púlse ràte 名 C 脈拍数.

pul·ver·i·za·tion /pʌlvərɪzéɪʃən, -raɪz-/ 名 U 《格式》粉砕. 《略式》(議論で)言い負かすこと.

pul·ver·ize /pʌ́lvəraɪz/ 動 他 《普通は受身で》 **1** 《格式》を粉々にする, 砕く; 粉砕する. **2** 《略式》に圧勝する, (議論で)〈相手〉をやっつける.

pu·ma /p(j)úːmə | pjúː-/ 名 《複 ~(s)》 C ピューマ (cougar, panther).

púm·ice (stòne) /pʌ́mɪs-/ 名 U,C 軽石.

pum·mel /pʌ́m(ə)l/ 動 (**pum·mels**; **pum·meled**, 《英》 **pum·melled**; **-mel·ing**, 《英》 **-mel·ling**) =pommel.

*****pump**[1] /pʌ́mp/ 13 名 (~s /-s/) C **1** 《しばしば合成語で》ポンプ: a bicycle ~ 自転車の空気入れ / an air ~ 《タイヤ》空気入れ / a gas 《英》petrol ~ 《ガソリンスタンドの》給油機 / raise water with a ~ ポンプで水をくみ上げる / All hands to the ~(s)! 全員奮励努力せよ. **2** ポンプの作用[くみ上げ].

— 動 (**pumps** /~s/; **pumped** /~t/; **pump·ing**) 他 **1** 〈水など〉をポンプで吸い出す (*from*); 〈井戸などからポンプで〉〈水〉をくみ出す (*from*); 〈空気など〉をポンプで入れる: *P~ up* [*out*] the water. <V+O+副+名> ポンプで水をくみ上げ[出し]なさい / We ~*ed* the pond dry. <V+O+C (形)> ポンプで水をくみ上げて池を干した / Air was ~*ed into* the tire. <V+O+前+名・代の受身> タイヤに空気が注入された / We had to ~ the water *out of* the basement. 地下室から水をくみ出さねばならなかった. **2** 《略式》《ポンプの取っ手のように》〈…〉を上下に動かす: ~ the pedals of the bicycle hard 自転車のペダルを強くこぐ. **3** 《略式》《事実・思想など》を教え込む, 吹き込む, 詰め込む (*in*; *into*). **4** 《略式》〈人〉にさぐりを入れる, あれこれたずねる, 巧みに〈…〉を聞き出す (*for*). **5** 《略式》〈資金など〉を注ぎ込む (*in*; *into*). — 自 **1** ポンプを使う (*away*); ポンプで水をくみ出す (*out*). **2** ポンプの作用をする, ポンプのように動く, 鼓動する (*away*). **3** 《略式》噴出する (*from*, *out of*). **have one's stómach púmped** [動] 他 W …で胃を洗浄する. **púmp búllets ìnto …** [動] 他 W …に弾丸を浴びせる. **púmp … fúll of …** [動] 他 …に〈…〉を注入する. **púmp gás** [動] 自 《米》ガソリンを補給する. **púmp íron** [動] 自 《略式》《ウェートトレーニングで》バーベルを挙げる. **púmp óut** [動] **(1)** 〈場所〉から液体をくみ出す. **(2)** 〈音楽・情報・製品など〉を絶えず供給する. — 自 〈音楽が大きな音で〉かかる. **púmp …'s hánd (ùp and dòwn)** [動] 《握手した相手の手を上下に振って〉…の興奮[やる気]をかきたてる. **púmp úp** [動] **(1)** 〈タイヤなど〉にポンプで空気を入れる. **(2)** 〈量・価値など〉を増大させる; 〈経済など〉を強化する. **(3)** 〈…〉の興奮[やる気]をかきたてる. **púmp úp the músic** [vólume] [動] 《俗》音量を上げて音楽をかける.

pump[2] /pʌ́mp/ 名 C 《普通は複数形で》 **1** 《主に米》パンプス《ひもがなく, 甲の広くあいた靴》: a pair of ~ パンプス 1 足. **2** 《英》《軽い》ダンス靴. **3** 《英》運動靴 《《米》sneaker》.

púmp-àction 形 《散弾銃・ヘアスプレーなど》ポンプアクション式の, ポンプ連射式の.

pumped /pʌ́mpt/ 形 《しばしば ~ up》《略式》やる気になって, 気合が入って (*for*).

púmp·er 名 C **1** ポンプを使う人[物]. **2** 《主に米》《ポンプつき》消防自動車.

pum·per·nick·el /pʌ́mpərnìk(ə)l | -pə-/ 名 U パンパーニッケル《ふすまの入ったライ麦の黒パン》.

†**pump·kin** /pʌ́m(p)kɪn/ 名 **1** C かぼちゃ《の実・株》.

pump² 1

U 《食用の》かぼちゃ《の果肉》《☞ jack-o'-lantern》. **2** 《単数形で呼びかけとして》《米》ねえあなた.

púmpkin píe 名 C かぼちゃのパイ《感謝祭 (Thanksgiving Day) に食べる》.

púmp príming 名 U 呼び水式経済政策.

púmp róom 名 C 《温泉場で鉱泉水を飲むための》大社交広間.

†**pun** /pʌ́n/ 名 C だじゃれ, ごろ合わせ (*on*) (play on words) 《☞ riddle 囲み》. — 動 (**puns**; **punned**; **pun·ning**) 自 だじゃれを言う, もじる (*on*, *upon*).

*****punch**[1] /pʌ́ntʃ/ 動 (**punch·es** /~ɪz/; **punched** /~t/; **punch·ing**) 他 **1** 〈…〉にパンチ[げんこつ]を食わす 《☞ strike 類義語》《言い換え》He ~*ed* me [stomach, jaw]. =He ~*ed* me `on the arm [*in* the stomach, *on* the jaw]. <V+O+*on* [*in*]+名> 彼は私の腕[腹, あご]を殴った 《☞「² 語法》. **2** 《ボタン・キーなど》を押して操作する (*into*). **3** 《米》〈牛〉を駆る, 誘導する. — 自 **1** パンチ[げんこつ]を食わす. **2** 《ボタン・キーなど》を押して操作する. **púnch ín** [動] 自 《米》タイムカードを押して入る (clock in); 出勤する. — 他 《電算》〈データ〉を《キーを押して》入力する (*in*). **Púnch it!** Ⓢ スピードを上げろ《車の運転で》. **púnch óut** [動] 自 《米》タイムカードを押して出る (clock out); 退社する. — 他 《米》〈人〉を殴り倒す, うちのめす. **púnch …'s líghts óut** [動] 《米略式》…の顔を目から火が出るほど殴る. **púnch the áir** [動] 自 ガッツポーズをする. **púnch the clóck** [tíme clòck] [動] 《米略式》出勤時や退社時にタイムカードを押す.

— 名 (~·es /-ɪz/) **1** C パンチ, 《こぶしの》一撃, 殴打; [a ~] パンチ力: throw a ~ 一発パンチを食わす / He gave me a ~ `on the chin [*in* the nose]. 彼は私のあご[鼻]を殴った. **2** U 迫力, 力強さ: a speech with a lot of ~ 力強さにあふれた演説. **a óne-twò púnch** [名] 連続して起こる《不幸な》2つの出来事. **béat … to the púnch** [動] 他 《略式》〈…〉の機先を制する. **can [cán't] táke a púnch** [動] 自 打たれ強い[弱い]. **gèt a púnch in …** [動] 自 …にうまく一撃を食わせる. **páck a (hárd) púnch** [動] 自 《略式》**(1)** 《ボクサーが》パンチ力が強い. **(2)** 効き目が強い, 鋭く論難できる. **púll one's púnches** [動] 自 《普通は否定文で》《略式》《攻撃・非難を》手かげんする. **róll with the púnches** [動] 自 体をゆらしてパンチをかわす.

punch[2] /pʌ́ntʃ/ 名 C **1** 穴あけ器, 《切符などを切る》穴ばさみ; 《電算》穿孔《ホェ》機; 印字機, 刻印器: a ticket ~ 切符切りばさみ. — 動 他 〈金属・切符・カードなど〉に穴をあける, 〈…に〉穴をあける (*in*, *through*), 〈くぎなど〉を打ち込む, 打ち出す. **púnch hóles in an árgument** [idéa] [動] 自 《英》反ばくして相手の論点[考え]を打ち破る.

punch[3] /pʌ́ntʃ/ 名 C,U 《しばしば合成語で》ポンチ《フルーツジュースに洋酒・砂糖・湯・レモン・香料などを混ぜて作る飲み物》: fruit ~ フルーツポンチ.

Punch /pʌ́ntʃ/ 名 パンチ《☞ Punch-and-Judy show》. **(as) pléased as Púnch** [形] 大満足で.

Púnch-and-Júdy shòw 名 C パンチ劇《醜男《釂》の主人公 Punch がその妻 Judy をいじめる英国の滑稽な人形劇》.

púnch·bàg 名 C 《英》=punching bag.

púnch báll 名 C 《英》パンチボール.

púnch bòwl 名 C ポンチ鉢《用パンチ大鉢》.

púnch càrd 名 C パンチカード《電算機用に使われた穿孔《誌》カード》.

púnch-drùnk 形 **1** 《ボクサーが》パンチを食らってふらふらになった. **2** 《略式》頭が混乱した, 《ショックなどで》茫然《駅》とした.

púnched cárd 名 C =punch card.

púnch·er 名 C **1** 穴をあける人[物]; 刻印器. **2** =keypuncher. **3** 《米略式》カウボーイ (cowboy).

punch·i·ness /pʌ́ntʃinəs/ 名 U (略式) 力強さ.

púnch·ing bàg 名 C (米) ((英) punchbag) **1** サンドバッグ(の練習用). 日英比較 「サンドバッグ」は和製英語. **2** (落度がないのに)非難の的となる人, たたかれ役. **úse ... as a púnching bàg** [動] 他 〈…を(代わりに)殴る〉.

púnch lìne 名 C (冗談などの)落ち, 聞かせどころ.

púnch-ùp 名 C (英略式)なぐり合い.

punch·y /pʌ́ntʃi/ 形 (**punch·i·er**; **-i·est**) (略式) **1** (文章などが)パンチのきいた, 迫力のある. **2** =punch-drunk. **3** (米) 緊張した, ひどく疲れた.

punc·til·i·ous /pʌŋ(k)tíliəs/ 形 [普通はほめて] (格式) (人や行動が)きちょうめんな, 細かいことまでよく気づかう(に). **~·ly** 副 きちょうめんに. **~·ness** 名 U きちょうめん(さ).

punc·tu·al /pʌ́ŋ(k)tʃuəl/ T2 形 **1** 時間[期日]を守る, 時間[期日]厳守の: ~ payment 期日どおりの支払い / He is always ~ in coming. 彼はいつも定刻に来る. **2** きちんと…する: She is ~ in paying her rent. 彼女は家賃をきちんきちんと払う. 語源 ラテン語の「点」の意(point と同語源).

punc·tu·al·i·ty /pʌ̀ŋ(k)tʃuǽləṭi/ 名 U 時間[期日]厳守; きちんと…すること: P~ is the soul of business. (ことわざ) 時間厳守はビジネスの命.

punc·tu·al·ly /pʌ́ŋ(k)tʃu(ə)li/ 副 時間どおりに; きちんと.

punc·tu·ate /pʌ́ŋ(k)tʃuèit/ 動 他 **1** 〈文などに〉句読点をつける. **2** [特に受身で] 〈一続きの物事を何度も(…で)中断させる[破る, さえぎる]〉; 〈演説などに〉(…を)たびたび差し挟む (by, with). **3** 〈…を〉強調する. — 自 **1** 句読点をつける. 語源 ラテン語で point と同語源.

punc·tu·a·tion /pʌ̀ŋ(k)tʃuéiʃən/ 名 U 句読法, 句読点をつけること; 句読点(全体).

punctuátion màrk 名 C (文法) 句読点.

文法 句読点

語句や文の区切りを示したり, 疑問文・感嘆文などの文の種類を示したりするために用いられる記号をいう. 主なものはピリオド(.)・コロン(:)・セミコロン(;)・コンマ(,)・ダッシュ(—)・感嘆符(!)・疑問符(?)・引用符(" ",' ')・ハイフン(-)など.

---

punc·ture /pʌ́ŋ(k)tʃə | -tʃə/ 動 (**punc·tur·ing** /-tʃəriŋ/) 他 **1** 〈タイヤなどを〉パンク[破裂]させる; 〈…に〉穴をあける(針やとがったもので刺して). **2** 〈自信などを〉ぺしゃんこにする. — 自 パンクする, 穴があく. — 名 C **1** 穴があくこと; パンク(の穴); パンク. 日英比較 タイヤの「パンク」には flat tire を用いるのが普通. **2** (針などの)小さな穴. **3** (医) 穿刺(ﾞ).

pun·dit /pʌ́ndit/ 名 C **1** [しばしば滑稽] 専門家, 権威者, 大学者. **2** (インドの)賢者.

pun·gen·cy /pʌ́ndʒənsi/ 名 U **1** ぴりっとすること; 刺激. **2** (格式)しんらつ, 鋭さ.

pun·gent /pʌ́ndʒənt/ 形 **1** (におい・味などが)舌や鼻を刺激する, ぴりっとする. **2** (格式)(ことばが)鋭い, しんらつな. **~·ly** 副 ぴりっと; しんらつに.

Pu·nic /pjúːnik/ 形 カルタゴ(Carthage)の: the ~ Wars ポエニ戦争(カルタゴとローマの戦争). **2** 信義のない: ~ faith 裏切り.

pu·ni·ness /pjúːninəs/ 名 U 貧弱さ.

pun·ish /pʌ́niʃ/ T2 動 他 (**pun·ish·es** /~iz/; **-ished** /~t/; **-ish·ing**; 名 púnishment) 他 **1** 〈人・罪を〉罰する, 処罰する, 懲(ﾞ)らしめる: The teacher ~ed Mary severely for cheating. <V+O+for+動名> 先生はカンニングをしたのでメアリーを厳しく罰した / He was severely ~ed for the crime. <V+O+for+名・代の受身> 彼はその罪で厳しい罰を受けた / Disobedience is ~ed by [with] fines. <V+O+by [with]+名・代の受身> 命令違反は罰金の処分にされる. **2** (略式) 〈…

---

pup 1415

をひどい目にあわす. **púnish onesèlf** [動] 自 自分を責める (for).

pun·ish·a·ble /pʌ́niʃəbl/ 形 罰せられる, 罰すべき: This crime is ~ by ten years in prison. この犯罪は懲役10年の刑に値する.

†**pún·ish·ing** 形 [普通は A] (旅行・日程などが)へとへとに疲れさせる: a ~ journey へとへとに疲れる旅. **~·ly** 副 へとへとに疲れるほど, きつく.

***pun·ish·ment** /pʌ́niʃmənt/ 名 (**-ish·ments** /-mənts/; 動 púnish) **1** U.C 処罰, 刑罰 (penalty); 罰: ~ for tax evasion 脱税に対する罰 / Severe [Harsh] ~ was inflicted on [meted out to] the criminals. 犯人たちに厳罰が科された / Being kept inside all day is a ~. 一日中外出を禁じられることは罰の一つだ. 関連 crime 犯罪. **2** U (略式) ひどい扱い, 虐待; 被害: This car has taken a lot of ~. この車は酷使に耐えてきた.

†**pu·ni·tive** /pjúːnəṭiv/ T3 形 [普通は A] (格式) **1** (刑)罰の, 懲罰の: take ~ action 制裁措置をとる / ~ damages (法)懲罰的損害賠償金. **2** (税金などが)苛酷(ﾞ)な, 法外な. **~·ly** 副 ひどく.

Pun·jab /pʌndʒáːb/ 名 固 パンジャブ(インドの旧州; 現在はインドとパキスタンにまたがる).

Pun·jab·i /pʌndʒáːbi/ 形 パンジャブ(人[語])の. — 名 **1** C パンジャブ人. **2** U パンジャブ語.

***punk**[1] /pʌ́ŋk/ 形 **1** A (音楽・髪型・服装などが)パンク調の. **2** (米俗・まれ)(体の)調子が悪い, 病気で. — 名 **1** U (略式) [軽蔑] 若造, ちんぴら; 青二才. = a young ~ 不良 / a little ~ 青二才. **2** U =punk rock; パンク風[調]. **3** C =punk rocker. **4** U くず, がらくた.

punk[2] /pʌ́ŋk/ 名 U (点火用の)つけ木.

pun·kah /pʌ́ŋkə/ 名 C ((主にインド・パキスタン))大うちわ(天井からつるし綱で引いてあおぐ).

punk·er /pʌ́ŋkə | -kə/ 名 C ((主に米)) =punk rocker.

pun·kin /pʌ́ŋkin/ 名 C ((米)) =pumpkin 2.

púnk róck 名 U パンクロック(過激なロック).

púnk rócker 名 C パンクロック愛好家(の若者).

pun·net /pʌ́nit/ 名 C ((主に英))(果物や野菜用の)小さなかご(1杯分) (of).

pun·ster /pʌ́nstə | -stə/ 名 C しゃれの上手な人.

***punt**[1] /pʌ́nt/ 名 C パント(さおでこぐ平底の小舟); [a ~] パントに乗ること, 舟遊び. — 動 他 〈人を〉パントに乗せる. — 自 パントで行く, (川などで)舟遊びをする.

punt[2] /pʌ́nt/ 名 C (アメフト・ラグ)パント. — 動 他 〈ボールを〉パントする. — 自 パントする.

punt·er[1] /pʌ́ntə | -tə/ 名 C (略式, 主に英) **1** (競馬に)金を賭ける人. **2** 客; 消費者.

punt·er[2] /pʌ́ntə | -tə/ 名 C パント (punt[1]) に乗る[こぐ]人.

punt·er[3] /pʌ́ntə | -tə/ 名 C (アメフト・ラグ) パント (punt[2]) する人.

pu·ny /pjúːni/ 形 (**pu·ni·er**; **-ni·est**) [普通は軽蔑] ちっぽけな; 取るに足りない; 虚弱な.

***pup** /pʌ́p/ 名 C (略式) **1** 子犬 (puppy); きつね・おおかみ・あざらしなどの子. **2** =puppy 3. **búy a púp** [動] 自 (古風, 英式) つまらないものを買う. **in púp** [形] (古風, 英式) (犬が)妊娠して. **séll ... a púp** [動] 他 (古風, 英式) (将来値が出るなどと)〈…に〉つまらないものを売りつける. — 動 (**pups**; **pupped**; **pup-**

punt[1]

ping) (雌犬などの)子を産む.

pu·pa /pjúːpə/ 名 (複 ~s, pu·pae /pjúːpiː/) C (昆虫の)さなぎ. 関連 chrysalis (ちょう・がのさなぎ).

pu·pal /pjúːp(ə)l/ 形 さなぎの.

pu·pate /pjúːpeɪt/ 動 (格式) さなぎになる.

*__pu·pil__[1] /pjúː p(ə)l/ 名 (~s /-z/) C **1** 生徒 (類語集): "How many ~s are there in your school?" "About seven hundred." 「あなたの学校には何人の生徒がいますか」「約700人です」

2 教え子, 弟子 (特に個人的な指導を受ける生徒): He takes private ~s for violin lessons. 彼はバイオリンの個人教授をしている. 語源 ラテン語で「小さな子, 人形」の意.

【類語集】 **pupil** 一般に school (⇒ school[1] 表) で学ぶ生徒または個人指導を受けている者をいい, 《米》では小学生を指すか, 《英》では小・中・高校生を指す. **student** 《米》では大学生ばかりでなく学校の生徒一般に用いられることが多いが, 《英》では大学生や専門学校の学生に限られる.

pu·pil[2] /pjúː p(ə)l/ 名 C ひとみ, 瞳孔(どうこう). 語源 pupil[1] と同語源. 相手のひとみの中に自分の小さな像が映ることから.

***pup·pet** /pápɪt/ 名 C **1** 操り人形 (marionette): a ~ play [show] 操り人形劇. **2** 指人形 ((米) hand puppet, (英) glove puppet). **3** [普通は軽蔑] 人の手先, かいらい; [形容詞的に] かいらいの: a ~ government かいらい政府[政権].

pup·pe·teer /pàpətíər | -tíə/ 名 C 操り[指]人形使い.

pup·pet·ry /pápɪtri/ 名 U 人形製作[操作]術.

***pup·py** /pápi/ 名 (**pup·pies**) **1** C 子犬 (pup). ★鳴き声については ⇒ cry 表. 関連 dog (成犬).
2 this [that] ~ で](米略式)やつ(物の名前がわからないときにいう). **3** C (古風, 略式) [軽蔑] 生意気な青二才 (pup).

púppy fàt 名 U (英略式) =baby fat.

púppy lòve 名 U 幼い恋, (淡い) 初恋 (calf love).

púp tènt 名 C (くさび型の) 2人用小型テント.

pur·blind /pə́ːblaɪnd | pə́ː-/ 形 (格式) 愚かな, 鈍感な; 半盲の.

Pur·cell /pə́ːs(ə)l | pə́ː-/ 名 **Henry ~** パーセル (1659-95) 《英国の作曲家》.

pur·chas·a·ble /pə́ːtʃəsəbl | pə́ː-/ 形 《格式》 購入できる, 買える.

***pur·chase** /pə́ːtʃəs | pə́ː-/ 動 (**pur·chas·es** /~ɪz/; **pur·chased** /~t/; **pur·chas·ing** /~ɪŋ/) 他 (格式) 〈…〉を購入する, 買う (from, for) ⇒ buy 類語集): The company ~d the land. 会社はその土地を購入した.
2 (文) 〈努力・犠牲を払って〉〈…〉を獲得する, 手に入れる (with): His success was ~d dearly. <V+O+副の受身> 彼の成功は大きな犠牲を払って勝ち得たものであった. **3** [進行形なし]〈…〉を買うのに十分である. 語源 chase と同語源で「追い求める」の意.
—名 (**pur·chas·es** /~ɪz/) (格式) **1** U C 購入, 買うこと: the ~ of an apartment マンションの購入.
2 C 購入品, 買った物, 買い物: make a good [bad] ~ 安い[高い]買い物をする / She made an extravagant ~ at the store. 彼女はその店でぜいたくな買い物をした. **3** U または ~ で](文) 手[足]がかり, 支え: gain [get] a ~ (登る時などに)足[手]がかりを得る (on).

púrchase òrder 名 C 注文(書).

púrchase prìce 名 [単数形で] (格式) 購入価格.

púr·chas·er /-ər | -ə/ 名 C (格式) 購入者, 買い手.

púrchase tàx 名 U (英) 物品購入税 (1973年からは value-added tax; ⇒ sales tax).

púr·chas·ing pòwer 名 U 購買力 (特定通貨の)貨幣価値 (of).

pur·dah /pə́ːdə | pə́ː-/ 名 U (イスラム・ヒンズー教徒の)女性がとばり・ベールで身を隠す習慣[生活].

***pure** /pjóər | pjóə, pjɔː/ 形 13 (**pur·er** /pjóərə | pjóərə, pjɔːrə/; **pur·est** /pjóərɪst | pjóərɪst, pjɔːr-/; 名 púrity, 動 púrify, 反 impure) **1** 純粋な, 混じりけのない (図 mixed), きれいな, 澄んだ: ~ white 純白 / a ~ voice 澄んだ声 / The air became purer and cooler as we climbed. 登るにつれて空気は澄んで涼しくなった.

2 清潔な, 汚(けが)れのない, 純潔な; 高潔な: a ~ life 汚れなき生涯 / The nun had promised to lead a life ~ in body and mind. <A+in+名> その尼さんは心身ともに純潔を守って生きる誓いを立てていた.

3 A 純然たる, 生粋の; 純血の: a building in the ~ Gothic style 純然たるゴシック調の建築. **4** A 全くの; 単なる: ~ mischief ほんのいたずら. **5** A (学問・芸術などが) 純粋の, 理論的な: ~ science 純粋科学 / ~ mathematics 理論[純粋]数学. 関連 applied 応用の. **as púre as the dríven snów** [形] [しばしば皮肉] 純真[高潔]な. **púre and símple** [形] [名詞の後につけて] (S) (格式) 混じりけのない; 純然たる.

púre·blòoded 形 純血種の.

púre·bréd 形 (動植物の)純血[純粋]種(の).

pu·ree, pu·rée /pjʊəréɪ | pjʊ́əreɪ/《フランス語から》名 U C [しばしば合成語で] ピューレ (野菜・肉を煮てこしたもの; スープなどに用いる). —動 (**pu·rees, pu·rées**; **pu·reed, pu·réed**; **-ree·ing, -rée·ing**) 他 〈野菜など〉をピューレにする.

***pure·ly** /pjóəli | pjóə-, pjɔːr-/ 副 **1** 全く (wholly): It was ~ my mistake. 全くの私のおちどでした.
2 単に, ただ (only): He did it ~ out of curiosity. 彼はただ好奇心でそれをしただけだ. **3** 純粋に, 清く. **púrely and símply** [副] 全く, 徹頭徹尾.

púre·ness 名 U =purity.

pur·ga·tion /pəːgéɪʃən | pəː-/ 名 (格式) 粛正, 浄化.

pur·ga·tive /pə́ːgətɪv | pə́ː-/ 名 C (医) 下剤.
—形 A 便通をつける, 下剤の.

pur·ga·to·ri·al /pə̀ːgətɔ́ːriəl | pə̀ː-/ 形 (格式) 煉獄(れんごく)の(ような).

pur·ga·to·ry /pə́ːgətɔ̀ːri | pə́ːgətəri, -tri/ 名 U **1** [しばしば P-] (カトリック) 煉獄(れんごく) (神の恵みによって死者が天国で行くために苦しみによって自らの罪を償う所). **2** S (滑稽) (一時的な)苦難, 苦行. 関連 limbo 地獄の辺土.

***purge** /pə́ːdʒ | pə́ːdʒ/ 動 他 **1** (政党などから)〈好ましくない者・反対者など〉を一掃[粛清]する (of); 〈好ましくない者・反対者など〉を(政党などから)一掃[粛清]する (from). **2** (文) 〈心身〉を清める, 〈…〉からよくない考え・汚れを取り除く[捨て]去る; 〈人の容疑を晴らす (away): He tried to ~ his mind of sinful thoughts. 彼は罪深い考えを捨て去ろうとした. **3** (法) 〈裁判所侮辱〉の償いをする. **4** (古風) (腸) に下剤をかける, 〈人〉の便通をよくする. — 名 **1** C (政治上の)粛清, 追放, パージ (of). **2** C (古風) 下剤.

pu·ri·fi·ca·tion /pjʊ̀ərəfɪkéɪʃən/ 名 U 浄化.

pu·ri·fi·er /pjʊ́ərəfaɪər | -faɪə/ 名 C 浄化装置.

pu·ri·fy /pjʊ́ərəfaɪ | pjʊ́ərə-, pjɔːr-/ 動 (**-ri·fies**; **-ri·fied**; **-fy·ing**; 形 pure) 他 〈…〉を清める, 清潔にする; 精練する; 浄化する: ~ us of sin 我々の罪を清める.

Pu·rim /p(j)ʊ́(ə)rɪm/ 名 U プリム祭 《ユダヤ人の例祭》.

pur·is·m /pjʊ́(ə)rɪzm | pjʊ́ə-, pjɔːr-/ 名 U (ことば・芸術などの)純正主義, 厳密[潔癖]さ, (伝統・しきたりへの)こだわり.

***pur·ist** /pjʊ́(ə)rɪst | pjʊ́ə-, pjɔːr-/ 名 C (文法・芸術などの純正主義者, 潔癖派, (伝統にこだわるうるさ型.

Pu·ri·tan /pjʊ́(ə)rətn | pjʊ́ə-, pjɔːr-/ 名 C **1** ピューリタン, 清教徒. **2** [p-] [普通は軽蔑] 厳格な人.

禁欲的な人. 語源 英国の宗教改革をいっそう pure (純粋)にすることを目ざしたことから (⇒ Protestant 語源).
— 形 清教徒の(ような); [p-] [普通は軽蔑] 厳格な, 禁欲的な, 狭量な.

pu・ri・tan・i・cal /pjùə(ə)rətǽnɪk(ə)l | pjùər-, pjɔ̀ːr-/ 形 [普通は軽蔑] 厳格な. **-cal・ly** /-kəli/ 副 厳格に.

Pu・ri・tan・is・m /pjúə(ə)rətənìzm | pjúər-/ 名 ⓤ 清教徒主義; [p-] (宗教上の)厳正主義.

pu・ri・ty /pjúə(ə)rəti | pjúər-/ 名 (形 pure; 反 impurity) ⓤ **1** 純粋さ: I don't doubt the ~ of his intentions. 彼の意図が純粋であることを疑をない. **2** 汚れのなさ, 純潔, 清浄: the ~ of drinking water 飲料水の清浄さ. **3** (ことばなどの)純正.

purl¹ /pə́ːl | pə́ːl/ 動 他 裏編みする. — 自 裏編みする. — 名 ⓤ =purl stitch.

purl² /pə́ːl | pə́ːl/ 動 (文)(小川が)さらさらと流れる. — 名 [単数形で] せせらぎ.

purl・er /pə́ːlə | pə́ːlə/ 名 [a ~] (古風, 英略式) まっさかさまの転落: come a ~ まっさかさまに落ちる.

pur・lieus /pə́ːl(j)uːz | pə́ː-/ 名 [複] [しばしば the ~] (文)または (誇張) 周辺, 近郊.

pur・loin /pəlɔ́ɪn | pəː-/ 動 他 (格式)または (滑稽)《物を盗む; 無断で借用する (from). — 自 くすねる.

púrl stìtch 名 ⓤ (編み物) 裏編み. 関連 plain¹ 表編み.

pur・ple /pə́ːpl | pə́ː-/ 形 (pur・pler; pur・plest) **1** 紫の(violet よりも赤みが多い): a ~ flower 紫色の花 / go [turn] ~ with rage=go [turn] ~ in the face 怒りで顔が真っ赤になる. **2** A (格式)(文体が)華麗な: ~ prose 華麗な文章. **3** (ことばが)きわどい.

purple (赤紫色)	紫
violet (すみれ色, 青紫色)	

— 名 **1** ⓤⓒ 紫色: deep ~ 濃い紫色 / She is dressed in ~. 彼女は紫の服を着ている. **2** [the ~] 《主に文》(帝王・高官などの)紫の服[布]. **3** [the ~] 《文》帝位, 王権; 高位: be born to the ~ 高貴な身分に生まれる.

púrple héart 名 ⓒ **1** [P-H-] (米)名誉戦傷勲章《米軍戦傷兵士に贈られる》. **2** 《英略式》アンフェタミンの錠剤《興奮剤》.

púrple pássage 名 ⓒ (皮肉)(月並みな作品中の)すばらしい[華麗な]章句.

púrple pátch 名 ⓒ **1** =purple passage. **2** 《英》(特にスポーツ選手の)好調(時).

pur・plish /pə́ːplɪʃ | pə́ː-/ 形 紫がかった.

pur・ply /pə́ːpli | pə́ː-/ 形 =purplish.

***pur・port**¹ /pə(ː)pɔ́ːt | pə(ː)pɔ́ːt/ 動 他 《格式》(偽って)…である[という], …であると主張する, …とされている: This newspaper ~s [is ~ed] to be impartial. この新聞は公平であると称している[称されている].

pur・port² /pə́ːpɔət | pə́ːpɔːt/ 名 ⓤ 《格式》趣旨, 意味 (of).

pur・port・ed /pə(ː)pɔ́ːtɪd | pə(ː)pɔ́ːt-/ 形 A (…のうわさ[評判]の). **~・ly** 副 うわさによると, その称するところでは.

***pur・pose** /pə́ːpəs | pə́ː-/ 📘 名 (pur・pos・es /~ɪz/, 形 púrposeful) **1** ⓒ 目的; 意図; 計画; 用途 (of): This machine can be used for various ~s. この機械はいろいろなことに使える / We could not achieve [accomplish] our ~. 我々は目的を達成することができなかった / 言い換え For what ~ are you going to America?=What is your ~ in going to America? 《格式》どのような目的でアメリカに行かれるのですか. **2** ⓤ 《格式》(達成への)意志: a sense of ~ 目的意識. **3** ⓒ 効果. 語源 ラテン語で propose と同語源 (⇒ compose 単語の記憶).

ánswer the [one's] púrpose 動 自 《格式》目的にかなう: It was a makeshift bed but it answered the ~. 間に合わせのベッドだったが用は足りた.

defeát the púrpose of ... [dóing] 動 他 …の(するという)目的(本来の)に反する.

for the púrpose of dóing 副 …する目的で, …を目的として, …するために: She came to Tokyo for the ~ of getting a new job. 彼女は新しい仕事を見つけるために東京にやって来た.

for the púrpose(s) of ... 副 …の(必要)上.

on púrpose 副 わざと, 故意に (purposely) (反 by accident): He hurt her feelings on ~. 彼はわざと彼女の気持ちを傷つけたのだ.

on púrpose to dó 副 (わざわざ)…するつもりで.

sérve the [one's] púrpose 動 自 =answer the [one's] purpose.

súit ...'s púrpose 動 (人)の目的に合う.

to góod púrpose 副・形 《格式》有効に[な], 報われて[た], うまい具合に[な].

to nó [líttle] púrpose 副・形 《格式》全く[ほとんど]役に立たない: I tried several times but to no ~. 何度か試みたが全くむだだった.

to sóme púrpose 副・形 《格式》多少役に立って; かなり成功して; かなりうまく.

to the púrpose 形・副 《古風》目的にかなった[て], 適切に[に].

— 動 他 《古語》意図する, …しようと思う.

***púrpose-búilt** 形 《英》ある目的に合わせて作られた, 特製[特注]の.

***pur・pose・ful** /pə́ːpəsf(ə)l | pə́ː-/ 形 《名 púrpose; 反 purposeless) (はっきりした)目的[意図]のある; 故意の; 断固たる. **-ful・ly** /-fəli/ 副 故意に; 断固として. **~・ness** 名 ⓤ 意図的なこと; 断固たること.

púrpose・less 形 《反 purposeful) 目的のない; 無意味な, 無益な. **~・ly** 副 目的もなく; 無意味に. **~・ness** 名 ⓤ 無目的[無意味]さ.

púr・pose・ly 副 **1** わざと, 故意に (on purpose). **2** わざわざ, 特別に.

pur・po・sive /pə́ːpəsɪv | pə́ː-/ 形 《格式》目的のある[にかなう], 意図的な.

***purr** /pə́ː | pə́ː/ 動 (**purr・ing** /pə́ːrɪŋ | pə́ːr-/) 自 (猫が)ごろごろいう, のどを鳴らす (⇒ cry 表 cat); (人が)うれしそうな様子を示す, 甘えた声を出す; (機械・エンジンが)快調に音を立てる, (ぶーんと)うなる. — 他 〈…〉をうれしそうに[甘えた声で]言う. — 名 ⓒ [普通は単数形で] (猫が)のどを鳴らす音; (人の)甘え声; (機械・エンジンの)快調な音, 低いうなり.

***purse** /pə́ːs | pə́ːs/ 📘 名 (**purs・es** /~ɪz/) **1** ⓒ 《米》(女性用の)ハンドバッグ (handbag) (ショルダー(バッグ)でないもの): She put her ticket in her ~. 彼女は切符をハンドバッグに切符を入れた / A boy snatched my ~ as he rode by on his bicycle. 少年が自転車に乗って通りすがりに私のハンドバッグをひったくった.

2 ⓒ 《主に英》小銭入れ, がま口, 財布《札入れと小銭入れが合体したものも含む》. 参考 《米》では change [coin] purse というのが普通. 札入れは wallet という (⇒ wallet 挿絵). She seems to have a fat [thin] ~. 彼女は懐(ふところ)が暖かい[さみしい]らしい / You can't make a silk ~ out of a sow's ear. 《ことわざ》雌豚の耳で絹の財布は作れない《質の悪い材料からよいものを作ることはできない》.

purse 1

purser

《米》**change [coin] purse**, 《主に英》**purse** (小銭入れ)	
wallet (札入れ)	財布
《米》**wallet**, 《英》**purse** (札入れと小銭入れが合体したもの)	

3 [単数形で]《格式》金銭, 財源: the public ~ 国庫 / That sports car is beyond my ~. あのスポーツカーは私にはとても手が出ない. **4** Ⓒ (ボクシングの試合などの)懸)賞金, 寄付金.
— 動 他 (財布の口のように)〈唇〉をすぼめる. **púrse one's lips** ☞ lip 成句.

purs·er /pə́ːsə | pə́ːsə/ 名 Ⓒ (船・飛行機の)事務長, パーサー (☞ flight attendant 参考).

púrse-snàtcher 名 Ⓒ 《米》(ハンドバッグをねらう)ひったくり(人).

púrse strìngs 名 [複] [次の成句で] **hóld [contról] the púrse strìngs** [動] 財布のひもを握っている, 会計[家計]を握っている. **lóosen [tíghten] the púrse strìngs** [動] 財布のひもを緩[締]める, 気前よく金を使う[節約する].

pur·su·ance /pəsúːəns | pəs(j)úː-/ 名 [次の成句で] **pursúe** **in pursúance of ...** [前] 《格式》...を遂行(ホミ)する目的で; ...を遂行中に.

pur·sú·ant to /pəsúːənttu | pəs(j)úː-/ [前] 《格式》(法律・規則などに)従って[応じて], 準じて.

***pur·sue** /pəsúː | pəs(j)úː/ 13 動 (**pur·sues** /~z/; **pur·sued** /~d/; **pur·su·ing**) 名 pursúit, pursúance) 《格式》他 **1** 〈研究・調査・仕事など〉を続ける, 続行する;〈議題など〉を論議し続ける: ~ one's studies [research] 勉強[研究]を続ける / ~ a career as a politician 政治家としての道を歩む.
2 〈...〉の後を追う (捕まえたり殺したりしようとして),〈...〉を追跡する (☞ follow 類義語; suit 最初の囲いで): The dogs ~d the fox. 犬たちはそのきつねを追いかけた / The robber is being ~d by the police. <V+O の受身> その強盗は警察に追われている.
3 (いやな人・物が)〈...〉に(しつこく)付きまとう, しつこく悩ます: She was ~d by her ex-husband for months. <V+O の受身> 彼女は前の夫に何か月も付きまとわれた. **4** 〈目的・知識・快楽など〉を追い求める, 探求する.
— 自 **1** 追う, 追跡する. **2** 続ける.

pur·sú·er /pəsúːə | -súːə/ 名 Ⓒ Ⓦ 追跡する人;(知識・快楽などを)追い求める人; 研究者.

***pur·suit** /pəsúːt | pəs(j)úːt/ 名 (**pur·suits** /-súːts | -s(j)úːts/; 動 pursúe) **1** Ⓤ 《格式》(仕事などの)続行, 遂行, 従事;〈目的・知識・快楽などの〉追求, 探究: the ~ of profit 利益の追及 / The ~ of the research became impossible. 調査の続行は不可能となった / life, liberty and the ~ of happiness 生命, 自由及び幸福の追求 (アメリカ独立宣言で人が生まれながら持つ権利としてあげられているもの).
2 Ⓤ 追跡, 追撃: The rebels fled, with the army in full ~. 反乱軍は逃亡し, 軍は全力で追跡していた. **3** Ⓒ [普通は複数形で]《格式》(続けていく)仕事, 研究; 職業; 趣味, 楽しみ: scientific ~s 科学的な研究. **the ~** (一定間隔をあけてスタートする)自転車[スケート]競走.
give pursúit [動] 自 追跡する.
in hót [clóse] pursúit (of ...) [前] (...の)すぐ後に追って;(...を)激しく追及して, 必死に(...を)求めて.
in (the) pursúit of ... [前]《格式》...を追って, ...を得ようとして: They came here in ~ of work. 彼らは職をさがしてここに来た.

pur·ty /pə́ːti | pə́ː-/ 形 Ⓢ 《非標準》= pretty¹.

pu·ru·lence /pjú(ə)rələns/ 名 Ⓤ《医》化膿(ホミ); うみ.
pu·ru·lent /pjú(ə)rələnt/ 形 《医》化膿(性)の.
pur·vey /pə(ː)véi | pə(ː)-/ 動 他 《格式》〈食料品・情報など〉を調達[提供]する; 売る (to).
pur·vey·ance /pə(ː)véiəns | pə(ː)-/ 名 Ⓤ 《格式》(食料品などの)調達, 補給.
pur·vey·or /pə(ː)véiə | pə(ː)véiə/ 名 Ⓒ [普通は複数形で]《格式》(食料品などの)納入業者;(王室の)御用商人 (of).
pur·view /pə́ːvjuː | pə́ː-/ 名 Ⓤ 《格式》範囲, 領域. **within [outside, beyònd] the púrview of ...** [前] 《格式》...の範囲内[外]に.
Pu·san /púːsɑːn | pùːsǽn/ 名 Ⓤ 釜山(チシ)《韓国の南東端にある港湾都市》.

***push** /púʃ/

```
「(力ずくで)押す(こと)」 他 1, 2, 自 1; 名 1
  → 「人を押しやる」 → 「駆り立てる」 他 3
  → 「(力ずくで進める[進む]」 → 「押し進める[進む]」 他 4, 自 2
  → 「〈物を押し付ける〉」 → 「売り込む」 5
  → 「(ひと押し)」 → 「がんばり」 名 2
```

— 動 (**push·es** /~ɪz/; **pushed** /~t/; **push·ing**) 他
1 [しばしば副詞句を伴って]〈...〉を押す, 押しやる;(別の場所へ)押し動かす,〈車・船・馬など〉を押し進める;〈物を押して...〉にする (反 pull): You ~ this box; I'll pull it. この箱を押してくれ, 僕が引っ張るから / I ~ed the 6th floor button of the elevator. 私はエレベーターの6階のボタンを押した / Don't ~ people *aside*. <V+O+副> 人を押しのけるな / She got off her bicycle and ~ed it *up* the slope. <V+O+前+名・代> 彼女は自転車を降りて, それを押して坂を上った / He ~ed his desk *nearer* to the wall. 彼は机を押して壁に近づけた (☞ near 形 1 語法, 副 1 語法) / He ~ed the door open [shut]. <V+O+C (形)> 彼はドアを開けた[閉めた].

pull　　　push

2 〈体の一部または道具など〉を押し当てる: He ~ed his shoulder *against* the door. <V+O+前+名・代> 彼は肩でドアを押した. 這法 これは次のようにも言える: He ~ed the door *with* his shoulder.
3 〈人〉を(やたらに)駆り立てる, 働か[勉強さ]せる, 追いやる;〈...〉を励ます;〈人〉に(...を)強要する, 強いる;〈人〉をせきたてて, ...させる: If my parents had not ~ed me, I would never have gotten into this university. 両親に励まされなかったら私はこの大学に入らなかっただろう / He can be ~ed *for* payment. <V+O+for+名・代> 彼は私に支払いを督促した / She ~ed me *to* write to him. <V+O+C(to 不定詞)> 彼女は私に無理やり его 宛てに手紙を書かせた / He can be ~ed *into* promis-*ing* anything. <V+O+into+動名の受身> 彼は強く言われると何でも約束しかねない.
4 〈物事〉を押し進める,〈目的・要求など〉を追及する;〈範囲〉を押し広げる, 拡大する: Please ~ this project *to* completion. <V+O+前+名・代>

この計画をがんばって完成させてください / He will ~ his claims. 彼は要求をあくまで押し通すだろう.
5 (略式)〈商品・アイディアなど〉を**売り込む** (on); 〈人〉を後押しする: The store ~es the new product at every opportunity. 店はその新製品を機会あるごとに宣伝している. **6** (略式)〈麻薬〉を密売する.
— 圁 **1** 押す (at); 押し動かす (⇔ pull); 〈物が〉押されて動く: You ~, and I'll pull. 押してくれ, 僕が引っ張るから / The door was shut tight, so I had to ~ with all my might. 戸はしっかり閉まっていたので私は力いっぱい押さねばならなかった.
2 [副詞(句)を伴って] 押し進む, 突き進む; がんばる: The tractor could not ~ any further. <V+副> トラクターはそれ以上進めなかった / A rude man ~ed *past* [*by*] me. <V+前+名・代> 乱暴な男が私を押しのけて通っていった / He ~ed *to* finish his term paper on time. <V+to 不定詞> 彼は時間通りにレポートを終えようとがんばった.

be (**hárd**) **púshed to** *dó* [動] (略式)…するのに(ひどく)苦労する, なかなか…できない (⇔ pushed). **be púshed for ...** [動] (略式)〈金・時間など〉が足りなくて困っている, …が(十分に)ない. **be púshing ...** [動] (略式)〈ある年齢・速度など〉に近づく(年齢のときは普通は 30 歳以上に用いる): He's ~*ing* sixty. 彼はそろそろ 60 歳だ. **púsh it** [動] 圁 (略式) = push one's luck (⇨ luck 名 成句). **púsh onesèlf** [動] 囮 (1) 体を押し出す. (2) (英)〈自分〉を売り込む (≒ push oneself forward (push forward (句動詞)成句)). (3) がんばる; 自分を駆り立てて…する: He ~ed himself (hard) *to* complete it. 彼は(大変)努力してこれを完成した. **púsh one's wáy** [動] 圁 (ほかの人)を押しのけて[かきわけて]進む (⇨ way[1] [コーパス・キーワード]).

―― **リスニング** ――
push の後に母音で始まる語が続くと, その母音と語末の /ʃ/ とが結合して「シャ」行の音のように聞こえる. push aside /púʃəsáɪd/ は「プッシャサイド」のように, push it up /púʃɪtʌp/ (米)ではまた「プッシラップ」のように聞こえる. 「プッシュ・アサイド」,「プッシュ・イット・アップ」のようには発音しない.

―― **push の句動詞** ――
púsh abóut [動] 囮 (英) = push around.
***púsh ahéad** [動] 圁 **1** 〈計画など〉をどんどん進める, 推進する: The city ~ed *ahead with* the plans for the new road. 市は新しい道路の計画を推し進めた. **2** Ⓢ 突き進む (to).
púsh alóng [動] 圁 **1** どんどん進む, 突き進む (to). **2** Ⓢ (英略式)〈客など〉立ち去る. ―― 囮 = push forward 1.
***púsh aróund** [動] 囮 (略式)〈人〉をこき使う; いじめる <V+名・代+*around*>: He ~ed his men *around*. 彼は部下をこき使った.
púsh asíde [動] 囮 〈いやなこと〉を忘れようとする.
***púsh awáy** [動] 囮 〈…〉を(一から)押しやる, 押しのける, 払いのける (from) <V+名・代+*away*/V+*away*+名>: He ~ed *away* the book I offered him. 彼は私が差し出した本を押しのけた.
***púsh báck** [動] 囮 **1** 〈…〉を押し戻す, 押し返す (from); 〈下がっためがね・髪など〉を押し上げる <V+名・代+*back*/V+*back*+名>: The wind ~ed the boat *back*. 風がボートを押し戻した. **2** 〈予定など〉を(…まで)延ばす, 遅らせる (to, until).
***púsh dówn** [動] 囮 〈…〉を押し下げる <V+名・代+*down*/V+*down*+名>: Every lever *was* ~ed *down*. すべてのレバーが押し下げられていた.
púsh for ... [動] 囮 …を強く要求する, …を得ようと努める; …の…を(⇨ push 囮 3): They ~ed *for* more pay. 彼らは賃上げのためにがんばった.
púsh fórward [動] 圁 = push ahead. ―― 囮 **1** 〈事業など〉をどんどん推し進める. **2** (押し出すようにして)目立たせようとする. **púsh onesèlf fórward** [動] 圁 売り込む; [しばしば軽蔑で]しゃばる.
***púsh ín** [動] 圁 (英略式)[けなして] (人が)押し入る, 列に割り込む: Don't ~ *in*. Wait your turn. 割り込まないで順番を待ちなさい. ―― 囮 〈物〉を押し込む, 〈戸など〉を中の方へ押し開ける.
***púsh ínto** [動] 囮 …に割り込む, …に押して入る: He ~ed *into* a crowded train. 彼は混雑した列車の中に割り込んだ.
***púsh ... ínto** ―― [動] 囮 **1** 〈…〉を―に押し込む: She ~ed everything *into* her suitcase. 彼女は何もかもみんなスーツケースに押し込んだ. **2** (略式)〈人〉に強いて―させる (⇨ 囮 3).
púsh óff [動] 圁 **1** (古風) 立ち去る (push along); Ⓢ (略式, 主に英) [しばしば命令文で] 行く: P~ *off*! 行ってしまえ. **2** (オールで岸などを突いて)舟を出す; (岸などを)離れる. ―― 囮 **1** 〈仕事など〉を(…に)押しつける (on). **2** 〈舟〉を出す.
púsh ón [動] 圁 (ひと休みした後)先へ進む (to). ―― 囮 〈人〉を駆り立てて, せきたてて, …させる. **púsh ón with ...** [動] 囮 〈仕事・計画など〉をどんどん進める.
***púsh óut** [動] 囮 **1** 〈…〉を押し出す; 突き出す <V+名・代+*out*/V+*out*+名>: Meg ~ed Tom *out*. メグはトムを押し出した / The snail ~ed its horns *out*. かたつむりは角を突き出した. **2** [しばしば受身で] 〈…〉を解雇する, 追い出す. **3** 〈…〉を大量生産する. ―― 圁 **1** 突き出る (into). **2** push off 2.
púsh ... óut of ―― [動] 囮 〈…〉を―から押し出す; 〈…〉を〈組織など〉から追い出す.
púsh óver [動] 囮 〈…〉を押し倒す, 〈花びんなど〉をひっくり返す.
***púsh thróugh** [動] 囮 〈議案など〉を強引に通過させる; 〈仕事など〉をやり通す; 〈人〉を(助けて)成功させる <V+名・代+*through* / V+*through*+名>: The ruling party ~ed its tax bill *through*. 与党は強引に税制法案を通過させた.
púsh thròugh ... [動] 囮 …を押し分けて進む[出る]: ~ *through* the crowd 群衆を押し分けて進む.
púsh ... thròugh ―― [動] 囮 〈…〉を押して―を通過させる; 〈…〉を助けて―に成功させる: She ~ed the bill *through* the committee. 彼女はその法案を委員会で可決させた.
pùsh ... tó /túː/ [動] 囮 〈ドアなど〉を押して(しっかりと)閉める (⇨ to[1]).
***púsh úp** [動] 囮 **1** 〈…〉を押し上げる <V+名・代+*up*/V+*up*+名>: She ~ed the window *up*. 彼女は窓を押し上げた. **2** 〈数量〉を増大する, 〈物価など〉を上げる: That ~es up the total to over fifty. それで合計は 50 を越す.

―― 名 (~・**es** /-ɪz/; 形 *púshy*) **1** Ⓒ 押すこと, 押し, 突き (⇔ pull); 〈価格などの〉押し上げ; [しばしば the ~] 押す力: with [at] one ~ ひと押しで / I gave the door three strong ~es but it didn't open. 私はその戸を 3 回強く押したが開かなかった / The ~ of the wind *on* [*against*] the tent was tremendous. テントに当たる風の力はすごかった.
2 [単数形で] がんばり, 努力, ひと押し; 運動 (drive); 後押し, 催促: The candidate is giving the final ~ *to* her election campaign. 候補者は選挙運動で最後のひと押しをして(追いこみをかけている) / One more ~, and you'll succeed. もうひと押し, そうすればうまくいく (⇨ 囮 4 語法). **3** Ⓒ 大攻勢; 突進 (for). **4** Ⓤ (普通はほめて) (性格などの)押しの強さ, 心臓の強さ; 奮発心: P~ succeeds in the world of salesmen. セールスマンの世界では押しの強いのが勝ちだ.

at a púsh [副] (英略式) いざとなれば; うまくいけば; かろうじて. **gét the púsh** [動] (自) (英略式) 首になる; 縁を切られる. **gíve ... the púsh** [動] (他) (英略式) 〈…〉を首にする; 〈…と〉縁を切る. **if [when] it cómes to the púsh** = **if [when] púsh cómes to shóve** [動] 文章修飾 いざというときになれば[なると]. **it'll be a púsh** (S) (時間不足で)そいつはきつい[難しい]. **make a púsh** [動] (1) 〈…しようと〉がんばる (to do). (2) 〈…に〉向かって突き進む (at, for, into).

púsh-bìke [名] (C) (古風, 英略式) 自転車.
púsh bròom [名] (C) 長い柄の幅の広いほうき.
púsh bùtton [名] (C) 押しボタン (⇒ dial; telephone 挿絵).
púsh-bùtton [形] (A) (機械などが)押しボタン式の; (自動のため)人手の要らない; 〈戦争・機械が〉遠隔操縦による: a ~ telephone プッシュホン / ~ warfare 押しボタン(式)戦争. 日英比較 「プッシュホン」は和製英語.
púsh-càrt [名] (C) 手押し車 (行商人が使ったり, スーパーマーケットに備えておる).
púsh-chàir [名] (C) (英) = stroller 2.
pushed /pʊ́ʃt/ [形] (略式) 1 暇がない, 忙しい; (時間などがなくて)苦労して, せきたてられて (⇒ be (hard) pushed to do, be pushed for ... (push [動] 成句)): I'm a bit ~ today. 今日は少々忙しい / I was ~ to find an answer. 私は答を出そうと苦労していた.
púsh·er /pʊ́ʃə | -ʃə/ [名] (C) 1 (略式) 麻薬密売人 (drug pusher). 2 (略式) (軽蔑) 押しの強い[強引な]人. 3 押す物, 押す物[道具]; (英) プッシャー 〈幼児が食物をスプーンにのせるために使う用具〉.
push·i·ly /pʊ́ʃɪli/ [副] (略式) (軽蔑) 強引に.
push·i·ness /pʊ́ʃinəs/ [名] (U) (略式) (軽蔑) 強引さ.
push·ing (S) (略式) (ある年齢)に近づいて.
Push·kin /pʊ́ʃkɪn/ [名] (固) **A·lek·san·dr** /æləksɑ́ːndr(ə)/ **Ser·ge·ye·vich** /seəgéɪnvɪtʃ/ プーシキン 〈1799-1837〉 (ロシアの詩人).
púsh mòwer [名] (C) (手押し式の)芝刈り機.
púsh·òver [名] [a ~] (略式) 1 すぐだまされる[影響される, 負ける]人 (for). 2 (主に英) とても簡単なこと.
púsh·pìn [名] (C) (主に米) 画鋲(か́びょう).
púsh·ròd [名] (C) (内燃機関の)プッシュロッド, 押し棒.
púsh-stàrt [動] (他) 〈自動車〉を押しがけする. ―― [名] (C) 押しがけ.
púsh technòlogy [名] (U) (電算) プッシュ技術 〈端末の要求なしに自動的に情報を配信するネット上の技術〉.
púsh-ùp [名] (C) (米) 腕立て伏せ (英) press-up).
push·y /pʊ́ʃi/ [形] (**push·i·er**, **-i·est**; [名] push) (略式) 押しの強い, 強引な, でしゃばりの.
pu·sil·la·nim·i·ty /pjùːsələnímətɪ/ [名] (U) (格式) おくびょう, 意気地なし.
pu·sil·lan·i·mous /pjùːsəlǽnəməs⁻/ [形] (格式) おくびょうな. **～·ly** [副] おくびょうに(も).
puss¹ /pʊ́s/ [名] (略式) 1 [しばしば呼びかけで] (主に英) 猫(ちゃん), ニャン公. 2 愛きょうのある女の子.
puss² [名] (C) (米俗式) 顔 (face); 口.
puss·y¹ /pʊ́si/ [名] (**puss·ies**) (C) (小児, 略式) 猫ちゃん, にゃんにゃん.
puss·y² /pʊ́si/ [名] (**pus·sies**) (C) (卑) 1 女性器, (女の)あそこ (⇒ taboo word). 2 (米略式) = sissy.
pússy·càt [名] (C) (略式) 1 (小児) = pussy¹. 2 おとない[感じのいい]人.
pússy·fòot [動] (自) (略式) 1 (普通は軽蔑) あいまいな態度をとる (about, around). 2 忍び足で歩く.
pússy·whìp [動] (他) [普通は受身で] (米卑) 〈妻が〉〈夫〉を尻にしく.
pússy wìllow [名] (C.U) ねこやなぎの一種 (北米産).
pus·tule /pʊ́stʃuːl | -tjuːl/ [名] (C) (医) 膿疱(のうほう).

put /pʊ́t/ [動] (**puts** /pʊ́ts/; 過去・過分 put; **put·ting** /-tɪŋ/) (他)

基本的には「置く」の意.
① (ある場所に)置く ... 1
② (ある状態に)する ... 2
③ (ある場所へ)動かす ... 3

1 [副詞(句)を伴って] 〈…〉を(ある場所・位置に)置く, 据(す)える, のせる, 入れる; つける (⇒ set ⑥ [語法]): Where did you ~ my umbrella? <V+O+副> 私の傘をどこに置きましたか / P~ the toy *inside*. おもちゃを中にしまいなさい / She ~ it *by* the window. <V+O+前+名・代> 彼女はそれを窓のそばに置いた.
2 〈…〉を(ある状態・関係に)置く, する, 〈人・物〉を…にする[させる]: She tried to ~ the picture straight. <V+O+C (形)> 彼女はその絵を真っすぐにしようとした / *P~* yourself *at* ease. <V+O+C (前+名・代)> 楽にしてください / She ~ her room *in* order. 彼女は部屋を整頓(せいとん)した / He ~ his child *under* the care of a specialist. 彼は子供を専門医に託した / Just ~ yourself *in* my place. 私の身にもなってくださいよ.
3 [副詞(句)を伴って] 〈…〉を(ある場所へ)動かす, 行かせる; 〈…〉を(ある方向に)向ける, 向かわせる; (力を入れて)送り込む, 〈弾丸など〉を撃ち込む; (スポ) 〈砲丸〉を投げる: Beth ~ her child *to* bed. <V+O+前+名・代> ベスは子供を寝かせた / P~ the table *nearer* (*to*) the wall. テーブルをもっと壁に近づけなさい (⇒ near [前] 1 [語法], [副] 1 [語法]) / He ~ his head *in* the doorway and told me to turn down the radio. 彼は玄関口に顔を出して私にラジオの音を下げるように言った. **4** 〈…〉を(苦痛・試練などに)あわせる; 〈…〉を(仕事・行動などに)つかせる, 〈人〉を(…に)やらせる (*to, on, through*): She ~ me *to* [*through*] a lot of trouble. 彼女は私にいろいろ面倒をかけた / He ~ us *to* work in the garden. 彼は私たちを庭で働かせた. **5** 〈問題など〉を(…に)出す, (考慮・決定などを求めて)提出[提起]する: He ~ a difficult question *to* me. 彼は私に難しい質問をした / She ~ several problems *before* him. 彼女は彼の(前の)にいくつかの問題を持ち出して(見せた). **6** 〈金・活気・考えなど〉を…につぎ込む, 注入する (*into*); 〈精力など〉を〈…に〉振り向ける, 用いる (*to, on, into*): ~ spirit *into* ... …を活気づける / What ~ such an idea *into* [*in*] your head? 何でそんなことを考えついたのか / I've ~ a great deal of effort *into* the work. その仕事に非常に精力を使った. **7** 〈ある状態・変化など〉を〈…に〉もたらす (*to, on*); 〈信頼など〉を〈…に〉寄せる (*in*): That ~ 'an end [a stop] *to* the debate. それで論争にけりをつける / The government tried to ~ a curb *on* exports. 政府は輸出を抑制しようとした / P~ more trust *in* your teacher. 先生をもっと信頼しなさい. **8** 〈責任・不都合など〉を(…の)せいにする (*on*); 〈侮辱・解釈など〉を加える; 〈値〉をつける: They ~ the blame *on* me. 彼らは私に責任を負わせた / He ~ a wrong interpretation *on* my conduct. 彼は私の行動を誤解した / I cannot ~ a price *on* the painting. 私にはその絵に値がつけられない. **9** 〈…〉を書きつける, 記す (*in, under*): P~ your name here, please. お名前をここに書いてください / P~ a cross *against* [*opposite, by*] your choice. あなたの選んだものの前に × 印をつけなさい / I ~ his message *on* paper. 私は彼の伝言を紙に書き留めた. **10** [副詞(句)を伴って] 〈…〉を言い表わす (express), 言う, 述べる; 〈…〉を(別の言語に)訳す: ~ Japanese *into* English 日本語を英語に訳す / Try to ~ your questions more clearly. 質問をもっとはっきり言い表わすように / Can't you ~ that *in* simpler words? それをもっと簡単なことばで表現できませんか / I don't know *how* I should ~ it. それをどう言ったらいいかわからない. **11** 〈人など〉を(…と)評価する, 見積もる, 考える (*as, among, in*): I('d) ~ her age *at* forty. 彼

女の年は 40 歳だと思う.
as ... pùt it [副] [文修飾語] Ⓢ …が言うように: *As* Shakespeare ~ [~*s*] *it*, brevity is the soul of wit. シェークスピアが言った[言っている]ように, 簡潔は知恵の精髄である. **be (hárd) pút (to it) to dó** [動] …することに(ひどく)苦労する: You would *be hard* ~ *to* find a better job than this. これよりいい仕事を見つけるのは難しいだろう. **dòn't knòw whére to pút onesèlf** [動] [自] 《略式》 どぎまぎする, 困りはてる, あせる. **hów can [shall] I pút it?** Ⓢ 何と言いますか, こんなことを言ってはなんですが (☞ 10). **I còuldn't have pùt it bétter mysélf.** Ⓢ (自分にはとてもできないような)うまい表現[言い方]だ. **Lèt me pút it thís wày.** Ⓢ このように言えばどうでしょう. **Pùt it thére!** Ⓢ 《古風, 略式》 (同意・和解の印に)さあ握手をしよう 《手を差し出しながら言う》. **pút it to ... that** — [動] [他] (人)に—という事実を提起する, —ではないかと…にただす 《不服なら反論せよという意味合いで》: I ~ *it to* you *that* you are concealing some of the facts. あなたは事実をいくつか隠しているではないか. **pùt one [sòmething] óver on ...** [動] [他] 《略式》 …をだます (☞ put ... over on — (句動詞)). **to pùt it ...** [副] [文修飾語] Ⓢ …に言えば. [語法] …には副詞(句)が続く: *to* ~ *it kindly* 好意的に言えば / *To* ~ *it clearly* [*plainly*], his plan was a failure. はっきり言って彼の計画は失敗だった. **to pút it anóther wày = pútting it anóther wày = pút anóther wày** [副] [つなぎ語] 言い換えれば, 別の言い方をすれば.

リスニング

put の後に母音で始まる語が続くと, その母音と put の /t/ とが結合して「タ」行 (《米》ではまた「ラ」行)の音のように聞こえる. put away /pùṭəwéɪ/ は「プタウェイ」(《米》ではまた「プラウェイ」) のように, put out /pùṭáʊt/ は「プタウト」(《米》ではまた「プラウト」) のように聞こえる.「プット・アウエイ」,「プット・アウト」とは発音しない.

put の句動詞

pùt abóut [動] [他] **1** 《英略式》 〈うわさなど〉を広める (spread): It was ~ *about* [They *put* (it) *about*] *that* he had resigned. 彼は辞職したといううわさが広がった. **2** 〔海〕 〈船〉の方向を変える. — [自] 〔海〕 (船が)方向を変える. **pùt onesèlf [it] abóut** [動] [自] 《英略式》 (特に性的に)ひどく積極的[大胆]である, (はでに)遊んでいる.

pút ... abòve — [動] [他] =put ... before — 1.

pùt acróss** [動] [他] **1** 〈計画・意見など〉を(…に)理解させる, わからせる, 伝える <V+名・代+*across*>: He managed to ~ the ideas ***across to his students. 彼は学生たちにその思想を何とか理解させた / She couldn't ~ herself *across*. 彼女は自分の考えを伝えられなかった. **2** 〈…〉を横にわたす, 〈橋など〉をかける.

pút ... acróss — [動] [他] **1** 〈橋など〉を(川など)にわたす[かける]; 〈人〉に(川など)を渡らせる. **2** 《略式, 主に英》 —に〈うそなど〉を信じ込ませる. [語法] 特に次の形で用いる: ~ it [one, that] *across* — —をだます, —に一杯食わせる.

pùt ahéad [動] [他] =put forward 6.

***pùt asíde** [動] [他] **1** 〈…〉をわきへ置く, わきへのける; 片づける (put away); 〈仕事など〉を中断する <V+名・代+*aside* / V+*aside*+名>: I ~ my work *aside* and turned on the television. 私は仕事をやめて[仕事の手を休めて]テレビをつけた.
2 (ある目的のために)〈…〉を取っておく, 蓄える (save) <V+名・代+*aside*/V+*aside*+名>: Please ~ it ***aside for*** our next trip. それを次の旅行のために取っておいてください. **3** 〈不和・憎しみなど〉を忘れる, 無視する; 〈事実・問題など〉を一応手つかずにしておく. **4** 〈商品など〉を(人のために)取っておく (*for*).

****pùt awáy** [動] [他] **1** (いつもの所へ)〈…〉を**しまう,** 片づける (put aside) <V+名・代+*away*/V+*away*+名>: *P*~ your toys *away*, Billy! ビリー, おもちゃを片づけなさい.
2 (将来に備えて)〈…〉を**蓄える,** 貯金する; 取っておく <V+名・代+*away*/V+*away*+名>: He ~ some money ***away for*** the future. 彼は将来のために金を多少蓄える. **3** 《略式》 〈飲食物〉を平らげる. **4** [しばしば受身で] 《略式》 〈…〉を刑務所[精神病院]に入れる. **5** 《米略式》 〈…〉を殺す. **6** 〈ゴール〉を決める. **7** 〔聖〕 〈妻〉を離縁する. **8** 《米》 〈ワインなど〉を貯蔵する.

****pùt báck** [動] [他] **1** 〈…〉を(元の所へ)**返す,** 戻す <V+名・代+*back*/V+*back*+名>: *P*~ the book *back* on the shelf when you're finished with it. 読み終わったら本を棚に戻しておいてください / I'll ~ you *back* on the line. もう一度電話をつなぎます 《電話交換手のことば》. **2** 〈…〉を後方へ移す[向ける]. **3** 〈時計〉の針を戻す ([反] put forward): One cannot ~ 「*back* the clock [the clock *back*]. 《ことわざ》 時計の針は元へは戻せない(昔は帰ってこない). **4** 〈…〉の進行を遅らせる ([反] put forward). **5** 〈日付・行事など〉を(…まで)延期する (*to, till, until*) ([反] put forward). **6** 《略式》 〈大酒〉を飲む.

***pút ... befòre** — [動] [他] **1** 〈…〉を—より**優先させる:** We must ~ the welfare of the people *before* everything else. 私たちは国民の福祉を何よりも重視すべきだ. **2** 〈問題・提言など〉を—(の前)に提示する (☞ put [他] 5 最後の例文).

pùt bý [動] [他] 《主に英》 **1** 〈…〉を蓄える, ためておく (put away): Do you have any money ~ *by for* emergencies? いざというときのための貯金がありますか. **2** =put aside 4.

****pùt dówn** [動] [他] **1** 〈…〉を(下に)**置く;** 〈手など〉を下ろす ([反] put up) <V+名・代+*down*/V+*down*+名>: She ~ her glass *down*. 彼女はコップを(下に)置いた / *P*~ *down* your weapons! 武器を下ろせ.
2 〈…〉を**書き記す,** 記入する <V+名・代+*down*/V+*down*+名>: He ~ his thoughts *down* on paper. 彼は自分の考えを紙に書き留めた.
3 [しばしば受身で] 〈反乱など〉を鎮(しず)める; 〈犯罪など〉を取り締まる, 抑える <V+名・代+*down*/V+*down*+名>: The revolt *was* ~ *down*. 反乱は鎮圧された.
4 頭金[内金]として〈ある金額〉を払う <V+名・代+*down*/V+*down*+名>: ~ *down* a deposit 手付金を払う.
5 《略式》 〈…〉をけなす, こきおろす; やりこめる ([名] pút-dòwn) <V+名・代+*down*/V+*down*+名>: ~ oneself *down* 自己卑下する / You're always *putting* me *down*. あんたはいつも僕をけなしてばかりいる (☞ be² A 1 (3)). **6** =put away 3. **7** 《英》 〈乗客など〉を降ろす. **8** 〈飛行機〉を着陸させる. **9** (特に議会で)〈動議など〉を上程する. **10** 〈子供〉を寝かせる. **11** 〈病気や老齢の動物〉を眠らせる, 殺す.
— [自] (飛行機が)**着陸する,** (パイロットが)飛行機を着陸させる: The plane ~ *down* at Rome at 7:30. 飛行機は 7 時 30 分にローマに着陸した. **I couldn't pùt it dówn** Ⓢ (本などが)面白くてやめられなかった. **pút ... dówn as** — [動] [他] (1) 〈人〉を—と考える, みなす: She ~ him *down as* a fool. 彼女は彼をばかと考えた. (2) 〈…〉を—の名目で記入する. **pút ... dówn for** — [動] [他] 〈…〉の名前を—の寄付[予約]申込者として書き留める; 〈…〉の名前を—への入学[出場]申込書に記入する: 「How much [How many tickets] shall I ~ you *down for*? 申し込み金額[切符の枚数]はいくらとしておきましょうか / He has *been* ~ *down for* the hun-

P

dred-meter dash. 彼は100メートル競走に出場登録がされている. **pút ... dówn to —** [動] 他 (1) 〈誤り・行動など〉を—のせいであるとする[言う]. (2) 〈…〉の代金を—(の勘定)につける.

pùt fórth [動] 他 **1** 《文》〈芽・葉など〉を出す (put out). **2**《格式》=put forward 1.

*pùt fórward [動] 他 **1** 〈考え・案など〉を提出する, 提案する 〈for, to do〉〈V+名・代+forward/V+forward+名〉: The manager ~ *forward* a new proposal. 支配人は新しい案を出した.

2 〈候補者などとして〉〈人の名〉を挙げる, 〈…〉を推薦する (for; to do) 〈V+名・代+forward/V+forward+名〉: I ~ Paul's name *forward as* a possible candidate. 私は考えられる候補者としてポールの名を挙げた. **3** 〈人〉を目立たせる. **4** 〈…〉を前の方へ移す[出す]. **5** 〈行事など〉の日付を早める, 繰り上げる (to) (反 put back). **6** 〈時計〉の針を進める (put ahead; 反 put back). **7** 〈…〉を促進する, 〈…〉の生育を早める (put back). **pùt onesèlf fórward** [動] 自 でしゃばる, 目立とうとする; (自分から)立候補する.

***pùt ín** [動] 他 **1** 〈…〉を入れる, 差し込む; 取りつける; 〈種〉をまく, 植える; 〈データ〉を入力する 〈V+名・代+in/V+in+名〉: She ~ her head in through the window and looked around. 彼女は窓から顔を突っ込んで周りを見回した (☞ head 日英比較) / P~ in the coin(s) before you dial. コインを入れてからダイヤルを回してください / P~ the garbage in here. ごみをここに入れてください / They had a new bath ~ in. 彼らは新しいふろを取りつけた.

2 Ⓦ 〈ことば〉を差し挟(は)む 〈V+名・代+in/V+in+名〉: He talked so fast that I could not ~ in a word. 彼はひどく早口だったので私はひと言も口を差し挟めなかった / "But why did you go there?" Tom ~ in. 〈V+O (引用節)〉「でもどうしてそこへ行ったんだい」とトムはことばを差し挟んだ.

3 〈電話〉を入れる, かける 〈V+名・代+in/V+in+名〉: I ~ *in* a call *to* Steve that night. 私はその夜スティーブに電話をかけた.

4 〈一定量の仕事・練習など〉を行なう; 〈努力〉を傾ける (on) 〈V+名・代+in/V+in+名〉: She's *putting in* five hours a day 「practicing the piano [*at* her studies]. 彼女はピアノの練習[勉強]に1日5時間を当てている.

5 〈要求・書類など〉を提出する 〈V+名・代+in/V+in+名〉: A request was ~ *in* for higher wages. 賃上げの要求が出された. **6** 〈打撃〉を加える ~ *in* a blow 一撃を加える. **7** 〈人〉を当選させる, 〈政党〉を政権につかせる; 〈管理人など〉を置く. **8** 〈金〉を費やす, 寄付する. — 自 **1** (船が)入港する, 寄港する (at). **2** 《略式》(ホテルなどに)立ち寄る (at). **pùt ín for —** [動] 他 …を申請する, …に申し込む, …を願い出る, …に志願[立候補]する. **pút ... ín for —** [動] 他 〈競技会・品評会など〉に参加させる; 〈…〉を—の候補に推す. **pút onesèlf ín for —** [動] 他 …に参加する.

***pút ... in —** [動] 他 〈…〉を—の中に入れる, 〈…〉を—にしまう; 〈…〉を—の状態にする (☞ put 他 2): Dad ~ the keys *in* his pocket. パパは鍵(な)をポケットに入れた / Helen ~ her toys *in* the box. ヘレンはおもちゃを箱に入れた.

pút into [動] 自 (船などが)…に入る, 入港する.

***pút ... ìnto —** [動] 他 **1** 〈…〉を—に入れる; 〈データ〉をコンピューターに)入力する; 訳す (☞ put 他 10): She ~ the key *into* her pocket. 彼女はその鍵(な)をポケットに入れた. **2** 〈努力など〉を—に投入する (☞ put 6): ~ one's energy *into* improving one's English 英語力の向上に精力を傾ける. **3** 〈金など〉を—に投資する, つぎ込む. **4** 〈人〉を〈役職など〉につかせる. **5** 〈ある性質など〉

—に加える. **6** 〈船〉を—に入港させる. **pút onesèlf into ...** [動] 他 …に身を入れる.

***pùt óff** [動] 他 **1** 〈物事(をすること)〉を延期する;〈人との約束など〉を延期[取りやめに]する, 〈…〉に訪問を見合わせるように言う, (会わずに)〈…〉を追い払う 〈V+名・代+off/V+off+名〉: We had to ~ *off* the meeting because of the storm. 我々はあらしのために会合を延期しなければならなかった / Don't keep *putting off* report*ing* the accident. 事故の届け出をいつまでも延ばすな / Don't ~ *off* until tomorrow what you can do today. 《ことわざ》 きょうできることをあすに延ばすな. **2** 〈…〉に言い逃れをする, (口実を作って)〈…〉から逃れる: I won't be ~ *off* with an excuse like that. そんな言いわけは通らんぞ. **3** (ことば・態度・においなどが)〈人〉を不快にする, 〈…〉に嫌悪感を持たせる; 〈物事・人が〉〈…〉の意欲[気力]をなくさせる, 〈…〉に(…するのを)思いとどまらせる (from); 〈人〉のじゃまをする, 気を散らす: He did not eat the cheese because the smell ~ him *off*. 彼はにおいがいやでそのチーズを食べなかった. **4** 〈ラジオ・電灯〉のスイッチを切る, 閉じる; 〈水道・ガスなど〉を止める (turn off; 反 put on). **5** 《主に英》〈乗客〉を降ろす. — 自 (船・船員が)出航する. **pùt óff the évil hóur [dáy]** [動] 自 =postpone the evil hour [day] (☞ evil 形 成句).

pút ... òff — [動] 他 〈人〉に—に対する興味[食欲]を失わせる; 〈人〉に—する気をなくさせる; 〈…〉のじゃまをして—から気をそらす: They ~ me *off* my journey by saying that it was very dangerous. 彼らにとても危険だと言われて旅行に行く気がしなくなった.

***pùt ón** [動] 他 **1** 〈…〉を身につける, 〈衣類〉を着る, 〈ズボン・靴など〉をはく, 〈帽子〉をかぶる, 〈めがね〉をかける, 〈指輪など〉をはめる, 〈化粧など〉をする (反 take off) 〈V+名・代+on/V+on+名〉: I ~ my coat *on* to go out for a walk. 私は散歩に出かけるために上着を着た / He ~ *on* his glasses and began to read the newspaper. 彼はめがねをかけて新聞を読みだした.

	〈服・シャツなど〉を着る
	〈ズボン・スカート・靴など〉をはく
	〈帽子・ヘルメット・かつらなど〉をかぶる
	〈めがねなど〉をかける
〈身につける〉put on	〈ネクタイなど〉をしめる
	〈手袋・指輪など〉をはめる
	〈マフラー・腕時計・化粧など〉をする
	〈香水・リボンなど〉をつける
	〈口紅・クリームなど〉を塗る

語法 wear が「身につけている」という状態を表わすのに対して, put on は「身につける」という動作を表わす (☞ wear 表).

2 〈CDなど〉をかける; 〈劇など〉を上演する, 〈…〉を催す; 〈技能・わざなど〉を見せる 〈V+名・代+on/V+on+名〉: P~ on some piano music. 何かピアノの曲をかけてください / This drama club ~ *on* a presentation of *Hamlet* last year. この演劇部は昨年ハムレットの上演を行なった.

3 〈体重・速度など〉を増す; 〈得点など〉を追加する, 《英》列車などを増発する 〈V+名・代+on/V+on+名〉: She's *putting on* weight. 彼女は体重が増えてきている.

4 〈…〉をのせる, (火などに)かける; 〈荷物など〉を積み込む 〈V+名・代+on/V+on+名〉: Polly ~ the kettle *on*. We'll all have tea. みんなでお茶を飲みますから 《英国の童謡集 *Mother Goose's Melodies* の中の歌》 / The suitcase that

exploded *was* ～ *on* before the plane left New York. 爆発したスーツケースは飛行機がニューヨークを出る前に積み込まれたものだ.
5 〈外観など〉を**装う**, 〈…〉の**態度をとる**; 〈…〉の**ふりをする** <V+名・代+*on*/V+*on*+名>: It is not easy to ～ *on* an air of innocence. しらばっくれるのも楽ではない.
6 〈ラジオ・電灯など〉を**つける**, 〈水道・ガスなど〉を**出す** (turn on) ([反] put out [off]); 〈…〉の料理を始める; 〈ブレーキ〉をかける <V+名・代+*on*/V+*on*+名>: *P*～ the light *on*. 明かりをつけてくれ. **7** [S] 《略式, 主に米》〈人〉をかつぐ, だます. **8** 〈人〉を(試合・舞台などに)登場させる, 出す, (仕事などに)つける; 〈…〉を電話に出す. **9** 〈税〉を課す. **10** 〈金〉を賭(か)ける. **pùt it ón** [動] [自] [普通は進行形で] 大げさに言う; ふりをする.

***púｔ ... on —** [動] [他] **1** 〈…〉を**—(の上)に置く**, 〈…〉を—に(とり)つける, 〈…〉を—にのせる[はめる]; 〈ペンキ・油・薬など〉を—に**塗る**: *P*～ the plates *on* the table. お皿をテーブルの上にのせなさい / Please ～ a new button *on* this shirt. このシャツに新しいボタンをつけてください / Did you ～ medicine *on* the cut? 傷口に薬を塗りましたか. **2** 〈…〉を—に加える, 〈税など〉を—に課す; 〈値〉を—につける (☞ put [他] 8). **3** 〈人〉を(電話)に出す. **4** 〈金など〉を—に賭(か)ける.

pút ... ónto — [動] [他] **1** 《略式》〈…〉に(人・おもしろい所・便利な物など)を紹介する, 教える; 〈警察など〉に(犯人など)を知らせる. **2** 〈人〉を—に取り次ぐ.

***pùt óut** [動] [他] **1** 〈明かりなど〉を**消す** ([反] put on); 〈火・たばこ・ろうそくなど〉を消す <V+名・代+*out*/V+*out*+名> (☞ put off 4): She ～ *out* the light. 彼女は明かりを消した / The firemen soon ～ the fire *out*. 消防隊員がすぐ火を消し止めた.
2 〈…〉を**公にする**, 出版する (publish); 放送する; 〈信号など〉を発する <V+名・代+*out*/V+*out*+名>: Our club ～*s out* a magazine twice a year. 私たちのサークルは年に 2 回雑誌を発行している.
3 〈…〉を**生産する** (produce); (使用するために)〈衣服など〉を出す, 用意する; 〈料理など〉を提供する <V+*out*+名> ([名] óutpùt): The company ～ *out* a new product. 会社は新製品を売り出した.
4 〈人〉に**面倒をかける** <V+名・代+*out*>: I hope I'm not *putting* you *out*. ご迷惑ではないでしょうね.
5 [普通は be [feel, look] ～ out として] 〈人〉の**機嫌をそこねる**; 困らせる, 当惑させる (*at*): She *was* a bit ～ *out* that [because] we hadn't invited her to the party. 私たちが会に招かなかったので彼女は少し気分を悪くしていた.
6 〈…〉を**外に出す**; **追い出す** <V+名・代+*out*/V+*out*+名>: *P*～ *out* the milk bottles. 牛乳びんは外に出しておきなさい / Have you ～ the cat *out*? 猫を追い出しましたか. **7** 〈手・舌など〉を出す, 差し出す; 〈芽・葉など〉を出す. **8** 〖野〗 〈…〉をアウトにする. **9** 〈肩・ひざなど〉を脱きゅうする; 〈…〉の関節をはずす. **10** 〈計算・結果など〉を狂わせる. **11** (麻酔などで)〈…〉の意識を失わせる; 〖スポ〗 〈…〉を打ち負かす, ノックアウトする. **12** 〈仕事〉を下請けに出す, 外注する (*to*). **13** (利息をつけて)〈金〉を貸す (*to*). **14** 〈力〉を発揮する. — [自] **1** (船・船員が)出帆する (*from*): Our ship ～ *out to* sea. 私たちの船は出航した. **2** 《米卑》(女が)(…との)セックスに応じる, 寝る (*for*).

pút oneself óut [動] [自] 《略式》(人のために)骨を折る, 尽くす (*to* do): Don't ～ ***yourself out*** ˹***for*** me [on my account]. (私のことは)どうぞおかまいなく.

pút ... òut of — [動] [他] **1** 〈…〉を—から出す: They ～ their flag *out of* the window. 彼らは窓から自分たちの旗を出した. **2** 〈…〉を—から追い出す: ～ ... *out of* one's mind …を忘れる.

pùt óver [動] [他] **1** =put across 1. **2** 〈…〉を越えさせる, (向こう側へ)渡す. **3** 《米》延期する.

pút ... óver on — [動] [他] 《略式》〈うそなど〉を—に信じ込ませる. [語法] 特に次の形で用いる: ～ some-thing *over on* — —をだます, —に一杯食わせる.

pùt thróugh** [動] [他] **1** (人に)〈…〉の**電話をつなぐ** (connect); 〈電話〉をつなぐ <V+名・代+*through*>: [会話] "Can I speak to Mrs. Ford?" "Hold on, please. I'll ～ you *through*." 「フォードさんをお願いします」「お待ちください. おつなぎします」《電話の交換で》/ Please ～ me *through* ***to the manager. 支配人に(電話を)つないでください.
2 〈手・ひもなど〉を**通す**; 〈議案など〉を通過させる <V+名・代+*through*>: He managed to ～ the thread *through*. 彼は糸をなんとか通すことができた / The government has to ～ many bills *through* during this session. 政府はこの会期中に多くの法案を通さなければならない. **3** 〈計画・改革など〉をやり遂(と)げる (carry out); 〈契約など〉を結ぶ, まとめる. **4** 〈申し込み(書)など〉を処理する.

***pút ... thròugh —** [動] [他] **1** 〈手・ひもなど〉を—に(突き)通す, 〈弾丸など〉を—に撃ち通す: ～ one's arm *through* a sleeve そでに腕を通す.
2 〈…〉に(テスト)を**受けさせる**; 〈動物〉に(芸などを)させる: The new model of the car *was* ～ *through* many severe tests. その新型車は何度も厳しいテストを受けた. **3** 〈議案・計画など〉を(議会・委員会など)で通過[承認]させる. **4** 〈人〉を(試験)に合格させる; 〈人〉を援助して(大学など)を卒業させる. **5** 〈…〉に(苦しみなど)を経験させる. **pùt ... thróugh it** [動] [他] 《略式》〈人〉に厳しい試練を受けさせる, 〈…〉をしごく.

***pút ... to —** [動] [他] **1** 〈…〉を—に(押し)つける: Mary ～ a finger *to* her lips to signal silence. メアリーは口に指を当てて黙るように合図した. **2** 〈…〉を(試練など)にあわせる; 〈…の努力〉を—に向けさせる; 〈…〉に—をさせる: ～ ... *to* sleep …を寝かしつける. **3** 〈質問・申し込み〉を—にする; 〈問題・案など〉を—に提出する; 〈…〉を(票決など)にかける: ～ the motion *to* the [a] vote 動議を投票にかける.

***pùt togéther** [動] [他] **1** 〈…〉を**集める**; (寄せ集めて)〈食事など〉を作る; 〈考えなど〉をまとめる, 総合して考える <V+名・代+*together*/V+*together*+名>: *P*～ all the books about computers *together*. コンピューターに関する本を全部集めなさい / They ～ their heads *together* (to find a solution). 彼らは(解決策を求めて)鳩首(きゅうしゅ)協議した.
2 〈…〉を**組み立てる**; 〈チームなど〉を編成する; 編纂(へんさん)する <V+名・代+*together*/V+*together*+名>: I like *putting* machines *together*. 僕は機械を組み立てるのが好きだ. **3** [普通は過去分詞として] 〈…〉を合わせる, いっしょにする (combine). [語法] 特に比較表現の than, (as much) as の後の名詞(句)に続けて用いる: He's got more books than ˹all the others [the rest] ～ *together*. 彼は他の者みんなを合わせたよりもたくさんの本を持っている.

pút ... tòward — [動] [他] 〈金〉を—(の費用)に当てる[使う].

***pùt úp** [T1] [動] [他] **1** 〈家・像など〉を**建てる** (build), 〈テント〉を張る ([反] strike) <V+名・代+*up*/V+*up*+名>: They ～ *up* a garage for their car. 彼らは自分たちの自動車を入れる車庫を建てた.
2 〈掲示など〉を掲(かか)げる; 〈旗など〉を立てる; 〈傘〉をさす <V+名・代+*up*/V+*up*+名>: ***P***～ these pictures ***up on*** the wall, please. この絵を壁に掛けてください.
3 〈…〉を泊まらせる, 宿泊させる <V+名・代+*up*/V+*up*+名>: Can you ～ us *up* for the weekend? 今週末お宅に泊めてもらえませんか.
4 〈資金〉を**提供する**; 〈金〉を(…に)賭(か)ける (*on*) <V+*up*+名>: Who will ～ ***up*** the money ***for*** the scheme? だれがその企画の資金を出すの.

5 〈家・土地など〉を売りに出す，(競売などに)出す[かける] <V+名・代+*up*/V+*up*+名>: We ～ our farm *up* for sale. 私たちは農場を売りに出した.
6 〈抵抗・戦いなど〉を続ける，行なう; 〈わざなど〉を見せる; 〈態度など〉を見せる，装う <V+*up*+名>: They didn't ～ *up* much of a fight. 彼らは大して抵抗をしなかった.
7 〈…〉を(上に)上げる (raise) ([反] put down); 〈ミサイルなど〉を打ち上げる; 〈髪〉を結い上げる <V+名・代+*up*/V+*up*+名>: *P*～ *up* your hand if you know the answer. 答えがわかる人は手を上げなさい / She ～*s* her hair *up* when she wears a kimono. 彼女は着物を着るときは髪を結い上げる. **8** 〈値段など〉を上げる，増す (*to*). **9** 〈人〉を(…に)立候補させる，推薦する (*as, for*). **10** 《英》 =put forward 1. **11** 〔狩猟〕〈獲物〉を追い[狩り]出す.
— [自] [副詞[句]を伴って] **1** 《古風》 宿泊する (stay) (*in*): We ～ ***up*** for the night ***at*** the village inn. 我々はその夜は村の宿屋に泊まった / He ～ ***up with*** his uncle in London. 彼はロンドンのおじさんのところに泊った. **2** 立候補する (*as*).

pùt (onesèlf) úp for ... [動] [他] …に立候補する.
pùt úp or shút ùp Ⓢ 《略式》 実行あるのみ，さもなきゃ口を出すな.
pút ... úp to — [動] [他] 《略式》 〈…〉をそそのかして(いたずらなど)をさせる: Somebody ～ him *up to* (play*ing*) that trick. だれかが彼にあのいたずらをするようにそそのかしたんだ.
pùt úp with ... [T1] [動] [他] …を我慢する (☞ bear[1] 類義語) ([受身] be put up with): I had to ～ *up with* many inconveniences. 私は多くの不便を我慢しなければならなかった.
pút upòn ... [動] [他] [普通は受身で] …の好意につけ込む，…をだます (☞ put-upon).

— [名] [C] **1** (砲丸などの)(ひと)投げ. **2** [時に ～ option] 〔商〕 売付選択権. — [形] [P] 《略式》 動かずに: ☞ stay put (stay[1] 成句).

pu·ta·tive /pjúːṭəṭɪv/ [形] [A] 《格式》 一般に(…と)思われている，推定上の: the ～ father of Ann's child アンの子供の父親とされる人. **～·ly** [副] 一般に(…と)思われて[推定されて]，一般的な考えでは(…とされて).

***put-down** /púṭdàʊn/ [名] (～s /-z/) [C] **1** 《略式》 悪口，けなすこと，こきおろし ([動] pùt dówn [他] 5): Her boss's frequent ～*s* destroyed her self-confidence. 上司にたびたびけなされて彼女は全く自信をなくした. **2** (飛行機の)着陸，着地 ([動] put down [自]).

Pu·tìn /púːṭɪn, -tn | -tɪn/ [名] [固] **Vla·di·mir** /vlǽdɪmìə | -mìə/ ～ プーチン (1952–) 《ロシア大統領 (2000–)》.

pút-òff [名] [C] 《略式》 言い訳.

pút-òn [形] [A] 見せかけの，偽りの: a ～ smile 愛想笑い. — [名] [C] [普通は単数形で] 《米略式》 **1** 見せかけ，偽り. **2** 人をかつぐこと.

pút-òut [名] [C] 〔野〕 アウトにすること，刺殺 (☞ put out (put 句動詞) 8).

put-put /pʌ́tpʌ́t/ [名] [C] 《小型エンジンの》 パッパッという音; 《略式》 小型ガソリンエンジン(の付いた車[ボートなど]). — [動] [自] パッパッと音がする; パッパッという音をたてながら進む[運転する]，パタパタと音をたてる車[ボート]で行く.

pu·tre·fac·tion /pjùːtrəfǽkʃən/ [名] [U] 《格式》 腐敗(作用).

pu·tre·fy /pjúːtrəfàɪ/ [動] (-**tre·fies**; -**tre·fied**; -**fy·ing**) 《格式》 [自] 腐敗する. — [他] 〈…〉を腐敗させる.

pu·tres·cence /pjuːtrés(ə)ns/ [名] [U] 《格式》 腐敗(しかけていること).

pu·tres·cent /pjuːtrés(ə)nt/ [形] 《格式》 腐敗しかけている; 腐敗の[に伴う].

pu·trid /pjúːtrɪd/ [形] **1** 《格式》 (特に動植物が)腐敗した; 悪臭を放っている. **2** 《略式》 不快な，ひどい，悪趣味の.

putsch /pʊ́tʃ/ 《ドイツ語から》 [名] [C] (突然の)反乱，クーデター (coup).

***putt** /pʌ́t/ 〔ゴルフ〕 [名] (**putts** /pʌ́ts/) [C] パット 《軽打してボールを転がすこと》: make a long ～ 長いパットを決める. — [動] [他] 〈ボール〉をパットする. — [自] パットを打つ; パットを決める.

put·tee /pʌtíː, pʌ́ti/ [名] [C] [普通は複数形で] 巻きゲートル.

+**putt·er**[1] /pʌ́ṭə | -tə/ [名] [C] 〔ゴルフ〕 パター 《パット用クラブ》; パットをする人.

put·ter[2] /pʌ́ṭə | -tə/ [動] (-**ter·ing** /-ṭərɪŋ/) [自] [副詞(句)を伴って] 《米》 ぶらつく; ゆっくり進む (*along*); のんびり働く (*about, around*) (potter). — [他] 〈時間など〉をだらだら[ぐずぐず]とつぶす[過ごす] (*away*). — [名] [a ～] Ⓢ 《米》 ぶらつくこと (potter).

put·ter[3] /pʌ́ṭə | -tə/ [動] [自] [副詞(句)を伴って] 《略式》 (バイク・小船などが)バタバタ[ポンポン]と音を立てて走る.

put·ter[4] /pʊ́ṭə | -tə/ [名] [C] 置く人 (*of*).

put·ter·er /pʌ́ṭərə | -rə/ [名] [C] 《米》 [しばしば軽蔑] のんびり[だらだら]やる人.

put·ting[1] /pʊ́ṭɪŋ/ [動] put の現在分詞および動名詞.

putt·ing[2] /pʌ́ṭɪŋ/ [名] [U] パットを打つこと[の打ち方]; 《英》 パッティング 《ゴルフを簡単にした遊び》.

pútting grèen [名] [C] 〔ゴルフ〕 **1** グリーン 《ホール付近のパット用の芝地》. **2** 《英》 パッティンググリーン.

put·ty /pʌ́ṭi/ [名] [U] パテ 《窓ガラス固定などに使う充塡(てん)剤》: a ～ knife パテ用こて. **be (lìke) pútty in ...'s hánds** [動] …の言いなりになる. — [動] (**put·ties**; **put·tied**; **-ty·ing**) [他] 〈窓ガラスなど〉をパテで固定する (*in*); 〈すき間など〉をパテでふさぐ (*up*).

pút-ùp [形] [A] 《略式》 前もってたくらんだ: a ～ job 仕組まれた事，八百長.

pút-upòn [形] [P] 《略式》 (人が)利用された.

putz /pʌ́ts/ 《米略式》 [名] [C] いやなやつ[男]，ばか. — [動] [自] ぶらぶら[だらだら]過ごす (*around*).

***puz·zle** /pʌ́zl/ [T3] [動] (**puz·zles** /-z/; **puz·zled** /-d/; **puz·zling**; [名] púzzlement)

リスニング
puzzle /pʌ́zl/, drizzle /drízl/ などの語末の /zl/ は弱い「ズー」のように聞こえる (☞ つづり字と発音解説 63). このため puzzle, drizzle は「パズー」,「ヅリズー」のように聞こえる.「パズル」,「ドリズル」のように発音しない.

— [他] **1** [しばしば受身で] (わからなくて)〈人〉を困らせる，途方に暮れさせる: His words ～ me. 彼のことばは私にはふに落ちない / What ～*s* me is why they did that. なぜ彼らがそれをしたのか理解に苦しむ / I *was* ～*d about* what to do next. 私は次に何をやっていいのやら途方に暮れた. [語法] 上の文に対応する能動態の文は，What to do next *puzzled* me. **2** 〈知恵〉を絞(しぼ)る，〈頭〉を悩ませる (*over*).
— [自] 頭を悩ます，知恵を絞(しぼ)る: He ***～d over*** the difficult problem. <V+*over*+名・代> 彼はこの難問に頭をかかえて考え込んでしまった / I ～*d over* the best possible solution. 私は最善の解決法はないかと知恵を絞った.

púzzle óut [動] [他] 〈解決法など〉をじっくり考え出す: ～ *out* a mystery なぞを解く.

— [名] (～s /-z/) [C] **1** [しばしば合成語で] (遊びとしての)パズル，クイズ: a picture ～ はめ絵 / a crossword ～ クロスワードパズル / I'm working *on* a ～. 私はパズルをしている.
2 [普通は単数形で] 難問; なぞ; えたいの知れない人 (*to*): How to persuade her is a ～. いかにして彼女を納得させるかが難問だ. **3** 《主に米》 =jigsaw

puzzle.
a píece of the púzzle [名] (なぞなどを解く)手がかり.
be in a púzzle [動] ⾃ 頭が混乱している, 途方に暮れている (*about*).

⁺**puz·zled** /pʌ́zld/ 形 途方に暮れた: a ~ look 困惑した表情.

puz·zle·ment /pʌ́zlmənt/ 名 (動 púzzle) Ⓤ 《格式》当惑, 困⽞.

púz·zler 名 Ⓒ 《略式》困らせる⼈[物], なぞの⼈[物]; 難問, 難題.

púz·zling 形 まごつかせる, わけのわからない: a ~ problem 首をひねる問題.

PVA /píːvìːéɪ/ 略 =polyvinyl acetate ポリ酢酸ビニール.

PVC /píːvìːsíː/ 略 =polyvinyl chloride ポリ塩化ビニール.

Pvt 略 《米》兵卒 (private) (《英》Pte).

PW /píːdʌ́blju/ 略 《英》=policewoman.

p.w. /píːdʌ́blju/ 略 =per week (⇨ per).

PWA /píːdʌ́bljuéɪ/ 略 =person with Aids エイズ患者.

PWR /píːdʌ́bljuáːr | -áː/ 略 =pressurized water reactor (⇨ pressurized).

PX /píːéks/ 略 =post exchange.

Pyg·ma·lion /pɪɡméɪljən, -liən/ 名 ⾃ ピグマリオン《⾃分の彫った⼥性の像に恋したキプロスの王; G. B. Shaw による同名の戯曲は My Fair Lady のタイトルで映画化された》.

pyg·my /pɪ́ɡmi/ 名 (**pyg·mies**) Ⓒ 1 ⼩⼈(ｺﾋﾞﾄ), ⼀⼨法師 (dwarf); (動植物の)⼩型のもの; とるに⾜らない⼈. 2 [普通は P-] ピグミー族の⼈《アフリカ中部に住む背の低い種族の⼈》. ── 形 1 Ⓐ 非常に小さい, ⼩形の; 取るに⾜りない. 2 [普通は P-] ピグミー(族)の.

pýgmy chimpanzée 名 Ⓒ ピグミーチンパンジー《コンゴ⺠主共和国の密林にすむ⼩型のチンパンジー; 絶滅の危機にある》.

⁺**py·ja·mas** /pədʒɑ́ːməz/ 名 《英》=pajamas.

py·lon /páɪlɑn | -lən/ 名 Ⓒ 1 (高圧線用の)鉄塔. 2 (飛行場の)⽬標塔. 3 《格式》(古代エジプトの神殿の)塔門. 4 《米》(工事中の道路などに置く)円錐(ｴﾝｽｲ)形の標識, コーン.

py·lo·rus /paɪlɔ́ːrəs/ 名 (複 **py·lo·ri** /-raɪ/) Ⓒ 《解》幽⾨.

PYO /píːwàɪóʊ/ 略 Ⓦ 《英》=Pick Your Own (果物・野菜などの)「摘み[もぎ]取り制」《⾃分で収穫して買える農場の掲⽰》.

Pyong·yang /pjɑ̀ŋjɑ́ːŋ, pjʌ̀ŋ- | pjɔ̀ŋjǽŋ/ 名 ⾃ ピョンヤン, 平壌(ﾍﾟｲｼﾞｮｳ)《朝鮮⺠主主義⼈⺠共和国の首都》.

py·or·rhe·a 《主に米》, **py·or·rhoe·a** 《英》 /pàɪərí:ə | -rí:ə/ 名 Ⓤ 《医》(歯槽(ｼｿｳ)膿漏(ﾉｳﾛｳ)).

py·ra·can·tha /pàɪ(ə)rəkǽnθə/ 名 Ⓒ ピラカンサ《常緑低木》.

⁺**pyr·a·mid** /pírəmɪd/ 名 (形 pyrámidal) Ⓒ 1 [しばしば the Pyramids として] ピラミッド《古代エジプトで国王を葬った墓》. 2 《幾》角錐(ｶｸｽｲ). 関連 cone 円錐. 3 ピラミッド[角錐]状のもの (*of*). 4 [普通は単数形で] ピラミッド状の組織[制度].

py·ram·i·dal /pɪrǽmɪdl/ 形 (名 pýramid) ピラミッドのような; 角錐の.

pýramid schème 名 Ⓒ 《米》ねずみ講(方式).

pýramid sèlling 名 Ⓤ 《商》マルチ商法.

pyre /páɪr | páɪə/ 名 Ⓒ 積みまき《火葬用》; 可燃物[まきなど]の山.

Pyr·e·ne·an /pìrəníːən ⁻/ 形 ピレネー地⽅の.

Pyr·e·nees /pírəniːz | pìrəníːz ⁻/ 名 ⾃ 〔複〕 [the ~] ピレネー⼭脈《フランスとスペインの国境の⼭脈》.

py·ret·ic /paɪrétɪk/ 形 《医》発熱(性)の.

Py·rex /páɪreks/ 名 Ⓤ パイレックス《耐熱ガラス製品; 商標》.

py·rite /páɪraɪt/ 名 Ⓒ 黄鉄鉱.

py·ri·tes /paɪráɪtiːz/ 名 Ⓤ 硫化鉄鉱: iron [copper] ~ 黄鉄[⻩銅]鉱.

py·ro- /páɪ(ə)roʊ/ 接頭 「⽕, 熱」の意.

py·ro·ma·ni·a /pàɪ(ə)roʊméɪniə/ 名 Ⓤ 《⼼》放⽕癖.

py·ro·ma·ni·ac /pàɪ(ə)roʊméɪniæk/ 名 Ⓒ 1 《⼼》放⽕癖のある⼈, 放⽕魔. 2 《略式》《滑稽》⽕遊びの好きな⼈.

py·ro·tech·nic /pàɪrətéknɪk ⁻/ 形 [普通は Ⓐ] 《格式》花⽕(製造術)の; [時にけなして] (弁舌・演奏などが)華々しい.

py·ro·tech·nics /pàɪrətéknɪks/ 名 《格式》 1 Ⓤ 花⽕製造術. 2 [複数扱い] 花⽕の打ち上げ; [時にけなして] (弁⾆・演奏などの)華々しさ.

Pýr·rhic víctory /pírɪk-/ 名 Ⓒ 犠牲が多くて引き合わない勝利《古代ギリシャの王ピュロス (Pyrrhus /pírəs/) が多⼤の犠牲を払ってローマ軍に勝ったことから》.

Py·thag·o·ras /pɪθǽɡərəs, paɪ- | paɪ-/ 名 ⾃ ピタゴラス《紀元前6世紀ごろのギリシャの哲学[数学]者》.

Py·thág·o·re·an théorem /pɪθǽɡərìːən-, paɪ- | paɪ-/ [the ~] 《幾》ピタゴラスの定理.

Pyth·i·as /píθiəs, -æs/ 名 ⾃ ピュティアス, ピシアス (⇨ Damon).

⁺**py·thon** /páɪθɑn | -θən/ 名 Ⓒ にしきへび《獲物を絞め殺して⾷べる⼤きな無毒の蛇》.

pyx /píks/ 名 Ⓒ 《キ教》聖体容器.

q Q

q¹, Q /kjúː/ 名 (複 q's, qs, Q's, Qs /-z/) C キュー《英語アルファベットの第17文字》.
q² 略 =question.
q. 略 =quart.
Q. 略 **1**【物理】=quantity of heat 熱量. **2** =queen 1, 4, question.
QA 略 U 品質保証 (quality assurance).
Qad·da·fi /gədάːfi, kə-, -déifi | gə-/ 名 固 =Gadhafi.
Q & A /kjúː:ən(d)éi/ 略 =question and answer 質疑応答.
Qan·tas /kwάntəs | kwɔ́n-/ 名 固 カンタス航空《オーストラリアの国営航空会社》.
Qa·tar /kάːṭə, kətάːr | kéitɑː, kάt-/ 名 固 カタール《アラビア半島東部の首長国》.
QB¹ 略 =quarterback.
QB² 【英法】=Queen's Bench.
QC /kjúː:síː/ 略 =quality control;【英法】Queen's Counsel.
Q.E.D. /kjúː:íː:díː/ 《ラテン語から》(格式)以上で証明終わり(問題の証明の末尾につける).
QE2 /kjúː:íː:túː/ 略 [the ~] =Queen Elizabeth the Second クイーンエリザベス 2 世号《船名》.
Qing /tʃíŋ/ 名 固【中国史】清.
QOL 略 =quality of life (☞ quality 成句).
qr 略 =quarter(s).
Q-rat·ing /kjúː-/ 名 C (俳優などの)知名度, 人気度.
qt 略 =quart(s).
q.t. /kjúː:tíː/ 略 [次の成句で] **on the q́.t.** 副・形《古風, 略式》こっそりと, ないしょで(quiet の略).
Q-tip /kjúː:tìp/ 名 C (米)綿棒《商標; 日本の耳かきのようなものは英米になく耳あかは綿棒でとる》((英)cotton bud, (米)swab).
qto 略 =quarto.
Qtr., qtr. 略 =quarter.
qts 略 =quarts (☞ quart).
qty【商】=quantity.
qu 略 =question.
Qu 略 =Queen.
qua /kwάː/ 《ラテン語から》前 《格式》…として, …の資格で (as).
Quaa·lude /kwéiluːd/ 名 C クワルード《(俗) lude》《鎮静・催眠薬; 商標》.
quack¹ /kwǽk/ 動 自 (あひるなどが)があがあ鳴く (☞ cry 表 duck). ── 名 C (小児)(あひるなどの)があがあ(鳴く声).
quack² /kwǽk/ 名 C 《略式》**1** 偽医者. **2** (英)医者. ── 形 A 偽の; いかさまの: a ~ doctor 偽医者 / a ~ cure [remedy] いんちき療法.
quack·er·y /kwǽk(ə)ri/ 名 U いんちき治療.
quad /kwάd | kwɔ́d/ (略式) 名 C **1** [複数形で] 四つ子 (quadruplet) (全体); [a ~] 四つ子の1人 (☞ twin 表). **2** C =quadrangle 2. **3** [複数形で] 四頭筋 (quadriceps). ── 形 =quadraphonic.
quád bìke 名 C 《英》四輪オートバイ (《米》four-wheeler).
quadr- /kwάdr | kwɔ́dr/ 接頭 =quadri-.
Quad·ra·ges·i·ma /kwὰdrədʒésəmə | kwɔ̀drə-/ 名 U 四旬節 (Lent) の第一日曜日.
quad·ran·gle /kwάdræŋgl | kwɔ́dræŋ-/ 名 C **1**【幾】四角形, 四辺形. **2** (格式) 中庭《特に大学などで建物に囲まれたもの》(《略式》quad).
qua·dran·gu·lar /kwɑdrǽŋgjʊlə | kwɔdrǽŋgjʊlə/ 形【幾】四角形の, 四辺形の.
quad·rant /kwάdrənt | kwɔ́drənt/ 名 C **1**【幾】四分円. **2** 四分円形のもの. **3**《昔の》四分儀《現代の sextant》.
quad·ra·phon·ic /kwὰdrəfάnɪk | kwɔ̀drəfɔ́n-/ 形 A (録音再生が)4チャンネル方式の.
qua·drat·ic /kwɑdrǽtɪk | kwɔ-/ 形【数】2次の: a ~ equation 2次方程式.
quad·ri- /kwάdrə | kwɔ́drɪ/ 接頭「4つの(うちの1つの)」の意: quadrilateral 四辺形の.
quad·ric /kwάdrɪk | kwɔ́drɪk/【数】形 二次の. ── 名 C 二次関数; 二次曲面.
quad·ri·ceps /kwάdrəsèps | kwɔ́drə-/ 名 [複]【解】大腿(だい)四頭筋.
quad·ri·lat·er·al /kwὰdrɪlǽtərəl, -trəl | kwɔ̀drɪ-/ 形【幾】四辺形の. ── 名 C【幾】四辺形.
qua·drille /kwɑdríl | kwɔ-/ 名 C カドリール《古風なスクエアダンス》.
qua·dril·lion /kwɑdríljən | kwɔdríl-/ 名 (複 ~(s)) C 形 千兆 (10¹⁵) (の) (☞ billion); 《古風, 英》10²⁴ の.
quad·ri·ple·gi·a /kwὰdrəplíːdʒ(i)ə | kwɔ̀drə-/ 名 U【医】四肢麻痺(ひ).
quad·ri·ple·gic /kwὰdrəplíːdʒɪk | kwɔ̀drə-/ 形 名 C【医】四肢麻痺の(人).
quad·ro·phon·ic /kwὰdrəfάnɪk | kwɔ̀drəfɔ́n-/ 形 =quadraphonic.
quad·ru- /kwάdru | kwɔ́dru/ 接頭 =quadri-.
quad·ru·ped /kwάdrupèd | kwɔ́dru-/【生】名 C 四足動物《特に哺乳(にゅう)類》. ── 形【生】四足の.
quad·ru·ple /kwɑdrúːpl | kwɔ́dru-/ 形 [普通は A] 4つの部分から成る; 4倍の. 関連 double 2倍の / triple 3倍の. ── 名 C 4倍 (of). ── 動 自 4倍になる. ── 他《…の》4倍にする. ── 副 4倍に[だけ].
qua·dru·plet /kwɑdrúːplət, -dráp- | kwɔ́dru-/ 名 **1** [複数形で] 四つ子(全体); [a ~] 四つ子の1人(《略式》quad) (☞ twin 表). **2** C 四人[四個]ひと組.
qua·dru·pli·cate¹ /kwɑdrúːplɪkət | kwɔ-/ [次の成句で] **in quadrúplicate** 副 (同じ書類を)4通作成して.
── 形 4重[4部]の, (複写などが)4枚目の.
qua·dru·pli·cate² /kwɑdrúːplɪkèɪt | kwɔ-/ 動 他 **1**《同じ》書類などを4通[4部]作成する. **2**《…を》4重[4倍]にする.
qua·dru·pli·ca·tion /kwɑdrùːplɪkéɪʃən | kwɔ-/ 名 U (書類の)4通[4部]作成.
quaff /kάːf, kwɔf, kwǽf | kwάːf/ (文)動 他《酒など》をがぶ飲みする.
⁺quag·mire /kwǽgmaɪə | -màɪə/ 名 C [普通は単数形で] 沼地, じめじめした土地; 苦境, 泥沼.
qua·hog, qua·haug /k(w)óuhɔːg, kwɔ́ː- | kwɔ́ːhɒɡ/ 名 C 本美主貝(ほんびのすがい)《北米東岸産食用二枚貝》.
⁺quail¹ /kwéɪl/ 名 (複 ~(s)) C うずら; U うずら肉.
quail² /kwéɪl/ 動 自 (文) おじける, ひるむ (at, before).
⁺quaint /kwéɪnt/ 形 (**quaint·er**; **quaint·est**) (古めかしく)風変わりでおもしろい; 古風な趣のある; 一風変わった: ~ customs 風変わりな習慣. **~·ly** 風変わりって, 一風変わって. **~·ness** 名 U 風変わり, 古風な趣.

quail¹

⁺quake /kwéɪk/ 動 自 **1** (人

が恐怖・寒さなどで)がたがた震える (with, at)《⇨ shake 類義語》. **2** (地震などで地面が)揺れる, 震動する.
— 名 C (略式) 地震 (earthquake).

quáke-pròof — 動 他 〈建物を〉耐震構造にする.
— 形 耐震(性)の.

quáke-pròof·ing /-prù:fɪŋ/ 名 U 耐震性[構造], 耐震化.

Quak·er /kwéɪkə | -kə/ 名 C クエーカー教徒《フレンド会(⇨ Society of Friends)の会員の俗称》.
— 形 A クエーカー教(徒)の.

*__qual·i·fi·ca·tion__ /kwɑ̀ləfɪkéɪʃən | kwɔ̀l-/ 名 (~s /-z/; 動 quálify; 反 disqualification) **1** C (仕事にふさわしい)**資格**, 能力, 技術, 知識: have no ~s *for* the new job その新しい仕事に必要な資格[能力]がない / have excellent ~s *to* be president <N+*to* 不定詞> 社長になる優れた資格[能力]がある.
2 C [普通は複数形で] (ある職につく)**資格**(証書)(検定試験などに合格して得られたもの): paper ~s 書面上の資格 / gain a medical ~ 医師の資格を取る. **3** C.U **制限**, 限定, 条件. **4** U 資格を与え(られ)ること, 資格認定.

with qualifications 副 条件付きで. **without qualification** 副 無条件に, 無制限に.

*__qual·i·fied__ /kwɑ́ləfàɪd | kwɔ́l-/ 形 (反 unqualified) **1** 資格のある, 適任の, 検定を通った *(to do)*: a ~ teacher 資格[免許]のある教員 / a person highly [well, eminently] ~ *for* a post <A+*for*+名・代> ある地位に適任の人. **2** A 制限された, 条件付きの: ~ agreement 条件つき賛成 / a ~ success まずまずの成功.

*__qual·i·fi·er__ /kwɑ́ləfàɪə | kwɔ́ləfàɪə/ 名 (~s /-z/) C **1** 有資格者, 合格者, 予選通過者; 予選. **2** 〖文法〗修飾語句 (modifier).

*__qual·i·fy__ /kwɑ́ləfàɪ | kwɔ́l-/ 動 (-i·fies /-z/; -i·fied /~d/; -fy·ing; 反 quàlificátion, disqualify)

―― 自 他 の転換 ――
自 **1** 資格を得る (to have the necessary ability, knowledge, etc. to do something)
他 **1** 資格を与える (to cause (someone) to have the necessary ability, knowledge, etc. to do something)

— 自 **1** 資格を得る: ~ *as* a pilot [doctor] <V+C (*as*+名)> パイロット[医者]の資格を取る / She *qualified for* the tournament. <V+C+*for*+名・代> 彼女はそのトーナメントの参加資格を得た / She *qualified to* receive a scholarship. <V+C (*to* 不定詞)> 彼女は奨学金をもらう資格を得た. **2** (...と)みなされる, みなし得る: I don't think this qualifies *as* a remedy for it. これがその救済策となるとは思いません. **3** 〖スポ〗予選を通過する *(for)* / a ~*ing* match [round] (スポーツの)予選試合.

— 他 〈人に〉**資格を与える**, 〈...に〉権限を与える; 〈...に〉適任とする(⇨ qualified): She *is qualified to* teach French. <V+O+C (*to* 不定詞)の受身> 彼女はフランス語を教える資格がある / He *is qualified as* a doctor. <V+O+C (*as*+名)の受身> 彼は医師の資格[免許]がある / The degree *qualified* him *for* this job. <V+O+*for*+名・代> その学位により彼はこの仕事の資格を得た. **2** 〈発言などを〉和らげる; 〈...を〉修正[制限]する: ~ one's statement 自分の発言を修正する. **3** 〈人・物・言動などを〉(...と)みなす, ...と評価する (*as*). **4** 〖文法〗を修飾する. 語源 ラテン語で「ある種類のものにする」の意; ⇨ quality 語源.

qual·i·fy·ing /kwɑ́ləfàɪɪŋ | kwɔ́l-/ 形 予選の.

*__qual·i·ta·tive__ /kwɑ́lətèɪtɪv | kwɔ́lətətɪv, -tèɪt-/ 形 (名 quality) [普通は A](格式) 質的な: a ~ difference 質的な違い / ~ quantitative 量的な.

quálitative análysis 名 U〖化〗定性分析《物質の成分を検出する化学分析》.

quál·i·ta·tive·ly 副 (格式) 質的には.

*__qual·i·ty__ /kwɑ́ləti | kwɔ́l-/ 名 (-i·ties /~z/; 形 quálitative) **1** C.U **質**, 品質; 質材: goods of good [high, poor, low] ~ 質のよい[高い, 悪い, 落ちる]品物 / star ~ スターの素質 / I prefer ~ *to* quantity. 私は量よりも質をとる. 関連 quantity 量.
2 C [しばしば複数形で] **特質, 特性**; (人の)品性, 長所: One of the *qualities* of steel is hardness. 鋼鉄の特性の一つは硬いことだ / He has many good *qualities*. 彼には優れた点がたくさんあります.
3 U **良質**; 優秀性, 高級: a singer *of* real ~ 本当にすばらしい歌手 / This restaurant is famous for the ~ of its dishes. このレストランは料理がいいので有名です. **4** [形容詞的に] (主に英) 上質の, 高級な; C [普通は複数形で] 高級紙[新聞]: ~ goods 高級品 / ~ meat 上肉 / ~ (news)papers 高級紙[新聞]. 語源 ラテン語で「どんな種類の」の意; ⇨ qualify 語源.

in quálity 形・副 (品)質的な[に], 質の(点で).

quálity of lífe 名 生活の質 (略 QOL).

quálity assúrance 名 U (商品やサービスの)品質保証.

quálity círcle 名 C 〖経営〗品質管理サークル, QC サークル《品質管理上の問題検討・意見交換を定期的に行なう現場従業員の小グループ》.

quálity contròl 名 U (略 QC).
quálity contròller 名 C 品質管理者.
quálity tìme 名 U (家族団らんなどの)水入らずの時間, 充実した時間.

+**qualm** /kwɑ:m, kwɔ:m/ 名 C **1** [普通は複数形で] 不安, 懸念; 良心のかしゃく: without a ~ 安心して / have [feel] no ~s *about* cheating カンニングをして悪いと思わない. **2** 吐き気, むかつき.

quan·da·ry /kwɑ́ndəri, -dri | kwɔ́n-/ 名 C [普通は単数形で] 困惑, 苦境, 難局. **be in a quándary** 動 自 (...で)途方に暮れる *(about, over)*.

quan·go /kwæŋɡoʊ/ 名 (~s /-z/) C (英) (英政府の)特殊法人 《*qu*asi-*a*utonomous, *n*on-*g*overnmental *o*rganization の略》.

quanta 名 quantum の複数形.

quan·tal /kwɑ́ntl | kwɔ́n-/ 形 量子(力学)の; 非連続的[離散的]な値をとる.

quan·ti·fi·a·ble /kwɑ́ntəfàɪəbl | kwɔ́n-/ 形 (格式) 量で表わせる, 定量[数量]化できる.

quan·ti·fi·ca·tion /kwɑ̀ntəfɪkéɪʃən | kwɔ̀n-/ 名 U (格式) 定量化, 数量化.

quan·ti·fi·er /kwɑ́ntəfàɪə | kwɔ́ntəfàɪə/ 名 C 〖文法〗数量詞《数量を示す語(句)で, 普通は名詞とともに用いられる; all, few, lots of など》.

+**quan·ti·fy** /kwɑ́ntəfàɪ | kwɔ́n-/ 動 (-ti·fies; -ti·fied; -fy·ing) 他 (格式) 〈質的なものを〉量で表わす, 〈...の〉量をはかる.

*__quan·ti·ta·tive__ /kwɑ́ntətèɪtɪv | kwɔ́ntɪtətɪv, -tèɪt-/ 形 (名 quántity) [普通は A](格式) 量的な; 量で計られる. 関連 qualitative 質的な.

quántitative análysis 名 U〖化〗定量分析《成分の量を測定する化学分析》.

quán·ti·ta·tive·ly 副 (格式) 量的には.

*__quan·ti·ty__ /kwɑ́ntəti | kwɔ́n-/ 名 (形 quántitative) (-ti·ties /~z/; 形 quàntitàtive) **U.C** 量, 数量; 分量 (略 qty): This car consumes a large [small] ~ *of* fuel. この車は燃料を多く食う[少ししか食わない] / What ~ do you want? どのくらいの分量をお望みですか // ⇨ unknown quantity. 関連 quality 質. 語源 ラテン語で「どれほど多く」の意.

quantity surveyor

a quántity of ... [形] たくさんの…, 多量の…

in lárge quántities [副] 多量に, たくさん (in quantity).

in quántity (1) [形・副] (数)量的に[な], (数)量の(点で). (2) [副] =in large quantities.

quántities of ... [形] 《古風》=a quantity of ....

quántity survéyor [名] [C] 《英》《建築材料[費用など]を精算する》積算マン.

quan·tize /kwántaiz | kwón-/ [動] 他 《物理》〈…〉を量子化する.

*‡**quan·tum** /kwántəm | kwón-/ [名] (複 **quan·ta** /kwántə | kwón-/) [C] 1 《物理》量子: ~ mechanics 量子力学. 2 《格式》(主に微少の)量.

quántum léap [júmp] [名] [C] 1 《物理》量子飛躍. 2 飛躍的進歩, 大躍進.

quántum théory [名] [U] 《しばしば the ~》《物理》量子論.

*‡**quar·an·tine** /kwɔ́:rənti:n | kwɔ́r-/ [名] [U] 《または a ~》(伝染病患者の)隔離; 隔離期間; (港・空港等の)検疫. — [動] 他 《しばしば受身》〈伝染病患者〉を隔離する; 〈人・動物〉を検疫する; 〈場所〉を出入禁止にする.

quark[1] /kwɑ́:k, kwɔ́:k | kwáːk, kwɔ́ːk/ [名] [C] 《物理》クォーク 《素粒子を構成する粒子の一種》.

quark[2] /kwɑ́:k | kwáːk/ [名] [U] クヴァルク 《ドイツのチーズ》.

*‡**quar·rel** /kwɔ́:rəl | kwɔ́r-/ [名] (~s /~z/; 形 quarrelsome) [C] 1 口論, 言い争い, 口げんか; [主に新聞で] 国家間などの不和, 反目 (between): I had a ~ with Tom about [over] the program. トムと番組のことでけんかをした / It takes two to make a ~. 《ことわざ》けんかをするのには 2 人要る 《けんかは双方に責任, けんか両成敗》.

─ コロケーション ─

cause [lead to] a *quarrel* けんかを引き起こす
get into a *quarrel* けんかを始める
「**patch up [end, settle]**」 a *quarrel* けんかをおさめる
pick [start] a *quarrel* (**with** ...) (…)にけんかを売る

2 [しばしば否定文で] 争いの原因, けんか[口論]の種; 苦情: I have no ~ with him [what he says] now. 《格式》今のところ彼[彼の言うこと]には何の文句もない.

─ [動] (quar·rels /~z/; quar·reled /~d/; -rel·ing, 《英》 -rel·ling) 自 1 口論する, 言い争う, けんかする: ~ *over* [*about*] the choice of TV channels <V+over [about]+名・代> テレビのチャンネルをどれにするかで言い合いをする / They ~ed with each other *about* how to divide the goods. <V+with+名・代+about+wh 句> 彼らは品物をどう分けるかということで争った. 2 文句を言う, 苦情[小言]を言う; 異議を唱える: It is no use ~ing with fate. 運命に文句を言ってみたところで始まらない.

quar·rel·er, 《英》 **-rel·ler** /kwɔ́:rələ | kwɔ́rələ/ [名] [C] 口論する[好きの]人.

quar·rel·some /kwɔ́:rəlsəm | kwɔ́r-/ [形] (名 quarrel) [普通は A] 口論好きな, 短気な. **~·ness** [名] [U] 口論好き, 短気.

*‡**quar·ry**[1] /kwɔ́:ri | kwɔ́ri/ [名] (**quar·ries**) [C] (露天の)石切り場, 採石[砂]場. ─ [動] (**quar·ries**; **quar·ried**; -ry·ing) 他 1 〈石〉を切り出す, 〈砂〉を掘り出す (*from*, *for*, *out*, *out of*). 2 〈情報など〉を苦心して捜し出す.

quar·ry[2] /kwɔ́:ri | kwɔ́ri/ [名] [単数形で] ねらった獲物; 目をつけた人[物].

quart /kwɔ́:t | kwáːt/ [名] [C] クォート.

参考 液量 (liquid measure)・乾量 (dry measure) の単位で 1/4 ガロン, 2 パイント; 米国の液量では約 0.95 リットル, 乾量では約 1.1 リットル, 英国では液量・乾量とも約 1.14 リットル; 略 q., qt, 複数形は qts (☞ measure 表).

pùt a quárt ìnto a pínt pòt [動] 自 Ⓢ 《英略式》無理なことをする. 由来 1 パイントのつぼに 2 倍の量の 1 クォートを入れようとする, の意.

*‡**quar·ter** /kwɔ́ːtə | kwɔ́ːtə/ 13 [名] (~s /~z/)

ラテン語で「4 分の 1」 1 の意から.
→ (1 時間の 1/4) → 「15 分」 **2**
→ (1 年の 1/4) → 「4 半期」 **4**
→ (1 ドルの 1/4) → 「25 セント」 **3**
→ (東西南北の 1 つ) → 「地域」 **5**, 「方面」 **8**

1 [C] **4 分の 1**, 1/4 半分の (略 Qtr., qtr.): a ~ *of a mile* 4 分の 1 マイル / a century and a ~ 1 と 4 分の 1 世紀 (125 年) / Cut this melon into ~s. このメロンを 4 分の 1 ずつに切ってください // ☞ three quarters. 関連 half 半分.

2 [C] **15 分**(間) (1 時間の 1/4 から), (時計などである正時の)15 分前[過ぎ]の時点: It's (a) ~ *after* [《英》*past*] seven. 今は 7 時 15 分(過ぎ)だ / He started at (a) ~ *of* [《英》*to*] eight. 彼は 8 時 15 分前に出発した. 語法 《略式》ではしばしば a を省く. // half 30 分.

3 [C] 《米・カナダ》25 セント貨 《1 ドルの 1/4; ☞ coin 表》: Change this ~ into nickels, please. この 25 セント貨を 5 セント貨にくずしてください. 関連 dime 10 セント貨 / penny 1 セント貨.

4 [C] (1 年の)4 半期, 3 か月: I'm paying back my debts by the ~. 4 半期ごとに借金を返済している / The company made a profit of sixty thousand dollars in the first ~ of this year. 会社は今年の第 1 4 半期に 6 万ドルの利益をあげた. 5 [C] (都市の)地域, …街, (特定の人たちの住む)居住地 (☞ region 類義語); [複数形で] (一時的の)住む場所, 宿所 (lodgings); 《軍隊》の宿舎: the residential ~ 住宅街 / the Chinese ~ 中国人街 / married [single] ~s 既婚者[独身者]用宿舎. 関連 headquarters 本部. 6 [C] (情報・援助などの)出所, 筋; [しばしば複数形で] (ある地区・社会などの)人々: information from an unexpected ~ 思いもかけない筋からの情報 / receive no help from any ~ だれからも援助を受けない 7 [C] 《米》(1 年 4 学期制大学の)学期 《通例 10–12 週》; 《スポ》クォーター 《試合の前半[後半]の半分; ☞ half 3》. 8 [C] [しばしば複数形で] 方面, 地方: from all ~s of the world 《文》世界の各地から. 9 [U] [普通は否定文で] 《古語》〈敵に対する〉寛容; (降伏者の)助命, 命乞. 10 [C] 《天》弦 《月の満ち欠けの 1/4; 約 7 日に相当》. 11 [C] クォーター 《重量の単位; 米国では 25 ポンド, 英国では 28 ポンド; 略 qr》. 12 [C] [普通は単数形で] 《海》船尾. 13 [C] 《獣の》肉塊, 四肢(し)の 1. ★☞ close quarters.

─ [形] A 4 分の 1 の: a ~ hour 15 分.

─ [動] (-ter·ing /-ṭərɪŋ, -trɪŋ/) 他 1 〈…〉を 4 つに切る, 4 等分する. 2 《史》〈反逆者などを(処刑後)〉四つ裂きにする. 2 [普通は受身で] 《古語》〈軍隊など〉に宿舎を提供する, 宿営させる (on).

quárter-àcre blóck [名] [C] 《豪》4 分 1 エーカーの土地 《伝統的な家の敷地》.

quárter·bàck [名] [C] 《アメフト》クォーターバック 《フォワード (forward) とバック (back) との間に位置し, 攻撃のかなめとなる; 略 QB》; 指揮する人, 指導者. ─ [動] 《米》《アメフト》自 クォーターバックを務める. ─ 他 1 〈クォーターバックとして〉〈チーム〉の攻撃を指図する. 2 《略式》〈…〉を組織[指揮]する.

quárter dày [名] [C] 四期支払い勘定日. 参考 米

国では1月, 4月, 7月, 10月の各第1日; 英国ではLady Day (3月25日), Midsummer Day (6月24日), Michaelmas (9月29日), Christmas (12月25日).

quárter·dèck 名 C (船の)後甲板《高級船員や士官がいる》.

quar·ter·fi·nal /kwɔ́əṭəfáin(ə)l | kwɔ́:tə-/ 名 (〜s /〜z/) C 準々決勝戦. 関連 final 決勝戦 / semifinal 準決勝戦.

quárter hòrse 名 C クォーターホース《米国の短距離レース(普通は¼マイル)用の競走馬》.

quárter hóur 名 C 15分間; (時計のある時刻の)15分前[過ぎ].

quar·ter·ly /kwɔ́əṭəli | kwɔ́:tə-/ 形 1 年に4回の, 3か月に1回の《☞ daily 表》: a 〜 issue 季刊. 2 4分の1[四半分]の. ── (-ter·lies) C 年4回の刊行物, 季刊誌《☞ daily 表》. 副 年4回, 3か月に1回.

quárter·màster 名 C 〖陸軍〗補給係将校; 〖海軍〗操舵(さう)員.

quárter nòte 名 C (米)〖楽〗4分音符 (crotchet).

quárter rèst 名 C 〖楽〗四分休符.

quar·tet, quar·tette /kwɔəṭét | kwɔ:-/ 名 (-tets /-téts/) C 〖楽〗(英)単数形でも時に複数扱い 四重奏団; 四重奏曲; Ⓦ 四人組, 四つぞろい (of)《☞ solo 表》: a string 〜 弦楽四重奏(団).

quar·to /kwɔ́əṭou | kwɔ́:-/ 名 (〜s) C 《格式》四つ折り判《1枚の紙を2回畳んで8ページ分とした大きさ; およそ縦30センチ横24センチ; 略 qto》; 四つ折り判の本《☞ folio》.

quartz /kwɔ́əts | kwɔ́:ts/ 名 U 〖鉱石〗石英.

quártz clòck 名 C 水晶[クォーツ]の掛け[置き]時計.

quártz wàtch 名 C 水晶[クォーツ]の腕時計.

qua·sar /kwéɪzɑə | -zɑ:/ 名 C 〖天〗準星《銀河系外から電波を発する未知の恒星状天体》. 関連 pulsar パルサー.

quash /kwɑ́ʃ | kwɔ́ʃ/ 動 他 《格式》1〈判決・告発など〉を破棄する, 無効にする. 2〈…〉を鎮圧する, 静める. 3〈うわさなど〉を否定する, 打ち消す.

qua·si /kwéɪsaɪ, -zaɪ, kwɑ́:zi/ 形 類似の, 準[半]…: a 〜 member 準会員.

qua·si- /kwéɪsaɪ, -zaɪ, kwɑ́:zi/ 接頭 「擬似, 類似, 準」の意: quasi-official 準公式の.

Qua·si·mo·do /kwɑ̀:zɪmóudou/ 名 固 カジモド《Victor Hugo作の小説中のせむし男》.

qua·ter·cen·te·na·ry /kwɑ̀təsenténəri | kwætsentí:n-/ 名 C 400年記念(日·年) (of).

quat·rain /kwɑ́treɪn | kwɔ́tr-/ 名 C 〖詩学〗四行連句(の詩).

qua·ver /kwéɪvə | -və/ 動 (-ver·ing /-v(ə)rɪŋ/) 自 〈声·音が〉震える; 震え声で言う. ── 他〈…〉を震え声で言う. ── 名 C 1 [普通は単数形で] 震え声; 震音. 2 (英) =eighth note.

qua·ver·ing /kwéɪv(ə)rɪŋ/ 形 〈声が〉震えている.

qua·ver·ing·ly /kwéɪv(ə)rɪŋli/ 副 震え声で.

qua·ver·y /kwéɪv(ə)ri/ 形 震え声の.

quay /kí:/ ★ 例外的な発音だが (米) には /k(w)eɪ/ という綴り字式の発音もある. 名 C (小さな)波止場, 船着き場, 岸壁《☞ wharf 表》.

quay·side /kí:sàɪd/ 名 C 波止場わき.

quea·si·ly /kwí:zəli/ 副 むかついて; いやいや.

quea·si·ness /kwí:zɪnəs/ 名 U 《略式》吐き気; 不安.

quea·sy /kwí:zi/ 形 (quea·si·er, -si·est) 1 吐き気がする, 〈食べ物が〉むかむかさせる; 〈胃が〉物がつかえ, むかつく. 2 不快な; 不安な (about, at).

Que·bec /kwɪbék, kwə-/ 名 固 ケベック《カナダ東部

queer 1429

の州, その州都; ☞ 表地図 I 2-3》.

Que·bec·er, -beck·er /kwɪbékə, kwə- | -kə/ 名 C ケベック人.

Que·be·çois, Qué- /kèɪbɛkwɑ́: | kèb-/ 形, 名 C (複 〜(s) /-z/) (フランス系)ケベック(の).

Quech·ua, Kech- /kétʃwɑ: | -tʃuə/ 名 1 (複 〜(s)) C ケチュア族《ペルー中部の先住民族, かつてはインカ帝国の支配者層を構成した》. 2 U ケチュア語.

***queen** /kwí:n/ 名 (〜s /-z/; 略 qúeenly ⓒ) 1 [しばしば Q-] (君主としての)**女王**, 女帝《略 Q., Qu》: the 〜 of England イングランドの女王 / Elizabeth II 女王エリザベス二世 (II is the second と読む) / the Q〜 (略式) 英国女王. 関連 king 王.

2 [しばしば Q-] (国王の夫人としての)**王妃**: The King and Q〜 attended the ceremony. 王と王妃が式典に臨席された. 関連 empress 皇后.

3 [普通は単数形で; しばしば the 〜] (…の)**女王**, 花形《都市·場所·船などとしばしば女性として扱われるものに関していう》: a beauty 〜 美人コンテストの女王 / the 〜 of society 社交界の花形. 4 [しばしば the 〜] (トランプの札); (チェスの)クイーン, (チェスの)女王《略 Q.》: the 〜 of hearts ハートのクイーン. 関連 king キング / jack ジャック. 5 (略式)[差別] (主に女役の)ホモ, おかま. ── 動 他 〖チェス〗〈ポーン〉をクイーンにする. **quéen it** [動] 自 (英) 〈女性が〉(人に)女王のように[わが物顔に]ふるまう (over).

quéen ánt 名 C 女王あり.

quéen bée 名 C 女王ばち; 女王気取りの女.

quéen cónsort 名 (複 **queens consort, queen consorts**) [the 〜; しばしば Q- C-] (国王の夫人としての)王妃.

queen·ly /kwí:nli/ 形 (queen) [普通は Ⓐ] 女王[王妃]のような; 女王[王妃]にふさわしい.

quéen móther 名 [the 〜; 普通は Q- M-] 皇太后《亡き王の未亡人で現君主の母》.

Queens /kwí:nz/ 名 固 クイーンズ《New York 市東部の区》.

Quéen's Bénch 名 [単数形で] 〖英法〗高等法院の女王座部《☞ King's Bench; 略 QB》.

Quéens·ber·ry Rúles /kwí:nzbèri- | -b(ə)ri-/ 名 [the 〜] [複] クィーンズベリー ルール《近代ボクシングの基本規則》.

Quéen's Cóunsel 名 C 〖英法〗(女王治世時の)王室(顧問)弁護士《☞ King's Counsel; 略 QC》.

Quéen's Énglish 名 [the 〜] 純正[標準]イギリス英語《☞ King's English》.

Quéen's évidence 名 ☞ turn Queen's evidence (evidence 成句).

quéen-síze 形 《主に米》(ベッドやシーツなどが)クイーンサイズの(標準型と king-size の中間).

Queens·land /kwí:nzlənd, -lænd/ 名 固 クイーンズランド《オーストラリア北東部の州; 州都 Brisbane; ☞ 裏地図 L 3》.

Quéen's Spéech 名 [the 〜] ☞ King's Speech.

***queer** /kwíə | kwíə/ 形 (**queer·er** /kwí(ə)rə | -rə/; **queer·est** /kwí(ə)rɪst/) 1 《古風》風変わりな; 変な, 妙な《☞ strange 類義語》: a 〜 way of talking おかしなしゃべり方. 2 《略式》怪しい, 疑わしい: a 〜 noise 怪しい物音. 3 《古風, 英略式》気分が悪い, 吐き気がする. 4 《略式》[差別] 同性愛の, ホモの. **be in quéer strèet** [動] 《略式》(英略式)[滑稽] 借金している. **quéer in the héad** [形] 《古風》頭がおかしい, 気がふれて. ── 動 (**queer·ing** /kwí(ə)rɪŋ/) [次の成句で] **quéer …'s pítch** [動] 《英略式》…の計画[チャンス]をぶちこわす. ── 名 C 《略式》[差別] ホモ,

かま. **~・ly** 副 妙に, 変に. **~・ness** 名 U 風変わりなこと; 気分の悪いこと, 不快.

quéer bàshing 名 U《略式》ホモたたき[いじめ]《同性愛者に暴行を加えること》.

†**quell** /kwél/ 動 他 1《力ずくで》〈反乱・暴動など〉を押さえる, 鎮める. 2〈恐怖・不安・疑いなど〉を抑える.

quench /kwéntʃ/ 動 他 1〈のどの渇きなど〉をいやす: ~ one's thirst 渇きをいやす. 2《文》〈火など〉を消す. 3〈欲望など〉を抑える. 4〈熱したもの〉を水に入れて冷やす.

quer・u・lous /kwérələs/ 形《格式》ぶつぶつ言う, ぐちっぽい. **~・ly** 副 ぐちっぽく, 怒りっぽく, 短気に. **~・ness** 名 U ぐちっぽいこと, 短気.

*__que・ry__ /kwíəri/ 名 (**que・ries** /-z/) C 1《格式》質問, 疑問 (question); 疑い: raise a ~ 疑問を提起する. 2 疑問符 (question mark). 3《電算》《特定の文字列の》検索, 検索する文字列. ― 動 (**queries; que・ried; -ry・ing**) 他《格式》1〈不審に思って〉〈人〉に尋ねる, 質問する, 問いただす (ask) (whether): She queried me about my job. 彼女は私の仕事について尋ねた. 2〈…〉に疑いを挟む, 怪しむ.

que・sa・dil・la /kèisədíːjə/ 名《スペイン語から》名 C ケサディーヤ《チーズや肉をトルティーヤで包んで揚げたメキシコ料理》.

†**quest** /kwést/ 名 C《文》1 追求, 探求 (for). 2《中世の騎士の》探求の冒険[旅]: **in quest of** … 《前》《文》…を求めて. ― 動 自《文》1〈…〉を探し求める (for, after). 2 探索に出かける.

*__ques・tion__ /kwéstʃən/ 名 (~**s** /-z/) 1 C 質問, 問い《試験などでの》問題《略 q, Q., qu》尋問《反 answer》《文法》疑問文: ~s and answers 質疑応答 / Any ~s? 何か質問がありますか / Please answer my ~. 私の質問に答えてください/ 会話 "May I ask (you) a ~?" "Go ahead." 「お尋ねしたいことがあるのですが」「どうぞ」/ He asked me some ~**s about** Japan. 彼は私に日本についていくつか質問をした / I couldn't do the ~ **in** math [about gravity]. 《試験で》数学[重力]の問題ができなかった / She raised some basic ~s that I could not answer. 彼女は私に答えられない基本的な質問[疑問]を出した《☞ 2 の最後の例文》.

2 C《解決・議論を要する》問題, 議題, 懸案《略 q, Q., qu; ☞ problem 類義語》the ~(s) of the day 時事問題 / the housing ~ 住宅問題 / That's another ~ altogether. それは全く別問題だ/ It is a ~ **of** who should bell the cat. それは(まさに)だれがその難しい仕事をするかの問題だ《☞ bell 動》/ It is only a ~ **of** money [time]. それは単に金[時間]の問題だ / The ~ is whether he can do it in time.=The ~ is, can he do it in time (or not)? 問題は彼が期間内にそれができるかどうかだ / She raised the ~ **of** find**ing** [**of** how to find, **of** where to find] his successor. <N+of+動名 [wh 句]> 彼女は彼の後任を見つける[いかに見つけるか, どこで見つけるか]という問題を持ち出した《☞ 1 の最後の例文》.

3 U.C 疑い, 疑問, 疑義 (doubt)《言い換え》There is no ~ **about** [**of**] his honesty.=There is no ~ **about** [**of**] his be**ing** honest.<N+前+動名>=There is no ~ (**that**) he is honest. <N+(that) 節>=There is no ~ **but that** he is honest. 彼が正直であることは疑う余地はない. 《☞ There is no question of … 《成句》》// There was some ~ (**as to**) whether (or not) she would resign.<N+(as to) whether 節> 彼女が辞職するかどうかでなかった.

(**and**) **nó quéstions àsked** (それでいて)行動について何も説明する[してもらう]必要もない: refund money with no ~s asked 何も説明してもらわないで[無条件で]お金を払い戻す.

besíde the quéstion [形] 本題をはずれた, 的はず, の《☞ beside 3》.

beyònd (àll) quéstion [形・副] 疑いもなく, 確かに: His honesty [ability] is beyond ~. 彼が正直[能力があるのだ]確かだ.

bríng … into quéstion [動] 他〈…〉を議論の対象にする.

cáll … in [**into**] **quéstion=cáll in** [**into**] **quéstion …** [動] 他〔しばしば受身で〕《格式》〈問題があるとして〉〈…〉に疑義を差し挟む, 〈…〉に異議を唱える.

còme ìnto quéstion [動] 自 問題になる.

Góod quéstion! S =That's a (very) good question!

in quéstion [形] (1) 問題の, 話題の, 当該の: the point in ~ 問題点 / The man in ~ died. 例の男は死んだよ. (2) 問題[話題]になって, 疑わしい: His testimony is in ~. 彼の証言に疑問がもたれている.

it's jùst a quéstion of … S …だけの(簡単な)ことだ.

ópen to quéstion [形] 疑問[議論]の余地がある, (真偽のほどが)定かでない.

òut of the quéstion [形] 問題にならない, 論外で, 全く不可能で (impossible): His proposal is out of the ~. 彼の提案は不可能だ.

pùt a quéstion to … [動] 他〈…〉に質問する.

Thàt's a (véry) góod quéstion! S (それは)なかなかよい[鋭い]質問ですね, 痛いところをつくね《答えられなかったり答えると問題があるときなどに用いる》.

The quéstion remáins whèther … …かどうかという問題[疑問]は依然として残る.

There is no quéstion of … (1) …は問題に(さえ)ならない, 論外である, …の可能性は[見込みは]全くない: There is no ~ of escape. 逃亡の可能性は全くない / There was no ~ of his refusing to come to the party. 彼がその会の出席を断わることはありえなかった. 語法 次のように question に no 以外の語を用いることがある: There is some ~ of her resigning. 彼女が辞職することも考えられる. (2) …には疑問の余地がない: There is no ~ of his honesty. 彼が正直であることには疑問の余地がない《☞ 名 3 の例文》.

thrów … into quéstion [動] 他〈…〉に疑義を差し挟(はさ)む.

withòut quéstion [副] (1) 疑いもなく, 確かに. (2) 何の疑いも持たずに, 黙って.

― 動 (**ques・tions** /-z/; **ques・tioned** /-d/; -tion・ing /-tʃ(ə)nɪŋ/) 他 1〈人〉に質問する; 〈人〉を尋問する: They ~**ed** the candidate closely **on** [**about**] his political views. <V+O+on [about]+名・代> はその候補者に政見を詳しく尋ねた / He was ~**ed by** the police officer **about** his belongings. <V+O+about+名・代の受身> 彼は所持品についてその警察官に尋問された.

2〈…〉を疑う, 疑問に思う; 〈…〉に異議を唱える: ~ the significance of his discovery 彼の発見に意義があるのかどうか疑いを持つ / I ~ **whether** he will be elected president. <V+O(whether 節)> 彼が大統領に選ばれるかどうか疑問に思う.

†**ques・tion・a・ble** /kwéstʃ(ə)nəbl/ 形《反 unquestionable》《格式》疑わしい, 疑問の余地がある; 不審な, いかがわしい;《選手が》出場が危ぶまれる. **-a・bly** /-nəbli/ 副 疑わしく.

†**qués・tion・er** 名 C 質問者; 尋問者.

quéstion・ing 形《反 unquestioning》A W 疑わしげな, 不審そうな; 尋ねたがっているような. ― 名 U 質問; 事情聴取: be kept [held] for ~ 尋問のために引き留められる. **~・ly** 副 疑わしげに; 尋ねるように.

†**quéstion màrk** 名 C 1 疑問符《句読点の一種で疑問文の末尾につける (?) の記号; interrogation mark ともいう》. 2 疑問な点, 不確定な要素: There

is a ~ hanging over the future of Japanese universities. 日本の大学の将来には疑問符がついている.

quéstion màster 图 C (英)=quizmaster.

†ques·tion·naire /kwèstʃənéə | -néɑ/ **□□** 图 アンケート, 質問表: answer [complete, fill out, fill in] a ~ アンケートに答える[記入する]. **日英比較** 日本語の「アンケート」はフランス語の enquête /ɑ:ŋkét/(質問, 調査)に由来する.

quéstion tàg 图 C=tag question.

quéstion tìme 图 U 《英議会》(大臣・議員の)質疑応答時間.

Quet·zal·co·a·tl /kètsɑ:lkouá:tl | kètsəlkouǽtl/ 图 固 《メキシコ神話》ケツァルコアトル (アステク族の主神).

***queue** /kjú:/ ★発音に注意. [同音] cue[1,2]; [類音] cube, cute) 图 (~s /-z/) C 1 (英)(順番を待つ人・車などの)列 ((米)line): a ~ for the bus バス待ちの列 / a ~ of cars 車の列 / form a ~ 列を作る / join [get into] a ~ 列に加わる 2 (普通は単数形で)(英)順番待ちの人々(の名簿)(of). 3 《電算》待ち行列. **be in the quéue** [動] (英)行列に加わって[並んで]待っている (for). **in a quéue** [副・形] (英) 1 列になって[た]: stand [wait] in a ~ 一列になって並ぶ[待つ]. **jump the quéue** [動] 《英》(列)順を[に]割り込む; (不正に)待ち順をとばす[優先してもらう].
— 動 (queues /-z/; queued /-d/; queu(e)·ing) 自 (英)行列する, 並んでの順を待つ((英)line up); 【電算】待ち行列に入る: ~ (up) for taxis 一列に並んでタクシーを待つ. 他【電算】《ファイルなど》を待ち行列に入れる.

quéue-jùmp 動 自 (英)列に割り込む.
quéue-jùmp·er 图 C (英)列に割り込む人.
quéue-jùmping 图 U (英)列への割り込み.

quib·ble /kwíbl/ 图 C (取るに足らない)異論, 異議, 文句.
— 動 自 (ささいなことで)文句を言う, つべこべ言う (at, about, over, with).

quíb·bler 图 C つまらないことにこだわる人, つべこべ言う人.

quiche /kí:ʃ/ 图 C|U キッシュ (卵・ベーコン・チーズ・野菜などを詰めたパイの一種): Real men don't eat ~. 真の男はキッシュなど食べない 《俗にキッシュは女性の食べ物とされるのでふざけて言う》.

***quick** /kwík/ **□□** 形 (quick·er; quick·est; 動) quícken)

元来は「生きている」5 の意から→(生きがいい)→「敏感な」3 →「すばやい」2 →「速い」1

1 (速度・運動などが)**速い**, 急速な (反 slow) (☞ fast[1] 表, 類義語): a ~ worker 仕事の速い人 / walk at a ~ pace 足早に歩く / be ~ on one's feet 足が速い / It will be ~er to walk than to have to take a taxi. 歩いて行くほうがタクシーに乗るより速いでしょう.

2 (動作が)**すばやい**, 敏活な, 敏捷(びんしょう)な; (出来事が)一瞬の間の, 短時間の, (もの覚え・理解などが)早い; 機敏な (反 slow): a ~ reply 即答 / have a ~ drink さっと一杯飲む[ひっかける] / pay a ~ visit ちょっと立ち寄る / The elevator made a ~ stop. エレベーターはがたんと止まった / Give him a call, and be ~ **about** it (=hurry up)! <A+about+名・代> ⓢ 彼に電話してくれ, すぐにだ / He was ~ **to** help us. <A+to 不定詞> 彼はいち早く私たちを助けてくれた / He is ~ **at** figures. <A+at+名・代> 彼は計算が早い / Mary is ~ **at** learning French. <A+at+動名> メアリーはフランス語を覚えるのが早い / She is ~ **with** her hands. <A+with+名・代> 彼女は器用だ / You're being ~er than usual today. 今日の君はいつもよりきびきびしてるね. 3 敏感な, 鋭い, 鋭敏な; せっかちな, 怒りっぽい (反 slow): John has a ~ temper. ジョンは怒りっぽ

quick-witted 1431

い. 4 (曲がりなどが)急な, 鋭い (sharp). 5 《古語》生きている: the ~ and the dead 生者たちと死者たち (複数扱い; ☞ the[1,3]).

Máke it quíck! ⓢ さっさとやれ.
— 副 1 ⓢ **速く**, 急いで, すばやく (quickly): Come ~! すぐ来い! / Can't you run ~er? もっと速く走れないのか. 語法 how とともに文頭にくるとき以外は, quick は通例後にくる (⇒ fast[1] 語法, slow 語法) // You can hardly get rich ~ doing that! そんなことをしていてはにわか成り金になるのはまず無理だ. 2 (分詞と合成語をなして)速く, すぐに: a ~-firing gun 急速射砲.
— 图 U 〔普通は the ~〕(皮膚の)敏感な部分, 生身(特につめの下): bite a nail to the ~ 深づめをするほどつめをかむ. **cút ... to the quíck** [動] 他 (古風) 《...》の感情をひどく傷つける.
— 感 急いで(くれ), (ほら)早く, ねえちょっと.

quick-and-dírty 形 A (略式) 間に合わせの, やっつけ仕事の.

quick brèad 图 C|U (主に米)クイックブレッド (すぐ焼けるベーキングパウダー入りのパン; マフィンなど).

quick-chánge 形 A (芸人などが)早変わりの: a ~ artist 早変わり芸人.

***quick·en** /kwík(ə)n/ 動 (形) quick) 他 1 (歩調など)を速める: He ~ed his pace [steps] to a run. 彼は歩調を駆け足に速めた. 2 (格式)《興味など》をかき立てる. 3 (古語)活気づける. — 自 1 速くなる, 速まる. 2 (格式)(興味などが)かき立てられる; (古語)活発になる. 3 (胎児が)胎動を始める.

quick·en·ing /-k(ə)nɪŋ/ 图 U|C (胎児の)胎動.

quick·fire 形 (会話などが)矢継ぎ早の; 速射の.
quick fíx 图 C (問題などの)手っ取り早い解決策, 応急処置.

quick-fréeze 動 (-freez·es; 過去 -froze /-fróuz/; 過分 -fro·zen /-fróuz(ə)n/; -freez·ing) 他 (食料品)を急速冷凍する.

quick·ie /kwíki/ 图 C (略式) やっつけ仕事 (急ごしらえの安物映画・テレビ番組・小説など); 大急ぎの仕事; (酒などを)さっと一杯 (ひっかけること); 時間を取らない質問; [滑稽] 素早く行なう[終ってしまう]セックス[一発].
— 形 A (略式)急ごしらえの, さっとすませる, 略式の.

quick·lìme 图 U 生石灰.

***quick·ly** /kwíkli/ 副 (more ~, quick·li·er; most ~, quick·li·est) 1 速く, 急いで, すばやく, さっさと (反 slowly) (⇒ quick 副 語法): Work「more ~ [quicklier]! さっさと働きなさい / She always speaks ~. 彼女はいつも早口だ / He ~ stepped on the brake. 彼はすぐにブレーキを踏んだ / What can you serve (the) most ~? 何がいちばん早くできますか《食堂などで》.

2 すぐに, 直(ただ)ちに: The doctor came ~. 医者はすぐに来た. 3 ちょっと(の間).

quick márch 图 U 《軍》速歩行進. — 感 《軍》速歩始め(号令).

quick·ness 图 U 1 (速度・運動などの)敏速さ. 2 すばやさ, 機敏; 敏感; (頭の)鋭さ.

quíck óne 图 C (略式) キュッとやる一杯.

quick·sànd 图 U|C [しばしば複数形で] 流砂 (その上を歩こうとする人や動物などを吸い込む); 流砂地帯; 危険な[困った]状態.

quick·sìl·ver 图 U (古語) 水銀 (mercury). **like quicksilver** [形・副] (古語) とても速い[速く]. — 形 A 変わりやすい, 動きの速い; 移り気な.

quick-stép 图 [the ~] 〔ダンス〕クイックステップ; クイックステップの曲.

quick stùdy 图 C (米俗) 頭のいい子[生徒, 学生].
quick-témpered 形 短気な, 怒りっぽい.
quick-wítted 形 頭の回転が速い, 機転のきく.

quick-wittedness

quíck-wítted·ness 名 U 機転がきくこと.

quid¹ /kwíd/ 名 (複 ~) C《英略式》1 ポンドの金 (pound). **be quíds ín** 動 自 S《英略式》もうけている; 有利[上出来]だ (with).

quid² /kwíd/ 名 C (かみたばこの)一服.

quid pro quo /kwídprouːkwóu/《ラテン語から》(~s, quids pro quo) C《格式》見返り, お返し (for).

qui·es·cence /kwaiés(ə)ns/ 名 U《格式》静止, 休止; 沈黙, 静寂.

qui·es·cent /kwaiés(ə)nt/ 形《格式》静止した, 動きのない, 静かな. **~·ly** 副 静かに.

*qui·et /kwáiət/《類義語 quiete》T1

元は「休息した」の意から「平穏(な)」名 形
→「ひっそりとした」→「(物音が)静かな」1
→「動きのない」3 →「落ち着いた」2 →「おとなしい」4

— 形 (qui·et·er /-t̬ə | -tə/; qui·et·est /-t̬ɪst/ 名 quíetude;)反 unquiet) **1** 静かな, もの静かな, ひっそりとした; 静かにしている (反 noisy, loud) (≒ silent 類義語): ~ music 静かな音楽 / ~ footsteps 静かな足音 / a ~ evening 静かな夕暮れ / Q~ [Be ~]! S 静かに(しろ, 騒ぐな / Please keep the children ~. 子供たちをおとなしくさせておいてください / The noise of the traffic is getting [growing] ~er. 車の往来の音が静かになってきた / The children are being ˈvery ~er than usual] this morning. 今朝は子どもたちがずいぶん[いつもより]静かにしている.

quiet (じゃまな音や動きがない)	静かな《🔗 silent 類義語》
silent (声も音も全くしない)	
still (音だけでなく動きもない)	
calm (天候や海が穏やかな)	

2 落ち着いた; 平和な, 平穏な (心配や気苦労のない) (peaceful): live a ~ life in the country いなかで平穏な暮らしをする / We had a ~ day today. きょうは一日のんびりと過ごしました (特別なことはない).
3 動きのない, 静止した, (場所などが)閑散な; (市況などが)不活発な, 閑散とした: Keep ~, please. (そのまま)動かないでください / This street is very ~ on Sundays. この通りは日曜日はとても静かだ / The stock market is ~ today. 株式市場はきょうは動きがない.
4 (人や性格が)おとなしい, 無口な, もの静かな, つつましやかな, しとやかな; A (感情などが)内に秘めた, しとやかた: a ~ young woman もの静かな若い女性. **5** (服装·色などが)地味な, 落ち着いた, おとなしい (反 loud): a ~ color おとなしい色. **6** 内密の, 秘密の: I want to have a ~ word with her. 彼女にそっと釘をさして[ひとこと言って]おきたい.
kèep quíet abòut ... = **kéep ... quíet** 動 他 ...について黙っている; ...をないしょにしておく.

— 名 (反 disquiet) U **1** 平穏, 平和, 平静: He wanted only a little peace and ~. 彼はほんのささやかな平穏無事を願った. **2** 静けさ, 静寂 (quietness): in the ~ of the night 夜の静けさの中で / The teacher asked for ~. 先生は静かにするように言った. **on the quíet** 副《格式》こっそりと, 秘密に (≒ q.t.).
— 動 (反 disquiet) 他《主に米》〈...〉を静かにさせる (down); 〈不安など〉を静める, なだめる (≒《主に英》qui·eten): The news of his success ~ed her fears. 彼の成功の知らせで彼女は安心した. — 自《主に米》静かになる, おさまる (≒《主に英》quieten): The spectators

~ed (down) at the sight of him. 観客は彼の姿を見ると静まった.

qui·et·en /kwáiətn/ 動《主に英》= quiet.

qui·et·is·m /kwáiətɪzm/ 名 U《格式》**1** 静寂主義《欲望を捨て, 神についての沈思黙考を説く》. **2** [しばしば軽蔑]《現状》容認主義, 静観主義.

qui·et·ist /kwáiətɪst/ 名 C, 形《格式》静寂主義者(の); [しばしば軽蔑]《現状》容認主義者(の).

*qui·et·ly /kwáiətli/ 副 **1** 静かに; おとなしく: Walk as ~ as you can. できるだけ静かに歩きなさい / Please speak ~. 静かに話してください.
2 穏やかに, 平穏に: live ~ 平和に暮らす.
3 ひそかに, 内密に: ~ confident ひそかに確信している.
gò quíetly 動 自 黙って引き下がる.

*qui·et·ness /kwáiətnəs/ 名 U **1** 静けさ, 静寂: the ~ of the night 夜の静けさ. **2** 穏やかなこと, 平穏.

qui·e·tude /kwáiətjuːd | -tjuːd/ 名 形 quíet) U《格式》静けさ, 穏やかさ; 平穏 (calmness).

qui·e·tus /kwaiíːtəs/ 名 [単数形で]《格式》死; 消滅; 終結.

quiff /kwíf/ 名 C《英》クイフ《額の上方にブラシでなで上げた男性の髪型》.

quill /kwíl/ 名 C **1** 大羽, 羽軸《鳥の翼·尾にある強くて丈夫な羽根》 (quill feather). **2** [普通は複数形で]《やまあらし·はりねずみなどの》針. **3** = quill pen.

quíll fèather 名 C = quill 1.

quíll pén 名 C 鵞(が)ペン, 羽根ペン (🔗 pen¹ 語源).

*quilt /kwílt/ 名 C キルト, キルティングのしてあるベッドカバー (bedspread) 《2枚の布地の間に羽毛などを入れて刺し子に縫い止めたもの; 🔗 make the [...'s] bed (bed 名 成句) 参考》. **2**《英》= duvet. — 動 他 〈...〉にキルティングをする. — 自 キルトを作る[に仕上げる].

quill pen

quílt·ed 形 キルト(風)の.

quílt·ing 名 U 刺し子に縫うこと, キルティング; キルトの材料.

quílting bèe [pàrty] 名 C《米》キルト作りの(社交的)集まり.

quim /kwím/ 名 C《英卑》女性器, あそこ.

quin /kwín/ 名 C《英略式》= quint.

quince /kwíns/ 名 C,U まるめろ(の実) 《砂糖漬けやジャムなどにする》.

quin·cen·te·nar·y /kwɪnsént(ə)nèri, kwɪnsenténəri | kwɪnsentíːnəri, -téːn-/ 名 C 五百年祭.

quinces

qui·nel·la /kwɪnélə/, **qui·nie·la** /kiːnjélə/ 名 C《競馬などの》連勝複式(の賭(か)け) 《1·2着を当てる》.

qui·nine /kwáinaɪn | kwíniːn, kwíːniːn/ 名 U キニーネ(剤)《マラリアの特効薬》.

quiníne wàter 名 U《米》キニーネ水《ジン·ウォッカなどを割る炭酸水》.

Quin·qua·ges·i·ma /kwɪŋkwədʒésəmə/ 名 U《キ教》四旬節 (Lent) の直前の日曜日《復活祭の50日前》.

quin·sy /kwínzi/ 名 U 扁桃腺(ヘンタウセン)炎.

quint /kwínt/ 名 C [複数形で]《米略式》五つ子《全体》; [a ~] 五つ子の1人 (🔗 twin 表, quintuplet) (《英》quin).

*quin·tes·sence /kwɪntés(ə)ns/ 名 [the ~]《格式》精髄, 真髄; 典型 (of).

quin·tes·sen·tial /kwɪntəsénʃəl/ 形《格式》

純粋な; 典型的な. **-tial·ly** /-ʃəli/ [副] 典型的に.
quin·tet, quin·tette /kwɪntét/ [名] [C] **1** 〚楽〛[《英》単数形でも時に複数扱い] 五重奏団; 五重奏曲 (☞ solo 表). **2** 五人組, 五つぞろい.
quin·til·lion /kwɪntíljən/ [名] (~s, ~) [C], [形] 《米》 10^{18} (の); 《古風, 英》 10^{30} (の).
quin·tu·ple /kwɪnt(j)ú:pl | kwíntjʊ-/ [形] [普通は [A]] 《格式》 5 つの部分から成る; 5 倍の. ― [名] [C] 《格式》 5 倍 (*of*). ― [動] [自] 5 倍になる. ― [他] 〈…〉を 5 倍(に)する.
quin·tu·plet /kwɪntʌ́plət, -t(j)ú:p- | kwíntjʊp-/ [名] **1** [複数形で] 五つ子 《全体》; [a ~] 五つ子の 1 人 (☞ twin 表). **2** [C] 五個[五人]ひと組.
⁺**quip** /kwíp/ [W] [名] [C] 警句; しんらつなことば, 皮肉, 軽口, 冗談. ― [動] (**quips**; **quipped**; **quip·ping**) [自] 警句を吐く; しんらつなこと[皮肉, 冗談]を言う. ― [他] 〈…〉と警句を吐く; 〈…〉としんらつ[皮肉, 冗談]に言う.
quip·ster /kwípstɚ | -stə/ [名] [C] 皮肉屋.
quire /kwáɪɚ | kwáɪə/ [名] [C] (紙の)1 帖(じょう) 《24, または 25 枚》.
⁺**quirk** /kwɚ́:k | kwə́:k/ [名] [C] **1** (運命などの)急変, 巡り合わせ: by a [some] ~ *of* fate 運命のいたずらで. **2** 奇妙な癖, 奇癖.
quirk·i·ly /kwɚ́:kɪli | kwə́:-/ [副] 風変わりに.
quirk·i·ness /kwɚ́:kinəs | kwə́:-/ [名] [U] 風変わり.
⁺**quirk·y** /kwɚ́:ki | kwə́:-/ [形] (**quirk·i·er**; **-i·est**) 風変わりな.
quis·ling /kwízlɪŋ/ [名] [C] 《古風》 売国奴, 裏切り者.
***quit** /kwít/ [T1] [動] (**quits** /kwíts/; 過去・過分 **quit**, 《主に英》 **quit·ted** /-ṭɪd/; **quit·ting** /-ṭɪŋ/) [他] **1** 《略式》〈仕事・習慣など〉をやめる, よす (☞ retire 類義語, stop 類義語): ~ school [a job] 学校[勤め]をやめる / I ~ smok*ing* two years ago. <V+O (動名)> 私は 2 年前に禁煙した / *Q*~ chatt*ing*. おしゃべりはやめろ. **2** 《古語》〈場所〉から去る, 立ち退く. ― [自] 《略式》 やめる; 辞職する. ― [形] [P] [~ of として] 《まれ》 (…を)免れて (rid).
quít·clàim [名] [U,C] 〚法〛 権利放棄[譲渡](証書).

**quite /kwáɪt/ ([類音] quiet) [副]

① すっかり, 全く	1
② (相当に); なかなか	2
③ (多少は); まあまあ	3
④ [否定文で] すっかり…ではない	4

1 すっかり, 完全に, 全く, 全然; まるまる: I am ~ well now. もうすっかり元気です / You are ~ right. 全くあなたの言うとおりです / *Q*~ right! よろしい, 結構です / That is ~ another matter. それは全く別問題です / Bob is ~ grown up now. ボブはもうすっかり大人です / I ~ agree with you. あなたと全く同じ意見だ / This is ~ the tallest building I've ever seen. これはまさしく今まで見た中で最も高いビルだ.
2 なかなか, 相当, かなり (☞ very¹ 囲み); 《米》 とても, 大変 (very): She is ~ a pretty girl, isn't she? 彼女はなかなかきれいな子じゃないか (☞ a² [語法] (2)) / It is ~ cold this morning. けさはかなり寒い / He left ~ suddenly. 彼はずいぶん急に出発した / That hat is ~ nice. 《米》 その帽子はとてもよい (★《英》では「なかなかよい; まあまあよい」の意; ☞ 3).

> [語法] quite が「不定冠詞+形容詞+名詞」につくときは, 次の 2 通りの位置をとる (☞ rather¹ [語法]): (a) He is *a* ~ rich man. (b) He is ~ *a* rich man. (a) は「彼はすごい金持ちだ」の意味であるが, (b) は (a) の意味のほかに「彼はまあかなり金持ちだ」の意味にもなる.

3 《主に英》 まあまあ, まずまず: I ~ like English. [S] 英語は嫌いではない / Her performance was ~ good. ↘ 彼女の演奏はまあまあだった / [会話] "Did you enjoy the game?" "Yes, ~." 「試合はおもしろかったですか」「ええ, まあまあでした」
4 [否定文で] すっかり…ではない, 完全には…ではない (☞ partial negation [文法]): I am *not* ~ well yet. 私はまだすっかり具合がよくなってはいない(まだ幾分悪い) / He is *not* ~ a gentleman. 彼は完全な紳士とは言えない(いくらか紳士らしくない点がある) / She is *not* ~ the woman she was. 彼女は以前とは違っている 《以前ほどよくない, 丈夫ではないなど》 / This isn't ~ what I expected. これは私の期待していたものとぴったりというわけではない. **5** [S] 《英格式》 全くそうだ, 全くそのとおり (certainly) 《相手のことばの相づちとして》: [会話] "It's a very difficult problem." "*Q*~ (so)! [Yes, ~!]" 「それは非常に難しい問題だ」「全くそのとおり」.
quíte a [sòme] … [普通はほめて] なかなか[相当]の, ちょっとした, (かなり)すごい: ~ *some* time かなりの時間 / Liz is ~ *a* [*some*] girl. リズはなかなかの[やり手の, 勇敢な, 強情な]女だ / Bob is ~ *a* [*some*] baseball player. ボブはちょっとした[かなりうまい]野球選手だ.
quìte a féw … ☞ few [形] 成句. **quìte a líttle …** ☞ little¹ [形] 成句.
Qui·to /kí:ṭoʊ/ [名] [固] キート 《エクアドルの首都》.
quits /kwíts/ [形] [P] 《略式》 (返済・仕返しなどによって)五分五分で, あいこで. **be quíts with …** [動] [他] [S] 《略式》 …と対等になる; …に報復する. **cáll it quíts** [動] [自] 《略式》 (1) 五分五分だと言う, 勝ち負け[貸し借り]なしにする. (2) 終わりにする, やめる.
quit·tance /kwíṭəns, -tns/ [名] **1** [C] 〚法〛 (債務などの)免除(証書). **2** [U] 《格式》 償い, 返礼, 報復.
quit·ter /kwíṭɚ | -tə/ [名] [C] [普通は否定文で] 《略式》 [軽蔑] 粘りのない人, あきらめの早い人, 三日坊主.
quít·ting tìme /-ṭɪŋ-/ [名] [U] 《主に米》 終業時間.
⁺**quiv·er¹** /kwívɚ | -və/ [動] (**-er·ing** /-v(ə)rɪŋ/) [自] (小刻みに)震える, 揺れる; おののく (☞ shake 類義語): ~ *at* the sound of the wind 風の音におののく / His lips ~*ed with* emotion. 彼の唇は興奮で震えていた ― [他] 〈…〉を震わせる, ひくひく動かす. ― [名] [C] 震え, 震動; 震える音, 震え声 (*of*).
quiv·er² /kwívɚ | -və/ [名] [C] えびら, 矢筒; 矢筒の矢.
qui vive /kí:ví:v/ 《フランス語から》 [名] [次の成句で] **òn the quí víve** [形] 《古風》 警戒して, 気をつけて.
Quixote [名] [固] ☞ Don Quixote.
quix·ot·ic /kwɪksáṭɪk | -sɔ́t-/ [形] 《格式》 ドンキホーテ (Don Quixote) 風の; 空想的な, 非現実的な.
***quiz** /kwíz/ [名] (**quiz·zes** /~ɪz/) [C] **1** 《主に米》 (簡単な)試験, 小テスト, (学校などでの)臨時試験 (☞ examination 表): a ~ *in* geography＝a geography ~ 地理のテスト.
2 (ラジオ・テレビなどの)クイズ: a ~ program クイズ番組.
3 尋問, 質問, 取り調べ.
― [動] (**quiz·zes**; **quizzed**; **quiz·zing**) [他] **1** 《米》〈学生など〉に(簡単な)試験をする, テストする. **2** 〈人〉に質問する; 尋問する (*about*).
quíz·màster [名] [C] クイズ番組司会者 (《英》 question master).
quíz shòw [名] [C] クイズ番組.
quiz·zi·cal /kwízɪk(ə)l/ [形] [普通は [A]] **1** 不審そうな **2** (表情などが)ふざけ[からかい]半分の. **-cal·ly** /-kəli/ [副] 不審そうに; からかって.
quo /kwóʊ/ ☞ quid pro quo; status quo.
quod /kwád | kwɔ́d/ [名] [U] 《古風, 英》 刑務所.
quoin /k(w)ɔ́ɪn/ [名] [C] **1** (建物の)外角, 隅(すみ)石 《外角に積む》. **2** くさび(型ブロック), かなめ[くさび]石.
quoit /k(w)ɔ́ɪt/ [名] [C] (輪投げの)輪; [複数形で単数扱

quon・dam /kwάndəm | kwɔ́n-/ 形 《格式》以前の, かつての.

Quón・set hùt /kwάnsɑt- | kwɔ́n-/ 名 C 《米》かまぼこ形組み立て兵舎 《商標》(《英》Nissen hut).

quo・rate /kwɔ́ːreɪt/ 形 《反 inquorate》《英格式》(会が)定足数に達している.

Quorn /kwɔ́ːn | kwɔ́ːn/ 名 U 《英》クォーン(きのこから作る植物性蛋白; 肉の代用食品; 商標).

quo・rum /kwɔ́ːrəm/ 名 [単数形で] (議決に要する)定数: have a ～ 定数を満たしている.

quot. 略 =quotation.

*__quo・ta__ /kwóʊtə/ 名 (~s /-z/) C 1 持ち分, 割り当て《特に輸出入・製造・移民・入学者などの割り当て数量》: the ～ of immigrants 移民の割り当て / do one's ～ of work 割り当て分の仕事をする. 2 当選基数.

quot・a・ble /kwóʊtəbl/ 形 引用価値のある, 引用に適する.

†**quo・ta・tion** /kwoʊtéɪʃən/ 名 (動 quote) 1 C 引用文, 引用語句 《略式》quote) (《略 quot.》: a ～ from the Bible 聖書からの引用. 2 U 引用(する[される]こと). 3 C 見積もり(書) (《略式》quote); 『商』相場(表), 時価: a ～ for the extension 増築費用の見積もり.

quotátion màrks 名 [複] 引用符 《略式》quotes (☞ quote 名 2, 成句), 《英》inverted commas) (★ 引用符の用法については ☞ narration 文法).

*__quote__ /kwóʊt/ T2 動 (**quotes** /kwóʊts/; **quot・ed** /-tɪd/; **quot・ing** /-tɪŋ/; 名 quotátion) 他 1〈他人のことば・文章などを〉**引用する**, 引き合いに出す; 〈…の〉言ったことを伝える: ～ the Bible 聖書(のことば)を引用する / The proverb *is ～d from* Franklin. <V+O+*from*+名・代の受身> そのことわざはフランクリンのことばから引用されたものです / He ～*d* her remark *to* us. <V+O+*to*+名・代> 彼は私たちに彼女の発言を伝えた / Don't ～ me (*on* that). <V+O(+*on*+名・代)> 《その[この]ことを》私がしゃべったのを人に言わないでくれよ, 誰から(これを)聞いたかは秘密にしてくれよ / She *was ~d as* say*ing* she would resign. <V+O+O (*as*+現分)> 彼女は辞任すると言ったとされた. 2〈実例などを〉示す: ～ a recent case 最近の例を示す. 3〈金額・価格〉を言う, 見積もる;〈人に×…〉を言う; 『商』〈…〉に相場をつける.

── 自 1 引用する; 引用(文)を始める (☞ unquote) 語法): Our teacher often ～*s from* the Bible. <V+*from*+名・代> 私たちの先生はよく聖書を引用する. 2 (…の費用を)見積もる (*for*). 語源 ラテン語で「番号をつける」の意. 本に他著作から参照番号をつけることから「引用する」となった.

── 名 C 《略式》 1 **引用文**, 引用語句 (quotation) (*from*): an accurate ～ 正確な引用文. 2 [複数形で] 引用符 (quotation marks). 3 見積もり (quotation).

in quótes [形・副] 《略式》引用符付きの[で]; かっこ付きの[で]: use a word *in* ～*s* 語を引用符付きで用いる.

quoth /kwóʊθ/ 動 他 《古語》言った (一人称・三人称単数過去形; 主語の前に置く).

quo・tid・i・an /kwoʊtídiən/ 形 A 《古語》毎日の (daily), ふだんの, 普通の[いつも]の.

quo・tient /kwóʊʃənt/ 名 C 1 『数』商 (反 product); 指数 (☞ intelligence quotient). 2 指数, 程度, 比率.

Qur・'an, Qur・an /kərǽn, -ráːn | kɔráːn/ 名 [the ～] =Koran.

Qur・'an・ic, Qur・an・ic /kərǽnɪk, kóː- | kɔ-/ 形 =Koranic.

q.v. /kjúːvíː/ 《ラテン語から》《格式》その語を見よ, …参照 (quod vide (=which see) の略で, 学術書などで用いる). 語法 which see とも読む.

QWÉR・TY kéyboard, qwér・ty kéy-board /kwə́ːʈi | kwə́ː-/ 名 C (コンピューターなどの)クワーティキーボード《上から2列目の文字が左から q, w, e, r, t, y の順に並んだ標準文字配列のキーボード》.

r R

r, R[1] /ɑ́ɚ | ɑ́ː/ 名 (複 **r's, rs, R's, Rs** /~z/) [C,U] アール (英語アルファベットの第18文字). **róll one's ŕ's** 動 巻き舌でrを発音する. **the thrée Ŕ's [Ŕs]** 名 (古風) 読み書き算数 (基礎教育としての reading, writing, arithmetic のこと).

R[2] /ɑ́ɚ | ɑ́ː/ 名 **1** [C], 形 [映] [来] 準成人向きの(の)(16歳以下は親の同伴が必要; restricted の略; ☞ X[2]).

*r. 略 **1** 右, 右の[に] (right). **2** =radius, railroad, railway, recto, road.

*R. 略 **1** 右, 右の[に] (right). **2** =railroad, railway, (米) Republican, river, route, royal, [野] run(s). **3** 国王; 女王 (Rex, Regina).

Ⓡ 略 登録商標 (registered trademark の略号).

R.A. 略 =Royal Academy.

Ra·bat /rəbɑ́ːt/ 名 ラバト (モロッコの首都).

†**rab·bi** /rǽbaɪ/ 名 [C] ラビ《ユダヤの宗教指導者[律法博士]》; [敬称として] 先生.

rab·bin·ate /rǽbənət/ 名 [the ~] ラビ(全体).

rab·bin·i·cal /rəbínɪk(ə)l/ 形 ラビの(教義の).

***rab·bit** /rǽbɪt/ 名 (**rab·bits** /-bɪts/) **1** [C] 穴うさぎ《日本には野生しない》, 飼いうさぎ. 参考 童話に登場するうさぎ(bunny)はこれ: R~s like carrots. うさぎはにんじんが好きだ. 関連 burrow 野うさぎの穴.

うさぎ

rabbit (小型で足が短く, 地中に深い巣穴を作る)

hare (大型で後足と耳が長く, 地上のくぼみに草を敷いて巣を作る)

2 [U] うさぎの肉[毛皮]. **(as) tímid as a rábbit** 形 うさぎのようにおくびょうな. **bréed like rábbits** 動 自 (軽蔑) たくさん子を産む. **púll a rábbit òut of a hát** 動 自 あっと驚く解決策を出す.

— 動 自 **1** うさぎ狩りをする: go ~ing うさぎ狩りに行く. **2** (略式, 主に英) だらだらしゃべる (on; about).

rábbit èars 名 [複] (米略式) 室内用テレビアンテナ.

rábbit hùtch 名 [C] うさぎ小屋.

rábbit pùnch 名 [C] 後頭部へのパンチ[チョップ].

rábbit wàrren 名 [C] =warren.

rab·ble /rǽbl/ 名 **1** [C] (英) 単数形でも時に複数扱い [軽蔑] **1** [C] 群衆; 暴徒; やじ馬 (of). **2** [the ~] [しばしば滑稽] 下層社会, 庶民(全体).

rab·ble-rous·er /rǽblràʊzə | -zə/ 名 [C] 民衆扇動家.

rab·ble-rous·ing /rǽblràʊzɪŋ/ 形 民衆を扇動する. — 名 U 民衆扇動.

Ra·be·lais /rǽbəlèɪ | ˌ-ˌ-/ 名 **Fran·çois** /frɑːnswɑ́ː/ ~ ラブレー (1494?-1553) 《フランスの風刺作家; ☞ Gargantua》.

Ra·be·lai·sian /rǽbəléɪʒən, -ziən↙/ 形 (話・物語が)ラブレー風の, 卑猥(ᵢ)で風刺的で尾篭(ᵣ)な.

rab·id /rǽbɪd/ 形 [普通は A] **1** (人・意見・感情が)猛烈な, 過激な. **2** (犬が)狂犬病にかかった. **~·ly** 副 過激に.

†**ra·bies** /réɪbiːz/ 名 U 狂犬病 (hydrophobia).

Ra·bin /rɑːbíːn | rɑː-/ 名 **Yitz·hak** /jítsɑːk/ ~ ラビン (1922-95) 《イスラエルの軍人, 政治家; 首相 (1974-77, 92-95); Nobel 平和賞 (1994)》.

RAC /ɑ́ɚésíː | áː(r)síː/ 略 [the ~] (英) =Royal Automobile Club 英国自動車クラブ.

rac·coon /rækúːn, rə-/ 名 (複 ~s) **1** [C] あらいぐま《南北アメリカ産; 木の上に住み夜行性》(米略式) coon); U あらいぐまの毛皮.

raccoon

raccóon dòg 名 [C] たぬき.

***race**[1] /réɪs/ 《類音》lace) 名 (**rac·es** /~ɪz/)

「走ること」 → 「競走」 1 → 「競争」 3
            → (奔走) → (奔流) → 「急流」 4
            → 「競馬」 2

1 [C] 競走, レース《競馬・ボートレースなど》(against, with): a three-mile ~ 3マイル競走 (☞ -s[1] 文法 (2)) / Let's have a ~ **between** your dog and mine. あなたの犬と私の犬を競走させよう.

コロケーション
have [run] a race 競走する
hold [have] a race 競走させる[する]
lose a race 競走で負ける
ride a race 競馬に出場する
win a race 競走に勝つ

race 1 のいろいろ
bóat ràce ボートレース / hórse ràce 競馬の1レース / médley ràce メドレー競走 / míle ràce 1 マイル競走 / óbstacle ràce 障害物競走 / rélay ràce リレー.

2 [the ~s] 競馬 ((英) race meeting): play the ~s (米) 競馬で賭(ᵏ)けをやる / go to the ~s 競馬に行く. **3** [C] [普通は単数形で] 競争, 争い; (特に何人かによる)緊急の努力: the arms ~ (国家間の)軍備拡張競争 / a ~ **for** a position 地位争い / the ~ **to** develop nuclear weapons <N+to 不定詞> 核兵器開発競争 / We had a ~ to build the hut before sunset. 私たちは日没前に小屋を建てようとおおあわてだった. **4** [C] (文) 急流.

a ráce agàinst tíme [the clóck] 名 時間との競争《期限までに仕上げようとする努力》. **The ráce is (nów) ón.** 競争が始まった (to do).

— 動 (**rac·es** /~ɪz/; **raced** /~t/; **rac·ing**) 自 **1** 競走する, レースに出場する (in); 競う: My horse will ~ **against [with]** seven others tomorrow. <V+against [with]+名・代> 私の馬はあす7頭の馬と競走する / They are *racing* **to** win. <V+to 不定詞> 彼らは勝とうと張り合っている.

2 [副詞(句)を伴って] 大急ぎで走る, 疾走する: He ~d home. =He ~**d to** get [go] home. <V+to 不定詞> 彼は大急ぎで家に帰った / He ~**d to** the airport in his car. <V+前+名・代> 彼は空港まで車で飛ばした / A sports car was *racing* **along** the freeway. 1台のスポーツカーが高速道路を飛ばしていた. **3** (心臓

脈などが)早く打つ. **4** (気持ちが)はやる; (考えなどが)(心を)かけ巡る (*through*). **5** (モーターなどが)空転する.
— [他] **1** 〈…〉と**競走する**: I'll ~ you *to* that tree. <V+O+前+名・代> あの木まで君と競走しよう.
2 〈動物・車〉を**競走させる**; **競走に出す**: Are you going to ~ your horse in the Derby? あなたの馬をダービーに出すつもりですか.
3 [副詞(句)を伴って] 〈…〉を**大至急運ぶ[送る]**: We **~d** the injured girl *to* the hospital. <V+O+*to*+名・代> 私たちは負傷した少女を大急ぎで病院に運んだ. **4** 〈エンジンなど〉を空ぶかしする.
ráce agàinst tíme [the clóck] [動] [自] 時間に追われる. **ráce bý [pást]** [動] [自] (時間が)速く過ぎ去る.

*__race__[2] /réɪs/ ([類音] lace) [名] (**rac·es** /~ɪz/; [形] rácial)
1 [C] **人種**; **種族, 民族**; [U] **人種の違い** (☞ **類義語**): students of all ~*s* あらゆる人種の学生 / the yellow [white] ~ 黄色[白色]人種 / the ~ problem [issue, question] 人種問題.
2 [C] (生物の)**種族, 種類**: the human ~ 人類.
of míxed ráce [形] 親が違った人種の出で[の].
【類義語】**race** 人種的に同じで, 同じ肌の色や体型をした人たちの集団をいう. **nation** 言語や歴史などが同じで, 1つの政府のもとに統一されている人々の集団. 普通は同じ地域に居住するが, そうでないこともある. **people** 国民の意味で用いる場合には, 政治的・行政的区分による国家・国民というよりも, 文化的・民族的つながりを持つ人々の集団を意味する. **tribe** 言語や慣習が同じで *nation* よりも小さい集団.

ráce càr [名] [C] 《米》 レース用自動車, レーシングカー.
ráce càrd [名] [C] 《英》 〘競馬〙 出馬表.
+**race·course** /réɪskɔ̀ːs | -kɔ̀ːs/ [名] [C] **1** 《主に英》 競馬場 (《米》 racetrack). **2** 《米》 競走路.
race·go·er /réɪsgòʊə | -gòʊə/ [名] [C] 《英》 競馬の常連.
+**race·horse** /réɪshɔ̀ːs | -hɔ̀ːs/ [名] [C] 競走馬.
ra·ceme /reɪsíːm, rə-/ [名] [C] 〘植〙 総状花序.
ráce mèeting [名] [C] 《英》 競馬(会).
+**rac·er** /réɪsə | -sə/ [名] [C] **1** 競走者, レーサー; 競走馬. **2** 競走用ヨット[自転車, 自動車など].
+**ráce re·là·tions** [名] [複] (同一国内の異人種間の) 人種関係.
ráce rìot [名] [C] 人種暴動.
race·track /réɪstræ̀k/ [名] [C] **1** (競技場の)トラック (track), 競走路[場]. **2** 《米》 競馬場.
ráce·wàlking [名] [U] 競歩.
race·way /réɪswèɪ/ [名] [C] 《主に米》 **1** 水路. **2** (二輪馬車競馬や車の加速競走などの)競走路.
Ra·chel /réɪtʃəl/ [名] [固] レイチェル 《女性の名》.
Rach·ma·ni·noff /rɑːkmɑ́ːnənɔ̀ːf | rækmǽnɪnɔ̀f/ [名] [固] **Ser·gey Va·sil·ye·vich** /séəgeɪ vəsíːljəvɪtʃ | séəgeɪ væ-/ ~ ラフマニノフ (1873–1943) 《ロシアの作曲家・ピアニスト》.
*__ra·cial__ /réɪʃəl/ [T2] [形] ([名] race[2]) [A] **人種(上)の, 人種間の; 民族(間)の; 人種差別的な**: ~ prejudice 人種的な偏見 / a ~ remark 人種差別発言.
rácial discriminátion [名] [U] 人種差別.
rácial equálity [名] [U] 人種間の機会均等.
ra·cial·is·m /réɪʃəlɪzm/ [名] [U] 《英》 =racism.
ra·cial·ist /réɪʃəlɪst/ [名] [C], [形] 《英》 =racist.
ra·cial·ly /réɪʃəli/ [副] 人種的に, 民族上は; 人種差別的に: a child of ~ mixed parentage 人種的に異なる両親を持つ子供.
rácial prófiling [名] [U] レイシャル[人種的]プロファイリング 《人種によって行動を類型化すること; 司法機関による人種選別的捜査がその典型》.
rac·i·ly /réɪsəli/ [副] 刺激的に, きわどく.
Ra·cine /ræsíːn/ [名] [固] **Jean Bap·tiste** /ʒɑːn bətíːst/ ~ ラシーヌ (1639–99) 《フランスの悲劇作家》.
rac·i·ness /réɪsinəs/ [名] [U] 刺激的なこと.
*__rac·ing__ /réɪsɪŋ/ [名] [U] [普通は合成語で] **競馬** (horse racing); **競走, カー[自転車, ボート]レース**: road ~ ロードレース. — [形] [A] 競走(用)の; 競馬の; 競馬愛好の: have [run] a ~ stable 競馬の厩舎(きゅうしゃ)をもっている.
rácing càr [名] [C] 《英》 =race car.
rácing fòrm [名] [C] 競馬新聞.
*__rac·is·m__ /réɪsɪzm/ [名] [U] **人種差別[主義]**; **人種[民族]的優越感**: deep-rooted ~ 根深い人種差別.
*__rac·ist__ /réɪsɪst/ [名] (**rac·ists** /-sɪsts/) [C] [軽蔑] **人種差別(主義)者**. — [形] [軽蔑] **人種差別(主義)的な**: ~ remarks 人種差別的な発言.
*__rack__[1] /ræk/ ([同音] wrack[1,2]; [類音] lack, lock, luck, rock, #whack, wreck) [名] (~**s** /~s/) **1** [C] [しばしば合成語で] **置き棚, (物を)掛ける[のせる]もの[台]** 《格子状の枠・網・棒・くぎなどで作ったもの》; (列車などの)**網棚** (luggage rack): a magazine ~ マガジンラック / a bicycle ~ 自転車の置き台 / Put your suitcase on the ~. 網棚にスーツケースをのせなさい.

rack[1] **1 のいろいろ**
hát ràck 帽子掛け / **pláte ràck** 《英》 皿立て / **róof ràck** (車の)ルーフラック 《屋根の荷台》 / **tówel ràck** タオル掛け

2 [C] (歯車の)歯ざお. **3** [the ~] (昔の)拷問台. **4** [C] 〘玉突き〙 ラック 《プレーする前に球をそろえる木枠》.

rack[1] 2

òff the ráck [副・形] 《米》 (衣服などが)既製で[の]. **on the ráck** [形] 非常に苦しんで; 緊張して. **pút ... on the ráck** [動] [他] 〈…〉を拷問にかける; [新聞で] 〈…〉を苦しめる.
— [動] [他] **1** [普通は受身で] (痛み・病気が)〈…〉を苦しめる, せめさいなむ; 拷問にかける: He *was* ~*ed* 「*with* pain [*by* anxiety]. 彼は痛みで苦しんだ[不安にさいなまれた]. **2** 〈頭・知恵など〉を絞る: He ~*ed* his brain(s) *for* a solution. 彼は知恵を絞って答えを考えた. **3** 《米》 〈玉突きのボール〉をラックに入れて並べる (*up*). **ráck úp** [動] [他] 《略式》 (1) 〈利益・損失など〉を増す; 〈…〉の価値を上げる. (2) 〈得点・勝利など〉をあげる, ためる.
rack[2] /ræk/ [名] [次の成句で] **gó to ráck and rúin** [動] [自] (建物などが)荒廃する; 破滅する.
rack[3] /ræk/ [名] [a ~] 《英》 (羊・豚・牛の)あばら肉 (*of*).
rack[4] /ræk/ [動] [他] (おりを除くため)〈ワインなど〉の上澄みを取り出す[移し換える], おり引きする (*off*).
ráck-and-pínion [形] 〘車〙 (舵取り装置が)ラックアンドピニオン式の.
+**rack·et**[1] /rǽkɪt/ [名] 《略式》 **1** [[U] または a ~] 騒ぎ, 騒音. **2** [C] 不正な金もうけ, ゆすり: a smuggling ~ 密輸での金もうけ. **3** [C] 仕事, 商売. **màke [kìck úp] a rácket** [動] [自] 大騒ぎをする. — [動] [自] 騒音を出す; 騒音を立てて動く (*about, around*).
+**rack·et**[2] /rǽkɪt/ [名] **1** [C] (テニス・ピンポンなどの)ラケット (☞ shuttlecock 挿絵): hit a ball with a ~ ラケットでボールを打つ. **2** ☞ rackets. [語源] アラビア語で「手のひら」の意.
rácket·bàll [名] [U] =racquetball.
rack·e·teer /rækətíə | -tíə/ [名] [C] (商店などの)恐喝者, ゆすり屋, やくざ.
+**rack·e·teer·ing** /rækətí(ə)rɪŋ/ [名] [U] ゆすり, 不正に金もうけをすること.
rack·ets /rǽkɪts/ [名] [U] ラケット 《squash rackets に似た球技》.
rack·et·y /rǽkɪṭi/ [形] 《古風, 略式》 騒々しい.
rack·ing /rǽkɪŋ/ [形] [普通は [A]] (痛みなどが)激しい, どうにもならないほどの: a ~ cough 激しいせき.
ráck rènt [名] [C,U] 法外に高い地代[家賃].

ra·con·teur /ræknɑ́ː|-kɔntə́ː/ 名 C 《格式》語り上手, 漫談家《物語や逸話を話すのがうまい人》.

ra·coon /rækúːn, rə-/ 名 =raccoon.

rac·quet /rǽkɪt/ 名 =racket.

rac·quet·ball /rǽkɪtbɔ̀ːl/ 名 U ラケットボール《2人か4人で四面壁のコートで行なう球技; 取っ手の短いラケットで球を壁に当てて打ち合う》.

rac·y /réɪsi/ 形 (**rac·i·er**; **-i·est**) (特に性的に)刺激的な, (話などが)きわどい, (人などが)魅力的な.

rad[1] /rǽd/ 名 C 〖物理〗ラド《放射線吸収量[吸収線量]の単位》.

rad[2] /rǽd/ 形 《米俗》=radical 4.

rad[3] /rǽd/ 〖数〗略 =radian(s) ラジアン《角度の単位》.

RADA /ráːdə/ 略 =Royal Academy of Dramatic Arts 英国王立演劇学校.

*__ra·dar__ /réɪdɑ̀ |-dɑ̀ː/ (原義 later, raider) 名 U,C レーダー, 電波探知法《略: r__a__dio d__e__tecting __a__nd r__a__nging の略; ⇨ acronym》: a ~ system レーダー装置 / We ˈpicked up [detected] an enemy ship on (our) ~. 我々はレーダーで敵艦を探知した. **on [off] the rádar scrèen** 《主に米》(問題などが)人に気づかれていて[気づかれずにいて].

rádar detèctor 名 C レーダー感知機《スピード違反取り締まりを探知し運転者に警告する》.

rádar gùn 名 C 小型の速度測定装置.

ra·dar·scope /réɪdəskòʊp|-dɑ̀ː-/ 名 C レーダースコープ《レーダーがとらえた映像を映す画面》.

rádar tràp 名 C (レーダーによる)速度違反車監視装置[区域].

rad·dled /rǽdld/ 形 《英》疲れきった, やつれた.

ra·di- /réɪdi/ 連結 =radio-.

*__ra·di·al__ /réɪdiəl/ 形 **1** 放射状の: ~ **symmetry** 〖生〗(くらげなどの)放射相称. **2** 半径の《⇨ radius 語源》. **3** 《略式》=radial tire. **-al·ly** /-əli/ 副 放射状に.

rádial tíre 名 C ラジアルタイヤ.

ra·di·ance /réɪdiəns/ 名 (形 rádiant) [U] または [a ~] (目・顔の)輝き; 輝くこと, 発光.

*__ra·di·ant__ /réɪdiənt/ 形 (名 rádiance) **1** (人・表情が)はればれした, うれしそうな, にこやかな: a ~ **smile** 晴れやかな微笑 / ˈHer face [She] was ~ **with** joy. 彼女の顔は喜びに輝いていた. **2** 輝いた, 光[熱]を放つ: the ~ **sun** 輝く太陽. **3** A 〖物理〗(光などが)放射される, 放射の《⇨ radius 語源》: ~ **energy** [**heat**] 放射エネルギー[熱]. ─ 名 C 光点, 光体. **-ly** 副 はればれと, にこやかに; 輝いて.

*__ra·di·ate__ /réɪdièɪt/ 動 (名 rádiation) 他 〈熱・光などを放つ, 発する《⇨ radius 語源》: The sun ~s **light and heat**. 太陽は光と熱を発する. **2** 〈感情・性質〉を強く表わす, 発散する; 振りまく. ─ 自 **1** [副詞(句)を伴って] 〈熱・光などが〉放射する, 発する: Heat ~s **from** a stove. 熱がストーブから出る. **2** 〈感情などが〉発散される, あふれ出る: Happiness ~d **from** her eyes. 幸福感が彼女の目からあふれ出ていた. **3** 放射状に伸びる: Six avenues ~ (**out**) **from** the park. 大通りが6つその公園から放射状に伸びている.

*__ra·di·a·tion__ /rèɪdiéɪʃən/ 反意 名 (~s /-z/; 動 rá·di·ate) **1** U,C 〖物理〗放射線; 放射能; 有害な放射線 / a ~ **leak** 放射能漏れ. **2** U (熱・光などの)放射, 放熱: the ~ of heat 熱の放射. **3** U = radiation therapy.

radiátion sìckness 名 U 〖医〗放射能障害, 放射線病(吐き気を伴なう).

radiátion thèrapy 名 U 放射線療法.

*__ra·di·a·tor__ /réɪdièɪtə|-tə/ 名 C **1** 暖房器, 放熱器. **2** (エンジンの)冷却装置, ラジエーター.

rádiator grìlle 名 C (車の)ラジエーターグリル《⇨ car 挿絵》(grille).

*__rad·i·cal__ /rǽdɪk(ə)l/ 反意 形 (動 rádicalize)

ラテン語で「根」の意. 「根本的な」**2**→「徹底的な」**1**→「過激な」**3**となった.

1 徹底的な (thorough); (考え・方法などが)全く新しい, 革新的な; (増減などが)思い切った: a ~ **reform** 抜本的改革 / ~ **cuts in services** サービス(品目)の大幅削減. **2** [普通は A] 根本の, 基本的な; 根本的な誤り: ~ **differences** 根本的な相違点. **3** [しばしば R-] (人・意見が)過激な, 急進的な, 極端な (extreme): a ~ **politician** 急進的な政治家 / a ~ **party** 急進党[政党] / ~ **students** 過激派の学生たち. **4** 《米俗》すばらしい, すてきな.

─ 名 (~s /-z/) C **1** 急進論者, 過激派の人: A ~ is a man with both his feet planted in the air. 過激派とは両足をしっかりと空中に踏んばっている人である《米国の大統領 F. D. ルーズベルト (Roosevelt)のことば》. **2** 〖数〗根; =radical sign; 〖化〗基. **3** (漢字の)部首.

*__rad·i·cal·is·m__ /rǽdɪkəlìzm/ 名 U 急進主義.

rad·i·cal·ize /rǽdɪkəlàɪz/ 動 (形 rádical) 他 〈...〉をより過激[急進的]にする.

rad·i·cal·ly /rǽdɪkəli/ 副 根本[徹底]的に.

rádical sìgn 名 C 〖数〗根号《√ または √⎺ の記号》.

ra·dic·chio /rɑdíːkioʊ|-díːk-/ 名 U,C 赤チコリー (chicory の一種; にがみのある葉はサラダ用).

radii 名 radius の複数形.

ra·di·o /réɪdioʊ/ 名 (~s /-z/) **1** C ラジオ(受信機); 無線機: a new ~ 新しいラジオ / a portable ~ ポータブルラジオ / a car radio カーラジオ.

─ コロケーション ─
turn down a radio ラジオのボリュームを下げる
turn [switch] off a radio ラジオを消す
turn [put, switch] on a radio ラジオをつける
turn up a radio ラジオのボリュームを上げる

2 U [しばしば the ~] ラジオ(放送, 番組): listen to the ~ ラジオを聞く / be [work] in ~ ラジオ(関係)の仕事をする / I heard the news **on** the ~. 私はそのニュースをラジオで聞いた / The prime minister's speech was broadcast **over** [**on**] the ~ **last night**. 首相のスピーチが昨夜ラジオで放送された. **3** U 無線電信, 無線による通信: send a message **by** ~ 無線で通信を送る. **4** [形容詞的に] ラジオ(放送)の; 無線による: a ~ **program** ラジオ番組 / ~ **contact** 無線連絡. 語源 radiotelegraphy を短縮した形.

─ 動 自 無線連絡をする (to, for). ─ 他 〈...〉に無線で通信[無線連絡]する; 〈相手の場所〉に<通信>を無線で送る[<...>と無線で伝える] (that): ~ the results [data] to the ground 結果[データ]を無線で地上に連絡する / ~ one's position to headquarters = ~ headquarters one's position 本部に自分の位置を無線通信させる.

ra·di·o- /réɪdioʊ/ 連結 「放射(線), 放射性; 無線, 電波」の意: radiotherapy 放射線療法.

*__ra·di·o·ac·tive__ /rèɪdioʊǽktɪv/ 反意 形 (名 rà·dioactívity) 放射性の, 放射能を持つ: ~ **rain** 放射能雨 / **highly** ~ **materials** 高レベル放射性物質.

rádioactive dáting 名 U 《米》放射性炭素年代測定法 (carbon dating).

rádioactive wáste 名 U 放射性廃棄物.

ra·di·o·ac·tiv·i·ty /rèɪdioʊæktívəti/ 名 (形 rà·dioáctive) U 〖物理〗放射能, 放射線.

rádio alárm (clóck) 名 C ラジオ付き目覚まし時計.

rádio astrónomy 名 U 電波天文学.

rádio bèacon 名 C 無線標識(所)《船舶・航空機の航行を助ける》.

rá·dio càr 名 C 無線機付きパトカー; 無線車.
radio·cárbon 名 U《化》放射性炭素.
radiocárbon dàt·ing 名 U《格式》= radioactive dating.
ra·dio·cas·sette (play·er) /rèɪdioukəsét-/ 名 C ラジオつきカセットプレーヤー, ラジカセ.
rádio còllar 名 C (野生動物の)発信器付き首輪.
ra·dio-con·trolled /rèɪdioukəntróuld/ 形 [普通は A] 無線操縦[ラジコン]の.
rádio fréquency 名 U 無線周波数.
ra·di·o·gram /réɪdioʊgræm/ 名 C 1 無線電報. 2《古風, 英》ラジオ付きレコードプレーヤー.
ra·di·o·graph /réɪdioʊgræf | -grɑ̀:f/ 名 C レントゲン写真. ── 他〈…の〉レントゲン写真をとる.
ra·di·og·ra·pher /rèɪdiɑ́grəfə | -ɔ́grəfə/ 名 C レントゲン写真技師; 放射線科医.
ra·di·og·ra·phy /rèɪdiɑ́grəfi | -ɔ́g-/ 名 U レントゲン写真術.
ra·di·o·i·so·tope /rèɪdiouáɪsətoup/ 名 C 放射性同位元素[アイソトープ].
ra·di·o·log·i·cal /rèɪdioulɑ́dʒɪk(ə)l | -lɔ́dʒ-/ 形 A 1 放射線(医)学の. 2 放射性物質の.
ra·di·ol·o·gist /rèɪdiɑ́lədʒɪst | -ɔ́l-/ 名 C 放射線科医師, 放射線学者; レントゲン技師.
ra·di·ol·o·gy /rèɪdiɑ́lədʒi | -ɔ́l-/ 名 U 放射線医学; 放射線学.
ra·di·om·e·ter /rèɪdiɑ́mətə | -ɔ́mətə/ 名 C《物理》ラジオメーター, ラジオメーター.
ra·di·o·phon·ic /rèɪdioufɑ́nɪk | -fɔ́n-/ 形 電子音楽の.
ra·di·os·co·py /rèɪdiɑ́skəpi | -ɔ́s-/ 名 U レントゲン透視(法).
ra·di·o·sonde /réɪdiousànd | -sɔ̀nd/ 名 C《気象》ラジオゾンデ.
rádio stà·tion 名 C ラジオ放送局.
ra·di·o·tel·e·gram /rèɪdioutéləgræm/ 名 C 無線電報.
ra·di·o·tel·e·graph /rèɪdioutéləgræf | -grɑ̀:f/ 名 C 無線電信.
ra·di·o·te·leg·ra·phy /rèɪdioutəlégrəfi/ 名 U 無線電信(術).（⇨ radio 語源）.
ra·di·o·tel·e·phone /rèɪdioutéləfoun/ 名 C 無線電話(機).
rà·dio télescope 名 C 電波望遠鏡.
ra·di·o·ther·a·pist /rèɪdiouθérəpɪst/ 名 C 放射線療法士.
ra·di·o·ther·a·py /rèɪdiouθérəpi/ 名 U 放射線療法.
ràdio-transparént 形 レントゲン写真では全く見えない, 放射線透過性の.
rádio wàve 名 C [普通は複数形で] 電波.
rad·ish /rǽdɪʃ/ 名 C ラディッシュ, はつかだいこん.
ra·di·um /réɪdiəm/ 名 U《化》ラジウム《元素記号 Ra》.
ra·di·us /réɪdiəs/ 名（複 ra·di·i /réɪdiàɪ/, ~·es）1 C 半径; 半径の長さ; 半径内の地域（略 r.; ⇨ circle 挿絵）: within a two-mile ~ of the station 駅から半径 2 マイルの範囲内に[で]. 2（円心から円周に引いた）放射状線. 3《解》橈骨（前腕の母指側にある車軸状の骨）;《昆》径脈;《鳥》小羽枝(しょう). 関連 diameter 直径. 語源 ラテン語で「車のスポーク」の意; radial, radiant, radiate, ray も同語源.
ra·don /réɪdɑn | -dɔn/ 名 U《化》ラドン《放射性希ガス元素; 元素記号 Rn》.
RAF /áoèréf, ræf | á:(r)èréf, ræf/ 略 [the ~] = Royal Air Force.
raf·fi·a /rǽfiə/ 名 C ラフィアやし（マダガスカル島産）; U ラフィアやしの葉の繊維（かご・帽子の材料）.
raff·ish /rǽfɪʃ/ 形 Ⓦ《主に文》(人・行動などが)奔放な, 不良じみた, (型破りな)魅力のある. ~·ly 副 不良じみて. ~·ness 名 U 不良っぽさ.
raf·fle /rǽfl/ 名 C 富くじ（番号のはいった券を買った人の中でくじで当たった人が賞品を取る; 特に慈善目的で行なう）: a ~ ticket 番号入りのくじ / draw a ~ 富くじを引く. ── 他〈…を〉富くじの賞品に提供する (off).
raft¹ /ræft | rɑ:ft/ 名 C 1 いかだ. 2（着水すると自動的にふくらむゴム製の）救命ボート (life raft). 3（海水浴場などの）浮き台. ── 他〈…を〉いかだで運ぶ. ── 自 いかだで行く.
raft² /ræft | rɑ:ft/ 名 C [次の成句で]「a (whole) ráft [ráfts] of ...」形 Ⓢ《略式》たくさんの....
raf·ter /ræftə | rɑ:ftə/ 名 C 1《建》たるき. 2 いかだ乗り(人).
be pácked to the ráfters [動] 自（満員で）ぎっしり詰まっている.
raft·ing /rǽftɪŋ | rɑ́:ft-/ 名 U《スポ》いかだ乗り.
rag¹ /ræg/ 名 (類 lag, leg, lug, wag)（~s /-z/）1 C,U ぼろ, ぼろきれ; polish shoes with a (piece of) ~ ぼろきれで靴を磨く. 2 [複数形で] ぼろぼろの服: The beggar was (dressed) in ~s. そのこじきはぼろ服を着ていた. 3《略式》(くだらない)新聞. be líke a réd rág to a búll [形]（英）= be like waving a red flag in front of a bull（⇨ red flag 成句）. (from) rágs to ríches [副] 赤貧から大金持ちに (rags-to-riches). lóse one's rág [動]《英略式》かんかんに怒る. on the rág [形]《米俗》生理中で, (生理のために)いらいらして.
rag² /ræg/ 動 (rags; ragged; rag·ging) 他《古風》〈…を〉しかる; からかう (about, for). rág on ... [動] 他《米略式》(1)〈…を〉からかう (about). (2)〈…に〉小言をいう, しかる. ──名 C《英》大学カーニバル（慈善募金を目的とした学生達の恒例の祭）.
rag³ /ræg/ 名 C ラグタイム (ragtime) の曲.
ra·ga /rɑ́:gə/ 名 C ラーガ《インド古典音楽の旋法》; ラーガに基づく旋律[演奏].
rag·a·muf·fin /rǽgəmʌ̀fɪn/ 名 C《古風, 主に文》ぼろを着た子供.
rág-and-bóne màn 名 C《英》くずを集める人, 古着[古道具]屋.
rág·bàg 名 1 [a ~]（…の）寄せ集め, ごたまぜ (of). 2 C ぼろ入れ. 3 C《英》だらしない服装の人.
rág dòll 名 C 縫いぐるみの人形《疲れきった人などのたとえにも使われる》.
rage /reɪdʒ/ 名 (類 wage) 発音 名 (rag·es /-ɪz/) 1 U,C（激しい）怒り, 激怒（fury ほど強くはない）; 公の場での逆上（⇨ road rage）: He was in a ~ over what Tom had said. 彼はトムが言ったことにすごく腹を立てていた / She was shaking with ~. 彼女は激怒のあまり震えていた. 2 U（自然の）恐ろしい力: the ~ of the sea 海の猛威. 3 C 大流行, 人気: the ~ for mobile phones 携帯電話の人気. be (áll) the ráge [動]《略式》（一時的に）大流行している. flý ìnto a ráge [動] 自 激怒する, かっとなる.
── 動 (rag·es /-ɪz/; raged /-d/; rag·ing) 自 1 [普通は副詞(句)を伴って]（火・病気・あらしなどが）猛威をふるう, 荒れ狂う;（戦い・論争などが）激しく続く: The storm ~d all night. あらしは一晩中荒れ狂った / The battle ~d on throughout the country. <V+前+名・代> 全土で戦いが続いた.
2（人が）ひどく怒る, 腹を立てる (about): He ~d at me for being careless. <V+at+名・代+for+動名> 彼は私が不注意であったことに対してひどく怒った.

た / He *was raging against* unfair treatment. <V+against+名・代> 彼は不公平な扱いを受けたことをひどく怒っていた.

rag・ga /rǽgə/ 名 U ラッガ《レゲエ・ラップなどを組み合わせた西インド諸島の音楽》.

rag・ga・muf・fin /rǽgəmʌ̀fɪn/ 名 U =ragga.

†**rag・ged** /rǽgɪd/ ★ -ed は /ɪd/ と発音する. 形 **1** (衣服などが)ぼろぼろの,(使いすぎて)破れた: a ~ coat ぼろぼろのオーバー. **2** (人が)ぼろを着た. **3** (のこぎりの歯のように)ぎざぎざの; でこぼこの, ざらざらした (rough); (髪などが)ぼさぼさの: a ~ coastline ぎざぎざの海岸線(リアス式海岸など). **4** ふぞろいの, 不規則な, (演技などが)雑な, 不完全な. **5** (略式)へとへとに疲れた: run a person ~ 人をへとへとに疲れさせる. **be on the rágged édge** [動] 自(米略式)疲れ切って[動揺して]いる; 危ない状態にある. **～・ly** 副 ぼろぼろに; ふぞろいに. **～・ness** 名 U ぼろぼろ; みすぼらしさ; 不ぞろい.

rag・ged・y /rǽgɪdi/ 形 (略式, 主に米) =ragged 1, 2, 3.

Rággedy Ánn 名 C ラゲディー・アン《古風で素朴な赤毛の女の子の縫いぐるみ人形; 商標》.

rág・ged・y-áss /rǽgɪdi-/ 形 (米略式)みすぼらしい.

†**rag・ing** /réɪdʒɪŋ/ 形 A 激怒した; (流れなどが)激しい; (痛み・感情などが)猛烈な: a ~ thirst 激しいのどの渇き / a ~ stream 激流.

rag・lan /rǽglən/ 形 A ラグラン(型)の《そで布が襟まで続いて肩に縫い目がない》: a ~ coat [sleeve, sweater] ラグランコート[そで, セーター]. ── 名 C ラグランコート.

ra・gout /rægúː/ 名 《フランス語から》U.C ラグー《肉片・野菜を入れた濃い味付けのシチュー》.

rág rùg 名 C ラッグラグ《ぼろを織り交ぜた敷物》.

rags-to-riches /rǽgztəríʧɪz⁻/ 形 赤貧から大金持ちになった, 玉のこしの.

rag・tag /rǽgtæg/ 形 (普通は A)(略式) **1** みすぼらしい, (服などが)ぼろぼろの. **2** まとまりのない, 秩序のない. ── 名 [次の成句で] **the rágtag and bóbtail** [名](古風)社会の下積み, 下層の人々(全体).

rag・time /rǽgtaɪm/ 名 U 《楽》ラグタイム《ジャズ音楽の先駆》.

rág・tòp 名 C (米俗)折りたたみ式幌屋根の車.

rág tràde 名 [the ~](古風, 英略式)婦人服業界.

rag・weed /rǽgwiːd/ 名 C ぶたくさの類《花粉は枯草熱 (hay fever) を起こす》.

rág wèek 名 U (英)(慈善などを目的とした学生の)お祭り騒ぎの週(☞ rag³).

rag・wort /rǽgwə̀ːt | -wə̀ːt/ 名 U 沢菊(ǎきた)の類.

rah /ráː/ 間 (米略式)フレー! (hurrah); それっ!

rah-rah /ráːràː/ 間 =rah. ── 形 (米略式)(無批判的に)熱狂的な; ほめてばかりの.

rai /ráɪ/ 名 U ライ《60年代以降ロック・ファンク・レゲエなどと融合した北アフリカのポップス》.

*****raid** /réɪd/ 動 laid, wade) 13 名 (**raids** /réɪdz/) C **1** (不意の)襲撃, 急襲; 空襲 (air raid) (*against*); (略奪を目的とする)侵入,(押し込み)強盗; (滑稽)(冷蔵庫などを)あさること: a bank ~ 銀行荒らし / The enemy carried out (launched, made) a ~ *on* our camp. 敵はわが陣地を襲撃した.

2 (警察の)**手入れ**: The police carried out a (dawn) ~ *on* the gambling den. 警察はその賭博場の(夜明けの)手入れをした. **3** (株)(乗っ取り目的の)株の買占め. **4** 公金不正流用 (*on*).

── 動 他 **1** 襲撃[急襲]する; 空襲する; (英)(…に)強盗に入る: Soldiers ~ed the enemy camp. 兵士たちは敵のキャンプを襲撃した. **2** (…に)手入れ

をする. **3** (滑稽)(冷蔵庫などから)物を盗む, …をあさる. 語源 古(期)英語で「乗馬」の意.

RAID /réɪd/ 〖電算〗=redundant array of inexpensive disks《効率化・事故対策のために一連のハードディスクを連動して使用すること》.

†**raid・er** /réɪdə | -də/ 名 C **1** 急襲者; 襲撃機[船]; (英)強盗(人). **2** 手入れの警官. **3** (企業)乗っ取り屋.

*****rail¹** /réɪl/ 《類音》wail, #whale) 名 (~s /~z/)

「横棒」2 (☞ 語源)(長く延びた横棒)
→ 「手すり」1
→ (鉄道の)「レール」3 → 「鉄道」4

1 C 手すり, 欄干(らんかん): lean on a ~ 手すりに寄りかかる. 関連 guardrail ガードレール / handrail 手すり.
2 C 横棒, 横木 (bar); (横棒の)柵(さく): a towel ~ タオルかけ. 語源 ラテン語で「物差し」の意; rule と同語源.
3 C (普通は複数形で)(鉄道などの)レール, 線路, 軌道: run along the ~s レール[軌道]の上を走る.
4 U [しばしば形容詞的に](鉄道 (railroad): ~ travel 鉄道旅行 / ~ fare 鉄道運賃 / the ~ network in the United States 米国の鉄道網.

báck on the ráils [副・形](略式)再び軌道に乗って, 常道に戻って.
by ráil [副] 鉄道(便)で: The goods were sent *by* ~. その品物は鉄道便で送られた [☞ *by* 副 語法].
júmp the ráils [動] 自 (列車などが)脱線する.
òff the ráils [副・形] (1) 脱線して. (2) (略式)無軌道になって, 気が狂って; (計画などが)狂って.
ríde the ráils [動] 自 (米)貨車に無賃乗車する.
── 動 他 〈…〉を横木で囲う. **ráil in** [**óff**] [動] 他 (出られ[入れ]ないように)〈…〉を柵で囲む[仕切る].

rail² /réɪl/ 動 自 ⓦ (格式)ののしる, 毒づく (*at, against*).

rail・card /réɪlkɑ̀ːd | -kɑ̀ːd/ 名 C (英)鉄道料金割引証明書《学生・年金生活者用》.

ráil fènce 名 C (米)横木を並行に渡した垣[柵].

rail・head /réɪlhèd/ 名 C 鉄道路線の終点; (建設中の)鉄道の末端.

†**rail・ing** /réɪlɪŋ/ 名 C (普通は複数形で)柵(さく); 手すり, 欄干(らんかん).

rail・ler・y /réɪləri/ 名 U (格式)冷やかし, からかい.

*****rail・road** /réɪlròʊd/ 名 (米) **1** C 鉄道, 鉄道線路; [the ~]鉄道会社((英)railway) (**略 r., R., RR, R.R.**): build a ~ 鉄道を建設する / work on the ~ 鉄道(会社)で働く. 関連 subway (米)地下鉄. **2** [形容詞的に]鉄道の: a ~ company 鉄道会社 / a ~ crossing [line] 鉄道の踏切[線路].

── 動 他 **1** 不当な手段で〈人〉に…させる, 〈人〉に強引に…させる (*into*); 〈議案〉を強引に通過させる (*through*). **2** (米)〈…〉を十分審理せずに有罪にする[投獄]する. **3** (米)〈…〉を鉄道で輸送する.

rail・road・er /réɪlròʊdə | -də/ 名 C (米)鉄道従業員((英)railwayman).

ráilroad stàtion 名 C (米)鉄道の駅.

ráil tràil 名 C 鉄道の廃線を舗装して作った道.

*****rail・way** /réɪlwèɪ/ **T1** 名 (~s /~z/) (主に英) **1** C 鉄道, 鉄道線路; [the ~(s)]鉄道会社((米) railroad)(**略 r., R., RR**) (米 railroad): work on the ~(s) 鉄道(会社)で働く // light railway. **2** [形容詞的に]鉄道の: a ~ line 鉄道(線路) / a ~ carriage 客車.

rail・way・man /réɪlweɪmən/ 名 (**-men** /-mən/) C (英)鉄道従業員((米)railroader).

railway station 名 C (英) 鉄道の駅.
rai·ment /réimənt/ 名 U (文) 衣服.

＊rain /réin/ (同音 reign, rein; 類音 lain, lane, wane) 名 (~s /-z/; 名 ráiny) **1** U 雨; 雨降り, 降雨: pouring ~ どしゃぶりの雨 / walk in the ~ 雨の中を歩く / Suddenly ~ began to fall. 急に雨が降り始めた / The ~ has let up. 雨が小やみになった / We did not have much ~ last month. 先月は雨があまり降らなかった.

関連	
rain	雨
hail	あられ
sleet	みぞれ
snow	雪

[言い換え] It looks like ~. (=It is likely to rain.) ⓢ 雨になりそうだ. [語法] 降雨を1回, 2回と数えるときやいろいろな状態の雨を言うとき a, 〜 となることもある (《snow 語法》): There was a light [heavy] 〜 yesterday morning. きのうの朝は小雨[大雨]が降った. **2** [the ~s] (熱帯地方の)雨季: The ~s came early that year. その年早く雨期になった. **3** [a ~] 雨のようなもの, ‥の雨: a ~ of negative comments 反対意見の続出.

(as) right as rain [形] (略式)(1) ⓢ 全く元気で; とても好調で. (2) (米) 全く正しい.
(come) rain or shine = **come rain, come shine** [副] 文修飾語 ⓢ 降っても照っても; どんな場合でも: R~ or shine, I will come to meet you at the station. 天候のいかんにかかわらず駅にお迎えに参ります.

—動 (rains /-z/; rained /-d/; rain·ing) 自 **1** [it を主語として; 〜 it 〜 A 2] 雨が降る: It is ~ing hard [heavily]. ひどく雨が降っている / It has begun ~ing [to ~]. 雨が降り始めた / It has stopped ~ing. 雨がやんだ / It never ~s but it pours. 《ことわざ》降れば必ずどしゃ降り.

2 [副詞(句)を伴って] (雨のように)降り注ぐ (on, upon): Tears of joy ~ed down their cheeks. 喜びの涙が彼らのほおを流れた.
— 他 (雨のように)...を降らす (down): People ~ed praise on [upon] the hero. 人々は彼を称賛のことばを浴びせた.

be [get] ráined òn [動] 自 (人が)雨に降られる (☞ on 前 16). **be ráined óut** [[英] óff] [動] 自 (略式) 雨で試合・行事などが中止になる/雨で流れる. **It's ráining cáts and dógs.** ⓢ (古風) 雨がどしゃ降りに降っている. [由来] 中世の迷信で, ねこは雨を, 犬は風を招くときれたことなどから, いろいろな説がある. **ráin on ...'s paráde** [動] (人の)楽しみを台無しにする.

＊rain·bow /réinbòu/ 名 (~s /-z/) C **1** にじ: There's a ~ in the eastern sky. 東の空ににじがかかっている / The ~ has seven colors: red, orange, yellow, green, blue, indigo, and violet. にじには7色あります. 赤, だいだい, 黄, 緑, 青, あい, 紫です(VIBGYORと覚える). **2** 多様, 多彩 (of). **áll (the) cólors of the ráinbow** [名・形] さまざまな色(で), 多彩(な). **cháse a ráinbow** [動] ⓢ 夢を追う.
— 形 A 色とりどりの, 多彩な.

ráinbow coalìtion 名 C (米) にじの連合 《特に公民権についての異人種間の連帯》.
ráinbow nátion 名 C にじの国 《さまざまな人種からなる国家》.
ráinbow tròut 名 C にじます.
ráin chèck 名 C (主に米) **1** (競技・催し物などの)雨天引換券 《雨などのため延期になったときに観客に渡す》. **2** ⓢ 後日の招待[誘い] 《都合で申し出に応じられないとき》, 別の機会: I'll (have to) take a ~ (on that) 《, if you don't mind》. (よろしければ)またの折に致します / I'll give you a ~ on that. その件に関しては後日お誘いいたします. **3** (売切れ商品などの)購入予約券.
ráin clòud 名 C 雨雲.

＋ráin·coat /réinkòut/ 名 C レインコート.
ráin dàte 名 C (米) (屋外行事の)当日が雨天の場合の変更日.
ráin·drop /réindràp | -drɔ̀p/ 名 C 雨のしずく.
＋ráin·fall /réinfɔ̀:l/ 名 U.C 降水(量), 雨量 《ある地域にある時間における》: What is the average annual ~ in Tokyo? 東京の年間の平均雨量はどのくらいか.
＋ráin fòr·est /-fɔ̀:rəst/ 名 C.U 熱帯雨林: the Amazon ~ アマゾン熱帯雨林.
ráin gàuge 名 C 雨量計.
ráin gèar 名 U 雨具(一式).
Rai·nier /rəníə, rei- | réiniə, rəníə/ 名 固 **Mount** ~ ラニア山 《米国 Washington 州中西部の山》.
rain·less /réinləs/ 形 雨の降らない, 降雨のない.
rain·mak·er /réinmèikə | -kə/ 名 C **1** (魔術または人工的方法で)雨を降らせる人. **2** (米式) 《コネなどで)多くの顧客を得る人, やり手 《実業家・弁護士など》.
rain·mak·ing /réinmèikiŋ/ 名 U 人工降雨.
rain·proof /réinprù:f/ 形 防水の. —動 他 (...)を防水にする.
rain·storm /réinstɔ̀əm | -stɔ̀:m/ 名 C 暴風雨.
ráin·swèpt 形 A (場所などが)大雨に見舞われた.
rain·wa·ter /réinwɔ̀:tə | -tə/ 名 U 雨水, 天水.
ráin·wèar 名 U (防水の)雨着, レインウェア.

＋rain·y /réini/ 形 (**rain·i·er**; **rain·i·est**; 名 rain) **1** 雨の, 雨降りの; 雨の多い, 雨続きの (反 dry): a ~ day 雨の日 / the ~ season 雨季, (日本の)梅雨. [関連] clear 晴れた / cloudy 曇った / snowy 雪の降る. **2** A 雨にぬれた: ~ streets 雨にぬれた街路. **for a ráiny dáy** [副] 万一のときに備えて: I always keep [put aside, save] a little extra money for a ~ day. 私はいつも困ったときのために少々余分のお金を蓄えています.

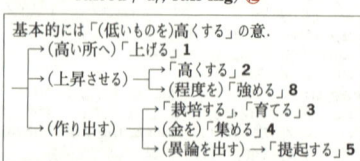

＊raise /réiz/ (同音 raze) 動 (rais·es /-iz/; raised /-d/; rais·ing) 他

基本的には「(低いものを)高くする」の意.
- (高い所へ) → 「上げる」 1
  - (上昇させる) → 「高くする」 2
    - (程度を)「強める」8
    - 「栽培する」3
    - 「育てる」3
  - (作り出す) → (金を)「集める」4
    - (異論を出す) → 「提起する」5

1 (高い位置に)(...)を**上げる**;〈沈没船など〉を引き上げる (lift), 押し上げる;〈倒れた人・物〉を起こす (反 lower): ~ a flag 旗を上げる / ~ one's eyes [face] 伏せた目[顔]を上げる / ~ one's hand 手を上げる / They ~d a car out of the water. <V+O+前+名・代> 彼らは車を水中から引き上げた / The curtain was ~d. <V+Oの受身> 幕が上がった. [語法] raise に相当する 自は rise (上る).

2 (...)を**高くする**;〈値段・給料・質など〉を**上げる**;〈温度・血圧など〉を上昇させる;〈程度〉を高める;〈品位・名声など〉を上げる (反 lower);〈人〉を昇進させる (to): ~ prices 値段を上げる / ~ the level of education 教育のレベルを上げる / ~ morale 士気を高める / Our salaries were ~d a little bit. <V+Oの受身> 我々の給料は少しばかり上がった / The stress ~d his blood pressure. ストレスで彼の血圧は上がった.

3 (主に米) 〈子供〉を**育てる** (bring up) (as);〈作物など〉を栽培する (grow);〈家畜など〉を飼う (rear): The farmers here ~ corn and cattle. このあたりの農家はとうもろこしと牛を育てている / He was born and ~d (as) a Catholic. <V+O+C ((as+)名)の受身> 彼はカトリック教徒として生まれ育った.

4 〈金〉を**集める** (gather);《古風》〈軍隊〉を召集する: We ~d the funds for our project. 我々は計画の資金を調達した. [関連] fund-raising 資金調達.

5 〈質問・異議など〉を**提起する**, 持ち出す (with): ~ a

important question [problem] 重要な問題を提起する / ～ an objection 異議を唱える.
6〈疑問・恐怖心〉を呼び起こす, 抱かせる;〈意識など〉を高める: ～ fears 恐怖を呼びおこす / ～ concern [hopes] 懸念[希望]を抱かせる / The TV program ～*d* public awareness of the garbage problem. そのテレビ番組はごみ問題について人々の意識を高めた.
7〈事が〉〈反応など〉を生じさせる, 引き起こす;〈人が〉〈反応〉を示す(ようにする);〈馬などが〉〈ほこり〉を立てる: ～ a laugh [smile] 笑い[微笑]を誘う[浮かべる] / The plan for garbage collection ～*d* strong protests from the townspeople. ごみの回収の計画は地元の人の強い抗議を引き起こした / His baby picture ～*d* a lot of smiles. 彼の赤ちゃんのころの写真は多くの笑顔を誘った. **8**〈声・調子〉を強める, 張り上げる: She ～*d* her voice in anger. 彼女は怒って声を荒げた. **9**〖聖〗〈…〉を生き返らせる;〖文〗〈人〉を目覚めさせる. **10**〖格式〗〈包囲・禁止など〉を解除する, 解く: ～ a siege 包囲を解く. **11**〖トラ〗〈相手〉より〈ある額〉多く賭(か)ける. **12**〈…〉と〈無線・電信で〉交信する, 連絡をとる. **13**〖格式〗〈立派な建物〉を建てる (erect) (*to*). **14**〈パンなど〉をふくらませる.
ráise onesèlf (úp) 〖動〗 ⓐ 身を起こす, 起き上がる: She ～*d* herself (up) to her feet. 彼女は立ち上がった. **ráise ... to the pówer of ―** 〖動〗〖数〗…を—乗する: ～ 3 to the「power of 4 [4th power] 3 を4乗する.

— 名 (**rais·es** /～ɪz/) Ⓒ (米) 昇給, 賃上げ, ベースアップ (英) rise) (☞ wage hike 日英比較); 昇給額: demand a ～ 賃上げを要求する.

raised /reɪzd/ 形 一段高くなった, 上にあげた;(温度・声などが)高くなった: a ～ platform 一段高い壇 / a ～ bottom 上げ底 / ～ voices 大声で叫ぶ.
rais·er /-zɚ/ 名 1 [しばしば合成語で] 1 集める人; ☞ fund-raiser. **2** 飼育者, 栽培者: a cattle ～ 肉牛飼育者. **3** 引き起こす人; ☞ fire-raiser.
†**rai·sin** /réɪz(ə)n/ 名 Ⓒ 干しぶどう, レーズン: ～ bread ぶどうパン. 関連 grape ぶどうの実.
rai·son d'ê·tre /réɪzoʊːndétr(ə), -zɑ́n- | -zɔ́ːŋ-, -zɔn-/《フランス語から》名 Ⓒ 存在理由; 生きがい.
Raj /rɑːdʒ/ 名 [the ～] インドの英国統治(時期)(1947年以前).
ra·ja, ra·jah /rɑ́ːdʒə/ 名 Ⓒ (昔のインドの)王侯.
†**rake**¹ /reɪk/ 名 Ⓒ **1** くま手, レーキ (細長い柄のついた, わら・葉などをかき集める道具). **2** (賭博場の)賭け金集めの道具. —動 他 **1**〈…〉を(くま手で)かき集める;〈火など〉をかき立てる: ～ up fallen leaves=～ fallen leaves *together* 落ち葉をかき集める / ～ hay *into* heaps [piles] 干し草をかき集めて山にする. **2**〈…〉を(くま手で)かきならす: ～ the flower beds (*smooth*) 花壇をレーキできれいにする. **3**〈場所〉を機銃掃射する;〈…〉を(双眼鏡で)くまなく見渡す (*with*);〈明りで〉〈場所〉をくまなく照らす. **4**〖文〗〈指やつめ〉を立ててかきむしる[かき分ける];〈皮膚・髪など〉をひっかく, こする, かき分ける: ～ one's fingers *through* one's hair=～ one's hair *with* one's fingers 髪を指で分ける. — ⓐ **1** くま手でかく (*over, up*). **2** [副詞(句)を伴って] くまなく探す (*around, about*). 詮索する. **3** 機銃掃射する.

— rake の句動詞 —
ráke ín 動 他 (略式)〈金〉をごっそりもうける.
　ráke it ín 動 ⓐ [普通は進行形で] (略式) 大もうけをする.
ráke óff 動 (主に英)〈…〉を一部横領する, ピンはねする.
ráke óut 動 他 **1**〈…〉をかき出す. **2** (英)〈…〉を捜し出す.
ráke óver [動] =rake up 3.
ráke thròugh ... 動 〈…〉をくまなく探す.
ráke úp 動 他 **1**〈落葉など〉をかき集める (☞ ⓐ 1).

2 (略式)〈金・人員など〉をかき集める: ～ up players 選手をかき集める. **3** (略式)〈古傷など〉をほじくり返す, あばく (*about*): ～ up the past 過去の事をほじくり返す.

rake² /reɪk/ 名 [単数形で] (舞台の)前方への傾斜; (マスト・自動車の座席などの)後方への傾斜.
rake³ /reɪk/ 名 Ⓒ (古風) 軽蔑)放蕩者.
rake-off /réɪkɔ̀ːf | -ɔ̀f/ 名 (～**s**) Ⓒ (略式)(不正な利益の)分け前, 手数料, リベート.
rak·ish /réɪkɪʃ/ 形 **1** しゃれた, いきな: at a ～ angle (帽子などを)いきに傾けて. **2** (古風)放蕩な.
　～·ly 副 しゃれて. **～·ness** 名 Ⓤ いきなこと.
Ra·leigh /rɔ́ːli/ 名 ⓔ Sir Walter ～ ローリー (1552?-1618)《英国の軍人・探検家・政治家》.
ral·len·tan·do /rɑ̀ːləntɑ́ːndoʊ | rælənténdoʊ/《イタリア語から》〖楽〗副 次第に緩やかに[な]. —名 (複 ～**s, -di** /-diː/) Ⓒ ラレンタンド(の曲[楽節]).
*†**ral·ly**¹ /rǽli/ 名 (**ral·lies** /～z/) **1** Ⓒ (政治的・宗教的な屋外での)大集会, (決起[抗議])集会: a political ～ 政治集会を開く / hold an antinuclear ～ 反核集会を開く. **2** [単数形で] (株価などの)持ち直し, 反発; Ⓤ 回復, 盛り返し: a ～ *from* sickness 病気からの回復. **3** Ⓒ (テニスなどの)ラリー(続けざまに打ち返し合うこと). **4** Ⓒ (公道での自動車の)長距離競走, ラリー. **5** Ⓒ〖スポ〗反撃の大量得点.

— 動 (**ral·lies** /～z/; **ral·lied** /-d/; **-ly·ing**) ⓐ **1** (支援などのために)再び集まる, 集結する (*behind; to do*); (兵隊が)再び集まる: They *rallied* to the common cause. <V+*to*+名・代> 彼らは共通の大義のもとに集結した / A large crowd *rallied around* the leader. <V+*around*+名・代> 多くの人が指導者の周りに集まってきた.
2 回復する, 元気を取り戻す;〖商〗(株価・景気などが)持ち直す: ～ *from* illness <V+*from*+名・代> 病気から立ち直る / The patient *rallied* after being given a blood transfusion. 患者は輸血を受けると元気を取り戻した. **3**〖スポ〗反撃する, 盛り返す.
— 他〈人・支持など〉を集める, 集結する (*to*);〈乱れた隊など〉を再び集める: ～ supporters 支持者を集める.
2〈精力・援助など〉を集中する.
rál·ly aróund [róund] [動] ⓐ (人が援助のために)集まってくる, (力を合わせて)助ける (☞ ⓐ 1).
rál·ly·ing crỳ [càll] /rǽliɪŋ-/ 名 Ⓒ 政治運動などの決起スローガン.
rállying póint 名 Ⓒ 人々を結集[起]させる契機となるもの (*for*).
Ralph /rælf | rælf, reɪf/ 名 Ⓔ ラルフ(男性の名).
†**ram** /ræm/ 名 Ⓒ **1** (去勢しない雄の)雄羊. 関連 ewe 雌羊. **2** 〖機〗 くい打ち機, 落としづち. **3** =battering ram. — 動 (**rams; rammed; ram·ming**) 他 **1**〈車など〉に突っ込む,〈…〉に激しくぶつかる: a ～ a police car (車で)パトカーにわざとぶつける. **2** [副詞(句)を伴って]〈物〉を押し込む, 押し当てる (*in, down, into, on*);〈知識・考えなど〉を詰め込む, たたき込む. **3**〈土など〉を突き固める (*down*). — ⓐ [副詞(句)を伴って]〈…〉に激突する, 突っ込む (*into, against*); 通る.
rám ... hóme 〖動〗 他 **(1)**〈…〉をぎゅっと押し込む. **(2)**〈考え・要点など〉を納得させる, 十分にわからせる. **(3)**〖スポ〗〈ゴール〉をたたき込む[決める].
RAM¹ /ræm/ 名 Ⓒ.Ⓤ〖電算〗ラム(読み出しおよび書き込みが可能な記憶装置; *r*andom-*a*ccess *m*emory の略; ☞ ROM).
RAM² /ˌɑvèɪəm | ˈɑː(r)-/ 略 = Royal Academy of Music 英国音楽院.
†**Ram·a·dan** /ræ̀mədɑ́ːn | -dén/ 名 Ⓤ.Ⓒ (イスラム暦の)9月((この月はイスラム教徒は日の出から日没まで断食をする)).

1442 ramble

ram·ble /rǽmbl/ 動 **1** [副詞(句)を伴って] (主に英)ぶらぶら歩く,散策する (*through*, *along*). **2** (主に英)とりとめのないことを話す[書く] (*about*). **3** (つる草などが)はびこる. **4** (川・道などが)曲がりくねっている.
rámble ón [動] (略式)長々とおしゃべりをする[書き連ねる]. ── [自] (主に英) **1** そぞろ歩き,散策 (田園地帯などの比較的長いもの): go for [on] a ~ そぞろ歩きにおかける. **2** とりとめのないおしゃべり[文章].

ram·bler /rǽmblə | -blə/ 名 [C] **1** (英) (特に集団で)散策する人; とりとめなく話す人. **2** つるばら.

ram·bling /rǽmblɪŋ/ 形 **1** (建物・町などが)まとまりなく広がった. **2** (話・文章が)散漫な,とりとめのない. **3** [植]つる性の. ── 名 **1** [U] ぶらぶら歩くこと,散策. **2** [複数形で] とりとめのないおしゃべり[文章].

Ram·bo /rǽmbou/ 名 **1** ランボー (米国のアクション映画の主人公). **2** [時に r-] ランボー的人間,マッチョタイプの荒々しい男.

ram·bunc·tious /ræmbʌ́ŋ(k)ʃəs/ 形 (主に米) (滑稽) (人・行動が)騒々しい,無軌道な,賑やかな((英)rumbustious). **~·ly** 副 騒々しく. **~·ness** 名 [U] 騒々しさ.

ram·e·kin /rǽməkɪn/ 名 [C] ラムカン (1 人分用の料理をのせて焼いて出す小さい皿).

ra·mie, **ra·mi** /rǽmi, réɪmi/ 名 [C,U] ラミー (繊維が採れる草の一種); ラミーの繊維.

ram·i·fi·ca·tion /ræməfɪkéɪʃən/ 名 [C] [普通は複数形で] (格式) (決定・計画などがもたらす複雑な[予想外の])影響,結果 (*of*): social ~s 社会的影響.

ram·i·fy /rǽməfàɪ/ 動 (格式) 枝を出す,分枝する; 小区分される.

ramp[1] /rǽmp/ 名 [C] **1** (米) 高速自動車道路への出入口((英) slip road) (☞ off-ramp, on-ramp). **2** 傾斜路,スロープ (高さの異なる 2 つの路面や廊下などを接続する; 車や車椅子用); (立体交差路の)ランプ; (飛行機の)移動式タラップ. **3** (英)(道路工事現場などの)段差; (路面の)突起(車を減速させるため).

ramp[2] /rǽmp/ 動 [次の成句で] **rámp úp** [動] 他 (生産量などを)増やす. **rámp dówn** [動] 他 (生産量などを)減らす.

ram·page[1] /ræmpéɪdʒ, rǽmpeɪdʒ/ 動 [副詞(句)を伴って] (集団で)暴れ回る,荒れ狂う (*about*, *around*, *through*).

ram·page[2] /rǽmpeɪdʒ/ 名 [C] 大暴れ. **be** [**gó**] **on the** [**a**] **rámpage** [動] 自 暴れ回る.

ram·pant /rǽmpənt/ 形 **1** (悪・犯罪などが)蔓延(まんえん)した,流行する;(雑草などが)はびこる: ~ inflation 手のつけられないインフレ. **2** [名詞の後に置いて] [紋章] (ライオンなどが)左後肢で立ち上がった. **3** (英) (チーム・選手などが)勢いに乗った. **~·ly** 副 はびこって.

ram·part /rǽmpɑət | -pɑːt/ 名 [C] [普通は複数形で] 城壁,堡塁(ほうるい).

ram-raid /rǽmrèɪd/ 名 [C] (英) 車で店に突っ込んで品物を盗むこと.

ram-raid·er /rǽmrèɪdə | -də/ 名 [C] (英) 店に車で突っ込む強盗犯.

ram-raid·ing /rǽmrèɪdɪŋ/ 名 [U] (英) 車で店に突っ込んでの強盗.

ram·rod /rǽmrɒd | -rɒd/ 名 [C] **1** 込み矢 (銃口からの弾薬装塡(そうてん)用の棒); 槊杖(さくじょう) (銃身内の掃除棒). **2** (米略式) 厳格な監督者[上司]. (**as**) **stíff** [**stráight**] **as a rámrod** = **like a rámrod** [形・副] (人・背などが)直立した[て]. ── 動 (**-rods**; **-rodded**; **-rodding**) 他 (米英) (法案などを)強引に通す.

ram·shack·le /rǽmʃækl/ 形 [普通は A] (家などが)倒れそうな,ぐらぐらする; (組織などが)がたがたの.

*ran /rǽn/ (類音) ram, rang, run, rank) 動 run の過去形.

*ranch /rǽntʃ | rɑːntʃ/ 名 [C] **1** (主に米国西部・カナダ・豪の)大放牧場. **2** (米) [普通は合成語で] …飼育[栽培]園. **3** =ranch house. ── 動 自 牧場を経営する; 牧場で働く. ── 他 (…を)飼育する.

ránch dréssing 名 [U] (米) ランチドレッシング (牛乳かバターミルクとマヨネーズを使ったとろみのあるサラダドレッシング).

ranch·er /rǽntʃə | rɑːntʃə/ 名 [C] (米) 牧場経営者,牧場主; 牧場労働者,カウボーイ (cowboy).

ránch hòuse 名 (米) **1** 平屋建ての家. **2** 牧場主の家.

ranch·ing /rǽntʃɪŋ | rɑːntʃ-/ 名 [U] 牧場の仕事; 牧場経営.

ranch·man /rǽntʃmən | rɑːntʃ-/ 名 (**-men** /-mən/) [C] 牧場主,牧童.

ran·cid /rǽnsɪd/ 形 (バターなどが) 腐ったようなにおい[味]のする; (におい・味が)いやな.

ran·cid·i·ty /rænsídəti/ 名 [U] 腐ったようなにおい[味]のすること.

ran·cor, (英) **ran·cour** /rǽŋkə | -kə/ 名 [U] (格式) 怨恨,怨恨(えんこん)(深い恨み) (*against*).

ran·cor·ous /rǽŋkərəs/ 形 (格式) 恨みのある,悪意のある (*against*). **~·ly** 副 恨みをもって.

rand /rǽnd/ 名 [C] ランド,ラント (南アフリカの通貨単位; 100 セント (cents)).

R and B, **R & B** /ɑ́əənbíː | ɑ́ː(r)ən-/ 略 =rhythm and blues.

R and D, **R & D** /ɑ́əəndíː | ɑ́ː(r)ən-/ 名 [C] (企業の)研究開発 (*research* and *d*evelopment の略).

rand·i·ness /rǽndinəs/ 名 [U] (英略式) 性的に興奮していること.

Ran·dolph /rǽndɑlf | -dɒlf/ 名 固 ランドルフ (男性の名; 愛称は Randy).

*ran·dom /rǽndəm/ 12 形 [普通は A] **手当たり次第の**,でたらめの; 無作為の: a ~ collection of old stamps 古切手を手当たり次第に集めたもの / a ~ guess でたらめな推測.
── 名 [次の成句で] **at rándom** [副] **手当たり次第に**,でたらめに; 無作為に: Walking *at* ~ can be pleasant. あてなくさまようのも楽しい.

rándom áccess 名 [U] [電算] ランダムアクセス (記憶装置内の情報の任意の順序での読み出し).

rándom-áccess mèmory 名 [C] [電算] = RAM[1].

ran·dom·i·za·tion /rændəmɪzéɪʃən | -maɪz-/ 名 [U] [統] 無作為化.

ran·dom·ize /rǽndəmàɪz/ 動 他 [統] (…を)無作為化する; でたらめに[ランダム]に並べる.

ran·dom·ly /rǽndəmli/ 副 手当たり次第に; 無作為に.

ran·dom·ness /rǽndəmnəs/ 名 [U] でたらめ,無原則.

rándom sámple 名 [C] [統] 無作為(抽出)標本.

rándom sámpling 名 [U] [統] 無作為標本抽出(法).

R and R, **R & R** /ɑ́əən(d)ɑ́ə | ɑ́ː(r)ən(d)ɑ́ː/ 略 = *r*est and *r*elaxation [*r*ecreation, *r*ecuperation] (米) (軍隊の保養休暇).

rand·y /rǽndi/ 形 (**rand·i·er**; **-i·est**) (英略式) (人・気分が)性的に興奮した,欲情している.

Ran·dy /rǽndi/ 名 固 ランディ (男性の名; Randolph の愛称).

ra·nee /rɑ́ːniː/ 名 [C] (昔のインドの)王妃; 王女.

*rang /rǽŋ/ (類音 lung, ran, rank, rung, wrung) 動 ring[2] の過去形.

*range /réɪndʒ/ 11

「列」4 (☞ 語源) → 〈連なり〉
→ 〈まとまったもの〉 → 「種類」1
→ 〈山の連なり〉 → 「山脈」4
→ 〈連なる〉 → 「広がる」 動 自 1 → 〈連なる[広がる]場所〉 → 「範囲」2 → 「届く限界」3

── 名 (rang·es /-ɪz/) 1 C (商品などの)**種類**, グループ・等級;(メーカー・店の)品揃え: a full ~ of tennis rackets あらゆる種類のテニスラケット / a top-of-the-*range* car 最高級車 / They have [carry] a complete [broad, wide] ~ of skiing gear at that store. あの店ではスキー用品が完全に[広く]揃っている.

2 [単数形で] (変動の)**範囲**, (上下・左右の)幅; (責任・権限などの及ぶ)範囲, 領域; 区域 (extent): the age ~ *from* 15 *to* 20 15から20までの年齢の幅 / There is a wide price ~ for cameras. カメラには高いものから安いものまでずいぶん幅がある / She has a wide ~ of interests. 彼女の趣味の範囲は広い.

3 [U または a~] (弾丸などの)**届く限界**, 射程; 視界; (飛行機が給油しないで)飛べる距離, 航続距離: That rifle has a ~ *of* five hundred meters. そのライフルは500メートルの所まで弾が届く. 関連 reach (手・理解などの及ぶ)範囲.

4 C 山脈, 山並み, 連山 (mountain range); 列 (line), 並び. **5** C 射撃[ゴルフ](練習)場; (ロケット・ミサイルの)試射場, 発射場. **6** 〔普通は単数形で〕声域, 音域. **7** C (動植物の)分布地域. **8** C,U (米) 放牧地. **9** (主に米) (料理用の)レンジ (stove) (☞ kitchen 挿絵); (英) (昔の)料理用ストーブ. **10** C (役者などの)能力の範囲. 語源 古(期)フランス語で「列」の意味で, rank¹, arrange と同語源.

at lóng [shórt, clóse] ránge [副] 遠[近]距離から; at close ~ 至近距離から発砲する.

beyònd the ránge of...=beyònd ...'s ránge [前] ...の(手の)届かない所に; ...の(能力の)範囲外で: It is *beyond the* ~ *of* human understanding. それは人知の及ばぬことだ.

óut of [outsìde the] ránge of...=òut of [outsìde] ...'s ránge [前] ...の(手の)届かない(所に); ...の(能力の)範囲を越して, ...の知識以外のことで: The problem is *out of my* ~. その問題は私の専門のことではです[私の手に負えません].

withìn [in] (the) ránge of...=withìn [in] ...'s ránge [前] ...の射程内に, ...の(手の)届く所に; ...の範囲内に: The task is not *within the* ~ *of* my abilities. その仕事は私の能力ではできかねます.

── 動 (rang·es /-ɪz/; ranged /-d/; rang·ing) 自 **1** [進行形なし] [副詞(句)を伴って] (価格・温度などが)(ある範囲で)変動する, (...に)わたる, (話などが)及ぶ, 広がる; (生物が)分布する, (銃などが)...の射程をもつ 言い換え ◑ My students ~ in age *from* sixteen *to* eighteen. <V+*from*+名・代+*to*+名・代> = My students' ages ~ *between* [from] sixteen **and** [to] eighteen. <V+*between* [*from*]+名・代+*and* [*to*]+名・代> 私の教える生徒の年齢は16歳から18歳です / His talk ~*d* (widely) *over* a variety of subjects. <V+*over*+名・代> 彼の話は広くさまざまな話題に及んだ. **2** [副詞(句)を伴って] さまよう, 歩き回る (*around, over, through*).

── 他 **1** [普通は受身で または ~ oneself として] [格式] 〈...〉を結集させる, 〈...〉を(...の側[反対側])に立たせる《味方または敵対する》: Most of the politicians were ~*d* with [*against*] the prime minister. ほとんどの政治家は首相に味方[敵対]した. **2** [普通は受身で] [格式] 〈...〉を(順序正しく)並べる, 整列させる (*on, along, against*); 〈...〉を分類する: The soldiers are ~*d* in order of height. 兵士たちは身長順に並んでいる / The chairs are ~*d in front of* the desk. いすは机の前に並べてある. **3** [受身なし] 〈場所〉をさまよう, 歩き回る.

ránge fìnd·er 名 C (銃の)距離測定器; (カメラの)距離計.

range·land /réɪndʒlænd/ 名 C (米) 放牧地.

rang·er /réɪndʒɚ|-dʒə/ 名 C **1** (主に米) 森林監視隊員, レンジャー (forest ranger). **2** (米) 騎馬警備隊員, パトロール員; (特にテキサスの)州警察官. **3** [しばしば R-] (米) 特別攻撃隊員, レンジャー部隊員. **4** [R-] (英) シニアガールガイド 《Girl Guides の 14-19 歳の団員》.

Ránge Ròver 名 C レンジローバー 《英国製の四輪駆動乗用車; 商標》.

Ran·goon /ræŋgúːn/ 名 固 ラングーン, ヤンゴン 《ミャンマー(ビルマ)南部にある同国の首都》.

rang·y /réɪndʒi/ (**rang·i·er; -i·est**) 形 **1** (人・動物が)手足のひょろ長い. **2** 歩き回れる.

ra·ni /rάːni/ 名 C = ranee.

*__**rank**__¹ /ræŋk/ [13] 名 (~s /-s/)

range と同語源.「列」3 (☞ range 語源) → 〈ならび方〉 → 「順位, 階級」1

1 C,U (警察・軍隊などの)**階級**, 位 (*of*); (社会的な)地位, 身分; 高い地位; (評価などの)順位: He has been promoted to the ~ of major. 彼は少佐に昇進した / People of all ~*s* and conditions admired her. あらゆる階層の人が彼女を敬愛した / She is a painter of the first [highest, top] ~. 彼女は一流の画家だ.

2 [the ~*s*] 兵士たち (other ranks) 《将校たちに対して》; (組織の)一般組合員, 平社員; (ある集団に属する)人々, グループ (*of*): in the ~*s* 兵卒として / He was reduced to *the* ~*s*. 彼は兵卒に格下げされた / rise from [through] *the* ~*s* 低い身分から出世する.

3 C 列 《人・物・乗客を待つタクシーなどの》, 並び (*of*); (兵士・警官などの)横列 《普通は2列》; [形] ☞ rank and file》: the front [rear] ~ 前[後]列 / ~ after [upon] ~ of cups 何列も並んでいるカップ. 関連 file 縦列. **4** C (英) (タクシーの)客待ち場.

bréak ránk(s) [動] 自 (1) 結束を乱す, (...に)離反する (*with*). (2) [軍] 列を乱す. **clóse** /klóuz/ **(the [one's]) ránks** [動] 自 (1) (...に抗して)結束を固める, 結託する (*against*). (2) [軍] 隊列間をつめる. **jóin the ránks of ...** [動] 他 (失業者などの)仲間に入る. **púll ránk** [動] 自 (略式) [けなして] 地位をかさに着て(...に)強権を振るう (*on*). **swéll the ránks** [動] 他 集団の数を増やす (*of*). **thín the ránks of ...** [動] 他 ...の数を減らす.

── 動 (**ranks** /-s/; **ranked** /-t/; **rank·ing**) [進行形なし]

─── 自 他 の転換
自 占める (to be given a particular position in a list)
他 **1** 格付けする (to give (something) a particular position in a list)

── 自 [副詞(句)を伴って] (階級・順位を)**占める**, 位する (*among, as*): ~ high [low] 高く[低く]評価される / A colonel is *above* a major. <V+前+名・代> 大佐は少佐より位が上である / The United States ~*s third in* the world in population. <V+C(形)> 米国の人口は世界第3位である.

── 他 **1** [しばしば受身で] 〈...〉を**格付けする**, 〈...〉に等級をつける; 〈...〉を評価する: He ~*s* Tom *above* [*below*] John. <V+O+前+名・代> 彼はジョンよりトムのほうが優れて[劣って]いると考えている / He is ~*ed* third *as* a tennis player. <V+O+C(形)の受身> 彼はテニス選手として3位にランクされている. **2** [しばしば受身で]

rank

《格式》〈…〉を(ある順序に従って)並べる，配列する: R~ these cities by population. 人口の順に市を並べよ. **3**《米》〈…〉の上に位する，〈…〉の上位にある (outrank).
ránk with [**amòng, alongsíde**] **…**［動］他 …と同列に位する，…の間に地位を占める.

rank[2] /rǽŋk/ 形 (**ránk·er; ránk·est**) **1** 悪臭を放つ；いやな味の. **2** A［普通はけなして］全くの，ひどい；極端な: a ~ amateur ずぶの素人. **3**《主に文》(雑草などが)はびこった，茂りすぎた: a path ~ with weeds 雑草の生い茂った小道.

*ránk and fíle 名 [the ~] [単数または複数扱い] (☞ the[1] 3 語法)［主に新聞で］一般組合員，平社員(幹部に対して)；一般大衆(指導者層に対して)；兵士たち(将校に対して).

ránk-and-fíle 形 普通の，平(%3)の.

ránk and fíl·er /-fáɪlɚ | -lə/ 名 C 兵隊，兵卒；[比喩] 一般人，平会員，平社員.

-ranked /rǽŋkt/ ［合成語で］(第…)位の.

*rank·ing /rǽŋkɪŋ/ 名 C (競技などの)順位，ランキング；U 格付け: rise in the world rankings 世界ランキングで順位を上げる. ― 形 **1** A《米》上級の，幹部の，(グループの中で)最上位の: a ~ officer 高官[幹部].
2［合成語で］(…の)地位の: high-ranking 高位の.

ran·kle /rǽŋkl/ 動 自 (苦い思い出などが)(…)の心を絶えずさいなむ；(…)にとって[しゃくにさわる(with). ― 他 〈人・心を〉さいなむ.

rank·ly /rǽŋkli/ 副 **1** ひどく臭って. **2** 生い茂って.
rank·ness /rǽŋknəs/ 名 U **1** ひどく臭うこと. **2** 生い茂ること.

†**ran·sack** /rǽnsæk/ 動 他〈場所〉から奪う (rob), 〈…〉を荒らす: The house was ~ed. その家は略奪された. **2**〈場所〉をくまなく捜す，捜し回る: He ~ed the room (for money). 彼は部屋中かき回して(金を)捜した.

ran·sack·ing /rǽnsækɪŋ/ 名 U 荒らすこと.

ran·som /rǽnsəm/ 名 **1** C (人質の)身代金，賠償金: demand ... in ~ = demand a ~ of ... 身代金として…を要求する. **2** U (身代金と引き換えに)捕虜などを受け戻すこと. **a kíng's ránsom** 名《文》大金. **hóld … for** [《主に英》**to**] **ránsom = hóld … ránsom** 動 (1)〈…〉を人質にして身代金を要求する. (2)〈…〉に無理な譲歩を要求する. ― 動 他(捕虜など)を(身代金を払って)受け戻す.

†**rant** /rǽnt/ 動 自 ［軽蔑］わめく，どなり立てる，大げさに言いたてる (on; about, at). ― 他〈…〉とわめく.
ránt and ráve 動 ［軽蔑］わめきちらす (about, at). ― 名 わめきちらし，怒号 (about, against).

*rap[1] /rǽp/ 名 (回音 wrap；類音 lap) (~**s** /-s/) **1** C こつんとたたくこと，とんとんと打つこと；とん[こつん]とたたく音: I heard a ~ at [on] the door. ドアをこつんとたたく音を聞いた.
2 U,C ラップ(ミュージック) (早口でしゃべるように歌うソウル音楽). **3** C［新聞で］厳しい小言，批判，非難. **4** C,U《米略式》犯罪容疑，告発；刑期: a murder ~ 殺人容疑. **5** C《米略式》評価，(悪い)評判 (on, against); ☞ bum rap. **6** C《俗》おしゃべり，雑談.
béat the ráp 動《米略式》刑を免れる. **gét** [**recéive**] **a ráp on** [**óver**] **the knúckles** 動 自［主に新聞で］しかられる. 由来 罰として指の関節をたたかれることから. **gíve … a ráp on** [**óver**] **the knúckles** 動［主に新聞で］〈…〉をしかる. **táke the ráp** 動 自 (人に代わって)罰せられる，しかられる；ぬれぎぬを着せられる (for).

― 動 (**raps** /-s/; **rapped** /-t/; **ráp·ping**) 自 **1** こつんとたたく: She rapped at [on] the door. <V+at [on]+名・代> 彼女はドアをこつんとたたいた. / He rapped on the table. 彼はテーブルをとんとんたたいた.
2 ラップを歌う.《ビートに合わせて早口でしゃべるように歌う》 (about). **3**《古風, 略式》おしゃべりする. ― 他
1〈…〉をたたく. **2**［新聞で］〈…〉を非難する，攻撃する (for). **3** = rap out. **ráp óut** 動 他〈命令などを〉厳しく[突然]言う，発する. **ráp … on** [**óver**] **the knúckles** 動 他《格式》〈…〉をしかる.

rap[2] /rǽp/ 名 C ［次の成句で］ **nót cáre** [**give**] **a ráp**《古風》少しも気にしない (about, for).

ra·pa·cious /rəpéɪʃəs/ 形《格式》**1** 強欲な，貪欲(%3)な. **2** 強奪する；動 生き物を捕食する. **~·ly** 副 貪欲に. **~·ness** 名 U 強欲.

ra·pac·i·ty /rəpǽsəti/ 名 U《格式》強欲.

ráp ártist 名 C ラップ(ミュージック)のミュージシャン.

*rape[1] /réɪp/ 動 (**rapes** /~s/; **raped** /~t/; **ráp·ing**) 他〈人〉を強姦(%2)[レイプ]する: The girl was ~d in the car. <V+O の受身> その少女は車の中で犯された.
― 名 **1** U,C 強姦，レイプ: commit (a) ~ レイプする. **2**［単数形で］《格式》〈…〉の破壊 (of).

rape[2] /réɪp/ 名 U 西洋あぶらな.

rápe·sèed 名 U 菜種；~ oil 菜種油.

Raph·a·el[1] /rǽfiəl, réɪ- | rǽfeɪəl, -fiəl/ 名 固 ラファエロ(1483-1520)《イタリアの画家・彫刻家・建築家》.

Ra·pha·el[2] /rǽfiəl, rà:fíel | rǽfeɪəl, rǽfə·él/ 名 固《聖》ラファエル《大天使》.

*rap·id /rǽpɪd/ **口** 形 (**more ~; most ~;** 名 rapidity) (動きなどが)速い，すばやい；(変化などが slow) 急速な (☞ fast[1] 表, 類義語): a ~ river 流れの急な川 / He is a ~ thinker. 彼は頭の回転が速い / We must curb the ~ increase in prices. 私たちは物価の急激な上昇を抑えなければならない. 語法 quick よりは改まった感じの語. 語源 ラテン語で「かっさらう」の意から「すばやく」となった.

rápid éye mòvement 名《生理》急速眼球運動 (☞ REM).

rap·id-fire /rǽpɪdfáɪɚ | -fáɪə/ 形 A **1** (質問などが)やつぎばやの；早口の. **2** (銃砲が)速射の. **3**《主に米》［新聞で］(経済活動などが)急速な.

ra·pid·i·ty /rəpídəti/ 名 U (国 rapid) U 急速，迅速. **with rapídity**［副］［しばしば形容詞を伴って］急速に (rapidly): with astonishing ~ 驚くほど速く.

*rap·id·ly /rǽpɪdli/ 副 (国 slowly) 速く，すばやく，急速に: a ~ growing economy 急成長する経済 / He walked ~ away. 彼は足早に立ち去った.

rap·id·ness /rǽpɪdnəs/ 名 U = rapidity.

rápid reáction fòrce 名 C 緊急対応部隊《緊急事態に即応する部隊》.

*rap·ids /rǽpɪdz/ 名 複 早瀬: shoot the ~ (カヌーなどが)早瀬を乗り切る.

rápid tránsit (sỳstem) 名 U《米》高速旅客輸送(システム)《都市内の地下鉄や高架鉄道》.

ra·pi·er /réɪpiɚ | -piə/ 名 C (昔の)細身の両刃の刀；[形容詞的に]《文》(機知などが)鋭い.

rap·ine /rǽpɪn, -paɪn/ 名 U《文》強奪，略奪.

rapier

rap·ist /réɪpɪst/ 名 C 強姦(%2)犯.

rap·pel /rəpél, ræ-/ 名《米》〈登山〉懸垂下降，アプザイレン《体に巻いた 2 本のロープを使いながら岩壁を降りる方法》《英》abseil. ― 動 (**-pels; -pelled; -pel·ling**) 自《米》懸垂下降する.

rap·per /rǽpɚ | -pə/ 名 C ラップミュージシャン.

rap·port /ræpɔ́ɚ | -pɔ́:/ 名 U または ~ (人とのよい)関係，協調[信頼]関係 (between, with).

rap·por·teur /ræpɔətɚ | -pɔ:tɚ/ /《フランス語から》/ C《格式》(委員会の)報告担当者.

†**rap·proche·ment** /rǽprouʃmáːŋ | rəprɔ́ʃ·ma:ŋ/《フランス語から》 名 U (また a ~)《格式》

新聞で](特に国家間の)関係改善, 親善, 友好回復, 和解 (*between, with*).

rap·scal·lion /ræpskǽljən/ [名] [C] 《古語》または [滑稽] ならず者[ろくでなし](だが憎めない人).

ráp shèet [名] [C] 《米略式》 前科の記録書.

rapt /rǽpt/ [形] **1** 《文》 心を奪われた, 熱中した, (…で)うっとりとした: with ～ attention 一心不乱に / He was ～ *with* admiration. 彼は感嘆のあまり我を忘れていた. **2** 《豪略式》 大喜びして (delighted). **～·ly** [副] うっとりして; 夢中になって.

rap·tor /rǽptɚ | -tə/ [名] [C] **1** 《略式》 =velociraptor. **2** 〔鳥〕 猛禽(もうきん).

rap·ture /rǽptʃɚ | -tʃə/ [名] [U] 《文》 大きな喜び[幸せ], 狂喜, 有頂天: listen with ～ 有頂天になって聞く. **be in ráptur(s)** [動] [自] 《格式》 有頂天になっている (*at, about, over*). **gó [fáll] ìnto ráptures** [動] [自] 《格式》 有頂天になる (*at, about, over*).

rap·tur·ous /rǽptʃ(ə)rəs/ [形] [普通は [A]] [主に新聞で] (歓迎・拍手などが)狂喜した, 熱狂的な. **～·ly** [副] 狂喜して, 熱狂的に.

***rare**[1] /réɚ | réə/ ([類音] rear, ware, wear, #where[1, 2]) [T1] [形] (**rar·er** /ré(ə)rɚ | -rə/; **rar·est** /ré(ə)rɪst/; [名] rárity) **1** まれな, めったにない; 珍しい, (少数で)貴重な: This is a ～ variety of apple. これはりんごの珍種である / *It is* very ～ *for* him *to* be so angry. 彼がそんなに怒るとは珍しいことだ (☞ for [前] B 1) / It is ～ to have snow here in October. ここで10月に雪を見ることはまれだ. **2** (空気などが)薄い, 希薄な (thin). **3** [A] 《古風》 すばらしい, すてきな. **on ráre occásions** [副] (ごく)まれに (rarely). **ráre òld** [形] 《古風》 とてもいい[悪い], すごい.

【類義語】**rare** めったになく珍しいの意, またはまれで価値の高いの意: *rare* books 珍本, 貴重な本. **scarce** いつもはあるものが今はたまたま不足していることを意味する: Tomatoes are *scarce* these days. 今はトマトが品不足です.

rare[2] /réɚ | réə/ [形] (**rar·er** /ré(ə)rɚ | -rə/; **rar·est** /ré(ə)rɪst/) (ステーキなどが)生焼けの (☞ steak [参考]).

ráre bírd [名] [C] めったにない人[もの].

rare·bit /réɚbɪt | réə-/ [名] [C,U] =Welsh rabbit [rarebit].

ráre éarth (èlement) [名] [C] 〔化〕 希土類元素.

rar·e·fied /ré(ə)rəfàɪd/ [形] [普通は [A]] **1** [しばしば滑稽または軽蔑] (雰囲気などが)高尚な, 閉鎖的な; 深遠な. **2** (高所の空気が)薄い, 希薄な.

****rare·ly** /réɚli | réə-/ [T1] [副] **1** まれにしか…しない, めったに…しない (seldom) (☞ always 囲み; negative sentence [文法] (2)): He very ～ comes here. 彼はほんのたまにしかここへ来ません / *R*～ have I been so moved by a movie. 《格式》 私は映画でこれほど感動したことはめったにありませんでした (☞ inversion [文法] (1) (vi)). **2** [複数名詞とともに] …な[する]のはめったにない: Students ～ take this course. 学生たちはめったにこの講義を取らない. **rárely(,) if éver** [副] たとえあったとしてもごくまれにしか…しない.

rare·ness /réɚnəs | réə-/ [名] [U] まれなこと.

rar·ing /ré(ə)rɪŋ/ [形] [P] (…したくて)うずうずしている (*for*): be ～ *to* go 行きたくて[行動を始めたくて]うずうずしている.

rar·i·ty /ré(ə)rəṭi/ [名] (**-i·ties**; [形] rare[1]) **1** [C] [しばしば a ～] めったにないこと, 珍しいもの[人]; 貴重品. **2** [U] 珍しさ, 希少(性): (a) ～ value 希少価値.

ras·cal /rǽsk(ə)l | rá:s-/ [名] [C] **1** いたずらっ子; やつ: You little ～! このいたずらっ子め. [語法] 現在は愛情または滑稽味を帯びた言い方であることが多い. **2** 《古風》 悪漢, ごろつき.

ras·cal·ly /rǽskəli | rá:s-/ [形] **1** [滑稽] いたずら好きな. **2** 《古風》 悪らつな, 卑劣な.

***rash**[1] /rǽʃ/ [形] (**rash·er** /-ʃɚ | -ʃə/; **rash·est** /-ʃɪst/) 向こう見ずな, 無分別な; せっかちな, 軽率な: a ～ young man 向こう見ずな若者 / a ～ promise 安請け合い / *It was* ～ *of* you *to* go there alone. 1人でそこへ行くとはあなたも向こう見ずだった (☞ of 12).

rash[2] /rǽʃ/ [名] [C] 発疹(ほっしん), 吹き出物: heat ～ あせも / nettle ～ じんましん. **a ràsh of ...** [複数名詞の前につけて] 《略式》 (いやな事柄の)続発, 頻発. **brèak [còme] óut in a ràsh** [動] [自] 発疹が出る.

rash·er /rǽʃɚ | -ʃə/ [名] [C] ベーコン[ハム]の薄切り.

rash·ly /rǽʃli/ [副] 無分別に; 軽率に.

rash·ness /rǽʃnəs/ [名] [U] 無分別, 軽率.

+**rasp** /rǽsp | rá:sp/ [動] [自] こすれる, きしる; 耳ざわりな音を出す, (神経に)さわる (*on*): a ～*ing* voice 耳ざわりな声. — [他] **1** 〈…〉を[と]耳ざわりな声で言う. **2** 〈物〉にやすりをかけ(て…にす)る; 〈…〉を(ざらざらした物で[に])こする (*with, on*). **3** 〈神経など〉にさわる. **rásp awáy [óff]** [動] [他] 〈…〉にやすりをかけて削る. **rásp óut** [動] [他] 〈…〉を耳ざわりな声で言う. — [名] **1** [単数形で] 耳ざわりな音, きしみ. **2** [C] 目の粗いやすり.

+**rasp·ber·ry** /rǽzbèri | rá:zb(ə)ri/ [名] (**-ber·ries**) [C] **1** 木いちご(の実) (☞ berry). **2** 《英略式》 (ばかにして唇の間で)舌を鳴らす音 (《米》 Bronx cheer). **gíve [(《英》) blów] ... a ráspberry** [動] [他] 〈人〉をあざ笑う.

raspberry 1

rasp·ing·ly /rǽspɪŋli | rá:sp-/ [副] 耳障りに, ぎしぎしと.

Ras·pu·tin /ræspj(j)ú:tn, -tɪn/ [名] [固] **Gri·go·ry** /grɪgɔ́:ri/ ～ ラスプーチン (1872?–1916) 《ロシアの修道僧; 怪僧と呼ばれた》.

rasp·y /rǽspi | rá:s-/ [形] (**rasp·i·er**; **rasp·i·est**) (声が)しわがれた.

Ras·ta·far·i·an /ræ̀stəfé(ə)riən←/, 《略式》 **Ras·ta** /rǽstə/ [名] [C], [形] [A] ラスタファリアン[ラスタファリ主義者](の) 《ジャマイカの宗教団体の信者》.

Ras·ta·far·i·an·is·m /ræ̀stəfé(ə)riənìzm/ [名] [U] ラスタファリ主義[思想].

Ras·ta·man /rá:stəmæ̀n, rǽs- | rǽs-/ (**-men** /mèn/) [名] 《略式》 男性のラスタファリアン.

ras·ter /rǽstɚ | -tə/ [名] [C] 〔テレビ〕 ラスター 《ブラウン管上の走査線の集合からなるパターン》.

***rat** /rǽt/ ([類音] let, lot, rot) [名] (**rats** /rǽts/) [C] **1** ねずみ 《mouse よりも大きい種類; ☞ mouse [参考] および表》: *R*～*s* desert [leave] a sinking ship. 《ことわざ》 ねずみは沈みそうな船から逃げ出す / like ～*s* deserting a sinking ship 沈没する船から逃げるねずみのように 《経営に失敗した組織を見放す人々などについて用いる》. **2** [S] 《略式》 裏切り者, ひきょう者; いやなやつ. [由来] 1の例文のことわざから. **lìke [(as) wét as] a drówned rát** [形・副] ぬれねずみになった[て]. **Ráts!** [間] [S] 《略式》 ばかな! ちぇっ! 《いらだちや嫌悪を表わす》. **sméll a rát** [動] [自] 《略式》 うさんくさく思う, 変だと感づく. — [動] (**rats**; **rat·ted**; **rat·ting**) [自] 《略式》 (人を)裏切る, 密告する (*on*); (約束などを)破る (*on*).

rát·a·ble válue /réɪṭəbl-/ [名] [C] =rateable value.

rat-arsed /rǽtàɚst | -à:st/ [形] 《英俗》 ぐでんぐでんに酔った.

rat-a-tat /ræ̀ṭətǽt, rǽṭətæ̀t/, **rat-a-tat-tat** /rǽṭətæ(t)tǽt/ [名] [a ～] こつこつ, どんどん, ダダダッ 《戸をたたく音や機関銃などの音》.

ra·ta·tou·ille /ræ̀ṭətwí:, -tú:i/ [名] [U] ラタトゥイユ 《野菜の煮込み料理》.

rat·bag /rǽtbæ̀g/ [名] [C] 《英略式》 卑劣なやつ, つまらんやつ, 不快なやつ.

R

ratch·et /rǽtʃɪt/ [名] [C] **1** ラチェット, つめ車装置. **2** =ratchet wheel. **3** 《英》[主に新聞で] (段階的に)悪化の一途をたどる状況[過程]. ── [動] [自] (道具などがラチェットで)かみ合って動く. ── [他] 《主に新聞で》[動] [他] 〈...〉を少しずつ動かす. **rátchet úp [dówn]** 《主に新聞で》[動] [他] 〈...〉を少しずつ上昇させる[下げる]. ── [自] 少しずつ上昇する[下がる].

rátchet whèel [名] [C] つめ車, 追い歯車.

＊rate /réɪt/ 《同音》late, wait, weight) [中1] [名] (**rates** /réɪts/) [C]

ラテン語で「数えられた部分の」の意 (⇒ ration 語源)
→「料金」3 →(1単位当たりの料金)→
「率」1 ─┬→(速さの割合)→「速度」2
          └→(割合を計るもの)→「等級」4

1 率, 割合;《為替》相場, レート: the discount ~ = the ~ *of* discount 割引率 / There was a pass ~ *of* one student in ten in the exam.=There was a one-in-ten pass ~ in the exam. その試験では10名の学生のうち1名の割合で合格した / The divorce ~ in the United States is high. 米国の離婚率は高い / What's the exchange ~ between the dollar and the yen? ドルと円の交換レートはどのくらいですか.

─────────── **rate 1** のいろいろ ───────────
bírthràte 出生率 / **déath ràte** 死亡率 / **exchánge ràte** 為替相場, 為替レート / **ínterest ràte** 利率 / **succéss [fáilure] ràte** 成功[失敗]率 / **unemplóyment ràte** 失業率

2 速度, 進度 (speed): drive a car *at* a furious ~ (*of* speed) 車を猛スピードで走らせる / the ~ *of* scientific progress over the past twenty years ここ20年にわたる科学の進歩の速さ.
3 (一定の率による)料金, 値段 (⇒ price 類義語): the telephone ~ 電話料金 / utility ~s 公共料金 / the base [reduced] ~ 基本[割引]料金 / the hourly [weekly, monthly] ~ 時[週, 月]給 / What's the ~? 料金はいくらですか / What's the going ~ (*of* pay) *for* waiters? ウエーターの(賃金の)相場はどのくらいですか. **4** [序数詞を伴って] 等級 (class). [関連] first-rate 一流[級]の / second-rate 二流[級]の. **5** [複数形で] 《英》地方税 (現在は商業用土地・建物のみ課す; ⇒ council tax).

at ány ràte [副] ⓢ つなぎ語 (1) とにかく (anyway) (重要なのはこれまでの話ではなく これから述べる事柄であることを示す): I may fail, but *at any* ~ I'll have tried. だめかも知れないけれどとにかくやってみることにします. (2) [前言をより正確に言い直して] 少なくとも: Most people, (or) *at any* ~ those I have talked with, are in favor of the plan. ほとんどの人が, 少なくとも私が話をした人たちは, その計画に賛成しています.

at the [a] ràte of ... [前] ...の割合で;...の速度で: Calls were coming in *at the* ~ *of* three a minute. 1分間に3回の割合で電話がかかってきた.

at thís [thát] ràte [副] 文修飾語 ⓢ この[あの]分では, この[あの]調子では.

the ràte of exchánge [名] 為替相場, 為替レート (the exchange rate).

the ráte of retúrn [名] (企業の)利益率.

── [動] (**rates**; **rat·ed**; **rat·ing** /-t̬ɪŋ/) [他] **1** [しばしば受身で] 〈...の価値・強度・容積など〉を見積もる, 評価[格付け]する (value): 言い換え He *~d* the building *as* worth $100,000. <V+O+C (*as*+形)>=He ~*d* the building *at* $100,000. <V+O+*at*+名・代> 彼はその建物を10万ドルの値打ちがあると踏んだ / She *was* ~*d* highly by her classmates. 彼女は同級生から高く評価されていた. **2** 〈...〉を(~と)みなす, 思う (consider): Everybody ~d him '*as* honest [*as*] the best]'. だれもが彼を正直[最優秀]だと思っていた / He *is* ~*d* among [(*as*) one of] the best students in his class. 彼はクラスでいちばんできのよい学生の一人と考えられている. **3** 《映画に》〈子供向き・大人向きなど〉の等級をつける; 《米》〈...〉に評点をつける: Each subject *is* ~*d on* a five-point scale. 各科目とも5点法で評点がつけられている. **4** 〈...〉に値する: The music festival ~*s* a mention in the newspaper. その音楽祭は新聞に載せるだけの価値がある. **5** 《英略式》〈...〉を高く評価する (as). ── [自] 見積もられる, 評価される; 位する: She ~*s* very high in his class. 彼女はクラスでは高く評価されていた / He really ~*s* (very high) *with* me! 彼に対する私の評価は本当に(とても)高いよ / He ~*s as* the best pianist in the country. 彼はその国で最高のピアニストとされている.

ráte·a·ble válue /réɪṱəbl-/ [名] [C] 《英》(不動産の)課税評価額 [=rate 5 の算定基準].

rate·pay·er /réɪtpèɪɚ, -pèɪə/ [名] [C] 《米》(電気・水道などの)公共料金納付者; 《英》地方税納付者.

rat·er /réɪṱɚ | -tə/ [名] [C] 評価[測定]者; [合成語で] (ある)等級に属するもの: first-rater 第1級のもの[人] / a 10-rater 10 トンのヨット.

rát fínk [名] [C] 《米略式》いやなやつ; 密告者.

＊rath·er¹ /rǽðɚ | rɑ́ːðə/ 《同音》lather, leather) [中1] [副]

古(期)英語で「より早い」の意 →(より速やかに)→(より好ましく)→「むしろ」**2** →「かなり」**1**

1 (1) [形容詞・副詞の比較級や too を修飾して] かなり, だいぶ; やや, 幾分 (⇒ fairly 類義語) [7 番めの囲み]: This soup is ~ cold. このスープはだいぶ冷たくなっている / It looks ~ like a toy house. それは何だかおもちゃの家のように見える / I am ~ tired. 私はだいぶ疲れた / It's ~ hotter today, isn't it? きょうは(いつもより)だいぶ暑いです / This coat is ~ *too* big for me to wear. このコートは私が着るにはやや大きすぎる (⇒ fairly 1 語法).

語法 (1) 否定文では用いない.
(2) この意味の rather が「不定冠詞+形容詞+名詞」につくときは次の2通りの位置に置ける (⇒ quite 語法): He is ~ *an* old man. =He is *a* ~ old man. 彼はかなりの年の人です.

(2) [単数名詞・動詞を修飾して] かなり(の), 相当に; どうやら: That's ~ a nuisance. それはどうもやっかいなことだ / She ~ doubted what he said. 彼女は彼が言ったことは何となく怪しいと思った / I ~ think you may be mistaken. (丁寧) あなたが間違っているのではないかと思います (I think ... の遠回しな言い方).

2 [中1] [しばしば *than* とともに] むしろ, (...)よりはむしろ, どちらかといえば~ (⇒ rather than do [doing] (成句)): It is a hall ~ *than* a room. =《格式》It is a hall *than* a room. それは部屋というよりはむしろ広間だ / The color is orange ~ *than* red. その色はどちらかといえば赤というよりオレンジだ. **3** つなぎ語 《格式》むしろ, それどころか (前述と違う[反対の]意見を述べ, 後者の方がより妥当であることを示す): That novel was not a success. It was, ~, a failure. その小説は成功作ではなかった. むしろ失敗作だった.

had ràther dó [助] 《古風》=would rather do.

nòt ...(,) but ràther ── ...ではなくて(むしろ)~だ (⇒ 3): He is *not* a teacher *but* ~ a scholar. 彼は教師というよりむしろ学者だ.

or ràther (,) ... つなぎ語 (1) より正しく言えば..., というよりはむしろ... と言ったほうがよい: late last night, or ~ early this morning 昨夜遅く, というよりはむしろけさ早く. (2) (—ではなくて)…《ニュースなどで前の語句を訂正するときに用いる》: The Prime Minister will visit Australia, or ~ Austria. 首相はオーストラリア, 失礼, オーストリアを訪問されます.

ráther than dó [dóing] …するよりも, …しないで(むしろ): R~ than waste [wasting] your time doing it yourself, why don't you call in a builder? 自分でそれをして時間をむだにするよりも建築業者を呼んだら.

Ràther ... than mé. (略式) …がまったくの構わないが私はいやだ: "I'm going climbing tomorrow." "R~ you than me."「明日登山するよ」「私はごめんだね」

would ráther dó 団 [団] どちらかと言えば…したい(と思う), むしろ…したい(と思う) ((略) -'d rather): "Let's go to the movies." "I would 「stay at home [not]." 「映画に行こう」「どっちかと言えば私は家にいたい[行きたくない]」((略) not (5)) / I would [I'd ~ 「not go [not have gone] there. そこへは行きたくない[行かない方がよかった] / I would ~ be deceived than deceive others. 人をだますくらいなら人にだまされたほうがましだ.

would ráther ... (節を伴って) むしろ…してもらいたい: I would ~ you didn't go alone. できればあなたには1人で行ってほしくない ((略) 従属節の動詞は過去形で用いられる ((略) if² [文法] (4)).

ràth·er² /ráːðəː | -ðə/ [感] [S] (古風, 英略式) そうとも (certainly) (返答で): [会話] "Do you like Mozart?" "R~!" 「モーツァルトはお好きですか」「もちろん」

rát·hòle [名] [C] 1 ねずみの通る穴; ねずみの巣. 2 (米) (狭くて)きたならしい[むさくるしい]所, ごみため. 3 (米略式) (金が無駄に使われる所のたとえとしての) ねずみ穴: throw money down a ~ 金をどぶに捨てる.

raths·kel·ler /ráːtskèləː | -lə/ [名] [C] (ドイツ風の)地下ビアホール[レストラン].

†**rat·i·fi·ca·tion** /rætəfɪkéɪʃən/ [名] [動] ratify [U,C] (条約などの)批准(ひじゅん), 裁可: oppose the ~ of a treaty 条約の批准に反対する.

*ráti·fy** /rǽtɪfàɪ/ 団 (-i·fies /-z/; -i·fied /-d/; -fy·ing; [名] ràtificátion) 他 (条約など)を批准する, 裁可する: ~ a treaty 条約を批准する.

*rát·ing** /réɪtɪŋ/ [名] (~s /-z/) 1 [C,U] ランク付け, 評価; [C] (商社・人などの)信用度, 格付け: a credit ~ (個人や法人の)信用等級 / the premier's approval ~ 首相の支持率 / get [receive] the highest ~s 最高の評価を得る. 2 [C] (しばしば the ~s で) (ラジオ・テレビの)視聴[聴取]率. 3 [単数形で] (映画の)等級(付け) ((略) rate¹ [名] 3, movie [名] 4). 4 [C] (軍人の等級, 序列; (主に英) 海軍の下士官, 水兵; (商船の)部員.

*rá·tio** /réɪʃou, -ʃoʊ | -ʃiou/ 團 [名] (~s /-z/) 1 [C] 比, 比率; 割合 ((略) ration [語源]): a sex ~ of 102 女100 に対し男 102 の男女比 / [言い換え] The ~ 「between males **and** females [**of** males **to** females] was three **to** two.=There was a three-to-two ~ 「between males **and** females [**of** males **to** females]. 男性と女性の比率は 3 対 2 であった (three to two は 3:2 とも書く) / There was a ~ of four yeses to every no. 賛成 4 に反対 1 の割合であった / [言い換え] The ~ of 15 to 5 is 3 to 1. = 15 and 5 are **in the ~ of 3 to 1**. 15 対 5 は 3 対 1 に等しい. 2 [U] 「数] 比: simple [compound] ~ 単[複]比 / in direct [inverse] ~ to … …に正[逆]比して.

ra·ti·oc·i·na·tion /rætiɑ̀səné ɪʃən, ræʃɪ- | -ɔ̀sɪ-/ [名] [U] (格式) 推理, 推論.

*rá·tion** /rǽʃən | réɪʃ-/ [名] (~s /-z/) 1 [C] 配給量; いつもの量, 定量 (of): the gasoline ~ ガソリンの配給量 / a ~ card [book] 配給カード[手帳]. 2 [複数形で] 配給食糧; [軍] 1 日分の食糧: live on ~s 配給で生活している. [語源] ラテン語で「数えること」の意; rate¹, ratio, rational, reason と同語源. **be on**

shórt rátions [動] (自) 食糧を制限されて[して]いる. **have hád one's rátion of ...** [動] 他 (不運など)を十分に経験している.
— [動] 他 (普通は受身で) 1 〈食糧・衣服など〉を配給する, 〈…〉の供給を制限する: Gasoline was ~ed to five gallons at a time. ガソリンの供給は一度に 5 ガロンに制限され(てい)た. 2 〈人〉に配給する, 供給を制限する: The soldiers were ~ed to two eggs a week. 兵士たちは週に卵を 2 つに配給が制限された. **rátion óut** [動] 他 〈…〉を配給する, 割り当てて与える.

*ra·tio·nal** /rǽʃ(ə)nəl/ 團 [形] (ràtionálity, ràtionalíze; [反] irrational) 1 理性のある, 理性的な; 分別のある, 正気の ((略) ration [語源]): Man is a ~ animal. 人間は理性的な動物だ.
2 合理的な: ~ thinking 合理的な考え方. 3 [数] 有理の: a ~ number 有理数 (整数の ratio (比) で表わされることから).

†**ra·tio·nale** /rǽʃənǽl | -náːl/ [名] [C,U] (格式) 論理的根拠, 根本的理由[原則] (behind, for, of).

ra·tio·nal·ism /rǽʃ(ə)nəlɪzm/ [名] [U] 合理主義, 理性論, 合理論 (知識は人間の理性に由来するという考え; ((略) empiricism).

ra·tio·nal·ist /rǽʃ(ə)nəlɪst/ [名] [C] 合理主義者, 理性論者. — [形] 合理主義(的)な, 理性的な.

ra·tio·nal·is·tic /rǽʃ(ə)nəlɪ́stɪk˺/ [形] = rationalist.

ra·tio·nal·i·ty /rǽʃənǽləti/ [名] [形] rátional [U] 理性的なこと; 合理性.

ra·tio·nal·i·za·tion /rǽʃ(ə)nəlɪzéɪʃən | -laɪz-/ [名] [U,C] 正当化; (主に英) 合理化.

*ra·tio·nal·ize** /rǽʃ(ə)nəlàɪz/ [動] [形] rátional (他) 1 〈行動・考えなど〉を正当化する, 合理的に見せようとする; 〈…〉を合理的に説明する. 2 (主に英) 〈企業・経営〉を合理化する. — (自) 1 正当化する. 2 (主に英) 合理化する.

ra·tio·nal·ly /rǽʃ(ə)nəli/ [副] 理性[合理]的に.

†**ra·tion·ing** /rǽʃ(ə)nɪŋ, réɪʃ- | rǽʃ-/ [名] [U] 配給(制).

rat·lines /rǽtlɪnz/ [名] [複] [海] なわばしごの段索.

rát pàck [名] (the ~) = paparazzo; 愚連隊.

rát ràce [名] (the ~) (軽蔑) (成功・地位などをめぐる)激しい生存競争(競争社会).

rát rùn [名] (英) (運転手が使う)脇道, 抜け道.

rát's nèst [名] [C] (米略式) 混乱状態, てんやわんや.

ráts-tàil, ráttàil [名] [C] [時に形容詞的に] ねずみの尾にした(もの).

rat·tan /rætǽn/ [名] 1 [C] とう(籐) (熱帯アジア産のつる植物). 2 [U] (材料としての)とう.

rat-a-tat-tat /rǽtətǽt/ [名] = rat-a-tat, rat-a-tat-tat.

rat·ted /rǽtɪd/ [形] (次の成句で) **gèt rátted** [動] (自) (英俗) 酔っぱらう.

rat·ter /rǽtə | -tə/ [名] [C] ねずみを取る犬[猫]; (俗) 裏切り者.

*rat·tle** /rǽtl/ [動] (rat·tles /~z/; rat·tled /~d/; rat·tling) (自) 1 がらがら音がする, がたがた音を立てる: The windows ~d in the storm. あらしで窓がかたがた鳴った. 2 (副詞(句)を伴って) (車が)がたがたと走る, ごろごろと動く (along, by, over, past): His old bicycle ~**d down** the bumpy lane. ＜Ｖ＋前＋名＞彼の古い自転車ででこぼこの路地をがたがたと走っていった. 3 (略式) ぺらぺらしゃべる (on, away; about).

— [動] 他 1 〈…〉にがらがら音を立てさせる: The gale ~d the tiles on the roof. 突風が屋根のかわらをかたかたと鳴らした. 2 (略式) 〈人〉をろうばいさせる, 混乱させる: She was ~d by the unexpected question. 彼女は思いがけない質問をされてあわてた.

ráttle aróund [動] (自) (1) (がらがら音を立てながら)

rattled

動き回る. (2)《英》広い[広すぎる]家[事務所]《など》に(住んでいる)(in). **ráttle óff**〔動〕他《暗記したことをすらすらと言ってのける》《…》を楽にやりとげる. **ráttle thróugh ...**〔動〕他《略式, 主に英》…を手早く行なう[言う]. —〔名〕 C **1** がらがらという音, がたがたいう音 (*of*). **2** がらがら《乳児用のおもちゃ》; がらがら鳴る道具《サッカーの応援用など》. **3** がらがらへびの尾にある音を出す器官.

rat·tled /rǽtld/〔形〕 P ろうばいした.

rat·tler /rǽtlɚ | -tlə/〔名〕 C《略式》= rattlesnake.

rat·tle·snake /rǽtlsnèɪk/〔名〕 C がらがらへび.

rat·tle·trap /rǽtltræp/〔形〕 A,〔名〕 C《米》おんぼろの(車).

rat·tling /rǽtlɪŋ/〔形〕 A **1** がらがら鳴る. **2** すばしこい活発な. —〔副〕《古風》とても: a ~ good story [yarn] とてもおもしろい話.

rat·trap /rǽttræp/〔名〕 C **1** ねずみ取り《器具》. **2**《米略式》(不潔な)おんぼろ建物.

rat·ty /rǽti/〔形〕(**rat·ti·er**; **-ti·est**) **1**《米略式》おんぼろの, みすぼらしい. **2**《英略式》怒りっぽい, 不機嫌な. **3** ねずみの(ような); ねずみの多い.

rau·cous /rɔ́ːkəs/〔形〕 **1** 騒々しい. **2** 耳障(ざわ)りの, しわがれ声の. **~·ly**〔副〕耳障りな声で. **~·ness**〔名〕 U 耳障りであること.

raun·chi·ly /rɔ́ːntʃɪli/〔副〕《略式》みだらに, 下品に;《主に米》きたならしく.

raun·chi·ness /rɔ́ːntʃɪnəs/〔名〕 U《略式》好色(さ), わいせつ(性);《主に米》きたならしさ.

raun·chy /rɔ́ːntʃi/〔形〕(**raun·chi·er**; **-chi·est**)《略式》(性的に)露骨な, 好色な, わいせつな;《主に米》きたない, だらしない.

Rau·schen·berg /rάʊʃənbə̀ːg | -bə̀ːg/〔名〕 固 **Robert** = ラウシェンバーグ(1925–)《米国の画家》.

†**rav·age** /rǽvɪdʒ/〔動〕他《しばしば受身で》《…》を荒らす, 破壊する;《…》に大損害を与える. —〔名〕 the ~s《戦争・病気などのもたらす》激影響, 破壊の跡, 惨害: the ~s of war 戦禍 / the ~s of time 時の経過による荒廃.

-ravaged /rǽvɪdʒd/〔合成語で〕《主に新聞で》…で荒廃した: a war- ~ nation 戦争で疲弊した国民.

*****rave** /réɪv/〔動〕 (**raves** /~z/; **raved** /~d/; **rav·ing**) 自 **1** わめき立てる, どなり散らす;《病人などが》うわごとを言う (*on*; *at*, *against*): She ~d at me about how I was inconsiderate. <V + at + 名·代 + about + wh節> 彼女は私がいかに思いやりがないかを私にわめき立てた. **2** 夢中になって話す, ほめそやす (*about*, *over*). —〔他〕 《…》をわめき散らす. **2** ほめそやす.

—〔名〕 **1** C べたぼめ, 絶賛. **2** C レイブ(パーティー)《若者の大掛かりなダンスパーティー; しばしば麻薬の使用が見られる》. **3** U《レイブ(音楽)》《レイブで用いるテクノとかテンポの速い電子音楽》. —〔形〕 A **1** べたぼめの: get ~ reviews [notices] 好評を博する. **2** レイブの.

rav·el /rǽv(ə)l/〔動〕 (**rav·els**; **rav·eled**;《英》**rav·elled**;**-el·ing**,《英》**-el·ling**) 他 **1**《編み物などを》ほどける, ほつれる. **2**《糸など》もつれる. —〔形〕 **1**《編み物など》をほつれさせる, ほどく. **2**《糸など》をもつれさせる (*up*).

Ra·vel /rəvél, ræ-/〔名〕 固 **Mau·rice** /mɔːríːs/ = ラベル(1875–1937)《フランスの作曲家》.

†**ra·ven** /réɪv(ə)n/〔名〕 C わたりがらす, 大がらす《不吉の兆しとされる》. ★ 鳴き声については ☞ cry 表. —〔形〕 A《髪の》黒々とした.

ra·ven-haired /réɪv(ə)nhéəd | -héəd/〔形〕《文》髪の黒々とした.

rav·en·ing /rǽv(ə)nɪŋ/〔形〕 A《文》《動物が》《空腹のため》がつがつした; 獲物をあさる.

rav·en·ous /rǽv(ə)nəs/〔形〕 **1**《人が》非常に空腹な, 飢えた: I'm ~! 腹ぺこだ. **2**《食欲が》猛烈な. **~·ly**〔副〕がつがつと[して]; 猛烈に.

ráve pàrty〔名〕 C = rave 2.

rav·er /réɪvɚ | -və/〔名〕 C《英略式》 **1** レイブ (rave) に行く人. **2**《古風》滑稽[放蕩](ほう)な, 遊び人.

rave-up /réɪvʌ̀p/〔名〕 C《古風, 英略式》乱ちきパーティー, どんちゃん騒ぎ.

†**ra·vine** /rəvíːn/〔名〕 C 峡谷, 山峡, 渓谷《川の浸食でできたもの》.〔☞ valley 類義語〕

†**rav·ing** /réɪvɪŋ/〔略式〕〔形〕 **1** わめき立てる; 荒れ狂う;《行動・言動が》狂った: a ~ lunatic 完全な狂人. **2** A すばらしい, 非常な: a ~ beauty 大変な美人. —〔副〕全く, すっかり. **ráving mád**〔形〕すっかり狂って.

rav·ings /réɪvɪŋz/〔名〕〔複〕たわごと, 支離滅裂な話 (*of*).

rav·i·o·li /rævióʊli/〔名〕 U ラビオリ《ひき肉などをパスタに詰めたイタリア料理》.

rav·ish /rǽvɪʃ/〔動〕他《文》 **1**《女性》を強姦(ごう)する. **2**《普通は受身で》《人》をうっとりさせる, 狂喜させる.

rav·ish·ing /rǽvɪʃɪŋ/〔形〕《文》《女性の》魅惑的な, 非常に美しい. **~·ly**〔副〕うっとりさせるほどに.

*****raw** /rɔ́ː/《同音 re[1], #re[2]; 類音 law, low, roar, row》 **1**〔形〕 **1**《食物が》生(なま)の, (十分に)加熱していない: a ~ egg 生卵 / Most Europeans don't eat fish ~. ほとんどのヨーロッパ人は魚を生では食べない.

2《普通 A》《材料・情報など》未加工[処理]の, 原料のままの;《下水など》浄化処理のされていない;《英》《布地の端がかがってない》: ~ milk 加工していない牛乳 / ~ data 未処理のデータ. **3**《手足・傷などが》赤むけの, ひりひりする: a ~ wound 赤むけになっている傷. **4**《普通は A》未熟な, 経験の浅い, 不慣れな: a ~ recruit 未訓練の新兵, 不慣れな新人技術者. **5**《天気が》じめじめとして寒い, 底冷えのする: ~ winter days 底冷えのする冬の日. **6**《感情などが》むき出しの, 生のままの《強烈な》; 《性質などが》生硬な, 洗練されていない. **7**《描写などが》率直な, 露骨な. **8**《米略式》《ことばが》ひわいな. —〔名〕 〔次の成句で〕 **in the ráw**〔形・副〕ありのままで, むき出しの;《略式》裸の. **tóuch [cátch] ... on the ráw**〔動〕《略式》《人》の痛い所に触れる.

raw·boned /rɔ́ːbóʊnd←/〔形〕やせこけた, 骨ばった.

ráw déal〔名〕[a ~] ひどい仕打ち: get a ~ 不当な扱いを受ける.

raw·hide /rɔ́ːhàɪd/〔名〕 U なめしてない牛皮, 生皮(きがわ). —〔形〕生皮(製)の.

†**ráw matérials**〔名〕〔複〕原料, 素材 (*for*).

raw·ness /rɔ́ːnəs/〔名〕 U 生(なま); 赤むけ; 寒さ.

*****ray**[1] /réɪ/《同音 re[1], #re[2]; 類音 lay, raid, rake, rape, rate, way, weigh》 **13**〔名〕(~**s** /~z/) C **1**《普通は複数形で》《特定の方向の》光線, 放射線, 熱線 (☞ beam 1; spectrum 挿絵; radius 語源): the ~s of the sun 太陽光線 / ultraviolet ~s 紫外線. **2** ひと筋の光明; かすかな兆(きざ)し, のぞみ: There is still a ~ of hope that the climber is alive. その登山者が生存している望みがまだ少しはある. **a ráy of súnshine**〔名〕《略式》《しばしば皮肉》明るくする人[もの], 喜び, 希望. **cátch [bág] some [a fèw] ráys**〔動〕《略式》日光浴をする.

ray[2] /réɪ/〔名〕 C えい《魚》.

Ray /réɪ/〔名〕 固 **1** レイ《男性の名; Raymond の愛称》. **2 Man** /mǽn/ = レイ(1890–1976)《米国の画家・写真家》.

Ray-Bans /réɪbæ̀nz/〔名〕〔複〕レイバン《米国製のサングラス; 商標》.

ráy gùn〔名〕 C《SFに出てくる空想上の》光線銃.

Ray·mond /réɪmənd/〔名〕 固 レイモンド《男性の名; 愛称は Ray》.

ray·on /réɪɑn | -ɒn/〔名〕 U レーヨン, 人造絹糸.

raze /réɪz/〔動〕他《普通は受身で》《…》を破壊する, 倒壊させる: The houses *were* ~d to the ground by the earthquake. 地震で家々は倒壊した.

†**ra·zor** /réɪzɚ | -zə/ 名 ⓒ かみそり: an electric ～ 電気かみそり.

ra·zor·back /réɪzɚbæk | -zə-/ 名 ⓒ (米) 半野生の豚.

rázor blàde 名 ⓒ かみそりの刃.

rázor cùt 名 ⓒ レザーカット (かみそりを用いてする頭髪のカット).

rázor èdge 名 **1** [単数形で] 鋭い刃; きわどい分かれ目. **2** [the ～] 最先端 (of). **be on a rázor èdge** [動] 危機[きわどい状況]にある.

rázor-èdged 形 鋭い.

ra·zor-sharp /réɪzɚʃɑ:p | -zəʃɑ́:p/ 形 **1** (刃物・歯などが)非常に鋭い, 鋭利な. **2** (人・頭脳などが)非常に鋭い, きれる. **3** (記憶などが)鮮明で詳細な.

rázor-thín 形 A (米) 非常に薄い, 紙一重の差の.

rázor wìre 名 Ⓤ レザーワイヤ (かみそりの刃のような四角い小鉄片のついた囲い用鉄線).

razz /ræz/ 動 他 (米) (略式)《人》をからかう.

razz·a·ma·tazz /ræzəmətǽz/ 名 =razzmatazz.

raz·zle /ræzl/ 名 [次の成句で] **gó [be] (óut) on the rázzle** [動] 自 (英式略) ばか騒ぎをする.

raz·zle-daz·zle /ræzldǽzl/ 名 Ⓤ (略式) **1** = razzmatazz. **2** (米) 陽動[かく乱]作戦.

razz·ma·tazz /ræzmətǽz/ 名 Ⓤ (略式) はでな催し[騒ぎ], 大げさな演出.

rbi, RBI /á:əbì:àɪ | á:-/ 略 【野】 =runs batted in 打点.

†**RC** /á:əsí: | á:-/ 略 =Red Cross, Roman Catholic.

RCA /á:əsì:éɪ | á:-/ 略 RCA (米国の大手電機メーカー; Radio Corporation of America の略).

RCMP 略 =Royal Canadian Mounted Police カナダ騎馬警察隊.

RD /á:ədí: | á:-/ 略 (米) =rural delivery.

†**Rd.** 略 道路, …通り, …街 (road).

-rd 略 =third. 語法 3rd (=third), 23rd (=twenty-third) のように数字の 3 につけて序数を表すが (⇒ number 表).

RDA /á:ədì:éɪ | á:-/ 略 =Recommended Daily [Dietary] Allowance (ビタミンなどの) 1 日の推奨摂取量.

re[1] /réɪ/ 名 [単数形で] 【楽】レ (全音階の第 2 音).

re[2] /rí:, réɪ/ 前 《主に法・商》 …に関して (about): *Re* your last letter … この前のお手紙に関し….

re[3] = in re.

RE /á:əí: | á:(r)í:/ 略 (英) =religious education 宗教教育 《教科目》.

re-[1] /rɪ, rə/ 接頭 「後へ, 元へ; さらに, 再び」の意: *re*call 思い出す / *re*new 再び始める.

†**re-**[2] /rì:/ 接頭 「再び, さらに; …し直す」の意: *re*build 建て直す / *re*elect 再び選挙する. 語法 re-[1] と違って自由に動詞につけることができる.

***'re** /ə | ə/ (略式) *are*[1,2] **の短縮形** (⇒ be, we're, you're, they're, what're).

***reach** /rí:tʃ/ (類語 leech) 動 **1** (reach·es /~ɪz/; reached /~t/; reach·ing) 他

「伸ばす」 **3** → 「(伸ばして) …に届く」 **2** → 「…に到着する」 **1**

1 〈…に〉**到着する**, 着く; (やっと)たどり着く; 〈結論・合意・年齢などに〉達する (⇒ arrive 類義語) 反 depart, leave): ～ New York ニューヨークに到着する / How long will it take this letter to ～ Moscow? この手紙がモスクワに着くにはどのくらいかかりますか / Meg ～*ed* the finish line first. メグは 1 着でゴールインした (⇒ goal 3 日英比較) / The two parties failed to ～ an agreement. 両者は合意に達しなかった.

2 [進行形なし] 〈…に〉**届く**, 達する, 及ぶ: The girl's hair ～*es* her shoulders. その女の子の髪は肩まで届く / His voice is not loud enough to ～ everyone in the room. 彼の声は部屋のみんなに届くほど大きくはない / The company's losses ～*ed* a total of millions of dollars. 会社の損害は総額で何百万ドルにも及んだ / At that time the influence of the Roman Empire ～*ed* every corner of the known world. 当時はローマ帝国の勢力は世界の果てと思われたところすべてにまで及んでいた / London can be ～*ed from* here in one minute by telephone and in five by fax. <V+O+*from*+名・代の受身> ロンドンへはここから電話なら 1 分でつながり, ファックスなら 5 分で届く.

3 [進行形なし] (手など)を伸ばして〈…〉を取る; (手など)を伸ばして〈…〉に届く; 〈…〉を(人に)手渡しする, 渡す (over): The boy ～*ed* a cup (*down*) *from* the shelf. <V+O+(*down*+)*from*+名・代> 少年は手を伸ばして棚の上からカップを取った / Bill can ～ his toes with his fingertips. ビルは指先で足指に触れることができる / 言い換え R～ me the knife. = R～ the knife *for* me. <V+O+*for*+名・代> 私にそのナイフを取ってください. **4** 〈人〉と(電話で)連絡する: You can ～ me on [at] this number. この番号にかければ私に連絡がつく. **5** (放送・宣伝などが)〈人〉に伝わる, 〈話などが〉人の心に届く, 〈…〉に影響を及ぼす, 関心をもたせる.

— 自 **1** [副詞(句)を伴って; 進行形なし] (手などを)伸ばす; (手などが)伸びる: She ～*ed across* the table and took the cup. <V+前+名・代> 彼女はテーブルの向こうに手を伸ばしてカップを取った / He ～*ed into* his pocket to get his wallet. 彼は財布を取ろうとポケットに手をつっこんだ / I can't ～ that high. 私はそんなに高くまで手が届かない. **2** [進行形なし] 届く, 及ぶ: Do your hands ～ (*down*) *to* the ground? <V+(*down*+)*to*+名・代> 手が地面に届きますか / Their influence ～*es from* one end of the country *to* the other. <V+*from*+名・代+*to*+名・代> 彼らの影響力はこの国の隅から隅まで及んでいる.

―― **reach の句動詞** ――

***reach for ...** 動 他 [受身なし] (手を伸ばして)…を取ろうとする, …を取る: He ～*ed for* a box on the shelf. 彼は手を伸ばして棚の上の箱を取ろうとした.

***reach óut** 動 自 手を伸ばす[差し出す]; (…に)援助の手を差し伸べる, (…に)援助を求める (to): The boy ～*ed out for* the last apple. 少年は最後のりんごを取ろうとして手を伸ばした. ―― 他 〈手など〉を(…へ)伸ばす, 差し出す (to, for).

―― 名 (～·es /~ɪz/) **1** Ⓤ 手を伸ばした範囲; [a ～] 手の長さ, リーチ: His long ～ enabled him to knock out his opponent. リーチが長かったので彼は相手をノックアウトできた.

2 Ⓤ (力・理解などの及ぶ)範囲, 限度. 関連 range (弾丸などの)(力の及ぶ範囲[距離]. **3** ⓒ [普通は複数形で] (川などの)直線区間 (曲がり目と曲がり目の間); (組織などの)階層, レベル: the upper [lower] ～*es* of the Amazon アマゾン上流[下流]域 / the upper ～*es* of an organization 組織の上層部.

beyònd réach [形・副] 手の届かない所に.

beyònd the réach of... =**beyònd ...'s réach** [形・副] …の手の届かない所に; …の力の及ばない所に; …も高嶺 (たかね) の花で: That is *beyond the ～ of* my understanding. それはとても私にはわからない.

òut of réach [形・副] =beyond reach.

òut of (the) réach of... =**òut of ...'s réach** [前] …の手の届かない所に, …の力の及ばない所に: The oar was carried away *out of our ～*. オールは私たちの手の届かない所まで流された / Keep *out of (the) ～ of* children. 子供の手の届かない所に置いてください (薬など

の注意書き》.

the fárthest [fár, óuter] réaches [名] 《主に文》最も遠い[神秘的な]所 (*of*) (☞ 3).

within (árm's) réach [副・形] 手の届く所に.

within éasy réach (of ...) [副] (...から)気軽に出かけられる範囲に.

within réach of ...=within ...'s réach [前] ...の手の届く所に: The children were told to stay *within* ~ *of* their mother's voice. 子供たちは母親の声の届く所にいるように言われた.

reach·a·ble /ríːtʃəbl/ [形] 到達可能な.

réach-me-dòwn [名] [C] [主に複数形で] 《英》=hand-me-down.

R

***re·act** /riǽkt/ [T1] [動] (re·acts /-ǽkts/; -act·ed /~ɪd/; -act·ing; [名] reáction) [自] **1** (刺激に対して)**反応する**; 反作用をする; **対応する** (☞ act [単語の記憶]): The audience **~ed to** his speech ʻwith loud applause [by applauding loudly]. <V+*to*+名・代> 聴衆は彼の演説に大きな拍手でこたえた.

2 反発する, 反抗する; 反撃する: Young people naturally **~ *against*** the attitudes of their parents. <V+*against*+名・代> 若い人たちは本来親の考え方に対して反発するものだ. **3** (薬物・食物などに)(悪い)反応を示す (*to*); 〘化〙 反応する (*together*; *on*, *with*). **4** (株価が)反落[反騰]する.

re·ac·tance /riǽktəns/ [名] [U] 〘電〙 リアクタンス, 誘導抵抗.

re·ac·tant /riǽktənt/ [名] [C] 〘化〙 反応物質.

‡re·ac·tion /riǽkʃən/ [名] (~s /~z/; [動] reáct, [形] reáctionàry) **1** [C,U] **反応,** 気持ち, 印象; 反作用; [複数形で] 反射[防御]能力, 反射神経 ([反] action): show a ~ 反応を示す / a favorable [mixed] ~ 好意的[さまざま]な反応 / "What was their ~ **to** the report?" "They were favorably disposed to it." 「報告書に対する彼らの反応はどうでしたか」「好意的でした」

2 [C,U] **反発, 反抗:** ~ **to** [***against***] the tax increase 増税に対する反発 / prompt [provoke] a strong (negative) ~ 強い反発をかう.

3 [U] 《格式》(主に政治上の)**反動**; 復古調 (*from*): ~ **to** the French Revolution フランス革命に対する反動.

4 [U,C] 〘化〙 反応; 〘物理〙 反作用 (*on*, *to*, *against*): an acid [alkaline] ~ 酸性[アルカリ性]反応 / action and ~ /ríːæ̀kʃən/ 作用と反作用. **5** [C] (薬品・化学物質などに対する)身体的反応, (薬などの)副作用 (*to*): an allergic ~ アレルギー反応. **6** [[U] または a ~] (緊張・興奮などの後の)活力減退, 無気力.

⁺re·ac·tion·ar·y /riǽkʃənèri | -ʃ(ə)nəri/ [形] ([名] reáction) 反動的な, 逆コースの: ~ politicians 反動的な政治家たち. — [名] (-ar·ies) [C] 反動主義者.

re·ac·ti·vate /rìːǽktəvèɪt/ [動] [他] <...>を再び活動させる, 再び活発にする.

re·ac·ti·va·tion /rìːæ̀ktəvéɪʃən/ [名] [U] 再活性化.

⁺re·ac·tive /riǽktɪv/ [形] 反応(するだけ)の, 受け身の; 〘化〙 反応性の.

re·ac·tiv·i·ty /rìːæktívəṭi/ [名] [U] 反応; 〘化〙 反応性.

***re·ac·tor** /riǽktə | -tə/ [名] (~s /~z/) [C] **原子炉** (nuclear reactor).

‡read[1] /ríːd/ ([同音] reed; [類音] lead[1], we'd, weed) ★ 過去形および過去分詞の read[2] との発音の違いに注意. [動] (reads /ríːdz/; 過去・過分 read /réd/; read·ing /-dɪŋ/) [他] **1** <本・文字など>を**読む**; <外国語・目盛りなど>を読んで理解する, 読める: ~ music 楽譜を読む / ~ a map 地図を読む / Have you ~ this book? この本は読みましたか / Mike was ~*ing* a letter from his father. マイクは父親からの手紙を読んでいた / R~ chapter 4 for Friday. 金曜日の予習に第 4 章を読んでおくこと / Kate speaks Japanese but can't ~ it. ケートは日本語を話せるが読めない.

2 <...>を**声を出して読む,** 朗読する; <人>に読んで聞かせる: [言い換え] My mother used to **~** fairy tales ***to*** me every night. <V+O+*to*+名・代>=My mother used to ~ me fairy tales every night. <V+O+O> 母は毎晩私におとぎ話を読んでくれた (☞ to[1] 3 [語法]) / ***R~ what*** the notice says. <V+O(*wh* 節)> 何と掲示に書いてあるか読んでください.

3 [進行形なし] <ニュースなど>を**読んで知る:** I **~** in the newspaper (***that***) the meeting will take place soon. <V+O ((*that*) 節)> 会議がまもなく始まるということを新聞で知った / ***R~*** in the manual ʻ***how*** you should do it [***how to*** do it]. <V+O(*wh* 句・節)> それをどうやるか説明書を読みなさい.

4 <人の心・顔色など>を**読み取る**; <なぞ>を解く, <夢>を判断する; <唇>の動きでことばを理解する; <...>を解釈する (interpret); (電算機などが)<データ>を読み取る: ~ ...'s hand [palm] ...の手相を見る / Can you ~ my thoughts [mind]? 私の考えていること[気持ち]がわかりますか / Ask him how he ~ the passage. 彼がその文章をどう解釈したか尋ねてごらんなさい / I **~** his silence ***as*** consent. <V+O+C (*as*+名)> 私は彼が黙っていたのを承知したのだと解釈した. [関連] lipreading 読唇術.

5 [進行形なし] (計器などが)<...>を**表示する**; (印刷物などが)<...>と書いてある (☞ [自] 4): The thermometer ~*s* 30 degrees. 温度計は 30 度を指している. **6** 《英》<...>を専攻する, (大学で)研究する (《米》 major in): ~ physics at Cambridge ケンブリッジ大学で物理学を専攻する. **7** [進行形なし; 普通は命令文で] <語>を(...と)訂正して読む; (語を)<...>と訂正する: Please ~ "form" *as* "from."=For "form" ~ "from." form は from の誤りです. **8** (無線などで)<音声・通信など>を聞いて理解する: ʻI ~ [I'm ~*ing*] you loud and clear. はっきり聞き取れるよ.

— [自] **1 読書する, 読む; 読んで知る:** ~ and write 読み書きをする / time to ~ 読書する時間 / I have **~ *about*** that great hero. <V+*about*+名・代> 私はその偉大な英雄のことについては読んで知っている.

2 [副詞(句)を伴って] **声を出して読む, 朗読する; 読んで聞かせる:** The mother **~ *to*** her son until he fell asleep. <V+*to*+名・代> 母親は息子が眠るまで本を読んでやった / Shall I ~ *to* you? (本を)読んであげましょうか. **3** [副詞(句)を伴って] [進行形なし] 読んでみると...である, (...に)読める: This article ~*s well*. この記事はうまく書いてある. **4** [副詞(句)を伴って] [進行形なし] (...と)書いてある, (...に)解される (☞ [他] 5): The telegram ~*s* as follows. 電報の内容は次のとおりです.

Do you réad me? Ⓢ 私の言うことが分かり[聞こえ]ますか (☞ [他] 8). **réad between the línes** [動] [自] 言外の意味を読み取る. **réad onesélf to sléep** [動] [自] 読書しながら寝てしまう. **réad ... to sléep** [動] [他] 本を読んで<...>を寝かしつける. **táke ... as réad** /réd/ [動] [他] 《主に英》<...>を(問題にしないで)そのまま了承する; <...>を当然(ありそうなこと)と考える 《この句で read は過去分詞》: We *took it as* ~ (*that*) our plan would not be opposed. 私たちの計画に反対がないものと考えた. [語法] it は that 以下を受ける形式目的語.

read の句動詞

réad for ... [動] [他] **1** (ある役など)のオーディションを受ける. **2** 《古風, 英》(学位)を取るために勉強する.

réad from ... [動] [他] (本)の 1 部[あちこち]を(声を出して)読む.

réad ... ín — [動] [他] =read ... into —.

***réad ... ínto —** [動] [他] (ことば)の中に<...>が意味[意図]されていると考える: You're ~*ing* too much *into* it. それはあなたの勘ぐりすぎですよ.

read like ... 動 他 ...のように読める: This prose ~s like a poem. この散文は詩のように読める.

read of ... 動 他 ...のことを読んで知る.

read ón 動 自 読み続ける.

read óut 動 自 **1** 声を出して読む; 読み上げる. **2** 『電算』(情報を)出力する.

read ... óut 動 他 <...>を読んで聞かせる (*to*).

read ... óut of ── 動 他 (米) <...>を(団体などから)除名する.

*read thróugh [óver]** 動 他 <...>を(注意して)終わりまで読む, 通読する <V+名・代+*through* [*over*] / V+*through* [*over*]+名>: Have you ~ the book *through*? その本をもうすっかり読み終わりになりましたか. [語法] *through* は前置詞としても用いられる: Have you ~ it *through*?=Have you ~ *through* it?

read úp 動 他 =read up on ....

*read úp on [abóut] ...** 動 他 (書物などで)…を集中[徹底]的に調べる; 研究する (*study*): I've been ~*ing up on* environmental problems. 私は環境問題を研究している.

── 名 [a ~] (略式) **1** (英) 一読(すること); 読書; 読書の時間: have a ~ 読書する. **2** [形容詞を伴って]読み物: a good ~ 読んで楽しいもの.

*read² /réd/ (同音 red; 類音 lead², led, lid, rid, wed) ※ 原則の read¹ との発音の違いに注意. 動 **read¹** の過去形および過去分詞.

── 形 [次の成句で] **be wéll [wídely] réad in ...** 動 他 …に精通している.

-read /réd/ 合成語 **1** (人が)(読んで)…に精通している: a well-*read* person 博学者. **2** (本などが)…に読まれている: a widely-*read* [little-*read*] magazine 読者の多い[少ない]雑誌.

read·a·bil·i·ty /rìːdəbíləṭi/ 名 [U] おもしろく読めること; 読みやすさ.

+**read·a·ble** /ríːdəbl/ 形 (反 unreadable) **1** (本などが)おもしろい, 読みやすい. **2** (筆跡などが)判読できる.

re·ad·dress /rìːədrés/ 動 他 **1** (英) <手紙などの>あて名を書き直す; <...>を転送する (*forward*). **2** 《格式》<問題など>に再び取り組む.

*read·er /ríːdə│-də/ (類音 leader) 名 (~s /~z/) **1** [C] **読者**, 読む人; 読書家; [前に形容詞をつけて] 読むのが…の人: He is a *great* ~ of mystery stories. 彼はミステリーの熱心な読者です / I am a *slow* [*fast*] ~. 私は読むのが遅い[速い] // ⇒ mind reader.

2 (語学などの)**教科書**(読むことを訓練するためのもの), リーダー, 読本; (文学作品の)選集: an English ~ 英語のリーダー. **3** [しばしば R-] (英) (大学の)助教授(教授(professor)と講師(lecturer)との間の地位; ⇒ professor 表); (米) (大学の)採点助手: a ~ *in* physics 物理学の助教授. **4** (原稿を読み出版の可否を決める)閲読者; 校正係(proofreader). **5** =lay reader. **6** 『電算』読み取り装置[機].

Réad·er's Dí·gest /ríːdəz-│-dəz-/ 名 個 リーダーズダイジェスト(米国の月刊誌).

+**read·er·ship** /ríːdəʃip│-dəʃ-/ 名 [C,U] **1** [しばしば a ~] (新聞・雑誌などの)読者数; 読者層: Reader's Digest has *a large* [*wide*] ~. リーダーズダイジェストは多数の読者を持っている. **2** (英) 助教授の地位 (*in*).

read·ies /rédiz/ 名 [複] [the ~] =ready.

*read·i·ly /rédəli/ 副 **1** たやすく (easily): The parts are ~ available to us. 部品はすぐに入手できる / Even a child can ~ understand it. 子供だってそれぐらいは理解できる.

2 快く, 気持ちよく, 進んで (willingly): He ~ accepted my offer. 彼は快く私の申し出を受け入れた.

read·i·ness /rédinəs/ 名 **1** [U] 準備[用意]ができていること (*for*). **2** [U または a ~] 快くすること: He expressed his ~ *to* help us. 彼は喜んで我々を援助する意向を示した. **3** [U] すばやさ, 敏速. **in réadi·ness** [形・副] 準備が整って: We have everything *in* ~ for the exhibition. 展示会の準備は全部できている.

*read·ing /ríːdɪŋ/ (類音 leading) 名 (~s /~z/) **1** [U] **読書**; 読み方 (⇒ R¹ 成句); [U] 公式発表; 音読: ~ (...の) ~ *in silent* ─ 黙読 / I like ~. 私は読書が好きです / It is worth a second ~. それは再読する価値がある / ~ skills 読書術 / a close ~ of the text テキストの精読.

2 [U] **読み物**; [複数形で] 作品集, 読本: This book makes (for) pleasant ~. この本は楽しい読み物です / suggested ~ 推薦図書 / ~*s from* Shakespeare シェークスピア作品集.

3 [C] 解釈; 判断; 意見: What is your ~ of the latest trade figures? 最近の貿易の統計についてのあなたの見方はいかがですか // ⇒ mind reading.

4 [C] (目盛りなどの)**表示**, 示度: take a ~ from a meter メーターの表示を読み取る / The ~ *on* the thermometer was 100 degrees Fahrenheit. 温度計は華氏 100 度を示していた. **5** [C] 読書会; 朗読会; 朗読会で読まれる部分[テキスト]: The poet will give a ~ tomorrow. 詩人は明日朗読会を行なう. **6** [C] (議会の)読会《法案を慎重に審議するための段階》: the first [second, third] ~ 第 1[2, 3]読会.

réading àge 名 [U] 読書年齢 (*of*).

réading glàss·es 名 [複] 老眼鏡.

réading làmp 名 [C] 読書用卓上スタンド.

réading lìst 名 [C] (大学などの)推薦図書目録.

réading matèri·al [màtter] 名 [U] (新聞・雑誌の)読み物, 読書(広告と区別して).

réading ròom 名 [C] 図書閲覧室, 読書室.

re·ad·just /rìːəʤʌ́st/ 動 自 (再び)順応する (*to*). ── 他 <...>を(再び)調整する (*to*). **readjúst onesélf** [動] 自 (再び)順応する (*to*).

re·ad·just·ment /rìːəʤʌ́s(t)mənt/ 名 [U,C] (再)調整.

REÁD·ME file /rédmi:-/ 名 [C] 『電算』リードミーファイル《パソコンの画面で見る取り扱い説明》.

re·ad·mis·sion /rìːədmíʃən/ 名 [U] 再入会[入学]; 再入院 (*to*).

re·ad·mit /rìːədmít/ 動 (**-mits**; **-mit·ted**; **-mit·ting**) 他 [しばしば受身で] **1** <人の>再入会[入学]を許す (*to*). **2** <人>を再入院させる (*to*).

read-òn·ly mémory /ríːdòʊnli-/ 名 [C] 『電算』=ROM.

read·out /ríːdàʊt/ 名 [U] 『電算・機』(情報の)読み出し; [C] 読み出された[表示・記録された]情報.

*read·y /rédi/ (類音 lady) 形 (**read·i·er** /-diə│-diə/; **read·i·est** /-diist/) **1** [P] (人・物事が) 用意のできた, 支度[準備]のできた: Dinner is ~. 食事の用意ができています / We are ~ *for* the race. <A+*for*+名・代> レースの用意はできています / Are you ~ *to* go out? <A+*to* 不定詞> 出かける用意はできましたか / We'll start when you're ~. (S) あなたが用意ができたら始めよう / The room is now ~ for you. 部屋はあなたが使えるように用意ができています.

2 [P] (いつでも)**喜んで**..., 進んで…する気のある: I am ~ *to* help. <A+*to* 不定詞> 私は喜んでお手伝いをいたします.

3 [P] **今にも**…しようとして; すぐ…しがちで: The girl was ~ *to* cry. <A+*to*不定詞> その女の子は今にも泣きだしそうだった / She is always ~ *with* an excuse. <A+*with*+名・代> 彼女はいつもすばやく言いわけをする. **4** [P] (S) (すぐ)<...>を必要として, 欲しがって: I'm ~ *for* a meal [*holiday*]. 私は食事[休日]がぜひ欲しい /

ready cash

Jim looks ~ *for* bed. ジムは眠そうだ。 **5** Ⓐ《格式》手早い, 敏速な (quick); 即座の: a ~ wit 機知 / assistance すばやい援助 / give a ~ answer 即答する. **6** 手近の; すぐ使える[得られる]: He had a gun ~. 彼は銃を手近に持っていた / ~ money 現金, 現金.

gèt réady＝《格式》**màke réady** [動] ⾃ 用意[準備, 支度]をする: I'm afraid I can't *get* ~ *for* the trip in ten minutes. 10 分では旅行の支度ができそうもない / We have to *get* [*make*] ~ *for* the coming winter. やがて来る冬のための準備をしなければならない。 語法 make ready のほうが get ready よりも改まった場合, また は重要な準備をするときに用いることが多い。

gèt [hàve] ... réady [動] ⾃他《...の用意[準備, 支度]をする: John, will you *get* [*have*] dinner ~? ジョン, 夕食の支度をしてくれない。

gèt ... réady for — [動] 他《人》に—の用意[準備, 支度]をさせる.

réady and wáiting [形] 準備が完ぺきにできて.

réady for ánything [形] どんなことにも対処する用意ができて.

Ready, [Gèt ready], (gèt) sét, gó! [感] Ⓢ《スポ》位置について, 用意, どん! 語法 このほかに On your mark(s), get set, go! や《英》Ready, steady, go! などと言うこともある.

réady to [at] hánd [形] すぐ使えるようにして.

réady when yóu àre Ⓢ こちらはいつでもよい(あなた次第だ): 会話 "Shall we start?" "R~ [I'm ~] *when you are.*" 「始めようか」「こちらはオーケーだ」

réady, wílling, and áble [形] すぐに(...する)用意ができて, すぐ...したい: I'm ~, *willing, and able to do the job.* その仕事はすぐにもしたい.

stánd réady to dó [動] ⾃ ...する用意ができている.

— [動] (**réad·ies**; **réad·ied**; **-y·ing**) 他《格式》《物事》を用意する;《人》に準備させる (*for*). **réady onesèlf** [動] 他《格式》準備をする (*for*).

— [名] [the ~]《英略式》現金 (readies). **àt the réady** [副] すぐ使える状態で: Have your pencil *at the* ~ to take down the telephone number. 電話番号を控えるために鉛筆を用意してください.

— [副] [過去分詞の前で] あらかじめ...された: food that is ~ cooked 料理済みの食料.

réady cásh [名] Ⓤ ＝ready money.

+**read·y-made** /rédiméid⁻/ [形] [普通は Ⓐ] **1**《服・食品など》既製の, 出来合いの (反 made-to-order, custom-made): ~ clothes 既製服. **2**《返答・方法など》おあつらえ向きの, 申し分のない. **3**《意見・考えなど》受け売りの; ありふれた.

réady méal [名] Ⓒ《英》(温めるだけで食べられる)調理用インスタント食品.

réady-mix [形]《ケーキ材料など》成分調合済みの.
— [名] Ⓤ 成分調合済みのもの《食品・コンクリートなど》.

réady móney [名] Ⓤ 即金; 現金.

réady réck·on·er /-rék(ə)nə̵ | -nə/ [名] Ⓒ 計算早見表.

read·y-to-wear /rédi̯təwéə̵ | -wéə⁻/ [形] Ⓐ《古風》出来合いの, 既製の (ready-made).

+**re·af·firm** /rìːəfə́ːm | -əfə́ːm/ [動] 他《...》と再び断言[主張]する (*that*).

re·af·fir·ma·tion /rìːæfə(ː)méiʃən | -æfə-/ [名] Ⓤ·Ⓒ 再び断言[主張]すること.

re·af·for·est /rìːəfɔ́(ː)rist | -fɔ́r-/ [動] 《主に英》＝reforest.

Rea·gan /réigən/ [名] ⾵ Ronald (Wilson) ~ レーガン (1911-2004)《米国の第 40 代大統領 (1981-89); ☞ president 表》.

re·a·gent /ri̯éidʒənt, rì-/ [名] Ⓒ《化》試薬, 反応剤.

---

re·al /ríː(ə)l, ríəl | ríəl, ríː(ə)l/《同音》#reel[1,2,3]《類音》we'll, #wheel》[形] [名] reálity, réalize; 反 unreal》

ラテン語で「物の」の意。→「本物の」→「本当の」**2** →「実在の」**1**

1 Ⓐ 実在の, 現実の; (...にとって)本当と思える, ありそうな (*to*); Ⓐ 実際の (反 imaginary): ~ life 実生活 / a ~ experience 実体験 / The ~ manager of the firm is Mr. Long. その会社の実際の経営者はロング氏だ.

2 [しばしば Ⓐ] **本当の**, 真の, 本物の, きちんとした; (感情など)偽りのない;《描写など》真に迫った(☞ 類義語)(反 false, fake): ~ flowers 本物の花 / a ~ job きちんとした仕事, 正業 / I have discovered the ~ reason for her absence. 私は彼女が欠席した本当の理由を知った / She has made no ~ progress this year. 彼女は今年はほとんど進歩していない / We have ~ respect for the mayor. 私たちは市長を真に尊敬している // *the real thing* (thing 成句), *real McCoy*, real live.

3 Ⓐ (問題・原因など)本当に重要な, 重大な: the ~ question 主要な問題.

4 Ⓐ [意味を強めて] 全くの, 本当の: He is a ~ fool! 彼は本当にばかだ. **5** Ⓐ《食品・飲料など》天然の, 自然の, 人工加工を施してない: ~ coffee (インスタントでない)本物のコーヒー. **6** Ⓐ《収入・価格など》購買力に基づいて測定された, 実質の: ~ wages 実質賃金 / in ~ terms 実質的には. **Gèt réal!** Ⓢ 現実的に考えろ, まじめにやれ. **kéep it réal** [動] ⾃ Ⓢ 素直になる.
— [副]《略式, 米またはスコ》本当に (really); とても (very): It was ~ nice of you to say so. そう言ってくれてどうもありがとう.

for réal [次の成句で] **for réal** [副・形] Ⓢ (1)《物の》本物の: This is *for* ~. これは本物だ. (2)《米》《人の》本[正]気で[の]: Are you *for* ~? 本気かね.

【類義語】**real**「外見と内容が一致した正真正銘の」という意味: That's her *real* mother. あの人が彼女の生みの母です. **actual**「現実に存在している」という意味: Those were his *actual* words. それが彼が実際に言ったことばです. **genuine**「にせでない」という意味: a *genuine* $10 bill 本物の 10 ドル紙幣. **true**「事実に照らして正しい」という意味: a *true* story 実話.

réal ále [名] Ⓤ《英》(伝統的製法の)生ビール.

*réal es·tàte 12 [名] Ⓤ《主に米》**1**《法》不動産 (土地・建物など); 不動産業. 関連 personal property 動産. **2** (売買される)家[屋] (全体).

réal estàte àgency [名]《主に米》Ⓒ 不動産会社《英》estate agency); Ⓤ 不動産業.

réal estàte àgent [名] Ⓒ《主に米》不動産業者.

re·a·lign /rìːəláin/ [動] 他 ⾵ **1** (状況に合わせて)《考え・関係など》を変更[再調整]する; 《...》を再編成[統合]する. **2** 《...》の位置[向き]を変える. **realign onesèlf** [動] ⾃ (...に合わせて)立場[考え]を変える; (...と)再編成[統合]する (*with*).

+**re·a·lign·ment** /rìːəláinmənt/ [名] Ⓤ·Ⓒ **1** 再編成, 再統合 (*of*). **2** 再整列, 並べ換え.

*re·al·ise /ríːəlàiz | ríəlaiz, ríːəlàiz/ [動]《英》＝realize.

*re·al·ism /ríːəlìzm | ríə-/ [名] Ⓤ **1** [ほめて] 現実主義 (反 idealism). **2** 迫真性. **3** [しばしば R-]《文芸・美術の》写実主義, リアリズム. **4**《哲学の》実在論.

*re·al·ist /ríːəlist | ríə-/ [名] Ⓒ **1** [ほめて] 現実主義者, 実際家. **2** 写実主義者(者): a *realist* novel 写実小説.

*re·al·is·tic /rìːəlístik | rìə-, rìːə-⁻/ [形] (反 unrealistic) **1** 現実的な, 実際的な; 実行可能な: a more ~ plan より実行可能な計画 / Be ~! 現実的に考えろ[

You have to be ~ *about* the situation. <A+*about*+名・代> 情況を現実的に考える必要がある / It isn't ~ to do such a thing. そんなことをするのは現実的でない. **2** 現実[写実]主義の; (描写が)真に迫った: a ~ novel 写実小説.

†**re·al·is·ti·cal·ly** /rì:əlístikəli | rìə-, rì:ə-/ 副 **1** [時に 文修飾語] 現実的に(は): R~, we're unlikely to have finished before May. 現実的には5月前に終えられないだろう. **2** 写実的に.

***re·al·i·ty** /riǽləṭi/ 名 (**-i·ties** /~z/; 形 réal; 反 unreality) **1** U.C. [しばしば複数形で] **現実**, 現実に存在するもの, 実際に見た[経験した]もの: face (up to) the stern [harsh] realities [~] of life 人生の厳しい―現実に直面する / an escape from ~ 現実からの逃避 / What was once his dream has now become a ~. 以前は彼の夢だったことが今や現実となった / The ~ is that there are fewer young people willing to get married. 結婚を望む若者が減ってきているのが現実だ.
2 U 現実味, 実物そっくり, 写実性: He imitates the sound of a fire engine with startling ~. 彼は消防自動車の音を驚くほどうまくまねる. **3** U 現実性, 実在: doubt the ~ of God 神は実在しないのではないかと思う. **bring ... báck to reálity** [動] (人)に現実を思い起こさせる. **in reálity** [副] (1) つなぎ語 (ところが)実際は (in fact) (前述のことと対照的な[対立する]ことを述べる): She looks young, but *in* ~ she is over fifty. 彼女は若そうに見えるが, 本当は50歳を越している. (2) 実際に(は).

reálity chèck 名 C [普通は a ~] (略式) 現実に目を向けること[機会].

reálity TV 名 U 事実に基づいたテレビ番組 (俳優を使わないで一般人の日常行動などを描き出す).

re·al·iz·a·ble /rí:əlàɪz- | rìəlaɪz-, rì:əlàɪz-/ 形 **1** 実現可能な. **2** (資産などが)換金可能な.

†**re·al·i·za·tion** /rì:əlɪzéɪʃən | rìəlaɪz-, rì:ə-/ 名 (動 réalize) **1** [U または a ~] (本当の)理解, 悟ること, 実感: They have no ~ of the danger. 彼らは危険性を全然理解していない / The ~ that a severe earthquake could occur at any moment shocked us. 大地震がいつでも起こりうることがわかって私たちはショックを受けた (⇒ that² A 4; apposition 文法 (iii)). **2** [the ~] (希望・計画などの)実現, 達成, 現実化: *the* ~ *of* space travel 宇宙旅行の実現. **3** [the ~] (格式) (財産などの)現金化 (*of*).

***re·al·ize** /rí:əlàɪz | ríəlaɪz, rí:əlàɪz/ 他 (**-al·iz·es** /~ɪz/; **-al·ized** /~d/; **-al·iz·ing**; 形 réal, 名 rèalizátion)

「本物 (real) にする」
→「実現する」**2**
→「本当だと感じる」→「理解する」**1**

1 [進行形・受身なし] <...>を(本当に)**理解する**, 悟る, 実感をもって<...>がわかる; <...>に気づく [言い換え] He has ~*d* his error. ＝He has ~*d* (*that*) he was wrong. <V+O ((*that*) 節)> 彼は誤りを犯したことを悟った / Afterward, she ~*d what* had happened. <V+O (*wh* 節)> 彼女は後になって何が起こったかわかった / I didn't ~ it was this late. I'm afraid I have to say good-bye. こんなに遅いとは知りませんでした. もうおいとましなくちゃ.
2 (格式) <希望・計画などを>**実現する**, 達成する; <恐れなどを>現実化する: At last she ~*d* her dream of becoming a doctor. とうとう彼女は医者になる夢を実現した / Their (worst) fears *were* ~*d*. 彼らの(最も)恐れていたことが現実のものとなった. **3** <...>を具体化する, 現実的に描く: The stage set faithfully ~*d* the atmosphere of an American house. その舞台装置は忠実

にアメリカの家の雰囲気を再現していた. **4** (格式) <...>を現金に換える; <利益>を得る (*on*); (物が)<利益など>をあげる, <...>で売れる.

re·al-life /rí:(ə)làɪf | rìəl-\~/ 形 A 現実の; 実在の (反 fictional) a ~ mystery 実際に起こったなぞ.

réal líve /-láɪv/ 形 A [しばしば滑稽] 本物の: a ~ TV personality 本物のテレビタレント.

re·al·lo·cate /rí:ǽləkèɪt/ 他 <...>を再び割り当てる, 再配分する; <費用など>を再配置する.

***re·al·ly** /rí:(ə)li, ríəli | ríəli, rí:(ə)li/ 副 **1** [主に S] **本当に**, 実際に: Tell me what the situation ~ is. 実際どうなっているか教えてください / Do you ~ think so? 本当にそう思いますか.
2 [形容詞・副詞を強めて] [主に S] **全く**, 本当に, 実に: It was a ~ beautiful morning. その日は実に美しい朝でした / He runs ~ fast. 彼は全く足が速い.
3 文修飾語 **本当は**, 実際は: He sometimes seems to be rather cold, but he is ~ very kind. 彼は時には少し冷たいと思えることもありますが本当はとても親切です.
4 [主に S] **本当に**; まさか; 全くだ (indeed).

語法 相手の話に対する興味・驚き・疑い・抗議などを表わしたり, 相づちや (米) 同意に用いる. 上昇調で発音されることが多い: "I'm going to Hawaii next week." "Oh, ~? ↗" 「来週私はハワイへ行きます」「え, 本当ですか」/ "Mr. Black passed away last week." "Not ~! ↗" 「ブラックさんは先週亡くなりましたよ」「まさか!」(⇒ 6) / Well ~, you needn't have said that. (英) やれやれ困ったものだ. そんなこと言わなきゃよかったのに.

5 [主に ought to, should を強調して] [主に S] 本当(のところ)は: You *ought* ~, *should* ~ do [have done] it yourself. 本当のところは君はそれを自分ですべきだ[だったのだ]. **6** [否定文で] S そんなに[あまり](...ではない) (否定を和らげるのに用いる): 金型 "Do you like it?" "Not ~." 「それが好きですか」「いや(そんなに)」(⇒ 4 語法 の2番目の例文) / I *don't* ~ know it. それをよく知っているわけではありません. 語法 次の文と比較: I ~ *don't* know it. 本当にそれは知りません. **réally, trúly**＝**réally and trúly** [副] S 本当に, 正直に.

***realm** /rélm/ 名 (**~s** /~z/) C (格式) **1** 領域, 部門; 範囲: the ~ *of* science 科学の領域. **2** (文) 王国 (kingdom); [the R- として] ＝United Kingdom. **3** (...の)世界: the ~ *of* dreams 夢の国. 語源 royal と同語源. **be withín the réalm(s) of possibílity** [動] 自 ありうる, 可能である.

réal McCóy /-məkɔ́ɪ/ 名 [the ~] (略式) (質の高い)本物; 逸品.

réal móney 名 U 現金; (俗) 大金, 相当な額.

re·al·pol·i·tik /reɪɑ́:lpoʊlətìːk | -pɔ̀l-/ (ドイツ語から) 名 U (格式) (冷徹な)現実政策.

réal próperty 名 U (米) (法) 不動産 (real estate). 関連 personal property 動産.

réal ténnis 名 U (英) ＝court tennis.

réal tíme 名 U (電算) リアルタイム, 実時間; 即時, 瞬時. **in réal tíme** [副] 即時に, 同時に.

real-time /rí:l-/ 形 A (電算) リアルタイムの, 実時間の; 即時の, 瞬時の, 同時の.

†**Re·al·tor, re·al·tor** /rí:(ə)ltə, -tɔə | ríəltə, rí:(ə)l-, -tə/ 名 C (米) (公認の)不動産業者 ((英) estate agent).

re·al·ty /rí:(ə)lti | ríəl-, rí:(ə)l-/ 名 U (米) ＝real estate.

***réal wórld** 名 [the ~] 現実の世の中[世界]: *in the* ~ 実社会で(は).

réal-wórld 形 現実の世の中[世界]の.

†**ream**¹ /ríːm/ 图 © **1** [普通は複数形で] 《略式》多量 (の書き物) (*of*). **2** 連 《洋紙を数える単位で》《米》500 枚, 《英》480 枚. 略 **rm.**.

ream² /ríːm/ 動 他 **1** 〈穴を〉あける, 広げる. **2** 《米略式》〈人を〉だます, ひどく扱う; しかりつける (*out*). **3** 《米》〈果物を〉しぼる.

ream·er /ríːmə | -mə/ 图 © 《米》**1** 拡大器, リーマー. **2** 果汁しぼり器.

re·an·i·mate /riːǽnəmèit/ 動 他 《格式》〈…を〉復活させる; 新しく勢いづける, 元気づける.

†**reap** /ríːp/ 動 他 **1** 〈穀物を〉刈る, 刈り取る; 収穫する (☞ **sow**): They ~*ed* the wheat as quickly as they could. 彼らは小麦をできるだけ早く取り入れた. **2** 〈報い〉を受ける, 〈利益〉を得る: You have now ~*ed* the rewards [benefit, harvest] of years of hard work. これであなたは多年の苦労が報いられた. — 自 収穫する; 報いを受ける. 語源 **ripe** と同語源. **As you sów, sò shall you reáp.**=**You réap what you sów.** 《ことわざ》まいたとおりに刈らねばならぬ(因果応報, 自業自得).

reap·er /ríːpə | -pə/ 图 © 刈り取る人 (☞ **Grim Reaper**); 刈り取り機.

†**re·ap·pear** /rìːəpíə | -píə/ 動 (**-pear·ing** /-píəriŋ/) 再び現われる, 再出現[出場]する.

rè·ap·péar·ance 图 U,C 再び現われること, 再出現, 再出場.

re·ap·ply /rìːəplái/ 動 (**-plies**, **-plied**, **-ply·ing**) 自 再申し込み[志願]する (*for*). — 他 **1** 〈…を〉再適用する. **2** 〈薬など〉を再び塗る.

rè·appóint 動 他 〈人〉を再任[再指名]する.

rè·appóint·ment 图 U 再任, 再指名.

re·ap·por·tion /rìːəpɔ́ə-ʃən | -pɔ́ː-/ 動 他 《米》〈議会の議席を〉(人口に比例するように)再配分する.

rè·ap·pór·tion·ment /-mənt/ 图 U 議席の再配分.

re·ap·prais·al /rìːəpréizəl/ 图 C,U しばしば a ~] 再評価: conduct [make] *a* ~ 再評価をする (*of*).

rè·appráise 動 他 〈…を〉再評価する.

†**rear**¹ /ríə | ríə/ (類音 **rare**) 图 (~s /-z/) **1** [the ~] 後ろの部分, 後部 (**back**) (反 **front**): *the* ~ *of a house* 家の後部[奥]. **2** © 《略式》[婉曲] おしり. **3** © 『軍』後衛 (rear guard).

at the reár of ... [前] =in the rear of ....
bríng úp the reár [動] しんがりを務める, いちばん後ろを行く (*of*). **gèt one's reár in géar** [動] 自 《俗》急いで仕事に着手する[を始める]. **in the reár of ...** [前] (1) …の後ろに: They were marching *in the* ~ *of the procession*. 彼らは行列の後部で行進していた. (2) 《米》…の後ろに, …の背後に: *the garden in the* ~ *of my house* 私の家の裏にある庭. **to the reár of ...** [前] =in the rear of ... (2).
— 形 A 後ろの, 後部の (**back**) (反 **front**): a ~ gate [entrance] 裏門[口] / *the* ~ *wheels of a car* 車の後部車輪.

†**rear**² /ríə | ríə/ (類音 **rare**) 動 (**rears** /~z/; **reared** /~d/; **rear·ing** /ríəriŋ/) 他 **1** 〈子供・動物を〉(大人になるまで)育てる, 飼育する (**raise**) (*on*): ~ *cattle* 牛を飼育する / He ~*ed three children by himself*. 彼は自分ひとりで3人の子供を育てた. — 自 **1** 〈馬などが〉後ろ足で立つ (*up*). **2** 《文》〈建物・山などが〉そびえ立つ (*above, over*). **be reáred on ...** [動] 他 〈子供の時〉いつも(ある食べ物[読みものなど])を与えられて育つ. **réar one's (úgly) héad** [動] 〈厄介な問題などが〉生じる, 顕在化する.

réar ádmiral 图 © しばしば R- A-] 海軍少将.

rear end 图 © **1** 後部; 後尾. **2** 《略式》[婉曲] おしり (rear).

réar-énd 動 他 《米略式》〈前の車〉に追突する.

réar-énd·er /-éndə | -də/ 图 © 《俗》追突(事故).

réar guárd 图 [the ~; 単数または複数扱い] **1** (政党などの)保守派. **2** 『軍』後衛 (**rear**) (反 vanguard).

réar-guárd áction /ríəgɑ̀əd- | ríəgɑ̀ːd-/ 图 © **1** 『軍』後衛戦. **2** 最後の抵抗: fight [mount] *a* ~ (成功しそうもない)必死の抵抗をする.

re·arm /rìːɑ́əm | -ɑ́ːm/ 動 自 再武装[軍備]する. — 他 〈…を〉再武装[軍備]させる (*with*).

re·ar·ma·ment /rìːɑ́əməmənt | -ɑ́ː-/ 图 U 再武装, 再軍備. 関連 **disarmament** 軍備縮小.

rear·most /ríəmòust | ríə-/ 形 A 最後部の.

†**re·ar·range** /rìːəréindʒ/ 動 他 **1** 〈…を〉再び整理[配列]する. **2** 〈会合などの〉予定を変更する (*for*).

rè·arránge·ment /rìːəréindʒmənt/ 图 U,C 再整理; 再配列; (予定の)変更.

réarview mírror 图 © (自動車などの)バックミラー (☞ **car** 挿絵). 日英比較 「バックミラー」は和製英語.

rear·ward /ríəwəd | ríəwəd/ 《格式》形 A 後方の. — 副 後方へ, 背後へ. — 图 U 後方, 後部.

rear·wards /ríəwədz | ríəwədz/ 副 《英》=rearward.

réar-whéel drive 图 U 『車』後輪駆動.

★**rea·son** /ríːz(ə)n/ 图 (~s /-z/; 形 réasonable) **1** C,U **理由**, 根拠, わけ; 動機: What are the ~*s for his stay* [*his* ~*s for staying*] there? 彼がそこにとどまっている理由は何ですか / "We have [There is] *every* [good] ~ *to* believe that his motives are suspect. 〈N+to 不定詞〉 どう考えても彼の動機は疑わしい / *For* [this ~ [*personal* ~*s*] I cannot agree with you. こういう[個人的]な理由で私はあなたに同意できないのです / One of the ~*s* (*why* [*that*]) I love him is *that* [(*because*)] he is honest. 〈N+(*why* [*that*]) 節〉 私が彼を好きなのはひとつには彼が正直だからです (☞ **because** 1 語法 (2)). 語法 この *why*, *that* は関係副詞; *reason* が省略される場合については ☞ **why**² 1 語法 / I won't have it *for the simple* ~ (*that*) I don't like it. 私がそれを食べないのはただ好きではないからだ / "What is the ~ *for his lie?*" "He didn't want to lose face." 「どうして彼はうそをついたのですか」「恥をかきたくなかったからです」 / the ~*s behind his decision* 彼が決意した背後にある理由.

2 U 理性, 判断力: She believes strongly in the power of ~. 彼女は理性の力というものを強く信じている / the age of ~ 理性の時代 (特に英国・フランスの 18 世紀); (子供の)善悪の判断のつき始める時期). **3** U 道理; 分別, 正気. 語源 ラテン語で「数えること, 推理」の意; ☞ **ration** 語源.

áll the mòre réason [图] (S) (…する)なおさらの理由: "I'm very tired." "*All the more* ~ *to* go to bed at once." 「疲れた」「それならなおのことよく寝なさい」
be nó réason to dó [動] …する理由にならない.
be ópen to réason [動] 道理に従う.
beyònd (áll) réason [形・副] 道理[理屈]を超えて[て], 途方もない[なく]: Love is *beyond* ~. 恋は理屈で抑えられない / I loved her *beyond all* ~. どうしようもなく彼女が好きだった.
bríng ... to réason [動] 他 〈人〉に(物の)道理を悟らせる; 〈人〉にばかなまねをやめさせる.
by réason of ... [前] 《格式》…のために.
for nó réason (at áll) [副] 何の理由もなく.
for reasons [sóme reasons] bést knówn to onesélf [副] [しばしば 滑稽] 他人には わからない理由で.
for reasons of ... [前] …の理由で, …のために.
for sóme réason (or óther)=**for óne réason or anóther** [副] [主に (S)] どういうわけか.
gíve 'a réason [réasons] whý [for] ... [動] …

の理由を言う: Will you *give* me one good ～「*why* you did [*for doing*] this? こんなことをしたまともな理由を言いなさい. [語法]「a reason is [reasons are] given for .... の形で受身にできる.
háve one's réasons [動] [自] Ⓢ《略式》人に言えない理由がある.
héar réason [動] [自] =listen to reason.
It stánds to réason that ... …なのは理屈に合う, …というのは筋が通る: *It stands to ～ that* such poor planning will lead to failure. そのようなずさんな計画の立て方では失敗するのも無理はない.
lísten to réason [動] [自] 道理に従う, 人の言うことを聞き分ける: Why will you not *listen to* ～? どうしてお前は道理に従おうとしないのか.
lóse one's réason [動] [自]《古風》気が狂う.
máke ... sée réason [動] [他] =bring ... to reason.
Nò réason. Ⓢ [理由を答えたくないときに] (特に)理由なぞないね.
sée réason [動] [自] (1) 道理がわかる. (2) [否定文で] 理由がわかる.
with (góod) réason=nót withòut (góod) réason [副] [文修飾語] (…するのは)もっともだ, 無理もない: Mrs. Long refused his offer *with* (*good*) ～. ロング夫人が彼の申し出を断わったのも無理はない.
withìn réason [副・形] 理にかなった(範囲内で), 穏当な(程度に): I'll do anything *within* ～ to win. 勝つために道理にかなうなら何でもします.
— [動] (**rea·sons** /~z/; **rea·soned** /~d/; **-son·ing** /-z(ə)nɪŋ/) [他] **1** [受身なし]《格式》〈…〉と(筋を立てて)論ずる, 考える; (論理的に考えた末に)判断をする: They *～ed* (*that*) I must be guilty. <V+O((*that*) 節)> 彼らは私が有罪に違いないと考えた.
2 〈人〉を説得して―させる, 説き伏せる: He *～ed* her *into* believ*ing* what he said. <V+O+*into*+動名> 彼は彼女を説得して自分の言ったことを信じ込ませた / I *～ed* him *out of* his fears. <V+O+*out of*+名・代> 私はよく説明して彼の恐怖心を取り除いてやった. — [自] **1** (理性を働かせて)考える, 推理する; 判断する: the ability to ～ 思考[判断, 推理]力 / ～ only *from* one's own experience 自分の経験だけから物事を判断する. **2** 説きつける, 説き伏せる: It is hard to ～ *with* people like that. ああいった人達を説き伏せるのは難しい.
réason óut [動] [他] 〈答え〉を論理的に考えて出す.

***rea·son·a·ble** /ríːz(ə)nəbl/ [T1] [形] ([名] réason; [反] unreasonable)
1 道理をわきまえた, 分別のある; 理性のある: You must be ～! 分別をもたなければだめです / The children were not being very ～. 子どもたちはあまり分別のある行動をしていなかった.
2 道理に合った, 筋の通った: a ～ remark [request] 理屈に合ったことば[要求] / [言い換え] It is ～ for him to make the demand. =He is *～ in* his demand. <A+*in*+名・代> 彼の要求は無理なものではない.
3 (値段が)**手ごろな,** 高くない, 応分の; ほどよい, 穏当な, まあまあの (☞ cheap 類義語): a ～ price 手ごろな[高くない]値段 / That's fairly ～. まあ手ごろ(な値段)だな / It is a ～ size. それは手ごろな大きさです.
～·ness [名] [U] 道理に合ったこと; ほどよさ, 穏当.

***rea·son·a·bly** /ríːz(ə)nəbli/ [副] **1** [形容詞・副詞を修飾して] ほどほどに, まあまあ (fairly); 適度に: ～ good 結構よい / a ～ priced book 手ごろな値段の本.
2 合理的に; 無理なく ([反] unreasonably): act ～ 合理的に行動する.
3 [文修飾語] もっともで, …のも当然で: He ～ believed that they would give him support. みんなが自分を支持してくれると彼が信じたのも無理はなかった.

⁺rea·soned /ríːz(ə)nd/ [形] [A] (議論などが)筋の通った.

⁺rea·son·ing /ríːz(ə)nɪŋ/ [名] [U] 推理, 推論; 議論の進め方, 論法; 理由: the power of ～ 推理力 / Explain the ～ *behind* the idea. そういう考え方をする理由を説明してください / the line of ～ 議論の道筋.

re·as·sem·ble /rìːəsémbl/ [動] [他] 〈…〉を再び組み立てる[集める]. — [自] 再び集まる.

⁺re·as·sert /rìːəsə́ːt | -əsə́ːt/ [動] [他] **1** 〈権利など〉を再び主張する. **2** 〈…だ〉と再び述べる. **reassért onesèlf** [動] [自] (1) 再び自己主張する. (2) (物事が)再び目立つようになる.

⁺re·as·sess /rìːəsés/ [動] [他] **1** 〈…〉を再考する, 考え直す. **2** 〈財産・環境など〉を再評価[再査定]する.

re·as·sess·ment /rìːəsésmənt/ [名] [U,C] **1** 再考, 考え直し. **2** 再評価, 再査定.

⁺re·as·sur·ance /rìːəʃʊ́(ə)rəns, -əʃə́ːr- | -əʃʊ́ə-/ [名] ([動] rèassúre) **1** [U] 安心(させるもの); 保証, 確約: give ～ 安心させる. **2** [C] 安心させることば (*that*).

***re·as·sure** /rìːəʃʊ́ə, -əʃə́ː | -ʃɔ́ː, -ʃʊ́ə/ [動] (**-as·sures** /~z/; **-as·sured** /~d/; **-as·sur·ing** /-ʃʊ́(ə)rɪŋ, -ʃə́ːr- | -ʃʊ́ər-/; [名] rèassúrance) [他] 〈人〉を**安心させる,** 確約する; 〈人〉の(…に対する)不安を除く: The doctor's remarks *～d* the patient. 医師のことばはその患者を安心させた / [言い換え] The bank *～d* us *about* the safety of our money. <V+O+*about*+名・代>=The bank *～d* us (*that*) our money was safe. <V+O+O((*that*)節)> 銀行は我々の金が安全なことを確約した.

⁺re·as·sur·ing /rìːəʃʊ́(ə)rɪŋ, -ʃə́ːr- | -ʃʊ́ər-ˉ/ [形] 安心させる, 頼もしい. **～·ly** [副] 安心させるように.

re·a·wak·en /rìːəwéɪkən/ [動] [他]《格式》〈興味・恐怖など〉を再び呼び起こす.

re·bar·ba·tive /rɪbáːbəṭɪv | -báː-/ [形]《格式》全く魅力を欠いた, 不快な, 嫌な.

⁺re·bate /ríːbeɪt | ríːbeɪt, rɪbéɪt/ [T2] [名] [C] 割引, 払い戻し (*on*): a tax ～ 税金の払い戻し. [日英比較] 日本語の「リベート」と違って合法的なもの. — /ríːbeɪt, rɪbéɪt/ [動] [他] 〈支払った額の一部〉を払い戻す.

Re·bec·ca /rɪbékə/ [名] [固] レベッカ《女性の名; 愛称は Becky》.

***reb·el**[1] /réb(ə)l/ ★ 動詞の rebel[2] とのアクセントの違いに注意. [名] (～s /~z/; [動] rebél) **1** [C] **反逆者,** 反抗者; (普通の行動を拒む)反抗的な人, へそまがり; [複数形で] **反乱軍** (*against*): armed ～s 武装した反乱者たち. **2** [形容詞的に] 反逆の: the ～ army 反乱軍.

***re·bel**[2] /rɪbél/ ★ 名詞の rebel[1] とのアクセントの違いに注意. [動] (**re·bels** /~z/; **re·belled** /~d/; **-bel·ling**; [名] rébel, rebéllion) [自] **1** (政府や権力(者)などに対して)**反抗する** (revolt), 背く: He *rebelled against* the leader of his party. <V+*against*+名・代> 彼は党のリーダーに反抗した. **2** 反発する, ひどくいやがる (*at*). **3** (体が)(…に)耐えきれなくなる (*at*).

***re·bel·lion** /rɪbéljən/ [名] (～s /~z/; [動] rebél[2], [形] rebéllious) [C,U] **反乱, 謀反**(むほん), 暴動; (慣習・規則・考え方などに対する)反抗: rise (up) in ～ *against* the government 政府に対する反乱を起こす / 「put down [crush] a ～ 反乱を鎮圧する.

⁺re·bel·lious /rɪbéljəs/ [形] ([名] rebéllion) **1** 反乱を起こす, 反逆心のある. **2** 反抗的な, 言うことを聞かない. **～·ly** [副] 反抗的に. **～·ness** [名] [U] 反抗.

re·bind /rìːbáɪnd/ [動] [他] (～s; 過去・過分 **-bound** /-báʊnd/; ～·**ing**) 〈…〉を縛り変える; 製本し直す.

⁺re·birth /rìːbə́ːθ | -bə́ːθ/ [名] [[U] または a ～]《格式》再生, 更生, 復活, 復興 (*of*); (宗教上の)覚醒(かくせい).

re·birth·ing /rìːbə́ːθɪŋ | -bə́ːθ-/ [名] [U,C] 〘精神医〙再生《患者に出生時を再体験させて心的・情緒的問題点を除去する心理療法》.

re·boot[1] /rìːbúːt/ [動] [他] 〘電算〙〈コンピューター〉を再起

R

動する. ― 圓〖電算〗(コンピューターが)再起動する.
re·boot² /riːbúːt/ 图 ⓒ 〖電算〗再起動.
†**re·born** /riːbɔ́ːn | -bɔ́ːn/ 圈 (文)生まれ変わった, 再生した, 復活した.
re·bound¹ /ríːbaʊnd, rɪbáʊnd, rìː- | rɪ-, rìː-/ 圓 **1** 〈ボールなどが〉はね返る (against, from, off). **2** 〈行為などが〉(当人に)はね返ってくる, 報いとなる (on, upon). **3** 〈価格などが〉反騰する. **4** 〖バスケ〗リバウンド(ボール)を取る. ― 他 〖バスケ〗〈リバウンド(ボール)〉を取る.
re·bound² /ríːbaʊnd/ 图 ⓒ **1** 〖バスケ〗リバウンド(ボールを取ること); [主に新聞で] はね返ったボール. **2** (価格などの)回復, 持ち直し, 反発. **on the rebound** 副 (1) (ボールなどの)はね返ったところを (from); リバウンドを取って. (2) (失恋などの)反動で, はずみで, 引き金となって (from). (3) 回復し始めて.
re·broad·cast /riːbrɔ́ːdkæ̀st | -kɑ̀ːst/ 動 (~s; 過去·過分 ~, ~·ed; ~·ing) 他 〈...〉を再放送する; 中継放送する. ― 图 ⓤⓒ 再放送(番組).
†**re·buff** /rɪbʌ́f/ 《格式》图 (~s) ⓒ 拒絶, はねつけ: meet with [suffer] a ~ 拒絶される. ― 動 〈...〉をはねつける.
†**re·build** /riːbíld/ 動 (**re·builds** /-bíldz/; 過去·過分 **re·built** /-bílt/; **-build·ing**) 他 **1** 〈...〉を建て直し, 再建する: A lot of houses had to be rebuilt after the earthquake. <V+O の受身> 地震の後, 建て直さなければならない家が多かった. **2** 〈財政など〉を再建する. **3** 〈健康など〉を取り戻す, 〈人生など〉をやり直す.
†**re·buke** /rɪbjúːk/ 動 他 《格式》〈人〉を(厳しく公然と)しかる, とがめる, 非難する (☞ scold 類義語): The minister ~d the official for losing some important papers. 大臣はその役人が重要な書類を紛失したのを厳しくしかった. ― 图 《格式》非難; 叱責 (ﾛﾝ): administer a stern ~ to a person 人をきびしく叱責する.
re·bus /ríːbəs/ 图 ⓒ 判じ物, 判じ絵《文字や絵を与え同じ発音の語や文を作らせるもの》.

rebuses
1. Y did U [book] Et m[eye][can]D?
2. [eye][can] C w[hat]U .
《解答は p. 1539》

re·but /rɪbʌ́t/ 動 (**re·buts**; **-but·ted**; **-but·ting**) 他 《格式》〈批判など〉に反駁(はんばく)する, 〈...〉の反証をあげる.
re·but·tal /rɪbʌ́tl/ 图 《格式》ⓒⓤ 反駁; 反証(の提出): in ~ (of the accusation) (告発に)反論して.
rec. 略 =receipt, received, record, recording.
re·cal·ci·trance /rɪkǽlsətrəns/ 图 ⓤ 《格式》不従順, 強情, 反抗.
re·cal·ci·trant /rɪkǽlsətrənt/ 形 《格式》頑強に反抗する, 手に負えない, 強情な. **~·ly** 副 反抗的に.
re·cal·cu·late /riːkǽlkjʊlèɪt/ 動 他 〈...〉を再計算する, 再検討する.
★re·call¹ /rɪkɔ́ːl/ ⓣ⒉ 動 (**re·calls** /~z/; **re·called** /~d/; **-call·ing**) 他 (=recall²)

「呼び戻す」 3
 ┣━(心に呼び戻す) → 「思い出す」 1
 ┗━(手元に呼び戻す) → 「回収する」 4

1 [進行形なし] 〈...〉を(努めて)**思い出す**, 思い起こす; 〈...〉と思い出して言う《☞ remember 類義語》: I can't ~ her name. 私は彼女の名前を思い出せない / Do you ~ going there? <V+O(動名)> そこへ行ったことを覚えていますか / Do you ~ her visiting you? 彼女がお宅に会いに来たことを覚えていますか / Can you ~ **where** we first met? <V+O(wh節)> 私たちが最初にどこで会ったか思い出せますか / I don't ~ **that** he returned the book to me. <V+O(that節)> その本を彼が私に返してくれた覚えはありません / "There used to be a river here," he ~ed. <V+O(引用節)>「前はここに川があった」と彼は思い出して言った.
2 〈物事が〉〈...〉を思い出させる, 想起させる: Her story ~ed my school days **to** me. <V+O+to+名·代> 彼女の話は私に学校時代のことを思い出させた.
3 〈国や元のチームなど〉〈...〉を呼び戻す, 召還する (to): The government ~ed its ambassador **from** Moscow in protest. <V+O+from+名·代> 政府は抗議の意味でモスクワから呼び戻した / A word spoken is past ~ing. (ことわざ)口から出たことばは呼び戻せない.
4 〈欠陥商品など〉を回収する: The company ~ed all the defective engines. 会社はすべての欠陥エンジンを回収した. **5** 〖電算〗〈情報〉を呼び出す. **6** (米)〈公務員〉をリコールで解任する.
as I recáll 副 Ⓢ 私の記憶(するところ)では, ほら(覚えているでしょ).
★re·call² /rɪkɔ́ːl, ríːkɔ̀ːl/ 图 (~s /~z/; 動 recall¹) **1** ⓤ 回想, 思い出すこと; 記憶力: powers of ~ 記憶力. **2** ⓒⓤ (米)リコール(一般投票による公務員の解任(権)): a ~ election リコール投票. **3** ⓒ (欠陥商品などの)回収. **4** ⓤ または 〜 呼び戻し, 召還: the ~ of an ambassador from his post 大使を任地から呼び戻すこと. **beyònd [pàst] recáll** 形·副 (1) 取り返しのつかない. (2) 思い起こすことができない. **hàve tótal recáll** 動 完璧(かんぺき)に覚えている (of).
re·cant /rɪkǽnt/ 動 他 〈信仰など〉を取り消す, 撤回する. ― 圓 《格式》公式に撤回する.
re·can·ta·tion /rìːkæntéɪʃən/ 图 ⓤⓒ 《格式》取り消し, 撤回.
re·cap¹ /ríːkæp/ 動 (**-caps**; **-capped**; **-cap·ping**) 他 〈...〉を要約する (recapitulate). ― 圓 要約する (on); to ~ 要約すると. ― 图 ⓒⓤ 要点の繰り返し; 要約.
re·cap² /ríːkæp/ 動 (**-caps**; **-capped**; **-cap·ping**) 他 〈タイヤ〉を再生する(《英》retread).
re·cap³ /ríːkæp/ 图 ⓒ (米)再生タイヤ(《英》retread).
re·cap·i·tal·i·za·tion /riːkæ̀pətəlɪzéɪʃən | -laɪz-/ 图 ⓤⓒ 資本再構成.
re·cap·i·tal·ize /riːkǽpətəlàɪz/ 動 他 〈...〉の資本構成を改める.
re·ca·pit·u·late /rìːkəpítʃʊlèɪt/ 動 他 《格式》〈...〉を要約する, 〈...〉の要点を繰り返す. ― 圓 《格式》要約する (on) (recap¹).
re·ca·pit·u·la·tion /rìːkəpìtʃʊléɪʃən/ 图 ⓒⓤ 《格式》要点の繰り返し; 要約 (recap¹).
†**re·cap·ture** /riːkǽptʃɚ | -tʃə/ 動 (**-cap·tur·ing** /-tʃ(ə)rɪŋ/) 他 **1** 〈...〉を奪い返す, 取り戻す; 再び捕える. **2** 〈...〉を再現する; 思い出す. ― 图 ⓤ 奪還, 回復.
re·cast /riːkǽst | -kɑ́ːst/ 動 (**re·casts**; 過去·過分 **re·cast**; **-cast·ing**) 他 **1** 〈...〉を作り[書き]直す. **2** 〈...〉の配役[役割]を変える (as).
re·cast·ing /riːkǽstɪŋ | -kɑ́ːst-/ 图 ⓤⓒ **1** 作り[書き]直し. **2** 配役[役割]変更.
rec·ce /réki/ 《英略式》图 ⓒⓤ =reconnaissance. ― 動 他 =reconnoiter.
recd. 略 =received (☞ receive).
†**re·cede** /rɪsíːd/ 動 圓 **1** 退く, 後退する, 遠ざかる; (水が)引く; (感情·記憶·見込みなどが)薄れる, 弱まる (from, into) (☞ proceed 単語の記憶). **2** (あごなどが)引っ込む, (髪の生え際が)後方へ退く. 語源
★re·ceipt /rɪsíːt/ ⓣ⒈ 图 (**re·ceipts** /-síːts/; 動

céive) **1** [C] **領収書**, レシート (〔略〕 rec.): Get a ~ *for* the money you paid. 払った金の領収書をもらいなさい.

コロケーション
give a *receipt* 領収書を渡す
sign a *receipt* 領収書にサインする
「**write** (**out**) [**make out**] a *receipt* 領収書を書く[発行する]

2 [複数形で] (食糧・貨物・金などの)受け入れ高, (切符などの)売り上げ高: gross ~*s* 総収入. **3** [U] 《格式》 受け取ること, 受領; 受け入れ (*of*). **be in receipt of ...** [動] [他] 《格式》 ...を受け取りました (have received). **on [upòn] recéipt of ...** [前] 《格式》 ...を受け取り次第. — [動] [他] 〈請求書〉に「領収済み (paid)」のスタンプを押す; 《主に米》 〈...〉の領収書を出す.

re·ceiv·a·ble /rɪsíːvəbl/ [形] 受け取れる; 〔商〕 [普通は名詞の後で] 受け取るべき: bills [accounts] ~ 受取手形[勘定]. — [名] [複数形で] 〔商〕 受取勘定.

re·ceive /rɪsíːv/ [動] (**re·ceives** /~z/; **re·ceived** /~d/; **re·ceiv·ing**; [名] recéipt, recéption, [形] recéptive) [他] **1** 《やや格式》 〈手紙・贈り物など〉を**受け取る**, 受ける, もらう; 〈電子メール〉を受信する (〔反〕 send) (《過去形・過去分詞は 〔略〕 rec., recd.; ☞ accept 類義語; recipe [語源]》): I ~*d* your letter yesterday. あなたの手紙をきのう受け取りました / I ~*d* a gift *from* him. <V+O+*from*+名・代> 彼から贈り物をもらった.
2 《格式》 〈待遇・治療など〉を**受ける**, 〈けがなど〉をこうむる; 〈負担など〉を背負う; (問題などが)〈注目・考慮など〉を受ける: She has ~*d* a good education. 彼女は立派な教育を受けた / They ~*d* a heavy sentence *from* the judge. <V+O+*from*+名・代> 彼らは裁判官から重い判決を受けた / This problem should ~ attention immediately. この問題は緊急に考慮すべきである.
3 〈申し出など〉を**受ける**; [普通は受身で] 〈考えなど〉を受け入れる[取る], 〈...〉に反応する (*with*) (☞ accept 類義語): Joe ~*d* my advice coldly. ジョーは私の忠告を冷ややかに受け止めた (無視した) / The theory has *been* widely ~*d*. その学説は広く容認されている.
4 [普通は受身で] 《格式》 〈人〉を**迎える** (greet), もてなす (*with*, *as*); 〈人〉を(仲間などに)(受け)入れる: The ambassador *was* ~*d* at the White House. <V+O の受身> 大使はホワイトハウスに迎えられた / I *was* not ~*d* *into* the group. <V+O+*into*+名・代の受身> 私はその仲間に入れてもらえなかった. **5** 〈電波〉を受信する: "Are you *receiving* me?" "(I'm) *receiving* you loud and clear." (無線などで)「聞こえますか」「はっきり聞こえますよ」 **6** 《主に英》 〈盗品〉を買い取る. **7** (球技で) 〈球〉をレシーブする. — [自] **1** 《主に英》 (盗品と知って)買い取る. **2** (球技で)レシーブする.
on [at] the recéiving ènd (of ...) [形] (不快なことの)受け手である, (...で)いやな思いをしている.

[単語の記憶] 《CEIVE》 (取る)
re**ceive** (取り戻す) → 受け取る
con**ceive** (すっかり取る) → 心に抱く
de**ceive** (わなにかける) → だます
per**ceive** (完全につかむ) → 知覚する

re·ceived /rɪsíːvd/ [形] [A] 《格式》 受け入れられた, 広く信じられている, (一般に)容認された, 標準とされる: ~ wisdom 一般に認められた意見.

Recéived Pronunciátion [名] [U] 〔音声〕 容認発音 (英国の標準発音; 〔略〕 RP; ☞ General American).

***re·ceiv·er** /rɪsíːvə | -və/ [名] (~**s** /~z/) [C] **1 受話器; 受信機** (☞ telephone 挿絵); レシーバー; 《格式》 (ラジオの)受信機, (テレビの)受像機: pick up a ~ 受話器を取る / put down [replace] a ~ 受話器を置く. **2** [普通は the ~] 〔法〕 (破産)管財人 (official receiver). **3** 《主に英》 (盗品の)故買人. **4** 受取人 (〔反〕 sender). **5** 〔アメフト〕 レシーバー.

⁺re·ceiv·er·ship /rɪsíːvəʃìp | -və-/ [名] [U,C] 〔法〕 (破産)管財人による管理: go into ~ 管財人の管理下になる.

re·ceiv·ing /rɪsíːvɪŋ/ [名] [U] 《主に英》 (盗品の)故買(罪).

recéiving lìne [名] [C] (舞踏会やレセプションで)客を迎える主催側の列.

***re·cent** /ríːs(ə)nt/ [T1] [形] [普通は [A]] **近ごろの, 最近の** (late), 新しい (new) (☞ modern 類義語): ~ events 最近の出来事 / the worst snowstorm in ~ memory 最近の記憶の中で最悪の吹雪 / Short skirts have been in fashion in ~ years. 短いスカートは近年はやっている.

***re·cent·ly** /ríːs(ə)ntli/ [副] **最近**, 近ごろ: Did it happen ~? それは最近のことですか / He has ~ published a book. 最近彼は本を出版した / *R*~ there was a major fire in this town. 最近この町で大きな火事があった. [語法] 現在完了形にも過去時制にも用いられる (☞ lately [語法], have² 1 (1) [語法] (3)) // Until (very) ~ she was teaching at this school. ごく最近まで彼女はこの学校で教えていた.

re·cent·ness /ríːs(ə)ntnəs/ [名] [U] 最近(であること).

re·cep·ta·cle /rɪséptəkl/ [名] [C] **1** 《格式》 容器; 置き場, 貯蔵所 (*for*). **2** 《米》 コンセント. [日英比較] 「コンセント」は和製英語.

***re·cep·tion** /rɪsépʃən/ [名] (~**s** /~z/; [動] recéive) **1** [C] **歓迎会**, レセプション: a wedding ~ 結婚披露宴 / "When will the ~ *for* new members be held?" "(It's going to be held) tomorrow afternoon." 「新会員歓迎会はいつ行なわれますか」「明日の午後です」
2 [C] [普通は単数形で] (世間などの)**受け入れ方**, 反応, 評判: The play received *a* favorable [mixed] ~. その劇は好評を博した[賛否両論で世に迎えられた].
3 [C] [普通は単数形で] (客などの)**歓迎**, 接待, 待遇: a warm [cool] ~ 歓待[冷遇] / [言い換え] She gave her guests a cordial ~. (=She received her guests cordially.) 彼女は客たちを心からもてなした.
4 [U] 受け取ること, 受領; 受け入れ, (知識などの)摂取; 〔ラジオ・テレビ〕 受信[受像]状態. **5** [U] 《主に英》 (ホテルなどの)受付, フロント; ロビー: meet a person at ~ 受付で人に会う. **6** [C] 〔アメフト〕 (パスの)捕球.

recéption cèntre [名] [C] 《英》 (避難民などの)収容施設.

recéption clàss [名] [C] 《英》 (小学校の)新入生学級.

recéption dèsk [名] [C] 《主に英》 =front desk.

⁺re·cep·tion·ist /rɪsépʃ(ə)nɪst/ [名] [C] 受付係.

recéption ròom [名] [C] 《英》 (風呂, 台所, 寝室に対して)居間 (不動産業者の用語; ☞ living room).

⁺re·cep·tive /rɪséptɪv/ [形] ([動] recéive) (新しい考え・提案などを)よく受け入れる, 理解の早い (*to*): have a ~ mind 感受性が豊かである. **~·ly** [副] 受容力をもって. **~·ness** [名] [U] =receptivity.

re·cep·tiv·i·ty /rìːseptívəṭi, rɪsèp-/ [名] [U] 受容力, 感受性.

re·cep·tor /rɪséptə | -tə/ [名] [C] 〔生理〕 受容器, 感覚器官; 〔生化〕 受容体, レセプター.

***re·cess** /ríːses, rɪsés/ [名] (~·**es** /~ɪz/) **1** [U] 《米》 (小学校などの)**休み時間** (《英》 break): at [during] ~ 休み時間に / "How long is the ~?" "Ten minutes." 「休み時間は何分?」「10 分だ」
2 [U,C] **休憩**, 休み; 休暇; 《英》 (議会などの)休会, (法廷の)休廷 (☞ access [単語の記憶]): Parliament is now in ~. 議会はいま休会中だ. **3** [C] (部屋の)引っ込んだ部分 (本箱・食器棚などを置くための); くぼみ, へこみ. **4**

R

[C] [しばしば複数形で]《文》奥深い場所; (心の)奥: *in the* inmost *～es of* the mind 心の奥底で. [語源] ラテン語で「退く」の意; recede と同語源.
— [動] (**-cess·es** /~ɪz/; **re·cessed** /~t/; **-cess·ing**) [自]《主に米》(会議などが)休会に入る; 休校になる: Congress *～ed for* the weekend. <V+*for*+名·代> 議会は週末の休会に入った / The session will now ～ *for* a 20-minute tea break. 会議は 20 分間の休憩に入ります. — [他]《主に米》〈…〉を休会にする.

re·cessed /ríːsest, rɪsést/ [形] (窓・棚などが)(壁などに)はめ込まれた, 引っ込んだ.

*__re·ces·sion__ /rɪséʃən/ [T1] [名] (～s /~z/) **1** ([形] recéssionàry) [U,C] (景気の)一時的な後退, 不景気 (☞ concession [単語の記憶]): The economy is currently *in* a deep ～. 景気は現在大きく後退している. [関連] depression (長期の)不況. **2** [U] 後退, 退去.

re·ces·sion·al /rɪséʃ(ə)nəl/ [名] [C] 退出賛美歌《礼拝後牧師・聖歌隊の退場時に斉唱する》. — [形] [A] 景気後退の; 退場の.

+**re·ces·sion·ar·y** /rɪséʃənèri | -ʃ(ə)nəri/ [形] ([名] recéssion 1) [A] 景気後退の; 景気を後退させる.

re·ces·sive /rɪsésɪv/ [形] **1** 〔生〕劣性の ([反] dominant). **2** 退行の, 逆行の.

+**re·charge**[1] /rìːtʃáɚdʒ, ríːtʃàɚdʒ | -tʃáːdʒ/ [動] [他] **1** 〈電池〉を充電する. **2** 〈人〉に元気を回復させる. — [自] **1** 再充電する. **2** 元気を回復する.

re·charge[2] /ríːtʃàɚdʒ | -tʃàːdʒ/ [名] [C] 再充電.

re·charge·a·ble /rìːtʃáɚdʒəbl | -tʃáːdʒ-/ [形] 充電可能な.

re·charg·er /rìːtʃáɚdʒɚ | -tʃáːdʒə/ [名] [C] 充電器.

re·check /rìːtʃék/ [動] [自] [他] 再び検査する, 再点検する. — /ríːtʃèk/ [名] [C] 再検査, 再点検.

re·cher·ché /rəʃeɚʃéɪ | -ʃéəʃeɪ/ 《フランス語から》 [形]《格式》 **1** [普通は軽蔑] 風変わりな; 気取った, 凝りすぎた. **2** 厳選された, 珍しい.

re·chris·ten /rìːkrís(ə)n/ [動] [他] 〈…〉を再命名する, 〈…〉に新たに名をつける.

re·cid·i·vis·m /rɪsídəvìzm/ [名] [U]《格式》(犯罪などの)累犯, 常習的犯行.

re·cid·i·vist /rɪsídəvɪst/ [名] [C]《格式》常習犯《人》.

*__rec·i·pe__ /résəpìː, -pi/ [名] (～s /~z/) [C] **1** (料理の)調理法, レシピ: follow the ～ *for* this stew このシチューの作り方に従う. **2** [普通は a ～] (…を)もたらすもの, 秘訣(ひけつ): *a* ～ *for* disaster 災難をもたらすもの / *a* ～ *for* success 成功の秘訣. [語源] ラテン語で「受け取れ」の意で, 元来は「処方箋(せん)」; receive と同語源.

*__re·cip·i·ent__ /rɪsípiənt/ [T3] [名] (～s /~ts/) [C]《格式》受納者, 受取人 (*of*); レシピエント《ドナー (donor) から血液や臓器などを受け取る人》: a Nobel prize ～ ノーベル賞受賞者 / a welfare ～ 生活保護受給者.

+**re·cip·ro·cal** /rɪsíprək(ə)l/ [形] [普通は [A]]《格式》 **1** 相互の (mutual); 互恵の: ～ love 相愛 / a ～ pronoun 〔文法〕相互代名詞《each other と one another》/ a ～ treaty 互恵条約. **2** (ある行為への)お返しの. **-cal·ly** /-kəli/ [副] 相互(的)に, 互恵的に.

+**re·cip·ro·cate** /rɪsíprəkèɪt/ [動] [他]《格式》〈…〉に報いる, 返礼する; 〈…〉を交換する: His love for her was not ～*d*. 彼の彼女への愛は片思いだった. — [自] **1**《格式》報いる, 返礼する. **2** 〔機〕往復運動をする.

re·cíp·ro·cat·ing èngine /rɪsíprəkèɪṭɪŋ-/ [名] [C] 往復機関.

re·cip·ro·ca·tion /rɪsìprəkéɪʃən/ [名] [U]《格式》返報, 仕返し; 交換; 〔機〕往復運動.

rec·i·proc·i·ty /rèsəprɑ́səṭi | -prɔ́s-/ [名] [U]《格式》相互主義, (貿易上の)互恵主義.

+**re·cit·al** /rɪsáɪṭl/ [名] [C] **1** リサイタル, 独奏会, 独唱会 (*of*): give a ～ リサイタルを開く. [関連] concert (多数の演奏家による)音楽会. **2** Ⓦ《格式》詳しい話[説明], 物語 (*of*); [比喩] 独演会. **3** (詩の)朗読.

rec·i·ta·tion /rèsətéɪʃən/ [名] **1** [U,C] 朗唱, 吟唱; (公開の場での)朗読 (*of, from*). **2** [C] Ⓦ 述べること, 詳説 (*of*). **3** [U,C]《米》学課の復唱, 口頭による返答.

rec·i·ta·tive /rèsəṭətíːv/ [名] [U] 〔楽〕(オペラなどの)レチタティーヴ, 叙唱《普通のせりふに音程をつけて歌うもの》; [C] 叙唱の部分[ことば].

+**re·cite** /rɪsáɪt/ [動] [他] **1** 〈詩など〉を(聴衆の前で)暗唱する, 朗唱[朗読]する (*to*). **2** 〈…〉を 1 つずつ[詳しく]述べる; 列挙する (*to*). **3**《米》(生徒が)〈…〉を復唱する. — [自] 暗唱[朗唱, 朗読]する;《米》(生徒が)復唱する, 質問に答える.

re·cit·er /rɪsáɪṭɚ | -tə/ [名] [C] 暗唱者, 朗読者.

+**reck·less** /rékləs/ [形] 無謀[無鉄砲]な, 向こう見ずな (rash); (…を)意に介さない, (…に)むとんちゃくな (*of*): ～ driving [drivers] 無謀な運転[ドライバーたち] / *It was* ～ *of* her *to* climb that peak alone. 彼女がひとりであの山頂へ登ったなんて無謀だ (☞ of 12). **～·ly** [副] 向こう見ずに, 無謀に. **～·ness** [名] [U] 無謀(さ).

*__reck·on__ /rék(ə)n/ [動] (**reck·ons** /~z/; **reck·oned** /~d/; **-on·ing** /-k(ə)nɪŋ/) [他] [進行形なし] **1** 〈…〉を推測する (guess), (…と)概算する (*at*); Ⓢ《英略式》〈…〉と思う (think); 〈…する〉と思う (expect), …しそうだ: How much do you ～ (*that*) it will cost? <V+O ((*that*) 節)> いくらぐらい費用がかかると思いますか / The number of victims *is* ～*ed to* be about one thousand. <V+O+C (*to* 不定詞)の受身> 被害者の数は約千人と推定される / We ～ *to* finish it today. <V+O (*to* 不定詞)> それは今日中に終えられるだろう. **2** [しばしば受身で]《格式》〈…〉を(—と)みなす (consider), 判断する: I ～ him (*as* [*to* be]) the greatest of our poets. 私は彼を最大の詩人と考える / He *is* ～*ed among* our friends. 彼は私たちの味方の 1 人と考えられている. **3**《格式》〈…〉を数える, 計算する (count).
I réckon ... Ⓢ《略式》…と思う, …だろう (I believe ...): *I* ～ he'll come. 彼は来るだろう / Will he do it? *I* ～ so [not]. 彼はそれをやってくれるかな? やってくれるだろう[だめだろう]. [語法] 文の終わりで, ..., I reckon. のように用いられることもある: Mary will succeed, *I* ～. メアリーはうまくいくだろう.

reckon の句動詞

réckon ín [動] [他]《格式》〈…〉を勘定に入れる.
réckon on ... [動] [他]《英》…を当てにする, 頼みにする (count on ...); …を予期する: I ～ *on* getting about 80% on the exam. 私は試験で 80% ぐらいはとれるものと思っている / [言い換え] I ～ *on* your help. =I ～ *on* you *to* help me. =I ～ *on* you [your] help*ing* me. 君が手伝ってくれるものと思っている.
réckon úp [動] [他]《古風, 英》〈…〉の合計を出す.
*__réckon with ...__ [動] [他] **1** [普通は否定文で] …を考慮に入れる: The doctor had *not* ～*ed with* the side effects of the medicine. その医者は薬の副作用のことを考慮に入れていなかった. **2** (手ごわい者)を相手とする: If you try to fire her, you'll have the union to ～ *with*. 彼女を首にしようとすれば組合を相手にしなければならないよ. **... to be réckoned with** [形] (相手として)考慮しなければならない…, 侮(あなど)り難い…: Environmentalists are now a force *to be* ～*ed with*. 環境保護論者たちは今や侮りがたい勢力である.
réckon withòut ... [動] [他]《英》…を考慮に入れない.

+**reck·on·ing** /rék(ə)nɪŋ/ [名] **1** [U] (大まかな)計算, 概算; 清算. **2** [単数形で] (行動への)審判; 報い, 罰. **3** [C]《古語》勘定書. **4** [U] 船位の推算 (☞ dead reckoning). **be óut in one's réckoning** [動] [自] 計算を間違える, 見込み違いをする. **by ...'s**

réckoning [副] [文修飾語] …の計算[見方]では. **in [into] the réckoning** [形・副]《主に英》(特にスポーツで)優勝[成功]者候補の一人で[に]. **òut of the réckoning** [形]《主に英》(特にスポーツで)優勝[成功]者候補からはずれて. **the [a] dáy of réckoning** [名]《格式》(それまでの悪事などの)報いを受ける時,「年貢のおさめ時」.

⁺**re·claim** /rɪkléɪm/ [動] [他] **1** 〈…〉の返還を要求する, 取り戻す (*from*). **2** 〈…〉を開墾(かいこん)[開拓]する; 埋め立てる (*from*); [普通は受身で]〈土地〉を元の状態[砂漠, 森林]に戻す. **3** 〈資源など〉を(廃物から)再利用[リサイクル]する (*from*). **4** (悪行などから)〈…〉を更生させる (*from*).

rec·la·ma·tion /rèkləméɪʃən/ [名] [U] 開墾, 埋め立て; 再生利用; 更正.

re·clas·si·fy /rìːklǽsəfàɪ/ [動] [他] 〈…〉を再分類する.

⁺**re·cline** /rɪkláɪn/ [動] [自] **1** [副詞(句)を伴って]《格式》もたれる, 横になる (*against, in, on*). **2** (シートが)たおれる. ― [他] **1** 〈シート〉を後ろにたおす. **2**《格式》〈体の一部〉をもたせかける (*against, on*).

re·clin·er /rɪkláɪnə | -nə/, **re·clín·ing chàir** /rɪkláɪnɪŋ-/ [名] [C] リクライニングチェアー《背の部分が後方に倒せる座席[椅子]》.

rec·luse /réklùːs, rɪklúːs/ [名] [C] 世捨て人, 隠遁(いんとん)者.

re·clu·sive /rɪklúːsɪv/ [形] 世を捨てた, 隠遁した.

***rec·og·nise** /rékəgnàɪz, -kɪg- | -kəg-/ [動]《英》=recognize.

rec·og·ni·tion** /rèkəgníʃən, -kɪg- | -kəg-/ [名] (〜s /〜z/; [動] récognìze) **1** [U] (人・物がだれ[何]であるか)わかること, 見分け(られ)ること, 識別; 見[聞き]覚え; 会釈 (☞ recognize 1): I was surprised at her immediate 〜 *of* me. 彼女がすぐ私だとわかったのには驚いた. **2** [[U] または a 〜] (事実として)認めること, 認識: the 〜 *of* defeat 敗北を認めること / There's (*a*) growing 〜 ***that we should abolish capital punishment. <N+*that* 節> 死刑は廃止すべきだという認識が高まっている. **3** [U] (法律的な)承認; 認可; 認知: diplomatic 〜 外交上の承認 / the 〜 *of* a new state 新国家の承認. **4** [U] (業績・功労などを)認めること, 表彰; (功労などに対する)報酬, お礼: The poet has received wide 〜. その詩人は多くの人に認められている. **5** [U]〔電算〕(文字・図形・音声などの)認識: pattern 〜 パターン認識.
beyònd [òut of] (áll) recognítion [副] 見分けのつかないほど: change *out of* (*all*) 〜 見るかげもないほど変わる. **in recognítion of …** [前] …を認めて; …が認められて; …の返礼に: He received a medal *in* 〜 *of* his bravery. 彼は勇敢な働きが認められて勲章をもらった.

⁺**rec·og·niz·a·ble** /rékəgnàɪzəbl, -kɪg- | -kəg-/ [形] 認識できる, 見分けがつく, それとわかる (*as*); 見覚えのある. **-a·bly** /-əbli/ [副] 認識できるように; 見分けがつくほど(に).

re·cog·ni·zance /rɪkɑ́(g)nəz(ə)ns | -kɔ́(g)nɪ-/ [名] [U]〔法〕誓約(書); 誓約保証金: be released on one's own 〜 (指定日時に裁判所に出頭するという)誓約のもとに釈放される.

rec·og·nize** /rékəgnàɪz, -kɪg- | -kəg-/ [T1] [動] (-og·niz·es /〜ɪz/; -og·nized /〜d/; -og·niz·ing; [名] rècognítion) [他] [進行形なし] **1** (だれ[何]であるか)〈…〉の**見分けがつく**, 〈…〉が(―だと)わかる, 〈…〉を識別する; 〈…〉の見[聞き]覚えがある《ある人や物が以前から見聞きして知っていたものと同じだと認めること》; (顔見知りとして)会釈する: I didn't immediately 〜 my old friend after thirty years. 30年ぶりだったので私は旧友に会ってもすぐにはわからなかった / I easily 〜d*** the bird ***by*** its coloring. <V+O+*by*+名・代> 色で容易にその鳥の見分けがついた.
2 〈…〉を(事実として)認める (admit), 認識する, 〈…〉に気づく; 〈…〉を(―であると)認める: He refused to 〜 his mistake. 彼は自分の間違いを認めようとしなかった / [言い換え] All the members 〜***d*** her ***as*** their representative. <V+O+C(*as*+名)> = All the members 〜***d*** her ***to*** be their representative. <V+O+C (*to* 不定詞)> = All the members 〜***d that*** she was their representative. <V+O(*that* 節)> 全会員は彼女が自分たちの代表であることを認めた / We have to 〜 ***how*** serious the problem is. <V+O (*wh* 節)> 我々はその問題がいかに深刻なものであるかを認識しなければならない.
3 〈…〉を(法律的に)認める, 承認する; 認可する; 認知する: [言い換え] His father 〜***d*** Thomas ***as*** his lawful heir. <V+O+C (*as*+名)> = His father 〜***d*** Thomas ***to*** be his lawful heir. <V+O+C (*to* 不定詞)> 父親はトマスを正式の相続人と認めた / The new government *was* quickly 〜***d by*** many nations. <V+O の受身> 新政府はただちに多くの国に承認された. **4** 〈功績など〉を認める, 評価する, 表彰する: His services to the country were 〜*d* by the award of a medal. 国への貢献が認められて彼は勲章を授与された.

rec·og·nized /rékəgnàɪzd, -kɪg- | -kəg-/ [形] 社会[世間]に認められた: a 〜 authority on phonetics 広く認められた音声学の権威者.

⁺**re·coil**¹ /rɪkɔ́ɪl/ [動] [自] **1** (恐怖・嫌悪感などで…から)急に引き下がる, あとずさりする (*from*); (…に)しりごみする, ひるむ (*from*): She 〜*ed* in horror *at* the sight. 彼女はその光景を見ると恐怖でしりごみした. **2** (銃などが発射の反動で)跳(は)ね返る, 後ろに下がる. **recóil on …** [動] [他]《格式》(悪行などが)…に報いとなって跳ね返る.

re·coil² /ríːkɔɪl, rɪkɔ́ɪl/ [名] [[U] または a 〜] **1** あとずさり; しりごみ. **2** (銃砲の)跳(は)ね返り.

rec·ol·lect /rèkəlékt/ [動] ([名] rècolléction)《格式》[他] [進行形・受身なし]〈…〉を(努めて)思い起こす, 思い出す, 回想する (☞ remember 類義語): 〜 one's student days 学生時代を思い起こす / [言い換え] I 〜*ed* see*ing* her somewhere. = I 〜*ed that* I *had seen* her somewhere. 私は彼女にどこかで会ったことがあるのを思い出した / He could not 〜 *what* had happened there. 彼はそこで何が起こったか思い出せなかった. ― [自] 思い起こす: As far as I (can) 〜 we went there twice. 私の記憶では私たちはそこへ2回行きました.
[語源] 元来は re-²+collect¹.

re-collect /rìːkəlékt/ [動] [他] **1** 再び集める. **2** 〈勇気など〉を取り戻す, 持ち直す: 〜 oneself [one's thoughts] 気を落ちつける, 我にかえる.

⁺**rec·ol·lec·tion** /rèkəlékʃən/ [名] (〜s /〜z/; [動] rècolléct)《格式》**1** [U] 思い出すこと, 想起; 記憶(力) (memory): in [within] one's 〜 記憶にある / I have no 〜 *of* it. 私はそれを全く思い出せない. **2** [C] [しばしば複数形で] 思い出, 記憶; 追憶, 回想: happy 〜*s* 楽しい思い出 / She had a hazy [clear, vivid] 〜 *of* visit*ing* her uncle. 彼女はおじを訪ねたことをかすかに[はっきりと]覚えていた. **in [within] …'s recolléction** [形・副]《格式》…の記憶[思い出]の中の[で]. **to the bést of my recolléction** [副] [文修飾語]《格式》思い違いでなければ, 私の記憶では.

re·cóm·bi·nant ĎŃÁ /rìːkɑ́mbənənt- | -kɔ́m-/ [名] [C]〔生〕組み換え DNA.

re·com·bi·na·tion /rìːkɑ̀mbənéɪʃən | -kɔ̀m-/ [名] [U,C] **1** (遺伝子の)組み換え. **2** 再結合.

re·com·mence /rìːkəméns/ [動] [他] [W]《格式》〈…〉を再び始める, 再開する. ― [自] 再び始まる.

***rec·om·mend** /rèkəménd/ [T3] [動] (rec·om·mends /-méndz/; -mend·ed /〜ɪd/; -mend·ing; [名] rècommendátion) [他] **1** 〈人・物など〉を**推薦する**; 〈人に〉

recommendable

〈…〉を(よいものとして)勧める, 推奨する: Can you ~ a good camera? いいカメラを紹介していただけませんか / [言い換え] I can ~ a good novel **to** you. <V+O+to+名・代>=(古風)I can ~ you a good novel. <V+O+O> 君にいい小説を1冊推薦してあげよう / I am going to ~ her **as** a good secretary. <V+O+C (as+名)> 私は彼女を優秀な秘書として推薦するつもりだ / Who will you ~ **for** the job? <V+O+for+名・代> あなたならその職にだれを推薦しますか.
2 〈…〉を勧める, 忠告する; 〈人〉に(…するように)勧める, 助言する (advise): The doctor (strongly) ~ed a few days' rest. 医者は2, 3日の休養を(強く)勧めた / [言い換え] The doctor ~ed to the patient **that** he (should) take the medicine. <V+to+名・代+O(that節)>=(まれ)The doctor ~ed the patient **to** take the medicine. <V+O+C(to不定詞)> 医者は患者にその薬を服用するようにと言った 《⇨ should A 8》 / [言い換え] I (highly [thoroughly]) ~ (your) visiting Kyoto. <V+O (動名)> = I (highly [thoroughly]) ~ **that** you (should) visit Kyoto. <V+O (that節)> 京都見物を(ぜひ)お勧めします. **3** 〈性質などが〉〈人・物〉を(…にとって)魅力ある[好ましい]ものにする: The new movie has nothing [much] to ~ it (to young people). 今度の新作映画は(若い人にとって)これといった魅力がない[大いに魅力がある].

rec·om·mend·a·ble /rèkəméndəbl⁺/ 形 推薦できる, 勧められる.

*__rec·om·men·da·tion__ /rèkəməndéɪʃən, -men-/ (~s /-z/; rècomménd) 1 C,U 勧告, 勧め; 忠告: make a ~ **for** reform to the president 社長に改善を求めて勧告する / I followed my doctor's ~ **that** I should stop smoking. <N+that節> 私はたばこをやめるべきだという医者の忠告に従った / We followed her ~ **to** take a bus instead of the subway. <N+to不定詞> 私たちは地下鉄ではなくバスに乗るようにという彼女の忠告に従った.
2 U 推薦, 推奨 《⇨ advice 類語語》: a letter of ~ 推薦状 《⇨ 3》 / I had the operation **on** [**at**] the ~ of my doctor. 私は医者の勧めで手術を受けた.
3 C (主に米)推薦状[文]: Mr. Black wrote a good ~ for me. ブラック先生は私に立派な推薦状を書いてくれた. **4** C 長所, 取りえ.

rec·om·mend·ed /rèkəméndɪd/ 形 推薦され[勧められ]ている: a highly ~ candidate 強い推薦を受けた候補者 / the ~ dosage of vitamin D pills ビタミンDの錠剤の推奨投薬量 《⇨ RDA.

re·com·mis·sion /rìːkəmíʃən/ 動 他 〈…〉を再び任命[委任]する, 再就役させる.

re·com·mit /rìːkəmít/ 動 他 **1** 〈罪など〉を再び犯す. **2** 〈議案など〉を再び委員会に付託する.

rec·om·pense /rékəmpèns/ 動 他 《格式》 **1** 〈…〉に弁償[補償]する (compensate): ~ the victims for their injuries 被害者にけがの補償をする. **2** 〈…〉に報いる, 報酬を与える (reward) (for). ─ 名 U または a ~] 《格式》 **1** 弁償, 補償 (for). **2** 報酬, 報い (for). **in récompense for ...** 前 《格式》…の報い[弁償]として.

re·con /ríːkɑːn | -kɔn/ 名 U,C 《米俗》 =reconnaissance.

rec·on·cil·a·ble /rékənsàɪləbl, rèkənsáɪl-/ 形 和解[調停]できる; 調和させられる.

*__rec·on·cile__ /rékənsàɪl/ 13 動 (-on·ciles /-z/; -on·ciled /-d/; -on·cil·ing; 名 rèconciliátion) /-z/
1 〈対立する考えなど〉を調和させる, 一致させる (harmonize): ~ accounts 帳尻を合わせる / Can you ~ your ideals **with** reality? <V+O+with+名・代> 君の理想と現実は両立させられるのか.
2 [普通は受身で] (けんかをおさめて)〈…〉を仲直りさせる; 〈争いなど〉を調停する: Tom was soon ~d **with** his sister. <V+O の受身> トムはすぐに姉と仲直りした / The President ~d the dispute between the two countries. 大統領は両国間の紛争を調停した.
─ 自 (主に米) **1** 仲直りする (with). **2** 両立する.
réconcile onesèlf to — **be** [**become**]
réconciled to ... 動 他 …に甘んじる, …を(しかたなく)受け入れる (★ be reconciled to ... は主に状態を示す): We had to 「~ ourselves [become ~d] **to** a life of poverty. 私たちは貧しい生活に甘んじなければならなかった.
réconcile ... to — 動 他 〈…〉に—を(しかたなく)受け入れさせる: The parents ~d their daughter **to** her disease. 両親は娘に自分の病気を受け入れさせた.

*__rec·on·cil·i·a·tion__ /rèkənsìliéɪʃən/ 名 動 (réconcile) U または 1 和解, 調停; 調和, 一致: a spirit of ~ 和解の精神 / a ~ **between** Mr. Long and Mr. Smith ロング氏とスミス氏との間の和解 / a ~ **of** religion **with** science 宗教と科学との調和.

rec·on·dite /rékəndàɪt/ 形 《格式》〈考え・知識などが〉あまり知られていない, 深遠な, 難解な.

re·con·di·tion /rìːkəndíʃən/ 動 [しばしば受身で] 〈…〉を(元どおりに)修理する, 再調整する.

re·con·di·tioned /rìːkəndíʃənd⁺/ 形 修理された; 中古の.

re·con·fig·ure /rìːkənfígjə | -gə-/ 動 他 〈コンピューター〉の環境設定を変更する.

re·con·firm /rìːkənfə́ːm | -fə́ːm/ 動 他 〈予約など〉を再確認する.

re·con·nais·sance /rɪkɑ́nəz(ə)ns, -kɑ́nəs(ə)ns/ 名 U,C 《軍》(敵地の)偵察.

re·con·nect /rìːkənékt/ 動 他 〈家など〉に(電気・ガスなど)を再び供給する[つなぐ].

re·con·nec·tion /rìːkənékʃən/ 名 U (電気などの)再供給.

re·con·noi·ter, (英) **-noi·tre** /rìːkənɔ́ɪtə, rèk- | rèkənɔ́ɪtə/ 動 他 (-noi·ters, (英) **-tres**, -noi·tered, (英) **-tred**, -noi·ter·ing, (英) **-noi·tring** /-tərɪŋ, -trɪŋ/) 《軍》 他 〈…〉を偵察する. ─ 自 偵察する.

re·con·quer /rìːkɑ́ŋkə | -kɔ́ŋkə/ 動 (**-quer·ing** /-k(ə)rɪŋ/) 他 〈…〉を再び征服する.

*__re·con·sid·er__ /rìːkənsídə | -də/ 動 (**-er·ing** /-dərɪŋ, -drɪŋ/) 他 〈決定など〉を再考する; 再審議する. ─ 自 再考する; 再審議する.

re·con·sid·er·a·tion /rìːkənsìdəréɪʃən/ 名 U 再考; 再審議 (of).

*__re·con·sti·tute__ /rìːkɑ́nstət(j)uːt | -kɔ́nstətjuːt/ 動 他 **1** 《格式》〈組織など〉を再編成[再構成]する (as). **2** [普通は受身で] 〈乾燥食品など〉を戻す 《水[湯]を加えて》: ~d milk 還元牛乳.

re·con·sti·tu·tion /rìːkɑ̀nstət(j)úːʃən | -kɔ̀nstɪtjúː-/ 名 U 再構成, 再編成.

*__re·con·struct__ /rìːkənstrʌ́kt/ 動 (名 rèconstrúction) **1** 〈証拠などから〉…の全体を復元する, 再現する (from). **2** 〈建物など〉を再建する, 修復[復興]する; 〈組織など〉を再編成する.

*__re·con·struc·tion__ /rìːkənstrʌ́kʃən/ 名 (~s /-z/; 動 rèconstrúct) **1** U 再建, 修復; 復興; 再編成: the ~ **of** a bridge 橋の再建 / economic ~ =the ~ of the economy 経済の再建. **2** C 再建[復元]されたもの (of). **3** C [普通は単数形で] 復元; (事件などの)再現(映像): the ~ of a crime 犯行の再現. **4** C (身体部位の)再建. **5** [the R-] 《米史》(南北戦争後の南部諸州の)再建(の時代) (1865–77).

re·con·struc·tive /rìːkənstrʌ́ktɪv⁺/ 形 A (手術や治療が)再建目的の: ~ surgery 再建手術《形や機能を取り戻す手術》.

†**re·con·vene** /ˌriːkənˈviːn/ 動 自 (議会・法廷などが)再開する. — 他 (議会などを)再び招集する.

※**rec·ord**¹ /ˈrékərd, -kɔːd | -kɔːd/ ★動詞の record² とのアクセントの違いに注意.

❶ 名 (rec·ords /-kərdz, -kɔːdz | -kɔːdz/; recórd²)

元来はラテン語で「心に呼び戻す」(☞ re-¹, record² 単語の記憶)の意.

(心覚えとしての)「記憶した[された]もの」**1**
→「(競技の)記録」**2** →「記録的な」**3**
→「(業績の)記録」→「経歴」「成績」**5**
→「(音の記録)→「レコード」**4**

1 C 記録した[された]もの, 記録(文書) (略 rec.): ~s of the past 過去の記録 / She *made* [*kept*] a ~ of everything that was said by the speaker. 彼女は講演者が言ったことをすべて記録に採った[残した] / He left behind no ~ of his private life. 彼は私生活については記録を全く残さなかった.
2 C (運動競技などの)(最高)記録, レコード (略 rec.): hold the world [Olympic] ~ *for* the marathon マラソンの世界[オリンピック]記録を保持している / The ~ *for* this distance is 1 minute 56 seconds. この距離の新記録は1分56秒だ.

─ コロケーション ─
break [**beat**] a *record* 記録を破る
equal [(米) **tie**] a *record* 記録に並ぶ
set [**establish**] a *record* 記録を作る

3 [形容詞的に] 記録的な, 空前の; 新記録の: a ~ snowfall 記録的な降雪 / The temperature reached a ~ high [low] yesterday. 昨日は空前の高温[低温]を記録した / She swam the distance 'in ~ time [in a ~ time of 1 minute 56 seconds]. 彼女はその距離を新記録[1分56秒の新記録]で泳いだ.
4 C レコード, 音盤 (disc): play [put on] a ~ レコードをかける / a ~ company レコード会社.
5 C [普通は単数形で] 経歴, 成績, 実績 (*for*); 素姓(じょう), 前科: Susan's ~ *on* volunteerism スーザンのボランティア活動の実績 / He has a brilliant ~ as a politician. 彼は政治家としてすばらしい経歴の持ち主だ / The child has a good [bad] school ~. その子は学校の成績がよい[悪い] / a criminal ~ 前科. **6** C [電算] 記録(ファイルの構成要素となる情報の単位).
a mátter of récord 名 記録されている事実.
be gó on (the) récord 動 自 公然と意見を発表する: 言い換え She *was* [*went*] *on* ~ *as* saying that she was for the plan.＝She *was* [*went*] *on* ~ *to* support the plan. 彼女はその計画に賛成であると表明した.
(júst) for the récord 副 [しばしば 文修飾節] [主にS] 公式に記録を残すために(言えば); はっきりさせておくが, 念のため; 申し添えると.
keep ... **on récord** 動 他 〈…〉を記録しておく.
òff the récord 副・形 記録にとどめずに, 公表せずに; 非公開[オフレコ]で[の] (☞ off-the-record): He spoke (strictly) *off the* ~. 彼は(あくまで)非公式な形で語った / Please make it *off the* ~. それは公表しないでください.
of récord 形 権威のある, 典拠となる: a dictionary *of* ~ よく引き合いに出される辞書.
on (the) récord 副・形 記録上(の), 記録されて(いる): It was the greatest earthquake *on (the)* ~. それは記録に残っている最大の地震だった.
pút [pláce] ... **on récord** 動 他 〈…〉を記録に残す; 〈…〉を公表[発表]する.
pút [sét, kéep] the récord stráight 動 自 他 記録を正す, 話を正確にする.

※**re·cord**² /rɪˈkɔːrd, -kɔːd/ ★名詞の record¹ とのアクセントの違いに注意. 動 (**re·cords** /-kɔːdz | -kɔːdz/; **-cord·ed** /-dɪd/; **-cord·ing** /-dɪŋ/; 名 récord¹) 他 **1** 〈…〉を**記録する**, 書き留める; 登録[登記]する: That myth *was* first ~*ed* in the Bible. <V+O の受身> その神話は初め聖書に記された / The policeman ~*ed that* the traffic accident had been caused by speeding. <V+O (*that* 節)> 警察官はその交通事故はスピード違反が原因だったと記録した / The pupils ~ *how* the plants grow. <V+O (*wh* 節)> 児童たちは植物の育ち方を記録する.
2 〈…〉を**録音する**, 録画する; 吹き込む (略 rec.): a ~*ed* program (ラジオの)録音番組, (テレビの)録画番組 (☞ live²) / She often ~s music *from* [*off*] the radio. 彼女はよくラジオから音楽を録音する / His speech *was* ~*ed on* tape. <V+O+*on*+名・代の受身> 彼の演説はテープに録音された / I ~*ed* Linda playing the piano. <V+O+C (現分)> 私はリンダのピアノ演奏を録音した. 関連 tape-record テープ録音する. **3** (計器などが)**表示**[**記録**]する: The thermometer ~*ed* 90°F in the shade. 温度計は日陰で華氏90度を示していた (90°F は ninety degrees Fahrenheit と読む; ☞ Fahrenheit). **4** 〈…〉を公に述べる, 申し立てる. ─ 自 録音[録画]する.

単語の記憶 《**CORD**》(心)
record²	(心に呼び戻す) → 記録する
accord	(心を合せる) → 一致する
discord	(心に合わない) → 不一致
cordial	心からの
courage	勇気

récord-brèaker 名 C 記録を破る人[物].
†**récord-brèaking** 形 A 記録破りの, 空前の.
†**re·córd·ed delívery** /rɪˈkɔːrdɪd-, -kɔːd-/ 名 U (英) ＝certified mail.
†**re·cord·er** /rɪˈkɔːrdər | -kɔːdə/ 名 (~s /-z/) C **1** 録音器; 記録計, レコーダー: ☞ cassette recorder, tape recorder. **2** リコーダー, 縦笛. **3** (市裁判所などの)判事, 記録係.
rec·ord-hold·er /ˈrékərdhòʊldər | -kɔːdhòʊldə/ 名 C 記録保持者.
†**re·cord·ing** /rɪˈkɔːrdɪŋ | -kɔːd-/ 名 (~s /-z/) **1** C 録音[録画]したもの (レコード・テープ・CDなど), 録音[録画]した音声[映像] (生放送でないもの): ~s of Mozart's operas モーツァルトのオペラの録音 (CDなど).
2 U 録音, 録画 (略 rec.): video ~ ビデオテープ録画 / The ~ of this symphony will take three hours. この交響曲の録音は3時間かかります. **3** [形容詞的に] 録音[録画]する(ための): a ~ studio 録音スタジオ / a ~ session レコーディングの時間.
récord library 名 C レコード貸し出し館.
récord plàyer 名 C (やや古風) レコードプレーヤー.
†**re·count**¹ /rɪˈkaʊnt/ 動 他 (格式) 〈…〉を(一に)詳しく話す (*to*); 物語る.
re·count² /ˈriːkaʊnt, rɪˈkaʊnt/ 名 C (投票などの)数え直し.
re·count³ /riːˈkaʊnt/ 動 他 〈…〉を再び数える.
†**re·coup** /rɪˈkuːp/ 動 他 〈損失・費用など〉を取り戻す (*from*). **recóup onesèlf** 動 自 (損失などを)取り戻す (*for*).
†**re·course** /ˈriːkɔːs, rɪˈkɔːs | rɪˈkɔːs/ 名 U (格式) 頼ること, 依頼; 頼みとするもの.
hàve recóurse to ... 動 (格式) …に頼る, …を用いる: We still *have* ~ *to* legal action. 我々にはまだ法律に訴える道がある. **withòut recóurse to** ... 前 (格式) …に頼らずに.
†**re·cov·er** /rɪˈkʌvər | -və/ 動 (**-cov·ers** /~z/;

re·cov·er /-d/; **-er·ing** /-v(ə)rɪŋ/ 名 **recóvery** 他 (病気から)回復する, 治す; (人・経済などが)(正常に)立ち直る, 平静になる; 生き返る: The patient will soon ~ completely. 患者はじきに全快するでしょう / He soon **~ed** *from* the shock of hearing the bad news. <V+from+名・代> 彼はその悪い知らせを聞いたショックからまもなく立ち直った.
— 他 〈失ったものなど〉を取り戻す, 〈健康など〉を回復する: ~ consciousness 意識を回復する / Police **~ed** the stolen goods *from* the next building. <V+O+from+名・代> 警察は盗品を隣の建物から回収した. **2** 〈損失など〉を取り戻す (*from*), 〈損害賠償〉を得る. **3** 〈有用なもの〉を〈廃物などから〉再生する, 取り出す (*from*).
recóver onesèlf 動 自 冷静さを取り戻す.

re·cov·er /ríːkʌ́və/ 他 〈…〉を覆(ホホ)い直す, 張り替える (*in, with*); 〈表紙〉を付け替える.

re·cov·er·a·ble /rɪkʌ́v(ə)rəbl/ 形 **1** 回復可能な, 取り返せる. **2** 〈資源など〉が地中から取り出せる.

re·cov·ered /rɪkʌ́vəd/ -vəd/ 形 (病気から)回復して: be fully ~ 完全に治る.

*****re·cov·er·y** /rɪkʌ́v(ə)ri/ 名 動 **recóver** 1 [U] または a ~] (病気などの)回復, 蘇生(まい); 復旧: *a* full ~ 完全回復 / She is (well) *on the road* [*way*] *to* ~. 彼女は(順調に)快方に向かっている / He has *made a* quick ~ *from* his stroke. 彼は卒中の発作からすぐ回復した / There was a miraculous ~ *in* the country's economy. その国の経済は奇跡的な回復をみせた. **2** U (失ったもの・盗まれたものなどの)取り戻し, 回収: a ~ vehicle 回収車, レッカー車 / I'm afraid the ~ *of* the stolen jewels is impossible. 盗まれた宝石を取り戻すのは不可能だと思う. **in recóvery** [形] (麻薬中毒などから立ち直る途上の)治療[リハビリ]中の.

recóvery prògram 名 C (米)(麻薬・アルコール依存者のための)更生プログラム.

recóvery ròom 名 C (病院の)術後回復室(手術直後の患者の容態を見る).

rec·re·ant /rékrɪənt/ 名 C (古語) 不誠実な人.

†**re·cre·ate** /rìːkriéɪt/ 動 〈…〉を再現[複製]する; 造り直す: ~ an event イベントを再現する.

*****rec·re·a·tion¹** /rèkriéɪʃən/ 11 名 (~s /-z/; 形 rècreátional) U.C (仕事の後でくつろぐための)休養, 娯楽, 気晴らし, レクリエーション: walking *for* ~ 気晴らしの散歩 / My favorite ~s are reading and gardening. 私のいちばんの楽しみは読書とガーデニングです.

re·cre·a·tion² /rìːkriéɪʃən/ 名 U 再現 (*of*).

†**rec·re·a·tion·al** /rèkriéɪʃ(ə)nəl/ 形 (名 rècreátion) 休養の, 娯楽の, レクリエーションの.

rècreátional véhicle 名 C (米) レクリエーション用の車, レジャーカー(camper, trailer, beach buggy など; 略 RV).

recreátion gròund 名 C (英) =playground 3.

recreátion ròom 名 C **1** (米)(個人の家の)遊戯室. **2** (病院などの)娯楽室.

re·crim·i·nate /rɪkrímɪnèɪt/ 動 自 (古語) 非難し返す, 反駁する.

†**re·crim·i·na·tion** /rɪkrìmɪnéɪʃən/ 名 C.U [普通は複数形で] 責め合い; 非難し返すこと.

re·crim·i·na·to·ry /rɪkrímɪnətɔ̀ːri | -təri, -trɪ/ 形 責め合いの; 非難し返す.

réc ròom /rék-/ 名 C (米略式) =recreation room 1.

re·cru·des·cence /rìːkruːdés(ə)ns/ 名 C [普通は単数形で] (格式) 再発, ぶり返し, 再燃 (*of*).

*****re·cruit** /rɪkrúːt/ 12 動 (**re·cruits**; **-cruit·ed**; **-cruit·ing**; 名 recrúitment) 他 **1** 〈新社員・新会員・新兵など〉を雇い入れる, 採用する: We're ~ing new members *for* [*to*] the tennis club. <V+O+前+名・代> 私たちはテニスクラブに新人を募集中です / He was **~ed** *as* manager of the department. <V+O+*as*+名の受身> 彼はその部署の部長として採用された. **2** (略式) (…するように)〈人〉を説きふせる, 誘う: She **~ed** her husband *to* drive her to the station. 彼女は夫に頼んで駅まで送ってもらった. **3** (新兵・新会員などを募集して)〈軍隊・組織など〉を作る, 編成する. — 自 (新社員・新兵などを)募集する.

— 名 (**re·cruits** /-krúːts/) C **1** 新(入)社員, 新会員, 新入社員 (*to*): the company's new ~s 社の新社員(予定者). **2** 新兵: a raw ~ 未熟な新兵.

re·cruit·er /rɪkrúːtə | -tə/ 名 C 新入募集担当者.

re·cruit·ment /rɪkrúːtmənt/ 名 (動 recrúit) U 新入社員[新会員, 新兵]募集, リクルート: a ~ drive 新人募集運動 / a ~ agency 人材紹介業.

rec·ta /réktə/ 名 rectum の複数形.

rec·tal /réktl/ 形 [解] 直腸の.

†**rec·tan·gle** /réktæŋgl/ 名 C 長方形 (☞ correct 単語の記憶)

rec·tan·gu·lar /rektǽŋɡjʊlə | -lə/ 形 長方形の.

rec·ti·fi·a·ble /réktəfàɪəbl/ 形 **1** (格式) 矯正できる. **2** [電] 整流できる; [化] 精留できる.

rec·ti·fi·ca·tion /rèktəfɪkéɪʃən/ 名 U.C **1** (格式) 改正, 修正; 矯正. **2** [電] 整流; [化] 精留.

rec·ti·fi·er /réktəfàɪə | -fàɪə/ 名 C **1** 改正[矯正]者. **2** [電] 整流器; [化] 精留器.

†**rec·ti·fy** /réktəfàɪ/ 動 (**-ti·fies**; **-ti·fied**; **-fy·ing**) 他 **1** (格式) 〈…〉を正しくする, 直す, 矯正する. **2** [電] 〈交流〉を整流する. **3** [化] 〈…〉を精留する.

rec·ti·lin·e·ar /rèktəlíniə | -niə́/ 形 (格式) 直線の, 直線で囲まれた[できた]; 直線に進む.

rec·ti·tude /réktət(j)uːd | -tjuːd/ 名 U (格式) 正直, 清廉.

rec·to /réktoʊ/ 名 (複 ~s; 反 verso) C [印] (本の)右側のページ (略 r.). — 形 [印] 右ページの.

†**rec·tor** /réktə | -tə/ 名 C **1** [英国国教会]教区司祭(教区 (parish) を受け持ち, 教会の収入を受領する; ☞ vicar, curate). **2** (主に英) 校長, 学長; [カトリック] (修道院などの)院長.

rec·to·ry /réktəri, -tri/ 名 (**-to·ries**) C 教区司祭 (rector) の住宅, 牧師館.

rec·tum /réktəm/ 名 (複 ~s, **rec·ta** /-tə/) C [解] 直腸.

re·cum·bent /rɪkʌ́mb(ə)nt/ 形 (格式) [普通は A] (絵などで人・姿勢が)横になった, よりかかっている.

†**re·cu·per·ate** /rɪk(j)uːpərèɪt/ 動 (格式) 他 〈失なったもの〉を取り戻す. — 自 (人が)回復する, 元気になる, 立ち直る (*from*).

re·cu·per·a·tion /rɪk(j)ùːpəréɪʃən/ 名 U (格式) 回復, 立ち直り.

re·cu·per·a·tive /rɪk(j)uːpərəṭɪv, -pərèɪ- | -p(ə)rə-/ 形 (格式) 回復させる, 元気づける; 回復する.

†**re·cur** /rɪkə́ː | -kə́ː/ 動 (**re·curs**; **-cur·ring** /-kə́ːrɪŋ | -kə́ːr-/) 自 **1** (よくないことが)再び起こる, 再発する; 繰り返される (☞ current 単語の記憶) : If the pain ~s, take this medicine. 痛みが再発するようならこの薬を飲みなさい / a *recurring* nightmare 繰り返し見る悪夢. **2** 心に再び浮かぶ. **3** (数字が)循環する (☞ *recurring decimal*).

†**re·cur·rence** /rɪkə́ːrəns | -kə́r-/ 名 U.C (格式) 繰り返し起こること, 再発, 再現 (*of*).

†**re·cur·rent** /rɪkə́ːrənt | -kə́r-/ 形 [普通は A] 再発する, 頻発的な; 周期的に起こる: a ~ fever 回帰熱. **~·ly** 副 繰り返して.

recúrring décimal /rɪkə́ːrɪŋ- | -kə́ːr-/ 名 C [数] 循環小数.

re·cur·sive /rɪkə́ːsɪv | -kə́ː-/ 形 [数] 帰納的な; 繰

り返す, 循環的な.

re·cuse /rɪkjúːz/ 動 他 〈裁判官など〉を忌避する. **recúse onesèlf** [動] 自 〈裁判官などを〉みずからを不適格とする, 辞退する.

re·cy·cla·ble /rìːsáɪkləbl⁻/ 形 〈廃品などが〉再生可能の, 再利用できる. ── 名 C 〖普通は複数形で〗《米》再生利用可能なもの.

*****re·cy·cle** /rìːsáɪkl/ 変化 動 (-cy·cles /-z/; -cy·cled /-d/; -cy·cling) 他 〖特に受身で〗〈廃品などを〉再生する, 再利用する, リサイクルする: *~d* paper 再生紙 / Used subway tickets *are ~d into* toilet paper. <V+O+*into*+名の受身> 使用済みの地下鉄の切符はトイレットペーパーに再生される. ── 自 リサイクルする.

re·cy·cling /rìːsáɪklɪŋ/ 名 U 〖廃品などの〗再利用, 再生, リサイクル: a ~ plant リサイクル工場.

*****red** /réd/ 同音 read²; 類音 lead², led, lid, rid, wed) (**red·der** /-də | -də/; **red·dest** /-dɪst/; 動 **rédden**) 1 赤い, 赤色の: a ~ rose 赤いばら / A ~ traffic light means "Stop!" 赤信号は「止まれ」を意味する / Leaves turn ~ in the fall. 秋には木の葉が紅葉する.

2 〈顔などが恥ずかしさ・怒りなどで〉真っ赤になった, 赤面した; 〈目が〉充血した, 〈泣いて〉赤くなった; 〈髪などが〉赤毛の (☞ **hair** 表); 〈ワインが〉赤の: with ~ eyes 〈泣いて〉目を赤くして / The teacher turned [went] ~ with anger. 先生は真っ赤になって怒った. 3 〘略式〙〖しばしば軽蔑〗赤化した, 左翼の, 共産主義の. 4 赤字の.

── 名 (**reds** /rédz/) 1 U.C 赤, 赤色 〘語法〙 種類をいう時には C; ☞ spectrum 挿絵). 〈交通信号の〉赤色. ★交通信号の順序については ☞ **traffic light** 〘参考〙: R~ is the color of blood. 赤は血の色です / the ~s and yellows of the fall trees 秋の木々の赤や黄色. 関連 **primary color** 原色. 2 U 赤い服〖布〗: Betty was dressed in ~. ベティーは赤い服を着ていた. 3 U 赤い絵の具〖塗料, 染料〗: You put too much ~ in the painting. あなたの絵は赤の使いすぎです. 4 U.C 赤ワイン. 5 C 〖時に R-〗〘略式〙〖しばしば軽蔑〗共産主義者〖党員〗, 左翼, アカ.

be in the réd [動] 〘略式〙赤字を出している, 借金をしている. 由来 会計表に借方を赤字で記入したことから (反 be in the black). **gèt [go] into the réd** [動] 〘略式〙赤字になる, 欠損を生じる. **gèt óut of the réd** [動] 自 〘略式〙赤字を脱する, 欠損がなくなる. **sée réd** [動] 〘略式〙かっとなる (牛が赤い布を見て興奮することから).

réd ádmiral 名 C あかたては (蝶).

réd alért 名 U.C 緊急〖非常時〗態勢: be on ~ 非常時態勢を取っている.

Réd Ármy 名 [the ~] 赤軍 (1918–46 年のソ連陸軍の公式名).

réd-bàit 動 他 〘しばしば R-〙《米式》共産主義者だとして弾圧〖攻撃, 非難〗する, アカ狩りする.

réd blóod cèll 名 C 赤血球.

red-blood·ed /rédblʌ́dɪd⁻/ 形 〖普通は A〗〘略式〙血気盛んな, 精力旺盛な; 典型的な.

réd·brèast 名 C 〘詩〙赤い胸のこまどり (robin).

réd·brìck 形 A 《英》(大学が)近代になって創立された; (建物が)赤れんがが(造り)の. ── 名 C 《英》新大学 (19 世紀後半から 20 世紀初頭にかけて創設されたもの; Manchester, Birmingham など; ☞ **Oxbridge**).

réd cábbage 名 C.U 赤キャベツ.

réd càp 名 C 《米》(鉄道などの)赤帽 (porter¹); 《英式》憲兵.

réd card 名 C レッドカード (サッカーなどで審判がプレーヤーに退場を命じる際に示すもの). 関連 **yellow card** (警告を与える)イエローカード.

réd cárpet 名 C 〖普通は the ~〗赤じゅうたん (貴賓を迎えるためのもの). **róll óut the réd cárpet for ...** [動] 他 ...を丁重に迎える〖もてなす〗.

redesign 1463

réd cárpet 形 A 〖もてなしが〗丁重な, 〈歓迎が〉盛大な: a ~ welcome 盛大な歓迎.

réd céll 名 C =red blood cell.

réd cént 名 [a ~ として特に否定語とともに用いて] 〘略式〙びた一文. **be nòt wórth a réd cént** [動] 自 《米式》びた一文の価値もない. **nót give a réd cént for ...** [動] 他 《米式》...にびた一文の価値も認めない.

réd chíp 名 C 〘証券〙香港株式市場上場の中国企業株.

réd·còat 名 C (18–19 世紀の)英国兵 (赤い服を着ていた).

réd córpuscle 名 C =red blood cell.

Réd Créscent 名 [the ~] 赤新月社 (イスラム教諸国で赤十字社 (Red Cross) に当たる活動を行なう).

*****Réd Cróss** 名 [the ~] 赤十字社 (略 RC); 赤十字支社: *the* Japan ~ Society 日本赤十字社.

réd cúrrant 名 C あかふさすぐり(の実).

réd déer 名 C 赤鹿 (欧州・アジア温帯産).

red·den /rédn/ 動 (形 red) ⓦ 〈人・顔などが〉赤くなる, 顔を赤くする (*at*). ── 他 〈...〉を赤くする.

red·dish /rédɪʃ/ 形 〖普通は A〗赤みがかった, 赤らんだ: ~ brown 赤みがかった茶色.

*****re·dec·o·rate** /rìːdékərèɪt/ 動 他 〈建物の内部など〉を改装する. 〖(英)〗では壁紙の張り替え・ペンキの塗り直しなどの簡単な修理にも用いる. ── 自 改装する, 内装を直し, 模様替えする.

re·dec·o·ra·tion /rìːdèkəréɪʃən/ 名 U 改装.

*****re·deem** /rɪdíːm/ 動 〘格式〙1 〈名誉・名声など失ったもの〉を取り戻す, 回復する: It is very difficult to ~ your honor once it is lost. 一度失った名誉を回復することはとても難しい. 2 〈欠点など〉を補い, 埋め合わせる. 3 〈証券・クーポンなど〉を現金〖現物〗化する, 償還する. 4 〈約束など〉を果たす, 履行する: ~ an obligation 義務を果たす. 5 〈質草など〉を請け戻す, 〈債務など〉を返済〖償却〗する (*from*). 6 〈神やキリストが〉〈人〉を〈罪悪から〉救い出す (*from*). **redéem onesèlf** [動] 自 名誉を挽回 (ばんかい) する.

re·deem·a·ble /rɪdíːməbl/ 形 (反 irredeemable) 〘格式〙現金〖商品〗に換えられる (*against, for*); 買い戻しできる; 償還できる.

Re·deem·er /rɪdíːmə | -mə/ 名 [the ~, Our ~] 〘文〙救世主, イエスキリスト (Jesus Christ).

re·deem·ing féature /rɪdíːmɪŋ⁻/ 名 C (他の欠点の埋め合わせになる)取り柄, 長所.

*****re·de·fine** /rìːdɪfáɪn/ 動 他 〈...〉を再定義する, 見直す.

re·def·i·ni·tion /rìːdèfənɪ́ʃən/ 名 U 再定義, 見直し.

*****re·demp·tion** /rɪdém(p)ʃən/ 名 U 〘格式〙1 現金化, 換金, 引き換え. 2 (名誉の)回復, 挽回 (ばんかい). 3 (キリストによる)救い; (罪の)あがない. 4 買い戻し, 受け戻し; 返済, 償却. **beyònd [pàst] redémption** [形] 〘格式〙回復〖救い〗の見込みのない.

redémption cènter 名 C (交換スタンプを商品などと引き換える)引換券センター, スタンプ交換所.

re·demp·tive /rɪdém(p)tɪv/ 形 〘格式〙〘神学〙贖罪 (しょくざい) の, 救いの.

réd énsign 名 [the ~] (赤地に左上部に英国国旗を入れた)英国商船旗.

re·de·ploy /rìːdɪplɔ́ɪ/ 動 他 1 〈軍隊・労働者など〉を配置替えする, 配置転換する. 2 〈...〉を別の用途に用いる.

re·de·ploy·ment /rìːdɪplɔ́ɪmənt/ 名 U 配置換え〖転換〗; 用途転換.

*****re·de·sign** /rìːdɪzáɪn/ 動 他 〈...〉をデザインし直す, 再設計する. ── 名 U.C 再設計, 再計画.

re・de・vel・op /rìːdɪvéləp/ 動 他 ⟨…⟩を再開発する.

re・de・vel・op・ment /rìːdɪvéləpmənt/ 名 U.C. 再開発.

réd・éye 名 1 C 《米略式》=red-eye flight. 2 U 《写》赤目現象《フラッシュにより写真で人間の目が赤く写る現象》. 3 U 《米略式》安物ウイスキー.

réd-èye flíght 名 C 《米略式》夜間飛行便(red-eye). 由来 なかなか寝つけなくて目が赤くなることから.

réd-fáced 形 (当惑して)顔を赤らめた, 赤面した.

réd flág 名 1 C 赤い旗(危険信号). 2 C 赤旗(左翼政党[団体]などの象徴). **be like wáving [hólding] a réd flag in frònt of a búll** 動《略式》人をかんかんに怒らせる(に決まっている)《闘牛の赤い布から》.

réd gíant 名 C 《天》赤色巨星《進化が進んだ段階にある》.

Réd Guárd 名 C (中国の)紅衛兵; 急進的左翼に属する人.

réd-hánded 形 P, 副 (悪事の)現行犯で: She was caught ~ trying to steal a necklace. 彼女はネックレスを盗もうとして現行犯でつかまった.

réd・hèad 名 C 赤毛の人《特に女性》.

réd・hèaded 形 (人が)赤毛の.

réd héat 名 U 赤熱(状態); 赤熱の温度.

réd hérring 名 C 注意を他へそらすもの. 由来 燻製(くんせい)にしんの意. 猟犬のかぎわけの訓練に使われることから.

réd-hót /rédhάt | -hɔ́t⁻/ 形 1 (金属が)赤熱した. 2《略式》ひどく熱い, 高温の; ひどく辛い. 3《略式》熱烈な; 猛烈な. 4《略式》注目の, (ニュースなどで)最新の, 大人気の. 5《略式》(候補者が)本命の.

re・di・al¹ /rìːdάɪəl/ 動 他 ⟨電話番号⟩にかけ直す, リダイヤルする. ― 自 リダイヤルする.

re・di・al² /ríːdὰɪəl/ 名 C リダイヤル装置.

redid redo の過去形.

Réd Índian 名 C 《古風》[差別] アメリカインディアン(☞ Native American).

réd ínk 名 U 赤インク;《米略式》損失, 赤字.

re・di・rect /rìːdɪrékt, -daɪ-/ 動 他 1 ⟨…⟩を向け直す, ⟨…⟩の方向を変える; ⟨…⟩を別目的に転用する. 2《英》⟨…⟩のあて名を書き直す; ⟨手紙⟩を回送する.

re・di・rec・tion /rìːdərékʃən, -daɪ-/ 名 U 方向転換; 〔手紙〕の回送.

re・dis・cov・er /rìːdɪskΛ́və | -və/ 動 (**-er・ing** /-v(ə)rɪŋ/) 他 ⟨…⟩を再発見する.

re・dis・cov・er・y /rìːdɪskΛ́v(ə)ri/ 名 (**-er・ies**) C 再発見.

re・dis・trib・ute /rìːdɪstríbjuːt | -bjuːt/ 動 他 ⟨…⟩を再分配する, 分配し直す.

re・dis・tri・bu・tion /rìːdɪstrəbjúːʃən/ 名 U 再分配, 再区分.

re・dis・trict /rìːdístrɪkt/ 動 他 〈行政区・選挙区〉を再区分[区画改正]する.

réd-létter dày 名 C 《略式》記念すべき日, おめでたい日, 吉日《カレンダーで聖人の祝日や祭日が赤く記されていることから》.

réd líght 名 C 赤の信号灯, 停止信号: 「drive through [go through, jump, run] a ~ 停止信号を無視する. 関連 green light 緑[青]の信号 / yellow light 黄の信号.

réd-líght dìstrict 名 C 赤線地帯(売春宿・売春婦の多い地区).

Réd Líght Gréen Líght 名 U 赤信号青信号《鬼が "Green Light." と言えば進み, "Red Light." と言えば止まる, 「だるまさんがころんだ」に似た遊び》.

réd・line 名 C 《レッドライン》《飛行機・自動車などの速度, エンジンの回転数などの安全[許容]限界(を示すメーター上の赤い線)》. ― 動 他 《商》赤線引きをする《銀行がリスクの高い企業などに対して融資を拒否する》.

red・lin・ing /rédlὰɪnɪŋ/ 名 U 《米》赤線引き《金融機関の荒廃地区への違法な貸付拒否》.

réd mèat 名 U 赤肉《牛肉・羊肉など》. ☞ white meat).

réd・nèck 名 C 《米略式》[軽蔑] 赤っ首《米南部の無教育で貧しい白人農園労働者》; 偏狭な反動主義者.

red・ness /rédnəs/ 名 U 赤いこと, 赤色, 赤み.

Réd Nóse Dày 名 U.C 赤鼻の日, レッドノーズデー《英国で Comic Relief の運動に支持を表明するためにプラスチックの赤鼻をつけたりする日》.

re・do /rìːdúː/ 動 他 (**-does** /-dΛ́z/, 過去 **-did** /-díd/, 過分 **-done** /-dΛ́n/; **-do・ing**) 他 1 ⟨…⟩を再び行なう, やり直す. 2 ⟨…⟩を改装する.

red・o・lence /rédələns/ 名 U《文》芳香, 香気.

red・o・lent /rédələnt/ 形《文》1 (…を)しのばせる, 暗示する (of, with). 2 (…の)においが強い (of, with).

redone 動 redo の過去分詞.

re・dou・ble /rìːdΛ́bl/ 動 ⓦ ⟨…⟩を倍加する, いっそう強める: ~ one's efforts いっそう努力する.

re・doubt /rɪdάʊt/ 名 C 《文》避難所;《格式》(応急の)砦(とりで).

re・doubt・a・ble /rɪdάʊtəbl/ 形《文》または[滑稽] 恐るべき, あなどり難い, 手ごわい.

re・dound /rɪdάʊnd/ 動 自 《格式, まれ》(…)に大いに寄与する, 資する, 〈利益・名誉〉をもたらす (to).

réd pácket 名 C (中国などで年少者に与える正月や結婚式の祝いのお金の入った赤い包み.

réd pánda 名 C レッサーパンダ.

réd pépper 名 C とうがらし, 赤ピーマン《実が赤くなる; ☞ green pepper》; U とうがらし(粉) (cayenne pepper).

re・draft /rìːdrǽft | -drάːft/ 動 他 ⟨…⟩を書き直す.

re・draw /rìːdrɔ́ː/ 動 (**-draws** /-drɔ́ːz/; **-drew** /-drúː/; **-drawn** /-drɔ́ːn/; **-draw・ing**) 他 〈境界線など〉を引き直す; 〈条約・計画など〉を見直す.

re・dress¹ /rìdrés/ 動 《格式》〈不正など〉を正しく直す; 〈不平の種など〉を除く, 〈損害など〉を償う: ~ the balance 不均衡を正す.

re・dress² /rìdrés, ríːdres/ 名 U《格式》補償《を要求する権利》 (against): seek (legal) ~ for the damage 損害の(法的)補償を求める.

Réd Ríver 名 《the ~》レッド川《米国中南部を流れ Louisiana 州で Mississippi 川に合流する》.

Réd Séa 名 《the ~》紅海《Africa と Arabia との間の海; Suez 運河によって地中海に通じる》.

réd sétter 名 C =Irish setter.

réd・shift 名 C.U《天》赤方[色]偏移《スペクトル線の波長が標準的な波長より長い方へずれること》.

réd shìrt 名 C《学生選手》を赤シャツ選手として対抗戦からはずす. ― 自 赤シャツ選手として1年間レギュラーからはずれる. ― 名 C 赤シャツ選手《選手資格を延ばすため1年間選手登録しない学生》.

réd・skin 名 C《古風》[差別] =Red Indian.

Réd Squáre 名 《the ~》赤の広場《Moscow の Kremlin のそばにある》.

réd tápe 名 U《軽蔑》お役所仕事, 官僚的形式主義《昔公文書を赤ひもで結んだことから》. **cút (through) the réd tápe** 動 自 面倒な役所の手続きをはしょる[とばす].

réd・tòp 名 C《英略式》大衆紙《新聞名が朱書きになっていることから》.

★re・duce /rɪdjúːs | -djúːs/ 動 (**re・duc・es** /~ɪz/; **re・duced** /~t/; **re・duc・ing**; 名 redúction)

――― 自 他 の転換 ―――
他 1 少なくする (to make (something) less or

smaller) 自 1 減少する (to become less or smaller)

— 他 1 〈重さ・量・価値など〉を少なくする (make less), 〈大きさ〉を小さくする (make smaller), 縮小する; 〈値段などを〉引き下げる; 〈液体を〉煮詰める; 〈議論などを〉単純化する (『☞ introduce 単語の記憶』): ~ one's weight to 60 kg 〈V+O+to+名〉体重を 60 kg まで減らす / ~ the price by 5 percent 〈V+O+by+名〉値段を 5 パーセント引く / ~ the army in size 〈V+O+in+名〉軍隊を縮小する / These shoes were ~d from $50 to $40. 〈V+O+from+名+to+名の受身〉この靴は 50 ドルから 40 ドルに値引きされた.
2 [しばしば受身で]〈…〉を(よくない状態に)する (turn), 追い込む; 変える (change); 降格させる: The poor boy was ~d to tears. 〈V+O+to+名の受身〉かわいそうに少年は泣きだしてしまった / The city was ~d to ruins. 町は廃墟と化した / He was ~d to selling his furniture to pay the bills. 〈V+O+to+動名の受身〉彼は支払いのために家具を売るはめになった. — 自 1 〈液体〉が煮詰まる. 2 〈主に米〉〈食事を控えて〉体重を減らす, 減量する (to). 語源 ラテン語で「元へ引き戻す」の意 (『☞ re-¹, introduce 単語の記憶』).

in redúced círcumstances [形・副]《古風》《婉曲》落ちぶれた[て].

re·duc·i·ble /rɪd(j)úːsəbl | -djúːs-/ 形 P 《普通は否定文で》《格式》(単純なものに)変形できる, 還元できる (to).

redúcing àgent 名 C 《化》還元剤.

re·duc·ti·o ad ab·sur·dum /rɪdʌ́ktiòʊæd əbsə́ːdəm | -sə́ː-/ 名 U 《論》背理法.

*re·duc·tion /rɪdʌ́kʃən/ 発音 名 (~s /-z/; 発音 redúce) 1 U.C 少なく[小さく]すること, 縮小; C 縮小量[額]: a ~ in [of] working hours 労働時間の短縮 / a ~ of [in] speed=a speed ~ 減速 / tax ~ =tax cost ~ コストの引き下げ. 日英比較「コストダウン」は和製英語 // arms-reduction talks 軍縮会議.
2 U.C 割引, 値下げ; C 割り引き額[量]: at a ~ of 10 percent 1 割引きで / make a ~ 割引きをして売る. 3 C (地図・写真の)縮写したもの, 縮図.

re·duc·tion·is·m /rɪdʌ́kʃənɪzm/ 名 U 《格式》[しばしばけなして] 還元主義((1) 生命現象は物理的・化学的に説明し尽くされるとする. (2) 複雑な全体をより単純な構成要素の働きから導き出す考え).

re·duc·tion·ist /rɪdʌ́kʃ(ə)nɪst/ 名 形 《格式》[しばしばけなして] 還元(主義)的な. — 名 C 還元主義者.

re·duc·tive /rɪdʌ́ktɪv/ 形 《普通は A》《格式》[しばしばけなして] (理論などが)還元(主義)的な.

*re·dun·dan·cy /rɪdʌ́ndənsi/ 名 (-dan·cies /-z/; 形 redúndant) 1 U 余剰, 余分, 冗長; C [不要]なもの, 冗語(句). 2 U 《英》労働者過剰: ~ pay [money] (過剰労働者として解雇された人への)割増退職手当. 3 U.C 《機》(部品の故障に備えて機能の)重複[冗長]性, 余裕度.

redúndancy pàyment 名 C 《英》(余剰人員解雇の際支払われる)退職手当.

*re·dun·dant /rɪdʌ́ndənt/ 形 (名 redúndancy) 1 余剰の, 余分の, 冗長な, 不要な; 《機》(部品の故障に備えて)余剰部品を備えた. 2 《主に英》(労働力が)余剰とされた: become [be made] ~ 解雇される. **~·ly** 副 余分に.

re·du·pli·cate /rɪd(j)úːpləkèɪt | -djúː-/ 動 他 《格式》〈…〉を繰り返す.

re·du·pli·ca·tion /rɪd(j)ùːpləkéɪʃən | -djùː-/ 名 U.C 《格式》反復, 重複.

re·dux /ríːdʌks, ríːdʌks/ 形 [名詞の後ろに置いて] 戻ってきた: the Renaissance ~ ルネサンス再来.

réd wíne 名 U.C 赤ワイン (『☞ wine 参考』).

réd·wòod 名 C セコイア(めすぎ) (sequoia) 《北米西海岸産の常緑大高木; 100メートルを越す世界一高い植物》; U セコイア材; 赤色木材.

re·ech·o /rìːékoʊ/ (re·ech·oes; -ech·oed; -o·ing) 自 何度も反響する, 響き渡る.

*reed /ríːd/ 名 (reeds /ríːdz/) 1 C あし, よし (湿生植物); U あし(全体): Man is but a ~, the weakest thing in nature; but he is a thinking ~. 人間は自然の中でいちばん弱い1本のあしにすぎない. しかしそれは考えるあしである (フランスの哲学者パスカル (Pascal) のことば). 2 C (クラリネット・サキソホンなどの)舌, リード. 3 [the ~s] (オーケストラの)リード楽器部; リード楽器の演奏者たち(全体) (『☞ orchestra 挿絵).

reed·i·ness /ríːdinəs/ 名 U 1 声・音が甲高いこと. 2 あしの茂っていること.

réed ínstrument 名 C リード楽器 《リードのついた楽器》.

réed órgan 名 C 《リードで音を出す》オルガン (『☞ organ).

re·ed·u·cate /rìːéʤukèɪt/ 動 他 〈…〉を再教育する, 〈…〉に教育をし直す.

re·ed·u·ca·tion /rìːéʤukéɪʃən/ 名 U 再教育.

reed·y /ríːdi/ 形 (reed·i·er; -i·est) [普通は A] 1 (声・音が)甲高い. 2 あしの多い, あしの生い茂った.

reef¹ /ríːf/ 名 (~s) C 岩礁, 砂州 (『☞ coral reef.

reef² /ríːf/ 名 (~s) C 《海》(帆の)縮帆部, 畳み込み. — 動 他 《海》(帆)を畳み込む, 縮帆する (in).

reef·er¹ /ríːfə | -fə/ 名 C 1 《古風, 略式》マリファナ入り巻きたばこ. 2 (水夫が着るような)厚手で短いウールの)ダブルの上着 《普通は紺色》.

ree·fer² /ríːfə | -fə/ 名 C 冷蔵[冷凍]車[トラック, 船].

réefer jàcket 名 C =reefer¹.

réef knòt 名 C 《主に英》=square knot.

*reek /ríːk/ 動 自 1 悪臭を放つ, (…)のにおいがする: He ~ed of alcohol. 彼は酒臭かった. 2 [けなして] 《文》(悪事・偽善などの)ながりがありそうである, (…の)気配がする (of). — 名 [単数形で] 悪臭, 臭気 (of).

*reel¹ /ríːl/ 名 (同音 #real) 名 C 1 巻き軸, リール 《軸になるものにテープ・電線・ホースなどを巻いたもの》; 巻き枠: wind wire [tape] onto a ~ リールに電線[テープ]を巻く. 2 (釣りざおの)リール, 巻き車. 3 ひと巻き分(の量): a ~ of tape テープ 1 巻分. 4 (映画フィルムの)1 巻; 1 巻分のシーン. 5 《英》糸巻き, 糸車 (《米》spool). — 動 他 [副詞(句)を伴って]〈…〉を(軸になるものに)巻き取る, 糸巻き[リール]に巻く. **réel in** [動]〈釣り糸〉を巻き取る; 〈魚〉をリールで引き寄せる; 〈人〉をひきつける. **réel óff** [動]《略式》〈リストの人名など〉をすらすらとしゃべる; 《米》〈得点〉を続けざまに入れる, 〈試合〉に次々と勝つ.

reel² /ríːl/ 動 自 1 (ふたれて)よろめく; のけぞる (back); [副詞(句)を伴って] 千鳥足で歩く. 2 (人・心が)動揺

する, (頭が)混乱する (*at, with*): She is still ~*ing from the shock*. 彼女はそのショックでまだ動揺している. **3** (部屋などが)ぐるぐる回る(ように見える).

reel[3] /ríːl/ 图 C リール《スコットランド・アイルランドの活発な舞踏》; リールの曲.

*§**re·e·lect** /rìːɪlékt/ 動 (**-e·lects** /-lékts/; **-e·lect·ed** /-ɪd/; **-e·lect·ing** 图 rèeléction) 他 〈…〉を再選する, 改選する (*to*): be ~*ed* mayor [*as* mayor] 〈V+O+C(名 [*as*+名])の受け身〉市長に再選される.

re·e·lec·tion /rìːɪlékʃən/ 图 動 rèelect) U,C 再選, 改選.

re·en·act /rìːɪnækt/ 動 他 〈…〉を再現する.

re·en·act·ment /rìːɪnæktmənt/ 图 C 再現.

re·en·gi·neer /rìːèndʒəníə | -níə/ 動 他 〔商〕〈組織〉を再編成する; 再設計する.

re·en·gi·neer·ing /rìːèndʒəní(ə)rɪŋ/ 图 U 〔商〕再編成; 再設計.

†**re·en·ter** /rìːéntə | -tə/ 動 (**-ter·ing** /-tərɪŋ, -trɪŋ/) 他 〈場所・組織〉に再び入る. ― 自 再び入る.

re·en·try /rìːéntri/ 图 (**-en·tries**) C,U 再び入る[入れる]こと; 再入国; (組織などへの)再加入 (*into*); (宇宙船の大気圏への)再突入.

re·es·tab·lish /rìːɪstæblɪʃ/ 動 他 復職[復位]する; 再建する; 復旧する.

re·es·tab·lish·ment /rìːɪstæblɪʃmənt, -es-/ 图 [U または a ~] 復職[復位]; 再建; 復旧.

reeve /ríːv/ 图 C **1** (カナダ)(町・村会の)議長. **2** (英) (昔の)代官; 荘園の管理人.

re·ex·am·i·na·tion /rìːɪgzæmənéɪʃən/ 图 U,C 再検査, 再検討, 再試験; 〔法〕再尋問.

†**re·ex·am·ine** /rìːɪgzæmɪn/ 動 他 〈…〉を再検査[再検討]する, 再試験する; 〔法〕再尋問する.

†**ref** /réf/ (略式) 图 (~s) C =referee 1. ― 動 referee.

ref. = reference 4, 5, referred (☞ refer 自 2).

re·face /rìːféɪs/ 動 他 〈建物など〉に新しい上張りを施す.

re·fec·to·ry /rɪféktəri, -tri/ 图 (**-to·ries**) C (英)(修道院・大学などの)食堂.

*§**re·fer** /rɪfə́ː | -fə́ː/ **T1** 動 (**re·fers** /~z/; **re·ferred** /~d/; **-fer·ring** /-fə́ːrɪŋ | -fə́ːr-/) 图 reference; referral) 自 **1** 〈人・物などに直接に〉**言及する**, 触れる, 口に出す (mention); 引用する: The speaker often *referred to* Professor White's book. 〈V+*to*+名・代〉その講演者はたびたびホワイト教授の著書に触れた. 類義 allude 間接的に言及する.

2 (格式) 〈…に〉参照する, 参考にする; 〈…に〉問い合わせる, 照会する 〈過去分詞では 略 ref.; ☞ confer 単語の記憶〉: Please ~ *to* the catalog *for* more information. 〈V+*to*+名・代+*for*+名・代〉詳しくはカタログをご参照下さい // ☞ cross-refer. **3** 〈…に〉関連する, (規則などが)当てはまる; 示す: The rule ~*s* only *to* male students. この規則は男子学生だけに適用される / The numbers in the index ~ *to* sections. 索引の数字は節を示す.

― 他 **1** [しばしば受身で] 〈人〉を(ある人に)**紹介する**, 引き合わす(専門的な知識を得たり治療を受けたりするため), (ある場所に)差し向ける: I *referred* him *to* a consultant. 〈V+O+*to*+名・代〉私は彼をコンサルタントのところへ(相談に)行かせた / Tom *was referred to* the doctor *for* the results of his medical checkup. 〈V+O+*to*+名・代+*for*+名・代の受身〉トムは診察の結果を聞きに医者のところへ行かされた.

2 〈問題・事件の(解決)〉などを任せる: They *referred* the problem *to* the committee for a decision. 彼らはその問題の解決を委員会に任せた.

3 (格式) 〈…に〉〈本など〉を参照させる, 参考にさせる: The professor *referred* his students *to* several articles on the subject. 教授はその主題について学生たちにいくつかの資料を参照させた. 語源 ラテン語で「元へ運び戻す」の意 (☞ confer 単語の記憶).

refér to ... as ─ 〔動〕〈…〉を指して[…のことを]―と呼ぶ.

re·fer·a·ble /rɪfə́ːrəbl, réf(ə)rə-, | rɪfə́ː-, réf(ə)rə-/ 形 P (格式) 〈…に〉帰することができる (*to*).

*§**ref·er·ee** /rèfəríː/ 图 (~s /~z/) C **1** 〔スポ〕レフェリー, 審判(員)《ボクシング・バスケットボール・フットボール・ホッケーなどの; ☞ judge 表》ref): 審判を務める. **2** (紛争などの)仲裁者; 〔法〕仲裁人. **3** (英) 身元保証人 (reference). **4** (論文などの)審査員. ― 動 他 〈…〉のレフェリーをする, 審判[審査]をする. ― 自 レフェリーを務める.

*§**ref·er·ence** /réf(ə)rəns/ **T1** 图 (**-er·enc·es** /~ɪz/; 動 refér) **1** C,U 話で触れること, 話題にすること, (直接の)言及 (mention): This magazine has a few ~*s to* life in Italy. この雑誌はイタリアの生活について多少触れている / Her letter contained only a passing ~ *to* the matter. 彼女の手紙はその件にちょっとしか触れていなかった. 関連 allusion 間接的な言及.

2 U 参照, 参考; 引用; (格式) 問い合わせ: R~ *to* the map will help you in class. 授業中に地図を参照するとわかりやすい / Here is a copy of today's agenda, *for* (easy) ~. (簡単に)参照できるように本日の議題の控えがあります.

3 C 人物証明書, 推薦状; (米) 身元照会先; 身元保証人 (英): referee): take up ~*s* (会社などが)人物証明書を取る / He has an excellent (letter of) ~ *from* his former employer. 彼には前の雇用主からすばらしい推薦状が来ている. 日英比較 reference は本人には見せないもので, わが国の推薦状とは異なり, 純粋に客観的に書かれる厳しいもの. これに対して testimonial は本人に見せるので, 多少とも好意的に甘く書かれる.

4 C 参考文献, 参照[引用]個所, 引用文 (略 ref.); 出典指示(の注); 参照符号[記号, 番号]: a list of ~*s* 参考文献一覧 / a map ~ 地図の参照記号.

5 C 問い合わせ[照会, 整理]番号 (略 ref.).

a póint of réference [名] =reference point.

for fúture réference [副] (1) 今後の参考として. (2) 文修飾 今後の参考(とするため)に言っておくが.

in réference to ... [前] W (格式) =with reference to ....

màke réference to ... [動] 他 W (1) ...に言及する: R~ *to* the decline of the Turkish Empire will *be made* in the next chapter. トルコ帝国の衰退については次章で言及する / She *made* no ~ *to* the accident. 彼女はその事故について何も触れなかった. (2) ...を参照する, ...に当たってみる; 問い合わせる, 照会する. 語法 (1) (2) とも reference is made to ... および reference to ... is made の形で受身にできる.

with réference to ... [前] W (格式) ...に関して (concerning): I am writing *with* ~ *to* your letter of August 30. 8月30日のお手紙についてお返事をさせていただきます.

― 動 他 W **1** 〈本・論文〉に参考書目を付ける. **2** (格式) 〈本など〉の参照[引用]をする.

réference bòok 图 C 参考図書 (百科事典・辞書・年鑑・地図資料など; 学習参考書とは違う).

réference library 图 C 参考図書館[室] (館外貸し出しを行なわない).

réference màrk 图 C 参照符号 (*, †, ‡ や記号・番号など) (reference).

réference nùmber 图 C =reference 5.

réference pòint 图 C **1** 判断[評価]の基準. **2** 地理的な目印(になるもの).

réference ròom 图 C =reference library.

referenda 图 referendum の複数形.

*ref·er·en·dum /ˌrèfəréndəm/ 名 (複 ~s /-z/, ref·er·en·da /-də/) C,U (政策などについての)国民投票, 住民投票 (☞ plebiscite). by reférendum 副 国民投票で. hóld a reféredum 動 (...について)国民投票を行なう (on).

*re·fer·ral /rɪfə́ːrəl | -fə́ː-/ 名 (動 refer) U,C (格式) 照会(紹介)(されること), 委託 (to).

*re·fill¹ /ríːfíl/ 動 他 を再び満たす, 補充する.

re·fill² /ríːfìl/ 名 C 1 補充物, 詰め替え品; (米) 再調剤: a ~ for a ballpoint pen ボールペンの替えし. 2 《略式》(飲み物などの)おかわり; Free R~「おかわり自由」(掲示) / Would you like a ~? (コーヒー・ビール・ワインなどを)もう一杯いかが?《レストランなどではコーヒーはおかわり自由であるのが普通》.

re·fill·a·ble /ríːfíləbl/ 形 詰め替え可能な.

re·fi·nance /ríːfáɪnæns, -fənǽns/ 動 他《財》〈借金〉を借り換える. — 自 借り換える.

*re·fine /rɪfáɪn/ 動 他 1 〈方法・理論など〉を改善[改良]する. 2 〈...〉を(さらに)精密にする, 洗練する. 2 〈石油・砂糖など〉を精製する, 純粋にする (☞ final 【単語の記憶】). 語源 元来は「立派 (fine) にする」の意.

*re·fined /rɪfáɪnd/ 形 1 [比較なし] [普通は A] 精製された: ~ sugar 精製糖. 2 [時に滑稽] 〈ことばづかい・態度など〉が洗練された, 上品な, あか抜けた: ~ tastes 上品な趣味. 3 〈方法・機械など〉が精巧な, 精密な, 手の込んだ; 改良された, 上質の.

*re·fine·ment /rɪfáɪnmənt/ 名 1 C [主に複数形で] 〈機械・技術などの〉改良されたもの, U,C 改善, 改良 (of); C 〈小さな〉改良点. 2 U 上品, 洗練; 優雅, あか抜けしていること: a gentleman of considerable ~ なかなか洗練された紳士. 3 U 精製; 精錬; 純化; 上質: the ~ of sugar 砂糖の精製 / A wine of great delicacy and ~ 微妙な味わいの極上ワイン.

re·fin·er /rɪfáɪnə | -nə/ 名 C 精製者[機].

*re·fin·er·y /rɪfáɪnəri/ 名 (-er·ies) C 精製所.

re·fin·ish /riːfíniʃ/ 動 他 〈木材・家具など〉の表面を新しくする.

re·fin·ish·ing /riːfíniʃɪŋ/ 名 U 表面の再仕上げ.

*re·fit¹ /ríːfít/ 動 他 (re·fits; -fit·ted; -fit·ting) 他 〈船など〉を修理[改装], 再装備]する. — 自 (船が)修理[改装, 再装備]される.

re·fit² /ríːfìt/ 名 C,U (船の)修理, 改装.

re·flate /ríːfléɪt, rɪ-/ 動 《経》 他 〈デフレで収縮した経済〉を再び膨張させる. — 自 再膨張策をとる.

re·fla·tion /ríːfléɪʃən, rɪ-/ 名 U 《経》(景気刺激のための)通貨再膨張.

***re·flect** /rɪflékt/ 12 (re·flects /-flékts/; -flect·ed /~ɪd/; -flect·ing; 名 reflection, 形 reflective)

自 他 の転換

他 2 反射する, 反響させる (to throw (light, sound, etc.) back)
自 1 反射する (to be thrown back)

— 他 1 [普通は受身で] 〈鏡などが〉〈像〉を映す, 映じる: The mountains were ~ed in the lake. <V+O+in+名・代の受身> 山々が湖に映っていた.

2 〈光・熱〉を反射する, 〈音〉を反響させる: The snow on the road ~ed the sunlight. 道路の雪は日の光を反射していた.

3 [普通は進行形なし] 〈考えなど〉を反映する, 表わす, 示す: Rose's face ~ed her deep sorrow. ローズの顔は彼女の深い悲しみを表わしていた / Public opinion is ~ed in letters to the editor. <V+O+前+名・代の受身> 大衆の意見は編集者に対する投書に反映されている / His letter ~s how he really feels about you. <V+O(wh節)> 彼の手紙は彼の君への本当の気持ちを示している. 4 [受身なし] (格式) 〈...〉とよく考える, 熟考[反省]する (consider): I ~ed that it would not be

legal for me to do it. よく考えて私がそれをするのは法にそむくことだと気づいた.

— 自 1 [副詞(句)を伴って] 〈光などが〉(...に)反射する; 映す: Light ~ed off the roof. <V+off+名・代> 光が屋根に反射していた. 2 (格式) よく考える, 熟考[反省]する: Give me time to ~ on [upon] what you have said. 君の言ったことを考える時間をくれ. 3 [しばしば well, badly などの副詞を伴って] 〈行為などが〉(...に)〈悪〉影響を及ぼす: His conduct ~s badly on [upon] his honesty. 彼の行為は彼の誠実さを疑わせるものだ.

語源 ラテン語で「後ろへ曲げる」の意.

re·flec·tance /rɪfléktəns/ 名 C 《光》 反射率《入射光と反射光のエネルギーの強さの比》.

re·fléct·ing tèlescope /rɪfléktɪŋ-/ 名 C 反射望遠鏡.

*re·flec·tion /rɪflékʃən/ 名 (~s /-z/; 動 reflect) 1 C 〈鏡・水などに〉映ったもの, 映った姿, 映像 (of): Betty looked at her ~ in the mirror. ベティーは鏡に映った自分の姿を眺めた.

2 U (格式) 熟考; 反省: He seems to have done it without much ~. 彼はよく考えないでそれをやってしまったようだ. 3 C [普通は複数形で] (熟考したうえでの)考え, 意見, 感想: offer a few ~s on ... ...について少々考えを述べる. 4 C [普通は単数形で] (情況・事情などの)反映, 表(現)われ: An increase in crime may be a ~ of an unhealthy society. 犯罪の増加は不健康な社会の現われかもしれない. 5 [単数形で] 不面目(となる事柄), 名折れ: This is no ~ on your qualifications. これは決してあなたの資格を傷つけることはありません. 6 U 反射, 反映: the ~ of light [heat] 光[熱]の反射. be a (sád) refléction on [upón] ... ...の〈人の〉状態を反映している; ...の恥[不名誉]となる (☞ 5). on [upón] (fúrther) refléction 副 文修飾語 (格式) (さらに)よく考えてみると[みて]; (さらに)熟考の上.

*re·flec·tive /rɪfléktɪv/ 形 (動 reflect) (格式) 1 熟考する, 思慮深い. 2 〈光を〉反射する. 3 P W (情況などを)反映した, 表現した (of). ~·ly 副 熟考して, 思慮深く.

re·flec·tor /rɪfléktə | -tə/ 名 C 1 リフレクター, 夜間反射装置 《他の車の光を反射し, 夜間でも見えるよう自転車の後ろにつけた赤い板》. 2 反射鏡[板].

*re·flex /ríːfleks/ 名 C 1 反射運動, C,U 反射作用 (reflex action). 2 [複数形で] すばやく反応(して行動する)能力, 反射神経. 3 [形容詞的に] 反射的な; 〈生理〉反射作用の: a ~ movement 反射運動.

réflex áction 名 C =reflex 1.

re·flex·ion /rɪflékʃən/ 名 C,U (英) =reflection.

re·flex·ive /rɪfléksɪv/ 形 〈文法〉再帰的な. 2 (格式) 反射的な. — 名 〈文法〉=reflexive pronoun [verb]. ~·ly 副 反射的に; 再帰的に.

refléxive prónoun 名 C 〈文法〉再帰代名詞 ~ -self〈文法〉.

refléxive vérb 名 C 〈文法〉再帰動詞《再帰代名詞を目的語にとる動詞》.

re·flex·ol·o·gy /ríːfleksáːlədʒi | -sɔ́l-/ 名 U 反射法《足のマッサージによる病気の治療》.

re·float /ríːflóʊt/ 動 他 〈船〉を離礁させる.

re·flux /ríːflʌks/ 名 U,C 退流, 逆流; 退潮.

re·fo·cus /ríːfóʊkəs/ 動 他 自 〈...の〉焦点を再び定める; (...の)重点[方向]を変える.

re·for·est /ríːfɔ́ːrəst | -fɔ́ːr-/ 動 他 自 〈(土地)に〉森林再生[再植林]をする. (英) reafforest).

re·for·es·ta·tion /ríːfɔ̀ːrəstéɪʃən | -fɔ̀ːr-/ 名 U 森林再生, 再植林.

***re·form** /rɪfɔ́ːm | -fɔ́ːm/ 12 名 (~s /-z/) U,C (制度・方法などの)改革, 改善

land ~ 土地[農地]改革 / make social or political ~ 社会的または政治的な改革をする / a ~ *of* teaching methods 教授法の改善

— 動 (re·forms /~z/; re·formed /~d/; -form·ing; 名 rèformátion, 形 rèformátory)

〖自 他 の 転換〗
他 2 改心させる (to make (someone) a better person)
自 改心する (to become a better person)

— 他 1 〈…〉を**改革する**, 改良する, 改善する (improve); 改正する〖単語の記憶〗form: The government is trying to *reform* the tax system. 政府は税制を改革しようとしている / In order to ~ society must we first ~ ourselves? 社会を改革するためにまず我々自身を改めるべきだろうか / ★2番目の reform は 2 の意味にかけている. 2 〈…〉を改心させる, 〈品行〉を矯正する: Prison seldom ~s criminals. 犯罪者は投獄してもめったに改心しない.

— 自 改心する, 行いを改める: You've got to ~, Tom! トム, お前は品行を改めなければだめだ.

re-form /rìːfɔːm | -fɔːm/ 動 1 再び(形)作られる; 再編成される; 〈兵士など〉再整列する. — 他 〈…〉を再び作る, 作り直す; 〈組織・軍隊など〉を編成し直す, たて直す; 〈兵士など〉を最整列される.

re·for·mat /rìːfɔːmæt | -fɔː-/ 動【電算】〈フロッピーなど〉を再フォーマットする.

†**ref·or·ma·tion** /rèfəméɪʃən | -fə-/ 名 1 U.C 〖格式〗改革, 改善; 維新. 2 U.C 〖格式〗矯正, 感化. 3 [the R-] 宗教改革 (16–17 世紀におけるローマカトリック教会に対する改革運動).

re·for·ma·to·ry /rɪfɔːmətɔːri | -fɔːmətəri, -tri/ 名 (-to·ries; reform) C〖古風, 米〗少年院 〖英〗community home).

re·formed /rɪfɔːmd | -fɔːmd/ 形 1 改心[更正した]: a ~ character 行いのよくなった人 / a ~ alcoholic 立ち直ったアルコール依存者. 2 改良[改革]された.

***re·form·er** /rɪfɔːmə | -fɔːmə/ 名 (~s /~z/) C (社会・道徳などの)改革者, 改良家: a political ~ 政治改革者.

†**re·form·ist** /rɪfɔːmɪst | -fɔːm-/ 形 改革[改良]主義(者)の. — 名 C 改良主義者.

refórm schòol 名 C〖古風, 米〗= reformatory.

re·fract /rɪfrækt/ 動 他 〖物理〗〈光〉を屈折させる.

re·fract·ing tèlescope /rɪfræktɪŋ-/ 名 C 屈折望遠鏡.

†**re·frac·tion** /rɪfrækʃən/ 名 U〖物理〗屈折.

re·frac·tive /rɪfræktɪv/ 形 屈折する, 屈折力を有する: the ~ index 屈折率.

re·frac·to·ry /rɪfræktəri, -tri/ 形〖格式〗(人や動物が)手に負えない; 〖医〗(病気が)治療の難しい.

†**re·frain**[1] /rɪfréɪn/ 動 自〈したいと思うこと〉を差し控える, 慎む (abstain); やめる: You should ~ *from* drinking too much. 酒類はあまり飲まないほうがよい / PLEASE REFRAIN FROM SMOKING おたばこはご遠慮ください〖掲示〗.

re·frain[2] /rɪfréɪn/ 名 C 1 (詩歌の各節の終わりの)繰り返しの句. 2 (曲の)繰り返しの部分. 3 〖格式〗(繰り返される)決まり文句: a familiar ~ おなじみの決まり文句 / take up the ~ (追随して)言葉を繰り返す.

***re·fresh** /rɪfréʃ/ 動 (名 refreshment) 他 1 〈休息・飲食物など〉が〈人〉をさわやかな気分にする, 元気づける: A cup of tea will ~ you. お茶を1杯飲めば元気が出ます. 2〈思い出など〉を新たにする, 〈顔など〉化粧する: This picture may ~ your memory. この写真を見ればまた思い出すかもしれません. 3 〖電算〗〖格式〗〈画像など〉をリフレッシュする. — 〖電算〗〖格式〗リフレッシュす

る. **refrésh …'s drínk** [動] S 〖略式, 主に米〗… の酒をつぎ足す. **refrésh onesèlf** [動] 自 元気をつける (with).

re·freshed /rɪfréʃt/ 形 さわやか(な気分)になって, 元気づいて.

re·fresh·er (còurse) /rɪfréʃə(-) | -ʃə(-)/ 名 C (教員などの)再教育講習[課程]; 補習(科).

***re·fresh·ing** /rɪfréʃɪŋ/ 形 1 すがすがしい, さわやかな; 元気づける: a ~ breeze すがすがしい風. 2 目新しくて気持がよい, 新鮮な: It's ~ [a ~ change] to see our team win by so many goals. 我がチームがこんな大量得点で勝つのは痛快だ. **~·ly** 副 さわやかなほど, 目新しく気持よいほどに[ことに].

***re·fresh·ment** /rɪfréʃmənt/ 名 〖格式〗 1 [複数形で] (会合・催しなどで出る軽い)飲食物, (軽い)食事, 茶菓子: R~s will be provided. 軽食[茶菓]の用意あり. 2 U 元気を回復させるもの〈飲食物〉: liquid ~ 〖滑稽〗アルコール飲料 / offer some ~ 軽食を出す. 3 U 元気回復, 気分がさわやかになること.

refréshment ròom 名 C (駅などの)軽食堂.

re·fried béans /rìːfráɪd-/ 名 [複] 〖メキシコ料理〗煮た豆をいためてペースト状にしたもの.

re·frig·er·ant /rɪfrídʒ(ə)rənt/ 名 C 冷却[冷凍]剤.

re·frig·er·ate /rɪfrídʒərèɪt/ 動 他 〈…〉を冷やす, 冷却させる; 〈食料品〉を冷蔵する, 冷凍する.

re·frig·er·a·tion /rɪfrìdʒəréɪʃən/ 名 U 冷却; 冷蔵, 冷凍: under ~ 冷蔵して.

***re·frig·er·a·tor** /rɪfrídʒərèɪtə | -tə/ 名 C1 (~s /~z/) C 〖英格式または米〗冷蔵庫 (fridge) (☞ icebox; kitchen 挿絵): keep the tomatoes in the ~ 冷蔵庫にトマトを保存する. 関連 freezer 冷凍庫.

re·frig·er·a·tor-freez·er /rɪfrídʒərèɪtəfríːzə | -tə-/ 名 C〖米〗冷凍冷蔵庫.

***re·fu·el** /rìːfjúːəl/ 動 (-fu·els, -fu·eled, 〖英〗-fu·elled; -el·ing, 〖英〗-el·ling) 他 1 〈…〉に燃料を補給する: aerial ~ing 空中補給. 2〈感情など〉を勢いづける. — 自 燃料の補給をする.

***ref·uge** /réfjuːdʒ/ 名 1 U 避難; 保護 (危険・困難などから逃れること, または逃がしてかくまうこと): a place of ~ 避難所 / a wildlife ~ 野生動物保護区 / seek ~ *from* the storm あらしの難を避けようとする. 2 C 避難所, 逃げ場 (shelter), 隠れ家 (for): find a ~ *from* danger 危険を避けるための逃げ場を見つける. 3 C〖英〗= safety island. **tàke** [**sèek, fínd**] **réfuge in** …〖格式〗…に避難する (from).

***ref·u·gee** /rèfjudʒíː, réfjudʒìː | rèfjudʒíː/ 名 (~s /~z/) C〖国外への〗難民, 避難者; 亡命者: ~*s from* Iraq イラク難民 / a ~ camp 難民収容所.

re·ful·gence /rɪfʌldʒəns/ 名 U〖文〗きらめき.

re·ful·gent /rɪfʌldʒənt/ 形〖文〗きらめく.

***re·fund**[1] /ríːfʌnd/ 名 (~s /~z/; rèfúnd[2]) C.U 払い戻し(金), 返金 (on): a tax ~ 税の還付 / demand [get] a full ~ 全額の払い戻しを請求する[受ける].

***re·fund**[2] /rɪfʌnd, ríːfʌnd/ 動 (~s /~z/; ~ed /~ɪd/; ~ing; réfund[1]) 他 〈…〉を(…に)払い戻す; 返金する: 〖言い換え〗They ~ed us the money. <V+O+O>=They ~ed the money *to* us. <V+O+*to*+名·代> 彼らは私たちに金を払い戻した / We had our money ~ed. 私たちは金を払い戻してもらった.

re·fund·a·ble /rɪfʌndəbl, rìː-/ 形 払い戻しのきく.

***re·fur·bish** /rìːfɜːbɪʃ | -fɜː-/ 動 〖格式〗〈…〉を改装[改修]する; 〈計画・技量など〉を磨き直す.

***re·fur·bish·ment** /rìːfɜːbɪʃmənt | -fɜː-/ 名 U.C〖格式〗改装, 改修; 一新.

***re·fus·al** /rɪfjúːz(ə)l/ 名 (~s /~z/; refúse[1]) U.C 拒絶, 拒否, 辞退 (of): She gave me a flat ~. 彼女は私の申し入れをきっぱりと断わった / His ~ *to* attend the party offended them. <N+*to*不定詞>彼

がパーティーに出るのを断わったので彼らは怒った.
(the right of) first refúsal [名] 選択の優先権(買い取りの際に他人に先んじて取れる権利)《on》.

*re·fuse¹ /rɪfjúːz/ ★名詞 refuse² との発音とアクセントの違いに注意. [T1] [動] (**re·fus·es** /-ɪz/; **re·fused** /-d/; **re·fus·ing** [名] refúsal)
[他] **1** 《…すること》を拒む, (どうしても)…しようとしない: The boys ~d to listen to me. <V+O (to 不定詞)> 少年たちは私の話をどうしても聞こうとしなかった / The engine ~d to start. エンジンがどうしてもかからない / He asked me to come, but I flatly ~d to. 彼は私に来るように言ったがきっぱり断わった (☞ to³ A1 [語法] (1)).
2 《…》を断わる(受け取ったり, 与えたり, 援助したりすることを), 拒絶する, 拒否する; 辞退する (☞ 表; confuse 単語の記憶》): He ~d my invitation [offer]. 彼は私の招待[申し出]を拒絶した / They ~d John permission to go. <V+O+O> 彼らはジョンに外出許可を与えなかった / I was ~d admission. <V+O+O の受身> 私は入場を拒否された.

refuse (かなり強い調子で)	断
reject (不要・不適当としてきっぱりと)	わ
decline ((言葉で)丁寧に・穏やかに)	る

— [自] 断わる, 拒絶する: He asked me to come, but I ~d. 彼は私に来るように言ったが私は断わった.

ref·use² /réfjuːs/ ★動詞 refuse¹ との発音の違いに注意. [名] [U] [W] 《格式》(台所などの)ごみ, くず; 廃物.
réf·use colléctor /réfjuːs-/ [C] [U] 《格式》ごみの収集人.
réfuse colléctor [名] [C] 《英格式》ごみ収集人 (dustman).
réfuse dùmp [名] [C] ごみ集積場.
re·fut·a·ble /rɪfjúːtəbl, réfjʊ-/ [形] (反 irrefutable) 《格式》論駁(ミミ)できる.
ref·u·ta·tion /rèfjʊtéɪʃən/ [名] [U,C] 《格式》論駁(ミミ), 反駁, 反証 《of》.
*re·fute /rɪfjúːt/ [他] 《格式》《事》の誤りを証明する, 反証をあげる;《…》を論駁する;《…》を否定[否認]する.
reg /rédʒ/ [名] [C] 《英格式》= registration number.
reg. [略] = registration, registered, regular.

*re·gain /rɪɡéɪn/ [他] [動] **1**《能力・権利・健康など》を取り戻す; 回復する: He slowly ~ed consciousness. 彼は徐々に意識を回復した. **2** [受身なし] 《文》《場所》に帰り着く. **regáin one's féet** [動] [自] 《文》= regain one's balance (☞ balance [名] 成句).

*re·gal /ríːɡ(ə)l/ [形] 《格式》王の (royal); 王にふさわしい; 堂々とした (☞ region [語源]).
re·gale /rɪɡéɪl/ [他] [動] [W] 〔しばしば滑稽〕《人》を(話などで)楽しませる;《人》を(食事で)もてなす《with》.
re·ga·lia /rɪɡéɪljə, -liə/ [名] [U] **1**《格式》儀礼服: in full ~ 盛装して. **2** 《格式》王位の象章(王冠など).
re·gal·ly /ríːɡəli/ [副] 《格式》王者らしく; 堂々と.

*re·gard /rɪɡάːd | -ɡάːd/ [T1] [動] (**re·gards** /-ɡάːdz | -ɡάːdz/; **-gard·ed** /-dɪd/; **-gard·ing** /-dɪŋ/) [他]

「見守る」が元の意味 (☞ guard) → 「じっと見る」**3** → 「見なす」→ 「考える」**1**

1 [進行形なし] 《…》が(一であると)**考える**, (一と)みなす (☞ 類義語; reward [語源]): We all ~ed him as a genius. <V+O+C (as+名)> 私たちは彼を皆彼を天才と考えた / They ~ed his behavior as childish. <V+O+C (as+形)> 彼らは彼のふるまいを子供っぽいと考えた / She is widely ~ed as our greatest actress. <V+O+C (as+名) の受身> 彼女は多くの人に最高の女

優と考えられている. [語法] consider と違って上の動詞型にのみ用いる.
2 [進行形なし] (ある感情をもって)《…》のことを考える, 《…》を見る: He is highly ~ed in the field. <V+O+副の受身> 彼はその分野で高く評価されている / His actions were ~ed with suspicion. <V+O+with+名・代の受身> 彼の挙動は疑惑の念をもって見られた.
3 《格式》《…》を注視する, じっと見る. **4** 《格式》《…》に注意を払う.
as regárds … [前] 《格式》…に関しては, …については (regarding, with regard to): As ~s her use of color, she is very deft indeed. 色の使い方の点では彼女は大変巧みだ.

— [名] (**re·gards** /-ɡάːdz | -ɡάːdz/) **1** [U] 《格式》尊敬, 敬意 (respect); 好意: We hold him **in high [low]** ~. 私たちは彼を大変尊敬[軽蔑]している / I have high ~ **for** her judgment on most matters. 私はたいていのことに関して彼女の判断を大いに高く評価している.
2 [U] 《格式》注意, 関心, 考慮 (consideration); 心配, 心づかい: She has [shows, pays] no [little] ~ **for** the feelings of others. 彼女は他人の気持ちを全然[ほとんど]考慮しない.
3 [複数形で] 《格式》よろしくというあいさつ《手紙などの結びに用いる》: **With kind(est)** ~s **to** your mother. お母さんにどうぞよろしくお伝えください (☞ 成句). **4** [単数形で] 《文》注視, 注目, 凝視.
give [send] …'s (best [kínd(est)]) regárds to … [動] 《格式》《人》によろしくと~も伝える《面識のある人に限られる》: My wife sends her best ~s to you. 家内からもくれぐれもよろしくとのことです.

[会話] "Please **give my kind(est)** ~s **to** Mrs. Brown." "I certainly will." 「ブラウン夫人に(くれぐれも)よろしくお伝えください」「かしこまりました」 [語法] Mr. Brown へのことばならば「奥さんによろしく…」の意味になる.

in thís [thát] regárd [副] 〔しばしば文修飾語〕《格式》この[その]点について(は).
(with) kínd [bést, wárm] regárds [副] 《格式》敬具《親しい人への手紙の末尾のあいさつ; ☞ 3》.
without regárd to [for]… 《格式》…を考慮せずに: He carried out his plan **without ~ to** the dangers. 彼は危険を無視して計画を実行した.
with [in] regárd to … [前] 《格式》…に関しては (as regards): **With** ~ **to** the issue, I quite agree with you. その点では私はあなたと全く同意見です.

[類義語] **regard**「…を—とみなす」の意の一般的な語で, 単なる外見による判断の場合も: He regarded the novel as an important literary work. 彼はその小説を重要な文学作品とみなした. **consider** ある程度よく考えたうえで判断した場合に用いるのが普通は: I consider this dictionary very useful. 私はこの辞書は大変役に立つと思います.

re·gard·ful /rɪɡάːdf(ə)l | -ɡάːd-/ [形] 注意[思慮]深い, 気にかける (of).
*re·gard·ing /rɪɡάːdɪŋ | -ɡάːd-/ [T1] [前] 《格式》…に関しては, …の点では (about): R~ your recent inquiry, here is enclosed our catalogue. お問い合わせの件につきましては, 当社のカタログを同封いたします.
*re·gard·less /rɪɡάːdləs | -ɡάːd-/ [副] 《困難・反対などに》かまわずに, とにかく (anyway): It was snowing hard, but she went on ~. 雪が降りしきっていたが彼女はかまわず進んだ.
regardless of … [前] …にかかわらず: Everyone is welcome ~ **of** age. 年齢に関係なくどなたでも歓迎いたします / He will have his own way ~ **of** what I say. 私が何を言おうと彼は思い通りにやるだろう.

regatta

re·gat·ta /rɪgǽtə, -gǽtə|-gǽtə/ 名 C ボートレース, ヨットレース, レガッタ (☞ eight 表).

regd. 〘商〙=registered.

re·gen·cy /ríːdʒənsi/ 名 (-gen·cies) 1 C|U 摂政期, 摂政政治. 2 [the R-]〘英国史〙(1811–20 年ジョージ3世が病気で皇太子が摂政をつとめた時代). — 形 [R-] [普通は A] (家具・建築などが) 摂政期様式の.

re·gen·er·ate /rɪdʒénərèɪt, rì-/ 動 他 1 (格式) 〈…〉を再生させる, 復興[回復]する. 2 〘生〙〈器官・組織〉を再生する. — 自 〘生〙(器官などが) 再生する.

re·gen·er·a·tion /rɪdʒènəréɪʃən, rì-/ 名 U 1 (格式) 再建, 復興. 2 〘生〙再生.

re·gen·er·a·tive /rɪdʒénərèɪṯɪv, -rət-/ 形 [普通は A] (格式) 再生の; 再建の.

re·gent /ríːdʒənt/ 名 C [しばしば R-] 摂政 (王・皇帝などに代わって一時的にその役目を行なう人). — 形 [しばしば R-] [名詞の後について] 摂政の任にある.

Ré·gent's Párk /ríːdʒənts-/ 名 固 リージェンツパーク (London の中央部にある公園).

Régent Strèet /ríːdʒənt-/ 名 固 リージェント街 (London にあるショッピング街).

reg·gae /réɡeɪ/ 名 U レゲエ《西インド諸島起源のポピュラー音楽》.

Reg·gie /rédʒi/ 名 固 レジー《男性の名; Reginald の愛称》.

reg·i·cide /rédʒəsàɪd/ 名 (格式) U 国王殺し(行為), 大逆罪; C 国王殺し(人).

re·gime, ré·gime《フランス語から》/rɪʒíːm, reɪ-/ 名 (~s /-z/) C 1 [普通は軽蔑] 政権, 体制; (押しつけられた) 制度, 方法, 管理体制: a military ~ 軍事政権. 2 =regimen.

reg·i·men /rédʒəmən/ 名 C (格式) 摂生, (食事・運動などによる) 養生法, 食餌(ʲ)療法 (of).

reg·i·ment[1] /rédʒəmənt/ 名 (-i·ments /-mənts/) C [単数形でも時に複数扱い] 1 〘陸軍〙連隊, (英国の) 歩兵隊 〘略〙Regt; ☞ corps 参考]. 2 Ⓦ 多数; 大群: a ~ of tourists 大勢の観光客.

reg·i·ment[2] /rédʒəmènt/ 動 [普通は受身で] [けなして] 〈…〉を厳しく統制する; 規格化する.

reg·i·men·tal /rèdʒəméntl⁺-/ 形 [名 régiment のA] 連隊の; 厳しく統制した.

reg·i·men·ta·tion /rèdʒəməntéɪʃən/ 名 U (けなして) 統制, 規格化.

reg·i·ment·ed /rédʒəmèntɪd/ 形 (けなして) 厳しく統制[管理]された; 規格化された.

Re·gi·na /rɪdʒáɪnə/《ラテン語から》 名 U (英格式) 現女王《公式の署名に用いる; また英国の訴訟で国が当時者の場合の称号としても用いる》 (略 R.; Rex): Elizabeth ~ エリザベス女王 / the case of ~ v. Smith 女王対スミスの訴訟事件《刑事事件は通常この形》.

Reg·i·nald /rédʒən(ə)ld/ 名 固 レジナルド《男性の名; 愛称は Reggie》.

re·gion /ríːdʒən/ T2 名 (~s /-z/; 形 régional)

元来は「王国」(☞ 語源) の意 → (支配区域) → 「地域」, 「地方」1

1 C 地方, 地域, 地帯; 行政区域, 管区 (of) (☞ 類義語): forest ~s 森林地帯 / tropical ~s 熱帯地方. 2 C (体の) 部位, 局部: the chest ~ 胸部 / I felt a severe pain in the ~ of the heart. 心臓のあたりに鋭い痛みを感じた. 3 [the ~s] (英) (中央・主都に対する) 地方. 語源 ラテン語で「支配する」の意; regal, reign, royal と同語源. **(sómewhere) in the région of ...** 前 およそ…, 約….

〘類義語〙**region** かなりの広さを持つ地域で, 何か他と区別する特徴を持つ地域を意味する: a wooded *region* 森林地帯. **district** *region* よりも小さく, 明確な行政的区画, あるいは地域の特徴などによって明らかに区画されている地方などに用いる: an electoral *district* 選挙区. **area** 広い狭いには関係なくある region や district をいくつかに区分した場合の1つの地域: a cultivated *area* 耕作地域. **quarter** 都市の区分で, 同じ種類のものが集まっている地域: the Chinese *quarter* 中国人居住地域. **zone** 用途, 生産物, 生息している動物, 繁茂している植物などで分けた地域: a demilitarized *zone* 非武装地帯.

re·gion·al /ríːdʒ(ə)nəl/ 形 (名 région) [普通は A] 地方の, 地域の, 地帯の; 地方的な, 局地的な差異: ~ accents 地方なまり / ~ differences 局地的な差異.

re·gion·al·is·m /ríːdʒ(ə)nəlìzm/ 名 U 地方分権主義; 地方主義; C 地域的なもの[慣習].

re·gion·al·ly /ríːdʒ(ə)nəli/ 副 地域的に.

reg·is·ter[1] /rédʒɪstə | -tə/ T1 名 (~s /-z/) 1 C 登録簿, 名簿, 記録簿: a school attendance ~ 学校の出席[在籍]簿 / a hotel ~ ホテルの宿泊者名簿 / the ~ of voters 選挙人名簿 / record in a ~ 記録簿に記録する / be struck off the ~ 登録(免許)を取り消される. 2 C (主に米) レジスター, 金銭登録器 (cash register, (英) till). 日英比較 商店などの「レジ」は register を短縮したものだが英語では checkout (counter) という. 3 C 〘楽〙声域, 音域. 4 C (米格式) (暖房の) 通風調節装置. 5 C|U 〘言〙(言語) 使用域, 位相 (場面の違いや職業・年齢などや社会的集団の相違に対応して現われることばの差異): the formal ~ の表現 格式 (格式) の表現 (略式) (俗) とか 〘医〙〘文法〙などのレベルで表示される (☞「この辞書の使い方」6. 2, 6. 3 および label 名 3).

— 動 (-is·ters /-z/; -is·tered /-təd/; -ter·ing /-tərɪŋ, -trɪŋ/; régistration, régistry) 他 1 〈…〉を登録する, 登記する; 〈誕生を〉記録する (in): They ~ed the birth of their baby. 彼らは子供の出生を届けた / My new house is not yet ~ed. 〈V+O⇒O〉 私の新しい家はまだ登記が済んでいない / I was not ~ed (as) unemployed. 〈V+O+C (as+)形〉の受身 私は失業者として登録されていなかった. 2 [受身なし] 〈人・表情が〉〈感情など〉をおもてに表わす, 示す: Her face ~ed surprise. 彼女の顔には驚きが表われていた. 3 [しばしば否定文で; 受身なし] (略式) 〈…〉を理解する, 〈…〉に気づく: He didn't ~ my presence. 彼は私のいることに気づかなかった. 4 (格式) 〈訴え・抗議などを〉正式に表明する: ~ a formal protest *with* the manager 支配人に正式に抗議する. 5 〘計器が〉 〈X…〉を示す; 記録する (record): The thermometer ~ed ˈminus 10 (degrees) [10 (degrees) below zero]. 温度計はマイナス 10 度を指していた. 6 〈手紙など〉を書留にする. 7 〘新聞で〕〈勝利など〉を達成する.

— 自 1 (宿泊者名簿・選挙人名簿などに) 登録する; 記名[署名, 記帳] する (with): He ~ed *at* the front desk. 彼は(チェックインのため) フロントで宿泊者名簿に記名した / I would like to ~ *for* next term's conversation class. 〈V+for+名・代〉米学期の会話のクラスに登録したいと思います. 2 [普通は否定文で] (略式) 印象を与える, 〈…の〉心に残る (on, with). 3 (計器などが) 記録する; (計器に) 記録される (on). 4 (感情が) 〈顔などに〉表われる (on).

reg·is·tered /rédʒɪstəd | -təd/ 形 [普通は A] 1 書留にした: ~ mail [(英) post] 書留便. 2 登録した, 登記した (略 reg(d).).

régistered núrse 名 C 正看護師 (略 RN).

régistered óffice 名 C (英) 登録オフィス《会社

の登記上の住所; 郵便物・公文書のあて先).

régistered trádemark 名 C 登録商標 (trademark) (略 ®).

régister òffice 名 C =registry office.

†**reg·is·trar** /rédʒɪstràɚ, rèdʒɪstrɑ́ː | rèdʒɪstrɑ́ː/ 名 C **1** 登記係, 記録係; (学校の)学務係, 学籍係. **2** (英)(病院の)研修医(インターン後に consultant の下で働き専門医としての訓練を受ける; ☞ resident 3).

***reg·is·tra·tion** /rèdʒɪstréɪʃən/ (類音 legislation) **1** 名 (動 régister) **1** U 登記, 登録 (of); (大学の)履修科目登録: student ~ 学生の登録. **2** C (米)(自動車の)登録証. **3** C (英) =registration number.

registrátion dòcument 名 C (英) =registration 2.

registrátion nùmber 名 C (英)(自動車の)登録番号 (☞ car 挿絵) ((略式)) reg; (米) license number).

registrátion pláte 名 C (豪) =license plate.

†**reg·is·try** /rédʒɪstri/ 名 (-is·tries; 動 régister) C 登記所, 登録所; U 登記, 登録.

régistry òffice 名 C (英) 戸籍登記所 (出生・結婚・死亡などを登記する役所) (register office).

†**re·gress** /rɪgrés/ 動 (反 progress) 自 (格式) (前の状態などに)戻る, 後退する; 逆行する (to).

re·gres·sion /rɪgréʃən/ 名 UC (格式) 後戻り, 後退, 退化; 逆行; 〖心〗 退行 (精神発達の幼い段階に戻ること).

re·gres·sive /rɪgrésɪv/ 形 (反 progressive) (格式) 退行する; 後戻りする, 退歩する.

regréssive táx 名 C 逆進税 (課税対象額が高いほど税率が下がる).

***re·gret** /rɪgrét/ 1 3 動 (re·grets /-gréts/; -gret·ted /-tɪd/; -gret·ting /-tɪŋ/) 他 (格式) **1** 〈…〉を後悔する, 悔いる: (言い換え) I regretted having done it. <V+O (動名)> (☞ having² 文法) = I regretted that I had done it. <V+O (that 節)> 私はそれをしてしまったことを後悔した / He will bitterly [deeply] ~ what he said. <V+O (wh 節)> 彼は自分の言ったことをひどく後悔することでしょう.

2 〖進行形なし〗〈…〉を残念に思う, 気の毒に思う, 遺憾に思う: We ~ any inconvenience caused to passengers. 乗客の皆様にご不便をおかけしたのを遺憾に思います / I ~ that I can't accept your kind invitation. <V+O (that 節)> せっかくご招待いただいたのに残念ながら受けられません.

I regrét to sáy [téll you, infórm you] that ... (格式) 残念ながら…です: I ~ to say that I cannot accept your offer. 残念ながらお申し出はお引き受けいたしかねます. 語法 I'm sorry to say … よりも格式ばった言い方.

live to regrét ... [動] 他 …を後悔する(ことになる).

— 名 (re·grets /-gréts/; 形 regrétful) UC (格式) **1** 後悔: I felt no ~ about [for] what I had done. <N+前+wh 節> 自分のしたことに後悔はしなかった.

2 残念, 失望; 哀惜の念 (about): a matter of [for] ~ 残念なこと / I expressed great ~ at [over] the loss of my best friend. 私は親友を失ったことをとても残念だ[悲しい]と言った.

gíve [**sénd**] **one's regréts** [動] (格式) 断り状を出す.

hàve nó [**féw**] **regréts** [動] 自 (格式) 残念に思っていない, 後悔していない (about).

to ...'**s regrét** = **to the regrét of ...** [副] 文修飾詞 (格式) …にとって残念なことには, 残念ながら: Much [Greatly] to my ~, I am unable to attend the meeting. 非常に残念ながらその会に出られません.

with (**gréat** [**déep**]) **regrét** [副] (大変)残念ながら, (大変)残念だけれど.

re·gret·ful /rɪgrétf(ə)l/ 形 regret している; 残念に思っている; 惜しんでいる, 心残りの: a ~ sigh 残念そうなためいき / He is ~ for his behavior at the party. 彼はパーティーでの自分のふるまいを悔いている. 用法注意 事物を主語にはしない.

re·gret·ful·ly /rɪgrétfəli/ 副 **1** 後悔して; 残念に思って; 心残りで. **2** 文修飾詞 (格式) 残念[遺憾]なことに: R~, I had to decline their offer. 残念ながら私は彼らの申し出を辞退しなければならなかった.

†**re·gret·ta·ble** /rɪgrétəbl/ 形 (格式) 残念な, 悲しむべき, 痛ましい: The way he expressed his disagreement was ~. 彼が反対を表明した態度は遺憾であった / It is ~ that the bill wasn't passed. その法案が成立しなかったのは残念だ.

re·gret·ta·bly /rɪgrétəbli/ 副 **1** 文修飾詞 (格式) 残念[遺憾]なことには(は); …なのは残念である: R~, the experiment ended in failure. 残念ながら実験は失敗に終わった. **2** 残念なほどに, 嘆かわしいほどに.

†**re·group** /rìːgrúːp/ 動 他 《軍勢などを再編成する (for). — 自 〖主に新聞で〗再編する; (米)態勢を立て直す (for).

Regt 略 =regiment¹ 1.

***reg·u·lar** /régjʊlɚ | -lə/ **1** 形 (動 régulàte / régularìze, 名 règulárity; 反 irregular)

ラテン語で「定規」の意. →(定規によった)→「規則的な」2
→(規則正しく)「定期的な」1
→(規準に合って)→「整然とした」5
→「正式の」3

1 〖普通は A〗 (時間などが) **定期的な**; (距離などが)一定の; (人・仕事・場所などが)決まった, いつもの; (医者が)かかりつけの: a ~ meeting 定期的な会合, 例会 / a ~ customer 常客, お得意 / ~ service 定期運航[便] / my ~ doctor 私のかかりつけの医者 (☞ 3) / I have no ~ work now. 私は今のところ決まった仕事はない / She is a ~ churchgoer. 彼女はきちんと教会へ通っています.

2 (行動などが)**規則的な**, 規則正しい, 通常の: a ~ occurrence よくあること / He is ~ in his habits. <A+in+名・代> 彼の習慣は規則正しい / Is your pulse ~? 脈拍は正常ですか.

3 正式の, 本式の (formal); A 正規の, 本職の; 〖スポ〗(選手が)レギュラーの: a ~ doctor 正式の(資格をもつ)医者 (☞ 1) / a ~ army 正規軍 / Is John a ~ member [player]? ジョンは正会員[正選手]ですか. **4** (主に米) 普通の, 一般的の; A (大きさが)レギュラーサイズの, 並の; (コーヒーが)レギュラーの (カフェインをぬいていない; ☞ decaf). **5** (形が)整然とした, 規則的な, 整った: have ~ features [teeth] 整った顔をしている[歯並びがよい]. **6** A (主に米) 感じのよい, 愛すべき: He's a ~ guy. あいつはいいやつだ. **7** 〖文法〗規則的な: a ~ plural form 規則的な複数形. **8** (略式) 〖しばしば皮肉〗 全くの, 紛れもない, まるで…のような: a ~ rascal 全くの悪党. **be** [**kèep**] **régular** [動] (略式) (1) 便通がきちんとある. (2) (女性が)生理が規則的に来る. **kèep régular hóurs** [動] 自 規則正しい生活をする. — 名 **1** C (略式)いつも来る人, 常連, お得意. **2** C 正社員; 正規兵; 〖スポ〗正選手. **3** C (米)レギュラーガソリン.

régular compárison 名 U 〖文法〗規則比較変化 (☞ comparison 文法 (1)).

régular conjugátion 名 U 〖文法〗規則活用 (☞ -ed¹ 文法).

†**reg·u·lar·i·ty** /règjʊlérəti/ 名 (形 régular; 反 irregularity) **1** U 定期的なこと; 規則正しさ; **2** C (格式) 規則性(のある現象). **2** U 一定なこと; 均整.

with regularity [副] 規則正しく; きちんと.

reg·u·lar·i·za·tion /rèɡjʊlərɪzéɪʃən | -raɪz-/ [名] [U] (格式) (関係などの)正式[合法]化.

reg·u·lar·ize /réɡjʊləràɪz/ [動] [他] (格式)〈関係・手続きなど〉を正式[合法的]にする.

*__reg·u·lar·ly__ /réɡjʊləli | -lə-/ [副] (反 irregularly) **1** 定期的に, いつも (⟨⇨⟩ always 囲み) 言い換え We meet ~, once a week.=We ~ meet once a week. 我々は毎週1回定期的に集まる.
2 規則的に, 規則正しく, きちんと: Take this medicine ~, every six hour. この薬をきちんと6時間ごとに飲みなさい. **3** 整然と, 整って.

régular vérb [名] [C] 【文法】規則動詞 (⟨⇨⟩ -ed¹ 【文法】)

*__reg·u·late__ /réɡjʊlèɪt/ [T1] [動] (-u·lates /-lèɪts/; -u·lat·ed /-tɪd/; -u·lat·ing /-tɪŋ/) [他] (⟨⇨⟩ règulátion, régular, régulatòry; 反 deregulate) **1** 〈...〉を規制する, (規則などで)取り締まる: Prices were strictly ~*d* during the war. ⟨V+O の受身⟩ 戦争中は物価が厳しく統制されていた. **2** 〈...〉を規則正しくする; 〈機器など〉を調節する, 調整する: The temperature in this room *is* ~*d* by a thermostat. この部屋の温度はサーモスタットで調節されている.

*__reg·u·la·tion__ /rèɡjʊléɪʃən/ [T1] [名] (~s /-z/; [動] régulàte) **1** [C] [普通は複数形で] 規則, 規約, 法規 (*on*): traffic [building] ~s 交通[建築]法規 / under the new ~s 新しい規定のもとでは.
2 [U] 規制, 取り締まり: the ~ of prices 物価の規制. **3** [形容詞的] 規定(どおり)の, 正規の: a ~ cap 規制帽.

regulátion tíme [名] [U] (米)【スポ】規定試合時間 (⟨⇨⟩ overtime).

reg·u·la·tive /réɡjʊlèɪtɪv | -lət-/ [形] =regulatory.

*__reg·u·la·tor__ /réɡjʊlèɪtə | -tə-/ [名] (~s /-z/) [C] **1** (政府任命の)取締官[機関], 業務監査委員[庁] **2** (温度・速度などの)調節器, 調整器.

reg·u·la·to·ry /réɡjʊlətɔ̀ːri | réɡjʊlətəri, -tri/ [形] [動] régulàte) [普通は [A]] (格式) 規制する; 取り締まりの.

re·gur·gi·tate /rɪɡə́ːdʒətèɪt, ri-| -ɡə́ː-/ [動] [他] **1** 〈食べた物〉を吐き戻す. **2** (軽蔑)〈知識など〉を受け売りする.

re·gur·gi·ta·tion /rɪɡə̀ːdʒətéɪʃən, ri-| -ɡə̀ː-/ [名] [U] (格式) 吐き戻すこと; (軽蔑)(知識などの)受け売り.

re·hab /ríːhæb/ [名] [U] (略式) =rehabilitation.
in réhab [形] リハビリ中で. — [動] [他] (略式) =rehabilitate.

*__re·ha·bil·i·tate__ /rìː(h)əbílətèɪt/ [動] (-i·tates /-tèɪts/; -i·tat·ed /-tɪd/; -i·tat·ing /-tɪŋ/; [名] rèhabilitátion) [他] **1** 〈病人など〉を社会復帰させる; 〈犯罪者など〉を更生させる: ~ drug addicts 麻薬常用者を社会復帰させる. **2** 〈建物・土地など〉を元の状態に戻す, 再生[再建]する. **3** (格式)〈...〉の地位[名誉, 権利]を回復する. — [自] 社会復帰する; 更正する.

*__re·ha·bil·i·ta·tion__ /rìː(h)əbìlətéɪʃən/ [U] **1** (病人などの)社会復帰; リハビリテーション; (犯罪者の)更生: ~ of the disabled 身障者の社会復帰 (⟨⇨⟩ the¹ 3). **2** (建物などの)再生利用, 再整備. **3** (格式)地位・名誉・権利などの)回復.

re·ha·bil·i·ta·tive /rìː(h)əbílətèɪtɪv | -tət-/ [形] 社会復帰の; リハビリの.

re·hash¹ /rìːhǽʃ/ [動] [他] [普通は [U] (格式) [けなして] 焼き直し, 改作; 蒸し返し (*of*).
re·hash² /rìːhǽʃ/ [動] [他] [けなして]〈古い材料〉で作り直す, 焼き直す, 焼き直す; 〈議論など〉を蒸し返す.

re·hear·ing /rìːhíə(ə)rɪŋ/ [名] [C] 【法】再審理.

*__re·hears·al__ /rɪhə́ːsəl | -hə́ː-/ [名] (~s /-z/) **1** [U,C] リハーサル, (劇などの)けいこ, 練習; [C] (行事などの)予行演習 (*for, of*): hold [have] a ~ リハーサルをする / a play in ~ けいこ中の芝居 // ⟨⇨⟩ dress rehearsal. **2** [U] [普通は単数形で] (重要なもののための)準備 (*for*); (格式) 繰り返し話すこと (*of*).

*__re·hearse__ /rɪhə́ːs | -hə́ː-/ [動] [他] **1** 〈劇など〉をリハーサルする; 〈人〉に下げいこをつける. **2** 〈(頭の中で)の予行演習をする. **3** (格式) [普通は軽蔑]〈考えなど〉を詳細に[くどくどと]語る. — [自] リハーサルをする (*for*).

re·heat /rìːhíːt/ [動] [他] 〈飲食物〉を再加熱する.

re·home /rìːhóʊm/ [動] [他] 〈捨てられたペット〉に(新しい)飼い主の家を見つける.

re·house /rìːháʊz/ [動] [他] 〈人〉を新しい[よりよい]住居に住まわせる.

Reich /ráɪk/ 《ドイツ語から》[名] [the ~] (特に帝政時代の)ドイツ: the Third ~ 第三帝国 (1933–45).

*__reign__ /réɪn/ [名] (~s /-z/) [C] **1** (王などの)在位期間, 治世: in [during] the ~ of Queen Elizabeth I 女王エリザベス一世の時代に / The king's ~ lasted ten years. その王の治世は10年間続いた. **2** 実権を握る期間; 支配(期間), 君臨 (*of*). **a réign of térror** [名] 恐怖政治時代. **the Réign of Térror** [名] 恐怖時代 (フランス革命の最も激しかった 1793 年 3 月から 1794 年 7 月の時期).
— [動] (reigns /~z/; reigned /~d/; reign·ing) [自] **1** 君臨する, 王[皇帝]の位につく (*over*) (⟨⇨⟩ govern 類義語, reign 語源): In Great Britain the sovereign ~*s* but does not rule. 英国では君主は君臨するが[王位にはあるが]統治はしない. **2** 実権を握る, 君臨する; (文)(考え・感情などが)支配的である, 行き渡る (prevail) (*over*): ~ supreme 主流となる, 断然人気がある / Silence ~*ed* in the forest. 静けさが森を支配していた.

*__reign·ing__ /réɪnɪŋ/ [形] (チャンピオンなどが)王座にある: the ~ champion 現チャンピオン.

re·im·burs·a·ble /rìːɪmbə́ːsəbl | -bə́ː-/ [形] (費用・損害を)返済[弁償]できる.

*__re·im·burse__ /rìːɪmbə́ːs | -bə́ː-/ [T1] [動] [他] (格式) 〈人〉に(費用・損害)を返済[弁償]する (*for*).

*__re·im·burse·ment__ /rìːɪmbə́ːsmənt | -bə́ː-/ [名] [U,C] (格式) 返済, 償還, 払い戻し.

*__rein__ /réɪn/ (同音 rain, reign) [名] (~s /-z/) **1** [C] [普通は複数形で] (馬の)手綱(たづな); [複数形で] (英) (幼児につけて一端を親が持つ)安全ひも: control a horse with the ~s 手綱で馬を操る.
2 [the ~s] 制御, 統御, 支配 (*of*): hand over the ~s 支配権を譲る. **gíve [allów] frée [fúll] réin to ...=gíve [allów] ... (a) frée [fúll] réin** [動] 〈他〉...に好きなようにさせる; (感情など)に自由に活動させる: She gave free ~ to her imagination. 彼女はほしいままに空想にふけった. **hóld the réins** [動] 〈自〉(...の)権力を握っている[握る], (...)を掌握している[する] (*of*). **kéep a (tíght) réin on ...=hóld [kéep] ... on a tíght réin** [動] ...を厳しく抑制[支配]する. — [動] (次の成句で) **réin ín [báck]** [動] **(1)** ~〈馬〉を(制御)抑制する. **(2)** (手綱を引いて)〈馬〉を止める[抑える]. — [自] 手綱を引く.

re·in·car·nate /rìːɪnkɑ́ːneɪt, -ínkɑːneɪt | -ɪnkɑ́ː-, -ínkɑː-/ [動] [他] [受身で]〈魂〉に再び肉体を与える; (...として)生まれ変わらせる (*in, as*).

*__re·in·car·na·tion__ /rìːɪnkɑːnéɪʃən | -kɑː-/ [名] **1** [U] 霊魂再来(説), 再生. **2** [C] [普通は単数形で] (...の)生まれ変わり (*of*).

rein·deer /réɪndɪə | -dɪə/ [名] (複 ~(**s**)) [C] トナカイ (⟨⇨⟩ caribou).

*__re·in·force__ /rìːɪnfɔ́əs | -fɔ́ː-/ [T1] [動] (-in·forc·es /-ɪz/; -in·forced /-t/; -in·forc·ing; [名] rèinfórcement) [他] **1** 〈感情・事態など〉を強化する, 強める; 〈主張など〉に説得力を与える; 〈建物・設備など〉を補強する (*with*): His argument *was* ~*d by* reports from the

laboratory. <V+O の受身> 彼の説は実験室からの報告で裏付けられた. 2 《軍隊など》を増強する.
ré·in·forced cóncrete /ríːɪnfɔ́ːst | -fɔ́ːst-/ 名 U 鉄筋コンクリート (ferroconcrete).
*re·in·force·ment /rìːɪnfɔ́ːsmənt | -fɔ́ːs-/ 名 (動 rèinfórce) 1 U 強化, 補強, 増強. 2 [複数形で] 増援隊, 増強.
*re·in·state /rìːɪnstéɪt/ 動 他 《格式》〈人〉を復位[復権, 復職]させる; 〈制度など〉を復活させる (in, as).
*re·in·state·ment /rìːɪnstéɪtmənt/ 名 U.C 《格式》復位, 復権, 復職; 復活.
re·in·sur·ance /rìːɪnʃúə(r)əns, -ʃɔ́ː- | -ʃúər-/ 名 C,U 《保》再保険.
re·in·sure /rìːɪnʃúə, -ʃɔ́ː- | -ʃúə, -ʃɔ́ː, -**in·sur·ing** /-ʃú(ə)rɪŋ, -ʃɔ́ː-r- | -ʃúər-/ 動 他 《保》(保険会社が)(危険分散のため)〈…〉に再保険をかける.
re·in·ter·pret /rìːɪntə́ːprɪt | -tə́ː-/ 動 他 〈…〉を解釈し直す.
re·in·ter·pre·ta·tion /rìːɪntə̀ːprətéɪʃən | -tə̀ː-/ 名 U.C 再解釈.
re·in·tro·duce /rìːɪntrəd(j)úːs | -djúːs/ 動 他 1 〈制度など〉を再導入する. 2 〈動植物〉を元の生息地に戻す.
re·in·duc·tion /rìːɪntrədʌ́kʃən/ 名 U.C (制度などの)再導入; (動植物を)元の生息地に戻すこと.
*re·in·vent /rìːɪnvént/ 動 他 〈…〉を(新しく見えるほど)変える. **reinvent oneself** 動 自 新しい生活を始める (as). **reinvent the wheel** 動 自 《略式》既に確立しているものを作り直す, むだな事をする.
re·in·ven·tion /rìːɪnvénʃən/ 名 U.C (新しく見えるように)変えること.
*re·in·vest /rìːɪnvést/ 動 他 〈…〉を再投資する (in).
— 自 再投資する.
re·in·vest·ment /rìːɪnvés(t)mənt/ 名 U.C 再投資.
*re·is·sue /rìːɪ́ʃuː | -ɪ́ʃuː-, -ɪ́sjuː/ 動 他 [普通は受身で] 〈紙幣・通貨・書籍など〉を再発行する (as). — 名 C 再発行(されたもの), 再発刊物.
*re·it·er·ate /riːítərèɪt, rì-/ 動 他 《格式》(特に強調するために)〈…〉を繰り返す, 反復する.
re·it·er·a·tion /riːìtəréɪʃən, rì-/ 名 U.C 《格式》繰り返し, 反復 (of).

re·ject¹ /rɪdʒékt/ ★ 名詞の reject² とのアクセントの違いに注意. T1 動 (re·jects /-dʒékts/; -ject·ed /-ɪd/; -ject·ing) 名 rejéction)
他 1 〈申し入れ・提案など〉を(きっぱりと)拒絶する, 拒否する, はねつける; 〈人・考えなど〉を受け入れない (反 accept) (☞ refuse¹ 表, 自 類の記憶) [言い換え] He ~ed our proposal. (=He turned down our proposal.) 彼は私たちの提案を断わった / Peter was ~ed by the club. <V+O の受身> ピーターはクラブから入会を拒否された / The company ~ed him as unfit. <V+O+C (as+形)> その会社は彼を不向きだと不合格にした. 2 〈不用の物・欠陥品など〉を捨てる, (機械が)〈コインなど〉を受けつけない: Defective parts are ~ed at this stage. 欠陥部品はこの段階で除かれる. 3 〈人に〉愛情を拒む, 〈人〉を冷遇する: She was ~ed by her family. 彼女は家族の者に冷たくされていた. 4 [医] (体が)〈移植した臓器〉に拒絶反応を示す. [語源] ラテン語で「投げ返す」の意 (☞ re-¹; jet¹ [単語の記憶]).

re·ject² /rìːdʒekt/ 名 ★ 動詞の reject¹ とのアクセントの違いに注意. C 1 不合格品[不良品], (社会などが)拒絶した人; (俗) 不合格者.
*re·jec·tion /rɪdʒékʃən/ 名 (動 rejéct¹) 1 U.C 拒絶, 拒否 (反 acceptance); 却下 (of); 不採用. 2 U.C (愛情の)拒否, 冷遇; U 疎外感. 3 C 不採用[不合格]通知. 4 U.C [医] 拒絶反応.
re·jig /rìːdʒíg/ 動 (re·jigs; re·jigged; -jig·ging) 他 《英略式》=rejigger.

related 1473

re·jig·ger /rìːdʒígə | -gə/ 動 (-ger·ing /-gərɪŋ/) 他 《米略式》〈…〉を手直しする, 変更[改造]する.
*re·joice /rɪdʒɔ́ɪs/ 動 自 《文》うれしがる, 喜ぶ (be glad); 祝う (in): They ~d over their victory. 彼らは勝利を喜んだ / [言い換え] He ~d at your success. = He ~d to hear of your success. 彼はあなたの成功を聞いて喜びました / They ~d that you were safe. 彼らはあなたが無事だったので喜んだ. **rejóice in …** 動 他 (1) 〈…〉を喜ぶ. (2) 《英》[滑稽] (奇妙な名前・称号)を持っている.
re·joic·ing /rɪdʒɔ́ɪsɪŋ/ 名 《文》 1 U (人々の)喜び, 歓喜 (at, over). 2 [U または複数形で] 歓呼; 祝賀.
*re·join¹ /rìːdʒɔ́ɪn/ 動 他 1 〈元の組織など〉に復帰[再加入]する. 2 〈人〉に再合流する. 3 〈元の道〉に戻る. 4 〈…〉を再結合させる. — 自 1 復帰[再加入]する.
*re·join² /rɪdʒɔ́ɪn/ 動 他 [進行形なし] W 《格式》(ぶっきらぼうな口調で)〈…である〉と応答する, 〈…〉と言い返す.
re·join·der /rɪdʒɔ́ɪndə-/ 名 C [普通は単数形で] 《格式》(ぶっきらぼうな)応答, 返答, 言い返し.
*re·ju·ve·nate /rɪdʒúːvənèɪt/ 動 他 1 [しばしば受身で] 〈…〉を若返らせる. 2 〈組織など〉を活性化する, 復活させる.
re·ju·ve·na·tion /rɪdʒùːvənéɪʃən/ 名 U または a ~] 若返り, 元気回復; 活性化.
re·kin·dle /rìːkíndl/ 動 他 1 W 〈感情・興味など〉を再びかきたてる, 〈友情など〉をよみがえらせる; 〈悪い事態〉を再燃させる. 2 〈…〉に再び点火する.
relaid relay³ の過去形および過去分詞.
*re·lapse¹ /rɪlǽps/ 動 自 《格式》(病人が)病状がぶり返す; 〈元の状態〉へ逆戻りする, 退歩する (into).
*re·lapse² /rɪlǽps, ríːlæps/ 名 C,U (病気の)ぶり返し, 再発; 逆戻り, 退歩 (into).
*re·late /rɪléɪt/ 動 (re·lates /-léɪts/; re·lat·ed /-tɪd/; re·lat·ing /-tɪŋ/; 名 relátion, 形 relátive)

「話す」「言及する」他 2 (☞ 語源)の意 → (ことばで関係づける)→「関係する, 関係させる」自 1, 他 1 → (血縁関係で結び付ける) (☞ related 2) となった.

— 自 1 [進行形なし] 〈…に〉関係[関連]する, 〈…を〉扱う; 適用される: This news ~s to my father's business. この知らせは父の仕事に関係がある. 2 〈…と〉(気持ちを理解して)うまく付き合う, 〈…〉に溶け込める; 〈考えなど〉を受け入れる, 〈…〉になじむ: I find it difficult to ~ to her. 彼女とはどうもうまくいかない. 3 〈(米) (相手の事情に)同調する, 同感する.
— 他 1 〈…〉を(一と)関係させる, 〈…〉を(一に)関連づける: The report tries to ~ the increase in crime **to** increased leisure. <V+O+to+名・代> このレポートは犯罪の増加を余暇の増加に結び付けて論じようとしている. 2 《格式》〈…〉を話す, 物語る (tell): The professor ~d many of his experiences **to** his students. 教授は学生たちに自分の多くの経験を語った. [語源] ラテン語の「知らせを持ち帰る, 伝える」より; refer と同語源. **reláting to …** [前] …に関して[関する] (about, concerning): a problem relating to finance 財政上の問題. — 名 [R-] 《英》リレート《結婚などの問題の相談にのる組織》.
*re·lat·ed /rɪléɪtɪd/ T1 形 (反 unrelated) 1 [しばしば合成語で] 関係のある, 関連した: ~ items 関連事項 / problems (directly [closely]) ~ **to** health <A+to+名・代> 健康に[直接[密接]に]関係のある問題 / drug-related crimes 麻薬関係の犯罪.
2 〈…と〉血縁関係で結び付いている, 親類の; (動物・言語などが)同族の: a person ~ **to** an aristocratic family <A+to+名・代> 貴族の家と親戚関係にある人 / She is not ~ to us at all. 彼女はうちとは何の縁故関係もな

い / These families are ~ by marriage [blood]. これらの家どうしは姻戚(いんせき)関係にある.　~・ness 名 U 関連性; 縁続き.

‡re·la·tion /rɪléɪʃən/ 12 名 (~s /-z/; 動 reláte) 1 U,C **関係**, 関連: a ~ between cause and effect=a cause-and-effect ~ 原因と結果の関係 / the ~ of height to weight=the height-weight ~ 身長と体重の関係.

2 [複数形で] (人・組織・国などの) **相互[利害]関係**; 国際関係: establish [have] friendly ~s (with ...) (...と)親しくする[親しくしている] / break off (all) ~s with a family 一家との関係を完全に断つ / We have good ~s with that firm. 私どもはあの会社とは良好な取引関係を保っています / R~s between Russia and France became friendly. ロシアとフランスの関係は友好的になった. 関連 human relations (社会・職場などの)人間関係(研究). 3 C **親類(の人), 親戚**(しんせき) (relative); U 親戚関係: a ~ by marriage 姻(いん)戚 / my blood ~s 私の血縁の人たち / a close [distant] ~ 近い[遠い]親戚 / His surname is also Smith, but he is no ~ to me [we are no ~]. 彼の姓もスミスだけれども私とは親戚でない / Are you any ~ to him? あなたは彼と親戚ですか. **béar [háve] nó [líttle, sóme] relátion to ...** 動 他 ...と関係がない[ほとんどない, いくらかある]. **béar [háve] relátion to ...** 動 他 ...と関連がある. **háve (séxual) relátions** 動 自 《古風》 (...と)(肉体)関係をもつ (with). **in [with] relátion to ...** 前 《格式》 (1) ...に関しては, ...に関する (about); ...との関連で. (2) ...と比較[比例]して, ...に対して.

re·la·tion·al /rɪléɪʃ(ə)nəl/ 形 《格式》 関連する; 〖文法〗文法的関係を表わす〖前置詞・接続詞など〗.

relátional dátabase 名 C 〖電算〗関係データベース《同じ情報を多様な方法で呼び出せる》.

‡re·la·tion·ship /rɪléɪʃənʃɪp/ 12 名 (~s /-s/) 1 C (人と人との) **結び付き, 関係** (with): establish a ~ with ... ...と関係を結ぶ / break off a ~ with ... ...との関係を断つ / He finds it difficult to form close ~s with women. 彼はなかなか女性と親しくなれない / A good ~ between doctor and patient is very important. 医者と患者との間のよい関係は非常に重要である.

2 C,U (物事と物事の)**関連, 関係**: the ~ of the time we spent to [and] the amount we produced かかった時間と生産量の関係 / 言い換え This has no ~ to the incident. (=This is not related to the incident.) これはその事実関係ははっきりしていない. 3 U 親戚(しんせき)[血縁, 姻戚]関係 (to): degrees of ~ 親等. 4 C 恋愛[性的]関係: be in [have] a ~ (with ...) (...と)親密な関係にある / She told me she wasn't ready for a ~. 彼女は私にはまだ親密な関係にはなれないと言った. **béar nó relátionship to ...** 動 他 ...と関係がない.

‡re·la·tive /rélətɪv/ 12 名 (~s /-z/) C 1 [しばしば所有格の後で] **親類(の人), 親戚; 肉親, 身内** 《親子・兄弟姉妹・夫婦など》, 家族(の者) (relation): The ~s burst into tears when they saw the body. 遺体を見ると肉親たちはわっと泣き出した / They are close [distant] ~s of mine. あの人たちは私の近親[遠縁]の者です. 2 同族(のもの) 《動物・言語など》. 3 〖文法〗関係詞《関係詞・関係副詞・関係形容詞の総称》.

— 形 (動 reláte, 名 rèlatívity) 1 A **比較的の..., な, かなり[ある程度]の** (comparative): a period of ~ prosperity 比較的栄えた時期 / She's now living in comfort. 彼女はいま比較的安楽に暮らしている.

2 **相対的な**, お互いを比較した上での (反 absolute): the ~ value [importance] of two objects 2つの物の相対的な価値[重要性] / the ~ position of a star to the pole star ある星の北極星に対する相対的な位置 / It's all ~. ⓢ それは全く相対的なものだ. 3 A〖文法〗関係を示す. **rélative to ...** 前 (1) ...に比べて; ...との関連で: R~ to our house, her house is a palace. 我々の家に比べると彼女の家は御殿(も同然)だ. (2) [主に名詞に伴って]《格式》...に関する, ...に関して: There are some official documents ~ to the case. その事件に関する公文書がいくつかある.

rélative ádjective 名 C 〖文法〗関係形容詞 《★関係詞の what, which, whatever, whichever が形容詞的に用いられるときには関係形容詞と呼ばれる. 用法はそれぞれの項目を参照》.

rélative ádverb 名 C 〖文法〗関係副詞.

文法 関係副詞

副詞の一種で, 副詞と接続詞の働きを兼ねる語. when, where, why, how が主なものである. 関係副詞が導く関係副詞節 (relative clause) によって意味を限定される語をその先行詞という. 関係副詞は先行詞を伴って用いられるときと, That is why (=the reason why) I can't go. (それが私の行けない理由です)のように先行詞なしで用いられるときがある. また先行詞とともに用いられる場合には, 1945 is the year when World War II ended. (1945年は第二次世界大戦の終わった年です)のように関係詞節が直接先行詞を限定する制限用法と, Finally he reached London, where he met an old friend of his. (とうとう彼はロンドンに到着し, そこで彼は旧友に会った)のように関係詞節が先行詞を間接的に受けてそれを説明する非制限用法とがある. 用法について詳しくはそれぞれの関係副詞の項目を参照.

rélative atómic máss 名 C 〖化〗原子量.
rélative cláuse 名 C 〖文法〗関係詞節 《関係詞 (relative) が導く節》. ⇨ subordinate clause 文法.
rélative humídity 名 C 〖気象〗相対湿度.
‡rel·a·tive·ly /rélətɪvli/ 副 1 **比較的に, 相対的に, 割合, かなり**: a ~ minor problem 比較的小さな問題 / It is ~ warm today. きょうは割合暖かだ. 2 文修飾副 (他と)比較して言えば.
rélatively spéaking 副 文修飾副 比較して言えば: R~ speaking, this is a minor problem. どちらかと言えばこれは小さな問題だ.
rélative prónoun 名 C 〖文法〗関係代名詞.

文法 関係代名詞

代名詞の一種で, 代名詞と接続詞の働きを兼ねる語. who, which, that, what, as, but が主な関係代名詞である. 例えば Do you know the man who came here yesterday? (あなたはきのうここへ来た男を知っていますか)という文では, who は前の the man を受ける代名詞として, 後半(came here yesterday)の主語となっており, しかも後半が the man についてのその意味を限定している. 関係代名詞に導かれる関係代名詞節 (relative clause) によって意味を限定される語をその先行詞という. who は先行詞が人のときに用い, which は先行詞が事物・動物のときに用いる. that は人にも事物・動物にも用いる. また what はそれ自身に先行詞を含んだ関係代名詞.
(1) 関係代名詞の用法.　★詳しくはそれぞれの関係代名詞の項目を参照.
(i) 制限用法: 関係代名詞が導く節が直接先行詞を限定する用法. (⇨ restrictive use 文法): Do you know the girl who is playing the piano? ピアノを弾いている少女を知っていますか / I lost the camera (that) I had bought a week before. 1週間前に買ったカメラをなくした. ★《略式》では関係代名詞が節の中で他動詞または前置詞の目的語となる場合には省略されることが多い. 詳しくは ⇨ contact clause 文法 (1).

(ii) 非制限用法: 関係代名詞の導く節が先行詞を間接的に受けてそれを説明する用法. 書く場合には, 普通は関係代名詞の前にコンマ (,) を置く (☞ nonrestrictive use 文法)): In New York I came across *an old friend of mine*, who (=and he) showed me around the city. ニューヨークで私は旧友に出会った. そして彼は市内を案内してくれた / He said he knew the man, which (=but it) was a lie. 彼はその人を知っていると言ったが, それはうそだった[先行詞は前の節全体]. ★制限用法と非制限用法の意味の違いについては ☞ who² 2 囲み.

(2) 関係代名詞の格.
人を表わす関係代名詞の who だけは, それが関係詞節の中で果たす働きによって主格 (who), 所有格 (whose), 目的格 (whom; (略式) では who) の3つの格を持つ: We want a clerk *who can speak* English. 当社では英語の話せる事務員を求めている [can speak の主語] / Do you remember the girl *who(m) we met* the other day? 先日会った少女を覚えていますか [met の目的語] / A child *whose parents are dead* is called an orphan. 両親のいない子供は孤児と呼ばれる[所有格].

(3) 前置詞との関係.
前置詞は, 関係代名詞 who, which とともに用いる場合には, 前に置いてもまた節の終わりに置いてもよいが, that の場合は必ず節の終わりに置く《what については ☞ what¹ 1 (3) 囲法》. 関係代名詞を省略した場合も節の終わりに置く. 以下の文では後になるほど格式ばった言い方《☞ whom² 1 (2) 囲法》, which¹ 1 (3) 囲法》: This is the man I spoke *of* yesterday. (こちらがきのうお話しした人です)=This is the man *that* I spoke *of* yesterday.=This is the man *who* I spoke *of* yesterday.=This is the man *whom* I spoke *of* yesterday.=This is the man *of whom* I spoke yesterday. / Do you remember the address you sent the letter *to*? (あなたは手紙を送ったあて先を覚えていますか)=Do you remember the address *that* you sent the letter *to*?=Do you remember the address *which* you sent the letter *to*?=Do you remember the address *to which* you sent the letter?

rel·a·tiv·is·m /rélətɪvìzm/ 名 U 相対主義.
rel·a·tiv·ist /rélətɪvɪst/ 形 相対主義的な. ─名 C 相対主義者.
rel·a·tiv·is·tic /rèlətɪvístɪk⁻/ 形 〖物理〗相対論的な; 〖哲〗相対主義の;.
⁺**rel·a·tiv·i·ty** /rèlətívəti/ 名 (形 rélative) U 1 〖物理〗相対性(理論). 2 〖格式〗相対性.
re·launch¹ /rìːlɔ́ːntʃ/ 動 他 ⟨...⟩を再開する; ⟨商品など⟩を再び売り出す[売り込む].
re·launch² /ríːlɔːntʃ/ 名 C 再開; 再発売, (新規の)販売促進.
*****re·lax** /rɪlǽks/ 動 (**re·lax·es** /~ɪz/; **-laxed** /~t/; **-lax·ing**) 名 rèlaxátion; 反 tense.

| 自 1 くつろぐ (to become less tense) |
| 他 1 くつろがせる (to make (someone) less tense) |

─自 1 くつろぐ, リラックスする; 緊張を解く: She ~ed by going to the theater. 彼女は芝居を見てくつろいだ / Just ~! まあ気を楽にして.
2 (筋肉・力・緊張などが)**緩む**, 厳しくなくなる: Her features gradually **~ed *into*** a smile. <V+*into*+名> 彼女の表情は次第にほころんで笑いに変わった. **3** (規則・支配などが)緩和される.
─他 1 ⟨人⟩をくつろがせる, リラックスさせる; ⟨...⟩の気を楽にさせる: The hot bath ~ed her. 熱い風呂が彼女をくつろいだ気分にさせた.
2 ⟨筋肉・力・緊張など⟩を**緩**(ゆる)**める** (loosen), ⟨...⟩の力を抜く; ⟨努力・注意など⟩を怠る: He ~ed his hold [grip] on me. 彼は私をつかまえている力を緩めた / Don't ~ your vigilance! 油断をするな / He never ~ed his effort(s) to break the world record. 彼は世界記録を破るための努力を少しも怠ることはなかった. **3** ⟨規則など⟩を緩和する, 緩(ゆる)める: ~ regulations [controls] 規制を緩める. **4** ⟨縮れ毛など⟩(薬剤を使って)伸ばす.

relax one's gríp [hóld] [動] 自 支配[統制]を緩める (*on*) (☞ 他 3).
re·lax·ant /rɪlǽksnt/ 形 (薬などが)弛緩(しかん)性の. ─名 C (筋肉)弛緩剤.
*****re·lax·a·tion** /rìːlækséɪʃən/ 囲法 名 (~s /~z/; /~t/) **1** U 気晴らし, くつろぎ, 骨休め, リラックス: I take a walk for ~. 気晴らしに散歩をします.
2 C 気晴らしのためにすること, 娯楽 (recreation): Listening to music is one of his favorite ~s. 音楽鑑賞は彼の好きな娯楽の1つです. **3** [U または a ~] (規則などを)緩めること, 緩和 (*of, in*).
*****re·laxed** /rɪlǽkst/ 形 **1** (人が)くつろいだ, リラックスした (*about*): I'm feeling ~ now. 私は今リラックスした気分です. **2** (場所・雰囲気などが)ゆったりした, くつろいだ. **3** 厳しくない, 緩やかな (*about*).
*****re·lax·ing** /rɪlǽksɪŋ/ 形 (場所・時間が)くつろがせる, リラックスさせる.
*****re·lay**¹ /ríːleɪ/ 名 **1** C リレー (relay race): ☞ medley relay. **2** C (テレビ・ラジオの)中継装置; 中継放送[番組]; U (生)中継: The show will be broadcast *by* ~. そのショーは中継放送される予定だ. **3** C (新手(あらて)との), 交替要員; 新手の馬: a new ~ of rescue workers 新手の交替救助隊員. **4** C 〖電〗継電器. **in réIays** [副] (英) 交替で.
re·lay² /ríːleɪ, rɪléɪ/ 動 他 ⟨...⟩を(中継で)送る[放送する]; ⟨伝言など⟩を取り次ぐ (*to*).
re·lay³ /rìːléɪ/ 動 他 (**-lays**; 過去・過分 **-laid** /-léɪd/; **-lay·ing**) ⟨...⟩を再び置く; ⟨敷石など⟩を敷き直す.
rélay ràce 名 C リレー (relay).
rélay stàtion 名 C (テレビ・ラジオの)中継局.
re·learn /rìːlɚ́ːn | -lɜ́ːn/ 動 他 ⟨...⟩を学びなおす.
*****re·lease** /rɪlíːs/ 囲法 名 (**re·leas·es** /~ɪz/; **released** /~t/; **re·leas·ing**) 他 **1** ⟨人など⟩を(束縛・苦痛などから)**解放する**, 自由にする; 放免する, 釈放する, (病院から)退院させる; (格式)⟨人⟩を(義務・職務から)免除する, (契約など)から解く: The girl ~d the birds *from* the cage. <V+O+*from*+名・代> その少女は鳥をかごから放してやった.
2 ⟨縛られたものなど⟩を放つ, 離す; ⟨結んだもの⟩をほどく, ⟨固定したもの⟩をはずす; ⟨爆弾など⟩を投下する, ⟨矢⟩を放つ (*from*): ~ a dog 犬を放す / ~ a spring ぜんまいを緩める. **3** ⟨感情など⟩を発散させる; ⟨化学物質など⟩を放出する. **4** ⟨情報など⟩を公開[発表]する; ⟨映画など⟩を封切る, ⟨レコード・新製品など⟩を発売する: The details of the plan have not yet been ~d to the public. その計画の詳細はまだ一般には公表されていない. **5** ⟨抑えていた資金・人員など⟩を使えるようにする, 回す: The government ~d the funds *for* a new project. 政府は新しい計画に資金を認めた.

reléase onesélf [動] 身をほどく, 離れる (*from*).
─名 (**re·leas·es** /~ɪz/) **1** U または a ~] 釈放, 解放, 退院; 免除: secure a person's ~ *from* prison 人の拘置所からの釈放を確実にする / (a) ~ *from* a debt 負債の免除. **2** U または a ~] (緊張などからの)解放, 息抜き; 安堵(かんど)(感); (感情の)解放, 表出. **3** U/C (映画などの)公開, 発表; (映画の)封切り; (レコード・CDなどの)発売, C 封切り映画; 新発売のレコード[ビデオ]. **4** U/C (化学物質などの)放出 (*into*). **5** C (機械の)解除装置, U/C (仕掛けの)解除.
in [(英) on] (géneral) reléase [形] (映画が)一斉封切りされて.

rel・e・gate /réləgèɪt/ ⦅-e・gates /-gèɪts/; -e・gat・ed /-ɪd/; -e・gat・ing /-tɪŋ/; 图 rèlegátion; 反 promote⦆ 他 1 〈…〉を(ある場所・地位へ)退ける, 左遷(ざん)する; 〈(下位の等級などに)格下げする: The news was ~d to the last page of the paper. <V+O+to+名・代の受身> そのニュースは新聞の最後のページに回された. 2 [普通は受身で] 〈主に英〉〈スポーツチーム〉を(下位のリーグに)降格する (from, to).

rel・e・gation /rèləgéɪʃən/ 图 ⓤ 格下げ, 降格.

re・lent /rɪlént/ 動 ⓘ 1 態度が和らぐ, 決意をゆるめる (in). 2 (悪天候など)よくなる; (圧力など)弱まる.

re・lent・less /rɪléntləs/ 形 容赦のない, 厳しい; (追求・攻撃などが)ゆるむことのない, 絶え間ない: They are ~ in punishing offenders. <A+in+動名> 彼らは容赦なく違反者を罰する. ~・ly 副 容赦なく, しつように. ~・ness 图 ⓤ 容赦のなさ, しつようさ.

rel・e・vance /réləv(ə)ns/, **-e・van・cy** /-v(ə)nsi/ 图 反 irrelevance, -evancy ⦅ ⦆(当面の問題との)関連(性), 重要さ (to); 妥当性. **have [bear] relevance to ...** 動 他 …に関連する.

rel・e・vant /réləv(ə)nt/ 形 反 irrelevant 1 (当面の問題に)関連した, (今日的な)かかわりのある: the ~ data 関連した資料 / Is it ~ to the present problem? <A+to+名・代> それは現在の問題に関連があるか. 2 適切な, 妥当な: a ~ remark 適切なことば. ~・ly 副 [時に 文修飾副] 関連して.

re・li・a・bil・i・ty /rɪlàɪəbíləṭi/ 图 ⓤ (形 reliable) 信頼できること, 当てになること, 信頼度, 確実性.

re・li・a・ble /rɪláɪəbl/ 形 (图 reliability, 動 rely) 反 unreliable 1 頼りになる, 頼もしい: a ~ employee [tool] 頼りになる従業員[道具] / The usually ~ sea breezes cannot be expected this week. いつもは当てになる海風は今週は期待できそうにない. 2 確かな: ~ sources 信頼できる[確かな]筋[典拠]. **-a・bly** /-əbli/ 副 頼もしく; 確実に; 確かな筋から.

re・li・ance /rɪláɪəns/ 图 (動 rely) ⓤ (…への)依存, 頼ること; 信用: His blind ~ on Ken cost him dearly. 彼がケンに全く頼りきったことが大きなマイナスになった. **place reliance on ...** 動 他 …に依存する, …を信用する.

re・li・ant /rɪláɪənt/ 形 (動 rely) ⓟ (…に)依存している, 頼る (on, upon).

rel・ic /rélɪk/ 图 ⓒ 1 (過去の)遺物, 遺跡; 遺風, 名残(こり) (of, from). 2 (聖人などの)遺骨, 遺品(崇拝の対象). 3 (滑稽な)(近事の)証拠(物件), 形跡 (of).

rel・ict /rélɪkt/ 形 A 地・生態 残存する.

＊re・lief¹ /rɪlíːf/ 图 (~s /-s/) 1 ⓤ または ⓐ **ほっとする[させる]こと, 安心**; 気晴らし, 息抜き; 慰め: What a ~! やれやれ助かった / breathe [heave] a sigh of ~ 安堵のため息をつく / The news of his safe arrival was a great ~ to us. 彼が無事に着いたという知らせを聞いて私たちは全くほっとした / light [comic] ~ (劇・物語などでの)ちょっとした息抜き(場面).
2 ⓤ (苦しみ・痛みなどを)軽くすること, 軽減 (of): get ~ from pain [pain ~] 痛みがなくなる / This medicine gives immediate ~ for most headaches. この薬で大半の頭痛はすぐ楽になる.
3 ⓤ 救済物資[金] (政府または公式の機関から与えられるもの); 救済, 救助; ⓤⓒ ⦅古風, 主に米⦆福祉手当: disaster [earthquake] ~ 災害[地震]救援物資 / This money will be used for the ~ of the poor. この金は貧しい人々の救済に使われる (⇨ the¹ 3) / Send ~ to the town. その町へ救援物資を送れ / a ~ project 救済計画. 4 ⓤ ⦅英⦆ 単数形でも時に複数扱い 交替[救援]する人(たち), 交替兵; (バスの)臨時増発便;

[形容詞的に] 交替の, リリーフの: a ~ driver 交替の運転手 / a ~ bus 臨時バス. 5 ⓤ (税金の)控除 ⦅米⦆ benefit); tax ~ 税金免除. 6 [the ~] ⦅格式⦆(包囲された町などへの)救援, 解放 (of).
on relief [形・副] ⦅主に米⦆生活保護を受けた[で].
to ...'s relief [文修飾副] …が安心[ほっと]したことには ⦅⇨ to¹ 12⦆ [言い換え]**"Much to my ~** [To my great ~], my house was not flooded. (=I was very [much] relieved that my house was not flooded.) 私の家は浸水を免れ何よりほっとした.

＊re・lief² /rɪlíːf/ 图 1 ⓤ ⦅美⦆ 浮き彫り; ⓒ 浮き彫り彫刻, 浮き彫り絵, レリーフ: in high [low] ~ 高[低]浮き彫りで[の]. 2 ⓤ 際立って見えること, 鮮明さ. 3 ⓤ 土地の起伏. **in bold [sharp, stark, clear] relief (against ...)** [形・副] (…を背景に)くっきりと際立って: The spire of the church stood out in sharp ~ (against a blue sky). 教会の尖塔が(青空を背景に)くっきりとそびえ立っていた.
in relief [形・副] 浮き彫りにされて; 起伏をつけて[示して].
throw [put, bring] ... into (sharp [stark]) relief [動] 他 〈…〉をはっきり目立たせる.

relief¹ 1

relief màp 图 ⓒ 起伏地図, 立体模型地図.
relief pitcher 图 ⓒ 野球 救援投手
relief ròad 图 ⓒ ⦅主に英⦆迂回(う)道路, バイパス.

＊re・lieve /rɪlíːv/ 動 (re・lieves /~z/; re・lieved /~d/; re・liev・ing; 图 relief¹) 他 1 〈苦痛・苦しみなど〉を和(や)らげる, 軽減する; 〈人〉を楽にする; 〈悪い事態〉を緩和する: The medicine ~d my stomachache. その薬で腹痛がおさまった.
2 〈人〉を安心させる, 安心させる (⇨ relieved).
3 ⦅格式⦆〈人〉を(重荷・責任などから)解放する; 〈人〉から(荷物)を預かる; (滑稽)〈人〉から〈金品など〉を奪う, 盗む: Let me ~ you of that suitcase. <V+O+of+名・代> そのスーツケースをお持ちしましょう. 4 ⦅格式⦆〈人〉を(職務から)はずす, 解任する: ~ the general of his command 将官の指揮権を奪う. 5 〈人〉と交替する; 〈…〉を交替させる, 〈救援隊〉をリリーフする[させる]: I will be ~d at ten. 私は10時には交替になる. 6 〈単調なもの〉に変化を与える, 〈退屈〉を紛らす: ~ the boredom [monotony] 退屈[単調さ]を紛らす. 7 ⦅軍⦆〈包囲された町など〉を救援[解放]する.
relieve one's feelings [動] ⓘ (泣いたり叫んだりして)うっぷん[気分]を晴らす. **relieve oneself** [動] ⓘ (婉曲) 用を足す(大(小)便をする).

＊re・lieved /rɪlíːvd/ 形 ほっとした, 安心した: The boy had a ~ look on his face. 少年は顔にほっとした表情を浮かべていた / I was ~ **to be [that I was]** back home. <A+to不定詞[that 節]> 家に帰れてほっとした / The mother was ~ **at [to hear]** the news. <A+at+名・代> 母親はその知らせを聞いてほっとした.

re・liev・er /rɪlíːvɚ/ -・və/ 图 ⓒ 救援者[物]; 野球 救援投手

＊re・li・gion /rɪlídʒən/ ⦅🔑⦆ 图 (~s /-z/; 形 religious) 1 ⓤ **宗教**: What do you think of ~? あなたは宗教をどう思いますか.
2 ⓒ (特定の)宗教, 宗派, …教: the Christian ~ キリスト教 / the great ~s of the world 世界の大宗教 《キリスト教・仏教・イスラム教など》/ practice one's ~ 自分の宗教を信奉する / It is against her ~ to work on Sundays. 日曜に働くことは彼女の宗教の教義に反する.
3 ⓤ 信仰, 信仰生活: freedom of ~ 信仰の自由.
4 [単数形で] (信仰のように)大切なもの, 信条.

ラテン語で「(神・誓いなどに)結びつける」の意: rely と同語源. **gèt [fínd] relígion** [動] (略式) [けなして] 宗教に走る[とりつかれる]. (米) 真剣になる. **màke a relígion of …** [動] ⋯を後生(ごしょう)大事にする: Judy makes a ~ of health food. ジュディーは健康食品を後生大事に愛用している.

re·li·gi·ose /rilíʤiòus/ 形 ひどく信心深い.

re·li·gi·os·i·ty /rilìʤiásəṭi, -ɔ́s-/ 名 (格式) [時に軽蔑] (度を越した)信心深さ.

***re·li·gious** /rilíʤəs/ 形 (名 religion; 反 irreligious) 1 A 宗教上の, 宗教の (反 secular); 信仰の: a ~ book 宗教書 / the ~ life of my aunt 私のおばの信仰生活. 2 信心深い, 敬虔(けいけん)な: a (deeply) ~ person (非常に)信心深い人. 3 A 厳正な: ~ care 細心の注意. 4 A 修道(会)の: a ~ house 修道院.
—名 (複 ~) C 修道士[女].

relígious education [instrúction] 名 U 宗教教育.

re·li·gious·ly 副 1 良心的に, きちょうめんに, きちんと. 2 宗教上, 宗教的に.

relígious·ness 名 U 信心深さ.

relígious tólerance 名 U 宗教的寛容.

re·line /rìːláɪn/ 他 動 …に裏を付け替える.

re·lin·quish /rilíŋkwɪʃ/ 他 動 (格式) 1 〈権利・地位・権力など〉を放棄する, 譲る (give up); 〈望みなど〉を捨てる (to). 2 〈…〉を(手)放す, 緩める; ~ one's hold [grip] on …… 〈(つかんだ)手を〉放す; …の(支配)を手放す.

rel·i·quar·y /réləkwèri, -kwəri/ 名 C 聖遺物箱, 聖遺物函.

***rel·ish** /rélɪʃ/ 動 (-ish·es /~ɪz/; rel·ished /~t/; -ish·ing) 他 1 〈…〉を楽しむ, 好む; 〈見込みなど〉に心がわくわくする: I don't ~ having to leave you. <V+O (動名)> 君を置いて行かねばならないのは心苦しい. 2 〈…〉をおいしく食べる, 味わう.
—名 1 U または a ~ 〉大喜び, 楽しみ. 2 U,C 薬味, 調味料; (肉料理などにかける)汁っぽいソース. **hàve nó rélish for …** [動] (略式) …を好まない, …に興味がない. **with (a) rélish** [副] うまそうに; おもしろそうに.

***re·live** /rìːlív/ 動 他 <過去のこと>を再体験する.

rel·lie /réli/ 名 C =rello.

rel·lo /rélou/ 名 (~s) C (豪) 親類(の人).

re·load /rìːlóud/ 他 動 (銃)に再び弾丸を込める; (カメラ・コンピューターの)フィルム[プログラム]を入れ直す.
— 動 再び込める; 入れ直す.

***re·lo·cate** /rìːlóukeɪt, -loukéɪt/ -loukéɪt/ 動 動 (会社など)移転する; (人が)移る (to). — 他 〈建物など〉を移転する; 〈人〉を移す.

re·lo·ca·tion /rìːloukéɪʃən/ 名 U 移転; 移住, 配置転換: ~ expenses 異動手当て.

re·luc·tance /rilʌ́ktəns/ 名 U [または a ~] 嫌い, 嫌悪; 気が進まないこと, 不承不承: with ~ いやいやながら / He showed (a) great ~ to go. 彼は行くのをとてもしぶっていた.

***re·luc·tant** /rilʌ́ktənt/ 形 (名 relúctance) (人が)気が進まない, 〈…すること〉を嫌う, いやがる, いやいやの (of unwilling); 心ならずもの: ~ consent しぶしぶの承認 / ~ admiration 不本意な称賛 / He was ~ **to** answer. <A+to 不定詞> 彼は答えるのをいやがった.

***re·luc·tant·ly** /rilʌ́ktəntli/ 副 1 いやいやながら, しぶしぶ (unwillingly): She ~ agreed to our proposal. 彼女は我々の提案にしぶしぶ同意した. 2 文修飾 不本意ながら, 残念ながら [『言いにくい断りなどを言う場合に』): R~, we must refuse your offer. 残念ながらお申し出はお断りねばなりません.

***re·ly** /rɪláɪ/ 動 動 (re·lies /~z/; re·lied /~d/; -ly·ing; 形 relíable, relíant, 名 relíance) 動 [★ rely on [upon] ⋯ 他 として用いる] (人・人の行為・気持ちなど)を信頼する; 〈人の援助や物事〉を当てにする, 頼り[頼みに

remaining

にする (depend) (⇒ religion 語源): You can ~ on me. <V+on+名・代> 大丈夫, 任せてくれ / [言い換え] I am ~ing on [upon] your honesty. = I am ~ing on [upon] you **to** be honest. <V+on+名・to 不定詞> 私はあなたが正直であると信頼しています / [言い換え] You cannot ~ on [upon] his help. = You cannot ~ **on** [upon] him **for** help. <V+on [upon]+名+for+名・代> 彼の協力は当てにできません / [言い換え] Don't ~ on my meet*ing* me there. <V+on+動名>=Don't ~ on me meet*ing* you there. (⇒ sense subject 文法 (2) (iii))=Don't ~ on me **to** meet you there. 私をお迎えに行けるかどうかわかりませんが(行くつもりですが) / This machine can't *be* relied on [upon]. <V+on+名・代の受身> この機械は当てにできません / You can [may] ~ on [upon] it that he will be here by ten. 彼は 10 時までには必ずここに来ます. **relý upòn it** [副] 文修飾 確かに, きっと.

rem /rém/ 名 C (複 ~) (理) レム, 人体レントゲン当量 《人体への影響を計る放射線量の単位》.

REM /rém/ 名 U 1 急速眼球運動《夢を見ているときに眼球が急速に動く現象; Rapid Eye Movement の略》. 2 =REM sleep.

remade 動 remake¹ の過去形および過去分詞.

***re·main** /rɪméɪn/ 動 (re·mains /~z/; re·mained /~d/; -main·ing; 名 remáinder) 動 [普通は進行形なし] 1 (ある状態の)ままでいる, 相変わらず[依然として]…である: He ~*ed* standing. <V+C (現分)> 彼は立ったままでいた / R~ seated, please. <V+C (過分)> どうぞそのままお座りになっていてください / The weather ~*ed* rainy. <V+C (形)> 天気は依然として雨だった / Let's ~ friends. <V+C (名)> 友達のままでいましょう / Let it ~ as it is. それはそのままにしておきなさい.

2 [副詞(句)を伴って] (格式) (その場に)とどまる, そのまま居続ける, 居残る (stay) (*in*, *with*): I ~*ed* at home yesterday. <V+前+名・代> きのうは家にいました / They left, but I was forced to ~ behind. 彼らは出て行ったが私は居残りをさせられた.

3 (物が)残る, 取り残される; 生き残る; 余る: Few of my things ~*ed* after the fire. 私の持ち物は火事の後ほとんど何も残らなかった / After the flood nothing ~*ed* of the house. <V+of+名・代> 洪水の後その家は跡形もなくなった / Of the eight original members only three now ~. 元の 8 人のメンバーのうち今は 3 人しか生き残っていない / What ~*s* if you take 4 from 6? 6 から 4 を引いたらいくつ.

4 (これから先のこととして)残っている, まだ…されないでいる: Much ~*s* **to** be discussed. <V+to 不定詞> まだなすべきこと[検討すべき点]がたくさんある / The problem still ~*s* **to** be solved. 問題はまだ解決されていない / It only ~*s* **for** us to thank you all for your help. 最後に私どもからみなさんの御支援に御礼を申し上げて終わりといたします《挨拶(あいさつ)などの結びのことば》(⇒ for B1) / It ~*s* **to** be seen whether the medicine will take effect. その薬が効くかどうかはまだ分からない.

***re·main·der** /rɪméɪndɚ | -də/ 名 (~s /~z/; 動 remáin) 1 [the ~ として単数または複数扱い] 残り(物), 余り物; 他の人々 (the rest): Tom gave the ~ of the food to his cat. トムは食べ物の残りを猫にやった. 2 C [普通は (the) ~] [数](引き算の)差, (割り算の)余り. 3 C (値引きして売る)売れ残り本, ぞっき本. — 動 (-der·ing /-d(ə)rɪŋ/) 他 [普通は受身で] 〈本〉を安売りする.

***re·main·ing** /rɪméɪnɪŋ/ 形 A 残りの: the ~ lessons 残りの課 / the few ~ guests 残った数人の客. 語法 次の用法にも注意 (⇒ remain 3): There are only ten minutes ~. 残り時間は 10 分だけだ.

*re·mains /rɪméɪnz/ 名[複] **1** [the ~] 残り物, 残り; 残額: the ~ of the dinner ごちそうの残り. **2** 遺跡, 遺物: Roman ~ ローマの遺跡. **3** 《格式》遺体, 遺骨: a man's mortal ~ 男の遺骸(がい).

*re·make¹ /rìːméɪk/ 動 (-makes; 過去・過分 -made /-méɪd/; -mak·ing) 他《映画など》を作り直す, リメークする. **2** …を改造[改作]する.

*re·make² /ríːmèɪk/ 名 C《映画などの》リメーク版.

*re·mand /rɪmǽnd | -mάːnd/ 動 [普通は受身で]《法》…を再拘留[留置]する;《米》《事件》を下級裁判所に差し戻す: be ~ed on bail 保釈される / He was ~ed in custody for a month. 彼は1か月間再拘留された. — 名 U《法》再拘留, 再留置. **on remánd** [形・副]《法》再拘留[留置]中の;《米》差し戻し中で.

remánd cèntre 名 C《英》拘置所.
remánd hòme 名 C《英》少年鑑別所.

*re·mark /rɪmάːrk | -mάːk/ 動 (**re·marks** /~s/; **re·marked** /~t/; **-mark·ing**) 他 **1** (思ったこと, 気づいたこと)を〈…〉と言う (observe), 述べる (say), 論評する: "I think she is mistaken," he ~ed. 〈V+O(引用節)〉「彼女は間違っていると思う」と彼は言った / She ~ed that the town looked the same as ever. 〈V+O (that 節)〉彼女は街の様子は全然変わっていないと言った. — 自 (…について)意見を述べる, 論評する: Everyone ~ed on [upon] his new hairstyle. 〈V+on [upon]+名・代〉彼の新しいヘアスタイルについてみんな何か感想を述べた.

[語源] 中(期)フランス語で「あらためて印をつける」の意; ☞ re-¹, mark¹ 最初の囲み.

— 名 (~s /~s/) **1** C (簡単な)批評, 意見, 感想; 発言 (about, on) (☞ comment 類義語); [複数形で] (演説などでの)ことば: a sexist ~ 性差別発言 / Anne's feelings were hurt by Barbara's ironic ~ed. アンの気持ちはバーバラの皮肉なことばで傷ついた. **2** U《古語》注目 (notice). **màke [páss] a remárk about [on]…** [動] 他 …について意見を述べる, …をとやかく言う. **ríse to a remárk** [動] 発言を受けて立つ.

*re·mark·a·ble /rɪmάːrkəbl | -mάːk-/ 形 [特にほめて] 注目すべき; 著しい, 目立った: a ~ event 注目すべき事件 / He is ~ for his wisdom. 〈A+for+名・代〉彼の賢さは大したものです / Is there anything ~ about his new movie? 〈A+about+名・代〉彼が撮った新作映画には何か注目すべき点がありますか / It is ~ that he said nothing at all. 彼が何も言わなかったとは珍しいことです.

⁺re·mark·a·bly /rɪmάːrkəbli | -mάːk-/ 副 **1** 著しく, 驚くほど (☞ very¹ 2番目の囲み): He made a ~ good speech. 彼は驚くほど立派なスピーチをした. **2** [文修飾語] 驚くべきことには, 注目すべきことには: R~ (enough), she recovered from her injuries. 驚いたことには彼女は負傷から立ち直った.

Re·marque /rəmάːk | -mάːk/ 名 固 **Er·ich** /érɪk/ **Ma·ri·a** /mərίːə/ ~ レマルク (1898-1970)《ドイツ生まれの米国の作家》.

re·mar·riage /rìːmǽrɪdʒ/ 名 U.C 再婚.

*re·mar·ry /rìːmǽri/ 動 (**-mar·ries**; **-mar·ried** /-ríːd/; **-ry·ing**) 他 再婚する. — 自〈…〉と再婚する.

re·mas·ter /rìːmǽstər | -mάːstə/ 動 (**-ter·ing** /-tərɪŋ, -trɪŋ/) 他 (新技術を使って)〈…〉の原盤[マスターテープ]を作り直す.

re·match /ríːmæ̀tʃ/ 名 C 再試合.

Rem·brandt /rémbrænt/ 名 固 ~ **van Rijn** /væn réɪn/ レンブラント (1606-69)《オランダの画家》.

re·me·di·a·ble /rɪmíːdiəbl/ 形 (反 irremediable)《格式》治療できる; 救済[矯正]できる.

*re·me·di·al /rɪmíːdiəl/ 形 《格式》療法(の), 治療上の; 救済[矯正]的な; 学力改善のための, 補習の: a ~ class 補習授業. **~·ly** 副 治療上; 救済的に; 補習(教育)で[として].

re·me·di·a·tion /rɪmìːdiéɪʃən/ 名 U《格式》矯正, 改善; 治療教育.

*rem·e·dy /rémədi/ 名 (-dies /-z/; 形 rémedial) **1**《悪や欠点などの》矯正法, 改善法, 救済策 (to);《法》救済法 (against): a ~ for the evils of materialism 物質主義の諸悪に対する救済策. **2** C (薬や手術などによる)治療(法); 治療薬 (cure): There's no known ~ for the disease. その病気の治療法は知られていない. **beyònd [withòut] rémedy** [形]《格式》矯正できない. **there is nó rémedy but to dó** …… …するよりほかしかたがない. — 動 (-dies; -e·died; -dy·ing) 他《欠点など》を矯正する,《状況など》を改善する.

*re·mem·ber /rɪmémbər | -bə/ 動 (**re·mem·bers** /~z/; **-mem·bered** /~d/; **-ber·ing** /-b(ə)rɪŋ/; 名 remembrance)

① 覚えている; 思い出す 他 **1**, 自
② 忘れずに…する 他 **2**

— 他 [語法] 普通進行形には用いない.

remember	覚えている
	思い出す

1 〈…〉を覚えている, 記憶している;〈過去のこと〉を思い出す (反 forget) (☞ 類義語): I don't ~ his name. 私は彼の名を覚えていません / I can only vaguely [dimly] ~ the face of the mugger. 強盗の顔はぼんやりとしか思い出せない / [言い換え] I ~ seeing [having seen] her somewhere before. 〈V+O(動名)〉(☞ having² 2 文法) =I ~ (that) I have seen her somewhere before. 〈V+O (that) 節〉 私は以前どこかで彼女に会った覚えがある / I can't ~ where I bought this hat. 〈V+O (wh 節)〉私はどこでこの帽子を買ったのか思い出せない / [言い換え] I ~ he being [having been] there once with his father. =He ~ed that he had been there once with his father. 彼は父と一度そこへ行ったことがあるのを思い出した / [言い換え] I ~ our teacher saying so. 〈V+O+C(現分)〉私は先生がそう言ったのを覚えている / [言い換え] I remember him as a sensible man. 〈V+O+C(as+名)〉 =I ~ him for being a sensible man. 〈V+O+for+動名〉私の記憶では彼は思慮分別のある男でした.

2 忘れずに…する;〈物〉を(どうするかを)忘れていない (反 forget): [言い換え] R~ to mail this letter tomorrow morning. 〈V+O (to 不定詞)〉 (=Don't forget to mail this letter tomorrow morning.) あすの朝忘れずにこの手紙を出してください / You did ~ the dictionary, didn't you? 辞書は忘れていませんね(忘れずに持って来ていますね).

[語法] 〈V+O (to 不定詞)〉の動詞型はこれから先のことについて忘れないように注意する.「忘れずに…する」の意味に用いる; 一方〈V+O (動名)〉の動詞型は過去にしたことを覚えている.「…したことを覚えている」という, **1** の意味に用いる (☞ forget 2 語法).

3 (S)《主に英》〈人〉に〔から〕よろしくと(…と)言う[伝える]: 会話 "Please ~ me to your father." "I certainly will." 「お父さんによろしくお伝えください」「わかりました」 [語法] 普通には say hello to … や give [send] …'s best [kind] regards to … という.

4 〈…〉に(忘れずに)贈り物をする, チップをやる, 心付けを

る: R~ the waiter when you leave the table. (食事が済んで)テーブルを離れるときは給仕にチップをあげなさい. **5** 〈…に〉祈る; 〈…を〉追悼する: Please ~ me in your prayers. 私のために祈ってください.
— 自 思い出す; 覚えている: If I ~ right(ly) [correctly], her mother is Italian. ⓢ 私の記憶に間違いがなければ彼女の母はイタリア人です / Now I'm ~ing. ああ, 思い出してきた (☞ be² A (1) (4)) / She made it a holiday to ~. 彼女はその休日を忘れない日にした (★ holiday が意味上の目的語の意; ☞ re-¹, memory).
be remémbered as ‥. [**for (dòing) ‥.**] (人が) …として[(したこと)で]よく知られている, 名が残る (☞ 他 1). **for as lóng as ... can remémber** [副] (…の記憶にある限り)ずっと長い間. **remémber ... in one's wíll** [動] 〈…に〉財産分与するよう遺言状を残す. **remémber onesèlf** [動] 不作法をわびる. **(you) rèmèmber?** [しばしば文末で] (略式) 忘れてないでしょうね (相手が忘れたかもしれないことの確認に用いる): I've just had an operation, (you) ~? 私は手術したばかりで, 分かっているね.

【類義語】**remember** 意識的・無意識的にかかわらず過去のことを覚えている[思い出す]こと: I *remember* the house where I was born. 生まれた家を覚えている / I can't *remember* his name. 彼の名前が思い出せない. **recall** *remember* よりも改まった感じの語で, 意識的に過去を思い出すこと: He *recalled* the scene. 彼はその光景を思い起こした. **recollect** 過去の出来事などの記憶をゆっくりと呼び戻すこと: I often *recollect* my student days. 学生時代のことをよく思い出す.

✝**re‧mem‧brance** /rɪmémbrəns/ 名 (動 remember) **1** Ⓤ または a ~ 追悼, 哀悼. **2** 《格式》 ⓊⒸ 記憶 (memory), 思い出, 追憶; Ⓒ 記念品[物]: I have no ~ *of* it now. 私は今ではそれについて何も覚えていません. **in remémbrance of ‥** [前] …の記念に: a service *in* ~ *of* those who died in the war 戦没者に対する追悼礼拝.
Remémbrance Dày [Súnday] 名 ⓊⒸ (英) 戦没者追悼記念日 (11 月 11 日に最も近い日曜日; ☞ Armistice Day, Veterans Day).

*✝**re‧mind** /rɪmáɪnd/ 🔊 動 (**re‧minds** /-máɪndz/; **-mind‧ed** /-ɪd/; **-mind‧ing**) 他 **1** [進行形なし] (物事や人が)〈人に〉(…を)思い出させる; 〈…に〉(…を)連想させる: That ~s me: I have to phone my mother. ⓢ それで思い出した, 母に電話しなくちゃ / You ~ me **of** your father. <V+O+*of*+名・代> 君を見ると君のお父さんを思い出す / [言い換え] This song ~s me of my hometown. (=Whenever I hear this song, I remember my hometown.) この歌を聞くと故郷を思い出す / I'd like to buy something to ~ me of my trip to Italy. イタリア旅行の思い出になる物を買いたい.
2 〈人に〉(…するように)気づかせる; 〈人に〉(…であること)を注意する: Please ~ me *to* mail the letter. <V+O+C (*to* 不定詞)>＝Please ~ me *about* mailing the letter. <V+O+*about*+名・代> 手紙を出すのを私が忘れていたら注意してください / You *are* ~ed *that* smoking is prohibited in this room. <V+O+O (*that* 節)の受身> 念のため申し上げますが, この部屋では禁煙です / Please ~ me *when* to [I should] get off. <V+O+O (*wh* 句[節])> いつ降りたらいいか私に教えてください. **Dón't remínd me.** ⓢ (いやなことを)思い出させないでよ. **'Lèt me [I must] remínd you that ...=Mày [Càn] I remínd you that ...?** ⓢ 《格式》 …ということを念のため申しあげます(が). **remínd onesèlf ˈto dó [that ...]** [動] …すのを[…ということを]忘れないようにする.

*✝**re‧mind‧er** /rɪmáɪndɚ | -də/ 🔊 名 (~s /-z/) Ⓒ **1** [しばしば単数形で] ⓦ 思い出させる人[もの]: a timely ~ (*of*) (…)を折よく思い出させるもの / This scar is [serves [acts] as] a ~ *that* I was a fool. <N+*that*

節> この傷跡は私が愚かだったことを思い知らせてくれる. **2** (思い出させるための)注意, 合図, 催促(状).
re‧mind‧ful /rɪmáɪndf(ə)l/ 形 思い出させる (*of*).
Rem‧ing‧ton /rémɪŋtən/ 名 **Frederic** ~ レミントン (1861-1909) 《米国の画家・彫刻家》.
✝**rem‧i‧nisce** /rèmənís/ 動 (**rèminíscent**, 名 **rèminíscence**) 自 追憶する, 思い出を語る (*about*).
✝**rem‧i‧nis‧cence** /rèmənísns/ 名 (**-nís‧ces** /-ɪz/, 形 **rèminíscent**) **1** Ⓒ [普通は複数形で] 思い出(話), 回想録 (*of, about*). **2** Ⓤ 思い出すこと, 回想, 追憶 (*of*). **3** [複数形で] 昔を思い出させるもの.
✝**rem‧i‧nis‧cent** /rèmənísnt/ 形 (動 **rèminísce**, 名 **rèminíscence**) **1** Ⓟ (…を)思い出させる: a house ~ **of** the one I grew up in <A+*of*+名・代> 私が育った家を思わせるような家. **2** 《主に文》 (表情・気分などが)昔をしのぶ, 追憶の. **~‧ly** 副 昔をしのんで.
re‧miss /rɪmís/ 形 Ⓟ 《格式》不注意な, 怠慢な (*in*): It would be ~ *of* you not to inform me of the change. 変更を私に教えてくれないとはあなたの怠慢でしょう (☞ *of* 12).
✝**re‧mis‧sion** /rɪmíʃən/ 名 (動 **remit** 他 3) ⓊⒸ **1** (痛みなどの)軽減, 小康(期間): be in ~ (病気・病人が)小康状態である / go into ~ 小康状態になる. **2** 《格式》(債務などの)免除, 減免, 許すこと: the ~ of sins 免罪. **3** (英) [法] 刑期短縮, 減刑.
re‧miss‧ness 名 Ⓤ 《格式》不注意, 怠慢.
✝**re‧mit¹** /rɪmít/ 動 (**re‧mits**; **-mit‧ted**; **-mit‧ting**; (名 **rémit** 他 1, 名 **rémittance**; 形 3 は **remíssion**) 《格式》他 **1** 〈金銭〉を送る (*to*). **2** 〈問題など〉を(委員会などに)付託する; 〔法〕〈事件〉を(下級裁判所に)差し戻す (*to*). **3** 〈罰・負債など〉を免除する; 〈刑〉を軽減する [≒**permit**「単語の記憶」]. — 自 送金する.
re‧mit² /rɪmít, rí:mɪt | rí:mɪt/ 名 Ⓒ 《英格式》権限(の範囲); 任務.
✝**re‧mit‧tance** /rɪmítəns, -tns/ 🔊 名 (動 **remit¹** 1, 名 《格式》) 送金; Ⓒ 送金額: on ~ of $50 50 ドル送金ありしだい.
re‧mit‧tent /rɪmítənt, -tnt/ 形 《病気の》症状のよくなったり悪くなったりする, 弛張(ちちょう)性の.
re‧mix¹ /rí:mìks/ 名 Ⓒ ミキシングし直した録音.
re‧mix² /rì:míks/ 動 他 〈…〉をミキシングし直す.
✝**rem‧nant** /rémnənt/ 名 Ⓒ **1** [しばしば複数形で] 残り(物); 名残り (*of*). **2** 半端切れ[生地].
re‧mod‧el /rì:má(ɑ)dl | -mɔ́dl/ 動 (**-mod‧els**; **-mod‧eled**, (英) **-mod‧elled**; **-el‧ing**, (英) **-el‧ling** /-d(ə)lɪŋ/) 他 〈家など〉を改造する, 〈鼻など〉を整形する.
re‧mold /rì:móʊld/ 動 他 《格式》〈制度・考えなど〉を改める, 改変する.
re‧mon‧strance /rɪmá(ɑ)nstrəns | -mɔ́n-/ 名 ⓊⒸ 《格式》抗議; 批判, 諫言(かんげん).
re‧mon‧strate /rɪmá(ɑ)nstreɪt, rémənstreɪt | rémənstrèɪt/ 動 自 《格式》抗議する (*against*); 苦情を言う, 批判する: I ~d with him *about* his treatment of his children. 私は子供たちの扱いについて彼に注意した.
re‧mon‧stra‧tive /rɪmá(ɑ)nstrətɪv | -mɔ́n-/ 形 《格式》抗議の; 批判的の.
✝**re‧morse** /rɪmɔ́ɚs | -mɔ́:s/ 名 Ⓤ 後悔(の念): show ~ 後悔の念を示す / He feels [is filled with] ~ *for* [*over*] his crimes. 彼は自分の犯した罪を悔いている.
re‧morse‧ful /rɪmɔ́ɚsf(ə)l | -mɔ́:s-/ 形 後悔している, 深く反省している. **-ful‧ly** /-fəli/ 副 後悔して.
re‧morse‧less /-ləs/ 形 (物事が)執ような, 容赦ない; (人・行為が)無慈悲な, 冷酷な. **~‧ly** 副 執ように, 容赦なく; 冷酷に(も). **~‧ness** 名 Ⓤ 容赦なさ.
re‧mort‧gage /rì:mɔ́ɚgɪdʒ | -mɔ́:-/ 動 他 〈…〉を再び抵当に入れる. — 名 Ⓒ 別の抵当.
*✝**re‧mote** /rɪmóʊt/ 🔊 形 (**re‧mot‧er** /-t̬ə | -tə/,

more〜; re·mot·est /-tɪst/, **most 〜**) **1** 遠く離れた(*from*); へんぴな(⇨*far* 類義語): *motion*(単語の記憶): They went to the *remotest* villages. 彼らはどんなへんぴな村にも行った《⇨*superlative degree* 文法》.

2 A 遠い昔の; 遠い未来の(*from*): 〜 ancestors 遠い先祖 / in the 〜 past [future] 遠い昔[未来]に.
3 関係の薄い; (…から)かけ離れた, 大いに異なった (*from*), A (血縁などが)遠い: 〜 relatives 遠い親類.
4 A (装置などが)遠隔の操作が可能な; リモートの.
5 (可能性などが)かすかな: a 〜 possibility [chance] わずかな可能性 / I don't have the *remotest* idea what he will do next. 彼が次に何をするかまるで見当がつかない. **6** (人・態度などが)よそよそしい, 冷淡な. ━━名 C S =remote control 1. 語源 ラテン語で「遠くに移された」の意; *remove* と同語源.

remóte áccess 名 U 〖電算〗遠隔アクセス.
⁺remóte contról 名 C **1** リモコン(装置). **2** U 遠隔操作[制御], リモコン: by 〜 リモコンで. **3** U 〖電算〗(ネットワークによって)遠隔先のコンピュータを操作するソフト.
re·mote-con·trolled /rɪmóʊtkəntróʊld⁺/ 形 遠隔操作の, リモコンの.
⁺re·mote·ly /rɪmóʊtli/ 副 **1** [普通は否定文で]ごくわずかに(でも). **2** 遠く離れて; 遠く から; 間接的に.
re·móte·ness 名 U 遠く[かけ]離れていること, 遠隔; よそよそしさ.
remóte sénsing 名 U (人工衛星による)遠隔計測[探査].
re·mould¹ /ríːmòʊld/ 名 C (英) 再生タイヤ (*retread*).
re·mould² /rìːmóʊld/ 動 他 (英) =remold.
re·mount¹ /rìːmáʊnt/ 動 他 **1** 〈馬など〉に再び乗る; 再び登る. **2** 〈…〉を再開する. ━━自 再び乗る.
re·mount² /ríːmàʊnt/ 名 C 新馬.
re·mov·a·ble /rɪmúːvəbl/ 形 (簡単に)取り外し(⁺)しのできる.
⁺re·mov·al /rɪmúːv(ə)l/ 名 (〜s /-z/; 動 *remove*) U C **1** 除去; 取り除き, 撤去: stain 〜 しみ取り / the 〜 *of* missiles ミサイルの撤去. **2** 解任, 免職 (*from*). **3** 移動, 移転; (英格式) 引っ越し, 転居.
re·mov·al·ist /rɪmúːv(ə)lɪst/ 名 C (豪) 引っ越し業者.
remóval ván 名 C (英) =moving van.
⁺re·move /rɪmúːv/ 動 (**re·moves** /〜z/; **re·moved** /-d/; **re·mov·ing**) 名 remóval) 他 **1** 〈…〉を(一から)取り去る, 取り除く, 除去する; 撤去する; 〈問題など〉を解消する, なくす; [主に W] (別の場所へ)〈…〉を移す, 移転させる, 立ち退かせる (⇨*remote* 語源): Please 〜 the dirt *from* this shirt. <V+O+*from*+名・代> このシャツから汚れを取ってください / The posters were *removed from* the wall immediately. <V+O+*from*+名・代の受身> ポスターは即刻壁から撤去された / People were *removing* the snow on the street. 人々は通りの除雪をしていた. **2** [主に W] 〈身につけているもの〉を脱ぐ, 取る (take off): You must 〜 your shoes when you enter a Japanese house. 日本の家に入るときには靴を脱がなければなりません. **3** 〈役職者など〉を免職にする, 解任[解雇]する (*dismiss*) (*from*). ━━自 (古風) 引っ越す, 移転する (*from*, *to*).

remóve onesélf 動 自 (格式) 立ち去る.
━━名 C [数詞などを伴って] (格式, 主に英) (隔たりの)程度, 段階: at one 〜 1 段階隔たって; 間接的に.

be ónly (at) óne remóve from ... 動 他 (格式) …とほとんど同じである.

⁺re·moved /rɪmúːvd/ 形 P **1** (…と)かけ離れた; 大いに異なる. **2** (いとこ(の子孫)が)…世代隔たった[離れた]: a (first) cousin once 〜 いとこの子, 5親等.

re·mov·er /rɪmúːvɚ | -və/ 名 **1** C,U [普通は合成語で] (ペンキ・しみなどの)除去剤, (…落としの)洗剤: paint 〜 ペンキ落とし[洗剤]. **2** C [主に複数形で] (英) 引っ越し運送屋[人].

RÉM slèep 名 U レム睡眠《大脳や眼球の活動が活発になり, 夢を見る状態の睡眠》; ⇨*REM*.
re·mu·ner·ate /rɪmjúːnəreɪt/ 動 他 [普通は受身で] (格式) 〈人〉に報酬を与える, 報いる (*for*).
re·mu·ner·a·tion /rɪmjùːnəréɪʃən/ 名 U または a 〜 (格式) 報酬, 報礼; 給料 (*for*).
re·mu·ner·a·tive /rɪmjúːn(ə)rəṭɪv, -nərəṭ-/ 形 (格式) (仕事が)報酬のある, 引き合う. **〜·ly** 副 引き合って.

Ré·my Mar·tin /réɪmimáətɪn | -máː-/ 名 U レミーマルタン《フランス製のコニャック; 商標》.
⁺re·nais·sance /rènəsɑ́ːns, -zɑ́ːns⁺ | rɪnéɪs(ə)ns/ 名 (**-nais·sanc·es** /〜ɪz/) **1** [the R-] ルネサンス, 文芸復興 (14-16 世紀ヨーロッパに起こった古典文芸・学術の復興); [R-] [形容詞的に] ルネサンス(時代[様式])の. **2** C [しばしば a 〜] (文芸・宗教などの)復興, 復活: experience a 〜 of Japanese traditional music 日本の伝統音楽の復興を見る.

Rénaissance mán [wóman] 名 C ルネサンス的教養人《幅広い知識と教養の持ち主》.
re·nal /ríːnl/ 形 〖解〗[普通は 限定] 腎臓(⁽⁾)の.
⁺re·name /rìːnéɪm/ 動 他 [普通は受身で] 〈…〉に新しく(—と)名をつける; 〈…〉に(—と)名をつけ替える.
re·nas·cent /rɪnǽs(ə)nt/ 形 A (格式) 復活[再生]しつつある, よみがえる.
Re·nault /rənóʊ, -nóːlt | rénoʊ/ 名 C ルノー《フランス製の乗用車; 商標》.
rend /rénd/ 動 (**rends**; 過去・過分 **rent** /rént/; **rend·ing**) 他 (文) 〈…〉を引き裂く, かき乱す: Her shriek *rent* the air. 彼女の悲鳴が空気をつんざいた.

⁺ren·der /réndɚ | -də/ 動 (類義語 *lender*) 動 (**ren·ders** /〜z/; **ren·dered** /-d/; **-der·ing** /-dərɪŋ, -drɪŋ/) 他 (格式) **1** 〈…〉を—にする (*make*): The frost 〜ed the orange crop worthless. <V+O+C (形)> その霜でオレンジの収穫がだめになった / I was 〜ed speechless by his rudeness. <V+O+C (形)の受身> 彼の無礼な態度にはあきれて物も言えなかった.

2 〈援助など〉を与える, 〈力〉を貸す, 尽くす: 〜 an explanation 説明する [言い換え] He 〜ed a great service *to* the nation. <V+O+*to*+名・代> =He 〜ed the nation a great service. <V+O+O> 彼は国家に大変な尽力をした / They requested payment for services 〜ed. 彼らは尽力に対して支払いを求めた. **3** 〈…〉を表現する (*express*), 描写する (*depict*) (*as*, *in*); 演奏する, 演じる; 〈建物の完成見取図など〉を描く; 〖電算〗〈画像〉を三次元化する: She 〜ed the love song very well. 彼女はその恋歌を非常にうまく表現した. **4** 〈…〉を翻訳する (*translate*) (*into*). **5** 〈…〉を返す (*return*), 返礼する: 〜 thanks *to* God for blessings 神の祝福に対し感謝する. **6** 〈報告書など〉を差し出す, 提出する (*submit*) (*to*). **7** 〈判決など〉を言い渡す, 下す. **8** 〈脂〉を溶かす, 精製する (*down*). **9** 〖建〗〈石・れんがなど〉を(しっくいなどで)下塗りする. **rénder úp** 動 他 (古語) 〈町など〉を(敵に)明け渡す (*to*).
ren·der·ing /réndərɪŋ, -drɪŋ/ 名 **1** C =rendition. **2** C (建物の)完成見取図; U 〖電算〗画像(の三次元)化, レンダリング. **3** U,C 〖建〗下塗り.
⁺ren·dez·vous /rɑ́ːndɪvùː | rɔ́n-/ 《フランス語から》 名 (複 〜 /-z/) C **1** 会合 (特に密かに時と場所を決めて行なうもの), 待ち合わせ; 待ち合わせの約束: arrange [make] a 〜 with ... ...と待ち合わせの約束をする. **2** 会合場所, 待ち合わせ場所; (人の)たまり場 (*for*). **3** (宇宙船などの)ランデブー, (軍用車両の)集結.

— 動 打ち合わせた場所で会う, 落ち合う (with).

†ren·di·tion /rendíʃən/ 名 C 《格式》 1 演奏, 演技, 演出 (of); 解釈. 2 翻訳, 訳出.

†ren·e·gade /rénɪgèɪd/ 名 C 《文》 [軽蔑] 1 変節者, 脱党者; 背教者; [形容詞的に] 変節した, 裏切りの. 2 《社会への》反逆者.

†re·nege /rɪníg, -nég/ 動 《約束》を破る, (取り決めなどに)背く (on).

re·ne·go·ti·a·ble /rìːnɪgóuʃ(i)əbl/ 形 再交渉が可能な.

re·ne·go·ti·ate /rìːnɪgóuʃièɪt/ 他 《契約·価格》などの取り決めをし直す. — 再交渉する.

†re·new /rɪn(j)úː | -njúː/ 他 (re·news /-z/; re·newed /-d/; -new·ing /-ɪŋ/; 名 rénewal) 他 1 《契約·免許》などを更新する: This licence must be ~ed every five years. この免許は5年ごとに更新しなければならない.

2 《…を》再び始める, 再開する: ~ an attack 攻撃を再開する / After buying more stock, he ~ed his attempts to take over our company. 株を買い足して彼は我が社を乗っ取る企てを再開した.

3 《…を》新しくする, 新たにする, 再度言う, くり返す: ~ a friendship 昔の旧交を温める・・・ / ~ a request [call] 再度要求[呼びかけ]する / His words ~ed my courage. 彼のことばで私は勇気を新たにした. 4 [普通は受身で]《…を》取り替える (replace); 補充[補強]する; 回復する (~ renewed). 語源 ← re-1, new.

†re·new·a·ble /rɪn(j)úːəbl | -njúː-/ 形 1 《契約など》 《延長》できる. 2 再生できる: ~ sources of energy (太陽·風·水などの)再生可能なエネルギー源. — 名 [複数形で] 再生可能なエネルギー源.

†re·new·al /rɪn(j)úːəl | -njúː-/ 名 (~s /-z/; renéwal) U,C 1 《契約·免許などの》更新, 延長 (of): the ~ date (本の貸出しなどの)更新期日 / be [come] up for ~ 更新の時期である[を迎える].

2 新たにする[される]こと, 刷新, 再開, 復活, 再生 (of): ☞ urban renewal.

re·newed /rɪn(j)úːd | -njúːd/ 形 1 [普通は A] (感情·活動などが)新しくなった, 復活した: with ~ enthusiasm 熱意を新たにして. 2 P 健康[元気]をとりもどして: feel ~ 気分が一新する.

ren·net /rénɪt/ 名 U レンネット 《子牛の第4胃の薄膜からとる凝乳酵素で, チーズを作る材料》.

Re·no /ríːnoʊ/ 名 リノ 《米国 Nevada 州西部の都市; 離婚裁判所やカジノで有名》.

Re·noir /rənwάː, rénwɑː- | rɔnwάː, rénwɑː-/ 名 固 Pierre /pjéə/ pjéə/ Au·guste /ɔːgúst/ ~ ルノワール (1841-1919) 《フランスの画家》.

re·nom·i·nate /rìːnάmənèɪt | -nóm-/ 動 他 《…》を再び指名する, 再任する.

†re·nounce /rɪnáʊns/ 動 他 《格式》 1 《権利·位などを》《公式に》放棄する; 《習慣などを》捨てる: ~ one's citizenship 市民権を放棄する. 2 《主義などを》《公式に》否認する: The Japanese people have ~d war. 日本国民は戦争を放棄している. 3 《…と》縁を切る, 見捨てる.

re·nounce·ment /rɪnáʊnsmənt/ 名 U = renunciation.

†ren·o·vate /rénəvèɪt/ 動 他 《建物·家具などを》修復[修繕]する.

ren·o·va·tion /rènəvéɪʃən/ 名 U,C [C の時は普通は複数形で] 修復, 修繕.

re·nown /rɪnáʊn/ 名 U 《格式》 名声 (fame): win ~ (as a musician) (音楽家として)名声を勝ち取る / a poet of great ~ 非常に名高い詩人.

†re·nowned /rɪnáʊnd/ 形 著名な, 有名な (☞ famous 類語語): She is ~ as a pianist. <A+as+名·代> 彼女はピアニストとして有名だ / Mr. Rich is ~ for his collection of rare butterflies. <A+for+名·代> リッチ氏は珍しい蝶の収集で名高い.

*rent¹ /rént/ (類音 lent, went) 他1

(利用する代償) → (払う側から言えば)「借り賃」; 「賃借りする」他1
→ (受け取る側から言えば)「貸し賃」; 「賃貸しする」他2

— 動 (rents /rénts/; rent·ed /-tɪd/; rent·ing /-tɪŋ/; 名 réntal) 他 1 《土地·建物·部屋などを》賃借りする, 《…の》借り賃を払う (☞ borrow 表, 類語語): I ~ed a small apartment for three months. 私は3か月間小さなアパートを借りた / We are ~ing our house from Mr. Smith. <V+O+from+名·代> 私たちはスミスさんから家を借りている.

2 《土地·建物·部屋·品物などを》賃貸しする (《主に英》 let) (☞ lend 表): She ~s a room to a student. <V+O+to+名·代> 彼女は学生に部屋を貸している / I may be able to ~ you a room. <V+O+O>=I may be able to ~ a room to you. あなたに部屋を貸せるかもしれない.

3 《主に米》 《車·船·衣装などを》(短期間)借りる (《英》 hire): ~ a compact car 小型車を借りる. 関連 charter チャーターする / lease 賃貸し[借り]する.

— 自 1 《土地·建物·部屋などが》賃貸される; 《家主が》賃貸しする (to): This room ~s at [for] 50 dollars a week. <V+at [for]+名·代> この部屋は週50ドルで貸している. 2 賃借りする (from).

rént óut [動] 他 《土地·建物·部屋·品物などを》賃貸する (to) (《英》let out) (☞ lend 表).

— 名 (rents /rénts/) U,C 《土地·建物·部屋·機械などの》借り賃, 借用料; 貸し賃, 賃貸料; 地代; 家賃, 部屋代; 《車·船·衣装などの》使用料: ground ~ 地代 / at a ~ of $20 a day 一日20ドルの使用料で / I'm two months behind with [on] the ~. 私は2か月分の家賃がたまっている.

── コロケーション ──
collect rent 貸し賃を集金する
lower the rent 賃貸料を値下げする
owe rent (on ...) (…の)借り賃がたまっている
pay a high [low] rent (for ...) (…に)高い[安い]借り賃を支払う
raise [put up] the rent [rents] 賃貸料を値上げする

for rént [形] 賃貸しの (《英》 to let): (a) house [room] for ~ 貸し家[貸し間]. 語法 単に For Rent として 「貸し家[間]あり」の意味で掲示·広告にもよく用いる.

rent² 動 rend の過去形および過去分詞.

rent³ /rént/ 名 C 《文》(布地などの)裂け目, ほころび.

rent-a- /réntə/ 接頭 [しばしば滑稽]「賃借りできる[した], レンタルの; (まるで)雇われた(ような)」の意: rent-a-crowd [mob] 雇われた群集[集会]参加者.

rent·a·ble /réntəbl/ 形 賃貸し[賃借り]できる.

rent-a-car /réntəkὰː | -kὰː-/ 名 C 《米》 レンタカー; レンタカー会社.

*rent·al /réntl/ (~s /-z/) 名 1 U,C レンタル, 賃貸, 賃借: Video ~s have increased this week. ビデオのレンタルが今週増えた.

2 U または a ~ レンタル料, 賃貸[賃借]料: at a ~ of $10 10ドルの賃貸料で. 3 C 《米》 賃貸しの家[アパ-

ト]; レンタル物件《レンタカー・貸し衣装など》.
— [形] [A] レンタルの, 賃貸しの: a ～ car レンタカー.
réntal lìbrary [名] [C]《米》貸し出し文庫, 貸し本屋 (lending library).
rént bòok [名] [C]《英》家賃帳.
rént bòy [名] [C]《英略式》若い男娼(だんしょう).
rént contròl [名] [U] (政府の)家賃統制(法).
rent·ed /réntɪd/ [形] (住居などが)賃貸しされた.
rent-free /réntfríː/ [形][副] 使用料[家賃, 地代]なしの[で], ただの[で] (free of rent).
ren·tier /rɑːntjéɪ | rάːntièɪ/ [名]《フランス語から》[C] [しばしば軽蔑] 金利生活者, 不労所得者.
rént rèbate [名] [C]《英》家賃補助(金).
rént strìke [名] [C] 家賃[部屋代]不払い運動.
re·num·ber /rìːnʌ́mbɚ | -bə/ [動] [他] 〈...〉の番号を付け替える.
re·nun·ci·a·tion /rɪnʌ̀nsiéɪʃən/ [名] [U,C]《格式》放棄, 廃棄; 否認; 克己, 自制 (*of*).
*__re·o·pen__ /rìːóʊp(ə)n/ [動] (**-o·pens** /~z/; **-o·pened** /~d/; **-pen·ing**) [他] **1** 〈工場・会談・調査・関係など〉を再開する, 再び始める: The store was *~ed* under a new name. その店は名前を変えて再開店された. **2** 〈閉鎖されていた国境・ルート〉を再び開く.
— [自] 再開する, 再び始まる: Peace talks *~ed* last week. 和平会談が先週再開された.
re·o·pen·ing /rìːóʊp(ə)nɪŋ/ [名] [U,C] 再開.
re·or·der /rìːɔ́ɚdɚ | -ɔ́ːdə/ [動] (**-der·ing** /-dərɪŋ, -drɪŋ/) [他] **1** 〈...〉を再[追加]注文する. **2** 〈...〉を再整理する, 配列しなおす. — [自] 再[追加]注文する.
— [名] [C] 再[追加]注文.
re·or·ga·ni·za·tion /rìːɔ̀ɚgənɪzéɪʃən | -ɔ̀ːgənaɪz-/ [名] ([動] rèórganìze) [U,C] 再編; 改造[組] (*of*).
*__re·or·gan·ize__ /rìːɔ́ɚgənàɪz | -ɔ́ː-/ [動] (**-iz·es** /~ɪz/; **-ized** /~d/; **-iz·ing**; [名] reòrganizátion) [他] 〈...〉を再編成する; 改造する, 改組する: ～ the departments 部局の組織替えをする. — [自] 再編成する.
re·o·ri·ent /rìːɔ́ːriènt/ [動] [他] 〈...〉に新しい方向[方針]を与える, 再教育する.
+**rep**[1] /rép/ [名]《略式》**1** [C] =representative 3. **2** [C] =representative 1. **3** [U] =repertory 1. **4** [C] =repertory company [theater]. **5** [C] [S]《米》=reputation. **6** [C] (トレーニングの)反復動作.
rep[2] /rép/ [名] [U] 畝(うね)織り布《室内装飾用》.
+**Rep.** [略] =Representative, republic, Republican.
re·pack·age /rìːpǽkɪdʒ/ [動] [他] 〈...〉を見栄えよく変える; 〈...〉を魅力的に作り直す; 〈...〉を荷造りし直す.
*__re·paid__ /rɪpéɪd, rìː-/ [動] **repay** の過去形および過去分詞.
*__re·pair__[1] /rɪpéɚ | -péə/ [T1] [動] (**re·pairs** /~z/; **re·paired** /~d/; **-pair·ing** /-pé(ə)rɪŋ/; [名] 2 では rèparátion) [他] **1** 〈...〉を修理する, 修繕する (☞ 類義語): He had his watch *~ed*. 彼は時計を修繕してもらった / This television cannot *be ~ed*. <V+O の受身> このテレビは修理がきかない.

repair (大きなもの・複雑なものを)	修理する
mend (簡単なものを)	

2《格式》〈...〉の埋め合わせをする, 〈...〉を賠償する; 〈誤りなど〉を訂正する: ～ damage 損害の埋め合せをする. **3**《格式》〈関係など〉を回復する, 元に戻す (restore). [語源] ラテン語で「再び用意する」の意; ☞ re-[1], prepare.
— [名] (~s /~z/) **1** [C] [普通は複数形で] 修理作業, 修理仕事; 修繕部分: road ~*s* 道路修理 / He made [did, carried out] **~s on** his house. 彼は自分の家の修理をした / The **~s to** the school building will be made during the summer vacation. 校舎の修理は夏休み中に行なわれる.
2 [U] 修理, 手入れ; 手入れ[修理]の状態: ～ work 修繕(の仕事) / This machine is badly in need of ～. この機械は絶対に修理が必要だ // ☞ 成句.
beyònd [pàst] repáir [副] 修理[修繕]がきかないほどに: The bridge was destroyed *beyond* ～. 橋は修理できないほどに破壊された.
in góod [bád, póor] repáir＝in a góod [bád, póor] státe of repáir [形] 手入れが行き届いて[行き届かなくて]: The road is *in poor* ～. その道路は手入れが十分でない.
ùnder repáir [形] 修理[修繕]中で: The bridge is now *under* ～. 橋は現在修理中である.
【類義語】**repair** やや格式ばった語で, 構造が複雑で, 修理に多少とも特殊な技術を要するものを修繕することをいう: I had my car *repaired*. 私は車を修理してもらった. **mend** *repair* とほぼ同じ意味で用いることもあるが, どちらかというと大した技術を要しないものを修繕する意味に用いる.《米》では一般に機械類の修理には用いない: I *mended* the torn page with tape. 私は破れたページをテープで直した. **fix**《略式》で正常な状態にすることを意味し, *mend* や *repair* の代わりにもよく用いる: Can you *fix* a flat tire yourself? 君はタイヤのパンクを自分で直せるか.
re·pair[2] /rɪpéɚ | -péə/ [動] (**-pair·ing** /-pé(ə)rɪŋ/) [自]《古風》または [滑稽] (連れ立って)行く, おもむく (*to*).
re·pair·a·ble /rɪpé(ə)rəbl/ [形] 修繕できる.
re·pair·er /rɪpé(ə)rɚ | -rə/ [名] [C] 修理人.
re·pair·man /rɪpéɚmæ̀n | -péə-/ [名] (**-men** /-mèn/) [C] (機械などの)修理工[屋]《人》.
rep·a·ra·ble /rép(ə)rəbl/ [形] ([反] irreparable)《格式》(損失などが)埋め合わせのできる; 修復できる.
+**rep·a·ra·tion** /rèpəréɪʃən/ [名] ([動] repáir[1] 2)《格式》**1** [[U] または 複数形で] (戦争の)賠償金. **2** [U,C] 償い, 賠償: make ～ (*to* ...) *for* the damage (...に)損害賠償をする.
rep·ar·tee /rèpɚtíː, -pɑɚ- | -pɑː-/ [名] [U] (ウィットに富む)すばやいやり取りの会話; 当意即妙の応答.
re·past /rɪpǽst | -pάːst/ [名] [C]《格式》食事 (meal).
*__re·pa·tri·ate__[1] /rìːpéɪtrièɪt, -pǽtri- | -pǽtri-/ [動] (**-tri·ates** /-èɪts/; **-tri·at·ed** /-ṭɪd/; **-tri·at·ing** /-ṭɪŋ/) [他] **1** 〈人〉を本国へ送還する: The criminal was **~d to** his own country. <V+O+*to*+名・代の受身> その犯人は本国に送還された. **2** 〈外国で得た利益〉を本国に送る (*to*).
*__re·pa·tri·ate__[2] /rìːpéɪtriət, -pǽtri- | -pǽtri-/ [名] [C] 送還者, 引き揚げ者.
re·pa·tri·a·tion /rìːpèɪtriéɪʃən, -pæ̀tri- | -pæ̀tri-/ [名] [U,C] 本国送還, 帰国; 本国への送金.
*__re·pay__ /rɪpéɪ, rìː-/ [動] (**re·pays** /~z/; 過去・過分 **re·paid** /-péɪd/; **-pay·ing**; [名] repáyment) [他] **1** 〈金〉を返す, 返済する (pay back); 〈人〉に返金[返済]する: [言い換え] When will you ～ me the money? <V+O+O>＝When will you ～ the money **to** me? <V+O+*to*+名・代> いつ私にその金を返す? (☞ to[1] 3 [語法]) / She hasn't *repaid* me yet. 彼女はまだ私に金を返していない.
2 〈親切・恩など〉に報いる (*by*, *with*); 〈人〉に恩返しする: [言い換え] I must ～ Mr. Black's kindness. ＝I must ～ Mr. Black **for** his kindness. <V+O+*for*+名・代> 私はブラックさんの親切に対して報いなければならない / I don't know how to [I can ever] ～ you. [S]《格式》お礼の申し上げようもございません. **3**《格式, 主に英》(物事が)〈努力など〉に報いる, 値する: This dictionary ～*s* close study. この辞書は詳しい分析に値する.
re·pay·a·ble /rɪpéɪəbl, rìː-/ [形] [P] 払い戻すべき, 返済すべき; 払い戻し[返済]できる.
re·pay·ment /rɪpéɪmənt, rìː-/ [名] (**-pay·ments** /-mənts/; [動] repáy) **1** [U] 返済, 払い戻し (*of*). **2** [C] 返済金, 払い戻し金.
+**re·peal** /rɪpíːl/ [動] [他] (政府が)〈法律など〉を無効にする,

撤廃する. ――名 U 廃止, 撤回 (of).

*re·peat /rɪpíːt/ **□1** 動 (re·peats /-píːts/; -peat·ed /-tɪd/; -peat·ing /-tɪŋ/; 名 rèpetítion, répetítive) 他 1 ⟨…⟩を[と]繰り返して言う; ⟨意見・要求など⟩を重ねて述べる: Could you ~ that? もう一度言っていただけませんか / R~ the words after me. 私の後について単語を発音しなさい / "I'm tired," she ~ed. <V+O (引用節)>「ああ疲れた」と彼女は繰り返して言った / I ~ (that) I cannot agree with you. <V+O ((that) 節)> 繰り返して申しますが私はあなたの意見には賛成できません. 語法 《格式》で強調のため (I) ~ を付けて直前の語を再度述べることがある: I was not, (I) ~ not, actually late for my appointment. 私は実際に約束に遅れたのではない, 絶対に.
2 ⟨…⟩を繰り返して行なう[経験する], 反復する; [しばしば受身で] ⟨番組⟩を再放送[放映]する: ~ a course [year] 再履修[留年]する / ~ the error of war 戦争の誤りを繰り返す / Sleep in peace. The mistake will not be ~ed. <V+O の受身> 安らかに眠ってください. 過ちは繰り返しませんから《広島の原爆記念碑のことば》. **3** ⟨…⟩を暗唱する (recite); ⟨人の言ったこと⟩を(さらに)他人に話す, 他言する: She ~ed the poem beautifully. 彼女はその詩を見事に暗唱した / Don't ~ what I said (to anybody). 私の話は絶対に口外しないように. **4** 《商》 ⟨注文⟩を追加する: ~ an order 商品を補充する.
――自 **1** 繰り返して言う; 繰り返して[再び]現われる (as): Please ~ after me. <V+after+名・代> 私の後について言ってください. **2** 《食べた物が》後味が残る《特にげっぷが出て》: Onions ~ on me. たまねぎを食うと(口の中に)いやな味が残るんだ.

be nót to be repéated 動 自 (1) 《事が》繰り返されてはならない. (2) 《提供・申し出などが》今回限りである.
nót béar repéating 動 自 繰り返して言うのがはばかられる《ひどいことばなので》.
repéat onesèlf 動 自 (1) (特にうっかり)同じことを繰り返して言う: Don't ~ yourself. 同じことを何度も言うな. (2) 《事が》繰り返し起こる: History ~s itself. 《ことわざ》歴史は繰り返す.
――名 **1** C (テレビ・ラジオの)再放送番組 (rerun): see ~s on television テレビの再放送を見る. **2** C 繰り返し, 反復 (of); 《楽》反復(記号, 楽節). **3** [形容詞的に] 繰り返される, 追加の; 繰り返す: a ~ performance 再演 / a ~ order 《商》追加注文 / a ~ prescription 《英》(同じ薬の)繰り返し処方箋《医師の診察なしに使える》.

re·peat·a·ble /rɪpíːṭəbl/ 形 (反 unrepeatable) [普通は P] 繰り返し可能な; 繰り返し得る.
*re·peat·ed /rɪpíːṭɪd/ 形 A 繰り返された, たびたびの: ~ requests たび重なる要請.
*re·peat·ed·ly /rɪpíːṭɪdli/ 副 繰り返して, たびたび, 再三再四: He ~ asked me to let him go. 彼は行かせてくれと何度も私に頼んできた.
re·peat·er /rɪpíːṭə | -tə/ 名 C **1** 連発銃; 2 度打ち時計《ばねを押すと直前に打った時を再度打つ》. **2** 繰り返す人; 再履修生; 再犯者; 再登場の人.
repéat fèes 名 [複] 《俳優などが得る》再放送報酬.
re·peat·ing /rɪpíːṭɪŋ/ 形 [A] 繰り返し起こる[現われる]; 繰り返しの: a ~ gun 連発銃 / a ~ watch [clock] 2 度打ち時計.
repéating décimal 名 C 《数》循環小数.
re·pe·chage /rèpəʃáːʒ | répəʃàː/ 名 《フランス語から》名 C (スポーツの)敗者復活戦.
†**re·pel** /rɪpél/ 動 (re·pels; re·pelled; -pel·ling) 他 **1** (態度など)⟨人⟩を不快にする, ⟨人⟩に嫌悪感を抱かせる. **2** 《格式》⟨敵⟩を追い払う, 撃退する; ⟨攻撃・侵入⟩を退ける. **3** ⟨…⟩をよせつけない; ⟨水など⟩をはじく, 通さない. **4** 《物理》《磁極が》⟨同じ極⟩と反発する[しあう]. ――自 《物理》《磁極が》反発する.

re·pel·lant /rɪpélənt/ 形 名 U.C. =repellent.
†**re·pel·lent** /rɪpélənt/ 形 **1** 《格式》(…に)嫌悪感を抱かせる; (…にとって)不快な, いやな (to). **2** [合成語で] はねつける; はじく: ☞ water-repellent. ――名 U.C. **1** 防虫剤, 防虫薬, 虫よけ. **2** 防水剤.
re·pent /rɪpént/ 動 《格式》自 後悔する, 悔やむ; 《罪など》悔い改める (of, for): He ~ed of his early marriage. 彼は若くして結婚したことを後悔した. ――他 ⟨…したこと⟩を後悔する, 悔やむ; ⟨罪など⟩を悔い改める: You will ~ this someday. いつかこのことを後悔するよ / He ~ed having said so. 《☞ having² 2 語法》 彼はそう言ったことを後悔した.
re·pen·tance /rɪpéntəns/ 名 U 《格式》後悔.
re·pen·tant /rɪpéntənt/ 形 後悔している, 悔いている: the ~ 悔いている人々 《☞ the¹ 3》 He is ~ of his behavior. 彼は自分の行ないを悔いている.
~·ly 副 後悔して.
*re·per·cus·sion /riːpəkʌ́ʃən | -pə-/ 名 C **1** [普通は複数形で] 《特に好ましくない》影響, 余波 (of, on, for). **2** 《物理》反動; 《音の》反響.
†**rep·er·toire** /répətwàə | -pətwàː/ 名 《フランス語から》名 C [普通は単数形で] **1** レパートリー, 上演目録, 演奏曲目《いつでも演じられるようにしてある作品群》. **2** 《こなせる》範囲, 持ち駒 (of).
†**rep·er·to·ry** /répətɔ̀ːri | -pətəri, -tri/ 名 (-to·ries) **1** U 《劇》レパートリー方式《専属の劇団がそのレパートリーを順繰りに上演する方式》(《略式》rep). **2** C 《格式》=repertoire.
répertory còmpany 名 C レパートリー方式で上演する劇団 (《略式》rep, 《米》stock company).
répertory thèater 名 C レパートリー方式で上演する劇場 (《略式》rep).
†**rep·e·ti·tion** /rèpətíʃən/ **□3** 名 (動 repéat) **1** U 繰り返し, 反復 (of). **2** C 繰り返されたもの (of).
rep·e·ti·tious /rèpətíʃəs⁺¹/ 形 =repetitive 1.
~·ly 副 くどくどと.
†**re·pet·i·tive** /rɪpéṭəṭɪv/ 形 (動 repéat) **1** [普通は軽蔑] 繰り返しの, くどい. **2** 《動作などが》反復的な. ~·ly 副 くどくどと. ~·ness 名 U くどさ.
repétitive stráin ìnjury 名 U 《医》反復運動(過多)損傷《略 RSI》.
re·phrase /rìːfréɪz/ 他 ⟨…⟩を(わかりやすく)言い換える, 言い直す.
re·pine /rɪpáɪn/ 自 《文》不満をもつ (at).
*re·place /rɪpléɪs/ **□1** 動 (re·plac·es /-ɪz/; re·placed /-t/; re·plac·ing; 名 replácement) 他 **1** ⟨物事・人⟩にとって代わる, ⟨…⟩の代わりを務める: ⟨…⟩の後任になる: Nothing can ~ a mother's love. 母の愛に代わりうるものは何もない / Mr. Smith ~d Mr. Brown as our president. <V+O+C (as+名)> スミス氏がブラウン氏の後任として我々の社長になった.
2 ⟨…⟩を(—と)取り替える, 代える, 交替させる: He finally ~d his old car with a sleek sports car. <V+O+with+名・代> 彼はついに古くなった車を格好いいスポーツカーに替えた《☞ substitute 他 語法》 / The old bridge was ~d by a new one. <V+O+by+名・代の受身> 古い橋は新しいのに替えられた. **3** ⟨…⟩を元の所に置く, 戻す (put back): ~ the receiver 受話器を置く / He ~d the textbook on the desk. 彼は教科書を机の上に戻しておいた.
re·place·a·ble /rɪpléɪsəbl/ 形 (反 irreplaceable) 取り替えられる, 代わりのある《(い)なくてもよい》.
*re·place·ment /rɪpléɪsmənt/ 名 (-place·ments /-mənts/; 動 repláce) **1** U 取り替え, 交替: regular ~ of filters フィルターの定期的な交換 / the ~

replant

of manual labor *with* [*by*] machines 肉体労働の代わりに機械を用いること.
2 C 交替の人[物], 代わりの人[物]: a ~ *for* the secretary その秘書の代わり(の人) / a ~ staff member 交替要員 / ~ tires (交換用の)替えタイヤ.

re·plant /riːplǽnt | -plάːnt/ 動 ⟨…⟩を植え替える[なおす], 移植する.

***re·play**¹ /riːpléɪ/ ★名詞の replay² とのアクセントの違いに注意. 動 (**re·plays** /~z/; **re·played** /~d/; **-play·ing**) 名 réplay 他 **1** ⟨試合⟩を再び行なう; ⟨曲など⟩を再演奏する; ⟨劇など⟩を再演する: The drawn game will be ~*ed* on Sunday. ⟨V+O の受身⟩ その引き分け試合は日曜日に再試合が行われる.
2 ⟨テープなど⟩を再生する, リプレーする: I ~*ed* the baseball game. その野球の試合(のビデオ)をリプレーした. **3** ⟨事⟩を繰り返し思い描く, 再現する.

***re·play**² /ríːpleɪ/ ★動詞の replay¹ とのアクセントの違いに注意. 名 (~s /~z/; 動) rèpláy C **1** 再試合; 再演奏; ⟨劇の⟩再演.
2 ⟨テープ・ビデオなどの⟩再生, リプレー; 再生画面 (playback): an instant [⟨英⟩ action] ~ (スポーツ中継での)即時再生(画面). **3** ⟨略式⟩(同じ事の)繰り返し, 再現 (*of*).

***re·plen·ish** /rɪplénɪʃ/ 動 他 ⟨格式⟩ **1** ⟨…⟩に(一を)再び満たす (*with*). **2** ⟨…⟩を補充[補給]する.

re·plen·ish·ment /rɪplénɪʃmənt/ 名 U ⟨格式⟩補充, 補給.

re·plete /rɪplíːt/ 形 P ⟨格式⟩ **1** (…で)一杯の, 充満した (*with*). **2** ⟨古風⟩満腹した (*with*).

re·ple·tion /rɪplíːʃən/ 名 U ⟨格式⟩満腹.

***rep·li·ca** /réplɪkə/ 名 C **1** ⟨美⟩(特に原作者による)原作の写し[複製], レプリカ (絵画・ブロンズ像など). **2** 模写, 模型, 複製(品), 模造品; 生き写し (*of*).

***rep·li·cate** /réplɪkèɪt/ 動 他 ⟨格式⟩ **1** ⟨同一実験など⟩を繰り返す; ⟨…⟩を複写[複製]する. — 自 ⟨生化⟩⟨遺伝子など⟩が自己複製する.

rep·li·ca·tion /rèplɪkéɪʃən/ 名 U.C ⟨格式⟩ 反復; 複写, 複製(品); ⟨生化⟩(自己)複製.

***re·ply** /rɪpláɪ/ 動 (**re·plies** /~z/; **re·plied** /~d/; **-ply·ing**) 自 **1** 返事をする, 回答する, 答える (⟨⟩ answer 類義語): I will ~ by letter. 私は手紙で返事します / He didn't ~ *to* my letter. ⟨V+*to*+名·代⟩ 彼は私の手紙に返事をよこさなかった. 語法 同じ意味で answer を用いると He didn't *answer* my letter. (⟨⟩ answer 動 1)
2 (動作で)応答する, 応ずる; (攻撃などに)応酬する: They *replied to* our signal. ⟨V+*to*+名·代⟩ 彼らは我々の合図に応じた / The police *replied with* tear gas. ⟨V+*with*+名·代⟩ 警察は催涙ガスで応酬した. **3** ⟨スポ⟩ (相手の得点に対し)点を取り返す, 反撃する (*to*).
— 他 ⟨…⟩と答える, 回答する; 答えとして⟨…⟩を返す: 言い換え He *replied* (*to* me) *that* he didn't want to go either. ⟨V+(*to*+名·代+)O (*that* 節)⟩=He *replied* (*to* me), "I don't want to go either." ⟨V+(*to*+名·代+)O (引用節)⟩ 彼も行きたくないと(私に)返事してきた / He *replied* not a word. 彼はひと言も答えなかった.

語源 ラテン語で「たたみ返す」の意.

┌─ 単語の記憶 《**PLY**》 (折りたたむ) ─┐
│ re**ply** (たたみ返す) → 返事をする │
│ ap**ply** (…に折り重ねる) → 当てる │
│ im**ply** (中に包み込む) → ほのめかす │
│ multi**ply** (たくさん折り重ねる) → 増やす │
└───────────────────┘

— 名 (**re·plies** /~z/) C **1** 返事, 答え, 返答, 回答: He wrote a ~ *to* my letter. 彼は私の手紙に返事をく

れた. **2** 応答; 応酬.

in reply [副] ⟨格式⟩ 答えとして, 返答に: He said nothing in ~. 彼は何も返事をしなかった.

in reply to ... [前] ⟨格式⟩ …への答えとして, …に答えて: I wrote a letter *in* ~ *to* his request for a loan. 私は彼の借用の申し込みに対して返事の手紙を書いた.

màke [gìve] a replý [動] 返事をする (*to*): The lecturer *made* no ~. 講師は何の返答もしなかった. 語法 a reply is made [given] の形で受身にできる.

without replý [副] ⟨格式⟩ (相手に)点を取られずに.

re·ply-paid /rɪpláɪpéɪd/ 形 A ⟨主に英⟩(電報・郵便物)返信料金付きの.

ré·po màn /ríːpoʊ-/ 名 C ⟨米式⟩(代金未払いの)車の回収業者 (⟨⟩ repossess).

***re·port** /rɪpɔ́ət | -pɔ́ːt/ 名 (**re·ports** /-pɔ́əts | -pɔ́ːts/) **1** C ⟨公式の⟩報告, 報告書, レポート; 報道, 報道記事 (⟨単語の記憶⟩): a ~ *from* the city 市からの報告 / a stock market ~ 株式情報 / I read a newspaper ~ *of* a terrorist attack. 私はテロ攻撃の新聞記事を読んだ / I have heard news ~s *that* the king is seriously ill. ⟨N+*that* 節⟩ 私は王が重体だという報道を耳にした (⟨⟩ that² A 4). // ⟨⟩ paper 5 日英比較. 関連 weather report 天気予報.

┌─ コロケーション ─────────┐
│ **confirm** a *report* 報告を確認する │
│ **do [make, write (out), draw up]** a *report* (*on* │
│ [*about*] —) 報告書を作成する[書く] │
│ **give** ... a *report* (*on* [*of*] —) (—について)…に報告する │
│ **submit [hand in, present]** a *report* 報告書を提出する │
└────────────────────┘

2 C [普通は複数形で] (非公式の)話, 情報; うわさ (rumor): We've received [had, gotten] unconfirmed ~s of an earthquake in northern Japan. 未確認だが北日本で地震があったという話だ. **3** C ⟨英⟩成績表, 通知表 (school report, ⟨米⟩ report card): I have had a bad ~ this year. 私は今年は成績が悪かった. **4** U ⟨格式⟩評判: a person of good ~ 評判のいい人. **5** C ⟨W⟩ ⟨格式⟩ 銃声, 爆音. 語源 ラテン語で「運び戻す」の意, re-¹, export (⟨単語の記憶⟩).

Repórt hás it that ... ⟨格式⟩ …といううわさだ.

— 動 (**re·ports** /-pɔ́əts | -pɔ́ːts/; **-port·ed** /-tɪd/; **-port·ing** /-tɪŋ/) 他 **1** ⟨公式に⟩報告する, ⟨…⟩を知らせる (⟨⟩ tell 類義語); ⟨…⟩を報道する, ⟨…⟩と伝える; ⟨…⟩が―であると報じる; ⟨…⟩の記事を書く: She ~*ed* the result *to* the committee. ⟨V+O+*to*+名·代⟩ 彼女は結果を委員会に報告した / He ~*ed that* he had discovered a new comet. ⟨V+O (*that* 節)⟩ 彼は新しい彗星(な)を発見したと報告[発表]した / He ~*ed* hav*ing* seen the stolen car. ⟨V+O (動名)⟩ 彼は盗難車を見たと知らせてきた / She ~*ed how* it had happened. ⟨V+O (*wh* 節)⟩ 彼女はそれがどんなふうに起こったかを報告した / It was ~*ed that* the train had been involved in an accident. 語法 it is that 以下を受ける形式主語; 動詞型は ⟨V+O (*that* 節)の受身⟩; この文は次の言い換えも可能: The train was ~*ed* to have been involved in an accident. ⟨V+O+C (*to*不定詞)の受身⟩ // He was ~*ed* dead. ⟨V+O+C (形)の受身⟩ 彼は死亡したと報じられた / The radio ~*ed* the home team (*to* be) lead*ing* three to two. ⟨V+O+C (*to*不定詞[現文])⟩ ラジオは地元チームが3対2でリードしていると伝えた / The chairperson *is* ~*ed as* say*ing* that she will resign next month. ⟨V+O+C (*as*+現分)の受身⟩ 委員長は来月辞任すると述べたと報じられている.

2 ⟨…⟩を届け出る, 申告する; ⟨人⟩を告発する, ⟨…⟩のことを言いつける: You have to ~ the contents of this

parcel *to* customs. <V+O+*to*+名・代> この小包の中身は税関に申告しなければいけない / If you do it again, I'll ~ you *to* the teacher. 今度またやったら先生に言いつけるよ / She ~*ed* him *to* the boss *for* repeated lateness. <V+O+*to*+名・代・*for*+名・代> 彼女は彼が何度も遅刻していると上司に訴えた。
— 自 **1** 報告する: He ~*ed on* progress [road conditions]. <V+*on*+名・代> 彼は進捗(ちょく)状況[道路の状態]について報告した。
2 報道する, 新聞記事を書く: He ~*s for* the *Daily News*. <V+*for*+名・代> 彼は「デイリーニュース」紙の記者をしている。
3 出頭する, 出向く; 届け出る: He was told to ~ *to* the police. <V+*to*+名・代> 彼は警察へ出頭するようにと言われた / We ~ *for* work [duty] at 8 A.M. <V+*for*+名・代> 私たちは午前8時に出勤する。 **4** [形容詞を伴って]…であると届け出る: ~ absent 欠席届を出す / ~ fit for work (病後に)回復届を出す。
  repórt báck [動] 自 (1) 帰って報告する;(求められたことを折り返し報告してくる (*about, on*). (2)(休暇などから)帰ったと届け出る, 戻る (*from*). — 他 《結果を》帰って[折り返し]報告する。
  repórt síck [動] 自 病気[病欠]の届けをする。
  report to ... [動] 他 (1) 《責任者など》に**報告する**: Hurry to the stricken area and ~ *to* me. 直ちに被災地へ飛んで報告をよこせ。 (2) …に届け出る (⇨ 自 3). (3) …の監督下にある, …を上司とする。
re·por·tage /rɪpɔ́ə(r)tɑːʒ, rèpɔːrtɑ́ːʒ | rèpɔːtɑ́ːʒ/ 《フランス語から》 名 U ルポルタージュ, 現地報告(の手法), 報道。
repórt cárd 名 C (米) 成績表, 通知表 ((英) school report): Her child's ~ is straight A's. 彼女の子供の成績表はオールAで[全優]だ。
re·port·ed /rɪpɔ́ə(r)tɪd | -pɔ́ːt-/ 形 (非公式に)報じられた; 申告[告発]された。
*****re·port·ed·ly** /rɪpɔ́ə(r)tɪdli | -pɔ́ːt-/ 副 《格式》 [文修飾語] 伝えられるところによれば: [言い換え] Ten passengers are ~ missing. (=It is reported that ten passengers are missing.) 10名の乗客が行方不明と伝えられている。
  repórted quéstion 名 C 【文法】=indirect question.
  repórted spéech 名 【文法】 U 間接話法 (indirect narration); C 被伝達部 (⇨ narration 文法).
*****re·port·er** /rɪpɔ́ə(r)tə(r) | -pɔ́ːtə/ 名 (~s /-z/) C 取材記者, 新聞[放送]記者, 通信員, レポーター; 報告者: a ~ *for The Times*=a *Times*~『タイムズ』紙の記者。
*****re·port·ing** /rɪpɔ́ə(r)tɪŋ | -pɔ́ːt-/ 名 U 報道: impartial ~ 偏(かたよ)らない報道。
  repórting cláuse 名 C 【文法】 伝達節 (⇨ narration 文法).
  repórting vérb 名 C 【文法】 伝達動詞 (⇨ narration 文法).
re·pose¹ /rɪpóʊz/ 《格式》 名 U **1** 休息 (rest); 睡眠: in ~ 休んでいるとき。 **2** 安らぎ, 平静。 — 自 [副詞(句)を伴って] **1** (物が)(…に)ある。 **2** 休息する; 横になる; (遺体が)眠っている。 — 他 《体を》休める; 《物》を(…の)せる (*on*).
re·pose² /rɪpóʊz/ 他 《格式》 《信用など》を(…に)置く, 《望みなど》をかける (*in*).
re·pose·ful /rɪpóʊz(ə)l/ 形 《格式》 安らかな。
re·po·si·tion /rìːpəzíʃən/ 他 《…》を別の場所に移す, 《…》の位置を変える; 《…》の販売戦略を変える。
*****re·pos·i·to·ry** /rɪpɑ́zətɔ̀ːri | -pózətəri, -tri/ (-to·ries) C 《格式》 **1** 貯蔵所, 倉庫 (*of, for*). **2** (時に滑稽) (知識などの)宝庫 (人や本) (*of, for*).
*****re·pos·sess** /rìːpəzés/ 他 《代金未払いの商品など》を取り戻す, 回収する。
*****re·pos·ses·sion** /rìːpəzéʃən/ 名 U,C 所有権の回復, 取り戻し。

representation 1485

re·pot /rìːpɑ́t | -pɔ́t/ 動 (**re·pots**; **re·pot·ted**; **re·pot·ting**) 他 《植物》を(大きな鉢に)植え替える。
rep·re·hend /rèprɪhénd/ 他 《格式》 《…》をとがめる, 責める, 非難する (blame).
rep·re·hen·si·ble /rèprɪhénsəbl/ 形 《格式》 非難されるべき, ふらちな。 **-ly** /-bli/ 副 ふらちに[も]。
*****rep·re·sent** /rèprɪzént/ 動 (**-re·sents** /-zénts/; **-sent·ed** /-tɪd/; **-sent·ing** /-tɪŋ/) 他 rèprèsentátion, 形 rèpresentátive 他

元来は「はっきりと示す」の意 (⇨ re-¹, present² 囲み)。
「表わす」 → (絵・文で表わす) → 「描いている」 4
         → (全体に代わって) → 「代表する」 1
         → (意味を) → 「…に相当する」 2

1 (1) 《…》を**代表する**, 《…》の代理となる; 《…》を代表する国会議員である; 《弁護士など》《…》の代弁者を務める, 代弁して《…》という; 《選手など》《国など》の代表となる: An ambassador ~s his nation in a foreign country. 大使は外国にあって自国を代表する / Tom ~*ed* his school in the public speaking competition. トムは弁論大会で学校の代表だった / I ~ (the) Pioneer Metal Company. 私はパイオニア金属会社の者です《商談などで》 / Mr. Mill ~s this district in the Lower House. ミル氏は下院でこの地区を代表する(この地区選出の議員だ) / His attorney ~*ed to* the court *that* he sincerely repented of his conduct. <V+O+*to*+名・代+O (*that* 節)> 彼の弁護士は彼は自分の行ないを心から悔いていると法廷で代弁[主張]した。
(2) [受身で] (会・行事などに)《国・組織など》の代表として出席する; 《ある場所で》《集団》の存在[作品]を示す: Fifty nations *are* ~*ed at* the Games. <V+O+前+名・代の受身> この競技会に50か国が代表を送っている / Japanese companies *are* well [strongly] ~*ed* in this country. 日本の会社がこの国に多数進出している。
2 [進行形・受身なし] 《格式》 《物事が》 《…》に**相当する**, 《…》である, 《…》の一例である, 《…》の典型を示す: Certain kinds of stones ~*ed* money to them. <V+O+*to*+名・代> ある種の石が彼らのお金に当たるものだった / The new device ~s a major improvement on the camera. その新しい装置はカメラの大きな改良となる / Does that dictator ~ a threat *to* world peace? あの独裁者は世界平和の脅威なのか。
3 [進行形なし] 《…》を表わす, 示す; 象徴する (stand for): The fifty stars on the American flag ~ the fifty states. 米国の国旗の50個の星は50の州を表わす / On this map, red ~s Japanese territory in 1938. この地図で赤は1938年当時の日本の領土を表わしている。
4 (絵画などが)《…》を**描いている**, 描写する; 《格式》 《人が》 《…》を(特に誤って)(─と)描き出す, 述べる: This picture ~s a scene during the game. この絵は試合の一場面を描いたものだ / He ~*ed* the girl *as* having very long hair. <V+O+C (*as* +現分)> 彼はその少女を大変髪の長い娘としているように描いた / She is not what the press ~s her *to be*. <V+O+C (*to* 不定詞)> 彼女はマスコミが書き立てているような人物ではない。 **5** 《格式》 《…》を説明する (present), 言って聞かせる; 《…》を主張する (*to*). **represént oneself as [to be] ...** [動] 《格式》 (自分が)…であると(偽って)称する。
re·pre·sent /rìːprɪzént/ 他 《請求書など》を再び差し出す。
*****rep·re·sen·ta·tion** /rèprɪzentéɪʃən, -zən-/ 名 (~s /-z/; 動 rèprésent) **1** U 代表(する[される]こと), 代理, 代弁; 代表権, 代議士選出制度; 代表者《全

1486 representational

体): No taxation without ~! 代表がなければ課税なし(米国独立戦争時のモットー) / proportional ~ 比例代表制.

2 [C|U] 表現(する[した]もの), 描写; 表示(したもの); [C] 絵画, 肖像, 彫像: a vivid ~ of Russian life and character ロシア人の生活と性格の生き生きとした描写.

3 [複数形で](格式, 主に英)抗議, 陳情; 主張: make ~s to ......に抗議[陳情]する.

rep·re·sen·ta·tion·al /rèprɪzentéɪʃ(ə)nəl, -zən-/ 形 (絵画などの)写実的な. **~·ly** /-nəli/ 副 写実的に.

*rep·re·sen·ta·tive /rèprɪzéntətɪv/ [T1] 名 (~s /-z/) [C] **1** 代表者, 代理人 ((略式) rep): We sent a ~ to the meeting. 我々はその集会に代表を送った / Mr. Smith is the ~ of our firm in Japan. スミス氏は日本における当社の代理人だ.

2 (1) [R-] (米) 下院議員 ((略) Rep.; ⇒ congress 表): R~ (=Congressman) Bill Thomas 下院議員ビル トーマス. 語法 下院議員は称号以外では普通 Congressman, Congresswoman, Congressperson と呼ばれる: She is a *Congresswoman* from [for] New York. 彼女はニューヨーク選出の下院議員だ. (2) (一般に) 代議士. (日本の) 衆議院議員. **3** (商) 販売外交員, セールスマン (sales representative) ((略式) rep). **4** (代表的な)見本, 典型 (of). **the Hóuse of Represéntatives** [名] ⇒ congress 表.
— 形 (動 rèprésént) **1** [比較なし] 代表する; 代議制の: ~ government 代議政治 / the ~ system 代議制.

2 代表的な, 典型的な; (...を)代表[反映]する: a ~ housewife 典型的な主婦 / buildings ~ of modern architecture <A+*of*+名・代> 近代建築を代表する建物. **~·ly** 副 代表して.

rép·re·sent·ed spéech /rèprɪzéntɪd-/ [U] (文法) 描出話法.

文法 描出話法

話法の一種で, 伝達部がなく, 直接話法と間接話法の中間的な性格を持つ. 通常は引用符は用いられない. 小説などで, 作者が主人公の心理を代弁したりするときに用いる (⇒ narration 文法).

[描出話法] Beethoven's resolution was firm. *He could no longer bear the dull life in this town. He would go to Vienna and study composition under Haydn.* ベートーヴェンの決心は固かった. 僕はこの町の退屈な生活はもう我慢できない. ウィーンへ行ってハイドンについて作曲を勉強しよう.

[直接話法] He said to himself, "*I can no longer bear the dull life in this town. I will go to Vienna ....*"

[間接話法] He thought *that he could no longer bear the dull life in that town and that he would go to Vienna ....*

---

*re·press /rɪprés/ (名 représsion) 他 **1** (感情など)を抑える, 押し殺す; (欲) 抑圧する; [受けで] <人>の欲求を抑えさせる. **2** <笑い・ため息など>をこらえる. **3** <人>を抑えつける; <反乱など>を鎮圧する.

re·pressed /rɪprést/ 形 (感情・欲望などが) 抑圧された; (人が) (特に性的に) 欲求不満の.

*re·pres·sion /rɪpréʃən/ (名 (~s /-z/) [U|C] **1** 抑圧, 制止; 鎮圧: the ~ of dissidents 反体制派の弾圧. **2** [心] 抑圧された感情[欲求].

*re·pres·sive /rɪprésɪv/ 形 (けなして) 抑圧的な, 弾圧的な. **~·ly** 副 抑圧的に. **~·ness** 名 [U] 抑圧的であること.

re·prieve /rɪpríːv/ 名 [C] (死刑) 執行延期(令状); (一時的)猶予 (*from*). — 動 [普通は受けで] **1** <死刑囚>の刑の執行を猶予する. **2** <...>を(危険・困難から)一時的に救う, 一時免れさせる (*from*).

*rep·ri·mand /réprəmænd | -mɑːnd/ 動 他 (格式) (特に職務に関して) <...>をしかる, 懲戒する, 戒告する (*for*) (⇒ scold 類義語). — 名 [C|U] しかること, 懲戒, 戒告.

*re·print¹ /rìːprínt/ 動 他 <...>を再版する, 増刷する; 翻刻する: It's now being ~ed. 今増刷中だ. — 自 (本が)再版[増刷, 翻刻]される.

*re·print² /ríːprìnt/ 名 [C|U] 再版, 増刷; [C] 再版本, 翻刻版 (その版же の) 1 冊または全体).

*re·pris·al /rɪpráɪz(ə)l/ 名 [U|C] [しばしば複数形で] (W) (特に)政治的・軍事的な)報復 (*against*); (報復)行為 [make] ~s 報復する. **as a reprísal (for ...)** = **in reprísal (for ...)** [副] (...の)報復として.

re·prise /rɪpríːz/ 名 [C] (W) <...>を反復する, 繰り返す.

*re·proach /rɪpróʊtʃ/ (格式) 動 他 (特に失望して) <人>をしかる, とがめる; <...>を(―のことで)非難する (blame) (⇒ scold 類義語) [言い換え] He ~ed me *for* carelessness.=He ~ed me *for being* careless. 彼は私の不注意をしかった / I have nothing to ~ myself. 私は自分に気がとがめることはない. 語源 ラテン語で「(非難などを) 近くにもってくる」の意; ⇒ approach.

— 名 **1** [U] しかること, 非難: She looked at me with ~. 彼女は私をとがめる目付きで見た. **2** [C] 非難のことば, 小言: a gentle ~ 穏やかな小言. **3** [a ~] 恥となるもの; [U] 恥辱, 不面目: a ~ *to* the school 学校の恥. **abóve [beyónd] reproách** [形] (格式) 非の打ち所がない, 申し分ない.

re·proach·ful /rɪpróʊtʃf(ə)l/ 形 しかる[とがめる]ような; 非難する: a ~ look とがめる目付き. **-ful·ly** /-fəli/ 副 しかる[とがめる]ように.

rep·ro·bate /réprəbèɪt, -bət/ (格式) または (滑稽) 名 [C] ろくでなし, 不良. — 形 [A] ろくでなしの.

re·proc·ess /rìːpráses | -prɔ́s-/ 動 他 <廃品など>を再加工する; <核燃料など>を再処理する.

*re·pro·duce /rìːprəd(j)úːs | -djúːs/ 動 (-produc·es /-ɪz/, -pro·duced /-t/, -duc·ing /-ɪŋ/, nèproduction, rèproductive) 他 **1** <絵・写真など>を複製する, 複写する; <コピー>を作る: This picture *was* ~*d from* the original. <V+O+*from*+名・代の受身> この絵は原画から複製されたのである.

2 <音・画像など>を再生する, 再現する <映画・テープなどで> (*as*); <劇など>を再演する; <事>を繰り返す: This tape did not ~ the soprano's high notes very well. このテープはソプラノ歌手の高い音をあまりうまく再生していなかった. — 自 **1** 再生できる; 複写[複製]できる: Will this negative ~ well? このネガはうまく複写できますか. **2** (人間・動植物が)繁殖する, 生殖する.

reprodúce onesèlf [動] (自) (動植物が)子孫をふやす, 繁殖する.

re·pro·duc·i·ble /rìːprəd(j)úːsəbl | -djúːs-/ 形 複写[複造]できる; 再生[再現]できる; 繁殖できる.

*re·pro·duc·tion /rìːprədʌkʃən/ [13] 名 (動 rèprodúce) **1** [U] (絵写真などの)複写, 複製: Commercial ~ of these pictures is illegal. これらの絵を営利目的で複製することは違法だ. **2** [U] 再生, 再現; (劇などの)再演: the ~ of sound 音の再生. **3** [C] 再生[再現]されたもの, 複写品, 複製(物) (*of*). **4** [U] 繁殖, 生殖. **5** [形容詞的に] (家具などが)復古調的の: ~ furniture 復古調の家具.

*re·pro·duc·tive /rìːprədʌktɪv/ 形 [A] (動 rèprodúce) **1** 繁殖の, 生殖の: ~ organs 生殖器. **2** 再生の, 複写の.

re·proof /rɪprúːf/ 名 (~s; 動 repróve) (格式) 非難, 叱責; [C] 非難のことば, 小言.

re·prove /rɪprúːv/ 動 《名 reproof》《格式》〈…〉をしかる, 叱責(しっせき)する; とがめる, たしなめる (⇒ scold 類義語): The teacher ~d me *for* being impolite. 先生は私の無作法をたしなめた.

re·prov·ing /rɪprúːvɪŋ/ 形 《普通は A》《格式》しかるような, 非難がましい. **~·ly** 副 しかるように.

†**rep·tile** /réptl, -taɪl | -taɪl/ 图 C **1** 爬虫(はちゅう)類(の動物), 爬行(はこう)する動物 《蛇・とかげなど; ⇒ animal 表》. **2** 《略式》《軽蔑》いやなやつ, 信用できないやつ.

rep·til·i·an /reptíliən/ 形 **1** 爬虫類(のような). **2** 《軽蔑》(人が)冷たい; 信用できない. ― 名 C 《生》爬行動物, 爬虫類(の動物).

＊re·pub·lic /rɪpʌ́blɪk/ 图 (~s /-s/; re- públican) C **1** 共和国(国民が主権者で元首(大統領が多い)が公選される国; Rep.): the People's R~ of China 中華人民共和国. **2** monarchy 君主国. **2** 共和政体. 語源 ラテン語で res (物; ⇒ real 囲み)+publica (公共の; ⇒ public 囲み).

＊**re·pub·li·can** /rɪpʌ́blɪk(ə)n/ 形 《 républic》 **1** 共和国の; 共和政体の. **2** [R-] 《米国の》共和党(員)の; 共和党支持の. 関連 Democratic 民主党(員)の. **3** [R-] アイルランド共和国軍支持の. ― 名 C **1** 共和制支持者, 共和主義者. **2** [R-] 《米国の》共和党員 《略 R., Rep.》. 関連 Democrat 民主党員. **3** [R-] アイルランド共和国軍の一員[支持者] (IRA).

re·pub·li·can·is·m /rɪpʌ́blɪkənɪzm/ 图 U 共和主義; [R-] 共和党の主義[政策].

†**Repúblican Párty** 图 [the ~] 共和党 《米国の二大政党の一つ; ⇒ party 2 表; elephant 参考》.

†**re·pu·di·ate** /rɪpjúːdièɪt/ 動 他 《格式》 **1** 〈申し出など〉を拒否[拒絶]する. **2** 〈申し立て・非難など〉を否認する, 認めない. **3** 《古風》〈…〉と縁を切る. **4** 〈債務など〉の支払いを拒む; 〈条約・契約・誓いなど〉を破る.

re·pu·di·a·tion /rɪpjùːdiéɪʃən/ 图 U 《格式》拒否, 拒絶; 否認; 絶縁; 支払い拒否.

re·pug·nance /rɪpʌ́gnəns/ 图 U 《格式》反感, 嫌悪 (at, for, to, toward).

re·pug·nant /rɪpʌ́gnənt/ 形 《格式》嫌悪感を抱かせる, とてもいやな (to). **~·ly** 副 嫌悪感を抱いて.

re·pulse /rɪpʌ́ls/ 動 《格式》他 **1** [しばしば受身で]〈…〉に嫌悪感を抱かせる. **2** 〈…〉を撃退する, 追い払う. **3** 〈…〉をはねつける, 拒絶する. ― 名 [単数形で] 撃退; 拒絶, ひじ鉄砲.

re·pul·sion /rɪpʌ́lʃən/ 图 **1** U または a ~] 反感, 嫌悪. **2** U 《物理》斥力, 反発力 《反 attraction》.

re·pul·sive /rɪpʌ́lsɪv/ 形 **1** 非常に不快な, いやな, ぞっとする. **2** 《物理》(力が)反発する. **~·ly** 副 気持ちが悪くなるほど. **~·ness** 图 U ひどい不快さ.

re·pur·pose /riːpə́ːpəs|-pə́ː-/ 動 他 《施設・建物・文書など》を別の目的で再利用する.

＊**rep·u·ta·ble** /répjʊtəbl/ 形 《反 disreputable》評判のよい, 立派な, 尊敬すべき. **-ta·bly** /-bli/ 副 立派に, 尊敬すべきほどに.

＊**rep·u·ta·tion** /rèbjʊtéɪʃən/ 七二 名 C **1** [しばしば a ~] 評判: a person with *a* good [bad] ~ 評判のよい[悪い]人 / This dictionary has *a* ~ *for* [the ~ *of*] *be*ing the best. この辞書は最良という定評がある.

─── コロケーション ───
confirm …'s *reputation* (for [as] —) （―によって[として]の）…の名声を確立する
establish [**build up**] *a reputation* 評判を築く
gain [**acquire, win, earn**] *a reputation* (as …) （…として）評判を得る, 評判になる
ruin one's *reputation* 評判を落とす

2 名声, 好評; 信望: The European concert tour made his ~. ヨーロッパのコンサートツアーが彼の名声を築いた / That mistake cost him his ~. その間違いで

彼は信用を失った. **knów … by reputátion** [動] 他 〈…〉の評判を聞いている. **líve úp to one's reputátion** [動] 自 評判[世評]どおりである.

re·pute /rɪpjúːt/ 图 《反 disrepute》 U 《格式》評判, 世評; 好評, 名声: That director is held *in* high [low] ~. その映画監督は評判がいい[悪い]. **a hóuse** [**pláce**] **of íll repúte** [名] 売春宿. **by repúte** [副] 世評では. **of góod** [**lów, évil**] **repúte** [形] 《格式》評判のよい[悪い]. **of** (**some**) **repúte** [形] 《格式》評判のよい.

＊**re·put·ed** /rɪpjúːtɪd/ 形 **1** [to 不定詞を伴って] 一般に〈…と〉思われ, 評されて: She is ~ *to* be the best teacher in this town. 彼女はこの町いちばんの先生だという評判だ. **2** A （本当かどうかははっきりしないが）〈…という〉評判の, 〈…と〉称されている〈人[物事]〉: his ~ father 彼の父とされる人.

re·pút·ed·ly 副 文修飾 世評によれば, うわさでは: He is ~ a hypocrite. 彼は偽善者だという評判だ.

＊**re·quest** /rɪkwést/ 名 (**re·quests** /-kwésts/) **1** C （人に…してほしいという）要請, 頼み, 願い（⇒ require 類義語）: Your ~ *for* help came too late. あなたからの援助の要請は遅すぎた / May I *make* one last ~ *of* you? あなたに最後のお願いをひとつしてもよろしいですか / The mayor ignored our repeated ~*s that* the forest (*should*) *be* preserved. <N+*that* 節> 市長は, その森を保存すべきだという我々の再三の請求を無視した（⇒ that² A 4; apposition 文法 (iii); should A 8）.

2 C 願い事, 頼み事; リクエスト(曲): a ~ program リクエスト番組 / The king granted their ~*s*. 王は彼らの願い事をかなえてやった / "What's your next ~?" "Yesterday' by the Beatles." 「次のリクエスト曲は?」「ビートルズの『イエスタデイ』です」

Ány requésts? S 何か(頼みごとが)ありますか.

at …'s requést=**at the requést of .˙.** [副] …の願いに(より), …の要求によって.

by requést [副] (…の)求めに応じて[より] (*of*).

màke [**pùt ín**] **a requést for …** [動] 他 …を要請する, …を願う: We *made a* ~ to them *for* immediate assistance. 我々は直ちに援助してほしいと彼らに要請した. 語法 (1)「人に要請する」は make a request *of* a person （⇒ of 7）だが, 句を伴うときは make a request *to* a person *for* … となる. (2) a request is made for … か a request for … is made の形で受身にできる.

on [**upòn**] **requést** [副] 請求があり次第: A catalog will be sent *on* [*upon*] ~. カタログはお申し越し次第お送りいたします.

── (**re·quests** /-kwésts/; **-quest·ed** /-ɪd/; **-quest·ing**) 他 《格式》〈他人に〉〈行為・物〉を要請する, 願う, 求める; 〈人に〉(―してほしいと)頼む, 懇願する; 〈曲など〉をリクエストする: He ~ed my help. 彼が私の助力を求めた / He ~ed a loan *from* the bank. <V+O+*from*+名・代> 彼は銀行に貸し付けを頼んだ / Passengers *are* ~ed *not to* lean over the rail. <V+O+C (*to* 不定詞の受身> 手すりから身を乗り出さないでください(船上などでの注意).

語法 **request** と間接話法: 命令文の場合
ask よりも丁寧で改まった感じの語で, 次のように丁寧な命令文を間接話法にするときの伝達動詞として用いられる（⇒ narration 文法 (3)）: 言い換え The hostess ~*ed* the guests *to* refrain from smoking. <V+O+C (*to* 不定詞)>=The hostess ~*ed that* the guests (*should*) *refrain* from smoking. <V+O (*that*節)>=The hostess ~*ed of* the guests *that* they (*should*) *refrain* from smoking. <V+

of +名・代+O (*that* 節)>《[☞ should A 8]》《間接話法》(=The hostess said to the guests, "Please refrain from smoking." (直接話法)) 女主人は客にたばこはご遠慮くださいと言った.

requést stòp 名 C《英》降りる[乗る]人が合図した時だけ停車するバス停留所.

†**req·ui·em** /rékwiəm/ 名 C《時に R-》 **1**《カトリック》死者のためのミサ, レクイエム. **2** 死者のためのミサ曲, レクイエム, 鎮魂曲.

réquiem máss 名 C =requiem 1.

*****re·quire** /rikwáiɚ | -kwáiə/ ◨ 動 (re·quires /~z/; re·quired /~d/; re·quir·ing /-kwái(ə)rɪŋ/; 名 requírement) 他《進行形なし》《格式》**1**《…を必要とする (need)》: We ~ your help. 私たちはあなたの援助が必要です / The situation here ~s that you (*should*) contact him at once. <V+O+(*that*)節> こちらの事情があって君にすぐ連絡をとってほしい《[☞ should A 8]》/ This computer ~s repairing. <V+O(動名)>《英》このコンピューターは修理が必要だ.

2《法律・規則・法律・義務などによって》《人に…するように》要求する, 命ずる, 《…を》要求する, 命令する《[☞ demand 類義語]》: [言い換え] The police ~d him to fill out three forms. <V+O+C(*to* 不定詞)> =The police ~d that he (*should*) fill out three forms. <V+O(*that* 節)> 警察は彼に 3 枚の書類に記入するよう要求した / What do you ~ *of* your students? <V+O+*of*+名・代> あなたは御自分のクラスの学生に何を要求しているのですか / Students are ~d *to* show their identification cards. <V+O+C (*to* 不定詞) の受身> 学生は学生証を見せなければならない / typing skill ~d タイプの技能《求人広告で》. **3** Ⓢ 《…を》欲する, 望む. [語源] ラテン語で「再び求める」の意; request と同語源.

re·quired /rikwáiəd | -kwáiəd/ 形 必要とされる;《学科目が》必修の《米》obligatory): ~ reading 必読(図書) / a ~ subject 必修科目.

*****re·quire·ment** /rikwáiəmənt | -kwáiə-/ 名 (-quire·ments /-mənts/; ⇒ requíre) C《格式》 **1** 必要条件; 資格: These applicants do not meet the ~s for acceptance by the university. この志願者たちは大学側の入学の条件を満たしていない.

2 必要物[品]; 必要量[額]: The most urgent ~s of the victims are food and clothing. 被災者に何よりもまず必要なのは食糧と衣服だ.

†**req·ui·site** /rékwəzɪt/《格式》形 Ⓐ 必要な, 必須の: the ~ procedures *for* …に必要な手続き.
— 名 C《しばしば複数形で》必需品, 必要物; 要件 (*for, of*).

req·ui·si·tion /rèkwəzíʃən/ 動 他《…を》強制使用[徴発]する (*from*). — 名 Ⓤ C《権力などによる》要求, 請求; 《軍隊などによる》接収, 徴発 (*for*).

re·quit·al /rikwáitl/ 名 Ⓤ《格式》返礼; 報復.

re·quite /rikwáit/ 動 他《格式》《親切などに》報いる (*with*); 報復する: ~ love 報われた愛.

re·ran 動 rerun² の過去形.

rer·e·dos /réɹədəs | ríədɒs/ 名 C (教会の祭壇背後の)飾壁.

re·re·lease¹ /rì:rɪlí:s/ 動 他《CD・映画などを》再発売[再公開]する.

re·re·lease² /rì:rɪlì:s/ 名 C 再発売[再公開]された CD [映画など].

re·route /rì:rú:t/ 動 《…を》別ルートで送る[運ぶ]; 《…の》ルート[コース]変更をする.

re·run¹ /rí:rʌn/ 名 C **1** 再放送, 再上映, 再演 (*of*); 再放送[再上映]の番組[映画]. **2** 再現, 再び (*of*). **3**《レースなどの》やり直し.

*****re·run²** /rì:rʌn/ 動 (re·runs; 過去 re·ran /-rǽn/; 過分 re·run; -run·ning) 他 **1**《テレビ・ラジオ番組を》再放送する;《映画・劇を》再上映[再演]する. **2**《レースなどを》やり直す. **3**《テープ・プログラムなどを》再び動かす, 再実行する.

re·sale /rí:sèil/ 名 Ⓤ 再販売, 転売.

résale shòp 名 C《米》(しばしば慈善のための資金調達を目的とした)中古品販売店, リセールショップ.

resat 動 resit¹ の過去形および過去分詞.

*****re·sched·ule** /rì:skédʒu:l/ | -jédju:l/ 動 他 **1**《…の》予定を変更する (*for*). **2**《財》《債務の》返済を繰り延べする.

*****re·scind** /rɪsínd/ 動 他《法》《…を》無効にする.

*****re·scis·sion** /rɪsíʒən/ 名 Ⓤ C《格式》廃止, 撤回.

*****res·cue** /réskju:/ ◨ 動 (res·cues /~z/; res·cued /~d/; res·cu·ing /-kju:ɪŋ/) 他《人などを》《危険などから》救う, 救い出す《[☞ save¹ 類義語]》: He ~d a drowning man. 彼はおぼれかかった人を救った / The fireman ~d a boy *from* a burning building. <V+O+*from*+名・代> 消防士は燃え盛る建物から少年を救出した.
— 名 (~s /~z/) Ⓤ C 救出, 救援, 救済: a ~ party [team] 救助隊 / ~ work 救助作業. **cóme** [**gó**] **to the réscue of** ‥ =**cóme** [**gó**] **to** ‥**'s réscue** [動] ‥を救助[に来る[行く], …を救おうと努める.

res·cu·er /réskju:ɚ | -kju:ə/ 名 C 救助[救済]者.

*****re·search¹** /rí:sɚːtʃ, rɪsə́ːtʃ | rɪsə́ːtʃ, rí:sə:tʃ/ ◨ 名 **1** Ⓤ (長期に及ぶ綿密な)調査;《科学的な》研究, 学術研究. [語法] 複数形でも用いるが, その場合でも数詞や many とともには pieces of research のようにいう: market ~ 市場調査 / He is engaged in scientific ~. 彼は科学研究に従事している / I am busy doing ~ *on* the subject. 私はその問題の調査で忙しい / They did [carried out, conducted] (*some*) ~ *on* [*into*] the nature of language. 彼らは言語の本質についての研究を行なった. **2** [形容詞的に] 調査の, 研究(用)の: a ~ fund 調査[研究]費 / a ~ assistant 研究助手 / a ~ student 研究生.

résearch and devélopment 名 =R and D.

*****re·search²** /rɪsɚ́:tʃ, rí:sɚ:tʃ | rɪsə́:tʃ, rí:sə:tʃ/ 動 他 **1**《…を》研究[調査]する: We have been ~ing its side effects. 我々はその副作用を研究している. **2**《本・論文などのために調査する》: a well-*researched* novel よく調査して書かれた小説. — 研究する, 調査する (*on*): We have been ~ing *into* its side effects. 我々はその副作用を研究している.

*****re·search·er** /rɪsɚ́:tʃɚ, rí:sɚ:- | rɪsə́:tʃə/ 名 C 研究員.

re·sell /rì:sél/ 動 (re·sells; 過去・過分 re·sold /-sóold/; -sell·ing) 他 《…を》再販売[転売]する.

*****re·sem·blance** /rɪzémbləns/ 名 (動 resémble) Ⓤ《形や外観での》類似; C 類似点 (likeness): [言い換え] He bears a strong [great] ~ *to* his father. (=He resembles his father very much.) 彼は父親にそっくりだ / There is very little ~ *between* them. 彼らは似ているところがほとんどない.

*****re·sem·ble** /rɪzémbl/ ◨ 動 (-sem·bles /~z/; -sem·bled /~d/; -sem·bling; 名 resémblance) 他《受身・進行形なし》《形・性質の上で》《…に》似ている (be like): She ~s her mother. 彼女は母親に似ている / The brothers closely ~ each other *in* character. <V+O+*in*+名> その兄弟は性格がよく似ている. [語法] 「だんだん似てくる」 という意味のときには進行形が使われることがある: Linda's *resembling* her mother more and more. リンダはますます母親似になってきた.

*****re·sent** /rɪzént/ ◨ 動 (re·sents /-zénts/; -sent·ed /-tɪd/; -sent·ing /-tɪŋ/; 形 reséntful, 名 reséntment) 他《人の言動》に腹を立てる, 憤慨する;

をひどくいやがる, 恨む (⇨ sense 単語の記憶): He greatly [strongly, bitterly] ~ed my remarks. 彼は私のことばに大変腹を立てた / I ~ having to do so much work. <V+O (動名)> こんなに多くの仕事をしなければならないのが腹立たしい / Does she ~ my [me] staying with Tom? 彼女は私がトムといっしょにいるのを恨むだろうか.

†**re·sent·ful** /rɪzéntf(ə)l/ 形 (動 resént) 憤慨して(いる), 怒った (about, at, of). **-ful·ly** /-fəli/ 副 憤慨して. **~·ness** 名 U 憤慨していること.

***re·sent·ment** /rɪzéntmənt/ 名 U 憤慨(ふんがい), 恨み; 憤り: ~ against [toward] the authorities 当局に対する憤り / He harbored strong ~ at [about, over] the unfair treatment he received. 彼は自分が受けた不当な扱いに対して深い恨みを抱いた.

res·er·pine /résəpi:n, rɪsə́:pi:n | résəpi:n, rɪsá:pi:n/ 名 U レセルピン (鎮静・血圧降下薬).

***res·er·va·tion** /rèzəvéɪʃən | -zə-/ 名 **T1** (~s /-z/; réserve) 1 C (部屋・座席・切符などの)予約, 指定: I'd like to make a ~ for a flight to Paris on April 7. 4月7日のパリ行きの便の予約をしたいのですが / You have a ~ in my name. 私の名前で予約してあります.

会話 "Will you arrange my hotel ~?" "Yes, sir. What city are you going to?"「ホテルの予約をしてくれますか」「はい, どこ(の町)へお出かけですか」

2 C,U (しばしば複数形で) 疑念, 不安, 躊躇; 保留; 条件, ただし書き: I have some ~s about his plan. 私は彼の計画に多少の疑問を抱いている. 3 C (自然・環境などの)保存; (米) (北米先住民族のためなの)指定保留地; (主に米) 動物保護区, 禁猟区域: a Native American ~ アメリカ先住民族特別保留地. 4 C (英) =central reservation. **without reservátion** [副] 率直に; 無条件で. **with sóme reservátion(s)** [副] 多少の条件付きで.

***re·serve** /rɪzə́:v | -zə́:v/ 動 **T1** (re·serves /-z/; re·served /-d/; re·serv·ing; 名 rèservátion) 他 1 <部屋・座席・切符などを>予約する, 指定する (⇨ reserved 2): We ~d two rooms at the hotel. 私たちはそのホテルに2部屋とった / I'd like to ~ a seat on the six o'clock flight to London. 6時のロンドン行きの飛行機を予約したいのですが / These seats are ~d for our foreign visitors. <V+O+for+名・代の受身> こちらは外国からのお客様用の予約席です.

2 <...を>(使わずに)取っておく, (他の目的のために)のけておく: You should ~ the afternoon for appointments with students. <V+O+for+名・代> 午後は学生の面談にあけておきなさい. 3 (格式)<権利などを>保有する; (法) 留保する (⇨ reserved 2). 4 (格式)<...を>差し控える, 延ばす (postpone): I ~d (my) criticism [judgment]. 私は批判[判断]を差し控えた.

— 名 (~s /-z/) 1 C (しばしば複数形で) 蓄え, 保有物 (stock, store); 予備品; 準備品, 積立金: food ~s 食糧の蓄え / the bank's ~s 銀行の準備金 / He has great ~s of energy. 彼は大いに精力を蓄えている. 2 [形容詞的に] 予備の, 準備の: a ~ fund 予備金 / a ~ supply 予備品. 3 C (主に英) 特別保留地, 禁猟地: a forest ~ 保安林. 4 U 遠慮, 慎み. 5 [the ~(s)] 予備軍, 予備艦隊; (補欠要員. 6 U 保留; 制限, 条件. 7 (英) =upset price.

in resérve [形] 取っておいた, 蓄えてある: keep [hold] ... in ~ ...を蓄えておく. **without resérve** [副] 遠慮なく, 率直に; 無条件で. **with resérve** [副] (1) 条件付きで. (2) 遠慮して.

resérve bànk 名 C 準備銀行 (米国の連邦準備銀行の一つ); (他の国の)準備銀行.

resérve cùrrency 名 C (商) 準備通貨 (多国間決済に使用される国際的に信用度の高い通貨).

***re·served** /rɪzə́:vd | -zə́:vd/ 形 (反 unreserved) 1 遠慮した, 控えめな, 無口な, 打ち解けない: Mr. Bell seems very ~ with us. ベル氏は私たちに対してとても他人行儀だ.

2 (部屋・座席・切符などが)予約した, 貸し切り[借りきり]の, 指定の (for): ~ seats 予約席 / a ~ car 貸し切りの車 / a ~ book 指定図書. 3 (生) 著作権[版権]所有 (© と併記される): All rights ~: 著作権[版権]所有 (© と併記される).

re·sérv·ed·ly /-vɪdli/ 副 (反 unreservedly) 遠慮して, 打ち解けないで; よそよそしく.

re·sérv·ed·ness /-vɪd-/ 名 U 遠慮, よそよそしさ.

Resérve Ófficers Tráining Còrps 名 [the ~] (陸軍の)予備役将校訓練隊 (略 ROTC).

resérve prìce 名 C (英) =upset price.

***re·serv·ist** /rɪzə́:vɪst | -zə́:v-/ 名 C 予備兵, 在郷軍人.

***res·er·voir** /rézəvwàə | -zəvwà:/ 名 (~s /-z/) C 1 貯水池, 貯水用ダム: This ~ can't supply enough water for the whole town. この貯水池は町全域に対して十分な水を供給できない. 2 W (知識などの)蓄積, 宝庫 (of). 3 (生) (液体などの)貯蔵器, 容器.

***re·set**[1] /rì:sét/ 動 (re·sets; re·set; -set·ting) 他 1 <時計・ダイヤルなどを>セットし[合わせ]直す, リセットする (to). 2 <折れた骨を>継ぎ直す, 整形する. 3 (電算) <...を>リセットする. 4 <宝石を>はめ直す; <活字を>組み直す. — 自 (装置が)リセットされる.

***re·set**[2] /rì:sét/ 名 C リセット(装置); 継ぎ直し; はめ[組み]直し; (電算) リセット(ボタン). — 形 A リセット(用)の: a ~ button リセットボタン.

***re·set·tle** /rì:sétl/ 動 他 1 <避難民などを>再び(新しい土地に)定住させる. 2 <土地に>再び人を住まわせる. — 自 再び(新しい土地に)定住する.

***re·set·tle·ment** /rì:sétlmənt/ 名 U 再定住.

***re·shape** /rì:ʃéɪp/ 動 他 <経済・政策などを>作り直す, 作り変える.

***re·shuf·fle**[1] /rì:ʃʌ́fl/ 動 他 1 <内閣などを>改造する. 2 <...を>移しかえる; (トラ) <札>をきり直す. — 名 C (内閣のポストなどの)入れかえ, (小)改造.

***re·side** /rɪzáɪd/ 動 **T2** (名 résidence, 形 résident) 自 (格式) 1 [副詞句を伴って] 居住する, 住む (live), 駐在する: ~ abroad 外国に駐在する / She ~s in New York [at 350 Hill Street]. 彼女はニューヨーク[ヒル通り350番地に]住んでいる. 2 (物が)(...に)ある; (性質・権力などが)(...に)存[属]する (in, with, within).

***res·i·dence** /rézədəns, -dns/ 名 **T1** (-i·denc·es /-ɪz/; reside) (格式) 1 C 住居, (立派な)邸宅 (⇨ house[1] 類義語): an [the] official ~ 官[公]邸 / a desirable ~ =residence 2. 2 U 居住(許可); 駐在, 在住[滞在]期間: during his two years' ~ abroad 彼の2年間の海外滞在中に. **in résidence** [形] (1) (格式) (官邸などに)住んで, (任地に)駐在して. (2) (大学の)構内に住んで. (3) [名詞の後で] (芸術家などが)(大学・劇団などで)指導に当たっている. **tàke úp résidence in ...** [動] 他 (格式) ...に居を構える.

résidence hàll 名 C (大学の)学生寮.

res·i·den·cy /rézədənsi, -dn-/ 名 (-den·cies) 1 U =residence 2. 2 C (米) (インターン終了後の)専門医学実習の期間[地位]. 3 (格式) (芸術家などの)一定期間の居住を条件とする雇用[ポスト].

***res·i·dent** /rézədənt, -dnt/ 形 (-i·dents /-dənts, -dnts/; rèsidéntial) C 1 (一時的な)居住者, (一定期間の)在住者: foreign ~s of [in] Tokyo 東京の在留外国人 / a ~'s card 住民票. 関連 inhabitant 永続的な居住者. 2 (ホテルの)宿泊客. 3

1490 resident alien

《米》専門医学実習医《インターン終了後に病院住み込みで専門的訓練を受ける有資格医師》(☞ registrar ②).
— 形 (動 reside) **1** 《格式》居住している, 在住の (in): the ~ population 居住者数 / ~ foreigners 在留外国人. **2** A 駐在する; 住み込みの; 常勤の; [滑稽] 専属の, おかかえの: a ~ intern 住み込みのインターン生 / a ~ expert 常勤の専門家[おかかえの相談役]. **3** [電算] 常駐の.

résident álien 名 C 《米法》(有資格)在留外国人.

*__res·i·den·tial__ /rèzədénʃəl/— 形 (名 résident) [普通は A] **1** 住宅の; 住宅向きの: ~ areas 住宅区域. **2** (仕事・学校などが)居住を条件とする, 住み込むことが必要な.

residéntial cáre 名 U (施設などへの)入所による介護《在宅介護が無理な人のため》.

residéntial tréatment facílity 名 C 《米》[婉曲] =mental hospital.

résident physícian 名 C =resident 3.

rés·i·dents' association /rèzədənts-, -dnts-/ 名 C 住民団体, 自治会.

*__re·sid·u·al__ /rɪzídʒuəl | -dju-, -dʒu-/ 形 A 《格式》残りの, 残余の. — 名 C 残り, 残余, [複数形で] 再放送料.

residual cúrrent devìce 名 C (電気機器の)残留電流遮断装置, ブレーカー.

re·sid·u·ar·y /rɪzídʒueri | -djuəri, -dʒu-/ 形 **1** 残りの[残余]の. **2** 《法》残余財産の.

res·i·due /rézədjù: | -djù:| 名 C 残り分, 残余 (of); 《化》残留物, 残滓 (from); 《法》残余財産.

*__re·sign__ /rɪzáɪn/ 動 (re·signs /-z/; re·signed /-d/; -sign·ing; 名 rèsignátion) 自 辞職する, 退職する: The Minister of Justice ~ed yesterday. 法務大臣はきのう辞職した / He ~ed from his job as assistant manager. <V+from+名・代> 彼は課長補佐の仕事をやめた / Mr. Bell ~ed as chairman. <V+as+名・代> ベル氏は議長を辞任した. 関連 retire 定年で退職する.
— 他 《地位・職などを》やめる, 辞する, 辞職する 類義語 sign 単語の記憶: My uncle ~ed his post [position] in the government. 私のおじは政府の職を辞した. 語源 ラテン語で「封印を破る, 破棄する」の意 ☞ sign 単語の記憶.

resígn onesélf to (dóing) ... 動 他 あきらめて... を受け入れる[する].

*__res·ig·na·tion__ /rèzɪgnéɪʃən/ 動 名 (~s /-z/; 動 resign) **1** U C 辞職, 辞任: the ~ of the Foreign Minister (*from* office) 外務大臣の辞任.
2 C 辞表: 'hand in [submit, tender] one's ~ 辞表を出す. **3** U 甘受, 忍従 (*to*), あきらめ.

with resignation 副 あきらめて.

*__re·signed__ /rɪzáɪnd/ 形 あきらめている; (...を)甘受して: a ~ look あきらめた顔(つき). **be resígned to** (dóing) ... 動 他 ...をあきらめて受け入れている.

re·sil·ience /rɪzíljəns/, **-sil·ien·cy** /-ljənsi/ 名 U **1** 元に戻る力, 弾(力)性. **2** (けが・ショックなどからの)回復力, 早い立ち直り.

*__re·sil·ient__ /rɪzíljənt/ 形 **1** 弾力のある. **2** (人・動植物などが)立ち直りが早い, 回復力のある (*to*). ~·ly 副 弾力性をもって; すぐに立ち直って.

*__res·in__ /réz(ə)n | -zɪn/ 名 **1** U 樹脂; 松やに (☞ rosin). **2** U C 合成樹脂.

res·in·ate /rézənèɪt/ 動 他 (...に)樹脂を混ぜる, 樹脂で香りをつける: ~d wine 樹脂で香り付けしたワイン.

res·in·ous /réz(ə)nəs/ 形 樹脂(質)の; 樹脂製の; 樹脂を含む.

*__re·sist__ /rɪzíst/ 動 (re·sists /-zísts/; -sist·ed /-ɪd/; -sist·ing; 名 resístance, 形 resístant) 他

元来は「立ち向かう」の意.
┌→(積極的に立ち向かう)→「抵抗する」**1**
└→(じっとがんばる)→「我慢する」**2**, 「耐える」**3**

1 (変革・敵などに)抵抗する, 反抗する (☞ oppose 類義語: exist 単語の記憶); (...を)妨害する: ~ arrest 逮捕に抵抗する / Our troops ~ed the attack. 我々の軍隊は攻撃に抵抗した / The child ~ed being put to bed. <V+O (動名)> 子供は寝かされるのをいやがった.
2 [普通は否定文で] (...を)我慢する, こらえる: Can you ~ that temptation? あなたはその誘惑に耐えられますか / 'I was *unable* [It was *impossible* for me] to ~ *laugh*ing at him. <V+O (動名)> 私は彼のことを笑わずにはいられなかった / I can't ~ chocolate. チョコレートにはつい手が出る.
3 《化学作用・自然力に》耐える, 侵されない: Regular exercise helps us ~ disease. 規則的に運動をしていると病気に耐えられる.
— 自 **1** 抵抗する. **2** [普通は否定文で] 我慢する.

re·sist·a·ble /rɪzístəbl/ 形 =resistible.

*__re·sis·tance__ /rɪzístəns, -tns/ 名 (**-sis·tanc·es** /-ɪz/; 動 resist) **1** U または A ~ 抵抗, 反対 (opposition); 抵抗力: put up '[*a*) stiff ~] 抵抗[猛烈な抵抗]を続ける / He offered no ~ *to* our demands. 彼は我々の要求に対して何の抵抗もしなかった / Lack of sleep lowers the body's natural ~. 睡眠不足は体に備わった抵抗力を低下させる. **2** U,C 《物理》(空気などの)抵抗; 《電》抵抗; C 抵抗器: air ~ 空気の抵抗.
3 [the ~; 時に the R-; 単数または複数扱い] 抵抗運動, レジスタンス《特に第二次大戦中ドイツに占領されたフランス地域における抵抗運動》.

táke [**chóose, fóllow**] **the páth** [《主に英》**líne**] **of léast resístance** 動 自 もっとも抵抗の少ないやり方をとる, いちばん楽な方法をとる.

*__re·sis·tant__ /rɪzístənt, -tnt/ 形 (変革などに)抵抗する, 反抗する: She is extremely ~ *to* any form of change. 彼女はどんな変化にも強く抵抗する.
2 [しばしば合成語で] 抵抗力のある, 強い (*to*): a disease-*resistant* variety of rice 病気に強い品種の稲 // ☞ fire-[heat-, water-]resistant.

re·sist·i·ble /rɪzístəbl/ 形 抵抗できる.

re·sis·tor /rɪzístə | -tə/ 名 C 《電》抵抗器.

re·sit[1] /rì:sít/ 動 (**re·sits**; 過去・過分 **re·sat** /-sǽt/; **re·sit·ting**) 他 《英》(試験)を再び受ける (retake).

re·sit[2] /rì:sít/ 名 C 《英》再受験 (*in, for*).

re·size /rì:sárz/ 動 他 (...)の大きさを変更する.

re·skill·ing /rì:skílɪŋ/ 名 U 《英》(特に失業者に対する)技能再教育.

re·sold /rì:sóuld/ 動 resell の過去形および過去分詞.

*__res·o·lute__ /rézəlù:t/ 形 (形 resólve 2, 自; 反 irresolute) 《格式》断固とした, 決然たる: He was ~ *in* his determination to climb Mt. Everest. 彼のエベレストに登ろうという決心は固かった. ~·ly 副 断固として. ~·ness 名 U =resolution 3.

*__res·o·lu·tion__ /rèzəlú:ʃən/ 名 (~s /-z/; 動 re·sólve) **1** C 決議, 決議(文)案: 言い換え The ~ *to* build a new road was passed. <N+*to* 不定詞>= The ~ *that* a new road (*should*) *be* built was passed. <N+*that* 節> 新しく道路を造るという決議が可決された (☞ should A 8) / The United Nations General Assembly adopted the cease-fire ~. 国連総会は停戦決議案を採択した.
2 C (...しようという)決意, 決心 (determination): make New Year('s) ~s 新年の決意をする / He made a firm ~ never *to* repeat it. <N+*to* 不定詞> 彼は二度とそれを繰り返すまいと固い決心をした.

3 U [ほめて] 断固たる気性, 決断力: a person lacking in ～ 優柔不断な人. **4** U または a ～ [問題などの]解決 (solution), 解答 (to): the ～ of the problem 問題の解決. **5** U 分解; 分析: the ～ of a chemical compound *into* its elements 化合物の元素への分解. **6** U,C 〔物理〕(レンズの)解像力; (画面の)解像度.

re·solv·a·ble /rɪzάlvəbl | -zɔ́l-/ 形 分解できる, 溶解性の (into); 解決できる.

*****re·solve** /rɪzάlv | -zɔ́lv/ 12 (**re·solves** /~z/; **re·solved** /~d/; **re·solv·ing**; 自 2, 他 1 では 形 résolute; 名 rèsolútion) 他

「分解する」**4** → 「解決する」**1** → (疑問点をはっきりさせる) → (決着をつける) → 「決心する」**2** → (公的に決める) → 「決議する」**3**

《格式》**1** 〈問題を〉解決する (solve), 解く; 〈疑いなどを〉晴らす: The problem *was* ～d only when the chairman resigned. 議長が辞めて初めて問題が解決した / My behavior ～d his doubts. 私の行動は彼の疑いの心を解きほぐした.

2 〈…しようと〉決心する, 〈…することを〉決定する (⇨ decide 類義語): [言い換え] I ～*d to* work harder. <V+O (*to* 不定詞)> ＝I ～*d that* I would work harder. <V+O (*that* 節)> 私はもっと一生懸命に勉強しよう[働こう]と決心した.

3 〈…を〉決議する: *It was* ～*d that* our city *(should) have* an airport. <V+O (*that* 節)の受身> わが市に空港を設けることが決議された (⇨ should A 8) / The union ～d to strike by 80 votes to 26. <V+O(*to* 不定詞)> 組合は 80 票対 26 票でスト決行を決議した.

4 〈物を…に〉分解する, 分析する; 溶解する; (カメラなどが)〈像を〉解像する: Light *is* ～*d by* a prism *into* numerous colors. <V+O+*into*+名･代の受身> 光線はプリズムによって多数の色に分解される.

── 自 《格式》**1** 〈…することに〉決心する, 決定する; 決議する: She ～*d on* [*against*] marrying John. <V+*on* [*against*]+動名> 彼女はジョンと結婚する[しない]ことに決めた. **2** 分解して…になる: Water ～s *into* oxygen and hydrogen. 水は分解して酸素と水素になる. **resólve itsélf ìnto ...** [動] 他 《格式》…に分解する; 変化して[結局]…になる.

── 名 《格式》**1** C 決心, 決意 (to do): stiffen a person's ～ (事が)人の決意を強化させる. **2** U 強い意志, 決断力. **bréak ...'s resólve** [動] …の意気[気力]をくじく.

*****re·solved** /rɪzάlvd | -zɔ́lvd/ 形 P 決心した (determined); 決意の固い (resolute): I am ～ *never to* give in! 私は絶対に屈しないと決意している.

*****res·o·nance** /rézənəns/ 名 **1** U 《格式》反響, 響き; the clear ～ of her voice 彼女の澄んだ声の響き. **2** U,C 《格式》心に響くこと, 人を動かす力; 特別な意味合い, (心に残る)響き (for). **3** U,C 〔物理〕共鳴, 共振.

*****res·o·nant** /rézənənt/ 形 《格式》**1** (音などが)反響する, 鳴り響く: a ～ voice 朗々たる声. **2** (壁･部屋などが)音をよく響かせる. **3** P (場所などが)(音の響きが) (with). **4** (想･イメージなどが)喚起力の豊かな; (場所が)(心に)(感情･経験などを)呼び起こす, (…に)満ちた (with). **～·ly** 副 反響して, 鳴り響いて; 豊かに.

*****res·o·nate** /rézənèɪt/ 動 自 **1** (音などが)鳴り響く, 反響する (in, through); 共鳴する. **résonate with ...** [動] 他 《格式》(1) (場所が)(音声で)鳴り響く, …が響き渡る. (2) (物事が)…を呼び起こす, …に満ちあふれる: music that ～s *with* bucolic images 牧歌的なイメージにあふれた音楽. (3) 《主に米》(人)に共鳴する.

res·o·na·tor /rézənèɪt̬ɚ | -tə/ 名 C 共鳴器.

*****re·sort** /rɪzɔ́ɚt | -zɔ́:t/ (類似 result) 名 (**re·sorts** /-zɔ́ɚts | -zɔ́:ts/) **1** C 行楽地, リゾート; 人のよく行く場所: a health ～ 保養地 / a holiday 《英》行楽地 / a summer ～ 夏の行楽地 / a seaside [mountain] ～ 海岸[山]の行楽地 / a ski ～ スキー場 / a favorite ～ of artists 芸術家たちが好んで集まるところ[たまり場]. **2** U 《格式》(やむなくよくない手段に)頼ること, (手段などに)訴えること: You can teach good manners to children without ～ *to* punishment. 全く罰を与えなくても子供たちに良い礼儀作法を仕込めます. **3** [単数形で] 頼りにする人[物], 訴える手段, 頼みの綱: a course of last ～ 最後に使う策 / Roads were blocked and the train was our only ～. 道路が閉鎖されて列車だけが頼りだった. **4** U 《格式》(人が)よく行くこと: a place of popular ～ 盛り場. 語源 ラテン語で「再び出かける」の意.

as a lást resórt ＝ 《英》**in the lást resórt** [副] 《格式》最後の手段として, せっぱ詰まって, 結局. **hàve resórt to ...** [動] 《格式》(よくないことに)頼る, …に訴える: *have* ～ *to force* 力に頼る.

── 動 (**re·sorts** /-zɔ́ɚts | -zɔ́:ts/; **-sort·ed** /-t̬ɪd/; **-sort·ing** /-t̬ɪŋ/) 自 《格式》(やむなくよくない手段に)頼る, 訴える: He finally ～*ed to* violence (steal*ing*). <V+*to*+名･代[動名]> 彼はついに暴力に訴えた[盗みまでしでかした].

resórt hotél [C] リゾートホテル.

re·sound /rɪzáʊnd/ 動 自 **1** (音･声などが)鳴り響く, 反響する (echo) (through, throughout). **2** (場所が)(音で)響き渡る, こだまする (with, to). **3** 《格式》(名声などが)とどろく (around, through, throughout).

*****re·sound·ing** /rɪzáʊndɪŋ/ 形 A **1** (音･歓声などが)辺(ｱﾀ)りにこだまするような. **2** (成功が)目覚ましい, 圧倒的な, 完全な: a ～ victory [defeat] 圧勝[完敗]. **～·ly** 副 鳴り響いて; 目覚ましく.

*****re·source** /ríːsɔɚs, -zɔəs, rɪsɔ́ɚs, -zɔ́ɚs | rɪzɔ́ːs, -sɔ́ːs/ 11 名 (**re·sourc·es** /~ɪz/; 形 resóurceful) **1** [普通は複数形で] 資源; 財源, 資金; 資産: energy ～s エネルギー資源 / China is rich in natural ～s. 中国は天然資源に富んでいる / We have limited financial ～s. 我々は財源が限られている.

―― コロケーション ――
exploit *resources* 資源を開発する
pool [**share**] *resources* 資源を共有する
waste *resources* 資源を浪費する

2 [複数形で] (人の)資質, 能力 (勇気･精神力など): inner ～s 内に秘めた力[才能]. **3** C (いざという時の)手段 (resort), 頼り; 資料: a ～ room [center] 資料室[センター] / Religion was his only ～. 彼は宗教に頼るよりほかに手がなかった. **4** U 《格式》臨機応変の才能, 機転: a leader of great ～ 機略に富む指導者.

léave ... to ...'s ówn resóurces [動] 他 (手を貸さずに)…を好きなようにさせておく, 勝手にさせておく.

── 動 他 [普通は受身で] 《格式》〈…に〉(資金などの)援助を与える (with).

-re·sourced /ríːsɔəst, -zɔəst | rɪzɔ́ːst, -sɔ́ːst/ 形 [合成語で] (資金などの)援助を受けている: a well-re*sourced project* 資金の豊かな計画.

*****re·source·ful** /rɪsɔ́ɚsf(ə)l, -zɔɚs- | -zɔ́ːs-, -sɔ́ːs-/ 形 (名 résource) [ほめて] 臨機応変の才のある, 工夫[問題解決]の上手な. **-ful·ly** /-fəli/ 副 臨機応変に. **～·ness** 名 U 機転(がきくこと).

*****re·spect** /rɪspékt/ 11 名 (**re·spects** /-spékts/; 形 respéctful; 反 disrespect)

respectability

「注目すること」(☞ 語源)
　→(敬意をもっての注目)「尊重」2,「尊敬」1
　　→(敬意のしるし)→「あいさつ」4
　　→(注目する所)→「点」3

1 ⓤ 尊敬, 敬意; 言い換え She has great ~ for her teacher.(=She respects her teacher very much.) 彼女は先生をとても尊敬している.

― コロケーション ―
feel respect for ...　...を尊敬する
lose ...'s respect　(人)から尊敬されなくなる
win [command, earn, gain] ...'s respect　(人)から尊敬される

2 ⓤ 尊重, 重視; 配慮; (危険なものに対する)注意深さ, 慎重さ: We should have ~ for the law. 我々は法を尊重しなければならない / He has no ~ for the opinions of others. 彼は他人の意見を全く尊重しない. **3** ⓒ 点 (point), 個所, 関係, 関連 (relation): in several [many] ~s いくつか[多く]の点で / Your translation is perfect in 「all ~s [every ~]. あなたの訳はあらゆる点で完璧です. **4** [複数形で] (格式) (よろしくという)伝言: Give my ~s to your parents. ご両親によろしくお伝えください. 語源 ラテン語で 「振り返って見る」の意.

hóld ... in gréat [the gréatest] respéct [動] ⓣ ⟨...⟩を大いに[この上なく]尊敬[尊重]する.

in respéct of ... [前] (1)《英格式》...に関して. (2)《商》...の支払いとして.

in thís [thát] respéct [副] [しばしば 文修飾語] この[その]点に関しては: In this ~, life in Japan is difficult for foreigners. この点に関して言えば日本での生活は外国人にとって難しい.

páy one's lást [final] respécts to ... [動] ⓣ ⟨人⟩の葬儀に参列する.

páy one's respécts to ... [動] ⓣ 《格式》...によろしくと伝える; (敬意を表わすために)...を公式に訪問する.

pày respéct to ... [動] ⓣ ...に敬意を払う.

shów respéct to [for] ... [動] ⓣ ...に敬意を払う, 敬う: We show ~ to [for] older people by offering them seats on trains. 我々は電車の中で席をゆずってお年寄りに敬意を表わす. 語法 to は目の前に相手がいるときに使う. for の場合は相手が目の前にいるとは限らない.

tréat ... with respéct [動] ⓣ ⟨...⟩を大切に扱う.

with respéct to ... [前] 《格式》または《商》...に関して: I wrote to him with ~ to our future plans. 私は我々の将来の計画について彼に手紙を書いた.

with ('the gréatest [(áll) dúe]) respéct [副] 文修飾語 ⓢ 《格式》(軽ⓣ)ごもっともですが {丁寧[皮肉]に反論する前置きⓢ}: With ~, sir, I must disagree. 恐れながら賛成いたしかねます.

― 動 (re·spects /-spékts/; -spect·ed /~ɪd/; -spect·ing) ⓣ **1** [進行形なし] ⟨人⟩を敬う, 尊敬する (look up to); (for) (反 despise) (☞ prospect¹ 単語の記憶): The statesman was ~ed by everybody. その政治家はみんなから尊敬されていた / I ~ Mr. Smith as our leader. <V+O+C (as+名)> 私はスミスさんを指導者として尊敬している.

2 ⟨...⟩を尊重する, 重んじる, 考慮に入れる; ⟨規則など⟩を守る: We should ~ the privacy of others. 他人のプライバシーを尊重すべきだ.

respéct onesélf [動] ⓘ 自尊心がある.

― 感 (略式) お見事, 感心だ, 尊敬するよ.

re·spect·a·bil·i·ty /rɪspèktəbíləṭi/ 名 (形 respéctable) ⓤ (世間的に)ちゃんとしていること, 品位; 体面; ちゃんとした評価.

*****re·spect·a·ble** /rɪspéktəbl/ 形 (名 respèctabílity) **1** (人が)まともな, (世間的に)ちゃんとした. 語法 respectable は「悪いことをしたり, いかがわしい過去を持っていない」の意味で, とりたてて「立派な, 尊敬に値する」の意味ではないことが多い. a respectable person と言うとかえってその人に失礼でもある場合もある: They are poor but ~. 彼らは貧しいがまともな暮らしをしている. **2** (服装・身なり・行為などが)きちんとした, 体裁(ɾʹɹ)のよい, 見苦しくない, 下品でない: a ~ suit きちんとしたスーツ / His behavior was less than ~. 彼のふるまいはとても見苦しかった. **3** (質・量・大きさなどが)まずまずの; 相当の: a ~ amount of money まずまずの金額. **-a·bly** /-bli/ 副 まともに, ちゃんと; ほどほどに(よく). **~·ness** 名 ⓤ まともさ; 体裁のよさ.

*****re·spect·ed** /rɪspéktɪd/ 形 尊敬されている.

re·spect·er /rɪspéktə | -tə/ 名 ⓒ (考えなどを)尊重する人. **be nó respécter of ...** [動] (規則・伝統などを)全く考慮しない; (人を)差別しない: Death is no ~ of persons. 死は人を選ばない[だれにも平等に訪れる].

*****re·spect·ful** /rɪspéktf(ə)l/ 形 (名 respéct; 反 disrespectful) **1** (人・物事に対して)敬意を表わす, 丁寧な (to, toward): The audience stood in ~ silence to honor the late chairman. 聴衆は亡き会長に弔意を表して起立し黙祷(tɕ)した. **2** ⓟ (...を)重んじる, 尊重する: Englishmen are said to be ~ of tradition. 英国人は伝統を重んじるといわれる. **-ful·ly** /-fəli/ 副 恭(fʹ)しく, 丁寧に.

re·spect·ing /rɪspéktɪŋ/ 前 《格式》...について.

*****re·spec·tive** /rɪspéktɪv/ ⓣⓛ 形 ⒜ それぞれの, めいめいの, 各自の. 語法 普通は後に複数名詞を伴う: They went their ~ ways. 彼らはめいめいの道を行った.

*****re·spec·tive·ly** /rɪspéktɪvli/ 副 [普通は文尾に用いて] 《格式》それぞれ, おのおの, めいめいに: Beth, Sue, and Joan are 10, 7, and 3 years old ~. ベス, スー, ジョーンはそれぞれ 10 歳, 7 歳, 3 歳です.

res·pi·ra·tion /rèspəréɪʃən/ ⓣⓢ ⓤ 《医》呼吸: artificial ~ 人工呼吸.

res·pi·ra·tor /résp(ə)rèɪṭə | -tə/ 名 ⓒ **1** 人工呼吸装置: put a patient on a ~ 患者に人工呼吸装置をつける. **2** 防毒マスク.

*****re·spi·ra·to·ry** /résp(ə)rətɔ̀ːri, rɪspíərətəri, -tri/ 形 ⒜ 《医》呼吸(作用)の, 呼吸のための: the ~ system 呼吸器系.

*****re·spire** /rɪspáɪə | -spáɪə/ 動 (**re·spir·ing** /-spáɪ(ə)rɪŋ/) ⓘ 《格式》呼吸する (breathe).

*****res·pite** /réspɪt | -paɪt/ 名 《格式》ⓤ または a ~] **1** 休止; 休息期間; 中休み, 息を抜きをひととき (from). **2** 一時中止, 延期; (刑の)執行猶予.

withòut (a móment's) réspite [副] (全く)休みなしに.

réspite càre 名 ⓤ 休息介護 (家で老人などの世話をする人に休息を与えるための介護).

re·splen·dence /rɪspléndəns/ 名 ⓤ 《格式》光輝, まばゆさ.

re·splen·dent /rɪspléndənt/ 形 《格式》きらきら輝く, まばゆい (in). **~·ly** 副 まばゆいばかりに.

‡re·spond (**re·sponds** /-spándz | -spɔ́ndz/; -spond·ed /~ɪd/; -spond·ing; 名 respónse) ⓘ **1 反応を示す**, 応じる; 対応する, 応酬する: I waved to her and she ~ed by smiling at me. <V+by+動名> 私が彼女に向かって手を振ると彼女はほほえみで答えてくれた / The students ~ed to her sincere teaching. <V+to+名・代> 学生たちは彼女の誠意ある教え方にこたえた / Tom ~ed with rage to the insult. <V+with+名> 侮辱を受けてトムは大変腹を立てた.

2 ⟨やや格式⟩答える, 応答する (☞ answer 類義語): He ~ed very quickly to my letter 「with a phone call [by telephoning]. <V+to+名・代 [by+動名]> 彼は私の手紙に対してすぐさま電話で返事をよこした. **3**(患者・病気・傷などが)(治療などに)よい反応を示す,効果を示す: The patient did not ~ to the treatment. その患者には治療の効果がなかった. **4**(会衆が牧師のことばに)応唱する(to). — 他 <...>と答える(that). 語源 ラテン語で「約束し返す」の意; ☞ sponsor 語源.

re·spon·dent /rɪspάndənt | -spɔ́n-/ 名 C **1**(格式)(アンケートなどの)回答者. **2**〖法〗(離婚訴訟の)被告.

‡re·sponse /rɪspάns | -spɔ́ns/ (回 名 (~·spons·es /-ɪz/; → respónd, respónsive) **1** U,C **反応,感応**(reaction); 反響(from): a ~ to a stimulus 刺激に対する反応 / The audience showed little ~ to his speech. 聴衆は彼の演説にほとんど反応を示さなかった.

2 C,U **応答,返答**(answer)(from): The candidate made a quick ~ to the criticism. 候補者はすぐに批判に対して直(ただ)ちに回答をした. **3** C [普通は複数形で]〖十教〗応唱,応答文[歌].

in respónse to ... [前] ...に応じて,...に答えて: *in ~ to* many requests 多くの要望に答えて.

respónse tìme 名 U 〖電算〗反応時間,レスポンスタイム《システムが指令に反応する速度》.

‡re·spon·si·bil·i·ty /rɪspὰnsəbíləti | -spɔ̀n-/ 名 (-i·ties /~z/; 形 respónsible; 反 irresponsibility) **1** U (仕事・事故などに対する)**責任,**責務,責任能力: He has a [no] sense of ~. 彼には責任感がある[まるでない] / I will take full **~ for** the accident. 事故の責任は私が全面的に負います / The radicals claimed [disclaimed] ~ *for* the bombing. 過激派はその爆破は自分たちの犯行だ[ではない]と言った.

────── コロケーション ──────
avoid [**dodge**] *responsibility* 責任を逃れる
bear [**accept, take,**《格式》**assume**] *responsibility* 責任を持つ (*for*)
have *responsibility* **for** ... (監督者などとして)(物事・人)に対して責任がある
lay the *responsibility* **on** ... ...に責任を負わせる
share *responsibility* 責任を共有する

2 C (責任のある)**職務**(duty),職責,責任を負っている仕事[人]: the varied *responsibilities* of the presidency 大統領職の様々な責務 / Doctors have ~ to their patients. 医者は(職務上)患者に尽す責任がある / You have a **~ to** perform [do] your duties. <N+to 不定詞> あなたには職務遂行の責任[義務]がある.

on one's ówn responsibílity [副]《格式》自分の一存で; 独断で.

‡re·spon·si·ble /rɪspάnsəbl | -spɔ́n-/ (回 形 respónsibly; 反 irresponsible) **1** P (仕事・事故などに対して)**責任がある,**責任を負っている;(上役などの)監督下にある;(物事が...の)原因である: I am **~ to** my employer for the quality of my work. <A+to+名・代+for+名・代> 自分の仕事の質に関して私は雇い主に対して責任がある / Who was **~ for** leaving the door unlocked? <A+for+動名> ドアのロックをし忘れたのはだれなの / Smoking is **~ for** most cases of lung cancer. <A+for+名・代> 喫煙は肺癌(ガン)の主な原因になっている. 語法 前置詞には,「事柄や(世話をする)人」については for,「(上位の)人」に対しては to を用いる.

2 信用できる(reliable),責任を果たしうる,責任能力がある; 分別のある: a ~ person 信頼を任せられる人 / He proved ~. 彼は信用できる人だとわかった.

3 [普通は A](地位・仕事などが)**責任の重い**: He is in a very ~ position. 彼は大変責任の重い地位についている. **hóld ... respónsible** [動] 他 (...に対して)(人・

---

rest 1493

に責任があるとする(for). **-si·bly** /-əbli/ 副 責任をもって,確実に.

‡re·spon·sive /rɪspάnsɪv | -spɔ́n-/ 形 (名 response; 反 unresponsive) **1**(すぐに)反応する,敏感な; よい(積極的な)反応を示す,ものわかりのよい: a ~ pupil のみこみの早い生徒 / She is **~ to** changes in the weather. 彼女は天候の変化に敏感だ. **2**(ほほえみ・しぐさなどが)応答してなされた. **~·ly** 副 (すぐに)反応して. **~·ness** 名 U 反応のよさ,敏感さ.

re·spray[1] /rìːspréɪ/ 動 他《車など》を再塗装する.
re·spray[2] /ríːspreɪ/ 名 C 再塗装.

‡rest[1] /rést/ 〖同音 wrest; 類音 last, lest, list, wrist, west〗(回 名 **1** [the ~]**残り,**残余. 語法 数えられないものを指すときには単数扱い. 数えられるものを指すときには複数扱い. あのバターの残りは朝食のときに使った / One of the dogs was white and (all) *the* ~ *were* black. その犬のうち 1 匹は白で残りは(皆)黒だった / Half (of) the cake is for now, *the* ~ (of it) *is* for tomorrow. ケーキの半分は今食べて残りは明日の分だ.

2 [the ~ として複数扱い] 残りの人たち,他の人たち: Four of us will stay here; (all) *the* ~ *are* to leave at once. 私たちのうち 4 人はここにいて,他の人たちは(皆)すぐ出かけなくてはなりません. **and áll the rést of it** (S)《英》=and the rest (1). **and the rést** (S)《英》(1) その他,など. (2)(滑稽)そんなもんじゃない(相手の想像よりもずっと多い[悪い]ことを強調する)): "I'd say it cost 30,000 pounds." "Yeah, *and the* ~." 「3 万ポンドはしただろう」「やれやれ,もっとさ」 **for the rést** [副]《つなぎ語》《格式》その他は,その他のことについては.

‡rest[2] /rést/ 〖同音 wrest; 類音 last, lest, list, wrist, west〗(名 (rests /rést/; rested /réstɪd/; rest·ful; unrest) **1** C,U **休み,休息,休養; 睡眠; 休憩,休憩時間,ひと休み:** Let's stop for a ~. ひと休みしよう / I need a **~ from** all these responsibilities. 私はこの重荷から逃れて少し休みたい / I never get enough ~ these days. このごろは十分な休養をとっていません.

2 U 安静; 平穏,平静: The patient must have complete ~ for at least one week. その患者には少なくとも 1 週間の絶対安静が必要です. **3** U 停止,静止. **4** C [しばしば合成語で](物をのせる)**台,**支え(for). 関連 armrest ひじかけ / footrest 足のせ台 / headrest 頭支え. **5** C 〖楽〗**休止,休(止)符**.

at rést [形] (1) 休息して; 静止して: an object *at* ~ 静止している物体. (2) 安心して. (3)(婉曲)安らかに眠って,死んで(dead).

cóme to (a) rést [動] 自《格式》(動いている物・視線などが)止まる,停止する.

gíve ... a rést [動] 他 (S) (...を)やめる: *Give* it *a* ~! もうその話はたくさんだ,やめてくれ.

láy ... to rést = **láy to rést ...** [動] 他 (1)(婉曲)<...>を埋葬する. (2)《格式》<不安・うわさなど>を鎮める.

Nò rést for the wéary《英》**wícked**! (滑稽)(疲れてもいても)休みなしだ,働け働けだ.

pút ... to rést [動] 他 =lay ... to rest (2).

sét [**pút**] ...'**s mínd at** [**to**] **rést** [動] ...の不安を取り除く.

táke [**háve**] **a rést** [動] 自 ひと休みする.

─── 会話 ─── "Let's stop and *take* [*have*] *a* ~." "Yes. I'm a little tired, too." 「止まってひと休みしようよ」「そうだね,ぼくも少し疲れたよ」

── 動 (rests /rést/; rest·ed /~ɪd/; rest·ing)
─── 自 他 の転換 ───
自 **4** のっている (to be supported)
他 **2** もたれかからせる (to cause (something) to be

supported)

— [自] 1 休む, 休息する (*from*); 横になる; 眠る (sleep): I'm just going to ～ during the summer vacation. 夏休みにはゆっくり休むつもりです.
2 静止している, 休止している, (ボールなどが)止まる; 《格式》(話題などが)それ以上扱われないでおかれる, そのままにされる: His hand was **～ing on** his son's shoulder. <V+前+名・代> 彼の手は息子の肩の上に置かれていた / Let's let ˹the matter [it] ～. その問題は(そこまで)止めにしておこう.
3 [否定文で] 安心している; 落ち着いている: She will *not* ～ until she sees her son again. 彼女は再び息子の顔を見るまでは安心しないでしょう.
4 のっている, 支えられている; 寄りかかる: The roof **～s on** [**upon**] four columns. <V+*on* [*upon*]+名・代> その屋根は4本の柱で支えられている / The skis **～ed against** the wall. <V+*against*+名・代> スキーが壁に立てかけられていた. 5 [副詞(句)を伴って] [婉曲] 眠る, 永眠する: May he [she, they] ～ in peace! 《格式》安らかに眠られんことを《死者に対してのことば; R.I.P. と略して墓碑に刻まれる》. 6 〔法〕弁論を終える.
— [他] 1 〈体・手足など〉を休ませる; 休養させる (☞ rested): You should ～ your eyes after reading. 読書のあとには目を休ませたほうがよい.
2 〈…〉を(—に)もたれかからせる (lean), 立て掛ける: He **～ed** his head **on** [**upon**] a cushion. <V+O+*on* [*upon*]+名・代> 彼は頭をクッションにのせた / You'd better ～ the ladder **against** the wall. <V+O+*against*+名・代> はしごは塀に立て掛けておきなさい. 3 〈目など〉を(…に)向ける. 4 〔法〕〈弁論〉を終える; 〈言い分〉を言いつくす: I ～ my case. [S] 立証終わり《裁判所での弁護士のことば》; [滑稽] これで私が正しいのが証明された.
Gód rést ˹his sóul [him]. 《古風》神よ彼の霊を安ましめたまえ.
rést assúred [動] [自] 《格式》(…と)安心している: You can [may] ～ *assured* (*that*) we will do the best we can. お任せください. できるだけのことはしますから.
rést éasy [動] [自] 安心している.
rést on [upòn] … [動] [他] [進行形なし] (1) 《格式》(事が)…にかかっている, …による; …に基づいている: All our hopes ～ *on* her negotiating skills. 私たちの望みはひとえに彼女の交渉力にかかっている / The success of the flight ～*s* entirely *upon* the wind. うまく飛べるかどうかは風次第です. (2) (視線などが)…に向く, 留まる: His eyes ～*ed on* an old book on the shelf. この本棚の上の1冊の古い本に彼の目が留まった.
rést úp [動] [自] 《米》休養する.
rést with … [動] [他] [進行形なし] 《格式》(人)にかかる, …次第だ; (責任などが)…にある: [言い換え] The decision ～*s with* him. = It ～*s with* him *to* decide. 決定は彼次第だ.

rést àrea [名] [C] 《主に米・豪》 = rest stop.

⁺**re·start**[1] /rìːstáət | -stáːt/ [動] [他] 〈…〉を再開[再始動]する. — [自] 再開される; 再始動する.

re·start[2] /ríːstàət | -stàːt/ [名] [C] 再開; 〔電算〕再起動.

re·state /rìːstéɪt/ [動] [他] 《格式》〈…〉を再び述べる, 再び表明する; 言い換える, 言い直す.

re·state·ment /rìːstéɪtmənt/ [名] [U,C] 《格式》再陳述, 再表明; 言い換え, 言い直し (*of*).

res·tau·rant /réstərənt, -trənt | -tərɑ̀ːŋ, -trɑ̀ːnt/ [名] (**-tau·rants** /-tərənts, -trənts | -tərɑ̀ːŋts, -trɑ̀ːnts/) [C] レストラン, 飲食店, 料理店: run [open] a Chinese ～ 中華料理店を経営[開店]する / I had lunch with Mike **at** that ～. 私はマイクとそのレストランで昼食をとった.
[語源] フランス語で「(元気を)回復させる」の意; restore と同語源.

関 連	
buffet	(立食式の)簡易食堂
café	軽食堂
cafeteria	(セルフサービス式の)カフェテリア
snack bar	軽食堂, スナック

réstaurant càr [名] [C] 《英》 = dining car.

⁺**res·tau·ra·teur** /rèstərətə́ː | -tə́ː/, 《非標準》**res·tau·ran·teur** /rèstrəntə́ː | -tərɑːntə́ː/ 《フランス語から》 [名] [C] レストラン経営者.

rest·ed /réstɪd/ [形] [P] 休養十分で, 元気を回復して.

rest·ful /réstf(ə)l/ [形] ([名] rest[2]; [反] restless) 安らかな, 静かな, 落ち着いた (*to*) (☞ comfortable 類義語).
-ful·ly /-fəli/ [副] 安らかに, 静かに.

rést hòme [名] [C] 老人ホーム; 療養所.

rést·ing plàce /réstɪŋ-/ [名] [C] 1 休憩所. 2 [しばしば one's (final) ～; 婉曲] 永眠の場所, 墓.

res·ti·tu·tion /rèstət(j)úːʃən | -tjúː-/ [名] [U] 《格式》返却, 返還 (*of, to*); 〔法〕損害賠償: make ～ *to* the victims *for* a crime 犠牲者に犯罪の損害を賠償する.

res·tive /réstɪv/ [形] [W] 《格式》落ち着きのない, ざわついた; 反抗的な. **～ness** [名] [U] 落ち着きのなさ.

***rest·less** /réstləs/ [形] ([反] restful) 1 落ち着かない, そわそわした; (同じ所に)じっとしていられない: a ～ child 落ち着きのない子供 / After six or seven hours, the passengers became ～. 6, 7 時間後には乗客たちは落ち着きがなくなってきた. 2 [A] (夜が)眠れない: She passed a ～ night. 彼女は眠れぬ夜を過ごした.
～·ly [副] そわそわと. **～·ness** [名] [U] 落ち着かなさ.

re·stock /rìːstάk | -stɔ́k/ [動] [他] 1 〈場所〉に(品物などを)新たに補充する[仕入れる] (*with*). 2 (増やすため)〈湖・土地など〉に新しく動物を放す[放流する] (*with*).
— [自] (新たに)補給する.

***res·to·ra·tion** /rèstəréɪʃən/ [名] (～s /～z/; [動] restóre) 1 [U,C] 回復する[される]こと, 復活, 復旧(作業); 返還; 復元 (*to*): the ～ *of* order [peace] 秩序[平和]の回復 / the ～ *of* a ruined house 廃屋の修復.
2 [C] 復元[復旧]したもの; 復元模型[図]: This is an excellent ～ of the old castle. これは古城を見事に復元したものだ. 3 [U] 復位. 4 [the R-] 〔英史〕王政復古《1660 年のチャールズ (Charles) 二世の復活を指す》, 王政復古期; (日本の)維新: the Meiji R～ 明治維新. 5 [R- として形容詞的に] (劇作などが)王政復古期の.

re·stor·a·tive /rɪstɔ́ːrətɪv/ [形] ([動] restóre) 《格式》(食べ物・薬などが)元気を回復させる. — [名] [C] 《古風》気つけ薬; 強壮剤, [滑稽] 酒.

***re·store** /rɪstɔ́ə | -stɔ́ː/ [T2] [動] (**re·stores** /～z/; **re·stored** /～d/; **re·stor·ing** /-stɔ́ːrɪŋ/; [名] rèstorátion, [形] restórative) [他] 1 〈失われたものなど〉を元に戻す, 取り戻す; 〈信頼など〉を回復する[させる] (☞ restaurant [語源]): It will be difficult to ～ peace between the two countries. 両国の間に平和を取り戻すことは困難であろう / ～ law and order 治安を回復する.
2 〈…〉を復旧する, 復興[修復, 復元]する; 復活させる: The temple *was* **～d** by specialists **to** its former glory. <V+O+*to*+名の受身> 寺は専門家たちによって元の美観に復旧された.
3 《格式》〈…〉を元の職[位]に戻す, 復職させる: The king *was* **～d to** his throne. <V+O+*to*+名の受身> その王は王位に復帰した.
4 〈体力・視力など〉を回復させる; 〈人〉を(健康な状態に)回復させる: The treatment **～d** the child **to** health. <V+O+*to*+名・代> 手当てを受けてその子供は元気になった. 5 《格式》〈…〉を返還する, 返す: The stolen

bicycle *was ~d to* its owner. 盗まれた自転車は持ち主に返された.

re·stored /rɪstɔ́əd | -stɔ́:d/ 形 P 健康[元気]が回復して: feel ~ 元気を取り戻す.

re·stor·er /rɪstɔ́:rə | -rə/ 名 C 元へ戻す人[物], (美術品などの)修復をする人.

***re·strain** /rɪstréɪn/ 動 (**re·strains** /~z/; **re·strained** /~d/; **-strain·ing** 名 restráint) 他 1 〈...〉を制止する, 人に(—を)させないようにする (⇨ limit 類義語); 拘束する: It's hard to ~ children *from* mak*ing* noise. <V+O+*from*+動名> 子供たちを静かにさせておくのは難しい.

2 〈行為・感情など〉を抑える: She could not ~ her anger. 彼女は怒りを抑えられなかった. **3** 〈インフレ・出費など〉を抑制する. 語源 ラテン語で「後ろへ縛りつける」の意; restrict と同語源.

restrain onesélf 動 自 (...を)我慢する, 自制する: I could barely ~ *myself from hitting* him. 私は彼を殴りつけたいのをやっとのことで自制した.

***re·strained** /rɪstréɪnd/ 形 (反 unrestrained) (態度などが)抑えめの, 自制した; (表現・装飾が)抑えた.

re·stráin·ing òrder 名 C (米)(法) 禁止命令.

***re·straint** /rɪstréɪnt/ 名 (**re·straints** /-stréɪnts/; 動 restráin) 1 U 抑えること, 抑制, 自制心, 我慢; (格式) 拘束, 監禁: wage ~ 賃金抑制 / She showed [exercised] great ~ when she heard the sad news. その悲しい知らせを聞いたとき彼女はりっぱな自制心を見せた / Your ~ *in* not shout*ing* at him after what he said was admirable. 彼にあんなことを言われたのに怒鳴らなかったあなたはたいしたものだった.

2 C [普通は複数形で] 制限[制約]するもの, 制約, 規制, 歯止め: In democracies, there must be ~*s on* the powers of the police. 民主国家においては警察の権限に制約がなければならない. **3** U 慎み, 節度. **4** C = seat belt. **impóse restráints on ...** 動 他 ...を規制する. **ùnder restráint** 形・副 拘束[監禁]されて. **withòut restráint** 副 自由に; 遠慮なく.

***re·strict** /rɪstríkt/ 動 (**re·stricts** /-stríkts/; **-strict·ed** /-ɪd/; **-strict·ing** 名 restriction, restrictive) 他 〈数・量・範囲・人の行動〉などを制限する, 限る, 限定する (⇨ limit 類義語); restrain 語源: Freedom of speech [the press] *was* tightly ~*ed*. <V+O の受身> 言論[出版]の自由は厳しく制限されていた / He *was* ~*ed to* (drink*ing*) one glass of beer a day. <V+O+*to*(+動名)+名・代の受身> 彼は酒を 1 日ビール一杯に制限された / Fog has ~*ed* visibility *to* 100 meters. 霧で視界が 100 メートルしかなかった. **restríct onesélf to ...** 動 他 (自粛して)...に制限する, ...だけにする.

***re·strict·ed** /rɪstríktɪd/ 形 **1** 制限された, 限られた; [時にけなして] 狭い: a ~ life 制約された生活 / a ~ area 一般の人が自由に入れない地域 / (英) 駐車[スピード]を制限された地域. **2** 特定の人[集団, 場所など]に限られた: Entrance is ~ *to* adults. 入場は大人に限られています. **3** (文書などが)部外秘の, マル秘の.

***re·stric·tion** /rɪstríkʃən/ 名 (~*s* /~z/; 動 restrict) **1** C [普通は複数形で] 制限[制約]するもの, 規制: speed ~*s* スピード制限 / place [impose] ~*s on* foreign trade 外国貿易に制限を加える / raise [lift] a ~ 制限を解く.

2 U 制限(すること), 規制, 限定: ~ of travel 旅行の制限. **withòut restríction** 副 無制限に.

restríction ènzyme 名 C (生化) 制限酵素 (二本鎖 DNA を特定部位で切断する酵素).

***re·stric·tive** /rɪstríktɪv/ 形(restrict) **1** 制限する, 制限的な; 窮屈な. **2** (文法) 制限的な: a ~ (relative) clause 制限(関係詞)節.

restrictive práctices 名 [複] (英) [しばしばけなして] 制限的慣行 (労働者・経営者の自由を制限する規則・慣行).

restrictive úse 名 U (文法) 制限用法.

文法 制限用法
関係代名詞や関係副詞が導く節, つまり関係詞節が先行詞を直接限定している場合の用法をいう. 非制限用法 (⇨ nonrestrictive use) に対するもので, 関係詞の最も普通な用い方である. 《 ⇨ This is *the dog which* bit me. これが私をかんだ犬です / Where is *the book that* you bought yesterday? あなたがきのう買った本はどこにありますか / Do you know *the exact time when* the accident occurred? あなたは事故が起こった正確な時刻を知っていますか / This is *the house where* the poet was brought up. これがその詩人が育った家です.

rést ròom 名 C (米) (婉曲) (レストラン・ホテル・劇場などの)お手洗い, 化粧室 (⇨ toilet 日英比較).

***re·struc·ture** /rì:stráktʃə | -tʃə/ 動 (**-struc·tures** /~z/; **-struc·tured** /~d/; **-struc·tur·ing** /-tʃ(ə)rɪŋ/) 他 〈組織など〉を再編成する, 作り直す, 〈...〉の構造改革をする: ~ a company 会社を再編する.

re·struc·tur·ing /rì:stráktʃ(ə)rɪŋ/ 名 U または a ~] 再編成, 構造改革, (企業の)リストラ.

rést stòp 名 C (米) (道路わきの)一時駐車所, 待避所 ((英) lay-by).

***re·sult** /rɪzʌ́lt/ (類義 resort) 動 名 (**re·sults** /-zʌ́lts/) **1** C,U **結果, 結末**; [複数形で] よい結果, 成果: His success is the ~ of (his) hard work. 彼が成功したのはよく働いたからです / The ~(s) of the election will be announced tomorrow. 選挙の結果はあす発表される / Mr. Long works hard and gets ~*s*. ロング氏はよく働いて成果を上げている.

2 C [普通は複数形で] (試合・(英)試験の)成績 (score): basketball ~*s* バスケットボール試合の結果[成績] / Final R~*s* 最終結果 (競技などで; ⇨ standing 名). **3** C (計算の結果得た)答え; (実験・診断などの)結果 (*of*): Every time I add these numbers, I get a different ~. この数字を足してみるたびに毎回答えが違ってしまう. **4** [単数形で] (英略式) (スポーツ, 特にサッカーの)勝利.

as a resúlt 副 つなぎ語 その結果として: His parents died when he was a child; *as a* ~, he was sent to an institution. 彼の両親は彼が子供のとき死んだ. その結果彼は施設へ送られた. 用法注意 as the result とは言わない.

as a resúlt of ... 前 ...の結果として: *As a* ~ *of* the President's careless statement, the stock market fell five percent. 大統領の不用意な発言で株式相場は 5 パーセント下落した.

withòut resúlt = with nó resúlt 副・形 成果のないままに, むだに.

with the resúlt that ... 接 そのために...: The conference wasn't publicized well, *with the* ~ *that* attendance was poor. その会議は宣伝不足のため出席率が悪かった.

— 動 (**re·sults** /-zʌ́lts/; **-sult·ed** /~ɪd/; **-sult·ing** 名 resúltant) 自 **1** (...の)結果になる, (...に)終わる (end): 1 His hard work ~*ed in* a great success. <V+*in*+名・代> 彼の努力が大成功につながった / Their lack of planning ~*ed in* total confusion. 彼らの計画性のなさのせいで結局大混乱となってしまった.

2 (...の)結果として生じる; (...に)起こる: Many diseases ~ *from* poverty. <V+*from*+名・代> 多くの病気は貧乏から起こる.

***re·sul·tant** /rɪzʌ́ltənt/ 形 (動 resúlt) A (格式) = resulting.

re·sult·ing /rɪzʌ́ltɪŋ/ 形 A (その)結果として生じる:

resume

a revolution and the ~ disorder 革命とその結果生じた混乱.

*****re・sume** /rɪzúːm | -zjúːm/ 他 動 (**re・sumes** /~z/; **re・sumed** /~d/; **re・sum・ing**; 名 **re・súmption**) 1 〈中断していたこと〉を再び始める, 再び続ける, 再開する;〈…〉と再び言い始める: After a ten-minute break, we ~d our rehearsal. 10 分間休憩してからまたリハーサルを続けた／He ~d *reading* after lunch. <V+O (動名)> 彼は昼食後に読書を始めた.

2〈座席など〉に戻る,〈地位・役など〉に再びつく;〈タイトルなど〉を取り戻す: The audience ~d their seats for Act 2. 観衆は第 2 幕のために席に戻った.

— 自 《格式》再び始まる, 再開する: Discussion ~d after a short interruption. ちょっと中断した後で討議が再び始まった.

単語の記憶 《SUME》〈取る〉	
re**sume**	（再び取る）→ 再び始める
as**sume**	（態度を取る）→ 仮定する
con**sume**	（完全に取る）→ 消費する
pre**sume**	（前もって取る）→ 推定する

*****ré・su・mé** /rézʊmèɪ, rèzʊméɪ | réz(j)uméɪ/《フランス語から》名 C 1 摘要, 梗概(ᶜᵒᵘ), レジュメ (summary). 2《米》履歴書 (curriculum vitae).

re・sump・tion /rɪzʌ́m(p)ʃən/ 名 resumé) U または a ~]《格式》再開, 続行 (*of*).

*****re・sur・face** /riːsə́ːfəs | -sáː-/ 動 他〈道路〉を舗装し直す. — 自 1〈潜水艦など〉が再浮上する;〈問題など〉が再浮上する. 2《略式》再び姿を現わす.

*****re・sur・gence** /rɪsə́ːdʒəns | -sə́ː-/ 名 [U または a ~]《格式》〈思想・活動などの〉復活, 再起 (*of, in*).

re・sur・gent /rɪsə́ːdʒənt | -sə́ː-/ 形 [普通は A]《格式》〈思想・関心などが〉生き返る, 復活する, 再起する.

*****res・ur・rect** /rèzərékt/ 動 他 1〈廃(た)れたものを〉復活させる, 再び持ち出す. 2〈死者〉をよみがえらせる.

res・ur・rec・tion /rèzərékʃən/ 名 1 [the R-] キリストの復活;〈最後の審判の日の〉万人の復活. 2 [U または a ~]《格式》復興, 復活, 再興, 再流行.

*****re・sus・ci・tate** /rɪsʌ́səteɪt/ 動 他《格式》〈人事不省の人〉を蘇(ᶜᵒᵘ)生させる;〈物事〉を復活させる.

re・sus・ci・ta・tion /rɪsʌ̀səteɪʃən/ 名 U 蘇生, 復活.

*****re・tail¹** /ríːteɪl/ 他 動 U 小売り; [形容詞的に] 小売りの: a ~ dealer 小売商人／a ~ outlet 小売り販路／~ business 小売り業. 関連 wholesale 卸売り. 語源 ラテン語で「再び切る」の意; ☞ re-¹, tailor 語源, detail 語源.

at rétail《米》＝**by rétail**《英》副 小売りで. — 副 小売り(値)で: sell ~ 小売りする.

re・tail² /ríːteɪl, rɪtéɪl/ 動 自 小売りされる (*at, for*). — 他〈…〉を小売りする. 関連 wholesale 卸売りする.

re・tail³ /ríːteɪl, rɪtéɪl/ 動 他《格式》〈よくない話など〉を受け売りする, 言いふらす (*to*).

*****re・tail・er** /ríːteɪlə | -lə/ 名 [~s /~z/] C 小売業者, 小売り店主《米》merchandiser]: Japan's largest furniture ~ 日本最大の家具の小売り業者. 関連 wholesaler 卸売り業者.

*****re・tail・ing** /ríːteɪlɪŋ/ 名 U 小売り業.

rétail párk 名 C《英》〈郊外の駐車場完備の〉ショッピングセンター.

rétail príce 名 C 小売り価格[値段, 定価]. 関連 wholesale price 卸し値.

rétail príce index 名 C《英》《経》消費者物価指数 (consumer price index).

rétail thérapy 名 U《滑稽》買物療法《買物によるストレス解消》.

rétail tráde 名 1 U 小売業. 2 C 小売店.

*****re・tain** /rɪtéɪn/ 動 (**re・tains** /~z/; **re・tained** /~d/; **-tain・ing**; 名 reténtion, 形 reténtive) 他《格式》1〈…〉を保つ (keep), 保持する (☞ contain 単語の記憶): ~ one's independence 独立を保つ／A copy should *be* ~*ed* for your records. <V+O の受身> 記録用にコピーを取っておいたほうがよい／This sandy soil cannot ~ enough water. この砂地では十分な水を保有できない. 2〈…〉を忘れないで覚えている,〈記憶〉にとどめる: I ~ many clear memories of my school days. 私は学校時代にあったいろいろなことを今でもはっきり覚えている. 3〈弁護士〉を抱える, 雇う.

re・tained óbject /rɪtéɪnd-/ 名 C《文法》残留目的語.

*****re・tain・er** /rɪtéɪnə | -nə/ 名 C 1〈弁護士〉依頼料. 2〈不在中の〉割引家賃. 3〈歯などの〉固定具. 4《古語》または《滑稽》召し使い, 使用人.

re・tain・ing /rɪtéɪnɪŋ/ 形 A 固定しておくための.

retáining wáll 名 C 擁壁(ᵒᵘ)《土砂くずれ・洪水防止用》.

*****re・take¹** /rìːtéɪk/ 動 (**-takes**; 過去 **-took** /-tʊ́k/; 過分 **-tak・en** /-téɪk(ə)n/; **-tak・ing**) 他 1《軍隊などが》〈陣地など〉を取り戻す, 奪回する. 2〈写真・場面〉をとり直す. 3《英》〈試験〉を再び受ける, 再受験する.

re・take² /ríːtèɪk/ 名 C《略式》1 とり直し, 再撮影(した場面[写真]). 2《英》再受験.

*****re・tal・i・ate** /rɪtǽlièɪt/ 動 (**-i・ates** /-èɪts/; **-i・at・ed** /-tɪd/; **-i・at・ing** /-tɪŋ/) 自 報復する, 仕返しする: The terrorists ~*d against* the police *for* their leader's arrest 「*by* plant*ing* [*with*] bombs. <V+*against*+名・代+*for*+名・代+*by*+動名 [*with*+名]> テロリストたちはリーダーの逮捕に対して爆弾を仕掛けて警察に仕返しをした.

re・tal・i・a・tion /rɪtæ̀lièɪʃən/ 名 [動] retáliate) U 仕返し, 報復 (*against*). **in retaliátion** [副] 仕返しに, 報復(として) (*for*).

re・tal・i・a・to・ry /rɪtǽliətɔ̀ːri | -təri, -tri/ 形 [普通は A]《格式》仕返しの, 報復的な.

re・tard¹ /rɪtɑ́ːd | -tɑ́ːd/ 動 他《格式》〈進行・発育など〉を遅らせる, 妨害する.

re・tard² /ríːtɑːd | -tɑːd/ 名《俗》[差別] ばか者; 知恵遅れの人.

re・tar・dant /rɪtɑ́ːdənt | -tɑ́ː-/ 名 U.C 抑制剤《化学反応を遅らせる物質》. — 形 [合成語で]（…を）遅らせる: ~ fire-retardant.

re・tar・da・tion /rìːtɑːdéɪʃən | -tɑː-/ 名 U《格式》遅延, 妨害;〈発育・学習などの〉遅れ: mental ~ 知的障害.

*****re・tard・ed** /rɪtɑ́ːdɪd | -tɑ́ː-/ 形《古風》《軽蔑》〈知的・情緒的に〉発育の遅れた: *the* (mentally) ~ 知的障害者たち《複数名詞のように扱われる》, ☞ the¹ 3).

retch /rétʃ/ 動 自 吐き気を催す, むかつく. 関連 vomit 吐く.

retd /退役将校の名前の後に用いて] ＝retired.

*****re・tell** /rìːtél/ 動 (**re・tells**; 過去・過分 **re・told** /-tóʊld/; **-tell・ing**) 他〈別の形・言語で〉〈…〉を再び語る, 語り[書き]直す.

*****re・ten・tion** /rɪténʃən/ 名 [動] retáin) U《格式》1 保有, 保持; 維持 (*of*). 2 保持力; 保水力. 3 記憶力.

re・ten・tive /rɪténtɪv/ 形 [動] retáin) 〈記憶力が〉優れた, 記憶力のよい; 保持[保有]する, 保水性のある. **~・ness** 名 U 記憶力のよさ.

*****re・think¹** /rìːθɪ́ŋk/ 動 (**re・thinks**; 過去・過分 **re・thought** /-θɔ́ːt/; **-think・ing**) 他〈問題・計画など〉を考え直す, 再考する. — 自 考え直す.

re・think² /ríːθɪŋk/ 名 [a ~] 再考 (*of, on*).

ret・i・cence /réṭəs(ə)ns/ 名 U《格式》無口, 寡黙.

*****ret・i・cent** /réṭəs(ə)nt/ 形《格式》無口な, 寡黙な, 黙

りがちな (about, on); 控えめな. **~・ly** 無口に.
re・tic・u・lat・ed /rɪtíkjʊlèɪtɪd/ 形 網状の.
†**ret・i・na** /rétənə/ 名 (複 ~s, **ret・i・nae** /-niː/) C 【解】(目の)網膜.
ret・i・nal /rétənəl/ 形 A 【解】網膜の: (a) ~ detachment 網膜剥離.
ret・i・nue /rétənjùː | -tɪnjùː/ 名 C [(英) 単数形でも時に複数扱い] (高官・要人などに随行する)従者たちの一団, お供の一行 (of).

***re・tire** /rɪtáɪɚ | -táɪə/ 動 (**re・tires** /~z/; **re・tired** /~d/; **re・tir・ing** /-táɪ(ə)rɪŋ/; **retirement**) 自 **1** (定年で)退職する, 引退する (☞ 類義語): ~ early (定年より)早めに退職する / He is going to ~ at the age of sixty-five. 彼は 65 歳で退職することになっています / Mr. Smith ~d from the diplomatic service. <V+from+名・代> スミス氏は外交官勤務をやめた. 関連 resign 辞職する. **2** (運動選手が)引退する; (試合などから)中途欠場[棄権, リタイア]する (from). **3** (格式) 隠退[棲]する; (別室・私室などに)引き下がる, 退く: After dinner the men ~d from the dining room) to the library. 晩餐(ばんさん)が済むと男たちは(食堂から)読書室へ引っ込んだ. **4** (格式) 寝室に行く, 床につく (to). **5** (格式) (軍隊が)後退する, 撤退する (from, to). 他 **1** [普通は受身で] (特に病気のため)〈人〉を退職[引退]させる (☞ retired). **2** 〈...〉を後退させる; 退却させる. **3** 〖野〗〈打者〉をアウトにする, 退ける: ~ the side スリーアウトをとる.
【類義語】**retire** 定年・老齢のために退職すること. **quit** 自分の意志で退職すること. **resign** 自分の意志で退職することだが, 何か失敗をしたり, 健康上の理由などでやむなく退職する[させられる]のにしばしば用いられる.

***re・tired** /rɪtáɪɚd | -táɪəd/ 形 退職した, 引退した, 退役した (略 retd): (年金などが) 退職者向けの: Professor Lee is ~, but not forgotten. リー教授は退職したが忘れ去られてはいない.

*†**re・tir・ee** /rɪtàɪ(ə)ríː/ 名 C (米) (定年)退職者.

*†**re・tire・ment** /rɪtáɪɚmənt | -táɪə-/ 名 (**-tirements** /-mənts/; retirement) **1** U.C (定年)退職, 引退: take early ~ 定年前[早め]に退職する / ~ benefits 退職手当 / a ~ party 退職祝いの(送別)パーティー / They gave me a vase on my ~. 私の退職のときには花びんを贈ってくれた / We have had three ~s this year. 今年は退職が 3 件あった. **2** [U または a ~] 退職[引退]後の時期[生活], 余生, 隠遁(とん): live in ~ 隠遁[隠居]生活をする. **còme óut of retírement** [動] 自 (退職[引退]した人が)元の仕事に戻る.

retírement àge 名 U 定年: reach ~ 定年に達する.

retírement commùnity 名 C (米) 退職者のコミュニティー(比較的裕福な老齢者のための居住施設[地域]).

retírement hòme 名 C 老人ホーム ((英) old people's home).

retírement pènsion 名 C (英) 老齢[退職]年金 (old age pension).

retírement plàn 名 C (米) 退職年金制度.

re・tir・ing /rɪtáɪ(ə)rɪŋ/ 形 **1** 内気な, 遠慮深い. **2** A 退職予定の, 引退(まぢか)の: the ~ president 退職する社長 / (the) ~ age 定年.

re・told /rìːtóʊld/ 動 retell の過去形および過去分詞.

re・took /rìːtʊ́k/ 動 retake の過去形.

re・tool /rìːtúːl/ 動 他 **1** (米略式) 〈...〉を改組[再編]する. **2** 〈工場の機械〉を新しくする, 入れ替える. — 自 機械を入れ替える.

re・tool・ing /rìːtúːlɪŋ/ 名 U **1** (米略式) 改組, 再編. **2** (機械の)入れ替え, 一新.

***re・tort**[1] /rɪtɔ́ɚt | -tɔ́ːt/ 動 (**re・torts** /-tɔ́ɚts | -tɔ́ːts/; **-tort・ed** /-ṭɪd/; **-tort・ing** /-ṭɪŋ/) 他 (相手の非難などに対して)〈...〉と言い返す, やり返す: He ~ed (that) my

---

retrieval 1497

question was not worth answering. <V+O ((that) 節)> 彼は私の質問は答えるに値しないとやり返してきた; "You're as much to blame as I am," he ~ed. <V+O (引用節)>「あなたにも私と同じ位責任がある」と彼は言い返した. — 自 言い返す (on).
— 名 C.U 言い返し, 口答え; 逆襲.

re・tort[2] /rɪtɔ́ɚt | -tɔ́ːt/ 名 C レトルト, 蒸留器.

re・touch[1] /rìːtʌ́tʃ/ 動 他 〈絵・写真・文章など〉に手を入れる, 修正する.

re・touch[2] /ríːtʌ̀tʃ/ 名 C (絵・写真・文章など)に手を入れること, (写真などの)修正(部分).

†**re・trace** /rɪtréɪs, rìː-/ 動 他 (格式) **1** 〈道など〉を引き返す; 〈他人の行程など〉を再びたどる. **2** 〈...〉のもとを尋ねる, さかのぼって調べる. **3** 〈...〉を想い起こす. **retráce one's stéps** [動] 自 引き返す[戻る].

†**re・tract** /rɪtrǽkt/ 動 他 (格式) **1** 〈前言・約束など〉を撤回する. **2** 〈...〉を引っ込める, 収縮させる. — 自 **1** 前言を撤回する. **2** 引っ込む, 縮む.

re・trac・ta・ble /rɪtrǽktəbl/ 形 (飛行機の車輪などが)引っ込められる, 格納式の.

re・trac・tile /rɪtrǽktl | -taɪl/ 形 〖動〗(つめ・首などが)引っ込められる.

re・trac・tion /rɪtrǽkʃən/ 名 (格式) **1** C 取り消し, 撤回. **2** U 引っ込めること.

†**re・train** /rìːtréɪn/ 動 自 再研修する. — 他 〈人〉に(新技術など)研修させる.

re・train・ing /rìːtréɪnɪŋ/ 名 U 再研修.

re・tread[1] /ríːtred/ 名 C **1** (略式) (軽蔑) 焼き直し, 二番せんじ. **2** (米略式) (新しい職種の)再訓練を受けた人. **3** (英) 再生タイヤ (米 recap).

re・tread[2] /rìːtréd/ 動 他 (英) =recap[2].

†**re・treat** /rɪtríːt/ 動 (**re・treats** /-tríːts/; **-treat・ed** /-tɪd/; **-treat・ing** /-tɪŋ/) 自 **1** 引き下がる, 退く, 逃れ(ようとする); (軍隊などが)退却する, 撤退する (反 advance): The Germans ~ed from the village to the hill. <V+from+名+to+名> ドイツ軍は村から丘まで退却した. **2** (...に)引退する, 引っ込む (into, to). **3** (公約・要求などから)後退する, (責任などを)回避する (from). **4** (水域・雪などが)減少する, (株が)値が(...だけ)下がる. **retréat into onesélf** [**óne's thóughts**] [動] 自 自分の殻[考え]に閉じこもる.
— 名 (**re・treats** /-tríːts/) **1** U.C [普通は単数形で] 後退; 退却 (from, to); [the ~] 退却の合図: The general ordered a ~ from the hill. 将軍はその丘からの退却を命じた. **2** [U または a ~] (公約などからの)後退, 撤回 (from). **3** C 隠れ家, 隠遁(とん)場所. **4** U.C 引きこもり, 隠遁(とん); 〘宗〙黙想(期間), 静修: go on (a) ~ 黙想に入る. **béat a (hásty) retréat** [動] 自 (格式) さっさと逃げ出す[退却する]. **in fúll retréat** [副・形] 総退却して[の]. **màke góod one's retréat** [動] 自 無事に逃げおおせる. **sóund the retréat** [動] 自 退却の合図を鳴らす.

re・trench /rìːtréntʃ/ 動 自 (格式) (国・企業が)節約をする.

re・trench・ment /rìːtréntʃmənt/ 名 U.C (格式) (国・企業の)経費節約[削減].

re・tri・al /rìːtráɪəl/ 名 C 〘法〙再審.

†**ret・ri・bu・tion** /rètrəbjúːʃən/ 名 U または a ~ (格式) 報い, 応報, 天罰 (for): mete out divine ~ 天罰を科す.

re・trib・u・tive /rɪtríbjʊṭɪv/ 形 A (格式) 報いの, 応報の.

re・triev・a・ble /rɪtríːvəbl/ 形 **1** 〖電算〗検索可能な. **2** 取り戻せる.

re・triev・al /rɪtríːv(ə)l/ 名 (動 retrieve) **1** U 〖電算〗(情報の)検索: information ~ 情報検索. **2** (格式) 取り戻し, 回収; 回復, 挽回(ばんかい). **beyònd**

[pàst] retríeval [形・副]《格式》回復できない(ほど).
retríeval sỳstem 名 C《電算》情報検索システム
*re·trieve /rɪtríːv/ 動 (~s /-z/; ~d /-d/; -triev·ing) 名 retrieval 他 1《格式》〈残した[失った]ものなどを〉取り戻す, 回収する: I ~d my umbrella *from* the lost-and-found. <V+O+*from*+名・代> 私は傘を遺失物取扱所から取ってきた.
2《電算》〈情報〉を検索する: ~ data *from* a computer <V+O+*from*+名・代> コンピュータでデータを取り出した. 3《格式》〈…〉を復活[更生]させる, 回復する(*from*). 4《格式》〈…〉を埋め合わせる, 償う;〈状況など〉をたてなおす. 5《猟犬が》射止めたものを持ってくる.
— 自《猟犬が》射止めた獲物を持ってくる.

re·triev·er /rɪtríːvə/ -va/ 名 C レトリーバー《射止めた獲物を探して持ってくる猟犬》;回収犬.
ret·ro /rétroʊ/ 形 レトロ[復古]調の. — 名 C《米略式》= retrospective exhibition.
ret·ro- /rétroʊ/ 接頭「後へ, 戻って, 逆に」の意: ret-rogression 後退 / retrospect 回顧.
ret·ro·ac·tive /rètroʊæktɪv/ 形《格式》= retrospective 2. ~·ly 副 過去にさかのぼって.
ret·ro·fit¹ /rétroʊfɪt/ 動 (-fits; -fit·ted, -fit; -fit·ting) 他《車・機械など》に新部品を追加する(*with*).
ret·ro·fit² /rétroʊfɪt/ 名 C 新部品の追加;新部品.
ret·ro·flex /rétrəflèks/ 形 A《音声》そり舌の: a ~ vowel そり舌母音 (/ə/; つづり字と発音解説 25, 38).
ret·ro·grade /rétrəgrèɪd/ 形《格式》後退する, 逆戻りの;退歩の: a ~ step (一歩)後退.
ret·ro·gress /rètrəgrés/ 動《格式》後退する, 退行する(*to*). 2 退化する.
ret·ro·gres·sion /rètrəgréʃən/ 名 U《格式》後退, 退化;衰退.
ret·ro·gres·sive /rètrəgrésɪv/ 形《格式》《軽蔑》(考えなどが)逆行的な, 後退する. ~·ly 副 逆行的に.
⁺ret·ro·spect /rétrəspèkt/ 名 U 回顧, 追想.
in rétrospect [副]回顧するとして.
ret·ro·spec·tion /rètrəspékʃən/ 名 U《格式》回顧, 追想, 想い出.
⁺ret·ro·spec·tive /rètrəspéktɪv/ 形《普通は A》1 過去を振り返った, 懐旧の, 回顧の. 2《法律などが》遡及(を)力のある, 過去にさかのぼる (*to*). — 名 C = retrospective exhibition.
retrospéctive exhibítion 名 C (画家・彫刻家などの)回顧展.
ret·ro·spec·tive·ly /rètrəspéktɪvli/ 副 回顧的として], 振り返ってみて;過去にさかのぼって.
rétro·virus 名 C《生》レトロウイルス《遺伝情報の符号化に DNA に代わって RNA を用いるウイルス》.
re·try /rìːtráɪ/ 動 (re·tries; re·tried; -try·ing) 他《法》〈人・事件〉を再審する.
ret·si·na /retsíːnə/ 名 U.C レツィーナ《ギリシャ産の松やに入りワイン》.

‡re·turn /rɪtə́ːn | -tə́ːn/ 自 動 (re·turns /~z/; re·turned /~d/; -turn·ing) 自 1 (元の場所へ)帰る, 戻る (go back): I ~ed home at ten yesterday. <V+副> 私はきのう10時に家に帰った / I want to ~ *to* my hometown. <V+*to*+名・代> 私は生まれた故郷の町へ帰りたい / When did you ~ *from* Hawaii? <V+*from*+名・代> いつハワイから帰ってきたの.
2 (元の活動・状態・話題などに)戻る, 復帰する (come back): Now, let us ~ *to* the subject of marriage. <V+*to*+名・代> さて結婚の問題に話を戻そう / ~ *to* work 仕事に復帰する. 3 (事態・感情などが)再来る, 巡(ぐ)って来る (come around); (症状などが)再発する: The warm weather will soon ~. そのうちに暖かくなるだろう. 4 (発送者に)返送する (*to*).
— 他 1 〈…〉を返す, 返還する;〈…〉を〈貸した人・前の持ち主など〉に戻す〔言い換え〕 When can you ~ the umbrella? =《英》When can you ~ me the umbrella? <V+O+O> =When can you ~ the umbrella *to* me? <V+O+*to*+名・代> いつその傘を返してくださいますか(《dative verb 文法》, indirect object 文法》(1), to¹ 3 語法》) / I ~ed the parcel *to* the sender) unopened. <V+O+(*to*+名+)C〔形〕> 私はその小包を開けないで(送り主に)返した.
2 〈…〉を〈前の場所・状態〉に戻す, 復帰させる: He ~ed his key *to* his pocket. <V+O+*to*+名・代> 彼は鍵をポケットに戻した. 3《相手の行為など》に(同じやり方で)報いる, 〈…〉のお返しをする;《相手の感情など》に応える:《テニス・クリケなど》〈球〉を打ち返す: ~ a compliment (ほめてくれた人をほめ返す / ~ a […'s] visit 答礼[…に答礼]の訪問をする / He smiled—and surprisingly she ~ed his smile. 彼がにっこりした. すると驚いたことに彼女もほほえみ返した / I'm ~ing your call. 先ほどお電話をいただいたそうで《席を外(は)していたときに電話をくれた相手に対して》. 4《投資・株などが》利益などを生む, 得る.
5《格式》〈…〉を(正式に)報告する, 《公式文書》を提出する;〈税〉を申告する; 《陪審》〈評決〉を答申する: ~ a verdict of guilty [not guilty] 有罪[無罪]の評決を下す. 6 《普通は受身で》《英》〈国会議員〉を選出する (*to*, *as*). 語源 re-¹, turn.
To retúrn to … [前] …に話を戻すと: *To ~ to* business, were you able to contact John? 仕事のことに戻るがジョンに連絡はとれたのか.
— 名 (~s /-z/) 1 [単数形で] 帰り, 帰宅, 帰国 (*to*): She is awaiting the ~ *of* her husband *from* abroad. 彼女は夫が外国から帰るのを待っている / The ~ of many tourists after the holiday season results in chaos at the airport. 休暇を終えた大勢の旅行者が帰国すると空港は大混乱である.
2 U.C 返すこと, 返却, 返送;《テニス》返球 (*to*): He is demanding the ~ *of* the money. 彼はその金を返すよう要求しています.
3 [単数形で] 再び戻って[巡って]くること, 回帰;再発: the ~ of militarism 軍国主義の復活 / I wish you many happy ~s *of* the day. きょうのよき日がいくたびも巡ってくるようお祈りいたします. 語法》誕生日などの祝いの文句;単に Many happy ~s! ということが多い. 4 [単数形で]元に戻ること, 復帰;回復: a ~ *to* work 職場への復帰 / I was happy to hear about her ~ *to* good health. 私は彼女の健康の回復を聞いて喜んだ. 5 C《英》往復切符 (return ticket)《《米》round-trip ticket》: Two ~s *to* Liverpool, please. リバプールまで往復2枚ください. 《英》single《英》片道切符.
6 [形容詞的に] 帰りの;返答の;《英》《乗車券が》往復の: a ~ voyage 帰りの航海 / a ~ visit 答礼のための訪問 / 再度の訪問 / What's the ~ fare *to* York? ヨークまでの往復料金はいくらですか. 関連》single《英》片道の. 7 C.U 利益[率], 収益: bring in ˈa good ~ [good ~s] かなりの利益をもたらす / I got good ~s *on* my investments. 私は投資でかなりもうけた. 8 C 報告書;(税金などの)申告(書): a tax ~ 税金の申告. 9 [単数形で] 開業案内. 10 U《電算》リターンキー. 11 C (劇場の)払い戻し券.

by retúrn máil《米》= **by retúrn (of póst)**《英》[副]折り返し(郵便で).

in retúrn [副]《…の返礼として, 《…の》お返しに;《…》の見返りとして: Let's send her a gift *in* ~ *for* her hospitality. 彼女のもてなしへの返礼として何か贈り物をしよう / He gave me everything but took nothing *in* ~. 彼はみんな私にくれたが代わりに何も受け取らなかった.

on [upón] …'s retúrn [副]…が帰ると: *On my* ~ home [*from* America], I learned that his mother had died. 私は帰国して[米国から帰って]彼の母が亡く

re·turn·a·ble /rɪtə́ːnəbl | -tə́ːn-/ 形 [普通は Ⓐ] **1** (再利用のために)回収[返却]できる[すべき]. **2** (格式) 返還すべき. ━ Ⓒ (換金のために) 返却できる空き瓶(%)[缶(%)].

retúrn addrèss 名 Ⓒ 差出人住所, 返送先.

re·turn·ee /rɪtəːníː | -təː-/ 名 Ⓒ (主に米) 帰還[帰国, 復員, 復学]者, (海外からの)帰還軍人.

re·turn·er /rɪtə́ːnə | -tə́ːnə/ 名 Ⓒ (英) (特に産休後の)復帰者.

retúrn gáme 名 Ⓒ = return match.

retúrn·ing ófficer /rɪtə́ːnɪŋ- | -təː-/ 名 Ⓒ 《主に英》選挙管理官.

retúrn kèy 名 Ⓒ 〖電算〗リターンキー, 改行キー (enter key).

retúrn mátch 名 Ⓒ《主に英》(競技の)雪辱戦, (タイトルの)奪還試合, リターンマッチ.

retúrn tícket 名 Ⓒ **1** 帰りの切符. **2** (英) 往復切符. 関連 single (英) 片道切符.

retúrn tríp 名 Ⓒ **1** 《英》往復旅行. **2** 帰りの旅, 復路, 帰途.

Réu·ben sàndwich /rúːb(ə)n-/ 名 Ⓒ ルーベンサンドイッチ (ライ麦パンにコーンビーフ・スイスチーズ・ザウアークラウトなどを載せて焼いた米国のサンドイッチ).

***re·u·ni·fi·ca·tion** /rìːjuːnəfɪkéɪʃən/ 名 Ⓤ Ⓒ 再統一, 再統合: the ~ of Germany ドイツ再統一.

re·u·ni·fy /rìːjúːnəfàɪ/ 動 他 (**-u·ni·fies; -u·ni·fied; -fy·ing**) 分裂した国などを再統合する.

***re·u·nion** /rìːjúːnjən/ 名 **1** Ⓒ (家族・同級生などの)再会の集まり[パーティー], 同窓会, クラス会: a family ~ 家族再会の集い[パーティー] / hold a (class) ~ クラス会を開く / attend a ~ 同窓会に出席する. **2** Ⓒ Ⓤ (家族・旧友との)再会 (*with, between*): a tearful ~ 涙の再会. **3** Ⓤ Ⓒ 再結合, 再統合.

Ré·u·nion /rìːjúːnjən/ 名 固 レユニオン (インド洋西部の島; フランスの海外県).

***re·u·nite** /rìːjuːnáɪt/ 動 **1** [普通は受身で] 〈人〉を〈家族・旧友に〉再会させる, 〈...のもとに〉戻らせる: The boy *was* ~*d with* his parents. 少年は両親と再会した. **2** 〈...〉を再結合[再統合]する. ━ 自 **1** 再会する (*with*). **2** 〈...〉を再結合[再統合]する.

re·us·a·ble /rìːjúːzəbl⁻/ 形 再利用可能な.

re·use¹ /rìːjúːz/ 動 他 〈...〉を再利用する; 再生する.

re·use² /rìːjúːs/ 名 Ⓤ 再利用; 再生.

Reu·ters /rɔ́ɪtəz | -təz/ 名 固 ロイター通信社 (London に本社があり, 正式には Reuter's News Agency という).

***rev**¹ /rév/ 名 Ⓒ [普通は複数形で] 《略式》(エンジン・レコードなどの)回転 (revolution). ━ 動 (**revs; revved; rev·ving**) 他 〈エンジン〉の回転を増す, 〈車の〉エンジン回転速度を上げる (*up*). ━ 自 〈エンジンが〉回転を増す, 〈車が〉エンジン回転速度を上げる (*up*). **rév úp** 動 他 (略式) 〈活動など〉を活発にする, 増える. ━ 自 (略式) 活発になる, 増える.

rev² 名 = revised, revision.

Rev. 略 = Reverend.

re·val·u·a·tion /rìːvæljuéɪʃən/ 名 Ⓤ Ⓒ 再評価; 〖経〗平価切り上げ.

***re·val·ue** /rìːvǽljuː/ 動 他 **1** 〈...〉を再評価する. **2** 〖経〗〈平価〉を切り上げる.

***re·vamp**¹ /rìːvǽmp/ 動 他 〈...〉を新しくする[見せる], 改修[改造]する, 作り直す.

re·vamp² /ríːvæmp/ 名 Ⓒ (略式) 改修, 改造, 作り直し.

Revd (英) = Reverend.

***re·veal** /rɪvíːl/ T2 動 (**re·veals /~z/; re·vealed /~d/; -veal·ing**) 名 rèvelátion) 他 **1** 〈隠されていた物事〉を **明らかにする**, 暴く (disclose), 知らせる; 〈秘密〉を漏らす (反 conceal): She

revenge 1499

~*ed* her secret *to* us. <V+O+*to*+名・代> 彼女は私たちに秘密を打ち明けた / The experiment has ~*ed* (*to* the world) *that* the report was inaccurate. <V(+*to*+名・代)+O (*that* 節)> その実験の結果はその報告が不正確であることを(世間に)明らかにした / I can't ~ (*to* you) *who* did it. <V(+*to*+名・代)+O(wh 節)> それを誰がやったかは(君には)明かせない.

2 〈...〉を(はっきりと)**示す, 見せる** (show); 〈...〉が一なのを明示する: The curtain rose to ~ a garden scene. 幕が上がって庭の場面が現れた / This evidence ~*ed* him *to* be an embezzler. <V+O+C (*to* 不定詞)> その証拠で彼が横領者だということが明らかになった. 〖語源〗ラテン語で「ベールを後ろへはぐ」の意; ⇨ re-¹, veil.

***re·veal·ing** /rɪvíːlɪŋ/ 形 **1** [普通は very, most, rather などを伴って] (発言が)〈物事[人柄]を〉明らかにする, 啓発的な; 示唆に富んだ: Some of his comments about the problem were *very* ~ (*of* what he had thought about it). その問題に関する彼のコメントの中には(彼の考えを)とてもよく示唆するものがあった. **2** 〈衣服などが〉肌を露出させる. **~·ly** 副 (隠れた)物事[人格, 一面]を明かして[見せて]; 露出的に.

rev·eil·le /révəli | rɪvǽli/ 名 Ⓒ Ⓤ または the ~ (軍隊などの)起床らっぱ[太鼓], 起床らっぱの鳴る時刻.

***rev·el** /rév(ə)l/ 動 (**rev·els; rev·eled, (英) rev·elled, (英) -el·ling**) 自 (主に文) 浮かれ騒ぐ. **rével in ...** 動 他 〈自分の成功・評判などや他の人にとって不快なこと〉を大いに楽しむ (*doing*). ━ 名 Ⓒ [普通は複数形で] 《主に文》浮かれ騒ぎ.

***rev·e·la·tion** /rèvəléɪʃən/ 名 (~s /~z/; 動 revéal) **1** Ⓒ Ⓤ (隠されているもの・秘密などを)**明らかにすること, 暴露, すっぱ抜き; 発覚** (*of*): I was surprised by the ~ *that* our neighbor is a murderer. <N+*that* 節> 隣人が殺人犯だとわかって驚いた.

2 Ⓒ 暴露されたこと; 意外な新事実: recent ~*s* about his private life 彼の私生活について最近わかったこと / What a ~! これは初耳だ / His extensive knowledge of music was a ~ *to* us. 《略式》彼が音楽に大変くわしいのは我々にとって意外だった. **3** Ⓤ Ⓒ 〖宗〗啓示, 黙示. **the R-** = Revelations として単数扱い] ヨハネ黙示録 (新約聖書中の一書).

re·vel·a·to·ry /révələtɔ̀ːri, rɪvél- | rèvəléɪtəri, -tri/ 形 (格式) (演奏などが)啓示的な, 深みのある.

rev·el·er, 《英》-el·ler /rév(ə)lə | -lə/ 名 Ⓒ [普通は複数形で] 《主に文》飲み騒ぐ者; 道楽者.

rev·el·ry /rév(ə)lri/ 名 (**-el·ries**) Ⓤ または複数形で] 《主に文》飲めや歌えの大騒ぎ, どんちゃん騒ぎ.

***re·venge** /rɪvéndʒ/ 名 形 revengeful) Ⓤ **1** 復讐(ふっ), 報復, 復讐心 (*for*). **2** (スポーツでの)雪辱. **gét [háve] (one's) revénge** 動 自 (1) = take (one's) revenge. (2) (相手チームに)雪辱する (*on*). **in revénge** 副 (...の)仕返しに, 報復として (*for*). **séek revénge** 動 自 復讐をたくらむ (*for*). **táke (one's) revénge** 動 自 (...に)復讐をする (*on, against*): I'll *take* ~ *on* him *for* this insult. この侮辱に対してやつに仕返しをするつもりだ.

━ 動 (**re·veng·es /~ɪz/; re·venged /~d/; re·veng·ing**) 他 **1** [~ oneself または受身で] Ⓦ (格式) 復讐する, (自分の)恨みを晴らす (*for*) [⇨ 類義語]: We ~*d* ourselves *on* the enemy. = We *were* ~*d on* the enemy. 我々は敵に復讐をした. **2** 〈不正・侮辱など〉に仕返しをする; 〈人のあだ〉を討つ (avenge).

〖類義語〗**revenge** 受けた被害に対して個人的な憎しみや悪意をその相手に仕返しすること. 元の被害者自身を主語にするのが普通: He *revenged* himself on the man who had betrayed him. 彼は自分を裏切った男に仕返しをした. **avenge** 悪事や不正に対して正義感などから当然の報いを加えること. 元の被害者以外の人を主語にして, 被害者に代わって復讐する形をとると

revengeful

が多い: Hamlet *avenged* his father's death. ハムレットは父の死の復讐をした.

re·venge·ful /rivéndʒf(ə)l/ 形 《名 revénge》 復讐心に燃えた, 執念深い.

***rev·e·nue** /révənj(ü) ˈ | -njùː/ 名 [U] または複数形で] 1 （定期的な）収入, 収益, 収入源: ~s *from* sales of cameras カメラの売上げ高. 2 歳入《税金などによる国家の収入》: tax ~ 税収 / Internal [《英》Inland] ~ 内国税収入. [語源] 中(期)フランス語で「戻ってきたもの」の意.

re·verb /rivə́ːv, riːvə́ːb | riː|vəːb/ 名 [U]《音響装置などによる》エコー, 残響.

***re·ver·ber·ate** /rivə́ːbəreit | -və́ː-/ 動 自 1 （音が）反響する, 鳴り響く (*around, along*); 《場所などが》(音で)振動する (*to*):《言い換え》Applause ~d *through* the hall.＝The hall ~d *with* applause. ホールが拍手が鳴り響いた. 2 《格式》（事件・考えなどが）大きな影響を持つ, 反響を呼ぶ (*through, around, in*).

re·ver·ber·a·tion /rivə̀ːbəréiʃən | -və́ː-/ 名 [U,C] 1 [しばしば複数形で] 反響, 残響. 2 《格式》（事件などの）大きな影響, 余波, 反響.

***re·vere** /rivíə | -víə/ 動 他 《**re·ver·ing** /-ví(ə)riŋ/》《格式》〈…〉をあがめる, 尊敬する (*for*).

Re·vere /rivíə | -víə/ 名 Paul ～ リビア(1735-1818)《米国の銀細工師, 米国独立戦争が起きた時夜を徹して馬をとばし英国軍の進撃をいちはやく知らせた愛国者として有名》.

†**rev·er·ence** /rév(ə)rəns/ 名 1 [U] 《格式》《愛情のこもった》尊敬, 敬意, 敬慕: Millions of Catholics have [feel] ~ *for* the Pope. 膨大な数のカトリック信者たちはローマ法皇に敬愛の念を抱いている. 2 [your [his] ~] として; 用法は《古語》敬称, 牧師[神父]さま《聖職者への敬称・呼びかけ》. **hóld … in réverence** 動 他 〈…〉を尊敬する. ―動 他 〈…〉を尊敬する (revere).

*‡**rev·er·end** /rév(ə)rənd/ 形 1 [the R- として名前の前につけて] …師《キリスト教の聖職者の敬称; 略 Rev., Revd》: *the R~* Martin Luther King マーティンルーサーキング師. 2 A 《古語》尊敬すべき, 尊い.
―名 C 牧師.

Réverend Móther 名 C 女子修道院長.

rev·er·ent /rév(ə)rənt/ 形《反 irreverent》恭(うやうや)しい, 敬虔(けいけん)な.

rev·er·en·tial /rèvərénʃəl◂/ 形《格式》恭しい, 尊敬を表わす. **-tial·ly** /-ʃəli/ 副 恭しく.

rev·er·ent·ly /rév(ə)rəntli/ 副 恭しく.

rev·er·ie /rév(ə)ri/ 名 C,U《文》幻想, 夢想: be deep [lost] in ~ 空想にふける.

re·vers /rivíə | -víə/ 名（複 ~z/）C [普通は複数形で] (襟・カフスなどの)折り返し.

†**re·ver·sal** /rivə́ːs(ə)l | -və́ː-/ 名 《動 revérse》U,C 1 《方針・過程などの》大転換, 《2 人の役割などの》取り消し, 《法》破棄: (a) ~ *of roles* role reversal. 2 失敗, 不運, 挫折(ざせつ). 3 《写》反転現象《陽画から陰画, またはその逆の現像》.

reversal film 名 U,C《写》リバーサルフィルム《反転現像のフィルム》.

*‡**re·verse** /rivə́ːs | -və́ːs/ 《類音 rebirth》T2 動《**re·vers·es** /~iz/; **re·versed** /~t/; **re·vers·ing**》名 revérsal)

```
      ―自 他 の転換―
他 3 逆進させる (to make (a vehicle) go backward)
自 逆進する (to go backward)
```

― 他 1 〈方針・決定・傾向など〉を大転換する, 逆にする; 〈役割など〉を逆転する; 〈影響・変更〉を無効にする, 《法》

〈判決〉を破棄する: ~ policies 方針を転換する. 2 《順序などを》逆にする; 〈…〉の位置を反対にする; 裏返す: Don't ~ the order. 順序を逆にしてはいけない. 3 〈車〉を逆進させる, バックさせる (back (up)): I *~d* my car *into* [*out of*] the garage. <V+O+前+名・代> 車をバックさせて車庫に入れた[車庫から出た].
― 自 《主に》(運転手が)車をバックさせる; （車が）逆進する, バックする (back): The car *~d through* the gate. <V+前+名・代> 車がバックして門を通り抜けた. **revérse onesélf** 動 自《米》意見[立場]を逆転させる. **revérse (the) chárge(s)** 動 他《英》= call … collect (『 collect¹ 名》成句).
― 名 (re·vers·es /~iz/) 1 [the ~] 逆, 反対 (opposite): We had expected a successful meeting, but the reality was just the ~. 会議の成功を期待していたが事実は全く逆であった / He did *the ~ of* what I wanted. 彼は私の望んでいたのとは逆のことをした. 2 [the ~] 裏, 背面, 底《反 obverse》: *the ~ of* a leaf 木の葉の裏 / *the ~ of* a coin 硬貨の裏面. 3 U 逆転装置, バック(ギア) (reverse gear). 4 C 《格式》挫折(ざせつ), 不運, 失敗; 敗北 (setback): suffer a ~ 不運に見舞われる. **gò into revérse** 動 自 （動き・傾向などが）逆になる. **in** [**ìnto**] **revérse** 副 形 逆(の順序[方向])に;《自動車が》バックギアになって: put the car in [*into*] ~ 車のギヤをバックに入れる.
― 形 A 1 逆の, あべこべの: They came back in ~ order. 彼らは逆の順序で帰ってきた.
2 裏の, 後ろ向きの: the ~ side of this cloth この布の裏側. 3 逆進させる: (a) ~ gear バックギア.

revérse-chàrge cáll /rivə́ːstʃɑ̀ədʒ | -və́ːstʃɑ̀ːdʒ-/ 名 《英》= collect call.

revérse discriminátion 名 U 逆差別, 被差別者に対する優遇政策《☞ affirmative action, positive discrimination》.

revérse enginéering 名 U 逆行分析《他社の製品を分解・解析し, 自社製品に応用する手法》.

revérse líght 名 C 《米》= reversing light.

revérse mórtgage 名 C リバースモーゲッジ, 逆抵当権《土地・家屋を担保に融資を受け, 死亡後に不動産を処分して返済する制度》.

revérse psychólogy 名 U 逆心理《あることを望まないふりをして相手にそのことをさせてしまう方法》.

re·vers·i·bil·i·ty /rivə̀ːsəbíləṭi | -və̀ː-/ 名 U 1 逆にできること, 変更の可能(性). 2 裏返しがきくこと.

re·vers·i·ble /rivə́ːsəbl | -və́ːs-/ 形《反 irreversible》1 《方針・過程などが》逆にできる, 変更できる, 元に戻せる. 2 《服などが》裏返しがきく.

re·vérs·ing líght /rivə́ːsiŋ | -və́ːs-/ 名 C《英》(車の)後退灯《米》backup light.

re·ver·sion /rivə́ːʒən | -və́ːʃən/ 名 1 [U または a ~]《格式》(以前の状態などに)戻ること, 逆戻り, 復帰 (*to*): the ~ of Hong Kong to China in 1997 1997年の中国への香港返還. 2 U,C 《法》財産の復帰. 3 U,C 《生》先祖返り.

†**re·vert** /rivə́ːt | -və́ːt/ 動 自 1 （元の状態に）返る, 逆戻りする (*to*). 2 W 《格式》（元の話題・考えなどに）戻る (*to*). 3 《法》（所有権などが）復帰する (*to*). 4 《生》先祖返りする. **revért to týpe** 動 自 [普通は軽蔑] 元の姿[状態]に戻る, 地が出る.

re·vet·ment /rivétmənt/ 名 C 《土》護岸舗装; 擁壁(ようへき).

*‡**re·view** /rivjúː/ 《同音 revue》T1 名 (~s/~z/)

```
元来は「再び見ること」(『 re-¹, view)の意.
  →(作品を詳しく見る)→「批評」2 →「評論誌」3
  →(勉強を見返す)→「復習」4
```

1 ⑥ℂ 再検討, 再調査;《法》再審理: conduct a ~ *of* the investigation 調査の再検討をする / This matter is subject to ~ every three months. この件は3ヶ月ごとに再検討する必要があった. **2** ⑥,ⓊC 批評 (criticism), 評論; 批評記事 (☞ comment 類義語), (論文の)査読: a ~ *of* a new novel 新しい小説の書評 / a music ~ 音楽評論 / a book ~ 書評. **3** ⓒ 評論誌, 批評雑誌; 書評誌: a literary [motion picture] ~ 文芸[映画]評論誌. **4**《米》Ⓤ 復習;《英》[復習]問題. **5** ⓒ (主題・状況などの)概観, 報告; ⓒ 回顧; 反省: a ~ of the Olympic Games オリンピック大会の回顧. **6** ⓒ,Ⓤ 閲兵, 観兵式, 観艦式. **7** ⓒ = revue.

be [còme] ùnder revíew = be [còme] úp for revíew [動] 再検討される, 再調査される.
kéep ... ùnder revíew [動] 他 〈…〉を絶えず再検討する.
ùnder revíew [形] 再検討中で;《法》再審理中で.

― 動 (**re·views** /-z/; **re·viewed** /-d/; **-view·ing**) 他 **1** 〈…〉を再検討する, (再)調査する;《法》再審理する:《米》を校閲する: The police ~ed the possible causes of the accident. 警察は事故が起きた原因と考えられる事柄を(再)調査した.
2 〈…〉を批評する, 論評する, 〈…〉の書評をする: Mr. Smith will ~ the new novel for the newspaper. スミス氏は新聞にその新しい小説の批評を書くでしょう / That movie *was well ~ed*. その映画は評論家に好評であった. **3**《米》〈…〉を復習する (《英》revise): You'd better ~ history for the exam. 試験に備えて歴史を復習しなさい. **4** 〈…〉を回顧する, 反省する: Let's ~ the main points of the news. ニュースの主な点を見直します. **5** 〈…〉を閲兵する, 観閲する. **6**《英》(病気の回復状況などを調べるために医者が)患者を再診察する.
― 自 **1** 批評[評論]をする: He ~*s for the* magazine. <V+for+名・代> 彼はその雑誌の書評欄を受け持っている. **2**《米》復習をする (《英》revise).

revíew còpy ⓒ《新刊書の》書評用見本.
re·view·er /rɪvjúːɚ | -vjúːə/ ⓒ 批評家, 評論家; (論文の)査読者.

re·vile /rɪváɪl/ 動 他 [普通は受身で]《格式》〈…〉のをののしる, 悪く言う; 強く嫌う (*for*).
re·vil·er /rɪváɪlɚ | -lə/ ⓒ《格式》ののしる人.

*****re·vise** /rɪváɪz/ T2 動 (**re·vis·es** /-ɪz/; **re·vised** /-d/; **re·vis·ing**) 動 (語源 revision) 他 **1** 〈意見・予測・価格など〉を修正する, 変更する, 改める: He ~d his opinion. 彼は自説を修正した.
2 〈…〉を改訂する; 訂正する; 校正する: The dictionary has recently *been ~ed*. <V+O の受身> その辞書は最近改訂された. **3**《英》〈…〉を復習する (《米》review). ― 自《英》復習する (*for*). 語源 ラテン語で「再び見る」の意←re-¹, visit 単語の記憶).

be revísed úpward [dównward] [動] 自 (数量などが)上方[下方]修正される, 予想以上に増える[減る].
― 名 ⓒ [普通は複数形で]《印》再校刷り[ゲラ].

re·vised /rɪváɪzd/ 形 修正[改訂, 訂正]された (略 rev): a ~ estimate 修正見積り / a ~ edition 改訂版.

Revísed Stándard Vérsion 名 [the ~] 改訂標準聖書(1940-50年代に米国で発行された聖書英訳版; 略 RSV).

Revísed Vérsion 名 [the ~] 改訳聖書(欽定(きんてい)訳聖書 (Authorized Version) を1870-84年に英国で改訳したもの).

re·vis·er /rɪváɪzɚ | -zə/ ⓒ 改訂[校閲]者.

*****re·vi·sion** /rɪvíʒən/ 名 (略 revíse) **1** Ⓤ,ⓒ 修正, 見直し; 改訂, 訂正: be subject to ~ 修正されることがある / The ~ of this dictionary took six years. この辞書の改訂には6年かかった. **2** ⓒ 改訂版 (略 rev): a ~ of an earlier translation 前の翻訳の改訂版, 改訳[新訳]版. **3** Ⓤ《英》復習する (*for*).

---

revolution 1501

re·vi·sion·ism /rɪvíʒənɪzm/ 名 Ⓤ [しばしば軽蔑] (マルクス主義などの)修正主義, 見直し論.

re·vi·sion·ist /rɪvíʒ(ə)nɪst/ 形 [しばしば軽蔑] 修正主義(者)の[的な]. ― 名 ⓒ [しばしば軽蔑] 修正主義者.

*****re·vis·it** /riːvízɪt/ 動 他 **1** 〈人・場所〉を再び訪れる. **2**《格式》〈話題など〉を再考する, 再び議論する. *revisited* [名詞に伴って] …の再訪[再現, 再考].

re·vi·tal·i·za·tion /rìːvàɪṭəlɪzéɪʃən | -laɪz-/ 名 Ⓤ 再生(させること), 復活.

*****re·vi·tal·ize** /riːváɪṭəlàɪz/ 動 他 〈物事〉に再び生気を与える, 〈…〉を生き返らせる; 〈人〉に元気を回復させる; 〈肌・髪など〉を若返らせる.

*****re·viv·al** /rɪváɪv(ə)l/ 名 (~s /-z/; 動 revive) **1** Ⓤ,ⓒ 復活; 復興: the economic ~ *of* Japan 日本の経済復興. **2** Ⓤ,ⓒ 生き返らせること; (元気などの)回復. **3** ⓒ 再演, 再上演. **4** ⓒ《宗》 = revival meeting. **the Revíval of Léarning** 名 文芸復興 (the Renaissance).

re·viv·al·ism /rɪváɪvəlìzm/ 名 Ⓤ 信仰復興運動; (昔の習慣などの)復興風潮[気運].

re·viv·al·ist /rɪváɪv(ə)lɪst/ 名 ⓒ 信仰復興運動家. ― 形 信仰復興運動の.

revíval mèeting 名 ⓒ 信仰復興集会.

*****re·vive** /rɪváɪv/ T3 動 (**re·vives** /-z/; **re·vived** /-d/; **re·viv·ing**; 名 revival) 自 **1** 生き返る; 回復する; 活気づく: The flowers ~*d* after the rain. 花はあとあと生気を取り戻した / My hopes ~*d*. また希望が出てきた. **2** 復活[復興]する, 再び流行する.
― 他 **1** 〈…〉を生き返らせる; 回復させる; 活気づける; 〈記憶・感情など〉をよみがえらせる: They could not ~ the drowned girl. 彼らはおぼれた少女を生き返らせることができなかった / ~ one's spirits …を元気づける. **2** 〈…〉を復活[復興]させる, 再びはやらせる; 再上演[映]する: The old play *was* recently ~*d*. その古い劇は最近再上演された. 語源 ← re-¹, vivid, survive 語源.

re·viv·i·fy /riːvívəfàɪ/ 動 (**-vi·fies**; **-vi·fied**; **-fy·ing**) 他《格式》〈…〉に新しい活気を与える.

rev·o·ca·tion /rèvəkéɪʃən/ 名 Ⓤ,ⓒ 取り消し, 無効.

*****re·voke** /rɪvóʊk/ 動 他《格式》〈法律・決定・許可など〉を取り消す, 無効にする; 解約する.

*****re·volt** /rɪvóʊlt/ 動 (**re·volts** /-vóʊlts/; **-volt·ed** /-ɪd/; **-volt·ing**) 自 反乱を起こす, 謀反(むほん)を起こす; 〈権威・規則など〉に反抗する: The people ~*ed against* the dictator. 国民は独裁者に対して反乱を起こした. **2** [普通は受身で] 〈…〉を不快にする; 〈…〉の胸を悪くさせる: Kate *was ~ed* by [*at*] Tom's behavior. ケートはトムの言動を非常に不愉快に感じた.

― 名 (**re·volts** /-vóʊlts/) Ⓤ,ⓒ **1** 反乱, 一揆(いっき); (権威などへの)反抗: crush [put down] a ~ 反乱を鎮圧する / a ~ *against* the ruler 支配者に対する反乱. **2** 反感, 嫌悪(*at*). **in revólt** [形] (1) 反乱を起こして, 反抗して (*against*). (2) 嫌悪を感じて, 不快で.

*****re·volt·ing** /rɪvóʊltɪŋ/ 形 不快を催させる, 実にいやな (*to*). **~·ly** 副 不快(なほど)に.

*****rev·o·lu·tion** /rèvəlúːʃən/ T3 名 (~s /-z/; 1, 2 では 形 rèvolútionàry, 2 では rèvolútionize; 3, 4 では 動 revólve).

「ぐるっと回ること」
 →(物体が回ること)→「回転」3
 →(体制が変わること)→「革命」1

1 Ⓤ,ⓒ 革命: Widespread poverty often leads to (a) ~. 貧困が広がるとしばしば革命が起きる. 関連 the American Revolution 米国独立戦争 (1775–83) / the French Revolution フランス革命 (1789–99).

revolutionary

2 C (思想・行動・方法などの)**大変革**, 大改革, 革命: the Industrial R~ 産業革命 / The airplane has brought about a ~ *in* travel. 飛行機は旅行に革命をもたらした.

3 C 回転 ((略式) rev), 循環: LP records are played *at* 33 1/3 ~s per minute. LPレコードは1分間に33 1/3 の回転で演奏される (33 1/3 は thirty-three and a third と読む; 略 33 1/3 rpm; ☞ cardinal number [文法] (6)) / ... ~s per second 毎秒...回転 (略 rps). **4** C,U 〖天〗公転 (*on, around, round*). [関連] rotation 自転.

*rev・o・lu・tion・ar・y /rèvəlú:ʃənèri | -ʃ(ə)nəri/ [形] (名 rèvolútion 1, 2) **1** [普通は A] 革命の; a ~ leader 革命の指導者 / a ~ movement 革命運動. **2** 革命的な, 画期的な: a ~ idea 画期的なアイディア. ――[名] (-ar・ies) C 革命家, 革命論者.

Revolútionary Wár [名] [the ~] (米国の)独立戦争 (American Revolution).

rev・o・lu・tion・ist /rèvəlú:ʃ(ə)nɪst/ [名] C 革命家; 革命論者.

rev・o・lu・tion・ize /rèvəlú:ʃənàɪz/ [動] 他 ⟨...⟩ に大変革をもたらす, 革命を起こす.

*re・volve /rɪvάlv | -vɔ́lv/ [動] (名 rèvolútion 3, 4) **1** [進行形なし] (生活・物語・議論などが)(あるものを中心として)動く, 展開する: His high school life ~d around baseball. 彼の高校生活は野球を中心に回っていた. **2** (あるものを中心として)回転する (☞ turn [類義語]): A wheel ~s *on* its axis. 車輪は軸を中心にして回る / The planets ~ *around* [*round*] the sun. 惑星は太陽の周りを回る. ――他 ⟨...⟩を回転させる, 回す (*on*). **thínk the wórld revólves aróund one** [動] (略式)世界は自分を中心に回っていると思う (☞ one[2] 〖形〗3 [語法] (4)).

+**re・volv・er** /rɪvάlvə | -vɔ́lvə/ [名] C (回転式)連発ピストル, リボルバー.

re・volv・ing /rɪvάlvɪŋ | -vɔ́l-/ [形] [普通は A] 回転する, 回転式の: a ~ stage 回り舞台..

revólving crédit [名] U リボルビングローン (未返済の融資金額が限度内であれば何度でも融資する).

revólving dóor [名] C **1** [しばしば複数形で]回転ドア. **2** (けなして) 人員の入れ替わりの激しい状況[ところ]; 短期間で患者[囚人]を追い出す病院[監獄].

revólving fúnd [名] C 〖経〗回転資金.

+**re・vue** /rɪvjú:/ [名] C,U レビュー (時事風刺を盛り込み, 歌・踊り・寸劇などで構成する軽演劇) (review).

*re・vul・sion /rɪvʌ́lʃən/ [名] U または a ~ (強い)嫌悪の情 (*against, at, over, from*).

revved-úp, revved úp /révdʌ́p/ [形] (略式) 張り切った, 興奮した; お面白く[活発にした.

*re・ward /rɪwɔ́əd | -wɔ́:d/ [名] 🔟 [名] (re・wards /-wɔ́ədz | -wɔ́:dz/) **1** U,C (善行・功績などに対する)報酬, ほうび: the ~ *for* a good deed 善行の報い / a just ~ 公正な報酬 / a financial ~ 金銭的報酬 / I was given a watch as a ~ *for* my services to the company. 私は会社への貢献で時計を贈られた.

2 C 報奨金, 謝礼金: He offered a ~ *of* $1000 *for* information leading to the arrest of the criminal. 彼は犯人逮捕に至る情報提供に対して1千ドル出そうと申し出た. **3** [複数形で] 利益, 収益. [語源] 古(期)フランス語で regard と同語源.

be its ówn rewárd [動] 自 (行為などが)それ自体で報いとなる (満足感を与える): ~ virtue 1例文). **in rewárd** [副] (...の)報酬として, ほうびに (*for*).

――[動] (re・wards /-wɔ́ədz | -wɔ́:dz/; -ward・ed /-dɪd/; -ward・ing /-dɪŋ/) 他 [しばしば受身で]⟨...⟩に報いる, 償う; ⟨...⟩に報酬[ほうび]を与える: I'll ~ the person who finds my bag. 私のかばんを見つけた方には 謝礼を差し上げます / My years of effort have been ~*ed with* success. ⟨V+O+*with*+名・代の受身⟩ 私の努力の年月は成功で報われた / She *was* ~*ed for* her efforts [mak*ing* an effort] on behalf of the refugees. ⟨V+O+*for*+名・代[動名]の受身⟩ 彼女は難民に対する尽力でほうび[賞]をもらった.

*re・ward・ing /-wɔ́ədɪŋ | -wɔ́:d-/ [形] (経験・活動などが)報われる, 得るところのある, やりがいのある: a ~ experience ためになる経験.

re・wind[1] /rì:wάɪnd | -wάɪnd/ [動] (**re・winds**; 過去・過分 **re・wound** /-wάʊnd/; **-wind・ing**) 他 ⟨テープやフィルム⟩を巻き戻す. ――自 **1** 巻き戻される; 巻き戻す. **2** (略式) (会話・活動などが)元に戻る.

re・wind[2] /rì:wàɪnd/ [名] U 巻き戻し(ボタン). [関連] fast-forward 早送り.

re・wire /rì:wάɪə | -wάɪə/ [動] (**re・wir・ing** /-wάɪ(ə)rɪŋ/) 他 ⟨建物などの電気配線を取り替える.

*re・word /rì:wɔ́:d | -wɔ́:d/ [動] 他 ⟨...⟩を言い換える.

*re・work /rì:wɔ́:k | -wɔ́:k/ [動] 他 ⟨案・作品などに変更を加える, ⟨...⟩を修正する, 作り[書き]直す: The novel was ~*ed into* a play. その小説は劇に脚色された.

re・work・ing /rì:wɔ́:kɪŋ | -wɔ́:k-/ [名] **1** C 焼き直しの作品 (*of*). **2** U,C 見直し, 修正.

rewound rewind[1]の過去および過去分詞.

re・write[1] /rì:ráɪt/ [動] (**re・writes**; 過去 **re・wrote** /-róʊt/; 過分 **re・writ・ten** /-rítn/; **-writ・ing**) 他 ⟨改善のために⟩...⟩を書き直す, 書き換える (*for, as*): R~ the following sentences in easier English. 次の文をもっと易しい英語を用いて書き直せ / ~ history [けなして] 歴史を(都合のよいように)書き換える. **rewríte the récord [hístory] bóoks** [動] 自 (選手が)記録を塗り替える.

re・write[2] /rì:ràɪt/ [名] C 書き直し(たもの); (米)書き直し記事.

Rex /réks/ 《ラテン語から》[名] U **1** [王の名の後で]現国王 (公式の署名に用いる): George ~ ジョージ国王. **2** (法) 国王, 国王 (略 R.) (☞ Regina).

Réye('s) sỳndrome /ráɪ(z)-, réɪ(z)-/ [名] U 〖医〗ライ症候群 (小児にみられるしばしば致死的な脳障害).

Reyk・ja・vik /réɪkjəvi:k, -vìk/ [名] 固 レイキャビック (アイスランドの首都).

Rey・nard /rémɑəd, -nəd | réɪnɑ:d, -nəd/ [名] 固 **the Fox** きつねのルナール (中世の風刺物語に登場する賢いきつね).

RFD /άəefdí: | á:(r)èf-/ [名] (米) =rural free delivery 地方地区無料郵便配達 (☞ RD).

RGB [略] =red, green, blue 青 (テレビ画像などの3原色).

rhap・sod・ic /ræpsάdɪk | -sɔ́d-/ [形] (格式) 狂詩曲(風)の; (話・感情などが)熱狂的[熱烈]な (*about*).

rhap・so・dize /ræpsədàɪz/ [動] 自 (格式) 熱狂的に語る[言う] (*about, over*).

rhap・so・dy /ræpsədi/ [名] (-so・dies) **1** C [しばしば R- として曲名で]〖楽〗狂詩曲, ラプソディー. **2** C [普通は複数形で] Ⓦ 熱狂的な文章[詩歌, ことば].

rhe・a /rí:ə/ [名] C レア, アメリカダチョウ (南米産).

Rhe・a /rí:ə/ [名] 固 〖ギ神〗レイアー (Zeus の母).

rhe・o・stat /rí:əstæt/ [名] C 〖電〗加減抵抗器.

rhe・sus /rí:səs/ [名] C あかげざる, ベンガルざる (北インド産で尾が短く, 医学実験用).

Rhésus fàctor /rí:səs-/ [名] C [the ~] =Rh factor.

rhésus mònkey [名] C =rhesus.

*rhet・o・ric /rétərɪk/ [名] [形] rhetórical Ⓤ **1** [しばしばけなして] 美辞麗句; 効果を狙ったことばづかい, レトリック: The President's speech was full of empty ~. 大統領の演説は内容の乏しい美辞麗句で満ちていた. **2** 修辞学 (ことばを効果的に用いることを研究する学問).

+**rhe・tor・i・cal** /rɪtɔ́:rɪk(ə)l | -tɔ́r-/ [形] (名 rhétoric) A **1** [しばしばけなして] 美辞麗句の, 詩張的な. **2**

辞学の; 修辞学上の. **-cal·ly** /-kəli/ 副 大げさに; 修辞(学)的に; 修辞疑問で.
rhetórical quéstion 名 C|U 《文法》修辞疑問.

文法　修辞疑問
形は疑問文でも内容的には否定文に等しく, 自分の考えを反語的に疑問の形にして述べた言い方も. 普通は下降調のイントネーション (☞ つづり字と発音解説 93) が用いられる: *How can I leave her?* ↘ (= I can *never* leave her.) どうして私が彼女を置いて行くことができようか(できはしない) / *What's the use of doing it?* ↘ それをして何の役に立つのだろう(何の役にも立たない).
逆に次の文のように, 形は否定の疑問文でも内容的には強い肯定になる感嘆文のこともある: *Isn't she a beauty?* [*beauty!*] ↘ 彼女は美人じゃないか. / *Isn't it interesting!* ↘ おもしろいじゃないか.

rhet·o·ri·cian /rètərí∫ən/ 名 C 《格式》修辞学者; 雄弁家, 美文家.
rheum /rúːm/ 名 U 粘膜分泌物(涙・鼻水など).
rheu·mat·ic /ruːmǽtɪk/ 形 **1** A リューマチの[による]. **2** リューマチにかかった.
rheumátic féver 名 U 《医》リューマチ熱 (rheumatism).
rheu·mat·ick·y /ruːmǽtɪki/ 形 《略式》リューマチにかかった.
rheu·ma·tism /rúːmətɪzm/ 名 U **1** リューマチ. **2** =rheumatoid arthritis.
rheu·ma·toid /rúːmətɔɪd/ 形 《医》リューマチ(性)の.
✝**rhéu·ma·toid arthrítis** 名 U 《医》リューマチ性関節炎.
rheu·ma·tol·o·gist /rùːmətɑ́lədʒɪst | -tɔ́l-/ 名 C リューマチ専門医[学者].
rheu·ma·tol·o·gy /rùːmətɑ́lədʒi | -tɔ́l-/ 名 U リューマチ学.
rheum·y /rúːmi/ 形 (**rheum·i·er**; **-i·est**) 《文》(目・鼻などが)粘液を分泌する.
Rh fàctor 名 [the ~] 《生化》Rh 因子, リーサス因子 (赤血球の中にある凝血素).
Rhine /ráɪn/ 名 [the ~] ライン川(スイスに発しドイツ・オランダを流れて北海 (North Sea) に注ぐ).
rhine·stone /ráɪnstòʊn/ 名 U.C ラインストン(模造ダイアモンド).
Rhíne wìne 名 U.C ラインワイン(Rhine 川流域産の特に白ワイン).
rhi·ni·tis /raɪnáɪtɪs/ 名 U 《医》鼻カタル, 鼻炎.
✝**rhi·no** /ráɪnoʊ/ 名 (~**s**) C 《略式》さい.
rhi·noc·e·ros /raɪnɑ́s(ə)rəs | -nɔ́s-/ 名 (複 ~**es**, ~) C さい.
rhi·no·plas·tic /ràɪnoʊplǽstɪk⇐/ 形 《医》鼻形成(術)の.
rhi·no·plas·ty /ráɪnoʊplæ̀sti/ 名 U 《医》鼻形成(術).
rhi·zome /ráɪzoʊm/ 名 C 《植》地下茎, 根茎.
Rh-négative 形 《生化》Rh 陰性の.
rho /róʊ/ 名 (~**s**) C ロー (ギリシャ語アルファベットの第17文字 ρ, P; ☞ Greek alphabet 表).
Rhode Is·land /ròʊdáɪlənd/ 名 ロードアイランド (米国 New England 地方の州; R.I., 《郵》RI; 俗称 Little Rhody /-róʊdi/; ☞ America 表, 表地図 I 3).
Rhode Is·land·er /ròʊdáɪləndə | -də/ 名 C ロードアイランド州民.
Rhodes /róʊdz/ 名 **1** ロードス(エーゲ海 (Aegean Sea) にあるギリシャ領の島; ☞ America 表 Rhode Island). **2 Cecil** (**John**) ~ ローズ (1853–1902)(英国の南アフリカ植民地の政治家).
Rho·de·sia /roʊdíːʒə | -ʒə, -ʃə/ 名 ローデシア(アフリカ南部の旧英領地域; 現在のザンビアとジンバブウェ).
Rho·de·sian /roʊdíːʒən/ 形 ローデシア(人)の. — 名 C ローデシア人.
Rhódes Scholarship 名 C ローズ奨学金(Oxford 大学で学ぶ英連邦・米国・ドイツからの留学生対象).
✝**rho·do·den·dron** /ròʊdədéndrən/ 名 C しゃくなげ(米国 Washington 州の州花); つつじ.
rhombi /rámbaɪ/ 名 rhombus の複数形.
rhom·boid /rámbɔɪd | rɔ́m-/ 名, 形 《幾》長斜方形(の), (長方形・ひし形でない)平行四辺形(の).
rhom·boi·dal /rambɔ́ɪdl | rɔm-/ 形 =rhomboid.
rhom·bus /rámbəs | rɔ́m-/ 名 (複 ~**es**, **rhombi** /rámbaɪ | rɔ́m-/) C 《幾》ひし形 (diamond).
Rhone, Rhône /róʊn/ 名 [the ~] ローヌ川(スイスアルプスに発しフランス南東部を流れる).
Rh-pósitive 形 《生化》Rh 陽性の.
rhu·barb /rúːbɑːb | -bɑːb/ 名 **1** U (食用)大黄(ダイオウ)《葉柄は食用》; 大黄の根茎部《下剤》. **2** U S 《略式》ガヤガヤ(俳優が群衆のざわめきをあらわすときの "rhubarb" ということば). **3** C 《米俗》激論, 口論.
rhúmb lìne /rám(b)-/ 名 C 《海》航程線(船が一定のコンパス方向を保っているときに描く線で各子午線に同一角度で交わる).
✝**rhyme** /ráɪm/ 名 **1** C 韻を踏んだ詩, 韻文 (verse); 詩歌: a nursery ~ 童謡, わらべ歌. **2** C 韻を踏む語, 同韻語 (ring /ríŋ/ と sing /síŋ/, love /lʌ́v/ と dove /dʌ́v/ などのように語末の発音が同じ語同士): "Feet" is a ~ for "seat." feet は seat と韻を踏む. **3** U 韻, 押韻, 脚韻(詩の各行の終わりに同じ音を繰り返すこと; ☞ verse); 同韻: *in* ~ 韻を踏んで, 韻文で.

rhymes
Twinkle, twinkle, little st*ar* /stáə	stáː/, ⎫
How I wonder what you *are* /áə	áː/! ⎬ s
Up above the world so h*igh* /háɪ/, ⎬ t
Like a diamond in the sk*y* /skáɪ/. ⎭ a n z a
きらめけ, きらめけ, 小さな星よ
お前はいったい何だろう
この世界よりずっと高いところで
空のダイヤモンドのようだ
《日本では「きらきら星」とよばれる童謡の一節》

rhýme or réason [名] [普通は否定構文で] 道理, 根拠: without ~ *or* reason 理由もなく.
rhyme 動 《進行形なし》(語や詩が)韻を踏む, (...と)韻が合う: "Love" ~*s with* "dove." "love" は "dove" と韻を踏む. — 他 《進行形なし》(ある語)を(別の語に)韻を踏ませる (*with*).
rhymed /ráɪmd/ 形 A 韻を踏んだ, 押韻の.
rhym·ing /ráɪmɪŋ/ 形 A 韻を踏んだ: ~ **couplet** 押韻対句.
rhýming slàng 名 U 《英》(特に Cockney の)押韻俗語("stairs"を意味するのに "apple and pears" と言うなど, 韻を踏んだ別の語で置きかえる).
✱**rhythm** /ríðm/ 名 (~**s** /-z/; 形 **rhýthmic**, **rhýthmical**) **1** C.U リズム, 律動; 規則的な動き[調子]: sing *in* a complicated ~ 複雑なリズムで歌う / the steady ~ of the heart beat 規則的な心臓の鼓動. **2** U リズム感, のり(のよさ): He has a good sense of ~. 彼はリズム感がいい. **3** U.C (季節などの)周期的な動き; 周期性: the ~ of the seasons 季節の移り変わり. **4** C (活動での)快適な調子: find one's ~ 調子を出す. **5** U.C 《美》(作品の)美しい調和.
rhýthm and blúes 名 U 《楽》リズムアンドブルース (1940–60 年代の米国黒人のポピュラー音楽; 略 R and B).

†**rhyth·mic** /ríðmɪk/, **rhyth·mi·cal** /-mɪk(ə)l/ 形 (名 rhythm) リズムのある, リズミカルな; 調子のよい: a ~ beating 規則的な鼓動. **-cal·ly** /-kəli/ 副 リズミカルに; 調子よく.

rhýthmic gymnástics 名 ⓤ 新体操.
rhýthm mèthod 名 [the ~] 周期的避妊法.
rhýthm sèction 名 ⓒ リズムセクション《バンドのベースやドラムなど》.

RI 〖米郵〗 =Rhode Island.
ri·al /riá:l, -5:1/ -á:l/ 名 ⓒ =riyal.

*__rib__ /rib/ 名 [類音 lib, live¹] 複 (~s /-z/) 1 ⓒ (人・動物の)肋骨(ろっこつ), あばら骨: He stumbled and broke two of his ~s. 彼はつまずいて肋骨を2本折った. 2 〖普通は複数形で〗 (骨付きの)あばら肉の切り身 (of) (☞ spareribs). 3 ⓒ 肋骨状のもの (船の)肋材, (傘の)骨. 4 ⓒ (織物・編み物などの)畝(うね). **díg [núdge, póke] ... in the ríbs**=**gíve ... a díg [póke] in the ríbs** 動 (注意を引くために)<人>のわき腹をつつく. ―― 動 他 (ribs; ribbed; rib·bing) 《口語, 略式》<人>をからかう (about, for, over).

rib·ald /ríb(ə)ld/ 形 〖普通は Ⓐ〗(ことば・冗談・歌などが)下卑な, みだらな.
rib·ald·ry /ríb(ə)ldri/ 名 ⓤ 下品なことば〖振舞い〗.
ribbed /ríbd/ 形 〖普通は Ⓐ〗(編み物・織物などが)畝(うね)のある.
rib·bing /ríbɪŋ/ 名 ⓤ 1 〖古風, 略式〗からかい. 2 (編み物・織物の)畝(うね) (全体); 畝編み.

*__rib·bon__ /ríb(ə)n/ 名 (~s /-z/) 1 ⓒ,ⓤ リボン, ひも: put on a ~ リボンをつける 〖☞ put on 句動詞表〗/ Mary is wearing [has] a ~ *in* her hair. メアリーは髪にリボンをつけている(☞ wear 表) / cut the ~ テープカットする. 〖日英比較〗「テープカット」は和製英語.
2 ⓒ 〖単数形で〗 Ⓦ リボン状のもの, 細長く連なり, 一続き: a ~ of road across the desert 砂漠地帯を走る1本の道路. 3 ⓒ (勲章の飾りひも, 綬(じゅ), (リボン状の)勲章, 記章 (特に軍人の). 4 ⓒ 《米》 (賞として与えられる)リボン: ☞ blue ribbon. 5 ⓒ (タイプライターなどの)インクリボン. **cút [téar, cláw] ... to ríbbons** 動 <...>をずたずたにする, 粉砕する. **in ríbbons** 形 (布などが)ずたずたに(なって).

ríbbon devélopment 名 ⓒ,ⓤ 《英》 帯状開発 (市街が幹線道路に沿って無計画に開発されたもの).
ríb càge 名 ⓒ 〖解〗 胸郭.
ríb èye 名 ⓒ リブアイ《子牛などの肋骨の外側の大肉片》: a ~ steak リブアイステーキ.
ri·bo·fla·vin /ràɪbouflév́ɪn/ 名 ⓤ 〖生化〗 リボフラビン《ビタミン B など》.
ri·bo·nu·cle·ic ácid /ráibou(j)u:klì:ɪk-, -njú:-/ 名 ⓤ 〖生化〗 リボ核酸 (☞ RNA).
ri·bose /ráɪbous/ 名 ⓤ 〖化〗 リボース《主に RNA から得られる五炭糖》.
ri·bo·some /ráɪbəsòum/ 名 ⓒ 〖生化〗 リボソーム《細胞内の RNA と蛋白質の複合体; 蛋白合成が行なわれる》.

*__rice__ /ráɪs/ 名 [類音 lice] 名 ⓤ 米; ごはん, 飯, ライス, 稲: a grain of ~ 米1粒 / a bowl of ~ ごはん1杯 / boil [cook] ~ ごはんを炊(た)く / grow ~ 米を作る / polished ~ 白米 / brown ~ 玄米 / sticky ~ 粘り気のある米 / We had a good [poor] crop of ~ [~ crop] this year. 今年は米は豊作[不作]だった / This isn't cooked completely [fully]. このご飯には芯(しん)がある. 〖語法〗 種類をいうときには ~ は 〖日英比較〗 欧米では普通主食ではない. 幸福, 多産を象徴し, 結婚式後に新婚

rice	稲
	米
	ごはん, ライス

夫婦が教会を出る際, 米を投げつけて祝う習慣がある. ―― 動 他 《米》 <じゃがいもなど>を裏ごしする.

ríce càke 名 ⓒ もち.
ríce fìeld 名 ⓒ =rice paddy.
ríce pàddy 名 ⓒ 稲田, 水田 (paddy (field)).
ríce pàper 名 ⓤ 1 ライスペーパー《ケーキ作りなどに用いる食べられる紙》. 2 通草紙, ライスペーパー《造花・書画などに用いる薄い上質紙》.
ríce pùdding 名 ⓤ,ⓒ ライスプディング《米・牛乳・砂糖などで作る甘いデザート》.
ric·er /ráɪsə -sə/ 名 ⓒ 《米》 裏ごし器《ゆでてつぶしたじゃがいもなどの柔らかいものをこす》.

*__rich__ /rítʃ/ 形 (類音 witch, #which¹,²) 形 (**rich·er**; **rich·est**)

元来は「力のある」の意. → (物が)豊富な 2
   → (経済的に豊か) → 「金持ちの」 1 → 「ぜいたくな」 7
   → (産み出す力が豊か) → 「(土地が)肥えた」 4
                          → 「栄養分の多い」 3

1 **金持ちの**, 富んだ (☞ 類義語) (反 poor): a ~ man 金持ちの男 / The ~ are not always happy. 金持ちが必ずしも幸福とは限らない《複数名詞のように扱われる; ☞ the¹ 3; partial negation 文法》 語法 poor と対照的に並べるときには the を省略することが多い: He was respected by both ~ and poor [~ and poor alike]. 彼は金持ちからも貧乏人からも同じように尊敬された // She got ~ (by) selling rare antiques. 彼女は珍しい骨董(こっとう)品を売って金持ちになった.
2 (収穫・物資・堆積物などが)**豊富な**, 豊かな; Ⓟ (人・場所などが)<...>に恵まれた, 富んだ (反 poor): a ~ harvest 豊作 / a ~ source of protein [ideas] 豊かなたんぱく質の源[アイデアの泉] / a ~ learning environment 豊かな学習環境 / Florence is ~ *in* art. <A+*in*+名・代> フィレンツェは美術品が豊かにある / Oranges are ~ *in* vitamin C. オレンジにはビタミン C が多い.
3 (飲食物が)**栄養分の多い**, 濃厚な, 太る原因となる; (味の)濃い, こくのある: ~ food 栄養のある食べ物 / a ~ diet 栄養のある食事 / ~ milk 濃い牛乳.
4 (土地が)**肥えた**, 肥沃(ひよく)な (fertile) (反 poor): ~ soil [land] 肥えた土地. 5 (経験・歴史などが)事件に富んだ, 多彩で興味深い: a ~ history 興味津々(しんしん)の歴史. 6 (香りが)強い, 芳醇(ほうじゅん)な; (色が)鮮やかな; (音・声が)豊かな: a ~ pink 鮮やかなピンク色 / a soft, ~ voice 柔らかく深みのある声. 7 高価な, 貴重な, ぜいたくな (expensive): ~ silks 高価な絹物. 8 (燃料の混合気が)濃い, リッチな (反 燃料の割合が低い).

Thát's (a bìt) rích (cóming from ...)! ⓢ 《主に英》 <...がそんなことを言うなんて>そいつは笑わせる《自分のことを棚に上げて他人の行動を批判する人に対して》.

【類義語】 **rich** 一般的に生活で必要と思われる以上のお金を所有していること. あまり多額の金でない場合にも用いられる. **wealthy** 収入を生む財産などがあり, 裕福な生活と社会的に影響を与えるような地位を持つことを意味する. **well-to-do** その家の一員がだれもが十分な財産・収入があること. **well-off** *well-to-do* とほぼ同じ意味であるが, Ⓟ として(述語的に)だけ用いる.

-rich /rítʃ/ 〖合成語で〗 <...>に富んだ: (a) protein-*rich* food たんぱく質が豊富な食品.
Rich·ard /rítʃəd -tʃəd/ 名 個 1 リチャード《男性の名; 愛称は Dick》. 2 ~ **I** /-ðəfə:st, -fə:st/ (☞ ordinal number 文法) リチャード一世 (1157-99) 《England の王 (1189-99); 通称 獅子心王 (Coeur de Lion)》. 3 ~ **III** /-ðəθə́:d, -θə́:d/ リチャード三世 (1452-85)《England の王 (1483-85); おいを暗殺し王位を得たとされる》.

Ríchard Róe /-róu/ 名 〖単数形で〗 《米》 〖法〗 リチャード ロウ《訴訟当事者・被告の仮の名; ☞ John Doe》.

rich・es /rítʃɪz/ 名 [複] **1** (主に文) 富 (wealth), 財産, 宝; 豊かさ; 豊富さ: He amassed great ~. 彼は巨大な富を蓄積した. **2** 資源.

†**rich・ly** /rítʃli/ 副 **1** 豪華に; 鮮やかに; 濃厚に: a decorated vase 豪華な飾りの花びん. **2** 十分に, たっぷり; 正当に: a ~ deserved punishment [reward] 当然の罰[報い]. **3** 豊かに, 豊富に.

Rich・mond /rítʃmənd/ 名 固 リッチモンド 《米国 Virginia 州の州都; ☞ 表地図 I 4》.

rich・ness /rítʃnəs/ 名 **1** 豊かさ, 豊富, 肥沃(ぼく). **2** 豪華(さ). **3** 濃厚(な), (色の)鮮やかさ, (香りの)豊かさ, (声の)深み. **4** 興味深さ.

†**Ríchter scàle** /ríktə-/ 名 [the ~] [地質] リヒタースケール 《地震のエネルギーの大きさをマグニチュードで表わす; 10 段階からなる》: The earthquake was 7.5 *on the* ~. 地震の大きさはマグニチュード7.5 だった.

rick[1] /rík/ 名 C (干し草などの)堆積(築); たきぎの山.

rick[2] /rík/ 動 (英) (…)を軽くねんざする, (…)の筋を違える (sprain).

rick・ets /ríkɪts/ 名 U くる病 《ビタミン D の不足による小児の病気》.

rick・ett・si・a /rikétsiə/ 名 (複 **-si・as**, **-si・ae** /-tsiì:-/, ~) C リケッチア 《熱病を起こす細菌》.

rick・et・y /ríkəṭi/ 形 (**rick・et・i・er**; **rick・et・i・est**) (建物・家具などが)ぐらぐらする, がたがたした.

rick・rack /ríkræk/ 名 U リックラック, 蛇腹 《縁飾り用のジグザグ形の平ひも》.

rick・shaw, rick・sha /ríkʃɔː/ 《日本語から》名 C 人力車; (東南アジアの)輪タク.

ric・o・chet /ríkəʃèɪ/ 名 (**-o・chets** /-ʃèɪz/, **-o・cheted** /-ʃèɪd/, **-chet・ing** /-ʃèɪɪŋ/) 自 (弾丸などが)はね飛ぶ (off). ── (**-o・chets** /-ʃèɪz/) C|U はね飛び 《弾丸や石などが平面に斜めに当たって水切りのようにはね飛ぶこと》 (off); C はね飛んだ物 《弾丸・石など》.

ri・cot・ta /rikátə | -kótə/ 名 U リコッタ 《イタリア産の軟らかいチーズ》.

†**rid** /ríd/ 《発音 lead[2], led, lid, read[2], red》 **:2** 動 (**rids** /rídz/; 過去・過分 **rid**, (古風) **rid・ded** /-dɪd/; **rid・ding** /-dɪŋ/; 名 ríddance) 他 《…から(望ましくないものを)取り除く; 〈人に〉(…)を免れさせる: We must ~ the nation *of* drugs! <V+O+*of*+名・代> 我々は国から麻薬を追放せねばならない.

be ríd of ... 動 他 (いやなもの)を免れている, ...がなくなる: It's nice [I'm glad] to *be* ~ *of* him! 彼がいなくなってせいせいした[うれしい].

be wéll ríd of ... 動 [主に S] ...がいなくなってよかった.

gèt ríd of ... 動 他 (いやなもの)を免れる, ...を脱する, 取り除く; (売って)処分する; (人から)自由になる, 追い払う: I have finally *got* ~ *of* my bad cold. 悪いかぜがやっと治った / How can I *get* ~ *of* him? どうやったら彼と縁を切れるだろうか.

ríd oneself of ... 動 他 (いやなもの)を免れる, ...を捨てる: I'm trying to ~ *myself of* this bad habit. 私はこの悪癖を直そうと努力している. 語法 get rid of ... のほうがくだけた言い方.

rid・dance /rídəns, -dns/ 名 (動 ríd) [次の成句で] (S) **Góod ríddance (to ...)!** (...が消えて)いいやっかい払いだ[せいせいした]!: *Good* ~ *to* bad rubbish! いやな人[物]が(いなくなって)やれやれだ.

ríd・den /rídn/ 動 ride の過去分詞.
── 形 (罪の意識などに)悩まされて (with, by).

-rid・den /rídn/ 形 [合成語で] ...を背負いこんだ, ...に悩まされている; ...でいっぱいの: debt-*ridden* 借金に苦しむ / a flea-*ridden* bed のみだらけのベッド.

†**rid・dle**[1] /rídl/ 名 C **1** なぞ, なぞなぞ, 判じ物: solve a ~ なぞを解く / speak [talk] in ~s なぞめいたことを言う / Ask [Tell] me a ~. 私になぞを出してみて.

---

ride 1505

riddles
1. Why is a lawyer like a tailor? 弁護士はなぜ洋服屋と似ているのか.
2. What did the newlyweds order when they entered the restaurant? 新婚さんがレストランに入ったとき何を注文したか.

《解答は p. 1539》

参考 riddle の例としてはなお, empty 形 1, left[1] 形 1, long[1] 形 1, make 5, 8, noon, part[1] 1, take off (☞ take の句動詞) 1, why[1] 語法 の例文を参照.
2 難題, 難問 (*of*); 不可解な人[物, 事].

†**rid・dle**[2] /rídl/ 動 (**rid・dles**; **rid・dled**; **rid・dling**) 他 **1** (壁・人など)を(弾丸などで)穴だらけにする (*with*). **2** (ストーブの火格子など)から灰を落とすために振る[揺らす].

rid・dled /rídld/ 形 **1** (...で)穴だらけになって (*with*). **2** (よくないもので)満ちて: a city ~*d with* corruption =a corruption-*riddled* city 汚職まみれの都市 / Her report *was* ~*d with* errors. 彼女のレポートは間違いだらけだった.

rid・dling /rídlɪŋ/ 形 なぞのような, 不可解な.

*ride /ráɪd/ 《発音 wide》 **1** 動 (**rides** /ráɪdz/; 過去 **rode** /róud/; 過分 **rid・den**; **rid・ing**) 自 **1** [普通は副詞(句)を伴って] (馬・自転車や馬・バス・列車・自動車などの乗り物に)乗る, 乗っていく (*away, around, into, off*), (主に米) エレベーターに乗る (*up, down*); 乗馬をする (☞ road 類義): It's pleasant to ~ *on* [*in*] a train. <V+*on*[*in*]+名・代> 列車に乗るのはいいものだ (☞ 句動詞) / He was *riding on* a donkey. 彼はろばに乗っていた / I ~ *to* school *on* my bicycle [the bus]. <V+*to*+名+*on*+名・代> 私は自転車[バス]に乗って通学します. 関連 drive (車を)運転する.
2 馬乗りになる, またがる: The child *rode on* his father's shoulders [back]. <V+*on*+名・代> その子供は父親の肩車に乗った[彼におんぶした]. **3** [副詞(句)を伴って] (車などが)乗って...である, 乗り心地が...である: ~ smoothly スムーズに走る / Your new car ~*s well*. あなたの新しい車はとても乗り心地がよい. **4** (競馬・自転車などの)レースに出場する. **5** [副詞(句)を伴って] (水中・空中に)浮かぶ, (船が)ゆっくり進む, 停泊する: The moon is *riding* high in the sky. 月が空高く昇っている (☞ 成句).

── 他 **1** <馬・自転車や列車などの乗り物に>乗る, (主に米) <バス・地下鉄・エレベーターに乗る (*up, down*); <...>に乗って行く; 乗り物[馬]で<道・道路など>を行く[通る]: ~ the mountain trails (馬・自転車・車などで)山道を行く / Can you ~ a horse [bicycle]? あなたは馬[自転車]に乗れますか / She ~*s* her bicycle [the bus] *to* school. <V+O+*to*+名・代> 彼女は自転車[バス]に乗って通学している. 語法 他動詞の場合, 目的語に car, taxi, truck, jeep などの自動車を用いない. 関連 drive (車を)運転する. **2** (船などが)<波・風>に乗って進む: surfers *riding* the waves 波乗りをしているサーファー. **3** (米) <人>をいじめる, 困らせる (*about*). **4** <競馬・自転車などの>レースに出場する. **5** <パンチなど>をまともに受けないように身を引く. **6** <人>を(...の上に)乗せる, 乗せていく (*on*). **7** [普通は過去分詞で] (格式) (恐怖などに)...を苦しめる (☞ -ridden).

gò ríding [(米) **hórseback ríding**] 動 自 乗馬に行く. **lèt ... ríde** 動 (S) (略式) <物事・事態>をそのままにしておく, 成り行きに任せる. **ríde for a fáll** 動 自 [普通は進行形で] 落ちるような乗り方をする; むちゃな事をする. **ríde hígh** 動 自 [普通は進行形で] 成功する, 好調の波に乗る; 得意だ, 自信をもつ. **ríde shótgun** 動 (米略式) (車の)助手席

に乗る. **ríde ...'s táil** [動] 自 (車が)...のすぐ後について く.

---
ride の句動詞

ríde on ... [動] 他 (物事)が...にかかっている, ...次第である (depend on): There is a lot riding on this election. 多くのことがこの選挙にかかっている.

ríde óut [動] 他 〈あらし・離局など〉を乗り切る: ~ out a political storm 政治的危機を乗り切る.

ríde úp [動] 自 (スカートなどが)ずり上がる.

— 名 (rides /ráɪdz/) C 1 〖馬・自転車・車・バス・列車などの〗乗り物に乗る[乗せてもらう]こと (☞ lift 名 1); (乗り物による)旅行: give ... a ~ on one's shoulders ...を肩車する / We took a long bus ~ across the country. 私たちはその国を横断する長いバスの旅をした.

〖会話〗 "Can you give me a ~?" "Sure, I'll be happy to." 「ちょっと車に乗せて(って)くれる?」「ああいいとも」.

— コロケーション —
get a (free) **ride** (人の)車に(ただで)乗せてもらう
have [take] a **ride** (in [on] ...) (...に)乗る (☞ 成句)
hitch [thumb] a **ride** ヒッチハイクをする

---

2 〖馬・自転車・バス・列車などの〗乗り物に乗って行く道のり; (乗り物で)乗っている時間: Our school is just a ten-minute ~ on the bus [a ten-minute bus ~] *from* my house. 私たちの学校は家からバスでたった10分の所にあります 〖-s' 文法〗 〖関連 電車で行く道のり / walk 歩いて行く道のり. 3 〖遊園地で〗乗り物《ジェットコースターやメリーゴーラウンドなど》: go on the ~s at an amusement park 遊園地でいろいろな乗り物に乗る. 4 [前に形容詞をつけて] 乗り心地(具合); ...なひと乗り[騎乗]: Her car gives a bumpy ~. 彼女の車はがたがた揺れる. 5 [前に rough, easy などつけて] …な経験: have [face] a rough ~ ひどい目に会う / have an easy ~ 楽に乗り切る / give ... a rough ~ ...をいやな目にあわせる. 6 〖米〗(車による)交通手段; 車. 7 〖森の中などの〗乗馬道.

be [còme, gò] alóng for the ríde [動] S 面白半分に[つきあいで]参加する.

「**gó for [tàke] a ríde**」[動] 自 〖馬・車・自転車などの〗乗り物に乗って出かける (☞ go for a drive (drive 成句)): I took a ~ in the balloon. 私は気球に乗った / We went for a ~ to the lake. 私たちは湖までドライブした.

hàve [be ín for] a búmpy ríde [動] 自 苦労を[しそうである]; いやな目に会う[会いそうである] (☞ 4).

hàve [tàke] a ríde [動] 自 馬[自転車, バス, 列車など]に乗る: Would you like to *have* [*take*] *a* ~ *in* my new car [*on* my new bicycle]? 私の新しい車[自転車]に乗りませんか.

tàke a ríde [動] 他 (1) 〈...〉を車に乗せて連れていく. (2) S (略式)〈...〉をだます.

***ríd·er** /ráɪdə | -də/ (類音 lighter, writer) 名 (~s /~z/) C 1 〖馬・自転車などに〗乗る人, 乗り手, 騎手; [前に形容詞をつけて] 乗るのの人: Ned is a *good* [*bad*] ~. ネッドは乗馬がうまい[下手だ]. 2 添え書き, 追加条項 (to).

ríder·ship 名 U 〖米〗(交通機関の)利用者数.

***ridge** /ríʤ/ 名 (ridg·es /~ɪz/) C 1 山の背, 尾根 (☞ mountain 挿絵); 分水線; 山脈: walk along a mountain ~ 尾根伝いに歩く.

2 (両側から盛り上がった)細長い隆起, (屋根の)棟(む); (畑の)畝(うね), あぜ; 背, 背筋. 3 〖気象〗(高気圧の)張り出し部 (*of*) (☞ trough 3).

— 動 他 〈...〉に畝をつける.

ridged /ríʤd/ 形 普通は A 畝(き)のついた.

ridge·pole /ríʤpòʊl/ 名 C 1 テントの梁(はり)材. 2 棟木(な).

***rid·i·cule** /rídəkjùːl/ 名 U あざけり, 冷やかし, 嘲笑(ちょう): be exposed to public ~ 世間の物笑いになる. **an óbject of rídicule** [名] 嘲笑の的(人・物). **be héld úp to rídicule** [動] 世間の物笑いになる. **láy oneself ópen to rídicule** [動] 自 物笑いの種になる(ような事をする).

— 動 他 〈人〉を嘲笑する, あざ笑う, 冷やかす.

***ri·dic·u·lous** /rɪdíkjʊləs/ 〖13 形〗 rídiculous) 形 ばかげた, おかしい (笑いものになるようなばかしさをいう): a ~ idea ばかげた考え / 〖言い換え〗 *It is* ~ *that* we have to do such a thing. = *It is* ~ *for* us *to* do such a thing. 我々がこんなことをしなければいけないなんてばかげている / Don't be ~. ばかなことを言うな.

***ri·díc·u·lous·ly** 副 1 ばかばかしいほど; ひどく. 2 ばかげて; 〖文修飾節〗 ばかげたことに.

ridíc·u·lous·ness 名 U ばかばかしさ.

***rid·ing**[1] /ráɪdɪŋ/ 名 U 乗馬: take up ~ 乗馬を始める / ~ boots 乗馬靴 / a ~ school 乗馬学校.

ri·ding[2] 名 C (カナダの)選挙区.

ríding cròp 名 C (短い)乗馬むち (crop).

Ries·ling /ríːzlɪŋ/ 名 U.C リースリング《ドイツ産の甘口白ワイン》.

RIF /ríf/ 名 C (財政的理由による)人員削減 (reduction in force の略).

***rife** /ráɪf/ 形 (**rif·er; rif·est**) P (格式)(悪いことが)広まって, 流行して, (うわさが)盛んで; (場所が)(悪いことが)満ち満ちて (*with*): run ~ 蔓延(まん)する / 〖言い換え〗 Corruption is ~ *in* this city. = This city is ~ *with* corruption. この都市に腐敗が広まっている.

riff /ríf/ 名 C 〖楽〗リフ《ジャズなどの反復楽節》. — 動 自 〖楽〗リフを演奏する.

rif·fle /rífl/ 名 C 〖米〗さざ波; 浅瀬. — 動 他 1 〈ページ〉をぱらぱらめくる. 2 〖トラ〗〈札〉をリッフルする《両手にわけた札を左右交互に重ね合わせて切る》. 3 〈水面〉にさざ波を立てる. **ríffle through ...** [動] 他 〈書類・ページなど〉をぱらぱらめくる.

riff·raff /rífræf/ 名 U [時に複数扱い] [差別] (人間の)くずども, ならず者たち, ろくでなし.

***ri·fle**[1] /ráɪfl/ 名 (~s /~z/)

— リスニング —
rifle /ráɪfl/, shuffle /ʃʌ́fl/ などの語末の /fl/ は弱い「フー」のように聞こえる (☞ つづり字と発音解説 63). このため rifle, shuffle は「ライフー」, 「シャフー」のように聞こえる. 「ライフル」, 「シャッフル」とは発音しない.

C ライフル銃《銃身の内側にらせん状の溝をつけた小銃》: fire a ~ ライフル銃で撃つ / load a ~ ライフル銃に弾を込める. — 動 他 1 〈銃腔〉にらせん溝をつける. 2 (俗) 〈力〉を勢いよく打つ[投げる].

ri·fle[2] /ráɪfl/ 動 他 (盗むために)〈机・引き出し・財布〉をすばやく探す; 〈...〉から盗む. **rífle through ...** [動] 他 〈引き出しなど〉をすばやく探す.

ri·fle·man /ráɪflmən/ 名 (-men /-mən/) C ライフル銃兵; ライフル銃の名手.

rífle rànge 名 1 C ライフル射撃場. 2 U ライフル銃の射程.

ri·fling /ráɪflɪŋ/ 名 U (銃身に)らせん溝をつけること.

***rift** /ríft/ 名 C 1 (友人間などの)不和, ひび (*between*, *in*, *with*). 2 切れ目; 裂け目, 割れ目.

ríft vàlley 名 C 〖地質〗地溝.

***rig**[1] /ríɡ/ 動 (**rigs** /~z/; **rigged** /~d/; **rig·ging**) 他 〈市場・選挙など〉を不正に操作(あや)する; 〈番組〉でやらせをする: ~ an election 選挙(結果)を不正に操作する.

rig[2] /ríɡ/ 動 (**rigs**; **rigged**; **rig·ging**) 他 [普通は受

身で]〈船〉に(帆・索具などを)装備する;〈…〉に(―を)備え付ける (*with*): The ship has *been rigged with* new sails. その船には新しい帆が装備されている. **ríg óut** [動] [他] [普通は受身で] (1) 《英略式》〈…〉に(変わった服装を)身につけさせる (*as, in*). (2) 〈…〉に(衣服や装備を)与える (*with*). **ríg úp** [動] [他] 《略式》〈…〉を急ごしらえする, 間に合わせに作る.

— [名] [C] **1** [普通は合成語で] 装置, 装備, 用具 《一式》; =oilrig. **2** 船の装備, 艤装(ぎそう). **3** 《米略式》(特に荷を満載した)大型トラック. **4** 《古風》衣装.

Ri·ga /ríːgə/ [名] [固] リガ 《Latvia の首都》.

rig·a·ma·role /rígəmərὸul/ [名] 《米》 =rigmarole.

rig·a·to·ni /rìgətóuni/ [名] [U] (短い筒状の)パスタ.

⁺**rig·ging**[1] /rígɪŋ/ [名] [U] (選挙などの)不正, 八百長.

rig·ging[2] /rígɪŋ/ [名] [U] 〔海〕索具 《帆・マストを支えるロープ・鎖類》.

‡right[1] /ráɪt/ ([同音] rite, Wright, write; [類音] light[1,2], ⁺white) [T1]

元来は「真っすぐな」の意 →「正しい」
→(道徳的に)「正しい」**3** →[名]「正義」**2** →(正義の主張) →「権利」**1**
→(正確で)「正しい」**1** →「適当な」**2**
→(物事が)「都合のよい」**4**
→(心身が)「健康な」**5**

— [形] (more ～; most ～; [形] ríghteous, ríghtful)

1 (答え・考えなどの点で)正しい ([反] wrong), 正確な; 本当の (true): the ～ answer 正解 / What is the ～ time? 正確には何時ですか / That's ～.=R～. Ⓢ そうです, そのとおりです 《相づちを打つときなど; ☞ 成句, [副] 5》/ You're **～ *about*** that [Bill having no money]. <A+*about*+名・代> それ[ビルが金がないこと]についてはあなたの言うとおりです / Would I be **～ *in*** think*ing* [say*ing*] (that) you owe her $100? <A+*in*+動名> Ⓢ あなたは彼女に 100 ドル借りていると考えて[言って]間違いないんですね / He was half ～ *in* his guess. 彼の推測は半分当たっていた.

2 適当な, (最も)適切な (proper), ふさわしい ([反] wrong): the **～** person ***for*** the **～** job <A+名+*for*+名・代> 適材適所 / Is this tie **～ *for*** me? <A+*for*+名・代> このネクタイは私に合いますか / Is this the ～ bus *for* Boston? ボストンへ行くのはこのバスでよいのですか / She is the **～** person ***to*** turn to for advice. <A+名+*to* 不定詞> 彼女はアドバイスを求めるのにふさわしい人だ.

3 [普通は [P]] (道徳的に)正しい ([反] wrong), よい (good), 正義の (☞ correct 類義語): Always do what is ～. いつも正しいことをしなさい / [言い換え] You did the ～ thing by refusing.=You were **～ *to*** refuse. <A+*to*不定詞>=You were **～ *in*** refus*ing*. <A+*in*+動名>=***It was* ～ *of*** you ***to*** refuse. あなたが断わったのは正しかった (☞ of 12) / ***It's*** (***only***) **～ *for*** children ***to*** support their elderly parents.=***It's*** (***only***) **～ *that*** children (should) support their elderly parents. 子が年老いた親を養うのは(全く)当然だ (☞ it[1] A 4) / What you've said doesn't ***make it* ～** ⌐*to* be [*that* you were] late for school. 君が今言ったことは学校に遅れる理由にはならないよ (☞ it[1] B 3).

4 都合のよい, 申し分のない: Everything is just ～. 万事申し分なし.

5 [P] Ⓢ 健康な (healthy), 調子のよい; (精神が)健全な, まともな: I feel (all) ～ now. 今は体の調子がとてもよい / He isn't (quite) ～ in the [his] head [mind]. Ⓢ [普通は滑稽] 彼は頭がおかしい / No one in their ～ mind would do such a thing. Ⓢ 正常な人ならそんなことはしないだろう. **6** [A] 表の, 正面の ([反] wrong): the ～ side 表面 / turn the map ～ way up [around] 地図を正しい向きにする / ～ side up 上面を上にして 《upside down に対することば》. **7** 直角の. **8** [A] Ⓢ 《英略式》(特に悪いものについて)全くの, 真の: a ～ idiot どうしようもないばか. **9** [普通は [A]] 《英》(場所・人が)(社会的に)ちゃんとした, 一流の: the ～ people 立派な人たち.

àll ríght ☞ all right の項目 [形].

Am I ríght? =Ⓢ 《略式》**Ríght?** そうなんですね, …だね 《念を押したり, 返答を求めるときの言い方》: [会話] "You want to do it on your own, ～?" "Yeah."「君はひとりでやりたいんだね」「うん」

be in the ríght plàce at the ríght tíme [動] [自] 丁度運よくその場に居合わせる.

gét ... ríght [動] [他] (1) 〈演技・答えなど〉を正確に行う[出す]; 〈物事〉を正しく理解する. (2) =put ... right.

on the ríght síde of ... [前] Ⓢ [しばしば滑稽] …歳より前で ([反] on the wrong side of ...).

pút [sét]... ríght [動] [他] 《英》〈病気・故障などの状態にあるもの〉を治[直]す; 〈誤解など〉を正す (*on*): I tried to *put* [*set*] things ～ after our fight. けんかの後私は 2 人の間の誤解を解こうとした.

Quìte ríght. Ⓢ 《英》全くおっしゃる通りです.

rìght enóugh [形] 申し分のない, 満足のいく.
—[副] 《略式》思ったとおり, 果たして; やっぱり.

Ríght (you áre)!=Ríght óh! [感] Ⓢ 《英略式》よろしい, 承知した (Righto).

Shé'll be right. Ⓢ 《豪》心配ない, それでよかろう.

Thàt's ríght. Ⓢ (1) そうです (☞ 1). (2) [怒って皮肉] そりゃ結構だね全く, ああわかったよ.

Tóo ríght! Ⓢ 《英略式》全くその通り.

— [副] **1** [副詞・前置詞の前に用いて] (1) [意味を強めて] ちょうど, まさしく; 全く, すっかり; (…まで)ずっと: The car stopped ～ here. 車はちょうどここで止まった / I'm ～ behind you. 君のすぐうしろにいる, 君を絶対支持する / He came ～ at the beginning of the game. 彼はちょうど試合が始まったときにやって来た / The apple is rotten ～ through. りんごはすっかり腐っている / Her skirt goes ～ down to her ankles. 彼女のスカートは足首まで(も)ある[届く].
(2) 真っすぐに, まともに: Go ～ on until you reach the church. 教会に着くまで真っすぐに行きなさい / He looked me ～ in the eye. 彼は私の目を真っすぐに見た / You should go ～ home after school. 授業が済んだら真っすぐに家へ帰りなさい.
(3) 直(ただ)ちに, すぐに: I'll be ～ back. じきに戻ってきます / I'll be ～ there [with you]. Ⓢ (そっちへ)すぐ行きます / *R*～ after lunch, he went shopping. 昼ごはんのすぐ後に彼は買い物に出かけた.

2 正確に (correctly), 間違いなく ([反] wrong); 適切に: She guessed ～. 彼女の推測は当たった / He is in America now, if I remember ～. 私の記憶が正しければ彼は今米国にいるはずだ.

3 (道徳的に)正しく, 正当に ([反] wrong): He did ～. 彼は正しく行動した. **4** うまく, 望みどおりに: Everything went ～ *for* her. 彼女にとって全てうまくいった. **5** [感嘆詞的に] Ⓢ (1) [相づちを打って] そのとおりです (☞ [形] 1); [命令などに対して] 《主に英》わかりました, オーケー (all right); [しばしば命令文の前に用いて] 《英》それじゃ 《注意を引くため》: [会話] "Come and help me." "*R*～."「ここに来て手伝って」「いいよ」/ *R*～, (now) push it from behind. さあ, うしろから押して // ☞ Yeah, right (yeah 成句). (2) [確認などに用いて] いいですか, いいね: I'll see you tomorrow, ～? じゃあまた明日, いいですね.

àll ríght ☞ all right の項目 [副].

be [ránk] ríght úp thère [動] [自] 《略式》(…と同じ位)すぐれている, (…と)肩を並べる (*with*).

R

dó ... ríght [動] [他] 《米》〈...〉の面倒を見る.
gò ríght [動] [自] うまくいく (☞ 4).
rìght awáy [副] 今すぐ, さっそく (at once, straightaway): Let's begin ～ *away*. さあさっそく始めよう / She answered my letter ～ *away*. 彼女は私の手紙にすぐに返事をくれた.
rìght nów ☞ now 成句.
rìght óff [副] 《略式, 主に英》 =right away.
Ríght ón! [感] Ⓢ 《俗》 そうだ, 賛成 (かけ声; ☞ right-on).
sée ... ríght [動] [他] 《英》 (1) =do ... right. (2) 〈...〉に報いる.
— [名] (**rights** /ráɪts/) **1** [C,U] (法律・道徳上の)**権利**; [しばしば複数形で] 著作権, 上映[上演]権: ～*s* and duties 権利と義務 / basic human ～*s* 基本的人権 / workers' ～*s* 労働者の権利 / fight for equal ～*s* ***for*** women 女性のために平等の権利を求めて奮闘する / a [the] **～ *of*** arrest [veto] 逮捕[拒否]権 / a [the] **～ *to*** sunlight 日照権 / You have the **～ *to*** remain silent. <N+*to*不定詞> あなたには黙秘権があります / You have no ～ *to* say such a thing. 君にはそんなことを言う権利はない / the movie ～*s to* the book その本の映画化権 / All ～*s* reserved. 著作権あり // ☞ civil rights. [関連] copyright 著作権.

コロケーション
assert [**claim**] a *right* 権利を主張[要求]する
enjoy a *right* 権利を享受する
exercise one's *right* (*to* do) (...する)権利を行使する
infringe ...'s *rights* ...の権利を侵害する
protect ...'s *rights* ...の権利を擁護する
waive [**give up, relinquish, renounce**] a [one's] *right* 権利を放棄する
win [**gain**] a *right* 権利を獲得する

2 [U] (道徳的に)正しいこと, 善, 正義, 公正 ([反] wrong): ～ and wrong 善と悪 / He always did ～. 彼は常に正しいことをした.
(as) of ríght [副] =by right.
a wóman's ríght to chóose [名] 女性の中絶決定権.
báng to ríghts [副] 《英略式》 =dead to rights.
be in the ríght [動] [自] (人が)(行動などに関して)正しい, 間違っていない ([反] be in the wrong): I believe I'm absolutely *in the* ～. 私は自分が絶対に正しいと信じています.
be withìn one's ríghts [動] [自] (人が) (...するのは)正当な要求の範囲内である, 当然である (*to* do).
by ríght [副] 当然の権利として, 正当に.
by ríght of ... [前] 《格式》 ...の理由[権限]で.
by ríghts [副] [文修飾語] Ⓢ 正しくは; 本来[本当]ならば, 当然 (実際とは違うことを暗示する): *By* ～*s*, I should have become president of the company. 本来なら私が社長になるべきであった.
déad to ríghts [副] 《米略式》 現行犯で.
dò ríght by ... [動] [他] ...を正当に扱う.
hàve the [**a**] **ríght to dó** [動] (1) ...する権利がある (☞ 1). (2) ...すべき理由がある, ...しても当然である: She *has a* [*the*] ～ *to* feel pleased [upset]. 彼女が喜ぶ[動揺する]のも無理はない (★ 強調して have *every* right to do ともいう).
in one's ówn ríght [副] [普通は形容詞・名詞に伴って] 生まれたときからの[当人の]権利で; 自分の力で, 独自に: Mary was a queen *in her own* ～. メアリーは生まれたときから女王の権利を持っていた (結婚によってではなく本来の権利によって即位した女王, の意).
pút [**sét**] **... to ríghts** [動] [他] 〈...〉を整える, 直す.
the ríghts and wróngs of ... [名] ...の真相, ...の実状; ...の善悪.
— [動] [他] **1** 〈不正など〉を正す; 〈誤りなど〉を直す: These wrongs must *be* ～*ed*. このような諸悪は正されなければならない. **2** 〈...〉を元の姿勢に戻す; 立て直す, 起こす: The boat ～*ed* itself. ボートはバランスをとり直した.

***right²** /ráɪt/ ([同音] rite, Wright, write; [類音] light¹ ², #white)

right¹「適切な」**2** →(両手のうちでより強い手) →「右手」→「右(の)」

— [形] ([反] left) **1** [A] [比較なし] **右の**, 右手の, 右側の, 右の方への (略 r., R.): my ～ hand [leg] 私の右手[脚] / Americans drive on the ～ side of the road. アメリカでは道の右側を運転する / make a ～ turn 右折する. **2** (**more** ～, **right·er** /-ṭə | -tə/; **most** ～, **right·est** /-ṭɪst/) [しばしば R -] 〘政〙 右翼の, 右派の.
— [副] [比較なし] **右に**, 右手に, 右側へ (略 r., R.) ([反] left): Turn ～. 右に曲がれ / KEEP RIGHT 右側通行 (道路標識; 米国では自動車は右側通行). **ríght and léft** [副] (1) 左右に[へ]: He looked ～ *and left* before crossing the road in London. 彼はロンドンで道を横切る前に左右を見た. [語法] 《米》 では普通 left and right の順: He looked *left and* ～ before crossing the street in New York. (2) 《米》 至る所で; あらゆる面で: spend money ～ *and left* (=left and right) 手当たり次第に金を使う. **ríght, léft, and cénter**=**léft, ríght, and cénter** [副] 《英》 =right and left (2).

右側通行

— [名] (**rights** /ráɪts/) **1** [the ～] **右**, 右方, 右側 (略 r., R.) ([反] left): Tom is third from (the) ～. トムは右から 3 番目です / Go through the second door on the ～. 右手の 2 番目のドアから入ってください / The car turned to *the* ～. 車は右に曲がった.
2 [the ～, the R-] [《英》 単数形でも時に複数扱い] 〘政〙 **右翼**, 右派, 保守派 (☞ left¹ [名] [参考]). **3** [C] 右に曲がること, 右折; 右側の道[入口]: Take [Make, 《米》 Hang] a ～ at the next corner.=Take the second ～. 次の角で右に曲がりなさい. **4** [C] 〘野〙 ライト, 右翼手. **5** [C] 〘ボク〙 右手打ち (*to*).
on [**to**] **...'s ríght**=**on** [**to**] **the ríght of ...** [副・形] ...の右に[へ], ...の右側[右手]に (☞ 1): Go through the second door *on your* ～. 右手の 2 番目のドアから入ってください / The bank is *to the* ～ *of* the post office. その銀行は郵便局の右側にある. [語法] 一般に位置の意味では on, 方向の意味では to が多い.

ríght-abòut-fáce[**-túrn**] [名] [C] 回れ右; (主義・政策の)(百八十度の)方向転換.
+ríght ángle [名] [C] 直角: at ～*s* 直角に (*to*).
ríght-an·gled /ráɪtǽŋgld←/ [形] [A] 直角の.
ríght-àngled tríangle [名] [C] 《英》 =right triangle.
ríght árm [名] [C] 右腕, 腹心. **gíve one's ríght árm** [動] [自] 《略式》 どんな犠牲でも払う (*for*; *to* do): ☞ give [他] 4 最後の例文.
ríght-bráin [形] 右脳の (大脳の右半分は身体の左半分と芸術的・想像的思考を支配する).
ríght-clìck [動] [自] 〘電算〙 (マウスを)右クリックする.
+righ·teous /ráɪtʃəs/ [形] **1** 《格式》 (人や行動が)正しい; 廉直な, 高潔な: *the* ～ 正しい人々 (☞ the¹ 3) / I prefer the most unfair peace to the most ～ war. 私はこの上なく不正な平和でさえ, この上なく正しい戦争よりはましだと思う (ローマの政治家キケロ (Cicero) のこと

ば). **2** 《憤りなどが》正当な, 当然な: ~ indignation 義憤. **3** 《米俗》すばらしい, 本物の. **~・ly** 副 正しく; 高潔に. **~・ness** 名 U 正義; 高潔.

ríght fíeld 名 U.C 〖野〗ライト, 右翼 (⇨ outfield).

ríght fíeld・er 名 C 〖野〗ライト, 右翼手 (⇨ outfielder).

ríght-fóoted 形 右足が利き足の.

†**right・ful** /ráɪtf(ə)l/ 形 (名 right¹) A 《格式》正しい, 正当な; 合法の: the ~ owner 正当な持ち主.

right・ful・ly /ráɪtfəli/ 副 《格式》正しくは), 正当に; 文修飾 当然のことながら: He ~ refused it. 彼がそれを断わったのは当然だ.

right・ful・ness /ráɪtf(ə)lnəs/ 名 U 《格式》正当性.

ríght hánd 名 C **1** 右手; 右側. **2** 〖所有格とともに〗 =right-hand man.

†**ríght-hánd** /ráɪthǽnd←/ 形 A **1** 右手の, 右側の; 右の方への (反 left-hand): a ~ corner 右隅 / a drive car 右ハンドルの車 / a building on the ~ side 右側の建物. **2** 右手による, 右手を使った; 右利きの.

†**right-hand・ed** /ráɪthǽndɪd←/ 形 (反 left-handed) **1** 右利きの; 右利き用の. **2** (ねじが)右巻きの. ── 副 右手で; 右利きで.

right-hand・er /ráɪthǽndə | -də/ 名 C (反 left-hander) **1** 右利きの人; 〖野〗右腕投手. **2** 〖ボク〗右のパンチ〔ブロー〕.

ríght-hánd mán /ráɪthǽnd-/ 名 C 〖所有格とともに単数形で〗非常に頼りとなる人, (...の)片腕.

Ríght Hón 略 =Right Honourable.

Ríght Hónourable 形 A 《英》...閣下《伯爵以下の貴族, 閣僚などへの敬称; 略 Right [Rt] Hon〗.

right・is・m /ráɪtɪzm/ 名 U 右翼[保守]主義.

†**right・ist** /ráɪtɪst/ (反 leftist) 名 C 右翼[右派]の人, 保守派の人. ── 形 右翼の, 保守的な.

right・ly /ráɪtli/ 副 **1** 正しく, 正当に; 正確に (correctly); 適切に: if I remember ~ 記憶に間違いなければ. **2** 文修飾 当然にも, ...なのは当然だ: He was ~ punished. 彼が罰せられたのも当然だ. **3** 〖普通は否定文で〗S《略式》はっきりとは, 確信をもって: 'I don't ~ know [I can't ~ say] who she is. 彼女がだれなのかはっきりとは分からない. **and ríghtly só** 〖文の後で〗S そしてそれも当然だ. **ríghtly or wróngly** 副 文修飾 正当[正しい]か否かは別として.

ríght-mínd・ed /ráɪtmáɪndəd←/ 形 〖普通は A〗(人が)考えのまともな, 正常な, 健全な. **~・ness** 名 U (考えの)健全さ.

ríght・most /ráɪtmòʊst/ 形 最も右(側)の.

ríght・ness /ráɪtnəs/ 名 U 正しいこと; 正義.

ríght-o /ràɪtóʊ/ 間 S《英古風》=Right oh! (⇨ right¹ 形 成句).

ríght-of-cénter 形 (反 left-of-center) A 《政治的に》右寄りの (⇨ center 名 5).

ríght-of-wáy 名 (複 rights-, ~s) **1** U 通行優先権 《車が十字路などで他の車に先行する権利》. **2** U (他人の地所内の)通行権; C 通行権のある道路.

†**right-on** /ráɪtɑn, -ɔ́:n | -ɔ́n←/ 《略式》限定 P (この用法では時に right on とつづる) **1** 《米》全く正しい, 本当に信頼できる. **2** 《主に英》〖しばしば軽蔑〗進歩的な, 社会[正義]派の, はやりの.

Ríght Réverend 形 A 〖普通は the ~〗...尊師 《主教・司教などの敬称; 略 Rt Revd, Rt Rev.〗.

ríghts íssue /ráɪts-/ 名 C 《英》〖商〗株主割当発行 《株主に安価で新規発行の自社株を売ること》.

ríght-sìze 他 適正な規模[大きさ]にする[なる], (人員を)適正化[合理化]する.

ríght-thínk・ing /ráɪtθíŋkɪŋ←/ 形 =right-minded.

ríght-to-díe 形 A 死ぬ権利を認める, 延命措置を拒否する (⇨ living will).

ríght-to-lífe /ráɪttəláɪf←/ 形 =pro-life.

ríght tríangle 名 C 《米》直角三角形 (《英》right-angled triangle).

ríght・ward /ráɪtwəd | -wəd/ 副 形 (反 leftward) 右の方向への; 右の方への.

ríght・wards /ráɪtwədz | -wədz/ 副 《英》=rightward.

*****ríght wíng** 名 (~s /-z/; 《英》 left wing) **1** 〖普通は the ~; 《英》単数形でも時に複数扱い〗 〖政〗右翼, 右派, 保守派. **2** C.U 〖スポ〗ライトウイング(の選手).

ríght-wìng /ráɪtwíŋ←/ 形 (反 left-wing) **1** 右翼の, 右派の, 保守派の. **2** 〖スポ〗ライトウイングの.

†**ríght-wìng・er** /ráɪtwíŋə | -ŋə/ 名 (反 left-winger) C **1** 右派の人, 保守主義者. **2** 〖スポ〗ライトウイングの選手.

right・y /ráɪti/ 名 C《略式》右利きの人, 右腕投手; 保守派の人 右翼.

†**rig・id** /rídʒɪd/ 🔟 形 (名 rigidity) **1** 〖しばしば軽蔑〗厳格な, 厳しい (strict); 頑固な, 融通のきかない: ~ rules 窮屈な規則 / ~ discipline 厳格な規律 / Mrs. White is very ~ *in* her thinking. <A+*in*+名・代> ホワイト先生は頭が固い.

2 (曲がったりしないほど)堅い (stiff); 硬直した, 動かない, (表情などが)こわばった (with): a ~ smile こわばった笑み. **gò rígid** 動 (人が)(ショックなどで)体が硬直する (with).

ri・gid・i・fy /rɪdʒídəfàɪ/ 動 (**-i・fies**; **-i・fied**; **-fying**) 他 <...>を堅くする. ── 自 堅くなる.

ri・gid・i・ty /rɪdʒídəti/ 名 U (形 rígid) **1** 堅いこと; 硬直. **2** 厳格; 堅苦しさ.

rig・id・ly /rídʒɪdli/ 副 厳格に; 堅く.

rig・ma・role /rígmərò∪l/ 名 **1** U 形式的でくだらない手続き. **2** くだらない長話 (about).

†**rig・or,** 《英》 **rig・our** /rígə | -gə/ 名 C **1** 〖普通は the ~s〗 (気候などの)厳しさ; (生活などの)苦しさ, 困苦 (of). **2** U 《英》(法律・処罰などの)厳しさ, 厳格さ. **3** U 〖ほめて〗(学問上の)厳密さ.

rig・or mor・tis /rígəmɔ́:təɪs, ráɪ- | -gəmɔ́:-/ 《ラテン語から》名 U 〖医〗死後硬直.

rig・or・ous /ríg(ə)rəs/ 形 **1** 〖ほめて〗厳密な, 精密な. **2** (寒さなどが)厳しい; (人・規律などが)厳格な (⇨ strict 類義語). **~・ly** 副 厳密に, 精密に; 厳しく.

rig・our /rígə | -gə/ 名 《英》=rigor.

rig-out /rígàʊt/ 名 C 《古風, 英略式》服装, 衣装.

Ríg-Véda /ríg-/ 名 〖the ~〗リグヴェーダ《神々への賛歌を集録したバラモン教の根本聖典》.

rile /ráɪl/ 動 他 《略式》<人>を怒らせる (up).

Ri・ley /ráɪli/ 名 〖次の成句で〗 **léad [líve] the lífe of Ríley** 動 自 《英略式》裕福に暮らす.

rill /ríl/ 名 C 《詩》小川, 細流 (brook).

†**rim** /rím/ 名 C **1** (丸い器・眼鏡などの)縁(お), へり; (よごれなどの)輪 (⇨ Pacific Rim countries): The ~ of this cup is chipped. このコップの縁はかけている. **2** (車輪の)外枠, リム. ── 動 (**rims**; **rimmed**; **rim・ming**) 他 《文》<...>の縁[へり]を取り巻く.

Rim・baud /ræmbóʊ | ræmboʊ/ 名 *Arthur* ~ ランボー (1854-91) 《フランスの詩人》.

rime¹ /ráɪm/ 名 U 《文》霜, 白霜 (hoarfrost).

rime² /ráɪm/ 名 C 《古語》=rhyme.

rim・less /rímləs/ 形 (眼鏡の)縁なしの.

-rimmed /rímd←/ 形 〖合成語で〗...の縁の: gold-*rimmed* glasses 金縁眼鏡.

Rim・sky-Kor・sa・kov /rímskikɔ́:səkɔ̀:f | kɔ́:-səkɔ̀f/ 名 *Ni・ko・lai* /nì:kəláɪ/ ~ リムスキーコルサコフ (1844-1908)《ロシアの作曲家》.

rind /ráɪnd/ 名 U.C (果物・ベーコン・チーズなどの)皮, 外皮 (⇨ skin 囲み).

ring

ring[1] /ríŋ/ (回変 wring; 類音 wing) 名 〜s /-z/

[C] **1** 指輪; 輪形の飾り (耳輪・首輪など): put on a 〜 指輪をはめる (⇨ put on (put 句動詞)表) / She has [is wearing] a diamond 〜 **on** her finger. 彼女はダイヤの指輪をはめている (⇨ wear 表).

―― ring 1 のいろいろ ――
éarrìng イヤリング / **engágement rìng** 婚約指輪 / **wédding rìng** 結婚指輪

2 輪, 環; 輪形(のもの); (目の)くま; 輪形になった一群の人[物]: the (growth) 〜s of (in) a tree 木の年輪 / a key 〜 鍵輪、キーホルダー / the 〜s of Saturn 土星の環 / form a 〜 輪を作る[輪[車座]になる] / We sat in a 〜. 私たちは輪になって座った. **3** 《主に英》(調理用こんろの)熱源. **4** (ボクシングなどの)リング; 円形の競技場(競馬場など); (サーカスの)円形演技場; [the 〜] プロボクシング(界). 関連 links ゴルフ場 / rink スケートリンク. **5** 徒党, 一味: a spy 〜 スパイの一味.

fórm a ríng with one's fíngers [動] 自 指を丸めて輪を作る (万事うまくいっていること、完ぺき、完全さを表わす). 参考 米国人は okay と言いながらこのしぐさをすることが多い. **rùn ríngs aróund [róund]**... [動] 他 《略式》...より早く[手ぎわよく]仕事などをする.

― 動 (語形) ring[2] と違って規則変化形なし. **1** [しばしば受身形]〈...〉を丸く取り囲む; 丸[円]で囲む: The teacher 〜ed the mistakes with red ink. 先生は間違いに赤インクで丸印をつけた. **2** 〈鳥〉に足輪をつける 《観察用》.

form a ring with one's fingers

ring[2] /ríŋ/ (回変 wring; 類音 wing) 動 (rings /-z/; 過去 rang /ræŋ/; 過分 rung /rʌ́ŋ/; ring・ing)

―― 自 他 の転換 ――
自 **1** 鳴る (to produce a sound)
他 **1** 鳴らす (to make (a bell) produce a sound)

― 自 **1** (ベル・鈴・鐘などが)鳴る, 響く: The phone is 〜ing. 電話が鳴っている / The bell **rang for** lunch [school assembly]. <V+for+名・代> 昼食[全校集会]のベルが鳴った. **2** 鐘[鈴]を鳴らす; ベルを鳴らして(人を)呼ぶ[(物を)持って来させる, (サービスを)求める]: Somebody rang at the door. だれかが戸口でベルを鳴らした / Did you 〜, sir? (ベルを鳴らして)お呼びになりましたか《ボーイなどのことば》 / He **rang for** the maid. <V+for+名・代> 彼はベルを鳴らしてメードを呼んだ. **3** 《主に英》電話をかける (call): She **rang for** a taxi. <V+for+名・代> 彼女は電話でタクシーを呼んだ. **4** 鳴り響く; 《文》(場所が...に)鳴り響く, 響き渡る; (評判などが)響き渡る: The woods **rang with** the sound of his ax. 森には彼のおのの音が響き渡っていた / His words will 〜 **through** history. 彼が言ったことは歴史に残るだろう. **5** ...の音(ね)がする; ...らしく聞こえる: 〜 hollow そらぞらしく聞こえる / His story doesn't 〜 true. 彼の話は本当とは思えない. **6** 耳鳴りがする: My ears are 〜ing. 私は耳鳴りがする.

― 他 **1** (ベル・鈴・鐘などを)鳴らす, 打つ; (ベルなどを)鳴らして(...)を呼ぶ[持って来させる]: Please 〜 the bell. ベルを鳴らしてください / She **rang** the bell **for** the nurse. <V+O+for+名・代> 彼女はベルを鳴らして看護師を呼んだ.

2 《主に英》〈...〉に電話をかける (call): She rang me at eight. 彼女は8時に私に電話をよこした. **3** 〈鐘などが〉〈時〉を告げる: This clock 〜s the hours. この時計は鐘を打って毎正時を告げる (⇨ hour 4).

ring in one's ears [héad] [動] 自 (人のことばなどが)耳に残る, 記憶に残る.

―― **ring** の句動詞 ――
ríng báck [動] 他 《英》〈電話をくれた人〉に後で[折り返し]電話をする (call back) <V+名・代+back>: I'll 〜 you back as soon as possible. できるだけ早く折り返しお電話をします.
― 自 《英》後で[折り返し]電話をする (call back). 会話 "The line is engaged." "I'll 〜 back later." 「お話し中です」「では後ほどかけ直します」

ríng in [動] 自 〈新年などを〉鐘を鳴らして迎える (⇨ ring out の句). ― 他 《英》〈会社など〉に電話を入れる.

ríng óff [動] 自 《英》電話を切る (hang up).

ríng óut [動] 自 《主に文》(声などが)響き渡る, 鳴り響く. ― 他 〈行く年など〉を鐘を鳴らして送る: 〜 *out* the Old Year and ring in the New 鐘を鳴らして旧年を送り新年を迎える.

ríng róund [動] 《英》他 〈多くの人〉に次々と電話をかける. ― 自 人に次々と電話をかける.

ríng úp [動] 他 **1** 《主に英》〈...〉に電話をかける (call up) <V+名・代+up / V+up+名>: I will ask him to 〜 you *up*. 彼にあなたのところへ電話をかけるように伝えます. **2** 〈売り上げ〉をレジスターに打つ. **3** 〈ある金額〉を使う, 費やす. ― 自 《主に英》電話をかける.

― 名 (〜s /-z/) **1** [C] (ベル・鈴・鐘などを)鳴らすこと; (リーンと)鳴る音; 響き: He answered the phone on the fifth 〜. 電話のベルが 5 回鳴ったとき彼が出た. **2** [a 〜] 《英略式》電話をかけること (call). 会話 "Give me *a* ring tomorrow morning." "I will." 「明朝電話をください」「はい、わかりました」

3 [U] または a 〜] (笑い声などの)響き: the 〜 of laughter 笑い声の響き. **4** [U] または a 〜] 響き; 調子; His lecture had *a* familiar 〜. 彼の説教は前にも聞いたことがあるような気がした / What he said had the [*a*] 〜 of truth (to it). 彼のことばには真実味があった.

ríng bèarer 名 C 《米》リングベアラー (結婚式で新郎新婦が交換する指輪を持ち運ぶ少年).

ríng binder 名 C リングバインダー (ルーズリーフを輪でとじるもの) (《米》loose-leaf notebook).

ring・er /ríŋə | -ŋə/ 名 C **1** 鈴[ベル]を振る人, (教会の)鐘を鳴らす人. **2** 《略式》(競技などの)替え玉. **3** 《略式》=dead ringer. **4** (電話の)ベルを鳴らす装置.

ring・ette /rɪnét/ 名 U 《カナダ》《スポ》リンゲット (アイスホッケーに似た競技で、パックの代わりにゴムの環を使用する; 特に女子の競技).

ríng-fènce /ríŋfèns/ 動 他 《英》〈金〉を(ある用途に)限定して用いる.

ríng finger 名 C 《主に左手の》薬指 (結婚指輪 (wedding ring) をはめることから; ⇨ hand 挿絵).

ring・git /ríŋgɪt/ 名 C リンギット (マレーシアの通貨単位).

ring-in 名 C 《豪略式》替え玉.

†**ring・ing** /ríŋɪŋ/ 名 C A **1** 鳴っている, 鳴り響く: a 〜 tone 響きわたる音; 《英》電話の呼び出し音. **2** (声明などが)明確な, 力強い.

ring・lead・er /ríŋlìːdə | -də/ 名 C 〔普通はけなして〕首謀者, 張本人.

ring・let /ríŋlət/ 名 C 〔普通は複数形で〕巻き毛.

ring・mas・ter /ríŋmæ̀stə | -màːstə/ 名 C (サーカスの)演技主任.

Ríng of the Ní・be・lung /-níːbəlʊ̀ŋ/ 名 [the 〜] 《ゲルマン神話》ニーベルングの指輪 《世界支配権を象徴する指輪; Richard Wagner の楽劇で有名》.

ring-pull /ríŋpʊl/ 名 C 《主に英》(缶の)引き開けリング (《米》tab).

ríng ròad 名 C《英》=beltway 1.

ring・side /ríŋsàɪd/ 名 [単数形で] リングサイド《サーカスなどの最前列の席》; 近くでよく見える場所. — 形 リングサイドの, かぶりつきの: a ~ seat リングサイド席.

ríng spànner 名 C《英》=box wrench.

ríng・tòne 名 C《携帯電話の》着信音.

ring・worm /ríŋwə̀ːm / -wə̀ːm/ 名 U 白癬(はくせん)《田虫・水虫・しらくもなど》.

✝**rink** /ríŋk/ 名 C スケートリンク, アイス[ローラー]スケート場, アイスホッケー場. 関連 links ゴルフ場 / ring ボクシング[レスリング]用リング.

rink・y-dink /ríŋkidìŋk/ 形《米略式》安っぽい, 粗末な; 旧式の.

✝**rinse** /ríns/ 動 他 1 〈…〉をすすぐ, ゆすぐ; 〈汚れなど〉をすすぎ落とす, 洗い落とす (out, off, away): The dentist told me to ~ (out) my mouth. 歯医者は私に口をゆすぐように言った / R~ all the shampoo from [out of] your hair. 髪からシャンプーをよく洗い落としなさい. 関連 wash 洗う / wipe ふく. 2 〈髪〉を染める.
— 名 1 C すすぎ, ゆすぎ; 染毛: Give these shirts a good ~. このシャツをよくゆすぎなさい. 2 UC すすぎ液, リンス液. 3 UC 染毛剤.

Ri・o de Ja・nei・ro /ríːoʊdeɪʒəné(ə)roʊ, -dʒə- -dədʒəníər-/ 名 リオデジャネイロ《ブラジル中南部の大西洋に臨む港市》.

Ri・o Gran・de /rìːoʊɡrǽnd(i)/ 名 [the ~] リオグランデ川《米国とメキシコの国境を成す川; ☞ 表地図 G 5》.

*__**ri・ot**__ /ráɪət/ 名 (**ri・ots** /-əts/; 形 ríotous) 1 C 暴動, 一揆(いっき); 騒動: put down a ~ 暴動を鎮圧する / a race ~ 人種暴動 / 'A~ broke out [There was a ~] in the jail. 刑務所内で暴動が起こった. 2 [a ~]《略式》おもしろい人, 物事; have a ~ どんちゃん騒ぎをする. 3《主に文》(色などの)多種多彩, 多彩; 〈感情の〉ほとばしり: a ~ of color 色とりどり. **rùn ríot** 動 自 (1) 騒ぎ[暴れ]回る. (2) 〈想像力など〉が奔放に働く. (3) 〈雑草など〉がはびこる; 〈花が〉咲き乱れる.
— 動 自 暴動を起こす; 騒ぐ: The spectators ~ed over the umpire's decision. 観客は審判の判定に抗議してひと騒動起こした.

ríot àct 名 [次の成句で] **réad (…) the ˈríot àct [Ríot Àct]** 動 [しばしば滑稽]〈…〉をおとなしくしろとしかりつける, 〈…〉に強く警告する. 由来 昔暴徒の前で騒擾(そうじょう)取締令 (riot act) を読み上げたことから.

ri・ot・er /ráɪətə | -tə/ 名 C 暴徒.

ríot gèar 名 U《警官の》暴動鎮圧用の装備.

ri・ot・ing /ráɪətɪŋ/ 名 U 暴動.

ri・ot・ous /ráɪətəs/ 形 (ríot) [普通は A]《格式》 1 暴動の; 騒ぎ立てる. 2 飲み騒ぐ, 騒々しい;〈生活などが〉放埓(ほうらつ)な. **~・ly** 副 騒々しく; ひどく, きわめて. **~・ness** 名 U 騒々しさ, 騒動.

✝**ríot police** 名[複数扱い] 機動隊.

ríot shìeld 名 C《警官の》暴徒鎮圧用の盾.

*__**rip**__ /ríp/ 動 (**rips** /~s/; **ripped** /~t/; **rip・ping**) 他 1 〈…〉を(引き)裂く (tear): ~ the letter up 手紙をずたずたに引き裂く / I ripped my shirt on a nail. 釘にひっかけてシャツが破けてしまった / He ripped the envelope open. <V+O+C (形)> 彼は封筒を引き破って開けた. 2 〈…〉をはぎ取る, 引きはがす, むしり取る (from; away, down, out). 3 〈穴・受け目など〉を勢いよく開ける (in). — 自 裂ける, 破れる: The sleeve ripped away from the coat. そでが上着からちぎれ取れた. **lèt it [her] ríp** 動 自《略式》〈車・モーターボートなど〉をぶっ飛ばす. **lèt ríp** 動 自《略式》思いきり怒る; 暴言をはく, 荒れる (about, against, at). **… ríp** 動 自《略式》〈物事〉を成り行きに任せる, ほうっておく. **ríp the héart òut of …** 動《主に新聞で》…に大損害を与える; …を骨抜きにする. **ríp … to píeces [shréds]** 動 他 (1) 〈…〉を引き裂

---

rip の句動詞

ríp apárt 動 他 1 〈…〉の仲を裂く, 〈…〉を分断する. 2 〈人・意見〉をこきおろす.

ríp ínto … 動 他 1 〈弾丸など〉に食い込む. 2《略式》…を激しく攻撃する.

ríp óff 動 他 1 〈…〉を(乱暴に)はぎ取る. 2 S《略式》…から法外な代金を取る, ぼる. 3 S《略式》〈…〉を盗む, 〈考えなど〉を盗用する; 〈人〉から奪う.

ríp on … 動 他《米俗》…の悪口を言う.

ríp thróugh … 動 他 [主に新聞で] 〈あらし・弾丸など〉を激しく[引き裂くように]通り抜ける.

ríp úp 動 他 1 〈…〉をずたずたに切り裂く, 引きちぎる (into); 引きはがす. 3《略式》〈…〉を破棄[放棄]する.

— 名 (~s /~s/) C 裂け目, ほころび (tear): sew up the ~ in the sleeve 袖のほころびを縫う.

R.I.P. /áəraɪpíː | áː(r)aɪpíː/ 略 =rest in peace (☞ rest²⁵).

ríp còrd 名 C《パラシュートの》開き綱;《気球を急降下させる》引き裂き綱.

*__**ripe**__ /ráɪp/ (類義語 wipe) 13 形 (**ríp・er**; **ríp・est**; ripen; 反 unripe) 1 〈果実・穀物などが〉熟した, 実った (☞ 類義語): ~ fruit 熟した果物 / ~ grain 実った穀物 / The apples are not ~ yet. そのりんごは, まだ熟していない. 2 P 準備の整った, 機が熟した (ready): The time is ~ for action [for us to act]. 今や行動に移る機は熟した. 3 円熟した: live to a ~ old age 高齢まで生きる. 4 〈チーズ・ワインが〉熟成した. 5《略式》(においが)臭い, つんとくる. 6《ジョークなどが》きわどい, 下品な. 語源 元来は「収穫するに適した」の意で reap と同語源. **be ripe for pícking [plúcking]** 動 自《物事が》獲得が容易である.
【類義語】**ripe** 十分熟して, 収穫して食べたり使ったりするのに適した状態を指す: ~ oranges 食べごろになったオレンジ. **mellow** よく熟成して柔らかくまろやかな状態を指す: mellow wine 芳醇なぶどう酒. **mature** 十分発育・生長して成熟した状態, または, ある過程を経て完成の域に達した状態をいう: a mature pianist 円熟したピアニスト.

✝**rip・en** /ráɪp(ə)n/ 動 (形 ripe) 自〈果実などが〉熟す, 実る; 熟成する: Cherries ~ in early summer. さくらんぼは初夏に熟します / Their friendship ~ed into love. 彼らの友情は愛に発展した. — 他〈果実などを〉熟させる, 実らせる; 〈…〉を熟成させる: The sun ~s fruit. 日光で果物が熟する.

ripe・ness /ráɪpnəs/ 名 U 熟していること.

Rip・ken /rípkən/ 名 圏 **Cal** /kǽl/ ~, Jr. リプケン (1960-)《米国の野球選手; 2632 試合連続出場》.

✝**rip-off** /rípɔːf | -ɔ̀f/ 名 C [普通は a ~]《略式》 1 法外に高いもの. 2 にせもの(作品) (of).

ri・poste /rɪpóʊst/ 名 C W《格式》当意即妙の答え, しっぺ返し; 〈中傷に〉反応 (to). 2《フェン》突き返し. — 動 自 1 W《格式》当意即妙に言い返す. 2《フェン》突き返す. — 他 W《格式》〈…〉と当意即妙に言い返す.

ripped /rípt/ 形《俗》 1 [しばしば ~ off [up]]《麻薬・酒に》酔った, ハイになった. 2 筋肉降々の.

rip・per /rípə | -pə/ 名 C 1 引き裂く人[もの, 道具], 切り裂き殺人狂. 2《電算》リッパー《音楽 CD からデータを取り出すツール》.

rip・ping /rípɪŋ/ 形《古風, 英略式》すばらしい.

✝**rip・ple** /rípl/ 動 他〈水面など〉にさざ波を立たせる; 〈…〉をさざ波に揺らす. — 自 1 さざ波が立つ. 2 さらさらと音を立てる; さざ波のように動く. 3 [副詞(句)を伴って] 〈感情などが〉波紋のように伝わる (around, through).
— 名 1 C さざ波, 小さい波; 波形, (髪の)ウェーブ. 2 [a ~] さざ波のような音, (笑いなどの)さざめき: A ~ of

laughter [applause] passed [ran] through the audience. 聴[観]衆に笑い[拍手]のさざめきが起こった. **3** [a ～] (不安・興奮などの)波紋 (*of*); [C] [しばしば複数形で] (他に広がる)影響. **4** [U] リプル《チョコレートやシロップの色で波形模様をつけたバニラアイスクリーム》.

rípple efféct [名] [C] 波及効果.

rípple màrk [名] [C] 砂紋, 風《波や風で砂の面にできた紋》.

rip-roar·ing /rípró:rɪŋ←/ [形] [A] 《略式》 **1** 騒々しい; わくわくする. **2** すばらしい: a ～ success 大成功. **ríp-roaring drúnk** [形] 《略式》 ひどく酔って.

rip·saw /rípsɔ̀:/ [名] [C] 縦引きのこぎり.

rip·tide /ríptàɪd/ [名] [C] 〘海〙 潮衝《潮流の衝突による海面の荒れ(を起す潮流)》.

R

Rip van Win·kle /rípvænwíŋkl/ [名] [固] リップ バン ウィンクル《アービング (Irving) 作の *The Sketch Book* 中の物語とその主人公の名; 20 年間山の中で眠ってしまい, 起きてみたら世の中がすっかり変わっていた》.

＊rise /ráɪz/ ([類音] wise, writhe) [T1]

基本的には「(低いものが)高くなる」の意.
→「立ち上がる」[動] **4** →「起床する」[動] **7**
→「昇る」[動] **1**; 「上がること」[名] **3**
→(数・量・程度が)「増す」[動] **2**; 「上昇」[名] **1**
→(高度が上がる)→「そびえ立つ」[動] **5**
→「上り道」[名] **4**

— [動] (**ris·es** /～ɪz/; 過去 **rose** /róuz/; 過分 **ris·en** /ríz(ə)n/; **ris·ing**) [自] **1** (太陽・月・星が)**昇る**, 上る ([反] set); (幕などが)上がる ([反] fall); (煙などが)立ち昇る, 舞い上がる (*up*): The sun ～*s* ***in*** the east. <V+*in*+名・代> 太陽は東から昇る / The curtain ～*s* at 6:00 P.M. (芝居の)幕は午後 6 時に上がる《6 時開演だ》/ The smoke *rose* higher and higher. 煙はますます高く上がった. [語法] rise に相当する [他] は raise (上げる).

2 (数・量・程度などが)**増す**, 増大する, 増加する; (温度・値段・水位などが)上がる, 高くなる, 上昇する; (風・嵐が)強まる ([反] fall); (河川などが)増水する; (パン生地などが)ふくれる; (顔色などが)紅潮する: Prices have *risen* sharply [by 5%] during the past year. 過去 1 年間に物価が急激に[5%]上がった / His voice *rose* in anger. 彼の声は怒りで高くなった / The yen is *rising* 「and the dollar is falling [*against* the dollar]. 円高ドル安だ.

3 昇進[出世]する, 地位[評判]が上がる (*up*; *to*): He ***rose from*** poverty to become a millionaire. <V+*from*+名> 彼は貧しい中から出世してお金持ちになった.

4 [W] 《格式》 立ち上がる (*up*) (stand up); 起き上がる: The man ***rose*** (***up***) ***from*** his chair to welcome me. <V+*from*(+*up*)+名・代> その男はいすから立ち上がって私を迎えた.

5 [進行形なし] 《文》 (建物・山などが)そびえ立つ (*up*; *from*); (土地が)高くなる: Mt. Everest ***rose above*** the clouds. <V+*above*+名・代> エベレスト山は雲の上にそびえていた / The tower ～*s* 200 meters. その塔は高さが 200 メートルある.

6 《格式》 反乱[謀反(むほん)]を起こす: They ***rose*** (***up***) ***against*** the king. <V(+*up*)+*against*+名・代> 彼らは王に対して反乱を起こした.

7 《格式》 起床する (get up): He *rose* earlier than usual that morning. 彼はその朝いつもより早く起きた.

8 (音・声などが)聞こえてくる, 上がる (*up*; *from*); (感情が)わき起こる, 込み上げてくる (*up*, *in*). **9** (建物・都市などが)建つ, 建築される: A tall tower is *rising* in the center of the city. 市の中央に高い塔が建てられつつある. **10** (…に)応じる, 対処する; (相手の挑発などに)反応する, のる: The cabinet was not able to ～ *to* the emergency [crisis]. 内閣は緊急事態[危機]に対処できなかった / I refused to ～ *to* his insults. 私は彼の侮辱を無視した. **11** [進行形なし] 源を発する; 生じる; 発生する, 起こる (*out of*): The Mississippi ～*s in* Minnesota. ミシシッピー川はミネソタ州に源を発する / Tears *rose to* her eyes. 彼女の目には涙が浮かんだ. **12** (魚などが)(水面などに)浮かび上がる (*to*). **13** (毛が恐怖などで)逆立つ. **14** 《文》 反発する, むかつく (*against*). **15** 《格式》 (集会などの人たちが)席を立つ; (委員会・議会などが)閉会する. **16** 《文》 または 〘聖〙 生き返る (*from*).

áll ríse. [S] 《格式》 全員起立《法廷開廷前の号令》. **ríse abòve …** [動] [他] (1) (音・声が)…より高い. (2) …を超越[無視]する; …を克服する; …の域を脱する, …から抜け出す. **ríse agáin** ＝rise from the dead (☞ dead [形] 成句). **ríse and fáll** [動] [自] (1) (船などが)上下する. (2) (数量などが)増減する. **ríse and shíne** [動] [自] [普通は命令形で] [S] [滑稽] (寝床から)起き(て活動す)る. **ríse to one's féet** [動] [自] 立ち上がる (☞ foot 成句の囲み).

— [名] (**ris·es** /～ɪz/) **1** [C] (数量などの)**増加**, 増大; (物価・賃金の)**上昇**, 騰貴(とうき) ([反] fall); 《英》 昇給, 賃上げ (《米》 raise) (☞ wage hike [日英比較]): a ～ ***in*** crime [unemployment] 犯罪[失業]の増加 / a ～ *in* wages ＝a wage ～ 賃金の上昇 / There was a gradual ～ *in* prices last year. 昨年は徐々に物価が上がった.

2 [単数形で] **昇進, 出世, 向上; 興隆** ([反] fall): a person's ～ ***to*** fame [power] 人の名声[政権]の獲得 / the ～ *and fall* ***of*** the Roman Empire ローマ帝国の栄枯盛衰.

3 [単数形で] **上がること, 上昇** ([反] fall): the ～ and fall of the tide 潮の満ち干 / a ～ ***in*** temperature 温度の上昇. [関連] sunrise 日の出.

4 [C] **上り道[坂]**; 高い所, 小山, 高台: There is a gentle ～ from here to the station. ここから駅の方へ向かって緩(ゆる)やかな上り坂になっている. **5** [C] (物事の)起こり, 起源.

gét [(《英》) táke] a ríse òut of … [動] [他] (わざと)…をからかって怒らせる, 思うつぼにはめる.

gìve ríse to … [動] [他] [主に [W]] 《格式》 (物事が)(好ましくないこと)を起こす, …を生ずる: His conduct *gave* ～ *to* another problem. 彼の行為はまたもややっかいなことを引き起こした.

on the ríse [形・副] 上昇中で.

＊ris·en /ríz(ə)n/ [動] **rise の過去分詞.**

ris·er /ráɪzɚ | -zə/ [名] **1** [C] 起床する人; [前に形容詞をつけて] 起きるのが…の人: an *early* ～ 早起きの人 / a *late* ～ 朝寝坊. **2** [C] 〘建〙 (階段の)け上げ (☞ flight[1] 挿絵). **3** 《米》 [複数形で] (舞台の)ひな壇.

ris·i·bil·i·ty /rìzəbíləṭi/ [名] [U] 《格式》 笑わせること, 滑稽さ.

ris·i·ble /rízəbl/ [形] 《格式》 [普通は軽蔑] 滑稽な, 笑うべき.

ris·ing /ráɪzɪŋ/ [形] **1** 増加する, 増大する; 騰貴する: The growth rate is three percent and ～. 成長率は 3% で(なお)上昇中だ. **2** [A] 成長中の, 新進の; 発展しつつある, 興隆する: a ～ star 新星《新進の人》/ the ～ middle classes 新興中産階級. **3** [A] 上り坂の, 高くなる: a ～ slope 上り坂. **4** [A] (太陽や月が)昇りかけている: the ～ sun 朝日. **5** [前置詞的に] 《主に英》 (年齢が)…に近い: She is ～ nine. 彼女はもう少しで 9 歳です. — [名] [C] 反乱, 謀反(むほん) (uprising).

rísing dámp [名] [U] 《英》 (地中などから入り込んで建物の壁を傷める)上昇水分[湿気].

rísing fíve [名] [C] 《英》 もうすぐ 5 歳になる子《英国では 5 歳から幼児学校に行くが, rising five も入学可》.

rísing generátion 名 [the ~] 若い世代.

*risk /rísk/ 11 名 (~s /-s/; 形 rísky) 1 U.C **危険(性)** 《いやなことの起こる》恐れ 《☞ danger 類義語》: reduce [spread] the ~ of fire 火事の危険を減らす[分散する] / There is a (high) ~ 「of losing [that you will lose] your way in the woods. <N+of+動名 [that 節]> この森では道に迷う危険が(大いに)ある.

2 C (...にとって)危険なこと[物, 人] (to): a health ~ 健康に危険なもの[ところ] / Travelers have to face a lot of ~s. 旅人は昔も今も多くの危険な目に会った. **3** C [形容詞を伴って] (保険会社・銀行などから見て)危険度の高い[低い]人[物], 被保険者[物]: a good [bad, poor] ~ 危険度の少ない[多い]人[被保険者].

at one's ówn rísk 副 自分の責任において《警告するときなどに》: Enter at your own ~. あなたの責任で入りなさい《身の上に起きても当方は責任を負わない》.

at rísk 形 危険にさらされて(いる): These children are most at ~ from [of catching], 《米》for] flu. この子供たちは最も流感にかかる恐れがある.

at rísk to ... 前 (1) (攻撃などの)危険にさらされて, ...に弱い. (2) (生命・健康などを)危険にさらして.

at the rísk of ... 前 ...の危険を冒(ﾃ)して, ...する恐れを覚悟の上で: I was determined to help her even at the ~ of my life. 私は命を賭(ｶ)けても彼女を助けようと決心した.

pút ... at rísk 動 他 〈人・物事を〉危険にさらす.

rùn [tàke]「a rísk [rísks] 動 自 危険を冒す《★take の方は「承知[決断]して行なう」の意》: You can't succeed in business without taking ~s. 商売では危険を冒さずには成功しない.

rùn [tàke] the rísk of ... 動 他 ...の危険を冒(ﾃ)す (doing).

— 動 (risks /~s/; risked /~t/; risk·ing) 他 **1** 〈大事なもの〉を危険にさらす (to); 〈命・金など〉を賭(ｶ)ける (on): You will be ~ing your health if you smoke. 喫煙はあなたの健康を損う危険があります / He ~ed his life [life and limb] for a few hundred dollars. <V+O+for+名・代> 彼は2, 3百ドルに命を賭けた.

2 〈悪い結末の〉危険を冒(ﾃ)す: ~ defeat [death] 負ける[死ぬ]危険を冒す / You ~ catching a cold (by) dressing like that. <V+O (動名)> そんな服装をしているとかぜをひきかねないよ. **3** 〈危険なことをあえてする, 思い切ってやってみる: We don't want to ~ a battle. 我々はあえて一戦を交えたいとは思わない / ~ it 一か八かやってみる.

rísk-avèrse 形 《商》危険を冒したがらない, 事なかれ主義の.

rísk càpital 名 U = venture capital.

rísk fàctor 名 C 《医》危険因子, リスクファクター《疾病の発現を促す要因; 肺癌(ｶﾞﾝ)に対する喫煙など》.

risk·i·ly /rískɪli/ 副 危なっかしく.

risk·i·ness /rískɪnəs/ 名 U 危なっかしさ.

rísk mànagement 名 U 危機[危険]管理.

rísk-tàk·er /rísktèɪkə⸺/ -kə/ 名 C 危険を冒す人.

rísk-tàk·ing /rísktèɪkɪŋ/ 名 U 危険を冒すこと.

*risk·y /ríski/ 形 (rísk·i·er, more ~; -i·est, most ~; ☞ risk) (行動などが) 危なっかしい, 冒険的な: a ~ business (一か八かの)危険なこと[商売] / Your project is too ~. あなたの計画は危険すぎる.

ri·sot·to /rɪv(ə):toʊ/ -zót-/ 《イタリア語から》 名 (~s) C.U リゾット 《米をたまねぎ・鶏肉・チーズなどで煮込んだイタリア料理》.

ris·qué /rɪskéɪ/ rískeɪ/ 《フランス語から》 形 (冗談などが)きわどい.

ris·sole /rísoʊl/ 名 C リソール 《肉・魚肉・野菜などをパイ生地に詰めて油で揚げたもの》.

rite /ráɪt/ 名 (rites /ráɪts/; 形 rítual) C 儀式, 儀礼; (儀礼的)慣習: perform a ~ 儀式を行なう / (the) burial [funeral] ~s 葬儀 / a ~ of passage 通過儀礼(成人式・結婚式など); 人生の節目となる重大事.

*rit·u·al /rítʃuəl/ 13 名 (~s /-z/; rite, 形 rítual·ize) C.U **1** 儀式, 祭式: perform a religious ~ 宗教的な儀式を行なう. **2** (日常の)決まった習慣.

— 形 A **1** 儀式[祭式]の. **2** 儀式的な; 恒例の.

rit·u·al·is·m /rítʃuəlɪzm/ 名 U 儀式偏重.

rit·u·al·is·tic /rìtʃuəlístɪk⸺/ 形 儀式の, 儀式を重んずる. **-ti·cal·ly** /-kəli/ 副 儀式的に.

rit·u·al·ize /rítʃuəlàɪz/ 動 (形 rítual) 他 《普通は受身で》 W 〈...を〉儀式化する.

rit·u·al·ly /rítʃuəli/ 副 儀式として.

ritz /ríts/ 名 [the ~] 豪華, 虚飾. **pùt ón the rítz** 動 自 豪奢に暮らす, 豪華に着飾る.

Ritz /ríts/ 名 [the ~] リッツ 《国際的高級ホテル》.

ritz·y /rítsi/ 形 (ritz·i·er; ritz·i·est) 《略式》豪華な, 高級な; 優美な.

*ri·val /ráɪv(ə)l/ (類音 libel) 名 (~s /-z/) **1** C **競争相手**, ライバル; 好敵手 (to) (C competitor); 匹敵する人[物]: a business ~ 商売がたき / a ~ in love 恋がたき / traditional ~s 宿敵 / Mike and Dick are ~s for (the position of) catcher. マイクとディックとはキャッチャーのポジションを争っている.

2 [形容詞的に] **競争する**, 対抗する; 競合する: a ~ team 競争相手のチーム. 語源 ラテン語で「川の対岸に住む人」の意; 同じ川の水の利用や魚獲などをめぐって争ったことから「競争相手」の意となった 《☞ river 単語の記憶》. **hàve nó ríval(s)＝be withóut a ríval** [動] 無敵である.

— 動 (ri·vals /~z/; ri·valed, 《英》ri·valled /~d/; -val·ing, 《英》-val·ling; 名 rívalry) 他 〈...〉と対抗する; 〈...〉に匹敵する: Bicycles use to ~ motorbikes for [in] speed. <V+O+for [in]+名・代> 自転車はスピードではオートバイと勝負にならない.

*ri·val·ry /ráɪv(ə)lri/ 名 (-val·ries /~z/; 動 ríval) U.C 競争, 対抗 (with): There is bitter [friendly] ~ between the two sisters. そのふたりの姉妹の間に激しい[友好的な]ライバル意識がある.

riv·en /rív(ə)n/ 形 P 《格式》 (国・組織などが)(争い・憎しみなどで)引き裂かれた, 分裂した (by, with).

*riv·er /rív⸺/ -və/ (類音 liver) 名 (~s /-z/) C **1** 川 《略 R.》; 《類義語》; the Colorado (R~) 《米》コロラド川 / the (R~) Thames 《英》テムズ川 《☞ proper noun 文法 (2) (ii)》 / on both sides of the ~ 川の両岸に / We went 「fishing in [rowing on] the ~. 私たちは川へ魚釣りにボートをこぎに行った / We walked along the ~. 私たちはその川に沿って歩いた / ~ traffic 河川交通.

コロケーション

cross [ford, swim] a river 川を渡る[歩いて渡る, 泳ぎ渡る]
sail down (a) river 川を船で下る
sail on a river 川を航行する[帆走する]
sail up (a) river 川を船で上る
swim in a river 川で泳ぐ

2 多量の流れ: a ~ of tears [blood] 《文》涙[血]の川 (多くの涙[血]). 語源 ラテン語で元来は「岸」の意. **úp [dówn] ríver** [副] 上流[下流]で[へ]. **ùp the ríver** [副] 《古風, 米略式》刑務所へ.

単語の記憶 《RIV》(川[岸])

river	(川岸) → 川
rival	(川の対岸に住む人) → 川をめぐる争いの相手 → 競争相手
arrive	(川岸に着く) → 到着する
derive	(川から水を引く) → 引き出す

Rivera

【類義語】river 比較的大きい川のことで, 通常, 海や湖などに直接流れ込むものをいう. **stream** 俗に **brook** と同じという小川を指すのに用いられることが多いが, river や brook をひっくるめて川に対する一般的な語としても用いられる. **brook** 比較的小さい川のことで, 通常は山水源から river に至るまでの, 谷間や草原の間を流れるものをいう. 文語的用語.

Ri·ve·ra /rivéi(ə)rə/ 名 園 **Di·e·go** /diéigou/ — リベラ《メキシコの壁画で有名な画家》.

riv·er·bank /rívərbæŋk | -və-/ 名 C 川の土手.

ríver bàsin 名 C 《川の》流域.

riv·er·bed /rívərbèd | -və-/ 名 C 川床, 河床.

ríver·bòat 名 C 川船.

ríver·frònt 名 C 《都市の》川沿いの地, 河岸《地域》.

*__river·side__ /rívərsàid | -və-/ 名 **1** C [the ~] 川辺, 川岸. **2** 《形容詞的に》川辺の, 川沿いの.

*__riv·et__ /rívit/ 名/動《他》**1** 《…に》《視線·注意 etc》を集中させる, 引き付ける: Her eyes were ~ed on [to] the screen. 彼女の視線はスクリーンにくぎづけになっていた. **2** 《その場に》《…》を《くぎづけにしたように》立ち尽くした: I stood ~ed to the spot. 私はその場に《くぎづけにされたように》立ち尽くした. **3** 《…》をびょう[リベット]で留める.
── 名 C びょう, リベット.

riv·et·ing /rívitiŋ/ 形 興味を引き付ける, 非常におもしろい. 語法 皮肉·反語的にも用いる.

Ri·vi·er·a /rìviéirə/ 名 **1** [the ~] C リビエラ《フランス南東部からイタリア北西部に至る地中海沿岸の避寒地》. **2** C [時に r-] 海岸の避寒地.

riv·u·let /rívjulət/ 名 C 《格式》小川, 細い流れ.

Ri·yadh /ri(j)áːd | ríːæd/ 名 園 リヤ(ー)ド《サウジアラビアの首都》.

ri·yal /ri(j)áːl, -(j)ɔ́ːl | -áːl/ 名 C リヤール《アラブ諸国の通貨》.

RM /áːém | áː(r)ém/ 略 《英》=Royal Marines.

rm. 略 =ream[1], room.

rms 略 =root-mean-square.

rms. 略 =rooms.

RN /áːén | áː(r)én/ 略 **1** 《英》=Royal Navy. **2** 《米》=Registered Nurse.

*__RNA__ /áːènáːéi | áː(r)èn-/ 名 U 《生化》リボ核酸《*ribonucleic acid* の略》.

RNLI 略 《英》=Royal National Lifeboat Institution 全英海難救助協会.

*__roach[1]__ /róutʃ/ 名 (~·es /-ɪz/) C **1** 《米略式》ごきぶり 《cockroach》. **2** 《俗》マリファナたばこの吸いさし.

roach[2] /róutʃ/ 名 (複 ~, ~·es) C ローチ《北ヨーロッパの河川や湖に住むコイ科の魚》.

*__road__ /róud/ 《同音 rode, 類音 load, lord》 名 **1** C 道路, 道, 車道; 《都市間を結ぶ》街道《略 r., Rd.; ☞表》; 《形容詞的に》道路《上》の: a main ~ 主要道路 / a toll ~ 有料道路 / a trunk ~ 《英》幹線道路 / a dirt ~ 《主に米》舗装していない道路 / Victoria R~ ビクトリア街道 / the ~ to London ロンドンへの道 / cross a ~ 道を横断する / walk up [down, along] a ~ 道を歩く / follow a ~ 道に沿って行く / a ~ accident 交通事故 / This ~ goes to the station. この道を行けば駅へ出る / There was a dead cat on the ~. 路上に猫が死んでいた. 語法 on は単に「道路上で」の意味だが, in を使った場合は「道路に入り込んで」,「じゃまになって」という意味が強い《☞成句, in the way《way[1] 成句》》// "Will this ~ take me to the museum?" "Yes, you'll get there in about ten minutes." 「この道を行けば博物館へ着きますか」「ええ, だいたい10分ぐらいで」.

2 [R- として固有名詞の後につけて] …通り, …街《略 Rd.》: We live on [《英》in] Apple R~. 私たちはアップル通りに住んでいます / His address is 32 Green Rd. 彼の住所はグリーン通り32番です.

road 《車両の通行のための道路》	
street 《車道と歩道があり建物が並ぶ街路》	道
avenue 《市街の比較的広い街路》	
highway 《都市間を結ぶ幹線自動車道路》	路
《米》expressway, interstate, freeway, superhighway; 《英》motorway 《高速(自動車)道路, ハイウェー》	

3 C 《成功などへの》道; 手段, 方法: Their first album put them on the ~ to success. 彼らの1枚目のアルバムが成功への道となった. **4** C 《米》=railroad. 語源 古(期)英語で「馬に乗って旅行する《道》」の意; ride と同語源.

by róad [副] 車で, 道路を通って: He traveled to India by ~. 彼は陸路でインドへ旅行した. **(fúrther) dòwn the róad** [副·形] (1) 道をさらに行ったところに. (2) 《略式》これから先《のこと》で, 将来: 5 years down the ~ 5年先において. **gò dówn a [that] róad** [動] 《略式》ある[その]方針をとる. **hít the róad** [動] 自 《略式》《旅に》出《かけ》る, 出発する. **hóld the fórt** ⇒fort 成句 **☞ hold[1]** 14. **in the […'s] róad** [副·形] 《英略式》(…の)じゃまになって, 道をふさいで. **óne for the róad** [名] S 《酒場などを出る前の》最後の一杯《の酒》. **on the róad** [形·副] (1) 《車に乗って》旅行中で; 《劇団·セールスマンなど》地方巡業《回り》をしていて; 《野球チームなどが》遠征に出て; 放浪して. (2) 《成功·回復などに》向かっていて 《to》. (3) 《自動車が》《まだ》走れて, 走って. **òut of the […'s] róad** [副] 《英略式》(…の)じゃまにならないで: Get out of the ~ S そこだて. **tàke the hígh [lów] róad** [動] 自 《米》正しい[不正な]ことをする 《on》《☞ high road》. **tàke to the róad** [動] 自 《格式》旅に出る. **the rúles of the róad** [名] 《船や車などの》通行規則.

róad·bèd 名 C 《鉄道·道路の》路盤《鉄道路線のバラス》; 《道路の》路体, 路面.

*__road·block__ /róudblàk | -blɔ̀k/ 名 C **1** 《道路上の》封鎖, バリケード; 防塞《ぼうさい》. **2** 《略式》障害《物》.

road·e·o /róudiòu/ 名 C ローディオ《バスや自転車の運転技術を競う競技》.

róad gàme 名 C ロードゲーム, 遠征試合.

róad hòg 名 C 《略式》乱暴な運転者, 無謀なドライバー《☞ hog 名 成句》.

róad·hòlding 名 U 《自動車の》路面保持性能.

róad·house /róudhàus/ 名 (-hous·es /-hàuzɪz/) C 《古風, 米》ロードハウス《郊外の幹線道路沿いのレストラン·酒場·ナイトクラブなど》.

róad·ie /róudi/ 名 C 《略式》《ロックグループなどの地方巡業に同行する》器材運搬スタッフ.

róad·kìll 名 C 《米略式》路上で轢死《れきし》した動物.

róad·man /róudmən/ 名 (複 -men /-mən/) C 道路工事人[補修作業員].

róad mànager 名 C 《ロックグループなどの》地方巡業[公演]マネージャー.

róad màp 名 C 道路地図; 行程表.

róad mènder 名 C =roadman.

róad prìcing /-pràisiŋ/ 名 U 《英》通行課金《特定の道路を利用する車に通行料を課す》.

róad rácing 名 C 《自動車·オートバイなどの》ロードレース《公道《を模したコース》で行なう競走》.

róad ràge 名 U 路上の激怒[逆上]《運転中に他のドライバーの運転方法や交通渋滞のためかっとなること》.

róad róller 名 C 《機》ロードローラー.

road·run·ner /róudrànə | -nə/ 名 C みちばしり《米国南部·メキシコの鳥; 地上をすばやく走る》.

róad sàfety 名 U 交通安全.

róad sàlt 名 U 凍結路面用の塩《氷をとかす》.

róad sènse 名U(英) 道路感覚(交通量が多い道路での安全運転[歩行]の能力・勘).

†**róad shòw** 名C **1** (スタジオ外で行う)巡回放送番組. **2** 地方巡業[団].

†**road-side** /róudsàid/ 名C [普通は the ~] 路傍, 道端; [形容詞的に] 路傍の, 道端の.

róadside réstaurant 名C ドライブイン(☞ drive-in 日英比較).

róad sìgn 名C 道路標識.

road·ster /róudstə | -stə/ 名C (古風) ロードスター(2座席のオープンカー).

róad tàx 名CU (英) (自動車の)道路利用税.

róad tèst 名C **1** (新車の)路上テスト(車の性能を試す. **2** (米) 運転免許試験 (driving test).
— 動 他 **1** 〈新車〉を路上テストする. **2** (米) 〈人〉に運転免許試験をする.

róad trìp 名C (米) 自動車旅行; (スポーツチームの) 遠征, 地方旅行.

road·way /róudwèi/ 名CU **1** [普通は the ~] 車道(☞ sidewalk). **2** 道路.

road·work /róudwə̀:k | -wə̀:k/ 名 [(米) U (英) 複数形で] 道路工事: ROADWORK(S) AHEAD この先道路工事中(標識).

road·wor·thi·ness /róudwə̀:ðinəs | -wə̀:-/ 名U 路上走行に適していること.

road·wor·thy /róudwə̀:ði | -wə̀:-/ 形 (車が)道路でうまく[安全に]走れる.

†**roam** /róum/ 動 自 **1** [副詞(句)を伴って] (あてもなく)歩き回る, ぶらつく; 放浪する(☞ prowl 類義語): They ~ed around [through] the woods. 彼は森の中を歩き回った. **2** (目が)ゆっくり見回す (over).
— 他 〈…〉を歩き回る, ぶらつく; 放浪する.

roam·ing /róumiŋ/ 名U **1** ローミング(通常の契約エリア外での携帯電話などの使用). **2** 放浪.

roan /róun/ 形A (馬が)茶褐色に白または灰色の混じった色).— 名C あし毛の馬.

*__roar__ /rɔ́ə | rɔ́:/ (同音 (英) raw; 類音 law, low, raw, row, war) 変化 (**roars** /~z/; **roared** /~d/; **roar·ing** /rɔ́:riŋ/) 自 **1** (獣が)ほえる(☞ cry 表 lion, tiger): The lions ~ed. ライオンがほえた.

2 (車などが)ごう音を立てて進む (past, down); (機械・風などが)ごう音を立てる, とどろく: The train ~ed through the tunnel. <V+前+名・代> 列車がごーっと音を立ててトンネルを通り過ぎた / The cold north wind was ~ing outside. 外では冷たい北風がごうごうと吹き荒れていた.

3 大声を立てる, どなる, わめく (at); (略式) (子供などが)大声で泣く; (略式) 大笑いする: The audience ~ed with laughter. <V+with+名> 聴衆はどっと声をあげて笑った. — 他 〈…〉と大声で言う[歌う]: ~ out a command 大声で命令する. **róar báck** 動自 (スポーツ・選挙などで)盛り返す. **róar ìnto lífe** 動自 (機械などが)ごう音を立てて動き出す.
— 名 (~s /~z/) C **1** [普通は単数形で] (獣の)ほえる声, うなり声: The lion gave a ~. ライオンはほえた. **2** (笑ったりどなったりする)大きな声, どよめき: There was a ~ of laughter. どっと笑いが起こった. **3** (機械・風などの)ごう音, とどろき.

†**roar·ing** /rɔ́:riŋ/ 形A ほえる, ごう音をたてる; (火などが)燃えさかる: a ~ fire 燃えさかる火. **2** (略式) 大繁盛の, 全くの: a ~ success (英) 大成功 / do a ~ trade (in ...) (…の)商売が繁盛する. — 副 (略式) ひどく, 非常に: be ~ drunk ひどく酔ってやかましい. — 名U ほえ声; どなり声; とどろき.

roaring fór·ties /-fɔ́:tiz | -fɔ́:-/ 名複 [the ~] ほえる40度台 (南[北]緯40-50度の嵐の多い海域).

Róaring Twénties /-twéntiz/ 名複 [the ~] (米俗)狂乱の(19)20年代 (好景気と狂騒の時代).

*__roast__ /róust/ (類音 lost) 動 (**roasts** /róusts/; **roast-

---

robe 1515

ed /-id/; **roast·ing**) 他 **1** 〈肉など〉を焼く, あぶる; 蒸し焼きにする; 〈豆など〉を煎る(《普通はオーブンで焼いたり, 火に当てることに用いる; ☞ cooking 囲み): Take the ~ed meat out of the oven. 焼きあがった肉をオーブンから出しなさい / He is ~ing coffee beans. 彼はコーヒー豆をいっている.

roast (肉などをオーブンかじか火で)	(食べ物を)焼く
broil (米), grill (肉や魚を焼き網などを使って直接火にかけて)	
barbecue (豚や牛などを丸焼きにしたり, 辛いソースをつけて)	
bake (パン・菓子・パイなどをオーブンで)	
toast (薄切りのパンなどをきつね色に)	

2 (略式) 〈…〉を火で暖める. **3** (略式) または (滑稽) 〈…〉を酷評する, こきおろす; からかう. **4** (米略式) 〈主賓など〉をほめたりけなしたりする(☞ 名3).
— 自 **1** 焼かれる, 焼ける, いられる. **2** 暑さにうだる. **3** (略式) 日光浴をする.
— 名 (**roasts** /róusts/) C **1** 焼き肉; (骨のついた)焼き肉用の肉 ((英) joint). **2** (米) 野外(焼き肉)パーティー. **3** (米略式) (主賓などを)冗談でほめたりけなしたりして楽しむ宴会.
— 形A 焼いた, ローストにした, いった: ~ chicken ローストチキン / ~ coffee いったコーヒー.

roast béef 名U ローストビーフ (かたまりのままオーブンで焼いた牛肉).

roast·er /róustə | -tə/ 名C 焼きなべ, ロースター.

roast·ing /róustiŋ/ 形 (略式) 焼けつくように暑[熱]い〈く〉: ~ hot 焼けるように熱い. — 名 (略式, 主に英) ひどくしかること: give ... a (real) ~ …にお目玉をくらわせる.

róasting pàn [(英) **tìn, trày**] 名C (オーブンなどで使う)天パン.

*__rob__ /ráb | rɔ́b/ (類音 lab, lob, love, rub) 変化 動 (**robs** /~z/; **robbed** /~d/; **rob·bing**) 他 **1** 〈人〉から(力ずくで)奪う, 〈人〉を襲って(金品)を強奪する; 〈場所〉を襲う, 荒らす(☞ steal 類義語; robe 語源). 語法 人や場所が目的語(受身のときは主語)となる. <V+O+of+名・代> 男は銀行から10万ドルを強奪した (☞ of 15) / She was robbed of her purse. <V+O+of+名・代> 彼女はハンドバッグを奪われた. **2** 〈人・物〉から〈能力・特質・必要なもの〉を奪う: The shock robbed her of speech. ショックで彼女は口がきけなかった. **3** (受身で) (略式) (試合などで)〈…〉を汚いやり方で[誤審で]負かす: We've been robbed! (S) まんまとやられたよ. — 自 強盗をする.

Rob /ráb | rɔ́b/ 名 固 ロブ (男性の名; Robert の愛称).

†**rob·ber** /rábə | rɔ́bə/ 名C 強盗, どろぼう(人): The bank ~ was caught in the act. 銀行強盗は現行犯でつかまった.

róbber báron 名C 悪徳実業[資本]家.

*__rob·ber·y__ /ráb(ə)ri | rɔ́b-/ 変化 名 (**-ber·ies** /~z/; 同音 rob) UC (力ずくで)奪うこと, 強奪; 強盗事件; (法)強盗罪: armed ~ 武装強盗 / ~ with violence 強盗, 強盗(行為) / commit a bank ~ 銀行強盗を働く / There have been three robberies in the neighborhood this month. この近所では今月強盗事件が3件あった.

†**robe** /róub/ 名C **1** [しばしば複数形で] (格式) 礼服, 官服, 法衣 (すそまで垂れる長い緩やかな外衣; 特に官服などを示すために皇族・聖職者・大学教授・裁判官などが着

る): the coronation ~s of Queen Victoria ビクトリア女王の戴冠(%%)式用のローブ. **2** 〔主に米〕=bathrobe. ─── 古(期)フランス語で「殺した者から奪った物」の意; rob と同語源.
─── 動 他 〔普通は受身で〕〈…〉に〈礼服などを〉着せる 《in》. ─── 自〈礼服などを〉着る. **róbe onesélf** 〔動〕 自 〈礼服などを〉着る.

Rob・ert /rάbət | rɔ́bət/ 名 固 ロバート 《男性の名; 愛称を Bob, Bobby または Rob, Robin》.

Robes・pierre /róubzpɪə | -pɪə/ 名 固 **Max・i・mi・lien** /mǽksɪmɪljǽn/ ~ ロベスピエール (1758–94) 《フランスの革命家》.

rob・in /rάbɪn | rɔ́b-/ 名 ⓒ **1** 〔英〕ヨーロッパこまどり, ロビン 《〔文〕 redbreast》 《鳴き声の美しい小鳥; 胸が赤い; 英国の国鳥》: Who killed Cock R~? だれがこまどり殺したの 《英国の童謡集 *Mother Goose's Melodies* の中の歌》. **2** 〔米〕こまつぐみ 《つぐみ (thrush) の一種》.

Rob・in /rάbɪn | rɔ́b-/ 名 固 ロビン 《主に〔米〕では女性の名, 〔英〕では男性の名で Robert の愛称》.

Róbin Hòod /-hʊ́d | -hʊ́d/ 名 固 ロビン フッド 《英国の伝説的な 12 世紀ごろの義賊; 金持ちだけから盗んで貧しい人たちに分け与えていたといわれる》.

róbin rédbreast 名 ⓒ 〔文〕 =robin.

Rob・in・son /rάbɪns(ə)n | rɔ́b-/ 名 固 **Jáck・ie** /dʒǽki/ ~ ロビンソン (1919–72) 《米国の野球選手; 黒人で最初の大リーガー》.

Rob・in・son Cru・soe /rάbɪns(ə)nkrú:sou | rɔ́b-/ 名 固 ロビンソン クルーソー 《英国の作家デフォー (Defoe) の小説の主人公》.

Rob・i・tus・sin /rὰbɪtʌ̀s(ə)n | rɔ̀bɪtʌ̀sɪn/ 名 Ⓤ ロビタシン 《かぜ薬; 商標》.

+ro・bot /róubat | -bɔt/ 名 ⓒ **1** ロボット; 自動装置[機械]: industrial ~s 産業用ロボット. **2** 〔普通はけなして〕機械的に動く[働く]人 (automaton). **3** 〔南ア〕自動交通信号.

ro・bot・ic /roubάtɪk | -bɔ́t-/ 形 **1** A ロボットの(ような). **2** 〔けなして〕(人が)機械的な.

ro・bot・ics /roubάtɪks | -bɔ́t-/ 名 Ⓤ ロボット工学.

*****ro・bust** /roubʌ́st, róubʌst/ 形 **1** (人・動植物が)たくましい, 強い, (物が)丈夫な, (遊び・活動などが)(体)力の要る. **2** (経済などが)健全な, 勢いのある. **3** 確固[断固]とした. **4** (ワインなどが)こくのある, 芳醇な. **5** 〔軽蔑〕粗野な, 洗練されていない.
~・ly 副 たくましく, 強健に; きっぱりと. **~・ness** 名 Ⓤ たくましさ, 強健; 勢いのよさ; 強固さ.

roc /rάk | rɔ́k/ 名 ⓒ ロック 《アラビア伝説の巨大な怪鳥》.

Roch・es・ter /rάtʃəstə | -tə/ 名 固 ロチェスター 《New York 州西部の都市》.

*****rock**[1] /rάk | rɔ́k/ 《類音 lack, lock, luck, rack》 名 (~s /-s/; 形 rócky[1]) **1** Ⓤ ⓒ 岩; 岩山, 岩壁: break ~ 岩を砕く / The house is built on solid ~. その家は堅い岩の上に建っている.

2 ⓒ 岩石, 大きな石 《☞ stone 類義語》: A large ~ fell and hit a climber. 大きな岩石が落ちて来て一人の登山者に当たった.

3 ⓒ (主に米) 石 (stone), 小石: The demonstrators threw ~s at the police. デモ隊は警官隊に向かって投石した. 語法 〔英〕でもこの意味で用いるようになっている. **4** 〔複数形で〕岩礁(がんしょう), 暗礁: The ship hit the ~s. 船は暗礁にぶつかった. **5** ⓒ 〔普通は複数形で〕 〔略式, 主に米〕ダイヤモンド; 宝石. **6** Ⓤ 〔英〕棒状のキャンデー (《米》 rock candy) 《通例海岸の保養地で地名を付けて売られている》. **(as) sólid [stéady, fírm] as a róck** 〔形〕 (1) (岩のように)しっかりした. (2) (人が)信頼するに足る. **be (stúck [cáught]) between a róck and a hárd pláce** 〔動〕 (いやなこと・危険などの)板ばさみになる. **gèt one's rócks òff** 〔動〕 自 〔卑〕 (1) (男が)性交[射精]する. (2) 満足[喜び]を得る. **on the rócks** 〔形・副〕 (1) 座礁して: There's a ship *on the* ~*s!* 船が座礁しているぞ! (2) 〔略式〕破滅[破産]しかけて; (結婚が)破綻しかかって. (3) 〔略式〕 (ウイスキーが)オンザロックの: Scotch *on the* ~*s* オンザロックのスコッチウイスキー. 日英比較 日本語の「オンザロック」と違って rocks と複数形になる.

+rock[2] /rάk | rɔ́k/ 動 他 **1** 〈前後左右に〉〈…〉を揺り動かす, 揺らす (swing); 〈…〉を揺らせる. The baby's mother ~*ed* it to sleep. 母親は赤ん坊を揺すって寝かしつけた. **2** 〔新聞で〕 〈人々を〉激しく動揺させる, びっくりさせる. **3** 〔新聞で〕 (爆発・地震などが)〈建物・地域など〉を激しく振動させる (shake): A large area *was* ~*ed* by the earthquake. 広い地域がその地震に襲われた. ─── 自 **1** 揺れ動く: The boat ~*ed* from side to side). ボートは前後[左右]に揺れた. **2** 激しく振動する. **3** 〔略式〕ロック(音楽)にあわせて踊る. **4** Ⓢ 〔俗〕(人・物が)すごくいい. **róck the bóat** 〔動〕 自 〔略式〕波風を立てる, 問題を乱す. **róck with láughter** 〔動〕 自 笑いころげる. ─── Ⓤ =rock music; rock 'n' roll: classic ~ 古典ロック (60–70 年代のロック). ─── 形 A ロック(音楽)の.

Rock /rάk | rɔ́k/ 名 固 [the ~] 〔豪略式〕 =Ayers Rock.

rock・a・bil・ly /rάkəbìli | rɔ́k-/ 名 Ⓤ ロカビリー 《ロックとカントリーの要素を持つ音楽》. 語源 rock 'n' roll と hill*billy* music の混成語; ☞ blend 2.

róck and róll 名 Ⓤ =rock 'n' roll. ─── 動 自 〔略式〕(仕事・活動を)始める.

róck-and-róll 形 A ロックンロールの.

+róck bóttom 名 Ⓤ 〔略式〕 (価格などの)どん底, 最低: reach [hit] ~ (価格などの)底をつく; (人が)落ちぶれる(ぶれる)る.

rock-bot・tom /rάkbάtəm | rɔ́kbɔ̀t-/ 形 A 〔価格・景気などが〕最低の 《主に広告用語》: ~ prices 底値.

róck-bòund 形 岩に囲まれた, 岩だらけの.

róck càke [bùn] 名 ⓒ 〔英〕ロックケーキ 《表面がでこぼこしたドライフルーツ入りの堅いケーキ》.

róck cándy 名 Ⓤ **1** 〔米〕氷砂糖 《しばしばひもにつけた形で売る》. **2** 棒状のキャンデー (《英》 rock).

róck clímber 名 ⓒ 岩登りをする人, ロッククライマー.

róck clímb・ing /rάkklàɪmɪŋ | rɔ́k-/ 名 Ⓤ 岩登り, ロッククライミング.

róck crỳstal 名 Ⓤ (無色の)水晶.

róck dàsh 名 Ⓤ 〔米〕 =pebbledash.

Rock・e・fel・ler /rάkəfèlə | rɔ́kəfèlə/ 名 固 **John Da・vi・son** /déɪvɪsn/ ~ ロックフェラー (1839–1937) 《米国の資本家・慈善家》.

Róckefeller Cénter 名 固 ロックフェラーセンター 《米国 New York 市 Manhattan 区中央の 19 のビル群から成る商業・娯楽・文化地区》.

Róckefeller Foundàtion 名 固 [the ~] ロックフェラー財団.

⁺**rock·er**[1] /rákɚ | rɔ́kə/ [名] [C] **1** 揺り軸, 揺り子 (☞ rocking chair 挿絵). **2** ((主に米)) =rocking chair.
óff one's rócker [形] Ⓢ ((略式)) 気が狂って.

rock·er[2] /rákɚ | rɔ́kə/ [名] [C] **1** ロック歌手[演奏者, ファン]; ((米)) ロックの歌. **2** [しばしば R-] ((英)) 暴走族 ((1960 年代の革ジャケットを着用しバイクを乗りまわすロックンロール好きな若者)).

rock·er·y /rák(ə)ri | rɔ́k-/ [名] (**-er·ies**) [C] ((英)) = rock garden.

*__rock·et__[1] /rákɪt | rɔ́k-/ ([類音] racket) [名] (**rock·ets** /-kɪts/) **1** [C] ロケット; ロケット弾[ミサイル]: launch a ～ ロケットを打ち上げる. [関連] retro-rocket 逆推進ロケット. **2** [C] 打ち上げ花火 (skyrocket): fire a ～ 花火を打ち上げる. **3** [a ～] ((英略式)) 大目玉: give … *a* ～ …を叱りとばす / get *a* ～ 大目玉をくらう.
[語源] イタリア語で「(小さな)糸巻き棒」の意; 形が似ているので.
— [動] [自] **1** ((略式)) [新聞で] (量・価格などが)急に上がる, うなぎ登りになる (*up*) (skyrocket). **2** [副詞(句)を伴って] 突進する (*through, along*); 一気に地位が上がる: ～ *to* stardom 一躍スターの座に上る. — [他] 〈…〉をロケット弾で攻撃する; 〈…〉をロケットで打ち上げる.

rock·et[2] /rákɪt | rɔ́k-/ [名] [U] ((英)) =arugula.

rócket bàse [名] [C] ロケット基地.

rócket bòmb [名] [C] ロケット爆弾.

rócket làuncher [名] [C] ロケット弾発射装置.

rock·et·ry /rákɪtri | rɔ́k-/ [名] [U] ロケット工学.

rócket scìence [名] [U] ロケット工学. **… isn't rócket scìence** [滑稽] …は難しいことではない.

rócket scìentist [名] [C] ロケット科学[工学]者. **… is nó rócket scìentist** [滑稽] …は愚かである. **It dóesn't tàke a rócket scìentist (to** dó). = **You dón't hàve to be a rócket scìentist (to** dó). [滑稽] (…するのは)難しいことではない.

rócket shìp [名] [C] ロケット式宇宙船.

rock·fall /rákfɔ̀ːl | rɔ́k-/ [名] [C] 落石(した石).

róck formàtion [名] [C] 岩層.

⁺**róck gàrden** [名] [C] ロックガーデン ((岩や石の間に草花を配置した庭園)).

rock-hard /rákhάɚd | rɔ́khάːd←/ [形] **1** (岩のように)非常に硬い. **2** ((英)) [滑稽] 頑固な, だれも恐れない.

róck·hòpper [名] [C] いわとびペンギン.

róck hòund [名] [C] ((米略式)) 地質学者; 岩石[鉱石]収集家.

Rock·ies /rákiz | rɔ́k-/ [名] [固] [複] [the ～] = Rocky Mountains.

rock·i·ness[1] /rákinəs | rɔ́k-/ [名] [U] ごつごつしていること.

rock·i·ness[2] /rákinəs | rɔ́k-/ [名] [U] 不安定(なこと).

róck·ing chàir /rákɪŋ- | rɔ́k-/ [名] [C] 揺りいす.

rócking hòrse [名] [C] 揺り木馬.

rocking chair

rock-like /ráklàɪk | rɔ́k-/ [形] [普通は [A]] 不動の, 強固な.

⁺**róck mùsic** [名] [U], [形] [A] ロック(ミュージック) (rock) ((ロックンロールに由来する強烈なビートを持つ音楽)).

⁺**rock 'n' roll** /rák(ə)nróʊl | rɔ́k-/ [名] [U], [形] [A] ロックンロール(の) ((1950 年代に生まれたビートのきいたポピュラー音楽; [略] R and [&] R; ☞ rock music)).

róck plànt [名] [C] 岩生植物.

róck pòol [名] [C] ((英)) =tide pool.

róck sàlt [名] [U] 岩塩 (halite).

róck slìde [名] [C] 岩くずれ.

róck-sólid [形] 非常に硬い[頑丈な]; きわめてしっかりした, 頼りになる.

róck-stéady [形] きわめて安定した, 強固な.

Rock·well /rákwel, -wəl | rɔ́k-/ [名] [固] **Norman** ～ ロックウェル (1894–1978) ((米国の画家・イラストレーター)).

⁺**rock·y**[1] /ráki | rɔ́ki/ [形] (**rock·i·er**; **-i·est**; [名] rock[1]) **1** 岩の多い, ごつごつした; 岩石からなる. **2** ((略式)) 問題の多い, 困難な: face a ～ road ahead 先行きが暗い.

rock·y[2] /ráki | rɔ́ki/ [形] (**rock·i·er**; **-i·est**) ((略式)) (人が)ふらふらする; (関係などが)不安定な, ぐらぐらする.

Róck·y Móuntains /ráki- | rɔ́ki-/ [名] [固] [複] [the ～] ロッキー山脈 (the Rockies) ((北米西部の大山系; New Mexico 州から Alaska 州に及ぶ; ☞ 表地図 C 1)).

Rócky Móuntain spótted féver [名] [U] 〘医〙 ロッキー山(紅斑)熱 ((リケッチアによる感染症)).

rócky róad [名] [C] **1** けわしい道のり (☞ rocky[1] 2). **2** ((米)) [形容詞的に] (アイスクリームなどが)ロッキーロードの ((チョコチップ, マシュマロ, ナッツを混ぜたもの)).

ro·co·co /rəkóʊkoʊ/ [名] [U] [時に R-] ロココ式 ((18 世紀フランスの華麗な建築・美術の様式)). — [形] [普通は [A]] ロココ式の; 飾りの多い.

*__rod__ /rάd | rɔ́d/ [名] (**rods** /rάdz | rɔ́dz/) [C] **1** [しばしば合成語で] 棒 ((細くて真っすぐな木・金属などの棒)), さお, つえ: a curtain ～ カーテンレール / hang the curtain on the ～ 横棒にカーテンをつるす // ☞ lightning rod. **2** 釣りざお (fishing rod): fishing with ～ and line さおと糸を使う魚釣り (☞ fishing 類義語). **3** ((古風)) むち; [the ～] むち打ち, せっかん: Spare *the* ～ and spoil the child. ((ことわざ)) むちを惜しんで子供を損なう(かわいい子には旅をさせよ). **4** ((米俗)) ピストル. **5** 〘解〙 (網膜内の)桿(かん)状体. **a ród to béat … with** [名] …を攻撃[非難]する根拠. **màke a ród for one's ówn báck** [動] [自] ((英)) 自ら困難[災難]を招く.

****rode** /róʊd/ ([同音] road; [類音] load, lord) [動] ride の過去形.

⁺**ro·dent** /róʊdnt/ [名] [C] 〘動〙 齧歯(げっし)類の動物 ((ねずみ・うさぎ・りすなど)).

⁺**ro·de·o** /róʊdiòʊ/ [名] (～s) [C] ((米・カナダ)) ロデオ ((カウボーイの荒馬乗り, 投げ縄などの公開競技会)).

Ró·de·ò Dríve /róʊdiòʊ-/ [名] [固] ロデオドライブ ((Beverly Hills を南北に走る通り; 高級品店が並ぶ)).

Rod·gers /rάdʒɚz | rɔ́dʒəz/ [名] [固] **Richard** ～ ロジャーズ (1902–79) ((米国のミュージカル作曲家)).

Ro·din /roʊdǽn | róʊdæŋ/ [名] [固] **Au·guste** /ɔː-gíst, -gúst/ ～ ロダン (1840–1917) ((フランスの彫刻家; ☞ thinker 写真)).

rod·o·mon·tade /rὰdəməntéɪd | rɔ̀d-←/ [名] [U], [形] 大言壮語(の).

roe /róʊ/ [名] [U,C] はららご, 魚卵; 魚精, しらこ.

Roe [名] ☞ Richard Roe.

róe·bùck [名] (複 ～(s)) [C] roe deer の雄.

róe dèer [名] (複 ～) [C] のろ鹿(じか) ((欧州・アジア産の小型の鹿)).

roent·gen, rönt·gen /réntgən | rɔ́nt-/ [名] [C] 〘物理〙 レントゲン ((放射線量の単位)).

Roent·gen, Rönt·gen /réntgən | rɔ́nt-/ [名] [固] **Wil·helm** /vílhelm/ **Kon·rad** /kάnræd | kɔ́n-/ ～ レントゲン (1845–1923) ((ドイツの物理学者; 1895 年にエックス線 (X rays) を発見した)).

Roeth·ke /rétki/ [名] [固] **Theodore** ～ レトケ (1908–63) ((米国の詩人)).

Roe vs. Wade /róʊvɚ:səswéɪd | -vəː-/ [名] [固] ロウ対ウェード判決 ((1973 年に米国連邦最高裁が人工中絶を合法とした判決)).

⁺**rog·er**[1] /rάdʒɚ | rɔ́dʒə/ [感] **1** (無線通信で)了解, オー

roger ケ ('received' の r を通信記号で Roger と呼んだことから; ☞ Do you copy? (copy 成句), wilco). **2** 《略式》《滑稽》よし(わかった).

rog・er² /rάdʒɚ | rɔ́dʒə/ 動 (**-ger・ing** /-dʒ(ə)rɪŋ/) 他 《英俗》《腕曲》〈男が〉〈女と〉セックスする, 寝る.

Rog・er /rάdʒɚ | rɔ́dʒə/ 名 ⓒ ロジャー《男性の名》.

Ro・gét's Thesáurus /roʊʒéɪz- | rɔ́ʒeɪz-/ 名 ⓒ ロジェのシソーラス《英国の分類語彙辞典》.

†**rogue** /róʊɡ/ 名 ⓒ **1** 〔しばしば滑稽〕いたずら子, 腕白小僧, ちゃめ. **2** 《古風》悪党, 悪漢, ごろつき (rascal). **3** 群れからはぐれた〈凶暴な〉野性の動物《象など》.
— 形 ⓐ **1** 《古風》一匹狼的な; 〈他から〉はぐれた《台風など》予想外の. **2** 〈野生動物が〉群れからはぐれて凶暴な: a 〜 elephant 放れ象.

ro・gu・er・y /róʊɡ(ə)ri/ 名 (**-er・ies**) ⓤ いたずら, ちゃめ; ⓤⓒ 《古風》悪事, 悪行.

rógues' gállery /róʊɡz-/ 名 〔単数形で〕 **1** 《古風》《警察の》犯罪者写真台帳 (of). **2** 《滑稽》好ましくない連中[物], ひどいもの (of).

rogu・ish /róʊɡɪʃ/ 形 〔しばしば滑稽〕いたずらっぽい, ふざける, ちゃめな. **〜・ly** 副 ふざけて. **〜・ness** 名 ⓤ

roil /rɔ́ɪl/ 動 他 《主に米》 **1** 〈液体を〉かき乱す; 濁らせる. **2** 〈心を〉かき乱す; いらだたせる. — 自 〈液体が〉かき乱される.

rois・ter /rɔ́ɪstɚ | -tə/ 動 自 《古風》飲み騒ぐ.

ROK /rάk | rɔ́k/ = the Republic of Korea (☞ Korea).

Ro・land /róʊlənd/ 名 ⓒ ローランド《男性の名》.

*__role, rôle__ /róʊl/ (同音 roll) T1 名 (〜**s** /-z/) ⓒ 《格式》 **1** 役割, 役目, 任務: fill one's 〜 役割を果たす / take an active 〜 積極的な役割を果たす / Japan should play [perform] an important [leading, key] 〜 in maintaining world peace. 日本は世界平和維持のため重要な[中心的な]役割を演じるべきだ.
2 《俳優の》役: a minor 〜 端役 / the leading [lead] 〜 主役 / Mary played [took] the 〜 of an old woman. メアリーは老婆の役を演じた // ☞ title role.
語源 フランス語で元来は「俳優の役を書いてある巻物」の意; roll と同語源.

†**róle mòdel** 名 ⓒ 《ある役割の》手本《となる人》.

role-play /róʊlpleɪ/ 名 ⓤ 《語学学習・精神病治療での》役割演技. — 動 自 役割演技をする. — 他 〈...〉の役割演技をする.

role-play・ing /róʊlpleɪɪŋ/ 名 ⓤ 役割演技.

róle-pláying gàme 名 ⓒ ロールプレイングゲーム《キャラクターの特徴・能力・性格を細かく設定し, それを成長させながら筋書に定められた冒険をするゲーム》.

róle revérsal 名 ⓒⓤ 《仕事・家事・育児における2人[男女]の》役割転換[交替].

Ro・lex /róʊleks/ 名 ⓒ ロレックス《スイスの高級腕時計メーカー《の製品》; 商標》.

*__roll__ /róʊl/ (同音 role) T3 動 (**rolls** /〜z/; **rolled** /〜d/; **roll・ing**)

┌─────────────────────────────┐
│ ラテン語で「車輪」の意.「転がる」**1** →「《転がって》進む」**2** →《上下・左右に動く》│
│ └→「うねる」「揺れる」**3**, **4** │
│ └→「《音が高く低くひびく》→「ごろごろ鳴る」**6** │
└─────────────────────────────┘

┌──── 自 の転換 ────┐
│ 自 **1** 転がる (to move by turning over and over)│
│ 他 **1** 転がす (to make (something) move by turning over and over)│
└──────────────┘

1 〔副詞(句)を伴って〕〈球・車輪などが〉**転がる**, 転がっていく; 〈人や動物が〉転がり回る; 〈涙などが〉流れる): The ball 〜**ed into** the stream. <V+前+名・代> 球は小川の中へ転がり込んだ / The baby 〜**ed onto** its stomach [front]. 赤ちゃんは寝返りを打って腹ばいになった / Tears 〜**ed down** his cheeks. 涙が彼のほおを流れ落ちた.
2 〔副詞(句)を伴って〕《車などが》滑らかに進む, 走る (along, forward, past): The train 〜**ed out of** the station. <V+前+名・代> 列車は滑るように駅から出ていった / The clouds are 〜**ing away**. <V+副> 雲が流れていった.
3 〔副詞(句)を伴って〕〈波などが〉うねる,《川が》うねり流れる;〈土地が〉起伏する, うねる (away): The waves 〜**ed in to [onto]** the beach. <V+(副)+前+名・代> 波が浜辺に打ち寄せた.
4 〔副詞(句)を伴って〕《航空機や船が》横揺れする (☞ pitch¹ 自 **2** 表);〈人が〉よろよろ歩く: Our ship 〜ed badly in the storm. 私たちの船は嵐にひどく揺れた / The drunk 〜**ed up to** him. <V+前+名・代> 酔っぱらいはよろよろと彼のところへやって来た. **5** 〈目が〉くるりと動く《驚き・いらだちなどの表情》. **6** 〈雷・太鼓・オルガンなどが〉鳴り響く: Thunder 〜ed in the distance. 遠くで雷がごろごろ鳴った. **7** 《カメラ・印刷機などが》作動する. **8** 《物事がうまく行く》(☞ get rolling (成句)). **9** 《月日が》めぐる, たつ (pass): Time 〜ed on [by]. 時が過ぎ去った. **10** さいころを振る. **11** 《略式》始める; 出発する: Let's 〜. ⓢ 《主に米》さあ始めよう / be ready to 〜. ⓢ 《主に米》始める[出かける]準備ができている. **12** 《動物などが》丸くなる.
— 他 **1** 〔副詞(句)を伴って〕〈...を〉**転がす**; 転がしていく《運ぶ》: He 〜ed the tire to the car. <V+O+前+名・代> 彼はそのタイヤを自動車のところまで転がした / They 〜**ed** the barrel *down* the slope. 彼らはそのたるを坂を転がして降ろした.
2 〈...を〉巻く, 丸める, 巻いて作る《巻くように》包む (反 unroll): 〜 one's own (cigarettes) 紙巻きたばこを巻いて作る / She 〜ed the yarn *into* a ball. <V+O+into+名・代> 彼女は毛糸を巻いて玉にした / He 〜ed himself *in* a blanket. <V+O+in+名・代> 彼は毛布にくるまった. **3** 〈目を〉くるりと動かす《驚き・いらだち・非難などの表情》: They 〜ed their eyes at his foolish behavior. 彼らは彼の馬鹿げた行動を見て目を白黒させた. **4** 《道路など》を《ローラーで》ならす;《金属・練り粉など》を伸ばす: Mr. Smith is 〜ing the lawn. スミスさんは芝生をならしている / Mother 〜ed the lump of dough flat. 母は練り粉の固まりを平らに伸ばした. **5** さいころを振る. **6** 《米俗》《眠った[酔った]》人から《金などを》盗む (for). **7** 《航空機・船》を横揺れさせる. **8** 《カメラ》を作動させる. **9** 〈太鼓〉を打ち鳴らす. **10** 〈...〉を巻き舌で発音する (☞ r 成句).

be rólling in ... 動 他 《略式》《金を》たくさん持っている: He is 〜**ing in** money [it, cash, dough]. 彼は金をあふれるほど持っている. **gèt rólling** 動 自 《仕事・計画など》が進み出す. **... rólled into óne** 形 ...を《1つに》合わせた《兼ねた》: He is a painter, a businessman, and a novelist (all) 〜ed into one. 彼は画家であり実業家, 小説家でもある.

────── roll の句動詞 ──────

róll abóut 動 自 転げる, 転げまわる: 〜 about with laughter [laughing] 笑い転げる.

róll aróund [róund] 動 自 **1** ころげ回る. **2** 《季節・休日など》がめぐってくる.

róll báck 動 他 **1** 〈...〉を巻き返す, 巻き戻す. **2** 《主に米》〈物価〉を下げる, 元の水準に戻す. **3** 《敵など》を押し返す, 勢力を盛り返す.

róll bý 動 自 **1** 〈車・雲など〉が流れていく. **2** 《時が》どんどん過ぎる (☞ 自 **9**).

*__róll dówn__ 動 他 **1** 〈窓など〉をハンドルを回して[ボタンを押して]下げる (反 roll up): Please 〜 *down* the window. 《車の》窓を開けてください. **2** 《巻いた物を》

げる，下ろす．

róll ín [動] [自] **1** 《略式》どんどん入ってくる[やって来る]；(予告なしに[遅れて])ふらりとやって来る． **2** (雲・霧などが)出る．

róll ínto ... [動] [他] (人が)...に(平然と)遅れて来る．

róll óff ... [動] [他] ...からころげ落ちる；(車などが)(流れ作業の列など)からどんどん作り出される．

róll ón [動] [自] **1** 動き[流れ]続ける． **2** (ペンキなどが)ローラーで塗れる． **3** (時が)過ぎ去る (☞ [自] 9)． **4** [命令文で] Ⓢ 《英》(週末などが)早く来る：*R*～ *on* the holidays! 休みが早く来ないかな． ― [他] 〈ペンキ〉をローラーで塗る．

róll óut [動] [他] **1** 〈練り粉など〉を平らに延ばす，〈道路など〉を(ローラーで)ならす；〈巻いた物〉を広げる，伸ばす． **2** 〈...〉を作り[売り]出す；〈大物〉を登場させる． ― [自] 転がり出る；《略式》(床から)起き出す (*of*).

*__róll óver__ [動] [自] **1** (ごろごろ)**転がる；寝返りを打つ：** The barrel ～*ed over* and *over* until it hit a tree. たるはごろごろと転がっていって木に当たった． **2** 〖経〗再投資される． **3** 《略式》(相手に)やっつけられる．
― [他] **1** 〈人〉**を転がす：** If you ～ him *over* he'll stop snoring. 寝返りさせれば彼はいびきをかくのをやめるでしょう． **2** 〖経〗〈資金など〉を再投資する；〈負債〉の返済を繰り延べる． **3** [主に新聞で] 〈相手〉を打ちのめす．

*__róll úp__ [動] [他] **1** 〈...〉**を巻き上げる，まくり上げる；**〈窓など〉**をハンドルを回して[ボタンを押して]上げる** ([反] roll down) <V+名・代+*up*/V+*up*+名>：He ～*ed up* his sleeves and got to work. 彼はシャツのそでをまくり上げて仕事に取りかかった (☞ sleeve 成句) / Please ～ *up* the window. (車の)窓を閉めてくれ．
2 〈...〉**をくるくる巻く；くるむ** <V+名・代+*up*/V+*up*+名>：He ～*ed* his umbrella *up* tightly. 彼は傘をきちっと巻いた． **3** 〈利益など〉を増やす，集める． ― [自] **1** 丸くなる，丸まる． **2** 《略式》(人が)(車で)到着する；(遅れたりして)やって来る． **3** [命令文で] Ⓢ 《英》いらっしゃい《見せ物などの呼び込みで》． **4** (利益などが)増える．

― [名] (～s /~z/) [C] **1 巻いた物，ひと巻き** (☞ role [語源])：a ～ *of* 36-exposure film 36 枚撮りのフィルム 1 本 / a ～ *of* toilet paper トイレットペーパーのひと巻き．
2 巻いて作った[巻いた形の]物《ロールパン，巻き菓子[肉，たばこ]など；☞ bread 表》；(脂肪などの)かたまり：a basket of warm ～*s* 温かいロールパンのひとかご分 / a bread ～ 《英》ロールパン / a cheese ～ 《英》＝cheese on a ～ 《米》チーズ入りロールパン / a ～ of clouds 巻き雲 / ～*s of* fat on the stomach 腹の周りの脂肪のかたまり．

roll 2 のいろいろ

cínnamon ròll シナモン入りの甘いロールパン / **égg ròll** 《米》, **spríng ròll** 《英》春巻 / **jélly ròll** 《米》, **Swíss róll** 《英》ロールカステラ / **sáusage róll** 《英》ソーセージ入りロールパン

3 名簿；目録，表：the electoral ～ 有権者名簿． **4** (飛行機・船の)横揺れ，左右動 (☞ pitch[1] [動] [自] 2 表)． **5** 転がること，回転；(さいころの)ひと振り：do a (forward) ～ (体を丸くして)(前方)回転をする． **6** (土地の)緩(ゆる)やかな起伏，うねり． **7** [普通は単数形で] (雷・太鼓などの)とどろき：a ～ *on* the drums 太鼓の連打 / a distant ～ *of* thunder 遠雷のとどろき． **8** 《米俗》札束．

a róll in the háy [名] 《略式》[滑稽] 性交，セックス．

be on a róll [動] [自] 《略式》(次々に)成功している，順調である．

cáll [réad, táke] the róll [動] (出席簿を読んで)出席をとる：The teacher *called the* ～. 先生は出席をとった． [関連] roll call 出席調べ．

róll of hónour [名] [普通は単数形で] 《英》栄誉者名簿《戦死者，合格者など》(《米》honor roll).

stríke ... òff the róll [動] [他] 《英》弁護士名簿から〈...〉の名前を削る．

róll·awày 《米》[形] (移動・片付けに便利なように)脚輪[ローラー]の付いた． ― [名] [C] 折りたたみ式移動ベッド．

róll·bàck [名] [C] 《主に米》(物価などの元の水準への)引き下げ；後退(させること)，巻き返し．

róll bàr [名] [C] ロールバー《転覆に備えて車の屋根に付けた補強棒》．

róll càll [名] [C,U] 出席調べ，点呼 (call)；[新聞で] (人・物の)リスト (*of*).

rólled góld /róuld-/ [名] [U] 金メッキ (《米》filled gold).

rólled óats [名] [複] 押しオート麦《オートミール用》．

+**rólled-úp** [形] [A] くるくる巻いた；まくり上げた．

*__roll·er__ /róulə | -lə/ [名] (～s /~z/) [C] **1 ローラー，**地ならし機；**圧延機，めん棒：** smooth the ground with a ～ ローラーで地ならしをする． **2** (運搬用の)ころ，(ピアノなどの)足車，キャスター． **3** ヘアカーラー (curler). **4** (地図などの)巻き軸． **5** 大波，うねり． **6** 《英略式》＝Rolls-Royce 1.

róller·bàll [名] [C] ローラーボールペン，水性ボールペン．

Roll·er·blade /róuləblèɪd | -lə-/ [名] [C] [普通は複数形で] ローラーブレード《底に車輪が 1 列に並んだローラースケート靴；商標》． ― [動] [自] インラインスケートで滑走する．

róller blìnd [名] [C] 《英》巻き上げブラインド，ロールスクリーン (《米》(window) shade).

+**róller còaster** [名] [C] **1** (遊園地の)ジェットコースター． [日英比較]「ジェットコースター」は和製英語． **2** [主に新聞で] 激変：be on a ～ (短期間に)さまざまな激変を経験する．

róller dèrby [名] [C] ローラースケートのチーム対抗試合．

róller shàde [名] [C] 《米》＝roller blind.

róller skàte [名] [C] [普通は複数形で] ローラースケート靴《底に 2 対の車輪がついたスケート靴；☞ in-line skate》．

róller-skàte [動] [自] ローラースケート靴で滑る．

róller skàter [名] [C] ローラースケートをする人．

róller skàting [名] [U] ローラースケート．

róller tòwel [名] [C] 《英》ローラータオル《両端をつなげてローラーに通したタオル》．

rol·lick·ing /rálɪkɪŋ | rɔ́l-/ [形] [A] 《古風》賑(にぎ)やかな，陽気な；(本などが)楽しい． ― [名] [a ～] 《英略式》叱責，お目玉：give ... *a* ～ ...を叱りとばす．

+**roll·ing** /róulɪŋ/ [形] **1** [A] (土地が)ゆるやかに起伏している：Below us there were miles and miles of ～ country. 我々の眼下には何マイルも起伏する土地が続いていた． **2** [A] (物事が)段階的な，定期的な，徐々に進む；(契約などが)定期的に更新できる． **3** [A] (歩き方が)よろよろする． **4** (雷などが)響き渡る． **5** 転がる．

rólling cóntract [名] [C] 自動更新の契約．

rólling mìll [名] [C] 圧延工場；圧延機．

rólling pìn [名] [C] めん棒，のし棒《めん類や生のパンをこねる棒》．

rólling stóck [名] [U] **1** 鉄道の車両《機関車・客車・貨物の全体》． **2** 《米》貨物自動車《運輸業者所有のトラック・牽引(けんいん)用トラックなどの全体》．

rólling stóne [名] [C] **1** 転がる石：A ～ gathers no moss. 《ことわざ》転がる石にはこけがつかない，転石こけむさず． [参考] 以前は「しばしば職業や住居を変える人は成功しない」という意味に使われていたが，最近では「活動している[飛び回っている]人はいつも清新である」という意味に使う人が多い． **2** 《略式》住所[職業など]をよく変える人《1 の例文から》．

Rólling Stónes [名] [固] [複；the ～] ローリングストーンズ《英国出身のロックバンド》．

roll·mop /róulmàp | -mɔ̀p/ [名] [C] ロールモップ《にし

んの切り身をピクルスに巻いて酢漬けにした前菜).

roll-on /róulὰn, -ɔ̀:n/ -ɔ̀n/ 图 C **1** (体臭止めの)ロールオン《回転塗布式》化粧品. **2** ロールオン《昔の伸縮性のある女性用ガードル》.

róll-òn deódorant 图 C =roll-on 1.

róll-on róll-off 形 A《主に英》車がそのまま乗り降りできる《フェリーなど; 略 ro-ro》.

róll-óut 图 C《新製品などの》初公開, 売り出し.

róll-óver 图 C **1**《経》再投資《融資契約などの》更改, 切り換え. **2** 車の転覆. **3**《英》宝くじの賞金の次回分への持ち越し.

Rolls-Royce /róulzrɔ́is/ 图 **1** C ロールスロイス《英国製の高級車; 商標》. **2** [the ~]《英俗式》最高級品((米) Cadillac): *the* ~ *of dictionaries* 最高の辞書.

róll-tòp désk /róultɑ̀p- | -tɔ̀p-/ 图 C 巻き込み戸机 (上部に巻き込み式のふたがある).

róll-ùp 图 C《英俗式》手巻きたばこ.

Ro·lo·dex /róuləděks/ 图 C ローロデックス《米国製の回転式卓上カードファイル; 商標》.

ro·ly-po·ly /róulipóuli/ 形 A《略式》まるまる太った, ころころした. — 图 (複 **-s, -po·lies**) **1** C,U《英》(ジャム入りの)渦巻きプディング. **2** C《略式》まるまる[ずんぐり]した人[子供, もの].

róly-pòly púdding 图 C,U =roly-poly 1.

***ROM** /rám | róm/ 图 C《電算》ロム《読み出し専用記憶装置; read-only *m*emory の略; ⟹ RAM¹》.

ro·máine (léttuce) /rouméin(-)/ 图 C,U《米》たちちしゃ《レタスの一種; 結球せず, シーザーサラダによく用いられる》((英) cos (lettuce)).

ro·man /róumən/ 图 U ローマ体《普通の印刷字体; ⟹ type 参考》: write in ~ letters ローマ体活字で書く.

***Ro·man** /róumən/ 形 (图 Rome) **1**(古代)ローマの; (古代)ローマ人の; ローマ帝国(the Roman Empire)の; (現代の)ローマ(市)の: ~ citizens ローマ市民. **2** =Roman Catholic.

— 图 (~**s** /-z/) C (古代)ローマ人; (現代の)ローマ市民: When (you are) in Rome, do as the ~s do. = In Rome, do as the ~s do. (ことわざ) ローマにいるときはローマ人がするようにせよ《郷(ξ)に入っては郷に従え》.

ro·man à clef /roumɑ̀:nɑ:kléi/《フランス語から》图 (複 **ro·mans à clef** /-mɑ́:nzɑ:- | ~/) C 実話小説.

Róman álphabet 图 [the ~] ローマ字.

Róman cándle 图 C 筒形花火.

***Róman Cátholic** 形 ローマカトリック教会の《略 RC》: a ~ priest ローマカトリック教会の司祭. 関連 Protestant プロテスタント[新教]の. — 图 C ローマカトリック教徒.

Róman Cátholic Chúrch 图 [the ~] ローマカトリック教会 (Catholic Church).

Róman Cathólicism 图 U ローマカトリック教[信仰].

ro·mance** /rouméns, róumæns/ 图 (**ro·manc·es** /-iz/; 形 romántic) **1** C《文》恋愛事件; 恋愛関係: a summer ~《米》ひと夏の恋 / a whirlwind ~ 目くるめく恋 / an office ~ オフィスラブ / Rumor has it that he is having a ~ ***with an actress. うわさによれば彼は女優と恋仲だそうだ.

2 U 恋愛感情; (旅などの)わくわくする喜び, ロマン; ロマンチックな気分[雰囲気]: There is an air of ~ in this picture. この絵にはロマンチックな雰囲気がある.

3 C 恋愛小説[映画]; 空想小説, 伝奇物語《⟹ story¹ 類義語》: She wrote a ~ about a prince and a dancer. 彼女は王子と踊り子を主人公に夢のような物語を書いた. **4** C (中世の)騎士(道)物語: ~s about King Arthur=Arthurian ~s アーサー王にまつわる騎士道物語. **5** C 作り話. 語源 古(期)フランス語で「(学問的なラテン語でなく)口語的なロマンス語 (Romance languages)で書いた」意; 空想的な物語や恋愛物語は主にロマンス語で書かれたので, 今のような意味となった. — 图 画 作り話をする, 誇張して[ロマンチックに]話す (*about*). — 他《古風》〈…〉に言い寄る, 〈…〉の気を引く; [新聞で]〈異性と〉関係をもつ.

Ró·mance lánguag·es /róumæns-/ 图 [複] ロマンス語《ラテン語系統の言語; フランス語・イタリア語・スペイン語・ポルトガル語・ルーマニア語など》.

ro·manc·er /rouménsə | -sə/ 图 C 空想冒険(恋愛)小説家; 空想家.

Róman Émpire 图 [the ~] ローマ帝国. 参考 紀元前 27 年にアウグスツス (Augustus) が建設し, 395 年に東西に分裂. 関連 Eastern [Western] Roman Empire 東[西]ローマ帝国.

Ro·man·esque /ròumənésk/ 形 ロマネスク式の《中世初期ヨーロッパの建築様式; 丸形アーチ・太い柱・巨大丸天井が特徴》. — 图 U ロマネスク建築(様式).

Róman hóliday 图 C《文》ローマ人の休日《他人の犠牲において楽しむ娯楽》. 由来 古代ローマで, 娯楽のために剣士などを戦わせたことから.

Ro·ma·ni·a /ru:méiniə, rou-/ 图 画 ルーマニア《ヨーロッパ南東部の共和国; 首都 Bucharest》.

Ro·ma·ni·an /ru:méiniən, rou-/ 形 ルーマニア(人[語])の. — 图 **1** C ルーマニア人. **2** U ルーマニア語.

Ro·man·ize /róumənàiz/ 動 他 **1** 〈…〉をローマカトリック化する. **2** [r-]〈…〉をローマ字(体)で書く.

Róman láw 图 U ローマ法 (civil law)《古代ローマに発する法制》.

Róman nóse 图 C ローマ鼻, わし鼻《鼻すじが高い; ⟹ nose 挿絵》.

Róman númeral 图 C ローマ数字《⟹ number 表》.

Ro·ma·no- /rouméinou-/ 接頭「(古代)ローマの」「古代ローマと…との」の意.

Ro·ma·nov /róumənɔ̀:f | -nɔ̀f/ 图 画 ロマノフ (1613-1917 年ロシアに君臨した王朝).

Romans /róumənz/ 图 画 [単数扱い]《新約聖書の》ローマ人(σ゛)への手紙, ローマ書.

Ro·mansch, Ro·mansh /roumɑ́:nʃ | -mǽnʃ/ 图 U ロマンシュ語《スイス東部で話される言語; スイスの公用語の一つ; ⟹ Swiss 参考》.

***ro·man·tic** /rouméntik, rə-/ 形 (图 románce, 图 rómanticìze) **1** 愛情を示す[のある], 情熱的な; A 恋愛の, 性愛の: a ~ relationship 恋愛関係 / She doesn't think Bill is ~. 彼女はビルがロマンチックなタイプだとは思っていない. **2** 恋愛・冒険小説的な, 夢のように美しい, ロマンチックな: It would be ~ to live in a castle. お城に住んだらロマンチックでしょうね.

3 空想的な: a ~ idea 夢のような考え. **4** A [しばしば R-]《芸》ロマン主義の, ロマン派の: the ~ poets ロマン派の詩人たち / the *R*~ Movement ロマン主義運動. 関連 classical 古典主義の.

— 图 C **1** 愛情を示す人; 空想的な人, 夢想家; ロマンチックな人, ロマンチスト. 日英比較 日本語の「ロマンチスト」は「ロマンチシスト (romanticist)」がなまった和製英語. **2** [しばしば R-] ロマン主義者[派]の人.

ro·man·ti·cal·ly /rouméntikəli/ 副 愛情をこめて[持って]; ロマンチックに; 空想的に.

***ro·man·ti·cis·m** /rouméntəsizm/ 图 (形 romántic) U **1** [しばしば R-]《芸》ロマンチシズム, ロマン主義《特に 18 世紀末から 19 世紀初頭の自由・個性・奔放な空想などを重んずる文芸思想》. 関連 classicism 古典主義. **2** 空想的なこと[気分, 態度, 行動].

ro·man·ti·cist /rouméntəsist/ 图 C [しばしば R-] ロマン主義者; ロマンチックな人, ロマンチスト《⟹ romantic 图 日英比較》.

ro·man·ti·cize /roʊmǽntəsàɪz/ 〖動〗〖形〗 rom·án·tic) 他 〈…〉を(現実離れして)ロマンチックにする. ― 自 ロマンチックな考えをする.

Rom·a·ny /rάməni | róu-/ 名 (-nies) 1 C ジプシー(gypsy). 2 U ジプシー語. ― 形 〖普通は A〗ジプシー(語)の.

*__Rome__ /róum/ 名〖形 Róman) ローマ《イタリアの首都; 古代ローマ帝国の首都》: ~ was not built in a day. (ことわざ) ローマは一日で建設されたものではない(大きな事業は短い年月ではできない) / All roads lead to ~. (ことわざ) すべての道はローマに通ずる(方法はいろいろとあっても結局は一つの所に達する).

Ro·me·o /róumiòu/ 名 1 C ロミオ《シェークスピア(Shakespeare)作の悲劇『ロミオとジュリエット』(*Romeo and Juliet*) の主人公). 2 [しばしば r-] (~s) C [しばしば滑稽] 恋人(男性); 色男.

+**romp** /rάmp | rɔ́mp/ 動 自 (子供・動物などが)跳ね[飛び]回る, ふざけ回る (*about, around*). **rómp awáy [ahéad]** [動] 自 急速に上昇[進歩]する. **rómp hóme [ín, to víctory]** [動] 自 (競馬などで)楽勝する. **rómp through …** [動] 他 (英略式)(試験など)を軽々とやってのける. ― 名 1 跳ね回る[遊び騒ぐ]こと. 2 (略式)(新聞で)軽快で楽しい娯楽(作品, 劇, ゲーム). 3 (略式)(滑稽; 主に新聞で)(異性との)桃色遊戯. 4 楽勝 (*over*).

romp·ers /rάmpəz | rɔ́mpəz/ 名(複) ロンパース(幼児の遊び着).

rómp·er sùit /rάmpə- | rɔ́mpə-/ 名 C 〖英〗= rompers.

Rom·u·lus /rάmjuləs | rɔ́m-/ 名 〖ロ神〗 ロムルス《ローマの建設者; おおかみに育てられたという》.

Ron /rάn | rɔ́n/ 名 ロン《男性の名; Ronald の愛称》.

Ron·ald /rάn(ə)ld | rɔ́n-/ 名 ロナルド《男性の名; 愛称は Ron》.

ron·do /rάndou | rɔ́n-/ 名 (~s) C 〖楽〗 ロンド《主題がたびたび反復される》.

rönt·gen /rάnt- | rɔ́nt-/ 名 = roentgen.

Rönt·gen /réntgən/ 名 = Roentgen.

rood /rú:d/ 名 C 〖キ教〗 (教会にある)十字架.

róod scréen 名 C 〖キ教〗 (教会堂の)内陣仕切り.

*__roof__ /rú:f, rʊ́f/ 13 名 (~s /-s/) 1 C 屋根; 屋上, 家, 家庭 (☞ house 挿絵): Some birds are singing on the ~. 屋根の上で鳥が何羽かさえずっている / He climbed onto the ~. 彼は屋根[屋上]へ上がった / We lived under 「the same [one] ~ for five years. 我々は5年間同じ屋根の下で暮らした. 2 C (洞穴・通路などの)天井; [the ~] いちばん高い所, てっぺん: the ~ of the tunnel トンネルの天井 / the ~ of the [one's] mouth 口蓋(こうがい) / the ~ of the world (文) 世界の屋根《ヒマラヤ山脈 (the Himalayas)). 3 C 屋根形のもの: the ~ of a car 自動車の屋根. **be pácked to the róof** [動] 自 (満員で)ぎっしり詰まっている. **gó through the róof** [動] 〖略式〗 (1) (物価などが)急騰する. (2) 急にかんかんになって怒る. **háve a [nó] róof òver one's héad** [動] 自 住む家がある[ない]. **hít the róof** = go through the roof (2). **ráise [〖英〗 líft] the róof** [動] 自 (興奮などで)大声を上げる; 大声で文句を言う. 由来 屋根を吹き飛ばすほどに, の意から. **the róof fàlls [cáves] ín** (米略式)(…に)災難が起こる (*on*). **ùnder …'s róof** [副] Ⓢ (…)の家に[で].

― 動 他 〖しばしば受身で〗〈…〉に屋根をつける; (屋根で)〈…〉を覆う (*in, over*): They ~*ed* the house with tiles. 彼らはかわらで屋根をふいた.

roofed /rú:ft/ 形 〖しばしば合成語で〗 (…の)屋根の, 屋根の: a tin-*roofed* house トタン屋根の家.

roof·er /rú:fə | -fə/ 名 C 屋根職人.

róof gàrden 名 C 屋上庭園; 屋上レストラン.

roof·ies /rú:fiz/ 名 (複, 略式) ルーフィーズ(レイプするために意識を失わせる麻薬).

roof·ing /rú:fɪŋ/ 名 U (しばしば形容詞的に) 屋根ふき; 屋根ふきの材料: ~ felt 屋根ふきフェルト.

roof·less /rú:fləs/ 形 屋根のない.

róof ràck 名 C 〖英〗 = luggage rack 1.

+**roof·top** /rú:ftàp | -tɔ̀p/ 名 C 屋根; 屋上. **shóut … from the róoftops** [動] = shout … from the housetops (☞ housetop 成句).

rook¹ /rʊ́k/ 名 C みやまがらす. ― 鳴き声については ☞ cry 表. ― 動 (古風, 略式) 〈人〉に高値をふっかける, 〈…〉から(一金)を巻き上げる (*of*).

rook² /rʊ́k/ 名 C 〖チェス〗 ルーク《日本の将棋の飛車と同じようなものだ) (castle).

rook·er·y /rʊ́kəri/ 名 (-er·ies) C みやまがらすの群棲(き)地; あざらし[ペンギン]の繁殖地.

+**rook·ie** /rʊ́ki/ 名 C 〖略式, 主に米〗 (プロスポーツの)新人選手, ルーキー; 新米の警官, 新兵.

*__room__ /rú:m, rʊ́m/ (類義 loom, womb) 名 (~s /-z/; 形 róomy)

┌─→「場所」2 →(家の中の場所)→「部屋」
「空間」┤   1
└─→(余裕)→「余地」3

1 C **部屋**, 室 (略 rm., 複数形は 略 rms.); [one's ~ として] 寝室, 仕事部屋: a ~ with a (good) view 眺めのいい部屋 / My house has six ~s. 私の家は部屋が6つあります / She is in R~ 8. 彼女は8号室にいる.

<table>
<tr><td colspan="2">ミニ語彙欄
コロケーション</td></tr>
<tr><td colspan="2">動+room</td></tr>
<tr><td>clean [tidy] (up) a *room*</td><td>部屋を掃除する[片付ける]</td></tr>
<tr><td>come [go] into a *room*</td><td>部屋に入って来る[行く]</td></tr>
<tr><td>enter a *room*</td><td>部屋に入る</td></tr>
<tr><td>leave [go out of, come out of] a *room*</td><td>部屋から出る[出て行く, 出て来る]</td></tr>
<tr><td>rent a *room* (from …)</td><td>(人から)部屋を賃借りする</td></tr>
<tr><td>rent [〖英〗 let] (out) a *room* (to …)</td><td>(人に)部屋を賃貸しする</td></tr>
<tr><td>reserve [book] a *room*</td><td>(ホテルの)部屋を予約する</td></tr>
<tr><td>rush into [out of] a *room*</td><td>急いで部屋に入る[部屋から出る]</td></tr>
<tr><td>sneak into [out of] a *room*</td><td>こっそり部屋に入る[部屋から出る]</td></tr>
<tr><td colspan="2">形+room</td></tr>
<tr><td>「an airy [a stuffy] *room*</td><td>風通しのよい[悪い]部屋</td></tr>
<tr><td>an empty *room*</td><td>がらんとした部屋</td></tr>
<tr><td>a high-ceilinged *room*</td><td>天井の高い部屋</td></tr>
<tr><td>a large [small] *room*</td><td>広い[狭い]部屋</td></tr>
<tr><td>a noisy [quiet] *room*</td><td>騒々しい[静かな]部屋</td></tr>
<tr><td>a sunny *room*</td><td>日当たりのよい部屋</td></tr>
<tr><td>「a tidy [an untidy] *room*</td><td>整然[雑然]とした部屋</td></tr>
<tr><td>a vacant *room*</td><td>空き部屋</td></tr>
</table>

―― **room** のいろいろ ――
áttic ròom 屋根裏部屋 / **bállròom** 舞踏室 / **báthròom** 浴室 / **bédròom** 寝室 / **chéckròom** (米) (携帯品)一時預かり所 / **cláss ròom** 教室 / **consúlting ròom** 診察室 / **dárkròom** 暗室 / **díning ròom** (家の)食堂 / **dráwing ròom** 居間 / **hómeròom** (米) ホームルーム / **líving ròom** 居間 / **lócker ròom** ロッカールーム / **lúnchròom** (米) 簡易食堂 / **mén's ròom** (米) 男性用洗面所 / **óperating ròom** (米) 手術室 / **pláyròom** (子供の)遊

-room

戯室 / réading ròom 図書閲覧室 / recéption ròom 応接室 / rést ròom 《米》(レストラン・劇場などの)お手洗い / schóol ròom 教室 / shówròom 陳列室 / síckròom 病室 / síngle [dóuble, twín (-bèdded)] róom (ホテルの)シングル[ダブル, ツイン]の部屋 / sítting ròom 居間 / smóking ròom 喫煙室 / téaròom 喫茶室 / wáiting ròom (病院などの)待合室 / wómen's ròom 《米》女性用洗面所 / wórkròom 仕事部屋

関連表現

Does the *room* have a bath? その部屋にはおふろが付いてますか
I'd like a *room* with a view of the ocean. 海の見える部屋がいいのですが
I have a roommate. 私にはルームメイトがいる
pace the *room* (心配事などで)部屋を歩き回る
The *room* faces south. 部屋は南向きである
The *room* is furnished with a desk and chair. 部屋には机といすが付いている
This *room* smells of cigarette smoke. この部屋はたばこ臭い
All *rooms* are centrally heated. 全室セントラルヒーティングとなっている
What's the (*room*) rent? 部屋代はいくらですか

2 ⓤ 空間, (人・物が占める)場所; (場所の)余裕, ゆとり: A small car takes up [requires] little ~. 小さい車はあまり場所を取りません / Is there any ~ *for* me? 私が入る[座る]場所がありますか / There isn't even standing ~.＝There isn't even ~ *to* stand. ＜N+to不定詞＞人がぎゅうぎゅうつまっていてすきもない.

3 ⓤ (考え・変更などを差し挟むための)余地, (感情吐露などの)機会 (*to do*): There is no ~ *for* doubt [debate]. 疑う[議論の]余地はない. **4** 《the ~; 時に複数扱い》部屋にいる人々, 室内の人々《全体》: The whole ~ was shocked by his appearance. 彼が姿を見せたので部屋にいた人はみんなびっくりした. **5** 《複数形で》《古風, 主に英》ひと組の部屋, 借間, 下宿.

dò one's [the] róom [動] 他 部屋を片付ける, 部屋を掃除する《☞ do² 6 コーパスキーワード》.

have róom for ... [動] 他 (1) ...を入れる[置く]余地がある. (2) ...が食べられる.

leave róom for ... [動] 他 ...の余地を残す.

léave the róom [動] 自 《遠回しに》トイレに行く.

màke róom for ... [動] 自 ...に席を譲る《☞ 2》: "Can you make ~ for me?" "Sure." 「少々席を詰めていただけますか」「いいですとも」

róom and bóard [名]《米》賄(まかない)付き貸間[下宿] (board and lodging).

There is nò [nòt enòugh] róom to swíng a cát.《略式》狭苦しい.

— 自 [副詞(句)を伴って]《米》**1** 同居[同室]する (*together; with*). **2** 泊まる; 下宿する (*in*).

-room /rùːm, rm/ [形] ＝-roomed 1.

-roomed /rùːmd/ [形] [合成語で] **1** (家の)部屋数が...の: a 6-*roomed* house 6 部屋の家. **2** ...部屋がある: a big-*roomed* house 大きな部屋のある家.

room·er /rúːmɚ, rúmə-|-mə-/ [名]《米》(賄いなしの)間借り人, 下宿人 (lodger).

room·ful /rúːmfùl, rúm-/ [名] ⓒ 部屋いっぱいのもの[量, 人]: a ~ of journalists 部屋いっぱいの報道記者.

room·ie /rúːmi, rúmi/ [名] ⓒ《米略式》＝roommate.

room·i·ness /rúːminəs, rúmi-/ [名] ⓤ 広々としていること.

room·ing house /rúːmɪŋ-, rúm-/ [名] ⓒ《賄いなしの)下宿屋《英》lodging house).

room·mate /rúːmmèɪt, rúm-/ [名] **1** ⓒ ルームメイト, 同室者. **2** ⓒ《米》(アパートなどの)同居人《英》flatmate).

róom nùmber [名] ⓒ 部屋番号. ★部屋番号の読みかたについては ☞ cardinal number 文法 (4).

róom sèrvice [名] ⓤ **1** (ホテルの)ルームサービス: call ~ ルームサービスを注文する. **2** [時に複数扱い] (ホテルの)客室係《全体》.

róom tèmperature [名] ⓤ (通常の)室温《20°Cくらい》.

room·y /rúːmi, rúmi/ [形] (**room·i·er**; **-i·est**; [名] room) (部屋・車などが)広い, 広々とした; (衣服が)ゆったりした.

Roo·se·velt /róʊzəvèlt, -vəlt/ [名] 固 ローズベルト, ルーズベルト. **1 Eleanor** ~ (1884–1962)《米国の著述家・外交官・社会運動家; 3 の姪で 2 の妻》. **2 Franklin Del·a·no** /délənòʊ/ ~ (1882–1945)《米国の政治家; 第 32 代大統領 (1933–45); ☞ president 表》. **3 Theodore** ~ (1858–1919)《米国の政治家; 第 26 代大統領 (1901–09); ☞ president 表》.

✝**roost** /rúːst/ [名] ⓒ (鳥の)止まり木, ねぐら.

rúle the róost [動] 自《略式》牛耳る, 実権を握る. — 自 (鳥が)止まり木に止まる, ねぐらにつく. (...'s) chíckens còme hóme [báck] to róost 自 (悪行などが)自分の身にはね返る, 自業自得となる.

✝**roost·er** /rúːstɚ|-tə-/ [名] ⓒ (~s /-z/) ⓒ《主に米》おんどり《《主に英》cock》. ★鳴き声については ☞ cry 表. **関連** hen めんどり / chicken ひな鳥.

✝**root¹** /rúːt, rút|rúːt/ 《同音 ✝route; 類音 loot》 <u>13</u> [名] (**roots** /rúːts, rúts|rúːts/) **1** ⓒ [しばしば複数形で] (植物の)根《☞ tree 挿絵》: The ~s of this tree have spread out several meters. この木の根は数メートルも張っている.

2 ⓒ (舌・指・歯・爪などの)付け根《植物の根のように隠れた部分》, 根元: the ~s of the hair 毛根.

3 ⓒ 根源 (source); 根本, 基礎: Money is the ~ of all evil. 金銭欲が諸悪の根源《新約聖書のことば》. **4** [形容詞的に] 根本の, 根源の, 基礎となる: What is the ~ cause of all this misery? この悲惨さの根本原因は何だろう. **5** [複数形で] ルーツ, 結びつき《人の民族的・文化的・社会的な起源》; (土地などに対する)心のきずな: How far can you trace your ~s? あなたのルーツ[家系]はどのくらい昔までさかのぼれますか / Their music has its ~s in jazz. 彼らの音楽はもともとはジャズからである. **6** ⓒ《文法》原形;《言》原形, 語根 (*of*). **7** ⓒ《数》根, ルート《√ または √ ̄ で表わす》: a square [cube] ~ 平方[立方]根 (*of* ...). **参考** √36 は the square [second] *root* of thirty-six, ∛27 は the cube [third] *root* of twenty-seven と読む.

be [lie] at the róot of ... [動] 他 ...の根本原因である; ...の根本[基礎]にある. by the róots [副] 根こそぎに. gèt to the róot of ... [動] 他 ...の根本原因を究明する: Let's *get to the* ~ *of* the problem. 問題の根本までを堀り下げて考えよう. pùt dówn róots [動] (1) (植物が)根を下ろす. (2) (人が)新しい所に落ち着く;(制度などが)定着し出す. róot and bránch [副/形] (1) 改革・除去などが)徹底的に[な]. tàke [stríke] róot [動] (1) (考え方・習慣などが)根を下ろす, 定着する. (2) (植物が)根がつく.

文法 原形

語の基本となる形をいう. 特に動詞の人称・数・格による語尾変化を取り去った場合の基本形を指すことが多い. 辞書の見出し語として掲げてあるのは大部分がこの形である. 動詞の原形がそのまま用いられるのは次の場合である.

(1) 不定詞. 原形の前に to がつくのを to 不定詞《用法については ☞ to²》, to がつかないのを原形不定詞 (bare infinitive) と呼ぶ.

(2) 命令文で.
(3) 三人称単数現在形以外の直説法 (indicative mood) の現在形で.
(4) 仮定法現在 (subjunctive present) で.

— 動 (roots /rúːts, rúts | rúːts/; root·ed /-tɪd/; root·ing /-tɪŋ/) 自 〈植物が〉根づく: This plant has ~ed quickly. この植物は根づくのが早かった.
— 他 1 [普通は受身で] 〈植物を〉根付かせる. 2 [しばしば受身で] 〈考え方・習慣などを〉定着させる (⇨ rooted 1): Their ill feeling towards the company is deeply ~ed. 彼らのその会社に対する反感はきわめて深いものである. 3 (恐怖などが) 〈人を〉動けなくする (to) (⇨ rooted 成句). róot onesèlf [動] 自 〈植物が〉根付く.
róot óut [動] 他 (1) 〈…を〉根こそぎにする; 根絶する (⇨ root out (root³ 成句)): Our campaign is aimed at ~ing out corruption. 我々のキャンペーンは汚職の根絶を目標としている. (2) 〈人を〉追い出す. róot úp [動] 他 〈植物などを〉根ごと引き抜く, 根こそぎにする.

root² /rúːt, rút | rúːt/ [動] 自 [普通は進行形で] (略式) 応援する, 〈主に米〉 (チーム・選手に) 声援を送る (for).

root³ /rúːt, rút | rúːt/ [動] 〈豚が〉…を鼻で掘る (up). — 自 1 〈豚などが〉鼻で地を掘って食べ物を探す. 2 [副詞(句)を伴って] 〈人がひっかき回して〉捜す, 捜し出す (about, around; in, through, among).
róot óut [úp] [動] 他 (略式) 〈くまなく調べて〉…を捜し出す. — 動 [次の成句で] háve a (góod) róot róund [動] 自 (略式, 主に英) あちこちかき回して (よく) 捜す.

róot bèer 名 U.C (主に米) ルートビア 〈植物の根の汁が入っている清涼飲料; 子供がが好む〉.
root-bound /rúːtbaʊnd, rúːt- | rúːt-/ 形 (植物が) 鉢いっぱいに根を張った, 根詰まりの (pot-bound).
róot canàl 名 C [歯] 根管(治療).
róot cèllar 名 C (米) 根菜類地下貯蔵庫[室], むろ.
róot cròp 名 C 根菜類の作物 (かぶ・にんじんなど).
róot diréctory 名 C [電算] ルートディレクトリー 《階層化されたファイルシステムの基点となる》.
root·ed /rúːtɪd, rúːt- | rúːt-/ 形 1 (…に)根源[源泉]がある, 根ざしている: His views are ~ in the liberal tradition. 彼の考え方は自由主義的な伝統に根ざしている. 2 [普通は A] 深く根ざした, 根強い (deep-rooted): They have a ~ objection to nuclear power stations. 彼らは原子力発電所に根強く反対している. **be [stánd] róoted (to the spót [gróund])** [動] 自 (その場に根が生えたように) くぎづけになる, 立ちつくす.
root·er /rúːtə | -tə/ 名 C (米略式) 応援者.
róot infínitive 名 C [文法] 原形不定詞 (⇨ bare infinitive [文法]).
root·le /rúːtl/ [動] 自 (英略式) あちこちかき回して捜す (around, about).
root·less /rúːtləs, rúːt- | rúːt-/ 形 (生活などが)根なし草の; 根のない. **~·ness** 名 U 根なし草であること.
róot-méan-squáre 名 C [数] 二乗平均.
róot sign 名 C = radical sign.
róot végetable 名 C = root crop.

rope /róʊp/ 名 (~s /-s/) 1 C.U 縄, 綱, ロープ (⇨ string [類語群]): tie [fasten] with a (piece of) ~ 縄で縛る / a wire ~ ワイヤーロープ, 綱索 / a jump ~ (米) 縄跳びの縄 (skipping rope): His arms were tied behind his back with a ~. 彼は縄で後ろ手に縛られていた. 2 C (主に宝石などの) ひとつなぎの物: a ~ of pearls ひとつなぎの真珠飾り. 3 [the ~] (古風) 絞首刑. 4 [the ~s] (ボクシングのリングなどの) ロープ, 囲い. 5 C (米) 投げ縄 (lasso). **be at [cóme to, réach] the énd of one's rópe** [動] 自 (主に米) (忍耐・能力などの) 限界にきている[達する], 万策つきる

(英) 「be at [come to] the end of one's tether」.
give ... enóugh [plénty of] rópe (to háng ...sélf) [動] 他 〈人に全く自由に行動させて(自滅させ)る. 由来 次の(ことわざ)から: Give a fool enough ~ and he'll hang himself. 愚か者をいいほうだいにさせておけば身を滅ぼす. **júmp rópe = skíp rópe** [動] 自 (米) 縄跳びをする (英) skip. **knów [léarn] the rópes** [動] 他 〈組織などの〉事情に通じて [通じるようになる], こつをのみこむ. **on the rópes** [形] (略式) (1) 〈ボクサーが〉ふらふらでロープにもたれかかって. (2) すっかりまいって, 困って. **shów [téach] ... the rópes** [動] 他 〈…に〉やり方[こつ]を教える.
— 動 他 1 〈…を〉(縄・ロープで) 縛る: One of the elephant's feet was ~d to a post. 象の片足は柱に縛りつけられていた / The prisoners were ~d together. 囚人たちはロープで縛られてつながっていた. 2 (米) 〈動物を〉投げ縄でつかまえる. **rópe ín** [動] 他 [特に受身で] (略式) 〈人を〉引き込む, 誘い入れる (to do). **rópe ... ínto** [動] 他 [特に受身で] (略式) 〈人を〉…に誘い込む: I was ~d into helping. 私は引き込まれて手伝いをした. **rópe óff** [動] 他 〈ある区域を〉縄[ロープ]で囲う; 縄[ロープ]で仕切る. **rópe úp** [動] 他 (登山者たちが)体をザイルでつなぎ合わせる.

rópe làdder 名 C 縄ばしご.
rópe wàlker 名 C 綱渡り芸人.
rope·way /róʊpweɪ/ 名 C ロープウェー.
rop·y, rop·ey /róʊpi/ 形 (rop·i·er, -p·i·est) (英略式) 質の悪い; (体の)調子が悪い; 不安定な.
Roque·fort (chèese) /róʊkfət(-) | rɔ́kfə(-)/ 名 U ロックフォール(チーズ) 《羊の乳から作るフランス産ブルーチーズ; 商標》.
ro-ro /róʊroʊ/ = roll-on roll-off.
Rór·schach tèst /rɔ́ːʃɑːk- | rɔ́ː-/ 名 C [心] ロールシャッハテスト《インクの染みのような模様を見せて連想したものから性格を判断するテスト》.
Ro·sa /róʊzə/ 名 固 ローザ 《女性の名》.
Ros·a·lind /rázəlɪnd | róz-/ 名 固 ロザリンド 《女性の名》.
ro·sa·ry /róʊzəri/ 名 (-sa·ries) 1 C [カトリック] ロザリオ 《祈りに用いる数珠(じゅず)》. 2 [the ~; しばしば the R-] [カトリック] ロザリオの祈り.

rosary 1

***rose¹** /róʊz/ (同音 loathe, roads (road の複)) 動 rise の過去形.

***rose²** /róʊz/ (同音 loathe, roads (road の複)) 名 (ros·es /-ɪz/; 形 rósy) 1 C (植物) ばらの花; 米国 New York 州の州花: R~s smell sweet. ばらはよい香りです / There is no ~ without a thorn. (ことわざ) とげのないばらはない (世に完全な幸福はない).

関連	
rose	(ばら) England の国花
thistle	(あざみ) Scotland の国花
daffodil	(らっぱずいせん) Wales の国花
shamrock	(こめつぶつめくさ) Ireland の国花

2 U ばら色. 3 [形容詞的に] ばらの; ばら色の; ばらの香りのする: a ~ opal 淡紅色のオパール. 4 C ばらのような花: the ~ of Jericho 安産樹 《西アジア原産の1年草》. 5 C [普通は複数形で] (略式) ばら色の顔色: put the ~s back in a person's cheeks (英) 人の顔色をよくする. 6 C ばらの花のように美しい人; 甘美な物[事], 安楽. 7 C ばらの模様[形]をしたもの (窓・じょう

Rose

ろの散水口・シャンデリアを下げる部分の装飾など). **be nót àll róses**=be not a béd of róses [動] (自) (略式) (仕事などが)いいことばかりではない (いやなこともある). **còme óut [úp] smélling [《米》like [《英》of] róses**[《米》**a róse**] [動] (自) (略式) ローズボウル(あぶないところ)を非難されに[無傷で]すむ; 非難をかわして(不当に)評価を上げる. **còme ùp róses** [動] (自) (普通は進行形で) (物事)がうまく行く (for). **the Wárs of the Róses** [名] (英史) ばら戦争 (1455-85) (Englandの Lancaster 家と York 家との王位争い; 両家の紋章がばらの花だったのでこう呼ばれる).
Rose /róuz/ [名] 園 ローズ (女性の名).
ro·sé /rouzéi | róuzei, rouzéi/ 《フランス語から》 [U.C] ロゼ(ピンク色のワイン). (⇒ **wine** 参考).
ro·se·ate /róuziət, -zièit/ [形] (普通は [A]) (文) ばら色の; (過度に)楽観的な.
Ro·seau /rouzóu/ [名] 園 ロゾー (ドミニカの首都).
Róse Bòwl [名] [the ～] 《米》ローズボウル (元日に行なわれるアメリカ大学フットボール中西部リーグの優勝校同士の対戦). (⇒ **Cotton Bowl, Super Bowl**).
róse·bùd [名] C ばらのつぼみ.
róse·bùsh [名] C ばらの木.
róse-còlored [形] ばら色の; 楽観的な, 有望な. **sée [lóok at, víew]...thròugh róse-colored glásses [spéctacles]** [動] 他 〈世の中など〉を楽観的に考える, 甘くみる.
róse gàrden [名] C ばら園.
róse hìp [名] C (普通は複数形で) (赤く熟した)ばらの実.
rose·mar·y /róuzmeri | -m(ə)ri/ [名] U ローズマリー, まんねんろう 《常緑小低木; 忠実・貞操・記憶の象徴とされる》; ローズマリーの葉 《料理・香料用》.
Rose·mar·y /róuzmeri | -m(ə)ri/ [名] 園 ローズマリー (女性の名).
Róse Pa·ràde [名] 園 ローズパレード (Rose Bowl を祝して行なわれるパレード).
rose-tint·ed /róuztìntid/ [形] (主に英) =rose-colored.
Ro·sét·ta Stòne /rouzétə-/ [名] [the ～] ロゼッタ石 (1799年に Nile 河口付近で発見された碑石; エジプト象形文字解読の手がかりとなった).
ro·sette /rouzét/ [名] C 1 (リボンなどの)ばら結び (バッジ・賞として上着につける); (服装などに用いる)ばらの花飾り. 2 (建) 円花飾り; (植) ロゼット (葉・花弁などのばらの花冠状の配列).
róse wàter [名] U ばら香水 (時に料理用).
róse wíndow [名] C (教会の)ばら窓, 円花窓.
rose·wood /róuzwùd/ [名] U 紫檀(たん) 《熱帯産のまめ科の常緑樹》; U 紫檀材 《高級家具材》.
Rosh Ha·sha·na(h) /rɔ́(ː)ʃhəʃɔ́ːnə | rɔ́ʃhæː-/ [名] U 《ユダヤ教》新年祭 (9月か10月に祝う).
ros·in /rɑ́(ː)zn | rɔ́zn/ [名] U ロジン (松やにからテレビン油を蒸留した後の残留物; 滑り止めにする). 2 = resin 1. — [動] 他 〈バイオリンの弓など〉にロジンを塗る.
ros·i·ness /róuzinəs/ [名] U ばら色[有望]であること.
Ross /rɔ́ːs | rɔ́s/ [名] 園 **Betsy** ～ ロス (1752-1836)《米国国旗をデザインしたとされる女性》.
Ros·set·ti /rouzéti, -séti | rə-/ [名] 園 ロセッティ 1 **Christina Geor·gi·na** /ʤɔː(r)-/ ～ (1830-94)《英国の女流詩人》. 2 **Dante Gabriel** ～ (1828-82)《英国の詩人・画家; 1 の兄》.
Ros·si·ni /rousíːni | rɔ-/ [名] 園 **Gio·ac·chi·no** /ʤòuəkíːnou/ ～ ロッシーニ (1792-1868)《イタリアのオペラ作曲家》.

ros·ter /rɑ́stə | rɔ́stə/ [名] C 1 当番表; 勤務時間表 (《英》rota). 2 名簿(の人[物]); 《スポ》登録選手表. — [動] (-ter·ing /-tərɪŋ/) 他 (主に英) 〈...〉を当番表に載せる.
ros·trum /rɑ́strəm | rɔ́s-/ [名] (複 ～s, ros·tra) C 演壇; 説教壇; 指揮台.
ros·y /róuzi/ [形] (ros·i·er; ros·i·est; [名] rose[2]) 1 ばら色の; (顔・肌などが健康で)赤らんだ, 紅顔の, 血色のよい: ～ cheeks 真っ赤なほお. 2 (見通しなどが)明るい (bright), 有望な: a ～ future ばら色の未来. **paint [presént] a rósy pícture of ...** [動] 他 〈...〉を楽観的に見る(述べる).
rot /rɑ́(ː)t | rɔ́t/ [名] (類義語 lot, rat, #what[1, 2]) [動] (rots /rɑ́ts | rɔ́ts/; rot·ted /-tɪd/; rot·ting /-tɪŋ/) (自) 1 (果物・野菜・肉が)腐る, 腐敗する (decay); (家などが)朽ちる (⇒ rotten) (down): The tomatoes rotted in the basket. トマトはかごの中で腐った. 2 堕落する, (社会などが)腐敗する; (囚人などが)衰える: be left to ～ in jail 刑務所で朽ち果てるままにされる.
— 他 〈...〉を腐らせる, 朽ちさせる: Too much rain will ～ the crops. あまり雨が多いと作物が腐る.
rót awáy [動] 自 腐り[朽ち]果てる. — 他 〈...〉を腐り[朽ち]果てさせる.
— [名] 1 U 腐敗; 腐敗物; (菌類による)腐敗病. 2 [the ～] (社会的・道徳的)腐敗, 衰退, 堕落: That started [stopped] the ～ in our town. うちの町はそれでだめになり始めた[もち直した] / The ～ started from the inside. 腐敗は内部から始まった / The ～ set in when tourists began to visit the country. 観光客が来るようになってこの地方は堕落し始めた. 3 U (古風, 英略式) たわごと, ばかなこと: talk (a lot of) ～ くだらないこと(をいろいろ)言う.
ro·ta /róutə/ [名] C (主に英) =roster 1.
Ro·tar·i·an /routéəriən/ [名] C ロータリークラブ (Rotary Club)の会員.
ro·ta·ry /róutəri/ [13] [名] (-ta·ries) C (米) ロータリー (円形の交差点) (traffic) circle, (英) roundabout). — [形] (普通は [A]) 1 回転の. 2 回転式の: a ～ engine ロータリーエンジン.
Ró·ta·ry Clùb [名] [the ～] ロータリークラブ (国際的な社会奉仕団体; 正式名 Rotary International).
rótary plów [tíller] [名] C 回転耕耘(ぅん)機 (disk harrow).
ro·tate /róuteɪt | routéɪt/ [動] (ro·tates /-teɪts/, -teɪts/; ro·tat·ed /-tɪd/; ro·tat·ing /-tɪŋ/; [名] rotation) (自) 1 回転する; 循環する (⇒ turn 類義語): The moon ～s around /ráʊnd/ the earth. <V+around [round]+名・代>) 月は地球の周りを回転する / The earth ～s on its axis. <V+on+名・代>) 地球は地軸を中心に自転する. 2 交代する, 輪番である.
— 他 1 〈...〉を回転させる. 2 〈...〉を交代させる; 〈仕事〉を輪番でする; (農) 輪作する.
ro·ta·tion /routéɪʃən/ [名] (動 rótate, [形] rotátional) U.C 1 回転; 循環: the ～ of the earth around the sun 地球の太陽をまわる回転. 2 交替; 《野》ローテーション (先発投手の起用順序). 3 (天) 自転: the ～ of the earth (on its axis) 地球の自転. 関連 revolution 公転. **in rotátion** [副] 順番に, 順繰りに. **the rotátion of cróps**=**cróp rotátion** [名] (農) 輪作.
ro·ta·tion·al /routéɪʃ(ə)nəl/ [形] ([名] rotation) 回転する; 交替の; 輪作の.
ROTC /rɑ́tsi | rɔ́tsi/ [名] [the ～] 《米》=the Reserve Officers Training Corps 予備役将校訓練隊 (大学卒業後一定の兵役を行う条件で学資を貸与する).
rote /róut/ [名] U (格式) 丸暗記(学習法): ～ learning 丸暗記学習. **by róte** [副] 《格式》(けなして) 機械的に, そらで: learn by ～ 丸暗記する.

ROTFL, rotfl /rátfl | rót-/ 〔略〕〔Eメールで〕 = rolling on the floor laughing 笑い転げて.

rot·gut /rátgʌ̀t | rót-/ 名 U 〔略式〕安酒.

Roth·ko /róθkou | róθ-/ 名 個 **Mark ~** ロスコー (1903-70)《米国の画家》.

Roth·schild /rɔ́:θ(s)tʃaɪld | róθ(s)-/ 名 個 ロスチャイルド, ロートシルト《ユダヤ人の金融資本家の家系》.

ro·ti /róuti/ 名 U,C ローティー《インドの酵母の入っていない平たいパン》.

ro·tis·ser·ie /routís(ə)ri/《フランス語から》 名 C **1** (回転式の)肉焼き器. **2** 焼き肉レストラン.
— 動 他 〈…〉を焼き肉器で焼く.

ro·to·gra·vure /ròutəgrəvjúə | -vjúə/ 名 **1** U 輪転[ロート]グラビア印刷. **2** C 〔新聞・雑誌の〕ロートグラビア写真ページ.

†**ro·tor** /róutə | -tə/ 名 C **1** 〔機〕(モーターなどの)回転部. **2** [時に ~ blade] (ヘリコプターの)回転翼.

ro·to·till·er /róutətìlə | -lə/ 名 C [時に R-]《米》回転耕転(≿)機.

*****rot·ten** /rátn | rótn/ 形 (-ten·er; -ten·est) **1** (果物・野菜・肉・魚などが)腐った, 朽ちた, ほろほろになった: a ~ tomato 腐ったトマト / go ~ 腐る 用法注意 「牛乳が腐る」は milk goes sour と言い, rotten とは言えない. **2** (道徳的に)堕落した (corrupt); 不健全な: They are ~ to the core. 彼らは芯(ピ)から腐っている. **3** 〔略式〕不快な, ひどい; 不親切な (to); どうしようもなく下手な: I'm ~ at singing. 私は歌がおそろしく下手です. **fáncy ... rótten** 〔略式〕《英》〔俗〕〈人に〉性的にとてもひかれている. **féel rótten** 動 〔略式〕気分が悪い; 〔…について〕気が重い, やましい (about). **spóil ... rótten** 動 〔略式〕〈子供など〉を甘やかしてだめにする. **~·ly** 副 ひどく, 悪く. **~·ness** 名 U 腐敗; 堕落.

rótten ápple 名 [a ~]〔略式〕(グループ内の)他の人に悪影響を及ぼす人, 元凶.

rot·ter /rátə | -tə/ 名 C 〔古風, 英略式〕いやなやつ.

Rot·ter·dam /rátədæ̀m | rɔ́tə-/ 名 個 ロッテルダム《オランダ南西部の港湾都市》.

rott·wei·ler /rátwaɪlə | rótwaɪlə/ 名 C ロットワイラー《ドイツ原産の番犬》.

ro·tund /routʌ́nd, róutʌnd/ 形 〔格式〕または〔滑稽〕(人が)丸丸とした.

ro·tun·da /routʌ́ndə/ 名 C (丸屋根のある)円形の建物; 円形の広間.

ro·tun·di·ty /routʌ́ndəti/ 名 U 〔滑稽〕肥満.

rou·ble /rú:bl/ 名 C =ruble.

rou·é /ru:éɪ, rú:eɪ/《フランス語から》 名 C 〔文〕放蕩[道楽]者.

rouge /rú:ʒ/ 名 U 〔古風〕ルージュ, 口紅, ほお紅 (blush). — 動 他 〈…〉にルージュをつける.

*****rough** /rʌ́f/ 《同音 ruff; 類音 laugh》 **1** 形 (rough·er; rough·est; 動 róughen)

「粗い」1 → 「仕上げをしていない」6 → 「大まかな」2
　　　　→ 「粗野な」, 「荒々しい」3, 5

1 (表面が)粗い, ざらざらした, でこぼこの (反 smooth); (毛が)もじゃもじゃの; ~ paper ざらざらした紙 / ~ skin 荒れた肌 / This cloth is ~ *to* the touch. <A+*to*+名> この布は触るとざらざらした感じがする.
2 〔普通は A〕大まかな, 未完成の, 正確でない: a ~ translation 大まかな翻訳 / a ~ idea およその見当 / A ~ drawing [estimate] will do. 大ざっぱな図[見積もり]で結構です.
3 粗野な, 不作法な, がさつな; 乱暴な(ふるまいをする), 荒っぽい: a ~ sport 荒っぽいスポーツ / ~ handling 乱暴な取扱い / Don't be so ~ *with* the box. その箱をそんなに乱暴に扱わないで.
4 〔普通は A〕〔略式〕つらい, 苦しい (tough); 不愉快な: a ~ life つらい人生 / a ~ night よく眠れない夜 / have a ~ time つらい目にあう.
5 危険[物騒]な; (天候・海などが)荒れた: a ~ part of the city その都市の物騒な一帯 / ~ seas 荒れた海 / a ~ ride たいへんな旅; つらい経験. **6** 仕上げをしていない; 未完成の, 不完全の: a ~ copy [draft] (原稿などの)下書き / ~ jewels 加工していない宝石. **7** 〔P〕〔英略式〕気分[体調]が悪い; やつれた: feel ~ 具合が悪い / look ~ やつれて見える. **8** (音などが)耳ざわりな. **9** (ワインなどが)渋い, 辛口の. 日英比較 「ラフな服装」といった使い方は和製英語. 英語では casual や comfortable を用いる. **be róugh on ...** (1) 〔略式〕(事が)…にとってつらい, …に不運である. (2) (人が)…に厳しい, つらくあたる.

— 名 **1** 〔the ~〕〔ゴルフ〕ラフ《芝の植えてない草地》; 〔☞ golf 挿絵〕. **2** C 下書き. **3** C 〔古風, 略式〕乱暴者. **in róugh** 〔副〕《主に英》下書きで; 大ざっぱに. **in the róugh** 〔形・副〕未加工の[で], 未完成の[で]. **táke the róugh with the smóoth** 〔動〕 自 人生の幸不幸[苦楽, 運不運]をともに受け入れる.

— 動 [次の成句で] **róugh ín** 〔動〕他 〈…〉をざっと書き入れる. **róugh it** 〔動〕 自 〔略式〕不便を忍ぶ, 不自由な生活をする. **róugh óut** 〔動〕他 〈…〉の概略を書く. **róugh úp** 〔動〕他 〔略式〕〈人〉を手荒く扱う; 〈人〉に暴力を振るう.

— 副 荒っぽく, 乱暴に: Tom plays ~. トムは乱暴なプレーをする. **líve róugh** 〔動〕 自 《英》(特に戸外で)不便な生活をする. **sléep róugh** 〔動〕 自 《英》(浮浪者などが)戸外で寝る, 野宿する.

rough·age /rʌ́fɪdʒ/ 名 U (食物)繊維.

rough-and-read·y /rʌ́f(ə)nrédi←/ 形 〔普通は A〕 **1** 間に合わせ的な, 簡単な. **2** (人が)がさつな.

rough-and-tum·ble /rʌ́f(ə)ntʌ́mbl←/ 名 U (しばしばふざけてする)乱闘, 乱戦, 競い合い (of). — 形 乱闘的な, 荒っぽい, むちゃくちゃな.

rough·cast /rʌ́fkæ̀st | -kà:st/ 名 U, 形 A あら塗りしっくい(の).

róugh díamond 名 C 〔英略式〕 =diamond in the rough 〔☞ diamond 成句〕.

rough·en /rʌ́f(ə)n/ 動 他 (rough)〈…〉を粗く[ざらざらに]する. — 自 粗く[ざらざらに]なる.

rough-hewn /rʌ́fhjùːn←/ 形 〔普通は A〕 **1** (木材・石材が)あら削りの. **2** 〔文〕粗野な.

rough·house /rʌ́fhàus/ 動 《米》 自 大騒ぎする, 大げんかする. — 他 〈…〉をぞんざい扱う;〈素手の〉とっくみあう. — 名 [単数形で]《主に米》(室内の)大騒ぎ;〔素手の〕とっくみあい, 乱闘.

róugh jústice 名 U 不当な扱い; 法によらない裁き.

rough·ly /rʌ́fli/ 副 **1** およそ, 約, 大体, ざっと: ~ half 大体半分 / It will cost ~ a thousand dollars. 約千ドルかかる. **2** 乱暴に, 手荒く; 不作法に: She was treated ~. 彼女は乱暴に扱われた.

róughly spéaking 〔副〕 文修飾語 大ざっぱに言うと, 概略で: R~ *speaking*, the United States is twenty-five times as large as Japan. 大ざっぱに言って, 米国は日本より 25 倍大きい.

rough·neck /rʌ́fnèk/ 名 C 〔略式〕 **1** 不作法者, 乱暴者. **2** (油田の)井戸掘り人夫.

rough·ness /rʌ́fnəs/ 名 **1** U 粗いこと, でこぼこ; ざらざらしている箇所. **2** 乱暴; 粗野, 不作法.

rough·shod /rʌ́fʃàd | -ʃɔ̀d/ 形 (馬が)すべり止めの蹄鉄をつけた. **ríde** [《米》**rún**] **róughshod óver ...** 〔動〕他〈…〉にいばり散らす; 〈人の感情・法律など〉をひどく扱う, 踏みにじる.

róugh stúff 名 U S 〔略式〕乱暴; 暴力行為.

rou·lette /ru:lét/ 名 U ルーレット.

round

*round¹ /ráund/ (類音 wound¹)

① …の周りを回って；ぐるりと　〔前 1；副 1〕
② (…の)周りに　〔前 2；副 2〕
③ …のあちこちに　〔前 3〕

[語法] 前, 副 とも《米》では around, 《英》では round を用いるのが一般的.

— 前 /raund/ **1** **…の周(まわ)りをぐるっと回って, (角を曲がるように)…を回って; …を曲がった所に, (回って)…の向こうに[へ]**: The earth goes [moves] ~ the sun. 地球は太陽の周りを回っている / They sailed ~ the world. 彼らは船で世界一周をした / I followed him ~ the corner. 私は彼の後について町角を曲がった / There must be another door ~ (the back of) the house. 家の向こうの裏手にドアがあるに違いない.

2 **…の周りに; …を取り巻いて**: The boys sat ~ the campfire. 少年たちはキャンプファイヤーの周りに座っていた / She had a scarf ~ her neck. 彼女は首にスカーフを巻いていた.

3 **…のあちこちに, …をあちこちに; …を次々に訪れて**: He looked ~ the room. 彼は部屋を見回した / Shall I show you ~ the house? 家の中をご案内しましょうか / We took our cousins 「~ the town [museums]. 私たちはいとこを町[博物館]の見物に連れていきました. [語法] この意味は about でも表わせるが,「一定のコースを回って」,「巡回して」の意を暗示する場合は round のほうが普通. **4** **…の近くに[で]**: She lives 「~ here (somewhere) [somewhere ~ here]. 彼女はこの辺りに住んでいる. **5** **およそ, 約…** (about, around): ~ noon 昼ごろ / You will have to pay (somewhere) ~ (about) £2,500 for it. あなたはその代金を 2,500 ポンドほど払わなくてはならないでしょう. **6** **…を迂(う)回して; (問題・困難など)を切り抜けて**: There is a way (to get) ~ this problem. この問題を回避する方法がある. **7** **…の中じゅう**: work ~ the year 一年中働く.

áll róund …=ríght róund …〔前〕=all around … (☞ around 前 成句). **róund and róund …**〔前〕…(の周り)をぐるぐる回って.

— /ráund/ 副 **1** **ぐるりと(回って); 回り回して; (時が)巡って(きて); (向きを変えて)向こう側[反対方向]へ**: The minute hand of a clock goes ~ once an hour. 時計の分針は 1 時間に 1 周する / The girls were dancing ~ in a circle. 少女たちは輪になって踊り回っていた / The summer vacation will soon be ~ again. 夏休みがもうじきまた巡ってきます / She turned ~. 彼女は向き直った.

2 **周りに, 周りを, 周囲に[を]; (場所の)あちこちに**: The pupils gathered ~. 生徒たちが周りに集まった. **3** **周囲に, 周りが**: a ball 10 inches ~ 周囲が 10 インチのボール. **4** **(グループの人々に)行き渡るように, 回して; 巡回して**: Please hand these papers ~. この書類を回覧してください. **5** **回り道して, 遠回りして**: Let's go ~ to the bakery and get some fresh muffin. パン屋に寄って焼きたてのマフィンを買っていこう. **6** 《略式》**ある場所へ, (近くへ)出向いて; 自宅に**: Come ~ (to my house) at five o'clock. 5 時に(私の家へ)訪ねてきなさい / I'm having my friends ~ for dinner tonight. 《主に英》今晩友人を食事に呼んであります. **7** **[特に time に伴って] (ある時に); (一定期間)ずっと** (☞ all (the) year round (year 成句)): this [next] time ~ 今回[次回](は); the first [second, …] time ~ 一[二, …]回目(に).

áll róund=ríght róund〔副〕=all around (☞ around 副 成句). **róund abóut**〔副〕(1) ぐるっと回って; 周りに: The red roof contrasts pleasantly with the grey ones ~ about. 赤い屋根は周りのグレーの屋根と美しい対照を成している. (2) 近くに. **róund abóut …**〔前〕《S》(1) およそ…, 約… (about) (☞ 前 5). (2) …の周りに; …の近くに. **róund and róund**〔副〕(何度も)ぐるぐる回って.

*round² /ráund/ (類音 wound¹) **13 形** (round-er; round-est) **1** **丸い; 円[球]形の, 球形の, 円筒形の**: a ~ hole 丸い穴 / a ~ table 丸いテーブル, 円卓 (☞ round table) / a ~ arch 半円アーチ. The earth is not perfectly ~. 地球は完全な球形ではない / Her eyes grew ~ with joy at the news. 彼女はその知らせを聞いてうれしさのあまり目を丸くした. **2** **丸々とした, 丸みを帯びた**: ~ cheeks ふっくらしたほお / He has ~ shoulders. 彼は猫背だ. **3** A **ぐるっと回る, 一周の**: take a ~ trip 周遊旅行をする. **4** A (数量が)ちょうどの, 完全な; 端数のない; 丸めた: a ~ dozen ちょうど 1 ダース / a ~ number 端数のない数 (485 に対する 500, 73 に対する 70 など) / in ~ numbers [figures] 端数は切り捨てて[四捨五入して], 概数で / a ~ estimate 概算見積もり.

— 名 (rounds /ráundz/) C **1** (仕事・交渉などの)一連の活動, 一段階; 繰り返し, 連続: the Uruguay R~ ウルグアイラウンド (GATT の多角的貿易交渉 (1986-94)) / The President planned three ~s of talks with the Prime Minister. 大統領は首相と 3 回の会談を予定した.

2 (仕事で回る)巡回, 配達; 巡回[配達]路: The doctor was 「out on her ~s [doing her ~s]. その医者は往診[配達]に出ていた. [関連] milk round (毎日の)牛乳配達 / paper round (毎日の)新聞配達.

3 《特にスポ》**ひと勝負, ひと試合, (トーナメントの)…回戦; (ボクシング・レスリングなどの) 1 ラウンド; (ゴルフの) 1 ラウンド (普通は 18 ホール)**: a ten-~ fight 10 回戦 (ボクシングの場合) / the second ~ of the entrance exams 入試の二次試験. **4** (弾薬の)一発分; (銃などの)一発, 一斉射撃; (歓声などの)ひとしきり; (飲食物などの)ひと回り: a big ~ of applause ひとしきり盛んな拍手 / buy a ~ of drinks 全員にひとわたり酒をおごる / It's my ~. 今度は私が(みんなに)おごる番だ. **5** 円形のもの; 輪; 球. **6** 《主に英》パンのひと切れ (輪切り); (輪切りのパン丸ごと 2 枚からなる)サンドイッチ. **7** 《楽》 輪唱.

dó the róunds〔動〕⾃ (1) (うわさ・病気など)が伝わる, 広まる (of). (2) =make the rounds. **gó the róunds**〔動〕⾃ (1) =make the rounds. (2) 《英》=do the rounds (1). **in the róund**〔形・副〕(1) (劇場で)客席が舞台をぐるりと取り巻いている(2). (彫刻が)丸彫りの[で]. (3) 《英》あらゆる角度から見た[て]. **máke the [one's] róunds**〔動〕⾃ (しばしば職・切符などを求めて)(…を)次々と回る[電話する], 巡回する; (医者が)回診する (of). **the [one's] dáily róund** 〔名〕日々の仕事[務め] (of).

— 動 (rounds /ráundz/; round-ed /-ɪd/; round-ing) ⾃ **1** (…)を**回る, 曲がる; 一周する**: The racing car ~ed the bend too fast and crashed. そのレーシングカーはカーブを曲がるときスピードを出しすぎて衝突した. **2** (…)を**丸くする, 丸める**: He ~ed his lips. 彼は唇を丸めた. **3** **仕上げる**. **4** 〈数字〉を端数のない[切りのいい]数にする (to). — ⾃ **1** **丸くなる, 丸くふくらむ**: The balloon gradually ~ed. 気球は次第に丸くなった. **2** **回る; 向きを変える** (into).

---

round の句動詞

róund dówn〔動〕⾃〈数字の端数を切り捨てて概数にする(to). [関連] round up 切り上げる / round off 四捨五入する.

*róund óff〔動〕⾃ **1** 〈…〉を**仕上げる, 締めくくる** (with, by doing): How about an ice cream to ~ off the meal? 食事の終りにアイスクリームはどうですか.

2《主に米》《数字》を四捨五入する, 概数にする: *R~ off* 13.286 *to* two decimals [decimal places]. 13.286 の小数第2位未満を四捨五入せよ. 関連 round up 切り上げる / round down 切り捨てる.   **3**《...》を丸くする; 《...》の角(ﾋﾆ)を落とす.
róund on [upòn] ... 動 他《英》**1** ...に襲いかかる. **2**《人》にいきなり食ってかかる.
róund óut 動 他 《...》をより完全なものにする；＝ round off 1.
róund úp 動 他 **1**《人や動物》を駆り集める、《証拠など》を集める. **2**《犯人グループ》を検挙する. **3**《数字》を(端数のない数に)切り上げる (*to*). 関連 round down 切り捨てる / round off 四捨五入する. **4**《会合・話など》を締めくくる (*with*).

⁺**round·a·bout** /ráundəbàut/ 名 ⓒ《英》**1** ＝rotary. **2** ＝merry-go-round. — 形 Ⓐ **1** 回り道の, 遠回りの. **2**（ことばなどが）遠回しの, 間接的な.
róund brácket 名 ⓒ［普通は複数形で］《英》丸かっこ（(　)の記号）(parenthesis).
róund dánce 名 ⓒ 円舞.
⁺**round·ed** /ráundɪd/ 形［普通は Ⓐ］**1** 円形の, 曲線状の. **2** バランスのとれた, 円熟した, 《味が》まろやかな.
roun·del /ráundl/ 名 ⓒ **1** 小円形の飾り. **2**（空軍機の国籍を示す）円形標識.
round·ers /ráundəz | -dəz/ 名 Ⓤ ラウンダーズ《野球に似た英国の子供の球技》.
round-eyed /ráundáɪd/ 形 （驚きなどで）目を丸くした.
Round·head /ráundhèd/ 名 ⓒ《英史》円頭党員 (Cavalier と対立した17世紀の清教徒・議会派).
róund·hòuse 名 (-houses) ⓒ **1** （中央に転車台のある）円形機関車車庫. **2**《略式》大振りのパンチ.
— 形《略式》パンチ的大振りの.
round·ish /ráundɪʃ/ 形 やや丸い, 丸みを帯びた.
round·ly /ráundli/ 副 **1** 率直に；厳しく: ~ defeated 完敗して. **2** 十分に, 完全に. **3** 丸く. **4** 概数で；だいたい.
round·ness /ráundnəs/ 名 Ⓤ 丸いこと, 丸み.
róund róbin 名 ⓒ **1**《スポ》総当たり戦. **2**《英》円形に署名した請願書《署名者名簿順を隠すため》.
round-shoul·dered /ráundʃóʊldəd | -dəd⁻/ 形 猫背の.
rounds·man /ráundzmən/ 名 (-men /-mən/) ⓒ **1**《米》パトロールを監督する巡査部長. **2**《古風, 主に英》《牛乳・パンなど》の配達人.
róund stèak 名 ⓒ もも肉から取った厚切り牛肉.
⁺**róund tàble** 名 **1** ⓒ 円卓会議; 円卓会議の出席者《全体》. **2** [the R- T-] アーサー (Arthur) 王臣下の騎士たち (the Knights of the Round Table) を座らせた円卓; アーサー王と円卓の騎士たち.
róund-tàble 形 Ⓐ 円卓の: a ~ conference 円卓会議.
round-the-clock /ráun(d)ðəklák | -klɔ́k⁻/ 形 Ⓐ ＝around-the-clock.
⁺**róund tríp** 名 ⓒ **1**《米》往復旅行《英》return trip). **2**《英》周遊旅行.
róund-trìp tícket /ráun(d)trɪp-/ 名 ⓒ《米》往復切符（《英》return ticket). 関連 one-way ticket 《英》片道切符.
⁺**róund-ùp** /ráundʌp/ 名 ⓒ **1**（ニュースなどの）まとめ, 総括. **2**《家畜》の駆り集め. **3**（犯人の）検挙.
round·worm /ráundwə̀ːm | -wə̀ːm/ 名 ⓒ〔動〕線虫（回虫など）.
⁺**rouse** /ráuz/ 動 他 **1**《文》《...》の目を覚まさせる (awaken),《...》を起こす: I was ~d *from* [*out of*] a deep sleep. 私は深い眠りから覚めた. **2** 《...》を奮い立たせる; 刺激する: ~ oneself 奮起する / She ~d her

Rover 1527

son *from* his depression. 彼女は落ちこんでいた息子を奮い立たせた / My advice ~d him *into* [*to take*] action. 私の忠告で彼は行動を起こした. **3**《感情》を喚起する; 怒らせる. — 自《文》目覚める.
rous·ing /ráuzɪŋ/ 形［普通は Ⓐ］**1** 鼓舞する, 奮い立たせる;（声援などが）熱狂的な. **2** 活発な.
Rous·seau /ruːsóʊ | ruːsoʊ, ruːsóʊ/ 名 個 ルソー **1** **Jean-Jacques** /ʒɑ̃ːʒɑ́ːk/ ~ (1712–78)《フランスの思想家・作家》. **2** **Hen·ri** /ɑːnriː/ ~ (1844–1910)《フランスの画家》.
roust /ráʊst/ 動 他 **1**《人》を追い立てる (*out*; *from*). **2**《人》を手荒に扱う, いためつける.
roust·a·bout /ráʊstəbàʊt/ 名 ⓒ《主に米》（油田・牧場などの）未熟練労働者, 臨時雇い；港湾労働者；（サーカスの）下働き.
rout /ráʊt/ 動 他 《...》を大敗させる; 敗走[壊滅]させる.
— 名 ⓒ［普通は単数形で］大敗, 壊滅(状態). **pùt ... to róut** 動 他《文》《...》を敗走[壊滅]させる.

＊**route** /rúːt, ráʊt | rúːt/〔同音 ＃root¹⁻³, ＃rout¹,²/ 題音 ＃loot〕 **Ⓘ** 名 (**routes** /rúːts, ráʊts | rúːts/) ⓒ **1**（ある場所から他の場所へ至る）道 (way), ルート, 道筋；航路, 航空路: take [follow] a ~ あるルートをとる / He flew from Japan to Europe by the polar ~. 彼は北極空路で日本からヨーロッパへ飛んだ / That hotel is *on* our ~. そのホテルは我々が行く道の途中にあります / a ~ map [形容詞的に] 路線図. **2**（ある目的・結果に至る）道, 手段: the only ~ *to* success 成功する唯一の方法. **3** [R-]《主に米》《国道の）...号線 (略 R.): Take R~ 16. 16 号線[国道 16 号]を行け《米国では国道のうち南北に走る道路に奇数の, 東西に走る道路に偶数の番号が付いている》. **4**《米》（新聞などの）配達経路. **en róute** ☞ en route の項目.
gó the róute 動《米》《略式》《野》完投する.
— 動 他 **1** 《...》を(経由を定めて)発送[輸送]する (*by*, *through*): They ~d the freight [*by way of* [*via*]] Singapore. 彼らは貨物をシンガポール経由で発送した. **2** 《貨物・交通など》の道筋を定める.
róute màrch 名 ⓒ （訓練のための）行軍.
rout·er /rúːtə | -tə/ 名 ⓒ〔電算〕ルーター《ネットワークやデータ通信で最適経路を選択する装置》.
⁺**rou·tine** /ruːtíːn⁻/ **Ⓘ** 名 (~s /-z/; routinize) **1** Ⓒ.Ⓤ（日常習慣的にやりきれた仕方, 手順, 慣例, 日常の仕事: a break 'in the [from] ~ いつもの生活を変えること / follow [keep to] a set ~ お決まりのやり方をまもる / A walk before breakfast is part of his daily ~. 朝食前の散歩は彼の日課の一部です (☞ part 名 2［語法］(1)). **2** ⓒ 型にはまった言動[演技];（ダンスの）ルーチン（一連の型通りのステップ）. **3** ⓒ〔電算〕ルーチン《特定の機能を実行させる一連の命令》.
a mátter of routine 名 当然のこと.
— 形 Ⓐ 日常の, 定例の; [けなして] 型にはまった, 変わり映えのない: a ~ physical exam 通常の健康診断 / ~ work お決まりの仕事. 語源 「一定のルート (route) に従った」の意.
⁺**rou·tine·ly** /ruːtíːnli/ 副 日常的に; きまって.
rou·tin·ize /ruːtíːnaɪz/ 動 他 (名 routíne) ⓒ《米》《...》を日常[慣例]化する.
roux /rúː/ 名 (複 /~z/) Ⓤ.Ⓒ〔料理〕ルー《バターと小麦粉を混ぜたもの; スープなどのとろみをつけるのに使う》.
rove /róʊv/ 動 自《主に文》**1** （あてもなく）さまよう, 歩き回る (wander). **2**（目が）きょろきょろする (*about*, *around*, *over*).
— 他 《...》をさまよう, 歩き回る.
rov·er /róʊvə | -və/ 名 ⓒ **1**《文》放浪者, 流浪者. **2**（月・火星などの）探査車.
Ro·ver /róʊvə | -və/ 名 個 **1**《米》ローバー《飼い犬によくつける名; ☞ Fido; Polly》. **2** ローバー《英国の自動車会社; 商標》.

rov·ing /róuvɪŋ/ 形 A あちこち移動する; 浮気をする: a ~ reporter あちこちの現場におもむく記者[レポーター].

hàve a róving éye 動 自 《古風》(次々と他の異性に)目移りする, 浮気っぽい.

＊row¹ /róu/ (同音 rho, roe; 類音 law, low, road, roar, robe, rode, rope, woe, wrote) 中 名 (~s /-z/) C **1** 列 《普通は人や物のきちんと横に並んだ列》; 横列, 並び; 家並み; 《数》(行列の)行: a ~ *of* trees 並木 / a ~ *of* teeth 歯並び / a ~ *of* houses 立ち並ぶ家. 関連 line 縦列.

2 《劇場などの》席の列: He is in the front [fifth] ~. 彼は最前列[前から 5 列目]にいます. **3** [R-] 《地名に用いて》…通り: Savile R~ サヴィロー《ロンドンの街路名; 高級紳士服店が多い》.

a hárd [tóugh] rów to hóe 名 《古風, 略式》難しい[骨の折れる]仕事.

in a rów 12 副・形 (1) 一列に, 一列になって: Please put the glasses *in a* ~. コップを一列に並べてください. (2) 立て続けに(ある), 連続的に: three holidays *in a* ~ 3 連休 / win five games *in a* ~ 5 連勝する.

in róws 副 列を作って, 幾列にもなって.

rów upòn rów of ... 名 《重なって》何列もの…: The wall was covered with ~ *upon* ~ of books. その壁に何列もの本が一面に並んだ.

＊row² /róu/ (同音 rho, roe; 類音 law, low, road, roar, robe, rode, rope, woe, wrote) 動 (rows /-z/; rowed /-d/; row·ing) 他 **1** 《舟》をこぐ, 《ボートレースで》《あるポジション》をこぐ: She ~*ed* the boat *back*. <V+O+副> 彼女はボートをこいで戻った. / No 5 for Oxford オックスフォード大学クルーで 5 番をこぐ.

2 [副詞句を伴って] 《…》を舟で運ぶ: He ~*ed me across* [*up, down*] *the river*. <V+O+前+名・代> 彼は私を舟に乗せて川を渡して[上って, 下って]くれた.

—— 自 **1** [副詞(句)を伴って] 舟をこぐ, 舟をこいで行く: ~ *ashore* 舟をこいで岸につく / We ~*ed out to* sea. <V+out+前+名・代> 我々は海へ舟をこぎ出した.

2 《ボートレースで》クルーの一員としてこぐ (*at, for, against*).

—— 名 (~s /-z/) C [普通は a ~] こぐこと; 舟遊び: We went for *a* ~ on the lake. 我々は湖へボートをこぎにいった.

＊row³ /ráu/ (類音 ＃route) 《主に英》名 (~s /-z/) C **1** 《特に親しい者の》騒々しいけんか, 口論; 《公的な》論争 (*about, over*): He had a terrific ~ with his wife. 彼は妻と大げんかした.

2 騒ぎ, 騒動: They were making too much of a ~ outside for me to study. 外で彼らが騒々しすぎて勉強ができなかった.

—— 動 自 口げんかする (*with; about, over*).

row·an /róuən, ráu-/ 名 C ななかまど《落葉樹》; U ななかまど材 (mountain ash).

row·boat /róubòut/ 名 C 《米》ボート, オールでこぐ舟 (《英》rowing boat) (☞ boat 日英比較).

row·di·ly /ráudəli/ 副 騒々しく, 乱暴に.

row·di·ness /ráudinəs/ 名 騒々しさ; 乱暴.

⁺row·dy /ráudi/ 形 (**row·di·er, -di·est**) 騒々しい; 乱暴な, けんか好きな. —— 名 (**row·dies**) C [普通は複数形で] 《古風》騒々しい人; 乱暴者.

row·dy·is·m /ráudiìzm/ 名 U 乱暴, 騒ぎ.

row·er /róuə | róuə/ 名 C こぐ人, こぎ手.

rów hòuse /róu-/ 名 C 《米》連棟式住宅の 1 軒 (《英》terraced house).

⁺row·ing /róuɪŋ/ 名 U ボートこぎ; 《スポ》ローイング, 漕艇(ぎてい).

rówing bòat 名 C 《英》=rowboat.

rówing machìne 名 C ローイング・マシーン《ボートの漕法練習などに用いる》.

row·lock /rálək | ról-/ 名 C 《英》=oarlock.

Roy /rɔ́ɪ/ 名 ロイ《男性の名》.

＊roy·al /rɔ́ɪəl/ (類音 loyal) 13 形 (名 róyalty) A **1** 王の, 女王の; 王室の 《☞ region 類語, realm 類語》: a ~ family 王族 / a ~ palace 王宮.

2 [時に R-] 王立の, 勅許の《国王の保護・保証の下に設立された》: a ~ charter [warrant] 勅許状. **3** 王者らしい (majestic); 堂々とした: ~ dignity 王者らしい威厳. **4** すばらしい, すてきな (splendid): a (right) ~ feast すばらしいごちそう / have a ~ time 最高に楽しく過ごす. **5** 《略式》とてもひどい: a ~ pain in the neck 《略式》の *róyal 'wé'* [名] 《英》君主の「我々」《Iのかわりに we と言う; ☞ we 5 の用法のこと》. —— 名 C 《略式》王家の一員: the ~s 王族.

Róyal Acádemy 名 固 [the ~] 英国王立美術院 (略 R.A.).

Róyal Áir Fòrce 名 固 [the ~] 英国空軍 (略 RAF).

róyal assént 名 U 《英》《議会を通過した法案が発効するのに必要な》国王の裁可.

róyal blúe 名 U, 形 ロイヤルブルー(の), 藤(ふじ)紫色《明るい紺色》.

Róyal Commíssion 名 C 《英》王立委員会《国王によって任命される政府の諮問機関》.

róyal flúsh 名 [a ~] 《トラ》ロイヤルフラッシュ《ポーカーで同じ組の ace, king, queen, jack および 10 の 5 枚がそろうこと; 最高のそろい札》.

Róyal Híghness 名 C 殿下《皇族などに対する敬称》.

＊roy·al·ist /rɔ́ɪəlɪst/ 名 C, 形 君主制支持者(の); 王党員(の).

róyal jélly 名 U ロイヤルゼリー《働きばちが分泌する栄養分で女王蜂の幼虫に与えられる》.

roy·al·ly /rɔ́ɪəli/ 副 《古風》すばらしく, 立派に.

Róyal Máil 名 [the ~] ロイヤルメール《英国の郵便事業会社》.

Róyal Ma·ríneſ /-mərí:nz/ 名 固 [the ~] [複] 英国海兵隊 (略 RM).

Róyal Mínt 名 固 [the ~] 英国王立造幣局.

Róyal Návy 名 固 [the ~] 英国海軍 (略 RN).

róyal prerógative 名 [the ~] 《英》王[女王]の特権, 大権.

róyal róad 名 C 楽な方法, 近道: There is no ~ *to* learning. 《ことわざ》学問には楽な道[王道]はない.

Róyal Shákespeare Còmpany 名 固 [the ~] ロイヤルシェイクスピア劇団《英国の代表的な劇団; 略 RSC》.

Róyal Socíety 名 固 [the ~] 英国学士院: Fellow of the ~ 英国学士院会員 (略 FRS).

⁺roy·al·ty /rɔ́ɪəlti/ 13 名 (**-al·ties**; 形 róyal) **1** 特許権使用料, 鉱山[油田]使用料; [複数形で] 印税. **2** U [時に複数扱い] 王族(の一員).

RP /áɚpí: | á:-/ 略 **1** =Received Pronunciation. **2** =Republic of the Philippines (☞ Philippines).

RPI /áɚpì:áɪ | á:-/ 略 《英》=retail price index.

⁺rpm /áɚpì:ém | á:-/ 略 =revolutions per minute (☞ revolution 3).

rps /áɚpì:és | á:-/ 略 =revolutions per second (☞ revolution 3).

RR, R.R. 略 **1** =railroad. **2** 《米》=rural route.

RRP /áɚà:pí: | á:(r)à:-/ 略 《英》《商》=recommended retail price 希望小売価格.

RSA /áɚèseɪ | á:(r)ès-/ 略 **1** 《英》=the Royal Society of Arts 王立職業技能検定協会. **2** =Republic of South Africa (☞ South Africa).

RSC /áɚèssí: | á:(r)ès-/ 略 《英》=Royal Shakespeare

Company.
RSI /áəsái | á:(r)ès-/ 略 =repetitive strain injury.
RSM 略 (英) =Regimental Sergeant Major 連隊付き曹長.
RSPCA /áəspí:sì:éi | á:(r)ès-/ 略 (英) =the Royal Society for the Prevention of Cruelty to Animals (☞ prevention).
RSV /áəsví: | á:(r)ès-/ 略 =Revised Standard Version.
RSVP /áəsvì:pí: | á:(r)ès-/ 1 ご返事をお願いいたします《手紙や招待状に書く文句; フランス語の *Répondez s'il vous plaît*. /reɪpóːndeɪsìlvuːpléɪ | -pɔ́n-/ の省略形から》. 2 名 C 招待状の返事. (RSVPs; RSVP'd; RSVP'·ing) 自 1 招待状の返事を出す. 2 予約をする. — 他 〈…〉に招待状の返事を出す.
RTA /áətì:éi | á:-/ 略 (米)〈家具が〉組み立て式の(*r*eady to *a*ssemble の略).
rte. =route.
RTF /áətì:éf | á:-/ 略〔電算〕=Rich Text Format 書式付テキストフォーマット《書式などを制御するタグ情報を含めて文書をテキストファイルで表わす規格》.
Rt Hon 略 (英) =Right Honourable.
Rt Revd, Rt Rev. 略 =Right Reverend.

*****rub** /rʌ́b/ (類音 lab, lob, love, rob) 13 動 (rubs /~z/; rubbed /~d/; rub·bing) 他 1 〈手・布などで〉〈表面〉をこする, 摩擦する;〈手などで〉表面をこする;〈二つの物〉をこすり合わせる: He *rubbed* his eyes *with* his hand. <V+O+前+名・代>=He *rubbed* his hand *across* his eyes. 彼は手で目をこすった / It was cold, so he *rubbed* his hands *together*. <V+O+*together*> 寒かったので彼は手を擦り合わせた.
2 〈…〉を(—に)こすりつける;〈…〉を(—に)すり込む,〈…〉を(—に)すり込む;〈…〉を(―に)こすって取る(*from*): The cat *rubbed* its head *against* me. <V+O+前+名・代> 猫は頭を私にこすりつけてきた / 言い換え She *rubbed* suntan lotion *on* [*over*] his back. = She *rubbed* his back with suntan lotion. 彼女は日焼け止めを彼の背中にすり込んだ[塗りつけた] / He *rubbed* her lipstick *off* his shirt collar. 彼は彼女につけられた口紅をシャツの襟(え)からぬぐい取った. 3〈…〉を(—に)する, こすって〈穴〉をあける: R~ the surface dry. 表面をふいて乾かしてください.
— 自 1 こする, (…に)こすりつける: *Rub* at the stain harder! <V+*at*+名・代> しみをもっと強くこすって / The cat *rubbed against* my legs. <V+*against*+名・代> 猫は私の脚に体をこすりつけた. 2〈物が〉こすれる, (繰り返し)触れる: The wheel is *rubbing against* [*on*] the fender. 車輪が泥よけをこすっている.
rúb shóulders [(米) **élbows**] **with** ... 動 他 (略式)〈有名人・金持ち・上流階級の人たち〉と付き合う. **rúb it ín** 動 他 (略式) いやなことをしつこく言う. **rúb one's hánds** ☞ hand 名 成句. **rúb ... ((英) úp) the wróng wáy** 動 他 (略式)〈…〉の神経を逆(ぎゃ)らせる.

――― **rub の句動詞** ―――

rúb alóng 動 自 (英略式)〈人と〉うまくやっていく (*with*, *together*).
rúb dówn 動 他 1〈体など〉をふいて乾かす;〈…〉をマッサージする: ~ oneself *down* 体をこすってふく. 2〈紙やすり・布などで〉〈…〉をこすって磨く.
rúb ín 動 他 1〈…〉をすり込む. 2〈相手の失敗など〉をしつこく言う (☞ 成句 rub it in).
rúb óff 動 他 1〈…〉をこすり落とす, 〈…〉をこすって消す (☞ 2). — 自〈色などが〉こすり落とされる;〈色などが〉消える. **rúb óff on** [**ònto**] ... 動 他〈考えや習慣が〉…に影響する, …に移る.
rúb óut 動 他 1〈…〉をこすって取る. 2 (英)〈文字など〉を(消しゴム・布などで)消す. 3 (古風, 米俗)〈人〉を殺

Rube Goldberg 1529

す.
rúb úp 動 他〈…〉を磨き上げる.

――― 名 1 [a ~] ひとこすり, 磨く[こする]こと; マッサージ. 2 [the ~] (格式) 困難, 障害: There's the ~. それが問題なのだ.

*****rub·ber**¹ /rʌ́bə | -bə/ (類音 lover, robber) 13 名 1 (~ ~z/; 複 rúbbery) 1 U ゴム, 弾性ゴム: hard ~ 硬質ゴム / synthetic ~ 合成ゴム / This toy is made of ~. このおもちゃはゴム製だ. 関連 gum ゴム樹脂.
2 [形容詞的に] ゴム製の: a ~ ball ゴムまり.
3 C (英) 消しゴム; 黒板ふき; (米) eraser): a pencil with a ~ at one end 片方の端に消しゴムのついた鉛筆. **4** C (米略式) コンドーム. **5** [複数形で](古風, 米) オーバーシューズ (overshoes). **6** [the ~]〔野〕投手板. 語源「こする (rub) もの」が原義. 消しゴムに使ったので.
búrn rúbber [動] 自 (米略式)〈タイヤが焦げるほど〉車を急発進させる. **whère the rúbber mèets the róad** [名] (米) 肝心な[実力が問われる]ところ.
rub·ber² /rʌ́bə | -bə/ 名 C〔トランプ〕《ブリッジなどの》3 回[5 回]勝負.
rúbber bánd 名 C ゴムバンド, 輪ゴム ((英) elastic band).
rúbber bóot 名 C [普通は複数形で] (米) ゴム長靴 ((英) Wellington (boot)).
rúbber búllet 名 C (威嚇(かく)用の)ゴム弾.
rúbber cemént 名 U ゴムのり(接着剤).
rúbber chéck 名 C (銀行で受けつけない)不渡り小切手.
rúbber dínghy 名 C 小型のゴムボート.
rub·ber·ized /rʌ́bəràɪzd/ 形 A ゴム引きの, ゴム加工された.
rúbber·nèck (略式, 主に米) 動 自 (運転中に)〈首を回して〉じろじろ見る (*at*). — 名 C じろじろ見る人.
rubber·neck·er /rʌ́bənèkə | -bənèkə/ 名 C (略式, 主に米) =rubberneck.
rúbber plánt 名 C ゴムの木(観葉植物).
rúbber stámp 名 C 1 ゴム印. 2 よく考えずに承認する人[組織].
rúbber-stámp 動 他〈…〉を考えなしに承認する.
rúbber trèe 名 C ゴムの原材を採れる木.
rub·ber·y /rʌ́bəri/ 形 (-ber·i·er; -ber·i·est; (⇨ rubber¹)) 1 ゴムのような, 〈肉などが〉ゴムのように硬い. 2〈足などが〉弱い, がくがくする.
rub·bing /rʌ́bɪŋ/ 名 1 C 摺り写し, 拓本. 2 U こすること, 摩擦.
rúbbing àlcohol 名 U (米) 消毒用アルコール ((英) surgical spirit).

*****rub·bish** /rʌ́bɪʃ/ (類音 lavish) 名 形 rúbbishy) U (主に英) 1 ごみ, くず, 廃物 ((米) trash, garbage): a pile of ~ ごみの山 / Don't throw ~ here. ここにごみを捨てなこと. 2 (略式) くだらないもの(本・映画など); くだらない考え, ばかげたこと; S [感嘆詞的に] ばかな!: Don't talk ~! ばかなことを言うな. — 動 他 (英略式)〈…〉をけなす, 〈くだらないと〉こきおろす ((米) trash). — 形 (英略式) 下手くそな (*at*).
rúbbish bìn 名 C (英) ごみ入れ.
rub·bish·y /rʌ́bɪʃi/ 形 (= rúbbish) (英略式) くずみたいな; くだらない, つまらない.
*****rub·ble** /rʌ́bl/ 名 U (石・れんがなどの)破片, 瓦礫(がれき); 荒石(基礎工事の割った石塊).
rub·down /rʌ́bdàʊn/ 名 C 1 (主に米) マッサージ. 2 磨くこと.
rube /rúːb/ 名 C (米略式)〈軽蔑〉いなか者.
Rube Gold·berg /rúːbgóʊld(b)əːɡ | -bəːg/ 形 A (米)〈装置などが〉ばかばかしいほど複雑な((英) Heath

Robinson). 由来 しばしばその手の機械を描いた米国の漫画家の名から.

ru·bel·la /ruːbélə/ 名 U 《医》風疹(ちん) (German measles).

Ru·bens /rúːb(ə)nz/ 名 固 Peter Paul ~ ルーベンス (1577-1640) 《Flanders の画家》.

Ru·bi·con /rúːbɪkàn | -k(ə)n/ 名 固 [the ~] ルビコン川《イタリア中部の川; ユリウス・カエサル (Julius Caesar) が渡ってポンペイウス (Pompey /pámpi | pɔ́m-/) との戦いを始めた; この時 "The die is cast." 「さいは投げられた」と言ったと伝えられている》. **cróss the Rúbicon** 動 自 [新聞で] 後へ引けない手段に出る, 重大な決意をする.

ru·bi·cund /rúːbɪkʌ̀nd, -kənd/ 形 《文》(太って)赤ら顔の, 血色のよい.

‡ru·ble /rúːbl/ 名 C ルーブル《ロシア・旧ソ連の通貨単位; 100 コペイカ (kope(c)ks); ☞ money 表》.

ru·bric /rúːbrɪk/ 名 C 《格式》 1 (答案用紙などの)指示, 説明. 2 (章・節などの)題名, 題目, 項目《赤文字または特殊な字体で印刷された》.

‡ru·by /rúːbi/ 名 (ru·bies) 1 C ルビー, 紅玉《7月の誕生石》. 2 U ルビー色, 真紅色. 3 [形容詞的に] ルビー(色)の. 語源 ラテン語で「赤い」の意.

rúby wédding (annivérsary) 名 C ルビー婚式《結婚40周年の記念》.

RUC /áːəjùːsíː | áː-/ 略 =Royal Ulster Constabulary (北アイルランドの治安にあたる)王立アルスター警察隊.

ruched /rúːʃt/ 形 (カーテンなどの)ひだのついた縁取りのある.

ruck[1] /rʌ́k/ 名 《英》 1 [the ~] [けなして] 平凡な人《生活》; 一般大衆. 2 C 《ラグビー》ラック《ルーススクラム》. —— 動 自 《ラグビー》ラックする.

ruck[2] /rʌ́k/ 名 C 《英略式》けんか, 争い.

ruck[3] /rʌ́k/ 動 [次の成句で] **rúck úp** 動 自 (布などが)しわができる. —— 他 〈…〉にしわを寄せる.

‡ruck·sack /rʌ́ksæk, rʊ́k-/ 《ドイツ語から》 名 C 《主に英》(登山用の)リュックサック 《《米》backpack》.

ruck·us /rʌ́kəs/ 名 [普通は a ~] 《略式, 主に米》けんか, 言い争い, 大騒ぎ.

ruc·tions /rʌ́kʃənz/ 名 (複) 《略式, 主に英》抗議, 口げんか, 騒動.

‡rud·der /rʌ́də | -də/ 名 C 1 (船の)かじ; (飛行機の)方向舵(だ) 《☞ airplane 挿絵》. 2 指針.

rud·der·less /rʌ́dələs | -də-/ 形 かじのない;(組織が)指導者のいない(を失った).

rud·di·ness /rʌ́dinəs/ 名 U 血色のよさ; 《文》赤み.

‡rud·dy /rʌ́di/ 形 (**rud·di·er; -di·est**) 1 [ほめて](顔色が健康で)赤らんだ, 血色のよい. 2 A 《文》赤い, 赤みがかった. 3 A 《英略式》ひどい, いまいましい (bloody). —— 副 《英略式》ひどく, いまいましく.

‡rude /rúːd/ 形 形 (**rud·er** /-də-/; **rud·est** /-dɪst/) 1 不作法な, 失礼な, 無礼な; 不作法にする[いう] (反 polite): He made a ~ gesture. 彼は不作法な身ぶりをした / Don't be ~ **to** [about] the principal. <A+to [about]+名・代> 校長先生に対して[ついて]失礼なことを言ってはいけない / 言い換え It was ~ of me to ask you that question. =I was ~ to ask you that question. あんなことをお尋ねして失礼しました《☞ of 12》.
2 《主に英》(冗談などが)わいせつな, みだらな. 3 突然の, 出し抜けの; 乱暴な; 激しい: ~ treatment 乱暴な扱い / a ~ shock ひどいショック. 4 A 《文》粗末な, 素朴な; 大ざっぱな: a ~ chair 雑に作ったいす.
in rúde héalth 形 《古風, 主に英》頑健で.
rúde·ly /rúːdli/ 副 不作法に, 失礼に; 頑固に: Don't speak ~. 失礼な話し方をしてはいけない. 2 荒々しく,

ひどく; 突然. 3 《文》粗末に.

rude·ness /rúːdnəs/ 名 U 不作法, 無礼.

ru·di·ment /rúːdəmənt/ 名 [the ~s] 《格式》基本, 基礎(原理); 初期: the ~s of psychology 心理学の基礎.

‡ru·di·men·ta·ry /rùːdəméntəri, -tri-/ 形 《格式》 1 基本の; 初歩の: a ~ error 初歩的なミス (miss 日英比較). 2 (設備などが)原始的な; 《生》未発達の, (器官が)発育不全の.

Ru·dolf, Ru·dolph /rúːdʌlf | -dɔlf/ 名 固 1 ルドルフ《男性の名; 愛称は Rudy》. 2 ルドルフ《米国のクリスマスソングに歌われる Santa Claus のそりを引く赤鼻のトナカイ》.

Ru·dy /rúːdi/ 名 固 ルーディ《男性の名; Rudolf, Rudolph の愛称》.

‡rue /rúː/ 動 (rued; ru(e)·ing) 他 《文》〈…〉を後悔する (regret): She ~d the day (that) she had left town. 彼女は町を出た(日の)ことを悔やんだ.

‡rue·ful /rúːf(ə)l/ 形 《文》悔やんでいる, 悲しんでいる. **-ful·ly** /-fəli/ 副 悔やんで, 沈んで.

ruff /rʌ́f/ 名 (~s) 1 C (鳥・獣の)首毛, 首毛. 2 ひだ襟 《16～17世紀に用いられた》.

ruf·fi·an /rʌ́fiən/ 名 C 《古風》ならず者, 悪党.

‡ruf·fle /rʌ́fl/ 動 他 1 〈…〉にしわを寄せる, 波立たせる; 〈髪など〉をくしゃくしゃにする; 〈水面〉を波立たせる: A sudden breeze ~d the surface of the pond. 《文》風がさあっと吹いて池のおもてにさざ波が立った. 2 (鳥が)〈羽毛〉を逆立てる (up). 3 [しばしば受身で] 〈心など〉をかき乱す; 〈人〉を怒らせる, いらだたせる: The teacher's scolding ~d his pride. 先生の小言は彼のプライドを傷つけた / He gets ~d easily. 彼はすぐに怒る.
—— 名 C ひだ飾り, フリル, ラッフル《首・そで・すそなどについているもの》.

ruffles

ruffle

ruf·fled /rʌ́fld/ 形 (反 unruffled) 1 (人が)心をかき乱した. 2 しわくちゃの. 3 ひだ飾りのある.

‡rug /rʌ́g/ 名 (~s/-z/) C 1 (床に敷く小型の)敷物, じゅうたん (carpet よりも小さいもの; living room 挿絵). 関連 hearthrug 炉の前の敷物. 2 《主に英》ひざ掛け 《《米》lap robe》. 3 《滑稽》男性用かつら (toupee). **púll the rúg (òut) from ùnder … […'s féet]** 動 《略式》…への援助を突然やめる, …を見捨てる.

‡rug·by /rʌ́gbi/ 名 U ラグビー《フットボールの一種; ☞ eight 表》: a ~ match ラグビーの試合.

Rug·by /rʌ́gbi/ 名 固 ラグビー《英国 England 中部の町; rugby の発祥の地とされる有名なパブリックスクール (public school) である Rugby School がある; ☞ Eton, 裏地図 F5》.

rúgby fóotball 名 U =rugby.

Rúgby Lèague 名 U 《英》ラグビーリーグ《13人でプレーするプロのラグビー》.

Rúgby shìrt 名 C [しばしば r-] ラグビーシャツ《ラグビーのジャージーに似せたシャツ》.

Rúgby Únion 名 U 《英》ラグビーユニオン《15人でプレーする元はアマチュアのラグビー; 略 RU》.

‡rug·ged /rʌ́gɪd/ 形 1 でこぼこの, ごつごつした, 起伏のある: a ~ peak ごつごつした山頂 / ~ terrain でこぼこした地形. 2 [普通はほめて] (顔などが)ごつい, いかつい, 精悍(かん)な: a ~ handsome face かみばしった顔. 3 (人・性格が)断固とした, 頑固な; 無骨な: ~ individualism たくましい[徹底した]個人主義. 4 (機械などが)丈夫な, 丈夫な. 5 忍耐を要する, 厳しい. **~·ly** 副 ごつごつと, いかつく, たくましく. **~·ness** 名 U 荒々しさ, でこぼこ; 頑丈さ.

rug·ger /rʌ́gə/ -gə| 名 U 《英略式》(Rugby Union の)ラグビー. 語源 rugby を短縮した形に -er をつけたもの (☞ soccer).

rúg ràt 名 C (S) (米俗) [滑稽] 赤ん坊, チビちゃん.

Ruhr /rúə/ rúə| 名 固 [the ～] ルール川《ドイツ中西部の川》; ルール地方《ルール川流域の炭鉱・工業地帯》.

*__ru·in__ /rúːɪn/ rúːɪn| 名 (__ru·ins__ /～z/; __ru·ined__ /～d/; **-in·ing** 名 rùinátion) 他 **1** (損害を与えて)…を台なしにする, だめにする; 〈…〉を荒廃させる: Drink ～ed his career. 酒で彼の一生は台なしになった / The ancient capital was ～ed by a huge earthquake. <V+O の受身> その古代都市は大地震で廃墟となった. **2** 〈…〉を破滅させる (☞ destroy 類義語), 破産させる.

── 名 (～s /～z/; 形 rúinous) **1** U 荒廃, 壊滅状態, 破滅, 破産: the road to ～ 破滅への道 / face financial ～ 破産に直面する / Tom's laziness finally led to his ～. トムの怠惰がついに彼を破滅させた.

2 C [しばしば複数形で] 廃墟, 遺跡; [the ～s of として] …の残骸[遺物]: the ～s of a town destroyed by an earthquake 地震で廃墟となった町 / ancient Greek ～s 古代ギリシャの遺跡. **3** U [所有格につけて] 〈古風〉破滅の原因, 災いの元: 言い換え Drink was his ～.＝Drink was the ～ of him. 彼は酒で身を滅ぼした. 語源 ラテン語で「倒れる」の意.

bríng ... to rúin 動 他 〈…〉を荒廃[破滅]させる. 「**gó to [fáll ìnto] rúin**」 動 自 だめになる, 滅びる, 荒廃する. **in rúin(s)** 形 廃墟となって, 荒廃して; 破綻して, だめになって: The castle lay [was] in ～s. その城は廃墟となっていた.

ru·in·a·tion /rùːɪnéɪʃən/ 名 U 〈古風〉**1** 破滅, 破壊, 荒廃. **2** 破滅の元, 禍根.

⁺**ru·ined** /rúːɪnd/ 形 A 廃墟となった, 荒廃した.

ru·in·ous /rúːɪnəs/ 形 (名 rúin) **1** 破滅をもたらす, 破滅的な. **2** (値段などが)べらぼうに高い. **3** 〈格式〉廃墟となった, 荒廃した. **～·ly** 副 破滅をもたらすように; べらぼうに.

*__rule__ /rúːl/ rúːl| 名 (～s /～z/)

「物差し」**5** → (規準)
  ↳ (規則)**1** → (規則の行使) → 「支配」**2**
  ↳ (標準的なこと) → 「普通のこと」**4** → 「習慣」**3**

1 C **規則**, 規定, ルール; (文法などの)決まり: hard and fast ～s 厳格な規則 / ～s *for* the admission of new members 新会員加入規定 / complicated grammatical ～s 複雑な文法の規則 / It's against the ～s *of* [*in*] baseball. それは野球の規則違反だ / Our school has a ～ *that* everyone must leave the premises by six. <N+that 節> 私達の学校には 6 時までには下校するという規則がある / R～s are ～s. (S) 規則は規則だ(守らなくてはならない).

──── コロケーション ────
apply a *rule* 規則を適用する
break [**infringe, violate**] a *rule* 規則を破る
enforce a *rule* 規則を守らせる[押しつける]
lay down a *rule* 規則を定める
make [**establish**] a *rule* 規則を作る
obey [**observe, follow,** 《略式》**stick to**] the *rules* 規則を守る
────────────

2 U **支配** (control), 統治: foreign ～ 外国による支配 / Under the long ～ of Queen Victoria, Britain became a powerful nation. ビクトリア女王の長い治世に英国は強国になった.

3 C [普通は単数形で] **習慣**, 習わし: Early to bed was the ～ in my home. 早寝がわが家の習慣だった / It is my ～ to go to bed around ten. 10 時頃に就寝するのが私の習慣だ.

4 [the ～] (ごく) **普通のこと**, 常態: Rainy weather is *the* ～ here in June. 6 月の雨はこのあたりでは普通のことだ / A typhoon in May is the ～, [exception, not exception rather than] *the* ～. 5 月の台風は珍しい[例外で普通ではない]. **5** C 〈古風〉**定規** (ruler), 物差し (☞ rail¹ 語源). **6** C 罫(ゖぃ)線.

as a (géneral) rúle 文法記号 概して, 一般に (generally); 普通は (usually): *As a* ～ we have a great deal of rain in Japan in the fall. 日本では概して秋には雨が多い / *As a* ～, he is punctual. 彼はたいてい時間を守る.

bénd the rúles 動 自 規則を曲げる.

by rúle [副] 規則どおりに; しゃくし定規に.

màke it a rúle to do [動] いつも…することにしている.

rúles and regulátions [名] 諸規則; こまかい規定.

strétch the rúles [動] 自 規則を曲げる.

The rúle is ... (S) 守られるべきことは…《アドバイスする時のことば》: *The* ～ *is (that)* you should keep away from dangerous places. 気をつけるべきことは危ないところに近寄らないことです.

the rúle of láw [名] 《格式》法の支配.

── 動 (**rules** /～z/; **ruled** /～d/; **rul·ing**) 他 **1** 〈…〉を**支配する**, 統治する (☞ govern 類義語); (感情などが) 〈人・生き方など〉を支配[左右]する; [普通は受身で] 〈古風〉〈…〉に指図する: The country *was ～d by* a tyrant. <V+O の受身> その国は暴君に支配されていた / Political life *is ～d by* the desire for power. 政治(家)の活動は権力欲に支配されている / Silence ～d the forest. 沈黙が森を支配していた(森は静まり返っていた) / Be ～d by your conscience. 良心に従え.

2 (裁判官などが)〈…である〉と**裁決する**, 判定する, 〈…〉を(─と)決定する: The court ～d *that* the case (should) be tried on Monday. <V+O (that 節)> 裁判所はこの件の審議を月曜日に行なうと決定した (☞ should A 8) / The judge ～d it (*to* be) unconstitutional. <V+O+C ((to 不定詞+)形)> 裁判官はそれは違憲と裁定した / The police ～d his death a murder. <V+O+C (名)> 警察は彼の死亡を殺人と判断した. **3** 〈線〉を(定規で)引く; 〈紙〉に定規で線を引く: 言い換え He ～d several lines on the paper.＝He ～d the paper *with* several lines. 彼は紙の上に定規で数本の線を引いた.

── 自 **1 支配する**, 統治する: The king ～d wisely *over* his people for ten years. <V+over+名・代> 王は 10 年間立派に国民を治めた.

2 [副詞(句)を伴って] **判決する** (*on*): The court ～d *against* [*in favor of*] the defendant. <V+前+名・代> 裁判所は被告に不利[有利]な判決を下した. **3** 支配的である. **4** [しばしば ～ OK として] (S) 〈略式〉(落書きなどで)だれ[どれ]にも負けない, 最強[王者]だ.

lèt one's héart rúle one's héad [動] 自 理性よりも感情で決定する. **rúle óff** [動] 他 《主に英》線を引いて〈…〉を区切る. **rúle óut** [動] 他 〈…〉を取り除き, 締め出す (*of*); 〈…〉をだめにする; 〈可能性など〉を否定する: The police ～d out (the possibility of) suicide in that case. 警察はその事件に自殺の可能性はありえないとした.

rule·book /rúːlbʊk/ 名 C **1** 就業規則書. **2** (スポーツの)規則集, ルールブック. **gó by the rúlebook** [動] 自 《略式》杓子定規に, きまりを守る.

Rúle Británnia 名 固 「ブリタニアよ, 統治せよ」《英国の愛国歌》.

ruled /rúːld/ 形 A 罫線(ゖぃせん)の, (紙が)罫線の入った: ～ lines 罫線 / ～ paper 罫紙.

*__rul·er__ /rúːlə/ -lə| 名 (～s /～z/) C **1** 支配者, 統治

者, 主権者: the ~ of an empire 帝国の支配者. **2** 定規, 物差し: draw a line with a ~ 定規で線を引く. **3** 〘電算〙ルーラー《ワードプロセッサーなどで編集画面に表示される目盛り》.

*__rul·ing__ /rúːlɪŋ/ [形] [A] **1** 支配[統治]している: the ~ class 支配階級 / the ~ party 与党. **2** (感情などが)優勢な, 主な: the ~ view among the members 会員の間の有力な意見. **one's rúling pássion** [名] (…が)いちばん興味[関心]を持っていること.

— [名] (~s /~z/) [C] 判決, 判定, 裁定: The court handed down a ~ ***on*** that issue last week. 法廷はその問題について先週判決を下した / The judge gave a ~ ***that*** he (*should*) *make* a formal apology. <N+*that* 節> 裁判官は彼が正式に謝罪するようにと裁定した (☞ should A 8).

+**rum**¹ /rʌ́m/ [名] [U,C] ラム酒《さとうきびから作る》.

rum² /rʌ́m/ [形]《古風, 英略式》奇妙な, 変わった.

Ru·ma·ni·a /ruːméɪniə, roʊ-/ [名] [固] =Romania.

Ru·ma·ni·an /ruːméɪniən, roʊ-/ [形][名] =Romanian.

rum·ba /rʌ́mbə, rúm-/ [名] [C,U] ルンバ《キューバ起源の踊り[曲]》.

+**rum·ble** /rʌ́mbl/ [動] [自] **1** (雷・砲声などが)(低く)ごろごろ鳴る; (腹が空腹で)ぐーぐー鳴る: My stomach is *rumbling*. 腹がごろごろ鳴っている. **2** [副詞(句)を伴って] (車などが)がたがたと進む: The train ~*d on*. 列車ががたがたと音を立てて進んでいった. **3** 《英略式》[新聞で] (議論・悪い状態などが)だらだらと続く, 長引く (*on*). **4** 《米俗》(不良が)けんかに加わる. — [他] **1** 〈…〉とぼそぼそ言う (*out*). **2** [しばしば受身で]《英略式》〈人〉の正体を見抜く, 見破る. — [名] [C] **1** ごろごろ, がたがた; 低い音[声]. **2** 《米俗》(不良同士の)路上のけんか.

rúmble strìp [名] [C] (路上の)でこぼこ帯《車ががたがたすることで運転者に警告となる》.

+**rum·bling** /rʌ́mblɪŋ/ [名] [C] **1** [普通は単数形で] ごろごろ[がらがら]鳴る音: the ~ of thunder in the distance 遠くに聞こえる雷鳴. **2** [普通は複数形で] (不平・不安などの)徴候, 不満の声; うわさ.

rum·bus·tious /rʌmbʌ́stʃəs/ [形]《略式, 主に英》=rambunctious.

ru·mi·nant /rúːmənənt/ [名] [C] 反すう動物《牛など》. — [形] (牛などが)反すうする; 反すう動物の.

ru·mi·nate /rúːmənèɪt/ [動] [自] **1** 《格式》熟考する (*about, on, over*). **2** 〘動〙(牛などが)反すうする.

ru·mi·na·tion /rùːmənéɪʃən/ [名] [U,C] 《格式》熟考(すること), 瞑想.

ru·mi·na·tive /rúːmənèɪtɪv | -nət-, -nèɪt-/ [形] 《格式》考え込む, 瞑想にふける. **~·ly** [副] 考え込んで.

+**rum·mage** /rʌ́mɪdʒ/ [動] [自] [副詞(句)を伴って] ひっかき回して捜す, 捜し回る (*about, around; among, in, through*). — [名] **1** [a ~] かき回して捜すこと: have *a* ~ around [about] (a room) (部屋を)ひっかき回して捜す. **2** [U] 《主に米》がらくた, 不要品 (《英》jumble).

rúmmage sàle [名] [C] 《米》(中古品などの)慈善バザー, がらくた市 (《英》jumble sale).

rum·my /rʌ́mi/ [名] [U] ラミー《トランプの一種》.

*__ru·mor,__ 《英》**ru·mour** /rúːmə | -mə/ ([同音] #roomer) [T3] [名] (~s /~z/) [C,U] うわさ, 流言: start a ~ うわさを立てる / spread ~*s* うわさを広げる / I have heard some ~***s about*** [***of***] his failure. 私は彼の失敗についてのうわさをいろいろ聞いている / *R~s* are flying *about* his resignation. 彼が辞職するといううわさがとびかっている / There is a ~ ***that*** Dr. Lee is going to resign. <N+*that* 節> リー博士は辞職するといううわさだ. [語源] ラテン語で「騒音」の意. **Rúmor hás it (that) …** うわさによれば…とのことである: R~ *has it that* Dr. White will marry his secretary. うわさではホワイト博士は秘書と結婚するとのことだ.

+**ru·mored** /rúːməd | -məd/ [形] うわさされている, うわさの: the ~ resignation of the Cabinet うわさに上っている内閣総辞職 / He is ~ *to* be in hiding. 彼は身を隠しているとのうわさだ / It was widely ~ *that* he had been poisoned. 彼は毒殺されたと広くうわさされていた.

rúmor mìll [名] [the ~] うわさの出所[発生源].

ru·mor·mon·ger /rúːməmʌ̀ŋgə | -məmʌ̀ŋgə/ [名] [C] うわさを広めて歩く人.

*__ru·mour__ /rúːmə | -mə/ [名] 《英》=rumor.

+**ru·moured** /rúːməd | -məd/ [形] 《英》=rumored.

+**rump** /rʌ́mp/ [名] **1** [C] (動物の)しり (buttocks); [滑稽] (人の)しり. **2** [U,C] (牛肉の)しり肉. **3** [単数形で] 《英》[軽蔑] 残余, 残りかす; (特に組織の)残党 (*of*).

rum·ple /rʌ́mpl/ [動] [他] 〈髪・衣服など〉をしわくちゃにする, くしゃくしゃにする.

rum·pled /rʌ́mpld/ [形] しわくちゃになった.

rúmp stèak [名] [U,C] =rump 2.

rum·pus /rʌ́mpəs/ [名] [a ~] 《略式》騒ぎ; 口げんか, 激論. **kíck úp [cáuse, creáte, màke, ráise] a rúmpus** [動] [自] 《略式》騒ぐ; 文句を言う (*about*).

rúmpus ròom [名] [C] 《古風, 米》(家庭の)遊戯室, 娯楽室《普通は地下にある》.

‡**run** /rʌ́n/ ([類音] one, ran, rung, won, wrung) [動] (**runs** /~z/; 過去 **ran** /rǽn/; 過分 **run**; **run·ning**)

基本的には「走る」の意.

①	走る; 走らせる	[自] 1, 2, 4; [他] 1, 2, 7
②	車で運ぶ	[他] 6
③	(順調に)動く; 動かす	[自] 3; [他] 4
④	経営する	[他] 3
⑤	通じている	[自] 5
⑥	流れる	[自] 6
⑦	続く	[自] 7

— [自] **1** (人・馬などが)**走る**, 駆ける; 走り回る; [副詞(句)を伴って] 急いで行く, 駆けつける, (車などで)ちょっと行く: A horse can ~ faster than a human. 馬は人間よりも速く走れる / He *ran* (*for*) five miles. 彼は5マイル走った (☞ [他] 1; for [前] A 5 [語法] (1)) / I ***ran to*** my mother. <V+前+名・代> 私は母に駆け寄った / She ***ran for*** the door. 彼女はドアの方へ走った / She came *running* out to help him. 彼女は彼を助けに走って出てきた / I'll ~ over there later in my car. 後でそこまで車で行ってきます / They *ran to* her aid. 彼らは彼女の救助に駆けつけた. [関連] walk 歩く.

2 競走に出場する; (選手としてまたは趣味で)走る; [副詞(句)を伴って] 走って…着になる; (選挙に)立候補する: She will ~ ***in*** the hundred-meter women's hurdles. <V+*in*+名・代> 彼女は女子の100メートル障害に出場する / His horse *ran in* the Derby. 彼の馬はダービーに出馬した / She *ran second*. 彼女は競走で2着になった / Who will ~ *in* this year's election? 今年の選挙にはだれが出るのだろうか (☞ run for … (句動詞)).

3 (機械などが順調に)動く; (ボールなどが)転がる, (物が)滑るように進む[動く], (テープなどが)回転する; (コンピュータープログラムが)走る; (事柄などが)すらすら進む: I can't get this motor to ~. 私はこのモーターを動かすことができない / This motor ~***s on*** electricity. <V+*on*+名> このモーターは電気で動く / This machine [watch] does not ~ well. この機械[時計]は調子が悪い / His life *ran* smoothly. 彼の生活は順調だった.

4 (車・船などが)**走る**, 疾走する; (バス・列車などが)**定期的**

に運行する, 通っている; [普通は進行形で] (行事・乗物・乗客などが) (ある時点で…の進みぐあい [遅れなど] で) 進行 [運行] している, 進行 [運行] 状況が (予定にくらべて) …である: The truck ran past me at a frightening speed. トラックがものすごいスピードで私を追い越していった / The train *is running* at 60 miles an hour. 列車は時速60マイルで走っている / The buses ~ every fifteen minutes. バスは15分ごとに出る / The project *is running* on schedule. 計画は予定通りに進んでいる / Incoming flights *are running* about one hour *late*. 到着便は約1時間遅れて到着する / I'm *running* a bit *late*. 私は (到着・仕事などが) 少し遅れている.

5 [副詞 (句) を伴って] [進行形なし] (道路・線路などが) 通じている, 走っている; (山脈などが) 延びている: The fence ~s *from* the house *to* the road. <V+*from*+名・代+*to*+名・代> 塀は家から道まで延びている / This path ~s *through* the woods. <V+前+名・代> この小道は森の中を通っている / This mountain chain ~s *down* the whole length of the island. この山脈は島全体に延びている / A scar *ran across* his right cheek. 長い切り傷の跡が彼の右のほおにあった.

6 (川・潮・液体などが) 流れる, したたる; (感情などが) 高ぶる; (場所・体の一部などが) 液体を流す [出す]; (時が) 過ぎてゆく: The little stream was *running* (*along*) merrily. <V+副> 小川はさらさらと流れていた / Blood *ran from* the wound. <V+前+名・代> 血が傷口から流れた / During the war, emotions were *running* high among the people. 戦争中は国民感情が高ぶっていた / [言い換え] Her face was *running with* sweat.＝Sweat was *running down* her face. ([☞ run down ... (句動詞)]) 彼女の顔は汗びっしょりだった / Don't leave the faucet [tap] *running*. 蛇口の水を出しっぱなしにするな / Pollen makes my nose ~. 私は花粉で鼻水が出る.

7 (時間的に) 続く, 持続する; (劇などが) 続演される, (映画などが) 続映される; (法律などが) 有効である; (性格などが) 伝わる: The play *ran for* six months. <V+*for*+名> その芝居は6か月間続演された / Our vacation ~s *from* the middle of July *to* the end of August. <V+*from*+名・代+*to*+名・代> 私たちの休暇は7月の中ごろから8月の終わりまでだ / His contract ~s for one more year. 彼の契約にもあと1年間有効だ / The desire for adventure *ran* in his family. 彼の家系には冒険好きの血が流れていた.

8 逃げる, 逃走する: Let's ~; the kid who punched me last week is coming. 逃げよう. 先週僕をなぐったやつがやってくるから / I *ran for* my life. 私は命からがら [必死で] 逃げた. **9** (ある状態に) なる (become); [普通は進行形で] 大きさ [値段, 数量] が (平均して) …である: The shower *ran* cold [hot]. シャワーから出る水が冷たく [熱く] なった / The pond has ~ dry. 池が干上がった / The sea *ran* high. 海は荒れ狂っていた / Beef prices are *running* high. 牛肉の値段が高くなってきている / Time *is running* short. 時間が足りなくなってきた / Losses are *running* at millions of dollars. 損失は何百万ドルにもなっている. **10** [副詞 (句) を伴って] (記憶・考えなどが) ふと浮かぶ, (痛みなどが) ずきっと走る; (うわさなどが) 伝わる: A melody *ran through* my head. ふとメロディーが頭に浮かんだ / A sharp pain *ran up* his arm. 鋭い痛みが彼の腕に走った / A rumor that he had been fired *ran through* the office. 彼が首になったといううわさが職場中に伝わった. **11** [副詞 (句) を伴って] (文句・詩などが) (…と) 書いてある, (…のように) なっている: The notice ~s *as follows* [*like this*]. その通知には次のように書いてある. **12** (ろう・バターなどが) 溶けて流れる; (色・インクなどが) 広がる, (ペンキが垂れてにじみ出る, 流れる: The butter began to ~. バターが溶け始めた / When I washed this T-shirt, the colors *ran*. このTシャツを洗ったら色が落ちた. **13** (編み物・縫い目などが) ほつれる; (靴下などが) 伝線する (《英》ladder): My stocking *ran*. 私の靴下に伝線ができた. **14** (記事などが) 掲載される. **15** (植物のつるなどが) 伸びる, はう (*up*, *over*).

― ⑯ **1** (ある距離・道などを) 走る, 走っていく; (封鎖線などを) 通り抜ける, 突破する: He can ~ a mile in four minutes. 彼は1マイルを4分で走れる / They *ran* the length of the schoolyard. 彼らは校庭の端から端まで走った / Don't ~ red lights. (主に米) 赤信号を無視して走ってはいけない.

2 (競走・使い走りなどを) する, 走って (…) をする; (競走に) 出場する; [普通は受身で] (競走・競馬を) とり行なう: ~ a race 競走 [レース] をする [催す] / John *ran* the 100 meters. ジョンは100メートル競走に出場した / When he was a boy, he often *ran* errands for me. 子供のとき彼はよく私の使い走りをした.

3 (店・会社などを) 動かす, 経営する, (国・部門・人などを) 管理する, (会・選挙などを) 運営する, (講習・サービスなどを) 行なう: He ~s a hotel. 彼はホテルを経営している / The store *is* ~ *by* her husband. <V+O の受身> その店は彼女の夫が経営している.

4 (機械・コンピューターなどを) 動かす, 作動させる, (車などを) 持っている, 維持する: I *ran* the machines by myself. 私はひとりで機械を操作した / He managed to ~ his car *on* electricity! <V+O+*on*+名> 彼は電気で自動車を動かせたんだ / I can't afford to ~ two cars on my small income. 私の少ない収入では2台の車は持てない.

5 (実験・テストなどを) 行なう, (プログラムなどを) (コンピューターなどに) かける, 処理する ([☞ run ... through ― (句動詞)]): ~ a check on the computer コンピューターをテストする / We had to ~ the whole test again. テストをもう一度全部やり直さなければならなかった.

6 (人を車に乗せていく, (物を) 運ぶ; (麻薬・銃などを) (不法に) 運ぶ [持ち込む], 密輸する (*across*, *into*): ~ drugs 麻薬を密輸する / I'll ~ you home [*to* the station]. <V+O+副 [前+名・代]> お宅 [駅] まで車で送りましょう.

7 (バス・列車などを) 運行させる; (犬・馬・車などを) 走らせる: They ~ extra trains during rush hours. ラッシュアワーの間は臨時列車が運行される. **8** (馬などを) 競走させる, 競馬に出す; (人を) 立候補させる ([☞ run ... for ― (句動詞)]). **9** (手・指などを) 走らせる, 通す; (鍵などを) 回す; (目を) ざっと通す: She *ran* her eyes *over* [*down*] the page. 彼女はそのページにざっと目を通した. **10** (道・コードなどを) 延ばす, 通す, (柵 (?) などを) 巡らせる: ~ a pipeline パイプラインを通す / She *ran* the wire *from* the outlet *to* the lamp. 彼女はコードをコンセントからスタンドまで延ばした. **11** (液体などを) 流す, 流し込む; (蛇口などから) 水を流す, (手などの上に) 水を流す; (ふろに) 水 [湯] を満たす; (人のために) (ふろに) 水 [湯] を入れる: ~ hot water *into* a bathtub 浴槽に湯を入れる / ~ a tap 蛇口から水を出す / [言い換え] R~ a bath *for* me, please.＝R~ me a bath, please. ふろに湯を入れてください. **12** (広告・記事・写真などを) (新聞などに) 掲載する, 印刷する: This store often ~s ads in the newspaper. この店はよく新聞に広告を出している. **13** (見出し・詩などが) (…) という文句になっている: "Bomb Blast Kills Two Soldiers" *ran* the headline. 「爆弾の破裂で兵士2人死亡」とあった. **14** [普通は進行形で] (熱) を出す: She may *be running* a temperature [(主に米) fever]. 彼女は熱があるのかもしれない. **15** (を ある場所へ) 移動させる, ぶつける; 刺す: The typhoon *ran* the tanker *ashore*. 台風でそのタンカーは岸に乗り上げた. **16** (米) (物が) (人に) とって (ある金額) だけかかる (cost). **17** (…を走って…にする; (…を (一の状態に) する): ~ oneself *out of* breath 走って息切れし

する. **còme rúnning** [動] (自) (1) 走って来る, 駆けつける (⇨ (自) 1); (略式)(相手の望むことを)喜んでする, 言う通りにする. (2) [主に (S)] 助け[助言, 同情]を求める (to). **rún and ...** [子供に対して] (1)[早く]...しなさい (⇨ 9): R~ *and* buy some onions. すぐたまねぎを買ってきてちょうだい. **rún and rún** [動] (自) (劇などが)長く続演される; (英)(滑稽)(問題・議論・冗談などが)長く続く. **rún befòre one can wálk** [動] (自) 基礎ができないうちに難しいことに取り組む (⇨ one² 代 3 語法 (4); walk before one can run (walk 動 成句)).

---run の句動詞---

rún acróss [動] (自) **1** 走って横切る. **2** (...を)ちょっと訪ねる (to).

*rún acróss ... [動] (自) **1** ...を走って横切る; ...を横切って流れる: R~ *across* the road right now. すぐ道を走って渡りなさい.
2 ...に偶然出会う; (物を)偶然見つける: Yesterday I *ran across* an old friend of mine in the street. きのう私は通りでひょっこり昔の友達に会った.

*rún áfter ... [動] (自) **1** (捕まえようと)...を追いかける, ...の後から走る (⇨ follow 類語語); (名声など)を追い求める: The child *ran after* a ball. 子供はボールを追いかけた. **2** [軽蔑](略式)(女性など)を追い求める[回す]. **3** (略式)...のために尽くす.

*rún agàinst ... [動] (他) **1** (選挙・競走で)...に対抗する, ...と争う: Is he **running against** Smith *in* the next election? 彼はスミスに対抗して次の選挙に出るのですか. **2** ...にぶつかる.
rún ... agàinst ── [動] (他) **1** ⟨...⟩を─にぶつける. **2** ⟨...⟩を─と対抗させる.

rún alóng [動] (自) **1** [しばしば子供に対して命令文で] (S) (略式) あっちへ行く, 立ち去る: R~ *along* and watch TV. I'm busy now. あっちへ行ってテレビを見なさい. 今は忙しいの. **2** 走って行く.

*rún aróund [動] (自) **1** 走り回る, 動き回る, (車などを)乗り回す: Children are *running around* in the park. 子供たちが公園で走り回っている. **2** ⟨...⟩と付き合う; 浮気をする: I don't like the boys Jimmy is *running around* with. ジミーが付き合っている男の子たちが気に入らない. **3** (略式)(あれこれと)忙しく動き回る.
rún aróund àfter ... [動] (他) ＝run after ... 3.

rún at ... [動] (他) **1** ...に飛び[襲い]かかる. **2** (損失などが)(ある数量などに)にある (⇨ 9).

***rún awáy** 逃げる。 [動] (名) rúnaway) (自) **1** (...から)逃げ出す; 走り去る: Tom threw a rock at me and then *ran away*. トムは私に石を投げつけて逃げていった / He *ran away* from home when he was fifteen. 彼は 15 歳のときに家出をした. **2** 駆け落ちする (together).
rún awáy from ... [動] (他) (困難など)を避ける.
rún awáy with ... [動] (他) (1) ...を持ち逃げする: She *ran away with* the jewels. 彼女はその宝石を持ち逃げした. (2) (人)と走り去る, 駆け落ちする. (3) (感情などが)...の自制心を失わせる, ...をとりこにする: Don't let your feelings ~ *away with* you. 感情にかられて我を忘れてはいけない. (4) [普通は否定文で] (S) (考えなど)を早合点して受け入れる: I *don't want* you to ~ *away with* the idea that I don't care. 私がどうでもよいと考えていると早合点してもらっては困る. (5) (賞など)を楽々と獲得する, (試合・選挙)に楽勝する; (ショーなど)で他を圧倒する.

***rún báck** [動] (自) 走って戻る, 急いで戻る: The boy *ran back* to his mother. その男の子は母親のところへ走って行った.
── (他) **1** ⟨帰る人⟩を(車で)送る: I'll ~ you back (home) after dinner. 食事の後で家まで送ってあげましょう. **2** ⟨フィルム・テープなど⟩を巻き戻す.
rún báck òver ... [動] (他) (過去など)を振り返ってみる; ...を再考[再検討]する, 繰り返す.

rún behìnd [動] (自) (予定など)より遅れる: I'm *running* a bit *behind* this morning. けさは(いつもより)少し遅れている.
rún behìnd ... [動] (他) **1** (予定)より遅れる: We're *running* about an hour *behind* schedule. この車[列車]は 1 時間ほど予定より遅れております《車掌のことば》. **2** ...の後について走る.

rún ... bý ── [動] (他) (略式)(意見などを求めて)(人)に⟨...について話す[⟨...⟩を見せる]: Could I ~ my ideas *by* you? / R~ that *by* me again. (S) もう一度説明して.

***rún dówn** [動] (名 rúndòwn) (自) **1** 走り下りる; 流れ落ちる; (近くへまたは南・地方へ)急いで行く (⇨ down¹ 副 3, 4): He *ran down* to the lake. 彼は湖のところまで駆けおりた[車で行った].
2 (時計・機械などが)止まる, (電池などが)切れる, (土地などが)さびれる, (力・体力などが)衰える: The clock has ~ *down*. 時計が止まった.
── (他) **1** (車・運転者が)⟨人など⟩をひく, はねる; 衝突して⟨...⟩を沈没させる ＜V＋名・代＋*down* / V＋*down*＋名＞: The drunk driver *ran down* two children. その酔っ払った運転手は 2 人の子供をひいた.
2 (略式) ⟨...⟩を悪く言う, けなす ＜V＋名・代＋*down* / V＋*down*＋名＞: He is constantly *running down* his boss. 彼はいつも部長をけなしてばかりいる (⇨ be² A 1 (3)) / Why do you ~ yourself *down*? どうして君は自分のことを悪く言うの. **3** (主に英) ⟨...⟩の(生産)力を落とす, ⟨人員など⟩を減らす; ...を弱らせる (⇨ run-down). **4** ⟨電池など⟩を使いはたす[切る], 切らす. **5** ⟨人・獲物⟩を追い詰めて捕らえる; (やっと)捜し出す; [野]⟨走者⟩を挟殺する. **6** ⟨リスト⟩にさっと目を通す, ⟨...⟩を読み上げる.

***rún dówn ...** [動] (他) ...を走り下りる; ...を流れ落ちる (⇨ 他 6): The car *ran down* the hill. 車は坂を下った / Tears *ran down* her cheeks. 涙が彼女のほおを伝って流れた.

***rún for ...** [動] (他) **1** ...に立候補する ((英) stand for ...): He *ran for* President [the Presidency] *against* White. 彼はホワイトと大統領選挙を争った (⇨ run against ... 1). 語法 官職を目的語とする.
2 ...を呼び[取り]に走る. **rún for it** [動] (自) [特に命令文で] (S) (略式) 急いで逃げる.
rún ... for ── [動] (他) ⟨人⟩を─に立候補させる: Who [Whom] is the party *running for* President [the Presidency]? その党は誰を大統領候補に立てるだろうか.

***rún ín** [動] (自) **1** 走って入る; 流れ込む: Just then a boy *ran in*. ちょうどそのときひとりの少年が駆け込んできた. **2** ちょっと立ち寄る. ── (他) **1** ⟨電線など⟩を引き入れる, ⟨...⟩を車に乗せていく. **3** (英) ⟨新車など⟩の慣らし運転をする. **4** (古風, 略式) ...を逮捕[拘留]する.

***rún ínto ...** [動] (他) **1** ...にぶつかる: His car *ran into* the gate. 彼の車はその門に衝突した.
2 (問題)にぶつかる, (苦しい状況など)に陥る; (悪天候)にあう: ~ *into* trouble [difficulties] 困ったことになる.
3 ...に思いがけなく会う, 偶然(ばったり)...に出くわす: I'm really happy I *ran into* you. (こんな)思いがけないところで会えるなんてうれしいねえ.
4 (合計して)...に達する: The cost will ~ *into* thousands of dollars. 費用は数千ドルに達する. **5** ...の中へ走って[急いで]入る; ...に流れ込む. **6** ...と混ざり合う.

***rún ... ínto** ── [動] (他) **1** ⟨...⟩を─にぶつける: He *ran* his car *into* a lamppost. 彼は車を電柱にぶつけた. **2** ⟨...⟩を─の中に(引き)入れる; ⟨...⟩を─に陥れる: He ran the car into a ditch. 彼は車を溝に落とした. **3** 〈...〉を―に流し込む (into). **4** (うっかりして)〈針・とげなど〉を―に刺す: I ran a splinter into my finger. 私は指にとげを刺し(てしまっ)た.

*__rún óff__ [動] [自] **1** 走り去る, 急いで立ち去る; 逃げる: He ran off to meet his teacher. 彼は先生を迎えに走っていった. **2** =run away 2. **3** 流れ出る.
— [他] **1** 〈...〉を印刷する, 刷る, 〈コピー〉をとる[作る]; 〈音楽・詩など〉をすらすらと作り出す[書く] <V+名・代+off / V+off+名>: We ran off 50 copies of the invitation. 私たちは招待状を 50 通刷った / [言い換え] Could you ~ me off five copies?=Could you ~ five copies off for me? 私に 5 部コピーを(して)ください / ~ off a poem さっと詩を作る.
2 〈液体〉を流出させる, 流し去る <V+名・代+off / V+off+名>: I ran off some of the oil. 私は石油をいくらか流出させてしまった. **3** 走って〈体重など〉を減らす: He's ~ off ten pounds. 彼は走って 10 ポンド減量した. **4** 《米略式》〈人など〉を追い払う. **5** 〈レース・予選など〉を行なう; 〈...〉の決着をつける. **rún óff at the móuth** [動] [自] Ⓢ 《米略式》べらべらとしゃべりすぎる. **rún óff with ...** [動] [他] =run away with ... (1) (2) 《☞ run away 成句》.

*__rún òff ...__ [動] [他] **1** (軌道など)から離れる: The train ran off the tracks [rails]. 列車は脱線した. **2** (警告などが)(相手)に通じない. **3** (機械・車などが)(動力・燃料など)で作動する[動く].
rún ... òff — [動] [他] **1** 〈...〉を―から追い払う, 〈...〉を(道路など)から飛び出させる: If you ever come here again, I'll ~ you off my property. もう一度来てみろ, うちの土地から追い出してやる. **2** 〈機械など〉を―で動かす. **rún ... óff ...'s féet** [動] [他] 〈人〉を働かせて多忙[へとへと]にする: The nurses were ~ off their feet every day. 看護師たちは毎日休む間もなく多忙だった.

*__rún ón__ [動] [自] **1** 走り続ける: I ran on and on, never looking back. 私は振り向くことなくどんどん走り続けた. **2** (話・催し物・病気などが)(特に予定以上に)続く, 長びく; (人が)話し続ける (about): Once the old woman begins to talk, she will ~ on for hours. あのおばあさんはいったんしゃべりだすと何時間もしゃべり続ける. **3** 〘印〙 (...に)追い込みになる (to).
rún on ... [動] [他] **1** (機械などが)(電気・石油など)で動く 《☞ run [自] 3》. **2** (話・考えなどが)...のことに集中する[及ぶ, 関わる].

rún óut [動] [自] **1** (在庫品・補給などが)なくなる, (忍耐力などが)尽きる; (期限・契約などが)切れる; (人が)物を切らす: My patience is running out. もう我慢も限界だ / I'm afraid time has ~ out. 時間切れだ.
2 走って出ていく; ちょっと出かける: He ran out without saying a word. 彼はひと言もしゃべらずに走って出ていった / He **ran out into** the garden. 彼は庭に走って出ていった. **3** 流れ出る. **4** 突き出る; (ロープなどが)繰り出される. — [他] **1** 〈人〉を車で連れ出す. **2** 〈人〉を追い出す. **3** 〘クリケ〙〈走者〉をアウトにする. **rùn óut on ...** [動] [他] (人)を見捨てる, 置き去りにする.

rún óut of ... [動] [他] **1** ...を使い果たす, ...を切らす 《☞ gas[2] [名] 1 用例と成句》: I've ~ out of sugar. I must remember to buy some when I go out shopping. 砂糖が切れちゃった. 買い物に行くときに忘れないようにしなくちゃ.
2 ...から走り出る; ...から流れ出る: Lots of people ran out of the burning building. 火災を起こしているそのビルから大勢の人が走り出てきた.
rún ... òut of — [動] [他] 〈...〉を―から追い出す.

*__rún óver__ [動] [他] **1** (車・運転者が)〈人など〉をひく <V+名・代+over / V+over+名>: The drunk was ~ over by a truck. その酔っ払いはトラックにひかれた / The truck ~ him over. トラックが彼をひいた. [語法] この over を前置詞として扱うこともある 《☞ run over ...》 **2** 車で〈...〉を(...へ)連れて[運んで]いく (to). **3** =run over ... 4.
— [自] **1** (液体・容器が)あふれる; (話などが)予定(の時間など)を超える: The bath [bathwater] is running over! ふろの水があふれているよ. **2** (...へ)ちょっと(訪ねて)行く[来る] (to).

*__rún óver ...__ [動] [他] **1** (車などが)...をひく 《☞ run over [語法]》: The car in front of me ran over 「a dog [it]. 私の前を走っていた車が犬[それ]をひいた.
2 (液体が)...からあふれる: The water ran over the banks. 水が土手からあふれた.
3 (制限・予算など)を超える: She ran over the time allotted for the math test. 彼女は数学のテストの制限時間を超過した. **4** (特に練習のために)...を繰り返す, ...を(ざっと)復習する, 読み返す; (可能性など)を考えてみる, (再度)検討[説明]する (with): ~ over one's notes before giving a lecture 講演の前にメモに目を通す.
rún ... pàst — [動] [他] =run ... by —.
rún thróugh [動] [他] **1** =run through ... 3, 4. **2** 〈テープなど〉を(終わりまで)かける. **3** 《文》 (剣などで)〈人など〉を突き通す[刺す] (with).

*__rún thròugh ...__ [動] [他] **1** ...を走って[さっと]通り抜ける; (川などが)...を貫流する: The Seine ~s through Paris. セーヌ川はパリを貫流する. **2** (考えなどが)(心)を横切る; (感情などが)(作品)を貫く, ...に広がる, 行き渡る; (うわさなどが)...に伝わる 《☞ [自] 10》. **3** ...をざっと調べる, ...に目を通す; ...を(さっと)読み返す, ...を見返す, ...のリハーサルをする; ...を検討[説明]する (with): Will you ~ through this essay for me and tell me what you think of it? この作文にざっと目を通して感想を聞かせてください. **4** (金)を使い果たす, 浪費する.
rún ... thròugh — [動] [他] **1** 〈...〉を(管など)で流す; 〈指・くしなど〉を(髪など)にさっと通す: She ran her fingers [hand] through her hair. 彼女は髪に指[手]を通した 《神経質になっているときのしぐさ》. **2** 〈データなど〉を(機械・コンピューターなど)にかける. **3** 《文》〈剣など〉を(体)に突き通す.
rún to ... [動] [他] **1** (援助・助言などを求めて)...に頼る. **2** [進行形なし] (ある数・量など)に達する, ...に及ぶ: That will ~ to a large sum. それは相当な額に達するだろう. **3** [進行形なし; 普通は否定文で] 《英》 (金などが) ...に十分なだけある, ...にも回る, (人が)...のための金がある: I can't ~ to a new car. 私は新車にまで手を出す余裕はない. **4** (ある特徴など)に向かう傾向がある: ~ to fat (運動不足で)太り気味になる.
rún togéther [動] [自] (色などが)混じる; つながる. — [他] 〈...〉を合わせる, つなぐ.

*__rún úp__ [動] [自] 走り上がる; 走り寄る, (跳躍などで)助走する; (北・都市へ)急いで行く 《☞ up [副] 3, 4》: The manager **ran up to** the fifth floor. 支配人は 5 階まで走って上がった.
— [他] **1** 〈支払額・借金など〉を急に増やす, ためる: ~ up a big bill 多額のつけをためる. **2** 〈衣服・小屋など〉を急いで作る[建てる]. **3** 〈旗など〉を掲げる. **4** 〈得点・勝利など〉をあげる, 達成する. **5** 〈価格〉をつり上げる. **rún úp agàinst ...** [動] [他] (困難など)に出くわす.

*__rún úp ...__ [動] [他] ...を走って[急いで]上がる; (痛みなどが)...を[に]走る 《☞ [自] 10》: He ran up the stairs. 彼は階段を走って上がった.

*__rún úp to ...__ [動] [他] **1** ...に駆け寄る; ...へちょっと行く: The dog ran up to its master. その犬は主人に駆け寄った. **2** (費用などが)...に達する.
rún with ... [動] [他] **1** ...と付き合う. **2** [普通は進行形で] (場所が)...であふれる 《☞ [自] 6》. **3** (事)を

R

進める, 発展させる; …を受け入れる. **rún with it** [動] (自) 積極的に進める[取り組む].

— [名] (~s /-z/) **1** [C] 走ること, 駆け足; (長い距離の)競走; 逃走: a five-kilometer ~ 5キロの競走 / break into a ~ 急に走りだす / make a ~ for the exit 出口に向かって突っ走る / He usually has [takes, goes for] a short [ten-minute] ~ before breakfast. 彼は朝食前にちょっと[10分]走ります. [関連] dash, sprint 短距離競走 / jogging ジョギング.

2 [C] [しばしば a ~] 連続, 継続; (芝居などの)続演; 《トラ》(配られた)そろいの続き札: a ~ of bad [good] luck 不運[好運]続き / extend a ~ 公演を継続する / We had a ~ of 'wet weather [rainy days] in June. 6月は雨天続きだった / That movie had a long ~. その映画は長期間上映された.

3 [C] 《野・クリケ》得点 (略 R.; ☞ score 表): Our team scored 3 ~s in the bottom of the 7th inning. 我々のチームは7回の裏に3点をあげた. [関連] earned run 投手の自責点 / home run ホームラン.

4 [C] (車などで)ちょっと行く[出かける]こと, ドライブ, ちょっとした旅行; (列車などの)運行, (船の)航行, 便: Let's take the car out for a ~ in the country. 田舎へドライブに行こう / She's been doing the school ~ lately. 彼女は最近学校へ子供を送っている / The bus makes [does] two ~s a day *to* New York. バスはニューヨークへ日に2回出ている / The last ~ left just now. 最終便が今出たところだ. [関連] trial run 試運転.

5 [C] 走る距離; [単数形で] (列車などの)走行距離[時間], 行程; 運行経路, 路線, 航路: London is 'an hour's [a 60-mile] ~ from here. ロンドンはここから1時間[60マイル]の行程だ / He works on the Paris ~. 彼はパリ行きの車両[路線]に勤務している. **6** [the ~] (場所の)使用の自由: We had [got, were given] *the* ~ *of the house.* 私たちはその家を自由に使わせてもらった. **7** [C] [普通は a ~] 大需要, 大変な買い[売り]人気; (銀行に対する)取り付け: a (great) ~ *on* a company's stock ある会社の株への買いの集中 / a ~ *on* the dollar ドルの売り[買い]人気 / a ~ *on* a bank 銀行の取り付け(騒ぎ). **8** [C] (靴下の)糸のほつれ, 伝線 (《英》 ladder): I've got a ~ in my stocking. 私の靴下に伝線ができた. **9** [C] (選挙に立候補して)競うこと, 選挙運動: He made a hard ~ *for* the presidency. 彼は大統領選で大いに頑張った. **10** [C] [普通は the ~] (物事などの)成り行き, 形勢; 傾向: in *the* normal ~ *of* events (事が)普通[順当]に行けば. **11** [C] (機械の)操業時間; 作業高, 生産量: an eight-hour ~ 8時間操業. **12** [C] [しばしば合成語で] (動物の)飼育場: a chicken ~ 養鶏場. **13** [C] (スキーなどのための)斜面, コース. **14** [the ~s] (《略式》) 下痢 (diarrhea): have *the* ~s 下痢をしている. **15** [C] 《楽》走句.

a cléar rún [名] 邪魔のない状態: His opponent's sudden withdrawal gave him *a clear* ~ *for* the election. 対立候補が突然立候補を取りやめたので彼の当選する可能性が大きくなった.

agàinst the rún of pláy [副] 不利な試合の流れにもかかわらず.

at a rún [副] 駆け足で: set off *at a* ~ 駆け出す.

gèt [háve] a (góod) rún for one's móney [動] (自) (払った金[努力, 時間]に相当するだけの)満足を(…から)得る (*from*).

gìve ... a (góod) rún for ...'s móney [動] (自) (競争などで)…によく対抗する, 〈…と〉接戦を演じる, 善戦する: That team *gave* us *a good* ~ *for* our *money.* そのチームは我々と(思ったよりも)よい戦いをした.

gó on a ... rún [動] (自) 《S》 《米》 ひと走りして(食品, 酒などを)買い求めに出る.

in the lóng rùn [副] [しばしば 文修飾語] 最後には, 結局は; 長期的に見て: I believe that honesty will triumph *in the long* ~. 長い目で見れば正直が一番であると思う.

in the shórt rùn [副] [しばしば 文修飾語] 短期的に(は), さしあたり(は).

màke a rún at ... [動] (他) …を(競って)目指す.

màke a rún for it [動] (自) 一目散に逃げ出す.

on the rún [形・副] (1) 走って, 走りながら; 逃走[亡]中で; 退却して; 負かされて: Now we have the enemy *on the* ~. 我々は今や敵を退却させている. (2) 忙しく活動して; 慌ただしく: eat lunch *on the* ~ 急いで[仕事をしながら]昼食をとる / I was *on the* ~ all day long. 私は一日中忙しかった.

òut of the cómmon [órdinary, úsual] rún [形・副] 並外れた[て].

tàke a rún at ... [動] (他) …に飛びつく, 走り寄る.

the cómmon [géneral, órdinary, úsual] rún of ... 普通の…の, (世間)並みの…: *the common* [*general, usual*] ~ *of* students 並の学生たち.

-run /rán⁻/ [形] [合成語で] 経営が…の: a state-*run* farm 国営農場.

run·a·bout /ránəbàut/ [名] [C] 《略式》軽自動車.

run·a·round /ránəràund/ [名] [次の成句で] **gét the rúnaround** [動] (自) 《略式》言い逃れをされる, たらい回しにされる. **gíve ... the rúnaround** [動] (他) 《略式》〈…に〉言い逃れをする, 〈…を〉まともにとりあわない, たらい回しにする.

***run·a·way** /ránəwèi/ [形] **1** (インフレなどが)あっという間の, とめどない; (勝利などが)楽々と得られた: a ~ success 大成功. **2** 手に負えない; 逃げ出した: a ~ truck 暴走トラック. — [名] (動 rún awáy) [C] 家出人[少年]; 逃亡者; 暴走(車); 楽勝.

run·down /rándàun/ (動 rún dówn) [C] **1** [普通は単数形で] 概要(報告): He gave me a full ~ *on* [*of*] the situation. 彼は私に状況を詳しく話してきかせた. **2** [普通は単数形で] 《英》(事業などの)縮小, (人員などの)減少 (*of*). **3** 《野》挟殺(捻殺).

***run·down** /rándáun⁻/ [形] **1** [P] 健康を害した, 疲れた: feel ~ 体調が悪い. **2** (土地・建物が)荒廃した, 活気をなくした.

rune /rú:n/ [名] [C] **1** ルーン文字, 北欧古代文字《古代ゲルマン人の文字》. **2** 神秘的な文字; 呪文(ぶん).

***rung**¹ /ráŋ/ [同音 wrung] [類音 lung, rang, run] 動 ring¹ の過去分詞

***rung**² /ráŋ/ [名] [C] **1** (はしごの, 足をかける)横木, 段; (いすの脚の)桟. **2** (組織などの)地位; (等級などの)段階. **the tóp [bóttom, lówest] rúng of the ládder** [名] (社会・組織などの)最高[最低]の地位.

ru·nic /rú:nɪk/ [形] ルーン文字の(rune)の.

***run-in** /ránìn/ [名] [C] **1** 《略式》(警官などとの)けんか, 口論 (*with*). **2** [the ~] 《英》= run-up 2.

run·nel /rán(ə)l/ [名] [C] 《文またば格式》小川; (汗などの)流れ; (道路わきの)溝, 排水路.

***run·ner** /ránə | -nə/ [名] (~s /-z/) [C] **1** 走る人[動物, 物]; [前に形容詞をつけて] 走るのが…の人; (競走・競技の)走者, ランナー; 出走馬; 早足の走る[走れる]人; 速い選手 / a (long-)distance ~ 長距離走者. **2** [普通は合成語で] 密輸業者. **3** (昔の)伝令, 使者; 使いをする(人); 集金人. **4** (そりの)滑走面, (スケートの)刃 (skate); (カーテン・引出しの)レール, 溝(2). **5** 《植》匍匐枝(ほふく), ランナー《いちごなどの, 地面にはい伸びる細長い枝・つる》. **6** (床・廊下に敷く)細長いじゅうたん; (ピアノなどにかける)細長い掛け布. **do a rúnner** [動] (自) 《英略式》急いで去る, ずらかる (*on*).

rúnner bèan [名] [C] 《英》 = string bean.

***run·ner-up** /ránəáp | -nə(r)áp/ [名] (複 **run·ners-** /-nəz- | -nəz-/) [C] (競技・競走・選挙などの)2位の人[チー

ム], 次点者: She was [finished] (a) ～ *to* Sue in the contest. 彼女はそのコンテストでスーに次いで2位に入った《★ しばしば無冠詞》.

⁑run·ning /rʌ́nɪŋ/ [名] **1** [U] **走ること, ランニング**; 競走; 〘野〙走塁: *R*～ is good exercise. 走ることはよい運動だ. **2** [the ～] (店の)経営; (機械の)運転 (*of*).

in [òut of] the rúnning [形] 勝つ[獲得する]見込みがある[ない] (*for*). **màke (áll) the rúnning** [動] [自] 《略式》 (1) ペースを定める, (相手を)リードする. (2) 競技[競走, 選挙など]に出る.

— [形] [A] **1** 走っている; 走りながらの: a ～ train 走行中の列車 / a ～ kick ランニングキック. **2** (液体が)流れている: ～ water (蛇口から出る)水道水; 流水. **3** 続けざまの, 連続する; 長く繰り返される: a ～ fire of questions 質問攻め / a ～ battle [argument] 長い闘い[論争]. **4** うみの出る; 鼻水が出る: a ～ sore うみが出ている傷.

— [副] **続けて**, ぶっ通しで: It rained ⌈(for) five days [for the fifth day] ～. 5日連続で雨が降った. [語法] (1) 数を伴う複数名詞か序数を伴う単数名詞の後に置く. (2) [形] として扱うこともある (☞ straight [形] 3).

rúnning bàck [C,U] 〘アメフト〙ランニングバック《ボールキャリアーとなるオフェンシブバック》.

rúnning bòard [名] [C] (昔の自動車のドア下の)ステップ, 踏み板.

rúnning bróad jùmp [名] [the ～] 〘スポ〙走り幅跳び (broad jump).

rúnning cómmentary [名] [C] (ラジオ・テレビの)実況放送: give [deliver] a ～ *on* a game 試合の実況放送をする.

rúnning còsts [名] [複] (会社などの)運営経費; (車などの)維持費.

rúnning héad [héadline] [名] [C] 〘印〙(本の各ページ上部の)欄外見出し, はしら.

rúnning hígh jùmp [名] [the ～] 〘スポ〙走り高跳び (high jump).

rúnning jóke [名] [C] 繰り返し使われるジョーク.

rúnning júmp [名] [C] 走り跳び, 助走をつけた跳躍《走り高[幅]跳びなど》. **tàke a rúnning júmp** [動] [自] [しばしば命令文で] Ⓢ 《略式》(さっさと)立ち去る《相手にいら立ったときなどに言う》.

rúnning lìght [名] [C] 夜間航海[航空]灯.

⁺rúnning màte [名] [C] (大統領候補と組む)副大統領候補; 組になっている候補者のうちの下位の候補者.

rúnning òrder [名] [the ～] (会議・放送・ショーなどの)進行順序, 式次第. **in rúnning òrder** [形] (機械が)調子よく動いて (☞ in order (4) (order [名] 成句)).

rúnning repáirs [名] [複] (使用しながらの)応急修理, 補修.

rúnning shòe [名] [C] [普通は複数形で] ランニングシューズ.

rúnning stìtch [名] [U,C] 運針縫い, 直線縫い.

rúnning tìme [名] [C] (映画の)上映時間, (音楽の)演奏時間.

rúnning tótal [名] [C] 累計, 現在高.

⁺run·ny /rʌ́ni/ [形] (**run·ni·er**; **-ni·est**) 《略式》 **1** 鼻水[涙]の出る: have a ～ nose 鼻水が出る. **2** (普通より)軟らかい, たれやすい, 水っぽい: The butter's gone ～. バターが溶けてしまった / I like eggs cooked a little bit ～. 卵は少しやわらかくゆでたのが好きだ.

run·off /rʌ́nɔ̀ːf | -ɔ̀f/ [名] (～s) **1** [C] (同点者の)決勝戦, 決選投票. **2** [U] (土地からの)流水(量), (水質汚染のもととなる)排水.

run-of-the-mill /rʌ́nəvðəmíl←/ [形] [しばしば軽蔑] 普通の, 並の, 平凡な.

rún-on séntence /rʌ́nɑn-, -ɔːn- | -ɔn-/ [名] [C] 《主に米》 無終止文《コンマだけで結ばれた複数の文》.

runt /rʌ́nt/ [名] [C] (ひと腹の子の中で)最も小さい[弱い]もの (*of*); 《略式》 [軽蔑] ちび(すけ); ざこ.

run-through /rʌ́nθrùː/ [名] [C] 下げいこ, リハーサル.

⁺run-up /rʌ́nʌ̀p/ [名] [C] **1** (スポーツの)助走(距離). **2** [普通は the ～] (ある事に対する)準備期間[活動], 追い込み (*to*). **3** 《米》 (物価などの)急上昇.

⁺run·way /rʌ́nwèɪ/ [T3] [名] [C] **1** 滑走路 (☞ airport 挿絵). **2** 《米》 花道 (catwalk).

Run·yon /rʌ́njən/ [名] [固] **Damon** ～ ラニヤン (1884–1946) 《米国の作家》.

ru·pee /ruːpíː/ [名] [C] ルピー《インド・パキスタン・スリランカなどの通貨単位》.

ru·pi·ah /ruːpíːə/ [名] [C] ルピア《インドネシアの貨幣単位》.

⁺rup·ture /rʌ́ptʃɚ | -tʃə/ [名] [C,U] **1** 破裂 (☞ bankrupt [単語の記憶]). **2** 決裂, 仲たがい; (伝統などとの)断絶 (*with*). **3** 〘医〙ヘルニア, 脱腸: give oneself a ～ ヘルニアになる. — [動] [他] 〈…〉を裂く, 破裂させる; 〈関係など〉を決裂させる. — [自] 裂ける, 破裂する. **rúpture onesèlf** [動] [自] ヘルニアを起こす.

***ru·ral** /rʊ́(ə)rəl/ [T1] [形] [普通は [A]] **いなかの, 田園の**, いなか風の ([反] urban); 農業の: ～ life 田園生活 / live in a ～ setting (都会から離れて)いなかで暮らす.

【類義語】**rural** いなかの楽しい, またはのどかな面を強調する語: the beauty of a *rural* scene 田園風景の美しさ. **rustic** いなかの素朴な面を強調する語: a *rustic* lass いなかの娘.

rúral déan [名] [C] (英国国教会の)地方監督.

rúral delív·er·y [名] [U] 《米》 地方郵便配達.

rúral róute [名] [C] 《米》 地方郵便配達路.

Ru·ri·ta·ni·an /rʊ̀(ə)rətéɪniən←/ [形] ルリタニア(風)の; 冒険と陰謀の《Ruritania は冒険小説の舞台として創作された中央ヨーロッパの王国》.

⁺ruse /rúːs, rúːz | rúːz/ [名] [C] 《格式》 策略, 計略 (trick).

***rush**[1] /rʌ́ʃ/ ([類音] lash, lush, rash) [動] (**rush·es** /~ɪz/; **rushed** /~t/; **rush·ing**) [自] **1** [普通は副詞(句)を伴って] **突進する, 殺到する, 大急ぎで行く** (☞ dash 表); 突撃する: You don't have to ～. 急ぐことはない / They **～ed out** for help. <V+副> 彼らは助けを求めて飛び出した / The police **～ed to** the scene. <V+前+名・代> 警官隊は現場へ急行した / Everyone **～ed for** the door. 皆がドアの方に殺到した / The bull **～ed at** me. 雄牛は私に向かって突進してきた (☞ at 3 [語法]) / People are **～ing to** buy jewelry. <V+*to* 不定詞> 人々が宝石を買いに殺到している.

2 向こう見ずに[軽はずみに]行動する; 急いで[あわてて]…する: They **～ed into** the conflict. <V+*into*+名・代> 彼らは向こう見ずに争いに首を突っ込んだ / He *～ed into* (the) marriage. 彼は急いで結婚した / Don't **～ into** sign*ing* this contract. <V+*into*+動名> あわててこの契約にサインしないように / You shouldn't **～ to** blame the boy. <V+*to* 不定詞> 軽率にその少年を非難しないように. **3** (水・空気が)勢いよく流れる; 急に現われる: Old memories *～ed back into* my mind. 昔の思い出が急に私の心に浮かんだ / I felt the blood ～ *to* my face. 私は恥ずかしくて顔に血が上ってくるのを感じた. **4** 《米》 (新入生が)社交クラブのパーティー[催し]に出る. **5** 〘アメフト〙ラッシュする《ボールを持って突進する》.

— [他] **1** [普通は副詞(句)を伴って] 〈人〉を**急いで連れて行く**; 〈物〉を**急いで運ぶ**, 〈人に〉〈…〉を**急送する**: We **～ed** her **to** the hospital. <V+O+前+名・代> 彼女を大急ぎで病院へ連れて行った / I **～ed** the child **out of** the room. 急いでその子を部屋から連れ出した / They *～ed* supplies *to* the disaster area. 彼らは被災地に物資を急送した / I'll ～ you a videotape at once. <V+O+O> あなたにビデオをすぐ送ります.

R

2 〈…〉を急がせる, 急いでさせる; 〈…〉をせき立てて―させる: Don't ～ me! (そんなに)せかさないでよ / She *～ed* him *into* sign*ing* the contract. <V+O+*into*+動名> 彼女は彼をせき立てて契約にサインさせた. **3** 〈物事〉を急いで[あわてて]す(ませ)る: I want you to ～ this job. この仕事は急いでやってもらいたい / Don't ～ your lunch; there's lots of time. 時間は十分あるから, お昼をあわてて食べないで. **4** 〈…〉に突進する; 〈…〉を襲撃する; 急襲して占領する: We *～ed* the enemy's position. 我々は敵陣を急襲して奪った. **5** ((米)) (大学の社交クラブが)〈新入生〉を歓待[勧誘]する ((新会員を選ぶため)); (新入生が)〈社交クラブ〉のパーティー[催し]に出る. **6** 〚アメフト〛〈ボール〉を持って突進する.

rúsh abóut [aróund] [動] [自] (…して)駆けずり回る (do*ing*). **rúsh ìnto prínt** [動] [他] 急いで活字にする. **rúsh óut** [動] [他] 〈…〉を急いで製造する; 〈記事など〉を急いで出す. **rúsh thìngs [it]** [動] [自] [S] あわてて事を進める. **rúsh thróugh** [動] [他] 〈議案など〉を急いで通過させる, 〈仕事など〉を急いで片づける.

― [名] (～·es /～ɪz/) **1** [単数形で] 突進, 突撃; 急に現われること, 突発, (感情の)激発: a ～ of wind 一陣の風 / a ～ of anger 激怒 / The boys ***made a ～ for*** the door. 少年たちは戸口の方へどっと走っていった / I felt a ～ of dizziness. 私は突然目まいを覚えた.

2 [単数形で] (人や需要・注文などの)殺到; (商売などの)かき入れ(時); 突然の増加: a ～ ***on*** new cars 新車に対する需要の殺到 / There will be a ***～ for*** [***to*** buy] concert tickets. <N+*for*+名・代 [*to* 不定詞]> コンサートの切符を買いに人がどっとおしよせるだろう // ☞ gold rush.

3 [単数形で; 普通は the ～] ラッシュ(時), 混雑時間[時期]: *the* Christmas ～ クリスマス直前の混雑時 ((買い物客などでの)) / I leave early to beat *the* ～. 私はラッシュを避けるために早く出ている.

4 [[U] または a ～] 急ぐこと[必要], 急がせること: [会話] "Is there any ～ ***on*** this coat?" "No, there is no ～." [S] ((略式)) 「このコートは急ぎますか」「いや急ぎません」((クリーニング店などで)). **5** [U] 慌(あわ)ただしさ, めまぐるしさ: the ～ of city life 都会生活の慌ただしさ. **6** [複数形で] 〚映〛 編集用のプリント, ラッシュ (((米)) daily). **7** [単数形で] ((米)) (大学の社交クラブの)勧誘(期間): a dry ～ アルコール抜きの勧誘 / a ～ party 新入生勧誘パーティー. **8** [C] ((略式)) (麻薬や活動などによる)(急激な)気分の高揚, 強い快感: get a ～ (of excitement) out of playing football フットボールをして興奮する. **9** [C] 〚アメフト〛 ラッシュ ((ボールをもって突進すること)).

a (súdden) rúsh of blóod (to the hèad) [名] (愚かしいことをするほど)頭にかっと血が昇ること.

in a rúsh [形・副] 急いで(いる); あわてて, 慌ただしく: Use the stairs, not the elevator, when you're not *in a* ～. 急がない時はエレベーターではなく階段を使え.

Whát's (àll) the rúsh? 何を急いでいるの?

― [形] [A] 大急ぎの, 大急ぎでした: a ～ order 至急の注文 / a ～ job あわただしい仕事.

rush² /rʌ́ʃ/ [名] [C] いぐさ, い, 灯心草 ((湿生植物; むしろ・かごなどを作る)).

rushed /rʌ́ʃt/ [形] 急いで[あわてて]した, あわただしい; (人が)忙しい ((☞ be rushed (clean) off one's feet (foot 成句)): a ～ job 急ぎの仕事 / I was so ～ in Paris that I had no time to do that. パリでは時間が(とれ)なくてそれができなかった.

⁺**rúsh hòur** [名] [C,U] (出勤・退出時の)ラッシュ時[アワー]; [形容詞的に; しばしば rush-hour] ラッシュアワーの.

rúsh·lìght [名] [C] 灯心草ろうそく.

Rush·more /rʌ́ʃmɔə | -mɔ:/ [名] [固] **Mount** ～ ラッシュモア山 ((米国 South Dakota 州の山; 4 人の大統領の頭像が刻まれていて, 国立公園を成す)).

Mount Rushmore
(左から Washington, Jefferson, T. Roosevelt, Lincoln)

rúsh tìcket [名] [C] ((米)) (劇場・コンサートなどの)当日割引きチケット.

rush·y /rʌ́ʃi/ [形] (**rush·i·er**; **-i·est**) いぐさの多い.

rusk /rʌ́sk/ [名] [C] ラスク ((乳幼児用のビスケット)).

Rus·sell /rʌ́s(ə)l/ [名] [固] **1** **Bert·rand** /bə́:trənd | bə́:-/ ～ ラッセル (1872–1970) ((英国の数学者・哲学者)).

rus·set /rʌ́sɪt/ [名] **1** [U] ((文)) 赤褐色. **2** [C] りんごの一種 ((赤褐色で皮が粗い)). ― [形] ((文)) 赤褐色の.

⁑Rus·sia /rʌ́ʃə/ [名] ([形] Rússian) [固] **1** ロシア ((ヨーロッパ北東部からアジア北部にわたる広大な地域; 特に Ural 山脈の西方のヨーロッパに属する部分を指すことが多い)).
2 ロシア(連邦) ((☞ the Russian Federation)).

⁑Rus·sian /rʌ́ʃən/ [形] ([名] Rússia) **1** ロシアの, ソ連の; ロシア人の; ロシア系の; ロシア製の: a ～ tank ロシア製の戦車.
2 ロシア語の: the ～ language ロシア語.
― [名] (～s /～z/) **1** [C] ロシア人; ロシア系人: There were three ～*s* in the group. 一行の中には 3 名のロシア(系)人がいた.
2 [(the) ～s] ロシア人 ((全体)), ロシア国民 ((☞ the¹ 5)): (*The*) ～*s* like to sing. ロシア人は歌を歌うのが好きだ.
3 [U] ロシア語.

Rússian dóll [名] [C] [普通は複数形で] マトリョーシカ ((木製の人形の中にそれよりひとまわり小さい人形が入っていてそれが何層かの入れ子式になったロシア民芸人形)).

Rússian Federátion [名] [固] [the ～] ロシア連邦 ((ヨーロッパ北東部から Siberia に及ぶ連邦共和国; 1991 年旧ソ連の解体により独立; CIS 最大の構成国; 首都 Moscow)) (Russia).

Rússian Órthodox Chúrch [名] [the ～] ロシア正教会.

Rússian Revolútion [名] [the ～] ロシア革命 ((1917 年 3 月 (旧暦 2 月) と同年 11 月 (旧暦 10 月) の革命)).

Rússian roulétte [名] [U] **1** ロシアンルーレット ((1 個だけ弾丸の入っている回転式ピストルを自分の頭に向けて引き金を引く生命の危険を伴うゲーム)). **2** 危険を伴うこと.

Rus·so- /rʌ́soʊ/ [接頭] 「ロシアの; ロシアと…との」の意: *Russo*-American trade ロシアとアメリカの貿易.

Rus·so-Jap·a·nese /rʌ́soʊdʒæ̀pəní:z←/ [形] ロシアと日本の, 日露(間)の: the ～ war 日露戦争 (1904–05).

⁺**rust** /rʌ́st/ [名] [U] **1** (鉄の)さび; さび色: nails covered with [in] ～ さびついた釘. **2** 〚植〛 さび病. ― [動] [自] **1** さびる, 腐食する (*through*): My knife has ～*ed*. 私のナイフはさびてしまった. **2** (能力などが)使わないため鈍くなる, さびつく. ― [他] 〈…〉をさびさせる, 腐食させる.
rúst awáy [動] [自] さびて(役に立たなくなって)いく.

Rúst Bèlt [名] [固] [the ～] ((米)) 斜陽鉄鋼業地帯 ((かつては鉄鋼・自動車産業で栄えたがその後は不況にあえぐ, 米国中西部・北東部を中心とする工業地帯)).

rúst bùcket 名 C《略式》老朽船; ぼろ車.
rust·ed /rʌ́stɪd/ 形 さび(つい)た.
‡**rus·tic** /rʌ́stɪk/ 形 [普通は A] **1** [ほめて] いなかの; いなか風の, 田園の (反 urban); 素朴な [☞ rural 類義語]: ~ charm いなか風な良さ / a ~ nature 純朴な性質. **2** 粗野な (反 urbane). **3** 荒木[丸太]作りの. ― 名 C《文》または《滑稽》いなか者[の人]; 農夫.
rus·ti·cate /rʌ́stɪkèɪt/ 動 他《英》〈大学生〉を停学処分にする.
rus·tic·i·ty /rʌstɪ́səti/ 名 U 素朴, 質素.
rust·i·ness /rʌ́stɪnəs/ 名 U さびていること.
‡**rus·tle** /rʌ́sl/ 動 自 〈木の葉・紙・布など〉さらさら[かさかさ]と鳴る; [副詞(句)を伴って] さらさら[かさかさ]と音を立てて動く: The fallen leaves ~*d* as they walked. 彼らが歩くと落ち葉がかさかさと音を立てた. ― 他 **1** 〈...〉をさらさら[かさかさ]と音を立てさせる: The wind was *rustling* the leaves. 風が木の葉をかさかさ鳴らしていた. **2** 〈牛·馬など〉を盗む. **rústle úp** 動 他《略式》〈食事など〉を(あり合わせのもので)急いで用意する; 〈物·人〉をかき集める. ― 名 [単数形で] さらさら[かさかさ]という音; きぬずれの音 (*of*).
rus·tler /rʌ́slɚ | -lə/ 名 C 家畜どろぼう.
rus·tling /rʌ́slɪŋ/ 名 **1** C,U さらさら[かさかさ]いう音. **2** U 家畜を盗むこと. ― 形 さらさらと鳴る, かさかさいう.
rust·proof /rʌ́stprùːf/ 形〈金属が〉さびない.
‡**rust·y** /rʌ́sti/ 形 (**rust·i·er**; **-i·est**) **1** さびた, さびついた: go ~ さびる. **2** さび色の. **3**《普通は P》《略式》(能力·知識などが使用しないため)鈍くなった, なまった: My English is ~. 私の英語はさびついている.
rut¹ /rʌ́t/ 名 C **1** わだち, 車輪の跡. **2**(退屈な)決まりきったやり方[生き方], マンネリ. **gèt ínto [be (stúck) in] a rút** 動 型にはまる[はまっている], マンネリになる. **gèt [bréak] óut of the [a] rút** 動 自 マンネリから抜け出す.
rut² /rʌ́t/ 名 U [しばしば the ~] 〈雄の鹿(シカ)·やぎ·羊などの〉発情(期): in ~ 発情した. ― 動 自 (特に鹿が)さかりがつく, 発情する.
ru·ta·ba·ga /rùːṭəbéɪgə/ 名 C,U《主に米》スウェーデンかぶ, かぶかんらん《食用》(《英》swede).
Ruth《ルーθ/ 名 固 **1** ルース《女性の名》. **2 Babe ~**(ベーブ) ルース (1895–1948)《米国の野球選手》. **3**《聖》ルツ (Naomi につくした孝女).
Ruth·er·ford /rʌ́ðɚfəd | -əfəd/ 名 固 **Ernest ~** ラザフォード (1871–1937)《ニュージーランド生まれの英国の物理学者》.
*‡**ruth·less** /rúːθləs/ 形 **1** 無慈悲な, 冷酷な; 容赦のない: She is ~ *in* deal*ing* with her children. <A+

in+動名> 彼女は容赦なく子供を扱う. **2** (行動などが不快なこともやり抜くほど)徹底した, 断固とした: ~ de-termination 断固とした決意. **~·ly** 副 冷酷に(も), 容赦なく; 断固として. **~·ness** 名 U 冷酷; 徹底.
rut·ted /rʌ́tɪd/ 形 わだちのできた: a deeply ~ road 深いわだちのできた道.
rut·ting /rʌ́tɪŋ/ 形 A (雄鹿などが)発情した, さかりのついた.
RV /áɚvíː | áː-/ 名 (複 **RVs**) C《米》= recreational vehicle.
Rwan·da /ruɑ́ːndə | ruǽn-/ 名 固 ルワンダ《アフリカ中部の国》.
Rx /áɚéks | áː(r)éks/ 名 (複 **Rx(')s**) C《米》処方.
-ry /ri/ 接尾 [名詞語尾] = -ery.
Ry·an /ráɪən/ 名 固 **No·lan** /nóʊlən/ ~ ライアン (1947–)《米国の野球選手; 豪速球投手》.
‡**rye** /ráɪ/ 名 U **1** ライ麦; ライ麦の実《北欧原産で黒いパンの原料, ☞ wheat 挿絵》. **2**《米》(ライ麦で作った)黒パン: I'll have a ham on ~, please. 黒パンのハムサンド下さい. **3** ライ麦製ウイスキー.
rýe bréad 名 U = rye 2.
rýe·grass /ráɪgræs | -grɑːs/ 名 U ほそ麦《飼料用》.
rýe whískey 名 U = rye 3.

crossword puzzle (☞ p. 406) の解答

s	i				
h	o	s	t	s	
a	n	t		l	
i	n		o	m	i	t
d	a	r	e	d	
s	t	y	l	e	
		e		t	

rebus (☞ p. 1456) の解答
1. Why did you let her eat my candy? どうして彼女に私のキャンデーを食べさせてしまったの.
2. I can see what you saw. あなたの見たものが想像できます.

riddle¹ (☞ p. 1505) の解答
1. Because he deals with suits. 訴訟を扱うから《suit にはこのほかに「服」という意味もある》.
2. Lettuce alone. レタスだけ《同じ発音の Let us alone. (2人だけにしといて)にかけたもの》.

s S

s¹, S¹ /és/ 图 (複 **s's, ss, S's, Ss** /~ɪz/) **1** CU エス《英語アルファベットの第 19 文字》. **2** C S 字形, S 字形のもの.

s² 略 =second(s) (⇨ second²).

*****S²** 略 **1** 南 (south). **2**《特に衣類の》小さなサイズ, S 判 (small size) (⇨ L⁶). **3** =southern, subject¹⇨ 4. **4**《略 SS》=saint (⇨ St.²). **5**《米》=satisfactory. **6**《テレビで》=sex《「(番組が)セックスシーンを含む」を意味する記号》.

s. 略 =shilling(s), singular, son.

S. 略 =Saturday, Sunday.

*****$, $** /dálə(z) | dɔ́lə(z)/ 图 ドル (dollar(s))《通貨単位; ⇨ dollar》: $ 1 1 ドル (one [a] dollar と読む) / $ 75.50 (seventy-five dollars (and) fifty cents と読む). (⇨ ¢, £).

*****-s¹** /ɪz, z, s/ 接尾 **名詞の複数形の語尾**.

> 文法 **複数形** (plural form)
> 複数形を表わす名詞・代名詞および動詞の語形をいう. この辞書では 複 と示す. 単数形 (singular form) に対する.
> (1) 名詞の複数形.
> 名詞のうちで, 普通は数えられる名詞に属する普通名詞および集合名詞が複数形を持つ.
> (i) 大多数の名詞はつづりの上では単数形に -s または -es をつけて複数形をつくる. これを規則的複数形という.
> (a) 単数形が /s, z, ʃ, ʒ, tʃ, dʒ/ の音で終わる語には -es /ɪz/ をつける. つづり字で語尾に発音しない e があればそれを取って -es をつける《e は発音されるようになる》: fox → foxes /fáksɪz/, rose → roses /róʊzɪz/, dish → dishes /díʃɪz/, bench → benches /béntʃɪz/, bridge → bridges /brídʒɪz/.
> (b) 単数形が有声音 (⇨ つづり字と発音解説 42) の /b, d, g, v, ð, m, n, ŋ, l/ および母音で終わる語は -s /z/ をつける: bed → beds /bédz/, wave → waves /wéɪvz/, chain → chains /tʃéɪnz/, ring → rings /ríŋz/, star → stars /stáəz | stá:z/, tree → trees /trí:z/, boy → boys /bɔ́ɪz/.
> (c) 単数形が無声音 (⇨ つづり字と発音解説 42) の /p, t, k, f, θ/ で終わる語は -s /s/ をつける: rope → ropes /róʊps/, gate → gates /géɪts/, stick → sticks /stíks/, roof → roofs /rú:fs/, death → deaths /déθs/.
> (d) つづり字の変化.
> 1)「子音字+y」で終わる語は y を ie に変えて -s /z/ をつける: baby → babies, fly → flies.
> ただし -y で終わる固有名詞の複数形にはそのまま -s /z/ をつける: the Henrys ヘンリー夫妻[家].
> 2)「子音字+o」で終わる語には -es をつける語と, -s をつける語と, どちらでもよい語とがある.
> -es をつける語: hero → heroes, potato → potatoes.
> -s をつける語: photo → photos, piano → pianos.
> -es でも -s でもよい語: mosquito → mosquito(e)s, motto → motto(e)s, volcano → volcano(e)s.
> ★上に述べた以外の方法でつくる複数形を不規則複数形 (⇨ irregular plural form) という.
> (ii) 文字・略字・記号・数字などの複数形は書く場合の混乱を避けるために …'s の形をとることが多い《⇨ apostrophe 文法 (2)》: Cross your t's /tí:z/ and dot your i's /áɪz/. t の横棒と i の点を忘れるな《念には念を入れよ》/ in the 1990's [1990s] 1990 年代に. ただし記号や数字の場合はアポストロフィを省略することも多い.
> (2) 代名詞のうちでは人称代名詞と指示代名詞 (this → these, that → those) および不定代名詞の one, other が複数形を持つ. 人称代名詞の複数形については ⇨ personal pronoun 文法. 語法 名詞および代名詞の複数形は, 数が 2 つ以上あることを示す. ただし a three-year-old child (3 歳の子供) / an eight-foot pole (8 フィートの棒) のように合成語となってその後の名詞を修飾するときには単数形が用いられる.

*****-s²** /ɪz, z, s/ 接尾 **動詞の三人称単数現在形の語尾**.

> 文法 **三人称単数現在形** (third person singular present form)
> 現在形のうち, 主語が第三人称で単数のときに用いられる形. この辞書では 三単現 と示す. 規則的な三単現の形はつづりの上では動詞の原形に -s または -es をつけてつくる《「子音字+y」で終わる語は y を ie に変えて -s をつける》. 発音上の規則は名詞の複数形の場合と同じである (⇨ -s¹ 文法 (1)): kiss → kisses /kísɪz/, rise → rises /ráɪzɪz/, push → pushes /púʃɪz/, catch → catches /kǽtʃɪz/, judge → judges /dʒʌ́dʒɪz/, spend → spends /spéndz/, dig → digs /dígz/, breathe → breathes /brí:ðz/, fall → falls /fɔ́:lz/, pay → pays /péɪz/, grow → grows /gróʊz/, hope → hopes /hóʊps/, hit → hits /hítz/, kick → kicks /kíks/, laugh → laughs /lǽfs | lá:fs/, study → studies /stʌ́dɪz/, cry → cries /kráɪz/, go → goes /góʊz/.

-s³ /z/ 接尾《主に米》時を表わす名詞の語尾につけて副詞的に用いる: Sundays (=on Sundays) 日曜日に(は) / summers (=in summers) 夏に(は).

*****-'s¹** /ɪz, z, s/ **1 名詞の所有格の語尾**.

> 文法 **所有格** (possessive case)
> 格の 1 つで, 「所有」の意味を表わし, 日本語の「…の」に相当する働きをする. 名詞および代名詞の一部が所有格を持つ. 参考 この辞書では成句において所有格が用いられることを示すのに **one's**, …**'s** という形を用いている (⇨ one's¹ 語法).
> (1) 名詞の所有格: 名詞の所有格は常に規則的である. 普通は人および高等動物を表わす名詞に限られる《ただし ⇨ (3) (iv)》. その他の名詞では of が用いられる.
> (i) 単数形の所有格: 単数形の所有格は主格に 's (アポストロフィ+s) をつける. 発音は /ɪz/, /z/ または /s/《規則は複数形の場合と同じ; ⇨ (1)》.
> (a) /ɪz/: nurse's /nə́:sɪz | ná:-/, judge's /dʒʌ́dʒɪz/, James's /dʒéɪmzɪz/.
> (b) /z/: daughter's /dɔ́:təz | -təz/, son's /sʌ́nz/.
> (c) /s/: student's /st(j)ú:dnts | stjú:-/, wife's /wáɪfs/.
> (ii) 複数形の所有格.
> (a) 規則的な複数形の所有格.
> 主格に (') だけをつける. 発音は変わらない.
> horses' /hɔ́əsɪz | hɔ́:s-/, ladies' /léɪdɪz/, gods' /gádz | gɔ́dz/, guests' /gésts/.
> (b) 不規則な複数形の所有格.
> 1) 語尾の /f, θ, s/ を /v, ð, z/ に変える名詞は主格に (') だけをつける.
> thieves' /θí:vz/, wives' /wáɪvz/.
> 2) その他の不規則な複数形は単数形の場合と同じく 's をつける. 発音も同様に /ɪz/, /z/.
> geese's /gí:sɪz/, mice's /máɪsɪz/, children's /tʃíldrənz/, men's /ménz/.

(2) 代名詞の所有格.
(i) 人称代名詞の所有格: ☞ **personal pronoun** 文法. 所有代名詞との違いについては ☞ **possessive pronoun** 文法.
**(ii) 疑問代名詞や関係代名詞では人を表わす who が whose という所有格を持つ(ただし関係代名詞の whose は物を表わすこともある; ☞ whose² 語法).
**(iii) 不定代名詞の中では another, one, other, および -body, -one で終わる語が 's をつけて所有格をつくる. なお ☞ else 語法.
(3) 所有格の用法.
(i) 所有を表わす: my *father's* pipe 父のパイプ / *Bill's* bag ビルのかばん / her dress 彼女の服.
(ii) 作者・発明者などを表わす: *Tolstoy's* novels トルストイの小説 / *Beethoven's* Ninth Symphony ベートーヴェンの第九交響曲 / *Newton's* law of gravitation ニュートンの引力の法則.
(iii) 性質・特色を示して,「…の性質を持った」「…向けの」などの意味を表わす: *ladies'* shoes 婦人靴 / an old *man's* job 老人向きの仕事 / a *mother's* love 母(として)の愛情.
(iv) 時間・距離・価格などを表わす: two *months'* vacation 2 か月の休暇 / within a *stone's* throw 石を投げれば届く距離に / fifty *dollars'* debt 50 ドルの借金.
(v) 意味上の主語関係を示す(☞ of 7): my *father's* death 父の死 / *Nelson's* victory ネルソンの勝利.
(vi) 意味上の目的語関係を示す(☞ of 6): *John's* admirers (=those who admire John) ジョンの称賛者たち / They went to the *boy's* rescue. (=They went to rescue the boy.) 彼らはその少年を救助するために出かけた.
(vii) 所有格の独立用法: 所有格の次に来る語が前後関係から, または周知の事実としてわかる場合には省略されることが多い. このような用法の所有格を独立所有格という (☞ **absolute possessive**). この用法は所有代名詞の用法と同じである.

2 文字・数字・略語などの複数形の語尾 (☞ -s¹ 文法 (1) (ii)): three *A's*, *3's*, *M.P.'s*.

*-'s² /(有声音の後では) z, (無声音の後では) s/ (略式) **is**¹,² **の短縮形** を表, contracted form 文法): Tom's a high school student. トムは高校生だ / Meg's loved by everybody. メグはだれにもかわいがられている. 語法 Yes, he is. のように is が文の最後に来ると短縮形は用いない.

*-'s³ /(有声音の後では) z, (無声音の後では) s/ (略式) **has² の短縮形** (☞ contracted form 文法): Bob's failed the exam. ボブは試験に落ちた. ★'s got については ☞ **have got** の項目. 語法 Yes, he has. のように has が文の最後に来ると短縮形は用いない.

*-'s⁴ /s/ [let の後で] (略式) **us の短縮形** (☞ **let's**): *Let's* stop here. ここでやめよう.

*-'s⁵ /(有声音の後では) z, (無声音の後では) s/ (S) (略式) **does¹ の短縮形:** What's it matter? それがどうしたというの. ★(非標準)と考える人もいる.

S.A. 略 =South Africa, South America, South Australia.
Saa·mi /sáːmi/ 名 C =Sami.
Saar /sáːr | sáː/, **Saar·land** /sáːrlænd | sáː-/ 名 圏 ザール《ドイツ南西部の地方》.
sab·ba·tar·i·an /sæ̀bətéəriən←/ (格式) 名 C 安息日厳守主義者. ── 形 安息日厳守主義の.
Sab·bath /sǽbəθ/ 名 [the ~] 安息日《ユダヤ教では土曜日, キリスト教では日曜日》: keep [break] *the* ~ 安息日を守る[守らない].
sab·bat·i·cal /səbǽtɪk(ə)l/ 名 C,U (大学教授などの)有給休暇, サバティカル《旅行・研究のため元来は 7 年ごとに 1 年間大学教授などに与えられる》: take [have] *a* ~ 有給休暇をとる. **be on sabbatical** [動] 自 有

sack race 1541

給休暇をとっている.
sab·bat·i·cal yéar [léave] 名 C =sabbatical.
***sa·ber,** (英) **sa·bre** /séɪbə | -bə/ 名 C **1** (騎兵の)サーベル, 軍刀. **2** (フェン)サーブル.
sáber ràttling 名 U 武力による威嚇.
sáber-tòothed 形 犬歯がサーベル状の.
Sá·bin vàccine /séɪbɪn-/ 名 U,C セービンワクチン《ポリオの経口生ワクチン》.
sa·ble /séɪbl/ 名 C くろてん《シベリア・ヨーロッパ北部に住む》; U くろてんの毛皮《高級品》. ── 形 (詩)暗黒の.
sáble-fish 名 C 銀鱈(がら)《北太平洋産》.
sa·bot /sæbóʊ, sǽboʊ/ 名 C 木ぐつ; 木底革靴.
sab·o·tage /sǽbətɑ̀ːʒ/ 《フランス語から》 名 U 破壊活動, 破壊行為《紛争・抗議・設備などを破壊すること》; 妨害行為: an act of ~ 破壊行為. 日英比較 日本で言う「サボタージュ」は「怠業」の意味で, 英語では(米) slowdown, (英) go-slow という. また「授業をサボる」は cut a class などという. 語源 昔, 労働者が木靴(sabot)を機械に投げ入れて破壊や妨害をしたことから. ── 動 他 〈...〉に対し破壊活動[工作]をする, 〈建物・設備など〉を破壊する; 〈活動・計画など〉を妨害する: The bridge *was* ~*d* by terrorists. 橋はテロリストによって破壊された.

***sab·o·teur** /sæ̀bətɜ́ː | -tɜ́ː/ 《フランス語から》 名 C 破壊活動[行為]をする人.
sa·bra /sɑ́ːbrə/ 名 C イスラエル生まれの[生粋の]イスラエル人.
sa·bre /séɪbə | -bə/ 名 C (英) =saber.
***sac** /sæk/ 名 C (動・植) 嚢(る).
sac·cade /sækɑ́ːd/ 名 C (生理) サッカード《読書の際などの眼球の瞬間的運動》.
sac·cha·ride /sǽkəràɪd/ 名 C (化) 糖.
sac·cha·rin /sǽk(ə)rɪn/ 名 U (化) サッカリン.
sac·cha·rine /sǽk(ə)rɪn, -ràɪn/ 形 (格式) [軽蔑](笑み・話などが)甘ったるい, 感傷的な.
sac·er·do·tal /sæ̀səsdóʊtl | -sə-←/ (文) 聖職者の(ような); 聖職尊重の.
sa·chet /sæʃéɪ | sǽʃeɪ/ 名 C **1** におい袋. **2** (英) (砂糖・シャンプーなどの)少量入りの包み (of).

***sack¹** /sæk/ (同音 sac; 類音 sock, suck) 名 (~s /~s/) **1** C 大袋《穀物・野菜・石炭などを入れる; ☞ bag 類義語》; 1 袋分(の分量), 1 俵分: a potato ~ じゃがいも用の袋 / two ~*s* of potatoes じゃがいも 2 袋(分) / An empty ~ won't stand alone. (ことわざ)からっぽの袋はそれだけでは立たない, 腹が減っては戦(^い)はできぬ. **2** C (米) (一般に)袋 (bag); 買い物袋《商店が客にくれる茶色の紙袋》. **3** C (アメフト) サック. **gét the sáck** [動] 自 (英略式)解雇される. **gèt [clímb, júmp] into the sáck with …** [動] 他 (略式, 主に米) 〈見知らぬ人〉とセックスをする. **give … the sáck** [動] 他 (英略式)〈...〉を解雇する. 語源 昔, 従業員を解雇するとき, 身の回り品を入れた袋を渡したことから. **hít the sáck** [動] 自 (古風, 略式) 床につく. **in the sáck** [副・形] (略式, 主に米) ベッド(の中)で[の]; セックスの最中に[の]. ── 動 他 **1** (英) 〈...〉を解雇する (fire) (for). **2** (アメフト) 〈クォーターバック〉をサックする. **sáck óut** [動] 自 (S) (米略式)寝る.
sack² /sæk/ 動 他 (戦勝軍が)〈都市〉を略奪する. ── 名 [the ~] (格式) (占領地の)略奪 (of).
sáck·clòth 名 U ズック, 袋用麻布. **in [wéaring] sáckcloth (and áshes)** [形・副] 深く悔いて. 由来 聖書「マタイ伝」のことばから.
sack·ful /sǽkfʊl/ 名 C 1 袋分(の分量), 1 俵分.
***sáck·ing** 名 **1** U 袋地, ズック, 粗い麻布. **2** C (英略式) 解雇(すること).
sáck ràce 名 C サックレース, 袋競走《袋に両足を入れて前へぴょんぴょん跳ぶ子供の競走》.

sa·cral·ize /séɪkrəlàɪz/ [動] [他] 〈…〉を神聖にする.
sac·ra·ment /sǽkrəmənt/ [名] **1** [the ~, the (Holy) S-] 聖餐用のパン(とぶどう酒), 聖体; 〘プロテスタント〙 聖餐式, 〘カトリック〙 聖体拝領. **2** [C] 〘カトリック〙 秘跡(ひせき), 〘プロテスタント〙 (聖)礼典 《洗礼などのいくつかの重要な儀式》.
sac·ra·men·tal /sæ̀krəméntl←/ [形] [主に [A]] 聖餐(式)の, 聖餐用の; 秘跡の, 聖礼典の.
Sac·ra·men·to /sæ̀krəméntou/ [名] [固] サクラメント 《米国 California 州の州都》.
*__sa·cred__ /séɪkrəd/ [形] **1** [A] 神聖な, 聖なる (holy); 宗教上の (☞sacrifice [語源], saint [語源], sanction [語源]) ([反] secular): a ~ book 聖典 / a ~ building 神聖な建物 《教会・聖堂・寺院など》 / ~ music 宗教音楽. **2** 神聖視される; (…にとって)敬うべき, 尊い (*to*); (自分にとっては)非常に重要な: Owls were held ~ by some native Americans. アメリカ先住民にはふくろうを神聖視している者もいた. **Is nóthing sácred?** [S] 守るべきものは何もないのか 《伝統などが無視されることに対して》.
sácred ców [名] [C] [軽蔑] 神聖にして侵すべからざる人[物].
Sácred Héart [名] [the ~] 〘カト〙 聖心 《キリストの心臓; キリストの愛と犠牲の象徴》.
sácred·ly [副] 神聖に.
sácred·ness [名] [U] 神聖さ; 重要さ.
*__sac·ri·fice__ /sǽkrəfàɪs/ [T2] [名] (**-ri·fic·es** /~ɪz/; [形] sàcrificial) **1** [U,C] 犠牲, 犠牲的行為: at great personal ~ 自己を非常に犠牲にして / Parents often ***make*** great **~*s*** to send their children to college. 親は子供を大学に行かせるためによく大きな犠牲を払う. **2** [C,U] 神にささげ物をすること; [C] (神にささげる)いけにえ, ささげ物: offer [make] a ~ *to* the gods 神々にいけにえをささげる / a human ~ いけにえとして殺される人間. **3** [C] 〘野〙 =sacrifice hit. [語源] ラテン語で「神聖にする」の意; ☞ sacred. **màke the supréme [fínal] sácrifice** [動] [自] 《文》 一命をささげる, 死ぬ.
— [動] (**-ri·fic·es** /~ɪz/; **-ri·ficed** /~t/; **-ri·fic·ing**) [他] **1** 〈…〉を犠牲にする (*to*): The boy ~*d* his life to save his sister from the fire. 少年は妹を火事から救うため命を犠牲にした / Mothers often **~** a great deal ***for*** their children. <V+O+前+名・代> 母親はよく子供のために多くを犠牲にする. **2** 〈…〉をいけにえとして供(そな)える[ささげる] (*to*). **3** 〘野〙 〈走者〉を犠牲バントで進塁させる. — [自] **1** いけにえをささげる (*to*). **2** 〘野〙 犠牲バントをする.
sácrifice búnt [名] [C] 〘野〙 犠牲バント.
sácrifice flý [名] [C] 〘野〙 犠牲フライ.
sácrifice hít [名] [C] 〘野〙 犠打.
sac·ri·fi·cial /sæ̀krəfíʃəl←/ [形] ([名] sácrifice) [普通は [A]] 犠牲の, いけにえの; 犠牲的な: a ~ lamb いけにえの小羊, [比喩] (大義のための)犠牲(者). **-cial·ly** /-ʃəli/ [副] 犠牲的に.
sac·ri·lege /sǽkrəlɪʤ/ [名] (**-ri·leg·es**) [[U] または a ~] **1** 神聖を汚(けが)すこと(の行為), 神聖冒瀆(ぼうとく)(の行為). **2** ばち当たりな行為, ひどいこと.
sac·ri·le·gious /sæ̀krəlíʤəs, -líːʤ- | -líʤ-←/ [形] 神聖を汚す; ばち当たりの, けしからぬ. **~·ly** [副] 神聖を汚して, ばち当たりに(も).
sac·ris·tan /sǽkrɪst(ə)n/ [名] [C] 〘宗〙 聖具室係.
sac·ris·ty /sǽkrɪsti/ [名] (**-ris·ties**) [C] 〘宗〙 (教会の)聖具室, 聖具安置所.
sac·ro·il·i·ac /sæ̀krəɪ́liæ̀k/ [名] [C], [形] 〘解〙 仙腸関節(の[に関する]).
sac·ro·sanct /sǽkrousæ̀ŋ(k)t/ [形] [しばしば滑稽] きわめて神聖[重要]な; 絶対に侵すべからざる.
‡**sad** /sǽd/ ([類音] said) [形] (**sad·der** /-ḍə | -də/; **sad·dest** /-ḍɪst/; [動] sádden) **1** 悲しい, 悲しむべき, 嘆かわしい ([反] glad); 哀れな, 悲しそうな: a ~ story [song] 悲しい話[歌] / a ~ expression 悲しそうな表情 / She looked ~. 彼女は悲しそうな顔をしていた / I was [felt] **~ *about*** not be***ing*** allowed to go. <A+*about*+動名> 私は行かせてもらえないことが悲しかった / We were **~ *to*** see her quit the club. <A+*to* 不定詞> 私たちは彼女がクラブをやめるのを見て悲しかった (☞ to[3] B2) / I'm **~ (*that*)** you've failed again. <A+(*that*) 節> あなたがまた失敗したとは残念だ / [言い換え] ***It is* ~ *that*** children have so little free time. (= It's a ~ fact that children have so little free time). 子どもたちがあまりにも少ししか自由な時間をもてないのは悲しいことだ (☞that[2] A2 囲み). **2** [A] ひどい, 嘆かわしい: a ~ state of affairs ひどい事態 / The ~ fact is (that) the government does not admit its responsibility for the accident. [S] 情けないことに, 政府はその事故に対する自らの責任を認めようとしない (☞ 1 最後の例文). **3** 孤独な, ひとりぼっちの, みじめな: a ~ character [case] 孤独な人. **4** [普通は [A]] [S] 《俗》 情けない, さえない, どうしようもない. **5** [滑稽] (色が)くすんだ. [語源] 古(期)英語で 「満腹して(うんざりした)」の意.
sádder but [and] wíser [形] 悲しい[苦い]経験から賢明になった[て]: He came back *sadder but wiser*. 彼は苦い教訓を得て帰って来た. **sád to sáy** [副] [文修飾語] 悲しい[残念な]ことに.
SAD /éseɪdíː, sǽd/ [略] =seasonal affective disorder.
Sa·dat /sədǽt/ [名] [固] **An·war** /ǽnwɑə | -wɑː/ **al-** /æl/ ~ サダト (1918–81) 《エジプトの軍人・政治家; 大統領 (1970–81); Nobel 平和賞 (1978)》.
+**sad·den** /sǽdn/ [動] ([形] sad) [他] 《格式》 [しばしば受身で] 〈人〉を悲しませる ([反] gladden): It **~*s*** me (to see) that he is underestimated by his boss. 彼が上司から過小評価されているの(を見るの)は悲しい / The villagers *were* all **~*ed by*** the priest's death. 村人は皆司祭の死を悲しんだ.
sad·den·ing /sǽdṇɪŋ, -dnɪŋ/ [形] 《格式》 (経験・事態などが)人を悲しくさせる, 悲しい.
sad·dhu /sɑ́ːduː/ [名] [C] =sadhu.
*__sad·dle__ /sǽdl/ ([類音] settle, subtle) [名] (**~s** /~z/) [C] **1** (乗馬用などの)くら; (自転車などの)サドル (☞bicycle 挿絵): He put the ~ on his horse. 彼は馬にくらを置いた. **2** (羊・しかなどの)くら肉 《くらの当たる部分の肉》 (*of*). **in the sáddle** [形・副] (1) 《略式》 管理して, 指揮権を握って. (2) 馬に乗って.
— [動] (**sad·dles** /~z/; **sad·dled** /~d/; **sad·dling**) [他] **1** 〈…〉にくらを置く ([反] unsaddle): ***S*~ (*up*)** the horse for Jimmy. ジミーのために馬にくらをつけてあげなさい. **2** [しばしば受身で] (負担・責任などを)〈…〉に負わせる, なすりつける; 〈責任など〉を(…に)押しつける: She *was* **~*d with*** the unpleasant job. 彼女はそのいやな仕事を押しつけられた / He *is* **~*d with*** his brothers. 彼は弟の面倒を見なければならない. — [自] くらを置く (*up*).
sáddle·bàck [名] [C] くら形のもの.
sáddle-bàcked [形] 背のくぼんだ.
sáddle·bàg [名] [C] **1** サドルバッグ 《自転車などの後輪の上につけるバッグ; ☞ bicycle 挿絵》. **2** くら袋.
sáddle blànket [名] [C] くら敷 《くらの下の厚布》.
sad·dler /sǽdlə | -lə/ [名] [C] 《古風》 馬具屋.
sad·dler·y /sǽdləri/ [名] **1** [U] 馬具(一式). **2** [U] 馬具製造(業). **3** [C] 馬具(販売)店.
sáddle shòe [名] [C] [普通は複数形で] 《米》 サドルシューズ 《くら形の飾り革のあるスポーツ靴》.
sáddle sòap [名] [U] 革製品用せっけん.
sáddle sòre [名] [C] [普通は複数形で] くら[また]ずれ; (馬にできる)くらずれ.
sáddle(-)sòre [形] [P] くら[また]ずれができた.
sáddle stìtch [名] [C] 〘製本〙 (雑誌の)中[くら形]綴じ.

sad·do /sǽdou/ 名 (~s) C S《英略式》退屈な[さえない]やつ.

Sad·du·cee /sǽdʒəsiː, -djuː-/ 名 C サドカイ人《古代のユダヤ教徒の一派》.

Sade /sɑːd/ 名 ❶ **Marquis** /mɑ́ːki/ **de** /də/ ~ サド (1740-1814)《フランスの作家; 加虐性愛を描いた; sadism ということばは彼の名に由来》.

sa·dhu /sɑ́ːduː/ 名 C 《ヒンズー教の》苦行者.

Sá·die Háw·kins Dày /séidi-/ 名 《米》セイディーホーキンズデー《女性が意中の男性に告白できる日; 毎年11月初めごろ》.

sa·dis·m /séidizm/ 名 U 人を苦しめて楽しむこと; 【心】サディズム, 加虐性愛. 関連 masochism マゾヒズム

sa·dist /séidist/ 名 C 加虐趣味の人; 【心】サディスト, 加虐性愛者. 関連 masochist マゾヒスト.

*****sa·dis·tic** /sədístik/ 形 加虐趣味の, 【心】サディスト [サディスティ]的な, 加虐性愛の. **-ti·cal·ly** /-kəli/ 副 残酷に; サディスト的に.

⁺sád·ly /sǽdli/ 副 ❶ 悲しんで, 悲しげに (反 gladly): She spoke ~. 彼女は悲しそうに話した. ❷ 文修飾語 悲しいことに; 残念ながら: S~, not all the members can attend the ceremony. 残念ながら会員みなが式に出席できるというわけにはいかない. ❸ ひどく (badly): be ~ neglected 荒れ放題になっている / You are ~ mistaken とんだ間違いをしますよ.

*****sád·ness** /sǽdnis/ 名 ❶ U または a ~] 悲しみ, 悲しさ, 悲哀 (over) (⇒ **grief** 類語語) (反 gladness). ❷ C [普通は複数形で] 悲しませるもの[事柄].

sa·do·mas·o·chis·m /sèidoumǽsəkizm/ 名 U 【心】サドマゾヒズム《サディズムとマゾヒズムの両面をあわせもつこと; 略 S and [&] M》.

sa·do·mas·o·chist /sèidoumǽsəkist/ 名 C 【心】サドマゾヒスト《サディストとマゾヒストを兼ねた人》.

sa·do·mas·o·chis·tic /sèidoumæsəkístik⁻/ 形 【心】サドマゾヒスト的な.

sád sàck 名 C《古風, 米略式》退屈なやつ; のろま, まぬけ.

s.a.e. /éseí:/ 略 《主に英》 =self-addressed [stamped addressed] envelope 切手を貼り自分のあて名を書いた返信用封筒《《米》SASE》.

*****sa·fa·ri** /səfɑ́ːri/ 名 (~s /-z/) U.C《特にアフリカでの狩猟・探検などの》遠征旅行, サファリ. **gó [be] on safári** [動] ⓐ サファリに出かける[出かけている].

safári jàcket 名 C サファリジャケット《胸に2つポケットがあり, ベルトがついている上着》.

safári pàrk 名 C サファリパーク《自然動物園》.

safári sùit 名 C サファリスーツ《亜麻などの軽い織物でできた上下服》.

*****safe¹** /séif/ 形 (**saf·er**; **saf·est**; 名 **sáfety**; 反 **unsafe**) ❶ **安全な**, 無事な, 安心な;《害を及ぼす》危険のない (反 dangerous) (⇒ **save¹** 語源): feel ~ 安全と感じる / make the place ~ **for** children <A+前+名・代> その場所を子供にとり安全な所に / at [from] a ~ distance 安全な所で[から] / Keep the money in a ~ place. そのお金を安全な所にしまっておきなさい / Have a ~ journey. 気をつけていってらっしゃい《見送りのときなどに》/ The bird will be ~ **from** attack there. その鳥はそこなら攻撃される危険はない. / Your secret is ~ **with** me. <A+with+名・代> あなたの秘密は私が漏らすことはありません. ▶ arrive, be, bring, come, keep などとともに用いて, 補語の働きをする: The boat came ~ to port. ボートは無事に港に着いた 言い換え It is ~ to drink the water. =The water is ~ to drink. <A+to 不定詞> =The water is ~ for drink**ing**. <A+for+動名> その水は飲んでも安全だ / Better (to be) ~ than sorry. S《ことわざ》用心をしこしたことはない《転ばぬ先の杖》).
❷ P (...しても)差しつかえのない, 間違いのない: Is it ~

---

safety 1543

to say that? S そう言っても差しつかえないのですか / We are ~ **in** assum**ing** that the news is true. <A+in +動名> その知らせは本当だと思って間違いない.
❸ [普通は A] (行動などが)危なげのない, 確実な; 《人が》慎重な, 信頼できる; [しばしば軽蔑] 無難な, 《話題が》あたりさわりのない: ~ driving 安全運転 / a ~ investment 安全な投資 / a ~ option 無難な選択. ❹ [野] セーフの (反 out). ❺ S《英略式》すばらしい; [応答に用いて] いいぞ《若者の表現》.

a sáfe pàir of hánds [名]《英》頼れる人. **be in sáfe hánds** [動] 信頼できる保護者[後見人]にゆだねられている. **kéep ... sáfe** [動] ⓐ <...>を(危険などから)守る. **pláy (it) sáfe** [動] ⓐ《略式》慎重にする. **sáfe and sóund** [形] 無事で: They returned from their trip ~ *and sound*. 彼らは旅行から無事に帰った (⇒ **1** 語法). **to bé on the sáfe sìde** [副] S 念のために.

safe² /séif/ 名 C 金庫: The thief cracked [broke into] the ~. どろぼうは金庫をこじあけた.

sáfe àrea 名 C 安全地域[地帯], 中立地域.

sáfe·brèaker 名 C 金庫破り(人).

sáfe cónduct 名 U (戦時の)安全通行権; C 安全通行証 (to, for).

sáfe·cràcker 名 C 金庫破り(人).

sáfe-depòsit bòx 名 C 《銀行などの》貸し金庫.

*****safe·guard** /séifgàːd | -gàːd/ 動 (**-guards** /-gàːdz, -gàːdz/; **-guard·ed** /-did/; **-guard·ing** /-diŋ/) (格式) 他 (利益などを)**保護する** (protect); ~ the environment *from* pollution <V+O+from+名・代> 環境を汚染から保護する. — ⓐ 保護する, (...を)防止する (against).
— 名 (-guards /-gàːdz, -gàːdz/) C 安全対策, 安全装置, 保護: a ~ *against* fires 防火装置.

⁺sáfe háven 名 C ❶ 避難所, シェルター; 安全地域[地帯] (for). ❷ 難民の保護区.

sáfe hòuse 名 C 隠れ家, アジト.

sáfe·kèeping 名 U 保管, 保護: for ~ 保管のために. **be in ...'s sáfekèeping** [動] ⓐ ...の所に保管して[預けて]ある.

*****safe·ly** /séifli/ 副 ❶ 安全に, 無事で; 安全なやり方で: He reached home ~. 彼は無事帰宅した. ❷ 文修飾語 (...しても)差しつかえなく, 間違いなく: It may ~ be said that he is not guilty. 彼は無実だと言っても差しつかえなかろう.

sáfe pássage 名 U.C =safe conduct.

sáfe pèriod 名 [the ~]《月経前後の妊娠の可能性の少ない》安全期間.

sáfe sèat 名 C《英》容易に確保できる議席.

*****sáfe séx** 名 U セーフセックス《AIDS などの性病防止のためにコンドームなどを用いる性行為》.

*****safe·ty** /séifti/ 🔊 名 (**safe·ties** /-z/; 形 **safe¹**)
❶ U **安全**, 無事; 《害を及ぼす》危険のないこと, 安全性 (of) (反 danger): SAFETY FIRST 安全第一《危険防止の標語》/ He was detained for his (own) ~. 身の安全をはかって彼は拘留された / There's ~ in numbers.《ことわざ》多数なら安全《多くの人と一緒だと安全》/ The toy was tested for ~. そのおもちゃの安全性がテストされた / The parents are worried about their kidnapped son's ~. 両親は誘拐された息子の安否を気づかっている. ❷ [形容詞的に] 安全(性)の, 安全上の: ~ measures 安全策 / a ~ check 安全性のチェック / ~ standards 安全規準. ❸ U 安全なところ (of): reach [flee to] ~ 安全な場所に行きつく[逃れる] / lead [take] the child to ~ その子を安全な所に連れて行く. ❹ C [野] ヒット, 安打; [アメフト] セーフティー; セーフマン. ❺ C 《米》(銃の)安全装置.

for sáfety's sàke [副] 安全のために.

safety belt

in sáfety [副] 無事に, 安全に: The boat crossed the sea *in ~*. 船は無事に海を渡った.

sáfety bèlt [名] [C] (飛行機・自動車などの)シートベルト; (高所で作業する人がつける)安全ベルト.

sáfety càtch [名] [C] (主に英) (銃などの)安全装置.

sáfety cùrtain [名] [C] (劇場の)防火幕.

sáfety-depòsit bòx [名] [C] =safe-deposit box.

sáfety glàss [名] [U] (車などの)安全ガラス; 防弾ガラス.

sáfety hàrness [名] [C] (車の)安全ベルト.

sáfety ìsland [名] [C] (米) (車道の)安全地帯 ((traffic) island, (英) refuge).

sáfety làmp [名] [C] (坑夫の)安全灯.

sáfety màtch [名] [C] =match².

sáfety nèt [名] [C] **1** (サーカスなどの)安全ネット. **2** 安全を保証するもの, 安全対策 (for).

sáfety òfficer [名] [C] 安全管理担当者.

sáfety pìn [名] [C] 安全ピン.

sáfety ràzor [名] [C] 安全かみそり.

sáfety vàlve [名] [C] **1** (ボイラーなどの)安全弁. **2** (感情などの)はけ口 (for).

sáfety zòne [名] [C] (米) (車道の)安全地帯.

Safe·way /séɪfweɪ/ [名] [固] セイフウェイ (米国に本社のある大スーパーマーケットチェーン).

saf·flow·er /sǽflaʊə | -laʊə/ [名] [C,U] [植] べにばな.

sáfflower òil [名] [U] べにばな油, サフラワーオイル.

saf·fron /sǽfrən/ [名] **1** [U] サフラン (秋咲きのクロッカス (crocus) の雌ずいの黄色い柱頭を乾燥させたもので, 染料・香味料). **2** [U] 鮮黄色. ― [形] 鮮黄色の.

S. Afr. [略] =South Africa.

sag /sǽɡ/ [動] (sags; sagged; sag·ging) [自] **1** (橋・天井・枝などが)たわむ, 下がる (down); (道路の中央などが)沈下する; (皮膚・ほおなどが)たるむ: The floor began to ~ *under* the weight of books. 本の重みで床がたわんできた. **2** (物価などが)下落する, (売れ行きが)落ちる. **3** (精神が)弱る, たれる [a ~ または U] **1** 沈下, 陥没, たるみ (in). **2** (物価などの)下落, 落ち込み.

SAG /sǽɡ/ [略] (米) =Screen Actors Guild 映画俳優組合.

sa·ga /sάːɡə/ [名] [C] **1** (一家または一社会を歴史的につづる)大河小説 (of). **2** (略式) 長期にわたる出来事の(苦労話), 経験談. **3** (北欧の)中世の伝説; 武勇伝.

sa·ga·cious /səɡéɪʃəs/ [形] (格式) 賢明な, 利口な, 機敏な. **~·ly** [副] 賢明に.

sa·gac·i·ty /səɡǽsəti/ [名] [U] (格式) 賢明.

Sa·gan /séɪɡən/ [名] [固] Carl ~ セーガン (1934-96) 《米国の天文学者》.

sage¹ /séɪdʒ/ (文) [形] (sag·er; sag·est) (経験豊かで)賢明な, 思慮深い. ― [名] [C] 賢人, 哲人.

sage² /séɪdʒ/ [名] [U] セージ, サルビア (香味料・薬用).

ságe·brùsh [名] [U] よもぎの一種《北米西部不毛地の雑草; 米国 Nevada 州の州花》.

ságe·ly [副] (文) 賢明に.

sag·gy /sǽɡi/ [形] (-gi·er; -gi·est) (略式) 下がりがちな, たるんだ, 垂れ下がった; へこんだ.

Sag·it·tar·i·an /sædʒətéəriən⁻/ [名] [C] 射手座(ℓ)生まれの人. ― [形] [限定] 射手座生まれ(の人)の.

Sag·it·tar·i·us /sædʒətéəriəs/ [名] **1** [固] 射手座(星座), 人馬宮 (the Archer) (☞ zodiac 挿絵). **2** [C] 射手座生まれの人.

sa·go /séɪɡoʊ/ [名] [U] サゴ 《南洋産サゴやしの髄から採れるでんぷん; プディングなどに用いる》.

sa·gua·ro /səɡwάːroʊ/ [名] (~s) [C] べんけいちゅう 《非常に背の高いサボテン》.

Sa·har·a /səhǽrə/ -hάːrə/ (Désert) [名] [固] [the ~] サハラ砂漠 《アフリカ北部の世界最大の砂漠》.

sa·hib /sάː(h)ɪb/ ‑sάːb/ [名] [普通は S-] 《インド》《英国支配下のインド・パキスタンなどで》だんな, 閣下, …殿.

***said** /séd/ (類音 sad) [動] **say** の過去形および過去分詞. ― [形] [A] [(the) ~] [法] 前述の, 上述の: *the ~* person 当該人, 本人.

Sai·gon /saɪɡάn | -ɡɔ́n/ [名] [固] サイゴン《ベトナム南部チミン市 (Ho Chi Minh City) の旧名》.

***sail** /séɪl/ (同音 sale) [13] (sails /~z/; sailed /~d/; sail·ing)

― 自他 の転換 ―

(自) **1** 帆走する (to move on water)
(他) **1** 航行する (to make (a boat, ship, etc.) move on water)

― [自] **1** (副詞(句)を伴って) (船が)帆走する; 船[ヨット]で行く, 航海する; (船・ヨット)の操縦をする: The ship *~ed through* the channel. <V+前+名・代> 船は水路を通っていった / He ~ed '*across* the Pacific [*around* the world] in a small yacht. 彼は小さなヨットで太平洋を横断した[世界一周をした] / I learned to ~ when I was fourteen. 私は14歳の時に船の操縦をおぼえた. **2** (船・乗員・乗客等が)出帆する, 出航する (for, from, to). **3** (副詞(句)を伴って) (鳥・雲・ボールなどが帆船のように)飛ぶ, 疾走する, 浮動する; (人が)さっそうと歩く: A sports car was ~ing *along* the expressway. スポーツカーが高速道路を疾走していた.

― [他] **1** ‹海など›を航行する, 帆走する: ~ the Atlantic 大西洋を船で行く / It is very pleasant to ~ these waters. この海域を航行するのは大変気分がいい.

2 ‹船›を走らせる, 操縦する: He *~ed* his boat straight *to* the harbor. <V+O+前+名・代> 彼は自分のボートを真っすぐ港に向かって走らせた. **gò sáil·ing** [動] [自] ヨット乗りに行く. **sáil clóse to the wínd** [動] [自] (主に英) きわどいことをする[言う]. [由来] 風に逆行するようにして帆走する, の意から. **sáil through** [動] [自] (試験などに)悠々と通る[合格する]. **sáil through ...** [動] [他] (試験・宿題などを)悠々と通る[終える], …に楽に成功する. **sáil ùnder fálse cólors** [動] [自] 素性[本心]を偽る. [由来] 海賊船などが国旗を偽って航行する, の意から.

― [名] (~s /~z/) **1** [C] (船の)帆: raise [hoist] the ~s 帆を揚げる / lower [strike] the ~s 帆を降ろす.

2 [a ~] 航海, 航行; 帆走: go for *a* ~ 航海に出る / It was *a* two-day ~ to the island. その島まで2日間の航海だった. **3** [C] (複 ~s) 帆船; 船 (全体): the age of ~ 帆船の時代. **4** [C] 風車の羽根. **in fúll sáil** [形・副] 帆をいっぱいに揚げた[て]. **sèt sáil** [動] [自] (格式) 出帆[出航]する (for, from, to). **ùnder sáil** [形・副] (文) 帆を揚げた, 航行中の[で].

sáil·bòard [名] [C] セールボード《ウィンドサーフィンで用いる帆の付いた板》.

sáil·bòarder [名] [C] ウィンドサーファー.

sáil·bòarding [名] [U] ウィンドサーフィン.

sáil·bòat [名] [C] (米) 帆船, ヨット ((英) sailing boat) (☞ yacht 日英比較).

sáil·clòth [名] [U] 帆布, 帆木綿(もめん), ズック.

***sail·ing** /séɪlɪŋ/ [名] (~s /~z/) **1** [U] 帆走; 帆走[ヨット]競技; 帆走法, 航海術. **2** [C] 出帆; 航行; (船の定期的)出帆. **be smooth [clear] sailing** [動] [自] (米) たやすいことである (☞ plain sailing).

sáiling bòat [名] [C] (英) =sailboat.

sáiling shìp [vèssel] [名] [C] (大型)帆船 (☞ 次ページ挿絵).

***sail·or** /séɪlə | -lə/ [名] (~s /~z/) [C] **1** 船員, 水夫, 海員, 船乗り. **2** 水兵; 海軍軍人. [関連] officer (海軍)士官 / soldier 兵士. **3** [前に形容詞をつけて] 船に…の人: I am a *good* [*bad*] ~. 私は船に強い[弱い]. **4** ヨット乗りをする人, ヨットマン.

sáilor sùit [名] [C] (子供用の)セーラー服.

Sains·bu·ry's /séɪnzbèrɪz/, -b(ə)rɪz/ [名] [固] セインズベリーズ《英国のスーパーマーケット》.

sailing ship

***saint** /séɪnt/ 名 (**saints** /séɪnts/; 形 **sáintly**) C **1** 聖人, 聖者《キリスト教会で精進・敬虔(ケイケン)などの点で特に優れた人を死後認定し, 尊崇して呼ぶ名称》: a patron ~ 守護聖者. 語法 Saint /seɪn(t) | s(ə)n(t)/ として人名の前につけて用いる. この場合にはしばしば St. /seɪnt | s(ə)n(t)/ と略す (⇒St.²). **2**《普通は単数形で》《略式》聖人のような人, 高徳の人, 忍耐強い人: He is no ~. やつは聖人なんかじゃない《後ろ暗いところがある》/ She's a real ~, putting up with that husband of hers! あんな夫も我慢するなんてまったく聖人だ. 語源 ラテン語で「神聖な」の意; sacred と同語源.

the patience of a sáint 名 大変な忍耐(力): That boy would be enough to try *the patience of a* ~! あの子にはどんな聖人も我慢ならないだろう.

Saint Ándrew 名 固 =St. Andrew.
Saint Ber·nard /seɪn(t)bənáːd | s(ə)n(t)báːnəd/ 名 C セントバーナード《大型犬; ⇒dog 挿絵》.
Saint Chrístopher 名 C 《旅人の守護聖人》聖クリストファーの像を描いた丸い金属片《旅の安全祈願のため身につける》.
saint·ed /séɪntɪd/ 形《普通は A》 **1**《文》聖人として認定された. **2**《滑稽》または《古風》聖人のような; (死者が)天国に昇った. **My sáinted áunt!** S《古風, 英》《驚きを表わして》何てことだ!
Saint-Ex·u·pé·ry /sæntɛgz(j)upɛríː/ 名 固 **An·toine de** /aːntwáːn | ɔn-/ ~ サンテグジュペリ (1900-44)《フランスの作家;「星の王子様」(*The Little Prince*) の著者》.
Saint Fráncis 名 固 =St. Francis.
Saint Géorge 名 固 =St. George.
Saint Hel·ens /seɪnthélənz | s(ə)nt-/ 名 固 **Mount** ~ セントヘレンズ山《米国 Washington 州にある活火山》.
sáint·hòod 名 U 聖人であること; 聖人《全体》.
Saint Jóhn 名 固 ヨハネ (⇒ John 3).
Saint Laurent 固 Yves Saint Laurent.
saint·li·ness /séɪntlɪnəs/ 名 U 高徳; 聖人らしさ.
Saint Lúke 名 固 ルカ (⇒ Luke 2).
sáint·ly 形 (**saint·li·er**, **more** ~; **saint·li·est**, **most** ~; 名 saint) 高徳の, 聖人の; 聖人らしい.
Saint Márk 名 固 マルコ (⇒ Mark 2).
Saint Mátthew 名 固 マタイ (⇒ Matthew 2).
Saint Pátrick 名 固 =St. Patrick.
Saint Pátrick's Dày 名 固 =St. Patrick's Day.
saint·pau·li·a /seɪn(t)póːliə | s(ə)n(t)-/ 名 C セントポーリア.
Saint-Saëns /sænsáːns/ 名 固 **Ca·mille** /kæmíːl/ ~ サン=サーンス (1835-1921)《フランスの作曲家》.
sáint's dày 名 C 聖人記念日《各聖人ごとに定められた記念日》.
Saint Swith·in's /-swíðɪnz-/ **Dày** 名 固 聖スイジンの日《7月15日; この日の天気がその後 40 日間続くという》.
Saint Válentine's Dày 名 =St. Valentine's Day.
Saint Vín·cent and the Gren·a·dínes

/-víːn(ə)sntəndəgrènədíːnz/ 名 固 セントビンセントおよびグレナディーン諸島《カリブ海にある国; もと英国植民地》.
Sai·pan /saɪpǽn/ 名 固 サイパン《西太平洋 Mariana 諸島の島; 米国領》.
saith /séθ/ 動《古語》say の三人称単数現在形 (says).
***sake**¹ /séɪk/ 名 C (...の)ため, 目的; 利益.

> 語法 (1) 普通は下のような成句で用いる.
> (2) sake の前の名詞が抽象名詞で, 語尾の音が /s/ の場合は所有格の -s または -'s を省略するが普通: 'for appearance' ~ 体裁上 / for convenience(') ~ 便宜上. ただし for Alice's /ǽlɪsɪz/ ~ アリスのために.

for Christ's sàke=for Gód's sàke=for góodness(') sàke=for héavens's sàke=for píty's sàke=for Pête's sàke 副 S お願いだから《いらだち・驚きを示す》: *For goodness ~, will you be quiet!* 静かにしてよ, 本当に! / *For God's ~, tell me where she is!* お願いだから彼女がどこにいるのか教えてくれよ! 語法 For Christ's [God's] sake が最も強く, for goodness sake が最も柔らかい言い方. ただし前者は宗教上の理由から使用を嫌う人もいる.
for óld tímes' sàke 副《古》昔(なじみ)のよしみで[に].
for one's [...'s] ówn sàke 副 自分自身[...自体]のために.
for /...'s sàke=for the sáke of ... 副 ...のために《目的や利益を表わす》: *art for art's* ~ 芸術のための芸術 / *I did it for your* ~. 私はあなたのために思ってそれをしました / *We study the past for the* ~ *of the future.* 私たちは未来のために過去のことを学ぶのです / *He is arguing for the* ~ *of arguing [it].* 彼は議論のために議論をしているのだ.

sa·ke² /sáːki/ 名 U《日本語から》日本酒, (清酒).
Sa·kha·lin /sǽkəlɪn/ 名 固 サハリン, 樺太(カラフト)《北海道北方にあるロシア領の島》.
Sa·kha·rov /sǽkərɔːf | sǽkəlɔf/ 名 固 **An·drey** /áːndreɪ/ ~ サハロフ (1921-89)《旧ソ連の核物理学者・反体制運動家; Nobel 平和賞 (1975)》.
sa·ki /sáːki/ 名 U =sake².
sa·laam /səláːm/ 名 C《イスラム教徒の》額手(ヌカテ)の礼《右手の手のひらを額に当てて体をかがめる》; 敬礼, あいさつ. ── 動 他 (...に)額手の礼を行なう.
sal·a·bil·i·ty /sèɪləbɪ́ləṭi/ 名 U 売れ行きのよいこと.
sal·a·ble /séɪləbl/ 形 売れる, 売れ行きのよい.
sa·la·cious /səléɪʃəs/ 形《普通は A》《格式》《けなして》(本・絵・話などが)みだらな, わいせつな. **~·ly** 副 わいせつに. **~·ness** 名 U みだらなこと.
sa·lac·i·ty /səlǽsəṭi/ 名 U《格式》わいせつ.
***sal·ad** /sǽləd/ 名 (**sal·ads** /-lədz/) U.C **1** サラダ: chicken [egg, fruit, ham, potato, tuna] ~ チキン[卵, フルーツ, ハム, ポテト, ツナ]サラダ / make [fix《主に米》, prepare, toss] a [the] ~ サラダを作る (⇒ cooking 囲み). **2** U サラダ用の野菜(レタスなど). 語源 ラテン語で「塩味をつけた」の意; salt《単語の記憶》.
sálad bàr 名 C サラダバー《レストランなどで客がサラダを自由に盛り合わせて取れるコーナー》.
sálad bòwl 名 C サラダボール.
sálad crèam 名 U《英》クリーム状のサラダドレッシング《普通はマヨネーズよりも甘味が強い》.
sálad dàys 名《複》《古風》未熟な青年時代.
sálad drèssing 名 U.C サラダドレッシング.
sa·lade ni·çoise /sælɑ́ːdniːswáːz/《フランス語から》名 U ニース風サラダ《ツナ・トマト・オリーブ・アンチョビー・ゆで卵などを入れる》.

sálad òil 名 U サラダ油.
sal·a·man·der /sǽləmæ̀ndə|-də/ 名 C **1** さんしょううお. **2** サラマンダー《火中に住むという伝説上の動物》.
sa·la·mi /səlɑ́:mi/ 名 U.C サラミソーセージ.

†**sal·a·ried** /sǽl(ə)rid/ 形 A **1** (週給・日給 (wages)) に対して月給で給料を取っている: ~ workers [employees] 給料生活者, 月給とり ↪ salaryman 日英比較 / the ~ classes サラリーマン階級. **2** (仕事・職などから)給料の支払われる[出る], ~ a position 有給の勤め口.

salamander 1

*****sal·a·ry** /sǽl(ə)ri/ 語源 celery 名 (**-a·ries** /~z/) C 給料, サラリー《普通は月給として支払われるもの; ↪ pay 類義語》: a basic [base] ~ 基本給 / a high [low, small] ~ 高い[低い]給料 / I get a decent ~. 私は人並みの給料を取っている / I can't support my family on this ~. この給料では家族を養っていけない / She's on a ~ of $45,000 a year. 彼女は年に 45,000 ドルのサラリーを取っている / an annual [a yearly] ~ 年俸.

─── コロケーション ───
cut [**reduce, lower**] *salaries* 給料を下げる
earn a *salary* 給料をかせぐ
get [**be on**] a *salary* 給料を取る[取っている]
pay [**offer**] a *salary* 給料を支払う
raise *salaries* 給料を上げる

語源 ラテン語で「塩を買うための金」の意《↪ salt 単語の記憶》; 古代ローマで兵士に給料として支払われた.

sal·a·ry·man /sǽl(ə)rimæ̀n/ 名 (**-men** /-mèn/) C 《日本のよく働く》サラリーマン. 日英比較 日本語の「サラリーマン」に当たる一般的な英語としては an office worker, a white-collar worker などが適切《↪ businessman 日英比較》.

sal·chow /sǽlkou/ 名 C 《スケート》サルコ《フィギュアジャンプの一種》.

✽sale /séil/《同音 sail》 変化 名 (~**s** /~z/; 動 sell) **1** U.C 販売, 売却: a credit [cash] ~ 信用[現金]販売 / ~ of cars 車の販売 / *make a* ~ 販売をする / lose a ~ 売りそこなう / There were no ~s during the morning. 午前中は全く売り上げがなかった.
関連 discount sale 割引販売 / wholesale 卸し売り / retail 小売り.

2 C 《大》安売り, 特売, バーゲンセール: the ~**s**《英》安売り期間 / a summer [winter] ~ 夏[冬]の特売 / She bought a coat in [at] the January ~(**s**). 彼女は 1 月のセールでコートを買った / We are having [running] a ~ *on* kitchenware this week. 今週は台所用品の特売を行なっています //↪ clearance sale, white sale. 日英比較 英米では bargain sale とは言わない.

3 [複数形で] 売上高; [~**s** として U 扱い] 販売活動; 販売部門, 営業(部): S~**s** *of* oil stoves are up [down] this winter. この冬は石油ストーブの売り上げが伸びた[落ちた] / He works in ~**s**. 彼は営業部だ. **4** [形容詞的に] 販売(のための), 売り上げの; 特売の: this month's ~**s** figures 今月の売り上げ数字 / ~ prices 販売[特売]価格. **5** 《教会などでの》販売会, 不要品販売会《↪ garage sale, yard sale》. **6** C 競売 (auction): a ~ *of* old paintings 古い絵.

a point of sále 販売地点.
for sále [形]《特に個人の持ち主によって》売りに出て(いる), 売り物の: a house *for* ~ 売り家 / NOT FOR SALE 非売品《掲示》. ── 副 売りに: offer a car *for* ~ 車を売りに出す.

on sále [形] (1)《特に店に》売りに出されて(いる), 販売されて: His new novel will go [be] *on* ~ next month. 彼の新しい小説は来月発売される. (2)《主に米》特売中で: Winter coats are *on sale* now. 冬物のコートがただいま特価販売中です. ── 副 《米》特売[特価]で, バーゲンで: 会話 "Did you buy anything *on sale*?" "This sweater. It looks nice, doesn't it?"「特売で何か買ってきたの」「このセーター, いいでしょ」

(on) sále or retúrn 副《英》《商》売れ残り返品の契約で, 残品引き受けの約束で.
pút ... úp for sále 動 他《...》を売りに出す.

sale·a·bil·i·ty /sèiləbíləti/ 名 U =salability.
sale·a·ble /séiləbl/ 形 =salable.
Sa·lem /séiləm/《米国 Massachusetts 州北東部の町; 1692 年に魔女裁判が行なわれた》. **2** セーレム《米国 Oregon 州の州都; ↪ 表地図 D3》.
sále·ròom 名 C 《米》=salesroom.
sáles assìstant 名 C 《英》=sales clerk.
sáles campàign 名 C =sales drive.
sáles clèrk /séilzklə̀ːk|-klɑ̀ːk/ 名 C 《米》店員《《英》shop [sales] assistant》.
sáles drìve 名 C 販売キャンペーン.
sáles fòrce 名 C 販売員(全体).
sáles gìrl 名 C 《古風》(若い)女店員.
sáles làdy 名 (**-la·dies**) C =saleswoman.

*****sales·man** /séilzmən/ 名 (**-men** /-mən/) C **1** 店員, 販売係(男性)《↪ gender 文法 (2) 語法》: shoe *salesmen* 靴売り場の店員. 日本語の「セールスマン」は外交販売員だけをいうが, salesman は店内の販売係にも使う.

2 (販売の)外交員, セールスマン(男性): an insurance ~ 保険外交員 // ↪ traveling salesman.

sáles·man·shìp 名 U 販売術, 売り込みの手腕.
sáles·pèo·ple 名 [複] =salesperson の複数.

†**sáles·pèr·son** 名 C 店員, 販売係; 外交員, セールスマン (salesman, saleswoman)《↪ -person; gender 文法 (2) 語法》. 語法 複数形としては salespeople を使うのが普通.

sáles pìtch 名 C 売り込み口調.
sáles represèntative [《略式》**rèp** /-rèp/] 名 C 販売の外交員, セールスマン (salesman).
sáles resìstance 名 U (消費者の)財布のひもの固さ, 買い控え; セールスマン撃退(術).
sáles·ròom 名 C 《米》競売場《《英》saleroom》.
sáles slìp 名 C 《米》売上伝票; レシート.
sáles tàlk 名 U.C 売り込み(文句); 説得.

†**sáles tàx** 名 U.C 売上税 (tax)《日本の消費税に相当;↪ purchase tax, VAT》.

sales·wom·an /séilzwùmən/ 名 (**-wom·en** /-wìmən/) C 店員, 販売係(女性); 外交員, セールスレディ《↪ salesman 1 日英比較, gender 文法 (2)》.

sal·i·cyl·ic ácid /sǽləsìlik-/ 名 U.C 《化》サリチル酸.
sa·li·ence /séiliəns/ 名 U 《格式》顕著, 目立つこと.

†**sa·li·ent** /séiliənt/ 形 A 《格式》顕著な, 目立った: a ~ feature 特徴 / the ~ points of a speech 演説の主要点. ── 名 C 《軍》(戦線からの)突出部.

sa·line /séilaiːn|-lain/ 形 《主に医》《形》(salt) 塩を含んだ, 塩辛い; ~ solution 食塩水 / a ~ lake 塩水湖. ── 名 U (食)塩水.

Sal·in·ger /sǽlindʒə|-dʒə/ 名 固 **Je·rome** /dʒəróum/ **David** ~ サリンジャー (1919–)《米国の作家》.

sa·lin·i·ty /səlínəti/ 名 U 《主に医》塩分, 塩度.
Sális·bur·y Pláin /sɔ́ːlzbèri-|-b(ə)ri-/ 名 固 [the ~] ソールズベリー平原《England 南部にある高原; Stonehenge の所在地》.
Sálisbury stéak 名 C ソールズベリーステーキ《牛の挽肉に卵や牛乳を混ぜたハンバーグの一種》.

†**sa·li·va** /səláɪvə/ 名 U つば, 唾液(だえき).

sál·i·var·y glànds /sǽləvèri- | -v(ə)ri-/ 名 [複]【解】唾液腺(だえきせん).

sal·i·vate /sǽləvèɪt/ 動 自 **1** (過度に)唾液を分泌する. **2** 〔けなして〕または〔滑稽〕強い関心を持つ, ひどく願望する, よだれを垂らす (*at, over*).

sal·i·va·tion /sæ̀ləvéɪʃən/ 名 U 唾液の分泌.

sal·low¹ /sǽloʊ/ 形 (**sal·low·er; -low·est**) (肌が)黄ばんだ, 土色の, 血色の悪い. **~ness** 名 U (肌が)黄ばんでいること.

sal·low² /sǽloʊ/ 名 C さるやなぎ(低木のやなぎ).

†**sal·ly** /sǽli/ 名 (**sal·lies** /~z/) C (文) **1** 気のきいた発言, 警句. **2** 出撃, 突撃 (*against*). **3** さっそうとした外出. — 動 (**sal·lies; sal·lied; -ly·ing**) [次の成句で] **sálly fórth [óut]** [動] (文) [しばしば滑稽] さっそうと出ていく, 外出する.

Sal·ly /sǽli/ 名 サリー(女性の名; Sara または Sarah の愛称).

Sálly Ármy 名 [the ~] (英略式) 救世軍 (Salvation Army).

salm·on /sǽmən/ ★ l は発音しない. [類音] sermon) 名 (複 ~, ~s; ☞ fish [語法]) **1** C さけ(鮭): catch ~ さけを取る. **2** U さけの肉: canned [(英) tinned] ~ さけの缶詰. **3** U =salmon pink.

sal·mo·nel·la /sæ̀lmənélə/ 名 (複 **sal·mo·nel·lae** /-liː/, ~**s**) U,C サルモネラ菌; U サルモネラ中毒: ~ poisoning サルモネラ菌による食中毒.

sálmon ládder 名 C (産卵期の)さけ用魚梯(ぎょてい).

sálmon pínk 名 U さけ肉色, サーモンピンク. — 形 サーモンピンクの.

sálmon tróut 名 C さけのような大型のます.

Sa·lo·me /səlóʊmi/ 名 〖聖〗サロメ(ヘロデ (Herod) 王の義理の娘で, 踊りの報酬としてヨハネ (John the Baptist) の首をもらった).

sa·lon /səlɑ́n | sǽlɔn/ 名 (~**s** /~z/) C **1** (美容・服飾などの)店: a beauty ~ 美容院. **2** (古風) (大邸宅の)大広間, 客間. **3** (特に 18 世紀フランスで)名士の集まり, サロン.

†**sa·loon** /səlúːn/ 名 C **1** (米) (特に 19 世紀の大きな)酒場, バー (bar). **2** (客船の)大広間 (hall), 談話室. **3** (英) セダン型自動車(仕切りならない普通の箱型の車) (米) sedan. **4** =saloon bar.

salóon bàr 名 C (古風, 英) パブ (pub) の特別席 (☞ public bar).

salóon kèeper 名 C (米) 酒場の主人; バーテン.

†**sal·sa** /sɔ́ːlsə, sɑ́ːl- | sǽl-/ 名 **1** U サルサ(メキシコ料理のソース). **2** C サルサ(中南米のダンス); U サルサの曲.

*****salt** /sɔ́ːlt/ 名 (**salts** /sɔ́ːlts/; 形 sáline, sálty) **1** U 塩 (common salt); 食塩 (table salt): rock ~ 岩塩 / [言い換え] Please pass me the ~. = Can [Could] you reach the ~? 塩を回してください. [参考] 食卓で人の前に手を伸ばすことは不作法とされている // Ye (= You) are the ~ of the earth. あなたがたは地の塩である(社会の中堅となるべき健全な人たち, の意; 新約聖書のことば) / To spill ~ brings bad luck. 塩をこぼすと縁起の悪いことが起こる. [参考] 英米で広く知られている迷信. **2** U〖化〗塩, 塩類; [複数形で] 薬用塩類 (下剤などに使う): bath ~ 浴用塩. **3** U (文) 刺激となるもの, 興味; 機知. **4** C [old ~ で] (古風) (老練な) 船乗り. **rúb sált ínto [in] the [...'s] wóund(s)** [動] (略式) 人の恥辱(悲しみ, 苦しみなど)をいっそうつのらせる. [由来] 人の傷口に塩をすり込む, の意. **táke ... with a gráin [pínch] of sált** [動] 他 (略式) 〈話〉を割り引きして聞く, 話半分に聞く. [由来] 塩を少々加えればどんなものでも飲み込めるという含意から. **wórth one's sált** [形] (給料分の) 働きがある; 有能な (☞ **salary** [語源]): Any [No] teacher *worth* his ~ would recommend the book. 有能な教師ならその本

をすすめるだろう[はすすめないだろう].

— 動 (**salts; salt·ed** /~ɪd/; **salt·ing**) 他 **1** ⟨…⟩に塩をふりかける, 塩で味をつける; ⟨…⟩を塩漬けにする: Mother ~*ed down* most of the vegetables for later use. <V+*down*+O> 母は保存用に多くの野菜を塩漬けにした. **2** ⟨道路⟩に塩をまく(雪を溶かすため). **3** 〈話など〉に味つけをする (*with*).

sált awáy [動] 他 (略式) 〈金など〉を(不正に)たくわえる, ため込む.

— 形 A **1** 塩漬けの: ~ pork 塩漬けの豚肉 / ~ beef コーンビーフ. **2** (水が)塩水の (反 fresh); (土地が)海水に浸る: ~ water. 塩水. **3** 塩分を含む; 塩辛い.

〖単語の記憶〗《**SAL**》(塩)

salt 塩
salad (塩味の(野菜)) → サラダ
salary (塩を買うための金) → 給料
sauce (塩味の(調味料)) → ソース
sausage (塩をつけた(肉)) → ソーセージ

SALT /sɔ́ːlt/ 名 戦略(核)兵器制限交渉 (Strategic Arms Limitation Talks の略; ☞ acronym).

sált-and-pépper 形 白と黒(灰色)のまざった; (米) 黒人と白人が入りまじった: a ~ beard ごましおひげ.

sált·bòx 名 C (米) 塩入れ型家屋(前面が二階建て, 後ろが一階建てで, 後方の屋根が長く傾斜する).

sált-cèllar 名 C (英) =saltshaker; 塩入り小皿.

sált·ed (反 unsalted) 塩漬け[塩味]の; 塩分のある: ~ meat 塩漬けの肉 / ~ butter 有塩バター.

sált·fish 名 U (英) 塩漬けの鱈(たら).

sal·tine /sɔːltíːn/ 名 C (米) 塩味クラッカー.

sált·i·ness /sɔ́ːltɪnəs/ 名 U 塩気のあること.

sált láke 名 C 塩水湖.

Sált Làke Cíty 名 ソルトレイクシティー(米国 Utah 州の州都; Mormon 教の中心地; ☞ 表地図 E 3).

sált lìck 名 C (家畜になめさせるための)岩塩の塊; 動物が塩[岩塩]をなめに集まる所.

sált mársh 名 C 塩湿地(牧草地・製塩に利用).

sált mìne 名 C 塩坑.

sált·ness 名 U 塩気, 塩度.

sált pàn 名 C 塩田.

salt·pe·ter, (英) **-pe·tre** /sɔ́ːltpìːṭə | -tə/ 名 U 硝石(銃薬・花火・マッチなどの素材).

sált·shàker 名 C (米) 食卓塩入れ (振り出し式のもの) (英) saltcellar.

sált trùck 名 C (米) (道路の凍結防止に塩や砂をまく)塩[砂利]まきトラック (英) gritter.

sált·wàter 形 A **1** 塩水の, 海水の; 海水に棲(*す*)む (☞ freshwater); 海で行う: ~ fish 塩水魚.

sált wáter 名 U 海水, 塩水.

†**salt·y** /sɔ́ːlti/ 形 (**salt·i·er; -i·est**; 名 salt) **1** 塩気のある, 塩辛い. **2** (古風) (話などが)きわどい.

sa·lu·bri·ous /səlúːbriəs/ 形 (格式) **1** [しばしば滑稽] (土地などが)健康的な, さわやかな. **2** (社会的に)健全な, 好ましい. **~·ness** 名 U 好ましさ.

sal·u·tar·y /sǽljutèri | -təri, -tri/ 形 A (格式) (経験などが)(快く)ないが有益な, ためになる.

sal·u·ta·tion /sæ̀ljutéɪʃən/ 名 (動 salúte) (格式) **1** C (手紙の)書き出し, 書き出しの[あいさつ] (☞ letter 図). [語法] 次のような書き方がある: Dear Mr. Smith, Dear Sir, Dear Sirs, Gentlemen, Dear Professor White, Dear Tom, Dear Mom and Dad, My Dear Jack, Darling, Dear John and Mary. **2** U,C 敬礼; あいさつ (greeting).

sa·lu·ta·to·ri·an /səlùːtətɔ́ːriən/ 名 C (米) 卒業式で式辞を述べる成績第二位の学生.

*****sa·lute** /səlúːt/ 13 動 (**sa·lutes** /-lúːts/; **sa·lut·ed**

Salvador

/-trɪd/; **sa·lut·ing** /-tɪŋ/; 图 salùtátion) 他 **1** 〈上官・国旗などに〉敬礼する: ～ the flag 国旗に対し敬礼する. **2**《格式》〈人・業績などを〉公に認める，たたえる (for). **3**《古風》(敬意を示す身振りで)〈…〉にあいさつする. 自敬礼する. ━━ 图 **1** C 敬礼; 礼砲: give [take] a ～ 敬礼をする [受ける]. **2** [a ～] 賞讃すること (to). **in salúte**［副］敬礼[あいさつ]として; ほめたたえて.

Salvador /sǽlvədɔ̀:r/ 图 El Salvador.

Sal·va·dor·i·an /sæ̀lvədɔ́:riən/ 形 エルサルバドル (El Salvador) の. ━━ 图 C エルサルバドル人.

*sal·vage /sǽlvɪʤ/ 13 動 (sal·vag·es /-ɪz/; sal·vaged /-d/; sal·vag·ing) 他 **1** 〈火災・難破船などから〉〈物を〉救出する, 〈沈没船を〉引き揚げる: Flight recorders were ~d from the wreckage. <V+O+from+名・代の受身> 残骸からフライトレコーダーが回収された. **2**〈廃品などを〉回収する. **3**〈名声などを〉回復する, 〈誇りなどを〉守る, 〈困難な状況などを〉修復する, 救う (from). ━━ 图 **1** U **1** 〈財宝救出, 〈遭難船などからの〉貨物救助; 〈沈没船の〉引き揚げ (作業): a ～ operation 財産救出[引き揚げ]作業. **2** 救助された貨物.

sal·vage·a·ble /sǽlvɪʤəbl/ 形 (物が) 救える.

*sal·va·tion /sælvéɪʃən/ 图 U **1** 救済, 救助; [特に所有格の後で]（…にとって）救いとなるもの[手段]: beyond ～ 救いようがない[なく] / Work has been *his* ～ *from* worries. 仕事が彼にとって苦悩から解放される手段となっている / The mobile phone was the ～ *of* the hikers in the snowstorm. 吹雪の中のハイカーたちは携帯電話のおかげで助かった. **2**〈宗〉(キリスト教の)救い.

+**Salvátion Ármy** 图 [the ～] 救世軍 (1865年に創設された軍隊組織のキリスト教団体).

sal·va·tion·ist /sælvéɪʃ(ə)nɪst/ 图 C [しばしば S-] 救世軍の活動家.

salve /sǽ(ə)v, sá:(ə)v | sǽlv, sá:v/ 图 **1** C,U 膏薬(こうやく), 軟膏. **2** [a ～] 慰め, 慰安 (for, to). ━━ 動 他《格式》〈心の痛みなどを〉和(やわ)らげる: **sálve one's cónscience**〔動〕自《格式》気のとがめを鎮める.

sal·ver /sǽlvə | -və/ 图 C (銀製の)盆.

sal·vi·a /sǽlviə/ 图 U,C サルビア(植物).

*sal·vo /sǽlvoʊ/ 图 (~s, ~(e)s) C [普通は単数形で]《格式》 **1** 一斉射撃; 〈爆弾の〉一斉投下 (of). **2** (議論などでの)一撃: fire the opening ～ 先制の一撃を浴びせる. **3** 一斉の笑い[拍手かっさい].

sal vo·lat·i·le /sǽlvəlǽtəli/ 图 U 《化》炭酸アンモニア水(気付け薬).

Salz·burg /sɔ́:lzbə:g | sǽlzbə:g/ 图 图 ザルツブルク(オーストリア中部の都市; Mozart の生地).

Sam /sǽm/ 图 图 サム (男性の名; Samuel の愛称).

SAM /sǽm/ 图 C 地対空ミサイル (*surface-to-air missile* の略; ☞ surface-to-air; acronym).

Sa·man·tha /səmǽnθə/ 图 图 サマンサ (女性の名).

Sa·mar·i·a /səmé(ə)riə/ 图 图 サマリア (古代 Palestine の北部地方).

Sa·mar·i·tan /səmǽrətn/ 图 **1** C =a Good Samaritan (☞ 成句). **2** [the ~s] サマリア人協会(慈善団体). **a Góod Samáritan** [名] よきサマリア人, 心優しい人, 情け深い人.

Sam·ar·kand /sǽməkǽnd | sæ̀məkǽnd/ 图 图 サマルカンド (ウズベキスタン東部の市).

sam·ba /sǽmbə/ 图 C,U サンバ (ブラジル起源のダンス); サンバの曲: dance the ～ サンバを踊る.

Sam·bo /sǽmboʊ/ 图 (~s) C [差別] 黒人, 黒んぼ. /sém/ 图 sane) 形 **1** [the ～] (…と)同じ

*same の, 同じ; 同様な, 同じような (☞ 類義語) (反 different). 語法 しばしば as, that, which, who などとともに用いる: at *the* ～ place 同じ場所で / (in) exactly *the* ～ way まさに同じように / We were both born on the very ～ day.《略式》私たち2人はまったく同じ日に生まれた (☞ very¹ 3) / She is not *the* ～ happy person (*that*) she once was. 彼女は元のような明るい人ではない. 言い換え Her name and mine are *the* ～.=Her name is *the* ～ *as* mine. 彼女の名前と私の名前は同じです (☞ the same (…) as —(成句)) / These three flowers are *the* ～ color. この3つの花は色が同じ / She is always *the* ～ *to* me. 彼女は私に対していつも同じです(態度が変わることがない) / Her attitude toward me stayed *the* ～. 彼女の私に対する態度は変わっていない. 言い換え 応答のことばで the が省略することがある: "How are you?" "S~ [*The* ~] as usual." 「調子はどう」「いつもどおりです」(☞ Same here. (成句)).

2 [this, these, that, those の後で] 前に述べた; この, あの, その; 例の. 語法 単なる "the ～ …" よりも強調的な言い方で, 時に軽蔑の気持ちが含まれる: *This* [*That*] ～ man stole my car. (ほかならぬ) この[あの]男が私の車を盗んだのだ.

━━ 代《不定代名詞》 **1** [the ~] 同じ物[事]; 同じような物[事]; 《英》[しばしば滑稽] 同一人: If you do it, I'll do *the* ～. 君がそんな事をするなら私も同じことをするよ / *The* ～ may be said of many other countries. 同じ事が他の多くの国についても言える / 言い換え I'll have *the* ～.=《S》《略式》S~ for me, please. 私にも同じものをください / "Was it Smith who called?" "*The* ～." 「電話をかけてきたのはスミスですか」「そうです」 **2** [the ～ のかずに] W 《格式》同上のもの[こと](請求書などの文書で用いる). ━━ 副 同様に, 同じように: I still feel *the* ～ about you. あなたに対する私の気持ちに変わりはありません / I need some free time, *the* ～ as anybody else. 《S》《略式》私も他の人と同じように自由な時間が必要なのです. 語法 as を伴う場合《略式》ではしばしば the を省略する.

áll [**jùst**] **the sáme**《S》形 全く同じ; どうでもいい: It's *all* [*just*] *the* ～ *to* [*with*] me. 私にとっては同じ事だ / I'd like to stay here if it's *all the* ～ *to* you. もしかまわなければ私はここにいたいのですが.

━━ 副 つなぎ語 それでもやはり, とはいうものの: I know I shouldn't have done it, but I did it *all* [*just*] *the* ～. してはいけないとわかっていながら私はやってしまった / Thank you *all* [*just*] *the* ～. でもありがとう (相手の好意・勧誘などを断わったときに言うことば).

amóunt [**cóme**] **to the sáme thíng**〔動〕 自 (結局)同じことになる.

`And the sáme [**The sáme, Sáme**] **to yóu!**《S》《略式》 (あなたにも) ご同様に (Happy New Year! とか Merry Christmas! などと言われたのに対して答えることば). 金言 "Good luck!" "*And the* ～ *to* you!" 「がんばってね」「あなたもね」(☞ good luck 日英比較). 語法 けんかなどで悪口を言われたときにも使う: "Go to hell!" "*The* ～ *to* you!" 「くたばっちまえ」「てめえこそ」

at the sáme tíme [副] (1) 同時に, 一緒に: The two runners reached the finish line *at the* ～ *time*. その2人の走者は同時にゴールインした. (2) つなぎ語 そうではあるが, しかし (その一方で): The tourist industry has brought a lot of money to the island. *At the* ～ *time*, it has changed people's lives completely. 観光産業はこの島に大金をもたらした. しかしその一方で人々の生活をすっかり変えてしまった.

móre of the sáme [代] 変わりばえのしない物[事, 人]: I think whoever will be elected chairperson, it's going to be *more of the* ～. 誰が委員長に選ばれても同じ事の繰り返しになると思う.

mùch the sáme [形]（…と）ほぼ同じ, (…と) 大体同じ, 似たり寄ったり: His condition is *much the* ～ *as* yesterday. 彼の具合はきのうとほぼ同じです.

Sáme hére.《S》《略式》私も[こちらも]同様だ.

Sáme òld, sáme òld.《S》《米》[応答で] 変わりないよ.

'The sáme [Sáme] agáin, plèase. Ⓢ《略式》これもう一杯《同じ飲み物を注文するときの言い方》.
the sáme ⟨…⟩ as ― ―と同じ⟨…⟩《☞ the same … that ―語法》: I met her at the ~ spot as yesterday. 私はきのうと同じ場所で彼女に会った.
the sáme òld ... ⦅形⦆《略式》[けなして] 相変わらずの: the ~ old speech [excuse] 相も変わらぬいつものスピーチ[言いわけ] / It's the ~ old story. よくある話さ.
the sáme ... that [which, who, when, where] ― ―と同じ⟨…⟩: This is the ~ hat (that) I was wearing a year ago. これは私が1年前にかぶっていた帽子と同じだ / You must be the ~ gentleman who stayed with us long ago. あなたはだいぶ昔に私の家に泊まっていらしたあの方ですね / I found the box in the ~ place (where) I had left it. その箱は私が置いていたもとの場所にあった.

語法 the same ... as ― は「同じ種類のもの」を, the same ... that ― は「まったく同一のもの」を表わすといわれることがあるが, 必ずしもそうとは限らず, 両者とも同じ意味のことが多い.

'The sáme [Sáme] to yóu! =And the same to you!
【類義語】same 同一物であるか, または質・内容・外観などにおいて全く相違のない同種のもの: We are in the same class. 私たちは同級生です. identical 同一物か, あるいは同一物と認められるほど細かい特徴や, 特有の性質までが似ている: These two pictures are identical. この2枚の絵はそっくりだ. equal 同一物ではないが, 数・量・重さ・大きさ・価値などが等しい: These are equal in weight. これらは重さが等しい. similar 同種のもので形状その他の性質に共通点がある. same より意味が弱く, ほぼ同じに似ている意: Your idea is similar in essence to mine. あなたの考え方は本質的に私の考え方に類似している.

sáme-dáy ⦅形⦆《配達などが》同日の.
sáme·ness ⦅名⦆Ⓤ 同一(性); 単調さ.
sáme-sèx ⦅形⦆《結婚などが》同性間の.
same·y /séɪmi/ ⦅形⦆《英略式》単調でつまらない.
sám híll ⦅名⦆Ⓤ [しばしば S- H-]《米俗》[婉曲] =hell: Who in (the) ~ are you? いったいきさまはだれだ.
Sa·mi /sá:mi/ ⦅名⦆ [the ~ として複数扱い] サーメ《ラップ人 (Lapp) の自称》.
Sam·mie, Sam·my /sémi/ ⦅名⦆⦅固⦆ サミー《男性の名; Samuel の愛称》.
Sa·mo·a /səmóuə/ ⦅名⦆⦅固⦆ サモア《南太平洋の群島; 西部のサモア国(旧称 Western ~)と東部の米領サモアに分かれる》. ― Tíme《米》サモア標準時.
Sa·mo·an /səmóuən/ ⦅形⦆ サモア(人)の. ― ⦅名⦆Ⓒ サモア人;Ⓤ サモア語.
sa·mo·sa /səmóusə/ ⦅名⦆Ⓒ サモサ《インド料理》.
sam·o·var /sémavà:r, -·và·/ ⦅名⦆Ⓒ サモワール《ロシアのお茶用湯沸かし》.
sam·pan /sémpæn/ ⦅名⦆Ⓒ サンパン《中国の小型木造の平底船》.

*sam·ple /sémpl | sá:m-/ ⦅名⦆⦅ 変 ⦆(~s /-z/) 1 Ⓒ 見本, サンプル, 標本; 商品見本, 試供品: take a blood ~ 採血をする / hand out free ~s 試供品を配る / S~s of the tea will be sent on request. お茶の見本はお申し込み次第お送りします《広告・案内文》.
日英比較 日本語では「サンプル」を「実例」の意で使うことがあるが英語の sample は「見本」「標本」の意で,「実例」の意では example を使う《☞ example 類義語》. 2 ⦅形容詞的に⦆ 見本の: a ~ copy 本の見本. 3 Ⓒ 調査のために抽出した人[もの]〈全体に〉: a random ~ of voters 無作為抽出した投票者 / a representative ~ 代表[標本]的なサンプル. 4 Ⓒ《楽》録音・編集して再利用する音[曲]. 語源 example と同語源; (中期)英語でその語頭音が落ちたもの.
― ⦅動⦆ (sam·ples /-z/; sam·pled /-d/; sam·

pling) ⦅他⦆ 1 ⟨…⟩を《見本で》試す, 試験[試食]する, 味見する; 体験する: I ~d the wine and decided to buy a bottle. 私はそのワインを味見して一本買うことに決めた / ~ the delights of Japanese cooking 日本料理のおいしさを初めて味わう. 2 [普通は受身で]《統》〈人・ものを〉調査のために抽出する. 3 ⟨…⟩の見本を取る, ⟨…⟩からサンプルを抜き出す. 4 [普通は受身で]《楽》〈音・曲〉を録音・編集し再利用する. サンプリングする.

*sám·pler ⦅名⦆Ⓒ 1 ししゅう見本作品《アルファベットやモットーをししゅうした, 壁にかざる》. 2 試供[試食, 試飲]品; いろいろな種類をひとつまとめたもの[料理]. 3《楽》サンプラー《音・曲をサンプルするための機器》.

sám·pling ⦅名⦆Ⓤ 1 《統計などのための》見本抽出, サンプリング: random ~ 無作為標本抽出(法). 2《楽》サンプリング《既存の音楽を編集して再利用すること》.

Sam·son /sémsən/ ⦅名⦆⦅固⦆《聖》サムソン《怪力の持主; 愛人デリラ (Delilah) の裏切りで盲目にされて死ぬ》.

Sam·u·el /séimjuəl/ ⦅名⦆⦅固⦆ 1 サミュエル《男性の名; 愛称は Sam, Sammie または Sammy》. 2《聖》サムエル記《旧約聖書中の一書》.

sa·mu·rai /sémυrài, sé:m-/ ⦅名⦆《日本語から》《複 ~, ~s》Ⓒ《昔の日本の》武士, 侍(ざむらい)[the ~ として複数扱い] 武士階級(全体). ― ⦅名⦆ 武士.

San An·dré·as Fáult /sænændréɪəs-/ ⦅名⦆⦅固⦆ [the ~] サンアンドレアス断層《北米太平洋岸沿った大断層; しばしば大地震を引き起こす》.

San An·to·ni·o /sænəntóuniòυ/ ⦅名⦆⦅固⦆ サンアントニオ《米国 Texas 州南部の都市; Alamo の砦(とりで)跡がある;☞ 表地図 G5》.

san·a·to·ri·um /sènətɔ́:riəm/ ⦅名⦆《複 ~s, san·a·to·ri·a /-riə/》Ⓒ =sanitarium.

San·cho Pan·za /sǽntʃoupǽnzə/ ⦅名⦆⦅固⦆ サンチョパンサ《Cervantes 作「ドンキホーテ」(Don Quixote) 中の人物; ドンキホーテの従者で常識豊かな俗物》.

sancta sanctum の複数形.

sanc·ti·fi·ca·tion /sæŋ(k)təfɪkéɪʃən/ ⦅名⦆Ⓤ《格式》神聖化; 清め.

sanc·ti·fy /sǽŋ(k)təfàɪ/ ⦅動⦆ (-ti·fies; -ti·fied; -fy·ing) ⦅他⦆ [普通は受身で]《格式》1 ⟨…⟩を神聖にする, 神にささげる. 2 ⟨…⟩を正当化する, 是認する.

sanc·ti·mo·ni·ous /sæŋ(k)təmóuniəs⁻/ ⦅形⦆《格式》信心ぶる, 高潔らしく見せかけた. ~·ly ⦅副⦆ 信心ぶって. ~·ness ⦅名⦆Ⓤ 信心ぶること.

*sanc·tion /sǽŋ(k)ʃən/ ⦅ 変 ⦆ (~s /-z/) 1 Ⓒ [普通は複数形で]《国際法違反などに対する》制裁: apply economic ~s against a country = impose economic ~s on a country ある国に対して経済制裁を課す / lift ~s 制裁を解除する.
2 Ⓤ《格式》《公式の》認可, 承認;《慣習などによる》容認, 支持: It needs the ~ of the church. それは教会の認可を必要とする. 3 Ⓒ《不法への》制裁, 処罰. 4 Ⓒ《道徳的な》拘束(力). 語源 ラテン語で「神聖にする」の意; sacred と同語源. gíve sánction to ... [動] ⦅他⦆《格式》…を認可[承認]する.
― ⦅動⦆ (sanc·tions; sanc·tioned /-d/; -tion·ing /-ʃ(ə)nɪŋ/) ⦅他⦆《格式》⟨…⟩を認可する; 承認[是認]する; 容認する: The church would not ~ the prince's marriage. 教会は王子の結婚を是認しようとしなかった.

sanc·ti·ty /sǽŋ(k)təti/ ⦅名⦆Ⓤ 1 神聖, 尊厳: the ~ of marriage [life] 結婚の神聖[生命の尊厳]. 2《格式》清浄, 高潔.

*sanc·tu·ar·y /sǽŋ(k)tʃuèri | -tʃuəri/ ⦅名⦆ (-ar·ies /-z/) 1 Ⓒ 聖域《中世に法律の力の及ばなかった教会など》; [普通は単数形で] 避難所, 隠れ場 (from): a ~ for refugees 難民の避難所.
2 Ⓒ《環境》禁猟区; 鳥獣保護区, サンクチュアリ (for)

1550　sanctum

《☞ bird sanctuary, wildlife》． **3** Ⓤ 《教会などの》罪人保護権, 保護． **4** Ⓒ 聖なる所, 神殿, 寺院；《教会・寺院などの》内陣．《米》礼拝堂． **séek** 〔**fínd, táke**〕**sánctuary** 〔動〕 避難所に逃げ込む．

sanc·tum /sǽŋ(k)təm/ 名《複 ~s, sanc·ta /-tə/》Ⓒ **1** 《特にユダヤ教の神殿などの》聖所． **2** 〔しばしば滑稽〕私室,《自分だけの》居間： ☞ **inner sanctum**．

Sanc·tus /sǽŋ(k)təs/ 名 《キ教》サンクトゥス 《ミサの聖唱で, Sanctus を3回くりかえした「聖なる, 聖なる, 聖なるかな」という文句で始まる》．

*sand /sǽnd/ 動 send) **1** Ⓤ 砂： fine [coarse] ~ 細かい[粗い]砂 / a grain of ~ 砂粒 / I got ~ in my shoes. 靴に砂が入った． 関連 pebble 小石 / gravel 砂利． **2** Ⓤ,Ⓒ 《普通は複数形で》砂浜；砂地；砂漠, 州《*》, 砂州： play on the ~(s) 砂浜で遊ぶ / miles of golden ~s どこまでも続く金色の砂浜． **3** [the ~s]《文》《砂時計の》砂粒；時間；寿命： the ~s of time 残りの時間 / the ~s of life 命数, 寿命． **4** Ⓤ 《米略式》勇気, 気概． **5** Ⓤ 砂色． **búilt on sánd** [形] 砂の上に建てられた, 不安定な．**(the) shífting sánds** [名] 変化する情勢： the shifting ~s of Arab politics 絶えず変化するアラブの政治情勢．── 動 他 **1** 《砂・紙やすりで》磨く《*down*》． **2** 《道路などに》砂をまく《車のスリップを防ぐために》；〈…〉に砂を混ぜる．

Sand /sɑ́ːnd/ 名 George /ʒɔ́ːʒ; ʒɔ́ː/ ~ サンド (1804-76)《フランスの女流作家；Chopin の愛人》．

†**san·dal** /sǽndl/ 名 《普通は複数形で》サンダル《靴》： a pair of beach ~s ビーチサンダル1足 / put on [take off] one's ~s サンダルをはく[脱ぐ]．

sán·daled, 《英》**-dalled** 形 サンダルをはいた．

sándal·wòod 名 Ⓤ 白檀《びゃくだん》材；白檀油《*》；白檀の香り．

sánd·bàg 名 Ⓒ 砂袋, 砂嚢《のう》《防壁用または暴漢の凶器： ☞ *punching bag* 日英比較》．── 動 **1** 〈…〉に砂袋を積む． **2** 《米略式》〈人〉に強要する《*into*》． **3** 《米略式》〈人〉を不当に扱う．

sánd·bànk 名 Ⓒ 州州；砂丘．

sánd·bàr 名 Ⓒ 砂州．

sánd·blàst 動 Ⓒ 〈金属・石・ガラスなどに〉砂を吹き付ける《研磨・装飾のために》．── 名 Ⓒ《研磨のための》砂吹きつけ．

sánd·bòx 名 Ⓒ 《米》砂箱, 砂場《子供の遊び場》《《英》sandpit》．

sánd·bòy 名 《次の成句で》(**as**) **háppy as a sándboy** [形]《英》非常に楽しげで．

Sand·burg /sǽn(d)bə:g /-bə:g/ 名 Carl ~ サンドバーグ (1878-1967)《米国の詩人》．

sánd·càstle 名 Ⓒ 砂の城《子供が海辺などで作る》．

sánd dòllar 名 Ⓒ 《米》たこのまくら《うにの一種》．

sánd dùne 名 Ⓒ《海浜の》砂丘．

sánd·er 名 Ⓒ サンダー, 研磨機；砂まき機．

sánd flèa 名 Ⓒ 浜跳虫《はまとびむし》．

sánd fly 名 Ⓒ ちょうばえ《吸血性昆虫》．

san·dhi /sǽndi/ 名 Ⓤ,Ⓒ 《言》連声《れんじょう》, サンディー《語が他の語と結合される場合に語頭[語尾]の音が変化[消失]する現象》．

sánd·hòg 名 Ⓒ 《米》水底《トンネル》工事作業員．

San·die /sǽndi/ 名 = Sandy．

San Di·e·go /sǽndiéigou⁻/ 名 サンディエゴ《米国 California 州南西部の港湾都市； ☞ 地図 E4》．

sand·i·ness /sǽndinəs/ 名 Ⓤ 砂状, 砂質．

sánding machìne 名 Ⓒ =sander．

San·di·nis·ta /sǽndəníːstə /-nís-/ 名 [the ~] サンディニスタ《ニカラグアの民族解放戦線》．

S & L /ésənéL/ 名 《米略式》=savings and loan association．

sánd·lòt 名 Ⓒ 《米》空き地《子供がスポーツをする》： ~ baseball 草野球．

S and M, S & M /ésən(d)ém/ 名 サドマゾ, SM．

sánd·màn 名 [the ~] 眠りの精, 睡魔《子供の目に砂を入れて眠けを誘い目をこすらせるという妖精《ようせい》》．

sánd painting 名 Ⓒ 《米国西部の先住民の》砂絵《種々に着色した砂などで描く儀式の飾り》．

sánd·pàper 名 Ⓤ 紙やすり． ── 動 (-per·ing /-p(ə)riŋ/) 他 紙やすりで磨く《*down*》．

sánd·pìper 名 Ⓒ 砂浜のしぎ科の鳥《いそしぎなど》．

sánd·pìt 名 Ⓒ 《英》=sandbox．

San·dra /sǽndrə/ 名 固 サンドラ《女性の名；Alexandra の愛称》．

San·dring·ham /sǽndriŋəm/ 名 サンドリンガム《英国東部 Norfolk 州の村；王室の別荘がある》．

sánd·shòe 名 Ⓒ 《英・豪》砂浜用のスニーカー．

†**sánd·stòne** 名 Ⓒ 砂岩《主に建築用》．

sánd·stòrm 名 Ⓒ 砂あらし《砂漠のあらし》．

sánd tràp 名 Ⓒ 《米》《ゴルフ》バンカー《☞ *golf* 挿絵》(bunker)．

sánd wèdge 名 Ⓒ 《ゴルフ》サンドウェッジ《バンカー用》．

***sand·wich** /sǽn(d)wɪtʃ│sǽnwɪdʒ, -wɪtʃ/ 名 (~·es /-ɪz/) Ⓒ **1** サンドイッチ： a ~ with mustard on it マスタード付きのサンドイッチ / a tuna ~ on rye (bread) ライ麦パンのツナサンド // ☞ club sandwich, open-faced sandwich． 語源 考案者である18世紀英国の伯爵の名から； 賭《か》け事に熱中してテーブルを離れる時間も惜しんで考えついたといわれる．

sandwich のいろいろ（左から club sandwich, open-faced sandwich, submarine sandwich）

2 《主に英》サンドイッチケーキ《ジャムやクリームを間に挟む》． **the méat in the sándwich** [名]《英略式》板ばさみ．── 動 他 《主に受身で》〈…〉を差し込む, 間に挟む；〈予定・仕事などを〉間に組み入れる： The letter was ~ed (*in*) between the Bible and a dictionary. 手紙は聖書と辞書の間に挟んであった．

sándwich bòard 名 Ⓒ サンドイッチマンの広告板．

sándwich còurse 名 Ⓒ 《英》サンドイッチ課程《理論学習と実習とを数か月交代で繰り返す》．

sándwich generàtion 名 Ⓤ [the ~] サンドイッチ世代《親と子の世話を同時にする年代》．

sándwich màn 名 Ⓒ サンドイッチマン《男性および女性；前後2枚の広告板で体を挟んで歩くことから》．

***sand·y** /sǽndi/ 類音 sonny, sundae, *Sunday, sunny) 形 (**sand·i·er** /-diə│-diə/ | **sand·i·est** /-diɪst/;《比較級》more ~; 《最上級》most ~) **1** 砂の；砂地の；砂だらけの： a ~ beach 砂浜 / ~ soil 砂地． **2** 《頭髪が》薄茶色の, 黄土色の．

San·dy /sǽndi/ 名 固 **1** サンディー《男性の名；Alexander の愛称》． **2** サンディー《女性の名；Alexandra の愛称》．

†**sane** /séin/ 形 (**sán·er**; **sán·est**; 名 **sanity**; 反 **insane**) **1** 《人が》正気の． **2** 《人・行動・思想などが》良識のある, 健全な, 穏健な： a ~ policy 穏健な政策 / ~ judgment 健全な判断． 語源 ラテン語で「健全な」の意； sanitary と同語源．── **·ly** 副 正気で；健全に．

San·for·ized /sǽnfəràizd/ 形 《米》《織物が》防縮加工をした《商標》．

***San Fran·cis·co** /sǽnfrənsískou⁻/ 名 固 **1** サンフランシスコ《米国 California 州中部の都市； ☞ 地図 D 4》． **2** ~ **Bay** サンフランシスコ湾《☞ 表地図

D 4). 由来 イタリアの聖人「聖フランチェスコ」(St. Francis) のスペイン語名.

***sang** /sǽŋ/ 〖類音 sung〗 動 **sing** の過去形.

sang·froid /sàːŋfrwɑ́ː/ 《フランス語から》 名 U 《格式》(危険・困難に直面しての)沈着.

san·go·ma /sæŋgóumə/ 名 C 《南ア》祈禱(きとう)師.

Sán·gre de Crís·to Móuntains /sǽŋgridəkrístou-/ 名 複 [the ~] サングレデクリスト山脈 (Rocky 山脈の一部で, 米国 Colorado 州と New Mexico 州にまたがる).

san·gri·a /sæŋgríːə/ 名 U サングリア《赤ワインを果汁・ソーダ水で割り冷やして飲むスペインの飲料》.

san·gui·nar·y /sǽŋgwənèri | -n(ə)ri/ 形《格式》**1** 血生臭い; 血にまみれた. **2** 残忍な.

⁺**san·guine** /sǽŋgwin/ 形《格式》**1** 快活な; 希望に燃える; 楽観的な (*about*). **2** 血色のよい. **~·ly** 副 快活に; 楽観的に.

san·i·tar·i·um /sænəté(ə)riəm/ 名 複 **~s, -i·tar·i·a** -riə/ C 《米》サナトリウム, 療養所 (《英》san-atorium).

⁺**san·i·tar·y** /sǽnətèri | -təri, -tri/ 13 形 (反 insani-tary) **1** 衛生的な, 清潔な (☞ sane 語源): a ~ kitchen 衛生的な台所. **2** A 《公衆》衛生の: a ~ engineer 衛生技師《水道管理や下水処理などを行なう》/ a ~ inspector 衛生検査官(《英》~ ware 衛生陶器).

sánitary lándfill 名 C 地下埋込み式のごみ処理場.

sánitary nàpkin 名 C 《米》生理用ナプキン.

sánitary pàd 名 C =sanitary napkin.

sánitary tòwel 名 C 《英》=sanitary napkin.

⁺**san·i·ta·tion** /sænətéɪʃən/ 名 U 公衆衛生; 衛生設備[施設]; 下水設備.

sanitátion wòrker 名 C 《米格式》=garbage collector.

san·i·tize /sǽnətàɪz/ 動 他 **1** 〈場所〉を衛生的にする. **2** [軽蔑] 〈衝撃的な話・ニュースなど〉を受け入れやすいように変える, 〈…〉に手を加える: a ~d report of the incident その事件の骨抜きされた報道.

⁺**san·i·ty** /sǽnəti/ 名 U (反 insanity) **1** 正気, 気の確かなこと: keep [lose] one's ~ 正気を保つ[失う]. **2** (行動・思想などの)健全(なこと), 穏健さ.

San Jo·se /sæn(h)ouzéɪ/ 名 固 サンノゼ《米国 California 州西部の都市》.

San Jo·sé /sænhouséɪ/ 名 固 サンホセ《コスタリカ (Costa Rica) の首都》.

San Juan /sæn(h)wɑ́ːn/ 名 固 サンファン《米国領プエルトリコ島の首都》.

***sank** /sǽŋk/ 〖類音 sunk, thank〗 動 **sink** の過去形.

San Ma·ri·no /sænməríːnou⁻/ 名 固 サンマリノ《イタリア半島北東部にある世界最小の独立共和国》.

San Quen·tin /sænkwéntən/ 名 固 サンクウェンティン《米国 California 州にある刑務所》.

sans /sǽnz/ 《フランス語から》 前 [滑稽] …なしに, なくて.

San Sal·va·dor /sænsǽlvədɔ̀ə | -dɔ̀ː/ 名 固 サンサルバドル《El Salvador の首都》.

sans·cu·lotte /sænzkjulɑ́t | -lɔ́t/ 名 C サンキュロット《フランス革命当時の過激共和党員》.

san·sei /sɑːnséɪ/ 《日本語から》 名 (複 ~, ~s) C 《米》三世《二世 (nisei) の子》. 関連 issei 一世.

San·skrit /sǽnskrɪt/ 名 U サンスクリット, 梵語(ぼんご)《古代インドの標準的な書きことば》. ── 形 サンスクリットの.

sans ser·if /sæn(z)sérɪf/ 名 U 印 サンセリフ《セリフ (serif) のない活字; ☞ type¹ 参考》.

San·ta /sǽntə/ 名 固《略式》=Santa Claus.

San·ta An·a /sæntəǽnə/ 名 **1** 固 サンタアナ《California 州南部の市》. **2** U サンタアナ《California 州南部の Santa Ana 山脈を吹き下ろす乾いた熱風》.

Sarajevo 1551

***San·ta Claus** /sǽntəklɔ̀ːz/ 名 **1** 固 サンタクロース(《略式》Santa; 《英》Father Christmas): ~ brought me a wonderful present. サンタクロースがすてきなプレゼントを持ってきてくれた. **2** C 《略式》気前のいい人. 由来 ロシアの守護聖人の「聖ニコラス」(Saint Nicholas) のオランダ語名がなまったもの.

San·ta Fe /sæntəféɪ⁻/ 名 固 サンタフェ《米国 New Mexico 州の州都; ☞ 表地図 F4》.

Sánta Fè Tráil 名 固 [the ~] サンタフェ街道《19 世紀に使用された, Missouri 州から Santa Fe に至る交易産業道路》.

Sán·ta Ma·rí·a 名 固 [the ~] サンタマリア号《Columbus が最初にアメリカ航海をしたときの旗艦》.

San·ta Mon·i·ca /sæntəmɑ́nɪkə | -mɔ́n-/ 名 固 サンタモニカ《Los Angeles の西にある市》.

San·ta·ya·na /sæntəjɑ́ːnə/ 名 固 George ~ サンタヤナ (1863–1952) 《スペイン生まれの米国の哲学者》.

San·ti·a·go /sæntiɑ́ːgou/ 名 固 サンティアゴ《チリ (Chile) の首都》.

San·to Do·min·go /sæntədəmíŋgou/ 名 固 サントドミンゴ《Dominican Republic の首都》.

São Pau·lo /sàumpáulu/ 名 固 サンパウロ《ブラジル (Brazil) 南部の都市》.

São To·mé and Prin·ci·pe /sàuntəméɪənprínsəpə/ 名 固 サントメプリンシペ《アフリカ西海岸の2つの島からなる共和国》.

⁺**sap¹** /sǽp/ 名 **1** U 樹液. **2** U 元気, 活力: feel the ~ rising [滑稽] 《特に性的に》元気が出てくる. **3** C 《略式, 主に米》〈人からいいようにされる〉お人よし.

⁺**sap²** /sǽp/ 名 C 《敵の要塞(ようさい)を攻めるための》対壕(たいごう). ── 動 (**saps; sapped; sap·ping**) 他 〈気力・体力などから〉弱らせる, 〈人〉から〈精力など〉を奪う: He's *been sapped of* his strength *by* the heat. 彼は暑さで体力を消耗して[ばてて]いる.

sa·pi·ence /séɪpiəns/ 名 U 《文》賢明さ.

sa·pi·ent /séɪpiənt/ 形 《文》賢明な. **~·ly** 副 賢明に.

Sa·pir /səpíə/ 名 固 **Edward** ~ サピア (1884–1939) 《米国の人類学者・言語学者》.

sap·ling /sǽplɪŋ/ 名 C 若木, 苗木.

sap·o·nin /sǽpənɪn/ 名 U 化 サポニン《種々の植物から得られる配糖体でせっけんのようにも泡立つ》.

sap·per /sǽpə | -pə/ 名 C 《英》工兵(隊員).

sap·phic /sǽfɪk/ 形 《文》〈女性の〉同性愛の.

⁺**sap·phire** /sǽfaɪə | -faɪə/ 名 C,U サファイア《9月の誕生石》; U [時に ~ blue] サファイア色, るり色. ── 形 A サファイアの; サファイア色の, るり色の.

Sap·pho /sǽfou/ 名 固 サッフォー《紀元前 600 年ころのギリシャの女流詩人》.

sap·py /sǽpi/ 形 (**sap·pi·er; -pi·est**) **1** 樹液の多い. **2** 《米略式》ばかな; ひどく感傷的な.

sap·ro·phyte /sǽprəfàɪt/ 名 C 腐生植物.

sap·ro·phyt·ic /sǽprəfítɪk/ 形 腐生の.

sáp·sùcker 名 C しるすいきつつき《北米産の鳥》.

sáp·wòod 名 U 辺材《木材の軟らかい部分》.

SAR /sɑ́ə | sɑ́ː/ =search and rescue 搜索救助, 救難.

Sar·a /sé(ə)rə/ 名 固 =Sarah.

sar·a·band, -a·bande /sǽrəbænd/ 名 C サラバンド《スペインの優雅な踊り》; サラバンド舞曲.

Sar·a·cen /sǽrəs(ə)n/ 名 C 《古語》サラセン人《シリア・アラビアの砂漠に住んでいた遊牧民》; 十字軍時代のアラビア人[イスラム教徒].

Sar·ah /sé(ə)rə/ 名 固 サラ《女性の名; 愛称は Sally》.

Sa·ra·je·vo /særəjéɪvou/ 名 固 サラエボ《Bosnia and Herzegovina の首都》.

saran

sa·ran /sərǽn/ 名 U サラン《合成樹脂の一種》.

Sa·rán Wràp /sərǽn-/ 名 U 《米》《商標》《英》clingfilm, 《米》plastic wrap.

Sar·a·to·ga /sǽrətóugə/ 名 固 サラトガ《New York 州東部の, 米国独立戦争の戦闘の地》.

+**sar·casm** /sáɑrkæzm/ 名 U,C 皮肉, あてこすり, いやみ (類語 irony): heavy ~ 痛烈な皮肉.

+**sar·cas·tic** /sɑɑrkǽstɪk | saː-/ 形 皮肉な, いやみを言う: a ~ remark 皮肉なことば. **-cas·ti·cal·ly** /-kəli/ 副 皮肉に, あてこすって.

sar·co·ma /sɑɑrkóumə | saː-/ 名 (~s, sar·co·ma·ta /-mətə/) 《医》肉腫.

sar·coph·a·gus /sɑɑrkɑ́fəgəs | saː·kɔ́f-/ 名 (複 sar·coph·a·gi /-gaɪ/, ~·es) C 《古代の》石棺《立派な装飾を施したもの》.

+**sar·dine** /sɑɑrdíːn | sɑː-/ 名 (複 ~(s)) C いわし, サーディン《pilchard の幼魚など; 油漬けの缶詰にする》: canned ~s 缶詰のいわし / a ~ sandwich サーディンサンドイッチ. **be ˈpacked (in) [sqúeezed] like sardines** 動 自 《略式》すし詰めになっている.

canned sardine(s)

Sar·din·i·a /sɑɑrdíniə | saː-/ 名 固 サルジニア《イタリア半島西方にあるイタリア領の島》.

+**sar·don·ic** /sɑɑrdɑ́nɪk | saː·dɔ́n-/ 形 冷笑的な, せせら笑う (scornful): a ~ smile 冷笑. **-don·i·cal·ly** /-kəli/ 副 冷笑的に.

sar·don·yx /sɑ́ɑrdənɪks | sáː·dənɪks/ 名 U サードニックス《8月の誕生石》.

sa·ree /sάːri/ 名 C = sari.

sar·gas·so /sɑɑrgǽsou | saː-/ 名 (~s) ほんだわら属の各種海藤.

sarge /sάːrdʒ | sάːdʒ/ 名 C S = sergeant.

+**sa·ri** /sάːri/ 名 C サリー《インド・パキスタンの女性が衣服として巻きつける長い綿[絹]布》.

sa·rin /sάː·rɪn/ 名 U サリン《神経を侵す猛毒の有機燐系ガス》.

sar·ky /sάːrki| sάː·ki·er, -ki·est/ 《英略式》 = sarcastic.

sar·nie /sάːrni | saː-/ 名 C 《英略式》 = sandwich 1.

sa·rong /sərɔ́ːŋ, -rɑ́ŋ/ 名 C サロン《マレー人・インドネシア人などがつける腰布》.

Sa·roy·an /sərɔ́ɪən/ 名 固 William ~ サロイアン (1908–81) 《米国の作家》.

sari

SARS /sάːz/ 名 U 重症急性呼吸器症候群, 新型肺炎《高熱・せきなどを特徴とする急性ウイルス性呼吸器疾患; severe acute respiratory syndrome の略》.

sar·sa·pa·ril·la /sǽspəríːlə | sάː·s-/ 名 U 1 サルサ, サルサパリラ《植物》. 2 サルサパリラ《サルサ根のエキスで風味をつけた炭酸飲料》.

sar·to·ri·al /sɑɑrtɔ́ːriəl | saː-/ 形 A 《格式》《主に男性の》《仕立て》服の: ~ elegance 洋服の見事な着こなし. **~·ly** /-əli/ 副 衣服に関して.

Sar·tre /sάːrtrə | sάːtrə/ 名 固 Jean-Paul /ʒɑ̃:ŋpɔ́ːl | ʒɔ́ŋ-/ ~ サルトル (1905–80) 《フランスの哲学者・作家》.

SAS¹ /ésèrés/ 名 [the ~ として単数または複数扱い] 英国空軍特殊部隊《Special Air Service の略》.

SAS² /ésèrés/ 略 = Scandinavian Airlines System スカンジナビア航空.

SAS³ /ésèrés/ 略 = sleep apnea syndrome 睡眠時無呼吸症候群.

SASE /ésèrésíː/ 略 《米》= self-addressed stamped envelope (⇨ self-addressed).

sash¹ /sǽʃ/ 名 C 《上げ下げ窓の》滑り枠, 窓枠, サッシ (window sash).

sash² /sǽʃ/ 名 C 飾り帯; 懸章《肩からかける》.

sa·shay /sæʃéɪ/ 動 自 《米略式》気取って[さっそうと]歩く (around, down).

sásh còrd 名 C 《上げ下げ窓の》つりひも.

sásh wìndow 名 C 上げ下げ窓.

Sas·katch·e·wan /sæskǽtʃəwən/ 名 固 サスカチュワン《カナダ中西部の州; ⇨ 表地図 F 2》.

Sas·quatch /sǽskwætʃ/ 名 C サスクワッチ (Bigfoot の別称).

sass /sǽs/ 《米略式》名 U または a ~] 《親などに対する》生意気なことば[行為]; 口答え《英》sauce). ― 動 他 《人》に生意気をいう; 《人》に口答えする (back)《英》sauce).

sas·sa·fras /sǽsəfræs/ 名 1 C ササフラス《北米原産のくすのき科の落葉樹》. 2 U ササフラスの根皮《強壮剤・香料》.

Sas·se·nach /sǽsənæk/ 名 C 《スコ》[軽蔑・滑稽]イングランド人.

sas·si·ly /sǽsəli/ 副 《米略式》生意気に.

sas·si·ness /sǽsɪnɪs/ 名 U 《米略式》生意気.

sas·sy /sǽsi/ 形 (**sas·si·er, -si·est**) 1 《子供が生意気な《英》saucy》. 2 《古風》《女性などが》はつらつとした; 粋(いき)な《英》saucy》. 3 セクシーな.

*✱**sat** /sǽt/ 《発音》set) 動 **sit** の過去形および過去分詞.

SAT /ésèitíː | sǽt/ 名 C 1 《米》大学進学適性検査 (Scholastic Assessment [旧称 Aptitude] Test の略; その結果は入学合否判定に使われる; 商標》. 2 《英》= standard assessment task.

✱**Sat.** 略 土曜日 (Saturday).

+**Sa·tan** /séɪtn/ 名 固 (often **satánic**) 魔王, サタン (Devil). 語源 ヘブライ語で「敵」の意.

+**sa·tan·ic** /sətǽnɪk, seɪ-/ 形 (名 Sátan) A 1 [しばしば S-] 魔王の, サタンの; 悪魔崇拝の: S~ rites 悪魔崇拝の儀式. 2 《主に文》悪魔のような, 凶悪な. **-tan·i·cal·ly** /-kəli/ 副 悪魔のように.

sa·tan·ism /séɪtənìzm/ 名 U [しばしば S-] 悪魔崇拝.

sa·tan·ist /séɪtənɪst/ [しばしば S-] 名 C 悪魔崇拝者. ― 形 悪魔崇拝の.

sa·tay /sάː·teɪ | sǽteɪ/ 名 U サテイ《肉を串刺しにしてピーナッツ入りのたれで焼いた料理》.

sátay sáuce 名 U サティソース《ピーナッツ入りの焼肉用たれ》.

satch·el /sǽtʃəl/ 名 C 《肩からかける》学生かばん.

sate /séɪt/ 動 他 《文》= satiate.

sa·teen /sætíːn/ 名 U 綿じゅす (⇨ satin).

✱**sat·el·lite** /sǽtəlàɪt/ 頻出 名 (-**tel·lites** /-làɪts/) C

ラテン語で「従者」の意 → 周りを取り巻いて護衛するもの → 「衛星」 2 → 「人工衛星」 1
→ 「衛星国」「衛星都市」 3

1 人工衛星 (⇨ star 類法); 宇宙船: a communications [weather] ~ 通信[気象]衛星 / launch a ~ 人工衛星を打ち上げる. 2 《天》衛星《惑星 (planet) の周りを回る天体》: The moon is the earth's only natural ~. 月は地球の唯一の自然の衛星である. 3 衛星国; 衛星[近郊]都市: a ~ state [city, town] 衛星国[都市]. 4 《空港の》サテライト《乗客が乗り降りするときに通る; ⇨ airport 挿絵》. **by [via] sátellite** 副 衛星中継で.

sátellite bróadcasting 名U 衛星放送.
sátellite dìsh 名C 衛星放送受信用のアンテナ.
sátellite télevision [TV] 名U 衛星テレビ.
sa·ti·ate /séɪʃièɪt/ 動 (普通は受身で)〈人〉を〈食べ物・楽しみなどで〉十二分に満足させる, 飽き飽きさせる《with》.
sa·ti·at·ed /séɪʃièɪṭɪd/ 形《文》十二分に満足した[て], 飽き飽きした[て].
sa·ti·a·tion /sèɪʃiéɪʃən/ 名U《文》飽食.
sa·ti·e·ty /sətáɪəṭi/ 名U《文》完全に満足すること; 飽き飽きすること.
†**sat·in** /sǽtn | -tɪn/ 名 **1** U しゅす, しゅす織り, サテン.
2 [形容詞的に] しゅすの, しゅすのような.
sát·in·wòod 名C,U マホガニー類の木《インド産で家具に多く用いられる》.
sat·in·y /sǽtni, -təni/ 形 しゅす[サテン]のような, つやつやした, すべすべした.
*sat·ire /sǽtaɪə | -taɪə/ 名 **1** U 風刺《on》(☞ irony 類義語). **2** C 風刺文[詩, 劇, 映画]《on》.
sa·tir·i·cal /sətírɪk(ə)l/, **-tir·ic** /-ɪk/ 形 風刺的な; 皮肉な, いやみを言う. **-cal·ly** /-kəli/ 副 風刺的に; 皮肉に, 当てつけがましく.
sat·i·rist /sǽṭərɪst/ 名C **1** 風刺文[詩]作者.
2 皮肉屋, 当てこすり[いやみ]を言う人.
sat·i·rize /sǽṭəràɪz/ 動 他〈…〉を風刺する; 当てこする, 〈人〉にいやみを言う.
*sat·is·fac·tion /sæ̀ṭɪsfǽkʃən/ ⓣ 名 (動 sátisfỳ; 反 dissatisfaction) **1** U 満足, 〈…に〉満足する[した]こと (☞ satisfied 表, 類義語): I read my written work *with* ~. 私は書き上げたものを満足して読んだ / get [derive, gain] ~ *from* …. …から満足を得る / My mother expressed ~ *at* [*with*] my report card. 母は私の成績表に満足したと言った / At least he had [got] the ~ *of having* accomplished his task. 彼は少なくとも課題を果たしたという満足を覚えた.
2 C [普通は a ~] 満足を与えるもの[事], 満足すべきもの[事]; うれしいこと: Jim's success as a writer was *a* great ~ *to* his former English teacher. ジムが作家として成功したことは彼を教えた元の英語の教師にとって大きな喜びだった. **3** U〈条件などを〉満たすこと: the ~ *of* safety standards 安全基準を満たすこと. **4** U〈願望などの〉達成, 本望: the ~ *of* one's goals 目標の達成.
5 U《格式》(借金の)返済, 賠償《for》; 謝罪;《古風》(決闘などによる)名誉回復. **fínd** [**táke**] **satisfáction in …**〈…〉に満足を見いだす. **gèt satisfáction** 〔動〕〔自〕《格式》賠償[謝罪]を受ける. **gíve … satisfáction=gìve satisfáction to …** 〔動〕〔他〕〈…〉を満足させる;〈…〉に賠償する. **to …'s satisfáction** 〔副・形〕(1)〈…〉の満足[納得]のいくように; …が満足のいく: The dispute was resolved *to everyone's* ~. 争議の解決は皆の納得のいくように解決された. その争議の解決に皆が満足した. (2)〔文修飾語〕…が満足したことには.
*sat·is·fac·to·ri·ly /sæ̀ṭɪsfǽktərəli, -trə-/ 副[話し手の判断を示して] 満足できるほどに, 十分に, 思うとおりに: Our project is progressing ~. 我々の計画は思うとおりに進行している.
*sat·is·fac·to·ry /sæ̀ṭɪsfǽktəri, -tri/ 形 (動 sátisfỳ; 反 unsatisfactory) 満足のいく; なかなかよい; まあまあの: a ~ explanation 納得のいく説明 / His score was highly ~. 彼のスコアは全く申し分なかった / The new conditions are not very ~ *to* either party. <A+前+名・代>その新しい条件はどちらにとってもあまり満足のいくものではない / These shoes should be ~ *for* walking. この靴だと歩くのによいでしょう / S~《成績の》可 (☞ grade 1 表; ⇔ S).
*sat·is·fied /sǽṭɪsfàɪd/ 形 **1** 満足した[して], 満ち足りた《類義語》: with a ~ look 満足そうに / I will be ~ *just* to know the truth.<A+*to*不定詞>私は

Saturday 1553

真相さえわかれば満足できるのです / I am thoroughly ~ *with* my new house. <A+*with*+名・代>私は新しい家にすっかり満足している / You've ruined our dinner. S~? Ⓢ せっかくの夕食が君のおかげで台なしだ. これで満足かね《皮肉を言うときなど》.

| satisfied (要求を十分に) | 満足した |
| content (一応不満を解消できる程度に) | (☞ 類義語) |

2 納得して; 確信して《of》(☞ satisfy 3): I'm ~ *that* my son has done his best. 私は息子が全力を尽くしたと確信している.

【類義語】**satisfied** が欲望・希望・必要などが十分に満たされたことを意味し, 単に満足しただけでなく〈楽しみも与えられたことを〉表わすのに対して, **content** は現在の状態や現在持っているものに甘んじて, それ以上の欲望などを持つことなく一応満足した状態を表わす: Some people are *satisfied* only with expensive meals; others are *content* with home cooking. 高価な料理でなければ満足しない人もいれば, 家庭料理で満足する人もいる.

*sat·is·fy /sǽṭɪsfàɪ/ ⓣ 動 (sat·is·fies /~z/, -is·fied /~d/; -fy·ing) (反 dissatisfy) (進行形なし)
1 [しばしば受身で;☞ satisfied] 〈人・欲望・必要〉を満足させる, 〈意・好奇心など〉を満たす;〈要求〉に応じる: None of the wallpaper samples *satisfied* Mrs. Hill. 壁紙の見本はどれもヒル夫人の気に入らなかった / A glass of beer *satisfied* his thirst. ビールを1杯飲んで彼ののどの渇きがいえた.
2 《格式》〈条件〉を満たす,〈基準など〉に合致する;《数》(未知数が)〈方程式など〉を満たす: None of the candidates *satisfied* our requirements. 我々の条件に合致した候補者はひとりもいなかった. **3** 《格式》〈心配・疑い〉を晴らす; [普通は受身または ~ oneself として] 納得させる, 確信させる: Her assurances didn't ~ his doubts. 彼女がどんなに大丈夫だと言っても彼の疑念は晴れなかった / His honest look *satisfied* me of his innocence. 彼の正直そうな顔を見て私は彼の無実を確信した / 言い換え =He *satisfied himself that* she was honest. =He *satisfied himself of* [*as to, about*] her honesty. 彼は彼女が正直だと確信した. **4** 《格式》〈借金など〉を返済[弁済]する. — 〔自〕 十分な満足を与える: Wealth does not always ~. 富は必ずしも十分な満足を与えない. 語源 ラテン語で「十分にする」の意.

*sat·is·fy·ing /sǽṭɪsfàɪɪŋ/ 形 **1** やりがいのある, 満足のいく, 十分な: a ~ result 満足のいく結果. **2** (料理などが)満足な, 満腹させる. **~·ly** 副 満足して; 十分に.

sat·su·ma /sætsú:mə, sǽtsʊ-/《日本語から》名C 温州《みかん》.

*sat·u·rate /sǽtʃʊrèɪt/ 動 他 **1** 《格式》〈…〉を浸す,〈…〉にしみ込ませる; ずぶぬれにする. **2** [しばしば受身で]〈…〉を飽和状態にする《with, in》;《化》飽和にする; 没頭させる: ~ the market 市場に商品を過剰供給する.

*sat·u·rat·ed /sǽtʃʊrèɪṭɪd/ 形 **1** [普通は P](すっかり)ぬれた《with》. **2** [普通は A] 飽和状態の;（脂肪・油脂が有害なほどに）飽和の: ~ fat 飽和脂肪.

*sat·u·ra·tion /sæ̀tʃʊréɪʃən/ 名U **1** 浸すこと, しみ込ませること, 浸潤. **2** 飽和状態;《化》飽和. **3** (色の)彩度. **4** 集中砲火(攻撃): ~ bombing 集中爆撃 / be given ~ coverage 集中的に報道される.

saturátion pòint 名C 飽和点; （一般に）限度, 極限. **réach** (**a** [**the**]) **saturátion pòint** 〔動〕〔自〕飽和点[状態]に達する, 限界になる.

*Sat·ur·day /sǽṭədèɪ, -di | -tə-/ 名 (~s /~z/) ★ 詳しい説明は ☞ Sunday 囲み. **1** 土曜日《略 Sat., S.;☞ week 表; proper noun 文法(4)》: Today is ~ [a cool ~]. 今日

Saturday night special

は土曜日[涼しい土曜日]です / *on* ~ (いつも[たいてい])土曜日に; (この前[次]の)土曜日に / *on* ~ s=every ~ 毎週土曜日に / last [next] ~ この前[次]の土曜日に. **2** [形容詞的に] 土曜日の: *on* ~ morning (この前[次]の)土曜日の朝に (⇨ *on* 前 3 語法). **3** [副詞的に] (米) (英略式) 土曜日には (on Saturday); [~s として] (いつも)土曜日には (every Saturday).

Sáturday nìght spécial 名 C 《米俗》(安物の)小型ピストル.

Sat·urn /sǽtərn | -tən/ 名 圓 **1** 土星 (⇨ planet 挿絵). **2** 『ロ神』サトゥルヌス, サターン (農耕の神; week 表 (名前の由来)の土曜日). **3** C (米) サターンロケット. **4** C サターン (米国の乗用車; 商標).

sat·ur·na·lia /sæ̀tərnéɪljə, -lɪə | -tə-/ 名 (~s, ~) C (文) お祭り騒ぎ, 底抜け騒ぎ.

sat·ur·nine /sǽtərnàɪn | -tə-/ 形 (文) むっつりした, 陰気な, 憂鬱(ゅぅ)な.

sat·ya·gra·ha /sətjá:grəhə, sá:tjəgrə̀hə/ 名 圓 サティヤーグラハ (1919年 Mahatma Gandhi が唱えた無抵抗不服従運動).

sa·tyr /séɪtər | sǽtə/ 名 C **1** 『ギ神』サチュロス《森の神で, やぎの耳と尾を持つ半人半獣の怪物; 『ロ神』の faun に当たる》. **2** [格式] 好色家.

sa·ty·ri·a·sis /sèɪtəráɪəsɪs/ 名 U 『心』(男性の)性欲の異常亢進症.

*****sauce** /sɔ́:s/ (同音 (英) source; 類音 (米) source) **12** 名 (**sauc·es** /~ɪz/) **1** U ソース, たれ

日英比較 普通はトマト・肉汁・はっかの葉などのいずれか, またはその混合物をクリーム状にしたもので肉・魚料理などにかけて食べる. 日本でいう液状の「ソース」は普通は Worcestershire sauce のこと.

Let's serve this fish with a spicy ~. この魚はスパイスの効いたソースをかけて出そう / ~ Hunger is the best ~. [ことわざ] 空腹は最上のソース (空腹にまずいものなし) / What's ~ for the goose (is ~ for the gander). [ことわざ] 雌のがちょうの肉に合うソースは雄の肉にも合う《一方に許されることは他方にも許されて当然; 議論でしっぺ返しをするときなどに言う》. 語法 種類をいうときには C.

---
sauce のいろいろ

brówn sàuce ブラウンソース / **chíli sàuce** チリソース / **chócolate sàuce** チョコレートソース / **cránberry sàuce** クランベリーソース / **sóy sàuce** しょうゆ / **tártar sàuce** タルタルソース / **tomáto sàuce** トマトソース / **whíte sàuce** ホワイトソース / **Wórcestershire sàuce** ウスターソース.
---

2 U (米) 煮込んだ果物: (⇨ applesauce). **3** U 味をつけるもの; 刺激, おもしろみ. **4** [U または a~] [古風, 英略式] =sass. **5** [the ~] [古風, 米] 酒, ウイスキー: *hit the* ~ 大酒を飲む. ― 動 他 (略式, 主に英) =sass. 語源 ラテン語で「塩味をつけた」の意 (⇨ salt 単語の記憶); saucer 語源).

sáuce·bòat 名 C 船形のソース入れ.
sauced /sɔ́:st/ 形 (米俗) 酔っぱらった.
sáuce·pàn 名 C ソースパン, シチューなべ《長柄でふた付きの深なべ》.
sau·cer /sɔ́:sə | -sə/ 名 C **1** (茶わんの)受け皿 (⇨ cup 挿絵; dish 表および類義語): ⇨ a cup and saucer (cup 成句) **2** 受け皿形のもの; 電波望遠鏡のパラボラアンテナ. 関連 flying saucer 空飛ぶ円盤. 語源 中(期)フランス語で「ソース入れ」の意.
sauc·i·ly /sɔ́:sɪli/ 副 =sassily.
sauc·i·ness /sɔ́:sɪnəs/ 名 U =sassiness.
sauc·y /sɔ́:si/ 形 (**sauc·i·er**; **-i·est**) [略式, 主に英] =sassy.

Sau·di /sáʊdi, sɔ́:di/ 形 サウジアラビアの. ― 名 C サウジアラビア人.

Sáudi Arábia 名 圓 サウジアラビア《アラビア半島の王国》.

sau·er·kraut /sáʊərkràʊt | sáʊə-/ 名 U ザワークラウト《塩漬けキャベツを発酵させたもの》.

Saul /sɔ́:l/ 名 圓 【聖】サウル (初代イスラエル王).

Sáult Sàinte Ma·ríe Canáls /sú:sèɪntmərí:-/ 名 圓 [複] [the ~] スーセントマリー運河《米国とカナダ国境の Superior 湖と Huron 湖を結ぶ運河》.

sau·na /sɔ́:nə, sáʊ-/ 名 C サウナぶろ, サウナ浴場: have [take] a ~ サウナに入る.

***saun·ter** /sɔ́:ntər | -tə/ 動 (**-ter·ing** /-tərɪŋ/) 国 ゆったりと歩く (*along, around, by*). ― 名 [a ~] 散歩, ゆったりと歩くこと. 関連 stroll ぶらぶら歩き.

***sau·sage** /sɔ́:sɪdʒ | sɔ́s-/ 名 (**sau·sag·es** /~ɪz/) C|U ソーセージ: a string of ~s 1つながりのソーセージ. 語源 ラテン語で「塩味をつけた」の意 (⇨ salt 単語の記憶).

sáusage dòg 名 C (英略式) =dachshund.
sáusage mèat 名 C ソーセージ用のひき肉.
sáusage róll 名 C (英) ソーセージ入りロールパン.
Saus·sure /soʊs(j)ʊ́ə | -s(j)ʊ́ə/ 名 **Fer·di·nand de** /fə̀ədnæ:n d | fèə-/ ~ ソシュール (1857-1913) 《スイスの言語学者》.

***sau·té** /sɔːtéɪ | sóʊteɪ/ 《フランス語から》名 C ソテー《バターなどでいためて焼いた料理》. ― 形 A ソテーにした, ソテー風の. ― 動 (**sau·tés**; **sau·téed**, **sau·téd**; **sau·té(e)·ing**) 他 ソテー(風に料理)する.

Sau·terne, Sau·ternes /soʊtə́ːn | -tə́:n/ 名 U ソーテルヌ《甘口のフランス産高級白ワイン》.

***sav·age** /sǽvɪdʒ/ 形 (名 sávagery) **1** どうもうな, 残忍な, 乱暴な; 悪意のある, 容赦しない, 厳しい: a ~ dog 猛犬 / ~ criticism 酷評 / He made a ~ attack on the government's policies. 彼は政府の政策を激しく攻撃した. **2** A 〔古風〕[差別] 野蛮な, 未開の 反 civilized). **3** (土地・風景などが)荒れた, 荒涼とした (wild). ― 名 C 〔古風〕[差別] 野蛮な, 野蛮人. ― 動 他 (動物が)暴れて<…>に危害を加える; <…>を激しく攻撃する; 酷評する. **~·ly** 副 残忍に. **~·ness** 名 U 残忍; 未開.

sav·age·ry /sǽvɪdʒ(ə)ri/ 名 (**-age·ries**; 形 sávage) **1** U 凶暴性, 残忍. **2** C [普通は複数形で] 残忍な行為, 蛮行.

***sa·van·na(h)** /səvǽnə/ 名 C|U サバンナ, (熱帯・亜熱帯の)大草原. 関連 pampas パンパス / prairie プレーリー / steppe ステップ / veld ベルト.

sa·vant /səvɑ́:nt | sǽvənt/ 名 C (文) 学者.

***save**[1] /séɪv/ 動 圓 (**saves** /~z/; **saved** /~d/; **sav·ing**) 他

「安全にする」(⇨ 語源) → 「救う」**1** →
「守る」**4** → 「消費から守る」→ 「蓄える」**2**
           → 「浪費から守る」→ 「節約する」**3**
---

1 (危険などから)<…>を**救う**, 救出[救助]する; (神が罪などから)<人>を救済する (⇨ 類義語): He ~d the girl's life. 彼は少女の命を救った / The library burned down but we ~d many of the books. 図書館は焼けたが書籍は我々がかなり運び出して無事だった / The mother ~d her baby *from* the fire. <V+O+*from*+名・代> 母親は赤ん坊を火事から救った / Bob ~d the child *from* drown*ing*. <V+O+*from*+動名> ボブは子供がおぼれているのを助けた.

2 <…>を**蓄える**, 貯蓄する; 取っておく, 収集する: I am *saving* money *for* the Christmas vacation. <V+O+*for*+名・代> 私はクリスマスの休暇のために貯金している / S~ your energy *for* the second half. 後半のために力を蓄えておけ / [言い換え] S~ some candy *for*

me.＝*S*～ me some candy. <V＋O＋O> 私に少しお菓子を取っておいてね (☞ for [前] A 1 [語法]).
3 〈金銭・労力〉を節約する, 省く: ～ money ***on*** electricity 電気代を節約する / You will ～ a mile by taking this shortcut. この近道をすれば 1 マイル得をしますよ / Computers ～ us a lot of time and energy. <V＋O＋O> コンピューターは多くの時間と労力を省いてくれる / Telephoning ***～s*** (us) writ***ing*** letters. <V (＋O (名・代))＋O (動名)> 電話をかけると手紙を書かなくてすむ / If you lend me your car, it will ～ 「me (***from***) [my] hav***ing*** to buy one. <V＋O(＋*from*)＋動名> 車を貸してくれれば買わなくてすむ / *S*～ 20%! 2割もお買い得 ((広告)). [関連] waste 浪費する. **4** 保護する, 守る: ～ one's eyes 眼を守る / Seat belts ～ lives — buckle up! シートベルトは生命を守る—ちゃんと締めよう ((標語)). **5** 〔球〕〈敵の得点〉を防ぐ. **6** 〔電算〕〈データなど〉を保存[セーブ]する: *S*～ the document to a new file. 文書を新しいファイルに保存しなさい.
— [自] **1** 蓄える, 貯金する: You should ～ ***for*** the future. <V＋*for*＋名・代> 将来に備えて貯金すべきだ / Tom is *saving* to buy a car. トムは車を買うために貯金をしている. **2** 節約する. **3** (神が人を)救済する. **4** 〔電算〕データなどを保存[セーブ]する. [語源] ラテン語で「安全な」の意; safe[1] と同語源. **Gód Sáve the Quéen[Kíng]!** 女王[国王]万歳! (☞ subjunctive present [文法] (2)). —[名] ((英)) 英国国歌(の題名). **Sáve it!** ((米俗)) その話はやめておけ, 黙っていろ. **sáve on ...** [動] [他] (燃料費など)を節約する. **sáve úp** [動] [自] (...のために)貯金する (*for*). — [他] (1) 〈金など〉をためる. (2) 〈...〉を集める, 収集する. **sáve ... from ... sélf** [動] [他] 〈...〉に愚行をさせないようにする. [語法] ... self は...に入る目的語の再帰化名詞 (him なら himself) をさす. **to sáve one's lífe** [副] [普通は否定文で] ((略式)) どんなに頑張っても, どうしても: I could*n't* remember his name *to* ～ *my life*. どうしても彼の名前を思い出せなかった. **You sáved my lífe.** Ⓢ あなたのおかげで助かりました. — [名] [C] 〔球〕(敵の得点の)阻止, 防衛; 〔野〕(救援投手の)セーブ: Bill turned in a brilliant ～. ビルは見事に火消し役を演じた.

【類義語】**save** 危険などから救い出す意味を表わす最も一般的な語: He *saved* a drowning child. 彼はおぼれている子供を救った. **rescue** 重大な危険にさらされている人を速やかに救出すること. しばしば組織的な行動によって救出する意味に用いられる: He was *rescued* from the burning building. 彼は燃える建物から救助された. **help** 救い出す行動よりも助けを与えることに意味の重点を置いた語.

save[2] /sèɪv/ [前] ((格式)) ...を除けば, ...は別として (except). **sàve for ...** [前] ((格式)) ...(があるの)を除いては, ...以外(の点で)は (except for ...). **sàve that ...** [接] ((格式)) ...を除けば.

+**sav·er** /séɪvɚ | -və/ [名] [C] **1** 貯蓄家, 預金者; 節約家: a regular ～ 常連の預金者. **2** [合成語で] 節約器[装置], 節約の手段: ☞ time-saver. **3** ((英)) 割安なもの ((切符など)).

Sáve the Chíldren Fùnd [名] [固] [the ～] 児童保護基金 ((災害・貧困などから子供を救うことを目的とした国際的な団体)).

sav·ing** /séɪvɪŋ/ [T1] [名] (～s /～z/) **1** [C] 節約(量) (☞ savings): make great ～*s* ***of [***on***] time 時間の大幅な節約をする / a ～ *of* 20% *on* the price of clothes 被服費の 20% の倹約. **2** [U] 貯金, 預金 ((行為)).
— [形] **1** [A] (欠点の)埋め合わせとなる, 償いとなる: the one ～ feature of the novel その小説のひとつの救われる点. **2** [合成語で] (...を)節約する, (...が)省ける: a labor-～ device 省力機械. **3** 倹約する (economical). — [前] ＝save[2].

sáving gráce [名] [C] [普通は単数形で] 欠点を補う取り柄.

***sav·ings** /séɪvɪŋz/ [名] [複] 貯蓄, 貯金, 預金; (銀行の)預金額: considerable [little] ～ 多額[小額]の貯金 / life ～ 一生かけて蓄えた貯金, 老後の蓄え / withdraw one's ～ from a bank 銀行から預金を下ろす.

sávings accòunt [名] [C] ((米)) 普通預金(口座) ((利息がつく; ☞ checking account)); ((英)) 貯蓄預金(口座) ((deposit account より利息がよい)).

sávings and lóan associàtion [名] [C] ((米)) 貯蓄貸付け組合 ((英国の building society に相当; [略] S & L)).

sávings bànk [名] [C] 貯蓄銀行.

sávings bònd [名] [C] ((米)) 貯蓄債券.

+**sav·ior,** ((英)) **sav·iour** /séɪvjɚ | -vjə/ [名] **1** [C] [普通は単数形で] 救助者, 救済者, 救世主. **2** [the [our] S-] (救世主である)キリスト (Christ). [語法] この意味では ((米)) でもしばしば Saviour とつづる.

sa·voir-faire /sǽvwɑɚféɚ | -wɑːféə/ [名] [U] ((格式)) [ほめて] (社交上の)機転, 臨機応変の才.

+**sa·vor,** ((英)) **sa·vour** /séɪvɚ | -və/ [動] (**-vor·ing,** ((英)) **-vour·ing** /-v(ə)rɪŋ/) [自] ((格式)) (よくないことの)気味がある: Her attitude ～*s of* hypocrisy. 彼女の態度には偽善めいたところがある. — [他] 〈食物・体験など〉をゆっくり味わう, 賞味する; 楽しむ. — [名] [U] または a ～] ((格式)) 味, 風味, 趣, 刺激; おもしろみ.

+**sa·vor·y**[1], ((英)) **sa·vour·y** /séɪv(ə)ri/ [形] (**sa·vor·i·er,** ((英)) **-vour·i·er, more ～; sa·vor·i·est,** ((英)) **-vour·i·est, most ～;** [反] unsavory) **1** 味のよい, 風味のある, 香りのよい. **2** (料理が)塩味の(する), 辛口の. **3** [普通は否定文で] (道徳的に)好ましい, 健全な. — [名] (**-vor·ies,** ((英)) **-vour·ies**) [C] [普通は複数形で] セイボリー ((英国・カナダなどで主に食事の最後に出す(辛口の)小料理)).

sa·vo·ry[2] /séɪv(ə)ri/ [名] (**-vo·ries**) [U,C] きだちはっか ((しそ科の植物で料理用)).

sa·vour /séɪvɚ | -və/ [名] [動] ((英)) ＝savor.

sa·vour·y /séɪv(ə)ri/ [形] [名] ((英)) ＝savory[1].

sa·vóy (cábbage) /səvɔ́ɪ-/ [名] [C] ちりめんキャベツ.

Sa·vóy Hotél /səvɔ́ɪ-/ [名] [固] [the ～] サヴォイホテル ((London にある高級ホテル)).

Sa·vóy óperas /səvɔ́ɪ-/ [名] [複] [the ～] サボイオペラ ((英国のギルバート (William Gilbert) の台本, サリバン (Arthur Sullivan) の作曲による喜歌劇の総称)).

sav·vy /sǽvi/ ((略式)) [名] [U] [ほめて] 手腕, 技量; 常識. — [動] (**sav·vies; sav·vied; -vy·ing**) [自] [普通は命令形か現在時制で] 知る, わかる. — [形] 抜け目のない, 事情通の; 常識のある: computer-～ コンピューターに詳しい.

‡**saw**[1] /sɔ́ː/ ([同音] ((英)) soar, ((英)) sore; [類音] sew, so, ((米)) soar, ((米)) sore, sought, sow, thaw) [動] **see[1] の過去形.**

+**saw**[2] /sɔ́ː/ [名] [C] [しばしば合成語で] のこぎり ((日本ののこぎりと違って押して切る)): use a ～ のこぎりを使う / cut wood with a power ～ 電動のこぎりで木を切る.

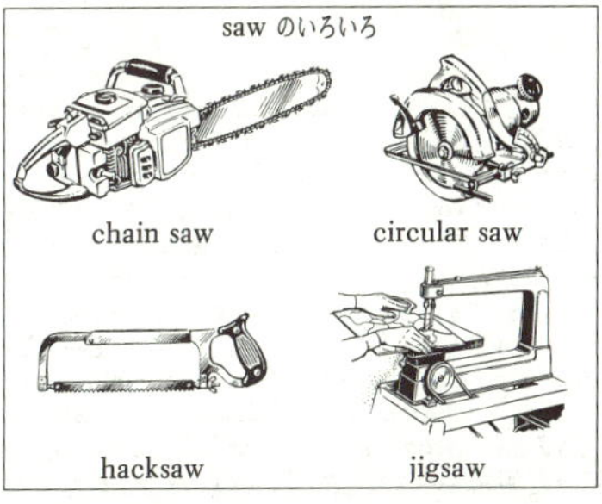
saw のいろいろ
chain saw
circular saw
hacksaw
jigsaw

S

— [動] (saws; 過去 sawed; 過分 《主に米》 sawed, 《主に英》 sawn /sɔ́ːn/; saw·ing) [他] 1 〈…〉をのこぎりで切る, のこぎりでひいて…にする (into). 2 〈…〉をのこぎりをひくように動かす[切る]. — [自] 1 のこぎりを使う, 木をひく: ～ into the branch のこぎりで枝に切り込む. 2 のこぎりでひくように切る (at); (バイオリンなどを)ぎーぎー鳴らす (away; at). 3 (材木などが)のこぎりでひける.

saw² の句動詞

sáw dówn [動] [他] のこぎりで切り倒す.
sáw óff [動] [他] 〈…〉をのこぎりで切り離す[落とす].
sáw ... òff — [動] [他] のこぎりで〈…〉を—から切り離す[切り落とす]
sáw thróugh [動] [他] のこぎりで〈丸太など〉を切り抜く[切断する].
sáw úp [動] [他] 〈…〉を細かくのこぎりで切る (into).

saw³ /sɔ́ː/ [名] [C] 《古風》 ことわざ, 格言 (proverb).
sáw·bònes [名] (複 ～) [C] 《米略式》 [滑稽] 医者, 外科医.
sáw·bùck [名] [C] 《米》 1 ＝sawhorse. 2 《米古風》 10 ドル紙幣.
sáw·dùst [名] [U] おがくず.
sáwed-òff shótgun [名] [C] 《米》 銃身を短く切った(ギャング用)散弾銃 (《英》 sawn-off shotgun).
sáw·fish [名] [C] 鋸鱏(のこぎりえい).
sáw·hòrse [名] [C] 木(こ)びき台.
sáw·mìll [名] [C] 製材所.
⁺**sawn** /sɔ́ːn/ [動] 《主に英》 saw² の過去分詞.
sáwn-òff shótgun [名] [C] 《英》 ＝sawed-off shotgun.
sáw-tóoth(ed) [形] のこぎりの歯のような.
saw·yer /sɔ́ːjə | -jə/ [名] [U] 《古語》 木(こ)びき《人》.
sax /sǽks/ [名] [C] 《略式》 サクソホン, サックス 《saxophone を短縮した形》.
sax·i·frage /sǽksəfrɪʤ/ [名] [U,C] ゆきのした 《多年草》.
Sax·on /sǽks(ə)n/ [名] 1 [C] サクソン人; [the ～s] サクソン族 《ドイツ北部の古代民族で 5, 6 世紀にアングル族 (Angles), ジュート族 (Jutes) とともに England に侵入し, いっしょになってアングロサクソン族となった; ☞ Anglo-Saxon》. 2 [U] サクソン語. 3 [C] ザクセン人.
— [形] サクソン人[語]の.
Sax·o·ny /sǽks(ə)ni/ [名] [固] ザクセン 《ドイツ東部の地方》.
⁺**sax·o·phone** /sǽksəfòʊn/ [名] [C] サクソホン 《円錐(えんすい)管の木管楽器》 (《略式》 sax).
sax·o·phon·ist /sǽksəfòʊnɪst/ [名] [C] サクソホン奏者.

⁑say

/séɪ/ [動] (三単現 says /séz/; 過去・過分 said /séd/; say·ing) [他]

① 言う, 述べる	1, 3
② …と書いてある	2

1 〈…〉と**言う**, 述べる, 話す (☞ 類義語): Tom *said* nothing. トムは何も言わなかった / He *said* (he was) sorry for being late. 彼は遅れてすまないとあやまった / What did you ～? ↗ 何と言いましたか《もう一度言ってください》 / You always ～ that. あなたはいつもそう言う《いつも口先だけね》 / I have something to ～ *to* you. お話があるのですが / I seem to have *said* something I shouldn't. 《略式》 言ってはいけない事を私は言ってしまったようです / I'm sorry to **～ *that*** I am unable to help you. <V+O(*that* 節)> 残念ながらあなたのお手伝いはできません / Are you ～*ing that* I did it wrong? 私のやり方が間違っていたということですか? / [言い換え] I cannot **～ *which*** I should choose. <V+O (*wh* 節)> = I cannot **～ *which to*** choose. <V+O (*wh* 句)> どちらを選んだらよいかわかりません / I'm not ～*ing* that. そんなことは言っていません《誤解している相手に》 / The less [《略式》 least] *said* the better. 《ことわざ》 言わぬが花(よけいなことは言わないのが最善の策).

> [語法] **say と話法**
> (1) 次の例文のように間接話法 (☞ narration [文法]) の伝達動詞 (reporting verb) として用いられる. その場合 /sèɪ/, /sèz/, /sèd/ とやや弱く発音される: [言い換え] He *said*, "I'm hungry." = "I'm hungry," he *said*. <V+O (引用節)> 《直接話法》 = He *said that* he was hungry. <V+O (*that*節)> 《間接話法》 彼は空腹だと言った / [言い換え] He ***said to*** me, "I'm going to the movies this evening." <V+*to*+名・代+O (引用節)> (=He *told* me *that* he was going to the movies that evening.) 彼は私に今晩映画を見に行くつもりだと言った / The man *said*, "Listen!" = "Listen!" ⌐the man *said* [*said* the man]. <V+O (引用節)> 「よく聞け」とその男は言った 《述語動詞 say が主語 man の前に来ることについては ☞ inversion [文法] (1) (iv)》.
> (2) say が引用節の中間にくることがある: "I'd like a hamburger," the customer *said*, "and a cup of coffee." お客は「ハンバーガー 1 つとコーヒー 1 杯をください」と言った.

2 [受身なし] (書物・手紙・掲示などが)〈…〉と書いてある, 規則では〈…〉とある, (時計などが)示している; (物事が)表わす: The letter **～*s*** (***that***) he is doing well. <V+O ((*that*) 節)> その手紙には彼はちゃんとやっているとある / ⌐The Bible ～*s* [It ～*s* in the Bible] *that* God is love. 聖書にいわく, 神は愛なりと / The novel doesn't **～ *where*** the hero was born. <V+O (*wh* 節)> その小説には主人公がどこで生まれたのか書かれていない / My watch ～*s* it is 7:30. 私の時計では 7 時半だ / These figures **～** a lot ***about*** recent trends. <V+O+*about*+名・代> この数字は最近の傾向について多くのことを物語っている / The prescription **～*s to*** take one tablet after meals. <V+O (*to* 不定詞)> 処方箋(せん)には食後に一錠飲むようにと書いてある.
3 〈…〉と述べる, 断言する: No one can **～ *that*** you are wrong. <V+O (*that* 節)> あなたが間違っているなどとはだれも言えませんよ / It's hard to **～ *who*** will win. <V+O (*wh* 句・節)> だれが勝つか当てるのは難しい. 4 〈思想・感情など〉を伝える, 明らかにする, 表現する: What is he trying to ～ in his work? 彼は作品で何を言わんとしているのか / This music doesn't ～ much to me. この音楽は私にはよくわからない. 5 [進行形なし] 《略式》〈…〉とうわさする, (世間で)言う; (…せよと)言う, 指示する: What do people ～ *about* me? 人は私のことをどう言っているのですか / Mom *said to* mow the lawn. お母さんは芝を刈りなさいと言った // ☞ be said to do (成句), it is said that … (成句), they say (that) … (成句). 6 〈…〉を暗唱する, 唱(とな)える, 読む: *S*～ grace [your prayers]. 食前のお祈りをしなさい. 7 [文頭で接続詞的に] [受身なし] Ⓢ 仮に〈…だ〉とせよ, 〈…〉とすれば (suppose, if): *S*～ [Just ～, Let's ～] (*that*) he asked you to marry him, what would you do? 仮に彼があなたに結婚を申し込んだとしたらどうしますか.
— [自] 1 **言う**; 考えを述べる: "When will he be back?" "He didn't ～." 「いつ彼は戻りますか」「別に(いつとは)言ってませんでした」 // ☞ So ⌐you ～ [he ～*s*]. (成句).
2 /sèɪ/ [挿入語句として] Ⓢ **例えば**, まあ: You can get it done in, ～, ten days. あなたはそれをやり終えられますよ, そうですね, 10 日ぐらいで.
as if to sày … 〈…〉と言わんばかりに: He nodded *as*

if to ~ he already knew. 彼はもう知っているよと言わんばかりにうなずいた.
as mùch as to sày ... Ⓢ =as if to say ....
(be) éasier sàid than dóne Ⓢ 言うのは行なうより易しい, そう[言うほど]簡単には行かない《しばしばことわざ(言うは易く行なうは難し)として用いる》.
be sàid to dó [動]《格式》...であるという話[うわさ]だ: [言い換え] She *is said to* be ill. (=They say (that) she *is* ill.) 彼女は病気だという話だ / [言い換え] She *is said to* have been ill. (=They say (that) she *was* ill.)《☞ to³ G 1》彼女は病気だったという話だ.
Enóugh sáid! Ⓢ =Say no more!
hàve a lót to be sáid for it [動] [自] (物事が)よいところ[利点]をもっている.
hàve múch [a lót] to sáy for onesèlf [動] [自] [しばしば否定文で] いろいろな言い分[弁解]がある; 話すことがいろいろある, おしゃべりだ.
hàve sómething [plénty] to sáy abòut ... [動] [他] Ⓢ ...のことでいくらか[いろいろ]文句がある: If you break the vase, your father will *have plenty to* ~ *about* it. 花びんを割ったらお父さんは怒るだろう.
hàve sómething [nóthing] to sáy for onesèlf [動] [自] 言い分がある[ない], 弁解できる[できない]; 話すことがある[ない].
hàve ... to sày [動] [他] 〈...〉と述べている: The victim *has* this *to* ~. 被害者はこう述べている.
hàving sáid thàt [副] Ⓢ そうは言っても, それでもやはり (nevertheless): *Having said that*, I must add that I disagree. そうは言っても私は反対だ.
I càn't sáy (that) ... Ⓢ 私にはどうも...とは言えない, ...と言うとうそになる: *I can't* ~ I agree with you. 賛成しかねます / *I can't* ~ I blame him for the accident. 事故の責任を彼に負わせる気にはなれません.
I'd ráther nòt sáy. Ⓢ 言わないでおきたい, 言わぬが花だろう.
if I may sáy sò [副] Ⓢ《格式》こう申しては何ですが.
if you dòn't mínd me [my] sáying sò [副] 申し上げにくいのですが.
Í'll sày! Ⓢ《古風》確かに, その通り.
Ì'll sáy thís [thát] (múch) (for ...) Ⓢ (しかし)(...のために)次のことは認めてよい.
I múst [hàve to] sày ... Ⓢ 本当に...ですね, 言わせてもらえば...だ: *I must* ~ that is an odd question. (言っちゃなんだが)それはどうも変な質問ですね.
Í sày [感]《古風》(1)《英》ねえ, おい, ちょっと (《米略式》Say ☞ [感]): *I* ~, who is that gentleman? ねえ, あの男の人はだれ. (2) おやまあ《軽い驚きなどを表わす》.
I sày ... 〈...すること〉を勧めます, ...しませんか: *I* ~ we stay at home today. 今日は家にいましょう.
Í should [would] sày 多分《☞ should A 3》.
Í should sày nót. (1) ぜったいだめです, いけません; 違います《強い拒絶・否定などを表わす》: [会話] "May I go to a movie?" "*I should* ~ *not.*"「映画に行っていい?」「だめですよ」 (2) 多分そうではないでしょう: "Do you think he will come?" "*I should* ~ *not.*"「彼は来ると思いますか」「来ないでしょう」
it gòes without sáying that ... Ⓢ ...ということは言うまでもない, ...はもちろんである.
it is nót tòo múch to sáy that ...《格式》...というのは言い過ぎではない, ...というのももっともだ.
it is sáid that ... ...と言われている, ...だということ[話]だ (they say ...): *It is said that* his style was strongly influenced by Picasso. 彼の手法はピカソの影響を強く受けたといわれている.
It's nòt for ... to sày (—) (—について)...はとやかく言える立場にない《☞ for [前] B2》.
I wòuldn't sáy ... ...とは思わない.
I wóuldn't sày nó (to ...) Ⓢ《略式》喜んで(...を)いただきます: *I wouldn't* ~ *no to* another drink. もう一杯いただきます.
lèt's say [挿入語句として] 例えば, まあ, そうですね.
Lèt us sáy (that) ... ...だと仮定してみよう.
Mày I sáy ...?《格式》...と言ってよろしいと存じます.
nòt ⌈be sáying [sáy] múch [a lót] [動] [自] Ⓢ とりたてていしたことでない: Mary's taller than me, but as I'm short, that'*s not* ~*ing much* [*a lot*]. メアリーは私より背が高い. といっても私は背が低いからとりたてて高いというわけではない.
nót to sày ...《主に英》...とは言えないまでも: I was tired, *not to* ~ exhausted. 私はへとへとと言わないまでも疲れていた.
Péople sày (that) ... ...という話[うわさ]だ, ...だそうだ: *People* ~ (*that*) the government will fall. 政府は倒れるだろうというわさです.
sày áll you wánt to abòut ... [副]《略式》...についてあなたが何と言おうと.
sáy a lót abòut ... [動] [他] (物事が)(性格などを)雄弁に物語っている, よく表わしている.
sáy ⌈a lót [vèry líttle] for ... [動] [他] (物事が)(...がすぐれていること)を雄弁に物語る[あまり表していない].
sáy ... for oneséIf [動] [他] 自己弁護のために〈...〉と言う; (人前で)自分のことをしゃべる, 自己宣伝をする.
sáy it áll [動] [自] すべてを物語っている.
Sáy no móre! Ⓢ《略式》もうわかった, それ以上言うな《言い分・要求・意図を理解したということを示す》.
sáy nó (to ...) [動] [自] (...を)拒否する.
sáy to onesèlf [動] [他] (心の中で)自分に言い聞かせる, (...と)思う《☞ talk to oneself (talk to ... (talk 句動詞(成句))》: "I have to win," she *said to herself*.「ぜひとも勝たなければ」と彼女は心の中で思った.
sáy whát? Ⓢ《略式, 主に米》え, 何だって.
sáy whàt you líke [wíll, wánt] [副] Ⓢ《略式》あなたが何と言おうと (whatever you may say).
Sày whén. ☞ when¹ [名] 成句.
Sàys yóu! [whó?]《俗》よく言うよ, うそつけ.
shàll I [we] sày =let's say.
so to sày [副] [文修飾語] [挿入語句として] いわば (so to speak)《☞ to³ B 7》.
Só ⌈you sáy [he sáys]. あなた[彼]はそう言うけれどねえ(間違っているかもしれないよ).
thàt is to sày [副] [つなぎ語] [挿入語句として, あるいは前の文を受けて文頭で] すなわち, 言い換えれば; 少なくとも (at least)《前に述べたことをより明確に言い直すときに用いる ☞ i.e., namely [語法]; parenthesis [文法]; to³ B 7》: He began to study English when he was twelve, *that is to* ~, when he went to junior high school. 彼は 12 歳のとき, すなわち中学へ入ってから英語を勉強し始めた.
thát sàid [副] Ⓢ =having said that.
that's [this is] nót to sáy (that) ... だからといって...というわけではない.
There is ⌈a lót [vèry líttle] to be sáid for ... Ⓢ ...には良いところが大いにある[ほとんどない].
There is nó sáying ... ...を言う[知る]ことはできない.
they sày (that) ... ...という話[うわさ]だ《☞ they 2 (1)》: *They* ~ (*that*) the Cabinet will have to resign. 内閣は総辞職だろうというわさだ.
thòugh [if] I sáy it [sò] mysélf [副] 自分で言うのもなんですが.
to sày nóthing of ... ...は言うまでもなく, ...はもちろん《☞ to³ B 7》: He can speak French and German, *to* ~ *nothing of* English. 彼は英語はもちろん, フランス語もドイツ語も話せる.
Wéll sáid! [同意を強めて] 全くそのとおり, よく言った.
Whát do [would] you sáy (to ...)? Ⓢ《略式》

S

saying

(1) (…は)いかがですか, (…について)どう思いますか: *What do you ~ to (taking) a walk in the park?* 公園を散歩しませんか 《★to の後には動名詞か名詞がくる》/ *What do you ~ we go out tonight?* 今夜外出しましょうよ / *My teacher thinks I'm lazy. What do you ~?* 先生は僕のことを怠け者だと思っている. 君はどう思う? (2) 〔子どもに対して〕そういう時は何て言うの.

Whatéver [Ánything] you sáy. ⓢ おっしゃる通りにします〔通りです〕.

Whàt ⌈have you gót [do you hàve] to sáy for yoursélf? ⓢ 何か言い分[言い訳]はあるのかい.

What [Whatèver]... sàys [sáy] góes. ⓢ 《略式》…の言い分が通る, …の鶴の一声で決まる.

when [after] áll is sáid and dóne 〔副〕ⓢ 結局, つまり.

Whó can sáy? ⓢ 誰がわかるものか, わかりませんよ.

Whó sáys? ⓢ 誰がそんなことを言った(私はそんなこと言ってない).

Who's to sáy? ⓢ =Who can say?

Yóu can sày thát agàin! ⓢ 《略式》まったくそのとおりだ, 同感だ.

You dòn't sáy (sò)! ⓢ 《略式》〔下降調で; ☞つづり字と発音解説 93〕(1) まあ, へえ~《驚き・感嘆や皮肉の気持ちを表わす》. (2) 知ってるよ《周知の事実を発言した相手に対して》.

Yóu sáid it! ⓢ 《略式》(1) 《米》おっしゃるとおりだ, 同感だ. (2) (そうは言いたくはなかったが)確かにそのとおりだね.

— 名 **1** Ⓤ 〔しばしば a ~〕発言の機会; 発言権 (*in, on*). **2** 〔the ~〕決定権: John has *the* final *~.* 最終的な決定権はジョンにある. **hàve a [nó] sáy** 〔動〕〔自〕(…について)言う権利がある[ない] (*in*). **hàve [gét] one's sáy** 〔動〕〔自〕《略式》言いたいことを言う.

— 感 《米略式》**1** 〔呼びかけて〕ねえ, おい, ちょっと《《英古風》I say ☞ 動 成句》: *S~,* Tom, have you had lunch yet? ねえトム, 昼ごはんはもうすませたの. **2** おや《驚きを表わす》; よかった《喜びを表わす》.

【類義語】**say** ある特定のことばを言うことを意味する: *Say* yes. はいと言いなさい. **tell** 「…という内容のことを言う」という意味. 従って, *say* と違って, 話されたことばどおりを伝えるのではなく, 内容のみを伝えるときに用いられる: He *told* me everything about it. 彼は私にそれについてすべてを話した.

*#**sáy·ing** /séɪɪŋ/ 名 (~s /-z/) Ⓒ ことわざ, 言いならわし《日常的な真理を簡潔に示す; ☞ proverb》. **as the sáying góes** 〔副〕ことわざにもいうように.

*#**says** /séz/ 動 say の三人称単数現在形.

+**sáy-sò** 名 〔単数形で所有格とともに〕《略式》《根拠のない》主張, 言い分; 許可, 指示. **on ...'s sáy-so** 〔副〕《略式》…の主張にもとづいて, …が言ったという理由で; …の許可を得て.

SbE 略 =south by east 《☞ south 成句》.
S-bend /ésbènd/ 名 Ⓒ 《英》**1** =S-curve. **2** S字排水管.
SbW 略 =south by west 《☞ south 成句》.
sc 〔印〕 =small capital(s).
SC 〔米郵〕 =South Carolina.
sc. =scene, science, namely 《「すなわち」の意のラテン語の *scilicet* から》.
scab /skǽb/ 名 **1** Ⓒ かさ, かさぶた. **2** Ⓒ 《略式》《軽蔑》非組合員, スト破り《人》. **3** Ⓤ 《動物の》疥癬(ﾍﾟ), 〔植物の〕腐敗病. — 動 (scabs; scabbed; scab·bing) **1** かさぶたができる. **2** 《略式》《軽蔑》スト破りをする.
scab·bard /skǽbəd | -bəd/ 名 Ⓒ (刀剣などの)さや.
scab·by /skǽbi/ 形 (scab·bi·er; -bi·est) **1** かさぶただらけの; 疥癬にかかった. **2** 《英小児》卑劣な, きたない.

sca·bies /skéɪbiz/ 名 Ⓤ 疥癬, 皮癬(ﾋｾﾝ).
sca·bi·ous[1] /skéɪbiəs/ 名 Ⓤ まつむしそう《植物》.
sca·bi·ous[2] 形 疥癬にかかった.
scab·rous /skǽbrəs/ 形 **1** 《格式》《動植物などが》表面がざらざらした. **2** 《文》きわどい, いかがわしい.
scads /skǽdz/ 名 〔複〕《略式, 主に米》〔次の成句で〕 **scads of ...** [形] たくさんの….
Scá·fell Píke /skɔ́ː-fel-/ 名 Ⓤ スコーフェル山《イングランド北西部にあるイングランドの最高峰》.
scaf·fold /skǽfə(ʊ)ld, -fould/ 名 Ⓒ **1** 《建築現場などの》足場, 足台. **2** 《米》〔高所作業用〕ゴンドラ. **3** 〔特に昔の〕絞首台. **gó to [díe on] the scáffold** 〔動〕死刑に処せられる.
*#**scáf·fold·ing** 名 Ⓤ 《建築現場などの》足場, 足場材料.
scag, skag /skǽg/ 名 Ⓤ 《俗》ヘロイン.
sca·lar /skéɪlə | -lə/ 名 〔数〕〔物〕スカラーの. — 名 Ⓒ スカラー量 《線上の位置で表わされて大きさだけ持つ量; ☞ vector》.
scal·a·wag /skǽlɪwæ̀g/ 名 Ⓒ 《古風, 米》〔滑稽〕いたずら者《小僧》, やんちゃ坊主 《主に英》 scallywag.
scald /skɔ́ːld/ 動 他 **1** 《熱湯・蒸気などで》《体の一部》をやけどする: ~ oneself やけどする. **2** 《牛乳》を沸騰点近くまで熱する. **3** 《文》《涙が》《目》を熱くする. 〔関連〕burn 火でのやけど. 〔関連〕burn 火によるやけど.
scáld·ing 形 **1** 《湯などが》沸騰している; やけどをするような; (焼けつくように)暑い. **2** 〔批判などが〕痛烈な. — 副 やけどをするほど: ~ hot (湯などが)やけどをするほど熱い.

*#**scale**[1] /skéɪl/ 【発音】名 (~s /-z/)

> ラテン語で「階段」「はしご」の意.
> (階段のついたもの) → 「音階」 6
> → 「目盛り」 2 → 「縮尺」 4 → 「(相対的な大きさ) → 「規模」 1

1 Ⓒ Ⓤ 〔普通は単数形で〕規模, 程度, 仕掛: a disaster *of* [*on*] this ~ これほどの規模の災害 / the full ~ of the disaster 災害の全容 / economies of ~ 規模の利益《大量生産によるコストダウン》/ These handicrafts are being produced *on* a large [grand] ~. これらの手工芸品は大量に作られている. 〔関連〕large-scale 大規模の / small-scale 小規模の.
2 Ⓒ 目盛り, 度盛り, 尺度; 〔目盛りのついた〕物差し, 定規: the ~ on a thermometer 温度計の目盛り / a ruler with the ~ in centimeters センチの目盛りのついた物差し / one's ~ of values 価値観の尺度.
3 Ⓒ 〔普通は単数形で〕段階, 等級; 地位, 位: a pay ~ 給与の段階, 給与表 / the social ~ 社会的地位の段階, 社会の階層〔階級〕.
4 Ⓒ 〔地図などの〕縮尺, 比例尺; 比例, 割合, 度合い: a reduced ~ 縮尺 / a map *on* [drawn to] a ~ *of* one inch *to* a hundred miles 100マイルを1インチに縮尺した地図 / a nominal [ordinal, interval, ratio] ~ 名義〔順序, 間隔, 比例〕尺度. **5** 〔形容詞的に〕縮尺〔した〕: a ~ drawing 縮尺図 / a ~ model 縮尺模型. **6** Ⓒ 〔楽〕音階 〔数〕記数法, …進法: a major [minor] ~ 長〔短〕音階 / the decimal ~ 10進法.
on a scále of 1 /wán/ **to 10** /tén/ **(or ...)** (の評価で). **òut of scále** 〔形・副〕一定の比率で〔縮小〔拡大〕して〕なくて, 釣合いがとれなくて (*with*). **to scále** 〔副・形〕一定の比率で〔縮小〔拡大〕して〕, 縮尺通りに, 縮尺に従って. — 動 他 **1** 〔地図などを〕縮尺する, 縮尺して作成する; 率に応じて決定する. **2** W 〔はしごで〕〔塀などに〕よじ登る, 〔山などに〕登る, 〔…の〕頂点に到達する. **scále báck** 〔動〕 他 《米》 =scale down. **scále dówn**

[動] 他 (ある割合で)縮小する, (率に応じて)減らす (to).
scále úp [動] (ある割合で)拡大する, (率に応じて)増やす (to).

***scale**² /skéɪl/ 名 (~s /-z/) 1 C [(英)では複数形で] てんびん, てんびんばかり; 体重計, 重量計: a pair of ~s てんびん 1 個 / a kitchen ~=(英) kitchen ~s 台所用はかり / weigh oneself *on* the bathroom ~ (英) ~で体重計で体重を計る / put the parcel *on* [*in*] the ~(s) 小包をはかりにのせる. **2** C てんびんの皿 (⇨ balance 挿絵). **3** [the Scales] 天秤(てんびん)座 (星座). **típ the scále(s)** [動] (に有利[不利]に)形勢を一変させる (*in favor of, against*). **the scáles of jústice** [名] 裁きの天秤 《天秤が裁きを象徴する》. **típ the scále(s) at ...** (ボク・レス)《試合前の計量などで》...の重さがある (weigh).
── [動] 自 (略式)(ボクサーなどが)体重が...ある (weigh).
── 他 てんびんばかりで量る.

scale³ /skéɪl/ 名 C 1 [普通は複数形で](魚の)うろこ, うろこ状のもの, (特に皮膚からとれる)薄片. 2 U (ボイラーなどの)(湯)あか (fur); 歯石; 金ごけ. **The scáles fall from ...'s éyes.** (文) ...の目からうろこが落ちる, 真実を悟る. ── [動] 他 (魚の)うろこを取る; (歯石)を取る. **scále óff** [動] 自 (ペンキなどが)はげて落ちる.

sca·lene /skéɪliːn/ 形 [A] (幾) (三角形が)不等辺の.

scál·i·ness /skéɪlinəs/ 名 U うろこがついていること; 湯あかがついていること.

scal·lion /skǽljən/ 名 C (米) 青ねぎ, わけぎ ((米) green onion, (英) spring onion).

+**scal·lop** /skɑ́ləp, skǽl-|skɑ́l-, skɔ́l-/ 名 1 C ほたて貝 (⇨ Venus 挿絵); U ほたて貝の貝柱 (食用). 2 C =scallop shell. 3 C [普通は複数形で] スカラップ (半円形つなぎの模様, 襟・すその端を飾るもの).
── [動] 他 1 [普通は受身で] 〈...〉にスカラップ(の飾り)をつける, スカラップにする. 2 〈かきなどを〉鍋なべで煮る[焼く]. 3 (米) [特に過去分詞で形容詞的に] 〈クリームソース〉をかけて)オーブンで焼く.

scállop shèll 名 C ほたて貝の貝殻 (⇨ Venus 挿絵). 2 (貝殻状の)土なべ, 貝なべ.

scal·ly·wag /skǽliwæg/ 名 C (主に英) =scalawag.

+**scalp** /skǽlp/ 名 C 1 頭皮; 頭髪付きの頭皮 (特に北米先住民などが戦利品として敵の死体からはぎ取ったもの). 2 (略式) 勝利のしるし: claim [collect, take] a ~ 勝利する. **be áfter [óut for] ...'s scálp** [動] (略式) ...をやっつけ[こらしめ]ようとしている.
── [動] 他 1 〈...〉の頭皮をはぐ; (略式) こらしめる. 2 (米略式) (ダフ屋が)〈チケット〉を高く売りつける (英) tout).

scal·pel /skǽlp(ə)l/ 名 C (外科[解剖]用)メス.

scalp·er /skǽlpə|-pə/ 名 C (米) ダフ屋 ((英) (ticket) tout).

scal·y /skéɪli/ 形 (scal·i·er; -i·est) 1 うろこのある, うろこ状の. 2 湯あかのついた; (皮膚が)かさかさした.

+**scam** /skǽm/ (俗) 名 C (巧妙で)ずるいやり口, 詐欺, ペテン: a ~ artist ペテン師. ── [動] 他 ペテンにかける.

scamp¹ /skǽmp/ 名 C (古風) いたずらっ子.

scamp² /skǽmp/ [動] 他 〈仕事などを〉ぞんざいにする.

scam·per /skǽmpə|-pə/ [動] (-per·ing /-p(ə)rɪŋ/) 自 (子供や小さい動物が)跳ね回る, ふざけ回る; 素早く逃げる (*across, away, off*): ~ *after* a ball (犬などが)ボールを追っかける. ── 名 C [普通は a ~] 大急ぎで走る[出かける]こと, 疾走.

scam·pi /skǽmpi/ (《イタリア語から》 名 (複 ~) (英) 1 C スキャンピ (大きなくるまえび). 2 U スキャンピ料理 (くるまえびをフライや直火焼きにしたイタリア料理).

*scan /skǽn/ [動] (scans /~z/; scanned /~d/; scan·ning) 他 1 [受身なし] 〈何かを求めて〉細かく調べる, 目をこらして見る: The soldier was anxiously *scanning* the pass *for* signs of the enemy. <V+O+for+名・代> 兵士は敵の通った形跡はないかと山道を心配げに調

scanty 1559

べていた. 2 [普通は受身で] (電算)〈データなどを〉(スキャナーで)読み取り(記憶せ)る (*in*; *into*); (医) (放射線で)〈人体など〉を走査する; 超音波診断をする; (レーダー)(ある地域)を走査する; (サーチライトなどが)(ある区域)を横切るように照らす; (テレビ)(映像)を走査する. 3 〈新聞など〉をざっと見る (*for*). 4 (韻) (詩)の韻律を調べる, 詩脚 (foot) に分ける. ── 自 1 ざっと目を通す (*through*); 細かく調べる. 2 (電算)〈データなど〉を読み取る (*in*). 3 [普通は否定文で] (韻) (詩の行が)韻律に合う, 詩脚が合う.
── 名 1 C 綿密な検査; (医・テレビ・レーダー) 走査; 体内の断層写真; (妊婦などの)超音波診断: a brain ~ 脳のスキャン. 2 [単数形で] 細かく調べる[ざっと見る]こと.

Scand. =Scandinavia, Scandinavian.

*scan·dal /skǽndl/ 名 (~s /-z/; scan·dal·ize, 形 scán·dal·ous) 1 C,U スキャンダル, 醜聞, 不祥事; 汚職[不正]事件, 疑獄: 「cover up [uncover] a political ~ 政治的な不祥事を隠す[暴く] / cause [create] a ~ 醜聞[汚職]を引き起こす. 2 U (醜聞に対する世間の)騒ぎ, 反感, 物議, 憤慨. 3 [a ~] S 恥ずべき[とんでもない]こと, 面汚し, 名折れ (*of*): It's a ~ that a person like that isn't in prison. あんなやつが刑務所に入らないなんてひどい話だ. 4 U 中傷 (*about*).

scan·dal·ize /skǽndəlàɪz/ [動] 他 (名 scándal) (しばしば受身で) あきれさせる, 〈...〉にむかつかせる.

scándal·mòn·ger /-mʌ̀ŋgə|-gə/ 名 C (軽蔑) 悪口[うその醜聞]を言いふらす人.

scándal·mòn·ger·ing /-mʌ̀ŋg(ə)rɪŋ/ 名 U (軽蔑) 悪口[うその醜聞]を言いふらすこと.

*scan·dal·ous /skǽndələs/ 形 (名 scándal) 1 (軽蔑) 恥ずべき, 外聞の悪い (infamous); けしからぬ, あきれた (shocking), あきれるほどの: ~ behavior とんでもない行動. 2 (うわさなどが)中傷的な. ~·ly 副 けしからぬほど[ほど]に. ~·ness 名 U 恥ずべきこと.

scándal shèet 名 C (軽蔑) スキャンダル新聞[雑誌].

*Scan·di·na·vi·a /skæ̀ndənéɪviə/ 名 固 1 スカンジナビア 《スカンジナビア半島とデンマーク, フィンランド, アイスランドも含めた北欧の地域; 略 Scand.》. 2 = Scandinavian Peninsula.

*Scan·di·na·vi·an /skæ̀ndənéɪviən/ 名 C スカンジナビア人; U スカンジナビア語 《ノルウェー・スウェーデン・デンマーク・アイスランドの言語》. ── 形 スカンジナビア(半島)の; スカンジナビア人[語]の (略 Scand.).

Scandinávian Península [the ~] スカンジナビア半島 《ノルウェーとスウェーデンとから成る》.

+**scan·ner** /skǽnə|-nə/ 名 C (電算) スキャナー; (医) (人体内部を調べる)スキャナー; (空港の)荷物検査機; (バーコードなどの)読みとり機; (レーダー) 走査機.

scán·ning eléctron microscope /skǽnɪŋ-/ 名 C 走査(型)電子顕微鏡 (略 SEM).

scan·sion /skǽnʃən/ 名 U (韻) (詩の)韻律分析; 韻律に従っていること.

+**scant** /skǽnt/ 形 (scant·er, more ~; scant·est, most ~) 1 (格式) 乏しい (scanty), わずかの; (...に)(...に)あまり注意を払わない: give [pay] ~ attention (to ...) (...に)あまり注意を払わない. 2 [不定冠詞を伴って] (一定の数量に)少し不足の: a ~ two hours 2 時間たらずの時間 / a ~ teaspoon of sugar 小さじ 1 杯弱の砂糖.

scant·ies /skǽntiz/ 名 [複] スキャンティー 《女性用の短いパンティー》.

scant·i·ly /skǽntəli/ 副 乏しく, 不十分に; 体を露出させて: a ~ clad girl ほとんど何も身につけていない女の子.

scant·y /skǽnti/ 形 (scant·i·er; -i·est) 乏しい, わずかな, 不十分な (反 ample); (衣服が)体を露出させるような: ~ information 乏しい情報 / a ~ bikini 露出部

分の多いビキニ.

-scape /skèɪp/ 接尾「…の風景」の意: *landscape* 景色 / *seascape* 海の景色.

†scape·goat /skéɪpgòʊt/ 名 C **1** 身代わり, 犠牲(人)((米略式)) fall guy): The captain was made the ~ *for* the team's defeat. キャプテンがチームの敗北の責任を負わされた. **2** [聖] 贖罪(しょくざい)のやぎ《昔ユダヤで贖罪日に人々の罪を負わせて荒れ野に放したやぎ》. ── 動 他 ~を身代わりにする.

scap·u·la /skǽpjʊlə/ 名 (複 **scap·u·lae** /-lìː/, ~s) C [解] 肩甲骨 (shoulder blade).

scap·u·lar /skǽpjʊlɚ | -lə/ 形 肩甲骨の.

*scar /skάːr | skάː/ 名 (~s /-z/) C **1** (皮膚の)傷跡, (やけど・できものの)跡: a burn ~ やけどの跡 / He has a ~ on his cheek. 彼はほおに傷跡がある. **2** 心の傷, (災害などの)つめ跡: The earthquake left a deep ~ on him. その地震は彼に深い心の傷を残した. / He still bears the ~*s* of an unhappy childhood. 彼は今に不幸な幼年時代の思い出が心の傷となっている. **3** (英) (山腹の)崖(がけ), 切り立った岩. ── 動 (**scars**; **scarred**; **scar·ring** /skάːrɪŋ/) 他 [しばしば受身で] ⟨…⟩に傷跡を残す, 損なう: an arm *scarred by* insect bites 虫にかまれた跡の残っている腕 / a face *scarred with* sorrow 悲しみの跡をとどめた顔. ── 自 傷跡になる; (跡を残して)治る (over). **scár ... for lífe** [動] 他 [しばしば受身で] 〈事件などが〉⟨一生残る⟩深い傷を⟨…⟩に負わせる.

scar·ab /skǽrəb/ 名 C **1** たまおしこがね《古代エジプト人が崇拝した黒色のこがね虫の一種; 獣のふんを球にして地中に運び込む》. **2** 甲虫石, スカラベ《たまおしこがねの形に彫刻した宝石; 古代エジプト人がお守りまたは装飾品として用いた》.

scárab bèetle 名 C =scarab 1.

*scarce /skéərs | skéəs/ 形 (**scarc·er**; **scarc·est**) (名 scárcity) **1** (食料・資源などが)不足して, 少ない, 欠乏して (反 plentiful) (⇨ rare¹ 類義語): In the old days, fresh vegetables were ~ in the winter. 昔は冬には新鮮な野菜が不足した. **2** [P] まれな (rare), 珍しい. **máke onesèlf scárce** [動] (略式) (かかわりあいを恐れて)いなくなる. ── 副 (文) =scarcely.

*scarce·ly /skéərsli | skéəs-/ 12 副 **1** ほとんど…ない (hardly) (⇨ barely 語法); negative sentence 語法 (2)): I could ~ believe his story. 彼の話はどうも[とても(じゃないが)]信用できなかった / He speaks ~ a word of English. 彼はほとんど一言も英語は話さない / S~ anyone remembers him now. 今はほとんどだれひとり彼のことを覚えていない / There was ~ a day when I didn't think of you. あなたの事を思わない日はほとんど1日もなかった.
2 [滑稽または皮肉] とても…ない, まず…(とは言えな)い (certainly not): He's ~ the right person for teaching. 彼は先生に向いているとは難しい. 語法 しばしば can, could とともに用いる: I *could* ~ ask her to lend me such a large sum of money. 彼女にそんな大金を貸してくれとはとても頼めなかった. **3** やっと, かろうじて: There is ~ enough instant coffee left for one cup. やっと1杯分のインスタントコーヒーが残っているだけだ.

scárcely éver [副] ⇨ ever 成句.

scárcely ... whén [befòre] ── …するかしないうちに一, …するとすぐ….

語法 when または before の前は過去完了形, 後は過去時制が用いられるのが普通. 強調のために scarcely が文の最初に来るときには主語と述語動詞の語順が変わる(⇨ hardly 成句 語法, no sooner … than (soon 成句) 語法, inversion 文法 (1) (vi)): I had ~ run out of the building *when [before]* it exploded. 私が外へ飛び出すとすぐにその建物は爆発した / S~ had she boarded the train *when* it began to move. 彼女が列車に乗ったと思ったら動きだした.

scarce·ness 名 U =scarcity.

†scar·ci·ty /skéərsəti | skéəs-/ 名 (形 scarce) U または ~ **1** 不足, 不十分, 欠乏 (shortage): a great ~ *of* copper ひどい銅不足.

*scare /skéər | skéə/ 12 動 (**scares** /~z/; **scared** /~d/; **scar·ing** /~rɪŋ/) 他 **1** おびえさせる, びっくりさせる, こわがらせる, 驚かして, ⟨…⟩させる: They *were ~d by* the loud noise. <V+O の受身> 彼らは大きな音におびえた / The robber *~d* the guard *into* giving him his keys. <V+O+into> その強盗は守衛を脅して鍵を渡させた. ── 自 [普通は副詞を伴って] びっくりする, 驚く; おびえる: The boy ~*s* easily. あの子はすぐびくつく. **scáre awáy [óff]** [動] 他 ⟨人・動物⟩をおどして追い払う[近寄らせない]; おじけさせる. **scáre ... óut of ...'s wíts [to déath]** [動] 他 ⟨人⟩をひどくおびえさせる (⇨ scared 成句). **scáre the héll [life, (living) dáylights, (卑) shít] òut of ...** [動] (略式) …をひどく怖がらせる. **scáre úp** [動] 他 (米略式) ⟨…⟩をかき集める, 捜し出す; (かき集めて)作る (from). ── 名 [a ~] (ぎくっとさせるような)驚き, 脅し; おびえ; 恐慌: a bomb ~ [主に新聞で] 爆弾騒ぎ / The news gave him a ~. その知らせに彼はぎくりとした.

scáre·cròw 名 C **1** かかし; こけおどし. **2** (略式) [普通は滑稽または軽蔑] ぼろを着た人, (やせて)みすぼらしい恰好の人.

scared /skéərd | skéəd/ 形 (**more ~**; **most ~**) おびえた, びっくりした: a ~ look on one's face おびえた顔 / I'm ~ *of* snakes [*flying*]. <A+*of*+名・代[動]名> 私はへびに[飛行機に乗るのが]怖い / *Are* you ~ *to* cross the river?<A+*to* 不定詞> 川を渡るのが怖いか / He is ~ *that* the boat might sink.<A+*that* 節> 彼は船が沈みはしないかと怖がっている. **be scáred stíff [sílly, (hálf) to déath, òut of one's wíts]** [動] 自 ひどくおびえている.

scarecrow

scáre·dy·càt /skéədi- | skéədi-/ 名 C (略式) [軽蔑] 怖がり屋 (特に子どもが用いる).

scáre·mònger 名 C [軽蔑] [主に新聞で] 人騒がせなことを言いふらす人.

scáre·mòn·ger·ing 名 U [軽蔑] [主に新聞で] デマを言いふらすこと.

scáre stòry 名 C 恐怖心をあおる記事.

scáre tàctics 名 [複] 脅しを使った説得戦術.

scar·ey /skéəri/ 形 =scary.

*scarf¹ /skάːrf | skάːf/ 名 (複 **scarves** /skάːvz | skάːvz/, ~**s** /-s/) C **1** スカーフ, マフラー, 襟巻き, 肩掛け《テーブル掛け・ピアノ掛けなど》. **2** 細長い布.

scarf² /skάːrf | skάːf/ 動 (米略式) ⟨…⟩をがつがつ食う, 平らげる (down, up) ((英) scoff).

scar·i·fy¹ /skǽrəfàɪ/ 動 (**-i·fies**; **-i·fied**; **-fy·ing**) 他 **1** (格式) ⟨道路⟩を掘り起こす, ⟨畑の土⟩をほぐす. **2** [医] 乱切りする《皮膚の表面を無数に小さく切開する》, 小さく切り込む. **3** (文) 酷評する, こき下ろす.

scar·i·fy² /skéərəfàɪ/ 動 (略式) =scare.

scar·i·ly /skéərəli/ 副 恐ろしいほどに.

scar·la·ti·na /skὰːrlətíːnə | skὰː-/ 名 U =scarlet fever.

scar・let /skáːlət | skáː-/ 形 緋(ひ)色の, 深紅色の: go [turn] ~ (with shame) (恥ずかしさで)真っ赤になる. ― 名 U 緋色 《crimson より鮮やかな赤色》, 深紅色; 緋色の服.

scárlet féver 名 U 猩紅(しょうこう)熱.

scárlet pímpernel 名 C べにばなるりはこべ《雑草》.

scárlet wóman 名 C (古風)(軽蔑) ふしだらな女, 売春婦.

scarp /skáːp | skáːp/ 名 C [地質] 急傾斜, 急坂.

scar・per /skáːpə | skáːpə/ 動 (-per・ing /-p(ə)rɪŋ/) 自 (英略式) 逃げる, ずらかる.

SCART /skáːt | skáːt/ 名 C スカート《AV機器同士を接続するための 21 ピンコネクター》.

scarves /skáːvz | skáːvz/ 名 scarf¹ の複数形.

scar・y /ské(ə)ri/ 形 (scar・i・er, -i・est) (略式)(物事が)恐ろしい, おっかない.

scat¹ /skǽt/ 名 C [ジャズ] スキャット《曲に合わせて意味のないことばを反復する歌》. ― 動 (scats /skǽts/; scat・ted; scat・ting) 自 スキャットを歌う.

scat² /skǽt/ (scats /skǽts/, scat・ted, scat・ting) 動 [普通は命令形で](古風, 略式) 立ち去る: S~! しっ, あっちへ行け《特に猫・うるさい子供に用いる》.

scat³ /skǽt/ 名 U 動物のふん.

scath・ing /skéɪðɪŋ/ 形 1 (批評などが)冷酷な, 痛烈な: a ~ attack 情け容赦ない攻撃. 2 [P] (人が)非常に批判的で: He was ~ about my opinion. 彼は私の意見にきわめて手きびしかった. **~・ly** 副 痛烈に.

scat・o・log・i・cal /skæ̀təlɑ́ʤɪk(ə)l | -lɔ́dʒ-/ 形 (格式)(軽蔑) 糞尿嗜好的の, スカトロジーの.

sca・tol・o・gy /skətɑ́ləʤi | -tɔ́l-/ 名 U (格式) 糞尿嗜好(文学), スカトロジー.

***scat・ter** /skǽtə | -tə/ 発音 動 (scat・ters /~z/; scat・tered /~d/; -ter・ing /-ṭərɪŋ, -trɪŋ/) 他 1 ばらまく, まき散らす; あちこちに置く (around)《⇨ shatter 類義語》: I ~ed some seeds on [over] the freshly-turned soil. <V+O+前+名・代> 私は掘り起こしたばかりの土の上に種をまいた / The ground was ~ed with rose petals. <V+O+with+名・代の受身> 地面にはばらの花びらが散らかっていた.

2《群衆などを》追い散らす, ちりぢりにする: The police ~ed the rioters. 警官は暴徒たちを追い散らした.

― 自 ちりぢりになる, 四散する;(物が)散らかる: The crowd ~ed in all directions. 群衆はちりぢりだった.

be scattered to the four winds 動 自《文》四方に飛び散る, 四散する. ― 名 =scattering.

scátter・bràin 名 C (略式)(軽蔑) 注意散漫な人, おっちょこちょい.

scátter・bràined 形 (略式)(軽蔑) 注意散漫な, おっちょこちょいの.

scátter cùshion 名 C (英) =throw pillow.

scátter diagram 名 C [統] 散布図.

***scat・tered** /skǽṭəd | -təd/ 形 ちりぢりになった, 離れ離れの, 散在している, まばらな: ~ showers 時によりにわか雨《天気予報などで》/ The Jews are ~ all over the world. ユダヤ人は世界中に散在している.

scátter・gùn 名 C (主に米) 散弾銃. ― 形 =scattershot.

scat・ter・ing /skǽṭərɪŋ, -trɪŋ/ 名 W [a ~] まばらなもの, ばらばらなもの;(ほんの)少数の(人[もの])(of).

scátter rùg 名 C 小型の敷物.

scátter・shòt 形 [普通は A](米)(対策などが)組織的でない, でための, 散発的な.

scat・ti・ness /skǽtinəs/ 名 U (英略式) 注意散漫.

scat・ty /skǽṭi/ 形 (-ti・er, -ti・est)(英略式) 少々おっちょこちょいの, 注意散漫な.

scav・enge /skǽvɪnʤ/ 動 (動物が)(死体・ごみ)に群がる;(廃品・食べ物など)をあさる. ― 自(動物・人が)(食べ物など)をあさる (for).

scav・en・ger /skǽvɪnʤə | -ʤə/ 名 C 1 死体[ごみ]に群がる動物, 清掃動物《はげたかなど》. 2 (廃品・食べ物などを)あさる人.

scávenger hùnt 名 C (主に米) 借りもの競争《定められた数種の品物を借りて早く戻るゲーム》.

***sce・nar・i・o** /sənéə(ə)riòʊ | -náː r-/ 名 (~s /~z/) C 1 (計画・事件などの)予定の筋書き, 概要: a nightmare [worst-case] ~ 事態の最悪の筋書き. 2 [劇] 筋書き; [映] シナリオ, 映画脚本.

sce・nar・ist /sənéə(ə)rɪst | síːnər-/ 名 C シナリオ作家.

***scene** /síːn/ (同音 seen; 類音 seam, seem) 名 (~s /~z/; 形 scénic)

ギリシャ語で「舞台」の意
→(舞台の)「一場面」1, 2 →(物事が行なわれる場面)→「現場」4
→(舞台の)「背景」→「景色」3

1 C (劇・映画・テレビなどの) 一場面;(小説などの)舞台; a love ~ ラブシーン / play the balcony ~ in *Romeo and Juliet*「ロミオとジュリエット」のバルコニーの場面を演じる / The ~ is set in Vienna just after World War II. 舞台は第二次世界大戦直後のウィーンだ.

2 C (劇の)場 (略: sc.): *Hamlet*, Act III, S~ i「ハムレット」の第3幕第1場 (act three, scene one と読む).

3 C (絵のような) 景色, 風景, 眺め (of)《⇨ view 類義語》: The boats on the lake make a beautiful ~. 湖に舟が浮かんでいるのは美しい風景だ.

4 C [普通は the ~](事件などの) 現場;(現場の)状況, 出来事: describe *the* ~ 状況を説明する / arrive at [on] *the* ~ of the crime 犯行現場に到着する《⇨ on [at] the scene (成句)》.

5 [the ~; 修飾語を伴って](略式) 活動の場, …の世界[分野], …界: *the* business [political] ~ 実業界[政界]. 6 [所有格の後; 否定文で](略式) 好み: Jazz isn't my ~. ジャズは私の性に合わない. 7 C [普通は単数形で] 大騒ぎ, 醜態(泣く・わめく・怒るなど): make a scene 大騒ぎする(成句). **a bád scéne** 名 (米略式) 困った状況, まずい場面. **behínd the scénes** 副 秘密に[の], ひそかに[な]; 舞台裏で[の]. **cóme [be] on the scéne** 動 自 登場する. **máke a scéne** 動 自 大騒ぎをする, 醜態を演じる《泣きわめいたりどなったりしたりする》. **on [at] the scéne** 副 形 現場(その場)で《⇨ 4》. **sét the scéne** 動 自 準備をする, お膳立てをする (for); これまでの経過説明をする. **stéal the scéne** 動 自 =steal the show《⇨ show 成句》.

***sce・ner・y** /síːn(ə)ri/ 発音 名 U 1 (一地方の)風景, 景色(全体)《⇨ view 類義語》: the picturesque ~ of Switzerland (美しい)絵のようなスイスの風景. 2 舞台面, 道具立て, 背景(全体): set up (the) ~ 舞台をつくる.

scéne・shìft・er 名 C (芝居の)道具方.

scene・ster /síːnstə | -stə/ 名 C (略式, 主に米)(最新の流行の分野の)通(つう).

***sce・nic** /síːnɪk/ 発音 名 scene) [普通は A] 1 景色の; 景色[眺め]のよい: ~ beauty 風景美 / take the ~ route 眺めのよい道を通る;[しばしば滑稽] 遠回りする. 2 舞台(上)の; 背景の. **scé・ni・cal・ly** /-kəli/ 副 風景の点では(は).

scénic ráilway 名 C (遊園地などの)豆鉄道.

***scent** /sént/ (同音 cent, sent) 名 (scents /sénts/) 1 C (かすかな)におい, (ほのかな)香り, 香気《⇨ smell 類義語; sense 単語のエッセンス》: a ~ of roses かすかなばらの香り. 2 C [普通は単数形で] (獣・人の残した)におい: The dog picked up the ~. 犬はにおいをかぎつけ

scented

た. **3** [C][U]《古風, 主に英》香水 (perfume). **4** [the ~]手がかり; (疑惑・勝利などの)気配 (of). 語源 ラテン語で「感ずる」の意; sense と同語源. **fóllow the scént** [動] (自)(獣の残した)においをかぎつけて追う; 手がかりを追う. **lóse the scént** [動] (自)手がかりを失う. **on the scént** [形・副]《猟犬》においをかぎつけて, 手がかりを得て; 追跡中 (of). **thrów [pút] ... óff the scént** [動] 〜の手がかりを失わせる.
— [動] (他) **1** [しばしば受身で]〈…〉を香り[におい]で満たす;〈…〉に香水[におい]をつける (with). **2** (犬などが)〈…〉をかぎつける, かぎ分ける. **3**《文》〈勝利など〉をかぎつく,〈…〉をかぎつける: ~ danger 危険に感づく,〈…〉

+**scent·ed** /séntɪd/ [形] 香りのする, 香水をつけた (with).

scént·less [形] 香りのない, 無臭の.

scént màrk [名] [C]《生》臭痕, 匂いのマーク (動物が自分の存在を他の動物に知らせるために尿その他で地面などに独特の匂いをつけるもの).

scént strip [名] [C]《雑誌などに折り込んだ》香水をしみ込ませた紙 (サンプル用).

scep·ter,《英》**-tre** /séptə | -tə/ [名] [C] (王の)笏(しゃく) (王権の象徴).

scep·tered,《英》**sceptred** /séptəd | -təd/ [形] 次の成句で **this scéptred ísle** [名] 王権に統(す)べられたこの島(英国のこと).

*scep·tic /sképtɪk/ [名]《英》=skeptic.

*scep·ti·cal /sképtɪk(ə)l/ [形]《英》=skeptical.

*scep·ti·cism /sképtəsìzm/ [名]《英》=skepticism.

scep·tre /séptə | -tə/ [名]《英》=scepter.

sch. =school[名].

scha·den·freu·de /ʃɑ́:dnfrɔ̀ɪdə/ 《ドイツ語から》[名] [U]《格式》人の不幸を喜ぶこと.

scepter

*‡**sched·ule** /skédʒu:l |ʃédju:l/ [T1][名] (~s /-z/) →

元は(紙片のメモ) → (付表) → 「一覧表」**3**, 「時刻表」**2** → 「予定表」「予定」**1** となった.

1 予定, 計画 (⇨ plan 類義語), スケジュール, 日程; 予定表, 計画表: an exam ~ 試験の日程 / the new ~ for garbage pickup days ごみ収集日変更の日程表 / a fixed [flexible] ~ 変更できない[できる]予定 / What's next on the ~? 次の予定は何ですか / I have a tight [heavy, hectic] ~. 私は予定がきつい / The ~ says he'll be back on Monday. 予定だと彼は月曜日に帰ってくる.

── コロケーション ──
change one's *schedule* 予定を変更する
draw up [plan, make (up), work out] a *schedule* (for …) (…)の予定を立てる
have a full [busy] *schedule* 予定が詰まっている
run to *schedule* 予定どおりに進む
stick [keep] to one's *schedule* 予定どおり行なう

2《米》時刻表, 時間表 (《英》timetable): a bus [train] ~ バス[列車]の時刻表. **3**《格式》表, 一覧表, 目録: a ~ of fees 料金表. **4**《米》(学校の)時間割 (《英》timetable). **accórding to schédule** [副] 予定[計画]どおりに; 予定[計画]によれば. **ahéad of schédule** [副・形] 予定[予定, 定刻]より早く[早い]. **behìnd schédule** [T3] [副・形] 予定[予定, 定刻]より遅れて[た]: fall *behind* ~ 予定より遅

れる. **on schédule** [副・形] 時間[予定]どおりに[の]: arrive *on* ~ 定刻に到着する.
— [動] (schedules /-z/; sched·uled /-d/; sched·ul·ing) (他) **1** [普通は受身で] 予定する: His arrival *is* ~*ed for* Thursday. <V+O+for+名・の受身> 彼の到着は木曜の予定だ / The Crown Prince *is* ~*ed to* visit the hospital tomorrow. <V+O+O(to 不定詞)の受身> 皇太子はその病院をあす訪問される予定だ. **2**《格式》〈…〉を表に記入する (as).

sched·uled [形]《時刻表・予定などに》組み入れられた: ~ flight 定期航空便.

sched·ul·er /-ə/ [名] [C]《電算》スケジューラー.

Sche·her·a·za·de /ʃəhèrəzɑ́:də, -zá:d/ [名] 固 シェヘラザード. 参考 『千夜一夜物語』(*The Arabian Nights' Entertainments*) 中の王妃; 毎夜王におもしろい物語を聞かせて命拾いをしたという.

sche·ma /skí:mə/ [名] (複 sche·ma·ta /-mətə/, ~s) [C]《格式》**1** 概要; 枠組. **2** 図式; 略図.

sche·mat·ic /ski:mǽtɪk, skɪ-/ [形]《格式》概要の; 図式による, 図式の, 図式的な. — [名] [C]《電器・機械の略図》図式, 図式的に, 図式的に.
-mat·i·cal·ly /-kəli/ [副] 概略的に; 図式的に.

sche·ma·ti·za·tion /skì:məṭɪzéɪʃən | -taɪz-/ [名] [U]《格式》図式化.

sche·ma·tize /skí:mətàɪz/ [動] (他)〈…〉を簡潔に示す, 図式化する.

‡**scheme** /skí:m/ [T2] [名] (~s /-z/) [C] **1**《軽蔑》陰謀, (悪い)たくらみ (plot): devise [think up] a ~ 陰謀をたくらむ / come up with a money-making ~ 金もうけのたくらみを思いつく / Their ~ *to* kidnap the girl was discovered. <N+to 不定詞> 彼らが少女を誘拐しようとしたたくらみが露見した.
2《主に英》計画, 案 (《米》program) (⇨ plan 類義語): carry out a ~ 計画を実行する / a ~ *for* changing sunlight into energy 日光をエネルギーに変える計画 / The best laid ~s of mice and men. (ことわざ) 入念に準備した計画(でもしばしば失敗する). **3** 配合, 配列: the color ~ of the bedroom 寝室の配色. **4** 仕組み, 機構. **in the (gréat [gránd]) schéme of things** [副] 物事のあり方[成り立ち]で, 仕組みでは: That was bound to happen, *in the ~ of things*. 世のならいからいってそうなるのはわかっていたことだ.
— [動] (schemes /-z/; schemed /-d/; schem·ing) (他) [軽蔑]〈…〉の陰謀を企てる: They ~*d to* overthrow the government. 彼らは政府の打倒を企てた. — (自) [軽蔑] たくらむ, 画策する, (裏で)工作する: ~ *against* the boss 上司に反対する計画を立てる.

schém·er [名] [C]《軽蔑》陰謀家, 策士.

schém·ing [形]《格式》《軽蔑》策動的な, 腹黒い.

sche·moz·zle, she- /ʃəmɑ́zəl | -mɔ́zl/ [名] [C]《略式》ごたごた, 大騒ぎ.

scher·zo /skéətsoʊ | skéə-/ 《イタリア語から》[名] (複 ~s) [C]《楽》スケルツォ(軽快で気ままな気分の曲).
— [形] [副]《楽》スケルツォ[の[で]].

Schil·ler /ʃílə | -lə/ 《イタリア語から》[名] 固 **Jo·hann** /joʊhɑ́:n/ **Fried·rich** /frí:drɪk/ **von** /vɑn | vɔn/ ~ シラー (1759-1805) (ドイツの詩人・劇作家).

schil·ling /ʃílɪŋ/ [名] [C] シリング (オーストリアの旧通貨の単位).

schism /sízm, skízm/ [名] [U][C]《格式》(団体の)分離, 分裂; (教会の)分派 (*in, within*).

schis·mat·ic /sɪzmǽtɪk, skɪz-/ [形]《格式》分離的な; (教会の)宗派分立の[を引き起こす], 分派的な.
-mát·i·cal·ly [副] 分離的に, 分派[して.

schist /ʃɪst/ [名] [U][C]《地質》片岩.

schiz·o /skítsoʊ/ [名] (~s) [C]《俗》《差別》=schizophrenic.

schiz·oid /skítsɔɪd/ [形]《医》統合失調症の, 統合失調症的な; 《略式》矛盾した態度の. — [名] [C]《医》統合失調症患者.

+**schiz·o·phre·ni·a** /skìtsəfríːniə/ 名 U 〖医〗統合失調症; (略式)(行動の)矛盾.
+**schiz·o·phren·ic** /skìtsəfrénɪk⁻/ 形 1 〖医〗統合失調症の. 2 (略式) (特にたえず変わる環境で)気まぐれな. ── 名 C 〖医〗統合失調症患者. **-i·cal·ly** 副 統合失調症になって; 気まぐれに.
schlang /ʃlæŋ/ 名 =schlong.
schle·miel /ʃləmíːl/ 名 C (米略式) どじ, まぬけ.
schlen·ter /ʃléntə | -tə/ 名 C 1 (豪略式) わな, 策略. 2 (南ア) 偽のダイヤモンド. ── 形 1 (豪略式) ごまかしの, 不正な. 2 (南ア) 偽の, まがいものの.
schlep, schlepp /ʃlép/ 動 (略式, 主に米) 他〈…〉を引きずる, 引きずって運ぶ. ── 自 [副詞(句)を伴って] 骨折って[重い足取りで]行く. **schlép(p) aróund** 動 自 (略式, 主に米) だらだらと時間を過ごす. ── 名 C 1 (軽蔑) 役立たず, ぐず(人). 2 退屈[困難]な旅[仕事].
Schlie·mann /ʃlíːmɑːn/ 名 固 Heinrich ~ シュリーマン(1822-90) (ドイツの考古学者).
schlock /ʃlák | ʃlɔ́k/ 名 U (略式, 主に米) 安物, がらくた.
schlong /ʃlɑ́ŋ | ʃlɔ́ŋ/ 名 C (米卑) ペニス.
schlub /ʃlʌ́b/ 名 C (米俗) 役立たず, がさつ者.
schlump /ʃlʌ́mp/ 名 C (米俗) 不器用で[不精]者.
schmaltz, schmalz /ʃmɔ́ːlts/ 名 U (略式) (軽蔑) 極端な感傷主義; ひどく感傷的な作品.
schmaltz·y /ʃmɔ́ːltsi/ 形 (**schmaltz·i·er, -i·est**) (略式) (軽蔑) ひどく感傷的な.
schman·cy /ʃmǽnsi/ 形 (略式) (軽蔑) 高級な, しゃれた.
schmear /ʃmíə | ʃmíə/ 名 C (米略式) [次の成句で] **the whóle schméar** 全部, あらゆること[もの].
schmo, schmoe /ʃmóu/ 名 C (複 **schmoes**) (米略式) (軽蔑) うすのろ.
schmooze /ʃmúːz/ 動 (略式, 主に米) 自 だべる; (自己の利益になるように)話をする. ── 名 C だべること; (自己の利を考えて)話すこと.
schmooz·er /ʃmúːzə | -zə/ 名 C (略式, 主に米) だべる人; (自己の利を考えて)話す人.
schmuck /ʃmʌ́k/ 名 C S (米略式) (軽蔑) ばか者.
schnapps /ʃnǽps/ 名 U シュナップス(ジンに似た強い酒); C シュナップス一杯.
schnau·zer /ʃnáutsə | -tsə/ 名 C シュナウザー(ドイツ原産の犬).
schnit·zel /ʃníts(ə)l/ 名 U.C シュニッツェル(子牛のカツレツ).
schnook /ʃnúk/ 名 C S (米略式) (軽蔑) ばか, まぬけ, かも.
schnor·rer, shnor- /ʃnɔ́ːrə | -rə/ ≪イディッシュ語から≫ 名 C (略式) (軽蔑) 乞食, たかり屋.
schnoz(z) /ʃnɑ́z | ʃnɔ́z/, **schnoz·zle** /ʃnázl | ʃnɔ́zl/ 名 C (米俗) (滑稽) 鼻 (nose).
Schoen·berg /ʃɔ́ːnbəːg, ʃóun- | ʃɔ́ːnbəːg/ 名 固 Arnold (Franz Walter) ~ シェーンベルク(1874-1951) (オーストリア生まれの米国の作曲家).
*__schol·ar__ /skálə | skɔ́lə/ 中学 名 (~s /-z/; schólarly) C 1 学者 (特に人文学者・古典学者を指すことが多い): a distinguished ~ of Chinese history 著名な中国史学者. 関連 scientist (自然)科学者. 2 給費生, 奨学金を受けている人. 3 〖普通は否定文で〗 (略式) 学〖教養〗のある人. 語源 ラテン語で「学校の」の意: school¹と同語源.
+**schol·ar·ly** /skáləli | skɔ́ləli/ 形 (名 schólar) 1 学者[学究]的な; 博学な, 学問好きの. 2 A 学問的な.
*__schol·ar·ship__ /skáləʃìp | skɔ́lə-/ 中学 名 (~s /-s/) 1 C 奨学金; 奨学金制度: go to college *on* a ~ 奨学金を受けて大学に通う / She got [won, received] a ~ *to* Yale *for* undergraduate study. 彼女はエール大学へ入る[大学での研究のための]奨学金をもらった.

school 1563

日英比較 英米の奨学金は貸与でなく贈与が普通.

― コロケーション ―
apply for a *scholarship* 奨学金に応募する
award [grant] a *scholarship* 奨学金を与える
have [be on, hold] a *scholarship* 奨学金をもらっている
establish [found, endow] a *scholarship* 奨学金(制度)を設ける

2 U 学問 (learning), 学識(特に古典・人文学の): a fine piece of ~ すぐれた研究書.
scho·las·tic /skəlǽstɪk/ 形 (格式) 1 A 学校[大学]の; 学校教育の; 学問の. 2 学者的の; 学者ぶった. 3 [しばしば S-] スコラ哲学の. **-las·ti·cal·ly** 副 学校教育で; 学問上.
scho·las·ti·cis·m /skəlǽstəsìzm/ 名 U [しばしば S-] (中世の)スコラ哲学.

school¹ /skúːl/ 名 (~s /-z/) 1 C 学校; (職業・技術などの)専修学校, 教習所, 養成所; 校舎 (school building, schoolhouse) (圏 s., S., sch.); [形容詞的に] 学校の: build a new ~ down the street この通りに新しい学校を建てる / You can see our ~ over there. 向こうに私たちの学校[校舎]が見えます / 会話 "Which ~ does she go to?" "Camden ~ for girls." 「彼女はどちらの学校に通っていますか」「キャムデン女子校です」 / a ~ cafeteria 学校の(セルフサービスの)食堂.

語法 **school** と冠詞の有無
(1) 教育機関の意味で用いた場合 U 扱いで冠詞をつけない (☞ 2, at school (成句), go to school (成句))が, 修飾語がつくと冠詞が加わる: They went to *a* good ~. 彼らはよい学校に行った. また親などが「学校を訪問する」場合は go to the [a] school となる.
(2) 次のように建物の意味のときでも冠詞をつけないことがある: I walked straight to ~. 私は真っすぐに学校に歩いていった (☞ on foot (foot 成句) 語法).

参考 普通は小・中・高等学校を指すが, 米国では特に (略式) で大学も school ということがある. なお米国の学校制度は州によって異なる (☞ 次ページの表).

― ミニ語彙欄 ―
コロケーション
動+school
go to [attend] *school* 通学する
cut [skip] *school* (略式, 主に米) 学校をサボる
enter high *school* (in 2005) (2005年に)高校に入学する
finish [graduate from, (英) leave] *school* 学校を卒業する
leave [drop out of, (略式) quit] *school* 学校をやめる[退学する]
like [hate] *school* 学校が好き[嫌い]である
run [operate] a *school* 学校を経営する
stay [be kept] after *school* 居残りさせられる
start [begin] *school* 学校に上がる
stay away from [miss] *school* 学校を休む
teach in [at] a *school*=(米) **teach** *school* 学校で教えている

前+school (☞ 成句)
(on one's way) to [from] *school* 学校へ行く[から帰る](途中に)

形+school
a **boys' [girls']** *school* 男子[女子]校
a **coeducational [(英) mixed]** *school* 男女共学校

1564 **school**

a **cramming** school 詰め込み主義の学校
a **national** school 国立の学校
...'s old school (...)の母校
a **prestigious** [an **elite**] school 名門校
a **private** school 私立の学校
a **public** school 公立の学校 (⇨ public school 2)
a **special** school 特殊学校

―――― school のいろいろ ――――
bóarding schòol 寄宿学校 / correspóndence schòol 通信制の学校 / dáy schòol (昼間に通う)学校 / dríving schòol 自動車学校 / indústrial schòol 実業学校 / lánguage schòol 語学学校 / músic schòol 音楽学校 / níght schòol 夜間学校 / núrsery schòol 保育園 / prepáratory schòol (米)(大学進学のための)私立高校; (英)私立小学校 / súmmer schòol 夏期学校 / Súnday schòol 日曜学校 / tráde schòol 実業学校 / tráining schòol 養成所

関連表現

be late for school 学校に遅刻する
do well [badly] at school 学校の成績がよい[悪い]
Good morning, Mr. [Mrs., Miss] Sato. 佐藤先生, おはようございます
play truant [《古風, 米略式》hooky] 学校をサボる
School begins [starts] on April 5. 学校は4月5日から始まる
School finishes [ends, is out] for the summer.=《英》School breaks up for the summer holidays. 学校が夏休みになる
take the bus to school=go to school by bus バス通学である
We have [There is] school this Saturday. この土曜日は学校がある
Where do you go to high school? どこの高校へ行っているのですか

2 Ⓤ **授業**, 学業, (class, lesson); (学校教育の意味での)学校, 就学(期間): S~ begins at eight o'clock. 学校は8時に[から]始まる / 金語 "When is ~ over for you?" "At three twenty."「学校[授業]はいつ終わりますか」「3時20分です」/ We have no ~ today. きょうは授業はない(きょうは学校は休みだ) / Jim entered ~ in September. ジムは9月に入学した. ★次と比較 (具体的な学校の場合は Ⓒ 扱いで冠詞をつける; ⇨ 1): Jim entered *a* ~ in Texas. ジムはテキサスの学校に入った // Tom is not old enough for ~ yet. トムは小さくて学校はまだだ / Jim usually walks to ~. ジムはいつも歩いて学校へ行く (⇨ 1 語法 (1)).

3 Ⓒ Ⓤ (大学の)学部, 専門学部; 大学院; 《米略式》大学(の在学期間): a graduate ~ 《米》大学院 / a ~ *of* economics 経済学部 / a ~ *of* education 教育学部 / an engineering ~ 工学部 / a ~ *of* law=a law ~ 法学部; 法科大学院 / a ~ *of* medicine=a medical ~ 医学部, 医大.

4 Ⓒ [普通は the ~ として《英》単数または複数扱い] 学校の生徒(および教職員)(全体): *The* whole ~ celebrated the victory of its [their] baseball team. 生徒全員が学校の野球チームの勝利を祝った. **5** Ⓒ (学問・芸術などの)学派, 流派, …派: the impressionist ~ 《芸》印象派. **6** Ⓒ [普通は単数形で]《略式》鍛練(の

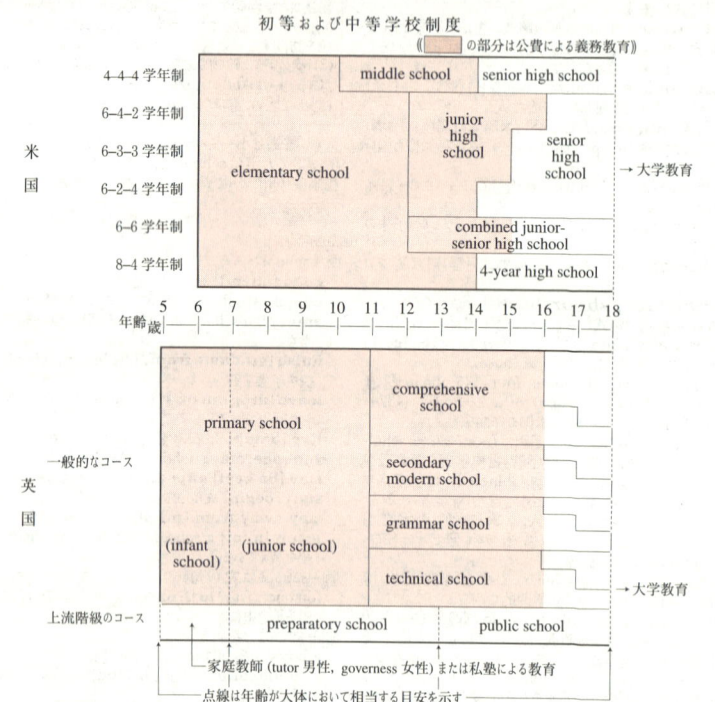

初等および中等学校制度

(□の部分は公費による義務教育)

米国

学年制		
4-4-4 学年制	middle school / senior high school	
6-4-2 学年制	junior high school / senior high school	
6-3-3 学年制	elementary school	
6-2-4 学年制		
6-6 学年制	combined junior-senior high school	
8-4 学年制	4-year high school	

年齢(歳): 5 6 7 8 9 10 11 12 13 14 15 16 17 18 → 大学教育

英国

一般的なコース:
- primary school — (infant school) (junior school)
- comprehensive school
- secondary modern school
- grammar school
- technical school

上流階級のコース: preparatory school / public school → 大学教育

― 家庭教師(tutor 男性, governess 女性)または私塾による教育
― 点線は年齢が大体において相当する目安を示す ―

場),道場: the ~ of hard knocks《古風》厳しい世間の洗礼, つらい試練(⇨ knock 名 3). **7** C《英略式》(トランプや賭博をする人々の)集団, 一味: a poker ~ ポーカー仲間. 語源 ギリシャ語で「余暇(を費やす所)」の意; ⇨ scholar.

àfter schóol [副] 放課後に: Come and see me in my room *after* ~. 放課後私の部屋へ来てください.

a schóol of thóught [名] 考えを同じくする人々[一派], 学派(の見解).

at schóol [副・形] 学校で[に]; 授業中(で);《英》在学中で.

befòre schóol [副] 始業前に.

gó to schóol [動] 圓 通学する, 登校する; 就学する;《米》大学に通う: Where did you *go to* ~? どこの(土地の)学校に行かれましたか, (通った)学校はどちらですか《出身校の場所[名前]を聞く》. / "Do you *go to* ~ on foot or by bus?" "I walk."「学校へは歩いて通っていますか, それともバスですか」「歩いて行ってます」(⇨ on foot (foot 成句)語法》.

in schóol [形・副] (1) 学校で[に]. (2)《米》在学中(で)(★ 大学在学中を含む).

léave schóol [動] 圓 (1) 下校する; 退学する. (2)《英》(義務教育を終えて)卒業する.

of [from] the óld schóol [形] 古い考え方の.

òut of schóol [形・副] 学校を出て, 卒業して.

— 動 他 [しばしば受身で]《格式》教育する;《古風》しつける, 訓練する(train): ~ a horse 馬を調教する / ~ oneself「*in* patience [*to* be patient] 忍耐心を養う / The child was ~*ed* in correct behavior. Ⓦ その子は正しい振舞いをしつけられていた.

school² /skúːl/ 名 C (魚・鯨・おっせいなどの)群れ: a ~ *of* whales 鯨の群れ(⇨ group 類義語》).

schóol àge 名 U, 形 U 就学年齢(の); 学齢(期間)(の): a child of [under] ~ 就学年齢[未就学年齢]の子.

schóol·bàg 名 C 通学かばん.

⁺**schóol bòard** 名 C《米》(州内各地区の)教育委員会.

schóol·bòok 名 C 教科書.

⁺**schóol·bòy** 名 C《古風》(小学・中学校の)男子生徒(⇨ schoolgirl): ~ humor 子供っぽい悪ふざけ.

⁺**schóol building** 名 C 校舎 (school) (⇨ schoolhouse 参考》).

schóol bùs 名 C スクールバス(通学専用).

⁺**schóol·chìld** 名 (-chìl·dren) C《古風》学童, 児童.

schóol dày 名 1 C 登校日《英米では月曜から金曜まで》; (1日の)授業時代. 2 [複数形で] 学校時代.

schóol dìnner 名 C,U《英》=school lunch.

schóol dìstrict 名 C《米》学区, 校区.

-school·er /skúːlə | -lə/ 接尾「...学生」の意: grade-*schooler* 小学生.

schóol·fèllow 名 C《古風, 格式》=schoolmate.

schóol frìend 名 C《主に英》=schoolmate.

⁺**schóol·gìrl** 名 C《古風》(小学・中学校の)女子生徒(⇨ schoolboy).

schóol gòvernor 名 C《英》学校の理事.

schóol hòurs 名 [複] 授業時間.

schóol·hòuse 名 (-hòus·es) C 1《主に米》校舎 (school). 参考 やや古風な感じのすることばで, いなかの小さな学校で, 古びた木造の校舎のようなイメージがある(⇨ school building). 2《英》(小さな学校に隣接する)教員住宅.

Schóol·ies Wèek /skúːliz-/ 名 U《豪》学年末試験の終わった翌週(休業期間に入る).

⁺**schóol·ing** 名 U 1 学校教育, (通信教育の)スクーリング (in). 2 (馬の)調教.

schóol·kìd 名 C《略式》学童 (schoolchild).

Schumann 1565

⁺**schóol-léaver** 名 C《英》(中等教育を終了した, あるいは終了見込みの)卒業生(多くは16歳;米国の high school graduate に相当する).

schóol-léaving àge 名 U《英》義務教育修了[卒業]年令.

schóol lùnch 名 U 学校給食, 学校が販売する昼食. 関連 packed lunch 弁当.

schóol·man /skúːlmən/ 名 (-men /-mən/) C (中世の)スコラ哲学者.

schóol·marm /skúːlmàəm | -màːm/ 名 C《主に米》《軽蔑》1《古風》女性教師. 2《略式》(道徳にうるさい)先生タイプの女性, おかたい婦人.

schóol·marm·ish /skúːlmàəmɪʃ | -màːm-/ 形《略式, 主に米》《軽蔑》(女性が)口うるさい, おかたい.

⁺**schóol·màster** 名 C《古風, 主に英》1 男性教師 (schoolteacher). 2 パブリックスクールの教師.

schóol·màte 名 C 学友, 同級生; 同窓生.

schóol·mìstress 名 C《古風, 主に英》女性教師 (schoolteacher).

schóol nìght 名 C 翌日学校がある夜.

schóol nùrse 名 C 養護教諭.

Schóol of the Áir 名 U《豪》へんぴな地方に住む児童への無線を用いた教育.

schóol·ròom 名 C =classroom.

schóol rùn 名 [the ~]《英》学校に通う子供の送り迎え.

schóol spírit 名 U 愛校精神.

⁺**schóol·téacher** 名 C (小・中・高等学校の)教師.

schóol tíe 名 C (特に有名私立校などの)学校[制服]のネクタイ. **the óld schóol tíe** 名 C《英略式》学閥(%)(の制度).

schóol·tìme 名 U 授業時間.

schóol·wòrk 名 U 学校の勉強, 学業(成績).

schóol·yàrd 名 C《主に米》校庭, 遊び場; [形容詞的に] 校庭[遊び場]での.

schóol yéar 名 C 学年《普通は9月から翌年の6月まで》(⇨ year 3 参考》). 関連 calendar year 暦年 / fiscal [《英》financial] year 会計年度.

schoo·ner /skúːnə | -nə/ 名 C 1 スクーナー船. 2《米》(背の高い)ビール用グラス;《英》(背の高い)シェリー用のグラス.

Scho·pen·hau·er /ʃóupənhàuə | -hàuə/ 名 固 Arthur ~ ショーペンハウアー (1788-1860)《ドイツの哲学者》.

Schrö·der /ʃroudə | -də/ 名 固 Gerhard /gə́ːhaət | gə́ːhaːt/ ~ シュレーダー (1944-)《ドイツの政治家; 首相 (1998-)》.

schooner 1

Schrö·ding·er /ʃréɪdɪŋə | ʃrǽːdɪŋə/ 名 固 Erwin ~ シュレーディンガー (1887-1961)《オーストリアの物理学者; Nobel 物理学賞 (1933)》.

schtick /ʃtɪk/ 名 =shtick.

schtuck /ʃtʊk/ 名 U《主に英》困難, 困った状態.

schtum, schtoom, shtum /ʃtʊm/ 形 P《略式, 主に英》もの静かな, おとなしい.

Schu·bert /ʃúːbət | -bət/ 名 固 **Franz** /frænts/ **Pe·ter** /péɪtə | -tə/ ~ シューベルト (1797-1828)《オーストリアの作曲家》.

Schulz /ʃʊlts/ 名 固 **Charles M.** ~ シュルツ (1922-2000)《米国の漫画家; *Peanuts* の作者》.

Schu·mach·er /ʃúːmɑːkə | -mækə/ 名 固 Michael ~ シューマッハー (1969-)《ドイツのカーレーサー》.

Schu·mann /ʃúːmɑːn/ 名 固 **Robert** ~ シューマ

ン (1810-56)《ドイツの作曲家》.

schuss /ʃús/ 图 C, 動 自《スキー》直滑降(する).

schwa /ʃwá:/ 图 C《音声》シュワー(/ə/の記号;例えば banana /bənǽnə | bəná:nə/ の最初と最後のアクセントのない母音を表わす);/ə/の音 (☞つづり字と発音解説 25, 37; hooked schwa).

Schwar·zen·eg·ger /ʃwɔ́:rts(ə)nègə | ʃwɔ́:ts-(ə)nègə/ 图 Arnold ~ シュワルツェネガー (1947-)《オーストリア生まれの米国の映画俳優・政治家》.

Schweit·zer /ʃwáɪtsə | -tsə/ 图 Albert ~ シュバイツァー (1875-1965)《フランス生まれの医師・音楽家; アフリカで医療に献身した》.

Schweppes /ʃwéps/ 图 C,U シュウェップス《英国製の清涼飲料; 商標》.

sci. =science.

sci·at·ic /saɪǽtɪk/ 形 [普通は A]《医》臀(?)部の, 坐骨の: the ~ nerve 坐骨神経.

sci·at·i·ca /saɪǽtɪkə/ 图 U《医》坐骨神経痛.

***sci·ence** /sáɪəns/ 图 (**sci·enc·es** /-ɪz/; 形 scientific) **1** U,C **科学**; 科学研究 (略 sc., sci.); (体系的な)学問: the history of ~ 科学史 / medical ~ 医学 / applied ~s 応用科学 / pure ~ 純粋科学 / advance [promote] ~ 科学研究を前進させる; 科学を進歩[発展]させる / Opinion polling is not an exact ~. 世論調査は厳密な科学的方法とはいえない.

―― science のいろいろ ――
doméstic science 家政学; 家庭科 / nátural science 自然科学 / political science 政治学 / sócial science 社会科学 / spáce science 宇宙科学

2 U,C **自然科学** (natural science); 理学, 理科 (of): a ~ teacher 理科の教師 / Physics and chemistry are ~s. 物理学と化学とは自然科学である / We study ~ at school. 私たちは学校で理科を勉強する. **3** U,C (専門的な)技術, わざ; [a ~] 技術(にこつ)を要すること: the ~ of cooking 料理の技術. [語源] ラテン語で「知る」の意. **blind ... with science** [動] 他 専門的[難しい]ことを言って〈人〉を煙に巻く. **hàve ... dòwn to a science** [動] 他 〈...〉のやり方を熟知している, 〈...〉を完全にこなしている.

science fàir 图 C《米》(特に高校生の参加する)科学研究コンテスト.

⁺**science fiction** 图 U 空想科学小説, SF (小説) (略 sf, SF)《(略式) sci-fi》: a ~ movie SF 映画.

Science Muséum 图 固 [the ~] (London の)科学博物館.

science pàrk 图 C ハイテク産業地域.

***sci·en·tif·ic** /sàɪəntífɪk⁻/ **1** 形 (图 science) **1** A [比較なし] 科学の, (自然)科学上の: ~ books 自然科学関係書籍 / the ~ spirit 科学的精神.

2《略式》科学的な; (科学的に)厳密な, 系統立った (反 unscientific): His methods are not ~. 彼の方法は科学的ではない. **-tíf·i·cal·ly** /-kəli/ 副 科学的に; 系統立って.

scientific méthod 图 [the ~] (データを集めて仮説を立てる)科学的研究法.

scientific notátion 图 U 科学的記数法 (1932 を 1.932×10^3 のように有効数字と 10 の冪(?)乗数との積で表示する).

sci·en·tism /sáɪəntɪzm/ 图 U《軽蔑》科学(万能)主義.

***sci·en·tist** /sáɪəntɪst | -tɪsts/ 图 (**-en·tists** /-tɪsts/) C **科学者**, (科学)研究者; (自然科学)の学者: a nuclear ~ 原子力学者 / a social ~ 社会科学者. 関連 scholar (人文)学者.

sci-fi /sáɪfáɪ/ 图 U《略式》=science fiction.

scim·i·tar /símətə | -tə/ 图 C 三日月刀《アラビア人・トルコ人などがかつて用いた》.

scin·til·la /sɪntílə/ 图 [次の成句で] (**nót**) **a scintilla of ...**《格式》少しの...(もない).

scin·til·late /síntəlèɪt/ 動 自《文》火花を発する; きらめく.

scin·til·lat·ing /síntəlèɪtɪŋ/ 形 [普通は A]《格式》(ことば・会話など)才気あふれる, 生き生きとした.

scin·til·la·tion /sìntəléɪʃən/ 图 U《文》火花, きらめき; (才気の)ひらめき.

sci·on /sáɪən/ 图 C **1**《文》(貴族・名門の)子, 子弟, 子孫 (of). **2**《植》(接ぎ木の)接ぎ穂, 若枝.

scis·sor /sízə | -zə/ 動 (**-sor·ing** /-z(ə)rɪŋ/) 他〈脚など〉を鋏のように動かす; 〈...〉をはさみで切る. ― 形 A はさみの: ~ blades はさみの刃.

⁺**scis·sors** /sízəz | -zəz/ 图 (複) **1** はさみ (☞ clipper, shears). [語法] 数えるときには a pair of *scissors* / two [three, four, ...] pairs of *scissors* のようにいう: use ~ はさみを使う. **2** [単数扱い]《レス》はさみ絞め;《高跳び》はさみ跳び.

scissors-and-páste 形 A [けなして] (他人の書いたものを)つぎはぎした, 寄せ集めの.

scíssor(s) kìck 图 C《泳》あおり足;《サッカー》バイスクルキック.

scler·a /sklérə | sklíərə/ 图 C《解》(目の)強膜.

scle·ro·sis /sklɪróʊsɪs/ 图 (**scle·ro·ses** /-si:z/) U,C《医》硬化(症).

scle·rot·ic /sklərɒ́tɪk | -rɔ́t-/ 形《医》硬化症の.

SCM /éssì:ém/ 略 (複 **SCM's**)《英》=State Certified Midwife 国家免許取得助産婦.

⁺**scoff**¹ /skɔ́f | skɔ́f/ 動 自《格式》あざける, ばかにする (at). ― 他 〈...〉をあざける. ― 图 (~s) C [普通は複数形で] あざけり.

scoff² /skɑ́f | skɔ́f/ 《英略式》動 他 〈...〉をがつがつ食う, ぺろりと平らげる (up)《米》scarf. ― 图 U 食物.

scoff·er /skɑ́fə | skɔ́fə/ 图 C [普通は複数形で] 嘲笑(ほう)する人.

scóff·làw 图 C《米略式》[主に新聞]法律をばかにして守らない者, (常習的な)法律違反者.

⁺**scold** /skóʊld/ 動 他《古風, 格式》〈人〉をしかる, 〈...〉に(―の理由で)文句をいう (☞ 類義語): She ~ed her son *for* being out late. 彼女は遅くまで出歩いたことで息子を大声でしかった. ― 图 C《古風》口やかましい人[女].

[類義語] **scold** 言うことを聞かない子供に対するときなど, 親や先生がいらいらして非難すること. 現在はあまり使われなくなっている. **rebuke** 公式な立場から激しく厳しく非難することを表わす格式ばった語. **reprimand** 公式には正式に権威をもって非難すること. **reproach** 失望, あるいは愛惜をこめて非難すること. 通例公開批判にふくらずに個人的な意が含まれる. **reprove** しばしば行為が親切であって激しさがなく, 通常誤解を解こうとする願いが込められた格式ばった語. **tell off**《略式》で文句を言ったりしかりつけること.

scold·ing /skóʊldɪŋ/ 图 U,C [普通は単数形で] 説教; 叱責(しっせき), 小言. **gét a scólding** [動] 自 しかられる. **gíve ... a scólding** [動] 他 〈...〉をしかる.

sco·li·o·sis /skòʊliɒ́sɪs | skɔ̀l-/ 图 U《医》脊柱側湾症.

scol·lop /skɑ́ləp | skɔ́l-/ 图 =scallop.

sconce /skɑ́ns | skɔ́ns/ 图 C 突き出し燭台(しょくだい)《壁などに取り付けたもの》.

⁺**scone** /skóʊn/ 图 C《主に英》スコーン《小型の軟らかい菓子パン》(《米》biscuit).

Scone /skú:n/ 图 固 スクーン《スコットランド東部の村》. **the Stóne of Scóne** [名] スクーンの石《スコットランド王が即位の時にすわった石; イングランドに持ち去られ, Westminster 寺院で英国王の戴冠式に王がすわする椅子の座部の下にはめ込まれていたが, 1996 年スコット

ンドに返還された).

*scoop /skúːp/ 名 (~s /~s/) C 1 ひしゃく, しゃくし; (アイスクリーム・砂糖・穀物・石炭などをすくう)スコップ, サーバー; (浚渫(しゅんせつ)船の)泥すくい. 2 (アイスクリームなどの)ひとすくい, すくい取り; ひしゃく[スコップ]1 杯の量 (scoopful): I'll have two ~s of vanilla ice cream. バニラアイスクリームをダブルでください. 3 (略式) 特ダネ, スクープ; (S) (主に米) 最新のニュース[情報]: What's the ~? 何か変わったことない. 4 (競争者を出し抜いての)大もうけ, 大当り.

── 動 (scoops /~s/; scooped /~t/; scoop·ing) 他 1 〈…〉をすくう, くむ, すくい出す[上げる] (out, off); さっと持ち上げる[動かす]: He ~ed the child up in his arms. 彼はその子を抱き上げた. 2 〈…〉をえぐる, 掘って作る: ~ out the seeds 種をえぐり出す / ~ a hole in the sand 砂に穴を掘る. 3 (略式) 〈特ダネ〉で〈他社〉を出し抜く, スクープする; 〈特ダネ〉を出す. 4 (略式) 〈新聞で〉〈賞など〉をかっさらう. scóop úp 動 他 (多数の人が)〈…〉を買いつくす.

scoop·ful /skúːpfùl/ 名 C (アイスクリームなどの)ひとすくい; ひしゃく[スコップ]1 杯の分量.

scóop néck(line) 名 (ドレスやブラウスの胸の下に深くえぐられた丸い襟ぐり).

scoot /skúːt/ (略式) 動 自 [普通は副詞(句)を伴って] 駆けだす, 走り去る (off); (米) 少しよける (over); [命令形で] 立ち去る. ── 他 (主に米) 〈…〉を急いで行かせる, さっと動かす.

scoot·er /skúːtə | -tə/ 名 C 1 スクーター (motor scooter). 2 (子供用の)スクーター [片足をのせて片足で地をけって走る]: ride a ~ スクーターに乗る.

*scope /skóup/ 13 名 U 1 (知識・活動などの)範囲; 視界, 視野: broaden [expand] the ~ of our research 研究の範囲を広げる / His idea is limited in ~. 彼の考え方は視野が狭い. 2 (能力などを示す)機会 (opportunity); (活動する)余地 (space): The job gave her full ~ for self-fulfillment. その仕事で彼女は希望に十分にかなえることができた. 3 [修飾語を伴って] (略式) 活動の場, ...の分野. beyónd [óutside] the scópe of ... [形・副] ...の能力の及ばない(ところに): That is outside the ~ of this study. それはこの研究の範囲外だ. withín the scópe of ... [形・副] ...の能力で[の]できる範囲で. ── 動 [次の成句で] scópe óut 動 他 (米略式) (どんなものか)見に行く, のぞいてみる: ~ out the new Italian restaurant 新しくできたイタリア料理店のぞきに行く.

-scope /skòup/ 接尾 [名詞語尾] 「...を見る器械, ...鏡」の意.

-scope のいろいろ
éndoscòpe 内視鏡 / fíberscòpe ファイバースコープ / gástroscòpe 胃カメラ / mícroscòpe 顕微鏡 / périsсòpe 潜望鏡 / stéreoscòpe 立体(写真)鏡 / télescòpe 望遠鏡.

-scop·ic /skάpɪk | skɔ́p-/, -scóp·i·cal /-pɪk(ə)l/ 接尾 [形容詞語尾] 「...鏡の, ...を見る器械の」の意.

sco·pol·a·mine /skəpάləmìːn | -pɔ́l-/ 名 U (薬) スコポラミン(鎮痛剤・催眠剤).

-s·co·py /skəpi/ 接尾 [名詞語尾] 「観察; ...鏡の用」の意. 語法 1 つ前の音節に第一アクセントがくる.

scor·bu·tic /skɔːrbjúːtɪk | skɔː-/ 形 (医) 壊血病 (scurvy) の.

+scorch /skɔːrtʃ | skɔːtʃ/ 動 他 1 〈…〉を焦(こ)がす, (火に)あぶる: I ~ed this blouse while I was ironing it. アイロンをかけていてこのブラウスを焦がしてしまった. 2 (日光が)〈肌など〉を焼く; 〈草木〉をしおれさせる[枯らす].
── 自 1 焦げる. 2 (草木が)しおれる, 枯れる; (日光などに当たって)焼ける. 3 (副詞(句)を伴って) (古風, 英略式) (自動車などが)突っ走る, (自動車が)飛ばす.
── 名 1 C 焼け焦げ. 2 U (植物などの)葉焼け.

scorched /skɔːrtʃt | skɔːtʃt/ 形 焦げた; 枯れた.

scórched-éarth pòlicy 名 C [普通は単数形で] 焦土戦術 (退却に際しての).

scórch·er 名 C (略式) 1 [普通は a ~] 焼けつくような暑い日. 2 (英) (主に新聞で) どぎもを抜くようなこと[もの].

+scórch·ing (略式) 形 1 焼き焦がすような: ~ heat 酷暑. 2 (主に英) 手厳しい, どぎもを抜くような. ── 副 焼けつくように: a ~ hot day 焼けつくような暑い日.

scórch màrk 名 C (衣服などの)焼けこげ, こげ目.

score /skɔ́ːr | skɔ́ː/ 名 (~s /~z/)

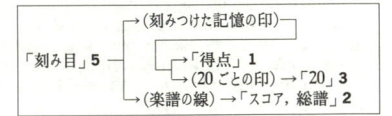

```
                    ┌→(刻みつけた記憶の印)
                    │
「刻み目」 5 ───┼→「得点」 1
                    │
                    ├→(20 ごとの印)→「20」 3
                    │
                    └→(楽譜の線)→「スコア, 総譜」 2
```

1 C (スポ) (総)得点; (総)得点記録, スコア; (米) (教育) 点数, 成績: keep (the) ~ スコアをつける / the final ~ 最終得点 / win by a ~ of 5–0 (five (to) nothing) 5 対 0 で勝つ / zero 語法 (2) / get 'a ~ of eighty [a perfect ~] 80 点[満点]を取る / My ~ on [in] the English test was high [low]. 英語のテストの私の点は高[低]かった / The ~ was [stood (at)] 7 to 2 in favor of our school. スコアは 7 対 2 でわが校が優勢だった.

point	バスケットボール・バレーボール・ラグビーなどの得点
run	野球などの得点
goal	サッカー・ホッケーなどの得点
それぞれの得点の合計を **score** という.	

2 C (楽) スコア, 総譜; 楽譜; (映画・劇などの)背景音楽: a full ~ 総譜 / a piano ~ ピアノの楽譜 / a vocal ~ 声楽用楽譜 / Can you read a musical ~? 楽譜は読めますか. 3 [数詞の後で] (複 ~) C (W) 20, 20 人[個]: four ~ and seven years ago 87 年前に (Gettysburg 演説中のことば) / by the ~ 20 人[個]単位で, 多数. 関連 threescore 60 (の) / fourscore 80 (の). 4 [複数形で] 多数: ~s (and ~s) of books 多数の書籍. 5 C 刻み目, 切り込み線; 切り傷; 跡. 6 [単数形で] (古風) 勘定, 借り. éven [tíe] the scóre 動 自 仕返しをする. knów the scóre 動 (略式) (しばしばよくないことの)真相[実情]を知っている. on thát [thís] scóre 副 (S) [その[この]理由で; その[この]点で[は]. on the scóre of ... 前 ...の理由で (on the grounds of ...). séttle [páy óff] 'a scóre [an óld scóre] 動 自 積もる恨みを晴らす (with). What's the scóre? (1) 得点[スコア]はどうなっていますか. (2) (略式) 形勢はどうですか (on).

── 動 (scores /~z/; scored /~d/; scor·ing /skɔ́ːrɪŋ/) 他 1 (試合・試験などで)〈...点〉を取る, 得点す

る(up); 〈…〉の得点になる: He ~d five points [goals, runs] for his team. <V+O+for+名・代> 彼は味方のチームに5点獲得した / A bull's-eye ~s 30 points. 的の中心に当たると30点になる.
2 〈得点など〉を記録する; 採点する, 計算する; 〈…に〉〈得点〉を与える: Our teacher was busy *scoring* our test papers. 先生は私たちの答案の採点で忙しかった / The American judge ~d the gymnast 9.75. <V+O+O> アメリカの審判はその体操選手に9.75をつけた. **3** 《略式》〈勝利など〉を得る, 〈利益・成功など〉を収める: He has ~d a great success *with* his new play. 彼は新しい劇で大成功を収めた / The film ~d a real hit *with* young people. その映画は若者に大受けだった. **4** [普通は受身で] 〈管弦楽曲など〉を作る; 〈曲〉を(…用に)編曲する (for). **5** 〈…〉に刻み目[印, 線, 筋]をつける. **6** 《俗》〈麻薬〉を手に入れる. 《米略式》〈…〉を(ただで[やすやすと])手に入れる. ― 自 **1** (競技の得点を記録する[勘定]する; 得点する (for). **2** 《略式》利益を得る, 成功する (with); 勝利を収める (against, over). **3** Ⓢ 《俗》(初対面の者と)性交する, ものにする (with). **4** 《俗》麻薬を手に入れる. 《米略式》(ただで[やすやすと])手に入れる. **score óff ...** [動] 《主に英》〈…〉に線を引いて消す. **score óut [thróugh]** [動] 他 《主に英》〈…〉に線を引いて消す. **score póints [a póint] agàinst [òff, òver] ...** [動] 〈議論などで〉…をやりこめる. **score póints with ...** [動] 他 《略式》(言動で)(人)を喜ばせる, (人)に一目おかせる.

score·bòard 名 Ⓒ スコアボード, 得点掲示板.
score·bòok 名 Ⓒ スコアブック, 得点記入帳.
score·càrd 名 Ⓒ (競技の)採点[得点]カード.
score·kèeper 名 Ⓒ (競技の)得点記録係.
score·less 形 [主に新聞で] 無得点の.
score·line 名 Ⓒ 《英》[主に新聞で] 試合の最終結果.

*scor·er /skɔ́ːrə | -rə/ 名 (~s /-z/) Ⓒ **1** 得点者; [前に形容詞をつけて] 得点が…の人: a high ~ 高得点者. **2** =scorekeeper.

†scorn /skɔ́ːn | skɔ́ːn/ 名 **1** Ⓤ 軽蔑, あざけり: with ~ 軽蔑して / I felt nothing but ~ for him. 私は彼にただただ軽蔑の念を抱いた. **2** [the ~] 《格式》軽蔑される人[物] (of). **héap [póur] scórn on ...** [動] 他 …に軽蔑のことばを浴びせる, あざける. ― 動 他 **1** 〈…〉を軽蔑する, あざける. **2** 〈…〉を拒絶する; 〈…するの〉を潔しとしない: The father ~ed to desert his family. 父親は家族を見捨てるのを潔しとしなかった.

†scorn·ful /skɔ́ːnf(ə)l | skɔ́ːn-/ 形 軽蔑する; 〈…〉をさげすむ: a ~ look 軽蔑した顔つき / He was ~ *of* our offer. 彼は私たちの申し出をばかにした. **-ful·ly** /-fəli/ 副 ばかにして; さげすんで.

Scor·pi·an /skɔ́ːpiən | skɔ́ːpi-/ 名 形 さそり座生まれの(人).

†Scor·pi·o /skɔ́ːpioʊ | skɔ́ːpi-/ 名 (~s) **1** 自 さそり座 《星座》; 天蠍(てんかつ)宮 (the Scorpion) 《Ⓡ zodiac 挿絵》. **2** Ⓒ さそり座生まれの人.

scor·pi·on /skɔ́ːpiən | skɔ́ːpi-/ 名 **1** Ⓒ さそり. **2** [the S-] さそり座 《星座》 (Scorpio).

†Scot /skɑ́t | skɔ́t/ 名 Ⓒ スコットランド人 《Ⓡ Scotsman 語法》.

Scot. =Scotland, Scottish.

†scotch /skɑ́tʃ | skɔ́tʃ/ 動 他 〈陰謀・うわさなど〉をつぶす, くじく, 抑え込む: ~ a rumor うわさをもみ消す.
*Scotch /skɑ́tʃ | skɔ́tʃ/ 名 **1** Ⓤ スコッチウイスキー (Scotch whisky) 《スコットランド産のウイスキー; Ⓡ whiskey 語法》; Ⓒ グラス1杯のスコッチウイスキー: ~ and water スコッチの水割り / How about a ~? スコッチを1杯どう. **2** [the ~ として複数扱い] スコットランド人(全体). ― 形 (名 Scotland) スコットランド(人[方言, 産])の. 語法 特にスコットランドでは 《軽蔑》 もしくは 《古風》 ととられるので, ウイスキーや食物・織物以外に関しては現在では Scottish を用いるのが普通.

Scótch bróth 名 Ⓤ 《英》スコッチブロス《肉・野菜・大麦の濃いスープ》.
Scótch égg 名 Ⓒ 《英》スコッチエッグ《堅ゆでの卵をひき肉に包んで揚げたもの》.
Scotch·man /skɑ́tʃmən | skɔ́tʃ-/ 名 (-men /-mən/) Ⓒ =Scotsman (Ⓡ Scotsman 語法).
Scótch míst 名 ⓊⒸ 《英》(スコットランド山地に多い)小ぬか雨を伴った濃霧, 霧雨.
Scótch páncake 名 Ⓒ 《英》スコッチパンケーキ《薄く丸いホットケーキ》.
Scótch tápe 名 Ⓤ 《米》セロテープ《商標》《英》sellotape): a roll of ~ セロテープ一巻[一個].
scòtch-tápe 動 他 《米》〈…〉をセロテープで貼る《英》sellotape).
Scótch·wòman 名 (-wom·en /-wìmən/) Ⓒ =Scotswoman (Ⓡ Scotsman 語法).
scot-free /skɑ́tfríː | skɔ́t-/ 形 Ⓟ 罰を免れて; 無事に. **gó [gèt óff, gèt awáy] scòt-frée** [動] 自 《略式》罰を免れる, 処罰から逃れる.

*Scot·land /skɑ́tlənd | skɔ́t-/ 名 (形 Scóttish, Scotch, Scots) 固 スコットランド 《Great Britain 島の北半分を占める; 首都 Edinburgh; 略 Scot.; Ⓡ 裏地図 D 3; England 参考》.

スコットランド	Scotland
スコットランド人	Scot, Scotsman, Scotswoman
スコットランド語	Scottish, Scots
スコットランド(人・語)の	Scottish, Scots

Scótland Yárd 名 固 [《英》単数または複数扱い] ロンドン警視庁 《刑事部》 《英略式》 the Yard) 《以前 London の Scotland Yard という通りにあったことから; 現在の公式名は New Scotland Yard》.

Scots /skɑ́ts | skɔ́ts/ 形 (名 Scótland) スコットランド(人)の; スコットランド語[方言]の (Scottish) (Ⓡ Scotland 表). ― 名 Ⓤ スコットランド語[方言].

*Scots·man /skɑ́tsmən | skɔ́ts-/ 名 (-men /-mən/) Ⓒ スコットランド人《男性》. 語法 スコットランド人を Scotchman や Scotchwoman で《軽蔑》ととるので, Scot あるいは Scotsman や Scotswoman のほうが無難. 関連 Englishman イングランド人 / Irishman アイルランド人 / Welshman ウェールズ人.

Scóts·wòman 名 (-wom·en /-wìmən/) Ⓒ スコットランド人《女性》 《Ⓡ Scotland 表; Scotsman 語法》.

Scott /skɑ́t | skɔ́t/ 名 固 スコット **1** 男性の名. **2** **Robert Falcon ~** (1868-1912) 《英国の南極探検家》. **3** **Sir Walter ~** (1771-1832) 《英国の詩人・小説家》. **4** **Dred ~** (1795?-1858) 《米国の黒人奴隷; 自由を求める訴訟を最高裁で却下された》.

Scot·tie /skɑ́ti | skɔ́ti/ 名 Ⓒ 《略式》=Scottish terrier.

*Scot·tish /skɑ́tiʃ | skɔ́t-/ 形 (名 Scótland) スコットランドの; スコットランド人の; スコットランド語[方言]の 《略 Scot.; Ⓡ Scotland 表; Scotch 語法》: a ~ accent スコットランドなまり. ― 名 **1** Ⓤ スコットランド語[方言] 《略 Scot.; Ⓡ Scotland 表》. **2** [the ~ と

Antares
Scorpio

して複数扱い] スコットランド人《全体; ⇨ the¹ 5 語法》.
関連 English イングランド人 / Irish アイルランド人 / Welsh ウェールズ人.

Scóttish Nátional Pàrty 名 単 [the ～] スコットランド国民党《イングランドからの分離独立を主張; 略 SNP》.

Scóttish térrier 名 C スコッティシュ[スコッチ]テリア《犬の一種; ⇨ dog 挿絵》.

scoun·drel /skáundrəl/ 名 C 《古風》悪党.

†**scour**¹ /skáuɚ | skáuə/ 動 他 (**scour·ing** /skáu(ə)rɪŋ/) 他 《人・物を求めて》場所・文書などを捜し回る, くまなく捜す: They ～ed the woods *for* the lost child. 彼らは林の中をくまなく迷子を捜しまわった.

scour² /skáuɚ | skáuə/ 動 **scour·ing** /skáu(ə)rɪŋ/ 他 **1** 〈…〉をごしごし磨く, 〈磨いて〉光らせる; 〈汚れなど〉をこすり取る (*out*). **2** 〈水などの流れが次第に〉〈水路・穴〉を作る (*out*). — 自 **1** 洗い流し.

scour·er /skáu(ə)rɚ | -rə/ 名 C 《英》《台所用》たわし.

†**scourge** /skɚ́ːʤ | skɚ́ːʤ/ 名 C **1** 《格式》[普通は単数形で] 《戦乱・疾病など》災難; 悩み (*of*). **2** 《昔, 体罰を与えるときに使った》むち. **3** 《格式》厳しい批評家. — 動 他 **1** 《格式》〈物事が〉〈…〉を苦しめる, 悩ます. **2** 〈…〉をむち打つ.

scóuring pàd 名 C たわし (scourer).

Scouse /skáus/ 《英》名 U **1** リバプール方言[なまり]. **2** リバプール市民. — 動 《略式》リバプールの.

Scous·er /skáusɚ | -sə/ 名 C《英略式》=Scouse 2.

†**scout** /skáut/ 名 **1** C 《スポーツ・芸能界などの新人の》スカウト (talent scout); 相手チームの偵察係. **2** C 偵察兵, 斥候(ぞう), 偵察機, 見張り; [a ～] 《英略式》偵察すること, 探し回ること: send out a ～ 偵察機[斥候]を出す / have a ～ *round* [*around*] あたりを偵察する. **3** C [しばしば S-] ボーイスカウト (Boy Scouts) の一員 (boy scout). **4** [the (Boy) Scouts] ボーイスカウト. **5** C [しばしば S-] ガールスカウト (Girl Scouts) の一員 (girl scout). 語源 ラテン語で「聴く」の意.

Scóut's hónor! 滑稽 本当だとも, うそじゃないよ. — 動 自 **1** [副詞(句)を伴って] 探し回る; 《新人を》スカウトする: We ～ed (*around*) for wood to make a fire. 我々はたき火のためのまきをあちこち探した. **2** 《敵状を》偵察する, 斥候(ぞう)をする (*for*). — 他 **1** 《情報を求めて》〈場所〉を偵察する, 捜す, 探し回る (*out*; *for*). **2** 〈新人〉をスカウトする. **scóut óut** 動 他 〈…〉を見つけ出す

scout·ing /skáutɪŋ/ 名 U **1** ボーイ[ガール]スカウト活動. **2** 偵察活動. **3** 《新人の》スカウト活動.

scóuting pàrty 名 C 偵察活動班.

scóut·màster 名 C [しばしば S-] ボーイスカウトの隊長《大人》.

†**scowl** /skául/ 動 自 顔をしかめる, いやな顔をする; にらみつける (*at*) 《⇨ frown 類義語》. — 名 C しかめ面, 怖い顔.

scowl·ing /skáulɪŋ/ 形 《顔をしかめた, にらんだ》.

scrab·ble /skrǽbl/ 動 自 **1** かき回して捜す, 手探りする; 《…しようと》もがく (*to do*): She ～d *under* [*around*] the bed for her ring. 彼女は指輪を捜してベッドの下をあちこち手探りした. **2** 《指先・足で》ひっかく, 探る (*against, at*); 《ころばないように》手や足で地面をひっかくようにして進む: ～ *up* the slope 坂をよじ登る. — 名 [a ～] 《手探りで》捜し回ること (*for*).

Scrab·ble /skrǽbl/ 名 U スクラブル《2-4人で行なう語句合わせゲーム; 商標》.

scrag /skrǽg/ 名 **1** C やせこけた人[動物]. **2** U 羊の首肉《スープ用》. — 動 (**scrags; scragged; scrag·ging**) 他 **1** 〈…〉の首を絞める[つる]. **2** 《略式》〈…〉の首をひっつかむ; 手荒く扱う, 虐待する.

scrág énd 名 U《英》=scrag 2.

scrag·gly /skrǽgli/ 形 (**scrag·gli·er**, **-gli·est**) 《米略式》〈毛など〉がまばらな, ふぞろいの.

scrag·gy /skrǽgi/ 形 (**scrag·gi·er**, **-gi·est**)《略式》《軽蔑》やせこけた, 骨ばった: a ～ neck やせて骨ばった首.

scram /skrǽm/ 動 自 《普通は命令文で》《略式》さっさと去る, 逃げる. scram を短縮した形.

*‡**scram·ble** /skrǽmbl/ 動 (**scram·bles** /～z/; **scram·bled** /～d/; **scram·bling**) 自 **1** 《副詞(句)を伴って》よじ登る; 急いで移動する: He ～d *up* the rough hillside. <V+up+名・代> 彼はごつごつした山腹をはい上っていった.
2 奪い合う; 先を争って…する, あわてて…する 《言い換え》 The children ～d *for* the candy. <V+for+名・代>＝The children ～d *to* get the candy. <V+to 不定詞> 子供たちは先を争ってそのあめを取ろうとした.
3 《軍用機が》緊急発進する. **4** 《アメフト》《クォーターバックが》スクランブルする. — 他 **1** 《考え・文字など》をごちゃ混ぜにする. **2** [普通は受け身で]《バターなどを加えて》〈卵〉を焼きながらかき回す: I'd like my eggs ～d. 私のはいり卵にしてください. **3** 急いで[苦労して]〈…〉を勝ち取る[やり遂げる]. **4** 《通》《盗聴防止のために》〈…〉の波長を変える. **5** 《軍用機》を緊急発進させる. **scrámble dówn** 動 自 《略式》はい降りる. 2. 《略式》〈…〉を伝わり降りる. **scrámble hóme** 動 《略式》《負けそうな試合に》辛勝する. **scrámble to one's féet** 動 あわてて立ち上がる 《⇨ foot 成句の囲み》. — 名 C **1** [普通は a ～] よじ登ること, はい上ること. **2** [普通は a ～] 争って取ること: a (mad) ～ *for* [*to get*] a favorable position 有利な場所の《激しい》奪い合い. **3** [普通は a ～] 大わて. **4** 《軍用機の》緊急発進. **5** 《英》スクランブルレース《悪路でのオートバイレース》.

scrám·bled égg(s) 名 U スクランブルエッグ, いり卵. 略式 scrambled eggs でも U 扱い.

scrám·bler 名 **1** C 《盗聴防止用の》周波数帯変換器. **2** 《英》スクランブルレース用オートバイ 《⇨ scramble 5》.

*‡**scrap**¹ /skrǽp/ 変化 名 (～s /～s/; 形 scrappy¹) **1** C 破片, 一片, 小片, 《不用の》切れ端, 断片: ～s *of* information 断片的な情報 / Put those ～*s of* paper in the wastebasket. その紙くずをくずかごに捨てなさい / She gave some ～s of meat to the dog. 彼女は肉の切れ端をいくつか犬にやった.
2 [a ～ として否定文で] 少量, 《ほんの》わずか: We didn't hear even a ～ *of* news about the accident. その事故については何のニュースも知らされなかった / That wouldn't make a ～ *of* difference. 《略式》それでは状況は何も変わらないだろう. **3** U スクラップ, 廃物; くず鉄 (scrap iron): I sold my old car for ～. 私は古い車をスクラップとして売った. **4** [形容詞的に] 廃物の[を扱う], くずの: ～ metal くずの金属 / a ～ merchant くず鉄回収業者. **5** [複数形で] 残り物, 残飯. **6** C 《英略式》ちび, 小さな子. — 動 (**scraps; scrapped; scrap·ping**) 他 **1** 〈…〉を廃棄[廃止]する, 捨てる, 《計画など》を断念[中止]する. **2** 〈…〉を破片[くず, スクラップ]にする, 解体する.

scrap² /skrǽp/ 《略式》名 C 《小さな》いさかい. — 動 (**scraps; scrapped; scrap·ping**) 自 いさかいをする (*with*).

scráp·bòok 名 C スクラップブック, 切り抜き帳.

*‡**scrape** /skréɪp/ 変化 動 (～s /～s/; ～d /～t/; **scrap·ing**) 他 **1** 〈…〉をこすって汚れ[皮]を取る, 磨く; 〈泥や付着物〉を《…から》こすり落とす, 〈皮など〉を削り[そぎ]取る (*off, away, from, into*): I ～d the gum *off* the floor. <V+O+off+名・代> 私は床のチューイングガムをこすり取った / I ～d the wall clean. <V+O+C

《形》＞ 私は汚れをこすり落として壁をきれいにした． **2** (荒々しくきしませて)〈…〉を動かす，こすれさせる; (こすって)〈…〉にきしみ音を立てさせる (*on, against, along*): He ～*d* his chair *on* the floor as he stood up. 彼はいすを引きずって[きしませて]立ち上がった． **3** 〈…〉にすり傷をつける，〈…〉をすりむく; こする: ～ (the skin *off*) one's knee ひざをすりむく / He ～*d* the side of the car *on* the gatepost. 彼は車の横腹を門柱でこすってしまった / The side of his car ～*d* the wall. 彼の車の横腹が壁にこすれた． **4** 〈…〉を掘る; 掘り出す: ～ (*out*) a hole 穴を掘る． **5** 〈…〉をかき集める，〈金〉をひねり出す; 〈…〉を苦労して成しとげる: ～ a victory 何とか勝つ． ― [自] かする，きしみ音を出す; すれすれに通る: The bus ～*d against* the branches of a tree. バスは木の枝をかすって通った / Her fingernails ～*d down* the glass. 彼女のつめがガラスをひっかいていやな音を立てた． **scrápe a líving** [動] [自] 何とか暮らしを立てる． **scrápe hóme** [動] [自] 《主に英》(競争・選挙などで)僅差で勝つ (*by*). **scrápe (the bóttom of) the bárrel** [動] [自] 《略式》(やむなく)残った[質のよくない]もの[人]まで使う．

scrape の句動詞

scrápe alóng [動] [自] ＝scrape by 1.
scrápe báck [動] [他] 《英》〈髪〉を後ろに束ねる．
scrápe bý [動] [自] **1** どうにか暮らして[やって]いく: I just barely ～ *by on* 800 dollars a month. 私は1月800ドルで何とかやっている．
2 《米》＝scrape through.
scrápe ín [動] [自] やっと入学[就職，当選]する．
scrápe ínto ... [動] [他] (学校・職など)にかろうじて入学する[就く]．
scrápe thróugh [動] [自] かろうじて乗り切る; やっと(何とか)合格[及第]する．
scrápe thròugh ... [動] [他] …をかろうじて乗り切る; …にやっと合格[及第]する．
scrápe togéther [úp] [動] [他] 〈金・人員〉を苦労して(かき)集める: He ～*d together* enough money to buy a new car. 彼は新車を買う金を工面した．

― [名] [C] **1** こすった跡; すり傷． **2** 《略式》(自分が招いた)窮地，問題 (*with*): He got into a stupid ～. 彼は愚かにも自ら窮地を招いた． **3** [普通は単数形で] こする[かする]こと; こする音，ぎーぎーという音．

scráp·er [名] [C] **1** 削り器; へら《なべなどをこそげるもの》，スクレーパー． **2** 靴の泥落とし．

scráp hèap [名] **1** [C] (くず鉄などの)廃棄物の山． **2** [the ～] 不用品の捨て場，ごみため． **be on the scráp hèap** [動] [自] 《略式》(物・人が)(不当にも)お払い箱になる． **thrów [tóss, cást] ... on the scráp hèap** [動] [他] [普通は受身で] 《略式》〈…〉を廃棄する，〈人〉を(不当に)首にする; 〈計画など〉をやめにする．

scra·pie /skréɪpi/ [名] [U] スクラピー《羊の致死性ウイルス疾患》．

scráp·ing [名] **1** [C] [普通は複数形で] 削り落としたもの[ごみ]: ～*s* of paint＝paint ～*s* ペンキの削りかす． **2** [単数形で] ぎーぎーという音．

scráp pàper [名] [U] 《主に英》＝scratch paper.

scrap·pi·ly /skrǽpɪli/ [副] 断片的に; 精力的に．

scrap·ple /skrǽpl/ [名] [U] 《米》スクラップル《ひき肉ととうもろこし粉をまぜて作る料理》．

scrap·py[1] /skrǽpi/ [形] (**scrap·pi·er**; **-pi·est**; [名] scrap[1]) **1** くずの，残り物の． **2** 《英》断片的な，ちぐはぐの，まとまりのない，乱雑な．

scrap·py[2] /skrǽpi/ [形] (**scrap·pi·er**; **-pi·est**) 《米略式》[ほめて] 断固とした，やる気満々の; けんか腰の．

scrap·yard /skrǽpjɑ̀ɚd | -jɑ̀:d/ [名] [C] 廃品[くず鉄]置き場．

*__scratch__ /skrǽtʃ/ [T2] [動] (**scratch·es** /～ɪz/; **scratched** /～t/; **scratch·ing**) [他] **1** 〈…〉をひっかく，〈…〉にかき傷をつける; ひっかいて取る，はがす，こすり取る (*away, off*): ～ *off* paint with a fingernail つめでペンキをひっかいて取る / That cat ～*ed* my hand. その猫が私の手をひっかいた / Meg **～*ed*** her finger ***on*** a thorn. <V＋O＋*on*＋名・代> メグはとげで指をひっかいた / While weeding the garden, she ～*ed* herself. 庭の除草中彼女はひっかき傷をこしらえてしまった．
2 〈かゆい所など〉をかく，こする: ～ oneself 体をかく / ～ a mosquito bite 蚊にさされた所をかく / You ～ my back, (and) I'll ～ yours. Ⓢ《ことわざ》私の背中をかいてくれればあなたの背中をかいてあげよう(魚心あれば水心)．
3 〈線・名前など〉をひっかいて描く[書く]; 《略式》〈…〉を走り書きする: She **～*ed*** her name ***in*** the wood [***on*** the wall]. <V＋O＋前＋名・代> 彼女は木[壁]に名前を刻んだ． **4** 〈名前など〉を削る (*off*); 《略式》〈計画など〉を取り消す，〈…〉の出場を取り消す (*from*).
― [自] **1** ひっかく，かく，(ひっかいて)がりがり音を立てる，きーきーという(耳障りな)音を立てる: Be careful—that cat will ～! 気をつけなさい，その猫はひっかきますよ / The cat **～*ed at*** the door. <V＋*at*＋名・代> 猫はドアをひっかいた《☞ at 3 [語法]》． **2** (ペンが)引っ掛かる，がりがりいう． **3** 出場を取りやめる，手を引く (*from*). **4** (ディスクジョッキーが)スクラッチする《☞ [名] 3》．
(ònly) scrátch the súrface [動] [自] (…の)上っ面(だけ)を扱う[論ずる] (*of*).
scrátch aróund [abóut] [動] [自] (…を捜して)ひっかき回す，ほじくり回す (*for*). **scrátch (óut) a líving** [動] [自] 何とか暮らしを立てる． **scrátch one's héad** [動] [自] 《略式》頭をかきむしる《困惑・不満・不可解・自己嫌悪などのしぐさ》; 頭を悩ます． [日英比較] てれたりはにかんだりするしぐさではない．

scratch one's head

scrátch óut [動] [他] (1) 〈…〉をひっかいて取る: I'll ～ your eyes *out*! 《略式》目玉をえぐり取るぞ，ただではすまさないぞ． (2) 〈語句・名前など〉を削除する． **scrátch togéther** [動] [他] ＝scrape together 《☞ scrape 句動詞》． **scrátch úp** [動] [他] (1) (地面から)〈…〉をひっかいて掘り出す． (2) ＝scrape up 《☞ scrape 句動詞》．
― [名] (～·es /～ɪz/; [形] scrátchy) **1** [C] かき傷，かき跡，かすり傷: He got a ～ *on* his hand. 彼は手にひっかき傷をこしらえた / He came back without a ～. 彼はかすり傷ひとつなく生還した / It's only (just) a ～. Ⓢ ただのかすり傷だよ． **2** [a ～] (かゆい所などを)かくこと，こすること; ひっかくこと: The dog was enjoying (having) *a* ～. 犬は気持ちよさそうにかゆい所をかいていた / The cat gave him *a* ～. 猫は彼をひっかいた． **3** [C] ひっかく[きしる]音; (レコードの)針音，スクラッチノイズ; [U] スクラッチ《ラップミュージックなどでレコードを途中で止めて，手で回したり，逆戻りさせる演奏法》． **4** [U] 〘ゴルフ〙ハンディを受けないこと; [C] (競走で)ハンディキャップを受けない選手のスタートライン: play to ～ ハンディなしでプレーする． **from scrátch** [副] 最初から，ゼロから; (料理をインスタントでなく)最初から作って: start *from* ～ ゼロから始める． **ùp to scrátch** [形・副] 《略式》よい状態で[に]; 標準に達して: She has to bring her schoolwork *up to* ～. 彼女は成績を満足のいくものにしなければならない / Before the competition his condition wasn't [didn't come] *up to* ～. 大会前，彼は本調子でなかった[にならなかった]． ― [形] [A] **1** ハンディキャップなしの: a ～ golfer ハンディのないゴルファー． **2** 寄せ集めの，あり合わせの，雑多な: a ～ team 寄せ集めのチーム．

scrátch-and-sníff [形] [A] こすると香りの出る．

scrátch càrd [名] [C] スクラッチカード《表面をこすり出すくじ》．

scratched /skrætʃt/ 形 (ひっかき)傷のある.
scratch·i·ly /skrætʃɪli/ 副 がりがりと, ちくちくと.
scratch·i·ness /skrætʃinəs/ 名 U がりがりいう[ちくちくする]こと.
scratch·ings 名 (複)《英》ラードを取ったあとの豚肉の残りかす.
scratch pàd 名 C 《主に米》メモ用紙のつづり.
scratch pàper 名 U 《米》メモ用紙《しばしば片面がすでに使われた紙》《英》scrap paper).
scratch·pròof 形 ひっかき傷のつかない.
scratch tèst 名 ひっかき試験《皮膚にすり傷を作りアレルギー反応を調べる検査》.
scratch·y /skrætʃi/ 形 (**scratch·i·er**; **-i·est**) (← scratch) 1 (レコードなどが)雑音のひどい, がりがりいう;(ペンなどが)引っ掛かる;(声などが)かすれている;(衣服などが)ちくちくする;(のどが)ひりひりする. 2 (文字・絵などが)走り書きの, ぞんざいな.

⁺**scrawl** /skrɔ́ːl/ 他 〈…〉をぞんざいに書く, 走り書きする;〈…〉に落書きする. ― 自 ぞんざいな字を書く, なぐり書きをする;落書きをする. ― 名 C 1 〔普通は単数形で〕なぐり書き. 2 走り書きの手紙.

scraw·ny /skrɔ́ːni/ 形 (**scraw·ni·er**; **-ni·est**) 〔けなして〕(がりがりに)やせこけた.

*scream /skríːm/ (類音 screen) 動 (**screams** /-z/; **screamed** /-d/; **scream·ing**) 自 1 (痛み・興奮・悲しみなどで)金切り声を上げる, 悲鳴を上げる, わめく (out) ((☞ shout 類義語)): She ~ed for help. 〈V+for+名・代〉 彼女は悲鳴を上げて助けを求めた / He ~ed in fright [with pain]. 彼は怖くなって[痛みを感じて]金切り声を上げた / She ~ed at [to] the boy to stop bullying. 〈V+at [to]+名・代+to 不定詞〉 彼女は少年に向かっていじめるのはやめるようにと叫んだ. 2 ばか笑いする, 笑いころげる: We ~ed with laughter. 私たちは大笑いをした. 3 (ふくろうなどが)鋭い声で鳴く((☞ cry 表)); (汽笛・サイレンなどが)ぴいっと[鋭く]鳴る; (風が)ひゅうひゅう吹く: The wind ~ed through the trees. 風は木々の間をひゅうひゅう吹きすさんだ. 4 (副詞(句)を伴って) (W) 鋭い音を立てて進む: A motorcycle ~ed past. オートバイがけたたましく通り過ぎた. 5 (物事が)(注目などを)要求する (for; out); (略式)(どぎつい色・誤りなどが)目立つ (out; at).
― 他 〈…〉を金切り声で言う, 〈…〉とを絶叫する;(見出しなどで)でかでかと書き立てる: She ~ed that she was drowning. 〈V+O (that 節)〉 彼女はおぼれそうだと金切り声で叫んだ / Tom ~ed (out) a warning to her. 〈V+(out)+O+to+名・代〉 トムは彼女にかん高い声で気をつけろと叫んだ / He ~ed abuse at me. 彼女は大声で私をののしった. **scréam onesèlf ...** [動] 自 金切り声をあげて…になる: The child ~ed himself [herself] hoarse. その子供は泣き叫んで声をからした.
― 名 (~s /-z/) 1 C 金切り声, 悲鳴, 鋭い叫び;きゃっきゃっと笑う声; きーっという音, (風の)鋭い音: a shrill ~ for help 助けを求める鋭い叫び声 / give [let out] a ~ of terror 恐ろしくて悲鳴をあげる. 2 [a ~] 《略式》とてもおもしろい[おかしな]人[もの, 事].

scream·er /skríːmɚ | -mə/ 名 C 1 鋭く叫ぶ人, キーキーという人[もの]. 2 (略式) あっといわせる人[もの];《米》(センセーショナルな)大見出し, 《野》強烈な打球; (古風) おかしくて人を吹き出させる話[歌, 人].
scream·ing /skríːmɪŋ/ 形 1 おかしくてたまらない, 大笑いさせる. 2 (見出しなどが)派手な;けばけばしい.
scream·ing·ly /skríːmɪŋli/ 副 とても, ひどく.
scree /skríː/ 名 C (山腹などの)がれ場, 石ころの多い坂 ((☞ mountain 挿絵)); U (がれ場の)小石.

⁺**screech** /skríːtʃ/ 動 自 1 金切り声で叫ぶ (out) ((☞ shout 類義語)); ぎーぎー[きーきー]鳴る, (ふくろうが鳴く((☞ cry 表 owl)): They ~ed at each other. 彼らは互いに金切り声で言い合った. 2 (ブレーキなどが)きーっと音を立てる. 3 (副詞(句)を伴って) 鋭い音を立てて進む: A jet ~ed over our heads. ジェット機が鋭い金属音を立てて頭上を飛んで行った. ― 他 〈…〉を[と]金切り声で叫ぶ (out). **bring ... to a scréeching hált** [動] 他 〈…〉をきーっと音を立てて止める. **cóme to a scréeching hált**=**scréech to a hált [stándstill, stóp]** [動] 他 きーっと音を立てて止まる. ― 名 C 〔普通は単数形で〕鋭い叫び声, 金切り声;きーっという音: A car stopped with a ~ of brakes. 車がきーっとブレーキをかけて止まった.
screech·y /skríːtʃi/ 形 (**screech·i·er**; **-i·est**) 金切り声の; ぎーぎー[きーきー]いう.
screed /skríːd/ 名 C 〔けなして〕長ったらしい話[文章].

*screen /skríːn/ (類音 scream) 13 名 (~s /-z/)

元来は「遮蔽(しゃへい)物」2 の意.
→ (人目をさえぎるもの) → 「仕切り」4
→ (害虫の侵入をさえぎるもの) → 「網戸」3
→ (光を遮断して映像をうつし出す幕) → 「画面」1

1 C (テレビの)画面; (コンピューター・ディスプレイなどの)画面, 表示面; (映画・スライド映写などの)スクリーン: a TV ~ テレビのスクリーン / on ~ 画面上に ((☞ 5)) / Dad put up the ~ and showed us some slides of his trip. パパはスクリーンを立てて旅行のスライドを見せてくれた.
2 C 〔普通は単数形で〕遮蔽(しゃへい)物, 目隠し 《光・熱・風・視野などをさえぎる》, 煙幕;(実体はない)隠すもの: behind a ~ of trees 木立ちに隠れて / His job was just a ~ for his spying. 彼の仕事はスパイ活動の単なる隠れみのだった. 関連 windscreen 《英》フロントガラス.
3 C (虫よけの)網戸 (window screen); U (網戸用の)網: We've got to put up ~s, or the mosquitoes will eat us alive! 網戸を取り付けないとぼくらはみんな蚊のえじきになってしまうぞ.
4 C (部屋などの)仕切り, ついたて; (教会の)内陣仕切り: a folding ~ びょうぶ / a sliding ~ ふすま, 障子 / a ~ between the two rooms その 2 部屋を仕切る幕 [ついたて]. 5 U 〔普通は the ~〕映画(界): a star of stage and ~ 舞台と映画のスター / make one's debut on the ~ 映画界にデビューする ((☞ silver screen, small screen). 6 C (土・砂・石炭などの)ふるい. 7 C 《米》《バスケ》スクリーンプレーをする選手 《ボールを持った味方選手を敵の攻撃から守るため壁になる選手》.
― 動 (**screens** /-z/; **screened** /-d/; **screen·ing**) 他 1 (病気などについて)〈人〉を検査する: I was ~ed for stomach cancer. 〈V+O+for+名の受身〉 私は胃がんの検査を受けた. 2 (人目から)〈…〉をさえぎる; (幕などで)〈…〉に仕切りをする, 覆い隠す (cover); 〈窓・部屋など〉に網戸をはめる: I held up my hand and ~ed my eyes **from** the sun. 〈V+O+from+名・代〉 私は手をかざして日から目をさえぎった / The room is ~ed **against** mosquitoes. 〈V+O+against+名・代の受身〉 部屋には蚊が入らないように網戸がはめてある. 3 〈…〉を保護する, かばう, (罰などを受けないように)守る: She tried to ~ the man while the police investigated the case. 彼女は警察がその事件を調査する間, その男をかくまおうとした. 4 〔しばしば受身で〕〈…〉の資格審査をする, 選抜[選考]する; 〈砂利・石炭など〉をふるい分ける: The applicants were carefully ~ed. 志願者たちは慎重な審査を受けた. 5 上映する, 放映する; 〈小説・劇など〉を映画化する. **scréen (one's) cálls** [動] 自 (留守番電話などで)かかってくる電話をえり分ける. **scréen óff** [動] 他 (ついたてなどで)仕切りをさえぎる. **scréen óut** [動] 他 〈…〉を遮断(しゃだん)する, さえぎる; (審査によって)〈…〉を除く, ふるい分ける.
screen·ag·er /skríːneɪdʒɚ | -dʒə/ 名 C 〔滑稽〕コ

ンピューター漬けの若者. 語源 screen と teenager の混成語; ⇨ blend 名 2.

scréen dòor 名 C 《米》網戸.

scréen dùmp 名 C 《電算》スクリーンダンプ《表示画面を印字または保存すること[したもの]》.

scréen(ed) pórch 名 C 虫よけの網を張ったベランダ.

scréen·ing 名 1 U.C (病気の)検査. 2 U.C 上映, 放映 (of). 3 U ふるい分け, 資格審査.

scréen nàme 名 C 《電算》スクリーンネーム《ネット上で使う通信用のハンドル名など》.

*__scréen·plày__ 名 C 映画脚本, シナリオ.

scréen prínting 名 U =silk screen.

scréen sàver 名 C 《電算》スクリーンセイバー《同じ画面表示を続けることによるスクリーンの焼けを防止するためのプログラム》.

scréen tèst 名 C 《映画俳優志願者の適性をみる》スクリーンテスト, 撮影オーディション.

*__scréen·writer__ 名 C 映画脚本作家, シナリオライター,(映画の)脚本家.

scréen·writing 名 U シナリオ執筆.

*__screw__ /skrúː/ 名 (~s /-z/) 1 C ねじ; ねじくぎ, ねじボルト: the head of a ~ ねじの頭 / wood ~ 木(ぎ)ねじ / turn the ~ to the right ねじを右へ回す / tighten a loose ~ ゆるんだねじを締める / ⇨ screwdriver. 関連 thread ねじ山. 2 [しばしば合成語で] らせん状の物; (船の)スクリュー, (飛行機の)プロペラ. 3 コルク栓抜き (corkscrew). 4 (ねじの)ひと回し, ひとねじり: That is not tight enough yet; give it another good ~. それではまだ十分締まっていない. ねじをもう一度ぎゅっと回しなさい. 5 《古風, 英》(紙などで)ねじって包んだ(塩などの)包み(分); ひと包みのたばこ. 6 《英略式》看守《特に囚人用語》. 7 [普通は a ~] 《古風, 英俗》給料. 8 [普通は a ~] 《卑》セックス(の相手). **a túrn of the scréw** 名 (1) ねじのひと回し. (2) 《困難な状況を倍加する》圧力, 締めつけ. **hàve a scréw lóose** 動 自 S 《略式》[しばしば滑稽] 頭が少し変だ, 狂っている. **pút [tíghten, túrn] the scréw(s) on ...** 動 《略式》《人》に圧力[おどし]をかける, 無理強いする.

— 動 (screws /-z/; screwed /-d/; screw·ing) 他 1 [副詞(句)を伴って] ⟨...⟩をねじで締める, ねじしくぎで取り付ける[留める] (into, onto) (反 unscrew): I ~ed the latch *to* the gate. <V+O+前+名・代> 私は門に掛けがねをねじで取り付けた.

2 [副詞(句)を伴って] ⟨...⟩をひねる, ねじる (twist); ⟨紙・布など⟩を丸める, 絞る: S~ the cap *on* [*off*] the tube, please. チューブのふたをひねって閉めてください[ひねって取ってください] / He ~ed his head round. 彼は首をぐるっと回して振り向いた / I ~ed a hook *into* the wall. 壁に留め金をねじ込んだ / He ~ed the nut tight. 彼はナットをぎゅっと締めた. 3 ⟨顔⟩をしかめる, ⟨目⟩を細める (up). 4 [しばしば受身で] 《俗》⟨...⟩をだます: How much did they ~ you *for*? いくら巻き上げられたんだ. 5 《卑》⟨...⟩とセックスする. — 自 1 ねじれる, 回る; [副詞(句)を伴って] ねじって締まる[はずれる]: This bulb ~s *into* the socket. この電球はねじるとソケットにはまる / This lid ~s *on* [*off*]. このふたをねじると締まる[はずれる]. 2 《卑》セックスする. **hàve one's héad scréwed ón (stráight** [**the ríght wáy**]**)** 動 《略式》分別がある, そつがない. **scréw you** [**him, thát**]**!** 間 S 《卑》こんちくしょう, この[あの]野郎!, ...なんぞくそくらえ![強いいらだちを表わす].

━━━━ screw の句動詞 ━━━━
scréw aróund 動 1 《略式》ぶらぶらして時間を無駄にする. 2 《略式》(物を)変えたりしていじくり回す (with). 3 《卑》乱交する.

scréw ... dówn 動 他 ⟨ふたなど⟩をひねって(しっかり)締める; ねじでとめる[取り付ける].

scréw ... òut of 動 他 1 ⟨...⟩から⟨水など⟩を絞り取る[出す]. 2 《略式》⟨人⟩から⟨金・約束など⟩を無理やり取る[取りつける]; ⟨人⟩をだまして⟨分け前など⟩を奪う.

scréw ... óver 動 他 《俗》⟨...⟩をだます.

scréw ... togéther 動 他 ⟨...⟩をねじでくっつける. — 自 ねじでくっつく.

scréw ... úp 動 他 1 ⟨勇気など⟩を奮い起こす; ⟨...⟩にはっぱをかける: He finally ~ed up his courage and got on the horse. 彼はついに勇気を奮い起こして馬に乗った. 2 《略式》⟨計画など⟩をめちゃめちゃにする, 台無しにする. 3 ⟨目・口など⟩を細める, ⟨顔⟩をしかめる, ゆがめる. 4 ⟨紙など⟩を丸める. 5 [普通は受身で] 《略式》⟨人⟩を緊張[混乱]させる, 不安に[ノイローゼに]する: He's really *screwed up*. やつはもうめちゃめちゃだ. — 自 《略式》大失敗する, へまをやる.

scréw·bàll 名 C 《野》シュート(ボール). 日英比較 「シュート(ボール)」は和製英語. 2 《略式, 主に米》変人, 奇人. — 形 《略式, 主に米》変わった, とっぴな; こっけいな: a ~ comedy とっぴな喜劇映画.

scréw·dríver 名 C ねじ回し, ドライバー. 日英比較 英語では単に driver とはいわない. 2 C.U スクリュードライバー《オレンジジュースとウォッカのカクテル》.

scréwed-úp 形 A 《略式》1 ひどく緊張[びくびく]した, 不安[ノイローゼ]になって, 《ショックで》気が変になって (about). 2 《計画など》めちゃくちゃの, 混乱した. 3 《紙など》丸め(られ)た. 語法 P の用法では screwed up とつづるのが原則 (⇨ screw up (screw 句動詞)).

scréw tóp 名 C (びん・チューブなどの)ねじぶた; (びんなどのねじぶたをはめる)上部のねじある部分. — 形 A = screw-top.

scréw-tóp 形 (びんなど)がねじぶたの付いた.

scréw-úp 名 C [普通は単数形で] 《略式》大失敗, 大失態, へま.

scréw·y /skrúːi/ 形 (screw·i·er, -i·est) 《略式》変な, 奇妙な; 気が変な.

Scri·a·bin /skriáːbɪn/ 名 A·le·ksan·dr /ǽlɪksǽndrə/ -zá:n-/ ~ スクリャービン (1872-1915) 《ロシアの作曲家》.

*__scrib·ble__ /skríbl/ 動 他 ⟨...⟩を走り書きする (down); ⟨...⟩に落書きをする. — 自 走り書きする, 落書きをする. — 名 1 U または C 走り書き, 悪筆. 2 U 走り書きしたもの; U または複数形で (無意味な)落書き.

scrib·bled /skríbld/ 形 走り書きした(の).

scrib·bler /skríblɚ/ 名 C 1 《略式》へぼ作家[記者]. 2 へんざいに書く人.

scribe /skráɪb/ 名 C 1 《特に印刷術が発明される以前の》写字生, 筆記者; 書記; 《滑稽》ジャーナリスト, 記者. 2 [普通は S-] 《ユダヤ史》学者《記録官・法律家・神学者を兼ねた》.

scrim·mage /skrímɪdʒ/ 名 1 U 《アメフト》スクリメージ. 2 C 《アメリカンフットボールの》練習試合. 3 C 《略式》取っ組み合い, 乱闘; 小競り合い (scrummage). **a line of scrímmage** 名 《アメフト》スクリメージライン《各プレーの前に両チームをわける想像上の境界線》. — 自 1 《アメフト》スクリメージをする; 練習試合をする. 2 乱闘する.

scrimp /skrímp/ 自 倹約する, 切り詰める: We had to ~ *on* food. 食費を節約しなければならなかった. **scrímp and sáve** 動 《略式》節約して金をためる.

scrim·shaw /skrímʃɔː/ 名 U 《米》《航海中に貝殻などに細かい彫刻彩色を施こす》水夫の慰み細工.

scrip¹ /skrɪp/ 名 C 特別株, 仮株券, 仮証券; U 特別株(全体), 仮株券[仮証券]類; 臨時紙幣.

scrip² /skrɪp/ 名 C 《略式》処方箋 (prescription).

*__script__ /skrɪpt/ 名 (scripts /skrɪpts/) 1 C 《映画・演劇・放送などの》台本, 脚本, スクリプト; 《演説などの》

稿: a film ~ 映画の台本 / read from a ~ 台本を読み上げる. **2** ⓤⓒ 表記法, 文字: in Russian ~ ロシア文字で. **3** ⓤ また a ~ 『格式』手書き (handwriting); 筆記体の文字. 関連 typescript タイプで打った原稿. **4** ⓤ 『印』スクリプト体《筆記体の活字体》(☞ type 参考). **5** ⓒ 『電算』スクリプト《あらかじめ登録された作業手順》. **6** ⓤ《普通は複数形で》《英》答案. **7** ⓒ《米略式》=scrip². **in script** 〖副〗 筆記体で. ── 〖動〗 他 **1** 《普通は受身で》〈…〉の台本を書く. **2** 〈…〉の脚本を書く(過ぎ). 語源 ラテン語で「書かれたもの」の意; scripture と同語源.

Script. =Scripture(s).

script・ed 形 《演説・放送などの》原稿[台本]による (反 unscripted): a ~ speech 原稿のある演説. **2** 入念に計画された(過ぎ)た.

scrípt・ing làng・uage /skríptɪŋ-/ 〖名〗ⓒ 〖電算〗スクリプト言語.

scrip・tur・al /skríptʃ(ə)rəl/ 形 聖書の[に基づく].

⁺scrip・ture /skríptʃə | -tʃə/ 〖名〗 **1**《普通は (the) S- または (the) Holy) Scripture(s) 聖書 (Bible)》(☞ script 語源). **2** ⓤ《古風》《科目としての》聖書(の時間). 参考 新約聖書か旧約聖書, またはその両者を指す. **2** ⓤ また 《複数形で》(キリスト教以外の)聖典, 経典.

scrípt・writ・er 〖名〗 ⓒ 脚本家, シナリオ作家.

scrod /skrɑd | skrɔ́d/ 〖名〗(複 ~s)《米》ⓒ たらの幼魚; ⓤ (料理用の)たらの肉.

scrof・u・la /skrɑ́fjʊlə | skrɔ́f-/ 〖名〗ⓤ 〖医〗瘰癧(るいれき).

scrof・u・lous /skrɑ́fjʊləs | skrɔ́f-/ 形 瘰癧の, 瘰癧にかかった.

scrog・gin /skrɑ́gɪn | skrɔ́g-/ 〖名〗 ⓤ 《ニュージーランド》 スクロギン《ナッツ・ドライフルーツ・チョコレートなどの入った高カロリーの菓子; ハイキングなどで食べる》.

⁺scroll /skróʊl/ 〖名〗 ⓒ **1** 巻物; 巻物に書かれた古文書. **2** 渦巻き形の装飾, 渦巻き模様. ── 〖電算〗 他〈ディスプレイ上の画面を〉上下左右に移動する, スクロールする《検索のため》(up, down). ── 自〈ディスプレイ上で〉上下左右に移動する (up, down).

scróll bàr 〖名〗 ⓒ 〖電算〗スクロールバー.

scróll・wòrk 〖名〗 ⓤ 渦巻き装飾.

scrooge /skrúːdʒ/ 〖名〗 ⓒ《普通は単数形で; しばしば S-》《略式》《軽蔑》けちん坊, 欲ばり. 由来 ディケンズ (Dickens) 作の *A Christmas Carol* に出てくる欲ばりの主人公の名から.

scro・tum /skróʊtəm/ 〖名〗(複 scro・ta /-tə/, ~s) ⓒ 〖解〗陰嚢(いんのう).

scrounge /skráʊndʒ/《略式》《しばしば軽蔑》〖動〗 他 《ささいなものを》ねだって[ごまかして]手に入れる, せしめる (from, off). ── 自 ねだって[ごまかして]手に入れる (for). **scróunge aróund**〖動〗 自《略式》捜し回る, あさり回る (for). ── 〖次の成句で〗 **on the scróunge**〖副・形〗《英略式》せしめようとして (for).

scróung・er 〖名〗 ⓒ《略式》しばしば軽蔑》ねだって[ごまかして]手に入れる人.

⁺scrub¹ /skrʌ́b/ 〖動〗 他 (scrubs /~z/; scrubbed /~d/; scrub・bing) 他 **1** 《床・壁などを》ごしごし洗う:〈汚れなどを〉こすり落とす (down): He scrubbed the floor clean with a brush. 彼は床をブラシでこすってきれいにした. **2** 《略式》〈計画などを〉取りやめる, 中止する. ── 自 ごしごし洗う: He scrubbed at the stain. 彼は汚れをごしごし洗った. **scrub awáy [óff]**〖動〗 他〈汚れなどを〉こすり取る. **scrúb óut**〖動〗 他 《部屋・容器などの(中)を》ごしごしこする, こすってきれいにする. **scrúb úp**〖動〗 自《医者が手術前に》手を洗う. ── 〖名〗 **1** [a ~] ごしごし磨く[洗う]こと: Give the kitchen floor *a* good ~. 台所の床をよくこすって洗いなさい. **2** 《複数形で》《略式》(緑色の)手術着(上下).

scrub² 〖名〗 **1** ⓤ 低木林《密集した低木の茂み》; 低木林帯; 雑木の生えた土地 (scrubland). **2** ⓒ ちっぽけな人[物]. **3** ⓒ《米》補欠[二軍]選手.

scrub・ber /skrʌ́bə | -bə/ 〖名〗 ⓒ **1** たわし. **2**《古風, 英略式》《差別》売春婦; ふしだらな女.

scrúb・bing brùsh 〖名〗 ⓒ《主に英》 =scrub brush.

scrúb brùsh 〖名〗 ⓒ 《米》洗いたわし《床そうじ用など》(《英》scrubbing brush).

scrub・by /skrʌ́bi/ 形 (scrub・bi・er; -bi・est) **1** 雑木の繁った; 《木などが》発育の悪い, いじけた. **2**《略式》ちっぽけな; みすぼらしい, 汚らしい.

scrúb・lànd 〖名〗 ⓤ 低木地帯.

scrúb nùrse 〖名〗 ⓒ 手術室(付き)看護師.

scruff¹ /skrʌ́f/ 〖名〗 ⓒ 《人・動物の》襟首, 首筋. **táke [séize, gráb, hóld]… by the scrúff of the […]'s néck**〖動〗〈…〉の襟首[首筋]をつかむ.

scruff² /skrʌ́f/ 〖名〗(~s) ⓒ《英略式》薄汚い人.

scruff・i・ly /skrʌ́fɪli/ 副 薄汚く.

scruff・i・ness /skrʌ́fɪnəs/ 〖名〗ⓤ 薄汚さ.

scruff・y /skrʌ́fi/ 形 (scruff・i・er; -i・est) 薄汚い, みすぼらしい.

⁺scrum /skrʌ́m/ 〖名〗 **1** ⓒ 『ラグ』スクラム. **2**[単数形で]《英略式》殺到する群衆, 押し合い, へし合い. ── 〖動〗 (scrums; scrummed; scrum・ming) 自《普通は ~ down として》『ラグ』スクラムを組む.

scrúm・hálf 〖名〗 ⓒ 『ラグ』スクラムハーフ《スクラムの中にボールを入れる選手》.

scrum・mage /skrʌ́mɪdʒ/ 〖ラグ〗〖名〗ⓒ《格式》= scrum 1. ── 〖動〗 =scrum.

scrum・my /skrʌ́mi/ 形《英略式》=scrumptious.

scrump /skrʌ́mp/ 〖動〗 他《古風, 英》《木の枝から》《特にりんごを》盗みとる.

scrump・tious /skrʌ́m(p)ʃəs/ 形《略式》《食べ物が》とてもうまい.

scrump・y /skrʌ́mpi/ 〖名〗ⓤ《英》スクランピー《イングランド南西部で作られる強いりんご酒》.

scrunch /skrʌ́ntʃ/ 〖動〗 他 **1**〈紙などを〉くしゃくしゃに丸める (up; into). **2**〈身を〉縮める, 〈目を〉細める, 〈顔を〉しかめる (up). ── 自 **1**《略式》〈小石などが〉ばりばり[がりがり]音を立てる. **2**〈顔などが〉ゆがむ. ── 〖名〗 [a ~] ばりばり[がりがり]という音.

scrúnch-drý〖動〗 他〈髪を〉スクランチドライする《根元にドライヤーをあて, 手でもみくしゃにしながら髪を乾かす》.

scrunch・ie /skrʌ́ntʃi/ 〖名〗 ⓒ《ゴムひもを布で覆い小さな輪にした》髪留め.

scru・ple /skrúːpl/ 〖名〗ⓒ **1**《普通は複数形で》良心のとがめ, ためらい: a man with no ~s 平気で悪いことをする人 / without ~(s) 平気で, ためらわずに. **2** スクループル《薬衡の単位; 20 grains, 約 1.3 グラム》. **háve nó scrúples abóut dóing**〖動〗〈…〉するのに気がとがめない. ── 〖動〗《普通は否定文で》《格式》気がとがめる, ためらう (about): He does *not* ~ to deceive others. 彼は人を平気であざむく.

⁺scru・pu・lous /skrúːpjʊləs/ 形 **1** 良心的な, 実直な (in)《反 unscrupulous》. **2** 細心な, きちょうめんな, 周到な (about, in). **~・ly** 副 良心的に; 細心に. **~・ness** 〖名〗ⓤ 良心的なこと; 細心さ.

scru・ti・neer /skrùː・tənɪə | -níə/ 〖名〗ⓒ《英》投票[開票]検査人.

scru・ti・nize /skrúː・tənàɪz/ 〖動〗 他 (名 scrútiny) 〈…〉を詳しく見る, 細かに調べる.

⁺scru・ti・ny /skrúː・təni/ 〖名〗 (-ti・nies /~z/; 〖動〗 scrú・ti・nize) ⓤ 精密な検査, 吟味, 詮索(せんさく); 監視; 凝視: Her behavior was subjected to careful ~. 彼女の行動は綿密に調べられた / His idea won't bear close ~. 彼の考えもよく調べてみればぼろが出るだろう. **únder scrútiny**〖副・形〗監視を受けて.

SCSI /skázi/ 〖名〗ⓤ《しばしば形容詞的に》〖電算〗SCSI (スカジー)《対応の》《周辺装置をパソコンに接続する規格;

small computer systems interface の略).

scu・ba /skjúːbə/ 名 C スキューバ(潜水用の水中呼吸器; self-contained underwater breathing apparatus の略; ☞ acronym), アクアラング.

scúba dìve 自 スキューバダイビングをする.

scúba dìver 名 C スキューバダイバー.

scúba dìving 名 U スキューバダイビング《スキューバをつけている潜水; ☞ skin diving》.

scud /skʌ́d/ 動 (scuds; scud・ded; scud・ding) 自 [副詞(句)を伴って]〈雲などが〉飛ぶように走る. 2 [a ~] 《文》疾走. 3 空を飛ぶ雲.

Scúd míssile /skʌ́d-/ 名 C スカッドミサイル《旧ソ連製の地対地長距離誘導ミサイル》.

scuff /skʌ́f/ 動 他 1 [しばしば受身で]〈靴・床・家具などに〉傷をつける, 〈...〉をこする; 〈靴などを〉すり減らす (on). 2 [受身なし]〈足・かかとを〉引きずって歩く. — 自 1 〈床・家具が〉こすれて減る, 傷む. 2 足を引きずって歩く. — 名 (~s) 1 (こすってできた)表面の傷跡. 2 [普通は複数形で]《米》スリッパ (☞ slipper 英比較).

scuffed /skʌ́ft/ 形 すり減った.

*scuf・fle /skʌ́fl/ 名 C 1 小ぜり合い (with). 2 足を引きずって歩くこと. — 動 自 1 小ぜり合いをする (with). 2 [副詞(句)を伴って](音を立てて)あわただしく動く, 足を引きずって歩く.

scuff・ling /skʌ́flɪŋ/ 名 U (人・物の)動かすかな音.

scúff・màrk 名 C =scuff 1.

scull /skʌ́l/ 名 1 スカル(船尾で1本でこぐかい). 2 スカル(両手に1本ずつ持ってこぐ軽いオールの片方). 3 スカル(舟)《2本のスカルを使ってこぐ競漕用の軽いボート》. 4 スカルこぎ; [複数形で] スカル競技. — 動 自 スカルでこぐ. — 他〈ボート〉をスカルでこぐ.

scull 1   scull 2, 3

scúll・er 名 C スカルで船をこぐ人.

scul・ler・y /skʌ́l(ə)ri/ 名 (-ler・ies) C (大邸宅や旧家の)食器洗い場, 食器置き場.

scúll・ing 名 U スカル競技.

scul・lion /skʌ́ljən/ 名 C 《古語》台所下働き(男).

*sculpt /skʌ́lpt/ 動 他 [しばしば受身で] 1 〈...〉の像を彫る. 2 侵食して〈...〉の形を変える: a rock ~ed by waves 波に侵食された岩. 3 〈鍛えて〉〈体型〉を変える. — 自 彫刻をする.

*sculp・tor /skʌ́lptə | -tə/ 名 C 彫刻家.

sculp・tress /skʌ́lptrəs/ 名 C 彫刻家〈女性〉.

sculp・tur・al /skʌ́lptʃ(ə)rəl/ 形 (名 sculpture) [普通は A] 彫刻の, 彫刻的な.

*sculp・ture /skʌ́lptʃə | -tʃə/ 名 形 (~s /~z/; 形 sculptúral) 1 C U 彫刻(作品): ~s by Rodin ロダンの彫刻 (☞ thinker 写真) / a beautiful ~ of a goddess 女神の美しい彫刻. 関連 statue 彫像.
2 U 彫刻, 彫刻術: I really can't understand modern ~. 私は現代彫刻はよくわからない.
— 動 (sculp・tur・ing /-tʃ(ə)rɪŋ/) 他 [しばしば受身で]〈...〉を彫刻する; 〈...〉に彫刻を施す; 〈材料を〉用いて(...の像を)彫る, 〈...〉に彫刻を施す: He ~ed a Buddhist image out of wood [the wood into a Buddhist image]. 彼は木で仏像を彫刻した. — 自 彫刻をする.

sculp・tured 形 A 1 彫刻(を施)された. 2 《文》〈容姿などが〉彫刻のような.

+**scum** /skʌ́m/ 名 1 U または a ~] 浮きかす, 泡, (温めた牛乳などの)表面に張る)薄い膜; あく(肉や野菜を煮るときに出る). 2 [複数扱い, 時に U] S [差別] 人間のくず(ども), 最低のやつ(呼び掛けにも用いる): (the) ~ of the earth 人間のくずども / You ~! このろくでなしめ. — 動 (scums; scummed; scum・ming) 他〈...〉を浮かす.

scúm・bàg 名 C S 《卑》いやなやつ.

scum・my /skʌ́mi/ 形 (scum・mi・er; more ~; scum・mi・est, most ~) 1 浮きかすのある; きたない. 2 [差別] 〈人が〉下劣な, 下等な.

+**scup・per** /skʌ́pə | -pə/ 動 (-per・ing /-p(ə)rɪŋ/) 他 《英》 1 [普通は受身で] 《略式》〈計画などを〉だめにする, 台無しにする. 2〈自分の船を〉故意に沈める. — 名 [普通は複数形で] 《海》甲板排水孔, 水落とし.

scurf /skə́ːf | skə́ːf/ 名 U (頭の)ふけ (dandruff). うろこ状には落ちるもの.

scurf・y /skə́ːfi | skə́ːfi/ 形 (scurf・i・er; -i・est) ふけだらけの, ふけのような.

scur・ril・i・ty /skərílətí/ 名 (-i・ties) 《格式》 1 U 下品. 2 U 中傷, 毒舌; C [しばしば複数形で] 口汚いこと.

scur・ril・ous /skə́ːrələs | skʌ́r-/ 形 《格式》下品な; 口の悪い, 中傷する(ような). ~・**ly** 副 下品に; 中傷的に. ~・**ness** 名 U 下品.

+**scur・ry** /skə́ːri | skʌ́ri/ 動 (scur・ries; scur・ried; -ry・ing) 自 [副詞(句)を伴って] あわてて走る, ちょこちょこ走る; 疾走する (around, off, along, past, across); 〈...を求めて〉急ぐ (for): When the cat came in, the mice scurried away. 猫が入ってきたとたんねずみたちは急いで逃げていった. — 名 (scur・ries) 1 [単数形で] (あわてた)急ぎ足, 小走り(の音). 2 C (風を伴った)にわか雨[雪]; もうもうたるほこり.

S-curve /éskə̀ːv | -kə̀ːv/ 名 C 《米》S 字カーブ (《英》 S-bend).

scur・vy[1] /skə́ːvi | skə́ːvi/ 名 U 《医》壊血病(ビタミン C の欠乏から起こる).

scur・vy[2] /skə́ːvi | skə́ːvi/ 形 (scur・vi・er, more ~; scur・vi・est, most ~) A 《古風》卑劣な, 下劣な.

scut /skʌ́t/ 名 C (うさぎ・しかなどの)短い尾.

scutch・eon /skʌ́tʃ(ə)n/ 名 =escutcheon.

+**scut・tle**[1] /skʌ́tl/ 動 自 [副詞(句)を伴って] 急いで行く, あわてて走る; ほうほうの体(てい)で逃げる (off, away): People ~d for shelter when it started to shower. にわか雨が降り出すと人々は雨やどりの場所を求めて走っていった. — 名 [a ~] 急ぎ足(の出発[退散, 逃走]).

scut・tle[2] /skʌ́tl/ 名 C 《古風》(室内用)石炭入れ (coal scuttle); 石炭入れ 1杯分の石炭.

scut・tle[3] /skʌ́tl/ 動 他 穴をあけて〈船〉を沈める(船底または舷側に); 〈計画などを〉故意にだめにする. — 名 C (甲板・舷側の)小窓, 小型の昇降口(のふた), (船底の)小穴; 天窓.

scut・tle・butt /skʌ́tlbʌ̀t/ 名 U 《米略式》うわさ.

scút wòrk 名 U 《米略式》きまりきったつまらない仕事.

scúzz・bàg, -bàll, -bùcket /skʌ́z-/ 名 C 《主に米俗》いやなやつ, いやったらしいやつ.

scuz・zy /skʌ́zi/ 形 (scuz・zi・er; -zi・est) 《米略式》きたない, むかつくような.

Scyl・la /sílə/ 名 《ギ神》スキュラ《海岸の巨大な岩に住む頭が6つ, 足が12の女の怪物; 船乗りを取って食ったという》. **betwèen Scýlla and Charýbdis** [形・副] 《文》進退窮まって.

scythe /sáɪð/ 名 C 大がま, (長柄の)草刈りがま (☞ death 参考). 関連 sickle 小かま. — 動 他 〈...〉を大がまで刈る (down, through). — 自 大がまで刈る.

Scyth・i・an /síθiən/ 形 スキタイ(人[語])の. — C スキタイ人; U スキタイ語.

SD 〔米郵〕=South Dakota.
S. Dak. [略] =South Dakota.
SDI /ésdì:áɪ/ [略] =Strategic Defense Initiative 戦略防衛構想《1983 年米国が提唱した》.
SDP /ésdì:pí:/ [略] =Social Democratic Party (英国の)社会民主党《合併し LD となった》.
*__SE__ [略] **1** 南東 (southeast). **2** =southeastern.
sea /sí:/ ([同音] see, si; [類音] seat, seed, seek, she) [名] (~s /~z/) **1** [U,C] [普通は the ~;《文》the ~s] 海, 海洋 ([反] land, earth): go to *the* ~ 海岸へ行く《☞ go to sea (成句)》/ by *the* ~ 海辺に《☞ by sea (成句)》/ *the S*~ of Japan 日本海《☞ proper noun [文法] (2) (ii)》/ Japan is surrounded by (*the*) ~. 日本は海に囲まれている // ☞ high sea. [語法]《米略式》では代わりにしばしば ocean を用いる. [関連] open sea 公海.
2 [形容詞的に] 海の, 海洋の, 海上の; 海に近い: a ~ route 海路 / ~ traffic 海上交通. **3** [C] 内海; 大きい湖《塩水または淡水のもの》: the Inland *S*~ 瀬戸内海 / the Caspian *S*~ カスピ海. **4** [C] [しばしば複数形で] (ある状態の)海; 波, 波浪: calm [smooth] ~*s* 穏やかな海 / heavy [rough] ~*s* 荒海. **5** [C] [普通は S- として名称に用いる]〔天〕海《月面の暗黒部をなす平原》.
a séa of ... [形] たくさんの…, 多量の…: *a* ~ *of* flame 火の海 / *a* ~ *of* troubles 多くの悩み.
at séa [副] (1) **航海中で**, (陸地の見えない)海上に: He spent many years *at* ~. 彼は長年海で過ごした / Worse [Stranger] things happen *at* ~.《ことわざ》[普通は滑稽] 海の上ならもっとひどいことだって起こる(この程度ですんでよかった). (2) 海(の中)に: He was lost [buried] *at* ~. 彼は海で死んだ[海に葬られた]. — [形] (1) **航海中で[の]**, 海上での: life *at* ~ 海上[船乗り]の生活. (2) **途方に暮れて**: I was all [completely] *at* ~ when I was asked to explain the situation. 事情を説明してくれと言われたときは本当に困った.
acròss [beyònd, òver] the séa(s) [形・副]《文》海のかなたの[へ], 海外の[へ], 外国の[で].
by séa [副] **船で, 海路で**; 船便で《☞ 1》: Do you like traveling *by* ~? 船旅はお好きですか.
gó to séa [動] [自] 船乗りになる《☞ 1》.
on the séa [副・形] (1) 海上に[を]; 船に乗って: Yachts sail *on the* ~. ヨットは海上を走る. (2) 海に面して[た]: a town *on the* ~ 海辺の町.
óut to séa [副] 海[水平線]の方へ.
pùt (óut) to séa [動] [自] 出帆する.
séa áir [名] [U] (健康によい)海辺の空気.
séa anèmone [名] [C] いそぎんちゃく.
séa·bàg [名] [C] キャンバス製の袋《船員の衣類・手まわり品入れ》.
séa·bèd [名] [the ~] 海底.
séa·bìrd [名] [C] 海鳥《かもめ・あほうどりなど》.
séa·bòard [名] [C] (特に北米大陸の)沿岸, 海岸地帯: the Eastern *S*~ 合衆国東部海岸.
séa·bòrne [形] [A] 海上運送の.
séa bòttom [名] [the ~]《主に米》海底.
séa brèam [名] [C] たい科の海水食用魚.
séa brèeze [名] [C] 海風《海から陸に向かって昼間に吹く微風》. [関連] land breeze 陸風.
séa càptain [名] [C] (商船の)船長.
séa chànge [名] [a ~] (態度・意識などの)大変化, 変貌(へんぼう), 変革.
séa·còast [名] [C] [普通は the ~] 海岸, 沿岸.
séa còw [名] [C] 海牛《マナティー (manatee), ジュゴン (dugong) などの水生動物》.
séa cùcumber [名] [C] なまこ.
séa dòg [名] [C]《文》または [滑稽] 熟練した船乗り.
sea·far·er /sí:fè(ə)rə | -rə/ [名] [C] [W]《古風》船乗り.
sea·far·ing /sí:fè(ə)rɪŋ/ [形] [A] 航海の; 船乗りの: a ~ man 海員, 水夫 / a ~ nation [country] 海洋国.
— [名] [U] 航海, 船乗り業.
séa fìsh [名] [C] (淡水魚に対して)海水魚.
séa·flòor [名] [the ~] 海底.
séa fòg [名] [U,C] (海上から陸へ来る)海霧(かいむ).
⁺**séa·fòod** [名] [U] シーフード, 海産物.
séa·frònt [名] [C] [普通は単数形で]《主に英》海岸の遊歩道, 海岸通り: a hotel on the ~ =a ~ hotel 海岸通りのホテル.
sea·girt /sí:gə:t | -gɜ:t/ [形]《詩》海に囲まれた.
séa·gòing [形] [A] (船が)遠洋航海用の.
séa gràss [名] **1** [U,C] 海草《海辺[海中]の植物》. **2** [U] 海草製カーペット.
séa-grèen [形] 海緑色の. — [名] [U] 海緑色.
⁺**séa·gùll** [名] [C] かもめ (gull). ★ 鳴き声については ☞ cry 表.
séa hòrse [名] [C] たつのおとしご《魚》.
séa ìsland cótton [名] [U] 海島綿(かいとうめん)《西インド諸島産の綿》.
séa kàle [名] [U,C] はまな《ヨーロッパの海岸植物; 新芽は食用》.
*__seal__[1] /sí:l/ ([類音] she'll) [動] (**seals** /~z/; **sealed** /~d/; **seal·ing**) [他] **1** 〈手紙など〉に**封をする**; 〈…〉に封印を施す; 密封する; 〈地域など〉を封鎖する; 〈…〉を秘密にする: ~ the envelope 封筒の封をする / ~ the window 窓に目張りをする / I **~ed** the parcel ***with*** adhesive tape. <V+O+*with*+名・代> 接着テープで小包に封をした.
2 〈証文・条約〉に**捺印(なついん)[調印]する**: ~ the treaty 条約に調印する. [関連] sign 署名する. **3** 〈目・唇〉を堅く閉じる: Don't worry—my lips *are* ~*ed*. [S] 心配するな. 絶対にしゃべらないから. **4** 〈友情・契約など〉を固める, 確実にする; 保証する: ~ an agreement by shaking hands 握手をして合意を確認する. **5** 〈運命など〉を定める, 決定する: ~ victory 勝利を決定づける / This ~*ed* her fate [doom]. これで彼女の運命は決まった. **6** (水などが漏れないように)〈…〉に上塗りをする, コートする.
séal ín [動] [他] 〈香りなど〉を封じ込める.
séal óff [動] [他] 〈…〉を密閉[密封]する; 〈地域など〉を封鎖する: The police have ~*ed off* the whole area. 警察がその地域全体を立入禁止にした.
séal úp [動] [他] 〈手紙・包みなど〉を封印する; 〈穴・窓など〉をふさぐ, 密封する (*with*).
— [名] (~s /~z/) [C] **1 印章**; 判, 証印《ろうまたは鉛などの上に押す》; 印鑑: an official ~ 公印 / Please put the ~ here. ここに押印してください.

> [日英比較] 日本では押印するが, 欧米では署名ですませるので一般の人は印鑑を持たない. 公文書などには印鑑を使うことがあるが, 溶かしたろうの上などから押す. 認め印 signet や認め印つき指輪 signet ring の用法も同じ《☞ stamp [名] 2》.

2 (封書・びんなどの)シール, 封印紙; (募金活動で発行する)シール《切手には使えないが封筒・小包などに貼る》: a Christmas [Red Cross] ~ クリスマス[赤十字]のシール / the ~ of a jar びんの封《ワックスなど》.
3 (封筒の)封(をした部分): He broke the ~ of the letter. 彼は手紙の封を切った.
4 [普通は単数形で] (気体や液体の)**漏出防止装置**; 密封, 密閉: a defective ~ 欠陥のある漏出防止装置. **5** (友情などの)あかし, 印(しるし), 保証: a ~ *of* love 愛のしるし. [語源] ラテン語で「小さな印」の意; ☞ sign [語源].
...'s séal of appróval [名] (…からの)正式な認可: He gave the plan *his* ~ *of approval*. 彼はその計画を承認した.
sét one's séal to [on] ... [動] [他] …に押印[捺印]する; 承認[是認]する.
sét [pút] the séal on ... [動] [他]《英》(成功など)を確実な

ものにする, 決定する, (人の一生など)の絶頂をしるす; …を承認する. **ùnder séal** [副] 封印されて.

+**seal**[2] /síːl/ [名] (複 ~(s)) **1** [C] あざらし; おっとせい (fur seal). ★ 鳴き声については ☞ cry 表. **2** [U] =sealskin 1. **—** [動] [自] あざらし[おっとせい]狩りをする. **gò séaling** [動] [自] あざらし[おっとせい]狩りに行く.

seal	あざらし
	おっとせい (fur seal)

séa-làne [名] [C] 航路, 海上輸送[交通]路, 航路帯.

seal·ant /síːlənt/ [名] [U,C] =sealer[1].

sealed /síːld/ [形] 密封された, 封印された.

séaled-béam lìght [名] [C] シールドビーム灯 《焦点を合わせた反射鏡・レンズ内にフィラメントを密封して一体成形した電球》.

séaled órders [名] [複] 封緘(ふうかん)命令 《特定の日時まで開封を禁じられている命令書》.

séa lègs [名] [複] 船内をしっかりと歩ける足どり; 船に酔わないこと. **find [gét] one's séa lègs** [動] [自] 船に酔わなくなる.

séal·er[1] [名] [U,C] 密封するもの, 防水剤, 下地用塗料 (の上塗り).

séal·er[2] [名] [C] あざらし[おっとせい]漁夫[漁船].

+**séa lèvel** [名] [U] 海面, 平均海面: three thousand feet *above* [*below*] ~ 海抜[海面下] 3 千フィート.

séa·lìft [名] [C] 《主に米》 海上輸送.

séal·ing wàx /síːlɪŋ-/ [名] [U] 封蠟(ふうろう).

séa lìon [名] [C] あしか, とど.

Séa Lòrd [名] [C] 《英》 海軍本部武官委員 《国防省の海軍本部委員会 (the Admiralty Board) の 2 人の海軍側委員の 1 人》.

séal rìng [名] [C] 印章付き指輪 (☞ seal[1] [日英比較]).

séal·skìn [名] **1** [U] あざらし[おっとせい]の毛皮. **2** [C] あざらし[おっとせい]の毛皮の衣服.

+**seam** /síːm/ [名] [C] **1** (布・革などの)縫い目, 継ぎ目; (金属・木材などの)つなぎ目: [言い換え] The ~ of my sleeve has come apart.=My sleeve has come apart at the ~. そでの縫い目がほころびた. **2** 傷跡, (顔などの)しわ. **3** 〘地質〙 (2 つの地層間の)薄層, 鉱脈: a rich ~ of coal 豊かな石炭層. **be búrsting [búlging] at the séams** [動] [自] 《略式》 (場所などが)あふれんばかりにいっぱい[満員]である. **cóme [fáll] apárt at the séams** [動] [自] (1) (衣服が)縫い目がほころびる (☞ 1). (2) [しばしば進行形で] 《略式》 (物事・人が)すっかりだめになる; 平常心を失う. **—** [動] [他] **1** 〈…〉を縫い[継ぎ]合わせる (*together*). **2** [普通は受身で] 〈…〉にしわを寄せる, 傷跡を残す (*with*).

+**sea·man** /síːmən/ [名] (**-men** /-mən/) [C] **1** 船員, 船乗り, 水夫, 海員. **2** 〘海軍〙 水兵. **3** [前に形容詞をつけて] 船の操舵(そうだ)が…の人: a *good* ~ 船の操舵のうまい人.

séaman·shìp [名] [U] 操船術.

séa·màrk [名] [C] 〘海〙 航海目標, 航路標識.

séamed [形] [A] 縫い目[継ぎ目]のある; (深い)しわの寄った (*with*).

séa mìle [名] [C] 海里 (nautical mile).

seam·i·ness /síːminəs/ [名] [U] 不快[見苦し]さ.

séa mìst [名] [U,C] 海霧(かいむ) 《海上から陸に来る》.

+**séam·less** [形] **1** 切れ目のない, とぎれない. **2** 縫い目[継ぎ目]のない: ~ stockings シームレスのストッキング. **~·ly** [副] 縫い目[継ぎ目]なく; スムーズに.

seam·stress /síːmstrəs | sém-/ [名] [C] **1** 《古風》 お針子, 裁縫婦. **2** 針仕事の上手な女性.

seam·y /síːmi/ [形] (**seam·i·er**; **-i·est**) 不快な, 見苦しい, 裏面の: the ~ side of life 人生の裏面[暗黒面].

Sean /ʃɔ́ːn/ [名] [固] ショーン 《男性の名》.

sé·ance, se- /séɪɑːns/ [名] [C] 降霊術の会.

séa òtter [名] [C] らっこ 《毛皮は高級品》.

séa pìnk [名] [U] はまかんざし 《植物》 (thrift).

séa·plàne [名] [C] 水上飛行機.

séa·pòrt [名] [C] 海港; 港市, 港町. [関連] airport 空港.

floats *or* pontoons フロート

seaplane

séa pòwer [名] [U] 海軍力; [C] 海軍国.

sear /síə | síə/ [動] (**sear·ing** /sí(ə)rɪŋ/) [他] **1** 〈…〉を(熱した鉄などで)焼く, 〈…〉の表面を焦がす, (油ですばやく揚げて)〈肉〉の外側を褐色にする; 〈手など〉をやけどする. **2** 《格式》 〈人〉に強い[有害な]影響を及ぼす, (罪の意識などが)〈人〉の身を焦がす; 〈心〉をかたくなにする. **3** 《古語》 〈植物〉をしなびさせる, 枯らす. — [自] [副詞(句)を伴って] 焼ける, 焦げる; (痛みなどが)焼けつくように感じられる. **be séared on [ìnto, ònto] …'s mémory** [動] [自] (経験などが)…の心に深く刻まれている.
— [形] 《文》 =sere.

‡**search** /sə́ːtʃ | sə́ːtʃ/ [T1] [名] (~·**es** /~ɪz/) [C] [普通は単数形で] **捜索,** 追求; 調査, 吟味, 身体検査; 〘電算〙 (データ・情報の)検索: the ~ *for* truth 真理の追求 / a ~ and rescue operation 捜索救助活動 / ~ and replace 検索と置換 《特定の文字列を捜し, これを指定の文字列とおきかえること》 / make house-to-house ~*s* 一戸一戸家宅捜索する / The ~ [*for* the child began [*was on* to find the child] that afternoon. その子供の捜索はその日の午後から始まった / [call off [abandon] a ~ 捜索を打ち切る.

dó [cárry óut] a bódy sèarch [動] [自] (空港などで)身体検査をする (*on*).

dó [rún, perfórm] a séarch of … [動] [他] (コンピューターで)…を検索する.

in séarch of … [前] …を捜して, …を求めて: Many people come to Tokyo *in* ~ *of* employment. 職を求めて上京する人が多い.

màke [condúct, cárry óut] a séarch of … [動] [他] (…を求めて)(人・場所)を調べる, 捜索する (*for*).

— [動] (**search·es** /~ɪz/; **searched** /~t/; **search·ing**) [他] **1** 〈場所〉(の中)を**捜す,** 捜査する; 〈…〉の中(身)を調べる, 〈人〉を身体検査する. [語法] 人・物を求めて場所や人の身体などを調べることで, 捜し求めるものが直接目的語とはならない: The police ~*ed* the house. 警官はその家を捜索した / The patrolman **~*ed*** the suspect *for* concealed weapons. <V+O+*for*+名・代> パトロールの警官は容疑者を身体検査して隠した武器を探した / My bag *was* ~*ed* at Customs. <V+O の受身> 私のかばんは税関で検査された. **2** 〘電算〙 〈データベースなど〉を(特定の項目を捜すために)検索する. **3** 〈傷・人の心など〉を探る; 〈記憶〉をたどる: I ~*ed* his face carefully. 私は気をつけて彼の顔を見た.

— [自] **捜す,** 求める: ~ all over くまなく捜す / We are **~*ing for*** the lost boat. <V+前+名・代> 私たちは行方不明のボートを捜している / He spent his life ~*ing* ***after*** wisdom. 《格式》 彼は賢者になることを求めて一生を送った / He ~*ed* ***in*** [***through***] his pockets *for* a key. 彼はポケットの中に手を入れて鍵を捜した.

Séarch mé! [S] 《略式》 (私が)知るものか. **séarch one's cónscience [héart]** [動] [自] 《格式》 自分の良心に問う, 反省[自省]する. **séarch óut** [動] [他] 〈物事・人〉を捜し出す. **séarch thròugh …** [動] [他] …を徹底的に調べる: The police ~*ed through* the documents. 警察は書類の山の中をくまなく探した.

séarch èngine [名] [C] 〘電算〙 検索エンジン 《他のソ

search·er 名 C 捜索[調査, 検査]者; 税関検査官.
search·ing 形 A 探るような; くまなく捜し回る, 徹底的な: a ~ look [glance, gaze] 鋭い目つき / a ~ investigation 徹底的な調査. **-ly** 探るように; 徹底的に.
search·light 名 C 探照灯, サーチライト, 探海灯; U 探照灯の光.
search party 名 C 《英》単数形でも時に複数扱い 捜索[捜索]隊.
search warrant 名 C 家宅捜索令状.

⁺**sear·ing** /síːrɪŋ/ 形 [普通は A] **1** 焼けつくような: the ~ heat of the desert 砂漠の焼けつくような暑さ / a ~ pain 激痛. **2** (批判などの)手厳しい, 激しい(ことばを用いる). **~·ly** 焼けつくように; 激しく.

Sears Roe·buck /síərzróʊbʌk/ /síəz-/ 名 固 シアーズローバック《米国の大手通信販売会社・小売チェーン店》.

sea salt 名 U 海塩《天日塩田法で作る塩》.
sea·scape 名 C 海の風景画[写真]; 海の景色.
sea scout 名 C (しばしば S- S-) シースカウト《ボーイスカウトの海軍訓練隊員》.
sea serpent 名 C (伝説上の)大うみへび.
sea shan·ty 名 C =chantey.
sea·shell 名 C (海水産の)貝《特に貝殻を指す》.
sea·shore 名 **1** U [普通は the ~] 海岸, 海辺 (shore¹): on the ~ 海辺で[に]. **2** [the ~] 《法》前浜 《通常の高潮線と低潮線の間の土地》.
sea·sick 形 船に酔った, 船酔いの: get ~ 船酔いする. **~·ness** 名 U 船酔い.

⁺**sea·side** 名 **1** [普通は the ~] 海岸, 海辺 (shore¹ 類義語): I spent two weeks at [by] the ~. 私は海辺で2週間過ごした. **2** [形容詞的に] 海岸の, 海辺の: a ~ hotel [resort] 海辺のホテル[行楽地]. **3** [the ~] 《英》(保養[行楽]地としての)海岸地帯[町].

sea slug 名 C なまこ, うみうし.
sea snake 名 C 海蛇.

⁂**sea·son** /síːzən/

元来はラテン語で「種まきの季節」→「季節」名 1 →「時期」名 2 →(食べ物の食べごろ)→(美味にする)→「〈…〉に味をつける」動 1 となった.

— 名 (~s /-z/; 形 séasonal) C **1 季節**《1年を4つに分けたもの; ☞ month 表》: Spring, summer, fall [autumn] and winter are the four ~s of the year. 春, 夏, 秋, 冬が1年の四季である / Most vegetables are cheap late in the ~. 季節の終わり目はたいていの野菜が安い. 語法 「春[夏, 秋, 冬]に」を表わす場合は前置詞は in を用いる(☞ in¹ 前 3, week 2番目の 語法, month 2番目の 語法, year 1の 語法 (2)).

2 (ある特定の)**時期**, シーズン, 活動[流行]期, 盛り; (映画・演劇などの)上映[上演]期間, 好機 (for): the Christmas ~ クリスマスシーズン / the baseball ~ 野球シーズン / the ~ of good cheer 楽しい喜びの休暇期《クリスマスシーズンのこと》 / the harvest ~ 取り入れ時期 / the rainy [dry] ~ 雨[乾]季 / the oyster ~ かきの季節 / the hunting ~ 狩猟期 / the breeding ~ 繁殖期 / the London ~ ロンドン社交期《初夏のころ》 / the holiday ~ 休暇期《クリスマス, 復活祭, 感謝祭, 新年の休暇の時期》 / a short ~ of horror films on television テレビでのホラー映画の短期間連続放映 / at the height of the (tourist) ~ (観光)シーズンの盛りに. 関連 off-season シーズンオフ(の). **3** 《英略式》=season ticket.

còme ínto séason 動 自 (食べ物が)出盛りになる, 旬(しゅん)になる.

in góod séason 副 《文》十分間に合って.
in séason 形·副 (1) (果物・魚などが)出盛りで[に], 旬(しゅん)で[に]: Oysters are now in ~. かきが今食べごろだ. (2) (商売などが)最盛[繁忙]期に, かき入れ時にで[に], (人々が休暇をとる)シーズンで[に]. (3) (雌の動物が)盛りがついて[た]. (4) 猟期で[の], 解禁で[の].
òut of séason 形·副 (果物・魚などが)季節はずれで[に], (人々が休暇をあまりとらない)シーズンオフで[に]; 禁猟期で[の].
Séason's Gréetings! クリスマスおめでとう《クリスマスカードなどのあいさつの言葉》.
the séason of góod wíll [名] 善意の季節 (Christmas のころ).

— 動 (sea·sons /~z/; sea·soned /~d/; -son·ing /-zənɪŋ/) 他 **1** 〈...〉に味をつける, 調味する; 〈...〉に風味[興味]を添える: She usually ~s lamb *with* rosemary. <V+O+*with*+名·代> 彼女は いつもは子羊の肉をローズマリーの葉で味付けする / His lecture *was* ~*ed with* some interesting stories. <V+O+*with* +名·代の受身> 彼の講演会は興味ある話も交えておもしろいものだった. **2** [普通は受身で] 〈木材〉を(使えるように)乾かす, 乾燥させる, 枯らす. **3** 〈人〉を慣らす, 鍛える (to). — 自 (木材が)乾いて使えるようにする.

sea·son·a·ble /síːzənəbl/ 形 (反 unseasonable) (格式) **1** 季節にふさわしい[合った], 順調な: ~ weather 順調な天候. **2** 時宜にかなった (timely); (贈り物などが)適当な. **-a·bly** /-əbli/ 副 時宜にかなって.

⁂**sea·son·al** /síːzənəl/ 形 (名 season) [普通は A] 季節の, 季節的な, 特定の季節だけの; 周期的な: ~ changes in the weather 天候の季節的な変化 / ~ norm 《英》季節の標準的な天候 / ~ laborers 季節労働者. **-al·ly** /-nəli/ 副 季節的に; *seasonally* adjusted unemployment figures 《英》季節失業者数.

seasonal affective disorder 名 U 《医》季節性感情障害《日照時間の短い冬になると鬱(うつ)状態となり春になると回復するもの; 略 SAD》.

⁺**sea·soned** 形 **1** [普通は A] ベテランの, 鍛えられた; 円熟した: a ~ boxer 年季の入ったボクサー. **2** 味付けした, 調味した. **3** (木材などが)乾燥させた.

sea·soned salt 名 U (香辛料などを混ぜた)調味塩.

⁺**sea·son·ing** /síːzənɪŋ/ 名 U.C 調味料; 趣を添えるもの, 薬味 (salt, pepper, herb, garlic など).

séason òpener 名 C 《スポ》開幕試合; (テレビドラマの)第1話.

séason premiére 名 C シーズンプレミア《特に秋に始まる》連続テレビ番組のシーズン初回》.

⁺**séason tícket** 名 C **1** 《英》定期乗車券《《米》 commutation ticket》: a monthly ~ for the metro 地下鉄の1か月定期 / a ~ holder 定期券所有者. **2** (演奏会・スポーツなどの)定期入場券《期間中いつでも入場できる》. ★ 1, 2 とも《略式》では単に season という.

⁂**seat** /síːt/ (同音 sheet) 名 (seats /síːts/) C **1 座席, 席**, イス, 腰掛け・ベンチなど》[劇場・乗物などの固定された]座席《☞ chair 表》: reserved ~s 予約席 / the front [back] ~ of a car 車の前[後ろ]の席 / "Is this ~ taken?" "No, go right ahead." 「この席はふさがっていますか」「いいえ, どうぞ」 / We found our ~s and waited for the concert to begin. 私たちは自分たちの席を見つけ, コンサートが始まるのを待った / Excuse me, but I think you're in the wrong ~. 失礼ですがお席が違っているようで / Could you please put your ~ in the upright position? 座席を起こしてください《離着陸時の乗務員の言葉》 / I'd like to reserve [《英》book] two ~s on Flight 708 to San Francisco. サンフランシスコ行き 708 便の席を2つ予約したいのですが / Which would you prefer, a win-

seat belt

dow ~ or an aisle ~? 窓側の席と通路側の席とどちらがよろしいでしょうか // ☞ backseat.

― コロケーション ―
change [exchange] *seats* **with ...** (人)と席を交換する
give (up) one's *seat* **to ...** (人)に席を譲る
keep one's *seat* 席を離れないでいる, 席にとどまっている
leave [rise from, get up from] one's *seat* 席を立つ[はずす]
sit (down) on [in] a *seat* 座席に腰掛ける
take [have] a *seat* Ⓢ 席につく, 着席する

― seat のいろいろ ―
bóx séat (劇場・競技場などの)桟敷席 / búcket sèat バケットシート / chíld sèat チャイルドシート / dríver's sèat, (英) dríving sèat 運転席 / pássenger sèat (運転席の横の)助手席

2 [普通は単数形で] (いすの)座, 腰掛ける部分; (ズボンなどの)しり; 《格式》(身体の)尻, 臀部(ﾃﾞﾝ); (機械などの)台座: the ~ of the chair いすの座る所[面] / the ~ of one's pants [trousers] ズボンのしり(の部分).
3 議席, 議員[委員など]の地位, (国会の)選挙区; (証券取引所などの)会員権 (*on*): a ~ *in* Parliament 議席 / The Labour Party won [lost] seven ~s. 労働党は7議席を得た[失った] / a ~ *safe* seat. 《格式》(略式) 安全席. **4** 《格式》(官庁などの)ありか場所, 所在[中心]地: the ~ *of* government 政府の所在地, 首都 / Oxford and Cambridge are ~s of learning. オックスフォードとケンブリッジは学問の中心地だ. **5** [普通は a ~] (馬などの)乗り方, 乗った姿勢: That rider has *a* good ~. あの騎手は乗り方が上手だ.
6 田舎の屋敷 (countryseat). 【語源】元来は sit, seat, settle と同語源. **on the edge of one's seat** [形] わくわく[そわそわ]して(待って). **by the seat of one's pants** [副] 《計画・機械などに頼らず》自分の判断に基づいて, 勘で(操縦するなど). **lóse one's séat** [動] 自分の席を他の人に取られる; (議員が)議席を失う, 落選する. **táke one's séat** [動] 自分の席に座る(議員としての活動を始める.
― 動 (seats /síːts/; seat·ed /-tɪd/; seat·ing /-tɪŋ/)
他 **1** [しばしば受身または ~ oneself として] 《格式》〈人を〉席に着かせる, 着席させる: The host ~ed his guests *around* the table. <V+O+前+名・代> 主人は客を食卓に着かせた / He ~ed himself *at* his desk [*on* the bench]. 彼は机に向かって[ベンチに]座った / Please *be* ~*ed*. Ⓢ どうぞご着席ください / Please remain [stay] ~*ed.* 席をお立ちになりませんように. **2** [進行形なし] ...人分の...座席を持つ; 〈人を〉議席[役職]につける: That theater ~*s* three thousand people. あの劇場は3千人座れる[座席数3千だ]. **3** 〈機械などを〉据え付ける. ― 自 (場所に)ぴったりはまる[合う].

†séat bèlt 名 Ⓒ (飛行機・自動車などの)シートベルト, 安全ベルト (safety belt): Please fasten your ~s. 座席のベルトをお締めください.

-seat·er /síːtə | -tə/ 名 Ⓒ, 形 [合成語で] ...人乗りの(車), ...人掛けの(いす).

†seat·ing /síːtɪŋ/ 名 Ⓤ 座席(の設備); 座席の配列; 座席数 (*for*): a ~ capacity 座席数 / a ~ plan = ~ arrangements (晩餐(ﾊﾞﾝ)会などでの)座席表.

séat·màte 名 Ⓒ (米) (乗り物で)隣に座り合わせた人.

SEATO, Sea·to /síːtoʊ/ 名 圓 東南アジア条約機構, シアトー (1954-77) (Southeast Asia Treaty Organization の略).

séat-of-the-pánts 形 《略式》(計器・理論でなく)勘と経験に頼る[基づく].

séa tròut 名 降海型の鱒(ﾏｽ), (特に)ブラウントラウト; 鱒に似た海魚 《あいなめなど》.

Se·at·tle /siætl/ 名 圓 シアトル 《米国 Washington 州西部の港市; ☞ 表地図 D 3》.

séa túrtle 名 Ⓒ 海がめ.

séat·wòrk 名 Ⓤ (学校などで監督者なしで行なう)自席学習, 自習 《読み書きなど》.

séa úrchin 名 Ⓒ うに.

séa wàll 名 Ⓒ (海岸の)護岸堤防.

sea·ward /síːwəd | -wəd/ 形 (反 landward) 副 海[沖]の方へ. ― 形 1 海の方への. 2 (風が)海からの.

sea·wards /síːwədz | -wədz/ 副 = seaward.

†séa·wàter 名 Ⓤ 海水.

séa wày /síːˌweɪ/ 名 Ⓒ 1 内陸水路 《湾・河口から外海に通ずる航路》. 2 海路, 航路.

†séa·wèed 名 Ⓤ 海草 《こんぶ・わかめ・のりなど; 欧米では一般に食用とはしない》.

séa·wòrthiness 名 Ⓤ 航海に適すること, 耐航性.

séa·wòrthy 形 (船が)航海に適する, 航海に耐える.

se·ba·ceous /sɪbéɪʃəs/ 形 Ⓐ 《生理》脂肪を分泌する: a ~ gland 皮脂腺.

Se·bas·tian /səbǽstʃən | -bǽstiən/ 名 圓 セバスチャン 《男性の名》.

SEbE 略 = southeast by east 《☞ southeast (成句)》.

seb·or·rhe·a, -rhoe- /sèbəríːə/ 名 Ⓤ 《医》脂漏(症).

SEbS 略 = southeast by south 《☞ southeast (成句)》.

se·bum /síːbəm/ 名 Ⓤ 《生理》脂(ﾔﾆ), 皮脂.

sec¹ 略 秒 (second(s)) 《☞ second²》.

sec² /sék/ 名 Ⓒ 《略式》ちょっとの間 (second): I'll be with you in a ~. すぐにもどりますから / 「Hang on [Hold on, Just] a ~. ちょっと待って.

SEC /ésìːsíː/ 略 = Securities and Exchange Commission.

sec. 略 = secretary, section(s).

se·cant /síːkənt, -kænt/ 《数》形 切る, 分ける: a ~ line 割線. ― 名 Ⓒ セカント, 正割; 割線.

sec·a·teurs /sékətəːz | -təːz/ 名 Ⓒ [複] (英) 剪定(ﾃﾞﾝ)ばさみ (pruning shears).

†se·cede /sɪsíːd/ 動 自 《格式》(同盟・政党・教会などから)脱退する, 分離独立する (*from*).

†se·ces·sion /sɪséʃən/ 名 1 Ⓤ または a ~] 《格式》分離独立, 脱退. 2 [the S-] 《米史》南部11州の連邦脱退 《南北戦争の原因となった; ☞ civil war 2》.

se·ces·sion·ist /sɪséʃ(ə)nɪst/ 名 Ⓒ [普通は複数形で] 離脱論者; [しばしば S-] 《米史》(南北戦争当時の)離脱論者. ― 形 離脱(論者)の.

†se·clude /sɪklúːd/ 動 他 《格式》<人を>(...から)引き離す, 隔離する; 隠退させる (*from*) (☞ include 【単語の記憶】). **seclúde onesèlf from ...** [動] 《格式》...から隠遁(ｲﾝ)する.

†se·clud·ed /-dɪd/ 形 [普通は Ⓐ] (場所が)人目につかない, 静かな, 人里離れた; (生活などが)引きこもった: lead a ~ life 隠遁生活をする.

se·clu·sion /sɪklúːʒən/ 名 Ⓤ (世間から)隔離された状態[場所], 隠退, 閑居 (*of*): a policy of ~ 鎖国政策 / live [dwell] *in* ~ 世間から離れて生活する.

☆sec·ond¹ /sékənd/ 🔲 形 1 [普通は the ~; ☞ the¹ 1 (4)] 2番目の, 第2の, 2位の (2nd とも書く), 【number 表, two, ordinal number 語法】: *the* ~ lesson 第2課 / *the* ~ floor 《米》2階, 《英》3階 《☞ floor 挿絵および 語法》 / *the* two hundred and ~ person 第202番目の人.

2 Ⓐ [普通は a ~] もう一つの (another), また別の, ほかの: a ~ time もう一度 / a ~ helping (食事の)お代わり / a ~ Churchill チャーチルの再来(というべきすぐれ

た)政治家. ‖☞ a² 5) / a ~ pair of socks. 靴下の替え / a ~ car セカンドカー ‖ ☞ second home. **3** 次の; 補助の, (...に)次ぐ(to); [A][楽]第二の; (車のギヤが)セカンドの: the ~ violin 第二バイオリン. [語源] ラテン語で「次に続く」の意; sequence と同語源. **be sécond ónly to ...** [動] (人・物が)...に次いで[わずかに劣って]いる: As a tennis player he *is* ~ *only to* Ken. テニスの選手として彼はケンを除いてはだれにも劣らない. **be sécond to nóne** [動] 〔自〕 何物[だれ]にも劣らない. **for the sécond tíme** [副] 二度目に, 再び. **in the sécond pláce** [副] ⟨つなぎ語⟩ 第二に, 次に (理由を挙げるときかに用いる表現): In the first place John is brighter, and *in the* ~ *place* he needs the money more. まず第一にジョンのほうが成績がよい, そして第二にジョンのほうが金を必要としている.

──名 (**sec·onds** /-kəndz/) **1** [単数形で普通は the ~] **第2の人[もの]**, 2番目の人[もの], 2位の人[もの], 第2号 ‖☞ *former*¹ [語法] (1): Elizabeth *the S*~ = Elizabeth II エリザベス二世 ‖ ☞ *ordinal number* [文法] (3) / He was *the* ~ *to* ask me that question. <N+*to* 不定詞> 彼は私にその質問をした2人目の人だった. **2** [単数形で普通は the ~] (月の) **第2日**, ふつか (2nd と も書く): The meeting began「on the ~ of April [on April 2]. 会は4月2日から始まった (April 2 is April (*the*) *second* と読む; ☞ *ordinal number* [文法] (2)). **3** [U][野] 二塁 (second base). **4** [C] 補佐者, (決闘の)介添え人, 動議支持者; [ボク]セコンド. **5** [C] [普通は複数形で] (製品・商品などの)二級品, (値の安い)傷物. **6** [U] (自動車のギヤの)セカンド: change [shift] into ~ ギヤをセカンドに切り替える. **7** [C] 〔英〕第2級(の優等学位) (大学卒業の優等 (honors) 試験で中位の成績) (国米 ☞ *honor*): get an *upper* ~ *in economics* 経済学で2級の上を取る. **8** [複数形で] 〔略式〕(食事の)お代わり, 追加. ──副 **1** 2番目に, 2位で: He「came (in) [finished] ~. 彼は2着でゴールインした. **2** =secondly. **3** [最上級につけて] 2番目に...: Los Angeles is *the* ~ *largest* city in the United States. ロサンゼルスは米国で2番目に大きな都市だ. ──動 〔他〕 〈動議など〉を支持する, 〈...〉に賛成する, 〈人〉を後援する, 援助[支援]する (support); (ボクシングなどで)〈人〉の介添え[セコンド]をする[つとめる]: He ~*ed* the motion [proposal, amendment]. 彼はその動議[提案, 修正案]に賛成した / I'll ~ that. ⓢ それに賛成だ. [語法] 採決のための動議賛成者は I second (the motion). または Second(ed). という.

*‡**sec·ond**² /sékənd/ 名 (**sec·onds** /-kəndz/) **C 1 秒** (1分の 1/60; [略] s, sec, 複数形は [略] secs.; 数字の後に″をつけて表わす; ☞ *century* 表): There are sixty ~ *s* in a minute. 1分は60秒だ / I held my breath for a few ~ *s*. 私は数秒間息をとめた. **2** [主に ⓢ] ちょっとの間 (moment) (〔略式〕 sec): ~ *s* later=within ~ *s* すぐに / Wait [Just] a ~. ちょっと待ってくれ / I'll join you *in a* ~. [matter of ~ *s*] 今すぐにいっしょします ‖ ☞ *split second*. **3** 秒 (角度などの単位; 1度の 1/3600; 数字の後に″をつけて表わす). 関連 degree 度 / minute 分. [語源] ラテン語で「(1時間を)「2回」60に分けたもの」の意. (*ríght*) **thís sécond** [副] ⓢ 今すぐ, 今しがた. **the sécond** (**that**) ... [接] ...するとすぐに (as soon as).

se·cond³ /sɪkάnd | -kɔ́nd/ 動 〔他〕〔英〕〈人〉を(一時的に他の職場へ)配置替えする (*from, to*).

sec·ond·ar·i·ly /sèkəndérəli | sékəndəri, -drə-/ 副 第2番[位]に; 従属[副次]的に.

*‡**sec·ond·ar·y** /sékəndèri | -dəri, -dri/ 形 **1** 第2(番)の, 第2位[次]の, 2次の, 次席の (*to*): a ~ stage in the evolutionary development 発展の第2段階. 関連 primary 第一番の / tertiary 第三の.

2 二次的な, 派生的な, 副の, 従の (*to*): a ~ color 等和色 (2原色を等分に混ぜた色) / a ~ infection 二次感染 / a ~ source 二次資料[史料] / a ~ product 副産物 / of ~ importance 重要性の之しい. The cost of living was a ~ consideration. 生活費は当座は考慮しなくてよかった. 関連 primary 主要な.

3 [A] 〔教育〕中級の, 中等の: ~ education 中等教育. 関連 primary 初級の.

──名 (**-ar·ies**) [C] **1** 二次的な人[物]; 補佐, 代理人. **2** [アメフト] セカンダリー (守備チームのバックフィールドにいる第2守備陣).

sécondary áccent 名 [U,C] 〔音声〕第二アクセント (☞ つづり字と発音解説 86).

sécondary módern (schòol) 名 [C] 〔英〕モダンスクール (進学を目標としない生徒を対象とした5年制公立中等学校; 今は少ない).

*‡**sécondary schòol** 名 [C,U] 中等学校 (米国の高等学校 (high school) や英国の公立中等学校など): a lower [upper] ~ (日本の)中学校[高等学校]. 関連 elementary [〔英〕primary] school 小学校.

sécondary séx [séxual] characterístic 名 [C] [通例複数形で]〔医〕第二次性徴.

sécondary stréss 名 [U,C] 〔音声〕第二強勢 (secondary accent).

sécond bállot 名 [U,C] 決戦投票.

sécond banána 名 [C] 〔米俗〕(コメディーショーなどの)脇役, ぼけ; 〔一般に〕次位者, ナンバーツー, 脇役.

sécond báse 名 [U] 〔野〕二塁 (☞ *base*¹ 4 [語法], infield).

sécond báseman 名 [C] 〔野〕二塁手 (☞ *infielder*).

*‡**sécond bést** 名 [U] [または a ~] 2番目によい物[人], 次善の物[人]: settle for ~ 次善のものでよしとする.

sécond-bést 形 2番目によい, 次善の: her ~ dress 彼女の2番目のドレス / the ~ solution 次善の解決策. **còme óff sécond-bést** 動 〔自〕(試合などで)第2位に終わる; 負ける.

sécond chámber 名 [C] 〔英〕(二院制議会の)第二院, 上院.

sécond chíldhood 名 [単数形で; しばしば one's ~] **1** (特に 40–60 代の男性が)若返りに挑戦する年代. **2** 〔婉曲・滑稽〕もうろく: He is *in his* ~. 彼は恍惚(こうこつ)の人となった.

sécond cláss 名 **1** [U] 第2種郵便物 (〔米〕では新聞・雑誌などの定期刊行物; 〔英〕では普通の郵便物; ☞ *first class*). **2** [U] (第2)級2; 二流(乗り物などの)2等, 普通席. 関連 first class 1等(席). **3** [単数形で]〔英格式〕=second¹ 名 7.

*‡**sécond-cláss** 形 **1** [軽蔑] 二流の; 劣った (second-rate, mediocre): stay at a ~ hotel 二流のホテルに泊まる. 関連 first-class 一流の / third-class 三流の. **2** (乗り物などの)2等の, 普通席の; 〔米〕(郵便が)第2種(類)の, 〔英〕普通郵便の. **3** 〔英〕(優等試験で)第2級の. ──副 2等で; (郵便が)第2種で: go [travel] ~ 2等(車)で旅行する / send a magazine ~ 雑誌を第2種郵便で送る.

sécond-cláss cítizen 名 [C] (十分な権利の与えられていない)第二級市民; (社会的に)劣等者.

Sécond Cóming 名 [the ~] (キリストの)再臨.

sécond cóusin 名 [C] またいとこ (親どうしがいとこである子).

sécond-degrée 形 [A] **1** 〔米〕(犯罪の)第2級の (情状酌量の余地がある; ☞ *first-degree*): ~ *murder* 第2級謀殺. **2** 〔医〕(やけどなどの)第2度の (《3段階中の中程度のもの》): a ~ *burn* 第2度熱傷.

séc·ond·er 名 [C] 後援者; (動議などの)支持者, 賛成者 (*for*).

sécond-generátion 形 二代目の, 第二世代の; (機械などの)第一期に次ぐ改良段階の, 第二期の.

sécond-guéss 動 他 《米》 1 〈済んだ事〉に後知恵を働かせる《後になってああすればよかった, こうすればよかったと言う》; 〈…〉に結果論を振り回す. 2 〜を予言[予測]する; 〈人〉の先を読む: 〜 the outcome 結果を予測する.

†**sec·ond·hand** /sékəndhǽnd⁻/ 13 形 1 中古の, 一度使った (used) (反 new): a 〜 book 古本 / a 〜 car 中古車. 2 A 中古品を扱う: a 〜 store [shop] 古物屋. 3 〔しばしば軽蔑〕間接の, 受け売りの: a 〜 report また聞きの報告. 関連 firsthand 直接聞き. ── 副 1 中古で, 古古で: He bought the dictionary 〜. 彼はその辞書を古本で手に入れた. 2 また聞きで, 間接に.

sécond hánd¹ 名 C [普通は単数形で] (時計の)秒針. 関連 hour hand 時針 / minute hand 分針.

sécond hánd² 名 [次の成句で] **at sécond hánd** [副] また聞きで; 古古で.

sécondhand smóke 名 U 副流煙《非喫煙者が吸い込む他人のタバコの煙》.

sécond hóme 名 1 C (特に休暇用の)別荘, 別宅. 2 [単数形で] 第二の故郷.

sécond-in-commánd 名 (複 seconds-) C 副司令官; 次長.

sécond lánguage 名 C [普通は単数形で] 第二言語《母語 (mother tongue) に次いで学習する言語》.

sécond lieuténant 名 C 《米》空軍[海兵隊]少尉; 《英》陸軍少尉.

*__sec·ond·ly__ /sékəndli/ 副 つなぎ語 第二に, 次に《2番目の理由・論点などを挙げるときに用いる; ☞ firstly 語法》(second): I won't go to the party today. Firstly, I have to visit my grandmother in hospital. S〜, I have to prepare for tomorrow's test. 今日はパーティーに行かない. 第一に, 入院中の祖母を見舞いに行かねばならない. 第二に, 明日の試験勉強もしなければならない.

sec·ond·ment /sɪkǽndmənt | -kɔ́nd-/ 名 U または 〜 《英》(一時的な)配置替え; on a 〜 from a department to … ある部門から…へ配置転換になって[出向して].

sécond mórtgage 名 C 第二順位抵当, 第二抵当.

sécond náme 名 C [普通は単数形で] 《英》姓, 名字 (surname); 別名.

sécond náture 名 U 第二の天性《習慣や癖》(to): Habit is 〜. 《ことわざ》習慣は第二の天性である《習い性となる》.

sécond opínion 名 C 【医】(診断に疑問がある時に受ける)別の医師による診断, 第二診断.

sécond pérson 名 [the 〜] 【文法】第二人称 《☞ person 文法》.

sécond-pérson 形 A 【文法】第二人称の.

sécond pérson síngular fòrm 名 C 【文法】(第)二人称単数形.

†**sécond-ráte** 形 [普通は A] 二流[級]の, 劣った. 関連 first-rate 一流の / third-rate 三流の.

sécond réading 名 C 第二読会《英国会では議会や細部の審議を付託する前に法案の要点を討議する; 米国会では委員会の答申を受け法案の全面討議・修正を行なう》.

sécond síght 名 U 透視力, 千里眼.

sécond stríke 形 [限定] (核兵器が)第二撃の, 反撃用の: 〜 capability 第二撃能力.

sécond stríng 名 [the 〜] 二流[二線級]の人[もの] 《☞ string 6》.

sécond-stríng 形 《米》《スポ》二線級の, 二軍の, 控えの; 二流の. 関連 first-string 一線級の.

†**sécond thóught** 名 C,U 再考. **gíve ... a sécond thóught** 動 他 [否定文で] …を再考する, よく考える. **háve sécond thóughts** 動 自 決心がつかない, 二の足を踏む (about). **on sécond thóught** [《英》**thóughts**] [副] S 考え直して(みると), 再考の上で. **withóut a sécond thóught** [副] あまりよく考えもせずに.

sécond wínd /-wínd/ 名 [単数形で] 1 (運動の際いったん息が切れた後の)呼吸の回復, 息つぎ. 2 元気の回復. **gét [find] one's sécond wind** 動 自 正常の呼吸に戻る; 元気を回復する.

Sécond Wórld Wár 名 固 [the 〜] =World War II.

*__se·cre·cy__ /síːkrəsi/ 名 形 sécret) U 1 秘密(にすること), 内密: It should be done「with great [in the strictest] 〜. それは極秘でしなければならない / The affair was veiled [cloaked, shrouded] in 〜. その事件は秘密のベールに包まれていた. 2 秘密を守ること; 秘密主義: swear … to 〜 …に秘密を守ると誓わせる.

*__se·cret__ /síːkrət/ 形 動 sécrecy, 動 secrete²) 1 **秘密の**; 内密の; A (人が)他の人に知られていない, ひそかな: a 〜 passage 秘密の通路 / a 〜 drinker [smoker] 人に隠れて酒を飲む人[たばこを吸う人] / 〜 diplomacy [negotiations] 秘密外交[交渉] / the 〜 weapon 秘密兵器, 切り札 / a 〜 society 秘密結社 / Sally is a 〜 admirer of Bob's. サリーはひそかにボブを愛している / We must keep this matter strictly 〜 **from** them. <A+from+名・代> このことは彼らに絶対に秘密にしておかなくてはならない. 関連 top secret 極秘の. 2 A (場所などが)隠れた, 人目につかない, 奥まった: a 〜 valley 人里離れた谷間. 3 [普通は P] 秘密を守る, 秘密主義の, 口の堅い (about).

── 名 /síːkrət/ 形 sécretive, 動 secrete²) 1 C **秘密**(のこと・もの), 機密, ないしょの事: a closely-guarded 〜 極秘の事柄 / an open 〜 公然の秘密 / a military 〜 軍事機密 / a 〜 from his past 彼の過去の秘密 / We have no 〜s **from** each other. 私たちは互いに何の隠し事もありません / It is no 〜 that he is going to resign. 彼が辞任することは知れ渡っている.

─── コロケーション ───
keep a secret 秘密を守る
let a [...'s] secret **out** (…の)秘密を漏らす
remain a secret (事実が)秘密のままである
reveal a secret 秘密を漏らす
tell ... a secret …に秘密を明かす
─────────────

2 [単数形で] 秘訣(ひけつ), 極意: the 〜 **to** [**of**] success 成功の秘訣 / the 〜 **to** [**of**] mak**ing** a good pie <N+to [of]+動名> おいしいパイを作るこつ.

3 C (自然界の)不思議, 神秘: the 〜s of nature [universe] 自然界[宇宙]の神秘. 語源 ラテン語で「別に分けられた」の意.

be ín on the sécret 動 自 秘密を知っている.

in sécret [副] 秘密に, ないしょで, ひそかに: They were married in 〜. 二人はひそかに結婚していた.

lèt ... ín on the sécret 動 他 〈人〉に秘密を教える.

màke a [nó] sécret of ... 動 他 …を秘密にする[しない].

sécret ágent 名 C (自国の)諜報(ちょうほう)部員, スパイ. 関連 spy 外国の諜報部員.

†**sec·re·tar·i·al** /sèkrətéəriəl⁻/ 形 A (名 sécretàry) 1 書記の, 秘書(官)の: a 〜 school 秘書専門学校. 2 《米》長官の; 《英》大臣の.

†**sec·re·tar·i·at** /sèkrətéəriət/ 名 [単数または複数扱い] 事務局; 秘書課, 文書課; 事務局[秘書課, 文書課]職員 《全体》: the S〜 (of the United Nations) 国連事務局.

*__sec·re·tar·y__ /sékrətèri | -tri, -təri/ 11 名 (-tar·ies /〜z/; sècretári·al) C 1 **秘書** 《略 sec., secy.》; 事務員: a private 〜

個人秘書 / Laura is a ~ *to* the president. ローラは社長(付き)の秘書だ.

2 《米》長官《省 (department) の長で他国の大臣に当たる;☞ department 表, minister 1》;《英》(一般の)大臣《☞ minister 参考》;《英》次官:the Permanent S~ (英国の)事務次官.

3 書記官, 秘書官, 事務官, (協会などの)幹事, (大学のクラブなどの)書記; 事務員:the first ~ 一等書記官 / the chief ~ 書記長, 幹事長 / the Chief Cabinet S~ (日本の)官房長官. 語源 秘密で雇われた人, または秘密の仕事をするために雇われた人, の意.

the Sécretary of Státe 名 (1)《米》国務長官《他国の外務大臣に相当し, 閣僚の取りまとめ役を兼ねる;☞ department 表》. (2)《英我式》(国務)大臣. (3)《米》州務長官, 政務長官.

the Sécretary of Státe for Defénce 名《英》国防大臣.

the Sécretary of Státe for Fóreign and Cómmonwealth Affáirs 名《英》外務連邦大臣.

the Sécretary of Státe for Hóme Affáirs 名《英》内務大臣.

*sec‧re‧tar‧y-gen‧er‧al /sékrətèridʒén(ə)rəl | -tri-/ 名 (複 sec‧re‧tar‧ies- /-riz-/) しばしば Secretary-General 事務総長, 事務局長; 書記長:the UN *Secretary-General* 国連事務総長.

sécret bállot 名 U.C 無記名[秘密]投票.

*se‧crete¹ /sɪkríːt/ 動 他《生理》···を分泌する.

se‧crete² /sɪkríːt/ 動 他 《格式》《文》(← L sécret) 他《格式》〈···〉を秘密にする, 隠す:~ oneself 隠れる.

*se‧cre‧tion¹ /sɪkríːʃən/ 名 U《生理》分泌, 分泌作用. C.U 分泌物[液] (*from*).

se‧cre‧tion² /sɪkríːʃən/ 名《格式》隠すこと, 隠し立て(されていること).

*se‧cre‧tive /síːkrətɪv, sɪkríːt-/ 形 名 sécret) 隠し立てする, 秘密主義の (*about*); 無口の. **~‧ly** 副 隠し立てして, 秘密主義で. **~‧ness** 名 U 秘密好き.

*se‧cret‧ly /síːkrətli/ 副 秘密に, こっそりと, 人目に内密に:They met ~ to plan a takeover. 彼らは乗っ取りを計画するためにひそかに会合をもった.

se‧cre‧to‧ry /síːkrətɔːri | sɪkríːtəri, -triː/ 形《生理》分泌(性)の.

*sécret políce 名 [(the) ~として複数扱い] 秘密警察.

*Sécret Sérvice 名 **1** [単数形で]《米》シークレットサービス《偽造貨幣の摘発や大統領の護衛などに当たる財務省の一機関》. **2** [the s- s-]《英》(政府の)諜報(ちょうほう)部, 諜報機関.

*secs. 略 **1** 秒 (seconds)《☞ second²》. **2** =sections.

*sect /sékt/ 名 C 分派; 宗派; 学派; 党派, 派閥.

sect. 略 =section(s).

*sec‧tar‧i‧an /sekté(ə)riən/ 形 [しばしば軽蔑] 分派(間)の; 宗派(間)の;《主に米》党派心の強い; 偏狭な:~ conflict 派閥間の争い. —— 名 C 宗派心の強い人; 派閥的な人.

sec‧tar‧i‧an‧is‧m /sekté(ə)riənìzm/ 名 U [しばしば軽蔑] 党派心, 派閥根性; セクト主義.

*sec‧tion /sékʃən/ 13 名 (~s /-z/; 形) séction‑al **1** C 部門;(官庁・会社などの)課;(団体の中の)グループ, 派;(社会の)階層:the percussion ~ (オーケストラの)打楽器部 / all ~s *of* the community 地域のあらゆる階層の人々 / You'll find that book in the fine arts ~ *of* the library. その本は図書館の美術部門にある.

2 C (町などの)地区, 区画;(道路の)区間;《米》一区画《面積1平方マイルの土地》:the business ~ *of* a city 市の商業地域.

3 C (書物・文章の)節, 項, 段落;(新聞・雑誌の)欄,

(法文の)(個)条《略 sec., sect.; § (section mark) で示す》:the sports ~ *of* the newspaper 新聞のスポーツ欄 / Chapter I, S~ 2=S~ 2 *of* Chapter I 第1章第2節. **4** C (製品などの)部分品 (part);(みかんなどの)袋, 房;仕切られた部分[場所]:a smoking ~ 喫煙場所 / That furniture comes *in* ~s. その家具は組み立て式だ / We decorated the cake with orange ~s. ケーキにオレンジの房をのせて飾りつけた. **5** C (切り取った)部分, 切断部 《☞ **part** 類義語》. **6** C 横断面; 断面(図) (cross section); (顕微鏡用の)薄片, 切片:conic ~s 円錐曲線 / a ~ *of* an apple りんごの切り口[断面] / examine a ~ *of* tissue 細胞組織の切片を調べる. **7** U.C 切ること;《医》切開, 切断. 関連 cesarean section 帝王切開(術). 語源 ラテン語で「切り取られた」の意. **in séction** 副 断面図で, 切断面で. —— 動 他〈···〉を区分する, 区画する (*off*);〈···〉の断面図を描く;(手術などのために)切開する, 切断する;(顕微鏡用に)〈薄片〉を切り取る.

sec‧tion‧al /sékʃ(ə)nal/ 形 名 séction) [普通は A] **1** 派閥的な; 地域的な;一地方に偏(かたよ)った:~ interests (相異なる)地域[派閥]の利害. **2** 組み立て式の:a ~ bookcase 組み立て式本棚. **3** 区分の, 区画の(ある), 部門の, 部の, 課の. **4** 断面(図)の.

sec‧tion‧al‧is‧m /sékʃ(ə)nalìzm/ 名 U [普通は軽蔑] 派閥主義; 地域主義; 地方的偏見.

Séction Éight [8] /-éɪt/ 名 C 《米陸軍》(軍人として不適格なための)除隊;(除隊の理由となった)精神疾, 神経症.

séction màrk 名 C 節 (section) の記号 (§).

*sec‧tor /séktə | -tə/ 名(複 setter) 名 (~s /-z/) C **1** (1国の産業・経済などの)部門, 分野 (*of*); (集団内の)一部の人員:in the service [manufacturing] ~ サービス[製造]部門で / private sector, public sector. **2** 占領地域, 防衛地区;(一般に)地区, 区域. **3**《数》扇形 《☞ circle 挿絵》.

*sec‧u‧lar /sékjʊlə | -lə/ 形 **1** (宗教的に対して)世俗的な, 非宗教的な 《反 religious, sacred》; この世の, 現世の:~ music (聖歌・ミサ曲などに対し) 教会と無関係な世俗音楽 / ~ education (宗教教育をしない)普通教育. **2** (聖職者に対し)在俗の, 教区付きの.

sécular húmanism 名 U 世俗的人間主義《公立学校では宗教を教えるべきではないとする立場》.

sec‧u‧lar‧is‧m /sékjʊlərìzm/ 名 U 世俗主義; 教育宗教分離主義.

sec‧u‧lar‧ist /sékjʊlərɪst/ 名 C 世俗主義者; 教育宗教分離主義者.

sec‧u‧lar‧i‧za‧tion /sèkjʊlərɪzéɪʃən | -raɪz-/ 名 U 世俗化; (教育などの)宗教からの分離.

sec‧u‧lar‧ize /sékjʊlərāɪz/ 動 他〈···〉を世俗化する, 一般化する;〈教育など〉を宗教から分離する.

*se‧cure /sɪkjúə | -kjúə, -kjɔ́ː/ 12 形 (*more* ~, se‧cur‧er /-kjú(ə)rə | -rə/; *most* ~, se‧cur‧est /-kjú(ə)rɪst/; 名 secúrity; 反 insecure) **1** 安全な, 危険[心配]のない (safe) 《☞ cure 単語の記憶》:a ~ area 安全地帯 / a castle ~ *from* [*against*] attack <A+*from* [*against*]+名・代> 攻撃の恐れのない城 / live a peaceful and ~ life 平和で安心できる生活を送る.

2 (戸などが)きちんと閉まった, 鍵がしっかりかかった;(土台・建物などが)しっかりした (firm), しっかり固定された[つながれた]:The doors and windows are ~. ドアや窓はしっかり閉まっている / The building stands on a ~ foundation. その建物の土台はしっかりとしている. **3** 確かな, 信頼できる; 確信した:a ~ job 安定した職 / I can say on ~ grounds that deforestation will cause flood. 森林伐採は洪水を引き起こすと言える確かな根拠があります. **4** 不安[疑念]のない, 安心した

securely

(*about*); 自信をもって (*in*): financially ~ 経済的に不安のない.

── 動 (se·cures /~z/; se·cured /~d/; se·cur·ing /-kjúə(ə)rɪŋ/) 他 《格式》 **1** 〈…〉を**確保する**, 獲得する: ~ peace 平和を確保する / ~ a victory 勝利を得る / ~ the release of the hostages 人質の解放を獲得する / 言い換え He has ~d favorable terms *for* us. <V+O+名·代> =He has ~d us favorable terms. <V+O+O> 彼は私たちに有利な条件を確保してくれた (☞ for 前 A 1 語法).

2 〈…〉を**安全にする**, 守る: These locks ~ my home *against* burglary. <V+O+*against*+名·代> これらの鍵(𝓏)でわが家は強盗の心配がない.

3 〈窓·戸など〉をしっかり閉める (fasten), 固定する[縛る]; 〈…〉を〈…に〉留め金でかける: ~ a boat *to* the pier 桟橋にボートを固定する / The door *is* ~d *with* bolts. 戸はかんぬきでしっかり閉めてある. **4** 〈…〉を保証する; 確実にする: The loan *is* ~d *by* bonds. この貸付金は債券が担保になっている. 語源 ラテン語で「心配のない」の意; sure と同語源.

se·cúre·ly 副 安全に; 確実に; しっかりと.

Securities and Exchánge Commission 名 固 [the ~] 証券取引(所)委員会 (投資家保護の目的で証券市場の規制を行なう米国政府の独立組織; 略 SEC).

Securities and Invéstments Bòard 名 固 [the ~] 証券投資委員会 (英国の半官組織; London の金融·投資活動を監督).

＊**se·cu·ri·ty** /sɪkjúə(ə)rəṭi, -kjúər-, -kjóː r-/ 📘 (-ri·ties /~z/; 形 secure; 反 insecurity) **1** U.C (安全のための)**防衛**, 安全保障, 警備, 保護; 防衛手段: national ~ 国家安全保障 / maximum [minimum] ~ 最大限[最小限]の警備 (☞ maximum [minimum] security prison) / S~ *against* terrorists was very tight. テロリストに対する警備は厳重だった // collective security, social security.

2 U 安全, 無事 (safety); 安心, 安堵(𝓍𝓎): peace and ~ 平和と安全 / a sense of ~ 安心感.

3 U [(英) 単数または複数扱い] (施設·会社などの)警備[保安]部門: Leave here, or I'll have to call ~. 出て行かないと警備員を呼びますよ. **4** [形容詞的に] 安全(保障)の(ための) ~ measures 安全[保安]対策 / for ~ reasons 警備上の理由から. **5** U.C 保証, 担保: financial ~ 財政[金銭]上の保証 / job ~ 雇用保証 / ~ *against* loss 損害に対する保証 / as ~ *for* a loan 貸借保証[担保]として / lend money *on* ~ 担保をとって金を貸す / put up one's house *as* ~ 家を担保にする.

6 C [普通は複数形で] 有価証券: a *securities* company 証券会社 / government *securities* 国[公]債. **in secúrity** [副] 安全に, 無事に.

security blànket 名 C **1** 安心毛布, だっこちゃん毛布 (幼児が安心感のために手にしている毛布[布きれ]). **2** 安心感を与えてくれるもの.

security chèck 名 C (空港などで武器などの所持を発見する金属探知器での)保安[持ち物]検査, セキュリティチェック; ボディチェック (body search).

secúrity cléarance 名 C.U 国家機密事項取扱許可 (特に身辺調査·審査を経て与えられる).

＊**Security Còuncil** 名 固 [the ~] (国連の)**安全保障理事会**.

secúrity depòsit 名 C (家主に払う)保証金.

secúrity fòrces 名 [複] 治安[保安]部隊 (テロなどに備える警察·軍隊).

†**security guàrd** 名 C 保安要員, 警備員, ガードマン. 日英比較「ガードマン」は和製英語.

security light 名 C 防犯灯 (人が建物や敷地内に侵入すると自動的に点灯する).

security màn 名 C =security guard.

security pàct 名 C =security treaty.

security police 名 [複数扱い] 治安警察, SP (要人の護衛やスパイの摘発などに当たる).

security rìsk 名 C 危険人物 (機密をもらしたりして国家の安全をおびやかすおそれのある人物), (安全保障上)危険要素のあるもの.

security sèrvice 名 C 国家保安機関.

security trèaty 名 C 安全保障条約.

secy. =secretary.

＊**se·dan** /sɪdǽn/ 名 C (米, 豪) セダン(型自動車) (運転手席を仕切らない普通の箱型の車; ☞ limousine) ((英) saloon).

sedán chàir 名 C (昔の)一人乗りの箱型かご, 椅子かご.

＊**se·date** /sɪdéɪt/ 形 (se·dat·er, more ~; se·dat·est, most ~) 平静な, 落ち着いた; ゆっくりとした; 活気のない; 格式ばった, 威厳のある. ── 動 他 [しばしば受身で] 〈人〉を(鎮静剤で)落ち着かせる, 眠らせる.
~·ly 副 /sɪdéɪtli/ ゆっくりと. **~·ness** 名 U 平静.

se·da·tion /sɪdéɪʃən/ 名 U 鎮静(作用); (鎮静剤による)眠り, 鎮静状態. **ùnder (héavy) sedátion** [形·副] 鎮静状態で(の); (深い)鎮静状態で.

＊**sed·a·tive** /sédəṭɪv/ 名 C 鎮静剤. ── 形 鎮静(作用)の.

sed·en·tar·y /sédntèri | -təri, -tri/ 形 **1** (格式) 座っての; (運動などしないで)ほとんど座ってばかりいる; (仕事などが)座った姿での. **2** 定住性の; (動物が)定着している, 移住しない (反 migratory).

Se·der /séɪdə | -də/ 名 C 《ユダヤ教》過ぎ越しの祝い (Passover) の宴.

＊**sedge** /sédʒ/ 名 U すげ (湿生植物).

sedg·y /sédʒi/ 形 (sedg·i·er, -i·est) すげの茂った.

＊**sed·i·ment** /sédəmənt/ 名 U [または a ~] 沈殿物, おり; 〘地質〙 堆積(𝓉𝒶𝒾)物.

sed·i·men·ta·ry /sèdəméntəri, -triー/ 形 沈殿物の; 堆積作用[物]による, 堆積物の: ~ rocks 堆積岩.

sed·i·men·ta·tion /sèdəmentéɪʃən/ 名 U 沈殿(作用); 〘地質〙 堆積(𝓉𝒶𝒾)(作用).

se·di·tion /sɪdíʃən/ 名 U 《格式》 治安妨害, 扇動, 騒乱.

se·di·tious /sɪdíʃəs/ 形 《格式》 治安妨害の, 扇動的な, 反政府的な. **~·ly** 副.

＊**se·duce** /sɪd(j)úːs | -djúːs/ 動 (se·duc·es /~ɪz/; se·duced /~t/; se·duc·ing) 名 sedúction; 形 sedúctive) 他 **1** (若い異性など)を**誘惑する**, 口説く: She claimed that she was ~d *by* her superior. <V+O の受身> 彼女は上司に誘惑されたと主張した. **2** そそのかす, 誘惑する: The nice weather ~d us (*away*) *from* our work. 我々はいい天気に誘われて仕事を中断した / Don't let yourself *be* ~d *into* buying a new car. うまく口車に乗せられて新しい車を買わないように.

se·dúc·er 名 C (異性を)誘惑する人; 女[男]たらし.

se·duc·tion /sɪdʌ́kʃən/ 名 **1** U.C (異性を)誘惑(すること). **2** C [普通は複数形で] 人を惑わすもの, 魅力 (*of*).

＊**se·duc·tive** /sɪdʌ́ktɪv/ 形 (動 sedúce) (異性を)誘惑する; 魅惑的な; 魅力的な. **~·ly** 副 誘惑するように; 魅惑的に. **~·ness** 名 U 魅惑的なこと.

se·duc·tress /sɪdʌ́ktrəs/ 名 C 男を誘惑する女.

sed·u·lous /sédʒuləs/ 形 《格式》 勤勉な; 念入りな, 周到な. **~·ly** 副 勤勉に.

se·dum /síːdəm/ 名 C (各種の)べんけいそう.

＊**see**[1] /síː/ 🔊 (同音 sea, si; 類音 seas) 動 (sees /~z/; 過去 saw /sɔ́ː/; 過去分詞 seen /síːn/; see·ing)

基本的には「見る」の意.

① 見える [他] 1; [自] 1
② 見る [他] 2
③ 会う [他] 3
④ 見て知る; わかる; 想像する [他] 4; 6; 7; [自] 2
⑤ よく見てみる, 確かめる [他] 5; [自] 3
⑥ 送っていく [他] 8
⑦ 気をつける [他] 9

— [他] **1** [進行形なし] (目に)〈...〉が**見える**, 目に入る; 〈人・物〉が(...する[している]のを)見る, 〈...〉に気づく《☞ 類義語; sight 囲み》: I *saw* a lot of flowers in the garden. 庭にたくさんの花が見えた / I looked around but *saw* nothing. 辺りを見回したが何も見えなかった.

[語法] しばしば can, could とともに用いて知覚に努力が必要なこととか知覚が続いていることを表わす: On a clear day we *can* ～ the island from the top of this hill. 晴れた日にはこの山頂からその島が見える / Not a ship *could be seen*. 船は1隻も見えなかった.

I *saw* Bob *enter* the building. <V+O+C (原形)> ボブがその建物に入ったのが見えた. [語法] 上の文を受身の文にすると次のように原形の代わりに to 不定詞を用いる: Bob *was* ***seen to*** *enter* the building. 《これは改まった言い方》 // We ***saw*** her walk***ing*** alone down the street. <V+O+C (現分)> 彼女が1人で通りを歩いているのが見えた / The suspect *was seen* stand*ing* in the shadows. <V+O+C (現分)の受身> その容疑者は暗がりに立っているのを目撃された / He did not live to **～** his work complet***ed***. <V+O+C (過分)> 彼は自分の仕事の完成を見ることなく死んでしまった. [語法] C として原形不定詞をとるときと現在分詞をとるときの意味の違いについては ☞ verb of perception [文法] [語法] // I ***saw that*** the door was open. <V+O (*that* 節)> ドアが開いているのに気づいた / Did you **～ *who*** wrote on the door? <V+O (*wh* 節)> だれが戸に字を書いたのか見ましたか.

2 [普通は進行形なし] (見ようとして)〈...〉を**見る**; 〈名所など〉を**見物する**; 〈映画・演劇・試合など〉を見る: *S*～ [Just ～] that dark cloud! あの黒い雲を見てごらん / *S*～ p. 10. 10ページ参照《page ten と読む》/ Best before (end): ～ cap [base] 賞味期限: 上蓋[底面]に記載《☞ best before (end) (best [形] 成句)》/ Which film are you going to ～ this evening? 今晩はどの映画を見るの / I *saw* the baseball game on television. 野球の試合はテレビで見た / *S*～ Naples and die. 《ことわざ》ナポリを見物してから死ね(一生に一度はナポリを見ておけ) / Once you've *seen* one you've *seen* them all. 一つを見ればあとは似たりよったりだ / Horyuji Temple is the place to *be seen* in Nara. 奈良に行ったら法隆寺は見ておくべきだよ.

3 〈人〉に**会う**, 面会する; 〈...〉に**会いに行く**, 訪ねる (call on); (...について)〈人〉に会って相談する, 〈医者など〉に診てもらう; (医者が)〈患者〉を診る; [しばしば進行形で] 〈...〉と付き合う: I'd like to ～ Mr. Bell. ベルさんにお会いしたい / I *saw* her yesterday on the bus. きのうバスで彼女に会った / I'm glad to ～ you again, Mr. Lee. リーさん, またお会いできてうれしいです 《久しぶりに会った時に言う; ☞ meet[1] [他] 3》/ I'll ～ you later [soon]. じゃあ, また《近くまた会う親しい人と別れる時に言う》.

[語法] **別れるときの表現**
(1) 親しい人と別れる時は See you later [soon]!, See you! Ⓢ または Be seeing you! と言うほうが普通《☞ good-bye 類義語》.
(2) 「来週[月曜日]までさようなら」 ならば 「I'll *see* [*See*] you ˹next week [(on) Monday]. となる.

Please come and [to] ～ us (*at* our house). どうぞ(家に)遊びに来てください《☞ come and do (come 成句)》/ You'd better **～** a doctor ***about*** that cough. <V+O+*about*+名・代> そのせきは医者に診てもらったほうがいいよ / The doctor will ～ you at 9 tomorrow morning. 先生は明朝9時にあなたを診察します / *Is* she ～*ing* anyone these days? 彼女はこのごろ誰かと付き合っているのか. [語法] 単に「(偶然に)〈人〉に会う」(meet) の意味で see を用いることは少なくなっている.

4 [進行形なし] 〈...〉を**見て知る**; 〈新聞など〉を**見る**, 読んで〈...ということ〉を知る: Have you ever *seen* a tiger? とらを見たことがある? / I want to ～ her married before I leave for Paris. <V+O+C (形)> 彼女の結婚を見届けてからパリへ行きたい / I **～** *in* [*from*] the paper (***that***) a plane crashed yesterday. <V+O ((*that*) 節)> きのう飛行機が墜落したのを新聞で知った. [語法] この場合 I see ... は I have just read ... の意.

5 [普通は進行形なし] [受身なし] 〈...〉を**よく見てみる**, 調べる (examine); 観察する; 〈...かどうか〉を**確かめる**, 考えてみる: May I ～ your passport, please? パスポートを見せていただけますか / I heard a knock at the door. Go and **～ *who*** it is. <V+O (*wh* 節)> 玄関でノックするのが聞こえた. だれだか行って見てきなさい / Go and **～ *if*** [***whether***] the postman has come. <V+O (*if*・*whether* 節)> 郵便屋さんが来たかどうか見てきなさい / I'll ～ *what* I can do. Ⓢ 何ができるか考えてみましょう / Let's wait and ～ *what* happens. どうなるか静観しましょう / I'll try to ～ *if* I can do it. Ⓢ できるかどうかやってみましょう.

6 [進行形なし] 〈...〉が**わかる**, 〈...〉を理解する (understand), 〈...ということ〉を知る (learn)《☞ know 類義語》: I don't ～ any use in going there. そこへ行くことに意味があるとは思えない / She couldn't **～ *that*** he was insincere. <V+O (*that* 節)> 彼女には彼が不誠実であることがわからなかった / I **～ *what*** you mean. <V+O (*wh* 節)> Ⓢ あなたの言うことはわかる / I don't ～ *why* I should be treated like this. どうしてこんな扱いを受けなければならないのかわからない.

7 [進行形なし] 〈...〉を(心の中で)**見る**, 想像する, 心に思い浮かべる (imagine); 予想[予測]する; (ある見方で)見る; 〈人・物〉を(...と)見なす: I cannot ～ him behav***ing*** like that. <V+O+C (現分)> 彼がそのようにふるまうなんて想像もできない / I can't **～** (myself) liv***ing*** alone. <V+O (動名)> 私は(自分が)ひとりで生活することは考えられない / It's hard to **～** him ***bent*** over a desk studying. <V+O+C (過分)> 彼が机に向かって勉強している姿は想像しがたい / I ～ things differently. <V+O+副> 私は違う考え方をしている / I just can't **～** her ***as*** a teacher. <V+O+C (*as*+名)> 彼女が教師に向いているとはとても思えない / Try to ～ him for what he is. 彼の真の姿を見るようにしなさい / I ～ nothing wrong with your method. 君のやり方に何の問題もないと思う.

8 [副詞(句)を伴って] 〈人〉を(...まで)**送っていく**, 付き添って送り届ける; 見送る: Just a minute. Tom will **～** you ***to*** the bus stop. <V+O+前+名・代> ちょっと待って. トムがバス停まで送るから / We'll stay and ～ you safely *on* the bus. このままあなたが無事にバスに乗るのを見送ります / May I ～ you *home*? <V+O+副> 家まで送りましょうか.

9 [しばしば命令文で] [進行形なし] 〈...である[する]ように〉**気をつける**, 取り計らう; 確かに...する《☞ see (to it) that ... (成句)》: ***S～ that*** all the doors are locked before you go to bed. <V+O ((*that*) 節)> 寝る前にドアの鍵(かぎ)を全部確かめておけ / I'll ～ it gets done. 私が監督してそれをさせます. **10** [進行形なし] 〈...〉を経験する; (ある時代・場所が)〈事件など〉を目撃する, 〈...〉の時期[舞台]となる: My uncle has *seen* a lot of life. おじは

人生経験が豊かだ / Those shoes have *seen* hard [plenty of] wear. あの靴は相当はき古されている / The 20th century has *seen* two world wars. 20 世紀には世界大戦が 2 度あった. **11** [しばしば否定文で] [進行形なし] 〈…〉を黙って見ている, 黙認[傍観]する; 〈…〉に賛成する: I couldn't bear to ~ her left alone. 彼女がひとり残されるのを見るに忍びなかった. **12** 〖トラ〗 (ポーカーで)〈相手〉に同額の掛け金で応じる, 〈相手の賭け〉に応じる.

— [自] **1** [進行形なし] (目が)**見える**; 見る.

> [語法] しばしば can, could とともに用いる: Cats *can* ~ in the dark. 猫は暗い所でも目が見える / You *can* ~ a long way from the upstairs windows. 2 階の窓から遠くまで見える / It was so dark that we *could* hardly ~ to read. 暗くてほとんど字も読めなかった / After the operation, he was able to ~ again. 手術の後彼は再び視力を回復した.

S

2 [進行形なし] わかる, 理解する (understand) (☞ I see (成句), you see (成句)): Do you ~? わかりますか / *S*~? わかるかい 《略式》《親しい間柄や目下の者などに対して使う》/ Can't you ~? わからないのかい, わかってくれよ. **3** 確かめる, 調べる; 考える (☞ I'll [We'll] (have to) see. (成句)). **4** [命令文で] [S] ほらごらん; [相手の注意をうながして] いいですか, ほら: *S*~! I told you he'd come! ほらね, 彼は来ると言ったでしょう / You do it like this, ~? こんなふうにやるんです, いい.

as fàr as Ì can sée [副] [文修飾語] (私が)見渡す限り(では); 私の知る限りでは.

as ∴ sèe(s) it [副] [文修飾語] …の考えでは.

(béen thère), séen thàt, dóne thàt [S] そんな事は(とっくに)経験ずみだ.

Be séeing you! [感] [S] =I'll be seeing you!

for áll (the wórld) to sèe [副] みんなに見えるように[見られて], (他の人にも)明白な形で.

have séen it áll (befóre) [動] [自] そんなことは(とっくに)経験ずみだ.

I dón't sèe whỳ nót. [S] いいですよ, そうしましょう.

I dón't sèe whý you shòuldn't dó … したらいかがですか.

I'll be séeing you! [感] [S] 《略式》 ではまた, じゃあね (☞ [他] 3 [語法] 囲み; be² A 3 の 2 番目の ★).

I'll [We'll] (hàve to) sée. (決定する前に)考慮すべきことがある, 考えてみます.

I sée. [S] わかった, なるほど.

Lèt me sée. ☞ let² 成句.

Lèt's sée. ☞ let's 成句.

Lóng tíme nó sée! [感] [あいさつで] [S] 《略式》 (やあ)久しぶりだね.

Nów I've sèen éverything [it áll]. [S] なんということだ.

sée ˹a lót [a grèat déal, múch] of … [動] [他] (人)によく会う: He is ~*ing a lot of* Jane these days. 彼はこのごろジェーンとよく会っている.

> [語法] (1) … is seen ˹a lot [a great deal, much] of および ˹a lot [a great deal, much] is seen of … の形で受身にできる.
> (2) much は普通は否定文で用いる (☞ much [代] 1; see nothing [little] of … (成句)).

sée … cóming [動] [他] [S] 〈…〉を予測[予想]する.

sée … cóming (a míle òff) [動] [他] [S] 〈人〉をだましやすいと思う.

sée dóuble [動] [自] (酔って)物が二重に見える, 目(の焦点)がぼやける.

sée for onesélf [動] [自] 自分で確かめる.

Sée hére! [感] これこれ, いいかね 《警告や非難を表わす; 普通は尊大な言い方》.

sée hòw ˹it góes [thìngs gó] [動] [自] [普通は [S]] 様子を見る.

sèeing (that) … ☞ seeing [接].

sée móre [léss] of … [動] [他] (人)に前よりよく会う[前ほど会わない].

sée nóthing [líttle] of … [動] [他] (人)にちっとも[あまり]会わない: I have *seen nothing* [*little*] *of* him lately. 最近彼にちっとも[あまり]会わない. [語法] nothing [little] is seen of … または … is seen nothing [little] of の形で受身にできる.

sée sómething of … [動] [他] (人)に時々会う.

sée to it [動] [自] うまく取り計らう.

sée (to it) that … [T1] [動] [他] [命令文で] …する[となる]ように注意する, …する[となる]ように取り計らう (☞ [他] 9): Please ~ (*to it*) *that* the parcel reaches him by the end of this month. その包みが今月末までに必ず彼のところに届くようにしてください. [語法] (1) to it を省くほうが略式. (2) that 以下では普通は未来を示す助動詞を用いないで現在時制を用いる.

sée what ∴ is (réally) máde òf [動] [自] (人)の能力を確かめる.

Sée you!＝Sée you láter [sóon]! [感] [S] 《略式》 ではまた, じゃあね (☞ [他] 3 [語法], good-bye 類義語).

Sée you agáin! [感] ではまた, さよなら.

Sée you in a whíle [(英) bít]! [感] ではまた.

Só I sée. [S] わかってますよ, (どうせ)そんなところだろう.

the wáy ∴ sèe(s) it [副] [S] =as … see(s) it.

We'll hàve to sée abòut thát. [S] そのことはもっと考える必要がある[考えておこう] (☞ see about … (句動詞)).

We'll sóon sée abòut thát. [S] 《略式》 そんなことはさせない, そうはさせない (☞ see about … (句動詞)).

will néver sée ∴ agàin [動] [他] [年齢を目的語として] 《略式》〈…歳〉を越している.

yóu'll sée [副] [S] まあ見てなさい, 今に分かるよ.

you sèe [副] [文修飾語] [S] 《略式》 いいですか…ですよ, だって[何しろ]…でしょう[ですからね]; ですから(おわかりでしょうが)…です; ねえ, ほらね, そうだろう.

> [語法] (1) 文頭・文尾・文中に置いて, 相手に説明が必要と思われることを述べるときや, 相手がすでに知っていると思われる[これまでの話からわかる]ことを確認し軽く注意を促すときに用いる.
> (2) Do you see? (☞ [自] 2) の場合よりもいっそう親しい間柄で, または目下の者などに対して使う (☞ you know (know 成句)): *You* ~, our plan is like this. いい, 我々の計画はこんな具合なんだ / We should be kind to old people, *you* ~. お年寄りには当然親切にしてあげないとね / He worked very hard while you were away. So, *you* ~, he deserves a day off. 彼はあなたの留守中にとてもがんばったんです. だから, ね, 一日休みをもらって当然なんです.

see の句動詞

***sée abòut …** [動] [他] …のことを考えてみる; …について処置をする, …の手配をする; 調べてみる: I'll ~ *about* that [it]. そのことは何とかしておきましょう 《即答を避けるときの言い方; ☞ We'll ˹have to [soon] see about that. (成句)》/ I must ~ *about* (cook*ing*) dinner. 夕食の用意にかからなければならない.

sée acróss [動] [他] (通りなどを)渡るまで〈人〉に付き添っていく, 〈人〉に付き添って(安全に)渡らせる.

sée … acròss — [動] [他] 〈人〉が(通り・川など)を渡るのに付き添っていく[渡るのを見送る].

sée àfter … [動] [他] …の世話をする.

sée … agàinst — [動] [他] **1** 〈…〉を—を背景にし

て見る. **2** 〈...〉を—と対照[比較]して考える.

sée aròund ... =see over ... 2.

sée ... aróund [動] [他] 〈人〉を案内して回る; (そのあたりで)よく見かける, 〈...〉に会う; When the new museum opened, the director himself *saw* reporters *around*. 新しい博物館が開館したときは館長自身が記者団を案内した / I haven't *seen* her *around* lately. このごろ彼女の姿を見かけない. 「**I'll sée [Sée] you aróund!**」[感] Ⓢ《略式》じゃあ(また)ね.

sée ... aròund — [動] [他] 〈人〉を案内して(場所)を回る: The mayor *saw* the governor *around* the hall. 市長が知事を案内して会館を回った.

sée báck [動] [他] (車などで)〈人〉を家まで送り届ける.

sée ín [動] [他] 中に入るまで〈人〉を見送る[〈人〉に付き添っていく], 〈人〉を中へ案内する; 〈新年など〉を迎える: Mary's aunt *saw* her safely *in*. メアリーのおばは彼女が無事に中に入るのを見届けた. — [自] 中が見える.

***sée ... in** — [動] [他] [しばしば疑問文・否定文で] (人)に〈よい性質など〉を**認める**: I wonder [don't know] what he ~*s in* Ann. Ⓢ 彼はアンのどこがいいんだろう.

***sée ìnto ...** [動] [他] **1** (家など)の中が見える: Can you ~ *into* the room? 部屋の中が見えますか. **2** ...を見抜く, ...をはっきりと知る: *see into* the future 将来を見通す.

***sée óff** [動] [他] **1** 〈人〉を(...で)**見送る** (*at*); 〈人〉を(...へ)送り出す[追い払う] (*to*) <V+名・代+*off*>: We went to the airport to ~ our mother *off*. 母を見送りに空港へ行った. **2** 〈敵の攻撃など〉がやむまでもちこたえる, (優位に立つまで)〈相手〉をかわす. **3** 《英俗》 〈...〉をやっつける; 〈人〉を殺す.

sée ... òff — [動] [他] 〈人〉に付き添っていって—から送り[追い]出す.

***sée óut** [動] [他] **1** 〈人〉を**玄関まで見送っていく**; 〈...〉が外に出るのを見送る; (大みそかに真夜中まで起きていて)〈旧年〉を送る <V+名・代+*out*>: *S*~ the gentleman *out*. その方をお見送りしてください / I'll ~ myself *out*. Ⓢ お見送り頂かなくて結構です, ではここで失礼. **2** [進行形なし] (人・物が)〈...〉の終わりまで持ちこたえる; 〈人〉より長続きする: We have enough fuel to ~ the winter *out*. この冬を乗り切るだけの燃料はある / Our car is very old, but it should ~ us *out*. 車はとても古いが私たちには一生使えるだろう. **3** 〈公演など〉を最後まで(我慢して)見る; 〈仕事など〉を最後までやり通す. **4** 〈人〉が出歩くのを見る. — [自] 外が見える.

sée ... òut of — [動] [他] 〈人〉を—の外まで送る.

sée óver [動] [他] 〈人〉を向こう側まで送り届ける; 〈人〉を案内する. — [自] 向こう側が見える.

***sée óver ...** [動] [他] **1** 〈...〉の**向こうが見える**: From there, he could ~ *over* the wall into an orchard. 彼にはそこから塀越しに果樹園が見えた.
2 《英》(建物・展示物など)を見回る, 調べる.

sée ròund ... [動] [他] =see over ... 2.

***sée thróugh** [動] [他] **1** [普通は進行形なし] 〈事業など〉を**最後までやり通す**; 〈難局〉を乗り越える <V+名・代+*through*>: He *saw* the job *through* to the end. 彼は仕事を最後までやりとげた. **2** (資金・激励などで[が])〈人〉を最後まで助ける, 〈...〉に(難局を)切り抜けさせる; (物が)〈...〉に間に合う (*last*). **3** 〈人〉に最後まで付き添う. — [自] 向こうが見通せる.

***sée thróugh ...** [動] [他] **1** ([形] sée-thròugh) (窓・カーテンなど)を**通して向こうが見える**: The windows are so dirty that I can hardly ~ *through* them. 窓がひどく汚れているので向こうが見えない.
2 [進行形なし] (偽りなど)を**見通す**, (人)の正体を見抜く ([受身] be seen through): I *saw through* his plot at once. 彼の陰謀をすぐに見抜いた.

***sée ... through** — [動] [他] [普通は進行形なし] 〈人〉を助けて(難局)を切り抜けさせる, —が終わるまで〈...〉の面倒を見る: They *saw* Bill *through* 「his troubles [college]. 彼らはビルを助けてその難儀を切り抜けさせて[大学を出して]やった / These supplies should ~ you *through* the winter. これだけのものがあれば冬を乗り切ることができるでしょう.

***sée to ...** [動] [他] ...に対し必要な処置をする, (仕事など)を引き受ける; (物)を直す; (人)の世話をする ([受身] be seen to): Could you ~ *to* my car for me? 車の具合を見てくれませんか / You should have [get] that window *seen to*. あなたはあの窓を直してもらうべきだ.

sée úp [動] [他] 上[階上]まで付き添って〈人〉を案内する[見送る].

***sée ... with** — [動] [他] 〈...〉が—といっしょにいるのを**見る**: I *saw* him *with* Mary yesterday. 私はきのう彼がメアリーといっしょにいるのを見た.

【類義語】**see** は積極的に見る意志がなくて自然に視覚に映ることをいう. 一方 **look at** は見ようとして視線を向けること: I *looked at* his face and *saw* many wrinkles. 彼の顔に目をやるとたくさんのしわが見えた. ★ ただし *see* には [他] 2 のように, 「見ようとして見る」という意味もある. **watch** 動く(可能性のある)ものを注意を集中して見ること: I *watched* a hawk. 私はたかを観察した.

see[2] /síː/ [名] [C] 《格式》司教[主教]区, 大司教[大主教]区 (☞ Holy See).

***seed** /síːd/ ([同音] cede; [類音] she'd) [名] (複 ~, **seeds** /síːdz/) **1** [C,U] **種**, **実**, **種子**; [C] 《米》(りんご・オレンジなどの小さい)種 (pip[1]): flower ~ 花の種 / a handful of ~*s* 手のひらいっぱいの種 / sow [plant, scatter, spread] ~(*s*) 種をまく / grow flowers from ~ 種から花を育てる. [語法] 大量の種をいうときには [U], 少量の種をいうときには [C] として複数形を使うのが普通: This tree produces (its) ~*s* in the fall. この木は秋に実を結ぶ. **2** [C] [普通は複数形で] もと, 根源: sow (the) ~*s of* doubt 疑いの種をまく. **3** [C] (テニス・ゴルフなどの)シードされた選手[チーム]. **4** [U] 〖聖〗子孫, 種族《全体》. **5** [形容詞的に] (植物などが)種用の: a ~ potato 種じゃがいも / ~ oysters (養殖用の)種がき. **6** [U] 〖聖〗または [滑稽] 精子, 精液. **in séed** [形] (植物が)種ができて. **rún [gó] to séed** [動] [自] (1) 種子[実]ができる. (2) 盛りが過ぎる; 衰える, みすぼらしくなる.
— [動] [他] **1** [しばしば受身で] 〈土地〉に種をまく: He ~*ed* his field *with* wheat. 彼は畑に小麦をまいた. **2** [普通は受身で] 〈果物〉から種を取り除く. **3** [普通は受身で] (テニス・ゴルフなどで)〈選手・チーム〉をシードする: John *was* ~*ed* second in the tournament. ジョンはトーナメントで第 2 シードとなった. [由来] 種をまくように一定の所へ割り当てることから. **4** (よい結果を生むものを)〈...〉に投入する, (人工降雨のため)〈雲〉の間に(薬品などを)散布する (*with*). **5** [~ oneself として] 実を結ぶ. — [自] 実を結ぶ, 種を生ずる, 種子を落とす.

séed·bèd [名] [C] **1** 苗床. **2** (悪などの)温床, 育成の場 (*of, for*).

séed·càke [名] [U,C] 種入りケーキ《特にひめういきょうの種で香りをつけたもの》.

séed càpital [名] [U] =seed money.

séed còrn [名] [U] **1** 種とうもろこし, 種麦. **2** 《英》将来性のあるもの, (利益が期待できる)大事な資産.

séed·èater [名] [C] 種子食の小鳥.

séed·ed /-ḍɪd/ [形] [A] **1** (テニスなどの選手が)シードされた. **2** (果物の)種が取り除かれた, 種なしの.

seed·er /síːḍɚ | -də/ [名] [C] 種まき人[機].

seed·i·ness /síːḍinəs/ [名] [U] 《略式》みすぼらしさ.

séed·less [形] 種なしの.

†**seed·ling** /síːdlɪŋ/ [名] [C] 実生(みしょう)の苗木, 苗.

séed mòney [名] [U] (商売などの)元手, 資本金.

séed pèarl [名] [C] 小粒の真珠.

seeds·man /síːdzmən/ [名] (**-men** /-mən/) [C] 種

子屋《人》.
séed·time 名 U 種まき時, 播種期.
séed vèssel 名 C 果皮.
†**seed·y** /síːdi/ 形 (**seed·i·er**, **-i·est**) 1 《略式》みすぼらしい, 見苦しい (shabby); あやしげな. 2 種の多い. 3 〔普通は P〕《古風, 略式》気分のすぐれない.
***see·ing** /síːɪŋ/ 接 Ⓢ …であることを考えると, …であるから, …を見ると (since): S~ (that 〔略式〕as, how, as how]) he has two children, he's probably over thirty. 子供が2人いるところを見ると彼は多分30を越えているだろう. 語法 seeing (that) 以下での内容が事実とわかっているときに用いる. **séeing (as [hòw]) it's yóu** 〔滑稽〕あなたのことだから(特別よくしてやる).
— 名 (~s /~z/) U 見ること: S~ is believing. (ことわざ)〔実際に〕見ることは信ずることである(百聞は一見にしかず, 論より証拠)〔実際に見るまでは〔ことばだけでは〕信じられない). 2 U.C 視覚, 視力.
Séeing Éye dòg 名 C《米》盲導犬《商標》《英》guide dog).

***seek** /síːk/ T2 動 (**seeks** /~s/; 過去・過分 **sought** /sɔːt/; **seek·ing**) 他 〔格式〕1 〈…を〉**探求する**, 捜し求める (look for): ~ the truth 真実を追求する / Flood victims were ~ing food and shelter. 洪水の被害者は食糧と避難場所を求めていた. 2 〈…を〉得ようと努める; 〈忠告など〉を求める, 〈説明などを〉要求する: ~ wealth rather than wisdom 知識よりも富を求める / ~ medical advice from the doctor 医者に助言を求める / ~ permission *from* the principal ＜V+O+*from*+名・代＞校長の許可を求める. 3 〈…しようと〉努める: They sought to persuade the boy. 彼らは少年を説得しようとした. 4 〈重力・磁力などにより〉自然に〉…の方に動く. — 自〔格式〕探す, 捜す; 追求する: ~ *after* [*for*] success in life 人生で成功しようとする / S~, and ye shall find. 捜せ, そうすれば見いだすであろう《聖書のことば》. **be mùch sóught àfter** [動] 〔格式〕ひっぱりだこだ, 求められている. **be nòt fár to séek** [動] 自〔格式〕(真理などが)近い所にある; 明白である: The answer *is not far to* ~. 答は明白である. **séek óut** [動] 他〈人・物を〉捜し出す, 見つけ出す.
***seek·er** /síːkə | -kə/ 名 (~s /~z/) C 〔しばしば合成語で〕〔格式〕探求者, 捜す人, 捜索者; 求める人: a ~ *of* [*for, after*] the truth=a truth ~ 真理を追求する人 / a job ~ 求職者.

***seem** /síːm/ 〔同音 seam; 類音 scene, seen, theme〕動 (**seems** /~z/; **seemed** /~d/; **seem·ing**) 自〔進行形なし〕1 〈人には〉**…のように見える, …らしい**《⇒ 類義語》〔言い換え〕He ~s an honest man. ＜V+C (名)＞=He's honest. ＜V+C (形)＞=He ~s to be honest. ＜V+C (*to* 不定詞)＞=He ~s to be an honest man. 彼は正直者のようだ. 語法 C が程度を表わす形容詞のときは今や非常できる // They didn't ~ to notice us. =They ~ed not to notice us. 彼らは私たちに気づかないようだった《前の文のほうが普通》/ He ~s to have been ill. 彼は病気だったらしい / The actress ~ed to have caught a cold. 女優はかぜをひいていたようだった(⇒ to³ G 1) / Things are not always what they ~. 物事はいつも見かけどおりとは限らない. 語法 ＜to+名・代＞ を伴うとかある: How does it ~ *to* you? それはあなたにはどう思えますか / That ~ed (*to him*) (to be) the best solution. (彼には)それが最善の解決策と思われた.
2 〔it を主語として; ⇒ it¹ A 5〕**…のようだ, …らしい** (⇒ appear 2, look like … (look 句動詞)): *It* ~*s (that)* no one knew the truth. だれもその真相は知らなかったらしい / *It* ~*ed to me (that)* he was honest. 私には彼は正直に思えた / *It* ~*s (as though* [*as if*])

Tom will pass the exam. トムはその試験に通りそうだ / "Is he going to resign?" "So it ~s." 「彼は辞職するんだろうか」「どうもそうらしいね」.
càn't séem to dó (どうしても)…できないようだ: 〔言い換え〕He can't ~ to understand that poem. (=It seems that he can't understand that poem.) 彼はどうしてもその詩を理解することができないようだ.
it would séem (that)… (どうも)…のようだ: *It would* ~ (*that*) he doesn't like our company. どうも彼は私たちを好ましからざる連中と思っているようだ(⇒ would B 2). **it séems (that)…** …よりも遠回しな表現(⇒ would B 2).
séem lìke … [動] 他 …のようである: He ~ed like an honest man. 彼は正直な男のようだった / *It ~s like* only yesterday that we entered this school. 我々がこの学校に入ったのはほんのきのうのように思える.
there séems … …があるようだ: *There* ~*s* (to be) no error on his side. 彼の側に誤りはないようだ.
【類義語】seem, appear, look ほぼ同じ意味に用いられることも多いが, seem は話し手の主観的判断に基づいた見方を意味する: That *seems* best to me. 私にはそれが最善のように見える. appear は外観はそう見えるが, 実際にはそうでないかもしれない, という含みを持つことがある: He *appears* to be satisfied. 彼は満足そうに見える. look は外観から判断して, 実際もそうであろうという意味が含まれる: He *looks* angry. 彼は怒っているらしい.
seem·ing /síːmɪŋ/ 形 A 〔格式〕うわべの, 表面だけの; 見せかけの, もっともらしい.
***seem·ing·ly** /síːmɪŋli/ 副 1 文修飾 見たところでは, どうやら (…のようで) (apparently): 〔言い換え〕S~, the driver didn't see the child. (=It seems that the driver didn't see the child.) どうやら運転手にはその子が目に入らなかったようだ. 2 うわべは, 表面上は: These are ~ minor problems. これらは外見上は小さな問題だ[に見える].
seem·li·ness /síːmlinəs/ 名 U 〔古風〕適当.
seem·ly /síːmli/ 形 (**seem·li·er, more** ~; **seem·li·est, most** ~; 反 unseemly) 〔古風〕(態度・行儀などが)ふさわしい, 適当な; 上品な.

***seen** /síːn/ 〔同音 scene; 類音 seam, seem〕動 see¹ の過去分詞.
†**seep** /síːp/ 動 〔副詞(句)を伴って〕〈液体・気体などが〉しみ込む, しみ出る, 漏る(in, out, away; into); 〈思想・悪感情などが〉浸透する, 行き渡る: The water was ~ing through the wall. 壁から水がしみ込んできた / These ideas have ~ed *into* the national consciousness. このような考え方が国民の意識に浸透してきた. **séep awáy** [動] 自 徐々に消えていく〔弱まる〕.
seep·age /síːpɪdʒ/ 名 U または a ~〕しみ出し, 漏り出し; U しみ出た液体.
seer /síə | síə/ 名 C 《主に文》予言者.
seer·suck·er /síəsʌkə | síəsʌkə/ 名 U サッカー〔インド産〕; 青と白のしま模様がある薄織リンネルで夏服に用いる).
see·saw /síːsɔː/ 名 1 C シーソー〔板〕《米》teeter-totter〕; U シーソー遊び: play on a ~ シーソーで遊ぶ. 関連 slide 滑り台 / swing ぶらんこ. 2 C 〔普通は単数形で〕上下動, 動揺; (物価などの)変動; (試合などでの)一進一退: a ~ *in* prices 価格の変動. — 動 自 1 前後に〔上下に〕動く; 変動する (*between*); 一進一退をくり返す: The stock market has ~ed up and down these days. 株式相場が最近上下に変動している. 2 シーソーに乗る〔で遊ぶ〕.
†**seethe** /síːð/ 動 自 1 〔しばしば進行形で〕(怒りなどで)興奮する, かっとなる; 〈群集などが〉沸き返るように騒ぐ, 〈生き物が〉たくさん動き回る, (興奮などが〉高まる, くり返す (*with*): She *was* seething *with* rage. 彼女はかんかんに怒っていた. 2 W 〈波などが〉泡立つ, 逆巻く.
seeth·ing 形 〔怒りなどで〕かっとなった, ごった返す: ~ resentment 激しい憤り.
***see-thròugh** 形 〔動〕sée thróugh … 1) 〔普通は A〕

(生地などが)透けて見える.

seg・ment /ségmənt/ 名 (-ments /-mənts/; ségmént²/) C **1** 区分, 区切り, 部分 (section); 分節: ~s of an orange オレンジの(実の)袋 / a ~ of an insect 昆虫の体節.

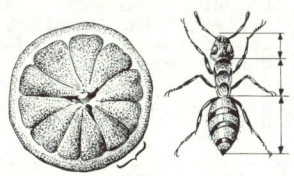

segment¹ 1

2 〖数〗線分, (円の)弓形(ゅけい) (⇨ circle 挿絵).

seg・ment² /ségmént | ségmént/ 動 (名 ségmént¹/) 他 〈...〉を(部分)に分ける (into). ── 自 (部分)に分かれる (into).

seg・men・ta・tion /sègməntéɪʃən/ 名 U または a ~] 分割, 分裂; 分節; 細胞分裂.

seg・ment・ed /ségməntɪd/ 形 区分けされた, 分節された.

seg・re・gate /ségrɪgèɪt/ 動 他 [しばしば受身で]〈人・団体〉を隔離する, (人種・宗教・性などにより)〜を(他と)分離[差別]する (from) (反 integrate): The sick children were ~d from the rest of the group. 病気の子供たちは仲間から隔離された.

⁺**seg・re・gat・ed** /ségrɪgèɪtɪd/ 形 隔離された; (人種差別などで)分離された, 差別のある; (場所などが)特定の集団[人種]に利用が限られた: ~ rest rooms 黒人[白人]専用のトイレ / The schools were ~ in that country. その国では学校は(人種によって)分離されていた.

⁺**seg・re・ga・tion** /sègrɪgéɪʃən/ 名 U (差別による)隔離, (反 integration): The government practiced (a policy of) racial ~. 政府は人種別の隔離(政策)を実行した.

se・gue /séɪɡweɪ/ 《イタリア語から》 動 自 (音楽などで)切れ目なく続く[続ける] (to, into). ── 名 C 切れ目のない移行.

sei・gneur /seɪnjɜ́ː | -njɜ́ː/ 名 C = seignior.

sei・gnior /seɪnjɔ́ː/ 名 C 封建領主.

seine /séɪn/ 名 C 引き網, 地引き網. ── 動 他 〈魚〉を引き網で取る. ── 自 引き網漁をする.

Seine /séɪn/ 名 [the ~] セーヌ川 《フランス北部の川; パリ (Paris) を流れてイギリス海峡 (English Channel) に注ぐ》.

séine nèt 名 C = seine.

seis・mic /sáɪzmɪk/ 形 A **1** 地震(性)の: a ~ wave 地震波. **2** (変化などが)急激[深刻, 重大]な.

seis・mo・graph /sáɪzməɡræf | -ɡrɑ̀ːf/ 名 C 地震計.

seis・mo・log・i・cal /sàɪzməlɑ́dʒɪk(ə)l | -lɔ́dʒ-⁻/ 形 地震学の.

seis・mol・o・gist /saɪzmɑ́lədʒɪst | -mɔ́l-/ 名 C 地震学者.

seis・mol・o・gy /saɪzmɑ́lədʒi | -mɔ́l-/ 名 U 地震学.

⁺**seize** /síːz/ 類義語 she's 🔲 動 (seizes /-ɪz/; seized /-d/; seiz・ing; 名 séizure) 他 **1** 〈...〉をつかみ取る, 奪う (⇨ take 類義語); 没収する; 占領する: ~ power 権力を奪取する / He ~d the gun from the burglar. 彼は強盗から銃を奪い取った / The police ~d a large shipment of drugs. 警察は麻薬の多量の積み荷を押収した.

2 (突然, 力ずくで)〈...〉をつかむ, 逮捕する: I ~d (hold of) his hand. 私は(感動のあまりに)彼の手をぐっとつかんだ / I ~d him by the neck. <V+O+by+名>

私は彼の首筋を(乱暴に)つかまえた (⇨ the² 語法). **3** 《好機など》を〈両手で〉とらえる: ~ a chance with both hands チャンスに飛びつく / ~ the day [moment] 今という機会を逃さない. **4** [しばしば受身で](病気・悲しみなどが)〈人〉を襲う, (欲望などが)〈...〉に取りつく: Terror ~ed him. 恐怖が彼を襲った / I was suddenly ~d with [by] a feeling of insecurity. 私は突然不安感に襲われた.

── 自 (機会・弱みなど)をのがさず利用する, とらえる; (提案などに)喜んでのる[飛びつく]: Meg ~d on [upon] every opportunity to criticize Ann. <V+on [upon]+名・代> メグはあらゆる機会をとらえてアンのあら探しをした / Jim suggested eating out, and his wife immediately ~d on the idea. ジムが外食しようと言うと妻はすぐその考えに賛成した.

séize úp 動 自 (機械など)止まる, 動かなくなる; (関節などが疲れなどで)動かなくなる.

⁺**sei・zure** /síːʒɚ | -ʒə/ 名 (~s /~z/) **1** U つかむ[捕らえる]こと. **2** U,C 差し押さえ(たもの), 押収(品), 没収(品). **3** U,C 強奪; 占領. **4** C 発作, 卒中: have [suffer] a ~ 発作を起こす.

se・la・chi・an /səléɪkiən/ 名 C 軟骨魚 (鮫など).
── 形 軟骨魚類の.

⁺**sel・dom** /séldəm/ 🔲 副 **1** めったに...しない (rarely) (⇨ often); (反 always 同じ; negative sentence 語法 (2)): My mother is ~ ill. 母はめったに病気をしない / He ~ writes to his father, does he? 彼はめったに父親に手紙は書きませんね (★ 肯定形の付加疑問に注意) / It is ~ that we witness such a great performance. 《格式》 このようなすばらしい公演を目のあたりにできるのはめったにないことだ / S~ would he write to his old mother. 《文》 彼は年老いた母に手紙を書くことはめったになかった (⇨ inversion 語法 (1) (vi)). **2** [複数名詞とともに] ...な[する]のはめったにない: Barking dogs ~ bite. ((ことわざ)) ほえる犬めったにかまない (口やかましい人は案外悪意がない). **nòt séldom** 副 しばしば, 往々にして (often). **séldom, if éver** 副 たとえあったとしてもごくたまにしか...しない: He ~, if ever, reads the newspaper. 彼は新聞などまずほとんど読まない. **séldom or néver** 副 めったに...しない.

⁺**se・lect** /səlékt, sɪ-/ 動 (se・lects /-lékts/; -lect・ed /-ɪd/; -lect・ing; 名 seléction, 形 seléctive) 他 〈...〉を選ぶ, 選択する, 選抜する (⇨ choose 表・類義語, elect 単語の記憶): He ~ed a birthday present for Ann. <V+O+for+名・代> 彼はアンのために誕生日のプレゼントを選んだ / He was ~ed for the job. <V+O+for+名・代の受身> 彼はその仕事に抜擢された / They were ~ed from (among) many applicants. <V+O+from (among)+名・代の受身> 彼らは多数の応募者の中から選ばれた / We ~ed John as the team leader. <V+O+C (as+名)> ジョンをチームのリーダーに選んだ / Sam to represent us. <V+O+C (to 不定詞)> サムを私たちの代表に選んだ. ── 自 選ぶ, 選択する (from).

── 形 《格式》 **1** [普通は A] えり抜きの, 高級な; 選ばれた(少数の), 抜粋した: a ~ hotel 高級ホテル / a ~ audience 選ばれた聴衆 / a ~ few 選ばれた少数の人. **2** えり好みする, 人選のやかましい; 上流社会の: a ~ club 入会資格の厳しいクラブ.

seléct commìttee 名 C (英国下院などの)特別調査委員会.

se・léct・ed 形 選ばれた (chosen), 選抜された, えり抜きの: Shakespeare's ~ works シェークスピア選集.

⁺**se・lec・tion** /səlékʃən, sɪ-/ 名 (~s /-z/; 動 sélect) **1** U または a ~] 選ぶこと, 選択, 選抜 (choice); 選ばれること: make a ~ 選ぶ / The ~ of a party leader took two full days. 党首の選出には 2 日かかった / The ~ of a new computer system for the office will require careful thought. 事務所の新しいコンピューターシステムの選定には慎重な配慮が必要であろう / Her ~ as mayor was not unexpected. 彼女が市長に選出されたことは予想されないことではなかった. **2** ⓒ 選んだ[選ばれた]もの, 抜粋, 選集; [普通は a ~] えり抜きのもの, 極上品: ~s from Beethoven's piano sonatas ベートーヴェンのピアノソナタ選集 / That store has [carries] *a* fine [large] ~ *of* furniture. あの店には極上の[多種の]家具が置いてある. **3** Ⓤ 〘生〙選択, 淘汰(%): natural ~ 自然淘汰.

seléction commìttee 名 ⓒ (選手)選抜委員会.

*se·lec·tive /səléktɪv, sɪ-/ 形 (動 seléct), selectívity) **1** えり好みをする, 慎重に選ぶ, 目[耳, 舌]の肥えた (*about, in*); a ~ reader [listener] 目[耳]の肥えた読者[聞き手]. **2** 選択の; 選択的な, 一部だけに及ぶ, 精選された: a ~ memory 自分に好都合なことだけ記憶. **3** (受信機が)分離性能のよい. **~·ly** 副 えり好みして; 選択して. **~·ness** 名 Ⓤ えり好みの激しさ.

seléctive sérvice 名 Ⓤ 《米》義務兵役制度, 徴兵制度 (現在は廃止).

se·lec·tiv·i·ty /səlektívəṭi, sɪ-/ 名 (形 seléctive) Ⓤ **1** 選択的なこと, 選択力; 精選. **2** (受信機の)(分離)度, 選択度.

seléct·màn (-men /-mèn/) 名 ⓒ 《米国ニューイングランド諸州の》都市行政委員.

se·lec·tor /səléktər, sɪ- | -tə/ 名 ⓒ **1** 選択者; 《英》選手選抜委員. **2** 〈機・通〉選別機, セレクター.

Se·le·ne /səlíːni/ 名 〘ギ神〙 セレネ (月の女神); ローマ神話の Luna に当たる).

se·le·ni·um /səlíːniəm/ 名 Ⓤ 〘化〙 セレン, セレニウム (非金属; 元素記号 Se).

selénium cèll 名 ⓒ セレン光電池.

sel·e·nog·ra·phy /sèlənágrəfi | -nɔ́g-/ 名 Ⓤ 月面(地理)学.

*self /sélf/ 名 (複 selves /sélvz/; 形 sélfish) **1** Ⓤ.ⓒ [時にthe ~] 自己, 自分, 自身; Ⓤ **(a)** 本質·本性の一面 (aspect): a sense of ~ 自意識 / one's better ~ (人の)よい面[性質] / one's inner ~ (人の)内面, 内心 / reveal one's true ~ 本性を現わす / George was his usual ~ when I last saw him. この前会ったときジョージはいつもと変わらなかった / She's (quite) her old ~ again. 彼女はまた(すっかり)もとの彼女に戻った. **2** Ⓤ 《格式》私欲, 我欲, 利己心: rise above ~ 私欲を超越する. **3** Ⓤ 〘特に商業文で〙本人 (oneself の代用): a money order payable to ~ 署名人払いの為替. —— 形 (色などが)同じ, 一様な; 同一材料の.

+self- /sélf/ 接頭 「自分を, 自分で, 自分に対して, 自分だけで, 自動的に」などの意味の合成語 (☞ compound 文法) をつくる. self- とそれに続く第 2 要素の語に第一アクセント (☞ つづり字と発音解説 86) が置かれる. 従ってこの辞書にない語であってもその発音と意味を推測することができる: *self*-control 自制(心).

-self /sélf/ 代 (複 **-selves** /sélvz/) 再帰代名詞をつくる.

文法 再帰代名詞 (reflexive pronoun)

-self または -selves のついた人称代名詞, つまり myself, yourself, himself, herself, itself, ourselves, yourselves, themselves, 《古語》thyself およびそれらの代表形として用いられる oneself をいう. 「self 代名詞」(self-pronoun) とも呼ばれる. 再帰代名詞は他動詞または前置詞の目的語として用いられ, それが主語と同一人[同一の物]であることを示す再帰用法と, 主語または目的語と同格に用いられてそれらの意味を強める強調用法とがある. 前者の場合には -self は弱く, 後者の場合は強く発音される. それぞれの用法についてはおのおのの再帰代名詞の項を参照. なお ☞ oneself **2** 語法.

---

sélf-abásement 名 Ⓤ 卑下; 謙遜.
sélf-àbnegátion 名 Ⓤ 《格式》自己犠牲.
sélf-absórbed 形 自分のことだけに熱中した.
sélf-absórption 名 Ⓤ 自己陶酔.
sélf-abúse 名 Ⓤ **1** 自虐. **2** 《古風》自慰.
sélf-accusátion 名 Ⓤ 自責(の念), 自責感.
sélf-ácting 形 自動式の.
sélf-ac·tu·al·i·zá·tion /-æktʃuəlɪzéɪʃən | -laɪz-/ 名 Ⓤ 《格式》自己実現.
sélf-ad·dréssed 形 [普通は A] (返信用の封筒が)自分あての (☞ s.a.e., SASE): Enclose a ~, stamped envelope with your letter. 切手を貼りあて名を書いた封筒を手紙に同封してください.
sélf-adhésive 形 (封筒などが)のりが付いている.
sélf-ad·júst·ing /-ədʒʌ́stɪŋ/ 形 自動調整の.
sélf-advámcement 名 Ⓤ 自力[自己]昇進; 私利追求.
sélf-àdvertísement 名 Ⓤ 自己宣伝.
sélf-aggrándizement 名 Ⓤ 自己権力[財産]の拡大[強化].
sélf-análysis 名 Ⓤ 自己分析.
sélf-appóinted 形 [普通は A] 独り決めの, 自薦の, 自称の: a ~ critic 批評家をきどっている人.
sélf-assémbly 名 Ⓤ (家具などが)組み立て式の.
sélf-assértion 名 Ⓤ 自己主張.
sélf-assértive 形 自己主張をする[の強い], (言うべきことを)はっきりと言う. **~·ness** 名 Ⓤ 我の強さ.
sélf-asséssment 名 Ⓤ.ⓒ 自己評価.
sélf-assúrance 名 Ⓤ 自信.
sélf-assúred 形 自信のある.
sélf-awáre 形 自己を意識した, 己れを知った.
sélf-awáreness 名 Ⓤ 自己認識.
sélf belíef 名 Ⓤ 自己への信頼, 自信.
sélf-cátering 形 《英》[普通は A] (休暇·施設などが)自炊(用)の. —— 名 Ⓤ 自炊(生活).
sélf-cénsorship 名 Ⓤ 自己検閲.
sélf-céntered, 《英》**-céntred** 形 自己中心[本位]の; 利己的な. **~·ness** 名 Ⓤ 利己的なこと.
sélf-cléaning 形 自浄[自洗]式の.
sélf-concéit 名 Ⓤ うぬぼれ.
sélf-conféssed 形 [普通は悪い点について] 自認している, 自称の: a ~ workaholic 仕事中毒を自認している人.
*sélf-cónfidence 名 Ⓤ 自信.
*sélf-cónfident 形 自信のある. **~·ly** 副 自信をもって.
sélf-congràtulátion 名 Ⓤ 自己満足.
sélf-congrátulatòry 形 自己満足の[にふける].
+**sélf-cónscious** 形 自意識過剰の; (…を)気にする, てれ屋の; (文体·芸術などが)読者[観客, 聴衆]を過剰に意識した: You're too ~ *about* your freckles. あなたはそばかすを気にしすぎだ. **~·ly** 副 てれくさんで. **~·ness** 名 Ⓤ 自意識過剰.
*sélf-contáined 形 **1** 必要なものが全部そろった, 自給自足の, (機械が)自給の. **2** [普通は A] 《主に英》(アパートが)各戸独立の. **3** (人が)無口な, 打ち解けない.
sélf-contradíction 名 Ⓤ 自己矛盾; ⓒ 矛盾した陳述[考え].
sélf-contradíctory 形 自己矛盾の.
*sélf-contról 名 Ⓤ 自制(心), 克己: keep [lose] one's ~ 自制心を保つ[失う].
sélf-contrólled 形 自制心のある.
sélf-corrécting 形 自ら正す; 自動修正する.
sélf-crítical 形 自己批判的な.
sélf-decéption 名 Ⓤ 自己欺瞞(%).
sélf-decéptive 形 自己欺瞞の.

self-de·féat·ing 形 (行動・政策などの)意図に反する結果を招く, 自滅的な.

sélf-defénse, (英) **-fénce** ⓊⒸ 自己防衛, 自衛; 正当防衛: the art of ~ 護身術 / the Japanese Self-Defense Force 日本の自衛隊. **in self-defense** 副 自衛上, 正当防衛で.

sélf-delúding 形 自己欺瞞の.
sélf-deníal 名Ⓤ 自制, 禁欲, 克己; 無私.
sélf-de·ný·ing 形 自制心の強い, 克己の.
sélf-déprecating 形 自らを軽視する, 卑下する.
sélf-deprecátion 名Ⓤ 自己軽視, 卑下.
sélf-describéd 形Ⓐ 自称の: a ~ workaholic 自称仕事中毒患者.
sélf-de·stróy·ing /-dɪstrɔ́ɪɪŋ/ 形 = self-destructive.
sélf-destrúct 動 自 (ロケット・ミサイルなどが)自己破壊する, 自滅する.
sélf-destrúction 名Ⓤ 自己破壊, 自滅, 自殺.
sélf-destrúctive 形 自己破壊的な, 自滅的な: ~ behavior [people] 破滅的な行動[人々].
sélf-determinátion 名Ⓤ 民族自決(権); 自己決定(権).
sélf-díscipline 名Ⓤ 自己鍛練, 自己修養.
sélf-dísciplined 形 自己鍛練のできた, 修養を積んだ.
sélf-discóvery 名Ⓤ 自己発見.
sélf-disgúst 名Ⓤ 自己嫌悪.
sélf-distrúst 名Ⓤ 自己不信, 自信のなさ.
sélf-dóubt 名Ⓤ 自信喪失.
sélf-drive 形Ⓐ (英) (自動車が)借り手が自分で運転する, レンタルの; (行楽などの)自家用車で行く.
sélf-éducated 形 = self-taught.
sélf-educátion 名Ⓤ 独学, 自習.
self-ef·face·ment /-ɪféɪsmənt/ 名Ⓤ 控え目(な態度).
sélf-ef·fácing 形《格式》控え目な.
sélf-e·léct·ed /-ɪléktɪd, -əl-/ 形 自選の, 自任の.
sélf-em·plóyed 形 自己経営の, 自営の: go ~ (独立して)自己経営する / *the* ~ 自営業者(全体; ☞ the ¹3).
sélf-emplóyment 名Ⓤ 自営.
sélf-es·teem /sélfɪstíːm/ 名Ⓤ 自尊(心), 自負心, うぬぼれ: They have low [high] ~. 彼らは自尊心が低い[高い].
sélf-évident 形《格式》自明の, わかりきった. **~·ly** 副 自明のことだが.
sélf-examinátion 名Ⓤ 1 自己分析, 自省, 反省. 2 自己診断[検査].
sélf-explánatory 形 (文章などが)そのままで明白な, 自明の; 読め[見れ]ばわかる.
sélf-expréssion 名Ⓤ 自己[個性]表現.
sélf-expréssive 形 自己表現の.
sélf-féeder 名Ⓒ 自動[自由選択]給餌機, 燃料[材料]自動供給式の炉[機械].
sélf-fertilizátion 名Ⓤ《生》自家受精, 自殖.
sélf-fináncing 形 資金調達を自ら行なう, 自己資金による.
sélf-fulfílling 形 1 自己達成の, 自己達成的な. 2 (予言などが)的中する, 当然そうなる.
sélf-fulfílling próphecy 名Ⓒ それを言ったこと自体が元で結果的に的中する予言[予想].
sélf-fulfíllment 名Ⓤ 自己実現の満足感.
sélf-glorificátion 名Ⓤ 自己賛美, 自賛.
sélf-góverning 形Ⓐ 自治の, 自治権を持った: a ~ territory 自治領.
sélf-góvernment 名Ⓤ 自治.
sélf-hélp 名Ⓤ 自助, 自立: S~ is the best help.《ことわざ》自助は最上の助け. ── 形Ⓐ 自助(のための): a ~ book 独習書 / a ~ group for drug addicts 麻薬中毒者(更生)のための自助[助け合い]グループ.

sélf-hóod 名Ⓤ 個性, 自我.
sélf-ímage 名Ⓒ 自分の(能力についての)イメージ, 自己像: a person with a positive ~ 肯定的な自己像を持った人.
sélf-impórtance 名Ⓤ 自尊, うぬぼれ; 尊大.
sélf-impórtant 形 尊大な. **~·ly** 副 尊大に.
sélf-impósed 形 自分に課した, 自分で好んでする: a ~ exile 自ら選んだ亡命生活.
sélf-impróvement 名Ⓤ 自己改善[向上].
sélf-incríminating 形 自己負罪的な.
sélf-incriminátion 名Ⓤ 自己負罪 (法廷で自らに不利な供述をすること).
sélf-indúced 形 自己誘発の.
sélf-indúlgence 名Ⓤ《軽蔑》わがまま, 放縦.
sélf-indúlgent 形 《軽蔑》わがままな, 放縦な. **~·ly** 副 わがままに.
sélf-inflícted 形 (けが・被害などを)自ら招いた.
sélf-ínterest 名Ⓤ 私利, 私欲; 利己主義:「be motivated by [act out of] ~ 私利私欲で動く.
sélf-ínterested 形 私欲を求める; 利己主義の.
self-ish /sélfɪʃ/ 形《軽蔑》利己的な, 自己本位の, 身勝手な; わがままにふるまう: act from some ~ motives 何か利己的な動機で行動する / That's too ~. それはあまりにも身勝手すぎる / He is deliberately being ~. 彼はわざとわがままな言動をしている. **~·ly** 副 利己的に, 自己本位に, わがままに. **~·ness** 名Ⓤ 自己本位.
sélf-justificátion 名Ⓤ 1 自己正当化, 自己弁護. 2《印》(行末をそろえるための文字間の)自動調整.
sélf-knówledge 名Ⓤ《格式》自覚, 自己認識.
sélf-léss 形《格式》[ほめて]自分のことを考えない, 無私の, 利己心のない: ~ devotion 私欲を捨てた献身. **~·ly** 副 利己心を捨てて. **~·ness** 名Ⓤ 無私, 無欲.
sélf-lóading 形《銃器》自動装填式の.
sélf-lóathing 名Ⓤ 自己嫌悪.
sélf-lóck·ing 形 (ドアなどが)自動的に鍵(ﾐ)がかかる.
sélf-máde 形 [普通はⒶ] 独力でやり上げた, たたき上げの: a ~ person 自力で成功した人.
sélf-móckery 名Ⓤ 自嘲.
sélf-mócking 形 自嘲的な.
sélf-opínionated 形 = opinionated.
sélf-perpétuating 形 永続的な.
sélf-píty 名Ⓤ 自分に対するあわれみ, 自己憐憫(ﾚﾝﾋﾞﾝ).
sélf-pítying 形 自己をあわれむ.
sélf-pollinátion 名Ⓤ《植》自家[自花]受粉.
sélf-pórtrait 名Ⓒ 自画像.
sélf-posséssed 形 冷静な, 沈着な.
sélf-posséssion 名Ⓤ 冷静, 沈着.
sélf-preservátion 名Ⓤ 自己保存, 自衛本能.
sélf-procláimed 形 自称の.
sélf-promótion 名Ⓤ 自己アピール.
sélf-prónoun 名Ⓒ《文法》self 代名詞《☞ -self 文法》.
sélf-propélled 形 自力推進(式)の; 自走式の.
sélf-protéction 名Ⓤ 自己防衛, 自衛.
sélf-protéctive 形 自己防衛の.
sélf-ráising flòur 名Ⓤ《英》= self-rising flour.
sélf-realizátion 名Ⓤ 自己実現, 自己完成.
sélf-régulating 形 自己規制[調整]の; 自動調節(式)の.
sélf-regulátion 名Ⓤ 自己規制[調整]; 自動調節.
sélf-régulatory 形 = self-regulating.
sélf-relíance 名Ⓤ 自己依存, 独立独行.
sélf-relíant 形 自分を頼りとする, 独立独行の.

self-reproach 名 U 自己非難, 自責.

self-respect 名 U 自尊心: keep [lose] one's ~ 自尊心を保つ[失う].

self-respecting 形 [普通は否定文で] **1** 自尊心のある. **2** 本当に…と呼べる(人[もの]), 真の: No ~ teacher would say that. ちゃんとした先生ならそんな事は言わないだろう.

self-restraint 名 U 自制(心): exercise ~ 自制心を働かす.

self-revealing 形 (手紙などが)筆者の人柄・思想・感情などを自然に映し出している, 自己を表わしている.

Sel·fridg·es /sélfrɪdʒɪz/ 名 [単数または複数扱い] セルフリッジ《ロンドンにあるデパート》.

self-righteous 形 [軽蔑] 独りよがりの. **-ly** 副 独りよがりに. **-ness** 名 U

self-rising flour 名 U 《米》ふくらし粉を入れた小麦粉《《英》self-raising flour》.

self-rule 名 U =self-government.

self-sacrifice 名 U [ほめて] 自己犠牲, 献身.

self-sacrificing 形 [普通は A] 自己を犠牲にする, 献身的な.

self-same 形 A [the, this, that, these, those に伴って] 《文》全く同じ, 全く同一の《sameを強めた語》.

self-satisfaction 名 U [軽蔑] 自己満足, 独りよがり, うぬぼれ.

self-satisfied 形 [軽蔑] 自己満足の, 独りよがりの.

self-sealing 形 [普通は A] 《タイヤなどが》自動パンク止めの; 《封筒などが》のり付きの.

self-seeker 名 C [軽蔑] 利己主義者, 身勝手な人.

self-seeking 形 [軽蔑] 利己的な.

*__self-service__ /sélfsə́ːvɪs | -sə́-/ 名 形 セルフサービス式の: a ~ gas station セルフサービスのガソリンスタンド《ガソリンを自分で入れて金を払うセルフサービスで, 係員が入れてくれるフルサービスと区別のスイッチ》.
— 名 U 《食堂・売店などの》セルフサービス.

self-serving 形 =self-seeking.

self-starter 名 C **1** 率先して物事に当たる人. **2** 《古風》(エンジンの)自動始動装置(のスイッチ).

self-study 名 U 独学; 自己観察.

self-styled 形 [軽蔑] 自称の: a ~ poet 自称詩人.

self-sufficiency 名 U 自給自足.

self-sufficient 形 自給(自足)できる (in); 自立した, 自活できる.

self-supporting 形 自営の, 自活する.

self-sustaining 形 自立[自活]する, 自給の.

self-taught 形 独学の, 独習の.

self-timer 名 C 《写》セルフタイマー.

self-titled 形 《CDなど》演奏者名が表題についた.

self-will 名 U [軽蔑] 我意, わがまま, 身勝手.

self-willed 形 [軽蔑] わがままな; がんこな.

self-wind·ing /-wáɪndɪŋ⁻/ 形 《時計が》自動巻きの.

self-worth 名 U 自尊心, 自負心.

‡**sell** /sél/ (同音 cell) 動 (sells /-z/; 過去・過分 sold /sóʊld/; sell·ing /- sale) 他 **1** 〈...を〉売る (反 buy); 売り渡す: John sold his house for 50,000 dollars. ジョンは家を 5万ドルで売った / 言い換え Will you ~ your car to me? <V+O+to+名・代> = Will you ~ me your car? <V+O+O> 私にあなたの車を売ってくれませんか 《to¹ 3 語法》/ The boy was sold into slavery. <V+O+into+名の受身> 少年は奴隷として売られた.

2 〈...を〉売っている, 商う: 'Do you [Does this store] ~ sugar? 砂糖はありますか. **3** 《国・友・名誉などを》(敵に)売る, 裏切る (betray): ~ one's vote 《米》金で票を

売る / He sold his country for money. 彼は金で国を売った. **4** 《商品の販売を促進する, 〈...〉を買う気にさせる (to)》: This advertising campaign has sold a lot of beer. この広告キャンペーンでビールの売り上げが促進された. **5** 《略式》《考え方などを》売り込む, 吹き込む; 〈人〉に売り込む, よいと思わせる: He sold 'the boss the new idea [his new idea to the boss, the boss on his new idea]. 彼は自分の新しいアイデアを上役に売り込んだ. **6** [普通は受身で] 《古風》だます, 一杯食わせる.
— 自 **1** 売る, 商う》: buying and selling 売買. 日英比較 日本語と語順が逆なのに注意: Stock-brokers buy and ~ for their customers. 株式仲買人は客に代わって(株を)売買する / We don't ~ to retailers 《the general public》. <V+to+名・代> 当店では小売業者[一般客]には売りません.

2 [副詞(句)を伴って] (…で)売れる, 売られる; 売れ行きが...だ: His painting sold for [at] £2000. <V+for [at]+名> 彼の絵は 2千ポンドで売れた / Is your new book ~ing well? 新しく出した本はよく売れていますか. 語源 元来は古(期)英語で「与える」の意であったが, 次第に「金(â)と引き換えに与える」つまり「売る」の意味になった.

be sóld on ... [動] 他 《略式》...にほれ込んでいる: He is completely sold on the idea of buying a good camera. 彼はすっかり良いカメラを買う気になっている.

séll ... dòwn the ríver [動] 他 《略式》〈人〉を裏切る, 見殺しにする. 由来 昔, 家庭の奴隷を労働条件のさらに悪いミシシッピー川下流の農場に転売したことから. **séll onesèlf** [動] (1) 自分を売り込む, 自己宣伝をする. (2) (金のために)自己を売る, 破廉恥(はれんち)なことをする. 〈身や体〉を売る. **sèll ... shórt** [動] 他 (1) 〈...〉を軽んじる, 見くびる, 〈自分〉を卑下する; 〈数量・品物に関して〉〈...〉をだます. (2) (株などを)空(かっ)売りする.

― sell の句動詞 ―

séll óff [動] 他 〈...〉を手放す, (安値で)売り払う: Mr. Brown decided to ~ off his art collection. ブラウン氏は美術品のコレクションを手放すことに決めた.

séll ón [動] 他 〈...〉を転売する.

*__séll óut__ [動] 名 sélloùt 他 **1** [受身で] (店が)〈...〉を売り切る, 売り尽くす <V+out+名>: TODAY'S SHOW SOLD OUT 本日のショーは売り切れ《掲示》/ All the tickets are sold out. 切符は全部売り切れだ. **2** (店を)たたむ, 処分する; 売り渡す (to). **3** 〈...〉を裏切る.
― 自 **1** 売り切る; (商品が)売り切れる. **2** 《米》店じまいする, 事業を手放す (to). **3** 《略式》裏切る, 変節する; (…に)寝返る (to).

séll óut of ... [動] 他 ...を売り尽くす; [受身で] ...が売り切れになる: We have [are] sold out of jeans. ジーパンがみんな売り切れました.

séll úp 《主に英》[動] 他 〈店・家などを〉処分する.
― 自 店じまいする, 家屋敷を処分する.

― 名 **1** [a ~] 《英略式》当てはずれ, ぺてん, いんちき. **2** U 売り込み(法): the soft [hard] ~ 穏やかな[強引な]販売法.

séll-by dàte 名 C 《英》(食品の)販売(賞味)期限 《《米》pull date》《☞ best before date (best 形 成句)》. **be pást one's séll-by dàte** [動] 自 (1) 販売期限が切れている. (2) 《略式》〈人・物事が〉役に立たなくなっている, 効力が失せている, 力を失っている.

*__sell·er__ /sélə⁻ | -lə/ (同音 cellar) (類義 setter) 名 (~s /-z/) C **1** [しばしば合成語で] 売り手, 販売人: a bookseller 本屋 / When goods are scarce, ~s have the advantage. 品物が少ないときには売り手が有利だ 《☞ sellers' market》. 関連 buyer 買い手. **2** [前に形容詞をつけて] 売れ行きが...のもの: a good [poor] ~ 売れ行きのよい[よくない]商品.

séllers' màrket 名 [a ~] 売り手市場《供給より需要の多い経済状態》. 関連 buyers' market 買い手市場.

séll・ing 名 U 販売.

sélling pòint 名 C セールスポイント，(商品の)目玉. 日英比較 「セールスポイント」は和製英語.

sélling prìce 名 C 売り値.

⁺séll-óff 名 C 1 売却·株の急落，暴落; 大量売り. 2《英》民間への払い下げ.

Sel・lo・tape, Sel- /séləteɪp/《英》名 U セロテープ《商標》(tape, 《米》Scotch tape). ── 動 〈…〉をセロテープで貼る《《米》Scotch tape》.

⁺séll-óut 名 〔動 séll óut 1, 3〕〔単数形で〕 1 売り切れ，大入り満員の催し物[興行]. 2《略式》裏切り行為.

selt・zer /séltsə | -tsə/ 名 U.C しばしば S-] セルツァ炭酸水.

sel・vage, sel・vedge /sélvɪdʒ/ 名 C (ほつれ防止の)織物の耳，端;端.

*selves /sélvz/ 名 self の複数形.

SEM 略 =scanning electron microscope.

se・man・tic /sɪmǽntɪk/ 形 [普通は A] 意味の，意味に関する; 意味論的な. **-man・ti・cal・ly** /-kəli/ 副 意味の上で(は); 意味論的に.

se・man・tics /sɪmǽntɪks/ 名 1 U 意味論. [the ~ として単数扱い]《格式》意味 (of).

sem・a・phore /séməfɔ̀ː | -fɔ̀-/ 名 1 U 手旗信号. 2 C (鉄道の)(腕木)信号機. ── 動 (**-a・phor・ing** /-fɔ̀ːrɪŋ/) 他 信号機[手旗]で知らせる. ── 自 〔受身なし〕〈命令など〉を信号機[手旗]で知らせる (to).

⁺sem・blance /sémbləns/ 名 U または a ~] 1 外形，外観;(うわべの)見せかけ(だけのもの)，…めいた[らしき]もの: put on a ~ of confidence 自信のあるふりをする. 2 似ていること，類似: bring the city to some ~ of order 町に多少の秩序を取り戻す.

⁺se・men /síːmən/ 名 U《生理》精液.

se・mes・ter /səméstə | -tə/ 名 C《米》(2学期制の)学期: the fall ~ 秋学期(8–12月) / the spring ~ 春学期(1–5月) / When does the new ~ start [begin]? 新学期いつ始まりますか. 関連 term 3学期制の学期.

⁺sem・i /sémi/ 名 C《略式》 1 [普通は複数形で]準決勝(戦) (semifinal). 2《英》=semidetached. 3《米》=semitrailer.

sem・i- /sémi, -maɪ | -mi/ 接頭「半分; 半ば; …に2回」の意: semicircle 半円(形).

sèmi・ánnual 形 半年ごとの，年2回の;《植物が》半年生の. **~・ly** /-li/ 副 半年ごとに，年2回.

sèmi・aquátic 形《動·植》半水生の.

sèmi・árid 形 (地帯·気候が)半乾燥の，非常に雨の少ない.

sèmi・autobiográphical 形 半自伝的な《作者の自伝的要素を含んでいる》.

sèmi・automátic, sèmi・áuto 形 (銃が)半自動式[セミオートマチック]の. ── 名 C 半自動式小銃.

sémi・brève 形《英》=whole note.

sémi・circle 名 C 半円(形).

sèmi・circular 形 半円形の.

semicircular canál 《解》(耳の)半規管: the ~s 三半規管.

sémi・còlon 名 C 《文法》セミコロン《; という記号; 一般にピリオドとコンマの中間的な働きをし，等位接続詞を用いない2つの節の間などに用いる;[⇒ colon¹]》.

⁺sèmi・condúctor 名 C《物理》半導体.

sèmi・cónscious 形 半ば意識のある; 意識がはっきりしていない. **~・ness** 名 U 半ば意識のある状態.

sèmi・désert 名 C (砂漠と草本地の間の)半砂漠.

sèmi・detáched 《英》(家などが)仕切り壁で隣家と続いた. ── 名 C 2戸建て家屋《2軒が合わさりになったもの》《《英略式》semi》.

Sen. 1591

*sem・i・fi・nal /sèmɪfáɪnl⁻/ 名 (**~s** /-z/) C [しばしば複数形で]準決勝(戦) (semi): reach the Wimbledon ~(s) ウィンブルドンの準決勝に進出する. 関連 final 決勝戦 / quarterfinal 準々決勝戦. ── 形 準決勝の.

sèmi・fínalist 名 C 準決勝出場選手[チーム].

sèmi・fórmal 形 なかば正式の，半正装の.

sémi・glòss 形 (ペンキが)半光沢の.

sèmi・mónthly 形 副 月2回の[に].

⁺sem・i・nal /sémənl/ 形 1 《格式》将来の発展のもとになる[可能性がある];《本·論説などが》独創的で)影響力の大きい: a ~ work [idea] 画期的な作品[考え]. 2 A 精液の; 生殖の.

*sem・i・nar /sémənɑ̀ː | -nàː/ 名 (**~s** /-z/) C セミナー，ゼミ(ナール)，演習《指導教授のもとで研究·討論をする大学の小人数の学生のグループ[クラス]》: a ~ on Chinese history 中国史のゼミ / "Which ~ are you taking now?" "Professor Lee's sociology ~." 「君はどのゼミをとっているんですか」「リー教授の社会学のゼミです」 語源 ラテン語で「苗床」の意から「作り育てる場所」となった.

sem・i・nar・i・an /sèmənéə(ə)riən/, **sem・i・nar・ist** /sémənərɪst/ 名 C 神学生.

sem・i・nar・y /sémənèri | -nəri/ 名 (**-nar・ies**) C 神学校;《古風》(女)学校.

sèmi・officíal 形 半公式の; 半官的な.

se・mi・ol・o・gist /sìːmiɒ́lədʒɪst | -ɔ́l-/ 名 C 記号論者.

se・mi・ol・o・gy /sìːmiɒ́lədʒi | -ɔ́l-/ 名 U 記号論.

se・mi・ot・ic /sìːmiɒ́tɪk, sèm- | -ɔ́t-/ 形 記号(論)の.

se・mi・o・ti・cian /sìːmiətíʃən, sèm- | -ɔ́t-/ 名 C 記号論者.

se・mi・ot・ics /sìːmiɒ́tɪks, sèm- | -ɔ́t-/ 名 U 記号論.

sèmi・pérmanent 形 半永久的な.

sèmi・pérmeable 形 半透性の.

sèmi・précious 形 [普通は A]準宝石の.

sèmi・prívate 形 (病室などが)準個室(待遇)の.

sèmi・pró 形 名 (**~s**) C《略式》=semiprofessional.

sèmi・proféssional 形, 名 C セミプロの(選手). **~・ly** 副 セミプロとして.

sèmi・quáver 名 C《英》=sixteenth note.

sèmi・retíred 形 (退職後)嘱託(ゕ́)の.

sèmi・skílled 形 [普通は A] (人が)半熟練の;(仕事が)あまり熟練を要さない.

sèmi・skímmed 形 U《英》低脂肪牛乳.

sèmi・swéet 形《米》(チョコレートなどが)甘みを抑えた.

Sem・ite /sémaɪt/ 名 C セム人; ユダヤ人.

*Se・mit・ic /səmítɪk/ 形 セム族の; ユダヤ人の; セム語系の. ── 名 U セム語.

sémi・tòne 名 C《英》《楽》半音 (《米》half step).

sémi・tràiler 名 C セミトレーラー《前部がけん引車に連結されるトレーラー》(《米略式》semi).

sèmi・transpárent 形 半透明の.

sèmi・trópical 形 亜熱帯の.

sémi・vòwel 名 C《音声》半母音 《/j/, /w/ など》.

sèmi・wéekly 形 副 週2回の(に). 関連 biweekly 1週おきの.

sem・o・li・na /sèməlíːnə/ 名 U セモリナ《プディング·パスタなどに用いる粗い小麦粉》; セモリナプディング.

semp・stress /sém(p)strəs/ 名 C《英》=seamstress.

Sem・tex /sémteks/ 名 U セムテックス《強力なプラスチック爆弾; 商標》.

SEN 略 =State Enrolled Nurse.

Sen., sen. =senate, senator, senior.

senate

*sen・ate /sénət/ 13 名 (sen・ates /-nəts/; sènatórial) **1** C [普通は the S-] (米国・カナダ・オーストラリアなどの)上院 [略 Sen., sen.; ☞ congress 表]; collective noun 文法: *The S~* meets next week. 来週上院が開かれる。 **2** C [普通は the ~] (米国の)州議会の上院. **3** [the ~] (古代ローマの)元老院. **4** C [普通は the ~] (大学の)評議員会.

*sen・a・tor /sénətə/ -tə/; 名 (~s /-z/; 形 sènatórial) C **1** [しばしば S-] (米国・カナダ・オーストラリアなどの)上院議員 [略 Sen., sen.; ☞ congress 表]: a ~ *from* [*for*] Ohio オハイオ州選出の上院議員. **2** (古代ローマの)元老院議員.

sen・a・to・ri・al /sènətɔ́:riəl/ 形 名 sénate, sénator) A 格式 **1** (米国・カナダ・オーストラリアなどの)上院の, 上院議員の. **2** 元老院(議員)の.

*send /sénd/ (類義 sand) 動 (sends /séndz/; 過去・過分 sent /sént/; send・ing /séndɪŋ/) 他

基本的には「行かせる」の意.
① 送る ... 1
② 行かせる ... 2
③ (ある状態に)追いやる ... 3

1 〈物〉を(…に)送る, 届ける, 〈車など〉を差し向ける, 〈メール・電報〉を発信する (反 receive); 〈あいさつのことばなど〉を申し送る, 伝える: ~ money 送金する / She *sent* a book by mail. 彼女は郵便で本を送った / 言い換え *He sent* a nice present *to* Carol. <V+O+名・代+*to*> = *He sent* Carol a nice present. <V+O+O> 彼はキャロルにすばらしいプレゼントを送った (☞ dative verb 文法, indirect object 文法 (1), to¹ 1 語法) / I'll ~ a car *for* you. <V+O+*for*+名・代> あなたにお迎えの車を差し向けます / I *sent* him five e-mails today. 私は彼に今日5回Eメールを送った / She ~s you best wishes. 彼女からよろしくとのことです.

2 〈(命じて[頼んで])人〉を(…のところへ)行かせる, 派遣する, 送りこむ, 〈人〉を(使い・旅行などに)やる (on); (無理に)行かせる: I will ~ Tom *to* you *with* the letter. <V+O+*to*+名・代+*with*+名・代> トムにその手紙を持たせてあなたのところへ行かせます / That new nation will soon ~ a special envoy *abroad*. <V+O+副> その新しい国は近いうちに特使を海外に派遣するだろう / I *sent* him *to* get some plates from the kitchen. <V+O+O+(to 不定詞)> 私は彼に台所へ皿を取りに行かせた / Did someone ~ you *to* see me? あなたは誰かに言われて私に会いに来たのか.

3 〈…〉を(ある状態に)追いやる, 陥れる (into, to); [目的語+形容詞または-ing 形を伴って] 〈…〉を(…の状態に)する: The news *sent* the crowd *into* a panic. <V+O+*into*+名> その知らせに群衆はパニック状態に陥った / The boring speech *sent* him *to* sleep. <V+O+*to*+名> 彼はその退屈な話の最中に眠ってしまった / The long life in prison *sent* her insane. <V+O+C(形)> 長い牢獄(ひとや)生活で彼女は頭が変になった / The alarm *sent* everyone rush*ing* out of the room. <V+O+C(現分)> 警報を聞いてみな部屋から飛び出した. **4** 〈矢・弾丸など〉を発射する, 飛ばす, 射つ, 〈ボールなど〉を投げる; 〈打撃〉を加える; 〈光, 熱などを(発)散する, 放つ, 出す: ~ a rocket *to* the moon 月にロケットを打ち上げる. **5** 〈興奮〉を伝える, 走らせる; 俗 〈音楽など〉〈人〉を夢中にさせる: The sight *sent* cold shivers (*up* and) *down* my spine. その光景を見て背筋がぞくっとした / That great jazz really ~s me. あのすごいジャズには本当にぞくぞくするよ. **6** 〈酒・グラスなど〉を回す; 渡す: Please ~ the wine *round* the table. ワインを皆に回してください. **7** 文 〈神が〉〈人〉を…にしたもう: *S~* her victorious. 女王を勝利者たらしめたまえ〈英国国歌の一節, ☞ subjunctive present 文法 (2)〉.

— 自 〈...〉を送る, 送付する: *S~* by October 30. 10月30日までに送付のこと 〈何を送るかを了解済みか前後の関係で自明である場合〉.

2 格式 使いをやる[よこす]; 便りを出す[よこす]: She *sent* [*to* say [*to* tell you] she couldn't come. <V+*to* 不定詞> 彼女は来られないと言ってきた.

send の句動詞

sénd awáy 動 他 **1** (離れた所へ)〈…〉を行かせる, 派遣する; 去らせる <V+名・代+*away* / V+*away*+名>: His parents *sent* him *away* to school in Switzerland. 彼の両親は彼をスイスの学校にやった. **2** 〈手紙など〉を送る, 出す. — 自 (郵便などで)注文を出す. **sénd awáy for ...** 動 他 〈...〉を(郵便で)注文する[取り寄せる], 〈...で〉通信販売で求める; 〈人〉をやって〈...〉を取り寄せる: He *sent away to* a company in New York *for* a diving suit. 彼はニューヨークの会社に潜水服の注文を郵便で出した.

sénd báck 動 他 〈...〉を戻す, 返す; 〈気に入らない品など〉を送り返す; 〈人に〉〈手紙の返事など〉をよこす <V+名・代+*back* / V+*back*+名>: He *sent* (us) *back* a message that everyone was well. 彼らから私たちにみんな元気だと返事がきた / The chair they delivered was broken, so I *sent* it *back* to the shop. 届いたいすは壊れていたので店に送り返した.

sénd dówn 動 他 **1** 降ろす, 下降させる; 持って下(が)りてこさせる (反 send up): Will you ~ *down* a pot of coffee? コーヒーをポット1杯分持ってきてもらいたいのですが〈レストランの下の階で注文するときど〉. **2** 〈物価・熱など〉を下げる: The good weather *sent* the price of vegetables *down*. 好天で野菜の値が下がった. **3** [普通は受身で] 〈古風, 英〉〈大学生〉を退学させる (*from*). **4** 〈英略式〉=send up 3. — 自 〈…を求めて〉下(にいる者)に使い[注文]を出す (*for*).

*sénd for ... 動 他 **1** 〈使い〉を〈...〉に[取りに] [人を]やる, 〈使い・郵便で〉...に来るように頼む; 〈助けなど〉を求める 〈受身 be sent for〉: *S~* for a doctor at once, a man has been hurt. 医者をすぐ呼んでください. 男の人がけがをしています / *S~* for the baggage immediately. すぐその荷物を取りに人をやりなさい / We'd better ~ *for* help. 人をやって助けを求めたほうがよい.

2 ...を〈店などに〉注文する 〈受身 be sent for〉: He *sent to* the factory *for* a new type of robot. 彼は工場に新型のロボットを注文した.

*sénd ... for — 動 他 〈...〉を—を取りに[呼びに]行かせる: She *sent* her son *for* the baggage. 彼女は息子に手荷物を取りに行かせた.

sénd fórth 動 他 文 〈芽など〉を出す, 〈実〉を産する; 〈光・香り・声など〉を発する, 放つ.

*sénd ín 動 他 **1** 〈書類など〉を提出する, 送付する; 〈展覧会などに〉〈...〉を出品する <V+名・代+*in* / V+*in*+名>: Have you *sent in* your application form? 願書を提出しましたか.

2 (部屋などへ)〈...〉を通す, 入れる, 入らせる <V+名・代+*in* / V+*in*+名>: *S~* her in. 彼女を通しなさい. **3** 〈警察・軍隊など〉を投入する.

*sénd óff 動 名 sénd-òff) 他 **1** 〈手紙・品物など〉を発送する <V+名・代+*off* / V+*off*+名>: I *sent off* all the letters this morning. 私はけさ手紙を全部発送した. **2** =send away 1; (英)(サッカーで)〈選手〉を退場させる. **sénd óff for ...** 動 他 =send away for ... (send away のほうが普通).

sénd ón 動 他 **1** 〈主に英〉〈手紙など〉を回送[転送]する (forward 動 のほうが普通) (*to*). **2** 〈荷物など〉を先に送る, 前もって送る.

*sénd óut 動 他 **1** (部屋などから)〈...〉を外へ出させる, 〈使いなどで〉〈...〉を外へ行かせる, 派遣する <V+名・代+

+*out* / V+*out*+名>: He sent his son *out* to get the newspaper. 彼は新聞を取りに息子を外にやった / ~ *out* search parties to look for the missing child 行方不明の子供を探すために捜索隊を出す.
2 《通知状など》を発送する; 《信号など》を発信する; 《子供など》を(学校に)送り出す <V+名・代+*out* / V+*out*+名> (*to*): ~ *out* an SOS signal SOS の信号を発信する / I'll ~ *out* the invitations as soon as possible. できるだけ早く招待状を発送します. **3** 《芽など》を出す; 《光・香り・音など》を発する, 放つ, 出す. ― 圓 (...を求めて)外へ使いに出す [注文]を出す: They often ― *out* for pizza *to* a nearby restaurant. 彼らはよく近くのレストランにピザの出前を取る.

sénd úp 動 他 **1** 《ロケット・煙など》を上げる, 上昇させる; 《物価など》を上げる, 《建物など》を炎上させる: ~ *up* a balloon 気球を上げる. **2** 上[階上]へ行かせる, 持って上がってこさせる (反 send down): Will you ~ *up* a bucket of ice? 氷をアイスペール1杯持ってきてくれませんか 《レストランの上の階で注文するときなど》. **3** 《米略式》刑務所にぶち込む (《英》send down). **4** 《英略式》(まねて)からかう.

sénd·er /séndɚ | -də/ 图 《反 receiver》 © 差し出し人, 送り主, 出荷者, 発信者 [元]: Return to S― 送り主へ返送 《郵便局などのスタンプ; この場合は無冠詞》.

sénd-óff 图 (~s; sènd óff) © 《略式》送別会, (駅などでの)見送り, 送別; (事業などの)門出を祝うこと. **gíve ... a góod [bíg, gréat] sénd-off** 動 他 《...を》盛大に見送る.

sénd-úp 图 (sènd úp) © 《英略式》(ものまねによる)からかい, パロディー (*of*).

Sen·e·ca /sénɪkə/ 图 圐 **Lu·ci·us** /lúːsiəs/ **An·nae·us** /ǽnɪəs/ ― セネカ (4 B.C.?–A.D. 65) 《ローマの政治家・哲学者》.

Sen·e·gal /sènɪɡɔ́ːl/ 图 圐 セネガル 《アフリカ西部の共和国》.

se·nes·cence /sɪnésns/ 图 回 《格式》老化, 老衰.

se·nes·cent /sɪnésnt/ 形 《格式》老いつつある, 老化を示す.

se·nile /síːnaɪl/ 形 老人性認知症の; もうろくした; 老齢の, 老齢による.

sénile deméntia 图 回 老人性認知症.

se·nil·i·ty /sɪníləti/ 图 回 もうろく; 老衰.

*☆**se·nior** /síːnjɚ | -njə/ 🔊 形 (seniority) [語法]「...よりも」の意味では than ではなく to を使う 《☞ to¹ 9》. **1 年上の** (older) 《存命の父親と息子とが同姓同名のとき, 姓名の後につけて区別を示すのに用いられる; 略 Sr., Snr, Sen., sen.》: Robert Smith, *Sr*. 父のロバート スミス / He is three years ~ *to* me. 彼は私より3歳年上だ. [語法]年齢を比較するときには普通は older than を用いる. 関連 junior 息子を示す.

2 (位・役職などが) **上の, 上役の**, 上級の; 先輩の (反 junior): a ~ partner 《会社などの》社長 / Mr. White is ~ *to* me in our firm. <A+*to*+名・代> ホワイトさんは会社の上司です / ~ management 上級重役陣(全体). **3** 年長組の, (特にスポーツ競技で)成人の, シニアの; 《英》(学年が)上級の. **4** 《米》(大学・高校で)最上級の, 最終学年の.

― 图 (~s /~z/) © **1 年上の者**, 長老; 先輩; 上役, 上官 (反 junior): [言い換え] She is my ~ *by* three years. = She is three years my ~. 彼女は私より3歳年上だ.

2 《米》シニア 《大学・高校の最上級生, また4学年制の4年生》: a ~ *at* the University of Chicago

4年生	senior
3年生	junior
2年生	sophomore
1年生	freshman

4学年制の各学年の名称

シカゴ大学の4年生. **3** 《英》上級生, 上級学校の生徒; (スポーツの)シニア, 上級者. **4** 《主に米》= senior citizen.

*sénior cítizen 图 © [婉曲] 高齢者, お年寄り 《特に社会の第一線から引退した人》.

sénior hígh (schòol) 图 © 《米》高等学校 (☞ school¹ 表および1 参考).

se·nior·i·ty /siːnjɔ́ːrəti | sìːniɔ́ːr-/ 图 形 sénior 回 (...より) 年上[目上, 先輩]であること (*over*); 年功(序列): the ~ system 年功序列制度 《欧米では日本のように一般的ではない》.

sénior mòment 图 © 《略式》物忘れ, ど忘れ.

Sénior Sérvice 图 [the ~]《英》= Royal Navy.

sen·na /sénə/ 图 © センナ葉 《緩下剤》.

Se·ñor /seɪnjɔ́ː | senjɔ́ː/ 图 《スペイン語から》 (複 ~s, **Se·ño·res** /-njɔ́ːreɪs/) © ...さま; だんなさま 《英語の Mr. または呼びかけの sir に相当する; 略 Sr.》.

Se·ño·ra /seɪnjɔ́ːrə | sen-/ 图 《スペイン語から》 图 © ... 夫人, ...の奥さま 《英語の Mrs. または呼びかけの madam に相当する; 略 Sra.》.

Señores Señor の複数形.

Se·ño·ri·ta /sèɪnjəríːtə | sèn-/ 图 《スペイン語から》 图 © ...嬢, お嬢さん; 令嬢 《英語の Miss に相当する》.

*☆**sen·sa·tion** /senséɪʃən/ 图 (~s /~z/) **1** 回回 [普通は a ~] 大評判, センセーション, 大騒ぎ: His novel caused [created] *a* great ~. 彼の小説は大評判になった. **2** © [普通は a ~] 大評判になった[している]もの[こと, 人], 大事件: The concert made her *an* overnight ~. その音楽会で彼女は一夜にして大評判となった. **3** 回回 感覚 《特に触覚》, 知覚; 感じ; (変な)気持ち (feeling): My right leg lost all ~. 右脚の感覚がすっかりなくなった / I enjoyed the ~ *of* rising and falling with the waves. 私は波とともに浮き沈みする感じを楽しんだ / She had the ~ *that* she had been there before. 彼女はそこに以前来たことがあるような気がした.

*sen·sa·tion·al /senséɪʃ(ə)nəl/ 形 (sensátion) **1** 大騒ぎを起こさせる, センセーショナルな; [軽蔑] (新聞・著者などが)扇情的な, 興味本位の: ~ coverage of the scandal スキャンダルの興味本位な報道. **2** 《略式》[ほめて] めざましい, すばらしい: the ~ development of the Japanese economy 日本経済のめざましい発達.

sen·sa·tion·al·is·m /senséɪʃ(ə)nəlìzm/ 图 回 《軽蔑》(新聞・雑誌などの)興味本位(主義), 扇情主義.

sen·sa·tion·al·ist /senséɪʃ(ə)nəlɪst/ 图 © 《軽蔑》(題材を興味本位に扱う人, 扇情的な記事を書く人.
― 形 興味本位の, 扇情的な.

sen·sa·tion·al·ize /senséɪʃ(ə)nəlàɪz/ 動 他 《軽蔑》興味本位に扱う; 扇情的に表現する.

sen·sa·tion·al·ly /senséɪʃ(ə)nəli/ 副 **1** 世間をあっと言わせるように, センセーショナルに; [軽蔑]興味本位に. **2** 《略式》[ほめて]すばらしく.

*☆**sense** /séns/ 《顛頭 since》 图 (**sens·es** /~ɪz/; 他) sénsible, sénsitive, sénsory, sénsuous.

「感覚」**2** →(個個の)「感じ」**5** →(感じる力)→「思慮」**1** →(感じる内容)→「意識」**3** →(感じる内容)→「意味」**4**

1 回 **思慮**, 分別, 判断力, 常識: common ~ 常識 (☞ common sense 表) / He had the (good) ~ *to* refuse their offer. 彼には彼らの申し入れを断るだけの分別[良識]があった / She has more ~ than to believe his lies. 彼女は彼のうそを信じるほど愚かではない.

2 © 感覚; 五感(の一つ) (☞ scent [語源]): the (five) ~s 五感 / a sixth ~ 第六感, 直感 / the ~ *of* sight

[hearing, smell, taste, touch] 視[聴, 嗅(きゅう), 味, 触]覚 / Hawks have a keen ～ *of* sight. たかの目[視覚]は鋭い // ☞ sense organ.
3 [U] [普通は a ～] (…についての)**認識(力)**, 意識, 観念, (…を)解する心: *a* **～ *of*** humor ユーモアを解する心 / *a* ～ *of* time 時間の観念 / *a* ～ *of* responsibility 責任感 / *a* ～ *of* direction 方向感覚; (人生の)目的意識 / He has no ～ *of* the value of money. 彼はまるで金の値打ちがわからない. [日英比較] 日本語でいう「センス」は英語の sense ではなく taste に当たることが多い. 「彼女は服装のセンスがよい」という場合, 英語では She has good *taste* in clothes. のようにいう.
4 [C] **意味** (meaning), **語義** (☞ meaning 類義語); 趣旨, 意図 (intention): This word is used ***in*** two ～*s*. この語は2つの意味で使われている / He is, *in* 'the true [every] ～ of the word, a gentleman. 彼は本当の[あらゆる]意味で紳士だ. **5** [C] [普通は a ～] 感じ, …感: *a* ～ *of* guilt 罪悪感 / *a* ～ *of* helplessness 無力感 / *a* ～ *of* crisis 危機感 / I had *a* ～ *that* someone was watching me. だれかに見張られているような気がした. **6** [複数形で] 意識; 正気, 本性: regain one's ～*s* 《古風》正気を取り戻す / Have you lost your ～*s*? 君は気でも狂ったのか. **7** [U] 《格式》(全体の)意見, 意向 (opinion): *The* ～ *of* the executive board was that the president should resign. 重役会の意向は社長の退任を望むというものであった.

bríng ... to ...'s sénses [動] [他] 〈…〉を正気づかせる; 〈…〉の迷いを覚ます.
cóme to one's sénses [動] [自] 正気になる; 迷いが覚める.
in a [óne] sénse [副] [文修飾語] ある意味[点]では, ある程度は: What he says is true *in a* ～. 彼の言っていることはある意味では真実だ.
in a vèry réal sénse [副] [文修飾語] 真の意味で, 実に, 本当に.
in nó sénse [副] どんな意味でも[決して]…ない: *In no* ～ can they be said to represent the nation. 彼らはとても国の代表とは言えない.
in one's (ríght) sénses [形・副] 正気の[で]: No one *in his right* ～*s* would vote for such a dishonest candidate. 正気の人間ならだれもあんな不誠実な候補者には投票しないだろう.
knóck [tálk] some sénse ìnto ... [動] [他] 《略式》…の愚かな考え[ふるまい]を変えさせる, 矯正する.
màke sénse [動] [自] [★ 普通は物事を主語にして] (1) (ことば・話・絵などが)(人にとって)意味を成す, 理解できる: His letter doesn't *make* (*any*) ～ (***to*** me). 彼の手紙は(私には)わけがわからない. (2) (行動・やり方などが)道理にかなう; 賢明である: It *makes* ～ to quit smoking. たばこを止めるのは賢明だ. [語法] 時に sense に no, any, little, a lot of などの修飾語がつく.
màke sénse (òut) of ... [動] [他] [しばしば疑問文または否定文で] [★ 人を主語にして] (ことば・話・絵など)を理解する, …の意味をくみ取る: Can you *make any* ～ (*out*) *of* what he is saying? 彼の言っていることがわかりますか. [語法] (1) 時に sense に some, no, any, little などの修飾語がつく. (2) … is made sense of の形で受身にできる.
òut of one's sénses [形・副] 《古風》正気を失って, 正気を失わせるほど; 気が狂って.
sée sénse [動] [自] 道理がわかる.
tálk sénse [動] [自] Ⓢ 《略式》物のわかった話をする, 話に筋が通っている.
(there's) nó sénse (in) dóing Ⓢ 《略式》…してもむだだ, …しても意味がない.

[単語の記憶] «SENT» (感じる)

sense	感覚
scent	におい
sentence	(感じたこと) → 文
sentiment	感情
as**sent**	(同じに感じる) → 同意する
con**sent**	(共に感じる) → 同意する
re**sent**	(深く感じる) → 腹を立てる

— [動] (**sens·es** /~ɪz/; **sensed** /~t/; **sens·ing**) [他] **1** [進行形なし] 〈…〉を感じる; 〈…ということ〉に感づく: We ～*d* danger *ahead*. <V+O+副> 我々は行く手に危険を感じた / She **～*d that*** she was unwelcome. <V+O (*that* 節)> 彼女は歓迎されていないような感じ[気]がした / She began to **～ *what*** was happening. <V+O (*wh* 節)> 何が起きているのか彼女は感づき始めた. **2** 《格式》〈…〉がわかる, 〈…〉を理解する (understand). **3** (機械が)探知する.

⁺**sense·less** /sénsləs/ [形] **1** 無意味な, 愚かな (foolish); 無分別な ([反] sensible): ～ violence [death] 無意味な暴力[死] / ～ behavior 愚かな行動. **2** [普通は [P]] 無感覚で, 無意識で; 人事不省で, 気[意識]を失っている: The man knocked him ～. 男は彼をなぐって気絶させた. **～·ly** [副] 無意味に; 無分別に; 無感覚で. **～·ness** [名] [U] 無意味; 無分別.

sénse òbject [名] [C] 〖文法〗 意味上の目的語.

[文 法] **意味上の目的語**
(1) 形式目的語の it が受ける不定詞句・動名詞句および節をいう: I found *it* difficult *to finish the work in a week*. 私はその仕事を1週間でやるのは難しいとわかった / They took *it* for granted *that we would slave away for them*. 彼らは我々が彼らのために身を粉にして働くものだと思っていた.
(2) 文中で不定詞が表わす動作・状態の意味の上での目的語をいう: Do you have *anything to say* about it? それについて何か言うことがありますか [anything は say の意味上の目的語] / *This book* is easy *to read*. この本は読みやすい [This book は read の意味上の目的語].

sénse òrgan [名] [C] 感覚器官.
sénse sùbject [名] [C] 〖文法〗 意味上の主語.

[文 法] **意味上の主語**
(1) 形式主語の it が受ける不定詞句・動名詞句および節をいう: *It* is difficult *to master a foreign language in just a year or so*. 1年ぐらいで外国語を修得するのは困難だ / *It* is fun *going on a picnic*. ピクニックに行くのは楽しい / *It* is clear *that he told a lie*. 彼がうそをついたのは明白だ.
(2) 文中で用いられる不定詞・分詞・動名詞についてその表わす動作・状態の意味の上での主体となるものをいう.
(i) 不定詞の意味上の主語.
(a) 特に示されていない場合には意味上の主語は文の主語と一致するか, 漠然と一般の人を表わす.
I am glad *to see* you. 私はあなたにお目にかかれてうれしい [文の主語 I が to see の意味上の主語] / *It* is wrong *to tell* lies. うそをつくのは悪い [to tell の意味上の主語は一般の人].
(b) 述語動詞の目的語・補語が次に続く不定詞の意味上の主語になる場合.
I saw *a strange man enter* the building. 知らない男が建物に入るのを見た [動詞の目的語 a strange man が enter の意味上の主語] / I want *you to do* your best. あなたにはベストを尽くしてもらいたい [動詞の目的語 you が to do の意味上の主語] / He was *the first to arrive* there. 彼がそこに着いた最初の人だった [the first が to arrive の意味上の主語].
(c) 意味上の主語が for, of などを伴って示される場合 (☞ for [前] B 1, of 12).
It is natural *for him to say* so. 彼がそう言うのは当

然だ [him が to say の意味上の主語] / It's very kind *of* you *to do* that. そうしてくださってご親切さまです [you が to do の意味上の主語].

(ii) 分詞の意味上の主語.
I heard *someone calling* my name. だれかが私の名前を呼んでいるのが聞こえた [動詞の目的語 someone が現在分詞 calling の意味上の主語] / I had *my camera stolen*. 私はカメラを盗まれた [動詞の目的語 my camera が過去分詞 stolen の意味上の主語].

分詞構文の意味上の主語については ☞ participial construction 文法, absolute participial construction 文法.

(iii) 動名詞の意味上の主語.
(a) 意味上の主語が容易に判断できる場合には, 普通は言い表わされない.
Going on a picnic is fun. ピクニックに行くのは楽しい [going の意味上の主語は一般の人].

(b) 意味上の主語が文の主語と一致する場合.
I remember *seeing* him somewhere. 私は彼をどこかで見た覚えがある / *He* was scolded for *breaking* the window. 彼は窓ガラスを割ったことでしかられた.

(c) 意味上の主語を名詞・代名詞の所有格で表わす場合. ただし《略式》では所有格の代わりに人称代名詞の目的格や名詞の通格 (☞ case 文法) が用いられることが多い.
We are confident of *his* [《略式》*him*] *being* elected chairman. 私たちは彼が議長に選ばれるのを確信している / I cannot approve of *my daughter's* [《略式》*daughter*] *going* there. 私は娘がそこに行くのを許すわけにはいかない.

†**sen·si·bil·i·ty** /sènsəbíləṭi/ 名 (**-i·ties**; 形 sensible; 反 insensibility) [U または複数形で]《格式》**1** (繊細な)感受性, 鋭敏な感覚, 感性: the ~ of a poet 詩人の感性. **2** (刺激などに対する)敏感さ, 感受力: ~ *to* stimuli 刺激に対する敏感さ. **3** 《…に》傷つきやすい感情, 気持ち (*to*): offend [wound] readers' sensibilities 読者の感情を害する.

*†**sen·si·ble** /sénsəbl/ T2 形 (名 sense, sènsibílity) **1** [ほめて] 思慮のある, 分別のある, 気のきいた (☞ intelligent 類義語) 《senseless》: a ~ person 思慮分別のある人 / 言い換え It's very ~ *of* you *to* keep it secret. = You are very ~ *to* keep it secret. それを隠しておくとはあなたもなかなか思慮深い (☞ *of* 12). **2** A 〈衣服などが〉実用的な, 〈考え・方法などが〉実際的な, 〈食事が〉健康によい: ~ shoes *for* walking 歩きやすい靴. **3** P《古風》《…に》気づいて (*aware*), 《…が》よくわかって (*of, to*). **4** 《格式》知覚できる, 気づくほどの.

sen·si·bly /sénsəbli/ 副 **1** 思慮深くも, 賢明にも: He was *sensibly* dressed for the tropics. 彼は熱帯地方の気候をちゃんと考えた服装をしていた. **2** 文修飾語 気のきいたことには: *Sensibly*, Ben carried a compass with him just in case. 気のきいたことにベンは万一に備えて磁石をもっていた.

sen·si·mil·i·an /sènsɪmíliən/ 名 U《米》(ハワイ産の)強力な大麻.

***sen·si·tive** /sénsəṭɪv/ T2 形 (名 sense, sènsitívity; 反 insensitive) **1** [ほめて] 〈人の気持ち・問題などに〉敏感な, 気を配る: Employers must be more ~ *to* the problems of women. <A+to+名・代> 雇用者たちは女性の問題にもっと気を配らなければならない.

2 [時に軽蔑] 物事を気にしやすい, 傷つきやすい, 神経過敏な, すぐ怒る: You should not be so ~ *to* gossip. <A+to+名・代> うわさをそんなに気にすることはない / He is ~ *about* his curly hair. <A+about+名・代> 彼は巻き毛を気にしている. **3** 感じやすい, 敏感な; 〈…に対して〉過敏の, 〈…に〉弱い: a ~ ear 敏感な耳 / ~ skin 敏感肌 / She is ~ *to* heat [cold]. <A+to+名・代> 彼女は暑[寒]がりだ. **4** (問題などが)取り扱いに

注意を要する, 微妙な; 機密を扱う: ~ military information 機密軍事情報. **5** [ほめて] (芸術などについて) 感覚の鋭い, 繊細さ: a ~ pianist 繊細な演奏をするピアニスト / a ~ performance きめの細かい演技[演奏]. **6** (…の作用を)受ける, (…を)感じる, (機械などが)感度の強い (*to*). **~·ly** 副 感じやすく, 敏感に; 神経質に. **~·ness** 名 U 感じやすさ; 神経過敏 (*to*).

sen·si·tiv·i·ty /sènsəṭívəṭi/ 名 (**-i·ties** /~z/; 形 sénsitive; 反 insensitivity) **1** U 気配り (*to*); 細心の注意. **2** U,C 敏感さ; (美的)鋭敏さ. **3** U 怒りやすさ, 神経過敏; 感受性; [複数形で] 微妙な心情. **4** U 細心の注意が必要なこと; 取扱いに注意を要すること. **5** U 感度.

sensitívity tràining 名 C《米》《医》感受性訓練《人間関係を深めるため, 小集団を作って行なう訓練》.

sen·si·za·tion /sènsəṭɪzéɪʃən/ -taɪzéɪ-/ 名 U 敏感にすること.

sen·si·tize /sénsətaɪz/ 動 他 **1** [しばしば受身で] 〈格式〉〈…〉を(刺激に対して)敏感にする (*to*); 気づかせる. **2** [普通は受身で] 〈体〉を過敏にさせる. **3** 〈写〉〈…〉に感光性を与える.

†**sen·sor** /sénsɚ, -sɑː/ -sə/ 名 C 《電工》感知器, センサー: a gas leak ~ ガス漏れ警報[感知]器.

†**sen·so·ry** /séns(ə)ri/ 形 (名 sense) [普通は A]《格式》感覚の, 知覚の: ~ nerves 感覚神経.

sénsory deprivátion 名 U,C《心》感覚遮断.

sen·su·al /sénʃuəl/ 形 感覚に訴える, 官能的な; 肉感的な.

sen·su·al·ist /sénʃuəlɪst/ 名 C 肉欲主義者, 快楽主義者.

sen·su·al·i·ty /sènʃuǽləṭi/ 名 U 官能[肉欲]にふけること, 好色.

sen·su·al·ly /sénʃuəli/ 副 官能[肉感]的に.

sen·su·ous /sénʃuəs/ 形 (名 sense) **1** 感覚に訴える, 感覚的な; 〈感覚的に〉非常に心地よい. **2** 官能的な, 肉感的な (*sensual*). **~·ly** 副 感覚に訴えるように; 官能的に. **~·ness** 名 U 感覚に訴えること.

***sent** /sént/ (同音 cent, scent) 動 **send** の過去形および過去分詞.

***sen·tence** /séntəns, -tns | -təns/ T3 名 (**sen·tenc·es** /~ɪz/) C

ラテン語で「考え方, 意見」の意 《☞ sense 単語の記憶》.
→ (判断を下すこと) → 「判決」「宣告」**2**
→ (個別の意見を示すこと) → 「文」**1**

1 《文法》文: I can't understand the meaning of this ~. この文の意味が私には理解できない. 関連 clause 節 / phrase 句 / word 語.

2 《法》(刑事上の)判決, 宣告; 刑: a light [severe, heavy] ~ 軽い[重い]刑 / a ten-year prison ~ = a ten years in prison 懲役10年の刑 / a life ~ 終身刑 / serve one's ~ 刑に服す // ☞ death sentence, suspended sentence. **awáit séntence** 自 判決を待つ. **páss** [**pronóunce, impóse**] (**a**) **séntence on** ... 動 他 …に判決を下す, …に刑を言い渡す. **ùnder séntence of ...** 前 …の(刑の)宣告を受けて, …の刑に処せられて.

— 動 (**sen·tenc·es** /~ɪz/; **sen·tenced** /~t/; **sen·tenc·ing**) 他 [しばしば受身で] **1** 〈…〉に**判決を下す**, 〈…〉を**刑に処する**, 〈刑を〉…に宣告する: The court ~d him *to* death [three years in prison]. <V+O+to+名> 法廷は彼に死刑[禁固3年]の判決を下した / He *was* ~*d to* pay a fine of $100. <V+O+C (to+不定詞)の受身> 彼は 100 ドルの罰金を受けた. **2** (苦境などに)追いやる: After the accident, he *was* ~*d to* a life

1596 sentence adverb

in a wheelchair. 事故の後, 彼は車いすの生活を強いられた.

文法 文
語が集まって, 1つのまとまった意味を表わしており, 話しことばでは前後に沈黙があり, 書きことばでは大文字で始まり, 最後がピリオド・疑問符・感嘆符で区切られているものをいう. ほとんどの文はそれ自体独立した節—独立節—から成るが, 中には句や語だけから成る文もある.
(1) 語から成る文: Fire! 火事だ / Yes. そうです / Please. どうぞ 《☞ sentence adverb 文法 (2)》.
(2) 句から成る文: Of course. もちろん / Just a moment. ちょっと待ってください / Waiter, another bottle, please! ボーイさん, もう1本ください / Down with imperialism! 帝国主義打倒.
(3) 独立節 (independent clause) から成る文—以下で単に文というときはこれを指すこととする.
(i) 文はその構造の上から次の4種類に分類される.
(a) 単文: 1つの主語と1つの述語動詞から成る文.
(b) 重文: 2以上の単文が and, but, or などの等位接続詞で結ばれた文. これらの結合されたそれぞれの単文を等位節という.
(c) 複文: 1つの文, つまり主節に, after, before, when, if, since, though などの従位接続詞や関係代名詞に導かれる節が従属している形の文をいう. 従属している節は従属節と呼ばれる.
(d) 混合文: 単文と複文または複文と複文が等位接続詞で結ばれた形の文をいう.
(ii) 文はまた意味の上から次の4種類に分類される.
(a) 平叙文: ある事柄をそのまま述べる文. 肯定文と否定文の2種類がある.
(b) 疑問文: 疑問を表わす文.
(c) 命令文: 命令・依頼を表わす文で, 普通は主語は用いられない.
(d) 感嘆文: 感嘆の気持ちを表わす文.

séntence àdverb 名 C 〖文法〗文副詞.

文法 文副詞
(1) =文修飾副詞 《☞ sentence-modifying adverb 文法》.
(2) 文の代用として用いられる副詞をいう. yes, no, certainly, perhaps, please, probably など: Are you sure?—*Yes.* [*No.*] 確かですか—ええ[いいえ] / Yes. Is I am sure., No. は I am not sure. と同じ内容を表わす) / Will you do me a favor?—*Certainly.* ちょっとお願いしたいことがあるのですが—どうぞ.

séntence mòdifier 名 C 〖文法〗 =disjunct.
séntence-mòdifying ádverb 名 C 〖文法〗 文修飾副詞.

文法 文修飾副詞
文全体を修飾する副詞のことで, 副詞句まで含めて文副詞類 (sentence adverbial) ともいう. これには(1) 文修飾語(文全体についての話者の意見・状況観察・真偽・価値判断などを述べる副詞語句 《☞ disjunct 文法》)と (2) つなぎ語(二つの文の関係について述べる副詞語句 《☞ conjunct 文法》)の2種類がある.

séntence pàttern 名 C 〖文法〗文型.

文法 文型
文または節を, 目的語をとるか, 補語をとるかなどの述語動詞 《☞ predicate verb 文法》のタイプにより分類したもので, 動詞型 (verb pattern) と呼ぶことも多い. このほかに形容詞型, 名詞型もある 《☞ 動詞型・形容詞型・名

詞型の解説(巻末)》.

sen·ten·tious /senténʃəs/ 形 《格式》《軽蔑》(人・話などが)もったいぶった, 説教がましい; 格言の多い. ～·ly 副 もったいぶって, 説教がましく.

sen·ti·ent /sénʃ(i)ənt/ 形 A 《格式》感覚[知覚]力のある.

*sen·ti·ment /séntəmənt/ 13 名 (**-ti·ments** /-mənts/; 形 sèntiméntal) 1 U.C [しばしば複数形で] 《格式》(感情の交じった)意見, 見方, 気持ち; 感想: There is (a) strong public [popular] ～ *against* [*in favor of*] the policy. その政策に対して国民の間では反対[賛成]する見方が強い / "I think we will get into trouble if we keep doing this." "My ～s exactly!" 「こんな事を続けていたら面倒なことになると思うよ」「全く同感だ」 / They expressed the same ～*s on* the subject. 彼らはその問題について同じ意見を述べた.
2 U [時に軽蔑] 感傷, 感情に走ること, 情に[涙]もろいこと, 多感: a movie dripping with tears and ～ お涙ちょうだいの映画 / There is no room for ～ in competition. 勝負に感傷が入る余地なし. 3 U.C (優しいまたは高尚な)感情, 心持ち, 情緒, 情操 《☞ sense 単語の意味》: appeal to ～ 感情に訴える.

*sen·ti·men·tal /sèntəméntl/ 形 (名 séntiment, sèntimentálity, 動 sèntiméntalize) 1 感情の上からの, 懐かしさからくる, (特別な)思い入れのある: I kept this clock for ～ reasons: it belonged to my grandfather. この時計は祖父のものだったので, 懐かしくてとっておいた / This old hat has ～ value for me. この古い帽子は私には大切な(思い出のある)品だ.
2 [時に軽蔑] (作品などが)感情に訴える, お涙ちょうだいの: a ～ novel センチメンタルな小説.
3 [時に軽蔑] (人が)感傷的な, 涙もろい, 感じやすい, ウェットな: a ～ girl 涙もろい少女 / You ought not to be ～ *about* these things. <A+*about*+名・代> こんなことで感傷的になっちゃだめだ.

sen·ti·men·tal·is·m /sèntəméntlìzm/ 名 U センチメンタリズム, 感情[感傷]主義; 感傷癖.
sen·ti·men·tal·ist /sèntəméntlist/ 名 C [時に軽蔑] センチメンタリスト, 感傷的な人, 涙もろい人.
sen·ti·men·tal·i·ty /sèntəmentǽləti/ 名 (形 sèntiméntal) U [軽蔑] センチメンタルなこと, 涙もろいこと.
sen·ti·men·tal·ize /sèntəméntəlàɪz/ [軽蔑] 動 (形 sèntiméntal) 他 感傷的に考える[描写する].
— 自 感傷的になる (*about, over*).
sen·ti·men·tal·ly /sèntəméntli/ 副 1 感情的に; 懐かしく. 2 [時に軽蔑] 感傷的に.
sen·ti·nel /séntənəl/ 名 《古風》 =sentry.
†sen·try /séntri/ 名 (**sen·tries**) C 《軍》 歩哨(ほしょう), 哨兵; 見張り番: be on ～ duty 歩哨に立つ.
séntry bòx 名 C 哨舎(しょうしゃ), 番小屋.
*Seoul /sóʊl/ (同音 sole[1-3], soul, (米) sol; 類音 sold) 名 固 ソウル 《大韓民国の首都》.
*Sep. 略 9月 (September).
se·pal /síːp(ə)l, sép-/ 名 C 〖植〗がく片.
sep·a·ra·bil·i·ty /sèp(ə)rəbíləti/ 名 U 分離できること, 分離可能 (*from*).
sep·a·ra·ble /sép(ə)rəbl/ 形 (反 inseparable) (...から)分けられる, 分離できる (*from*). **-ra·bly** /-bli/ 副 (...から)分離できて (*from*).

*sep·a·rate[1] /sép(ə)rət/ ★動詞の separate[2] との発音の違いに注意. 形 (動 séparàte[2]) [比較なし] 1 分かれた, 分離した, 離れた: ～ volumes 分冊 / ～ but equal「分離しているが平等」(米国の黒人差別を正当化していた論拠) / Keep these airmail letters ～ *from* the others. <A+*from*+名・代> この航空便の手紙は他の手紙とは分けておくように.
2 [普通は A] 別々の, 個別の (*from*); 独立の, それぞれの, 各自の: two ～ questions 2つの別個の問題 / My

son and the daughter have ~ rooms. 息子と娘とは別々の部屋を持っている / After graduation we went our ~ ways. 卒業後私たちは(別れて)それぞれの道を進んだ(仲たがいした)].

sep·a·rate² /séprɪt/ ★ 形容詞 separate¹ との発音の違いに注意. 動 (-a·rates /-rèts/; -a·rat·ed /-tɪd/; -a·rat·ing /-tɪŋ/; sèparàtion /-ʃən/; séparàte¹)

自 他 の転換
他 1 分ける (to cause (something) to be divided)
自 2 分かれる (to become divided)

— 他 1 [しばしば受身で] ⟨…⟩を分ける, 区切る; 隔てる (☞ 類義語; several 語源): This curtain ~s the rooms. このカーテンで部屋が仕切られている / Great Britain *is ~d from* the Continent *by* the English Channel. <V+O+*from*+名・代の受身> グレートブリテン島はイギリス海峡によってヨーロッパ大陸から隔てられている / This town *is ~d by* the river *into* the residential district and the business district. <V+O+*into*+名・代の受身> この町は川をはさんで住宅地域と商業地域とに分かれている.

2 ⟨…⟩を切り離す, 引き離す; 分離する; 分類する, 区分[区別, 識別]する, 切り離して考える (up): This machine ~s cream *from* milk. <V+O+*from*+名・代> この機械は牛乳からクリームを分離する / They *were ~d into* two groups. <V+O+*into*+名・代の受身> 彼らは2つのグループに分けられた / It is sometimes difficult to ~ cause *from* effect. 原因と結果を区別することが難しいことがある.

3 ⟨親しい者⟩を別れさせる, 仲たがいさせる: No one can ~ me *from* him. <V+O+*from*+名・代> だれも私を彼から引き離せない.

— 自 1 (人が)別れる, (夫婦が)別居する (*from*): We ~d at the corner. 私たちは町角で別れた. **2** (物が)分かれる, 分離する (*from, into*); (綱などが)切れる.

séparate óut 動 自 分離する, 分かれる. — 他 ⟨…⟩を分離させる, 分ける.

【類義語】**separate** もともと結合してできているものや互いにつながりのあるものを切り離すこと: The two rooms are *separated* by a thin wall. その2つの部屋は薄い壁で仕切られている. **divide** 分配などのために切ったり, 割ったり, 区画を定めたりなどして, いくつかの部分に分けること: The country is *divided* into six regions. この国は6つの地方に分けられている. **part** 密接な関係のある人または物を引き離すことで, separate より改まった語: We *were parted* from each other in our childhood. 私たちは子供のころに別れ別れになった.

sep·a·rat·ed /séprətɪd/ 形 P (夫婦が)別居して (☞ divorced 1): *the* divorced and ~ 離婚した人たちと別居中の人たち (☞ the¹ 3) / He is ~ *from* his wife. <A+*from*+名・代> 彼は妻と別居している.

sep·a·rate·ly /séprətli/ 副 1 分かれて, 分けて, 離れて: sit ~ 離れて座る.

2 別々に, 別個に, それぞれに: They ate together, but paid ~. 彼らはいっしょに食事をしたが別々に金を払った / Could you wrap this ~ (*from* the rest), please? これは(他のと)別に包んでいただきたいのですが.

sep·a·rates /séprəts/ 名 [複] (衣類の)セパレーツ (上下別々に自由に組み合わせて着る婦人服).

関連 suit スーツ / coordinates コーディネイト

sep·a·ra·tion /sèpəréɪʃən/ 名 (~s /-z/; séparàte¹) **1** U,C 分離, 分けること (*of, into*); 分離した状態: ~ *of* church and state 教会と国家[宗教と政治]の分離 / the ~ *of* powers ☞ power 表. **2** U,C 別離(期間) (*from*). **3** C 分離するもの, 分離線; 間隔. **4** C,U [法] (夫婦の)別居.

separátion ànxiety 名 U (心) 別離不安 (子供が親から離されると考えていだく不安).

sep·a·ra·tism /séprətɪzm/ 名 U (政治・宗教上の)分離主義, 孤立主義.

sep·a·ra·tist /séprətɪst/ 名 C 分離主義者.
— 形 A 分離主義(者)の.

sep·a·ra·tor /séprətə | -tə/ 名 C 分離する人; 選鉱器; 分離器, (牛乳の)クリーム分離器.

se·pi·a /síːpiə/ 名 U セピア (いかの墨から作る暗褐色の絵の具・インク); セピア色, 暗褐色. — 形 [普通は A] (写真などが)セピア色の, 暗褐色の.

sep·sis /sépsɪs/ 名 U (医) 敗血症.

Sept. 略 9月 (September).

Sep·tem·ber /septémbə | -bə/ 名 (~s /-z/) U,C 9月 (略 Sep., Sept.; ☞ month 表および 名詞 囲み): School begins *in* ~ in the United States. 米国では学校は9月に始まる / He left Chicago *on* ~ 2. 彼は9月2日にシカゴを出発した (September 2 is September (the) second と読む; ☞ ordinal number 文法 (2)).

September 11 /-ɪlév(ə)n/ 名 9月11日 (☞ 9/11 (nine eleven と読む)).

sep·tet /septét/ 名 C (楽) 七重奏曲; [(英) 単数形でも時に複数扱い] 七重奏団 (☞ solo 表).

sep·tic /séptɪk/ 形 (主に英) (傷などが)病菌で冒された, 腐敗性の; 敗血性の: ~ poisoning 敗血症.

sep·ti·ce·mi·a, (英) **-ti·cae·mi·a** /sèptəsíːmiə/ 名 U (医) 敗血症 (blood poisoning).

séptic tànk 名 C 汚水浄化槽.

sep·tu·a·ge·nar·i·an /sèpt(j)uədʒənéə(ə)riən | -tjuə-/ 名 [普通は A], (格式) 70 歳代の(人).

Sep·tu·a·ges·i·ma /sèpt(j)uədʒésəmə | -tjuə-/ 名 四旬節 (Lent) 前の第3日曜日.

Sep·tu·a·gint /sépt(j)uːədʒɪnt | séptjuə-/ 名 C 七十人訳聖書 (ギリシャ語訳旧約聖書).

sep·tum /séptəm/ 名 C (医) 隔壁 (特に鼻中隔).

sep·ul·cher /sép(ə)lkə | -kə/ 名 C (古語, 米) 墓; 埋葬所.

se·pul·chral /səpʌ́lkrəl/ 形 1 (格式) [普通は A] 墓[埋葬]の. **2** (文) 墓のような; (声などが)陰気な.

sep·ul·chre /sép(ə)lkə | -kə/ 名 (英) = sepulcher.

se·quel /síːkwəl/ 名 C **1** (本・映画などの)続編, 後編 (*to*). **2** [普通は単数形で] 結果, 帰着点 (*to*).

se·quence /síːkwəns/ 名 (**se·quenc·es** /-ɪz/; 形 sequéntial) **1** U (続いて起こる)順序; 続いて起こること, 連続: the ~ *of* events 事件の起こった順序.

2 C 続いて起こるもの[こと], 連続; a ~ *of* disasters [good harvests] 災害[豊作]続き. **3** C (分子, 特にアミノ酸の)配列. **4** C (映) 一連の画面[場面]. **5** C (トランプ) 続き札 (同種札で連続した3枚以上のカード). 語源 ラテン語で「後に従うもの」の意; ☞ consequence 語源, subsequent 語源, second¹ 語源.

in séquence [副] 次々と; 順番に. **òut of séquence** [副] 順序が狂って.

séquence of ténses 名 U [the ~] (文法) 時制の一致.

文法 時制の一致
複文において, 主節の述語動詞が過去時制または過去完了形のときは従属節の述語動詞も普通は過去か過去完了形でなければならない. なお, 時制の一致による過去完了形を大過去 (pluperfect) と呼ぶことがある. このように, 主節と従属節の述語動詞の間に見られる一致を sequence of tenses という. これは従属節が名詞節の場合が主で, 話法の転換において重要な規則である. 主節の過去時制に従属節の述語動詞の時制を一致させる場合には,
現在時制・未来時制 → 過去時制

sequencer

現在完了形・過去時制 → 過去完了形となる.
なお主節の述語動詞の時制が, 現在時制・現在完了形・未来時制・未来完了形の場合には時制の一致は起こらない.

{ I *think* it *is* true. 私はそれが本当だと思う.
{ I *thought* it *was* true. 私はそれが本当だと思った.
{ I *think* he *will* come.
　私は彼が来るだろうと思う.
{ I *thought* he *would* come.
　私は彼が来るだろうと思った.
{ I *think* he *has* already *come* back.
　私は彼がすでに帰ってると思う.
{ I *thought* he *had* already *come* back.
　私は彼がすでに帰っていると思った.
{ I *think* it *was* a mistake.
　私はそれが間違いだったと思う.
{ I *thought* it *had been* a mistake.
　私はそれが間違いだったと思った.

次の場合は, 主節の述語動詞が過去時制でも, 時制の一致が起こらないことがある.
(1) 従属節が, 不変の真理または現在に至るまで事実であることを表わす場合: We *learned* that three times three *is* [*was*] nine. 我々は3×3は9だということを学んだ / He *said* Mary *is* [*was*] going to get married next month. 彼はメアリーが来月結婚することになっていると言った.
(2) 従属節が歴史上の事実を表わす場合: Our teacher of history *said* that the Second World War *began* in 1939. 歴史の先生は第二次世界大戦は1939年に始まったと言った [過去完了にしない].
(3) 従属節の動詞が仮定法の場合: He *said* that if he *were* in my place, he *would* do the same thing. 彼はもしも彼が私の立場にあったら同じことをするだろうと言った. 用法注意 He *said* if I *was* tired I *could* take a rest. (彼はもしも私が疲れていたら休んでもよいと言った)においては, 仮定法ではなく直説法が用いられていて, 直接話法では He said, "If you *are* tired you *can* take a rest." であったものが, 時制の一致をして過去時制になったものである.
(4) 形容詞節・副詞節においては, 機械的な時制の一致はなく, 意味によって時制が左右される. 特に, 比較を表わす副詞節ではそうである: I *am* much stronger then than I *am* now. 私はそのころは今よりずっと丈夫でした / It *was* a little smaller than I *had* imagined. それは私が思ったより少し小さかった.

se·quenc·er /síːkwənsɚ | -sə/ 名 C シーケンサー (1) アミノ酸配列分析装置. (2) 音符・和音などの信号の連続性を記憶しプログラムしたものを再生する装置).

se·quenc·ing /síːkwənsɪŋ/ 名 U 《格式》(特に時間的に)順番に配列すること.

se·quen·tial /sɪkwénʃəl/ 形 (名 séquence)《格式》続いて起こる; 結果として起こる. **-tial·ly** /-ʃəli/ 副 連続して, 順番に.

se·ques·ter /sɪkwéstɚ | -tə/ 動 (**-ter·ing** /-tərɪŋ, -trɪŋ/) 他 1 《...》を隔離する, 隠退させる; [~ oneself として] 隠退する. 2 《法》=sequestrate.

se·ques·tered /-d/ 形 [普通は A]《文》隠退した; (場所が)人里離れた, へんぴな.

se·ques·trate /síːkwəstreɪt/ 動 他 [普通は受身で]《法》〈財産など〉を仮差し押えする; 没収する.

se·ques·tra·tion /sìːkwəstréɪʃən/ 名 C,U 《法》 (一時的)強制管理, 仮差し押え); 没収.

se·quin /síːkwɪn/ 名 C シークイン (飾り) 《衣服につけるきらきらした飾りまたはスパンコール》.

se·quin(n)ed /síːkwɪnd/ 形 シークインで飾った.

se·quoi·a /sɪkwɔ́ɪə/ 名 C 1 セコイア, セコイアめすぎ (⇨ redwood 写真). 2 セコイアおすぎ《California 州, Oregon 州産の常緑の巨木》.

Sequóia Nátional Párk 名 固 セコイア国立公園《米国 California 州中東部にある》.

se·ra /sírə/ serum の複数形.

se·ra·glio /sɪrǽljoʊ | -rɑ́ːl-/ 名 (~s) C イスラム教国の夫人部屋, 後宮, ハーレム.

se·ra·pe /sərɑ́ːpi | səræ-/ 名 C セラーペ《ラテンアメリカ人が用いるはでな男性用肩かけ毛布》.

ser·aph /sérəf/ 名 (複 ~s, **ser·a·phim** /sérəfɪm/) C 《聖》最高位の天使《翼を6つ持つ》.

se·raph·ic /sərǽfɪk/ 形 《格式》天使の(ような); 神々しい, 清らかな; 幸せ(そう)な.

Serb /sɚːb | sɜːb/ 名 C セルビア人; U セルビア語.
— 形 =Serbian.

Ser·bi·a /sɚ́ːbiə | sɜ́ː-/ 名 固 セルビア《バルカン半島の共和国; 連合国家 Serbia and Montenegro を構成; 首都 Belgrade》.

Ser·bi·an /sɚ́ːbiən | sɜ́ː-/ 形 セルビアの, セルビア人[語]の. — 名 C セルビア人; U セルビア語.

Ser·bo-Cro·a·tian /sɚ̀ːboʊkroʊéɪʃən | sɜ̀ː-/, **Sér·bo-Cró·at** /-króʊæt/ 名 U セルビアクロアチア語. — 形 セルビアクロアチア語の.

sere /sɪɚ | sɪə/ 形 《文》ひからびた, しなびた.

* **ser·e·nade** /sèrənéɪd/ 名 C セレナーデ《夜, 恋する女性の窓下で歌う[奏でる]調べ》;《楽》セレナーデ, 小夜曲 (略) (to). — 動 他 〈人〉にセレナーデを奏でる[歌う].

ser·en·dip·i·tous /sèrəndípəṭəs/ 形 《文》思いがけない発見の. ~·**ly** 副 思わぬ発見として.

ser·en·dip·i·ty /sèrəndípəṭi/ 名 U《文》思わぬ掘り出し物を見つける才能; 偶然貴重な発見をすること.

* **se·rene** /sərí:n/ 形 (**more** ~, **se·ren·er** /-nɚ/ ~, **se·ren·est**) 1 うららかな, のどかな, (海などが)穏やかな, (空などが)雲のない, 静かな (calm): a ~ valley 静かな谷. 2 (精神的に)落ち着いた, 穏やかな, 平和な: a ~ life 平和な生活 / a ~ smile 穏やかな笑み. 3 [S-] A 高貴な《ヨーロッパの王族の敬称に用いる》: His S~ Highness 殿下. ~·**ly** 副 穏やかに; 落ち着いて.

Ser·en·gét·i Nátional Párk /sèrəngéṭi-/ 名 固 セレンゲティ国立公園《タンザニア北部にある; 野生動物の楽園》.

se·ren·i·ty /sərénəṭi/ 名 U 1 うららかさ, のどかさ. 2 平静, 落ち着き.

serf /sɚːf | sɜːf/ 名 (~s) C 農奴《封建時代の農民の最下層階級で土地に縛られ, 土地とともに売買された》; 奴隷(のような)人.

serf·dom /sɚ́ːfdəm | sɜ́ːf-/ 名 U 農奴の身分; 農奴制.

* **serge** /sɚːʤ | sɜːʤ/ 名 U《織》サージ.

* **ser·geant** /sɑ́ːʤənt | sɑ́ː-/ 名 (**ser·geants** /-ʤənts/) C [しばしば S-] 1 軍曹《軍隊の階級; 略 Sgt., Sergt.》. 2 巡査部長《米国では captain [lieutenant] の下, 英国では inspector か constable の中間; 略 Sgt., Sergt.》.

sér·geant-at-árms 名 (複 **sergeants-at-arms**) C 《法廷・議会などの》守衛, 衛視.

sérgeant májor 名 (複 **sergeants major**) C 《米陸軍・海兵隊の》上級曹長;《英陸軍の》特務曹長.

Sergt 略 =sergeant.

* **se·ri·al** /síɚiəl/ 《同音 cereal》名 (~s /-z/; (米) sérialize) C 小説・映画などの)連続物, 続き物(クライマックスで終わり, また次に続く); 定期刊行物: Her new novel will be made into a television ~. 彼女の新しい小説は連続テレビドラマになる予定だ. 関連 series 1 同じ事と話が続きの場合.
— 形 1 (小説・映画などの)続きの; (出版物の)定期の;《電算》(データの伝送・演算が)直列の, シリアルの (⇨ parallel). 2 [普通は A] 連続的な, ひと続きの, 通しの; [滑稽](人が)常習の: ~ killings [murders] 連続殺

人事件 / in ～ order 連続して，番号順に.
se·ri·al·i·za·tion /sɪ̀(ə)riəlɪzéɪʃən | -laɪzéɪ-/ [名] [U,C] 連載(作品); 連続放送[上映] (作品).
se·ri·al·ize /sí(ə)riəlàɪz/ [動] ([名] sérial) [他] [しばしば受身で] 連載する，続き物として掲載[放送，上映]する.
sérial kíller [名] [C] 連続殺人犯.
se·ri·al·ly /sí(ə)riəli/ [副] 連続的に，ひと続きで.
sérial monógamist [名] [C] [滑稽] 連続単婚者.
sérial monógamy [名] [U] [滑稽] 連続単婚《短期間に結婚を繰り返すこと》.
serial múrderer [名] [C] ＝serial killer.
sérial nùmber [名] [C] (紙幣などの)通し番号.
sérial pórt [名] [C] 〔電算〕 シリアルポート《データの送受信をシリアル伝送によって行う機器接続のための端子》.
sérial rìghts [名] [複] 連載[連続放映]権.
se·ri·a·tim /sɪ̀(ə)riéɪṭɪm/ [副] 《格式》 順次に.
ser·i·cul·ture /sérəkʌ̀ltʃə | -tʃə/ [名] [U] 養蚕(業).
‡se·ries /sí(ə)ri:z/ ([同音] Ceres) [T1] [名] (複 ～) [普通は単数形で] **1** [C] **連続**，ひと続き，一連のもの: a ～ *of* victories 連戦連勝 / a ～ *of* lectures 連続講演. [語法] a series of＋複数名詞は単数として扱う: A ～ *of* misfortunes *has* destroyed her life. 不幸の連続で彼女の一生は台なしになった.
2 [C] (小説・映画などの)連続物，続き物《1 回ごとに筋が完結して話が続いていくもの》，(出版物の)セットもの; (商品・試合の)シリーズ: a television ～ 連続テレビ番組 / the Sherlock Holmes ～ シャーロック ホームズのシリーズ. [関連] serial 話が続く連続物. **3** [C,U] 〔電〕 直列. [関連] parallel 並列. **in séries** [副・形] 連続して; シリーズもので; 〔電〕 直列に[の]. ― [形] 〔電〕 直列の: a ～ circuit 直列回路. [関連] parallel 並列の.
ser·if /sérɪf/ [名] (～s) [C] 〔印〕 セリフ《H, I などの上下のひげ飾り; ☞ sans serif》.
se·ri·o·com·ic /sɪ̀(ə)rioʊkámɪk | -kɔ́m-←/ [形] 《格式》 (小説などが)まじめでしかもこっけい味のある.
‡se·ri·ous /sí(ə)riəs/ ([同音] 《米》 ＃Sirius) [T1] [形] **1 重大な**，油断のならない，容易ならない; (病気などが)**重症の，重い**: a ～ matter 重大問題 / a ～ illness 重病 / a ～ crime 重(大犯)罪 / The situation became ～. 情勢は緊迫してきた.

> [会話] "Are you all right?" "Yes, thank you. It's not [nothing] ～."「大丈夫ですか」「ありがとう. 大したことではありません」

2 まじめな，真剣な (☞ 類義語); 深刻な，考え込んだ; ひたむきな，本気の; その気で(行動して)いる: Sam is ～ ***about*** his work. <A＋*about*＋名・代> サムは仕事に関してまじめだ / Are you **～ *about*** leav***ing*** school? <A＋*about*＋動名> 学校をやめるというのは本気かね / You look ～. What's the matter? 深刻な顔をしているね. どうしたの? / Bob has a ～ girlfriend. ボブは真剣につき合っている恋人がいる / Be ～! Ⓢ ばかなことは言うなよ / You can't be ～! Ⓢ 本気で言ってるんじゃないだろうな. **3** (仕事などが)慎重を要する，重要な; 入念な; [普通は [A]] (文学・芸術などが)まじめな，堅い: This issue needs ～ consideration. この件は慎重に考える必要がある. **4** 《略式》 大量の; 極端な，すごい; [A] とてもいい，最高の: ～ money 大金 / ～ stereo components すばらしいステレオ装置. **5** [A] (人が)熱心な: a ～ golfer (遊び半分ではなく)熱心なゴルフ愛好家.
【類義語】 **serious** 一般的な語で，重要な考えや仕事に本気になって取り組むこと: This is not a joke. I'm *serious*. これは冗談ではなく，本気で言っているんだ. **grave** 威厳を伴った真剣さ，または責任の重大さを反映する態度. **earnest** 熱心さを伴った真剣な気持ちを表わす. **sober** 「酔っていない」という意味から，冷静さを伴ったまじめな態度.
＊se·ri·ous·ly /sí(ə)riəsli/ [副] **1 重大に，ひどく**: He is ～ ill. 彼は重病だ.
2 まじめに，真剣に，本気で: She ***took*** my joke ～. 彼女は私の冗談を真(ま)に受けた. **3** [文修飾語] [文頭で] Ⓢ 《略式》 まじめな話，冗談はさておき: *S*～, what do you think of the government's decision? まじめな話，君は政府の決定をどう思う. **4** 《略式》 とても (very): She's ～ rich. 彼女は大金持ちだ.
Sériously? Ⓢ 本当[本気]かい.
sériously spéaking [副] [文修飾語] まじめな話だが，冗談は抜きにして: *S*～ *speaking*, we must make some preparations for this winter. まじめな話，この冬のしたくをしなければならない.
sérious·ness [名] [U] **1** まじめなこと，真剣さ. **2** 重大さ; 危篤. **in áll sériousness** [副] 《略式》 大まじめに(言って).
ser·jeant-at-arms /sáədʒəntəṭáəmz | sá:dʒəntətá:mz/ [名] [C] 《主に英》 ＝sergeant-at-arms.
⁺ser·mon /sə́:mən | sə́:-/ [名] ([動] sérmonìze) [C] **1** (教会の)説教: The minister gave [preached, delivered] a ～ *on* forgiveness. 牧師は人を許すということについての説教をした. **2** 《略式》 お説教，小言: one's mother's ～*s on* the importance of studying 勉強が大事だというおふくろのお説教. [語源] ラテン語で「話」の意. **the Sérmon on the Móunt** [名] 〔聖〕 山上の垂訓《キリストが丘の上で弟子たちに説いた教訓》.
ser·mon·ize /sə́:mənàɪz | sə́:-/ [動] ([名] sérmon) [自] [軽蔑] 説教をする; 小言を言う.
se·rol·o·gy /sɪrálədʒi | -rɔ́l-/ [名] [U] 血清学.
se·ro·neg·a·tive /sɪ̀(ə)ranégəṭɪv←/ [形] 〔医〕 血清反応陰性の.
se·ro·pos·i·tive /sɪ̀(ə)rəpázəṭɪv | -pɔ́z-←/ [形] 〔医〕 血清反応陽性の.
ser·o·to·nin /sèrətóʊnɪn/ [名] [U] 〔生化〕 セロトニン《血管収縮・神経伝達の作用をもつ》.
se·rous /sí(ə)rəs/ [形] [普通は [A]] 〔生理〕 漿液(しょうえき)(性)の; (液体が)水のような.
⁺ser·pent /sə́:pənt | sə́:-/ [名] [C] **1** 《文》 蛇. [参考] 特に snake より大きく有毒の種類をいうことが多く，またしばしば悪賢いものの例としてあげられる (☞ snake 表; Eden [参考]). **2** 〔聖〕 邪悪な人，陰険な人: the (old) *S*～ 悪魔《聖書の創世紀で Eve を誘惑してりんごを食べさせた蛇から》. [語源] ラテン語で「はうもの」の意.
ser·pen·tine /sə́:pəntì:n, -tàɪn | sə́:pəntàɪn/ [形] 《文》 **1** 蛇行した; 蛇のような. **2** (計画などが)複雑な.
SERPS /sə́:ps | sə́:-/ [略] 《英》 ＝state earnings-related pension scheme 所得比例公的年金制度.
ser·rate /séreɪt/ [形] ＝serrated.
ser·rat·ed /səréɪṭɪd/ [形] (ナイフなどが)のこぎり(歯)状の，ぎざぎざになった.
ser·ra·tion /səréɪʃən/ [名] **1** [U] のこぎり状であること. **2** [C] のこぎり状の突起.
ser·ried /sérid/ [形] [普通は [A]] 《文》 密集した，すし詰めの: ～ ranks of soldiers 密集した兵隊の列.
⁺se·rum /sí(ə)rəm/ [名] (複 **～s, se·ra** /sí(ə)rə/) [U,C] 〔医〕 血清; [U] 〔生理〕 漿液(しょうえき).
＊ser·vant /sə́:v(ə)nt | sə́:-/ [名] (**ser·vants** /-v(ə)nts/) [C] **1 使用人，召し使い** ([反] master). [参考] master (主人)，mistress (女主人)や servant (使用人)という語は昔ほどは使われない: keep ～*s* 使用人を雇っている / engage [dismiss] a ～ 使用人を雇う[解雇する] / a domestic ～ 家事手伝いの人 / We refuse to be ***the*** **～*s of*** computers. 私達はコンピューターに支配されることを拒否する / Fire is a good ～, but a bad master. 《ことわざ》 火はよい召し使いであるが悪い主人である. **2** 《格式》 (忠実な)奉仕者: a ～ *of* Christ キリストのしもべ《牧師のこと》 // ☞ public servant. [語源] 「仕える (serve) 者」の意. **Your obédient [húmble] sérvant** 《古語》 敬具《公式の手紙の結びの文句》.

S

‡serve /sə́ːv | sə́ːv/ [T1] [動] (**serves** /~z/; **served** /~d/; **serv·ing**; [名] sérvice)

「仕える」[他] **3** →「役に立つ」[他] **5**, [自] **2**
→「応対する」[他] **2** →「(飲食物を)出す」[他] **1**, [自] **3** →「供給する」[他] **6**
→「務める」[他] **4**, [自] **1**

— [他] **1** 〈飲食物〉を**出す**, 食卓に出す[供する], 配膳(はいぜん)する: Dinner *is* ~*d*. <V+O の受身> お食事の用意ができました 《主人や客に言う》 / Dessert will be ~*d* next. デザートを次にお出しします / [言い換え] She ~*d* me wine. <V+O+O> =She **~*d*** wine ***to*** me. <V+O+*to*+名・代> 彼女は私にワインを出してくれた / Roast beef *is* usually **~*d*** ***with*** gravy. <V+O+*with*+名・代の受身> ローストビーフは普通肉汁ソースを添えて出される / Steak must *be* ~*d* hot. <V+O+C (形)の受身> ステーキは熱いうちに出さねばならない.

2 《主に英》〈客〉に**応対する**, 〈客〉の注文を聞く, 用を承る, 〈客〉に品物を見せる: ~ a customer 客の用をうかがう / How can we ~ you? 何にいたしましょうか 《店員のことば》 / Are you *being* ~*d*? <V+O の受身> もうご用は承っておりますでしょうか 《店員のことば》.

3 〈...〉に**仕える**, 〈...〉のために働く, 〈...〉に奉仕する; 〈人〉の用を足す (☞ servant [語源]): She has ~*d* our family for ten years. 彼女は私たちの家で 10 年間働いてくれた / She dedicated herself to *serving* others. 彼女は他の人たちに奉仕することに身をささげた / Mr. Smith **~*d*** the nation ***as*** Chief Justice for more than ten years. <V+O+*as*+名> スミス氏は 10 年以上も最高裁判所長官として国家に仕えた (☞ as [前] 1 [語法] (1)).

4 〈任期・刑期・年季など〉を**務める**, 務め上げる; 〈...の職〉を務める: Young carpenters had to ~ an apprenticeship. 若い大工たちは年季を務めなければならなかった / He **~*d*** his term ***as*** chairman. <V+O+C (*as*+名)> 彼は委員長としての任期を務め上げた / He **~*d*** ten years ***for*** murder. <V+O+*for*+名> 彼は殺人罪で 10 年間服役した.

5 〈...〉の**役に立つ**, 助けになる; 〈目的・利益・要求など〉にかなう, 間に合う; 〈...〉の必要を満たす, 〈地区など〉を受け持つ; (料理などが)〈ある人数分〉だけある: I hope this money will ~ your needs [purpose]. このお金があなたの役に立てばよいと思います / His experience in teaching will ~ him well in the future. 彼の教職の経験が将来十分に役に立つだろう / This elevator ~*s* all the floors. このエレベーターは各階に止まる / This turkey will ~ five. この七面鳥は 5 人分ある.

6 [しばしば受身で] 〈...〉に**供給する**, (公共サービスなどを)供する, 〈...〉を営業範囲とする (supply, furnish): The village *is* not yet **~*d*** ***with*** gas. <V+O+*with*+名・代の受身> その村にはまだガスが供給されていない. **7** 《格式》〈人〉を扱う (treat), 遇する; 〈...〉に報いとなる (☞ serve ... right (成句)): He ~*d* me shamefully. 彼は私にひどい仕打ちをした. **8** 〔球〕〈球〉をサーブする (*to*). **9** 〔法〕(令状などを)〈人〉に渡す, 送付する; 〈令状など〉を(人に)渡す (deliver): They ~*d* ˈhim *with* a summons [a summons *on* him]. 彼らは彼に呼び出し状を送付した. **10** (特に種付け用の雄が)〈雌〉と交尾する. **11** [受身なし] 〔カトリック〕〈ミサ〉で司祭を補助する.

— [自] **1** [副詞(句)を伴って] **務める**, **勤務する**; **仕える**, **奉仕する**; **服役する**: She has **~*d*** ***in*** the government for three years. <V+*in*+名・代> 彼女は官庁で 3 年間働いた / She **~*s*** ***as*** the club treasurer. <V+C (*as*+名)> 彼女はクラブの会計係をしている / Mr. Black **~*d*** many years ***on*** the committee. <V+*on*+名・代> ブラック氏は長年の間その委員会の委員を務めた / He **~*d*** ***under*** Admiral Nelson during the war. <V+*under*+名・代> 彼は戦争中はネルソン提督の指揮下にあった.

2 《格式》(本来の目的以外に)**役立つ**, **間に合う**: This box will **~** ***for*** a seat. <V+*for*+名> この箱はいすとしても使える / The box **~*d*** ***as*** a table. <V+C (*as*+名)> その箱はテーブルとして利用できた / This only **~*s*** ***to*** prove that he is lazy. <V+*to* 不定詞> このことは彼が怠け者だということをはっきり示すのに役立つだけである. **3** 給仕する, 食事を出す. **4** 〔球〕(相手の選手に)サーブする (*to*). **5** 〔カトリック〕(ミサで)司祭を補助する (*at*). **sérve óut** [動] [他] (1) 〈任期など〉を全うする, 務め上げる. (2) 《英》〈食べ物など〉を配る. **sérve ... ríght** [動] [他] Ⓢ 《略式》〈...〉には当然の報いだ (*for*): It will ~ him *right* if he fails the exam. He didn't study at all. 彼が試験に落ちたとしても当たり前だ. 全然勉強しなかったのだから / ˈIt ~*s* [*S*~*s*] you *right*! 当然の報いだ, いい気味だ. **sérve úp** [動] [他] (1) (人に)〈食事〉を出す (*to*): Fish should not be ~*d* *up* cold. 魚は冷めたまま出してはいけない. (2) 《略式》〈弁解など〉を持ち出す, 申し立てる. — [名] [C] 〔球〕サーブのやり方[順番] (service). **bréak (...'s) sérve** [動] 〔テニス〕(相手のサービスゲームを)ブレークする.

⁺sérv·er [名] [C] **1** 〔電算〕サーバー 《ネットワークシステムの機能管理装置》. **2** 《米》ウェイター; [普通は複数形で] 食べ物をよそう道具 《しゃくし・大さじなど》; 皿, 盆 (tray). **3** 〔球〕サーブをする人[選手]. **4** 〔カトリック〕侍者 《ミサで司祭を助ける者》.

sérver fàrm [名] [C] 〔電算〕サーバーファーム 《多数のサーバーの入った建物(群)》.

ser·ver·y /sə́ːv(ə)ri | sə́ː-/ [名] (**-ver·ies**) [C] 《英》(セルフサービス式食堂の)料理の陳列カウンター[ケース].

‡ser·vice /sə́ːvɪs | sə́ː-/ [T1] [名] (**serv·ic·es** /~ɪz/; [動] serve)

「仕えること」**2** (☞ serve 囲み) →「尽力」**5** →「役立つこと」**7**
→(顧客に対して)→「サービス」**3** →「アフターサービス」**4**
→(公共に対して)→「公共事業」**1** →(官庁の)「部局」**6**
→「公務」,「勤め」**2**

1 [U,C] (郵便・電信・電話などの)**公共事業**, **業務**, **施設**; (公共的乗り物の)**便**, **運転**; (ガス・水道・電気などの)**供給**, **施設**; (一般に)**サービス業**; [普通は複数形で] (経済活動としての)用役, サービス: telephone ~ 電話(事業) / (an) excellent mail [postal] ~ 申し分のない郵便業務 / a baby-sitting ~ 子守業 / There is a good rail ~ ***between*** this town and the port. この町と港の間は列車の便がよい.

service 1 のいろいろ
áir sèrvice 航空便 / **bús sèrvice** バスの便 / **gás sèrvice** ガス供給(施設) / **tráin sèrvice** 列車の便

2 [U] **勤め**, **勤務** (duty); (使用人として)仕えること, 奉公: public ~ 公務, 公用 / domestic ~ 家事手伝い / Her [His] Majesty's *S*~ 《英》公用 (略 HMS) / ten years' faithful ~ ***to*** a company 会社への 10 年の忠勤.

3 [U] (ホテル・飲食店などの)**サービス**, 客扱い; 《主に英》サービス料: The trouble with that restaurant is that the ~ is slow. あのレストランはなかなか料理が出てこないのが難点だ / This waiter provides good [poor] ~. このウェーターはサービスがよい[悪い] / Is ~ included in the bill? サービス料込みですか.

日英比較 日本語の「サービス」のような「値引き,おまけ」の意味はない. **関連** room service ルームサービス / self-service セルフサービス.

4 ⓊⒸ (製品に対する)アフターサービス; 点検修理: radio and television repair ~ ラジオおよびテレビの(売った後での)修理サービス / We provide ~ on any car we sell. 当社の販売するいかなる自動車に対しましてもアフターサービスをいたします. **日英比較** 「アフターサービス」は和製英語. 英語では (maintenance) service, (英) after-sales service という.

5 Ⓒ [普通は複数形で] 尽力, 骨折り, 奉仕, 世話; 功労, 功績, 貢献 (of, as): professional ~s (医師・弁護士などの) 専門職としての仕事 / social ~ 社会奉仕(事業) / Mr. Smith offered his ~s to our association. スミス氏は我々の協会に奉仕を申し出てきた / He has done us a great ~. 彼は私たちに非常に尽くしてくれた.

6 Ⓒ [しばしば the ~ として普通は単数形で] (官庁などの)部, 部門: the civil ~ (軍に対して)文官部局 / the health ~ 保健局 // ☞ Secret Service.

7 Ⓤ 役立つこと, 有効, 有用 (use); **言い換え** They have gotten [had] good ~ out of this truck. = This truck has given them good ~. このトラックはずいぶん彼らの役に立った. **8** Ⓤ 兵役, 軍務; Ⓒ [普通は複数形で] (陸・海・空)軍; 兵役 / military ~ 兵役 / on active ~ 現役(の軍人)で / My uncle was wounded while in the ~(s). 私のおじは従軍中に負傷した. **関連** armed services (平時の)陸海空軍. **9** Ⓒ (宗教上の)儀式, 礼拝(式): a marriage ~ 結婚式 / hold [conduct] a funeral ~ 葬式を行なう / attend (the) morning ~ 朝の礼拝に出る. **10** Ⓒ (食器などの)ひとそろい, 一式 (set): a coffee [tea] ~ コーヒー用具[茶器]一式. **11** Ⓒ 〖球〗サーブ; サービスゲーム; サーブの順番: It's your ~. サーブは君の番だ. **12** ⓊⒸ 〖法〗 (令状の)送達, 執行 (of). **13** Ⓤ (動物の)交尾, 種付け. **14** [複数形で単数または複数扱い] (英)(高速道路などの)休憩・給油所, サービスエリア.

at ...'s sérvice = *at the sérvice of* ... [形・副] 《格式》…の望みのままに. (いつでも)…の役に立って: I'm always *at your* ~. いつでも私にご用命ください / The car is *at your* ~. その車はご自由にお使いください. (be helpful to ...): I will be very happy if this *is of* some ~ *to* you. これがいくらかでもあなたのお役に立てばうれしく思います / Can I *be of* (any) ~ *to* you? (丁寧)何かご用がございますか, いらっしゃいませ. *for sérvices réndered* [形・副] 《格式》尽力に対する[して]. *gó [cóme] ìnto sérvice* [動] ㊂ (1)就航につく; (乗り物などが)営業を開始する. (2) 《古風》奉公する. *in sérvice* [形・副] (1) (交通機関が)運行されていて, (道路・水道・電気などが)使われていて: NOT IN SERVICE 回送 (バスなどの表示). (2) 軍隊に入って. (3) 《古風》 (使用人として)働いて. *in the sérvice of* ... [前] …に奉仕して. *òut of sérvice* [形・副] (交通機関が)運行されていないで, (道路・水道・電気などが)使われていないで: OUT OF SERVICE 調整中 (エレベーターなどの掲示). *préss ... ìnto sérvice* [動] ㊂ 〈…〉を急場的に利用する[手伝わせる]. *sée sérvice* [動] ㊂ (1) 実戦の経験を積む. (2) [特に完了形で] 《略式》役に立つ, 使い込まれる: This typewriter has *seen* plenty [lots] of ~. このタイプライターはずいぶん使った.

— **動** (**ser·vic·es** /-ɪz/; **ser·viced** /-t/; **ser·vic·ing**) ㊂ **1** 〈…〉を点検修理する; 〈製品〉のアフターサービスをする: I'm going to have my new car ~*d* regularly. 新車を買ったから定期的に点検修理をしてもらうつもりだ. **2** 〈組織〉に必要なものを提供する. **3** 〖経〗〈負債〉の利子を支払う. **4** 《格式》〈…〉の役に立つ (serve). **5** 《俗》〈…〉にフェラチオをする, 性的サービスをする. — **形** Ⓐ **1** 従業員用の: the ~ elevator 業務用エレベーター. **2** ~ regulations 勤務規定. **2** アフターサービスの. **3** 軍用の. **4** サービス業の.

ser·vice·a·bil·i·ty /sə̀ːvɪsəbíləṭi | sə̀ː-/ Ⓤ もちのよさ; 便利さ.

ser·vice·a·ble /sə́ːvɪsəbl | sə́ː-/ 形 使える, 役に立つ; もちのよい, 実用向きの.

sérvice àrea 名 Ⓒ **1** (英) サービスエリア 《高速道路沿いにある休憩・給油所》. **2** (放送・水道などの)分布区域.

sérvice brèak 名 Ⓒ 〖テニス〗サービスブレイク.

sérvice chàrge 名 Ⓒ **1** (レストランなどの)サービス料. **2** (アパートなどの)管理費. **3** (米)手数料.

sérvice clùb 名 Ⓒ (米)(地域社会への)奉仕団体.

sérvice còntract 名 Ⓒ 雇用契約; サービス契約《特に一定期間の機器の保証をするという内容のもの》.

sérvice flàt 名 Ⓒ (英) ホテル式アパート《食事・掃除の世話までする》.

*sérvice industry 名 ⓊⒸ サービス産業.

sérvice line 名 Ⓒ 〖テニスなど〗サービスライン.

*ser·vice·man /sə́ːvɪsmæ̀n, -mən | sə́ːvɪsmən/ 名 (-men /-mèn, -mən | -mən/) Ⓒ **1** 軍人. **2** (アフターサービスの)修理係.

sérvice provìder 名 Ⓒ 〖インターネット〗接続サービス会社. **2** サービス提供会社.

sérvice ròad 名 Ⓒ (英) = frontage road.

sérvice stàtion 名 Ⓒ **1** ガソリンスタンド《飲食物なども売る》; ☞ gas station **日英比較**. **2** (高速道路の)サービスエリア.

sérvice·wòman 名 (-wom·en /-wìmən/) Ⓒ 軍人(女性).

ser·vi·ette /sə̀ːviét | sə̀ː-/ 名 Ⓒ (主に英)(食卓用の)ナプキン (napkin).

ser·vile /sə́ːv(ə)l | sə́ːvaɪl/ 形 **1** 《軽蔑》奴隷的な, 卑屈な; (芸術などが)独創性のない, 盲従的な; 〈…〉に追従する (to). **2** 奴隷の(ような). ~·**ly** /sə́ːv(ə)li | sə́ːvaɪlli/ 副 《軽蔑》奴隷的に; 盲従して.

ser·vil·i·ty /sə̀ːvíləṭi | sə̀ː-/ 名 Ⓤ 《格式》《軽蔑》奴隷根性; 卑屈, 屈従.

*sérv·ing /sə́ːvɪŋ/ 名 Ⓒ (料理の)1人分, 1杯 (helping): a second ~ of meat 肉のお代わり. — 形 Ⓐ **1** (食器が)給仕[取り分け]用の. **2** (軍人などが)現役の.

ser·vi·tor /sə́ːvəṭə | -tə/ 名 Ⓒ 《古語》下男, 従者.

ser·vi·tude /sə́ːvətjùːd | sə́ːvɪtjùːd/ 名 Ⓤ 《格式》(奴隷としての)自由の束縛; 隷属 (to).

ser·vo /sə́ːvoʊ | sə́ː-/ 名 Ⓒ (略式) **1** = servomechanism. **2** = servomotor.

ser·vo·mech·a·nism /sə́ːvoʊmèkənɪzm | sə́ː-/ 名 Ⓒ 〖電工〗サーボ機構, 自動制御装置.

ser·vo·mo·tor /sə́ːvoʊmòʊṭə | sə́ːvoʊmòʊtə/ 名 Ⓒ 〖電工〗サーボモーター (サーボ機構の一部).

ses·a·me /sésəmi/ 名 Ⓤ ごま, ごまの実. **ópen sésame** 〖感〗 「開けごま」《『千夜一夜物語』(*The Arabian Nights' Entertainments*) の中で, アリババ (Ali Baba) が洞窟(どうくつ)を開くときに用いた呪文》. — 名 [単数形で; しばしば滑稽] (望みをかなえてくれる)安易な(達成)方法 (to).

Sésame Strèet 名 セサミストリート《米国の幼児向け教育番組》.

ses·qui·cen·ten·ni·al /sèskwɪsenténiəl/ 形 150年(祭)の. — 名 Ⓒ 150年祭.

*ses·sion /séʃən/ (同音 cession) **Ⓣ1** 名 (~s /~z/) **1** Ⓒ (特に何人かによる活動のための)一回の時間, 会合, …会: a practice ~ 練習時間 / a recording ~ 録音時間 / a planning ~ 企画の会合 / a jam ~ ジャズやロックの即興演奏会 / a (heavy) drinking ~ 《英略式》(大酒の)飲み会 // ☞ bull ses-

set

sion.
2 Ⓒ Ⓤ (議会などの公的な)**会議**, 会合; **開会**(していること), (裁判所の)開廷: We are going to hold a ~ *on* trade problems. 貿易問題について会合を開く予定だ / Congress is *in* ~. 議会が開会中だ.
3 Ⓒ 会期, 開廷期間: a ~ of Congress 議会の会期.
4 Ⓒ (主に米・スコ)学期; 授業(時間); 学年: the morning ~ 午前の授業 / the summer ~ 夏学期, 夏期大学. **5** Ⓒ 長老会(長老教会の管理機関). 語源 ラテン語で「着席」の意.

in clósed séssion [副・形] 非公開(の会合)で.

── 形 Ⓐ (レコーディングで)伴奏する.

‡set /sét/ (同音 sett; 類似 sat, sit)

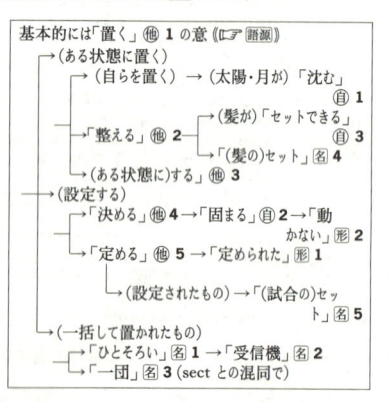

基本的には「置く」他 1 の意 (☞ 語源)

→(ある状態に置く)
 →(自らを置く)→(太陽・月が)「沈む」 自 1
 →「整える」 他 2
  →「(髪が)セットできる」 自 3
  →「(髪の)セット」 名 4
 <(ある状態に)する> 他 3
(設定する)
 →「決める」 他 4 →「固まる」 自 2 →「動かない」形 2
 →「定める」 他 5 →「定められた」形 1
  →(設定されたもの)→「(試合の)セット」 名 2
(一括して置かれたもの)
  →「ひとそろい」 名 1 →「受信機」 名 4
  →「一団」 名 3 (sect との混同で)

── 動 (sets /séts/; 過去・過分 set; set·ting /-tɪŋ/)
他 **1** [副詞(句)を伴って] 〈…〉を(きちんとある場所に)**置く**, 据(*)え付ける. 立てる; 座らせる; 〈鶏〉に卵を抱かせる. 語法「定まった位置・状態に置く」という感じで, put よりやや改まった言い方: We ~ the statue *on* its base. <V+O+前+名・代> 像を台座の上に置いた / Please ~ these chairs *by* the window. これらのいすを窓際に並べてください / A large fireplace was ~ *into* the wall. 大きな暖炉が壁に作りつけられていた.
2 <…>をきちんとした**状態[形]にする**, 整える; 〈髪〉をセットする; 〈器具など〉を調節する; <(骨)を接(*)ぐ; <…>の活字>を組む: ~ the table *for* dinner <V+O+前+名・代> 食卓の準備をする / She has her hair ~ *every other week*. 彼女は 1 週間おきに髪をセットしてもらう / ~ your watch *by* mine. あなたの時計を私のに合わせなさい / ~ the watch *to* the correct time. 時計を正しい時間に合わせなさい / I ~ the alarm clock *for* [*at*] seven. 私は目覚まし時計を 7 時に(鳴るように)セットした / The surgeon ~ his broken leg. 外科医は彼の骨折した脚の骨を接いだ / Today books are ~ *by* machine. 今日では本は機械によって活字が組まれる.
3 <…>を(ある状態に)**する**; [ing 形を伴って] <人・物>を[に] …させ(始める): ~ the prisoners *free* <V+O+C(形)> 囚人を釈放する / 言い換え ~ the house *on* fire = ~ fire *to* the house 家に火をつける / How can we ~ her mind *at* rest? <V+O+C(前+名)> どうしたら彼女を安心させられるだろう / ~ the machine *in* motion 機械を作動させる / His speech ~ me think*ing* about the future. <V+O+C(現分)> =His speech ~ me *to* think*ing* about the future. <V+O+*to*+動名> 彼の話を聞き私は将来について考えた.
4 <時間・基準・限界など>を(…に)決める, <値段など>を(…と)定める, (…に)<値>をつける (*on*): ~ standards of hygiene 衛生基準を定める / Let's ~ the date *for* the meeting. <V+O+前+名・代> 会合の日取りを決めよう / He ~ the price *at* $ 80. 彼は値を 80 ドルとつけた / April 3 was ~ *as* the deadline. <V+O+C(as+名)の受身> 4 月 3 日が締め切り日と決められた.
5 <規則など>を**定める**; <新記録など>を**樹立する**; <模範など>を示す; <流行・風潮・先例など>を作る: ~ a world record in the 100 meters 百メートルの世界記録を樹立する / 言い換え ~ a good example *for* [*to*] the children <V+O+*for* [*to*]+名・代> = ~ the children a good example <V+O+O> 子供たちに立派な手本を見せる (☞ for Ⓐ 1 語法, to¹ 3 語法). **6** [普通は受身で] 〈劇の舞台〉を(…に)設定する: The novel *is* ~ *in* 17th-century Spain. その小説の舞台は 17 世紀のスペインに置かれている. **7** <…>を固める, 固定する; [普通は受身で] <決意など>を示して<あご・顔など>を不動にする. 固くする, <心>を(…に)決める (*on*): Cold ~s jelly. 冷やすとゼリーは固まる / His beliefs *are* now completely ~. 彼の信念はもうすっかり固まっている / Tom ~ his heart *on* becoming a doctor. トムは医者になる決心をした. **8** 〈歌詞〉に曲をつける, 作曲する: ~ a poem *to* music 詩に曲をつける. **9** <…>を(しっかりと)差し込む; <木・苗>を植えつける; [普通は受身で] <宝石など>を(…に)はめる (*in, into*), <…>に<宝石など>をちりばめる (*with*): 言い換え Many jewels *are* ~ *in* this crown.=This crown *is* ~ *with* many jewels. この王冠には多くの宝石がちりばめてある. **10** <仕事・問題など>を(…に)課する, あてがう; <人>に<仕事>を(…に)取りかからせる (*to*); <人>に<仕事で>…させる: Our teacher often ~s 'assignments *for* us [us assignments]. 私たちの先生はよく宿題を出す (☞ 語法) / She ~ him *to* chop*ping* [chop] wood. 彼女は彼に薪割りをさせた.
11 [格式] <…>を(…に)あてがう, 当てる: ~ pen *to* paper 筆をとる, 書き始める / He ~ a match *to* the papers. 彼は書類にマッチで火をつけた. **12** <人>を(…に)配置する, <役など>につける: ~ guards *at* the gate 門に番兵を置く. **13** <猟犬>が止まって<獲物>の位置を教える. 関連 **setter** セッター <猟犬>.

── 自 **1** (太陽・月が)**沈む** (go down) (反 rise): The moon 「is setting [has ~]. 月が沈みかけている[沈んだ] / The sun rises in the east and ~s *in* the west. <V+*in*+名・代> 太陽は東から昇り西に沈む. 関連 sunset 日の入り.
2 固まる, 凝固する; (表情が)固くなる (*into*): The cement has ~. セメントは固まった / His face ~ when he heard the news. その知らせを聞くと彼の顔はこわばった.
3 (髪が)セットできる; (骨が)整復する, 治る: My hair ~s easily. 私の髪はセットしやすい.
4 [副詞(句)を伴って] (果樹・花などが)実を結ぶ: The apples have ~ *well* this year. 今年はりんごがよく実をつけた. **5** [副詞(句)を伴って] (流れ・風などが…の)方向をとる; (意見・感情などが…に)傾く: Public opinion is setting in the government's favor. 世論は政府に有利に傾いている. **6** 活字を組む. **7** (猟犬が)止まって獲物の位置を教える. 語源 古(期)英語で「座らせる」の意で sit, settle, seat と同語源.

sét onesèlf … = sét … for onesèlf [動] 他 …を自ら課す, …に取りかかる: He ~ *himself* a difficult task of saving the wildlife in the district. 彼はその地域の野生生物を救うという困難な仕事に取りかかった.

sét onesèlf to … [動] (仕事)に取りかかる.

sét onesèlf to dó [動] …しようと固く決意する: I've ~ *myself* to persuade him. 私は彼を説得する決意だ.

── リスニング ──
set の後に母音で始まる語が続くと, その母音と set の /t/ とが結合して「タ」行の(米)ではまた「ラ」行の音のように聞こえる. set out /sètáut/ は「セタウト」(米)ではまた「セラウト」のように, set up /sètáp/ は「セタップ」(米)ではまた「セラップ」のように聞こえる.「セット・アウ

set の句動詞

*sèt abóut ... 動 他 **1** …を始める (begin). …に取りかかる: We ~ about doing the job right after lunch. 我々は昼食後すぐに仕事に取りかかった. **2** 《古風, 主に文》…を襲う, 攻撃する.

*sèt ... agàinst ... 動 他 **1** 〈…〉を…に立てかける, 寄りかける, …の隣に置く: I ~ the ladder *against* the wall. 私ははしごを壁に立てかけた.
2 [普通は受身で] …を背景にして 〈…〉を据える [示す]; 〈物語な〉の舞台に…に設定する: The ribbon looked beautiful ~ *against* her hair. リボンは彼女の髪に見事に映えていた. **3** 〈兄弟など〉を (他の兄弟など) に反目させる; 〈…〉を…に反対させる: The civil war ~ friend *against* friend. 内戦で友人どうしが敵対した. **4** 〈…〉を…と比べる, 〈…〉を…に対応させて考慮する; 〈…〉を…につり合わせる, 〈…〉から差し引く: The advantages must be ~ (*off*) *against* the disadvantages. 有利な点を不利な点と比べてみなければならない / ~ costs (*off*) *against* tax 税金から〔必要経費を〕控除する. **sèt onesèlf agàinst ...** 動 …に断固として反対する.

*sèt asíde 動 他 **1** 〈…〉を (一時) わきに置く, わきにやる; 〈仕事など〉を中断する ⟨V+名・代+*aside* / V+*aside*+名⟩: She ~ *aside* her sewing when the telephone rang. 電話が鳴ったとき彼女は縫い物を (一時中断して) わきにやった.
2 (ある目的のために) 〈金・時間など〉を取っておく, 蓄えておく (save) (*for*): You'd better ~ this money *aside* for future use. このお金は将来のために取っておいたほうがいいよ. **3** 〈感情など〉を無視する. **4** 〖法〗〈判決など〉を却下 [破棄] する. **5** 〈農家が〉〈土地〉を休耕地にする (☞ **set-aside**).

*sèt báck 動 (名 sétbàck) 他 **1** 〈時計〉を遅らす, 戻す (反 set forward) ⟨V+名・代+*back* / V+*back*+名⟩: S~ this clock *back* twenty minutes, please. この時計を20分遅らせてください.
2 〈進行など〉を〈人〉に不利な立場におく; 〈計画など〉を遅らせる ⟨V+名・代+*back* / V+*back*+名⟩: The rain ~ our plans *back* (by) two weeks. 雨で我々の計画が2週間遅れた. **3** 〈…〉を後ろへ移す; [しばしば受身で] 〈家など〉を (…から) 少し離して後ろに置く [建てる] (*from*). **4** 《略式》〈人〉に〈費用〉を出費させる (cost).

sét ... befòre — 動 他 **1** …より〈…〉を大切にする **2** 〈事実・計画など〉を…に示す: The facts ~ *before* us surprised us very much. 目の前に示された事実に我々は大いに驚いた.

sét ... besíde — 動 他 [しばしば受身で] 〈…〉と…とを比べる.

sèt bý 動 取っておく (set aside).

*sèt dówn 動 自 **1** 〈…〉を下に置く ⟨V+名・代+*down* / V+*down*+名⟩: He ~ *down* his bag for a moment. 彼は少しの間かばんを下に置いた. **2** 〈基準など〉を定める, 規定する: It's clearly ~ *down* that speed limits must be observed. 制限速度は守らねばならないとはっきり規定されている. **3** 〈…〉を書き留める (record). **4** 《英》〈…〉を〔乗り物から〕降ろす; 〈飛行機〉を着陸させる. **5** 〈…〉を〈…と〉考える (*as*). **6** 〈ものごと〉を〈…の〉せいにする (*to*).

sèt fórth 動 《文》出発する. — 動 《格式》= set out 他 2.

sèt fórward 動 他 〈時計〉を進める (反 set back): If you fly from London to Tokyo, ~ your watch *forward* nine hours. ロンドンから東京へ飛行機で行く場合は時計を9時間進ませる.

*sèt ín 動 自 〈悪天候・冬期など〉始まる (begin); 〈病気な〉が起こる; 〈流行など〉広まりだす: The rainy season has ~ *in*. 雨季が始まった.

*sèt óff 動 自 (旅行・競争などに) 出発する (set out):

---

set 1603

When are you going to ~ *off* on your trip? いつ旅行にご出発ですか.
— 他 **1** 〈爆弾など〉を爆発させる, 〈花火〉を打ち上げる; 〈機械〉を始動させる ⟨V+名・代+*off* / V+*off*+名⟩: The engineers ~ *off* the dynamite. 技師たちはダイナマイトを爆発させた / The fire alarm was accidentally ~ *off*. 火災報知機は間違って鳴った. **2** 引き立たせる: This frame will ~ *off* the picture. この額縁で絵は引き立つだろう. **3** 〈…〉を引き起こす, 誘発する, 〈…〉のきっかけとなる; [しばしば ing 形を伴って]〈人〉に…させ始める: He ~ everyone *off* laughing. 彼はみんなをどっと笑わせた. **4** 〈…〉と比較する, 〈…〉をつり合わせる, 〈…〉で相殺する; 〈…から〉差し引く (*against*) (☞ offset[1]).

sét on [upòn] ... 動 他 …を襲う: I was ~ *on* by a large dog. 私は大きい犬に襲われた.

sèt ... on — 動 〈犬など〉を…にけしかける.

*sèt óut 動 自 **1** 出発する, 〔長い〕旅に出る (set off); 始める:〖言い換え〗They ~ *out* for [from] New York. (= They started for [from] New York.) 一行はニューヨークへ向けて出発した [ニューヨークを発(た)った] / We ~ *out* on our journey full of hope. 我々は期待を胸に旅立った / He ~ *out* on a career in journalism. 彼は記者として働き始めた.
2 [to 不定詞とともに] (…するつもりで) 動きだす: The government ~ *out* to relieve unemployment. 政府は失業を救済しようと乗り出した.
— 他 **1** 陳列する, 並べる, 表示 [提示] する ⟨V+名・代+*out* / V+*out*+名⟩: All the goods for sale are ~ *out* on the tables. 商品はすべて陳列台に並べてある. **2** (整然と) 述べる, 説明する: He ~ *out* his reasons clearly. 彼はその理由をはっきりと述べた.

sèt tó /túː/ 動 自 《古風, 略式, 主に英》〈仕事など〉にせっせとかかる, 始める (☞ to[2] 3); けんか [口論] を始める: If you ~ *to*, you'll finish the job in an hour. 本気でかかればその仕事は1時間で終るだろう.

*sèt úp 動 自 **1** 〈望遠鏡・カメラなど〉を据(す)え付ける, 〈テント〉を張る; 〈機械〉を組み立てる, 設置する, 使える状態にする; 〈小屋など〉を建てる; 〈…〉の用意 [準備] をする; 〈会合など〉を設定する ⟨V+名・代+*up* / V+*up*+名⟩: We ~ *up* a jungle gym ジャングルジムを設置する / We ~ *up* our tents before dark. 私たちは暗くならないうちにテントを張った.
2 (図 sétùp 1) 〈学校・組織・会など〉を設立する, 創設する (establish); 〈調査など〉を開始する; 《英》〈記録〉を樹立する ⟨V+名・代+*up* / V+*up*+名⟩: A committee has been ~ *up* to consider the problem. その問題を検討するために委員会が設置された.
3 〈像など〉を立てる; 〈看板など〉を掲げる ⟨V+名・代+*up* / V+*up*+名⟩: They ~ *up* a pole at the center of the circle. 彼らは円の中心に棒を立てた. **4** 〈人〉を (商売で) 独立させる: I'll ~ my son *up in* business. 息子に事業を始めさせるつもりだ. **5** [しばしば受身で] 《略式》〈人〉にぬれぎぬを着せる; 〈人〉を〔わなに〕はめる. **6** [しばしば受身で] 《英》〈…〉に (必要な物) を供給する: I am ~ *up with* everything I need for a week's stay in the mountains. 1週間の山中の滞在に必要なものがすべて支給された / This money should ~ you *up* for life.《略式》この金であなたは一生やっていけるだろう. **7** 《略式》〈人〉に出会いを [デート] の機会をつくる. **8** 〈騒ぎ〉を起こす; 〈大声〉を上げる. **9** 〈状況・症状〉を引き起こす, 生ずる. **9** 《英》〈…〉の元気を回復させる: A good night's sleep ~ me *up* for the day. 一晩ぐっすり眠ったので一日元気に過ごせた. — 自 **1** 商売が始まる; 《略式》〈商人などが〉据えられる, 用意がされる. **sèt onesèlf úp as ...** [動] 他 (1) …として職につく [商売を始める]. (2) [受身・進行形なし] 自分を…だと主張する, …のふりをする.
sèt ùp as ... [動] 他 (1) …として職につく [商売

set-aside

を始める]: In 1706, Thomas Twining /twáinin/ ~ *up as* a tea merchant in London. 1706年にトマス ワイニングは紅茶商としてロンドンで事業を始めた. (2) 〈人〉を…として職につかせる: He ~ his son *up as* a baker. 彼は息子にパン屋をやらせた.

── 名 (sets /séts/) 1 C （同じ種類の物の）ひとそろい, ひと組, 一式, セット: a coffee [tea] ~ コーヒー［ティー］セット / a toilet ~ 化粧道具一式 / two ~ *of* tea things 茶器ふたそろい / a train ~ 鉄道模型のセット / a new ~ *of* tools 新しい（大工などの）道具ひとそろい.
2 C 受信機, 受像機: buy a television ~ テレビを買う / My ~ can pick up broadcasts from China. 私の受信機は中国の放送が受信できる.
3 C ［普通は単数形で; しばしば the ~; (英) 単数でも時に複数扱い］［時に軽蔑］（職業・年齢・趣味・利害関係などが同じ）一団, 一派, 連中, 仲間; (英) （学力別の）集団, グループ (of): the cycling ~ サイクリング仲間 / the young ~ 若い連中 / I don't belong to [in] their ~. 私は彼らの仲間には入っていない // ▷ jet set.
4 ［単数形で］（髪の）セット; 固まること, 凝固: I'd like to have a ~. セットをお願いします.
5 C （テニス・バレーなどの）セット, 回 (▷ game¹ 3 参考); （ジャズなどの）1 セッション（の曲目）: Mary won the first ~ six (to) four. メアリーは 6-4 で第 1 セットをとった. 6 ［単数形で; しばしば the ~］置かれた具合, 配置;（身体の一部の）格好（時に決意を示す）;（衣服の）着心地: the ~ *of* his jaw 彼のあごの形. 7 C ［劇］大道具, 舞台装置;［映］セット（木などを組んで作った背景）. 8 C ［数］集合. 9 C （移植される）苗, 挿し木; 球根: onion ~s たまねぎの球根. 10 C =sett.

òn (the) sét ［形］（俳優などが）セットに入って.

── 形 1 ［普通は A］（あらかじめ）定められた, 決められた;（図書などが）指定された; 型どおりの; (英) （レストランで料理が）一定の献立で値段の決まった: ~ rules 決まった規則 / a ~ wage 固定給 / at the ~ time 指定の時に / a ~ menu セットメニュー, コース料理 / a ~ phrase 決まり文句, 成句 / a ~ meal 定食 // ▷ set book.
2 ［普通は A］［しばしば軽蔑］（の）動かない, こわばった, 固い;（目が）すわった (fixed);（意志などが）堅い, 断固とした; 頑固な (in): a ~ smile 作り笑い / ~ eyes すわった目 / a person of ~ opinions 頑固な意見の持ち主 / Carol's father is ~ *against* her marriage. <A + *against* + 名・代> キャロルの父親は彼女の結婚に強く反対している（▷ dead set）. 3 （ある位置に）置かれた; 組み立てられた: a ~ scene（芝居の）セットシーン.

be (àll) sét ［動］（略式）（すっかり）準備ができている;（まさに…）しようとしている［しそうである］(for; to do).

be sét on [upòn] ... ［動］［普通は ing 形を伴って］（…しようと）固く決心している: He is very ~ *on* being a doctor. 彼は医者になる決意が固い.

I'm áll sét. ⓢ 準備万端だ. (米) もう満腹だ.

On your márk(s), gèt sét, gó! 位置について, 用意, どん（競走のスタートなどの合図）.

sét-asìde 名 U (英) 休耕地の指定（生産量・価格の調整のため政府が指定する）.

*set-back /sétbæk/ T名 (~s /-z/; 動 sèt báck)
1 （進歩などの）妨げ, 逆行, 逆転,（病気などの）ぶり返し; 思いがけぬ停滞に直面した［病気が急にぶり返した］.
2 後退; 敗北, 失敗, つまずき (for, to): suffer a major ~ 大打撃をこうむる.

sét bóok 名 C (英) （試験用の）指定図書.

Se-ton /sí:tn/ 名 固 シートン **Ernest Thomp-son** /támp(s)ən | tóm-/ ~ (1860-1946) 《米国の博物学者; 動物記の著者》.

sét píece 名 C 1 （映画・演劇などで常套(じょうとう)的手法の）劇的効果をもたせた場面;（文学などの）類型的作品. 2 （軍事などの）あらかじめ練った作戦.

sét pòint 名 C セットポイント《テニスなどでそのセットを勝つために必要な得点》.

sét-scréw 名 C 止めねじ.

sét-squàre 名 C (英) =triangle 4.

sett /sét/ C 1 あなぐまの（巣）穴. 2 舗装用の敷石.

+**set-tee** /seti:/ 名 C （背付きの）長いす.

+**set-ter** /séta | -ta/ 名 C 1 セッター《猟犬; ▷ dog 挿絵; set 動 13》. 2 据える人; 作曲者; 植字工. 3 ［バレーボール］セッター. 4 ［合成語で］（…を）仕掛ける人［物］,（…）仕掛人;（物を作る）人: a fashion ~ 流行仕掛け人 / an exam ~ 試験問題作成者.

sét téxt 名 C (英) =set book.

sét thèory 名 U ［数］集合論.

*set-ting /sétin/ 名 (~s /-z/) 1 C ［普通は単数形で］背景, 周囲, 環境 (for);（物語の）舞台;（宝石などの）はめ込み台［枠］;［劇］道具立て, 舞台装置: Tokyo is the ~ *of* this play. 東京がこの劇の舞台だ.
2 C （計器類の）調節点, 目盛りの位置: check the ~ 目盛りを確かめる.
3 U （文）（太陽・月が）沈むこと: the ~ *of* the sun [moon] 日［月］の入り. 4 C ひとそろいの食器類（スプーン・ナイフ・フォークなど）. 5 U.C 置くこと, 据(す)え付け, 設置. 6 C （歌詞につけた）曲, 旋律.

‡set·tle¹ /sétl/ 類語 saddle T1 動 (set·tles ~s /-z/; set·tled ~d/; set·tling; 名 sét·tle·ment; 反 unsettle) 他

> **リスニング**
>
> settle /sétl/, cattle /kǽtl/ などの語末の /tl/ は弱い「トゥー」((米) では「ルー」) /t/ については ▷ つづり字と発音解説 44 注意 のように聞こえる（つづり字と発音解説 63). このため settle, cattle は「セトゥー」「キャトゥー」((米) では「セルー」「キャルー」) に聞こえる.「セトル」「キャトル」と発音しない.

(安定した状態に)「据える」,「置く」 3
→ (懸案をきちんとする) →「解決する」 1
→ ──────────────→「清算する」 4
→ (人を定着させる) →「定住させる」 2

1 ［しばしば受身で］〈問題・紛争など〉を**解決する**, 処理する, 調停する;（旅行・死の前に）〈財産など〉を整理する；〈日取りなど〉を決定する,〈…すること〉に決める: ~ differences with one's father 父親と和解する / The question is not yet ~d. <V+O の受身> その問題はまだ解決されていない / It is [has been] ~d *that* we'll go to Hawaii. <V+O (*that* 節)の受身> 私たちはハワイに行くことになっている / They have not yet ~d *how to* [they should] deal with this problem. <V+O (*wh* 句・節)> 彼らはこの問題をどう処理するかまだ決めていない.

2 ［しばしば受身で］〈人〉を（…に）**定住させる**,《格式》（人が）〈土地〉に**移り住む, 植民する**: We have ~d ourselves *in* our new house. <V+O (代)+*in*+名・代> 我々は新しい家に落ち着いた / This town *was* first ~d *by* the Spanish. <V+O の受身> この町は最初スペイン人が植民した.

3 ［副詞(句)を伴って］（動かぬように）〈…〉を**置く**, 据(す)える;（揺すらないで）〈中身〉を**収める**;〈体〉を落ち着かせる: He ~d his hat *on* his head. <V+O+前・名・代> 彼は帽子をしっかりとかぶった / She ~d herself *in* the chair. 彼女はいすにゆったりと腰を下ろした.

4 〈勘定〉を支払う; 清算する (pay): I ~d my account *with* Bill. <V+O+*with*+名・代> 私はビルと勘定［負債］の清算を済ませた. 5 〈かすなど〉を沈殿させる;（ぎっしり）詰める, 固める;〈液体〉を澄ます: The rain will

~ the dust on the road. 雨が道のほこりを静めるだろう. **6** 〈...〉を鎮静させる, 安心させる: This medicine will ~ your stomach [nerves]. この薬であなたの胃もたれ[神経]も鎮まるだろう / Her presence ~d our fears. 彼女がそこにいたので私たちの不安はおさまった. **7** 〈人〉を(定職などに)つかせる. 〈新しい環境に〉慣らす: He soon got ~d into his new job. 彼はすぐに新しい仕事に慣れた. **8** 《英格式》〈財産〉を(人に)分与する (on).

— 自 **1** (天気などが)定まる; (人・事態が)落ち着く, 鎮まる, 取扱する (with): The weather will ~ in November. 11月になれば天候も定まるだろう / They agreed to ~ *out of court*. 彼らは示談にすることで和解した.

2 [副詞(句)を伴って] 定住する, 植民する: The English ~d *in* Virginia. <V+in+名・代> 英国人たちはバージニアに植民した.

3 (鳥・視線などが)止まる; (霧などが)降りる, かかる; (雪・ほこりなどが)積もる; (液体が澄む); (静けさ・気分・闇などが)支配する, (病気などが)残る; (表情が)(顔などに)現われる: The birds ~d *on* the branches. <V+on+名・代> 鳥は枝にとまった / Her eyes ~d *on* the nice dress. 彼女はその素敵なドレスに目をとめた / Silence ~d *over* the valley. 静寂が谷を包んだ / A lot of dust ~d *on* the floor during our absence. 留守の間に床にたくさんほこりがたまっていた / The cold ~d *in* [*on*] her chest. 風邪で彼女は胸をやられてしまった《せきが出るなど》. **4** 腰を下ろす, くつろぐ: ~ (*back*) *in* a chair いすにゆったりともたれる. **5** (建物・地盤などが)沈下する; (容器の中身などが)詰まる, 固まる. **6** (食べ物が)消化される. **7** 支払う; 清算する (*up*; *with*). **語源** 古《英》英語で「座席」の意: set, sit, seat と同語源.

séttle one's affáirs [動] 自 (遺言状を残すなどして)身辺[財産]を整理する. **Thát séttles it** [**the mátter**]! (S) それで問題は解決した, それで決まりだ.

---**settle の句動詞**---

séttle dówn 動 自 **1** (動いた後で)腰を下ろす, 落ち着く; ゆっくりくつろぐ: She ~d *down* in the chair to read. 彼女は本を読もうとしていすに腰を下ろした.

2 (結婚したりして)身を固める; 定住する: I want my son to get married and ~ *down*. 息子に結婚して落ち着いてもらいたい / The family ~d *down* in Boston. 一家はボストンに定住した. **3** (環境に)慣れる (*in*). **4** 平静になる, (騒ぎが)収まる; (ほり・ごみなどが)沈下[沈殿]する. — 他 **1** 〈...〉を(ゆったりと)座らせる, 腰を下ろさせる: She ~d herself *down* and listened. 彼女は腰を下ろして耳を傾けた. **2** 落ち着かせる, 静かにさせる.

***séttle* (*dówn*) *to* (*do*) ...** 動 他 ...を本格的に始める[...に取りかかる]: He ~d *down to* (do) the job. 彼は仕事に本格的に着手した.

séttle for ... 動 他 (不満足なもの)で我慢する, ...を受け入れる: Finally he ~d *for* $ 2000. 彼は結局 2 千ドルで我慢した.

séttle in 動 自 (新しい家・仕事に)落ち着く; ゆっくりくつろぐ. — 他 〈人〉を落ち着かせる.

séttle into ... 動 他 (新しい環境)に慣れる.

séttle on [**upòn**] **...** 動 他 **1** ...を決定する, ...に決める. **2** (目・視線などが)...に止まる (☞ 自 **1**).

séttle úp 動 自 (勘定・借金などを)払う, 清算する (*with*).

séttle with ... 動 他 〈人〉に借金を返す; ...と和解する; (人)に仕返しをする, 恨みを晴らす.

set·tle[2] /sétl/ 名 C 背部が木製の長いす《座席の下が箱になっている》《▶ 挿絵》.

set·tled /sétld/ 形 (反 unsettled) **1** 確固たる, 固定した; 根深い: ~ ideas [conviction] 確固とした意見[信念] / ~ weather 晴天続き / I never really felt ~ here. ここは最後までなじめなかった. **3** 決着した; 勘定済みの.

Seven Sisters 1605

set·tle·ment /sétlmənt/ 名 (-tle·ments /-mənts/; 動 settle) **1** U.C 解決, 落着; 決定, 和解; (借金などの)清算, 支払い: We expect an early ~ *of* the affair. その事件の早期解決を期待する / a divorce ~ 離婚調停 / the ~ *of* all claims for damages すべての損害賠償請求の支払い.

2 C 植民地 (colony), 居留地, 開拓地; 小さな村落: British ~s in Africa in the 19th century 19世紀アフリカの英国人植民[居留]地.

3 U 植民, 移民; 定住: land left for ~ 開拓のために残された土地 / The British ~ *of* Australia began in the 18th century. 英国人のオーストラリア移住[植民]は18世紀に始まった. **4** C,U 《法》(財産などの)譲渡; 贈与するもの: make a ~ *on* [*upon*] ... ...に財産を譲渡する. **5** U (液体が)澄むこと (*of*). **6** C =settlement house. **7** U (建物の)沈下 (*of*).

in séttlement of ... [前] (勘定など)の清算をするために, ...の決済として. **réach** [**achíeve, cóme to**] **a séttlement** [動] 和解[了解]に達する, 和解する (*on*).

séttlement hòuse 名 C セツルメント施設《貧しい人々の多い地区で福祉事業などを行う》.

set·tler /sétlə| -lə/ 名 (~s /~z/) C **1** (初期の)開拓者, 移住民, 移民, 植民者: the early ~*s in* [*of*] Virginia ヴァージニアの初期の開拓者たち. **2** 調停者, けりをつける人; 支払[清算]人.

set-to /séttùː/ 名 C [普通は単数形で] 《略式》ささいな争[かん, 口論.

sét-top bóx /séttàp-| -tòp-/ 名 C セットトップボックス《ケーブルテレビを視聴するためのチューナー》.

sét-ùp /sétàp/ 名 (動 sit-up) C (~s /~s/) **1** C [普通は単数形で] (動 sèt úp 2) (会社などの)機構, 編成, 仕組み; (機械などの)装置: The ~ of the new company is complicated. 新しい会社の機構は複雑だ. **2** C,U (事業などの)設立, 立ち上げ; (システムなどの)セットアップ, 設定. **3** C 《略式》八百長(試合); (仕組まれた)わな. **4** C (物語などの)冒頭《場面設定をする》. **5** C 《スポ》得点しやすいようにボールをパスすること.

sét-ùp màn 名 C 《野》セットアッパー, 中継ぎ投手.

Seu·rat /sərá|-, sə́ːrɑ:/ 名 固 **Georges** /ʒɔːəʒ | ʒɔ́ː/ ~ スーラ (1859–91)《フランスの画家》.

sev·en /sév(ə)n/ 代 (数詞) [複数扱い] **七つ**, 7 人, 7 個; 7 ドル[ポンド, セント, ペンスなど]《☞ number 表》: S~ *were* sufficient. 7 個で十分だった. **参考** 縁起のよい数とされる. **関連** seventh 7 番目の.

— 名 (~s /~z/) **1** C (数としての) **7**: Lesson S~ 第 7 課 / S~ and ~ is [makes, equals, are, make] fourteen. 7 足す 7 は 14 (7+7=14) / S~ from thirteen [Thirteen minus ~] is [leaves] six. 13 から 7 を引くと 6 (13−7=6).

2 U **7 時**, 7 分; 7 歳: It's after ~ now. 今は 7 時過ぎだ / Rain before ~, clear by eleven. 《ことわざ》7 時前の雨は 11 時前の晴れ《始めは悪くてもその後によくなる》/ a girl of ~ 7 歳の少女. **3** C 7 の数字. **4** C 7 つ[7 人, 7 個]でひと組のもの. **5** C 《トラ》7 の札.

— 形 **1 7 つの**, 7 人の, 7 個の: ~ times 7 回, 7 倍 / A week has ~ days. 1 週間は 7 日だ. **2** P 7 歳で: My sister is only ~. 妹はまだ 7 歳だ.

séven déadly síns ☞ sin[1] 成句.

7-E·lev·en, seven-Eleven /sév(ə)nɪlév(ə)n, -nəl-/ 名 固 セブンイレブン《米国に本社があるコンビニエンスストア》.

séven séas 名 [複] [the ~] 《文》七つの海, 世界の海.

Séven Sísters 名 固 [複] [the ~] すばる (Pleiades).

sev·en·teen
/sèv(ə)ntí:n˩／(顕音) séventy/ 代 (数詞) [複数扱い] **17**, 17人, 17個; 17ドル[ポンド, セント, ペンスなど] (☞ number 表, -teen, teens).
— 名 (~s /-z/) **1** C (数としての)**17**. **2** U (24時間制で)17時, 17分; 17歳. **3** C 17の数字. **4** C 17に //17人, 17個//でひと組のもの.
— 形 **1 17** の, 17人の, 17個の. **2** P 17歳の.

sev·en·teenth
/sèv(ə)ntí:nθ˩／形 **1** [普通は the ~; ☞ the¹ 1 (4)] **17番目の**, 第17の《17th とも書く; ☞ number 表, ordinal number 文法》: the ~ lesson 第17課. **2** 17分の1の.
— 名 (~s /-s/) **1** [単数形で普通は the ~] **17番目の人[もの]**; (月の)**17日** 《17th とも書く; ☞ ordinal number 文法 (2)》. **2** C 17分の1, 1/17 (☞ cardinal number 文法 (6)). — 副 17番目に[として].

sev·enth
/sév(ə)nθ/ 形 **1** [普通は the ~; ☞ the¹ 1 (4)] **7番目の**, 第7の, 7位の《7th とも書く; ☞ number 表, ordinal number 文法》: the ~ lesson 第7課 / the ~ floor 《米》7階, 《英》8階 (☞ floor 語法) / the seven hundred (and) ~ person 707番目の人 / The ~ month of the year is July. 1年の7番目の月は7月だ. **2** 7分の1の: a ~ part of the money その金の7分の1.
— 名 (sev·enths /sév(ə)n(θ)s/) **1** [単数形で普通は the ~] **7番目の人[もの]**, 7位の人[もの], 第7号.
2 [単数形で普通は the ~] (月の)**7日**, なのか《7th とも書く》: on the ~ of January=on January 7 1月7日に《January 7 is January (the) ~ と読む; ☞ ordinal number 文法 (2)》.
3 C 7分の1, 1/7 (☞ cardinal number 文法 (6)): a [one] ~ 1/7 / five ~s 5/7. — 副 =seventhly.

Séventh dáy 名 C 安息日 (Sabbath) 《ユダヤ教では土曜日, キリスト教では日曜日》.
Séventh-Dáy Ádventist 名 C 安息日再臨派 《キリストの再臨と土曜安息日を主張する一派》.
séventh héaven 名 [the ~] 第七天国, 神の国. **be in séventh héaven** 動 自 《略式》《滑稽》有頂天である.
séventh-ínning strétch 名 [the ~]《野》セブンスイニングストレッチ 《7回表の開始前に観客が総立ちで 'Take me out to the ball game.' 《野球の試合に連れてって》という応援歌を歌う習慣》.
séventh·ly 副 [時に つなぎ語] 7番目に[として].

sev·en·ti·eth
/sév(ə)ntiəθ/ 形 **1** [普通は the ~; ☞ the¹ 1 (4)] **70番目の**, 第70の《70th とも書く; ☞ number 表, ordinal number 文法》. **2** 70分の1の.
— 名 (~s /-s/) **1** [単数形で普通は the ~] **70番目の人[もの]**.
2 C 70分の1, 1/70 (☞ cardinal number 文法 (6)). — 副 70番目に[として].

sev·en·ty
/sév(ə)nti/ (顕音) seventeen) 代 (数詞) [複数扱い] **70**, 70人, 70個; 70ドル[ポンド, セント, ペンスなど] (☞ number 表, -ty²).
— 名 (-en·ties /-z/) **1** C (数としての)**70**. **2** U 70歳. **3** [複数形で the または his の所有格の後で] 70代; 70歳代の; (速度・温度・点数などで)70番台(度台, 点台) 《しばしば the 70's [70s] とも書く》: in the (nineteen) seventies [1970's, 1970s] 1970年代に 《☞ -s¹ 語法 (1) (ii)》/ in one's (early [mid, late]) seventies 70歳代 (前半[半ば, 後半])で. **4** C 70の数字. **5** C 70 [70人, 70個] でひと組のもの.
— 形 **1 70** の, 70人の, 70個の. **2** P 70歳の.

séventy-éight 名 C 78回転の旧式レコード.
Séven Wónders of the Wórld 名 複 [the ~] 世界の七不思議 《エジプトのピラミッドなど》.
séven-yèar ítch 名 [普通は the ~]《滑稽》7年目の浮気《結婚後7年目頃から現われる倦怠(がん)》.

sev·er
/sévə｜-və/ 動 (-er·ing /-v(ə)rɪŋ/)《格式》他 **1** ⟨...⟩を切断する, 切る (☞ several 語源): He ~ed a bough from the tree. 彼は木から大枝を切り取った. **2** ⟨関係など⟩を断つ; ⟨人⟩を引き離す; ⟨...⟩の仲を裂く: ~ ~ relations with a country 国交を断絶する.
— 自 切れる, 断絶する.

sev·er·al
/sév(ə)rəl/ ➡ 形 A **1** **いくつかの**, 数個の, 数人の. 語法 (1) 3以上で9あたりまでを指し, many や a lot ほど多くない. (2) 全体や予想値よりも少数を意味する a few と違い, 「少ない」の語感がなく, only several とは普通言わない (☞ some 類義語): He stayed there (for) ~ days. 彼はそこに数日間滞在した / I read the book ~ times. その本は数回読んだ / S~ people went out to see the snow falling. 雪が降るのを見ようと数人が出かけた. **2** 《文》それぞれの, 別々の (separate); 別個の. 語源 ラテン語で「分ける」の意; separate, sever と同語源.
— 代 (不定代名詞) いくつかの, 数個, 数人.

語法 この 代 の several は 形 の独立した用法とも考えられるもので, 数えられる名詞の複数形の代わりに用い, 複数として扱う: S~ of the cups were broken. 茶わんのうちいくつかは壊れていた.

sev·er·al·ly /sév(ə)rəli/ 副《文》別々に.
sev·er·ance /sév(ə)rəns/ 名 U《格式》**1** 分離, 切断; 断絶 (from): the ~ of diplomatic relations 国交の断絶. **2** 契約の解除; 解雇, 退職. **3** =severance pay.
séverance pày 名 U 退職手当, 退職金.

se·vere
/səvíə｜-víə/ ➡ 形 (se·ver·er /-ví(ə)rə｜-rə/, more ~; se·ver·est /-ví(ə)rɪst/, most ~; 名 sevérity)

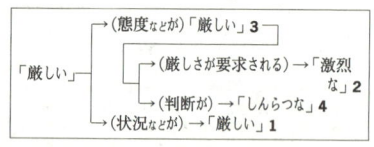

```
          ┌→ (態度などが)「厳しい」3
          │
「厳しい」─┼→ (厳しさが要求される)→「激烈な」2
          │
          ├→ (判断が)→「しんらつな」4
          │
          └→ (状況などが)→「厳しい」1
```

1 (痛みなどが)激しい; (天候などが)厳しい; (事態が)深刻な, ひどい (反 mild): I have a ~ pain here. ここがひどく痛む / We have had a ~ winter. この冬は寒さが厳しかった / ~ water shortage 深刻な水不足.
2 (競争が)激烈な; (仕事などが)非常に骨の折れる: ~ competition 激しい競争 / The job made ~ demands on his time and energy. その仕事は彼の時間と労力に苛酷な負担を強いた.
3 (人・規則などが)厳しい, 厳格な, 厳重な, 苛酷(こく)な (《strict 類義語》; (表情などが)いかめしい, 近づきがたい (反 mild); 容赦のない態度をとる: Don't be so **~ on [with]** your students. <A+on [with]+名・代> 生徒にあまり強くあたらないでください / The drought was a ~ blow to the vegetable growers. 干ばつは野菜作りの農家にとって大変な打撃であった / He had a ~ look on his face. 彼はいかめしい表情をしていた.
4 (批評が)手厳しい, しんらつな: The critics were **~ on** the writer. <A+on+名・代> 批評家たちがその作家に対してしんらつだった. **5** (服・外観などが)飾り気のない, 簡素な, 地味な (plain).

se·vere·ly
/səvíəli｜-víə-/ 副 **1** (事態が)深刻に, ひどく: be ~ injured 大けがをする. **2** (人などが)厳しく; (批評などが)手厳しく. **3** 簡素に, 地味に.

se·ver·i·ty
/səvérəti/ 名 (形 sevére) U **1** (天候との)厳しさ; (痛み・競争などの)激しさ (of); (事態の

刻さ, ひどさ. **2** 厳格さ, 厳正さ; いかめしさ: punish a person *with* ~ 人を厳しく罰する. **3** 簡素, 地味.

Sev·ern /sévɚn | -vən/ 名 圄 [the ~] セバン川《ウェールズからイングランド西部を流れる》.

Se·ville /səvíl/ 名 圄 セビリア《スペイン南西部の港湾都市》.

Sevílle órange 名 © だいだい《ママレード用》.

Sè·vres /sévrə | sévr-/ 名 Ⓤ セーヴル(焼き)《フランスの高級磁器; Paris 南西部の町名から》.

†**sew** /sóu/ 動 ew は例外的に /ou/ と発音する. 活用 (sews; 過去 sewed; 過分 sewn /sóun/, sewed; sew·ing) 他《…》を縫う, 縫いつける; 縫い合わせる, 縫い込む: Mary ~ed a dress *for* me [*me* a dress]. メアリーは私に服を縫ってくれた / She ~ed two pieces of cloth *together*. 彼女は2枚の布きれを縫い合わせた / Would you ~ a new button (*on*/*to*) my uniform? ユニフォームに新しいボタンを縫いつけてくれませんか. 関連 knit 編む / weave 織る. ― 自 縫い物をする; ミシンを使う. **séw ín** [動] 他《…》を(裏側リ・ベルトなどに)縫い込む. **séw ón** [動] 他《ボタン・ポケットなど》を縫いつける: He ~ed on the buttons by himself. 彼は自分でボタンを縫いつけた. **séw úp** [動] 他 (1)《…》を縫い合わせる, 縫ってふさぐ; 《略式》《手術をして》《…》を縫い合わせる. (2) [普通は受身で]《略式》《交渉など》をまとめる,《…》に決着をつける. (3) [普通は受身で]《…》の支配権を握る,《…》を確実なものにする.

†**sew·age** /sú:ɪdʒ/ 名 Ⓤ 下水汚物, 下水, 汚水: treat [process] ~ 汚水を処理する.

séwage dispósal 名 Ⓤ 下水処理.

séwage plànt 【英樞】 名 © 《特に肥料として再利用をはかる》下水処理場.

séwage wòrks 名 複 [しばしば単数扱い] 《英》《河川に流す前の》下水《汚水》処理場.

†**sew·er**¹ /sú:ə | sú:ə/ 名 © 下水道, 下水溝: The ~ pipe is blocked up. 下水管が詰まっている.

sew·er² /sóuə | sóuə/ 名 © 縫う人, 裁縫師, お針子; 縫う器具.

sew·er·age /sú:ərɪdʒ | sú:ə-/ 名 Ⓤ 下水設備; 下水処理. 下水: a ~ system 下水(処理)設備.

séwer ràt /sú:ə- | sú:ə-/ 名 © どぶねずみ.

†**sew·ing** /sóuɪŋ/ 名 Ⓤ 裁縫, 針仕事; 縫い物.

†**séwing machìne** 名 © ミシン. 日英比較 日本語の「ミシン」はこの machine がなまったもの.

†**sewn** /sóun/ 動 sew の過去分詞.

*** sex** /séks/ (類音 sax, six, sixth) 名 (~·es /-ɪz/) 形 **1** Ⓤ 性行為, 性交, セックス; [婉曲] 性器: unprotected [safe] ~ 避妊具を使用しない[用いた]セックス / be interested in ~ 性に興味を持つ / The movie has a lot of explicit ~. その映画には露骨なセックスの場面が多い.

2 Ⓤ Ⓒ 性, 性別《男性[雄] (male) と女性[雌] (female) の別》: without distinction based on race, age or ~ 人種・年齢・性の別なく / the opposite ~ 異性 / a single-~ school 《英》男子[女子]だけの学校 / This school is for both ~es. この学校は男女共学だ. 日英比較 日本語の「セックス」には「性別」という意味はないが, 英語ではこれが本来の意味.

3 [形容詞的に] 性の, 性別の; 性的な: male [female] ~ organs 男[女]性器 / ~ discrimination 性差別.

háve séx with ... [動] 他 …と性交する.
― 動 他《ひよこなど》の性別を判定する.

sex- /seks/ 接頭 「6つ (six)」の意: sextet 六重奏曲.

séx abùse 名 Ⓤ 《子どもなどに対する》性的虐待.

séx àct 名 © 性行為.

sex·a·ge·nar·i·an /sèksədʒəné(ə)riən←/ 《格式》形 名 © 60歳[代]の(人).

Sex·a·ges·i·ma /sèksədʒésəmə/ 名 圄 四旬節 (Lent) 前の第2日曜日.

†**séx appèal** 名 Ⓤ 性的魅力.

séx chànge 名 © [普通は単数形で] 性転換(手術).

séx chròmosome 名 ©《生》性染色体.

séx drìve 名 [単数形で] 性的衝動.

-sexed /sékst/ 形 [合成語で]《…な》性的欲求のある: highly-*sexed* 性欲の強い.

séx èd 名 Ⓤ《略式》= sex education.

+**séx educàtion** 名 Ⓤ 性教育.

séx gòddess 名 ©《略式》セックスシンボルの女性《特に女優》.

sex·i·ly /séksəli/ 副 性的魅力があって.

séx índustry 名 [the ~] 性産業, 性風俗業.

sex·i·ness /séksinəs/ 名 Ⓤ 性的魅力.

+**sex·is·m** /séksɪzm/ 名 Ⓤ 性差別(主義); 女性蔑視(ぎ).

+**sex·ist** /séksɪst/ 名 © 性差別論者; 女性蔑視者.
― 形 性差別的な; 女性を差別する: a ~ attitude 性差別的な態度.

séx kítten 名 ©《古風》[差別] セクシーな若い女.

+**séx·less** 形 **1** 性的魅力のない. **2** 無性の, 男女 [雌雄] の別のない. **3** 性欲のない; セックスのない.

séx lífe 名 © 性生活.

séx-línked 形《医》伴性(遺伝)の.

séx màniac 名 ©《略式》色情狂.

séx òbject 名 © セックスの対象《だけになる人》.

séx offènder 名 ©《子どもなどに対する》性犯罪者.

sex·ol·o·gist /seksáləʤɪst | -sɔ́l-/ 名 © 性科学者.

sex·ol·o·gy /seksáləʤi | -sɔ́l-/ 名 Ⓤ 性科学.

séx pèrt /sékspə:t | -pə:t/ 名 ©《略式》性問題専門家, セックスドクター.

sex·ploi·ta·tion /sèksploɪtéɪʃən/ 名 Ⓤ《略式》《雑誌などで》性を売りものにすること.

séx pòt 名 ©《略式》[差別] セクシーな女.

séx shòp 名 ©《主に英》ポルノショップ.

séx-stàrved 形《略式》性に飢えた.

séx sýmbol 名 © セックスシンボル《性的魅力を売り物にする俳優・歌手など》.

sex·tant /sékstənt/ 名 © 六分儀.

sex·tet, sex·tette /sekstét/ 名 © **1**《楽》六重奏曲; [単数または複数扱い] 六重奏団《⇨ solo 表》. **2**《主に文》六人組, 六組のもの.

séx thèrapist 名 © セックスセラピスト.

séx thèrapy 名 Ⓤ セックスセラピー《性機能障害などを治療する》.

sex·ton /sékstən/ 名 © 会堂管理人, 寺男《教会の建物の手入れ・鐘つき・墓掘りなどをする》.

séx tòurism 名 Ⓤ セックス[売春, 買春]ツアー《特に自国では違法な行為を目的とする外国旅行》.

séx tòurist 名 © セックスツアーの参加者.

sex·tu·plet /sekstáplət | sékstju-/ 名 [a ~] 六つ子の1人; [複数形で] 六つ子(全体)《⇨ twin 表》.

***sex·u·al** /sékʃuəl, -ʃəl/ 形《⇨ 類義語》, 性的な: ~ de-sire 性欲 / (a) ~ assault 性的暴行 / ~ abuse 性的虐待 / ~ behavior 性行動 / ~ orientation [prefer-ence]《異性愛か同性愛かなどについて》性的志向[嗜好(ど)]. 関連 homosexual 同性愛の / heterosexual 異性愛の / bisexual 両性愛の.

2 [比較なし] 男性の, 雌性の; Ⓐ (有性)生殖の: ~ differences 男女の差 / ~ discrimination 性差別 / ~ organs 生殖器 / ~ reproduction 有性生殖.

【類義語】**sexual** 単に「性に関する」の意. **sexy** よい意味で性的魅力があること. **erotic** 作品や演技などが性愛を扱ったり性的刺激が強いこと.

+**séxual harássment** 名 Ⓤ《職場などでの》性的いやがらせ, セクシュアルハラスメント, セクハラ.

+**séxual íntercourse** 名 Ⓤ《格式》性交.

***sex·u·al·i·ty** /sèkʃuǽləṭi/ 名 (形 séxual) Ⓤ **1**

(過度の)性的関心; 性欲, 性能力; 性的志向.
2 男女別, 雌雄別.

sex·u·al·ly /sékʃuəli, -ʃəli/ 副 性的に; 男女[雌雄]の別に.

séxually transmítted disèase 名 U.C 性感染症, 性病《梅毒・エイズなど; 略 STD》.

séxual relátions 名 複 《格式》性的関係.

séx wòrker 名 C 《婉曲》売春婦.

*__sex·y__ /séksi/ 形 (**sex·i·er** /-siə/ -siə/; **sex·i·est** /-siɪst/; 名 sex) **1** 性的魅力のある, セクシーな, 性的刺激の強い[多い](☞ sexual 類義語); 性的刺激の強かった: a ~ man [woman] 性的魅力のある男性[女性] / Linda's underwear is very ~. リンダの下着はとてもセクシーだ. **2** 《略式》人気のある, かっこいい: a ~ car いかす車 / a ~ topic はやりの話題(『性的な話題』の意にもなる). **3** セックスの(に関する).

Sey·chelles /seɪʃélz/ 名 [the ~] セーシェル《インド洋西部の島群からなる共和国》.

Sey·chel·lois /sèɪʃélwɑ́ː/ 形 セーシェル(人)の.

SF, sf /ésef/ 名 =science fiction.

sgd. 略 =signed (☞ sign).

SGML /ésdʒiːéməl/ 名 【電算】=Standard Generalized Markup Language 標準一般化マークアップ言語.

Sgt. 略 =sergeant.

*__sh__ /ʃ/ 間 《略式》しーっ, 静かに: Sh! Here comes the teacher! しーっ, 先生が来た.

Shab·bat /ʃɑbɑt/ 名 C.U 《ユダヤ教》安息日.

shab·bi·ly /ʃǽbɪli/ 副 みすぼらしく; 卑しく.

shab·bi·ness /ʃǽbinəs/ 名 U みすぼらしさ.

*__shab·by__ /ʃǽbi/ 形 (**shab·bi·er**; **-bi·est**) **1** (服などが)ぼろぼろの; (人)ぼろ服を着た: a ~ coat 着古した上着. **2** (人・場所が)みすぼらしい, うらぶれた: a ~ house ぼろ家. **3** 《古風》(行為などが)卑しい, 卑劣な(mean): a ~ trick きたない仕打ち. **nót** (**tòo**) **shábby** 形 《略式》悪くない, かなりいい.

*__shack__ /ʃǽk/ 名 C 丸太小屋, 掘っ立て小屋, バラック(☞ barracks 英太郎); 専用の小屋[部屋] (…小屋, …室など): a radio ~ (船の)無線室.
— 動 [次の成句で] **sháck úp**=**be sháck·ed úp** 動 《略式》同棲(ｉ)する (together; with).

*__shack·le__ /ʃǽkl/ 名 **1** [普通は複数形で] 足かせ, 手かせ. **2** [the ~s] 《文》束縛, 拘束: throw off the ~s of convention 因襲の束縛を脱する. — 動 他 [普通は受身で] 〈...〉に手かせ[手錠]をかける, くさりで縛る (together); 《文》〈...〉の自由を束縛する.

shad /ʃæd/ 名 (複 ~(s)) C.U シャッド《北米北大西洋岸に多いにしん科の食用魚》.

shad·dock /ʃǽdək/ 名 C 【植】ザボン, 分旦(ﾀﾝ).

*__shade__ /ʃéɪd/ 名 (**shades** /ʃéɪdz/; 形 **shády**)

「陰」 1—→(陰の度合い)→「色合い」 3
      →(陰を作るもの)→「日よけ」 2

1 U [しばしば the ~] 陰(の部分), 日陰, 物陰(☞ shadow 表, 挿絵); (絵の)暗い部分, 陰影部 (反 light): Let's take a rest *in the* ~ *of* that tree. あの木の陰で休もう / This tree gives [provides] pleasant ~ (*from* the sun). この木は気持ちのよい日陰を作っている / There is not enough light and ~ in this picture. この絵は明暗のコントラストに欠ける.
2 C [しばしば合成語で] 光をさえぎる物; [しばしば複数形で] 《米》ブラインド (window shade, blind); 日よけ; (ランプ・電灯・スタンドなどの)かさ (lampshade); [複数形で] サングラス: pull down [draw] the ~s ブラインドを下ろす / pull up [raise] the ~s ブラインドを上げる. 関連 sunshade 日傘.
3 C (絵などの)色合い, 明暗[濃淡]の度合い(☞ color 類義語): a darker [lighter] ~ / ~ *of* blue より暗い[明るい]色合いの青色 / The leaves exhibited every ~ from vivid green to reddish brown. 木の葉は鮮やかな緑から赤褐色に至るあらゆる色合いを示していた. **4** C [普通は複数形で] (種々の)色合いの物, (いろいろな)度合い; 気配: appreciate subtle ~s *of* meaning 意味の微妙な違いを味わう. **5** C [普通は複数形で] (種々の)色合いの物, (いろいろな)度合い; 気配: all ~s *of* opinion いろいろな意見. **6** [the ~s として] 《文》(薄)暗がり: the ~s *of* night 夜のとばり. **7** C 《文》亡霊.

a sháde 副 《格式》少し (a little): Your skirt is a ~ too short. 君のスカートは少し短過ぎる.

a sháde of ... 形 わずかの…, …の気味: a ~ *of* sarcasm かすかなあてこすり.

hàve it máde in the sháde 動 自 S 《米略式》[滑稽] 成功する(ための備えがある); 大金持ちである.

in the sháde 副・形 日陰で (反 in the sun): Let's sit *in the* ~ for a while. しばらく日陰で腰を下ろそう.

pút [léave] ... in the sháde 他 《略式》〈...〉より断然優勢である, 〈...〉の影を薄くする.

Shádes of ...! 《略式》…を思い出すね!: S~s *of* the Beatles, what a great performance! まるでビートルズだ! なんてすてきな演奏だ!

shádes of gráy 名 微妙に異なる意見[物の見方].

— 動 (**shades** /ʃéɪdz/; **shad·ed** /-dɪd/; **shad·ing** /-dɪŋ/) 他 **1** 〈…〉から光[熱]をさえぎる, 覆う; 〈電球・ランプなど〉にかさをつける; 〈…〉に日よけをつける; 〈光など〉を暗くする: ~ a light bulb 電球にかさをつける / She ~d her eyes *from* the sun with her hand. <V+O+from+名・代+with+名・代> 彼女は片手をかざして目から日光をさえぎった. **2** 〈絵など〉に陰影をつける, 明暗[濃淡]をつける.
自 [副詞(句)を伴って] (色彩・意見・方法などが)次第に変化する, ぼやける, 変化して(…に)なる: The colors ~ *from* yellow *into* green. その色は黄色から緑色へと次第に変わる. **sháde** (**óff**) **ínto ...** 動 (主に文) (色などが)変化して[ぼけて]…となる.

*__shad·ed__ /ʃéɪdɪd/ 形 光をさえぎられた, (電球などが)ついた; (地図などが)陰影をつけた.

sháde trèe 名 C 陰を作る木, 日よけの木.

shad·ing /-dɪŋ/ 名 **1** U (絵画の)描影法, 濃淡. **2** U [しばしば ~s] (性質・意見などの)わずかな変化[違い] (*of*). **3** U (植物などの)日よけ.

✻shad·ow /ʃǽdoʊ/ (頭音 shallow) 13 名 (~s /-z/; 形 **shádowy**)

shadow (光線に当たってできるはっきりした影)	影
shade (ひなたに対して日陰の部分)	陰

1 C (輪郭・形のはっきりした)影, 物影, 人影; 影法師; 映像, 投影: a man's ~ on the wall 壁に映った人の影 / The ~s of the trees lengthened as the sun went down. 日が沈んでいくにつれて木の影が伸びていった.
2 U または the ~s として] (ほんのりした)陰, 物陰 (shade); 暗がり: They hid themselves *in the* ~s. 彼らは暗がりに身を隠した. **3** [複数形で] (日没後の暗がり, やみ: the evening ~s 夕やみ / The ~s are falling. 夕やみが迫ってきた. **4** C 影のようなもの; 幻影: He is now a mere ~ *of* his former self. 彼の昔の姿は今は見る影もありさまだ. He spent his life chasing ~s. 彼ははかない夢を追って

shadow 影
shade 陰
shadow 1

生を過ごした. **5** [C] [しばしば the ~] (不吉な)暗い影, 悪影響; 前兆, 前ぶれ: *the ~ of death* 死の暗い影 / *the ~ of the approaching disaster* 近づきつつある大災害の前兆. **6** [単数形で; 普通は否定文で] ごくわずか: There is *not a ~ of* (a) doubt about what he says. 彼の言うことには少しの疑いもない. **7** [U] (絵・写真の)暗い部分, 陰 (反 light, highlight); (顔などの)黒ずんだ部分, くま: ~s under one's eyes 目の下のくま. **8** [C] [しばしば所有格の後で] 影のように付きまとうもの(動物), 腰ぎんちゃく; 尾行者, 探偵. **9** [C] 幻 (ghost), 幽霊. **10** [U.C] =eye shadow.
be afráid [fríghtened, scáred] of one's ówn shádow [動] 自分の影さえ恐れる, とても臆病に. **beyònd [withòut] a [ány] shádow of (a) dóubt** [副] いささかの疑いもなく, 確かに. **cást a (lóng [dárk]) shádow on [òver] ...** [動] 他 《文》...に(長い[暗い])影を落とす; ...に陰りをもたらす: The oak tree *cast a long ~ on* the pond. オークの木が池に長い影を落としていた / Father's illness *cast a dark ~ over* our family. 父親の病気がわが家に暗い影を投げかけていた. **fóllow ... líke a shádow** [動] 影のように(ぴたりと)〈...〉についてくる[行く]. **in shádow** [形・副] 日の当たらない所で[に]; (絵などで)陰に(なって). **in the shádow(s)** [副・形] 物陰で; 人目につかぬ(場所で), 隠れた. **in the shádow of ...** = **in ...'s shádow** [前] (1) ...のすぐそばで. (2) ...の庇護[影響]のもとに, ...の陰に隠れて目立たずに: The politician seems to live *in the ~ of* his father. その政治家は父親の七光りにすがっているみたいだ / She grew up *in the ~ of* her brilliant sister. 彼女は頭の良い姉の影に隠れて目立たずに育った. **ùnder the shádow of ...** [前] (1) =in the shadow of .... (2) ...の危険にさらされて. **wéar onesèlf to a shádow** [動] やせおとろえる.
— 動 他 **1** (略式) (影のように)〈...〉に付きまとう, 〈...〉を尾行する; 〈人に付いて(仕事などを)学ぶ: The police were ~ing the suspect. 警察は容疑者を尾行した. **2** [普通は受身に]《文》〈...〉を陰にする, 陰で覆う, ぼかす: His face *was ~ed from* the light. 彼の顔は明かりが当たらず暗くなっていた.
shádow·bòx [動] 自 シャドーボクシングをする.
shádow·bòxing [名] [U] シャドーボクシング 《相手が前にいると仮定して 1 人で行なう練習》.
shádow cábinet [名] [C] [普通は the ~; しばしば S- C-] (英) 影の内閣.
shádow pùppet [名] [C] 影絵人形.
⁺**shad·ow·y** /ʃǽdoʊi/ 形 (**shad·ow·i·er, more ~**; **shad·ow·i·est, most ~**; 名 shádow) **1** [普通は A] 影のような, ぼんやりした; はっきりしない: a ~ outline ぼやけた輪郭 / a ~ figure 謎の人物. **2** 陰の多い, 暗い: a ~ path 薄暗い小道.
⁺**shad·y** /ʃéɪdi/ 形 (**shad·i·er**; **shad·i·est**; 名 shade) **1** 陰の多い, 日陰になった (反 sunny): a ~ path 日陰の小道 / the ~ side of the street 街路の日陰になった側. **2** [普通は A] 陰をつくる, 陰になる: ~ trees 日陰をつくっている木. **3** [普通は A] (略式) 明るみに出せない, いかがわしい: a ~ business deal やみ取り引き.
⁎**shaft** /ʃǽft | ʃɑ́ːft/ 名 (**shafts** /ʃǽfts | ʃɑ́ːfts/) [C] **1** (細長い)柄, 取っ手 (handle); [普通は複数形で] (馬車などの)かじ棒: the ~ of a golf club ゴルフクラブの柄. **2** 矢の幹, 矢柄(ゃぁ); やりの柄; 《文》矢, やり; 《文》(矢のように)人を刺す[傷つける]ことば: the ~ *of* an arrow 矢の幹 / the ~ *of* a spear やりの柄 / his ~s *of* wit 彼の放つ機智の鋭いことば. **3** [普通は合成語で]『機』軸, 心棒, シャフト; ☞ camshaft. **4** [しばしば合成語で] (エレベーターの)シャフト《上下に動く空間》; 『鉱山』縦坑; 換気坑: a mine ~ 縦坑. **5** 《文》ひと筋の光 (ray): a ~ *of* sunlight ひと筋の日の光.

shake 1609

gét the sháft [動] 自 (米略式) だまされる, ひどい目にあう. **gíve ... the sháft** [動] 他 (米略式) 〈...〉をだます, ひどい目にあわせる, 袖(ţ)にする.
— 動 他 [しばしば受身で] (米俗) 〈...〉をだます, ひどい目にあわす.
⁺**shag**¹ /ʃǽg/ 名 **1** [U] けば, けば布地; 粗毛, むく毛; シャギー《毛先をきざぎざにしたヘアスタイル》; [形容詞的に] (織物などが)けばだった; 粗毛の. **2** [C] 鵜(う). **3** [U] 強い刻みたばこ.
shag² /ʃǽg/ 動 (**shags; shagged; shag·ging**) 他 《英卑》〈...〉とセックスする. — 自 セックスする. — 名 [C] セックス(の相手).
shagged /ʃǽgd/ 形 [P] [しばしば ~ out として] [S] 《英卑》くたくたで, へとへとで.
shag·gi·ness /ʃǽginəs/ 名 [U] 毛深いこと.
⁺**shag·gy** /ʃǽgi/ 形 (**shag·gi·er, -gi·est**) 毛深い, もじゃもじゃの: a ~ beard もじゃもじゃのあごひげ.
shággy-dóg stòry [名] [C] (聞き手にはさっぱりおもしろくない)長ったらしいこっけいな話, 長い話か話.
⁺**shah** /ʃɑ́ː/ 名 [C] [しばしば S-] (かつての)イラン国王 《尊称》.
Shak. 略 =Shakespeare.
⁎**shake** /ʃéɪk/ 動 (**shakes** /~s/; 過去 **shook** /ʃʊ́k/; 過分 **shak·en** /ʃéɪk(ə)n/; **shak·ing**)

―― 自 の転換 ――

他 **1** 振る (to make (something) move from side to side or up and down)
自 **1** 揺れる (to move from side to side or up and down)

— 他 **1** 〈...〉を振る, 振り動かす, 揺さぶる, 振り回す (☞ 類義語): ~ a tree 木を揺する / The man *shook* his head. 男は首を横に振った 《不承知・失望・叱責(ţっ)・感嘆・不可解などの気持ちを表わす; ☞ nod 動 1》/ He *shook* his son *by* the shoulder. <V+O+*by*+名> 彼は息子の肩をつかんで揺さぶった (☞ the¹ 2 語法). [参考] 子供に説教するときのしぐさ // He *shook* his fist *at* me. <V+O+*at*+名・代> 彼は私に向けてこぶしを振った《脅しの動作; ☞ at 3 語法》/ A strong earthquake *shook* Kobe in 1995. 1995 年に強い地震が神戸を襲った / I *shook* him awake. <V+O+C> 私は彼を揺すって起こした.
2 [しばしば受身で; 進行形なし]〈人(の気持ち)〉を動揺させる, 混乱させる, 驚かす (shock); 〈信念・気力など〉を弱める (☞ shaken 形): They were visibly **shaken** (up) *by* the news. <V+O の受身> 彼らはその知らせに動揺を見せた / Since then his faith *has been* severely *shaken*. その時以来彼の信念はひどくぐらついている / The news of the mass murder *shook* the world. 大量殺人のニュースは世界を震撼させた. **3** =shake off 2 (☞ 句動詞).
— 自 **1** 揺れる, 震動する; 〈人・声など〉が震える (☞ 類義語): The trees were *shaking* in the wind. 木々が風に揺れていた / She was *shaking with* fear [cold]. <V+*with*+名・代> 彼女は怖くて[寒くて]震えていた / This screw has *shaken* loose. <V+C> このねじは震動でゆるくなった / His voice *shook with* anger. 怒りで彼の声は震えた. **2** (略式) 握手をする: Let's ~ *on* it. それに同意して握手をしましょう.
sháke ... by the hánd = **sháke ...'s hánd** [動] ...と握手する. 参考 handshake 語下.
sháke hánds [12] [動] 自 (...と)握手する: I *shook hands with* him. =He and I *shook hands*. 私は彼と握手した. [日英比較] 欧米人は相手の目を見て手をしっかり握り上下に振る. 強めに.
sháke like ⌈a léaf [(英) jélly] [動] 自 (恐怖・不安

などで)ぶるぶる震える.
sháke onesèlf [動] [自] (犬などが水をはじくため)体をぶるぶる震わせる; しゃんとなるように努める.
sháke (onesèlf) óut of it [動] [自] 《略式》 しゃんとする, 奮いたつ.

shake の句動詞

*__sháke dówn__ [動] [他] **1** 〈...〉を振り落とす <V+名・代+*down* / V+*down*+名>: The boys *shook down* some apples *from* the tree. 少年たちは木からりんごを振り落とした.
2 〈...〉を振って[ゆすって](容器などに)詰める <V+名・代+*down* / V+*down*+名>: If you ～ the sugar *down*, it'll all go in the bottle. 砂糖をゆすって入れればみんなびんに入りますよ. **3** 《米略式》〈...〉から金を巻き上げる. **4** 〈機械など〉のならし運転をする. **5** 《米略式》〈...〉を徹底的に捜索[検査]する. ― [自] **1** (振動などで中身が)詰まっていく. **2** [副詞(句)を伴って] 《英略式》間に合わせのベッドで寝る, 仮眠をとる (*in, on*). **3** 《略式》落ち着く; (仲間・周囲に)なじむ. **4** 《略式》(機械・組織などが)順調に動く.
*__sháke óff__ [動] [他] **1** 〈ほこりなど〉を振り落とす, 払いのける <V+名・代+*off* / V+*off*+名>: She *shook* the crumbs *off* her dress. 彼女はドレスからパンくずを払い落とした. **2** 〈病気・悪習など〉を直す, 断ち切る. **3** 〈...〉を追い払う, 振り払う; 〈追ってくる人〉をまく.
sháke óut [動] [他] **1** 〈布など〉を振って(ほこり・ごみなどを)出す[払う]; 〈ほこりなど〉を振って落とす: She *shook* the sand *out of* her shoes. 彼女は靴から砂を振り落とした.
2 〈帆・旗など〉を振って広げる. **3** 〈不要な物〉をふるい落として刷新する, 合理化する. ― [自] (事態が)(最終的に)落ち着く.
*__sháke úp__ [動] [他] **1** 〈...〉を振り混ぜる <V+名・代+*up* / V+*up*+名>: *S～ up* the medicine before use. 飲む前に薬をよく振って混ぜなさい.
2 〈...〉をうろたえさせる; 〈...〉に活を入れる <V+名・代+*up* / V+*up*+名>: That accident really *shook* me *up*. 私はその事故にすっかり動転してしまった.
3 ([名] sháke-ùp) 〈組織・人事〉を刷新する, 改造する <V+名・代+*up* / V+*up*+名>: The prime minister decided to ～ *up* the cabinet. 首相は内閣改造を決意した.

― [名] (～s /～s/; [形] shákу) **1** [C] [普通は単数形で] 振ること, ひと振り(分), 振動; 握手: He denied it with a ～ *of* his head. 彼は首を横に振ってそれを否定した / Give the can a good ～. 缶をよく振れ. **2** [C] 震動, 動揺; 《略式》地震 (earthquake). **3** [C] ぶるぶる震えること, 震え; [the ～s として単数扱い] 《略式》(熱や恐怖などによる)ひどい震え, 悪寒(おかん): get [have] *the ～s* (不安・病気などで)ぶるぶる震える. **4** [C] ＝milk shake. **5** [a ～] 《米略式》扱い, 取り引き: get *a* fair ～ 公正に扱われる / give ... *a* fair ～ ...を公平に扱う. **be nó gréat shákes** [動] [自] Ⓢ 《略式》(人・物が)大したものではない (*as, at*). **in twó [a cóuple of] shákes (of a lámb's táil)** [副] 《略式》すぐに, ただちに.
【類義語】**shake** 最も普通の語で, 上下・左右・前後などに震え動くこと: I felt the house *shake*. 私は家が揺れるのを感じた. **tremble** 恐れ・寒さなどで体が思わず小刻みに震えること. **quake** 人の場合は, 恐怖や驚きのため, 体が大きく震えること. また物体の場合は, かなり激しく大きく揺れ動くことをいう. **quiver** 格式ばった語で, 興奮のあまり小刻みに震えること. **shiver** 恐怖や寒さのため瞬間的に体がぶるっと震えること. **shudder** 恐怖などで, *tremble* や *shiver* よりも体が激しく急に震えること: He *shuddered* at the horrible sight. 彼は恐ろしい光景を見て震えた.
sháke·dòwn [名] [C] 《略式》 **1** 《米》脅し, ゆすり. **2** 《米》徹底的な捜索[検査]. **3** ならし運転, 最終試運転. **4** (組織などの)改革, リストラ. **5** (金融市場の)価格低下. **6** 《英》間に合わせの寝床.

shak·en /ʃéɪk(ə)n/ [動] **shake の過去分詞.** ― [形] [普通は [P]] 動揺した, うろたえた (*up*) (☞ shake [動] [他] 2).
sháke·òut [名] [C] **1** [普通は単数形で] 景気の後退, 不況; (株の)急落. **2** ＝shake-up.
shák·er /ʃéɪkɚ | -kə/ [名] [C] **1** [普通は合成語で] 攪拌(かくはん)器; (カクテル用)シェーカー (cocktail shaker); 食卓塩入れ (saltshaker). **2** さいころを振るつぼ.
Shak·er /ʃéɪkɚ | -kə/ [名] [C] シェーカー (19世紀の米国で盛んだったキリスト教の一派の信者; 素朴で美しい家具を作った): a ～ chair シェーカースタイルの椅子.
Shake·speare /ʃéɪkspɪɚ | -pɪə/ [名] [固] **William** ～ シェークスピア (1564–1616) (英国の劇作家・詩人; その作品は英語に大きな影響を与えた; [略] Shak.; ☞ Stratford-upon-Avon).
Shake·spear·e·an, -spear·i·an /ʃeɪkspí(ə)riən/ [形] [A] シェークスピア(風)の.
+**sháke-ùp** [名] ([動] sháke úp 3) [C] [新聞で](人事などの)大異動, 大刷新, (政策などの)大改革; 再編成, 合理化 (shakeout): a radical ～ 大改革.
shak·i·ly /ʃéɪkɪli/ [副] 震えて; よろよろして.
shak·i·ness /ʃéɪkinəs/ [名] [U] ぐらつくこと, 動揺; 不安定.
shák·ing [名] [[U] または a ～] 振ること; 揺さぶること.
+**shak·y** /ʃéɪki/ [形] (**shak·i·er**; **-i·est**; [名] shake) **1** 震える, 揺れる, ぐらつく; よろめく: My father is a little ～ on his feet after his illness. 父は病後で少し足もとがふらついている. **2** 不確実な; (地位などが)不安定な; 当てにならない; (主義などが)動揺する: His English is rather ～. 彼の英語は少々心もとない / His argument is on ～ ground. 彼の議論は根拠があやふやだ.
shale /ʃéɪl/ [名] [U] 〘地質〙 頁岩(けつがん), 泥板岩.
shále òil [名] [U] 頁岩油, シェール油.
*__shall__ /(弱) ʃəl; (強) ʃǽl/ ([類音] shell) [助] (過去 **should** /(弱) ʃəd; (強) ʃʊ́d/; ☞ **-'ll** [語法])
★ 過去形の用法については ☞ should.

① 最も普通の用法は Shall I do?, Shall we do? (☞成句).
② [単なる未来] 《英》 ...でしょう **1**

1 /ʃəl/ [単に未来を表わす] 《英》 **...でしょう**, ...だろう, ...するでしょう[だろう], ...となるでしょう[だろう]. (1) [一人称の代名詞とともに平叙文で]: *I* ～ be fifteen years old next spring. 私は来春で15歳になる / *We* ～ not win the match unless we're lucky. その試合には運がよくないと勝てないだろう.

[語法] (1) 《米》では will が普通; 《英》でも will のほうが普通 (☞ will¹ 1 [文法] (2)).
(2) 直接話法で一人称の代名詞とともに平叙文で用いられた shall は間接話法で主語が二人称・三人称に変わると現在時制では will になり, 過去時制では would に変わることが多いが, shall または should となることもある: He says, "*I* ～ become a father this spring." → He says (that) *he will* [*shall*] become a father this spring. 彼はこの春には父親になると言っている / You said, "*I* ～ get there before dark." → You said (that) *you would* [*should*] get there before dark. あなたは夕方までにそこに着くだろうと言った.
(3) 直接話法で二人称・三人称とともに平叙文で用いられた will は間接話法で主語が一人称に変わると《英》では shall [過去時制では should] になることがある (☞ will¹ 1 (3) [語法] (2), will¹ 1 (5) [語法]).

(2) [一人称の代名詞とともに疑問文で]: *S～ I* be in

time if I start now? 今出れば間に合うでしょうか / S~ we arrive in New York at eight? ニューヨークに8時に着くでしょうか.

語法 (1) 《米》では will が普通 (☞ will¹ 1 (2)).
(2) 直接話法で一人称とともに疑問文で用いられた shall は, 間接話法では主語が二人称・三人称に変われば現在時制では will, 過去時制では would に変わる: She said to her mother, "S~ I be happy if I marry Tom?" → She asked her mother if [whether] *she would* be happy if she married Tom. 彼女は母親にトムと結婚したら幸福になるだろうかと尋ねた.

(3) [二人称の代名詞とともに疑問文で]: S~ *you* come tomorrow? あすおいでになりますか. **語法** 普通は Are you going to ...? や進行形を用いる. また Will you ...? が普通になってきている (☞ will¹ 1 (4) **語法**).
(4) [shall be+現在分詞の形で未来進行形を表わす]: ☞ be² A 3. (5) [shall have+過去分詞の形で未来完了形を表わす]: ☞ have² 3.

2 /ʃæl/ [疑問文に用いて相手の意志を尋ねる] (1) [自分に対する相手の意志を尋ねる] ...しましょうか: ☞ Shall I do? (成句).
(2) [第三者に対する相手の意志を尋ねる] 《格式》...にーさせましょうか: I'd *Do you want* [Would you like] him [her, them] to do? を用いるほうが普通: "S~ he go first?" "Yes, let him go first."「彼を先に行かせましょうか」「ええ, そうしてください」.

3 /ʃǽl/ [I ~, we ~ として話し手の決意や強い意志を表わす] 《格式》 (必ず)...するつもりだ, きっと...する: I ~ go, rain or shine. 天気に関係なく私は絶対に行く / I 'never ~ [~ never] forget your kindness. ご親切は決して忘れません / We S~ *Overcome*「勝利をわれらに」(解放運動などのテーマソングとしても歌われるフォークソングの題名). **語法** この言い方は意志を表わす I [we] will よりも強く, しばしば決意や約束または脅迫, 否定文では拒絶に用いる. **4** /ʃəl/ [二人称・三人称に対する命令・禁止] 《格式》...せよ, ...しなければならない (must), ...すること (be to) (法律などに使われることが多い): A record ~ be kept of the number of students attending each class. 各授業(時)の出席学生数を記録に残すこと / The Emperor ~ be the symbol of the State and of the unity of the people. 天皇は日本国の象徴であり日本国民統合の象徴である 《日本国憲法第1条》 / You ~ love your neighbor as yourself. あなた自身のようにあなたの隣人を愛さなければならない 《新約聖書のことば》. **5** /ʃæl/ [名詞あるいは二人称・三人称の代名詞に対する話し手の強い意志を表わす] 《格式》 ...にーさせよう, ...にーしよう. **語法** この言い方は話し手が命令を与える立場にあることが普通で, 時に命令に相当する意味合いを持つ: *You* ~ have my answer tomorrow. あす返事をしよう / *He* ~ have whatever supplies he needs. 彼には必要なものは何でも与えよう **言い換え** One step forward and *you* ~ die. (=If you take one step forward, I will kill you.) 一歩でも前に出れば殺すぞ ☞ Gettysburg **参考** の文. **6** /ʃæl/ [予言・運命などを表わして] 《文》 (必ず)...であろう: All ~ die. 生きているものは必ず死ぬ.

Lèt's dó, ~ll we? ☞ let's [語法] (3).
Shàll I dó? [提案を表わしたり相手のアドバイスを求めて] ⓢ (私が)...しましょうか: "S~ I open the window?" "Yes, please (do)."「窓を開けましょうか」「ええ, 開けてください」 / What ~ I do next? 次に何をしたらよいでしょうか. **語法** 《主に米》 でしばしば Should I do? の形を用いる: *Should I* open the window?
Shàll we dó? [提案を表わしたり相手のアドバイスを求めて] ⓢ ...しましょうか, ...しようではないか.

会話 "S~ *we* go now?" "Yes, let's."「もう行きましょうか」「(ええ,)そうしましょう」 / "S~ *we* or ~ *we not* go to the police about this problem?" "Let's not."「この問題は警察に頼もうかそれともやめておこうか」「やめておこう」

語法 《主に米》 ではしばしば Should we do? の形を用いる: *Should we* go now?
We shall sée. ⓢ 《格式》 (1) 先のことはわからない, 事の成り行きを見よう. (2) 考えてみる.

*shal·lot /ʃəlɑ́t | -lɔ́t/ 名 © エシャロット《葉と鱗茎(炒)を香辛野菜として用いるねぎの一種》.

*shal·low /ʃǽlou/ 《類音 shadow》 形 (shal·low·er; -low·est) 1 浅い 《反 deep》: a ~ dish 浅い皿 / Cross the stream at its ~est point. 川はいちばん浅いところを渡りなさい.
2 /ʃæl/ あさはかな, 浅薄な; 皮相[表面]的な: a ~ argument あさはかな議論 / a ~ person 薄っぺらな人. **3** (呼吸が)浅い. ── 名 [(the) ~s] 浅瀬. ── 動 (川などが)浅くなる. **·ly** 副 浅く; 浅薄に. **~·ness** 名 Ⓤ 1 浅さ. 2 あさはか, 浅薄(さ).

sha·lom /ʃɑːlóum/ 間 シャローム《ユダヤ人のあいさつ・別れのことば; ヘブライ語で「平安」の意》.

shalt /弱 /ʃəlt/, 強 /ʃǽlt/ [古語] 動 shall の二人称単数現在形: Thou ~ not steal. なんじ盗むなかれ《Ten Commandments のひとつ》.

*sham /ʃǽm/ 名 1 Ⓤ または a ~] 見せかけ, 偽善, ごまかし, 虚偽: His illness is a mere ~. 彼の病気は単なる仮病だ. 2 © 偽物 (imitation); 見かけ倒しの人, ほら吹き, 仮病使い. 3 © 《米》 枕カバー. ── 形 Ⓐ 偽の, 偽わりの, 偽善の: a ~ jewel 模造の宝石. ── 動 (shams; shammed; sham·ming) 見せかける, (見せかけの)芝居をする: He's only *shamming*. 彼はそういうふりをしているだけだ. ──(...)のふりをする.

sha·man /ʃɑ́ːmən/ 名 © シャーマン《シャーマニズムの巫者(𝑘); まじない師, みこ》.

sha·man·is·m /ʃɑ́ːmənɪzm/ 名 Ⓤ シャーマニズム《特にアジア北部や北アメリカの先住民の間に多く行なわれる宗教; シャーマンと霊との交渉を中心とする》.

sham·a·teur /ʃǽmətəː, -tə | -tə, -tʃùə/ 名 © 《英略式》 《軽蔑》 セミアマ《金をとるアマチュア選手》.

*sham·ble /ʃǽmbl/ 動 [副詞(句)を伴って] よろよろ歩く: a *shambling* gait よたよたした足どり / The old man ~ *out* of the gate. その老人は門からよろよろと出てきた. **関連** shuffle 足を引きずって歩く. ── 名 [a ~] よろよろ歩き, 不格好な足どり.

sham·bles /ʃǽmblz/ 名 [a ~ として単数扱い] 《略式》 混乱(の跡・場面), てんやわんや(の状態); 台なし: After the wild party, my room was (in) a ~. はめをはずしたパーティーの後, 私の部屋はめちゃめちゃになっていた. **màke a shámbles of ...** 動 働 《略式》...をめちゃめちゃにする, 台なしにする.

sham·bol·ic /ʃæmbɑ́lɪk | -bɔ́l-/ 形 《英略式》 [滑稽] 乱雑な, めちゃくちゃな.

*shame /ʃéɪm/ 【**12**】 名 (形 shámeful) 1 Ⓤ 恥ずかしい思い, 恥ずかしさ; はじらい, 羞恥(じゅう)心: What I did filled me with ~. 自分のやったことを思うと恥ずかしさでいっぱいになった / I'd die of ~ if she should find out I'd deceived her. だましたことが彼女に気づかれたら恥ずかしさのあまり死にたくなるだろう / How can you say such things? Have you no ~? よくもそんなことが言えるね. 君には恥というものがないのか.

2 Ⓤ 恥辱, 屈辱, 不面目: There's no ~ *in* being short. 背が低いことは別に恥ではない.

3 [単数形で] 《格式》 恥[不名誉]となること[人]: The street is *the* ~ *of* that town. その通りはこの町の汚点

である．
4 [a ～] Ⓢ ひどいこと，つらいこと；情けないこと，残念なこと：It's *a* ～ to treat him like that! 彼をそんなふうに扱うとはあんまりだ / It's *a* (crying) ～ you didn't win. 君が勝てなかったのは(まったく)残念だ / What *a* ～! 何と情けない[あわれな，残念な]ことだ． **bríng sháme on [to]** … [動] [他] …に恥をかかせる，…を汚(けが)す：Your foolish behavior *brings* ～ *on* [*to*] the whole family. あなたの愚かな行動は家族全体の恥となる． **for sháme＝from sháme＝òut of sháme** [副] 恥ずかしくて(…できない)． **in sháme** [副] 恥じて：bow [hang] one's head *in* ～ 恥ずかしくてうなだれる． **pùt … to sháme** [動] [他]《略式》(1) 〈…〉に恥をかかせる，〈…〉の面目をつぶす． (2) 〈…〉よりはるかに勝る：Your work *puts* mine *to* ～. あなたの作品は私のよりはるかに勝っている． **Sháme (on you)!** [感] Ⓢ 恥を知れ!，みっともない! **to …'s sháme** [副] [文修飾語] …にとって恥ずかしいことに：*To my* ～, I yelled at my sister. 恥ずかしいことに妹をどなりつけてしまった． **― [動] [他] 1** 〈…〉に恥をかかせる，〈…〉の面目をつぶす；〈…〉を侮辱する：You've ～*d* our school. 君はわが校を汚(けが)したのだ． **2** 〈…〉に恥ずかしい思いをさせる；〈人〉を恥じ入らせて…させる：He was ～*d into* mak*ing* an apology. 恥ずかしくなり彼はあやまった / She *was* ～*d out of* keep*ing* the money. 彼女は恥じてお金を着服するのをやめた． **3** (能力などで)〈…〉を赤面させる(ほどである)，しのぐ．

sháme·fáced [形] 恥じ入った；きまり悪げな；内気な．

shame·fac·ed·ly /ʃéɪmféɪsɪdli/ [副] 恥じ入って；きまり悪げに．

⁺**shame·ful** /ʃéɪmf(ə)l/ [形] ([名] shame) 恥ずべき，不面目な；けしからぬ，破廉恥(はれんち)な：～ conduct 恥ずべき行為 / *It was* ～ ｢*that* they [*of* them *to*] hit him. あの連中が彼を殴ったとはけしからん (☞ of 12)． **-ful·ly** /-fəli/ [副] けしからぬこと[ほど]に． **～·ness** [名] [U] けしからぬこと．

⁺**sháme·less** [形] 恥知らずの，ずうずうしい；(行為などが)慎しみのない，風俗を乱す：～ behavior 恥知らずなふるまい / It was ～ *of* him *to* say that. あの人はよくもそんなことが言えたものだ (☞ of 12)． **～·ly** [副] 恥知らずにも． **～·ness** [名] [U] 恥知らず．

sham·my /ʃǽmi/ [名] (**sham·mies**), **shám·my lèather** [名] [U,C] ＝chamois².

⁺**sham·poo** /ʃæmpúː/ [名] (～s) **1** [U,C] シャンプー；(じゅうたん・車用などの)洗剤：I got ～ in my eyes. 目にシャンプーが入った． **2** [C] 頭髪を洗うこと，洗髪；(じゅうたんなどを)洗剤で洗うこと：I'd like to have a ～ and set. 洗髪とセットをお願いします (☞ and 1 [語法] (1))． **gíve … a shampóo** [動] [他] 〈…に〉シャンプーする． **― [動] [他] 1** 〈髪〉を洗う，シャンプーする． **2** 〈じゅうたんなど〉を洗剤で洗う．

sham·rock /ʃǽmrɑk | -rɔk/ [名] [C] クローバーの類の三つ葉の植物 《特にこめつぶつめくさを指す；Ireland の国花；☞ rose² 表》；みやまかたばみ．

shamrock

sha·mus /ʃáːməs/ [名] [C] 《米俗》デカ，私立探偵．

Shan·dong /ʃàːndɔ́ːŋ | -dɔ́ŋ/, **Shan·tung** /ʃæ̀ntʌ́ŋ/ [名] [固] 山東(さんとう)(シャントン)《中国の省》．

shan·dy /ʃǽndi/ [名] (**shan·dies**) [U,C] 《主に英》シャンディー《レモネードなどにビールを混ぜた飲み物》．

shang·hai /ʃæŋháɪ/ [動] [他] [普通は受身で]《古風》(暴力・策略で)〈人〉に(…を)させる：I got ～*ed into* buying expensive fakes. 高価なまがい物をつかまされた．

Shang·hai /ʃæ̀ŋháɪ/ [名] [固] シャンハイ(上海)《中国東部の海港都市》．

Shan·gri-La /ʃæ̀ŋgrɪláː/ [名] [U,C] (遠くにある)地上の楽園，理想郷．

⁺**shank** /ʃǽŋk/ [名] **1** [C] 柄，軸． **2** [U,C] (牛・羊などの)すね，すね肉． **3** [C] [普通は複数形で]《古語》または[滑稽] すね；脚(あし)．

Shánks's póny [máre] /ʃǽŋks-/ [名] [U]《古風，英略式》[滑稽] 自分の足：on ～ 徒歩で．

shan't /ʃǽnt | ʃáːnt/《英略式》shall not の短縮形 (☞ not (1) (i) [語法])．

shan·tung /ʃæntʌ́ŋ/ [名] [U] シャンタン，山東絹《つむぎ風の絹布》．

Shantung ☞ Shandong.

⁺**shan·ty**¹ /ʃǽnti/ [名] (**shan·ties**) [C] 掘っ立て小屋．

shan·ty² /ʃǽnti/ [名] (**shan·ties**) [C]《英》＝chantey.

shánty·tòwn [名] [C] スラム街．

‡shape /ʃéɪp/ [T2] [名] (～s /～s/; [形] shápely) **1** [C,U] 形，格好，外形，輪郭 (☞ form 類義語)：a building with a round ～ 丸い形の建物 / Mt. Fuji is beautiful *in* ～. 富士山は形が美しい / As the sun climbed higher, the snowman began to lose its ～. 日が高くなるにつれ雪だるまの形が崩れだした / "What ～ is the bottle?" "It looks like a gourd." 「そのびんはどんな形ですか」「ひょうたんのような形です」

shape (個々のものに特有の)	形 《☞ form 類義語》
form (ある種類に共通の)	

2 [U,C] 姿，様子，なり：He's a devil *in* human ～. あいつは人間の姿をした悪魔だ．
3 [C] (おぼろげなまたは怪しい)姿，幽霊：Vague ～*s* loomed up out of the fog. 霧の中からぼんやりとした姿が現われた．
4 [U] 状態，調子 (condition)：He is *in* good [bad, poor] ～. 彼は体の調子がよい[悪い]；《米》彼は(体形が)スマートだ[太っている]． **5** [the ～] 形態，性格，種類 (*of*).

gét … into shápe [動] [他] ＝lick … into shape.
gét (onesélf) into shápe [動] [自] 体調を整える．
gìve shápe to … [動] [他] …に格好をつける，具体化する；…をまとめる：The President *gave* final ～ *to* his tax reform proposals. 大統領は税制改革の提案を最終的にまとめた．
in áll [dífferent] shápes and sízes＝in évery shápe and síze [副・形] 大きさ形ともさまざまで，いろいろな形で：Dictionaries come *in all* ～*s and sizes*. さまざまな形態の辞書がある．
in ány (wày,) shàpe or fòrm [形] [しばしば否定文で]《略式》どんな(種類の)…も：She was opposed to violence *in any* ～ *or form*. 彼女はどんな暴力にも反対だった． ― [副] [普通は否定文で]《略式》どんな形ででも(…ない)，少しも(…ない)．
in shápe [形・副] (1) 体調がよくて；好調で ([反] out of shape) (☞ 4)：Try to keep *in* ～. 体調をくずさないようにしなさい / The players are working hard to get back *in* ～. 選手たちは調子を取り戻そうと一生懸命だ． (2) よい形[体形]をして．
in the shápe of … [前] (1) …の姿をした，…を装った：The prince first appeared *in the* ～ *of* a toad. 王子は最初はひきがえるの姿で現われた． (2) (特に)…という形[種類]で[の]，…の形で：Help came *in the* ～ *of* a hundred dollars. 100 ドルというお金での援助が来た．
líck [gét, knóck,《米》whíp] … into shápe [動] [他] (1) 〈物事〉をたて直す，改善[改良]する． (2) 〈人〉をしつける，鍛える．
(of) áll shápes and sízes＝(of) évery shápe and síze [形] 大きさ形ともさまざまな，いろいろな形の：children *of all* ～*s and sizes* 体の大きさがいろいろ違う子供たち．
òut of shápe [形・副] (1) 形[体形]が崩れて． (2)

(健康などが)不調で (反 in shape).
tàke shápe [動] 自 具体化する, 実現する, 目鼻がつく: The plan has begun to take ~. その計画も目鼻がつきだした.
tàke the shápe of ... [動] 他 ...の形をとって[姿となって]現われる: The witch took the ~ of a cat. その魔女は猫の姿で現われた.
the shápe of thìngs to cóme [名] (物事の)将来の徴候, 来たるべき姿.

— [動] (**shapes** /~s/; **shaped** /~t/; **shap·ing**) 他 **1** (進路・将来・性格などを)**決める**, 方向づける: That experience ~d the boy's character. その経験が少年の人格を形成するのに影響した / Newspapers often help (to) ~ the opinions of the people. 新聞はしばしば国民の意見を形成する働きをする.
2 《素材》を(...に)**形作る**, 〈...〉に形を与える; 〈素材から〉〈...〉を作り出す (form). 言い換え The child is shaping clay into a doll. <V+O+into+名·代> = The child is shaping a doll from [out of] clay. <V+O+from [out of]+名·代> その子供は粘土で人形を作っている / The earth is ~d like an orange. <V+O の受身> 地球はオレンジのような形をしている. **3** [特に受身で] 〈衣服など〉を適合させる; 体に合わせる (to): These shoes are specially ~d at the heels. この靴は特にかかとの部分を(足に)合わせて作ってある. **4** 〈...〉を具体化する, 実現する.

— 自 **1** 形を成す, まとまる; 進展する. **2** (ボールを蹴るために)構える, 〈...する〉姿勢をとる (to do).
shápe úp [動] 自 (1) 具体化する, 形を成す (as); (事態などが)(うまく)発展[進展]する (to be): How is your work shaping up? 仕事ぐあいはどうですか / The plan is shaping up well. 計画はうまくいっている. (2) 《略式》ちゃんとしたふるまい[言動]をする, やる気[カ]を出す (for). (3) 《略式》体調をよくする, 〈...に〉備える (for). 日英比較 日本語の「シェイプアップ」のように「スタイルを良くする」の意味では普通は用いない. **Shápe úp or shíp óut!** S 《米略式》やる気がないなら出て行け.
SHAPE /ʃéɪp/ [名] 欧州連合軍最高司令部 《Supreme Headquarters Allied Powers, Europe の略; ☞ acronym》.

*shaped /ʃéɪpt/ 形 [合成語で] (...の)形をした, ...形の: an egg-~ box 卵型の箱 / a bottle ~ like a rabbit うさぎの形をしたびん.

shape·less /ʃéɪpləs/ 形 **1** はっきりした[定まった]形のない: a ~ mass 無定形の塊. **2** 不格好な, 醜い; (文章・計画などが)整合性のない: a ~ hat 不格好な帽子. **3** 《主に文》(恐怖などが)名状しがたい. **~·ly** 副 はっきりした形なしで, 整合性なく. **~·ness** 名 U 無定形; 不格好, 不整合.

shape·li·ness /ʃéɪplɪnəs/ 名 U 格好のよいこと, 均整がとれていること.

shape·ly /ʃéɪpli/ 形 (**shape·li·er**; **-li·est**; ~ shape) (特に女性の姿・脚が)格好のよい, 均整のとれた.

shápe·shìft·er /-ʃɪftə | -tə/ 名 C 自分の姿を変える(ことができると考えられている)もの (狼男など).

shard /ʃáːd | ʃáː d/ 名 C 瀬戸物(ガラスなど)のかけら (植木鉢の穴をふさぐのに用いる) (sherd).

***share**[1] /ʃéə | ʃéə/ 名 [類音 sheer, shear] 🇦

「切り分ける(分けられたもの)」(☞ 語源)から,

→ [動] 「互いに分ける」他 **1**
→ (相手に分ける) → 「伝える」他 **3**
→ (分け前に加わる) → 「分担する」他 **2**
→ [名] (持ち分) → (受け取りの)「分け前」**1**
→ (支出の)「割り当て」**2**
→ (仕事の)「役割」**3**
→ (権利の)「株」**4**

— [動] (**shares** /~z/; **shared** /~d/; **sharing** /ʃé(ə)rɪŋ/) 他 **1** 〈負担・利害・感情など〉を**互いに分け合う**; 〈物〉を(人と)共有する, 共同で使う: ~ an umbrella 1つの傘に入る, 相々傘になる / Do you mind sharing a table? テーブルをご一緒してもかまいませんか / She ~s my interest in sailing. 彼女は私とヨットの興味が一致している / I certainly ~ your feelings. 私はあなたの気持ちがよくわかる / We'll ~ the blame for the bankruptcy. 破産の責任は我々全員にある / I'll ~ both happiness and sadness **with** you. <V+O+with+名·代> 私はあなたと苦楽をともにしよう / This opinion is ~d **by** many sensible people. <V+O の受身> この意見は多くの心ある人が等しく抱くものだ.
2 《主に英》〈食べ物など〉を**分ける**, (...の間で)〈...〉を分配する (out): He ~d his food **with** the poor man. <V+O+with+名·代> 彼は彼の貧しい人に食べ物を分けてやった / They ~d the profits **between** [**among**] them. <V+O+between [among]+名·代> 彼らは利益を自分たちで分けた. **3** 〈情報・ニュースなど〉を伝える, 話す: Will you ~ your worries with me? あなたの悩みを私に話してくれませんか.

— 自 **1** 分担する, 共同でする, (喜び・悲しみなどを)共にする; 分配を受ける: We all ~ **in** the responsibility for this. <V+in+名·代> この責任は我々みなのものだ. **2** 「悩み・考えなどを」伝える, 話す. 語源 古(期)英語で「切る」の意; shear と同語源.
sháre and sháre alíke [動] 自 平等に分ける.
sháre óut [動] 他 = 他 2.

— 名 (~**s** /~z/) **1** C [しばしば所有格の後で] **分け前**, 取り分, (個々に)分配されたもの: a ~ **in** [**of**] the profits 利益の分け前 / This is your ~ of it. これはあなたの取り分です.
2 C [しばしば所有格の後で] (支出などの)**割り当て**, 負担, 出し分; (数量の)一部: Your ~ **of** the expenses is fifty dollars. その費用のあなたの負担分は50ドルだ / A large ~ **of** his income goes to pay the rent. 彼の収入の多くは家賃の支払いに消える.
3 U 時に a ~] [しばしば所有格の後で] (割り当てられた)役割, 参加, 参画; 尽力, 貢献: He refused to do his (fair) ~ **of** the work. 彼は割り当てられた(当然の)任務を果たすのを拒否した / He had a ~ **in** completing the job. 彼はその仕事を完成するのに貢献した.
4 C [しばしば複数形で] (会社の)**株**, 株式 (≡ stock 名 3 語法): I own one thousand ~s (of stock) **in** that company. 私はその会社の株を1千株持っているる. **5** [形容詞的に] 株(式)の. **6** C 出資, 共有権; U 市場占有率, シェア: flat [**house**] ~ 《英》アパート[住宅]の共同使用. **còme ín for one's (fúll) sháre of ...** [動] 〈当然の非難など〉をたっぷりに)受ける. **gò sháres** [動] 《略式》山分けする; 共同でやる; 共同で負担する: I went ~s with him on the cost. 私は彼とその費用を折半した. **háve [gét] (móre than) one's fáir sháre of ...** [動] ...の当然の[予想される]量(以上)のものを得る.

share[2] /ʃéə | ʃéə/ 名 C 《古風》= plowshare.
sháre certíficate /ʃéə | ʃéə/ 名 C 《英》株券 (《米》stock certificate).
sháre·cròpper 名 C 《主に米》小作人.
shared /ʃéəd | ʃéəd/ 形 A 共有の, 共同の, 共通の: a ~ opinion (何人かに)共通の意見 / a ~ house [flat] 《英》共同住宅[アパート].
***share·hold·er** /ʃéəhòʊldə | ʃéəhòʊldə/ 名 C 《主に英》= stockholder.
+**sháre ìndex** 名 C 《主に英》= stock index.
sháre òption 名 C 《英》= stock option.
sháre-òut 名 C [普通は a ~] 《英》(利益などの)分配, 配分 (of).

shar・er /ʃéə(ə)rə/ -rə/ 名 C 共にする人, 分け合う人, 共有者 (*in*); 参加者; 分配者, 配給者.

sháre・wàre 名 U 〖電算〗シェアウェア《無料/廉価の体験版ソフトウェア》.

sha・ri・a /ʃəríːə/ 名 C シャリーア《イスラム教の律法》.

†**shark** /ʃɑ́ək/ | ʃɑ́ːk/ 名 C 1 《複 ~, ~s》さめ, ふか. 2 《略式》=loan shark.

shárk nèt 名 C 《豪》さめ防御ネット.

shárk・skin 名 U さめ革皮《似た布地[服地]》, シャークスキン.

‡**sharp** /ʃɑ́əp/ | ʃɑ́ːp/ 形 (**sharp・er; sharp・est**) 動 **shárpen**)

「〔刃物が〕鋭い」 1
→〔角度が鋭い〕→「急な」「険しい」 2
→〔響きが鋭い〕→「かん高い」 7
→〔痛みを与える〕→「鋭い, 激しい」 3, 4
→〔感覚が鋭い〕→「鋭敏な」 5
→〔対比が鋭い〕→「くっきりとした」 6

1 〔刃などが〕鋭い, 鋭利な (反 dull, blunt); 〔形が〕とがった: a ~ knife / a ~ 切れるナイフ[包丁] / a pencil with a ~ point 先のとがった鉛筆. 日英比較 「シャープペンシル」は英語では a mechanical [《英》 propelling] pencil という.

2 〔角度・坂などが〕急な, 険しい; 急に曲がった; 〔普通は A〕〔変化などが〕急激な: a ~ rise [drop] in prices 物価の急騰[急落] / He made a ~ turn [left] at the corner. 彼はその角で急に曲がった[左折した].

3 〔痛みなどが〕鋭い, 強烈な; 〔寒さなどが〕厳しい (severe): a ~ wind 肌を刺すような冷たい風 / a ~ frost 厳しい寒さ / I felt a ~ pain in my stomach. 胃に刺すような痛みを感じた.

4 〔しばしば軽蔑〕〔ことばなどが〕激しい, 痛烈な; 〔人が〕しんらつな, きつい: a ~ tongue 毒舌 / ~ criticism 痛烈な批判 / He is too ~ **with** the girl students. <A+with+名・代> 彼は女子学生に対してはとてもしんらつだ / Julie, you're being very ~ today. ジュリー, 今日はずいぶん厳しいね.

5 鋭敏な, 敏感な, 頭の切れる, 利口な; 〔しばしば軽蔑〕《略式》抜けめのない, すばしこい (clever), ずるい (反 dull): a ~ student 頭の切れる学生 / He has ~ ears. 彼は鋭い耳をしている / Karen is awfully ~ when it comes to math. カレンは数学ではとても頭が働く / *It's ~ of you* to notice the change. その変化に気がつくとは鋭い (☞ of 12) / ☞ sharp practice.

6 くっきりとした, はっきりとした (clear); 〔目鼻立ちなどが〕かどばった: in ~ contrast to ....とは明確な対照をなして / This photograph is very ~. この写真はとても鮮明だ / a ~ nose とがった鼻.

7 〔普通は A〕〔音が〕鋭い, かん高い: A ~ cry was heard. 鋭い叫び声が聞こえた. 8 〔普通は A〕〔動作などが〕すばやい, 活発な; 〔打撃が〕強い, 強烈な; 〔争いなどが〕激烈な: a ~ intake of breath はっと息をのむこと / a ~ debate 活発な討議 / a ~ knock at the door ドアを激しくたたくこと / a ~ sense of disappointment 強い失望感. 9 〔味・においが〕強い, ぴりっとする: The salad dressing had a pleasantly ~ taste. そのサラダドレッシングはぴりっとしておいしかった. 10 〔普通は A〕《略式》〔服装などが〕スマートな, しゃれた, いきな. 11 〖楽〗〔調名の後につけて〕シャープの, 嬰(ã)音の 〔記号 #〕; 〔普通は P〕〔楽器・声・人などが〕正しい音より高い《音を出す》: a concerto in C ~ minor 嬰ハ短調の協奏曲. 関連 flat フラットの. **(as) shárp as a táck** [《英》 néedle] 〔形〕〔頭が〕非常に鋭い.

— 副 (**sharp・er; sharp・est**) 1 きっちり, ぴったり (exactly): The meeting starts at 10 o'clock ~. 会は10時きっかりに始まる. 語法 時刻を表わす語の後に用いる. 2 《英》急に, すばやく; 鋭く: turn ~ left 急に左折する. 3 〖楽〗正しい音より高く.

— 名 C 〖楽〗シャープ, 嬰音《半音高い音》; 嬰音記号 (#). 関連 flat フラット.

shárp-éared 形 聴力のよい; 耳さとい.

†**sharp・en** /ʃɑ́ə(ə)n/ | ʃɑ́ː(ə)n/ 形 (他 1 〈...〉を鋭くする, とがらせる〈刃物などを研(ε)ぐ 反 dull〉: Can you ~ this knife for me? このナイフを研いでくれませんか. 2 〈食欲・яюかαを増す, 激しくする; 〈技術を磨く〈感覚などを鋭敏にする〈焦点などをはっきりさせる: A glass of sherry will help (to) ~ my appetite. シェリー酒を1杯飲めば食欲が出るでしょう. — 自 鋭くなる; 激しくなる; 敏感になる, しんらつになる. **shárpen úp** 動 他 (1) 〈...〉を鋭くする. (2) 〈...〉を鋭敏にする; よくする. — 自 激しくなる, よくなる.

shárp énd 〔the ~〕《略式, 主に英》《仕事・組織などの》活動[決定]の現場, 第一線: be on [at] *the* ~ of ....の第一線[矢面]に立つ.

sharp・en・er /ʃɑ́ə(ə)nə/ | ʃɑ́ː(ə)nə/ 名 C 〔しばしば合成語で〕研ぐ[削る]物[人]: ☞ pencil sharpener.

sharp・er /ʃɑ́əpə/ | ʃɑ́ːpə/ 名 C 《古風》詐欺師; いかさま賭博(ć)師 (card sharp, card sharper).

shárp-éyed 形 視力のよい; めざとい.

sharp・ie /ʃɑ́əpi/ | ʃɑ́ːpi/ 名 C 《米略式》抜けめのない人; いかさま師.

sharp・ish /ʃɑ́əpɪʃ/ | ʃɑ́ːp-/ 形 やや鋭い. — 副 《英略式》すばやく, きびきびと, てきぱきと.

‡**sharp・ly** /ʃɑ́əpli/ | ʃɑ́ːp-/ 副 1 急に, 突然: The path turns ~ at the bridge. 道は橋のところで急に曲がっている / Our sales declined ~ last year. 昨年売り上げが急落した.

2 鋭く, 厳しく, 激しく; つっけんどんに; 《電話のベルなどが》けたたましく: criticize ~ 激しく非難する / She replied ~. 彼女はつっけんどんに答えた.

3 くっきりと, はっきりと: The color of the house contrasts ~ with the green of the trees. その家の色は木立ちの緑とくっきりとした対照を成している. 4 鋭敏に; 抜けめなく. 5 《略式》スマートに.

sharp・ness 名 U 1 急なこと. 2 鋭さ; 激しさ. 3 鮮明さ. 4 抜けめなさ.

shárp práctice 名 U 《古風》《商売での》ずるいやり方, いかがわしい取り引き.

shárp・shòoter 名 C 〔主に新聞で〕射撃の名手.

shárp-síghted 形 視力のよい.

shárp-tóngued 形 〔軽蔑〕口の悪い, しんらつな.

shárp-wítted 形 頭の鋭い, 抜けめのない.

Shas・ta /ʃǽstə/ 名 〖Mount ~〗シャスタ山《California 州北部にある休火山》.

shat /ʃæt/ 動 **shit** の過去形および過去分詞.

‡**shat・ter** /ʃǽtə/ | -tə/ 動 (**-ter・ing** /-t̬ərɪŋ/) 他 1 〈...〉を粉々に壊す, 粉砕する (= break 類義語): The ball ~*ed* the window. そのボールで窓ガラスが粉々に壊れた. 2 〈希望など〉を打ち砕く: ~ the peace [silence] 静寂を破る / His illusions *were* ~*ed*. 彼の幻想は打ち砕かれた. 3 《略式》〈...〉にショックを与える, 動揺させる. — 自 粉々になる, 飛散する; 〈夢・希望などが〉壊れる: The mirror ~*ed* into pieces. 鏡が粉々に砕けた. 語源 中〔期〕英語で scatter と同語源.

‡**shat・tered** /ʃǽtəd/ | -təd/ 形 P 1 《精神的に》打ちのめされた, がっかりした: He was ~ at the news. そのニュースを聞いて彼はがっかりした. 2 《英略式》へとへとに疲れた.

‡**shat・ter・ing** /ʃǽt̬ərɪŋ/ 形 1 《経験・知らせなどが》心を動揺させる, 衝撃的な. 2 《英略式》へとへとに疲れさせる. 3 耳をつんざくような. **~・ly** 副 衝撃的に; 《英》へとへとに疲れて; 耳をつんざくように.

shátter・pròof 形 《ガラス製品などが》粉々に割れない, 破砕防止の.

*shave /ʃéɪv/ 動 (shaves /~z/; 過去 shaved /~d/; 過分 shaved, 《主に米》 shav・en /ʃéɪvn/; shav・ing) 自 ひげをそる, かみそりを使う: I ~ every other day. 私は1日おきにひげをそる.
— 他 1 〈顔・ひげなど〉をそる; 〈人〉のひげ[顔など]をそる: ~ (the hair off) one's legs 脚の毛をそる / The nurse ~d me while I was in (the) hospital. 入院中, 看護師が私のひげをそってくれた / He ~d off his mustache. <V+off+O> 彼は口ひげをそり落とした. 2 〈…〉を薄く削る; 〈…〉にかんなをかける (from); S~ an eighth of an inch off (that) and it'll fit. 《そこから》1/8インチ削り取ればそこにはまるだろう. 3 〈…〉をかすって通る, すれすれに通る: His car ~d the wall of the tunnel. 彼の車はトンネルの壁をかすって通った. 4 〈…〉を減らす, 〈値段〉を少し下げる, 〈記録〉を縮める: ~ a second off the world record 世界記録を1秒縮める.
— 名 (~s /~z/) C 1 《普通は単数形で》ひげをそること; 削ること: get[have a close [clean] ~] つるつるにする / He felt fresh after his ~ and shower. 彼はひげをそりシャワーを浴びてさっぱりした. 2 薄片, 削りくず. hàve a clóse sháve [動] 自 危ないところを逃れる, 九死に一生を得る (⇨ close shave).
*shav・en /ʃéɪv(ə)n/ 動 《主に米》 shave の過去分詞. — 形 《ひげを》そった. 2 (反) unshaven.
+sháv・er /ʃéɪvə | -və/ 名 C 1 〈ひげを〉剃る道具; 電気かみそり. 2 《古風, 略式》若者, 小僧.
+shav・ing /ʃéɪvɪŋ/ 名 1 Ｕ そること, ひげそり; 削ること. 2 《複数形で》削りくず, かんなくず.
sháving brùsh 名 C ひげそり用ブラシ.
sháving crèam 名 U,C ひげそり用クリーム.
sháving fòam 名 U,C 《英》シェービングフォーム《エアゾル容器から出すひげそり用クリームの泡》.
Sha・vu・ot /ʃəvúːoʊt/ 名 U,C 《ユダヤ教》シャブオート, ペンテコステ (⇨ Pentecost 2).
Shaw /ʃɔː/ 名 George Bernard ~ ショー (1856-1950) 《Ireland 生まれの英国の劇作家・批評家》.
+shawl /ʃɔːl/ 名 C ショール, 肩掛け.
sháwl cóllar 名 C 《服》ショールカラー《ショール状の襟》.
Shaw・nee /ʃɔːníː/ 名 (複 ~, ~s) ショーニー族の人《アメリカの先住民族》. — 形 ショーニー族[語]の.
*she[1] /《弱》ʃi; 《強》ʃiː/ 名 《頭韻 sea, see, sheep, sheet》 代 《人称代名詞, 三人称・女性・単数・主格 ⇨ personal pronoun 文法》《所有格 her /《弱》(h)ə | (h)ə; 《強》 | há:/, 目的格 her; 複 they /ðeɪ, ðéɪ/》 ★所有格および目的格の用法については ⇨ her.

1 [前に出た女性を示す名詞を受けてまたはその場の状況でだれを指しているかが聞き手[読み手]にわかる1人の女性を示して; ⇨ he[1]]

(1) [主語として] 彼女は[が], その女は[が], あの女は[が]: My aunt lives in Hawaii. S~ (=My aunt) is a teacher. 私のおばはハワイに住んでいる. おばは教師だ / Anne is my new friend. S~ (=Anne) is an American. アンは私の新しい友達だ. 彼女はアメリカ人だ / "Who is ~?" "S~'s Mrs. Brown." 「あの人はだれですか」「〈あの人は〉ブラウン夫人だ〈1〉」

《注意》話に加わっている当人の面前で, その人を she と言うのは失礼な言い方. その場合は代名詞を使わず名前を言う. he の場合も同じ: This is Mary. Mary is studying chemistry. こちらはメアリーです. メアリーは化学を勉強しています.

(2) /ʃiː/ [主格補語として] 《格式》彼女《だ, です》, あの女《だ, です》: When I saw a woman in black standing in the distance, I thought that it was ~. 黒い服を着た女の人が遠くに立っているのが見えたとき, 私は「あの女」だと思った. 語法 it was her のほうが普通 (⇨ me[1] 4 語法 (2)) // "Is this Ms. Smith?" "Yes, this is

~" 「スミスさんですか」「はいそうです」《電話口で》.

語法 (1) 人だけでなく動物の雌にも用いる: The hen fought bravely to protect her chicks. めんどりはひなを守ろうとして勇敢に戦った.
(2) 女性か男性かわからない時など he の使用が繰り返されるのを避けるために書きことばで she を用いることがある.
(3) 無生物でも女性的な感じのものには she, 男性的な感じのものには he を使うことがあるが, 普通は it を用いる (⇨ he[1] 1 (2) 語法 (2); gender 文法).
(4) 他の人称代名詞と並ぶときの語順については ⇨ I[1] 語法 (2). また he [his, him] と she [her] が並ぶときは, 普通は he [his, him] and [or] she [her] の語順をとる.

2 [国や都市を示して]: If Japan wants to be respected, ~ must pay more attention to world opinion. もし日本が尊敬されたければ世界の世論にもっと関心を払わねばならない. 語法 政治的・経済的単位として見た場合に用いるが, 今はやや《古風》で, it のほうが普通. 3 [船・航空機・乗用車などの乗り物を示して]: My sailboat is an old one, but ~ is still in good shape. 私のヨットは古いがまだ調子はよい. 語法 自分が使っている船・航空機・乗用車・機械などを愛着を示して指すことが多いが, 一般には it を用いる (⇨ gender 文法 (3)).

she[2] /ʃíː/ 代 (反 he) 1 C 《普通は a ~》《略式》女, 雌. 2 [合成語で] 女[雌]の: a ~-goat 雌やぎ.
s/he 代 =he or she, she or he. 語法 she or he または she if he と読む (⇨ he/she).
sheaf /ʃíːf/ 名 (複 sheaves /ʃíːvz/) C 《穀物・書類などの》束: two sheaves of wheat 小麦2束.
Shea・ffer /ʃéɪfə | -fə/ 名 シェーファー《米国製の万年筆; 商標》.
+shear /ʃíə | ʃíə/ 動 (shears; 過去 sheared; 過分 sheared, shorn /ʃɔːn | ʃɔːn/; shear・ing /ʃí(ə)rɪŋ/) 他 1 《大ばさみ (shears) で》〈…〉を刈る, 刈り取る, 摘む; 〈羊など〉の毛を刈る (⇨ share[1] 語源); [普通は受身で] 〈毛髪〉を切り取る (off): ~ sheep in spring 春に羊の毛を刈る. 2 《軸・ボルトなど》を切断する, 引きちぎる: One side of the car was ~ed off [away] in the accident. 事故で車の片側はもぎ取られた. 3 [普通は受身で] 《文》〈…〉から奪う, はぎ取る: The king has been shorn of his authority. その王は権威を奪われてしまった (⇨ of 15). — 自 《軸・ボルトなどが》切断される, 引きちぎれる (off).
shear・er /ʃí(ə)rə | -rə/ 名 C 羊の毛を刈る人.
shear・ing /ʃí(ə)rɪŋ/ 名 U,C 《羊の毛の》刈り込み, 剪毛(せんもう).
shears /ʃíəz | ʃíəz/ 名 《複》 大ばさみ《植木を切ったり, 羊の毛を刈り取ったりするもの; ⇨ clipper, scissors》: a pair of ~ 大ばさみ1丁.

+sheath /ʃíːθ/ 名 (sheaths /ʃíːðz, ʃíːθs/) C 1 《刃物の》さや, さや状の物; 《道具の》覆(おお)い: put a knife back in its ~ ナイフをケースにおさめる. 2 シース《体にぴったりのスカート・ワンピースなど》. 3 《古風, 英》コンドーム. 4 《植物の》葉鞘(ようしょう); 《昆虫の》翅鞘(ししょう).
sheathe /ʃíːð/ 動 他 1 《文》〈…〉をさやに納める. 2 [普通は受身で] 〈…〉をおおう, 被覆する (in, with).

tailor's shears
仕立ばさみ

pruning shears
刈り込みばさみ

sheep shears
羊毛用ばさみ

shears

sheath・ing /ʃíːðɪŋ/ 名 C [普通は単数形で] (保護用の)覆い、被覆材料；家屋の外壁．

shéath knife 名 C ケース[さや]入りナイフ．

sheaves /ʃíːvz/ 名 sheaf の複数形．

She・ba /ʃíːbə/ 名 [聖] the Queen of ~ シバの女王 (Solomon 王を訪ねた；金持ちの代名詞)．

she・bang /ʃɪbǽŋ/ 名 (次の成句で) **the whóle shebáng** [名] (略式) 何もかも，一切 (合財)．

she・been /ʃɪbíːn/ 名 (格式，主にアイル・スコ・南ア) (酒類販売許可をもたない)もぐりの酒場．

***shed**[1] /ʃéd/ 名 (**sheds** /ʃédz/) C [しばしば合成語で] **1** (木造の)小屋；物置 [家畜]小屋 (⇒ **cabin** 類義語): a cattle ~ 牛小屋 / a tool ~ 道具小屋． **2** 仕事場，倉庫，車庫，格納庫: disused railway ~s 使われていない鉄道車庫．

***shed**[2] /ʃéd/ 動 (**sheds** /ʃédz/；過去・過分 **shed**；**shed・ding** /ʃédɪŋ/) 他 **1** 〈不要なものを〉取り除く；〈体重・人員などを〉減らす；〈友人・考え・抑制などを〉捨てる：The company ~ 1,000 workers last year. その会社は昨年は 1,000 人の従業員を削減した / You should ~ a few kilos. 数キロやせたほうがいいよ / ~ one's image イメージを払拭(ﾏﾄﾞ)する．
2 〈動植物が自然に〉葉・毛・角・皮などを落とす；〈衣服などを〉脱ぐ；(英) 〈トラックなどが〉積荷を落とす: Many trees ~ their leaves in the fall. 多くの木々は秋に葉を落とす / Snakes ~ their skin. へびは脱皮する．
3 (格式) 〈涙を〉流す，こぼす；(格式) 〈血を〉流す: ~ bitter tears 悲痛の涙を流す / Too much blood has been *shed* already. すでに多数の人の血が流された． **4** 〈光・熱・香りなどを〉発する，注ぐ: The street lamp ~ a dim light *on* the ground. 街灯が地面をぼんやりと照らしていた． **5** 〈水などを〉はじく，ねね返す: This cloth ~s water. この布は防水だ． — 自 **1** 〈動物が〉毛を落とす，脱皮する． **2** 〈しずく・葉などが〉落ちる．

shéd blóod [動] 自 (格式) (1) 血を流す (⇒ 他 3)．(2) 流血の惨事を起こす (⇒ 他 3)．

***she'd**[1] /ʃíːd; 弱 ʃɪd/ (略式) **she¹ would** の短縮形: She said that ~ be there by five. 彼女はそこに 5 時までには行くと言った / S~ be punished if she did it. もしそんなことをしたら彼女は罰せられるだろう．

***she'd**[2] /ʃíːd; 弱 ʃɪd/ (略式) **she¹ had²** の短縮形: S~ been waiting there for three hours before we arrived. 我々が着くまで彼女はそこで 3 時間も待っていた / John said ~ already left. ジョンは彼女はすでに出発したと言った．

shé-dévil 名 C (滑稽) 悪魔のような女，悪女．

***sheen** /ʃíːn/ 名 U [時に a ~] 輝き；光沢．

sheen・y /ʃíːni/ 形 (ピカピカ光る，つやのある．

***sheep** /ʃíːp/ 名 (複 ~) C **1** 羊，綿羊: two ~ 2 頭の羊 / S~ were grazing in the meadow. 牧草地で羊が草を食べていた / They keep a number of ~. 彼らは羊をかなり飼っている / (One may [might]) as well be hanged [hung] for a ~ as (for) a lamb. (ことわざ) 子羊のために[を盗んで]しぼり首になるくらいなら親羊でしぼり首になるほうがまし (毒をくらわば皿まで)． ~は無邪気で純真というイメージがある． ★ 鳴き声については ⇒ **cry** 表． 関連 **lamb** 子羊 / **ram** 去勢しない雄羊 / **ewe** 雌羊 / **mutton** 羊肉 (⇒ **meat** 表)． **2** [しばしば複数扱いで] 気の弱い人，人の言いなりになる人; follow like ~ 羊のように従順についていく，付和雷同する．

cóunt shéep [動] 自 羊(の数)を数える (眠れない時に)．

màke shéep's éyes at ... [動] (古風，略式) 〈異性に〉色目を使う，流し目を送る． **séparate the shéep from the góats** [動] 自 (1) 羊と山羊を区別する． (2) 善人と悪人[有能な人と無能な人]の区別をする; よしあしを見分ける． 由来 新約聖書「マタイ伝」25 章 32 節より；羊の群れに迷いこんだ野性の山羊は羊からよりわけねばならないことから．

shéep-dìp 名 U.C 洗羊液 (毛を刈る前に羊を洗う消毒液)；U 洗羊槽．

shéep-dòg 名 C 牧羊犬 (**collie** など)．

shéep-fòld 名 C 羊の囲い．

shéep-hèrd・er /-hɚ̀·dɚ | -hɜ̀·də/ 名 C (米) 羊飼い (**shepherd**)．

***sheep・ish** /ʃíːpɪʃ/ 形 きまり悪げな；おどおどした． **~・ly** 副 きまり悪そうに． **~・ness** 名 U きまり悪さ．

shéep pèn 名 C (一時的な)羊の囲い場所．

shéep・skin 名 **1** U.C (毛がついたままの)羊皮；羊のなめし皮． **2** C 羊の毛皮のオーバー；羊皮製の帽子[敷物，口かけ，手袋]；上着． **3** U 羊皮紙；(米略式) (滑稽) (大学などの)卒業証書．

***sheer**[1] /ʃíə | ʃíə/ (同音 **shear**；類音 **share**) 形 (**sheer・er** /ʃíərɚ | -rə/；**sheer・est** /ʃíərɪst/) **1** A 全くの (**complete**)，驚くほど大きい[多い]: a ~ waste of money 全くの金の浪費 / survive by ~ luck 全くの幸運で生き残る / the ~ size of the waterfall その滝の驚くべき大きさ． **2** 切り立った，険しい: a ~ cliff 断崖(ﾀﾞﾝｶﾞｲ)，絶壁． **3** [普通は A] 〈織物・靴下などが〉透き通る，ごく薄い． — 副 (ほとんど)垂直に，真っすぐに；完全に，まともに，全くに: The cliff rises ~ from the water. その岩壁は水面から垂直にそそり立っている．

sheer[2] /ʃíə | ʃíə/ 動 (**sheer・ing** /ʃíərɪŋ/) 自 [副詞(句)を伴って] **1** 針路からそれる，急に進路[向き]を変える (*away, off; from*)． **2** 〈嫌いな人[話題]などを〉避ける (*off*)． — 他 〈船・車などの〉進路を変える．

***sheet**[1] /ʃíːt/ (類音 **seat**) 13 名 (**sheets** /ʃíːts/) **1** シーツ，敷布 (ベッドには上下 2 枚用いる；⇒ **bedroom** 挿絵): change the ~s シーツを(清潔なものに)かえる / She put clean ~s on the bed. 彼女はベッドにきれいなシーツを敷いた．
2 (紙のように薄い物の)1 枚；1 枚の紙；薄板 (⇒ **paper** 語法): a ~ *of* paper 紙 1 枚 / two ~s of glass 板ガラス 2 枚 / a blank ~ 白紙 / 「a question [an answer] ~ 問題[解答]用紙．
3 (水・雪・氷・火・色などの)広がり (**expanse**)，一面の…: a ~ *of* flame 一面の火の海 / a ~ *of* ice 一面の氷 / ~s of rain どしゃ降りの雨． **4** 印刷物，パンフレット；新聞紙；(切手の)シート: a fly ~：ちらし．

a cléan shéet [名] (1) =a clean slate (⇒ **slate** 成句)． (2) (英) 《サッカー》 [主に新聞で] 完封 (相手を無得点に抑えること)． **(as) whíte as a shéet** [形] (顔が)真っ青な，血の気のない． **betwèen the shéets** [副] (略式) (滑稽) (性行為で)ベッドに入って． **in shéets** [副] 〈雨・霧などが〉激しく，濃く: The rain came down *in* ~s. 雨はどしゃ降りだった．
— 動 他 〈寝床等に〉シーツを敷く；一面に覆(ｵｵ)う．
— 自 〈雨が〉激しく降る (*down*)．

sheet[2] /ʃíːt/ 名 (海) シート，帆脚綱(ﾎﾊﾞｼﾗﾂﾅ)． **thrée shéets to the wínd** [形] (略式) (酒に)酔った．

shéet ànchor 名 C **1** 非常用大いかり． **2** 最後の頼りとなるもの，頼りの綱．

shéet bènd 名 C (海) (2本のロープを結ぶ)はた結び，シートベンド．

shéet fèeder 名 C 《電算》シートフィーダー (プリンターにカット紙を自動的に供給する装置)．

shéet glàss 名 U 板ガラス．

sheet・ing /ʃíːtɪŋ/ 名 U **1** 被覆用材 (金属・プラスチックなど)． **2** 敷布地，敷き布．

shéet líghtning 名 U 幕電 (雷鳴は聞こえず，空や雲が光る遠方の稲光)．

shéet mètal 名 U 金属の薄板．

shéet mùsic 名 U 1 枚刷りの楽譜．

Sheet・rock /ʃíːtrɑk | -rɔk/ 名 U シートロック (石こう(ｾｯｺｳ)ボード建材；商標)．

Shef・field /ʃéfiːld/ 名 シェフィールド (英国 En-

sheikh, sheik /ʃíːk/ 名 C (アラブ人の)首長; (イスラム教の)導師.

sheikh·dom, sheik·dom /ʃíːkdəm/ 名 C (アラブ人の)首長の支配地, 首長国.

shei·la /ʃíːlə/ 名 C (豪略式)[しばしば差別]少女; 若い女[娘].

Shei·la /ʃíːlə/ 名 固 シーラ(女性の名).

shek·el /ʃék(ə)l/ 名 1 C シェケル(イスラエルの通貨単位). 2 《複数形で》(略式)(滑稽)金, 富.

Shel·don /ʃéldən/ 名 固 Sidney ~ シェルダン (1917‒)(米国の作家).

shel·drake /ʃéldrèɪk/ 名 C つくしがもの雄鳥.

shel·duck /ʃéldʌk/ 名 C つくしがもの雌鳥.

*__shelf__ /ʃélf/ 名 12 [複 **shelves** /ʃélvz/; 動 shelve] C 1 棚, 棚の段; 棚の商品: fix a ~ 棚をつける / put up [build] a ~ 棚をつる / Put these books back on the *shelves*. これらの本を棚に戻しなさい. *bookshelf* 本棚 / *mantelshelf* 炉棚. 2 ひと棚ぶんのもの: two *shelves* of plates 棚 2 段ぶんの皿. 3 (がけの)岩棚(いわだな); 暗礁, 浅瀬; 砂州: a ~ of rock=a rock ~ 岩棚. **fly òff the shélves** (動) 飛ぶように売れる. **òff the shélf** (副・形)(特注でなく)在庫品で入手して[する]. **on the shélf** (副・形) 棚上げされて, 用がなくなって; 売れ残って; (略式)(古風)(さしあたり免役になって; (古風)(昔)[しばしば性差別](女性の)婚期を過ぎて. **tàke ... óff the shélves** (動) (安全性に問題があるなどと)(製品)の販売を中止する.

shélf lìfe 名 C [普通は単数形で] 有効保存期間(包装食品・薬などの品質の変わらない期間).

shélf màrk 名 C (図書館の本の)書架記号.

*__shell__ /ʃél/ 名 [願音 shall] 動 (~s /~z/) 1 C [しばしば合成語で] 貝殻, 貝; (虫・卵などの)固い殻; (かめなどの)甲羅: gather ~s along the shore 海辺で貝殻を集める / crack the ~ of an egg 卵の殻を割る.

─── shell 1 のいろいろ ───
éggshèll 卵の殻 / **scállop shèll** ほたて貝の貝殻 / **séashèll** (海水産の)貝 / **tórtoiseshèll** べっこう

2 C|U (木の実などの)固い殻; (豆の)さや (pod); パイ(タルト)の固い皮: peanut ~s ピーナツの殻 / crack a ~ 殻を割る. 関連 nutshell 木の実の殻. 3 C 砲弾; (主に米) 薬莢(やっきょう) (cartridge): a gas ~ 毒ガス弾. 関連 bullet 小銃弾. 4 C 骨組み, 骨枠, 外郭; [単数形で] (人間の)外観, うわべ; (電算)シェル(プログラムのユーザーインターフェースを決定する最外殻): the ~ of the fortress その要塞(ようさい)の外郭 / put on a ~ of indifference 無関心をよそう.

bríng ... óut of ...'s shéll (動)(自)(人)を打ち解けさせる. **còme [cráwl] óut of one's shéll** (動)(自) 打ち解ける. **gó [retíre, cráwl, withdráw, retréat] ìnto one's shéll** (動)(自) 自分の殻に閉じこもる, 無口になる. **stáy in one's shéll** (動)(自) 自分の殻に閉じこもっている, 引っ込み思案である.

── 動 (他) 1 〈...〉を砲撃[爆撃]する. 2 〈...〉を殻から取り出す; 〈...〉のさやをむく[はぐ]; (米)〈とうもろこし〉から粒を取る: It's as easy as ~ing peas. (S) (英)(えんどうのさやをむくような)ごく容易なことだ. (自) 砲撃[爆撃]する.
shéll óut (動)(略式) (他) 〈...に〉〈金〉を(しぶしぶ)支払う (for, on). ── (自) 金を支払う. 由来 玉をさやから出すという意味から.

Shell /ʃél/ 名 固 シェル(国際的な石油グループの通称, 商標).

she'll /ʃíːl/ (願音 seal) (略式) **she' will'の短縮形**: S~ try it once more. 彼女はもう一度それをやってみるだろう / S~ be glad, won't she? 彼女は喜ぶでしょうね.

shel·lac /ʃəlǽk/ 名 U シェラック(塗料)(ワニスなどの原料). ── 動 (**shel·lacs, -lacks**; **shel·lacked**)

shel·lack·ing (他) 1 〈...〉にシェラックを塗る. 2 《米略式》〈...〉をこてんぱんにやっつける.

shel·lack·ing /ʃəlǽkɪŋ/ 名 C [普通は単数形で](米略式)ボロ負け; (こてんぱんに)やっつけること.

shéll còmpany 名 C ペーパーカンパニー, ダミー会社, 幽霊会社.

shelled /ʃéld/ 形 殻[甲, うろこ]でおおわれた; 殻を取り除いた.

Shel·ley /ʃéli/ 名 固 1 Mary Woll·stone·craft /wúlstənkræft | -kràːft/ ~ シェリー (1797‒1851)(英国の小説家; Percy Bysshe Shelley の 2 度目の妻, *Frankenstein* の作者). 2 **Per·cy** /páːsi | -/ **Bysshe** /bíʃ/ ~ シェリー (1792‒1822)(英国の詩人).

shéll·fìre 名 U 砲火: come under ~ 砲火にさらされる.

*__shéll·fìsh__ (複 ~) 1 C 貝(かきなど); 甲殻類(かに・えびなど). 2 U 食べ物としての貝[甲殻類](の身).

shéll gàme 名 C (米) 1 いんちき(勝負事), 詐欺. 2 豆隠し手品 (3 個のくるみの殻(状の杯)の中に豆や小球を隠し, どれに入っているかを観客に当てさせるいんちき賭博の一種).

shell·ing /ʃélɪŋ/ 名 U =shellfire.

shéll shòck 名 U (古風) =combat fatigue.

shéll-shòcked 形 1 (略式)ショックをうけた, ぼうっとなった. 2 (古風)戦争神経症になった.

shéll sùit 名 C (英)シェルスーツ(そで口と足首をしぼった上下のカジュアルウェア).

shéll·wòrk 名 U 貝細工 (集合的).

*__shel·ter__ /ʃéltə | -tə/ 名 12 (~s /~z/) 1 C [しばしば合成語で](風雨・危険などの)避難所, 隠れ場; 保護する[かばう]もの; 雨宿りの場所; (浮浪者などの)保護家[建物], 収容所; (原爆避難用の)シェルター (fallout shelter): a ~ *for* the homeless 家のない人々の保護所 / an animal ~ (主に米)ペット保護施設(捨てられたペットを保護し新しい飼い主を見つける) / The hut provided [gave] a ~ *from* the storm. その小屋はあらしのときの避難場所となった // bus shelter.

2 U 避難; 保護, 庇護(ひご), かくまうこと: run for ~ 避難所[逃げ場]を求めて走る / take [find, seek] ~ *from* the rain under a big tree 大きな木の下で雨宿りする / He gave ~ to the boy. 彼は少年を保護してやった. 関連 tax shelter 税金逃れの手段. 3 U (雨露をしのぐ)住まい, 住居: food, clothing and ~ 衣食住 (☞ food 1 日英比較). 語源 古(期)英語で 「盾 (shield) で武装した軍隊」の意.
gèt ùnder shélter (動) 退避する. **ùnder [in] the shélter of ...** =**ùnder [in] ...'s shélter** (副) ...に保護されて, ...に守られて.

── 動 (**shel·ters** /~z/; **shel·tered** /~d/; **-ter·ing** /-tərɪŋ, -trɪŋ/) (他) 1 〈人・物〉を(...から)保護する (protect): The trees in the backyard ~ the house *from* snowstorms. <V+O+*from*+名・代> 裏庭の木がその家を吹雪から守っている. 2 〈...〉を隠す, かくまう; 宿泊させる: ~ a criminal 犯罪者をかくまう / ~ the homeless 家のない人たちを泊める (☞ the 3). (自) [副詞(句)を伴って] 避難する, 隠れる; (風・雨などを)避ける: ~ *from* the rain 雨宿りをする.

shélter·bèlt 名 C (米)(環境)防風林.

*__shel·tered__ /ʃéltəd | -təd/ 形 1 (場所が)雨風から守られた. 2 [時に軽蔑](特に過度に)保護された, かくまわれた: lead a ~ life 過保護[静か]な生活を送る. 3 A (英)(施設・仕事などが)(老人・障害者の)自立のための保護をなえる: live in ~ housing 養護ホームで暮らす.

shel·ty, shel·tie /ʃélti/ 名 C =Shetland pony [sheepdog].

*__shelve__ /ʃélv/ (動 shelf) (他) 1 〈計画・課題など〉を棚上げする, 握りつぶす, 無期延期にする; 〈人〉を解雇する

る. 2 《本などを》棚にのせる[置く]. ── 自 《土地が》ゆるい勾配(設)になる (*down, away, off, toward*).
*shelves /ʃélvz/ 名 **shelf** の複数形.
shelv·ing /ʃélvɪŋ/ 名 U 棚 (全体); 棚の材料.
shemozzle ☞ schemozzle.
Shen·an·do·ah /ʃènəndóʊə/ 名 固 シェナンドア 《米国 Virginia 州の川; Potomac 川に注ぐ》.
Shénandoah Nátional Párk 名 固 シェナンドア国立公園 《Virginia 州北部にある自然公園》.
Shénandoah Válley 名 [the ~] シェナンドア流域 《Shenandoah 川の両側流域で,西部の辺境 (frontier) への入り口となった》.
she·nan·i·gans /ʃənǽnɪɡənz/ 名 複 《略式》いたずら, ふざけ; いかさま, ごまかし.
*shep·herd /ʃépəd | -pəd/ 名 (**shep·herds** /-pədz | -pədz/) C 1 《特に男性の》羊飼い, 牧羊者 (⇔ **shepherdess**): Red sky at night, S~'s delight; Red sky in the morning, S~'s warning. 《ことわざ》夕焼けは羊飼いの喜び, 朝焼けは羊飼いへの警告 《英国の童謡集 *Mother Goose's Melodies* の中のことばから》. 2 牧師; 指導者 (leader): ☞ **Good Shepherd**. 語源 古(期)英語で sheep+herd (番人) が短縮したもの. ── 動 他 1 〈人の集団〉を導く, 案内する (*into, out, toward*). 2 〈羊〉の世話をする.
shépherd dòg 名 C 牧羊犬 (sheepdog). 参考 日本でいう「シェパード」は German shepherd のこと.
shep·herd·ess /ʃépədəs | ʃèpədés, ʃépədès/ 名 C 《古風》羊飼い 《女性》; ☞ **shepherd**).
shépherd's píe 名 U.C シェパードパイ 《ひき肉の上にマッシュポテトをのせて焼いた料理》.
Sher·a·ton /ʃérətn/ 形 [普通は A] 《家具が》シェラトン式の 《18 世紀後半の英国の優美な様式についていう》.
sher·bert /ʃə́:bət | ʃə́:bət/ 名 U.C 《米非標準》= **sherbet 1**.
sher·bet /ʃə́:bət | ʃə́:bət/ 名 1 U.C 《米》シャーベット 《果汁に牛乳・卵白・ゼラチンを加えて凍らせた》《英》sorbet). 2 U.C 《英》ソーダ水 《果汁を加えて薄めた砂糖・酒石酸を加えた清涼飲料》; U 粉末ソーダ.
sherd /ʃə́:d | ʃə́:d/ 名 C =**shard**.
Sher·i·dan /ʃérɪdn/ 名 固 **Richard Brins·ley** /brínzli/ ~ シェリダン (1751-1816) 《アイルランド出身の英国の劇作家》.
*sher·iff /ʃérɪf/ 名 (~s /~s/) C 1 《米》郡警察局長, (郡の) 保安官, シェリフ 《郡 (county) の最高職で, 司法権と警察権を持つ》. 2 《英・北アイル》州長官 《しばしば High Sheriff と呼ばれる》. 3 《スコ》州裁判所の主任判事. 語源 古(期)英語で「州 (shire) の長官」の意.
shériff's còurt 名 C 《スコ》簡易裁判所.
Sher·lock Holmes /ʃə́:lɑkhóʊmz | ʃə́:lɔk-/ 名 固 シャーロック ホームズ 《英国の作家ドイル (Doyle) の推理小説に登場する名探偵》.
Sher·pa /ʃéəpə | ʃə́:-/ 名 (複 **~s, ~**) C シェルパ 《Himalaya 山脈に住むチベット人; 登山者のガイド・人夫となる》.
+sher·ry /ʃéri/ 名 (**sher·ries**) U シェリー酒 《スペイン南部原産のぶどう酒; 英国では主に食前酒として飲む》; C シェリー酒 1 杯.
Sher·wood /ʃə́:-

Holmes (左) と Watson (右)

wud | ʃə́:-/ 名 固 **Robert** ~ シャーウッド (1896-1955) 《米国の劇作家》.
Shérwood Fórest /ʃə́:wud-| ʃə́:-/ 名 固 シャーウッドの森 《英国 England 中部にあった王室林; Robin Hood が活躍したといわれる森》.
*she's¹ /ʃiːz/ 《原音 seize》 《略式》 1 **she¹ is¹** の短縮形 (☞ **be** 表): S~ our teacher. あの方は私たちの先生です / S~ not sick, is she? 彼女は病気じゃないね (☞ **tag question** 文法 (1)).
2 **she¹ is¹** の短縮形: S~ working now. 彼女はいま仕事中だ / S~ trusted by everyone. 彼女はだれからも信用されている.
*she's² /ʃiːz/ 《原音 seize》 《略式》 **she¹ has²** の短縮形: S~ already finished it. 彼女はもうそれを終えてしまった / S~ been waiting for him for half an hour. 彼女は 30 分も彼を待っている.
Shet·land /ʃétlənd/ 名 1 固 =**Shetland Islands**. 2 U =**Shetland wool**.
Shétland Íslands 名 複 [the ~] シェトランド諸島 《Scotland 北東にある諸島; ☞ 裏地図 F1》.
Shétland póny 名 C シェトランド種の小馬.
Shétland shéepdog 名 C シェトランドシープドッグ 《コリーに似た小型犬》.
Shétland wóol 名 U シェトランドウール 《シェトランド諸島産の極上のウール》.
shew /ʃóʊ/ 動 (**shews**; 過去 **shewed**; 過分 **shewn** /ʃóʊn/; **shew·ing**) 他 《古語》=**show**.
shf, SHF /éset∫éf/ 略 =superhigh frequency 《無線》極超短波.
shh /ʃ/ 略 =sh.
Shi·a, Shi·ah /ʃíːɑ, ʃíːə | ʃíːə/ 名 1 [the ~ として複数扱い] シーア派 《イランを中心とするイスラム教の一派》. 2 C =**Shiite**.
shi·at·su /ʃiɑ́tsuː/ 名 《日本語から》 U 指圧.
shib·bo·leth /ʃɪbələθ, -ɪθ/ 名 1 (聖) 《旧約》シボレテ 《"sh" を発音できないエフライム人をギレアデ人と区別するために用いた》. 2 《格式》 (もはや重視されない) 旧式な考え [スローガン, 慣習], 時代遅れのもの.
shied /ʃáɪd/ 動 **shy¹,²** の過去形および過去分詞.
*shield /ʃíːld/ 13 C 1 盾 (☞ **shelter** 語源); =riot shield. 2 守る物[人], 保護物[者] (*against*); 《機械などの》カバー, 覆い: a gum ~ 《ボク》マウスピース / The ozone layers serve as a ~ that protects the earth from the harmful rays of the sun. オゾン層は有害な太陽光線から地球を保護する役割を果たす. 関連 **windshield** 《車の》フロントガラス. 3 盾形の物 《記章・トロフィーなど》; 《米》 《盾形の》警官のバッジ. ── 動 他 〈...〉を保護する (*protect*); かくまう, 覆う; 遮断する: ~ one's eyes *from* the sun (手で) 目に入る太陽光をさえぎる / He ~ed his friend *from* [*against*] the unfair criticism. 彼は友達が不当に非難されるのをかばった.

shield 1

*shi·er /ʃáɪə | ʃáɪə/ 形 **shy¹** の比較級.
shies /ʃáɪz/ 動 **shy¹,²** の三人称単数現在形.
── 名 **shy²** の複数形.
*shi·est /ʃáɪɪst/ 形 **shy¹** の最上級.
*shift /ʃɪ́ft/ 《原音 sift》 13 動 (**shifts** /ʃɪ́fts/; **shift·ed** /~ɪd/; **shift·ing**) 他 1 〈位置などを変える (change), 〈...〉の〈向き[方向]を変える, 〈経費・資金など〉を移す; 〈注意・重点・焦点など〉を転じる, 〈責任など〉を転嫁する: The center fielder ~ed his position for the slugger. 強打者に備えてセンターは守備位置を変えた / He ~ed the suitcase (*from* his right) *to* his left hand. <V+O +(*from*+名・代+)*to*+名・代> 彼はスーツケースを右手から左手に持ち替えた / He ~ed the focus of the debate *to* the environmental problems. 彼は論点を

環境問題に転じた / He tried to ~ the blame [responsibility] *onto* [*to*] me. <V+O+*onto* [*to*]+名・代> 彼は罪[責任]を私にかぶせようとした.
2 《…を》取り替える, 置き換える; (少し)変える: They have ~*ed* their position. 彼らは立場を変えた. **3** 《主に米》〈自動車のギアを〉入れ替える. **4** 《英略式》〈ごまかしなどを〉取り除く;〈…を〉売りさばく.
— 自 **1** 移る, 位置を変える, (舞台などの)位置が変わる,(風向)が変わる,(新方式などに)転じる,(注意・重点・焦点などが)移る,(考えなどが)変わる 《*from*》: She kept ~*ing* nervously *in* her seat [chair]. <V+前+名・代> 彼女は椅子にすわってそわそわと(体を動かして)いた / The wind ~*ed to* the east. <V+*to*+名・代> 風向きが東に変わった / The scene ~*ed to* Chicago. 舞台はシカゴに変わった. **2** 《主に米》車のギヤを入れ替える 《*up*, *down*》《英》change》: ~ *out of* second *into* third セカンドからサードに入れる. **3** 《キーボードの》シフトキーを押す. **4** 《英略式》速く動く,急ぐ;(場所がら)立ち去る, 立ち去る.
shíft onesélf [動] (自) 動く, どく, 立ち去る.
shíft for onesélf [動] 何とか自活する.
— 名 **(shifts** /ʃífts/) **1** C (勤務の)**交替;(交替制の)勤務時間, 出番; [(英) 単数形でも時に複数扱い] (交替の)組: a work ~ (仕事の)出番 / I work [do] the morning ~ tomorrow. 明日は早番だ / They work (*in*) eight-hour ~s. 彼らは 8 時間交替で働く / The doctor is *on* the night ~ at the hospital. その医者は病院で夜勤をしている.
2 C (位置・方向・状態などの)**変化, 移行; 取り替え, 入れかえ 《*from*, *to*, *toward*》: There was a ~ *in* the wind. 風向きが変わった / The election won't bring about any marked ~ *in* foreign policy. 選挙で外交政策がはっきりと変わることはないだろう. **3** C [形容詞的に]交替でする, 交替制[勤務]の: a ~ worker 交替で働く人 / do ~ work 交替制で働く. **4** C 《米》=gearshift. **5** C シフトドレス《ゆったりしたワンピース》《古語》シュミーズ. **6** C =shift key.
màke shift [動] (自)《古風》やりくりする 《*with*》.
shift·i·ly /ʃíftəli/ 副 《軽蔑》ずるく.
shift·i·ness /ʃíftinəs/ 名 U 《軽蔑》ずるさ.
*shift·ing /ʃíftɪŋ/ 形 A 絶えず動いて[変化して]いる: the ~ desert 絶えず形状の変わる砂漠.
shíft kèy 名 C (コンピューターなどの)シフトキー《大文字などを打とうときに押すキー》.
shift·less 形 《軽蔑》無策の, 働きのない; ふがいない. — **·ly** 副 無策に. — **·ness** 名 U 無策.
shift-on-the-fly 名 《米》(4 輪駆動車が)運転しながら 2 輪駆動と 4 輪駆動を交互にかえられる.
shíft stìck 名 C 《米》シフトレバー.
shíft wòrk 名 U 交替勤務.
shift·y /ʃífti/ 形 (shift·i·er, -i·est) 《略式》ずるい, ずるそうな; 当てにならない: ~ eyes ずるそうな目つき.
Shih Tzu /ʃíː dzúː, síː tsúː/ 名 C (複 ~s /-z/, ~) シーズー《中国原産の長毛の愛玩犬》.
shi·i·ta·ke /ʃiːtáːki/ 名 (~) しいたけ.
Shi·ite, Shi'·ite /ʃíːaɪt/ 名 C シーア派 (Shia(h)) 教徒. — 形 シーア派の.
shik·sa /ʃíksə/ 名 C (ユダヤ人から見て)ユダヤ人でない女性.
shill /ʃíl/ 《米略式》名 C (いかさま師などと組む)さくら. — 動 (自) さくらになる 《*for*》.
shil·ling /ʃílɪŋ/ 名 C **1** シリング《英国の旧通貨単位; 1 ポンド (pound) の 20 分の 1, 12 ペンス (pence); 1971 年に廃止》. **2** シリング《ケニア・ウガンダ・タンザニア・ソマリアの通貨単位; 100 セント (cents)》.
shil·ly-shal·ly /ʃílɪʃæli/ 動 (-shal·lies; -shal·lied; -ly·ing) (自) 《略式》ためらう, ぐずぐずする.
shim /ʃím/ 名 C (すき間に入れる)詰め木[金].
+**shim·mer** /ʃímə | -mə/ 動 (-mer·ing /-m(ə)rɪŋ/)

shinny 1619

(自) ちらちら光る, かすかに光る. — 名 U 時に a ~ ゆらめく光, かすかな光.
shim·mer·ing /ʃím(ə)rɪŋ/ 形 ちらちらする[光る].
shim·my /ʃími/ 動 (shim·mies; shim·mied; -my·ing) (自) **1** 腰や肩を揺さぶって踊る[歩く]. **2** 《米》シミー《体を震わせて踊るジャズダンス; 1920 年代に流行》. **2** 《米》(車の前輪の)異常振動.
*shin /ʃín/ 名 C **1** 向こうずね《ひざ (knee) から足首 (ankle) までの脚(┊)(leg) の前面》☞ leg 挿絵): I got kicked on the ~. すねを蹴られた. **2** C,U [普通は (a) ~ of beef として]〈牛の〉すね肉. — 動 **(shins; shinned; shin·ning)** (自) 《英》=shinny.
shín·bòne 名 C すねの骨.
shin·dig /ʃíndɪɡ/ 名 C 《略式》**1** 陽気なパーティー. **2** 《主に英》騒動.
*shine /ʃáɪn/ 動 (shines /~z/; 過去・過分 shone /ʃóʊn | ʃɒn/; shin·ing) (自) 2 では shined /~d/; shin·ing) (自) **1** 輝く, 光る, 照る.(太陽・月が)雲に隠れずに出ている: The moon is *shining* brightly. <V+副> 月が明るく輝いている / The sun is *shining* (*down*) *on* the water. <V+(*down*)+前+名・代> 日光が水面を照らしている / The morning sun *shone* directly *in* my eyes. 朝日が私の目にまともに差し込んだ.
2 (表情などが)明るくなる, さえる: Her face [eyes] *shone with* delight. <V+*with*+名・代> 彼女の顔[目]は喜びで輝いた.
3 [進行形なし] (優れているので)**目立つ, 異彩を放つ[目]**: She ~*s in* [*at*] chemistry. <V+*in* [*at*]+名・代> 彼女は化学が得意だ / Jim used to ~ *as* a pitcher. <V+C(*as*+名)> ジムは以前はピッチャーとして鳴らしたものだ. **4** (性質などが)〈…に〉明らかである, はっきり見てとれる 《*through*, *out*》.
— 動 **1** 〈光・灯火などを〉照らす, 〈光線などを〉向ける: The night watchman *shone* a flashlight *on* the window. <V+O+前+名・代> 夜警は懐中電灯でその窓を照らした.
2 (過去・過分 shined) /~d/) 〈靴・金具などを〉磨く (polish); 光らせる. **shíne úp to …** 動 《米俗》〈人〉に取り入る. — 名 (shíny) U **1** (日・月などの)光, 輝き; 晴天, 晴れ. 関連 sunshine 日光 / moonshine 月光. **2** [しばしば a ~] 光沢, つや, (靴の)磨き; (衣服のけばの落ちたような)てかり: He gave [me] my shoes [me] *a* good ~. = He gave *a* good ~ to my shoes. 彼は私の靴をきれいに磨いてくれた. **tàke a shíne to …** 動 他 S 《略式》〈…が(すぐに)好きになる. **tàke the shíne òff …** 動 他 S 《略式》〈…の精彩を失わせる, …を見劣りさせる.
shin·er /ʃáɪnə | -nə/ 名 C 《略式》(打たれてできた)目の周りのあざ (black eye).
+**shin·gle¹** /ʃíŋɡl/ 名 C [しばしば複数形で] 屋根板, こけら板. **háng óut one's shíngle** [動] 《米》看板を出す, (医師・弁護士などが)開業する. — 動 (他) 〈…を〉屋根板でふく.
shin·gle² /ʃíŋɡl/ 名 U (海岸の)小石, 砂利.
shín·gled 形 屋根[けら]板でおおわれた.
shin·gles /ʃíŋɡlz/ 名 U 帯状疱疹(たいじょうほうしん).
shín gùard 名 C [普通は複数形で] すね当て《野球・アイスホッケーなどの;☞ catcher 挿絵》.
shin·i·ness /ʃáɪninəs/ 名 U 光り[つや]のあること.
*shin·ing /ʃáɪnɪŋ/ 形 **1** 輝いている, 光っている, ぴかぴかする: ~ stars [eyes] 輝いている星[目]. **2** A 目立つ, 卓越した: a ~ example (of bravery) (勇敢さの)ばらしい手本.
shin·ny /ʃíni/ 動 (shin·nies; shin·nied; -ny·ing) (自) 《米》[副詞(句)を伴って]〈綱・柱などにするすると登る 《*up*》; 〈…から〉するすると降りる 《*down*》《英》shin).

shín pàd [名] [C] 《英》 =shin guard.

shin·splints /ʃínsplɪ̀nts/ [名] [U] 《主に米》(トラック競技選手などに多い)脛(すね)の筋肉痛.

Shin·to /ʃíntoʊ/, **Shin·to·is·m** /ʃíntoʊìzm/ 《日本語から》 [名] [U] (日本の)神道.

shin·ty /ʃínti/ [名] [U] シンティー《スコットランドのホッケーに似た球技》.

***shin·y** /ʃáɪni/ [形] (**shin·i·er**; **-i·est**; [名] shine) 光沢[つや]のある, ぴかぴかの; 磨いた: ～ shoes ぴかぴかの靴.

‡**ship** /ʃíp/ ([類音] sip) [T1] [名] (～s /～s/) [C] **1** [しばしば合成語で] (大型の)船: There were 500 passengers ｢on board [aboard] the ～. その船には 500 人が乗っていた.

コロケーション

abandon *ship* (沈没)船から脱出する (☞ 成句).
build a *ship* 船を建造する
｢**get on** [**board**] a *ship* (for ...) (...行きの)船に乗る (☞ get on (get 句動詞) 表).
get off a *ship*=**disembark from** a *ship* 船から降りる (☞ get off (get 句動詞) 表).
launch a *ship* 船を進水させる
load a *ship* 船に荷物を積み込む
unload a *ship* 船から荷物を降ろす

[語法] しばしば女性として扱われる (☞ she¹ 3, gender [文法] (3)). ただし関係代名詞は which を用いる: A large ～ is in port; *she* is an American ～, and I've never seen *her* before. 大きな船が入港している. アメリカの船で, 今までに見たことのないものだ.

ship (比較的大型の船)	船
boat (小さな舟・一般の船)	

ship 1 のいろいろ

báttleshìp 戦艦 / **contáinershìp** コンテナ船 / **mérchant shìp** 商船 / **pássenger shìp** 客船 / **sáiling shìp** (大型)帆船 / **stéamshìp** 汽船 / **wárshìp** 軍艦 / **wéather shìp** 気象観測船

2 飛行機; 飛行船 (airship), 宇宙船 (spaceship).

by shíp=on [in] a shíp [副] 船で, 海路で: They sent the goods *by* ～. 彼らはその貨物を船で送った (☞ by [前] 2 [語法]). **júmp [abándon] shíp** [動] [自] (1) (沈没)船から脱出する; (水夫が)船から逃亡する. (2) (組織などから)離脱する. (3) 仕事をやめる. **léave [abándon, desért] a sínking shíp** [動] [自] 見込みのない事から手を引く. [由来] 文字通りの「沈みかけている船を捨てる」から. **rún a tíght shíp** [動] [自] ☞ tight [形] 成句. **shíps (that páss) in the níght** [名] 行きずりの人々. **when one's shíp còmes hóme [ín]** [副] Ⓢ 金をもうけたら, 金が入ったら. [由来] 荷を積んだ船が入港したら, の意から.

— [動] (**ships** /～s/; **shipped** /～t/; **ship·ping**) [他] **1** (列車・トラックなどで)〈...〉を送る, 輸送する: ～ goods by rail 商品を鉄道便で送る.

2 〈貨物〉を船で運ぶ[送る], 船に積む: The products *were* ***shipped*** (*over* [*out*]) ***to*** Hong Kong. <V+O(+副)+*to*+名・代の受身> 製品は船で香港に運ばれた. **3** 〖電算〗〈ソフトウェアなど〉を発売する. **4** [普通は受身で] 《略式》〈人〉を追いやる, 追っ払う (*away, off, out*). **5** 〈波〉をかぶる: The boat *shipped* water. ボートは波をかぶった. — [自] **1** 送る, 輸送する. **2** 船員として乗り組む; 乗船する. **3** 〖電算〗(ソフトウェアなどが)発売される. **4** 立ち去る (*out*). **ship óars** [動] [自] 〖海〗こぐのをやめる; オールをボートに引き上げる.

-ship /ʃɪp/ [接尾] [名詞につく抽象名詞語尾] **1** 「性質・状態・精神」を示す: friend*ship* 友情. **2** 「職・身分・地位」を示す: author*ship* 著述業. **3** (...としての)「技量・手腕」を示す: musician*ship* 音楽家としての技量. **4** 「特定の集団全体」を示す: member*ship* 会員. **5** 「地位・資格の人」を示す: lady*ship* 奥様.

shíp·bòard [名] [U] [次の成句で] **on shípboard** [副・形] 船上で(の), 船(上)に. — [形] [A] 船上での, 船で用いる[起こる].

shíp·buìlder [名] [C] 造船業者[会社]; 造船技師.

+**shíp·buìlding** [名] [U] 造船(業); 造船術.

shíp canàl [名] [C] 大型船の通れる運河.

shíp chàndler [名] [C] =ship's chandler.

shíp·lòad [名] [C] 船 1 隻分(の積み荷・乗船人数) (*of*).

shíp·màster [名] [C] 船長.

shíp·màte [名] [C] 船員仲間.

ship·ment** /ʃípmənt/ [T1] [名] (**ship·ments** /-mənts/) **1** [C] 積荷; 船荷: a large ～ ***of wine 大量のワインの積荷.

2 [U,C] 発送, 出荷; 船積み (《略》 shpt.): The food is ready for ～. 食糧はすぐに発送できるようになっている.

shíp of státe [名] [the ～] 国家(という船): steer *the* ～ 国の舵取りをする.

shíp·òwner [名] [C] 船主, 船舶所有者.

ship·per /ʃípɚ | -pə/ [名] [C] 船の荷主; 運送業者.

***ship·ping** /ʃípɪŋ/ [名] **1** [U] 船舶《全体》: The port is open to all ～. その港はあらゆる船舶が入れる.

2 [U] 船舶輸送, 船積み; 船荷, 積み出し: the ～ of crude oil 原油の船舶輸送. **3** [U] 《米》輸送料. **4** [形容詞的に] 船舶の; 輸送の, 海運の: a ～ lane 海上交通路, 航路 / a ～ charge 輸送料.

shípping àgent [名] [C] 海運業者.

shípping and hándling [名] [U] 《米》(通信販売などで)荷造り料込みの郵送料 (《英》 postage and packing).

shípping clèrk [名] [C] 積荷[発送]事務員.

shípping fòrecast [名] [C] 《英》海上天気予報.

shípping nèws [名] [C] 《米》 =shipping forecast.

shíp's chándler [名] [C] 船具商.

shíp·shàpe [形] [普通は [P]] 整然として, きちんとした.

shíp's pá·pers /-péɪpɚz | -pəz/ [名] [複] 〖海〗船舶書類《船舶国籍証書・海員名簿・航海日誌・積荷目録・船荷証券などの必要書類》.

shíp-to-shóre [形] 船から陸への; 船と陸の間の.

shíp·wrèck [名] **1** [U,C] 難船, 難破, (海での)船の遭難: suffer ～ 難船する. **2** [C] 難破船, 遭難船. — [動] [他] [普通は受身で] 〈船の乗員・乗客〉を難船させる, 遭難させる: The sailors *were* ～*ed* off Cape Town. 船員たちはケープタウン沖で難船した.

shíp·wrìght [名] [C] 造船工; 船大工.

+**shíp·yàrd** [名] [C] **1** 造船所. **2** 造船業.

shire /ʃáɪɚ | ʃáɪə/ [名] **1** [C] 《英古語》州 (☞ sheriff [語源]). [語法] 現在では州の意味には county が用いられ, shire は Lanca*shire*のように州の名の語尾に用いて /-ʃɪɚ | -ʃə/ と発音される. **2** [the ～s または the ～ counties として] 《英》(-shire を語尾にもつ)イングランド中部諸州《キツネ狩りで知られる》.

shíre hòrse [名] [C] 《英》シャイア《英国産で力が強い荷車用の馬》.

shirk /ʃɚ́ːk | ʃə́ːk/ [動] [他] [軽蔑] **1** 〈責任など〉を回避する (avoid), 逃れる. **2** 〈仕事など〉を怠ける. — [自] [軽蔑] 責任逃れをする; 怠ける (*from*).

shírk·er [名] [C] [軽蔑] 回避者; 怠け者.

shírk·ing [名] [U] 責任逃れ.

Shir·ley /ʃɚ́ːli | ʃə́ː-/ [名] [固] シャーリー《女性の名》.

shirr /ʃɚ́ː | ʃə́ː/ [動] (**shir·ring** /ʃɚ́ːrɪŋ | ʃə́ːr-/) [他] 〖服〗〈...〉にひだをつける.

shirred /ʃɚ́ːd | ʃə́ːd/ [形] 〖服〗シャーリングのついた.

shir·ring /ʃə́ːrɪŋ/ [名] C [服] シャーリング《2段以上にギャザー (gather) をつけたもの》.

*shirt¹ /ʃə́ːt | ʃə́ːt/ [13] [名] (shirts /ʃə́ːts | ʃə́ːts/) C **1** ワイシャツ: put on a ~ / have a ~ on=wear a ~ ワイシャツを着ている / take off a ~ ワイシャツを脱ぐ / No ~, no shoes, no service. 正装のお客様以外の入店お断り《レストランや商店の掲示》. [日英比較] 日本語の「ワイシャツ」は white shirt に由来するが英語では単に shirt でよい. スポーツシャツや半そでシャツ (☞ -sleeved) と区別するときには dress shirt という. **2** シャツ, アンダーシャツ, 肌着 (undershirt).

――― shirt 1, 2 のいろいろ ―――
alóha shìrt アロハシャツ / dréss shírt ワイシャツ / pólo shìrt ポロシャツ / spórt(s) shìrt スポーツシャツ / swéatshirt トレーナー / T-shìrt T シャツ / úndershìrt アンダーシャツ, 肌着

[語源] 古期ゲルマン語で「短い衣服」の意; skirt, short と同語源.

gíve ... the shírt òff one's báck [動] 他 (略式)(援助するためなら)(...)に何もかも与える. **hàve the shírt òff ...'s báck** [動] (略式) ...から身ぐるみはぐ, 貸したものを全部取り立てる. **kèep one's shírt òn** [動] 自 [普通は命令文で] (略式) 冷静にしている: *Keep your ~ on!* かっかするな《失礼な言い方ととられることが多い》. **lóse one's shírt** [動] 自 (米略式) 無一物になる, (賭(ﾎﾞ)け事で)大損をする (*on*). **pút one's shírt on ...** [動] (英略式)(競馬など)にあり金全部を賭ける; ...を確信する.

shirt·dress [名] C =shirtwaist.
shirt-frònt [名] C ワイシャツの胸の部分.
shirt·lift·er [名] C (英略式)[差別] ホモ, ゲイ.
shirt·sleeve [名] C ワイシャツのそで. **in (one's) shírtsleeves** [副·形] 上着を脱いで, ワイシャツ姿で.
shirt-slèeved [形] ワイシャツだけの[で].
shirt·tàil [名] C ワイシャツのすそ.
shirt·wàist (drèss) [名] C (米)(女性用の)シャツブラウス.
shirt·wàister [名] C (英) =shirtwaist.
shirt·y /ʃə́ːti | ʃə́ː-/ [形] (shirt·i·er; -i·est) (英略式) 不機嫌な, いらいらしている (*with*).
shish kebab /ʃíʃkəbàːb | -bæ̀b/ [名] C =kebab.

*shit /ʃít/ [名] (shits /ʃíts/) (S) (卑) **1** U くそ, 大便; [a ~] 大便をすること《taboo word》: take [have] *a ~* うんこする. **2** [the ~s] 下痢: have [get] *the ~s* 下痢をする. **3** U [軽蔑] くだらない[つまらない]もの, グズ: a (total) piece of ~ (全く)ひどい代物. **4** U [軽蔑] くそったれ, いやなやつ. **5** U たわごと, ひどい仕打ち[ことば]: You're full of ~. ばかばっかり言って. **6** U (米) 物, (特に)持ちもの, 所持品 (stuff). **... and shít** (卑) ...など, ...その他. **béat [kíck] the shít òut of ...** [動] 他 (卑) ...をこっぴどく殴りつける[蹴りつける]. **féel like shít** [動] 自 (卑) ひどく気分が悪い. **gét [háve] one's shít togéther** [動] 自 (特に米) ちゃんとする. **gíve ... shít** [動] 他 (卑) ...をばかにする, けなす; (...)に口答えする. **in déep [the] shít** [形] (卑) ひどいことになって (in trouble). **lóok like shít** [動] 自 (卑) ひどく具合が悪そうだ; ひどいなりだ. **Nó shít.** (卑, 主に米) (1) まさか, 本当か《驚きを表わす》. (2) [滑稽] (そんなこと)わかってるよ. (3) (全く)わかった, 確かに(同意・確認を表わす). **Nó shít, Shèr·lock!** (米卑) (わかってたら)当たり前だ. **nót gìve [càre] a shít** [動] 自 (卑) 少しもかまわない, 知ったこっちゃない (*about*). **Shít háppens.** (卑) どうしようもないことが起こるものだ. **tàke [pùt úp with] shít** [動] 自 (卑) (...)にひどく扱われる(ままになる), ばかにされる, (...の)侮辱に耐える (*from*).

the shít hìts the fán (卑) どえらい騒ぎになる.
thínk one's shít dòn't [dòesn't] stínk [動] 自 (米卑) 自分は間違いはしないと思っている, うぬぼれている.
tréat ... like shít [動] 他 (卑) (...)にひどい扱いをする.
――― (shits, shit, [米] shít·ted /-tɪd/, shat /ʃǽt/; shít·ting /-tɪŋ/) (S) (卑) 自 **1** 大便[くそ]をする. **2** ひどい扱いをする (*on*). ――― 他 **1** (くそを)する. **2** (米)(...)をからかう, だます. **shít 'a brìck [brícks]** [動] 自 (卑) ひどくびくびくする. **shít (in) one's pánts** (米) =**shít onesèlf** [動] 自 (卑) (1) 粗相をする. (2) ひどくびくびくする. **Shít or gèt óff the pót!** [動] (しゃべってないで)さっさとやれ[決めろ]. ――― [形] (S) (卑, 主に英) ひどい, いやな; 下手な (*at*). ――― [感] (S) (卑) くそっ!, ちくしょう!《怒り・苛立ち・失望・不安などを表わす》 (damn).

shite /ʃáɪt/ [名] U, [形, 感] (S) (英卑) =shit.
shít-èating grín [名] [単数形で] (米卑) 満悦の表情, にたにた顔.
shít-fàced [形] P (S) (卑) ひどく酔った.
shít-for-bráins /-brèɪnz/ [名] C (卑) 大ばか者.
shít·hèad [名] C (S) (卑) くそったれ野郎, いやなやつ.
shít·hòle [名] C (S) (卑) ひどく汚い所.
shít-hót [形] (S) (卑) すごくいい.
shít·hòuse [名] C (卑) (野外の)便所; 汚い場所.
shít·less [形] [次の成句で] **scáre ... shítless** (卑) (...)をぞっとさせる.
shít lìst [名] C (米卑) いけすかない連中のリスト: be on ...'s ~ ...のブラックリストに載る.
shít·lòad [名] C (卑) 多量, 多数, どっさり (*of*).
shít-scàred [形] P (S) (英卑) ビビって, ちびりそうで.
shít stìrrer [名] C (卑, 主に英) =stirrer 2.
shit·ty /ʃíti/ [形] (shit·ti·er; -ti·est) (S) (卑) いやな, むかつく, むごい; 見下げはてた.
shiv /ʃív/ [名] C (米俗) ナイフ, かみそり.
Shi·va /ʃíːvə, ʃívə/ [名] 自 =Siva.
shiv·a·ree /ʃívərí, ʃívərìː/ [名] C (主に米) (新郎新婦のために演ずる)どんちゃんセレナーデ; (一般に)お祭り騒ぎ.

*shiv·er¹ /ʃívə | -və/ [動] (shiv·ers /~z/; shiv·ered /~d/; -er·ing /~(ə)rɪŋ/) 自 (寒さなどで)ぶるぶる震える; (恐れ)おののく (☞ shake 類義語): Tom was *~ing with* cold [fear]. <V+*with*+名> トムは寒さで[怖くて]ぶるぶると震えていた / She *~ed at* the sight. <V+*at*+名> 彼女はその様子を見てぞっとした.
――― [名] (~s /~z/; [形] shivery) C **1** 震え, 身震い: A ~ ran up [down] my spine. 背筋がぞくっとした. **2** [the ~s] 寒け, 悪寒(ﾅﾝ); ぞっとすること. **gèt [hàve] the shívers** [動] (寒さ・恐怖などで)震える. **gíve ... the shívers** [動] 他 (...)をぞっとさせる. **sènd shívers (ùp and) dòwn ...'s spíne** [動] (恐怖や興奮で)...を身震いさせる.

shiv·er² /ʃívə | -və/ [名] C (文) 破片.
shiv·er·y /ʃív(ə)ri/ [形] (shiv·er·i·er, more ~; -er·i·est, most ~; [名] shíver) (寒さ・恐怖などで)震える, (体が)ぞくぞくする.
Sho·ah /ʃóʊə/ [名] [the ~] (ナチによる)ユダヤ人の大虐殺 (Holocaust)《ユダヤ人によってよく用いられる語》.

*shoal¹ /ʃóʊl/ [名] C **1** 魚の群れ, 大群 (☞ group 類義語): *a ~ of* sardines いわしの群れ. **2** (略式) 多数(の人): *~s of* tourists 大勢の観光客. **in shóals** [副] 群れを成して, (略式) たくさん, どっさり.

shoal² /ʃóʊl/ [名] C 浅瀬; 砂州.

*shock¹ /ʃɑ́k | ʃɔ́k/ [名] (~s /~s/) **1** [U または a ~] (精神的な)**打撃**, **衝撃**, ショック, ぎょっとすること; C 衝撃的なできごと: in (a state of) ~ ショックを受けて (☞ 2) / get *a* ~ ぎょっとする / The news gave him *a* terrible ~. その知らせは彼にひどいショックを与えた / He couldn't recover from the ~ *of* his

shock

divorce. 彼は離婚のショックから立ち直れないでいた / Bob's death「**came as**[was] a great ~ **to** us. ボブの死は我々にとって大きなショックだった. **2** ⓤ [医] **衝撃**, ショック(症): in (a state of) ~ ショック症状で / die of ~ ショック死する. **3** ⓤⓒ (衝突・爆発などの)**衝撃**, 衝動; 激突; 激動: the ~ of the explosion 爆発の衝撃 / The first ~ of the earthquake was felt at 10:14 A.M. 地震の最初の震動は午前10時14分に感じられた / 10:14 is ten fourteen a.m. (時刻の言い方). **4** ⓒ 電撃, 感電 (electric shock): get a ~ 感電する. **5** ⓒ [特に新聞で] (予期しない)突発的な騒動[変化]; [形容詞的に]衝撃的な: two oil ~s 2度のオイルショック / a ~ defeat 衝撃的な敗北. **6** ⓒ = shock absorber.

a shóck to the sýstem [名] 大きなショック, ひどく不快[困難]に感じること. **be in for a shóck** [動] ⓐ (いずれ)ショックを受けることになる.

— [動] (**shocks** /~s/; **shocked** /~t/; **shock·ing**) 他 **1** (精神的に)〈...〉に**衝撃**[ショック]を与える, 〈...〉をぎょっとさせる: The accident deeply ~ed the entire town. その事故は全市に大きな衝撃を与えた / They were ~ed into silence. <V+O+into+名の受身> 彼らはぎょっとして黙ってしまった / It ~ed me to see her looking so ill. 彼女がとても具合悪そうで私はショックを受けた. **2** 〈...〉を憤慨させる, あきれさせる: The bribery scandal ~ed the entire country. その汚職事件で全国民が憤慨した. **3** 感電させる.

— ⓐ **1** 衝撃を受ける, ぎょっとする; 衝撃を与える.

shock[2] /ʃák | ʃɔ́k/ 名 ⓒ [普通は a ~ of hair として] Ⓦ くしゃくしゃの髪, 乱れ髪.

shock[3] /ʃák | ʃɔ́k/ 名 ⓒ (穀物の)刈り束の山.

shóck absòrber 名 ⓒ 緩衝器[装置]. (⇨ motorcycle 挿絵).

***shocked** /ʃákt | ʃɔ́kt/ 形 **1** 衝撃[ショック]を受けた: a ~ silence ショックを受けたための沈黙 / Everybody was ~ **by** [**at**] the disaster. <A+前+名・代> 皆がその災害でショックを受けた / I was ~ **to** hear the news. <A+to 不定詞> その知らせを聞いてショックを受けた. **2** (不道徳なことに)憤慨した, あきれた; 当惑した. **3** (事故の後に)ショック症状を起こした.

shock·er /ʃákɚ | ʃɔ́kə/ 名 ⓒ [しばしば新聞で][略式] ぞっとさせるもの, 扇情的な小説[映画]; あきれた人[もの]; (英) ひどい人[もの].

shóck hórror 《英略式》 形 Ⓐ [普通は shock-horror] 衝撃的な; センセーショナルな. — 感 [滑稽] 全くもって大ショック(ショッキングでないことに用いる).

***shock·ing** /ʃákɪŋ | ʃɔ́k-/ 形 **1** 衝撃的な, ショッキングな, ぞっとする: ~ news 衝撃的な知らせ / It's ~ to hear about crimes like that. そういう犯罪のことを聞くとぞっとする. **2** あきれるほどの, 憤慨させる: ~ behavior けしからぬ振舞い. **3** 《英略式》ひどい, とんでもない. ~·**ly** 副 **1** 衝撃的に[ショッキングに]. **2** 驚く[憤慨させる]ほど. **3** 《英略式》ひどく.

shócking pínk 名 Ⓤ ショッキングピンク(強烈[鮮やか]なピンク).

shóck jòck 名 ⓒ (米) ショックジョック(どぎつい発言を売り物とするラジオのディスクジョッキー).

shóck·pròof 形 (時計など)耐衝撃[耐震]性の.

shóck tàctics 名 [複] 意表をつく手段[行動].

shóck thèrapy [**trèatment**] 名 Ⓤ [医] (精神病者に対する)ショック療法; 過激な対処法, 荒療治.

shóck tròops 名 [複] 精鋭部隊, 突撃隊.

⁺shóck wàve 名 **1** ⓒⓊ 衝撃波. **2** [複数形で] (大事件などによる)衝撃. **sénd shóck wàves through ...** [動] 他 ...に衝撃を与える.

shod /ʃád | ʃɔ́d/ 動 shoe の過去形および過去分詞

— 形 [しばしば合成語] 《格式》 (...の)靴をはいている: badly *shod* ひどい靴をはいた / be ~ *in* long boots 深靴をはいている.

shod·i·ly /ʃádəli | ʃɔ́d-/ 副 粗悪に; 卑劣に.

shod·i·ness /ʃádɪnəs | ʃɔ́d-/ 名 Ⓤ 粗悪, 卑劣さ.

⁺shod·dy /ʃádi | ʃɔ́di/ 形 (**shod·di·er, -di·est**) **1** 粗悪な, 見かけ倒しの. **2** 卑劣な, 汚い.

⁂shoe /ʃúː/ (同音 shoo; 動詞過去形 shoot) 名 (~**s** /~z/)

1 ⓒ **靴**; **短靴** (⇨ boot[1]). [日英比較] 欧米では衣服の一種と考えられ, 家や部屋の中でも寝る時以外は脱がないのが普通. [日英比較] a pair [three pairs] of ~s 靴 1 足[3 足] / These ~s fit [are too tight]. この靴は合う[きつすぎる] / [言い換え] She is wearing her new ~s. = She has her new ~s on. = She is in her new ~s. 彼女は新しい靴をはいている (⇨ wear 表, have on (have¹ 句動詞)表) / PLEASE REMOVE YOUR SHOES 土足厳禁 (掲示) / What kind of ~s would you like? どんな靴がご入用ですか(店で) / If the ~ fits(, wear it). (ことわざ) Ⓢ 《米》靴が合うなら, それをはけ(批判が自分に当てはまるならば, 自分に言われていると思え) (⇨ cap 名 1 最後の例文).

金話 "Do you have these ~s in 7½ wide?" "Yes. Please wait a moment."「この靴で幅広の7½のものがありますか」「はい.少々お待ちください」(⇨ size¹ 名 2 金話).

コロケーション

break in new *shoes* 新しい靴をはき慣らす
brush [**polish, shine**] one's *shoes* 靴を磨く
lace (**up**) one's *shoes* 靴のひもを結ぶ
put on one's *shoes* 靴をはく (⇨ put on (put 句動詞)表)
repair [(主に英) **mend, fix**] *shoes* 靴を修繕する, 靴を直す
take off one's *shoes* 靴を脱ぐ (⇨ take off (take 句動詞)表)

---

shoes のいろいろ

óvershòes オーバーシューズ / **sándshòes** 《英》テニスシューズ, スニーカー / **snówshòes** 雪靴 / **ténnis shòes** テニスシューズ / **wálking shòes** 散歩靴, ウォーキングシューズ

---

2 [形容詞的に] 靴(用)の: a ~ brush 靴用のブラシ / ~ polish 靴墨 / a ~ shop 靴屋[店]. **3** ⓒ 蹄鉄 (horseshoe). **4** ⓒ 靴に似た物; (車輪の)ブレーキ. **be in ...'s shóes** [動] (...の)(特にいやな)立場になっている. **fill ...'s shóes** [動] ...のあとを引き継ぐ. **pút onesélf in ...'s shóes** [動] ...の立場になってみる. **sháke in one's shóes** [動] ⓐ (略式) (恐怖・不安で)びくびくする, こわがる. **stép into ...'s shóes** [動] ...の後がまに座る. **The shóe is on the óther fóot.** 《米》立場が逆転した (《英》The boot is on the other foot.). 由来 今度はもう一方の足が靴をはいている, の意. **where the shóe pínches** [名] 痛いところ, 悩みの種.

— 動 (**shoes, shoed**; 過去・過去分詞 **shod** /ʃád | ʃɔ́d/, 《米》 **shoed**; **shoe·ing**) 他 〈馬〉に蹄鉄(ひん)を打つ.

shóe·bòx 名 ⓒ **1** (ボール紙の)靴箱. **2** (略式)非常に狭い家[部屋].

shóe·hòrn 名 ⓒ 靴べら. — 他 〈...〉を (狭い所へ)押し込む, はめ込む (*into*).

shóe·làce 名 ⓒ 靴ひも: tie a ~ 靴ひもを結ぶ.

shóe·màker 名 ⓒ 靴製造人, 靴屋(人).

shóe·màking 名 Ⓤ 靴造り, 靴直し(行為).

shóe·shìne 名 ⓒ [普通は単数形で] 靴磨き(行為).

shóe·strìng 名 ⓒ 《米》靴ひも (shoelace). **on a shóestring** [副] 《略式》 わずかな資金で; 細々と.

—形 A《略式》(予算などが)わずかな，乏しい資金しかない．

shóestring potátoes 名[複] 細長く切って揚げたフライドポテト．

shóe trèe 名 C 靴型《形を保つのに入れる》．

sho·far /ʃóufə˞/ -fa: 名 C ショファル《雄羊の角で作ったユダヤのラッパ；今では宗教儀式用》．

sho·gun /ʃóuɡən/ -ɡʌn/ 《日本語から》名 C 将軍．

sho·gun·ate /ʃóuɡənət, -nèɪt/ 名 U (日本の幕府の)将軍職；幕府: the Tokugawa ~ 徳川幕府．

*****shone** /ʃóun | ʃɔ́n/《同意》《米》shown) 動 **shine**の過去形および過去分詞形．

shon·ky /ʃáŋki | ʃɔ́n-/ 形 (**shon·ki·er**, **-ki·est**)《豪俗》不正直な，あてにならない；粗悪な．

shoo /ʃúː/ 間 しっ!《鳥・猫・子供などを追い払うときの発声》．— 動 他 しっと言って(手を振り)〈…〉を追い払う *(away, out)*．

shóo·fly pìe 名 C,U《米》糖蜜・黒砂糖入りパイ．

shóo-in 名 C《普通は単数形で》《略式，主に米》楽勝《当選，成功》が確実な人[チームなど] *(for)*: be a ~ to win the title タイトルを楽に取るとみられている．

*****shook** /ʃúk/ 動 **shake**の過去形．

shóok-úp 形 P《略式》うろたえて，動揺して．

*****shoot**¹ /ʃúːt/《同意》chute) 動 (**shoots** /ʃúːts/; 過去・過分 **shot** /ʃɑ́t | ʃɔ́t/; **shoot·ing** /ʃúːtɪŋ/; 名 shot²)

```
「勢いよく動く」自 2 →「飛び出す」
                ↓
「発射する」自 1 →「撃つ」他 1, 2
                ↓
             →「発する」3
             →(的をねらう)→「撮影する」他 4
                       →「シュートする」自 3
「さっと通る」5
```

— 他 1〈人・的など〉を**撃つ**，射る，狙撃(そげき)する，射殺する，〈銃で〉〈…〉の狩り[猟]をする (☞ hunt 語法): He *shot* at a lion. 彼はライオンを撃った[しとめた]. 語法 He *shot* at a lion. は必ずしも命中したことを意味しない (☞ at 3 語法) / She *was shot in* the back at close range. <V+O+in+名の受身> 彼女は近距離から背中を撃たれた [言い換え] The spy *was shot* dead. <V+O+C(形)の受身> = The spy *was shot to* death. <V+O+*to*+名の受身> そのスパイは銃殺された．

2〈矢・弾丸など〉を**撃つ**，発射する，〈弓・矢〉を射る: The enemy began to ~ arrows *at* us. <V+O+*at*+名・代> 敵は私たちに向かって矢を射始めた．

3《受身なし》〈視線を投げかける，〈光線など〉を発する；〈質問など〉を浴びせる，向ける． [言い換え] She *shot* a hostile glance *at* me. <V+O+*at*+名・代> = She *shot* me a hostile glance. <V+O+O> 彼女は私に敵意のこもった視線を向けた．

4〈映画・場面など〉を**撮影する**，写真にとる: ~ a scene 撮影する / This film *was shot* in China. <V+O の受身> この映画は中国で撮影された． 5 [副詞(句)を伴って]〈…〉を勢いよく動かす，〈ボートなど〉を勢いよく通過する: ~ an arm *out* 腕をさっと出す / ~ the rapids in a canoe カヌーで早瀬を勢いよく下る． 6《球》〈ボール〉をシュートする；〈得点〉をあげる (☞ shot² 3 日英比較): ~ baskets [hoops] バスケットボールをする． 7《主に米》《ビリヤード・さいころ賭博など》をする: ~ pool ビリヤードをする． 8〈事が〉〈…〉(の順位に)急上昇させる． 9 〈かんぬき〉などを勢いよく差し込む[はずす]． 10《俗》〈麻薬〉を打つ．

shoot a scene

— 自 1 (銃を)**撃つ**，発射する，射る；(銃で)狩猟をする: He *shot at* the target. <V+*at*+名・代> 彼は的をめがけて撃った (☞ at 3 語法) / Don't ~! I surrender! 撃つな．降伏するから．

2 [副詞(句)を伴って] 勢いよく動く[飛ぶ，出る]；どっと出る，吹き出す: Water *shot from* the pipe. <V+前+名・代> 管から水が吹き出した / The rabbit *shot out of* the hole. うさぎが穴から飛び出した / A cyclist *shot past* me. 自転車に乗った人が私のそばをさっと通っていた / Flames were ~*ing up* from the burning house. <V+*up*> 燃えている家からめらめらと炎が上がっていた．

3《球》**シュートする** (☞ shot³ 日英比較): ~ *at* goal 《英》ゴールを狙ってボールをける / Smith jumps and ~s—it's in there for two points! スミスジャンプ，シュート入った． 2点です《実況放送》． 4 映画を撮影する，写真をとる． 5 (痛みが)走る *(through, along, down)*: a ~*ing* pain 鋭い[刺すような]痛み． 6 (順位などで)急上昇する: ~ *to* fame [stardom] あっという間に名声を得る[スターの座に登りつめる]. 7 (植物が)芽[枝]を出す；生長する． 8 [命令形で] S《米略式》(思っていることを)言う．

shóot from the híp [動] 自《略式》思いつきで話す[行動する]．**shóot it óut** [動] 自《略式》(…と)撃ち合いで決着をつける *(with)*. **shóot onesélf** [動] 自 銃[ピストル]で自殺する．**shóot onesèlf in the fóot** (自分で足を撃つような)へまをする，自分の首を絞めるようなことをする．**shóot to kíll** [動] 自 殺すつもりで撃つ．

```
─── shoot の句動詞 ───
```

*****shóot at ...** 動 他 1 …を狙って撃つ (☞ shoot 1 語法). 2 = shoot for ...

*****shóot dówn** 動 他 1 〈…〉を**撃墜する**；射落とす <V+名・代+*down* / V+*down*+名>: The plane *was shot down* by the Americans. その飛行機はアメリカ軍に撃墜された． 2 〈人〉を銃殺する． 3《略式》〈議論の相手〉をやっつける；〈提案など〉をはねつける． 語法 3 は shoot down in flames とも言う．

shóot for ... 動 他《略式，主に米》(特に困難なこと)を目ざす．

shóot óff 動 他〈…〉を撃って切断[破壊]する: His ear *was shot off* in the war. 彼は戦争で片方の耳を撃ち落とされた． — 自《英略式》さっと立ち去る．

shóot thróugh 動 自《略式，主に豪》1 (急いで)立ち去る． 2 死ぬ．

shóot úp 動 自 1 (物価・温度などが)急に上がる，〈子供など〉が急に大きくなる[背が伸びる]． 2 急に出現する． 3《俗》麻薬を打つ *(on)*. — 他 1〈…〉を銃撃で負傷[損傷]させる． 2《俗》〈麻薬〉を打つ．

— 名 (**shoots** /ʃúːts/) C 1 若芽，若枝: a bamboo ~ 竹の子 / put out ~s (植物が)若芽を出す． 2 (写真・映画の)撮影: do a ~ 写真をとる / be out on a ~ 写真をとりに出ている． 3 射撃会；狩猟(会)，狩猟地 (☞ shot² 3 日英比較); screwball (☞ 日英比較).

shoot² /ʃúːt/ 間《略式》《米俗》ばかな，ちくしょう，ちぇっ《いらだち・怒り・驚きなどを表わす；shit の遠回しな言い方》．

shoot-'em-up /ʃúːtəmʌp/ 形, 名 C《略式》撃ち合いの多い《コンピューターゲーム》．

†**shoot·er** /ʃúːtə˞ | -tə/ 名 C 1 射手；《略式》銃． 2 [合成語で] 撃つのが…の人；…連発銃: a sharp ~ 射撃の名手 / a six-~ 6連発銃． 3《米》シュートする人(がうまい)選手．

*****shoot·ing** /ʃúːtɪŋ/ 名 (~s /-z/) 1 C,U 狙撃(そげき)，射殺する: a ~ incident 発砲[射殺]事件． 2 U 狩猟，射撃． 3 U 撮影．

shóoting gàllery 名 C 1 射的場；室内射撃練

習場. **2** 《米俗》麻薬常用者のたまり場.

shóoting guàrd [名] [C] 〘バスケ〙シューティングガード《第 2 ガード; ☞ point guard》.

shóoting ìron [名] [C] 《米略式》ピストル, ライフル.

shóoting màtch [名] [C] 射撃競技; 銃を使った喧嘩. **the whóle shóoting màtch** [名] Ⓢ 《英略式》何もかも, 一切合財全部.

shóoting rànge [名] [C] ライフル射撃場.

shóoting scrìpt [名] [C] 〘映・テレビ〙撮影台本.

shóoting stár [名] [C] 流れ星 (falling star).

shóoting stìck [名] [C] 腰掛け用ステッキ《上端を開いて腰掛けることができる; 狩猟や観戦用》.

shóoting wár [名] [C] 兵器による戦争, 実戦.

⁺**shóot-òut** [名] [C] **1** 撃ち合い. **2** =penalty shoot-out; (バスケット・ゴルフなどで)決着をつける対抗戦.

‡shop /ʃáp | ʃɔ́p/ [名] (~s /~s/) **1** [C] 《主に英》**小売り店,** 店, 商店 (《米》store); 専門店. [語法] 《米》で言う shop は, いろいろな商品を売る store に対して, それより小規模で特定の商品を売る専門店を指すのが普通: open [close] a ~ 店を開く[閉める] / run [keep] a ~ 店を経営して[やって]いる / wander [browse] around the ~*s* 店をぶらぶら見て回る.

shop のいろいろ

bárbershòp 《米》, **bárber's shòp** 《英》 床屋 / **bóokshòp** 書店 / **bútcher shòp** 《米》, **bútcher's shòp** 《英》 肉屋 / **chémist's shòp** 《英》 薬局, 薬屋 / **cóffee shòp** 《米》(ホテルなどの)軽食堂 / **júnk shòp** (安物の)中古品店 / **páwnshòp** 質屋 / **pét shòp** ペットショップ / **tóyshòp** おもちゃ屋

2 [C] [主に合成語で] 製造[修理]工場; 作業場, 仕事場 (workshop): a carpenter's ~ 大工の仕事場 / a paint ~ (車の)塗装場 / be in the ~ (車などが)修理工場に出してある. **3** 《米》 [U] (教科の)工作 (shop class); [C] 工作室. **4** [単数形で] Ⓢ 《英》(日常の)買い物: do the weekly ~ 1 週間分の買い物をする. [語源] 元来は「母屋に付設した小屋」の意. 作業場, 売り場として使われたことから「店」となった; ☞ store 最初の囲み. **àll óver the shòp** Ⓢ 《英略式》[形] (1) (所かまわず)取り散らかして. (2) (頭が)混乱して. ― [副] 至る所で, 至る所に(散らばって). **be in the shóps** [動] [自] (商品が)購入できる. **clóse** [《英》 **shút**] **úp shóp** [動] [自] 《略式》(終業時間に)閉店する; 店をたたむ, 商売[事業]をやめる. **sét úp shóp** [動] [自] 《略式》 商売[事業]を始める; 活動を始める. **tálk shóp** [動] [自] 《略式》(場所をわきまえずに)自分の仕事[専門]の話をする.

― [動] (**shops** /~s/; **shopped** /~t/; **shop·ping**) [自] **買い物をする,** 買い物に行く: Jane is out *shopping* at the supermarket. ジェーンはスーパーに買い物に出かけている / I was ***shopping for*** new shoes, but I couldn't find any good ones. <V+*for*+名・代> 新しい靴を買おうとしたがいいのが見つからなかった.

― [他] **1** 《米》〈特定の店〉で買い物をする. **2** 《英略式》〈...〉を密告する (*to*).

gò shópping [動] [自] (...へ)買い物にいく (*at*): She *goes* (grocery) *shopping* once a week. 彼女は週に 1 度(食料品の)買い物に行く.

shóp aróund [動] [自] (買う前に)商品[店]を見比べて歩く; (決める前に)比較検討する, 捜し回る (*for*).

shop·a·hol·ic /ʃɑ̀pəhɑ́lɪk | ʃɔ̀pəhɔ́l-/ [名] [C] 《略式》〘滑稽〙買い物中毒《人》.

⁺**shóp assìstant** [名] [C] 《英》店員 (《米》salesclerk).

shóp clàss [名] [U] =shop 3.

shóp·fìtter [名] [C] 《英》店舗設備業者.

shóp·fìtting [名] [U] 《英》店舗設計[装飾].

shóp flòor [名] [the ~] (工場などの)作業現場; [単数扱い] (経営側に対して)現場(の人々).

shóp frònt [名] [C] 《主に英》店先, 店頭 (《米》storefront).

⁺**shóp·kèeper** [T3] [名] [C] 《主に英》=storekeeper 1.

shóp·lìft [T3] [動] [自] 万引きをする.

shóp·lìfter [名] [C] 万引き《人》.

shóp·lìfting [名] [U] 万引き《行為》.

shoppe /ʃáp | ʃɔ́p/ [名] [C] =shop 《shop の古いつづり; 店名のみで用いられる; ☞ ye²》.

shop·per /ʃápə | ʃɔ́pə/ [名] [C] **1** 買い物客. **2** 《主に米》買物代理人. **3** 《米》(地域の)広告掲載新聞. **4** 《英》(大型の)買い物袋.

***shop·ping** /ʃápɪŋ | ʃɔ́p-/ [名] [U] **1 買い物(をすること):** I have some ~ to do. 少し買い物がある / She usually does her [the] ~ on Fridays. 《主に英》彼女は普通は金曜に買い物をする. **2** 《英》(買った)品物《主に食料品》: put one's ~ in a basket 買い物をかごに入れる. **gò shópping** [動] [自] ☞ shop [動] 成句.

shópping bàg [名] [C] **1** 《米》買い物袋《商店で買い物を入れて客に渡す厚い紙またはビニールの袋; ☞ bag lady》(《英》carrier bag). **2** 《英》(何度も使う)買い物用袋 (《米》tote bag).

shópping càrt [名] [C] 《米》(スーパーなどの)ショッピングカート《買物用の手押し車; ☞ supermarket 挿絵》(《英》(shopping) trolley).

⁺**shópping cènter** [名] [C] ショッピングセンター《多数の小売店が 1 か所に集まり広い駐車場がある》.

shópping chànnel [名] [C] (テレビの)ホームショッピングチャンネル.

⁺**shópping lìst** [名] [C] 買い物リスト.

⁺**shópping màll** [名] [C] 《米》=mall 1.

shópping plàza [名] [C] 《米》=shopping center.

shópping prècinct [名] [C] 《英》(駐車場を備えた)歩行者専用商店街.

shópping tròlley [名] [C] 《英》=shopping cart.

shóp·sòiled [形] 《英》=shopworn.

shóp stéward [名] [C] (労働組合の)職場代表.

shóp·tàlk [名] [U] 《略式》(職場外でする)仕事の話《☞ talk shop (shop [名] 成句)》.

shóp·wàlker [名] [C] 《主に英》売り場監督 (《米》floorwalker).

shóp·wìndow [名] [C] 《英》陳列窓, ショーウィンドー (show window).

shóp·wòrn [形] 《米》**1** 店(たな)ざらしの (《英》shop-soiled). **2** (考えなどが)古くさい, 陳腐な.

***shore¹** /ʃɔ́ə | ʃɔ́:/ ([同音] ⁺sure, 《英》Shaw; [類音] short, show) [T1] [名] (~s /~z/; [副] ashóre) **1** [C,U] 岸, 岸辺; 海岸 (seashore) 《☞ 類義語; coast 表》: a castle on the ~ of the beautiful lake 美しい湖の岸辺の城 / walk on [along] the ~ 岸辺を歩く. **2** [C] [普通は複数形で] 《文》(海に面している)国: foreign ~*s* 外国 / these ~*s* この(海に面した)国.

òff (the) shóre [副] 岸を離れて, 沖に.

on shóre [副・形] 陸上で[に(いる)]: We went *on* ~. 我々は上陸した.

【類義語】**shore** 海・湖・川の岸を表わす最も一般的な語. **coast** 海岸, それも大陸や大きな島の海岸に用いられる. [語法] shore は海から見たときの海岸, coast は陸から見たときの海岸に用いることが多い. **beach** 波に洗われる砂や小石の多い平らな浜辺. **seaside** 《米》では一般に海岸を指すが, 《英》では特に保養・行楽地としての海岸地帯や海辺の町を指す.

shore² /ʃɔ́ə | ʃɔ́:/ [動] (**shor·ing** /ʃɔ́:rɪŋ/) [次の成句で] **shóre úp** [動] [他] (1) 〈...〉を支柱で支える, 〈...〉につっかいをする. (2) 〈事業・体制など〉を支える, 支援する.

shóre dìnner [名] [C] 《米》魚介料理, 磯料理.

shóre lèave [名] [U] (船員などに与えられる)上陸許可(期間): on ~ (許可されて)上陸中に[の].

shóre·lìne [名] [C,U] 海岸線, 湖岸線, 川べり.

shóre patròl [名] [C] 海軍憲兵(隊).

shóre·sìde 名C, 形 岸辺[海辺](近く)の.
shorn /ʃɔ́ːrn | ʃɔ́ːn/ 動 shear の過去分詞.

*short /ʃɔ́ːrt | ʃɔ́ːt/

(距離・時間が)「短い」形 1, 3
→ (背丈が短い)→「低い」形 2
→ (規準より短い)→「不足している」形 5
→ (手短な)→「簡単な」形 4 →(ぶっきらぼうに)
→ 「急に」副 1

── 形 (short·er /-tə/ | -tə/; short·est /-tɪst/; 5 では 名 shórtage, 動 shórten) **1**〈寸法・距離が〉**短い** (反 long)(☞ shirt 語園, skirt 語園): a ~ skirt 短いスカート / a ~ distance 近距離 / This cord is too ~. このコードは短すぎる.

2 背[丈]の低い (反 tall) (☞ low¹ 表): ~ grass(es) 丈の低い草 / My sister is ~ than me [I]. 妹は私より背が低い / 言い換え He is rather ~ in the leg(s). = He has rather ~ legs. 彼は脚が少し短い (★後者は 1 の例).

3 〈時間が〉**短い** (反 long) (☞ 4; 類義語): a ~ vacation 短い休暇 / a ~ delay わずかの遅れ / within a ~ space of time 短時間[期]間で / in a few ~ hours ほんの 2, 3 時間で / This job will take only a ~ time. この仕事はちょっとしか時間がかからない / The days are getting ~er and ~er. 日がますます短くなってきた.

4〈手紙・リストなどが〉**短い**, 簡潔な, 簡単な: a ~ book (短時間で読める)薄い本 / make a ~ speech 簡潔な話をする / Be ~ and to the point. 手短に要領よく話しなさい. **5** 〈金・分量などが〉不足して(いる), 足りない; Ｐ〈人などが〉十分に持ってなくて (☞ be short of ... (成句)); お金などが足りなくて: They sometimes give ~ weight at that store. あの店では時々目方が不足していることがある / My account is ~ ten dollars ~ [~ by ten dollars]. 私の預金口座は 10 ドルマイナスになっている / Time's getting ~. 時間がなくなってきている / I'm a little [《英》a bit] ~ right now. 今少しお金が足りないんだ. **6**〈人・態度などが〉そっけない, 無愛想な: a ~ reply そっけない返事 / She was very ~ with me. 彼女は私にひどく無愛想だった. **7** 〈音声〉(母音字の)短音の (反 long); つづり字と発音解説 2 (1). **8** [普通は A]〈ケーキなどが〉油脂をたっぷり入れた, さっくりした (☞ shortcake, shortbread).

be shórt for ... 動 ⓘ ...の短縮形である: Jim is ~ for James. ジムというのはジェームズを短くしたものだ.

be shórt of ... 動 ⓗ (1)〈人などが〉...が不足している, ...が足りない 〖類義語〗 We are ~ of money [food]. 私たちは金[食べ物]が不足している / Bill is not ~ of confidence [excuses]. ビルは自信たっぷりだ[言い訳に事欠かない]. (2) ...に達していない, ...に及ばない: We were ten miles ~ of Boston. ボストンまではまだ 10 マイルあった / His time was 'three seconds [just] ~ of the world record. 彼のタイムは世界記録に 3 秒[わずかに]及ばなかった / We're 'one player ~ [~ one player] of a team. 私たちはチームとしては選手が 1 人足りない. (3) [特に be one ... ~ of a ― として] Ｓ 〖滑稽〗少々頭がおかしい: He's one sandwich ~ of a picnic. 彼は少し頭が空っぽだ.

be shórt on ... 動 ⓗ (知恵・性質など)に欠けている, ...が少々足りない.

háve [gét] ... by the shórt and cúrlies 動 ⓗ 《略式》〈人〉を思いのままにする.

nóthing [líttle] shórt of ... [副・形] 全く[ほとんど] ...に近い: be little ~ of a miracle 奇跡に近い.

shórt and swéet [形] Ｓ [しばしば皮肉] 簡潔で要を得た, 手際のよい.

── 副 (short·er /-tə/ | -tə/; short·est /-tɪst/) **1** 急に, 突然に: He stopped ~. 彼は急に立ち止まった (☞ stop short (stop 動 成句)). **2** (目標などに)達しないで: The ball landed [came down] ten meters ~ of the fence. そのボールは柵[塀]の 10 メートル手前で地面に落ちた. **3** (予定の時間などより)前に: The accident happened an hour ~ of their arrival. 彼らの到着 1 時間前にその事故が起こった.

be cáught [táken] shórt 動 ⓘ (1) 《米略式》〈お金〉が足りないのに気づく. (2) 《英略式》急にトイレに行きたくなる. (3) 不利な立場に立つ.

còme úp shórt 動 ⓘ 不足する; (成功に)あと一歩及ばない.

cút ... shórt = cút shórt ... 動 ⓗ (1) 〈...〉を短く切る; 〈話など〉を切り詰める: She had her hair cut ~. 彼女は髪の毛を短く刈ってもらった. (2) 〈...〉を中断する; 〈...〉の話を途中でさえぎる: The President cut ~ his stay in Moscow and returned to Washington. 大統領はモスクワの滞在を切り上げてワシントンに戻った.

fáll shórt 動 ⓘ (1) (...に)届かない, 達しない: The arrow fell ~ of the mark. 矢は的に届かなかった. (2) (...に)及ばない; 不足する: The results fell ~ of my expectations. 結果は期待外れだった.

gó shórt 動 ⓘ (食などに)不自由する (of).

rún shórt 動 ⓘ 〈物〉が不足する, 底をつく: Our stock of food ran ~. 食糧の在庫が底をついた.

rún shórt of [on] ... 動 ⓗ 〈人〉が...が不足する, ...が足りなくなる, ...がなくなる: We are running ~ of food [money]. 食べ物[金]がなくなってきた.

shórt of ... [前] (1) ...を除いて, ...以外は: S~ of committing murder, they did everything they could to win. 勝つために人殺し以外はあらゆる手を使った. (2) (極端なこと)がなければ[をしなければ]: S~ of a miracle, nothing can save us now. 奇跡でもない限り我々を救うものはない. (3) ...の手前で[に] (☞ 2).

── 名 **1** Ⓒ 《略式》(特に昔, 主要映画の前に上映された)短編映画. **2** Ⓒ 《略式》= short circuit. **3** Ⓒ|Ⓤ Ｓサイズ《の服》(背の低い人用); [複数形で] ~ shorts. **4** Ⓤ 〖野〗= shortstop. **5** 《英略式》強い酒 (ウイスキー・ブランデー・ジンなど).

for shórt [副] 短く, 略して: Elizabeth is called Betty for ~. エリザベスは短くしてベティーと呼ぶ.

in shórt [副] つなぎ語 簡単に言えば, 要するに (これまでの要約や結論に用いる): In ~, we need some money. 要するに私たちはお金が少々必要だ.

── 動 ⓘ 《略式》**1** 〖電〗に ~ out] = short-circuit. **2** 《米》= shortchange.

〖類義語〗 **short** と **brief** は期間が短いという意味ではほぼ同じ意味だが, brief のほうがやや格式ばった語. 演説や書き物についていうときには brief はまとまりがよく簡潔であることを強調し, short は内容を伴った結果短いことを意味する: a short speech 短い話 / a brief sermon 短い説教.

*short·age /ʃɔ́ːrtɪdʒ | ʃɔ́ː-/ 🔰 名 (short·ag·es /-ɪz/; 形 short 5) Ⓒ|Ⓤ 不足, 欠乏状態; 不足高: a food ~ = a ~ of food 食糧不足 / There's no ~ of water. 水は十分にある.

shórt báck and sídes 名 [単数扱い] 《古風, 英》ショートバックアンドサイド《後頭部と両側を非常に短く切った男性の髪型》.

shórt·brèad 名 Ⓤ ショートブレッド《バターをたっぷり使ったさっくりしたクッキー》.

shórt·càke 名 Ⓤ **1** 《米》ショートケーキ《砂糖と小麦粉にバターなどを加えて作るカステラ状の菓子》. **2** 《英》= shortbread.

shórt·chànge 動 ⓗ [しばしば受身で]〈人〉につり銭を少なく渡す;〈人〉をだます, 不当に扱う.

shórt círcuit 名 Ⓒ 〖電〗ショート, 短絡.

shórt-círcuit 動 ⓗ **1** 〖電〗〈...〉をショート[短絡]させる. **2**〈...〉を簡略化する, 〈手数など〉を省く. **3** 《主

shortcoming

米)《…》を妨害する. ― 自《電》ショートする.

shórt·còming [13] [C] [普通は複数形で] 欠点, 短所; 欠陥 (fault) (in).

shórt·crùst (**pástry**) [名] [U] (英) さくさくしたパン菓子.

shórt·cùt [名] [C] **1** 近道 (to): take a ~ 近道をする. **2** てっとり早い方法 (to). **3** 【電算】ショートカット(キー).

shórt division [名] [U] 【数】短除法.

short·en /ʃɔ́ːtn/ [ʃɔ́ːtn/] [動] (形 short; 反 lengthen) 他 《…》を短くする, 短縮する, 縮める: I've ~ed my skirt by five centimeters. 私はスカートを 5 センチ短くした / Can you ~ the paper *to* ten pages? 論文は 10 枚に短縮できませんか. ― 自 短くなる.

shórt·en·ing [名] [U] ショートニング《菓子などをさっくり軽くするためのバター・ラードなど》.

shórt·fàll [名] [C] 不足, 不足分, 不足額 (*of*, *in*).

shórt fúse [名] [C] 短気, かんしゃく (☞ fuse¹ 成句).

shórt·hànd [名] [U] **1** 速記(術): take ~ 速記をとる / write *in* ~ 速記で. 関連 longhand 普通の手書き. **2** 省略表現, 略記 (*for*).

shórt·hánded [形] [普通は [P]] 人手不足な.

shórthand týpist [名] [C] (英) 速記者 《(米) stenographer).

short haul [名] (反 long haul) [C] [普通は a ~] 短距離; 時間のかからないこと. **over** [**in**] **the short haul** [副] 《主に米》短期的に[は].

shórt·hául [形] [A] (主に航空機が)短距離の.

short·ie /ʃɔ́ːti/ [ʃɔ́ːt-/] [名] (略式) 丈の短い衣服; [形容詞的に] 丈の短い: ~ pajamas 丈の短いパジャマ 《女性用》.

shórt lìst [名] [C] 候補者名簿 《最終審査用の》 (*for*): on the ~ 最終審査に残っている.

shórt·lìst [動] [普通は受身で] 《主に英》《…》を候補者名簿に載せる (*for*).

shórt·líved [形] (more ~, short·er-lived; most ~, short·est-lived) 短命の; 一時的な.

short·ly /ʃɔ́ːtli/ [ʃɔ́ːt-/] [副] **1** まもなく, すぐに 《☞ soon 類義語》: ~ *before* [*after*] five 5 時少し前[後]に / He will arrive ~. 彼はまもなく到着するだろう. **2** Ⓦ ぶっきらぼうに, 無愛想に: answer ~ ぶっきらぼうに答える. **3** 簡単に, 手短に.

shórt·ness [名] [U] 短いこと; 足りないこと, 不足.

shórt òrder [名] [C] (米) 注文ですぐ作られる料理(の注文). **in shórt òrder** [副] 《格式》手っとり早く.

shórt-òrder [形] (米) 即席料理を作る[出す]: a ~ cook 即席料理専門のコック.

shórt-ránge [形] (反 long-range) [A] **1** 短距離の. **2** (将来への)短期の: a ~ plan 短期計画.

shórt ribs [名] [複] (米) ショートリブ 《牛の骨付きばら肉》.

shorts /ʃɔ́ːts/ [ʃɔ́ːts/] [名] [複] **1** ショートパンツ, 半ズボン: a pair of ~ ショートパンツ 1 枚 / wear ~ ショートパンツをはいている. **2** 《主に米》パンツ 《男性用下着》.

shórt sélling [名] [U] (株などの)空売り.

shórt·shèet [動] 他 (米) (人を困らせるため)一枚のシーツを二つ折りにしてベッドに敷く.

shórt shríft [名] [U] (人や物を)軽くあしらうこと. **gèt shòrt shríft** [動] 自 (…)にそっけなく扱われる, 軽くあしらわれる (*from*). **gìve ... shòrt shríft** [動] 他 《…》をそっけなく扱う, 軽くあしらう.

shórt-síghted [形] **1** 《主に英》近視の 《(主に米) nearsighted; 反 longsighted》. **2** 先見の明がない, 近視眼的な (反 farsighted). **~·ly** [副] 近視眼的に. **~·ness** [名] [U] 近視; 先見の明のなさ.

shórt-sléeved [形] 短い半袖の.

shórt-stáffed [形] [普通は [P]] スタッフ[職員]不足の.

shórt-stáy [形] [A] (英) (ホテル・駐車場などの)短期間[時間]しか留まれない.

shórt stòp [名] [U] 【野】ショート, 遊撃 (☞ infield); 遊撃手 (☞ infielder): play ~ ショートを守る.

shórt stóry [名] [C] 短編小説.

shórt-témpered [形] 短気な, 怒りっぽい.

shórt-térm [形] /ʃɔ́ːttə́ːm-/ [形] (more ~, short·er-term; most ~, short·est-term; 反 long-term) [普通は [A]] 短期の: a ~ plan 短期計画 / a ~ loan 短期のローン / ~ memory 【心】短期記憶 《番号などを一時的に記憶しておく能力》.

short-term·is·m /ʃɔ́ːttə́ːmɪzm/ [ʃɔ́ːttə́ːm-/] [名] [U] (英) 短期的な収益に重きを置くこと, 短期主義.

shórt tíme [名] [U] (英) 操業短縮: *on* ~ 操業短縮して[で働いて](いる).

shórt tón [名] [C] 米トン (☞ ton 1).

shórt-wáisted [形] 胴の短い; ウエストを高くした.

shórt wáve [名] [C] 短波 《無線》 (略 SW); [C] 短波ラジオ: by ~ radio 短波無線で. 関連 medium wave 中波 / long wave 長波.

shórt-wínd·ed /-wíndɪd-/ [形] 息切れのする, 息が続かない.

short·y /ʃɔ́ːti/ [ʃɔ́ːt-/] [名] (**short·ies**) [C] (略式) **1** [蔑称] ちび, 小男. **2** [特に hip-hop ミュージシャンの間で] 女; 赤ん坊.

Sho·sho·ne /ʃoʊʃóʊ(n)i/ [ʃoʊʃóʊni/] [名] (複 ~(s)) [C] ショショーニ族《米国中西部の先住民》の人. ― [形] ショショーニ族の.

Sho·sta·ko·vich /ʃàstəkóʊvɪtʃ/ [ʃɔ̀s-/] [名] 個 **Dmi·tri** /dmí:tri/ ~ ショスタコービッチ (1906-75) 《ロシアの作曲家》.

✽shot¹ /ʃát/ [ʃɔ́t/] [類音 shut] [動] **shoot**¹ の過去形および過去分詞.

✽shot² /ʃát/ [ʃɔ́t/] [類音 shut] [名] (**shots** /ʃáts/ [ʃɔ́ts/; **shoot**¹ (☞ shoot 囲み) の名詞形で

```
                          → 「発射」1 → 「銃声」2
(射ること) ────────┤
                          → (スポーツの) → 「シュート」3

(射られたもの) → 「散弾」10

(射る人) → 「射つのが…の人」4
```

1 [C] 発射, 発砲, 射撃; (発砲された)弾 (☞ 10): fire [take] a ~ *at* a bird 鳥を(ねらって)撃つ / The first ~ hit him in the leg. 1 発目が彼の脚に当たった.

2 [C] 銃声, 砲声: S~s were heard in the distance. 遠くに銃声が聞こえた.

3 [C] 【球】〖ゴルフ・テニス〗ショット: *take* [*have*] *a* ~ *at* (the) goal ゴールを狙ってシュートする / Mike *made* a fantastic ~. マイクはすばらしいシュートをした / Good [Beautiful] ~! ナイスショット! (nice [形] 1 日英比較). 日英比較 日本でいう「シュート」のように shoot をこの意味で名詞として使うことはしない.

4 [C] [前に形容詞をつけて] 射つのが...の人: He is a good [*bad*, *poor*] ~. 彼は射撃がうまい[下手だ].

5 [C] 写真 (photo), 撮影場面, ショット: take a close-up ~ *of* an actress 女優を近くから写す. 関連 snapshot スナップ写真. **6** [C] (略式) (強い酒の)1 杯; 《主に米》注射: a ~ *of* whiskey ウイスキーひと口 / get [have] a (flu) ~ (インフルエンザの予防)注射をする.

7 [C] 試み (attempt), ためし; 当て推量; 当てこすり, 辛辣なこと (*at*): have a ~ *at* the first ~ 最初の試みで / ☞ Parthian [parting] shot. **8** [C] (ロケットなどの)発射, 射ち上げ. **9** [複 ~] [しばしば the ~] 《砲丸投げなどの》砲丸: put the ~ 砲丸を投げうつ. **10** [U] 《銃の散弾(全体), [U,C] (複 ~) 《古風》砲弾. **11** [C] (略式) (賭けの)勝ち目: a 10 to 1 ~ 10 対 1 の勝ち目. **a lóng shòt** [名] 一か八かの試み, 成功の見込みの薄い企て[候補者] (*for*); 当て推量. **a shót across**

the [...'s] bów(s) [名] [主に新聞で] (…への)警告. [由来] 船首 (bow /báu/) をかすめる威嚇射撃から. **a shót in the árm** [名] 活気づけるもの; 刺激剤 (*for*). **a shót in the dárk** [名] 当てずっぽう. **cáll the shóts** [動] [自] 《略式》 指図する, 物事を決める. **fire the「ópening shót(s) [first shót]** [動] [自] (戦闘・議論などで)口火を切る. **gíve ... a shót** [動] [他] 《略式》 〈…を〉やってみる; 〈人に〉やらせてみる (*at*). **gíve ... one's bést shót** [動] [他] 《略式》 〈…に〉最善を尽くす. **hàve [tàke, gèt] a shót at ...** [動] [他] 《略式》 …してみる, …をやってみる. **lìke a shót** [副] 《略式》 すぐに; ちゅうちょなく, 喜んで. **nót by a lóng shòt** [副] 《略式》 全然…ない.

shot[3] /ʃát | ʃɔ́t/ [形] **1** [P] [S] 《略式》 使い果たした, ぼろぼろになった; へとへとになった: be ~ to pieces [hell] (神経などが)すっかりだめになっている, ぼろぼろである. **2** 玉虫色の(織り方の). **be [gèt, wànt] shót of ...** [動] [他] 《英略式》 …を処分する[追い払う]. **shót thróugh with ...** [形] (1) (感情など)が満ちあふれた, …でいっぱいの. (2) (ある色)の糸で織り込まれた.

shót glàss [名] [C] (ウィスキーなどをつぐ)ショットグラス.

+**shót·gùn** [名] [C] 散弾銃, 猟銃. **ríde [cáll] shótgun** [動] [自] 《米俗》 車の助手席に乗る[乗りたいと言う].

shótgun wédding [márriage] [名] [C] (妊娠させたために)やむをえずする結婚, できちゃった結婚.

shót pùt [名] [the ~] 〘スポ〙 砲丸投げ.

shót pùt·ter /-pʊ̀ṭə | -tə/ [名] [C] 砲丸投げ選手.

***should** /(弱) ʃəd; (強) ʃʊ́d/ [助] **shall の過去形.**

① …すべきである[あった], …したほうがよい[よかった]	A 1
② 恐らく[きっと]…だろう	A 2
③ [一人称で]…なのですが	A 3
④ [一人称で]…であろうに, …であったろうに	A 4
⑤ 万一…ならば; たとえ…でも	A 5
⑥ [疑問詞と] …する(必要がある)	A 6
⑦ [it ... that — などで] …とは	A 7

リスニング

should は文中では弱く /ʃəd/ と発音されることが多いが, /ʃəd/ の後に母音で始まる語が続くと, その母音と語末の /d/ とが結合して「ダ」行 (《米》ではまた「ラ」行)の音のように聞こえる. You should elect him. /juːʃədɪléktɪm/ は「ユーシュディレクティム」(《米》ではまた「ユーシュリレクリム」) のように, He should have accepted it. /hiːʃəḍəvəkséptɪḍɪt/ は「ヒーシュダヴァクセプテディト」(《米》ではまた「ヒーシュラヴァクセプテリト」) のように聞こえる. 「ユー・シュッド・エレクト・ヒム」,「ヒー・シュッド・ハヴ・アクセプテド・イット」とは発音しない.

A [仮定法過去形]

1 [義務・適当な行為を表わす] (1) (当然) **…すべきである**, …するのが当然だ; (助言などで) …したほうがよい (☞ had better 表と [語法] (3)): We ~ love our neighbors. 隣人を愛さねばならない / We ~ not resort to violence. 暴力に訴えるべきではない / It's a good movie. You ~ see it. いい映画だ. 見るといいよ / *S*~n't we wait? 待ったほうがいいのじゃないか / What ~ I do in this situation? この場合どうしたらいいだろう.
(2) [should have＋過去分詞の形で] (当然) **…すべきであった(のに)**, …するのが当然だった[正しかった](のに); …したほうがよかったのに 《実際はそうしなかったという非難・叱責(しっせき)などの気持ちを表わす; ☞ ought[1] 1 (2), need [助] (2)》: You ~ *have made* reservations. 予約をしておくべきだったのに / I ~ *have studied* math harder. もっと数学を勉強しておけばよかった // ☞ know better (than that) (know 成句)例文.

2 /ʃʊ́d/ [見込み・推定・予期を表わす] (1) **恐らく[きっと]…だろう; …するはずだ:** The bus ~ be coming soon. バスはもうすぐ来るだろう / You ~n't have any trouble finding her house. 彼女の家を見つけるのは何の困難もないはずだ.
(2) [should have＋過去分詞の形で] **恐らく…しただろう; …するはずであった(のに):** His plane ~ *have reached* Paris by now. 彼の飛行機は今ごろパリに着いているだろう / The taxi ~ *have arrived* at noon. タクシーは正午に来るはずだったのに.

3 [think, say, imagine, guess などの動詞を一人称の代名詞とともに用いて] [S] (私(ども)としては)**…なのですが:** *I* ~ *think* Mr. Brown is over forty. ブラウン氏は 40 歳を過ぎていると思いますが.

[語法] この should は元来は裏に「もしもそういう推量[言い方]が許されるとすれば」といった仮定の気持ちが含まれているので, *I should* like (to do) (☞ like[2] 成句), *I should* say (☞ say 成句), *I should* think ... (☞ think 成句) のような控えめな言い方に用いられる (☞ A 4).

4 《格式, 主に英》 [一人称の代名詞とともに用いて] (1) [if＋仮定法過去などで表わされる仮定の結果を表わす; ☞ would B 1 (1)] (仮に…ならば)**…であろうに**, …するのだが (☞ if[1] 2). [語法] 《米》では would を使う. 《英》でも would のほうが普通: *If* Annie *were* my wife, *I* ~ be very happy. アニーが私の妻だったら私はとても幸福だろうに / I ~ wear my warmest coat (*if* I *were* you). 私(があなた)だったらいちばん暖かいコートを着るよ. (2) [should have＋過去分詞の形で if＋仮定法過去完了などで表わされる仮定の結果を表わす; ☞ would B 1 (2)] (仮にあのとき…だったとしたならば)…であった[した]ろうに (☞ if[1] 3).

5 [仮定または譲歩を表わす節の中で] 《格式, 主に英》 **万一…ならば** (☞ if[1] 4, (just) in case ... (case[1] 成句) (2)); **たとえ…でも** (☞ if[1] 5): *If* she ~ come here, I will [would] let you know at once. 万一彼女がこちらへ来たらすぐに知らせます / Even *if* I ~ fail, I will [would] try again. たとえ失敗しても, もう一度やるつもりです / *S*~ you see Paul, do let us know. 万一ポールに会うことがありましたらぜひ教えてください. ★ 最後の例のように if が省略された場合の語順については ☞ if[1] 4 [語法].

6 [疑問詞とともに] (1) [why, how とともに用いて, 疑念・不可解の気持ちを表わす] (一体どうして)**…する(必要がある)のか**; (どうして)…するはずがあろう(か): "Where's Jack?" "*How* ~ I know?" 「ジャックはどこ」「私が知っているわけがないだろう」/ *Why* ~n't we do it? なぜそれをしていけないのか(していいじゃないか).
(2) [who [what, where] should ... but — の構文で用いて, 驚き・こっけいさを表わす] (—以外のだれが[何が, どこで]) …しただろうか: As I left the café, *who* ~「come in [I see] *but* our teacher! 私がその喫茶店を出るときに入ってきた[出会った]のは何と先生だった.

7 [it ... that — の構文で that に続く節または I'm sorry などに続く節の中で話し手の驚き・残念・心配などの反応や善悪などの判断を表わす] (1) **—するとは:** *It* is strange *that* she ~ know nothing about it. 彼女(ともあろう者)がそのことについて何も知らないなんて不思議だ(とても考えられない).

[語法] It is strange that she *knows* nothing about it. (彼女がそれについて何も知らないのは不思議だ)は単に事実を述べるだけだが上の should を用いた言い方には驚きなどの感情が含まれる. 同様に It is quite natu-

[S]

shoulda

ral that he *does* not want to accept that job. (彼がその仕事を引き受けないのは至極当然の)が単に事実を述べるだけなのに対して, *It* is quite natural *that* he ~ not want to accept that job. (彼がその仕事を引き受けないのは至極当たり前のことだ)では,「彼の態度に賛成だ」といった気持ちが表わされる.

I am amazed (*that*) a man like Mr. White ~ make such a mistake. ホワイトさんのような人がこんな間違いをするとは驚いた. (2) [should have+過去分詞で] …したとは: *I am surprised that she ~ have invited Tom.* 彼女がトムを招待したとは驚いた. **8** 《主に英》[命令・決定・提案・主張・必要などを表わす動詞・形容詞・名詞に続く that 節で] (これから)…すること[ように], …するのは: The doctor *ordered* that I ~ have no coffee. 医者は私にコーヒーを飲まないように指示した / It is *essential* that we ~ do what we can to prevent global warming. 地球の温暖化を防ぐためにできるだけのことをすることが重要だ.

語法 that 節の中で should+原形か単に原形か(米)では should を用いずに動詞の原形を用いるのが普通(☞ subjunctive present 文法 (3));《英》ではまた should を用いずに直説法にすることも可能: They *insisted* that he 「~ *stay* [《主に米》*stay*, 《英》*stayed*] in school another year. 彼はもう1年学校に残るべきだと彼らは主張した / The doctor *insisted* that he 「~ *not* [《主に米》*not*, 《英》*didn't*] have coffee. 医者は彼にコーヒーを飲まぬようにと強く言った.

9 [目的を表わす過去の副詞節で] 《格式》…するために: She spoke slowly 「*so that* [*in order that*] the students ~ understand. 彼女は生徒たちが理解できるようゆっくり話した (should の代わりに would, could,《文》might も用いられる).

語源 古(期)英語で「(私は)義務がある」の意.

I should like ... ☞ like² 成句.

Shòuld I [we] dó ...? 《丁寧》(私[私たち]が)…しましょうか, …すべきでしょうか.

会話 "S~ I go back and help your son with the baggage?" "No, I think he can manage." 「坊ちゃんのお荷物をお手伝いしましょうか」「いえ, 結構です. ひとりでやれると思います」/ "S~ we invite Mr. and Ms. Brown?" "No I'd rather we didn't." 「ブラウン夫妻を招待したほうがいいかしら」「いやそうしないほうがいいと思うよ」

You shóuldn't (hàve). ⓢ どうもありがとう (意外なプレゼントを受け取ったときに使うことば).

B [直説法過去形] 語法 複文の場合または間接話法において主節の述語動詞が過去時制のとき, 従属節において用いる (☞ sequence of tenses 文法).

(1) 《英格式》[単なる未来を表わす shall (☞ shall 1) の過去形]…するだろう: 言い換え I thought (that) we ~ soon find the ship. (=I thought, "We *shall* soon find the ship.") 私はまもなく船が見つかるものと思った. 語法 《米》では would を使う. 《英》でも would のほうが普通.

(2) [直接話法で一人称または三人称とともに疑問文で用いられる shall は, 間接話法になると should を用いることがある; ☞ shall 2]: 言い換え I *asked* him if I ~ bring him a chair. (=I said to him, "*Shall* I bring you a chair?") 私は彼にいすを持ってきましょうかと尋ねた.

should·a /ʃúdə/ ⓢ 《非標準》should have の短縮形.

✱shoul·der /ʃóuldə|-də/ 名 (~s/-z/) 1 © 肩. 日英比較 日本語の「肩」よりも範囲が広く, 鎖骨や肩甲骨のあたりまでも含む 《☞ arm¹ 挿絵, back 挿絵, neck 挿絵》: a person with broad ~s 肩幅が広い人 / I have a stiff ~. 肩がこる / He was carrying his son *on* his ~s. 彼は息子を肩車していた.

2 [複数形で] 両肩の部分, (衣服などの)肩の部分: the ~s of an overcoat オーバーの肩のところ / a jacket with padded ~s 肩パッドのついた上着. **3** © 《米》路肩; 肩に相当する部分 (山の肩など): I pulled my car over to the ~ to look at the map. 地図を見るために車を路肩に寄せて止めた. **4** © [普通は複数形で] (責任を負う)双肩, 肩: The responsibility rests *on* her ~s. 責任は彼女の双肩にかかっている. **5** U,C (食用の)肩肉 (☞ cold shoulder 成句) 由来.

a shóulder to crý òn 名 悩みを聞いてくれる人, 同情してくれる人. 由来 悲しんでいる人を抱いて, 肩もたれて泣かせてくれる人, の意.

húnch [lóok òver] one's shóulders 動 ⾃ 肩[背中]を丸める (脅威や寒さなどから身を守るしぐさ).

lóok (báck) òver one's shóulder 動 ⾃ 肩越しに振り返って見る; [進行形で] (人に追われているのではないかと)不安に思う, (悪い事が起こるのではないかと)びくびくする.

lóok [wátch] òver ...'s shóulder 動 (人の)肩越しにのぞき込む, (批判的な目で)監視する.

pát ... on the shóulder=pát ...'s shóulder 動 ⾷ 〈…〉の肩をたたく (激励や慰めのしぐさ).

pùt one's shóulder to the whéel 動 ⾃ 仕事に熱心に取り組む; ひと肌脱ぐ.

shóulder to shóulder [副] (1) 肩と肩が触れ合って, 肩を並べて; 密集して (*with*). (2) 互いに協力して: stand ~ *to* ~ *with* one's colleagues on basic positions 基本的な考えでは同僚と同一歩調をとる.

shrúg one's shóulders 動 ⾃ 肩をすくめる 《困惑・疑惑・不賛成・あきらめのしぐさ》.

shrug one's shoulders

squáre one's shóulders 動 ⾷ 背筋をぴんと張る, 肩を怒らせる (決意・挑戦などのしぐさ).

(stráight) from the shóulder [副] 《米略式》(発言などで)率直に, 遠慮なく, ずばりと.

táke [cárry] ... on one's (ówn) shóulders 動 ⾷ 〈…〉の責任を負う, 〈…〉をしょい込む.

— 動 (-der·ing /-dərɪŋ, -drɪŋ/) ⾷ 1 〈荷物・銃など〉をかつぐ, 背負う; 〈責任など〉を負う, 引き受ける: shoulder a heavy (burden of) responsibility 重い責任を負う. **2** 〈…〉を肩で押す, 肩で突く. **Shóulder árms!** 《軍》にない銃(ニ)! (号令). **shóulder one's wáy** 動 ⾷ 肩で押しのけて進む (through, into) (☞ way¹). コーパス・キーワード

shóulder bàg 名 © ショルダーバッグ.
shóulder bèlt 名 © (自動車の)シートベルト.
shóulder blàde 名 © 肩甲骨 (scapula).
-shoul·dered /ʃóuldəd|-dəd/ 形 [合成語で] …な肩をした: broad-~ 肩幅の広い.
shóulder-hígh 副, 形 肩の高さまで(ある).

shóulder hòlster 图C 肩掛けホルスター.
shóulder-lèngth 形 (髪が)肩まである.
shóulder pàd 图C 肩あて.
shóulder sèason 图 観光シーズンのピーク前後.
shóulder stràp 图C **1** 肩ひも, つりひも 《スカート・スリップなどの》. **2** 《ショルダーバッグの》ひも.

*should·n't /ʃúdnt/《略式》should not の短縮形. (☞ not (1) (i) 語法); should A): You ~ go there. そこへは行かないほうがよい / S~ we try it once more? もう一度やってみるべきではないか / They should ask their parents, ~ they? 彼らは両親に相談すべきですよね / They ~ have resorted to violence. 彼らは暴力に訴えるべきではなかった.

shouldst /(弱) ʃədst, (強) ʃúdst/ 助《古語》shall の二人称単数過去形.

should've /ʃúdəv/《略式》should have² の短縮形.

*shout /ʃáut/ 動 (**shouts** /ʃáuts/; **shout·ed** /-tɪd/; **shout·ing** /-tɪŋ/) 自《大声で》叫ぶ, どなる (☞ 類義語; cry 表); 大声で話す: Don't ~ at me! <V+前+名・代> 私に向かってどならないでくれ (☞ at 3 語法) / Ed ~ed to me. エドは私に大声で呼びかけた / She ~ed for help. <V+for+名・代> 彼女は大声で助けを求めた / Tom ~ed at [to] me to run away. <V+前 [to]+名・代+to 不定詞> トムは私に逃げろとどなった.

— 他 **1**〈命令・警告・名前など〉を叫んで言う, どなる;〈...〉を[と]大声で言う: He ~ed (out) his orders. <V+(out+) O> 彼は大声で命令を下した / They ~ed insults at each other. <V+O+at+名・代> 彼らは大声でののしりあった / "Go back!" he ~ed. <V+O (引用節)>「戻れ」と彼は叫んだ / They ~ed (to us) that the ship had arrived. <V+(to+名・代)+O (that 節)> 彼らは(私たちに)船が着いたと叫んだ. **2** 大声を出して〈喜び・痛み・不承認など〉を表わす.

be áll óver bàr [bùt] the shóuting [動] 自《英》(競技・選挙・演技などで)勝負の山は見えた《あとはかっさいするだけ》. **shóut ... dówn** [動] 他 〈...〉をどなって黙らせる. **shóut onesèlf hóarse** [動] 自 大声を出して声をからす.

— 图 (shouts /ʃáuts/) **1** C 叫び, 大声: a loud ~ 大声 / give a ~ of joy 歓声をあげる. **2** [one's ~] 《英・豪式》(人が)酒をおごる番: It's my ~. 私がおごる番だ. **be ín with a shóut** [動] 自《英略式》勝ち見込みがある. **gíve ... a shóut** [動] 他 S 〈...〉に一声かける. **sénd a shóut òut to ...** [動] 他《俗》《ラジオやテレビで》〈知っている人〉に呼びかける.

【類義語】 **shout** 最も一般的な語で, 喜びや怒りなどの叫ぶ内容には直接関係なく, 注意をひくために大声を上げて叫ぶこと. **cry (out)**「叫ぶ」という意味で用いるのはやや文語的で, 驚きや痛みで思わず声を出すこと. **exclaim** 驚き・喜びなどの強い感情をもって突然叫ぶ[言う]こと. **yell** 助けを求めたり, スポーツの応援をしたり, 苦痛・恐怖・興奮などで, 声高く絶叫すること. **scream** 女性などが苦痛・恐怖・興奮のあまり金切り声で叫ぶこと. **shriek** 恐怖などで, scream よりさらにかん高い声で突然叫ぶこと. **screech** 耳ざわりで不快に感じる高い声を出すこと.

shóuting mátch 图C 激しい口論, ののしり合い.

*shove /ʃʌ́v/ 動 (**shoves** /~z/; **shoved** /~d/; **shov·ing**) 他 **1**〈...〉を(乱暴に)押す, 突く (push); 押しやる, 押し進む: The guards ~d people aside to make way for the movie star. <V+O+副> 警備員はその映画スターが通れるように人々をわきへ押しのけた / The rough boys shoved the child out of the line. <V+O+前+名・代> 悪童どもはその子を列から押し出した. **2**[副詞(句)を伴って]《略式》〈...〉を(無造作に)置く, 押し込む (in, into, under). — 自《略式》押す, 突く, 押し進む: We got into the train with a lot of pushing and shoving. 私たちは押しあいへし合いしながら電車に乗り込んだ. **shóve ... aróund** [動] 他《略式》〈人〉をこづき回す, こき使う. **shóve it** [動]

[しばしば命令文で] S 《略式》(そんなのはいらないから)どうにでも勝手に(処分)する《話者の怒りのことば》. **shóve óff** [動] 自 **1**《岸からさおで》船を押し出す (from);《船が》岸を離れる. **2**[普通は命令形で] S 立ち去る: S~ off! 出て行け. **shóve óver** [動]《略式, 主に英》〈乗り物など〉で座席を詰める, 動いて場所を空ける: S~ over, please. 少し(席を)詰めてくれ《乱暴な言い方》. **shóve úp** [動] 自 =shove over.

— 图 C [普通は単数形で] ひと押し, 突き: give ... a ~ ...をぐっと押す[突く]. **if [when] púsh cómes to shóve** [副] 文修飾 いざというときになれば[なると] (☞ push 成句).

shov·el /ʃʌ́v(ə)l/ 图C **1** シャベル, スコップ. **2** シャベル 1 杯(の量) (shovelful). **3**《米》= power shovel. — 動 (**shov·els; shov·eled**,《英》**shov·elled; -el·ing**,《英》**-el·ling**) 他 **1**〈雪・土など〉をシャベルですくう;《米》〈歩道など〉をシャベルでかく: They were ~ing the snow away [off]. 彼らはシャベルで除雪していた. **2**[軽蔑]〈食べ物など〉を(口に)大量にほうり込む (into). — 自 シャベルを使う.

shov·el·ful /ʃʌ́v(ə)lfùl/ 图C シャベル 1 杯の量.

*show /ʃóu/ 動《頻度》shore, *sure》(**shows** /~z/; 過去 **showed** /~d/; 過分 **shown** /ʃóun/, **showed**; **show·ing**)

意味の転換
他 **1** 見せる (cause (something) to be seen)
自 **1** 現われる, 見える (to be seen)

— 他
① 見せる, 示す 1, 2, 4
② 教える, 案内する 3, 6
③ 上演する, 上映する; 展示する 5
④ 表わす 8

1〈物〉を見せる, 示す (☞ 類義語);〈顔・姿など〉を見せる, 現わす: S~ your tickets, please. 切符を拝見します 「言い換え」 Nell ~ed all the pictures to me. <V+O+to+名・代>=Nell ~ed me all the pictures. <V+O+O> ネルはその写真全部を私に見せた 《dative verb 文法, indirect object 文法 (1), to¹ 3 語法》.

語法 上の文を受身の文にすると次のようになる: All the pictures were shown (to) me by Nell. 《直接目的語を主語としたとき》/ I was shown all the pictures by Nell. 《間接目的語を主語としたとき》(☞ be² B 文法 (2) (i)》.

The director ~ed himself on the platform. 監督が壇上に姿を見せた / ~ one's face (☞ face 成句).
2 [進行形なし] 〈服・色など〉が〈汚れなど〉を見せる, 現わす: 「This suit [White] will ~ the dirt. この服では[白は]よごれが目立つでしょう.
3〈道など〉を教える, 案内する;〈方法など〉を教える, 説明する (☞ teach 表): Would you mind ~ing me the way to the station? <V+O+O> 駅へ行く道を教えていただけませんか.

語法 地図を書いたり案内したりすることを頼む言い方で, 単に口で教えてもらうときは tell を使う. このようなときに teach とはいわない

Will you ~ me *where* the bathroom is, please? <V+O+O (wh 節)> お手洗いはどちらでしょうか 《bathroom 語法》/ 言い換え Please ~ me *what* to do next. <V+O+O (wh句)>=Please ~ me *what* I should do next. 次はどうしたらよいか教えてください /

show

I'll ~ you *how* absurd that plan is. その計画がどんなにおかしいかあなたに説明しましょう.

4 〈…であることを〉**示す**, 証明する, 明らかにする; 〈特徴などを〉表わす: The way she dresses ~s good taste. 彼女の服装を見ると趣味のよいことがわかる / He is ***shown as*** a grave-looking man in the painting. <V+O+C (*as*+名)の受身〉彼はその絵で謹厳な男として描かれていた / The picture ~*ed* Mr. Lee *lying* on the couch. <V+O+C (現分)〉写真にはリー氏が寝いすに横になっているところが写っていた / 言い換え [格式] The new evidence ~*ed* the man ***to*** be innocent. <V+O+C (*to* 不定詞)〉=The new evidence ~*ed that* the man was innocent. <V+O (*that* 節)〉新しい証拠はその男が無実だと証明した.

5 〈劇〉を上演する, 〈映画〉を上映する; 陳列[出品]する: What film are they ~*ing* at that movie theater? あの映画館では何を上映していますか / Meg won (the) first prize for the painting (which) she ~*ed*. メグは出品した絵で1等賞をもらった / His early paintings are *being shown* at a gallery in Paris. <V+O の受身〉彼の初期の絵画がパリの画廊で展示されている.

6 〈人〉を**案内する**, 通す: Please ~ this gentleman *in* [*out, up*]. <V+O+副〉この方を中へ[外へ, 階上へ]ご案内してください / Let me ~ you *to* the elevator. <V+O+前+名・代〉エレベーターまでご案内[お見送り]しましょう / I was ***shown into*** the room. <V+O+前+名・代の受身〉私は部屋に通された / He ~*ed* me the sights. <V+O+O〉彼は私に名所案内してくれた. **7** [受身なし] (計器・時計などが)〈…を〉示す, 表示する; 記録する; 〈会社などが〉利益[損失]を示す: The thermometer ~*ed* five degrees below zero. 温度計は零下5度を示していた / ~ a profit [loss] 利益をあげる[損失をこうむる]. **8** 〈気持ち・感情など〉を表わす, 示す; 〈親切〉を尽くす: She ~*ed* her true feelings. 彼女は本当の気持ちを表わした / 言い換え He ~*ed* great kindness *to* me.=He ~*ed* me great kindness. 彼はとても親切にしてくれた (⇨ to[1] [語法]) / Joe tried not to ~ *how* sad he was. ジョーはどんな悲しいかを見せまいとした. **9** [受身なし] [略式]〈人〉に自分の能力[値打ち]を見せる[証明する]: He thinks I can't do it, but I'll ~ him! 彼は私には出来ないと思っているが今に見せてやる. **10** 〈動物など〉をコンテストに出す.

— 自 **1** 〈物事が〉**現われる**, 見える, 出てくる (appear); [略式, 主に米] 〈人が〉現われる, 姿を見せる: Your slip is ~*ing*. スリップが見えてますよ / His knee was ~*ing through* his old jeans. <V+前+名・代〉彼のひざが古くなったジーンズからのぞいていた / Worry ~*ed in* her eyes. 心配な気持ちが彼女の目に現われていた / I waited for her in the rain, but she never ~*ed*. 雨の中で待っていたが彼女は現われなかった. **2** 目につく, 目立つ: I hope this scar won't ~. この傷跡が人目につかないといいな. **3** [副詞(句)を伴って] 〈芝居が〉上演される, 〈映画が〉上映される; 〈人が〉展示会を開く. **4** (米) (競馬で)上位3着(以内)に入る.

and it shóws (S) (悪いことが)見え見えだ, 明らかだ: "I copied a friend's homework." "And it ~s." 「友達の宿題を書き写したんだ」「だからぼろが出るんだよ」

hàve sómething [nóthing] to shów for … [動] …に対する成果をあげている[あげていない].

it (just) góes to shów (that) …=it just shóws (that) … [動] (S) それで…であると証明されることになる, …がわかる.

shów … a góod tíme [動] (他) [滑稽] 〈人〉を楽しませる.

shów onesèlf [動] 姿を見せる (⇨ (他) 1); 〈物事が〉現われる; 〈人が〉〈…だ〉と証明される: His joy ~*ed itself*

in his face. 喜びが彼の顔に現われていた / She ~*ed herself* (to be) reliable. 彼女は頼りになることを(身をもって)示した.

shów willing [動] 自 [英略式] やる気を示す.

to shów for … [形] [nothing, little や金額などに伴って] …の成果[もうけ]として(示すに足る) (⇨ have something [nothing] to show for …): He had only $10 *to* ~ *for* his work. 彼は働いたがもうけは10ドルに過ぎなかった.

――― show の句動詞 ―――

*****shów aróund*** [動] (他) 〈人〉を案内する <V+名・代+*around*〉: When you come to Paris, I'll ~ you *around*. パリにいらしたらご案内します.

shów … aróund ― (他) 〈人〉を連れて―を案内する: She ~*ed* me *around* the campus. 彼女は私を連れてキャンパスを案内してくれた.

*****shów óff*** [動] 自 目立ちたがる, かっこよく見せる: Al was ~*ing off* on his new bicycle when he ran into the wall. アルは新しい自転車に乗ってかっこつけていて壁にぶつかった.

― (他) **1** 〈才能・知識・財産など〉を**見せびらかす**, 見せびらかすような行動をする <V+名・代+*off* / V+*off*+名〉: The host ~*ed off* his rare stamps *to* all his guests. 主人は所蔵の珍しい切手をきて客のみんなに自慢そうに見せた. **2** 〈…〉をよく見せる: This swimsuit will ~ *off* your figure. この水着はスタイルを引き立てます.

shów róund [動] 自 (英)=show around.

shów thróugh [動] 自 〈物が〉透けて見える.

*****shów úp*** [動] 自 **1** [略式] (約束の時間に)**姿を現わす**, (会などに)出る (⇨ 自 1): Susan didn't ~ *up* at the party. スーザンはパーティーに姿を見せなかった. **2** 目立つ: The cracks ~*ed up* clearly in the photograph. 割れ目は写真ではっきり見えた. ― (他) **1** 〈…〉を目立たせる: The sunlight ~*ed up* the dust. 日光でほこりが目立った. **2** 〈悪事〉を暴露する, 暴く: This report ~s up the man *as* a fraud. この記事でその男が詐欺師であることがわかる. **3** [略式] 〈人〉に恥ずかしい思いをさせる.

― 名 (~s /-z/; 形 shówy) **1** © **ショー, 見せ物, 興行**; (映画の)上映, (劇などの)上演; (テレビ・ラジオの)番組: go to a ~ ショーを見に行く / put on a puppet ~ 人形劇を上演する / host [present] a ~ 番組の司会をする / THE GREATEST SHOW ON EARTH 地上最大のショー (サーカスなどの広告).

会話 "When will the last ~ start?" "At seven." 「上映の最終回はいつ始まりますか」「7時です」

――― show 1, 2のいろいろ ―――
áir shòw 航空ショー / **áuto shòw** (米), **mótor shòw** (英) 車の展示会 / **dóg shòw** 犬の品評会 / **flóor shòw** (ナイトクラブなどの) 余興, フロアショー / **flówer shòw** 花の展示[品評]会 / **gáme shòw** ゲーム番組 / **íce shòw** アイスショー / **quíz shòw** クイズ番組

2 © 展示会, 展覧会, 品評会: hold [stage] a ~ 展示会を開催する. **3** [単数形で] 見せること, 示すこと: without any ~ of anger 怒りを見せることなく. **4** [単数形で] うわべ, 見せかけ, 外観, 様子: Her apology was nothing but ~. 彼女の謝罪はうわべだけのものだった / He put on a ~ of indifference [cheerfulness]. 彼は無関心[明るさ]を装った. **5** [単数形で] 見せびらかし, 誇示, 華々しさ, 華麗な見せ物, 見もの: make a ~ of strength 力を誇示する / in a ~ of force 武力を誇示して / He is fond of ~. 彼はははが好きだ / The dahlias are [make] a splendid ~. そのダリアは見ばえする. **6** [単数形で] [略式] 組織; 仕事, 企て, 事業;

run *the* (whole) ～ (事業・組織などを)牛耳る / Let's get this ～ moving. さあ仕事を始めよう. **7** [形容詞的に] 展示見本の: ☞ show house [home].

a shów of hánds [名] 挙手(による採決).

for shów [副] 見せびらかしに, 見えで.

gèt this [the] shów on the róad [動] [自] [S] 《略式》 仕事に取りかかる, 動き始める.

give the shów awày [動] [自] 《略式》 (特にうっかり)秘密の計画をもらす, 馬脚を現わす.

(Jólly) góod shów! [感] [S] 《古風, 英》 立派立派!, でかした, でかした! 《人がうまくやったときのほめことば》.

màke a shów of ... [動] [他] ...のふりをする (do*ing*) (☞ 4); ...を誇示する (☞ 5).

on shów [形] 展示されて: His paintings are now *on* ～ at a gallery. 彼の絵が今画廊に展示されている.

pùt ón a (góod) shów [動] [自] (人に対して)うまくいっているふりをする, 何でもないように装う (*for*).

pùt úp a góod [póor] shów [動] [自] 《略式》 (物事を)上手[下手]にする.

stéal the shów [動] [自] (脇役(わきやく)・予想外の者が)人気をさらう, (...以上に)注目を浴びる (*from*).

stóp the shów [動] [自] (演技などが一時続行不能になるほどに)大かっさいを受ける, 大受けに受ける.

【類義語】 **show** 人に見せるの意の最も普通の語: I will *show* you a beautiful picture. 美しい絵をお見せしましょう. **exhibit** 公に人の注意を引くように見せることで, 物品展示にも, 才能などの発揮にも用いる: Modern paintings were *exhibited* for sale. 現代絵画が展示即売されていた. **display** やや格式ばった語で, はっきり見えるように広げるの意で, 商品などの陳列にも, 感情や才能・無知などをさらけ出すことにも用いる: The new coats were *displayed* in the window. 新しいコートがウインドーに陳列されていた.

shów and téll [名] [U] 《米》 (子供に家から珍しいものを持って来させ説明させる)発表会.

+**show·biz** /ʃóʊbìz/ [名] [U] 《略式》 =show business.

shów·bòat [名] [C] 《米》 (Mississippi 川などの)演芸船, ショーボート. ― [動] [自] 《米略式》 目立ちたがる, ひけらかす.

showboat

shów·bòating /-tɪŋ/ [名] [U] 《米略式》 ひけらかし, 見せびらかし.

+**shów bùsi·ness** [名] [U] (映画・演劇・テレビなどの)芸能産業, 芸能界 (《略式》 showbiz): *show-business* people 芸能界の人々.

+**shów·càse** [名] [C] **1** 陳列棚, 陳列ケース. **2** (...を)引きたてて見せるもの (*for*). ― [動] [他] **1** 〈...〉を陳列棚に収める. **2** 〈能力など〉を見せる, 披露する.

+**shów·dòwn** [名] [C] [普通は単数形で] 対決して決着をつけること, 決定的対決 (*over, between*): have a ～ *with* one's boss 上司と決着をつける.

***show·er** /ʃáʊə | ʃáʊə/ [名] (～s /～z/; [形] shówery) **1** [C] シャワー(を浴びること); シャワーの装置 (☞ bathroom 挿絵); シャワールーム: 《主に米》 take [《主に英》 have] a ～ シャワーを浴びる / turn on [off] the ～ シャワーを出す[止める] / The ～ doesn't have hot water. シャワーからお湯が出ない / She's in the ～. 彼女はシャワーを浴びている.

2 [C] にわか雨; にわか雪[みぞれ, あられ, ひょう]: I was caught in a ～. 私はにわか雨にあった / Scattered ～*s* are forecast for this afternoon. 午後は所によりにわか雨が予想されます. [日英比較] shower は一時的な降雨をいうが, 日本語の「夕立」のように激しさは意味しない (☞ downpour). **3** [C] にわか雨のように降るもの; [a ～] (弾丸・贈り物などの)雨, (...の)洪水: *a* ～ *of* sparks 降りそそぐ火の粉 / a meteor ～ 流星群. **4** [C] 《米》 (女性の)祝い品贈呈の会 《結婚や出産の前に開く》. **5** [《英》 単数形でも時に複数扱い] 《略式》 いやな人たち, だらしない人たち.

― [動] (show·ers /～z/; show·ered /～d/; -er·ing /ʃáʊ(ə)rɪŋ/) [自] **1** シャワーを浴びる: I ～*ed* before breakfast. 私は朝食の前にシャワーを浴びた.

2 [it を主語として; ☞ it[1] A 2] にわか雨が降る: Suddenly *it* began to ～. 突然にわか雨が降りだした. **3** 雨のように注ぐ, どっと来る[与えられる]: Good wishes ～*ed* (*down*) *on* the couple. 祝福のことばがカップルに浴びせられた. ― [他] 〈人〉に(物事を)浴びせる; (人に)〈物事〉をたくさん注ぐ[与える]: They ～*ed* 「the speaker *with* questions [questions *on* the speaker]. 彼らは講演者に雨あられと質問を浴びせかけた.

shówer càp [名] [C] (髪を濡らさないためにかぶる)シャワーキャップ.

shówer cùrtain [名] [C] シャワーカーテン (☞ bathroom 挿絵).

shówer gèl [名] [U] 《英》 ボディーシャンプー.

shówer hèad [名] [C] シャワーの水の吹き出し口.

shówer·pròof [形] (衣服が)撥水(はっすい)加工した.

show·er·y /ʃáʊ(ə)ri/ [形] (show·er·i·er; -i·est; [名] shówer) にわか雨の(多い).

shów·gìrl [名] [C] =chorus girl.

shów·gròund [名] [C] 品評[展覧]会場.

shów hòuse [hòme] [名] [C] 《英》 =model home.

show·i·ly /ʃóʊɪli/ [副] はでに.

show·i·ness /ʃóʊinəs/ [名] [U] けばけばしさ.

shów·ing [名] **1** [C] 公開, 展示: the first ～ (映画の)封切り. **2** [C] [普通は単数形で] できばえ, 成績: make a good [poor] ～ できばえがよい[悪い] / On yesterday's ～, our team will probably win today. 昨日の試合から見てうちのチームが今日も勝つだろう.

on ...'s cúrrent [présent] shówing [副] ...の現状[現況]から判断すると.

shów jùmper [名] [C] 障害飛越(ひえつ)競技用の馬.

+**shów jùmping** [名] [U] 〖馬術〗 障害飛越(ひえつ).

show·man /ʃóʊmən/ [名] (-men /-mən/) [C] **1** 見世物師, 興行師. **2** はでに注目を集める人.

shówman·shìp [名] [U] 興行の腕前, 興行的手腕; 注目を集める腕前.

Shów Mè Stàte [名] [the ～] 証拠を見せろ州 《米国 Missouri 州の俗称》.

****shown** /ʃóʊn/ ([同音] 《米》 shone) [動] **show の過去分詞.**

+**shów-òff** [名] (～s) [C] 《略式》 [軽蔑] 見せびらかす人, 目立ちたがり屋, 自慢屋.

+**shów·pìece** [名] [C] 展示品; 優秀な見本.

shów·plàce [名] [C] 名所, 旧跡; 美しい建物.

shów·rìng [名] [C] (品評会などの円形の)展示場.

+**shów·ròom** [名] [C] ショールーム, 陳列室, 展示室.

shów·stòpper [名] [C] [ほめて] **1** 大受けする演技(者). **2** 《略式》 人目を引くもの[人].

shów·stòpping [形] [ほめて] (演技が一時中断されるほど)大受けする.

shów·tìme [名] **1** [U,C] 番組[映画, ショー]の開始時刻. **2** [U] 《略式》 見せ場.

shów trìal [名] [C] (世論操作目的の)見せしめ裁判.

shów tùne [名] [C] ミュージカル中の歌.

shów wìndow [名] [C] ショーウインドー; 陳列場.

show·y /ʃóʊi/ [形] (show·i·er, more ～; -i·est, most ～; [名] show) [普通は軽蔑] **1** 目立つ, はでな, けばけばしい. **2** 見えを張る.

shpt. [略] =shipment.

***shrank** /ʃrǽŋk/ ([類音] shrunk) [動] **shrink の過去形.**

S

shrapnel

shrap·nel /ʃræpn(ə)l/ 名 U りゅう散弾(片).

shred /ʃréd/ 名 (**shreds** /ʃrédz/) 1 C 〔普通は複数形〕(細長い)1片, 断片, 残りくず(fragment): in ~s ずたずたになって, 破滅して / a ~ of tobacco ごく少量の刻みたばこ / The cloth was torn to ~s. 布きれはずたずたに切り裂かれた. 2 [a ~ として普通は否定文で] ほんの少し(bit): There's *not a* ~ *of* truth in the rumor. それは根も葉もないうわさだ.
— 動 (**shreds** /ʃrédz/; **shred·ded** /-dɪd/; **shred·ding** /-dɪŋ/) 他 〈...〉を(細長い)断片に切る, (シュレッダーで)裁断する; 〈野菜・たばこなど〉を刻む: Staff members *shredded* the secret documents. 社員たちは秘密文書を裁断した / Ann is *shredding* cabbage *with* a food processor. 〈V+O+with+名・代〉アンはフードプロセッサーを使ってキャベツを刻んでいる.

shred·der /ʃrédə/ 名 -də/ 名 C 1 文書裁断機, シュレッダー. 2 《米略式》スノーボードをする人.

shrew /ʃrúː/ 名 C 1 とがりねずみ(鼻先のとがった小さな動物). 2 《古風》〔軽蔑〕口やかましい女.

shrewd /ʃrúːd/ 形 (**shrewd·er**; **shrewd·est**) 1 洞察力のある, 抜け目のない, 利口な(clever)(*at*): a ~ businessman やり手の実業家. 2 鋭い, 鋭敏な: a ~ guess 鋭い推測. **~·ly** 副 抜けめなく. **~·ness** 名 U 抜けめなさ, 利口さ.

shrew·ish /ʃrúːɪʃ/ 形 《古風》〔軽蔑〕(女が)口うるさい; 意地悪い.

Shri /ʃríː/ 名 = Sri.

shriek /ʃríːk/ 動 自 1 金切り声を出す, (かん高い声で)きゃっと叫ぶ(*out*)(⇒ shout 類義語): The children ~*ed with* laughter. 子供たちはきゃーきゃー言って笑った. — 他 〈...〉と金切り声で言う: The nurse ~*ed out* a warning. 看護師はかん高い声で注意した.
— 名 C (恐怖による)金切り声, かん高い声; 悲鳴; 鋭い音: give [let out] a ~ *of* laughter きゃーきゃー笑う.

shrift /ʃrɪft/ 名 U 《古風》(司祭への)ざんげ(⇒ short shrift).

shrike /ʃráɪk/ 名 C もず(もず科の鳥).

shrill /ʃríl/ 形 (**shrill·er**; **shrill·est**) 1 金切り声の, 甲高い; けたたましい(警笛・電話のベルなど): a ~ voice 金切り声 / a ~ whistle 鋭い警笛. 2 〔しばしけなして〕(主張・要求などが)激しい, しつような. — 動 自 鋭い音を出す, 金切り声(かん高い)声を出す; — 他 〈...〉を(と)かん高い声で言う. **shril·ly** /ʃrɪ́lli/ 副 かん高く; しつように. **~·ness** 名 U かん高さ; しつよう.

shrimp /ʃrímp/ 名 (複 ~**s**) 1 C 小えび(大きさが普通4-8センチメートルくらいのもの), えびじゃこなど; ⇒ lobster 表); 《米》= prawn. 2 (複 ~**s**) 〔差別・滑稽〕小柄な人, ちび. — 動 自 小えびをとる.

shrimp cócktail 名 C,U 《米》シュリンプカクテル(辛めのトマトソースをかけたえびの前菜).

shrimp·er /ʃrímpə/-pə/ 名 C 小えびを捕る人(船).

shrimp·ing /ʃrímpɪŋ/ 名 U 小えび捕り.

shrine /ʃráɪn/ 名 C 1 聖堂(聖人の遺骨・遺物を祭ったところ), (聖人の)墓所, 社, (日本の)神社(*to*): the Meiji S~ 明治神宮 / pray at a Shinto ~ 神社に祈願する. (関連)temple 神殿, 仏教の寺. 2 殿堂, 聖地, 霊場: a ~ *to* art [liberty] 芸術(自由)の殿堂. 3 聖骨(聖物)箱(聖人の遺骨・遺物を納めたもの). (語源)ラテン語で「ひつ, 箱」の意.

Shrin·er /ʃráɪnə/ 名 C シュライン会会員(米国のフリーメーソンの外郭団体の会員).

shrink /ʃríŋk/ 動 (**shrinks** /~s/; 過去 **shrank** /ʃræŋk/, **shrunk** /ʃrʌ́ŋk/; 過分 **shrunk**, 《米》**shrunk·en** /ʃrʌ́ŋk(ə)n/; **shrink·ing**) 自 1 縮む(布地などが水や熱で); 小さくなる: Wool ~s 'when washed [in the wash]. 羊毛は洗うと縮む. 2 (数量や価値などが)減る, 少なくなる: Inflation has made the value of the dollar ~. インフレでドルの値打ちが下がった / House sales have been ~*ing* recently. 最近家は売れなくなってきている. / The number of dragonflies has been ~*ing* rapidly. トンボの数が急激に減っている. 3 〔副詞(句)を伴って〕《主に文》(恐れ・痛みなどで) ひるむ, しりごみする(*away*)(*from*)): Our cat ~*s back at* the sight of fire. うちの猫は火をみるとしりごみする.
— 他 〈...〉を縮ませる; 減らす. **shrínk from ...** 動 他 ...を避ける, ...(すること)をいやがる(avoid)(*doing*): He never *shrank from* danger. 彼は決して危険にひるむことはなかった.

shrink·age /ʃríŋkɪdʒ/ 名 U 収縮; 縮小, 減少.

shrink·ing víolet 名 C 〔普通は否定文で〕〔滑稽〕内気な人, はにかみ屋.

shrink-wrápped 形 ポリエチレン製のラップで包んだ, 収縮包装した. — 名 U 収縮包装(用のラップ).

shriv·el /ʃrív(ə)l/ 動 (**shriv·els**; **shriv·eled**, 《英》**shriv·elled**; **-el·ing**, 《英》**-el·ling**) 自 しなびる, しぼむ, 小さくなる(*up*); しわが寄る, 縮む: Leaves ~*ed in* the heat. 暑さで木の葉がしなびた. — 他 〈...〉をしなびさせる(*up*); 〈...〉にしわを作らせる, 〈...〉を縮ませる.

shriv·eled, 《英》**-elled** 形 しなびた, しわの寄った: a ~ face しわくちゃの顔.

'shroom /ʃrúːm/ 名 C 〔普通は複数形で〕《俗》= magic mushroom.

shroud /ʃráʊd/ 名 1 C 経かたびら, 屍衣(しい)(winding-sheet). 2 C 覆(おお)うもの, 覆い, 幕: under the ~ *of* night 夜のとばりに紛れて. 3 〔複数形で〕横張静索, シュラウズ(マストから左右の舷側(げんそく)に張る). — 動 他 1 〈...〉に経かたびらを着せる. 2 〔普通は受身で〕〈...〉を覆(おお)う(cover), 覆い隠す: be ~*ed in* mystery [mist] なぞ〔霧〕に包まれている.

Shróve Túesday /ʃróʊv-/ 名 C,U ざんげ火曜日(聖灰の水曜日(Ash Wednesday) の前日; Mardi Gras と同じ).

shrub /ʃrʌ́b/ 名 (~**s**/~z/) C 低木, 灌木(かんぼく)(根元から多くの枝が出ている低い木)(bush). (関連)tree 木 / grass, plant 草.

shrub·ber·y /ʃrʌ́b(ə)ri/ 名 (**-ber·ies**) U 低木(全体), C (庭園内などの)低木の植え込み.

shrub·by /ʃrʌ́bi/ 形 (**shrub·bi·er**, **-bi·est**) 低木の多い〔茂った〕, 低木の(ような).

shrug /ʃrʌ́g/ 動 (**shrugs** /~z/; **shrugged** /~d/; **shrug·ging**) 他 肩をすくめる(不愉快・無関心・驚き・疑い・冷笑などの感情を表わす): She just *shrugged* at my remark. 彼女は私の感想をただ肩をすくめてあしらっただけだった. — 他 〈肩〉をすくめる(⇒ shrug one's shoulders (shoulder 成句)挿絵). (語源)中期英語で元来は「(寒さで)震える」の意. **shrúg óff** 動 他 〈...〉を軽くあしらう, 無視する; ふり払う; 身をよじって〈服〉を脱ぐ. — 名 C 〔普通は a ~ 〕肩をすくめること: with a ~ (of the shoulders) 肩をすくめて. **gíve a shrúg (of the shóulders)** 動 自 肩をすくめる.

shrunk /ʃrʌ́ŋk/ (頭連)**shrank** 動 **shrink** の過去形および過去分詞.

shrunk·en /ʃrʌ́ŋk(ə)n/ 動 **shrink** の過去分詞.
— 形 A 縮んだ, しなびた.

shtick /ʃtík/ 名 C,U 《略式》(ショーなどの)おきまりのこっけいなしぐさ〔場面〕.

shuck /ʃʌ́k/ 《米》名 C (とうもろこし・豆などの)皮, 殻, さや. — 動 他 〈...〉の皮〔殻, さや〕を取る(取く). **shúck óff** 動 他 《米略式》〈服〉を脱ぐ; 〈...〉を捨て去る.

shucks /ʃʌ́ks/ 間 《古風, 米》ちぇっ, あーあ, いらだち, 失望を表わす); ちっとも, 駄目さ(卑下を表わす).

shud·der /ʃʌ́də/-də/ 動 (**-der·ing** /-dərɪŋ, -drɪŋ/) 自 1 (怖さ・寒さなどで)震える, 身震いする, がたがた震える, ぞくぞくする(⇒ shake 類義語): He ~*ed with* dread [cold]. 彼は怖くて〔寒くて〕がたがた震えた. 2 (いやで)ぞっとする: I ~ 「*at* the thought [to think] of it. それを考えるとぞっとする. **3** 〖機械・乗物 など〗激しく揺れる: ~ to a halt がたがた揺れて止まる. ─ 他 **1** 身震い, おののき: with a ~ 身震いしながら; ぞっとして. **2** 震動. **gíve ... the shúdders** [動] 他 〖略式〗〈人を〉ひどく怖がらせる. **sénd a shúdder through ...** [動] 他 ...を震えおののかせる.

*shuf・fle /ʃʌ́fl/ ★ 発音については ☞ rifle¹ リスニング〖囲み〗. 動 (**shuf・fles** /~z/; **shuf・fled** /~d/; **shuf・fling**) 他 **1** 〈足を〉引きずって歩く; 〈足などを〉もぞもぞ動かす: ~ one's feet 足をもぞもぞ動かす. **2** 〈...を〉ごちゃ混ぜにする, 混ぜる; 〈書類などを〉あちこちへ動かす, 移しかえる, 〈人を〉別のポストに動かす (*about, around*). **3** 〈トランプの札を〉切る (*up*): Will you ~ the cards? 札を切ってくれませんか. ─ 自 **1** 〖副詞(句)を伴って〗足を引きずって歩く, のろのろ歩く (*along*); もぞもぞ動く (*around*). 関連 shamble よろよろ歩く. **2** トランプの札を切る. **shúffle óff** [動] 他 〈仕事などを〉避ける; 〈責任を〉他人に転嫁する: ~ *off* one's responsibility *onto* others 責任を他人におしつける. **shúffle óff this mórtal cóil** [動] 自 〖滑稽〗死ぬ. **shúffle óut of ...** [動] 〈ごまかして仕事から〉のがれる. **shúffle thróugh ...** [動] 〈書類の山などを〉急いで分ける, 〈...に〉急いで目を通す. ─ 名 © [普通は単数形で] **1** 足を引きずって歩くこと. **2** トランプを切ること[番]: give the pack [cards] a good ~ 〖1組の〗トランプをよく切る. **3** 〖人事の〗更迭(つう), 異動, 入れかえ: a Cabinet ~ 内閣改造. **be [gèt] lóst in the shúffle** [動] 〖どさくさにまぎれて見落とされる.

shúffle・bòard 名 Ⓤ シャッフルボード〖棒で円盤を突いて枠に入れる遊戯〗.

shúf・fler /ʃʌ́flɚ|-lə/ 名 © **1** 足を引きずって歩く人. **2** トランプの札を切る人.

shuf・ti /ʃʊ́fti/ 名 [次の成句で] **háve a shúfti** [動] 自 〖英略式〗ちらっと見る (*at*).

shui ☞ feng shui.

†**shun** /ʃʌ́n/ 動 他 (**shuns; shunned; shun・ning**) 〈...を〉避ける, 遠ざける: She ~s publicity [meeting people]. 彼女は世間の注目[人に会うこと]を避けている.

'**shun** /ʃʌ́n/ 間 〖軍〗気をつけ! (attention).

*****shunt** /ʃʌ́nt/ 動 他 **1** 〖しばしば受身で〗〈人・物を〉別のところへ移す[かえる], 〈人を〉のけ者にする, 左遷(さん)する (*off, aside*). **2** 〖しばしば受身で〗〈列車・車両を〉他の線へ〗入れかえる (*onto, to*). **3** 〖医〗〈血液の流れを〉側路に流す. **4** 〖電〗〈に〉分路をつくる. ─ 自 〈列車・車両が〉側線へ入る, 待避する. ─ 名 © **1** 〖列車などを〗側線へ入れること; わきへ移す[そらす]こと. **2** 〖医〗〈血液の〉側路. **3** 〖英略式〗〈車の〉衝突.

shúnt・er /ʃʌ́ntɚ|-tə/ 名 © **1** 〖鉄〗転轍(てっ)手, 転轍器; 車両入れ替え用機関車.

shush /ʃʌ́ʃ, ʃʊ́ʃ/ 間 しっ, 静かに 〖普通は子供などに対して〗. ─ 他 〖略式〗〖普通は命令文で〗静かにする. ─ 他 しっと言って〈...を〉黙らせる (*up*).

*****shut** /ʃʌ́t/ 〖類音〗shot 動 (**shuts** /ʃʌ́ts/; 過去・過分 **shut; shut・ting** /-tɪŋ/)

───── 自 他 の転換 ─────
他 **1** 閉じる (to cause (something) to be closed)
自 **1** 閉まる (to become closed)

─ 他 **1** 〈...を〉**閉じる**, 閉(し)める, 〈...の〉戸[窓, ふた]を閉める (☞ 類義語); 〈穴などを〉ふさぐ (反 open): Please ~ the door [window]. ドア[窓]を閉めてください / She ~ (the lid of) the box carefully. 彼女は注意して箱のふたを閉めた / He ~ his ears *to* all criticism. <V+O+*to*+名・代> 彼はあらゆる批判に耳を閉ざした.

2 〈本・傘などを〉**閉じる**, 〈望遠鏡などを〉たたむ (反 open): S~ your books now, and I'll ask you some questions. さあ本を閉じて, いくつか質問しますから.

3 〈...に〉〈人を〉閉じ込める; 〈服・指などを〉〈...に〉挟(はさ)む: I ~ my skirt [finger] *in* the door. 私はスカート[指]を戸に挟んでしまった. **4** 〖英〗〈店・工場などを〉閉める, 休業[終業]する (反 open): Most of the stores are ~ on Sunday. たいていの店は日曜日は閉まる.

─ 自 **1** 〈ドア・ふたなどが〉閉まる; 〈目・口などが〉閉じる: This door won't ~. このドアはどうにも閉まらない. **2** 〖英〗〈店・工場などが〉閉まる. **Shút it!** Ⓢ 〖英〗黙れ.

───── shut の句動詞 ─────

shút awáy 動 他 〈...を〉〖離れた[安全な]所に〗閉じ込める; 〈貴重品などを〉しまい込む. **shút onesèlf awáy** [動] 自 〖離れた[静かな]所に〗閉じこもる.

*****shút dówn** 動 (名 shútdòwn) 他 **1** 〈会社・工場などを〉**閉鎖する**, 休業にする <V+名・代+*down* / V+*down*+名>: The smaller factory was ~ *down*. 小さいほうの工場は閉鎖された. **2** 〈機械・装置を〉止める. **3** 〖米略式〗〈相手チーム・選手の〉行動[得点]を妨げる. **4** 〈...を〉〖しっかり〗閉める. ─ 自 **1** 〈会社・工場などが〉閉鎖される, 休業する: That mine has ~ *down*. その鉱山は閉鎖している. **2** 〈機械・装置が〉止まる.

*****shút ín** 動 (名 shút-ìn) 他 **1** 〈...を〉閉じ込める, 〈病気などで〉〈人を〉引きこもらせる <V+名・代+*in* / V+*in*+名>: Please don't ~ me *in*! 閉じ込めないで. **2** 〖しばしば受身で〗〈林・山・雪などが〉〈...を〉取り囲む. **shút onesèlf ín** [動] 自 〈...に〉閉じこもる.

*****shút óff** 動 (名 shútòff) 他 **1** 〈ガス・水道・電気などを〉切る, 〈...の〉供給を止める; 〈蛇口・器具・ヒーターなどを〉止める; 〈道路・交通などを〉遮断(だん)する, 〈眺めなどを〉さえぎる <V+名・代+*off* / V+*off*+名>: The police surrounded the house and ~ *off* the power supply. 警察が家を包囲して電気を止めた.

2 〖しばしば受身で〗〈...から〉〈...を〉切り離す: The village was ~ *off from* the world by the mountains. その村は山によって外界から隔絶されていた.

─ 自 〈ガス・水道・電気・器具などが〉止まる, 切れる: The gas ~s *off* automatically if there is a strong earthquake. 強い地震があるとガスは自動的に止まる. **shút onesèlf óff** [動] 自 (1) 〈ガス・水道などが〉止まる. (2) 遠ざかる: Don't ~ *yourself off from* the world. 世間と没交渉にならないようにしなさい.

*****shút óut** 動 (名 shútòut) 他 **1** 〈人・動物を〉締め出す, 〈頭・意識などから〉〈考えなどを〉締め出す; 〈光・風などを〉遮断する, 〈眺めなどを〉さえぎる <V+名・代+*out* / V+*out*+名>: He closed the blinds to ~ *out* the light. 彼は光を遮断するためにブラインドを下ろした. **2** 〖米〗〖スポ〗〈相手側に〉得点をさせない, 完封[シャットアウト]する: The pitcher ~ *out* the Dodgers on three hits. その投手はドジャースを3安打で完封した. 語法 1 記は全部でなくても言える: He shut *out* the Giants for the last two innings. 彼は最後の2回はジャイアンツを零点に抑えた.

shút ... óut of─ 動 他 〈...を〉...から締め出す.

*****shút úp** 動 他 **1** 〈戸口・窓などを〉すっかり閉じる, 〈家などの〉戸締まりをする; 〈店・工場などを〉閉める <V+名・代+*up* / V+*up*+名>: ~ *up* shop 〖略式〗店をたたむ; 〈その日の〉仕事を切りあげる / Don't forget to ~ *up* the house before you go on vacation. 旅行に出る前に忘れずに戸締まりをしなさい.

2 〈...を〉閉じ込める (*in*); 〈貴重品などを〉しまい込む <V+名・代+*up* / V+*up*+名>: He was ~ *up in* prison for ten years. 彼は10年間投獄された.

3 〖略式〗〈...を〉黙らせる <V+名・代+*up* / V+*up*+名>: Once he begins to talk on that subject, you just can't ~ him *up*. 彼がいったんそのことで話しだしたら, なかなか黙らせられない.

4 〖口的略式〗黙る, 黙れ. 語法 普通は命令文で用いるが, 高圧的で乱暴な言い方: S~ *up*, everybody! I can't hear the television. みんな話をやめろ. テレビが

聞こえないだろ. **2** 戸締まりをする;(夕方などに)店を閉める. **shút onesèlf úp** [動] 値 閉じこもる (*in*).

── 形 閉じた (反 open): Sorry, we're ~. すみません, もう閉店です / slam the door ~ 戸をばたんと閉める / With all the windows ~, the classroom was hot. 窓が全部閉めてあったので, 教室は暑かった / Keep your eyes wide open before marriage, and half ~ afterward. 結婚前には目を大きく開き, 結婚後は半分閉じなさい (Franklin のことば).
【類義語】**shut** と **close** は閉じる意で区別なく用いることも多いが, **close** のほうがやや上品な語. **shut** はぴったりしめる動作を強調し, **close** より (略式)的: Please shut [*close*] the door. 戸を閉めてください / Shut your mouth. 黙れ.

†**shut・down** 名 ((動) shút dówn) C (会社・工場などの)一時休業, 廃業, 操業停止.

shút-èye 名 U (略式) 眠り, 睡眠 (sleep): get [catch] some ~ ちょっと眠る.

shút-ìn (米) 名 ((動) shút ín) C (家にこもりっきりの人[患者]. ── 形 (家・病院などに)閉じこもった.

shút-òff 名 ((動) shút óff) CU 遮断, 閉鎖, (ガス・電気などの)供給停止; 遮断するもの: a ~ valve 閉鎖弁.

shút-òut 名 ((動) shút óut) C **1** 締め出し; 工場閉鎖. **2** [野] シャットアウト(ゲーム), 完封.

†**shut・ter** /ʃʌ́tə | -tə/ 名 C **1** (写) シャッター: press the ~ シャッターを押す. 用法注意 写真をとってもらうときには Will you take ⌈my picture [a picture of me]? といい, Will you press the shutter? とはいわない. **2** [普通は複数形で] よろい戸, 雨戸, シャッター: open [close] the ~s よろい戸[シャッター]を開ける[閉める]. **pùt úp the shútters** [動] 値 (1) よろい戸[シャッター]を閉める. (2) (英) 閉店にする; 廃業する. 語源「光を遮断する (shut out) もの」. ── 動 (-ter・ing /-təriŋ, -triŋ/) **1** [普通は受身で] ⟨…⟩のよろい戸[シャッター]を閉める. **2** [普通は受身で] 廃業させる. **3** ⟨…⟩によろい戸[シャッター]を付ける.

shútter・bùg 名 C (米略式) アマチュア写真家.

shút-tered 形 よろい戸[シャッター]の閉まっている; よろい戸[シャッター]の付いた; (感情などをさとられないように)目を半分閉じた.

shútter priórity 名 U 『写』シャッタースピード優先方式 (☞ aperture priority).

shútter reléase 名 C 『写』シャッターボタン.

shútter spèed 名 U,C 『写』シャッター速度.

*****shut・tle** /ʃʌ́tl/ 13 名 (~s /-z/) C **1** (近距離の)定期往復(便); シャトルバス[列車]; [空] 連続往復機: take the 8:15 ~ to Boston 8 時 15 分の往復便に乗ってボストンへ行く / When does the next ~ flight to Glasgow leave? 次のグラスゴー行き定期便はいつ出ますか. **2** =space shuttle. **3** (織機の)杼(ひ)(横糸を左右に通す器具); (ミシンの)シャトル. **4** (略式) =shuttlecock. **by shúttle=on a shúttle** [副] 往復便で. ── 動 値 往復する (*between, back and forth*). ── 他 ⟨…⟩を往復させる; ⟨…⟩を往復便で運ぶ; ⟨人⟩を(バスで)輸送する (*from, to*).

shuttle・còck 名 C (バドミントン・羽根つきの)羽根((米) birdie).

shúttle diplómacy 名 U 往復外交(特使が関係諸国間を行き来して交渉する).

shúttle sérvice 名 C (バスなどの近距離便の)定期往復便.

*****shy**[1] /ʃáɪ/ 形 (**shy・er, shi・er; shy・est, shi・est**) **1** 恥ずかしがりの, 内気な, 引っ込み思案の (ashamed 表): 恥ずかしそうな, はにかんだ: a ~ smile [look] 恥ずかしげな微笑[表情] / The little boy was so ~ that he hid behind his mother when the visitor arrived. その坊やはとても人見知りをしてお客さまが来ると母親のかげに隠れてしまった / Don't be ~. 恥ずかしがらないで / Helen is painfully ~ *with* [*of*] boys. <A+with [*of*]+名・代> ヘレンは男の子と話すのをひどく恥ずかしがる. **2** P ⟨…⟩したがらない: be ~ *of* publicity 目立つのをいやがる / He is not ~ *about* imposing his opinion on others. 彼はためらわずに自分の意見を他人に押しつける. 関連 camera-shy 写真嫌いの. **3** (動物が)ものおじする, 物に驚きやすい; 用心深い, (…を)用心して (*of*): Once bitten, twice ~. (ことわざ) 1 度かみつかれると, 2 度目は用心深くなる. **4** P (主に米) (金などが)足りない (*on*), (目標に)…が不足して: an inch ~ *of* five feet 5 フィートに 1 インチ足りない. **fíght shý of (dóing) ...** [動] 他 (英)⟨…(するの)を避けようとする; ⟨…(するの)を嫌う.
── 動 (**shies; shied; shy・ing**) 値 (馬がおびえて)後ずさりする, 怖がる; (人が)しりごみする (*at*).

shý awáy from (dóing) ... [動] 他 ⟨…(するの)を避ける; ⟨…(するの)をいやがる.
【類義語】**shy** 性格的に, または社交に不慣れで, 人に接したら気持ちが, 人前ではにかみの強いこと. **bashful** 子供や若い女性などが赤面したりして恥ずかしがる様子. **modest** 自信がありながらも出すぎた内気さをもつこと. **timid** 気が弱く臆病な.

shy[2] /ʃáɪ/ 動 (**shies; shied; shy・ing**) 他 (古風) ⟨石など⟩を投げる (*at*). ── 名 (**shies**) C (略式) **1** ひと投げ (☞ coconut shy): have [take] a ~ *at* ... …に(石など)を投げる. **2** ひやかし, あざけり: take a few shies *at* ... …を少しひやかす.

-shy /ʃáɪ/ 形 [合成語で] …をいやがる, こわがる: camera-shy カメラ嫌いの / work-shy 仕事嫌い.

Shy・lock /ʃáɪlɑk | -lɔk/ 名 C シャイロック (シェークスピア (Shakespeare) 作「ベニスの商人」(*The Merchant of Venice*) 中の冷酷な高利貸しのユダヤ人).

shý・ly 副 恥ずかしそうに; おずおずと.

shý・ness 名 U 内気, はにかみ.

shy・ster /ʃáɪstə | -stə/ 名 C (略式, 主に米) 悪徳弁護士[政治家].

si /síː/ 名 [単数形で] 『楽』=ti.

SI /ésáɪ/ 名 国際単位系 (International System (of units of measurement)) の意のフランス語 Système International の略).

Si・am /saɪǽm/ 名 値 シャム (タイ (Thailand) の旧名).

Si・a・mese /sàɪəmíːz━/ 形 (古風) シャムの; シャム人[語]の. ── 名 (複 ~) **1** (古風) C シャム人; U シャム語. **2** C =Siamese cat. 語法 形 名 1 では現在は Thai を用いる.

Síamese cát 名 C シャムねこ (Siamese).

Síamese twíns 名 [複] (時に差別) シャム双生児 (2 人の体がくっついたまま生まれた双生児).

SIB 略 =Securities and Investments Board (英国の)証券投資委員会.

Si・be・li・us /sɪbéɪljəs/ 名 値 Jean /ʒɑ́ːn/ ~ シベリウス (1865–1957) 《フィンランドの作曲家》.

Si・be・ri・a /saɪbíəriə/ 名 値 シベリア (アジア北部のロシア共和国領の広大な地域).

Si・be・ri・an /saɪbíəriən/ 形 シベリアの. ── 名 C シベリア人.

Sibérian húsky 名 C シベリアンハスキー (エスキモー犬と同族の長毛のそり犬).

sib・i・lant /síbələnt/ 名 (格式) しゅうしゅういう; [音声] 歯擦音の. ── 名 C [音声] 歯擦音 (/s/, /z/, /ʃ/, /ʒ/ など).

†**sib・ling** /síblɪŋ/ 名 C (格式) 兄弟姉妹 (いずれか 1 人): ~ rivalry (親をめぐる)兄弟姉妹間の争い.

sib・yl /síb(ə)l/ 名 C (古代の)巫女(みこ); 女予言者.

sic[1] /sík/ 動 (**sics, sicks; sicced, sicked; sic・cing, sick・ing**) 他 (米略式) ⟨犬が⟩⟨…⟩を襲う; ⟨犬を⟩(…に)けしかける (*on*): Sic'em! Ⓢ (犬に対して)かかれ!

sic² /sík/ 《ラテン語から》 副 原文のまま(誤りや疑問のある文を引用するときに (sic) と付記する).

Si·chuan /sɪ́tʃwáːn/ 名 四川(しせん)《中国中西部揚子江の上流にある省》.

Si·cil·ian /sɪsíljən/ 形 シチリア島[王国, 人]の.
— 名 ⓒⓊ (イタリア語の)シチリア方言.

Sic·i·ly /sísəli/ 名 シチリア(島)《イタリア南方の島》.

*__**sick**__¹ /sík/《同意 sic¹·²; 類音 thick》 形 (**sick·er**; **sick·est**; 動 **sícken**) **1 病気の**. 病気で(反 well¹, healthy). ● (米) では sick は A にも P にも用いるが, (英) では sick は A にしか用いず, P には ill を用いる(☞ ill 語法): a ~ person 病人 / the ~ 病人たち(複数名詞的に扱われる; ☞ the¹ 3) / He is ~ in bed. 彼は病気で寝ている / You look ~. あなたは顔色が悪い.
2 P 吐き気がする, むかむかする; (主に英) 吐いた: a ~ feeling 吐き気 / I am going to be ~. 吐きそうだ / The girl was ~ twice. その女の子は2度吐いた. ◆ **関連** airsick 飛行機酔いになった/carsick 車に酔った/seasick 船に酔った.
3 P うんざりして, 飽き飽きして: I am ~ of the rain. <A+of+名·代> この雨にはうんざりだ / I'm ~ of hear**ing** this song. <A+of+動名> この歌は聴き飽きた. **4** P (…で)心がめいって, 悲しんで, くよくよして (at, about): He was ~ over the loss of his dog. 彼は犬に死なれて悲しんだ. **5**《軽蔑》病的な; ぞっとする, 精神異常の, 悪趣味の: a ~ joke ぞっとする冗談.

becòme [fáll, gèt] síck 動 (主に米) **病気になる** (with): My grandmother *became* [*fell*] ~ last week. 祖母は先週病気になった.

be óut [(英) óff] síck 動 ⓐ 病気で休んでいる.

be síck and tíred of … 動 (略式)…にはすっかり飽きている.

be síck at héart 動 ⓐ (文) 悲観している.

be síck to déath of … 動 他 (略式)…に飽き飽きしている.

be [féel] síck to one's stómach 動 (米)
(1) 吐き気がする. (2) 嫌悪感をもつ, ぞっとする.

be síck with wórry 動 ⓐ ひどく心配する.

cáll ín síck 動 ⓐ 病気で休むと電話で伝える.

féel síck 動 ⓐ (1) 吐き気がする. (2) (略式)いやな思いをする.

gèt síck 動 ⓐ (1) (米) =become sick. (2) 吐きそうになる.

gò síck 動 ⓐ 病気で[病気と言って]休む.

lòok síck 動 ⓐ (1) 顔色がよくない (☞ 1). (2) うんざりしているように見える. (3)《略式, 主に米》(他と比べて)見劣りがする, 影がうすい.

màke … síck 動 他 (1) <…>に吐き気を起こさせる. (2) Ⓢ《略式》<…>をひどく不快にさせる: His behavior *makes* me ~. 彼の言動は頭に来る. (3) Ⓢ《滑稽》<…>をうらやましがらせる.

tàke síck 動 ⓐ (古風) 病気になる.

— 名 Ⓤ (英略式) 吐いた物, へど (vomit).

— 動 [次の成句で] **síck úp** 動 他 (英略式)〈食べたものなど〉を吐く, 戻す (vomit).

sick² /sík/ 動 他 =sic¹.

-sick /sìk/ 形 [合成語で] …に酔った, …酔いの: carsick 車に酔った.

síck bàg 名 ⓒ (英) 乗り物酔い用の袋.

síck bày 名 ⓒ (船や学校の)医務室, 病室.

síck bèd 名 ⓒ [所有格の後で] 病床.

síck bènefit 名 Ⓤ (英略式) =sickness benefit.

síck búilding sỳndrome 名 Ⓤ シックビル症候群《換気の少ないオフィスビルで働く人にみられる症状; 頭痛・吐き気など》.

síck càll 名 Ⓤ (軍隊の)診療呼集(の時間).

síck dày 名 ⓒ 病気欠勤日 (有給扱い).

*__**sick·en**__ /sík(ə)n/ 動(現分 **sick·en·ing**) 他 **1** <…>に吐き気を催させる. **2** <…>に嫌悪感を与える. **3** <…>を病気にする.

— ⓐ **1**《古風》病気になる[なりかける]. **2**《主に文》(…)がいやになる (of). **be sickening for sòmething** 動 ⓐ Ⓢ (英) 何かの病気になりかけている.

sick·ened /sík(ə)nd/ 形 吐き気を催させる.

síck·en·er /sík(ə)nə | -nə/ 名 ⓒ 病気にかからせる[吐き気を催させる]もの; 飽き飽き[うんざり]させるもの.

síck·en·ing /sík(ə)nɪŋ/ 形 **1** 吐き気を催させる, むかつくような; 腹の立つ. **2** (音が)嫌な感じがする. **3** Ⓢ (英) ねたましい. **~·ly** 副 むかつくほど.

síck héadache 名 ⓒ (略式) 偏頭痛(へんずつう).

sick·ie /síki/ 名 ⓒ **1** (略式) =sicko. **2** (略式, 英·豪) ずる休み.

*__**sick·le**__ /síkl/ 名 ⓒ 小かま. **関連** scythe 大がま.

síck lèave **12 13** 名 Ⓤ 病気休暇: *be on* ~ 病気で休んでいる.

síckle cèll 名 ⓒ Ⓤ 【医】鎌状赤血球《異常赤血球》.

síckle-cèll anémia 名 Ⓤ 【医】鎌状赤血球貧血《黒人に多い》.

sickles

síck lìst 名 ⓒ (軍隊などの)病人名簿: on the ~ (略式)病気で休んで.

*__**sick·ly**__ /síkli/ 形 (**sick·li·er**, **more** ~; **-li·est**, **most** ~) **1** 病気がちな, 病弱な; 病人らしい, 青ざめた; (組織などが)病弱な. **2** [普通は A] (表情·光·色などが)弱々しい. **3** 吐き気を催させる; 胸の悪くなるような, むかつくような. — 副 病的に, 病んで, 弱々しく.

*__**sick·ness**__ /síknəs/ 名 (類音 thickness) 名 (~·es /-ɪz/) **1** ⓊⒸ 病気 (☞ illness 類義語); (反 health); 不健康な状態: Some workers are out because of ~. 病気で休んでいる労働者がいる / There has been a lot of ~ in my family this winter. この冬うちでは病気が多かった. 語法 病気の種類をいうときにはⒸ: various ~*es* caused by viruses ビールスが原因となるさまざまな病気. **2** ⓊⒸ [普通は単数形で] (特定の)病気, …病: mountain ~ 高山病. **3** Ⓤ 吐き気.

---
sickness 2, 3 のいろいろ
móuntain [áltitude] sìckness 高山病 / **ra·diátion sìckness** 放射能症 / **sléeping sìckness** 眠り病 // **áirsickness** 飛行機酔い / **cársickness** 車酔い / **mórning sìckness** つわり / **mótion sìckness** 乗り物酔い / **séasickness** 船酔い
---

4 ⒸⓊ (政治·社会の)病理, ひずみ, 不健全(な状態).
in síckness and in héalth (英)病気のときも健康のときも. 由来 キリスト教の結婚の誓いのことばから.

síckness bènefit 名 Ⓤ (英)(国民保険の)疾病手当.

síck nòte 名 ⓒ (英)病気欠勤証明書, 病欠届.

sick·o /síkou/ 名 (~s) ⓒ (略式) 変質者.

sick·òut 名 ⓒ (米) (労働者の)病気欠勤戦術.

síck pày 名 Ⓤ 疾病手当, 病休期間中の給与.

síck·ròom 名 ⓒ 医務室, 保健室.

Sid /síd/ 名 ⓔ シッド《男性の名; Sidney の愛称》.

Sid·dhar·tha /sɪdáːtə, -θə | -dáː-/ 名 ⓔ シッダルタ《釈迦(しゃか)の名》.

*__**side**__ /sáɪd/ 名 (**sides** /sáɪdz/)

元来は「わき腹」 **4** → (物の)「側面」 **2**
  → (中心に対して側面) → (一方の)「側」**1**
                    → 「斜面」**8**
  → (比喩的に) → (対立する)「側」**3**
              → (問題の)「側面」**7**
---

1 ⓒ **側**《線·境などの左側または右側など》; 方面; (川の) 岸: the left [right] ~ *of* a line 線の左[右]側 / There are cherry trees **on both ~s of** the street. 通りの両

sidearm

側に桜の木がある(⇨ either 形 3 語法) / He pulled his car over *to* one ~. 彼は車を片側に寄せた / Our town is *on* the east ~ *of* the river. 私たちの町はその川の東岸にある / She crossed to the other [far] ~ *of* the room. 彼女は部屋の向こう側へいった. 語法 前置詞の on を省くことがある: They live (*on*) this ~ *of* the bridge. 彼らは橋のこちら側に住んでいる / We sat (*on*) each ~ *of* a big table. 私たちは大きなテーブルの両側に座った.

2 C **側面**《正面または裏面に対して》, 横; へり, 端《中心部から最も離れた部分》; 船側: The ~ *of* the house was covered with ivy. 家の横はつたで覆われていた / The name of the company was written *on* both ~s *of* the van. トラックの両側には会社の名前が書かれていた / The child hit his head *on* the ~ *of* the table. その子は頭をテーブルのへりにぶつけた.

3 C **面**《薄い物の表面・裏面または立体の面など》;《三角形など》の辺;《書き物・論文の》1ページ分: A cube has six ~s. 立方体には面が6つある / on the right [wrong] ~ *of* the paper 紙の表[裏]に / A *of* tape テープの A 面 / THIS SIDE UP こちら側が上, 天地無用《荷物の箱などに記す文句》/ A square has four ~s. 正方形には辺が4つある.

4 C **わき腹**, 横腹: lie on one's ~《体の左右どちらかを下にして》横たわる / She felt a pain in her ~. 彼女はわき腹に痛みを感じた.

5 C《普通は単数形で》《人の》そば, かたわら: He never left her ~ during her illness. 彼女が病気のとき彼は彼女のそばを離れなかった.

6 C《競争・交渉などの》側(%), 党派, …派《単数形でも時に複数扱い》《スポーツの》チーム: the hawks' ~ たか派《強硬派》/ the doves' ~ はと派《穏健派》/ the two ~s in the strike ストライキにかかわる両者《経営側と労働者側》/ It is advantageous to the other ~. それは相手側に有利だ / Whose ~ are you *on*? あなたはだれの味方《チームの一員》なの(⇨ on …'s side(成句)).

7 C《問題などの》側面, 方面;《一方の側の》立場, 見方;《普通は単数形で》《性格の》一面, 側面: look on the bright [dark] ~ (of things) 物事の明るい[暗い]面を見る, 楽[悲]観する / see both ~s 両者の言い分がわかる / on the plus [minus] ~ プラス[マイナス]面では / The economic ~ of this problem has been solved. 経済の面では問題は解決した / Please listen to my ~ of the story. 私の側から見た事情も聞いてください / We have to look at his good ~ as well. 私たちは彼の良い面も見るべきだ. **8** C《山などの》斜面, 山腹: on the ~ of a hill 山腹に / a hillside, mountainside 山腹. **9** C《血統の》関係, …方(%): He is French on his mother's ~. 彼は母方がフランス系である. **10** C《牛などの》わき腹肉. **11** C《普通は単数形で》《英略式》《テレビの》チャンネル. **12** C《米》《料理の》サイドディッシュ (*of*). **13** U《英略式》気どり, 尊大な態度. **14** U《ビリヤードなどの》ひねり, スピン.

at the side of …=**at** …**'s side**《略式》…のわきに, …のそばに: Paul was standing *at the* ~ *of* the road. ポールは道端に立っていた.

by the side of …=**by** …**'s side** [副] (1) …のそばに, …の近くに (⇨ by 前 5 語法): He sat *by my* ~. 彼は私のそばに座った. (2) …と比べると.

change sides [動] 自 立場[見解]を変える.

criticize [nag, hassle] … **ùp one síde and dówn the óther** [動] 他 …をひどく批判する[扱う].

from áll sídes=**from évery síde** [副] あらゆる方面から, 各方面から.

from síde to síde [副] 端から端へ, 左右に.

gét on …**'s góod [ríght] síde**=**gét on the** **góod [ríght] síde of …** [動] …に気に入られる.

gét on …'s bád [wróng] síde=**gét on the bád [wróng] síde of …** [動] …に嫌われる.

hóld one's sídes [動] 自 =split one's sides (laughing [with laughter]).

lèt the síde dówn [動]《英》家族[仲間, 同僚など]の期待を裏切る, 仲間の足を引っ張る.

nó síde ⇨ no side の項目.

óff síde [形・副・名] =offside.

on áll sídes=**on évery síde** [副] 四方八方に, 至る所に; あらゆる人々の間で.

on [to] óne síde [副] わきへ,《当面は》保留にして;《内緒の話のために》他の人から離して: take … *to one* ~ …をわきへ連れ出す(⇨ put on [to] one side.

on ∴**'s side**=**on the side of** ∴ [形・副] …に味方して(⇨ 6): We are *on the* ~ *of* the poor. 我々は貧しい者の味方だ(⇨ the¹ 3) / They had luck *on their* ~. 幸運が彼らの味方をした.

ón síde [形・副] =onside.

on the síde [副] (1) アルバイトで, 副業に: a job on the ~《本業とは別の》アルバイト, 副業(⇨ part-time 形 日英比較). (2) 余分に;《米略式》《料理が》サイドディッシュとして, つけ合わせに. (3)《略式》こっそりと. (4)《略式》情事の相手に.

on the ∴ **síde** [形]《略式》…の気味で. 語法 …には形容詞が入る: He is a bit *on the* heavy [short, quiet] ~. 彼は少々太りぎみだ[背が低い, どちらかというと口数が少ない].

pick [choose] sides [動] 自《フットボールなどの》試合の両チームの選手を選ぶ, 組分けをする.

pút [léave, sét] … on [to] óne síde [動] 他 (1) 〈…〉をわきに置く; とっておく. (2) 〈…〉を保留にする, しばらく棚上げする. (3) 〈…〉を無視する.

side by side [副] (1) 並んで; 〈…と〉一緒に (*with*): We walked ~ *by* ~. 我々は並んで歩いた. (2)《人と》協力し合って, 〈…に〉味方して (*with*). (3)《異なる思想など》が共存して.

split one's sides [動]《略式》《時に皮肉》腹の皮がよじれるほど笑う(⇨ sidesplitting).

take sides against … [動] 他 …の反対[敵対]者の肩を持つ, …を敵に回す.

take sides with …=**take the side of …**=**take …'s side** [動] …に味方する, …の肩を持つ. 語法 take sides だけで「《議論・討論などで》一方を支持する」の意にもなる: My mother never *takes* ~s when my sister and I argue. 妹と私が言い争うとき母はどちらにも見方でつかない.

the óther síde of the cóin [名]《物事の》別の一面, 反対の立場.

this síde of … [前]《略式》(1) …のこちら側に[で](⇨ 1 語法);《時間的に》…の前に[で]. (2) …までも行かないで, …以外での; …の一歩手前で[の], …並に.

twó sídes of the sáme cóin [名]《物事の》切り離せない2つの側面, 表裏一体.

— 形 A 1 横《から》の, 側面の; わき腹の: a ~ gate 横の門. 2 主要でない, 従の: a ~ issue 枝葉の問題.

— 動 自 《…の》側につく; 〈…に〉味方する (*with*), 〈…に〉反対する (*against*).

síde·àrm 形 副《野》横手の[で], サイドスローの[で]: pitch ~ サイドスローで投げる.

síde àrms 名《複》腰につける武器《銃剣など》.

síde·bàr 名 C《主に米》**1**《主なニュースに付ける》短い補足解説記事. **2**《法》サイドバー《裁判官と弁護士による, 陪審のいない協議》.

síde bènefit 名 C 副次的な利益.

*****síde·board** /sáɪdbɔ̀ɚd | -bɔ̀ːd/ 名 (-boards /-bɔ̀ɚdz | -bɔ̀ːdz/) サイドボード, 食器棚: put the dishes on [in] a ~ 食器棚に皿を置く[入れる].

síde·bòards 名《複》《英》=sideburns 1.

síde·bùrns 名 [複] **1** 短いほおひげ《耳の前からほおまで生やす》. **2** 《米》もみあげ.

síde·càr 名 ⓒ 《オートバイの》サイドカー. **2** Ⓤ,ⓒ サイドカー《カクテルの1種》.

síde cháir 名 ⓒ 《食堂などに置く》肘のない小椅子.

-sid·ed /sáɪdɪd/ 形 [合成語で] (…)の面[辺, 側]のある: a three-*sided* object 三面の物体.

sideburns 1

síde dìsh 名 ⓒ サイドディッシュ, 《別皿で出て来る》添え料理.

síde dòor 名 ⓒ 横の出入り口; [比喩] 関節の接近法.

síde drúm 名 ⓒ = snare drum.

***síde efféct** 12 名 ⓒ **1** [普通は複数形で]《薬の》副作用: One of the ~*s* of this medicine is nausea. この薬の副作用の1つは吐き気である. **2** 思わぬ結果, 副次的な問題 (*of*).

síde·kìck 名 ⓒ 《略式》仲間, 相棒; 助手.

síde·lìght 名 **1** ⓒ [しばしば複数形で] 付随的な情報, 間接[偶然]の説明 (*on*). **2** 《英》= parking light. **3** ⓒ 舷 ⓒ 灯. **4** Ⓤ 側光.

⁺**síde·lìne** 名 **1** ⓒ 副業, 内職; 《主力商品以外の》二次的商品. **2** ⓒ 《アメフト・テニス》サイドライン; [複数形で, the ~] サイドラインの外側. **on the sídelines** [副・形] (1) サイドラインの外側で[に]. (2) 出番を待って, 第一線からはずれて; 傍観して: stand *on the* ~*s* 傍観する. ── 動 他 [普通は受身で] 〈人〉を〈試合・仕事などから〉はずす.

síde·lòng 名 A 横の, 斜めの, わきの: throw [cast] a ~ glance at …… を横目でちらっと見る. ── 副 横へ, 斜めに, わきに.

síde·màn 名 (-men /-mèn/) ⓒ 《主演奏者を助ける》伴奏楽器奏者, 楽団員.

síde méat 名 Ⓤ 《米》豚の脇腹肉, 《特に》ベーコン.

síde mìrror 名 ⓒ 《米》《自動車の》サイド[ドア]ミラー.

***síde-ón** 副, 形 A 横から(の): a ~ crash 側面衝突.

síde òrder 名 ⓒ 添え料理の注文) (*of*).

síde pláte 名 ⓒ サイドプレート, わき皿.

si·de·re·al /saɪdíəriəl/ 形 《天》星の; 恒星の; 星座の: the ~ day 恒星日《23時間56分4.09秒》.

síde róad 名 ⓒ わき道.

síde·sàddle 名 ⓒ 女性用くら《両足を同じ側に垂れる》. ── 副《馬に》横乗りに.

síde sálad 名 Ⓤ,ⓒ 添え料理としてのサラダ.

síde·shòw 名 ⓒ **1** 余興. **2** 二次的な出来事[問題], 小事件 (*to*).

síde·slìp 名 ⓒ 《スキー・自動車などの》横滑り. ── 動 (-slips; -slip·ped; -slip·ping) 自 横滑りする.

síde splít 名 ⓒ **1** 《建》両側が異なる階になっている住宅. **2** 脚の内側が下を向く左右180°の開脚. **3** 《スカートなどの》横のスリット.

síde·splìtting 形 《略式》《時に皮肉》腹の皮がよじれるほどおかしい, 抱腹絶倒の.

⁺**síde·stèp** 動 (-steps; -stepped; -step·ping) 他 **1** 〈…〉をよける. **2** 〈責任など〉を避ける; 〈質問など〉をはぐらかす. ── 自 横による; 回避する.

síde stèp 名 ⓒ 横へ一歩寄ること, 《スキー・ダンスなどの》横歩(ほ); 回避すること.

síde strèet 名 ⓒ わきの通り, 横町.

síde·stròke 名 Ⓤ [しばしば the ~, a ~] 《泳》横泳ぎ: do [swim] *the* ~ 横泳ぎをする.

síde·swìpe 動 他 〈…の側面〉をこする, 〈…〉に接触する批判. ── 名 ⓒ **1** 《略式》《ほかの話のついでにする》批判. **2** かすめるようにして当たること.

síde táble 名 ⓒ サイドテーブル《壁際や机・テーブルのわきに置く小さなテーブル》.

Sierra Club 1637

síde·tràck 名 ⓒ 《鉄道の》側線, 待避線. ── 動 他 **1** 〈列車など〉を側線に入れる. **2** [普通は受身で] 〈人の話[活動]を脇道にそらす, 脱線させる; 〈調査など〉をそらす: get ~*ed* on other issues 話が別の問題に脱線する[脇道にそれる].

síde tríp 名 ⓒ 《旅の途中での》より道.

síde vìew 名 ⓒ 横からの眺め, 側面(図), 横顔.

síde·vìew mírror 名 ⓒ 《車》サイドミラー, フェンダーミラー.

***síde·walk** /sáɪdwɔ̀ːk/ 13 名 (~s /-s/) ⓒ 《米》《舗装した》歩道 (《英》 pavement): a moving ~ 動く歩道 / Walk *on* the ~. 歩道を歩きなさい / a ~ cafe 《米》《路上にもテーブルのあるカフェ》.

sídewalk ártist 名 ⓒ 《米》大道画家《路面に色チョークで絵を描いて, 通行人から金をもらう》(《英》 pavement artist).

sídewalk superintèndent 名 ⓒ 《滑稽》街頭監督《工事現場の見物人》.

síde·wàll 名 ⓒ サイドウォール《タイヤの側面部》; 側壁.

síde·ward /sáɪdwəd | -wəd/ 形 横向きの[に], 側面の[に].

síde·wards /sáɪdwədz | -wədz/ 副 = sideward.

***síde·ways** /sáɪdwèɪz/ 副 横に, ななめに: turn ~ 横に回す / look ~ 横目で見る / go through a door (*on*) ~ 横向きになってドアを通る. **knóck [thrów] ... sídeways** [動] 他 《略式, 英・豪》〈…〉を打ちのめす, 驚かす. ── 形 A 横の, 横向きの, 斜めの: shoot a ~ glance 横目で見る.

síde-whéeler 名 ⓒ 《米》外輪車船《船体左右の外輪で進む汽船》(《英》 paddle steamer).

síde·whìskers 名 [複] = sideburns 1.

síde wínd /-wínd/ 名 ⓒ 横風, 側風.

síde·wìnd·er /-wàɪndə- | -də/ 名 ⓒ **1** よこばいがらがらへび《米国南西部などにすむ小型のがらがらへび》. **2** サイドワインダー《空対空ミサイル》.

síde·wìse 副 形 = sideways.

sid·ing /sáɪdɪŋ/ 名 **1** ⓒ 《鉄道の》側線, 待避線. **2** Ⓤ《米》《木造建物の》下見張り, 壁板.

si·dle /sáɪdl/ 動 自 [副詞句]を伴って] 横に歩く; 《横歩きで》にじり寄る (*up*, *over*; *to*); そっと進む, おずおずと歩く 《☞ prowl 類義語》.

Sid·ney /sídni/ 名 固 シドニー《男性の名; 愛称 Sid》.

SIDS /ésàɪdìːés/ 略 = sudden infant death syndrome.

siècle ☞ fin de siècle.

***siege** /síːdʒ/ 名 (**sieg·es** /~ɪz/) Ⓤ,ⓒ **1** 包囲攻撃, 《人質をとっての》立てこもり, 包囲期間: a ~ *of* a town 町の包囲攻撃 / break a ~ 包囲を破る. **2** 《警察による》建物の包囲. **3** しつこい攻撃[勧誘]. **4** 《米》《病気・悩みの》続く期間 (*of*). **be ùnder síege** [動] 自 (1) 包囲されている. (2) 厳しく批判されている, 《質問などを》執拗(しつよう)に浴びせられている. **láy síege to ...** [動] 他 〈…〉を包囲攻撃する, 取り囲む. **ráise [líft] the síege of ...** [動] 他 〈…〉の包囲を解く.

síege mentálity 名 [a ~ または Ⓤ] 強迫観念.

Sieg·fried /sígfriːd | síːg-/ 名 固 ジークフリート《「ニーベルンゲンの歌」に登場する英雄》.

Sie·mens /síːmənz/ 名 固 シーメンス《ドイツの電気器具メーカー》.

si·en·na /siénə/ 名 Ⓤ シエナ土《酸化鉄を含む粘土; 顔料用》: burnt ~ 焼きシエナ土《赤褐色の顔料》 / raw ~ 生(き)シエナ土《黄褐色の顔料》.

si·er·ra /siérə/ 名 ⓒ 山脈, 連山《スペインや中南米の突き立ったもの》.

Si·ér·ra Clúb /siérə-/ 名 固 [the ~] シエラクラブ

Sierra Leone

《米国の環境保護団体》.

Si·er·ra Le·one /siérəlióun/ 名 固 シエラレオネ《西アフリカの共和国》.

Siérra Má·dre /-máːdreɪ/ 名 固 [the ~] シエラ・マドレ《メキシコの山脈》.

Si·er·ra Ne·vad·a /-nəvǽdə｜-váːdə/ 名 固 [the ~] シエラネバダ《米国 California 州東部の山脈》. ☞ 表地図 D 3; America 表 Nevada》.

si·es·ta /siéstə/ 《スペイン語から》 名 C 《スペインなどの》昼寝, 午睡: have [take] a ~ 昼寝をする.

*****sieve** /sív/ 《★ ie は例外的に /i/ と発音する. 名 C 《目の細かい》ふるい, 《液体の》こし器《茶こしなど》, うらごし器. **hàve a mémory [mínd, héad] like a síeve** [動] 《略式》 物忘れがひどい. **léak like a síeve** [動] ① ひどく漏れる. ── 他 《…を》ふるいにかける (sift); ふるい分ける (out).

*****sift** /síft/ 動 他 **1** 《…をふるいにかける; 《ふるいで》《異物を》より分ける: S~ flour *into* a bowl. 小麦粉をふるって鉢に入れなさい / S~ (*out*) the wheat *from* the chaff. 小麦ともみ殻とをふるい分けなさい. **2** 《ふるいで》《…を》振りかける (*over*). **3** 《証拠など》を厳密に調べる. **sift through ...** [動] 《証拠など》を厳密に調べる.

sift·er /síftə｜-tə/ 名 C ふるい《特に調理用の》; 《調味料などの》振りかけ器: a flour-~ 粉ふるい.

sift·ings /síftɪŋz/ 名 複 ふるいかす《に似たもの》.

Sig. 略 =Signor.

*****sigh** /sáɪ/ 《同音 cite, side, sight, site, thigh》 動 (**sighs** /~z/; **sighed** /~d/; **sigh·ing**) 自 **1** ため息をつく《悲しみ・安心・疲れなどで》: ~ *deeply* [*heavily*] 深くため息をつく / He *~ed with* relief. <V+*with*+名・代> 彼はほっとしてため息をついた. **2** 《風が》そよぐ. **3** 《文》《過去[遠く]のものを》懐かしむ (*for*). ── 他 《…》とため息をついて言う: "I'm so unlucky," Meg *~ed*. 「私は本当に不運だわ」とメグはため息まじりに言った.

── 名 (~s /~z/) C ため息, 嘆息: Susan breathed [gave, heaved, let out] a deep ~. スーザンは深いため息をついた / The old woman greeted her grandson with a ~ **of relief**. 老婆はほっと息をついて孫を迎えた.

*****sight** /sáɪt/ 《同音 cite, site》 名 (**sights** /sáɪts/)

元来は see と同語源
→「見ること」**2** →《見る能力》→「視力」**1**
　　　　　　　　　　　→《視力の及ぶ範囲》→「視界」**3**
→《見るもの》→「光景」**4** →「名所」**5**

1 U 視力, 視覚 (eyesight): lose one's ~ 視力を失う / She tested my ~. 彼女は私の検眼をした / He has good [poor] ~ for his age. 彼は年にしては目がよい [悪い] / I have weak ~. 私は視力が弱い.

2 U 《時に a ~》見ること, 見えること; 目撃: I couldn't bear [stand] the ~ *of* the dying bird. その鳥が死んでいくのはとても見ていられなかった / The mere ~ *of* the blood made him sick. 血を見ただけで彼は吐き気がした.

3 U 視界, 視野 (view): The ship disappeared from ~. 船は見えなくなった / She never lets her child out of her ~. 彼女はいつも子供を目の届かない所には行かせない // ☞ in sight, out of sight 《成句》.

4 C 光景, 風景, 眺め 《☞ view 類義語》: a beautiful [wonderful] ~ 美しい[すばらしい]光景 / experience the ~s and sounds of Paris パリの風景と讃しさを体験する / a familiar [common] ~ 見なれた光景.

5 [the ~s] 名所: show her the ~s of Rome 彼女にローマの名所案内をする // ☞ see [do, take in] the sights of ... 《成句》. **6** [a ~] C 《略式》《普通は悪い意味での》見もの; 《見るに耐えない》ひどいもの[有様]: What a ~ you are! なんだその様は. **7** C [普通は複数形で]《銃の》照星, 照準; [複数形で] 目標, ねらい. **8** [a ~]《略式》たくさん; [a (damn) ~] として副詞的にも比較級, too などを強めて] S ずっと, うんと: His car is *a* ~ *bigger than mine*. 彼の車は私のよりずっと大きい.

a síght for sóre éyes [名] 《略式》見るもうれしい[楽しい]もの; 珍客; 《英》ひどく醜い[変な]もの.

at first síght [副] (1) 文修飾語 一見したところでは: *At first* ~ the problem seemed difficult. 一見したところその問題は難しく思われた. (2) ひと目見て: Romeo and Juliet fell in love *at first* ~. ロミオとジュリエットはひと目で恋に落ちた.

at síght [副] =on sight.

at the síght of ... [前] ...を見て: He always faints *at the* ~ *of* blood. 彼は血を見るといつも気絶する.

be síck of the síght of ... [動] 他《略式》...にうんざりしている, ...をひどく嫌う.

cánnot stánd [béar] the síght of ... [動] 他《略式》...をいやがる, ひどく嫌う《☞ 2 の例文》.

cátch síght of ... [動] 他 ...を《不意に》見つける, を見かける 《反 lose sight of ...》: We *caught* ~ *of* a ship in the distance. 我々は遠くに船を見つけた.

còme in [ìnto] síght [動] 自 《建物などが》視界に入ってくる, 見えてくる.

cóme in [ìnto] síght of ... [動] 他 《人が》...を見ることができるようになる, ...が見える所に来る.

gò óut of síght [動] 自 視野から出る, 見えなくなる.

háte [lóathe] the (véry) síght of ... [動] 他《略式》...を《見るのも》いやがる, ひどく嫌う.

hàve ... in óne's síghts [動] 他 ...を視界にとらえる; 《...に》ねらいをつけている.

in ...'s síght = in the síght of ... [副] (1) ...の面前で. (2) 文修飾語《文》...の見解で(は), ...の見地からすれば: We are all equal in *the* ~ *of the Lord*. 神の目から見れば我々はみな同等だ.

in síght [副・形] 《人・物が》見える範囲内の[に]; [結末などが] 間近で[に]: There wasn't a tree *in* ~. 木は一本も見えなかった / She took pictures of everyone *in* ~. 彼女は写せる範囲内のだれもかれも写真にとった.

in [wíthin] síght of ... [前] ...の《から》見える所で[に]; ...が間近で[に].

kéep ... in síght = kèep síght of ... [動] 他 (1) ...を見張っている, ...から目を離さない. (2) 《事実など》を心に留めておく.

kéep óut of síght [動] 自 《人に》見られない所にいる.

knów ... by síght [動] 他 ...の顔を知っている: I *know* Mr. Smith *by* ~, though I've never spoken to him. スミスさんとは話したことはないが, 顔見知りです.

lóok [be] a síght [動] 自 S 《略式》《見た目に》ひどく《ふざけた, ばかげた》ものである《☞ 6》.

lóse síght of ... [動] 他 ...を見失う《反 catch sight of ...》; 《大切なこと》を忘れる: He *lost* ~ *of* his 「fellow hikers [original objective]. 彼は連れのハイカーたち[最初の目標]を見失ってしまった. 語法 ... is lost sight of の形で受身にできる.

lówer one's síghts [動] 自 ねらい[目標]を下げる.

nót by a lóng síght [副] 《略式》全然...ない.

on síght [副] 見てすぐ, 初見(はつけん)で: shoot (intruders) *on* ~ 《侵入者を》見つけ次第撃つ.

òut of síght [副・形] (1) 《人・物が》見える範囲外の[に], 視野の外の[に]: *put* a box *out of* ~ 箱を見えない所に置く / The plane flew *out of* ~. 飛行機は見えなくなった / *Out of* ~, out of mind. S 《ことわざ》見えなくなれば記憶から去る《去る者は日々に疎し》. (2) 《略式》《価格が》高すぎる. (3) 《古風, 俗》すごくいい.

òut of síght of ... [前] ...の《から》見えない所に[に], ...の視野の外に[に]: Once *out of* ~ *of* the house, he began to run. その家が見えなくなると彼は走りだした.

òut of ...'s síght [副] ...の目が届かない所に[に]《☞

3): Get *out of* my ~! うせろ.
ráise one's **síghts** [動] (自) ねらい[目標]を上げる.
sée [**dó, tàke ín**] **the síghts of ...** [動] (他) ...の名所を見物する, ...を見物する (☞ sightseeing): It's impossible to *see all the ~s of* Paris in a week. 1週間でくまなくパリ見物をするのは無理だ.
sét one's **síghts hígh** [**lów**] [動] (自) 目標を高く[低く]する.
sét [**fíx**] one's **síghts on ...** [動] (他) ...にねらいを定める, ...を目標にする (*doing*).
síght unséen [副] 〈買い物など〉現物を見ないで: He agreed to buy it ~ *unseen*. 彼はそれを見ないで買うことに同意した.
withín síght [副・形] =in sight.
—[動] (他) **1** (W) 〈...〉を(遠くに)見つける, 認める (perceive); 見かける: A week later they ~ed land. 1週間後に彼らは陸地を見つけた. **2** 〈銃の〉ねらいを定める.

†**síght·ed** /sáɪṭɪd/ [形] 視力のある, 目の見える.
-síght·ed /sáɪṭɪd/ [形] [合成語で] 視力が...な, 目が...な: farsighted 遠視の / nearsighted 近視の.
síght gàg [名] C (演劇などでの)滑稽なしぐさ.
síght·ing /sáɪṭɪŋ/ [名] C (珍しいものなどの)目撃(例), 観察 (*of*).
síght·less [形] 〈文〉目が見えない, 盲目の (blind).
síght líne [名] (特に劇場などで観客と舞台を結ぶまっすぐで妨げられない)視線, 見通し, サイトライン.
síght·ly /sáɪtli/ [形] (**síght·li·er**; **-li·est**) (反) unsightly)〈文〉見た目のよい, きれいな.
síght-read /sáɪtriːd/ [動] (**-reads**; **-read** /-rèd/; **-read·ing**) (他) 〈楽譜〉を初見で演奏する[歌う]. —(自) 初見で演奏する[歌う].
síght réader [名] C 初見で演奏する人.
síght-rèading [名] U 初見演奏.

†**síght·sèeing** [m] [名] U 観光, 遊覧: do (some) ~ 観光をする / a ~ bus [tour] 観光バス[旅行]. go **sightseeing** [動] (自) 観光[見物]に出かける: They *went* ~ in Rome. 彼らはローマに観光旅行に行った.
síght-sèer [名] C 観光客.
sig·ma /sígmə/ [名] C シグマ (ギリシャ語アルファベットの第18文字 σ, ς, Σ; ☞ Greek alphabet 表).
sig·moid /sígmɔɪd/ [形] S [C] 字状の.

※**sign** /sáɪn/ (同音 sine) [名] (~s /-z/)

「(意味を伝える)しるし」(☞ 語源)
→「符号」「記号」6 →「掲示」1
→「手まね」5 →「合図」4
→「前兆」2 →「気配」→「形跡」3

1 C 掲示, 標識; 看板: 「put up [hang up, post] a ~ 看板を掲げる / traffic [road] ~s 交通[道路]標識 / a "NO SMOKING" ~ 「禁煙」の掲示 / follow the ~ 標識に従って進む / "What does this ~ say?" "It says 'EMERGENCY EXIT'." "この掲示には何と書いてあるのですか"『『非常口』と書いてあります" / ☞ stop sign.

シェイクスピアを描いた英国のパブ(pub)の看板

2 C, U (性質・状態・存在などを示す) 印, あらわれ; (...の) 前兆, 徴候, きざし (☞ 類義語): a sure ~ *of* rain 雨になる確かな徴候 / a ~ *of* love 愛の印 / at the first ~ *of* trouble ごたごたの兆しを見るとすぐに / There were no ~*s that* a severe earthquake would occur. 〈N+*that*節〉激しい地震があるような徴候はなかった.

3 C, U [しばしば否定文で] (...の) 形跡 (trace), (...のいる[ある])気配: There was 「no [*not a*] ~ *of* a struggle [life] in the house. その家には争った形跡[人の気配]はなかった / It was time for our train to leave, but there was still no ~ of Bob. 列車が出る時間となったがボブが現われる気配がまだなかった.

4 C (ことばや動作による)合図, 信号, 暗号; [野] サイン: a thumbs-up ~ オーケーの合図 (☞ thumb 挿絵). 言い換え He *made* a ~ for [to] her *to* go. =He *gave* her a ~ *to* go. <N+*to* 不定詞> 彼は彼女に行けという合図をした / The manager sent the bunt ~ to the batter. 監督は打者にバントのサインを送った. 関連 V sign Vサイン.

5 C 手まね, 身ぶり; U 手話 (sign language): a ~ of consent 同意の身ぶり / The two people communicated *with* [*by using*] ~s. 2 人は手話で伝え合った / His nod was a ~ *that* he agreed to the plan. <N+*that*節> 彼のうなずきはその計画に同意したということを示す動作であった.

6 C 記号, 符号: a mathematical ~ 数学記号 / The ~ ∞ represents [stands for] infinity. ∞ の記号は無限大を表わす.

━━ sign 6 のいろいろ ━━
équal(s) sìgn 等号 (=) / **plús sìgn** 加法記号 (+) / **mínus sìgn** 減法記号 (−) / **multiplicátion sìgn** 乗法記号 (×) / **divísion sìgn** 除法記号 (÷)

7 C 〖占星術〗宮(きゅう), 星座 (黄道の12区分の一つ) (star sign, a sign of the zodiac): 言い換え What ~ (of the zodiac) 「are you [were you born under]?=What's your ~? 君は何座(生まれ)? 語源 ラテン語で「彫った印」の意 (☞ 単語の記憶; seal 語源).

(**áll) the sígns are that ...** あらゆる徴候からして...のようだ. **a sígn of lífe** [名] (1) 生きている印; 人のいる気配 (☞ 3). (2) 活性化のきざし. **a sígn of the tímes** [名] [普通はけなして] 時代の(悪い面)を特徴づけるもの, 世の流れ. **a sígn of the zódiac** [名] =名 7. **máke the sígn of the cróss** [動] (自) 十字を切る (☞ cross oneself (cross 成句)). **shów sígns of ...** [動] (他) (人・物事が)...の徴候[形跡]を示す.

単語の記憶 《SIGN》(印)
sign	印
signal	合図
signature	署名
signify	(印を書いて示す) → 意味する
as**sign**	(...に印をつける) → 割り当てる
de**sign**	(明確に印す) → 設計する
designate	(明確に印す) → 指定する
re**sign**	(印を廃棄する[取り消す]) → 辞任する

━━[動] (**signs** /-z/; **signed** /-d/; **sign·ing**) [名] sígnal, sígnature) (他) **1** 〈手紙・書類・小切手など〉に署名する, サインする; 〈文書〉に名前を書き入れる; 〈条約・協定など〉に署名[調印]する (過去分詞は sgd.): ~ a contract 契約書に署名する 言い換え He ~ed the check. =He ~ed his name *on* the check. <V+O+*on*+名・代> 彼は小切手に署名した. 日英比較 sign には日本語の「サイン」(署名)に当たる名詞の用法はない. 手紙や契約書などのサインは signature, 有名人のサインは autograph (☞ signature 日英比較) / The President ~ed the reform bill *into* law. <V+O+*into*+名> その改革案は大統領が署名して法令となった. 関連 seal 捺印する. **2** 署名をさせて〈人〉を雇う, 契約して雇う (*to, with, for*); 〈人〉に(...するように)署名

signage

させる: The Giants have ~ed seven new players. ジャイアンツは7人の新人選手と契約した. 《放送などを》手話で伝える. 《受みなし》〈…〉と合図する: 〈…するように〉〈人〉に合図する(signal): He ~ed (to her) that he was ready to start. 彼は出発する用意ができたと(彼女に)合図した.
— 自 **1** 署名する: Would [Will] you ~ here, please? 〈V+副〉 こちらにサインをお願いできますか / Please ~ *in* the left-hand corner of this receipt. 〈V+前+名・代〉 この領収書の左隅に署名してください. **2** 〈…する〉契約に署名をする, 〈…と〉契約する: He ~ed to manage the team for $500,000. 彼は50万ドルでチームの監督をする契約にサインした / The band ~ed with [《英》for] another record company. そのバンドは他のレコード会社と契約した. **3** 合図する(signal): The old man ~ed to [for] me to enter. 老人は私に入れと合図した. **4** 身振りことば[手話]を用いる.
be (all) signed and sealed=**be (all) signed, sealed, and delivered** [動] 自 (すべての手はずが整い)最終的合意を得ている, サインされている. **sign oneself ...** [動] 他 《自分の名を》…と署名する: She ~ed herself "Kittie." 彼女はキティーと署名した.

sign の句動詞

sign away [動] 他 証書に署名して《財産・権利など》を手放す[譲る] (*to*).
sign for ... [動] 自 **1** 署名して…を受け取る. **2** 《英》=sign with ....
sign in [動] 自 署名して到着[出勤]の記録をする; 【電算】サインインする (反 sign out). — 他 **1** 〈…〉の到着を記録する. **2** 〈人〉を署名して入会させる. **3** 〈…〉を署名して返却する.
sign off [動] 自 **1** 《音楽などで》放送の終了を知らせる (反 sign on); 番組を終える. **2** 《署名などで》手紙を終える, ペンを置く. **3** 仕事[話]をやめる. **4** 《英》 失業手当の請求を取り止める. — 他 **1** 《医者が》〈…〉に診断書を書いて休ませる. **2** 《英》 =sign up.
sign off on ... [動] 他 《米》 …に賛成の意を示す.
sign on [動] 自 **1** =sign up. **2** 放送の開始を知らせる (反 sign off). **3** 【電算】 =log in (☞ log¹ 成句). **4** 《英》 失業者として登録する. **5** 《米》 協力することに同意する. — 他 =sign up.
sign out [動] 自 署名して退出[外出, 貸出]の記録をする; 《電算》 サインアウトする (反 sign in). — 他 **1** 〈…〉の外出を記録する. **2** 〈…〉を署名して借り出す.
sign over [動] 他 証書に署名して〈人〉に〈財産・権利など〉を譲り[売り]渡す (*to*).
*****sign up** 十一 [動] 自 署名して〈…に〉雇われる[入隊する] (*with, for*); 〈…に〉署名参加する, 申し込む, 〈講座を〉取る手続きをする; 〈…するために〉署名する: I ~ed *up for* another tour. 〈V+up+for+名・代〉 私は他の旅行にも申し込んだ / He ~ed *up* to play shortstop. 〈V+up+to 不定詞〉 彼はショートとしてプレーする契約に署名した. — 他 〈人〉に署名をさせて雇う[参加させる], 〈人に…するように〉署名させる; 〈人〉と契約をする.
sign with ... [動] 他 《選手が》署名して《チームなど》に雇われる; 《レコード会社など》と契約する (☞ 自 **2**).

【類義語】 **sign** 最も意味の広い語で, ある事実または特徴を表す印となる出来事・性質・行為・状況・物体などをいう: The crocus is a *sign* of spring. クロッカスは春のおとずれの花だ. **mark** 書かれたり, 刻みつけられたりした印: His face bears the *marks* of his suffering. 彼の顔には苦しみの跡が残っている. **token** 感謝・尊敬・愛情・思い出などの感情を表わす印: This is a small *token* of my gratitude. これは私の感謝の気持ちを表わすほんのしるしです.

sign・age /sáɪnɪdʒ/ 名 U 《米》 看板, 標識 (全体).
*****sig・nal** /síɡn(ə)l/ 名 (~s /~z/; 動 sign) C **1** 信号, 合図, サイン 《慣習や約束によって決まった意味を持つもの》; ☞ sign 《単語の記憶》; 《行動を始める》口火, 導火線, 動機 (*for*): hand ~s 《運転者が車の曲がる方向を示す》手による合図 / the bunt ~ バントのサイン / make a ~ with one's hand 手で合図する / The whistle was the ~ *to* run. 〈N+to 不定詞〉 ホイッスルが走り出す合図だった / The engineer *gave* a ~ *to* the conductor that the train would start. 〈N+*that* 節〉 機関士は車掌に列車の出発の合図をした / The attack began *at* [*on*] a ~ *from* the general. 攻撃は将軍の合図で始まった // ☞ busy signal, danger signal, distress signal.
2 《ある傾向などの》あらわれ, 徴候, きざし (sign): These figures can be regarded as a clear ~ *of* economic improvement [*that* the economy is improving]. 〈N+of+名・代〉 [*that* 節] この数字は経済の好転のきざしとみなせる. **3** 信号機, シグナル; 交通信号機 (traffic signal): The ~ is now (at [on]) red. 信号はいま赤だ. **4** 《テレビなどの》信号, 電波: receive a ~ from a satellite 衛星から電波を受信する.

— 動 (**sig・nals** /~z/; **sig・naled**, 《英》 **sig・nalled** /~d/; **-nal・ing**, 《英》 **-nal・ling** /-nəlɪŋ/) 他 **1** 〈…〉に(信号[身ぶり]で)合図する, 〈…〉に信号を送る; 〈事〉を信号で伝える; 《野》 〈選手〉に〈…の〉合図を出す: I ~ed the car *to* stop. 〈V+O+C (to 不定詞)〉 私は車に止まれと合図した. The coach ~ed the runner *to* steal. コーチはランナーに盗塁のサインを出した / This red light ~s *that* something is wrong with the engine. 〈V+O (*that* 節)〉 この赤いライトはエンジンの異常を知らせます / He ~ed a warning *to* us. 〈V+O+to+名・代〉 彼は私たちに警告を行うよう合図してきた. **2** 《主に新聞で》《言動によって》〈意向など〉を明らかにする. **3** 〈…〉の前兆[印]となる: Their victory ~ed the beginning of a new age. 彼らの勝利は新時代の始まりを告げるものであった.
— 自 **1** 《信号[身ぶり]で》合図する, 信号を発する: The yacht ~ed *for* help. 〈V+for+名・代〉 そのヨットは信号で救助を求めた / The policeman ~ed *to* [*for*] them *to* wait. 〈V+to [*for*]+名・代+to 不定詞〉 警官は彼らに待てと合図した. **2** 《左[右]折の》方向を指示で indicate. — 形 A 《格式》 (成功・失敗などが)際立った, はなはだしい.

signal box 名 C 《英》 =signal tower.
sig・nal・er, 《英》 **-nal・ler** /síɡnələ|-lə/ 名 C =signalman.
sig・nal・ize /síɡnəlàɪz/ 動 《格式》 〈…〉をはっきりと示す.
sig・nal・ly /-nəli/ 副 《格式》 著しく, 際立って.
signal・man /-mən/ 名 (**-men** /-mən/) C **1** 《軍》の通信隊員. **2** 《鉄道の》信号手.
signal tower 名 C 《米》 《鉄道の》信号所[塔] 《英》 signal box.
*****sig・na・to・ry** /síɡnətɔ̀ːri|-təri, -tri/ 名 (**-to・ries**) C 《格式》 署名者, 調印者; 条約加盟国 (*to, of*).
— 形 《格式》 調印した: the ~ states 調印国.
*****sig・na・ture** /síɡnətʃə, -tʃʊə|-tʃə/ 十一 名 (~s /~z/; 動 sign) **1** C 署名, サイン (☞ sign 《単語の記憶》; sign 日英比較): put one's ~ *on* [*to*] … …に署名する / Could we have your ~ *on* this document? この書類に署名していただけますか. 日英比較 欧米では署名が日本の捺印(なついん)の慣習に相当する. **2** U 《格式》 署名すること, 署名行為: for ~ サインしてもらうために / Your ~ indicates your agreement. 署名するのは承認の意味する. **3** C 《普通は単数形で》 特徴(づけるもの); 《形容詞的に》 トレードマークの: her ~ role 彼女のはまり役. **4** C 《米》 《番組などの》 テーマ音楽 (signature tune, theme song). **5** C 《楽》 =key signature, time signature. **6** C 《印》 折り丁.
signature file 名 C 《E メールの》署名ファイル.

signature tune 名 C《主に英》= signature 4.
sign・board 名 C 看板.
sign・er /sáɪnə | -nə/ 名 C 手話通訳者.
sig・net /sígnɪt/ 名 C 印形(いんぎょう), 印, 認め印《特に公用のもの》;☞ seal¹《日英比較》.
signet ring 名 C 認印[印章]付き指輪.

*__sig・nif・i・cance__ /sɪgnífɪk(ə)ns/ 12 名 (形 significant; 反 insignificance) U,C 1 重要性, 重大さ (importance): a speech *of* great [little] ~ *for* [*to*] the promotion of world peace 世界平和の促進に非常に重要な[あまり重要でない]演説.
2(特に自明でない)意義, 意味《☞ meaning 類義語》: the ~ of this sign この記号の意味 / attach ~ to … …に意味をもたせる. **3**《統》有意(性).

*__sig・nif・i・cant__ /sɪgnífɪk(ə)nt/ 形 (名 significance, 動 signify; 反 insignificant) **1**(数量・影響など)相当の, かなり大きな;《統計的に》有意の: a ~ improvement on last year's figures 昨年の数値に対する相当の改善.
2 重要な; 意義深い, 意味のある: a very [highly] ~ speech 非常に重要な演説 / a ~ day *for* our school わが校にとって意義深い日 / These differences do not seem so ~. この相違はそう重要とは思えない / It is ~ *for* a country simply to participate in the Olympics. 国がオリンピックに参加するだけで意義がある. **3** 意味ありげな: a ~ smile 意味ありげなほほえみ.

significant figures [digits] 名《複》《数》有効数字.

*__sig・nif・i・cant・ly__ /sɪgnífɪk(ə)ntli/ 副 **1** 相当に, かなり(大きく): ~ better [worse] 相当によい[悪い] / Sales of the CD have risen ~. そのCDの売り上げは著しく増えた.
2《文修飾》重要なことには; 意味[意義]深いことには: S~ (enough), he did not deny his guilt. 重要なことありげに, 彼は自分に罪があることを否定しなかった. **3** 意味ありげに: She smiled at me ~, but did not say anything. 彼女は私に意味ありげにほほえんだが何も言わなかった.

significant other 名 C《しばしば滑稽》大切な人《夫・妻・恋人など》(partner).

sig・ni・fi・ca・tion /sìgnəfɪkéɪʃən/ 名《格式》**1** C,U の意義, 意味. **2** U 表示.

+__sig・ni・fy__ /sígnəfàɪ/ 動 (-ni・fies; -ni・fied; -fy・ing; 形 significant)《格式》《進行形なし》 他 **1** 〈…〉を意味する (mean), 表わす《単語の記憶》: What does this mark ~? この印はどういう意味ですか. **2**〈目的・意志など〉を(身ぶりなどで)知らせる (make known), 示す; 表明する: I signified my approval 「with a nod [by nodding]. 私はうなずいて了承したことを知らせた / He signified 「his agreement [*that* he agreed]. 彼は同意を表明した. — 自 《普通は否定文・疑問文で》重大である: It *signifies little*. それは大したことではない / What does it ~? それがどうしたというのだ.
語源 ラテン語で「印 (sign) を書いて示す」の意.

*__sign・ing__ /sáɪnɪŋ/ 名 (~s /-z/) **1** U 署名(すること); C サイン会: the ~ *of* the peace treaty 講和条約の調印. **2** U (選手・歌手などを)契約して雇うこと; C《英》《サッカーチーム・レコード会社などと》契約したばかりの人[グループ]. **3**U (手話の)使用.

sign language 名 U 手話, 指話(法)《聾唖(ろうあ)者などの間で用いられる》; 手まね[身ぶり]ことば.

Si・gnor /sinjɔ́ː | sinjɔ́ː/《イタリア語から》名《複 Si・gno・ri** /si:njɔ́:ri:/》 **…さま**, だんなさま《英語の Mr. または呼びかけの sir に当たる》《略 Sig.》.

Si・gno・ra /si:njɔ́:rə | sinjɔ́:rə/《イタリア語から》名《複 Si・gno・re** /si:njɔ́:reɪ/》 **…夫人**, 奥さま《英語の Mrs. または呼びかけの madam に当たる》.

Si・gno・ri 名 Signor の複数形.

Si・gno・ri・na /sì:njərí:nə/《イタリア語から》名《複

---

silent film 1641

Si・gno・ri・ne /sì:njərí:neɪ/》 …嬢; お嬢さん, 令嬢《英語の Miss に当たる》.

sign painter [writer] 名 C 看板書き《人》.

sign・post 名 C **1**(交差点などの)道標, 道路標識 (to). **2**[主に新聞で]手掛り, 指針 (to, of). — 動 他《主に英》**1**[普通は受身で]〈道路に標識を立てる,〈道すじ〉を道標で示す. **2**〈方針・結論など〉を明示する.

Sikh /síːk/ 名 C シーク教徒. — 形 シーク教(徒)の.

Sikh・ism /síːkɪzm/ 名 U シーク教.

Si・kor・ski /sɪkɔ́ːski | -kɔ́:-/ 名 **I・gor** /í:gɔː -gɔ:/ ~ シコルスキー (1889–1972)《ロシア生まれの米国の航空技師; ヘリコプターの開発者》.

si・lage /sáɪlɪdʒ/ 名 U サイロに貯蔵した牧草.

sild /síld/ 名 C《複 ~, ~s》シルド《にしんの幼魚》.

*__si・lence__ /sáɪləns/ 13 名 (si・lenc・es /-ɪz/; 形 silent) **1** U 静けさ, 物音のしないこと: the ~ of the night 夜の静けさ / Dead [Complete] ~ fell [prevailed] in the forest. 森の中は恐ろしいほどしんと静まり返っていた.
2 U 沈黙, 無言, 声を出さないこと: She maintained her ~. 彼女は黙っていた / S~ is golden.《ことわざ》沈黙は金. **3** C 沈黙の時間[期間]; 黙祷(もくとう): a moment's ~ 一瞬の沈黙 / observe a one-minute ~ 1分間の黙祷をする. **4** U (特に発言が期待される場合に)意見を言わないこと; 黙殺: I can't understand your ~ *on* [*about*] such an important issue. 私はあなたがこんな大事な問題について何も言わないのが理解できない. **5** U 音信不通, ぶさた.

break [shatter] the [one's] silence 動 自
(1)(物音が)静けさを破る. (2) 沈黙を破って話し[書き]始める.

buy …'s silence 動 …を買収して口止めする.

in silence 副 黙って, 静かに (silently): They left the room in ~. 彼らは黙って部屋から出ていった.

reduce … to silence 動 他〈…〉を黙らせる.
— 動 他 **1**〈…〉を沈黙させる, 黙らせる; 〈敵の砲火〉を鎮(しず)める. **2**[主に新聞で]〈反対など〉を封ずる, 抑える. **3**《俗》〈…〉を口封じのために殺す.
— 感 静かに(しなさい): S~ (in court)!《法廷では》静粛に!

si・lenc・er /sáɪlənsə | -sə/ 名 C **1**(銃の)消音装置. **2**《英》《エンジンの》消音器《米 muffler》.

*__si・lent__ /sáɪlənt/ (名 silence)形 **1** 無言の, 沈黙した, 声を出さない[普通は A] 無口な: a ~ prayer 無言の祈り / keep [become, fall] ~ 黙っている[急に黙る] / He's the strong, ~ type. 彼は無口だが頼りになるタイプだ /☞ the silent majority.
2 物音のしない, しんとした, 静かな《☞ 類義語, quiet 表》; 騒音が少ない: a ~ forest 静かな森 / All was ~ throughout the castle. 城中が静まり返っていた. **3** P (…について)言及をしない, 意見を言わない; 音信不通で: The prime minister remained ~ *on* [*about*] that question. 首相はその問題については黙っていた. **4**(文字が)発音されない, 黙字の: a ~ letter 黙字 (write の w や e など). **5**《医》(病気などが)無症状の.

(as) silent as the grave 形《文》(なぞめくほど)静まりかえって; 全く沈黙して. **6**《略式》無声映画の.

【類義語】 **silent** 全く声または音がしないことを意味する: Everyone fell *silent* at the news. みなそのニュースを聞いて黙った. **quiet** よけいな音やしゃまな動きのないことをいう: a *quiet* restaurant 静かなレストラン. **still** 音も動きもなく静まり返った状態: the *still* water(s) of the lake 湖の静かな水. **calm** もともと天候の穏やかなことを表わす語で, 音も動きもない状態, 特に騒音の後の静かさをいう: The sea became *calm* again after the storm. 嵐の後で海は再び静かになった.

silent auction 名 C《米》入札式競売.

silent film 名 C《主に英》= silent movie.

silently

sílent·ly 副 1 黙って,無言で,沈黙して. 2 物音を立てずに,静かに.

silent majórity 名 [the ~; (英)時に複数扱い] 物言わぬ大衆,一般国民.

sílent móvie 名 C (米)無声映画 (⇨ talkie).

Sílent Níght 名 固 「きよしこの夜」《クリスマスの賛美歌》.

sílent pártner 名 C (米)匿名社員,業務に関係しない出資社員 ((英) sleeping partner).

sil·hou·ette /sìluét/ 名 C シルエット,影絵;(服などの)輪郭(線). **in silhouette** [副・形] シルエットで[の]; 輪郭だけで. ── 動 他 [普通は受身で] 〈...〉をシルエット[輪郭]で表わす[見せる]: The tower was ~ed against the sky. その塔は空を背景に黒く見えていた.

sil·i·ca /sílɪkə/ 名 U 【化】シリカ,珪土(はいど),無水珪酸.

sílica gèl 名 U.C 【化】シリカゲル《乾燥剤などに用いる》.

sil·i·cate /sílɪkèɪt/ 名 U.C 【化】珪酸塩.

sil·i·con /sílɪk(ə)n/ 名 U 【化】珪素(*ケイ素*)《元素記号 Si》.

sílicon chíp 名 C シリコンチップ《シリコン製マイクロチップ;コンピューターなどの集積回路に用いる》.

sil·i·cone /sílɪkòʊn/ 名 U 【化】シリコン《高分子有機珪素化合物の総称》.

sílicone ímplant 名 C 《豊胸術で用いる》注入シリコン.

Sílicon Válley 名 固 シリコンバレー《高度のエレクトロニクス産業が集中している米国 California 州 San Francisco 郊外の地域の通称》.

sílicon wáfer 名 C 【電工】シリコンウェーハー《IC の基板となる》.

sil·i·co·sis /sìlɪkóʊsɪs/ 名 U 【医】珪肺(はい)症《鉱夫・石工などにかかる肺の病気》.

silk /sílk/ 名 ~s/~s/; 形 silky, silken 1 U 絹;絹糸;生糸; [形容詞的に] 絹(製)の: raw ~ 生糸 / stockings 絹の靴下. 2 [複数形で] (古風)絹の衣服; 《競馬》騎手の服《所属する厩舎の色をしている》. 3 C (英法)勅選法廷弁護士 (QC). **take sílk** 動 (英法)勅選法廷弁護士になる.

silk·en /sílk(ə)n/ 形 (= silk) [普通は A] (文) 1 柔かい,なめらかな; つやつやした. 2 絹(製)の.

sílk hát 名 C シルクハット.

silk·i·ly /sílkɪli/ 副 なめらかに; もの柔らかに.

silk·i·ness /sílkɪnəs/ 名 U なめらかさ.

sílk mòth 名 C 蚕蛾(がちょう)《幼虫が蚕》.

Sílk Róad 名 [the ~] シルクロード《中国とシリアを結んだ古代の交易路; 中国の絹を西洋に運んだ》.

sílk scréen 名 U シルクスクリーン《絹などの孔版で捺染(なっせん)する方法》; C シルクスクリーン印刷物.

sílk-screen 形 A シルクスクリーンの[を用いた]. ── 動 他 〈...〉をシルクスクリーンで作る.

sílk-stócking 形 (米)富裕な,貴族的な.

sílk·wòrm 名 C 蚕(かいこ).

silk·y /sílki/ 形 (**silk·i·er**, **-i·est**; 名 silk) 1 絹のような; 〈髪・肌などが〉なめらかな,光沢のある. 2 〈態度・声など〉もの柔らかな,当たりの穏やかな; 〈動きが〉しなやかな,スムースな. 3 A 絹製の.

sill /síl/ 名 C 窓の下枠; (英)(車の)ドアの下枠.

sil·li·ness /sílinəs/ 名 U ばかなこと[ふるまい].

sil·ly /síli/ 形 (限定 city) 形 **sil·li·er** /-liə/; **sil·li·est** /-list/) 1 ばかな,愚かな (⇨ foolish 類義語): a ~ little boy ばかな男の子 / 言い換え *It was* ~ *of* me *to* believe him. = I was ~ to believe him. 彼を信じるとは私はばかだった (⇨ of 12).

2 S (言動などが)ばかげた,ばかばかしい (absurd); 子供じみた,ふざけた; ばかなことを言う[する]: a ~ answer ばかげた答え / a ~ hat [game] くだらない帽子[ゲーム] / Don't be ~! ばかなことを言う[する]な / I feel ~ in this dress. このドレスを着るのは気恥ずかしい / Your brother was just being ~. 弟さんは《悪気はなくて》ちょっとばかな事をしてしまっただけよ. 3 P (略式)目を回した; ぼーっとなった: knock him ~ 彼を殴(ぐ)って気絶させる / drink oneself ~ (⇨ drink 成句). 語源 古(期)英語で「幸せな」の意; この意味の変化は日本語の「おめでたい」(お人よしだ)と似ている. ── (sil·lies) 名 C (略式)おばかさん. 語法 子供に対してまたは子供の間でよく使う.

sílly bílly 名 C (英)=silly.

sílly séason 名 [the ~] 《略式,英・豪》(新聞の)夏枯れ時,閑散期.

si·lo /sáɪloʊ/ 名 (~s) C 1 サイロ《穀物・牧草などを貯蔵するための塔状建築物》. 2 地下貯蔵室; 地下ミサイル格納庫兼発射台.

silt /sílt/ 名 U (川底などの)沈泥(でい). ── 動 他 〈...〉を(沈泥で)ふさぐ (*up*). ── 自 (泥で)ふさがる (*up*).

sílt·stòne 名 U.C シルト岩《silt 粒子から成る》.

silt·y /sílti/ 形 (**silt·i·er**, **-i·est**) 沈泥(状)の.

Si·lu·ri·an /saɪlʊ́(ə)riən/ 名 [the ~] シルル紀. ── 形 シルル紀の.

sil·van /sílv(ə)n/ 形 =sylvan.

sil·ver /sílvə | -və/ 名 (形 sílvery) 1 U 銀《元素記号 Ag》: gold and ~ 金と銀 / This bell is made of ~. この鈴は銀製です. 2 U 銀器類,銀・ステンレスなどの食器類 (silverware): table ~ 食卓用の銀食器類《ナイフ・フォーク・スプーン・皿など》. 3 U 銀貨,白銅貨: a pocketful of ~ ポケット1杯の銀貨. 4 U 銀色. 5 C.U (略式) =silver medal.
── 形 1 銀製の,銀の: a ~ spoon 銀のスプーン / ~ coins 銀貨. 2 銀のような,銀色の: ~ hair 銀髪,白髪(が). 英語の silver には日本語の「シルバー」のような「お年寄り」という意味はない.
── 動 (-ver·ing /-vərɪŋ/) 他 [普通は受身で] 1 《工芸》〈...〉に銀をかぶせる,銀めっきする. 2 (主に文)〈...〉を銀色にする.

sílver áge 名 [the ~] 《ギ・ロ神》銀時代《黄金時代 (golden age) に次いで人々が幸福だった》.

sílver annivérsary 名 C 1 (米)銀婚式,銀婚記念日《結婚 25 周年の日; ⇨ wedding anniversary》. 2 25周年(記念).

sílver bírch 名 C.U しだれかんば《ヨーロッパ産の一種》.

sílver búllet 名 C (米)《病気・問題解決の》特効薬《魔物を倒すには銀の弾丸に限るという俗信から》.

sílver dóllar 名 C (米国の昔の) 1 ドル銀貨.

sílver·fish 名 (複 ~, ~·es) C しみ《本や衣類を食い荒らす昆虫》.

sílver fóil 名 U (英)銀ぱく,銀紙.

sílver gílt 名 U.C 金張りの銀(器); 《装飾用》銀箔.

sílver-gráy 名 U, 形 銀白色(の).

sílver júbilee 名 C 《主に英》(即位)25 年記念祭.

sílver líning 名 [the ~] 明るい見通し: Every cloud has a ~. (ことわざ)どんな雲でも半面は明るいものだ.

sílver médal 名 C 銀メダル. 関連 gold medal 金メダル / bronze medal 銅メダル.

sílver médalist 名 C 銀メダリスト.

sílver nítrate 名 U 【化】硝酸銀.

sílver páper 名 U (英)銀紙; すず[アルミ]はく.

sílver pláte 名 U 1 銀めっき. 2 銀(めっき)製品《全体》.

sílver-pláted 形 銀めっきをした.

sílver scréen 名 [the ~] 《古風》(映画の)銀幕,スクリーン; (ハリウッドなどの)映画界.

sílver sérvice 名 U (英)《レストランなどで》食事をする人の席で皿に盛りつける正式の給仕法.

sil·ver·side 名 U《英》ランプロース《牛のもも肉の外側一番上の部分》.

sil·ver·smith 名 C 銀細工師; 銀器商.

sílver stàndard 名 [the ~] 銀本位制.

Silver Státe 名 [the ~] 銀州《米国 Nevada 州の俗称》.

Sil·ver·stone /sílvəstòun | -və-/ 名 固 シルバーストーン《イングランド南部にある自動車レースサーキット》.

Sil·ver·Stone /sílvəstòun | -və-/ 名 固 シルバーストーン《金属表面こげつき防止加工; 商標》.

sílver-tóngued 形《文》雄弁な, 弁舌さわやかな.

sílver·wàre 名 U **1**《米》=cutlery. **2** 銀製の食器類《ナイフ・フォーク・スプーンなど》. **3**《英》《スポーツ競技の》銀杯, トロフィー.

sílver wédding annivérsary,《英》sílver wédding 名 C =silver anniversary 1.

*sil·ver·y /sílv(ə)ri/ 形 (名 sílver) **1** 銀のような; 銀色の. **2**《文》《音などが》澄んだ, さえた (clear).

Sil·ves·ter /sílvéstə | -tə/ 名 固 シルベスター《男性の名》.

Sil·vi·a /sílviə/ 名 固 シルビア《女性の名》.

sil·vi·cul·ture /sílvəkʌ̀ltʃə | -tʃə/ 名 U 植林(法).

SIM Càrd /sím-/ 名 C シムカード《携帯電話使用者特定用カード; subscriber identity module の略》.

Sim·e·on /símiən/ 名 **1** 固 シメオン《男性の名》. **2**《聖》シメオン《イスラエルの 12 部族の 1 つシミオン族の祖》.

sim·i·an /símiən/ 形《格式》類人猿の; 猿のような. ― 名 C 類人猿; 猿.

*sim·i·lar /símələ | -lə/ T1 形 (名 simìlarity; 反 dissimilar) **1 類似した,** 似通った, 同様の, 同種の (同義語 facsimile 類例): a ~ pattern 似た模様 / These two things are strikingly ~ *in* shape. <A+*in*+名・代> この 2 つは形がよく似ている / His background is (broadly [roughly]) ~ *to* mine. <A+*to*+名・代> 彼の経歴は私のに（大体）似ている. **2**《数》相似の: ~ figures [triangles] 相似形[三角形].

sim·i·lar·i·ty /sìmələ́rəti/ 名 (-i·ties* /~z/; 形 símilar, 反 dissimilarity, difference) **1** U または a ~類似(性), 似ていること, 相似 (resemblance): a ~ *between* Venus and (the) Earth 金星と地球の類似性 / I was surprised at the ~ of his style *to* Hemingway's. 彼の文体がヘミングウェイの文体と似ているのに驚いた.
2 C 似ている点, 類似点: *similarities in* appearance 外観上の類似点 / There are striking *similarities between* the two designs. 2 つのデザインの間には著しい類似点が見られる.

*sim·i·lar·ly /símələli | -lə-/ 副 **1** つなぎ語 同様に, 同じく (likewise): The children enjoyed swimming in the sea. S~, the parents had a good time lying on the beach. 子供たちは海水浴を楽しんだ. 同様に親は浜辺でくつろいだ.
2 同じように, 類似的に: be ~ situated [inclined] 同じような状況[傾向]にある / The twins were ~ dressed. 双子は同じような服装をしていた.

sim·i·le /símɪli | -m(ə)li/ 名 C,U《修辞》直喩(ちょくゆ), 明喩. 関連 metaphor 隠喩(いんゆ).

参考 as や like などを用いてあるものを他のものにたとえて言い表わすこと; 例えば, Her hair is *like* gold.（彼女の髪は金のようだ）/ He fought *as* bravely *as* a lion. （彼はライオンのように勇敢に戦った）など.

si·mil·i·tude /səmílət(j)u:d | -tjù:d/ 名 **1** U《文》類似, 相似. **2** C《古風》比較; たとえ.

SIMM /sím/ 名 C《電工》シム《RAM の規格の 1 つ; *single in-line memory module* の略》.

---

simple 1643

*sim·mer /símə | -mə/ 動 (**sim·mers** /~z/; **sim·mered** /~d/; *-mer·ing* /-m(ə)rɪŋ/) 自 **1**（とろ火で）ぐつぐつ煮える[煮え立つ]: The stew was ~*ing* on the range. シチューがレンジで煮え立っていた. **2**（人が）怒り・興奮などで）じりじりしている;（怒りなどが）今にも爆発しようとしている: The crowd was ~*ing with* anger [rage]. 群衆は今にも怒りに爆発しそうだった. **3**（争い・暴力などが）（爆発しないで）くすぶり続ける.
― 他《...》をとろ火で煮る, ぐつぐつ煮る (☞ cooking 囲み). **símmer dówn** 動 自 [しばしば命令形で]《略式》静まる, 気を落ち着ける.
― 名 [a ~] ぐつぐつ煮える[沸騰しそうな]状態: bring soup to a ~ スープをぐつぐつ煮立たせる.

sím·nel càke /símnəl-/ 名 C《英》フルーツケーキ《復活祭で作る》.

Si·mon /sáimən/ 名 固 サイモン《男性の名》.

si·mon-pure /sáimənpjúə | -pjúə‐/ 形 本物の. 語源 英国の 18 世紀の戯曲の人物名から.

Símon Sáys 名 U サイモン・セズ《子供の遊び; リーダーの出す指示の中で "Simon says" で始まる指示がある時のみ動作を行なう》.

si·mo·ny /sáiməni/ 名 U《軽蔑》聖職売買(罪).

Simon Ze·ló·tes /-zɪlóʊti:z/, **Símon the Cá·naan·ite** /-kénənàit/ 名 固《聖》《熱心党員の》シモン《キリストの 12 人の弟子の 1 人》.

simp /símp/ 名 C《米俗》=simpleton.

sim·pa·ti·co /sɪmpɑ́:tɪkoʊ/ 形《略式》(人が)気安い, 親しみのもてる; 気の合った, 考えが一致する (*about*).

sim·per /símpə | -pə/ 動 (*-per·ing* /-p(ə)rɪŋ/) 自 にやにや笑う (*at*). ― 他 にやにやして《...》と言う. ― 名 C（間が抜けた）作り笑い.

sim·per·ing /símp(ə)rɪŋ/ 形 にやにやした, 取り入るような. **~·ly** 副 にやにやして.

*sim·ple /símpl/ T1 形 (**sim·pler**; **sim·plest**; 名 simplicity, 動 símplify)

「単純な」	→	「簡単な」	→	「質素な」	**2**
		「純真な」	**4**	（お人よしの） → 「頭が弱い」	**5**
				「純然たる」 → 「全くの」	**3**

1 簡単な, 単純な; 平易な, 易しい (easy); 複合的でない, 単一の (反 complex, difficult): a ~ question 易しい問題 / a ~ tool 構造が単純な道具 / This tool is very ~ *to* use. <A+*to* 不定詞> この道具はとても使いやすい / keep [make] it ~ 簡単なものにしておく / It wasn't so ~ to persuade my parents. 両親を説得するのはそんなに簡単ではなかった / Just click the button. It's *as* ~ *as that* [*that* ~]. Ⓢ ただボタンをクリックする. それだけの（単純な）ことです.
2 質素な (plain), 簡素な, 飾りのない, シンプルな: a ~ dress 地味な服 / ~ food 質素な食べ物.
3 A [強調に用いて] 全くの, 純然たる,（重要な）ただ一つの, それだけの, 単なる: It was ~ greed that led him to steal. 彼を盗みに駆り立てたのは欲そのものであった / The ~ truth is, he doesn't have enough knowledge about the problem. 実のところ彼はその問題について十分な知識をもちあわせていない.
4 純真な, 無邪気な, 誠意のある, 素朴な; 普通の: He is as ~ as a child. 彼は子供のように純真だ / Diana was a woman with a good and ~ heart. ダイアナは善良で純真な心を持った女性だった. **5**《古風》頭が弱い; 無知な (foolish): The boy is a bit ~. その子はちょっと頭が弱い. **6**《文法》単純時制の.

the [a] símple lífe 名《略式》（都会生活に対して田舎などでの）簡素で平穏な生活.

símple éye 名 C 〖動〗(昆虫などの)単眼.
símple frácture 名 C 〖医〗単純骨折.
 関連 compound fracture 複雑骨折.
símple ínterest 名 U (金利の)単利.
 関連 compound interest 複利.
símple machíne 名 C 〖機〗単純機械《てこ・くさび・滑車・輪軸・斜面・ねじの6種》.
sim·ple-mind·ed /símplmáindɪd/ 形〖軽蔑〗頭の悪い, 低能な; (考えなどが)単純な, 無邪気な.
 ~·ness 名 U 頭の鈍さ; 単純さ.
símple séntence 名 C 〖文法〗単文.

文法 単文

文を構造上から分類した場合の一種で, 1つの主部 (☞ subject¹ 文法) と1つの述部 (☞ predicate¹ 文法) から成るものをいう. *Fire burns.* (火は燃える)のような短い文に限らず, *Living in the country, he seldom had visitors except his neighbors and the mailman.* (彼はいなかに住んでいたので近所の人々と郵便配達人のほかにはほとんど訪問者がなかった)のように長い文でも, 1つの主語 (he) と1つの述語動詞 (had) から成っていて, その中に他の節が含まれていなければ単文である.

Símple Símon 名 固 まぬけのサイモン《伝承童謡の主人公》.
símple tìme 名 U 〖楽〗単純拍子.
sim·ple·ton /símplt(ə)n/ 名 C 〖古風〗まぬけ.
sim·plex /símpleks/ 形 単一の; 〖通〗単信方式の.
†sim·plic·i·ty /sɪmplísəti/ 名 (**-ties**) [ほめて] **1** ① 簡単なこと, 単純さ; 易しさ (反 complexity): the ~ of the engine エンジンの構造が簡単なこと. **2** U,C 質素, 飾らないこと: the ~ of rural life 田園生活の簡素さ. **be simplicity itself** 動 簡単である, 非常にわかりやすい. **for the sáke of simplícity** 副 わかりやすくするために.
sim·pli·fi·ca·tion /sìmpləfɪkéɪʃən/ 名 U,C 単純化(したもの), 平易化(したもの); 簡素化.
sim·pli·fied /símpləfàɪd/ 形 単純化された, 簡単にした: a ~ textbook 易しくした教科書.
†sim·pli·fy /símpləfàɪ/ 動 (**-pli·fies**; **-pli·fied**; **-fy·ing**) simple; (反 complicate) 他 ⟨…⟩を単純[簡単, 平易]にする; 簡素にする: ~ one's explanation 説明を易しくする.
†sim·plis·tic /sɪmplístɪk/ 形 [普通はけなして] (複雑なものを)単純に考えすぎる, 短絡的な; 単純な. **-plis·ti·cal·ly** /-kəli/ 副 短絡的に.

*sim·ply /símpli/ 副 **1** 単に…だけ, ただ (merely): He did it ~ out of curiosity. 彼は単に好奇心からそれをしただけだ / Mary refused to marry him ~ because he was poor. メアリーは彼がただ貧しいというだけの理由で結婚するのを断わった / It is ~ that she didn't know the truth. それは単に彼女が真実を知らなかったからにすぎない (☞ it¹ A 5).

2 全く, 実に (really); [否定文で] 全然 (…でない): It's ~ glorious weather, isn't it! 全くすばらしい天気ですね / I have ~ nothing to say about it. それについて全く何も言うことはない.

3 簡単に, 平易に: explain [answer] ~ 平易に説明[回答]する. **4** 質素に, 飾りなしで: live ~ 質素に生活する / She is ~ dressed. 彼女は地味な服装をしている. **5** つなぎ語 率直に言って: You are, quite ~, inadequate for this job. はっきり言ってあなたはこの仕事には向いていない.

to pút it símply = **símply pút** = **pùt símply** [副] つなぎ語 簡単に言えば, 早い話が.
Simp·sons /sím(p)s(ə)nz/ 名 固 [the ~] シンプソンズ《米国のテレビアニメに登場する家族》.
sim·u·la·crum /sìmjʊléɪkrəm/ 名 (複 ~**s**, **sim·u·la·cra** /-rə/) C 〖格式〗(…の)像, 似姿 (*of*).
†sim·u·late /símjʊlèɪt/ 動 他 **1** 〈事態・過程などを模擬[人工的]に再現する[作り出す], 〈…〉の模擬実験[シミュレーション]をする. **2** 〈物〉に似せる. **3** 〈感情・行動〉のふりをする; 〈…〉に見せかける; 〖生〗〈…〉の擬態をとる.
sim·u·lat·ed /símjʊlèɪtɪd/ 形 〈…〉に似せた, 見せかけの, 人工的に再現された: ~ pearls 模造真珠.
†sim·u·la·tion /sìmjʊléɪʃən/ 名 **1** U,C (コンピューターなどによる)模擬実験, シミュレーション (*of*). **2** U 似せること; (…の)ふり, 見せかけ; 再現 (*of*).
sim·u·la·tor /símjʊlèɪtə│-tə/ 名 C シミュレーター《訓練用または実験用の模擬装置》.
si·mul·cast /sáɪm(ə)lkæst│sím(ə)lkɑːst/〖主に米〗動 (**si·mul·casts**; 過去・過分 **si·mul·cast**; **-cast·ing**) 他 [普通は受身で] (ラジオとテレビで)同時に〈…〉を放送する. ― 名 C 同時放送(番組).
si·mul·ta·ne·i·ty /sàɪm(ə)ltəníːəti│sìm-/ 名 〘形 sìmultáneous〙 U 同時性.
*si·mul·ta·ne·ous /sàɪm(ə)ltéɪniəs│sìm-/ 形 ⦅名 sìmultanéity⦆ 同時の, (…と)同時に起こる (*with*): ~ translation [interpretation] 同時通訳. **~·ly** 13 副 同時に.
sìmultáneous equátions 名 [複] 〖数〗連立方程式.
*sin¹ /sín/ (類音 shin, sing, sink, thin) 名 (~**s** /~z/; 形 sinful) **1** C,U (道徳・宗教上の)罪, 罪悪 (☞ crime 表): commit a ~ 罪を犯す / forgive a ~ 罪を許す / repent (of) a ~ 罪を悔いる / Your ~s will find you out. (ことわざ) [しばしば滑稽] 罪はばれることになる / The ~s of the fathers are visited on the children. (ことわざ) 親の因果が子に報いる // ☞ original sin. **2** C (礼儀作法・慣習などに反する)過失, 過ち: a ~ against established etiquette 決まったエチケットに反する過ち. **3** [a ~] [しばしば滑稽] ひどい[罰]が当たるようなこと: It would be a ~ to reject his proposal. 彼のプロポーズをはねつけるなんてばちが当たる. **for one's sins** 副 S 〖主に英·豪〗[滑稽] 何かの罰(ば)ての因果か. (**as**) **gúilty** [**míserable**] **as sín** 形 S ひどく罪深い[みじめな]. **líve in sín** 動 国 〖古風〗または [滑稽] 同棲する. **the** (**séven**) **déadly síns** 名 [キ教] 7つの大罪《高慢 (pride)·貪欲(どんよく) (covetousness)·色欲 (lust)·怒り (anger)·大食 (gluttony)·羨望(せんぼう) (envy)·怠惰 (sloth)》. ― 動 (**sins**; **sinned**; **sin·ning**) 国 罪を犯す, (…に)背く (*against*). **be móre sínned agàinst than sínning** 動 国 〖古風〗犯した罪以上に悪く言われる.
sin² 略 =sine.
SIN 略 =Social Insurance Number.
Si·nai /sáɪnaɪ, -niaɪ/ 名 固 **1** [時に the ~ Peninsula として] シナイ半島《紅海と地中海の間の半島》. **2** **Mount** ~ シナイ山《シナイ半島南部にあったといわれる山; モーセ (Moses) が神より十戒を授けられた》.
Sin·bad /sínbæd│-bɑːd/ 名 固 =Sindbad.
sín bìn 名 C 〖俗〗(アイスホッケーの)ペナルティボックス.

*since /síns/ (類音 sense)

基本的には「その後」の意.
① (…して)以来; それ以来 前; 接 1; 副
② …だから 接 2

― /sɪns/ 前 …以来, …以後, …から(今[その時]まで): I *have* not *heard* from him ~ last fall. 去年の秋以来彼から何の便りもない / Sophie *has been* waiting for you ~ six o'clock. ソフィーは6時からずっとあなたを待っている / We *have known* each other ~ childhood. 私たちは互いに子供の時から知っている / Jimmy has been very happy ～ joining the tennis club. ジミーはテニスクラブに入ってからとても楽しくやっている.

[語法] **since と時制**
(1) since は普通は完了形とともに用いる. 他方 from は単に時の出発点を表わし, 過去に始まって現在もそうである場合には普通は用いない: I've *been* blind ～ birth. 私は生まれた時から目が不自由です / Helen was blind *from* birth. ヘレンは生まれた時から目が不自由だった.
(2) 現在時制などとともに用いることもある: It'*s* a long time ～ the accident. 《英》その事故からずいぶんになる (★《米》では It's been a long time ... が普通) / She'*s* looking much better ～ her operation. 彼女は手術以来ずっとよくなっているようだ.

Sìnce whén ...? (1) いつから…か?: [会話] "S～ *when* have you two known each other?" "S～ before we graduated."「いつからあなた方お二人はお知り合いなのですか」「卒業する前からです」 (2) Ⓢ 一体いつから…なんだ (驚き・怒りを表わす): *S*～ *when* does the price become so high? 一体いつから値段がこんなに高くなったんだ.

— /sɪns/ [接] 《従位接続詞》 **1** [普通は完了形とともに用いて] **…して以来,** …して以後, …してから(今[その時]まで): What *have* you *been doing* ～ you quit your job? 仕事をやめてからずっと何をしていたのですか / [言い換え] It ʳ*has been* [《英》 *is*] ten years ～ I came here. = Ten years *have passed* ～ I came here. 私がここへ来て 10 年になる [10 年たつ] (☞ [前] [語法] (2)) / How long ʳhas it been [《英》 is it] ～ you ʳgot married? ご結婚してからどのくらいになりますか / Yesterday *was* the hottest day I *have experienced* ～ I came to live here. きのうは私がここに住むようになってから経験したいちばん暑い日だった / I didn't realize how much things *had changed* ～ I went away. 私が去ってからどんなに事態が変化してしまったかわからなかった.
2 …だから (☞ because 類義語): *S*～ no one agrees to my proposal, I will drop it. だれも私の提案に賛成しないからそれはやめよう / *S*～ tomorrow is a holiday, the train schedule will be a little different from usual. 明日は祭日なので電車のダイヤがいつもとは少し異なる. **3** [発言の根拠を示して] …なので言う[尋ねる]が: *S*～ you want to know, I saw him with your sister. あなたが知りたがっているから言うけれど, 彼がお姉さんと一緒のところを見ました / What does the word mean, ～ you're so wise? あなたがとても頭がいいから聞くがその語はどういう意味なの.

éver sínce ... [前・接] …からずっと: My grandmother has been bedridden *ever* ～ ʳher accident [I can remember]. 祖母は事故以来[私の記憶にある限り]ずっと寝たきりです.

— /síns/ [副] [完了形とともに用いて] **それ以来,** その後: *Have* you *been* there ～? それ以来あなたはそこに行ったことがありますか / We'*ve heard* nothing of him ～. その後彼について何も聞いていない.

èver sínce [副] **それ以来ずっと:** George fell off his bicycle a week ago and has been in the hospital *ever* ～. ジョージは 1 週間前に自転車から落ちてそれ以来ずっと入院しています.

lóng sínce [副] ずっと前に[から]: He always used to wear fashionable clothes, but he has *long* ～ ceased to care. 彼は以前はいつも流行の服を着ていたがもうずっと前からかまわなくなっている.

*__sin·cere__ /sɪnsíə | -síə/ [形] (**sin·cer·er** /-sí(ə)rə | -rə/, **more** ～; **sin·cer·est** /-sí(ə)rɪst/, **most** ～ ★ 比較級 sincerer はあまり用いない; [名] sincérity; [反] insincere) **1** (感情・行動などが)**本心からの,** 見せかけではない, 偽りのない, 本気の. [参考] 他人に対してよりも, その場の自分の気持ちに対して忠実であることをいう: a ～ apology 心からの謝罪 / Do you think her tears are ～? 彼女の涙は本物だと思いますか / Please accept my *sincerest* congratulations. 心からお祝い申し上げます.
2 (人が)**誠実な,** 本心をいう, 正直な (*in*): a ～ politician 誠実な政治家 / I'm ～. 私は真剣なんです.

⁺**sin·cere·ly** /sɪnsíəli | -síə-/ [T1] [副] **本心から,** 見せかけではなく, 本気で: I ～ hope you (will) succeed. 私は心からあなたのご成功をお祈りいたします. 《米》 **Sincérely (yóurs),** = 《英》 **Yóurs sincérely,** 敬具 (手紙の結びのあいさつ).

sin·cer·i·ty /sɪnsérəṭi/ [名] ([形] sincére; [反] insincerity) [U] **1** 本当の気持ち, 本心: His letter seems to show his ～. 彼の手紙は本心を表わしているようだ. **2** 誠実さ, 正直: a look of ～ 誠実さがあらわれている表情 / He spoke with ～. 彼は誠意をもって話した.
in áll sincérity [副] 衷心より; 正直なところ.

Sin·clair /sɪŋkléə, sɪn- | -kléə/ [名] [固] **Upton** ～ シンクレア (1878–1968) (米国の小説家).

Sind·bad /sín(d)bæd/ [名] [固] シンドバッド (「千夜一夜物語」(*The Arabian Nights' Entertainments*) 中の「船乗りシンドバッド」の物語の主人公; 7 つの不思議な航海をする船乗り).

sine /sáɪn/ [名] [C] 〖数〗 サイン, 正弦 (〖略〗 sin).

si·ne·cure /sáɪnɪkjʊ̀ə, sín- | -kjʊ̀ə/ [名] [C] 《格式》 (報酬だけで実務のない)閑職.

si·ne di·e /sáɪnidáɪiː/ 《ラテン語から》 [副] 《格式》 無期限に.

si·ne qua non /sínikwɑːnóʊn | -nɔ́n/ 《ラテン語から》 [名] [a [the] ～] 《格式》 (…に)不可欠なもの, (…の)必要条件 (*for, of*).

sin·ew /sínjuː/ [名] **1** [C,U] 腱(けん) (tendon). **2** [C] [普通は複数形で] 《文》 (…を)強化するもの, 資力, 支え (*of*); [U] 力. **the sínews of wár** [名] 《文》 軍資金.

sin·ew·y /sínjuːi/ [形] **1** (体が)筋骨たくましい, 丈夫な. **2** (食用肉が)筋っぽい, 堅い.

sin·fo·ni·a /sìnfəníːə | -níə/ [名] (複 **-ni·e** /-níːèɪ/) [C] 〖楽〗 交響曲; 交響楽団.

sin·ful /sínf(ə)l/ [形] ([名] sin¹) **1** 《文》 または 〖聖〗 罪深い, 罪悪を犯した. **2** 悪い, 罰(ばち)当たりな. **-ful·ly** /-fəli/ [副] 罪深く. **～·ness** [名] [U] 罪深さ.

*__sing__ /síŋ/ ([類音] sin, sink, thing) [動] (**sings** /~z/; 過去 **sang** /sǽŋ/; 過分 **sung** /sʌ́ŋ/; **sing·ing**; [名] song) [自] **1 歌を歌う** (*with*): She *sang well*. 彼女は上手に歌った / Meg ***sang to*** a piano accompaniment. <V+*to*+名・代> メグはピアノの伴奏で歌った / Tom likes to **～ *about*** [*of*] love. <V+*about* [*of*]+名・代> トムは恋の歌を歌うのが好きだ.
2 (鳥・虫などが)鳴く, さえずる (☞ cry 表 bird, lark, nightingale): The birds were ～*ing* all day. 鳥たちは一日中さえずっていた. **3** [副詞(句)を伴って] (小川・やかんなどが)音を立てる; (風・矢などが)ひゅーひゅー鳴る, 音を立てて進む; (耳が)(ジーンと)鳴る: The kettle is ～*ing* on the stove. やかんがこんろでぴーっと鳴っている / A bullet *sang past* [*by*] his ear. 弾丸が彼の耳もとをぴゅんとかすめた / My ears are still ～*ing* from the explosion. 爆発でまだ耳鳴りがしている. **4** 《文》 詩[歌]に詠む; 詩歌でたたえる: The poet *sang of* their victory. 詩人は彼らの勝利を歌でたたえた. **5** 《古風, 俗》 (犯人が)密告[自白]する.

— [他] **1** 〈…に〉〈歌〉を**歌う:** [言い換え] She ***sang*** a beautiful song ***for*** [*to*] us. <V+O+*for* [*to*]+名・代> = She *sang* us a beautiful song. <V+O+O> 彼女は僕たち(のため)に美しい歌を歌ってくれた (☞ for [前] A 1 [語法]).
2 (鳥などが)〈歌〉を歌う, さえずる: Birds are ～*ing* a cheerful song. 鳥たちが楽しくさえずっている. **3** 歌っ

[S]

sing.

て〈人〉を…にする, 歌って…させる: Anne *sang* her baby *to* sleep. アンは子守歌で赤ん坊を寝かしつけた. この sleep は名 (☞ send ... to sleep (sleep 成句) // We ~ *out* the Old Year and ~ *in* the New (Year) on New Year's Eve. 私たちはおごそかに歌を歌って旧年を送り新年を迎える. **4**《文》〈…〉を歌に詠む, 詩歌でたたえる. **síng alóng** 動 自 いっしょに歌う (*with*); (…の伴奏に)合わせて歌う (*to*). **síng from the sáme sóng bòok** (英) 人の意見の相違などを隠す, 同一意見である. **síng óut** 動 自《略式, 主に米》大声で歌う[言う], どなる (*for*). — 他〈命令など〉を大声で叫ぶ. **síng úp** 動 自《主に英》声をもっと大きくして歌う.

— 名 **1** [a ~]《略式》歌うこと. **2** ⓒ《米略式》合唱の集い.

sing. 略 = singular.
sing-along 名 ⓒ みんなで歌を歌うこと, 合唱会 (《英》singsong).
Sin・ga・pore /síŋ(g)əpɔ̀ː | sìŋ(g)əpɔ́ː/ 名 固 シンガポール (Malay 半島南端の島国(の首都)).
Sin・ga・por・e・an /sìŋ(g)əpɔ́ːriən⁻/ 名 ⓒ, 形 シンガポール人(の), シンガポールの.
singe /síndʒ/ 動 (**singes; singed; singe・ing**) 他〈…〉の表面を焼く; 〈毛・衣服など〉を焦(こ)がす. — 自 表面が焼ける; 焦げる. — 名 ⓒ 焼け焦(こ)げ, 焦げた跡.

*__**sing・er**__ /síŋɚ | -ŋə/ 名 (~s /~z/) ⓒ **1** 歌手, 歌う人, 声楽家; [前に形容詞をつけて] 歌を歌うのが…の人: a pop ~ ポピュラー歌手 / an opera ~ オペラ歌手 言い換え She is a good ~. (= She sings well.) 彼女は名歌手だ[歌がうまい] // ☞ folksinger. **2** 鳴鳥(ちょう).

*__**sínger-sóngwriter**__ 名 ⓒ シンガーソングライター (ポピュラー曲を作詞・作曲して自分で歌う人).
Singh /síŋ/ 名 固 シン (シーク教徒の男子に多い名).
Sin・gha・lese /sìŋgəlíːz | -ŋ(g)ə-⁻/ 名 (複 ~), 形 = Sinhalese.

*__**sing・ing**__ /síŋɪŋ/ 名 **1** Ⓤⓒ 歌うこと, 唱歌; 歌声: a ~ teacher 歌の先生 / ~ lessons 歌のレッスン. **2** Ⓤ (鳥・虫などが)鳴くこと; さえずり. **3** Ⓤ 鳴ること, ぶんぶん[ひゅーひゅーなど]いう音: ~ sand 鳴き砂.

*__**sin・gle**__ /síŋgl/ (願音 shingle) 🎧

リスニング
single /síŋgl/, eagle /íːgl/ などの語末の /gl/ は弱い「グー」のように聞こえる (☞ つづり字と発音解説 63). このため single, eagle は「スィングー」「イーグー」のように聞こえる. 「スィングル」「イーグル」と発音しない.

— 形 **1** Ⓐ ただ1つの, たった1個[1人]の (only one) (☞ singular 囲み): the ~ purpose of her trip 彼女のただ1つの旅行目的 / His ~ opportunity was lost. 彼のただ1つのチャンスも失われた / Hardly a ~ house was to be seen. ほとんど1軒の家も見かけなかった. **2** 独身の, 未婚の (反 married): ~ men 独身の男たち / remain ~ 独身のままでいる. **3** Ⓐ 単式の; 1人用の; 片方だけの: a ~ bed シングルベッド (1人用のベッド) / Will you reserve a ~ room for me? 私に1人部屋をとってください. 関連 double 2重の / triple 3重の. **4** 単一の, 同一の: a ~ rate 単一料金. **5** Ⓐ 個々の, それぞれの [最上級を強調して] まさに: It is the ~ biggest problem we have. それは私達の抱える唯一最大の問題だ // ~ every single ... (every 成句). **6** Ⓐ《英》(切符・運賃の)片道の (《米》one-way): a ~ ticket 片道切符. 関連 return《英》往復の. **7** 1 対1の: ~ combat 一騎打ち. **8** Ⓐ (花が)一重(咲き)の: a ~ tulip 一重咲きのチューリップ. 関連 double 八重の. **9** Ⓐ (ウィスキーなどが)シングルの. 関連 double ダブルの.

nòt a síngle ... 形 1つの…もない: There was *not a* ~ book in the room. 部屋には1冊の本もなかった.

語法 下の文ほど否定の気持ちが強くなる.
1. There was ***not*** *a* book in the room.
2. There was ***not a single*** book in the room.
3. There was ***not one single*** book in the room.
4. There was ***not one single solitary*** book in the room.

— 動 (**sin・gles** /~z/; **sin・gled** /~d/; **sin・gling**) 自 〖野〗単打[シングルヒット]を打つ.

síngle óut 動 他〈…〉を選び出す, 選抜する (*from, as*): Tom was ~*d out* for praise [criticism]. トムだけが選ばれてほめられた[批判された]. — 名 **1** ⓒ 1つのもの; 1人, 1個. **2** ⓒ (レコードの)シングル盤. **3** ⓒ 〖野〗単打, シングルヒット. 関連 double 二塁打 / triple 三塁打 /〖クリケ〗1点打. **4** [複数形で単数扱い] (テニス・卓球などの)シングルスの試合: the men's ~s 男子シングルスの試合. 関連 doubles ダブルス. **5** ⓒ 1人用の部屋[ベッド]. **6** ⓒ [普通は複数形で]《米》1ドル紙幣. **7** ⓒ 独身者たち: a ~s bar 独身者向けのバー. **8** ⓒ《英》片道切符 (《米》one-way ticket). 関連 return ticket《英》往復切符.

single-blind 形 Ⓐ 単純盲検の (実験中実験者はその仕組みを知っているが被験者は知らない実験方法).
single-bréast・ed 形 Ⓐ (上着などが)シングルの, ボタンが1列の, 片前の (☞ double-breasted).
síngle créam 名 Ⓤ《英》脂肪分の少ないクリーム (☞ double cream).
síngle cúrrency 名 ⓒ (数か国共通の)単一通貨.
síngle-décker 名 ⓒ 1階だけのバス (☞ double-decker).
síngle-dígit《米》形 一けた(の率)の.
síngle dígits 名 [複] 一けたの数字.
síngle éntry 名 Ⓤ 〖簿〗単式記入法, 単式簿記 (☞ double entry).
Síngle Európean Márket 名 [the ~] 欧州単一市場 (欧州共同体内で商品やサービスを自由に移動できるようにした市場).
single-fámily 形 Ⓐ 一家族(用)の.
síngle fígures 名 [複] 一けたの数字, 一けた台.
síngle fíle 名 Ⓤⓒ 1列縦隊: *in* ~ 1列縦隊で. — 副 1列縦隊で.

*__**single-hánded**__ 形 Ⓐ 独力の, 独力でやった. — 副 独力で, ひとりで. **~・ly** 副 独力で.
single-héarted 形 純真な, 誠実な; いちずな.
síngle hónours 名 Ⓤ《英》(大学の)単一専攻課程.
síngle-léns réflex (cámera) 名 ⓒ《写》一眼レフ(カメラ).
síngle mált 名 Ⓤ シングルモルトウイスキー.
síngle márket 名 [the ~] **1** 単一市場. **2** = Single European Market.

*__**single-mínded**__ 形 ひたむきな, 専念した (*about*). **~・ly** 副 ひたむきに. **~・ness** 名 Ⓤ ひたむきさ, 専念.
síngle・ness 名 Ⓤ **1** 独身, 未婚. **2**《格式》集中: ~ of mind [purpose] ひたむきさ, 一意専心.

*__**síngle párent**__ 名 ⓒ (子育てをする)片親: a ~ family《主に米》片親の家庭.
síngle quótes 名 [複] 単純引用符 (' ' の符号).
síngle-séater 名 ⓒ 単座飛行機[自動車].
síngle-séx 形 (教育・訓練が)(男・女)一方の性のための, 男女別学の (反 coed).
síngle-spáce 動 自 他 行間をあげずにタイプ[印刷]

sin·glet /síŋglət/ 图 © (英) そでなしシャツ (男性用の下着または運動用).

sin·gle·ton /síŋɡlt(ə)n/ 图 © 1 《トランプ》(手の中の) 1 枚札 (⇨ pair 3). 2 独身者; 単独で行動する人.

single-tráck 形 (鉄道の) 単線の; 道が一車線の. **hàve a síngle-track mínd** [動] 自 考えが狭い, 単細胞だ.

single-úse /-jú:s/ 形 1 回しか使えない, 使い捨ての.

single-úser /-jú:zə | -zə-/ 形 《電算》シングルユーザー用の.

síngle yéllow líne 图 © (英) 黄色の一本線《路上の駐車規制区域を示す》.

sin·gly /síŋɡli/ 副 1 単独に, 1 人で (alone); 独力で. 2 1 つ[1 人] ずつ, 別々に.

Sing Sing /síŋsìŋ/ 图 固 シンシン刑務所《米国 New York 州にある》.

síng·sòng 图 1 [a ~] 単調な調子, 一本調子の話しぶり. 2 © (英) =sing-along. ── 形 (話しぶりが) 単調な, 一本調子の.

⁺**sin·gu·lar** /síŋɡjulə | -lə/ 形 图 sìngulárity.

ラテン語で single と同語源で, 「単一の」の意.
→「単数の」**1**
→ (1 つだけ別の) →「並はずれた」**2**

1 《文法》単数の(形) の (⇔ s., sing.; ⇨ number 文法): a ~ noun 単数名詞. 関連 plural 複数(形) の. **2** A 《格式》とてもすばらしい, 並はずれた, まれに見る, 異例な: a fact of ~ interest to stamp collectors 切手収集家にとってこのうえない興味のある事実. **3** A 《文》奇妙な, 風変わりな (strange). ── 图 **1** © =singular form. **2** Ⓤ =singular number.

síngular fòrm 图 © 《文法》単数形 (⇨ -s¹ 文法).

── 文法 単数形 ──
単数を表わす名詞・代名詞および動詞の語形をいう. この辞書では「単」と示す. 複数形 (plural form) に対する (⇨ number 文法).

sin·gu·lar·i·ty /sìŋɡjulǽrəṭi/ 图 (-i·ties) 形 síngular) **1** 《格式》Ⓤ 並はずれたこと, 特異; 独自性; © 特異な点[もの]. **2** Ⓤ 《古風》風変わりなこと. **3** © 《天》=black hole 1.

síngular·ly 副 **1** 《格式》際立って, 大変に; 特に. **2** 《古風》風変わりに.

síngular nùmber 图 Ⓤ 《文法》単数 (⇨ number 文法).

Sin·ha·lese /sìn(h)əlí:z⁻/ 形 シンハラ族[語] の. ── 图 (複 ~) © シンハラ族《スリランカの主要民族》の一員; Ⓤ シンハラ語 《スリランカの公用語》.

⁺**sin·is·ter** /sínəstə | -tə/ 形 **1** 悪意のある, 邪悪な: a ~ face 意地悪そうな顔. **2** 不吉な, 凶に; 凶となる: a ~ place 不吉な場所.

⁺**sink** /síŋk/ (同音 sync; 類音 think) 語源 動 (sinks /~s/; 過去 sank /sǽŋk/, (主に米) では sunk /sʌ́ŋk/; 過分 sunk; sink·ing; 語源)

── 自 他 の転換 ──
自 **1** 沈む (to go down below the surface of water)
他 **1** 沈める (to make (something) go down below the surface of water)

── 自 **1** (水面下に) 沈む, 沈没する (⇔ float); (地平線下に)沈む, 没する: The ship has **sunk**. その船は沈没した / The box **sank below** the surface. <V+前+名・代> その箱は沈んだ / The sun is ~**ing in** the west. 太陽が西に沈むところだ.

2 (地盤・建物などが) 沈下する, 陥没する, (泥などに) のめり込む, 落ち込む; 傾斜する; (ほおが) こける: The foundations of our house **sank** because of the earthquake. 地震のせいで家の土台が沈下した. **3** [副詞(句)を伴って] (ぐったりと) 倒れる, 座る; (腕・頭などが) 垂れる (on, down): He **sank** into a chair. いすに腰を下ろした. **4** (数・価値・程度などが) 低下する, 下がる; 落ちぶれる (into): ~ so low as to do …=~ to doing … …に身を落とす / The population of the city has **sunk from** sixty thousand *to* forty. その市の人口は 6 万人から 4 万人に落ち込んだ. **5** [副詞(句)を伴って] (危機・眠り・絶望などに) 陥る, 落ち込む; (考えなどに) 沈む: Wendy **sank into** a deep sleep. ウェンディーは深い眠りに陥った. **6** (体力が) 衰弱する; (心・勇気が) くじける, がっくりする (into): The patient is ~**ing** fast. 患者は急速に衰弱してきている / My heart [spirits] **sank** at the sight. そのありさまに私はがっかりした. **7** [副詞(句)を伴って] (風・火事・洪水などが) 勢いが弱まる, 静まる; Ⓦ (声などが) 低くなる: ~ *into* silence 黙り込む / The wind **sank down**. 風がおさまった / Her voice **sank** to a whisper. 彼女の声はささやき声になった. **8** [副詞(句)を伴って] (場所にしみ込む, 浸透する; (心に) しみ込む, よく理解される: Water ~s through [*into*] dry sand. 水は乾いた砂にしみ込む.

── 他 **1** (水面下に) 〈…〉を沈める, 沈没させる: The aircraft carrier *was* **sunk** *by a submarine*. <V+O の受身> その航空母艦は潜水艦によって沈められた. **2** 〈資本・労力などを〉(事業などに) つぎ込む, (むだに) 投資する (*in, into*). **3** 〈…〉を(地中に) 打ち込む, 埋める; 〈穴など〉を掘る; 〈刃物など〉を突き刺す: ~ a well 井戸を掘る / ~ a knife *into* butter バターにナイフを刺す. **4** 『ゴルフ』〈ボール〉をホールに沈める; 『玉突き』〈玉〉をポケットに入れる. **5** 〈…〉を低くする; 〈声〉をひそめる. **6** 《略式》〈…〉を弱らす, 衰えさす; 没落させる; 〈計画など〉を挫折させる, 〈人〉を破滅させる: We are **sunk**! Ⓢ もうだめだ. **7** 〈…〉を隠す, ないしょにする; 無視する, 忘れる, 〈過去のこと〉を水に流す. **8** (英略式) 〈大量の酒〉を飲む, 飲み干す.

be súnk in ... [動] 他 (気分に) 陥って[ふけって] いる. **sínk ín** [動] 自 (1) しみ込む (*to*). (2) (事柄が) 十分に理解される, (教訓が) 身につける (*to*). **sínk líke a stóne** [動] すぐに沈む. **sínk or swím** [動] 自 (自分の力でやって) 成功するか失敗するかである, のるかそる(の)かの. 語法 動詞的にも用いる: It's ~ *or* swim for us. 我々はとにかくがんばるしかない.

── 图 (~s /~s/) © **1** (台所の) 流し (⇨ kitchen 挿絵); Harry is washing the dishes in the ~. ハリーは流しで皿を洗っている. **2** (主に米) 洗面台 (washbasin) (⇨ bathroom 挿絵). **3** 下水だめ, 汚水溝. **4** (主に文) (悪の) 巣窟(そうくつ); [形容詞的に] (英) (場所が) 荒廃した.

sínk·er 图 © **1** (釣り糸・網など) のおもり. **2** 《野》[時に sínker bàll] シンカー.

sínk·hòle 图 © **1** 汚水だめ. **2** ドリーネ《石灰岩台地の地面の陥没によるくぼみ》. **3** 長期にわたり金のかかること[もの].

sínking fèeling /síŋkɪŋ-/ 图 [a ~, that ~] 《略式》悪い予感, 不安感.

sínking fùnd 图 © 《証券》減債基金.

sín·less 形 《格式》罪のない, 潔白な. **~·ness** 图 Ⓤ 罪のないこと, 潔白.

sín·ner 图 © (主に文) (道徳・宗教上の) 罪ある人.

Sinn Fein /ʃínfém/ 图 固 シンフェイン党 《北アイルランドの独立主義政党》.

Si·no- /sáɪnoʊ/ 接頭 「中国 (と…) との」の意: Sino-Vietnamese 中国とベトナムの.

Sino-Japanése 形 中国と日本の, 日中の: ~ trade 日中貿易 / the ~ War 日清戦争 (1894-95).

Si·nol·o·gist /saɪnáləʤɪst | -nɔ́l-/ [名] [C] 中国学者.

Si·nol·o·gy /saɪnáləʤi | -nɔ́l-/ [名] [U] 中国学《中国の言語・歴史・文化などを研究する》.

Sìno-Tibétan [名] [U], [形] シナ-チベット語族(の).

sín tàx [名] [C]《略式》罪悪税《酒・タバコなどの税》.

sin·u·os·i·ty /sìnjuάsəṭi | -ɔ́s-/ [名] (**-i·ties**)《格式》[U] 湾曲; [C] 湾曲部, (川・道の)曲がり角.

sin·u·ous /sínjuəs/ [形] **1** 曲がりくねった, 波状の. **2** (動きが)しなやかな. **~·ly** [副] 曲がりくねって, 波状に.

si·nus /sáɪnəs/ [名] [C]〘解〙洞(どう)《特に鼻孔に通じる頭蓋骨の空洞部》.

si·nus·i·tis /sàɪnjusáɪṭɪs | -nə-/ [名] [U]〘医〙副鼻腔炎.

si·nu·soid /sáɪnjusɔ̀ɪd/ [名] [C]〘数〙正弦曲線.

sì·nu·sói·dal /sàɪnjusɔ́ɪḍl←/ [形]〘数〙正弦曲線の.

-sion [接尾] [動詞につく名詞語尾]「動作・状態・結果」などを示す: confes*sion* 自白 / discus*sion* 討議 / inva*sion* 侵略. [語法] 前が子音字のときの発音は /ʃən (-rsion のとき《米》では ʒən もある)/, 前が母音字のときは /ʒən/.

Sioux /súː/ [名] [複] [the ~] スー族《北米先住民の中で最大の部族》.

Síoux Stàte [名] [the ~] スー州《米国 Nevada 州の俗称》.

***sip** /síp/ ([類音] ship) [動] (**sips** /~s/; **sipped** /~t/; **sip·ping**) [他] 〈…〉を**少しずつ飲む**, ちびちび飲む: I *sipped* some coffee. 私はコーヒーを少しずつ飲んだ.
— [自] **少しずつ飲む**, ちびちび飲む, すする: She ***sipped at*** [***on***] the wine. <V+*at* [*on*]+名・代> 彼女はワインを少しずつ飲んだ.
— [名] (~**s** /~s/) [C] (飲み物のごく少量の)ひと口, ひとすすり: take [have] a ~ (of ...) (…を)ちびちび飲む.

⁺**si·phon** /sáɪf(ə)n/ [名] [C] **1** サイフォン, 吸い上げ管. **2** =siphon bottle. **3**〘動〙水管. — [動] [他] [副詞(句)を伴って] **1** サイフォンで〈…〉を吸う[吸い上げる, 移す] (*off, out; into, out of*). **2** 〈資金など〉を(不正に)流用する (*off; from, into*).

síphon bòttle [名] [C] サイフォンびん《圧力のかかったソーダ水を入れてあるびん》(soda siphon).

síp·ping lìd /sípɪŋ-/ [名] [C] (コーヒーなどのカップにかぶせる)飲み口のついたふた.

***sir** /(弱) sə | sə; (強) sə́ː | sə́ː/ [名] (~**s** /~z/) **1** [男性に対する呼びかけや返事に用いる; ☞ Miss 2, ma'am]《丁寧》(1) /sə | sə/ [文の終わりで] Ⓢ: Yes, ~. はいそうです, かしこまりました / Here [Present], ~. はい《出席をとるときの返事》/ May I help you, ~? いらっしゃいませ《店員などのことば》/ Would [Will] you please follow me, ~? どうぞこちらへおいでください《案内係などのことば》.
(2) /sə́ː | sə́ː/ [文の初めで] Ⓢ: *S*~! You dropped this! [相手の注意を引きつけて]《米》ちょっと! これを落としましたよ / *S*~, may I ask you a question? [生徒が教師に]《英》先生, 質問してもよいですか.
(3) /sə́ː | sə́ː/ [手紙の書き出しで]: ☞ 成句.
2 /sə | sə/ [S-]《英》…卿(きょう): *S*~ Isaac (Newton) アイザック(ニュートン)卿.

> [語法] (1) 准男爵 (baronet) およびナイト爵 (knight) の位の人の名につける敬称 (☞ lord [名] 3, lady 4).
> (2) 日常の呼びかけには *Sir* John, *Sir* Isaac のようにクリスチャンネーム (Christian name) だけにつけるが, *Sir* Smith, *Sir* Newton のように姓 (surname) だけにつけることはない.

3 [no を強めて] Ⓢ《古風, 米》: I won't go and see that kind of movie, *no* ~! あんな映画を見に行くなんてとんでもない. **4** [S-] Ⓢ《英略式》(男性の)先生: *S*~'s coming! 先生がこちらに来るよ.
Déar Sír(s)=My déar Sír: 拝啓《商用などの手紙の書き出し; 一般に《米》ではコロン (:) を, 《英》ではコンマ (,) を付ける; ☞ salutation [語法]》.

⁺**sire** /sáɪə | sáɪə/ [名] **1** [C] [普通は単数形で] (家畜などの)雄親; 種馬[牛]. **2** [国王への呼びかけに用いて]《古語》陛下. — [動] (**sir·ing** /sáɪ(ə)rɪŋ/) [他] **1** 〈…〉の種馬[牛]となる. **2**《古風》(男が)〈子〉をもうける.

⁺**si·ren** /sáɪ(ə)rən/ [名] [C] **1** (警報などの)サイレン: They ʳturn on [sound] the ~ at eight, noon, and five. 8時と正午と5時にサイレンが鳴る. **2** [しばしば the Sirens として複数扱い]〘ギ神〙セイレン《美しい歌声で近くを通る船人を誘い寄せて船を難破させたという海の精》: a ~ call [song]=~ voices《文》誘惑のことば. **3** [主に新聞で] 妖婦(ようふ).

Sir·i·us /síriəs/ [名] [固] シリウス《大犬座の主星; 恒星中で最も明るい星; ☞ Orion 挿絵》.

sir·loin /sə́ːlɔɪn | sə́ː-/ [名] [C,U] サーロイン《牛の腰肉の上部; 最も美味な部分の一つ》.

sírloin stéak [名] [C,U] サーロインステーキ.

si·roc·co /sɪrákoʊ | -rɔ́k-/ [名] (~**s**) [C] シロッコ《Sahara 砂漠から南ヨーロッパ地方に吹く熱風》.

sir·ree /səːríː | səː-/ [名] Ⓢ《米略式》…ですとも《男女に関係なく, yes, no の後に用いて強調を示す; Bob という語をしばしば伴う》: Yes, ~! そうですとも.

sir·up /sə́ːrəp, sír- | sír-/ [名] [U]《米》=syrup.

sis /sís/ [名] [C] Ⓢ《主に米》姉, 妹 (sister). [語法] 姉妹どうしの呼びかけに用いることがある.

si·sal /sáɪs(ə)l/ [名] **1** [U] サイザル《各種ロープ用の麻》. **2** [U,C] サイザル麻《りゅうぜつらんの一種》.

sis·si·fied /sísəfàɪd/ [形] =sissy.

sis·sy /sísi/《略式》[軽蔑] [名] (**sis·sies**) [C] (男の)弱虫, いくじなし. — [形] (**sis·si·er**; **-si·est**) 柔弱な; (男が)弱虫の.

‡**sis·ter** /sístə | -tə/ [名] (~**s** /~z/; [形] sísterly) **1** [C] **姉, 妹,** 姉妹: Do you have any ~*s*? 姉[妹]さんがおありですか / I don't have any ~*s*. 私には姉も妹もおりません / She's like a ~ to me. 彼女は私には妹[姉]みたいなものよ. [関連] brother 兄, 弟.

> [日英比較] **sister** と「姉, 妹」
> (1) 英米では日本のように出生の順序によって姉や妹のような区別をしない. 従って日本語の「姉」や「妹」に相当する一語の言い方がない. 普通は単に sister というが, 特に区別するときだけ姉に対しては an older [elder] *sister* または a big *sister* を用い, 妹に対しては a younger *sister* または a little *sister* を用いる (☞ family tree 図).
>
> | | |
> |---|---|
> | sister | 姉 |
> | | 妹 |
>
> (2) 日本語の呼びかけの「姉さん」に当たる英語はなく, 姉妹は互いに Meg とか Liz のように名前で呼ぶのが普通 (☞ sis).

2 [C] [しばしば S-] (女性の)同一の教会員, 信者仲間; 修道女 (略 Sr.): *S*~ Grace シスター グレース《呼びかけにも用いる》. **3** [C] 姉妹のように親しい女, 女の親友[仲間, 同志]; (女性の)会員仲間; Ⓢ《米略式》[黒人(女性)が黒人女性に用いて] 同胞《呼びかけにも用いる; ☞ 6》: Our Third World ~*s* need our help! 第三世界の女性たちが我々の援助を必要としている. **4** [形容詞的に] 姉妹の間柄にある, 対の: ~ schools 姉妹校 / ~ companies 姉妹会社. **5** [C] [しばしば S-]《英》(病棟管理の)主任看護師 (charge nurse) (略 Sr.). **6** [女性に対する呼びかけに用いて] Ⓢ《米》お嬢さん, おねえさん; 奥さん. **7** [C]《米》女子社交クラブ会員.

síster cíty [名] [C]《米》姉妹都市 (《英》twin town).

síster·hòod [名] **1** [U] 姉妹[女性同士]の間柄[友

情］；ウーマンリブの同志関係: S~ is powerful! 女性同士のきずなは強い. **2** [C] [単数形でも時に複数扱い] 女性団体；修道女会.

†**sís・ter-in-làw** /名 (複 sisters-, ~s) [C] 義姉, 義妹 ([⇒] family tree 図).

sis・ter・li・ness /sístəlinəs | -tə-/ 名 [U] 姉妹らしさ；姉妹のような間柄[仲のよさ].

síster・ly /-li/ (比 síster) 形 姉妹らしい, 姉妹にふさわしい；(女性が他人に対して)親しい.

Sis・y・phe・an /sìsəfíːən | -/ 形 (仕事・苦労などが)果てしない.

Sis・y・phus /sísəfəs/ 名 固 〔ギ神〕シシュポス《コリントの邪悪な王; 死後地獄で山頂まで押し上げるたびに転げ落ちてしまう石を永久に上げる罰を受けた》.

‡**sit** /sít/ 動 (**sits** /síts/; 過去・過分 **sat** /sét/; **sit・ting** /sítɪŋ/)

基本的には「座る」の意	
① 座る; 座っている	1; 2
② (鳥が)止まる	3
③ (ある場所に)位置する	4

1 [副詞(句)を伴って] (...に)**腰を下ろす**, (いす・床・地面などに)座る《動作を表わす》: Please ~ *in* [*on*] that chair; I'll sit *on* the stool. <V+前+名・代> あのいすにおかけください. 私はこちらの丸いすにかけますから ([⇒] in¹ 前 1 (1) 語法) / Do you think six people can ~ *around* [*round*] this table? このテーブルに 6 人座れると思いますか. 語法 この意味ではしばしば down を伴う ([⇒] sit down (句動詞)). 関連 stand 立ち上がる.

2 [副詞(句)を伴って] (...に)**腰を下ろしている**, (...の状態で)座っている《状態を表わす》; 座って時間をむだに過ごす: He *sat* still [straight]. <V+C(形)> 彼はじっと[姿勢を正して]座っていた / She *sat* read*ing* for hours. <V+C(現分)> 彼女は座って何時間も本を読んでいた. 語法 進行形は状態を表わす: He was *sitting at* his desk (reading a book) when I went in. <V+前+名・代> 私が入っていったとき彼は机に向かって(本を読んで)いた. 関連 stand 立っている.

3 [副詞(句)を伴って] (鳥が)**止まる**, (犬などが)うずくまる: Some crows were *sitting on* the fence. <V+前+名・代> からすが柵に止まっていた / The dog *sat at* his master's feet. 犬は飼い主の足元に座った / S~, Rover! ローバー, お座り.

4 [副詞(句)を伴って] ⓦ **位置する**, 存在する, 横たわる, 動かずにいる (*in*); (物・建物などが)...である: A vase is *sitting on* the table. <V+前+名・代> 花びんがテーブルの上にある / The imported goods *sat at* the port for weeks. 輸入品は何週間も港に留められていた / ~ empty [unused] <V+C(形)> 空っぽである[使われていない]. **5** ポーズをとる, モデルになる ([⇒] sit for ... (句動詞)). **6** [副詞(句)を伴って] (委員会などの)一員である (*as, on*): ~ *in* Congress (米) [Parliament (英)] 国会議員である. **7** ⓦ (議会などが)開かれる; (裁判所が)開廷する. **8** =baby-sit. **9** [副詞(句)を伴って] (...に)負担になる; (食べ物などが胃に)もたれる (*on*). **10** [副詞(句)を伴って] (鳥が)(卵を)抱く, (巣に)つく (*on*). **11** [副詞句を伴って] (衣服が...に)似合う, 合う: This jacket ~s well [badly] *on* my shoulders. この上着は私の肩にぴったり合う[合わない].

— 他 **1** [副詞(句)を伴って] 〈人を〉座らせる (*around, in*): He *sat* the boy (*down*) *on* his shoulders. 彼は少年を肩車した. **2** 〈馬に〉乗る. **3** (英) 〈筆記試験を〉受ける: She *sat* her A levels last year. 彼女は去年上級レベルの試験を受けた. 語法 [⇒] 同 seat 語法, settle 語法. **be sítting prétty** [動] ⓐ 有利な[恵まれた]立場にある, 成功している.

─── **sit の句動詞** ───

sit aróund [(英) **abóut**] 動 ⓐ 何もしないで, 漫然と(...して)過ごす (*doing*).

sit báck 動 ⓐ **1** のんきに構えている: We can't just ~ *back* and do nothing! ただ黙って座っていて何もしないというわけにはいかない. **2** (いすへ)深く腰かける, よりかかって座る (*in*).

sit bý 動 ⓐ 傍観する, 手をこまねいている.

‡**sít dówn** 動 ⓐ **1 腰を下ろす**, (いす・床・地面などに)座る; 着席する: Please ~ *down*. どうぞおかけください / She *sat down* [on the sofa [*across from him*]. 彼女はソファーに[彼の向かいに]腰を下ろした / We *sat down* to dinner [eat dinner]. 私たちは腰かけて食事を始めた. **sit down and ...** [動] 腰をすえて[じっくりと]...する. **sìt dówn ùnder ...** [動] ⓐ (英) (侮辱などを)甘受する. **sít onesèlf dówn** [動] ⓐ (S) (略式) (...に)腰を下ろす: S~ yourself *down* over here. こちらに座りなさい.

‡**sit for ...** 動 他 **1** (英) 〈試験を〉受ける (take): We *sat for* the entrance examination. 我々は入学[入社]試験を受けた. **2** (画家・写真家)のためのモデルになる, (肖像画)をかいてもらう, (写真)をとってもらう. **3** ...の子守をする. **4** (英) 〈選挙区を〉代表する: He ~s *for* Liverpool. 彼はリバプール選出議員である.

sit ín 動 ⓐ **1** 代理[代行]をする (*for, as*). **2** (抗議のため)座り込む. **sit ín on ...** [動] ⓐ (会議などに) (傍聴人として)出席する; (ゲームなどに)加わる.

sit on ... 動 他 **1** (委員会など)の一員である ([⇒] sit ⓐ 6). **2** (事件など)を審理する. **3** (略式) (答えないで)手紙・苦情など)をほうっておく; (ニュース)を抑えておく. **4** (略式) (人)を抑えつける; ...に勝らる.

sit óut 動 他 **1** (我慢して)〈...を〉終わりまで見る[聞く, 待つ]: We *sat out* his long speech. 我々は彼の長話を終わりまで聞いた. **2** 〈ある 1 回のダンス・ゲームなど〉に参加しない, くつろぐ. — ⓐ **1** (主に米) 〈スポ〉ゲームに出ない. **2** (主に英) 戸外へ出て座る.

sit thròugh ... 動 他 =sit out 他 1.

‡**sít úp** 動 ⓐ **1** (ベッドなどの上で)**起き上がる**: Linda *sat up* in surprise at the noise. リンダは物音にびっくりして起き上がった. **2 背筋をきちんと伸ばして座る** (*at, to*): Don't lean over the table. S~ *up* straight. 食卓にかがみこまないで, 姿勢をしゃんとしなさい. **3** (遅くまで[寝ないで])起きている (*with*): ~ *up* late 夜遅くまで起きている / I'll be home late, so don't ~ *up* for me. 遅く帰るから先に寝ていていい. **4** =sit up and take notice (成句). — 他 〈人〉を起こして座らせる. **sít úp and tàke nótice** [動] ⓐ はっとして気づく, (急に)関心を示す[驚く]: The accident made them ~ *up and take notice*. その事故で彼らは急に関心を示すようになった.

sit with ... 動 他 〈子〉を看病[子守]する. **sìt ríght [wéll] with ...** [動] 他 [普通は否定文で] (主に米) ...に受け入れられる, ...の好みに合う, ...に合う.

si・tar /sɪtάː | -tάː/ 名 [C] シタール《インドの弦楽器》.

‡**sit・com** /sítkὰm | -kɔ̀m/ 名 [C,U] 連続ホームコメディー《(格式) situation comedy》.

‡**sit-down** /sítdàʊn/ 名 (~s /~z/) **1** [C] 座り込み(ストライキ): stage a ~ 座り込みをする. **2** [a ~] (略式) 腰を下ろすこと[時間], ひと休み: have *a* ~ ひと休みする. — 形 Ⓐ (食事などが)食卓に座ってとる.

sit-down prótest 名 [C] (抗議の)座り込み.

sit-down stríke 名 [C] 座り込みスト.

‡**site** /sάɪt/ (同音 cite, sight) 12 名 (sites /sάɪts/) **1** [C] (建物などの)**用地**, 敷地 (*of*): a ~ *for a* new university 新しい大学の用地. 関連 campsite キャンプ場.

2 (事件・事業などの)**場所**, 現場; 遺跡; 体の一部, 患部: a test ~ 実験場 / the ~ *of* the crash 衝突[墜落]

現場 / the ～ *of* a Greek temple ギリシャの神殿の遺跡 / "Which city will be the ～ *of* the next Olympic Games?" "Beijing."「次のオリンピックの開催都市はどこ」「北京よ」 **3** 〘電算〙サイト.
on síte [副・形] (建築の)現場で[の].
— [動] [他] [普通は受身で副詞(句)を伴って] (…に)〈…〉の用地を定める, 設置する, 建てる (*at, in, near, on*).
síte lìcense [名] [C] 〘電算〙サイトライセンス《ソフトウェアを施設内の複数端末で利用することを許可する契約》.
síte-specífic [形] 特定地域用の.
***sit-in** /sítìn/ [名] (～s /～z/) [C] (抗議の)座り込み, シットイン: hold [stage] a ～ 座り込みを行なう.
⁺**sit·ter** /sítə | -tə/ [名] [C] **1** [S] 《主に米》 =babysitter. **2** 肖像画[写真]のモデルになる人. **3** [前に形容詞をつけて] 卵を抱くのが…な鳥: a good [poor] ～ 卵を抱くのが上手[下手]な鳥. **4** 《略式》(命中[捕獲]しやすい)止まっている猟鳥[動物]. **5** 《俗》楽な仕事[目標].
sit·ting /sítɪŋ/ [名] [C] **1** (肖像画・写真の)モデルになること[回数]. **2** 座って(仕事などをして)いる時間. **3** 開会[開廷](期間), (議会の)会期. **4** (大勢が何回かに分かれてとる)食事時間. **in [at] óne [a] sítting** [副] (仕事などを)一気に, 休みなしに, いちどきに. **—** [形] [A] 《英》(議員が)現職の: a ～ member 現職の議員.
Sítting Búll [名] [固] シティングブル (1834–90) 《北米先住民 Sioux 族の指導者》.
sítting dúck [名] [C] 楽な目標, 「かも」(*for*). [由来] じっとしているかもは捕らえやすいことから.
⁺**sítting ròom** [名] [C] 《主に英》居間 (living room).
sítting tárget [名] [C] 《略式》 =sitting duck.
sítting ténant [名] [C] 《英》現借家[借地]人.
situ ☞ in situ の項目.
sit·u·ate /sítʃuèɪt/ [動] [他] [副詞(句)を伴って; 普通は受身で] 《格式》 **1** 〈…〉を置く. **2** (他との関係・状況で) (…に)〈…〉を位置づける (*in*).
sit·u·at·ed** /sítʃuèɪtɪd/ [形] [P] **1** (…に)位置している, (…に)ある; 敷地が…である: His house is ideally ～. 彼の家は理想的な所にある / London is **～ *on the Thames. <A+前+名・代> ロンドンはテムズ川のほとりにある. **2** 《格式》(…の)立場にある, (…の)境遇[状態]にある: This company is well ～ *to* enter the European market. この会社はヨーロッパ市場に参入するのに好都合な状況にある / How are you ～ *for* money? お金の具合はどうですか(十分ですか).
***sit·u·a·tion** /sìtʃuéɪʃən/ [T1] [名] (～s /～z/) [C] **1** **情勢,** 状況, 形勢, 事態; (劇・物語などの)場面: the political [economic] ～ 政治[経済]情勢 / the food [housing] ～ 食糧[住宅]事情 / get into [out of] a difficult ～ 困難な状況に陥る[から抜け出す] / grasp the ～ in the Middle East 中東情勢を把握する / save the ～ 事態を収拾する.

> [会話] "What is the ～ like over there?" "Economically, it's pretty bad."「そちらの状況はいかがですか」「経済的にはかなり悪いです」

2 (人の)**立場,** 境遇 《☞ circumstance 類義語》: He is now ***in*** a very difficult [awkward, embarrassing] ～. 彼はいま非常に困難な[まずい]立場にある.
3 《格式》位置, 場所, 住環境; 用地 (site) (*for*): a hotel in a pleasing ～ overlooking the sea 海を眺望する快適な場所にあるホテル. **4** 《古風》勤め口, 職: SITUATIONS WANTED [《英》VACANT] 職を求む[求人] 《求職欄の見出し》. **as [if, when] the situátion aríses** [副] 状況によっては.
sit·u·a·tion·al /sìtʃuéɪʃ(ə)nəl←/ [形] 場面[環境, 情況]の[による, に応じた, にふさわしい].
situátion cómedy [名] [C,U] 《格式》 =sitcom.
⁺**sít-ùp** [名] [C] (寝ている姿勢からの)起き上がり腹筋運動: do ～*s* 腹筋運動をする.
sítz bàth /síts-/ [名] [C] 座浴(の浴槽).
SÍ ùnit [名] 国際単位《メートル・キログラム・秒・アンペアなど; ☞ SI》.
Si·va /ʃíːvə, síːvə/ [名] [固] 〘ヒンズー教〙シヴァ (Shiva) 《Brahma, Vishnu と共に三大神のひとつ; 破壊神》.
***six** /síks/ (類音 sex, sixth) [代] 《数詞》[複数扱い] **六つ,** 6人, 6個; 6ドル[ポンド, セント, ペンスなど] 《☞ number 表》: There *are* ～ (of us) in my family. 私の家族は6人です. [関連] sixth 6番目の.
— [名] (～·es /～ɪz/) **1** [C] (数としての) **6**: Lesson *S*～ 第6課 / *S*～ and ～ is [makes, equals, are, make] twelve. 6足す6は12 (6+6=12) / '*S*～ from nine [Nine minus ～] is [leaves] three. 9から6を引くと3 (9−6=3).
2 [U] **6時,** 6分; 6歳: The earthquake occurred *at* ～ minutes to [《米》 of] ～. 地震は6時6分前に起こった / a child of ～ 6歳の子. **3** [C] 6の数字. **4** [C] 6つ[6人, 6個]ひと組のもの. **5** [C] 〘トラ〙6の札. **6** [C] 〘クリケ〙6点打. **at síxes and sévens** [形] 《略式》混乱して, 迷って; (場所などが)乱雑で; (意見などが)一致しないで (*with*): He was *at* ～*es and sevens about* what to do. 彼は何をしたらよいかわからなかった. **síx of óne and hàlf a dózen of the óther** [名] [S] 《略式》どちらも(ほとんど)同じこと, 五十歩百歩. **síx fígures [dígits]** [名] 6けたの数[額].
— [形] **1** **6つの,** 6人の, 6個の: ～ times 6回, 6倍 / There are ～ rooms in this house. この家には6部屋あります. **2** [P] 6歳で.
síx-fígure [形] [A] (数字が)6けたの.
síx·fòld [形] [副] 6倍の[に], 6重の[に].
síx-fóoter [名] [C] 《略式》身長6フィート以上の人.
síx-gùn [名] [C] =six-shooter.
síx-pàck [名] [C] **1** (びん・缶の)6本入りのパック (*of*). **2** 〘滑稽〙よく発達した腹筋.
six·pence /síksp(ə)ns/ [名] 《英》 [U] 6ペンス(の価) 《☞ p²》; [C] (1971年以前の)旧6ペンス硬貨.
six·pen·ny /síksp(ə)ni/ [形] [A] 《英》6ペンスの.
síx-shòoter [名] [C] 《古風, 主に米》6連発ピストル.
***six·teen** /sìkstíːn←/ (類音 sixty) [代] 《数詞》[複数扱い] **16,** 16人, 16個; 16ドル[ポンド, セント, ペンスなど] 《☞ number 表, -teen, teens》.
— [名] (～s /～z/) **1** [C] (数としての) **16**. **2** [U] (24時間制で) 16時, 16分; 16歳. **3** [C] 16の数字. **4** [C] 16[16人, 16個]ひと組のもの.
— [形] **1** **16の,** 16人[個]の. **2** [P] 16歳で.
***six·teenth** /sìkstíːnθ←/ [形] **1** [普通は the ～; ☞ the¹ 1 (4)] **16番目の,** 第16の 《16th とも書く; ☞ number 表, ordinal number [文法]》: *the* ～ lesson 第16課. **2** 16分の1の.
— [名] (～s /～s/) **1** [単数形で普通は the ～] **16番目の人[もの];** (月の) **16日** 《16th とも書く; ☞ ordinal number [文法] (2)》.
2 [C] **16分の1,** $^1/_{16}$ 《☞ cardinal number [文法] (6)》.
— [副] [つなぎ語] 16番目に[として].
sixtéenth nòte [名] [C] 《米》〘楽〙16分音符 (《英》semiquaver).
***sixth** /síksθ/ (類音 sex, six) [形] **1** [普通は the ～; ☞ the¹ 1 (4)] **6番目の,** 第6の, 6位の 《6th とも書く; ☞ number 表, ordinal number [文法]》: *the* ～ lesson 第6課 / *the* ～ floor 《米》6階, 《英》7階 《☞ floor [語法]》 / *the* six hundred (and) ～ person 606番目の人. **2** 6分の1の: a ～ part 6分の1の部分.
— [名] (～s /～s/) **1** [単数形で普通は the ～] **6番目の人[もの],** 6位の人[もの], 第6号.
2 [単数形で普通は the ～] (月の) **6日,** むいか 《6th とも書く》: *on the* ～ of September=*on* September 6

9月6日に《September 6 は September (the) sixth と読む; ☞ ordinal number 文法 (2)》. **3** C 6分の 1, 1/6 (☞ cardinal number 文法 (6)): a [one] 〜 1/6 / five 〜s 5/6. ━ 副 =sixthly.

⁺sixth fòrm 名 [the 〜]《英》(中学校の)第6学年, 最上級学年《義務教育終了後 A 級試験 (A level) を受けるために残る 16 歳以上の学生から成る 2 学年》; [単数形でも時に複数扱い] 第6学年生《全体》.

sixth-fòrm cóllege 名 C 《英》6 学年カレッジ《中学の第 6 学年を卒業した者を入れる》.

sixth fòrmer 名 C 《英》(中学校の)第6学年生, 最上級生《普通は 16-17 歳》.

sixth·ly 副 《つなぎ語》6 番目に[として].

sixth sénse 名 C [普通は単数形で] 第六感, 直感.

***six·ti·eth** /síksti ə θ/ 形 **1** [普通は the 〜; ☞ the¹ 1(4)] 60 番目の, 第 60 の《60th とも書く; ☞ number 表, ordinal number 文法》. **2** 60 分の 1 の.
━ 名 (〜s /-s/) **1** [単数形で普通は the 〜] 60 番目の人[もの]. **2** C 60 分の 1, 1/60 《☞ cardinal number 文法 (6)》. ━ 副 《つなぎ語》60 番目に[として].

***six·ty** /síksti/ 形 《限定》(sixteen) 代 《数詞》[複数扱い]
60, 60, 60 個; 60 ドル[ポンド, セント, ペンスなど]《☞ number 表, -ty²》.
━ 名 (six·ties /-z/) **1** C 《数としての》**60**. **2** U 60 歳. **3** [複数形で the または所有格の後で] 60 年代; 60 歳代;《速度・温度・点数などで》60 番台[度台, 点台]《しばしば the 60's[60s] とも書く》: in the (nineteen) sixties [1960's, 1960s] 1960 年代に《☞ -s¹ 文法 (1) (ii)》/ in one's (early [late]) sixties 60 歳代(前半[後半])で. **4** C 60 の数字. **5** C 60[60人, 60個]ひと組のもの.
━ 形 **1** 60 の, 60 人の, 60 個の. **2** P 60 歳で.

síxty-fóurth nòte 名 C《米》《楽》64 分音符.

síxty-fòur-thóusand-dóllar quéstion 名 C《略式》成句.

síxty-níne (卑) 名 U シックス(ティー)ナイン《2人が同時に相手の性器をなめることを》. ━ 自 シックス(ティー)ナインをする.

siz·a·ble /sáizəbl/ 形 かなりの大きさの, 相当大きい; 相当な (considerable): a 〜 income 相当な収入.

***size¹** /sáiz/ 名 《限定》(現) scythe) (siz·es /-iz/) U,C **大きさ**, 規模; U 大きいこと (bigness): the 〜 of the building 建物の大きさ / life [actual] 〜 実物大 / These two cups are [the same a different] 〜. この2つのカップは大きさが同じだ[異なる] / It was about (half) the 〜 of an egg. それは卵の半分ぐらいの大きさだった / Who can afford a car (of) that [this] 〜? だれがあんな[こんな]大きい車を持てるのだろう / The doghouse is a good [fair, nice] 〜. その犬小屋はかなりの大きさだ / You should realize the (sheer) 〜 of the problem. 問題が(大変)大きいことを知るべきだ.
2 C《衣服などの》**サイズ**, 寸法; 型, 判: all 〜s of socks あらゆるサイズの靴下 / May I take [check] your 〜, madam? 奥さま, 寸法をお測りしましょう ☞ 《金語》"What 〜 shoes do you wear?" "8AA." 「どのサイズのお靴をおはきですか」「8AA です」《8AA は eight double A と読む》/ I wear 〜 six gloves. 私は(普通) 6 番サイズの手袋をします. 私の手袋のサイズは 6 番です / Do you have jeans in [my 〜 [the next 〜 down, the next smaller 〜]? 私に合う[1つ下の]サイズのジーンズがありますか.
cút ... dòwn to síze [動] …に身のほどを思い知らせる. **of a síze** [形] 同じ大きさの. **síze mátters** [動] 自 《滑稽》(男性性器などが)大きい方がいい. **Thát's abòut the síze of it.** ⓢ他人の発言に対して まあそんなことだ. **to síze** [副] 適切な大きさ[寸法]に. **trý ... ón [óut] for síze** [動] 他 (1) …が(寸法が)合うかどうか身につけてみる. (2) 《略式》…が気にいる[適するか]どうか試してみる.

━ 動 他 **1** …をある大きさに作る. **2** 《普通は受身で》…を大きさで分ける; …の大きさをはかる. **síze úp** [動] 他 《略式》人・状況などを判断する, 評価する.

size² /sáiz/ 名 U サイズ《紙などのにじみ止め用ののり材》(sizing). ━ 動 他 …にサイズを塗る.

***size·a·ble** /sáizəbl/ 形 =sizable.

-sized /sáizd/, **-size** /sáiz/ 形 [合成語で] …の大きさの, …のサイズの: jumbo-sized ジャンボサイズの.

siz·ing¹ /sáizɪŋ/ 名 U 大きさ[身長]順に並べること.

siz·ing² /sáizɪŋ/ 名 U =size².

siz·zle /sízl/ 動 自 **1** じゅーじゅー[しゅーしゅー]いう. **2** ひどく暑い. **3** 《怒って》かっかしている.
━ 名 [単数形で] じゅーじゅー[しゅーしゅー](いう音).

síz·zler 名 C **1** 《略式》焼けつくような暑い日. **2** 大変興奮させるもの[こと].

siz·zling /sízlɪŋ/ 形 **1** とても暑い. **2** (性的に)刺激的な. ━ 副 焼けるほどに.

S.J. 略 =Society of Jesus《イエズス会士が名前の後につける》.

ska /skáː/ 名 U スカ《ジャマイカ起源のポピュラー音楽》.

skag /skǽg/ 名 U 《俗》=scag.

skank /skǽŋk/ 名 C **1**《略式, 主に米》(性的に)ふしだらな女. **2** U《略式》=heroin.

***skate¹** /skéit/ 名 (skates /skéits/) C **1** [普通は複数形で] スケート靴 (skating 用の靴) (ice skate): a pair of 〜s スケート靴1足 / a 〜 guard スケート刃のカバー. 日英比較 英語の skate はスケート靴をさす. 日本語の「スケート」は氷の上を滑る運動をいうのに相当する英語は skating. 関連 語 ski スケートの板. **2** [普通は複数形で] ローラースケート靴 (roller skate). **3** スケート靴の刃 (runner). **gét [pút] one's skátes òn** [動]《英・豪略式》急ぐ.
━ 動 (skates /skéits/; skat·ed /-tid/; skat·ing /-tɪŋ/) 自 **1** スケートをする (ice-skate): Bob 〜d on the pond in the afternoon.《V+on+名・代》ボブは午後池でスケートをした. **2** ローラースケートをする (roller-skate). **gò skáting** [動] 自 スケートに行く: I went skating 「on the lake [at Nikko]. 私は湖[日光]にスケートに行った. **skáte óver [aróund] ...** [動] 他 (問題などに)軽く触れる, 深入りをしない. **skáte through ...** [動]他 …を楽々とやってのける.

skate² /skéit/ 名 (複 〜(s)) C がんぎえい《美味な高級魚》; U がんぎえいの身.

skáte·bòard 名 C スケートボード: ride a 〜 スケートボードに乗る. ━ 動 自 スケートボードをする.

skáte·bòarder 名 C スケートボードで滑る人.

skáte·bòarding 名 U スケートボード滑り.

skat·er /skéitər | -tə/ 名 C スケート[ローラースケート]をする人; [前に形容詞をつけて] スケートが …の人: Mary is a good [poor] 〜. メアリーはスケートがうまい[下手だ].

⁺skat·ing /skéitiŋ/ 名 U **1** スケート (ice skating)《☞ skate¹ 日英比較》. **2** =roller skating.

skáting rìnk 名 C スケートリンク; ローラースケート場. 日英比較「スケートリンク」は和製英語.

sked /skéd/ 名, 動 (〜s; sked·ded; sked·ding)《主に米略式》=schedule.

ske·dad·dle /skidǽdl/ 《略式》動 自 Ⓢ《滑稽》逃げる, 逃げ出す. ━ 名 C 逃走.

skee·ter /skíːtər | -tə/ 名 C《米・豪略式》蚊.

skéet (shòoting) /skíːt-/ 名 U《米》スキート射撃《trapshooting の一種》.

skeeve /skíːv/ 名《米略式》[次の成句で] **skéeve óut** [動] 他 …をむかむかさせる, むかつかせる.

skein /skéin/ 名 C **1**《糸の》かせ《枠にゆるく巻いたもの》(of). **2**《文》複雑なもつれ, からみ合い (of). **3**《飛んでいる野鳥の》群れ (of).

***skel·e·tal** /skélətl/ 形 skeleton) **1** 骨格の, が

い骨の(ような), ひどくやせた. **2** 概略(のみ)を示す.

skéletal múscle 名 U.C《解》骨格筋《骨に直接付いており随意に動かせる横紋筋》.

*__skel・e・ton__ /skélətn/ 名 (~s /~z/; 形) skéletal) **1** C 骨格; がい骨; 骨格標本《標本》;《略式》ひどくやせた人[動物]: She was reduced to a (mere) ~. 彼女は(まさに)骨と皮ばかりだった. **2** C [普通は単数形で] (建物などの)骨組み (*of*). **3** C [普通は単数形で] 骨子, 輪郭, 概略 (outline) I finished writing the ~ *of* my report. 私はレポートの概略を書きあげた. **4** [形容詞的に] 必要最小限の: a ~ staff [crew] 最低要員 / a ~ service 最小限の(バス・電車の)運行. **5**《スポ》U スケルトン競技《そりに頭を前に腹ばいになって乗る; ☞ luge》; C スケルトン《競技用のそり》. 語源 ギリシャ語で「乾いた(体), ミイラ」の意. **a skeleton in the clóset**《英・豪》**cúpboard** 名《略式》外聞をはばかる家庭の秘密. 由来 何ひとつ苦労の種のないと思われていた女性が, 実は毎晩戸棚の中のがい骨にキスするよう夫から命令されていたという話から.

skéleton kèy 名 C 親鍵 (master key).

*__skep・tic__,《英》**scep-** /sképtɪk/ 名 C 懐疑論者, 疑い深い人. **2** 宗教を信じない人, 無神論者.

*__skep・ti・cal__,《英》**scep・ti・cal** /sképtɪk(ə)l/ 形 懐疑的な, 疑い深い, 懐疑論の, 無神論の; (…を)疑って: They are ~ *about* [*of*] the report. 彼らはその報告を疑っている. **-cal・ly** /-kəli/ 副 懐疑的に.

*__skep・ti・cism__,《英》**scep-** /sképtəsìzm/ 名 U 懐疑(論); 無神論 (*about*).

*__sketch__ /skétʃ/ 名 (~・es /~ɪz/; 形) skétchy) C **1** スケッチ, 略図; 写生図: make [draw] a ~ *of* a house 家の写生をする[見取り図をかく].

2 名筋, 概略, 草案: He gave me a rough ~ *of* his plan. 彼は計画の概略を私に示した. **3** (ユーモラスの)寸劇; 小品, 小曲; 短編; 写生文: perform [do] a ~ 寸劇を演じる. 語源 ギリシャ語で「即興の」の意.

—動 (sketch・es /~ɪz/; sketched /~t/; sketch・ing) 他 **1** 〈…〉をスケッチする, 写生する; 〈…〉の略図をかく: Frances ~*ed* the street. フランシスは通りをスケッチした. **2** 〈…〉を略述する, 〈…〉のあら筋を書く (*out*).

—自 スケッチをする; 略図をかく. **skétch ín** 動 他 〈文字・図など〉を書き加える;〈話などで〉細部を加える.

skétch・book 名 C スケッチブック, 写生帳.

sketch・i・ly /skétʃɪli/ 副 大まかに; 不十分に.

skétch màp 名 C (手書きの)略図, 見取り図.

skétch・pàd 名 C =sketchbook.

*__sketch・y__ /skétʃi/ 形 (sketch・i・er, -i・est; 略) sketch) 概略だけの, 大ざっぱな, 大まかな, 不十分な: a ~ report [account] 大ざっぱな報告[説明].

*__skew__ /skjúː/ 動 [普通は P] 歪める; 傾いて; ゆがんで. —動 [普通は受身で] **1**〈事実などを〉曲げる, ゆがめる;〈意見・判断などに〉強い影響を与える. **2**〈…〉を斜めにする. —自 それる, 曲がる (*off*). —名 U《統》(分布の)非対称性. **on the skéw** [副・形] 斜めに.

skew・bald /skjúːbɔːld/ 形, 名 C 白と褐色のぶちの(馬).

skéwed 形 **1** (意見・情報などが)偏った, ゆがんだ (*to, toward*);《統》(分布が)非対称的な. **2** 傾いた, 曲がった.

*__skew・er__ /skjúːɚ | skjúːə/ 名 C くし, 焼きぐし: on a ~ くしに刺された. —動 (-er・ing /skjúːərɪŋ/) 他 **1**〈肉など〉をくしに刺す;〈釘など〉で固定する. **2**《略式》〈…〉を(辛辣に思えるほど)激しく批判する.

skéw-whìff 形《英略式》斜めで, ひん曲がって (askew).

*__ski__ /skíː/ 名 (~s /~z/) C **1** スキー (skiing 用の板); a pair of ~s 1組のスキー / glide down the hill *on* ~s スキーをはいて丘を滑り下る. 日英比較 英語の ski は

スキー用の板をさす. 日本語の「スキー」は雪の上を滑る運動もいうがこれに相当する英語は skiing. 関連 water ski 水上スキー用の板 / skate スケート靴. **2** [形容詞的に] スキー(用): a ~ instructor スキーの指導員 / ~ resorts スキー場 / ~ boots スキー靴. **3** (雪上車などの)滑走部.

—動 (**skis** /~z/; **skied** /~d/; **ski・ing**) 自 スキーをする, スキーで滑る: I ~*ed down* the slope. <V+前+名・代> 私はスロープをスキーで滑り下りた. **gò skíing** [動] 自 スキーに行く: We went ~*ing* 「*at* Zao [*in* Yamagata]. 私たちは蔵王[山形]にスキーに行った.

skí・bòb 名 C スキーボブ《車輪代わりにスキーをつけた自転車に似た乗り物》.

*__skid__ (**skids; skid・ded; skid・ding**) 自 **1** (車などで)横滑りする, スリップする (☞ slip¹ 自) **2** 日英比較 ~ to a stop [halt] 横滑りして止まる / Cars often ~ *on* icy roads. 車は氷の張った道では滑りやすい. **2** 落ち目になる. —他〈車〉を横滑りさせる.

—名 C **1** [普通は単数形で](車などの)横滑り, スリップ. **2** 状況の突然の暗転. **3** [普通は複数形で](重い物移動用の)滑材, まくら木. **4** (ヘリコプターの着陸用の)そり, 滑走部. **5** (車輪の)滑り止め. **be on [hít] the skíds** [動] 自《略式》(人などが)落ち目になっている[になる]. **gò ìnto a skíd** [動] 自 横滑りする. **gèt óut of [córrect] a skíd** [動] 自 横滑りをくい止める. **grèase the skíds** [動] 自 滑りをよくする; 円滑に運ばせる. **pút the skíds on [under]**... [動]《略式》(計画など)を失敗させる.

ski(d)・doo /skɪdúː/ 動 自 [通例命令形]《米略式》(するりと)立ち去る, さっさと動く.

skíd màrks 名 [複] **1** スリップ跡. **2**《略式》[滑稽] パンツのしみ.

skíd・pàd 名 C《米》=skidpan.

skíd・pàn 名 C《英》(車の)スリップ運転練習場.

skíd ròw /-róu/ 名 C [しばしば S-R-]《米略式》どや街: 「end up [be] *on* ~ 浮浪者になる[である].

skíd・wày 名 C《米》(ころ・すべり枕木を並べた)貨物運搬路.

ski・er /skíːɚ | skíːə/ 名 C スキー[水上スキー]をする人, スキーヤー; [前に形容詞をつけて] スキーが…の人: Ed is a poor ~. エドはスキーが下手だ.

‡skies /skáɪz/ 名 sky の複数形.

skiff /skɪf/ 名 (~s) C (1人乗りの)小舟, 短艇.

skif・fle /skɪfl/ 名 U **1** スキッフル《1920年代に流行したジャズ》. **2**《主に英》スキッフル《1950年代に流行の, ジャズとフォークソングを混合した音楽》.

ski・ing /skíːɪŋ/ 名 U スキー (skis で滑ること; ☞ ski 日英比較). 関連 waterskiing 水上スキー.

skí jùmp 名 **1** C スキージャンプ台. **2** C スキーのジャンプ; [the ~] (スキー)ジャンプ競技.

skí jùmping 名 U (スキーの)ジャンプ競技.

*__skil・ful__ /skílf(ə)l/ 形《英》=skillful.

skí lìft 名 C スキーリフト (chairlift).

‡skill /skíl/ 名 (~s /~z/; 形) skillful) **1** U 技量, 手腕; 腕前; 熟練, うまさ, 器用さ: ~ *in* [*at*] typing タイプの技術 [言い換え] He has great ~ *in* photography. (=He is very skilled in photography.) 彼は写真が大変うまい / Mr. Clark handles his employees *with* great [a lot of] ~. クラーク氏は従業員を非常に上手に扱う.

2 C (特殊な)**技能**, 技術 (☞ technique 類義語): Mastering English means mastering the four ~s: listening, speaking, reading, and writing. 英語をマスターするということは4つの技能, つまり聞くこと, 話すこと, 読むこと, 書くことをマスターすることである.

*__skilled__ /skíld/ 形 (反) unskilled) **1** 熟練した, (特殊の技量を持った), 腕のよい (☞ skillful 類義語): ~ workers 熟練工 / She is very ~ *at* [*in*] her job.

+at [in]+名・代〉 彼女は仕事にとても熟練している / He is highly ~ at [in] growing orchids. <A+at [in]+動名> 彼はらんを育てるのがとてもうまい / He is ~ with his hands. <A+with+名・代> 彼は手先が器用だ. 2 A (仕事が)特殊技術を必要とする: a ~ job 熟練を必要とする仕事.

skil・let /skílɪt/ 名 C 1 (米) フライパン (frying pan). 2 (主に英) (脚付きの)柄の長いなべ.

+**skill・ful,** (英) **skil・ful** /skílf(ə)l/ 形 (名 skill) 技量のある, 腕前[手際]のよい, 手腕のある; 熟練した《類義語》: ~ driving 巧みな運転 / ~ at [in] one's job 仕事に熟練して / Mr. Hall is quite ~ at [in] handling his students. ホール先生は生徒の扱いがとても上手で彼は ~ with his tools [hands]. 彼は道具[手]を巧みに使う. **-ful・ly** /-fəli/ 副 上手に, 巧みに.
《類義語》**skillful** 腕がよくて巧妙であること. 人や行動に関して用いる: His *skillful* handling of the delicate problem was praised. 彼の微妙な問題の巧みな扱いは称賛された. **skilled** 今までの修練によって特殊技能を身につけているこ. 人や技術に関して用いる: He's a *skilled* carpenter. 彼は腕がいい大工だ.

skills shòrtage 名 C (主に英) 熟練者不足.

+**skim** /skím/ 動 (**skims; skimmed; skim・ming**) 他 1 <…の>表面に浮いた物をすくう; (…から)<クリーム・皮膜など>をすくい取る: He *skimmed* the cream *off* [*from*] the milk. 彼は牛乳からクリームをすくい取った. 2 <…>をざっと読む: I only ~ the headlines of the newspaper every morning. 毎朝新聞の見出しをざっと読むだけです. 3 <受身なし> <水面など>をすれすれに飛んでいく, かすめていく: A gull *skimmed* the water. かもめが1羽水面すれすれに飛んでいった. 4 水面をかすめて[水切りして]<石など>を飛ばす 5 <収入の一部>を税金逃れのために隠す; <…>を不正に着服する. ─ 自 1 ざっと読む: Betty *skimmed through* [*over*] the catalog. ベティーはカタログにざっと目を通した. 2 [副詞(句)を伴って]かすめて飛ぶ[通る] (*over*, *across*), 滑るように進む: The racing car *skimmed along* the track. レーシングカーはトラックを滑るように走った. **skím óff** 他 (1) =他 1. (2) 《最上・最大の部分》を取る. (3) 《略式》<金>をかすめ取る.

skí màsk 名 C スキーヤーのマスク.

skímmed mílk 名 U =skim milk.

skím・mer 名 C 1 表面に浮いた物をすくう道具, 網じゃくし; 流出油回収船. 2 は さみあじさし(海鳥). 3 (米) (服) スキマー (ノースリーブでフレアーになっているドレス).

skím mílk 名 U 脱脂乳, スキムミルク. ■ 日英比較 日本では母親が粉ミルク」(powdered milk) のことを「スキムミルク」ということがある.

skím・ming 名 U スキミング (偽造や不正利用を目的に, クレジットカードなどの磁気部分にある情報を機器を使って不正に取得すること).

skimmers 1

skimp /skímp/ 動 他 <食物・金銭など>をけちけち与える; <材料など>を節約する. ─ 自 倹約する, けちる (*on*).

skimp・i・ly /skímpɪli/ 副 不十分に; 窮屈に.

skimp・i・ness /skímpinəs/ 名 U 不十分.

skimp・y /skímpi/ 形 (**skimp・i・er, -i・est**) 1 乏しい, 貧弱な. 2 (衣服などが)露出度の大きい: a ~ dress ひどく短いドレス. 3 けちな.

∗skin /skín/ 名 (*~s* /~z/) 1 U C (人体・動物の) **皮膚**, 肌; 顔の皮膚 [色つや]: normal [dry, oily] ~ 普通[乾燥, 脂性]の肌 / the color of his ~ =his ~-color 彼の肌の色 / a ~ treatment 肌の手入れ[治療] / have bad ~ 顔色がよくない / She has (a) fair [dark] ~. 彼女は肌の色が白い[黒い]. 2 U C [しばしば合成語で] 獣の皮, 皮革; 毛皮: the ~ of a seal あざらし[おっとせい]の皮.

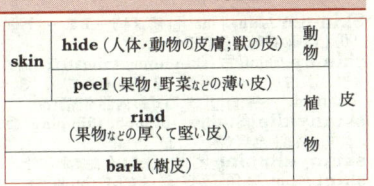

-skinned 1653

skin	hide (人体・動物の皮膚; 獣の皮)	動物	皮
	peel (果物・野菜などの薄い皮)	植物	
	rind (果物などの厚くて堅い皮)		
	bark (樹皮)		

── skin 2 のいろいろ ──
béarskìn くまの毛皮 / búckskin 鹿皮, やぎ皮 / cálfskìn 子牛のなめし革 / déerskin 鹿皮 / góatskìn やぎ皮 / lámbskin 子羊の毛皮 / séalskìn あざらし[おっとせい]の毛皮 / shéepskìn 羊皮

3 C,U 外皮, (果物などの)皮 (peel): banana [potato] ~s バナナ[じゃがいも]の皮 / the ~ of a tomato [sausage] トマト[ソーセージ]の皮. 4 C (ワインなどを入れる)皮袋. 5 C (U) 表面に張る薄いもの《外殻・沸かした牛乳・スープの表面の薄膜など》; C (機体・船体などの)外板, 外装. 6 C《英略式》=skinhead. 7 U,C『電算』スキン (パソコン画面への情報の現われ方). **be (all [nóthing but]) skín and bóne(s)** 動 自 《略式》骨と皮ばかりにやせている. **be nò skín òff ...'s nóse** [《米》**báck,** 《米》**behínd**] 動 S 《略式》...にはどうでもよい, ...に全く関係ないことである. **by the skín of one's téeth** 副 《略式》かろうじて, やっとのことで, 命からがら. **gèt ùnder ...'s skín** = **gèt ùnder the skín of ...** 動 《略式》(1) ...を苛立たせる, ...の気に障る. (2) ...の心を強くとらえる. **hàve** ((英) **a**) **thíck [thín] skín** 動 自 (批判などに)動じない[敏感である], 面の皮が厚い[厚くない]. **have gòt ... ùnder one's skín** 動 他 《略式》絶えず<人>のことを考えている, <…>に夢中になっている. **júmp [léap] óut of one's skín** 動 自 《略式》とび上がるほど驚く. **sáve one's (ówn) skín** 動 自 《略式》[普通は軽蔑] けがをしないで済む, 無事に逃げる. **to the skín** [副] 肌まで: I got soaked [wet] *to the* ~. 私は全身ずぶぬれになった. **ùnder the skín** 副 一皮むけば, 内実は.

─ 動 (**skins; skinned; skin・ning**) 他 1 <…>の皮をはぐ[むく]; <…>の皮をすりむく: He *skinned* his right knee. 彼は右ひざをすりむいた. 2 (米略式) <…>を徹底的に[完膚なきまでに]やっつける. **skín ... alíve** [動] 他 S 《滑稽》<…>を懲らしめる, ただではおかない. **skín úp** [動] 自 《英略式》マリファナたばこを巻く[作る].

skin・care 名 U, 形 肌の手入れ, スキンケア(用の).

skin-déep 形 P 皮だけの; 《略式》外面だけの, 上っ面の; 一時的な: Beauty is only ~. (ことわざ)美貌(ぼう)は皮一重(見目より心).

skin-díve 動 (**-dives; -dived; -div・ing**) 自 スキンダイビングをする.

skin díver 名 C スキンダイビングをする人.

skín díving 名 U スキンダイビング《特別な潜水服をつけない; ☞ scuba diving》.

skín flìck 名 C 《俗》ポルノ映画.

skín・flint 名 C 《略式》けちん坊.

skín・ful /skínfʊl/ 名 [a ~] S 《英略式》酔いが回る程の酒の量: have *a* ~ 酔う.

skín gàme 名 C いかさま(ばくち), 詐欺.

skín gràft 名 C 〖医〗皮膚移植(手術); 移植用皮膚片.

+**skín・hèad** 名 C (英) [しばしば軽蔑] スキンヘッド(特に 1970 年代から英国に現われた坊主頭のちんぴら).

skin・less 形 A (鶏)肉などの)皮のない, 皮なしの.

-skinned /skínd/ 形 [合成語で] ...の肌[皮膚]の: smooth-*skinned* すべすべした肌の.

Skin・ner /skínɚ | -nə/ 名 固 スキナー B F ~ (1904-90)《米国の行動主義心理学者》.

skin・ny /skíni/ 形 (**skin・ni・er**; **-ni・est**) 1 (略式)[普通はけなして] やせこけた. 2 《米》低脂肪の. 3 = skintight. ― 名 U 《米略式》(内部)情報 (*on*).

*skínny-díp (-dips; -dipped; -dip・ping) 自 C (略式)全裸で泳ぐ(こと).

skinny-dipping 名 U (略式)全裸で泳ぐこと.

skint /skínt/ 形 (英略式)文なしで (broke).

skín tèst 名 C (アレルギー体質などを知る)皮膚試験.

skin-tight 形 A (衣服が)体にぴったりとした.

*skip¹ /skíp/ 動 (skips /~s/; skipped /~t/; skip・ping) 自 1 (特にかわるがわる片足で2度ずつ)跳びはねながら進む, 跳びはねる, スキップする; ひょいと跳ぶ (*across, around*)(☞ jump 類義語), (ボールなどが)とび飛ぶ: The little children were *skipping along* the road. <V+前+名・代> 小さな子供たちは通りを跳びはねていった / The boy *skipped out of* the way of the car. 少年はひょいと跳んで車を避けた.
2 省略する, はしょる, (本などを)とばして読む; (米)学年をとばして進級する: We *skipped over* the boring page. <V+over+名・代> 私たちはそのおもしろくないページをとばした / I *skipped from* the third *to* the fifth chapter. <V+from+名・代+to+名・代> 私は3章から5章にとばして読んだ.
3 《英》縄跳びをする 《米》jump rope. 4 〔副詞(句)を伴って〕急いでいく, 飛んでいく; 逃亡する (*out of*): He *skipped off* [*out*] without saying good-bye. 彼はさようならも言わずに出ていった. 5 〔副詞(句)を伴って〕 (話題などに)とぶ (*about, around; from, to*).
― 他 1 <…>を省略する, <食事など>を抜かす, <…>をとばして読む; (略式)<授業など>を欠席する, すっぽかす: ~ lunch 昼食を抜く / ~ a class 授業をさぼる / We'll ~ the exercise. 練習問題はとばそう.
2 (軽々と)<…>を跳び越す; <学年・階級など>をとび越す: The children *skipped* rope in the playground. (米)子供たちは校庭で縄跳びをした (☞ 自 3) / Barbara *skipped* the fourth grade. バーバラは第4学年を飛び級した. 3 《米》<石>を水面を跳ねるように[水切りして]飛ばす. 4 (受身なし)<土地>から逃亡する, 高飛びする.
…'s héart skíp a béat [動] 自 (興奮・驚き・恐怖で)胸がどきどきする. **Skip it!** S (略式, 主に米)(その話)やめろ, もういい; 気にしなくていいよ, いいから (Forget it!). **skíp óut on …** [動] 他 (米)…を見捨てる, …からずらかる. **skíp tówn** [**the cóuntry**] [動] 自 (略式, 主に米)(罰などを逃れるためにすばやく密かに)(町から[国外へ])立ち去る. ― 名 C (軽く)跳ぶこと, 跳躍: give a ~ of joy 小躍りして喜ぶ.

skip² /skíp/ 名 C 《英》(廃棄物を運ぶ)大型容器《米》Dumpster).

skí pànts 名 [複] スキーズボン; 女性用足かけつきスラックス.

skíp・jàck 名 C かつお.

skí・plàne 名 C 雪上飛行機.

skí pòle 名 C (スキー用の)ストック.

*skip・per /skípɚ | -pə/ 名 (~s /~z/) C (略式) 1 (小型船・漁船の)船長; (主に米)(航空機の)機長. 2 (スポーツチームの)キャプテン. ― 動 (**-per・ing** /-p(ə)rɪŋ/) 他 <…の船長[キャプテン, リーダー]を務める.

skíp・ping 名 U 1 跳ぶこと, 跳ねること; 縄跳び. 2 とばし読み, 見落とし.

skípping ròpe 名 C (英) =jump rope.

skíp ròpe 名 C =jump rope (☞ skip rope (rope 成句)).

skirl /skɚ́:l | skə́:l/ [the ~] (バグパイプなどの)ピーピーいう音, かん高い音 (*of*). ― 動 自 ピーピー音をたてる.

*skir・mish /skɚ́:mɪʃ | skə́:-/ 名 C 1 小ぜり合い. 2 小論争, (政治的論争の)激しい応酬 (*between, over, with*). ― 動 自 小ぜり合い[小論争]をする (*with*).

skír・mish・er 名 C 小ぜり合い[小論争]をする人.

skír・mish・ing 名 U 小ぜり合い; 小論争.

*skirt /skɚ́:t | skə́:t/ 名 (skirts /skɚ́:ts | skə́:ts/) 1 C スカート (☞ suit 参考); [しばしば複数形で] 衣服の腰 (waist) から下の部分: "What sort of ~ do you have in mind?" "I want a flared [gathered] one." 「どんなスカートをおさがしですか」「フレアー[ギャザー]スカートがほしいんですが」/ the ~ of a dress 服のすそ. 関連 mini-skirt ミニスカート.

― コロケーション ―
lengthen [**shorten**] a *skirt* スカートの丈を長く[短く]する
let a *skirt* **out** スカート(のウエスト)を大きくする
put on one's *skirt* スカートをはく (☞ put on (put 句動詞)表)
take a *skirt* **in** スカート(のウエスト)を詰める
take off one's *skirt* スカートを脱ぐ
wear a *skirt* スカートをはいている (☞ wear 表)

2 C [普通は the ~ として複数形で] 郊外, (町の)はずれ (outskirts); (森・畑・芝生などの)周辺: cross the ~s of a meadow 牧草地の周辺を横切る. 3 C [しばしば複数形で] (車両・機械などの下の部分の)覆(おお)い, すそ覆い. 4 U,C [しばしば a bit of ~] (英俗)[性蔑別](性の対象としての)娘, 女. 由来 古(期)スカンジナビア語で「短い服」の意; shirt, short と同語源.
― 動 他 1 <…>の周辺にある, <…>の端を通る, <…>のふちに沿っていく. 2 <問題など>を避ける, <話題>にふれない. ― 自 へりに沿っていく.
skírt aróund [**róund**] **…** [動] (1) …の周辺をめぐる, …の端を通る. (2) (問題など)を避ける, 回避する.

skírt chàser 名 C (略式)女の尻を追いかける男.

skírt・ing /skɚ́:tɪŋ | skə́:t-/ 名 C,U 1 (英) =skirting board. 2 =skirt 3.

skírting bòard /skɚ́:tɪŋ- | skə́:t-/ 名 C,U (英)幅木, すそ板 《米》baseboard).

skí rùn [[主に英] **slòpe**] 名 C (スキー用の)スロープ, ゲレンデ.

skit /skít/ 名 C 寸劇, スキット; (軽い)風刺, 風刺文 (*on*): do [perform] a ~ 寸劇をやる.

skí tòuring 名 U (スキーの)クロスカントリー.

skí tòw 名 C ロープリフト《スキーヤーをスキーをはいたままロープなどにつかまらせて頂上へ運ぶ).

skit・ter /skítɚ | -tə/ 動 (**-ter・ing** /-t(ə)rɪŋ/) 自 〔副詞(句)を伴って〕(小動物が)素早く走る; (鳥などが)水面をかすめて飛ぶ.

skit・tish /skítɪʃ/ 形 1 気まぐれな, はすっぱな. 2 (馬などが)物に驚きやすい, ものおじする, (投資家などが)弱気の; 御し難い; 不安定な. ~**・ly** 副 はしゃいで; 御しにくく. ~**・ness** 名 U 気まぐれ; ものおじ.

skit・tle /skítl/ 名 1 [複数形で単数扱い] 九柱戯 (ninepin)《木製の円盤もしくは球を投げて9本のピンを倒す英国のゲーム》. 2 C 九柱戯用のピン.

skive /skáɪv/ 動 自 (英略式)仕事[学校]をさぼる, こそついなくなる, 逃げる (*off*).

skív・er /skáɪvɚ | -və/ 名 C (英略式)さぼり屋.

skiv・vies /skíviz/ 名 [複] (米)(男性用の)アンダーウェア《シャツとパンツとから成る》.

skiv・vy /skívi/ 名 (**skiv・vies**) C (英略式)[滑稽]下女, おさんどん. ― 動 自 (**skiv・vies**; **skiv・vied**; **-vy・ing**) 自 (英略式)下女(のような)仕事をする (*for*).

skí・wèar 名 U スキーウェア.

skoal /skóʊl/ 間 乾杯! 健康を祝って!

Skop・je /skɔ́:pjeɪ, skáp- | skɔ́:-/ 名 スコピエ (Macedonia 共和国の首都).

SKU /éskeɪjúː/ 名 C エスケーユー《Stock Keeping

Unit の略）．ネット上で販売される商品の参照番号）．

sku·a /skjúːə/ 名 C とうぞくかもめ〈鳥〉．

skul·dug·ger·y, skull·dug·ger·y /skʌldág(ə)ri/ 名 U [しばしば滑稽に] いんちき．

skulk /skʌ́lk/ 動 自 [副詞(句)を伴って][軽蔑] こそこそと歩く；こそこそ逃げる[隠れる] (about, around)《☞ prowl 類義語》．

*__skull__ /skʌ́l/ 名 C (~s /-z/) **1** 頭蓋(がい)骨：break [fracture] the [one's] ~ 頭蓋骨を骨折する．**2** (略式) 頭脳，頭，頭脳．**gét ... ínto [through] one's [-'s] (thíck) skúll** [動] (略式)〈…を〉なんとか自分で理解する[—に理解させる]．**skúll and cróssbones** [名] 頭蓋骨の下に大腿(だい)骨 2 本を交差した図《昔は海賊旗の図柄；☞ Jolly Roger 挿絵；今では毒薬びんなどに張って警告を示す印》．

skúll·càp 名 C スカルキャップ《主にカトリックの聖職者やユダヤ人男性が用いる縁なしの帽》．

skull·dug·ger·y /skʌldág(ə)ri/ 名 U ＝skulduggery．

skúll sèssion 名 C (米略式)(運動部の)戦術会議；相談会．

skunk /skʌ́ŋk/ 名 **1** C スカンク．U スカンクの毛皮．**2** C (略式)[普通は滑稽] いやなやつ，むかつく野郎．**3** U (俗) 大麻 (cannabis)．(**as**) **drúnk as a skúnk** [形] (略式) ぐでんぐでんに酔っ払って．—— 動 他 (米略式)〈相手〉を楽に負かす (at)．

skúnk càbbage 名 C,U 座禅草(ざぜんそう)《悪臭がある》．

skúnk wòrks 名 [普通は単数扱い](米略式)(企業などの)(秘密)研究開発部門．

*__sky__ /skái/ 名 (skies /-z/) **1** [the ~, the skies] 空，天（反 earth）: under the open ~ （＝out of doors）戸外で / Snow was falling from the dark ~. 雪が暗い空から降っていた / There wasn't a cloud in the ~. 空には雲ひとつなかった / The skies were gray throughout the day. 空は一日中灰色だった．

語法 形容詞がつくと a を冠した複数形にすることがある：We seldom enjoy *a* clear, blue ~ in (the) winter. 冬には澄んだ青空はほとんど見ない / They danced under *a* starry ~ [(the) starry skies]. 彼らは星空の下で踊った．

2 C [しばしば複数形で] 空模様，天候 (weather); 気候，風土：the sunny *skies* of Rome ローマの晴れの多い気候．語源 古(期)スカンジナビア語で「雲」の意．**óut of a cléar (blúe) ský** [副] 天から降ってきたように，突如として．**that (gréat) ... in the ský** [名] [滑稽] 天国の…《亡くなった人の活躍していた場所を示して用いる》：He's gone to *that* great ballpark *in the sky*. 彼は亡くなって天国の球場にいる．**The skies ópened.** ＝The heavens opened.《☞ heaven 成句》．**The ský's the límit.** (S) (費用などについて) 無制限である，天井知らずだ．—— 動 (skies; skied; sky·ing) 他〈ボール〉を高く打ち上げる．

ský blúe 名 U 空色．
ský-blúe 形 空色の．
ský·bòx 名 C スカイボックス《スタジアムなどの高い位置に仕切られた屋根付きの豪華な特別観覧席》．
ský·càp 名 C (米) 空港のポーター．
ský·dìve 動 自 スカイダイビングをする．
ský dìver 名 C スカイダイビングをする人．
ský·dìving 名 U スカイダイビング《パラシュートで降下するスポーツ》．
ský-hígh 副 非常に高く：Prices have gone ~. 物価は急上昇した．**blów ... sky-hígh** [動] 他〈建物〉を粉々に爆破する；〈主張など〉を徹底的に粉砕する．—— 形 (物価などが)非常に高い．
ský·hòok 名 C [バスケ] スカイフックシュート《片手のば

slag 1655

ばしてボールを高く上げるシュート》．
ský·jàck 動 他〈航空機〉を乗っ取る．
ský·jàck·er 名 C 航空機の乗っ取り犯人．
ský·jàck·ing 名 C 航空機の乗っ取り．
Sky·lab /skáilæb/ 名 C スカイラブ《米国の宇宙ステーション，宇宙実験室》．
sky·lark /skáiləːk, -làːk/ 名 C ひばり．—— 動 自 (略式) ふざけまわる，浮かれ騒ぐ．
ský·light 名 C 天窓，明かり取り．
+**ský·line** 名 C **1** (山や高層建築などの)空を背景とする輪郭．**2** 地平線．
ský màrshal 名 C (米) 航空保安官．
ský·ròcket 動 (略式) 自 (物価・価値・費用などが)急に上がる，急騰する．—— 名 C 打ち上げ花火．
+**ský·scrap·er** /skáiskrèipə, -pə/ 名 C 超高層ビル，摩天楼．
ský sùrfing 名 U スカイサーフィン《スノーボードのような板とパラシュートをつけて飛行機からジャンプして空中をサーフィンするスポーツ》．
ský·ward /-wəd/, -wəd/ 副 形 空の方への．
ský·wards /-wədz/, -wədz/ 副 (英) ＝skyward．
ský·wày 名 C (主に米) 航空路 (air lane)．
ský·writing 名 U (飛行機から発する煙で)空中文字を書くこと；空中文字．
+**slab** /slǽb/ 名 C **1** (木・石の)平板，《パン・菓子・肉などの)平らく厚い 1 切れ：a ~ of cheese [beef] 厚切りのチーズ[牛肉]．**2** [the ~] (英略式) (病院・死体置場のしばしば石製の)死体置台：on the ~ (遺体となって)安置される．
+**slack**[1] /slǽk/ 形 (slack·er; slack·est) **1** ゆるい (loose), たるんだ（反 tight, taut）：a ~ rope たるんだ綱 / go ~ たるむ / The rope hung ~. ロープはたるんで垂れ下がっていた．**2** (軽蔑) 不注意な，いいかげんな，だらけた；(規律などが)手ぬるい，甘い：~ control ゆるい統制 / He's ~ about [in] his work. 彼は仕事がいいかげんだ．**3** 多忙でない，(商売などが)不振な，活気のない：the ~ season (商売の)閑散期．—— 名 U **1** ゆるんだ部分，たるんだ部分：some ~ in the rope ロープのたるんだ部分．**2** (略式) 多忙でない時，(商売などの)閑散期．**3** 余剰資金[人員，スペース]．**cút [gíve] ... (sòme [a líttle]) sláck** [動] 他 (S) (略式)〈人〉に対して寛つく当たらない，甘めにみる．**táke [pìck] úp the sláck** [動] 自 たるみをなくす[取る]；(企業などで)活性化[合理化]する；他 に代わってする，不足を補う．—— 動 (進行形で) 怠ける，いいかげんにやる (at, in, on)．**sláck óff [úp]** [動] 自 (1) 活動[緊張]をゆるめる，手を抜く．(2) スピードを落とす；(勢いが)弱くなる．
slack[2] /slǽk/ 名 U 粉炭，石炭くず．
+**slack·en** /slǽk(ə)n/ 動 (時に ~ off) 他 **1**〈…〉をゆるめる；〈力・速度など〉を減ずる，弱める：~ one's pace ペースを落とす．—— 自 **1** ゆるむ．**2** (速度などが)減じる，(雨などが)弱まる，不活発になる，勢いを落とす．
sláck·er 名 C (略式) (軽蔑) (仕事を)いいかげんにする人，怠け者．
sláck-jáwed /-dʒɔ́ːd/ 形 (略式) 口を(半分)開けた；とても驚いた，あっけにとられた．
sláck·ly 副 ゆるく，だらりと；だらしなく．
sláck·ness 名 U たるみ；怠慢，いいかげん；不振．
+**slacks** /slǽks/ 名 [複] (米格式) スラックス《特にカジュアルなズボン》．関連 pants, trousers ズボン．
sláck sùit 名 C (米) スラックスとジャケット[スポーツシャツ]からなるそろい，カジュアルな上下(服)．
sláck wáter 名 U (潮が静止状態の)憩潮時．
+**slag** /slǽg/ 名 **1** U 鉱滓(さい), スラグ《金属を精錬するときに浮いたかす》．**2** C (英俗) (差別) 身持ちの悪い女．—— 動 (slags; slagged; slag·ging) [次の成句で] **sláq óff [úp]** (英俗)〈…〉をけなす．

slág・heap 名 C 〔主に英〕鉱滓(ﾋﾞｽ)の山.
slain /sléin/ slay の過去分詞. ― 形 殺害された: a grave for the ~ 戦没[犠牲]者の墓 (☞ the¹ 3).
slake /sléik/ 動 他 1 〔文〕〈渇きを〉いやす，〈欲望を〉満たす. 2 〔化〕〔普通は受身で〕〈石灰〉を消和する.

sla・lom /sá:ləm/ 名 C.U （スキー・カヌーなどの）スラローム（競技），回転競技. ― 動 自 スラロームをする.

***slam¹** /slǽm/ 類語版 slang, slum 13 動 (slams /-z/; slammed /-d/; slam・ming) 他 1〈戸などを〉ばたんと閉める，ぴしゃりと閉める: Sammy *slammed* the lid *down*. <V+O+副> サミーはぴしゃりとふたを閉めた / She *slammed* the door (shut). <V+O+C(形)> 彼女は戸をばたんと閉めた. 2〈...〉をどしんと置く，どさりと投げ出す; 激しく動かす[押す, 打つ]; 〈風などが〉〈...〉を襲う: ~ the heavy parcel *down* on the floor 重い包みを床の上にどしんと置く / Don't ~ *down* the phone. 受話器をちゃんと置かないように. 3 〔新聞で〕〈...〉を酷評する，非難する (*for*). ― 自 〔戸などが〕ばたん[ぴしゃり]と閉まる: The gate *slammed* shut. 門がばたんと閉まった. **slám ínto [agàinst] ... 動** 他 〈車などが〉...にどしんとぶつかる.
― 名 C 1 〔普通は単数形で〕ばたん[ぴしゃり]と閉める音[こと]: with a ~ ばたん[ぴしゃり]と. 2 酷評.

slam² /slǽm/ 名 C 〔トラ〕〔ブリッジでの〕スラム，総取り.

slám-báng 形 〔米略式〕荒々しい[く]; 向こう見ずな[に]; 活気に満ちた[て].

slám dùnk 名 C 1 〔バスケ〕（劇的な）ダンクシュート (dunk shot). 2 〔米〕劇的な行為，大成功.

slám-dùnk 〔バスケ〕ダンクシュートする.
― 他 〈ボール〉をダンクシュートする.

slam・mer /slǽmə | -mə/ 名 [the ~] 〔俗〕刑務所.

***slan・der** /slǽndə | slá:ndə/ 名 C.U 悪口，中傷; U 〔法〕名誉毀損(ｷｿﾝ). ― 動 (**-der・ing** /-dərɪŋ, -drɪŋ/) 他 〈...〉の悪口を言う，〈...〉を中傷する.

slan・der・er 名 C 悪口を言う人，中傷者.

slan・der・ous /slǽndərəs | slá:n-/ 形 中傷的な.

***slang** /slǽŋ/ 13 名 (形 **slángy**) 1 U 俗語, スラング《くだけた会話では用いるが，品位のある言い方とは認められない語句や表現: policeman（警官）に対する cop のような言い方; ☞「この辞書の使い方」6. 2〔俗〕*rhyming slang*〕. 2 U （特定の社会の）通用語: student [army] ~ 学生[軍隊]用語. 3 〔形容詞的に〕俗語の，俗語的な: a ~ word 俗語. ― 動 他 〔英略式〕〈...〉を口ぎたなくののしる[やじる].

sláng・ing màtch /slǽŋɪŋ-/ 名 C 〔英略式〕口汚ないののしり合い.

slang・y /slǽŋi/ 形 (**slang・i・er, -i・est**) 名 slang) 俗語の，俗語っぽい; 俗語の多い.

⁺slant /slǽnt | slá:nt/ 動 自 傾く，傾斜する (*slope*): His handwriting ~s badly [*to* the left]. 彼の字はひどく[左へ]傾いている / The evening sun ~ed through the window. 西日が窓から斜めに差し込んでいた. ― 他 1〈...〉を傾かせる，傾斜させる: The picture was slightly ~ed to the left. 絵はわずかに左に傾いていた. 2 時にけなして〈報道など〉を偏(ﾊﾞﾗ)って扱う，〈...に〉不利[有利]になるように歪める (*against, toward*); 〈...〉を（...向きに）書く (*toward*). ― 名 C 1 傾斜，斜面，斜線: a steep ~ 急な斜面. 2 （特殊な）見方，見解; give a new ~ on ... ...の新しい見方を提示する. **at [on] a slánt 副・形** 傾いて，斜めに.

slánt・ed /-tɪd/ 形 1 〔情報などが〕偏った，一面的な (*toward*). 2 傾斜した.

slánt-èyed 形 〔差別〕（特に東洋人が）つり目の.

slant・ing /-tɪŋ/ 形 傾いている，傾斜した.

slánt・wise 副 A 傾いて，斜めに[はす]に.

***slap** /slǽp/ 名 (**slaps** /-s/; **slapped** /-t/; **slap・ping**) 他 1〈...〉を平手で打つ，ぴしゃりと打つ (☞ *strike* 類語版); 〈手などで〉ぴしゃりと打ち当てる (*against, on*): When he tried to kiss her, she *slapped* his face. 彼がキスをしようとしたとき, 彼女は彼のほおを平手で打った / Tom *slapped* me *on* the back. <V+O+on+名> （賞賛・激励などの気持ちを表わして）トムは私の背中をぽんとたたいた (☞ *hit¹* 2). 2〈物〉を無造作に[ぱたんと]置く，ぽんと投げ出す (*down*); 〈ペンキなど〉をぺたっとつける[塗る] (*onto*): ~ a bit of paint *on* a wall 壁にペンキを少し塗る. 3 〔略式〕〈人に〉〈税・罰金など〉を課す，〈税・罰金など〉を（...に）課す; 〈ある金額〉を（...に）上乗せする (*on*): The judge *slapped* 'him *with* a $50 fine [a $50 fine *on* him]. 裁判官は彼に 50 ドルの罰金を課した. ― 自 〔雨・波などが〕ぴしゃりと打ち当たる (*against*). **sláp ... aróund [abóut] 動** 他 〈妻〉を何度もたたく. **sláp dówn 動** 他 1〈人・行動〉をぴしゃりと押さえつける; 〈相手〉を楽に打ち負かす.
― 名 (~s /-s/) 1 C 平手打ち，ぴしゃりと打つこと[音]: She gave him a ~ *on* the cheek. 彼女は彼のほおをぴしゃりと打った. 2 U 〔英俗〕=makeup 1. **a sláp in the fáce** 名 (1) 顔への平手打ち. (2) ひじ鉄砲, あからさまな侮辱, 屈辱 (*for*). **a sláp on the báck** 名 賞賛[祝意]を表わしてぼんとたたくこと] (☞ 1). **a sláp on the wríst** 名 軽い罰[警告. **sláp and tíckle** 名 〔英略式〕〔滑稽〕（恋人たちの）いちゃつき. ― 副 〔略式〕もろに; まさに: run ~ into a tree 木にまともにぶつかる.

sláp-báng 副 〔英略式〕=slap.

sláp-dàsh 形 ぞんざいな: ~ work やっつけ仕事.

sláp-háppy 形 〔略式〕1 のんきな，いいかげんな，粗雑な. 2 （殴られて）ぼうとなった.

sláp-héad 名 C 〔英俗〕頭のはげた男.

sláp・per 名 C 〔英俗〕〔差別〕はすっぱな女.

sláp shòt 名 C 〔アイスホッケー〕スラップショット（強いシュート）.

sláp・stick 名 U どたばた喜劇. ― 形 どたばた調の.

sláp-ùp 形 A 〔英略式〕（食事などが）豪勢な.

***slash** /slǽʃ/ 動 (**slash・es** /-ɪz/; **slashed** /-t/; **slash・ing**) 他 1〈ナイフなどで〉〈...〉をさっと切る，深く切る，切り下ろす; 〔米〕〈木など〉を切り倒す: ~ one's wrist(s) 手首を切る（自殺行為）/ The painting *was ~ed with* a knife. <V+O+with+名・代の受身> その絵はナイフで切られた. 2 〔主に新聞で〕〈経費・値段など〉を切り下げる，大幅に削減する: Expenses *were ~ed* by 50%. 支出は半分に切り詰められた. 3 〔古風〕〈人・物〉を酷評する. 4 〔普通は受身で〕〈衣服〉にスリットを入れる (*with*). ― 自 1 (さっと) 切り[打ち] つける: He ~ed at the snake *with* his stick. 彼はつえでへびをたたきつけた. 2 （竜巻などが）破壊しながら）突き進む (*through*). **slásh one's wáy 動** 自 道を切り開いて進む (*through*).
― 名 1 C 切りつけること; 一撃. 2 C 深い傷，切り傷，切り口. 3 C 〔衣服の〕スリット, 切り込み. 4 C （印刷の）斜線 (/). 5 C （大幅な）削減. 6 [a ~] （S) 〔英卑〕放尿: have [take] a ~ しょんべんする.

slásh-and-búrn 形 A 1 〔農耕の〕焼き畑式の. 2 （攻撃などが）徹底した，容赦のない.

slash・er /slǽʃə | -ʃə/ 名 C スラッシャー〈人間を切り刻む残虐な場面を売り物にするホラー映画〉.

slash・ing /slǽʃɪŋ/ 名 U 〔アイスホッケー〕スラッシング《スティックを使って相手の動きを止める反則》.

slat /slǽt/ 名 C 〔普通は複数形で〕（木・プラスチック・金属などの）細長い薄板，小割板，（ブラインドの）羽根板.

***slate** /sléɪt/ 名 (**slates** /sléɪts/; 形 **sláty**) 1 U 粘板岩; C スレート, 粘板岩でできた板: A few ~s were blown off the roof. 数枚のスレートが屋根から吹き飛ばされた. 2 C 石板〈昔，生徒が筆記板として用いた〉. 3 〔形容詞的に〕石板（色）の: ☞ slate blue [gray]. 4 C 〔主に米〕（選挙などの）候補者名簿 (ticket). **a cléan sláte** 名 汚点のない経歴: start off with *a clean* ~ 過去を清算して再出発する. **pút ... on the sláte** [動] 《古風, 英》《...》の支払いをつけにする. **wípe the sláte clèan** [動] ⦿ 過去を清算する, 一から出直す. ― [動] ⊕ **1** [普通は受身で]《...》を予定する(schedule) (*for*): Ms. Rich *is ~d* to take over the chair in April. リッチさんは4月に委員長に就任する予定だ. **2** [普通は受身で] 《主に米》《人》を《...の》候補者名簿に登載する, 候補に立てる: Mr. Lee *was ~d for* the presidency. リー氏は大統領候補者に選ばれた. **3** 《英》[主に新聞で]《人・物事》をこき下ろす, 酷評する(*for*). **4** スレートで《屋根》をふく.

sláte blúe [gráy] [名] ⓤ スレート色《暗い青[緑]がかった灰色》.

slath·er /slǽðə | -ðə/ 《略式, 主に米》[動] (**-er·ing** /-ð(ə)rɪŋ/) ⊕ 《...》を(表面に)厚く塗る (*on, over*); 《...》を《表面に》厚く塗る (*with, in*). ― [名] ⓒ [しばしば複数形で] たっぷり, 大量 (*of*).

slat·ted /slǽtɪd/ [形] 細長い薄板の付いた[でできた].

slat·tern /slǽtən | -tən/ [名] 《古風》だらしのない女.

slat·tern·ly /slǽtənli | -tən-/ [形] 《古風》《女性が》だらしのない.

slat·y /sléɪt̬i/ [形] (**slat·i·er**, **-i·est**; [名] slate) スレートの, 石板状の; 石板色の.

*****slaugh·ter** /slɔ́ːtə | -tə/ [名] ⓤ **1** 虐殺; 大量殺人: mass ~ 大虐殺 / the ~ on the roads 交通事故による路上での大量死.

2 畜殺: The sheep will be sent there for ~. 羊はそこへ連れていかれて畜殺される.

― [動] (**slaugh·ters** /~z/; **slaugh·tered** /~d/; **-ter·ing** /-tərɪŋ/) ⊕ **1** 《人》を虐殺する; 《多人数》を殺す: A large number of people *are ~ed on* the roads every year by drunken drivers. 飲酒運転のために毎年大勢の人が路上で命を落とす.

2 《家畜》を畜殺する: ~ cattle 牛を畜殺する. **3** 《略式》《相手》に圧勝する, 《...》をたたきつぶす; 酷評する.

sláugh·tered [形] 《英略式》酔いつぶれた.

sláughter·hòuse [名] (**-hous·es** /-hàʊzɪz/) ⓒ 畜殺場.

⁺**Slav** /sláːv, slǽv/ [名] **1** ⓒ スラブ人. **2** [the ~s] スラブ民族《ロシア人・チェコ人・ポーランド人・ブルガリア人など》. 《[語源] slave [語源]》. ― [形] スラブ人[民族]の.

*****slave** /sléɪv/ [名] (~s /~z/; [形] slávish) ⓒ 奴隷: work like a ~ 奴隷のように働く / As I would not be a ~, so I would not be a master. This expresses my idea of democracy. 私は奴隷になりたくないと同様に主人にもなりたくない. これが私の民主主義の考え方を表わすものだ《Lincoln のことば》.

2 自由を奪われた人, [軽蔑]《欲望・習慣などの》とりこになった人: a ~ *to* drink 酒の奴隷 / a ~ *of* [*to*] fashion 最新ファッションに憂き身をやつす人. **3** 《奴隷のように》あくせく働く人; [時に形容詞的に]《機》従属装置, スレーブ. 《[語源] ギリシャ語で「スラブ人」(Slav)の意; 南東ヨーロッパのスラブ系の捕虜を奴隷として使ったことから》.

― [動] ⦿ 《奴隷のように》あくせく働く (*for*): ~ (*away*) *at* [*over*] the housework 家事にあくせくする / ~ *away over* a hot stove [滑稽]料理をする.

Sláve Còast [名] 働 [the ~] 奴隷海岸《西アフリカ Guinea 湾北岸; 16-19世紀の奴隷貿易中心地》.

sláve drìver [名] ⓒ **1** 《軽蔑または滑稽》人使いの荒い人[雇い主]. **2** 奴隷監督者.

sláve·hòlder [名] ⓒ 奴隷所有者.

sláve lábor [名] ⓤ **1** 奴隷の仕事, 強制労働; 奴隷[強制]労働者《全体》. **2** 《略式》ひどい低賃金の仕事; 低賃金労働者《全体》.

sláve láborer [名] ⓒ 奴隷[強制]労働者.

slav·er¹ /slǽvə | -və/ [動] (**-er·ing** /-v(ə)rɪŋ/) ⦿ **1** 《...をほしがって》よだれをたらす (*over*). **2** やたらと興奮する (*over, after*). ― [名] ⓤ よだれ (saliva).

slav·er² /sléɪvə | -və/ [名] ⓒ 《史》奴隷商人; 奴隷船.

slav·er·y /sléɪv(ə)ri/ [名] ⓤ **1** 奴隷制度: the abolition of ~ 奴隷制度の廃止. **2** 奴隷の身分, 奴隷の状態: He was sold into ~. 彼は売られて奴隷になった. **3** 屈従; 《欲望などの》奴隷であること (*to*).

sláve shíp [名] ⓒ 《史》奴隷(貿易)船.

sláve stàtes [名] [複] [the ~] 《米史》奴隷州《南北戦争まで奴隷制度があった南部の15州》.

sláve tràde [名] ⓒ 奴隷売買.

Slav·ic /sláːvɪk, slǽv-/ [形] スラブ人[民族]の; スラブ語の. ― [名] ⓤ スラブ語(派).

Slávic lánguages [名] [複] スラブ諸語《ロシア語・チェコ語・ポーランド語など》.

slav·ish /sléɪvɪʃ/ [形] (slave) [軽蔑] 奴隷のような, 卑屈な; 主体[独創]性のない, 猿まねの. **~·ly** [副] 盲従的に, 猿まねして. **~·ness** [名] ⓤ 盲従; 猿まね.

Sla·von·ic /sləvάnɪk | -vɔ́n-/ [形] [名] = Slavic.

slaw /slɔ́ː/ [名] ⓤ 《米》= coleslaw.

⁺**slay** /sléɪ/ [動] (**slays**; 過去 **slew** /slúː/; 過分 **slain** /sléɪn/; **slay·ing**) ⊕ **1** 《...》を殺す, 殺害する (《[kill 類義語]》). [語法] 《米》では新聞用語, 《英》では《文》. **2** ⓢ 《米略式》《...》を大いに楽しませる.

slay·er [名] ⓒ 殺害者; 殺人者. [語法] 《米》では新聞用語, 《英》では《文》.

sleaze /slíːz/ [名] **1** ⓤ いかがわしい行動, いかがわしさ, 不正. **2** ⓒ 《米略式》いかがわしい人.

sléaze·bàg, sléaze·bùcket [名] ⓒ = sleaze 2.

sleaz·i·ness /slíːzɪnəs/ [名] ⓤ 《略式》低俗さ, 安っぽさ; いかがわしさ.

sleaz·oid /slíːzɔɪd/ [形], [名] ⓒ 《略式, 主に米》いかがわしい(やつ).

⁺**slea·zy** /slíːzi/ [形] (**slea·zi·er**, **-zi·est**) 《略式》《場所などが》低俗な, うさぎたない; [軽蔑]《人などが》いかがわしい: a ~ hotel みすぼらしいホテル.

sled /sléd/ 《米》[名] ⓒ **1** 《小型の》そり《雪滑り遊びに使う》《英》sledge). **2** = sledge¹ 1.

sled (小型の)	そり
sleigh (馬が引く)	
sledge (荷物運搬用の大型の)	

― [動] (**sleds**; **sled·ded**; **sled·ding**) ⊕ 《...》をそりで運ぶ. ― ⦿ そりで行く, そりに乗る. **gò sléd·ding** [動] ⦿ そり滑りに行く.

sled·der /slédə | -də/ [名] ⓒ 《米》そりに乗る[で遊ぶ]人.

sled·ding /slédɪŋ/ [名] ⓤ 《米》そりすべり; 進行状況: hard [tough] ~ 困難な状況[仕事].

sled 1

sléd dòg [名] ⓒ 《米》そり(を引く)犬: a ~ race 犬ぞりレース.

⁺**sledge**¹ /sléʤ/ [名] ⓒ **1** 大型そり《[☞] sled 表》; 犬ぞり. **2** 《英》= sled 1. ― [動] 《英》= sled.

sledge¹ 1

sledge[2] /sléʤ/ [名][C] ＝sledgehammer.

slédge·hàmmer [名][C] 大つち《両手で用いる》. ―[形] (必要以上に)強力な，おおげさな. **táke [úse] a slédgehammer to cráck a nút** [動][自]《英》ささいなことにおおげさな労力を使う.

slédge hòckey [名][U] スレッジホッケー《身障者がそりにのって行うホッケー》.

+**sleek** /slíːk/ [形] (**sleek·er**; **sleek·est**) **1** (毛皮・髪が)なめらかな，つやのある. **2** (車などが)格好のいい. **3** [時に軽蔑] (人が)裕福そうな；如才のない. ―[動][他]《文》〈毛皮・髪〉をなめらかにする；〈…〉をなでつける (*back, down*). **～·ly** [副] なめらかに；格好よく；如才なく. **～·ness** [名][U] なめらかさ；格好のよさ；裕福.

‡**sleep** /slíːp/ [動] (**sleeps** /～s/; 過去・過分 **slept** /slépt/; **sleep·ing**; [形] asléep) [自] **1 眠っている，**眠る ([反] wake[1]); 寝る，泊まる：Is he ～*ing?* 彼は寝ているのですか《★ Is he *asleep?* のほうが普通；☞ sleeping》/ I *slept* well [soundly, badly] last night. <V+副> 昨夜はよく眠れた[ぐっすり眠れた，眠れなかった] / Good night, Mary. *S*～ well. おやすみ，メアリー. よくお休みなさい《ベッドに入る[入っている]人に言うことば》/ I *slept* (*for*) nine hours. 私は9時間眠った《☞ for [前] A 5 [語法]》/ He ***slept*** (***over***) ***at*** his aunt's house last night. <V+(*over*)+前+名・代> 彼はゆうべおばの家に泊まった / The children had to ～ *three* to a bed. <V+C (形)> 子供たちは1つのベッドに3人で寝なければならなかった. [用法注意!] sleep は「眠っている」状態を表わすので，「眠りにつく」という動作の意味で I *slept* about ten o'clock. のようにはいえない.「10時ごろに眠った」は I fell asleep [went to sleep, got to sleep] at about ten o'clock. という. **2**《略式》[婉曲] (異性と)寝る，性関係を持つ (*together; with*). **3**《文》(場所が)静まっている：The town *slept*. 町は静かだった. **4**《文》永眠している：A great poet ～*s* here. 大詩人ここに眠る《墓石に刻まれた文》.

― [他] **1** 眠って〈時〉を過ごす；眠って〈…〉を治す：☞ sleep ... away, sleep off (句動詞). **2** [受身なし] (場所が)〈…人〉を泊められる：This room can ～ five. この部屋は5人泊まれる.

sléep a ... sléep [動][自] …の眠り方をする《☞ cognate object [文法]》: I *slept a* deep *sleep* last night. ゆうべは熟睡した. **sléep láte** [動][自] 朝寝ぼうする. **sléep the sléep of the júst** [動][自]《文》(特に良心のとがめがなくて)安らかに熟睡する. **sléep tíght** [動][自] [主に命令文で] Ⓢ《略式》ぐっすりと眠る：Good night; ～ *tight!* おやすみ. ぐっすり眠りなさい.

sleep の句動詞

sléep aróund [動][自]《略式》[軽蔑] いろいろな相手と性的関係を持つ (*with*).

sléep ... awáy [動][他]〈時間〉を寝て過ごす；眠って〈悩みなど〉を忘れる：I *slept* the whole day *away*. 一日中寝ていた.

sléep ín [動][自] **1** ＝sleep late (成句). **2** (雇い人が)住み込みである.

sléep óff [動][他]〈…〉を寝て治す：She *slept off* her hangover. 彼女は寝て二日酔いを治した. **sléep it óff** [動][自] 眠って酔いをさます.

sléep ón [動][自] 眠り続ける.

sléep on ... [動][他] …をひと晩寝て考える；…の決定を翌日まで延ばす：I'll ～ *on* it. Ⓢ よく考えておきましょう《やんわり断わる時のことが多い》.

sléep óut [動][自] 野外で寝る.

sléep óver [動][自] (特に子供が)人の家に泊る.

sléep thróugh [動][自] (…まで)ずっと目を覚まさない (*until, to*).

sléep thròugh ... [動][他] (目覚し時計・雷などの音)に気づかずに眠り続ける；…の間ずっと目を覚まさない：～ *through* the night 一晩ぐっすり眠る / My father *slept through* the whole movie! 父はその映画の間ずっと眠っていた.

― [名] ([形] sléepy) **1** [U] **眠り，**睡眠；[単数形で] ひと眠り(の時間)：lack of ～ 睡眠不足 / I didn't get much ～ last night. 昨夜はあまり眠っていない / My brother often talks *in* his ～. 弟はよく寝言を言う / [言い換え] Did you have a good ～? (＝Did you sleep well?) よく眠れた? / I hope you get a good night's ～! おやすみなさい. **2** [U]《略式》目やに. **3** [U]《文》永眠 (death)；活動停止状態.

can [be àble to] dó ... in one's sléep [動] …するのは朝飯前[お手のもの]だ.

fàll into a déep sléep [動][自] ぐっすり眠ってしまう，深く寝入る.

gét ... óff to sléep [動][他]〈…〉を寝つかせる.

gèt to sleep [動][自] [普通は否定文で] 寝つく.

Gò báck to sléep!《略式》ぼんやりしていないで《よく聞いていないことを叱る文句;「寝直して来い」の意》.

gò to sléep [動][自] (1) 寝つく，寝入る《☞ go to bed (bed 成句)》: I usually *go to* ～ the moment my head hits the pillow. ふだんはまくらに頭が触れるとすぐ寝入ってしまう. (2)《略式》(手足などが)しびれる.

lóse sléep òver ... [動][他] [普通は否定文で] Ⓢ《略式》…が気がかりで眠れない，…で非常に心配する.

... onesèlf to sléep [動][自] …しながら寝入る：cry [read] *oneself to* ～ 泣き[本を読み]ながら寝入る.

pút ... to sléep [動][他] (1)〈人〉を(退屈で)眠らせる. (2) [婉曲]〈病気の動物など〉を眠らす，殺す. (3)《略式》〈人〉に麻酔をかける.

sénd ... to sléep [動][他] (1)〈…〉を眠らせる，寝かしつける. (2) ＝put ... to sleep (1).

+**sléep·er** [名][C] **1** 眠っている人；[前に形容詞をつけて] 眠りの…の人：a *light* [*heavy, sound*] ～ 眠りの浅い[熟睡する]人. **2** 寝台列車，寝台車 (sleeping car)；寝台車の寝台. **3**《主に米》予想外に大当たりとなったもの[大活躍した人]《本・芝居・映画・候補者など》. **4**《英》(鉄道の)まくら木 (《米》tie). **5**《英》スリーパー《ピアス用にあけた耳の穴がふさがらないようにしておくための小さな環》. **6** [普通は複数形で]《米》(幼児用の)パジャマ. **7** スリーパー《特命があるまで活動を控えているスパイ》.

sleep·i·ly /slíːpɪli/ [副] 眠そうに.

sleep·i·ness /slíːpinəs/ [名][U] 眠いこと.

sleep·ing /slíːpɪŋ/ [形][A] 眠っている；休止している：Let ～ dogs lie.《ことわざ》眠っている犬を起こすな(触らぬ神にたたりなし). [語法] これと同じ意味の [P] は asleep.

+**sléeping bàg** [名][C] 寝袋，シュラーフ.

Sléeping Béauty [名][固] 眠れる森の美女《おとぎ話の主人公》; [滑稽] いつまでも眠っている人，ねぼすけ.

sléeping càr [名][C] 寝台車 (sleeper).

sléeping gíant [名][C]《略式》眠れる巨人《真の実力を発揮していない人など》.

sléeping pártner [名][C]《英》＝silent partner.

+**sléeping píll** [名][C] 睡眠薬《錠剤》.

sléeping polícеman [名][C]《英》＝speed bump.

sléeping sìckness [名][U]〔医〕眠り病.

sléeping tàblet [名][C]《英》＝sleeping pill.

+**sléep·less** [形][A] (夜などが)眠れない；[しばしば [P]] (人が)眠れないで(いる)：spend a ～ night 眠れぬ夜を過ごす. **～·ly** [副] 眠れずに. **～·ness** [名][U] 不眠(症).

sléep-òut [名][C] **1**《主に米》(キャンプなど)屋外での外泊. **2**《豪》ベランダや離れを寝室に改造したところ.

sléep·òver [名][C] 子供の外泊パーティー《友人の家に泊まる》.

sléep·shìrt [名][C] すその長いパジャマ用のTシャツ.

sléep・wàlk 動 自 夢中歩行する.
sléep・wàlker 名 C 夢遊病者 (somnambulist).
sléep・wàlking 名 U 夢遊病.
sléep・wèar 名 U ねまき (nightclothes).

sleep・y /slíːpi/ 形 (**sleep・i・er; sleep・i・est**) 1 眠い, 眠そうな; 寝ぼけた, 眠気を催すような; feel ~ 眠くなる / She looked at it with ~ eyes. 彼女は寝ぼけまなこでそれを見た. 2 (場所などの)活気のない: a ~ little village 眠っているような小村.

sléepy・hèad 名 C [しばしば呼びかけに用いて] ⓢ (略式) 眠そうにしている人, ねぼすけ (特に子供).

sleet /slíːt/ 名 U みぞれ (☞ rain 表). ── 動 自 [it を主語として; ☞ it¹ A 2] みぞれが降る.

sleet・y /slíːti/ 形 (**sleet・i・er; -i・est**) みぞれの(ような), みぞれの降る.

*__sleeve__ /slíːv/ 名 (~s /-z/) C 1 (衣服の)そで, たもと: ~s on a jacket ジャケットのそで. 関連 shirt-sleeve ワイシャツのそで. 2 (英)=jacket 2. 3 スリーブ (機械の軸などを包む筒状の管).

háve [kéep] ... úp one's sléeve 動 他 (略式) いざというときの用意に〈…〉を持っている, 奥の手として〈…〉がある. **róll úp one's sléeves** 動 自 腕まくりする; 気を引き締める (☞ roll up (roll 句動詞)例文).

-sleeved /slíːvd/ 形 [合成語で] (...の)そでのある: a short-*sleeved* shirt 半そでのシャツ.

sléeve・less 形 ノースリーブの, そでのない.

sléeve nòtes 名 (複) (英)=liner notes.

sleigh /sléi/ 名 (普通は馬が引くもの; ☞ sled 表): ride in a ~ そりに乗る. ── 動 自 そりに乗る, そりで行く.

sléigh bèll 名 C そりの鈴.

sleight /sláit/ 名 [次の成句で] **sléight of hánd** [名] (1) 手先の早業; 手品. (2) 巧みなごまかし.

sleigh

*__slen・der__ /sléndə | -də/ 形 (**slen・der・er** /-dərə | -rə/, **more ~; slen・der・est** /-dərist/, **most ~**) ⓦ 1 [ほめて] (人・体などが)ほっそりした, すらっとした, スリムな (柱などが)細長い (☞ thin 類義語): a ~ girl すらりとした少女 / ~ fingers ほっそりした指. 2 ⓦ (資力・可能性などが)乏しい, わずかな (slim): a ~ hope わずかな望み / ~ means [resources] 資力の乏しい人々 / She was elected by [with] a ~ majority. 彼女はわずかな差で当選した.

slen・der・ize /sléndəràiz/ 動 他 〈体〉をほっそりさせる. ── 動 自 スリムになる.

slénder・ness 名 U ほっそりしていること, 細身.

*__slept__ /slépt/ 動 sleep の過去形および過去分詞.

sleuth /slúːθ/ 名 C (古風) または (滑稽) 探偵.

sleuth・ing /slúːθiŋ/ 名 U (犯罪などの)調査, 探偵.

S lèv・el /éslèv(ə)l/ 名 (英) S レベル (GCE の A level の上; S is special の略).

slew¹ /slúː/ 動 slay の過去形.

slew² /slúː/ 名 [a (whole) ~ として単数または複数扱い] (略式, 主に米) たくさんの(...), 多数の(...) (lot): There are [is] a whole ~ of problems. 山ほどの問題がある.

slew³ /slúː/ 動 [副詞(句)を伴って] 自 〈車など〉が急に向きを変える, 横滑りする; 回る (around). ── 他 〈車など〉の向きを急に変える; 回す (around).

*__slice__ /sláis/ 名 (**slic・es** /-iz/) C 1 (パン・肉などの薄い)ひと切れ (☞ loaf¹, roll 2): a ~ of bréad [cáke] パン [ケーキ]ひと切れ / cut the lemon into thin ~s レモンを薄い輪切りにする. 2 一部分 (part); 分け前 (share): demand a ~ of the profits 利益の分け前を

slide 1659

要求する. 3 薄刃の(料理用)へら, フライ返し (卵や魚をすくい返す道具, ☞ fish slice). 4 (球)スライス (打球がそれる(ように打つ)こと); スライスする打球 (図 hook).

a slíce of lífe [名] (小説・演劇・映画などに描かれる)人生の一断面.

── 動 (**slic・es** /-iz/; **sliced** /-t/; **slic・ing**) 他 1 〈...〉を薄く切る (up), 切り取る (off); 切り分ける: ~ the meat *in* two 肉を2つに切り分ける / S~ the bread thin, please. <V+O+C (形)> パンを薄く切ってください / 言い換え Please ~ me a piece of bread. <V+O+O>=Please ~ a piece of bread *for* me. <V+O+*for*+名・代> パンをひと切れ切ってください. 2 〈指など〉を(ナイフで)切る, 切り落とす (off). 3 〈時間・金など〉を削減する (from); 〈記録〉を縮める (off). 4 〈空・水など〉を切るように進む. 5 (球)〈ボール〉をスライスさせて打つ. ── 自 1 〈物が〉薄く切れる. 2 〈刃物など〉で切る, 切り進む (through); 〈人が〉刃物でけがをする (into, through). 3 [副詞(句)を伴って] 〈空・水など〉を切るように進む (through, into). 4 (球)〈打球が〉スライスして飛ぶ. **ány wày [howéver] you slíce it** [副] ⓢ どのように考えても.

slíced bréad 名 U スライスしてある食パン. **the bést [gréatest] thìng since slíced bréad** [名] ⓢ [しばしば滑稽] すばらしいもの[人], 大変役に立つ新品[人].

slíc・er 名 C スライサー (パン・卵などを薄く切る器具).

*__slick__ /slík/ 形 (**slick・er; slick・est**) 1 (動作などが)巧みな, なめらかな: a ~ performance 見事な演技. 2 [しばしば軽蔑] 口先のうまい, 如才のない; (作品などが)巧妙な作りの, 深みに欠ける. 3 (髪・肌などが)なめらかな; (表面が)つるつる滑る (with). 4 (古風, 米)すばらしい.

── 動 他 〈髪〉を(オイル・水で)きれいになでつける, てかてかにする (down, back). ── 名 C 1 = oil slick; なめらかな[べとつく]所: a ~ of sweat 汗のひろがり. 2 (米)大衆向け豪華雑誌 (つや出し上質紙を用いた; ☞ pulp 3) ((米)glossy (magazine)). 3 スリック (タイヤ) (溝なしレースタイヤ). 4 (米俗)ずるいやつ.

slick・er /slíkə | -kə/ 名 C 1 (略式) 口のうまい人 (一見立派だが信用できない; ☞ city slicker). 2 (米)(長いゆったりした)レインコート.

slick・ly 副 なめらかに, 巧妙に.

slick・ness 名 U なめらかさ, 巧妙さ; 如才のなさ.

*__slid__ /slíd/ 動 slide の過去形および過去分詞.

*__slide__ /sláid/ __A2__ 動 (**slides** /sláidz/; 過去・過分 **slid** /slíd/; **slid・ing** /-diŋ/) 自 1 滑る, 滑走する, 滑るように走る; 滑り落ちる (down); (野球)滑り込む: Let's ~ *on* the ice. <V+前+名・代> さあ氷の上を滑ろう / She slipped and *slid down* the steep slope. 彼女は足を滑らせて急な坂を滑り落ちた / The runner *slid into* third base. ランナーは三塁に滑り込んだ / The door *slid* open [shut]. <V+C(形)> そのドアは(ひとりでに)滑って開いた[閉まった].

2 [副詞(句)を伴って] 滑るように動く; そっと動く[入る, 出る]: The drawers ~ *in* and *out* smoothly. <V+副> その引き出しは出し入れがなめらかだ / He *slid out of* his seat. <V+*out of*+名・代> 彼はシートを抜け出した. 3 [主に新聞で] (価格・数量などが)下がる, 下落する. 4 徐々に悪化する, (悪い状態に)陥る: Ralph *slid into* a bad habit. ラルフは知らず知らずのうちに悪い癖を身につけてしまった. ── 他 1 〈...〉を滑らせる, 滑走させる: ~ the ashtray *across* the counter 灰皿をカウンターの向こうへ滑らせる. 2 するりと〈...に〉〈物〉を入れる[〈...から〉出す], そっと入れる[出す]: He *slid* a revolver *into* his pocket. 彼はピストルをこっそりポケットに忍ばせた. **lèt ... slíde** [動] 他 〈誤り・問題など〉をそのままにする; 〈物事〉が悪くなるままにしておく, 〈...〉をなおざりにする.

── 名 (**slides** /sláidz/) C 1 すべり台, (そり遊びなどの)

slide fastener

滑走場[路]: play on a ～ すべり台で遊ぶ. **2** [普通は a ～] 滑ること, 滑走; [野] 滑り込み: A truck suddenly went into *a* ～ on the icy road. トラックが突然凍りついた道路を滑り始めた.
3（写真や顕微鏡の）スライド: He showed us some color ～s of his trip to India. 彼は私たちにインド旅行のカラースライドを見せてくれた / *a* ～ show スライドショー. **4** [普通は単数形で]（価格などの）下落, 低下; 悪化 (*in, into*): *on the* ～ 下落して, 悪化が悪くなって. **5** 山崩れ, 地滑り (landslide); 雪崩 (snowslide). **6** [楽]（トロンボーンなどの）U 字形滑走管. **7** (英) =barrette.
【類義語】slide なめらかな表面を楽々と滑る: Children like to *slide down* banisters. 子供は階段の手すりを滑り降りるのが好きだ. glide 音を立てずに流れるように滑る. 必ずしも表面との接触を意味しない: A swallow *glided* through the air. つばめが空中を滑るように飛んだ. slip 誤って足を滑らす: I *slipped* on the icy sidewalk. 氷の張った歩道で足を滑らせた.

slíde fàstener 图[C] (米) **1** チャック, ファスナー (zipper). **2** スライドファスナー《書類入れや食品の保存袋に用いる歯のないなめらかなファスナー》.
slíde guitár 图[U] [楽] スライドギター《ボトルネック奏法》.
slíde projèctor 图[C] スライド映写機.
slíd·er /-də/ 图[C] **1** 滑る人[もの]. **2** [野] スライダー《内角[外角]に流れる球》.
slíde rùle 图[C] 計算尺.
slíd·ing /-dɪŋ/ 形 滑って動く; 変化する.
slíding dóor 图[C] 引き戸.
slíding scále 图[C] スライド制《賃金・税などを物価の変動に応じて上下させる方式》.
*sli·er /sláɪə/ slía/形 sly の比較級.
*sli·est /sláɪɪst/形 sly の最上級.
*slight /sláɪt/《同音 sleight》形 (slight·er /-tə/ -tə/; slight·est /-tɪst/) **1** 普通は [A] わずかな, (ほんの)少しの; 《格式》（作品などが）重要でない, 取るに足らない: *a* ～ headache かすかな頭痛 / I have a ～ cold. 少し風邪気味です / He gets upset over the ～*est* mistake. 彼はほんのちょっとした間違いにも腹をたてる (☞ superlative degree 文法 (2)). **2** (人・体などが)ほっそりした, きゃしゃな: *a* ～ girl ほっそりした少女.
nòt in the slíghtest [副] 少しも(...で)ない: "Do you mind if I sit here?" "*Not in the* ～*est*."「ここに座ってもよろしいですか」「ええ, どうぞ (少しもかまいません)」
nòt the slíghtest ... 少しの...もない (☞ superlative degree 文法 (2)): There is *not the* ～ bit of truth in what he says. 彼の発言には真実のかけらもない.
—— 動 (他) 〈...〉を軽んずる, 無視する; 侮辱する; 《米》〈仕事などを〉なおざりにする: feel ～*ed* 無視されたと思う.
—— 图[C] 軽視, 軽蔑; 侮辱 (*on, to, against*).
slight·ing /sláɪtɪŋ/形 軽蔑的な, 侮辱する: *a* ～ remark 侮辱的な発言.

‡slight·ly /sláɪtli/ 🔟 副 **1** わずかに, 少しばかり: ～ salted butter 減塩バター / It was raining ～. 小雨が降っていた / The child was ～ injured. 子供は軽いけがをした / I'm feeling ever so ～ better today. きょうはほんの少し気分がよくなりました. **2** もしく ～ built 体つきが細い.
slight·ness 图[U] きゃしゃなこと, 細身; 軽微.

*slim /slím/形 (slim·mer; slim·mest) **1** [ほめて] (体の線が)ほっそりした, すらりとした, スリムな; きゃしゃな; (物が)薄い (☞ thin 類義語); (経営上)減量した: *a* ～ figure ほっそりした体つき / *a* ～ volume of poetry 薄い詩集. **2** (見込み・差などが)少ない, わずかな: *a* ～ hope わずかな望み / The bill was passed by a ～ majority. 議案は僅差で通過した / The patient's chances of recovery are ～. 患者の回復の見込みは少ない.
—— 動 (**slims; slimmed; slim·ming**) (自) [普通は進行形で] (英)（減食・運動などで）減量化する, ダイエットする. **slím dówn** [動] (自) (1) やせる; 体が細くなる (*to*). (2) (会社などが)減量[縮小]する. — (他) (1) 〈体を〉細くする, スリムにする. (2) 〈人員などを〉減量[削減]する (*to*).
slime /sláɪm/ 图[U] **1** どろどろ[ねばねば]した物, 軟泥, へどろ; (なめくじなどの)粘液. **2** (米俗) いやなやつ.
slíme·bàll 图[C] (俗) いやなやつ, 不愉快なやつ.
Slím Fàst 图[固] スリムファースト《水や牛乳にとかして飲むダイエット食品; 商標》.
slim·i·ness /sláɪminəs/ 图[U] どろどろ[ねばねば]していること; ぺこぺこすること.
slím jím 图[C] (米)（車の鍵を窓のすき間から差し込んでロックをはずすための長い棒《商標》.
slím·line 形 [A] (英) **1** カロリー控え目の. **2** 小[薄]型の.
slím·mer 图[C] (英) 減量中の人.
slim·ming /slímɪŋ/ 图[U] 減量すること, ダイエット; [形容詞的に] 体重を減らすための: ～ exercises 減量運動 / ～ foods ダイエット用の食べ物. —— 形 体をスリムに見せる.
slím·ness 图[U] ほっそり[すらり]としていること.
slim·y /sláɪmi/ 形 (**slim·i·er**; **-i·est**) **1** ぬるぬるした, ねばねばした; 泥だらけの. **2** (略式) [軽蔑] いやらしい, とりいろうとする; ぺこぺこする.

*sling¹ /slíŋ/ 動 (**slings** /~z/; 過去・過分 **slung** /slʌŋ/; **sling·ing**) (他) [普通は副詞(句)を伴って] **1** 〈...〉をかける, ぶら下げる, 下げる (*around*); 〈三角巾で受身に〉（つり網・包帯などで）つるす: Meg slung the bag *over* her shoulder. メグはバッグを肩にかけた / ～ the washing *on* a clothesline 洗濯物を物干し綱につるす. **2** 〈...〉を（無造作に[力を入れて]）投げる, ほうる (*at, on, into*); ほうり出す (*out*): S～ the ball *back to* me. ボールを私に投げ返して. **3** (略式)〈人〉を追いやる (*into*); (団体から)追い出す (*out of*). — 图 (~s /~z/) [C] (銃とつりの革[帯]; to have one's arm in a ～ (けがなどで)腕をつっている. **2** (重い物を上げる)つり索[鎖], つり綱; つり上げ機. **3** (赤ん坊の)おぶい[だっこ]ひも. **4** 投石器《昔の武器》. **the slings and árrows** 辛辣きわまる攻撃 (*Hamlet* のせりふから).
sling² /slíŋ/ 图[U,C] スリング《ジンなどに果汁・砂糖水・香料などを加えて冷やしたカクテル》.
slíng·bàck 图[C] [普通は複数形で] バックベルト《かかとの部分をベルトでとめる婦人靴》.
slíng·shòt 图[C] (米) (石などを飛ばす)おもちゃのぱちんこ《(英) catapult》.
slink /slíŋk/ 動 (**slinks**; 過去・過分 **slunk**; **slink·ing**) (自) [副詞(句)を伴って] こそこそ歩く, こそこそ逃げる (*away, off*) (☞ prowl 類義語).
slink·y /slíŋki/ 形 (**slink·i·er** /-kiə/ -kiə/; **-i·est** /-kiɪst/) **1** (女性の衣服の)線にぴったりと合った, (動作・音楽などが)魅惑的な. —— 图 (**slinkies**) [C] [S-] スリンキー《ばね仕掛けのおもちゃ; 日本名「トムボーイ」; 商標》.

*slip¹ /slíp/ 🔞

```
「そっと逃げる」囮 3 →「いつのまにか出る[入る]」
→「するりと抜ける」囮 4
┌→「滑る」囮 2;「滑ること」图 2→(うっかり
│  する)→「しくじる」→「間違い」图 1
└→「さっと身につける[脱ぐ]」囮 5→(さっと着られ
   るもの)→「スリップ」图 3
```

— 動 (slips /-s/; slipped /-t/; slip・ping; 图 slíppage, 形 slíppery) 📕 1 滑って転ぶ, 足を滑らせる (over) (🖙 slide 類義語): He **slipped** and fell on the seat of his pants. 彼は滑って転んでしりもちをついた / The professor **slipped on** the wet floor. <V+on+名・代> 彼は濡れた床で滑った.

2 (特に)物が滑る, はずれる, 滑り落ちる: The knife **slipped** and cut her finger. ナイフがすべって彼女は指を切った / The napkin **slipped off** from her lap. <V+前+名・代> ナプキンが彼女のひざから滑り落ちた. [日英比較] 日本語で車の横滑りを「スリップ(する)」というが, 英語では普通 skid という.

3 [普通は副詞(句)を伴って] いつのまにか出る[入る] (into), そっと逃げる; (時が)いつのまにか過ぎる: She **slipped away** [**out**]. <V+副> 彼女はそっと(出て)いった / He **slipped out of** the room. <V+out of+名・代> 彼は部屋からこっそり抜け出した / I shouldn't let this opportunity ~ (by). この機会を逃してはいけない / The weeks **slipped** by [past]. いつしかその数週間が過ぎ去った.

4 [副詞(句)を伴って] するりと抜ける; 滑るように動く[進む]: The eel **slipped out of** my hands. <V+out of +名・代> うなぎは手からするりと抜けた / The sand **slipped** through my fingers. 砂がさらさらと指の間から落ちていった. 5 [副詞(句)を伴って] (服・靴などを)さっと身につける[脱ぐ] (🖙 4): She **slipped into** [**out of**] her dress. 彼女はさっと服を着た[脱いだ]. 6 (ある状態)に陥る; (質・量などが)低下する, (価格などが)下落する (from, to): ~ **into** sleep [unconsciousness] 寝入る[意識を失う] / The prime minister's approval ratings **slipped** sharply. 首相の支持率が急激に低下した. 7 (予定などが)延びる, 延期になる.

— 他 [受身なし] (🖙 be² B 文法 (2) (vi)) 1 (…)を滑らせる, すべりこませる; そっと(…に)入れる, そっと(…から)出す: He **slipped** the key **into** his pocket. <V+O+前+名・代> 彼は鍵(⌐)をポケットにすべりこませた / Lesley **slipped** a little mirror **out of** her purse. レスリーは小さな鏡をハンドバッグからそっと出した.

2 (物を)こっそり与える: I **slipped** a note **to** my friend while the teacher wasn't looking. <V+O+to+名・代> 先生が見ていないときに友達にメモをこっそり渡した / She **slipped** the boy a dollar. <V+O+O> 彼女は少年にこっそり1ドルを手渡した. 3 (束縛しているものなどから)離れる; (記憶・関心などから)消える: ~ slip …'s mind (mind 成句). 4 (衣服・靴などを)さっと身につける[はずす]: She **slipped** her coat **on** [**off**]. 彼女はさっと上着を着た[脱いだ] / She **slipped** a shawl **round** [**over**] her shoulders. 彼女はショールをさっと肩にかけた. **be slípping** [動] 📕 [滑稽] (人が)(腕前などが)衰えてきている. **lèt … slíp** [動] 📕 (1) (機会など)を逃す: Don't let that chance ~ through your fingers. そんなチャンスを逃してはいけない. (2) (事実などを)うっかりしゃべる: He let (it) ~ (that) he was going to leave. 彼はいつのまにか自分が立ち去るつもりだと口を滑らした. **slíp awáy** [動] 📕 (機会などが)なくなる. **slíp ín** [動] 📕 (言葉などを)こっそりさしはさむ. **slíp óut** [動] 📕 つい(口から)もれる. **slíp sómething** [**òne**] **óver on …** [動] 📕 [略式, 主に米] …をだます, 出し抜く. **slíp úp** [動] 📕 間違える, しくじる: He slipped up on the date [last question]. 彼は日付を間違えた[最後の問題でしくじった].

— 图 (~s /-s/) 🅒 1 (ちょっとした)間違い, 失敗 (mistake): make a ~ 間違いをする / a ~ of the pen 書き違い / There's many a ~ 'twixt (the) cup and (the) lip. (ことわざ) コップを口に持っていく間にいくらもくじりは起こる(油断大敵) // 🖙 a slip of the tongue (tongue 成句).

2 滑って転ぶこと; 滑ること: He had a nasty ~ on the ice. 彼は氷の上でひどく転んでしまった (🖙 trip¹ 图 2 日英比較). 3 スリップ《女性用の下着》(petticoat): wear a ~ スリップを着ている. 4 低下, 下落 (in). 5 =slipway. (米) (埠頭間の)船の停泊場所. 6 [普通は複数形で] (クリケ) スリップ(の野手).

gíve … the slíp [動] 他 (略式)…を追っ手をまく.

*slip² /slíp/ 图 (~s /-s/) 🅒 1 細長い一片, 紙片; 伝票; メモ用紙: a ~ of paper 細長い紙片 / a salary / 給与明細票 / 🖙 payslip, pink slip, sales slip. 2 [園芸] 接(⌐)ぎ穂, さし枝. **a slíp of a thíng** [**gírl**] [名] (古風) ほっそりした子[女の子].

slip³ /slíp/ 图 🅤 (窯業) 泥漿(でいしょう) (陶芸で上塗りに用いる液状粘土).

slíp・càse 图 🅒 (ボール紙製の)本の外箱[ケース].
slíp・còver 图 🅒 1 (米) 家具の覆い, カバー ((英) loose cover). 2 本のカバー (dust jacket).
slíp drèss 图 🅒 スリップドレス《絹などで作られたノースリーブのドレス; 肩ひもでつる》.
slíp-jòint plìers 图 [複] 自在プライヤー《あご部の径が調節できるペンチ》.
slíp・knòt 图 🅒 引き結び《引けばすぐ解ける》; 投げなわ結び《引けば締まる》.
slíp-òn 图 🅒 楽にはいたり[着たり]脱いだりできる靴[衣服]. — 形 🄰 スリップオン式の.
slíp・òver 图 🅒 =pullover.
slíp・page /slípɪdʒ/ (🖙 slip¹) 🅤🅒 (価値・量などの)低下, 下落; (目標などとの)ずれ, 遅れ; すべり(量).
slípped dísk [dísc] /slípt-/ 图 🅒 [普通は a ~] 椎間板(ついかんばん)ヘルニア (🖙 disk 語法).

*slíp・per /slípɚ | -pə/ 图 🅒 [普通は複数形で] スリッパ, 室内ばき《寝室ではくことが多い; 🖙 bedroom 挿絵》: a pair of ~s スリッパ1足. [日英比較] slipper はつっかけ式の室内ばきの総称で, かかとの低い物からかかとのない物まである. 日本でいう(かかとのない)スリッパは mule, (米)では scuff という.
slíp・pered /slípɚd | -pəd/ 形 室内ばきをはいた.
slíp・per・i・ness /slípə(ə)rinəs/ 图 🅤 滑りやすいこと; (言動などの)つかみどころのなさ, 当てにならないこと.
*slíp・per・y /slípə(ə)ri/ 形 (slíp・per・i・er, more ~; slíp・per・i・est, most ~; 🖙 slip¹) 1 つるつるした, 滑りやすい; ぬるぬるした (with); つかまえにくい: a ~ floor よく滑る床. 2 (略式) (人が)当てにならない, ずるい: a ~ customer 信用できないやつ. 3 (略式) (問題・概念などが)扱いにくい, 曖昧な; (状況などが)不安定な: be on ~ ground (人などが)微妙な立場[状況]にある. **be on the [a] slíppery slópe** [~惨事・破滅などに至る)危ない状態にある (to, toward).
slip・py /slípi/ 形 (slip・pi・er, -pi・est) (略式) =slippery 1. **Lòok slíppy!** [古風, 英] 急げ!
slíp ròad 图 🅒 (英)高速道路の進入[退出]路 ((米) ramp).
slíp・shòd 形 (仕事などが)だらしない, いいかげんな.
slíp・strèam 图 🅒 [普通は the ~] スリップストリーム《高速車の直後で気圧が低く後続車がスピードが出しやすい範囲》; プロペラ後流: in the ~ of … …の後に従って.
slíp・úp 图 🅒 (略式)(ちょっとした)間違い, 手違い.
slíp・wày 图 🅒 (傾斜のついた)造船台.

*slit /slít/ 图/動 (slits; 過去・過分 slit; slit・ting) 他 1 (…)を切り開く: He ~ the envelope open. 彼はその封

slit-eyed

筒を切って開けた. 2 〈…〉を縦に細長く切る[裂く]: ~ a person's throat 人の喉を切り裂いて殺す / ~ one's wrist 〈自殺を図って〉手首を切る. ― 名 C 1 長い切り口; スリット《スカートなどの切り込み》. 2 細長い穴[裂け目].

slít-èyed 形 細長い目の, 切れ長の目をした.

slith·er /slíðɚ | -ðə/ 動 (-er·ing /-ð(ə)rɪŋ/) 自 《副詞(句)を伴って》つるつる滑る (down); 《蛇のように》滑っていく (through, across, along).

slith·er·y /slíðəri/ 形 つるつる滑る.

slít pòcket 名 C 切りポケット《布を切り込んで作る》.

sliv·er /slívɚ/ 名 C 《ガラス・材木などの》細長い一片, 切片; 少量: a ~ of broken glass 割れたガラスの破片 / a ~ of cake ケーキ一切れ. ― 動 (-er·ing /-ð(ə)rɪŋ/) 他 〈…〉を縦に細長く切る[裂く].

sliv·o·vitz /slívəvɪts/ 名 U,C スリボビッツ《西洋すももからつくる東ヨーロッパ産のブランデー》.

slob /sláb | slɔ́b/ 名 C 《略式》だらしのない人, 汚らしいやつ. ― 動 《次の成句で》**slób aróund [óut]** [動] 自 《俗語》なまけている. ぶらぶらしている.

slob·ber /slábɚ | slɔ́bə/ 動 (-ber·ing /-b(ə)rɪŋ/) 自 よだれをたらす. **slóbber óver** …. [動] 他 《略式》《軽蔑》〈人・物事〉に過度の愛情を示す, べたぼれする. ― 名 U 《略式》よだれ.

slob·ber·y /sláb(ə)ri | slɔ́b-/ 形 《軽蔑》《口・キスなどが》よだれをたらした, べたべたの.

sloe /slóʊ/ 名 C りんぼく (blackthorn) の青黒い実.

slóe-èyed 形 大きな黒い目をした.

slóe gìn 名 U スロージン (sloe で味をつけたジン).

slog /slág | slɔ́g/ 動 《略式》(slogs; slogged; slog·ging) 《普通は副詞(句)を伴って》自 1 たゆまず働く, がんばって 〈…〉をやる: ~ (away) at doing ……に精を出す[取り組む]. 2 重い足どりで歩く (down, up). 3 強打する. ― 他 〈…〉を強打する (slug). **slóg it óut** [動] 決着がつくまでやる. **slóg (one's wáy) through …** [動] (雪などを)かき分けて進む; 〈仕事など〉をがんばってやり抜く. ― 名 1 [U または a ~] (退屈で)つらい仕事(の時間). 2 [a ~] 長時間の歩行, 強行軍. 3 C 強打.

***slo·gan** /slóʊɡ(ə)n/ 名 (~s /~z/) C スローガン, 標語: The ~ on the demonstrators' banner said "No Nukes!" デモ隊の横断幕には「核兵器[原発]反対」というスローガンが書いてあった. 2 《宣伝用の》文句, キャッチフレーズ: a catchy ~ うまいキャッチフレーズ (⇒ catchphrase 日英比較). [語源] ゲール語 (Gaelic) で「《軍隊の》ときの声」の意.

slo·gan·eer·ing /slòʊɡəníːr(ə)rɪŋ/ 名 U 《けなして》《政治家など》スローガン[キャッチフレーズ]の使用.

slog·ger /slágɚ | slɔ́gə/ 名 C 《略式》 1 こつこつと働く人, 努力家. 2 強打者 (slugger).

slo-mo /slóʊmóʊ/ 《略式》 名 U = slow motion. ― 形 A = slow-motion.

sloop /slúːp/ 名 C スループ型帆船《1本マスト》.

+slop /sláp | slɔ́p/ 動 (slops; slopped; slop·ping) 自 《副詞(句)を伴って》こぼれる, あふれる (over). ― 他 1 〈…〉をこぼす (over); 〈食物〉を雑によそう. 2 《米》〈豚〉に残飯を与える. **slóp aróund [abóut]** [動] (1) (液体が)(容器の中で)びちゃびちゃ揺れ動く, はねる. (2) 《英略式》ぶらぶらする; (水や泥の中で)動き(遊び)回る. **slóp óut** [動] 《英》(囚人が)汚水[汚物]を捨てる. ― 名 1 [U または複数形で] (特に飼料用の)残飯; 汚水, 台所などの洗い流し水; 《人間の》糞尿(ふんにょう). 2 C 水っぽい食べ物, 流動食. 3 U 《主に米》感傷的なもの[言動].

***slope** /slóʊp/ 13 名 (~s /~s/) 1 C 坂, 坂道, 斜面; [しばしば複数形で] 山の斜面, スキー場: a steep (gentle, gradual) ~ 急[ゆるやか]な坂 / 「an upward [a downward] ~ 上り[下り]坂 / go up [down] a ~ 坂を上る[下る] / the lower ~s of the Alps アルプス山麓(さんろく) / get on the ~s ゲレンデに出る, スキーを始める. 2 [a ~ または U] 勾配(こうばい), 傾斜: The land has [rises at] a ~ of about 8 degrees. その土地は約8度の勾配になっている. **hít the slópes** [動] 自 ゲレンデに出る, スキーをする. ― 動 自 《副詞(句)を伴って》傾斜する, 《垂直のものが》傾く; 坂になる (up): The field ~s down to the river. 畑は川の方へ下りになっている. ― 他 〈…〉を傾斜させる, 〈…〉に勾配をつける. **slópe óff** [動] 自 《英略式》(仕事を避けて)こっそり逃げる.

slop·ing /slóʊpɪŋ/ 形 傾斜した: ~ shoulders なで肩.

slo-pitch /slóʊpɪtʃ/ 名 = slow-pitch.

slop·pi·ly /slápɪli | slɔ́p-/ 副 ずさんに; だらしなく.

slop·pi·ness /slápɪnəs | slɔ́p-/ 名 U いいかげんさ; だらしのなさ.

slóp·ping-óut 名 U 《英》(囚人が)汚水[汚物]を捨てること.

+slop·py /slápi | slɔ́pi/ 形 (slop·pi·er; slop·pi·est) 1 [軽蔑]《人・仕事などが》いいかげんな, ずぼらな, ずさんな: a ~ worker 適当に仕事をする人. 2 《服などが》だらしのない, だぶだぶの, 薄汚れた: a ~ old coat 形の崩れた古いコート. 3 [軽蔑]《作品などが》感傷的すぎる. 4 びしょびしょの, べたべたした; (かゆなどが)水っぽい.

slóppy jóe 名 C 1 《米》スロッピージョー《トマトソースやスパイスで味付けしたひき肉; 丸パンにのせて食べる》. 2 《英》特大サイズのゆったり着るセーター.

slosh /sláʃ | slɔ́ʃ/ 動 自 1 《水などが》ばちゃばちゃする (around, about); はねる. 2 泥水, 雪の中を跳ねて歩く[回る] (about, through); ~ around in mud 泥の中を動き回る. ― 他 1 〈水など〉をばちゃばちゃさせる (around, about). 2 〈液体〉を雑に入れる; 〈ペンキ〉を塗りたくる, 〈泥〉をはね上げる (on). 3 《英俗》〈人〉を(強く)打つ. **slósh aróund [abóut]** [動] 自 《略式》(金などが)うなる程ある.

sloshed /sláʃt | slɔ́ʃt/ 形 P 《略式》酔っ払った.

***slot** /slát | slɔ́t/ 名 (slots /sláts | slɔ́ts/) C 1 (何かを入れる)細長い小さい穴[溝], (自動販売機・公衆電話などの)硬貨投入口, (郵便箱の)投入口; 『電算』スロット: He put two quarters in the ~. 彼は25セント貨を2枚投入口に入れた. 2 《略式》(組織・計画・表などの中の)位置, 地位, 場所; (ラジオ・テレビなどの)時間帯. ― 動 (slots; slot·ted; slot·ting) 他 〈…〉をはめ込む; 〈予定・組織の中へ〉入れる (in, into); 組み立てる (together). ― 自 《副詞(句)を伴って》 1 細長い穴[溝]に入る; (予定の中に)入る (in, into); 組み合わさる (together). 2 (仲間や生活に)うまく溶け込む (in, into).

slot 1

sloth /slɔ́ːθ, sláθ | slóʊθ/ 名 1 C なまけもの《中南米産の動物》. 2 U 《文》怠惰, ものぐさ (laziness).

slóth bèar 名 C なまけ熊, 蜜熊《インド・スリランカ産》.

sloth·ful /slɔ́ːθf(ə)l, sláθ- | slóʊθ-/ 形 《格式》ものぐさな, 無精な.

slót machìne 名 C 1 《米》スロットマシン (one-armed bandit, 《英》fruit machine): play a ~ スロットマシンで遊ぶ. 2 《英》= vending machine.

sloth 1

slót·ted /-tɪd/ 形 細長い穴[溝]のついた.

slótted spátula 名 C 《米》(料理用の)フライ返し

(spatula), 《英》fish slice).

slótted spóon 名 C 穴あき大型スプーン.

slotted spatula

+**slouch** /sláutʃ/ 動 自 前かがみに歩く[座る] (over), 立つ]; 大儀そうに歩く (around, about). ── 名 1 [a ~] 前かがみに歩く[座る, 立つ]こと; 猫背; 大儀そうな[ものぐさな]歩き方[態度]. 2 C [普通は否定文で]《略式》ぐうたらな人, 能なし. **be nó slóuch at ...** 動 他 《略式》...が得意である.

slóuch hát 名 C スローチハット(縁のたれたソフト帽).

+**slough**[1] /sláf/ 動 他 (蛇などが)(皮)を脱ぎ落とす (off). 2 (W)《文》(偏見・習慣・責任など)を捨てる (off). ── 自 皮を脱ぎ落とす, 脱皮する. ── 名 C 1 (蛇などの)抜け殻. 2 かさぶた.

slough[2] /slúː, sláu | sláu/ 名 1 [a ~]《文》泥沼状態, 絶望状態 (of). 2 C ぬかるみ, 泥沼; 沼地. **the [a] slóugh of despónd** 名《文》[時に諧謔]絶望の淵. 由来 John Bunyan の寓話『天路歴程』から.

Slo·vak /slóuvɑːk, -væk | -væk/ 形 スロバキア(人 [語])の. ── 名 1 C スロバキア人. 2 U スロバキア語.

Slo·va·ki·a /slouvɑ́ːkiə, -vǽk- | -vǽk-/ 名 スロバキア(ヨーロッパ中部の共和国; 1992年にCzechoslovakia から分離独立した; 首都 Bratislava).

Slo·va·ki·an /slouvɑ́ːkiən, -vǽk- | -vǽk-/ 形 名 =Slovak.

Slóvak Repúblic 名 固 [the ~] =Slovakia.

Slo·vene /slóuviːn/ 名 C スロベニア人; U スロベニア語. ── 形 スロベニア(人[語])の.

Slo·ve·ni·a /slouvíːniə/ 名 固 スロベニア(ヨーロッパ南部の共和国; かつて Yugoslavia 連邦内の共和国).

Slo·ve·ni·an /slouvíːniən/ 名 形 =Slovene.

slov·en·li·ness /slʌ́v(ə)nlinəs/ 名 U 無精, いいかげんさ.

slov·en·ly /slʌ́v(ə)nli/ 形 無精な, だらしない; いいかげんな, ぞんざいな.

****slow** /slóu/ (同音 sloe; 類音 slope, throw) 形 (**slow·er**; **slow·est**) **1** (速度・動作などが)**遅い**, ゆっくりな, のろい (反 quick, fast, rapid)(☞ late 2 表): a ~ train (急行列車に対して)普通列車, 鈍行 / ~ music ゆるやかな音楽 / walk at a ~ pace ゆっくりしたペースで歩く / S~ and steady wins the race.《ことわざ》ゆっくりでも着実なのが勝負には勝つ(急(せ)いては事を仕損ずる) / Don't be so ~. そんなにゆっくりするな.

2 (人などの覚え・理解などが)**遅い**, 鈍感な; おっとりした; (...するのが)のろい, なかなか...しない (反 quick); 遅い行動の;《略式》(疲れて)反応が鈍い: a ~ learner 覚えの悪い人 / Bill is ~ *at* calculating.《A+前+動名》ビルは計算が遅い / Alice is ~ *at* figures [accounts].《A+前+名・代》アリスは計算が遅い / 言い換え He was ~ *to* react to the crisis.《A+*to*不定詞》= He was ~ *in* [*about*] reacting to the crisis. 彼は危機に対して行動に出るのが遅かった 語法「彼はレポートを出すのが遅かった」は He was *late* in handing in his report. で, He was slow in handing in his report. とは言わない. // Ben is ~ *to* anger.《格式》ベンはなかなか腹を立てない.

3 活気のない, つまらない (dull); (火などが)弱い: Business was ~ last month. 先月は商売は低調だった / a ~ news day 大したニュース[事件]のない 1 日 / a ~ oven 弱火にしたオーブン. **4** P (時計・進行などが)**遅れている** (反 fast): Your watch is three minutes ~. 君の時計は3分遅れている / The economic recovery has been ~. 経済回復が遅れている. **5** (道路・車線などの)低速用の, スピードの出(で)しにくい(☞ slow lane).

6 (地面がぬかるみなどで)重い, 球のはずみが悪い. **7** (写真のフィルムが)感光度の低い.

── 副 (**slow·er**; **slow·est**) (S)《略式》ゆっくりと, 遅く, のろく (slowly): He speaks ~*er* than I (do) [me]. 彼は私よりゆっくりしゃべる (☞ 後 1 と 2 の 語法). DRIVE SLOW 徐行(道路の指示). 語法 感嘆文で how とともに文頭にくるとき以外は, slow は slowly と違って常に動詞の後にくる (☞ fast[1] 副 語法, quick 副 語法).

gò slów 動 自 (1) ゆっくり行く; (仕事などを)ゆっくりやる, のんびりする (on). (2)《英》(抗議のために仕事を)怠ける. 関連 go-slow《英》怠業戦術.

stárt slów 動 (自)(勉強・活動などを)ゆっくりと始める.

── 動 (**slows** /~z/; **slowed** /~d/; **slow·ing**) (自) 速度が落ちる, 遅くなる, 速度を落とす. ── 他 〈...〉を遅くする; 〈活動などを〉停滞させる.

───── slow の句動詞 ─────
***slów dówn** 動 (自) 速度が落ちる, 速度を落とす (反 speed up); (健康などのために)のんびりする: Our train ~*ed down* before entering the tunnel. 列車はトンネルに入る前にスピードを落とした. 日英比較 「スピードダウン」というのは和製英語. ── 他 〈...〉の速度を落とす, 〈人〉を不活発にさせる: The heavy pack on my back ~*ed* me *down*. 背中の重い荷で速度が遅くなった.

slów úp 動 (自) 速度を落とす; (健康などのために)のんびりする. ── 他 〈...〉の速度を落とす.
─────────────────────

slów búrn 名 [次の成句で] **dò [gò ínto] a slów búrn** 動 《米略式》少しずつ腹が立ってくる.

slów-còach 名 C《英略式》=slowpoke.

slów cóoker 名 C 緩速調理鍋, スロークッカー(肉などを低温で数時間調理するための電気鍋).

+**slów-dówn** 名 C **1** [普通は単数形で] 減速, 停滞 (*in*, *of*). **2**《米》怠業戦術, サボタージュ (《英》go-slow) (☞ sabotage 日英比較).

slów-fóoted 形 足がのろい, ゆっくり進展する.

slów hándclap 名 C 一斉にゆっくりと間をあけてする拍手(不快・いらだちなどの表明).

slów láne 名 C (高速道路の)低速車線 [外側の車線; ☞ fast lane]. **in the slów láne** [形・副] 発達[進歩など]が穏やかで[ゆっくりで].

***slów·ly** /slóuli/ 副 ゆっくりと, 遅く (反 quickly, fast, rapidly): walk ~ down the street 通りをゆっくり歩く / Could you please speak more ~? もっとゆっくり話してくださいませんか. **slówly but súrely** [副] ゆっくりだが確実に(進んで).

***slów mótion** 名 U (画面などの)スローモーション. **in slów mótion** [形・副] (1) (映像が)スローモーションで: show the scene *in* ~ スローモーションでその場面を見せる. (2) (動作が)ゆっくりで.

slów-mótion 形 A スローモーション[高速度撮影]の: a ~ sequence スローモーション画像.

slów·ness 名 U 遅さ, 鈍感.

slów-páced 形 緩慢な.

slów-pìtch 名 U 《米》スローピッチ(1チーム10人の男女混成で行なうソフトボール; 投手は下手からアーチを描くように投球する).

slów·pòke 名 C《米略式》のろま(人)(《英》slowcoach).

slów-wítted 形 頭の悪い.

slów-wòrm 名 C あしなしとかげ(ヨーロッパ産; 足がなく蛇のように動く).

SLR /ésèléə | -á:/ 名 =single-lens reflex.

+**sludge** /sládʒ/ 名 U **1** 軟泥, 泥; ぬかるみ. **2** (汚水や廃水中の)泥状の沈殿物, へどろ; オイルかす.

sludg·y /sládʒi/ 形 (**sludg·i·er**, **-i·est**) 泥だらけの, ぬかるみの; へどろの.

slue /slúː/ [動] =slew[3].

+**slug**[1] /slʌ́g/ [名] [C] **1** なめくじ. **2** 《俗, 主に米》のろま.

slug[2] /slʌ́g/ 《略式》 [動] (**slugs**; **slugged**; **slug·ging**) [他] (げんこつで)〈…〉を殴りつける, ひどく打つ (slog); (バットで)〈ボール〉を強打する. **slúg it óut** [動] [自] 最後まで戦い抜く. ━ [名] [C] 強打 (slog).

slug[3] /slʌ́g/ [名] [C] **1** 金属片. **2** 《略式, 主に米》弾丸, ばら弾(だま). **3** 《米略式》(自動販売機を不正に使うための)硬貨状の金属片. **4** 《略式》(ウイスキーなどの)一口. **5** 〔印〕スラッグ《一行分の活字塊》.

slug·a·bed /slʌ́gəbèd/ [名] [C] (起床時間後もなかなか起きない)寝坊, (広く)無精者.

slúg·fèst [名] [C] 《略式, 主に米》(野球の)打撃戦, 乱打戦; (ボクシングなどの)激しい打ち合い; 激しい論争.

slug·gard /slʌ́gəd | -gəd/ [名] [C] 怠け者.

+**slug·ger** /slʌ́gə | -gə/ [名] [C] 《米略式》強打者《野球・プロボクシングなどで》.

slúg·ging àverage [percèntage] /slʌ́gɪŋ-/ [名] [C] 〔野〕長打率《塁打数を打数で割ったもの》.

S

+**slug·gish** /slʌ́gɪʃ/ [形] **1** のろい; (動作などが)鈍い. **2** 不活発な; けだるい; 怠け者の. **3** (景気などが)停滞した. **～·ly** [副] のろのろと; 不活発に. **～·ness** [名] [U] 緩慢; 不活発; 停滞.

sluice /slúːs/ [名] [C] **1** 水門; せき口 (sluice gate [valve]). **2** =sluiceway. ━ [動] [他] 水門を開いて〈…〉に水を流す; 〈…〉を水で洗い流す, 〈…〉に水をどっとかける (*out, down*). ― [自] [副詞(句)を伴って] (水が)あふれ出る, 奔流する (*away, down, out, over*).

slúice gàte [vàlve] [名] [C] =sluice 1.

slúice·wày [名] [C] (人工)水路, 放水路.

+**slum** /slʌ́m/ [名] **1** [C] [しばしば複数形で] スラム街; スラム街の家[部屋]: live in the ～*s* スラム街に住む. **2** [形容詞的に] スラム街の: a ～ area [building] スラム地域[スラム街の建物]. **3** [C] 《略式》不潔な場所[家, 部屋]. ━ [動] (**slums**; **slummed**; **slum·ming**) [次の成句で] **gò slúmming** [動] [自] 《略式》(好奇心で)スラム街を訪れる. **slúm it＝be slúmming (it)** [動] [自] 《略式》[しばしば滑稽] むさ苦しい所で暮らす, 不自由な生活に甘んじる.

slum·ber /slʌ́mbə | -bə/ 《文》 [動] (**-ber·ing** /-b(ə)rɪŋ/) [自] 眠る (sleep), まどろむ, 安らかに眠る. ━ [名] [U,C] [しばしば複数形で単数扱い] 眠り (sleep), まどろみ, うたた寝: fall into a deep ～ 深い眠りにつく.

slúm·ber·er [名] [C] 《文》眠っている人.

slum·ber·ous /slʌ́mb(ə)rəs/, **slum·brous** /-brəs/ [形] 《文》 **1** 眠気を催す; 眠い, うとうとしている. **2** 眠っているような, 静寂な.

slúmber pàrty [名] [C] 《米》パジャマパーティー《10代の少女たちがパジャマ姿で一夜を語り明かすパーティー》.

slúm clèarance [名] [U] スラム街撤去.

slúm·lòrd [名] [C] 《米略式》(自分はスラム街に住まずに, 住人から法外な家賃を取る)悪徳地主.

slum·my /slʌ́mi/ [形] (**slum·mi·er**; **-mi·est**) 《略式》 **1** スラム街の(ような). **2** 不潔な.

***slump** /slʌ́mp/ [T3] [動] (**slumps** /～s/; **slumped** /～t/; **slump·ing**) [自] **1** (物価などが)暴落する, (景気・事業などが)不振となる ([反] boom): Profits ～*ed* noticeably. 利益は著しく落ちた. **2** [副詞(句)を伴って] 急に倒れる, どっと落ちる, くずれるように座る (*down, into, over*).

━ [名] (～s /～s/) [C] **1** 不景気, (物価などの)暴落, (景気・事業などの)不振; 人気のがた落ち ([反] boom): a ～ *in* trade 貿易の不況. **2** 《主に米》(活動・調子の)不調, 不振; (数量・力の)減少: in a ～ スランプに陥って.

slumped [形] [P] (…にもたれかかって)ぐたっとなって (*against, over*): He sat ～ *in* a chair. 彼はぐったりといすに座っていた.

***slung** /slʌ́ŋ/ [動] sling[1] の過去形および過去分詞.

slunk /slʌ́ŋk/ [動] slink の過去形および過去分詞.

+**slur** /slə́ː | slə́ː/ [動] (**slurs**; **slurred**; **slur·ring** /slə́ːrɪŋ | slə́ːr-/) [他] **1** 〈ことば〉を早口で不明瞭(ふめいりょう)に言う. **2** 〈文字〉を一つに続けて書く. **3** 〔楽〕〈音符〉をなめらかに続けて演奏する[歌う]. **4** 〈…〉を中傷する. ― [自] 不明瞭に話す. **slúr óver** [動] [他] 〈重要な問題など〉をいいかげんに[軽く]扱う. ━ [名] [C] **1** 中傷, 当てこすり (*on, against*). **2** [単数形で] 不明瞭に続けて発音すること. **3** 〔楽〕スラー《⌒または‿の記号》. **cást a slúr on ...** [動] [他] …に恥辱を与える, …に汚名を着せる.

slurp /slə́ːp | slə́ːp/ 《略式》 [動] [自] ずるずる[ちゅーちゅー]と音を立てて飲む[食べる]. ― [他] 〈スープなど〉を音を立てて飲む[食べる]. ━ [名] [C] [普通は単数形で] ちゅーちゅーすする音.

slurred /slə́ːd | slə́ːd/ [形] (発音が)不明瞭な.

slur·ry /slə́ːri | slʌ́ri/ [名] [U] スラリー, 懸濁液《泥・粘土・石炭などと水の混合物》.

slush /slʌ́ʃ/ [名] **1** [U] 解けかかった雪, ぬかるみ. **2** [U] 《略式》[軽蔑] 感傷的な読み物[話]. **3** [U,C] 《主に米》スラッシュ《かき氷にシロップをかけた飲み物》.

slúsh fùnd [名] [C] (政治運動などの)不正資金, 裏金.

slush·y /slʌ́ʃi/ [形] (**slush·i·er**; **-i·est**) **1** 雪解けの, ぬかるみの. **2** 《略式》感傷的な.

slut /slʌ́t/ [名] [C] 《卑》だらしのない[身持ちの悪い]女.

slut·tish /slʌ́ṭɪʃ/ [形] 《卑》(女が)だらしのない.

slut·ty /slʌ́ṭi/ [形] =sluttish.

+**sly** /sláɪ/ [形] (**sli·er**, **sly·er**; **sli·est**, **sly·est**) **1** ずるい, 悪賢い, 陰険な; 秘密主義の《☞ 類義語》. **2** いたずらな, ひょうきんな: a ～ wink ちゃめっけのあるウィンク. **3** [普通は [A]] 秘密を知っていると言いたげな, わけ知り顔の: a ～ look わけ知り顔 / cast a ～ glance at ... …をちらりといわくありげに見やる. ━ [名] [次の成句で] **on the slý** [副] 《略式》こっそりと, ないしょで. **～·ly** [副] ずるく, 悪賢く; いたずらっぽく. **～·ness** [名] [U] ずる(賢)さ; いたずら好き.

【類義語】**sly** そっと人目につかないように事を行なったり, あるいはうまく言い逃れたりしてずるく立ち回ること. **cunning** 悪知恵が働いてずるいこと. **crafty** *cunning* よりも高度な策略を弄するようなずるさ. **tricky** 非良心的なことを平気でするようなずるさで, 当てにならないという意味が強調される.

smack**[1] /smǽk/ ([類音] smock) [動] (**smacks** /～s/; **smacked** /～t/; **smack·ing**) [他] **1** 〈…〉を平手で打つ; ぺたん[ばたん]と〈…〉を置く (*down*); ぴしゃりと〈…〉を打ち当てる, ぶつける (*against, into*); 〈むち〉をぴしぴし鳴らす: She ***～ed her child ***for*** misbehav***ing***. <V＋O＋*for*＋動名> 彼女は子供の行儀が悪かったのでぴしゃりと打った. **2** 〈人〉にちゅっとキスをする: Anne ～*ed* Tom *on* the cheek. アンはトムのほおにちゅっとキスをした《☞ the[1] 2 [語法]》. **3** 《英略式》〈人〉にげんこつを食らわす (*punch*). ― [自] ぶつかる, 衝突する (*into*). **smáck one's líps** [動] [自] =lick one's lips (lip 成句).

━ [名] (～s /～s/) [C] **1** 平手打ち, ぴしゃりと打つこと; ぺたん[ばたん]という音; (バットなどによる)強打; 《英略式》(こぶしの)一撃: give the boy a ～ ˹*on* the bottom [*in* the face]˺ 少年のしり[ほお]をぴしゃりとたたく / The tomato hit the floor with a ～. トマトがぺちゃという音を立てて床に落ちた. **2** 《略式》ちゅっというキス; 舌打ち, 舌鼓(したつづみ): He gave her a ～ *on* the cheek [lips]. 彼は彼女のほお[唇]にちゅっとキスした.

━ [副] 《略式》 **1** ぴしゃりと, どすんと; いきなり. **2** ぴったりと, まともに, もろに: ～ in the middle ど真ん中に / run ～ into a stone wall 石塀にまともにぶつかる.

smack[2] /smǽk/ [名] [a ～ of として] (…の)風味, 味; 気味: There was *a* ～ *of* irony in his tone. 彼の口調は幾分皮肉気味だった. ━ [動] [自] (…の)味[香り]がする; [けなして] (…の)気味がある: ～ *of* racism 人種差別的なところがある.

smack[3] /smǽk/ [名] [C] 小型漁船.
smack[4] /smǽk/ [名] [U] 《略式》ヘロイン.
smáck-báng 《英略式》, **smáck-dáb** 《米略式》 [副] ＝smack[1].
smack·er /smǽkɚ | -kə/, **smack·er·oo** /smækərúː/ [名] [C] 《略式》 **1** [普通は複数形で] ドル(紙幣), ポンド(紙幣). **2** ちゅっと音を立てるキス.
smack·ing /smǽkɪŋ/ [名] [[U] または a ～] 平手打ち.
small /smɔ́ːl/ [形] (**small·er**; **small·est**; ☞ little[2] 最初の [語法]) **1** 小さい, 小型の; 小さくて狭い ([反] large); 幼い (young): a ～ box 小さな箱 / a ～ man 小柄な男 / a ～ room 狭い部屋 《☞ narrow 表》/ a ～ nose 低い鼻 《☞ nose [日英比較]》/ a ～ child 幼い子 / This cap is too ～ for me. この帽子は僕には小さすぎる / He is ～ for his age. 彼は年の割には小さい / Rhode Island is the *～est* state in the United States. ロードアイランドは米国でいちばん小さな州である / ˈIt's a ～ [*S*～] world. Ⓢ 世の中は狭いものですね 《思わぬ所で思わぬ人と出会ったときなど》.

small (大きさ・数・量などが客観的に)	小さい 《☞ 類義語》
little (かわいらしさ・軽蔑などの感情を伴って)	

2 少ない, 少数の, 少量の ([反] large): a ～ number of people 少数の人たち / a ～ sum [amount] of money 少額の金 / a ～ salary わずかな給料.
3 つまらない, ささいな; [A] (人が)小規模の…をする, わずかの…をする: a ～ error [problem] 取るに足らない間違い[問題] / a ～ business ささやかな商売, 小企業 / a ～ eater 少食の人 / a ～ farmer 小規模農場主.
4 心の狭い, けちな, 卑劣な: a ～ man 狭量な男 / ***It was ～ of*** her not ***to*** lend the camera. カメラを貸さないとは彼女もけちだった 《☞ of 12》.
5 [普通は [A]] 小文字の 《☞ capital [形] 1》: ～ letters 小文字 / a ～ h 小文字の h. **6** (声が)低い, 小さい; (ビールなどが)弱い: in a ～ voice 力のない声で. **7** [A] [[U] の名詞に付けて] ほんのわずかな, ほとんどない (little): pay ～ attention to others' feelings 人の感情などほとんど気にかけない.
féel smáll [動] [自] しょげる, 恥ずかしく思う; 引け目を感ずる, 肩身の狭い思いをする.
lòok smáll [動] [自] 小さくなっている, しょげた様子をしている, はにかむ.
nó smáll … [形] 少なからぬ…: It's *no* ～ matter. それは決して小さな問題ではない(重要だ).
… with a smáll — [形・副] 《略式》 限られた[ある]程度の[に]…, 飛び抜けて…というわけではない: I'm a liberal *with a* ～ l. 僕は自由主義を信じているが自由党員というわけではない. [語法] small の後に with の前の名詞・形容詞の最初の文字を小文字で示す 《☞ … with a capital — (capital [形] 成句)》.
— [副] (**small·er**; **small·est**) 小さく, 細かく; 低い声で, 小声で; 小規模に, こぢんまりと.
— [名] **1** [the ～] 小さい[細い]部分: *the* ～ of the back 腰のくびれた部分. **2** [複数形で] 小型の物[品]; 《古風, 英略式》 小物衣類 《下着など》.
【類義語】**small, little** ともに小さいことを表わす一般的な語でいずれを用いてもほぼ同じ意味のことが多い: It's a *small* [*little*] town. それは小さな町だ. しかし *small* は客観的に数・量・大きさなどが小さいことを表わし, *little* はしばしば「小さくてかわいい」などの感情を含む: a *smáll* bírd 小さい鳥 / a *líttle* bírd かわいい小鳥 《☞ little[2] 1 [語法]》. **tiny** きわめて小さいことを意味し, 模型・小さな生物などに用いる: a *tiny* baby [insect] 小さな赤ん坊[昆虫] 《その赤ん坊や昆虫が標準より小さいという意味ではない》.
[語法] small と対になる語は large; little と対になる語は big.
smáll àd [名] [C] 《英略式》 ＝classified ad.
smáll árms [名] [複] 携帯火器 《小銃・けん銃など》.
smáll béer [名] [U] 《略式》 取るに足らないもの[人].
smáll-bóned [形] (人が)骨細の, 小柄な.
smáll-bòre [形] [A] (銃が) 22 口径の.
smáll-cáliber [形] [A] (銃が)小口径の.
smáll calórie [名] [C] 〔物理〕 小カロリー 《☞ calorie 2 [参考]》.
smáll cáp(ital) [名] [C] スモールキャピタル[キャップ] 《小文字の大きさの大文字; 例 B.C.; [略] sc》.
smáll-càp stóck [名] [C] 〔株〕 小型株.
smáll chánge [名] [U] **1** 小銭. **2** 取るに足らないもの[人].
smáll cláims còurt [名] [C] 少額裁判所 《少額の訴訟を扱う簡易裁判所》.
smáll·est róom [名] [the ～] 《英》 トイレ.
smáll fórtune [名] [a ～] 《略式》 ひと財産, 大金.
smáll fórward [名] [C] 〔バスケ〕 スモールフォワード 《動作が俊敏で, 主にシュートをする役目のプレーヤー》.
smáll frỳ [名] [複] 《略式》 **1** 《米》 子供たち. **2** 取るに足らない人たち[もの], 雑魚(ざこ)ども; 幼魚 《☞ fry[2]》.
smáll gáme [名] [C] 小さい獲物 《うさぎなど》.
smáll·hòlder [名] [C] 《英》 小自作農.
smáll·hòlding [名] [C] 《英》 小自作農地.
smáll hóurs [名] [複] [the ～] 深夜 《午前 1 時から 4 時ないし 5 時ごろまで; 時刻を表わす数が小さいので》: in *the* (wee) ～ 夜中過ぎてから.
smáll intéstine [名] [the ～] 小腸.
small·ish /smɔ́ːlɪʃ/ [形] 《略式》 小さめの.
smáll létter [名] ([反] capital letter) [C] 小文字.
smáll-mínded [形] 心の狭い, 卑劣な, けちくさい.
～·ness [名] [U] 心の狭さ.
smáll·ness [名] [U] **1** 小ささ. **2** つまらなさ, くだらなさ; 心の狭さ; 卑劣.
smáll potátoes [名] [複] 《略式, 米・豪》 取るに足らない人[もの] (《英》 small beer).
smáll·pòx [名] [U] 〔医〕 天然痘, ほうそう.
+**smáll prínt** [名] [U] [普通は the ～] 《主に英》 細字部分 《契約書などの本文より小さな文字で印刷された(見落としやすいが重要な)注意事項》 (fine print).
+**smáll-scále** [形] ([反] large-scale) [A] 小規模の; (地図が)小縮尺の.
smáll scréen [名] [the ～] テレビ 《特に映画に対して用いる》.
smáll tàlk [名] [U] 世間話, おしゃべり: make ～ 世間話をする.
smáll-tíme [形] [A] 三流の, 取るに足らない.
smáll-tímer [名] [C] 取るに足らない人, 小物.
smáll-tòwn [形] [A] 小さな町の; 《主に米》 (狭量で)いなかじみた, [ほめて] 純朴な: ～ values 小さな町の価値観 《正直・勤勉・愛国心など; 田舎の偏狭さをも表わす》.
smarm·y /smáɚmi | smáː-/ [形] (**smarm·i·er**; **-i·est**) 《略式》 お世辞たらたらの, 口のうまい.
***smart** /smáɚt | smáːt/ [T1] [形] (**smart·er** /-ṭɚ | -tə/; **smart·est** /-ṭɪst/)

「痛い」, 「鋭い」→「激しい」**4** →(動作が激しく)「活発な」**3** →(てきぱきしている)→「利口な」**1** →(外見がきりりとしている)→「スマートな」**2**

1 《主に米》 利口な, 頭のよい; (決断などが)賢明な; 抜けめのない; ずるい, 悪賢い; **生意気な**; 利口な態度の: a ～ student 頭のよい学生 / a ～ answer 気のきいた[生意気な]答え / a ～ move 賢明な手段 / John was ***～ to*** go alone. <A+*to*不定詞> ジョンはひとりで行ったとは利口だった / ***It'd be ～er of*** you ***to*** buy CDs ˈinstead of [than] tapes. テープよりも CD を買うほうが利口だろう 《☞ of 12》/ Don't get ***～ with*** me! <A+*with*+名・代> 私に生意気な口をたたくな. [語法] 《英》 でもこの意味は普通になってきている // Today my little son was

S

pretty ～. 今日は息子は利口そうだった.
2 ([動] smárten)《主に英》**スマートな, しゃれた, ぱりっとした; あか抜けした, 流行の; 上流の, 社交界の:** a ～ uniform スマートな制服 / a ～ car かっこいい車 / the ～ set [主に新聞で] 最上流階級 / Go and make yourself ～. 身なりを整えてきなさい. **3 活発な, すばやい** (brisk); (打撃などが)**強烈な:** walk at a ～ pace 足早に歩く / a ～ blow 痛撃. **4** (痛みなどが)**激しい, ずきずきする;** (批判などが)**手厳しい:** feel a ～ sting ひりひり痛む. **5** (機械・建物などが)**高度の機能[情報設備]を備えた.**
— [動] [自] 1 痛む, ひりひりする (*from*): The cut ～*ed* when I put medicine on it. 薬をつけたら傷がぴりぴり痛んだ. **2** [普通は進行形で] **心がうずく; 感情を害する:** She *was* still ～*ing from* [*over, at*] my remarks. 彼女はまだ私のことばに怒っていた. **smárt óff** [動] [自]《米略式》小ばかにした[からかうような]ことを言う (*to*).
— [副]《略式》賢明に. **— [名] 1** [単数形で] **痛み;** (心の)**苦痛, 苦悩; 悲痛.** **2** [複数形で]《米略式》**知力, 頭脳:** have the ～*s* to succeed 成功する知力がある.

smárt àl·ec(k) /-ǽlɪk/ [名] [C]《略式》うぬぼれの強い人; 知ったかぶりをする人.

smart-al·eck·y /smáətæ̀leki | smá:t-/ [形] うぬぼれの強い; 知ったかぶりをする.

smárt-àrse《英俗》, **smárt-àss**《米卑》[名] [C] ＝smart alec(k).

smárt bómb [名] [C] スマート爆弾《高度な電子技術で誘導し目標をねらうハイテクミサイル》.

smárt càrd [名] [C] スマートカード《集積回路を組み込んだプラスチックカード》.

smárt drùg [名] [C] 頭のよくなる薬.

smart·en /smáətn | smá:-/ [動] ([形] smart 2) [次の成句で] **smárten úp** [動] [他]《主に英》〈場所など〉をきれいにする; こぎれいに身じまいする: *S*～ yourself *up* a bit before you go on TV. テレビに出る時は少しはおめかししなさい. — [自] (1)《米》しっかりする, 賢くなる. (2)《主に英》きれいになる, おしゃれする.

smárt·ish /-tɪʃ/ [副]《英略式》すばやく, さっと.

⁺**smárt·ly** [副] **1** スマートに, こぎれいに. **2** すばやく; 利口に. **3** 強く; 厳しく.

smárt mòney [名] [U]《略式》**1** 情報通(の予測): ☞ My money's [The smart money is] on ... (money 成句). **2** (経験豊富な投資家などの)投資金, 賭け金.

smárt·mòuth [名] [C] [普通は単数形で]《米俗》こうるさくて生意気なやつ; 生意気な口きき.

smárt-móuthed [形]《米俗》生意気な口をきく, こざかしい口答えをする.

smárt·ness [名] [U] スマート, いき; 機敏, 抜けめなさ.

smar·ty /smáəṭi | smá:-/ [名] [C] ＝smart alec(k).

smárty pànts [名] [複] [単数扱い]《略式》[滑稽] ＝ smart alec(k).

***smash** /smǽʃ/ [動] (**smash·es** /～ɪz/; **smashed** /～t/; **smash·ing**)

[自] [他] の転換
[他] **1** (粉々に)打ち壊す (to make (something) break into small pieces)
[自] **1** 粉々に割れる (to break into small pieces)

— [他] 1 〈…〉を(粉々に)**打ち壊す, たたきつぶす, 粉砕する; ぶっつける,** 〈車〉を**衝突させる** (*up*) (★ mash ((じゃがいもを)つぶす)との混同に注意; ☞ break 類義語): ～ a window 窓を粉々に壊す / They ～*ed* the door *down*. <V+O+副> 彼らは(ハンマーなどで)ドアを打ち倒した / The vase *was* ～*ed to* [*into*] pieces. <V+O+*to* [*into*]+名の受身> 花びんは粉々に打ち砕かれた / He ～*ed* his new car *into* a wall. 彼は新車を塀に激突させてしまった / We ～*ed* the door open and escaped. <V+O+C (形)> ドアをぶち壊して脱出した.
2 〈…〉を**打ち破る, 撃破する, 大敗させる:** ～ the world record 世界記録を破る / John ～*ed* his opponent 6–0. ジョンは相手を 6–0 で破った《6–0 は six (to) zero,《英》ではまた six nil と読む》.
3 〈…〉を**強打する, ぶん殴る:** ～ the ball into the stands ボールを観客席にたたき込む / I'll ～ your head [face] *in*! <V+O+*in*>《略式》(頭[顔]がへこむぐらい)ぶん殴るぞ《おどしの文句》. **4** 〈犯罪組織・政治体制など〉を**壊滅させる, 撲滅する:** ～ a drug ring 麻薬組織を撲滅する. **5** (テニスなどで)〈ボール〉をスマッシュする.
— [自] 1 壊れる, 粉々に割れる: A pane of glass fell and ～*ed on* the pavement below. <V+前+名・代> 窓ガラスが落ちて下の歩道で砕けた.
2 [副詞(句)を伴って] (…に)**激突する, 衝突する; 突入[乱入]する** (*in, through*): The car ～*ed into* [*against*] the wall. <V+*into* [*against*]+名・代> 車は塀に激突した. **3** 破産する.
smásh one's wáy [動] [自] (窓などを)たたき割って進む[入る, 出る] (*through, into, out*). **smásh úp** [動] [他] [S] 〈…〉を(故意に)めちゃめちゃ[粉々]に壊す[砕く].
— [名] [C] 1《略式》＝smash hit. **2**《略式》車の衝突(事故). **3** 強打; (テニスなどの)スマッシュ. **4** [単数形で] 粉砕; 粉々になる音.

smásh-and-gráb [形] [A] (強盗が)ショーウインドーを破って商品を盗む: a ～ raid 陳列窓を破っての強盗. **—** [名] [C] ショーウインドー破り《行為》.

smashed [形] [P]《略式》酔っ払った; 麻薬が効きすぎた: get ～ 酔う, 麻薬が効く.

smásh·er [名] [C]《古風, 英略式》すてきな人[もの].

smásh hít [名] [C]《略式》(演劇・歌・映画などの)大当たり, 大ヒット.

smásh·ing [形]《古風, 英略式》すばらしい, 大した: a ～ view すばらしい景色.

smásh·mòuth [形] [A]《アメフト》けんか腰の, 荒っぽい.

smásh·ùp [名] [C]《略式》大衝突, 墜落.

smat·ter·ing /smǽṭərɪŋ, -trɪŋ/ [名] [a ～] わずかな量[数]; (外国語などの)なまかじりの知識 (*of*).

⁺**smear** /smíə | smíə/ [動] (**smear·ing** /smí(ə)rɪŋ/) [他] **1** (油・べとつくものなどで)〈…〉を**汚す;** 〈油・バターなど〉を**塗りつける:** The child ～*ed* the wall *with* paint. その子は壁にペンキを塗りたくった / The boy ～*ed* mud all *over* his clothes. 少年は服を泥だらけにした / He had paint ～*ed on* his face. 彼は顔にペンキを付けていた. **2** 〈人〉の**名声などをけがす,** 〈人〉を**中傷する.** **3** 〈…〉をこすって不鮮明にする. — [自] (油などが)しみる, 汚れる; (文字などが)汚れて[かすれて]不鮮明になる. **—** [名] [C] **1 汚点, しみ** (*of*). **2 中傷, 悪口** (*on*). **3**《英》＝Pap smear.

sméar campàign [名] [C] 中傷合戦.

⁺**smeared** [形] (泥・油などで)汚れた (*with*).

sméar tèst [名] [C]《英》＝Pap smear.

smear·y /smí(ə)ri/ [形] (**smear·i·er**; **-i·est**)《略式》(窓などが)(油などで)汚れた; (インクなどが)しみになりやすい, べとついた.

****smell** /smél/ [T1] [名] (～s /～z/; [形] smélly) **1** [C] **におい, 香り** (☞ 類義語): a sweet [strong] ～ いい[強烈な]におい / These violets have [give off] a nice ～. このすみれはよい香りがする / There's a ～ *of* something burning. 何か焦(こ)げてるにおいがする. [関連] taste 味.
2 [C] **臭いにおい, 悪臭:** the ～ *of* garbage ごみのにおい / What a (bad) ～! ひどいにおいだ.
3 [U] **嗅覚**(きゅうかく): the sense of ～ 嗅覚 / find drugs by ～ においで麻薬を見つける. [関連] taste 味覚. **4** [a ～] においをかぐこと: have [take] *a* ～ *of* ... …のにおいをかぐ.
— [動] (**smells** /～z/; 過去・過分 **smelled** /～d/,

smelt /smélt/; **smell·ing** 語法 《米》は smelled, 《英》は smelt を多く用いる. ⓐ **1** [普通は進行形なし] におう, [形容詞・副詞(句)を伴って] (…の)においがする: This food ~s good [delicious]. この料理はいいにおいがする / This room ~s of paint. <V＋前＋名・代>《英》この部屋はペンキのにおいがする / It ~s like cheese. それはチーズのようなにおいがする / This room ~s as if nobody's opened a window for weeks. <V~as if 節> この部屋は何週間も窓を開けてないようなにおいがする.

2 臭い, 悪臭がする: These shoes ~. この靴は臭い / The river is ~ing particularly bad today. 川はきょうは特にひどく臭い 《一時的な状態を強調する; ☞ be² A 1 (4)》.

3 においをかぐ: The dog was ~ing at my shoes. <V＋at＋名・代> 犬は私の靴のにおいをかいでいた. **4** [進行形なし] 鼻がきく, においをかぐ力がある. **5** [普通は進行形なし] (事が違法に[不正]である, (…の)気味がある, …くさい: The rumor ~s fishy. そのうわさはうさんくさい.

— 他 **1** [進行形なし; 受身なし; しばしば can [could] を伴って] 〈…〉のにおいを感じる, 〈…〉のにおいがする: Do [Can] you ~ the sea? 海のにおいがしますか 言い換え I can ~ something burning. <V＋O＋C (現分)>＝I can ~ burning. <V＋O (動名)> 何かが焦(こ)げているにおいがする 《☞ verb of perception 文法》 / She could ~ that the fish wasn't fresh. <V＋that 節> 彼女はその魚が新鮮でないとにおいで気づいた / Fishermen (can) ~ when rain is coming. <V＋O (wh 節)> 漁師はいつ雨が降るかにおいでわかる.

2 〈…〉のにおいをかぐ, においをかいでみる: He ~ed the milk to see if it had turned [gone] sour. 彼は牛乳が腐っているかどうかにおいをかいでみた. **3** [受身なし] 〈危険など〉に感づく, 〈…〉をかぎつける: He ~ed trouble (coming). 彼はごたごたが起こりそうだと感じた.

sméll óut [動] (1) 〈…〉をかぎつける; 《略式》よくない事を探り出す. (2) ＝smell up. **sméll úp** [動] 他 《米》〈部屋など〉を悪臭で満たす.

【類義語】**smell** と **odor** はにおいを表わす最も一般的な語だが, 化学物質などのにおいには odor が普通. また odor は smell よりも格式ばった語で, いやなにおいに用いることが多い. **scent** 鋭い嗅覚でしかかぎつけられないかすかなにおい, ほのかな香りで, smell, odor より強くないものをいう. scent はまた動物が残すにおいにも用いる. **perfume** 文語的な語で, 香水・花などのよい香りをいう. **fragrance** よい香りのみに用い, perfume ほど強くない, 繊細で女性的な感じの香り.

smell·i·ness /smélinəs/ 名 U くさいこと.

-smell·ing /smélɪŋ⁻/ [合成語で] …の香りがする: *sweet-smelling* roses 甘い香りのばら.

sméll·ing sálts 名 複 気つけ薬《炭酸アンモニアを主剤とする》.

*__**smell·y** /sméli/ 形 (**smell·i·er**; **-i·est** ＝ smell) いやなにおいのする.

*__**smelt**¹ /smélt/ 動《主に英》smell の過去形および過去分詞.

smelt² /smélt/ 動 他 〈鉱石〉を溶解する; 〈金属〉を(溶解して)精錬[製錬]する (melt).

smelt³ /smélt/ 名 (複 ~(**s**)) C きゅうりうお《ししゃもの類の食用魚》.

smélt·er 名 C 製錬所; 溶鉱炉 (furnace).

Sme·ta·na /smétənə/ 名 固 **Be·dřich** /bédʒɪk/ ~ (1824-84)《チェコの作曲家》.

smid·ge(o)n, **smid·gin** /smídʒɪn/, **smidge** /smídʒ/ 名 [a ~]《略式》わずか, 少量 (of).

*__**smile** /smáɪl/ 動 (**smiles**; **smiled** /~d/; **smil·ing**) ⓐ 微笑する, にっこりする, ほほえむ, (声を出さないで)笑う 《☞ laugh 類義語および挿絵》; おもしろがる (to do): She was *smiling at* me. <V＋前＋名・代> 彼女は私にほほえみかけていた / S~

smitten 1667

for [*at*] *the camera,* everyone! 皆さんカメラに向かって笑って. — 他〈…〉を示To, にっこり笑って〈悲しみなど〉を忘れる; 微笑して〈人〉を…(の状態)にさせる (*into, out of*): She ~d her answer. 彼女はにっこりと笑って返答を示した / S~ your worries *away*. 笑って悩みを忘れなさい. **smíle a … smíle** [動] ⓐ …な笑い方をする (☞ cognate object 文法): Harry ~d a bitter *smile*. ハリーは苦笑いをした. **smíle at** … [動] (1) 〈人〉にほほえみかける. ☞ 他. (2) …をおもしろがる; …に苦笑する: ~ *at* one's own mistake 自分の誤りに苦笑する. **smíle on** … [動] 他 [主に文]〈運・天候など〉…に有利である, 好意を示す, 励ましを与える: Fortune ~d *on* me. 幸運が私に味方してくれた. **smíle to onesélf** [動] ⓐ (うれしくて)ひとりで笑う, ほくそ笑む, ひとり笑いをする.

— 名 (~s /~z/) C 微笑, にっこりとした笑い, ほほえみ, (声を出さない)笑い; 笑い顔; 冷笑: a cheerful [happy] ~ 楽しそうな微笑 / an ironic ~ 皮肉な笑い / a ~ of satisfaction 満足げなほほえみ / have an attractive ~ 笑顔が魅力的である / Ann wore a broad ~ on her face. アンは満面に笑みをたたえていた / Anne gave me a ~. アンは私に向かって笑った.

be áll smíles [動] 満面に笑みをたたえている.

with a smíle [副] にこにこ笑って.

smil·ey /smáɪli/ 形《略式》ほほえんだ.
— 名 C (E メールなどで使う)スマイリー, 顔文字 (:-)).

smíley fáce 名 C スマイリー, にこにこ顔《丸の中に目と口だけ描いた笑顔の絵》.

smíl·ing 形 微笑する, にこにこした, 笑顔の. ~ **·ly** W にこにこして, 笑顔で.

smirch /smə́ːtʃ | smə́ːtʃ/《格式》動 他 **1** 〈…〉を汚す, けがす. **2** 〈名声など〉を汚(けが)す. — 名 C **1** 汚れ, けがれ. **2** 〈名誉などの〉傷, 汚点 (on).

*__**smirk** /smə́ːk | smə́ːk/ ⓐ (優越感などで)にやにや笑う (*at*). — 他 〈…〉とにやにや笑って言う. — 名 C にやにや(作り)笑い.

smite /smáɪt/ 動 (**smites**; 過去 **smote** /smóʊt/; 過分 **smit·ten** /smítn/, 《米》ではまた **smote**; **smit·ing**) 他《古語》**1** [普通は受身で]〈人〉の心を強く打つ, 魅了する (*by, with*); 〈悲しみ・病気など〉が〈人〉を襲う (*down*) (☞ smitten 形); 〈良心が〉〈人〉をとがめる. **2** 〈…〉を(強く)打つ (*hit*) (*down*); 《聖》〈人〉を滅ぼす, 殺す; 攻撃する; 罰する (*down*); 打ち負かす.

smith /smíθ/ 名 C **1** かじ屋 (blacksmith). **2** 金属細工人; …作り(人). 語法 この意味では blacksmith, goldsmith, silversmith; gunsmith, locksmith のように普通は合成語として用いる.

Smith /smíθ/ 名 固 スミス **1** 《英米人に最もありふれた姓; ☞ name 表, Jones》. **2** **Adam** ~ (1723-90)《英国の経済学者》. **3 Captain John** ~ (1580-1631)《英国の冒険家, Virginia 州植民地開拓者》. **4 Joseph** ~ (1805-44)《米国のモルモン教会の創始者》. **5 De·li·a** /díːliə/ ~ (1941-)《英国の料理研究家・キャスター》.

Smith and Wés·son /-wés(ə)n/ 名 固 スミスアンドウェッソン《ピストル; 商標》.

smith·er·eens /smɪ̀ðərímz/ 名 複 [次の成句で] **be smáshed [blówn] to [into] smithereens** [動] ⓐ《略式》粉々になる.

Smith·son /smíθs(ə)n/ 名 固 **James** ~ スミッソン (1765-1829)《英国の学者; Smithsonian Institution 設立のために遺産を寄贈した》.

Smith·só·ni·an (Institútion) /smɪθsóʊniən-/ 名 固 [the ~] スミソニアン協会《米国 Washington, D. C. にあり, 多数の博物館・美術館を運営する》.

smith·y /smíθi/ 名 (**smith·ies**) C かじ屋の仕事場.

smit·ten /smítn/ 動 smite の過去分詞. — 形

1668　smock

1〖滑稽〗(…に)すっかりほれこんでいる(*with, by*). **2**〖感情などに〗苦しめて[悩んでいる](*with, by*).

smock /smák | smók/ 名 C **1** 上っ張り, 仕事着, スモック《幼児・女性・画家・医師などが着る》. **2** 妊婦服. ── 動 他 〈…〉にスモッキング(smocking)をつける.

smóck·ing 名 U スモッキング《ひだ飾りの一種》.

*__smog__ /smág | smɔ́g/ 名 U スモッグ《煙の混じった霧》, 煙霧: a city shrouded in ~ スモッグに覆われた都市 / photochemical ~ 光化学スモッグ. 語源 smokeとfogの混成語. blend 名 2.

smog·gy /smági | smɔ́gi/ 形 (**smog·gi·er, -gi·est**) スモッグの(多い).

*__smoke__ /smóuk/ 名 (~s /~s/; 形 smóky) **1** U 煙: The room was full of cigarette ~. 部屋はたばこの煙でいっぱいだった / The chimney is belching (out) black ~. その煙突は黒い煙を吐いている / Where there's ~, there's fire. =「There's no [No] ~ without fire. (S)(ことわざ)火のない所に煙は立たぬ. **2** U 煙のようなもの; 霧, (水の)しぶき, 湯気. **3** [a ~] (たばこの)一服: have a ~ 一服する. **4** C (S) 《略式》たばこ《特に紙巻きの》; 麻薬. **5** [the (big) ~, the S-] 《略式, 英・豪》大都会. big smoke].

blów smóke [動] 《米略式》人をだまそうとする.

gò úp in smóke [動] (自) 《略式》(1) 燃え上がる, 燃え尽きる. (2)〈計画などが〉煙のように消える, おじゃんになる.

smóke and mírrors [名] [単数扱い] 《米・豪》ごまかし, 注意をそらすもの.

── 動 (**smokes** /~s/; **smoked** /~t/; **smok·ing**) (自) **1** たばこを吸う, 喫煙する: give up *smoking* 禁煙する / ~ heavily たくさんたばこを吸う / Do you mind if I ~? たばこを吸ってもよろしいですか / I don't ~. 私はたばこを吸いません / Please ~ in the designated smoking areas only. 喫煙は喫煙所でお願いします〈掲示〉.

2 [普通は進行形で]〈煙を出す〉〈火・ストーブなどが〉煙る, くすぶる: The volcano *is smoking*. 火山は煙を上げている.

── 他 **1**〈たばこ・麻薬などを〉吸う: My uncle ~s more than twenty cigarettes a day. 私のおじは1日に20本以上もたばこを吸う. **2** [普通は受身で]〈…〉を燻製({くんせい})にする. **3**〈…〉を煙らせる, いぶす; 煙でつすませる.

smóke óut [動] (他) (1)〈けものなど〉をいぶり出す. (2)〈犯人など〉を探り出す;〈秘密〉をあばき出す. (3)〈場所〉を煙で満たす. **smóke「the pípe of péace [the péace pípe]** [動] (自) 平和のパイプを吸う, 和睦({わぼく})する. peace pipe].

smoke alárm 名 C =smoke detector.
smoke bòmb 名 C 発煙弾[筒].
smoked 形 A いぶした, 燻製にした: ~ glass すすでいぶしたガラス《太陽観察用》, スモークガラス.
smoke detèctor 名 C 煙感知器.
smoke-drỳ 動 他〈肉など〉を燻製にする.
*__smoked sálmon__ 名 U さけの燻製, スモークサーモン.
smoke-fílled róom 名 C [主に新聞で] 紫煙の間, 密室《政治家などが少人数で決めてしまう部屋》.
smoke-frée 形〈場所などが〉禁煙の: a ~ area [zone] 禁煙区域.
smoke·hòuse 名 (**-hous·es** /-hàuzɪz/) C《魚肉などの》燻製室[場].

smóke jùmper 名 C《地上からの接近の困難な火災現場に落下傘で降下する》森林消防隊員.
smóke·less 形 A《燃料などが》煙を出さない, 無煙の.
smókeless tobácco 名 U かみ[かぎ]たばこ.
smókeless zòne 名 C《英》煤煙規制地域.
smók·er 名 C **1** たばこを吸う人, 喫煙家: a heavy ~ ヘビースモーカー chain-smoker. **2** 喫煙車, (列車内の)喫煙室. **3** 燻製({くんせい})器[箱].
smóke ring 名 C (たばこの)煙の輪.
smóke ròom 名 C =smoking room.
smóker's cóugh 名 U 《医》喫煙者咳.
smóke scrèen 名 C **1** (意図を隠すための)見せかけ, 偽装. **2** 《軍》煙幕.
smóke shòp 名 C《米》タバコ屋.
smóke sìgnal 名 C [普通は複数形で] **1** のろし. **2** 兆候, 動向; 不明瞭({ふめいりょう})な指示[予測].
smóke·stàck 名 C (工場・汽船などの)高い煙突《英》chimneystack);《米》(機関車の)煙突《外部へ出ている部分》. chimney 家の煙突.
smókestack índustry 名 C [普通は複数形で] 重工業《化学・造船・自動車・製鉄産業など》.
Smok·ey, Smok·y /smóuki/ 名 C 《米》(ハイウェイパトロールの)警官, パトカー.
Smók·ey the Béar /smóuki-/ 名 固 熊のスモーキー《米国の森林火災防止運動のマスコット》.

smok·i·ness /smóukinəs/ 名 U **1** 煙っていること; 煙の多いこと; 煙くささ. **2** すすけ; くすみ.

*__smok·ing__ /smóukɪŋ/ 名 U **1** たばこを吸うこと, 喫煙: NO SMOKING 禁煙〈掲示〉; no 形 3) / THANK YOU FOR NOT SMOKING 禁煙に感謝致します〈掲示〉/ S~ is dangerous to your health. 喫煙は健康に危険だ // passive smoking. **2** 煙る[いぶる]こと.

── 形 **1** A たばこを吸う; 喫煙可の: a ~ area 喫煙所. **2** 煙を出している, いぶる: a ~ chimney 煙を出している煙突.

smóking càr 名 C《米》喫煙車.
smóking càrriage 名 C《英》喫煙車.
smóking compártment 名 C (客車の)喫煙個室.
smóking gún 名 C [普通は単数形で]《略式》犯罪の決定的な証拠.
smóking jàcket 名 C《古風》スモーキングジャケット《男性用のゆったりした家庭用上着》.
smóking ròom 名 C 喫煙室.

*__smok·y__ /smóuki/ 形 (**smok·i·er, -i·est**; 形 smoke) **1** 煙を出している;〈場所が〉煙の多い;〈煙のにおい[味]のする〉, 煙くさい. **2** 煙色の, すすけた, 曇った; くすんだ. **3** (声・目が)性的魅力のある.

Smoky 形 Smokey.

*__smol·der__, 《英》 __smoul·der__ /smóuldɚ | -də/ 動 (**-der·ing** /-dərɪŋ, -drɪŋ/) (自) **1** くすぶる, いぶる. **2** (主に文) (心の中に)くすぶる, 内にこもる; 性的な魅力がある[を内に秘める]: ~*ing* hatred 鬱積({うっせき})している憎しみ / She [Her eyes] ~*ed* with jealousy. 彼女[彼女の目]はしっとを内に秘めていた / She gave him a ~*ing* look. 彼女は熱っぽいまなざしを彼に向けた.

smooch /smúːtʃ/ 動 (自)《略式》(男女が)キスし合う, (人目をはばからずに)抱き合う, いちゃつく(*with*);《英》抱き合って踊る. ── 名 [a ~]《略式》(男女の)キス, 抱擁, いちゃつき;《英》抱き合って踊ること.

smooch·y /smúːtʃi/ 形《英略式》(音楽が)ゆっくりしてロマンチックな.

***smooth** /smúːð/ 形 (**smooth·er; smooth·est**) 1 (表面などが)なめらかな、でこぼこのない、すべすべした;(皮膚・毛皮などが)柔らかい (反 rough)《☞ flat¹ 類義語》: ~ skin すべすべした肌[皮] / This paper is ~ to the touch. この紙はつるつるした手触りだ.

2 A (動きが)なめらかな, 円滑な, ぎくしゃくしない (反 bumpy): ~ driving なめらかな運転 / a ~ transition to democracy 民主主義への円滑な移行.

3 (水面が)波立たない, 静かな (calm); (行く手に)困難のない, 平穏な, 順調な: ~ water 静かな水面 / a ~ flight 快適な空の旅 / a ~ day at the office 仕事が順調な一日 / This will make our path ~er. これで我々の前途も楽になるだろう. **4** 口先のうまい[うますぎる], 如才ない(普通は男性に用いる); 人当たりのよい, (性質などが)穏やかな: a ~ talker 口達者な人 / a ~ operator やり手 / a ~ manner 人当たりのよい態度. **5** むらのない, (液体などが)混ざった[練れた] (反 lumpy). **6** (酒などが)口当たりのよい, まろやかな; (ことばなどが)よどみのない; (音楽などが)柔らかな.

(as) smóoth as sílk [vélvet, a báby's bóttom] 形 とてもなめらかで[すべすべして]. **be smóoth sáiling** (自)《略式》(計画などが)順調に進んでいる.

— 動 (**smooths** /~z/; **smoothed** /~d/; **smoothing**) 他 **1** 〈...〉をなめらかにする, (紙やすりなどで)でこぼこを平らにする, 平らにひろげる[伸ばす] (off);〈髪〉をなでつける: He ~ed (out) the sheets. <V(+out)+O (名代)> 彼はシーツを伸ばした / She ~ed (back [down]) her hair. <V(+back [down])+O (名)> 彼女は髪をなでつけた. **2** 〈困難など〉を取り除く, 解決する;〈変動などを〉ならす (out). **3** 〈クリームなど〉を塗りつける, 擦り込む (into, over). **4** 〈...〉をなだめる (down).

smóoth awáy [動] 他 (1)〈困難など〉を取り除く. (2)〈しわなど〉を伸ばす. **smóoth óver** [動] 他 〈問題・感情など〉を穏便にすます;〈過失など〉をごまかす, 取りつくろう. **smóoth ...'s páth=smóoth the wáy for ...** [動] ...の行く手を容易にする, ...を助ける.

— 副 [しばしば合成語で] = smoothly.

smooth-fáced 形 **1** ひげのない, きれいにひげをそった. **2** 人当たりのよい.

smooth·ie /smúːði/ 名 C **1**《略式》人当たりのよすぎる人, 口先のうまい人(普通は男性). **2**《主に米》スムージー(バナナなどのフルーツをミルク[ヨーグルト, アイスクリームなど]と混ぜた飲み物).

smooth·ly 副 **1** なめらかに, すらすらと, 円滑に; すんなりと: The engine was running ~. エンジンは快調に動いていた / Everything is going ~. 万事うまくいっている. **2** 口先うまく, 流暢(ちょう)に.

smóoth múscle 名 C《解》平滑筋.

smóoth·ness 名 U **1** なめらかさ, 平坦(たん), 穏やかさ. **2** 口先のうまさ; 人当たりのよさ; 流暢さ. **3** (飲み物などの)口当たりのよさ.

smóoth-tàlk 動 他 〈人〉を口達者に丸め込む, お世辞を使って言いくるめる.

smóoth tàlking, smóoth-spóken, smóoth-tóngued 形 口先のうまい.

smooth·y /smúːði/ 名 (**smooth·ies**) C《略式》=smoothie.

smor·gas·bord /smɔ́ɚgəsbɔ̀ɚd | smɔ́ːgəsbɔ̀ːd/ 名 **1** [a ~ または U] バイキング(料理)(セルフサービス式の品数の多い料理;《☞ Viking 日英比較》. **2** [a ~《略式》] [新聞で] ごちゃまぜ (of).

smote /smóʊt/ 動 **1** smite の過去形. **2**《米》smite の過去分詞.

*smoth·er** /smʌ́ðɚ | -ðə/ 動 (**-er·ing** /-ð(ə)rɪŋ/) 他 **1** 〈...〉をすっかり覆う, (煙・霧などに)包んでしまう; (花などで)覆う; (キス・愛情などで)息もつけないようにする, 息苦しくする: potatoes ~ed with gravy グレービーをたっぷりつけたじゃがいも / The town was ~ed in fog. 町は霧で包まれていた. **2** 〈火〉を灰で覆(おお)い消す. **3** 窒息死させる (with). **4** 〈感情など〉を抑える;〈罪悪〉をうやむやに葬る, もみ消す;〈反対勢力など〉を抑圧する: ~ a yawn あくびをかみ殺す. — 自 息が詰まる; 窒息(死)する.

smoth·er·y /smʌ́ð(ə)ri/ 形 窒息させる, 息苦しい.

*smoul·der** /smóʊldɚ | -də/ 動 名《英》= smolder.

SMS /ésèmés/ 名 U《通信》(携帯電話の)短信受送信システム (short message service の略).

*smudge** /smʌ́dʒ/ 名 C (手でこするなどしてできる)よごれ, しみ, かすれ;《米》(防虫・防寒用の)いぶし火, 蚊よけの火. — 動 他 〈...〉にしみをつける, よごす (with);〈...〉をぼやけさせる. — 自 よごれる, ぼける, にじむ.

smudg·y /smʌ́dʒi/ 形 (**smudg·i·er, -i·est**) よごれた, しみのついた; ぼやけた.

*smug** /smʌ́g/ 形 (**smug·ger; smug·gest**) 独りよがりの, うぬぼれた (about); 気取った. **~·ly** 副 自己満足して, 気取って. **~·ness** 名 U うぬぼれ.

*smug·gle** /smʌ́gl/ 動 (**smug·gles** /~z/; **smug·gled** /~d/; **smug·gling**) 他 **1** 〈...〉を密輸する, 密輸入[出]する; 密入国[出国]させる (into, out of, across): A lot of travelers are arrested for smuggling drugs through customs. 麻薬を税関をくぐって密輸入しようとして逮捕される旅行者が多い. **2**《略式》〈...〉をひそかに持ち込む[持ち出す] (in, into, out, across, through). — 自 密輸する.

smúg·gler 名 C 密輸入[出]者; 密輸業者: drug ~s 麻薬の密輸入者たち.

smúg·gling 名 U 密輸.

smush /smʌ́ʃ/ 動 他《米略式》〈...〉を砕く.

smut /smʌ́t/ 名 **1** U 猥談(だん), わいせつ文書[画]. **2** U C (すすなどの)一片, かけら; よごれ, しみ. **3** U (植物の)黒穂(くろほ)病.

smut·ti·ly /smʌ́tᵊli/ 副 みだらに.

smut·ti·ness /smʌ́tinəs/ 名 U わいせつさ.

smut·ty /smʌ́ti/ 形 (**smut·ti·er; -ti·est**) **1** (話・絵などが)わいせつな; 下品な. **2** よごれた, すすだらけの.

*snack** /snǽk/ 名 (**~s** /~s/) C 軽食, 急ぎの食事, 間食;[複数形で](パーティーなどの)軽食: ~ food(s) スナック菓子(ポップコーン, チップスなど) / have a ~ 軽く何か食べる《☞ snack bar 日英比較》. — 動 自 間食をする, 軽食を取る (on). 語源《中期》オランダ語で「ひとつかみ」の意.

snáck bàr 名 C 軽食堂, スナック《☞ restaurant 表》. 日英比較 日本でいう「スナック」は食堂そのものを指すが, 英語では「軽食」の意. なお snack bar は日本の「スナックバー」と違って酒類は出さない.

snaf·fle¹ /snǽfl/ 動 他《略式, 英・豪》〈...〉をかっさらう, かっぱらう.

snaf·fle² /snǽfl/ 名 C (馬の)はみ(口にかませる).

sna·fu /snæfúː/ 形《略式, 主に米》C, 形 めちゃくちゃな(状態). — 動 他《略式》〈...〉をめちゃくちゃにする.

*snag** /snǽg/ 名 C **1** 思いがけない障害, (ちょっとした)難点, 問題: The talks hit a ~. 交渉は暗礁に乗り上げた. **2** (ストッキング・布などの)引っかけ傷, かぎ裂き. **3** (とがった)障害物; 沈み木(水中で船の進行を妨げる). **4**《豪略式》ソーセージ. — 動 (**snags**; **snagged**; **snag·ging**) 他 **1** 〈...〉を引っ掛ける;〈...〉にかぎ裂きを作る;《主に米》〈...〉のじゃまをする: I snagged my sweater on a nail. セーターをくぎに引っ掛けた. **2**《米略式》〈...〉をさっと捕らえる[手に入れる]. — 自 (服などが)引っかかる;《主に米》じゃまになる (on).

snag·gle·tooth /snǽgltùːθ/ 名 C 乱杭歯, そっ歯, 欠け歯.

*snail** /snéɪl/ 名 C **1** かたつむり. **2** のろま. **at a snáil's pàce** 副 非常にゆっくりと.

snáil màil 名 U [滑稽] かたつむり郵便(E メールに

対して，普通の郵便).

*__snake__ /snéɪk/ [名] (~s /~s/) [C] **1** 蛇 (☞ serpent [参考]): S~s crawl. 蛇ははって進む. ★ 蛇が立てる音については ☞ cry 表. **2** (蛇のように)陰険な人, 裏切る人. **3** スネーク (排水管の中の掃除具). **a snáke in the gráss** [名] (略式) 味方を装った敵; 信用できない人. **snákes and ládders** [名] [単数扱い] (英) 蛇とはしご (さいころを振ってこまを進めるすごろくの一種; はしごの絵のところでは上へ進み, 蛇では下へ後退する英国の子供のゲーム; ときに人生の浮き沈みをこのゲームにたとえる).

snake (総称)	蛇
serpent (大きくて有毒)	

— [動] [自] [副詞(句)を伴って] Ⓦ (川・道・列車などが)くねくねと動く, 蛇行する (*across, along, down, past, through*). **snáke one's wáy** [動] [自] 曲がりくねって進む, 蛇行する (*across, into, past, through*).

snáke·bìt, snáke·bìtten [形] 毒蛇にかまれた; (米略式) 不幸な, 不運な.

S

snáke·bìte [名] **1** [C,U] 蛇にかまれた傷. **2** [U] (英) スネークバイト (りんご酒とラガービールを混ぜた酒); [C] 一杯のスネークバイト.

snáke chàrmer [名] [C] 蛇使い.

snáke dànce [名] [C] (優勝祝いやデモの)蛇行行列[行進], ジグザグ行進.

snáke èyes [名] [複] (略式) (craps で) 1 が 2 つ出ること, ピンぞろ; 不運: come up ~ うまく行かない.

snáke òil [名] [U] (米) いんちき(万能)薬; たわごと, ほら.

snáke pìt [名] [C] **1** 蛇の住む穴. **2** (米) 怒り[激情]のうずまく所, トラブルだらけの不快な場所.

snáke·skìn [名] [U] 蛇の皮; 蛇革.

snak·y /snéɪki/ [形] (**snak·i·er**; **-i·est**) **1** 曲がりくねった, 蛇行している. **2** 蛇の(ような). **3** ずる賢い, ひきょうな, 冷酷な. **4** (豪略式) 腹を立てた.

*__snap__ /snǽp/ [T3]

> 「ぱくっとかみつく」[自] **4** から
> →「かちりと閉まる[開く]」[自] **2**, [他] **2** →「留め金」[名] **2**
> →「ぱちんという音(を立てる)」[名] **1**; [他] **1**, [自] **5** →「ぷっつり切れる, 折れる」[自] **1**

— [動] (**snaps** /~s/; **snapped** /~t/; **snap·ping**) [自] **1** ぷっつり切れる; ぽきんと折れる: The string *snapped*. ひもがぷっつり切れた / The branch ***snapped off***. <V+*off*> 枝がぽきんと折れた.
2 [副詞(句)を伴って] かちり[ぱちん]と閉まる[開く] (*together*): The door *snapped* shut. <V+C (形)> ドアがかちゃんと閉まった / The bolt ***snapped into*** place. <V+*into*+名> かんぬきはかちゃりと閉まった. **3** (人に)がみがみ言う, つっかかる[かみつく](ように言う) (*at*). **4** (犬などが)(ぱくっと)かみつく, かみつこうとする (*at*); (喜んで)飛びつく: He *snapped at* the chance. 彼はその好機に飛びついた. **5** ぽきん[ぱちん, かちっ]と音を立てる: The bonfire *snapped* and popped. たき火がぱちぱちはじけた. **6** (略式, 主に英) スナップ写真をとる. **7** (神経などが)参る, キレる, ぷっつんする.
— [他] **1** 〈…〉をぱちり[ぽきん, かちっ]といわせる; ぽきりと折る (*off*): ~ … in two [half] …を半分に折る / He *snapped* his fingers at me. 彼は私に向かって指をぱちんと鳴らした (挑戦・軽蔑を示したり注意を引くため).
2 〈…〉をぱちり[ぱたん, かちり]と閉める[開ける]: She ***snapped down*** the lid. <V+*down*+O> 彼女はふたをぱたんと閉めた / I *snapped* my purse shut. <V+O+C (形)> 私は財布をぱちんと閉めた. **3** 〈…〉と[を]鋭く[かみつくように]言う, どなって言う (*out*): "Be quiet!" *snapped* the teacher. 「静かに」と先生は鋭く言った. **4** (略式) 〈…〉のスナップ写真をとる. **5** (米) 〈連敗など〉を断ち切る.

snáp báck [動] [自] (1) (…に)ぴしゃっと言い返す (*at*). (2) (病気などから)回復する. **snáp it úp** [動] [自] Ⓢ (米) =snap to it. **snáp óff** [動] [他] 〈明かりなど〉を消す. **snáp ón** [動] [他] 〈明かりなど〉をつける. **snáp óut of …** [動] [他] (物思いなど)からさっと抜け出す. **snáp óut of it** [動] [自] Ⓢ (略式) (習慣・態度などを)さらっと改める; 急に元気を出す. **snáp …'s héad òff** [動] (英略式) つっけんどんに答える, (何でもないのに)人にがみがみ言う. **snáp tó it** [動] [自] [普通は命令文で] Ⓢ 急ぐ. **snáp úp** [動] [他] (取ろうとして)〈…〉に飛びつく; 先を争って〈…〉を買う, 〈人〉を即座に獲得する.

— [名] (~s /~s/; [形] snáppy) **1** [単数形で] ぱちん[ぱたん, かちり, ぽきん]という音: with a ~ ぱちん[かちり, ぽきん]と音を立てて / the ~ *of* a branch 枝のぽきんと折れる音 / With a ~ of his fingers, the magician made flowers appear. 手品師が指をぱちんとならすと花が出てきた.
2 [C] (米) 留め金, スナップ, ホック (snap fastener). **3** [a ~] (米略式) 楽な仕事, 朝飯前のこと: It was *a* ~ get*ting* [*to* get] the work done. その仕事をするのは楽だった. **4** [C] (天候の)急変, 激変, (突然の)寒さの襲来 (cold snap). **5** [U] (略式) 元気, 活気 (vigor): Put some ~ into your work! きびきびやらんか, ちんたらするな! **6** [C] 〘アメフト〙 スナップ (短いパス). **7** [C] (英略式) スナップ写真 (snapshot): take a ~ of … …のスナップをとる. **8** [C] 食いつくこと (*at*). **9** [C] [普通は合成語で] スナップ (薄くてもろいクッキー): brandy ~*s* ブランデー風味のスナップ. **10** [U] スナップ (トランプ遊びの一種). — [形] [A] **1** 急な; 即座の; 不意の: a ~ decision 即座の決断 / a ~ election (英) 急な選挙. **2** スナップ[留め金]式の. **3** (米略式) 楽な: a ~ job 朝飯前の仕事. — [感] Ⓢ (英) **1** おそろいだ, 同じだ (着ている衣服などで相手と自分が同じであることに気がついたときに言うことば). **2** スナップ! (トランプ遊びのスナップで同じランクのカードが出たときに発するかけ声).

snáp bèan [名] [C] (米) さやいんげん.

snáp·dràgon [名] [C] 金魚草.

snáp fàstener [名] [C] (米) 留め金, スナップ, ホック ((英) press-stud).

snáp-òn [形] [A] (おもちゃ・道具などが)簡単に着脱できる.

snap·per /snǽpə | -pə/ [名] [C,U] ふえだい (海魚).

snap·pi·ly /snǽpɪli/ [副] 気が利いて; スマートに; ぶっきらぼうに.

snap·pi·ness /snǽpinəs/ [名] [U] 簡潔さ; スマートさ.

snáp·ping tùrtle [名] [C] 〘動〙 かみつきがめ (北米産).

snap·pish /snǽpɪʃ/ [形] がみがみ言う, ぶっきらぼうな, 不機嫌な. **~·ly** [副] ぶっきらぼうに. **~·ness** [名] [U] ぶっきらぼうなこと.

+**snap·py** /snǽpi/ [形] (**snap·pi·er**; **-pi·est**; [名] snap) **1** (ことばなどが)簡潔な, 気の利いた. **2** [普通は [A]] (英略式) しゃれた, スマートな. **3** (主に英) = snappish. **Lóok snáppy! =Máke it snáppy!** Ⓢ (英略式) さっさとやれ.

+**snáp·shòt** [名] [C] **1** スナップ(写真) ((略式) snap): take a ~ of … …のスナップ写真をとる. **2** [普通は単数形で] (事柄の)寸描 (*of*).

+**snare** /snéə | snéə/ [名] [C] **1** (小鳥・小動物を捕らえるための)わな (trap): A fox is not taken twice in the same ~. (ことわざ) きつねは 2 度と同じわなにはかからない (柳の下にいつもどじょうはいない). **2** (文) 危険[失敗など]に陥れるもの, 落とし穴, わな, 誘惑. **3** =snare drum. — [動] (**snar·ing** /snéˈ(ə)rɪŋ/) [他] **1** 〈…〉をわなで捕らえる; 陥れる, 誘惑する. **2** 〈…〉を巧みに手に入れる.

snáre drùm [名] [C] 小太鼓 (下面に響線 (snare) が張ってある) (side drum).

snarf /snáːf | snáːf/ 動 《米略式》〈…〉をガツガツ食べる, ガブガブ飲む (down).

snark·y /snáːki | snáː-/ 形 《略式》不機嫌な, いらいらした.

⁺**snarl**¹ /snáːl | snáːl/ 動 ⾃ **1** 〈犬が〉歯をむいてうなる (at). **2** 怒って言う, どなる (at). — 他 〈…〉を厳しい口調で言う, どなる. — 名 [普通は単数形で] うなり声 (growl); ののしり声, どなり声.

snarl² /snáːl | snáːl/ 動 他 [普通は受身で] (反 unsnarl) 〈毛・髪など〉をもつれさせる; 〈交通など〉を渋滞させる; 〈状況など〉を混乱させる (up). — ⾃ 混乱する.
— 名 C **1** もつれ, 混乱. **2** = snarl-up.

snárl-ùp 名 C 《英略式》混乱; 交通渋滞.

*⁺**snatch** /snǽtʃ/ 動 (**snatch·es** /-ɪz/; **snatched** /-t/; **snatch·ing**) 他 **1** 〈…〉をひったくる, 奪い取る; もぎ取る; 〈人〉を連れ去る, 誘拐する (☞ take 類義語): The man ~ed the girl's purse. 男は女の子のハンドバッグをひったくった / I ~ed the knife *away from* him. <V+O+副＋前＋名・代> ナイフを彼からもぎ取った / She ~ed the newspaper *from* me. 彼女は私からその新聞をひったくった. **2** 〈…〉をすばやく[さっと]手に入れる; 〈食事・睡眠〉を急いでとる; やっと〈勝利など〉を得る: I ~ed a quick lunch. 急いで昼食をとった. — ⾃ **1** ひったくろうとする, さっと取ろう[つかもう]とする: She ~ed at my book. 彼女は私の本をひったくろうとした (☞ at 3 語法). **2** 〈機会・申し出など〉に飛びつく (at). **snatch úp** 動 〈…〉を争って[飛びついて]買う[取る]. — 名 C **1** [しばしば複数形で] 〈歌・ことばなどの〉断片 (piece); 短い間, ひとしきり: I only caught ~es of their conversation. 会話をとぎれとぎれに聞いただけだ. **2** 主に新聞で] ひったくり, 強奪, ひったくり, 誘拐. **3** 《卑》女性器. **in snátches** 副 とぎれとぎれに, (時々)思い出したように.

snatch·er /snǽtʃə | -tə/ 名 C [しばしば合成語で] ひったくり(人), かっぱらい.

snátch squàd 名 C 《英》暴徒を逮捕する機動隊.

snaz·zi·ly /snǽzəli/ 副 《略式》かっこよく.

snaz·zy /snǽzi/ 形 (**snaz·zi·er**; **-zi·est**) 《略式》〈衣服など〉いきな, しゃれた, かっこいい; 派手な.

*⁺**sneak** /sníːk/ 動 (**sneaks** /-s/; 過去・過分 **sneaked** /-t/, また **snuck** /snʌk/; **sneak·ing**) ⾃ **1** [副詞(句)を伴って] こそこそと入る[出る], うろつく; こそこそ逃げる (around, away, in, off) (☞ prowl 類義語): The man ~ed into the room. その男はこそこそと部屋に入った. **2** 《古風, 英略式》〈生徒が〉(…のことを)先生に告げ口する (on, to) (snitch).
— 他 《略式》〈…〉をこっそり持ち出す[込む] (out of, into); 気づかれないようにやる; こっそり盗む[食べる, 吸う] (from): John ~ed a look [glance, peek] at her letter. ジョンはこっそり彼女の手紙を見た / He ~ed her a note. 彼は彼女にこっそりメモを手渡した.
 snéak úp 動 ⾃ こっそり近づく (on, to, behind).
— 名 C **1** 《米略式》こそこそする人, 卑劣な人. **2** 《英略式》告げ口をする子[人] (snitch, 《米》tattletale).
— 形 C こっそり行なわれる, 予告なしの: a ~ attack やみ打ち, 奇襲(攻撃).

⁺**sneak·er** /sníːkə | -kə/ 名 C [普通は複数形で] スニーカー, ゴム底の運動靴: a pair of ~s スニーカー1足.

sneak·i·ly /sníːkɪli/ 副 こそこそと.

sneak·ing /sníːkɪŋ/ 形 A 《英》〈感情が〉ひそかな, 口に出さない; 漠然とした: a ~ suspicion 漠然とした疑い.

snéak préview 名 C (非公式の)試写会 (of).

snéak thíef 名 C こそどろ.

sneak·y /sníːki/ 形 (**sneak·i·er**; **-i·est**) こそこその, 卑劣な.

*⁺**sneer** /sníə | sníə/ 動 (**sneer·ing** /sní(ə)rɪŋ/) ⾃ あざ笑う, 鼻であしらう (at) (☞ laugh 類義語). — 他 〈…〉と[を]あざ笑う. — 名 C 冷笑, 軽蔑の言動[態度]): with a ~ あざ笑って.

snip 1671

sneer·ing /sní(ə)rɪŋ/ 形 A あざ笑った, 冷笑した.

sneer·ing·ly /sní(ə)rɪŋli/ 副 あざ笑って.

*⁺**sneeze** /sníːz/ 動 ⾃ くしゃみをする (☞ ahchoo).

参考 くしゃみをすると魂が体から抜け出ると考えられていた. 今でも, だれかがくしゃみをすると, 周りの人は "Bless [God bless] you!" または 《米》ドイツ語起源の "Gesundheit!" とひと声をかけて神の加護を祈ることがある. 言われた人は "Thank you." と答える.

 nót to be snéezed àt [形] Ⓢ 《略式》[しばしば滑稽] ばかにならない, 無視できる. — 名 C くしゃみ: give [hold back] a ~ くしゃみをする[こらえる].

snéeze guàrd 名 C (食品にかぶせる)くしゃみよけ(カバー).

snell /snél/ 名 C はりす(おもりと釣り針の間の糸).

snick¹ /sník/ 動 他 **1** 〈…〉に切れ目を入れる, 〈…〉を少し切る (on, with). **2** 《クリケ》〈球〉を切る. — 名 C (小さな)切れ目, 切り込み.

snick² 動 ⾃ 名 C カチカチ鳴る[鳴らす](音).

⁺**snick·er** /sníkə | -kə/ 動 (**-er·ing** /-k(ə)rɪŋ/) ⾃ **1** 《米》くすくす笑う, 忍び笑いをする (at) (《英》snigger). **2** 《英》〈馬が〉いななく. — 名 C **1** 《米》くすくす[忍び]笑い (snigger). **2** 《英》〈馬の〉いななき.

snide /snáɪd/ 形 (**snid·er**; **snid·est**) 〈発言・意見などが〉意地の悪い, いやみな, 皮肉たらしい. **~·ly** 副 意地悪く. **~·ness** 名 U いやみなこと.

*⁺**sniff** /snɪf/ 動 (**sniffs** /-s/; **sniffed** /-t/; **sniff·ing**) ⾃ **1** 鼻をする, 鼻をぐすぐすいわせる: Please excuse my ~ing and sneezing. 鼻をすすったりくしゃみをしたりしてすみません.
2 においをかぐ, 〈犬などが〉くんくんかぐ: The dog ~ed at the stranger. その犬は見知らぬ人のにおいをかいだ.
— 他 **1** 〈…〉を鼻から吸い込む (up); 〈…〉のにおいをかぐ. **2** 〈シンナーなど〉を吸う (☞ glue sniffing). **3** 〈…〉を鼻であしらって[鼻をすって]言う.
 sníff at … [動] 他 Ⓢ 《英略式》…を鼻であしらう, ばかにする: His predictions are "nothing to ~ at [not to be ~ ed at]. 彼の予測もばかにならない. **sníff aróund** [《米》**róund**] … [動] 他 (1) (情報・秘密などを求めて)〈場所など〉をかぎまわる. (2) (性交相手・従業員など)とさがしまわる. **sníff óut** [動] 他 (1) 〈犬が〉〈麻薬・爆発物など〉をかぎつける. (2) 《略式》〈秘密〉を探り出す, 〈…〉に感づく.
— 名 C **1** 鼻をすすること[音]. **2** くんくんかぐこと, ひと嗅ぎ, ひと吸い (of); におい: Take [Have] a ~. においをかいでごらん. **3** [普通は単数形で] 《略式》わずかなチャンス; 気配 (of).

sniff·er /snɪfə | -fə/ 名 C **1** (においを)かぐ人: ☞ glue sniffer. **2** におい探知器.

snif·fi·ly /sníflɪli/ 副 《略式》鼻あしらって.

snif·fle /snífl/ 動 ⾃ 鼻をする, すすり泣く.
— 名 C **1** 鼻をすすること, 鼻声. **2** [the ~s] Ⓢ 《略式》鼻かぜ, 鼻詰まり: have [get] *the* ~s 軽い(鼻)かぜをひいている[ひく].

snif·fy /snífi/ 形 (**snif·fi·er**; **-fi·est**) 《略式》鼻であしらう, 高慢な; 不満を表わす, 軽蔑的な (about).

snif·ter /snɪftə | -tə/ 名 C **1** 《米》(西洋なし形の)ブランデーグラス. **2** 《古風, 英略式》(酒の)一口, 一杯.

⁺**snig·ger** /snɪgə | -gə/ 動 名 C 《英》= snicker 1.

⁺**snip** /sníp/ 動 (**snips**; **snipped**; **snip·ping**) 他 〈…〉をちょきんと切る, はさみで切る; ちょきんと切り取る (off). — ⾃ ちょきんと切る (at). — 名 **1** C (はさみで)ちょきんと切ること; 切れ端 (of). **2** C 《米略式》つまらないやつ, 青二才, 生意気な奴. **3** Ⓢ [a ~] 《英略式》特価[お買い得]品 (at). **4** [複数形で]

(金属板を切るための)手ばさみ.
+**snipe** /snáɪp/ 名 (複 ~(s)) C しぎ, たしぎ《沼や湿地に住む猟鳥》. ― 動 自 1 (隠れた所からねらい撃ちする, 狙撃(きぎ)する (at). 2 人を中傷[非難]する (at).
snip·er /snáɪpə | -pə/ 名 C 狙撃者[兵].
snip·ing /snáɪpɪŋ/ 名 U 狙撃.
+**snip·pet** /snípɪt/ 名 C 切れ端, 切片; 断片, 抜粋: ~s of information 断片的な情報.
snip·py /snípi/ 形 (snip·pi·er; -pi·est) 《米略式》ぶっきらぼうな, そっけない, 横柄な.
snit /snít/ 名 C,U [普通は a ~] 《略式》いら立ち, 立腹, 不機嫌: be in a ~ ぷんぷんしている.
snitch /snítʃ/ 動 《略式》他 《つまらぬものを》盗む, くすねる. ― 自 密告する, (…のことを)告げ口する (on). ― 名 C 1 《略式》密告者. 2 《古風, 英》《滑稽》鼻.
sniv·el /snív(ə)l/ 動 (sniv·els; sniv·eled, 《英》sniv·elled; -el·ing, 《英》-el·ling) 自 泣き言を並べる; めそめそする, 哀れっぽく泣く.
+**snob** /snáb | snɔ́b/ 名 C 1 スノッブ, 俗物《上流を気取り上の人にへつらい下の者にいばる人》. 2 《自分の教養などを》鼻にかける人, 気取り屋: an intellectual ~ 知識人ぶる人 / a music ~ 音楽通ぶる人. **snób appéal** [**válue**] [名] (高価・稀少・舶来といった)俗物根性に訴える要素.
+**snob·ber·y** /snáb(ə)ri | snɔ́b-/ 名 (-ber·ies) 1 U 上流気取り, 俗物根性. 2 [複数形で] 俗物的な言動.
snob·bish /snábɪʃ | snɔ́b-/ 形 《略式》スノッブ的な, 上流気取りの, 気取りっぽい. **~·ly** 副 俗物的に, 気取って. **~·ness** 名 U 俗物根性, 上流気取り.
snob·by /snábi | snɔ́bi/ 形 《略式》=snobbish.
SNO·BOL, Sno·bol /snóubal | -bɔl/ 名 《電算》スノーボル《記号列を扱うためのプログラム言語; String Oriented Symbolic Language の略》.
snog /snág | snɔ́g/ 動 《英略式》(snogs; snogged; snog·ging) 自 キスして抱き合う (with). ― 他 〈人と〉キスして抱き合う. ― 名 C [普通は単数形で] ネッキング, 愛撫.
snook /snúk, snú:k/ 名 [次の成句で] **cóck a snóok at ...** [動] 他 《英略式》[主に新聞で] ...に軽蔑のしぐさをする, あかんべーをする《親指を鼻先に当てほかの 4 本の指を広げて見せること; 日本語の「あかんべー」などに相当する》.
+**snook·er** /snúkə | snú:kə/ 名 1 U スヌーカー《玉突きの一種; 15 個の赤玉と 6 個の色違いの玉を使う》. 2 C スヌーカー《まっすぐ突こうとする時, 手玉と的玉の間にあってじゃまになる玉》. ― 動 (-er·ing /-k(ə)rɪŋ/) 他 1 〈玉突きの〉スヌーカーで〈相手を〉窮地に立たせる. 2 [普通は受身で] 《英略式》〈人の〉じゃまをする, 窮地に立たせる; 負かす. 3 《米略式》〈人を〉だます.
snoop /snú:p/ 動 《略式》自 [副詞(句)を伴って] うろうろのぞき回る (about, around, on); 詮索(はさ)する (into, on). ― 名 C 1 のぞき回ること. 2 =snooper.
snoop·er /snú:pə | -pə/ 名 C のぞき回る人, 詮索(はさ)好きな人.
snoop·y /snú:pi/ 形 (snoop·i·er; -i·est) 《略式》のぞき回る, 詮索(はさ)好きの.
Snoo·py /snú:pi/ 名 固 スヌーピー《米国の漫画家 Charles M. Schulz の漫画 Peanuts に登場する犬》.
snoot /snú:t/ 名 C 《米略式》鼻.
snoot·ful /snú:tfʊl/ 名 《略式》酔うに足る酒量.
snoot·i·ness /snú:tɪnəs/ 名 U 《略式》横柄さ, 高慢さ.
snoot·y /snú:ti/ 形 (snoot·i·er; -i·est) 《略式》横

柄な, 高慢な.
snooze /snú:z/ 動 《略式》自 (日中に)居眠りする. **If you snóoze you lóse.** 《米略式》油断するとチャンスを逃す. ― 名 C 1 [普通は単数形で] うたた寝, 居眠り: have a ~ 居眠りする. 2 《滑稽》ひどく退屈なもの.
+**snore** /snɔ́ə | snɔ́:/ 動 (**snor·ing** /snɔ́:rɪŋ/) 自 いびきをかく: ~ loudly 大きないびきをかく. ― 名 C いびき. 関連 zzz いびきの音.
snor·kel /snɔ́əkl | snɔ́:-/ 名 C 1 シュノーケル《潜水するときに口にくわえる呼吸用パイプ》. 2 シュノーケル《潜水艦の換気装置》. ― 動 (snor·kels; snor·keled, 《英》snor·kelled; snor·kel·ing, 《英》snor·kel·ling) 自 シュノーケルで潜水する.
snór·kel·ing, 《英》**-kel·ling** 名 U シュノーケル潜水[遊泳].
snort /snɔ́ət | snɔ́:t/ 動 自 1 (いらだち・怒り・軽蔑・不賛成などで, また時に面白がって)鼻を鳴らす (at, with). 2 〈馬などが〉鼻を鳴らす《☞ cry 表 horse》. ― 他 1 鼻を鳴らして言う. 2 《麻薬》吸う (sniff). ― 名 C 1 荒い鼻息; 鼻を鳴らすこと: give a ~ of contempt ふんと軽蔑して鼻を鳴らす. 2 《麻薬》一かぎ, 吸飲. 3 《略式》(少量の強い酒の)一気飲み.
snort·er /snɔ́ətə | snɔ́:tə/ 名 C 《古風, 略式》すばらしい[すごい]もの, 猛烈なもの[こと].
snot /snát | snɔ́t/ 名 《略式》1 U 鼻水 (mucus の意の下品な語). 2 C 生意気な人.
snót·nòsed 形 《略式》(若造のくせに)生意気な, ねっかえりの, 鼻たれの.
snot·ty /snáti | snɔ́ti/ 形 (**snot·ti·er; -ti·est**) 《略式》1 (特に若者が)生意気な, 横柄な. 2 鼻水たらして汚い.
snótty-nósed 形 《英略式》=snotty 1.
snout /snáʊt/ 名 C 1 《豚などの》鼻《☞ nose 表 関連》; 鼻の形をしたもの, 鼻のように突き出たもの《銃口など》. 2 《俗》《軽蔑・滑稽》(人の大きな)鼻. 3 《英略式》密告者.
*+**snow** /snóʊ/ 《頭音 snore》名 (~s /-z/; snówy) 1 U (snows) 《☞ rain 表》; 降雪; 積もる雪: walk in the ~ 雪の降る中を歩く / a blanket of ~ 一面の雪 / We didn't have much ~ last year. 昨年はあまり雪が降らなかった / They traveled over the ~ on skis. 彼らはスキーをはいて雪の上を行った / Four inches of ~ fell overnight. 一晩で 4 インチの雪が積もった. 降雪を 1 回, 2 回と数えるとき, またはいろいろな状態の雪をいうときには C となることもある: We had a heavy ~ last night. 昨晩大雪が降った. 先週大雪が降った. 2 [複数形で] (1 回の多量の)積雪; [普通は the ~s] 降雪(期); 積雪の広がり; 積雪地帯: the ~s of the Alps アルプスに積もった雪. 3 U 《テレビ》スノー《電波が弱いときの画面の白いちらつき》. 4 U 《俗》《白い粉の》麻薬《コカイン・ヘロインなど》. **(as) whíte as snów** [形] (雪のように)真っ白い《☞ snow-white, Snow White》.
― 動 (snows /-z/; snowed /-d/; snow·ing) 自 [it を主語として; ☞ it¹ A 2] 雪が降る: It is ~ing hard [heavily]. ひどく雪が降っている. ― 他 1 [普通は受身で] 〈…を〉雪で覆(お)う, 雪で閉じ込める: We were ~ed in 《英》 for a whole week. まる 1 週間雪に閉じ込められた. 2 《米略式》〈人を〉うまいこと言ってだます, 丸めこむ (into) 《☞ snow job》.
be snówed únder [動] (1) (物が)雪に埋まる. (2) (人が…に)圧倒される: I am ~ed under with work. こなせないほどの仕事をかかえている.
+**snow·ball** /snóʊbɔ̀:l/ 名 C 1 雪玉, 雪つぶて: have a ~ fight 雪合戦をする. 2 [普通は単数形で] 雪だるま式に大きくなっていくもの: a ~ effect 雪だるま式に増えるような影響[効果]. **nót hàve [stánd] a snówball's chánce in héll (of dóing)** [動] 《略式》(...する)見込みが全くない. ― 動 自 1 (計画・問題・

話などが)(雪だるまのように)だんだんと大きくなる[増大する](*into*): a ~*ing* debt 雪だるま式に増えていく借金. **2** [進行形で] 雪玉を投げる; 雪合戦をする.
snow・bank 名 C 《主に米》雪の吹きだまり.
Snów・bèlt 名 [the ~] (米国北部の)豪雪地帯 (☞ Sunbelt).
snów・bìrd 名 C 《米》**1** [時に S-] 《略式》避寒者 《冬期に暖かい場所に移動する; 特に老人》. **2** [鳥] ひめどり・ゆきほおじろなどの総称.
snów-blìnd 形 [普通は P] 雪盲(もう)になった.
snów blìndness 名 U 雪盲《雪の反射光で目を痛めること》.
snów・blòwer 名 C 噴射式除雪機[車].
snów・bòard 名 C スノーボード《幅の広いスキー状の板》.
snów・bòarder 名 C スノーボードをする人.
snów・bòarding 名 U スノーボード《スポーツ》.
snów-bòund 形 雪に囲まれた, 雪に埋もれた, 雪で立ち往生した: a ~ village 雪で閉じ込められた村.
snów bùnny 名 C 《米略式》〔性差別〕(ボーイハントの目的で)スキー場通いをする女性.
snów・càp 名 C 山頂の雪, 雪冠.
snów-càpped 形《文》(山が)雪をいただいた.
snów chàins 名 [複] (雪道用の)タイヤチェーン.
snów-clàd 形《文》=snow-covered.
snów còne 名 C (カップ入りの)かき氷.
snów-còvered 形 雪におおわれた, 雪化粧した.
snów dày 名 C《米》(学校などが休みになる)降雪日, 雪の日.
snów・drìft 名 C 雪の吹きだまり.
snów・dròp 名 C スノードロップ, まつゆきそう《早春に咲く釣鐘状の白い花》.
snów・fàll 名 C (一回の)降雪; U 降雪量: a heavy [light] ~ 大[小]雪 / the first ~ of the year 初雪.
snów fènce 名 C 防雪柵(さく).
snów・fìeld 名 C 雪原, (高山などの)万年雪.
snów・flàke 名 C 雪片, (降る)雪の一ひら.
snów gòggles 名 [複] 雪めがね, スキー用ゴーグル.
snów gòose 名 C はくがん《北極地方に生息するがん》.
snów hòuse 名 C《米》雪でできた家《イグルーなど》.
snow・i・ness /snóuinəs/ 名 U 雪の多いこと, 多雪;《主に文》純白.
snów jòb 名 [単数形で]《米略式》(ことば巧みに)だまそうとすること, 丸め込み; 口車: do a ~ on ...(人)をだます.
snów lèopard 名 C ゆきひょう《中央アジア山岳地帯に生息するひょう》.
snów lìne 名 [the ~] 雪線《万年雪の最低境界線》.
snów machìne 名 C《米》雪上車.
snów・màn /-mæn/ 名 (-men /-mèn/) C 雪人形, 雪だるま. 日英比較 日本の雪だるまは人間の形に近い. 鼻にはにんじんを使うのが習慣. 雪玉を3つ重ねて作ることもある.
snów mèlt 名 U 雪解けの水.
snow・mo・bile /snóumoʊbiːl/ 名 C スノーモービル《小型の雪上車》.
snówmobile sùit 名 C《米》上下つなぎの防寒服.
snów・pàck 名 C 雪塊水原《夏季に少しずつ溶ける氷で固まった高原》.
snów pèa 名 C《米》さやえんどう (《英》mangetout).
snów・plòw,《英》-plòugh 名 C 雪かき(道具); 除雪機[車]. ── 動〔スキー〕全制動をかける.
snów ròute 名 C《米》スノールート《降雪時に除雪のため道路外への人の移動が求められる重要な市街道路》.
snow・scape /snóuskeɪp/ 名 C 雪景色.
snów・shèd 名 C《主に米》(線路沿いまたは線路上空の)雪崩(なだれ)よけ.
snów・shòe 名 C [普通は複数形で] 雪靴, かんじき: walk on ~s 雪靴で歩く.
snów shòvel 名 C 雪かき用シャベル.
snów・slìde 名 C 雪崩(なだれ).
snów・stòrm 名 C 吹雪.
snów・sùit 名 C (つなぎ服のように全身を包む)子供用の防寒着.
snow thròwer 名 C =snowblower.
snów tìre 名 C《米》スノータイヤ.
Snów Whìte 名 固 白雪姫《グリム (Grimm) 童話の主人公》. 
⁺**snow-whìte** 形 雪のように白い.
⁺**snow・y** /snóui/ 形 (snow・i・er; snow・i・est;《略式》snow) **1** 雪の降る, 雪の多い: a ~ day 雪の日. 関連 rainy 雨降りの. **2** 雪の積もった. **3**《文》真っ白の; 清浄な (pure).
SNP /èsènpí/ 略 [the ~] =Scottish National Party.
Snr 略 =senior.
⁺**snub** /snʌ́b/ 動 (snubs; snubbed; snub・bing) 他〈人〉を鼻であしらう, 冷遇する, 無視する;〈申し込みなど〉をすげなく断わる. **snúb one's nóse at ...** 動 他 (人)を鼻であしらう, 無視する. ── 名 C 鼻先であしらうこと, 冷遇. ── 形 A (鼻などが)ずんぐりして上を向いた: ~ nose しし鼻.
snúb-nósed 形 **1** しし鼻の. **2** (ピストルなどが)短銃身の.
snuck /snʌ́k/《米》sneak の過去形および過去分詞.
⁺**snuff**¹ /snʌ́f/ 動 他 **1** 〈ろうそくなど〉のしんを切る. **2** 〈ろうそく〉を消す (*out*). **3** 〈反乱・希望など〉を終わらせる, 消滅させる (*out*). **4** 《略式》〈人〉を殺す (*out*). **snúff it** 動 自《英略式》〔滑稽〕くたばる (die).
snuff² /snʌ́f/ 動 自 (動物などが)鼻をふんふんいわせる, かぐ (sniff). ── 他 〈香りなど〉をかぐ, 鼻で吸い込む. ── 名 U かぎたばこ: take (a pinch of) ~ かぎたばこを(1服)吸う. **úp to snúff** 形 [しばしば否定文で] 申し分ない, (健康が)良好で.
snúff・bòx 名 C かぎたばこ入れ.

snuff·er /snʌ́fə | -fə/ [名] [C] (柄の先がベル状になった)ろうそく消し.

snúff film [名] [C] =snuff movie.

snuf·fle /snʌ́fl/ [動] [自] (犬などが)鼻をくんくんいわせる, 鼻をすする (sniffle); (鼻詰まりで)鼻を鳴らして息をする. — [他] ‹…›を鼻声で言う (*out*). — [名] **1** [C] 鼻をすすること[音]; [単数形で] 鼻声 (sniffle). **2** [the ～s] 鼻かぜ.

snúff mòvie [名] [C] 《略式》スナッフ映画《実際の殺人を撮影した(ポルノ)映画》.

+**snug** /snʌ́g/ [形] (**snug·ger**; **snug·gest**) **1** (場所などが)(暖かくて)居心地のよい, 快適な; (人が)快適に感じる《☞comfortable 類義語》: lie (warm and) ～ in one's bed ベッドで(暖かく)気持ちよく寝る / sit in a ～ armchair by the fire 炉端の心地よいひじ掛けいすに座る《☞ in[1] [前] 1 (1) [語法]》. **2** こぢんまりした, こぎれいな: a ～ little room こぢんまりした小部屋. **3** (体などに)ぴったり合う; [時に婉曲] きつすぎる: a ～ sweater ぴったり体に合うセーター. — [名] [C] 《英》(パブなどの)こぢんまりした個室.

snug·gle /snʌ́gl/ [動] [自] [副詞(句)を伴って] 《略式》すり寄る, 寄り添う (*up to, against*); (寝具の中へ)心地よく入り込む[身を丸める] (*down, into*). — [他] **1** ‹子供など›を抱き寄せる, 抱き締める. **2** (心地よい所に)‹…›をすり寄せる.

snúg·ly [副] **1** 居心地よく, 快適に. **2** こぢんまりと, こぎれいに. **3** (体などに)ぴったりと.

snúg·ness [名] [U] 居心地のよさ.

‡**so**[1] /sóʊ/ ([同音] sew, sow[1]; [類音] saw[1,2], soak, soap, soar, sore, thaw) [副]

基本的には「そのように」の意.

① それほど; とても	1; 4
② そんな風に, そのように	3, 6, 7
③ [接続詞的に] そこで; では	2; 5
④ そのとおり, 全く	8
⑤ [肯定文の後を受けて] …もまた — する[である]	9

1 それほど, そんなに, こんなに, あんなに, それくらい; [普通は about, just, only などを伴って] これくらい, この程度まで. (1) [形容詞・副詞の前につけて]: Don't decide *so* quickly. そんなに早く決めないでください / The problem was not *so* difficult. 問題はそんなに難しくなかった / She couldn't walk any longer, she was *so* tired. 《略式》彼女はもう全然歩けなかった. それほど彼女は疲れていた 《so は前の文全体を受ける》. [語法] 書きことばでは She was *so* tired *that* she could not walk any longer. がよい // We have *only so* many minutes before the game starts. 試合開始まで数分しかない / The movie is not *so* very interesting. その映画は大しておもしろくない / "How tall was she?" "*About só* tall." 「彼女の背丈はどれほどでした」(身振りで高さを示しながら)「このくらいでした」

> [語法] **so と such**
> (1) **不定冠詞の位置** so が「不定冠詞+形容詞+名詞」 につくときは次のような位置をとるが, これは格式ばった言い方: [言い換え] There has never been *so* happy *a* time *as* those days. (=There has never been *such a* happy time *as* those days.) あの当時ほど幸せなときはなかった.
> (2) such とは異なり, この意味の so は「形容詞+複数名詞」につくことはない《☞ such [形] 1(3)》.

(2) [動詞を修飾して] 《古風》: They *so* enjoyed playing tennis. 彼らはテニスをずいぶん楽しんだ / Don't worry *so*! そんなに心配しないで.

2 [つなぎ語] [接続詞的に] **そこで,** それで, だから《前の節・文の結果を述べるときに用いる》《☞ and so (成句)》: The supermarket was closed, *so* I couldn't get any. スーパーが閉まっていたので何も買えなかった / This kitchen was well designed, *so* cooking was easy. この台所はうまく設計されていたので調理しやすかった.

3 [動詞を修飾して] **そんな風に,** そんな具合に, こんな風に, あんな風に: Hóld your pén *jùst só*. ペンをちょうどこんな風に持ちなさい / You should not behave *so*. 《文》そんな風にふるまうべきではない.

4 [形容詞・副詞・動詞を強めて] 《略式》**とても, 非常に** (very, very much). [語法] この用法の so は特に女性が好んで使う: It's *so* (very) kind of you to come to see me off. お見送り本当にありがとうございます / He's behaving *so* oddly these days. 彼はこの頃ふるまいがとても変よ / You're working far too hard—it does *so* worry me! あなたは働きすぎで, とても心配だわ.

5 [つなぎ語] [文頭で] Ⓢ **では, それじゃ,** さて (then) 《相手や自分が言ったこと, あるいは会話の場面を受けて, その結論や要約を述べるときに用いる》: *So* here we are at last. さてやっと着いたぞ / *So* you're going to be a father! じゃ, いよいよ君も父親というわけか / *So* are you saying that I was wrong? それじゃ君は僕が間違っていたと言うのかい.

6 **そのように,** そう, そのとおり: I told you *so*. Ⓢ 君にそう言ったじゃないか, 言わないこっちゃない / [会話] "Sally's getting married." "Yes, *so* ˈI heard [they say]." 「サリーが結婚するよ」「ええ, そう聞いています」

> [語法] **節の代りをする so**
> (1) この用法の so は say, think, hope, expect, believe, suppose, guess, fear, I'm afraid, it seems [appears] などの後で肯定の節の代用をすることがある《☞ not (5)》: I thínk [dòn't thínk] *sò*. そう思う[そうじゃないと思う]《☞ I think ... (think 成句)》/ I hópe *sò*. そうだといいね《☞ hope 囲み》.
> (2) **do so の使い方**
> do so の形で直前の動詞句の代用をする《☞ do[1] [代動詞] 1》: I asked him to mail the letter, but he forgot to *do so*. 彼に手紙を出すように頼んだのに彼は出し忘れてしまった.
> (3) 前の動詞が強く, so がそれより弱く発音される.

7 [補語のように用いて] Ⓢ **そう(で),** そのように, そのまま(で): Is that (really) *so*? (本当に)そうですか / How *so*? どうしてそうなのか / The weatherman says it might rain this afternoon. If *so*, we have to call off our picnic. 天気予報では午後は雨になるかもしれないって. もしそうならピクニックは中止にしないとね / "Is the novel interesting?" "Yes, ˈmore *so* [but less *so*] than I expected." 「その小説はおもしろいですか」「ええ, 思ったよりおもしろい[でも思ったほどおもしろくない]です」
[語法] 主格補語のように使われた so は強調のため文頭にくることがある: *Só* it séems [appéars]. そう思われる / *Só* it ís. (確かに)そうだ.

8 [so+主語 [there]+(助)動詞の形で] Ⓢ **そのとおり,** 確かに, 全く《同意や驚きを表わす》: "He is very lazy." "*So* he ís." 「あの男はひどく怠け者だな」「全くだね」/ "We all worked hard." "*So* we díd." 「みんな実に一生懸命働いた」「全くそのとおりだ」/ "There's a crow on the roof." "*So* there ís." 「屋根にからすがとまっている」「本当だ」/ "It's Dave!" "Why, *so* it ís!" 「デイブが来た」「おや, そうだね」 [語法] (1) 例文でアクセントをつけた語が強調される. (2) 次の 9 の場合と比較.

9 [肯定文の後を受けて, so+(助)動詞+主語の形で] [主に Ⓢ] **…もまた—する[である]**: He's left-handed and *so* am Í. 彼は左利きだが私もそうだ / "John can speak French." "*So* can Máry." 「ジョンはフランス語

が話せます」「メアリーも話せますよ」/ "I went to the movies yesterday." "Oh, did you? *So did Í.*"「きのう映画に行ったんだ」「そうかい, 僕も行ったよ」

語法 so と語順: **So A does. 対 So does A.**
(1)「…もまた」の意味がかかる語が強調され, so の後では上の 8 の場合と語順が逆になる《☞ inversion 文法》
(1) (v), do¹ [代動詞] 5》. 次の文を上の 8 の 2 番目の例文と比較: "They all worked hard." "*So did wé.*"「彼らはみんな一生懸命働いた」「我々もよく働いたよ」
(2) 否定文では neither または nor を用いる《☞ neither 副, nor 2》.

10 [主語+(助)動詞+so の形で] Ⓢ そうだってば《相手の否定のことばに対する反論を表わす》. **語法** 特に子供が用いる: **会話** "You're stingy." "I am not." "You are *só*."「君はけちだ」「けちなんかじゃない」「けちだってば」 **11** [人名などの前に置いて]《非標準》まさに…らしい, 実に…的だ.

and sò [接] それだから, それで《☞ 2》: There was a heavy rain, *and so* the river flooded. 大雨が降った. それでその川がはんらんした.

and sò òn=**and sò fòrth** …など, その他, …といったもの[人]《改まった文章では etc. と略す; ☞ etc.》: In the audience, there were students, teachers, clerks, *and so on* [*forth*]. 聴衆の中に学生, 教師, 事務員などがいた.

and sò òn and sò fòrth =and so on.
èven só ☞ even¹ 成句.
exáctly só =just so (3), (4).
gò so fàr as to dó ☞ far 成句.
it is só with … …の場合は[…については]そうである[それが言える]: Responsibility is important in every walk of life; *it is* especially [all the more] *so with* statesmen. 責任ということはどの職業においても大切だ. 政治家の場合は特にそうだ.
(jùst) so …, sò — ☞ as 成句.
jùst só [副] (1) ちょうどその[この]ように《☞ 3》.
(2) ちょうどこれくらい《☞ 1》. (3) [応答に用いて]《古風》まったくそのとおり. (4) [形容詞的に] きちんと整理されて; [副詞的に] きちんと, 申し分なく.
líke só [副] Ⓢ 《略式》こんな風に《☞ like this [that] (like¹ 前 成句)》; これくらい.
nòt (…) so … as — ☞ as 成句.
∴ or sò ☞ or 成句.
sò ∴ as — ☞ as 成句.
sò as nòt to dó 《格式》…しないように《so as to …の否定形》: Work hard *so as not to* fail the exam. 試験に落ちないように一生懸命勉強しなさい.
sò as to dó 《格式》…するように, …するために.
sò ∴ as to dó (1) とても…ほど…する[*such …as to do* (such 形 成句) も]): I am not *so* fool *as to* believe that. そんなことを信じるほど私はばかではない《☞ Would you be so kind as to do? (kind² 成句)》. (2) 《文》…することになるように…: This kitchen is *so* designed *as to* make cooking as easy as possible. この台所は料理ができるだけ楽にできるように設計されている.
Sò bé it. Ⓢ 《格式》それならそれでしかたがない《不本意な承諾などを表わす》.
só fàr ☞ far 成句.
so fàr as … ☞ far 成句.
Sò lóng! ☞ So long! の項目.
so lòng as … ☞ long¹ [前] 成句.
só mány ☞ many 代 成句.
só mány ∴ ☞ many 代 成句.
só múch ∴ ☞ much 代 成句.
sò mùch for ∴ ☞ much 代 成句.

só mùch só that … 非常にそうなので…, …なほどうで. **語法** 2 番目の so は前文にある形容詞・副詞を受ける《☞ so … that —》: He is hardworking—*so much so that* he's never home before midnight. 彼は働き者だ—夜 12 時前に帰宅することがないくらいだ.
só sò ☞ so-so.
sò that … T1 [接] そのため…, だから…: Interest rates are very low, *so that* there is little incentive to save. 利率が非常に低い. それで貯蓄の誘因がほとんどない. **語法** この用法の so that の前には普通コンマ (comma) がある《☞ so that … can do》.
só ∴ that — (1) [結果を表わして] 非常に…なので—《☞ such … that — (such 形 成句; that² B 2)》. **語法** 《略式》では that が省かれることがある: The box was *so* heavy (*that*) I could not move it. その箱はとても重くて私には動かせなかった / Joe was *so* busy today *that* he didn't have time for lunch. ジョーは今日とても忙しかったので昼食をとる時間がなかった. (2) [程度を表わして] —であるほど…: No one is *so* busy (*that*) he cannot read a newspaper once in a while. 時たま新聞を読めないほど忙しい人はいない. (3) [様態を表わして] —することになるように…: The building is *so* constructed *that* it will withstand a major earthquake. そのビルは大地震に耐えられるように作られている.
sò that … can dó=《格式》**sò that … may dó** …が—できるように《☞ that² B 1》: Work hard *so that* you *can* get into a good college. よい大学に入れるようによく勉強しなさい / She left early *so that* she *could* catch the first train. 彼女は一番列車に間に合うように早く出た. **語法** 《略式》では that が省かれることが多い: Please read slowly *so* (*that*) I *can* follow you. 内容が聞き取れるようにゆっくり読んでください.
sò that … will dó=《略式》**sò … will dó** …が—するように《☞ that² B 1》: Can you sew up this hole *so* (*that*) no one *will* notice? だれも気がつかないようにこの穴を繕って(°ˇ)くれますか. **語法** 特に否定構文で will を使わないこともある: You should get up early (,) *so* (*that*) you don't miss the train. 列車に乗り遅れないように早く起きたほうがよい.
Sò thére! 《略式》さあどうだ, わかったか: "You're not leaving this house!" "Yes, I am. *So there!*"「この家から出て行っちゃだめよ」「いいや出て行くよ. わかったか」
Sò (whát)? Ⓢ 《略式》[反抗・無関心を表わして] それがどうしたというのか: **会話** "You smoke too much." "*So what* (if I do)?"「たばこを吸いすぎるよ」「だから何」
—— 感 [驚き・疑い・反抗・賛成などを表わして] Ⓢ まあ!, まさか!; いかにも (…だが, それがどうした)!; よしよし!: *So*, you did it by yourself! 本当ですか(まさか), それを君ひとりでやったというのは / *So*, Mr. Bond, we meet again! やあボンドさん, また会えましたね / Put the mirror straight, *so*! 《主にアイル》鏡を真っすぐにして, それでよし.
so² /sóu/ 名 [単数形で] =sol¹.
So 略 《米》 =south, southern.

*****soak** /sóuk/ T1 動 (**soaks** /~s/; **soaked** /~t/; **soak·ing**) 他 **1** 〈…を〉浸す, 液体につける: Don't ~ your bread *in* the milk. <V+O+*in*+名・代> パンを牛乳に浸してはいけない.
2 〈…を〉ずぶぬれにする, びしょびしょにする (*with, in*): The rain ~*ed* the ground. 雨で地面がびしょびしょになった. **3** 《略式》〈…に〉法外な値段をふっかける; 〈…に〉重税を取る.
—— 自 **1** 漬る: She let the clothes ~ *in* soapy water for two hours. <V+*in*+名・代> 彼女は服をせっけん水に 2 時間浸した.
2 [副詞(句)を伴って] しみ通る (*in*): The coffee ~*ed into* the rug. <V+前+名・代> コーヒーが敷物にしみ込んだ / The rain ~*ed through* her coat. 雨が彼女

のコートにしみ通った. **3** 長風呂をする. **léave to sóak** [動] ⑯ 〈…を〉(水などに)浸しておく. **sóak óff** [動] ⑯ 〈ラベルなどを〉水につけてはがす. **sóak óut** [動] ⑯ 水に浸して〈汚れなど〉を取る. **sóak úp** [動] ⑯ (1) 〈液体〉を吸い取る. (2) 〈日光〉に十分楽しむ[浴びる]. 〈…〉に十分浸る. (3) 《略式》〈知識など〉を吸収する. (4) 《格式》〈金・時間など〉を要する, 使い果たす. ── 名 © **1** 浸すこと. **2** 〔特に **an óld sóak** として〕《略式》《滑稽》大酒飲み. **3** 浸すこと; ずぶぬれ, 浸透 (soaking).

⁺soaked /sóukt/ 形 🅿 **1** 〔雨で〕ずぶぬれて: I was caught in a shower and got ~ to the skin. 私はにわか雨にあってずぶぬれになった / I have to change my clothes. They are ~ through. 着換えなくっちゃ. びしょびしょだわ. **2** (…に)満ちて(いる) (with, in).

-soaked 〔合成語で〕~でぬれた: the blood-soaked clothes 血だらけの服.

⁺soak·ing /sóukɪŋ/ 形 **1** びしょぬれで. **2** 〔副詞的に〕びしょびしょに: get ~ wet びしょぬれになる. ── 名 © =soak 3.

⁺só-and-só 名 (~'s, ~s) 《略式》**1** Ⓤ だれそれ; なになに: Mr. S— 某氏 (Mr.—と書くこともある). **2** © 〔婉曲〕いやなやつ: You rotten s—! このろくでなしが.

⁺soap /sóup/ 名 /⑥ sóapy/ **1** Ⓤ© せっけん: a bar [cake] of ~ せっけん1個 / Wash these shirts with ~, please. このシャツをせっけんで洗ってください. 閲連 detergent 洗剤. **2** © 《略式》=soap opera. **nó sóap** [形] 《米略式》(申し出などに対して)認められない, だめ(だ); むだで, うまくいかない. ── 動 ⑯ せっけんで洗う[こする] (up); 〈…〉にせっけんをつける. **sóap onesèlf àll óver** [dówn] [動] ⑥ 全体にせっけんをつける.

sóap·bòx 名 © (街頭演説の)演説用の箱; 街頭演説. **be** [**gét, clímb**] **on óne's sóapbox** [動] 《略式》声高(ミェュ)に自分の意見を表明する. 由来 ロンドンの Hyde Park にある Speakers' Corner ではせっけん箱を演壇代わりに使って演説する人が多いことから.

sóap flàkes 名 [複] (英) フレークせっけん(薄片状に削ったもので傷みやすい衣類の洗濯用).

soap·i·ness /sóupinəs/ 名 Ⓤ せっけん質であること; 《略式》《軽蔑》お世辞ったらしいこと.

⁺sóap òpera 名 © (ラジオ・テレビの)連続メロドラマ, 昼メロ (《略式》soap). 由来 アメリカで以前はよくせっけん会社がスポンサーだったことから.

sóap pòwder 名 Ⓤ© (英) 粉せっけん (《米》 washing powder).

sóap·stòne 名 Ⓤ せっけん石 (柔らかく, 装飾品・家具・内装材・研磨材として用いる).

sóap·sùds 名 [複] せっけんの泡.

soap·y /sóupi/ 形 (**soap·i·er; -i·est**; ⑥ soap) 〔普通は 🅐〕**1** せっけん(質)の, せっけんのような; せっけんだらけの: ~ water せっけん水. **2** 《略式》《軽蔑》お世辞たらたらの, へつらいの. **3** 《略式》メロドラマ風の.

⁺soar /sɔ́ə/ 名 /sɔ́:/ (同音 sore¹⁻³, 《米》 saw, sew, so, sort, sow, sword, thaw) 🆃² 動 /soars /~z/; soared /~d/; soar·ing /sɔ́:rɪŋ/ ⑥ ⓌⓇ **1** [新聞で] (物価・温度などが)急に高くなる: The cost of living has ~ed. 生活費が高騰した. **2** (鳥・飛行機が)〔副詞(句)を伴って〕(空高く)舞い上がる, 空をかける; (グライダーが)滑空する: The skylark ~ed up into the blue sky. ひばりは青空高く舞い上がった / An eagle is ~ing high in the sky. わしが1羽空高くかけている. **3** 〔進行形なし; 副詞(句)を伴って〕高くそびえる (tower): Mt. Fuji ~s above all the other mountains. 富士山はほかのすべての山々より高くそびえている. **4** (希望など)が大きくふくらむ, 高揚する; (音楽などが)高く響き渡る. 語源 古(期)フランス語で「〈翼〉を大気にさらす」の意.

soar·ing /sɔ́:rɪŋ/ 形 (数字などが)急増する, うなぎ登りの; (建物が)空を突くような, そびえ立つ.

Soa·ve /swá:veɪ/ 名 Ⓤ© ソアーヴェ《イタリアの辛口白ワイン》.

⁺sob /sáb | sɔ́b/ 動 /⑥ (**sobs**; **sobbed**; **sob·bing**) ⑥ すすり泣く, (痛みなどで)しくしく泣く (with) (⮕ cry 名). Susan couldn't stop *sobbing*. スーザンは泣くのをやめられなかった. ── 他 〈…〉をすすり泣きながら話す[言う] (*out*). **sób onesèlf to sléep** [動] ⑥ しくしく泣きながら寝入る. **sób óne's héart óut** [動] ⑥ 胸も張り裂けんばかりにむせび泣く. ── 名 © すすり泣き(の声).

SOB, S.O.B. /ésoubí:/ 略 =son of a bitch (⮕ son 成句).

sob·bing·ly /sábɪŋli | sɔ́b-/ 副 (すすり)泣いて.

⁺so·ber /sóubɚ | -bə/ 形 (**so·ber·er** /-b(ə)rɚ | -rə/, **more ~**; **so·ber·est** /-b(ə)rɪst/, **most ~**; ⓔ sobriety) **1** 〔普通は 🅿〕酒に酔っていない, しらふの; 酒の度を過ごさない: He came home ~. 彼はしらふで帰宅した. **2** まじめな (⮕ serious 類義語); 冷静な, 穏健な (moderate): (a) ~ judgment 冷静な判断 / on ~ reflection 冷静に考えると. **3** (色・衣服が)地味な. **(as) sóber as a júdge** [形] 《古風》全くしらふの. ── 動 (**so·ber·ing** /-b(ə)rɪŋ/) ⑯ **1** 〈…〉の酔いをさます (*up*). **2** 落ち着かせる, まじめにする (*down*). ── ⑥ **1** 酔いがさめる (*up*). **2** 落ち着く (*down*).

sób·er·ing /-b(ə)rɪŋ/ 形 〔普通は 🅐〕人をまじめにさせる, 考えさせる: Her words had a ~ effect on him. 彼女のことばで彼はまじめになった.

sóber·ly 副 まじめに, 冷静に; 地味に.

so·bri·e·ty /səbráɪəti/ 名 Ⓤ 《格式》**1** 酒に酔っていないこと, しらふ; 節酒: a ~ test 《米》 飲酒テスト. **2** まじめ, 冷静, 穏健.

sobriety chéckpoint 名 © 《米》酒気帯び[麻薬使用]運転を検査している地点.

so·bri·quet /sóubrɪkèɪ/ ⓔ 《フランス語から》 名 © **1** ニックネーム, あだ名. **2** 仮名, ペンネーム.

sób sìster 名 © (悲話・美談などの)感傷的な記事専門の(女性)記者, 身上相談欄担当の(女性)記者.

sób stòry 名 © 《略式》《軽蔑》(聞き手の同情を引くような)涙っぽい大げさな(作り)話.

soc /sóus, sóuʃ/ 名 Ⓤ 《米略式》(教科としての)社会.

Soc. 略 =society, socialist.

⁺so-called /sóukɔ́:ld⁴⁻/ 🆃² 形 〔普通は 🅐〕〔しばしばけなして〕名ばかりの; いわゆる, 俗にいう: a ~ hero 名ばかりの英雄 / What do you think about the ~ "trade war" between Japan and the United States? 日米間のいわゆる「貿易戦争」についてどうお考えですか.

語法 (1) 名詞の後に置かれることもある: These advisers, ~, are virtually no help. このいわゆるアドバイザーたちは事実上なんの役にも立っていない. (2) 2語に綴られる so called (そう呼ばれる)と区別すること: John was so called then. ジョンが当時そう呼ばれた.

⁺soc·cer /sákɚ | sɔ́kə/ (発音 sucker) 名 Ⓤ サッカー (《英》 football) (⮕ eleven 名 4): play ~ サッカーをする / a ~ player サッカーの選手. 語源 association football を短縮した形に -er をつけたもの (⮕ rugger).

sóccer mòm 名 © 《米》 〔主に新聞で〕 サッカーママ (郊外の一戸建てに住み, 子供のスポーツや習い事の送り迎えに明け暮れる中流階級の典型的母親).

Soc·ce·roos /sákərú:z | sɔ̀k-/ 名 [複] 《豪略式》オーストラリア代表サッカーチーム.

so·cia·bil·i·ty /sòuʃəbíləti/ 名 Ⓤ 社交性; 交際上手, 愛想のよいこと.

⁺so·cia·ble /sóuʃəbl/ 🆃¹ 形 (ⓔ socíety; 反 unsociable) 〔ほめて〕社交的な, 交際好きな; 愛想のよい; (仕事, 時間などが)なごやかな. ── 名 © 《古風, 米》懇親会, 親睦(ⱥɴ)会. **-bly** /-bli/ 副 社交的に, 愛想よく,

打ち解けて.

*so·cial /sóuʃəl/ 🟥 形 名 society, 動 sócialize) **1** 〖主に A〗 **社会の**, 社会的な, 社会に関する: a ~ problem 社会問題 / ~ classes 社会各層 / ~ change 社会の変化 / This problem is ~ rather than political. この問題は政治的というよりはむしろ社会的なものだ. **2 社交上の**, 懇親(½ん)の, 友達づきあいの; 社交界の: 社交的な (sociable) (反) unsocial: a ~ get-together 懇親会 / a ~ evening 楽しい夕べのひととき (会合など) / a ~ event 社交上の催し / ~ graces 社交上のたしなみ. 社交的なイベントに参加する. **3** 〖A〗 社会生活を営む; (動物が)群居する; (植物が)叢生(½ぅ)の: ~ insects 群居する昆虫 / Man is a ~ animal. 人間は社会生活を営む動物である.

— 名 **1** 〖C〗〖古風〗親睦(½ん)会, 懇談会. **2** 〖the ~〗〖S〗〖英略式〗= social security.

sócial anthropólogy 名 〖U〗 文化人類学; 社会人類学 (主に文字のない社会の社会構造を研究する).

sócial áudit 名 〖C〗 (企業に対する)社会監査.

sócial bútterfly 名 〖C〗 **1** = socialite. **2** 次々と社交の場に参加する人.

Sócial Chárter [Chápter] 名 〖the ~〗 社会憲章 (ヨーロッパ共同体の労働者の権利などの宣言書).

sócial clímber 名 〖C〗〖軽蔑〗上流社会の一員となろうとする人.

sócial clúb 名 〖C〗 社交クラブ.

sócial cómpact 名 〖C〗 = social contract.

sócial cónscience 名 〖U または a ~〗 社会的弱者を救済しようという意識.

sócial cóntract 名 〖C〗 社会契約 (17-18 世紀の思想家が唱えた社会・国家を成立させる個人相互間の契約).

sócial crédit 名 〖U〗〖経〗社会的信用説 (資本主義社会では購買力の分配が不適当なので国民配当を消費者に支給し購買力を増加する必要があるとする考え).

sócial Dárwinism 名 〖U〗 社会ダーウィン主義 (Darwinism を社会現象に適用しようとする考え方).

sócial demócracy 名 **1** 〖U〗 社会民主主義. **2** 〖C〗 社会民主主義国.

sócial démocrat 名 〖C〗 社会民主主義者; [S-D-] 社会民主党員.

sócial democrátic 形 〖A〗 社会民主主義の.

sócial diséase 名 〖C,U〗〖古風〗〖婉曲〗 性病 (venereal disease).

sócial drínker 名 〖C〗 つきあいで酒を飲む人.

sócial drínking 名 〖U〗 つきあいで酒を飲むこと.

sócial engineéring 名 〖U〗 社会工学.

sócial exclúsion 名 〖U〗(主に英) 社会的排除 (失業・犯罪・貧困などで生活改善の機会が奪われている状況).

sócial fúnd 名 〖the ~〗(英) 社会基金 (生活困窮者に対するローンと補助金のため政府が留保しておく資金).

sócial hóusing 名 〖U〗(英) ソーシャルハウジング (住宅協会・地方自治体が低価格で賃貸・売却する住宅).

sócial insúrance 名 〖U〗 社会保険.

Sócial Insúrance Númber 名 〖C〗(カナダの)社会保障番号 (身元確認にも用いられる; 略 SIN).

*sócial·is·m /sóuʃəlìzm/ 名 〖U〗 **1 社会主義**; 社会主義運動. 関連 capitalism 資本主義 / communism 共産主義. **2** 社会主義体制, 社会主義国.

*sócial·ist /sóuʃ(ə)lɪst/ 形 〖普通は A〗 **社会主義の**; [普通は S-] 社会党の.

— (**-cial·ists** /-lɪsts/; sòcialístic) 〖C〗 **社会主義者**; [普通は S-] 社会党員; [the Socialists] 社会党 (略 Soc.).

so·cial·is·tic /sòuʃəlístɪk/ 形 〖普通は A〗〖しばしば軽蔑〗 社会主義者[運動]の, 社会主義的な.

sócialist réalism 名 〖U〗 社会主義リアリズム (社会主義国家の建設に向けて文学・芸術作品を活用しようとする理論).

Sócialist Wórkers Párty 名 固 〖the ~〗(英) 社会主義労働者党 〖極左政党〗.

so·cial·ite /sóuʃəlàɪt/ 名 〖C〗 [時に軽蔑] [新聞で] (社交界の)名士.

so·cial·i·za·tion /sòuʃəlɪzéɪʃən/ , -laɪz-/ 名 〖U〗 (動 sócialize) 〖格式〗 **1** 社会に順応させること, 社交的にする[なる]こと. **2** 社会主義化.

*so·cial·ize /sóuʃəlàɪz/ 動 (**-cial·iz·es** /-ɪz/; **-cial·ized** /-d/; **-cial·iz·ing**) 形 sócial; 名 sòcializátion) 自 **社交活動をする, 付き合う, 遊ぶ**: Dick likes socializing with his colleagues after work. ディックは仕事の後で同僚と付き合うのが好きだ. — 他 **1** 〖格式〗〖しばしば受身で〗(子供などを)社会に順応させる; 社交的にする (into). **2** 〖普通は受身で〗 社会主義化する. **3** 社会的にする, 社会の要求に合致させる.

sócialized médicine 名 〖U〗(米) 医療社会化制度 (☞ National Health Service).

*sócial lífe 名 〖C〗 人づきあい, 社交生活.

so·cial·ly /sóuʃəli/ 副 社交上, つきあいで; 社会的に: ~ acceptable 社会で認められた.

sócial mobílity 名 〖U〗 社会的移動性.

*sócial órder 名 〖U〗 社会秩序[組織].

*sócial scíence 名 〖U〗 社会科学 (social studies); 〖C〗〖普通は the ~s〗 社会科学の諸分野 (社会学・政治学・経済学など). 関連 natural science 自然科学.

sócial scíentist 名 〖C〗 社会科学者.

sócial sécretary 名 〖C〗 私設秘書 (社交上の約束や通信などを処理).

*sócial secúrity 名 〖U〗 **1** 〖普通は S- S-〗(米) 社会保障(制度): be [go] on ~ 社会保障を受けている[受けるようになる]. **2** (英) = welfare 2.

Sócial Secúrity Númber 名 〖C〗(米) 社会保障番号 (年金の登録番号; 銀行口座開設・借家などの際の身元確認に用いられる).

*sócial sérvice 1 〖C〗〖しばしば複数形で〗(行政などによる)**社会福祉事業**, ソーシャルサービス; 公共事業. **2** 〖複数形で〗 社会福祉事業庁, 社会福祉課.

sócial skílls 名 〖複〗 社交術.

sócial stúdies 名 〖複〗 **1** = social science. **2** [単数扱い] **社会科** (小・中学校などの教科).

sócial wélfare 名 〖U〗 社会福祉.

sócial wórk 名 〖U〗 社会福祉事業.

*sócial wórker 名 〖C〗 **社会福祉指導員** [主事], ソーシャルワーカー, 民生委員.

so·ci·e·tal /səsáɪətl/ 形 〖A〗〖社〗(ある特定の)社会に関する.

*so·ci·e·ty /səsáɪəti/ 🟥 名 (**-e·ties** /-z/; 形 sócial, 3 では 形 sóciable, 1 ではが societal).

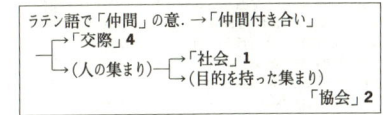

```
ラテン語で「仲間」の意. →「仲間付き合い」
          ┌→「交際」4
          │                    ┌→「社会」1
(人の集まり)──┤                    │
          └→(目的を持った集まり)──┤
                              └→「協会」2
```

1 〖U,C〗 **社会**, 世間: the laws of ~ 社会のおきて / a civilized ~ 文明社会 / a multiracial ~ 多民族社会 / a danger to ~ 社会にとって危険なもの (思想・麻薬・犯罪など) / serve ~ 社会のために尽くす.

2 〖C〗 **協会, 会, 学会, 組合** (of) 〖略 Soc.〗: establish [set up] a ~ 協会を設立する / an agricultural ~ 農業組合 / a bird-watchers' ~ 野鳥観察者の会.

Society of Friends

3 Ⓤ 社交界; 上流社会 (high society); Ⓤ,Ⓒ 特定の社会[階層], ...界: get [go, be introduced] into ~ 社交界に出る / polite ~ 上流社会. **4** Ⓤ《格式》交際, 付き合い, 交友 (company): I enjoy the ~ of my friends. 友人と交際するのが楽しい. **5** [形容詞的に] 社交界の; 上流社会の: ~ news 社交界の消息.

Society of Friends 图 ⑥ [the ~] フレンド会 (17 世紀に創設された宗教団体で絶対平和主義を唱えた新教徒の一派; ☞ Quaker).

Society of Jésus 图 ⑥ [the ~] イエズス会 (1534 年 Ignatius of Loyola によって創立されたカトリックの男子修道会; 略 S.J.).

so·ci·o- /sóusiou/ [接要] 「社会の, 社会学の」の意: sociology 社会学 / socioeconomic 社会経済の.

sòcio·bíology 图 Ⓤ 社会生物学.

sòcio·cúltural 形 社会文化的な.

⁺sòcio·económic 形 社会経済の, 社会経済的な. **-i·cal·ly** 社会経済学的に(見て).

sòcio·linguístics 图 Ⓤ 社会言語学.

so·ci·o·log·i·cal /sòusiəládʒɪk(ə)l | -lɔ́dʒ-⁺/ 形 社会学(上)の. **-cal·ly** /-kəli/ 副 社会学的に.

so·ci·ol·o·gist /sòusiáləʤɪst | -sɪ-/ 图 Ⓒ 社会学者.

***so·ci·ol·o·gy** /sòusiáləʤi | -sɪ-/ 图 Ⓤ **社会学**.

so·ci·o·path /sóusiəpæθ/ 图 Ⓒ 《医》社会病質者 (人格に障害があり, 反社会的な行動をとる人).

so·ci·o·path·ic /sòusiəpǽθɪk⁺/ 形 《医》社会病質の.

so·ci·o·po·lit·i·cal /sòusiəpəlítɪk(ə)l⁺/ 形 Ⓐ 社会政治学的な. **-cal·ly** /-kəli/ 副 社会政治学的に.

***sock¹** /sák | sɔ́k/ (類音 sack, suck) 图 [(~s /~s/) [普通は複数形で] (短い)靴下], ソックス: a pair of ~ ソックス 1 足 / knee(-length) ~s ハイソックス / take off one's ~s 靴下を脱ぐ / The child can't put on his ~s yet. その子はまだ自分で靴下をはけない. 関連 stocking ひざの上まで達する靴下. **in one's sóck fèet** = **in one's stócking fèet** (☞ stocking). **knóck [blów] ...'s sócks òff** [動] 他 《略式》...をひどく驚かせる; ...をうならせる. **púll one's sócks úp** [動] 自 [しばしば命令文で] Ⓢ《略式, 主に英》ひとふんばりする. **pùt a sóck in it** [動] 自 [普通は命令文で] Ⓢ《略式, 主に英》黙る.

―― 動 [次の成句で] **be sócked ín** [動] 自 《米略式》(道路・空港などが)悪天候で使えなくなる, 閉鎖される. **sóck awáy** [動] 他 《米略式》貯金する. **wòrk [rún, láugh] one's sócks òff** [動] 《略式》全力を尽くす, 必死に働く[走る, 笑う].

sock² /sák | sɔ́k/ 图 Ⓒ 《古風, 略式》(こぶしでの)打つ. **sóck it to ...** [動] 自 [普通は命令文で] 《略式》《滑稽》...をなぐる; ...を圧倒する; ...に厳しく[はっきりと]言ってやる. **be [gèt] sócked with ...** [動] 他 《略式》(よくないもの)に見舞われる[苦しむ]. ―― 動 他 [普通は単数形で] 《古風, 略式》(げんこつの)打撃, 強打.

***sock·et** /sákɪt | sɔ́k-/ 图 Ⓒ **1** コンセント, ソケット, 穴, 受け口. **2** くぼみ, 《解》窩(ア), 腔(ラ).

sócket wrènch 图 Ⓒ 箱スパナ, ソケットレンチ.

sóck·eye (**sálmon**) 图 Ⓒ,Ⓤ べにざけ, べにます.

sock·ing /sákɪŋ | sɔ́k-/ 副 [特に great を修飾して] 《英略式》 ものすごく.

sock·o /sákou | sɔ́k-/ 形 《略式, 主に米》すばらしい; 大当たりの.

Soc·ra·tes /sákrətìːz | sɔ́k-/ 图 ⑥ ソクラテス (470? – 399 B.C.) (ギリシャの哲学者).

So·crat·ic /səkrǽtɪk/ 形 ソクラテスの: ~ irony ソクラテスの反語[アイロニー](論術に教えを請うふりをしてその誤りを暴露する論法).

⁺sod¹ /sád | sɔ́d/ 图 **1** Ⓤ 《文》芝生, 芝土《草と根とそれについた土からなる層》. **2** Ⓒ 《格式》芝 (turf) 《芝生 (lawn)を作るため四角にはぎ取ったもの》.

sod² /sád | sɔ́d/ 图 Ⓒ 《英卑》**1** あいつ, 野郎; やっかいな[むずかしい]こと; [形容詞をつけて] ...な奴(*): a poor ~ Ⓢ かわいそうな奴[野郎]. **be a sód to dó** [動] 《英卑》なかなか...できない, ...するのが一苦労だ. **nót gìve [càre] a sód** 《英卑》Ⓢ 気にしない, かまわない (about).

―― 動 [次の成句で] **sód ...** [感] 《英卑》Ⓢ ちくしょう, ...の奴. **sód ìll** 《英卑》Ⓢ 何も...しない (nothing) (怒りやいら立ちを表わす): They've done ~ all today. あいつら今日は何ひとつしなかった. **sód it [thàt]** 《英卑》Ⓢ くそったれ (怒りやいらだちを表わす). **sód óff** [動] 自 [普通は命令文で] 《英卑》Ⓢ 立ち去る, 消えうせる.

⁺so·da /sóudə/ 图 **1** Ⓤ 《主に米》 ソーダ, サイダー《果汁などの味つき炭酸ジュース; ☞ cider 日英比較》 (soda pop); Ⓒ ソーダ水[サイダー] 1 杯: ☞ cream soda. **2** Ⓤ 炭酸水 (soda water); Ⓒ 炭酸水(入り飲み物) 1 杯: a whiskey and ~ ウイスキーソーダ 1 杯. **3** Ⓒ 《米》 = ice-cream soda. **4** Ⓤ 《略式》(炭酸)ソーダ; 重曹 (baking soda): bicarbonate of ~ 重炭酸ソーダ (bicarbonate).

sóda bìscuit 图 Ⓒ **1** ソーダビスケット《サワーミルクまたはバターミルクを入れ重曹でふくらませたビスケット》. **2** 《主に英》= soda cracker.

sóda cràcker 图 Ⓒ 《米》ソーダクラッカー《薄味の軽焼きビスケット》.

sóda fòuntain 图 Ⓒ 《古風, 米》**1** ソーダ水売り場《清涼飲料・軽食などを出すカウンター; ☞ drugstore 挿絵》. **2** ソーダ水を注ぐ容器.

sóda jèrker 图 Ⓒ 《古風, 米》soda fountain のカウンター係.

sóda pòp 图 Ⓤ,Ⓒ 《米》= soda 1.

sóda sìphon 图 Ⓒ 《主に英》ソーダサイフォン, サイフォンびん.

sóda wàter 图 Ⓤ,Ⓒ = soda 2.

⁺sod·den /sádn | sɔ́dn/ 形 **1** 水につかった, (...で)びしょぬれの (with). **2** [普通は合成語で] (飲酒などで)ぼんやりした, ぼけている: drink-~ アルコールぼけの.

sod·ding /sádɪŋ | sɔ́d-/ 形 Ⓐ 《英卑》どうしようもない, くそいまいましい《怒りやいらだちを表わす》.

sód fàrm 图 Ⓒ 《米》芝生育成・販売業者.

***so·di·um** /sóudiəm/ 图 Ⓤ 《化》ナトリウム《元素記号 Na》.

sódium bicárbonate 图 Ⓤ 《化》重炭酸ナトリウム, 重曹.

sódium cár·bon·ate /-kɑ́ɚbənèɪt | -kɑ́ː-/ 图 Ⓤ 《化》炭酸ナトリウム, ソーダ灰 (washing soda).

sódium chlóride 图 Ⓤ 《化》塩化ナトリウム《食塩》.

sódium hydróxide 图 Ⓤ 《化》水酸化ナトリウム, 苛性(ネ*)ソーダ.

sódium làmp 图 Ⓒ = sodium-vapor lamp.

sódium nítrate 图 Ⓤ 《化》硝酸ナトリウム.

sódium-vàpor làmp 图 Ⓒ 《電》ナトリウム灯《ランプ》《橙黄色光を発する; 主に道路照明用》.

Sod·om /sádəm | sɔ́d-/ 图 ⑥ 《聖》ソドム《死海 (Dead Sea) 南岸にあった古代都市; 住民の罪悪のため隣村の Gomorrah と共に神に滅ぼされたといわれる》.

Sódom and Gomórrah 图 ⑥ 《聖》ソドムとゴモラ, 罪悪[堕落]の場所, 同性愛の町.

sod·om·ite /sádəmàɪt | sɔ́d-/ 图 Ⓒ 《古語》男色者.

sod·om·ize /sádəmàɪz | sɔ́d-/ 動 他 《古語》《軽蔑》〈...〉と男色にふける.

sod·om·y /sádəmi | sɔ́d-/ 图 Ⓤ 《古語》男色.

Sód's Láw /sádz- | sɔ́dz-/ 图 Ⓤ 《英》《滑稽》

Murphy's law.

so・fa /sóufə/ 名 (~s /~z/) C ソファー (living room 挿絵ならびに chair の表).

sófa bèd 名 C ソファーベッド.

So・fi・a /sóufiə/ 名 ソフィア (ブルガリアの首都).

soft /sɔ́ːft | sɔ́ft/ 形 (**soft・er; soft・est; 動 sóften**) **1** (物体が)**柔らかい** (反 hard); (金属などが)軟質の: a ~ pillow 柔らかいまくら / ~ cheese 柔らかいチーズ / The ground is ~ after the rain. 雨が降って地面が軟弱になっている.

2 手触りの柔らかい, (表面が)なめらかな (smooth): ~ skin きめの細かい肌 / Silk is ~ to the touch. 絹は手触りがなめらかだ.

3 (物音・声などが)**静かな,** 低い; [主に A] (光・色などが)穏やかな, 柔らかい; (輪郭などが)ぼやけた: a ~ evening light 夕方の穏やかな光 / a ~ shade of blue 柔らかな感じのブルー / ~ music 静かな音楽 / speak in a ~ voice 優しい声で話す / a ~ knock 軽やかな音.

4 (天候などが)温和な, 温暖な; (風などが)快い (mild): a ~ breeze 快い微風.

5 (性質・言動などが)**優しい,** 柔和な; (軽蔑) 厳しくない, 手ぬるい (反 hard): have a ~ heart 心が優しい / That manager is ~ *on* [*with*] star players. <A+on [with]+名・代> あの監督はスター選手に甘い / The judge is ~ *on* drunk driving. その判事は飲酒運転に甘い. **6** (略式) (軽蔑) (意志などが)弱い, 優柔不断な; 頭の弱い: Don't be ~. ばかを言うな. **7** (価格・価値などが)弱気の, 軟調の. **8** (略式) (仕事が)楽な, (生活が)安楽な (easy). **9** (略式) (力・体力が)弱い (weak): get ~ for lack of exercise 運動不足で体力が落ちる. **10** (水などが)軟質の (反 hard); (飲み物が)アルコール分のない (反 hard) (soft drink). **11** 軟音の (c, g が cent, gem におけるように /s/, /dʒ/ と発音される). 関連 hard 硬音の. **12** A (麻薬が)弱い, 習慣性のない (反 hard); (骨折などが)骨ばっている (反 hard).

be [**gò**] **sóft in the héad** 動 (古風, 略式) [滑稽] [軽蔑] 頭がおかしい[おかしくなる]. **be sóft on ...** 動 他 (1) ...に対して甘い (5). (2) (古風, 略式) ...にほれている. **hàve a sóft spòt for ...** 動 (略式) ...に特別の愛着がある, ...に甘い [弱い].

── 副 優しく, そっと.

sóft・back 名 C ペーパーバック, ソフトカバーの本.

sóft・ball 名 **1** U ソフトボール (9人で行なう球技). **2** C ソフトボール用ボール.

sóft-bóiled 形 (卵などが)半熟の. 関連 hard-boiled 固ゆでの.

sóft-bòund 形 ペーパーバックの, ソフトカバーの.

sóft cóal 名 U.C 軟炭, 瀝青炭.

sóft cópy 名 U (電算) ソフトコピー (コンピューターの記憶装置に保存されている, スクリーン上に呼び出した情報). 関連 hard copy ハードコピー.

sóft-còre 形 A (ポルノなどが)露骨でない.

sóft-còver 形, 名 (米) ペーパーバック(の).

sóft crédit 名 C = soft loan.

sóft cúrrency 名 U (経) 軟貨 (金または外貨と交換できない). 関連 hard currency 硬貨.

sóft drínk 名 C.U ソフトドリンク, 清涼飲料, 合成飲料 (cider 日英比較, juice 日英比較). 関連 hard [strong] drink 強いアルコール飲料.

sóft drúg 名 C ソフトドラッグ (中毒性の少ない麻薬, マリファナなど; hard drug).

sof・ten /sɔ́ːf(ə)n | sɔ́f-/ ★ t は発音しない. 動 (**sof・tens** /~z/; **sof・tened** /~d/; **-ten・ing** /-f(ə)nɪŋ/; 形 soft; 反 harden) 他 **1** <...>を**柔らかくする** (up). The hot sun ~*ed* the asphalt. 太陽の熱でアスファルトが柔らかになった. **2** <...>を, 穏やかにする, 軽減する: ~ the blow [impact] 衝撃をやわらげる / ~ the light 光をやわらげる.

── 自 柔らかくなる (up); 優しくなる, やわらぐ (toward): Wax ~*s* when heated. ろうは熱で柔らかくなる / His attitude ~*ed*. 彼の態度が柔らかくなった. **sóften úp** 動 他 (略式) (1) (事前に工作して)<...>の気持ちをやわらげておく. (2) (敵の戦力を弱める (直接攻撃に先立って爆撃・艦砲射撃などで). (3) <...>を柔らかくする.

sof・ten・er /sɔ́ːf(ə)nɚ | sɔ́f(ə)nə/ 名 **1** U.C water softener. **2** C 事態を柔らげる言動.

sóft fócus 名 U (写) ソフトフォーカス (被写体の輪郭をわざとぼかす撮影技術).

sóft frúit 名 C.U (英) ソフトフルーツ (堅い皮や種がない果実; いちご・すぐりなど).

sóft fúrnishings 名 [複] (英) 布製室内装飾品 (カーテン・じゅうたん・ソファーのカバーなど).

sóft góods 名 [複] **1** (英) (毛)織物類. **2** (米) = soft furnishings.

sóft-héaded 形 (略式) 頭のやわな, ばかな.

sóft-héart・ed /sɔ́ːfthɑ́ɚt̬ɪd | sɔ́fthɑ́ːt-/ 形 心優しい, 情け深い. **~・ness** 名 U 心優しいこと.

sóft hýphen 名 C ソフトハイフン (文書の行末[右端]で文綴(つづ)りのために使用されるハイフン).

soft・ie /sɔ́ːfti | sɔ́fti/ 名 C = softy.

sóft・ish /sɔ́ːftɪʃ | sɔ́ftɪʃ/ 形 やや柔らかめの.

sóft lánding 名 C **1** (宇宙船などの)軟着陸. **2** (経済の)ソフトランディング (インフレ・失業との兼ね合いで経済成長率を下げること).

sóft léns 名 C (コンタクトの)ソフトレンズ.

sóft líne 名 [単数形で] 柔軟路線. **take a sóft line** [動] 自 柔軟路線をとる (on, over).

sóft lóan 名 C (商) (発展途上国などへの)長期低利貸付.

soft・ly /sɔ́ːftli | sɔ́ft-/ 副 **1** 優しく, 穏やかに; 静かに. **2** 柔らかに; なめらかに.

sóftly-sóftly 形 A (英略式) (やり方などが)慎重に少しずつの: a ~ approach 波風を立てないやり方.

sóftly-spóken 形 = soft-spoken.

sóft móney 名 U (政党などへの)規制の対象とならない選挙運動資金; (組織に対する)献金.

soft・ness /sɔ́ːftnəs | sɔ́ft-/ 名 U 柔らかさ, 柔軟さ (反 hardness).

sóft óption 名 C (英) [しばしば軽蔑] より楽な選択肢: take the ~ 楽な方法を選ぶ.

sóft pálate 名 C (解) 軟口蓋(こうがい). 関連 hard palate 硬口蓋.

sóft pédal 名 C (ピアノの)弱音ペダル, ソフトペダル.

sóft-pédal 動 (-ped・als; -ped・aled, (英) -ped・alled; -al・ing, (英) -al・ling) 他 **1** (略式) <事実など>を重要でないように見せる, 軽く扱う. **2** (弱音ペダルで)<音>を弱くする. ── 自 (略式) (...)を目立たなくする (on).

sóft pórn [**pornógraphy**] 名 U (性描写の)露骨でないポルノ. 関連 hard porn 露骨なポルノ.

sóft róck 名 U ソフトロック (電気楽器の音を抑えたデリケートなロックで, 通例曲よりも歌詞のほうが重要).

sóft róe 名 C (魚の)白子, 魚精 (milt).

sóft scíence 名 C ソフトサイエンス (心理学・社会学などのように厳密な数量化が難しい対象を扱う科学). 関連 hard science ハードサイエンス.

sóft séll 名 U [単数形で] 穏やかな販売法. 関連 hard sell 強引な販売法.

sóft-shéll cráb 名 C (脱皮直後の)殻の軟らかい(食用の)蟹.

sóft-shóe 名 U ソフトシュー (底に金具の付いていない靴を履いて踊るタップダンス).

sóft shóulder 名 C (米) 軟路肩 (舗装してない路肩); SOFT SHOULDER 路肩軟弱 (道路の掲示; 次ページ写真). 関連 hard shoulder 硬路肩.

sóft sóap 名 U **1** (略式) お世辞. **2** 軟せっけん (流動体のせっけん).

sóft-sóap 動 他 《略式》おだてる; 〈人〉をおだてて…させる (into).

sóft-spóken 形 (口調)のもの柔らかな, 優しい; 人当たりのよい.

sóft tárget 名 C 攻撃[非難]を受けやすいもの[人].

sóft-tóp 名 C 屋根が折りためる車.

sóft tóuch 名 C 《略式》 1 (無心されると)すぐに金を与える人. 2 穏やかな交渉[の仕方].

Soft Shoulder

sóft tóy 名 C 《英》 ぬいぐるみ (《米》stuffed animal).

***soft·ware** /sɔ́ːftwèə | sɔ́ftwèə/ [T1] 名 U 《電算》 ソフト(ウェア) (コンピューターに入れるデータやプログラム): "Can I use this ~ with my computer?" "Yes, it's [they're] compatible." 「このソフトは私のコンピューターに使えますか」「ええ, 互換性がありますから」/ a ~ package 総合ソフト (一連のプログラムからなるセット商品). 関連 hardware ハードウェア.

sóft wáter 名 U 軟水 (鉱物塩類が少なくせっけんがよく溶ける). 関連 hard water 硬水.

sóft·wòod 名 U.C 軟木(なんぼく), 軟材 (まつ・もみなど); C 針葉樹. 関連 hardwood 堅木(かたぎ), 硬材; 広葉樹.

soft·y, soft·ie /sɔ́ːfti | sɔ́fti/ 名 (**soft·ies**) C 《略式》情にもろい人, 感傷的な人; 説得に弱い人.

sog·gi·ly /sɑ́gɪli | sɔ́g-/ 副 べたべたして; ふやけて.

sog·gi·ness /sɑ́gɪnəs | sɔ́g-/ 名 U (水分で)べたべたしてふやけていること.

sog·gy /sɑ́gi | sɔ́gi/ 形 (**sog·gi·er**, **-gi·est**) 1 (地面・布などが)びしょびしょの, じめじめした. 2 (食物が)ふやけた, べちゃっとした.

soh /sóʊ/ 名 [単数形で] =sol¹.

So·ho /sóʊhoʊ/ 名 固 ソーホー (London の中心にある地区で外国人経営の料理店が多い).

So·Ho /sóʊhoʊ/ 名 固 ソーホー (New York 市の Manhattan 南部の地区で高級店・画廊などが多い).

SOHO /sóʊhoʊ/ 略 =Small Office, Home Office ソーホー勤務 (コンピューター通信やファックスなどを利用して自宅(近くのサテライトオフィス)で仕事をすること).

soi·gné /swɑːnjéɪ/ 《フランス語から》形 [普通は P] 《格式》 (男性の身なりが)きちんとした.

soi·gnée /swɑːnjéɪ/ 《フランス語から》形 [普通は P] 《格式》 (女性の身なりが)きちんとした.

***soil¹** /sɔ́ɪl/ [T2] 名 (~s /~z/) 1 C.U 土 (作物などが生育するための), 土壌 (〓 ground¹ 類義語): rich [poor] ~ 肥えた[やせた]土 / cultivate [work, till] the ~ 土地を耕す / They prepared the ~ for planting. 彼らは植え付けのために土地を整えた. 2 U.C 《格式》 土地, 国土 (land), (country): one's native ~ 《文》生まれ故郷, 故国 / on British ~ 英国で / die on foreign ~ 遠く異郷で死ぬ. 3 U 風土. 4 [the ~] 《文》農耕生活, 農業.

soil² /sɔ́ɪl/ 動 他 [しばしば受身で] 《格式》よごす, 〈…〉にしみをつける; 〈名誉など〉を汚(けが)す: ~ed goods (安く売られる)たなざらしの品. **sóil one's hánds** 動 自 《格式》 汚(よご)す 自分の手を汚す(dirty 動 成句). ── 名 U 汚物, 汚水.

Sóil Associátion 名 固 [the ~] 《英》 土壌協会 (自然農法で栽培された食物の基準を設定している).

soiled /sɔ́ɪld/ 形 よごれた.

soi·ree, soi·rée /swɑːréɪ | swáːreɪ/ 《フランス語から》名 C 《格式》夜会, (音楽などの)夕べ (〓 matinée).

so·journ /sóʊʤəːn | sɔ́ʤə(ː)n/ 《文》名 C 滞在, 逗留. ── 動 自 [副詞(句)を伴って] (家を離れしばらく)滞在する, 逗留(とうりゅう)する.

so·journ·er /sóʊʤəːnə | sɔ́ʤə(ː)nə/ 名 C 《文》逗留者.

sol¹ /sɑ́l | sɔ́l/ 名 [単数形で] 《楽》 ソ (全音階の第5音).

sol² /sɑ́l, sóːl | sɔ́l/ 名 C 《化》 コロイド溶液, ゾル (液体を分散媒とするコロイド).

Sol /sɑ́l | sɔ́l/ 名 固 1 《ロ神》 ソル (太陽の神; ☞ god 表; parasol 語源, solar 語源). 2 《文》 太陽.

SOL /ésòʊél/ 形 P 《米俗》 まるで運のない (shit out of luck の略).

⁺**sol·ace** /sɑ́ləs | sɔ́l-/ 名 《格式》 U 慰め, 慰謝; [a ~] 慰めとなるもの (to): find [seek] ~ in music 音楽に慰めを見出す[求める]. ── 動 他 〈…〉を慰める; 〈苦痛・悲しみなど〉をやわらげる.

***so·lar** /sóʊlə | -lə/ (類音 sole¹, ♯sort of) [T2] A 太陽の, 太陽に関する; (太陽光線[熱]を利用した) ~ energy [heat] 太陽エネルギー[熱]. 関連 lunar 月の. 語源 Sol から.

sólar báttery 名 C 太陽電池 (特に solar cell がいくつか集まったもの).

sólar cálendar 名 [the ~] 太陽暦. 関連 lunar calendar 太陰暦.

sólar céll 名 C 太陽電池.

sólar colléctor 名 C =solar panel.

sólar eclípse 名 C 日食.

sólar fláre 名 C 太陽面爆発.

sólar hóuse 名 C 《環境》 ソーラーハウス (太陽熱を最大限に蓄積するように設計された住宅).

so·lar·i·um /soʊléə(ə)riəm/ 名 (複 ~s, **so·lar·i·a** /-lé(ə)riə/) C 1 サンルーム. 2 日焼けサロン.

sólar pánel 名 C 《環境》 太陽熱採取装置.

sólar pléxus 名 [the ~] 《略式》 みぞおち; 《解》 太陽神経叢(そう) (胃の後部にある).

sólar pówer 名 U 太陽エネルギー.

⁺**sólar sỳstem** 名 1 [the ~] 太陽系. 2 C (他の)太陽系.

sólar wínd 名 U 太陽風 (太陽の表面から高速度で放出される微粒子の流れ).

sólar yéar 名 C 《天》 太陽年 (地球を1周する時間; 365 日 5 時間 48 分 46 秒弱).

***sold** /sóʊld/ 動 sell の過去形および過去分詞.

sol·der /sɑ́də | sóʊldə, sɔ́l-/ 名 U はんだ. ── 動 (**-der·ing** /-dərɪŋ, -drɪŋ/) 他 〈…〉をはんだ付けする (onto, to, together). ── 自 はんだ付けをする.

sól·der·ing íron /-dərɪŋ-, -drɪŋ-/ 名 C はんだごて.

***sol·dier** /sóʊldʤə | -ʤə/ [T3] 名 (~s /~z/) C 1 **兵士**; 陸軍軍人; 下士官: an old ~ 老兵, 古つわもの / Thousands of ~s were killed in the fierce battle. 何千人もの兵士がその激戦で死んだ // ☞ Unknown Soldier. 関連 officer (陸軍)士官 / sailor 水兵. 2 (主義のために戦う)戦士. 3 兵隊蟻. 4 [複数形で] 《英》 棒状のパン. 語源 ラテン語で「貨幣, 給料」の意; 給料をもらって兵士となったので現在の意味に. **a sóldier of fórtune** 名 《文》金と冒険のためならどこの国にも雇われる傭兵(ようへい) (mercenary). ── 動 (**-dier·ing** /-ʤə(ə)rɪŋ/) 自 1 軍人[兵士]になる; 兵士を務める. 2 (仮病などを使って)任務や仕事をなまける. **sóldier ón** 動 自 (困難に負けずに)奮闘する, がんばる.

sól·dier·ing /-ʤə(ə)rɪŋ/ 名 U 軍人[兵]生活; 軍務.

sól·dier·ly /-li/ 形 《格式》軍人らしい, 勇ましい.

sól·dier·y /sóʊldʤə(ə)ri | -ʤə-/ 名 U [しばしば the ~; 単数または複数扱い] 《古風》 兵隊 《全体》; (普通はよくないタイプの)兵士の一団, 軍隊.

sóld-óut 形 A (入場券などが)売り切れの; (店の商品

が完成の (of). 語法 P の用法では普通 sold out とつづる.

*sole¹ /sóul/ 同音 Seoul, soul, 《米》sol¹; 類音 sold) 中2 形 A 1 ただ1つの, 唯一の, 1人の (only) (⇒ solitary 類語, solo 類語, sullen 類語): the ~ survivor of the shipwreck 難破船の唯一の生存者 / The child is her ~ consolation. その子だけが彼女の唯一の慰めだ.
2 単独の, 独占的な (exclusive): the ~ agent 一手販売人 / the ~ right to negotiate 交渉独占権 / the ~ right to the name 独占名称使用権 / have ~ responsibility for sales ただひとりで販売の責任を負っている.

sole² /sóul/ 名 C 1 足の裏 (⇒ leg 挿絵). 2 (靴・靴下の)底, 靴底革. — 動 他 [普通は受身で]〈靴〉に新しい底をつける.

sole³ /sóul/ 名 (複 ~, ~s) C∣U したびらめ〔魚〕.

sol·e·cism /sáləsìzm | sɔ́l-/ 名 C《格式》1 文法違反, 破格語法. 2 無作法.

-soled /sóuld/ 《合成語で》靴底が...の, ...底の: leather-soled shoes 革底の靴.

*sole·ly /sóu(l)li | sóulli/ 副 1 ただ...だけ, 単に (only): The student did it ~ ˈfor money [to help you]. その学生はただ金の目当てに力になろうとして〕それをやった. 2 単独で[に], ただ1人で (alone): be ~ responsible for ... ...の責任を全部負う.

*sol·emn /sáləm | sɔ́l-/ 形 (名 solémnity, 動 solémnize) 1 まじめな, 謹厳な: speak in a ~ voice 重々しい声で話す / look ~ まじめな顔をする. 語源 ラテン語で元来は「毎年の」の意; それから「毎年行なわれる〕宗教的な行事の」の意.
2 真剣な, 本心からの: a ~ vow [oath] 真剣な誓い / give one's ~ promise [word] 固い約束をする.
3 A 厳(ホシ)かな, 厳粛な, 荘重な, 荘厳な; 〈宗教的〕な儀式などに〕とってなされる, 正式の: a ~ ceremony 厳かな儀式 / ~ music 荘重な音楽.

so·lem·ni·ty /səlémnəti/ 名 (-ni·ties; 発音 sólemn) 《格式》1 ∪ 厳粛さ, 荘重さ, 荘厳さ (of). 2 C [普通は複数形で] (荘重な)儀式, 祭典: with all the solemnities (行事にふさわしい)荘重な儀式にのっとって.

sol·em·ni·za·tion /sàləmnɪzéɪʃən | sɔ̀ləm-naɪz-/ 名 U《格式》挙式; 厳粛にすること.

sol·em·nize /sáləmnàɪz | sɔ́l-/ 動 他 (形 sólemn) 《格式》〈結婚式〉を挙行する; 厳粛[荘厳]にする.

sólemn·ly 副 まじめに; 真剣に; 厳(ホシ)かに, 厳粛に.

sólemn·ness 名 U 厳粛さ.

sóle pro·prí·e·tor·ship /-prəpráɪətəʃɪ̀p | -tə-/ 名 C 個人企業.

sol-fa /sòulfá: | sɔ̀l-/, sol·fège /soulféʒ | sɔl-/ 《フランス語から》名 U 〔楽〕ドレミファソラシ (do, re, mi, fa, sol, la, ti) という7つの名称による音階; ドレミで歌うこと.

*so·lic·it /səlísɪt/ 動 (格式)〈...を〉に〕請い求める; 懇願する: ~ help 援助を求める / ~ information from experts 専門家に情報を要請する / He ~ed me for a contribution. 彼は私に寄付をくれないかと頼んだ. 2《米》〈...の〉注文取りをする. 3〔法〕(売春婦が)〈客〉を誘う. — 自 1 (格式)懇願する: ~ for contributions 寄付を求める. 2《米》注文取りをする, 勧誘する. 3〔法〕(売春婦が)客を誘う.

so·lic·i·ta·tion /səlìsɪtéɪʃən/ 名 (形 solícit) U∣C 《格式》懇願, うるさく求めること; 勧誘, 誘惑.

so·lic·it·ing /səlísɪtɪŋ/ 名 U〔法〕(売春婦の)客引き.

*so·lic·i·tor /səlísɪtə | -tə/ 名 (~s /~z/) C 1《米 格式》注文取り, 勧誘員; (金・情報)を懇願する人: NO SOLICITORS 押し売りお断わり (掲示).
2《米》(市などの)法務官. 3《英》事務弁護士 (⇒ lawyer 類語表).

Solícitor Géneral 名 (複 So·lic·i·tors Gen·er·al) C《米》法務次官, 《英》法務次官.

so·lic·it·ous /səlísɪtəs/ 形 (動 solícit) 《格式》〈...を〉気づかう, 案じている; よく配慮する: Tom is ~ of his uncle's health. トムはおじの体を心配している. ~·ly 副 気づかって. ~·ness 名 U 気づかい.

so·lic·i·tude /səlísɪt(j)ù:d | -tjù:d/ 名 U《格式》気づかい, 憂慮 (for); 配慮.

*sol·id /sálɪd | sɔ́l-/ 中2

「空っぽな」に対して、「中身のある」形
(塊の)→「固体の」形 1→「固体」名 1
               →「がっしりした」形 3
(しっかりした)→
               →「堅実な」形 4

— 形 (sol·id·er /-ɪdə/; sol·id·est /-ɪdɪst/; 名 solídity, 動 solídify) 1 固体の, 固形の: ~ food 固形食 / The water in the basin has frozen. 洗面器の水がかちかちに凍った (⇒ solid fuel. 関連 gaseous 気体の / liquid 液体の / fluid 流動体の.
2 A 中身のある, うつろでない (反 hollow); [列などが]すきま[間隔]のない; 実質のある: a ~ iron bar 中空でない鉄の棒 / a ~ meal 食べごたえのある食事.
3 がっしりした, 頑丈な; 堅い, 堅固な (⇒ hard 類語表): ~ foundations しっかりした基礎 / This bed looks ~. このベッドは頑丈そうだ. 4 堅実な, しっかりした, 頼りになる (reliable): a company of ~ reputation 評判の会社 / ~ evidence 確固とした証拠. 5 中まで同質の; (色の)一様の, 一色の: ~ gold 金無垢. 6《格式》正味の; 切れ目ない: two ~ weeks = two weeks ~ まる2週間. 7 A〔幾〕立体の, 立方の: a ~ figure 立体. 8 団結した; 全員一致した. 9《英略式》よい, それなりの; ひどく難しい. on sólid gróund〔形・副〕手堅い[く], 安定した[で].
— 名 C 1《格式》固体. 関連 gas 気体 / liquid 液体 / fluid 流動体. 2 《普通形》(流動食に対して)固形食, 《格式》(液体の水分をとった後に残る)固形物: take ~s 固形食をとる / milk ~s 固形ミルク. 3〔幾〕立体. 4 [普通は複数形で] 単色.
— 副《略式》完全に, 一杯に: be packed ~ with customers 客でごったがえしている.

*sol·i·dar·i·ty /sàlɪdǽrəṭi | sɔ̀l-/ 名 (-ties /~z/) U∣C (一致)団結, 結束, 連帯 (with).

sólid fúel 名 U∣C 固形燃料 (石炭・木材など).

sólid geómetry 名 U 立体幾何学.

sol·i·di /sálɪdàɪ/ 名 sólidus の複数形.

sol·i·di·fi·ca·tion /səlìdəfɪkéɪʃən/ 名 U 凝固; 団結, 結束.

sol·id·i·fy /səlídəfàɪ/ 動 (-i·fies, -i·fied, -fy·ing; 形 sólid) 他〈...〉を凝固させる, 〈...〉を堅くする; 団結[結束]させる. — 自 凝固する; 〈考えなど〉が堅固になる; 団結[結束]する (into).

sol·id·i·ty /səlídəṭi/ 名 (形 sólid) U 1 固いこと, 固体性. 2 堅固; 堅実; 信頼性, 確実さ.

sólid líne 名 C 実線 (——). 関連 dotted line 点線 / broken line 破線.

sólid·ly 副 1 がっしりと, 堅固に; 堅実に. 2 団結して, こぞって. 3 切れ目なしに.

sólid·ness 名 U = solidity.

sólid-státe 形 1 [普通は A]〔電工〕ソリッドステートの(真空管を用いずにトランジスターなどを用いた). 2〔物理〕固体物性(学)の.

sol·i·dus /sálɪdəs | sɔ́l-/ 名 (複 sol·i·di /sálɪdàɪ | sɔ́l-/) C 斜線 (diagonal).

sólid wáste 名 U〔環境〕固形廃棄物.

so·lil·o·quize /səlíləkwàɪz/ 動 自〔劇〕独白する (about).

soliloquy

so·lil·o·quy /səlíləkwi/ 图 (**-o·quies**) C|U 【劇】独白.

so·lip·sis·m /sóulɪpsɪ̀zm/ 图 U 【哲】唯我論.

so·lip·sis·tic /sòulɪpsístɪk/ 形 1 自己中心的な. 2 【哲】[否定文で]唯我論の.

sol·i·taire /sálətɛr | sòlɪtéə/ 图 1 C 指輪などにつけはめられた宝石 (特にダイヤ); 1つ宝石をはめた指輪など. 2 U (米)トランプのひとり遊び ((英) patience). 3 U ソリテール ((英国で)単独の盤面ゲーム).

sol·i·tar·i·ly /sàlətérəli | sòlətér-, -trə-/ 副 ひとり寂しく.

sol·i·tar·i·ness /sálətèrinəs | sòlətəri-, -tri-/ 图 U 寂しさ.

⁺**sol·i·tar·y** /sálətèri | sòlətəri, -tri/ 形 1 [普通 A] ひとり[ひとつ]だけの, ひとりぼっちの: a ~ traveler ひとり旅をしている人. 2 孤独な, 孤独を愛する (lonely 類義語): a ~ (sort of) person ひとりでいるのが好きな人. 3 人里離れた (remote), 孤立した. 4 [普通 A] [否定文で] 唯一の (Not a (single) ~ example could be found. たった1つの事例も見つからなかった. — 图 (**-tar·ies**) 1 C (略式) =solitary confinement. 2 C (文) 隠者. 語源 sole¹ と同語源.

sólitary confínement 图 U 独房監禁 ((略式) solitary): in ~ 独房監禁状態で.

sol·i·tude /sálət(j)ùːd | sòlətjùːd/ 图 U ひとりでいること, 孤独: live in ~ ひとりで暮らす.

⁺**so·lo** /sóulou/ 图 (**~s** /~z/) 1 C 独奏(曲), 独唱(曲), 独奏, ソロ: a violin ~ バイオリン独奏(曲) / perform [play] a ~ 独奏する / sing a ~ 独唱する.

関 連	
solo	独奏曲
soloist	独奏者
duet	二重奏曲
duo	二重奏者
trio	三重奏曲, 三重奏団
quartet	四重奏曲, 四重奏団
quintet	五重奏曲, 五重奏団
sextet	六重奏曲, 六重奏団
septet	七重奏曲, 七重奏団
octet	八重奏曲, 八重奏団

2 C ひとりでやる仕事, 単独飛行. 語源 sole¹ と同語源. 3 U 【トランプ】ソロ (ホイストの一種で, 1人が3人を相手にするゲーム). — 形 A 単独の; 独奏[独唱]の: make [do] a ~ flight 単独飛行をする. — 副 単独に, ひとりで; 独奏[独唱]で: fly ~ 単独飛行をする.
gò sólo 動 ⾃ ソロ活動を開始する. — 動 ⾃ (**so·loes; so·loed; so·lo·ing**) 独奏[独唱]する; 単独飛行[飛行]する.

⁺**so·lo·ist** /sóulouɪst/ 图 C 独奏者, 独唱者 ([☞] solo 表).

Sol·o·mon /sáləmən | sòl-/ 图 個 ソロモン ((紀元前10世紀のイスラエルの賢明な王; David の子)).

Sólomon Íslands 图 個 [複] [the ~] ソロモン諸島 ((ニューギニア東方の諸島; 北部は Papua New Guinea の一部, 南部は同名の独立国)).

So·lon /sóulən | -lɔn/ 图 個 ソロン ((638?-?559 B.C.)) ((古代アテネの政治家・立法家)).

Sò lóng! /sóuló(ː)ŋ | -lɔ́ŋ/ 間 S (略式) さよなら ((すぐまた会う親しい人に対して)): Tom said, "~!" and got on the bus. トムは「さよなら」と言ってバスに乗った. [☞] good-bye 類義語.

⁺**sol·stice** /sálstɪs | sòl-/ 图 C [天] 至(し) ((太陽が赤道から北または南に最も離れた時)): the summer [winter] ~ 夏[冬]至.

sol·u·bil·i·ty /sàljubíləti | sòl-/ 图 U 溶解性[度].

sol·u·ble /sáljubl | sòl-/ 形 1 (反 insoluble) ((水などに)溶ける, 溶解する; 溶けやすい (*in*). 2 (格式) (問題が)解ける, 解決できる.

sol·ute /sálju:t | sòl-/ 图 C|U 【化】溶質.

⁕**so·lu·tion** /səlúː ʃən/ T1 图 (**~s** /~z/; 1, 2 は U) 動 solve) 1 C **解決法;** 解答 (answer); U (問題などの)解決: find a peaceful ~ 平和的解決法を見出す / This workbook has algebra problems with their ~s. この練習帳には解答付きで代数の問題が載っている / There is [We can find] no easy ~ *to* [*for*] this problem. この問題には簡単な解決策はない. 用法注意 of は使えない. 2 U 溶液: a ~ of iodine *in* alcohol ヨードのアルコール溶液. 3 U (水などに)溶けること, 溶解.

solv·a·ble /sálvəbl | sòlv-/ 形 (問題が)解ける, 解決できる, 解明される (反 insolvable).

⁕**solve** /sálv | sòlv/ T1 動 (**solves** /~z/; **solved** /~d/; **solv·ing**) 他 (solútion 1, 2) (問題などを)解く, 解明する; (困難などを)解決する: ~ all the problems 問題を全部解く / ~ a crime 犯罪を解明する / The mystery still remains to be ~*d*. その不可解な事件は依然として未解決のままだ / This case will be very difficult to ~. この事件は解決するのが非常に難しいだろう ([☞] to³ B 6 語法).

sol·ven·cy /sálv(ə)nsi | sòl-/ 图 U 【経】支払い能力, 資力 (反 insolvency).

⁺**sol·vent** /sálv(ə)nt | sòl-/ 形 1 [普通 P] 【経】支払い能力のある (反 insolvent). 2 (格式) 溶解する力がある, 溶かす. — 图 C|U 溶剤, 溶媒.

sólvent abúse 图 U (英格式) =glue sniffing.

sólv·er /sálvə | sòl-/ 图 C [普通は合成語で] 解決者, 解答者.

Sol·zhe·ni·tsyn /sòulʒɪnítːsɪn | sòlʒənítːs-/ 图 個 **A·le·ksandr** /ælɪɡzǽndrə | -záːn/ **I·sa·ye·vich** /ɪsáɪɪvɪtʃ/ ソルジェニーツィン (1918-) ((ロシアの作家)).

So·ma·li /soumáːli | sə-/ 图 (**複 ~(s)**) 1 C ソマリ人. 2 U ソマリ人[語]の.

So·ma·li·a /soumáːliə | sə-/ 图 個 ソマリア ((アフリカ東部の共和国)).

so·mat·ic /soumǽtɪk/ 形 身体の, 肉体の; 【生】体の: ~ cells 体細胞.

so·mat·o·sen·so·ry /soumǽtəsènsəri/ 形 【生】体性感覚の, 体知覚の.

⁺**som·ber,** (英) **-bre** /sámbə | sòmbə/ 形 1 陰気な, 憂鬱(うつ)な. 2 暗い (dark); 薄暗い; くすんだ, 黒ずんだ. **~·ly** 副 陰気に; 地味に. **~·ness** 图 U 陰気さ.

som·bre·ro /sambré(ə)rou | sɔm-/ 图 (**~s**) C ソンブレロ ((米国南西部やメキシコの縁の広い帽子)).

sombrero

⁕**some** (弱) s(ə)m; (強) sám/ (同音 ⁺sum; 類音 son, sun, sung, thumb)

① いくらかの(人[物])	形 1, 2; 代 1
② ある(人たち, もの)	形 3; 代 2
③ かなりの	形 4
④ 約	副 1

— 形 1 A s(ə)m/ **いくらかの,** 多少の, 少しの ([☞] 類義語; all 形 1 の 2 番目の囲み).

語法 (1) some の使い方
数えられる名詞の複数形および数えられない名詞の前にけて用いる. 意味が弱く日本語に訳す必要のないことが

多い. この場合常に弱く発音される《☞ a² 1 語法》: I can see ~ old *women* under the tree. 木陰に(数人の)おばあさんたちがいるのが見える. ★ この文は a² 1 の初めの文に相当する複数の例 ‖ There are ~ apples on the table. 食卓の上にりんごが数個ある / I want ~ eggs. 卵が少し欲しい. ‖ Give me ~ sugar, please. 砂糖をください / S~ money was lost through his carelessness. 彼の不注意でお金が少しなくなった.

(2) **some と any**
some は肯定文に用い, 疑問文・否定文, および if, whether に続く節では any を用いる: There is ~ milk in the cup. カップには牛乳が入っている / Is there *any* milk in the cup? カップには牛乳が入っていますか / There isn't *any* milk in the cup. カップには牛乳は入っていません.

《注意》ただし形は疑問文でも肯定の気持ちが強いときや, 実際の意味では何かを頼んだり, 勧めたりするときには some を用いる: Didn't he ask you ~ questions? 彼はいくつか質問しませんでしたか(したでしょう) / Won't you have ~ cookies? クッキーを少しいかがですか.

――リスニング――
some は文中で弱く /s(ə)m/ と発音されるときには「ス ム」のように聞こえ, 強く /sám/ と発音されるときには「サム」のように聞こえる. いずれにしても物の後に母音で始まる語が続くと, some の /m/ とその母音とが結合して「マ」行の音に聞こえる. I want some eggs. /aɪwánts(ə)mégz/ は「アイワントサメッグズ」のように, Some agree with us. /sámɡríːwɪðəs/ は「サマグリーウィザス」と聞こえる.「アイ・ワント・サム・エッグズ」「サム・アグリー・ウィズ・アス」とは発音しない.

2 [A] /sám/ **いくらかの, 何人かの,** 一部の. 語法 数えられる名詞の複数形および数えられない名詞とともに用い, all, others と対照させることが多い. 日本語では「中には…の人[物]もあるし, …の人[物]もあれば…の人[物]もある」と訳せることが多い: S~ people are merely clever; *others* are brilliant. 単に器用な人もいれば並はずれて頭のよい人もいる / Not *all* snakes are poisonous↗; ~ are harmless.↘ 蛇は全部が全部毒をもっているとは限らない. 中には無毒のものもいる《☞ all 語法 (3)》.

3 /sám/ [単数名詞の前につけて] (略式) **ある…,** 何かの…, だれか[どこか, いつか]の…: I read it in ~ (type of) book. 何かの本で読んだことがある / He went to ~ town in Texas. 彼はテキサスのどこかの町へ行った / For ~ reason she was not in time for the train. 何らかの理由で彼女は列車に乗り遅れた / There's ~ woman at the door, sir. 玄関にだれか女性の方が来ていますが.

語法 (1) はっきり何[だれ]であるか知らない[言いたくない]ときに用いる《☞ certain 3 語法》.
(2) 次を比較せよ: Come and see me ~ day next week. 来週いつか来てください / Come and see me *any* day next week. 来週いつでも来てください.

4 [A] /sám/ 《格式》かなりの, 相当の; (S) 《略式》大した, なかなかの: for ~ time かなりの時間 / That was ~ party last night! 昨晩はなかなかのパーティーだった. 語法 (S) 《略式》文脈で反語的に用いることがある: S~ fríend yóu àre! 大した友人だよ君は(ひどい人だ) / S~ help! 全然助けにならない. **sòme mòre …** ☞ more¹ 代 成句. **sóme … or óther** [anóther] 【略式】何かの…, だれか[どこか, いつか]ある…: in ~ way *or other* なんらかの方法で / She was talking to ~ man *or other*. 彼女はだれか男の人と話をしていた.

――代 /sám/《不定代名詞》 **1 いくらか,** 多少, 少し: Tim ate ~ of it [them]. ティムはそれを少し食べた / We have lots of fruit; would you like ~? 果物がたくさんあります. 少しいかがですか / We have ~ to sell, but none to rent. 売る物は少々ありますが, お貸しするものはありません.

語法 この代の some は形の独立した用法とも考えられるもので, 数えられる名詞の複数形および数えられない名詞の代わりに, 数えられる名詞の単数形の代わりには one を用いる. some と any の用法についてはなお ☞ 形 1 語法 (2): "Do you have *any* books on Japanese history?" "Yes, I have ~ [*one*]." 「日本史の本をお持ちですか」「ええ, 何冊か[1 冊だけ]持っています」

2 ある人たち, あるもの. 語法 others と対照させて用いることが多い. 数えられる名詞を受けて複数として扱われる: S~ said yes; *others* said no. 賛成する人もいたし, 反対の人もいた. ‖ S~ agree with us, ~ don't, and *others* won't say (one way or the other). 我々に同意する人, しない人, 意見を控える人とさまざまだ / S~ are wise and ~ are otherwise. (ことわざ) 賢い人もいれば そうでない人もいる. **and thén sòme** (S) 【略式】[先行する数量・程度などの表現に付加して] さらにもっと. **sòme móre** ☞ more¹ 代 成句.

――副 /sám/ **1** [数詞の前につけて] 約, およそ (about): It is ~ twenty miles. 約 20 マイルです / S~ thirty soldiers ran after the intruder. 30 名ぐらいの兵士が侵入者の後を追いかけた. **2** [動詞の後で] (S)《米略式》幾分 (somewhat): I work ~ and play ~. 私はそこそこ働きそこそこ遊ぶ. **3** (S) 《米略式》ある程度, 少々: feel ~ better 少し気分がよい. **4** [few, little を伴って] 《文》 かなりの.

【類義語】**some** 数や量が不特定なことを示し, かなり多くの数や量の場合も含めて用いる: *some* years ago 何年か前に. **a few** 「少数の」の意味で絶対的な数が決まっているのではない. 前後関係や話し手の主観で変動がある: *a few* days ago 数日前に. **several** 3 より多くて **many** や **a lot** より少ない数を表わすが, 絶対値を表わすのが普通である: *several* days ago 数日[5, 6 日]前に.

-some /səm/ 接尾 **1** [形容詞語尾]「…を生ずる, …の傾向のある; …したくなる」などの意: quarrel**some** けんか好きな / trouble**some** やっかいな. **2** [名詞語尾] 数詞につけて「…の組[群れ]」などの意味を表わす: two**some** 2 人組.

*some·bod·y /sámbàdi, -bədi | -bədi, -bədi/ 代《不定代名詞》**ある人,** だれか (someone).

語法 (1) 肯定文に用い, 単数として扱う. 疑問文・否定文, および if, whether に続く節の中では anybody を用いる《☞ anybody 代 1 語法 (1)》: "There's ~ at the door." "Who is it?" 「玄関にだれか来ています」「だれですか」《☞ it¹ A 1 語法》/ When ~ calls, remember to ask for *his* [《略式》*their*] name. だれか来たときは忘れずに名前を聞いてください《☞ anybody 代 語法 (2)》/ Everything is funny as long as it happens to ~ else. 何事もそれがだれか他人の身の上に起こる限りではおもしろいものだ《☞ else 形》/ S~ open this door! だれかこのドアを開けて / There's ~'s glove on the floor. だれかの手袋が床に落ちている.
(2) somebody を修飾する形容詞はその後へ置く《☞ something 代 1 語法 (2)》: We think ~ *neutral* should take the chair. だれか中立の人が議長になるべきだと思います.
(3) 形は疑問文でも肯定の気持ちが強いときや, 実際の意味では何かを頼んだり, 勧めたりするときには some-

body を用いる: Didn't you meet ～ at the gate? 門のところで人に会いませんでしたか(会ったでしょう) / Would ～ answer the phone? だれか電話に出てくれませんか.

lìke sómebody [副] [皮肉に] だれかさんのように.
.∴ or /ə | ɔ/ sòmebody Ⓢ《略式》…かだれかそういった人: Can't your father *or* ～ fix it? お父さんかだれかが直せませんか. **sómebody or òther** [代]《略式》だれか: *S*～ *or other* has left the gate open. だれかが門を開けっぱなしにしたままだ / Mr. ～ *or other* なんとかさん, 某氏《Mr. — と書くこともある》.
— [名] (**-bodies**) [C] [普通は単数形で補語としてしばしば不定冠詞なしで] ひとかどの人物, 偉い人 (*in*): Bill thinks he's really ～. ビルは自分が本当に偉い人だと思っている. [関連] nobody 取るに足らない人.

⁺sóme·dày, sóme dày [副] (未来の)いつか, そのうち: They will know the truth ～. 彼らもやがて真相を知るだろう.

[語法] (1)《米》では someday と 1 語に,《英》では some day と 2 語にもつづる.
(2) 過去の「いつか」というときには one day, the other day (☞ day 成句) などを用いる.
(3) Let's do it *sóme dáy* next week. (来週の何曜日かにそれをしよう)の some day とのアクセントの違いに注意.

***some·how** /sʌ́mhàu/ [T2] [副] **1** [肯定文で] 何とか; ともかくも (☞ anyhow): I managed to finish my homework ～. 私は何とか宿題を済ますことができた.
2 [文修飾語] どういうわけか: *S*～, I don't like him. どういうわけか彼が好きになれない.
sómehow or òther [副] どうにか, 何とかして.

‡some·one /sʌ́mwʌ̀n/ [代]《不定代名詞》**ある人, だれか** (somebody). [語法] 用法は somebody と同じだが somebody のほうが《略式》的 (☞ somebody [代] [語法]): *S*～ was playing the piano in the room. だれかが部屋でピアノを弾いていた / *S*～ *else* must have broken it. だれかほかの人がそれを壊したに違いない (☞ else [形]). **.∴ or /ə | ɔ/ sòmeone** =… or somebody (☞ somebody 成句). **sómeone or òther** [代]《略式》だれか.
— [名] [C] =somebody.

⁺sóme·plàce [副] Ⓢ [普通は肯定文で]《主に米》どこかに[で], どこかへ (somewhere): ～ safe どこか安全な場所 / ～ else どこか他の場所.

som·er·sault /sʌ́mərsɔ̀ːlt | -mə-/ [名] [C] **1** とんぼ返り, 宙返り; 前転: a backward ～ 後方宙返り / do [turn] a ～ とんぼ返りをする. **2** (政策・意見などの)反転, 180 度の転換. **—** [動] [自] [副詞(句)を伴って] とんぼ返り[宙返り]する.

Som·er·set /sʌ́mərsèt | -mə-/ [名] [固] サマセット《イングランド南西部の州》.

Sómerset Hòuse [名] [固] サマセットハウス《ロンドンのもと住民登録本署》.

‡some·thing /sʌ́mθɪŋ/ [代]《不定代名詞》**1** **あるもの,** あること, 何か.

[語法] (1) 肯定文に用い, 単数として扱う. 疑問文・否定文, および if, whether に続く節の中では anything を用いる (☞ anything [代] 1 [語法] (1)): I could see ～ at the top of the hill. 丘の上に何かが見えた / Don't just stand there; do ～. そこにただ立っていないで何かしなさい / I've got ～ to tell you. お話しすることがあります.
(2) **something＋形容詞**
something を修飾する形容詞はその後へ置く (☞ attributive use [文法] (2) (i), anything [代] 1 [語法] (2), nothing [代] 1 [語法] (2), everything [代] 1 [語法] (2)): *S* ～ *new* must have happened. 何か変わったことが起きたに違いない.
(3) 形は疑問文でも肯定の気持ちが強いときや, 実際の意味では何かを頼んだり, 勧めたりするときには something を用いる: Aren't you thinking of ～ *else*? 何かほかのことを考えているのではありませんか(考えているでしょう) (☞ else [形]) / Can you give me ～ to read? Anything will do. 何か読むものをくれませんか. 何でもいいです.

2 Ⓢ 何か食べる[飲む]もの: It's so hot. Let's have ～ cold (to drink). 暑いねえ. 何か冷たいものを飲もうよ.
3 Ⓢ《略式》…なんとか《年齢・数字・名前など(の一部)がはっきりしないとき, またはわざとぼかすときなどに用いる》: the four ～ train 4 時何分かの列車 / in nineteen forty ～ 1940 何年かに.
be sómething to dò with … =have something to do with … (☞ have¹ 成句).
dó sòmething abòut … [動] [他] …に対して何か対処する, …をどうにかする.
dò sómething in .∴ [動] [他] …の仕事をしている.
have (gót) sòmething thére [動] [自] (人が)おもしろい[重要な]ことを言った, 確かにもっともだ.
hàve sómething góing with … [動] [他]《略式》…と(性的)関係がある.
hàve sómething of … [動] [他] …と似たところがある.
hàve sómething to dò with … ☞ have¹ 成句.
máke sòmething of … [動] [他] (1) …を利用する. (2) …を重要視する. (3)《略式》…を問題[争いの種]にする: Do you want to *make* ～ *of* it? Ⓢ 何か文句があるのか《非難する相手などに対する脅しの応答》.
màke sómething of onesèlf [動] [他]《略式》成功する, 出世する.
.∴ or /ə | ɔ/ sòmething Ⓢ《略式》…か何かそうしたもの[こと]: She is a writer *or* ～. 彼女は作家か何かそんな職業の人だ. [語法] 名詞(句)以外のものに伴うこともある: Meg didn't come. She missed the train *or* ～. メグは来なかった. 列車に遅れたか何かしたのだ.
sòmething élse [名] (1) 何か他の物. (2) Ⓢ《略式》格別にすばらしいもの[人], 実にすてきなもの[人].
sómething ˈlìke thát [of the sórt] [代] Ⓢ そのようなもの.
sómething of a .∴《略式》かなりの…, 相当の…;《格式》ある程度の: He is ～ *of a* pianist. 彼はピアノはかなりの腕前だ / ～ *of a* surprise ちょっとした驚き.
sómething or òther [代]《略式》何か.
Sómething téllls me (that) …《略式》私には…のような気がする.
Thàt's sáying sómething [主に Ⓢ] 少し言いすぎだ.
— [副]《略式》かなり, ひどく.
sómething aròund … [前] =something like … (2).
sómething lìke .∴ [前] (1) 何だか…のような, いくらか…らしい: It is shaped ～ *like* an egg. それは何だか卵のような形をしている. (2) 約…, およそ… (*about*).
sómething òver … [前] …を多少上回って.
— [名] [U]《略式》**1** 重要なもの[人], かなりのもの[人]; 結構なこと: You're ～! Ⓢ あなたは大したものだ / It's really [Ⓢ quite] ～ to be through with such hard work! あんな激しい仕事を済ませて本当にやれやれだ. [関連] nothing つまらないもの[人]. **2** いくらかの真理[価値]: There's ～ in [to] what he says. 彼の言うことには一理ある.

a little something [名] [S] 《略式》 ちょっとしたもの[贈り物, 飲食物]. **That's something.** [S] (十分とは言えないが)それはよかった.

*__some·time__ /sʌ́mtàɪm/ [副] **1** (未来の)いつか, そのうち: Come over and see us ～. いつか遊びに来てよ. [語法] 《英》では some time と2語につづることもある. **2** (過去の)いつか, あるとき: I saw him ～ last summer. 去年の夏のいつだったか彼に会った.
sómetime or òther [副] 遅かれ早かれ. **sómetime sóon** [副] 近日中に.
— [形] [A] **1** 《格式》 以前の: a ～ mayor of the town かつての町長. **2** 《米》 時おりの.

‡__some·times__ /sʌ́mtàɪmz, sʌ̀mtáɪmz | sʌ́mtàɪmz/ [副] 時々, 時には (☞ always 囲み): We ～ play tennis with them. 私たちは時々彼らとテニスをする / Robert is ～ late for school. ロバートは時々学校に遅れる / *S*～ I do it by myself. 時にはそれを自分でする.

sóme·wày, sóme·wàys [副] 《米略式》 = somehow.

*__some·what__ /sʌ́m(h)wɑ̀t | -wɔ̀t/ [T2] [副] 《格式》 幾分, やや, 少し: I was ～ disappointed. 私は少々失望した / The plane arrived ～ late. 飛行機は多少遅れて到着した / The price was ～ higher than I (had) expected. 値段は予想より少々高かった. [語法] 普通は肯定文で用いる. **móre than sómewhat** [副] 《英格式》 とても, ひどく (very).
— [代] [次の成句で] **sómewhat of ...** 《格式》 ちょっとした...; 多少, 幾分.

‡__some·where__ /sʌ́m(h)wèə | -wèə/ [副] **1** どこかに, どこかへ, ある所に[で, へ].

[語法] (1) 肯定文に用い, 疑問文・否定文, および if, whether に続く節では anywhere を用いる (☞ anywhere [語法]): I've left my bag ～. 私はかばんをどこかに置き忘れた / His mind was ～ *else*. 彼の心はどこかほかの所にあった(上の空だった).
(2) somewhere を名詞的に用い, 後に形容詞を伴うことがある (☞ something [代] 1 [語法] (2)): Let's go ～ *quiet*. どこか静かなところへ行こう.
(3) 名詞的に用いることもある: I need ～ to sleep. 私はどこか寝るところが必要です.

2 およそ...のころ, およそ...ぐらい: ～ *between* 20 *and* 30 people 2, 30人 / It happened ～ *around* [*about*] 1600. それはおよそ1600年ごろの出来事だ.
gét sòmewhere [動] [自] [進行形で] [S] 《略式》 成功する; 成果が上がる (☞ get anywhere (anywhere 成句), get nowhere (nowhere 成句)).
... or /ə | ə/ **sòmewhere** ...かどこかに[へ]: They went to Ohio *or* ～. 彼らはオハイオかどこかへ行った.
sómewhere or òther [副] 《略式》 どこかで.

some·wheres /sʌ́m(h)wèəz | -wèəz/ [副] 《非標準》 [S] =somewhere.

som·me·lier /sʌ̀məljéɪ | səméliə/ 《フランス語から》 [名] [C] ソムリエ 《レストランのワイン専門サービス係》.

som·nam·bu·lis·m /sɑmnǽmbjʊlɪ̀zm | sɔm-/ [名] [U] 《格式》 夢中歩行, 夢遊病.

som·nam·bu·list /sɑmnǽmbjʊlɪst | sɔm-/ [名] [C] 《格式》 夢遊病者 (sleepwalker).

som·nam·bu·list·ic /sɑmnæ̀mbjʊlístɪk | sɔm-←/ [形] 《格式》 夢遊病者の.

som·no·lence /sɑ́mnələns | sɔ́m-/ [名] [U] 《文》 眠け, 眠たさ.

som·no·lent /sɑ́mnələnt | sɔ́m-/ [形] 《文》 眠い, 眠そうな; 眠けを催す; 静かで活気のない.

Som·nus /sɑ́mnəs | sɔ́m-/ [名] [固] 〖ロ神〗 ソムヌス 《眠りの神》.

‡__son__ /sʌ́n/ ([同音] sun; [類音] some, sum, sung) [名] (～s /～z/) **1** [C] 息子 (*of*); 義理の息子, 養子 (《略》 s.; ☞ family tree 図): This is my youngest ～. これは私のいちばん末の息子です / ...'s only ～ ...の一人息子. **2** [単数形で無冠詞で] [S] 君 (《格式》 で男子の年少者に対する呼びかけに男性が用いる, また 《格式》 でカトリック司祭が罪の告白に来た男性に my son として用いる): "Have you seen my father?" "He's over there, ～." 「おとうさんを見ましたか」 「あそこだよ. 君」. **3** [the S-] (三位一体の第2位としての)イエスキリスト. **4** [C] [普通は複数形で] 《文》 [新聞で] (ある土地・国などが)生んだ人, ...の子 (*of*).
a són of a bítch [名] (複 **sons of bitches**) 《卑, 主に米》 [S] (1) 野郎, ろくでなし (☞ taboo word; 《略》 SOB). (2) やっかいな[大変な]こと. (3) [Son of a bitch として; 感嘆詞的に] この野郎, こん畜生!; 驚いたよ[たまげたよ]! **són of a gún** [名] (複 **sons of guns**) 《米略式》 [S] (1) [滑稽] 《古風》 君, お前 《親しい男同士で》. (2) [a son of a gun として; 古風] =a son of a bitch (1). (3) [滑稽] やっかいなこと[もの]. (4) [感嘆詞的に] こりゃあ驚いた[たまげた]!; こいつ, この野郎. **the Són of Gód [Mán]** [名] 神[人]の子 《キリストのこと》.

so·nar /sóʊnɑə | -nɑː/ [名] [U] ソーナー, 水中音波探知機 (*so*und *n*avigation (and) *r*anging の略; ☞ acronym).

⁺__so·na·ta__ /sənɑ́ːṭə/ [名] [C] 〖楽〗 ソナタ, 奏鳴曲.

son et lu·mière /sɔ́ːneɪlúːmjeə | sɔ́neɪlúːmjeə/ 《フランス語から》 [名] [U] または a ～] 《主に英》 ソンエルミエール 《照明・音響効果などを多用した史跡などで行なわれる野外ショー》.

‡__song__ /sɔ́ːŋ | sɔ́ŋ/ [名] (～s /～z/; [動] sing) **1** [C] 歌, 歌曲; [one's ～] (恋人にとっての)思い出の歌[曲]: Let's sing some merry ～*s*. 楽しい歌を何曲か歌おう / This ～ was written by Stephen Foster. この歌はスティーブン・フォスターが作ったものだ.

ミニ語彙欄

[コロケーション]
[動]+song
arrange a *song* 曲をアレンジする
burst [break] into *song* 突然歌を歌いだす
compose [write] a *song* 歌を作る
hum a *song* ハミングする, 鼻歌を歌う
play a *song* 曲を演奏する
record a *song* 歌を録音する
sing a *song* 歌を歌う
whistle a *song* 曲を口笛で吹く
[形]+song
an **antiwar** *song* 反戦の歌
a **beautiful** *song* 美しい歌
a **catchy** *song* 覚えやすい歌
a **great** *song* すばらしい歌
a **joyful** *song* 楽しい歌
a **popular** *song* 流行歌
a **sad** *song* 悲しい歌

song のいろいろ
chíldren's sòng 童謡 / **crádlesòng** 子守り歌 / **drínking sòng** 酒宴の歌 / **fólk sòng** フォークソング / **lóve sòng** ラブソング / **póp sòng** ポップス / **schóol sòng** 校歌 / **théme sòng** 主題歌

[関連表現]
be a good singer 歌が上手である
be a singer-songwriter[-writer] シンガーソングライターである

1686 songbird

call for an encore アンコールを要求する
Is there a **karaoke box** near here? この近くにカラオケボックスはありませんか
It is a *song* **about love**. それは恋の歌だ
Let's **sing** this *song* **together**. この歌を一緒に歌おう
sing an encore アンコールの曲を歌う
sing with karaoke accompaniment カラオケで歌う
This is my **favorite** *song*. これは私の大好きな歌だ
This *song* **is** very **popular** now. この歌は今とてもはやっている

2 ⓊU 声楽, 歌唱; 歌うこと: an evening spent in ~ 歌を歌って過ごした夕べ / the gift of ~ 歌を歌う素質. **3** Ⓤ,Ⓒ 鳥のさえずり, 虫の鳴き声: the ~ of the lark ひばりのさえずり.

a sóng and dánce [名] 《略式》(1)《米》(込み入った)ごまかし[言い逃れ]の文句: She gave me *a ~ and dance* about the matter. 彼女はその件で私に言い逃れをした. (2)《英》くだらない大騒ぎ (fuss)・make *a ~ and dance* about having to work late 遅くまで働かなければならないことで大騒ぎする. **for a sóng** [副] 《略式》安い値で, 二束三文で: be going *for a* ~ 非常に安く売られている. 由来 昔, 酒場の外で歌う旅回りの芸人のチップがとても安かったことから. **on sóng** [形] 《英略式》(選手などが)絶好調で. **sing the sáme sóng** [動] 同じことを繰り返す, くりごとを言う.

sóng·bird 名 C 鳴鳥 (ちょう) (鳴き声の美しい鳥).
sóng·bòok 名 C 歌の本, 唱歌集.
sóng·fèst 名 C《米》(フォークソングなどの)歌の集い.
Sóng of Sólomon [**Sóngs**] 名 固 [The ~]《聖》雅歌(旧約聖書の一書).
song·ster /sɔ́(ː)ŋstɚ | sɔ́ŋstə/ 名 C **1** [新聞で]《男性》歌手; 作詞[作曲]家. **2**《文》鳴鳥 (songbird).
song·stress /sɔ́(ː)ŋstrəs | sɔ́ŋ-/ 名 C [新聞で]《文》女性歌手, 歌姫; 女性作詞[作曲]家.
⁺sóng·writer 名 C ソングライター(ポピュラー曲の作詞, 作曲または両方をする人)(⇨ singer-songwriter).
sóng·wrìting 名 Ⓤ 作詞, 作曲; 作詞作曲.
So·nia /sóʊnjə/ 名 ソニア (女性の名).
son·ic /sánɪk | sɔ́n-/ 形 《格式》A 音速の; 音の, 音波の. 関連 supersonic 超音速の / subsonic 音速以下の.
sónic báng 名 C 《英》= sonic boom.
sónic bóom 名 C 衝撃波音(超音速機による爆音).
⁺son-in-law 名 (複 sons-in-law) C 娘の夫, むこ (⇨ family tree 図).
⁺son·net /sánɪt | sɔ́n-/ 名 C ソネット(普通は弱強5歩格の14行から成る詩).
son·ny /sáni/ 名 [単数形で無冠詞で]《S》《古風》坊や; 君.
Sónny Jím 名 [単数形で]《S》《古風, 英》= sonny.
so·no·gram /sóʊnəgræm/ 名 C《医》超音波検査図 (胎児などの).
so·nor·i·ty /sənɔ́ːrəti | -nɔ́r-/ 名 Ⓤ,Ⓒ《格式》鳴り響くこと.
so·no·rous /sánərəs | sɔ́n(ə)r-/ 形 《文》鳴り響く, 響き渡る; 朗々とした. **~·ly** 副 響き渡って.

‡soon /súːn/ 副 (**soon·er**; **soon·est**) **1** まもなく, そのうちに, 近いうちに(⇨ 類義語): He'll be here pretty ~. じきに彼はここに来ますよ / We will ~ be having snow. まもなく雪が降ってくることでしょう / I ~ got used to my new school. 私はやがて新しい学校に慣れた / She came back ~ *after* five o'clock. 彼女は5時ちょっと過ぎに帰ってきた / See you ~! 《S》ではまた, さようなら(⇨ see 熟 3 語法).

2 早めに, (時期が)早く (early): Do you have to go so ~? もうお帰りですか(まだいらっしゃいませんか) / It's too ~ to say so. そう言うのは時期尚早だ / He came half an hour too ~. 彼は来るのが30分ばかり早すぎた / *The ~er* you finish your homework, *the ~er* you can go out and play (⇨ the² 1). 宿題を早く終えればそれだけ早く遊びに行けますよ / *The ~er*, *the* better. 早ければ早いほどよい / She came *~er than* I (had) expected. 彼女は思ったよりも早くやって来た. 語源 古(期)英語で「直ちに」の意.

as sóon as ... [接] ...するとすぐに: She began to cry *as ~ as* Tom left. トムが去ると彼女はすぐ泣きだした / I'll ask him about it *as ~ as* he arrives. 彼が着いたらすぐこのことを尋ねよう.

as sóon as póssible [**... cán**] できるだけ早く(略 ASAP, asap): Please ask John to call me *as ~ as possible* [he *can*]. できるだけ早く私に電話するようにジョンに言ってください.

had sòoner ... than — = would sooner ... than —.

Hòw sóon ...? [副] どのくらい早く, いつごろ(まで)に: "*How ~* can you have these shirts ready?" "(They'll be done) By noon tomorrow." 「このワイシャツはいつごろまでに仕上がりますか」「あすの正午まで(に仕上がります)」

nóne tòo sóon = not a moment too soon.

nò sooner sáid than dóne (要求・願い事などが)言うが早いかなされる, お安いご用だ.

nò sooner ... than — [接]《W》...するとすぐ, ...するかしないかのうちに: I had *no ~er* entered [*No ~er* had I entered] the hall *than* the ceremony began. 私が講堂に入るとすぐ式が始まった.

語法 no sooner の後には過去完了形, than の後には過去時制が用いられることが多い. 強調のために no sooner が文頭にくるときは主語と述語動詞の語順が変わる(⇨ hardly 成句 語法, scarcely 成句 語法, inversion 文法 (1) (vi)).

nòt a móment tòo sóon [副] かなり遅くに, (予定など)より遅れて.

sóoner or láter [副] 遅かれ早かれ, 早晩: *S~er or later* their plot will be discovered. いずれ彼らのたくらみは暴露されるだろう. 日英比較 日本語の「遅かれ早かれ」とは語順が逆.

sóoner ràther than láter [副] 早く, 短時間で.

would (jùst) as sòon ... (as —) =would sòoner ... (than —) 《S》(—するより)むしろ...したい: I would *just as* ~ go with you (*as* stay here). 《格式》(ここにいるよりは)あなたといっしょに行きたい / I *would ~er* die *than* marry him. 彼と結婚するくらいなら死んだほうがましです / "Will you have some more to drink?" "I'd just as ~ not." 「もっと飲むかい」「いややめておこう」

語法 節を伴う言い方にも注意 (⇨ would rather (rather) 成句): I'd (*just*) *as ~* you didn't tell her. 彼女に話してもらいたくない.

【類義語】**soon** あまり時間がたたないうちに事が起こったことを意味するが, 比較的な長さの時間であるかは前後関係によって異なり, かなりの時間を意味することもある: They will *soon* arrive. 彼らもうすぐ到着するでしょう. **presently** *soon* とほぼ同じ意味だが, 少し格式ばった感じのことば: The meeting will be over *presently*. 会議はすぐ終わるでしょう. **shortly** *soon* や *presently* よりも時間が短い感じを表わす: The train will leave *shortly*, so you should hurry. 列車はまもなく発車するので急いだほうがよい. **immediately** 間をおかずすぐ事が起こることを意味する: He came back *immediately*. 彼はすぐに帰ってきた.

Sóon·er Státe /súːnə- | -nə-/ 名 [the ~] 先駆け移住者州《米国 Oklahoma 州の俗称》.

†**soot** /sút/ 名 U すす, 煤煙(ばいえん).

***soothe** /súːð/ 動 (**soothes** /~z/; **soothed** /~d/; **soothing**) 他 **1**〈…〉をなだめる, 慰める;〈神経・感情〉を静める: They tried to ~ her (*down*) with kind words. 彼らは優しいことばで彼女を慰めようとした. **2**〈痛み・苦しみ〉を和らげる (*away*).

sooth·ing /súːðɪŋ/ 形 **1** 慰めるような, 心の落ちつく: ~ music 心が落ちつく音楽. **2**〈痛みなど〉を和らげる: a ~ lotion 鎮痛[消炎]塗布液. **~·ly** 副 なだめるように, 静めるように.

sooth·say·er /súːθseɪə | -seɪə/ 名 C《古語》予言者, 占い師.

soot·y /sút̬i/ 形 (**soot·i·er**; **-i·est**) すすけた, 黒ずんだ; すす色の, 黒っぽい.

sop /sáp | sɔ́p/ 名 C [普通は単数形で][けなして] 機嫌をとるための物, えさ; わいろ (*to*). ── 動 (**sops**, **sopped**; **sop·ping**) [次の成句で] **sóp úp** 動 他 (スポンジ・布などで)〈液体など〉を吸い取る.

So·phi·a /soʊfiːə, -fáɪə/ 名 固 ソフィア《女性の名; 愛称は Sophie または Sophy》.

So·phie /sóʊfi/ 名 固 ソフィー《女性の名; Sophia の愛称》.

soph·is·m /sáfɪzm | sɔ́f-/ 名 U,C《格式》詭弁(きべん), こじつけ, へ理屈.

soph·ist /sáfɪst | sɔ́f-/ 名 C《格式》詭弁家, へ理屈屋.

so·phis·ti·cate /səfístəkət/ 名 C《格式》高い教養のある人, あか抜けた人; 世慣れた人.

***so·phis·ti·cat·ed** /səfístɪkèɪt̬ɪd/ 13 形 (反 unsophisticated) **1** あか抜けた, しゃれた, 洗練された人の好みに合う, 高度の教養の, (知的に)洗練された, (文体などが)凝った: ~ tastes 洗練された趣味 / a ~ style 凝った文体 / Harry thinks it is ~ to pretend not to care about anything. ハリーは何も気にしないのがかっこいいことだと思っている.

2《機械・方式など》精巧な, 精密な; 複雑な《➩ complex¹ 類義語》: ~ weapons 精密兵器 / a highly ~ computer きわめて高度なコンピューター.

***so·phis·ti·ca·tion** /səfìstɪkéɪʃən/ 名 U **1** 洗練, 高度の教養. **2** 精巧さ, 高度化.

soph·ist·ry /sáfɪstri | sɔ́f-/ 名 (**-ist·ries**)《格式》**1** U 詭弁(きべん)(法). **2** C [普通は複数形で] 詭弁.

Soph·o·cles /sáfəkliːz | sɔ́f-/ 名 固 ソフォクレス (496?-406? B.C.)《古代ギリシアの悲劇詩人》.

soph·o·more /sáfəmɔ̀ə, -fmɔ̀ə | sɔ́fəmɔ̀ː-/ 名 C《米》(4年制の大学・高等学校の)2年生 (➩ senior 表).

soph·o·mor·ic /sàfəmɔ́ːrɪk | sɔ̀fə-́-/ 形《米略式》気取っているが青くさい, 生意気な.

So·phy /sóʊfi/ 名 固 ソフィー《女性の名; Sophia の愛称》.

sop·o·rif·ic /sàpərífɪk | sɔ̀p-́-/《格式》形 眠気を催させる, 催眠の; 退屈な, つまらない. ── 名 C 催眠剤.

sop·pi·ly /sápɪli | sɔ́p-/ 副《略式》ひどく感傷的に.

sop·pi·ness /sápinəs | sɔ́p-/ 名 U ひどく感傷的なこと.

sop·ping /sápɪŋ | sɔ́p-/ 形 [普通は A]《略式》びしょぬれの, ずぶぬれの. ── 副 [次の成句で] **sópping wét** [形]《略式》ずぶぬれで[の].

sop·py /sápi | sɔ́pi/ 形 (**sop·pi·er**, **-pi·est**)《略式, 主に英》《軽蔑》ひどく感傷的な, 愚かな; P (…が)大好きで, (…に)甘い (*about*);《米》sappy.

†**so·pra·no** /səprǽnoʊ, -prɑ́ː- | -prɑ́ː-/ 名 (~s)《楽》**1** C ソプラノ歌手; ソプラノの音域で歌う人. **2** U ソプラノ (➩ register 表); ソプラノ声部. ── 形 A ソプラノの. ── 副 ソプラノで.

sor·bet /sɔ́ə-beɪ, sɔə-beɪ | sɔ́ː-beɪ, -bɪt/《フランス語か

---

sorry 1687

ら》名 U,C **1**《英》=sherbet 1. **2**《米》(水に色と味をつけた)氷菓.

sor·bi·tol /sɔ́ə-bɪtɔ̀ːl | sɔ́ː-bɪtɔ̀l/ 名 U《化》ソルビット, ソルビトール《砂糖の代用品》.

Sor·bonne /sɔə-bɑ́n | sɔː-bɔ́n/ 名 固 [the ~] ソルボンヌ(大学)《パリ第4大学の通称》.

sor·cer·er /sɔ́ə-s(ə)rə | sɔ́ː-s(ə)rə/ 名 C 魔法使い, 魔術師, 妖術(ようじゅつ)師.

sor·cer·ess /sɔ́ə-s(ə)rəs | sɔ́ː-/ 名 C 女魔術師.

sor·cer·y /sɔ́ə-s(ə)ri | sɔ́ː-/ 名 (**-cer·ies**) U,C 魔術.

*†**sor·did** /sɔ́ə-dɪd | sɔ́ː-/ 形 **1**《動機・行為・人物など》下劣な, 卑しい, あさましい: all the ~ details of the corruption case 汚職事件のあさましい全容. **2**《環境など》むさくるしい, 汚い. **~·ly** 副 あさましく. **~·ness** 名 U あさましさ, むさくるしさ.

*†**sore** /sɔ́ə | sɔ́ː/ (同音 soar,《英》saw¹⁻³,《類音《米》saw, sew, so, sort, sow, sword, thaw》形 (**sor·er** /sɔ́ːrə | -rə/; **sor·est** /sɔ́ːrɪst/) **1** (触ると)痛い, ひりひり痛い, 炎症を起こして痛い (*painful*) (➩ sorry 類義語); P〈人が〉痛みを感じる (*from*): I have a ~ throat. のどが痛い / I was ~ all over after the boxing match. ボクシングの試合のあとであちこちが痛かった. **2** A [限定]《話題など》人の感情を害する. **3** P《古風, 米略式》感情を害した, 怒った (*angry*) (*about*, *at*): get ~ 感情を害する. **4** A《文》[強調に用いて] 重大な, ひどい: be in ~ need ひどく必要としている. **a sóre póint [spót]** [名] (人の気にさわる点, 触れられたくないこと; (…にとっての)しゃくの種 (*with*).

── 名 (~s /~z/) C すりむけた所, 触れると痛い傷; ただれ, はれもの: a cold ~ (かぜのあとにできる)口辺ヘルペス. 関連 bedsore 床ずれ.

sóre·hèad 名 C《米略式》怒りっぽい人.

sóre lóser 名 C 負けっぷりの悪い人.

†**sore·ly** /sɔ́ə-li | sɔ́ː-/ 副《格式》非常に, きわめて: I was ~ tempted to see him. 私はひどく彼に会いたかった / He will be ~ missed. 彼がいなくなるととても寂しくなるだろう.

sore·ness /sɔ́ənəs | sɔ́ː-/ 名 U 痛み, 痛さ.

sor·ghum /sɔ́ə-gəm | sɔ́ː-/ 名 U もろこし《食料・飼料・ほうき用》.

so·ror·i·ty /sərɔ́ːrət̬i, -rɑ́r- | -rɔ́r-/ 名 (**-i·ties**) C《米》(大学の)女子学生の社交クラブ. 関連 fraternity 男子学生の社交クラブ.

sor·rel¹ /sɔ́ː-rəl | sɔ́r-/ 名 U すいば, すかんぽ《植物》.

sor·rel² /sɔ́ː-rəl | sɔ́r-/ 名 C くり毛の馬.

Sor·ren·to /səréntoʊ/ 名 固 ソレント《イタリア南部海岸の保養地》.

†**sor·row** /sároʊ, sɔ́ː- | sɔ́r-/ 名《格式》**1** U (深い) 悲しみ, 悲嘆 (*about*) (➩ grief 類義語): We felt deep ~ at [*over*] her death. 我々は彼女の死を深く悲しんだ. **2** C 悲しみの種, 悲しいこと, 不幸; 難儀, 苦難: the joys and ~s of life 人生の喜びと悲しみ. **3** U 残念, 後悔, 遺憾 (*regret*): He expressed his ~ for [*at, over*] having betrayed our trust. 彼は私たちの信頼を裏切ったことに対し遺憾の意を表わした. **drówn one's sórrows** [動] 他 [しばしば滑稽] (酒を飲んで)憂さ晴らしをする. **mòre in sórrow than in ánger** [副] 怒りというよりも残念な気持ちで. **to …'s sórrow** [副]《文修飾》…にとって悲しいことには; …にとって残念なことには: *To our great* ~, he never recovered from his stroke. 私たちにとって大変悲しいことに彼は卒中で倒れたまま意識が戻らなかったのです. ── 動 自《文》悲しむ, 嘆く, 気の毒に思う (*over*).

sor·row·ful /sároʊf(ə)l, sɔ́ː-r- | sɔ́r-/ 形《文》悲嘆に暮れている, 悲しんでいる: a ~ look 悲しそうな顔. **-ful·ly** /-fəli/ 副 悲しそうに, 悲嘆に暮れて.

*‡**sor·ry** /sári, sɔ́ːri | sɔ́ri/ 形 **1** [しばしば S] P (…を)申しわけなく思って, (…で)すまないと

sort

思って〈謝罪の気持ちを表わす〉: I'm (very [so]) 〜. (本当に)すみません. 語法 これに対する受け答えは That's all right. (いいんですよ), Don't worry about it. または Never mind. (気にしないで)などと言う // I am ― [S〜] *about* the confusion. <A+*about*+名・代> 混乱して申しありません / Say (you are) 〜 *to* Susan *for* hit*ting* her, John. <A+*to*+名・代+*for*+動名> ジョン, たたいてごめんってスーザンに謝りなさい / I am 〜 *about* break*ing* that vase. <A+*about*+動名> あの花びんをこわしてごめんなさい / I am 〜 *to* trouble you. <A+*to*不定詞> ご迷惑をおかけしてすみません(物を頼むときなど).☞ to³ G 語法 / I'm terribly [really] 〜 *to* have kept you waiting (so long). (こんなに長く)お待たせして本当にすみません (☞ to¹ G 文法) / I am 〜 (*that*) I have not written to you for such a long time. <A+(*that*)節> ずいぶん長いこと手紙を書かなくてごめんなさい. 日英比較 日本語の軽いお礼の意味の「すみません」に相当するのは Thank you.

2 気の毒で, かわいそうで: I am [feel] 〜 *for* her. <A+*for*+名・代> 彼女が気の毒だ / I am deeply 〜 *about* his death. <A+*about*+名・代> 彼が死んだのは本当にかわいそうだ / I'm 〜 *to* hear that. <A+*to*不定詞> それはお気の毒ですね / We're (very) 〜 *that* you're sick. <A+*that*節> ご病気で(とても)お気の毒です.

3 P S (丁寧) 残念で, 残念ながら…で, 悪いが…で: I am 〜 *about* Monday, but I can't make it. <A+*about*+名・代> 月曜日はあいにくですが都合がつきません / I'm 〜 *to* say (that) I can't come to the party. <A+*to* 不定詞> 残念ながらそのパーティーには出られません (☞ I regret to say that ... (regret 成句)) / I'm 〜 (*that*) you can't stay longer. <A+*that*節> もっとゆっくりしていただけないのが残念です. 語法 丁寧な断わり・反対・不賛成などを表わすのに添える. 《略式》では感嘆詞的に sorry だけで用いる: "Can you come with me?" "S〜, but I can't." 「私といっしょに行けませんか」「残念ですが行けません」

4 P S 後悔して, 悔やんで: You'll be 〜 (*for* it) later. <A+*for*+名・代> あとで(それを)後悔するぞ(覚えていろよ)(捨てぜりふ) / You'll be 〜 (*that*) you are not studying hard. <A+(*that*)節> 今一生懸命勉強しないと後悔するよ / It's too late to be 〜. 後悔先に立たず. **5** (**sor·ri·er** /-riə/ ―riər/; **sor·ri·est** /-riist/) A みじめな, 哀れな, お粗末な: a sight 哀れな光景 / in a 〜 state (of affairs) みじめな状態で / a 〜 excuse 下手な言いわけ. 語法 古(期)英語で「(心が)痛い」の意; sore と同語源.

be [féel] sórry for onesélf 動 ⾃ 《略式》《普通は軽蔑》(しばしば不当に扱われたと思って)自分をみじめと思う, わが身を嘆く.

Sórry. S (1) ごめんなさい, 失礼しました, すみません (Excuse me.). ★用法については 1 語法 日英比較: S〜 I'm late. ごめん, 遅れてしまって. (2) 残念ながら, 悪いけれど (☞ 3 語法). (3) 《しばしば文中で》いや《自分のことばの訂正に用いる》: She'll come at four, 〜, five o'clock. 彼女は4時も, いや5時に来る. (4) 申し訳ありませんが《質問などのため, 人の話をさえぎる時や, よくないことを伝える時に用いる》.

Sórry? S 《主に英》《聞き返して》すみませんがもう一度 (Pardon?). 語法 上昇調で発音される 《☞つづり字と発音解説 94》.

‡sort
/sɔ́ːt | sɔ́ːt/ (同音)《英》 sought; 類似 《米》 sought, thought) ⭐ 名 (**sorts** /sɔ́ːts, sɔ́ːts/) C **1** 種類, 部類 《》 kind¹ 類義語》; S 程度, 範囲: That's not the 〜 I'm looking for. それが私が探している類(たぐい)のものではない / I'm not good at this 〜 of thing [things of this 〜]. 私はこういう類

いのことは苦手です / It takes all 〜s (to make a world). S 《主に英》《ことわざ》世間にはいろいろな人がいるもの, 人さまざま(変わった人がいてもよいのだ).

語法 「この種の本」のような言い方は次のとおり. ただし e. は S 《略式》であり, 誤用という人もいる.
[単数形] a. this 〜 [*kind, type*] of book
[複数形] b. books of this 〜 [*kind, type*]=books of these [those] 〜s [*kinds, types*]
c. these 〜s [*kinds, types*] of books
d. these 〜 [*kinds, types*] of book
e. these 〜 [*kind, type*] of books

2 《普通は単数形でしばしば前に形容詞をつけて》《略式, 主に英》…のタイプの人: a good [bad] 〜 《やや古風》いい[悪い]人 / She isn't my 〜. 彼女は私の好みではない. **3** 《単数形で》《電算》ソート, 並べ換え.

àll sórts of ... =《主に英》of àll sórts 形 いろいろの…, ありとあらゆる…: *all* 〜*s of* animals=animals *of all* 〜*s* いろいろな動物.

(and) thát sòrt of thìng S そんなもの[こと]《並列して述べることの最後に置く》.

a sòrt of ... 《略式》一種の…, …のようなもの: It's *a* 〜 *of* box. それはほと箱みたいなものですよ / I had *a* 〜 *of* feeling that Ed would not come. (何となく)エドは来ないような気がした. 語法 …に入る名詞は普通は冠詞のいらない単数名詞.

be [féel] òut of sórts 動 ⾃ 《やや古風, 主に英》いつもの元気がない, 気分がすぐれずにいる; 機嫌が悪い.

... of óne sòrt or anòther 形 S さまざまな…, 多様な….

... of sórts =**... of a sórt** 形 《略式》いいかげんな…, おそまつな…, 三流の…: He is a lawyer *of* 〜*s*. 彼はいいかげんな弁護士です.

sòme sórt of ... =**... of sòme sórt** 形 何らかの(種類の)…: *some* 〜 *of* job=a job *of some* 〜 何らかの仕事.

sort of ... ☞ sort of の項目.

whàt sórt of ... (1) どんな種類の…, どんな風な…; S どんな程度の…: What 〜 *of* 《略式》a) book do you want? どんな本が欲しいの? / At what 〜 *of* price are you thinking of selling your house? どのくらいの値段で家を売ろうと考えていますか. (2) S 《いらだち・怒りを表わして》 [主に英] いったいどんな…: What 〜 *of* time do you think it is? いったい何時だと思ってんだ.

— 動 (**sorts** /sɔ́ːts; sɔ́ːts/; **sort·ed** /-tɪd/; **sort·ing** /-tɪŋ/) ⾃ **1** (…)を分類する, 区分する, 仕分ける (*into, by*): 〜 paper, cans and bottles for recycling 再利用のために紙と缶とびんを分別する / The applications have been 〜*ed*. <V+O の受身> 申込書は仕分けられた. **2** 《しばしば受身で》《英略式》《問題などを》解決[処理]する; 修理する: get the camera 〜*ed* カメラを修理してもらう.

sórt onesèlf óut=**gèt onesèlf sórted** 動 ⾃ 《英》(問題や混乱を解決して)正常な状態に戻る, 落ち着く. **sórt óut** 動 ⾃ (1) <…>を整理(#)する. (2) <…>を分類する, えり分ける (*from*). (3) <問題など>を解決する, 処理する. (4) <…>を手配する, 手はずを整える. (5) 《英略式》<…>をやっつける, こらしめる. **sórt thròugh ...** 動 ⾃ …を仕分ける (*for*).

sort·a, sort·er /sɔ́ːtə | sɔ́ː-/ S 《米俗》=sort of.

sórt còde 名 C 銀行(の支店を示す)番号.

sort·ed /sɔ́ːtɪd | sɔ́ːt-/ 形 P S 《英略式》準備が整った; 解決済みの (*for*).

*sor·tie /sɔ́ːti | sɔ́ː-/ 名 C **1** 《軍》(軍用機の)出撃, (包囲された陣地からの)突撃, 出撃. **2** 《格式》(知らない場所などへ)ちょっと出かけること, 小旅行 (*into*); 《英》(未知の分野への)進出 (*into*). — 動 ⾃ 《軍》出撃[突

撃]する.
sórting code [名][C] =sort code.
sórt·ing òffice /sɔ́ətɪŋ- | sɔ́:t-/ [名][C]《英》(郵便物の)区分け所.
sort of /sɔ́əṭə(v) | sɔ́:t-/ [副] Ⓢ《略式》いくらか, 多少; いわば, まあ: She was ～ angry. 彼女は少し怒っていた / I ～ expected it. それは多少予期していた / [会話] "Did you like the movie?" "S～." 「映画はよかった?」「まあね」. [語法] 時に a(n)＋名詞の前に用いることがある: He was ～ *a* fool. 彼はちょっと抜けていた. **sòrt of lìke** Ⓢ《略式》まあ, いわば《正確な表現や次に言うことが思いつかない場合に用いる》. **sòrt of thìng** Ⓢ《主に英》何だか…のようだ[するようだ]; …のような, …みたいな.
sórt-òut [名][a ～]《英略式》整理, 整頓(せいとん): have *a* ～ of old papers 古い書類を整理する.
SOS /ésòués/ [名][単数形で] エスオーエス《無線などによる遭難信号》; (放送などで救援・応答などを求める)緊急の呼びかけ: send out *an* ～ エスオーエスを発する. [語源] 以前使われていたモールス符号の組み合わせが緊急の際に最も打電しやすい ･･･ ――― ･･･ だったことからか; ☞ Morse code.
⁺**só-sò** [形] Ⓢ《略式》よくも悪くもない, まあまあの: a ～ painter 並みの画家 / [会話] "How are you?" "Just ～." 「お元気ですか」「まあまあです」 ―[副] Ⓢ《略式》よくも悪くもなく, まあまあの程度に.
ŚÒŚ pàd /ésòués-/ [名][C] スチールたわし《商標》.
sot /sát | sɔ́t/ [名][C]《古風》のんだくれ.
Soth·e·by's /sʌ́ðəbiz/ [名][固] サザビーズ《ロンドンの美術骨董品オークションの会社》.
sot·to vo·ce /sáṭouvóutʃi | sɔ́t-⁻/ 《イタリア語から》 [副] Ⓦ《格式》小声で. ―[形] Ⓦ《格式》小声の.
sou /sú:/ [名][a ～ として否定文で]《古風, 英》ごくわずかな金, 1文(もん)も(…ない).
sou·bri·quet /sóubrɪkèɪ/ [名][C] =sobriquet.
sou·chong /sú:ʃɔ́(:)ŋ, -tʃɔ́(:)ŋ/ [名][U] 小種(スーチョン)《上等の中国紅茶》.
⁺**souf·flé** /su:fléɪ | sú:fleɪ/ 《フランス語から》 [名][C,U] スフレ《卵白と牛乳を泡立てて軽く焼いた料理・デザート》.
sough /sáu, sʌ́f/ [動][自]《文》(風が)ひゅうひゅう鳴る, (樹木が)ざわざわいう. ―[名][C,U]《文》風の鳴る音, ひゅうひゅう, ざわざわ.
****sought** /sɔ́:t/ ([同音]《英》sort; [類音]《米》sort, thought) [動] **seek の過去形および過去分詞.**
⁺**sóught-àfter** [形][普通は [A]] 需要の多い, ひっぱりだこの: a much [highly] ～ award 多くの人が得たがる賞.
souk /sú:k/ [名][C] (アラブ諸国の)市場.
***soul** /sóul/ ([同音] Seoul, sole¹⁻³, 《米》sol¹; [類音] sold) [名] (～s /～z/; [形] sóulful)

(肉体に宿る)「魂」**1** →「(人の)精神」**2**
→(強い精神の表われ)→「熱情」**4**
→「人間」**3**

1 [C] 魂, 霊魂; 亡霊 (☞ mind 類義語): the immortality of the ～ 霊魂の不滅 / His ～ is in heaven. 彼の魂は天国にいる. [関連] body 体.
2 [C] 精神, 心: the ～ of an artist 芸術家の心 / He put his heart and ～ into his work. 彼は仕事に全身全霊を傾けた.
3 [C] [普通は単数形で否定文で] 人間, 人 (person); [前に形容詞をつけて]《古風》…な人; [前に数詞をつけて複数形で]《文》(人口が)…人: a *kind* ～ 親切な人 / There was *not a* (*living*) ～ to be seen in the house. 家には人っ子一人いなかった / a village of *200* ～*s* 人口 200 人の村.
4 [U] 熱情, 気迫, 生気: His singing lacks ～. 彼の歌い方は心がこもっていない. **5** [U] 精髄(せいずい), 生命, 本質: Brevity is the ～ *of* wit. 簡潔は機知の精髄 (*Hamlet* 中のことば). **6** [U] =soul music. **7** [U]《米》(米国の)黒人としての誇り, 黒人の民族意識, (黒人の演奏から伝わる)魂の感動. **8** [単数形で] (…の)権化, 典型: She is the ～ *of* kindness [discretion]. 彼女は親切[慎重]そのものだ.
be góod for the sóul [動][自] [しばしば滑稽] 人にとってよい, 人のためになる. **Gód rést his [her] sóul.** 神よ彼[彼女]の霊を休ましめたまえ《故人の名前をあげるときに用いる》. **séll one's sóul (to the dévil)** [動][自] (金などのために)魂[良心]を売る (*for*). **Upón mý sóul!** [感] Ⓢ《古風》これは驚いた! まさか!
sóul bròther [名][C]《米略式》(1960, 70 年代の黒人の若者どうしで)黒人の男性 (☞ soul sister).
sóul-destròying [形] (仕事などが)ひどく単調な, うんざりする.
sóul fòod [名][U]《米》南部黒人の伝統的な食べ物《豚の小腸[脚]・とうもろこしパンなど》.
⁺**soul·ful** /sóulf(ə)l/ [形] ([名] soul; [反] soulless) 感情をこめた; 悲しげな. **-ful·ly** /-fəli/ [副] 感情をこめて. **～·ness** [名][U] 感情のこもっていること.
sóul·less [形] ([反] soulful) [けなして] (生活・仕事・建物などが)人間味のない, 生気のない, 退屈な; (人が)高貴な[やさしい]感情をもたない, 無気力な. **～·ly** [副] 生気なく. **～·ness** [名][U] 生気のなさ.
sóul màte [名][C] 親密なつながりのある人, 心の友《恋人・妻・夫など》.
sóul mùsic [名][U] ソウルミュージック《黒人の宗教音楽にリズムアンドブルースを加えた音楽》.
sóul pàtch [名][C] (男性の)下唇の下に生やしたひげ.
sóul-sèarching [名][U] (動機などについての)自己分析, 内省, 反省.
sóul sìster [名][C]《米略式》(1960, 70 年代の黒人の若者どうしで)黒人の女性 (☞ soul brother).
sóul stìrring [形] 魂をゆさぶるような, 感動的な.
****sound¹** /sáund/ [T3] [名] (**sounds** /sáundz/) **1** [C,U] **音**, 音響, 物音 (☞ 類義語); [U] (テレビ・ラジオなどの)音量: the ～ *of* bells 鐘の音 / without a ～ 音を立てないで / Don't make a ～. 音を立てるな / *S*～ travels faster through water than through air. 音は空気中より水中のほうが速く伝わる / There was no ～.=Not a ～ was heard. 物音一つしなかった / Turn down [up] the ～. (テレビの)音を小さく[大きく]しなさい. **2** [C] [普通は単数形で] (ある歌手・グループの)独特の音楽のスタイル, サウンド. **3** [複数形で]《英略式》(レコード・カセット・CD の)音楽. **by [from] the sóund of it [thìngs]** [副] 聞いた感じからすると. **I dón't lìke the sóund of ....** …(の様子)が心配だ[気に入らない], …は感心しない. **lìke [be fónd of] the sóund of one's ówn vóice** [動][自] [軽蔑] (自分だけで)べらべらしゃべりすぎる. **within (the) sóund of ...** [前]《英》…の聞こえる所で.
―[動] (**sounds** /sáundz/; **sound·ed** /～ɪd/; **sound·ing**)

[自] [他] の転換
[自] **3** 鳴る (to make a sound or noise)
[他] **1** 鳴らす (to cause (a bell, horn, etc.) to make a sound or noise)

―[自] **1** [普通は進行形なし] (ことば・話などが聞いて[読んで]みると)**…のように思われる,** …みたいである (seem): Their complaints ～ reasonable (*to* me). <V+C (形) (+*to*+名・代)> 彼らの苦情は私にはもっとものように思われる / This may ～ strange *to* you, but it's true. これは変な話だと思われるかもしれませんが, 本当なのです / It ～*s* like he is in trouble. Ⓢ《略式》彼は困っているみたいだ / "How about going for a drive?" "S～*s* [That ～*s*] great!" Ⓢ「ドライブはどう」「いい(わ)ねえ」/ That

S

sound

~s a good idea. <V+C(名)>(英)それはいい考えだ いてい.
2 [普通は進行形なし] …のように聞こえる；…の音がする：Chris ~ed a little tired. <V+C(形)> クリスは少し疲れた声をしていた / I knocked on it but it didn't ~ very solid. たたいてみたがあまり堅そうな音はしなかった. 関連 look …のように見える / feel 触ると…のように感じる.
3 鳴る，響く，音を出す：The siren ~ed in the distance. <V+副> 遠くでサイレンが鳴った / CDs ~ better than LPs. CDのほうがLPよりも音がいい.
— 他 **1** 〔らっぱなどを鳴らして〕…を知らせる，合図〔命令〕する：~ a note of caution 警告する / They ~ed the alarm. 彼らは警報を鳴らした / The retreat was ~ed. 退却の命令が伝えられた. **2** 〈…を鳴らす，〈らっぱなど〉を吹く：The driver ~ed his [the] horn. 運転手は警笛を鳴らした. **3** [言]〈文字・語〉を発音する (out).

sound as if [though] … 動 …のように思われる〔聞こえる〕：You ~ as if [though] you've got a cold. あなたは風邪声(ごえ)のようだ / It ~s as if [though] you had a nice trip. 楽しい旅行だったようですね.

sound の句動詞

*__sóund like …__ 動 他 **1** (聞いて〔読んで〕みると) …のように思われる (seem)：That ~s like a great idea. それはいい考えだね (☞ 自 1) / Bill doesn't ~ like the kind of person you would like. ビルは君が好きになれるような人とは思えない.

2 …のように聞こえる，…のような音がする：She ~s just like her mother [a teacher]. 彼女の声は母親そっくりだ [彼女なら先生のような話し方をする] / That ~s like a helicopter. あれはヘリコプターのような音だ.

__sóund óff__ 動 自 **1** (略式) (けなして) (不平などを)まくしたてる (about, on). **2** (米) (点呼などで)大きな声で名前〔番号〕を言う.

【類義語】**sound** 耳に聞こえる「音」一般を表わす. **noise** やかましすぎたり激しくて耳に不快な雑音や騒音. **tone** 楽器の音のような気持ちのよい音.

*__sound²__ /sáund/ 形 (sound·er; sound·est) [反 unsound] **1** 穏健な，(判断など)妥当な；(英略式)(人が)信頼できる (若者言葉) (on)：~ advice 適切な助言 / an economically ~ policy 経済的に妥当な政策.
2 (財政的に)安全な，(基盤などが)堅固な，しっかりした，堅実な；(正確で)きちんとした：a structurally ~ building 構造のしっかりした建物 / a ~ investment 安全な投資 / a ~ business 安全な企業 / a ~ piece of writing 正確な文書. **3** A 欠陥のない，完全な：a ~ understanding [knowledge] of the subject その課題に関しての完全な理解〔知識〕. **4** (心身が)健全な，正常な；元気な (☞ healthy 類義語)：A ~ mind in a ~ body. (ことわざ) 健全な身体に健全な精神(を持つこと)が望ましい. **5** [普通は A] 十分な：have a ~ sleep 熟睡する. **6** A 徹底した，厳しい：a ~ beating [thrashing] ひどく殴(な)ること.

__be of sóund mínd__ 動 自 [法] 正常な精神状態にある.

— 副 (sound·er; sound·est) (眠りが)深く，ぐっすりと：The baby is [fell] ~ asleep. 赤ん坊はぐっすり眠っている[寝入った]. 語法 ~ asleep は寝ている状態とともに用いられるのが普通.

sound³ /sáund/ 動 他 **1** (格式) 〈水深など〉を測る. **2** 〈人の考えなど〉を探る；〈人〉に打診する：Try and ~ him out on [about] that problem. その問題についての彼の気持ちを打診してみてくれ. — 自 (格式) 水深を測る.

sound⁴ /sáund/ 名 C [しばしば地名で] **1** 海峡 (strait よりは大きい). **2** 入り江，河口；湾.

__sóund bàrrier__ 名 **1** [the ~] 音速障壁 (音速に近い速度で飛ぶときの空気抗力)：break the ~ 音速を超える. **2** C (道路の)騒音妨害壁.

__sóund bìte__ 名 C サウンドバイト (テレビニュースなどで放送される政治家などの短い印象的なことば).

__sóund càrd__ 名 C [電算] サウンドカード (音の入出力用の拡張カード).

__sóund chèck__ 名 C (演奏前の)音響チェック.

__sóund efféct__ 名 [複] 音響効果.

__sóund enginèer__ 名 C 音響技師.

__sound·ing¹__ 形 [合成語で] …な音がする；…に聞こえる：a grand [sinister]-~ name 偉そうな[不吉な響きの]名前.

__sound·ing²__ 名 **1** [複数形で] 打診，探り：take [make] ~s 意向を探る. **2** 水深測量；水深.

__sóunding bòard__ 名 **1** [普通は単数形で] (新しい考えなど)の反応を見るために使われる人〔集団〕 (for, to). **2** (演壇後部の)反響板；共鳴板.

__sóund·less__ 形 (文) 音のしない，音を出さない，静かな (silent). ~·ly 副 音もなく；静かに. ~·ness U 音のしないこと.

*__sóund·ly__ 副 **1** 正しく；堅実に；しっかりと，無難に. **2** 十分に；ぐっすりと；ひどく：~ beaten ひどく負かされて〔ぶたれて〕.

__sóund·ness__ 名 U 堅実，堅固；妥当，穏健；安全.

__Sound of Músic__ 名 [The ~] 『サウンド・オブ・ミュージック』(米国映画 (1965)；「ドレミの歌」で有名).

__sóund·pròof__ 形 音を通さない，防音の：~ walls 防音壁. — 動 他 〈…〉に防音装置を施す.

__sound·smìth__ 名 C (米式) 曲や楽器音を合成して新しい音楽を作る人.

__sóund·stàge__ 名 C 防音スタジオ.

*__sóund sỳstem__ 名 C (ステレオ・舞台などの)音響システム.

*__sóund tràck__ 名 C **1** 映画音楽：a ~ to [from, of] "Titanic" 「タイタニック」の映画音楽. **2** (映画のフィルムの端の)録音帯，サウンドトラック.

__sóund wàve__ 名 [普通は複数形で] 音波.

*__soup__ /súːp/ 名 (~s /-s/；形 sóupy) U スープ：chicken ~ 鶏肉(どり)のスープ / noodle ~ めんのスープ / clear ~ コンソメスープ / cream ~ ポタージュ (☞ potage 参考) / a bowl of vegetable ~ 野菜スープ1杯 / I had ~ for [with my] lunch. 私は昼食にスープを飲んだ. 語法 種類をいうときには：tomato and chicken ~s トマトスープとチキンスープ / thin and thick ~s 薄いスープと濃いスープ.

コロケーション

dish [ladle] out soup スープを皿に[おたまで]盛る
have soup スープを飲む
make soup スープを作る
serve soup (to …) (…に)スープを出す
slurp one's soup スープを(音を立てて)すする

日英比較
(1) 「スープを飲む」に相当する英語は，スプーンを用いて口に入れるときには eat soup, 直接 cup から飲むときには drink soup (☞ drink 表).
(2) スープを飲むときは音を立ててはいけない.

__from sóup to núts__ 副 (米略式) 始めから終わりまで，すべて. __in the sóup__ 形・副 (古風，略式) 困って. — 動 [次の成句で] __sóup úp__ 動 他 (略式) (1) 〈車・機械〉の馬力〔性能〕を上げる. (2) 〈…〉をいっそう刺激的に〔おもしろく〕する；一段と大きくする.

__soup·çon__ /suːpsɔ́ːn | súːpsɔn/ 《フランス語から》 名 [a ~] (格式) [しばしば滑稽] 少し，少量 (of).

__sóuped-úp__ 形 (略式) **1** (自動車・機械が)馬力〔性能〕を上げた. **2** よりおもしろくした.

__sóup kìtchen__ 名 C (困窮者・失業者・被災者などに対する)無料食堂.

__sóup plàte__ 名 C スープ皿 (☞ plate 挿絵).

sóup-spòon 名 C スープ用スプーン《☞ spoon 挿絵》.

soup・y /súːpi/ 形 (**soup・i・er; -i・est**) スープのようにどろっとした.

***sour** /sáuə | sáuə/ 🔢 形 (**sour・er** /sáu(ə)rə | -rə/; **sour・est** /sáu(ə)rɪst/) **1** 酸(す)っぱい, 酸味の (反 sweet); 発酵して酸っぱくなった, すえたような: a ~ orange 酸っぱいオレンジ / ~ milk すえて酸っぱくなった牛乳 / a ~ smell すえたにおい / Lemons taste ~. レモンは酸っぱい味がする. **2** 不機嫌な, 気難しい: be in a ~ mood 不機嫌である. **3** 《略式》(計画・計画などが)うまくいかない, だめな: end on a ~ note 不調に終わる. **gò [túrn] sóur** 動 (1) (腐敗して)酸っぱくなる. (2) 《略式》(物事が)うまくいかない, だめになる: The whole affair turned ~ on her. 彼女にとってすべてがうまくいかなくなった.

— 動 (**sours** /-z/; **soured** /-d/; **sour・ing** /sáu(ə)rɪŋ/) 自 **1** 不機嫌になる, 気難しくなる;（関係・状況などが）まずくなる. **2** (牛乳などが)腐りかけて)酸っぱくなる, すえる: The milk has ~ed. 牛乳が酸っぱくなった. **3** 興味を失う (on). — 他 **1** 不機嫌に[気難しく]させる;（関係・状況などを）まずくする. **2** 〈…〉を酸っぱくする. — 名 C《主に米》サワー《ウイスキーなどにレモン果汁などを入れたカクテル》.

in the sóuth of ... [前] …の南部で.
sóuth by éast 名 南微東《略 SbE》.
sóuth by wést 名 南微西《略 SbW》.
to the sóuth of ... [前] …の南で［☞ to¹ 1 語法］: England is [lies] to the ~ of Scotland. イングランドはスコットランドの南にある.

— 形 A［比較なし][時に S-] **南の,** 南部の, 南方の; 南向きの;（風が）南からの（反 north 語法): a ~ wind 南風 / on the ~ side 南側に.

— 副 [しばしば S-] **南へ,** 南に, 南方へ: My room faces ~. 私の部屋は南向きです / The wind is blowing ~. 風が南に吹いている(北風だ) / Spain is [lies] ~ of France. スペインはフランスの南にある / The swallows flew ~. つばめは南へ飛んで行った.

dówn sóuth [副] 《略式》南で[に], 南の方で[に]; 南部で. **gò sóuth** [動] 自 《米略式》(状況・価値・品質などが)悪化する, 下がる.

Sòuth África 名 固 the Republic of ~ 南アフリカ共和国《アフリカ南端の共和国; 略 RSA, S.A., S. Afr.; 首都(行政上) Pretoria,（立法上）Cape Town,（司法上）Bloemfontein /blúːmfəntèɪn/》.

Sòuth Áfrican 形, 名 C 南アフリカ(共和国)の(住民).

Sòuth América 名 固 南アメリカ, 南米《略 S.A.; ☞ America 同語源》.

Sòuth Ámerican 形 南アメリカ(人)の, 南米(人)の. — 名 C 南アメリカ人, 南米人.

Sóuth・amp・ton /sauθ(h)ǽm(p)tən/ 名 固 サウサンプトン《英国南部の港市; ☞ 裏地図 F 6》.

Sòuth Austrália 名 固 サウスオーストラリア《オーストラリア南部の州; 州都 Adelaide; 略 S.A.; ☞ 裏地図 K4》.

Sòuth Bánk 名 固 [the ~] サウスバンク《London 中心部の Thames 川南岸一帯》.

sóuth・bound 形（乗り物などが）南へ向かっている［向かう］, 南回りの［回りで］: a ~ train 南へ向かう列車.

Sòuth Carolína 名 固 サウスカロライナ《米国南部の州;【郵】では SC; 俗称 the Palmetto State; ☞ America 表, 表地図 H 4; Carolina 語源》.

Sòuth Carolínian 形 サウスカロライナ州(人)の. — 名 C サウスカロライナ州人.

Sòuth Chína Séa 名 固 [the ~] 南シナ海《中国・フィリピン・インドシナ半島に囲まれた海》. 関連 the East China Sea 東シナ海.

Sòuth Dakóta 名 固 サウスダコタ《米国北部の州;略 S. Dak.,【郵】では SD; 俗称 the Coyote State,

South Dakota 1691

1932)《米国の行進曲作曲家・楽隊指揮者》.

sou・sa・phone /súːzəfòun/ 名 C スーザホン《ブラスバンドで使う大型のチューバ; Sousa の名前から》.

souse /saus/ 動 他 **1**〈水などに〉〈…〉を浸す;〈…〉に水をかける, ずぶぬれにする (drench). **2**［普通は受身で］〈魚など〉を塩漬けにする, 塩水[酢]につける.

soused /saust/ 形 **1** P《古風, 略式》酔っ払った. **2** A（魚が）塩[酢]漬けにした.

***south** /sáuθ/ 🔢 形 (**sóuthern, sóutherly;** 反 north) **1** [the ~ または U; しばしば S-] **南, 南部, 南方**（略 S; ☞ compass 挿絵; north 日英比較): The birds flew to the ~. 鳥たちは南へ飛んで行った / A warm wind was blowing from [toward] the ~. 南から[の方へ]暖かい風が吹いていた / The wind is in the ~ this morning 今朝は風が南から吹いている / On a map, ~ is at the bottom. 地図の上では南は下である / in the S~ of France フランス南部で. 関連 north 北 / east 東 / west 西. **2** [the S-]《米》南部《米国南東部;☞ Deep South》;《英》England の南部地方. **3** [the S-]（南の）発展途上諸国. 関連 the North（北の）先進諸国.

the Sunshine State; ☞ America 表, 表地図 F 3; Dakota 語源).

Sóuth Dakótan 形 サウスダコタ州(人)の. —名 © サウスダコタ州人.

*south·east /sàuθíːst⊣/ (反 northwest) 名 (形 sòutheastern) 1 [しばしば S-, South-East; the ~ または U] 南東 (略 SE; ☞ compass 挿絵).

2 [the ~] 南東部; (米) 米国南東部. **southeast by east** [名] 南東微東 (略 SEbE). **southeast by south** [名] 南東微南 (略 SEbS). —形 A 1 南東の. 2 (風が)南東からの.

Sóutheast Ásia 名 東南アジア(カンボジア・インドネシア・ラオス・マレーシア・ミャンマー・フィリピン・シンガポール・タイ・ベトナムを含む地域). 関連 ASEAN アセアン諸国.

south·east·er /sàuθíːstə | -tə/ 名 © 強い南東の風.

sòuth·éast·er·ly 形 1 南東(寄り)の. 2 (風が)南東からの.

*south·éastern 形 [普通は A] (名 sòutheast) 南東の; 南東からの; 南東への; [しばしば S-] 南東部の (略 SE).

southéast·ward 副 形 (反 northwestward) 南東の方へ(の], 南東に向かって[向かう], 南東向きに[の].

south·er·ly /sʌ́ðəli | -ðə-/ 形 (名 south) 1 南の, 南寄りの. 2 (風が)南からの. —名 (-er·lies) © 南風.

*south·ern /sʌ́ðən | -ðən/ 🎵 形 (名 south; 反 northern) 1 [比較なし] A [しばしば S-] 南の; 南からの; 南向きの; 南の (略 S; ☞ north 語法): S~ Europe 南ヨーロッパ / on the ~ side 南側に / a ~ wind 南風. 関連 northern 北の / eastern 東の / western 西の. 2 [S-] (米) 南部(諸州)の.

Sóuthern Báptist 名 © 南部バプテスト(教会員).
Sóuthern Cróss 名 [the ~] 南十字星, 南十字座(星座). 参考 オーストラリアおよびニュージーランドの国旗 (☞ 裏地図) にこれをかたどったもの.

*south·ern·er 名 © 1 南部の人. 2 [S-] (米) 南部の州の人[出身者].

Sóuthern Hémisphere 名 [the ~] 南半球.
Sóuthern Líghts 名 [複] [the ~] 南極光 (☞ aurora australis). 関連 Northern Lights 北極光.

sóuthern·mòst 形 [普通は A] 最南の, 最南端の.
Sóuth Ísland 名 個 [the ~] 南島, サウスアイランド (ニュージーランドの主要な2島のうちの南方の島; ☞ 裏地図 P 3).

Sóuth Koréa 名 個 韓国 (☞ Korea 参考).
Sóuth Koréan 形 韓国の. —名 韓国人.
Sóuth Pacífic 名 [the ~] 南太平洋.
south·páw 名 ©(略式) 左ききの人; 左腕投手; 左ききのボクサー.
Sóuth Póle 名 個 [the ~] 南極 (☞ zone 挿絵). (反 North Pole)
Sóuth Sèa Íslands 名 個 [複] [the ~] 南太平洋諸島.
Sóuth Séas 名 個 [複] [the ~] 南太平洋.
south-southéast 名 [the ~] 南南東 (略 SSE). ☞ compass 挿絵. —形 A 南南東の.
south-southwést 名 [the ~] 南南西 (略 SSW). ☞ compass 挿絵. —形 A 南南西の.

*south·ward /sáuθwəd | -wəd/ (反 northward) 副 南の方へ, 南に向かって, 南向きに. **go sóuthward** (略式) (状況・価値などが) 下がる, 低下する. —形 南の方への, 南に向かう, 南向きの.

*south·wards /sáuθwədz | -wədz/ 副 =south-ward.

*south·west /sàuθwést⊣/ (反 northeast) 名 (形 sòuthwéstern) 1 [しばしば S-, South-West; the ~ または U] 南西 (略 SW; ☞ compass 挿絵).

2 [the ~] 南西部; (米) 米国南西部.
southwést by sóuth [名] 南西微南 (略 SWbS).
southwést by wést [名] 南西微西 (略 SWbW).
—形 A 1 南西の. 2 (風が)南西からの.
—副 南西へ[に].

south·west·er /sàuθwéstə | -tə/ 名 © 強い南西の風.

sòuth·wést·er·ly 形 1 南西(寄り)の. 2 (風が)南西からの.

*south·wéstern 形 [普通は A] (名 sòuthwést) 南西の; 南西からの; 南西への; [しばしば S-] 南西部の (略 SW).

southwést·ward 副 形 (反 northeastward) 南西の方へ[の], 南西に向かって[向かう], 南西向きに[の].

*sou·ve·nir /súːvəniə, sùːvəníə | sùːvəníə, súː-vəniə/ 《フランス語から》 🎵 名 © 記念品, 思い出の品, みやげ (記念としていつまでも残る物); 形見: a ~ shop みやげ物店 / a ~ of my trip to Japan 日本旅行の記念品 / This glass is a ~ from Vienna. このグラスはウィーンの記念品[思い出]だ.

日英比較 souvenir は日本語の「みやげ」と違って他人への贈り物とは限らず自分の思い出にとっておく物も含む. 従って旅先で贈り物として買うみやげ物は present [gift] というほうが適当なことが多い.

sóuvenir hùnter 名 © 名所の物を盗む人.
sou'·west·er /sauwéstə | -tə/ 名 © 1 暴風雨帽 (水夫用). 2 (略式) =southwester.

*sov·e·reign /sάv(ə)rən | sɔ́v(ə)rin/ (~s /-z/) © 1 (格式) 君主 (皇帝 (emperor), 国王 (king), 女王 (queen) など), 元首, 統治者: Queen Elizabeth II is the present ~ of the United Kingdom. エリザベス二世は英国の現君主である. 2 (英) ソブリン金貨 (1ポンド (=20シリング) に相当した英国の旧金貨). 語源 ラテン語で「上」の意; super- と同語源; reign の影響でつづり字に g が入った. —形 (名 sóvereignty) (格式) 1 A 独立の, 自主の (independent): a ~ state 独立[主権]国. 2 最高の権力を有する, 統治している; 最高の (highest), 至上の (supreme): ~ authority 主権. 3 A (古風) 卓越した.

*sov·e·reign·ty /sάv(ə)rənti | sɔ́v(ə)rɪn-/ 名 (-ties /-zi/; 形 sóvereign) (格式) 1 主権, 統治権: Japan claims ~ over these islands. 日本はこの島々の主権を主張している. 2 独立[主権]国であること.

So·vi·et /sóuviːèt/ 名 1 [the ~s] (主に米) 旧ソ連の国民. 2 [s—] © (旧ソ連の国, 地方などの)議会. —形 [普通は A] (旧) ソ連の.

Sóviet Únion 名 個 [the ~] =Union of Soviet Socialist Republics.

sow¹ /sóu/ (同音 sew, so¹,²; 類音 saw¹,², soak, soap, soar, sore, thaw) 🎵 動 (sows /-z/; 過去 sowed /-d/; 過去分詞 sown /sóun/, sowed /-d/; sow·ing /-ɪŋ/) 1 (畑などに)(種)をまく, 植え付ける (plant) (on); (土地に)(...の)種をまく (☞ reap): 言い換え They ~ed corn in the field. <V+O+in+名・代> =They ~ed the field with corn. <V+O+with+名・代> 彼らは畑にとうもろこしをまいた. 2 (争い・不満の原因などを)まく, 植え付ける (in).

—自 種をまく: As you ~, so shall you reap. (ことわざ) (文) まいた種は刈らねばならぬ (自業自得).

sow² /sáu/ 名 © 雌豚 (☞ pig 表).
sów bùg /sáu-/ 名 © (主に米) =wood louse.
sow·er /sóuə | sóuə/ 名 © 種をまく人; 種まき機:

"The S~"『種をまく人』《フランスの画家ミレー (Millet) の絵の題名》.

*sown /sóun/ (同ูซ sewn; 顕音 sawn, thorn) 動 sow¹ の過去分詞.

sox /sáks/ [sóks] 名 [複]《主に米》靴下 (socks)《商》または《非標準》で用いる》.

soy /sɔ́i/ 名 U《主に米》 1 = soybean. 2 = soy sauce.

soy·a /sɔ́iə/ 名 U《主に英》 soy 1, 2.

sóya bèan 名 C《主に英》= soybean.

sóya sàuce 名 U《主に英》= soy sauce.

sóy·bèan 名 C《主に米》大豆《植物または豆》.

sóybean òil 名 U 大豆油.

sóy sàuce 名 U《主に米》しょうゆ.

soz·zled /sázld/ [sóz-/ 形《英略式》ひどく酔った.

sp. 略 = special, spelling.

Sp. 略 = Spain, Spanish.

<sp?> 略 = spelling?《インターネットでスペリングが不明のときに用いる表記》.

*spa /spɑ́ː/ 名 C 1 鉱泉, 温泉; 鉱泉場, 温泉場. 2《主に米》泡ぶろ, ジャグジー. 3 = health club.

spá bàth 名 = spa 2.

*space /spéis/ 名 (spac·es /-ɪz/; 形 spácious, spátial)

「(時間的な)間隔」5 →「(空間的な)間隔」2
→「空間」4 ┬→「余地」1 ┬→「紙面」8
         └→「宇宙空間」3 └→「区域」

1 U,C 余地 (room), 余白, スペース; 空き地; [電算] 空白; C《ある目的のための》区域, …地帯: (an) open [empty] ~ 空き地 / wide open ~s 広大な野外空間 / cupboard ~ 食器類を置く場所 / a sense [feeling] of ~ 広々とした感じ / Is there enough [plenty of] ~ for three people? 3人分の余裕[余席]がありますか / We'll have to clear [make, leave] some [a] ~ for the piano. ピアノを置く場所を空けなくては / It takes up a lot of ~. それはうんと場所をとる / find a parking ~ 駐車場所を見つける.

2 C (空間的な)間隔, すき間: leave a ~ of two meters 2 メートルの間隔をあけておく / There are big ~s *between* the words. 語と語の間にはたっぷりと間隔がある.

3 U (大気圏外の)宇宙空間, 宇宙《厳密には outer space という》: Who was the first person to travel in ~? 宇宙に最初に旅したのはだれですか.

space (宇宙空間)	
universe (天体を含む全宇宙)	宇宙

4 U 空間《時間 (time) に対していう》: time and ~ 時間と空間 / stare [look] into ~ 虚空を見つめる.

5 [単数形で] (ひと区切りの)時間; (時間的な)間隔: a short ~ of time わずかな時間[期間]. **6** U (言動の)自由, 不干渉: need [give] ~ 自由が必要である[を与える]. **7** C [印](タイプの)1 文字分の幅, スペース; (書類の)空欄: Leave the ~ at the bottom of this form blank. この書類の一番下の部分は空欄のままにしなさい. **8** U (新聞・雑誌などの)紙面, スペース: lack of ~ スペースのなさ.

in [within, during] the spáce of ... [副](ある時間)の間に (☞ 5): *in the* ~ *of* a week 1週間で. **Wátch this spáce.**《略式》《新聞・テレビなどで》今後この欄[番組]にご注目を《まもなく(毎日, 時々)面白い(驚くべき)情報が載る[現われる]から》.

── 動 他 1 [普通は副詞(句)を伴って, しばしば受身で] (一定の)間隔に置く; 間隔をあけて行なう (*out*): be evenly ~d 等間隔になっている / The houses *were* ~d about 50 yards *apart*. 家は約50ヤード間隔で並ん

でいた. **2**《米略式》忘れる. ── 自《米略式》(退屈・麻薬などで)ぼうっとする (*out*).

spáce àge 名 [the ~] 宇宙時代.

spáce-àge 形 A《略式》最新の, 超近代的な.

spáce bàr 名 C [普通は単数形で] (タイプライターの)スペースバー《文字間隔をあけるときに押す横長のキー》.

spáce cadèt 名 C《略式》ぼうっとしている人; [滑稽] 風変わりな人.

spáce càpsule 名 C 宇宙カプセル《実験器具・人間などを乗せた宇宙船の気密室》.

spáce·craft 名 (複 ~) C 宇宙船.

spaced 形 1 (一定の)間隔を置いた. 2 = spaced-out.

spáced-óut 形《略式》(麻薬・疲労などで)ぼうっとした. 語法 P の用法では spaced out とつづるのが原則.

spáce·flìght 名 U,C 宇宙飛行.

spáce hèater 名 C《主に米》室内暖房器《電気・石油などによるユニット式のもの》.

spáce·màn 名 (-men /-mèn/) C《略式》1 宇宙飛行士《男性》. 2 宇宙人.

spáce pròbe 名 C 宇宙探査機.

spáce-sàving 形 スペースをとらない.

spáce scìence 名 U 宇宙科学.

spáce·shìp 13 名 C 宇宙船.

*spáce shùttle 名 C スペースシャトル, 宇宙連絡船.

*spáce stàtion 名 C 宇宙ステーション.

spáce sùit 名 C 宇宙服.

spáce-tìme (contínuum) 名《物理》時空(連続体), 四次元の世界.

spáce trável 名 U 宇宙旅行.

spáce·wàlk 名 C 宇宙遊泳.

spáce·wòman 名 (-wom·en /-wìmən/) C《略式》宇宙飛行士《女性》.

spac·y /spéisi/ (spac·i·er, -i·est) 形《略式》ぼうっとした; (作品などが)風変わりな.

spa·cial /spéiʃəl/ 形 = spatial.

spác·ing 名 U 間隔をあけること; 語間, 行間; 空き, 間隔: with single [double] ~ 行間なし[一行置きに].

*spa·cious /spéiʃəs/ 形 (「空間 space」にほめて) 広い, 広大な. **~·ly** 副 広々と, 広大に. **~·ness** U 広々していること, 広大さ.

Spack·le /spǽkl/ 名 U《米》スパックル《水と混ぜてペンキ塗りの下地などの穴を埋める粉末; 商標》.
── 動 [s-] 他 〈...〉をスパックルで埋める[おおう].

*spade¹ /spéid/ 名 C すき, シャベル. **cáll a spáde a spáde** [動] [[(包み隠さず)]ありのままに言う, 率直に言う. ── 動 他 〈地面などを〉すきで掘る.

spade² /spéid/ 名 C 1 [トラ] スペード (の札); [~s として時に単数扱い] スペードの組: the queen of ~s スペードの女王. 関連 club クラブ / diamond ダイヤ / heart ハート. 2《古風, 卑》[差別] 黒人. **in spádes** [副]《略式》ものすごく; 多量に.

spáde·wòrk 名 U《英》(骨の折れる)下準備: do the ~ 下準備をする.

*spa·ghet·ti /spəɡéti/ 名 U スパゲッティ. 関連 macaroni マカロニ.

spaghétti wéstern 名 C マカロニウェスタン《イタリア制作の西部劇映画》.

*Spain /spéin/ 名 固 (形 Spánish) スペイン《ヨーロッパ南西部 Iberian 半島の国; 首都 Madrid; 略 Sp.》.

スペイン	Spain
スペイン人	Spaniard
スペイン語	Spanish
スペイン(人・語)の	Spanish

spake /spéik/ 動《聖》または[滑稽] speak の過去形.

Spal・ding /spɔ́:ldɪŋ/ 名 固 スポルディング《米国のスポーツ用品メーカー》.

spam /spǽm/ 【電算】[けなして] 他 いらない情報を一度に多くの人に電子メールで送る. ― 自 いらない情報を一度に多くの人に電子メールで送る. ― 名 U 《略式》[けなして] スパム(メール)《多くの人に送りつけられる広告などの迷惑電子メール》.

Spam /spǽm/ 名 U スパム(ハムの缶詰; 商標).

spam・mer /spǽmɚ | -mə/ 名 C 【電算】[けなして] スパムメールを送る人[会社].

spam・ming /spǽmɪŋ/ 名 U 【電算】《略式》[けなして] スパムメールを送付すること.

*__span__¹ /spǽn/ (類語 spun) 13 名 (~s /-z/) C 《普通は単数形で》 **1** (一定の長さの)時間[距離]; 《注意・関心などの)継続[持続]時間: the average「life ~ [~ of life] 平均寿命 / for a short ~ of time しばらくの間 / over a ~ of five years 5 年間にわたって / Within the brief ~ of just two years, this computer has become old-fashioned. たった 2 年という短期間の間にこのコンピューターは旧式になってしまった.

2 端から端までの長さ; 全長, 全幅, 差し渡し; 径間(ｶﾗ), 張り間《アーチ・橋脚などの支点から支点までの距離》; (航空機の)翼幅《両翼の端から端までの長さ》(wingspan): The arch has a ~ of 20 yards. アーチの径間は 20 ヤードだ. **3** 範囲, 領域 (of). **4** 《格式》(考えなどの)幅. ― 動 (spans; spanned; span・ning) 他 **1** [受身なし] (期間などが)…に広がる, 及ぶ; (活動・領域などが)…の範囲に及ぶ: My grandmother's life spanned almost a century. 私の祖母の一生はほとんど 1 世紀にも及んだ. **2** (橋が)川にかかる: An old bridge ~s the river. その川には古い橋がかかっている.

span² /spǽn/ 動 《古語》 spin の過去形.

Span. =Spanish.

span・dex /spǽndeks/ 名 U スパンデックス《伸縮性のある合成繊維; ガードルや水着などに用いる; 商標》.

span・gle /spǽŋgl/ 名 C スパンコール《ぴかぴか光る金[銀, すず]のはく; 特に芝居の衣装などにつける飾り》. ― 動 他 (光る物を)…に散りばめる, 飾る (with).

spán・gled /spǽŋgld/ 形 (光る物を)散りばめた; スパンコールを散らした (with). 関連 the Star-Spangled Banner 星条旗(米国国歌).

Span・glish /spǽŋglɪʃ/ 名 U 《略式》スパングリッシュ《英語とスペイン語の混成語》.

span・gly /spǽŋgli/ 形 =spangled.

+**Span・iard** /spǽnjəd | -njəd/ 名 C 《古語》スペイン人; スペイン系人 (☞ Spain 表).

span・iel /spǽnjəl/ 名 C スパニエル《耳の垂れた毛の長い狩猟・愛玩(幾)用犬》(☞ cocker spaniel).

*__Span・ish__ /spǽnɪʃ/ 形 (名 Spain) **1** スペインの; スペイン人の (☞ Spain 表): a ~ dance スペイン舞踊 / He is ~. 彼はスペイン人だ.

2 スペイン語の; スペイン風の; スペイン系の (略 Sp., Span.): the ~ language スペイン語.

― 名 **1** U スペイン語 (略 Sp., Span.).

2 [the ~ として複数扱い] スペイン人《全体》, スペイン国民 (☞ 表の '5 語法): The ~ have a proud history. スペイン人には誇るべき歴史がある.

Spánish Américā 名 固 スパニッシュアメリカ《ブラジルを除く中南米; 旧スペイン領で, スペイン語を用いる; ☞ Latin America》.

Spánish-Américan 形 **1** スパニッシュアメリカの. **2** スペイン(人)の, 米西の: the ~ War 米西戦争 (1898). ― 名 C スパニッシュアメリカの人.

Spánish Armáda 名 [the ~] スペインの無敵艦隊 (1588 年に英国を襲ったが英国海軍に敗れた).

Spánish flý 名 U カンタリデス《乾燥した昆虫の粉末を成分とした媚薬(ﾋﾞﾔｸ)》.

Spánish Máin 名 固 [the ~] スペイン海(地方)《Caribbean Sea の, 特に南米北岸に沿う地域の旧称; 昔海賊がよく出た》.

Spánish móss 名 U.C 【植】さるおがせもどき.

Spánish ómelette 名 C スペイン風オムレツ《じゃがいも・トマト・たまねぎなどが入ったオムレツ》.

Spánish ríce 名 U.C スペイン風米料理《たまねぎ・ピーマン・トマト入り》.

spank /spǽŋk/ 動 他 〈子供の〉しりなどを(罰として)平手でぴしゃりと打つ. **2** 《略式》〈スポーツで〉…を打ち負かす. **spánk the móney** 動 (米俗)(男が)マスをかく. ― 名 C (しりなどを)ぴしゃりと打つこと.

spank・ing¹ /spǽŋkɪŋ/ 名 U.C しり打ち《罰として子供のしりを平手で何回かたたくこと》: I'm going to give you a ~! おしりをたたいてやるからね.

spank・ing² /spǽŋkɪŋ/ 副 《略式》すごく, とても. 語法 clean, new などの形容詞とともに用いることが多い. ― 形 A 《古風, 略式》(歩調などが)きびきびした, 速い: at a ~ pace きびきびと.

+**span・ner** /spǽnə | -nə/ 名 C 【機】《英》スパナ (《米》wrench) (☞ adjustable spanner). **thrów [pút] a spánner in the wórks** 動 自 《英略式》=throw a monkey wrench in the works (☞ monkey wrench 成句).

*__spar__¹ /spáə | spáː/ 動 (spars; sparred; spar・ring /spáːrɪŋ/) 自 **1** 【ボク】スパーリングする (with). **2** (普通は友好的に)議論し合う (with, over).

spar² /spáə | spáː/ 名 C **1** 【海事】(帆げた・帆柱などの)円材. **2** 【航空】桁《翼の骨組みの横方向の主部材》.

spar³ /spáə | spáː/ 名 C 【鉱物】スパー.

*__spare__ /spéə | spéə/ (類語 spear) 13

元来は「控える」の意.
→(力の行使を控える)→「免じてやる」動 3
→(使用を控える)→「惜しむ」動 2
→(控えに取っておく)→「割(ﾜ)く」動 1
→(控えの)→「予備の」形 1

― 形 (spar・er /spé(ə)rə | -rə/; spar・est /spé(ə)rɪst/) **1** A [比較なし] 余分な, 余った; 予備の: a ~ key [battery] 予備の鍵[電池] / ~ money 当座必要のない金 / ~ change 小銭 / a ~ room (来客用などの)予備の部屋 / Is there any ~ room for a desk here? ここに机を入れる余地はありますか. **2** Ⓦ (体などが)やせた (lean): He is 「~ of [~ in] build. 彼は体つきがほっそりしている. **3** A 《文》簡素な, 飾らない. **be góing spáre** 動 Ⓢ 《英》手に入る, 利用できる. **gó spáre** 動 自 《略式, 英・豪》ひどく怒る[取り乱す].

― 動 (spares /~z/; spared /-d/; spar・ing /spé(ə)rɪŋ/) 他 **1** 〈時間を〉割(ﾜ)く; 〈金・余分な物などを〉分けてやる; 《略式》〈人抜きで済ませる〉 (do without): I can't ~ any time at present. 私は今のところ全然時間が割けない / 言い換え Can you ~ me a little time? <V+O+O>=Can you ~ a little time for me? <V+O+for+名・代> 私のために少々時間を割いてくれませんか / We can't ~ you (for that work) today — we're too busy here. (その仕事のために)今日君に抜けられちゃ困る—こっちもすごく忙しいんだから. **2** [普通は疑問文・否定文で] 〈労力・費用などを〉惜しむ, けちけちして使わない: He ~d no trouble [《格式》pains]. 彼は少しも骨身を惜しまなかった / No expense was ~d to make their stay enjoyable. <V+O の受身> 彼らの滞在を楽しいものにするためにお金が使われた / S~ the rod and spoil the child. (ことわざ) むちを惜しんで子供を損なう(かわいい子には旅をさせよ). **3** 〈人に〉〈苦しいこと・いやなことなどを〉免じてやる, 〈不快な話などを〉伝えないでおく: I'll ~ you the details. <V+O+O> 〈くわしい話はやめとこう / You could ~ yourself the trouble if you would call her now. 今彼女に電話してしまえば手間が省けるのに / You're lucky you were ~d the sight of the accident. <V+O+O の受身> あなたは事故を見ないで済んだので好運だ. **4** 《格式》〈…に〉危害[罰]を与えないでおく, 〈…を〉容赦する, 助命する, 〈人の感情を〉傷つけないようにする: They ~d his life. 彼らは彼の命を助命してやった.

enóugh and to spáre [代] あり余るほどのもの. — [形] あり余るほどの: I have time enough and to ~. 時間はたっぷりある. **spáre onesélf** [動] ⦿ [普通は否定文で] 骨[労]を惜しむ. **...to spáre** [形] 余分の…: money [time] to ~ 余分なお金[時間] / There's room (and) to ~ for another car. もう一台分の余地がある (★and が前に付くこともある). — 名 ⓒ **1** 予備の物, スペア. **2** =spare tire 1. **3** [しばしば複数形で] 《英》=spare part. **4**《ボウリング》スペア(の得点).

⁺spáre párt 名 ⓒ (機械・自動車などの)予備部品.
spáre-pàrt súrgery 名 Ⓤ《英格式》(人工)臓器移植手術[外科].
spáre-ribs 名 [複] スペアリブ(豚の肉付きあばら骨).
⁺spáre tíme 名 Ⓤ 余暇: What do you do in your ~? 暇な時には何をしますか.
spáre tíre 名 ⓒ **1** スペアタイヤ, 予備のタイヤ. **2**《米略式》[滑稽]腰の回りについた贅肉(ニムヒ).
⁺spar·ing /spéǝrɪŋ/ 形 (反 unsparing) 倹約した, 〈…を〉惜しむ: I wish you weren't so ~ in [with] your praise. もう少しほめてもいいのに.
spar·ing·ly /spéǝrɪŋli/ 副 控えめに, 倹約して, 〈…を〉惜しんで: Natural resources must be used more ~. 天然資源はもっと控えめに利用すべきだ.

⁎spark /spáːk | spáːk/ 名 (~s /~s/) **1** ⓒ 火花, 火の粉; (電気などの)スパーク, 火花: S~s flew from the burning house. 燃える家から火の粉が飛んだ / a ~ ignition engine 火花着火機関. **2** [a ~ または Ⓤ] 生気, 活気; (才気などの)ひらめき: a ~ of genius 天才のひらめき. **3** ⓒ (紛争などの)火種, 直接の発端. **4** [a ~] (性質・感情などの)痕跡(ごょ), 少し (of): She didn't show a ~ of interest [anger]. 彼女は関心[怒った様子]をこれっぽっちも見せなかった. **5** [単数形で] 性的魅力. **sénd spárks flýing** [動] 激しい議論を巻き起こす. **(the) spárks fly** 感情の火花が散る, 鋭い対立[議論]する. — ⓘ 火花が散る; 輝く, きらめく; スパークする. — ⓗ **1** 〈争い・爆発などを〉引き起こす. **2** 〈人・関心・活動などを〉刺激する, 活気[勇気]づける. **spárk óff** [動] ⓗ =1.

spárk gàp 名 ⓒ 《電》《両電極間の》火花距離, 火花ギャップ.
spárk·ing plùg /spáːkɪŋ- | spáːk-/ 名 ⓒ《英》=spark plug.
⁎spar·kle /spáːkl | spáː-/ 動 (**spar·kles** /~z/; **spar·kled** /~d/; **spar·kling**) ⓘ **1** 〈宝石・水面などが〉輝く, きらめく; 〈目などが興奮などで〉輝く: The diamond ~d on her finger. ダイヤが彼女の指できらめいた / His eyes ~d with delight. 彼の目は喜びで輝いた. **2** 〈人・話・才気などが〉生気[才気]にあふれる (with). **3** 〈ワイン・炭酸水などが〉泡立つ.

— 名 (~s /~z/) **1** Ⓤ または a ~] 輝き, きらめき; 火花: the ~ of the diamonds ダイヤのきらめき. **2** Ⓤ.ⓒ 生気; (才能などの)ひらめき.
spar·kler /spáːklǝ | spáːklǝ/ 名 ⓒ **1** (手に持つ)花火, 線香花火. **2**《略式》ダイヤモンド.
⁺spár·kling /spáːklɪŋ | spáːk-/ 形 **1** きらきら光る. **2** 〈人・話・才気などが〉生気あふれる, 輝くような. **3** 〈ワイン・炭酸水などが〉泡立つ, 発泡性の (☞ sparkling wine) (反 still).
spárkling wíne 名 Ⓤ.ⓒ 発泡性ワイン.
spark·ly /spáːkli | spáːk-/ 形《略式》=sparkling 1.
spárk plùg 名 ⓒ **1** (エンジンの)点火プラグ, スパークプラグ (《英》sparking plug). **2**《米略式》中心人物, 指導者.
spark·y /spáːki | spáːki/ 形《英》元気いっぱいの.
spar·ring /spáːrɪŋ | spáː-/ 名 Ⓤ 《ボク》スパーリング.
spárring màtch 名 ⓒ (仲間内の)軽い議論.
spárring pàrtner 名 ⓒ **1** ボクシングの練習相手. **2** [普通は仲のよい]議論の相手[仲間].
⁺spar·row /spǽrou/ 名 ⓒ **1** すずめ, (特に)いえすずめ 《欧州原産》(house sparrow). **2** =hedge sparrow.
spárrow·hàwk 名 ⓒ 小型のたか.
⁺sparse /spáǝs | spáːs/ 形 (**spars·er; spars·est**) **1** 〈人口などが〉希薄な, まばらな (反 dense): ~ vegetation まばらな草木. **2** 薄い, 少ない. **~·ly** 副 まばらに. **~·ness** 名 Ⓤ まばら.
Spar·ta /spáǝṭǝ | spáː-/ 名 ⓤ スパルタ 《古代ギリシャの都市国家》.
Spar·ta·cus /spáːṭǝkǝs | spáː-/ 名 ⓤ スパルタクス 《紀元前 73 年にローマに対して大反乱を起こし2年後に処刑された奴隷剣士》.
Spar·tan /spáːtn | spáː-/ 形《格式》スパルタ(式)の; [普通は s-] 〈暮らし・住居などが〉質実剛健な; 〈食事などが〉簡素な; 厳格な. — 名 ⓒ スパルタ人.
⁺spasm /spǽzm/ 名 **1** Ⓤ.ⓒ けいれん, ひきつけ: go into ~ (s) けいれんをおこす. **2** ⓒ 《W》発作的な活動[感情], 激発: a ~ of coughing せき込み / a ~ of laughter [grief] どっと笑いだすこと[悲しむこと].
spas·mod·ic /spæzmádɪk | -mɔ́d-/ 形 発作的な, 断続的な, 長続きしない; 《医》けいれん(性)の.
-mod·i·cal·ly /-kǝli/ 副 発作[断続]的に.
spas·tic /spǽstɪk | spáː-/ 形 **1**《古風》けいれん(性)の, けいれん性まひの: ~ paralysis けいれんまひ. **2**《俗》[差別] 無器用な, へたな《特に子供が用いる失礼なこと ば》. — 名 ⓒ **1**《古風》けいれん性まひ患者. **2**《俗》[差別] へたくそ, とんま.
⁺spat¹ /spǽt/ 動 spit¹ の過去形および過去分詞.
spat² /spǽt/ 名 ⓒ《略式》ちょっとした口げんか (with).
spat³ /spǽt/ 名 ⓒ [普通は複数形で] スパッツ 《昔, 靴の上から足首を覆うのに用いた布または皮革製品》.
⁺spate /spéɪt/ 名 ⓒ [普通は単数形で] (注文などの)殺到, (ことばなどの)ほとばしり; 多数, 大量: a ~ of burglaries 立て続けの窃盗事件. **in spáte** [形]《英》(河川が)水かさが増して(激しく流れて), 満ちあふれんばかりで; [in full ~] 〈人が〉長々と話しまくる勢いで.
⁺spa·tial /spéɪʃǝl/ 形 (⇦ space)《格式》空間の, 空間的な; 場所の: a child's ~ awareness 子供の空間認識. **-tial·ly** /-ʃǝli/ 副 空間的に.
⁺spat·ter /spǽṭǝ | -tǝ/ 動 (**-ter·ing** /-tǝrɪŋ, -trɪŋ/) ⓗ 〈人・物に〉〈水・泥などを〉はねかける, まく (in); 〈人・物に〈…を〉はねかける, ふりかけて汚す; 〈水などが〉〈…に〉ばらばら当たる: The truck ~ed 'my new suit with mud [mud over [on] my new suit]. トラックが私の新しいスーツに泥をはねかけた. — ⓘ [副詞(句)を伴って] はねる, 散らばる (on); 〈雨などが〉ばらばら降る. — 名 ⓒ **1** はね(物). **2** (雨などの)ばらばら降る音 (of). **3** [普通は単

数形で] 少数, 少量: a ~ of rain 小雨.
-spat·tered /spǽtəd | -təd/ 形 [合成語で] (泥などで)はねかけられた.
spat·u·la /spǽtʃulə | -tjʊ-/ 名 C 1 へら; [医] (英)=tongue depressor. 2 (料理用の)フライ返し.
spawn /spɔ́ːn/ 名 U 1 [主に合成語で] (魚・かえる・貝・えびなどの)卵. 2 (軽蔑) (たくさんの)子供. —— 動 他 1 (魚・かえるなどが)(卵)を産む. 2 [しばしば軽蔑] ...を大量に生み出す. —— 自 卵を産む.
spay /spéɪ/ 動 他 (雌の動物)の卵巣を除去する. 関連 neuter 去勢する.
spaz /spǽz/ 名 C (俗) [差別] どじなやつ, ばか (特に子供が用いる). —— 動 (spaz·zes; spaz·zed; spaz·zing) 自 (俗) [差別] キレる (out).
spa·za /spáːzə/ 名 C (南ア) (小さな)雑貨屋.
SPCA /éspìːsìːéɪ/ 名 [the] the Society for the Prevention of Cruelty to Animals (⇨ prevention).

*speak /spíːk/ 動 (speaks /~s/; 過去 spoke /spóʊk/; 過分 spo·ken /spóʊk(ə)n/; speak·ing) 名 speech) 自 1 話す, ものを言う, しゃべる (⇨ 類義語); [しばしば否定文・進行形で] (会って)口をきく, 仲がよい: Cats never ~. 猫はしゃべらない / Please ~ more slowly. もっとゆっくり話してください / 会話 "Hello. Is this [(英)that] Jane?" "Yes, ~ing [S~ing]." 「もしもし, ジェーン?」「そうよ」(電話口で; ⇨ speak to ... (句動詞); who¹ 代 1 (2) 会話 囲み) / Since their argument they're not ~ing. 口論した後ずっと彼らは口をきいていない.
2 意見を述べる, 話をする, 語る; 演説する: He spoke briefly and to the point. 彼は手短にそして要領よく話した / The Premier spoke *against* the proposal. <V+against+名・代> 首相はその提案に対して反対の意見を述べた / She spoke *in* English. <V+in+名・代> 彼女は英語で話した. 3 (物事が)(真価・真意などを)表わす, 匂・顔・行為などが)(物語る, 伝える: Her eyes spoke. 彼女の目が気持ちを物語っていた / Actions ~ louder than words. (ことわざ) 行為はことばよりも声高に語る(実行はことばに勝る).
—— 他 1 (ある言語)を話す, しゃべる, (日常的に)使用する: Do you ~ English? 英語を話しますか 語法 Can you speak English? (英語を話せますか)は相手の能力を問うことになり失礼に響く // Do they ~ French in Belgium? ベルギーではフランス語を使っていますか / What languages *are spoken* in India? <V+O の受身> インドでは何語が使われていますか / She doesn't ~ a word of Chinese. 彼女は中国語を全く話せない / ENGLISH SPOKEN 英語話します(商店などの掲示).
2 <ことばなど>を話す, 語る; <心の中>を伝える: She spoke only a few words. 彼女はほんのふたことしか話さなかった / Do you swear to ~ the truth, the whole truth, and nothing but the truth? あなたは真実を, すべての真実を, そして真実のみを話すと誓いますか (法廷での証人の宣誓の際に) / Anne was silent, but her eyes spoke her true feelings. アンは何も言わなかったが, 彼女の目は本当の気持ちを伝えていた.

generally [personally, properly, roughly, strictly] speaking [副] 文修飾語 一般的に[個人的に, 正しく, 大ざっぱに, 厳密に]言えば 《各副詞および broadly の成句を参照》.
not to speak of ... [前] ...は言うまでもなく: His classmates are all angry about his cheating, *not to ~ of* his teachers. 彼のカンニングには先生はもちろん, 同級生もみな怒っている.
so to speak [副] 文修飾語 [挿入語句として] (S) (略式) いわば: He is, *so to ~*, a walking encyclopedia. 彼はいわば生き字引といったところだ.

speak highly of ... [動] 他 = speak well of ... (1).
speak ill [badly] of ... [動] 他 (格式) ...のことを悪く言う, ...の悪口を言う (criticize) (反 speak well of ...): Don't ~ *ill of* the dead. 死んだ人の悪口を言うな (⇨ the¹ 3). 語法 (1) やや古風な言い方. (2) ... is ill spoken of または ... is spoken ill of の形で受身にできるが, 前者が好まれる傾向にある.
speaking as ... [前] ...として[の立場で]言えば.
speaking for myself [ourselves] [副] 文修飾語 私[私たち]の考えでは.
speaking of ... [前] (S) ...の話と言えば: S~*ing of* baseball, which team do you think will win the pennant? 野球といえば, どのチームが優勝すると思いますか.
speak too soon [動] 自 早まって言う.
speak well for ... [動] 他 (物事が)...に有利な証拠になる, ...(のよさ)を示す.
speak well of ... [動] 他 (1) ...のことをよく言う, ...をほめる (praise) (反 speak ill of ...): She always ~*s well of* you. 彼女はいつも君のことをほめている. 語法 (1) やや古風な言い方. (2) ... is well spoken of または ... is spoken well of の形で受身にできるが, 前者が好まれる傾向にある. (2) = speak well for ....

── speak の句動詞 ──
*speak about ... [動] 他 ...について話す[しゃべる] (受身 be spoken about): He never *spoke about* his family. 彼は自分の家族のことについては何も話したことがなかった.

> 語法 **speak about ... と speak of [on] ...**
> 「...について話す」という意味では speak about ... が最も普通の言い方. speak of ... は (格式) で「わざわざ口に出して言う」, speak on ... は 「...について演説[講演]をする」のような意味合いを持つ. 特に I will ~ to him *about* the problem. (私が彼にその問題について話そう)のように speak to ... が用いられるときはこの about は of や on と置き換えることはできない.

speak for ... [動] 他 1 (人)に代わって(意見[考え, 気持ち]を)話す, ...を代弁する. 2 (人・案)のために[を支持して]話をする, ...を弁護する. **speak for oneself** [動] 自 (1) (物事が)それだけで十分な証拠になっている, (説明を加えないでも)雄弁に物語っている: The facts ~ *for themselves*. 事実はおのずから明らかとなる[だ]. (2) (他人のではなくて)自分自身の意見[気持ち]だけを述べる. **speak for yourself** [動] [命令文で] [滑稽・軽蔑] (S) 勝手なことは言わないでくれ, 私の考えは違うよ: 会話 "I think we've both had too much to drink." "S~ *for yourself*!"「私たちはちょっと飲みすぎたようだ」「おまえはそうかもしれないが私は違う」
*speak of ... [動] 他 (格式) ...のことを言う, ...について語る (⇨ speak about ... 語法): Who are you ~*ing of*? だれのことを言っているのか // ⇨ devil 1 例文. 2 (文) (物事が)...を指示[示唆, 表示, 暗示]する. **... to speak of** [形] [否定文で] とりたてて言うほどの...: My collection is *nothing* to ~ *of*. 私のはとりたてて言うほどの立派なコレクションではない / She has *no* talent *to ~ of*. 彼女にはこれといった才能はない.
*speak on ... [動] 自 ...について論ずる[演説する] (⇨ speak about ... 語法): He will be ~*ing on* air pollution at the next meeting. 次の会合のときには彼は大気汚染について話をする.
*speak out [動] 自 (人前で)思い切って言う, 遠慮なく言う (*about, for, in favor of*): No one dared to ~ *out against* the proposal. その提案に異議を唱えようとする者はいなかった.
*speak to ... [動] 他 1 ...と話す; ...に話しかける (受身 be spoken to) (⇨ speak with ... 語法): She

never ~s to strangers. 彼女は知らない人とは話をしない / 電話 "Hello. May [Can] I ~ to Mr. Smith?" "S~ing." 「もしもし, スミスさんをお願いします」「私ですが」(電話口で) / Who am I ~ing to, please? どちらさまでしょうか(電話口で). **2** …に忠告をする, 注意を促す;…と話し合う, 相談する (about). **3** (人の心に)訴える, (人)を引き付ける.

speak úp 動 自 **1** [しばしば命令文で](もっと)大きな声で話す: Could you ~ up, please? 大きな声で話してください. **2** 思い切って[率直に]意見を述べる; (…)をはっきりと[公然と]弁護[支持]する (for).

*__speak with …__ 動 他 **1** (主に米)…と話す: Mr. White was ~ing with my mother for a long time. ホワイト先生は母と長いこと話していた. 語法 (英)では長時間話すときに用いられ, 一般には speak to … のほうが普通.
2 …と話し合う, 相談する: I'd like to ~ with you about the matter. その件でご相談したいのですが.

【類義語】**speak** ことばを話すという一般的な意味. **talk** speak とほぼ同じ意味を持つが, speak がしばしば改まった内容のある話をすることを意味するのに対して, talk は個人的に打ち解けたまたはとりとめのない会話をする意味にも用いられる: Mr. Black spoke after (the) dinner. ブラックさんが食後にあいさつをした / We were talking at dinner. 私たちは夕食を食べながらおしゃべりしていた.

-speak /spìːk/ 接尾 [しばしば軽蔑]「…に関係する[特有の]言語, …の仲間うちだけで通用する隠語」の意: computerspeak コンピュータ用語.

spéak·eas·y 名 (-eas·ies) C (米国の禁酒法時代の)酒類密売店, もぐり酒場(小声で注文した).

*__speak·er__ /spíːkə | -kə/ 名 (~s /~z/) C **1** 演説者, 講演者; 話す人, 話し手, 語る人; [前に形容詞をつけて]話すの…の人: a native ~ of English 英語を母国語として話す人 / a good [poor] ~ 話し上手[話し下手の]人 / 言い換え She is a good [poor] ~ of French [French ~]. (=She speaks French well [poorly].) 彼女はフランス語を話すのがうまい[下手だ] / an after-dinner ~ (食後に)スピーチをする人.
2 C スピーカー, 拡声器 (loudspeaker): I want to buy better ~s for my stereo set. うちのステレオにもっといいスピーカーを買いたい. **3** [the S-] 下院議長, (日本の)衆議院議長: Mr. [Madam] S~! 議長 (呼びかけ). 関連 President 上院議長, (日本の)参議院議長. **the Spéaker of the Hóuse** 名 (米国の)下院議長.

spéaker·phòne 名 C (主に米)スピーカーフォン(マイクとスピーカーがひとつになった送受話器).

Spéakers' Córner 名 スピーカーズ・コーナー(ロンドンの Hyde Park の一角にある広場で誰でも自由に演説ができる; ⇨ soapbox 由来).

*__speak·ing__ /spíːkɪŋ/ 形 **1** A 話す, 口をきく: an excellent ~ voice すばらしい声 / a ~ acquaintance 会えば口はきくぐらいの仲(の人). **2** A ものを言うような, 表情たっぷりの, 生き生きした. **3** [合成語で] …語を話す: English-~ people 英語を話す人々.
be nót on spéaking térms 動 自 (…と)仲たがいをして会っても口をきかない (with).
— 名 U 話すこと, 談話, 演説: a ~ engagement 講演の約束.

spéaking clóck 名 [the ~] (英) 電話時刻案内.
spéaking túbe 名 C (船などの)伝声管.

*__spear__ /spíə | spíə/ 名 C **1** やり, 投げやり (狩猟用または昔の歩兵の武器); (魚を突く)やす. **2** (植物の)芽, 若枝. —動 (spear·ing /spíəɪŋ/) 他 〈…〉をやり[フォーク]で突く, 殺す; もりで刺される.

spéar-càrrier 名 C **1** 槍持ち, ちょい役; 下っぱ. **2** (仲間の)先頭に立つ者, 旗手, リーダー.

spéar gùn 名 C 水中銃.

specialism 1697

spéar·hèad 名 C **1** [普通は単数形で] (W) (攻撃・運動などの)先頭に立つ人[集団], (of). **2** やりの穂先. — 動 (W) 〈攻撃・事業の〉先頭に立つ.

spéar·mint 名 U スペアミント(の味または葉), みどりはっか(葉からとった精油をガムなどの香料に使う).

Spear·mint /spíəmɪnt | spíə-/ 名 スペアミント(米国製のスペアミント味のチューインガム; 商標).

spec[1] /spék/ 名 [次の成句で] **on spéc** 副 (略式)思わくで[やまかんで] (on speculation の短縮形). — A (応募などが)思わくで[で出す].

spec[2] /spék/ 名 C [普通は複数形で] (略式) 仕様(書) (specification) (for).

*__spe·cial__ /spéʃəl/ 形 (動 spécialize, 名 speciálity, spécialty) **1** 特別の, 特殊な, 特製の ((⇨ 類義語)); 並はずれた, 異例の; 特上等な; (…にとって)特別[大切]な (to) (略式): ~ treatment 特別待遇 / We have food like this only on ~ occasions. こんな料理は特別の場合にしか食べない / Are you doing anything ~ for [at] the event? その行事に何か特別なことをしますか / What is so ~ __about__ this computer? <A+about+名・代>このコンピューターはどの点で特に優れているのでしょうか.
2 A [比較なし] 専門の, 特殊な (反 general): a ~ course for gifted children 才能のある子供たちのための特殊なコース / What is your ~ interest? あなたが特に関心があるのは何ですか.
3 A [比較なし] 臨時の; 特別用の: a ~ flight (空の)臨時便 / a ~ number (雑誌などの)臨時増刊号 / a ~ correspondent 特派員. **4** 独特の, (…に)固有の (to): The child has a ~ talent for languages. その子には独特の語学の才能がある. 語源 ラテン語で「特別な種 (species) の」の意. especial も同語源.
— 名 (~s /~z/) C **1** [普通は単数形で] 特別な人[物], 特派員, 特使; 特別[臨時]列車(バスなど]; 特電, 号外; 臨時増刊, 特別番組; (割安の)特別料理: a TV ~ on gun control 銃規制に関するテレビ特別番組. **2** 特価提供(品), 特売(品) (on). **on spécial** 形 特価の, お買得の.
【類義語】**special** 同類の他のものと比べて, 特別に違った性質や用途があることを意味する: a *special* duty 特別の任務. **particular** 同類の中から, ある 1 つを抜き出して言うときに用いる: He returned late on that *particular* day. 彼はその日に(限って)遅く帰ってきた. **specific** 同類の中から 1 つをとり出し, それについて説明を加えるような場合に用いる: The book was written for a *specific* audience. この本はある特定の読者層のために書かれた.

spécial ágent 名 C (米) (FBI の)特別捜査官.
Spécial Bránch 名 [しばしば the ~; 単数または複数扱い] (英) (警察の)公安部.
spécial cónstable 名 C (英) (非常時に一般人から任命される)特別警察官.
spécial delívery 名 U,C 速達便.
spécial dráwing rights 名 複 (国際通貨基金の)特別引き出し権.
spécial edítion 名 C 特別限定(販売)版 (of); (新聞)(締切り後のニュースを刷り込んだ)特別版.
spécial educátion 名 U (障害児のための)特殊教育.
spécial efféects 名 複 (映画などの)特殊効果.
spécial fórces 名 複 (対ゲリラ・テロリスト専門の)特殊部隊.
spécial ínterest gròup 名 C [(英)単数形でも時に複数扱い] 特殊利益集団(経済の特殊な部門に特別の権益を有する団体).
spécial ínterests 名 複 (米) =special interest group.
spe·cial·ise /spéʃəlàɪz/ 動 (英) =specialize.
spé·cial·ism /spéʃəlìzm/ 名 U **1** 専門化.

2 ⓒ 専門(分野).

spe・cial・ist /spéʃ(ə)lɪst/ 名 (**-cial・ists** /-lɪsts/) ⓒ 専門家 (*on*); 専門医: a ~ *in* heart diseases=a heart ~ 心臓病の専門医. 関連 general practitioner 一般開業医. ── 形 A 専門(分野)の, 専門的な.

spe・ci・al・i・ty /spèʃiǽləti/ 名 (**-i・ties**; 形 spécial) ⓒ (英) =specialty.

spe・cial・i・za・tion /spèʃəlɪzéɪʃən, -laɪz-/ 名 (動 spécialize) Uⓒ 特殊[専門]化; 専攻 (*in*); 専門分野.

‡spe・cial・ize /spéʃəlàɪz/ T1 動 (**-cial・iz・es** /~ɪz/; **-cial・ized** /~d/; **-cial・iz・ing**; 形 spécial, spècializátion) 自 **1** (...を**専門にする**, (特に法律・医学分野で)専攻する (...を専門に扱う): She ~s *in* criminal law. <V+*in*+名・代> 彼女は刑法の専門家だ. **2** [生] (機能などが)分化[特殊化]する.

*spe・cial・ized /spéʃəlàɪzd/ 形 専門的な, 専門家の; 専門化した, 専攻した: a ~ knowledge 専門的知識 / ~ field 専門化した分野.

spécial lícence 名 ⓒ (英) (英国国教会による)結婚特別許可証.

*spe・cial・ly /spéʃəli/ 副 **1** わざわざ, 特別の目的のために: She made the cake ~ *for* you. 彼女はケーキをわざわざあなたのために作った. **2** ⓢ 特に, とりわけ (especially); [否定文で] 特に(...であるというわけではない): I don't ~ like summer. 私は夏がとりたてて好きというわけではない.

*spécial néeds 名 [複] (養護を必要とする)心身障害: children with ~ 障害児たち.

*spécial óffer 名 ⓒ 特価提供(品), 特売(品) (*on*).
on spécial óffer [副・形] 特売されて.

Spécial Olýmpics 名 [複; the ~] スペシャルオリンピックス 《4年に一回開催される心身障害者のための国際大会》.

spécial pléading 名 U **1** [法] (新証拠による)特別訴答. **2** 手前勝手な主張[論理].

spécial schòol 名 ⓒ (障害児の)特殊学校.

spécial téam 名 ⓒ [アフト] スペシャルチーム 《キックオフ・パント・エクストラポイント・フィールドゴールなど特定の場面だけに起用される選手の一団》.

*spe・cial・ty /spéʃəlti/ 名 (**-cial・ties**; 形 spécial) ⓒ (主に米) **1** 専門, 専攻; 得意: His ~ is modern American poetry. 彼の専攻は近代アメリカ詩だ. **2** 特製品; (高級)専門品; 特産品; 自慢の料理: a store specializing in specialties of ... ...の専門店 / a specialty of India インドの特産品. **màke a spécialty of ...** [動] 他 ...を専攻する.

spe・cie /spíːʃiː/ 名 U (格式) 正金('ৎ᷃), 正貨(炉ケ) 《紙幣に対して金貨または銀貨》.

*spe・cies /spíːʃiːz/ 名 [格式] T3 (複 ~) ⓒ **1** [生] 種(ᅵ᷅) (⇒ family 5): butterflies of many ~=many ~ of butterfly [butterflies] 各種のちょう / the [our] ~=the human ~ 人類 / an endangered ~ 絶滅寸前の種 / *The Origin of S~* 『種の起源』 《Darwin の著書》. **2** (略式) 種類 (sort): a particularly dangerous ~ of criminal 特に危険なタイプの犯罪者.

spécies bàrrier 名 [単数形で] [生] 種の障壁 《病気がある種から他の種へ転移するのを妨げると考えられている自然界の機構》.

spe・cies・ism /spíːʃiːzìzm/ 名 U 人間優位主義; 動物蔑視.

spe・cies・ist /spíːʃiːzɪst/ 名 ⓒ 人間優位主義の人.

specif. =specifically.

‡spe・cif・ic /spɪsífɪk/ T2 形 (副 spécify) **1** [比較なし] (一般的でなく)**特定の** (反 general); 一定の (⇒ special 類義語): a book meant for a ~ age-group 特定の年齢層対象の本 / He visited us with a ~ purpose in mind. 彼はある特定の目的で私たちを訪れた / This disease has no ~ symptoms in its early stages. この病気は初期の段階では特に症状を示さない. **2** 明確な, 明細な, 細かく具体的な: ~ instructions 明確な指示 / What are your ~ aims in applying to this college? 具体的にはどういう目的でこの大学へ入りたいのですか / Could you be a little more ~ (*about* it)? <A+(*about*+名・代)> (それについて)もう少し具体的に言ってください. **3** 形 (...に)特有の, 独特の: problems ~ *to* this branch of science <A+*to*+名・代> 科学のこの分野に特有の諸問題. **4** (薬が)特効のある (*for*).
to be (mòre) specific [副] つなぎ語 (もっと)具体的に言うと: This TV set is no good. *To be* ~, the colors are blurry and the sound isn't clear. このテレビはひどい. 具体的に言いますと, 色はぼけていますし, 音もはっきりしません.
── 名 **1** [複数形で] 細目, 詳細, 細部に: get down to [go into] ~s 細目[各論]に入る. **2** ⓒ [医] 特効薬 (*for*).

spe・cif・i・cal・ly /spɪsífɪkəli/ 副 **1** 特に, とりわけ; つなぎ語 具体的に[正確に言えば] (略 specif.): jackets ~ designed for young people 特に若者向けの上着 / I was ~ told not to open the door. 私は特にその戸だけは開けないように命じられていた / We need teachers for several subjects, (more) ~ English, science and music. 若干の教科, (もっと)具体的には英語, 理科および音楽の教師が必要だ. **2** 明確に, はっきりと.

*spec・i・fi・ca・tion /spèsəfɪkéɪʃən/ 名 (動 spécify) **1** ⓒ [普通は複数形で] 明細書; 設計書, 仕様書 (略式) spec(s) (*for*, *of*). **2** U 詳述 (*of*); 特定; ⓒ 明細(事項); 指定条件: a job ~ 仕事の明細事項 / meet ...'s ~s ...の指定条件を満たす.

specífic grávity 名 U [物理] 比重 (略 sp gr).

specífic héat 名 U [物理] 比熱.

spec・i・fic・i・ty /spèsəfísəti/ 名 U (格式) 特性; 特異性.

spec・i・fied /spésəfàɪd/ 形 指定された, 特定の.

*spec・i・fy /spésəfàɪ/ 動 (**-i・fies** /~z/; **-i・fied** /~d/; **-fy・ing**; 形 specific, 名 spècificátion) 他 (やや格式) <...>を詳しく述べる[記す], <...>を明確に言う; <...>を指定する, 特定する: Please ~ the time and place for the meeting. 会合の時間と場所を指定してください / Do it this way unless otherwise *specified*. 他に指定がなければそれはこのようにしなさい / He didn't ~ *when* to leave. <V+O (*wh* 句)> 彼はいつ出発せよとは明言しなかった / He didn't ~ *when* he would leave. <V+O (*wh* 節)> 彼はいつ出発するかをはっきり言わなかった. 語法 この文では従属節の leave の主語は主節の主語と同じ he だが, 1 つ前の例文では leave の意味上の主語は ~ を含む命令[指示]を受ける人(たち) / The regulations ~ *that* you may use a calculator in the examination. <V+O (*that* 節)> 規則では試験中に計算機を使ってよいことになっている.

*spec・i・men /spésəmən/ 名 (~s /~z/) ⓒ **1** 標本 (⇒ example 類義語); [医] (検査・分析のための)検体, 試料 《特に尿や血液》 (*of*): a blood [urine] ~ 血液[尿]の検体 / a stuffed ~ 剥製(はせ) / ~s in alcohol アルコールづけの標本. **2** ⓒ 見本, 実例, 典型的な例: ~s of new synthetic fiber 新しい合成繊維の見本. **3** [形容詞的に] 見本の: a ~ page 見本ページ / a ~ copy of the textbook その教科書の見本(刷). **4** ⓒ [前に形容詞をつけて] W [滑稽] ...な人[やつ]: an odd ~ 変なやつ.

spe・cious /spíːʃəs/ 形 (格式) 見かけだけはよい, (一見)もっともらしい(が偽の). **~・ly** 副 もっともらしく. **~・ness** 名 U もっともらしさ.

*speck /spék/ 名 **1** ⓒ 小さいしみ[きず], 小斑点(炒ኻ᷃),

微小片: a ~ of dust 小さいほこり. **2** [a ~ として否定文で] 少量.

speck·le /spékl/ 名 C [普通は複数形で] (多数散らばっている)小さな斑点, ぽつぽつ, しみ. — 動 他 [普通は受身で] 〈…〉に小さな斑点をつける.

speck·led /spékld/ 形 小斑点のある, まだらの.

specs /spéks/ 名 複 《古風, 略式》めがね (spectacles).

*__spec·ta·cle__ /spéktəkl/ 名 (~s /-z/; spectácular) C **1** (目を見張るような)壮観, 見もの, すばらしい眺め; 壮大な見せ物, スペクタクル 《☞ prospect¹ 単語の記憶》: the grand [magnificent] ~ of the Alps in winter 冬のアルプスの雄大な眺め.
2 [普通は単数形で] (珍しい)光景 (sight); ありさま (of): a curious [bizarre] ~ 奇妙な[奇怪な]光景. **3** [普通は軽蔑] 注目の的, 物笑いの種. **4** [複数形で] 《古風, 格式》 めがね (glasses) (《略式》 specs); めがねに似たもの. 語源 ラテン語で「見る」の意; spectator と同語源 《☞ prospect¹ 単語の記憶》.
màke a spéctacle of onesélf 動 自 人に笑われるようなふるまいをする, 恥をさらす.

spec·ta·cled /spéktəkld/ 形 めがねをかけた.

*__spec·tac·u·lar__ /spektǽkjulɚ | -lə/ 12 形 (☞ spéctacle) 目を見張らせるような; 華々しい; 壮観な; 劇的な: a ~ view of the Rockies ロッキー山脈のすばらしい眺め / a ~ success 華々しい成功. — 名 C 見もの, (テレビなどの)豪華番組. **~·ly** 副 目覚ましく.

spec·tate /spékteɪt | spektéɪt/ 動 自 (試合などを)観戦[見物]する (at).

*__spec·ta·tor__ /spékteɪtɚ | spektéɪtə/ 名 (~s /-z/) C 見物人, 観客 《☞ spectacle 語源, speculate 語源, prospect¹ 単語の記憶》: ~s at a game 試合の観客.

spectátor spórt 名 C 観客動員力のあるスポーツ(野球・サッカーなど).

†**spec·ter, 《英》-tre** /spéktɚ | -tə/ 名 C **1** [普通は the ~] (想像[予想]される)恐ろしいもの, おびやかすもの: the ~ of unemployment [war] 失業[戦争]の影[不安]. **2** 《文》幽霊, 亡霊 (ghost), お化け. **ráise the spécter of ...** 動 他 《文》(恐ろしい事・いやな事)を思いおこさせる.

spectra 名 spectrum の複数形.

spec·tral /spéktrəl/ 形 **1** A《文》幽霊の(ような), お化けの; 奇怪な, 恐ろしい. **2** スペクトルの: a ~ analysis スペクトル分析.

spec·tre /spéktɚ | -tə/ 名 《英》=specter.

spec·tro- /spéktroʊ/ 形容辞「スペクトル(の)」の意.

spec·tro·gram /spéktrəɡræm/ 名 C 分光[スペクトル]写真, スペクトログラム.

spec·tro·graph /spéktrəɡræf | -ɡrɑ̀ːf/ 名 C 分光器, 分光写真機.

spec·trom·e·ter /spektrάmətɚ | -trɔ́mɪtə/ 名 C 分光計 《☞ -meter¹》.

spec·tro·pho·tom·e·ter /spèktroʊfətάmətɚ | -tɔ́mɪtə/ 名 C《光》分光光度計[測定器].

spec·tro·scope /spéktrəskòʊp/ 名 C 分光器.

spec·tro·scop·ic /spèktrəskάpɪk | -skɔ́p-/ 形 分光器の[による].

spec·tros·co·py /spektrάskəpi | -trɔ́s-/ 名 U 分光器の使用(法), 分光学.

*__spec·trum__ /spéktrəm/ 名 (複 spec·tra /-trə/, ~s /-z/) C W **1** [普通は単数形で] 変動の範囲, 幅: a wide ~ of public opinion 広範囲にわたる世論.
2 [しばしば the ~] (分光器によって分けられる光の)スペクトル 《☞ 右段挿絵》; (音声・無線などの)周波数帯: a sound ~ 音声スペクトル.

spéctrum análysis 名 U,C 《物理》スペクトル分析, (特に)分光化学分析.

spéctrum ànalyzer 名 C 《物理》スペクトル分析器.

spectrum 2

*__spec·u·late__ /spékjulèɪt/ 12 動 (-u·lates /-lèɪts/; -u·lat·ed /-tɪd/; -u·lat·ing /-tɪŋ/; spèculátion, 形 spéculative) 自 **1** (将来・原因・結果などについて)あれこれ考えをめぐらす[述べる]; 推測[憶測]する. 語法 十分な証拠や知識がなくて単に推測でこれこれと考えるという意味のことが多い: The sports commentators ~d about [on, upon] the new league's future. <V+about [on, upon]+名・代> スポーツ解説者たちは新リーグの将来についてあれこれ話し合った. **2** 投機をする, 思わく買いをやる (on): ~ in stocks [real estate] 株[不動産]に手を出す. — 他 〈…〉と[を]あれこれ推測する: Dan ~d that Harry might be given a raise. ダンはハリーに昇給があるかもしれないと思った. 語源 ラテン語で「見る」の意; spectator と同語源.

*__spec·u·la·tion__ /spèkjulèɪʃən/ 名 (~s /-z/; 動 spéculate) U,C **1** 考えをめぐらすこと; 推測, 憶測; 考察 《☞ speculate 1 語法》: (a) pure ~ まったくの憶測 / idle [wild] ~ でたらめな憶測 / ~s about [over, on] the future of mankind 人類の未来についての諸考察 / There is some ~ that the president will resign. <N+that節> 社長が辞任するという憶測も出ている.
2 投機, 思わく買い: ~ in stocks 株への投機, (利益目当ての)株取引.

*__spec·u·la·tive__ /spékjulətɪv, -lèɪt- | -lət-/ 形 (spéculate) **1** 推測の; 憶測に基づく; 推測する(ような): a ~ look 探るような目. **2** A (人が)思索的な, (学問などが)思弁的な, 純理論的な. **3** 投機的な, 思わくの. **~·ly** 副 投機的に; 推測的に.

*__spec·u·la·tor__ /spékjulèɪtɚ | -tə/ 名 C **1** 投機家, 山師; だふ屋. **2** 思索家, 理論家.

*__sped__ /spéd/ 動 speed の過去形および過去分詞.

*__**speech**__ /spíːtʃ/ 名 (~·es /-ɪz/; 動 speak) **1** C 演説 《☞ 類義語》, 講演, スピーチ, あいさつ, 話, 談話: make [give] a ~ 演説をする / 「an opening [a closing] ~ 開会[閉会]の辞 / They delivered some excellent ~es on [about] nuclear disarmament. 彼らは核軍縮についてすばらしい演説をした // after-dinner speech.
2 U 話すこと, 言論; 話す力, 言語能力: freedom of ~ 言論の自由 / In fairy tales animals often have the power of ~. おとぎ話では動物はよく口がきけることになっている.
3 U [普通は所有格とともに] (ある人の)話し方, 話しぶり: I knew from his ~ that he was German. 話し方で彼がドイツ人だとわかった. **4** C (ある地域の)ことば, 方言, なまり: the ~ of New England=New England ~ ニューイングランド地方のことば. **5** U 話しことば, ことば, 言語: the parts of ~ 品詞. **6** C (劇の)せりふ. **7** U 話し方, スピーチ研究 《発声法・弁論術など話しことばに関する分野を扱う大学の学科》.
8 C《文法》話法 《☞ narration 文法》.
【類義語】**speech** 話を意味する最も一般的な語で, 聴衆を前にして多少改まった話を意味する. **address** 格式ばった語で, かなり重要な地位の人が重要な問題について十分準備をして行なう演説: the President's Inaugural *Address* 大統領の就任

説. talk〈だけた調子の演説〉: He gave a *talk* to the children on traffic safety. 彼は子供たちに交通安全の話をした.

spéech àct 名 C 《哲・言》言語行為《要求・忠告・警告・説得など話者の発話がそれ自体で一つの行為を形成するもの》.

spéech bùbble 名 C 《英》《漫画の》吹き出し.

spéech clìnic 名 C 言語障害矯正所.

spéech commùnity 名 C 《言》言語共同体.

spéech dày 名 C 《英》スピーチデー《年1回父母も出席して来賓などのスピーチが行なわれ, 証書・賞品が生徒に授与される学校の式典日》.

speech·i·fy /spíːtʃəfàɪ/ 動 (-fies; -i·fied; -fy·ing) 《略式》《普通は軽蔑》偉そうな[もったいぶった]話し方をする, 一席ぶつ (about).

speech·i·fy·ing 名 U 《略式》《普通は軽蔑》偉そうに話をすること.

spéech-impáired 形 言語障害のある, 口の不自由な (☞ dumb 3 語法).

spéech impédiment 名 C 言語障害.

speech·less 形 1 P 《強い感情のため》口もきけない《ほどの》, 啞然(あぜん)として: Mark was ~ with surprise. マークは驚いて口がきけなかった. 2 A 《すばらしさなどが》言語に絶する. 3 口のきけない; 口もきかない. ~·ly 副 無言で; 口もきけないほどに. ~·ness 名 U 口のきけないこと.

spéech màrks 名 《複》《英》=quotation marks.

spéech recognìtion 名 U 《電算》音声認識.

spéech sýnthesizer 名 C 音声合成機.

spéech thèrapist 名 C 言語障害治療士.

spéech thèrapy 名 U 言語障害治療.

spéech tràining 名 U 《人前で話すための》話し方訓練; 発音矯正練習.

spéech-writer 名 C スピーチライター《政治家などのスピーチの草稿を書く人》.

*speed /spíːd/ 名 (speeds /spíːdz/; 形 spéedy)
1 U 速さ, 速力; 迅速(なこと); 速い: the ~ of light [sound] 光[音]の速さ / reading ~ 読む速さ / fly away *at* great ~ 非常な速さで飛び去る / drive *at* high [breakneck] ~ 猛スピードで運転する / The train gathered ~ [gained, picked up] ~. 列車は次第に速力を増した / S~ kills. スピードは命取り《交通安全運動の標語》.
2 C,U **速度**, スピード: The train was traveling *at a* ~ *of* 80 miles an hour when the accident occurred. 事故当時列車は時速 80 マイルで走っていた.
3 C 《自動車・自転車などの》変速装置, ギヤ (gear): a 5-~ bicycle 5 段変速の自転車. 4 U 《写》《フィルムの》感度; シャッター速度. 5 U 《俗》スピード《覚醒剤アンフェタミンの俗称》. 語源 古(期)英語で「うまくいくこと」の意.

at fúll [tóp] spéed 副 **全速力で**: He drove away *at full* ~. 彼はフルスピードで行ってしまった.

at spéed [副] 《英》全速力を出して, 急速に.

fúll spéed ahéad [副] 全速力で, 力をふりしぼって; [命令文として] 全速力で前進だ, 全力でやれ.

ùp to spéed [形] (1) 全速力で. (2) 本来の調子で. (3) 《最新の情報などに》通じて, 精通して (on): bring [get] ... *up to* ~ ...に最新の情報を知らせる.

with spéed [副] 急いで.

— 動 (speeds /spíːdz/; 過去・過分 speed·ed /-dɪd/, sped /spéd/; speed·ing /-dɪŋ/) 語法 自 2, 3, 他 2 では常に過去・過分は speeded. — 自 1 [副詞(句)を伴って] W 急ぐ; 疾走する (off): A sports car ~ed along [away]. <V+副> スポーツカーが疾走していった / He **sped** down the street. <V+前+名・代> 彼は通りを走り去った.
2 [普通は進行形で] 制限速度以上で運転する, スピード違反をする: "You were ~*ing*," said the traffic cop. 「スピード違反だ」と交通巡査が言った. 関連 speeding スピード違反.
3 速度を増す (☞ speed up (成句)).
— 他 W 〈...〉を急がせて, 〈敵で〉急いで送る; 〈仕事などを〉はかどらせる, 促進させる (*away*, *back*): This will ~ his recovery. これで彼の回復が早まるだろう / They **sped** the injured people to the hospital. <V+O+to+名・代> けが人は急いで病院へ運ばれた.
2 〈...の〉速度を速める, 速力を増す.

spéed bý [動] 他 《時が》飛ぶように過ぎる.

spéed ... on ...'s wáy [動] 〈...〉を見送る.

spéed úp [動] 自 速度を増す, スピードを上げる (☞ 自 3) (反) slow down): The truck driver ~*ed up* after passing the police station. トラックの運転手は警察署を過ぎるとスピードを上げた.
— 他 〈...〉を急がせる, 促進させる <V+名・代+*up* / V+*up*+名>: Industrial production was ~*ed up* to meet demand. 需要に間に合わせるため工業製品の生産が促進された.

spéed bàll 名 C 《略式》スピードボール《コカインにヘロインやモルヒネを混ぜた麻薬》.

spéed bòat 名 C 高速モーターボート.

spéed bùmp 名 C 《車の速度を落とさせるための》道路上の段差.

spéed dèmon 名 C 《略式》スピード狂.

spéed dìal 名 U 《電話の》短縮ダイヤル機能.

spéed-dìal 動 他 〈...〉に短縮ダイヤルでかける.

speed·er /-də | -də/ 名 C むやみにとばす人; スピード違反者.

spéed frèak 名 C 《俗》アンフェタミン[メタンフェタミン]常習者.

spéed garàge 名 U 《楽》《アップテンポの》ガラージュ (house music の一種).

speed·i·ly /spíːdəli/ 副 敏速に, てきぱきと.

speed·i·ness /spíːdinəs/ 名 U 敏速さ.

speed·ing /-dɪŋ/ 名 U スピード違反 (☞ speed 動 自 2). — 形 A 疾走する.

†spéed lìmit 名 C 制限[最高]速度.

spéed mèrchant 名 C 《英略式》《車やバイクの》スピード狂.

speed·o /spíːdoʊ/ 名 (~s) C 《英略式》=speedometer.

speed·om·e·ter /spiːdάmətə | -dɔ́mətə/ 名 C 速度計 (☞ motorcycle 挿絵; -meter¹).

spéed rèading 名 U 速読(法).

spéed skàting 名 U スピードスケート.

speed·ster /spíːdstə | -stə/ 名 C 1 《米》= speeder. 2 ずばぬけて足の速い選手; スポーツカー.

spéed tràp 名 C 《道路の》スピード違反監視区間; ねずみとり.

spéed·ùp 名 C [普通は単数形で]《略式》《列車などの》速力増加; 能率促進 (in).

spéed·wày 名 1 C 《米》高速道路 (expressway) (☞ highway 日英比較). 2 C スピードウェー, 《自動車・オートバイの》競走路. 3 U 《スピードウェーでの》オートバイレース.

*speed·y /spíːdi/ 形 (speed·i·er; -i·est; 名 speed) 1 敏速な, きびきびとした, てきぱきとした (☞ fast¹ 表, 類義語). 2 早速の, 即時の.

spe·le·o·log·i·cal /spìːliəlάdʒɪk(ə)l | -lɔ́dʒ-⁻/ 形 洞窟学の; 洞窟探検の.

spe·le·ol·o·gist /spìːliάlədʒɪst | -liɔ́l-/ 名 C 洞窟学者[探検家].

spe·le·ol·o·gy /spìːliάlədʒi | -liɔ́l-/ 名 U 1 洞窟学. 2 《英》=spelunking.

*spell¹ /spél/ (三変 spill) 動 (spells /~z/; 過去・過分 spelled /spéld, spélt/, spelt /spélt/; spell·ing)

語法《米》では spelled, 《英》では spelt が普通. 他 1 〈単語〉をつづる, 〈...〉のつづりを書く[言う]: How do you ~ your name? お名前はどうつづりますか / I couldn't ~ the word. その単語のつづりが書け[言えな]かった / I ~ed the word wrong(ly). 私はその語のつづりを間違えた. 2 [受身なし] つづって〈...〉となる, つづって〈...〉と読む: P-e-a-c-e は "peace." p, e, a, c, e とつづって peace という語になる[と読む]. 日英比較 英語の spell には日本でいう「スペル」のような名詞の「つづり」の意味はない.「スペル」は spelling という. 3 (結果として) 〈...〉を意味する, 招く (mean): Nuclear war would ~ doom for mankind. 核戦争となれば人類の終わりは必至だ. ― 自 文字を(正しく)つづる, 正しく書く[読む]. **spéll óut** [動] 他 (1) 詳しく[はっきりと]説明する (for). (2) 一字一字丹念に読む[書く]. (3) 略さずに全部つづる.

spell[2] /spél/ (過去 spill) 名 〈~s /-z/〉 C 1 ひと仕事; 順番, 交替: by ~s 交替で / do a ~ of military service 軍隊の仕事をしばらくする / take a ~ at the wheel 自分の番になって運転する.
2 しばらくの間; 一時, ひと続き: We had a long 「~ of rainy weather [rainy ~] last month. 先月は長雨が続いた. 3 発作, (症状などの)ひとしきり: a dizzy ~ (一時的な)目まい. ― 動 他 《米・豪》 〈...〉と(しばし)交替する, 〈...〉に代わって働く: S~ me at the cash register, please. 私に代わってレジをお願いします.

spell[3] /spél/ 名 C [普通は単数形で] 1 魔力, 魅力. 2 呪文(じゅもん), まじない. 語源 古(期)英語で「話す」.
bréak a [the] spéll [動] 自 まじないを解く; 迷夢をさます. **cást [pút] a spéll on [òver]** ...[動] 他 〈...〉を魅了する. **fáll [be, cóme] ùnder** ...**'s spéll = fáll [be, cóme] ùnder the spéll of** ...[動] (人に)魅了される.
spéll·bìnd /-bàind/ 動 他 (-binds; 過去・過分 -bound /-bàund/; -bìnd·ing) 聴衆を魅了する.
spéll·bìnder 名 C 聴衆を魅了する人, 雄弁家.
spéll·bìnding 形 魅惑的な, 引きつけて離さない.
spéll·bòund 形 [普通は P] 魔法にかかった; 魅せられた, うっとりさせられた: hold ... ~ ...を魅了する.
spéll-chèck 動 他 《電算》 〈...〉をスペルチェックにかける. ― 自 スペルチェックする.
spéll-chècker 名 C 《電算》 スペルチェッカー《文書ファイル中の単語のつづりの誤りを指摘するプログラム》.
spell·er /spélə | -lə/ 名 C 1 つづる人; [前に形容詞をつけて] つづる...な人: a good ~ つづりを間違えない人. 2 《米》 = spelling book.

*spell·ing /spélɪŋ/ 名 〈~s /-z/〉 1 U つづり字法, 正書法 《略 sp.》, スペリング能力: English ~ 英語のつづり字法 / a ~ mistake つづりの間違い.
2 C (語の)つづり, つづり方, スペリング《☞ spell[1] 2 日英比較》:「Give me [What's] the ~ of "science." science のつづりを書いて[言って]ごらんなさい.

会話 "May I have [What's] the ~, please?" "Sure. S-T-E-P-H-E-N." 「つづりをおっしゃってください」「はい. S-T-E-P-H-E-N です」 《相手の名前を聞いた後などで》.

spélling bèe 名 C 《米》 つづり字コンテスト.
spélling bòok 名 C つづり字教本 (speller).
spélling pronunciàtion 名 U.C つづり字発音 (cupboard /kʌ́bəd | -bəd/ を /kʌ́pbɔ̀əd | -bɔ̀ːd/ と発音するなど).
spelt /spélt/ 動 《主に英》 spell[1] の過去形および過去分詞.
spe·lunk·er /spɪlʌ́ŋkə | -kə/ 名 C 《米》 洞窟探検家.
spe·lunk·ing /spɪlʌ́ŋkɪŋ/ 名 U 《米》 洞窟探検.
Spen·cer /spénsə | -sə/ 名 固 Herbert ~ スペン

サー (1820-1903) 《英国の哲学者》.

*spend /spénd/ 動 他 (spends /spéndz/; 過去・過分 spent /spént/; spend·ing) 他 1 〈金〉を使う, 費やす: She spent all the money. 彼女はその金をすっかり使ってしまった / He spent half his money on clothes [his son]. <V+O+on+名・代> 彼は給料の半分を服に[息子のために]使った. 語法 《米》では前置詞に for を用いることもある: How much did you ~ for the meeting? 会の準備にはいくらかけたのですか.
2 〈時間〉を(...に)費やす; 〈時期〉を過ごす, 送る: Don't ~ too much time on sports. <V+O+on+名・代> スポーツに時間をかけすぎてはいけない / She spent the afternoon playing tennis with her friends. 彼女は友だちとテニスをして午後を過ごした.
3 〈労力など〉を使う, 費やす; 使い果たす (use up): 言い換え She spent a lot of energy on (the preparations for) the party. <V+O+on+名・代> =She spent a lot of energy preparing for the party. 彼女はパーティー(の準備)に多くの精力をつぎこんだ. 4 《文》 〈...〉を弱らせる, 疲れさせる: The wind soon spent itself. 風はやがておさまった. ― 自 金を使う. 語源 ラテン語で expend と同語源. **spénd one's wáy** [動] 自 金を使って(...に)達する, 金を使い果たして(...に)なる (to, into) (☞ way[1] コーパスキーワード).
*spend·er 名 C (金を使う人; [前に形容詞をつけて] 金づかいの...な人; 浪費家: a big ~ ... 金づかいの荒い人. **the lást of the bíg spénders** [名] これ見よがしに大金を使う人; [しばしば滑稽] けちな人.
*spend·ing 名 U 支出, 出費.
*spénding mòney 名 U こづかい銭.
spénd·thrift /(軽蔑)/ 名 C, 形 A 金づかいの荒い(人); 道楽者(の).
Spen·ser /spénsə | -sə/ 名 固 Edmund ~ スペンサー (1552?-99) 《英国の詩人》.

*spent /spént/ 動 spend の過去形および過去分詞.
― 形 1 [普通は A] 使い果たした; もとの力を失った: ~ nuclear fuel 使用済み核燃料 / That reform movement is now a ~ force. あの改革運動はもう力[影響力]を失っている. 2 《文》 疲れきった, 弱った.
*sperm /spə́ːm | spə́ːm/ 名 〈複 ~, ~s /-z/〉 1 C 《生理》 精子, 精虫: a ~ count 精子の数.
2 U 精液 (semen).
sper·ma·ce·ti /spə̀ːməsíːṭi | spə̀ːməséti/ 名 U 鯨(げい)ろう (まっこうくじら油から採るろう).
sper·mat·o·zo·on /spə̀ːmətəzóuən | spə̀ːmə-/ 名 (複 sper·mat·o·zo·a /-zóuə/) C 《生》 精子.
spérm bànk 名 C 精子バンク《銀行》.
sper·mi·cid·al /spə̀ːməsáɪdl | spə̀ː-ˈ-/ 形 A 殺精子剤の.
sper·mi·cide /spə́ːməsàɪd | spə́ː-/ 名 C.U 殺精子剤《主に避妊用》.
spérm òil 名 U 《化》 鯨油, まっこうくじら油.
spérm whàle 名 C まっこうくじら.
*spew /spjúː/ 動 他 1 〈...〉を噴き出す (out, forth); 〈怒りなど〉をぶちまける 〈へどなど〉を吐く (up). ― 自 1 (副詞(句)を伴って) 噴き出す, 一度にどっと出る (out, from, into). 2 S 《略式》 へどを吐く (up). ― 名 U.C へど; 吐いたもの.
SPF /éspìːéf/ 名 =sun protection factor.
sp gr =specific gravity.
sphag·num /sfǽgnəm/ 名 U 水苔(こけ) 《植物の根・肥料・包装用》.

*sphere /sfíə | sfíə/ 名 〈~s /-z/; 形 sphérical〉 C 1 球, 球形 (globe); 球面; 天体; 地球儀: The earth is not a perfect ~. 地球は完全な球体ではない.
2 (活動・関心などの)範囲 (range); 分野, 領域: a ~ of

-sphere

activity [influence] 活動[勢力]範囲 / She is active in many ~s. 彼女は多くの分野で活躍している. **3** (社会的)地位, 階層, 身分. **4** 《文》天, 天空.

-sphere /sfìə | sfìə/ 接尾「球, 球形層」の意: atmosphere 大気圏.

spher·i·cal /sfí(ə)rɪk(ə)l, sfér-/ 形 (名 sphere) 球形の, 球状の, 丸い; 球(面)の; 天体の.

sphérical aberrátion 名 Ⓤ《光》球面収差.

sphe·roid /sfí(ə)rɔɪd/ 名 Ⓒ《数》球体, 楕円体.

sphinc·ter /sfíŋ(k)tə | -tə/ 名 《解》括約筋.

sphinx /sfíŋks/ 名 (複 ~·es, 1, 2 ではまた 《格式》**sphin·ges** /sfíndʒìːz/) **1** Ⓒ スフィンクス《エジプトにある巨像; 頭は人間(または羊やたか)の形で, 首から下はライオンが前足を伸ばして伏せた姿勢をしている》. **2** [the S-]《ギ神》スフィンクス. 参考 女の顔とライオンの体をして, 翼を持った怪物; 前を通る人に「朝は4本足, 昼は2本足, 夜は3本足は何か」 というなぞをかけ, 解けない者を殺したといわれる (☞ Oedipus 参考). **3** Ⓒ《主に文》不可解な人.

sphinx 1

sphyg·mo·ma·nom·e·ter /sfígmoʊmənámətə | -nɔ́mətə/ 名 Ⓒ 血圧計.

sphinx 2

spic /spík/ 名 Ⓒ《米俗》《差別》ヒスパニック, スペイン系アメリカ人, (特に)プエルトリコ人 (spi(c)k).

spíc-and-spán 形 =spick-and-span.

***spice** /spáɪs/ 名 (**spic·es** /~ɪz/; 形 **spicy**) **1** Ⓤ,Ⓒ 薬味; 香辛料, スパイス (cinnamon, ginger, nutmeg, pepper など): mixed ~(s) 調合した薬味. **2** Ⓤ または a ~ おもしろみ, ぴりっとしたところ; 趣: add ~ to a story 話におもしろ味を添える / Variety is the ~ of life. 《ことわざ》人生は変化があってこそおもしろい. 語源 ラテン語で元来「種類」の意で species と同語源;「分類された品物」から「(貿易品としての)香辛料」の意味となった. ── 動 他 **1** 〈...〉に香(辛)料を加える (up); 〈...〉に味をつける (with): ~d tea 香辛料入りの紅茶. **2** 〈...〉におもしろみを加え, 興を添える (up; with).

⁺**spiced** /spáɪst/ 形 香辛料の入った[きいた].

spic·i·ness /spáɪsɪnəs/ 名 Ⓤ **1** スパイスがきいていること. **2** 《略式》おもしろいこと; きわどいこと.

spick /spík/ 名 Ⓒ =spic.

spíck-and-spán 形 《略式》きりりとした; さっぱりした; 真新しい, 新調の. 語源 普通は spick and span とつづり Ⓟ の用法として用いる.

⁺**spic·y** /spáɪsi/ 形 (**spic·i·er**; -i·est; 名 spice) **1** 薬味[スパイス]のきいた; こうばしい. **2** 《略式》〈話な どが〉ぴりっとした, おもしろい; 少々下品な, きわどい.

***spi·der** /spáɪdə | -də/ 名 (~s /~z/; 形 **spidery**) Ⓒ **1** くも: a ~'s web 《英》くもの巣 / S~s spin [weave] webs. くもは巣を張る. **2**《電算》ネット自動検索プログラム. **3** フライパン. 語源 《古》英語で「糸を紡ぐ

もの」の意; spin と同源語.

spi·der·gram /spáɪdəɡræm | -də-/ 名 Ⓒ スパイダーグラム《中心から広がるように描かれた解説図》.

spi·der·graph /spáɪdəɡræf | -dəɡrɑːf/ 名 Ⓒ = spidergram.

spí·der·màn (-men /-mèn/) 名 Ⓒ《英》《建設現場などの》高所作業員.

Spí·der·màn 名 スパイダーマン《米国の漫画の主人公, クモのように壁などをよじのぼる》.

spíder mìte 名 Ⓒ はだに《植物の害虫》.

spíder mònkey 名 Ⓒ くも猿《熱帯アメリカ産》.

spíder plànt 名 Ⓒ おりづるらん《園芸植物》.

spíder's wèb 名 Ⓒ《英》=spiderweb.

spíder·wèb 名 Ⓒ くもの巣.

spi·der·y /spáɪdəri/ 形 (名 spider). **1** 〈筆跡などが〉くもの脚のように細長い. **2** くもの多い.

spiel /spíːl/ 名 Ⓒ《略式》[普通は軽蔑] ぺらぺらと調子よく話すこと, 客寄せ口上 (about).

Spiel·berg /spíːlbəːɡ | -bəːɡ/ 名 Steven ~ スピルバーグ (1946-)《米国の映画監督》.

***spies** /spáɪz/ 名 spy の複数形.

spiff /spíf/ 動 [次の成句で] **spíff úp** 動 他《米略式》〈...〉をこぎれいにする, スマートにする.

spiff·ing /spífɪŋ/ 形 《古風, 英略式》すばらしい.

spiff·y /spífi/ 形 (**spiff·i·er**, -i·est) 《古風, 略式》かっこいい, スマートな; すてきな.

spig·ot /spíɡət/ 名 **1**《たるなどの》栓. **2**《主に米》《屋外の》蛇口.

spik /spík/ 名 Ⓒ =spic.

***spike**¹ /spáɪk/ 名 (~s /~s/; 形 **spiky**) **1** Ⓒ 大くぎ, 《線路用》大くぎ, 《釘の上にでっかい》忍び返し: ~s for railroad ties 線路のまくら木用大くぎ. **2** Ⓒ《靴底の》スパイク. **3** [複数形で]《野球などの》スパイクシューズ. **4**《バレーボール》スパイク. **5** Ⓒ《グラフ上の》とがった山, 急増 (in).

── 動 他 **1** 〈...〉を大くぎで打ちつける, 〈...〉に大くぎを打ち込む; [普通は受身で] 〈靴など〉にスパイクをつける. **2** 〈...〉にとがった物を突き刺す; 《スポーツで》〈人〉をスパイクで傷つける, スパイクする. **3** [普通は受身で]《略式》〈飲食物〉にアルコール[麻薬]を加える (with). **4** 《新聞の記事》を没にする, 〈...〉をもみけす, うわさをけす, をもみける. **5** 《バレーボール》〈ボール〉をスパイクする;《アメフト》〈ボール〉を強くたたきつける《タッチダウンを誇って》. ── 自 《主に米》急増する.

spike² /spáɪk/ 名 Ⓒ **1**《麦などの》穂 (ear). **2**《植》穂(すい)状花序.

⁺**spiked** /spáɪkt/ 形 **1** くぎの出た;《靴が》くぎの付いた. **2**《髪が》短く刈り込まれた, 逆立った.

spik·i·ness /spáɪkinəs/ 名 Ⓤ とがっていること;《髪の》逆立っていること;《英略式》怒りっぽさ.

***spik·y** /spáɪki/ 形 (**spik·i·er**, -i·est; 名 spike) **1** くぎのような, 先端のとがった, とげだらけの. **2** =spiked 2. **3**《英略式》〈人が〉扱いにくい, 怒りっぽい.

***spill**¹ /spíl/ 動 (原形 spell¹,²) 13 動 (**spills** /~z/; 過去・過分 **spilled** /~d/, 《主に英》 **spilt** /spílt/; **spill·ing**) 他 **1**〈液体・粉など〉をこぼす (down), 〈...〉をまき散らす: It's bad luck to ~ the salt. 塩をこぼすのは縁起が悪い《西洋の迷信》 / I ~ed some milk on my skirt. スカートに牛乳をこぼした / I ~ed tea all over my desk. <V+O+on+名・代> 机一面に紅茶をこぼした. **2**《主に文》〈光〉を差し込ませる. **3**《略式》《乗り物から》〈...〉をほうり出す, 投げ出す. **4** [しばしば受身で]《文》〈血〉を流す: Much blood was ~ed in the riot. その暴動で多くの血が流された. **5**《略式》〈秘密など〉を漏らす.

── 動 **1** こぼれる (on); [副詞(句)を伴って]〈人・物〉があふれ出る (on): Milk ~ed from [out of] the carton. <V+from [out of]+名・代> パックから牛乳がこぼれた / Spectators ~ed out of the stadium into [onto] the streets. スタジアムから観客がどっと出て通りにあふれた.

2 《主に文》(光が)差し込む(*into, onto*). **3** 《俗式》秘密を漏らす. **spill óver** [動] (自) (1) あふれ出る. (2) (問題・状況などが)及ぶ, 発展[影響]する(*into*).
— [名] 1 [C|U] こぼすこと, こぼしたもの, 流出量; 人口などの流出: an oil ~ 油の流出 / ~s at the table 食べこぼし. **2** [C] (乗り物などから)落ちること(*from*): take [have] a ~ 落馬[転落]する.

spill² /spíl/ [名] [C] つけ木, 点火用こより.
spill·age /spílɪdʒ/ [名] [U,C] こぼれること, 流出; [C] こぼしたもの, 流出量.
spill·òver [名] **1** [U,C] 流出量[物]. **2** 発展, 影響, 余波: a ~ effect 波及効果.
spill·way /spílwèɪ/ [名] [C] (ダムなどの)水はけ口.
spilt /spílt/ [原形 spelt] [動] 《主に英》 **spill** の過去形および過去分詞.

spin /spín/ [動] (**spins** /~z/; 過去 **spun** /spʌ́n/; 過分 **spun; spin·ning**)

― 自 他 の転換 ―

(他) **1** 回す, 回転させる (to make (a top, ball, etc.) turn around fast)
(自) **1** (くるくる)回る (to turn around fast)

— (他) **1** 〈…〉を回す, 回転させる (*around, round*) (☞ turn 類義語, whirl)《動 1 表明》: ~ a coin (何かを表か裏で決めるために)硬貨を(指ではじいて)回す 《V+O+*into*+名・代》 / Joe *spun* the propeller of the model plane. ジョーは模型飛行機のプロペラを回した. **2** 〈糸を紡ぐ, 〈材料〉から糸を紡ぐ (☞ spider [語源], spinster [語源]): *spin* the cotton *into* thread 《V+O+*into*+名・代》 綿を糸に紡ぐ / She is *spinning* thread *from* [*out of*] cotton. 《V+O+*from* [*out of*]+名・代》 彼女は綿から糸を紡いでいる. **3** 〈蚕・くもが〉糸を出す, 吐く; 〈蚕が〉繭を作る, 〈くもが〉巣をかける: The spider is *spinning* a web. くもが巣をかけている. **4** 《主に文》〈話〉を作り出す: ~ a tale [story] 作り話[ほら話]をする (☞ spin a yarn (yarn 成句)). **5** 〈洗濯物〉を(脱水機で)脱水する (spin-dry).

— (自) **1** (くるくる)回る, 速く回転する: The wheel *spun around* [*round*]. 《V+*around* [*round*]》 車輪はくるくる回った. **2** めまいがする: My head is *spinning*. めまいがする / I felt sick and the room began to ~. 気分が悪くなり部屋がぐるぐる回り始めた. **3** [副詞(句)を伴って] (車が)速く走る, 飛ばす (*along, by, past*). **4** 紡ぐ; 〈蚕・くもが〉糸を出す, 繭を作る, 巣をかける. **5** (洗濯機が)脱水する.

spín one's whéels [動] (自) むだな努力をする.

― spin の句動詞 ―

spín aróund [動] (自) **1** 回転する (☞ 自 1). **2** (人が)さっと振り返る.
spín óff [動] (名 spín-òff) (他) **1** 〈副産物など〉を生み出す. **2** (会社の一部から)〈新会社〉を独立させる. **3** (テレビなどで)同じ登場人物を使って〈別の番組〉を作る.
spín óut [動] (他) **1** 〈…〉を引き延ばす: He *spun* the job *out* over one week. 彼は仕事をだらだらと1週間引き延ばした. **2** 〈金・食料など〉を小出しにして(…の間)長持ちさせる (*over*). — (自) (車が)スピン[横滑り]する.
spín róund [動] (自) =spin around.

— [名] **1** [U] または a ~] 回転: put ~ on [give (*a*) ~ to] the ball ボールにスピンをかける《テニスなど》/ a ~ of the wheel (ルーレットの)回転盤の一回転, ルーレットの一勝負. **2** [a ~] 《略式》(車による)乗り: go for a ~ in a car ちょっとドライブに行く / take a ~ on a bike ちょっと自転車に乗る. **3** [単数形で] 《略式》(有利に展開しようとしての)見方, 解釈: put a positive ~ on an event 事件について肯定的な見方をする // ☞ spin control. **4** [C] [普通は単数形で] (航空機の)きりもみ: go into a (《英》 flat) ~ きりもみ降下する. **5** [a ~] 《略式》急激な落下, (物価などの)下落: send stock prices into a ~ 株価を急落させる. **6** [単数形で] (物理)スピン 《素粒子の角運動量》.

gíve … a spín [動] (他) (1) 〈…〉を回転させる. (2) 《英》〈…〉を(脱水機で)脱水する. **in** [**into**] **a** (《英》 **flát**) **spín** [形・副] うろたえて.

spi·na bif·i·da /spáɪnəbífədə, -báɪ-/ [名] [U] 〖医〗脊椎(せきつい)披裂.
spin·ach /spínɪtʃ | -nɪtʃ, -nɪdʒ/ [名] [U] ほうれんそう. [参考] 嫌いな子供が多いとされている.
spi·nal /spáɪn(ə)l/ [形] 《spine 1》 △ 背骨の, 脊柱(せきちゅう)の. — [名] [C] 脊髄麻酔.
spínal canál [名] [C] 脊柱管.
spínal còlumn [名] [the ~] 〖医〗脊柱 (spine).
spínal còrd [名] [the ~] 脊髄(せきずい).
spínal táp [名] [C] 〖医〗脊髄穿刺(せんし) 《分析や麻酔注入のために髄液を採ること》.
spín contról [名] [U] 《米俗》情報操作, 世論の誘導.
spin·dle /spíndl/ [名] [C] **1** 軸, 心棒. **2** 紡錘(ぼうすい), つむ.
spin·dly /spíndli/ [形] (**spin·dli·er; -dli·est**) 《略式》[時に軽蔑] (足などが)ひょろ長い.
spín dòctor [名] [C] 《主に新聞で》スピンドクター《情報操作のうまいスポークスマン》.
spín drìer [名] [C] =spin dryer.
spin-drý [動] (**-dries; -dried; -dry·ing**) (他) 《主に英》〈洗濯物〉を遠心脱水機にかける.
spín drỳer [名] [C] 《主に英》(洗濯物の)遠心脱水機.
spine /spáɪn/ [名] (**~s** /~z/) **1** [C] 《形 spínal》背骨, 脊柱(せきちゅう). **2** (本の)背. **3** (さぼてん・やまあらしなどの)針, とげ. **4** 《略式》勇気, 気骨.
spíne-chìller [名] [C] (背すじが寒くなるような)スリラー小説[映画].
spíne-chìlling [形] (話などが)背すじが寒くなるような, 身の毛がよだつ.
spíne·less [形] **1** [軽蔑] 意気地のない, 気骨のない. **2** 無脊椎(せきつい)の, 背骨のない. **~·ly** [副] 意気地無く. **~·ness** [名] [U] 意気地の無いこと.
spin·et /spínɪt/ [名] [C] **1** (昔の)小型のハープシコード (harpsichord). **2** 《米》小さい縦型ピアノ.
spíne-tìn·gling /-tìŋglɪŋ/ [形] わくわくする, スリリングな.
spin·na·ker /spínəkə | -kə/ [名] [C] 〖海〗(レース用ヨットの)大三角帆.
spin·ner /spínə | -nə/ [名] [C] **1** 紡ぎ手, 紡績工. **2** 《釣》スピナー《回る擬餌針》. **3** 《クリケ》回転ボールを投げる投手.
spin·ner·et /spìnərét/ [名] [C] **1** (くも・蚕などの)出糸[紡績]突起. **2** 紡糸口金《合成繊維製造用》.
spin·ney /spíni/ [名] [C] 《英》雑木林, 木立ち.
spin·ning /spínɪŋ/ [名] [U] **1** 糸紡ぎ; 紡績(業). **2** スピニング《運動用固定自転車に乗って行なう運動》.
spínning jénny [名] [C] 初期の多軸紡績機.
spínning rèel [名] [C] 《釣》スピニングリール.
spínning tòp [名] [C] (おもちゃの)こま.
spínning whèel [名] [C] 紡ぎ車, 糸車.
spin-óff [名] (**~s**; 《形》) **1** 副産物 (*from, of*) (by-product). **2** (ヒットしたテレビ番組・映画などの)焼直し, 続編. **3** (分離[独立]してきてきた)新会社.
Spi·no·za /spɪnóuzə/ [名] **Ba·ruch** /bərú:k/ ~ スピノザ (1632-77) 《オランダの哲学者》.
spin·ster /spínstə | -stə/ [名] [C] 《古風》[軽蔑] 婚期を過ぎた独身女性 (old maid). **2** 〖英法〗未婚の女性. [語法] 日常語としては unmarried [single] woman が用いられる. [関連] bachelor 未婚[独身]の男性. [語源] 元来は「糸を紡ぐ人」の意で spin と同語源. 糸紡ぎは昔の未婚の女性の主な仕事であった.
spínster·hòod [名] [U] 《古風》[軽蔑] (婚期を過ぎた

spin the bottle

女性の]独身, 未婚.

spín the bóttle 名 U びん回し（車座に座った人の中央でびんを寝かせて回し, 止まった時にびんの口が向いた人にキスなどをさせる遊戯）.

spin·y /spáɪni/ 形 (**spin·i·er**, **-i·est**) **1** とげのある, とげだらけの. **2** 困難な, やっかいな.

spíny lóbster 名 C いせえび.

spir·a·cle /spírəkl/ 名 C (動)（鯨の）噴気孔; (昆虫の)気門.

*__spi·ral__ /spáɪ(ə)rəl/ 名 (~s /-z/) C **1** らせん, らせん形の物: The steps went up in a ~. 階段は渦巻き形に上にのびていた. **2** らせん状の上昇[下降] (物価と賃金の悪循環など): an upward [a downward] ~ 持続的な上昇[下降] / the ~ of rising prices 物価の連続的[急]上昇 / an inflationary spiral.
— 形 **A 1** らせん状の, 渦巻きの: a ~ staircase らせん階段. **2** らせんとじの: a ~ notebook らせんとじのノート. — 動 (**spi·rals**, **spi·raled**, (英) **spi·ralled**; **-ral·ing**, (英) **-ral·ling**) 自 らせん形になる, 渦巻き形に進む (to, around); (状況が)悪化する, 絶えず上昇[下降]する (up, down): ~ing prices うなぎ登りの物価 / ~ into an energy crisis 急激にエネルギー危機に陥る / Prices are beginning to ~ out of control. 価格が急騰し始めた. — 他 〈...〉をらせん状に動かす.
~·ly /-li/ 副 らせん状に.

spíral-bòund 形 (本などが)らせんとじの.
spíral gálaxy 名 C (天) 渦状銀河.

+**spire** /spaɪə/ 名 (~s /-z/) C **1** 尖塔(せんとう)(の先) (類 steeple 写真): a church ~ 教会の尖塔. (関連 tower 塔). **2** 円錐(えんすい)形の物; 細い茎.

*__spir·it__ /spírɪt/ 名 (**spir·its** /-rɪts/; 形 **spíritual**)

「命, 心, 精神」 **1** (語源)から
→（人の）（精神状態）→「気分」**4**
　　　　　　　　　→「活気」**4**
→（魂）→「霊魂」**5**
→（時代の）（精神）→「精神」**3**
→（物の）（表現の精神）→「真意」**6**
　　　　（物質の精）→「アルコール」**7**

1 U,C **精神**, 霊, 心 (語源 mind 類義語): Roy washes his car when [if, as] the ~ moves him. (滑稽) ロイは気が向くと洗車をする / The ~ is willing (but the flesh is weak). (ことわざ) やる気はあるのだが(疲労[怠惰]などのために実行できない) (聖書のことば). (関連 body 肉体.

2 (複数形で) **気分** (mood), 機嫌: in high ~s 上機嫌で / in low ~s しょげて / Her ~s rose [sank] when she heard the news. その知らせを聞いて彼女は元気が出た[なくなった] / Our ~s were high in spite of bad weather. 悪天候なのに私たちは機嫌だった.

3 (単数形で) (時代・社会などの) **精神**, 気運; U (集団の)忠誠心: catch the ~ of the age [times] 時代精神を捕らえる / public ~ 公共心.

4 U **活気**, 勇気, 気迫; 元気力; fighting ~ 闘志, 闘魂 / answer with ~ 元気よく答える / Put more ~ into your work! もっと本気で仕事をしなさい / That's the ~! その調子だ![(人を励ますことば).

5 C 霊魂, 幽霊 (ghost); 悪魔: the ~ of the dead 死者の霊魂 ((ghost の¹ 3) / evil ~s 悪霊(あくりょう)ども / believe in ~s 幽霊を信じる. **6** (the ~) (法文などの) 趣旨, 真意; (単数形で) (形式に対して)精神, 真意: the ~ of the law 法の精神 / in a kind(ly) ~ 親切心から / a ~ of cooperation 協力の精神 / She took my remarks in the wrong ~ [in the ~ in which they were intended]. 彼女は私のことばを悪く[意図された通りに]とった. (関連 letter 法文の字句. **7** C (普通は複数形で) (主に英) アルコール, 強い酒 (ウイスキー・ジンなど); U (英) (薬剤などの)アルコール溶液: He doesn't drink ~s. 彼は強い酒は飲まない. **8** C (前に形容詞をつけて) ...な人物: a noble ~ 高潔な人.

[語源] ラテン語で元来は「息, 生命」の意; aspire, sprite も同語源; → inspire 囲み.

bréak ...'s spírit 動 ...の意気[気力]をくじく.
énter [gét] ìnto the spírit of ... 動 他 (会など)に心底とけこむ, ...の雰囲気にひたる. **in spírit** (離れていても)心の中では, 気持ちの上では: I can't come to your wedding, but I'll be with you in ~. あなたの結婚式には出席できませんが気持ちの上では出席しています. **kéep ...'s spírits ùp** 動 ...を元気づけておく. **ráise [líft] ...'s spírits** 動 ...を元気づける[力づける], 励ます.
— 動 他 〈...〉をひそかに連れ[持ち]去る (away, off).

*__spir·it·ed__ /spírɪtɪd/ 形 **1** (普通は A) 元気のよい, 活気のある, 勇気のある; 猛烈な: a ~ debate 活気のある討論. **2** (合成語で) 気分[精神]が...な: high[low]-~ 元気のいい[ない] / mean-~ 卑劣な / public-~ 公共心のある. ~·ly 副 元気よく, 生き生きと.

spírit làmp 名 C (英) アルコールランプ.
spírit·less 形 元気のない, しょげた; 熱意[気力]のない.
spírit lèvel 名 C アルコール水準器.

*__spir·i·tu·al__ /spírɪtʃuəl/ 13 形 (spírit, spirituálity) **1** 精神の, 霊的な, 心の (反 material): ~ life 精神生活 / ~ love 精神的な愛 / ...'s ~ home ...の精神的な憩いの場, 心の故郷. **2** A 崇高な, 気高い: a ~ mind 崇高な心. **3** 神聖な, 宗教的な; (名詞の後につけて) 教会の: a ~ leader 宗教上の指導者 / the Lords S— 聖職者議員 (英国上院に議席をもつ教会の大主教と主教). — 名 C 黒人霊歌.

spir·i·tu·al·is·m /spírɪtʃuəlɪzm/ 名 U 降神術, 降霊術, 神降ろし.

spir·i·tu·al·ist /spírɪtʃuəlɪst/ 名 C 降神術師. — 降神術(者)の.

spir·i·tu·al·is·tic /spìrɪtʃuəlístɪk/ 形 降神術(者)の; 精神論の.

spir·i·tu·al·i·ty /spìrɪtʃuǽləṭi/ 名 (形 spíritual) U 精神的であること, 霊性; 崇高.

spir·i·tu·al·ly /spírɪtʃuəli/ 副 精神的に.

spir·i·tu·ous /spírɪtʃuəs/ 形 A (格式) (多量の)アルコールを含む.

spi·ro·chete /spáɪ(ə)rəkìːt | -rou-/ 名 C スピロへータ (らせん状をした梅毒などの病原菌).

*__spit¹__ /spɪt/ 動 (**spits** /spɪts/; 過去・過分 **spit**, **spat** /spæt/; **spit·ting** /-ṭɪŋ/) 自 **1** つば[血など]を吐きかける (軽蔑・憎悪などを表わす): He ~ [spat] at [on] the man. <V+前+名・代> 彼はその男につばを吐きかけた. **2** [it を主語として進行形で] (マ囲み A 2) (主に英) (雨・雪が)ばらばらと降る (米 sprinkle): It is still spitting (with rain). まだ雨がばらばらと降っている. **3** (怒った猫などが)ふーっとうなる (at); (火などが)ぱちぱち音を立てる, (料理の油などが)じゅうじゅういう.

— 他 **1** 〈つば・血など〉を吐く; 〈火山など〉〈火の粉・灰など〉を飛ばす: He ~ [spat] out the grape seeds. <V+out+O> 彼はぶどうの種を吐き出した. **2** (主に文) 〈悪口など〉を吐く: He spat (out) an insult at me. 彼は私に無礼なことばを吐いた / She ~ out an angry reply. 彼女は怒って吐き出すように答えた. **I could jùst spít.** (米略式) むかっく, 頭にきた. **spít it óut** 動 (普通は命令形で) (S) (略式) はっきりと言う, 隠さずに言う. **spít úp** 動 (俗)〈つば・血など〉を吐く; 〈赤ん坊などが〉〈食べ物〉を戻す. — 名 **1** U (米略式) 戻す. **2** C (普通は単数形で) つばを吐くこと. **3** [the ~] (S) (英略式) (...に)よく似たもの (マ spitting image): He is the (dead) ~ of his father. 彼は父親に生き写しだ. **spít and pólish** 名 (S) (略式)

たてること. **the spít and ímage** [名] (古風)(…に)生き写しの人 (*of*) (☞ spitting image).

spit[2] /spít/ [名] **C 1** くし, 焼きぐし, 鉄ぐし. **2** (海などに突き出た)砂州, 岬.

spit and sáwdust [形] A (英俗) (パブが)飾りがなく粗末できたない.

spít·bàll [名] C **1** (米) (かんで固めた)紙つぶて. **2** (野) スピットボール (つばをつけて投げる反則球). — [形] (米略式) 不正[不正直]な.

spít cùrl [名] C (米) 額[ほお, びん]に平たくぴったりとくっつけた巻毛.

*****spite** /spáit/ [名] U 悪意, 意地悪.

in spíte of... [前] (1) …にもかかわらず, …をものともせずに: *In ~ of* the doctors' efforts, the boy did not recover. 医師団の努力にもかかわらず少年は回復しなかった / We climbed the mountain *in ~ of* [the snow [the fact that it was snowing]. 我々は雪をものともせずに山に登った. (2) …に反して, …とは逆に: *In ~ of* its name, the tail of a comet sometimes precedes the [its] head. 名前とは逆に, 彗星(訳:)の尾は頭に先行することがある. **in spíte of onesélf** [副] 思わず, われ知らず. **óut of spíte = from spíte** [副] 悪意から; 恨みから, 腹いせに.

— [動] 他 〈…〉に意地悪をする, いじめる. 語法 to 不定詞の形でのみ用いる: He did it just *to ~* you. 彼はただ君に意地悪をするためにそうしたのだ.

spite·ful /spáitf(ə)l/ [形] 意地悪い: It was ~ of her to say that. そんなことを言うとは彼女も意地悪だった (☞ of 12). **~·ful·ly** /-fəli/ [副] 意地悪く.

spít·fire [名] C (略式) 短気な人, かんしゃく持ち, がみがみ言う人 (特に女性).

spít·ting cóbra /spítɪŋ-/ [名] C 毒はきコブラ.

spítting dístance [名] [次の成句で] **within spítting dístance** [副] S (略式) ごく近いところに, (…の)至近距離に (*of*) (☞ within shouting distance (distance 成句)).

spítting ímage [名] [the ~] (略式) (…に)そっくりな人[物] (*of*) (☞ image 名 成句, spit[1] 名 3).

spit·tle /spítl/ [名] U (古風) (吐き出された)つば.

spit·toon /spɪtúːn/ [名] C たんつぼ.

spitz /spíts/ [名] C スピッツ (小型犬). ☞ dog 挿絵).

spiv /spív/ [名] C (古風, 英) (軽蔑) (定職につかずにでな身なりをして)悪知恵で世間を渡る人, 小悪人.

spiv·vy /spívi/ [形] (古風, 英) (軽蔑) 小悪人の(ような).

*****splash** /splǽʃ/ [動] (**splash·es** /-ɪz/; **splashed** /-t/; **splash·ing**) 他 **1** 〈水・泥など〉をはね散らす (*on, onto, in*); 〈…〉に(水・泥など)をはねかける; (水・泥などが)〈…〉にかかる: The car *~ed* mud over me. <V+O+*over*+名・代> = The car *~ed* me *with* mud. <V+O+*with*+名・代> 車は私に泥をはねかけた / The boy *~ed* water *about* [*around*]. <V+O+*about* [*around*]> 少年は水を周りにはねとばした. **2** [普通は受身で] (略式) (新聞などが)〈…〉を大きく報じる, (…に)でかでかとのせる (*about, across, on, over*); 〈広告など〉を人目につくように出す. **3** [普通は受身で] 〈物〉に(…色の)散らし模様をつける (*with*). **4** (略式, 主に英) 〈金〉をぱでに使う, 〈…〉につぎこむ (*about, around, out; on*).

— 自 **1** (水などが)はねる, はね散る; (人が)水をはね散らす (*against, on, over*): The boy *~ed* (*about* [*around*]) *in* the river. <V+*about* [*around*]+前+名・代> 少年は川の中で水をとび散らした. **2** 水しぶきを上げて動く [進む] (*across, along, away, through*). **3** (略式, 主に英) はでに金を(…に)使う (*out; on*).

splásh dówn [動] 自 (宇宙船が)着水する.
splásh one's wáy [動] 自 (水中を)ざぶざぶ進んで行く (☞ way[1] コーパスキーワード).

— [名] (**~·es** /-ɪz/) C **1** はねかけること; はねる音;

---

splinter 1705

はね散った水[泥など]; しみ, 汚れ: make a ~ ざぶんと音を立てる / He jumped into the river with a ~ 彼は川にざぶんと飛び込んだ. **2** (明るい色の)斑点(滏), ぶち. **3** (格式) 少量の液体 (*of*). **màke** [**creáte**] (**quíte**) **a spláṣh** [動] 自 (略式) 世間をあっと言わせる, 大評判をとる.

splásh·bàck (英), **splásh·bòard** (米) [名] C (流し台などの)はね水よけ板[壁].

splásh·dòwn [名] CU (宇宙船の)着水: make a ~ 着水する.

splásh guàrd [名] C (米) (車の)はねよけ, 泥よけ (英) mudflap).

splash·y /splǽʃi/ [形] (**splash·i·er**, **-i·est**) **1** はねをあげる, はねやすい; ぬかるんだ, 泥だらけの. **2** (略式, 主に米) 目立つ, はでな.

splat /splǽt/ [名] [a ~] (略式) びしゃっ[ぺちゃっ]という音. — [動] (略式) びしゃっ[ぺちゃっ]と: go ~ ぺちゃっと音をたてる. — [動] (**splats**; **splat·ted**; **splat·ting**) 自 ぺちゃっ[ぐしゃっ]とぶつかる (*against*). — 他 〈…〉をぺちゃっ[ぐしゃっ]とぶつける (*against*).

*****splat·ter** /splǽṭɚ | -tə/ [動] (**-ter·ing** /-ṭərɪŋ, -trɪŋ/) 自 (水滴などが)はねかかる (*on, against*). — 他 〈泥など〉をはねかける (*on*); 〈…〉にはねかかってよごす (*spatter*) (*with*). — [名] C はね散らすこと; ばちゃばちゃいう音.

splátter mòvie [**fílm**] [名] C (米俗) 血みどろ[残虐]映画.

splay /spléi/ [動] 他 〈脚など〉を広げる, 〈窓枠など〉を外広がりにする (*out*): with *~ed* fingers 指を広げて / a *~ed* window 外広がりの窓. — 自 外へ斜めに広がる (*out*). — [名] C (窓枠などの)外広がり.

spláy·fòot (**-feet** /-fiːt/) [名] C 扁平足.

spláy·fòoted [形] 扁平足の.

*****spleen** /spliːn/ [名] **1** C 脾臓(ピゾウ). **2** U (格式) 不機嫌: vent one's ~ on ...…に当たり散らす.

*****splen·did** /spléndɪd/ [形] (名 spléndor) **1** (格式) (建造物・光景などが)壮麗な, 華麗な, 見事な: a ~ hotel すばらしいホテル / The view was just ~! 眺めはまったくすばらしかった.

2 (格式) (行為などが)輝かしい, 華々しい, 立派な: a ~ achievement 輝かしい業績 / His deed was ~. 彼の行為は立派なものだった.

3 (古風, 主に英) すてきな, 申し分のない, 見事な: a ~ idea すばらしい考え / We had a ~ time. すばらしく楽しかった / "Let's go camping." "S~!" S 「キャンプに行こう」「それはいいね」 語源 ラテン語で「輝く」の意. **~·ly** [副] 見事に, すばらしく; 申し分なく.

splen·dif·er·ous /splendíf(ə)rəs/ [形] (略式) (滑) 見事な, すばらしい (splendid).

*****splen·dor**, (英) **-dour** /spléndɚ | -də/ [名] (形 spléndid) U **1** (格式) 輝き, 光彩 (brilliance). **2** [時に複数形で] 壮麗さ, 見事さ: the ~(s) of the King's palace 王宮の壮麗さ.

sple·net·ic /splɪnétɪk/ [形] (格式) 気難しい.

splice /spláis/ [動] 他 **1** 〈ロープなどの端を解いて〉〈…〉を組み[より]継ぎする (*together*). **2** 〈フィルム・テープなど〉を継ぐ; 〈材木など〉を(重ね)継ぐ (*to, onto*). **gèt splíced** [動] 自 (古風, 英略式) 結婚する. — [名] C より継ぎ; 添え継ぎ, 重ね継ぎ; 接合点.

splic·er /spláisɚ | -sə/ [名] C 継ぐ人[物], スプライサー (フィルム・テープをつなぐ器具).

spliff /splíf/ [名] C (俗) マリファナたばこ.

splint /splínt/ [名] C (骨折部に当てる)添え木, 当て木. — [動] 他 〈…〉に添え[当て]木を施す.

*****splin·ter** /splíntɚ | -tə/ [名] C とげ, 砕片, 切れ端, こっぱ. — [動] (**-ter·ing** /-ṭərɪŋ, -trɪŋ/) 他 〈…〉を裂く, 割る; 〈組織など〉を分裂させる (*into, to*). — 自 裂ける, 割れる (*into, to*); 分裂する (*off; into*).

splinter group [**faction, organization, party**] 名 C (政治・宗教上の)分派.

split /splít/ 13 名 (**splits** /splíts/; 過去・過分 **split**; **split·ting** /-tɪŋ/)

― 自 他 の転換 ―

他 1 割る (to make (something) break lengthwise into two or more parts)
自 1 割れる (to break lengthwise into more parts)

― 他 1 〈縦に〉〈…〉を**割る**, 裂く; 破る: He ~ the logs. 彼は丸太を割った / I ~ a branch *off* the tree. <V+O+*off*+名・代> 私はその木から枝を折り取った / She ~ the cloth *into* three pieces. <V+O+*into*+名・代> 彼女は布を3つに裂いた / He fell and ~ his lips (open). 彼は転んで唇を切ってしまった.
2 〈…〉を**分裂**させる, 分離させる: The national defense issue ~ the party. 国防問題が党を分裂させた / The committee is ~ *over* [*on*] the human rights issue. <V+O+*over* [*on*]+名・代の受身> 委員会は人権問題で意見が分かれている. **3** 〈…〉を**分割**する, 分配する (*divide*); (…の間で)分担する (*between, among*): Let's ~ the bill [check] three ways. 3人で割り勘にしよう / I ~ the profits *with* him. 私は彼と利益を分けた. **4** (米) 〈株式〉を分割する. **5** [物理]〈分子・原子〉を分裂させる; 〈原子〉を核分裂させる.
― 自 1 **割れる**, 裂ける; 破れる: This wood ~s easily. <V+副> この木は裂けやすい / The ship hit a rock and ~ *in* two [half]. <V+*in*+名> 船は岩に当たって2つ[半分]に割れた / The box fell and ~ *open*. <V+C(形)> 箱が落ちてぱっとあいた.
2 分裂する; (恋人など)別れる (*from, with*): The party ~ (*up*) *into* three factions. <V+(*up*)+*into*+名・代> その党は3派に分裂した. **3** (古風, 略式) (さっさと)立ち去る. **split óff** [**awáy**] 動 〈…〉を取り去る, 分離する (*from*). ― 自 離れる, 裂ける; (…から)分裂[分離]する (*from*). **split on** … 動 《英略式》 (…のこと)を告げ口[密告]する. **split úp** [動] 〈…〉を分裂させる: The teacher ~ the class *up into* groups for discussion. 先生は討論のためにクラスをグループに分けた. ― 自 (1) (恋人・夫婦などが)別れる (*with*). (2) (小集団に)分かれる (☞ 自 2).

― 名 (**splits** /splíts/) **1** C **裂け目**, 割れ目, ひび割れ; 裂く[割る]こと, 裂けること: No one noticed the ~ in my pants. ズボンの裂け目にだれも気づかなかった. **2** C **仲間割れ**, 不和 (*between*); 分派: a ~ *in* [*within*] the Labour Party 労働党の分裂. **3** C (金銭などの)分け前: a three-way ~ 3等分の分け前. **4** C **相違**, へだたり (*between*). **5** C スプリット (アイスクリームのせた細切り果物). **6** [the ~s] 両脚を開いて一直線にする形(演技).

― 形 (縦に)割れた, 裂けた; 分裂した.

split decision 名 C 〔ボク〕(レフェリー・ジャッジ3者間の)割れた判定, スプリットの判定.
split énd 名 C [普通は複数形で] 枝毛.
split-fíngered fástball 名 C 〔野〕スプリットフィンガー(フォークボールのように落ちる速球).
split infinitive 名 C 〔文法〕分離不定詞 (to 不定詞で to と原形動詞の間に副詞のはさまった形; 例: He prepared to silently follow her. (彼はそっと彼女についていこうと考えた)).
split-lével 形 中2階式の.
split péa 名 C 割りえんどう(乾燥して半分に割ったえんどう).
split personálity 名 **1** C 二重人格. **2** U 《略式》=schizophrenia.
split pín 名 C 割りピン.

split ríng 名 C キーリング(キーホルダーなどの二重に巻いた輪).
split scréen 名 C (テレビ・映画の)分割スクリーン (法); (コンピューターの)分割表示.
split-scréen 形 分割スクリーンの; 分割表示の.
split sécond 名 [a ~] ほんの一瞬.
split-sècond 形 A 即座の.
split shíft 名 C 2[3] 交替勤務.
split tícket 名 C (米)分割投票(数種の選挙を同時に行なうとき, 2党(以上)の候補者に投票すること; ☞ straight ticket).
split-ticket 形 分割投票の.
split·ting /splítɪŋ/ 形 C 割れる(ような): a ~ headache 割れるような激しい頭痛.
split-úp 名 C [普通は単数形で]《略式》分離, 分裂; けんか別れ; 離婚; 株式分割.
splodge /splɑ́dʒ | splɔ́dʒ/ 名 C 《英略式》=splotch.
splodg·y /splɑ́dʒi | splɔ́dʒi/ 形 (**splodg·i·er**, **-i·est**) 《英略式》=splotchy.
splosh /splɑ́ʃ | splɔ́ʃ/ 《英略式》動 自 ぱちゃぱちゃ音をたてる; ぱちゃぱちゃと動く (*about*). ― 名 C ぱちゃぱちゃいう音.
splotch /splɑ́tʃ | splɔ́tʃ/ 《米略式》名 C 斑点, しみ (*of*). ― 他 〈…〉に斑点[しみ]をつける.
splotch·y /splɑ́tʃi | splɔ́tʃi/ 形 (**splotch·i·er**, **-i·est**) 斑点のある, しみだらけの.
splurge /splə́ːdʒ | splə́ːdʒ/ 《略式》動 自 はでに金を使う (*out; on*); ぜいたくな食事をする. ― 他 〈金〉をはでに使う (*on*). ― 名 C [普通は単数形で] **1** はでな金づかい, 大散財: have a ~ *on* … …にぱっと金を使う. **2** はでな見せびらかし: make a ~ 誇示する.
splut·ter /splʌ́tɚ | -tə/ 動 (**-ter·ing** /-tərɪŋ, -trɪŋ/) 自 **1** せき込む, 急き込んで話す (*with*). **2** (エンジンなどが)ぱちぱち音を立てる. ― 他 〈…〉を[と]早口に言う. ― 名 C ぱちぱちいう音.
Spock /spɑ́k | spɔ́k/ 名 固 **Benjamin** ~ スポック (1903-98) 《米国の小児科医; 育児書で有名》.

spoil /spɔ́ɪl/ 12

(はぎ取る)―[(害を加える)→「だめにする」動 1
                [「強奪した物」名 1

― 動 (**spoils** /~z/; 過去・過分 **spoiled** /~d/, **spoilt** /spɔ́ɪlt/; **spoil·ing**) 他 **1** 〈物事〉をだめにする, 台なしにする, 腐らせる: ~ one's appetite 食欲をなくす / She ~*ed* the meat by overcooking it. 彼女はその肉を煮[焼き]すぎてだめにした / The rain ~*ed* the picnic. 雨のせいでピクニックは台なしになった.
2 〈子供など〉を甘やかしてだめにする (*with*); 〈人〉を過保護にする, 増長させる; 〈客〉を特別扱いする, 〈…〉に特にサービスする: Spare the rod and ~ the child. ((ことわざ)) むちを惜しんで子供を損なう(かわいい子には旅をさせよ) / Go on, ~ yourself! Buy a new suit! さあ(たまには)ぜいたくをして, 新しいスーツを買ったら // ☞ spoil … rotten (rotten 成句). **3** (英)〈投票(用紙)〉を(記入ミスにより)無効にする.
― 自 台なしになる, 傷む, 悪くなる, 腐る: Food ~s quickly in summer. 夏は食べ物がすぐ傷む. **be spóiled** [**spóilt**] **for chóice** 動 (選ぶものが多くて)選択に苦労している. **be spóiling for …** 動 他 (けんか・騒ぎなど)をしきりに求めている. **spóil … for —** 動 他 〈物事が〉〈人〉を―では満足できなくする: The meals at this restaurant ~ you *for* fast food. このレストランの料理を味わうとファーストフードでは物足りなくなる.
― 名 **1** [複数形で] 《格式》 強奪[略奪]した物, 戦利品: The robbers divided up the ~. 強盗たちは奪った品を分配した. **2** [複数形で] 《格式》 役得, 役権. **3** U (発掘・工事などで)掘り出された土.

spoil·age /spɔ́ɪlɪdʒ/ 名 U 《格式》 (食物などの)損傷,

腐敗.

spoiled /spɔ́ɪld/ 形 **1** (子供などが)甘やかされた: a ~ child だだっ子. **2** (食物が)腐敗した.

spoil·er /spɔ́ɪlɚ/ 名 **1** (飛行機・自動車の)スポイラー《空気抵抗を増す装置》. **2** 《米》相手(チーム)の記録達成をはばむ選手[チーム]; (有力候補者の票を食う)妨害候補者. **3** 他(人)の成功をじゃまする物[人]. **4** 悪くする物, 腐らせるもの; じゃまする人. **5** (本・映画などで)人の読む[見る]楽しみを奪うもの(記事).

spóil·spòrt 名 C (略式) 他人の興をそぐ人, しらけさせる人.

spóils sỳstem /spɔ́ɪlz-/ 名 C (主に米)猟官制度《政権を握った政党員が官職などを占める制度》.

***spoilt** /spɔ́ɪlt/ 動 spoil の過去形および過去分詞.

***spoke**¹ /spóʊk/ 動 speak の過去形.

spoke² /spóʊk/ 名 C (車輪の)スポーク, 輻《☞ wheel, bicycle 挿絵》; 輪止め (drag); (はしごの)横木. **pùt a spóke in ...'s whéel** 動《英・豪》…のじゃまをする, 計画を妨害する.

***spo·ken** /spóʊk(ə)n/ 動 speak の過去分詞.

── 形 A **1** 口語の, 話しことばの: ~ language =《格式》the ~ word 話しことば / You write well, but you have trouble with ~ English. あなたは文章はよく書けますが, 話しことばの英語に問題があります. 関連 written 書きことばの.

2 口頭の, 口で言う (oral): This computer can understand ~ instructions. このコンピューターは口頭で与えられた指示を理解することができる. 関連 written 筆記の. **be spóken fòr** (略式)(物・座席などが)注文[予約]済みである, 《古風》(人が)恋人のいる, 結婚している (☞ speak for (speak 句動詞)).

-spo·ken /spóʊk(ə)n/ 形 [副詞のつく合成語で] 話し方に…な: well-spoken ことばづかいが上品な.

spóken-wórd 形 話しことばの[に関する].

***spokes·man** /spóʊksmən/ 名 (**-men** /-mən/) C スポークスマン, 代弁者《特に男性; ☞ -person 語法》: the ~ for the league 連盟のスポークスマン / The Government ~ spoke of the progress of the negotiations. 政府のスポークスマンが交渉の進展状況を話した.

⁺spókes·pèrson (**-people**) C スポークスマン, 代弁者(☞ -person 語法).

spokes·wom·an /spóʊkswùmən/ 名 (**-women** /-wìmən/) C スポークスマン, 代弁者《女性; ☞ -person 語法》.

spo·li·a·tion /spòʊliéɪʃən/ 名 U (格式) 略奪; 破壊.

spon·da·ic /spɑndéɪɪk | spɔn-/ 形 (詩) 強強[揚揚]格の.

spon·dee /spɑ́ndiː | spɔ́n-/ 名 (詩) 強強[揚揚]格《ーー》.

⁺sponge /spʌ́ndʒ/ 名 (**~s** /~ɪz/) **1** C,U スポンジ(☞ bathroom 挿絵); C (手術用の)吸収ガーゼ: wash with a ~ スポンジでぬぐう. **2** C 海綿(動物); 海綿状のもの: a vegetable ~ へちま. **3** C [普通は a ~]《主に英》スポンジでぬぐうこと: Give it *a* light ~. それをスポンジで軽くぬぐいなさい. **4** C (略式) = sponger. **5** U,C 《英》 =sponge cake. **thrów ín the spónge** 動 自 =throw in the towel (☞ towel 成句). ── 動 他 **1** (スポンジ・海綿・ぬれた布などで)(...)のよごれをぬぐう, 〈...〉をふく *(away, out)*; (スポンジ・海綿などで)〈液体〉をぬぐい[吸い]取る *(up)*; (スポンジ・塗料などを)塗る *(on, over)*: ~ oneself *(down)* スポンジ[ぬれタオル]で体を洗う / He tried to ~ the soy sauce *off* his tie *with* a wet cloth. 彼はネクタイのしょうゆのしみをぬれた布でぬぐいとろうとした. **2** (略式) (軽蔑) (人から)...をせびり取る, しめむる: I ~*d* a dinner *off* [*from*] my

uncle. 私はおじにねだって夕食をおごってもらった. ── 自 (略式) (生活を)(人に)頼る *(off, on)*, たかる.

spónge bàg 名 C《英》携帯洗面用具入れ.

spónge bàth 名 C (浴槽に入らずに)スポンジやタオルでからだをふくこと.

spónge càke 名 U,C スポンジケーキ《カステラの類》(《英》sponge).

spónge púdding 名 U,C 《英》スポンジプディング.

spong·er /spʌ́ndʒɚ/ 名 C (略式) (軽蔑) たかり(人), 居候(いそうろう), 食客.

spónge rúbber 名 U スポンジゴム《加工ゴム》.

spon·gi·form /spʌ́ndʒɪfɔ̀əm | -fɔ̀ːm/ 形 海綿[スポンジ]状の.

spong·i·ness /spʌ́ndʒinəs/ 名 U 海綿[スポンジ]状であること; 吸収性(のあること).

spong·y /spʌ́ndʒi/ 形 (**spong·i·er**; **-i·est**; 名 sponge) 海綿[スポンジ]状の; 小穴の多い; ふわふわした, 柔らかく弾力のある; 吸収性のある.

***spon·sor** /spɑ́nsɚ | spɔ́nsə/ 名 (**~s** /~z/; **spon·sored** /~d/; **-sor·ing** /-s(ə)rɪŋ/) 他 **1** (商業放送の)スポンサーになる, 広告主となる: This program is ~*ed by* an insurance company. ⟨V+O の受身⟩ この番組は保険会社がスポンサーになっている.
2 (芸術公演・スポーツ大会などを)後援する, 〈...〉の寄金提供者になる; 〈...〉の保証人となる; 〈法案〉の提案者になる; 〈交渉など〉を仲介する: That bowling competition *is* ~*ed by* a TV station. ⟨V+O の受身⟩ そのボーリング大会はテレビ局が後援している. 語源 ラテン語で「約束する」の意; ☞ respond 関連.
── 名 (**~s** /~z/) C **1** (商業放送の)スポンサー, 広告主: a ~ *of* this program この番組のスポンサー / This program will continue after a word from our ~*s*. この番組はお知らせのあと引き続きお送りします.
2 (芸術公演・スポーツ大会などの)後援者; (慈善活動をする人の)寄金提供者; (活動の)支援団[組織].
3 保証人, (人・物について)責任を持つ人; (法案などの)提案者: Bill needs a ~ before he can get his work permit. ビルは労働許可証を得る前に保証人が必要だ. **4** 《キ教》名づけ親.

spon·sored /spɑ́nsəd | spɔ́nsəd/ 形《英》(慈善活動などが)寄金提供を受けた: a ~ walk 寄金提供を受けた(慈善)ウォークラリー.

***spon·sor·ship** /spɑ́nsɚʃɪp | spɔ́nsə-/ 名 U **1** スポンサー[保証人, 名づけ親]であること; (スポンサーによる)資金支援: seek ~ for the concert コンサートのスポンサーを探す. **2** (法案の)起案, 提案, 支持. **ùnder the spónsorship of ...** 前 ...の後援で.

***spon·ta·ne·i·ty** /spɑ̀ntənéɪəṭi, -níːə- | spɔ̀n-/ 名 (形 spontáneous) U 自発性; 自然さ.

***spon·ta·ne·ous** /spɑntéɪniəs | spɔn-/ 13 形 (名 spòntanéity) **1** 自発的な, 任意の; (態度などが)自然な: He made a ~ offer of help. 彼は自発的な援助を申し出た. **2** 自然発生的な; (自然現象が) [generation] 自然発火[発生]. **~·ly** 副 自発的に; 自然に. **~·ness** 名 U =spontaneity.

spoof /spúːf/ 名 (**~s**) C **1** (略式) ちゃかし, パロディ *(of, on)*; (冗談で)だますこと, かつぐこと. **2** [形容詞的に] もじりの: a ~ horror movie ホラー映画のパロディ. ── 動 (略式) 他 ...をだます, かつぐ. ── 自 ちゃかす.

***spook** /spúːk/ 名 C **1** (略式) 幽霊 (ghost). **2** (米) スパイ. **3** (主に米) (差別) 黒人. ── 動 (人・馬など)をおびえさせる. ── 自 おびえる.

spook·i·ness /spúːkinəs/ 名 U 気味悪さ.

spook·y /spúːki/ 形 (**spook·i·er**; **-i·est**) (略式) 幽霊の出そうな; 気味の悪い.

***spool**¹ /spúːl/ 名 C **1** (フィルム・磁気テープの)スプール, 巻軸. **2** (米) 糸巻き, 糸車 (《英》reel). **3** ひと

1708 spool

巻き分[の量] (of).

spool¹ 1 spool¹ 2

―動 〈…〉をスプールに巻く；スプールから取る．
spool² /spúːl/ 【電算】動 他 〈データ〉を(一時的に)保存する．― 名 C スプール《入出力情報の一時的保存》．

*__spoon__ /spúːn/ 名 (~s /-z/) C 1 [しばしば合成語で]スプーン, さじ: a knife, fork, and ~ (ひと組の)ナイフとフォークとスプーン (☞ and 1 語法 (1)) / eat soup with a ~ スプーンでスープを飲む (☞ soup 日英比較 (1))．

soupspoon スープ用スプーン
dessertspoon デザートスプーン
tablespoon 大さじ
teaspoon 茶さじ
spoons 1

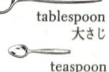

2 スプーン[さじ] 1 杯(の量) (spoonful) 《C measuring spoon》: a ~ of sugar スプーン 1 杯の砂糖．3 スプーン[さじ]形のもの． **be bórn with a sílver spóon in one's móuth** 動 自 裕福な家に生まれる． 由来 子供は名親 (godparent) から銀のさじをもらうが, 裕福な家の子は生まれながらにしてそれを持っている, という意味．― 動 他 1 〈…〉をさじですくう (into, over, up): ~ (out) peas onto a plate グリンピースをスプーンで皿に移す．2 (さじ)で穴をあける．

spoon‐bìll 名 C へらさぎ(鳥).
spóon brèad 名 U 《米》スプーンブレッド《とうもろこし粉に牛乳・卵を入れたパン》.
spoo‐ner‐is‐m /spúːnərìzm/ 名 C 頭音転換《例: I want salt on my meat. (肉に塩が欲しい)を I want malt on my seat. (座席の上に麦芽が欲しい)と言い間違えたりする》.
spóon‐fèd 形 1 《子供・病人など》さじで食べさせられる．2 《普通は軽蔑》《産業など》が保護された; 自主性をもたない, 甘やかされた.
spóon‐fèed (-feeds; -fed /-fèd/; -feed‐ing) 他 1 〈子供〉にさじで食べさせる; 甘やかす, 過保護にする．2 《普通は軽蔑》(自分で考えさせないで)〈学生など〉に手取り足取り教える: She spoon-fed 「math to her students [her students (with) math]. 彼女は学生に数学を手取り足取り教えた．
+**spoon‐ful** /spúːnfúl/ 名 (複 ~s, spoons‐ful /spúːnz-/) C スプーン[さじ] 1 杯(の量), ひとさじ分: two ~s of sugar 砂糖ふたさじ分. 関連 tablespoonful 大さじ 1 杯 / teaspoonful 茶さじ 1 杯.
spoon‐ing /spúːnɪŋ/ 名 U 《古風》(男女の)いちゃつき《特にキスすること》.
spoor /spúə | spúə/ 名 C,U (野獣の)足跡, 臭跡.
spo‐rad‐ic /spərǽdɪk/, **-i‐cal** 形 時々起こる, 散発する, まばらの; 【医】 散発性の．**-rad‐i‐cal‐ly** /-kəli/ 副 時々, 散発的に; まばらに.
+**spore** /spɔ́ə | spɔ́ː/ 名 C 【生】 胞子, 芽胞.
spor‐ran /spɔ́ːrən | spɔ́r-/ 名 C 下げ皮袋《Scotland 高地人がキルトの前に下げる》.

*__sport__ /spɔ́ːt | spɔ́ːt/ 【発音 support】(**sports** /spɔ́ːts | spɔ́ːts/; -ed; -ing) 名 C,U スポーツ, 競技, 運動. 参考 狩猟・釣り・運動も含む: athletic ~s 運動競技《ランニング・跳躍など》/ outdoor ~s 野外スポーツ《狩猟・射撃・乗馬など》/ team ~s 団体競技 / professional [amateur] ~s プロ[アマチュア]スポーツ / play [do] ~s 《英・豪》 ~をする / Swimming is my favorite ~. 水泳は私の好きなスポーツだ / Ice hockey is the national ~ of Canada. アイスホッケーはカナダの国技だ. 2 C 《古風, 略式》(困った状況下でも人の役に立つ)いい人, 頼りになる人, おおらかな人; [前に形容詞をつけて] 勝負に…な人: He is such a good ~. 彼はとてもいい人だ / a bad [good] ~ 負けて態度の悪い[さっぱりした]人. 3 U 《古風》楽しみ, 娯楽 (fun); 冗談 (joke), 戯れ: in [for] ~ おもしろ半分に. 4 C S 《略式, 主に豪・米古風》きみ, おまえ《男性に対して用いる》: How are you doing, ~? よう大将, どうしてる. 5 C 【生】変種. 語源 元来は「気晴らし(をする)」の意《☞ export 単語の記憶》. **Be a (góod) spórt (and dó)** 《古風, 略式》頼むから《…してくださいよ》. **máke spórt of …** 動 他 《古風》…をからかう, …をばかにする. **the spórt of kíngs** 名 [誇張] 王侯の遊び《競馬のこと》．

― 形 [しばしば ~s] 《スポーツ用》の, 運動用の: the ~s news スポーツニュース / ~s page (新聞の)スポーツ欄 / ~s medicine スポーツ医学 / a ~s program on TV テレビのスポーツ番組.

― 動 他 [普通は進行形] 〈…〉を(これ見よがしに)身につける, 見せびらかす．― 自 《文》たわむれる, 遊ぶ.
spórt còat 名 C 《米》=sport jacket.
spórt fìsh 名 C 釣魚(ぎょぎょ), スポーツフィッシュ《釣師が特にねらう魚》.
spórt‐fishing 名 U スポーツフィッシング《趣味・遊びとしての, 特にルールを決めた釣り》.
sport‐i‐ness /spɔ́ːtinəs | spɔ́ːt-/ 名 U 《略式》(服装の)はで(さ); (車の)軽快さ.
*__sport‐ing__ /spɔ́ːtɪŋ | spɔ́ːt-/ 形 1 A スポーツの; 運動用の; (狩猟・乗馬など)野外活動の: ~ event スポーツ大会 / a ~ goods 《主に英》スポーツ用品. 2 《英》スポーツマンらしい, 正々堂々とした; 心の広い: a ~ gesture スポーツマンらしい身のこなし. ~·**ly** 副 《英》スポーツマンらしく, 公正に.

spórting chánce 名 [a ~] かなりの見込み[成算].
sport‐ive /spɔ́ːtɪv | spɔ́ːt-/ 形 (=sport) 《文》遊び好きな; ひょうきんな; 陽気な; スポーツに興味のある.
spórt jàcket 名 C 《米》男性用のくつろいだ替え上着.
spórts bàr 名 C 《米》スポーツバー《スポーツ中継を流しているバー》.
*__spórts càr__ 名 C スポーツカー.
spórts càst 名 C 《米》スポーツ放送, (ラジオ・テレビの)スポーツ番組.
spórts càster 名 C 《米》スポーツキャスター.
spórts cèntre 名 C 《英》スポーツセンター.
spórts còat 名 C 《英》=sport jacket.
spórts dày 名 C 《主に英》(学校などの)体育祭の日.
spórts drink 名 C スポーツドリンク.
spórt shìrt 名 C =sports shirt.
Spórts Illústrated 名 C 『スポーツイラストレーテッド』《米国の総合プロスポーツ週刊誌》.
spórts jàcket 名 C 《英》=sport jacket.
+**spórts·man** /spɔ́ːtsmən | spɔ́ːts-/ 名 (-men /-mən/) C 1 運動好きな人, プロの競技者[選手]; 《米》スポーツマン《狩猟・釣り・戸外運動などをする人》: I'm no ~. 私はスポーツはまったくだめです. 日英比較 日本語の「スポーツマン」はむしろ athlete に相当する. 2 スポーツマンシップを持っている人, 正々堂々とやる人.
spórtsman·lìke 形 スポーツマンらしい, 正々堂々とした.
spórtsman·shìp 名 U スポーツマン精神, スポーツマンシップ.
spórts schòlarship 名 C 《米》(大学の)スポーツ奨学金.
spórts shìrt 名 C スポーツシャツ.
spórts sùpplement 名 C スポーツサプリメント《スポーツ用栄養補助食品》.

spórts・wèar 名 U スポーツ着;普段着.
spórts・wòman 名 (-wom・en /-wìmən/) C スポーツウーマン.
spórts・writer 名 C スポーツ記者.
spórt tòp 名 C スポーツトップ《スポーツ時などに片手で開閉できるよう飲料水のボトルに付けるワンタッチキャップ》.
spórt-utílity vèhicle 名 C 《米》スポーツ汎用車《軽トラック車台のがんじょうな四輪駆動車》.

†**sport・y** /spɔ́ɚti | spɔ́ː-/ (**sport・i・er, -i・est;** 名 **sport**)《略式》 **1**《服装などが》はでな;《車が》軽快な. **2** 運動の好き[得意]な, スポーツマンの.

‡**spot** /spɑ́t | spɔ́t/ (類音 spat) 13

「汚点, 汚名」名 **4** の意から
→「しみ(をつける)」名 **2**; 動 他 **3**
→「斑点(をつける)」名 **3**; 動 他 **2**
→(点)→「地点」名 **1**
→(一点に絞る)→「突き止める, 見つける」動 他 **1**

── 名 (**spots** /spɑ́ts | spɔ́ts/; 形 **spotty**) C **1**《特定の》**地点**, 所, 場所;点, 個所;《ある》部分, 局面: a holiday ~ 行楽地 / a popular beauty ~ 観光の名所 / a sore [tender] ~《体の》痛い個所(⇨ sore 成句) / a weak ~ 弱点 / This is the (exact [very]) ~ where the accident occurred. ここが(ちょうど)事故の起こった現場だ / He stood frozen to the ~. 彼はその場に立ち尽くしていた / X marks the ~. X印がその(事故などの)現場を示している / There was (only) one bright ~ in her miserable life. 彼女のみじめな生活にひとつ(だけ)明るい面があった. 関連 blind spot 盲点.
2 しみ, よごれ, 汚れ;《脂の》汚れ / There is a ~ on your tie. 君のネクタイにはしみがついている.
3[普通は複数形で]《周囲と違った色の》**斑点**(はん), まだら(of): a black cat with white ~s 白い斑点のある黒猫 / a white dress with blue ~s 青の水玉模様の白い服. 関連 sunspot 太陽の黒点. **4** 汚名, 汚点,《人格などの》きず: The incident left a ~ on his reputation. その事件は彼の名声に汚点を残した. **5**《略式》《組織の中での》地位, 序列, 順位;職;[普通は単数形で]困った[やっかいな]立場, 苦境: The book won the third ~ on the bestseller list. その本は売り上げ第 3 位になった. **6**《放送などの》出演, 出番;《番組の》特別コーナー;《番組間の短い放送, スポット(広告)》: She got a guest ~ on the program. 彼女はその番組にゲストでちょっと出演した. **7** ほくろ, 発疹(ほっ), できもの;《英》にきび (zit). **8**《略式》スポットライト (spotlight). **9**《英》しずく, 水滴 (of). **10** Ⓢ《米略式》…《ドル》札: a ten ~ 10 ドル札.

a spót of ... 形《英略式》少しの, 少量の: I had a ~ of bother with my computer. パソコンで少々苦労した.

chánge one's spóts 動 自[否定文で] 性格を変える(⇨ leopard 例文).

hàve a sóft spót for ... 動 他 ⇨ soft 形 成句.

hít the sóft spòt 動 他《略式》《飲食物などが》申し分ない, おあつらえ向きだ: This ice cream really hits the ~. このアイスクリーム, ほんとにおいしい!

in a (tíght) spót 動[形・副]《略式》困って.

knóck spóts òff ... 動 他 Ⓢ《英》《ある分野で》…にはるかに勝る (at); …を楽々と負かす.

on the spót 副 (1) ただちに, 即座に: The player was thrown out of the game on the ~. その選手はただちに退場を命じられた. (2) その場で, 現場で: run on the ~《英》その場で進むように走る動作をする / The murderer was arrested on the ~. 殺人犯はその場で逮捕された. (3) 困って,《答えなどに》窮して.

pút ... on the spót 動 他《...》を窮地に追い込む.

── 動 (**spots** /spɑ́ts/; **spot・ted** /-ţɪd/; **spot・ting** /-ţɪŋ/) 他 **1**[進行形なし]《人など》を**見つける**, 見分ける;《才能》を〈...と〉見抜く;《勝ち馬などを》言い当てる;《場所》を**突き止める**: I spotted Barbara's car in the parking lot. <V+O+前+名・代> 私は駐車場でバーバラの車を見つけた / The lost child was spotted from a helicopter. <V+O+from+名・代の受身> 迷子になっていた子供はヘリコプターで発見された / We spotted the thief jumping out of the window. <V+O+C (現分)> 私たちはそのどろぼうが窓から飛び降りるところを目撃した / I spotted him as a spy at once. <V+O+C (as+名)> 私は彼がスパイであるとただちに見抜いた / I spotted at once who had done it. <V+O+wh節> 私はすぐにだれがそれをしたかわかった. **2**[普通は受身で]《...》をあちらこちらに置く, 点々と配置する: The lawn was spotted with bare patches. 芝生はところどころ土がむき出しになっていた. **3**[普通は受身で]《...》にしみ[斑点]をつける,《物》を〈...で〉よごす;《評判など》をけがす: That table was spotted all over with ink. あのテーブルは一面インクのしみがついていた. **4**《スポ》《人》の補助をする《体操や重量挙げ行うため》. **5**《米略式》《競争相手などに》〈...〉のハンディを与える: I spotted him six points and still won. 私は彼に 6 点ハンディを与えてやったのに勝った. ── 自 **1** しみがつく, よごれる. **2** [it を主語にして; ⇨ it¹ A 2]《英略式》雨がぽつぽつ降る: It's spotting with rain. 雨がぽつぽつ降っている. ── 形 A その場での, 現金払いの: ~ cash 即金 / ~ price 現物価格 / a ~ fine その場での罰金.

spót annóuncement 名 C スポット《アナウンス[広告]》《番組と番組の間の短い広告放送など》.

spót chèck 名 C 抜き取り検査, 抽出検査 (for): make [carry out] a ~ on motorists 運転者を抜き打ちで検査する.

spót-chèck 他《...》を抜き取り検査して〈...がないか〉調べる (for). ── 自 抜き取り検査をする (for).

spót・less 形 しみのない;清浄な, 無傷の, 潔白な: a ~ reputation 非の打ちどころのない評判. **~・ly** 副 清浄に. **~・ness** 名 U 清浄なこと.

*****spot・light** /spɑ́tlàɪt | spɔ́t-/ 名 (-lights /-làɪts/) **1** C スポットライト《舞台上の一点に集中する照明》《略式で》; [普通形で] スポットライトの当たる場所: A lot of ~s are focused on the singer on the stage. 舞台の歌手にたくさんのスポットライトが当てられている. 関連 floodlight 広い範囲の照明. **2** [the ~]《世間の》注目, 注視: in [out of] the ~ 注目を浴びて[浴びないで] / come under the ~ 注目を浴びる.

pút [túrn, shíne] a spótlight on ... 動 他 …にスポットライトを当てる, 注意を向ける. **stéal the spótlight** 動 自《予想外の者が》人気をさらう.

── 動 (-lights /-làɪts/; 過去・過分 -lighted /-ţɪd/, -lit /-lɪt/; -lighting /-ţɪŋ/) 他《世間の》注目を〈...〉に集めさす;《...》にスポットライトを当てる: This article ~s the problem of global warming. この記事は地球温暖化の問題に焦点を当てている.

spót・lit 動 spotlight の過去形・過去分詞. ── 形 世間の注目を集めた, スポットライトの当たった.

†**spot-ón**《略式, 英・豪》P 正確な;ぴったりの: His guess turned out to be ~. 彼の推測はぴったり合っていることがわかった. ── 副 正確に;ぴったりと.

†**spot・ted** /spɑ́tɪd | spɔ́t-/ 形[普通は A] しみのついた;斑点(はん)のある, まだらの, 水玉模様の.

spótted díck 名 C・U《英》干しぶどう入りのプディングの一種.

spótted hyéna 名 C ぶちハイエナ《アフリカ産》.

†**spot・ter** /spɑ́ţɚ | spɔ́tə/ 名 C **1**《スポ》《体操・重量挙げなどの》補助員;《米略式》《従業員の》監視人. **2**

[しばしば合成語で]《主に英》(仕事・趣味で)見張る[観察する]人, 探す人: a bird ～ バードウォッチャー / a talent ～ (タレントの)スカウト《人》// ☞ train spotter. **3** 偵察機.

spot·ting /spɑ́ṭɪŋ | spɔ́t-/ [名] [U] (子宮からの)不正出血.

-spot·ting /spɑ̀ṭɪŋ | spɔ̀t-/ [名] [合成語で] …を(趣味として)観察する[見張る]こと, 探すこと: bird-*spotting* 野鳥観察 / talent-*spotting* (タレントの)スカウト《行為》.

spot·ty /spɑ́ṭi | spɔ́ti/ [形] (**spot·ti·er**; **-ti·est**; [名] spot) **1** 斑点(はんてん)の多い, まだらな; しみだらけの. **2** 《米》(仕事などが)むらのある. **3** 《英》にきびのある.

spót wèlding [名] [U] 点溶接.

spou·sal /spáuz(ə)l/ [形] 《格式, 主に米》配偶者(として)の.

*__spouse__ /spáus/ [名] (**spous·es** /~ɪz/) [C] 《格式》**配偶者**.

+**spout** /spáut/ [名] [C] **1** (やかん・きゅうすなどの)口. [関連] waterspout 排水管[口]. **2** 噴水, ほとばしり (*of*). **3** (鯨の)噴水孔から出た潮. **úp the spóut** [形] (1) Ⓢ《略式, 英・豪》誤って; むだになって; だめになって. (2)《古風, 英》妊娠して. ― [動] [他] **1** 〈液体・火など〉を吹き出す, 噴出する (*out*). **2** 《略式》[普通はけなして] 〈…〉をぺらぺらとまくしたてる (*off*). ― [自] **1** 噴出する, ほとばしり出る (*out, from*); (噴水が)水を噴き上げる; (くじらが)潮を吹く. **2** 《略式》[普通はけなして] ぺらぺらまくしたてる (*forth, off; about*).

sprad·dle /sprǽdl/ [動] [他] [自] 《米》(両脚を)広げる, 大股に歩く.

sprain /spréɪn/ [動] [他] 〈足首など〉をくじく: ～ one's ankle [wrist] 足首[手首]をねんざする. ― [名] [C] 筋違い, ねんざ《strain よりも重いもの》.

*__sprang__ /sprǽŋ/ ([類音] sprung) [動] **spring**[2] の過去形.

sprat /sprǽt/ [名] [C,U] スプラット《にしん類の小型の食用魚》: a ～ to catch a mackerel《古風, 英》大きな見返りを期待して犠牲にするもの, たいを釣るためのえび.

+**sprawl** /sprɔ́:l/ [動] [自] [副詞(句)を伴って] [しばしばけなして] **1** 手足を伸ばす, 大の字に寝そべる (*out; on*): send … ～*ing* …を殴り倒す. **2** (都市などが)無計画に広がる. ― [他] [普通は受身で] 〈手足〉をぐっと伸ばす, 〈体〉を投げ出して横になる: lie ～*ed* (*out*) on the bed ベッドで大の字になる. ― [名] [U,C] [普通は単数形で] [しばしばけなして] **1** 雑然と広がった場所[建物]; = urban sprawl. **2** 手足を伸ばすこと, 大の字に寝そべること: lie in a ～ 大の字に寝そべる.

+**sprawled** /sprɔ́:ld/ [形] [普通は [P]] 手足を伸ばした, 寝そべった (*out; on, across*).

sprawl·ing /sprɔ́:lɪŋ/ [形] [A] (都市などが)無計画に広がった.

*__spray__[1] /spréɪ/ [動] (**sprays** /~z/; **sprayed** /~d/; **spray·ing**) [他] **1** 〈…〉に**薬剤を散布する**; 〈塗料・香水など〉を(…に)**吹きかける** (*onto*); 〈…〉に(塗料などを)吹きかける: They are ～*ing* the fruit trees. 彼らは果樹に薬剤を散布している / [言い換え] Kate ～***ed*** perfume ***on*** [***over***] her handkerchief. <V+O+*on* [*over*]+名・代>=Kate ～***ed*** her handkerchief ***with*** perfume. <V+O+*with*+名・代> ケートはハンカチに香水をかけた. **2** 〈…〉にしぶきをかける (*with*). **3** 〈敵など〉に(銃弾などを)浴びせる (*with*). **4** (雄猫が)(縄張りの印に)〈…〉に小便をかける. ― [自] **1** (液体・粉塵などが)(しぶきのように)飛び散る (*out; over, around, from, across*). **2** (薬剤などの)散布をする (*for, against*); しぶきをかける. **3** (雄猫が)(縄張りの印に)小便をひっかける.

― [名] (～s /~z/) **1** [U,C] [しばしば合成語で] **噴霧液, 散布液**; [C] **スプレー, 噴霧器, 霧吹き, 香水吹き**: a can of hair ～ ヘアスプレー《容器》/ insect ～ スプレー式の殺虫剤. **2** [U,C] しぶき, 水煙: sea ～ 波しぶき (*from, of*). **3** [a ～] 空中に飛び散るもの: *a* ～ *of* bullets 銃弾の雨. **4** [C] スプレーを吹きかけること. **5** [C] (悪臭のする)動物の体液.

spray[2] /spréɪ/ [名] [C] **1** (特に先が分かれて花や葉などのある)小枝, 花束 (*of*). **2** (宝石などの)枝飾り, 枝模様.

spráy bòttle [càn] [名] [C] スプレーボトル[缶].

spray·er /spréɪɚ | spréɪə/ [名] [C] **1** 噴霧器, 霧吹き; 吸入器. **2** 噴霧する人, 霧を吹く人.

spráy gùn [名] [C] (塗料などの)吹き付け[噴霧]器.

spráy pàint [名] [U] スプレー式のペンキ.

spráy-pàint [動] [他] [自] (…を)スプレー塗装する.

‡**spread** /spréd/ [T1] [動] (**spreads** /sprédz/; 過去・過分 **spread**; **spread·ing** /-dɪŋ/)

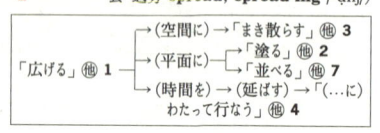

「広げる」[他] **1** ─┬→(空間に)→「まき散らす」[他] **3**
　　　　　　　　├→(平面に)─┬→「塗る」[他] **2**
　　　　　　　　│　　　　　　└→「並べる」[他] **7**
　　　　　　　　└→(時間を)→(延ばす)→「(…に)わたって行なう」[他] **4**

[自] [他] の転換
[他] **1** 広げる (to cause (something) to be extended)
[自] **1** 広がる (to be extended)

― [他] **1** 〈…〉を**広げる**, 伸ばす, 開く ([反] fold); 〈…〉を(場所に)**一面に広げる, 敷く** (*across, over*); 〈…〉の上に(―を)広げる, 〈…〉を(―で)おおう: [言い換え] She ～ a cloth ***on*** the table. <V+O+*on*+名・代> =She ～ the table ***with*** a cloth. <V+O+*with*+名・代> 彼女は食卓にクロスをかけた. ★ 前の文のほうが普通 // He ～ (out) his hands and shrugged. 彼は手を広げて肩をすくめた《☞ spread one's hands (hand [名] 成句), shoulder 挿絵》/ The peacock ～ its tail feathers (open). そのくじゃくは尾の羽を広げた / Don't ～ your legs apart. 両足を広げないで / *S*～ 'em! Ⓢ 両手を上げ両足を広げて立て《警官が身体検査する時のことば》.

2 (広げて)〈…〉を(表面などに)**塗る**, 〈…〉で(表面を)おおうように塗る; 〈表面など〉に(…を)塗りつける: ***S***～ the paint evenly all ***over*** the wall. <V+O+*over*+名・代> 壁一面にペンキをむらなく塗ってくれ / [言い換え] She ～ some butter ***on*** the bread. <V+O+*on*+名・代> =She ～ the bread ***with*** some butter. <V+O+*with*+名・代> 彼女はパンにバターを塗った. ★ 前の文のほうが普通.

3 〈…〉を**まき散らす**, 散布する; 〈知識・うわさなど〉を(…に)広める, 流布する, 〈病気・感情など〉を蔓延(まんえん)[伝染]させる (*among, around*): ～ gossip ゴシップを広める / ～ seeds [fertilizer] 種[肥料]をまく / The Romans ～ their civilization ***throughout*** Europe. <V+O+前+名・代> ローマ人たちはヨーロッパ中に文明を広めた / The war ～ anti-American feelings. その戦争で反米感情が広まった.

4 〈支払い・仕事など〉を(…に)**わたって行なう**, (…の)間続ける; [普通は受身で] 〈…〉の間隔を空ける: He ～ the payments ***over*** a year. <V+O+*over*+名・代> 彼はその支払いを 1 年払いとした(12 か月分割にした) / His asthma attacks *were* ～ *over* a year. 彼のぜんそくの発作は 1 年にわたって続いた. **5** 〈仕事・金など〉を分配する (*around*); 〈危険〉を分散(して投資)する: The load is evenly ～ across the departments. 負担はどの課にも公平になるように分けてある. **6** [受身で] 〈…〉を(広く)分布させる (*across, over*). **7** 《古風》〈食卓〉に(食物を)並べる (*with*).

― [自] **1** [副詞(句)を伴って] **広がる**, (広い範囲を)おおう, 伸びる, 及ぶ (*through, across, around*); (表情が顔に)広がる (*over*): The smog ～ ***over*** the whole city. <V+前+名・代> スモッグはその町全体を覆(おお)っ

た / The fire ~ *to* the neighboring houses. 火は隣家に広がった / A smile ~ *across* his lips. 彼の唇に笑みが浮かんだ.
2 (うわさ・知識などが)広がる, 流布する, (病気などが)蔓延(まんえん)する (*to, through, over*); [副詞(句)を伴って] (動植物)が分布する (*throughout, over*); (時間などが)わたる: The news [disease] ~ *quickly*. そのニュース[病気]は急速に広まった / The word ~ *that* the mayor would resign. 市長が辞めるといううわさが流れた / Her studies ~ (*out*) *over* four years. <V(+*out*)+*over*+名・代> 彼女の研究は4年にわたった. **3** [~*d*] (バターなどに)塗れる, 伸びる: This butter ~*s well* even when it's cold. このバターは冷えてもよく塗れる.

spréad onesèlf thín [動] (自) (仕事などに)手を広げすぎる, 多くのことに手を出しすぎる. **spréad óut** [動] (他) <…>を広げる; <範囲・期間>を延ばす; <人>を分散させる: ~ *out* a map 地図を広げる / ~ *out* one's arms 両手を広げる (歓迎・抱擁などのときのしぐさ) / The whole village was ~ *out* before his eyes. 村の全容が彼の眼前に広がっていた. ── (自) (人が)分散する; 手足を伸ばす; 広がる.

── [名] (*spreads* /sprédz/) **1** [U] 広がる[広げる]こと, 拡大; 普及, 流布; (病気などの)蔓延(まんえん); (仕事などの)分配: We must stop the ~ *of* AIDS. 我々はエイズの拡大を止めなければならない. **2** [U,C] パンなどに塗るもの (バターなど); [C] 敷くもの (食卓掛け・シーツなど). 関連 bedspread ベッドカバー. **3** [a ~] (略式) (食卓いっぱいの)ごちそう, 饗宴; (新聞などの)数ページ[段]抜きの記事[広告]. **5** [U] (手・翼を広げた)幅; [a ~] (時間・数値の)幅, (空間の)広がり: a ~ *of* … 広範囲な[多様な] …. **6** [C] (米) 大農場. **7** [C] [普通は単数形で] (2つの数値の)差, 開き. **8** [単数形で] (商) 値開き (株の原価と売価の差).

spread·a·ble /sprédəbl/ [形] 広げられる.
spréad éagle [名] [C] 翼と脚(足)を広げたわしの模様 (米国の国章など).
spréad-èagle(d) [形] (翼と脚を広げたように)手足を広げた姿勢の[で]; 大の字の[で]. 語法 spread-eagle は A として, spread-eagled は P として用いる.
spread·er /sprédə | -də/ [名] [C] 広げるもの[人]; バターナイフ, 伝播(ぱ)です.
spréad·shèet [名] [C] (電算) スプレッドシート, 表計算ソフト.

⁺**spree** /sprí:/ [名] [C] ばか騒ぎ, 景気よく[はで]にやること; 酒宴: a shopping ~ はでな買物, 衝動買い / have a ~ ばか騒ぎをする. **gó on a sprée** [動] (自) ばか騒ぎをする, 飲み騒ぐ.
⁺**sprig** /sprig/ [名] [C] (葉や花のついた)小枝, 若枝 (*of*).
spright·li·ness /spráitlinəs/ [名] [U] 活発.
spright·ly /spráitli/ [形] (**spright·li·er**, **-li·est**) 活発な; (老人が)元気な, 精力的な.

⁑**spring¹** /spríŋ/ [名] (**~s** /~z/) **1** [U,C] 春 (~ *month* 表): early [late] ~ 早[晩]春 / Many flowers come out *in* (*the*) ~. 春にはたくさんの花が咲く (☞ *season* [名] 語法, *common noun* 文法 語法 (1)).

語法 前置詞を省く場合
しばしば前置詞を伴わずに副詞句を作る: Tom will graduate from college *this* [*next*] ~. トムは今年[来年]の春に大学を卒業する / We had a big flood *this* [*last*] ~. 今年[去年]の春に大洪水があった (☞ *next* [形] 1 語法 (2), *last¹* [形] 1 語法 (2)).

2 [形容詞的に] 春の, 春向きの: ~ *flowers* 春の花 / ~ *wear* 春もの衣類 / the ~ *semester* 《米》春学期. **3** [U] 初期, 始まりの(段階): the ~ *of life* 幼児期. 語源 草木が芽を出す (☞ *spring²* [自] 4) 季節なので spring と呼ぶようになった (☞ *fall¹* 語源).

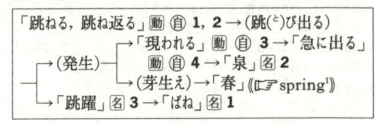

⁑**spring²** /spríŋ/

```
                      →「現われる」動 自 3→「急に出る」
「跳ねる, 跳ね返る」動 自 1, 2→「跳(と)び出る」
   →(発生)→                        →「泉」名 2
           →(芽生え)→「春」(☞ spring¹)
「跳躍」名 3→「ばね」名 1
```

── [動] (**springs** /~z/; 過去 **sprang** /sprǽŋ/, (米) ではまた **sprung** /sprʌ́ŋ/; 過分 **sprung**; **spring·ing**)
(自) **1** (すばやく)跳(は)ねる, 跳(と)び上がる, 跳躍する (☞ *jump* 類義語): Liz *sprang out of* [*her*] *bed*. <V+*out of*+名・代> =Liz *sprang from* [*her*] *bed*. <V+*from*+名・代> リズは寝床から跳び出した / He *sprang over* the stream. 彼は小川を跳び越えた / The dog *sprang at* the thief. <V+*at*+名・代> 犬はどろぼうに飛びかかった.
2 (ばね仕掛けのように)跳(は)ね返る, 跳ね返って…となる (*up*); 勢いよく[…]する: ~ *at* the chance その好機に飛びつく / The branch *sprang back* in my face. <V+副> 枝が跳ね返って私の顔にあたった / The lid of the box *sprang open*. <V+C(形)> 箱のふたがすぐに開いた / Jack *sprang to* the phone. <V+前+名・代> ジャックはすばやく電話に出た.
3 [副詞(句)を伴って] 現われる, 生じる, (心に)浮かぶ, (家柄が)…の出である: New towns *sprang up* all over the plains. <V+副> 新都市がその平野ににわかに出現した / A doubt *sprang* '*up* in my mind [*to* mind]. ある疑念が突然浮かんだ / Fear always ~*s from* ignorance. <V+*from*+名・代> 恐怖は常に無知から生じる (Emerson のことば) / Where did you ~ *from*? (略式) 君は突然どこから現われたの (意外さを示す) / He *sprang from* noble stock. (文) 彼は貴族の出であった. **4** [副詞(句)を伴って] (涙などが)急に出る (*into, to*); (川が)源を発する; (草木が)芽を出す: Many weeds ~ *up* in summer. 夏には雑草がたくさん生えます. **5** [副詞句を伴って] 急に…になる: ~ *into* existence [*being*] 出現する / ~ *to* …'s *defense* …を擁護する / ~ *to life* 急に元気づく.
── (他) **1** (ばね仕掛けで)<…>を跳(は)ね返らせる, はじく. **2** (略式) <話など>を急に持ち出す: ~ a surprise *on* a person (主に英) 人を驚かす / They *sprang* a new proposal *on* us. 彼らは我々に突然新しい提案をしてきた. **3** (略式) <人>を脱獄させる, 釈放する, 保釈する (*from*). **4** <地雷>を爆発させる.

spring for … [動] (他) (略式, 米・豪) …をおごる.
spring to one's féet [動] (自) 跳び起きる, 跳び上がる (☞ *foot* 成句の囲み).

── [名] (**~s** /~z/; [形] **springy**) [C] [普通は複数形で] ばね, スプリング, ぜんまい.
2 [C] [しばしば複数形で] 泉, 源泉: A linden tree stood by the ~. 泉のそばに1本のぼだいじゅが立っていた. 関連 *hot spring* 温泉 / *mineral spring* 鉱泉.
3 [a ~] 跳躍, 飛躍 (jump): with *a* ~ ひと跳びに / The dog *made a* sudden ~ *at* us. 犬は突然我々に飛びかかった. **4** [U] はずみ, (心)張り, 元気, しなやかさ, 柔軟性: She has a ~ in her step today. きょうの彼女の歩き方ははつらつとしている. **5** [U] はじく力, 弾力, 弾性. 関連 [A] 1 (米) (弾力)のある, ばね仕掛けの. **2** 源[泉]から出る: ~ *water* わき水.

Spríng Bánk Hóliday [名] [U,C] (英) 春の公休日 (5月の最後の月曜日; ☞ *holiday* 表).
spring·bòard [名] [C] **1** (飛躍のための)出発点, (跳

springbok

論などの)たたき台 (*for*, *to*). **2** 〖スポ〗(水泳・体操の)跳躍板, スプリングボード.

spring·bok /spríŋbɑ̀k | -bɔ̀k/ 名 (複 ~(**s**)) C スプリングボック《驚いたとき真上に跳び上がる南アフリカ産のガゼル (gazelle) に似た動物》.

spring bréak 名 C **1** 《米》(大学などの)春休み《通常2週間》. **2** 《英》(学校・職場の)短期間の春休み.

spring chícken 名 C [普通は否定文で][滑稽] 若者, 小娘: She's no ~. 彼女はもう若くはない.

spríng-cléan 動 他〈家などの〉大掃除をする《普通は春に行なう》. ── 自 大掃除をする. ── 名 [a ~]《英》 =spring-cleaning.

spríng-cléaning 名 [単数形で] 大掃除《普通は春に行なう》(《英》 spring-clean): do the ~ 大掃除をする.

spring·er spániel /spríŋɚ- | -ŋə-/ 名 C スプリンガースパニエル《狩猟犬》.

spring féver 名 U **1** 春先のけだるさ. **2** 《春先に感じる》突然の高揚感.

Spring·field /spríŋfìːld/ 名 固 スプリングフィールド《米国の Illinois 州の州都; ☞ 表地図 H4》.

spring-fòrm pàn 名 C 《米》底が抜けるようになった〈ケーキ用などの〉型《中身が取り出しやすい》.

spring gréens 名 [複]《英》若いキャベツ.

spring-lóaded 形 ばねで力を加えた.

spring ónion 名 C 《英》 =scallion.

spring róll 名 C 《英》春巻き(《米》 egg roll).

Spring·steen /spríŋstiːn/ 名 固 **Bruce** /brúːs/ ~ スプリングスティーン (1949-)《米国のロック歌手》.

spring tíde 名 C 大潮《月が新月・満月のときに起こる最高潮》.

***spring·time** /spríŋtàɪm/ 名 U,C [しばしば the ~]《主に文》春, 春季.

spring tráining 名 U 《米》(プロ野球チームの)春季トレーニング.

spring·y /spríŋi/ 形 (**spring·i·er**; **-i·est**; spring¹) 弾力性のある; ばねのような; 軽快な.

***sprin·kle** /spríŋkl/ 動 (**sprin·kles** /~z/; **sprin·kled** /~d/; **sprin·kling**) 他 **1**〈場所に〉〈水などを〉〈香辛料などを〉振りかける (*onto*); 〈場所に〉〈水などを〉まく: Dad's *sprinkling* water *on* the flowerbeds. <V+O+*on*+名・代> 父さんは花壇に水をまいています / 言い換え He *~d* ashes *over* the icy road. <V+O+*over*+名・代> =He *~d* the icy road *with* ashes. <V+O+*with*+名・代> 彼は凍った道に灰をまいた. **2** [普通は受身で] 〈場所に〉…を点在[散在]させる; 〈場所に〉〈…を〉ちりばめる (*over*): a story (liberally) *~d with* humor(ふんだんに)ユーモアを交えた話.

── 自 **1** 振りかかる. **2** [it を主語として; ☞ it¹ A 2]《主に米》雨がぱらつく(《英》spit).

── 名 **1** C [普通は a ~] 少量 (*of*); [複数形で]《米》〈クッキーなどに振りかけた〉粒状のチョコレート〈などのトッピング〉. **2** [普通は a ~]《米》ぱらぱらと降ること.

sprin·kler /spríŋklɚ- | -lə-/ 名 C 〈庭・天井の〉スプリンクラー, 散水装置.

sprínkler sỳstem 名 C スプリンクラー装置《建築物の防火用; 芝生・ゴルフ場などの散水用》.

sprin·kling /spríŋklɪŋ/ 名 **1** U まき散らすこと, 散布. **2** [a ~]《主に米》〈雨・雪などの〉小降り (*of*). **3** [a ~] 少量; 〈人などの〉ちらほら, 少数 (*of*).

***sprint** /sprínt/ 名 (**sprints** /sprínts/) **1** C [普通は単数形で] 短距離競走, スプリント: the 100 meter ~ 100 メートル走. **2** [a ~] 全力疾走, ラストスパート: make [break into] *a* ~ 全力疾走する. **3** C [短時間の]大奮闘. ── 動 自 〈短距離を〉全速力で走る (*along, across*). 関連 dash 短距離競走. ── 他 〈短距離などを〉全速力で走る.

sprint·er /spríntɚ | -tə-/ 名 C 短距離走者, スプリンター.

sprite /spráɪt/ 名 C **1** 〖電算〗スプライト《ビデオディスプレー上で高速移動可能なビットパターン》. **2** 《文》妖精(ようせい), 小妖精 (☞ spirit 類義).

spritz /spríts/ 動 他《米》〈液体などを〉しゅっとふりかける. ── 自 しゅっとふりかける. ── 名 C 液体などをしゅっとふりかけること.

spritz·er /sprítsɚ | -tsə-/ 名 U,C スプリッツァー《白ワインのソーダ割り》.

sprock·et /sprɑ́kɪt | sprɔ́k-/ 名 C **1**《自転車・カメラなどの》鎖歯車, スプロケット. **2** 鎖歯車の歯.

spróck·et whèel 名 C =sprocket 1.

sprog /sprɑ́g | sprɔ́g/ 名 C [滑稽] 子供.

***sprout** /spráʊt/ 動 自 **1** 芽を出す; 生え始める, 発生する (*up*): New leaves are beginning to ~. 新しい葉が生え始めた. **2** 急に〈大量に〉成長[出現]する (*up*). **3** 〈ひげなどが〉生える. ── 他 〈芽〉を出させる, 芽生えさせる (*up*); 〈角〉を出す, 〈ひげなどを〉生やす. ── 名 **1** C 芽, 新芽 (shoot); 《米》 =bean sprouts. **2** C [普通は複数形で] 《米》 =alfalfa sprout. **3** [複数形で] 《英》 =brussels sprouts.

***spruce¹** /sprúːs/ 名 C とうひ, ドイツとうひ, おうしゅうとうひ《ヨーロッパ原産の常緑針葉樹; 幼木はクリスマスツリーにする》; U とうひ材.

spruce² /sprúːs/ 形 (**spruc·er**; **spruc·est**) 〈身なりが〉こぎれいな, ぱりっとした, きちんとした. ── 動《略式》他〈…を〉きれいにする: ~ oneself *up*=get ~*ed up* めかしこむ. ── 自 めかす (*up*). ~·**ly** 副 こぎれいに.

sprúce bèer 名 U,C スプルースビール《とうひの枝や葉を入れた糖蜜[砂糖]をゆでて造る発酵酒》.

sprúce gròuse 名 C はりもみ雷鳥《北米産》.

***sprung** /sprʌ́ŋ/ 動 (異音 sprang) **spring²** の過去分詞 [[《米》ではまた過去形》.

── 形 ばね[スプリング]の付いた.

spry /spráɪ/ 形 (**spri·er**, **spry·er**; **spri·est**, **spry·est**) 〈主に老人が〉元気な, 活動的な. ~·**ly** 副 元気に.

spud /spʌ́d/ 名 C《略式, 主に英》じゃがいも (potato).

spume /spjúːm/ 名 U 《文》〈波などによる〉泡.

spu·mo·ni /spʊmóʊni/ 名 C 《主に米》スプモーニ《多種の味と色の層からなるイタリア風アイスクリーム》.

***spun** /spʌ́n/ 動 (異音 span) **spin** の過去形および過去分詞. ── 形 つむいだ, 糸にした; 引き伸ばした. 関連 homespun 手織りの.

spunk /spʌ́ŋk/ 名 U **1**《略式, 主に米》勇気, 気力. **2**《英卑》精液. **3**《豪略式》性的魅力のある男性.

spunk·y /spʌ́ŋki/ 形 (**spunk·i·er**; **-i·est**)《略式》勇気のある, 元気な. **2**《豪》〈男性が〉性的魅力のある.

spún sílk 名 U 絹紡糸.

spún súgar 名 C《米》 =cotton candy.

***spur** /spɚ́ | spɚ́ː/ 名 (異音 (~**s** /~z/) C **1** 拍車《靴のかかとにつけて馬を刺激して速く走らせる金具》: He dug his ~*s* into the horse's sides. 彼は馬のわき腹に拍車を当てた.

2 [普通は単数形で] 刺激 (stimulus), 行動に駆り立てるもの; 激励: The wage hike may act as a ~ *to* investment. 賃上げが投資を刺激するかもしれない. **3** (山などの)突出部, 支脈; (鉄道の)引き込み線, 支脈道路, 支線; (鶏などの)けづめ; 〖医〗棘(きょく)突起《骨が伸びたもの》. **on the spúr of the móment** 副 その時のはずみで, とっさに, 衝動的に. **pùt** [**sèt**] **spúrs to ...** 動 〈…〉に拍車をかける; …を刺激する, …を激励する. **wín** [**éarn, gáin**] **one's spúrs** 動 自 手柄を立てて認められる, 名を揚げる.

── 動 (**spurs** /~z/; **spurred** /~d/; **spur·ring**

rowel
歯車

spur 1

/spə́ːrɪŋ | spə́ːr-/ 動 ❶ 〈人〉を駆り立てる, 刺激する, 激励する (urge): Danger *spurred* her (*on*) *to* run faster. <V+O(+*on*)+C (*to* 不定詞)> 危険に駆られて彼女はいっそう速く走った / The thought of losing her *spurred* him *into* action. <V+O+*into*+名・代> 彼女を失うことになると考えて彼は行動に走った. ❷ 〈…〉に拍車をかける: ~ economic growth 経済成長を促進する. ❸〈馬〉に拍車を当てる (*on*). ― 自 〈古風〉 (馬に拍車を当てて)急ぐ (*on, forward*).

spu‧ri‧ous /spjúəriəs/ 形 偽の, にせの; (推論などが)こじつけの; うわべだけの. **~‧ly** 副 偽って, いいかげんに. **~‧ness** 名 U 偽り; あやしさ.

spurn /spə́ːn | spə́ːn/ 他 〈主に文〉〈申し出など〉をはねつける, 鼻であしらう, けとばす, 追い払う.

spúr-of-the-móment 形 A 即席の, 思いつきの: ~ decision とっさの決断.

spurt /spə́ːt | spə́ːt/ 動 自 ❶〈液体・炎が〉噴出する (*out*; *from*). ❷ スパートする 《短時間に全速力で走る》; 全力を出す (*for*). ❸ (短期間で)急速に進歩[発展]する. ❹ 〈主に米〉〈株価などが〉高騰する. ― 他 〈液体・炎〉を噴出させる (*out*). ― 名 ❶〈液体・炎の〉ほとばしり, 噴出 (*of*); 〈感情などの〉激発 (*of*). ❷ 〈速度などの〉急上昇, スパート, 全力投入; 力走, 力泳; 急成長(期): put on a ~ スパートをかける, 急ぐ. **in spúrts** [副] ほとばしって; 思い出したように.

sputa 名 sputum の複数形.

Sput‧nik /spútnɪk/ 名 C 人工衛星; [S-] スプートニク《旧ソ連の人工衛星; 第1号 (1957年) は人類初の衛星となった》.

sput‧ter /spʌ́tə | -tə/ 動 (**-ter‧ing** /-tərɪŋ, -trɪŋ/) 自 ❶ ぶつぶつ[ぱちぱち]音を立てる. ❷ つばを飛ばしながらしゃべる, わけのわからないことを言う. ❸ 〈機械・制度などが〉うまく〈機能〉しない (*along*); 〈成長・発達などが〉徐々に力つきる: The oil lamp ~*ed out*. オイルランプがぱちぱちと音を立てて消えた. ― 〈…〉と[を]〈興奮して〉早口に言う, まくしたてる. ― 名 ぶつぶつぱちぱちいう音; 早口.

spu‧tum /spjúːtəm | spjúː-/ 名 (複 **spu‧ta** /spjúːtə | spjúː-/) U 〔医〕たん, 唾液(だえき).

***spy** /spáɪ/ 名 (**spies** /~z/) C (外国や競争会社の)スパイ, 諜報(ちょうほう)部員: an industrial ~ 産業スパイ / a ~ satellite 偵察衛星. 関連 secret service 〈英〉(政府の)諜報部 / espionage スパイ活動. ― 動 (**spies**; **spied**; **spy‧ing**) 自 スパイを働く (*for*), ひそかに見張る (*on*), こっそり調べる: Don't ~ *into* other people's affairs. 他人のことを詮索(せんさく)するな. ― 他 ❶ 〈…〉を探索する; 〈悪意を持って〉ひそかに調べる: ~ *out* the secret 秘密を探り出す. ❷ [普通は進行形なし]〈主に文または滑稽〉〈遠くの隠れた〉ものを発見する (*out*). **spý óut the lánd** [動]〈英〉形勢を探る; 下見をする.

spý‧glàss 名 C〈古風〉(昔の船乗りの)小型望遠鏡.

spý‧màster 名 C スパイ組織のリーダー[首領].

sq. 略〔数〕2乗(の), 平方 (square).

Sq. =square 名 2.

squab¹ /skwɑ́b | skwɔ́b/ 名 C〈主に米〉ひなばと(食用).

squab² /skwɑ́b | skwɔ́b/ 形〈古語〉ずんぐりした.

squab‧ble /skwɑ́bl | skwɔ́bl/ 名 C つまらないけんか, 口論. ― 動 つまらないことでけんか[口論]する (*about, over; with*).

***squad** /skwɑ́d | skwɔ́d/ 名 (**squads** /skwɑ́dz | skwɔ́dz/) C〔(英)単数形でも時に複数扱い〕 ❶ 選手団, チーム; (小さな)団体, 組, (警察の)課, 班, 分隊: the drug ~ 麻薬捜査班 / a fire fighting ~ 消防隊 / the Olympic ~ オリンピック出場選手団. ❷ 〔陸軍〕分隊(小隊 (platoon) の下の区分)(*of*). ❸ 〈米〉(チアリーダーの)団系, 組.

squad càr 名 C〈米, 古, 英〉パトカー (patrol car).

square 1713

squad‧die, squad‧dy /skwɑ́di | skwɔ́di/ 名 (**squad‧dies**) C〈英略式〉(若い)兵士, 新兵.

***squad‧ron** /skwɑ́drən | skwɔ́drən/ 名 C〔(英)単数形でも時に複数扱い〕〔空軍〕飛行大隊;〔陸軍〕戦車大隊; 騎兵大隊(☞ **corps** 参考);〔海軍〕小艦隊(艦隊 (fleet) の一部).

squádron lèader 名 C〈英〉空軍少佐.

***squal‧id** /skwɑ́lɪd | skwɔ́l-/ 形 ❶ むさくるしい, (ほったらかしで)汚い. ❷ 卑劣な, あさましい. **~‧ly** 副 むさくるしく; あさましく. **~‧ness** 名 U むさくるしさ; あさましさ.

squall¹ /skwɔ́ːl/ 名 C (しばしば雨・雪などを伴う)突風, スコール.

squall² /skwɔ́ːl/ 動 自 大声で泣く, 泣きわめく.

squáll lìne 名 C〔気象〕スコールライン《スコールや雷を伴う寒冷前線に沿った線》.

squall‧y /skwɔ́ːli/ 形 (**squall‧i‧er; -i‧est**) 突風の吹く, 荒れになりそうな, 荒れ模様の.

squal‧or /skwɑ́lə | skwɔ́lə/ 名 U ❶ 汚さ, むさ苦しさ. ❷ あさましさ, 卑劣.

squa‧mous /skwéɪməs/ 形 うろこでおおわれた; 鱗片のある.

squan‧der /skwɑ́ndə | skwɔ́ndə/ 動 (**-der‧ing** /-dərɪŋ, -drɪŋ/) 他〈金・時など〉をむだづかいする (*on*).

squan‧der‧er /skwɑ́ndərə | skwɔ́ndərə/ 名 C 浪費家.

***square** /skwéə | skwéə/ 12

```
「正方形(の)」名 1, 形 1 の意味から →
  ┌→(四角)→「広場」名 2→「一区画」名 4
  │          └→「角ばった」形 3
  ├→(平方)→「2乗(の, する)」名 3, 形 2, 動 2
  └→(きっちりとした)→「貸し借りのない」形 5→「清算する」動 1
```

― 名 (~**s** /~z/) C ❶ **正方形**; 四角形, 四角なもの(☞ **triangle** 表): draw [make] a ~ 正方形[四角形]をかく / become ~ 正方形に(なって), 四角に(なって) / a ~ of paper 四角い紙 / The base of a pyramid is a ~. ピラミッドの基底部は正方形である.

❷ [しばしば S- で固有名詞の後につけて] (市内の四角い)広場《交差点や四方を建物・街路に囲まれた場所で小公園になっているのが普通で, 地名に用いられる》(略 **Sq.**; ☞ **park** 参考); 広場を取り巻く建物: Times S~ (New York の) タイムズスクウェア / Trafalgar S~ (London の) トラファルガー広場 // ☞ **Red Square**. ❸〔数〕circus 《英》円形広場. ❸〔数〕2乗, 平方(略 **sq.**): 9 is the ~ *of* 3. 9は3の2乗である. 関連 **power** 乗 / **cube** 3乗, 立方. ❹ (チェス盤などの)目; (四画を街路に囲まれた)一区画. ❺ 直角定規 (T型やL型の定規). ❻〈古風, 略式〉つまらない人, 時代遅れの人. ❼〈米略式〉=square meal.

báck to [at] squáre óne [副・形]〈略式〉振り出しに戻って, 新規まきなおし. 由来 ゲームなどが目上にあることから. **on the squáre** [副・形]〈古風, 略式, 主に米〉正直に[な], 公正に[な].

― 形 (**squar‧er** /-rərə | -rə/; **squar‧est** /skwéə(ə)rɪst/) ❶ [比較なし] **正方形の**; 四角な: a table 四角いテーブル. 関連 **round** 丸い.

❷ [比較なし]〔数〕2乗の, 平方の(略 **sq.**): A room 8 feet ~ has an area of 64 ~ feet. 縦横8フィートの部屋の面積は 64 平方フィートである. 語法 8 feet *square* のように名詞の後につけると「一辺…の正方形の」, 「…平方の」の意であり, 64 *square* feet の語順では「…平方フィート (square foot [feet])」の意 // ~

square-bashing

inch(es) 平方インチ / ～ yard(s) 平方ヤード / ～ mile(s) 平方マイル / ～ meter(s) 平方メートル. 関連 cubic 3 乗の.

3 角ばった；(体格などが)がっしりした；直角の：a ～ corner 直角の角(钅) / have ～ shoulders 怒り肩をしている. **4** ⌞P⌟ (略式) 真っすぐな，水平な，傾いていない：Set this CD player ～ with the front edge of the shelf, please. この CD プレーヤーを棚の前の端にぴったりとつけてください. **5** ⌞P⌟ [しばしば all ～] (略式) 五分五分の，対等の，同点の；貸し借りのない，勘定[清算]済みの：I'm finally ～ with the bank. とうとう銀行に借りを返した / We were all ～ at the fifth hole. (英) 私たちはみな 5 番ホールでは互角だった《ゴルフで》. **6** (古風) 公正な (just), 正直な (honest) (with). **7** ⌞P⌟ きちんとした，整頓(岻)した；寸法の合った (with). **8** (古風, 略式) (人が)時代遅れの, つまらない.

— 動 (squares /~z/; squared /~d/; squar·ing /skwé(ə)rɪŋ/) ⊕ **1** [普通は受身で] 〖数〗 (…)を **2 乗**する，平方する：8 ～d is 64. 8 の 2 乗は 64 / If you ～ 10, you get 100. 10 を 2 乗すると 100 になる. 語法 r² は r squared と読む. 関連 cube 3 乗する. **2** [進行形なし] (略式) ⟨…⟩を(他と)一致[適合]させる ；⟨明画・計画など⟩を(…に)了解[同意]させる：Have you ～d the plan with your boss? その計画を上司に認めてもらったのかい. **3** (略式) ⟨…⟩を清算[決済]する (settle)：I ～d accounts with the bank. 私は銀行に支払いを済ませた. **4** 決然と肩・ひじを張る，怒らせる；⟨…⟩を直角にする. **5** (略式) ⟨…⟩を買収する，抱き込む. **6** ⟨試合の得点⟩を五分にする. **7** ⟨…⟩を正方形[四角]にする；[普通は受身で] ⟨…⟩を四角に区切る，⟨…⟩にます目を書く. **8** ⟨…⟩を真っすぐ[水平]にする. — ⊜ [進行形なし] (略式) (事実・基準などと)一致する，適合する (with).

squáre awáy [動] [普通は受身で] (米) ⟨…⟩を完成する；⟨問題など⟩をうまく処理する. **squáre óff** [動] ⊜ (米) 戦う身構えをする (against, with). — ⊕ ⟨…⟩を四角に切る；四角にます目を書く. **squáre the círcle** [動] ⊜ 不可能なことをしようとする. 由来 円と同じ面積の正方形を作ることが不可能であることから. **squáre úp** [動] (略式) (1) (貸し借りのけりをつける，⟨食事の⟩支払いを済ませる (with). (2) (英) 戦う身構えをする. **squáre úp to …** [動] ⊕ (主に 米) (相手に対して身構える；⟨人・課題など⟩に逃げずに[正面から]立ち向かう，…に真剣に取り組む. — 副 **1** まともに，もろに；直角に (to)：run ～ into a policeman 警官と真正面からぶつかる / He hit me ～ on the jaw. 彼は私のあごをまともに殴りつけた / She looked me ～ in the eye. 彼女は私の眼をまっすぐに見た. **2** 正直に，公正に，正々堂々と.

squáre-báshing 名 ⓤ (英略式) (特に兵営での)行進の)軍事練習.

squáre brácket 名 (英) ⓒ [普通は複数形で] 角がっこ (⌞[ ]⌟) 《(米) bracket》.

squared /skwéəd | skwéəd/ 形 **1** (英) ます目に仕切られた；方眼の：～ paper 方眼紙. **2** 平方の, 2乗の：2 ～ equals 4. 2 の 2 乗は 4.

squáre dánce 名 ⓒ スクエアダンス《2 人 1 組が 4 組で踊る》；スクエアダンスパーティー.

squáre déal 名 ⓒ (略式) (特に取り引きでの)公正な扱い.

squáre knót 名 ⓒ (米) こま結び 《(英) reef knot》.

squáre·ly 副 **1** 真正面に，まともに：The boxer was hit ～ on the chin. そのボクサーはまともにあごに一発くらった. **2** 公正に，正々堂々と，正直に，真正面から. **3** まん中に；まっすぐに. **4** 四角に；直角に.

squáre méal 名 ⓒ 十分な食事.

squáre míle 名 ⓒ 平方マイル；[the S- M-] (London の)シティー (the City).

squáre·ness 名 正方形[四角]であること；角ばったこと；水平(なこと)；対等(なこと)；公正, 正直.

squáre-rígged 形 〖海〗 横帆装置の, 横帆式の.

squáre róot 名 ⓒ (数) 平方根 (of) (⇨ root¹ 名 7 参考). 関連 cube root 立方根.

squáre shóoter 名 ⓒ (米略式) 正直者.

squáre-shóuldered 形 いかり肩の.

squáre wáve 名 ⓒ 〖電〗 矩形(ぷ)波, 方形波.

squar·ish /skwé(ə)rɪʃ/ 形 ほぼ四角の, 角ばった.

⁺squash¹ /skwáʃ | skwóʃ/ 動 (～·es /~ɪz/; ～·ed /~t/; ～·ing) ⊕ **1** ⟨…⟩を押しつぶす, ぺちゃんこにする (crush)：Don't ～ my hat. 僕の帽子をぺちゃんこにさないで. **2** ⟨人⟩を(…に)詰め込む, 押し込める：During the rush hour, they ～ too many people into the trains. ラッシュ時には電車に人を詰め込みすぎる. **3** (略式) ⟨暴動など⟩を鎮圧する, つぶす；黙らせる, やり込める / ⟨案など⟩をうまくかわして[詰めあって]入る (in; into). **2** (副詞(句)を伴って)つぶれる, ぺちゃんこになる, ぐにゃぐにゃになる. **squásh úp** [動] ⊕ ⟨…⟩を詰め込む, 押し込む (against). — ⊜ 詰め(込まれ)る (into). — 名 **1** ⓤ スカッシュ《壁にはね返して相手に球を打つ球技；2 人または 4 人で行なう》. **2** [a ～] ぎゅうぎゅう詰め, きゅうくつなこと：It's a ～. ⓢ ぎゅうぎゅう詰めだ. **3** ⓤ (英) スカッシュ《果汁に水などを加えた飲み物》：lemon ～ レモンスカッシュ.

⁺squash² /skwáʃ | skwóʃ/ 名 (複 ～·es, ～) ⓒⓤ (主に米) かぼちゃ《かぼちゃ・くりかぼちゃなど》《(英) (vegetable) marrow》. 語法 1 個, 2 個と数えるには a squash, two squashes とも a piece of squash, two pieces of squash ともいう.

squashes

squashed /skwáʃt | skwóʃt/ 形 押しつぶされた, ぺちゃんこの.

squásh ráckets 名 ⓤ (格式) = squash¹ 名 1.

squash·y /skwáʃi | skwóʃi/ 形 (squash·i·er; -i·est) つぶれやすい；⟨果物など⟩が熟しすぎて柔らかい.

⁺squat /skwát | skwót/ 動 (squats; squat·ted; squat·ting) ⊜ **1** しゃがむ, うずくまる (crouch)：～ on one's haunches (尻をついて)うずくまる / He squatted down to check the flat tire. 彼はしゃがみ込んでパンクしたタイヤを調べた. **2** (公有地や建物)に無断で居座る (in, on). — 形 (squat·ter; squat·test) [普通は限定で] ずんぐりした, ⟨背が⟩低くずんぐりした. — 名 **1** [a ～] しゃがむこと, しゃがんだ姿勢；ⓒ 屈伸運動. **2** [単数形で] (英) 無断居住された建物. **3** ⓤ [否定文で] (米俗) 何も(…ない).

⁺squat·ter /skwátə | skwótə/ 名 ⓒ **1** (公有地や建物)の無断居住者；(所有権獲得のための)公有地の定住者：～'s [～s'] rights 土地[建物]占有者権. **2** しゃがむ人.

squat·ty /skwáti | skwóti/ 形 (squattier; -tiest) ずんぐりした.

squaw /skwɔ́:/ 名 ⓒ (古語) [差別] 北米先住民の女性[妻].

squawk /skwɔ́:k/ 動 ⊜ **1** (あひる・鶏・かもなどが)があ鳴く. **2** (略式) 大声で不平を言う (about). — ⊕ (略式) ⟨…⟩を大声で言う. — 名 ⓒ **1** があがあ鳴く声. **2** (略式) 不平, 不満.

squáwk bòx 名 ⓒ (略式) (場内放送などの)スピーカー；インターホン.

⁺squeak /skwí:k/ 動 (形 squéaky) ⊜ **1** (ちゅうちゅう

い;車輪などが)きしむ: a ~ing door きしむドア. **2** 《ねずみなどが》ちゅうちゅう鳴く (☞ cry 表 mouse);金切り声を出す. **3** 《略式》かろうじて通り抜ける,なんとか~く《through,past》. **4** 《略式》《...に》金切り声で言う(out). ━名 C **1** ねずみの鳴き声,ちゅーちゅー;金切り声. **2** きしむ音,きーきー. **3** 《否定文で》《不満などをもらす》ぶつぶつ言い声.

squeak・er /skwíːkɚ | -kə/ 名 C きーきーいうもの;ひな;《略式》(競技・選挙などでの)辛勝.

squeak・i・ly /skwíːkɪli/ 副 きしんで;ちゅうちゅういって;きーきー声で.

squeak・i・ness /skwíːkinəs/ 名 U きしむこと;ちゅうちゅういうこと.

squeak・y /skwíːki/ 形 (**squeak・i・er**; **-i・est**; 動 squeak) ちゅうちゅう[きーきー]いう,きしむ;《米》(勝負がなどの)きわどい: a ~ wheel きーきー鳴る車輪;文句ばかり言う人 / a ~ toy 押すと鳴るおもちゃ. **squéaky cléan** [形] 《略式》清潔漂白な,欠点のない;とてもきれいな,ぴかぴかに磨いた.

*__squeal__ /skwíːl/ 動 自 **1** (タイヤなどが)きしむ;悲鳴[歓声]を上げる (with,in). **2** 《略式》たれこむ,(仲間を)裏切る (on;to). ━他 金切り声で言う(out).
━名 C (子供などの)悲鳴,甲高い声,歓声,(ブレーキなどの)きしむ音,きーきー (squeak より長く高い音) (of).

squea・mish /skwíːmɪʃ/ 形 **1** (人が)吐き気を催しやすい,すぐに気持ちが悪くなる(about). **2** 神経質の,潔癖すぎる. ~**・ly** 副 気持ち悪く;神経質に. ~**・ness** 名 U むかつきやすさ;神経質なこと.

squee・gee /skwíːdʒiː/ 名 C (床・窓などの水をぬぐう)柄つきゴムぞうきん《モップの先がうすい板状のゴムになったもの》. ━他 《...に》ゴムぞうきんをかける.

*__squeeze__ /skwíːz/ 動 (**squeez・es** /-ɪz/; **squeezed** /-d/; **squeez・ing**) 他 **1** 《...を》強く押す,圧搾する;握る,抱き締める: He took her hands in his, and ~d them gently. 彼は彼女の手をとって優しく握った / She ~d the baby to her breast. 彼女は赤ん坊を抱き締めた.

2 《果物などを》絞る(from);《水分などを》(...から)絞り出す;絞り出して移す(into): ~ toothpaste *out of* the tube <V+O+*out of*+名・代> チューブから歯みがきを絞り出す / ~ a little lemon *on* [*onto*] the food <V+O+*on*[*onto*]+名> 料理にレモンを少し絞ってかける / I ~d the sponge dry. <V+O+C(形)> スポンジを絞って水を切った.

3 《...を》(場所に)詰め込む,無理やり押し込める;(予定などに)割り込ませる: ~ many things *into* the suitcase <V+O+*into*+名・代> スーツケースにいろいろ詰め込む / He tried to ~ himself *onto* the crowded train. 彼は無理やり満員列車に乗り込もうとした / The dentist said he'd try to ~ me *in* at 2:15. <V+O+*in*> 歯医者は2時15分に(他の予約患者の間に)私を何とか割り込ませようと言った. **4** 《人から》《物を》搾り取る;《人から》《...を》無理やり奪う(for);《人から》《情報などを》聞き出す(from): The Government ~d more money *out of* the public. 政府は大衆からさらに多くのお金を搾り取った. **5** 《人などを》締め出す,排除する(out;out of). **6** (経済的に)《...を》圧迫する;苦しめる.
━自 [副詞(句)を伴って] **1** 押し入る,割り込む,無理に通る (into,by,past,between): She tried to ~ in. 彼女は割り込もうとした / He ~d through the crowd. 彼は人込みの中を強引に通り抜けて行った. **2** なんとか合格 [成功]する,かろうじて勝つ (in,into,through).

squéeze ín a rún [動] 自 《野》スクイズで点を取る. **squéeze one's wáy** [動] (狭い場所で人を)押し分けて進む. **squéeze úp** [動] 自 (乗客などが)詰める (against). ━他 《乗客などを》詰めさせる(against).
━名 (**squeez・es** /-ɪz/) **1** C [普通は単数形で] 絞る[握る]こと;(他人の手を握る)こと;(軽く)抱き締めること: John gave her a ~. ジョンは彼女を抱き締めた. **2** C

squirrel 1715

絞ったもの,ひと絞りの分量: a ~ of lemon レモンのひと絞り. **3** [a ~] 《略式》ぎっしり詰まっていること,押し合い: a (tight) ~ ぎゅうぎゅう詰め. **4** C [普通は単数形で] 《金融の》引き締め,困難な立場,苦境,《物資の不足などによる》不便: be in a tight ~ 苦境に立つ. **5** C =squeeze play. **6** C 《米略式》恋人.

pút the squéeze on ... [動] 他《略式》(―するように)《人》に圧力をかける,強制する(to do).

squéeze bòttle 名 C 《米》(マヨネーズなどの)絞り出し容器《プラスチックのチューブ》.

squéeze-bòx 名 C 《略式》アコーディオン.

squéeze plày 名 C **1** 《野》スクイズ. **2** (相手に譲歩させるための)圧力.

squeez・er /skwíːzɚ | -zə/ 名 C [普通は合成語で] 圧搾(あっさく)器,絞り出し器: a lemon ~ レモン絞り器.

squelch /skwéltʃ/ 動 他 **1** 《略式》《うわさ・可能性などを》押し[踏み]つぶす. **2** 《...を》黙らせる,やり込める.
━自 **1** びちゃびちゃ音を立てて歩く (through,along,up). ━名 C [普通は単数形で] ぬかるみ,びちゃちゃ(歩く音).

squelch・y /skwéltʃi/ 形 (**squelch・i・er**; **-i・est**) (地面などが)がぼがぼいう,びちゃちゃいう.

squib /skwíb/ 名 C **1** 爆竹. **2** 《文》戯評,風刺. **3** 《米》(新聞・雑誌の)短い記事;埋め草.

*__squid__[1] /skwíd/ 名 (複 ~ (s)) C,U いか《cuttlefish》.

squid[2], **SQUID** /skwíd/ 名 《物理》超伝導量子干渉素子,微弱磁場観測装置.

squidg・y /skwídʒi/ 形 (**squidg・i・er**; **-i・est**)《英略式》(水気が多く)柔らかい,ふにゃとした.

squiffed /skwíft/ 形 《米略式》=squiffy.

squiff・y /skwífi/ (**squiffier**; **-fiest**) 形 《古風,英略式》ほろ酔いの.

squig・gle /skwígl/ 名 C (文字などの)くねった線;なぐり書き. ━動 自 くねくねと書きなぐる.

squig・gly /skwígli/ 形 (**squig・gli・er**, **-gli・est**)(線などが)くねった,くねくねした.

squinch /skwíntʃ/ 動 他 《主に米》《目》を細くする,《まゆ》を寄せる,《鼻》にしわを寄せる,《顔》をしかめる(up).
━自 目を細くする;小さくなる,うずくまる (up,down,away).

squint /skwínt/ 動 自 **1** 目を細めて見る (into);(すき間などから)目を細めてのぞく (through);横目で見る: ~ in the bright sunlight 明るい太陽の光に目を細める / ~ *at* the fine print 細かい活字を目を細めて見る. **2** [進行形なし] 斜視である. ━他 《目》を細めて見る (against). ━名 **1** C [普通は単数形で] 目を細めて見ること. **2** [a ~] 斜視. **hàve** [**tàke**] **a squínt at ...** [動] 他《英略式》...を(ちょっと)見る.

squint 1

squínt-èyed 形 斜視の;《古語》意地の悪い.

squire /skwáɪɚ | skwáɪə/ 名 C **1** 《時に S-》《英》《昔の》田舎の大地主. **2** 《英史》騎士の従者. **3** Ⓢ 《古風,英略式》または《滑稽》《男が知らない客などに呼びかけて》だんな. ━動 《古風》《女性》に付き添う.

squire・arch・y /skwáɪɚːɑːrki | -rɑːki/ 名 (**-arch・ies**) [単数形でも時に複数扱い] 《英》(昔の)地主階級.

*__squirm__ /skwɚːm | skwɚːm/ 動 自 (蛇のように)のたくる,もがく;(不快・苦痛などで)身だえする,きまりわるがる: ~ *with* shame 恥ずかしがってもじもじする. **squírm óut of ...** [動] ...からもがいて逃れる. ━名 [単数形で] もじもじすること.

*__squir・rel__ /skwɚːrəl, skwɚːl | skwírəl/ 名 C り

す. — 動 (squir·rels; squir·reled, (英) squir·relled; -rel·ing, (英) -rel·ling) 他 《金などを》蓄える, ため込む (away).

squirrel càge 名 C 1 りすかご《回転筒を取り付けたかご; りすはつねはずみを入れる》. 2 《略式》きりがない状態[こと], むなしい繰り返し.

squirrel mònkey 名 C りす猿《南米産》.

squir·rel·y /skwə́ːrəli, skwə́ːli | skwírə-/ 形 《略式》じっとしていない, 落ち着かない.

⁺squirt /skwə́ːt | skwə́ːt/ 動 他 1 《…に[から]》液体・粉末などを噴出させる, ほとばしらせる (on, over, into, onto; out of, from): Sam ~ed water at her. サムは彼女にめがけて水を吹きかけた. 2 《噴出させて》《…に》水[液体]を吹きかける, 《液体などを》浴びせる (with). — 自 噴出する, ほとばしる (out, out of, from). — 名 1 C 噴出, ほとばしり (of); 少量の噴出物 (of). 2 [a (little) ~] S 《古風, 略式》《軽蔑》小生意気な青二才, 無礼な子ども; 若造. 3 C 《米》注射器; 水鉄砲.

squírt gùn 名 C 《米》水鉄砲 (water pistol).

squish /skwíʃ/ 動 《米略式》押しつぶす. — 自 1 [副詞(句)を伴って] 《泥の中を歩くなどして》びしゃびしゃ[しゃくしゃく]音をたてる. 2 《米略式》つぶれる. — 名 C 《略式》びしゃびしゃいう音.

squish·i·ness /skwíʃinəs/ 名 U ぐちゃぐちゃ[びしゃびしゃ]なこと.

squishy /skwíʃi/ 形 (squish·i·er; -i·est) 《略式》柔らかい, にゃぐにゃの; びしゃびしゃの.

Sr.¹ 略 =senior, Señor, sister.

Sra. 略 =Señora.

Sri /sriː, ʃriː/ 名 1 …さま, …先生《Mr., Sir に相当するインドの敬称》. 2 スリー《ヒンズーの神・聖職者に付ける敬称》.

Sri Lan·ka /sriːlάːŋkə, ʃriː- | -lǽŋ-/ 名 固 スリランカ《インドの南方, Ceylon 島から成る共和国》.

SRN /ésɑ̀ːén | -ɑ̀ː(r)én/ 略 =State Registered Nurse.

SRO 略 1 =single room occupancy シングルルームの利用《状況》. 2 =standing room only (stand·ing room).

SRY 略 =sorry 《E メールなどで用いる》.

SS /ésés/ 略 [the ~] (ナチスの) 親衛隊.

S.S. 略 1 [船の名前の前につけて] =steamship. 2 [複数の聖人などの名前の前につけて] =saints. 3 =《米》social security.

SSA /《米》=Social Security Administration 社会保障局.

SSE =south-southeast.

ssh /ʃː/ 間 =sh.

SSI =Supplemental Security Income 補足的保障所得《米国の社会保障のひとつ》.

SSN =Social Security Number.

SST /ésèst/ =supersonic transport.

SSW =south-southwest.

st.¹ 略 =stone 6.

⁺St.¹ 略 [通りの名前の後につけて] …通り (Street).

St.² /seɪn(t) | s(ə)n(t)/ 略 =saint. 語法 *St. George, St. Matthew* のように聖人・聖者 (saint) や使徒の名の前につける.《英》では St とピリオドなしで用いる.

St.³ /-/ =strait.

-st¹ 略 =first. 語法 *1st* (=first), *21st* (=twenty-first) のように数字の 1 につけて序数を表わす (number 表).

-st² /st/ 接尾 〔聖〕または《古語》thou が主語の時, 動詞の二人称単数・現在形をつくる.

Sta. 略 [特に地図で] =station.

⁺stab /stǽb/ 動 (類語 stub) (stabs /-z/; stabbed /-d/; stab·bing) 他 《刃物などで》人をぐさり[ずぶり]と刺す; 《刃物・指などを》《…に》突き刺す[つける] [言い換え] He *stabbed* my arm. = He *stabbed* me *in* the arm. 《V+O+in+名》彼は私の腕を突き刺した (the¹ 2(1)) [言い換え] She *stabbed* the man *with* a knife. <V+O+with+名・代>=She *stabbed* a knife *into* the man. <V+O+into+名・代> 彼女はナイフでその男を刺した. — 自 刺す, 突きかかる: ~ *at* the air with one's finger 《強調するために》指で突くしぐさをする. **stáb ... in the báck** [動] 他 《略式》《…を》だまし討ちする, 裏切る (betray). **stáb ... to déath** [動] 他 《…を》刺し殺す. — 名 C 1 突き刺すこと (*at*); 刺された傷: a ~ wound 刺し傷. 2 《文》突然の鋭い痛み, 刺すような心の痛み: a ~ of guilt 罪責感. 3 人の名誉を傷つける発言[こと]. 4 [普通は単数形で]《略式》試み (try) (*at*). **a stáb in the báck** [名]《略式》裏切り, だまし討ち (betrayal). **a stáb in the dárk** [名] 当てずっぽう. **hàve [màke, tàke] a stáb at ...** [動] 他 《略式》《…を》やってみる.

stab·ber /stǽbə | -bə/ 名 C 刺客, 暗殺者.

⁺stab·bing /stǽbɪŋ/ 形 [普通は A] 《痛みが》刺すような. — 名 C 刺傷《事件》.

sta·bil·i·ty /stəbíləṭi/ 12 名 (形 stable¹; insta·bility) U 安定, 固定, 堅固なこと; (物質の) 安定度[性]: political [social] ~ 政治的[社会的]な安定.

sta·bi·li·za·tion /stèɪbələzéɪʃən | -laɪz-/ 名 U 安定化, 固定化.

⁺sta·bi·lize /stéɪbəlàɪz/ 動 (-bi·liz·es /-ɪz/; -bi·lized /-d/; -bi·liz·ing; 形 stable¹) 他 《…を》安定させる, 固定させる: ~ prices 物価を安定させる. — 自 安定する, 固定する: It will take some time before his condition ~s. 彼の容体が安定するまでしばらくかかるでしょう.

sta·bi·liz·er /stéɪbəlàɪzə | -zə/ 名 C (船・飛行機の)安定装置, (飛行機の)水平尾翼 (airplane 挿絵); 〔化〕安定剤; 《英》(自転車の)補助輪 (training wheels).

stábilizer bàr 名 C スタビライザー(バー)《自動車の前部サスペンション 2 つを連結する車体揺れ止め装置の水平の金属棒》.

⁺sta·ble¹ /stéɪbl/ 12 形 (sta·bler, more ~; sta·blest, most ~; 名 stability, stábilize; 反 unsta·ble) 1 安定した, しっかりした (firm), 強固な (steady) (stand [単語の記憶]): a ~ government 安定した政府 / Prices are fairly ~ now. 今は物価がかなり安定している. 2 (心の)しっかりした, 落ち着いた: We need a ~ person for this job. この仕事にはしっかりした人が必要だ. 3 〔化〕(物質が)安定している. 語源 ラテン語で「立つ」の意.

⁺sta·ble² /stéɪbl/ 名 C 1 《英》馬小屋; [しばしば複数形で] きゅう舎; 《米》家畜小屋 (stall 2): lock [shut, close] the ~ door after the horse has been stolen [《英》bolted] 《ことわざ》馬が盗まれ[逃げて]てから馬小屋の戸に鍵をかける《どろぼうを捕らえて縄をなう》. 2 〔競馬〕同じきゅう舎の馬《全体》, (…の)持ち馬《全体》: own a racing ~ 競走馬の持主である. 3 (一人の管理下にある人・物の)一群《ボクシングジム・相撲部屋など》; (共通の目的や興味で集まる)一団《大学の運動部・劇団など》(*of*): the Takasago S~ 高砂部屋. — 他 馬小屋に入れる; 馬小屋で飼う.

stáble·bòy 名 C (若い男の)馬丁.

stáble·gìrl 名 C (若い女性の)馬丁.

stáble làd 名 C 《英》=stableboy.

stáble·màn 名 (-men /-mèn/) C 《米》=stableboy.

stáble·màte 名 C 同じきゅう舎[馬主]の馬; 同じクラブ[ジム]の選手; 同じ会社の人[製品].

sta·bling /stéɪblɪŋ/ 名 U 馬小屋の収容能力.

sta·bly /stéɪbli/ 副 安定して, しっかりと.

stac·ca·to /stəkάːtou/《楽》副形(反 legato) スタッカートで[の], 断音で[の]; 切れ切れに[の]. ― 名 (~s) C スタッカート, 断音.

***stack** /sték/ (類音 stock, stuck) T2 名 (~s /-s/) C 1 (整然と)積み重ねた山, 堆積(たいせき)(☞ pile 表): a ~ of videos ビデオの山. 2 [しばしば複数形で](略式)多量, 多数: I've got ~s [a ~] of work to do. 仕事がたくさんある. 3 麦わらの山, 干し草の山 (haystack), 稲叢(いなむら). 4 (工場の)煙突. 関連 smokestack, chimneystack (汽船・工場などの)煙突. 5 [the ~s] 書庫; [しばしば複数形で] (図書館の)書架: open [closed] ~s 開[閉]架式書庫. 6 《電算》スタック (最後に入力した情報が最初に取り出せる記憶装置).
blów one's stáck [動] (略式, 主に米) かっとなる.
― 動 他 1 〈...〉を積み重ねる[上げる] (up); [普通は受身で]〈...に(物)を)積む: be ~ed with goods 商品でいっぱいである. 2 (略式)〈トランプなど〉を不正に切る (against); 〈主に米〉有利になるように手配する. 3 《飛行機》を空中待機させる (up). ― 自 1 山のように積み重なる (up). 2 空中待機する (up). **hàve the cárds [ódds] stácked agàinst one** [動] 大変不利な立場に置かれている (☞ one² 代 語法 (4)). **stáck úp** [動] 自 (略式, 主に米) 比べられる, 匹敵する (against, to).

stack·a·ble /stǽkəbl/ 形 積み重ねられる[やすい].
stacked /stækt/ 形 《米略式》(差別)巨乳の.
stáck sỳstem 名 C (カセット・CDプレーヤーなどの)積み重ねられるオーディオシステム.

sta·di·a /stéɪdiə/ 名 stadium の複数形.
***sta·di·um** /stéɪdiəm/ T3 名 (~s /-z/, sta·di·a /-diə/) C スタジアム; 陸上競技の)競技場, 野球場: The ~ can hold thirty thousand people. このスタジアムは3万人収容できる.

***staff**¹ /stǽf | stάːf/ (類音 stuff) T1 名 (~s /-s/) 1 C [普通は単数形で《英》単数または複数扱い] 職員, スタッフ, 部局(員), 社員(全体), 幹部(全体)(《☞ collective noun 文法》): be *on the* editorial ~ 編集部員である / join the ~ 職員になる / have her on the [a] ~. 彼女を職員にむかえる / We have a ~ of twelve [twelve on our ~, twelve ~ (members)]. 私共には12人のスタッフがいます / We have a fine teaching ~ at this school. 本校の教授陣はすばらしい. 日英比較 staff はその職場で働く職員全体をいい, 日本でいう「スタッフ」のように一人一人を指すときは member of staff, staff member または staffer が普通. 2 [形容詞的に] 職員の, 部員の; 職員付きの: a ~ room [meeting] 職員室[会議]. 3 C [普通は単数形で《英》単数または複数扱い]《軍》参謀, 幕僚: the general ~ 参謀(全体). ― 動 他 [普通は受身で]〈...〉に職員[部員など]を配置する: We're ~ed with [by] excellent teachers. ここにはいい先生がそろっています.

staff² /stæf | stάːf/ 名 (複 ~s /-s/, staves /stǽvz, stéɪvz | stéɪvz/) C 1 (古語)つえ; (古風, 格式)(職権を示す)指揮棒, 権標; 旗ざお (flagstaff). 2 (複 staves)《楽》(主に米) 譜表, 五線. **the stáff of lífe** [名]《文》命の糧《特にパン》.

-staffed /stǽft | stάːft/ 形 [合成語で] 職員が...に: a well-*staffed* office 社員の数が十分な会社.
***staff·er** /stǽfə | stάːfə/ 名 C《主に米》(ジャーナリズム・政党などの)スタッフの一員, 職員, 部員.
***staff·ing** /stǽfɪŋ | stάːf-/ 名 U 職員の配属.
stáff nùrse 名 C《英》看護師次長《主任看護師 (sister) のすぐ下》.
stáff òfficer 名 C《軍》参謀将校, 幕僚.
Staf·ford·shire /stǽfədʃə | -fədʃə/ 名 スタフォードシア《イングランド中西部の州》.
stáff sèrgeant 名 C《軍》《米》二等軍曹;《英》特務軍曹.

***stag** /stæg/ 名 (複 ~(s)) 1 雄鹿(おじか). 関連 hind 雌鹿(めじか) / hart 5歳以上の雄鹿. 2 (パーティーなどで)女性同伴でない男性. 3 《英》和鹿(だんろく)で新株買いをする人. 4 《米》=stag party. ― 形 A 男だけの; ポル的な. **gò stág** [動] 自《古風, 米略式》女性の同伴なしで行く.

***stage** /steɪdʒ/ T1 名 (stag·es /-ɪz/; 形 stágy)

元来は「立つ場所」(☞ stand 単語の記憶).

→「段」→「舞台」2 →「演劇」3 →(活動の)「舞台」4
     →「段階」1

1 C (発達・発展の)段階, 時期: the first [second] ~ 第1[2]期 / at this ~ 今の段階では / *at* an early ~ 早い段階で / *at* one ~ あるとき / enter [be in] one's final ~ 最終段階に入る / go through a difficult ~ 難しい時期を経験する / What ~ is your thesis at? 論文はどの段階まで進んでいますか / It is still *in* the testing ~. それはまだ実験段階にある.

2 C (劇場の)舞台, ステージ(《☞ theater 挿絵》); 演壇, 劇場: a ~ actor [actress] 舞台俳優[女優] / act [be, go] *on* (the) ~ 舞台の上で演じる.

3 [the ~] 演劇; 舞台活動, 俳優業; 劇文学: write for the ~ 脚本[芝居]を書く / She left the ~ last year. 彼女は昨年舞台を去った.

4 [単数形で, 普通は the ~] (活動の)舞台, (事件などの)起こった場所 (scene): take center ~ 注目をあつめる / He liked being *at the center of* the political ~. 彼は政治の舞台の中心にいるのを好んだ. 5 C (宿場間の)旅程, (旅行の)行程; (数日間にわたるレースの)一区間;《英》(バスの)一定料金区間. 6 C (古風, 略式) =stagecoach. 7 C (多段式ロケットの)段.

be on the stáge [動] 自 俳優[役者]である.
by [in] éasy stáges [副] (旅行などが)楽な日程で; 休み休み, ゆっくりと.
gó on the stáge [動] 自 俳優[役者]になる.
gó through a stáge [動] 自 [進行形で] (略式) (若者などの)ある成長段階を経る.
in stáges [副] 段階的に, 次第に.
sét the stáge for ... [動] 他 ...のお膳立てをする; ...のきっかけとなる: This disagreement *set the* ~ *for* his removal as prime minister. この不一致は彼が首相を辞任する契機となった. 由来「...の舞台装置を作る」の意から. 語法 The stage is set for ... の形で受身にできる.
stáge by stáge [副] 徐々に.

― 動 (stag·es /-ɪz/; staged /-d/; stag·ing) 他 1 〈...〉を上演する,〈試合などを催す, 公開する: The show *was* beautifully *~d*. <V+Oの受身> ショーはすばらしいできだった. 2 〈...〉を華々しく行なう; 敢行する: ~ a three-day strike 3日間のストライキを敢行する. 3 [動作を表わす名詞を目的語として]〈...〉をする: ~ a comeback [recovery] カムバック[回復]する.

stáge·còach 名 C 駅馬車《宿場 (stage) ごとに馬を換えて旅客・郵便などを運んだ》.

stagecoach

stáge·cràft 名 U 劇作の才; 演出の腕, 上演術.
stáge diréction 名 C (脚本の)ト書き.
stáge diréctor 名 C 演出家; 舞台監督.

stáge dóor 名 C (普通 the ~) 楽屋口.
stáge efféct 名 C 舞台効果.
stáge fríght 名 U (初演者などが観客の前であがること, 舞台負け: get ~ あがる.
stáge hánd 名 C 舞台係, 裏方.
stáge léft 副 (反 stage right) 舞台左手に[から].
stáge-mànage 動 他 〈…の舞台監督をする; 《略式》 [けなして] 〈…の〉効果を狙った演出をする, 〈…を〉裏で操る.
stáge mànager 名 C 舞台監督.
stáge mòther 名 C [けなして] ステージママ《子供の芸能活動に必死になる母親》.
stáge náme 名 C (俳優の)舞台名, 芸名.
stáge ríght 副 (反 stage left) 舞台右手に[から].
stáge-strúck 形 俳優熱にうかされた, 舞台生活にあこがれた.
stáge whísper 名 C 1 (観客に聞こえるようにいう)声高のわきぜりふ. 2 聞こえよがしの私語.
stág·y /stéɪdʒi/ 形 (stag·i·er; -i·est) =stagy.
stag·fla·tion /stægfléɪʃən/ 名 U 《経》スタグフレーション《不況下のインフレ》.
†**stag·ger** /stǽɡə/ 動 自 (-ger·ing /-g(ə)rɪŋ/) [副詞(句)を伴って] 1 よろめく, ふらつく, よろよろ歩く (away, into, down). 2 (自信・決心が)ぐらつく(危険[困難に)ひるむ. — 他 1 〈…を〉びっくりさせ, めんくらわせる: I was ~ed to hear the news. その知らせを聞いて愕然(がくぜん)とした (⇒ staggered 1). [語法] 能動態は The news staggered me. 2 〈混雑する時間などを〉重ならないようにずらす, 時差制にする, 〈レースで〉〈出発時刻[地点]を〉重ならないようにする; 〈物を互い違いに置く〉: Our lunch hours have been ~ed so that the cafeteria will not be overcrowded. 昼食の時間は食堂が込まないようにずらしてある. **stágger to one's féet** 動 自 よろよろと立ち上がる (⇒ foot 成句の囲み). — 名 C [普通は単数形で] よろめき, ぐらつき.
stag·gered /stǽɡəd/ -gəd/ 形 1 P びっくりした, ぼうぜんとした (by, at; to do). 2 互い違いに[ジグザグに]したn; 時差制の: a ~ junction 《英》道がずれるように交差させた交差点 / ~ office hours 時差出勤による勤務時間
*stag·ger·ing /stǽɡərɪŋ/ 形 びっくりするような, 驚くべき: a ~ sum 腰を抜かすほどの額. **~·ly** 副 びっくりするくらい, 驚くほど.
stág·hòrn 名 C,U 鹿の角.
stag·i·ly /stéɪdʒɪli/ 副 芝居がかって, 大げさに.
stag·ing /stéɪdʒɪŋ/ 名 1 U,C (劇などの)演出, 上演 (of). 2 U (建築の)足場.
stáging àrea 名 C 《軍》部隊集結地.
stáging pòst 名 C 途中着陸地, 立ち寄り地; (行動などの)足がかり, 一段階.
stag·nan·cy /stǽɡnənsi/ 名 U 停滞; 沈滞.
stag·nant /stǽɡnənt/ 形 1 沈滞した, 不景気な, 不振の (dull). 2 〈水・空気が〉流れない, よどんだ.
†**stag·nate** /stǽɡneɪt/ 動 自 1 不活発になる, 沈滞する. 2 〈液体が〉流れない, よどむ, 腐る.
stag·na·tion /stæɡnéɪʃən/ 名 U 沈滞, 不振, 不景気; よどみ, 停滞.
stág pàrty 《英》**nìght** 名 C 《特に結婚前夜に花婿のために開く》男性だけのパーティー. [関連] hen party 女性だけのパーティー.
stag·y /stéɪdʒi/ 形 (stag·i·er; -i·est; 名 stage) 舞台の(ような); 芝居がかった, 大げさな.
staid /stéɪd/ 形 [時にけなして] 〈人・身なり・行動・趣味など〉地味な, (生)まじめな, 着実な; 古風な, 保守的な.
*stain /stéɪn/ 動 (stains /~z/; stained /~d/; stain·ing) 他 1 [しばしば受身で] 〈物を〉〈…で〉よごす, 〈…に〉しみをつける, 変色させる: Ink ~ed his fingers. 彼の指はインクでよごれた / His coat was ~ed with blood. <V+O+with+名・代の受身> 彼の上着には血のあとがついていた. 2 〈ガラス・木材・壁紙などに〉着色する; 〈標本を〉染色する. 3 《文》〈人格・名誉〉を傷つける.
— 自 よごれる, 色がつく: White cloth ~s easily. 白い布はすぐよごれる.

— 名 (~s /~z/) 1 C よごれ, しみ: remove a ~ しみを落とす / wash a ~ off one's collar by hand えりのしみを手洗いする / You have some grease ~ **on** your skirt. スカートに脂のしみがついているよ. [関連] blood-stain 血痕(けっこん). 2 U,C 《ガラス・木材・壁紙などの》着色剤, 染料. 3 C 《文》〈人格・名誉に対する〉汚点, 傷 (on).
†**stáined gláss** /stéɪnd-/ 名 U ステンドグラス.
stain·less 形 1 さびない; ステンレス製の. 2 《文》〈行状・経歴などが〉汚点のない. 3 よごれ[しみ]のない.
stáinless stéel 名 U ステンレス《クロームを含んださびない鋼鉄》.
*stair /stéə, stéə/ (同音 stare; 類音 steer) 〖1〗名 (~s /~z/) 1 [複数形で] (屋内の)階段 (flight), はしご段: a flight of ~s ひと登りの階段 (⇒ flight¹ 挿絵) / at the foot [top, head] of the ~s 階段の下[上]で / go up and down the ~s 階段を登ったり降りたりする / fall down the ~s 階段から落ちる. [語法] 単数形で用いるのは 《主に文》. [関連] downstairs 階下 / upstairs 階上. 2 C (階段の) 1 段 (step): the top [bottom] ~ いちばん上[下]の段. **abòve [belòw] stáirs** 《古風, 英》(屋敷の)主人[召し使い]の部屋に[で]. [語源] 古(期)英語で「登る」の意; stile と同語源.
†**stáir·càse** 名 C (屋内の)階段《手すり, 時には回りの壁・天井なども含むひと続きの階段 (flight); ⇒ flight¹ 挿絵》: a spiral [circular] ~ らせん階段. **móving staircase** エスカレーター.

stairs (特に屋内の)	階段
steps (特に屋外の)	

†**stáir·wày** 《英》名 C =staircase.
stáir·wèll 名 C 階段吹き抜け.
*stake /stéɪk/ (同音 steak) 〖13〗名 (~s /~s/)

「くい」1 →→〈罪人を縛り付ける柱〉→「火あぶりの刑」成句
          →〈くいの上に置かれたもの?〉→「賭(か)け金」3 →「利害関係」2

1 C (標識・支えなどの)くい, 棒: drive a ~ into the ground くいを地面に打ち込む / support a tree with two ~s 木を2本の棒で支える. 2 C 利害関係, (事業への)出資分, 株: The company owned [bought] a large ~ in the multinational. その会社は多国籍企業の株を大量に所有した[買った]. 3 C [普通は複数形で] (競馬・トランプなどの)賭(か)け金, 賭けられたもの; [複数形で] 賞金: play for high ~s 高い賭け金を払う; 一か八かの勝負をする. 4 [the ~s] (一般に)賭金をかけられるもの, …レース; [普通は Stakes として単数または複数扱い] 特別賞金競馬, ステークス《出場馬の馬主全員が賞金を出すレース; 単独でも用いる》. 5 [the ~] 火あぶりの刑の柱. **be at stáke** 動 賭(か)けられている; 危うくなっている. **búrn ... at the stáke** 動 他 〈…〉を火あぶりの刑にする. **gó to the stáke** 動 《古風, 主に英》[しばしば滑稽](信念などに)あくまで固執する (for, over). [由来] 火あぶりの刑も辞さない, の意から. **háve a stáke in ...** 動 〈…に〉利害関係[あかわり合い]がある, (事業)に出資している. **púll úp stákes** 動 自 《米略式》 転居[転職]する. **úp the stákes** 動 自 (1) 《英略式》 =pull up stakes. (2) 掛け金を上げる.

— 動 (stakes /~s/; staked /~t/; stak·ing) 他

〈賭け事・競争・政治などで〉〈金・生命・名誉など〉を (…に) 賭 (か) ける (risk): He ~d a small fortune on the Derby. 彼はダービーに大金を賭けた. **2** 〈…〉をくいに縛る; 〈植物など〉を棒で支える (up). **3** 〈くいを立てて〉, 仕切る, 囲む (off). **stáke (óut) one's [a] cláim to …** [動] 他 …に対する権利を主張する. **stáke óut** [動] (1) [略式]〈警察などが〉…の張り込みをする; 〈警官など〉を張り込ませる. (2)〈…〉に対する権利を主張する;〈立場・範囲など〉を明確にする. (3) くいを立てて〈…〉を限る. **stáke … to** ― [動] 他 [米略式]〈…〉に (必要な物 [金]) を提供する.

stáked óut /stéɪkt-/ 形 P 張り込み中で.

stáke·hòlder 名 C **1** 出資者; 利害関係者. **2** 賭け金の保管人. **3** [法]係争物受寄者《係争中などの時に財産を預かる弁護士など》.

stáke·òut 名 C [略式]《警察の》張り込み.

sta·lac·tite /stəlǽktaɪt | stǽləktàɪt/ 名 C [鉱物]鍾乳 (しょうにゅう) 石.

sta·lag·mite /stəlǽgmaɪt | stǽləgmàɪt/ 名 C [鉱物] 石筍 (せきじゅん).

***stale** /stéɪl/ 形 (stal·er; stal·est) **1** 〈食べ物など〉が新鮮でない, 古くなった (反 fresh); 〈酒など〉気の抜けた, かび臭い;〈空気・煙など〉が不快なにおいのする, むっとする; 陳腐な: a ~ joke 月並みな冗談. **3** 〈人が〉〈練習・仕事など同じことをしすぎて〉飽き飽きした, 生気がない. ― 動 (格式) つまらなくなる.

***stale·mate** /stéɪlmèɪt/ 名 U.C **1** [普通は単数形で] 行き詰まり, 窮境, 膠 (こう) 着状態: reach [end in] (a) ~ 行き詰まる / break a ~ 行き詰まりを打開する. **2** [チェス]手詰まり, ステールメート《王以外のこまは動かせず, 王を動かせば王手になる場合のこと; 試合は引き分けになる》. ― 動 他 **1** 〈…〉を行き詰まらせる, 窮地に追い込む. **2** [チェス]〈王〉に指し手をなくさせる.

stále·ness 名 U 新鮮味 [生気] のなさ; 飽き飽きすること.

Sta·lin /stáːlɪn/ 名 **Joseph ~** スターリン (1879– 1953)《旧ソ連の政治家; 首相 (1941–53)》.

Sta·lin·is·m /stáːlənìzm/ 名 U スターリン主義.

Sta·lin·ist /stáːlənɪst/ 名 C スターリン主義者.

***stalk**[1] /stɔːk/ 名 (~s /~s/) C 〈植物の〉茎, [葉・花の] 柄;〈動物の〉茎状部; 茎状のもの: Slice the ~s of celery. セロリの茎を薄切りにしてください // ⇨ beanstalk. **éyes óut on stálks** [副] Ⓢ [英略式]目が飛び出るほど驚いて [ショックで].

stalk[2] /stɔːk/ 動 他 **1** 〈敵・獲物など〉に忍び寄る, そっと〈人〉の跡を (…まで) つける (to): The woman's exhusband ~ed her day and night. 彼女の夫が昼も夜も彼女の跡をつけまわした. **2** [文]〈悪霊・亡霊など〉が〈…〉を歩き回る;〈病気・災害など〉〈ある地方に〉広がる. ― 自 [副詞 (句) を伴って] **1** 〈ゆっくり〉大またで歩く,〈[憤然として] 歩く (away, out, off). **2** [文]〈亡霊など〉が現われる;〈病気・災害など〉広がる, 蔓延 (まんえん) する.

stalk·er /stɔ́ːkə | -kə/ 名 C **1** ストーカー. **2** 獲物に忍び寄る人〈猟師など〉.

stálk·ing /stɔ́ːkɪŋ/ 名 U ストーカー行為をすること.

stálking hòrse 名 C 隠れみの; [政]当て馬候補.

***stall**[1] /stɔːl/ 13 名 (~s /~z/) C **1** [しばしば合成語で]《駅・街頭・市場などの》売店, 屋台 (店); 商品陳列台 (stand): a fruit ~ 果物売り場 / a food ~ 屋台 関連 bookstall《主に英》雑誌 [新聞] 売り場. **2** C 馬小屋 [牛舎] (stable) の一と仕切り《1頭分の場所》;《競馬のスターティングゲート》. **3** C《米》《部屋・駐車場などの》小さい区切り: a shower ~ シャワーの個室. **4** C [普通は複数形で]《教会の》聖職者 [聖歌隊]席: choir ~s 聖歌隊席. **5** [the ~s]《英》《劇場の》1 階最前列の座席《全体》《《米》orchestra》; C《個々の》1 階の正面席. **6** C [普通は単数形で]立ち往生,《車の》エンスト,《飛行機の》失速. ― 動 他 **1** 〈…〉を立ち往生させる, 行き詰まらせる;〈エンジン〉を止まらせる, エンストさせる,〈飛行機〉を失速させる. **2** [略式] 〈…〉に言い逃れする,〈…〉を待たせる, 遅らせる. ― 自 **1** 立ち往生する, 行き詰まる; エンストする, 失速する. **2** [略式]言い逃れする; 引き延ばす (on, over). ~ **for time** 時間かせぎをする.

stáll·hòlder 名 C [英]《マーケットなどの》屋台店主.

stálling spèed 名 C [空]失速速度.

***stal·lion** /stǽljən/ 名 C 種馬 関連 mare 雌馬.

stal·wart /stɔ́ːlwət | -wət/ 形 **1** [普通は A] 忠実な, 節操の堅い. **2** [古風, 格式] 頑丈な, がっしりした. ― 名 C 忠実な人, 愛党心の強い人. **~·ly** 副 忠実に.

sta·men /stéɪmən/ 名 C [植]雄 (おし) ずい, 雄しべ. 関連 pistil 雌 (し) ずい.

***stam·i·na** /stǽmənə/ 名 U 持久力, 体力, 根気, スタミナ: I don't have the ~ to finish a marathon. マラソンを完走するだけの (体) 力がない.

***stam·mer** /stǽmə | -mə/ 動 (**-mer·ing** /-m(ə)rɪŋ/) 自 口ごもる, どもる (⇨ 類義語). ― 他 〈…〉を口ごもりながら言う, どもりながら言う (out). ― 名 C [普通は単数形で]口ごもること, どもること: have a nervous ~ おどおどして口ごもる. 【類義語】**stammer, stutter** 両者は同意に用いられることも多いが, 前者は恐怖・当惑・興奮などのためにどもることに, 後者は習慣的にどもることに使われることが多い.

stam·mer·er /stǽmərə | -rə/ 名 C どもる人.

stam·mer·ing·ly /stǽm(ə)rɪŋli/ 副 口ごもりながら, どもりながら.

***stamp** /stǽmp/ (類音 stomp, stump)

「踏みつける (こと)」他 動 **1**, 名 **4** → 〈強く跡を残す〉 → 「印 (を押す)」名 **2**, 動 **2** → 「切手 (をはる)」名 **1**, 動 **5**

― 名 (~s /~s/) C **1** 郵便切手《格式》postage stamp;《英》印紙, 証紙: a commemorative ~ 記念切手 / a revenue ~ 収入印紙 / a sheet of ~s 切手シート.

─ コロケーション ─
cancel a *stamp* 切手に消印を押す
collect *stamps* 切手を収集する
issue a *stamp* 切手を発行する
lick a *stamp* 切手をなめる
put [stick] a *stamp* on … …に切手をはる

2 スタンプ《打印器》, 印章, 印鑑,《押された》印 (しるし), 判, 検印, 消印, スタンプ (⇨ seal[1] 日英比較): a date ~《郵便局の》日付打印器; 日付印 / The box bears the ~ of the maker. =The box has its maker's ~ on it. その箱には製造者の証印が押してある. **3** [単数形で]《格式》特徴, 特質;《消えない》痕跡 (こんせき), 影響: put [leave] one's ~ on … …に影響を与える / have [bear] the ~ of truth《話など》本当と思われる / Her face bears the ~ of worry. 彼女の顔には苦労のあとが見える. **4** [普通は単数形で]踏みつけること [音]; じだんだ: He gave an impatient ~ of his foot. 彼はじれて足をどんと踏み鳴らした. **5** [単数形で]《格式》種類, 型: people of the same ~ 同じような人たち. **6** =trading stamp.

— 動 (stamps /~s/; stamped /~t/; stamp·ing)
他 1 〈…を〉踏みつける, 踏み鳴らす; 踏みしめる (down); 踏みつけて…にする: He was ~ing [his feet [the ground] to keep warm. 彼は体が冷えないように足踏みをしていた / S~ the ground flat. <V+O+C (形)> 地面を踏みならせ.
2 〈物に〉〈…の〉印[判]を押す; 〈物に〉〈…の〉印[判]を押す, 検印を押す; 刻印をつける; 〈物に〉…の模様をつける [言い換え] The librarian ~ed the date due on my library book. <V+O+on+名・代> =The librarian ~ed my library book with the date due. <V+O+with+名・代> 司書は私の借りた図書館の本に返却日の判を押した / The clerk ~ed the parcel "Fragile." <V+O+C (形)> その事務員が小包に「割れ物注意」という判を押した. 3 [しばしば受身で] 〈人の心に〉〈…を〉深く印象づける (impress) (with): That incident remained ~ed on my memory. その事件は私の記憶に深く刻み込まれていた. 4 〈…の〉本性を現わす, 〈人などが〉〈…であることを〉明らかにする〈人などの〉特徴を示す; 〈人などを〉〈…と〉決めつける (as). 5 〈…に〉切手[印紙]をはる.
— 自 1 踏みつける; じだんだを踏む: I ~ed on the cockroach. <V+O+名・代> ごきぶりを踏みつけた.
2 足を踏み鳴らして歩く, どしんどしんと歩く (around, about, out of).
stámp on … [動] 他 [略式] …を抑え込む, 鎮圧する.
stámp one's fóot [féet] [動] 自 足を強く踏み鳴らす (怒りのしぐさ; ☞ 自 1). stámp óut [動] 他 (1) 〈…を〉鎮圧する, 根絶する; 〈火など〉を踏み消す. (2) 〈…〉を型に合わせて切り抜く[打ち抜く] (from).
Stámp Àct 名 [the ~] [史] 印紙税法 (アメリカ植民地で発行される商業・法律関係の書類や新聞類に印紙を貼付(ホメム)することを規定した英国議会法 (1765)).
stámp àlbum 名 C 切手アルバム.
stámp colléctiing 名 U 切手収集.
stámp colléction 名 C 収集した切手類.
stámp colléctor 名 C 切手収集家.
⁺stámp dùty 名 U 印紙税.
stamped /stæmpt/ 形 [普通は A] 切手がはってある: a ~ envelope 切手つきの封筒.
⁺stámped addréssed 形 (英) =self-addressed.
⁺stam·pede /stæmpíːd/ 名 C [普通は単数形で] 1 (動物・人の群れが) 驚いてどっと逃げ出すこと. 2 (人が) どっと押し寄せること, 殺到. 3 (米) スタンピード (カウボーイがロデオなどの腕を競う催し). — 動 自 驚いてどっと逃げ出す; わっと押し寄せる (into). — 他 1 〈…〉をどっと逃げ出させる; 〈…〉を殺到させる. 2 [しばしば受身で] [けなして] 〈人に〉圧力をかけて (あわてて[無分別な]行動へ)追いこむ, 〈人を〉パニックにおとしいれて…させる: The news ~d people into buying gasoline. そのニュースで人々はいっせいにガソリンを買いに走った.
stámping gròund /stǽmpɪŋ-/ 名 C [所有格の後で] [略式] (人・動物の) よく集まる場所, たまり場.
stámp pàd 名 C =inkpad.
Stan /stǽn/ 名 固 スタン 《男性の名; Stanley の愛称》.
⁎stance /stǽns/ 名 (stanc·es /~ɪz/) C [普通は単数形で] 1 (公にした) 立場, 態度; 意見 (against): …'s ~ on the arms issue 軍備問題に対する…の立場 / The government took [adopted] a neutral ~ on the matter. 政府はその件には中立的な態度をとった.
2 [格式] (立った) 姿勢, 構え; [ゴルフ・野] (打者の足の) 位置, スタンス (☞ distance 単語の記憶): ☞ closed stance, open stance.
stanch¹ /stɑːntʃ, stɔː- | stáːntʃ/ 動 (主に米) 〈血〉を止める, 止血する.
stanch² /stɑːntʃ, stɔː- | stáːntʃ/ 形 =staunch¹.
stan·chion /stǽntʃən | stáːn-/ 名 C 柱, 支柱.

⁎⁎stand /stǽnd/ 動 (stands /stǽndz/; 過去・過分 stood /stúd/; stand·ing)

基本的には「立つ」の意.
① 立っている, (…に) ある   自 1, 3
② 立ち上がる; 立てる   自 2; 他 1
③ 立ち止まる   自 7
④ 我慢する   他 2

— 自 1 立っている, (…の状態で) 立っている: Don't just ~ there. Do something. ただそこで立っていて何かしなさい / The train was crowded and we had to ~ all the way. 列車が混んでいてずっと立っていなければならなかった / S~ still while I take your picture. / S~ +C (形)> 写真をとる間じっと立っていてください / S~ clear of the doors! ドアから離れていてください 《地下鉄などでのアナウンスで》 / We stood here talking for half an hour. <V+C (現分)> ここで30分立ち話をした.

[語法] **stand と進行形**
(1) 進行形は状態を表わす (☞ stand up (句動詞) [語法]): Somebody was ~ing at the gate. 人が門の所に立っていた.
(2) 進行形となるのは主語が人や動物のとき; ただし物でも移動できるものとか still を伴うときには可能: The tower was still ~ing after the great earthquake. その塔は大地震のあとも立っていた / I couldn't get through because your car was ~ing in the way. 君の車がじゃまして通れなかった.

[関連] sit 腰を下ろしている.
2 立ち上がる, 立つ, 起立する 《動作を表わす》: They stood (in order) to see better. 彼らはもっとよく見ようと立ち上がった / They stood (up) when the band started to play the national anthem. 楽団が国歌を演奏し始めると彼らは起立した. [語法] この意味ではしばしば up を伴う (☞ stand up (句動詞)). [関連] sit 腰を下ろす.

3 [進行形なし] [普通は W] (位置が…に) ある; (普通は…に) ある, 置かれる: Where did the castle ~? その城はどこにありましたか / Our school ~s on a hill. <V+前+名・代> 私たちの学校は丘の上にある / Many warehouses stood along the river. 川に沿ってたくさんの倉庫が建っていた / There were a few books ~ing on the shelf. 書棚には数冊の本が置いてあった.
4 (…の) 状態にある (be), (…の) ままでいる (remain), (…の) 立場[態度] をとる: ~ united [divided] <V+C (過分)> 団結[分裂] している / The door stood open. <V+C (形)> ドアは開いていた / Who ~s (as) sponsor for this young man? <V+C ((as)+名)> この若者の保証人はだれですか / Where [How] do you ~ on this question? <V+副> この問題にどんな立場をとっていますか. **5** [進行形なし] そのままである, もつ; 有効である: Let the mixture ~ overnight. 混ぜたものは一晩そのままにしておきなさい / The rule still ~s. 規則は今も有効だ / My offer of a job still ~s, you know. 仕事をあげようという話は今でも生きていますよ. **6** 等級[席次, 程度]が…である; (建物・木などが)高さが…ある: He ~s six feet [foot] one (tall). 彼は6フィート1インチある / The governor stood high in the (public opinion) polls. 知事は世論調査では評判がよかった / The thermometer stood at 6℃. 温度計は摂氏6度を指していた (6℃ は six degrees Celsius [centigrade] と読む; ☞ centi- 語源参照). **7** 立ち止まる, 停止する (stop); (列車・車などが) (一時) 停車[駐車] している; (水などが) たまる, よどむ; (食材などが) 寝かしてある: NO STANDING (米) 終上停車禁止. (掲示; ☞ no 形 3) / Tears stood in her eyes. 彼女の目には涙が浮かんでいた. **8** (主に英) 立

候補する (*for*) (《米》run) (☞ stand for … (句動詞)). **9** 《英》(なにげなく)踏む, 踏み入る (*on, in*).

— [他] **1** 〈物〉を(…に)**立てる**, 立てかける, 立てて置く (*in, over*); 〈人〉を立たせる (*up*): He ***stood*** a ladder ***against*** the wall. <V+O+*against*+名・代> 彼はその塀(へい)にはしごをかけた / ***S***~ the candle ***on*** this table. <V+O+*on*+名・代> ろうそくをこのテーブルの上に立てて(おき)なさい.

2 [普通は否定文・疑問文で can, could を伴って] [受身・進行形なし] 〈…〉を**我慢する**, こらえる, 〈…すること〉に耐える; (物が)〈…〉に耐えて持ちこたえる (☞ bear[1] 類義語; stand for … (句動詞) [語法]): I *can't* ~ her [jazz]. 彼女[ジャズ]が大嫌いだ / I *can't* ~ this cold. この寒さには耐えられない / My wife *can't* ~ my [me] smok***ing***. <V+O (動名)> 妻は私がたばこを吸うのを我慢できない (☞ sense subject [文法] (2) (iii) (c)) / I *couldn't* ~ people telling me what to do. 人に指図されるのが耐えられなかった / [言い換え] I *can't* even ~ ***to*** think about it. <V+O (*to* 不定詞)> =I *can't* even ~ think*ing* about it. =I *can't* ~ even the thought of it. それについては考えたくもない / [言い換え] I *can't* ~ it when he talks to her like that. =I *can't* ~ how [the way] he talks to her. あいつが彼女にあんな口のき方をするのは許せない. **3** [受身なし] 《略式》〈…〉の費用を持つ (pay for); (人に)〈飲み物など〉をおごる: Who will ~ all these costs? この費用一切はだれが持つのか / [言い換え] A friend of mine *stood* me a drink. =A friend of mine *stood* a drink *for* me. 友人が私に 1 杯おごってくれた. **4** [could とともに] …したほうがよい, …すべきである (*to* do): I *could* ~ an hour sleep. Ⓢ 《米》一時間寝たい. **5** 〈攻撃・試練など〉に立ち向かう, 耐える. **6** 〈裁判など〉を受ける: ~ trial *for* murder 殺人罪で裁判を受ける. **7** 〈見張りなど〉の任務につく.

as … stánd [副] (1) そのまま(の状態)で. (2) 現状では: *As* things [matters] ~, a higher unemployment rate is unlikely. 現状ではこれ以上失業率が上がることはないだろう. **(as) súre as I'm stánding hère** [副] 《略式》[確信を強調して] 確実に: She is ill, (*as*) *sure as I'm* ~*ing here*. 彼女が病気であるのは間違いない. **from whére … stánd** [副] …の考えでは, …の立場から見て. **Hów [Whére] do thìngs stánd with [betwèen] …?** …については[の間では]どうなっているか? **know hów [whére] one stánds** [動] [自] 自分が(他の人に)どのように思われているかわかっている (*with*). **Stánd and delíver!** あり金を出せ! 《昔の追いはぎの文句》. **stánd betwèen … and —** [動] [他] (1) …と—の間に立つ. (2) (物事が)(人)と—の間に立ちはだかる, …の—を妨害する. **stánd or fáll on [by] …** [動] [他] 成功は…次第だ[にかかっている], …が勝負である. **stánd táll** [動] [自] 《米》自信満々である, 堂々としている. **stánd to dó** [動] [lose, win などを伴って] …しそうである. **stánd wéll with …** [動] [他] (人)の受けがよい. **the wáy … stánd** [副] =as … stand (2).

stand の句動詞

stánd abóut [動] [自] =stand around.

stánd agàinst … [動] [他] **1** …に立てかけられている (☞ [他] 1). **2** …に対抗する, 抵抗する; …に反対する (*doing*). **3** …を背景にして立つ.

* **stánd aróund** [動] [自] ぼんやりと立っている, 何もしないでいる: Don't just ~ *around*! Get to work! つっ立ってないで仕事にかかれ.

stánd asíde [動] [自] **1** わきへ寄る. **2** (事に)加わらない; 身を引く (*from*). **3** 傍観する.

stánd at … [動] [他] 数値[金額]が…である; (温度計などが)…を示す (☞ stand [自] 6): The score ~*s at* 5 to 1. 得点は 5 対 1 である.

stánd awáy [動] [自] 離れている (*from*).

* **stánd báck** [動] [自] **1** 後ろに下がる[下がっている] (*from*): He *stood back* to let them pass. 彼は彼らが通れるように後ろに下がった. **2** (家などが)(…から)引っ込んでいる (*from*). **3** (いったん退いて)冷静に考える.

stánd behínd … [動] [他] …の後ろに立つ; …を支持する.

* **stánd bý** [動] ([名] stándbỳ) [自] **1 何もしないで見ている**, 傍観する; そば[近く]にいる: He can never ~ *by* when he sees the weak oppressed by the strong. 彼は弱い者が強い者にいじめられているのを見ると黙って見ていられない (☞ the[1] 3). [関連] bystander 傍観者. **2** (…するのに)**待機する** (*to* do): They *stood by for* the next order. 彼らは次の命令に備えて待機した / We are experiencing technical difficulties. Please ~ *by*. 技術上のトラブルが起きています. そのままお待ちください 《テレビの故障などで》. **3** 〘ラジオ・テレビ〙出番を待つ, スタンバイする.

* **stánd by …** [動] [他] **1** …に味方する, …を支持する, 助ける (help): He always *stood by* his employees in difficult times. 彼は従業員が困っているときいつも力になった. **2** (約束・方針など)を堅く守る. **3** …のそばに立つ.

stánd dówn [動] [自] **1** (役職・立候補などから)辞退する, 身を引く (*as*). **2** 降り立つ; (証言を終えて)証人台から降りる. **3** 《英》(兵士たちが)非番になる. — [他] 《英》〈兵士たち〉を非番にする.

* **stánd for …** [動] [他] **1** [進行形なし] …を表わす, …の略語である; …を象徴[代表]する: "BBC" ~*s for* British Broadcasting Corporation. BBC というのは英国放送協会のことだ. **2** [普通は否定文・疑問文で] 《略式》…を我慢する, 容認する ([受身] be stood for): I *won't* ~ *for* being spoken to like that. そんな風に話しかけられるのは我慢がならない. [語法] stand [他] 2 と比べて「(人の行動)を許容する」の意が強い; また can't よりも won't の後にしばしば用いる. **3** [進行形なし] …を支持する, …に味方する: ~ *for* free trade 自由貿易に賛成する. **4** 《主に英》…に立候補する (《米》run for …).

stánd ín [動] [自] **1** (人の)代わりをする, 代理を務める (*for*). **2** (…と)組む; 負担を分け合う (*with*).

stánd óff [動] [自] 離れて立つ; 離れている; (…に)よそよそしくしている (*from*). — [他] **1** 〈…〉を近づけない; はねつける. **2** 《英》〈…〉を(一時)解雇する (lay off).

* **stánd on …** [動] [他] **1** …で立つ; ☞ [自] 3, 9: He was ~*ing on* one foot. 彼は片足で立っていた. **2** …に依存[立脚]する; …を主張する; …を堅く守る: ~ *on* one's rights 権利を主張する. **stánding on one's héad** [副] 逆立ちしながら; 《略式》たやすく, 楽楽と. **stánd on one's hánds** [動] [自] 逆立ちする (☞ [名] 9 [関連]). **stánd on one's héad** [動] [自] (1) (頭を床につけて)逆立ちする (☞ [名] 9 [関連]). (2) (…しようと)大変な努力をする (*to* do).

* **stánd óut** [動] [自] **1** 目立つ, 際立って見える (*from, in*); ぬきんでる, 頭角を現わす (*from, among, as, above*) (☞ mile 成句): The tower *stood out against* the blue sky. その塔は青空を背景にくっきりと見えていた. **2** 《略式》(…に反対して)あくまでがんばる[抵抗する] (*against*); (…を)あくまで主張[要求]する (*for*). **3** (…から)突き出る (*from*); 前へ出る.

stánd óver [動] [自] 延期になる.

stánd òver … [動] [他] **1** …を監督する, …を見守る. **2** …を見下ろす(ようにして立つ).

stánd tó /túː/ [動] [自] 《英》〘軍〙待機する. — [他] 《英》〘軍〙〈兵士など〉を待機させる.

stánd togéther [動] [自] 団結する; 結束する.

** **stánd úp** [動] [自] **1** [しばしば進行形で] **立ち上がる**, 起立する; 立っている: All the children *stood up* when the teacher came into the

S

room. 先生が部屋に入ってくると子供たちはみんな起立した. 語法 進行形は「立っている」と「立ち上がろうとしている」の2通りの意味になり得る. **2** [副詞(句)を伴って] もつ (last) (to): Our car has stood up well. 私たちの車はよくもつ. **3** 通用する, 有効である (to, under). ── 他 **1** 《略式》《特に異性に待ちぼうけをくわせる, くっぽかす: I was stood up. 私はすっぽかされた. **2** 〈人・物〉を立たせる.

stánd úp agàinst ... [動] 他 ...に対して立ち向かう[決起する].

stánd úp and be cóunted [動] 自 (結果を恐れずに)堂々と自分の意見を発表する[主張する].

stánd úp for ... [動] 他 ...のために立ち上がる, ...を支持する, 〈権利など〉を擁護する: He stood up for his friends. 彼は友人たちの味方をした.

stánd úp to ... [動] 他 (1) ...に勇敢に立ち向かう, ...に抵抗[対抗]する: She stood up to her boss. 彼女は上司に立ち向かった. (2) ...に耐える: These shoes will ~ up to hard use. この靴はどんなに乱暴にはいても大丈夫だ.

stánd with ... [動] 他 ...と同じ考えに立つ.

単語の記憶 《STA》(立つ)	
stand	立つ
stable	(じっと立つ)→安定した
stage	立つ場所
state	立っている状態
station	(立っている所)→駅
statistics	(状態)→統計
statue	(立つもの)→像
stature	(立っている高さ)→身長
status	(立っている状態)→地位
statute	(成り立った(もの))→成文法
ec**st**asy	(はずれて立つこと)→有頂天
e**st**ablish	(しっかり立てる)→設立する
e**st**ate	(立っている状態)→地所
ob**st**acle	(前に立つもの)→障害

── 名 (**stands** /sténdz/) [C]

「立つ, (ある所に)いる」の意から
→(立つ所)→(比喩的に)→「立場」1→(立場の主張)→「抵抗」5
→(いる所)→(物売りのいる所)→「屋台店」2
→(観客のいる所)→「観覧席」3
→(立てる物)→「...立て, 台」4

1 [普通は単数形でまたは所有格の後で] 立場; 考え方, 主張; 根拠 (against): Let me make my ~ on this issue clear. この問題に関する私の立場を明確にしましょう / What's your ~ on this matter? このことに対するあなたの考えはどうですか.
2 屋台店, 露店, 〈新聞・雑誌などの〉売店, スタンド; 商品陳列台 (stall): a fruit [vegetable, hot dog] ~ 果物[野菜, ホットドッグ]を売っている屋台 / I always buy The New York Times at that ~. 私はいつもあの売店で『ニューヨーク タイムズ』を買う. 関連 newsstand 新聞[雑誌]売り場.
3 《米》《the ~s で》観覧席, 桟敷(さじき), スタンド: the left-field ~s レフトスタンド / a roar of applause from the ~s 観覧席からの拍手のあらし. 関連 grandstand 正面特別観覧席.
4 [しばしば合成語で] 〈物をのせる〉台, ...立て, ...掛け, ...入れ: a music ~ 譜面台 / Please put your umbrella in the ~. 傘立てに傘を立ててください. **5** [普通は単数形で] 抵抗, 反抗, 抵抗の期間: They 「put up [mounted] a last ~ against the enemy. 彼らは敵に最後の抵抗をした. **6** [the ~] 《米》証人席 (witness stand); [普通は単数形で] 〈演説者などの〉立つ壇, 台. **7** [普通は単数形で] 《米》〈劇団などの〉興行(地): a two-week ~ 2週間の興行 // ☞ one-night stand. **8** 〈客待ちの〉タクシー駐車場 (taxi stand). **9** [普通は a ~ または所有格の後で] 立つこと; 立ち止まること, 停止. ☞ handstand 腕を伸ばした逆立ち / headstand 頭をつけた逆立ち. **10** 《クリケ》2人の打者によるねばり防御(による得点). **11** (同種の樹木の)群生.

máke a stánd [動] 自 (1) (...に)(不正などと)戦う; (正義の立場から)戦う (for) (☞ 5): make a firm ~ against the enemy 敵に対して断固として抵抗する. (2) はっきりした立場をとる (on) (☞ 1). (3) 立ち止まる; 陣取る (☞ 9). **táke a ~'s stánd** [動] 自 (...について)はっきりした立場[態度]をとる (over); (...に)きっぱりと反対する (against). **táke one's stánd on ...** [動] 他 ...に基づく, ...に立脚する; ...を主張する. **táke the stánd** [動] 自 《米》証人台に立つ. **táke (úp) one's stánd** [動] 自 (ある位置に)立つ; 部署につく.

stánd-alóne 形 独立型の; 《電算》ネットワークなどに接続されてない. ── 名 [C] 独立型の機器[家具].

✽stan·dard /sténdəd | -dəd/ 🈲 名 (**standards** /-dədz | -dədz/)

stand と関連して, 元は「立脚点」の意.
→(軍隊の集合地点, その場所を示す)「旗印」**2**
→(王の旗印)→(物事の基本となるもの)→「基本単位」**4**→「標準」**1**

1 [C,U] [しばしば複数形で] 標準, 基準, 水準, 規格; [普通は複数形で] 〈人の道徳的〉水準, 模範: a ~ of living=a living ~ 生活水準 / high moral ~s = morals of a high ~ 高い道徳基準 / You can't judge their works by 「the same [our] ~s. 彼らの作品を同じ[我々の]基準では判断できない.

コロケーション
lower standards=**let** standards **fall** [**drop**, **slip**] 水準を低下させる
maintain standards 現状[水準]を維持する
meet [**attain, come up to, reach**] the standard 標準に達する
raise [**improve**] standards 水準を上げる
set [**establish**] a standard 基準を定める

2 旗; 軍旗; 〈主義・主張などの〉旗印: fight under the ~ of freedom 自由の旗印のもとで戦う. **3** 一般に広く行なわれて[使われて]いるもの, 〈ポピュラー曲の〉標準的な演奏曲目, スタンダードナンバー. **4** [C] (度量衡の)基本単位. **5** [C] 《米》マニュアル車. **abóve (the) stándard** [形] 標準水準以上で. **belów [úp to] (the) stándard** [形] 標準以下に(達して), 不合格[合格]で. **by ány stándard(s)** [副] どんな基準にてらめても, どう見ても. **úp to stándard** [副] ほどよく.

── 形 [他 sténdardize) **1** [普通は A] 標準の, 標準的な; 普通の (略 std.): ~ practice [procedures] 普通の手続き / ~ size 標準サイズ / ~ English 標準英語. **2** A 一流の, 権威のある; 模範的な: ~ authors 必読の作家たち.

Stándard & Póor 名 固 スタンダード アンド プア社《米国の投資情報会社》.

stándard asséssment tàsk 名 [C] 《英》標準評価課題《国語・数学・理科などの学力試験; 略 SAT》.

stándard-bèarer 名 [C] 主唱[唱導]者; 《軍》旗手.

stándard dedúction 名 [C] [普通は単数形で] 《米》標準控除額.

stándard deviátion 名 [C] 《統》標準偏差《データのばらつきを示す》.

stándard gáuge 名 C 〖鉄〗標準軌(レールの間隔が1.435メートルのもの). 関連 broad gauge 広軌 / narrow gauge 狭軌.

stándard-íssue 形 《軍》標準装備の.

stan·dard·i·za·tion /stændədɪzéɪʃən | -də-daɪz-/ 名 U 動 stándardize 標準化, 規格化, 統一: International S~ Organization 国際標準化機構 (略 ISO).

+**stan·dard·ize** /stǽndədàɪz | -də-/ 形 stándard, 名 standardizátion 他 標準[規格]化する: ~ a test 統一試験.

stándard lámp 名 C 《英》=floor lamp.

stándard létter 名 C 標準回答《会社などが一般の疑問などに答える決まった手紙》.

stándard óperating procèdure 名 U 《米》標準的な手順[手続き], 一般のやり方.

stándard tíme 名 1 U 標準時《グリニッジ標準時を基準にして一定の国・地域で公式に採用している時間》: Japan *Standard Time* 日本標準時(略 J.S.T.). 関連 local time 現地時間 / time zone 《同じ標準時を用いる》時間帯. 2 《夏時間に対して》冬時間.

+**stand·by** /stǽn(d)bàɪ/ 名 (~s, 動 stánd bý) 1 C 《いざという時の》代役, 代わりの番組, 代替物, スタンバイ. 2 C 《飛行機などの》キャンセル[空席]待ち. 3 C 《危急の際に代わりに[頼りになる]物[人]. **on stándby** 形 副 待機して; キャンセル[空席]待ちをして. ―形 A 《危急の際の》代わりの; 待機している; キャンセル[空席]待ちの: a ~ ticket《搭乗・公演直前の》売れ残りの安い切符. ―副 キャンセル[空席]待ちで: I'm flying ~. キャンセル待ちで飛ぶつもりだ.

stándby tíme 名 U 《携帯電話の》待機可能時間.

stand·ee /stændíː/ 名 C 《主に米》立ち客, 立ち席客.

stand-ín 名 C 代理, 替え玉, 《映画・テレビ俳優の》代役, スタントマン; 代わりの人[物].

+**stand·ing** /stǽndɪŋ/ 名 1 U 立場, 身分, 地位 (rank); 評判, 名声 (in): people of high ~ 身分の高い人たち / Think of your social ~. 自分の社会的地位を考えなさい. 2 《複数形で》《主に米》《スポ》成績順位表: the current ~s 〖新聞で〗現在順位(表)(☞ result 2). 3 U 《やや格式》持続, 継続; a custom of long ~ 長く続いている慣習. **in stánd·ing** 形《規則を守り, 会費を納めている》きちんとした, ちゃんとした: a member in good ~ 立派なメンバー. ―形 A 1 常置の, 常備の; いつも変わらない, 永続的な: a ~ joke いつもの冗談 / You have a ~ invitation to join us. いつおいでになっても結構です. 2 立っている, 立ったままの; 《スポ》立ちはなしの: a ~ position 立った姿勢. 3 動かない, 流れない: ~ water よどんだ水.

stánding ármy 名 常備軍.

stánding chàrge 名 C 《英》《ガス・電気・水道・電話などの》基本料金.

stánding commìttee 名 C 常任委員会.

stánding órder 名 1 C 《軍隊・議会などの》継続的命令[規則]; 継続注文《変更・取り消しの通知がない限り続く》(for). 2 CU 《英》《口座からの自動振替の依頼》(banker's order) (☞ direct debit).

stánding ovátion 名 C スタンディング オベーション《観客などが立って行う大喝采》: receive a ~ 総立ちの喝采を浴びる.

stánding róom 名 U 立ち見席; 立てるだけの余地: STANDING ROOM ONLY 立ち見席のみ《掲示; 略 SRO》.

stánding stárt 名 C 1 《スポ》スタンディングスタート《直立姿勢からのスタート》. 2 《企業などの》立ち上げ.

stánding stóne 名 C 〖考古〗立石.

stánding wáve 名 C 〖物理〗定常波, 定在波.

+**stand-óff** 名 (~s, ~) C 1 《主に米》《争いの》行き詰まり (deadlock). 2 《競技の》同点, 引き分け. 3 《英》=

fly half. ―形 《米》=standoffish.

stándoff hálf 名 C 〖ラグ〗=fly half.

stand·off·ish /stændɔ́ːfɪʃ | -ɔ́f-/ 形 《略式》《けなして》よそよそしい; つんとした. **~·ly** 副 よそよそしく. **~·ness** 名 U よそよそしさ.

stánd-óut 《米》名 C 目立つ人[もの], ぬきんでた人[もの]. ―形 《普通は A》《米》すばらしい, 際立った.

stánd·pipe 名 C 給水[配水]塔.

+**stand-point** /stǽn(d)pɔ̀ɪnt/ 名 C 《普通は単数形で》立場, 見地, 観点, 論点 (of, from).

St. An·drew /seɪntǽndru: | sən(t)-/ 名 セントアンドルー《Scotland の守護聖者》(☞ patron saint).

St. Ándrew's cróss 名 C 《普通は the ~》セントアンドルーの十字架 (☞ Union Jack 参考); X 形十字.

stánd·still 名 〖a ~〗停止 (stop); 行き詰まり. **be at a stándstill** 動 (自) 停止して[行き詰まって]いる 《...》. **bríng ... to a stándstill** 動 他 《...》を停止させる; 行き詰まらせる. **cóme to a stándstill** 動 (自) 止まる; 行き詰まる.

+**stand-up** /stǽndʌ̀p/ 形 A 1 《コメディアンまたはコメディが》ひとり立ったままでのジョークを主にした, 漫談式の: ~ comedy スタンダップコメディ / a ~ comedian スタンダップコメディアン. 2 《食事などが》立食式の: a ~ lunch 立食の昼食. 3 《主に英》《闘うなどが》面と向かう. 4 《米略式》忠実で信頼できる. 5 《襟などが》立っている (反 turndown). 6 《野》《2・3 塁打が》すべりこむ必要がないほど余裕のある. ―名 《A》1 U 漫談; do ~ 漫談をする. 2 C スタンダップコメディアン.

Stan·ford /stǽnfəd | -fəd/ 名 固 スタンフォード《米国の大学; Palo Alto にある》.

Stan·i·slav·sky /stænɪsláːvski, -sláf-, -slǽv-/ **Kon·stan·tin** /kánstəntiːn | kɔ́n-/ ~ スタニスラフスキー (1863-1938)《ロシアの俳優・演出家》.

stank stink の過去形.

Stan·ley /stǽnli/ 名 1 スタンリー《男性の名; 愛称は Stan》. 2 **Sir Henry Mor·ton** /mɔ́ətn | mɔ́ː-tn/ ~ スタンリー (1841-1904)《英国のジャーナリスト・探検家》.

Stánley Cúp 名 固 〖the ~〗スタンリーカップ《米国・カナダのナショナルホッケーリーグのチャンピオンに毎年授与される》; スタンリーカップ戦.

Stánley knífe 名 C 《木工用の》スタンレーナイフ《商標》.

+**stan·za** /stǽnzə/ 名 C《詩の》節, 連《普通は韻を踏んだ詩句 4 行以上から成る; ☞ rhyme 囲み》.

sta·pes /stéɪpiːz/ 名 《複 ~》 C 〖解〗《中耳の》鐙骨 (あぶみ骨), あぶみ骨.

staph /stæf/ 名 C 《略式》ぶどう球菌.

staph·y·lo·coc·cus /stæfɪloukákəs | -kɔ́k-/ 名 《複 -coc·ci /-kákaɪ | -kɔ́k-/》 ぶどう球菌.

+**sta·ple**[1] /stéɪpl/ 名 (~s /~z/) C 1 ホッチキスの針, 《製本用の》ステープル (☞ needle 表); 逆 U 字くぎ《逆 U 字形の留め金》; かすがい: ~ gun staple gun. ―動 他 《...》をホッチキスでとじる; 逆 U 字くぎで留める (*together*; *to*).

+**sta·ple**[2] /stéɪpl/ 名 (~s /~z/) C 〖しばしば複数形で〗 1 主要〖基本〗食品, 主要素, 主成分 (of): run out of ~s like flour and butter 小麦粉やバターのような主要食品に事欠く. 2《格式》《ある地域の》主要産物, 重要商品 (of). ―形 A 1 主要な, 重要な: ~ foods 主要食品《塩・砂糖・小麦粉など》/ a ~ diet 主食; 恒常[規則]的な生産[必需]品, 付き物. 2 いつもの, 例の.

stáple gùn 名 C ステープルガン《大型のホッチキス》.

sta·pler /stéɪplə | -plə/ [名] [C] ホッチキス. [日英比較] 「ホッチキス」は考案者の名の Hotchkiss に由来するが, 英語ではこの意味には用いない.

‡**star** /stάə | stά:/ ([類音] stark, start, stir) [名] (〜s /〜z/; [形] stárry) **1** [C] **星;** 天体;〘天文〙恒星: the 〜*s* in the sky 空の星 / a shooting [falling] 〜 流れ星 / the evening [morning] 〜 宵[明け]の明星《金星》. [関連] earth 地球 / sun 太陽 / moon 月. [語法] 厳密には惑星 (planet), 衛星 (satellite), 彗星(すいせい) (comet), 流星 (meteor) 以外の恒星 (fixed star) だけを star と呼ぶ.

2 [C] **スター, 人気俳優[選手]**, 人気者, 花形; (映画・劇などの)主役;《略式》大成功した人, 第一人者: a big movie 〜 映画の大スター / a pop 〜 ポップスの有名歌手 / a rising 〜 人気上昇中の人 / baseball 〜*s* 野球のスター選手たち / a TV 〜=a 〜 of TV テレビタレント (☞ talent [日英比較]) / a child 〜 子役 / a 〜 in the making スターの卵 // ☞ movie star. [日英比較] 映画俳優や歌手を日本語では一般に「スター」と呼ぶが, 英語の star はその分野で特に傑出した有名人だけを指す.

3 [C] **星形のもの**, 星印 (★, * などで, その数によってレストラン・ホテルなどの格付けを示す; ☞ asterisk); 星章, 星形勲章: No hotels in this city are awarded three 〜*s*. この都市のホテルで 3 つ星が付いたものはない. [関連] Stars and Stripes 星条旗. **4** [C] [複数形で]《略式》(新聞・雑誌などの)星占い(の欄); [単数形で所有格の後で] (人の)幸運, 名声; [しばしば複数形で]《文》(運命を支配するといわれる)星, 運勢: read one's 〜*s* 星占いを見る / be born *under* ⌈a lucky [an unlucky] 〜 幸運の[不幸な]星のもとに生まれる / be written in the 〜*s* 運命で決まっている / His 〜 ⌈has set [is on the wane]. 彼の運は終わりだ[終わりかけている] / Her 〜 is rising [falling]. 彼女の運は上向き[落ち目]だ. **5** [形容詞的に] 星の; 星形の; (ある数の)星が付いた; 花形の, スターの; すばらしい, 抜群の: a 〜 player 花形選手 / 〜 quality スター性 / a 〜 salesman トップセールスマン / the 〜 student 最優秀学生 / 〜 treatment VIP 待遇 / a 〜 attraction 人気者, 最も注目される人[物] / a 〜 turn 主役; 最もすぐれた演技(者); みもの // ☞ three-star, four-star[1], five-star. **6** [C] [普通は単数形で]《略式》親切な人.

hàve stárs in one's éyes [動] [自] (希望で)夢心地である; 憧れている (☞ starry-eyed). **réach for the stárs** [動] [自] 高望みをする. **sée stárs** [動] [自]《略式》(頭を強打して)目から火が出る. **thánk one's lúcky stárs** [動] [自]《略式》[S] (…ということで)自分の幸運に感謝する (*that*). **ùnder the stárs** [形・副] 屋外の[で]. **Yóu're [Hé's, Shé's] a stár!**《略式》(1) さすがだ. (2) ありがとう.

— [動] (stars; starred; star·ring /stά:rɪŋ/) [他] **1** [受身なし] 〈…〉を(映画・劇に)**主演させる**, 主役として迎える (*as, in*): This movie will 〜 a famous actress. この映画には有名な女優が主演する. **2** [普通は受身で] 〈…〉に星印をつける: the *starred* items on the list リストで星印付きの項目.

— [自] **主役を演じる, 主演する** (*alongside, with*); (力などを発揮して)際立つ: the *starring* role 主役 / Catherine *starred as* a woman doctor *in* that film. <V+C (*as*+名)+*in*+名・代> キャサリンはその映画で女医の役で主演した.

stár òpposite ... [動] [他] …の相手役をつとめる.

⁺**star·board** /stάəbəd | stά:bəd/ [名] [U], [形]〘海・空〙右舷(うげん)(の)《船首に向かって右》, (機首に向かって)右側(の): to 〜 右舷に ([反] port).

stár·bùrst [名] [C]《文》星型のもの, 放射状にひろがるもの[光].

⁺**starch** /stάətʃ | stά:tʃ/ [名] [U] でんぷん; (洗い張りの)のり; [U,C] でんぷん質の食品. [関連] cornstarch《米》コーンスターチ. — [動] [他] [しばしば受身で]〈衣類〉にのりをつける: a 〜*ed* shirt のりのきいたシャツ.

stár chámber [名] [C]《主に英》[しばしばけなして] 専断不公平な裁判所[委員会].

starch·i·ly /stάətʃɪli | stά:tʃ-/ [副]《略式》[けなして] 堅苦しく.

starch·i·ness /stάətʃinəs | stά:tʃ-/ [名] [U]《略式》[けなして] 堅苦しさ.

starch·y /stάətʃi | stά:-/ [形] (**starch·i·er; -i·est**) **1** でんぷん(質)の; のりをつけた. **2**《略式》[けなして] 堅苦しい, 格式ばった.

stár-cròssed [形]《文》星回りの悪い, 不運な: 〜 lovers 結ばれることのない恋人たち《たとえば Romeo と Juliet》.

⁺**star·dom** /stάədəm | stά:-/ [名] [U] スターの地位: shoot [rise, zoom] to 〜 スターの座にのし上がる.

stár·dùst [名] [U]《文》星くず; (星くずのように)ロマンチックな感じ(をもたらすもの), 夢心地.

***stare** /stéə | stéə/ ([同音] stair; [類音] steer) [T2] [動] (**stares** /〜z/; **stared** /〜d/; **star·ing** /stéə(ə)rɪŋ/) [自] **じっと見つめる, 凝視する**, じろじろ眺める (*out*); (目が)大きく開く: The boy 〜*d at* the stranger. <V+*at*+名・代> 少年はその見知らぬ人の顔をじろじろ眺めた / The old man was *staring into* space. <V+*into*+名・代> 老人は空(くう)を見つめていた.

stare (好奇心・驚き・軽蔑などの気持ちで)	見つめる
gaze (感嘆・あこがれのまなざしで)	

— [他] 〈…〉を**じっと見つめる**, じろじろ眺める; 〈…〉をにらみつけて…させる (*into*): He 〜*d* her *in the* face. <V+O+*in*+名> 彼は彼女の顔をじっと見つめた (☞ the[1] 2; stare ... in the face (成句)). **stáre báck** [動] [自] じっと見つめ返す. **stáre dówn** [《英》**óut**] [動] [他]〈人〉をじっと見つめて目をそらさせる. **stáre ... in the fáce** [動] [他] [進行形で] (1) (捜し物などが)すぐ〈…〉の目の前にある;《略式》〈…〉に明白[簡単]である. (2) (いやな事が)〈…〉の目前に迫る, 不可避に思われる.

— [名] (〜s /〜z/) [C] **じっと見つめること, 凝視**: He gave me an icy 〜. 彼は私を冷たく見つめた. **hóld ...'s stáre** [動] …の凝視に目をそらさない.

stár·fish [名] (複 〜, 〜·es) [C] ひとで《海産動物》.

stár·frùit [名] [C] 五斂子(ごれんし)の果実《食用》.

stár·gàz·er [名] [C] **1**《略式》[滑稽] 占星家; 天文学者. **2** [軽蔑] 夢想家, 空想好きの人.

stár·gàz·ing /stάəgèɪzɪŋ | stά:-/ [名] [U]《略式》[滑稽] 占星術; 天文学; [軽蔑] 空想にふけること, 夢想癖.

***stark** /stάək | stά:k/ [形] (**stark·er; stark·est**) **1** [普通は [A]] (描写・事実などが)あからさまな, 赤裸々な; 避けられない, 厳しい; (対照などが)きわだった: a 〜 reality 厳しい現実 / in 〜 contrast 鮮やかに対照をなして. **2** (景色などが)荒涼とした; (建物などが)飾りのない, むき出しの: a play with a 〜 setting 舞台装置がまったくない芝居. **3** [A] 正真正銘の, 全くの: 〜 terror 本物の恐怖. — [副] [次の成句で] **stárk náked** [形]《略式》丸裸で. **stárk ráving** [《英》**stáring**] **mád** [形] すっかり狂って.

stark·ers /stάəkəz | stά:kəz/ [形] [P]《英略式》[普通は滑稽] すっ裸で.

stár kèy [名] [C] スターキー《電話・パソコンなどの * のキー》.

stárk·ly [副] あからさまに; 全く; きわだって; 荒涼として.

stárk·ness [名] [U] 飾りのなさ; 荒涼とした様子.

stár·less [形] 星(明かり)のない.

star·let /stάələt | stά:-/ [名] [C] [新聞で] [時に軽蔑] 女優の卵.

stár·lìght [名] [U] 星明かり.

star·ling /stάəlɪŋ | stά:-/ [名] [C] ほしむくどり《物まねが

うまい鳥).

stár·lìt 形 《文》星明かりの.

Stár of Béthlehem 名 ⓢ [the ~] ベツレヘムの星 (キリスト降誕時に現われ, 東方の三博士を導いた).

Stár of Dávid 名 ⓢ [the ~] ダビデの星 (ユダヤ教とイスラエルのシンボル; ✡; ☞ hexagram).

star·ry /stáːri/ 形 (**star·ri·er**; **-ri·est**; 名 star) Ⓐ **1** (空の)星の多い, 星をちりばめた, 星明りの. **2** 星のような, 星のように光る.

stárry-éyed 形 《格式》[しばしばけなして] 夢想的な, 空想的な, 非現実的な.

***Stárs and Strípes** 名 ⓢ [the ~ として単数または複数扱い] 星条旗 (《米国の国旗; the Star-Spangled Banner ともいう》表地図》赤と白の 13 の筋 (stripe) と青地に 50 の星 (star) からなる旗で, 独立時の州の数と現在の州の数を表わす.

stár sápphire 名 ⓒⓊ 星彩青玉, スターサファイア.

stár shéll 名 ⓒ 照明弾, 曳光(えいこう)弾.

stár·shìp 名 ⓒ (恒星間)宇宙船, スターシップ.

stár sìgn 名 ⓒ《略式》=sign 7.

stár-síx(ty)-níne 名 ⓒ《米》(電話の * と 6 と 9 を押して)〈直前にかけて来た人〉にかけ直す.

Stár-Spàngled Bánner 名 ⓢ [the ~] **1**「星条旗」(米国の国歌). **2** (~s) =Stars and Stripes.

stár·strùck 形 スターたちで[スターの世界]に魅せられた.

stár-stùd·ded /-stʌ̀dɪd/ 形 [普通は Ⓐ]《略式》[新聞で]スター総出演の.

***start** /stάːt/ 動 (**starts** /stάːts/; **start·ed** /-tɪd/; **start·ing** /-tɪŋ/)

┌─ **自・他の転換** ─┐
│ ⓐ **1** 始まる (to begin to happen) │
│ ⓑ **1** 始める (to make (something) begin to happen) │
└──────────────┘

┌────────────────┐
│ startle と同語源で「急に動く」の意から │
│ → 「動き始める」**3** ┬「始まる」**1** │
│   └「出発する」**2** │
└────────────────┘

— ⓐ **1** (仕事などが)**始まる** (☞ begin 類義語); 生ずる; 起こる; (人が)始める, (...に)とりかかる (with): What time does your class ~? あなたの授業は何時に始まりますか / The concert ~s at six. コンサートは 6 時に始まる / The fire ~ed in his office. 火事は彼の事務所で発生した / He has ~ed on a new play. <V+on+名·代> 彼は新しい劇を書き始めた / S~ing from next month, the price of beef will be raised (by) 5%. 来月から牛肉の値段は 5% 上がる 語法 from は省略可能; その場合副詞は <V+副> // She ~ed as a substitute teacher. <V+as+名> 彼女は代用教員として初めて職についた / We ~ed (off) by introducing ourselves. <V+by+動·名> 私たちはまず自己紹介から始めた (☞ start off (句動詞)).

2 出発する, 出かける, 歩み始める (out) (☞ leave¹ 類義語); 《スポ》スタートする: I want to ~ early tomorrow morning. あすの朝は早く出発したい / He ~ed for work [India]. <V+for+名> 彼は会社[インド]へ出かけた / The walkers ~ed from the city hall at dawn. <V+from+名·代> 徒歩旅行者たちは夜明けに市役所を出発した / John ~ed well [badly]. <V+副> ジョンはスタートがうまかった[まずかった].

3 (機械などが)動き始める (反 stop): The engine ~ed at last. やっとエンジンがかかった. **4** [副詞(句)を伴って](道·河川などが)(...から)始まる (in); (尺度などが)(ある点から)始まる: Retail prices ~ at [from] $20. 小売り価格は最低で 20 ドルである. **5** [しばしば副詞(句)を伴って]《格式》(驚いて)ぎくりとする, 飛び上がる; さっと動く, 飛び出す (up; at, from). **6** [副詞(句)を伴って]

start 1725

《格式》(涙·血などが)急に出る; (目が)飛び出る: His eyes almost ~ed out of [from] his head. 彼は(驚いて)目の玉が飛び出しそうだった. **7** 《略式》(口論·要求などの)いやなことを始める; 不平を言い出す (on): Don't (you) ~ (with me)! 文句を言うな. **8**《スポ》(試合などに)先発メンバーとして出る (for): Alex ~ed at third last night. 昨夜アレックスは三塁手で先発した.

— ⓑ **1**〈仕事·事業など〉を**始める**, ...し始める (《⇔ stop》《⇒ begin 類義語》): ~ a discussion 討議を始める / ~ the day with [on] a cup of tea 一日を一杯の紅茶で始める / He ~ed his business there. 彼はそこで商売を始めた / Tom ~ed school last month. トムは先月学校へ入った 言い換え Suddenly it ~ed raining. <V+O (動名)> =Suddenly it ~ed to rain. <V+O (to 不定詞)> 突然雨が降りだした (☞ it¹ A 2) / I'm ~ing to miss you. あなたのことが恋しくなり始めました.

┌─ 語法 **start+to** do ─────────┐
│ (1) start で <V+O (to 不定詞)> の動詞型が好まれる │
│ 場合は begin ⓑ 語法 で述べてあるものと同じである. │
│ (2) <V+O (to 不定詞)> の型のとき, その不定詞の │
│ 表わす動作が実際には行われなかったことを暗示することがある: He ~ed to speak, but then thought better of it and didn't say anything. 彼は口に出しかけたが思い直して何も言わなかった. │
└─────────────────────┘

2〈機械など〉を始動させる;〈人〉に(事業·活動などを)始めさせる (on, in) (反 stop): He ~ed the stopwatch. 彼はストップウォッチを押した / I couldn't ~ (up) the engine. <V (+up)+O> エンジンをかけられなかった (☞ start up (句動詞)) / His joke ~ed everybody laughing. <V+O+C (現分)> 彼の冗談で皆が声を立てて笑いだした / They ~ed their baby on solid food. <V+O+前+名·代> 彼らは赤ん坊に固形食を与え始めた / They ~ed him in business. 彼らは彼に(資金を援助して)商売を始めさせた. **3** 〈旅行など〉に出かける. **4**《格式》〈獲物〉を狩り出す.

báck where one stárted [形·副] 振り出しに戻って.

gèt stárted [動] ⓐ 始める;〈事が〉始まる.

gét ... stárted [動] ⓑ (1)〈エンジン〉を始動させる. (2)〈人〉に(...を)始めさせる: My father got me ~ed in business. 父は私に商売を始めさせた.

gèt stárted on [in] ... [動] ⓑ (仕事など)を始める.

stárt (àll óver) agáin [動] ⓑ (最初から)やり直す.

stárt at the bóttom of the ládder [動] ⓐ いちばん下の地位から始める.

stárt sómething [動] ⓐ《略式》騒ぎを起こす.

to stárt with [副] つなぎ語 (1) [普通は文頭で] まず第一に (☞ to³ B 7): To ~ with, I'd like to remind you of the following facts. まず第に次の事実を思い出していただきたい. (2) [文末·文頭で] 最初は, 初めは: I'll have some beer to ~ (with). とりあえずビールをいただきます.

Yóu stárted it! ⓢ (けんか·問題の) 張本人はお前だ!

─────── **start** の句動詞 ───────

stárt báck 動 ⓐ **1** 帰途につく, 戻り始める. **2** (驚いて)飛びさがる, 飛びのく.

stárt ín on ... 動 ⓑ **1** ...を始める;《略式》〈人〉を非難し始める, (あることで)...に文句をつける (for). **2**《略式》...を食べ始める.

stárt ín to dó《略式》...し始める.

stárt óff 動 ⓐ **1** =start out 1; 始まる; 動きだす (for). **2** 〈事を〉始める (on, by) (☞ ⓐ **1** 最後の例文). **3** =start out 3. — ⓑ **1**〈人〉に〈事を〉始めさせる (on);〈事を〉始める. **2**《略式》〈人〉を怒らせる; 笑わ

せる. **stárt ... óff dóing** [動]《略式》〈人〉を…させる.

*__stárt (óff) with ...__ [動] [他] …から始める: He *~ed* (*off*) *with* a good breakfast. 彼はまず朝食をたっぷりと食べることから始めた.

stárt on ... [動] [他] **1** …に着手する (☞ [自] 1); 〈飲食物〉に手をつけ始める. **2** …を非難し始める, …に厳しく当たる.

stárt ón at ... [動] [他] (人)を(あることで)非難し始める (*about*).

stárt óut [動] [自] **1** 出発する, 出かける (*for, on*). **2** 《略式》(事を)始める, (…に)着手する (*in, on, by*); (…しようと)始める, (…する)つもりである (*to* do). **3** [補語を伴って] (…の状態で[として])始める (*in*); (事業などが)始まる: ~ *out* poor [(*as*) a clerk] 貧乏[事務員]から身を起こす. — [他] 〈物事〉を (…で)始める (*with*). **stárt óut dóing** [動]《略式》…し始める, …に着手する.

*__stárt óver__ [動] [自]《米》やり直す: Let's ~ (all) *over*. 出直すことにしよう.

stárt úp [動] [自] **1** 始まる, 生ずる. **2** (エンジンなどが)始動する. **3** (事を)始める (*in*). **4**《格式》(驚いて)急に身を起こす[立ち上がる], 飛び上がる. — [他] **1** 〈車など〉を始動させる (☞ [他] 2). **2** 〈事業・議論など〉を始める. **3** 〈人〉に(事を)始めさせる (*in*).

— [名] (**starts** /stáəts | stá:ts/) **1** [C] [普通は単数形で] (事業などの)開始, 着手; 始め (beginning); [普通は複数形で] 新規事業, 新会社: the ~ *of* the new season 新しい季節の始まり / That film was boring (right) ***from the*** ~. その映画は(一番)最初から退屈だった / You'd better make a fresh [(brand-)new] ~. 最初からやり直しなさいよ.
2 [C] 出発; 〖スポ〗スタート; [the ~] 出発点 (*of*), 出発時: get [have, make] an early ~ 朝早く出発する / They set off from a standing ~. 彼らは立ったままのスタートで走り出した. [関連] false start フライング. **3** [C] [普通は単数形で] (スタート・着手を容易にする)機会, 援助; (新規に)やり直すチャンス. **4** [C] [普通は単数形で]〖スポ〗先発権 (☞ handicap); 有利な立場, 機先 (*over*): We gave him *a* '10 meters' [10-meter] ~. =He had a 10 meter ~ *on* us. 彼に 10 メートル先発させた. **5** [a ~] (驚いて)はっと[ぎょっと]すること: wake up with *a* ~ はっとして目を覚ます / give ... *a* ~ …をびっくりさせる. **a stárt in lífe** [名] 人生の門出. **at the stárt of ...** [前] …の始めに. **for a stárt** [副] [つなぎ語] まず第一に (to start with); そもそも. **from stárt to fínish** [副] 始めから終わりまで; 終始一貫して. **gèt (óff to) a góod [bád] stárt** [動] [自] スタート[出だし]がいい[悪い]. **màke a stárt on [with] ...** [動] [他] …に取りかかる.

START /stáət | stá:t/ [名] [固] [the ~] スタート, 戦略兵器削減交渉 (*S*trategic *A*rms *R*eduction *T*alks の略; 1982 年開始; ☞ acronym).

*__start·er__ /stáəṭə | stá:tə/ [名] (~s /~z/) [C] **1** [普通は複数形で] 競走に出る人, 出走馬, 出場車. **2** スターの合図係. **3** 起動器, 始動機, (エンジンの)スターター. **4**《略式, 主に英》(フルコースなどで)最初に出る食事《スープなど》(《米》appetizer). **5** (議論などの)とっかかり, たたき台. **6** 先発選手[投手]. **7** [前に形容詞をつけて] (動きだすのが)…な人: a *slow* ~ 出だしの遅い人. **8** スターター《チーズ・ヨーグルトなどの発酵開始用の菌》. **for stárters** [副] [しばしば [つなぎ語]]《略式》手初めに, まず第一に: That's just *for* ~*s*. それは序の口に過ぎない. **ùnder stárter's órders** [形] (馬・走者などが)出発の合図を待って; 《英》(仕事などの)準備ができて.

stárter hòme [名] [C]《英》手始めに買う家[マンション], 最初のマイホーム[マンション].

stárter kìt [名] [C] (コンピューターなどの)基礎的な備品《機器と使用説明書など》.

stárter mòtor [名] [C] =starter 3.

stárter pàck [名] [C] =starter kit.

stárt·ing blòck /stáəṭɪŋ- | stá:t-/ [名] [C] [普通は複数形で] (短距離用の)スターティングブロック.

stárting gàte [名] [C] (競馬・ドッグレースの)ゲート《出発門》, 発馬機.

stárting gùn [名] [C] スタート合図用ピストル.

stárting lìne [名] [C] スタートライン. [日英比較]「スタートライン」は和製英語.

stárting lìne-up [名] [C]〖スポ〗(試合の)先発メンバー.

stárting pìstol [名] [C] =starting gun.

stárting pìtcher [名] [C] 先発投手.

†**stárting pòint** [名] [C] 出発[開始]点 (*of, for*).

stárting prìce [名] [C] **1** (競売)開始時のつけ値, 最低価格. **2**《英》(競馬などの出走前の)最終賭(か)け率.

*__star·tle__ /stáəṭl | stá:-/ [動] (**star·tles** /~z/; **star·tled** /~d/; **star·tling**) [他] [しばしば受身で]〈…〉を(驚いて)飛び上がらせる, びっくりさせる (☞ surprise の類義語, start 最初の囲み): [言い換え] We *were* ~*d* by the news. <V+O の受身> =We *were* ~*d to* hear the news. 我々はその知らせにびっくりした. [語法] 能動態は The news ~*d* us.

start·led /stáəṭld | stá:-/ [形] びっくりした, 驚いた.

*__star·tling__ /stáətlɪŋ | stá:-/ [形] びっくりさせるような, 驚くべき (surprising): ~ news びっくりするような知らせ. **~·ly** [副] びっくりするほど.

stárt pàge [名] [C] スタートページ《インターネット接続時に画面に最初に現われる言葉と画像》.

Stár Trèk [名] [固]『スタートレック』《米国のテレビ SF シリーズ; 巨大宇宙船エンタープライズ号とその乗組員が宇宙を探検しさまざまな冒険をする》.

stárt-ùp (主に米) [名] [C] 行動[操業]開始; 開業したばかりの会社. — [形] [A] 創業用の, 操業開始の: ~ costs 開業費用.

stár túrn [名] [C] (ショーなどの)呼び物, 立て役者.

*__star·va·tion__ /staəvéɪʃən | sta:-/ [T3] [名] ([動] starve) [U] 餓死; 飢餓; 窮乏 (*of, from*): A lot of children die of ~ in various parts of the world. 世界各地で多くの子どもが餓死している.

starvátion díet [名] [C]《略式》断食療法.

starvátion wáges [名] [複] 生活できないほどの低賃金.

*__starve__ /stáəv | stá:v/ [動] (**starves** /~z/; **starved** /~d/; **starv·ing**; [名] starvátion) [自] **1** 餓死する; 飢える: Many people are *starving*. 多くの人が餓死しかけている (☞ be² A 1 (4)). **2** [進行形で]《略式》非常に腹が減る: I'*m starving*. 私は腹ぺこだ (☞ [他] の最後の例文). **3** [しばしば進行形で] (愛情・知識などに)飢える, 渇望する: He *was starving for* friendship. 彼は友情に飢えていた / I'*m starving to* talk to somebody. だれかと話がしたくてたまらない.
— [他] 〈人・動物〉を餓死させる; 飢えさせて…させる[…にする]: Hideyoshi ***~d*** the enemy ***into*** surrender [surrender***ing***]. <V+O+*into*+名・動名> 秀吉は敵を兵糧(ひょうろう)攻めにして降服させた / Feed a cold and ~ a fever.《ことわざ》かぜは食べて治せ, 熱は食べずに治せ / I'*m* ~*d*. <V+O の受身> [S]《主に米》私は腹ぺこだ. [語源] 古(期)英語で「死ぬ」の意.
be stárved of [《米》for] ... [動] [他] …が不足している, …に欠けている; (愛情・知識など)に飢えている. **stárve onesèlf to dó** [動]《略式》食うものも食わずに…しようとする. **stárve ... óut** [動] [他] 〈人〉を飢えさせて追い出す (*of*). **stárve to déath** [動] [自] 餓死する. **stárve ... to déath** [動] [他] 〈人・動物〉を餓死させる.

starve·ling /stáəvlɪŋ | stá:v-/ [名] [C]《文》飢えてやせ

こけた人[動物], 栄養不良の人[動物].

starv・ing /stáːvɪŋ | stáːv-/ 形 餓死しかけた; 《略式》腹ぺこの: a ~ actor [writer] 食えない俳優[作家].

Stár Wàrs 名 **1**『スター・ウォーズ』《米国の SF 映画シリーズ》. **2** ⓤ 《略式》スター・ウォーズ (計画) 《SDI の別称》.

stases 名 stasis の複数形.

+**stash** /stǽʃ/《略式》動 他 [副詞(句)を伴って]〈…〉を隠しておく (*away; in, under*). ── 名 ⓒ [普通は単数形で]《麻薬・金などの》隠匿品, 隠した物 (*of*); 隠し場所.

sta・sis /stéɪsɪs/ 名 ⓤⓒ (複 **sta・ses** /-siːz/)《格式》停滞, 静止状態.

stat /stǽt/ 名 ⓒ《略式, 主に米》=statistic.

*__**state**__ /stéɪt/ 🔊

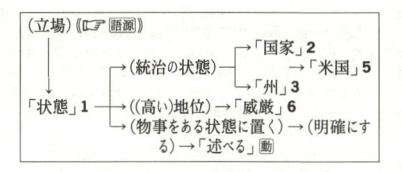

<img>(立場)《☞ 語源》</img>

```
                      ┌─→ 「国家」 2
「状態」 1 ─(統治の状態)─┤
                      └─→ 「米国」 5
         ─────────────→ 「州」 3
         ─((高い)地位)──→ 「威厳」 6
         ─(物事をある状態に置く)→ (明確にする)→ 「述べる」動
```

── 名 (**states** /stéɪts/) **1** ⓒ [普通は単数形で] **状態**, ありさま, 情勢《☞ 類義語》;《略式》ひどい[きたない]ありさま, 興奮[不安, 混乱]状態: a ~ of war 戦争状態 / in a confused ~ of mind うろたえて / in a ~ of shock ショックを受けて / He is *in* a poor ~ of health. 彼の健康状態はよくない / When heated, chocolate changes into [to] a liquid ~. 熱せられるとチョコレートは液体になる / The present ~ of affairs is dangerous. 現在の事態は危険だ / She was *in* a terrible [real] ~ *about* [*over*] it. 彼女はそのことでひどく取り乱して[いらついて]いた.

2 ⓤⓒ [しばしば (the) S-]《格式》**国家**, 国《☞ country 表》: the Secretary of S~《米》国務長官《他国の外務大臣に当たる》;《英》(国務)大臣《☞ secretary 成句》/ a democratic ~ 民主主義国家 / discuss affairs [matters] of ~《格式》国務を論ずる.

3 ⓒ [しばしば S-]《米国などの》**州**《☞ America 54-55 ページの表》: There are fifty ~s in the United S~s of America. アメリカ合衆国には 50 州ある.

4 [形容詞的に; しばしば S-] **国有の**; 《米》州の, 州立の: ~ forests 国有林 / a ~ funeral 国葬 / ~ police 国家警察; 《米》州警察 / the S~ bird [flower, song]《米》州鳥[花, 歌] / ~-funded projects 国庫[州による]補助のある事業. 関連 Federal《米》連邦政府の.

5 [the States] Ⓢ《略式》**米国** (the United States). 語感 国外から米国を指すときに用いることが多い: We are going back to *the S~s* next week. 来週アメリカへ戻る / You're from *the S~s*, aren't you? あなたは米国の出身ですね / "Where are you going in *the S~s*?" "To California." 「アメリカのどこへ行くのですか」「カリフォルニアです」. **6** ⓤ 威厳; 儀式; [形容詞的に] 儀式用の, 公式の: a ~ visit 公式訪問 / a ~ occasion 公式行事. 語源 ラテン語で「立っている」の意《☞ stand [単語の記憶]》.

be in a státe 動 ⓘ Ⓢ 《略式》(1) 興奮している, 心配して[取り乱して]いる. (2) 散らかって[よじれて]いる. **be nót in a fít státe** 動 ⓘ (…するのに)適した状態ではない, (…できるほど)体調はよくない (*to do*). **gét (oneself) in [into] a státe** 動 ⓘ (…について)取り乱す, いらいらする (*about*). **in státe** 副 威厳をもって, ものものしく. **líe in státe** 動 ⓘ (埋葬の前に国王などの)遺体が人々の告別のために正装安置される. **the státe of the árt** [名] (科学技術・学問などの)(最新の)進展状況, 現状(の最高水準), 最先端 (*in*)《☞

state-of-the-art). **the státe of pláy**[名]《英》(紛争・話し合いなどの)情勢, 形勢; (特にクリケットの)得点(状況). **the Státe of the Únion Méssage [Áddress]** [名] 一般教書《米国大統領が毎年 1 月に議会に対して行なう国政報告》.

類義語 **state** 話題にのぼっているものと, それを取り巻く周囲の状況とのあるがままの状態を意味する: the present *state* of the country その国の現在の状況. **condition** その状況を作り出した原因, あるいは周囲の状況との関係を強調する語: We must improve working *conditions* in the mines. 我々は鉱山の労働条件を改善せねばならない.

── 動 (**states** /stéɪts/; **stat・ed** /-tɪd/; **stat・ing** /-tɪŋ/; 名 státement) 他 **1** 〈意見など〉を(正式[公式]に)**述べる**, (ことばではっきり)言い表わす, 表明[言明, 陳述]する (say); (文書などが)明記している: He clearly ~d his opinion *to* them. <V+O+*to*+名・代> 彼は自分の意見をはっきりと彼らに述べた / The witness ~d positively [definitely] *that* he had seen the man enter the building. <V+O (*that* 節)> 証人はその男が建物に入るのを見たとはっきり陳述した / She did not ~ *whether* she was married (or not). <V+O (*wh* 節)> 彼女は結婚しているかどうか言わなかった. **2** [普通は受身で]〈日時・価格など〉を前もって指定する, 明細に記す.

státe attórney 名 ⓒ《米》州検事.

státe bénefit 名 ⓒⓤ《英》(失業・病気などに対する)国家給付金.

státe cápitalism 名 ⓤ 国家資本主義.

státe cóllege 名 ⓒ《米》州立カレッジ《(1) 州立の単科大学 (2) state university を構成するカレッジ》.

státe cóurt 名 ⓒ《米》州裁判所.

státe・craft 名 ⓤ 政治的手腕, 統治能力; 国政術.

stat・ed /stéɪtɪd/ 形 A **1** 指定された, (はっきりと)決まった: the ~ date 指定の日 / a ~ price 定価. **2** はっきり述べられた, 明言された.

*__**Státe Depártment**__ 名 固 [the ~]《米》国務省 (the Department of State).

Státe Enrólled Núrse 名 ⓒ《英》国家登録看護師 (State Registered Nurse に準ずる資格保持者; 略 SEN; 現在は Enrolled Nurse という).

+**státe・hòod** 名 ⓤ 国家[州]であること[地位].

státe・hòuse 名 (**-hous・es** /-hàʊzɪz/) ⓒ [普通は単数形または S-]《米》州議事堂.

státe・less 形 国籍のない, 無国籍の. **~・ness** 名 ⓤ 無国籍(状態).

state・let /stéɪtlət/ 名 ⓒ 小国家《特に大きな国から分割されたもの》.

státe líne 名 ⓒ《米》州境界線.

state・li・ness /stéɪtlɪnəs/ 名 ⓤ 荘重, 威厳.

+**státe・ly** /stéɪtli/ 形 (**state・li・er; -li・est**) 堂々とした, 威厳のある, 荘厳な, 品位のある: a ~ building [manner] 堂々たる建物[態度].

státely hóme 名 ⓒ《英》(由緒あるいなかの)大邸宅《一般に公開されていることが多い》.

*__**state・ment**__ /stéɪtmənt/ 🔊 名 (**state・ments** /-mənts/; 動 state) **1** ⓒ **陳述**, 言明; 申し立て, 述べたこと (*about, on, to*): make a correct [false] ~ 正確な[虚偽の]陳述をする / Do you believe his ~ *that* he is innocent? <N+*that* 節> 無実だという彼の申し立てを信じますか.

2 ⓒ (政府などの)**声明**(書), ステートメント (*to*): issue [put out] a joint ~ 共同声明を出す / get [take] a ~ 声明を書き取る. **3** ⓤ《格式》述べ方, 陳述のしかた. **4** ⓒ (銀行などの)口座収支報告書, 計算書: a monthly ~ 月次報告書. **5** ⓒ 人柄[人となり]を示すもの《衣服・車など》.

── 動 他《英》〈児童〉に特別教育の必要性を認定する.

1728　Staten Island

Stát·en Ísland /stǽtn-/ 名 固 スタテン島 (New York 湾内の島で New York 市の区の1つ).

state-of-the-árt 形 最先端技術を用いた, 最新式の (☞ the state of the art (state 名 成句)).

state-ówned 形 国が所有する.

státe párk 名 C (米国などの)州立公園.

Státe Régistered Núrse 名 C (英) 国家公認看護師 (現在は Registered General Nurse という; ☞ State Enrolled Nurse).

státe·róom 名 C **1** (古風) (船・米国の列車の)専用室, 特等室. **2** (普通は複数形で) (主に英) (宮廷などの)大広間, 国賓室.

státe-rún 形 A 国営の; (米) 州営の.

Státe's attórney /stéɪts-/ 名 C (米) = state attorney.

†**státe schóol** 名 C **1** (英) 公立学校 ((米) public school) (☞ independent school). **2** (米略式) 州立大学 (state university).

státe sécret 名 C 国家機密.

Státe's évidence 名 ☞ evidence 成句.

státe·síde 形 (時に S-) 副 (米略式) 米本国へ[で, の]. (英) では新聞用語.

*__states·man__ /stéɪtsmən/ 名 (-men /-mən/) C **1** (普通はほめて) 政治家 (☞ politician 類義語): a great ∼ 偉大な政治家. **2** 長老.

státesman·like 形 (普通はほめて) (立派な)政治家らしい[にふさわしい].

státesman·shíp 名 U 政治的な手腕[識見].

státes' ríghts 名 (複) (米) 州権 (州が憲法上有する固有の権利).

státes·wòman 名 (-wom·en /-wìmən/) C (普通はほめて) 政治家 (女性).

státe táx 名 C,U (米) 州税.

státe tróoper 名 C (米) 州警察官.

státe univérsity 名 C (米) 州立大学.

†**státe·wíde** (米) 形 (普通は A) 州全体の[にわたる]. ── 副 州全体に(わたり).

†**stát·ic** /stǽtɪk/ 形 **1** 静的な, 静止の. 関連 dynamic 動的な. **2** (経済活動などが)動きのない; (けなして) (動きがなく)つまらない. **3** A (電) 静電気の; (物理) 静止の, 静的の: ∼ electricity 静電気. ── 名 U **1** (電) (空電による)電波障害. **2** (電) 静電気. **3** (米略式) 抵抗, 反対, 批判.

stat·i·cal·ly /stǽtɪkəli/ 副 静的に, 静止して.

státic clíng 名 U (主に米) 静電気による衣服のまとわりつき.

stat·ics /stǽtɪks/ 名 U (物理) 静力学.

*✦**sta·tion** /stéɪʃən/ T1 名 (∼s /-z/) C **1** (鉄道の)**駅**, 停車場 ((米) train station, railroad station, (英) railway station) ((略) Sta.); 駅舎; (バスの)発着所 (bus station): a subway ∼ (米) 地下鉄の駅 / (金言) "Excuse me. Could you tell me the way to the ∼?" "Just go straight along this road."「すみません. 駅に行く道を教えていただけますか」「この道をただ真っすぐ行ってください」/ Is this our ∼? ここで降りるの / I'm at Tokyo S∼. 今東京駅だ. 語法 (1) 駅名は普通は無冠詞. (2) (米) では小さな駅・停留所には depot ということが多い. 関連 coach station (英) バスターミナル.

```
station
(人・物が配置されている所)
   ┌────┬────┬────┐
   駅   …署  …局  …部  …所
★日本語には英語の station に当たる総称がない.
```

2 C (普通は合成語で) **署**, **局**, **部**, …**所** (テレビ・ラジオの)チャンネル, 周波数帯, 番組: get [pick up] a ∼ テレビ[ラジオ]を受信する.

語法 前後の関係で明らかな場合には単に station だけで上の囲みのどれか1つを示すことが多い: We're about to run out of gas. Where's the nearest ∼ (=service station)? ガソリンが切れそうだ. 最寄りのガソリンスタンドはどこだ / The angry crowd set fire to the ∼ (=police station). 怒った群衆は警察署に放火した / The fire engines have just left the ∼ (=fire station). 消防車は消防署を出たところだ / This ∼ (=broadcasting station) has lots of large studios. この放送局には大きなスタジオがたくさんある.

── station 2 のいろいろ ──
fílling státion ガソリンスタンド / gás státion (米) ガソリンスタンド / núclear pówer státion 原子力発電所 / pétrol státion (英) ガソリンスタンド / pólling státion (主に英) 投票所 / rádio státion ラジオ放送局 / reséarch státion 研究所 / trácking státion (人工衛星の)追跡ステーション / TV stá·tion テレビ局 / wéather státion 測候所.

3 C (古風, 格式) 身分, 地位 (rank, status); 高い身分: …'s ∼ in life …の身分. **4** C (豪) 大牧場. **5** C (軍の)駐屯所, 根拠地, 基地: ☞ space station. **6** C (格式) (個人の定められた)持ち場, 部署; 位置, 場所: All the guards 'are at [take up] their ∼s. 警備員は全員それぞれの配置についている. **7** C (軍略式)の定位置. **above one's státion** (形・副) (古風, 格式) 自分の地位[身分]を忘れて, 身分不相応で. 語源 ラテン語で「立っているもの, 部署」の意. ── 動 他 (普通は受身で ☞ stand 単語の配慮). ── 動 他 (格式) (待ち構えて) 〈…〉に陣どる. **státion onesélf** 動 自 (格式) (待ち構えて) 〈…〉に陣どる.

státion ágent 名 C (米) 駅長 (stationmaster).

†**sta·tion·ar·y** /stéɪʃənèri/, -ʃ(ə)nəri/ 形 **1** 動かない, 静止した: a ∼ satellite 静止衛星. **2** 固定 (fixed), 据え付けの. **3** 変化のない.

státionary bícycle [bíke] 名 C = exercise bike.

státionary frónt 名 C (気象) 停滞前線.

státionary wáve 名 C (物理) 定常波.

státion bréak 名 C (米) (ラジオ・テレビ) ステーションブレーク (番組の間の短い切れ目; 局名などを告げる).

sta·tion·er /stéɪʃ(ə)nə/, -nər/ 名 C 文房具商 (人・店): I bought this pen at the ∼'s (shop) around the corner. このペンは近所の文房具店で買った (☞ absolute possessive 文法 (1)).

†**sta·tion·er·y** /stéɪʃənèri/, -ʃ(ə)nəri/ 名 U 筆記用具, 文房具 (紙・インク・ペン・鉛筆など全体); (社用)便箋 (びんせん)・封筒類.

†**státion hóuse** 名 C (古風, 米) 警察署 (police station); 消防署 (fire station).

státion identificátion 名 C,U (米) = station break.

státion·màster 名 C 駅長.

státion-to-státion 形 (長距離電話が)番号通話の (普通の自動式通話). 関連 person-to-person 指名通話の.

státion wágon 名 C (米) ステーションワゴン (後部に折り畳み[取り外し]式座席のついた大型の乗用車) ((英) estate car).

stat·is·m /stéɪtɪzm/ 名 U (経済・行政の)国家統制; 国家主権主義.

sta·tis·tic /stətístɪk/ 名 C **1** (個々の)統計値 [量]. **2** [a ∼] (略式) 統計値としてしか認識されない人[こと] (事故の死亡者など): become a ∼ (統計値として

*sta・tis・ti・cal /stətístɪk(ə)l/ 形 (名 statistics) [普通は A] 統計的な; 統計上の; 統計学的な: ~ evidence 統計的な証拠. -cal・ly /-kəli/ 副 統計的に, 統計上: ~ significant 統計的に意義のある.

*stat・is・ti・cian /stætɪstíʃən/ 名 C 統計学者.

*sta・tis・tics /stətístɪks/ 発音 名 (形 statistical) 1 [複] 統計資料, 統計, 統計値 (単語の記憶): official 正式な[公式の]統計 / collect [gather] ~ 統計資料を集める / S~ show [indicate] that women live longer than men. 統計によると女性は男性よりも寿命が長い. 2 U 統計学.

stát・ive vérb /stéɪtɪv-/ 名 C 『文法』状態動詞.

文法 状態動詞
動詞と意味・用法で区別した場合の一つ. 次の動詞のように状態や関係などを表わし, 動作動詞 (☞ dynamic verb 文法) に対する: be (…である), believe (信じている), belong (属している), contain (含んでいる), differ (異なっている), have (持っている), know (知っている), resemble (…に似ている), see (…が見える). この種の動詞は, 動作動詞と違って, 普通は進行形で用いることができないし, 命令文などにも用いられない. しかし smell (におう; においをかぐ) のように同じ動詞に 2 種類の用法がみられることもあるし, 状態動詞が意味合いを変えて動作動詞的になることも多い (☞ be² A 1 (4)): He is being a fool. 彼は馬鹿なことをして[言って]いる / We are having a good time. 私たちは楽しく過ごしている / Jane is resembling her sister more and more. ジェーンは姉にますます似てきた.

stats /stæts/ 名 (略式) =statistics.

stat・u・ar・y /stætʃuèri | -tʃuəri/ 名 C 『芸』彫像, 彫刻物 (全体).

*stat・ue /stætʃu:/ (類音 statute) 13 名 (~s /~z/; stàtuésque) C 像, 彫像, 塑像 (＊大きいもので, 特に人・動物をかたどったもの; ☞ stand 単語の記憶) (of): put up [erect] a bronze [stone] ~ 銅[石]像を立てる. 関連 sculpture 彫刻(作品). the Státue of Líberty [名] 自由の女神像 (New York 港の入り口の Liberty Island にある).

stat・u・esque /stætʃuésk/ 形 (名 statue) [ほめて] 1 w (特に女性が)(背が高く)すらりと均整のとれた; 大柄な. 2 彫像のような, 不動の; 威厳のある.

stat・u・ette /stætʃuét/ 名 C (飾り棚などに置く)小さな像.

*stat・ure /stætʃə | -tʃə/ 名 U 《格式》 1 (能力などの)水準, 高さ; 名声 (as): a scholar of great ~ 偉大な学者. 2 身長, 背の高さ (height) (☞ stand 単語の記憶): be short in ~ 背が低い.

*sta・tus /stéɪtəs, stæt-/ 発音 名 (~・es /-ɪz/) 1 U C 地位, 身分 (＊ある社会・職業などの中で他の人たちと比較した位置づけ); 資格 (☞ stand 単語の記憶): high [low] ~ 高い[低い]地位 / the social ~ of women 女性の社会的地位 / Nurses are not given equal ~ with doctors. 看護師には医者と同等の地位は与えられていない // ☞ marital status. 2 U (社会的)信用, 威信; 信望: Nowadays teachers do not have such a great ~ in that country. 昨今の国では教師は社会的信用がさほどない. 3 C [普通は単数形で] 状態, 現状: the present ~ of the Sino-Japanese trade talks 日中貿易会談の現状.

stay 1729

státus bàr 名 C 『電算』ステータスバー(作動中のプログラムの情報などを表示するウインドーの下の部分).

*státus quó /-kwóu/ 《ラテン語から》 [the ~] そのままの状態, 現状: maintain [restore, defend, upset] the ~ 現状を維持する[回復する, 守る, くつがえす].

státus sỳmbol 名 C 地位の象徴(所有者の社会的地位・経済的豊かさなどを示す規準となるもの; 高級車・ヨットなど).

*stat・ute /stétʃu:t/ 名 C 成文法, 法令; 規則 (rule), 定款(ｶﾝ) (under) (☞ stand 単語の記憶). by státute [副] 法令によって. the státute of limitátions [名] 提訴期限法: The ~ of limitations has run out [expired]. 時効になった.

státute bòok 名 [the ~] 法令全書: be on the ~(s) 法令集に載っている; 施行されている.

státute làw 名 U 制定法, 成文法. 関連 common law 慣習法, 判例法.

státute mìle 名 C 法定マイル (☞ mile 1).

stat・u・to・ri・ly /stætʃətò:rəli | stætʃutərəli, -trə-/ 副 《格式》法令によって.

stat・u・to・ry /stætʃətɔ̀:ri | -təri, -tri/ 形 [普通は A] 《格式》法定の, 法令による.

státutory offénse 名 C 《米》『法』制定法上の犯罪.

státutory rápe 名 U,C 《米》『法』法定強姦(ｶﾞｲ) (法定承認年齢未満の子との性交).

*staunch¹ /stɔ́:ntʃ, stɑ́:ntʃ/ 形 (staunch・er; staunch・est) [普通は A] 信頼できる, 忠実な; 頼りになる, 頼もしい: a ~ supporter 頼もしい支持者.

staunch² /stɔ́:ntʃ, stɑ́:ntʃ/ 動 他 《主に英》 =stanch¹.

stáunch・ly 副 忠実に, 頼もしく.

stáunch・ness 名 U 忠実さ; 頼もしさ.

*stave /stéɪv/ 名 C 1 『楽』譜表, 五線 (staff). 2 (おけ板の)立て板, 縦板; 棒, さお. 3 詩の一節, 連 (stanza), 句. —— 動 (staves; 過去・過分 staved, stove /stóuv/; stav・ing) [次の成句で] stáve ín [動] 他 〈…〉に穴をあける; 〈…〉を壊す. —— 自 穴があく; 壊れる. stáve óff [動] (過去・過分 staved) 他 (一時的に)〈…〉を食い止める, 免れる; 遅らせる. (☞ 名 3).

*staves /stéɪvz, stéɪvz | stéɪvz/ 名 staff² の複数形.

**stay¹ /stéɪ/ (類音 stake, state, steak) 動 (stays /~z/; stayed /~d/; stay・ing) 自 1 [副詞(句)を伴って] (ある場所・職務などに)とどまる (remain), いる, 残っている: ~ back 下がっている / ~ in teaching 教職にとどまる / S~ here till I come back. 私が戻ってくるまでここにいなさい / I usually ~ at home [《米》home] on Sunday(s). 日曜日は普通家にいる / She ~ed in the house all day. <V+in+名・代> 彼女は一日中家にいた / The temperature ~ed at zero all day. 温度は一日中 0 度のままだった / Can you ~ for [to] dinner [lunch]? <V+for [to]+名> 晩ごはん[昼ごはん]を食べていきませんか (＊《米》では for は一般的) / ~ late at work 残業する / Will you ~ and help me? Ⓢ 残って私を手伝ってくれませんか. (☞ 名 9).

2 [普通は進行形なし] (…の状態の)ままでいる (remain): ~ single 独身でいる / ~ awake 目がさめている / ~ cool (略式) 冷静でいる / Nobody ~s the same. 全く変わらない人などいない / We'll go for a walk if the weather ~s sunny. <V+C (形)> よい天気が続くなら散歩に出かけよう / We've ~ed friends for ten years. <V+C (名)> 彼女との交友は 10 年続いている / S~ tuned. (チャンネルを変えずにお待ちください) (テレビ・ラジオでコマーシャルの前などで).

3 [副詞(句)を伴って] (客として)滞在する, 泊まる: ~ over [overnight] 一泊する / We ~ed at [in] a

hotel. <V+*at* [*in*]+名・代> ホテルに泊まった.

> [会話] "Where are you going to ～?" "We'll ～ *at* Mary's."「どこに泊まるのですか」「メアリーの家に泊まります」(☞stay with ... (句動詞))

We ～*ed* there (*for*) two days. そこに2日間滞在した (☞ for [前] A 5 [語法]). **4** [普通は命令文で]《文》待つ, 止まる (stop); [命令文で] 動くな《犬に対して》. — [他] **1**《格式》〈判決など〉を延期する, 猶予(ゆうよ)する: ～ an execution 執行を猶予する. **2**《文》〈…〉を止める; 抑制する, 食い止める. **be hére to stáy=have cóme to stáy** [動] [自]《略式》永続的なものとなっている, 定着している. **stáy áfter=stáy àfter schóol** [動] [自] (罰として)学校に残される. **stày pút** [動] [自] Ⓢ《略式》そのままでいる, 動かないでいる: *S*～ *put in* the car for a while. しばらく車から出るな. **stáy togéther** [動] [自] (夫婦が)別れずにいる.

stay の句動詞

stáy aróund [動] [自]《略式》そばにいる, 居着く.

***stáy awáy from ...** [動] [他] **1** …から離れている, …に近づかない, …を避ける: *S*～ *away from* the fire. 火に近づかないように.
2 (会合・学校など)に欠席する, 出ない: I'm going to ～ *away from* school till my cold gets better. かぜがよくなるまで学校を休むつもりだ.

stáy behínd [動] [自] 居残る; 留守番をする.

stáy dówn [動] [自] **1** (食べた物が)(戻されないで)胃におさまっている. **2** (値段・温度などが)下がったままである. **3** 身をかがめる.

***stáy ín** [動] [自] (外に出ないで)うちに[中に]いる: The doctor says I must ～ *in* for two or three days. 医者は私に2, 3日は外へ出てはいけないと言っている.

stáy óff ... [動] [他] **1** (話題など)を避ける. **2** …に近づかない.

stáy ón [動] [自] **1** 居続ける, 居残る; (職などに)留(とど)まる (*at, as*): Many of the pioneers moved further west, but my folks ～*ed on* in South Dakota. 開拓者の多くはさらに西へ移住したが私の親族はサウスダコタに残った. **2** (人・帽子・ふたなどが)(落ちないで)上に乗っている. **3** (電灯・テレビなどが)ついたままである, (火が)燃えている.

stáy on ... [動] [他] …に居続ける; …から離れない: It's about two miles from here. Just ～ *on* this road. ここから約2マイルです. この道路をずっと行ってください.

***stáy óut** [動] [自] **1** 外にいる, 帰らない: Little children shouldn't ～ *out* after dark. 小さい子供たちは暗くなったら外にいてはいけない. **2** [時に stay out on strike として] ストライキを続ける.

stáy óut of ... [動] [他] Ⓢ …に立ち入らない; …にかかわらない, …を避ける.

***stáy úp** [動] [自] **1** (寝ないで)起きている; (人を)待って(遅くまで)起きている (*for*): I'll have to ～ *up* all night to finish my homework. 宿題を片づけるのに徹夜しなければならない. **2** 倒れない[落ちない]でいる, 掛かっている; (値段・温度などが)上がったままである.

***stáy with ...** [動] [他] **1** …の家に泊まる, …の家に滞在する (☞3の[会話]): Mary is ～*ing with* ⌈her uncle [the Smiths]. メアリーはおじ[スミスさん]のところにやっかいになっている (☞ proper noun [文法] (2) (i)). **2** (方法など)をそのまま使い続ける, (態度など)を(変えずに)続ける; 《略式》…の話を続けて聞く.

— [名] (～s /～z/) **1** [C] [普通は単数形で] 滞在 (*at, with*); 滞在期間: I hope you enjoy your ～ *in* Paris. パリのご滞在をお楽しみください. **2** [C,U] 〔法〕延期, 猶予(ゆうよ): (a) ～ of execution 刑の執行猶予[停止]; (一般に)執行延期.

stay[2] /stéɪ/ [名] [C] 〔海〕支索《マストを固定するワイヤロープ》.

stay[3] /stéɪ/ [名] **1** [C]《文》支柱 (prop); 支えとなる物[人]. **2** [C] (シャツなどの)えり用補強材. — [動] [他] 〈…〉を支える.

***stáy-at-hóme** [名] [C]《略式》[普通は軽蔑] 家にばかりいる人, 出不精の人. — [形] 家にいる;《略式》出不精の: a ～ mom [dad]《米》(外に働きに出ず育児などをする)専業主婦[主夫].

stay·er /stéɪɚ | stéɪə/ [名] [C] **1**《主に英》がんばりのきく人[競走馬]. **2** 滞在客.

stáy·ing pòwer [名] [U] (人の)持久力, 耐久力.

stáy-òn táb [名] [C] ステイオンタブ《本体から離れない缶の口金; ☞ tab 挿絵》.

stáy-ùp [形] [A] (ストッキングが)ゴム付きでずり落ちない.

St. Bernárd [名] [C] =Saint Bernard.

STD /éstìːdíː/ [略] **1** =sexually transmitted disease. **2**《古風, 英》=subscriber trunk dialling (電話)加入者長距離直通方式.

std. [略] =standard.

***stead** /stéd/ [名] [次の成句で] **in ...'s stéad** [副]《格式》…の代わりに (instead of ...). **stánd [pút, hóld] ... in góod stéad** [動] [他] (知識・経験・物などが)(将来[必要なとき]に)〈…〉の役に立つ. [語源] 古(期)英語で「場所」の意 (☞ steady 囲み).

***stead·fast** /stédfæ̀st, -fəst | -fɑ̀ːst, -fəst/ [形]《文》[ほめて] しっかりした, ぐらつかない, 不動の (firm) (*to*): ～ faith 確固たる信念 / He remained ～ *in* his principles. 彼はずっと自分の主義に忠実であった. [語源] stead+fast[1] [形] 4. **～·ly** [副] しっかりと, ぐらつかずに. **～·ness** [名] [U] 根強さ, 堅固, 不動.

stead·i·ly /stédəli/ [副] 着実に, しっかりと; どんどん; 落ち着いて: work ～ 着々と仕事[勉強]をする / The patient is ～ recovering. 患者は着実に回復している.

stead·i·ness /stédinəs/ [名] [U] 着実さ; 不変.

***stead·y** /stédi/ [T1] [形] (**stead·i·er** /-diɚ | -diə/; **stead·i·est** /-diɪst/; [反] unsteady)

> stead (場所)+-y[1] で(一か所に固定されている)→「安定した」**2**→「堅実な」**3**,「一様な」**1**

1 (行動・状態が)一様な, むらのない, 着実な: walk at a ～ pace 一定の歩調で歩く / Population growth has remained ～ ***at*** about 3%. <A+前+名・代> 人口の増加は3%あたりで安定している / He is making ～ progress in English. 彼は英語が着々と進歩している.
2 安定した, しっかりした: She handled the machine with a ～ hand. 彼女はしっかりした手さばきで機械を操作した / Hold this ladder ～. このはしごをしっかりと押さえていてくれ / He is not ～ on his legs. 彼は足もとが確かでない.
3 (人が)堅実な, まじめな, 信頼できる; 落ち着いた: Mike is a ～ doubles player. マイクは堅実なダブルスの選手だ《テニスで》. **4** [普通は [A]] 一定の, 変わらない; (仕事・収入などが)決まった: a ～ boyfriend《古風, 略式》決まったボーイフレンド / ～ relationship 決まった相手との(長い)つき合い / get a ～ job まともな仕事[定職]につく. **(as) stéady as a róck** [形] きわめて安定した, 全くぐらつかない; (人が)信頼できて[忠実で]. **gò stéady** [動] [自] (1)《古風, 略式》(普通は十代の男女が)(いつも)決まった相手とデート[交際]する (*with*). (2)《英》(調味料などを)控え目に使う (*on*).

— [副] =steadily. — [名] (**stead·ies**) [C]《古風, 米略式》決まった交際相手[恋人]. — [動] (**stead·ies**; **stead·ied**; **-y·ing**) [他] 〈…〉を安定させる, ぐらつかないようにする[しておく]; 〈神経など〉を落ち着かせる (*down*). — [自] 安定する, (価格などが)落ち着く (*down*). **stéady**

onesélf [動] ⓐ よろけ[倒れ]ないようにバランスをとる; 落ち着く. ── [感] [時に ~ on] (英略式) (発言に)気をつけろ; 落ちつけ.

stéady státe [名] Ⓒ 〔物理〕定常状態.

stéady státe thèory [名] [the ~] 〔天〕定常宇宙説 (⇨ big bang).

*__steak__ /stéɪk/ (同音 stake) [名] 〈~s/-s/〉 1 ⒸⓊ ステーキ (普通は beefsteak の代わりにこの語を用いる).

〖参考〗 焼き方には, 生焼け (rare), 中くらい (medium), よく焼いた (well-done) のような段階がある: "How would [How'd] you like your ~?" "*Rare [Medium, Well-done]*, please." 「ステーキはどのように焼きましょうか」「レア[ミディアム, ウェルダン]にしてください」(⇨ How do you like ...? (like² 成句)).

2 ⓊⒸ (魚肉などの)厚い切り身: a salmon ~ さけの切り身 / sirloin steak. 3 Ⓤ (英) (こまぎれにして使う)質の劣る牛肉: stewing [braising] ~ シチュー用の肉 / ~ and kidney pie 牛肉・腎臓などをつめたパイ.

stéak hòuse [名] Ⓒ ステーキハウス.

stéak knìfe [名] Ⓒ ステーキナイフ.

stéak tar·táre /-tɑərtɑ́ər | -tɑːtɑ́ː/ [名] Ⓤ =tartar steak.

*__steal__ /stíːl/ (同音 steel) [動] 〈steals /-z/; 過去 stole /stóʊl/; 過分 sto·len /stóʊlən/; steal·ing; stealth〉 ⓗ 1 〈金・物を〉(こっそり)盗む, こっそり取る (⇨ 類義語): I had my suitcase *stolen*. 私のスーツケースが盗まれた / They *stole* some money *from* the safe. <V+O+from+名・代> 彼らは金庫から金を盗んだ. 2 (相手に気づかれずに)〈無形のものを〉奪う, そっと[さっと]手に入れる; 〈人の所へ〉行なう; ~ ideas ...の考えを盗む / He *stole* a kiss *from* her. 彼は彼女に気づかれないうちにさっとキスした / She *stole* a look at her boss. 彼女は上司をちらりと盗み見た. 3 [副詞(句)に盗塁を]; 〈塁を〉すばやく奪う: The runner *stole* third (base). その走者は3盗した.

── ⓐ 1 盗みをする (*from*): It is wrong to ~. 泥棒は悪いことだ. 2 [副詞(句)を伴って] (気づかれずに)こっそり行く[来る], そっと入る[出る] (*in, out*) (⇨ prowl 類義語): ~ *into* [*out of*] a room そっと部屋へ忍び込む[を抜け出す]. 3 [野]盗塁する.

stéal úp on ... [動] ⓐ ...にそっと近づく, しのび寄る.

── [名] 1 [a ~] (略式, 主に米) もうけ品, 格安品. 2 Ⓒ [野]盗塁.

【類義語】**steal** 他人の物をこっそり盗むこと; 比較的格式ばった語: The money *was stolen* from his briefcase. その金は彼のかばんから盗まれた. **rob** 人または場所から物を力ずくで奪うこと: He *was robbed* of his watch. 彼は腕時計を奪われた. **pinch** (略式) 特にあまり高価でないものを盗むこと. **lift** (略式) 店の品物を万引きすること. **pilfer** (略式) ささいな物を盗むこと.

†__stealth__ /stélθ/ [名] 1 Ⓤ こっそりと行動すること. 2 [時に S-] ステルス技術 (レーダーで捕捉(ほそく)されにくい航空機などをつくる). **by stéalth** [副] こっそりと.
── [形] Ⓐ (飛行機などが)レーダーをかわせる.

stéalth bòmber [名] Ⓒ ステルス爆撃機 (レーダー捕捉(ほそく)が難しい米国のハイテク機) (B-2 (bomber)).

stealth·i·ly /stélθəli/ [副] 人目を忍んで, こっそり.

stéalth tàx [名] Ⓒ (英) (だれしなく) (新法・税金の値上げなどで)意識せずに払っている税.

stealth·y /stélθi/ [形] 〈stealth·i·er, -i·est〉 人目を盗んだ, ひそかな: ~ footsteps 忍び足.

*__steam__ /stíːm/ 🔑 [名] 〈steamy 1〉 Ⓤ 1 水蒸気, 蒸気, 湯気, (湯気でできた窓ガラスなどの)曇り, スチーム: Water turns into ~ when it is heated. 水は熱せられて蒸気になる. 関連 vapor 大気中の蒸気.

2 蒸気力, 蒸気熱: heat a house with ~ スチームで家の暖房をする. **blów óff stéam** [動] ⓐ =let off steam. **fúll stéam ahéad** [副] =full speed ahead (⇨ speed 成句). **gáther [gáin] stéam =gét [búild, píck, wórk] úp stéam** [動] (1) (略式) 熱気を帯びる, 活動的になる; (人が)馬力[元気]を出す; 段々興奮する[怒る]. (2) (蒸気機関が)蒸気を立てる, (車などが)徐々に速度を増す. **hàve stéam còming óut of one's éars** [動] かんかんに怒っている. **lét òff stéam** [動] ⓐ (1) (略式) 精力を発散する; うっぷんを晴らす. (2) (エンジンが)蒸気を出す. **rùn óut of stéam** [動] (略式) 精力を使い果たす; (活動などが)弱まる[停止する]. **ùnder one's ówn stéam** [副] (略式) 自分の力で.

── [動] 〈steams /-z/; steamed /-d/; steam·ing〉 ⓐ 1 蒸気を出す, 湯気を立てる; 蒸される; (人が)ひどく暑がる: Her coffee cup was still ~*ing*. 彼女のコーヒーカップはまだ湯気を立てていた. 2 [副詞(句)を伴って] (蒸気の力で)進む, 動く, 急いで行く (*into, from, out*): A ship ~*ed* down [*up*] the river. 蒸気船が川を下って[上って]行った.

── ⓗ 〈...を〉蒸す, ふかす (*cooking* 囲み); 〈...に〉蒸気を当てる: ~ potatoes じゃがいもをふかす / ~ an envelope open <V+O+C (形)> 湯気をあて封筒を開く / ~ a cloth clean 布に湯気を当てきれいにする.

be [gèt] (àll) stéamed (úp) [動] ⓐ Ⓢ (米略式) かっとなる, 興奮する (*about, over*). **stéam ahéad** [動] ⓐ 急いで進める (*with*). **stéam óff** [動] ⓗ 〈切手などを(封筒から)〉湯気に当ててはがす. **stéam úp** [動] ⓐ 湯気で曇る. ── ⓗ 〈...を〉湯気で曇らせる.

stéam bàth [名] Ⓒ 蒸しぶろ, スチームバス.

stéam·bòat [名] Ⓒ 蒸気船, 汽船.

stéam bòiler [名] Ⓒ 蒸気ボイラー.

stéam-cléan [動] ⓗ 〈衣服を〉蒸気で洗浄する.

stéamed [形] Ⓟ Ⓢ (米) 腹をたてて (⇨ be [get] (all) steamed (up) (steam 動) 成句).

stéam èngine [名] Ⓒ 蒸気機関(車).

†__steam·er__ /stíːmə | -mə/ [名] Ⓒ 1 汽船 (steamship). 2 蒸し器 (ごはん蒸し・せいろなど).

stéamer trùnk [名] Ⓒ スチーマートランク (薄くて幅広のスーツケース).

stéam hàmmer [名] Ⓒ 蒸気ハンマー.

stéam hèat [名] Ⓤ 蒸気暖房熱.

stéam·ing [形] むし暑い; (スコ) べろべろに酔った. ── [副] 非常に: ~ hot 非常に熱い / ~ mad かんかんに怒った.

stéam ìron [名] Ⓒ 蒸気アイロン.

stéam locomòtive [名] Ⓒ 蒸気機関車.

stéam-ròll [動] ⓗ (米) 1 (略式) 〈反対などを〉強引につぶす, (多数党が)〈議案などを〉強引に通過させる. 2 (略式) 強引に押し切って〈人に...させる〉(*into*), 〈人を〉無理矢理従わせる. 3 〈...を〉ローラーで平らにする.

stéam·ròller [名] Ⓒ 1 スチームローラー (地ならし用). 2 (略式) 強引な手段, 理不尽な圧迫; 強引な手段を取る人. ── [動] =steamroll.

stéam ròom [名] Ⓒ 蒸しぶろ室.

stéam·shìp [名] Ⓒ 汽船 (⇨ ship 語法). 〘語法〙 船名の前では S.S. と略す: the S.S. *Liberty* リバティ号.

stéam shòvel [名] Ⓒ (主に米) =power shovel.

stéam tàble [名] Ⓒ (米) スチームテーブル (レストランなどで料理を容器ごと保温するスチームの通った金属製の台).

stéam tràin [名] Ⓒ 汽車.

stéam whìstle [名] Ⓒ 汽笛.

†__steam·y__ /stíːmi/ [形] 〈steam·i·er, -i·est〉 1 (名 steam) 蒸気の, 湯気でもうもうの; 湿った. 2 (略式) (本・映画・場面などが)エロチックな, 官能的な.

steed /stíːd/ [名] Ⓒ (詩) 馬 (乗馬用).

*__steel__ /stíːl/ (同音 steal) 🔑 [名] 〈~s /-z/; 形 stéely〉 1 Ⓤ 鋼鉄, 鋼(はがね): a ~ helmet 鉄かぶと / S~ is

1732　steel band

used for tools, weapons, and machines. 鋼鉄は道具や武器や機械に用いられる. 関連 stainless steel ステンレス/iron 鉄. **2** [形容詞的に] 鋼鉄製のような: ~ industry 鉄鋼産業/~ blue 鋼色. **3** ⓤ 鉄鋼産業. **4** ⓤ 鋼鉄のように強い[堅い, 冷たい]こと: nerves of ~ 鋼鉄のような強靭な神経. **5** ⓒ 鋼砥(はがね); 《古語》武器, 剣, 刀.
— 動 他 [~ oneself として]〈心〉を冷酷にする, 心構えをする: He ~ed himself against [for] possible failure. 彼は失敗するかもしれないと覚悟を固めた.

stéel bánd 名 ⓒ 《英》単数形でも時に複数扱い スチールバンド 《ドラム缶などを使う西インド諸島の打楽器楽団》.

stéel-cléd 形 よろいを着けた[で身を固めた].

stéel drúm 名 ⓒ スティールドラム 《ドラム缶の底をへこませてすりばち状の部分をいくつかの面に分けてたたき上げ, 各面が異なった音階を出すようにしたもの》.

stéel guitár 名 ⓒ スチールギター.

stéel·i·ness /stíːlinəs/ 名 ⓤ 鋼鉄のような性質; 堅さ; 無情さ.

stéel·màker 名 ⓒ 鉄鋼業者.

stéel·màking 名 ⓤ 製鋼.

stéel mìll 名 ⓒ =steelworks.

stéel-tráp 形 [次の成句で] **hàve a stéel-tráp mínd** [動] 倉 何事にものみ込みが早い.

stéel wóol 名 ⓤ スチールウール, 鉄綿 《研磨・こすり落とし用》.

stéel·wòrk 名 ⓤ 鋼鉄構造(部); 鋼鉄製品.

stéel·wòrker 名 ⓒ 製鋼用工具.

stéel·wòrks 名 (複 ~) ⓒ [単数形でも時に複数扱い] 製鋼所.

⁺**steel·y** /stíːli/ 形 (**steel·i·er**; **-i·est**) ⓒ steel] [普通は A] **1** 鋼色の; 鋼鉄色の, 鋼(はがね)のような: ~ determination 鋼のような堅い決意. **2** 無情な, 容赦ない; 頑固な; きわめて厳格な.

⁕**steep¹** /stíːp/ 形 ⓒ (**steep·er**; **steep·est**; 動 **steepen**) **1** 勾配(こうばい)が急な, 険しい; 急勾配の; [普通は A]〈値段の変動などが〉急激な: a ~ slope [hill] 急坂 / a ~ increase [rise] in the cost [price] of gasoline ガソリン価格の急騰. **2** 《略式》〈価格・要求などが〉法外な, 途方もない. **Thát's [It's] a bìt stéep.** ⓢ 《英》それはちょっとひどい[無茶だ]. 語源 古(期)英語で「高い」の意; steeple と同語源.

steep² /stíːp/ 他〈物〉を〈液体に〉浸す, つける (soak): She ~ed the onions in vinegar. 彼女は玉ねぎを酢につけた. — 倉 液体に浸されている (in).
be stéeped in ... [動] 倉
(1) ...で満ちている: be ~ed in history [tradition] 歴史[伝統]に包まれている. (2) ...に没頭している; ...に精通している. **stéep onesèlf in ...** [動] 他 ...に没頭する.

steep·en /stíːp(ə)n/ 動 (自) (steep¹) 倉〈坂などが〉急になる;〈値段などが〉急上昇する. — 他〈坂など〉を急勾配にする.

⁺**stee·ple** /stíːpl/ 名 ⓒ (教会などの)尖塔(せんとう). ([☞] steep¹ 画源). 関連 tower 塔.

⁺**stéeple·chàse** 名 ⓒ **1** (野外横断)障害物競馬. 関連 flat race 平地競馬. **2** 障害物競走.

stéeple·chàser 名 ⓒ 障害物競走[競馬]の選手[馬].

stéeple·jàck 名 ⓒ (尖塔・高い煙突などの)修理職人, とび職.

stéep·ly 副 険しく; 急激に.

stéep·ness 名 ⓤ 険しさ, 急勾配(こうばい); 急激さ.

⁕**steer¹** /stíər/ 動 (題源 stair, stare) (**steers** /~z/; **steered** /~d/; **steer·ing** /stí(ə)rɪŋ/) 他 **1** 〈車などの〉ハンドルを切る,〈船の〉かじをとる (*away from*): ~ the car **through** the mud <V+O+前+名・代> 車のハンドルを切って泥の中を行く / The pilot ~ed the ship *toward* [*into*] the harbor. 水先案内人は船を港の方へ向けた.
2 〈...〉を〈ある方向に〉向ける, 導く;〈組織など〉を指導する, 監督する;〈人〉を案内する (*toward*, *to*): ~ the bill **through** the congress <V+O+前+名・代> 法案を議会で通過させる / ~ the conversation [*away from* [*back to*] politics 話を政治の話題からそらす[に戻す] / ~ the company *to* success 会社を成功に導く / He ~ed us *in* the right direction. 彼は我々を正しい方向に導いてくれた. **3** (特に船が)〈ある進路〉をとる: The ship ~ed a course for the island. 船は島へ向かうコースをとった / ~ a middle course 中道を行く.
— 倉 **1** ハンドル[かじ]をとる. 運転をする; [副詞(句)を伴って] (ある方向に)進路をとる, 向かう, 進む (*around*, *toward*, *into*): They ~ed for the island. <V+前+名・代> 彼らは島へ向かった. **2** [副詞(句)を伴って] 〈車などが〉操縦できる;〈船が〉かじがきく. — 名 ⓒ 《米略式》助言, 情報: [☞] bum steer. **gíve ... a stéer** [動] 他〈人〉に有益な忠告[情報]を与える.

steer² /stíər/ 名 ⓒ 雄の子牛, (食用)去勢牛.

steer·age /stí(ə)rɪdʒ/ 名 ⓤ (昔の)三等船室.

stéerage·wày 名 ⓤ 《海》舵(かじ)きき速力《舵をきかせるのに必要な最低進航速度》.

⁕**steer·ing** /stí(ə)rɪŋ/ 名 ⓤ 操縦[操舵(そうだ)]装置, ステアリング.

stéering còlumn 名 ⓒ 《ハンドルを取り付けている》かじとり柱, ステアリングコラム.

⁕**stéering commìttee** 名 ⓒ 《英》単数形でも時に複数扱い 運営委員会.

⁕**stéering whèel** 名 ⓒ **1** (自動車の)ハンドル 《[☞] car 挿絵》. 日英比較 この意味で「ハンドル」というのは和製英語 《[☞] handle 日英比較》: turn the ~ to the left ハンドルを左へ切る / Stella was *at* the ~ at the time. その時ステラが車を運転していた. **2** (船の)舵輪(だりん).

steers·man /stíəzmən | stíəz-/ 名 (**-men** /-mən/) ⓒ 《古風》舵手(だしゅ), かじとり (helmsman).

steg·o·sau·rus /stègəsɔ́ːrəs/ 名 ⓒ ステゴザウルス, 剣竜 《恐竜の一種》.

stein /stáɪn/ 名 ⓒ **1** スタイン 《陶器製のビール用コップ; 約 1 パイント (pint) 入り》. **2** 《米》タンカード (tankard).

Stein /stáɪn/ 名 個 **Gertrude** ~ スタイン (1874–1946) 《米国の女性小説家》.

Stein·beck /stáɪnbek/ 名 個 **John** (**Ernst** /ˈɜːnst | ˈɜːnst/) ~ スタインベック (1902–68) 《米国の小説家》.

Stein·em /stáɪnəm/ 名 個 **Glo·ri·a** /glɔ́ːriə/ ~ スタイネム (1934–) 《米国の女権拡張運動家》.

Stei·ner /stáɪnə | -nə/ 名 個 **Rudolf** ~ シュタイナー (1861–1925) 《ドイツの哲学者》.

Stein·way /stáɪnweɪ/ 名 個 スタインウェイ 《米国製のピアノ; 商標》.

Stel·la /stélə/ 名 個 ステラ 《女性の名》.

stel·lar /stélə | -lə/ 形 [普通は A] **1** 《天》星の. **2** (主に米)優れた (excellent); 主要な (leading): a ~ performance すばらしい演技.

St. Él·mo's fíre /seɪntélmoʊz- | s(ə)nt-/ 名 ⓤ 《気象》聖エルモの火 《雷雨の時に現われる放電現象》.

⁕**stem¹** /stém/ 名 (~s /-z/) ⓒ **1** (草の)茎 (stalk), (木の)幹 (trunk): Leaves grow *on* ~s. 葉は茎に生える. **2** 葉柄, 花梗(かこう), 軸《葉・花・実を支える部分》.

spire

steeple

3 茎状のもの: the ~ of a pipe (たばこの) パイプの柄 / the ~ of a wineglass ワイングラスの脚(^{あし}) / a watch ~《米》腕時計の竜頭(^{りゅうず}). **4**《文法》語幹《変化形のplays, playing や派生語の player などに対する stem など》. **5** 船首 (bow) (反 stern). **from stém to stérn**[副] 船首から船尾まで,船中至る所に;〔端から端まで〕全部.

— 動 (stems /~z/; stemmed /~d/; stem·ming) 自 [進行形なし] (…から) 生ずる, (…に) 由来する: **12** Crimes often ~ *from* poverty. 犯罪はしばしば貧困から起こる.

*stem² /stém/ 動 (stems /~z/; stemmed /~d/; stem·ming) 他《格式》〈…の拡大・進展〉を食い止める;〈流れ〉を止める 止血する / ~ the bleeding 止血する / ~ the flow of drugs 麻薬の流入を食い止める.

stém cèll 名 C [普通は複数形で]《生》幹細胞.
stemmed /stémd/ 形 [合成語で] …茎をもつ; …柄[脚]の: a long-stemmed 長いグラス.
stém·ware 名 U《米》脚付きのグラス類《ゴブレット・ワイングラスなど》.
stém-wind·er /-wàində | -də-/ 名 C **1** 竜頭(^{りゅうず}) 巻き時計. **2**《米俗》熱弁 (をふるう人).

+**stench** /sténtʃ/ 名 **1** C [普通は単数形で] いやなにおい, 悪臭 (*of*). **2** [the ~]《悪い》悪気: the ~ of injustice 不正のにおい.

*sten·cil /sténs(ə)l/ 名 C **1** 刷り込み型, 型板, ステンシル; 謄写版の原紙. **2** 刷り込み模様[文字].
— 動 (sten·cils; sten·ciled,《英》sten·cilled; -cil·ing,《英》-cil·ling) 他 型板で〈模様・文字など〉を (…に) 刷る (*on*);〈表面〉に〈…〉を刷り出す (*with*);〈原紙を使って〉〈…〉を謄写する.

stencil 1

Sten·dhal /sténdɑːl, stæn- | stáːn-/ 名 固 スタンダール (1783–1842)《フランスの小説家》.
Stén gùn /stén-/ 名 C ステンガン《第 2 次大戦に主に用いられた英国製の軽機関銃》.
sten·o /sténoʊ/ 名 (~s)《略式》**1** C =stenographer. **2** U =stenography.
ste·nog·ra·pher /stənágrəfə | -nɔ́grəfə-/ 名 C《主に米》速記者《英》shorthand typist).
ste·nog·ra·phy /stənágrəfi | -nɔ́g-/ 名 U《主に米》速記術 (shorthand).
sten·o·type /sténətàɪp/ 名 C ステノタイプ《速記用の一種のタイプライター》; ステノタイプ文字.
sten·to·ri·an /stentɔ́ːriən/ 形《文》〈声が〉非常に大きい, 力強い.

*step /stép/ (同音 steppe) 名 (~s /~s/)

「歩み」	→ 「歩きぶり」 **7** → 「足音」 **6**
	→ (歩く所) → 「段」 **5** → 「階段」 **4**
	→ 「段階」 **2** → 「階級」 **8**
	→ (目的への歩み) → 「手段」 **3**

1 C **歩み**, 歩(^ほ); 1 歩; 歩幅, ひと足; わずかな距離: take a ~ forward 1 歩前へ進む / retrace one's ~s 戻る / The baby took a ~! 赤ちゃんが歩いた! / I am so tired that I can't walk another ~. とても疲れてもう 1 歩も歩けない / WATCH [《主に米》MIND] YOUR STEP 足元注意《掲示》/ The station is just a few ~s from here. ここから駅はすぐそこだ.

2 C《過程・発展などの》**1 段階**, (成功などへの) 進歩 (*in*): a ~ forward [backward] for human rights 人権獲得への一歩前進[後退] / move one ~ closer to success 成功へ一歩近づく / a first ~ *to·ward* peace 平和への第一歩 / They supported us

step 1733

every ~ of the way. 彼らは私たちを一貫して支持してくれた.
3 C (ある目的を達成するための) **手段**, 処置 (measure): a ~ in the right direction 正しい処置.
4 [複数形で] (普通は屋外の) **階段**, ステップ (《米》 stair 表), はしご段;《英》脚立(^{きゃたつ}), 段ばしご (stepladder): a flight of ~s ひと登りの階段 / I stumbled and fell down the ~s. つまずいて階段から転げ落ちてしまった.
5 C (階段の) 段, 踏み **段** (《米》flight¹ 挿絵); (バス・列車などの) **昇降段**: sit on the top [bottom] ~ (階段の) いちばん上[下]の段に座る.
6 C 足音 (footstep): I heard some heavy ~s approaching. 重い足音が近づいてくるのが聞こえた.
7 C [しばしば複数形で] (ダンスの) **ステップ**; [普通は単数形で] **歩きぶり**, 足どり: She walks with a spring in her ~. 彼女はいつも軽い足どりで歩く.
8 C **階級** (rank), 昇進(の 1 段階): A major is a ~ above a captain. 少佐は大尉より 1 階級上である. **9** C《米》《楽》音程 (tone): a half ~ 半音. **10** U ステップ運動 (踏み台を昇降する); C ステップ運動の踏み台.

brèak stép [動] 自 歩調を乱す.
fáll into [in] stép [動] 自 (人と) 歩調を合わせる; (…) に同調する (*with*).
in stép [形・副] 歩調をそろえて; (…) と調子をそろえて, 同調して (*with*) (反 out of step).
kèep (in) stép with ... [動] 他 …と[に] 歩調を合わせる; (流行など) についてゆく, …と考えを合わせる.
mínd one's stép [動] 自《主に英》=watch one's step.
óne stép ahéad [形・副] 一歩先んじて; (…) を避けて: She is always one ~ *ahead* of me. 彼女にはいつも一歩先を越されている / stay one ~ *ahead* of the police 警察の追求を逃れている.
óne stép at a tíme [副] =step by step.
óut of stép [形・副] 歩調を乱して; (…) と調子が合わない (で), 同調しない (で) (*with*) (反 in step).
stép by stép [副] 一歩一歩, 着実に: He studied English ~ *by* ~. 彼は着実に英語の勉強をした.
tàke stéps [動] 自 方策を講ずる, 手を打つ: We must *take* ~s to prevent such accidents. そのような事故を防ぐために何か手段をとらねばならない.
wátch one's stép [動] 自 (1) 足元に気をつける (☞ 1). (2)《略式》言動に気をつける.

— 動 (steps /~s/; stepped /~t/; step·ping) 自 [副詞(句) を伴って] 足を上げて踏み出す, (一歩→) 歩く, 歩(^ほ) を進める; (短い距離を) 歩く, 進む (*inside*): S~ *forward* when I call your name. 名前を呼ばれたら一歩前へ出なさい / S~ *outside*.《略式》外へ出ろ《けんかの決着をつける時のことば》/ I opened the door and **stepped** *out of* the room. <V+前+名·代> ドアを開けて部屋の外に出た / He **stepped** *onto* the platform *from* the train. 彼は列車からプラットホームへ降り立った / Please [Kindly] ~ "this way [over here].《格式, 丁寧》どうぞこちらへ.

──────────── step の句動詞 ────────────
*stép asíde [動] 自 **1** わきへ寄る: We *stepped aside* to let him pass. 彼を通すためにわきへ寄った. **2** (地位・議席などを) 人に譲る, 身を引く (step down): Old political leaders should ~ *aside for* [*in favor of*] younger people. 政界の年配の指導者は若い人に地位を譲るべきだ.
stép báck [動] 自 **1** 後ろに下がる. **2** 一歩引いて見る[考える]. **3** (活動など) に加わらない (*from*).
*stép dówn [動] 自 **1** 辞任する, 辞職する; (地位など) を人に譲る (step aside) (*for, in favor of*): Mr. Green intends to ~ *down as* chairman. グリーン氏

1734　step-

は会長を辞任する意向である. **2**（高いところから）降りる: Tom *stepped down from* the tractor. トムはトラクターから降りた. ― 他〈…〉を減らす, 下げる.

stép fórward 動 自 **1** 前へ進む（☞ step 最初の例文）. **2**（援助・情報などの提供のために）申し[名乗り]出る; 行動に出る.

*__stép ín__ 動 自 **1** 中へ入る；（ちょっと）立ち寄る: S~ right *in*! お入りなさい. **2**（調停などのために）介入する, 乗り出す, 割り込む: The government will have to ~ *in* to help with the flood relief. 洪水の被害者への救済に政府が乗り出さなければならないだろう. ― 他〈…〉に踏み入る[込む].

*__stép ínto ...__ 動 **1** …に入る: He *stepped into* the hut. 彼はその小屋に入った. **2**（靴・ズボンなど）をはく. **3**（職）につく；…を引き受ける.

stép óff 動 自（乗り物などから）降りる.

stép óff 動 他（乗り物など）から降りる: ~ *off* the bus バスから降りる.

*__stép on [upón] ...__ 動 他 …を踏む, …を踏みつける；（人）を踏み台にする,（人）を踏みにじる: Sorry! Did I ~ *on* your foot? 足を踏みましたか / S~ *on* no pets. ペットを踏まないで（前後どちらから読んでも同じ文; ☞ palindrome）. **stép on it** [（米）**the gás**] 動 Ⓢ（略式）急ぐ,（車で）飛ばす.

stép óut 動 **1**（主に米）外へ出る; 座をはずす. **2**（米略式）（夫・妻を）裏切って浮気をする (*on*). **3**（古風, 主に米）遊び[デートなど]に出かける (*with*). **4**（人が）（映画・文学作品などから）抜け出たように（にそっくり）だ (*of*, *from*).

*__stép úp__ 動（名 stép-ùp）他〈…〉を増進する, 促進する；増加させる (increase)〈V+名+副 / V+名+*up*〉: The government *stepped up* its efforts to prevent drug pushing. 政府は麻薬の密売を防止する努力を強めた. ― 自 進み出る; 近づく (*to*).

step- /stép/ 接頭「継（ぎ）…, まま…」の意.

stép·bròther 名 Ⓒ stepparent の（連れ子である）息子（☞ half brother）.

stép-by-stép 形 Ⓐ 段階的な; 着実な.

stép chànge 名 Ⓒ（英）[主に新聞で] 顕著な変化[改善] (*in*).

stép·child 名 (-children) Ⓒ まま子.

stép·dàughter 名 Ⓒ まま娘,（女の）まま子.

stép-dòwn 形 Ⓐ 動（名 stép dówn）反 step-up）UC（量などの）減少, 低下. ― 形 減少の；電圧を下げる.

stép·fàmily 名 Ⓒ まま親[父, 母]のいる家族.

*__stép·fàther__ 名 Ⓒ まま父, 継父.

Stépford Wíves /stépfəd-｜-fəd-/ 名 Ⓒ 複 従順な妻（米国 SF 映画 The Stepford Wives に出てくるロボットに変えられた妻たちの話から）.

Ste·phen /stíːv(ə)n/ 名 **1** スティーブン（男性の名; 愛称は Steve）. **2** Saint ~ 聖ステパノ（最初のキリスト教殉教者）.

Ste·phen·son /stíːv(ə)ns(ə)n/ 名 George ~ スティーブンソン (1781-1848)《英国の技師; 蒸気機関車の完成者といわれる》.

stép-in 形（衣類やスキー靴に）足を突っ込んで着る[履く], ステップインの. ― 名 Ⓒ ステップインの服[靴].

stép·làdder 名 Ⓒ 脚立（ぶつ）, 段ばしご（英）steps）.

*__stép·mòther__ 名 Ⓒ まま母, 継母.

stép·pàrent 名 Ⓒ まま親（まま父 (stepfather) または まま母 (stepmother)）.

steppe /stép/ 名 ⓊⒸ [しばしば the ~s] ステップ（シベリア・アジアなどの大草原地帯; ☞ savanna 関連）.

stépped-úp 形 Ⓐ [主に新聞で] 増加[向上]した.

*__stép·ping-stòne__ 名 Ⓒ **1**（成功などへの）足がかり, 手段 (*to*). **2** [複数形で] 飛び石, 踏み石.

stép·sìster 名 Ⓒ stepparent の（連れ子である）娘（☞ half sister）.

stép·sòn 名 Ⓒ まま息子,（男の）まま子.

stép-úp 名（動 stép úp）他）反 step-down）UC（量などの）増加, 増大; 昇進. ― 形 増加の; 電圧を上げる.

-ster /stə | stə/ 接尾 [名詞語尾]「しばしば軽蔑」…をする人, …に携わる人, …な人」の意: gangster ギャングの一員 / songster 歌手 / youngster 若者.

*__ster·e·o__ /stériou/ 名（~s /~z/）**1** Ⓒ ステレオ, ステレオ再生装置 (stereo system).
2 Ⓤ ステレオ録音方式, ステレオ効果: record *in* ~ ステレオで録音する / be broadcast *in* ~ ステレオで放送される.
― 形 Ⓐ ステレオの, 立体音響（効果）の《stereophonic を短縮した形》: a ~ recording ステレオ録音 / ~ broadcasting ステレオ放送. 関連 mono モノラルの.

ster·e·o- /stériou/ 接頭「立体の」の意: stereoscope 立体（写真）鏡.

ster·e·o·gram /stériəgræm/ 名 Ⓒ 立体画.

ster·e·o·phon·ic /stèriəfάnık | -fɔ́n-⁻/ 形 ステレオ（方式）の. 関連 monaural モノラルの.

ster·e·op·sis /stèriάpsıs | -ɔ́p-/ 名 Ⓤ〖生理〗立体視（距離のわかる二眼視）.

ster·e·o·scope /stériəskòup/ 名 Ⓒ 立体（写真）鏡, ステレオスコープ.

ster·e·o·scop·ic /stèriəskάpık | -skɔ́p-⁻/ 形 立体（写真）鏡の;（視覚的に）立体感を与える.

stéreo sỳstem 名 Ⓒ = stereo 1.

*__ster·e·o·type__ /stériətàıp/ 名（~s /~s/; 形 stereotýpical）Ⓒ **1** [普通はけなして] 固定観念, 既成概念, 紋切り型; 偏見; 型にはまった人[物]: racial ~s 人種的偏見 / fit [conform to, fill] the ~ *of* the office worker お決まりのサラリーマン像に合致する. **2** [形容詞的に] [普通はけなして] 型にはまった: a ~ character（物語などの）型にはまった登場人物. **3** Ⓒ ステレオ（版）, 鉛版. ― 動 他 [普通はけなして]〈…〉を一つの型[形式]にはめる;〈人〉を型にはめて見る (*as*).

ster·e·o·typed 形 = stereotypical.

ster·e·o·typ·i·cal /stèriətípık(ə)l⁻/ 形 [普通はけなして]（イメージ・概念・特徴などが）型にはまった, 固定化した, 紋切り型の.

ster·e·o·typ·ing 名 Ⓤ [普通はけなして] 固定観念化.

+__ster·ile__ /stérəl | -raıl/ 形 **1**（人・動物が）繁殖力のない, 不妊の;〖植〗繁殖しない, 不稔（ねん）性の;（土地がやせた, 不毛の (barren)（反 fertile）. **2** 殺菌した, 無菌の. **3**（思想などが）内容の乏しい, 独創性のない;（建物・場所などが）殺風景な;（議論などが）無意味な, 不毛な;（生活がおもしろみのない, 迫力のない.

ste·ril·i·ty /stəríləti/ 名 Ⓤ (反 fertility) Ⓤ 不妊（症）;（土地の）不毛; 無菌状態;（思想の）貧困, 独創性の欠如.

ster·il·i·za·tion /stèrəlɪzéıʃən | -laız-/ 名 ⓊⒸ 殺菌, 消毒; 不妊にすること, 避妊手術.

ster·il·ize /stérəlàız/ 動 他 [普通は受身で]〈…〉を殺菌する, 消毒する; 不妊にする.

ster·il·iz·er /stérəlàızə | -zə/ 名 Ⓒ 殺菌装置, 殺菌剤.

*__ster·ling__ /stə́ːlıŋ | stə́ː-/ 形 **1**（英格式）英貨の法定の純銀を含んだ (~ stg.; 数字の後につける): £500 *stg.* 英貨 500 ポンド (five hundred pounds sterling と読む; ☞ Lʼ）. **2** Ⓐ 法定純度の; スターリングシルバーの（純度 92.5％）. **3** [普通は Ⓐ]（格式）（仕事・性格などの）優れた. ― 名 Ⓤ 国際市場での）英貨 (British currency); スターリングシルバー（製品）.

stérling sílver 名 Ⓤ スターリングシルバー.

*__stern__[1] /stə́ːn | stə́ːn/ 形 (**stern·er; stern·est**)（人が）厳格な,（命令・扱いが）厳しい; 苛酷（か）な（☞

strict 類語）: ~ punishment 厳罰 / Mr. Smith was ~ **with** his students. <A＋with＋名・代> スミス先生は生徒に厳しかった. **2**（顔つきなどが）いかつい, 怖い: a ~ look [expression] いかめしい表情. **3** 断固とした: ~ measures 断固たる手段. **~･ly** 副 厳しく, 厳格に. **~･ness** 名 U 厳しさ.

stern[2] /stə́ːn | stə́ːn/ 名 C [普通は単数形で] 船尾 (反 bow, stem);（航空機の）後部 (反 bow).

Stern /stə́ːn | stə́ːn/ 名 Isaac ~ スターン (1920–2001)《ロシア生まれの米国のバイオリニスト》.

sterna sternum の複数形.

ster･num /stə́ːnəm | stə́ː-/ 名 (複 ~s, ster･na /-nə/) C【解】胸骨 (breastbone).

stérn whèeler /-hwìːlɚ | -wìːlə/ 名 C（米）船尾外車汽船（船尾の車輪で進む. ☞ showboat 写真）.

ster･oid /stéroɪd, stí(ə)r-/ 名 C【生化】ステロイド《生体内での脂肪溶解性化合物; 筋肉増強剤にも使用》: on ~s ステロイドを用いて;《米略式》強力［巨大］な.

ster･to･rous /stə́ːtərəs | stə́ː-/ 形《格式》（呼吸が）大いびきをかく（ような）, ぜいぜいいう, 苦しそうな.

stet /stét/ 動 (~s; stetted; stetting)【印】生きる,〈…〉を生かす, [命令形で] イキ（消した語句の下に点線を打つなどして示す）.

steth･o･scope /stéθəskòʊp/ 名 C 聴診器.

stet･son /stéts(ə)n/ 名 C [しばしば S-] ステットソン帽《カウボーイの帽子; 元来は商標》.

Steve /stíːv/ 名 スティーブ《男性の名; Stephen または Steven の愛称》.

ste･ve･dore /stíːvədɔ̀ɚ | -dɔ̀ː/ 名 C 港湾労働者《(米) longshoreman, (英) docker》.

Ste･ven /stíːv(ə)n/ 名 スティーブン《男性の名; 愛称は Steve》.

Ste･vens /stíːv(ə)nz/ 名 Wallace ~ スティーブンズ (1879–1955)《米国の詩人》.

Ste･ven･son /stíːv(ə)ns(ə)n/ 名 Robert Louis ~ スティーブンソン (1850–94)《Scotland の作家》.

*****stew** /st(j)úː | stjúː/ 名 C,U シチュー; beef ~ ビーフシチュー.【**be in [gét into, gét (onesélf) in] a stéw** [動] 自《略式》やきもき［いらいら］している［する］(about, over).——他〈…〉をとろ火で煮る, シチューにする（☞ cooking 囲み）.——自 **1** とろ火で煮る, シチューになる. **2**《略式》気をもむ, やきもきする; 怒る. **lét ... stéw (in one's ówn júice)** [動] 他《略式》〈人〉に自業自得なのをじっと味わわせる.

*****stew･ard** /st(j)úːəd | stjúːəd/ 名 (**stew･ards** /-ədz | -ədz/) C **1**（旅客機・船などの）**客室乗務員**, スチュワード, 旅客係 (☞ stewardess). **2** 執事, 家令, 管財人《雇われて他人の家・土地などを管理する人》. **3**（英）（競馬・催し物・舞踏会などの）世話役, 幹事. **4**（英）（大学・クラブなどの）賄(まかな)い方; 用度係. **5** =shop steward.【語源】古く期英語で「豚小屋（☞ pigsty）の番人」(☞ ward 語源) の意.

stew･ard･ess /st(j)úːədəs | stjúː-/ 名 C《古風》（旅客機・船などの）女性客室乗務員, スチュワーデス (☞ steward; flight attendant 参考).

stéward･ship /-ʃìp/ 名 U **1** 責務;（責任ある）運営, かじ取り (of). **2**《格式》執事の職; 執事の職務.

Stew･art /st(j)úːət | stjúːət/ 名 **1** スチュアート《男性の名》. **2** Rod ~ (1945–) スチュアート《英国のロック歌手》.

stewed /st(j)úːd | stjúːd/ 形 **1** とろ火で煮込んだ, シチューにした. **2** P《略式》酔っ払って. **3** [普通は P]（英）（茶が）濃く出すぎた.

stéw･ing stèak /st(j)úːɪŋ- | stjúː-/ 名 U シチュー用の牛肉《堅くて煮こまないと食べられない》.

stéw･pòt 名 C シチュー鍋(なべ).

St. Fran･cis /seɪn(t)frǽnsɪs | s(ə)n(t)fráːn-/ 名 聖フランチェスコ (1182–1226)《イタリアの修道僧; San Francisco 語源, Franciscan》.

stg. 略 =sterling.

St. George /seɪn(t)dʒɔ́ːdʒ | s(ə)n(t)dʒɔ́ːdʒ/ 名 セントジョージ（England の守護聖者; 竜を退治した話で有名; ☞ patron saint）.

St. Géorge's cróss 名 C [普通は the ~] セントジョージの十字架（☞ Union Jack 参考）.

Sth 略 =South.

St. He･le･na /sèɪntəlíːnə | sèɪntɪ-/ 名 セントヘレナ《アフリカの南西海岸沖の英国領の島; ナポレオン (Napoleon) が流されて死んだ》.

St. Hel･ens /-hélənz/ 名 Mount ~ セントヘレンズ山《米国ワシントン州の火山》.

*****stick**[1] /stík/ 動 (**sticks** /~s/; 過去・過分 **stuck** /stʌ́k/; **stick･ing**; 形 **sticky**)

```
「突き刺す, 刺さる」他2, 自2（☞ stitch 語源）
  →「突っ込む, 差し込む」4→（狭い所に）「置く」他3
    →（ぴったりと）「くっつける, くっつく」1, 自1
```

自 他 の転換
他 **1** くっつける (to cause (something) to be pushed or fixed in)
自 **1** くっつく (to be pushed or fixed in)

—— 他 **1**〈物〉を〈のりなどで…に〉**くっつける**, はる,《略式》（ピンなどで…に）留める, 固定する: He **stuck** the broken pieces **(back) together**. <V＋O＋(back＋)together> 彼は破片をつなぎ合わせた / S~ a stamp **on** the envelope. <V＋O＋前＋名・代> 封筒に切手をはりなさい / You should ~ these clippings **in [into]** your scrapbook. その切り抜きは保存版にはったほうがよい / She **stuck** the notice **on [to]** the board with tacks. 彼女は掲示板にびょうでビラを留めた.

2〈先のとがった物〉を（…に）**突き刺す, 刺し通す** (in, through),〈…〉を（とがった物で）突く, 刺す;（とがった物に）突き刺す (onto): He **stuck** his fork **into** the meat. <V＋O＋into＋名・代> 彼は肉にフォークを突き刺した / He **stuck** his finger **with** a needle. <V＋O＋with＋名・代> 彼は指に針を刺した / ~ pieces of meat on a skewer 肉片を串に刺す.

3《略式》〈…〉を（無造作に）置く (put) (on): He **stuck** the book **in [into]** his bag. <V＋O＋前＋名・代> 彼は本をかばんに突っ込んだ.

4〈手・指など〉を（…に）**突っ込む, 差し込む**, 差し入れる,〈頭など〉を（…から）**突き出す**: He **stuck** his hands **in** his pockets. 彼は両手をポケットに突っ込んだ. **5** [普通は否定文で] [進行形なし] S《略式, 主に英》〈…〉を我慢する (bear, stand): I can't ~ it. それはたまらない / I can't ~ you doing that. あなたがそれをするのは耐えられない. **6** [しばしば can を伴って, 憤慨して拒絶する時に用いて] S《略式》〈他人にとって不要のもの〉をその人が持っている [しばしば失礼な表現]: You **can** ~ the job (for all I care)! (私は結構だから)その仕事はこっちで持ち出さなくてくれ, 勝手な仕事なんかだれがやるもんか. **7** [普通は受身で]〈人・車など〉を動けなくする, 行き詰まらせる; 引き止める; 当惑させる（☞ stuck[1] 形）: They were **stuck** for hours in a traffic jam. 彼らは交通渋滞で何時間も立ち往生した. 【B 語法】 **8** [普通は受身で]〈人〉に（やっかいな人・もの）をおしつける (with)（☞ be [get] stuck with ... (stuck 形 成句)）.

—— 自 **1**（…に）**くっつく, くっつく**,（ことばなどが心について離れない;（あだ名などが）定着する: This glue doesn't ~ very well. こののりはあまりよくつかない / Two pages of the book **stuck together**. <V＋together> その本のページが2枚くっついていた（☞ stick together (句動詞)） / That scene still ~s **in** my mind [mem-

ory]. <V+前+名・代> その場面がいまだに私の記憶にこびりついている.
2 [副詞(句)を伴って] **突き刺さる, 刺さっている; 突き出る[当たる]** (*into, through*): A nail had ***stuck in*** the tire. <V+前+名・代> くぎがタイヤに刺さっていた. **3** はまり込む; 動かなくなる, 引っ掛かる; 当惑する: The car *stuck in* the mud. 車はぬかるみにはまって動かなくなった. [語法] be [get] stuck を用いることもできる《☞ [他] 7》: The car *was* [*got*] *stuck* in the mud. **4** 〘トランプ〙カードを取らない[もらわない].
máke ... stíck [動] [他] 《略式》 **1** 〈罪などを〉立証する: *make* the charges ～ 有罪を証明する. **2** 〈…を〉有効にする, 恒久化する. **stíck fást** [動] [他] [受身で] 〈…を〉固定する, 釘(くぎ)付けにする. ― [自] しっかりと固定される, 釘付けになる; (…に)固執する: ～ *fast to* an idea ある考えに固執する. **stíck it to ...** [動] [他] 《米略式》(人)をひどく扱う; (人)から金をぼる.

stick の句動詞

stíck aróund [動] [自] 《略式》(期待して)そこら辺にいる, 近くで待つ.
stíck at ... [動] [他] 《英》 **1** (仕事など)をこつこつやる: *S*～ *at* it, and you'll pass the exam. こつこつやれば試験に受かるよ. **2** [普通は否定文で, 特に will, would の後に用いて] 《略式》 …にためらう, ちゅうちょする: Al *will* ～ *at nothing* to make money. アルは金もうけのためなら何でもする.
stíck by ... [動] [他] [受身なし] 《略式》(人)を見捨てない; (信念・約束など)に対して(あくまで)忠実である: She has *stuck by* him through thick and thin. 彼女は終始一貫して彼を見捨てなかった.
stíck dówn [動] [他] **1** 〈…を〉はり付ける. **2** 《略式》〈…を〉書き留める.
stíck ón [動] [他] 〈…を〉はり付ける: *S*～ *on* another stamp. もう 1 枚切手をはってください.
stíck ... on ― [動] [他] 《略式》〈…を〉(人)のせい[罪]にする; (価格・請求書など)に〈料金〉を加える.
***stíck óut** [動] [他] **1** 〈体の一部〉を突き出す <V+名・代+*out* / V+*out*+名>: The boy *stuck out* his tongue at us. その子は私たちに向かって舌をぺろりと出した《侮蔑のしぐさ》. **2** 《略式》〈いやな事態〉を耐え抜く.
― [自] **1** 突き出る (*from*): His front teeth ～ *out* a little. 彼は前歯がちょっと出ている. **2** 目立つ.
stíck it óut [動] [自] 《略式》(最後まで)耐え[やり]抜く.
stíck óut for ... [動] [他] 《英略式》 あくまで…を要求する. **stíck óut** (ˈ**to ...** [**in ...'s mínd**]) [動] (…にとって)重要に思える.
stíck óut of [**through**] **...** [動] [他] …から突き出(てい)る, 突き出して[飛び出して]いる.
***stíck ... òut of** ― [動] [他] 〈…を〉―から突き出す: Don't ～ your head *out of* the window! 窓から顔を出すな《☞ head [日英比較]》.
***stíck to ...** [動] [他] **1** (物・肌など)にくっつく: The shirt *stuck to* his sweaty body. シャツが彼の汗をかいた体にくっついた.
2 (信念・決定など)に忠実である, (約束など)を守る; (人)を見捨てない: Once you make a decision, you must ～ *to* it. いったん決定したら, それを守り通すべきである / ～ *to* the rules 《略式》 規則を守る.
3 (主題・論点など)からそれない: *S*～ *to* the point! 論点をそらすな.
4 (人)にくっついている (stick with ...); (針路・道など)から離れない: *S*～ close *to* me, and I'll see that you get home safely. (そばに)くっついていなさい, そうすればちゃんと家に着くようにしてあげるから.
5 (所有物・慣習など)を保持し通す; (仕事など)をやり通す (*doing*): I don't like whiskey; I'll ～ *to* beer. ウイスキーは好きでありません. ビールで通します. **stíck tó** /túː/ **it** [動] [自] がんばる, (あくまで)やり通す.
***stíck togéther** [動] [自] **1** (人々が)いっしょに(くっついて)いる《☞ stick[1] [自] 1》: Let's ～ *together* in the crowd. 人込みでは離れずにいよう. **2** 《略式》団結[結束]する, かばい合う.
***stíck úp** [動] [他] **1** ([名] stíckùp) 《略式》(強盗に襲われて)〈手〉を頭上にあげる; ピストルを使って〈…〉に強盗を働く <V+名・代+*up* / V+*up*+名>: ˈ*S*～ your hands [[S] 《俗》 *S*～ 'em] *up*! 手をあげろ. **2** 〈…を〉(上方へ)突き出す, 突き上げる. **3** (高い所に)〈…を〉はり付ける, (ピンなどで)留める (*with*). ― [自] (上方へ)突き出る (*from, out of, through*); (髪などが)突っ立つ. **stíck úp for ...** [動] [他] [受身なし] 《略式》 …を(あくまで)弁護する[支持する, 守る]: ～ *up for* oneself 自己弁護する.
***stíck with ...** [動] [他] [受身なし] 《略式》 **1** (人)にくっついている: *S*～ *with* me or you might get lost. 私から離れないように, そうでないとはぐれるかもしれないよ. **2** (人・信念など)に忠実である (stick to ...); …に固執する; …をやり通す. **3** (人)の記憶に残る. **stíck wíth it** [動] [自] 《略式》 あくまでもやり通す, あきらめない.

***stick**[2] /stík/ [名] (～s /～s/) **1** [C] **棒切れ, 木ぎれ**: ～*s* for the fire たき火用の木の枝 / *S*～*s* and stones can [may] break my bones (but words can never hurt [harm] me). 《ことわざ》棒や石で骨は折れるかもしれないが(悪口ではけがはしない).
2 [C] 《主に英》 **ステッキ, つえ** (walking stick, cane): walk with a ～ つえをついて歩く.
3 [C] [しばしば合成語で] **棒状のもの**; (野菜類の)茎: two ～*s* ***of*** dynamite ダイナマイト 2 本 / a ～ *of* celery =a celery ～ セロリーの茎 / a ～ *of* glue=a glue ～ 棒状ののり. [関連] matchstick マッチ棒 / yardstick (木や金属製の)ヤード尺. **4** [C] スティック《ホッケー・ポロ・ラクロスなどの打つ用具; ☞ hockey stick》; (スキーの)ストック. **5** [the ～s] 《略式》 [けなして] 片田舎; 未開の奥地: live (out) in *the* ～*s* 片田舎に住む. **6** [C] (家具の) 1 点: a few ～*s of* furniture 数点の家具. **7** [C] [形容詞とともに] 《古風, 英略式》 (…な)人: a dull [dry] old ～ おもしろみのないやつ. **8** [C] (罰を与えるための)木製のむち. **9** [U] 《英略式》 非難, 批判. **10** [C] 〘楽〙 指揮棒. **11** [C] 《米略式》 =stick shift. **12** [C] 《略式, 主に米》 =joystick. **a stíck to béat ... with** [名] 《格式》 [新聞で] …を攻撃[非難]する根拠. **be** (**cáught**) **in a cléft stíck** [動] [自] 《英》 進退きわまっている. **gèt** (**hóld of**) **the wróng ènd of the stíck** [動] [自] [S] 《英略式》 逆の意味にとる; 全く誤解する. **gét on the stíck** [動] [自] [S] 《米》 (やるべきことに)取りかかる. **gèt** [**tàke**] **stíck** [動] [自] 《英略式》 棒でぶたれる; 厳しくしかられる[非難される]; 笑われる (*from, for*). **gèt the shórt énd of the stíck** [動] [自] 《米》 =draw the short straw《☞ straw 成句》. **gíve ... stíck** [動] [自] [S] 《英略式》〈…を〉しかる[非難する]; 〈…を〉からかう. **háve a stíck úp one's bútt** [**áss, behínd**] [動] [自] [軽蔑] 固苦しい, (動作が)ぎこちない. **móre ... than one can** [**could**] **sháke a stíck àt** [形] 《古風, 略式》 または [滑稽] とてもたくさんの…, 数えられないほどの…. **táke a stick to ...** [動] [他] …を棒でうつ. **úp stícks** [動] [自] [S] 《英略式》 荷物をまとめて立ち去る[引っ越す].
stick·a·bil·i·ty /stìkəbíləṭi/ [名] [C] 《英略式》 =stick-to-itiveness.
stíck·bàll [名] [U] 《米》 スティックボール《ボールと棒切れでする路上での子供野球》.
†**stick·er** /stíkə | -kə/ [名] [C] ステッカー《車の窓などにはる》, ラベル.
stícker prìce [名] [C] [普通は単数形で] 《米》 (新車の)メーカー希望小売価格.
stícker shòck [名] [U] 《米略式》 [滑稽] 値札ショック《(特に車の)高額な値札表示価格を見て驚愕すること》.

stick figure 名 C (人や動物を, 頭は丸, 体と手足は線で描いた)棒線画.

stick·i·ly /stíkɪli/ 副 べとべとに[で].

stick·i·ness /stíkinəs/ 名 U 粘り, 粘着性.

stícking plàster 名 U.C (英格式)ばんそうこう (plaster, (米) Band-Aid).

*__sticking point__ 名 C [普通は単数形で] (交渉などの)支障, ネック, 行き詰まりになりそうな問題.

stick insect 名 C (英)七節虫《小枝に似た昆虫》.

stick-in-the-mud 名 C (略式)《軽蔑》時代遅れの人, 保守的な人.

stick·le·back /stíklbæk/ 名 C とげうお(魚).

stick·ler /stíklə | -lə/ 名 C (ある特質・行動などを強く求める人, (...に)うるさい人 (for).

stick man 名 C = stick figure.

stick-òn 形 C 粘着剤付きの, ぺたっとはれる.

stick·pin 名 C (米)《装飾用の》ネクタイピン(tiepin).

stick shift 名 C (米) 1 =gearshift. 2 マニュアル車(⇨ automatic 名).

stick-to-it·ive·ness /stɪktúːɪṭɪvnəs/ 名 U (米略式)がんばり, 粘り強さ《英》stickability).

stick·um /stíkəm/ 名 C (米)粘着物, 接着剤.

stick·ùp 名(動 stíck úp 句 1)C (略式)ピストル強盗(事件・行為).

*__stick·y__ /stíki/ 形 (**stick·i·er** /-kiə/ | **stick·i·est** /-kiɪst/; 動 stick) 1 ねばねばする, べとべとする; 《英》粘性の: ~ label (英)粘性のあるラベル / a ~ candy べとつくあめ玉 / His hands were ~ with honey. 彼の手はちみつでべとべとしていた. 2 (略式)(天候などが)蒸し暑い; (人が)汗にまみれた. 3 (略式)(情勢などが)難しい, やっかいな: 'come to [meet] a ~ end 困った結果になる. 4 [普通は P](英略式)(...に)なかなかうんと言わない(about). 5 (電算)(俗)ウェブサイトが)人を引きつける, 面白くてやめられない.

hàve sticky fíngers 動 自 (略式)盗癖がある.

— 名 C =sticky note.

stick·y·beak /stíkibiːk/ 名 C (豪略式)せんさく好き, やじ馬.

sticky nòte 名 C 付箋(%)紙(sticky).

sticky tápe 名 U (英・豪)セロハンテープ.

sticky wícket 名 C [普通は単数形で](英)困難な状況.

*__stiff__ /stíf/ 形 (**stiff·er**; **stiff·est**; 動 stiffen) 1 堅い, こわばった, 硬直した, (体の)凝(°)った(⇨ hard 類義語):a piece of ~ cardboard 1 枚の堅いボール紙 / be ~ from doing ...して体が凝る(言い換え) I have a ~ neck.=I feel ~ in the neck. 肩が凝っている. 2 (取り扱いに)難しい;(物事が)手ごわい: ~ hinges 堅いちょうつがい / a ~ drawer 滑らかに動かない引き出し / an ~ exam 難しい試験 / The climb was pretty ~. 登るのはかなりきつかった. 3 堅練りの, 粘りのある: ~ dough 固い練り粉 / beat the egg whites until ~ 卵の白身を固く泡立てる. 4 堅苦しい, よそよそしい, ぎこちない: make a ~ bow 堅苦しいおじぎをする / a ~ style of writing 堅苦しい文体. 5 [普通は A] (罰・競争などが)厳しい;(風などが)強い,(略式)(値段・要求などが)高い: a ~ breeze 強い風 / a fine 高い罰金 / ~ opposition 強い反対. 6 A (酒・薬などが)強い. — 副 (略式)ひどく (extremely): be bored [scared, worried] ~ ひどく退屈する[おびえる, 心配する] / be frozen ~ ひどく寒い;(衣服が)凍って堅い. — 名 C (略式) 1 死体. 2 (米)労働者(working stiff). 3 《略式》《けちんぼの)人. — 動 他 (米略式)《人に)チップ[金]をやらない; 《人を)だます. — 自 (新製品などが)売れない.

stiff-àrm 動 他 = straight-arm.

*__stiff·en__ /stíf(ə)n/ 動 (stiff stiff) 自 1 (態度などが)硬化する;(表情などが)硬くなる, 堅苦しくなる. 2 (体が)凝(°)る, こわばる (up). — 他 1 (態度などを)硬化させる;(表情などを)硬くする;(決意などを)強くする(up).

(法律などを)強化する, 厳しくする. 2 (襟などを)硬くする, こわばらせる (up, with).

stiff·ly 副 堅く; 堅苦しく; ぎこちなく.

stiff-nécked 形 (けなして)頑固な, 強情な.

stiff·ness 名 U 堅さ; 体の凝り; 堅苦しさ, 厳しさ.

sti·fle /stáɪfl/ 動 (動) 他 1 (笑い・泣き声・あくびなどを)抑える;(不平・反乱などを)抑えつける;(着想・進取の態度などを)抑圧する;(火などを)消す: ~ a sneeze [yawn] くしゃみ[あくび]をこらえる. 2 (...を)窒息させる;(...を)息苦しくさせる. — 自 窒息する(暑さなどで)息苦しくなる[感じる].

sti·fling /stáɪflɪŋ/ 形 息が詰まる, 暑くて息苦しい;(雰囲気などが)重苦しい, 窮屈な. **-ly** 副 息苦しいほど.

*__stig·ma·ta__ /stígmə/ 名 (複 ~s, stig·ma·ta /stɪɡmɑ́ːtə, stɪɡmə-/) 1 U または a ~ 汚名, 烙印(%): the ~ of alcoholism アルコール依存症という汚名[烙印] / Being divorced no longer carries the ~ that it used to. 離婚はかつてのように恥とはならない. 2 C (植)(花の)柱頭(めしべの頂).

stig·ma·ta /stɪɡmɑ́ːtə, stígmə-/ 名 [複] =stigma; 聖痕(えっ)(十字架にかけられたキリストの体に残る釘の傷あとまたはそれに似た聖人の体に現われる傷あと).

stig·ma·ti·za·tion /stɪɡmətɪzéɪʃən | -taɪzé-/ 名 U 汚名を着せること.

stig·ma·tize /stíɡmətàɪz/ 動 他 [普通は受身で] 《...に)汚名を着せる,《...を)非難する (as).

stile /stáɪl/ 名 C 1 踏み越し段《垣・塀などを人間だけ越せて家畜が通れないようにする仕掛け; ⇨ stair 語源). 2 =turnstile.

sti·let·to /stɪlétoʊ/ 名 (~s, ~es) C 1 小剣, 短剣. 2 = stiletto heel; [普通は複数形で](略式, 主に英)スチレットヒール[ピンヒール]の靴.

stile 1

stilétto héel 名 C スチレットヒール, ピンヒール(婦人靴の細長く高いヒール).

*__still__¹ /stíl/ 副

still² (静かな, 静止した)から(状態が相変わらず) → (依然として) → 「今でもまだ」となった.

1 《今[その時]でも)まだ, 今も[その時も]なお, それでもなお, 依然として(⇨ yet 形) 6 語法): It's nearly noon and he's ~ in bed. 正午近いのに彼はまだ寝ている / He is ~ standing. 彼はまだ立っている (⇨ still² 形 1) / Is it ~ raining? まだ雨が降っていますか / I ~ have a little fever. まだ少し熱がある / She ~ hated him, even after he died. 彼が死んでからもなお彼女は彼を憎んでいた / There's ~ time for us to do it again. 私たちがやり直しをする時間はまだ残っている.

語法 (1) **still** の位置

普通は一般動詞の前または be 動詞・助動詞の後に置く.

(2) **still** と時制

現在・未来・過去時制, 進行形, 完了形のいずれとも用いる. ただし完了形の場合は主に否定文で用いる: He 「has ~ not [~ has not, ~ hasn't] found a job. 彼はまだ仕事を見つけていない《★ この場合 still はしばしば助動詞の前にくる; ⇨ 次ページ (5)》.

(3) **still** の意味合い

still は驚いた気持ちで物事の「(予期したより長い)継続」を意味する: He is ~ here. 彼は(前からまだここにいる / Is he ~ here? 彼はまだここにいるのですか. 《注

意)「もう…ではない」は not … any longer [more] または no longer で表わす 言い換え He doesn't work here *any longer*.＝He *no longer* works here. 彼はもうここには勤めていない.

(4) **still not** と **not … yet**
「まだ…し[で]ない」は not … yet で表わす (⇨ yet 1): He is *not* here *yet*. 彼はまだここに来ていない / I haven't heard from her *yet*. 彼女からまだ連絡がない / 【注意】肯定の「確信」を表すで「すでに[もう]…」は平叙文では already, 疑問文では yet を用いて表わす (⇨ already; yet 2): He is *already* here. 彼はもうここに来ている / Is he here *yet*? 彼はもうここに来ていますか.

(5) **still** と **not** の位置
still は肯定文・疑問文・否定文のいずれにも用いる. ただし否定文では普通は否定語の前に置く. その場合はしばしばいらだちなどの気持ちを表わす: He「~ *isn't* [is ~ *not*] *here*. 彼ったら(とっくに来ているはずなのに)まだ来ていない (★ 上の (4) の最初の例とほぼ同じことを意味するが, 含みが異なる) / I ~ *haven't* heard from her. 彼女からいまだ何の連絡もない / You mean you ~ *haven't* finished? (そんなに長くやっていて)まだ終わらないっていうの. 【注意】否定語の後に置いた場合「まだ…である」とは言えない の意: He *isn't* ~ *here, is he*? 彼がまだここにいるというわけではないですね.

2 [しばしば接続詞的に] つなぎ語 **それでもなお,** それにもかかわらず (⇨ but 類義語): I rarely listen to these tapes but ~ I don't want to throw them away. これらのテープはめったに聴かないが, それでもやはり捨てる気はしない / My husband treats me cruelly; ~, I can't leave him. 夫は私にひどい仕打をするが, それでも私は別れられない.

3 [比較級を強めて] **なおいっそう,** さらに (even): He is tall, but his brother is「~ *taller* [*taller* ~]. 彼は背が高いが, 彼の兄[弟]はさらに高い / We are likely to receive ~ *more* letters of complaint. さらに多くの苦情の手紙が来そうだ. **4** [another, other を伴って] まだそのうえに, さらに: I have ~ *another* reason. まだ別の理由がある.

be still to dó [動] まだ…していない: The issue *is* ~ *to* be resolved. その問題はまだ未解決だ. **have still to dó** [動] まだ…していない (have yet to do): The murderer *has* ~ *to* be identified. 殺人犯はまだ特定されていない. **still and áll** [副] それでもやはり (all the same). **still léss** [副] [否定文で] (格式で) いわんや(…ない): It was not kindness that prompted his question; ~ *less* (was it) friendship. 彼の質問は親切心からではなかった. まして友情からではなかった. **still móre** [副] (さらに)なお (⇨ 3 用例); [肯定文で] (まれ) なおさら(…).

***still**[2] /stíl/ 形 (**still・er; still・est**) **1 じっとして動かない,** 静止した: a ~ picture スチール写真 (映画に対して) / keep [stay, hold, lie] ~ じっとしている / He is standing ~. 彼はじっと立っている (⇨ still[1] 1).

2 音のしない, 静かな, しんとした; 風[波]のない; 黙った (⇨ quiet 表, silent 類義語; still[1] 最初の囲み): a ~ night 静かな夜 / As soon as the conductor appeared, the audience became ~. 指揮者が現われると聴衆は静かになった. **3** A (英) (飲み物が)炭酸を含まない, 泡が立たない (反 sparkling). **Still wáters rún déep.** (ことわざ) 流れの静かな川は深い. 参考 「本当に考えの深い人や豊かな感情の持ち主は外面はもの静かだ」というよい意味にも, また「もの静かな態度の人の裏にはずる賢さが隠されている」という悪い意味にも用いる. **the still smáll vóice (of cónscience)** [名] (文) (良心の)静かな細い声 (良心による善悪の判断(力)を比喩的に言ったもの; 旧約聖書のことば). ─ 名 C スチール写真 (映画の宣伝用の場面写真). **in the still of the níght** [副] (文) 夜のしじまの中で.

─ 動 (文) 他 〈…〉を静める; 〈疑い・恐怖など〉を和らげる; 〈泣く子など〉をなだめる. ─ 自 静まる; 和らぐ; (風)がなぐ.

still[3] /stíl/ 名 C (酒類の)蒸留器.

still・birth /-bɚ̀ːθ/ 名 C,U 死産; 死産児.
still・bòrn 形 死産の; (計画などが)不成功の, 流れた.
+**still lífe** 名 (複 **still lifes**) C,U 静物画.
still・ness 名 U 1 静けさ; 静寂. **2** 平静, 沈黙.
still・y /stíli/ 形 (**still・i・er, -i・est**) (詩) 静かな.

stilt /stílt/ 名 C [普通は複数形で] **1** (木製の)竹馬(の片方): walk on ~ 竹馬に乗る.

日英比較 欧米のものは写真のように体のわきに棒をつけるように乗る. **2** (水上・湿地に建つ建物の)支柱, 脚柱.

stilt・ed /stíltɪd/ 形 [けなして] (文体・話し方・態度などが)大げさな, 堅苦しい. ~**・ly** 副 大げさに.

Stil・ton /stíltn/ 名 U スティルトンチーズ (英国産の味の濃厚な青緑色のかびのはえた白チーズ).

+**stim・u・lant** /stímjulənt/ 名 C 興奮剤, 刺激性の飲料 (コーヒー・酒類など), 覚醒剤; (活動などへの)刺激, 動機づけ. ─ 形 A 刺激[興奮]性の.

***stim・u・late** /stímjulèɪt/ 動 (**-u・lates** /-lèɪts/; **-u・lat・ed** /-tɪd/; **-u・lat・ing** /-tɪŋ/, stìmulátion, stímulus) 他 **1** 〈感情など〉を刺激する; 活気づける, 激励する (encourage): ~ the economy 経済を活気づける / a person's interest 人の興味を刺激する / Praise ~s Laura *to* work harder. <V+O+C (*to* 不定詞)> ほめられたことが励みとなってローラはさらに熱心に勉強した.

2 〈器官など〉を刺激する, 興奮させる (excite): Coffee ~s me. コーヒーを飲むとすっきりする.

語源 ラテン語で「刺す」の意.

stim・u・lat・ing /-tɪŋ/ 形 刺激的な, 興奮させる; 励みとなる, 活気づける, 非常に面白い.

+**stim・u・la・tion** /stìmjuléɪʃən/ 名 (動 stímulàte) U,C 刺激する[される]こと, 興奮; 激励: intellectual ~ 知的な興奮.

stim・u・la・tive /stímjulèɪtɪv/ 形 [普通は A] (効果などが)刺激的な, 活力を生む.

***stim・u・li** /stímjulàɪ/ 名 **stimulus** の複数形.

***stim・u・lus** /stímjuləs/ 名 (複 **stim・u・li** /stímjulàɪ/; 動 stímulàte) C,U [普通は a ~] (活動などの)刺激[励み] (となるもの); 刺激(物質), 興奮剤: a response to *a* ~ 刺激に対する反応 / a ~ *to* make greater efforts <N+*to* 不定詞>＝a ~ *to* [*for*] greater efforts さらなる努力への意欲をかき立てるもの.

+**sting** /stíŋ/ 動 (**stings** /~z/; 過去・過分 **stung** /stʌ́ŋ/; **sting・ing**) 他 **1** (はちなどが)〈…〉を針で刺す, (植物の)とげが刺す: A wasp *stung* the child *on* the cheek. <V+O+*on*+名> すずめばちがその子のほおを刺した (⇨ the[1] 2 (1)).

2 〈体など〉を刺すように痛める, ずきずき[ちくちく]させる: The smoke began to ~ my eyes. 煙で目がひりひりしてきた / Tears *stung* my eyes. 目に涙が出にきた.

3 [しばしば受身で, 進行形なし] 〈心〉を刺す, 痛ませる, 苦しませる; 〈人〉を刺激する (stimulate), 刺激して…させる: I was *stung by* her reply. <V+O+*by*+名> 彼女の返答に私の心は痛んだ / The insult *stung* him *into* (tak*ing*) action. <V+O+*into*(+動名)+名・代> は侮辱されて行動に出た. **4** [しばしば受身で] (英式式) 〈…〉からだまし取る; 〈…〉に高値をふっかける; 〈…〉に(金を)

stilts 1

りる: They *stung* me *for* $50. 私は50ドルもぼられた.
— [自] **1 刺す**: Some bees do not ～. みつばちの中には(人を)刺さないものもいる.
2 (刺されてまたは刺されたように)**ぴりっと痛む**, ずきずきする; (ことばなどが)痛みを与える (*from*): This medicine may ～ a little. この薬は少ししみるかもしれない.
— [名] (～s /~z/) **1** [C] 《英》(はち・さそりなどの)**針** (☞ needle 表); (蛇の)**毒牙**(どくが); (植物の)とげ (《米》 stinger).
2 [C] **刺された傷**; 刺すような痛み: I felt a sharp ～ ***on*** my cheek. ほおに刺すような刺激を感じた.
3 [単数形で] (心や体の)**痛み**; (刺すような)苦しみ; (ことばなどの)とげ, いやみ: feel the ～ of rejection 断わられた苦しみを味わう. **4** [C] 《米略式》おとり捜査; 詐欺, 詐取. **a stíng in the [its] táil** [名] (話・提案などで)最後に明かされるいやな事実, 不快な部分: This suggestion had *a* ～ *in its tail*. この提案には最後に難点がひとつあった. **táke the stíng òut of ...** [動] [他] (失敗・痛みなど)のつらさを和らげる, 厳しさをいやす.

Sting /stíŋ/ [名] [固] スティング (1951–) 《英国のロックシンガー》.

sting·er /stíŋə | -ŋə/ [名] [C] 《米》(はちなどの)針 (《英》 sting); 刺す動物[植物].

stin·gi·ly /stíndʒɪli/ [副] 《略式》けちけちして.

stin·gi·ness /stíndʒinəs/ [名] [U] 《略式》けち(くささ).

sting·ing /stíŋɪŋ/ [形] **1** 手ひどい, しんらつな. **2** 刺すように痛い, ずきずきする.

stínging nèttle [名] [C] いらくさ 《葉にとげがあって触れると痛い》.

stíng·rày [名] [C] あかえい 《尾に針がある》.

stin·gy /stíndʒi/ [形] (**stin·gi·er**; **-gi·est**) 《略式》けちな, みみっちい (*with*); (食物などが)わずかな, とぼしい.

+**stink** /stíŋk/ 《略式》[動] (**stinks**; 過去 **stank** /stǽŋk/, **stunk** /stʌ́ŋk/; 過分 **stunk**; **stink·ing**) [自] [進行形なし] **1** (強い)悪臭を放つ; いかがわしい[不正の]においがする (*of*): This fish ～*s*. この魚はいやなにおいがする. **2** [S] [けなして] 劣悪である, 鼻もちならない, おぞましい; 不愉快である, いやだ: "What do you think of their idea?" "It ～*s*." 「やつらの案をどう思う」「ひどいね」 **stínk óut** 《英》 = **stínk úp** 《米》[動] [他] 〈場所〉を悪臭で満たす. **stínk úp the plàce** [動] [自] (演劇・試合などで)ひどい演技[プレー]をする. — [名] [C] [普通は単数形で] (強い)悪臭 (*of*); 物議, 憤り. **lìke stínk** [副] 《英俗》猛烈に. **ráise [creáte, kíck úp, cáuse, màke] a stínk** [動] [自] もんちゃくを起こす (*about*).

stínk bòmb [名] [C] 悪臭弾 《破裂すると悪臭を放つ; いたずらで使ったりする》.

stínk·bùg [名] [C] 悪臭を発する甲虫, 亀(かめ)虫.

stink·er /stíŋkə | -kə/ [名] [C] 《略式》[けなして] いや[低俗]なやつ[もの]; 難儀なもの, 難題.

stínk·ing 《略式》[形] **1** 悪臭のする, 臭い. **2** [A] [S] [けなして] ひどい, いまいましい, 鼻もちならない: a ～ cold ひどい風邪. **3** 《英》(手紙が)強く抗議する: a ～ letter 抗議の手紙. — [副] [けなして] ひどく: ～ drunk べろべろに酔った / ～ rich すごい金持ちの.

stínk·pòt [名] [C] 《俗》鼻持ちならないやつ.

stink·y /stíŋki/ [形] 《略式》いやな臭いがする.

+**stint** /stínt/ [名] [C] [普通は単数形で] 割り当てられた仕事; 勤務期間: do a two-year ～ *as* a waiter ウェーターとして2年間働く. **withòut stínt** [副] 《格式》制限なしに, 惜しみなく. — [動] [普通は否定文で] 《略式》 [自] 切り詰める, 出し惜しむ: Don't ～ *on* the butter. バターをけちるな. — [他] 〈金・食料など〉を切り詰める. **stínt onesèlf** [動] [自] 切り詰める (*of*).

sti·pend /stáɪpend/ [名] [C] (牧師・判事の)俸給; (学生への)給付金.

sti·pen·di·ar·y /staɪpéndièri | -diəri/ [形] 俸給を受ける, 有給の. — [名] (**-ar·ies**) [C] 《英》有給判事.

stipéndiary mágistrate [名] [C] 《英》 = stipendiary.

stip·ple /stípl/ [動] [他] [しばしば受身で] 〚絵〛(線を用いず)〈...〉を点で描く, 点描[点刻, 点彩]する.

stíp·pl·ing [名] [U] 〚絵〛点描(法).

+**stip·u·late** /stípjʊlèɪt/ [動] [他] 《格式》〈...〉を契約[約定]の条件として要求する; (契約書などが)〈...〉を規定[明記]する: It *was* ～*d that* the work (must [should]) be finished within three days. 作業は3日以内に終了と明記されていた.

stip·u·la·tion /stìpjʊléɪʃən/ [名] 《格式》 **1** [U,C] 約定, 契約; 規定, 明文化: make a ～ (*that* ...) (...と)規定する. **2** [C] 条項, 条件. **with the stipulátion that ...** [接] 《格式》...という条件で.

stir** /stə́ː | stə́ː/ ([類音] star) [13] [動] (**stirs** /~z/; **stirred** /~d/; **stir·ring** /stə́ːrɪŋ | stə́ːr-/) [他] **1** 〈液体・火など〉**をかき回す**, かき混ぜる; かき回して入れる, 入れてかき混ぜる (*in*): ～ one's tea ***with a spoon <V+O+*with*+名・代> 紅茶をスプーンでかき混ぜる / Linda ***stirred*** the honey ***into*** her tea. <V+O+*into*+名・代> リンダは紅茶にはちみつを入れてかき混ぜた.
2 [W] 〈感情・想像〉**をかき立てる**, 〈気持ち〉を奮い立たせる, 感動させる; 〈記憶など〉を呼び起こす; 〈人〉を駆り立てて…させる (*into*): ～ a person's curiosity 人の好奇心をかき立てる / The murder *stirred* anger in the community. その殺人で地域に怒りが広がった / [言い換え] The news ***stirred*** (***up***) the crowd ***to*** action. <V(+*up*)+O+*to*+名・代> =The news ***stirred*** (***up***) the crowd ***to*** take action. <V(+*up*)+O+C (*to* 不定詞)> その知らせに群衆は興奮して行動を起こした. **3** [W] (風などが)〈...〉をかすかに動かす. **4** 《米略式》[けなして] 〈騒ぎなど〉を起こす.
— [自] **1** かき回す, かきまぜる.
2 [W] **かすかに動く**, **身動きする**, **動き出す**; [普通は否定文で] (起きて)活動する, 動き回る: Something *stirred* in the water. 水の中で何かが動いた / He *hasn't* ***stirred from*** his room all day. <V+*from*+名・代> 彼は1日中部屋から出なかった. **3** [W] (ある感情が)起こる (*in*). **4** 《英略式》[けなして] (作り話などをして)人騒がせをする, 騒ぎを起こす.
stír it [動] [自] 《英略式》騒ぎを起こす. **stír onesèlf** [動] [自] 体を動かす, 動き出す; [命令文で] さっさと取りかかる, 急ぐ. **stír onesèlf to dó** [動] 《主に英》体を動かし[やる気で]...する. **stír úp** [動] [他] (1) [けなして] 〈騒ぎなど〉を引き起こす. (2) 〈沈殿物・ほこりなど〉を巻き上げる. (3) 〈人〉を奮い立たせる, 〈気持ち〉をかき立てる, 引き起こす; 〈記憶など〉を呼び起こす.
— [名] (～s /~z/) [C] [普通は a ～] **1 混乱**, **騒ぎ**; **興奮**; 大評判 (*of*): News of Mr. Green's retirement caused [created] *a* big ～. グリーン氏が引退するというニュースで大騒ぎになった. **2 かき回す[混ぜる]こと**: give the stew *a* ～ シチューをかき混ぜる. **3** かすかな(心の)動き: *a* ～ of excitement ちょっとした興奮.

stír-crázy [形] 《略式, 主に米》外へ出られなくて気がめいった[いらいらした].

+**stír-frỳ** [動] [他] 〈細かく切った肉・野菜など〉を(かきまぜながら)強火ですばやくいためる 《中華料理などで》. — [名] [C] 強火ですばやくいためた料理 《中華料理など》.

stir·rer /stə́ːrə | stə́ːrə/ [名] [C] **1** かき混ぜる物[棒], マドラー. **2** 《略式, 主に英》[軽蔑] 騒ぎ[問題]を起こす人 (troublemaker).

+**stir·ring** /stə́ːrɪŋ | stə́ːr-/ [形] [普通は [A]] [ほめて] 感動[興奮]させる (exciting). — [名] [C] [しばしば複数形で] 芽生え, 兆し (*of*). **～·ly** [副] 感動的に.

stir·rup /stə́ːrəp | stír-/ [名] **1** [C] (乗馬用の)あぶみ, あぶみがね. **2** [複数形で] 〚医〛あぶみ 《婦人科検診・出産用付属具》. **3** [C] ズボンの裾(すそ)のひも 《足の裏に掛ける》. **4** [C] あぶみ骨.

S

stírrup pànts [名][複] スティラップパンツ《裾(すそ)のひもを足の裏に掛けてはく女性用ズボン》.

***stitch** /stítʃ/ [名] (~·es /~ɪz/) **1** [C] **ひと針, ひと縫い, ひとかがり, ひと編み; 針目, 縫い目**; [普通は複数形で] (外科の縫合の)一針; 縫合用の糸: drop a ~ ひと目落とす / She put a ~ in her skirt. 彼女はスカートをひと針縫った / A ~ in time (saves nine). 《ことわざ》 Ⓢ 早めにひと針縫っておけばあとで 9 針の手間が省ける / I had six ~*es* in my arm. 腕を 6 針縫った.
2 [U,C] [主に合成語で] **縫い方**, かがり方, 編み方, ステッチ: purl ~ 裏編み / a new ~ 新しい縫い方. [関連] chain stitch 鎖縫い. **3** [a ~] (走ったあとなどの)わき腹の激痛. **4** [a ~ として否定文で] 《略式》 衣服, ほんの小さな布きれ; ほんの少し: He did*n't* do *a* ~ of work. 彼はいっこうに仕事をしなかった. **in stítches** [形] 《略式》 笑いこけて: The joke had [kept] everyone *in* ~*es*. その冗談にみんな笑いが止まらなくなった. **nót hàve a stítch ón** [動] [自] 《略式》 一糸まとわぬ姿だ. **nót hàve a stítch to wéar** [動] [自] (パーティーなどに)着て行く(適当な)服がない. [語源] 古(期)英語で「小さな刺した穴」の意; stick¹ と同語源.
— [動] [他] 〈…〉を縫う (sew); 縫いつける, 〈…〉に縫い取りをする; 〈傷口〉を縫う: Can you ~ my initials *onto* the sleeve? 私のイニシャルをそでに縫いつけてくれない. — [自] 縫う. **stítch togéther** [動] [他] (1) 〈…〉を一つにまとめる. (2) 〈契約など〉をまとめる, 〈…〉にけりをつける. **stítch úp** [動] [他] (1) 〈…〉を縫う; 縫いつける; 〈傷口〉を縫う. (2) 《略式》 〈契約など〉をまとめる, 〈…〉にけりをつける. (3) 《英略式》 〈人〉をはめる, 陥れる.

stitch·er·y /stítʃ(ə)ri/ [名] [U] 針仕事.

stitch·ing /stítʃɪŋ/ [名] [U] 縫い目(の線).

stítch-ùp [名] [C] [普通は単数形で] 《英略式》 人を陥れること, でっちあげ.

St. Jóhn [名] [固] ヨハネ (☞ John 3).

St. John's /seɪn(t)dʒɑ́nz | s(ə)n(t)dʒɔ́nz/ [名] [固] セントジョンズ《カナダ Newfoundland (州)の州都》.

St. Law·rence /seɪntlɔ́ːrəns | s(ə)ntlɔ́r-/ [名] [固] **1** [the ~] セントローレンス川《Ontario 湖に発し, St. Lawrence 湾に注ぐカナダの大河; ☞ 表地図 J 3》. **2** **the Gulf of ~** セントローレンス湾《カナダ東部の大西洋の湾; ☞ 表地図 J 3》.

St. Láwrence Séaway [名] [固] [the ~] セントローレンス海路[水路]《St. Lawrence 川を開削した五大湖 (Great Lakes) に通ずる運河》.

St. Lou·is /seɪntlúːɪs | s(ə)nt-/ [名] [固] セントルイス《米国 Missouri 州東部の都市; Mississippi 川に臨む; ☞ 表地図 G 4》.

St. Lu·cia /-lúːʃə/ [名] [固] セントルシア《カリブ海の西インド諸島南東部にある国》.

St. Lúke [名] [固] ルカ (☞ Luke 2).

St. Márk [名] [固] マルコ (☞ Mark 2).

St. Mátthew [名] [固] マタイ (☞ Matthew 2).

stoat /stóʊt/ [名] [C] おこじょ《尾の先が黒いいたちの一種; 特に夏季毛色が茶褐色のもの; ☞ ermine》.

****stock** /stɑ́k | stɔ́k/ ([類音] stack, stuck) [T1] [名] (~s /~s/)

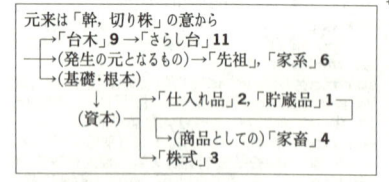

> 元来は「幹, 切り株」の意から
> →「台木」**9** →「さらし台」**11**
> →(発生の元となるもの)→「先祖」, 「家系」**6**
> →(基礎・根本)
> ↓
> (資本)→「仕入れ品」**2**, 「貯蔵品」**1**
> →(商品としての)「家畜」**4**
> →「株式」**3**

1 [C] **貯蔵品** 《全体》; (知識などの)蓄え, 蓄積; 資源(量): Our ~ *of* oil is low. うちの石油の蓄えは少ない / a large ~ *of* food 大量の食品の備蓄 / cod ~*s* in the North Atlantic 北大西洋のたら資源 / He has a rich ~ *of* interesting stories. 彼はおもしろい話をいろいろ知っている.
2 [C,U] **仕入れ品, (商品の)在庫**, ストック《全体》: lay in a ~ *of* flour 小麦粉を仕入れる / We have the largest ~ *of* French wine in Japan. 当店には日本で最大のフランスワインの在庫がございます.
3 [C] [普通は複数形で] (会社の)**株**; [U] **株式資本**《全体》; [U,C] 《英》 **公債, 国債**: invest funds in ~*s* 資金を株に投資する / own ~ *in* several companies いくつかの会社の株を持っている / *S*~*s* are going up. 株が上がっている / buy and sell ~*s* and shares (国債や株式の)証券の売買をする. [語法] stock が会社の株全体を指すのに対して, share は個々の株を指す. **4** [U] [単数または複数扱い] **家畜類**《牛・羊・豚など》 (livestock). **5** [U,C] (スープなどの)だし汁: chicken ~ 鶏がらのスープ. **6** [U] 家系, 血統, 先祖; 種族; 語族. **7** [U] [普通は所有格の後で] 《格式》 (人の)評判, 評価, 株: *His* ~ is high. 彼の評価は高い. **8** [C] (銃の)支え, 握り, 柄 (handle): the ~ of a rifle 小銃の銃床(の部分). **9** [C] 〔園〕 接ぎ木の台木; (接ぎ木を取る)親木; 木の幹, 株. **10** [C,U] あらせいとう, ストック《園芸植物》. **11** [the ~s] 《古語》 さらし台《中世の罪人を足かせなどで拘束した木製の枠》. **12** [the ~s] 船台, 造船台. **13** [C] (昔の男性用の)幅広の首巻; ストックタイ《聖職者がカラーから垂らす飾りまたは正式の乗馬の服装として付ける飾り》. **14** 《米》 [C] =stock company 2; [U] (夏の)専属劇団での活動.
in stóck [形] **在庫があって**: We have lots of new hats *in* ~. 当店には新しい帽子の在庫がたくさんございます.
on the stócks [形] (1) (船などが)建造中の. (2) (企画・事業などが)進行中の.
òut of stóck [形] **品切れで**: This style is now *out of* ~. この型は今品切れです.
pùt [《米》 **tàke**] **stóck in ...** [動] [他] [普通は否定文・疑問文で] …を重視する, 信用する; …に関心を持つ.
tàke stóck [動] [自] (1) 在庫を調べる, 棚卸(たなおろ)しをする (*of*). (2) (状況などを)よく検討する, 調べる (*of*).
— [動] (**stocks** /~s/; **stocked** /~t/; **stock·ing**) [他] **1** [普通は進行形なし] 〈商品〉を**店に置く**, 〈…〉の在庫を置く; 〈…〉を貯蔵する: This shop ~*s* fishing gear. この店は釣り具を置いている.
2 [しばしば受身で] 〈店など〉に(商品などを)**仕入れる**; 〈食器棚など〉に供給する (*up*): This library *is* well ~*ed with* reference works. <V+O+*with*+名・代の受身> この図書館には参考図書がよく揃っている. **3** 〈湖・川など〉に(魚を)放流する (*with*). **stóck úp on** [**with**] **...** [動] [他] (食糧・燃料など)をたっぷりと準備する, …を買いだめする (*for*). — [形] [A] **1** [普通はけなして] (表現などが)平凡な, 古くさい: a ~ phrase 決まり文句. **2** ありふれた, 普通の (usual); いつも在庫のある, 持ち合わせの: ~ sizes of shoes 靴の標準サイズ.

stock·ade /stɑkéɪd | stɔk-/ [名] [C] [普通は単数形で] 防御柵(さく). — [動] [他] 柵で囲う[守る].

stóck·brèeder [名] [C] 牧畜業者.

⁺**stóck·bròker** [名] [C] 株式仲買人, 株屋 (broker).

stóckbroker bèlt [名] [the ~] 《英》 ロンドン郊外の高級住宅地.

stóck·bròk·ing /-bròʊkɪŋ/ [名] [U] 株式仲買(業).

stóck càr [名] [C] **1** ストックカー《普通乗用車を競走用に改造したもの》. **2** 《米》 (鉄道の)家畜車.

stóck-càr rácing [名] [U] 《英》 =demolition derby.

stóck certíficate [名] [C] 《米》 株券 (《英》 share certificate).

stóck còmpany [名] [C] 《米》 **1** 株式会社 (incor-

porated company, (英) joint-stock company). **2** 専属[レパートリー]劇団.

stóck contról 名 Ⓤ (商品の)在庫調整.

stóck cùbe 名 Ⓒ 《主に英》固形スープの素 (《米》bouillon cube).

stock·er /stάkɚ | stɔ́kə/ 名 Ⓒ 《米》**1** 若い食肉牛; 繁殖用の家畜. **2** 商品配置係. **3** =stock car 1.

*__stóck exchànge__ 名 Ⓒ [普通は the ~] 証券取引所; 証券取引(業).

*__stóck·hòld·er__ /stάkhòuldɚ | stɔ́khòuldə/ 名 (~s /~z/) Ⓒ 《主に米》株主 (in) (shareholder).

Stock·holm /stάkhou(l)m | stɔ́khoum/ 名 ストックホルム (《スウェーデン東部にある同国の首都》).

stock·i·ly /stάkɪli | stɔ́k-/ 副 ずんぐり[がっしり]と.

stóck ìndex 名 Ⓒ 《米》株価指数 (《英》share index).

stock·i·ness /stάkinəs | stɔ́k-/ 名 Ⓤ ずんぐり[がっしり]としていること.

stock·i·nette, -net /stὰkənét | stɔ̀kɪ-/ 名 Ⓤ メリヤスの一種 (《下着・包帯などに用》).

*__stóck·ing__ /stάkɪŋ | stɔ́k-/ 名 Ⓒ [普通は複数形で] **1** (女性用の長い)靴下, ストッキング (《ひざの上まで達するもの; ☞ pantyhose》): a pair of nylon ~s ナイロンの靴下一足. **2** (古風) (男性用の)靴下 (《ソックス》). **3** = Christmas stocking. 関連 sock ひざまで達しない靴下. **in one's stócking fèet** 副 (靴を脱いで)靴下だけになって.

stócking càp 名 Ⓒ 《米》ストッキングキャップ (《毛編みの円錐(ᑆᑮ)帽; スキー帽など》) (《英》bobble hat).

stócking fìller 名 Ⓒ 《英》=stocking stuffer.

stócking màsk 名 Ⓒ (強盗などが用いる)ストッキングの覆面.

stócking stùffer 名 Ⓒ 《米》クリスマスの靴下に入れるささやかなプレゼント.

stock-in-tráde 名 Ⓤ [しばしば所有格とともに] **1** 常套(ᵻᵻ)手段, おはこ. **2** 《文》商売道具.

stock·ist /stάkɪst | stɔ́k-/ 名 Ⓒ 《英》(特定の商品の)取り扱い店, 取り扱い業者.

stóck·jòbber 名 Ⓒ [しばしば軽蔑] 相場師, 株屋.

stock·man /stάkmən | stɔ́k-/ 名 (複 -men /-mən/) Ⓒ 牧畜業者.

*__stóck màrket__ 名 Ⓒ [普通は the ~] 株式市場, 証券取引所 (stock exchange); 株価, 株式相場, 株式取引き: ~ prices 株式相場.

stóck òption 名 Ⓒ [普通は複数形で] 《米》株式購入権, ストックオプション (《会社役員などに報奨として与えられる一定株数の自社株を一定値段で買い取る権利》).

*__stóck·pìle__ 名 Ⓒ **1** 備蓄(品) (《不時の用または大量を見越して蓄えるもの》) (of). **2** (武器や弾薬の)貯蔵 (of). ── 動 他 (…)を貯蔵する, 備蓄する.

stóck·pòt 名 Ⓒ だし汁[スープ]用鍋.

stóck·ròom 名 Ⓒ (物資・商品などの)貯蔵室.

stóck splìt 名 Ⓒ 《米》株式分割 (《株主に新株を発行すること; 額面は減少する》).

stóck-stíll 副 形 (古風) 動かないで[じっとして](いる).

stóck·tàking 名 Ⓤ 棚卸し, 在庫調査; 実績[現状]の検討.

*__stóck·y__ /stάki | stɔ́ki/ 形 (stóck·i·er; -i·est) (特に男性が)ずんぐりした, がっしりした.

stóck·yàrd 名 Ⓒ (市場へ送る前の)家畜置き場.

stodge /stάdʒ | stɔ́dʒ/ 名 Ⓤ (略式, 主に英) [普通はけなして] 胃にもたれる食べ物 (《ポテト・パンなど》).

stodg·i·ness /stάdʒinəs | stɔ́dʒ-/ 名 Ⓤ (略式) [普通はけなして] 胃にもたれること; 堅苦しさ.

stodg·y /stάdʒi | stɔ́dʒi/ 形 (stodg·i·er; -i·est) [普通は Ⓐ] (略式) [けなして] **1** (書物などが)おもしろくない, 難解な. **2** (人などが)退屈な, おもしろみのない; 時代遅れの. **3** 《主に英》(食べ物が)胃にもたれる.

sto·gie, sto·gy /stóʊdʒi/ 名 (sto·gies) Ⓒ 《米略

sto·ic /stóʊɪk/ 名 Ⓒ 《格式》[ほめて] 克己主義者. ── 形 克己的な; 冷静な, 我慢強い (about).

sto·i·cal /stóʊɪk(ə)l/ 形 =stoic.

sto·i·cal·ly /stóʊɪkəli/ 副 《格式》[ほめて] 冷静に, 我慢強く.

sto·i·cis·m /stóʊɪsɪ̀zm/ 名 Ⓤ 《格式》[ほめて] 克己, 禁欲; 冷静, 平然.

*__stoke__ /stóʊk/ 動 他 〈機関車・炉などに〉火をたく (up, with), 〈火などに〉燃料をくべる (up); 〈恐怖心などを〉かき立てる, あおる (up). ── 自 火をたく, 燃料をくべる; 《略式》(食欲を出すために)食べる (up).

stoked /stóʊkt/ 形 Ⓢ 《米略式》とても興奮して.

stóke·hòld, -hòle 名 Ⓒ (汽船の)かま前; (汽船の)火たき室, ボイラー室.

stok·er /stóʊkɚ | -kə/ 名 Ⓒ (蒸気機関車・汽船の)火夫, 給炭夫.

STOL /stɔ́:l | stɔ́l/ 名 Ⓒ [しばしば形容詞的に] 〘空〙 STOL (ᑆᑫ^ᑫ) 短距離離着陸, short takeoff landing の略): a ~ aircraft 短距離離着陸機.

*__stole__¹ /stóʊl/ 《類音 stall》動 steal の過去形.

stole² /stóʊl/ 名 Ⓒ **1** (女性用の)ストール, 長い肩掛け. **2** 〘カトリック〙ストラ 《聖職者が肩にかけてひざ下まで垂れる帯状の布》.

*__sto·len__ /stóʊlən/ 動 steal の過去分詞. ── 形 盗まれた, 盗んだ: ~ goods 盗品 / a ~ car 盗難車 / a ~ base 〘野〙 (1 回の)盗塁.

stol·id /stάlɪd | stɔ́l-/ 形 [普通はけなして] 感情を見せない, 反応の鈍い, 保守的な; (物事が)面白みのない.

sto·lid·i·ty /stɑlídəṭi | stɔ-/ 名 Ⓤ [普通はけなして] 感情を見せないこと.

stol·id·ly /stάlɪdli | stɔ́l-/ 副 感情を見せずに, 無感動に.

stól·id·ness Ⓤ =stolidity.

*__stom·ach__ /stʌ́mək/ 名 (~s /~s/) **1** Ⓒ 胃: sit [lie] heavy on one's ~ 〈食べ物が〉胃にもたれる / I have a pain in my ~. 胃が痛い. 関連 bowels, intestines 腸.

2 Ⓒ 《略式》腹部, 腹 (☞ body 挿絵). 語法 厳密には「腹(部)」を意味する語は abdomen や anatomy of belly だが, 普通は stomach がより上品な語とされ, abdomen, belly の代わりに用いる: the pit of the ~ みぞおち / I have a little ~ trouble. おなかを少しこわしている. **3** Ⓤ [普通は否定文で] 食欲; 望み (☞ have no stomach for … (成句)). **4** [形容詞的に] 胃の; 腹部の. **hàve a stróng [délicate] stómach** 動 自 胃が丈夫である[弱い]; ずぶとい[かぼそい]神経をしている. **hàve nó stómach for …** 動 他 …を食べたくない; …に気が向かない. **on a fúll stómach** 副 満腹のときに. **on an émpty stómach** 副 空腹で. **on one's stómach** 副 うつぶせ[腹ばい]になって (反 on one's back). **…'s stómach lúrches [tíghtens]** 動 …がぎょっとする. **túrn …'s stómach=máke …'s stómach túrn** 動 (人に)胸を悪くさせる, 吐き気を催させる.
── 動 他 [普通は否定文で can, could とともに] **1** 〈不快な事などを〉我慢する, 忍ぶ. **2** 〈…〉を食べる, 腹に納める.

stom·ach·ache /stʌ́məkèɪk/ 名 Ⓒ,Ⓤ 胃の痛み, 腹痛: get a ~ 腹痛をおこす / I have a bad [slight] ~. 胃がひどく[少し]痛む. 関連 earache 耳の痛み / headache 頭痛 / toothache 歯痛.

stómach-chùrn·ing /-tʃɚ̀:nɪŋ/ 形 気分を悪くさせる, 吐き気を催させる.

stómach crùnch 名 Ⓒ 腹筋運動.

stómach pùmp 名 Ⓒ (毒物の)胃洗浄機.

stómach úpset 名 Ⓒ,Ⓤ 腹痛.

stomp /stάmp | stɔ́mp/ 動 自 (怒りなどで)足を踏み鳴らして動く[踊る], どしんどしんと歩く (about, around,

stompie

off]; 踏みつける (*on*). ── 他 〈…〉を踏みつける. ── 名 C 足を踏みならして動く[歩く]こと.

stom・pie /stámpi | stóm-/ 名 C (南ア) 吸いかけのたばこ; 吸いがら.

stómp・ing gròund /stámpɪŋ- | stómp-/ 名 C = stamping ground.

＊stone /stóʊn/ 名 (~s /-z/; 形 stóny) **1** U (しばしば合成語で)〔岩石を構成する〕石, 石材 (《建築などの材料》); [形容詞的に] 石の, 石製の: a ~ bridge 石橋 / This wall is (made of) ~. この壁[塀]は石でできている.

2 C (個々の)石, 小石; [普通は合成語で] (特定用途のための)切り石, 敷石 (☞ 類義語): DON'T THROW STONES 投石禁止 (掲示) / You cannot get blood from a ~. (ことわざ) 石から血はとれない (冷酷な人から同情や援助は得られない).

── stone 1, 2 のいろいろ ──
foundátion stòne 礎石 / grávestone, tómbstòne 墓石 / íronstone 鉄鉱石 / kéystone かなめ石 / límestòne 石灰岩 / lódestone 天然磁石 / mílestòne 里程標 / míllstòne ひきうす / móonstone 月長石 / páving stone 敷石 / précious stone 宝石 / sándstòne 砂岩 / stépping-stone 踏み石 / whétstòne 砥石(といし).

3 C 宝石 (precious stone): a ring set with four ~s 4 石入りの指輪. **4** C 〔時に合成語で〕(英) 〔果実の〕核, 種 (《さくらんぼ・桃などのように中心に 1 個あるもの; ☞ pip¹ 1〕(米) pit). **5** C 〔しばしば合成語で〕結石: a kidney ~ 腎臓(の)結石. **6** (複 ~(s)) C (英) ストーン 〔体重などを示す重量単位; 1 ストーンは 14 ポンド (6.35 キロ)〕.

a stóne's thrów [名] (略式) 石を投げれば届く距離, ごく近く: He lives「within *a ~'s throw* of [only *a ~'s throw* (away)] from the school. 彼は学校のすぐ近くに住んでいる. **be máde of stóne** [動] (自) (1) 石でできている (☞ 1). (2) 感情をあらわにしない, 思いやりがない. (**as**) **hárd as stóne** [形] 〔石のように〕固い. **léave nó stóne untúrned** [動] あらゆる手段を尽くす, 八方手を尽くす (*to do*). **sét** [**cárved, cást, étched**] **in** [**on**] (**táblets of**) **stóne** [形] [しばしば否定文で] (考えなどが) 変えられない.

── 動 他 **1** 〈…〉に石を投げつける; 〈…〉を石打ちの刑にする: ~ ... to death ...を石打ちにして殺す. **2** (英) 〈果実の核(たね)をとる (《米》 pit). **Stóne the cróws [me]!** 〔驚き・不信を表して〕(古風, 英略式) へえ, おや.
【類義語】 stone rock のかけらであるより大きくない石. rock 地球表面を形成している大きな岩石. gravel stone より小さい石で道路に敷いたりする. pebble 水の作用で丸くなった小石で砂 (sand) よりは大きい.

Stóne Àge 名 [the ~] 石器時代 (Bronze Age に先立つ時代).

stone-bróke 形 (米略式) すかんぴんの.

stóne cìrcle 名 C 〔考古学〕環状列石, ストーンサークル.

stóne-cóld 形 (略式) **1** 非常に冷たい. **2** 〔選手・チームが〕得点できない. **stóne-còld sóber** 形 (略式) 完全にしらふで.

stoned /stóʊnd/ 形 (略式) **1** 完全に死んだ〔破壊された〕. **2** (古風) (酒で)酔っぱらった: ~ out of one's mind (酒や麻薬で)正気を失って.

stóne-déad 形 (略式) 完全に死んだ〔破壊された〕.

stóne-déaf 形 全く耳の聞こえない.

stóne-fáced 形 = stony-faced.

stóne frùit 名 C,U 〔植〕石果 (中央に種のあるもの).

stóne-gróund 形 (粉が) 石でひいた.

Stone・henge /stóʊnhèndʒ | stòʊnhéndʒ/ 名 固 ストーンヘンジ (England 南部の Salisbury Plain にある巨石柱群; 石器時代後期から青銅器時代にかけてのものとされる).

Stonehenge

stóne・less 形 石のない.

stóne・màson 名 C 石工, 石屋.

Stóne Móuntain 名 固 ストーン山 〔Georgia 州にある山; 南北戦争時の南軍勇士の彫像がある〕.

ston・er /stóʊnə/ 名 C (俗) マリファナ常用者.

stóne・wall /stóʊnwɔ̀ːl | stóʊnwɔ́ːl/ 動 自 (略式) じゃまをする; (主に英) 〔議事の進行などを〕妨害する. ── 他 (略式) 〈人などに〉協力しない, 〈…〉をじゃまする; (主に英) 〈議事〉を妨害する.

stóne・wàlling 名 U (主に英) 議事妨害.

stóne・wàre 名 U 炻器(せっき)〔粗い肌触りのする陶磁器の一種〕.

stóne・wàshed 形 〔ジーンズなど〕ストーンウォッシュ加工した〔着古した感じを出すため石とともに洗う〕.

stóne・wòrk 名 U 石造物, 石塀; 石細工.

ston・i・ly /stóʊnəli/ 副 冷ややかに, 冷酷に.

stonk・ered /stáŋkəd | stóŋkəd/ 形 (豪式) くたくたに疲れた; べろべろの.

stonk・ing /stáŋkɪŋ | stóŋk-/ 形 (古風, 英略式) すごく大きい〔いい〕.

⁺ston・y /stóʊni/ 形 (**ston・i・er**; **-i・est**; 名 stone) **1** 石の多い, 石だらけの: ~ ground 石の多い地面. **2** 石のような; 冷たい, 冷酷な, 残酷な (cruel): a ~ heart (石のように)冷たい心 / He gave me a ~ stare. 彼は無表情に私を見つめた. **fáll on stóny gróund** [動] (自) (考えなどが)受けがない, 無視される.

stóny-bróke 形 (英・豪略式) = stone-broke.

stóny-fáced 形 冷たい[険しい]顔の.

stóny-héarted 形 冷酷な心の.

＊stood /stúd/ 動 stand の過去形および過去分詞.

stooge /stúːdʒ/ 名 C **1** (略式) 他人の言いなりになる人, 手下; (いやな仕事に使われる)使い走り. **2** 喜劇(役者)の引き立て役, ボケ.

stook・ie /stúki/ 名 C (スコ) = plaster cast.

⁺stool /stúːl/ 名 C **1** [しばしば合成語で] 丸いす, (背・ひじ掛けのない 1 人用の)腰掛け; 踏み台 (☞ chair 表): a piano ~ ピアノ用いす. **2** [普通は複数形で] 〔医〕大便 (「便座」の意から): Do your ~s tend to be loose? 便は緩(ゆる)くなりがちですか. **3** = footstool. **fáll between twó stóols** [動] (自) (主に英) あぶはち取らずになる, 二兎(と)を追って一兎をも得ず.

stools 1

stóol pìgeon 名 C (米略式) (警察の)スパイ, 密告者.

⁺stoop¹ /stúːp/ 動 自 **1** 前かがみになる, かがむ, こごむ (*down*). 語法 bend と同義だがより改まった感じの語. **2** 腰が曲がっている, 猫背である. **3** (軽蔑) 品位を落として...する, 恥を忍んで...する: He'll never ~ to stealing. 彼は落ちぶれて盗みをするようなことは決してしない. **stóop sò lów** (**as to dó ...**) [動] (...するほど)品位を落とす, 身を落としてまで...する. **stóop to ...'s** [**that**] **lével** [動] ...の[その]レベルまで落ちる.
── 名 **1** [a ~] かがむこと; 猫背: walk with *a* ~ 前かがみになって歩く / have [suffer from] *a* ~ 猫背である. **2** 〔鳥の〕急降下.

stoop² /stúːp/ 名 C (米) (玄関の)ポーチ.

stoop[3] /stúːp/ [名] [C] ＝stoup.
stooped /stúːpt/ [形] (人が)前かがみ[猫背]の[で].
stoop·ing /stúːpɪŋ/ [形] [普通は [A]] (肩・背などが)前かがみになった，猫背の.

***stop** /stάp | stɔ́p/ [動] (**stops** /~s/; **stopped** /~t/; **stop·ping**; [名] stóppage)

① 止める; 止まる	[他] **1, 2, 3**;	[自] **1, 2**
② ふさぐ	[他] **5**	
③ 滞在する		[自] **4**

[自] [他] の転換
[他] **1** 止める (to make (something) finish moving)
[自] **1** 止まる (to finish moving)

— [他] **1** 〈動いているもの〉を**止める** ([反] start) (☞ 類義語): He *stopped* the car near the park. 彼は車を公園の近くに止めた / *S*~ that boy! その子をつかまえて[止めて]くれ! (☞ [自] 1 最初の例文) / Do you know how to ~ the tape? テープの止め方がわかりますか / Traffic *was* **stopped by** a cow that had wandered into the road. <V+O の受身> 道にさまよい出た牛のため交通が止まった.
2 〈…〉を**中止する**, やめる, よす, 中断する ([反] start): He *stopped* work. 彼は仕事をやめた / *S*~ it [that]! Ⓢ (そんなことは)やめろ! / *It* has *stopped* rain*ing*. 雨がやんだ (☞ it[1] A 2) / *S*~ this nonsense! こんなばかなことを言う[する]のはやめてくれ / These cruelties must *be* **stopped** at once. <V+O の受身> こういう残虐行為はすぐに中止しなければならない.

[語法] **stop**＋do*ing* と **stop**＋*to* do
stop の意味の違いで文型が異なることに注意: He **stopped** smok*ing*. <V+O (動名)> 彼はたばこを(吸うのを)やめた / He **stopped *to*** smoke. <V+*to* 不定詞> 彼はたばこを吸おうと立ち止まった[手を休めた], 彼は手を休めてたばこを吸った (☞ [自] 1, 2).

3 〈行為〉を**やめさせる**, 〈人が…するの〉を止める, さえぎる, 妨げる: I will go there no matter what; nobody can ~ me. 私はどんなことをしてもそこへ行くつもりだ. だれが何と言っても引き止められないぞ / There's nothing to ~ you ***from*** ask*ing* her for help. <V+O+*from*+動名> あなたが彼女に助けを求めるのを止めるものは何もない / Nobody can ~ their quarrel. だれも彼らのけんかを止めることができない.

[語法] (1) 上の文は普通「現実に進行中のけんかを止める」を意味するのに対し Nobody can ~ them *from* quarrel*ing*. (だれも彼らのけんかをやめさせることができない)では「けんかを起こさないようにする」の意で prevent と同じ意味になりやすい.
(2) from を省いた形を使うのは主に《英》; この場合は「現に進行中のけんかを止める」意になりやすい: Nobody can ~ them quarrel*ing*.
(3) 次の文は上の (1) のどちらの意味にもとれる: Nobody can ~ *their* quarrel*ing*. <V+O (動名)> 《ただし「stop＋所有格＋動名」の形は普通ではない》.

stop 3 「やめて」の意のしぐさ

4 〈供給・支払いなど〉を**停止する**, 〈小切手〉の支払いを止める; 〈金額〉を差し引く (*from*): ~ (the) payment on a check 小切手の支払いを停止する / Pay the bill at once, or your electricity will *be stopped*. <V+O の受身> すぐ料金を支払いなさい, さもないと電気を止められますよ. **5** ([反] unstop) 〈穴など〉をふさぐ, 埋める; 〈びんなど〉にふたをする; 〈歯(の穴)〉に詰めものをする; 〈出るもの〉を止める (*up*; *with*): He *stopped* ˹the hole [his ears]. 彼は穴[耳]をふさいだ / She *stopped* the leak in the pipe. 彼女はパイプの水漏れをふさいで止めた.
— [自] **1** (動いているものが)**止まる**, 停止する (☞ 類義語); 立ち止まる ([反] start), 立ち止まって…する: *S*~, thief! 待て泥棒! / The train has *stopped*. 列車は止まった / The train is *stopping*. 列車は止まろうとしている (☞ be[2] A 1) / Does this bus **~ *at*** (the) city hall? <V+*at*+名・代> このバスは市役所に止まりますか / He ***stopped*** and watched it. 彼は立ち止まってそれを見た.
2 中断する, (活動などが)やむ; (仕事などを)中断して…する; [副詞(句)を伴って] 終わる (*at*): The rain has *stopped*. 雨がやんだ / She began to speak but suddenly *stopped*. 彼女は話し始めたが急にやめた / He felt rather tired, and ***stopped to*** have a cup of coffee. <V+*to* 不定詞> 彼はだいぶ疲れたので, 手を休めてコーヒーを 1 杯飲んだ (☞ [他] 2 [語法]; stop to think [consider] (成句)) / [言い換え] Let's ~ *to* have lunch.＝Let's ~ ***for*** lunch. <V+*for*+名・代> 仕事を中断して昼にしよう (☞ [自] 3).
3 [副詞(句)を伴って] **ちょっと立ち寄る**: She *stopped* ***at*** the store on her way home. <V+前+名・代> 彼女は帰りがけに店に寄った / Let's ~ *for* lunch *at* [*in*] a café. 食堂に寄って昼食をとろう (☞ [自] 2).
4 《略式, 主に英》 **滞在する**, とどまる (stay); 宿泊する (lodge): I'm going to ~ here [*at* this hotel] *for* a few weeks. 私はここに[このホテルに] 2, 3 週間滞在するつもりです. **cánnot stóp dóing** [動] …しないわけにはいかない (cannot help doing): I *couldn't* ~ laugh*ing*. 私は笑わずにはいられなかった. **stóp at nóthing** [動] [自] 何でもやりかねない: He will ~ *at nothing to* get to the top. 彼は昇進のためならどんなことでもやりかねない. **stóp (déad) in one's trácks** [動] [自] 急に[はっと]立ち止まる, ぴたりと止まる (☞ dead [副] 2, in one's tracks (track 成句)). — [他] 〈…〉をぴたりと立ち止まらせる[止める]. **stóp shórt** [動] [自] 急に立ち止まる; 中断する. **stóp ... shórt** [動] [他] 〈人(の話・行動)〉を突然さえぎる; 中断させる. **stóp shórt of (dóing) ...** [動] …(するの)を思いとどまる. **stóp to thínk [consíder]** [動] [自] じっくり考える: By *stopping to think*, one often loses an opportunity. ゆっくり考えていて好機を逸することがしばしばある. **thère's nó stópping ...** (人)を止めることはできない. **Whàt's stópping you (from dóing ...)?** 《略式》 なぜ(…)しないのか.

stop の句動詞
stóp báck [動] [自] 《米》 もといた場所にもどる (*at*).
stóp bý** [動] [自] 《略式》 立ち寄る: Let's ~ ***by at his place. 彼のところに立ち寄ろうじゃないか.
***stóp by ...** [動] [他] 《略式》 …に立ち寄る: I often ~ *by* that bakery. よくあのパン屋に寄る.
stóp dówn [動] [他] 〖写〗 〈レンズ〉を絞る.
stóp ín** [動] [自] 《略式》 **1** 立ち寄る (drop in): He ***stopped in at a bar on his way home. 彼は帰宅の途中バーに立ち寄った. **2** 《英》 うちにいる.
stóp óff** [動] [自] 途中でちょっと立ち寄る, 途中下車する (*at*): I'm going to ~ ***off in Boston for a few days. 私は数日ボストンに立ち寄るつもりだ.
stóp óut [動] [自] 《英略式》 遅くまで外出する.

stop-and-go

stóp óver 動 (名 stópòver) 自 1 (乗り物を)途中で降りる, 途中下車[降機]する; (旅行の途中で)ちょっととどまる[泊まる]: She says she will ~ *over in* [*at*] Honolulu on her way to Japan. 彼女は日本へ来る途中ちょっとホノルルに立ち寄るつもりだと言っています (⇒ stopover 語法). 2 《英略式》人の家に泊まる.

stóp róund 動 自 《略式, 主に米》= stop by.

stóp úp 動 他 1 (穴などを)ふさぐ, 埋める, 詰める; (流れなどをせき止める; (かぜをひいて)(鼻)を詰まらせる (with) <V+名・代+*up*> V+*up*+名>: Something has *stopped up* the pipe. 何かがパイプに詰まった. — 自 1 (流しなどが)詰まる. 2 《英略式》 寝ないで起きている (stay up).

— 名 (~s /~s/) C 1 **止まること, 停止, 中止, 休止, 停車, 着陸, 立ち寄り**: ~*s* and starts 進んでは止まること / a sudden ~ 急停車 / This train goes from Tokyo to Osaka with only two ~*s*. この列車は東京から大阪まで2回停車するだけで行きます / The sightseeing bus made a brief ~ *at* a restaurant. 観光バスはレストランで短時間停車をした.

2 **停留所[場], 着陸地; (交通標識などの)停止標示**: a bus ~ バス停留所 / I'm going to get off at the next ~. 次の停留所[駅]で降ります / "How many ~*s* 'is it [are there] from here to Boston?" "Three (~*s*)." 「ボストンはいくつ目ですか」「3つ目です」

3 **滞在** (stay): I want to have a week's ~ in Paris. 私はパリに1週間滞在したい. 4 (小切手の)支払い差止め通告. 5 栓. 6 《楽》 (オルガンの)音栓, ストップ; (オルガンの)音栓列; (楽器の)指孔 ⇒ doorstop. 6 《音声》閉鎖音 (plosive) (/p/, /b/, /t/, /d/, /k/, /g/ など). 7 《主に英》句読点, 終止符.

bríng ... to a stóp 動 他 《...を止める; ...を終わらせる (受身) be brought to a stop): The war *brought* the research *to a* ~. 戦争でその研究はストップした.

cóme [**púll, róll,** 《格式》 **dráw**] **to a stóp** 動 自 止まる; 終わる: The bus *came to a* sudden ~. バスは突然止まった.

púll óut áll the stóps = púll áll the stóps óut 動 自 《略式》 最大限の努力をする (*for*; *to* do). 由来 オルガンのすべての音栓をはずして演奏する, の意から.

pùt a stóp to ... 《好ましくない活動などを)やめる; ...を終わらせる; ...を中止させる.

【類義語】 **stop** ある動作・行動が停止すること: The car *stopped*. 車が止まった. **cease** より改まった感じの語で, ある状態・条件・存在などがやむこと. 従って The rain *ceased*. や The fighting *ceased*. とは言えるが, The train *ceased*. や He *ceased* the car. などとは言わない: He *ceased* talking. 彼はしゃべるのをやめた / That newspaper has *ceased* publication. その新聞は発行を停止した. **halt** 格式ばった語で突然止まること. またしばしば権威者による命令で止められることを意味する: *Halt*. 止まれ (軍隊などの命令). **discontinue** 長年あるいは定期的に行なってきたことをやめること: I *discontinued* my subscription to the newspaper. 私はその新聞の予約購読をやめた. **quit** 仕事・習慣などを意図的にやめること. 《略式》的な語: He *quit* his job [smoking]. 彼は仕事[喫煙]をやめた.

stóp-and-gó 形 A 《主に米》進んでは止まる: ~ traffic 交通渋滞.

stóp-còck 名 C コック, 水道管などの元栓.

stóp-gàp 名 C 間に合わせの人・物, その場しのぎ: a ~ measure 一時しのぎの措置.

stóp-gó 形 A 《英》《けなして》《政策・時期などが》経済の引き締めと拡大を(場当り的に)交互に行なう, ストップ・(アンド・)ゴーの; 断続的な.

stóp·light 名 C 《主に米》 1 (交通の)停止信号; しばしば複数形で) = traffic light. 2 (車の)ストップライト, 制動灯, ブレーキランプ (brake light).

stóp mótion 名 U [しばしば形容詞的に] ストップモーション ((1) 少しずつ位置をかえ1コマずつ撮影する方法 (2) ビデオデッキの静止機能).

stóp òrder 名 C 逆指(ﾋﾟﾆ)値注文.

stóp·òver 名 (動 stóp óver) (旅行の途中で)ちょっととどまる[泊まる]こと, 途中降機.

> 語法 途中で滞在するときには in, 単なる中継地のときには at を使う傾向がある: a three-week tour with a three-day ~ *in* Paris パリに3日間滞在する3週間の観光旅行 / a flight to New York with a ~ *at* Chicago シカゴ経由ニューヨーク便.

stop·pa·ble /stápəbl | stɔ́p-/ 形 中止できる, 止められる.

stop·page /stápɪdʒ | stɔ́p-/ 名 (動 stop) 1 C [しばしば複数形で] 停止, 中断; (学校の)休業, ストライキ. 2 C 中止. 3 [複数形で] 《英》 (税金・保険料などから)の差し引き[控除]額 (deduction). 4 C ふさぐ物, つまるもの; C,U つまった状態[箇所], 閉塞, 遮断. 5 C 《スポ》試合の中断.

stóppage tìme 名 U 《スポ》競技が中断した分の延長時間, ロスタイム.

stop·per /stápə | stɔ́pə/ 名 C 1 (びん・たるなどの)栓 (plug): put a ~ in a bottle びんに栓をする. 2 《野》押さえの投手; 《サッカー》ストッパー. — 動 (-per·ing /-p(ə)rɪŋ/) 他 (びんなど)に栓をする (*up*).

stop·ping /stápɪŋ | stɔ́p-/ 形 《英》 (列車が)各駅停車の. 関連 nonstop 直行の.

stópping dìstance 名 C,U (安全な)車間距離.

stop·ple /stápl | stɔ́pl/ 名 C 栓. — 他 《...に)栓をする.

stóp prèss 名 U 《英》 (新聞の印刷開始後に付け加えられる)最新ニュース(欄).

stóp sìgn 名 C 一時停止標識.

stóp-stárt 形 (車などが)進んでは止まる, とぎれとぎれの.

stóp-strèet 名 C 《南ア》交差点の一時停止標識.

stóp·wàtch 名 C ストップウォッチ.

*stor·age /stɔ́:rɪdʒ | stɔ́:r-/ T1 名 (stor·ag·es /~ɪz/; 動 store) 1 U 貯蔵, 保管: grain ~ 貯蔵した穀物 / a ~ space 貯蔵スペース. 2 U 貯蔵スペース; 貯蔵所, 倉庫. 3 [形容詞的に] 収納[貯蔵]用の. 4 保管料, 倉敷(料). 5 U,C 《電算》 記憶装置(に保存すること), メモリー, メモリーの方法: ~ capacity 記憶容量. **in cóld stórage** [副・形] (食物などが)冷たく保管されて; (計画・考えなどが)延び延びで, 先送りで. **in stórage** [副・形] (倉庫などに)保管されて.

stórage bàttery [**cèll**] 名 C 蓄電池.
stórage device 名 C 《電算》記憶装置.
stórage hèater 名 C 《英》蓄熱ヒーター.
stórage ròom 名 C 収納[貯蔵]室, 納戸(ﾅﾝ).

*store /stɔ́ə | stɔ́:/ (類音 stork) T1 名 (~s /~z/)

「蓄え」 2 → (商品の在庫を持つところ) →「商店」1 (⇒ shop 語源)

1 C [しばしば合成語で] 《主に米》 店, 商店, 小売店 (《英》 shop) (⇒ shop 語法); [形容詞的に] 店の: go to the ~ 買物に行く / I usually buy clothing *at* a local ~. 私は衣類は普通地元の店で買います.

ミニ語彙欄
コロケーション
動+store
　close [shut] a *store* 店をたたむ[廃業する]; (一日の終わりに)店を閉める
　expand a *store* 店を拡張する
　open a *store* 店を開業する; (一日の始めに)店を開

run [manage] a *store* 店を経営する

store＋動
a *store* closes 店が閉まる
a *store* opens 店が開く
a *store* sells ... 店が...を売る
a *store* stocks ... 店が...を置く

形＋store
an all-night *store* 24時間営業の店
a large [small] *store* 大きな[小さな]店
a respectable *store* まともな店
a self-service *store* セルフサービスの店

―― store のいろいろ ――
bóokstòre 《米》本屋 / cháin stòre チェーンストア / convénience stòre コンビニエンスストア / depártment stòre デパート / díscount stòre ディスカウントストア / drúgstòre 《米》ドラッグストア / géneral stòre (いなかの)雑貨店 / grócery stòre 食料雑貨店 / varíety stòre 《米》雑貨店

関連表現
business hours: 9 a.m. to 6 p.m. 営業時間：朝9時より夜6時まで《掲示》
buy ... at ... ...をあの店で買う
Do you have ... (here)? (ここに)...はありますか
How late are you open? 何時までやっていますか
That *store* is expensive [cheap]. あの店は高い[安い]
That *store* is open (till) late at night. あの店は夜遅くまでやっている
They are having a sale at that *store*. あの店ではバーゲンセールをやっている
This *store* is open「around the clock [twenty-four hours a day]. この店は24時間営業です.
We're sold out. 品切れ[売り切れ]です.
What time do you close [open]? 何時に閉まります[開きます]か

2 C (多量の)蓄え, 貯蔵 (stock); 蓄積；〖普通は単数形で〗多数, 多量: They have a good ～ *of* food in the house. 彼らは家に食べ物を十分蓄えている / The research station has ～s *of* fuel and food for the winter. その研究基地には冬に備えて燃料と食糧の蓄えがある / He has an endless ～ *of* good jokes. 彼はおもしろい笑い話を数えきれないほど知っている. **3** C 《主に英》大型店, デパート, 百貨店 (department store). **4** 〖複数形で〗(陸軍・海軍などの)用品, 用具, 備品；備品庫[部屋]: military ～s 軍需品 / ship's ～s 船舶用品. **5** C 《主に英》〖電算〗記憶装置 (memory). **6** 〖複数形で単数または複数扱い〗《英》雑貨店: a village (general) ～(s) 村のよろず屋. **7** C 〖しばしば複数形〗《主に英》倉庫, 貯蔵所; 在庫: take articles out *of* ～ 倉庫から品物を出す (★この場合無冠詞). **in** stóre [形・副] (1) 倉庫(の中)に. (2) 《英》蓄えて, 用意して: We must keep some of these in ～ *for* next year. このうちいくらか来年のために取っておかねばならない. (3) (運命などが)待ち構えて: There's a surprise (lying) *in* ～ *for* you. あなたのびっくりするような事が待ってありますよ. **mínd the stóre [動]** 《米略式》(代理で)店番を取る, 担当する. **sèt [pùt, làу] stóre by [on] ...[動]** 他 ...を重んじる. 〔語法〕 store の前に量を表わす形容詞がつく: I *set great* ～ *by* Dr. Smith's predictions. 私はスミス博士の予測を重視している.

―― 動 (stores /~z/; stored /~d/; stor·ing /stɔ́ːrɪŋ/) 他 〖蓄える, 貯蔵する〗 (将来に備えて)取っておく, しまっておく: Ants ～ (*up*) food *for* the winter. ありは冬に備えて食べ物を蓄える / I ～*d* some canned food (*away*) *for* emergencies. 〈V＋O(＋*away*)＋*for*＋名・代〉

私は非常時に備えて缶詰食品を蓄えた. **2** 〖事実・知識・データなどを〗(記憶などに)とどめる, 保存する；〖電算〗〈データなどを〉記憶装置に入れる: All these facts *are* ～*d* (*up*) *in* her memory. これらの事実はみな彼女の記憶にとどめられている. **3** 〖問題などを〗ためる (*up*). **4** 〖家具などを〗倉庫に保管[収納]する. **5** 〖普通は受身で〗〈場所などを〉備える, 用意する; 〈...に〉供給する. **stóre úp on ... [動]** 他 ...を買いだめする.

stóre-bòught 形 店で買える[買った], 既製の.

stóre brànd 名 C, 形 《米》(製造ブランドでなく)販売店[自家]ブランド商品(の) (《英》own brand).

stóre càrd 名 C 《主に英》(特定の店の)クレジットカード；《米》(店の)ポイントカード.

stóre detéctive 名 C (デパート・スーパー・大店舗などの)警備員(万引き防止のための).

stóre·frònt 名 C 《米》店先, 店頭: a ～ law office 商店街にある小さな法律事務所.

stórefront chúrch 名 C 《米》(都会の)店先で集会を行なう教会 (貧困地区の福音派などの教会).

*store·house 名 (-hous·es /-hàʊzɪz/) C 1 (格式)(知識などの)宝庫《人・図書館・書物など》: a ～ *of* information 情報庫. **2** (古風) ＝warehouse.

*store·keep·er 名 C 1 (主に米) 店主, 小売商人 (《英》shopkeeper) (☞ merchant 2). **2** 軍の物資管理係.

stóre·ròom 名 C 貯蔵室, 収納室, 納戸(なんど)の.

stóre·wíde 形 (売出しなどが)全店(あげての).

*sto·rey /stɔ́ːri/ 名 《主に英》＝story².

-sto·rey(ed) /stɔ́ːrid/ 形 ＝-storied.

stórey hòuse 名 C 《西》2 階建て以上の家.

sto·ried /stɔ́ːrid/ 形 A (文, 主に米) 物語[歴史]に名高い, 語りぐさになった.

-sto·ried, 《英》-sto·reyed /stɔ́ːrid/ 形 〖合成語で〗...階(建て)の: a two-storied house 2 階建ての家.

stork /stɔːk | stɔːk/ 名 C こうのとり《高い木や煙突に巣を作る》. 参考 欧米の家庭では以前は赤ん坊はこうのとりが運んでくるものと子供たちに言い聞かせることが多かった.

*storm /stɔ́ːm | stɔ́ːm/ **T1** 名 (～s /~z/; 形 stórmy) C 1 〖しばしば合成語で〗あらし, 暴風雨；〖気象〗暴風: We were caught in a heavy [severe, violent] ～. 我々はひどいあらしにあった / The ～ broke. 突然あらしになった / At last the ～ has begun to subside. とうとうあらしもおさまり始めた. 参考 インド洋方面の大暴風雨を cyclone, メキシコ湾方面のを hurricane, シナ海方面のを typhoon という; また whirlwind (つむじ風)や tornado (竜巻)も storm の中に入る.

stork

―― storm 1 のいろいろ ――
dúst stòrm 砂あらし / háilstòrm ひょう[あられ]のあらし / ráinstòrm 暴風雨 / sándstòrm 砂あらし / snówstòrm 吹雪 / thúndеrstòrm 雷雨 / wíndstòrm 暴風

2 〖普通は単数形で〗あらしのようなもの, (...の)あらし; 騒動, 波乱: the ～(s) *of* revolution 革命のあらし / raise [stir up] a ～ 騒ぎを起こす / The performance received a ～ *of* applause. その演技はあらしのようなかっさいを受けた.

3 〖普通は単数形で〗(感情の)激発, 激高, 抑え切れない激しい気持ち: a ～ *of* anger [protest] 激しい怒り[抗議]. **a stórm in a téacup** 名 《英》つまらないことに大騒ぎすること, 「コップの中のあらし」(《米》a tempest in a teapot). **dánce [síng, párty] úp a stórm** 《米略式》精一杯踊る[歌う, 楽しむ]. **gò dówn a stórm** [動] [自] 大人気を博する. **táke ... by stórm** [動] [他] (1) 〈場所〉で大成功する, 〈聴衆・観客など〉をうっとりさせる. (2) 強襲して〈...〉を占領する. **wéather [ríde óut, ríde] the [a] stórm** [動] [自] (1) 〘海事〙あらしを乗り切る. (2) 難局を切り抜ける, 困難をしのぐ. **whíp úp a stórm** [動] [自] 《略式》激しい反発[反応]を引き起こす.

— [動] (**storms** /~z/; **stormed** /~d/; **storm·ing**) [自] **1** [it を主語として; ☞ it¹ A 2] 《主に米》あらしが吹く, (天候が)荒れる: *It ~ed* all night long. 一晩中あらしが吹いた. **2** [副詞(句)を伴って] (あらしのように)荒れる, 暴れる; 突進する (*into, off*): The angry people *~ed through* the streets. 怒った人たちは町中を暴れ回った / She *~ed out of* the room. 彼女はひどく怒って部屋を飛び出して行った. **3** 大躍進する. **4** 《文》(怒って)どなり散らす (*at*). — [他] **1** (あらしのように)〈...〉を襲う, 襲って取る: The enemy *~ed* the castle. 敵軍は城を奪い取った. **2** 《文》(怒って)〈...〉とどなる. **stórm one's wáy** [動] [自] 激しい勢いで突進する (*into, through, across*).

stórm·bòund [形] 暴風(雨)で立ち往生した.

stórm cèllar [名] [C] 《米》暴風雨よけの地下室.

stórm cènter [名] [C] 暴風の中心, 台風の目; [比喩] 騒動の中心人物[問題].

stórm clòud [名] [C] [普通は複数形で] **1** あらし雲. **2** (戦争などの)前兆; 暗雲 (*of*).

stórm dòor [名] [C] 防風ドア《雪や寒風を防ぐためにドアの外側に取り付ける》.

storm·ing /stɔ́ə*m*ɪŋ | stɔ́ːm-/ [形] 迫力のある, 速い.

stórm làntern [名] [C] 風よけのおおいのついたランプ.

stórm pètrel [名] [C] ひめうみつばめ《あらしを予報するという; 北大西洋・地中海主産》.

stórm sèwer [名] [C] 《米》雨水渠(きょ)《豪雨・洪水用の排水溝》.

storm-tossed /stɔ́ə*m*tɔ̀st | stɔ́ːmtɔ̀st/ [形] [A] 《文》あらしで破壊された[上下にゆさぶられた].

stórm tròoper [名] [C] (ナチスの)突撃隊員.

stórm wìndow [名] [C] 《主に米》防風窓《雪や寒風を防ぐために普通の窓の外側に取り付ける》.

⁺**storm·y** /stɔ́ə*m*i | stɔ́ː-/ [形] (**storm·i·er**; **storm·i·est**; [名] storm) **1** あらしの, 暴風(雨)の: a ~ night あらしの夜 / The sea was ~. 海は荒れていた. **2** (あらしのように)荒れる, 激しい (violent); 論争的な; 波乱に富んだ: a ~ discussion 激しい討論 / a ~ life 波乱万丈の一生.

stórmy pétrel [名] [C] =storm petrel.

‡sto·ry¹ /stɔ́ːri/ [T1] [名] (**sto·ries** /~z/)

> 元来は history の語頭の音が落ちたもの (☞ history [語源]).
> (昔の話) → (一般に)「話, 物語」となった.

1 [C] (架空の)**物語**, 小説 (☞ 類義語): the ~ *of* Cinderella シンデレラの物語 / Mark Twain's ~ ***about*** a boy's adventures 少年の冒険についてのマークトウェインの物語 / My grandmother told [read] me a sad ~. 祖母は私に悲しい物語を語って[読んで]くれた / a bedtime ~ 寝る前のお話.

> **story のいろいろ**
> **cóver stòry** (雑誌の)特集記事 / **detéctive stòry** 推理小説 / **fáiry stòry** 童話 / **ghóst stòry** 怪談 / **lífe stòry** 伝記 / **lóve stòry** 恋物語 / **shórt stóry** 短編小説

2 [C] (事実を伝える)**話** (*about*); (事件などの)成行き, (事の)次第; 新聞記事, (報道)記事; 新聞記事になる出来事[事件], 特種: a true ~ 実話 / Tell me the ~, please. 事の次第を話してください / It's a different ~. 事情は全くちがう / That's another ~. Ⓢ それは別の話だ / [言い換え] That's not the whole ~.=That's only part of the ~. Ⓢ 話はそれだけじゃないんだ / They tried to cover up the ~. 彼らは記事をもみ消そうとした / NBC's Jimmy Smith has the ~. NBC のジミースミスがお伝えします《ニュースの始めで》/ a news ~ ニュース記事 / swap *stories* 自分に起こったことを互いに話す.

> **コロケーション**
> **broadcast [have]** a *story* (ラジオ・テレビが)ニュースを放送[放映]する
> **have [publish, print, run, carry]** a *story* (新聞などが)記事を掲載する
> ˈ**make up [invent]** a *story* 話をでっちあげる, 作り話をする
> **tell** (...) a *story* 〈人〉に話をする
> **write** a *story* 話[記事]を書く

3 [C] (人・物に関する)言い伝え, うわさ; 歴史, 由来; (人の)経歴: a person with a ~ いわくつきの人 / Every piece of furniture in his room has a ~ behind it. 彼の部屋の家具はどれもみな由緒あるものだ / The ~ goes *that* a strange creature lives in the lake. その湖には不思議な生き物がいるというわさだ. **4** [C] (物語・劇などの)筋 (plot). **5** [C] 言いわけ, 作り話; 《特に小児》うそ, 作り事 (lie): That boy is a liar; he often tells *stories*. あの子はうそつきだ. よく作り事を言う.

énd of stóry Ⓢ (話は)これでおしまい.

It's a lóng stóry. Ⓢ 話せば長くなるので(詳しくはお話しできません).

ònly hálf the stóry [名] (隠し事のある)不十分な説明, 裏のある話.

stíck to the [one's] stóry [動] [自] Ⓢ 《略式》(たとえ間違っていても)自説をまげない.

téll its [their] ówn stóry [動] [自] 自明である, 説明を要しない.

Thàt's mý stóry and Ì'm stícking tó it. Ⓢ [時に滑稽] 以上述べたことを変えるつもりはありません.

Thàt's the stóry of my lífe. Ⓢ [滑稽] こうしたことは私にはよくあることだ, いつもこうなんだ《いやな経験が過去にもあったという時》.

the sáme (òld) stóry=the óld stóry [名] Ⓢ よくある話[言いわけ, トラブル]; 同じようなこと: "Traffic accidents are on the rise in my hometown." "It's *the same* ~ here." 「僕の生まれ故郷で交通事故が増えているんだ」「ここも同じだよ」

to máke [cút] a lóng stòry shórt [副] [文修飾語] Ⓢ 手短に言えば, 早い話が.

Whát's the stóry? 今(の状況)はどうなってるんですか.

【類義語】**story** 長短にかかわらず,「物語」の意味の最も一般的な語. **novel** 近代の長編小説, ある程度複雑な筋をもった散文小説で, 人間の真の姿を描こうとしたもの. **romance** 古い型の伝奇小説で, 空想的世界で繰り広げられる波乱万丈の冒険・恋愛・英雄物語. **tale** いくぶん文学的な語で, 架空または伝説的な話. **fiction** 事実の記述でなく, 想像力で作り出した架空物語の意で, *stories, novels, romances* の総称としても用いる.

sto·ry²**, 《英》 **sto·rey** /stɔ́ːri/ [名] (**sto·ries**, 《英》 **sto·reys** /~z/) [C] (建物の)階 (floor): a ten-~ building 10 階建てのビル / His office is ***on the seventh ~. 彼の事務所は 7 階にあります (☞ floor [語法]). [語源] 建物の階の別を示すために, 窓に歴史上の有名な物語 (story) の場面を描いたことから.

stóry·bòard [名] [C] ストーリーボード《映画などの主要場面を順に描いたパネル》.

stóry·bòok [名] [C] 童話の本. — [形] [A] おとぎ話にあるような: a ~ ending ハッピーエンド.

+**stóry lìne** 名C (映画・小説・劇などの)筋 (plot).
+**stóry-tèller** 名C (子供に)お話を聞かせる人, 語り手; 物語作者: a good ~ お話のうまい人.
stóry-tèlling 名U (子供に)物語をすること; (おもしろく)話を聞かせる腕.
stoup /stúːp/ 名C 1 (教会入口の)聖水盤. 2 (昔の)大コップ, 杯.
+**stout** /stáʊt/ 形 1 (婉曲)(中高年の人が)太った, 肥満した(☞ fat 類義語). 2 (普通は A)丈夫な: a ~ ship 頑丈な船. 3 (普通は A)断固とした, 勇敢な (brave). — 名 1 U 強い黒ビール, スタウト; C 1杯のスタウト. 2 U (米)(衣料品の)肥満体サイズ.
stóut-héarted 形(文)勇敢な, 豪胆な. **~·ly** 副 勇敢に.
stóut·ly 頑丈に; (文)断固として, 強く.
stóut·ness 名 1 U 肥満. 2 (文)頑強, 勇壮.
+**stove**¹ /stóʊv/ 名C(主に米)(料理用の)レンジ, ガス台((米) range, (英) cooker) (☞ kitchen 挿絵); (暖房用の)ストーブ: a kitchen ~ 台所用のレンジ / light the ~ ストーブに火をつける / I do my cooking on a gas ~. 私はガスレンジで料理をします. 参考 英語の stove は日本語の「ストーブ」と異なり, 大型で料理をはじめとして多目的に使われるものをいう. 暖房用の小型のものは heater と呼ばれる.

stove	heater
大型	小型
固定されている	移動可能
通気孔や煙突などがある	通気孔などはない
料理用をはじめ多目的	暖房用

語源 中(期)オランダ語で「暖められた部屋」の意.
stove² 動 stave の過去形および過去分詞.
stóve léague 名C ストーブリーグ((特に野球ファンの)シーズンオフのスポーツ談義(の場)).
stóve·pipe 名C 1 ストーブの煙突. 2(米略式) =stovepipe hat.
stóvepipe hát 名C (米)シルクハット.
stóve·tòp 名C レンジの上《調理する部分》; [形容詞的に] レンジ用の, レンジで料理できる.
+**stow** /stóʊ/ 動 他 〈…〉を整理してしまい込む, 詰め込む (in, under). **stów awáy** [動] 他 〈…〉をしまい込む. — 自 密航する (away); しまえる.
stow·age /stóʊɪdʒ/ 名U (船・車・飛行機の)積み荷収容場所.
stów·awày 名C 密航者; 無賃搭乗[乗船]客.
Stowe /stóʊ/ 名 Harriet (Elizabeth) Beecher /bíːtʃər│-tʃə/ ~ ストウ (1811-96)《米国の作家; 『アンクル・トムの小屋』(Uncle Tom's Cabin) (1852)》.
St. Pat·rick /seɪn(t)pǽtrɪk│s(ə)n(t)-/ 名 セントパトリック (Ireland の守護聖者; ☞ patron saint).
St. Pátrick's Dày 名U セントパトリックの日(3月17日; アイルランド系の人々の祝祭日).
St. Paul /seɪn(t)pɔ́ːl│s(ə)n(t)-/ 名 セントポール (米国 Minnesota 州の州都; ☞ 表地図 G3).
St. Paul's /seɪn(t)pɔ́ːlz│s(ə)n(t)-/ 名 セントポール大聖堂《London にある英国国教会の司教座教会》.
St. Pe·ter's /seɪn(t)píːtəz│-təz/ 名 サンピエトロ大聖堂《Vatican City にあるカトリック教会の総本山》.
St. Pe·ters·burg /seɪn(t)píːtəzbɜːrg│s(ə)n(t)píːtəzbəːg/ 名 サンクトペテルブルク《ロシア北西部の都市; 旧名 Leningrad (1924-91)》.
Str. 略 =strait.
stra·bis·mus /strəbízməs/ 名U (医)斜視.
+**stra·dle** /strǽdl/ 動 1 またがる, 両足を広げて座る[立つ]. — 他 〈馬・塀・溝など〉に, またいで座る[立つ]; (道路・場所などが)〈境界など〉の両側に及んでいる. 2 (主に米)(けなして)〈問題など〉に日和見(ひよりみ)の態

straight 1747

度をとる. 3《複数の分野》に及ぶ[またがる].
Strad·i·var·i·us /strædəvé(ə)riəs/ 名(複 Strad·i·var·i·i /-riaɪ/) C (楽)ストラディバリウス《イタリア製のバイオリンの名器》.
strafe /stréɪf│strɑ́ːf/ 他 (低空飛行で)〈…〉を機銃掃射する, 猛爆撃[爆撃]する.
strag·gle /strǽgl/ 動 自 1 (列などが)ばらばらになる; だらしなく広がる (in, into). 2 落後する (behind).
strag·gler /strǽglər│-lə/ 名C 落後者, (連れに)はぐれた人; (イベント終了後)会場に残る人.
strag·gly /strǽgli/ 形 (strag·gli·er, -gli·est) ばらばらの; (髪が)ほつれた.

**straight /stréɪt/ (同音 strait) 形 (straight·er /-tər│-tə/; straight·est /-tɪst/) (動 stráighten)

「ぴんと張られた」(☞ 語源)から, 「真っすぐな」1
┌→「直立した」2 →「きちんとした」4 →(整然とした)
│ →「切れ目のない, 連続した」3
└→(人柄が)→「真っすぐな, 正直な」5

1 真っすぐな, 曲がっていない, 一直線の (反 curved): ~ hair (縮れ毛に対して)真っすぐな毛 / a ~ road 真っすぐな道 / Sit with your back ~. 背筋をのばして座れ / The soldiers were marching in a ~ line. 兵士は真っすぐ列になり行進していた.
2 P 直立した, 垂直の, 傾いていない: Is the picture ~? 絵は(傾いていなくて)真っすぐですか / Put the pole up ~. 棒を真っすぐに立てろ.
3 A 連続した, 切れ目のない: ~ A's (成績の)全優 (☞ a¹ 3) / ten ~ games 10試合連続で / We worked on this experiment for four ~ days. この実験に4日連続で取り組んだ.
4 (普通は P)きちんとした, 整頓(ど)された (tidy); 間違いのない, 正確な (correct): Tidy your room ~ before you go to bed. 寝る前に部屋をきちんと片づけなさい.
5 (人柄・行ないが)真っすぐな, 正直な (honest), まじめな; 率直な (frank); ひたむきな, 真剣な; (米)(政治で)徹底した; (略式)まじめすぎる: a ~ answer まじめな答え / He wasn't ~ *with* me. <A+with+名・代> 彼は私に素直でなかった / Let's have some ~ talk. 腹を割って(正直に)話そう / ☞ straight face.
6 (略式)(人が)まともな, 正常な《同性愛ではないとか麻薬を常用していないなど》.
7 (水・炭酸水など)割ってない, 混ぜ物のない, 生(き)の (neat): ~ whiskey ウイスキーのストレート. **8 A 単純な, 2つ[2人]だけに関係する; (勝負・交換などが)一対一の; 二者択一な: a ~ choice 二つに一つの選択 / a ~ fight (選挙などで)二者の争い, 一騎打ち. **9 P(略式)満足のいく境遇で; 金の貸し借りがなくて. **10 A(略式)(演劇などで)正統的な, 保守的な. **11 A 変更[改変]を加えていない, 信頼できる. **gét ... stráight [動] 他 〈…〉をはっきりと理解する《時にまどしに用いる; ☞ get ... right (right¹ 成句): Let's *get* this ~. 誤解のないようにしよう. **gét [pút, sét] things stráight** [動] (S) (他人との)ささいな問題を解消する (between). **sét [pút] ... stráight** [動] 他 (…について)〈人〉の迷いを解く (about, on). 語源 中(期)英語で元来は stretch の過去分詞で, 「引っ張られた」の意.

— 副 **1 真っすぐに**, 曲がらずに, 一直線に (at, down, in front of): Keep ~ on. 真っすぐに行きなさい / Look ~ ahead. 真っすぐ前を見なさい.
2 直接に, じかに (directly): go ~ home 真っすぐ家へ帰る / come ~ back from the office 会社から直接家に帰る / come home ~ after work 仕事が終わったらすぐ家に帰る / This train goes ~ through to London. この

列車はロンドンに直行する / He came ~ down to the point. 彼はじかに要点に触れた. **3** 直立して, 垂直に, 傾かずに: stand (up) ~ 直立する / sit (up) ~ 姿勢を正して座る. **4** 率直に, 正直に; あからさまに. **5** 連続して, 切れ目なく. **6** 〈水・炭酸などで〉割らずに, ストレートで.

còme stráight óut (and sáy [ásk] ...) [動] (自) (他) ⓢ (...と)ずばり言う [尋ねる]. **gò stráight** [動] (自) 真っすぐに行く (⇒ 2); 〔略式〕〈犯罪から更生して〉まじめに暮らす. **pláy stráight** [動] (自) (人に対して)誠実[公平]に行動する (with). **sée stráight** [動] [しばしば否定文で] はっきりと見える. **stràight awáy [óff]** [副] =straightaway. **stráight óut** [副] 率直に, ... **stráight óut of ...** [形] ...から出たばかりの, ...に似た. **stráight úp** [副] 〔略式, 主に米〕〈酒が〉氷なしで; ⓢ 〔俗〕[質問で] 本当かい; [答えなどで] 本当に(そうだ). **téll ... stráight (óut)** [動] (他) ⓢ 〔略式〕〈人〉にずばり[ずけずけ]言う. **thínk stráight** [動] (自) [しばしば否定文で] 筋道を立てて考える.

— [名] Ⓒ **1** 〔略式〕まともな人, 正常な人 (同性愛ではないとか麻薬を常用していないなど); まともで退屈な人. **2** 〔主に英〕一直線; 真っすぐな部分, 直線コース (〔米〕straightaway): enter [come up] the final ~ 最後の直線コースに入る. **3** 〔トラ〕〔ポーカーの〕ストレート; 〔ボク〕ストレート. **the stráight and nárrow** [名] 〔罪を犯さない〕まじめな暮らし, [かたぎの]生き方: keep to the ~ and narrow 地道に暮らす / stray from the ~ and narrow まっとうな暮らしからはずれる.

straight 3

stráight-ahéad [形] 飾りけのない〈演奏の〉; ごまかしのない.
stráight àngle [名] Ⓒ 〔数〕平角 (180°).
stráight-árm [動] (他) 〔アメフト〕〈敵に〉腕をまっすぐに突き出してタックルを防ぐ(こと).
stráight àrrow [名] Ⓒ 〔米略式〕まじめ人間; 堅物(かたぶつ).
†**stráight·awáy** [副] ただちに (at once, right away).
— [名] [単数形で] 〔米〕直線(走路) (〔英〕straight).
stráight·èdge [名] Ⓒ 直定規.
†**stráight·en** /stréɪtn/ [動] (~ed /-d/; straight·en·ing) (他) **1** 〈...〉を真っすぐにする: S~ your back. 背筋を真っすぐに伸ばせ. **2** 〈...〉をきちんと[整頓(せいとん)]する. — (自) 真っすぐになる, 姿勢を正す. **stráighten óut** [動] (1) 〈...〉を真っすぐに伸ばす. (2) 〈人〉をまともな人間にする; 〔略式〕〈人の誤解[混乱]〉を正す. (3) 〈紛争などを〉解決する, 〈物事〉を整理する. — (自) 真っすぐになる. **stráighten úp** [動] (他) (1) 〈...〉をきちんとする, 整頓する. (2) [~ oneself up で] 体を真っすぐにする. — (自) 〈姿勢などが〉真っすぐになる; 〔米〕まじめになる; 整頓する.
stráight fáce [名] Ⓒ (笑い・喜びを押し殺した)まじめくさった無表情な顔: with a ~ 表情も変えず, にこりともしないで. **kéep a stráight fáce** [動] (自) 表情を変えない, 笑いをこらえる.
stráight-fáced [形] まじめくさった[すました]顔の.
stráight·fác·ed·ly /-féɪsɪdli/ [副] まじめくさって.
*__straight·for·ward__ /strèɪtfɔ́ːwəd | -fɔ́ːwəd/ [形] **1** [普通はほめて] 〈人・態度などが〉率直な, 単刀直入な (frank), 正直な (honest); 真っすぐな. **2** [普通はほめて] 簡単な, 単純な (simple). **3** Ⓐ 無条件の, 全くの: a ~ refusal 完全な[にべもない]拒絶.
— [副] 率直に, 正直に: He admitted the illegal action ~. 彼は不法行為を率直に認めた.
~·ly [副] 率直に; 単純に. **~·ness** [名] Ⓤ 率直さ; 単純さ.
stráight·for·wards /strèɪtfɔ́ːwədz | -fɔ́ːwədz/ [副] =straightforward.
stráight·jàcket [名] Ⓒ =straitjacket.
stráight-láced [形] =straitlaced.
stráight mán [名] Ⓒ 〔喜劇役者の〕引き立て役.
stráight·ness [名] Ⓤ 真っすぐなこと, 一直線; 率直.
stráight-óut [形] Ⓐ 〔主に米〕率直な; 徹底した.
stráight rázor [名] Ⓒ 〔米〕西洋かみそり.
stráight shòoter [名] Ⓒ 〔米略式〕正直者.
stráight tícket [名] Ⓒ 一括投票 〔数種の選挙を同時に行なうとき, 同一政党の候補者に投票すること; ⇒ split ticket〕.
stráight-to-vídeo [形] 映画館で上映されずすぐビデオ[DVD]になる 〈B級映画〉.
stráight-úp [形] 〔米略式〕正直な, 真っすぐな; 混ぜものをしていない, 薄めていない.
stráight·wáy [副] 〔古語〕ただちに, すぐに (at once).

*__strain__¹ /stréɪn/ 【発】[名] (~s /-z/) Ⓒ,Ⓤ **1** 過労, 無理; (無理な)負担: stresses and ~s ストレスと緊張 / ease [bear] mental ~ 精神的重圧を取り除く[に耐える] / Increasing unemployment is putting a great ~ *on* the welfare budget. 増え続ける失業が福祉予算に大きな負担をかけている / I often find it a ~ doing her a favor. 彼女の願いを聞き入れるのは負担になることが多い. 関連 eyestrain 目の疲れ.
2 張りつめること, 張ること, 緊張; 張力: The rope broke *under* the ~. 綱は引っ張られた力で切れた.
3 〈関係・情勢などの〉緊張, 切迫: Trade friction put a ~ *on* the friendly relations between the two countries. 貿易摩擦が両国の友好関係を緊張させた.
4 筋違い: a back ~ 腰痛. **tàke the stráin** [動] (自) (1) 引っ張る. (2) 〈人の代わりに〉難しい仕事[苦労]を引き受ける; 負担[重み]に耐える. **ùnder (ˈa lót of [gréat]) stráin** [形] 〈大変な〉苦労をして, 〔ひどい〕緊張を強いられて. **ùnder the stráin** [副] (1) 引っ張られて (⇒ 2). (2) 緊張[過労]のため.
— [動] (strains /-z/; strained /-d/; strain·ing) (他) **1** 〈使いすぎて〉〈...〉を痛める, 〈無理をしすぎて〉悪くする, 過労させる: He ~ed his eyes by reading in poor [bad] light. 彼は暗い所で読書をして目を痛めた.
2 〈筋肉など〉を緊張させる; 〈目〉を見張る, 〈耳〉を澄ます, 〈声〉を張り上げる: She ~ed her eyes to see it better. 彼女はそれをもっとよく見ようとじっと目を凝らした / I ~ed my ears to hear the voices from the next room. 隣の部屋の声を聞こうと耳を澄ました. **3** 〈限度・範囲など〉を越える; 〈関係など〉を破綻(はたん)させる: ~ a friendship 友情をこわす / You're ~ing my patience to the limit. おまえには我慢の限度だ. **4** 〈かすを取り除くために〉〈...〉をこす (*off*). **5** 〔格式〕〈意味など〉を無理にこじつける; 〈権力など〉を乱用する: His explanation ~s the truth somewhat. 彼の説明は事実を多少曲げている. **6** 〈弓・綱など〉をぴんと張る, 張りつめる (stretch).
— (自) 精いっぱい努力する, 懸命に...する; 必死に求める (*for*): The swimmers ~ed to reach the shore. 泳ぎ手たちは岸に着こうと懸命に泳いだ.
stráin for [〔英〕àfter] **effect** [動] (自) 無理に効果的に見せようとする.
stráin agàinst ... [動] (他) ...に体を強く押しつける, ...を力のかぎり押す.
stráin at ... [動] (1) ...を引っ張る: We ~ed *at* the rope. 私たちはその綱を引っ張った. (2) =strain against ... (⇒ leash 成句).
stráin onesèlf [動] (自) 無理をする.

strain² /stréɪn/ [名] (~s /-z/) Ⓒ **1** [普通は a ~] 傾向, 気味; 素質, 気質 (*of*). **2** 品種 (*of*); 種族, 血統. **3** [普通は複数形で] 〔文〕〈歌〉の調べ, 旋律 (*of* (tune, melody). **4** [単数形で]《格式》話し方, 文体 (style), 調子 (tone).

⁺**stráined** [形] **1** 張りつめた, 緊張[緊迫]した. **2** いらいらした, 疲れた. **3** 不自然な, こじつけの. **4** こした.

stráin·er [名] [C] こし器, 水切り, ろ過器.

⁺**strait** /stréɪt/ [名] **1** [C] [しばしば複数形で単数扱い; 普通は地名で S-] 海峡, 水路《[略] St., Str.; ☞ channel 表》: the *S~s* of Dover ドーバー海峡《☞ proper noun [文法] (2) (ii)》/ go through the *~s* 海峡を通過する. **2** [複数形で] 困難, 窮境, 難局 (difficulties): Financially, they are in desperate [dire, serious, difficult] *~s*. 財政的には彼らはどうにもならなくなっている. **—** [形] (**strait·er**; **strait·est**)〔聖〕狭い.

strait·ened /stréɪtnd/ [形] [次の成句で] **in stráitened círcumstances** [副·形]《格式》(経済的に)困窮して, 窮乏して.

stráit·jàcket [名] [C] **1** [普通は単数形で] (狂人·凶暴囚人に着せる)拘束衣. **2** (発展·成長·自由などを)妨げるもの, 束縛. **—** [動] [他] 〈人〉に拘束衣を着せる; 〈...〉の発展[自由]を束縛する.

stráit·láced [形] 厳格な, 堅苦しい.

***strand**¹ /strǽnd/ [名] (**strands** /strǽndz/) [C] **1** (糸·ロープなどを構成する)単糸, 子綱, より糸《これをより合わせて糸·ワイヤーなどを作る》; (1本の)糸, 1本の髪の毛: a rope of three *~s* 3本の片糸をよったロープ / a *~ of* pearls《主に米》糸でつなげた真珠. **2** [普通は複数形で] (集まって全体をなす)構成要素, (話などの)筋道 (*of*).

⁺**strand**² /strǽnd/ [動] [他] [特に受身で]〈人〉を困らせる; 〈人〉を取り残す, 〈船〉を座礁させる. **be stránded** [動] [自] 足止めを食う; 立ち往生する (*in, on, at*); (資金不足などで)行き詰まる. **—** [名] [C]《文·アイル》(海·湖·川の)岸, 浜辺 (seashore).

Strand /strǽnd/ [名] [固] [the ~] ストランド街《London の, ホテル·劇場·商店が多い大通り》.

strand·ed /strǽndɪd/ [形] 足止めを食った; 立ち往生した.

****strange** /stréɪndʒ/ [形] (**strang·er**; **strang·est**)

> ラテン語で「外の」の意. (外国の) → (未知の) → 「見聞きしたことのない」**2** → 「奇妙な」**1**

1 奇妙な, 変な, 不思議な, 風変わりな《☞ 類義語》: I heard a ~ noise. 妙な物音が聞こえた / Truth [Fact] is *~r* than fiction.《ことわざ》事実は小説よりも奇なり / There is something ~ about her. 彼女にはどこかしら変わったところがある / ***It is ~ that*** he hasn't shown up. 彼がまだ現われないとはおかしい《☞ that² A 2 [構文]》/ ***It was ~*** be*ing* [*to* be] alone in a large house. 大きな家にひとりでいるのは妙な感じだった / ***It's ~ how*** we took to each other at once. 互いにすぐ好きになったなんて不思議ね / That's ~. Ⓢ おかしいなあ.
2 [比較なし] 見たことのない, 聞いたことのない, 知らない, 初めての; 不案内な: a stranger in a ~ land 知らない国の知らない人 / I saw a lot of ~ faces at the party. 私はそのパーティーで知らない顔をたくさん見かけた / The place was **~ *to*** him. <A+*to*+名·代> その土地は彼にとって初めてだった. **féel stránge** [動] [自] (1) 妙な気持ちがする, 落ち着かない: I *feel* ~ in [wearing] this dress. このドレスを着ると落ち着かない / It *feels* ~ to see so many cars in this village. この村でこんなに多くの車を見るのは妙な感じがする. (2) (人が)体の調子がおかしい, 頭がふらふらする. **for some stránge réason** [副] どういうわけか, なぜかわからないが. **stránge to sáy** [副] [文修飾語]《英》不思議なことに, 妙な話だが. **The stránge thíng is, ...** 妙なことに .... **—** [副] [動詞の後で]《米略式》普段とちがって.

【類義語】**strange** なじみがなく未知で不可解な奇妙さをいう: a *strange* vehicle 奇妙な乗り物. **peculiar** 他のものにない独特な奇妙さをいう: He has a *peculiar* habit. 彼は独特の奇妙な癖がある. **odd** あまり見当たらないような, または常識に反するような奇妙さ: an *odd* custom 奇妙な慣習. **queer** 未知であるばかりでなく, 非常に風変わりなので説明もできないほどであること: *queer* noises coming from the engine エンジンから聞こえる(原因不明の)奇妙な音. **curious** 人の好奇心を引くような奇妙さや珍しさに用いる: It is *curious* that the twins both died on their birthday. その双子が二人とも誕生日に死んだのは奇妙だ.

***strange·ly** /stréɪndʒli/ [副] **1** [文修飾語] 奇妙にも, 不思議にも: *S~* (*enough*), he said nothing about it. 不思議なことだが彼はそのことについては何も言わなかった. **2** 奇妙に, 変に: a ~ calm voice 奇妙なほど落ち着いた声 / speak ~ 変な話し方をする.

stránge·ness [名] [U] **1** 奇妙なこと, 不思議. **2** 見知らぬこと, 未知; 不慣れ.

strang·er** /stréɪndʒɚ | -dʒə/ [T3] [名] (~**s** /~z/) [C] **1** 知らない人, よその人 ([反] acquaintance): He is a complete [perfect, total] ~ ***to me. 彼は赤の他人だ / Hello, ~! Ⓢ [滑稽] やあ, お久しぶり(ですね) / Don't be a ~! Ⓢ また来て[連絡して]ね.
2 (ある場所に)初めて来た人, 不案内の人 (*to*): I don't know the way: I am a ~ here. 私はここは初めてで, 行き方は知りません / He was a ~ in London. 彼はロンドンは不案内だった. **be nó [a] stránger to ...** [動] [他] ...を経験している[いない], よく知っている[知らない].

⁺**stran·gle** /strǽŋgl/ [動] [他] **1** 〈人·動物〉を絞め殺す, 窒息(死)させる; (カラーなどがきつくて)〈人〉の呼吸を困難にする. **2** 〈...〉の成長[発展]をはばむ, 妨げる.

stran·gled /strǽŋgld/ [形] [A] (声などが)抑えた, こもった: a ~ cry 押し殺した悲鳴.

⁺**strángle·hòld** [名] [C] **1** [普通は単数形で] (自由·発展などを)はばむもの, 抑圧, 支配 (*on*). **2** (レスリングなどの)首絞め. **bréak the stránglehold of ...** [動] [他] ...の支配から脱する. **hàve a stránglehold on ...** [動] [他] ...を支配する, 一手に掌握する.

stran·gler /strǽŋglɚ | -glə/ [名] [C] 絞殺犯[魔].

stran·gu·late /strǽŋgjʊlèɪt/ [動] [他] **1**〔医〕狭窄(きょうさく)する, 〈血管〉を縛る. **2**《略式》〈人·動物〉を絞殺する. — [自]〔医〕狭窄する.

stran·gu·lat·ed /strǽŋgjʊlèɪṭɪd/ [形] **1**〔医〕狭窄された. **2** (声が)うわずった.

stran·gu·la·tion /strӕ̀ŋgjʊléɪʃən/ [名] [U] 絞殺; 妨害, 抑制.

stran·gu·ry /strǽŋgjʊri/ [名] [U]〔医〕排尿困難.

***strap** /strǽp/ [T3] [名] (~**s** /~s/) **1** [C] [普通は合成語で] (革·布などの)ひも, 革帯; (かばんなどの)(肩)ストラップ, (ドレスなどの)肩ひも: Tighten the ~ around the suitcase. スーツケースをベルトで縛りなさい.

> **strap 1, 2 のいろいろ**
> **chínstràp** (ヘルメットの)あごひも / **shóulder stràp** 肩ひも / **jóckstràp** 運動用サポーター / **wátchstràp**《英》腕時計のバンド

2 [C] 帯状のもの《ベルト·包帯など》; (電車などの)つり革; (かみそりを研(と)ぐための)革砥(かわと): hold on to the ~ つり革につかまる. **3** [the ~] (革ひもでの)むち打ち.
— [動] (**straps** /~s/; **strapped** /~t/; **strap·ping**) [他] **1** 〈...〉を革ひもで縛る, とめる, (シートベルトなどで動かない[ずり落ちない]ように)固定する (*into, down*); 革ひもで打つ: He ***strapped*** his pack ***on*** [***onto***] his back. <V+O+前+名·代> 彼は背中にリュック(サック)を背負った / Are you ***strapped in***? <V+O+*in* の受身> シートベルトを締めましたか. **2** [しばしば受身で]《英》〈傷口〉に包帯を巻く (*up*) (《米》tape).

stráp·hànger [名] [C]《略式》つり革につかまっている乗客《満員の電車やバスで》; (電車·バスの)通勤客.

S

stráp・hànging /-hæŋɪŋ/ 名 Ⓤ《英略式》つり革につかまり身体を支えること《電車やバスで》.

stráp・less 形《普通は Ⓐ》《婦人服など》肩ひものない，肩をはだけた.

⁺**strapped** /stræpt/ 形 Ⓟ《略式》金(%)に困った，無一文の，すかんぴんの: ~ *for cash* 金に困って.

strap・ping /stræpɪŋ/ 形 Ⓐ《比較なし》《略式》背が高くてがっしりした，頑丈で元気な.

strap・py /stræpi/ 形《略式》《靴・服など》ストラップ[ひも]付きの.

Stras・bourg /strɑ:sbʊəg | stræzbə:g/ 名 ストラスブール《フランス北東部の都市》.

strata 名 stratum の複数形.

strat・a・gem /strǽtədʒəm/ 名 Ⓒ《格式》戦略，軍略; 策略; 術策.

*****stra・te・gic** /strətí:dʒɪk/, **-te・gi・cal** /-dʒɪk(ə)l/ 形《名 strátegy》《普通は Ⓐ》戦略の，戦略上の; 戦略上[目的達成上]重要な: a ~ carrier 戦略空母 / ~ arms [weapons] 戦略兵器《敵の国土を攻撃するための兵器》/ ~ considerations 戦略上の配慮 / take up a ~ position 戦略的に，重要なところに位置する. **-cal・ly** /-kəli/ 副 戦略的に; 戦略上.

⁺**strat・e・gist** /strǽtədʒɪst/ 名 Ⓒ 戦略家; 策士.

strat・e・gize /strǽtədʒaɪz/ 動 ⾃《米》戦略を立てる.

*****strat・e・gy** /strǽtədʒi/ T1 名 (-gies /~z/; 形 stratégic) Ⓤ Ⓒ **1**《軍》《全体的な》戦略, (全体の)作戦計画; 兵法; (一般に)巧みな計画, 計略: (a) nuclear ~ 核戦略 / Napoleon's ~ *for conquering* [*to conquer*] Europe ‹N+*for*+動名 [*to* 不定詞]› ヨーロッパを征服しようとするナポレオンの戦略. 関連 tactics 個々の戦闘における戦術. **2**《具体的な》戦術，手段，方法: adopt an effective ~ *for overcoming* [*to overcome*] trade friction ‹N+*for*+動名 [*to* 不定詞]› 貿易摩擦を克服するための有効な手段をとる.

Strat・ford-up・on-A・von /strǽtfədəpɒnéɪv(ə)n, -əpɔ:n- | -fədəpɒn-/, **Strat・ford-on-A・von** /-ɑn-, -ɔ:n- | -ɒn-/ 名 ストラトフォードアポン[オン]エイボン《England 中南部の町; Shakespeare の生地; ☞裏地図 F 5)》.

strat・i・fi・ca・tion /strætəfɪkéɪʃən/ 名 Ⓤ Ⓒ《社》階層(化) (*of*); 《地質》成層，層理，層状; 成層.

strat・i・fied /strǽtəfaɪd/ 形 階層化した，層状の: a ~ society 階層社会.

strat・i・fy /strǽtəfaɪ/ 動 ⾃《普通は受身で》‹…›を層状にする; 階層に分ける. — ⾃ 《階》層化する.

strat・o・cu・mu・lus /strætəkjú:mjʊləs/ 名 Ⓤ 層積雲.

⁺**strat・o・sphere** /strǽtəsfɪə | -sfɪə/ 名 [the ~] **1** 成層圏《対流圏 (troposphere) の上の大気層; 地上約 10–50 キロメートルまでで温度の変化が少なく雲を生じない部分》. **2**《主に新聞で》最高位，最上層.《ファッション・音楽界などの》 **gó into the strátosphere** 動 ⾃ (費用などが)急上昇する.

strat・o・spher・ic /strætəsfí(ə)rɪk, -sfér- | -férɪk ¯/ 形 成層圏の.

⁺**stra・tum** /stréɪtəm, strǽt- | strɑ́:-, stréɪ-/ 名《複 **stra・ta** /-tə/, ~s) Ⓒ **1**《社会の階層》(の) 層をなしているもの. **2**《地質》地層;《考古学》遺跡を含む層.

stra・tus /stréɪtəs/ 名 Ⓤ《気象》層雲.

Strauss¹ /straʊs, ʃtraʊs | ʃtraʊs/ 名 **1 Jo・hann** /jóʊhɑ:n | -hæn/, ~ シュトラウス(1825–99)《オーストリアの作曲家》. **2 Johann** ~ (**the elder**) 父シュトラウス (1804–49)《オーストリアの作曲家; 1の父》. **3 Rich・ard** /ríkɑət | -kɑ:t/ ~ シュトラウス(1864–1949)《ドイツの作曲家》.

Strauss² /straʊs/ 名 ⓐ **Le・vi** /lí:vaɪ/ ~ ストラウス(1829–1902)《米国の衣類製造業者; ジーンズを初めて製作》.

Stra・vin・sky /strəvínski/ 名 ⓐ **I・gor** /í:gɔə | -gɔ:/・**Fyo・do・ro・vich** /fjòʊdəróʊvɪtʃ/ ~ ストラヴィンスキー(1882–1971)《ロシア生まれの米国の作曲家》.

*****straw** /strɔ́:/ 名 (~s /~z/) **1** Ⓤ わら, 麦わら; Ⓒ (1本の)わら: spread ~ わらを敷く / a ~ hat 麦わら帽子 / This hat is made of ~. この帽子はわらでできている / A ~ *shows which way the wind blows.*《ことわざ》わら1本(の動き)でも風の吹く方向がわかる《わずかな兆候からでも大勢がわかる》. **2** Ⓒ ストロー: drink lemonade through a ~ ストローでレモネードを飲む. **3**《普通は否定文で》価値のないもの; 少し: I *don't care* [*give*] *a ~ for* [*about*] *what other people think.*《古風》私は他人がどう思おうと少しもかまわない.

a stráw in the wínd [名]《主に英》小さな前兆 《☞1の最後の例文》. **dráw stráws** [動] ⓐ くじを引く《最も短いわらを引いた人が嫌な役に選ばれる》 (*for*). **dráw** [**gét**] **the shórt stráw** [動] ⓐ 貧乏くじを引く. **the stráw that bróke the cámel's báck** [名] ☞ last straw.

*****straw・ber・ry** /strɔ́:bèri, -b(ə)ri | -b(ə)ri/ 名 (**-ber・ries** /~z/) **1** Ⓒ いちご, オランダいちご, (オランダ)いちごの実 (☞ berry). **2** Ⓤ いちご色，深紅色.

stráwberry blónde 名 Ⓒ, 形 (髪の)赤みがかったブロンド(の女性).

stráwberry fóol 名 Ⓒ Ⓤ《英》いちごを煮てクリームをかけたデザート.

stráwberry màrk 名 Ⓒ いちご状母斑(%).

stráwberry sócial 名 Ⓒ《米》チャリティーのための)いちごの集い《いちごを使ったデザートが出る》.

stráw bóater 名 Ⓒ 麦わら帽子《てっぺんが平ら》.

stráw bóss 名 Ⓒ《米》自分も仕事しながら仲間の監督をする人.

stráw-còlored 形 麦わら色の, 淡黄色の.

stráw mán 名 Ⓒ **1**《自分の正しさを主張するために玉にあげる》手ごろな相手[反対意見](man of straw). **2**《悪事などの隠れみのとする》架空人物, 手先.

stráw vòte [**póll**] 名 Ⓒ《投票前の》非公式の世論調査, 《非公式の》投票, 票決.

*****stray** /stréɪ/ 動 (**strays** /~z/; **strayed** /~d/; **stray・ing**) ⓐ **1**《普通は副詞(句)を伴って》(仲間に)はぐれる, 道に迷う: The boy **~***ed off into* the woods. ‹V(+副)+前+名~ing› その少年は森の中へ迷い込んだ / One hiker ~ed *from* the group. 1人のハイカーがグループからはぐれた. **2**《話題などが本筋をはずれる (*into, onto*); (目線などが)それる; (正道を)踏みはずす, 罪に陥る: He's ~ed *from* the point [subject]. 彼の話は問題点[本題]からそれてしまった.

— 形 Ⓐ **1** (動物などが)はぐれた, 道に迷った: ~ cats and dogs 野良猫と野良犬. 語法 これと同じ意味の Ⓟ の形容詞は astray. **2** 他から離れた; 時折の; 思いがけない, 偶然の: a few ~ hairs 数本のほつれ毛 / a ~ bullet 流れ弾.

— 名 Ⓒ **1** 迷った動物, 野良犬, 野良猫. **2**《略式》仲間からはぐれた人, 迷子; 同類のものから別のものになった物.

*****streak** /stríːk/ 名 (~s /~s/; 形 stréaky) Ⓒ **1** 筋, し, 条, 線, 層: a ~ *of* lightning 一条の稲妻 / My father has ~s *of* gray in his hair. 私の父は少し頭に白髪が見える. **2**《普通は単数形で》(人の)(普通は良くない)傾向, 性格: (…の)気味 (*of*): He has a mean ~. 彼には意地悪なところがある. **3**《スポーツ・ギャンブルなどで勝ち負けなどの)連続, ひと続き: have a lucky ~ 勝ち運がつく / hit [be on] a winning [losing] ~ 勝ち[負け]癖がつく. **like a stréak of líghtning** [副] すばやく; 全速力で. **tálk a blúe stréak** [動] ⓐ《米略式》のべつまくなしに[早口で]しゃべる.

— 動 他《普通は受身で》‹…›に筋をつける, しまにする.

The water *was ~ed* with the colors of the sunset. 水に夕日の色がしまのように映っていた. ─ 動 **1** [副詞(句)を伴って] 疾走する, さっと走り抜ける [飛ぶ]; (涙が)流れ落ちる (*across, along*; *down*). **2** ストリーキングをする, 裸で駆け抜ける.

streak·er /stríːkə | -kə/ 名 C ストリーキングする人, ストリーカー.

streak·y /stríːki/ 形 (**streak·i·er**, **-i·est**; 名 streak) **1** 筋のついた, しまの入った; 《英》(肉の)脂身がしまのように入った: ~ bacon 脂身がしまになったベーコン. **2** 選手・チームが調子にむらのある.

*****stream** /stríːm/ 名 (~**s** /-z/) C **1** 小川, 川, 流れ 《☞ *river* 類義語》: cross a ~ 川を渡る / A small ~ ran down among the rocks. 岩の間に小さな流れがあった.
2 (人・物の)流れ; 時の流れ, 風潮, 傾向: a ~ *of* cars 車の流れ / ~s *of* people in the street 通りの人の流れ / a steady ~ *of* phone calls 次々とかかってくる電話.
3 (川・液体・気体の)流れ (*current*): up [down] the ~ 上[下]流へ / swim against [with] the ~ 流れに逆らって [従って] 泳ぐ 《☞ 成句》. 関連 Black Stream 黒潮 / Gulf Stream メキシコ湾流 / jet stream ジェット気流. **4** 《主に英》能力別学級, 習熟度別学級 《米》track).

gó [swím] agàinst [wíth] the stréam [動] 自 時勢に逆らう[従う]. **in [a stream [streams]** [副] 流れになって; 続々と. **on stream** [形・副] (工場などが)操業[生産]中で; (計画などが)進行して, 実行に移されて: come on ~ 操業開始する. **(the) stréam of cónsciousness** [名] 意識の流れ(の表現) 《文学用語》.

─ 動 自 [副詞(句)を伴って] **1** 流れる, 流れ出る; [しばしば進行形で] (顔・目などが)(汗・涙などを)流す (*from, out, in, onto*): Tears ~ed down her face. 涙が彼女の顔をつたって流れた. **2** 流れるように動く (*across, past*); [しばしば進行形で] (風になびく, 翻(꽻)る (*out, in, behind*): The moonlight ~ed (*in*) through the window. 月の光が流れるように窓から差し込んだ / People ~ed out of the theater. 劇場から人がぞろぞろ出てきた. **3** 《主に英》能力別学級に分かれる.
─ 他 **1** 〈…〉を流す, 流出させる. **2** 《主に英》〈子供〉を能力別学級に分ける.

stréam·bèd 名 C 河床(床).

stream·er /stríːmə | -mə/ 名 C **1** 吹き流し, 長旗 [普通は複数形で] 飾りリボン; テープ (出航のときなどの見送りに用いる). **2** 《天文》(オーロラなどの)射光.

stream·ing /stríːmɪŋ/ 形 液体の流れ出る[出ている]; ひどい悪性のかぜの: a ~ cold ひどい鼻かぜ. ─ 名 **1** 〖電算〗ストリーミング 《インターネットでデータをダウンロードしながら音声・画像を再生する技術》. **2** U 《主に英》能力別学級制度.

*****stream·line** 動 **1** 〈…〉を流線型にする. **2** 〈事務・計画・機構など〉を能率的に[合理化]する.

*****stréam·lined** 形 流線型の; 能率的な, 簡素化した.

*****street** /stríːt/ 名 (**streets** /stríːts/) C **1** 通り, 街路 《片側または両側に建物の並んでいる都市や町の道路; 略 st.; ☞ road 表》: the main [《英》 high] ~ (小都市の)大通り / cross the ~ 通りを横切る / walk [run] down [along, up] the ~ 通りを歩く [走る] / I met her *on* [《英》 *in*] the ~. 私は通りで彼女と会った. 語法 前置詞は米国では on, 英国では in が普通 / His house is *on* [《英》 *in*] this ~. 彼の家はこの通りにある.
2 /strɪt/ [S- として固有名詞の後につけて] …通り, …街 (略 St.): Óxford ~ オックスフォード街 / 84 Acacia S~ アカシア通り 84 番地 / "Where's the Empire State Building?" "At Fifth (Avenue) and 34th (S~)."「エンパイアステートビルはどこ」「5 番街と 34 番通りの角だ」/ "Excuse me, what [which] ~ is this?" "It's Fifth (S~)."「すみませんが, この通りは何というのでしょう」「5 番通りです」/ ☞ Dówning Strèet.
3 [the ~, the ~s] (商業などの)中心地区, 歓楽街.
4 [形容詞的に] 街路の[にある], 通りで働く[行なわれる]: ~ fighting 市街戦 / ~ theater 街頭でのパフォーマンス / ~ protests 街頭での抗議活動. **5** [the ~s] 大都会の危険 《犯罪・売春など》. **6** C 考え方, 感じ方: a one-way ~ 一方的な感覚. **7** [the ~] 町内の人々.
8 [the ~] 車道. **9** [the S-] 《米》=Wall Street. 語源 元来はラテン語の (via) strata (舗装された(道)); ローマ人は Britain を占領したとき主要な道路を舗装したといわれる. ☞ vía 語源.

be báck on the strèet [**strèets**] [動] 自 出獄する. **be in quéer strèet** [動] 自 《古風, 英》(特に金に)困っている, 借金している. **be (óut) on the strèets** [動] 自 《略式》(1) 宿なしで暮らす. (2) 《婉曲》売春をする. **be stréets** ⌈**ahéad of [bétter than**] ... [動] 他 《英略式》…よりずっとよい, はるかに優れている. **gó on the strèets** [動] 自 《婉曲》売春婦になる. **nót on the sáme strèet (as …)** [《略式, 主に英》(…には)及ばない, (…とは)比べものにならない. **(right) ùp … 's strèet** [形] 《英》…にぴったりの[向いた], …の専門[得意]の 《《米》 (right) up …'s alley》: Writing science fiction would be *up your* ~, Mr. Wells? ウェルズさん, SF 小説を書くのは得意でしょう. **thrów … óut on the strèet** [動] 他 〈人〉を即刻家から追い出す. **wálk the strèets** [動] 自 (1) 通りを歩き回る. (2) 《古風》売春をする.

*****stréet·càr** 名 C 《米》路面電車, 市街電車 (《米》car, 《英》tram). **by stréetcar** [副] 路面電車で 《☞ by 前 2 語法》.

stréet clèaner 名 C 街路清掃人.

stréet clòthes 名 (複) 普段着, 私服.

stréet créd /-kréd/ 名 U 《略式, 主に英》=street credibility.

stréet credibílity 名 U 《主に英》《ファッション感覚・考え方などが》都会の若者に受けること, 先端性.

stréet-crédible 形 《主に英》若者受けのする.

stréet-làmp 名 C =streetlight.

stréet·lìght 名 C 街灯.

stréet màp 名 C 市街(道路)地図.

stréet musìcian 名 C ストリートミュージシャン.

stréet pèople 名 (複) 路上生活者 《ホームレスなど》.

stréet price 名 C 市価.

stréet·scape /stríːtskèɪp/ 名 C 街頭風景.

stréet-smárt 形 《略式, 主に米》=streetwise.

stréet smàrts 名 (複) 《米》(大都会で)生き抜くための[世渡りの]知恵.

stréet stỳle 名 U ストリートスタイル 《若者の服装・音楽などの流行》.

stréet ùrchin 名 C =urchin 1.

stréet vàlue 名 C,U 《特に麻薬などの》末端価格.

stréet vèndor 名 C 街頭の物売り.

stréet·wàlker 名 C 《古風》街娼(とう).

stréet·wàlking 名 U 《古風》売春.

stréet·wise 形 《特に犯罪の多発するような大都市の》街の事情に通じた.

*****strength** /stréŋ(k)θ/ 名 **1** (~**s** /-s/; 形 strong; 動 weakness) **1** U 力, 力 《☞ power 類義語》: ~ *of* mind [character] しっかりした精神力 [性格] / the ~ *of* a rope ロープの強度 / recover [regain] one's ~ 体力を回復する[元気を取り戻す] / I don't have the ~ *to* lift this rock. <N+*to* 不定詞> この岩を持ち上げる力がない / He doesn't know his own ~. 彼は自分の強さがわかっていない. **2** U 威力, 勢力; 兵力; 人数, 人手; 大勢: the ~ *of* econ-

omy=economic − 経済力 / The police force has the ~ of 500. (ここの)警察は 500 人の警官を擁する / a show of ~ (軍隊などの)力の誇示. **3** ⓤ 効果;(議論などの)説得力;(飲み物・薬などの)濃さ, 濃度;(光・風などの)強さ:the ~ of public opinion 世論の力 / the ~ of his argument 彼の議論の説得力 / the ~ of feeling 感情の激しさ / a position of ~ (議論などで)有利な立場 / The ecological movement has gathered ~. 環境保護運動は影響力を増してきた / dilute whiskey to half-~ ウィスキーを水で半分に割る. **4** ⒸⓊ 力となるもの;強み, 長所:the ~s and weaknesses of the three plans 3 つの計画の長所と短所. **5** Ⓤ (相場などの)強さ, 強含み:the ~ of the yen 円の強さ.
abòve stréngth [形・副] 定数を越えて.
at fúll stréngth [形・副] 全員そろって, 勢ぞろいして.
belòw [ùnder] stréngth [形・副] 主力を欠いて, 人員不足で, 定員割れで. **bríng ... úp to (fúll) stréngth** [動] 〈...〉を必要な数まで増やす. **Gíve me stréngth!** Ⓢ 《主に英》[いらだちを示して] いいかげんにしろ. **gó from stréngth to stréngth** [動] 自 どんどん強力[有名]になる, 次々と成果を上げる. **in (fúll [gréat]) stréngth** [副] 大勢で, 大挙して (in force). **on the stréngth of ...** [前] ...を根拠にして, (助言など)によって. **úp to fúll stréngth** [形・副] =at full strength. **with áll one's stréngth** [副] 全力をふりしぼって.

***strength·en** /strén(k)θ(ə)n/ 動 (**strength·ens** /~z/; **strength·ened** /~d/; **-en·ing**) 形 strong; 反 weaken

───── 自他 の転換 ─────
他 強くする (to make (something) strong or stronger)
自 強くなる (to become strong or stronger)

── 他 1 〈...〉を強くする, 強化する;〈体など〉を丈夫にする;〈組織など〉を増員する:~ one's position 立場を強化する / ~ the Japanese economy 日本経済を強くする / The experience ~ed her resolve to work abroad. その経験で彼女は海外で働く決意を固めた.
── 自 強くなる;(関係・感情などが)強まる:The wind ~ed. 風が強くなった / The dollar has ~ed against the yen. 円に対してのドルの値が高くなった.
stréngthen ...'s hánd [動] ...を強力[有利]にする.

⁺**stren·u·ous** /strénjuəs/ 形 **1** (仕事などが)骨が折れる;力を必要とする:a ~ exercise 激しい運動. **2** 精力的な (energetic);(支持者などが)熱心な:make ~ efforts 奮闘する. **~·ly** 副 精力的に;[主に否認を表わして] 頑強に.
strep /strép/ 名 Ⓒ (略式, 主に米) =streptococcus.
strép thróat 名 ⒸⓊ (米) 連鎖球菌咽喉炎.
strep·to·coc·cal /strèptəkɑ́k(ə)l | -kɔ́k-/ 形 〖医〗 連鎖状球菌の.
strep·to·coc·cus /strèptəkɑ́kəs | -kɔ́k-/ 名 (複 **strep·to·coc·ci** /-kɑ́k(s)aɪ | -kɔ́k-/) 〖医〗 連鎖状球菌.
strep·to·my·cin /strèptəmáɪs(ə)n | -sɪn/ 名 Ⓤ 〖薬〗 ストレプトマイシン《結核などに効く抗生物質》.

⁑**stress** /strés/ 🈁 名 (~·es /~ɪz/; 形 stréssful)

元来は「苦しみ」(☞ 語源) の意から (圧迫感) →
「重圧」**2** ─┬─ (心理的重圧) → 「ストレス」**1**
              └─ (物理的重圧) → 「圧力」**4** ─ (比喩的に) 「強調」**3**

1 ⒸⓊ (精神的な) ストレス, 緊張:feel ~ **on** the job 仕事によるストレスを感じる / diseases caused by ~ ストレスで起こる病気 / His stomachache is due to ~. 彼の胃痛はストレスによるものだ / reduce [relieve] ~ ストレスを和らげる / "How do you ˈget rid of [cope with] ~?" "I exercise."「どうやってストレスを解消しますか」「運動をします」.
2 ⒸⓊ (周囲からの)重圧, 圧迫, 圧力:times of ~ 非常に困難な時期 / feel the ~es and strains of city life 都会生活のいろいろな重圧を感じる / He ˈis **under** [suffers from] a lot of ~. 彼はかなりの重圧にあえいでいる.
3 Ⓤ 強調 (emphasis), 力説, 重要性:He laid [put] ~ **on** punctuality. 彼は時間厳守を強調した.
4 ⒸⓊ 〖物理〗(重い物の)圧力, 圧迫:the ~ of snow **on** a roof 屋根にかかる雪の圧力 / undergo great ~ 強い圧力を受ける. **5** ⒸⓊ 〖音声〗 アクセント, ストレス, 強勢 (☞ accent〖); 〖楽〗 アクセント, ビート.
語源 distress (苦しみ) の語頭が落ちたもの.
── 動 (**stress·es** /~ɪz/; **stressed** /~t/; **stress·ing**)
他 **1** 〈...〉を強調する, 〈...〉に重きを置く (emphasize):He ~ed the ˈimportance of [need for] regular exercise. 彼は定期的に運動する重要[必要]性を強調した / She ~ed that time is money. <V+O (that 節)> 彼女は時は金なりと力説した. **2** 〈...〉にアクセント[強勢]を置く. **3** (略式)〈...〉を緊張させる (out).

⁺**stressed** /strést/ 形 **1** Ⓟ ストレスがたまって. **2** 〖物理〗 圧力を加えられている. **3** 〖音声〗 アクセントのある. **stréssed óut** [形] (略式) ストレスがたまって.
stréss frácture 名 Ⓒ 〖医〗 疲労骨折.
stress·ful /strésf(ə)l/ 形 (stress) (仕事・体験などが)緊張[ストレス]の多い, (心身に)ストレスを起こしやすい.
stréss mànagement 名 Ⓤ ストレス管理.
stréss màrk 名 Ⓒ アクセント記号, 強勢記号《[ˊ] や [ˋ]》; ☞ つづり字と発音解説 86》.
stress·or /strésɚ | -sə/ 名 Ⓒ ストレッサー《ストレスを引き起こす刺激》.
stréss-relàted 形 Ⓐ ストレスに起因する.
stréss tèst [tèsting] 名 Ⓒ 〖医〗 ストレステスト《ストレス下での心臓機能テスト》.

⁑**stretch** /strétʃ/ 🈁 動 (**stretch·es** /~ɪz/; **stretched** /~t/; **stretch·ing**)

───── 自他 の転換 ─────
他 **1** 伸ばす (to make (something) longer or wider)
自 **1** 伸びる (to become longer or wider)

── 他 **1** 〈...〉を(引っ張って)伸ばす, 広げる, 張る (out, over) (☞ straight 語源):They ~ed a rope **between** the two trees. <V+O+前+名・代> 彼らはその 2 本の木の間にロープをぴんと張った.
2 〈手足〉を伸ばす, 〈手〉を差し伸べる:The eagle ~ed its wings. わしは翼を広げた / She ~ed **out** her hand **for** a cup. <V+out+O+前+名・代> 彼女はカップを取ろうと手を伸ばした. **3** 〈能力・資力など〉を最大限に働かせる, 使い切る, 〈人〉の全精力[資力]を出させる; 長もちさせる;(限度以上に)無理な使い方をする (to):~ the budgets 経費をやりくりする / Your new job does not ~ you. 新しい仕事では君の能力を十分発揮できない / He is not being (fully) ~ed at school. 彼は学校で実力を(十分)発揮していない / You're ~ing my patience to the limit. お前には我慢できない. **4** 〈ことば・法律など〉を無理に拡大解釈する, こじつける; 誇張する:~ the rules 規則を曲げる / ~ the truth 事実を曲げる. **5** 〈...〉を増やす, 多くする:~ the soup **with** vegetables 野菜を入れてスープを増量する.
── 自 **1** 〖進行形なし〗(引っ張って)伸びる:This sweater ~ed when I washed it. このセーターは洗濯したら伸びてしまった.
2 手足を伸ばす, 伸びをする:John yawned and ~ed on the bed. ジョンはベッドの上であくびをしながら伸びをした.

3 [副詞(句)を伴って] [進行形なし] (土地などが)広がる (*to*); (時間・金などが)続く, わたる (*from, to, on*); (金などが)余裕がある: The lake **~ed away** *into* the distance. <V+*away*> 湖ははるかかなたまで広がっていた / The war **~ed over** five years. <V+前+名・代> その戦争は5年にも及んだ / My money won't ~ ***to*** a new car. 私のふところぐあいでは新車を買う余裕はないだろう.

be strétched (to the límit) [動] [自] 資金[精力]が尽きている. **strétch it (a bít)** [動] [自] [進行形で] 《略式》 =stretch a point (☞ point 成句). **strétch onesèlf** [動] [自] (1) 手足を伸ばす, 伸びをする. (2) 力を出しきる. **strétch onesèlf óut** [動] [自] (…の上に)長々と[大の字に]寝そべる (*on*). **strétch óut** [動] [他] (1) ‹…›を伸ばす (☞ [他] 1, 2). (2) ‹食料・金など›を長くもたせる (*to*). (3) ‹衣類›を無理に伸ばす. — [自] (1) [副詞(句)を伴って] 《略式》 大の字に寝そべる. (2) (食料・金などが)もつ. (3) (衣類が)伸びる.

— [名] (~·es /~ɪz/) 1 [C] [普通は単数形で] (空間・時間の)広がり, ひと続き; 範囲, 限度: a ~ ***of*** farmland 広々とした農地 / a long ~ *of* dry weather 長い日照り続き.

2 [C] [普通は単数形で] (体を)伸ばすこと, 伸びること: He gave [had] a good ~. 彼は思いきり(背)伸びをした. 3 [U] 伸縮性, 弾力: I like jeans with a little ~. 私は少し伸び縮みするジーンズが好きだ. 4 [C] [普通は単数形で] (競技場などの)直線コース: come into the final [finishing] ~ 最後の直線コースに入る. [関連] backstretch バックストレッチ / homestretch 《米》 ホームストレッチ. 5 [C] [普通は単数形で] 《略式》 刑期: do *a* ~ in prison 服役する. 6 [C] 無理な使用, 拡大解釈; 《略式》 信じられない事, 無理(な事). **at a strétch** [副] 一気に, 休まずに. **at fúll strétch** [形・副] 《英》 (1) 全力を尽くして, 全力で. (2) 腕[体]をぎりぎりまで伸ばして. 「**nót (...) by ány [by nó] strétch (of the imaginátion)** [副] [S] どう考えたって…でない. — [形] [A] (布が)伸縮性のある, ストレッチの: ~ socks 伸びる靴下 / ~ fabrics 伸縮性のある織物.

stretch·a·ble /strétʃəbl/ [形] 伸縮できる, 伸びる.

strétch cóveralls [名] [複] 《米》 ストレッチカバーロール (babystretch).

stretched /strétʃt/ [形] (時間・金などが)逼迫(ひっぱく)した, 厳しい.

⁺**stretch·er** /strétʃə | -tʃə/ [名] [C] 担架: on a ~ 担架に乗って[乗せて]. — [動] [他] [普通は受身で] 《英》 ‹人›を担架で運ぶ (*off; into*).

strétcher-bèarer [名] [C] 担架を運ぶ人; 担架兵.

strétcher pàrty [名] [C] 担架救助隊.

strétch lìmousine [《略式》 **lìmo**] [名] [C] (長くてゆったりした)リムジン.

strétch màrks [名] [複] (経産婦の腹部の)妊娠線.

strétch pànts [名] [複] (女性の)伸縮性のあるズボン.

stretch·y /strétʃi/ [形] (**stretch·i·er**; **-i·est**) 《略式》 (生地が)伸縮性のある.

streu·sel /strú:s(ə)l, -z(ə)l/ [名] [C] シュトロイゼル 《バター・砂糖・小麦粉などで作ったケーキのトッピング》.

⁺**strew** /strú:/ [動] (**strews**; 過去 **strewed**; 過分 **strewed, strewn** /strú:n/; **strew·ing**) [他] 1 [普通は受身で] ‹物›を(…に)まき散らす, ふりまく (scatter) (*around, about*); ‹…›に(物・ことばなどを)まき散らす: [言い換え] ~ roses *on* [*over*] the path=~ the path *with* roses 小道にバラをまく. 2 《文》 ‹…›(の上)に散らばる.

⁺**strewn** /strú:n/ [動] strew の過去分詞.

strewth /strú:θ/ [感] 《古風, 英・豪》 [驚き・困惑・怒りを表わして] ひゃあ!, うへー!, ちぇっ!, ちくしょう!

stri·at·ed /stráɪeɪtɪd | straɪéɪt-/ [形] 《格式》 筋のある, しまのある, 溝のある, 線状の: a ~ muscle 横紋筋.

stri·a·tion /straɪéɪʃən/ [名] 《格式》 1 [C] [普通は複数形で] 筋, しま, 細溝. 2 [U] 筋[しま, 溝]のあること.

⁺**strick·en** /strík(ə)n/ [形] 《格式》 [しばしば合成語で] (災害などに)襲われた; (病気に)かかった, 苦しむ: the ~ district 被災地域 / a person ~ *with* [*by*] polio 小児まひにかかった人 // ☞ panic-[poverty-]stricken.
— [動] strike の過去分詞.

strict** /stríkt/ [T1] [形] (**strict·er**; **strict·est**) 1 厳しい, 厳格な (☞ 類義語): a ~ teacher [rule] 厳しい先生[規則] / She is **~ *with her children. <A+*with*+名・代> 彼女は子供たちに厳格だ / My father is not too **~ *about*** my manners. <A+*about*+名・代> 父は私の行儀についてはあまりうるさくない.

2 [普通は [A]] 厳密な, 正確な (exact), 精密な; (人が)厳密に規則[戒律]を守る: in the ~ sense (of the word) (その語の)厳密な意味で. 3 [A] 全くの, 完全な: in ~ secrecy=in the ~*est* confidence 極秘に.

【類義語】**strict** 規律を厳守する厳しさをいう. **severe** 決められたことを厳格に守り妥協を許さない厳しさをいい, 多少とも冷酷さを含む. **rigorous** *severe* より強意で, はりつめたような厳しさをいう. **stern** 断固として情け容赦がなく, 恐れを感じさせるような厳しさをいう.

***strict·ly** /strík(t)li/ [副] 1 厳しく; 厳重に; 厳格に; 厳密に; 全く, 完全に: Taking photographs in the building is ~ forbidden. 建物の中での写真撮影は固く禁じられている / be meant ~ for ... …専用だ. 2 =strictly speaking (成句): That's not ~ true. それは厳密に言えば正しくない. **stríctly spéaking** [副] [文修飾語] 厳密に言うと: *S~ speaking*, that is illegal. 厳密に言うとそれは違法だ.

stríct·ness [名] [U] 厳格さ; 厳密さ.

stric·ture /stríktʃə | -tʃə/ [名] [C] 《格式》 [しばしば複数形で] 1 (道徳的・肉体的に)拘束[制限]するもの (*on, against*). 2 非難, 酷評, 糾弾 (*on, against*). 3 〘医〙 狭窄(きょうさく): a ~ of the heart 狭心症.

***strid·den** /strídn/ [動] stride の過去分詞.

stride** /stráɪd/ [T3] [動] (**strides** /stráɪdz/; 過去 **strode** /stróʊd/; 過分 **strid·den** /strídn/; **strid·ing** /-ḍɪŋ/) [自] [W] [副詞(句)を伴って] 1 大またに歩く: ~ *across* a street 通りを大またに歩いて渡る / A suspicious-looking man ***strode away. <V+*away*> 怪しい男が大またに歩いて立ち去った / He was ***striding*** confidently ***down*** the street. <V+前+名・代> 彼は通りを堂々と大またに歩いていた. 2 ひとまたぎに越える, またぐ: ~ *over* a ditch 溝をひとまたぎする.

— [名] (**strides** /stráɪdz/) 1 [C] 大またの一歩; 歩幅; (大またの)歩き方; (歩く)速さ: walk with long ~*s* 大またに歩く / in one ~ ひとまたぎで / He walked with a vigorous [brisk] ~. 彼は元気よく[急ぎ足で]歩いた. 2 [複数形で] 《豪略式》 ズボン.

bréak (one's) stríde [動] [自] 《主に米》 (1) 歩調をゆるめる, 止まる. (2) 中断する: without breaking ~ 中断することなく, 難なく. **hít one's stríde** 《米》= **gèt ínto one's stríde** 《英》 [動] [自] (仕事などで)いつもの調子を取り戻す, 本調子になる. **knóck [thrów, kéep] ... òff stríde** [動] [他] 《米》 ‹…›の調子[リズム]を狂わせる. **màke gréat [bíg, gíant, májor] strídes** [動] [自] 急速な発達を遂(と)げる (*in, toward*). **mátch ... stríde for stríde**=**gò stríde for stríde with ...** [動] [他] ‹人›に一歩も引けをとらない. **pút ... òff ...'s stríde** [動] [他] 《主に英》 =put ... off ...'s stroke (☞ stroke[1] 成句). **táke ... in** (《英》 **one's**) **stríde** [動] [他] ‹…›を苦もなくやってのける; 難なく‹困難など›を切り抜ける: She *took* all these misfortunes *in* (*her*) ~. 彼女はすべての不運をくじけることなく切り抜けた. **with évery stríde** [副] 一歩ずつ, 一歩進むたびに.

stri·den·cy /stráɪdnsi/ [名] [U] 耳ざわり; きしみ.

strident

stri·dent /stráidnt/ 形 〈声・要求などが〉耳ざわりな，かん高い; 〈人が〉やかましくしつこい; 〈音が〉きしむ． **～·ly** 副 耳ざわりなくらいに; やかましく; きしんで．

strid·u·late /strídʒulèit/ -dju-/ 自 (昆虫が)(翅(は)をこすり合わせて)ギシギシとかん高い音を出す．

strife /stráif/ 名 ⓤ 〈格式〉争い，闘争，不和（ ☞ fight 類義語）: This caused [created] ～ among [between] them. これが元で彼らの間の争いとなった．

strike /stráik/

「打つ」他 2, 自 1 （☞ 語源）→ 〈打撃を与える〉
├「…に打ち当たる」他 1
│├（比喩的に）→「突然襲う」他 3
││└〈心を打つ〉他 4, 自 5
├（打ち出す）→〈時を「打つ」〉他 7
│└〈すって火をつける〉他 6
└〈帆を「降ろす」〉他 14 →〈仕事をやめる〉→「ストライキ（をする）」他 1, 自 2

—動 (strikes /～s/; 過去・過分 struck /strák/, 3, 9, 13 では過去分詞 stricken /stríkən/; -ing; 名 stroke¹) 他 **1** 〈格式〉〈…〉に打ち[突き]当たる，衝突する; 〈物を〉〈…〉にぶつける: The ship struck the rocks. 船は岩礁に乗り上げた / His car was struck from behind. ＜V＋O の受身＞ 彼の車は追突された / I struck my head on [against] the wall. ＜V＋O＋on [against]＋名・代＞ 私は頭を壁にぶつけた．
2 〈…〉を〈…で〉たたく，なぐる（ 語義 ）; 打って倒す[移動させる]; 〈打撃〉を加える（ 語法 hit より格式ばった語）: ～ a ball ボールを打つ[ける] / 言い換え He struck the table with his fist. ＜V＋O＋with＋名・代＞ ＝He struck his fist upon [on] the table. ＜V＋O＋upon [on]＋名・代＞ 彼はこぶしでテーブルをたたいた． 語法 後者は「こぶしを(うっかり)テーブルにぶつけた」という 1 の意で解釈されやすい / Who struck the first blow? 誰が最初に殴ったのか(けんかを始めたのか) / He struck the table a (heavy) blow with his fist. ＜V＋O＋O＞ 彼はこぶしでテーブルを(強く)たたいた．
3 〈地震・雷・あらし・病気などが〉〈…〉を突然襲う: An earthquake struck Izu yesterday. きのう伊豆に地震があった / A heart attack can ～ anyone. 心臓発作はだれにでも起こりうる．
4 [進行形なし] 〈考えが〉〈人〉の心に浮かぶ，〈人〉に思い当たる: A good idea suddenly struck her. 急によい考えが彼女の心に浮かんだ / It struck me that he was telling a lie. 彼がうそをついていることに気づいた． 語法 it は that 以下を受ける形式主語; 動詞型は ＜V＋O＞.
5 [進行形なし] 〈人の心〉を打つ，〈人〉に印象づける (impress), 感銘を与える; 〈人〉に(…という)感じを与える; 〈人の感覚〉を打つ，〈耳・目〉に達する: ～ the eye 目に入る / I was very [deeply] struck with [by] the beauty of the scenery. ＜V＋O の受身＞ 私はその景色の美しさに深く心を打たれた / "How does his idea ～ you?" "It ～s me as impractical." ＜V＋O＋C (as＋形)＞「彼の考えをどう思いますか」「非現実的だ」

語法 (1) as の後に現在分詞が来ることがある: He ～s me as (being) a brilliant strategist. 彼は戦略家としてすぐれているように思われる．
(2) that 節を伴う次の形も可能（☞ 4 語法 ）: It ～s me that he is a brilliant strategist.

6 〈マッチ〉をする，こすって〈火・火花〉をおこす[つける]; [普通は受身で]〈貨幣〉を鋳造する: ～ a match マッチをする / Coins are struck at the mint. 貨幣はその造幣局で鋳造される． **7** 〈時計が〉〈時〉を打つ; 〈格式〉〈楽器・音〉を鳴らす: ～ a drum ドラムをたたく / The clock has just struck two [twelve]. 時計がちょうど 2 時[正午]を打ったところだ． ～ strike twelve の it は言わない．
8 〈地下資源など〉を掘り当てる，見つける; 〈通りなど〉に行き当たる: He was lucky enough to ～ oil [gold]. 彼は運よく石油[金]を掘り当てた． ⓦ (ショックなどで)〈人〉を…にさせる，突然…にする: The poor boy was struck dumb with astonishment. かわいそうにその子はびっくりして口もきけなかった．
10 〈文〉〈心配・恐怖・驚きなどが〉〈人〉を圧倒する，ひどく悩ます; 〈恐怖心など〉を〈…に〉吹き込む: The gangster's look struck terror [fear] into the hearts of the children. ギャングの顔つきを見て子供たちはおびえた．
11 〈取り引き・契約など〉を取り決める (with); (計算して)〈…〉に達する: ～ a happy [cautious] note [tone] 喜び[警戒心]を表わす / ～ a bargain [deal] 商談を取りまとめる． **12** 〈態度・姿勢〉をとる[表明する]: ～ a happy [cautious] note [tone] 喜び[警戒心]を表わす / He struck a silly pose for the camera. 彼はカメラの前ではおどけた格好をした． **13** 〈格式〉〈名前など〉を削除する (off, from) （☞ strike off; strike out (句動詞)）． **14** 〈テントなど〉をたたむ，引き払う（ 反 put up, pitch); 〈旗・帆など〉を降ろす (lower): ～ camp キャンプを取り払う． **15** 〈光が〉〈…〉を照らす．
—自 **1** 〈格式〉打つ，殴る (at); 攻撃する，先制する; 〈雷・あらし・不幸などが〉襲う（ 語法 hit より格式ばった語）: I don't think the enemy will ～ tonight. 敵が今夜攻撃してくるとは思わない / Lightning never ～s twice in the same place. （ことわざ）雷は同じ場所に 2 回落ちることはない（同じ事は 2 度と起こらない）．
2 ストライキをする: The miners are striking against the company for higher wages. ＜V＋against＋名・代＋for＋名・代＞ 鉱山労働者たちは会社に賃上げを要求してスト中だ． **3** 〈時計が〉時を打つ; (時刻が)打ち鳴らされる: Six o'clock was just striking when I got home. 家に着いたらちょうど 6 時を打っていた． **4** 〈マッチなどが〉点火する．
語源 「擦る，軽く叩く」の意で，stroke¹,² と同語源．

be strúck by [with, 《英》on] ... 動 他 〈略式〉…にひかれて(いる)，…がとても気に入っている（☞ 他 5）．
strike (it) lúcky 動 自 〈英略式〉幸運にめぐり合う，運よくうまくいく (with). **strike it rích** 動 自 〈略式〉突然大金持ちになる; 豊富な鉱脈を掘り当てる．

strike の句動詞

strike agàinst ... 動 他 **1** 〈格式〉…にぶつかる，あたる． **2** …に反対してストライキをする．
strike at ... 動 他 **1** …に殴りかかる; …を攻撃する; 〈主義など〉の根幹を衝(つ)く，〈根源〉を絶(た)とうとする．
strike báck 動 自 反撃する (at, against).
strike dówn 動 他 《米》〈決定・判決など〉を取り消す，破棄する; [普通は受身で] ⓦ 〈人〉を殺す; (病気が)〈人〉を襲う; 〈文〉〈…〉を打ち倒す．
strike ín 動 自 急に口をはさむ[挟む] (cut in).
strike óff 動 **1** (...へ)向かう (for). —他 **1** 〈枝など〉を打ち落とす． **2** [普通は受身で] 〈英〉〈医師・弁護士など〉を除名する; 〈名前など〉を削除する．
strike ... òff — 動 [普通は受身で] 〈名前など〉を…から消す，削除する: He [His name] was struck off the list. 彼の名前はリストから削られた．
strike on [upòn] ... 動 他 **1** 〈考え・計画などを〉思いつく: Then I struck upon a good idea. そのときよい考えを思いついた． **2** (物に)…に当たる，ぶつかる． **3** (光が)…に当たる，…を照らす．
strike óut 動 (1 は 他 stríkeòut) 〈他〉 **1** 〖野〗 三振する: The batter struck out swinging [looking]. バッターは空振り[見逃し]の三振をした． **2** 激しく打つ，立ち向かう; 攻撃[反撃]する (at). **3** [副詞(句)を伴って] (勢いよく)出発する; 〈懸命に〉泳ぐ[泳ぎ出す] (for, into, toward). **4** 《米略式》失敗する． —他 **1** 〖野〗〈打

者〉を三振させる：Smith *struck* Jones *out*. スミスはジョーンズを三振に打ちとった． **2** 《古風》〈文字・名前・項目など〉を削除する． **stríke óut (on one's ówn)** [動] [自] 独り立ち[自立]する．
stríke thróugh [動] [他] 〈文字など〉を線を引いて消す．
stríke úp [動] [他] **1** [W] 〈会話・交際など〉を始める：I *struck up* ┌a friendship [an acquaintance] *with* him. 私は彼と(ひょんなことで)友人になった[知り合った]． **2** (バンド・オーケストラなどが)〈…〉を演奏し始める；歌い出す． ― [自] 演奏を始める；歌い始める．

― [名] (~s /~s/) **1** [C,U] **ストライキ**，スト；[形容詞的に] ストの：a ~ *for* higher wages 賃上げ(要求の)ストライキ / take ~ action ストをする．

strike 1 のいろいろ
géneral stríke ゼネスト / **húnger strìke** ハンスト / **líghtning stríke** 不意打ちスト / **rént strìke** 家賃[部屋代]不払いスト / **sít-down strìke** 座り込みスト / **sýmpathy strìke** 同情スト，支援スト / **wíld-cat stríke** 山猫スト

コロケーション
be (out) on *strike* ストライキをしている
break a *strike* スト破りをする
call [call off] a *strike* ストを指令[中止]する
go [come] (out) on *strike* ストライキを行なう[に入る]《★ on の後の strike は無冠詞》.
settle a *strike* ストを解決する
stage [conduct, organize] a *strike* ストを打つ

2 [C] (特に空からの)攻撃，空襲 (*on, against*)；[普通は単数形で] 打つこと，打撃，殴打：launch a ~ 空襲する． **3** [C]〘野〙ストライク ([反] ball)；〘ボウリング〙ストライク：The batter ┌looked at [took] three ~*s*. バッターは見逃しの三振をした / The count is ┌three balls and two ~*s* [three and two]. カウントはツースリーだ《☞ count[1] [名] [日英比較]》. **4** [C] [普通は単数形で] (油田・金鉱などの)発見；(事業などの)大当たり：an oil ~ 石油の掘り当て / a lucky ~ 幸運な発見，大当り． **hàve twó [thrée] stríkes agàinst one** [動] [自]《略式，主に米》不利な立場にある，厳しい状況にある《☞ one[2] [代] 3 [語法] (4)》：The boy raised in the broken home *had two ~s against* him from the beginning. 離婚した家庭で育ったその少年は最初から厳しい状況下にあった． [由来] 野球でストライクを 2 [3] つとられる，の意から．
【類義語】**strike** 打つ，たたくの意味の一般的な語：She *struck* him. 彼女は彼をぶった． **hit** *strike* とほぼ同じ意味であるが，*hit* のほうがくだけた言い方で，ねらいをつけて打つ場合に用いるのが普通：He *hit* the ball with a bat. 彼はバットでボールを打った． **knock** こぶしなどの固い物でたくさんたたくこと：He *knocked* my head *against* the wall. 彼は私の頭を壁にごつんとぶつけた． **beat** 繰り返し続けざまにまたは拍子をとって打つ[たたく]こと：He is *beating* a drum. 彼はドラムをたたいている． **punch** げんこつで殴ること． **slap** 手のひらのような平らなもので打つこと．

stríke·bòund [形] ストライキで停止[まひ]した．
stríke·brèaker [名] [C] スト破り《人》.
stríke·brèaking [名] [U] スト破り《行為》.
stríke fòrce [名] [C] **1** 攻撃部隊；(軍隊・警察などの)特殊部隊，特別任務班． **2** (サッカーの)フォワード．
stríke·òut [名] ([動] stríke óut 1) [C]〘野〙三振．
stríke pày [名] [U] ストライキ手当《スト中労働組合から支払われる》.
***strik·er** /stráɪkə | -kə/ [名] (~s /~z/) [C] **1** 〘サッカー〙センターフォワード；(球技の)打者． **2** ストライキ参加者．
stríke ràte [名] [C] [普通は単数形で] 成功率．
stríke zòne [名] [C]〘野〙ストライクゾーン．
***strik·ing** /stráɪkɪŋ/ [形] [普通はほめて] **目立つ**，著しい，強烈な；印象的な，人を引きつける：a ~ dress 目立つ服 / a woman of ~ beauty はっとするほど美しい女性 / There is a ~ contrast between the two. 両者間には著しい相違がある． **within stríking dìstance** [副] (攻撃できるほどの)ごく近いところに，(…の)至近距離に；もう少しで(…する)ところに：come *within* ~ *distance of* (reaching) an agreement もう少しで同意を見るところまで来る． **~·ly** [副] 著しく，目立って；際立って：~ similar 著しく類似した．
Strind·berg /strín(d)bəːg | -bəːg/ [名] [固] **August** ~ (1849–1912) ストリンドベリ《スウェーデンの劇作家》.
Strine /stráɪn/ [名] [U]《豪略式》オーストラリア英語．
***string** /stríŋ/ [名] (~s /~z/; [形] stríngy) **1** [C,U] (細い)ひも，(太い)糸《☞ 類義語》：a piece of ~ 1 本の細ひも / tie up a parcel with ~ ひもで包みを縛る / cut [break] a ~ ひもを切る / a medal *on* a ~ ひもに通してあるメダル． [語法] ひも 1 本，2 本というときには a ~, two ~*s* とも a piece of ~, two pieces of ~ ともいう． **2** [C] [普通は単数形で] **ひもでつないだもの**，じゅずつなぎ；一列，連続，連発：a ~ *of* pearls ひとつなぎの真珠《首飾りなど》/ a ~ *of* lies 次から次へと重ねたうそ． **3** [C]〘電算〙**文字[記号]列**，ストリング． **4** [C] (楽器の)**弦**；(弓の)つる (bowstring)；(ラケットの)ガット：*Air on the G S~* G 線上のアリア《ドイツの作曲家バッハ (Bach) の曲の名》. **5** [(the) ~s] (オーケストラの)弦楽器部；弦楽器の奏者たち《全体；☞ orchestra 囲み》. **6** [U]《米》(選手の)組，グループ《能力別の》：be on the first [second] ~ 一[二]軍の選手である．
háve [kéep] ... on a stríng [動] [他]《略式》〈人〉を思いのままに操る． **hàve ┌anóther stríng [a sécond stríng, móre than óne stríng, twó stríngs] to one's bów** [動] [自]《英》別の手がある． [由来] 弓のつるが切れてももう 1 本持っている，の意から． **púll (the) stríngs** [動] [自] (黒幕となって)陰で操る；《略式》裏面工作をする，コネを使う (*for*). [由来] (人形劇で)糸を操ることから． **with nó stríngs at-tàched＝withòut stríngs** [副] 条件[制限]を付けずに．
― [動] (strings; 過去・過分 **strung** /strʌ́ŋ/; **string-ing**) [他] **1** 〈…〉にひも[糸]を通す，〈…〉をひも[糸]でくくる[つなぐ，つるす] (*along, across*)；〈スカーフなど〉を巻く[結びつける]：They *strung* (*up*) some Chinese lanterns between the trees. 彼らは木の間にちょうちんをいくつかひもでつるした． **2** 〈楽器・ラケットなど〉に弦を張る：Can I have my racket *strung* here? ここでラケットにガットを張ってもらえますか． **3** 《主に米》〈人〉をだます．

string の句動詞
stríng alóng [動] [他]《略式》〈人〉をだます，欺く．
stríng alóng with ... [動] [他]《略式》**1** 《英》(人)についていく． **2** (人)とつきあう，同調する．
stríng óut [動] [他] **1** [普通は受身で] (1 列に)〈…〉を並べる． **2** 《略式》〈…〉を引き延ばす，延長する．
stríng togéther [動] [他] 〈…〉をつなぎ合わせる．
stríng úp [動] [他] **1** 〈飾りなど〉を高い所からつるす《☞ string [他] 1》. **2** 《略式》〈人〉を絞首刑にする．

― [形] 弦楽器の；糸を編んでできた．
【類義語】**string** 細ひも・太い糸などで，主に物をしばるのに用いる． **thread** 繊維をより合わせた細い糸で，縫い物や織物に用いる． **cord** 細い綱，太いひも． **rope** 太い綱．以上を太さの順に並べると *rope, cord, string, thread* となる．
stríng bánd [名] [C] 弦楽合奏団．
stríng bèan [名] [C] [普通は複数形で] **1** 《主に米》さやのまま食べる豆(のさや)《さやいんげん・さやえんどうなど》(《英》runner bean). **2** 《米略式》背の高いやせた人．
stríng chèese [名] [U,C]《米》ストリングチーズ《スティック状でさくとひも状になる》.
stínged ínstrument [名] [C] 弦楽器．

strin·gen·cy /stríndʒənsi/ 名 U.C 1 (格式) (規則などの)厳重さ, 厳格. 2 [経] (金融などの)逼迫(%), 金詰まり.

strin·gent /stríndʒənt/ 形 1 (格式) (規則・条件などが)厳重な, 厳しい. 2 [経] (金融などが)逼迫した, 金詰まりの (tight). **~·ly** 副 厳しく.

string·er /stríŋə|-ŋə-/ 名 C 1 [新聞] 非常勤通信員, 地方の特派員. 2 大桁, (橋の)行桁(ﾞ̂ﾞ). 3 [合成語で] …級(軍, 流)の選手: a first-[second-, third-] stringer 一(二, 三)流の選手.

stríng órchestra 名 C 弦楽合奏団.

stríng quartét 名 C 弦楽四重奏曲(団).

stríng tíe 名 C ひも[ストリング]タイ.

stríng vést 名 C (英) メッシュ織り地のチョッキ.

string·y /stríŋi/ 形 (**string·i·er; -i·est**; 名 string) 1 繊維質の, (肉などの)筋だらけの. 2 (髪の)がよれよれの. 3 (人が)やせて筋ばった.

***strip**[1] /stríp/ 変化 (~s/-s/) 名 C 1 (紙・布などの)細長い切れ片: a ~ of paper 1枚の細長い紙切れ. 関連 filmstrip 長巻きフィルム.
2 細長い土地: a ~ of undeveloped land 細長い未開発の土地. 3 (米) (店・レストランなどが並ぶ)街路(通り); [the S-] ストリップ (Las Vegas のカジノが並ぶ大通り). 4 [普通は単数形で] (英) (サッカー選手などの)ユニホーム. 5 =comic strip. 6 (滑走路だけの)小飛行場 (landing strip). **téar ... òff a stríp** = **téar a stríp òff ...** 動 他 (英略式) 〈人〉を厳しくしかる.

***strip**[2] /stríp/ 動 (**strips** /~s/; 過去・過分 **stripped** /~t/; **strip·ping**) 他 1 [しばしば受身で] 〈人〉から〈衣服〉をはぎ取る, 〈人〉を裸にする; 〈衣服〉を脱ぐ (off); 〈皮・葉・ペンキなど〉をはぐ, 取り去る; 〈木など〉から〈皮・葉・実など〉を取り除く: The traveler *was stripped of* his clothes. <V+O+名・代の受身> 旅人は身ぐるみはがされた (☞ of 15) / 言い換え The robber *stripped* him naked. <V+O+C(形)> = The robber *stripped* him *to* the skin. <V+O+*to*+名> 強盗は彼を丸裸にした / 言い換え The birds have *stripped* the cherries *from* [*off*] the tree. <V+O+*from* [*off*]+名・代> = The birds have *stripped* the tree *of* its cherries. <V+O+*of*+名・代> 鳥が木になったさくらんぼをみんな食べてしまった / I *stripped* the wallpaper *off* [*from*] the wall. 私は壁紙をはがした. 2 [しばしば受身で] 〈権利〉を奪う; 〈財産・権利など〉を剥奪(ﾊﾞ)する (*away*): Mr. Black *was stripped of* his rights. ブラック氏は権利を奪われた. 3 (エンジンなど)を分解する (*down*); 〈建物・部屋など〉から〈備品など〉を取り去る: They *stripped* the room *of* its furnishings. 彼らは部屋から家具類を取り払った. — 自 衣服を脱ぐ, 裸になる (*off*). **stríp awáy** 動 他 (1) 〈...〉をはぐ, 取り去る. (2) 仮面・うわべなど〉をはぎ取る. (3) 〈権利など〉を剥奪する. **stríp dówn** 動 他 〈エンジンなど〉を分解する, ばらす. **stríp (dówn) to ...** 動 他 〈...〉まで脱ぐ: ~ *down to* one's underwear 脱いで下着になる / ~ *to* the waist 上半身裸になる. — 名 [次の成句で] **dó a stríp** 動 自 ストリップ(ショー)をする.

stríp cartóon 名 C (英) =comic strip.

stríp clúb 名 C ストリップ小屋[劇場].

***stripe** /stráip/ 名 (~s /~s/; 形 strípy) C 1 (地色と違う)筋; [複数形で] しま模様: a white tablecloth with red ~s 赤い筋の入った白いテーブルクロス / a tie with ~s しまのネクタイ. 関連 the Stars and S~s 星条旗. 2 (軍人の)階級章. 3 (米) 型, 種類: musicians of all ~s [every ~] あらゆる種類の音楽家たち. **éarn one's strípes** 動 (略式) 地位に見合った実績を積む. — 動 他 〈...〉にしま模様[筋]をつける.

striped /stráipt/ 形 しまのある, 筋入りの.

strip·ey /stráipi/ 形 =stripy.

stríp jòint 名 C (略式) =strip club.

stríp líght 名 C (英) =fluorescent light.

stríp líghting 名 U (英) 管状蛍光灯による照明.

strip·ling /stríplɪŋ/ 名 C (主に文) 青二才; 若者.

stríp màll 名 C (米) ストリップモール 《商店が一列に並んでいる小規模なショッピングセンター》.

stríp mìne 名 C (米) 露天鉱.

stríp-mìne 動 他 (米) 〈鉱石〉を露天掘りする. — 自 露天掘りする.

stríp mìning 名 U (米) 露天掘り.

stripped /strípt/ 形 1 衣服を脱いだ, 裸の. 2 木の外皮[ペンキなど]がはがれた[落ちた].

stripped-dówn 形 〈車など〉が余分な装備をいっさい除いた.

***strip·per** /strípə|-pə-/ 名 1 C ストリッパー. 2 C U [普通は合成語で] 〈ペンキなどの〉剥離(ﾊﾞ)器[液].

stríp pòker 名 U 負けるたびに服を脱ぐポーカーゲーム.

stríp-sèarch 動 他 [普通は受身で] 〈...〉を裸にして不法品の所持[麻薬の注射の跡]などを調べる. — 名 C 裸にして所持品検査などをすること.

stríp shòw 名 C =striptease.

strip·tease 名 C U [普通は] ストリップショー(をする).

strip·tèaser 名 C ストリッパー.

strip·y /stráipi/ 形 (**strip·i·er; -i·est**; 名 stripe) [普通は 限定] (英略式) 筋のある, しまのある (striped).

***strive** /stráiv/ 変化 (**strives**; 過去 **strove** /stróuv/, **strived**; 過分 **striv·en** /strív(ə)n/, **strived**; **striv·ing**) 自 1 (格式) 〈...を得ようと〉努める, (真剣に)努力する (try): John *strove to* overcome his handicap. <V+*to* 不定詞> ジョンは不利な条件を克服しようとした / They are *striving for* [*after*] perfection. <V+*for* [*after*]+名・代> 彼らは完璧をめざしている. 2 (格式) (不正など)と戦う (struggle) (*against*, *with*).

striv·en /strív(ə)n/ 動 strive の過去分詞.

strobe /stróub/, **strobe líght** 名 C 1 ストロボライト 《ディスコなどの点滅照明灯》. 2 ストロボ 《写真撮影用のフラッシュ(装置)》.

stro·bo·scope /stróubəskòup/ 名 C ストロボスコープ 《急速に運動するものを止まっているように観測[撮影]する各種の装置》.

stro·bo·scop·ic /stròubəskɑ́pɪk|-skɔ́p-⌐| 形 ストロボ(スコープ)の.

***strode** /stróud/ 動 stride の過去形.

stro·ga·noff /stróugənɔː|stróugənɔf/ 形 [名詞の後に用いて] ストロガノフの 《薄切り肉と玉ねぎをサワークリームのソースで煮こんだもの》: beef ~ ビーフストロガノフ.

***stroke**[1] /stróuk/ 名 (~s /~s/; 動 strike) 1 C [普通は単数形で] [医] (病気の)発作, 脳卒中: My father had [suffered] a ~. 父が卒中を起こしました. 関連 sunstroke 日射病.
2 C (規則的な反復運動の)一動作; [スポ] (テニス・ゴルフなどの)打撃(法), (水泳の)ひとかき, (オールの)ひとこぎ, [機] (ピストンの)往復運動, 行程: He swam with long, slow ~s. 彼は手を大きくゆっくり動かして泳いだ. 関連 backstroke 背泳ぎ / breaststroke 平泳ぎ.
3 C [普通は複数形で] 一筆, 筆づかい, 筆法; (字の)一画(ﾋ); S (英) 斜線 (oblique): a thick ~ 肉太の書体 / He finished the picture with a few quick ~s. 彼はいくつか筆を加えてその絵を描きあげた.
4 C 打つこと, 打撃 (blow) (☞ strike 類義): ten ~s of the whip (やや古風) 10 回のむち打ちの罰 / a ~ of lightning 落雷 / He cut down the tree with one ~ of his ax. 彼はおのの一撃で木を切り倒した. 5 C (時計・鐘の)打つ音, 鳴ること: We arrived on [at] the ~ of three. 私たちは 3 時を打ったときに着いた. 6 [a ~] 思いがけないこと: a ~ of good luck [fortune] 思いがけな

ない幸運. **7** [a ~]（あざやかな）手際, 着想; ひと働き, ひとがんばり: a ~ of genius [inspiration] 天才[霊感]のひらめき / a bold ~ for liberty 自由を求める大胆な行動. 関連 masterstroke 神業(ξ). **8** ⓒ（ボートの）整調(手). **at a [óne] stróke=in óne stróke** [副]一撃で; 一挙に. **dífferent strókes (for dífferent fólks)** [名]《略式》(ことわざ) 人が違えば好みも違う, 人それぞれ. **nót dò a stróke (of wórk)** [動] 曺《英略式》ちっとも働かない. **pút ... òff ...'s stróke** [動] 他《英略式》〈...〉の調子[リズム]を狂わせる, ...の中心を乱す. **with [at] a [the] stróke of the pén** [副]書類にサインするだけで; いとも簡単に, 瞬時に.
——動 他 [ほめて]（うまく）〈ボール〉を打つ.

*stroke² /stróuk/ 名（strokes /-s/; stroked /-t/; strok・ing）**1**〈...〉をなでる, なでつける, さする (『『 strike 頭圖』): She was stroking her baby's face. 彼女は赤ん坊の顔をなでていた. **2**〈ボール〉を打つ. **3**《米略式》〈人〉をおだてる. ——名 ⓒ[普通は単数形で] ひとなで, さすり: give a cat a ~ 猫をなでる.

stróke plày 名 ⓒ《ゴルフ》ストロークプレー《合計打数で競う》; = match play).

*stroll /stróul/ 1⊟ 動（strolls /-z/; strolled /-d/; strolling）曺[普通は副詞(句)を伴って]（人が）ぶらぶらく, 散歩する (along, across): We ~ed around for an hour or so. 我々は1時間ぐらいあちこちをぶらついた. ——他〈...〉をぶらつく. ——名 ⓒ[普通は単数形で] ぶらぶら歩き, 散歩: go for [take, have] a ~ 散歩をする.

stroll・er /stróulər | -lə/ 名 ⓒ **1** ぶらぶら歩く人, 散歩する人. **2**《米》ベビーカー《幼児や病弱者用の腰掛け式乳母車》《英》pushchair).
日英比較「ベビーカー」は和製英語.

stroll・ing /stróulɪŋ/ 形 Ⓐ《役者・音楽家などが》巡業中の, 旅回りの.

stro・ma /stróumə/ 名（複 -ma・ta /-mətə/) ⓒ《解》ストロマ《赤血球などの無色の細胞膜》;《解》基質, 間質.

*strong /strɔ́:ŋ | strɔ́ŋ/ 形（strong・er /strɔ́:ŋgə/ | strɔ́ŋ-/; strong・est /strɔ́:ŋgɪst | strɔ́ŋ-/; 名 strength, 動 stréngthen）**1**（力・体などが）強い, 丈夫な, 強力な, 元気な, 頑丈な (*weak*): ~ muscles 強い筋肉 / ~ cloth 丈夫な布地 / a ~ wind 強風 / a ~ blow 強い一撃 / a ~ voice 力強い声 / I'm not ~ enough to see such cruelties. そんな残虐行為を見られるほど私は気丈ではない.

2（意志・機能などが）強い (*weak*);（人が）〈信念などに〉強固で (in); Ⓐ 強い信念[意志]をもった, 熱心な;（手段などが）強硬な; 強い意志でふるまう: ~ personality 強い個性 / a ~ will 強い意志 / a sense of duty 強い義務感 / a believer in Buddhism 信仰のあつい仏教徒 / He is ~ *in* his belief. <A+*in*+名> 彼は信念が固い / The government adopted ~ measures to fight inflation. 政府はインフレを克服するために強硬な措置(ぶ)をとった.

3 目立った, 著しい: a ~ impression 強い印象 / His wife seems to have a ~ influence on his behavior. 彼の妻が彼の行動に大きな影響をもっているらしい.

4（感情などが）激しい, 強い; 乱暴な: ~ emotions [hatred] 激しい感情[憎悪] / There has been ~ criticism [support] of his performance. 彼の演奏にも強い批判[支持]があった / She has ~ feelings about racial prejudice. 彼女は人種差別に対しては強い反感を抱いている. **5**（論旨などが）有力な,（証拠などが）説得力のある,（可能性などが）強い;（候補者・競争者などが）有力な (*weak*): a ~ candidate 有力候補 / a ~ possibility 高い可能性 / He had a ~ alibi. 彼にはちゃんとしたアリバイがあった. **6**（能力などが）優れた,（学科などが）得意の (*weak*): English is her ~*est* subject. 英語は彼女の最も得意な科目だ / He is ~ *in* mathematics. 彼は数学が得意だ. **7**（関係などが）強い, 密接な: a ~ link between the two その二者の強い結びつ

き. **8** 数が多い, 優勢な; [数詞の後で] 人員[兵員]が...の: be in a ~ position 有利な立場にいる / ten thousand-~ demonstrators 1万人のデモ参加者. **9**（アルコール分・薬の成分などが）強い,（飲み物が）濃い (*weak*);（色・光・においが）強烈な,（食べ物が）においが強い;（薬の効果が）強力な,（レンズが）強度の (*mild*): ~ liquor アルコール分の強い酒 / ~ coffee [tea] 濃いコーヒー[お茶] / have a ~ smell 強烈なにおい. **10**《商》（市場・物価などが）強気の, 上昇気味の,（通貨が）強い: The dollar is ~ against the yen now. ドルは現在円に対して強い. **11**（ことばのなまりが）激しい, 著しい;（風・潮などが）激しい, 強い. **12**[普通はほめて]（特徴・風ぼうなどが）はっきり[くっきり]とした, 目立った. **13**[普通は Ⓐ]《文法》(動詞が)強変化の, 不規則変化の;《音声》強勢のある (*weak 6*): ~ verbs 強変化動詞 // *strong form*.

(as) stróng as「a hórse [an óx] [形] とてもじょうぶで, とても体力があって. **be a bìt stróng** [動]《略式, 主に英》（事が）ちょっとひどすぎる[受け入れられない]. **be (still) gòing stróng** [動]《略式》相変わらず元気[盛ん]である. **be stróng on ...** [動] 他 (1) ...が得意である. (2) ...に対して熱を入れている, ...の取締りに熱心である. **cóme òn stróng** [動]《略式》異性に強く迫る; きつい姿勢をみせる.

stróng-árm《略式》形 [Ⓐ けなして] 腕ずくの, 暴力による: ~ methods [tactics] 暴力に訴えるやり方[戦術]. ——動 他〈...〉に暴力を用いる.

stróng・bòx 名 ⓒ 小型金庫.

stróng drínk 名 Ⓤ,Ⓒ（強い）アルコール飲料. 関連 soft drink 清涼飲料.

stróng fórce 名 [the ~]《物理》強い力《原子核の粒子を結びつける力》.

stróng fórm 名 ⓒ《音声》強形《『『つづり字と発音解説 91》.

stróng・hòld 名 ⓒ **1**（思想などの）本拠, 拠点 (*of*). **2** とりで, 要塞(t). **3**（動物の）生息地.

stróng lánguage 名 Ⓤ《略式, 主に英》激しいことばづかい;[婉曲] 悪口, ののしり.

stróng・ly 副 **1**（主張などが）強硬に, 猛烈に, 熱心に: criticize [oppose] ~ 猛烈に批判[反対]する. **2**（造り方など）丈夫に, 頑丈に. **3**（におい・光などが）強く.

stróng・màn 名（-men /-mèn/) ⓒ **1** 独裁者;（組織の）実力者. **2**（サーカスなどの）怪力男.

stróng-mínded 形 意志の強い; 勝ち気な. **~・ly** 副 気丈に. **~・ness** 名 Ⓤ 意志の強さ.

stróng póint 名 ⓒ = strong suit 1.

stróng ròom 名 ⓒ（銀行などの）金庫室.

stróng súit 名 ⓒ **1**《主に米》[所有格の後で]（人の）得手, 強味, 長所. **2**（トランプの）強力な組札.

stróng-wílled 形 意志強固な; 頑固な.

stron・ti・um /strɑ́nʃi(ə)m, -tiəm | strɔ́n-/ 名 Ⓤ《化》ストロンチウム《元素記号 Sr》.

strontium 90 /-náɪnti/ 名 Ⓤ《化》ストロンチウム 90《ストロンチウムの放射性同位元素; 記号 ⁹⁰Sr》.

strop /strɑ́p | strɔ́p/ 名 ⓒ（かみそりを研(²)ぐための）革砥(ϒα). **be in a stróp** [動]《英略式》いらいらしている. ——動（strops; stropped; stropping）〈...〉を革砥で研(²)ぐ.

strop・pi・ly /strɑ́pɪli | strɔ́p-/ 副《英略式》不機嫌に.

strop・pi・ness /strɑ́pɪnəs | strɔ́p-/ 名 Ⓤ《英略式》不機嫌（であること）.

strop・py /strɑ́pi | strɔ́pi/ 形（strop・pi・er, -pi・est）《英略式》（人が）不機嫌な, 気難しい: Don't get ~ *with* him! やつに腹をたてなさんな.

*strove /stróuv/ 動 strive の過去形.

*struck¹ /strʌ́k/ 動 strike の過去形および過去分詞.
——形（工場などが）ストライキで閉鎖された; スト中の.

*struc·tur·al /strʌ́ktʃ(ə)rəl/ 形 (普通は A) 構造(上)の; 組織の; 建築(用)の: ~ faults 構造上の欠陥 / ~ unemployment 構造的失業.

strúctural enginéer 名 C 構造技術者.

strúctural enginéering 名 U 構造工学(ビル, 橋などの設計を扱う土木工学).

strúctural fórmula 名 C 《化》構造式.

struc·tur·al·ism /strʌ́ktʃ(ə)rəlɪzm/ 名 U《言などで》構造主義.

struc·tur·al·ist /strʌ́ktʃ(ə)rəlɪst/ 形 A (言語学や心理学などの)構造主義(者)の. ── 名 C 構造主義者.

strúctural linguístics 名 U 構造言語学.

struc·tur·al·ly /strʌ́ktʃ(ə)rəli/ 副 構造上的に.

*struc·ture /strʌ́ktʃə | -tʃə/ 12 名 (~s /~z/; 形 strúctural) 1 U,C 構造, 構成, 組み立て, 組織: the ~ of the human body 人体の構造 / The social ~ of the United States is complex. アメリカ合衆国の社会構造は複雑だ. 関連 infrastructure, substructure 下部構造 / superstructure 上部構造.

2 C 建築物, 建物 (building): The hall is a large stone ~. 会館は大きな石造建築だ.

3 C 構造体; 組織体, 組織されたもの; 体系: a salary ~ 給与体系. 語源 ラテン語で「構築されたもの」の意.

単語の記憶 ≪STRUCT≫ ⟨築く⟩	
structure	(構築されたもの) → 構造
construct	(いっしょに積み重ねる) → 組み立てる
destruction	(構造を解く) → 破壊
instruct	(中に築く) → 教える
instrument	(建築に必要なもの) → 道具
obstruct	(...に対して築く) → 妨害する

── 動 (struc·tur·ing /-tʃ(ə)rɪŋ/) 他 (組織・構造など)を構築する, 体系化する.

struc·tured /strʌ́ktʃəd | -tʃəd/ 形 構造化[組織化, 体系化]された, 念入りに作られた[計画された].

stru·del /strúːdl/ 名 C,U シュトルーデル《果物などを薄い生地に巻いて焼いたオーストリア起源の菓子》.

*strug·gle /strʌ́gl/ 13 名 (~s /~z/) 1 C,U (必死の)努力, 奮闘; もがき; (難題などとの長い)戦い, 苦闘, 取り組み: 生存競争 fight 類義語: the [a] ~ for survival 生存競争 / the ~ to maintain standards ⟨N+to 不定詞⟩ 水準を維持するための努力 / a long ~ with [against] cancer 癌(がん)との長い戦い / wage [put up] a desperate ~ against poverty 貧苦と必死に戦う. 2 C,U (相手との)闘争, 競争, 格闘, 取っ組み合い, 戦闘: a [the] class ~ 階級闘争 / a power ~ =a ~ for power 権力闘争 / an armed ~ 武器による闘争, 《婉曲》戦争. 3 [a ~] 困難なこと, 難題: It is quite a ~ for her to support her large family. 大家族を養うのは彼女にはとても大変なことだ.

── 動 (strug·gles /~z/; strug·gled /~d/; strug·gling) 自 1 (...を得ようと)奮闘する, 努力する, (難題などと)苦闘する, 取り組む; (...しようと)もがく: Many people have to ~ for a living. ⟨V+for+名・代⟩ 生活のために奮闘しなければならない人が多い / Jim ~d with [against] cancer for six years. ⟨V+with [against]+名・代⟩ ジムは癌(がん)と6年戦った / The insect ~d to escape from the net. ⟨V+to 不定詞⟩ その虫は網から逃れようともがいた / ~ free ⟨V+C(形)⟩ もがいて脱出する. 2 (...と)戦う, 争う; 格闘する, 取っ組み合う: ~ with the opponents 相手と戦う / ~ against tyranny 圧制と戦う. 3 [副詞(句)を伴って] 苦労して進む: ~ out of the rubble がれきの山からやっと脱出する. 4 (会社・チームなどが)失敗[敗北]しそうである, 苦戦する. **strúggle ón [alóng]** 動 自 何とか

(進み)続ける; どうにか暮らしていく[やっていく]. **strúg·gle to one's féet** 動 自 必死に立ち上がろうとする (☞ foot 成句の囲み).

strug·gling /strʌ́glɪŋ/ 形 あがいている, 苦労[苦戦]している《特に経済的に》.

*strum /strʌ́m/ 動 (strums; strummed; strum·ming) 他 《弦楽器・曲などを気楽に[いいかげんに, 下手に]弾く, かき鳴らす. ── 自 かき鳴らす (on). ── 名 C かき鳴らすこと[音] (of).

strum·pet /strʌ́mpɪt/ 名 C 《古語》売春婦 (prostitute).

strung /strʌ́ŋ/ 動 string の過去および過去分詞. ── 形 緊張[興奮]して (☞ high-strung). **strúng úp** 形 《英略式》ひどく緊張[心配, 興奮]して.

strúng-óut 形 P 1 《略式》麻薬中毒にかかって (on). 2 《略式》とても疲れて[心配して], 衰弱して.

*strut¹ /strʌ́t/ 動 (struts; strut·ted; strut·ting) 自 [副詞(句)を伴って] [しばしばけなして] もったいぶって[反(そ)り返って, 得意気に]歩く: ~ around the room 部屋の中を気取って歩く. **strút one's stúff** 動 自 《略式》[しばしば滑稽] いいところを見せる, ひけらかす. ── 名 [単数形で] 気取った[もったいぶった]歩き方.

strut² /strʌ́t/ 名 C 《建》支柱; 筋かい.

strych·nine /strɪ́knaɪn, -niːn | -niːn/ 名 U 《薬》ストリキニーネ, ストリクニン《興奮剤; 毒物》.

Stu·art /st(j)úːət | stjúːət/ 名 1 スチュアート《男性の名》. 2 the House of ~ スチュアート家《Scotland および England の王家 (1371-1649, 1660-1714); ☞ Mary Stuart》.

*stub /stʌ́b/ 名 C 1 (鉛筆などの)使い残り; (たばこの)吸い残り, 吸い殻 (of). 2 (入場券などの)半券; (小切手帳などの)控え《小切手を切り離したあとに残る半切れ》. ── 動 (stubs; stubbed; stub·bing) 他 (つま先を) (石など堅いものに)ぶつける (against, on). **stúb óut** 動 他 《たばこなど》を押しつぶし火を消す.

Stub·bies /stʌ́biz/ 名 複 スタッビーズ《オーストラリア製の短パンツ; 商標》.

stub·ble /stʌ́bl/ 名 U 1 (麦の)刈り株. 2 無精ひげ, (女性の脚などの)少し伸びた毛.

stub·bly /stʌ́bli/ 形 (stub·bli·er, more ~; stub·bli·est, most ~) (ひげなどが)短くて固い, (あごなどが)無精ひげの生えた: a ~ beard 無精ひげ.

*stub·born /stʌ́bən | -bən/ 形 [しばしばけなして] 1 [軽蔑] 頑固な, 強情な 《⇨ 類義語》: ~ a streak. 彼には頑固なところがある / He is ~ about doing things (in) his own way. ⟨A+about+動名⟩ 彼は頑固に自己流を通そうとする.

2 [普通は A] 断固とした, 不屈の, 手ごわい: ~ resistance [opposition] 頑強な抵抗[反対].

3 [普通は A] 手に負えない; 扱いにくい: a ~ stain 落ちにくい汚れ / a ~ cold しつこいかぜ. **~·ly** 副 頑固に; 断固として. **~·ness** 名 U 頑固, 強情.

【類義語】 **stubborn** 性格として生来頑固なこと. **obstinate** 人の助言や忠告に耳を貸さず, たとえ間違っていても自分の考えを変えないこと.

stub·by /stʌ́bi/ 形 (stub·bi·er, -bi·est) (指・足などが)太くて短い. ── 名 C 《豪》(ビールの)小びん.

stuc·co /stʌ́koʊ/ 名 U (壁などの)化粧しっくい.

stuc·coed /stʌ́koʊd/ 形 化粧しっくいが塗られた.

*stuck /stʌ́k/ (同音 stack, stock) 動 **stick¹ の過去形および過去分詞**.

── 形 P (unstuck) 1 《略式》動けなくて, 行き詰まって; 当惑して, 困りきって: I got ~ on the last part of the crossword puzzle and couldn't finish it. クロスワードパズルの最後のところでつっかえて完成できなかった / The train got ~ in the snow. 列車は雪で動けなくなった / I got my fingers ~ in the door. 指をドアにはさんでしまった / I don't want to be ~ at home all day! 一日中家に閉じこもっていたくない. 2 くっついて,

粘りついて. 3 《古風, 略式》(異性などに)夢中で (on).
be stúck for ... [動] [他] [S] ...に窮して, ...に詰まって. **be [gèt] stúck with ...** [動] [他] 《略式》(いやな事・人)を押しつけられる: Jane *was* [*got*] ～ *with* (looking after) the baby. ジェーンは赤ん坊(の世話)を押しつけられた. **gèt stúck ín** [動] [自] [S] 《英略式》(仕事などに)熱心に取りかかる; さっさと食べ始める. **gèt stúck ínto ...** [動] [他] 《英略式》(仕事など)に熱心に取りかかる; ...をさっさと食べ始める.

stúck-úp [形] 《略式》[けなして] うぬぼれた, 高慢な: Don't be ～! うぬぼれるなよ.

+**stud**[1] /stʌ́d/ [名] [C] 1 びょう, 飾りびょう[くぎ] 《装飾・路面用》; 《英》(靴の)びょう, すべり止め (《米》 cleat); 《米》(タイヤの)スパイク. 2 (ピアス式の)宝石付きイヤリング; (カラーやカフスなどの)飾りボタン. 3 〖建〗間柱(まばしら).
— [動] (**studs**; **stud·ded**; **stud·ding**) [他] [普通は受身で] 《文》〈...〉に飾りびょう[ボタン]をつける; 〈...〉にちりばめる (*with*).

stud[2] /stʌ́d/ [名] 1 [C,U] 繁殖用の馬[動物] 《全体》; 種馬: a ～ horse 種馬. 2 [C] 《略式》精力絶倫男. **at stúd** [形] (種馬が)有料で貸し出されて. **pùt ... óut to stúd** [動] [他] 〈雄馬〉を種付け用にする.

stúd·bòok [名] [C] (馬の)血統台帳.

+**stúd·ded** /-dɪd/ [形] 飾りびょう[宝石]のついた; (...で)いっぱいの, (...を)ちりばめた (*with*): a star-～ party [新聞で] 有名人の多く出席するパーティー.

stu·dent /st(j)úːdnt | stjúː-/ [名] (**stu·dents** /-dnts/) [C] 1 学生, 生徒 (☞ pupil[1] 類義語; study [語源]): a college [university] ～ 大学生 / a law [medical] ～ 法[医]学生 / a straight A ～ 《米》(すべて A の成績の)優等生 / a good [bad, poor, weak] ～ できのよい[悪い]学生 / foreign [overseas] ～*s* 留学生たち (☞ overseas [語法]) / a ～ ***at*** the University of Chicago シカゴ大学の学生 / a ～ ***of*** Dr. Lee('s)=Dr. Lee's ～ リー博士の学生[弟子] // ☞ graduate student, exchange student.
2 《格式》(学問などの)研究者, 学習者, 学者; [前に形容詞をつけて] (...を)研究[勉強]するのが...の人: a passionate ～ ***of*** history 熱心な歴史研究者 / I am a ～ *of* modern art. 私は現代美術を研究[勉強]している.

> [語法] an English *student* には 2 つの意味が考えられる.「イギリス人の学生」(student は 1 の意味)では an Énglish stúdent というアクセントをとり,「英語学習者」(=one who studies English, student は 2 の意味)では an Énglish stùdent というアクセントをとる.

stúdent bódy [名] [C] 《米》(1 つの高校・大学などの)全学生[生徒], 学生[生徒]全体.

stúdent cóuncil [góvernment] [名] [C,U] 《米》学生自治会[生徒会](執行部).

stúdent lóan [名] [C] 学生ローン 《大学生の学資のためのローン; 本人が就職後返済する》.

stúdent núrse [名] [C] 看護学生.

stú·dent pówer [名] [U] スチューデントパワー 《大学運営や政治・社会などへの学生の影響力》.

stúdent·shìp [名] [C] 《英》大学奨学金.

stúdents' únion [名] [C] 1 《英》[単数形でも時に複数扱い] 学生自治会. 2 =student union 1.

stúdent téacher [名] [C] 教育実習生.

stúdent téaching [名] [U] 《米》教育実習 (《英》 teaching practice).

stúdent únion [名] [C] 1 (大学の)学生会館. 2 《英》=students' union 1.

stúd fàrm [名] [C] 種馬の飼育場.

stud·ied /stʌ́dɪd/ [形] ([反] unstudied) [A] 故意の, 不自然な: speak with ～ politeness わざとらしく丁寧に話す.

*__stu·di·o__ /st(j)úːdiòʊ | stjúː-/ [T3] [名] (～**s** /-z/) [C] 1 (放送局の)放送室, スタジオ, 録音室: a television [TV] ～ テレビスタジオ. 2 [時に複数形で] 映画会社; 映画撮影所, スタジオ: a Hollywood ～ ハリウッドの映画会社. 3 (画家・写真家などの)仕事場, 画室, 彫刻室; アトリエ; 美術[写真]制作会社: an art ～ アトリエ. 4 《米》=studio apartment. 5 (ダンスなどの)練習所.
[語源] イタリア語で元来は study と同語源.

stúdio apàrtment [名] [C] 《主に米》ワンルームマンション (《英》 studio flat).

stúdio àudience [名] [C] (ラジオ・テレビ放送で拍手したり笑い声を出したりする)番組参加者.

stúdio còuch [名] [C] 《主に米》スタジオカウチ 《寝台兼用ソファー》(sofa bed).

stúdio flàt [名] [C] 《英》=studio apartment.

stu·di·ous /st(j)úːdiəs | stjúː-/ [形] ([名] stúdy) 1 よく勉強する; 学究的な. 2 [主に [A]] 《格式》慎重な, 念入りな; 故意の. **～·ly** [副] 故意に; 念入りに.
～·ness [名] [U] 熱心; 慎重さ.

stúd póker [名] [U] 〖トラ〗スタッドポーカー 《最初の 1 枚は伏せて配り, 残りは表にして配るごとに賭けをする》.

stud·y /stʌ́di/ [動] (**stud·ies** /～z/; **stud·ied** /～d/; **-y·ing** /-diɪŋ/) [他] 1 〈...〉を勉強する; 研究する (☞ learn 類義語): He is ～*ing* American history. 彼は米国の歴史を勉強している / What subjects are you ～*ing at* college? あなたはどんな科目を大学で勉強[研究]していますか.
2 〈...〉を(詳しく)調べる, 調査する, 〈案など〉を検討する; 観察する; よく見る: I *studied* a lot of catalogues before I bought this computer. このコンピューターを買う前に私はたくさんのカタログを調べた / He carefully *studied* my face. 彼は私の顔をしげしげと見た / We are ***～ing why*** the earthquake brought such disaster. <V+O (*wh* 句・節)> その地震がどうしてそんな災害をもたらしたのかを調査しています. 3 (俳優が)〈せりふ〉を覚える.
— [自] 勉強する, 学習する; 研究をする: He is ***～ing*** hard [diligently] ***at*** home [(the) university]. <V+*at*+名> 彼は自宅[大学]で熱心に勉強している / [言い換え] My brother is ***～ing to*** be a lawyer. <V+*to* 不定詞> =My brother is ***～ing for*** the bar. <V+*for*+名・代> 私の兄[弟]は弁護士になるために勉強している / I'm ～*ing for* my exams [diploma]. 私は試験勉強[学位取得の勉強]をしている / He is ***～ing under*** [***with***] Dr. Lee. <V+*under* [*with*]+名・代> 彼はリー博士の下で研究している.
— [名] (**stud·ies** /～z/; [形] stúdious) 1 [U] 勉強, 勉学, 学習: two hours of ～ a day 1 日 2 時間の学習 / Tom likes play better than ～. トムは勉強より遊びのほうが好きだ.
2 [C,U] 研究, 調査; 観察 (*in*, *into*); [U] 検討: the ～ ***of*** physics 物理学の研究 / He finished [completed] his ***studies at*** the University of Chicago. 彼はシカゴ大学での学業を終えた.
3 [C] 勉強部屋, 書斎, 研究室: He was reading in his ～. 彼は書斎で読書をしていた.
4 [C] [しばしば複数形で] 研究科目, ...学, 学科; 研究論文[書], 研究成果: social *studies* 社会科 《小・中学校などの教科》 / a ～ ***on*** [***of***] inflation インフレについての研究論文. 5 [C] 習作, 試作, スケッチ; 〖楽〗練習曲, エチュード: a ～ *of* apples リンゴのスケッチ. 6 [a ～] [W] (...という点で)注目に値するもの, 見もの; 見本, 典型 (*in*): Ann's face was *a* ～. アンの顔は見ものだった.
[語源] ラテン語で「熱心」の意; student と同語源; ☞ studio [語源].

a quíck stúdy [名] 《米》せりふの覚え[もの覚え]が速い役者[人]. **màke [cárry óut, condúct] a stúdy of ...** [動] [他] ...を研究[調査]する. **ùnder stúdy** [副・形] 研究[検討]中で[の].

stúdy gròup 名C (定期的に集まる)研究会, 勉強会; U 研究会の会合(時間).

stúdy hàll 名 (米) U 自習時間; C 自習室.

stuff /stʌ́f/ (類音 staff) 中2 名 U 1 (略式) **物質** (matter), 材料, 原料 (material): Resin is sticky ~. 松やにははねばねばした物質だ. **2** (略式) 物, 物事 (名前のわからないもの, 特に言う必要のない場合に用いる): That is good [poor] ~. これは上物だ[くだらない] / There are all kinds of ~ in this store. この店にはなんでもある. **3** (略式) (ある行動のための)装備, 器具; [所有格の後で] 持ち物, 所持品: camping ~ キャンプ用品 / pack up one's ~ 持ち物を荷造りする / Can I leave my ~ here for a while? 荷物をしばらくここに置いていっていいですか. **4** (略式) 食べ物, 飲み物; 酒; 薬: (the) hard ~, 強い酒 (特にウィスキー); 強い麻薬. **5** (略式) (本などの)主題, 内容; 作品, (テレビなどの)番組; 記事, 本: good ~ すぐれた作品. **6** (略式) やるべきこと, 行動: have got so much ~ to do やらなきゃならないことがたくさんある. **7** [普通は (the very) ~ として] 素質, 才能; (本質的な)要素, 神髄: have the right ~ すぐれた素質がある / the (very) ~ of dreams (まさに)夢を作り上げている[理想的な]もの / Freedom of speech is the (very) ~ of democracy. 言論の自由(こそ)は民主主義の根本である. **8** (略式) [野] 制球力, (ボールの)スピン. **9** (略式) がらくた, つまらぬもの; くだらなさ.

and stúff (like thís [thát]) S (略式) こういう[そういう]類のこと, …など. **be máde of stérner stúff** [動] より強い性格である. **dó [shów] one's stúff** [動] 自 S (略式) やるべきことをちゃんとやる, 本領を発揮する; (薬などが)よく効く. **knów one's stúff** [動] (略式) 万事心得ている, 抜かりがない. **nót gíve a stúff** [動] 自 (英俗) 少しもかまわない. **Stúff and nónsense!** [感] S (古風) ばか言え! **That's the stúff!** S (略式) そのとおり, その調子だ.

— 動 (stuffs /~s/; stuffed /~t/; stuff·ing /~ɪŋ/) 他 1 〈物〉を押し込む, しまい込む (away); 〈容器など〉に(…を)ぎっしり詰める, 詰め込む (fill); 〈料理で〉〈鳥など〉に(…の)詰め物をする (with); 〈鳥など〉を剥製にする. <V+O+前+名・代> 彼はキャンディーをポケットに押し込んだ / 言い換え These jackets are ~ed with down. <V+O+with+名・代の受身> = The jackets are ~ed full of down. これらのジャケットには羽毛がぎっしり詰まっている / She ~ed the turkey. 彼女は七面鳥に詰め物をした. **2** [普通は受身で] 〈鳥・動物など〉を剥製(はくせい)にする. **3** (略式) 〈口〉にたらふく食べさせる: ~ oneself with cake お菓子をたらふく食べる. **4** (俗) [can stuff ... ((米) up one's ass) として]命令文で; 拒絶するときに用いて] 〈人〉と一緒に〈もの〉など知ったことではない; [感嘆詞的に] くそくらえ!: You can ~ your advice! 忠告なんか結構だ. **5** (米) 〈投票箱〉に不正投票をする. **6** (英卑) 〈女〉と性交する. **7** (英俗式) 〈相手〉を負かす. **Gèt stúffed!** S (俗, 主に英) うるさい, 勝手にしろ (嫌悪・怒りなどを表わす乱暴な表現). **Stúff it!** S (卑, 主に英) うるさい, 知ったことか; [考え直して] まあいいや. **stúff óne's fáce** [動] (略式) [普通は ~ (に)たらふく食べる (with) (☞ 3).

stuffed /stʌ́ft/ 形 1 詰め物をした; 縫いぐるみの; 剥製(はくせい)の: a ~ bird 剥製の鳥. **2** P (略式) 腹一杯の: I'm ~. 満腹だ.

stúffed ánimal 名 C (米) (詰め物をした)動物のぬいぐるみ ((英) soft toy).

stúffed shírt 名 C (略式) [軽蔑] もったいぶった人.

stúffed tóy 名 C =stuffed animal.

stúffed-úp 形 (鼻が)詰まった.

stuf·fi·ly /stʌ́fɪli/ 副 (略式) 堅苦しく.

stuf·fi·ness /stʌ́fɪnəs/ 名 U (風通しが悪く)むっとすること; (略式) 堅苦しさ; 鼻づまり.

stuff·ing /stʌ́fɪŋ/ 名 U 1 (鳥料理などに使う)詰め物 ((米) dressing). **2** (クッションなどに詰める)詰め物 (羽毛・綿・わらなど). **knóck [táke] the stúffing òut of ...** [動] 他 (略式) 〈人〉の自信[やる気]をなくさせる; …をすっかり弱らせる, いためつける.

stuff·y /stʌ́fi/ 形 (stuff·i·er; -i·est) 1 (部屋などが)風通しの悪い, むっとする. **2** (略式) [軽蔑] 〈人・考えなどが〉堅苦しい, 古くさい. **3** [普通は A] (略式) 〈鼻が〉詰まった.

stul·ti·fi·ca·tion /stʌ̀ltəfɪkéɪʃən/ 名 U (格式) うんざりさせること.

stul·ti·fy /stʌ́ltəfàɪ/ 他 (格式) 〈人〉をうんざりさせる; 〈事〉をだめにする.

stul·ti·fy·ing /stʌ́ltəfàɪɪŋ/ 形 (格式) [軽蔑] 退屈で考える気力をなくさせるような: a ~ effect (単純作業などの)人を(精神的に)ぐったりさせる効果. **~·ly** 副 うんざりするほどに.

stum·ble /stʌ́mbl/ 中3 動 (stum·bles /~z/; stum·bled /~d/; -bling) 自 1 つまずく, よろめく (stagger); [副詞(句)を伴って] よろよろ進む[歩く] (along); ~ about [around] in the dark 暗がりをよろよろ歩き回る / The boy ~ed on [over] a stone and fell. <V+on [over]+名・代> その少年は石につまずいて倒れた. **2** つかえながら言う[演じる], どもりがちに話す; (事を)しくじる: ~ over [through] a tongue twister 早口ことばにつかえる. **stúmble acróss [on, upòn] ...** [動] 他 …に偶然出くわす, 偶然見つける. **stúmble ínto ...** [動] 他 …に偶然巻き込まれる. — 名 C [普通は単数形で] つまずき, よろめき; しくじり, 過失.

stúm·bling blòck 名 C つまずかせるもの, じゃま物, 障害(物) (to).

stump /stʌ́mp/ (類音 stamp stomp) 名 (~s /~s/) C **1** (木の)切り株; 切れ端, 残りの部分 [手[足]の切断されたあと・折れた歯の根・たばこの吸い残し[吸い殻]・鉛筆の使い残りなど]: sit on a ~ 木の切り株に腰を下ろす / Nothing remained of his front teeth but the ~s. 彼の前歯は付け根以外は何も残らなかった. **2** [クリケ] スタンプ (ウィケットの3本柱). **at stúmps** [副] [クリケ] (その日の)試合の終わりに. **gó [be] on the stúmp** [動] (略式, 主に米) 遊説に出る[出ている] (木の切り株を演説の台に使ったことから). **stír one's stúmps** [動] 自 (古風, 英略式) 急ぐ. — 動 自 1 [副詞(句)を伴って] (義足をつけているように)重い足どりで[どしんどしんと]歩く, とぼとぼと歩く. **2** (米) 遊説する. — 他 1 [しばしば受身で] (略式) (難問などで)〈…〉を困らせる, 閉口させる: get [have] ... ~ed 〈人〉を困らせる / be ~ed for an answer 答えに詰まる. **2** (米) 〈選挙区など〉を遊説して回る. **3** [クリケ] 柱を倒して打者をアウトにする. **stúmp úp** [英略式] [動] 他 (しぶしぶ)金を出す (for). — 他 〈金〉をしぶしぶ払う (for).

stump spèech 名 C (米) 街頭[政治]演説.

stump·y /stʌ́mpi/ 形 (stump·i·er; -i·est) [けなして] (指・足などが)太くて短い, (体が)ずんぐりした.

stun /stʌ́n/ 動 (stuns; stunned; stun·ning) 他 1 [進行形なし] 1 普通は受身で] 〈…〉をぼうっとさせる, 〈…〉の肝をつぶさせる; 〈…〉に強く印象づける, 〈…〉を感嘆させる: He was stunned by the unexpected news. 彼は思いがけないその知らせに茫然(ぼうぜん)とした. **2** 〈…〉を打って失神させる, 〈…〉にショックを与える.

stung /stʌ́ŋ/ 動 sting の過去形および過去分詞.

stún grenàde 名 C 閃光(せんこう)手榴弾, スタングレネード (一時的に失神させて動けなくする爆発弾).

stún gùn 名 C スタンガン (電気ショックなどを与えて人・動物の意識を一時的に奪う銃).

stunk /stʌ́ŋk/ 動 stink の過去形および過去分詞.

stunned /stʌ́nd/ 形 ぼうっとした, 肝をつぶした;

して: in ～ silence 唖然(あぜん)としてことばもなく.

stun·ner /stʌ́nɚ | -nə/ [名] [C] ((略式, 主に英)) とびきりの美人; 目を見張らせる[驚くべき]もの.

***stun·ning** /stʌ́nɪŋ/ [形] **1** 非常に美しい; すてきな, すばらしい: She looked absolutely ～ in her black dress. 彼女は黒いドレスを着てまったくすてきだった. **2** [普通は [A]] 驚くほどの, びっくりさせるような. **～·ly** [副] すばらしく; 驚くほどに, きわめて.

⁺**stunt**¹ /stʌ́nt/ [名] [C] **1** 妙技, 離れ業, スタント; 高等[曲乗り]飛行: do [perform] a ～ 離れ業を演じる. **2** [時にけなして] 人目を引く行動, 目立つ行為, 人気取り: a publicity ～ 人目を引く宣伝行為. **púll a stúnt** [動] [自] 愚かな[危険な]ことをする.

stunt² /stʌ́nt/ [動] [他] 〈…〉の発育を妨げる; 〈発育・発展〉を阻止する.

stúnt dóuble [名] [C] 〘映〙 スタントマン[ウーマン].

stunt·ed /stʌ́nṭɪd/ [形] 発育を妨げられた; 発達[発展]を阻害された.

stúnt·màn [名] (**-men** /-mèn/) [C] 〘映〙 スタントマン ((危険な場面などで(代役として)特技をする人)).

stúnt·wòman [名] (**-wom·en** /-wìmən/) [C] 〘映〙 スタントマン ((女性)).

stu·pe·fac·tion /st(j)ùːpəfǽkʃən | -stjùː-/ [名] [U] ぼうっとすること, 意識朦朧(もうろう); 仰天.

stu·pe·fied /st(j)úːpəfàɪd | stjúː-/ [形] 仰天した; ぼうっとした.

stu·pe·fy /st(j)úːpəfàɪ | stjúː-/ [動] (**-pe·fies**; **-pe·fied**; **-fy·ing**) [他] [特に受身で] 〈…〉を仰天させる; 無感覚にする, ぼうっとさせる (*by, with*).

stú·pe·fỳ·ing [形] 仰天させるような; ぼうっとさせるような. **～·ly** [副] 仰天させるほどに, ひどく.

stu·pen·dous /st(j)uːpéndəs | stjuː-/ [形] 途方もない; 巨大な; 目をみはるような. **～·ly** [副] 途方もなく.

stu·pid** /st(j)úːpɪd | stjúː-/ [形] (**stu·pid·er** /-ḍɚ | -də/, **more** ～; **stu·pid·est** /-dɪst/, **most** ～; [名] stupídity) **1** [軽蔑] ばかな, 愚かな, 頭の鈍い ((☞ foolish 類義語)); (言動などが)子供じみた, ばかげた; ばかなことをする: a ～ mistake ばかな誤り / [言い換え] ***It was ～ ***of*** me ***to*** believe it. ＝I was ～ to believe it. それを信じるとは私もまぬけだった ((☞ of 12)) / Don't be ～! ばかなこと[まね]はよせ, ばか言うな. **2** [A] [S] [いらだちなどを表わして] くだらない, つまらない; いまいましい, 腹の立つ: I don't want to read that ～ book. そんなくだらん本なんか読みたくない. **3** [普通は [P]] ぼうっとして (*with*). **—** [名] [単数形で呼びかけに用いて] ((略式)) ばか者, まぬけ.

⁺**stu·pid·i·ty** /st(j)uːpídəṭi | stjuː-/ [名] (**-i·ties** /～z/; [形] stúpid) **1** [U] [普通は所有格の後で] 愚かさ, ばか: I was surprised by *his* ～. 私は彼の愚かさに驚いた. **2** [U,C] [普通は複数形で] 愚かな言動, 愚行.

stú·pid·ly [副] [時に [文修飾語]] 愚かに(も); ばかみたいに.

stu·por /st(j)úːpɚ | stjúːpə/ [名] [[U] または a ～] ぼうっとすること; 人事不省, 昏睡(こんすい): in *a* drunken ～ 泥酔して.

stur·di·ly /stɚ́ːḍəli | stə́ː-/ [副] 頑丈に; 断固として.

stur·di·ness /stɚ́ːḍinəs | stə́ː-/ [名] [U] 頑丈; 不屈.

⁺**stur·dy** /stɚ́ːḍi | stə́ː-/ [形] (**stur·di·er**; **-di·est**) **1** (身体の)たくましい, 強健な; (物が)丈夫な, 頑丈な. **2** [A] ((文)) しっかりとした, 断固とした; (抵抗などが)根強い, 不屈の.

stur·geon /stɚ́ːdʒən | stə́ː-/ [名] (複 ～(s)) [C,U] ちょうざめ ((その卵の塩漬がキャビア)).

⁺**stut·ter** /stʌ́ṭɚ | -tə/ [動] (**-ter·ing** /-ṭərɪŋ, -trɪŋ/) [自] **1** どもる, 口ごもる ((☞ stammer 類義語)). **2** (機械などが)断続的な音を発する; [副詞(句)を伴って] がたがた動く[進む]. — [他] 〈…〉をどもりながら言う. **—** [名] [単数形で] どもること[癖]: have a ～ どもる.

Stutt·gart /ʃtútgɑɚt | -gɑ́ːt/ [名] [固] シュツットガルト ((ドイツ南西部の工業都市)).

St. Vál·en·tine's Dày /sèɪn(t)vǽləntàɪnz- | s(ə)n(t)-/ [名] [U] 聖バレンタインの祝日 ((2月14日; 恋人や親しい人にカードや贈り物などを送る習わしがある; ☞ valentine)).

St. Vín·cent and the Gren·a·dínes [名] [固] ＝Saint Vincent and the Grenadines.

sty¹ /stáɪ/ [名] (**sties**) [C] ＝pigsty.

sty², **stye** /stáɪ/ [名] (複 **sties**, **～es**) [C] 〘医〙 ものもらい, 麦粒腫(ばくりゅうしゅ).

Styg·i·an /stídʒiən/ [形] [A] ((文)) 陰鬱(いんうつ)な, 暗い.

***style** /stáɪl/ ([同音] stile) [名] (**～s** /～z/)

> 元来はラテン語で「鉄筆 (stylus)」の意 →(書き方) →「文体」**4** →「様式」**2**, 「方式」**1** →(流行の型) →「流行」**3** となった.

1 [C,U] **やり方, 方式**; [所有格の後で] (…に特徴的な) 仕方, 流儀, 好み: ～*s* ***of*** living 生活様式 / There are several「～*s of* swimming [swimming ～*s*]. 泳ぎ方には幾通りかある / I like *your* ～. 君のやり方が気に入っている / It's not *my* ～. それは私のやり方ではない / Loud colors are more *my* ～. Ⓢ 派手な色の方が私の好みだ. [関連] freestyle 〘水泳・レス〙 自由型 / lifestyle 生活様式.
2 [U,C] (芸術などの)**様式, 型, 風**: ***in*** modern [true Japanese] ～ 現代[純日本]風に / ***in*** [((古風)) ***after***] ***the*** ～ ***of*** Picasso ピカソ風に.
3 [C,U] (衣服などの)**流行(の型)** (fashion), **スタイル**; (商品などの)**型**: the fall [spring] ～*s* (衣服の)秋[春]物のデザイン / the latest ～*s* ***in*** shoes 靴の最新流行型 / I would like a ～ ***of*** skate (meant) for racing. 競走用のスケート靴が欲しいんです. [関連] hairstyle ヘアスタイル. [日英比較] style は「彼女はスタイルがよい」という場合のように体つきについて言うときは用いない. 英語では She has a good figure. のようにいう.
4 [U,C] ([動] stýlize) (内容に対して)**表現のしかた, 文体**, 話し[書き]方, 語調; 字体, 書体 ((☞ type¹ [参考])): a house [company] ～ (出版社・新聞社などの社内で統一した)印刷[用字用語]の様式[規則] / Hemingway's ～ ヘミングウェーの文体 / This book is written ***in*** a clear, easy ～. この本は明快でわかりやすい文体で書いてある. **5** [U] [ほめて] (人・物の)品[格好]のよさ, 風格, 洗練; 豪華さ: She has (great) ～. 彼女は(とても)気品がある. **6** [C] ((格式)) (正式の)称号, 呼びかけ(方), 肩書き.
crámp ...'s stýle [動] ((略式)) [しばしば滑稽] …がうまくやれなくする, …の調子を出せなくする. **in stýle** [形] 流行して, すたれずに. — [副] (1) やり方[スタイル]が; 様式上で: be different *in* ～ 様式が異なる. (2) 優雅に; 豪華に, はでに: live *in* (great [grand, fine]) ～ はでな生活をする. **òut of stýle** [形] 流行遅れで, 廃(すた)れて. **with stýle** [副] 上品に, 洗練されて.
— [動] [他] **1** [普通は受身で] 〈服など〉をデザインする (design), 〈髪〉を整える; 〈…〉をある型に合わせて作る: These shoes *were* ～*d for* looks and comfort. この靴は外観とはき心地を考慮に入れてデザインされている / She had her hair ～*d* shorter. 彼女は短い髪型にしてもらった. **2** ((格式)) 〈…〉を…と称する[呼ぶ]: a dessert ～*d as* 'low-calorie' 低カロリーと呼ばれるデザート.
stýle ... àfter [on] — [動] [他] [しばしば受身で] —をまねて〈…〉を作る.

-style /stàɪl/ [形] [副] [合成語で] …風の[に], …スタイルの[で]; (外観上)…に似た[て]: ride cowboy-～ カウボーイ式の乗り方をする.

styl·in' /stáɪlɪn/ [形] ＝styling.

⁺**stýl·ing** [名] **1** [U] デザイン(すること); 調髪, 整髪: ～ mousse スタイリングムース. **2** [複数形で] (音楽などの)

演じ方. ── 形 《米俗》かっこいい, いけてる (cool).
stýling brùsh 名 C 整髪用ブラシ (付きドライヤー).
*styl・ish /stáɪlɪʃ/ 形 [ほめて] おしゃれな; いきな, エレガントな (fashionable): ~ clothes 流行の服. **~・ly** 副 いきに, エレガントに. **~・ness** 名 U いきさ, かっこよさ.
†styl・ist /stáɪlɪst/ 名 C 1 《髪型・衣服・装飾などの》デザイナー. 2 文章にこる人, 名文家.
sty・lis・tic /staɪlístɪk/ 形 [級なし] 様式(上)の; 文体(論)の.
-lis・ti・cal・ly /-kəli/ 副 様式(上)で; 文体的に.
sty・lis・tics /staɪlístɪks/ 名 U 文体論.
styl・i・za・tion /stàɪlɪzéɪʃən | -laɪz-/ 名 U 様式化.
styl・ize /stáɪlaɪz/ 動 (style 4) [普通は受身で] 〈表現・手法〉を型にはめる, 様式化する.
*styl・ized 形 型にはまった, 様式化された.
sty・lus /stáɪləs/ 名 (複 ~・es) C 1 レコード針;〖電算〗スタイラス《タブレットで使われる座標入力用のペン》. 2 鉄筆 (☞ style 囲み).
sty・mie /stáɪmi/ 動 (sty・mies; sty・mied; -mie・ing, -my・ing) 他 [しばしば受身で]《略式》〈人・企てなど〉を妨害する, 困った立場に追い込む.
styp・tic /stíptɪk/ 形 [普通は A]〖医〗血止めの.
stýptic péncil 名 C 《ひげそり傷などの》スティック状止血薬.
Sty・ro・foam /stáɪrəfòʊm/ 名 U 《米》発泡スチロール《商標》(《英》polystyrene).
Styx /stíks/ 名 [the ~]『ギ神話』ステュクス《死者の住む国を取り巻く川; 三途(ず)の川に相当》.
sua・sion /swéɪʒən/ 名 U 《格式》勧告, 説得.
suave /swɑːv/ 形 (suav・er; suav・est) [時にけなして]《特に男性の外面上》いんぎんな, 柔和な, 人当たりのいい. **~・ly** 副 いんぎんに. **~・ness** 名 U いんぎん.
sua・vi・ty /swɑ́ːvəti/ 名 (外面上の) 柔和, いんぎん.
*sub¹ /sʌ́b/ 名 (~s /-z/) C 《略式》 1 潜水艦 (submarine). 2 《米》= submarine 2.
*sub² /sʌ́b/ 名 《略式》 (~s /-z/) C 1 代わりとなる物[人], 補欠, 代用品, 代理人 (substitute を短縮した形): an excellent ~ 優秀な補欠(選手). 2 《米》= substitute teacher; 《英》= subeditor.
── 動 (subs; subbed; sub・bing) 自 1 (...の) 代わりになる (for). 2 《英》= subedit. ── 他 《ある選手》を代わりに使う.
sub³ /sʌ́b/ 名 C 《英略式》会費 (subscription).
sub⁴ /sʌ́b/ 名 《英略式》 C 給料の前払い[借り] (《米》advance). ── 動 (subs; subbed; sub・bing) 他 前払いとして〈給料〉を渡す[受け取る]; 〈...〉に前払いをする.
sub- /sʌb, sʌb/ 接頭「下; 下位, 副; 部分; 亜; 以南」などの意. 〔反 super-〕: subcontract 下請け / subdivision 細分化 / subtropical 亜熱帯の.
sub. = substitute, suburb, suburban.
sub・al・tern /səbɔ́ːltən | sʌ́bəltən/ 名 C 《英》大尉より下位の将校《中尉・少尉》.
sub・a・qua /sʌ̀bəkwɑ́ː, -ék- | -ék-/ 形 《英》潜水 (スポーツ) のための.
sub・a・rach・noid hémorrhage /sʌ̀bəræknɔ́ɪd-/ 名 U.C 〖医〗くも膜下出血.
sub・árc・tic 形 北極圏の, 亜北極の.
sub・área 名 C 地域の下位区分.
sub・atóm・ic 形 [普通は A]〖物理〗〈粒子が〉原子より小さい; 素粒子 (レベル) の: a ~ particle 亜原子粒子.
sub・cát・e・go・ry 名 (-go・ries) C 下位範疇類.
sub・cláss 名 C class の下位分類; 〖生〗亜綱.
†sub・com・mìt・tee 名 C 《英》単数形でも時に複数扱い》分科会, 小委員会 (of).
sub・cóm・pact 名 C 《米》小型自動車.
†sub・con・scious /sʌ̀bkɑ́nʃəs | -kɔ́n-/ 形 [普通は A] 潜在意識の, 意識下の. ── 名 [the ~ または所有格で] 潜在意識.

~・ly 副 潜在意識的に.
sub・cón・ti・nent 名 1 C 亜大陸《continent よりも小さいインド・グリーンランドなど》. 2 [the ~]《主に英》インド亜大陸《パキスタン・バングラデシュを含む》.
sub・con・ti・nén・tal 形 亜大陸の.
sub・cón・tract¹ 名 C 下請け (契約).
sub・con・tract² /sʌ̀bkəntrǽkt | -kəntrǽkt/ 動 他〈仕事〉を (...に) 下請けに出す (out; to). ── 自 下請けに出す; 下請けをする (for).
sub・con・trác・tor /sʌ̀bkɑ́ntræktə | -kəntrǽktə/ 名 C 下請け人 [会社].
sub・cúl・ture 名 C [時にけなして] 下位文化, サブカルチャー《同一社会の中の特定の異文化 (集団)》.
sub・cu・tá・ne・ous 形 [A] 〖医〗《注射・脂肪など》の皮下の. **~・ly** 副 皮下で.
sub・diréc・to・ry 名 (-to・ries) C 〖電算〗サブディレクトリー.
sub・di・víde 動 他 [普通は受身で]〈...〉を小分けする; 細分化する (into). ── 自 細分化される (into).
sub・di・ví・sion 名 1 U 細分化; 小分け. 2 C 《細分された》一部, 下部分; 〖主に米〗分譲地.
†sub・due /səbd(j)úː | -djúː/ 動 他《やや格式》 1 〈暴徒など〉を鎮圧する;〈...〉を征服する (conquer), 服従させる. 2 〈感情など〉を抑える, 抑制する.
†sub・dúed 形 1 〈音など〉が抑えられた, 抑制された;〈色・光など〉がやわらげられた, 弱めた: ~ lighting 柔らかい照明. 2 〈人・態度など〉が(いつになく)静かな, 沈んだ, 控え目な. 3 〈市場など〉が活気のない.
sub・édit 動 他《英》〈...〉の原稿整理をする (copy-edit).
sub・éd・i・tor 名 C 1 《英》原稿整理係 (copy editor). 2 副主筆, 編集次長.
sub・frée・zing 形 氷点下の.
sub・gròup 名 C 《群を分割した》小群, 小グループ.
súb・hèad(ing) 名 C 小見出し.
sub・hú・man 形 [けなして]《人・行為など》人間以下の, 非人間的な;《状況など》劣悪な, 残酷な.
subj. = subject¹, subjunctive.

*sub・ject¹ /sʌ́bdʒɪkt/ Ⅲ 名 (sub・jects /-dʒɪkts/; 形 subjéctive)

┌─────────────────────────────
│(支配下にあるもの) (☞ 語源)
│┌─《君主の支配を受ける者》「臣民」7
│└─（思考の作用を
│　受けるもの）「主題」1 ─┬─「科目」2
│　　　　　　　　　└─「主部」4
└─────────────────────────────

1 C 《研究・論文・話・議論などの》主題, 題目, テーマ (☞ 類義語; jet¹ 語源の記憶): a ~ of conversation 話題 / raise a ~ for [of] discussion [debate] 議論のテーマ[論題]を提起する / get onto the ~ of the medicine 医学の話題に移る / I have nothing to say on this ~ この事に関して何も言うことはない / Don't bring up an unpleasant ~. いやな話を持ち出さないでくれ / keep off [to] the ~ 話題にふれない[をそらさない] / We started to argue, so I quickly changed the ~. 言い争いが始まってしまったので私は急いで話題を変えた / We're *getting off the ~*. 話がそれてきている / That's off the ~. 今の話に関係ない.
2 C 《学校の》科目, 教科: 《主に米》required ~s = 《主に英》compulsory ~s 必修科目 / 《主に米》elective ~s = 《主に英》optional ~s 選択科目 / "What do you want to major in?" "Economics if possible."「何の科目を専攻したいのですか」「できれば経済学です」 3 C 〖楽〗主題, テーマ (theme); 《美》画題, 題材; 被写体. 4 C 〖文法〗主部, 主語 (反 S, subj.; ☞ 文法). 5 C 〖哲〗主体, 主観. 5 C 被験者, 実験材料となる人物; 解剖死体. 6 [単数形で]《格式》原因, 種 (cause); 《批判・調査などの》対象, 的: a ~ for complaint 苦情の種 / He was frequently「the ~ of

ridicule [a ~ for ridicule]. 彼はよく笑い者にされていた. **7** ⓒ 臣民, 臣下, 家来; 国民. 語法 subject は主として帝国 (empire) や王国 (kingdom) の国民に用い, 共和国の国民には citizen を用いるのが普通. 語源 ラテン語で「下へ投げられたもの」の意; ☞ jet¹
単語の記憶

knów one's súbject [動] 自 万事心得ている.
on the súbject of... [前] …に関して, …を話題にして: While we're on the ~ of computers, what kind did you get? コンピューターと言えばどんなのを買ったのですか.

——形 **1** P (…に)かかりやすい, (…を)受けやすい; …されることがある: 用例 I am ~ to headaches. <A+to+名・代> 私は頭痛になりやすいたちです / Japan is ~ to severe earthquakes. 日本には大地震が起こりやすい / The prices are ~ to change without notice. 価格は予告なしで変更されることがあります.

2 P (…を)受ける必要がある; …を条件とする, …次第である: This plan is ~ to the president's approval. <A+to+名・代> この計画は社長の承認をどうしても必要とします. **3** P (…の)支配を受ける, 支配されるべき; A (格式)(国・国民などの)他の支配下にある, 従属している: be ~ to the laws of nature 自然の法則に支配されている.

súbject to ... [前] …を条件として: They decided to buy the motorboat, ~ to their parents' consent. 彼らは親の承諾がある場合に限りそのモーターボートを買うことにした.

【類義語】**subject** 講演・研究・物語・芸術作品などの題. **theme** 講演・論文・文学作品・音楽・美術作品などに一貫して流れている主張したい主題. **topic** 討論・随筆などで用いられる比較的小さな話題を表わす語.

文法 **主部**
　文の要素の1つ. 文の中で主題になる部分で主語ともいう. これに対して, 主題について述べている部分を述部または述部という.
　Tom is a good boy. トムはよい少年だ / *What he said* is true. 彼の言ったことは本当だ / *The book on the table* is mine. 机の上の本は私のです.
　主部には名詞・代名詞などの名詞類が用いられる. 主部の中で, 中心になる語を特に主語 (subject word) と呼んで主部と区別する場合がある. 例えば上の例でTom, book は主語である. 2番目の文では特に中心になる語はないが, このような場合 what he said 全体が主部でもあり主語でもある.

⁺**sub·ject²** /səbdʒékt/ 動 (名 subjéction) **1** [しばしば受身で] Ⓦ ⟨…⟩を(いやな目などに)あわせる; ⟨人⟩に(批判・拷問などを)受けさせる: I was ~ed to severe criticism. 私は厳しい批判にさらされた. **2** (格式)⟨国・人などを⟩(権力などに)従属させる, (…の)支配下に置く (to).

súbject còmplement 名 ⓒ 〖文法〗主格補語.

文法 **主格補語**
　補語 (☞ complement¹ 文法) の一種で, 自動詞が, それ自体で完全な意味を表わせないときに, それを補う意味で用いる語句をいい, <S=C>の関係が成り立つ. 主格補語として用いられる語句は名詞・代名詞・形容詞またはそれらに相当する語・句・節である. 主格補語を必要とする自動詞を不完全自動詞 (☞ incomplete intransitive verb) という. 主格補語を含む文の語順は <S (主語)+V (不完全自動詞)+C (主格補語)> のようになる. Tom is *a student*. <V+C (名詞)> トムは学生です / It was *he*. <V+C (代名詞)> それは彼だった / The bud grew *larger* and *larger*. <V+C (形容詞)> つぼみはだんだん大きくなった / I was born *an American*; I live *an American*; I shall die *an American*. <V+C (名詞)> 私はアメリカ人として生まれ, アメリカ人として生き, アメリカ人として死ぬであろう《米国の政治家ダニエル. ウェブスター (Daniel Webster)のことば》/ It proved *to be very useful*. <V+C (*to* 不定詞句)> それは大変役に立つことがわかった.
　なお詳しくは ☞ 動詞型解説 II 2 (巻末).

sub·jec·tion /səbdʒékʃən/ 名 (動 subjéct²) Ⓤ (格式) **1** 支配された状態, 服従, 従属: in complete ~ (to ...) (…)に完全に支配されて. **2** 征服, 支配 (*of*).

⁺**sub·jec·tive** /səbdʒéktɪv/ 形 (名 subjéct¹) **1** (批判・拷問などを)主観的な, 主観の; 個人的な, 想像上の (反 objective): a ~ view 主観的な考え. **2** 〖文法〗主語の, 主格の.

subjéctive cáse 名 [the ~] 〖文法〗主格.

文法 **主格**
　格 (☞ case¹ 文法) の1つで, 主語 (☞ subject¹ 文法) あるいは主格補語 (☞ subject complement 文法) となるときの名詞や代名詞の語形. ただし人称代名詞および who 以外の名詞や代名詞では主格と目的格が同じ形なので通格 (common case) と呼ばれることがある.

subjéctive cómplement 名 ⓒ =subject complement.

subjéctive·ly 副 (反 objectively) 主観的に.

sub·jec·tiv·i·ty /sʌ̀bdʒektívəti/ 名 (反 objectivity) Ⓤ 主観的なこと, 主観性.

súbject líne 名 ⓒ 〖電算〗(Eメールの)件名欄.

⁺**súbject màtter** 名 Ⓤ 主題, 題材.

sub jú·di·ce /sʌ̀bdʒúːdəsi/ 《ラテン語から》 形 P (主に英) 〖法〗審理中で, 未決で.

sub·ju·gate /sʌ́bdʒʊgèɪt/ 動 他 [普通は受身で](格式)⟨…⟩を征服する, 服従させる; ⟨望みなど⟩を(…に)従わせる (*to*).

sub·ju·ga·tion /sʌ̀bdʒʊgéɪʃən/ 名 Ⓤ (格式) 征服(すること) (*of*); 支配された状態, 服従, 従属.

sub·junc·tive /səbdʒʌ́ŋ(k)tɪv/ 〖文法〗 名 ⓒ (動詞の)仮定法形; [the ~] =subjunctive mood (略 subj.). ——形 仮定法の, 叙想法の. 関連 indicative 直説法の / imperative 命令法の.

subjúnctive móod 名 [the ~] 〖文法〗仮定法, 叙想法.

文法 **仮定法**
　法の1つで, 叙想法ともいう. ある事柄を事実として述べるのではなく, 話者の心の中で考えられたもの, すなわち仮定・想像・願望・意見などとして用いる動詞の形をいう. 現代英語では仮定法現在・仮定法過去・仮定法過去完了の3つに分けられる. 仮定法はこのように時によって分類されているように思われるが, 実際には時よりも, 内容が事実としての可能性が大きいか小さいかによって, 用いる動詞の形が変わるのだというように理解すべきである. また仮定法は必ずしも条件節で用いるとは限らないが, if, suppose, unless, provided などに導かれる節で用いられることが多い.

subjúnctive pást 名 Ⓤ 〖文法〗仮定法過去 (☞ if 2).
subjúnctive pást pérfect 名 Ⓤ 〖文法〗仮定法過去完了 (☞ if 3).
subjúnctive présent 名 Ⓤ 〖文法〗仮定法現在.

文法 **仮定法現在**
　仮定法の1つで, 現在または未来についての想像・仮定・願望などを表わす動詞形. 動詞の形は人称・数に関係なく原形を用いる. この形は次にあげる (3) の場合を除いては, 次第に用いられなくなり, 現代英語では仮定法現

sublease

在の代わりに直説法現在が用いられることが多い.
(1) 仮定・条件や譲歩を表わす節の中で: 《古語》 *If there be* any way to help you, I shall be glad to. もしあなたの力になれることがあれば, 喜んでお助けしましょう. 語法 *if there is* …のように直説法現在形が普通.
(2) 願望・祈願を表わす文で.
　　　　　　God *Save* the Queen.
　God *save* our gracious Queen!
　Long *live* our noble Queen!
　God *save* the Queen!
　Send her victorious,
　Happy and glorious,
　Long to reign over us,
　God *save* the Queen!
　神よ女王を守りたまえ 《英国国歌》
　神よわれらが恵み深き女王を守りたまえ!
　われらが気高き女王よ万歳なれ!
　神よわれらが女王を守りたまえ!
　女王を勝利andglorious栄あらしめたまえ,
　とこしえに世をしろしめすべく,
　神よ女王を守りたまえ!
(3) 命令・決定・提案・主張・勧告などを表わす語句に続く that 節において: I suggest *that* she *stay* (=she *should* stay) here for a while. 私は彼女がしばらくここにとどまってはどうかと思う / It is desired *that* he *come* (=he *should* come) immediately. 彼がすぐに来ることが望まれる. 語法 この用法は《米》では普通,《英》では(　)の中のように should を用いることが多いが, 仮定法現在も用いる(↪ should A 8).
(4) ある種の慣用句において: *Suffice* (it) to say (that) he did his best. 彼が最善を尽くしたとだけ言っておこう / So *be* it! しかあれかし 《それならそれでよい, しかたがない》 / *Come* what may, we will not change our plan. どんな事が起ころうとも我々は計画を変更しない.

sub·lease[1] /sʌ́bliːs/ 名 C また貸し[借り].
sub·lease[2] /sʌ́bliːs/ 動 他 =sublet[1].
sub·let[1] /sʌ́blét/ 動 (-lets; 過去・過分 -let; -let·ting) 他 …をまた貸しする 自 また貸しする.
sub·let[2] /sʌ́blét/ 名 C また貸し[借り] (住宅).
sùb·lieuténant 名 C 《英》海軍中尉.
sub·li·mate /sʌ́bləmèɪt/ 動 《心》 《…を》昇華する 《性的衝動などを有用な目的に向ける》 (*into*, *to*). — 自 昇華する.
sub·li·ma·tion /sʌ̀bləméɪʃən/ 名 U 《心》昇華.
*sub·lime /səbláɪm/ 形 (sub·lim·er, -lim·est, most ~; 名 sublímity) [普通は A] 1 《文》荘厳な, 崇高な, 気高い (noble); 雄大な (grand): the ~ 崇高なもの (↪ the[1] 6) / in a ~ spirit of sacrifice 崇高な犠牲的精神で. 2 この上ない, すばらしい: a ~ dinner すばらしい食事. 3 [しばしばほめて] (行動・態度などが)驚き入った, とんでもない, ひどい: ~ ignorance [impudence] あきれた無知[厚かましさ].
from the sublíme to the ridículous [副] 崇高から滑稽へ, 極端から極端へ. ~·ly 副 すばらしく; ひどく. ~·ness 名 U 荘厳さ.
sub·lim·i·nal /sʌ̀blímən(ə)l/ 形 [普通は A] 《心》意識にのぼらない; (コマーシャルなどが)潜在意識に印象づける: ~ advertising サブリミナル広告 《画面に映像を瞬間的に挿入して潜在意識に働きかける》. **-lim·i·nal·ly** /-límənəli/ 副 潜在意識に働きかけて.
sub·lim·i·ty /səblíməti/ 名 (形 sublíme) U 《文》荘厳, 崇高, 高尚; 雄大.
sùb·língual 形 《解》舌下の.
sub·ma·chíne gùn /sʌ̀bməʃíːn-/ 名 C 軽機関銃, 自動小銃.
*sub·ma·rine /sʌ̀bməríːn, sʌ̀bməríːn/ 名 (~s /-z/) C 1 潜水艦 (《略式》sub): a nuclear [nuclear-powered] ~ 原子力潜水艦.

conning tower

submarine 1

2 《米》サブマリン 《細長いロールパンに肉や野菜をはさんだサンドイッチ》(《略式》sub).
— 形 A 《格式》海底の, 海中の: a ~ cable 海底電線 / a ~ volcano 海底火山. 語源 sub-+marine.
sub·ma·rin·er /sʌ̀bməríːnə | sʌ̀bmǽrɪnə/ 名 C 潜水艦乗組員.
súbmarine sándwich 名 C 《米》=submarine 2.
*sub·merge /səbmə́ːdʒ | -má·dʒ/ 動 1 《…を》水中に入れる[沈める], 水浸しにする (*in*): This field *was* ~*d* during the flood. この畑は洪水中に冠水した. 2 W 《感情・考えなどを》覆い隠す, 抑える, 消し去る. 3 《…を》(仕事・活動などに)没頭させる, 巻き込む (*in*). — 自 潜水する; 水没する. **submérge onesélf in** … 動 (仕事などに)没頭する.
sub·merged 形 水中に隠れた, 海面下の; 没頭している (*in*): a ~wreck (海中の)沈没船.
sub·mer·gence /səbmə́ːdʒəns | -máː-/ 名 U 水中に沈むこと, 沈没; 浸水, 冠水 (*in*).
sub·merg·i·ble /səbmə́ːdʒəbl | -máː-/ 形 《米》 =submersible.
sub·mersed /səbmə́ːst | -máːst/ 形 《植物などが》水中に生息する.
sub·mers·i·ble /səbmə́ːsəbl | -máːs-/ 形 水中で使える, 潜水艇の, 潜水船の. — 名 C 潜水艇, 潜水艦.
sub·mer·sion /səbmə́ːʒən | -máːʃən/ 名 U 潜水; 浸水, 冠水; 沈没 (*in*).
*sub·mis·sion /səbmíʃən/ 名 (動 submít) 1 U 服従, 屈服, 降服 (*to*): force [frighten] a person into ~ (人)を力ずくで[脅して]屈服させる. 2 U,C 《格式》(書類などの)提出, 提示 (*of*; *to*). 3 U,C 《格式》《法》(意見の)提出, 提案 (*…という*): make a ~ to the court 裁判所に意見を述べる.
in my submíssion 副 《格式》私の意見では.
in submíssion to … 前 …に服従して.
sub·mis·sive /səbmísɪv/ 形 (動 submít) 服従する, 柔順な, 言いなりになる (*to*). **~·ly** 副 服従して, 従順に. **~·ness** 名 U 柔順さ.
*sub·mit /səbmít/ 動 (sub·mits /-míts/; -mit·ted /-tɪd/; -mit·ting /-tɪŋ/) 他 (名 submission, 形 submíssive) 1 《…を》提出する, 提示する 《考慮・検討してもらうために》(↪ permit[1] 単語の記憶》) 他: ~ a report on pollution 汚染に関する報告書を提出する / 言い換え I *submitted* the application form *to* the office. <V+O+*to*+名・代> (=I handed in the application form to the office.) 私は申込用紙を役所に提出した. 2 [受身なし] 《格式》または《法》(…ではないかと)申し述べる, 提起[提議]する (suggest). 3 《格式》《…を》(…に)ゆだねる, 任せる (*to*).
— 自 《格式》(…に)服従する, 屈する (surrender); 甘んじて(…を)受ける: The hijacker *submitted* without a fight. 乗っ取り犯人は戦わずに抵抗をやめた / Will you ~ *to* their will? <V+*to*+名・代> あなたは甘んじて彼らの意向に従うのですか. **submít onesélf to** … 動 他 《格式》(規則など)に従う, (処置など)を受ける.
sub·nor·mal /sʌ̀bnɔ́ːm(ə)l | -nɔ́ː-/ 形 普通[正常)

以下の; [時に差別] 知能の劣る, 低能の.

sùb·órbital 形 地球を完全に一周しない, (人工衛星などが)完全な軌道に乗らない.

*****sub·or·di·nate**[1] /səbɔ́ːdənət | -bɔ́ː-/ 13 形 1 [比較なし] 従属した, 下位の; 重要性が劣る: In the army colonels are ~ to major generals. <A+to+名・代> 陸軍では大佐は少将の下位にある. 2 [文語] 従属的, 従位の. 関連 coordinate 等位の. ── 名 C [しばしば所有格の後で] 従属するもの; 部下 (of).

sub·or·di·nate[2] /səbɔ́ːdənèɪt | -bɔ́ː-/ 動 他 <…>を(他の)下位に置く, (他に)従属させる (to).

subórdinate cláuse 名 C 【文法】 従属節.

文法 従属節

文中において, 主節に対して従属的な関係にある節をいう. dependent clause ともいう. 従属節には名詞節・形容詞節・副詞節の3種類があり, 従位接続詞 (subordinating conjunction) または関係詞で主節に結ばれる: Do you know *that* Laura is going abroad? ローラが外国に行くことを知っていますか[名詞節] / This is the camera *which* I bought in Japan. これは私が日本で買ったカメラです[形容詞節] / *If* I were you, I wouldn't do it. もし私があなただったらそれはしない[副詞節]. なお☞ coordinating conjunction 文法.

subórdinate conjúnction 名 C =subordinating conjunction.

sub·or·di·nàt·ing conjúnction /-nèɪtɪŋ-/ 名 C 【文法】 従位接続詞 (☞ subordinate clause 文法).

文法 従位接続詞

主節と従属節を結びつける接続詞をいう. 従属接続詞ともいえ. 従位接続詞には次のようなものがある.
(1) 名詞節を導くもの.
that, if, whether, but that, where, when.
以上のほかに, 接続詞ではないが, what, why, how などが接続詞的な働きをして名詞節を導くことがある.
(2) 副詞節を導くもの.
as, after, because, before, if, when, where, till, until, since, unless, though, although, as if, as though, even if, as long as, as soon as, than, whether … or ─, so … that ─, such … that ─, etc. 語法 以上のほかに, 接続詞ではないが, who, that, when, where, why などの関係代名詞・関係副詞が接続詞的な働きをして形容詞節を導くことがある. なお, ☞ coordinating conjunction 文法.

sub·or·di·na·tion /səbɔ̀ːdənéɪʃən | -bɔ̀ː-/ 名 U 下位に置くこと; 従属 (*of*; *to*); 【文法】 従属関係.

sub·orn /səbɔ́ːn | -bɔ́ːn/ 動 他 【法】 <証人など>を買収する, (わいろを使って)<人>に偽証させる.

sub·or·na·tion /sʌ̀bɔːnéɪʃən | -bɔː-/ 名 U 【法】 (証人などの)買収, 偽証をそそのかすこと.

sub·par /sʌ̀bpáː/ 形 標準以下の.

súb·plòt 名 C (小説などの)わき筋.

*****sub·poe·na** /səpíːnə | sə(b)p-/ 【法】 名 C 召喚状. ── 動 他 <人>を召喚する (*as*; *to do*); <証拠>の提出を命じる.

sub·póst òffice 名 C [英] 小郵便局.

sub ro·sa /sʌ̀bróuzə/ 《ラテン語から》 副 形 【格式】 内密に(の).

sùb·routíne 名 C 【電算】 サブルーチン 《コンピューターのプログラムの一部で, それだけで繰り返し使えるもの》.

*****sub·scribe** /səbskráɪb/ 11 動 名 (subscription) 自 1 (新聞・雑誌などを) 購読する, 予約する; (ケーブルテレビなどに)加入する 《普通は前金を払って; ☞ describe 単語の記憶》: I ~ *to* two newspapers. 私は2つの新聞を定期購読している. 2 (事業などに)寄付する, 応募する (*to*). 3 [しばしば否定文・疑問文で] 【格式】 (考えなどに)賛成する, 同意する (*to*) (agree) (格式). ── 他 1 <金>を寄付する (donate) (*to*, *for*). 2 【格式】 <書類>に署名する; <名前>を書き入れる (*to*). 3 [普通は受身で] 他 【商】 <株など>の予約申し込みをする. 語源 ラテン語で「(自分の)名を下に書く」の意; ☞ describe 語源.

*****sub·scríb·er** 名 C 1 購読者, 予約者; (ケーブルテレビなどの)加入者 (*to*). 2 寄付(申し込み)者 (*to*). 3 【格式】 署名[記名]者.

sub·script /sʌ́bskrɪpt/ 反 superscript C 下つき文字[記号] (H_2 の 2 や数式での i (i_1/ϵ_1 など) (/éɪsʌ̀bɑɪ/ と読む)など); 【電算】 (配列の)サブスクリプト. ── 形 A 下つきの.

*****sub·scrip·tion** /səbskrípʃən/ 11 名 動 sub·scribe) 1 C 定期購読料金, 予約金; 寄付金; 加入料, (クラブなどの)会費 《格式》 sub) (*to*): at an annual ~ of $300 300 ドルの年間購読料で. 2 U,C 定期購読(期間); 予約(申し込み); 寄付: take out a ~ 定期購読をする / I canceled [renewed] my ~ *to* that magazine. 私はその雑誌の定期購読をやめた[更新した] / The magazine is available only *by* [*on*] ~. その雑誌は予約でしか購読できない. 3 [形容詞的に] 予約(購読)の; 予約[寄付, 会費]制の: ~ television 会員制有料テレビ.

subscríption cóncert 名 C (通しでの)予約制のコンサート, 定期演奏会.

súb·sèction 名 C (section の)下位区分, 小節.

*****sub·se·quent** /sʌ́bsɪkwənt/ 形 A 【格式】 (事件などの)後の, その後の; 続いて起こる: S~ events proved that he was right. その後の出来事で彼が正しいことが証明された / during the month ~ *to* the conference <A+to+名・代> 会議の後の1か月の間に. 語源 ラテン語で「後に続いて起こる」の意; ☞ consequence 語源, sequence 語源.

*****sub·se·quent·ly** /sʌ́bsɪkwəntli/ 副 [時につなぎ語] 【格式】 それに続いて, 引き続き; その後 (afterward): He was tried and ~ found guilty. 彼は裁判にかけられその後有罪となった.

sub·ser·vi·ence /səbsɔ́ːviəns | -sɔ́ː-/ 名 U [けなして] 言いなりになること, 卑屈 (*to*).

*****sub·ser·vi·ent** /səbsɔ́ːviənt | -sɔ́ː-/ 形 1 [けなして] 言いなりになる, 卑屈な (*to*). 2 P 【格式】 重要度の劣る, 従属的な (*to*). ~·ly 副 卑屈に.

súb·sèt 名 C 部分集合, 下位集合 (*of*).

*****sub·side** /səbsáɪd/ 動 自 1 (痛み・笑い・暴力などが)静まる, やわらぐ. 2 【格式】 (建物が)落ち込む, (土地が)沈下する; (洪水の水などが)引く. 3 [略式] [滑稽] (ぐったりと)腰を下ろす (*into*, *onto*).

sub·si·dence /səbsáɪdns, sʌ́bsədns/ 名 U,C 陥没; 沈下.

*****sub·sid·i·ar·i·ty** /səbsɪ̀diériəti | -dièri-/ 名 U 【政】 (中央機関の)補完原則, 権力分散(政策), 地方分権(制).

*****sub·sid·i·ar·y** /səbsídièri | -diəri/ 形 1 子会社の: a ~ company 子会社. 2 補助の, 補足的な, 従属的な, 付随する (*to*): a ~ role 補助的な役割. ── 名 (-ar·ies) C 子会社 (*of*).

*****sub·si·di·za·tion** /sʌ̀bsədɪzéɪʃən | -daɪz-/ 名 U 助成, 助成交付.

*****sub·si·dize** /sʌ́bsədàɪz/ 動 (~s /-ɪz/; ~d /~d/; -diz·ing) 他 <…>に助成[補助]金を支給する: Farming is heavily ~d. 農業は多額の助成を受けている.

sub·si·dized 形 A 助成[補助](金)を受けている.

*****sub·si·dy** /sʌ́bsədi/ 12 名 (-si·dies /~z/) C,U (国家の)助成金, 補助金, 奨励金 (*for*, *on*, *to*): provide [receive] a ~ 助成金を与える[受ける].

sub·sist /səbsíst/ 動 ⃝ 1 《格式》(…に頼って)生活する (on); (やっと)暮らしていく. 2 《法》存続する.

+**sub·sis·tence** /səbsístəns/ 名 《格式》1 ⃝ (わずかな金・食物での)生活, 生存 (on); (ぎりぎりの)生計 (livelihood). 2 [形容詞的に] (最低の)生活の; 生計を立てる(ための): at (the) ~ level 最低生活で / a ~ wage 最低生活賃金 / a ~ diet 最低限の食物.

subsístence fàrmer 名 ⃝ 自給自足農家.
subsístence fàrming 名 ⃝ 自給農業.
súb·sòil 名 ⃝ 下層土, 底土. 関連 topsoil 表土.
sùb·sónic 形 音速以下の, 亜音速の. 関連 supersonic 超音速の.
súb·spècies 名 (複 ~) ⃝ 《生》亜種(しゅ).

*****sub·stance** /sʌ́bstəns/ 名 (sub·stanc·es /-ɪz/) 形 substántial, ⃝ substántial) 1 ⃝ ⃝ 物質 (matter), 物, (☞ distance 《単語の記憶》); 麻薬, 薬物: a solid [liquid [gaseous]] ~ 固体 [液(気)体] / an illegal ~ 麻薬 / Soil consists of various chemical ~s. 土は種々の化学物質からできている.

2 ⃝ [しばしば否定文で] 《格式》中身, 実質, 内容 (content); 真実, 本質, 実体: matters [issues] of ~ 実質的な問題 / give ~ to the fact その事実を裏づける / There is no ~ to [in] his argument. 彼の議論には中身がない.

3 [the ~] 《格式》(細部に対して)要旨, 真意, 大意: *the ~ of* the letter 手紙の要旨. 4 ⃝ 《文》資力, 財産: a man [woman] *of ~* 資産家. 語源 ラテン語で「(…の)根底にあるもの」の意.

in súbstance 副 《格式》実質的には; 内容は, 趣旨としては. **withòut súbstance** 形 《格式》(1) 中身のない, 重要でない. (2) 根拠のない, 真実でない.

súbstance abúse 名 ⃝ ⃝ 薬物乱用.
sùb·stándard 形 (サービス・商品などが)標準以下の; (語法が)非標準的な.

*****sub·stan·tial** /səbstǽnʃəl/ 形 (名 súbstance; 反 insubstantial) [普通は A] 1 (額・程度などが)かなりの, 相当な; (貢献などが)重要な: a ~ sum of money かなりの金額 / He showed (a) ~ improvement. 彼は相当の進歩を示した.

2 《格式》中身のある; しっかりした, 丈夫な: a ~ meal 実質的な(量の多い)食事 / The street was lined with ~ brick houses. 通りにはがっしりとしたれんがの家が並んでいた. 3 《格式》本質的な (essential), 事実上の: I am in ~ agreement with you. 私はあなたとは本質的に意見が一致している. 4 《格式》(経済的に)豊かな (wealthy), 有力な.

*****sub·stan·tial·ly** /səbstǽnʃəli/ 副 《格式》1 相当に; 大いに, 非常に: Your advice contributed ~ to my success. あなたの助言は私の成功に大いに貢献しました. 2 本質的には (essentially); 大体: Their opinions are not ~ different. 彼らの意見は実質的には違わない. 3 しっかり, 丈夫に.

*****sub·stan·ti·ate** /səbstǽnʃièɪt/ 動 (名 súbstance) ⃝ 《格式》〈主張などを〉実証する, 〈…の〉裏づけをする.

sub·stan·ti·a·tion /səbstænʃiéɪʃən/ 名 ⃝ 《格式》実証, 立証, 裏づけ.
sub·stan·ti·val /sʌ̀bstəntáɪv(ə)l/ 形 《古風》《文法》名(実)詞の.

sub·stan·tive /sʌ́bstəntɪv/ 形 (名 súbstance) 1 《格式》[ほめて] (議論などが)実質的な, 重要な; 本当の; 相当な. 2 《文法》(動詞が)存在を示す (be など). 3 A (軍隊の位が)永続的な. ― 名 《古風》《文法》名詞, 実質詞 (noun). **~·ly** 副 実質的に.

súb·stàtion 名 ⃝ 変電所; 支署, 分局, 出張所.
sub·sti·tut·a·ble /sʌ́bstətjùːtəbl | -tju:t-/ 形 代用可能な.

*****sub·sti·tute** /sʌ́bstətjùːt | -tjù:t-/ 12 動 (-sti-tutes /-t(j)ùːts | -tju:ts/; -sti·tut·ed /-tɪd/; -sti·tut·ing /-tɪŋ/; 名 sùbstitútion)

自 他 の転換
他 代わりに使う (to cause (someone or something) to act as a substitute)
自 代わりになる (to act as a substitute)

― 他 (…の)代わりに〈他の物〉を使う, 代用する; 〈人に〉(…の)代理をさせる; (試合中に)〈選手〉を交替させる: You can ~ milk *for* cream. 〈V+O+for+名〉クリームの代わりに牛乳を使っても結構です. ~ A *for* B=replace B *with* [*by*] A A を A と代える. substitute を replace の文型で用いるのは誤りとされる. ― 自 (…の)代わりになる 《格式》 sub): He will ~ *for* our regular teacher till she returns. 正規の先生が戻られるまで彼が代わりをします.

― 名 (-sti·tutes /-t(j)ùːts | -tju:ts/) ⃝ (…に)代わる物[人], 代用品; 補欠選手 《略式》sub): a poor ~ *for* live music 生の音楽の貧弱な代用 / There's no ~ *for* hard work. 一生懸命の代用となる方法はない / Bill was *brought on* [《米》 *sent in*] *as* (*a*) ~ in the second half. ビルは後半に交替選手として出場した (★ 時に無冠詞). 2 [形容詞的に] 代用の, 代理の: the team's ~ catcher チームの控えのキャッチャー.

súbstitute téacher 名 ⃝ 《米》代替[代用]教員 《略式》《英》supply teacher).

sub·sti·tu·tion /sʌ̀bstətjúːʃən | -tjú:-/ 名 (動 sùbstitúte) ⃝ ⃝ 代用, 置き換え, 取り替え; 代わりの物 [人]: the ~ *of* machinery *for* manual labor 人手の代わりに機械を用いること / make a ~ 〈選手〉を交替させる.

sub·stra·tum /sʌ́bstrèɪtəm | -strà:-/ 名 (複 sub·stra·ta /-tə/) ⃝ 1 下層 (*of*). 2 (かくれた)土台, 基底, 根本 (*of*).

súb·strùcture 名 ⃝ 下部構造 (反 superstructure); 基礎(工事), 土台.

sub·sume /səbsúːm | -sjúːm/ 動 ⃝ [しばしば受身で] 《格式》〈…を〉包含[分類]する (*under, in, into*).

súb·sỳstem 名 ⃝ 下位[副]組織, サブシステム.
sub·teen /sʌ̀bti:n/ 名 ⃝ = preteen.
sùb·ténant 名 ⃝ (家・土地の)また借り人.
sub·tend /səbténd/ 動 ⃝ 《幾》〈弦・三角形の辺が〉〈弧・角〉に対する.

sub·ter·fuge /sʌ́btəfjùːdʒ | -tə-/ 名 ⃝ ⃝ 《格式》策略, ごまかし, 口実.

*****sub·ter·ra·ne·an** /sʌ̀btəréɪniən⁺/ 形 [普通は A] 《格式》地下の (underground); 秘密の, 隠れた.

súb·tèxt 名 ⃝ サブテキスト [文学作品のテキストの背後に隠された意味]; 言外の意味.

súb·title 名 1 [複数形で] (映画・テレビの)字幕, スーパー: a Japanese film with English ~s 英語の字幕つきの日本の映画. 2 ⃝ (本などの)サブタイトル, 副題. ― 動 〈…に〉字幕[サブタイトル]をつける.

súb·titled 形 1 字幕つきの. 2 副題のついた.

*****sub·tle** /sʌ́tl/ (発音 saddle) 13 形 (sub·tler /sʌ́tlə | -lə/, more ~; sub·tlest /sʌ́tlɪst/; 名 súbtlety) 1 [しばしばほめて] 微妙な (delicate), 何とも言えないような, かすかな, 捕らえ難い; 難解な: a ~ flavor ほのかな香り / Mona Lisa's ~ smile モナリザのなぞめいた微笑 / The difference is very ~. その違いは非常に微妙である. 2 (人・策略などが)間接的な(やり方をする), 巧妙な (*about*); (デザイン・議論などが)精巧な, 手の込んだ. 3 (感覚の)敏感な (sensitive), 鋭い: ~ insight 鋭い洞察力 / a ~ thinker 緻密(ピ)にものを考える人. 語源 ラテン語で「細かい」の意.

*****sub·tle·ty** /sʌ́tlti/ 名 (-tle·ties; 形 súbtle) 1 ⃝ 微妙さ, 捕らえ難さ; 精妙さ; 巧妙さ: with great ~ 非常に巧みに. 2 ⃝ [普通は複数形で] 細かい点

別，微妙な点[ニュアンス](*of*). **3** Ⓤ 鋭敏さ.

sub·tly /sʌ́tli/ 副 微妙に，かすかに；巧妙に.

súb·tótal 名 Ⓒ (請求書などの)小計.

*__sub·tract__ /səbtrǽkt/ 中1 動 他 ⟨…を⟩⟨…から⟩引く，減ずる；控除する (take) (⎯⎯⎯⎯ *attract* 単語の記憶): S− 2 *from* 5, and you have 3. 5から2を引くと3になる． ― 自 引き算をする． 関連 add 足す / multiply 掛ける / divide 割る．

sub·trac·tion /səbtrǽkʃən/ 名 Ⓤ,Ⓒ 引くこと；引き算，減法: do ～ 引き算をする． 関連 addition 足し算 / multiplication 掛け算 / division 割り算．

sùb·trópical 形 亜熱帯(性)の.

*__sub·urb__ /sʌ́bəːb |-bəː-/ 中1 名 ⟨～s /-z/; 形 subúrban⟩ **1** Ⓒ(都市の)近郊地区，郊外の地区: The family lives in a residential ～ *of* London. 一家はロンドン郊外の住宅地区に住んでいる． 関連 town 都心.
2 [the ～s] 郊外 (特に住宅地域を指す; 類義語): live *in* the ～s 郊外に住む． ラテン語で「都市に準ずるもの」の意; ⎯⎯⎯⎯ sub-, urban.

【類義語】suburbs も outskirts も共に「郊外」を表わす語であるが，若干ニュアンスが異なる． suburbs は生活環境が町の中心からも快適である，という含みがあるのに対して，outskirts は町の中心からははずれている，という含みがある．

*__sub·ur·ban__ /səbə́ːbən |-báː-/ 形 subúrb.) 郊外の，郊外に住む(sub.): ～ life 郊外の生活 / ～ London ロンドンの郊外 / ～ sprawl (米) 郊外の拡大． **2** [けなして] 郊外生活特有の(特に退屈・偏狭・平凡な感じ).

sub·ur·ban·ite /səbə́ːbənàɪt |-báː-/ 名 Ⓒ [しばしば軽蔑] 郊外の住人．

sub·ur·bi·a /səbə́ːbiə |-báː-/ 名 Ⓤ [しばしば軽蔑] **1** (単調な)郊外(居住者)(全体)．**2** 郊外居住者の生活様式[物の考え方]，マイホーム主義．

sub·ven·tion /səbvénʃən/ 名 Ⓒ ⟨格式⟩ (特に政府の)補助金，助成金．

*__sub·ver·sion__ /səbvə́ːʒən |-váː-ʃən/ 名 Ⓤ ⟨格式⟩ (体制などの)破壊(行為[活動])，転覆，打破．

*__sub·ver·sive__ /səbvə́ːsɪv |-váː-/ 形 ⟨格式⟩ (体制などを)破壊しようとする，転覆につながる: ～ elements 不穏分子 / be ～ *of* law and order 法と秩序を崩す．
― 名 Ⓒ 破壊活動家[分子]． －**·ly** 副 体制破壊的に． －**·ness** 名 Ⓤ 体制破壊的なこと．

*__sub·vert__ /səbvə́ːt |-váː-/ 動 他 ⟨格式⟩ **1** ⟨国家・権威など⟩を覆(ῥ)す，打倒する．**2** ⟨人・道徳⟩を腐敗[堕落]させる．

*__sub·way__ /sʌ́bwèɪ/ 中1 名 ⟨～s /-z/; Ⓒ⟩ **1** (米)地下鉄 ((英) underground, tube): a ～ station 地下鉄の駅 / take the ～ 地下鉄に乗る[で行く]． 関連 railroad (米) 鉄道．**2** (英)(横断用の)地下道 ((米) underpass): use a ～ 地下道を渡る．
by súbway 副 地下鉄で: I went *by* ～. 私は地下鉄で行った (⎯⎯⎯⎯ *by* 副 語法).

sùb·zéro 形 [普通は Ⓐ] (温度が)零度以下の.

*__suc·ceed__[1] /səksíːd/ 中1 動 ⟨suc·ceeds /-síːdz/; suc·ceed·ed /-dɪd/; -ceed·ing /-dɪŋ/⟩ 名 succéss, 形 succéssful⟩

「後に続く」(⎯⎯⎯⎯ succeed[2]) → ⟨物事がうまく続く⟩ → 「成功する」 となった．

― 自 ⟨…に⟩成功する，うまくいく，首尾よく…する； (試験などに)合格する； (社会的に)成功を収める，出世する (反 fail): If you try hard, you will ～. 一生懸命やれば成功する / He'll never ～ *in* business. ⟨V+*in*+名・代⟩ 彼は決して商売に成功しないだろう / She ～*ed in* develop*ing* a new drug. ⟨V+*in*+動名⟩ 彼は新薬の開発に成功した． 用法注意 succeed to do は誤り //I tried hard to persuade her, but only ～*ed in* offend*ing* her. [皮肉] 私は頑張って説得したが結局彼

女を怒らせただけだった / He ～*ed* as a dancer. ⟨V+C (*as*+名)⟩ 彼はダンサーとして成功した / If at first you don't ～, try, try again. (ことわざ) 最初はうまく行かなくとも何度でもやってみること / Nothing ～s like success. (ことわざ) 成功は成功のもとになる(いったんうまくいくとますますうまくいく).

*__suc·ceed__[2] /səksíːd/ 動 ⟨suc·ceeds /-síːdz/; -ceed·ed /-dɪd/; -ceed·ing /-dɪŋ/⟩ 名 succéssion, 形 succéssive⟩ **1** 他 ⟨人⟩の跡を継ぐ，後任[後継者]となる: Bush ～*ed* Clinton *as* President. ⟨V+O+C (*as*+名)⟩ ブッシュが大統領としてクリントンの跡を継いだ． **2** [普通は受身で] ⟨格式⟩ ⟨…の後に続く⟩で来る ⟨反 precede⟩(⎯⎯⎯⎯ succeed[1] 囲み; proceed 単語の記憶): A period of prosperity *is* often ～*ed by* a recession. 繁栄の時期の後には必ず最悪の後退が来る．
― 自 ⟨財産など⟩を相続する； ⟨地位・事業など⟩を継ぐ: ～ *to* the throne 王位を継承する．

suc·ceed·ing /-dɪŋ/ 形 (反 preceding) Ⓐ 続いて起こる，続く，次の(following).

*__suc·cess__ /səksés/ 名 ⟨～·es /-ɪz/; 動 succéed[1], 形 succéssful⟩ **1** Ⓤ 成功，上首尾； (試験などの)合格； 出世 ⟨反 failure⟩ (⎯⎯⎯⎯ access 単語の記憶): There is no hope of ～. 成功の見込みはない / He achieved great ～ *in* life. 彼は非常に出世した / Did you have any ～ *in* convinc*ing* him of your innocence? ⟨N+*in*+動名⟩ あなたの身の潔白をうまく彼に納得させられましたか / I wish you ～. ご成功を祈ります / a ～ rate of 70% 70%の成功率．
2 Ⓒ 成功したもの[こと]； 成功者； 合格者 (*in*) ⟨反 failure⟩: He was a ～ *as* a doctor. 彼は医者として成功した / The plan was a great ～. 計画は大成功だった / The Japanese orchestra scored several great [big, huge] ～*es* in Europe. その日本の管弦楽団はヨーロッパで何回か大成功を収めた． 語源 元来は「(成否に関係なく)出た結果」の意 (⎯⎯⎯⎯ succeed[1] 囲み).
màke a succéss of … 動 他 …を成功させる．
méet with succéss 動 自 ⟨格式⟩ 成功する．
próve a succéss 動 自 成功する． **without succéss** 副 成功せずに，うまくいかずに．

*__suc·cess·ful__ /səksésf(ə)l/ 中1 形 ⟨名 succéss, 動 succéed[1]; 反 unsuccessful⟩ 成功した，うまくいった； (試験に)合格した，(選挙で)当選した； 出世した，富を得た； 大当たりの: a ～ plan うまくいった計画 / a ～ candidate 合格した受験者，当選した候補者 / He was ～ *in* the examination. <A+*in*+名・代> 彼は試験に合格した / She was ～ *in* find*ing* a new position. ⟨A+*in*+動名⟩ 彼女はうまく新しい職を見つけられた / She was very ～ *at* (runn*ing*) her business. ⟨A+*at*+動名[名・代]⟩ 彼女は商売をとてもうまくやった．

*__suc·cess·ful·ly__ /səksésfəli/ 副 首尾よく，うまく，具合よく，成功して: They ～ achieved their objectives. 彼らは首尾よく目的を達した．

*__suc·ces·sion__ /səkséʃən/ 名 ⟨～s /-z/; 動 succéed[2], 形 succéssive⟩ **1** Ⓒ [普通は a ～; 単数形で時に複数扱い] 連続 (するもの)，続き (series) (⎯⎯⎯⎯ concession 単語の記憶): a ～ *of* misfortunes 不幸の連続，打ち続く不幸 / a ～ *of* fine days 晴天続き．
2 Ⓤ (王位・財産などの)継承(権)，相続権: He claimed ～ *to* the throne. 彼は王位の継承権を主張した．**3** Ⓤ 後に次々に起こること，連続: the ～ of 'days and nights [the seasons] 日と夜[四季]の変化．
by succéssion [副・形] 世襲によって[よる]．
in succéssion [副・形] 連続して[した]，相次いで(の): six days [times] *in* ～ 連続6日[回] / *in* rapid [quick, close] ～ やつぎばやに．
in succéssion to … [前] …を継承[相続]して．

succéssion stàte [名] [C] 後継国家.

***suc·ces·sive** /səksésɪv/ [形] ([名] succéssion, [動] succéed²) [A] [比較なし] **続いての, 連続する, 相次ぐ, 代々の**: ～ murders 連続殺人(事件) / make three ～ errors 続けて 3 回エラーをする / It rained (*for*) five ～ days. 連続 5 日間雨が降った (☞ for [前] A 5 [語法] (1)).

suc·ces·sive·ly [副] 連続して, 次々と.

suc·ces·sor** /səksésə | -sə/ [名] (～**s** /～z/) [C] **1** [しばしば所有格の後で] **後継者, 後任, 相続者, 継承者** ([反] predecessor): the ～ ***to the throne 王位継承者 / Hill's ～ ***as*** president 社長としてのヒルの後任. **2** 《格式》後に続く物[人], 後継機種 (*to*).

⁺**succéss stòry** [名] [C] 成功談, 出世物語 《非常に成功した人・物》.

⁺**suc·cinct** /sʌksíŋ(k)t/ [形] [ほめて] (ことばが)簡潔な, 簡明な. **～·ly** [副] 簡潔に. **～·ness** [名] [U] 簡潔.

suc·cor, 《英》**-cour** /sʌ́kə | -kə/ 《文》[名] [U] 救助, (苦しんでいる人への)援助. **—** [動] (**-cor·ing,** 《英》**-cour·ing** /-k(ə)rɪŋ/) [他] 〈人〉を救援する (aid).

S

suc·co·tash /sʌ́kətæʃ/ [名] [U] 《米》むき豆ととうもろこしのごった煮 《北米先住民伝来の料理》.

suc·cour /sʌ́kə | -kə/ [名] [動] 《英》 ＝succor.

suc·cu·bus /sʌ́kjʊbəs/ [名] (複 **suc·cu·bi** /sʌ́kjʊbàɪ/) [C] 《文》女の夢魔 《睡眠中の男と交わるといわれる女の悪霊; ☞incubus》.

suc·cu·lence /sʌ́kjʊləns/ [名] [U] **1** [ほめて] 汁[水気]の多いこと; 美味. **2** 〘植〙 多肉多汁.

suc·cu·lent /sʌ́kjʊlənt/ [形] **1** [ほめて] (果物・肉などが)汁気の多い, みずみずしい; 美味の. **2** 〘植〙 多肉多汁の. **—** [名] [C] 〘植〙 多肉植物 《さぼてんなど》.

suc·cumb /səkʌ́m/ [動] [自] 《格式》 **1** 屈服する, 負ける: ～ ***to*** temptation [滑稽] 誘惑に負ける. **2** (…が原因で)重病になる; 死ぬ (*to*).

⁑such /(強) sʌ́tʃ; (弱) sətʃ/

① そのような	[形] **1, 2**
② そんなに…な	[副]
③ そのようなもの[人]	[代]

— [形] **1** [A] (1) **そのような, そんな,** こんな, あんな; それと同じような: 「*S*～ ***a*** computer is [*S*～ computers are] hard to find. そのようなコンピューターは見つけにくい / [言い換え] *S*～ remarks should not be made. ＝***No*** ～ remarks should be made. そんなことを言うべきではない / Don't use ～ language. そんなことばを使ってはいけません / I told you a lie? I did ***no*** ～ thing. [S] うそを言ったですって! そんな事はしてません / I've never even heard of ***any*** ～ man. そんな男のことは聞いたこともない / I want ***just*** ～ a thing. まさにそのような物が欲しいのです / We serve coffee, tea, fruit juice, and ***other*** ～ drinks, but no liquor. 当店はコーヒー, お茶, フルーツジュース等の飲み物は出しますがお酒は出しません.

> [語法] **such と語順**
> (1) 不定冠詞 a, an の前につく. some, any, no, many, all, few などと用いる場合はその後につく.
> (2) the, these, his などと共には 用いず, 次のようにいう: ～ (beautiful) flowers このような(美しい)花.
> (3) such (…) as — のように用いることが多い (☞ 成句): There's no ～ thing *as* a unicorn. 一角獣のようなものは実在しない.

(2) [意味を強めて] **それほどの,** こんなに[あんなに] (よい, 悪い, ひどい), 大変な: She is ～ a beauty! 彼女はとても美人だ / Did you ever see ～ weather? こんなよい[悪い]天気にあったことがある? / *S*～ handwriting! 何ときれいな[ひどい]字だこと!

(3) [程度形容詞＋名詞の前で] **そんなに[こんなに, あんなに]** (…な); **とても**(…な), 非常に(…な). [語法] (1) この用法は形容詞を強める [副] とも見ることもできる. (2) 不定冠詞 a, an があるときは, その前につく (☞ a² 最初の [語法] (2), so¹ 1 [語法] (囲み) (3)) such は many, much, few, little などの前には用いず, *so much* [*little*] work, *so many* [*few*] *exercises* のように so を用いる.: I'm sorry you had ～ terrible weather! そんなにひどい天気にあったとはお気の毒に / I have never seen ～ ***a*** tall building. こんな[あんな]高い建物は見たことがない / He told 「～ *a* funny story [～ funny stories]. 彼はとてもおかしい話をした.

2 /sʌ́tʃ/ [P] 《格式》 **そのようで,** そのような性質で, あの[この]ようで. [語法] 文語的な言い方で, 前にのべたことの内容または形容詞(句)・副詞(句)などを指し, 文頭に置くことが多い: *S*～ is life! 人生というのはそんなものだ / *S*～ is the case. 事情は上に述べた[この]とおりです.

… or sòme sùch — …か何かそんな—: He said he was busy *or some* ～ thing. 彼は忙しいとか何かそんなことを言った.

sùch a lót (of …) そんなに[とても]たくさん(の…): I can't do ～ *a lot of* work [exercises]. 私はそんなに多くの仕事[運動]はできない.

súch and sùch … [S] 《略式》 これこれの…, しかじかの… 《明確にするのを避ける言い方》: She told me that she had met ～ *and* ～ a man at ～ *and* ～ a place. 彼女は私にどこそこでこれこれの男に会ったと告げた.

sùch (…) as — (1) [否定文・疑問文で比較に用いて] —ほど…: [言い換え] He's *not* ～ a hard worker *as* his brother. (＝He's *not as* hard a worker *as* his brother.) 彼は兄ほど勉強でない / She should *not* have set anything like ～ (difficult) questions *as* these. そもそも彼女はこんな(難しい)問題は出すべきではなかった. (2) —であるような(…): *S*～ poets *as* Shakespeare and Milton are very rare. シェークスピアやミルトンのような詩人はめったにいない 《★《略式》では Poets *like* Shakespeare and Milton …のほうが普通》/ 「*S*～ people *as* him [People ～ *as* him] aren't much help. 彼のような人はあまり助けにはならない. [語法] as の後で him でなく he とするのは 格式ばった言い方 // *S*～ a movie *as* will interest him must be a good one. 彼が興味をもつような映画はきっとよい映画だ. [語法] as の後に節が続くのは《格式》で, A movie *that* will interest him … のほうが普通. (3) 《格式》 少量[粗末]だが—する…: *S*～ advice *as* she gave me was helpful to me. 彼女のアドバイスは少しだけだったが私には役立った.

…(,) sùch as— **例えば—のような…,** —のような…: He likes ball games, ～ *as* baseball, football, and cricket. 彼は野球, フットボール, クリケットなどの球技が好きです / A plan ～ *as* you proposed will never succeed. あなたが提案したような計画は決してうまくいかないでしょう / "There are lots of things you could do for her." "*S*～ *as*?" 「彼女にしてあげられることがたくさんあるでしょう」「たとえばどんな?」

súch as 「ìt ís [they áre] [副] [S] こんな[そんな]程度のものだが, 大したものではないが (☞ as [接] 7): The food, ～ *as it was,* satisfied our hunger. 食べ物は十分ではなかったが我々の飢えを満たしてくれた.

sùch as to dó 《格式》 …するほどの, …するようなもので: His illness was not ～ *as to* cause anxiety. 彼の病気は心配するほどのものではなかった.

sùch … as to dó 《格式》 —するほど… (☞ so … as to do (so¹ 成句)): I am not ～ a fool *as to* go there alone. 私はそこへ一人で行くほどばかではない.

> [語法] such の後には名詞がくる. so … as to do の場合は so の後に形容詞または副詞がくるのでこの例文と同じような意味を表わすには, I am not *so* foolish *as to*

súch that ... 《格式》(1) 非常なものなので…, …ほど大変で: Her astonishment was ~ *that* she nearly fell over. 彼女は大変驚いて倒れそうになった. [語法] such が強調されて文頭にくることもある: S~ was my excitement *that* I was unable to sleep. あまりにも興奮していたので眠れなかった. (2) …するようなもので; [副詞的に] …するよう(なぐあい)に: His answer was ~ *that* it could hardly satisfy his mother. 彼の答えは母親をほとんど満足させられないようなものだった / The present was hidden ~ *that* the child could not find it. そのプレゼントは子供に見つからないように隠してあった (★ これは標準的でない言い方で, … was hidden *so that* the child could not find it. のほうが普通).

súch ... that ─ [1] 非常に[大変]…なので─, …であるほど… ((c) so ... that ─ (so[1] 成句); that[2] B 2)): He was ~ a tall boy (*that*) everybody noticed him. 彼はとても背が高かったのでだれの目にも留まった / I had ~ a (great) fright *that* I screamed. 私はとてもびっくりしたので悲鳴を上げてしまった.

[語法] (1) 《略式》では that が省略されることがある.
(2) such ... that ─ と so ... that ─
such の後には形容詞(省略されることもある)だけでなく必ず名詞が続く. so ... that ─ の場合は so の直後に形容詞または副詞がくる. so tall a boy のように形容詞の次に名詞が続くのは格式ばった言い方. 最初の例文と同じ意味を表わすには, He was *so* tall (a boy) *that* everybody noticed him.=He was a boy *so* tall *that* everybody noticed him. のようにいう. 複数の場合も参照: They were ~ tall boys *that* everybody noticed them.=They were (boys) *so* tall *that* everybody noticed them.

(2) ─するような… (((c)) such that ... (2)): The present was hidden in ~ a way *that* the child could not find it. そのプレゼントは子供に見つからないように隠してあった.

── [副] [形容詞を強めて] そんなに[こんなに, あんなに](…な) ((c) so[1] 3)).

── /sʌtʃ/ [代] 《不定代名詞》[単数または複数扱い] その(ような)[この(ような)]もの[こと], その[この]ような人(たち): He said he was a professor, but he turned out not to be ~. 彼は教授だと言ったが実はそうではないことがわかった (★ ... he turned out to be ¦no ~ ¦thing [nothing like that, not one at all]. というほうが普通).

...and sùch 《略式》…など (and so forth, and so on): Scattered on the floor of her room were dolls, books, toys *and* ~. 彼女の部屋の床には人形や本やおもちゃなどが散らばっていた.

as sùch [副] (1) そういうものとして, それなりに: He is our teacher, and must be treated *as* ~. あの人は私たちの先生だから, それ相応に待遇しなければいけない. (2) [普通は否定文で] それ自体で(は), 厳密な意味で(は): It wasn't a food store *as* ~, but we got something to eat. そこは食料品店と言える所ではなかったが, 食べる物はあった / "Have you worked on dictionaries before?" "Not *as* ~, but I've been a language teacher." 「今までに辞書の仕事をしたことがありますか」「それはありませんが語学を教えていました」

súch and sùch [名] 《略式》これこれの事[人].

súch as ... [名] [単数または複数扱い] 《格式》…のような人たち[もの, こと](すべて). [語法] as は関係代名詞: S~ (of us [you]) *as* live by the sword often perish by the sword. 剣で生きる人はしばしば剣で滅びる (★ Those (people) who live ... のほうが普通).

súch·like 《略式, 主に英》[形] [A] そのような, その種の. ── [代] そのような人[もの]: ... *and* [or] ~ …その他そんなもの, …など(など).

****suck** /sʌk/ (同音) sack, sock) [動] (**sucks** /~s/; **sucked** /~t/; **suck·ing**) [名] súction) [他] **1** 〈液体〉を吸い込む, すする; 〈口をつけて〉〈容器など〉から吸う, 〈果物などの〉汁を吸う (*up*); 〈ポンプ・吸引器などで〉〈液体・気体〉を吸い出す[上げる] (*out*): I ~*ed* the juice *from* the orange. <V+O+前+名·代> 私はオレンジの汁を吸った. The baby was ~*ing* its (feeding) bottle. 赤ん坊は哺乳(ほにゅう)びんを吸っていた.

2 〈指·あめなど〉をしゃぶる, なめる: The child was ~*ing* his thumb. その子は親指をしゃぶっていた. **3** 〈渦巻きなどが〉…を巻き込む (*along, in, under*); [普通は受身で] 《略式》〈人〉を〈口論·事件などに〉引き込む: The boat *was* ~*ed* (*down*) *into* the whirlpool. ボートは渦巻きに巻き込まれた / I *was* [*got*] ~*ed into* the argument. 私は論争に巻き込まれてしまった.

── [自] **1** 吸う; しゃぶる: He sat there ~*ing* (*away*) *at* his pipe. <V(+*away*)+*at*+名·代> 彼はパイプを吸いながらそこに座っていた / He was ~*ing on* a piece of candy. <V+*on*+名·代> 子供はキャンデーをしゃぶっていた. **2** [進行形なし] 《卑, 主に米》〈物·人が〉ひどくいやなもんね, カス[クズ]だ. **súck ... drý** [動] (他) (=) milk ... dry ((c)) milk 成句). 水分がなくなるまで〈…〉を吸う. **súck ín** [動] (他) (1) 〈…〉を吸い込む. (2) 〈息〉を吸い込んで〈腹など〉をへこませる. (3) [普通は受身で] 《略式》つけ込む, だます. **súck it and sée** [動] [自] 《英略式》うまくいくかどうかとにかくやってみる. **súck it úp** [動] [自] 《米》文句を言わずにやる, くよくよしない. **súck ... óff** [動] (他) 《卑》〈人〉の性器を吸う, なめる. **súck úp** [動] [自] 《略式》[けなして] 〈…に〉取り入る, ごまをする (*to*). **súck wínd** [áir] [動] [自] 《米》〈激しい運動の後で〉ぜいぜいいう.

── [名] [C] [普通は単数形で] 吸う[しゃぶる]こと; ひと吸い[なめ] (*at, on*).

****súck·er** [名] [C] **1** [時に呼びかけで用いて] 《略式》だまされやすい人, カモ. **2** [a ~] 《略式》〈…に〉夢中になる人, 〈…に〉目がない人 (*for*). **3** 《米略式》= lollipop. **4** [C] 〈動物の〉吸盤《ゴム製の》吸着盤 (suction cup); 《植》吸枝, 吸芽. **5** [C] 吸う人[物]; 乳飲み子; 吸盤を持つ動物[魚類]. **6** [C] 《米俗》〈物·人をさして〉あれ, あいつ. ── [動] (他) 《米》〈人〉をだまし, 言いくるめる; …に〈…〉させる (*into*).

súcker pùnch 《米略式》[動] [名] [C] 〈人〉にいきなりパンチをくらわす. いきなりくらわすパンチ, 不意討ち.

suck·le /sʌkl/ [動] (他) 《古風》〈…〉に乳を飲ませる; 育てる. ── [自] 《格式》乳を飲む.

suck·ling /sʌklɪŋ/ [名] [C] 《文》乳児; 幼い獣.

súckling pìg [名] [C,U] まだ乳を吸っている子豚《特にクリスマスなどの料理に用いる》.

súck-ùp [名] [C] 《米俗》おべっか使い, 人にこびるやつ.

suck·y /sʌki/ [形] 《米俗》不快な, ひどい.

su·crose /súːkroʊs | sjúː-/ [名] [U] 《化》蔗糖(とう).

suc·tion /sʌkʃən/ [名] ((動) suck) [U] 吸うこと, 吸い上げ[込み]; 吸着; 吸引力. ── [動] (他) 《機械などで》〈…〉を吸い上げる[込む], 取り除く.

súction cùp [名] [C] 吸着カップ, 吸盤《物を壁などに取り付けるのに用いる》.

súction pùmp [名] [C] 吸い上げポンプ.

Su·dan /suːdǽn/ [名] [固] [(the) ~] スーダン《アフリカ北東部の共和国》.

Su·da·nese /sùːdənìːz ⁻/ [形] スーダンの, スーダン人の. ── [名] (複 ~) [C] スーダン人.

****sud·den** /sʌdn/ ((発音)) sadden, sodden) [T1] [形] [普通は [A]] 突然の, 急な, 不意の: a ~ illness 急病 / There was a ~ change in the weather. 天候が急変した / The road takes a ~ turn to the left. その道路は急に左へ曲がっている / His death was all too ~. 彼

の死はあまりにも突然だった.
── 图《次の成句で》(**all**) **of a súdden** 副《略式》突然, 不意に (suddenly): *All of a* ~ *the fire alarm went off.* 突然火災報知機が鳴った.

súdden déath 图 **1**《スポ》サドンデス《先に得点した側が勝者となる方式[延長戦]》. **2** U.C 突然死.

súdden ínfant déath sỳndrome 图 U《医》乳児突然死症候群《略 SIDS》《《米》crib death, 《英》cot death》.

*sud·den·ly /sʌ́dnli/ 副 **突然**, 急に, 不意に, 出し抜けに, にわかに: *The car* ~ *stopped.* 車は急に止まった / *S*~ *the light went out.* 突然明かりが消えた.

súdden·ness 图 U 突然, 不意.

suds /sʌ́dz/ 图 **1**《せっけんの泡 (soapsuds). **2**《古風, 米略式》ビール (beer).

suds·y /sʌ́dzi/ 形 (**suds·i·er**; **-i·est**) 泡だらけの.

*sue /súː | s(j)úː/ 《類音》soup, suit》 動 (**sues** /~z/; **sued** /~d/; **su·ing**; suit 3) 他《人》を**告訴する**《...を求めて; ...のかどで》: *Mr. Smith* ~*d them for damages* [*libel*]. <V+O+*for* +名・代> スミス氏は損害賠償を請求して[名誉毀(き)損]で彼らを告訴した.
── 自 **1**《格式》懇願する: *They* ~*d for peace.* <V+*for*+名・代> 彼らは和睦(ぼく)を求めた. **2**《...を求めて》告訴する: ~ *for divorce* 離婚訴訟を起こす. [語源] ラテン語で「後に続く」の意《☞ suit 最初の囲み》.

Sue /súː | s(j)úː/ 图 固 スー《女性の名; Susan, Susanna, Susannah の愛称》.

***suede, suède** /swéɪd/ 图 U スウェード革《なめしたやぎの革》.

su·et /súːɪt | s(j)úː-/ 图 U スエット《牛[羊]の腎臓(じん)の周りの脂肪(ぼう)》; 料理・ろうそく製造用).

súet púdding 图 U.C スエットプディング《スエットと小麦粉にレーズンなどを入れて煮たり蒸したりした料理》.

su·et·y /súːəti | s(j)úː-/ 形 スエットのような[を含む].

Su·ez /suːéz, súːez | súːɪz/ 图 固 スエズ《エジプト北東部の都市; スエズ運河南端》. **the Gúlf of Suéz** [图] スエズ湾《紅海北西端》.

Suéz Canál 图《the ~》スエズ運河《アフリカとアフリカを結ぶスエズ地峡 (Isthmus of Suez) を縦断して地中海 (Mediterranean Sea) と紅海 (Red Sea) を結ぶ運河》.

suf. 略 =suffix.

*suf·fer /sʌ́fə | -fə/《類音》surfer》 動 (**suf·fers** /~z/; **suf·fered** /~d/; **suf·fer·ing** /-f(ə)rɪŋ/) 他 **1** 《損害・敗北など》を**こうむる**, 《苦しみなど》を経験する (experience): ~ *a setback* 《運動など》でつまずく / *The company* ~*ed a 15% drop in sales.* その会社は売り上げが 15 パーセント低下した. / *The enemy* ~*ed heavy* [*terrible*] *losses.* 敵軍はおびただしい死傷者を出した.
2《苦痛・罰など》を受ける《☞ confer〔単語の記憶〕》: ~ *serious injuries* 重傷を負う / *She has* ~*ed a lot of pain.* 彼女は今まで非常に苦しみを受けた. **3**《格式》《...》に耐える, 《...》を忍ぶ, 我慢する. **4**《古語》《人》に《...することを》許す, させておく (*to do*).
── 自 **1** 病気にかかる, 患う: **T1** *He* ~*s from high blood pressure.* <V+*from*+名・代> 彼は高血圧症だ / *My father is* ~*ing from a bad cold now.* 父は今ひどいかぜにかかっています. [語法] 慢性的な病気の場合は単なる現在[過去時制], 「かぜ」, 「頭痛」のような一時的な病気の場合は進行形にするのが普通.
2 苦しむ, 悩む; 罰［報い］を受ける: *You needn't* ~ *in silence.* 黙って悩んでいる必要はない《文句を言っても悪いよ》/ *I'll* ~ *for it.* <V+*for*+名・代> このことで後悔する[苦しむ]だろう. **3** 痛手［損害］を受ける, 損をする, 傷つく (*from*): *It is always the consumers who* ~.

損をするのはいつも消費者だ. **4**《健康・成績など》に悪くなる: *Your grades will* ~ *if you keep playing too much baseball.* 野球ばかりやっていると成績が下がるよ.

***suf·fer·ance** /sʌ́f(ə)rəns/ 图 U《次の成句で》**on** (**...'s**) **súfferance** 副《格式, 主に英》《...に》黙認されて, 大目に見られて; 《...》のお情けで.

***suf·fer·er** /sʌ́fərə | -rə/ 图《~s /~z/》C《病気などに》苦しむ人, 患者: *asthma* ~*s* = ~*s from asthma* ぜんそくの患者たち.

***suf·fer·ing** /sʌ́f(ə)rɪŋ/ 图 (~**s** /~z/) **1** U《体・心の》**苦しみ** (*from*): *He died without much* ~. 彼はあまり苦しまずに死んだ. **2**《複数形で》苦労, 難儀.

***suf·fice** /səfáɪs/ 動 形 sufficient》自《進行形なし》《格式》十分である, 足りる 《*to do*》: *One case of champagne will* ~ *for the party*. 《パーティーには》シャンパンが 1 箱あれば十分だろう. **Suffice** (**it**) **to sáy** (**that**)... Ⓢ《格式》...と言えば十分であろう, ...とだけ言っておこう.

***suf·fi·cien·cy** /səfíʃənsi/ 图 形 sufficient; 反 insufficiency》《格式》**1** U 十分, 足りること, 充足. **2** [a ~] 十分な量[資力]: *a* ~ *of food* [*fuel*] 十分な食べ物[燃料].

***suf·fi·cient** /səfíʃənt/ T1 動 suffice, 图 sufficiency; 反 insufficient》《比較なし》《格式》《ある目的に》**十分な**, 《...に》足りる 《☞ enough 類義語》: ~ *condition*(*s*) 十分な条件 / *Ninety dollars will be* ~ *for my travel expenses.* <A+*for*+名・代> 私の旅費には 90 ドルで十分でしょう / *This is* ~ *to show that he is a liar.* <A+*to* 不定詞> これだけで十分彼がうそつきだという証明になる.

[語法] (1) 時に名詞的にも用いる: *Have you had* ~? もう十分に食べ［飲み］ましたか.
(2)《主に米》では単に節を伴うこともある: *S*~ *progress has been made that we can understand these phenomena.* こうした現象を理解できるほど進歩が見られた.

***suf·fi·cient·ly** /səfíʃəntli/ 副《格式》十分に, 《...するに》足るだけ: *His explanation was* ~ *reasonable to convince us all.* 彼の説明は我々みんなを納得させるほど筋道が通っていた. [語法] この意味を enough を使って表せば, ... *was reasonable enough to convince us all.* となる《☞ enough 副 語法》.

suf·fix /sʌ́fɪks/ 图 C《文法》接尾辞《略 suf.》.

文法 接尾辞

語の後についてその接尾辞の意味の加わった新しい語《派生語》をつくる働きをする. 派生語はもとの語とは普通に品詞が異なる. この辞書では [接尾] と示す. 接頭辞 (prefix) に対する. 語と違って接尾辞はそれ自身は独立しては用いられない.

end（終わり）+ -*less*「「...のない」の意」→ end*less* 終わりのない / teach（教える）+ -*er*「「...する人」の意」→ teach*er* 教師 / wide（広い）+ -*en*（動詞化接尾辞）→ wid*en* 広がる, 広げる.

***suf·fo·cate** /sʌ́fəkèɪt/ 動 他 **1**《人》の息を詰まらせる; 窒息《死》させる. **2**《...》の発展を妨げる;《人》を息苦しくさせる: *feel* ~*d* 狭苦しく感じる. ── 自 **1** 窒息《死》する. **2**《進行形で》《略式》息が詰まる, むせる; 息苦しく感じる.

suf·fo·cat·ing /sʌ́fəkèɪtɪŋ/ 形 **1** 息苦しくなる(ほどの), 息が詰まりそうな. **2** 自由[発展]を妨げるような.

suf·fo·ca·tion /sʌ̀fəkéɪʃən/ 图 U 窒息; 窒息《死》させること, 息の根を止めること.

Suf·folk /sʌ́fək/ 图 固 サフォーク《イングランド東部の州》.

suf·fra·gan /sʌ́frəgən/ 形 A または名詞の後で》属

司教の. ━━名 C 属司教.

súffragan bíshop 名 C =suffragan.
suf·frage /sʌ́frɪdʒ/ 名 U 選挙権, 参政権, 選挙: women's ~ 婦人参政権 / universal ~ 普通選挙権.
suf·frag·ette /sʌ̀frədʒét/ 名 C 女性の婦人参政権論者《20世紀初頭の女性運動家》.
suf·fuse /səfjúːz/ 動 [普通は受身で]《文》(色・涙などが)…を覆う, いっぱいにする (with).
suf·fu·sion /səfjúːʒən/ 名 U《文》覆うこと, みなぎること, 充満.
Su·fi /súːfi/ 名 C, 形 スーフィー教徒(の).
Su·fis·m /súːfɪzm/ 名 U スーフィー教《禁欲主義で神秘主義のイスラム教の一派》.

*__sug·ar__ /ʃʊ́gɚ | -gə/ 名 (~s /-z/; 形 súgary) **1** U 砂糖: add ~ 砂糖を加える / stir ~ into coffee コーヒーに砂糖を入れてかき混ぜる / Put some more ~ in it. それにもう少し砂糖を入れなさい. **2** C 砂糖1個[ひとさじ] (⇒ lump¹ 2): One ~ in my coffee, please. コーヒーに砂糖ひとつお願いします.

---
sugar 1, 3 のいろいろ
béet sùgar 甜菜糖 / brówn sùgar 赤砂糖 / cáne sùgar 甘蔗糖 / frúit sùgar 果糖 / gránulated súgar グラニュー糖 / grápe súgar ぶどう糖 / máple súgar かえで糖
---

3 C [普通は複数形で]《化》糖. **4** C S《略式》お前, お嬢《男性が好きな女性などへの呼びかけに使う》: honey 2, darling). **(Oh) súgar!** 間《略式, 主に英》しまった, これはまったく《shit と言うのを避けるしばしば滑稽な表現》.
━━ 動 (**súg·ar·ing** /-g(ə)rɪŋ/) 他 **1** <…>に砂糖を振りかける[まぶす, 入れる, 混ぜる]. (砂糖)で甘くする. **2** <…>の見かけをよくする, 不快感を和らげる.

súgar bèet 名 U/C ビート, 甜菜, 砂糖大根.
súgar bòwl 名 C 砂糖入れ.
Súgar Bòwl 名 圃 [the ~] シュガーボウル《New Orleans で毎年1月1日に招待大学チームによって行なわれるフットボールの試合》.
súgar·càne 名 U/C さとうきび.
súgar·còat 他 [普通は受身で] **1** <…>に砂糖をかける. **2** [けなして] <…>の体裁をよくする.
súgar·còat·ed 形 [普通は A] **1** 糖衣をかけた: ~ pills 糖衣錠. **2** [けなして] (ことばなどが)口当たり[体裁]をよくした.
súgar cùbe 名 C 角砂糖.
súgar dàddy 名 C [普通は所有格の後で]《略式》《若い女性の》年配のパトロン.
súg·ared 形《砂糖で》甘味をつけた.
súgar-frée 形 無糖の.
súgar·less 形 砂糖の入っていない; 糖分のない.
súgar lùmp 名《主に英》=sugar cube.
súgar màple 名 C さとうかえで《北米東部産の木; その樹液からメープルシロップを作る》.
sug·ar·y /ʃʊ́g(ə)ri/ 形 (súgar) [普通は A] **1** 砂糖の(ような), 砂糖の入った; 甘い. **2** [けなして] (ことば・ふるまいなどが)甘ったるい, べたべたした, お世辞の.

sugarcane

*__sug·gest__ /sə(g)dʒést | sədʒést/ 【T】動 (sug·gests /-dʒésts/; -gest·ed /~ɪd/; -gest·ing; 名 suggéstion, 形 suggéstive) 他 **1**《控えめに》<…>してはどうかと**提案する**; 《計画などを》言い出す, 提案する (propose); 《人・場所・物など(…に適切だと)推薦する (as): ~ed reading 推薦図書 / He ~ed a rest. 彼は休むことを提案した / Could you ~ any good restaurants? どこかよいレストランを教えていただけませんか / He ~ed a new plan *to* the committee.

Suharto 1771

<V+O+*to*+名・代> 彼は新計画を委員会に提案した / The chairperson ~ed next Friday *for* the next meeting. <V+O+*for*+名・代> 議長は次回の会議は次の金曜日ではどうかと言った / Could you ~ *where* this ought to go? <V+O (*wh*-句・節)> これはどこに置いたらよいでしょうか / Who would you ~ *for* the job? あなたはその仕事に誰を推薦しますか.

[語法] 間接話法的な言い方で伝達動詞として用いることがある《⇒ narration 文法 (3)》. **[言い換え]** He ~ed a walk. =He ~ed *going* for a walk. <V+O (動名)> =He ~ed (*to us*) (*that*) we (*should*) go for a walk. <V+O ((*that*) 節)> 《間接話法》= "Let's go for a walk," he ~ed. <V+O (*wh*-引用節)> (=He said, "Let's go for a walk." 《直接話法》) 彼は「散歩に行こう」と言い出した《⇒ should A 8》.

2 <…>をそれとなく言う, 示唆する; (人に)<物事>をほのめかす (*to*): I'm not ~*ing* (*that*) this is all your fault. <V+O ((*that*) 節)> Ⓢ 私はこれがすべて君の責任だと言っているわけではありません.
3 [進行形なし] (物事が)<…>を**暗示[示唆]する**, それとなく示す (*to*) ⇒ hint 類義語》: [言い換え] His tone ~s refusal. =His tone ~s (*that*) he will refuse. <V+O ((*that*) 節)> 彼の口ぶりでは断わるつもりらしい / His pale face ~ed bad health. 彼の青白い顔は不健康を感じさせた. **4** [進行形なし] 《格式》<…>を連想させる, 思いつかせる: Summer ~s swimming and the ocean. 夏といえば水泳や海が頭に浮かぶ / Does this name ~ anything *to* you? この名前で何か思い出しませんか. [語源] ラテン語で「下に運ぶ[置く]」の意.
Can [May] I sugést …? 《丁寧》…しましょうか. **I suggest …** …をお勧めします, …したほうがいいですよ《⇒ 項目 had better の [語法] (4)》: *I* ~ *you take a taxi; it's raining.* タクシーにお乗りになったほうがいいですよ. 雨が降っているでしょうから. **suggést onesèlf** 動 働《格式》(考えなどが)心に浮かぶ (*to*).

sug·gest·i·bil·i·ty /sə(g)dʒèstəbíləṭi | sədʒèst-/ 名 U 《格式》[けなして] 影響されやすさ.
sug·gest·i·ble /sə(g)dʒéstəbl | sədʒést-/ 形《格式》[けなして] (人が)暗示にかかりやすい; 影響されやすい.

*__sug·ges·tion__ /sə(g)dʒéstʃən | sədʒés-/ 名 (~s /-z/; 動 suggést) **1** C (具体的な)**提案, 提議, 提言;** 勧める物[人]: have a ~ *for* solving a problem 問題の解決策がある / *make [offer] a* new ~ *about* [*on*] the matter その件について新しい提案をする / *be open to* ~s 意見を聞く / Peggy didn't follow my ~ *that* she hire him. <N+*that* 節> 彼を雇うべきだという私の助言にペギーは従わなかった / Tim was her ~ as candidate. ティムは彼女が候補に推薦した人であった.
2 U 提案(すること), 発案; 勧めること: Mr. White decided to go *at* [*on*] my ~. ホワイト氏は私の勧めで行く決心をした. **3** U/C [普通は単数形で] (…を)示唆するもの, (…と)考えるに足る理由. **4** C [普通は単数形で] 様子, 気配, かすかなしるし[味]; かすかな見込み: There is a ~ of rain in the air. 雨が降りそうな感じです / There has been no ~ *that* he will be awarded the prize. 彼がその賞を与えられそうな見込みはない. **5** U/C 暗示する, 連想(作用). **6** U (心に) 暗示 (*of*).
Can [May, Could] I màke [òffer] a suggéstion? 《丁寧》提案してもいいですか, 考えがあるのですが.

*__sug·ges·tive__ /sə(g)dʒéstɪv | sədʒés-/ 形《格式》(suggést) **1** 刺激的な; わいせつな, いかがわしい: a ~ joke 卑猥(わい)な冗談. **2** P《格式》暗示的な, 示唆に富む, (…を)思わせる, (…の)徴候となる (*of*). **~·ly** 副 思わせぶりに, いかがわしく. **~·ness** 名 U《格式》思わせぶり.

Su·har·to /suhɑ́ːtoʊ | -hɑ́ːt-/ 名 圃 スハルト (1921–

)《インドネシアの政治家; 大統領 (1968–98)》.

+**su·i·cid·al** /sù:əsáɪdl←/ [形] ([名] súicìde) **1** 自殺の; 自殺しそうな; 自殺したい(気分の): ~ tendencies 自殺癖. **2** (企てなどが)自滅[自殺行為]的な.

-al·ly /-dəli/ [副] 自殺しそうなくらいに; 自滅的に.

*__su·i·cide__ /sú:əsàɪd/ [T3] [名] (**-i·cides** /-sàɪdz/; [形] sùicídal) **1** [U] **自殺**: attempt ~ 自殺を図る / commit ~ 自殺する. [語法] kill oneself のほうが普通 // a ~ note 書き置き / a ~ bomber 自爆(テロ)犯 / assisted ~ (医師による)幇助自殺. **2** [C] 自殺行為, 自殺事件: an attempted ~=a ~ attempt 自殺未遂(事件). **3** [C] 自殺者. **4** [U] 自殺的行為, 自滅: political [social] ~ 政治的[社会的]自滅. [語源] sui- (ラテン語で「自身」の意)を殺すこと (☞ -cide).

súicide pàct [名] [C] 心中の約束.

súicide wàtch [名] [C] 自殺監視《囚人の自殺を防ぐための監視》.

[S]

‡**suit** /sú:t/

> 原義は「後に続く, 追う」の意; pursue と同語源.
> →(後に続くもの)→「ひとそろい(の物)」[名] **1** →「衣服」[名] **2**
> →(追うこと)→(正義を追い求めること) →「訴訟」[名] **3**
> →(合わせる)→「似合う」[動] **2**→「適する, 都合がよい」[動] **1**

— [名] (**suits** /sú:ts | s(j)ú:ts/) [C] **1** (衣服などの) **スーツ 1 着**, ひとそろい.

> [参考] 紳士服 (a man's suit) では同じ生地で背広の上着 (jacket) とズボン (trousers) 《two-piece という》; しばしばそれにベスト (vest) も加わる 《three-piece という》. また婦人服 (a woman's suit) では上着 (jacket) とスカート (skirt) またはズボン (trousers).

have a new ~ on=wear a new ~ 新調のスーツ[背広]を着ている / put on a ~ スーツを着る (☞ put on (put 句動詞)表, wear 表). [関連] separates セパレーツ / coordinates コーディネイト.

2 (ある目的のための)**衣服**, …服, …着 (☞ birthday suit): a ~ ***for*** a party=a party ~ パーティー用の背広[スーツ].

> **suit 2 のいろいろ**
> **bódysùit** ボディースーツ / **búsiness sùit** 背広 / **díving sùit** 潜水服 / **sáilor sùit** (子供用の)セーラー服 / **spáce sùit** 宇宙服 / **swéat [jógging] sùit** (上下そろいの)運動着 / **swímsùit** 女性用の水着 / **trácksùit** トラックスーツ

3 ([動] sue) **訴訟**, **告訴** (lawsuit): a civil ~ 民事訴訟 / She won [lost] her ~. 彼女は訴訟に勝った[負けた]. **4** (トランプの)組, 組札 《スペード (spades), ハート (hearts), ダイヤ (diamonds), クラブ (clubs) のうちの 1 組 13 枚》: ☞ strong suit. **5** 《略式》 (スーツを着た)重役, お偉方. **6** 《古語》 (女性への)求婚: press [plead] one's ~ しきりに求愛する. **bríng [fíle] (a) súit** [動] [自] 訴訟を起こす: He *brought* [*filed*] (*a*) ~ *for* damages (*against* the railroad company). 彼は(鉄道会社相手に)損害賠償の訴訟を起こした. **fóllow súit** [動] [自] 人のまねをする, 先例に従う.

— [動] (**suits** /sú:ts/; **suit·ed** /-ṭɪd/; **suit·ing** /-ṭɪŋ/) [他] **1** [受身・進行形なし] (人・目的・行為などに)**適する**; 〈…〉に都合がよい, 〈人〉の気に入る, 〈人〉を満足させる; [普通は否定文で] (気候・植物などが)〈…〉によく合う: "Would seven o'clock ~ you?" "Yes, it would ~ me ***fine***." <V+O+副> 「7 時でご都合はよろしいですか」「結構です」 / A desk job wouldn't really ~ him very well. 事務の仕事は彼にはあまり向かないだろう / The climate here doesn't ~ me. ここの気候は私には合わない.

2 [受身・進行形なし] (服・色などが)〈…〉に**似合う**: "Do you think this color ~*s* me?" "Yes, it ~***s*** you very ***well***." <V+O+副> 「この色は私に似合うと思いますか」「ええ, とてもよく似合いますよ」 **3** 《格式》 〈…〉を合わせる, 一致させる: You must ~ your actions *to* your words. 自分が言った[約束した]とおりに行動しなさい. **súit ... (ríght) dówn to the gróund** [動] [他] 《主に英》 (仕事・計画などが)〈人〉に適している, ぴったりである. **súit úp** [動] 《米》 [自] (制服などに)着替える. — [他] 〈人〉に制服などを着せる. **súit yoursélf** [しばしば命令文で] [S] 好きなように[勝手に]する.

suit·a·bil·i·ty /sù:ṭəbíləṭi/ [名] ([形] súitable) [U] 適当, 適合(性), ふさわしいこと (*for*).

*__suit·a·ble__ /sú:ṭəbl/ [T2] [形] ([名] sùitabílity; [反] unsuitable) (…に)**適当な**, 適した; (…に)ふさわしい, 向いた (☞ proper 類義語): clothes ~ ***for*** winter <A+*for*+名・代> 冬向きの衣服 / a ~ spot *for* a picnic ピクニックに適した場所 / This book is not ~ *for* young people. この本は若い人には向かない / It would be ~ ***to*** *discuss* the matter now. <A+*to* 不定詞> 今この件を議論するのが適切だろう. **~·ness** [名] [U] 適当.

+**suit·a·bly** /sú:ṭəbli/ [副] **1** (目的や状況に)適切に, ふさわしく: She wasn't ~ dressed for the wedding. 彼女は結婚式にふさわしい服装ではなかった. **2** (特定の状況で)予想されるように, 当然のように: He was ~ impressed by the unexpected present. 彼は予期せぬ贈り物をもらい当然のことながら感動した.

*__suit·case__ /sú:tkèɪs/ [名] (**-cas·es** /~ɪz/) [C] **スーツケース**, 旅行かばん, トランク 《服ひとそろいが入るぐらいの大きさ》 (《英》 case): pack a ~ スーツケースに物を詰める (☞ pack¹ [動] [語法]).

suitcase
(携帯用で全面が平らな衣装入れの旅行かばん)

trunk
(へり・角を金属などで補強してある大型の衣装箱で長距離・長期間の旅行用; 1 人では運べない)

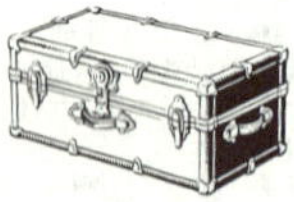

トランク

*__suite__ /swí:t/ [名] (**suites** /swí:ts/) [C] **1 スイートルーム** 《ホテルなどのひと続きの部屋》; (オフィスビルなどの)ひと続きの部屋[オフィス]: a honeymoon ~ 新婚用のスイートルーム. **2** ひと組[ひとそろい]の物[製品], セット: a ~ *of* rooms (ホテルやアパートなどの寝室・居間・浴室などの)ひとそろいの部屋 / a dining-room ~ 食堂セットひと組 《食卓・いす・食器棚など》 / a three-piece ~ 《主に英》 (ソファーとひじかけいす 2 脚とから成る) 3 点セット. **3** 〘電算〙 総合ソフトウェア. **4** 〘楽〙 組曲. **5** [単数形でも時に複数扱い] 従者[随行員]の一行. ★ ☞ en suite の項目.

*__suit·ed__ /sú:ṭɪd/ [形] [P] (…に)適した, ふさわしい; (2 人が)気の合った, 相性がよい: Is he well ~ *for* [*to*] the job? 彼はその仕事に十分適していますか / He is well ~ *to* be a teacher. 彼は教師にうってつけだ / They were ~ *to* [*for*] each other. 彼らは互いにうまく

いっていた.

-suit·ed /-sú:ṭɪd←/ [形] [合成語で] …の衣服を着た.

suit·ing /sú:ṭɪŋ/ [名] [U] 〘服〙(洋)服地.

+**suit·or** /sú:ṭɚ | -tə/ [名] [C] **1** 《古語》(女性への)求婚者. **2** 〘法〙 原告 (plaintiff). **3** [主に新聞で] (他社の)買収に乗り気な会社[人物].

su·ki·ya·ki /sù:kijá:ki/ [名] [U] すき焼き《料理》.

sul·cus /sʌ́lkəs/ [名] (複 **sul·ci** /-saɪ/) [C] 〘解〙(特に大脳の)溝(こう).

Su·lei·man /sùlɪmá:n/ [名] [固] ～ **I** スレイマーン(1世) (1494/95–1566) 《オスマントルコの皇帝 (1520–66)》.

+**sul·fate,** 《英》 **sul·phate** /sʌ́lfeɪt/ [名] [U,C] 〘化〙 硫酸塩.

sul·fide, 《英》 **sul·phide** /sʌ́lfaɪd/ [名] [U,C] 〘化〙 硫化物.

+**sul·fur,** 《英》 **sul·phur** /sʌ́lfɚ | -fə/ [名] [U] 〘化〙 硫黄 《元素記号 S》.

súlfur dióxide [名] [U] 〘化〙 亜硫酸ガス, 二酸化硫黄.

súl·fu·ret·ed hýdrogen /sʌ́lfjurèṭɪd-/ [名] [U] 硫化水素.

sul·fú·ric ácid /sʌlfjú(ə)rɪk-/ [名] [U] 〘化〙 硫酸.

sul·fu·rous, 《英》 **sul·phu·rous** /sʌ́lfərəs/ [形] 〘化〙 硫黄の(ような); 硫黄を含む.

+**sulk** /sʌ́lk/ 《略式》 [動] [自] (特に子供が)すねる. **—** [名] [C] [しばしば the ～s で] すねること. **gó ìnto a súlk** [動] [自] すねる. **hàve (a fit of) the súlks＝be in a súlk** [動] [自] すねて[ふくれて]いる.

sulk·i·ly /sʌ́lkɪli/ [副] すねて, 不機嫌に.

sulk·i·ness /sʌ́lkinəs/ [名] [U] すね(てい)ること.

sulk·y /sʌ́lki/ [形] (**sulk·i·er**; **-i·est**) すねた, むっつりした; すぐにふくれる: a ～ child 駄々っ子.

+**sul·len** /sʌ́lən/ [形] **1** むっつりした, 不機嫌な: a ～ mood 不機嫌 / a ～ look むっつりした表情. **2** 《文》陰気な, 憂鬱(ゆううつ)な: a ～ sky 陰気な空. [語源] ラテン語で「一人の」の意; sole[1] と同語源. **～·ly** [副] 不機嫌に. **～·ness** [名] [U] 不機嫌.

Sul·li·van /sʌ́ləv(ə)n/ [名] [固] サリバン **1 Anne** ～ (1866–1936) 《米国の教育者; Helen Keller の教師》. **2 Sir Arthur** ～ (1842–1900) 《英国の作曲家; ☞ Savoy operas》.

sul·ly /sʌ́li/ [動] (**sul·lies**; **sul·lied**; **-ly·ing**) [他] 《格式》〈名声などを〉汚(けが)す, 傷つける, 〈…〉に泥を塗る.

+**sul·phate** /sʌ́lfeɪt/ [名] [U,C] 《英》 ＝sulfate.

sul·phide /sʌ́lfaɪd/ [名] [U,C] 《英》 ＝sulfide.

+**sul·phur** /sʌ́lfɚ | -fə/ [名] [U] 《英》 ＝sulfur.

sul·phú·ric ácid /sʌlfjú(ə)rɪk-/ [名] [U]＝sulfuric acid.

sul·phu·rous /sʌ́lfərəs/ [形] 《英》 ＝sulfurous.

+**sul·tan** /sʌ́lt(ə)n/ [名] [the S-] スルタン, サルタン 《イスラム教国の君主》; (昔の)トルコ皇帝.

sul·tan·a /sʌltǽnə | -tá:nə/ [名] [C] **1** 《英》 ＝golden raisin. **2** [しばしば S-] スルタン (sultan) のきさき[母, 娘, 姉妹].

sul·tan·ate /sʌ́ltənèɪt/ [名] [C] スルタン領; スルタンの地位[治世期間].

sul·tri·ness /sʌ́ltrinəs/ [名] [U] **1** 蒸し暑さ. **2** 官能[扇情]性.

sul·try /sʌ́ltri/ [形] (**sul·tri·er**; **-tri·est**) [普通は [A]] [W] **1** 蒸し暑い, 暑苦しい: a ～ day 蒸し暑い日. **2** (女性・表情などが)官能的な, 扇情的な.

***sum** /sʌ́m/ ([同音] #some; [類音] son, sun, sung, thumb) [T2] [名] (～s /～z/) **1** [C] (金の)額: a large [small] ～ (*of* money) 多額[少額]の金 / *for* the ～ *of* $150 150 ドルで.

2 [the ～] 合計, 総計, 総和 (sum total): ***the*** ～ ***of*** the receipts 売り上げの総計 / *The* ～ *of* four and six is ten. 4 と 6 の合計は 10 である.

3 [the ～] (大したものではないが)(知識・体験・成果などの)全体, すべて (sum total): This is *the* ～ *of* my knowledge about it. それについて私が知っているのはこれだけだ. **4** [C] [しばしば複数形で] 《主に英》 算数(の計算); 算数問題: do a ～ 計算する / get one's ～*s* wrong 計算を間違える / She is good at ～*s*. 彼女は計算が得意だ 《★… at arithmetic. のほうが普通》.

[語源] ラテン語で「いちばん高い所」の意; 古代ローマ人は計算の合計をいちばん上に書く習慣があったことから. summit と同語源. **be gréater [móre] than the súm of its párts** [動] [自] 部分の総和以上である, 全体としてより大きな力を発揮する. **dò one's súms** [動] [自] 《略式, 主に英》 あれこれ計算[考慮]する: He *did his* ～*s* rapidly in his head. 彼はすばやく暗算をした. **in súm** [副] [つなぎ語] 《格式》 要するに, 要約すれば; 総じて(見れば): It was, *in* ～, a good year for all of us. 総じて見れば, 私たちみんなにとっていい一年でした.

— [動] (**sums** /～z/; **summed** /～d/; **sum·ming**; [名] súmmary, summátion) [次の成句で] **súm úp** [動] [他] (1) 〈…〉をまとめる, 要約する, 〈…〉の要点を述べる; (物事が)〈…〉を典型的に示す: *S～ up* the writer's argument. 著者の論点をまとめなさい. (2) 〈人・情勢など〉を(さっと)見定める, 判断する (*as*). **—** [自] 要約する; 〘法〙(裁判官が閉廷前に)陪審に裁判の要点を説明する. **Thát (abòut) súms it úp.** Ⓢ 要点はだいたいそんなところです. **to súm úp** [副] [つなぎ語] [文頭で] まとめて言えば, 要約すれば 《☞ to[3] B 7》: *To* ～ *up,* we can say that his new novel is disappointing. 要するに彼の新しい小説は期待はずれの作品と言える.

su·mac(h) /ʃú:mæk/ [名] [C] うるし, はぜ 《植物》.

Su·ma·tra /sumá:trə/ [名] [固] スマトラ 《インドネシア西部の島》.

Su·mer /sú:mɚ | -mə/ [名] [固] シュメール 《古代 Babylonia 南部の地方; 古代文明発祥の地》.

Su·me·ri·an /su:mí(ə)riən, su-, -mé(ə)r-/ [名] [C] シュメール人. **—** [形] シュメール(人[語])の.

sum·ma cum laude /súməkumláudeɪ | -mɑ:-/ 《ラテン語から》 [副] [形] 《米》 (大学卒業成績が)最優等で[の] 《3 段階の最高位; magna cum laude の上》.

sum·mar·i·ly /sʌmérəli | sʌ́m(ə)rəli/ [副] 《格式》 [時にけなして] 即決で, 深く考えずに; 即座に.

sum·ma·rize /sʌ́məràɪz/ [動] ([名] súmmary) [他] 〈…〉を手短に述べる, 要約する. **—** [自] 要約する. **to súmmarize** [副] [つなぎ語] [文頭で] 要約すれば 《☞ to[3] B 7》.

sum·ma·ry** /sʌ́m(ə)ri/ ([同音] summery) [名] (**-ma·ries** /～z/; [動] sum, súmmarìze) [C] まとめ, 要約, 概要: Give a ～ ***of this chapter. この章の概要を述べよ. **in súmmary** [副] [つなぎ語] 要約すると, 要するに. **—** [形] [普通は [A]] **1** 《格式》 [時にけなして] (処置などが)即決の, 深く考えない: ～ justice 即決裁判 / a ～ execution 即決の死刑執行. **2** 手短な (brief).

sum·ma·tion /sʌméɪʃən/ [名] [C] [普通は単数形で] ([動] sum) 《格式》 **1** 要約, 摘要 (summing-up) (*of*). **2** 〘米法〙 最終弁論. **3** 合計, 和 (*of*). **4** (過去の業績などの)まとめ, 総括 (*of*).

****sum·mer** /sʌ́mɚ | -mə/ [名] (～**s** /～z/; [形] súmmery) **1** [U,C] 夏 《☞ month 表》: in early [high, late] ～ 初夏[盛夏, 晩夏]に / in the ～ of 2005 2005 年の夏に / We often have thunderstorms ***in (the)*** ～. 夏にはよく雷雨がある / We had a very hot [wet] ～ this year. 今年の夏はとても暑かった[雨が多かった] 《☞ season [語法], common noun [文法] [語法] (1)》. [関連] midsummer 夏至のころ.

> [語法] **前置詞を省く場合**
> しばしば前置詞を伴わずに副詞句を作る: He will be six *this* [*next*] ～. 彼は今年[来年]の夏で 6 歳にな

S

る / He traveled in China this [last] ~. 彼は今[昨]夏中国を旅した《⇨ last¹ 形 １ 語法 (2)》.
2 [形容詞的に] 夏の, 夏向きの: ~ clothes 夏服 / a ~ cottage 避暑用の別荘. **3** 〖普通は複数形で〗《文》年, 年齢, 歳. —— 動 (-mer·ing /-m(ə)rɪŋ/) 自 〖副詞(句)を伴って〗夏を過ごす, 避暑する (in).

Súmmer Bánk Hóliday 名 C|U =August Bank Holiday.

súmmer càmp 名 C,U (児童の)夏季キャンプ, 林間[臨海]学校.

súmmer hólidays 名 〖複〗《英》夏休み, 夏季休暇 《6–8 月頃》《米》summer vacation).

súmmer hóme 名 C 《米》夏の小別荘.

súmmer·hòuse (-hous·es /-hàʊzɪz/) C (公園や庭園の)あずまや.

súmmer hóuse 名 C **1** =summerhouse. **2** =summer home.

súmmer púdding 名 U,C 《英》サマープディング《やわらかいフルーツプリン》.

súmmer sáusage 名 C,U 《米》サマーソーセージ《夏でももつように乾燥させた燻製のソーセージ》.

summerhouse

súmmer schòol 名 C,U (特に大学で行なう)夏期講習会.

súmmer sólstice 名 [the ~] 夏至 《6 月 21 日または 22 日》. 関連 winter solstice 冬至.

súmmer squásh 名 C ぺぽかぼちゃ《系のかぼちゃ》, ぼんきん.

súmmer stóck 名 U 《米》(避暑地の劇団の)夏季公演《夏季公演する》劇団員《全体》.

súmmer-tìme 名 U 〖しばしば the ~〗夏, 夏季: in (the) ~ 夏(季)には.

⁺**súmmer tìme** 名 U 《英》夏時間《3 月末から 10 月末まで時計を 1 時間進めて日中を多く利用する時間》《米》daylight saving time): British S~ T~ 英国夏時間 (略 BST).

súmmer vacátion 名 C 《大学などの》夏休暇, 《米》(家から離れて過ごす)夏の休暇, 《英》summer holidays).

sum·mer·y /sám(ə)ri/ 形 (名 súmmer) 夏のような), 夏らしい, 夏向きの.

⁺**súm·ming-úp** 名 〖複 sum·mings-up〗 C 《法》(判事による)審議概要説明; 要約, 摘要, まとめ.

☆**sum·mit** /sámɪt/ ⚠️ 名 (sum·mits /-mɪts/) **1** C (先進国)首脳会議, サミット; [形容詞的に] (国家の)首脳間の: an economic ~ 経済サミット / The ~ will be held in London next month. 来月ロンドンで首脳会議が開かれる / a ~ conference [meeting] 首脳会談.

2 C (山などの)頂上, 頂 (top) (of)《⇨ mountain 挿絵》: We reached the ~. 私たちは頂上にたどり着いた. **3** [the ~] 《格式》絶頂, 頂点, 極点: be at the ~ of one's power 権力の頂点にいる. 語源 ラテン語で「いちばん高い所」の意; ⇨ sum 語源.

sum·mit·ry /sámɪtri/ 名 U 首脳会談の運営[開催].

☆**sum·mon** /sámən/ 動 (sum·mons /-z/; sum·moned /-d/; -mon·ing) 他 《格式》**1** 〈人〉を呼び出す (send for), 召喚する; 〖普通は受身で〗〈人〉に〈裁判所へ〉出頭を命ずる (to); 〈人〉を呼び集める, 〈議会など〉を召集する (together): ~ the police 警官を呼ぶ / He was ~ed to appear in court. <V+O+C (to 不定詞)>の受身> 彼は法廷への出頭を命ぜられた. **2** 〈助けなど〉を(緊急に)求める: ~ help 援助[救助]を要請する. **3** 〈勇気・力など〉を奮い起こす, 出す (rouse). **súmmon úp** 動 他 《格式》(1) 〈勇気・力など〉を奮い起こす. (2) 〈記憶など〉を呼び起こす.

⁺**sum·mons** /sámənz/ 名 (~·es) C **1** 召喚, 呼び出し; 《法》(裁判所への)出頭命令, 召喚状《略式》勧告, 命令; 《法》(裁判所への)出頭命令, 召喚状: issue a ~ 召喚状を発する. **sérve a súmmons on ...** 動 他 ...に召喚状を発する. —— 動 他 〖普通は受身で〗《法》(法廷へ)〈人〉を召喚する; 呼び出す (to do, for).

su·mo /súː.moʊ/ 名 U 相撲: ~ wrestling 相撲 / a ~ wrestler 相撲取り, 力士.

sump /sámp/ 名 C **1** 汚水だめ, 下水だめ 《鉱山の坑底の》水だめ. **2** 《英》(自動車エンジン底部の)油だめ, オイルパン (《米》oil pan).

sump·tu·ous /sám(p)tʃuəs/ 形 高価な; 豪華な; ぜいたくな. **~·ly** 副 豪華に; ぜいたくに. **~·ness** 名 U 豪華さ; ぜいたくさ.

súm tótal 名 [the ~] **1** 合計, 総計, 総和 (of). **2** =sum 3.

☆**sun** /sán/ (同音 son; 類音 some, sum, sung) 名 (~s /-z/; 形 sunny) **1** [単数形で, 普通は the ~, 時に the S~] 太陽, 日 《⇨ planet 挿絵》: the rising ~ 朝日 / The setting ~ 夕日 / The ~ rises in the east. 太陽は東から昇る / The shadow of a tree moves with the ~. 木の影は太陽とともに移動する / Never let the ~ go down on your anger. 《ことわざ》 怒りを翌日まで持ち越すな. 語法 太陽のいろいろな状態をいうときには不定冠詞をつけることがある: a glaring summer sun 夏のぎらぎらした太陽. 日英比較 昼間の太陽の絵を描くのに日本の子供は赤を使うが, 英米ではオレンジ色または黄色を使うことが多い 《⇨ moon 参考 (2)》.

関連 earth 地球 / moon 月 / star 星.

2 U 〖普通は the ~〗日光; ひなた: let in [shut out] the ~ 日光を入れる[さえぎる] / sit in the ~ 日なたに座る / keep out of the ~ 日光を避ける / My room gets a lot of ~ in winter. 私の部屋は冬にはよく日が当たる / There were a lot of people on the beach under the hot ~. 暑い太陽の光を浴びて大勢が浜に出ていた. **3** C 恒星 (惑星 (planet) を持つ天体).

a pláce in the sún [名] (1) 日の当たる場所. (2) 〖普通は所有格の後で〗《略式》有利な環境, 順境.

gét some sún 《米》=**cátch the sún** 《英》[動] 他 (略式》日に焼ける, 日焼けする.

thínk the sún shínes òut of ...'s áss [動] 《卑》(人)のことをすごいと思う, (人)にぞっこんほれ込んでいる.

ùnder the sún 【副・形】 《強調に用いて》この世で, 世界中で: There is nothing new under the ~. この世には新しいものはない 《旧約聖書のことば》.

with the sún [副] 日の出に; 日の入りに: rise with the ~ 早起きする.

—— 動 (suns; sunned; sun·ning) 他 〈...〉を日にさらす, 日に干す. —— 自 〖普通は進行形で〗ひなたぼっこをする. **sún onesélf** [動] 自 〖普通は進行形で〗日光浴をする.

☆**Sun.** 日曜日 (Sunday).

sún-bàked 形 A **1** (れんがが)天日で固めた, (土などが)日照りで固まった. **2** 日の照りつける, 日差しの強い.

⁺**sún-bàthe** 動 自 日光浴をする.

sún-bàther 名 C 日光浴をする人.

sún-bàthing 名 U 日光浴.

sún-bèam 名 C 日光, 太陽光線.

sún-bèd 名 C **1** (太陽灯のついた)日焼け用ベッド. **2** (折りたたみ式の)日光浴用の長椅子.

Sún-bèlt 名 [the ~] (米国の)陽光地帯, サンベルト《Virginia 州から California 州南部に至る温暖で雨の少ない地帯; ⇨ Frost Belt》.

sún-blòck 名 U,C 日焼け止めクリーム.

sún·bonnet 名 C (女性・赤ん坊用のつばの広い)日よけ帽.
sún·burn 名 C,U (ひりひりして痛い)日焼け(による炎症), 日焼けした部分: get a ~ 日焼けしてひりひり痛い. 関連 suntan 健康的な日焼け.
sún·burned, -burnt 形 **1** (ひりひり)日焼けした: a ~ face 日焼けしてひりひり痛む顔. **2**(英) = suntanned.
sún·burst 名 C **1** 日輪の型[模様]. **2**(急に雲間をついて現れる)強い日差し.
sún créam 名 U,C (英) = suntan lotion.
sun·dae /sándi, -deɪ/ 名 C サンデー《アイスクリームの上にシロップをかけて果実・くるみなどを添えたもの》.
日英比較 日本でいう「パフェ」はこれに近いが, フランス語 parfait に由来する.

Sun·day /sándeɪ, -di/ (同音 *sundae; 類音 *sandy, *sonny, *sunny) 名 (~s /-z/) **1** 日曜日《一般に米国では週の最初の日と, 英国では週の最後の日とみなされる; 略 Sun., S.; ☞ week》 語法 囲み(1), 表; proper noun 文法(4)(i)): Today is ~ [a cold ~]. 今日は日曜日[寒い日曜日]です.

語法 Sunday など曜日の使い方
(1) しばしば冠詞をつけない. (2) 前後の文脈でいつもの[たいていの]日曜日か, この前[次]の日曜日かを指す: We go to church *on* ~(*s*). (=We go to church *every* ~). 私たちは(毎週)日曜日には教会へ行きます(☞ day 語法) / I went to the museum *on* (英) the) ~. 私は(この前の)日曜日に博物館へ行った / The ship will arrive *on* ~. 船は(この次の)日曜日に到着します / We went fishing *on* a ~ a few weeks ago. 私たちは何週間か前のある日曜日に釣りに出かけた. (3) last, next, this, every などを伴うときは前にon を付けない (☞ 3): I had my birthday party *last* ~. 私はこの前の[先週の]日曜日に誕生日のパーティーを開いた (☞ last¹ 形 語法) / Where are you going *next* ~? 今度の[来週の]日曜日にはどこへ行くつもりですか (☞ next 形 1 語法). (2) **4** 定冠詞がつくときは「問題にしている週の[その]日曜日」の意で, 主に英国の用法. ★ Monday, Tuesday などほかの曜日の語の用法も同じ.

2 [形容詞的に] 日曜日の (☞ 1 語法 (1)): It snowed *on* ~ morning. (この前の)日曜日の朝に雪が降った (☞ on 前 語法) / We'll visit Mr. Rich (*on*) ~ evening. (この次の)日曜日の晩に私たちはリッチさんの家を訪れます. ★ 次の文と比較: It was *an* enjoyable ~ morning. (ある)楽しい日曜日の朝だった. **3** [副詞的に] (米) (英略式) (1) ~ (on Sunday): They arrived [They'll arrive] ~. 彼らは日曜日に着いた[着くでしょう]. (2) [複数形で] (いつも)[たいてい]日曜日に(は) (on Sundays, every Sunday; ☞ 1 語法 (2)): Closed ~s and Holidays 日曜日と休日は閉店[閉館]《店などの掲示》. **4** C [普通は複数形で]《主に英》日曜新聞.
Súnday bést 名 [単数形で所有格の後で]《古風》晴れ着, よそ行きの服 (best).
Súnday dríver 名 C [軽蔑]休日ドライバー《慎重すぎてのろのろ運転する》.
Súnday Expréss 名 固 [The ~]『サンデー・エクスプレス』《英国の日曜大衆紙; 保守系》.
Súnday lúnch 名 C 日曜日の昼食《日曜日の午後1時頃に家族がそろって取る食事》.
Súnday Mírror 名 固 [The ~]『サンデー・ミラー』《英国の日曜大衆紙; 政治的には中道左派》.
Súnday páinter 名 C 日曜画家《余暇に絵を描く人》.
Súnday páper 名 C [普通は複数形で](日曜日だけ発行の)日曜新聞, 日曜紙(日刊紙の)日曜版.

Sunni 1775

Súnday róast [jóint] 名 C [the ~] サンデーロースト《英国の家庭で伝統的に日曜日の昼食に食べるローストビーフやステーキ》.
⁺Súnday schóol 名 C,U 日曜学校《宗教教育のため教会などで日曜日に開かれる学校》.
Súnday Tímes 名 固 [The ~]『サンデー・タイムズ』《英国の高級日曜紙; *Times* の日曜版》.
sún·deck 名 C (船・家などの)日光浴用甲板[屋根, テラス].
sun·der /sánda | -da/ 動 (-der·ing /-darɪŋ, -drɪŋ/) 他 [しばしば受身で] 《文》〈…〉を分ける, 切り離す (*from*).
sún·dial 名 C 日時計.
sún·down 名 U [無冠詞で] 《古風, 主に米》日の入り, 日没 (sunset): before ~ 日没前に / at ~ 日没時に. 関連 sunup 日の出.

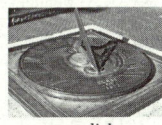

sundial

sún·down·er 名 C 《略式, 主に英》 晩酌, 日暮れに飲む1杯の酒.
sún·drenched 形 A [ほめて] 陽光が照りつける: a ~ beach 陽光の降りそそぐ海辺.
sún·dress 名 C サンドレス《そでなしの夏のワンピース》.
sún·dried /-dràɪd/ 形 A (果物などが)日干しにした《独特の風味を出す》: ~ tomatoes 天日干しのトマト.
sun·dries /sándriz/ 名 [複] 《格式》 雑貨, 雑品; 雑件.
⁺sun·dry /sándri/ 形 A 《格式》種々さまざまの, 雑多の. **áll and súndry** 代 [複数扱い]だれもかれも (everybody).
sún·fish 名 (複 ~, ~·es) C,U **1** まんぼう《魚》. **2** サンフィッシュ《北米産の淡水魚》.
⁺sún·flower 名 C ひまわり; [形容詞的に] ひまわりの: ~ oil ひまわり油.
Súnflower Státe 名 [the ~] ひまわり州《米国 Kansas 州の俗称》.

⁺sung /sʌŋ/ (類音 sang, some, son, sum, sun) 動 sing の過去分詞.
Sung /sʊŋ/ 名 固, 形 『中国史』宋(の) (960–1279).
sún·glasses 名 [複] サングラス.
sún gòd 名 C 日神, 太陽神.
sún hàt 名 C 日よけ帽.
⁺sunk /sʌŋk/ (類音 sank, thank) 動 **1** sink の過去分詞. **2** (米) sink の過去形.
— 形 P (略式) 困った状態の, どうにもならない.
sunk·en /sáŋk(ə)n/ 形 **1** A (水中に)沈んだ, 水底の: a ~ ship 沈没船. **2** A 一段と低くなった: a ~ bath 床の中に埋め込まれて低くなっている浴槽. **3** (やせて)くぼんだ, へこんだ (hollow): ~ eyes くぼんだ目 / ~ cheeks こけたほお. 語源 元来は sink の過去分詞.
sún·kissed 形 太陽の光をいっぱいに浴びた;(健康的に)日焼けした.
Sun·kist /sánkɪst/ 名 固 サンキスト《米国の果実・ジュースメーカーの商標》.
sún·làmp 名 C 太陽灯《日焼け・医療用》.
sún·less 形 (文) 日の照らない; A 日の差さない: a ~ day 太陽の照らない[雲った]日.
⁺sun·light /sánlàɪt/ 名 U 日光 (sunshine): direct ~ 直射日光 / bright ~ 明るい日の光 / a right to ~ 日照権 / in the ~ 日の当たる所で.
sún·lit [普通は A] 太陽で照らされた, 日が差す.
sún lòunge 名 C 《英》 = sunporch.
sún lòunger 名 C 《英》(日光浴用の)長[安楽]椅子.
Sun·na(h) /súnə/ 名 [the ~] スンナ《イスラム教の口伝律法》.
Sun·ni /súni/ 名 (~s) C スンニ派イスラム教徒.

―形 スンニ派の.
sun·nies /sʌ́niz/ 名(複)《豪略式》=sunglasses.
*__sun·ny__ /sʌ́ni/ (同音 sonny; 類音 sandy, sundae, #Sunday) 形 (**sun·ni·er** /-niə | -niə/; **sun·ni·est** /-niist/; 图 sun) 1 日が照って明るい, 晴れた; 日当たりのよい (反 shady): a ~ day 日のよく照る[晴れた]日 / a ~ room 日当たりのよい部屋.
2《略式》陽気な, 快活な (cheerful): give a ~ smile にこやかに笑う. the súnny síde [名] (1) 日当たりのよい側. (2) (物事の)明るい面.

sunny-side úp 形 Ⓟ《米》(卵の)片面焼きの, 目玉焼き式の: (I would like) two eggs, ~. 卵を2個, 片面焼きにしてください. 関連 turned up 両面焼きの.
sún párlor 名 Ⓒ《米》= sunporch.
sún·pòrch 名 Ⓒ《米》サンルーム《英》sun lounge).
sún protéction fàctor 名 Ⓒ 太陽光線保護指数, 日焼け止め指数 (略 SPF).
sún·ray 名 Ⓒ =sunbeam. ―形 Ⓐ 紫外線の[を利用する]: ~ treatment (人工)太陽光線療法.
*__sun·rise__ /sʌ́nràiz/ 名 1 Ⓤ 日の出, 日の出の時刻, 暁《☞day 表》: get up before ~ 日の出前に起きる / The ship set sail at ~. 船は日の出前に出帆した.《☞ sunset 日の入り. **2** Ⓒ 日の出の光景.
súnrise industry 名 Ⓒ《エレクトロニクス・コンピューターなどの》成長産業.
sún·roof 名 Ⓒ **1** サンルーフ《開閉できるようになっている自動車の屋根》. **2** 日光浴用のテラス[ルーフ].
sún·ròom 名 Ⓒ サンルーム.
*__sún·screen__ 名 **1** Ⓤ Ⓒ 日焼け止め剤. **2** Ⓒ《車の駐車時にフロントガラスを覆う》日よけ.
*__sun·set__ /sʌ́nsèt/ 名 (**-sets** /-sèts/) **1** Ⓤ 日の入り, 日の沈む時刻, 日没, 日暮れ《☞day 表》: The wind began to blow at ~. 日暮れとともに風が吹き始めた. 関連 sunrise 日の出. **2** Ⓒ 日没の光景; 夕焼け. ríde [héad, sáil] óff into the súnset 動 圓《滑稽》めでたしめでたしで終わることにする.

Súnset Bóulevard 名 固 サンセット大通り《Los Angeles を東西に走る大通り; Hollywood, Beverly Hills を通る》.
súnset industry 名 Ⓒ 斜陽産業.
súnset provìsion [làw] 名 Ⓒ《米》サンセット条項《計画などが, 時を延長しない限り, 特定期日で自動的に失効することを記した条項》.
sún·shàde 名 Ⓒ **1** 日傘. **2**《米》(店先や車のフロントガラスなどの)日よけ. **3**《複数形で》サングラス. 関連 umbrella 傘 / parasol 女性用日傘.
*__sun·shine__ /sʌ́nʃàin/ 名 **1** Ⓤ《しばしば the ~》日光, 太陽の光線; ひなた; 晴天: Come out into the ~. ひなたへ出ていきなさい / We haven't had much ~ this week. 今週はあまり晴天がなかった / After rain comes ~.《ことわざ》雨の後には晴れが来る《悪いことの後にはよいことがある》. **2** Ⓤ 陽気, 快活, 喜び, 幸福《明るさ》を与えてくれるもの: the ~ of her smile 彼女のほほえみの暖かさ / Our grandchild has brought ~ into our lives. 孫のおかげで私たちの生活が明るくなりました. **3** Ⓢ《略式, 主に英》《快活な, 時に自分を困らせる相手に皮肉な呼びかけに用いて》晴れ晴れさん, やあ, やあ: Hello, ~! やあ, こんにちは.

súnshine làw 名 Ⓒ《米国の》サンシャイン法, 議事公開法.
súnshine ròof 名 Ⓒ《英》= sunroof 1.
Súnshine Státe 名 [the ~] 太陽州《Florida, New Mexico, South Dakota 州の俗称》.
sún·spòt 名 Ⓒ **1** 〘天〙太陽の黒点. **2**《略式》日光に恵まれた観光[保養]地.
sún·stròke 名 Ⓤ 日射病 (heatstroke).
sún·tàn 名 Ⓒ (健康的に)日焼け. 関連 sunburn ひ

りひり痛い日焼け.
súntan lòtion [òil] 名 ⓊⒸ 日焼け止めクリーム[ローション].
sún·tànned 形 (健康的に)日焼けした.
sún·tràp 名 Ⓒ《英》(風よけのある)日だまり.
sún·ùp 名 Ⓤ《古風, 主に米》日の出 (sunrise). 関連 sundown 日の入り.
sún visor 名 Ⓒ = visor 3.
sún wòrshipper 名 Ⓒ **1**《略式》日光浴好き(人). **2** 太陽崇拝者.
Sun Yat-sen /sʌ́njɑ̀ːtsén | -dʒæ̀ts-/ 名 固 孫逸仙, 孫文 (1866-1925)《中国の革命家・政治家》.
sup¹ /sʌ́p/《英, 主に文》動 (**sups; supped; sup·ping**) 他 少しずつ[ちびちび]飲む; 少しずつ[ちびちび]飲む (up). ―名 [a ~] ひとすすり.
sup² /sʌ́p/ 動 (**sups; supped; sup·ping**) 自《古語》夕食を食べる; (...を)夕食に食べる (on, off).
supe /súːp/ 名 Ⓒ《略式》**1** = supervisor. **2** = superintendent.
*__su·per__ /súːpə | -pə/ 形《古風, 略式》すばらしい, 極上の, 飛び抜けた: S~! すばらしい! ―名 Ⓒ《米略式》(建物の)管理人;《英略式》警視 (superintendent を短縮した形). ―副 Ⓢ《米》非常に.
su·per- /súːpə- | -pə/ 接頭「上; 上位; 過度, 超越」などの意 ⇨ superior 語源, supreme 語源, sovereign 語源 (反 sub-): superimpose (...の上に)のせる / supersonic 超音速の / superhuman 超人的な.
su·per·a·bún·dance 名 Ⓤ または a ~《格式》過多, 余分 (of).
sù·per·a·bún·dant 形《格式》多すぎる, あり余る.
su·per·an·nu·at·ed /sùːpərǽnjueitid/ 形 **1**《普通は Ⓐ》《格式》《滑稽》老年[病弱]で退職した. **2** 旧式の, 時代遅れの.
su·per·an·nu·a·tion /sùːpərænjuéiʃən/ 名 Ⓤ《格式, 主に英》退職手当[年金].
superannuátion schème 名 Ⓒ《英格式》退職年金制度[計画].
*__su·perb__ /supə́ːb, suː- | s(j)uːpə́ːb/ 形《比較なし》実に見事な, すばらしい; 堂々とした, 壮麗な: Mark made several ~ catches and led his team to victory. マークはたびたび見事な捕球をしてチームを勝利へ導いた. **~·ly** 副 実に見事に; 堂々と, 壮麗に.

Súper Bòwl 名 [the ~]《米》スーパーボウル《プロフットボールの王座決定戦》. ☞ Cotton Bowl, Rose Bowl).
súper·bùg 名 Ⓒ スーパー細菌《従来の抗生物質では殺せない病原菌》.
súper·chárged 形 **1**《エンジンが》燃料を過給した. **2**《略式》過剰に(力・感情などを)与えられた (with).
súper·chárger 名 Ⓒ〘機〙(エンジンなどの)過給機.
su·per·cil·i·ous /sùːpəsíliəs | -pəs‐/ 形《けなして》人を見下す, 傲慢な, 横柄な. **~·ly** 副 人を見下して. **~·ness** 名 Ⓤ 傲慢さ, 横柄さ.
*__súper·compùter__ 名 Ⓒ スーパーコンピューター.
sùper·condúctive 形〘電工〙超伝導の.
sùper·conductívity 名 Ⓤ〘電工〙超伝導(性).
*__súper·condùctor__ 名 Ⓒ〘電工〙超伝導体.
sùper·cóol 他〘化〙(液体)を過冷却する《液体を凍らせずに氷点下に冷却する》.
su·per·du·per /súːpədjúːpə | -pədúːpə‐/ 形《古風, 略式》とてもはなはだしい (super の強調).
sùper·égo (~**s**) 名 Ⓒ〘心〙超自我《社会規範などで作られる自我を抑える良心》.
*__su·per·fi·cial__ /sùːpəfíʃəl | -pə‐/ 形 Ⓒ **1** 表面的な, 深みのない, おざなりな; 取るに足らない, 重要でない;《軽蔑》(人が)薄っぺらな, 皮相的な: ~ knowledge 表面的な知識 / He only knows the fact at a ~ level. 彼はその事実を表面的にしか知らない / The police only made a ~ examination of the

car. 警察は車をおざなりに調べただけった. **2** (類似なと)見かけだけの; 表面の, 外面の: ~ similarity 見せかけだけの類似性 / ~ change うわべだけの変化 / a ~ wound 外傷. **3** 囚 (層の)表の, 外側の.

su·per·fi·ci·al·i·ty /sùːpəfìʃiǽləṭi | -pə-/ 名 (形 sùperficial) U 表面的なこと; [けなして] 浅薄(なこと), 皮相(of).

su·per·fi·cial·ly /sùːpəfíʃəli | -pə-/ 副 **1** 表面的に, [けなして] 浅薄に, 皮相的に. **2** 文修飾語 表面上は; 見かけは.

sùper·fíne 形 **1** (商) (商品が)極上の. **2** (目が)非常に細かい, 超微粒の.

su·per·flu·i·ty /sùːpəflúːəṭi | -pə-/ 名 [a ~ または U] 過分な量; a ~ of food あり余るほどの食料.

†**su·per·flu·ous** /suːpɜ́ːfluəs, su- | -pɜ́ː-/ 形 (格式) 余分の, よけいな; 不必要な (unnecessary) (☞influence 単語の記憶). **-ly** 副 余分に, よけいに; 不必要に. **-ness** 名 U 余分, 不必要なこと.

Súper·fùnd 名 [単数形で] (米) スーパーファンド法 (汚染物質を排出する企業などに撤去費用を負担させる法律).

súper·glùe 名 U [時に S-] 強力接着剤 (商標). —動 他 〈…を〉強力接着剤でつける.

súper·gràss 名 C (英略式) (警察への)密告者, 情報提供者.

súper·hèro 名 (~es) C (漫画・アニメなどで悪と闘う)超人的な力を持った)ヒーロー.

sùper·híghway 名 C (米) 高速道路, ハイウェー(英) motorway) (☞ highway 日英比較, road 表); コンピューター情報ネットワーク.

sùper·húman 形 [普通は 囚] 超人的な, 人間業(わざ)でない; 神業の.

†**sùper·impóse** 動 [普通は受身で] 他 **1** 〈物を〉(…の上に)のせる[重ねる], 添える; 二重焼き付けする (on, onto, over); ~d dialogue (映画の)字幕スーパー. **2** [普通は受身で] 〈考え方などを〉反映させる (on, onto).

sùper·imposítion 名 U 重ねる[添える]こと; 反映, 影響.

su·per·in·tend /sùːp(ə)rɪnténd/ 動 他 (格式) 〈仕事・従業員・施設などを〉監督する, 管理する.

su·per·in·ten·dence /sùːp(ə)rɪnténdəns/ 名 U (格式) 監督(行為), 管理.

*****su·per·in·ten·dent** /sùːp(ə)rɪnténdənt/ 名 (-ten·dents /-dənts/) C **1** (仕事の)監督(者), 取締役, (米) (建物の)管理人((英) caretaker); (公共機関の)長; (米) 教育長 (superintendent of schools). **2** (英) 警視; (米) 警察署長. (略 supt., Supt.)

*****su·pe·ri·or** /supíəriə, sə- | suː|pɪáriə, sʊ-/ 形 (名 supèriórity; 反 inferior) [比較なし] 語法 (1) 「…よりも」の意味では than でなく to を使う (☞ to¹ 9). (2) superior to … を強めるには very でなく much を用いる (☞ inferior 語法).

1 優れた, 上等の, 優秀な (excellent) (しばしば広告で用いる): very ~ cloth とても上等な生地 / This brand of coffee is far [vastly] ~ to that one. <A+in+名・代 | to+名・代> この銘柄のコーヒーは質があっちのよりずっと上だ. **2** 優勢な, 多数の: be greatly ~ (to the enemy) in number(s) 数では(敵に)ずっと勝る. **3** [けなして] 優越感をもった, 傲慢(ごうまん)な, 人を見下すような: a ~ smile 見下した笑い. **4** 上級[上位]の (higher): a ~ court 上級裁判所. **5** 囚 (解) 上部の, 上位の: the ~ limbs 上肢筋, 腕. 語源 ラテン語で「より高い」の意; ☞ super-, supreme 語源.
—名 (~s /-z/) C **1** [普通は所有格の後でしばしば複数形で] 目上の人, 上司, 先輩: one's immediate ~ 自分の直属の上司 / They are my ~s (in rank). 彼らは私より(位が)上の人です. **2** C [しばしば所有格の後で] (W) より優れた人[物], うわて (in). **3** 名詞の後で普通は S-; 称号に用いて] (修道院などの)長: Father

[Mother] S- (男[女]の)修道院長.

Su·pe·ri·or /supíəriə, sə- | suː|pɪáriə, sʊ-/ 固 Lake ~ スペリオル湖 (米国とカナダとの国境にある湖; ☞ Great Lakes, 表地図 H 3).

su·pe·ri·or·i·ty /supɪ̀əriɔ́ːrəṭi, sə- | suː|pɪərìɔ́r-, sʊ-/ 名 (形 supérior; 反 inferiority) U **1** 優越; 優勢; 上位: ~ in number(s) 数的優位 / the ~ of iron to wood 鉄の木に対する優勢性 / gain — over one's rival 競争相手より優位に立つ. **2** [けなして] 優越感, 傲慢(ごうまん): an attitude of ~ 人を見下すような態度.

superiórity còmplex 名 (反 inferiority complex) C [心] 優越コンプレックス[複合], 優越感.

†**su·per·la·tive** /supɜ́ːləṭɪv, sə- | suːpɜ́ː-, sʊ-/ 形 [比較なし] **1** (格式) 最も優れた, 最上の, 最高の (supreme). **2** 囚 (文法) 最上級の. —名 **1** [the ~] (文法) =superlative degree. **2** C [普通は複数形で] 最上級のこと, 誇張した表現.

supérlative degrée 名 [the ~] (文法) 最上級 (of).

文法 最上級
形容詞・副詞の比較変化のうち, 3 つ以上のものを比較してその程度が最も高いことを示すものをいう. この辞書では最 と示す. 最上級の作り方については ☞ comparison 文法.
John is *the brightest* (boy) in the class. ジョンはクラスの中ではいちばん頭がいい / Buenos Aires is *the most beautiful* city that I have ever visited. 私が訪れたなかではブエノスアイレスが最も美しい都市です[形容詞の最上級] / John ran (*the*) *fastest*. ジョンがいちばん速く走った / Emily counted them (*the*) *most accurately*. エミリーがいちばん正確にそれらを数えました[副詞の最上級].
《用法についての注意》
(1) 限定用法の形容詞の最上級および副詞の最上級については ☞ the¹ 1 (4).
(2) 最上級が「…でさえ」(even) の意味を含めて用いられることがある. *The longest* day must have an end. (ことわざ) どんな長い日でも終わりがあるはずだ(つらいことばかりではない).

supérlative·ly 副 (格式) 最高に, この上なく.

súper·màn 名 (-men /-mèn/) C 超人的な能力のある人[男性], 超人.

*****su·per·mar·ket** /súːpəmàːkɪt | -pəmàː-/ 名 (-mar·kets /-kɪts/) C スーパーマーケット (☞ 次ページ挿絵, convenience store): She went shopping at the local ~. 彼女は近所のスーパーで買い物をした. 語源 super-+market. 日英比較 単に「スーパー」というのは和製英語ので, 英語では普通は super をこの意味では用いない (☞ super 名).

†**súper·mòdel** 名 C スーパーモデル (世界的に有名な高給のファッションモデル).

súper·mòm 名 C [普通は単数形で] (米略式) (仕事もしながら家事・育児もこなす)スーパーママ.

su·per·nal /supɜ́ːn(ə)l | suːpɜ́ː-/ 形 (格式) 天(上)の.

su·per·nat·u·ral /sùːpənǽtʃ(ə)rəl | -pə-/ 形 超自然の; 不可思議な: ~ powers 神秘的な力. —名 [the ~] 超自然現象; 神秘 (☞ paranormal). **-ral·ly** /-əli/ 副 超自然的に; 不可思議に.

†**súper·nóva** 名 (複 ~s, -vae /-viː/) C (天) 超新星 (☞ nova).

su·per·nu·mer·ar·y /sùːpəpn(j)úːmərèri | -pənjúːm(ə)rəri/ (格式) 形 定員外の, よけいな. —名 (-ar·ies) C よけいな物[人]; エキストラ.

sùper·órdinate 形 (格や地位が)上位の (to); (論)

(概念が)上位の. ― 名 C 上位の人[もの]; 『言』上位語《下位範疇を包含するような一般的類を表わす語; boy と girl に対する child がその例》.

su·per·pose /sùːpəpóuz | -pə-/ 動 他 〈…〉の上に置く; 〖図形など〗を重ね合わせる.

***su·per·pow·er** /súːpəpàuɚ | -pəpàuə/ 名 (~s /~z/) C 《軍事力・政治力を持つ》超大国.

su·per·script /súːpəskrìpt/ 名 (反 subscript) CU 上[肩]つき文字[記号] (10^2 の ^{2} など). ― 形 A 上[肩]つきの.

***su·per·sede** /sùːpəsíːd | -pə-/ 動 他 〔しばしば受身で〕〈…〉に取って代わる,〈…〉の地位を奪う.

súper·sèrver 名 C (他のコンピューターをコントロールする)スーパーサーバーコンピューター.

su·per·son·ic /sùːpəsάnɪk | -pəsɔ́n-/ 形 A 超音速の,音速を越えた: fly at ~ speed 超音速で飛ぶ. 関連 sonic 音速の / subsonic 音速以下の.

súpersonic tránsport 名 C 超音速輸送旅客機 (略 SST).

súper·stàr 名 C (芸能・スポーツ界などの)スーパースター.

súper·stàte 名 C (他より上位にある)超大国; (政治的な)同盟, 連合国家.

*+**su·per·sti·tion** /sùːpəstíʃən | -pə-/ 形 (形 sùperstítious) UC 〔しばしばなして〕迷信; 迷信的な習慣[行為]: combat ~(s) 迷信とたたかう / believe in the ~ that the number 13 brings bad luck 13 という番号は不幸をもたらすという迷信を信じる. 語源 ラテン語で「…の上に立つ」の意「(驚いて)見守ること」.

*+**su·per·sti·tious** /sùːpəstíʃəs | -pə-/ 形 (名 sùperstítion) 〔しばしばなして〕迷信深い (about); A 〈考え・慣行などが〉迷信の,迷信的な: ~ fear 迷信に基づく恐怖心. ~·ly 副 迷信的に, 迷信深く.

+**súper·stòre** 名 C スーパーストア《食料雑貨・家具などの超大型店》,大型ディスカウント店.

súper·strùcture 名 [a ~ または U] 1 (建物・船などの)上部構造(物) (of) (反 substructure). 2 《格式》上部構造《経済構造に対する政治・文化・法律など》.

súper·tànker 名 C (石油輸送用)超大型タンカー.

súper·title 名 C 〔普通は複数形で〕スーパータイトル《(英) surtitle》《オペラ上演の際に, 台本の翻訳やあらすじを舞台上のスクリーンに映し出すもの》. ― 動 他 〈…〉にスーパータイトルを出す ((英) surtitle).

Súper Túesday 名 固 スーパーチューズデー《米国で秋に大統領選を控えた年の 3 月の火曜日で, 予備選挙や党員集会が集中する日》.

su·per·vene /sùːpəvíːn | -pə-/ 動 自 《格式》(思わぬ結果が)生じる, 併発[突発]する.

***su·per·vise** /súːpəvàɪz | -pə-/ 動 (-per·vis·es /~ɪz/; -per·vised /~d/; -per·vis·ing; sùpervísion) 他 〈仕事・労働者・地域など〉を監督する, 指図[管理]する (oversee): He ~d the workers repairing the bridge. 彼は作業員が橋の修理をするのを監督した. ― 自 監督[指図, 管理]する.

***su·per·vi·sion** /sùːpəvíʒən | -pə-/ 名 (動 súpervise) U 監督, 指図, 管理. **ùnder the supervísion of …** = **ùnder …'s supervísion** 前 …の監督下に: This research was carried out *under the* ~ *of* Professor Long. この調査はロング教授の監督のもとで行なわれた.

***su·per·vi·sor** /súːpəvàɪzɚ | -pəvàɪzə/ T1 名 (~s /~z/; 形 sùpervísory) C 1 監督者, 管理人, 取り締まる人; 上司. 2 《米》(民選の)郡[町]政執行官. 3 《英》(大学の)指導教官.

***su·per·vi·so·ry** /sùːpəvάɪz(ə)ri | -pə-/ 形 (名 súpervisor) A 監督(者)の, 管理(人)の.

súper·wòman 名 (-wom·en /-wɪmən/) C スーパーウーマン《仕事と家庭を両立している女性》.

su·pine /suːpáɪn | súːpaɪn/ 形 《格式》1 あおむけになった. 2 〔けなして〕他人任せの, 怠惰な. 関連 prone うつぶせになった. ~·ly 副 あおむけで; 怠惰で.

supp. = supplement¹.

***sup·per** /sʌ́pɚ | -pə/ 名 (~s /~z/) 1 UC 夕食, 晩飯; (軽い)夜食《一日の最後の食事; ☞ meal¹ 参考》: prepare ~ 夕食のしたくをする / "What are we having for ~ tonight?" "Steak and potatoes." 「夕食は何ですか」「ステーキとポテトですよ」/ We had *a* light ~ after the concert. 音楽会のあとで軽い夜食をとった. 語法 形容詞に修飾される場合を除いては動詞の have, eat や前置詞の at, to, for などの後では普通は冠詞をつけない // ☞ Last Supper. 2 C 夕食会. **sing for one's súpper** [動] 自 《古風》お礼に何かをする.

súpper clùb 名 C (小規模の)高級ナイトクラブ.

sup·per·time /sʌ́pətàɪm | -pə-/ 名 U 夕食[夜食]

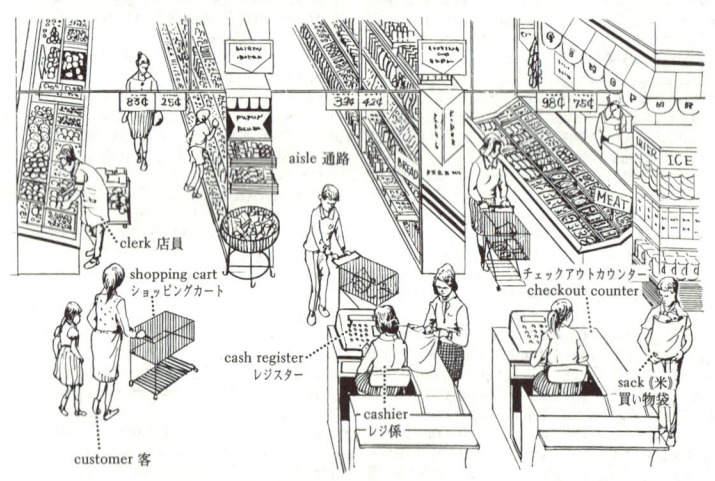

---

supermarket

- aisle 通路
- clerk 店員
- shopping cart ショッピングカート
- cash register レジスター
- cashier レジ係
- customer 客
- checkout counter チェックアウトカウンター
- sack 《米》買い物袋

時: at ~ 夕食[夜食]時に.
suppl. [略] =supplement¹.
⁺**sup·plant** /səplént | -plá:nt/ [動] 他《格式》⟨...⟩に取って代わる; ⟨...⟩を押しのける.
⁺**sup·ple** /sápl/ [形] (**sup·pler**; **sup·plest**) [普通はほめて] **1** ⟨物·体などが⟩しなやかな, 柔軟な: the ~ fingers of a pianist ピアニストのしなやかな指. **2** 《文》⟨頭·考え方などが⟩柔軟性のある, 柔らかい.

＊**sup·ple·ment¹** /sápləmənt/ ★動詞の supplement² との発音の違いに注意. [名] (**sup·ple·ments** /-mənts/; sùpplemènts) [C] **1** (よりよくするための)補足 (to); 補助食品, サプリメント; (巻末·別冊の)付録, 補遺 ([略] supp., suppl.): a nutritional ~ 栄養補助食品 / a Sunday colour ~ (英) (新聞の)色刷日曜版 / a ~ *to* the encyclopedia 百科事典の付録[補遺]. **2** 追加料金, 割増金 (to). **3** 〖数〗補角.

sup·ple·ment² /sápləmènt/ ★名詞の supplement¹ との発音の違いに注意. [動] (**sup·ple·ments** /-mènts/; **-ment·ed** /-ṭɪd/; **-ment·ing** /-ṭɪŋ/) [他] súpplement¹) ⟨...⟩を補足[補給, 補助]する: ~ one's diet *with* vitamins A ⟨V+O+with+名·代⟩ 食事をビタミンAで補う / She ~s her income *by* teaching French. ⟨V+O+by+動名⟩ 彼女はフランス語を教えて収入を補っている.

sup·ple·men·tal /sàpləméntl⁻/ [形] [A] 《主に米格式》=supplementary 1.
⁺**sup·ple·men·ta·ry** /sàpləménṭəri, -tri⁻/ [形] ([名] súpplement¹) **1** 補任する, 補遺となる; 追加の (to); 臨時の, 仮の. **2** 〖数〗補角の, 補角をなす (to): ~ angles 補角.
súpplementary bénefit [名] [U] 《英》(低所得者への)補助給付金 (現在は income support と言う).
sup·ple·men·ta·tion /sàpləmenteɪʃən/ [名] [U] 補給, 補足: ~ of: mineral ~ 〖医〗ミネラルの補給.
súp·ple·ness [名] [U] [普通はほめて] しなやかさ.
sup·ple·tion /səplíːʃən/ [名] 〖言〗補充法 (語形変化の一項を別の語の変化形で充当すること: *go* の過去形 *went* など).
sup·pli·ant /sápliənt/ [名] [C] 《文》嘆願者, 哀願者 (supplicant). ― [形] 嘆願する, 哀願する.
sup·pli·cant /sáplɪkənt/ [名] [C] 《文》嘆願者, 哀願者 (for).
sup·pli·cate /sápləkèɪt/ [動] 《文》他⟨神や権力者⟩に嘆願[懇願]する (beg), 泣きつく; ⟨...⟩を懇願する.
― 自 嘆[懇, 哀]願する (for).
sup·pli·ca·tion /sàpləkéɪʃən/ [名] [U,C] 《文》(神や権力者への)嘆願, 懇願, 哀願; 懇望; ... の懇望 (for).
＊**sup·pli·er** /səpláɪə | -pláɪə/ [名] (~s /-z/) [C] [しばしば複数形で]〖商〗供給業者, 仕入れ先; 供給国[地域]; 麻薬の供給人: one of the biggest ~s of semiconductors 大手半導体メーカーの一社.

＊**sup·ply** /səpláɪ/ [動] [名] (**sup·plies** /~z/) **1** [C] (使用可能な[必要な])量, 蓄え (ぞうえ), 在庫高; 供給物: They had a good ~ *of* food in the house. 家には食物の蓄えが十分あった.
2 [複数形で] 生活必需品, (軍隊·工場などの)必要品, 糧食: The expedition requested additional medical supplies. 遠征隊は医療品の追加を要請した.
3 [U,C] 〖経〗供給, 支給, 補給 (反 demand): ~ and demand 需要と供給. [日英比較] 日本語と語順が逆: a contract for the ~ *of* gas ガスの供給の契約 / cut off the oil ~ *to* the country その国への石油の供給を止める. **4** [形容詞的に] 供給(する)ための, 必需品搬入[貯蔵]用の: a ~ ship 物資搬入船.
be in shórt [límited] **supplý** [動] 自 物資などが不足している.
― [動] (**sup·plies** /~z/; **sup·plied** /~d/; **-ply·ing**) 他 **1** ⟨人·施設などに⟩不足している物を供給する (☞

---

support 1779

provide), 与える, ⟨...⟩⟨物⟩にあてがう: Cows ~ milk. 雌牛は牛乳を供給する. [言い換え] He has **supplied** me *with* the necessary information. ⟨V+O+with+名·代⟩=He has **supplied** the necessary information *to* me. ⟨V+O+to+名·代⟩ 彼は私に必要な情報を知らせてくれました. [語法]《米》では次の文型が用いられることもある: He has *supplied* me the necessary information. ⟨V+O+O⟩ // He's well [poorly] *supplied with* cash. ⟨V+O+with+名·代の受身⟩ 彼は現金を多く持っている[少ししか持っていない]. **2** ⟨必要⟩を満たす (satisfy), ⟨必要·要求⟩に応じる, ⟨必要なもの⟩を補う: ~ the needs 必要を満たす.
[語源] ラテン語で「いっぱいに満たす」の意.

supply chàin [名] [C] 〖商〗供給連鎖, サプライチェーン (製品の生産から流通までの一貫したプロセス).
supplý line [名] [C] [普通は複数形で]〖軍〗兵站(へいたん)線.
supplý-side [形] [A] 〖経〗供給側重視の: ~ economics (減税による)供給側(重視)の経済.
supplý tèacher [名] [C] 《英》=substitute teacher.

＊**sup·port** /səpɔ́ət | -pɔ́ːt/ 《類音 sport》 [T1]

元来は「下から運び上げる」の意 (☞ export¹)
(単語の記憶) から, 「支える」 [動] **2**, 「支え」 [名] **2**
(物心両面で) → 「支持する」 [動] **1**, 「支持」 [名] **1**
→ 「扶養する」 [動] **3** → 「扶養」 [名] **8**
(比喩的に) → (支えとなる) → 「裏づけとなる」 [動] **4**

― [動] (**sup·ports** /-pɔ́əts | -pɔ́ːts/; **-port·ed** /-ṭɪd/; **-port·ing** /-ṭɪŋ/) 他 **1** ⟨人·主義など⟩を支持する, 支援する; ⟨活動·悪い習慣など⟩を財政的に援助する, 「下落を防ぐため⟩⟨通貨·価格など⟩を支える, 維持する; ⟨人⟩を精神的に支える, ⟨生命など⟩を支える; 《主に英》⟨スポーツチームなど⟩のファンである: We strongly ~ the new President *in* his policies. ⟨V+O+in+名·代⟩ 新大統領を政策面で強く支持する / My family ~ed me through these troubles. こういった困ったときに家族が支えてくれました / Which team do you ~? どのチームのファンですか.

2 ⟨落ち[倒れ]ないように⟩⟨...⟩を支える (with)《☞ export¹(単語の記憶)》: Three legs are enough to ~ a chair. いすを支えるには脚が3本あれば十分だ / The roof *is* ~*ed by* [*on*] four pillars. ⟨V+O の受身⟩ 屋根は4本の柱で支えられている.

3 ⟨家族など⟩を扶養する, 養う (by); (土地·水)⟨動植物など⟩を養う: He has a large family to ~. 彼は大家族を扶養して[抱えて]いる. **4** ⟨...⟩の裏づけとなる, ⟨...⟩を証拠立てる, 立証する: His theory *is* ~*ed by* reliable evidence. 彼の理論は信頼できる証拠によって裏づけされている. **5** 〖電算〗⟨コンピューターを⟩サポートする ⟨ソフトウェアが対応している; メーカーが情報提供を行なう⟩. **6** ⟨主演者⟩を助演する, わき役を務める. **7** [普通は否定文で]《格式》⟨...⟩に耐える, 我慢する (bear).

suppórt oneself [動] 自 (1) (自分の)体を支える: ~ *oneself with* [*on*] a stick ステッキで体を支える. (2) 自活する.

― [名] (**sup·ports** /-pɔ́əts | -pɔ́ːts/; [形] suppórtive) **1** [U] 支持, 支援, 支持; 賛助; 励まし, 擁護; [U,C] 財政的援助; [U] 〖軍〗援護(射撃): drum up ~ 支持を集める / give ~ 支持する / He won public ~ *for* his program. 彼は計画に対する大衆の支持を得た.

2 [C] 支えるもの, 支柱; 副木, (運動用の)サポーター; [U] 支え(られ)ること, 支え (for): This billboard needs

supportable

more ~s. この掲示板にはもっと支えが必要だ / The baby can't stand without ~. その赤ん坊は支えてやらないと立てない． **3** U 〖電算〗技術サポート (technical support). **4** U 裏づけ, 立証. **5** U 助演者, わき役, サポート. **6** C (精神的な)支えとなる人; 財政上の支援者 (to). **7** 〖時に複数扱い〗(政党などの)会員; (スポーツチームなどの)ファン〖全体〗. **8** U (家族の)扶養; 生活費, 維持費.

in support of ... [前]…を支持して, …に賛成して; …を立証するため: He spoke *in* ~ *of* our views. 彼は私たちの見解を支持する演説[発言]をした．

sup·port·a·ble /səpɔ́ətəbl | -pɔ́ːt-/ 形 (反 insupportable)《格式》**1** 立証できる； 支えることができる. **2** 〖普通は否定文で〗我慢できる.

★sup·port·er /səpɔ́ətə | -pɔ́ːtə/ 名 C **1** 〖しばしば複数形で〗**支持者**, 援助者, 賛成者 (*of*); 《主に英》(サッカーなどの)**サポーター**, ファン: football ~ サッカー[アメフト]ファン / They are strong [firm] ~s *of* the political reform. 彼らは政治改革を強く支持している． **2** 《米》(運動用などの)サポーター (jockstrap).

support group 名 C ある問題で(似た経験を持ち)助け合う人々の集まり.

support hose 名 U 《米》サポートストッキング〖脚部保護用で伸縮性がある〗(《英》support tights).

sup·port·ing /səpɔ́ətɪŋ | -pɔ́ːt-/ 形 **1** (映画・演劇の)助演の, わき役の: a ~ actor [cast] 助演者[陣]. **2** 《英》(映画の)主要作品と併映される, 補助の. **3** (壁などを)支えるための. **4** W (証拠などが)裏づけとなる.

supporting part [role] 名 C (演劇の)わき役.

★sup·port·ive /səpɔ́ətɪv | -pɔ́ːt-/ 形 (= support) [ほめて] (困って[悩んで]いる人に)**支えとなってくれる**, 支持[援助]してくれる, 協力的な; 理解がある: You've been very ~ *of* me during difficult period.＜A+*of*+名・代＞苦しい時にあなたは支えになってくれました．

support network 名 C = support system.

support price 名 C (農家などに対する政府補助金の)最低保障価格.

support system 名 C 支援体制, 支援者ネットワーク.

support tights 名〖複〗《英》= support hose.

★sup·pose /səpóʊz/ 動 (sup·pos·es /~ɪz/; sup·posed /~d/; sup·pos·ing; 名 sùpposítion) 他 《普通は進行形なし》**1** ＜…ではないかと思う**, 想像[推定]する (☞ think 類義語; ☞ compose 単語の記憶): I ~ (*that*) he will be back by eight. ＜V+O (*that* 節)＞彼は8時までには帰るでしょう (☞ 成句 I suppose ...) / "There is [I see] no reason to ~ (*that*) they will lose the election. 彼らが選挙で敗北するとは考えられない / I ~d (*that*) it was expensive. それは高価なのではないかと思った． 語法 この文は I ~d it *to* be expensive. ＜V+O+C (*to* 不定詞)＞が《格式》であまり普通では無い． **2** 〖受身〗《格式》(世間では)…と考える, 信じる (☞ be supposed to do (成句)): He *is* (commonly [generally]) ~*d to* have got lost in the mountain. 彼は山で遭難したと(一般には)考えられている． **3** 《格式》(事柄・説などが)＜…＞を前提条件としている, …を想定している (presuppose). **4** S 仮に…とする, 仮定する (☞ Let us suppose (that) ... (成句), Suppose ... (成句)).

be supposed to do T1 [動] (1) (子音の前では) s(ə)pʊstu, (母音の前では) -tu/ [遠回しに命令を表わもに] 《略式》…してはいけない(ことになっている)『言い換え』 People *are* ~*d to* refrain from smoking in this building. = People *are not* ~*d to* smoke in this building. この建物の中は禁煙になっています． (2) …する予定[こと]になっている, 当然…するはずになっている: *I was* ~*d to* meet him at five, but was made to wait an hour. 私は5時に彼に会う予定だったが1時間待たされた / Everybody *is* ~*d to* know the law, but few people really do. だれでも法律を知っていることになっているが, 実際に知っている人は少ない． (3) 《格式》(世間では)…と考えられている: He *is* ~*d to* be the best doctor in town. 彼は町一番の名医とされている．

Do yòu suppóse ...? S (1) 〖しばしば疑問詞の後で〗…と思いますか《相手がよく知らないとわかって聞く》: *What do you* ~ will happen next? 次に何が起こるでしょう． (2) 《丁寧》…し(ていただけ)ませんか．

I dòn't suppóse ... S (1) 《丁寧》…でしょうか《相手がよく知らないとわかっていて聞く》: *I don't* ~ you know her e-mail address, do you? 彼女のメールアドレスを知ってますか． (2) 《丁寧》…していただけませんか: *I don't* ~ you could help me carry these bags upstairs, could you? この荷物を上の階まで運ぶのを手伝ってくれませんか． (3) …ではないと思う: *I don't* ~ she is a good swimmer. 彼女は泳ぎはうまくないと思う． (4) 〖怒って〗(なぜ)…なんだね．

I should [would] suppóse ... S (多分)…ではないかと思う, (多分)…だと思う． 語法 I suppose …より も遠慮した言い方．

I suppóse ... S (1) …ではないかと思う, …だと思う: Since she hasn't come yet, *I* ~ she must be ill. まだ来ないところをみると彼女は病気だと思う．

会話 "Can we ask John to help?" "*I* ~ *sò*." 「ジョンに手伝ってと頼めるかな」「頼めるでしょうけど」(☞ so¹ 6; 語法 この表現ではあまり強く思っていない気持ちを表わす) / "I'm afraid this car won't fit in our garage." "No, *I* ~ *nót*."「この車はうちの車庫には入らないね」「多分だめだね」(☞ not (5))

語法 …, I suppòse のように文尾に用いることもある: Your mother is worrying about you, *I* ~. お母さんはあなたのことを心配しているよ多分． (2) 〖怒って〗(どうせ)…なんでしょ: *I* ~ you were late again. また遅刻したんだろ． (3) そうあってほしくないが[いやだけれど]多分…だ: *I* ~ my brother asked you for it again. 弟があなたにそれをほしいと言ったでしょう． (4) 《丁寧》…していただけませんか: *I* ~ you couldn't help me with the work, could you? この仕事を手伝ってくれませんか．

Lèt us suppóse (that) ... S …だと仮定してみよう, 仮に…だとしよう: *Let us* ~ (*that*) the news is true. その報道が仮に真実だとしよう．

Suppóse ... 〖主に S〗(1) 仮に…としよう, 仮に[もし]…とすると (☞ conditional clause 文法): *S*~ you walk three miles an hour. How far can you go in five hours? 時速3マイルで歩くとすると, 5時間ではどのくらい行けるか / *S*~ she refused to help you. What would you do then? 彼女が手伝うのをいやだと言ったら, どうしますか． 語法 文頭で接続詞としても用いる: *S*~ (= If) it snows, what will you do? 雪になったらどうしますか． (2) 《略式》…してみようではないか, …してみたらどうだろう (let's); …してはもらえませんか: *S*~ we meet at seven. 7時に会うことにしてはどうですか．

Whàt's thát suppósed to mèan? S 一体それはどういう意味ですか《相手の発言に困惑して[怒って]いうことば》.

You dòn't suppóse ...? S …でしょうね《相手に念を押す言い方》: *You don't* ~ she will miss the train, do you? 彼女はまさか列車に乗り遅れないでしょうね．

sup·posed /səpóʊzd/ 形 **1** A (…と)思われて(疑われて]いる(人[もの]), うわさの; 仮定の, 想像上の; 想定さ

れる: The ~ robber had an airtight alibi. 強盗だと思われていた人[強盗の容疑者]には完全なアリバイがあった. **2** ☞ be supposed to do (suppose 成句).

sup·pos·ed·ly /səpóuzɪdli/ 副 [文修飾語] 一般に考えられているところでは, …とされている: Mr. Smith is ~ a wealthy businessman. スミス氏は裕福な実業家と思われている. 一般にはその仕事を完成するのに1年以上はかかるとされている. [語法] 時に「しかし必ずしもそうでもない」という含意がある.

***sup·pos·ing** /səpóuzɪŋ/ 接 [主に S] **1** もし…ならば (if): S~ (that) he can't come, who will do the work? 彼が来られない場合はだれがその仕事をしますか. **2** (略式) …してみたらどうだろう (Suppose …): "I can't find my hat." "S~ you have [had] another look?" 「帽子が見つからないわよ」「もう一度捜してみたら」《直接法・仮定法いずれも用いられる》.

sup·po·si·tion /sʌ̀pəzíʃən/ 名 (動 suppóse) (格式) ① [けなして] 推測; 想像, ⓒ 仮定, 仮説: It's based on pure ~. それは単に推測にすぎない. **on the supposition that …** [接] …と仮定して.

sup·pos·i·to·ry /səpázətɔ̀ːri | -pózɪtəri, -tri/ 名 (**-to·ries**) ⓒ 坐薬.

***sup·press** /səprés/ 動 (**-press·es** /~ɪz/; **sup·pressed** /~t/; **-press·ing**) (名 suppréssion) ⑯ **1** [普通はしないで] 〈…〉を抑圧する, 鎮圧する, 押さえつける, 鎮める (➡ press 単語の記憶): The revolt was ~ed by the army. <V+O の受身> 反乱は軍隊によって鎮圧された. **2** [普通はしないで] 〈事実など〉を押し隠す; 〈…〉の出版・公表を禁止する: ~ evidence 証拠を覆い隠す. **3** 〈感情など〉を抑える, 抑える: ~ a smile ほほえみを殺す / ~ one's anger 怒りをこらえる. **4** 〈活動・成長・発達など〉を止める, 妨げる, 抑制する: ~ the body's immune system 身体の免疫システムが機能しないようにする. [語源] ラテン語で「下に押しつける」の意 (➡ press 単語の記憶).

sup·pres·sant /səprés(ə)nt/ 名 ⓒ 【医】(食欲などの) 抑制剤.

sup·pressed /səprést/ 形 抑圧された; (感情などを) 抑えた.

sup·press·i·ble /səprésəbl/ 形 (感情などを) 抑えることができる.

sup·pres·sion /səpréʃən/ 名 (動 suppréss) Ⓤ **1** 抑圧, 鎮圧; 成長・発達などの抑制 (of). **2** 〈…〉を隠すこと (of), ③ 発売禁止 (of). **3** (感情などの) 抑制 (of).

sup·pres·sor /səprésə | -sə/ 名 ⓒ **1** 【医】発癌抑制遺伝子. **2** (ラジオ・テレビなどの) 雑音[混信]防止装置. **3** 抑圧者, 鎮圧者; 抑制剤の.

sup·pu·rate /sʌ́pjurèɪt/ 動 ⾃ 【医】化膿(がのう)する, うむ.

sup·pu·ra·tion /sʌ̀pjuréɪʃən/ 名 Ⓤ 【医】化膿; うみ.

su·pra- /súːprə/ 接頭 「上の; 越えた」の意: *supra*national 超国家的な.

sùpra·nátional 形 Ⓐ (格式) 超国家の.

su·prem·a·cist /suprémsɪst, sə- | suː-, sʊ-/ 名 ⓒ [主に軽蔑] (特定の集団の) 至上主義者: a white ~ 白人至上主義者.

***su·prem·a·cy** /suprémsi, sə- | suː-, sʊ-/ 名 (形 supréme) Ⓤ (格式) **1** 主権, 至上権; 支配権, 優位, 優勢 (over). **2** 至高, 至上; 最高位 (of).

***su·preme** /suprím, sə- | suː-, sʊ-/ 形 (形 su·prém·a·cy) **1** (権力・地位などが)**最高の**: the ~ commander 最高司令官 / ~ power 至上権 / In a democracy, the people should be ~. 民主国家では国民が主権者であるべきだ.

2 Ⓐ (程度・質が)**最高の**, 最も重要な; この上ない, 極度の (extreme): a ~ masterpiece 最高傑作 / ~ disgust 極度の嫌悪 / make a ~ effort 最大努力する.

[語源] ラテン語で「いちばん高い」の意: ☞ super-, superior. [語法] **màke the suprème sácrifice** ➡ sacrifice 成句. **réign suprème** 動 ⾃ 最高位にある, 最も重要である, 支配する.

su·prême /suprí:m; ⦅フランス語⦆ sʏ-/ 名 ＣⓊ シュープレーム (鶏の出し汁とクリームで作るソース(を添える(鶏)料理)).

Suprême Béing 名 [the ~] ⦅文⦆ 神 (God).

Suprême Court 名 [the ~] (国などの)最高裁判所; a ~ justice (米国の)最高裁判所裁判官.

suprême·ly 副 Ⓦ この上なく, 極度に.

Suprême Sóviet 名 ⦅固⦆ [the ~] (旧ソ連邦の)最高ソビエト [会議].

***su·pre·mo** /suːpríːmou/ 名 (~s) ⓒ (英略式) [新聞で] 最高指導者[支配者], 総帥 (of).

Supt., supt. 略 = superintendent.

sur·cease /sə́ːsiːs | sə́ːsíːs/ ⦅文⦆ 名 Ⓤ 終わり, 一時的休止 (of). ── /sə-:síːs | sə-:-/ 動 ⾃ 終わる. ⓑ 〈…〉を終わらせる.

***sur·charge** /sə́ːtʃɑ̀ə̀ːdʒ | sə́ːtʃɑ́ːdʒ/ 名 ⓒ 追加料金, 追徴金 (*on, for*). ── 動 ⓑ 〈…〉に追加料金 [追徴金]を課する (*on*).

sur·coat /sə́ːkòʊt | sə́ː-/ 名 ⓒ (中世騎士がよろいの上に着た)そでのない外衣.

surd /sə́ːd | sə́ːd/ 名 【数】無理数.

***sure** /ʃúə | ʃɔə | ʃɔː, ʃúə/ ⦅同音⦆ ⦅英⦆ #shore[1, 2], #Shaw; ⦅異音⦆ #show, #short/ 形 (**sur·er** /ʃúə(r)ə | ʃɔː.rə, ʃɔːrə, ʃúərə/; **sur·est** /ʃúə(r)ɪst | ʃɔː.rɪst, ʃɔːrɪst, ʃúər-/; ensúre) **1** Ⓟ (人が) **確かに…だと思って**, 〈…〉を確信して (➡ 類義語); 確信を持った態度で: I think he's coming, but I'm not ~. 彼は来ると思いますが, 確信はありません (★ I'm not ~ he is. の省略) / Are you ~ (*that*) this is the right train? <A+(that) 節> この列車で間違いないですか (➡ that[2] B **3** 構文).

> [語法] **sure + whether [if]** 節などの使い方
> 否定文や否定語 unsure の後にはしばしば whether [if] 節, wh 節が続く: They were *not* ~ *whether* they could come. <A+*whether* 節> 彼らは来られるかどうかはっきりしなかった / I'm *not* ~ *if* this is correct. <A+*if* 節> これが正しいかどうか自信がない / The doctor was *not* ~ *what* the trouble was. <A+wh 節> どこが悪いのかその医者はわからなかった.

Are you ~ *of* getting the tickets? <A+*of*+動名> 切符を確実に入手できますか / I'm (pretty) ~ *of* his success. <A+*of*+名・代> 彼はきっと成功する[した]と思う. [語法] この文は前後関係で I'm sure he *will* succeed. の意にも I'm sure he *has* succeeded. の意にもなる: Don't be too ~ *about* [*of*] your conclusion. 自分の結論に確信を持ちすぎてはいけない.

2 Ⓟ [比較なし] **きっと…して, 必ず…して**: ⦅言い換え⦆ He is ~ *to* forget it. <A+*to* 不定詞> 彼はきっとそれを忘れる (= I am ~ he will forget it.) [主語の he ではなく話し手の確信を表わす]. [語法] certain と異なり, it を主語にする次の言い方は普通ではない (➡ certain 形 **2**; 類義語): *It* is ~ *that* he will forget it.

3 [普通は Ⓐ] (格式) 確かな, 確実な (certain); (死などが)必然的な (inevitable); 信頼できる, 当てになる (reliable); しっかりした: a ~ sign of snow 雪の降るたしかな兆候 / a ~ bet (米) 確実にうまくゆくこと / This is the *surest* way to succeed. これが最も確実な成功への道だ / One thing is ~—we'll never finish this job. ひとつだけはっきりしている—我々はこの仕事を終えそうにない. [語源] ラテン語で「心配のない」の意; secure と

同語源.
be súre and dó [動] [命令文で] [S] 《略式》 きっと…する (be sure to do): *Be ～ and* remember what I told you. 私の言ったことを絶対に忘れるな.
be [féel] súre of onesèlf [動] [自] [時にけなして] 自信がある, 自信家である.
be súre to dó [動] [命令文で] [S] きっと…する, 必ず…する: Be ～ *to* close the door. 必ずドアを閉めてください. (平叙文の用法は ☞ 2)
for súre [副・形] 《略式》 (1) [文中, 文尾で] 確かに[で], はっきりと: Martha will be here, *for* ～. マーサはきっと来るよ / He didn't say *for* ～ that there is a position for you. 彼は君の仕事の口があるとははっきり言わなかった (★ 従属節の現在時制については ☞ sequence of tenses [文法] (1)) / She won't come tonight, and that's *for* ～. [S] 彼女は今夜は来ないさ, 間違いないよ. (2) [質問に答えて] [S] 《米》 はい, ぜひとも: "Will you join us?" "*For* ～." 「参加します」「ええ, ぜひ」
I'm súre 《略式》 本当に (強く明言するときに文頭または文尾に置いて): [言い換え] *I'm* ～ Í don't know. =Í don't know, *I'm* ～. 本当に私は知らないのです.
màke súre [T1] [動] [他] (1) 確かめる, 念を押す (make certain): I'll *make* ～ *how* many books we need. 本が何冊必要か確かめてみます. (2) 確実に[間違いなく]…する (make certain): *Make* ～ (*that*) you arrive at seven! 間違いなく 7 時に着くようにしてください. [語法] that 節には普通は現在時制を用いる.
màke súre of ... [動] [他] (1) …を確かめる: You should *make* ～ *of* the facts before you start blaming him. 彼を非難する前に事実を確かめなさい. (2) …を確保する, …を手に入れる.
súre thíng ☞ sure thing の項目.
to be sùre [副] [文修飾語] 《格式》 (1) [普通は後に but が続いて] [S] なるほど[確かに]…だが(しかし): He's not bright, *to be* ～, *but* he's very kind. 確かに彼は頭はよくはないが, とても親切だ. (2) 確かに, 全く (surely) (☞ to³ B 7): It's a beautiful day, *to be* ～. 全くすばらしい天気だ.
to màke súre [副] 念のために.
— [副] [S] 《略式》 **1** [依頼や質問の受け答えやあいづちとして] 《主に米》 よろしいですとも, 承知しました; そうですとも (certainly); [お礼の返事として] 《主に米》 どういたしまして: "May I smoke here?" "S～." 「ここでたばこを吸ってもいいですか」「ええ, どうぞ」 / "Are you going?" "S～!" 「あなたは行きますか」「ええ, もちろんです」 / "Excuse me." "S～." 「失礼します」「どうぞ」 (☞ Excuse me (excuse¹ 成句) (1) [語法]).
2 [文修飾語] 《米》 確かに, 全く (☞ surely 類義語): It's ～ nice to be back home. 帰ってみるとやっぱりわが家が最高ね / "It's cold today." "It ～ is!" 「きょうは寒いね」「全くだね」
3 [文修飾語] [普通は後に but が続いて] 《主に米》 なるほど…(だが): S～ he's cool, *but* I'm not interested. たしかに彼はかっこいいけど, 興味ないわね.
(as) súre as ... [副] [確信を強調して] 《古風, 英略式》 …であるように確実に (☞ (as) sure as eggs is [are] eggs (egg¹ 成句); (as) sure as fate (fate 成句); (as) sure as I'm standing here (stand 成句)).
(as) súre as héll [副] [S] 確かに, 間違いなく.
sùre enóugh [副] [文頭, 文中で] やっぱり, 本当に, 果たして: I said you would come, and ～ *enough*, here you are. 君が来るだろうと僕は言っていたのだがやっぱりやって来たね.
【類義語】 **sure** 疑う余地がなくて「確かな」または「確信して」の意でごく一般的な語. **certain** 「確かな」または「確信して」の意では *sure* と区別なしに用いることが多いが, 区別するときには *certain* は客観的事実や証拠に基づく場合, *sure* は主観的・直観的な判断による場合に用いる. なお, It is *certain that* ... の構文で *certain* の代わりに *sure* を用いるのは普通ではない. また, Tom is *sure* [*certain*] *that* he will succeed. (トムは必ず自分が成功するものと思っている)では主語トムの判断を表わし, Tom is *sure* [*certain*] *to* succeed. =It is *certain that* Tom will succeed. (または I am *sure* [*certain*] *that* Tom will succeed.) (トムはきっと成功する)では話し手の判断を表わす点に注意のこと. [語法] *certain* が [A] として用いられると「ある…」の意味になることがある (☞ certain 3); 次と比較: a *sure* guide 信頼できる案内人 / a *certain* guide ある案内人.

súre·fíre [形] [A] 《略式》 (成功・勝利などが)絶対確実な, きっとうまくいく.

súre·fóoted [形] 足元の確かな, 転ばない; 間違いない, 着実な.

‡sure·ly /ʃúəli, ʃə́ə- | ʃɔ́ː-, ʃúə-/ [副] **1** [文修飾語] [相手の同意を求めて] 確かに(…でしょうね) (☞ 類義語): S～ you remember him? =You remember him, ～? 彼のことをお忘れではないでしょうね.
2 [文修飾語] [普通は否定文の文頭または文尾で; 相手の話・様子に対する驚きや疑いを表わして] [S] まさか, よもや: S～ you are *not* going alone![?] まさか一人で行くんじゃないだろうね / You did*n't* mean to insult him, ～! まさか彼を侮辱するつもりではなかったのだろう. [語法] この意味では certainly は用いられない. **3** [文修飾語] 《古風, 格式》 確かに, 必ず, きっと: He will ～ succeed [fail]. 彼はきっと成功する[失敗する]に違いない. **4** [依頼や質問の受け答えとして] [S] 《米古風》 よろしいですとも, 承知しました; そうですとも (certainly): "Will you come with us?" "S～." 「いっしょに来ますか」「いいですとも」 **5** (動作・進行などが)確実に, 着実に; 安全に: The work proceeded slowly but ～. 作業はゆっくりと, しかし確実に進行した.
Súrely nót! [返答などに用いて] [S] 《格式》 まさかそんなことはあるまい: Lee has failed the exam? S～ *not!* リーが試験に落ちたって？まさか.
【類義語】 **surely** *sure* より客観的な判断に使われたり, 相手の同意を求めようとするときに用いられることが多い. **sure** *surely* よりくだけた言い方で確信の度合いが強く, 相手も当然同意するはずだという感じを含むことが多い.

súre·ness [名] [U] 確かであること, 確実さ, 安全.

súre thíng 《略式》 [感] [返答で] [S] 《主に米》 (ああ)いいよ (all right); そうですとも (☞ sure [副] 1); 確かに (surely); [お礼の返事として] 《主に米》 どういたしまして: "Did you like it?" "S～!" 「気に入った？」「もちろん」
— [名] [a ～] 確実なこと.

sur·e·ty /ʃúə(ə)rəṭi | ʃɔ́ːrə-, ʃúərə-/ [名] (**-e·ties**) 〖法〗 **1** [C] 保証人. **2** [U,C] 保証金; 保証, 抵当.
stánd súrety for ... [動] [他] 〖法〗 …の保証人となる.

⁺surf /sə́ːf | sə́ːf/ [動] [自] サーフィンをする, 波乗りをする; 〖電算〗 ネットサーフィンする. — [他] 〈波〉に乗る; 〖電算〗 〈インターネット〉を見て回る, ネットサーフィンする, 目を通す. **gò súrfing** [動] [自] サーフィンに行く. — [名] [U] 寄せ(て砕け)る波, 砕け波.

‡sur·face /sə́ːfəs | sə́ː-/ [T1] [名] (**sur·fac·es** /~ɪz/) **1** [C] (物や液体の)表面, 外面, 表層; 〖幾〗 (立方体の)面: on the ～ *of* the earth [road] 地球[道路]の表面に / A few leaves were floating on the ～ *of* the water. 葉っぱが数枚水面に浮かんでいた.
2 [単数形で, 普通は the ～] うわべ, 外観, 見せかけ: He looks only at *the* ～ *of* things. 彼は物事のうわべだけしか見ない.
[語源] フランス語で sur- (上の) + face (顔).
belòw [benèath] the súrface [形] (物が)表面[水面]下に; (感情などが)表面下に, 隠れて. **cóme [ríse] to the súrface** [動] [自] (表面に)現われる, 知れ渡る; (問題・疑い・怒りなどが)表面化する. **on the**

súrface [副] [時に 文修飾語] (物体の)外側で(は); (人・事の)表面上は, うわべだけは (反 under the surface). ― [形] 表面上の, うわべだけの. **skím the súrface** [動] (自) 上っ面(だけ)を扱う [論ずる]. **ùnder the súrface** [副] [時に 文修飾語] (物体の)内側で(は), 表面[水面]下で(は); (人・事の)内面で(は) (反 on the surface).

― [動] (自) **1** (事件などが)表面化する, 明るみに出る (in); (隠れていた人・物が)姿を現わす. **2** (表面に)浮かんでくる; (潜水艦や潜水夫が)浮上する. **3** (略式) 遅く起きてくる. ― (他) 〈…〉の表面を仕上げる; 〈路面〉を舗装する (with).

― [形] A **1** (内部に対して)表面の; (地中・空中に対して)地表の, 地表での, (海中に対して)水面上の: ~ fleet (潜水しない)海上艦隊 / a ~ worker (炭鉱などの)地上作業員. **2** 表面だけの, うわべだけの: ~ politeness うわべだけの丁寧さ.

súrface àrea [名] C 表面積.
-sur·faced /sə́ːfəst | sə́ː-/ [形] (合成語で) (…の)表面をもつ: smooth-*surfaced* 表面がなめらかな.
súrface máil [名] U 普通郵便 (鉄道便・船便など). 関連 airmail 航空便.
súrface strúcture [名] U,C [言] 表層構造.
súrface ténsion [名] U [物理] 表面張力.
súrface-to-áir [形] A [軍] (ミサイルなどが)地対空の: a ~ missile 地対空ミサイル (略 SAM).
súrface-to-súrface [形] A [軍] (ミサイルなどが)地対地の.
súrf and túrf [名] C (米) (料理) (一皿に盛った)シーフードとステーキ (通常ロブスターとフィレミニョン).
súrf·bòard [名] C サーフボード, 波乗り板.
súrf càsting [名] U 投げ釣り, 磯釣り.
sur·feit /sə́ːfɪt | sə́ː-/ (格式) [名] [a ~] 多すぎる量, 過多, 過度 (excess); 食べ[飲み]すぎ, 食傷: a ~ of advice うんざりするほどの忠告. ― (他) [普通は受身で] 〈人〉を〈…で〉飽き飽きさせる (with).
súrf·er [名] C サーファー, サーフィンをする人; ネットサーフィンをする人 (≒ *netsurfer*). 関連 windsurfer ウィンドサーフィンをする人.
†súrf·ing [名] U **1** サーフィン, 波乗り. 関連 windsurfing ウィンドサーフィン. **2** (電子) (略式) ネットサーフィン (*netsurfing*) (インターネットを見て回ること).

*surge /sə́ːdʒ | sə́ːdʒ/ 12 [動] (**surg·es** /-ɪz/; **surged** /-d/; **surg·ing**) (自) **1** [副詞(句)を伴って] (波のように)押し寄せる (forward, through); (海などが)打つ, 押し寄せる. **2** [普通は副詞(句)を伴って] (利益・需要・電流などが)急増[急騰]する (up). **3** [普通は副詞(句)を伴って] (感情などが)どっとわいてくる, 押し寄せる (up).

― [名] C [普通は単数形で] **1** (投資・関心・感情などの)急激な高まり, 急増, 急騰: feel a ~ of *pity* あわれみの念がわくのを感じる / an unprecedented ~ *in* demand [*house price*] かつてなかった需要[住宅価格]の急増[急騰]. **2** (群衆などの)殺到; 大波, うねり (of). **3** [電] サージ (電流・電圧の急増) (≒ *surge protector*); (水流などの)急増 (of). 語源 ラテン語で「上がる」の意; source と同語源.

*sur·geon /sə́ːdʒ(ə)n | sə́ː-/ 12 [名] (~s /-z/) C 外科医 (☞ doctor 1): a plastic ~ 形成外科医.
Súrgeon Géneral [名] [the ~] (米) 公衆衛生局長官; [軍] 軍医総監.
súrge protèctor [名] C [電] サージプロテクター (サージから機器を保護するための回路[装置]).
*sur·ger·y /sə́ːdʒ(ə)ri | sə́ː-/ 12 [名] (**-ger·ies** /-z/; [形] súrgical) **1** U 外科, 外科医学; U,C 外科治療, 手術 (*for*): plastic ~ 形成外科 / cosmetic ~ 美容整形 / My father underwent major [six hours of] ~ *on* his heart. 父は心臓の大[6 時間にわたる]手術を受けた. 関連 medicine 内科. **2** U,C (主に米) 手術室

((英)) theatre; (英) 診察室 ((米) office); (英) (歯科)医院 ((米) office). **3** U (英) 診療時間 ((米) office hours); C (英) (議員や弁護士の)面会時間. 語源 ギリシャ語で「手仕事, 熟練」の意.

súrge suppréssor [名] C =surge protector.
*sur·gi·cal /sə́ːdʒɪk(ə)l | sə́ː-/ [名] súrgery) A **1** 外科の, 外科的な; 外科(治療)用の; 外科手術によって起こる; (英) (靴・ストッキングなどが)整形矯正用の: a ~ ward 外科病棟. **2** (攻撃が外科手術のように)きわめて正確な. 関連 medical 内科の. **-cal·ly** /-kəli/ [副] 外科手術で.
súrgical spírit [名] U (英) =rubbing alcohol.
súrgical stríke [名] C [軍] (特定の目標への)局部攻撃.
Su·ri·nam /sù(ə)rənɑ́ːm | -ném/, **-na·me** /-ná:mə, -ném/ [名] 地 スリナム (南米北東部の共和国).
Sur·i·nam·ese /sù(ə)rinəmíːz-/ [形] スリナム(人)の.
súr·li·ness /sə́ːlinəs | sə́ː-/ [名] U (W) (けなして) 不機嫌; 無愛想.
sur·ly /sə́ːli | sə́ː-/ [形] (**sur·li·er**, **-li·est**) (W) (けなして) 不機嫌な; 無愛想な, ぶっきらぼうな.
sur·mise¹ /sə(ː)máɪz | sə́ː-/ [動] (格式) (**sur·mis·es** /-ɪz/; **sur·mised** /-d/; **sur·mis·ing**) (他) 〈…〉と推量[推測]する (*guess*) (that). ― (自) 推量[推測]する.
sur·mise² /sə́ː maɪz, sə(ː)máɪz | sə́ː maɪz, sə́ːmáɪz/ [名] U または単数形で 推量, 推測.
†sur·mount /səmáʊnt | sə-/ [動] (他) (格式) **1** (困難や障害)を乗り越える, 克服する (*overcome*), 切り抜ける (☞ mount¹ 単語の記憶) : ~ difficulties 困難を乗り越える. **2** [普通は受身で] 〈…〉の上にある, 〈…〉にのっている: a tower ~ed by a clock てっぺんに時計がついた塔.
sur·mount·a·ble /səmáʊntəbl | sə-/ [形] (反 insurmountable) (格式) 乗り越えることのできる, 克服することのできる.
†sur·name /sə́ːnèɪm | sə́ː-/ [名] C (格式) 姓, 名字 (Charles Jones なら Jones; ☞ name 参考).
*sur·pass /səpǽs | səpɑ́ːs/ [動] (格式) 〈…〉に勝る, 〈…〉をしのぐ, 上回る (*exceed*); …以上に…できないほどだ (☞ pass 単語の記憶) : ~ (all) expectation(s) 予想をはるかに越える. 語源 中期フランス語で sur- (上を) +pass (越える)の意. **surpáss onesélf** [動] (格式) 前期待していた」よりもよくやる.
sur·pass·ing [形] A (文) ずばぬけた, この上ない.
sur·plice /sə́ːplɪs | sə́ː-/ [名] C (キ教) サープリス (聖職者や聖歌隊員が儀式に着るその丈の長い白衣).
*sur·plus /sə́ːpləs | sə́ː-/ (類語 *surplice*) 12 [名] (~·es /-ɪz/) U,C 余剰, 余り, 剰余; 剰余金; (財政や企業の)黒字; 貿易黒字 (trade surplus) (反 deficit): a ~ of exports over imports 輸入に対する輸出の超過[黒字] / a budget ~ 予算の余り.
in súrplus [形] 余分な, 黒字で, (輸出)超過で.
― [形] 過剰の, (…より)余分な (to): ~ rice 余剰米.
be súrplus to requiréments [動] (自) (英格式) 不要[過剰]だ.
súrplus válue [名] U (経) 剰余価値.

*sur·prise /səpráɪz | sə-/ 11 [名] (**sur·pris·es** /-ɪz/)

「不意を打つ」[動] **2** → (意外なこと) → 「驚くべきこと」[名] **1** → 「驚き」[名] **2**

1 C 驚くべきこと, 意外なこと; [普通は単数形で] 思いがけない物(贈り物など): What a ~ *to* see you here! ここで君に会うなんて驚いたな / What a pleasant [nice] ~! こんなうれしいことがあるとは思わなかった / The report was [came as] a complete ~ *to* them. その報告は彼らには寝耳に水だった / It was [*came as*] *no* ~ to see him there. そこで彼に会ったのが意外ではなかった / Here's a big ~ *for* you. さあびっくりするものがあるよ《子供に贈り物をするときなど》. **2** ⓤ [時に a ~] 驚き: with a look of ~ 驚いた表情で / show [express] genuine ~ *at* a wonderful present すてきな贈り物を見て本当に驚いた様子をする / His presence at the meeting gave us a ~. 彼が会合に出席したので私たちはびっくりした. **3** [形容詞的に] 不意の: a ~ attack 奇襲攻撃 / a ~ party 不意打ちパーティー《主賓(ひん)に知らせずに行なう》.

an élement of surpríse [名] 不意(をつくこと), 意外性.

gèt [hàve] a surpríse [動] ⓘ 驚く.

in [with] surpríse [副] 驚いて, はっとして: He looked up *in* ~. 彼ははっとして顔を上げた.

surpríse, surpríse Ⓢ (略式) (1) [皮肉, 当てこすりとして] 思ったとおりだ, 案の定. (2) 思いがけずうれしいことに.

Surpríse(, surpríse)! Ⓢ (略式) (1) [人に物をあげ[見せ]ながら] ほら驚かないで. (2) [突然人が目の前に現われて] ほら驚いたでしょう.

táke [cátch] ... by surpríse [動] ⓗ (1) 〈...〉を驚かせる: I was *taken by* ~ at the news of his resignation. 彼が辞めたという知らせにびっくりした. (2) 〈...〉の不意を打つ; 〈...〉を奇襲占領する (受身) be taken by surprise: He *took* me *by* ~. 彼は私の不意を打った.

to ...'s surpríse = to the surpríse of ... [副] 文修飾語 ...の驚いたことには (☞ to¹ 12): (Much) *to my* ~, there was nobody in the house. (とても)驚いたことにその家にはだれもいなかった.

── [動] (sur·pris·es /~ɪz/; sur·prised /~d/; sur·pris·ing) ⓗ [進行形まれ] **1** [しばしば受身で] [思いがけないことで] 〈...〉を驚かす, びっくりさせる (☞ 類義語); 〈...〉にひどいショックを与える: The news greatly ~*d* us. その知らせに私たちはひどく驚いた / You ~ me! びっくりするじゃないか [言い換え] We *were* very [pleasantly] ~*d at* [*by*] the news. <V+O の受身>=We *were* very [pleasantly] ~*d to* hear the news. =It ~*d* us 'very much [pleasantly] to hear the news. 私たちはその知らせにびっくりした[びっくりすると同時にうれしく思った] (☞ very¹ 1 語法 (2), to³ B 2) / We *were* ~*d at* [*by*] his behavior. 我々は彼のふるまいにびっくりした.

語法 **surprise の受身**
(1) We were very (much) surprised by the news. の能動態は The news ~*d* us very much. となる (☞ very¹ 1 語法 (2)).
(2) by は事実関係を述べるだけで無色, at を用いると強いショックや感情的な反応[反感]のニュアンスが感じられることがある.

It ~*d* me (that) he *should* even have been suspected. 彼が嫌疑を受けていたとは驚いた 《☞ should A 7; that² B 3 (構文)》 / What ~*d* me (the) most was that she was not shocked. 私が何より驚いたのは彼女がショックを受けていないということだった / It wouldn't ~ me if he refused. Ⓢ 彼が断わっても別に驚かない(断わりそうだ) (☞ surprised 最後の例文). **2** 〈...〉の不意を打つ, 〈...〉を奇襲する (*with*); 〈人〉が(...しているのを)不意に見つける: ~ the enemy 敵に奇襲攻撃をかける / She ~*d* him reading her diary. 彼女は自分の日記をこっそり(こっそり)読んでいるところを見つけた.

【類義語】**be surprised** 突然予期しないことが起こって驚くこと. **be astonished** 信じ難いようなことが起こって非常にびっくりすること. **be amazed** 非常にびっくりしてうろたえたりとまどったりすること. **be startled** *be amazed* よりもさらに強くて, 突然のことに飛び上がるほど仰天すること. **be astounded** *be startled* よりもさらに強くて, とうてい信じられないようなことが起こって, ショックを受けるほど仰天すること.

*sur·prised /səpráɪzd | sə-/ [形] 驚いた, びっくりした (*at*, *by*): They have [wear] a ~ look 驚いた顔をする / They looked ~ *to* hear the news. <A+*to* 不定詞> 知らせを聞き彼らはびっくりしたようだった / Don't be ~ if the child breaks it. Ⓢ 私の子がそれをこわしても驚くなよ / I wouldn't be ~ if he refused. Ⓢ 彼が断わっても別に驚かない.

*sur·pris·ing /səpráɪzɪŋ | sə-/ [形] 驚くべき, 意外な, 不思議な: a ~ number of people 驚くべき数の人 / finish work with ~ speed 驚くべき速さで仕事を終える / *It's* hardly ~ *that* she said no. 彼女が断わったのは意外だとはいえない(予想どおりだ).

*sur·pris·ing·ly /səpráɪzɪŋli | sə-/ [副] **1** 文修飾語 驚いたことには, 意外なことには: S~ (enough), she refused my offer of help. 驚いたことには彼女は私の援助を断わった. **2** 驚くほど, びっくりするくらい (範囲): behave ~ 驚くような行動をする / The box was ~ heavy. その箱は驚くほど重かった. **nót surprísingly** 文修飾語 意外なことではないが.

*sur·re·al /səríːəl | -ríəl/ [形] 超現実的な.

sur·re·al·ism /səríːəlɪzm | -ríəl-/ [名] ⓤ [時に S-] 〖芸〗超現実主義, シュールレアリズム.

*sur·re·al·ist /səríːəlɪst | -ríəl-/ [時に S-]〖芸〗 [名] ⓒ 超現実主義[シュールレアリズム]の芸術家[作家]. ── [形] Ⓐ 超現実主義[シュールレアリズム]的な.

sur·re·al·is·tic /sə̀rìːəlístɪk | -rɪəl-ˈ-/ [形] [普通は Ⓐ] **1** (文) = surreal. **2** 〖芸〗 超現実主義の, シュールレアリズムの. **-is·ti·cal·ly** /-kəli/ [副] 超現実主義的に.

*sur·ren·der /səréndə | -də/ (類音 slender) [動] (-ren·ders /~z/; -ren·dered /~d/; -der·ing /-dərɪŋ, -drɪŋ/) ⓘ **1** 降伏する, 降参する: They unconditionally ~*ed to* the enemy. <V+*to*+名・代> 彼らは敵に無条件降伏した. **2** (文) (力などに)屈する; (激情・快楽などに)身を任せる, おぼれる: ~ *to* temptation. 誘惑のとりことなる.
── ⓗ (格式) **1** (あきらめて)〈...〉を放棄する, 明け渡す, 捨てる (give up); (相手に)引き渡す (*to*): In 1989, the Communists ~*ed* power in many Eastern European nations. 1989年に多くの東欧の国で共産主義者たちが政権を明け渡した. **2** (係官に)〈パスポート・切符など〉を渡す, 差し出す (*to*).

surrénder onesèlf to ... [動] ⓗ (1) (敵・警察などに)降参[自首]する. (2) (文) [普通は受身で] (習慣・感情などに)身を任せる, おぼれる.

── [名] [ⓤ または a ~] 降伏, 降参; 明け渡し, 引き渡し, 自首; (権利などの)放棄 (*of*, *to*); (文) 身を任せること (*to*): (*an*) unconditional ~ 無条件降伏.

surrénder vàlue [名] ⓒ 〖保〗解約払戻し額.

⁺**sur·rep·ti·tious** /sə̀rəptíʃəs | sʌ̀r-ˈ-/ [形] Ⓦ (格式) 秘密の, 内密の, こそこそした. **~·ly** [副] 秘密裏に, 内密に, こっそりと. **~·ness** [名] ⓤ 秘密性.

sur·rey /sə́ːri | sʌ́ri/ [名] ⓒ (米) サリー(2座席ある四輪馬車).

sur·ro·ga·cy /sə́ːrəgəsi | sʌ́r-/ [名] ⓤ 代理(母), 代理出産.

⁺**sur·ro·gate** /sə́ːrəgeɪt | sʌ́r-/ (格式) [形] Ⓐ 代理の, 代理出産の: a ~ mother 代理母《不妊の妻の代わりに子供を妊娠する女性》 / ~ motherhood 代理母であること. ── [名] 代理人, 代わりの物 (*for*); 代理母.

*sur·round /səráʊnd/ (発音) [動] (sur·rounds /-ráʊndz/; -round·ed /~ɪd/; -round·ing) ⓗ **1** [しばしば受身で] 〈...〉を囲む, 取り巻く; (警察・軍などが)〈...〉を包囲する: Mountains ~*ed* the valley. 山々がその谷間を取り囲んでいた / The house *is* ~*ed by* [*with*] trees. <V+O の受身> その家は木々に囲まれている / The enemy ~*ed* our position. 敵は我々の陣地を包囲した. **2** [受身で] (店・人などが)多く〈…〉の近くに(囲むように)ある: We *are* ~*ed by* good theaters in London. ロンドンにはよい劇場が手近にいろいろある. **3** (問題・危険などが)〈…〉につきまとう.

surróund onesèlf with ... [動] [他] 自分の回りに(人・物)を(多数)置く.

— [名] [C] **1** (窓・暖炉などの)縁飾り; 回りの床《カーペットと壁との間》. **2** [複数形で] 周囲の環境.

surrounding /sərάundɪŋ/ [形] [A] 周囲の, 付近の: the ~ mountains 周囲の山々.

***sur·round·ings** /sərάundɪŋz/ [名] [複] [しばしば所有格の後で] **環境**, 周囲の物事[状況]; (…の)周辺《☞ 類義語》: Good work cannot be done *in* uncomfortable ~. 不快な環境ではよい仕事はできない / The villa blends in with *its* ~. その別荘は周囲にとけこんでいる.

【類義語】**surroundings** 人や場所を取り巻く地理的・物理的な環境をいう: She grew up in beautiful *surroundings*. 彼女は美しい環境で育った. **environment** 精神的・社会的・文化的に影響を及ぼす環境をいう: She grew up in a happy *environment*. 彼女は幸せな環境の中で育った. **circumstances** 人や行動に制約・影響を及ぼす(時に経済的な)環境をいう: Man is the creature of *circumstances*. 人間は環境に左右される動物だ.

surróund-sòund [名] [U], [形] [A] サラウンドシステム(の)《4つ以上のスピーカーを使い臨場感のある音を作り出す》.

sur·tax /sə́ːtæ̀ks | sə́ː-/ [名] [U] (所得税の)累進付加税 (supertax).

sur·ti·tle /sə́ːtàɪtl | sə́ː-/ [名], [動] 《英》 =supertitle.

sur·veil /səvéɪl | sə-/ [動] [他] [S] 《非標準》〈人・場所〉を監視する.

***sur·veil·lance** /səvéɪləns | səː-/ [名] [U] [W] (囚人・捕虜などの)**監視**, 見張り, 監督; 医療上の監視 (*of*): a ~ camera 監視カメラ / a ~ satellite 偵察衛星 / be kept under constant ~ 常時監視されている.

****sur·vey**[1] /sə́ːveɪ, sə(ː)véɪ | sə́ːveɪ, səːvéɪ/ ★ 動詞の survey[2] とのアクセントの傾向の違いに注意. [T1] [名] (~**s** /~z/; [動] survéy[2]) **1** [C] (事情や世論などの)**調査**, 検討; (土地などの)測量(図); 《英》(建物などの)検分, 査定: conduct [carry out, do, make] a ~ *of* marriage 結婚に関する調査を行なう / a public opinion ~ 世論調査 / A recent ~ showed [revealed, found] that young people like fast food. 最近の調査で若者はファーストフード好きとわかった.
2 [単数形で] **概観**, **概説**: His essay provides a good ~ *of* current trends in broadcasting. 彼の論文は放送の現在の傾向をうまく概観している.

***sur·vey**[2] /sə(ː)véɪ, sə́ːveɪ | sə(ː)véɪ, sə́ːveɪ/ ★ 名詞の survey[1] とのアクセントの傾向の違いに注意. [動] (**sur·veys** /~z/; **sur·veyed** /~d/; **-vey·ing**; [名] súrvey[1]) [他] **1** [しばしば受身で] (世論調査などで)〈…〉を**質問する**, **調査する**: Nearly 60% of those ~*ed* supported the new government. 質問を受けた者の 60% 近くが新政府を支持した.
2 《格式》〈物事〉の全体を(よく)調べる, 〈…〉を概観する, 概説する: His lecture ~*ed* the current economic situation. 彼の講演は現在の経済情勢を概説したものであった. **3** 〈土地など〉を測量する; 《英》〈建物など〉を検分[査定]する (examine). **4** 〈…〉を見渡す, 見晴らす.

súrvey còurse [名] [C] 《米》(大学の)概論コース.

sur·vey·or /səvéɪə | səvéɪə/ [名] [C] 測量者, 測量技師; 《英》(不動産などの)査定人; 《英》(公共事業などの)調査官; 〔海〕 検査官.

sur·viv·a·bil·i·ty /səvàɪvəbíləṭi | sə-/ [名] [U] 《格式》 命取りにならないこと.

sur·viv·a·ble /səvάɪvəbl | sə-/ [形] 《格式》 (事故・核戦争などが)生き残りを許す, 命取りにならない.

***sur·viv·al** /səvάɪv(ə)l | sə-/ [名] (~**s** /~z/; [動] survíve) **1** [U] **生き残ること**, **生存**; 残存: the ~ *of* the fittest 適者生存 / fight *for* ~ 生き残りを賭けて戦う / a ~ instinct 生存本能 / The crew have [has] a slight [50–50] chance of ~. 乗組員の生存の望みはわずかしかない[五分五分である]. **2** [C] 遺物, 遺風 (*from*).

sur·viv·al·is·m /səvάɪvəlɪ̀zm | sə-/ [名] [U] 生存主義.

sur·viv·al·ist /səvάɪv(ə)lɪst | sə-/ [名] [C] 生存主義者《待避施設や備蓄食糧により非常時に生き残ることを第一の目標とする人》. — [形] 生存主義の.

survíval kit [名] [C] 救急袋, サバイバルキット《非常食・医薬品など緊急の際に必要な物のセット》.

****sur·vive** /səvάɪv | sə-/ [T1] [動] (**sur·vives** /~z/; **sur·vived** /~d/; **sur·viv·ing**; [名] survíval) [自] **1** **後まで残る**, 生き残る; 残存する (*from, into, as*): Few villagers ~*d*. 村人はほとんど生き残らなかった. **2** 《略式》 (苦しいところを)うまく切り抜ける, 生き抜く: "How are you?" "I'm ~*ing*." [滑稽]「元気にしてますか」「何とかやってます」
— [他] [命令形なし] **1** [受身なし] 〈…〉の**後まで生き残る**, (人が)〈事故・災害など〉を(切り抜けて)**生き残る**; (物が)〈災害など〉の後まで残る, 〈…〉を生き延びる; 〈難局など〉を切り抜ける: ~ the accident 事故にあうが助かる / Only a few houses ~*d* the earthquake [flood, fire]. その地震[洪水, 火災]で無事だったのはほんの数軒しかなかった. **2** [しばしば受身で] [主に新聞で] 〈人〉より長生きする, 〈人〉に先立たれる: His wife ~*d* him *by* ten years. 彼の妻は彼の死後なお 10 年間生きた / Dr. Hall *is* ~*d by* his wife and three daughters. ホール博士の遺族は夫人と 3 人の令嬢である. [語源] ラテン語で「…を越えて生きる」の意; ☞ vivid [語源].

survíve on ... [動] [他] (食料・給料など)で生きて行く: Her salary is barely enough to ~ *on*. 彼女の給料では生活するのがやっとだ.

sur·viv·ing /səvάɪvɪŋ | sə-/ [形] 生存している, 現存の: a few ~ photos 数枚の残っている写真.

***sur·vi·vor** /səvάɪvə | səvάɪvə/ [名] (~**s** /~z/) [C] (危うく)生き残った人[会社], (事故などの)**生存者** (*of*); 遺族; [ほめて] (逆境にもめげず)たくましく生きて行ける人: the sole [lone] ~ 唯一生き残った人.

sus /sʌ́s/ [動] =suss.

Su·san /súːz(ə)n/ [名] [固] スーザン《女性の名; 愛称は Sue, Susie》.

Su·san·na, Su·san·nah /suːzǽnə/ [名] [固] スザンナ《女性の名; 愛称は Sue, Susie》.

+**sus·cep·ti·bil·i·ty** /səsèptəbíləṭi/ [名] (**-i·ties**) [W] **1** [U,C] 感じやすいこと, 感受性; 敏感; 感染しやすいこと (*to*). **2** [複数形で; 普通は所有格の後で] 《格式》 (傷つきやすい)感情 (feelings).

+**sus·cep·ti·ble** /səséptəbl/ [T3] [形] ([反] insusceptible) **1** [普通は [P]] (…を)受けやすい, (…に)影響されやすい (*to*); (…に)感染しやすい (*to*). **2** 感じやすい, 多感の (*to*): a ~ girl 感じやすい少女. **3** [P] 《格式》 (…が)できる, 可能な, (…を)許す (capable): The sentence is ~ *of* another interpretation. その文は別の解釈ができる.

su·shi /súːʃi/ ≪日本語から≫ [名] [U] 寿司(すし): a ~ bar 寿司屋(のカウンター).

Su·sie /súːzi/ [名] [固] スージー《女性の名; Susan, Susanna, Susannah の愛称》.

****sus·pect**[1] /səspékt/ ★ 名詞の suspect[2] とのアクセントの違いに注意. [T3] [動] (**suspects** /-pékts/; **-pect·ed** /~ɪd/; **-pect·ing**; [名] sus-

suspect

pícion, 名, 形 súspect² 他 進行形・命令形なし) **どうも…らしいと思う**, 多分…ではないか思う: They strongly ~ (*that*) he is guilty. <V+O ((*that*) 節)> 彼らは彼が有罪なのではないかと強く疑っている. 語法 (1) 普通はよくないこと，悪いことについて用いる．(2) doubt との違いは (☞ doubt 表, 類義語); なお doubt と異なり suspect if [whether] ... の構文は用いない. (3) 単に「…と思う」(suppose) の意で用いるのは (略式): "Is the boy correct? "I ~ so [not]." 「その子は正しいことを言っているの」「そうだと〔違うと〕思う」

2 〈人を〉怪しいと思う，〈人に〉（犯罪などの）嫌疑をかける (☞ prospect¹ 単語の記憶) : I ~ that man. あの男が怪しいと思う / The police ~ him *of* murder. <V+O +*of*+名・代> 警察は彼に殺人の疑いをかけている / He is ~*ed of* accepting a bribe. <V+O+*of*+動名の受身> 彼はわいろを受けたのではないかと疑われている.

3 〈事柄・物に〉不信を抱く，怪しいと思う: I ~ his honesty. 彼の実直さは疑わしい / I ~ the truth of this report. この報告書の正確さが怪しい. **4** 〈不正・危険など〉をかぎつける，〈…があると〉感づく: ~ corruption [murder] 汚職[殺人]の可能性を感じとる. 語法 ラテン語で「下を見る」の意; (☞ prospect¹ 単語の記憶).

- **sus·pect²** /sʌ́spekt/ ★動詞の suspect¹ とのアクセントの違いに注意. (動 súspect¹) 名 C 容疑者，被疑者，疑わしい人[もの] (*for*, *in*): the prime ~ 第一容疑者. 関連 criminal 犯罪者. **the úsual súspects** 名 [複] いつもの連中; いつものもの. ── 形 疑わしい，怪しい: a highly ~ package (危険ありそうな)怪しい小包.
- **sus·péct·ed** 形 A (…ではないかと)怪しまれている，(…の)疑いをかけられている: a ~ murderer 殺人容疑者 / a ~ broken leg 骨折の疑いのある脚.
- *sus·pend* /səspénd/ 12 動 (sus·pends /-péndz/; -pend·ed /-ɪd/; -pend·ing) 名 suspénse, sus·pénsion) 他

元来は「つり下げる」の意 (☞ depend 単語の記憶).
「宙ぶらりんにする」3 →
(不安定な状態にとどめる) ┐─ 「漂わせる」4
                └─ 「一時停止する」1

1 〈事業や活動〉を**一時停止する**; 一時延期する，保留する，猶予(ゆ)する): be ~*ed* in time 時がとまる / Our project has *been* temporarily ~*ed*. <V+O の受身> 我々の計画は一時的に中断された.

2 [普通は受身で] 〈…〉を**停職させる，停学させる**: The two girls have *been* ~*ed from* school. <V+O+*from*+名・代の受身> その女生徒 2 名が停学になっている. **3** [普通は受身で](格式) 〈…〉を宙ぶらりんにする，(hang up) (*by*): Decorations were ~*ed from* the streetlights. 街灯から飾りがぶら下がっていた. **4** [受身で] (格式) (空中・水中などに)〈…〉を浮遊させる (*in*).

- **suspénded animátion** 名 U **1** 仮死(状態)，人事不省. **2** (計画・行動などの)停止状態.
- **suspénded séntence** 名 C [法] 執行猶予(の判決).
- **sus·pénd·er** 名 **1** [複数形で] (米) ズボンつり，サスペンダー ((☞ garter)) ((英) braces). **2** C [普通は複数形で] (英) =garter 2.
- **suspénder bèlt** 名 C (英) =garter belt.
- ⁺**sus·pense** /səspéns/ 名 (動 suspénd) U はらはらした気持ち (結果がどうなるかわからないときの気持ち), (どっちつかずの)不安，気がかり; 未定，あやふや: The ~ is killing me! はらはらして死んでしまいそうだ!

kéep [hóld, léave] ... in suspénse 動 他 〈…〉をはらはらさせる.

- **sus·pense·ful** /səspénsf(ə)l/ 形 [普通は A] (話などが)はらはらさせる.

- *sus·pen·sion* /səspénʃən/ 名 (~s /-z/; 動 sus·pénd) **1** U,C **中止，停止**; 停職，停学; 支払い停止 (*of*). **2** U,C (自動車などの)車体支持ばね装置，サスペンション; つり具，掛け具. **3** C,U [化] 懸濁液[物質].
- **suspénsion brìdge** 名 C つり橋 (☞ Golden Gate Bridge 写真).

- *sus·pi·cion* /səspíʃən/ 13 名 (~s /-z/; 動 suspéct¹, 形 suspícious) **1** C,U **疑い，疑惑，疑念** (*of*); 不信(感); C どうも…らしいと思うこと，感づくこと: regard ... with ~ …を疑いをもってみる / arouse [raise] ...'s ~ …に疑いをいだかせる 言い換え I have a ~ [I have my ~*s*] (*that*) he's going to quit. <N+(*that*) 節> どうも彼がやめるんじゃないかという気がするんです. **2** [a ~] (文) ごくわずか, (…の)気味な: a ~ of sadness 少し悲しげな口調.

abòve [beyònd] suspícion [形] 疑いをかけられない(で), 公正で. **cóme [fàll] ùnder suspícion** [動] 疑いをかけられる. **on suspícion of ...** [前] …したという疑いで. **ùnder suspícion** [形・副] 疑いをかけられて(て) (*of*).

- *sus·pi·cious* /səspíʃəs/ 形 (名 suspícion) **1** 怪しいと思う，疑い深い，疑いを持った is: The neighbors were all ~ *of* [*about*] him. <A+*of* [*about*]+名・代> 近所の人たちはみな彼をうさんくさい目で見た / She has a ~ nature. 彼女は疑い深い人です / He gave me a ~ look. 彼はけげんな顔を私に向けた.

2 疑いを起こさせる，怪しげな，疑わしい: ~ behavior 怪しげな行動 / a ~ package 不審な小包 / die in [under] ~ circumstances 変死する / a ~-looking character あやしげな人物.

- *suspícious·ly* 副 疑い深く；怪しげに［なほど］, 妙に, 不信に. **lóok [sóund] suspíciously líke ...** [動] 他 [しばしば滑稽] …のようである: His remark sounds ~ *like* an insult to me. 私には彼の発言はどうも侮辱のように聞こえる.
- **suss** /sʌ́s/ 動 他 (英略式) **1** わかる，感づく (*out*; *that*). **2** 慎重に調べる (*out*).
- **sussed** /sʌ́st/ 形 (英略式) よく知って[わかって]いる: get [have] ... ~ (*out*) ...を知り尽くす.
- **Sus·sex** /sʌ́sɪks/ 名 **1** 地 サセックス (英国 England 南東部の旧州). **2** C サセックス種 (鶏).

- *sus·tain* /səstéɪn/ 動 (sus·tains /-z/; sus·tained /-d/; -tain·ing; 名 sústenance) 他 (格式) **1** 〈生命・活動など〉を**維持する，持続させる** (maintain); 〈食物など〉〈…〉の体力を保つ; 〈…〉の気持ちを支える，〈…〉を元気づける: ~ public interest in political reform 政治改革に対する人々の興味を持続させる / Hope ~*ed* him during his illness. 病気の間彼は希望を持っおかげで持ちこたえた. **2** 〈損害・損傷など〉を受ける，こうむる: ~ a serious injury 重傷を負う. **3** 〈物体〉を支える (support), 〈重さなど〉に耐える (bear) (☞ contain 単語の記憶): This shelf will not ~ the weight of all these books. この棚ではこの本全体の重みに耐えられないだろう. **4** 〈考え・議論など〉を支持する; [法] 承認する. **Objéction sustáined.** (感) (S) [法] 異議申し立てを受理する (裁判官のことば) ((☞ Objection overrule (overrule の例文))).

- **sus·tain·a·bil·i·ty** /səstèɪnəbíləti/ 名 U 持続可能性; (自然環境などの)保全可能性.
- *sus·tain·a·ble /səstéɪnəbl/ 形 (開発などが)資源や自然環境を保ちながら続けられる; 持続可能な: envíronmentally ~ development 環境の保全が可能な開発.
- **sus·tained** /səstéɪnd/ 形 長期間の，持続した: ~ economic growth 持続的経済成長 / make a ~ effort たゆまず努力する.
- **sus·tain·ing** 形 (食物などが)体力を保つ[つける].

sus·te·nance /sʌ́stənəns/ 名 (動 sustain) U (格式) **1** 食物, 栄養(物). **2** 生計, 自活. **3** 維持, 持続 (of). **4** (精神的・感情的な)支え.

su·tra /súːtrə/ 名 C スートラ《ヒンズー教・仏教の経典》.

sut·tee /sʌtíː, sʌ́tiː/ 名 C,U 妻の殉死《夫の死体と共に妻が生きながら焼かれたヒンズー教の昔の風習》.

su·ture /súːtʃə | -tʃə/ 名 [医] C 〔傷口の〕縫合(縫); C 縫合用の糸. ── 動 (su·tur·ing /-tʃ(ə)rɪŋ/) 他 〈傷口〉を縫い合わせる.

SUV /éʃùːvíː/ 名 C (米) =sport-utility vehicle.

Su·wan·nee /səwɑ́ni | -wɒ́n-/ 名 固 [the ~] スワニー川《Georgia, Florida 両州を流れてメキシコ湾に注ぐ川; S. C. Foster の曲で知られる》.

su·ze·rain /súːz(ə)rən | -zərèɪn/ 名 C (格式) (属国に対する)宗主国; (封建時代の)領主.

su·ze·rain·ty /súːz(ə)rənti | -zərèɪnti/ 名 U (格式) 宗主権; 領主権.

svelte /svélt/ 形 (**svelt·er**; **svelt·est**) [ほめて] (特に女性が)すらりとした, 姿のよい.

Sven·ga·li /svengɑ́ːli/ 名 C 他人の心をあやつって悪事をさせる人.

SVGA 略 =Super VGA《コンピューターのビデオ規格》.

***SW** 略 **1** 南西 (southwest). **2** =southwestern. **3** =shortwave.

Sw. 略 =Sweden, Swedish.

swab /swɑ́b | swɔ́b/ 名 C **1** 消毒綿[布], 綿棒; スワップ《綿棒で集めた細菌検査用分泌物》(of); スワップ検査. **2** (床などをふく)モップ (mop). ── 動 (**swabs; swabbed; swab·bing**) 他 **1** 〈床などを〉(モップなどで)ふく (down). **2** (消毒綿などで)〈患部〉に手を当てる; 〈血など〉をふきとる (out).

swad·dle /swɑ́dl | swɔ́dl/ 動 他 (古風) 〈特に新生児〉を細長い布で包む[くるむ] (in)《昔の習慣》.

swad·dling clòthes 名 [複] (古風) (昔 新生児をくるんだ)細長い布.

swag /swǽg/ 名 **1** U (古風, 俗) 盗品. **2** C [普通は複数形で] (花や果物の)花綱飾り; (カーテンなどの)厚いひだ飾り. **3** U (古風, 豪) (旅行者が持ち歩く)身の回り品の包み.

+**swag·ger** /swǽgə | -gə/ 動 自 [普通は けなして] (**-ger·ing** /-g(ə)rɪŋ/) (副詞(句)を伴って) ふんぞり返って歩く (down, in, out); (古風) いばり散らす. ── 名 [a ~ または U] いばって歩くこと; (古風) いばり散らすこと.

swag·ger·er /swǽgərə | -rə/ 名 C いばって歩く人.

swag·ger·ing·ly /swǽg(ə)rɪŋli/ 副 いばり散らして, ふんぞり返って.

swágger stìck 名 C (英) (軍人などの)短いつえ.

Swa·hi·li /swɑːhíːli/ 名 (複 ~(s)) **1** C スワヒリ族の人《アフリカの Tanzania およびその付近に住む》. **2** U スワヒリ語《中央アフリカ東部の共通語》.

swain /swéɪn/ 名 C (詩) または (滑稽) 恋する若者 (男).

SWALK /swɔ́ːlk/ 略 =sealed with a loving kiss 「愛の(ちぢまった)くちづけと共に」《ラブレターの封筒の裏に書く》.

***swal·low¹** /swɑ́loʊ | swɔ́l-/ 動 (**swal·lows** /~z/; **swal·lowed** /~d/; **-low·ing**) 他 **1** 〈食べ物・液体・薬など〉を飲み込む (down) (⇨ drink 表); 大急ぎで食べる, 平らげる: He hurriedly ~ed the rest of his sandwich. 彼はあわてて残りのサンドイッチを食べた. **2** (略式) 〈人の話や習慣など〉をそのまま受け入れる, うのみにする; 〈無礼に〉耐える, 〈怒り・失望など〉を口に出さずに我慢する; 〈感情〉を抑える: Your explanation is hard to ~. 君の説明は受け入れがたい. **3** 〈海など〉が〈…〉を飲み込む, 〈地面など〉が吸い込む, 包み込む (up). **4** 〈言ったこと〉を取り消す: ~ one's words 前言を取り消す.
── 自 飲み込む; (緊張などで)のどをごくりとさせる.

swallow úp 動 他 [普通は受身で] (1) 〈小企業など〉を吸収する; 〈計画・支出など〉〈金〉を吸い取る, 使い果

swap 1787

す. (2) 〈…〉を吸い込む, (大地・森などが)すっぽりと包み込む. 〈食べ物など〉をまるごと飲み込む; (略式) (よく考えないで)〈…〉をうのみにする.
── 名 C ひと飲み(の量); 飲み下すこと: at one ~ ぐいとひと飲みで.

***swal·low²** /swɑ́loʊ | swɔ́l-/ 名 C つばめ: One ~ does not make a summer. 《ことわざ》 つばめ1羽では夏にはならない《早合点は禁物》.

swállow dive 名 C (英) =swan dive.

swam /swǽm/ (強変) **swim** の過去形.

swa·mi /swɑ́ːmi/ 名 C **1** スワーミー《ヒンズー教学者への尊称》. **2** 学者, 賢者 (pundit).

***swamp** /swɑ́mp | swɒ́mp/ 名 (~**s** /~s/; 形 **swampy**) U,C 沼地, 湿地: plants that grow in ~s 沼地に生える植物. ── 動 他 **1** [普通は受身で] (仕事・困難・感情など)〈人など〉を圧倒する (overwhelm); (どっと)〈…〉に押し寄せる: I am ~ed with work. 私は仕事に

swamp

忙殺されている. **2** 〈…〉を水浸しにする; 水浸しにして沈める.

swamp·y /swɑ́mpi | swɒ́m-/ 形 (**swamp·i·er, -i·est**; 名 swamp) 沼地の; じめじめした, 湿地のある.

*+**swan** /swɑ́n | swɒ́n/ 名 C 白鳥 (⇨ goose 挿絵): S~ Lake 「白鳥の湖」《ロシアの作曲家チャイコフスキー (Tchaikovsky) 作のバレエ曲の名. ★鳴き声については ⇨ cry 表. 関連 cygnet 白鳥のひな. ── 動 (**swans; swanned; swan·ning**) 自 [副詞(句)を伴って] (英略式) [けなして] 気ままに出かける, ぶらぶらと歩き回る (around, about, off; to).

swán dìve 名 C (米) [泳] スワンダイブ《水面間近まで両腕を横に広げて飛び込む型》(英) swallow dive).

Swa·nee /swɑ́ni | swɔ́ni/ 名 固 [the ~] =Suwannee. **gó dówn the Swánee** 動 自 (俗) むだに[おじゃん]になる, 破滅[破産]する.

swank /swǽŋk/ 名 (略式) **1** U (主に米) しゃれていること, スマートさ. **2** U (主に英) 気取ったふるまい[話], 高慢; 見せびらかし. **3** C (英) 気取り屋. ── 形 (主に米) =swanky.

swank·y /swǽŋki/ 形 (**swank·i·er, -i·est**) [普通は A] (略式) [けなして] **1** しゃれた, 豪勢な; はでな, 豪華な. **2** (主に英) 気取った, もったいぶった.

swán sòng 名 C [普通は単数形で; しばしば所有格の後で] (詩人・作曲家などの)最後の作(品), 辞世, 絶筆. 由来 白鳥が死ぬときに歌うという言い伝えから.

swan-ùp·ping /-ʌ̀pɪŋ/ 名 U (英) 白鳥調べ《白鳥の所有者を確定するため年々白鳥のひなを捕えてくちばしに所有者のしるしを刻む Thames 川の年中行事》.

***swap** /swɑ́p | swɔ́p/ 動 (**swaps** /~s/; **swapped** /~t/; **swap·ping**) 他 〈人と〉〈…〉を(物々)交換する, 取り替える (over, (a)round): ~ jokes [ideas] 冗談[意見]を交わす / ~ stories with someone 体験を語り合う / ~ addresses **with** him ＜V+O+with+名・代＞ 彼と住所を教え合う / Will you ~ (me) two old coins **for** four new ones? ＜V+(O)+O+for+名・代＞ 古いコイン2枚と新しい4枚とを交換しないか / Do not ~ horses when crossing a stream. 《ことわざ》 流れを渡っている間に馬を取り替えるな《危険が去るまで現状を維持せよ》.
── 自 (物々)交換する (with).

swáp (a)róund [**óver**] 動 自 (2人が)席[仕事]を

swap meet

かわる. **swáp pláces** [動] (自) =change places (⇨ place 成句).
— 名 C **1** [普通は単数形で] (物々)交換: I'll do a ~ of my watch for your camera. 僕の時計と君のカメラを交換しよう. **2** 交換会.

swáp mèet 名 C (米) 古物[不用品]交換会.

sward /swɔ́ɚd | swɔ́ːd/ 名 C,U (文) 芝生, 草地.

swarf /swɔ́ɚf | swɔ́ːf/ 名 U (金属などの)削りくず.

*__swarm__¹ /swɔ́ɚm | swɔ́ːm/ 名 C **1** (みつばち・虫などの)群れ (⇨ group 類義語): a large ~ of bees みつばちの大群. **2** [しばしば複数形で][普通はけなして] (人の)群れ, 群衆 (crowd); 多数, 大勢: ~s of tourists 観光客の群れ / come in ~s 群れを成してやって来る.
— 動 (自) **1** [副詞(句)を伴って] 群れをなして[大勢で]動く; 群がる, たかる, うようよする (out; over, through): The children ~ed into the room. 子供が大勢部屋へ入ってきた. **2** [普通は進行形で] (場所が人や動物の群れで)いっぱいである, (...で)充満する: The beaches are ~ing with people. 海岸はすごい人です. **3** (蜜蜂が)巣別れする.

swarm² /swɔ́ɚm | swɔ́ːm/ 他 〈...〉をよじ登る (up); 〈...〉を滑り下りる (down).

swar·thy /swɔ́ɚði | swɔ́ː-/ 形 (**swar·thi·er, -thi·est**) (主に文) (人・顔が)浅黒い; 日に焼けた.

swash /swáʃ | swɔ́ʃ/ 動 (自) ザブザブ音をたてて動く; 騒々しく激しく動く.

swash·buck·ler /swáʃbʌ̀klɚ | swɔ́ʃ-ㅣswɔ́ʃbʌ̀klə/ 名 C からいばりする人, あばれん坊.

swash·buck·ling /swáʃbʌ̀klɪŋ | swɔ́ʃ-/ 形 [普通はA] からいばりする; (話・映画などが)冒険活劇的な, 波乱に富む.

*__swas·ti·ka__ /swástɪkə | swɔ́s-/ 名 C まんじ《十字架の変形である卍などの紋章》; (ナチスの⚔)かぎ十字.

swat /swát | swɔ́t/ 動 (**swats; swat·ted; swat·ting**) 他 〈はえなど〉をぴしゃりと打つ. — 名 C ぴしゃりと打つこと; (英) はえたたき (swatter).

SWAT /swát | swɔ́t/ 名 C (米) (警察・軍隊の)特別機動隊, 特殊(狙撃)部隊 (*Special Weapons and Tactics* の略).

swatch /swátʃ | swɔ́tʃ/ 名 C (布地などの)見本 (sample) (of).

Swatch /swátʃ | swɔ́tʃ/ 名 固 スウォッチ《斬新でカラフルなデザインのスイス製クォーツ式腕時計; 商標》.

swath /swáθ | swɔ́θ/ 名 C **1** (ある幅をもった)長い列[土地, 地域] (of); 長い帯状の布 (of). **2** 多数 (of). **3** (刈り取り機・大がまで)刈り取られた 1 列の牧草[麦など]. **cút a (wíde) swáth through ...** 動 他 (1) (台風などが)...の中心部をなぎ倒す; ...を大きく変化させる. (2) ...の注目を集める.

*__swathe__¹ /swéɪð/ 動 他 [しばしば受身で] (文) 〈人〉を包帯をする; (布などで)〈...〉を包む, 巻く (in).

swathe² /swáθ, swéɪð | swɔ́θ/ 名 =swath.

swat·ter /swátɚ | swɔ́tə/ 名 C はえたたき (flyswatter).

*__sway__ /swéɪ/ 13 動 (**sways** /~z/; **swayed** /~d/; **sway·ing**) (自) **1** [普通は副詞(句)を伴って] (ゆらゆら)揺れる, 揺れ動く; (気持ちが)揺らぐ (between): ~ to the music 音楽に合わせて体を揺らす / The branches of the tree were ~ing in the wind. 木の枝が風に吹かれて揺れていた. **2** (物や考えなどが)一方に傾く (to).
— 他 **1** [しばしば受身で] 〈人・意見・行動など〉を左右する, 〈人の心〉を動かす (influence) (into): His arguments will never ~ us. 彼の議論で我々の心が変わることはない / Some people are easily ~ed by offers of money. <V+O の受身> 金でたやすく動かされる人がいる. **2** 〈...〉を揺り動かす, 揺さぶる.
— 名 U 揺れること, 動揺. **2** (文) (人の)支配; 動かすこと; 影響力 (influence); 支配 (rule), 支配権.

hóld (gáin) swáy [動] (自) (文) (...)を支配する, (...)に影響力を持っている[持つ] (over). **ùnder the swáy of ...** [副・形] (文) ...の支配[影響]を受けて(いる).

sway·back 名 C [普通は単数形で] (医) 脊柱(せきちゅう)前湾症.

sway·backed 形 **1** 脊柱が前湾した. **2** (主に米) (橋・建物が)中央がへこんだ.

Swa·zi /swáːzi | swɑ́ːzi/ 名 (複 ~s) C (アフリカ南東部の)スワジ族; U スワジ族の言語.

Swa·zi·land /swáːzilænd | swɑ́ː-/ 名 固 スワジランド《アフリカ南東部の王国》.

SWbS 略 =southwest by south (⇨ southwest 成句).

SWbW 略 =southwest by west (⇨ southwest 成句).

*__swear__ /swéɚ | swéə/ 14 動 (**swears** /~z/; 過去 **swore** /swɔ́ɚ | swɔ́ː/; 過分 **sworn** /swɔ́ɚn | swɔ́ːn/; **swear·ing** /swé(ə)rɪŋ/) (自) **1** ののしる, 口汚いことばを使う, 毒づく. [語法] 「こん畜生!」 などに相当する By God!, Jesus Christ!, Damn!, Go to hell! などのような悪口のことば (curse) を用いること (⇨ oath 2): Stop ~ing: it's a bad habit. 口汚くののしるのはやめなさい, 悪い癖ですよ / The drunk *swore* at the policeman. <V+at+名・代> その酔っ払いは警官をののしった.
2 [進行形なし] 誓って言う, 誓いを立てる, 誓う; (略式) 断言する (⇨ answer [類義語]): I ~ to (God [on the Bible]). (神に誓って)絶対に間違いありません.
— 他 **1** [受身・進行形なし] 〈...〉を誓う, 誓って〈...〉と言う, 宣誓する; 誓約する, 堅く約束する; (略式) 〈...〉と断言する: They *swore* eternal love. 二人は永遠の愛を誓い合った [言い換え] He *swore* to pay the money back soon. <V+O (to 不定詞)> =He *swore* (*that*) he would pay the money back soon. <V+O ((*that*) 節)> 彼はすぐに金を返すと堅く約束した / I ~ (*that*) I didn't mean it. 絶対にそんなつもりではなかったのです / [言い換え] I could「have sworn [~] (*that*) she touched it. (=I was almost certain (*that*) she touched it.) (S) 彼女があれに触ったことは間違いないと思った, たしか彼女はそれに触ったはずだが(そんな様子はない). **2** [進行形なし] 〈誓い〉を立てる; 宣誓して〈告発など〉をする: ~ an oath (特に法廷で)宣誓する. **3** 〈...〉に...を誓わせる, 宣誓させる; 〈人〉に誓って...させる: I was sworn to secrecy [silence]. 絶対に秘密を守ると宣誓させられた.

swéar blínd (that) ... (略式, 主に英) =(米)
swéar ùp and dówn (that) ... [動] 他 [進行形なし] ...だと断言する, 言い張る.

── swear の句動詞 ──

swéar by ... 動 [進行形なし] **1** 〈神など〉にかけて〈...〉を誓う: I ~ *by* God [all the saints] *that* I know nothing about it. 私は神[聖者]にかけて誓いますが, それについては何も知りません. **2** (略式) (医者・療法など)を絶対に信頼している: The farmers around here all ~ *by* that vet. この辺の農家はみなあの獣医を絶対に信頼している.

swéar ín 動 他 [普通は受身で] 〈人〉に就任の宣誓をさせる: The new President will *be sworn in* tomorrow morning. 新大統領は明朝宣誓して正式に就任する. **2** (法廷で)〈人〉に宣誓させる.

swéar óff ... 動 他 (略式) 〈酒・麻薬など〉を断つと誓う: He has *sworn off* drinking [gambling]. 彼は酒[ギャンブル]をやめると誓った.

swéar on ... 動 他 〈聖書〉に手をのせて誓う.

swéar óut 動 他 (米) 〈逮捕状〉を宣誓して出してもらう.

swéar to ... 動 他 [否定文で] (略式) 誓って...を断言する, ...を確信する (⇨ 自 2): I believe that it is true, but I couldn't [wouldn't] ~ *to* it. それは本当

だと思いますが, 誓ってそうだとは言えません.

swear·er /swé(ə)rə | -rə/ 名 C 宣誓者; ののしる人.
swear·ing-in /swé(ə)rɪŋín/ 名 C 宣誓.
swéar·wòrd 名 C ののしりのことば, 悪たれ口.
*__sweat__ /swét/ 13 名 (形 sweaty) **1** U 汗; 発汗 (perspiration のほうが上品な格式語); 《ガラスの表面などの》水滴: He wiped the (beads of) ~ off [from] his face. 彼は顔の(玉の)汗をぬぐった. **2** [a ~] 汗をかいた状態; ひと汗かくこと: He was in a ~. 彼は汗をかいていた / She worked up a (good) ~ by jogging. 彼女はジョギングで(かなり)汗をかいた. **3** (略式) U 激しい労働, 大変な努力; [a ~] 骨の折れること. **4** [a ~] 不安な状態. **5** (複数形で) (米略式) =sweat suit; sweatpants.

an òld swéat=**a swéat** [名] (古風) 古参兵. **be drípping with swéat** [動] 汗をびっしょりかいている. **bréak a swéat** (米) =(英) **bréak swéat** [動] 自 (略式) (運動などで)汗をかく; 奮闘する. **by [with] the swéat of one's brów** [動] (文) 額に汗して, せっせと働いて. 由来 聖書のことばから. **háve [gét] the swéats** [動] 自 病気で汗をかく. **ín(to) a (cóld) swéat** [形・副] 冷や汗をかいて; はらはらして (about, over); get in(to) a ~ (略式) 心配する, こわがる / When my name was called, I broke (out) in(to) a (cold) ~. 名前を呼ばれた瞬間, 冷や汗が出た. **nó swéat** [感] (S) (返答などで) 余裕だよ, 平ちゃらさ (no problem).

— 動 (sweats /swéts/; 過去・過分 sweat·ed /-tɪd/, sweat; sweat·ing /-tɪŋ/) 自 **1** 汗をかく, 汗ばむ (perspire のほうが上品な格式語); (略式) 心配で不安である, やきもきする: ~ heavily [profusely, (略式) like a pig] ひどく汗をかく / The effort made me ~. (略式) 一生懸命やったので私は汗をかいた / He ~*ed with* fear. ＜V+with+名・代＞ 彼は恐ろしくて冷や汗が出た. **2** (略式) 汗を流して働く, 精を出して働く, 苦労する (over): ~ (away) at one's work 仕事に精を出す. **3** (表面に)水滴がつく, 汗をかく (with). — 他 **1** ⟨...⟩ に汗をかかせる. **2** (英) ⟨肉・野菜など⟩ を煮こむ. **Dòn't swéat it.** (S) (米) 心配するな. **Dòn't swéat the smáll stúff.** (S) (米) つまらないことを心配するな. **swéat it óut** [動] (1) (運動などで)ひと汗流す. (2) (かぜなどで)汗を出して治す. (3) がんばり通す; はらはらして待つ. **swéat óff** [動] 他 ⟨体重⟩ を発汗して減らす. (2) =sweat out (1). **swéat óut** [動] 他 (1) ⟨かぜ・熱など⟩ を汗を出して治す. (2) ⟨...⟩ をがんばってやり抜く; はらはらして待つ. (3) (米略式) (おどして) ⟨...⟩ を聞き出す (of).

swéat·bànd 名 C **1** スウェットバンド ⟨スポーツ選手などが汗止めに手首や額に巻く布⟩. **2** (帽子の内側の) 汗よけ(革).

swéat·ed lábor /swétɪd-/ 名 U (軽蔑) 低賃金労働(者たち).

swéat équity 名 U 労働により生じる価値.

*__sweat·er__ /swétə | -tə/ 名 (~s /-z/) C セーター: knit a ~ セーターを編む / wear a green ~ グリーンのセーターを着ている / Try this ~ on. このセーターを試しに着てごらん. 関連 jersey ジャージーのセーター / jumper (英) セーター / pullover 頭からかぶって着るセーター. 語源 元来は減量のために汗を流すことを目的として着たことから.

swéat glànd 名 C (解) 汗腺(せん).
swéat·hòuse 名 C (北米先住民の)スチームバス.
swéat·pànts 名 (複) (米) スウェットパンツ.
*__swéat·shìrt__ 名 C (競技者が冷えを防ぐため競技の前後に着る緩い厚地のシャツ[セーター]); ☞ trainer [日英比較]).
swéat·shòp 名 C [けなして] 搾取工場[作業所] ⟨低賃金で長時間労働させる⟩.

---

swéat sòck 名 C [通例複数形で] (米) スエットソックス ⟨汗を吸いやすい厚手のスポーツ・レジャー用ソックス⟩.
swéat sùit 名 C (主に米) (上下そろいの)運動着 (sweatshirt と sweatpants から成る) ((英) tracksuit).
*__sweat·y__ /swéti/ (sweat·i·er; -i·est; 名 sweat) **1** 汗びっしょりの; 汗ばんでいる, 汗くさい; 汗臭い. **2** (暑さ・激しい仕事などが)汗の出るほどの, 厳しい. **3** (コップなどが)表面に水滴がついている, (チーズが)汗をかいている, .

Swed. =Sweden, Swedish.
swede /swíːd/ 名 C,U (英) =rutabaga.
Swede /swíːd/ 名 C スウェーデン人 (☞ Sweden 表).
Swe·den /swíːdn/ 名 固 スウェーデン ⟨ヨーロッパ北部のスカンジナビア半島 (Scandinavian Peninsula) の王国; 首都 Stockholm; 略 Sw., Swed.⟩.

スウェーデン	Sweden
スウェーデン人	Swede
スウェーデン語	Swedish
スウェーデン(人・語)の	Swedish

Swe·dish /swíːdɪʃ/ 形 **1** スウェーデンの; スウェーデン人の. **2** スウェーデン語の (略 Sw., Swed.; ☞ Sweden 表). — 名 **1** U スウェーデン語. **2** [the ~ として複数扱い] スウェーデン人 (全体); スウェーデン国民 (略 Sw., Swed.; ☞ Sweden 表).

*__sweep__ /swíːp/ 13 動 (sweeps /~s/; 過去・過分 swept /swépt/; sweep·ing) 他 **1** ⟨...⟩ を掃く, 掃除する, ⟨ごみなど⟩ を掃いてのける (up, out; into); ⟨煙突など⟩ を清掃する: ~ the floor with a broom ほうきで床を掃除する / The children *swept* the fallen leaves (*away*) *from off* the path. ＜V+O+(副)+from [off]+名・代＞ 子供たちは道の落ち葉を掃いた / The maid *swept* the room clean. ＜V+O+C (形)＞ お手伝いが部屋をきれいに掃除した.
2 [副詞(句)を伴って] (掃くようにして) ⟨...⟩ を運び去る, 持っていく; 一掃する; ⟨水が⟩押し流す, 洗い流す; ⟨髪⟩ をなでる: ~ all obstacles *from* the path ＜V+O+from+名・代＞ 行く手のじゃま物を一掃する / Sixteen children *were swept away by* a 6-foot tidal wave. ＜V+副+O の受身＞ 6 フィートの津波で 16 人の子供がさらわれた. **3** ⟨場所など⟩ にさっと広まる; ⟨火が⟩なめ尽くす; ⟨照明などが⟩ さっと照らす; ⟨視線などが⟩ さっと見渡す: A fire *swept* the shopping district. 火が商業地域をなめ尽くした / The searchlights *swept* the sky. 探照灯が空をさっと照らした. **4** (主に米) ⟨試合・選挙など⟩ に圧勝する, ⟨連戦など⟩ を勝ち抜く, ⟨地域⟩ を圧勝で制する: ~ a three-game series 3 連戦を全勝する. **5** ⟨手など⟩ を走らせる (across, over, through); ⟨すそなど⟩ を引きずる.

— 自 **1** 掃(は)く, 掃除する: Pick up a broom and begin to ~. ほうきを取って掃除を始める.
2 [副詞(句)を伴って] Ｗ さっと過ぎる, ⟨風・波・嵐などが⟩ 襲う, 吹きまくる; ⟨思想・流行などが⟩ さっと広まる; さっそうと[すべるように]進む, 決然と歩く (across, through, into): The crowd *swept along* the street. ＜V+前+名・代＞ 群衆が通りを一斉に通り過ぎた. **3** [副詞(句)を伴って] ⟨土地・道・川などが⟩ ずっと広がっている, うねうねくねくねと続く (away, down, along). **4** [副詞(句)を伴って] さっと見渡す (over, across, around).

swéep from pówer [動] 自 (政党が)大敗して政権からすべり落ちる. **swéep ìnto [to] pówer [víctory]** [動] 自 (政党が)楽勝して[圧倒的人気で]政権につく. — 他 (政党を)圧勝させて政権につかせる. **swéep ... òff ...'s féet** [動] 他 ⟨人⟩ を魅了する. 由来 足もとをさらう, という意から. **swéep the bóard** [動] 自 卓上の賭(か)け金を全部取る; 大成功を

収める. **swéep ... ùnder the rúg** [《英》 **cárpet**] [動] 他 〈不都合な事を〉隠す.

---
sweep の句動詞

swéep alóng [動] 他 =sweep away (4), (5).
swéep aside [動] 他 〈反対など〉を一蹴する.
swéep awáy [動] 他 (1) 〈ごみなど〉を掃き清める. (2) 〈古い制度・怒りなど〉を一掃する. (3) 〈橋など〉を押し流す. (4) 〈群衆など〉〈人〉を押し流す. (5) [しばしば受身で]〈熱意・思想など〉〈人〉を動かす, 夢中にさせる.
swéep báck [動] 他 〈髪〉を後ろになでつける[引っつめる] (in, into).
swéep óut [動] 他 〈部屋など〉をきれいに掃除する; 〈船など〉〈沖へ〉押し流す.
swéep óver ... [動] 他 〈波・嵐など〉...の上をさっと通る; 〈感情が〉〈人〉に押し寄せる, おそう.
swéep úp [動] 他 (1) 〈床・部屋など〉を掃く; 〈ごみなど〉を掃き集める; 〈小銭など〉をかき集める. (2) 〈子供など〉をさっと抱きあげる. (3) =sweep back. — 自 〈床・部屋など〉を掃く.

— 名 1 C (手・オールなどを)勢いよくさっと[弧を描くように]動かすこと, ひと振り; なぎ倒し: He urged his men forward with a ~ of his arm. 彼は腕を大きくひと振りして部下を前進させた. 2 C [普通は a ~]《主に英》掃く[掃除する]こと, 掃除: Give the room a good ~. 部屋をよく掃除しなさい. 3 C [普通は the ~] 大きなカーブ, 湾曲: the long ~ of the bay 湾岸が描く大きなカーブ. 4 [単数形で] 広がり, 連なり, 《歴史などの》流れ; 〈思想・流行などが及ぶ〉範囲, 領域 (range), 限界: a ~ of meadow 広々とした牧草地. 5 C (ある地域の)捜索, 掃討. 6 C《略式》煙突掃除人 (chimney sweep). 7 [複数形で単数扱い]《米略式》=sweepstakes. 8 C (風・潮などの)流れ (of). 9 C《米》圧勝, 完勝. 10 [複数形で]《米》(テレビ番組などの)視聴率調査期間. **at óne [a cléan] swéep** [副]《略式》一挙に. **màke a cléan swéep of ...** [動] 他 (1) 〈不要な物・人〉を一掃する, 〈組織〉を一新[刷新]する. (2) 〈トーナメントなど〉に完勝する, 〈三位までの入賞でメダルなど〉を全部取る[さらう]. **màke [dò] a swéep of ...** [動] 他 ...を捜索する; ...を見回す.

†**sweep·er** /swíːpə | -pə/ 名 C 1 掃除機; 掃除人. 2《英》スイーパー.

†**swéep·ing** 形 1 [普通は A] 広範囲に及ぶ, 大々的な, 全面的な; 〈小説などが〉大河的な; 〈勝利などが〉完全な: ~ reforms 全面的な改革. 2 [普通は A] [けなして] 大ざっぱな: ~ generalizations 大ざっぱな一般論. 3 A さっと掃(は)くような, 弧を描く, 押し流すような, すさまじい; 遠望できる: a ~ gust of wind さっと吹き抜ける突風 / a ~ glance ざっと全体を見渡すこと. — 名 1 [複数形で] 掃き寄せられたもの, ごみくず. 2 U.C 掃除; 一掃.

swéep·stàke 名 C =sweepstakes.
swéep·stàkes 名 (複 ~) C (競馬などの)総賭(か)け勝負《米略式》sweep); 総賭け勝負の競馬.

*****sweet** /swíːt/ (同音 suite) 形 (**sweet·er** /-tə | -tə/; **sweet·est** /-tɪst/; **swéeten** の ~) 1 甘い (反 bitter, sour); 砂糖の入った 《ワインなどが》甘口の (反 dry): S~ wine or dry wine? ワインは甘口, 辛口どちら / It tastes ~. それは甘い / Do you like your tea ~? 紅茶は砂糖を入れたのが好きですか.

2 《香り・音などが》快い, 気持ちのよい, 美しい: ~ melodies 快い旋律 / Roses smell ~. ばらはよい香りがする / She has a ~ voice. 彼女は美しい声をしている. 3 《空気・牛乳などが》新鮮な, おいしい; 《主に米》《水・バターなどが》塩気のない (fresh): ~ water 真水. 4 W 心地よい, 楽しい: ~ revenge 愉快な復讐. 5《略式, 主に英》かわいい, すてきな: What a ~ little girl! 何てかわいらしい

の子でしょう. 6 優しい, 親切な (to): 言い換え It's so ~ of you to ask me to come. = You are so ~ to ask me to come. お招きくださってご親切さまです《 of 12》. 語法 主に女性が使う言い方. 7 [感嘆詞的に] S《米略式》いいね, すばらしい.

be swéet on ... [動] 他《古風, 略式》...を好いている.
in one's ówn swèet wáy [tíme] [副] 自分の好きなだけ[好きなだけ時間をかけて].
kéep ~ swéet [動] 他《略式》〈人〉に好かれるようにする, 〈...〉のご機嫌をとる.

— 名 (**sweets** /swíːts/) 1 C [しばしば複数形で] 《英》甘い物; 砂糖菓子, キャンデー《米 candy》(☞ cake 表): a box of ~s 菓子1箱. 2 C《英》《食後のデザートとしての》甘い食べ物《プリン, ゼリーなど》(dessert). 3 [(my) ~] として呼びかけで《古風》愛する人, いとしい人. — 副 甘く; 快く.

sweet-and-sour 形《中国料理・ソースなどが》甘酸っぱい, 甘酢の: ~ pork 酢豚.
swéet básil 名 C =basil.
swéet brèad 名 C [普通は複数形で]《古風》《子牛・子羊の》膵臓(ぞう)《食用》.
swéet cíder 名 U《米》= cider 1.

†**swéet córn** 名 U《英》スイートコーン, 甘味とうもろこし《米 corn》.

†**sweet·en** /swíːtn/ 動 (形 sweet) 1 〈飲食物〉を甘くする, 〈...〉に甘みを加える (with). 2《略式》〈人〉のご機嫌をとる, 〈...〉を懐柔する (up; with). 3〈取引など〉を魅力的にする. 4《文》〈人〉を温和に[やさしく]する. — 自 《飲食物が》甘くなる, 甘味が加わる.

sweet·ened condénsed mìlk /swíːtnd-/ 名 U《主に米》= condensed milk.

†**sweet·en·er** /swíːtnə | -nə/ 名 1 U.C (砂糖の代わりの)甘味料. 2 C《略式》わいろ.

swéet FÀ /-éféɪ/ 名 U《英俗》ゼロ, 無, 全然...ない《FA は fuck all の婉曲の表現》.
swéet Fánny Ádams 名 U = sweet FA.
swéet gúm 名 C もみじばふう《北米産樹木》.

†**sweet·heàrt** 名 1 [呼びかけに用いて] 君, あなた; 《略式》[軽い軽蔑に] ねえ君, おねえちゃん《男性が(見知らぬ)女性に対し》. 2 C《古風》恋人. 3 C《古風, 略式》いい人, 親切な人.

sweetheart còntract [dèal] 名 C.U スイートハート協約《雇用者と組合指導者のなれあいで結ぶ低賃金労働契約》.

sweet·ie /swíːti/ 名 C《略式》1 [しばしば複数形で]《英小児》甘いもの, おかし, キャンデー. 2 恋人; かわいもの. 語法 主として女性が使う語. 3 [特に女性に対する呼びかけで] ねえ君, あなた. 4 親切な[いい]人.

swéetie pìe 名 C《米略式》= sweetie 3, 4.
sweet·ish /swíːtɪʃ/ 形 幾分甘い.
swéet·ly 副 1 甘く; 心地よく: How ~ she sings! 彼女は何ていい声で歌うのでしょう. 2 愛らしく, 優しく. 3 順調に, 効率よく, 〈ボール〉をうまく[打]蹴]って).
swéet·mèat 名 C [普通は複数形で]《古風, 英》砂糖菓子, 糖菓; 《果物の》砂糖漬け.
swéet·ness 名 U 1 甘さ, 芳香. 2 優しさ, 愛らしさ, 快さ. **(all) swéetness and líght** [形] [皮肉] ご機嫌で; 快適で.

swéet nóthings 名 [複] 甘い愛のことば.
swéet pèa 名 C 1 スイートピー《の花》. 2 [愛する者, 特に子供への呼びかけで] ええ君, かわいこちゃん.
swéet pépper 名 C 甘とうがらし《ししとうがらし・ピーマンを含む》.
swéet potáto 名 C さつまいも《= potato 語法》.
swéet róll 名 C《米》甘いロールパン.
swéet·shòp 名 C《英》《タバコ・新聞・雑誌も売る》菓子屋《米 candy store》.
swéet spót 名 C 1 《スポ》(クラブやラケットの)スイートスポット, 芯《最も飛ぶ箇所》. 2《略式》いい状況.

swéet tàlk 名 U 《略式》お世辞, おべっか.
swéet-tàlk 《略式》動 他《人》にお世辞を言う, おべっかを使って...させる (*into*). ― 自 お世辞を言う.
swéet-témpered 形 気立ての優しい.
swéet william 名 C,U アメリカなでしこ, 美女なでしこ《ヨーロッパ原産の観賞用植物》.

*__swell__ /swél/ 動 (**swells** /~z/; 過去 **swelled** /~d/; 過分 **swelled, swol·len** /swóulən/; **swell·ing**) 自 **1** ふくれる, (かさを増して)盛り上がる, (手足が)はれる (*with*); (帆などが)ふくらむ (*out*), ふくれている: My nose ~*s* soon after the bee stung it. はちに刺されてまもなく私の鼻ははれた / My feet often ~ (*up*). しょっちゅう足がむくむ. **2** 《強さ・量など》が増す; 《文》《声・音などが》高まる, 激しくなる; (波が)うねる: The profit ~*ed to* a million yen. 利益は 100 万円に増えた / The river has ~*ed with* the rain. 雨で川が増水した. **3** 《文》《怒り・誇りなどの感情で》《胸が》いっぱいになる, 《感情が》高まる: His heart was ~*ing with* pride. 彼は誇りに満ちていた.
― 他《強さ・量など》を**増大させる**; 《...》をふくらませる, 大きくする (*enlarge*); 膨張させる (*out*); みなぎらせる (*with*): The wind ~*ed* the sails. 風が帆をふくらませた / We joined the party to ~ the numbers. 私たちは数を増すためにパーティーに加わった.
hàve [gèt] a swélled héad 動 自 《略式》思い上がっている, うぬぼれている (《英》have [get] a swollen head).
― 名 **1** [単数形で] (波の)うねり, (胸などの)ふくらみ, 盛り上がり; (土地の)隆起: a heavy ~ 海の激しいうねり. **2** [単数形で] (音の)高まり; 〔楽〕抑揚, クレッシェンド. **3** [単数形または、高まり; 膨張 (*of*): a ~ in population 人口の増大. **4** C 《古風》ダンディー; 名士.
― 形 《古風, 米略式》すばらしい, すてきな; 一流の: a really ~ girl 全くすばらしい女の子.
swéll·hèad 名 C 《米略式》うぬぼれ屋.
swéll·hèad·ed 形 《米略式》うぬぼれた, 思い上がった (《英》swollen-headed).

†**swéll·ing** 名 **1** C はれもの, こぶ, 隆起部; U はれ(上がり): The ~ at the base of the neck has gone down. 首の付け根のはれがひいた. **2** U 増大, 膨張.
swel·ter /swéltə/ ~-ta/ 動 (**-ter·ing** /-tərɪŋ, -trɪŋ/) 自 《略式》暑さにうだる, 汗だくになる.
swel·ter·ing /swéltərɪŋ, -trɪŋ/ 形 うだるように暑い; [副詞的に] うだるほど.
*__swept__ /swépt/ 動 **sweep** の過去形および過去分詞.
swépt-báck 形 **1** (髪を)後ろになでつけた. **2** (翼が)後退角のある; (飛行機が)後退翼の.
*__swerve__ /swə́ːv/~ə/ 動 自 **1** 《乗りものなどが[で]》急に方向を変える, それる (*off*; *across*). **2** [普通は否定文で] 《格式》《目的・本務・正道など》を踏みはずす (*from*). ― 他《...》の方向を急に変える. ― 名 C 急に方向を変えること, それること (*to*).
*__swift__ /swíft/ 形 (**swift·er**; **swift·est**) 《やや文》 **1** 《反応などが》すばやい, 早速の; P すぐに...する, ...しやすい: a ~ reply 即答 / His response was ~. 彼の反応はすばやかった / The other candidates were ~ *to* take advantage of Mr. Hill's mistake. <A+*to* 不定詞> 他の候補者たちはすばやくヒル氏の失策につけこんだ. **2** 速い, 敏速な; つかの間の (☞ fast¹ 表, 類義語): a ~ horse 足の速い馬 / the ~ passage of time 速い時の流れ / He is ~ *of* foot. 《文》彼は足が速い. **nót tòo swíft** 形 S 《米略式, 冗談》頭の回転が鈍い. (**swift·er**; **swift·est**) 速(*sok*)やかに, 敏速に (swiftly). ― 名 C あまつばめ《鳥》.
Swift /swíft/ 名 **Jonathan** ~ スウィフト (1667-1745) 《Ireland 生まれの英国の作家; ☞ Gulliver's Travels》.
swíft·ly 副 《やや文》すばやく, 敏速に.
swíft·ness 名 U 《やや文》速さ, 敏速.

swig /swíɡ/ 動 《略式》(**swigs**; **swigged**; **swig·ging**) 他《酒など》を一気に飲む, らっぱ飲みする (*down*). ― 自 がぶ飲みする. ― 名 C がぶ飲み, らっぱ飲み: have [take] a ~ *of* beer ビールを一気に飲みほす.
swill /swíl/ 動 他 **1** 《英》《...》をがぶ飲みする (*down*). **2** 《主に英》《...》をすすぐ, 洗い流す (*out*, *down*). **3** 《コップなどの中で》《液体》を回す (*around*). ― 自《液体が》ざばっと流れる (*around*, *over*, *through*). ― 名 **1** [a ~] 洗い流すこと. **2** U 《豚などにやる》台所のくず, 残飯; 《米》汚[廃]水, 汚泥. **3** U 《略式》たわごと.

*__swim__ /swím/ 動 (《韻律》swing) 動 (**swims** /~z/; 過去 **swam** /swǽm/; 過分 **swum** /swám/; **swim·ming**) 自 **1** **泳ぐ, 水泳する**; (競泳に)出場する; [普通は副詞(句)を伴って] 《魚などが》泳ぐ: He ~*s* well. <V+副> 彼は泳ぎがうまい / Children are having fun *swimming about* [*around*]. <V + *about* [*around*]> 子供たちは泳ぎ回って遊んでいる / I *swam in* the ocean [sea] yesterday. <V+前+名・代> 私はきのう海で泳いだ / He *swam across* the river. 彼はその川を泳いで渡った / Susan *swam for* the United States in the eight-hundred-meter freestyle. <V+*for*+名・代> スーザンは米国代表として 800 メートルの自由形に出場した. **2** 《物・部屋などが》回るように見える; 《頭が》ぐらぐらする, めまいがする: Everything around me *swam* before my eyes. 辺りのものがみな目の前で回るように見えた / His head *swam*. 彼はめまいがした. **3** [進行形で] 《液体などが》あふれる, (目が)涙でいっぱいになる; [けなして] 《食物などが液体に》つかる, 浸る (*in*): Her eyes *were swimming with* tears as she spoke. 話しながら彼女の目は涙でいっぱいだった.
― 他《...》を泳ぐ, 泳ぎ渡る; ...泳ぎをする; 《競泳》に出場する: He *swam* the English Channel. 彼はイギリス海峡を泳いで渡った / Can you ~ the backstroke [breaststroke]? 背泳ぎ[平泳ぎ]ができますか.
gò swímming 動 自 **泳ぎで[水泳]**に行く: Mary and I *went swimming* `in the river [*at* the beach]. メアリーと私は川[海]へ泳ぎに行った.
swím agàinst the tíde [cúrrent, stréam] 動 自 時勢に逆らう.
swím with the tíde [cúrrent, stréam] 動 自 時勢に順応する.
― 名 [a ~] 泳ぐこと, ひと泳ぎ: Let's have *a* ~. ひと泳ぎしよう / We went to the river for *a* ~. 私たちは川へ泳ぎに行った. **be in the swím (of things)** 《略式》実情に明るい; 時流に乗っている.
swím bládder 名 C (魚の)うきぶくろ.
*__swím·mer__ 名 C 泳ぐ人, 泳者; [前に形容詞をつけて] 泳ぎが...の人; 水泳選手: I'm a *good* [*poor*] ~. 私は泳ぐのは得意[苦手]だ.
*__swim·ming__ /swímɪŋ/ 名 U 泳ぎ, 水泳: No ~. = S~ prohibited. 遊泳禁止 // ☞ synchronized swimming.
swimming báth 名 C [普通は複数形で] 《古風, 英》(屋内)プール(のある建物) (swimming pool).
swimming cáp [**hát**] 名 C 水泳帽.
swimming cóstume 名 C 《英》=swimsuit.
swimming hóle 名 C 《川の》泳ぎに適した深み.
swímming·ly 副 《古風, 略式》すらすらと, 順調に: go ~ 順調に運ぶ.
swím·ming pool /swímɪŋpùːl/ 名 (~s /~z/) C (水泳用の)プール(のある建物) (pool).
swimming súit 名 C 《米》=swimsuit.
swimming trúnks 名 [複] 《英》[しばしば a pair of ~] (男性用)水泳パンツ (《米》bathing trunks).
†**swím·sùit** 名 C (女性用の)水着 (《英》swimming costume).

swimwear

swím·wèar /swímwèɚ/ 名 U 水着.

*__swín·dle__ /swíndl/ 【13】動 他 《略式》〈人〉から〈金などを〉だまし取る，〈金などを〉〈人から〉詐取する (cheat)：言い換え They ~d Mr. Black *out of* a lot of money. = They ~d a lot of money *out of* Mr. Black. 彼らはブラックさんから大金をだまし取った. ─ 名 C 詐取, 詐欺；いかさま.

swín·dler 名 C 詐欺師, ぺてん師.

swine /swáɪn/ 名 (複 ~) 1 《古》《古語》豚 (pig). 2 (複 ~s) 《略式》いやなやつ；いやなもの. **cást [thrów] péarls befòre swíne** [動] 他 《文》豚に真珠(猫に小判). 豚 値打ちのわからない者に高価なものを与えるという意. 聖書のことばから.

swíne·hèrd 名 C 《古語》豚飼い.

*__swing__ /swíŋ/ (類音 swim) 動 (**swings** /~z/; 過去・過分 **swung** /swʌŋ/; **swíng·ing**)

┌─ 他 の 転 換 ─┐
│ 自 1 揺れる (to move back and forth) │
│ 他 1 振る (to make (something) move back and forth) │
└──────────────┘

─ 自 1 [普通は副詞(句)を伴って] 〈ぶらんこ・振り子・腕など〉が揺れる, 振れる, ぶらぶらする, ぶら下がる: let one's legs ~ 脚をぶらぶらさせる / That sign is ~ing in the wind. あの看板が風で揺れている / A basket of flowers is ~*ing from* her arm. <V+*from*+名・代> 花の入ったかごが彼女の腕で揺れている.

2 [副詞(句)を伴って] (すばやく弧を描いて)角(ﾂﾉ)をぐるりと回る, 〈ドアなどが〉いきなり開く[閉じる]: The car *swung* **open** [**shut**] (成句)向きを変える: The car *swung* **around** [**round**] the corner. <V+*around* [*round*]+名・代> 車が急カーブを描いて角を曲がった / He *swung* **around** on his heel. <V+*around*+前+名・代> 彼はかかとでくるりと回った[振り向いた]. 3 [副詞(句)を伴って] (一方から他方へ)空中を移動する: The monkey *swung* (*along*) *from* one branch *to* the next. 猿は枝から枝へと飛び移った. 4 [副詞(句)を伴って] 意見[気分]を急に変える, 〈態度などが〉急変する; 〈状況・物価などが〉大きく揺れる[変動する] (*between*): She ~*s from* one extreme *to* the other. 彼女は意見がころころ変わる. 5 ぶらんこに乗る. 6 大きく振って打つ, (野球・ゴルフで)スイングする, なぐる (*at*). 7 [副詞(句)を伴って] (手を振ったり体を揺すったりして)威勢よく歩く, 足どり軽く歩く. 8 (音楽・演奏が)スイング調である. 9 《古風, 略式》(…の罪で)絞首刑になる (*for*). 10 《略式》(パーティーなどが)盛り上がる. 11 《俗》流行の先端を行く. 11 《俗》乱交する.

─ 他 1 〈…〉を振る, 振り動かす, 振り回す; (ぶらぶらと)つるす, ぶら下げる; さっと動かす, 〈攻撃〉をかける: The player *swung* his bat *at* the ball. <V+O+*at*+名・代> その選手はボールをねらってバットを振った.

2 〈…〉をぐるりと回す, 回転させる (*through*): ~ a hammer *around* <V+O+*around*> ハンマーをぐるぐる回転させる / He *swung* his car *into* the vacant parking space. <V+O+前+名・代> 彼はぐるっと車を回して空いた駐車場所に入れた. 3 〈意見, 態度, 向きなど〉を急に[大きく]変えさせる: ~ the voters *to* one's party 投票者たちを自分の党に引き付ける. 4 S 《略式》(しばしば不正な手段を用いて)〈事〉をうまく運ぶ, 上手に処置する, 〈物〉を手に入れする: manage to ~ *it* for me to take a trip 私が旅行できるように手を打つ. 5 《ジャズ》をスイング調に演奏する. 6 《古風, 略式》〈人〉を絞首刑にする.

swing aróund [動] 自 急に向き直る, 振り向く (⇒ 自 2). ─ 他 〈…〉を急に向きを変えさせる. **swíng bóth wáys** [動] 自 《略式》両性愛者である. **swíng bý** [動] 自 《米式》ちょっと訪れる. **swíng for …** [動] 他 《古風, 英式》〈人〉をなぐりつける. **swíng ópen [shút]** [動] 自 (ドアがちょうつがいで)さっと開く[閉じる]. **swíng róund** [動] 自 《英式》= swing around. **swíng the óther wày** [動] 自 (世論などが)逆向きになる. **swíng thróugh** [動] 自 《米式》途中でちょっと立ち寄る.

─ 名 (~s /~z/) 1 C ぶらんこ; ぶらんこ遊び: get [ride] *on* a ~ ぶらんこに乗る / play *on* the ~s ぶらんこで遊ぶ / be [sit] *in* [*on*] a ~ ぶらんこに乗っている / have a ~ ぶらんこに乗って遊ぶ. 関連 seesaw シーソー.

2 C 振ること, 振り方; [単数形で](ゴルフなどの)スイング, 振り; (軽快な揺れ, 振幅); 〈人〉を殴ること (*at*): a batter with a powerful ~ バットを力いっぱい振る打者 / walk with a ~ of the hips おしりを揺らしながら歩く.

3 C (気分などの)変動, 変化; (世論などの)変動, 変更(の幅) (*toward*, *away from*): a big ~ in public opinion 世論の大きな変動 / The latest poll showed a 15 % ~ *to* the Democratic Party. 最新の世論調査では民主党の支持率が 15% 上がった. 4 C 《米》(周遊の)短い旅行. 5 C 視察: take a ~ *through* school 学校視察をする. 6 U スイング 《ジャズの一種》. 7 U または C (音楽の)調子, 拍子.

be in fúll swíng [動] 自 最高潮である, どんどん進行中である. **gét in [ínto] the swíng (of thíngs)** [動] 自 《略式》(仕事などの)調子が出てくる; リズムに乗ってくる. **gó with a swíng** [動] 自 《英式》(1) (会などが)調子よく運ぶ, 盛会である. (2) (音楽などが)リズミカルである, 調子がよい. **swings and róundabouts** [名]《英式》差し引き全くゼロ, トントン. **take a swíng at …** [動] 他 〈ボール〉を目がけて振る; 〈人など〉に殴りかかる. **the swíng of the péndulum** [名] (振り子の揺れのような)世論[権力]の大幅な変動 (⇒ 2). **Whàt you lóse on the swíngs you gáin on the róundabouts**. (ことわざ) 《主に英》ぶらんこで損をした分は回転木馬でもうける(苦あれば楽あり) (⇒ swings and roundabouts (成句)).

swing-bòat 名 C (2人乗りの)ボート型ぶらんこ.

swíng bridge 名 C 《英》旋回橋.

swíng dóor 名 C 《英》= swinging door.

swinge·ing /swíndʒɪŋ/ 形 [普通は A] W 《英》(削減・金額などが)莫大(ﾀﾞｲ)な; (批判などが)痛烈な.

swing·er /swíŋɚ | -ŋə/ 名 C 《古風, 略式》最新の流行を追う人; 浮気者, フリーセックスをする人.

swing·ing /swíŋɪŋ/ 形 1 前後に揺れる. 2 [普通は A] 《古風, 略式》陽気で楽しい, 活発な; 流行の先端を行く; 性的に自由な: the ~ sixties 自由な 1960 年代 (社会・性が解放的と考えられた).

swínging dóor 名 C [普通は複数形で] 自在ドア (前後いずれにも開き自然に閉まる).

swing·om·e·ter /swɪŋάmətə | -ɔ́mətə/ 名 C 《英式》テレビの選挙結果速報装置.

swíng sèt 名 C 《米》ぶらんこセット 《フレームにぶらんこをつるした遊戯器具》.

swíng shìft 名 [単数形で]《米式》(三交替勤務の)半夜勤 (3[4]時から 11[12]時まで); 半夜勤労働者.

swíng vòte 名 C 《米》(結果を左右する)浮動票.

swíng vòter 名 C 《米》浮動票投票者.

swing-wíng 名 C, 形 《英》可変後退翼(式)の.

swin·ish /swáɪnɪʃ/ 形 《古風, 英》いやな, やっかいな.

*__swipe__ /swáɪp/ 動 他 1 〈…〉を力いっぱい打つ: ~ *at* the ball ボールを強打する. ─ 自 1 〈…〉を力いっぱい叩く, ぶん殴る. 2 《略式》〈…〉を盗む, かっぱらう. 3 〈カード〉を機械に通す. ─ 名 1 C 力いっぱい打つこと, 強打. 2 批判, 鋭い皮肉. **take a swípe at …** [動] 他 …を打つ; …を非難する.

swípe càrd 名 C (読み取り機に通す)磁気カード.

*__swirl__ /swɚ́ːl | swɚ́ːl/ 動 自 1 [副詞(句)を伴って] 渦

を巻く (whirl), ぐるりと回る. **2** (うわさなどが)話題となる. **3** めまいがする. ── 他 ⟨…⟩を渦巻き状にする, ぐるりと回す (around, across). ── 名 C **1** 渦巻き状の動き, 旋回 (of). **2** 渦(巻き); 渦巻き形; 巻き毛: ~s of dust 巻き上がるほこり. **3** [普通は単数形で] 混乱.

swirl・y /swə́ːli /swə́ː-/ 形 渦巻き状の.

†**swish** /swíʃ/ 自 **1** [副詞を伴って] (風を切って)ひゅっ[ぴゅん]と音を立てて動く. **2** ⟨服などが⟩衣ずれの音を立てる. ── 他 **1** ⟨…⟩をひゅっ[ぴゅん]と振り回す. **2** ⟨液体⟩を口の中でごろごろ回す. **3** 〖バスケ〗⟨シュート⟩を(リングにも当てずに)さっと入れる. ── 名 **1** [単数形で] ひゅう[ぴゅん]と風を切る音, ひゅっと音を立てる動き. **2** C (米俗) [差別] 女みたいな男[ホモ], おかま. **3** C 〖バスケ〗(ボードにもリングにも当たらず)シュッとネットだけに当たって入るシュート. ── 形 (英略式) [しばしばけなして] いきな, スマートな, 豪華な.

*Swiss /swís/ 形 (名 Switzerland) スイスの; スイス人の; スイス系の: a ~ watch スイス製の時計 / I think he's ~. 彼はスイス人だと思う. ── 名 (複 ~) **1** [the ~ として複数扱い] スイス人(全体), スイス国民 (☞ the⁵) 1): The ~ are a peaceful nation. スイス人は平和を愛する国民です. **2** C スイス人; スイス系人. [参考] スイス語ということばはなく, スイスではスイスなまりのドイツ語・フランス語・イタリア語・ロマンシュ語 (Romans(c)h) などが話されている.

Swiss ármy knífe 名 C スイスアーミーナイフ(かん切りなどの道具がついている).

Swiss chárd 名 U =chard.

Swiss chéese 名 U スイスチーズ(薄黄色で堅くて穴が多い). **hàve móre hóles than Swiss chéese** 動 (主に米) (理論などが)欠陥だらけだ.

Swiss guárd 名 [the ~] スイス人衛兵(ローマ教皇の衛兵).

swiss róll 名 C,U [時に S-] (英) =jelly roll.

swiss stéak 名 C,U [時に S-] (米) スイス風ステーキ(小麦粉をまぶし, たまねぎなどと蒸し煮にした厚切りステーキ).

*switch /swítʃ/ 名 (~・es /-ɪz/) **1** C (電気の)スイッチ: press the on [off] ~ オン[オフ]のスイッチを押す / push the wrong ~ 間違ったスイッチを押す / throw a ~ (建物などの電源用の)親スイッチを入れる / 会話 "Where's the light ~?" "On the right side of the door." 「電灯のスイッチはどこですか」「ドアの右側です」 **2** C (急激な)転換, 切り替え; a ~ in policy [attitude] 政策の転換[態度の変化] / Mr. Brown *made the ~ from* Democrat *to* Republican. ブラウン氏は民主党から共和党へくら替えをした. **3** [複数形で] (米) 〖鉄〗 転轍(ﾃﾝﾃﾂ)器, ポイント ((英) points). **4** C しなやかな枝[むち] (乗馬用). **5** C =switch card. **at the flíck of a swítch** [副] スイッチ1つで. **màke the swítch** 動 (こっそり)取り替える (☞ 2). [語法] 普通は the switch is made の形で用いる. **púll a swítch on ...** 動 (急に変更して)(人)をあっといわせる, 欺く. **That's a swítch.** (米) それは珍しい(普段と違う行動に関して).

── 動 (switch・es /-ɪz/; switched /-t/; switch・ing) 他 **1** ⟨話題など⟩を(急に)変える, ⟨人・関心など⟩を移す (from; away); 〖鉄〗 転轍する: They ~ed the conversation *to* another subject. ⟨V+O+to+名・代⟩ 彼らは話を別の話題に変えた. **2** ⟨座席・物・役割など⟩を取り替える, ⟨…⟩を(…に)交換する (for); 交替させる (with): We ~ed seats. 我々は席を交換した. [語法] この場合は目的語は複数形. **3** ⟨電灯や器具⟩のスイッチを切り替える (to) (☞ 句動詞). **4** ⟨動物が尾⟩をさっと振る. ── 自 **1** [副詞を伴って] **1** (人などが)向きを変える, 話題[方式]を切り替える, 転換する (*between*): Which flight would you like to ~ *to*? どの便に変更をご希望ですか / She ~ed to being in favor of our plan. 彼女は態度を変えて私たちの計画に賛成するように

なった. **2** ⟨話題・風などが⟩(大きく[急に])変わる, 移る: The wind has ~ed round *from* south *to* west. 南風から西風に変わった. **3** 仕事を交代する (with). **4** ⟨動物の尾が⟩さっと振られる.

┌─────────── switch の句動詞 ───────────┐

switch aróund 動 自 ⟨席・仕事など⟩を交替[交換]する. ── 他 ⟨…⟩を取り替える.

*switch óff 動 他 ⟨電灯など⟩をスイッチで消す, ⟨テレビ・ラジオなど⟩のスイッチを切る, ⟨番組⟩をスイッチを切って消す ⟨V+名・代+*off* / V+*off*+名⟩; ⟨ある態度⟩を急に止める: He ~ed *off* the light. 彼は電灯を消した.
── 自 **1** スイッチを切る; ⟨器具などが⟩スイッチが切れる: Please ~ *off* when you've finished using the computer. コンピューターを使い終わったらスイッチを切ってください. **2** (略式) (話しかけても)聞き流す, 気をそらす; くつろぐ.

*switch ón 動 他 ⟨電灯など⟩をスイッチでつける, ⟨テレビ・ラジオなど⟩のスイッチを入れる, ⟨番組⟩をスイッチを入れて見る[聞く] ⟨V+名・代+*on* / V+*on*+名⟩; [普通は悪い意味で] 急にある態度をとり出す: He ~ed the television *on*. 彼はテレビをつけた / Don't leave the light ~ed *on*. 灯りをそのままつけっぱなしにしないで.
── 自 スイッチが入る: The air conditioner ~es on automatically at 9 a.m. エアコンは午前9時に自動的にスイッチが入る.

switch óver 動 自 **1** (一方から他方へ)転換する: We ~ed over *from* gasoline *to* diesel during the oil crisis. 我々は石油危機の間にガソリンからディーゼルに切り換えた. **2** テレビのチャンネルを変える (*to*). **3** =switch around. ── 他 ⟨テレビなど⟩を(別のチャンネルに)替える. **2** =switch around.

switch róund 動 自 他 =switch around.

└────────────────────────────────┘

switch・back 名 C **1** ジグザグの[登り下りの多い]山道; (山岳鉄道の)スイッチバック. **2** (英) =roller coaster.

switch・blàde 名 C (米) 飛び出しナイフ ((英) flick knife).

*switch・bòard 名 C (電話の)交換台; 交換手(全体): jam the ~ 電話をパンクさせる / a ~ operator 交換手.

switch cárd 名 C (英) (銀行の)デビットカード (商標).

switched-ón 形 (古風, 略式) 流行に敏感な.

switch・er・oo /swìtʃərúː/ 名 (~s) C (米略式) 不意の転換[逆転], 突然の変化, どんでん返し.

switch・gèar 名 U 〖電〗 (高圧用)開閉器[装置].

switch-hítter 名 C 〖野〗スイッチヒッター (左右どちらでも打てる打者).

switch・óver 名 C (米) 転換, 切り替え.

Switz. =Switzerland.

*Switzer・land /swítsərlənd | -tsə-/ 名 (形 Swiss) 固 スイス(西ヨーロッパ中部の共和国; 略 Switz., ☞ Swiss 名 [参考]).

swiv・el /swív(ə)l/ 名 C [主に合成語で] 回り継ぎ手, 自在軸受け; さるかん; (回転いすの)回転台. ── 動 (swiv・els; swiv・eled, (英) swiv・elled; swiv・el・ing, (英) swiv・el・ling) 他 ⟨…⟩を回転させる (around, round). ── 自 回転する; くるりと向きを変える (around, round).

swivel cháir 名 C 回転いす.

swiz(z) /swíz/ 名 [次の成句で] **Whát a swíz(z)!** (英略式) ひどい[ずるい]よ, そんなのありか (落胆・抗議).

swíz・zle stick /swízl-/ 名 C (カクテル用の)マドラー, かき回し棒.

*swol・len /swóulən/ 動 swell の過去分詞.

―形 1 はれた; ふくれた; (川などが)増水した: a ~ jaw はれ上がったあご / Her eyes were ~ **with** tears. 彼女は目に涙をいっぱいためていた. 2 おおげさな, うぬぼれた. **have [get] a swóllen héad** [動] 〖英略式〗=have [get] a swelled head (⇨ swell 動 成句).

swóllen-héaded 形 〖英略式〗=swellheaded.

swoon /swúːn/ 動 圓 1 〖時に滑稽〗(うれしさなどで)気絶[卒倒]しそうになる (*over*). 2 〖古風〗気絶[卒倒]する (*faint*). ―名 〖単数形で〗〖古風〗気絶.

*swoop /swúːp/ 動 圓 1 (わし・たかなど)飛行機などが空から)急降下する, 飛びかかる, 襲う (*down, in; on*). 2 〖新聞で〗(警察などが)急襲する (*in; on*). 3 突進する. ―名 C 1 (わし・たかなど)飛行機などの)急降下, 飛びかかること. 2 〖新聞で〗(警察などの)急襲: make a (dawn) ~ on ...……に(明け方)急襲する. **at [in] óne féll swóop** [副] 一挙に.

swoosh /swúːʃ, swúʃ/ 動 圓 (空を切って)ビュッ[シュッ]と音を立てる. ―名 C ビュッ[シュッ]と空を切る音.

swop /swáp | swɔ́p/ 動 (**swops; swopped; swop-ping**), 名 C 〖主に英〗=swap.

*sword /sɔ́ːd | sɔ́ːd/ ★ w は発音しない. 名 (**swords** /sɔ́ːdz | sɔ́ːdz/) 1 C 刀, 剣: draw [sheathe] a ~ 刀を抜く[納める]. 2 [the ~] 〖文〗武力; 戦争: Those that live by the ~ shall perish by the ~. 〖ことわざ〗剣によって生きるものは剣によって滅びる. **at swórds' póints** [形] (ひどく)仲が悪く, 敵対して. **cróss swórds with ...** [動] ……と剣を交える; ……と議論する; ……と渡り合う. **pút ... to the swórd** [動] 他 〖文〗(人)を刀にかける, 切り殺す〖処刑で〗. **túrn [béat] swórds ìnto plówshares** [動] 圓 争いを止めて平和に暮らす.

swórd dànce 名 C (スコットランドの)つるぎの舞, 剣舞.

swórd dàncer 名 C 剣舞を踊る人.

swórd dàncing 名 U つるぎの舞, 剣舞(の舞踊法).

swórd·fish 名 (複 ~, -es) C めかじき; U めかじきの身.

swórd·play 名 U フェンシング, 剣術, 剣さばき.

swords·man /sɔ́ːdzmən | sɔ́ːdz-/ 名 (-**men** /-mən/) C 剣術家, 剣道家.

swórdsman·ship 名 U 剣術, 剣道.

swórd-swàl·low·er /-swàlouə | -swɔ̀louə/ 名 C 剣をのみ込む曲芸師.

swórds·wòman /-wùm·en/-wìmən/) 名 C 女性の剣客, 女性剣術家.

*swore /swɔ́ə | swɔ́ː/ 動 swear の過去形.

*sworn /swɔ́ən | swɔ́ːn/ 動 (過去分詞) swear の過去分詞. ―形 1 誓った, 契(ちぎ)った: ~ enemies 宿敵 / a ~ statement [testimony] 宣誓の上での証言.

swot /swát | swɔ́t/ 動 (**swots; swot·ted; swot·ting**) 圓 〖英略式〗がり勉する (*for*; (米) grind). **swót úp** [動] 〖英略式〗 他 〖科目などの〗がり勉する, 〈……〉をつめ込む. ― 圓 がり勉[詰め込み]をする (*on*). ―名 C 〖英略式〗がり勉(の人) (〖米〗 grind).

swot·ty /swáti | swɔ́ti/ 形 〖英略式〗がり勉の.

*swum /swám/ 動 (過去分詞 swam) swim の過去分詞.

*swung /swáŋ/ 動 swing の過去形・過去分詞.

swúng dàsh 名 C スワングダッシュ (~ の記号).

syb·a·rite /síbəràɪt/ 名 C 〖格式〗〖軽蔑〗ぜいたく三昧(ざんまい)に暮らす人.

syb·a·rit·ic /sìbərítɪk⁻/ 形 〖普通は A〗〖格式〗〖普通は軽蔑〗ぜいたく好きな, 奢侈(しゃし)の.

syc·a·more /síkəmɔ̀ː | -mɔ̀ː/ 名 1 C 〖主に米〗アメリカすずかけの木 (plane tree の一種). 2 C 〖主に英〗シカモア 〖ヨーロッパ原産の大かえで〗. 3 U アメリカすずかけ[シカモア]の木材[堅材].

syc·o·phan·cy /síkəfənsi/ 名 U 〖格式〗へつらい, おべっか.

syc·o·phant /síkəf(ə)nt/ 名 C 〖格式〗おべっか使い, 追従(ついしょう)者.

syc·o·phan·tic /sìkəfǽntɪk⁻/ 形 〖格式〗おべっかを使う, へつらう.

Sýd·en·ham's cho·ré·a /sídənəmzkɔ̀ːrɪə | -kɔ̀ːrɪə/ 名 U 〖医〗シドナム舞踏病 〖リューマチ熱に伴う〗.

Syd·ney /sídni/ 名 固 シドニー 〖オーストラリア南東部の港市; ⇨ 裏地図 M 4〗.

Sýdney to Hóbart /-hóubəət | -ba:t/ 名 固 [the ~] シドニー・ホバート間ヨットレース 〖毎年 12 月 26 日に行なわれるオーストラリアの外洋ヨットレース〗.

syl·la·bar·y /síləbèri | -b(ə)ri/ 名 (-**ar·ies**) C 音節文字表 〖日本の五十音図など〗.

syllabi 名 〖格式〗syllabus の複数形.

syl·lab·ic /sɪlǽbɪk/ 形 音節の; 〖音声〗音節の中心を成す, 音節主音的な. ―名 C 〖音声〗音節主音 (⇨つづり字と発音解説 63).

syl·lab·i·cate /sɪlǽbɪkèɪt/ 動 他 =syllabify.

syl·lab·i·ca·tion /sɪlæbɪkéɪʃən/ 名 U (語を)音節に分けること, 分節法.

syl·lab·i·fi·ca·tion /sɪlæbɪfɪkéɪʃən/ 名 U = syllabication.

syl·la·bi·fy /sɪlǽbɪfàɪ/ 動 (-**i·fies; -i·fied; -fy·ing**) 他 〈語〉を音節に分ける, 文節する.

*syl·la·ble /síləbl/ 名 C 1 〖音声〗音節, シラブル (⇨つづり字と発音解説 62): "About" is a word of two ~s. about は 2 音節の語である. 2 一語, 片言: Not a ~! ひと言も言うな. **in wórds of óne sýl·lable** [副] 率直なことばで, ひと言で.

syl·la·bub /síləbàb/ 名 CU シラバブ 〖クリームにワイン・ジュース・砂糖などを加え軽く泡立てたデザート〗.

*syl·la·bus /síləbəs/ 名 (複 ~·es, **syl·la·bi** /-bàɪ/) C 〖講義の〗摘要, 大要; 教授細目, シラバス.

syl·lo·gis·m /sílədʒɪ̀zm/ 名 C 〖論〗三段論法.

syl·lo·gis·tic /sìlədʒístɪk⁻/ 形 〖論〗三段論法の.

sylph /sílf/ 名 C 1 〖文〗ほっそりした優美な少女[女性]. 2 (伝説などの)空気の精 (⇨ nymph).

sylph·like /sílflàɪk/ 形 〖文〗〖ほめて〗または 〖滑稽〗ほっそりして優美な.

syl·van /sílv(ə)n/ 形 〖文〗森林の(ある), 森の中の, 樹木の (⇨ America 表 Pennsylvania).

Syl·vi·a /sílvɪə/ 名 固 シルビア 〖女性の名〗.

sym- /sɪm/ 接頭 =syn- (b-, f-(ph-), m-, p- の前の変形): *sym*pathy 思いやり / *sym*phony 交響曲.

sym·bi·o·sis /sìmbióusɪs/ 名 U 1 〖生物〗共生, 共同生活. 2 〖格式〗(人・組織)の相互協力.

sym·bi·ot·ic /sìmbiátɪk | -ɔ́t-⁻/ 形 〖普通は A〗〖生物; 格式〗相互協力の.

*sym·bol /símb(ə)l/ (同音 cymbal) 名 (~s /-z/; 形 symbólic, -bólical / 動 sýmbolize) C 1 象徴, シンボル, 表象; (観念・特質)を具現化した人[物], 権化: The lion is the ~ **of** courage. ライオンは勇気の象徴である / The Emperor shall be the ~ **of** the State and of the unity of the people. 天皇は日本国の象徴であり日本国民統合の象徴である (日本国憲法第 1 条の一節; ⇨ shall 4). 日英比較 「シンボルマーク」は和製英語. 英語では単に symbol か mark または emblem という.

2 記号, 符号 (sign): a chemical ~ 化学記号 / The

sign+/plÁs/ is the ~ *for* addition. ＋の印は加法を示す記号である. 語源 ギリシャ語で「印(しるし)」の意.

*sym・bol・ic /sɪmbɑ́lɪk | -bɔ́l-/, **・bol・i・cal** /-lɪk(ə)l/ 形 (名 sýmbol) **1** (実質はともかく)象徴的な(意味合いの), ...を表象する: a ~ gesture 象徴的な[見せかけの]ジェスチャー / The dove is ~ *of* peace. <A+*of*+名・代> ...とは平和を象徴する. **2** 符号の, 記号的な. **3** (作品が象徴(主義)的な. **-cal・ly** /-kəli/ 副 象徴的に; 記号的に.

symbólic lógic 名 Ｕ 記号論理学.

*sym・bol・ism /sɪ́mbəlɪzm/ 名 Ｕ **1** 記号による表現, 象徴的; 象徴的意味 (*of*). **2** 記号体系. **3** [しばしば S-] 〖芸〗 (文学・映画などの)象徴主義, 象徴派.

sym・bol・ist /sɪ́mbəlɪst/ 名 Ｃ, 形 [しばしば S-] 〖芸〗象徴主義者, 象徴派(主義)の(芸術家(作家)).

sym・bol・i・za・tion /sɪ̀mbəlɪzéɪʃən | -laɪz-/ 名 Ｕ 象徴化; 記号化, 記号で表わすこと.

*sym・bol・ize /sɪ́mbəlaɪz/ 動 他 (名 sýmbol) **1** (物が)<...>を象徴する, <...>の象徴である, 表わす: A heart shape ~*s* love. ハート型は愛情を示す. **2** (人などが) <...>を符号[記号]で表わす; 象徴化する.

*sym・met・ri・cal /sɪmétrɪk(ə)l/, **-met・ric** /-trɪk/ 形 (左右が)相称の, 対称の, 均整のとれた. **-cal・ly** /-kəli/ 副 相称的に; つり合って.

*sym・me・try /sɪ́mətri/ 名 Ｕ **1** (左右の)相称, 対称 (*of*). **2** つり合い (balance), 均整(美), 平行性.

*sym・pa・thet・ic /sɪ̀mpəθétɪk⁺/ 形 (名 sýmpathy) **1** (他人の立場に立って)思いやりのある, 同情的な, 好意的な; 同情的な態度をとる: lend a ~ ear to him 彼の話を思いやりを持って聞く / Everybody felt ~ *to* [*toward*] the bereaved family. <A+*to* [*toward*]+名・代> だれもがその遺族に同情した.
2 (人・考え・行動などに)同感する, 共鳴する, 賛同する, 好意的な: give a ~ hearing to it それを聞き同感する / He is not ~ *to* [*toward*] the project. <A+*to* [*toward*]+名・代> 彼はそのプロジェクトに賛同しない. **3** (状況などが)好都合な, 心地よい. **4** 〖文〗 (人が)好ましい, 好感のもてる: a ~ character [figure] (小説・劇などで)読者[観客]に好かれる登場人物. **-thet・i・cal・ly** /-kəli/ 副 同情して; 共鳴して, 同感で.

sympathétic mágic 名 Ｕ 共感呪術《ある物事が非物理的な結びつきによって離れた他の物事に影響を及ぼしうるという信仰による呪術》.

sympathétic nérve 名 Ｃ 〖生理〗交感神経.

sympathétic (nérvous) sỳstem 名 [the ~] 〖生理〗交感神経系.

+sym・pa・thize /sɪ́mpəθaɪz/ 動 (名 sýmpathy) 自 **1** (...に)同情する, (...と)同じ気持ちを分かち合う (*over*): We all ~*d with* the child who had lost his parents. 私たちはみな両親を失ったその子に同情した.
2 (人の意見や気持に)同感である, 共鳴する, 同意する, 賛成する; 調和する: ~ *with* the aims of the party その政党の目標に共鳴する.

*sým・pa・thìz・er 名 Ｃ 共鳴者; 同調者, シンパ.

*sym・pa・thy /sɪ́mpəθi/ 13 名 (-pa・thies /~z/; 形 sympathétic, 動 sympathize) **1** Ｕ 思いやり, 気持ちの理解 (🖙 pity 類語団); Ｃ [しばしば複数形で] 同情(の表現), 悔やみ状, お見舞いのことば: a letter of ~ 悔やみの手紙 / out of ~ (*for* ...) (...に対する)同情から / express ~ 思いやりを示す / Don't play on her ~. 彼女の同情につけ入るな / He feels [has] no ~ *for* the poor. 彼は貧しい人たちに同情はしない / You have my *sympathies*. ご同情いたします / Our *sympathies* went out to the victims of the accident. 私たちは事故の犠牲者に同情した / Please accept [Let me offer] my deepest ~ [*sympathies*] on the death of your father. 《格式》お父上のご逝去(せいきょ)に謹んでお悔みを申し上げます.
2 Ｕ 同感, 共鳴, 共感; 賛同, 支持; Ｃ [普通は複数形で] 共感の気持ち, 支援: cry *in* ~ もらい泣きする / I have some ~ *with* [*for*] their ideas. あの人たちの考え方にはある程度賛成できます. **3** Ｕ (仲間で)気が合うこと (*between*). 語源 ギリシャ語で「感情を共にすること (🖙 syn- 語法)」の意.

in sýmpathy with ... 前 ...に共鳴して, ...に賛成[一致]して: come out *in* ~ *with* the miners 炭鉱労働者への支援ストをする. **one's sýmpathies are** [**lie**] **with ...** ...に同情[共鳴]する. **òut of sýmpathy with ...** 前 ...に不賛成で, ...を不支持で (🖙 1).

sýmpathy càrd 名 Ｃ (家族をなくした人に送る)お悔やみカード.

sýmpathy strìke 名 Ｃ 支援スト.

sym・phon・ic /sɪmfɑ́nɪk | -fɔ́n-/ 形 (名 sýmphony) [普通は Ａ] 交響曲の.

*sym・pho・ny /sɪ́mfəni/ 名 (-pho・nies /~z/; 形 sỳmphónic) **1** Ｃ 交響曲, シンフォニー: Beethoven's S- No. 9 ベートーベンの交響曲第9番. **2** Ｃ 《米》 交響楽団. **3** Ｕ (音・色彩などの)調和. 語源 ギリシャ語で「音の一致 (🖙 syn- 語法)」の意.

sýmphony òrchestra 名 Ｃ 交響楽団.

sym・po・si・um /sɪmpóʊziəm/ 名 (複 ~s, sym・po・si・a** /-ziə/) Ｃ 《格式》 (ある問題に関する)討論会, シンポジウム; 論文集 (*on*).

*symp・tom /sɪ́m(p)təm/ 12 名 (~s /~z/; 形 sỳmptomátic) Ｃ **1** (病気などの)徴候, きざし, 症状: develop withdrawal ~*s* (麻薬などの)禁断症状が出る / A cough is one ~ *of* the common cold. せきはかぜの徴候の1つである.
2 (悪い物事の)きざし, 前兆, 徴候: An increase in the prices of commodities is a ~ *of* inflation. 日用品価格の上昇はインフレのきざしである.

*symp・to・mat・ic /sɪ̀m(p)təmǽtɪk⁺/ 形 (名 sýmptom) [普通は Ｐ] 《格式》 (悪い物事の)徴候である (*of*); [普通は Ａ] 〖医〗 (特有の)症状を示す. **-mat・i・cal・ly** /-kəli/ 副 徴候[前兆]として.

syn- /sɪn/ 接頭 「共に, 同時に」の意: synchronize (複数の時計の)時間を合わせる / synthesis 総合. 語法 b-, f- (ph-), m-, p- で始まる語の前では sym- となる.

*syn・a・gogue /sɪ́nəgɔ̀g | -gɔ̀g/ 名 **1** Ｃ シナゴーグ (ユダヤ教徒の礼拝堂・集会堂). **2** [the ~] ユダヤ教徒の集会.

syn・apse /sɪ́næps | sáɪ-/ 名 Ｃ 〖解〗シナプス《神経興奮を伝達する神経細胞の接合部》.

syn・ap・tic /sɪnǽptɪk/ 形 シナプスの.

sync, synch /sɪ́ŋk/ 名 Ｕ 《略式》〖映・テレビ〗同調 (synchronization を短縮した形). **in sýnc** [形] 《略式》 同調[調和]して; 波長が合って, 密接に関連して (*with*). **òut of sýnc** [形] 《略式》 同調[調和]しないで (*with*). ― 動 他 ＝synchronize.

syn・chro・mesh /sɪ́ŋkroʊmèʃ/ 名 Ｕ (自動車の) シンクロメッシュ(等速かみ合い装置).

syn・chron・ic /sɪŋkrɑ́nɪk | -krɔ́n-/ 形 **1** 〖言〗共時的な. **2** ＝synchronous 1.

syn・chro・nic・i・ty /sɪ̀ŋkrənísəti/ 名 Ｕ 《格式》 (関連事の)同時発生, 同時性.

syn・chro・ni・za・tion /sɪ̀ŋkrənɪzéɪʃən | -naɪz-/ 名 Ｕ **1** 同時化, 同時性 (*of*). **2** 〖映・テレビ〗(映像と音声の)同時録音.

*syn・chro・nize /sɪ́ŋkrənàɪz/ 動 他 **1** <ある行為>を(ある行為と)同時にする, <...>の時間を一致させる (*with*). **2** <複数の時計>の時間を合わせる. **3** 〖映・テレビ〗<音声>を<映像と>同調させる (*with*). ― 自 **1** (2 つ以上のことが)同時に起こる[進行する] (*with*). **2** 〖映・テレビ〗 (映像と音声とが)同調する (*with*).

sýn・chro・nized swímming /sɪ́ŋkrənaɪzd-/ 名 U シンクロナイズドスイミング《水中バレエ》.

syn·chro·nous /síŋkrənəs/ 形 **1** [格式] 同時に起こる[存在する], 同時(性)の. **2** 【電算】同期(式)の.

syn·chro·ny /síŋkrəni/ 名 U [格式] 同時性, 同時発生.

syn·co·pat·ed /síŋkəpèɪṭɪd/ 形 【楽】シンコペーションの, 切分した.

syn·co·pa·tion /sìŋkəpéɪʃən/ 名 U 【楽】切分, シンコペーション.

syn·co·pe /síŋkəpi/ | -pi- / 名 U **1** 【医】失神, 気絶. **2** 【言】語中音消失, (語の)中略.

syn·di·cal·is·m /síndɪkəlìzm/ 名 U サンディカリズム《労働者自身が企業を支配すべきとする思想》.

syn·di·cal·ist /síndɪkəlɪst/ 名 C サンディカリズム擁護者. ━ 形 サンディカリズム擁護の.

⁺**syn·di·cate¹** /síndɪkət/ ★動詞の syndicate² との発音の違いに注意. 名 (-di·cates /-kəts/) 動 sýndicate²) **1** [(英)単数形でも時に複数扱い] シンジケート, 企業組合連合 **2** 新聞雑誌連盟《写真・漫画・特別記事・番組などをマスコミに売る》. **3** (米)犯罪組織《マフィアなど》.

syn·di·cate² /síndɪkèɪt/ ★名詞の syndicate¹ との発音の違いに注意. 動 (名 sýndicate¹) **1** 〈...〉をシンジケート組織にする; 企業組合で経営する. **2** [普通は受身で]〈記事など〉を新聞雑誌連盟を通じて配給する;〈番組など〉をテレビ[ラジオ]局に配給する. ━ 自 シンジケートを組織する.

syn·di·ca·tion /sìndɪkéɪʃən/ 名 U シンジケート化; 《記事などの》配給.

⁎**syn·drome** /síndroʊm/ 名 (~s /-z/) C [普通は単数形で] **1** 【医】症候群 (☞ AIDS): The child suffers from Down's ~. その子はダウン症だ. **2** シンドローム《関連した事の一群; 社会[心理]現象などの定型》.

syn·er·gy /sínɚʤi/ | -nə-/ 名 (-gies) U,C [格式]《複数の人・物・企業の》協同作用[効果] (between).

Synge /síŋ/ 名 John Mil·ling·ton /-~ シング (1871-1909)《アイルランドの劇作家・詩人》.

syn·od /sínəd/ 名 C 【宗】教会会議, 宗教会議.

syn·o·nym /sínənɪm/ 名 C 類義語, 同義語, 同意語 (for)《『鋭い』の意の sharp や keen,『自由』の意の freedom や liberty など; ☞ antonym》.

⁺**syn·on·y·mous** /sɪnɑ́nəməs | -nɔ́n-/ 形 [普通は P] 同じ意味の[で], 類義語[同意語]の, 類義[同意]の (with); 密接に結びついて (with). ~·ly 副 同じ意味に, 類義的に.

syn·op·sis /sɪnɑ́psɪs | -nɔ́p-/ 名 (複 syn·op·ses /-siːz/) C 概要, 大意 (summary) (of).

syn·op·tic /sɪnɑ́ptɪk | -nɔ́p-/ 形 A 梗概(こうがい)の, 概要の.

Synóptic Góspels 名 [複][the ~]【聖】共観福音書《マタイ・マルコ・ルカの3福音書》.

syn·tac·tic /sɪntǽktɪk/ 形 A【言・電算】シンタックス[統語論]の, 構文 (syntax) 上の. **-tac·ti·cal·ly** /-kəli/ 副 統語論的に[上], 文章構成上.

syn·tax /síntæks/ 名 U【言】シンタックス, 統語論[法], 構文法《文中の語順や語の配列を扱う分野をいう》; 【電算】シンタックス《コンピューター言語の構文法》. 関連 morphology 形態論 / grammar 文法.

synth /síŋθ/ 名 C [略式] = synthesizer 1.

⁺**syn·the·sis** /sínθəsɪs/ 名 (複 syn·the·ses /-siːz/) **1** U 総合, 統合, 組み立て; C 総合体, 統合体 (of). **2** 【化】合成, 化合; C 合成 (from). **3** U《電子機器などによる》音声・音楽などの合成.

syn·the·size /sínθəsàɪz/ 動 他〈...〉を総合する, 統合する;【化】合成する;〈音〉を合成する.

⁺**syn·the·siz·er** /sínθəsàɪzɚ/ 名 C **1** シンセサイザー《楽器》. **2** 統合[総合]する人.

⁺**syn·thet·ic** /sɪnθéṭɪk/ 形 **1** [普通は A]【化】人造の, 合成の: ~ fiber 合成繊維 / ~ resin 合成樹脂. **2** 総合の, 統合的な. **3** [略式][けなして]〈つくりものの, にせの; うわべだけの: a ~ smile 見せかけの微笑. ━ 名 [複数形で] 合成物質[繊維]. **-thet·i·cal·ly** /-kəli/ 副【化】合成によって.

syph·i·lis /síf(ə)lɪs/ 名 U 梅毒 (pox).

syph·i·lit·ic /sìfəlíṭɪk⁻/ 形 梅毒の[にかかった].

sy·phon /sáɪf(ə)n/ 名 動 = siphon.

Syr·a·cuse /sírəkjùːs/ 名 固 **1** シラキューズ《米国 New York 州中部の都市》. **2** シラクーザ《イタリアの Sicily 島南東部の都市》.

Syr·i·a /síriə/ 名 固 シリア《アジア南西部の地中海に臨む共和国; 首都 Damascus》.

Syr·i·ac /síriæk/ 名 U シリア語.

Syr·i·an /síriən/ 形 名 C シリアの; シリア人(の).

⁺**sy·ringe** /sɪríndʒ, sírɪndʒ/ 名 C 注射器, 洗浄器, スポイト, 浣腸(かんちょう)器. ━ 他《洗浄器で》〈耳など〉を洗浄する;〈植物〉に潅水する.

⁺**syr·up** /sírəp, sə́ːrəp | sírəp/ 名 U **1** シロップ;《糖蜜など》液体の甘味料. **2** 薬剤入りの糖液, シロップ剤.

syr·up·y /sírəpi, sə́ːr- | sír-/ 形 **1** シロップの(ような), シロップを含む. **2** [けなして] 感傷的な.

sys·op /sísɑp | -sɔp/ 名 C [略式] = system operator.

⁎**sys·tem** /sístəm/ 名 (~s /-z/; 形 sỳstemátic, 動 sýstematize)

語源はギリシャ語で「ひとつにまとめる」→「ひとつにまとめられたもの」→「体系」1
┌→《体系を成しているもの》→「組織」3
└→《体系的なやり方》→「方式」2

1 C **体系**, 系統, ...系, ...網;《組み合わせ式の》装置; 【電算】 システム 《組織化されたプログラム・機械などの集合》: a rail ~ 鉄道網 / an automatic sprinkler ~ 自動式スプリンクラー装置 / Something is wrong with the cooling [heating] ~. 冷房[暖房]装置がどこか具合が悪い / The computer ~ has crashed. コンピューターシステムがだめになった.

━━━system 1 のいろいろ━━━
digéstive sỳstem 消化(器)系 / exháust sỳstem 排気装置 / nérvous sỳstem 神経系 / sólar sỳstem 太陽系

2 C **方式** (plan); 方法 (method): a ~ *of* classification 分類方式 / work *on* the [an] eight-hour ~ 8 時間制で働く / We need an efficient 「~ *for* gathering information [information-gathering ~]. 情報を集めるための効率的な方法が必要だ ∥ ☞ decimal system, metric system.

3 C **組織**, 制度;《思想・法律などの》体系, 学説: a ~ *of* government 政治組織, 政体 / the new ~ *of* education 新しい教育制度 / a ~ *of* mathematics 数学の体系 / The trial was conducted under the American judicial ~. その審理は米国の裁判制度に基づいて行なわれた. 関連 Copernican system 地動説 / Ptolemaic system 天動説. **4** [the ~ としてまた は所有格とともに] 人体, 体: Smoking is bad for the ~. 喫煙は体によくない. **5** [the ~] [略式] [普通はけなして]《生活や自由を束縛する》現支配体制 (establishment): beat the ~ 体制を打破する. **6** U [ほめて] 秩序立ったやり方, 順序, 規則: S~ is the key to success in business. 組織立ったやり方が事業に成功する鍵である.

Áll sýstems (are) gó! (S) [略式] すべて準備完了.

由来 宇宙船の打ち上げの準備完了の合図から. **gét ... óut of one's sýstem** [動] 他《略式》〈うっぷん〉を晴らす, 〈怒り・不安・妄想など〉を忘れ[捨て]去る. **pláy the sýstem** [動] 自 制度を悪用する.

sýstem administrator 名 C (コンピューターの)システム管理者, シスアド.

*__sys·tem·at·ic__ /sìstəmǽtɪk⁻/ **T1** 形 (名 sýstem)
1 [ほめて] 組織立った, 組織的な, 体系的な, 系統的な, 秩序立った: a ~ survey 組織の調査 / read books in a ~ way 系統立てて読書する / He is very ~ *in* his research work. <A+*in*+名・代> 彼は研究のやり方が非常に組織立っている. **2** [けなして] 〈企てなど〉計画的な, 故意の: a ~ liar 徹底したうそつき. **-at·i·cal·ly** /-kəli/ 副 組織的に, 系統的に; 計画的に.

sys·tem·a·ti·za·tion /sìstəmətɪzéɪʃən | -taɪz-/ 名 U《格式》組織化, 体系化; 分類.

sys·tem·a·tize /sístəmətàɪz/ 動 (名 sýstem) 他《格式》〈...〉を組織化[体系化]する, 系統[順序]立てる.

*__sys·tem·ic__ /sɪstémɪk/ 形 [普通は A]《格式》組織の, 全体に影響する, 全体的な; A (麻薬・薬品などが)組織に吸収されて作用する. **-tem·i·cal·ly** /-kəli/ 副 組織全体にわたって.

sýstem óperator 名 C システム管理者(コンピューターシステム・電子掲示板などを管理する).

sýstems análysis 名 U システム分析(複雑な業務手順をコンピューターで分析改善する技術).

sýstems ánalyst 名 C (コンピューターの)システム分析者.

sýstems enginéering 名 U システム工学(複雑な組織の設計・計画・使用の研究分野).

t, T /tíː/ 名 (複 **t's, ts, T's, Ts** /~z/) C,U ティー《英語アルファベットの第20文字》. **to a T** [副]《略式》正確に, ぴったりと.

t. =teaspoon(s), temperature, time, ton(s), tonne(s), transitive.

T. 略 =tablespoon(s), Tuesday.

't /t/ 代《詩》it の略: *'tis*=it is / *'twill*=it will.

ta /táː/ 間《英略式》ありがとう (thank you).

TA /tíːéɪ/ 略 **1**《米》=teaching assistant. **2**《英》=Territorial Army.

tab /tǽb/ 名 C **1** たれ, つまみ, タブ《物に付けてつまんだりつるしたりする紙・布・ひものなどの小片》;《防寒帽の》耳覆い, 《衣服の》垂れ飾り, 《帳簿・カードなどの》つまみ;《主に米》缶ビール[ジュース]の口金 (《英》ring-pull) (⇒ stay-on-tab)

tab 1   stay-on tab

2 付け札, はり札. **3**《レストランなどの》勘定(書き), 請求書: Put it on my ~. それは私の勘定[つけ]にしておいて. **4** =tab key. **5**《俗》麻薬(特に LSD) の錠剤. **kéep [clóse] tábs on ...** [動]他《略式》(1) ...によく注意する, ...を監視する. (2) ...を帳簿につけておく, ...の勘定をつける. **pick úp the táb** [動]他《略式》 (...の)勘定を払う (for). ── 動 回 タブキーを使う. ── 他 **1**〈...〉にタブをつける. **2** [普通は受身で]〈...〉を選出する (as; to do).

Ta·bas·co /təbǽskou/ 名 U《時に t-》タバスコ《とうがらし入りのソース; 商標》.

tabásco sáuce 名 U =Tabasco.

tab·bou·leh /təbúːlə/ 名 U タブーラ《たまねぎ・パセリ・トマトにひき割った小麦を混ぜたレバノン風サラダ》.

tab·by /tǽbi/ 名 (**tab·bies**) C ぶち猫, とら猫. ── 形《猫が》ぶちの.

tab·er·na·cle /tǽbərnækl/ -bə-/ 名 **1** [the ~; しばしば T-] 幕屋《古代ユダヤ人が用いた移動式神殿》. **2** C《カトリック》《パンとぶどう酒を入れる》聖櫃(ひつ). **3** C《非国教派やモルモン教の》礼拝堂, 会堂.

táb kèy 名 C《コンピューターなどの》タブキー (tab).

ta·ble /téɪbl/ 名 (~s /~z/; 2 では 形 tábular, 動 tábulàte)

─ リスニング ─
table /téɪbl/, Bible /báɪbl/ などの語末の /bl/ は弱い「ブー」のように聞こえる (⇒ つづり字と発音解説 63). このため table, Bible は「テイブー」「バイブー」に聞こえる. 「テイブル」「バイブル」と発音しない.

─ ラテン語で「平たい板」の意 (⇒ tablet 2). ─
「板」→（上部に板をはったもの）→「台」→「食卓」**1**→「食事」**5**
   →（板状のもの）→「一覧表」**2**

1 C テーブル; 食卓; 仕事台, 遊戯台, 手術台: clear the ~ 食卓を片づける / clean [wipe] the ~ 食卓をふく /〖会話〗"Hello. A ~ *for* two?" "Yes. If possible, we'd like a ~ in a quiet corner." 「いらっしゃいませ. お二人さまですか」「はい. できればすみの静かな席がいいんですけど」《レストランなどで》/ I'd like to reserve [book] a ~ for six on [for] Sunday evening. 日曜の晩に 6 人分の席を予約したいのですが.

─── table のいろいろ ───
bílliard tàble ビリヤード台 / **cóffee tàble**《ソファーの前に置く》低いテーブル / **díning tàble** 食卓 / **dréssing tàble** 化粧台 / **níght tàble** ナイトテーブル / **síde tàble** サイドテーブル / **wórktàble** 仕事台

2 C 一覧表 (list), 表: a ~ *of* contents 内容の一覧表, 目次 / a conversion ~ 換算表 / Arrange the data in ~s. 資料を表にしてください. 関連 timetable 時刻表. **3** C《英》単数形でもときに複数扱い; しばしば the ~] 1 つのテーブルを囲んでいる人々, 一座の人たち《全体》: a poker ~ ポーカーの卓を囲む人々 / His jokes amused *the* whole ~. 彼の冗談は一座の人たちを楽しませた. **4** [the ~] 会議[交渉]の席. **5** [単数形で]《古風》または《詩》《食事 (meal), 食べ物 (food), 料理. **6** C =multiplication table.

at the táble =《英格式》**at táble** [形・副] 食事中で[に]: They were *at (the)* ~ when I came back. 私が戻ったとき彼らは食事中でした.

knów one's ... tímes táble [動]回 〈...〉の段の九九が言える (⇒ multiplication table).

láy the táble [動]回《英》=set the table.

pút [láy] ... on the táble [動]他 (1)《米》〈議案など〉を棚上げする, 審議延期にする. (2)《英》〈議案など〉を討議にかける, 上程する.

sét the táble [動]回《主に米》食卓の用意をする.

sit (dówn) [at the táble [《英》to táble] [動]回 食卓につく.

túrn the tábles [動]回 (...と)形勢を逆転する (on).

ùnder the táble [副]《略式》(1) ひそかに, こっそり. (2) 酔いつぶれて.

wáit at táble [動]回《英格式》=wait on tables.

wáit on tábles [動]回《米》《食堂で》給仕をする.

── 動 他 **1**《米》〈議案など〉を棚上げにする, 〈審議〉を先送りにする. **2**《英》〈議案など〉を上程する.

tab·leau /tæbloʊ/ 名 (複 **tab·leaux** /tǽbloʊz, ~s/) C **1** 絵のような場面; 劇的シーン. **2** 活人画.

ta·ble·cloth /téɪblklɔ̀(ː)θ/ 名 (**-cloths** /-klɔ̀(ː)ðz, -klɔ̀(ː)θs | -klɔ̀θs/) C テーブル掛け.

ta·ble d'hôte /táːbldóʊt/《フランス語から》名 U《料理店などの》定食 (⇒ à la carte).

táble-hòp [動] (**-hops**; **-hopped**; **-hop·ping**) 回《会合・パーなどで》テーブルを渡り歩いて人と話をする.

táble knìfe 名 C 食卓用ナイフ (⇒ knife 挿絵).

táble làmp 名 C 卓上スタンド (⇒ bedroom 挿絵).

táble·lànd 名 C =plateau 1.

táble lìnen 名 U 食卓用白布《テーブル掛け・ナプキンなど》.

táble mànners 名 [複] 食卓の作法, テーブルマナー.

táble·màt 名 C《英》テーブルマット, 食卓用マット《熱い料理の皿の下敷きにするもの》.

táble nápkin 名 C《食卓用の》ナプキン.

táble sàlt 名 U 食(卓)塩.

ta·ble·spoon /téɪblspùːn/ 名 (~s /~z/) C **1** 大さじ, 食卓さじ《スープ・野菜などを自分の皿に取るのに使う; ⇒ spoon 挿絵》. **2** 大さじ 1 杯(の量), 大さじ 1 杯分 (tablespoonful)《略 tbs, tbsp, T.》 (of).

ta·ble·spoon·ful /téɪblspùːnfʊl/ 名 (複 **~s, ta-**

ble·spoons·ful /tébləspùːnzfùl/ 名 C (食卓用の)大さじ1杯分(略 tbs., tbsp.): a ~ of sugar 大さじ1杯の砂糖. 関連 teaspoonful 茶さじ1杯分.

*__tab·let__ /tǽblət/ 名 (**tab·lets** /-ləts/) C **1** 錠剤: Keep taking the ~s. その薬を飲み続けてください. 関連 medicine (一般に)薬 / pill 丸薬. **2** (金属・石・木の)平たい板, 銘板, 刻板 (記念碑などに用いる; table 2 つ目の囲み, -et(te)も). **3** (せっけん・チョコレートなどの平たい一)かたまり: a ~ of soap (古風) せっけん 1 個. **4** (米)便せん. **be wrítten [láid dówn] in [on] táblets of stóne** 動 [普通は否定文で](石に刻まれているように)変更の余地がない (ロ set ... in (tablets of) stone (stone 名 成句)).

táble tàlk 名 U 食卓での雑談.

táble tènnis 名 U 卓球 (ロ ping-pong).

+**táble·tòp** 名 C, 形 A 卓上(の).

tábletòp hòckey 名 U (米) ホッケーゲーム.

táble·wàre 名 U (格式) 食器類 (皿・スプーン・ナイフ・フォークなど).

táble wìne 名 U テーブルワイン.

*__tab·loid__ /tǽbloɪd/ 名 (**tab·loids** /-loɪdz/) C タブロイド版新聞, タブロイド紙 (普通の新聞の半分の大きさで, ゴシップ・絵・写真が多い《ロ broadsheet》).

—— 形 タブロイド版 (新聞) の; 扇情的な, センセーショナルな: ~ journalism どぎつい大衆向け新聞[報道] / ~ TV どぎついテレビ(番組).

*__ta·boo__ /təbúː/ 名 (~s) U.C タブー (一つの社会で宗教上の理由から近づくことを禁じられている人・動物など); 禁じられている事物, 禁句; 禁制, ご法度 (against, on, to). **pút a taboó on ... = pút ... ùnder (a) taboó** 動 ... を禁制にする.

—— 形 タブーの, 禁じられた; (滑稽) してはいけない.

taboó wòrd 名 C タブー語, 禁忌 (さ) 語 (fuck や shit のように人前で口にしてはいけないとされる語; ロ「この辞書の使い方」6.2 (卑)).

tab·u·lar /tǽbjulə | -lə/ 形 (名 táble 2) A **1** 表にした, 表の. **2** 平板状の, 平らな.

tab·u·la ra·sa /tǽbjulɑːrɑːsə, -sə/ 名 (複 **tab·u·lae rasae** /tǽbjuliːráːziː/) C 文字の書いていない書き板; (特に Locke の哲学で) 白紙状態の心.

tab·u·late /tǽbjulèɪt/ 動 (名 táble 2) 他 (...) を表にする, 一覧表にする.

tab·u·la·tion /tǽbjuléɪʃən/ 名 U.C 表の作成.

tab·u·la·tor /tǽbjulèɪtə | -tə/ 名 C 図表作成者 [器].

tach /tǽk/ 名 C (米略式) =tachometer.

tache /tǽʃ/ 名 C (英略式) =moustache.

ta·chis·to·scope /təkístəskòʊp/ 名 C (心) 瞬間露出器, タキストスコープ (絵・文字など視覚的刺激を瞬間的に与える装置).

tach·o·graph /tǽkəgrǽf | -grɑ́ːf/ 名 C (トラックなどの)記録式回転速度計, タコグラフ.

ta·chom·e·ter /tækɑ́mətə | -kɔ́mətə/ 名 C (エンジンなどの)回転速度計, タコメーター (ロ motorcycle 挿絵, -meter¹).

+**tac·it** /tǽsɪt/ 形 [普通は A] 暗黙の, 無言の: ~ consent 暗黙の承諾. **~·ly** 副 暗黙のうちに; 黙って.

tac·i·turn /tǽsɪtəːn | -təːn/ 形 無口な, 寡黙な.

tac·i·tur·ni·ty /tæ̀sətə́ːnəṭi | -təː-/ 名 U 無口.

tácitùrn·ly 副 口数少なく, 寡黙に.

Tac·i·tus /tǽsəṭəs/ 名 圏 タキトゥス (55?-?120) ((ローマの歴史家)).

*__tack¹__ /tǽk/ 名 (~s /~s/) C **1** びょう, 留め金: a carpet ~ カーペット留め. 関連 thumbtack (米)画びょう. **2** [しばしば a ~](以前とは違う)方針, 方策; 施策; 政策: try a different ~ 異なった方針を試みる. **3** U.C (海) 上手回し, 間切り (向かい風を斜めに受けて船をジグザグに進ませること). **4** C (洋裁) タック, しつけ, 仮縫い. **be on the ríght [wróng] táck**

—— ## ta-da(h) 1799

[動] 圊 針路[方針]を誤っていない[いる]. **chánge táck** [動] 圊 方針を変える. —— 他 〈…〉をびょうで留める, 取り付ける (up, down; on, to); 仮に縫い付ける[合わせる] (baste) (together). —— 圊 (海) 間切る, (向かい風を斜めに受けて)ジグザグに進む. **táck ón** [動] (略式)〈語句・名前・項目など〉を(...に)(余分に)付け足す[加える] (add) (to).

tack² /tǽk/ 名 U 馬具一式.

tack³ /tǽk/ 名 U (英略式) 安っぽい[くだらない]物.

tack·ie /tǽki/ 名 C (南ア) ゴム底のズック靴.

tack·i·ly /tǽkɪli/ 副 べたついて.

tack·i·ness /tǽkinəs/ 名 U (略式) 安っぽさ; べたつくこと, 粘着性.

*__tack·le__ /tǽkl/ 囲 動 (**tack·les** /~z/; **tack·led** /~d/; **tack·ling**) 他〈仕事など〉に取り組む, (解決しようと)努力する; (問題について)〈人〉と直接話し合う, 渡り合う, ぶつかってみる: Let me ~ him *about* [*on*] our raise. 賃上げについては彼に直接話をつけさせてください. **2**【アメフト・ラグ・ホッケー】〈...〉にタックルする. **3**〈人に〉組みつく, 襲いかかる. —— 圊【アメフト・ラグ・ホッケー】タックルする. —— 名 **1** C【アメフト・ラグ・サッカー・ホッケー】タックル(すること);【アメフト】タックル(攻撃線の選手): make a fearless ~ 果敢なタックルをする. **2** U (仕事やスポーツのための)道具, 用具; 釣り具: a fishing tackle. **3** C.U (滑車を使った)巻き揚げ装置.

tack·ler 名 C タックルをかける選手.

+**tack·y** /tǽki/ 形 (**tack·i·er**; **-i·est**) **1** (略式) 安っぽい; みすぼらしい; 悪趣味な, ダサい. **2** (にかわ・ペンキなどが)べたつく, 生乾きの.

ta·co /tɑ́ːkoʊ/ 名 (~s) C タコス (とうもろこし粉で作ったトルティーヤ(tortilla)にひき肉などをのせて巻いたメキシコ料理).

Ta·co·ma /təkóʊmə/ 名 圏 タコマ ((米国 Washington 州にある港町)).

+**tact** /tǽkt/ 名 U 如才なさ; 気転; こつ: He lacks ~. 彼は気がきかない / have the ~ *to do* 気転をきかせて...

+**tact·ful** /tǽktf(ə)l/ 形 如才ない, 気転のきく.
-ful·ly /-fəli/ 副 如才なく, 気転をきかせて.

*__tac·tic__ /tǽktɪk/ 名 (~s /-s/; 形 táctical) **1** C [しばしば複数形で] (目的達成の)手段, 方策, 戦術; 策略, 駆け引き: delaying ~s=a delaying ~ 引き延ばし作戦 / I prefer not to use strong-arm ~s. 腕力に訴えるという手段は使いたくない.

2 [複数形で] (個々の戦闘における)戦術: The general's ~s in the battle were brilliant. その戦闘における将軍の戦術は見事だった. 関連 strategy 全体的な戦略. **3** [複数形で単数扱い] 戦術学.

*__tac·ti·cal__ /tǽktɪk(ə)l/ 形 (名 táctic(s)) [普通は A] **1** 目標達成の上での, 駆け引きで行なう, 計算された: a ~ move 駆け引き. **2** 戦術的な, 戦術上の. **3** (兵器などが)近距離の敵に使用される: ~ nuclear weapons 戦術核兵器. **-cal·ly** /-kəli/ 副 戦術的に, 戦術上.

táctical vóting 名 U 策略的投票(他の候補を落とすために支持したい人[党]に投票すること).

tac·ti·cian /tæktíʃən/ 名 C 戦術家; 策士.

tac·tile /tǽktl | -taɪl/ 形 (格式) 触覚の, 触覚を有する[用いる], 人にさわるのが好きな; 感触のよい.

+**tact·less** 形 (人が)気転のきかない, (ことばなどが)無神経な. **~·ly** 副 気転をきかせないで. **~·ness** 名 U 気転のきかなさ, 無神経さ.

tad /tǽd/ 名 S (古風, 略式) **1** [a ~ として普通は副詞的に] 少量, 少し (a bit). **2** C 少年, 男の子.

ta-da(h) /tɑːdɑ́ː/ 圊 ジャジャーン (華やかな登場・発表を表わす).

tackle 3

tad·pole /tǽdpòul/ 名 C おたまじゃくし.

Tae-Bo /táibóu/ 名 U タエボー《ダンスとキックボクシングのような動きを組み合わせた運動;商標》.

tae kwon do /táikwandóu | -kwóndou/ 《朝鮮語から》名 U テコンドー《朝鮮の護身術》.

TAFE /téif/ 名《豪》=Technical and Further Education 技術職業高等教育.

taf·fe·ta /tǽfətə/ 名 U タフタ, こはく織り《光沢のある平織りの上質な生地》.

taf·fy /tǽfi/ 名 (**taf-fies**) U,C《米》=toffee.

Taf·fy /tǽfi/ 名 (**Taf-fies**) C《英》《差別》ウェールズ人.

*__tag__¹ /tǽg/ 名 (~s /-z/) **1** C 札(ふだ)《番号・定価・名前などを記したもの; 名札・荷札など》; 《電算》タグ, 識別票; 付箋(ふせん); 垂れ下がった物, ぶら下がった物《服・リボンの垂れ下がった部分など》: a name ~ 名札 / a price ~ 値札, 正札 / a claim ~ 《荷物などの》預かり札. **2** C 《靴ひも・チャックなどの先の小さな金具[プラスチック]》. **3** C《略式》レッテル, あだ名. **4** C《文法》付加語[句]《That was a lovely drink, that was!《あれはいい酒だった, 全く》の that was など》, 《特に》付加疑問《の付加語句》《tag question, question tag》. **5** C《電算》標識, タグ. **6** C《俗》タグ《スプレーペイントによる落書きサインなど》. **7** [複数形で]《米略式》ナンバープレート.

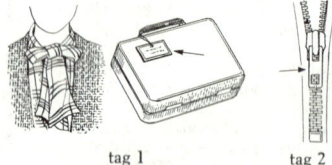

— 動 (**tags**; **tagged**; **tag·ging**) 他 **1**〈…〉に札[名札, 荷札など]をぶら下げる[つける]; 《電算》タグ付けをする (with). **2**〈人〉を〈…〉と評する,〈人〉に〈…〉というレッテルをはる: be tagged (as) incompetent 無能のレッテルをはられる. **3**〈物〉を〈…〉につけ[加え]る (on); 《運転者に》交通違反カードを渡す;《車に》駐車違反カードをはる. **tág alóng** [動]《略式》《用もなく人のあとに》ついて行く, つきまとう (behind, after, with). **tág ón** [動]〈物〉を〈…〉につける, 追加する (to).

tag² /tǽg/ 名 **1** U 鬼ごっこ: play ~ 鬼ごっこをする. 関連 it 鬼ごっこの鬼. **2** C《野》タッチアウト. — 動 (**tags**; **tagged**; **tag·ging**) 他 **1**〈…〉をつかまえる. **2**《野》〈ランナー〉をタッチアウトにする. **tág úp** [動] 自《野》タッチアップする.

Ta·ga·log /təgá:lo:g | -lɔg/ 名 (複 ~(s)) **1** C タガログ人《フィリピン諸島の先住民》. **2** U タガログ語《フィリピンの公用語》.

tág·alòng 形 A, 名 C《しつこく》つきまとう(人).

tag dáy 名 C《米》街頭募金日《《英》flag day》.

tag·ging /tǽgɪŋ/ 名 U《俗》スプレーペイントでサインなどを落書きすること.

ta·glia·tel·le /tà:ljətéli | tæl-/ 名 U タリアテーレ《薄く延ばした細長いパスタの一種》.

tág líne 名 C《主に米》**1** =punch line. **2**《耳に残る》キャッチフレーズ, うたい文句.

Ta·gore /təgɔ́:r | -gɔ́:/ 名 圖 **Ra·bin·dra·nath** /rəbíndrənà:θ/ ~ タゴール (1861-1941) 《インドの詩人》.

tág quèstion 名 C《文法》付加疑問《たとえば It's nice, isn't it? の isn't it を指す場合と文全体を指す場合がある; 前者を question tag または単に tag ともいう》.

文法 付加疑問

(1) 平叙文の後に付け加えて全体を疑問文にする簡単な疑問形式. 主に話しことばで用い, 相手の同意を求めたり, 自分のことばに念を押したりするときに用いるが, 言い方によっては普通の疑問文とほとんど同じ意味でも用いる. 本文が肯定文であれば, 付加疑問は否定の形となり, 本文が否定文であれば付加疑問は肯定の形をとる. また本文を be, do や助動詞を伴った動詞を使っていればそれをそのまま用いる《肯定の形は否定に, 否定の形は肯定になる》《☞ auxiliary verb 文法 (4)》. 一般の動詞を用いている場合には do《本文が肯定であれば don't, doesn't, didn't, 本文が否定であれば do, does, did》を用いるのが普通. イントネーションは, 付加疑問の文尾を上昇調《↗》で言えばほとんど普通の疑問文と同じ意味となり, 下降調《↘》で言えば心を押したり相手の同意を求める気持ちが強くなる: It's very hot, *isn't* it? とても暑いですね / Henry *won't* be here for long, *will* he? ヘンリーはここには長くいないんですよね / The children *looked* happy, *didn't* they? 子供たちは楽しそうだったじゃないか / You *were not* absent yesterday, *were* you? あなたはきのうの欠席しなかったでしょう / There *isn't* any water in the vase, *is* there? その花びんは水がないんじゃないの.

(2) 命令文に …, will you? がつくことがある: Take a look, *will you*? まあ見てごらんよ.

(3) Let's … で始まる文には …, shall we? がつくことがある: Let's dance, *shall we*? 踊ろうよ.

★ なお, 付加疑問においては, 短縮形でない完全な形を用いるほうが短縮形よりも堅苦しいか, または詰問するような調子が含まれる: He is a sailor, *isn't* he? と He is a sailor, *is he not*? とを比較.

tág sàle 名 C ガレージセール, のみの市.

ta·hi·ni /təhí:ni/ 名 U タヒニ《ごまの実で作る練り粉; 中東の料理に使う》.

Ta·hi·ti /təhí:ti/ 名 圖 タヒチ《南太平洋のフランス領ソシエテ諸島の島》.

Ta·hi·tian /təhí:ʃən/ 形 タヒチの; タヒチ人[語]の. — 名 C タヒチ人; U タヒチ語.

Ta·hoe /tá:hou/ 名 圖 **Lake** ~ タホ湖《米国 Nevada 州と California 州の間の湖》.

tai chi /táɪdʒí:, -tʃí:/ 名 U 太極拳.

tai·ga /táɪɡə/ 名 C《植・地理》タイガ《シベリアなどの針葉樹林帯》.

*__tail__ /téɪl/《同音 tale》名 (~s /-z/) **1** C 《動物の》尾, しっぽ: A dog is wagging its ~. 犬がしっぽを振っている.

2 C 尾のようなもの;《服の後ろの》すそ; 後部, 尾部; 終わり(end): the ~ *of* a comet 彗星(すいせい)の尾 / the ~ *of* a plane 飛行機の尾部 / the ~ *of* a procession 行列の後部. **3** C《略式》《犯罪者などの》尾行者, 見張りの者. **4** [複数形で単数扱い]《硬貨の》裏《⇔ head》《☞ Heads or tails?《head 成句》. **5** [複数形で] 燕尾(えんび)服, モーニング《tailcoat》. **6** C《古風, 略式》けつ (buttocks). **cháse táil** [動] 自《米俗》女のしりを追いかす. **hàve one's táil between one's légs** [動] 自《犬が》しっぽを巻いている; 《人が》打ちのめされている, しょげかえっている. **hót on …'s táil** [形・副]《略式》《人》を捕まえるまであと1歩のところで. **on …'s táil** [副] (1) …にくっついて, …を尾行して. (2) S《車が》…のすぐ後ろについて. **pùt a táil on …** [動] 他《略式》…に尾行をつける. **the táil wágging the dóg** [名]《略式》主客転倒. **túrn táil** [動] 自 恐れをなして[背を向けて]逃げる. **with one's táil between one's légs** [副]《犬が》しっぽを巻いて;《人が》打ちのめされて, しょげかえって. — 動 他《略式》〈…〉を尾行する. **táil báck** [動] 自《英》《車が》渋滞の列を作る, 渋滞する《《米》back up》. **táil óff [awáy]** [動] 自 次第に少なく[小さく]なる, 先細りになる (to).

táil·bàck [名] [C] **1** 《英》 車の渋滞の列. **2** 〔アメフト〕 テールバック.
táil·bòard [名] [C] ＝tailgate 1.
táil·bòne [名] [C] 尾骨.
táil·còat [名] [C] 燕尾(えんび)服.
-tailed /téɪld←/ [形] [合成語で] 尾が…な: long-*tailed* 尾の長い.
táil énd [名] [the ～] 終わりの部分, 末端, 尾部 (*of*).
táil·ènd·er /-èndə | -də/ [名] [C] (競走などの)びり[最下位]の人.
táil fìn [名] [C] 《魚の》 尾びれ.
táil·gàte [名] [C] **1** (トラックなどの)尾板 《荷物の積み降ろしに倒したり, 取りはずしできる》 (tailboard); (ハッチバック・ステーションワゴンなどの)後部扉. **2** 《米》 ＝tailgate party. **—** [動] 《米略式》 [自] 前の車にぴったりつけて運転する. **—** [他] 〈前の車〉にぴったりつけて運転する.
táilgate pàrty [名] [C] 《米》 テールゲートパーティー 《フットボールの試合やコンサートの前などに駐車場でワゴン車の後尾扉を倒して飲食物を出して行なう戸外食事会》.
táil·gàt·er [名] [C] 前の車にぴったりつけて運転する人.
tail·ings /téɪlɪŋz/ [名] [複] くず, 残りかす; 廃石.
táil làmp [名] [C] ＝taillight.
táil·less [形] 尾のない.
táil·lìght [名] [C] (自動車・列車などの)テールライト, 尾灯 《☞ motorcycle 挿絵》. [関連] headlight 前照灯.
táil-òff [名] [C] 漸減, 先細り.
*__tai·lor__ /téɪlə | -lə/ [12] [名] (～s /～z/) [C] 洋服屋 《人・店》, 仕立て屋, テーラー, 注文服店 《男性服を注文で作る》: a ～'s shop 紳士服店. [語法] 店を表わす場合, ときに 's が略される. [関連] dressmaker 婦人服の洋裁師. [語源] ラテン語で「(布を)切る」の意; ☞ detail [語源], retail[1] [語源]. **—** [動] (-lor·ing /-lərɪŋ/) [他] **1** 〈服〉を仕立てる. **2** 〈…〉を(要求・必要などに)合わせて作る, 合わせる (*to, for*). **—** [自] 服を仕立てる.
tái·lored [形] [普通は [A]] **1** (服が)注文仕立ての; [合成語で] 仕立て方が…の. **2** 目的[状況]に合った.
tai·lor·ing /téɪlərɪŋ/ [名] [U] 仕立て業; 仕立て方.
+**táilor-máde** [形] **1** 注文仕立ての, (特別)あつらえの (*for*) ([反] ready-made). **2** [主に [P]] (人・目的などに)ぴったり合って, あつらえ向きの (*for*).
táil·pìece [名] [C] 尾部の付属物 (*to*); (書物の章末[巻末]の余白の)飾りカット; (弦楽器の)緒止め板.
táil·pìpe [名] [C] (自動車の)排気管 (exhaust).
táil·plàne [名] [C] 〔空〕 水平尾翼.
táil·spìn [名] [C] **1** 〔空〕 きりもみ降下. **2** (経済的)大混乱: go into a ～ 大混乱になる. **3** 意気消沈.
táil·wìnd [名] [C] 追い風.
+**taint** /téɪnt/ [動] [他] [普通は受身で] **1** 〈水・空気などを〉よごす, 汚染する (*with*); 〈食べ物〉を腐らす. **2** 〈人・行為など〉を汚染する, 〈名声など〉を汚(けが)す (*by, with*); 堕落させる. **—** [名] [単数形で] **1** (名声などの)汚点, しみ (*of*). **2** 腐敗; (道徳的な)腐敗, 堕落. **3** 気味, 痕跡(こんせき) (*of*).
táint·ed /-ṭɪd/ [形] **1** (食べ物などが)汚染された. **2** (名声などが)汚れた, (人が)堕落した.
tai·pan /táɪpæn/ [名] [C] 大班 《旧中国における外国商社の支配人》.
Tai·pei /tàɪpéɪ/ [名] [固] 台北 《台湾の首都》.
Tai·wan /tàɪwɑ́ːn/ [名] [固] 台湾.
Tai·wan·ese /tàɪwəníːz←/ [形] 台湾の; 台湾人の. **—** [名] (複 ～) [C] 台湾人.
Ta·jik /tɑːdʒíːk, tɑ́ːdʒɪk/ [名] [C] タジク人; [U] タジク語. **—** [形] タジクの; タジク人[語]の.
Ta·jik·i·stan /tədʒíkəstæ̀n | tɑːdʒìːkɪstɑ́ːn/ [名] [固] タジキスタン 《中央アジアの共和国》.
Taj Ma·hal /tɑ́ːdʒməhɑ́ːl/ [名] [固] [the ～] タージマハル 《インド中北部にある白亜の霊廟》.
take /téɪk/ [動] (takes /～s/; 過去 **took** /tʊ́k/; 過分 **tak·en** /téɪk(ə)n/; **tak·ing**) [他]

基本的には「(物を手に)取る, つかまえる」の意.
① 持って[連れて]いく; 取っていく 1; 2
② 取る; 選びとる; 受け取る 3; 10, 15
③ 〈時間・労力〉を必要とする, かかる 4
④ 乗っていく; 利用する 5; 9
⑤ [動作名詞とともに] …をする 6
⑥ 占める; 引き受ける 7
⑦ 〈写真〉をとる 8
⑧ 食べる, 飲む 11
⑨ …と受け取る; 応じる 12; 13
⑩ (手にとって)調べる 14

1 (手に取って)〈物〉を(…に)**持っていく**; 〈人・動物〉を(…に)**連れていく** 《☞ bring 1 [語法] 囲み (1) および挿絵》; (乗り物・道・仕事などが)〈人〉を(…に)運んで行く, (事物が)〈人・物事〉を(…にまで)到達させる (*to*); 〈問題など〉を持ち出す: I'll ～ you *there*. <V+O+副> そこへ連れていってあげよう / I'll ～ you *home* in my car. 私の車であなたを家まで送りましょう / [言い換え] ***T～*** a cup of coffee ***to*** your father. <V+O+前+名・代> ＝*T～* your father a cup of coffee. <V+O+O> お父さんにコーヒーを持っていきなさい / Can you ～ us *to* the British Museum? 大英博物館まで行ってくれますか 《タクシーで》 / You should ～ an umbrella ***with*** you. 傘を持っていったほうがいい / You can't ～ it *with* you. 《ことわざ》 所有物[(特に)金]はあの世へは持って行けない / He *took* Bill swimming [sightseeing]. 彼はビルを泳ぎ[見物]に連れていった. [語法] (1) 上の文は次のようにも言える: He *took* Bill *for* a swim. (2) 次の句と比較: go swimming [*for* a swim] 泳ぎに行く / go sightseeing 見物に出かける // This bus [street] will ～ you *to* the station. このバスに乗れば[通りを行けば]駅に出る.
2 (勝手に[間違って])〈…〉を**取っていく**, 取り去る, 盗む (steal); (…から)〈物〉を取り除く; [進行形なし] (引き算で)引く: Who has *taken* my handbag? だれが私のハンドバッグを持っていったのかしら / The portrait *was* ***taken from*** the wall. <V+O+*from*+名・代の受身> その肖像画は壁から取り除かれた[盗まれた] / If you ～ four *from* ten, you have six. 10 引く 4 は 6. [関連] add 足す / multiply 掛ける / divide 割る.
3 (手などで)〈…〉を**取る**, (手に)持つ, つかむ, 抱く; [普通は進行形なし] 捕らえる, 取り押さえる 《☞ 類義語》: My little sister *took* my hand when we crossed the street. 通りを渡るとき妹は私の手につかまった. [語法] 次の文と比較: I ***took*** my little sister ***by*** *the* hand (＝I *took* my little sister's hand) when we crossed the street. <V+O+前+名> 通りを渡るとき妹の手をとった 《☞ the[1] 2 [語法]》 // Will you ～ this bag while I look at the map? 私が地図を見る間このかばんを持っててくれませんか / She ***took*** some meat ***from*** [***off***] the plate (with her fork). 彼女は(フォークで)皿から肉を取った / The mother ***took*** her child ***in*** her arms [***to*** her breast]. 母親はわが子を両腕[胸]に抱き締めた.
4 [受身なし] 〈時間・労力・空間など〉を**必要とする**, 取る, かける; [しばしば it を主語として] (人にとって…するのに)〈時間など〉がかかる: This job *took* (me) three hours. <V(+O)+O> この仕事は(私には) 3 時間かかった / A TV set this big won't ～ much space. この大きさのテレビならあまり場所をとらないだろう / ***It*** ***～s*** only ten minutes ***to*** walk there. そこへは歩いて 10 分しかかからない / *It* ～*s* courage *to* acknowledge one's mistakes. 過失を認めるには勇気がいる.

[語法] (1) 上の文の it は時間・環境などを表わす非人称の it 《☞ it[1] A 2》 とも, 形式主語の it 《☞ it[1] A 4》 とも考えることができる.

(2) 次の言い方に注意: [言い換え] *It took* me two years *to* write the book. = *It took* two years *for* me *to* write the book. = The book *took* me two years *to* write. = I *took* two years *to* write the book. その本を書くのに私は2年かかった.

5 〈乗り物〉に**乗っていく**, 乗る, (交通手段として)〈...〉を利用する; 〈道・進路など〉を取って[選んで]行く: Let's ～ a taxi [bus]. タクシー[バス]で行こう / Father **～s** the 7:00 train ***to*** work. <V+O+*to*+名・代> 父は会社へ7時の電車で通っている / *T～* the elevator *to* the fifth floor. 5階へはエレベーターで行きなさい / Let's ～ the road *to* [*on*] the right. この道を右へ行こう.

6 /tèɪk/ [動作を表わす名詞を目的語として] 〈...〉をする; 〈注意など〉を働かせる; 〈休暇〉をとる: ～ a walk [trip] 散歩[旅行]をする / I ～ a vacation this week. 私は今週は休暇をとる.

コーパス・キーワード

「take+動作名詞」のいろいろ (☞ corpus)
tàke áction 行動をとる / **tàke a báth** 入浴する / **tàke a bíte (from an ápple)** (りんごを)かじる / **tàke cáre of ...** ...の面倒をみる / **tàke a glánce (at ...)** (...を)ちらりと見る / **tàke hóld (of ...)** (...を)つかむ / **tàke a lóok at ...** ...を見る / **tàke a náp** 昼寝する / **tàke nóte of ...** ...に注目する / **tàke nótice of ...** (警告・忠告など)に注意する / **tàke a rést** ひと休みする / **tàke a ríde (on ...)** (...に)乗る / **tàke a shówer** シャワーを浴びる / **tàke a síp (of ...)** (...を)ひと口飲む / **tàke a stép (fórward)** 一歩(前へ)進む
[語法] 一般に次の意味特徴がある. (i) しばしば明確な目標をもった, 意図的な動作. (ii) 努力を伴う(1回限りの)動作 (☞ have[1] 5, make [他] 4).

7 〈位置・地位〉を**占める**, 〈...〉につく; 〈責任・仕事など〉を**引き受ける**, 〈儀式など〉を行なう; 〈電話など〉に出る; (生徒が)〈試験など〉を受ける, 〈科目・コースなど〉を取る; 〈クラス・科目など〉を受け持つ; 《英》〈...〉に(科目を)教える (*for*): ～ the position of general manager 総支配人の地位につく / *T～* this seat, please. どうぞこの席にお座りください / It's *taken*. 入ってます《トイレで》/ She *took* full responsibility for her actions. 彼女は自分の行動に全責任をとった / Do you know who *took* the call? だれがその電話に出たか知っていますか / I am *taking* (lessons in) French next year. 来年私はフランス語を習う / I have to ～ an examination in history tomorrow. あすは歴史の試験を受けなければならない.

8 〈写真〉を**とる**; 書き取る; 録音[録画]する: I'd like to have a picture of our group *taken* in front of this house. Would you mind *taking* one for me? この家の前での私たちの写真が1枚欲しいのですが, とっていただけますか / I *took* (down) his name and address. 彼の名前と住所を書き留めた / ***T～*** the broadcast ***on*** tape. <V+O+*on*+名・代> その放送をテープにとってくれ.

9 [受身・進行形なし] 〈...〉を(選んで)**用いる**, 利用する; (機械などが)〈...〉を使用する; 〈人・意見・方法・手段など〉を採用する; [普通は命令文で] Ⓢ (例として)取り上げる, 検討する: I usually ～ ˹size eight (in) shoes [an eight in shoes]. 普通私はサイズ8番の靴をはいている / This vending machine ～*s* only hundred-yen coins. この販売機は百円硬貨しか使えない / *T～* this case (for example). この場合を(例として)取り上げよう.

10 (いくつかの中から)〈...〉を**選びとる**; (金を払うなどして)〈...〉を**自分のものにする**, (選んで)**買う**; 〈座席など〉を予約する, 〈家など〉を借りる; 《主に英》〈新聞など〉を定期購読する: Which will you ～, this one↗ or that one?↘ これとあれとどっちにしますか (☞ interrogative sentence [文法] (1) (iii), or 1 [発音] (1)) / I'll ～ ˹this hat [these shoes, six], please. この帽子を[この靴を, 6個]頂き[買い]ます《店頭で》/ I *took* a cottage for the summer. 夏の別荘を予約した / Which newspaper do you ～? 何新聞をとっていますか.

11 〈薬・栄養物など〉を**とる**, **飲む**; 〈空気など〉を吸う; (習慣として)食べる (eat), 飲む (drink) (☞ drink 表, eat 類義語): ***T～*** this medicine ***for*** your cold three times a day. <V+O+前+名・代> かぜにはこの薬を1日3回飲みなさい / He stretched and *took* a deep breath. 彼は伸びをしてから深呼吸をした / I don't ～ sugar ***in*** my tea. Ⓢ 私は紅茶に砂糖を入れない.

12 [副詞(句)を伴って; 進行形なし] 〈行動・ことばなど〉を...と**受け取る**, ...と解する, 〈...〉に対してある反応をする; 〈意味など〉を理解する: Don't ～ me [what I said] *that way*. <V+O+副> 私の言ったことをそんな風にはとらないでくれ / You needn't ～ the matter so *seriously* [*hard*]. その問題をあまり深刻に考える必要はない / *How* did he ～ the news? 彼はその知らせをどう受け取ったの? / She *took* my hint and smiled. 彼女は私がそれとなく言った意味を悟ってほほえんだ.

13 [普通は進行形なし] 〈申し出など〉に**応じる**, 受ける (accept); 〈忠告など〉を受け入れる; 〈非難・罰〉を我慢して[そのまま]受ける; 《略式》〈...〉に耐える: I am willing to ～ your offer [advice]. あなたの申し出[忠告]をお受けします / She *took* her punishment with a smile. 彼女はほほえみを浮かべて罰を受け入れた / I can't ～ any more of your insults. もう君の侮辱にはがまんならない / I find her manner a little hard to ～. 彼女の態度は少々腹にすえかねる.

14 (手に取るなどして)〈...〉を**調べる**, 測る, 確かめる; (計器などから)〈数値など〉を読み取る (*from*); 〈調査など〉を行なう: A nurse *took* my temperature [pulse, blood pressure]. 看護師が私の体温[脈, 血圧]を測った.

15 [普通は進行形なし] 〈与えられたもの〉を**受け取る**, もらう (receive); 〈代金など〉を取る; (魚が)〈えさ〉にかかる: The doctor would not ～ any gifts ***from*** the poor. <V+O+前+名・代> その医者は貧しい人からはどんな贈り物も受け取らなかった (☞ the[1] 3) / He ***took*** the blow ***on the*** head. 彼はその一撃を頭に受けた (☞ the[1] 2 (1)) / What will you ～ ***for*** this chair? このいすはいくら出せば売ってくれますか.

16 [普通は進行形なし] 〈感情・意見・関心など〉を持つ, 抱く; 〈形・性質など〉をとる: She ～*s* great pride [delight] in her stamp collection. 彼女は自分の切手の収集を大変自慢にして[楽しんで]いる / You had better not ～ such a hopeless view of life. 人生をそう悲観してはいけない.

17 [普通は進行形なし] 〈...〉を手に入れる, 勝ち取る, 獲得する, 〈学位など〉を取得する; 稼ぐ; 奪い取る, 占領する; [普通は受身で] [婉曲] 〈...〉の命を奪う: She *took* first prize in the race. 彼女はそのレースで1等賞を獲得した (☞ prize[1] [語法]).

18 [普通は進行形なし] (ある出所・源から) 〈...〉を取って[借りて]くる, 得ている (*out of*): The novel ～*s* its title *from* the Bible. その小説は聖書から題名を取っている.

19 [進行形・受身なし] 〈人〉を受け入れる, 引き取る, 〈患者など〉を引き受ける; (容器・乗り物が)収容する (hold); 〈重さなど〉を支える: This hotel does not ～ dogs. このホテルは犬は入れない / The bus ～*s* fifty people. バスには50人乗れる.

20 [進行形なし] 〈...〉を(―と)考える, みなす, 思い込む (☞ take ... for ― (句動詞)): We all *took* him *to* be a great scholar. 私たちはみな彼を立派な学者だと思った / She *took* what he said ˹*as* meaning [*to* mean] agreement. 彼女は彼のことばを同意を意味していると受けとった / *I* ～ *it* (*that*) you don't want to go. Ⓢ あなたは行きたくないんですね. [語法] I take it (that) ...は確認などに用いる; この場合 it は that 以下を受ける形式目的語; 動詞型は <V+O>.

21 [進行形なし] 〖文法〗〈目的

語など〉をとる，要する． **22** [普通は副詞(句)を伴って; 進行形なし] 〈垣など〉を飛び越える; 〈角など〉を曲がる． **23** 《米略式》〈…〉をだます． **24** [しばしば受身で]〈人〉の心を引き付ける; 〈人の目〉に留まる． **25** 《文》(男が)〈…〉と性交する．

— [自] **1** (色・種痘・火などが)つく，効く; (種子・植物が)生育し始める． **2** (聴衆などに)よく受ける (*with*)． **3** [副詞を伴って] (写真に)とれる． **4** (魚が)かかる． **5** 《古風》突然(病気に)なる: ～ ill [sick] 急に病気になる．

be táken by … [動] [他] =be taken with … (2). **be táken síck [íll]** [動] [自] 《格式》(急に)病気になる． **be táken with …** [動] [他] (1) 急に(病気などにかかる，…に襲われる． (2) …が気に入る． **can táke … ánywhere** [動] [他] [普通は否定文で] Ⓢ 《略式》[しばしば滑稽] (品行の点で)〈…〉を安心してどこへでも出せる． **hàve (gòt) whát it tákes** [動] [自] ☞ what² 成句． **táke … ˈas it cómes [as they cóme]** [動] [他] 〈…〉をそのまま受け取る． **táke … ˈas it ís [as they áre]** [動] [他] 〈…〉をありのままに受け取る: We must ～ life *as it is*. 人生はありのままに受け取らなければならない． **táke … as ˈyou find [one finds] him [her, it, them]** [動] [他] 〈人・事態など〉をありのまま受け入れる: You must ～ us *as you find us*. 私たちは見たとおりですのでよろしく《特別な期待はしないでください; 来客などに言うことば》． **táke it** [動] [自] [can または be able to の後で] 《略式》困難[攻撃など]に耐える，(罰などを)甘んじて受ける． **táke it from mé (that) …** [動] [しばしば命令形で] Ⓢ 《略式》私が言うんだから信じてよいが[本当に]…だ． **táke it (from …) that —** [動] (…から判断して) —と思う (☞ [他] 20)． **táke it on [upòn] onesélf to dó** [動] (自分の判断で勝手に[許可なく])…する(ことを引き受ける)． **táke it or léave it** [動] [自] Ⓢ (1) [命令文で，または you can の後で] (提示価格で)買うかどうか決める《値引きする気がないときなどに用いる》: *T*～ [*You can* ～] *it or leave it*. (売り値です)あとはお好きなように(いやなら結構)． (2) [普通は I can の後で] (提示されたもの の)採否はどちらでもよい． **táke it outsíde** [動] [自] Ⓢ (けんか・口論などをしに)外へ出る． **táke … on [upòn] onesélf** [動] [他] 〈責任など〉を(勝手に)引き受ける，責任をもって…する． **táke sòme [a lót of, múch] dóing** [動] 《略式》(物事・人が)…するのがなかなか[とても]難しい．

take の句動詞

***táke áfter …** [動] [他] **1** [進行形なし] (容姿・性質・行動などが)…に似る． [語法] 目的語は親・祖父など年上の直系親族を表わす語に限られる: I don't think she ～*s after* her mother. 彼女は母親に似ているとは思えない． **2** 《米》…を追跡する．

táke agáinst … [動] [他] 《古風，英》(すぐに)…が嫌いになる ([反] take to …)．

***táke alóng** [動] [他] 〈…〉を(—へ)連れていく，持っていく (*to*) <V+名・代+*along* / V+*along*+名>: Please ～ me *along* with you. 私もいっしょに連れていってください．

táke aróund [動] [他] 〈…〉を案内する; (いつも)連れていく，連れ回す．

táke … aròund — [動] [他] 〈人〉を連れて—を案内する．

táke … asíde [動] [他] (ないしょ話などのために)〈人〉をわきへ連れていく．

***táke awáy** [動] [他] **1** 〈…〉を持ち去る，運び去る，〈人〉を連れ去る (*from*) <V+名・代+*away* / V+*away*+名>: Somebody *took away* my bag. だれかが私のかばんを持っていった．

2 [進行形なし] 〈…〉を(大きな数から)減じる，引く <V+名・代+*away* / V+*away*+名>: If you ～ ***away*** four ***from*** ten, that leaves six. 10 引く 4 は 6．

3 (…から)〈危険物など〉を取り去る，取り上げる; 〈苦痛など〉を取り除く，〈喜びなど〉を奪う <V+名・代+*away* / V+*away*+名>: The boy was ***taken away from*** school. その少年は(両親に)学校をやめさせられた / The pills *took away* my pain. 錠剤のおかげで痛みがなくなった． **4** 《英》 =take out 3. **tàke awáy from …** [動] [他] …の効果[価値]を減じる，(名声)を損ねる．

***táke báck** [動] [他] **1** 〈物〉を取り戻す; 返す，(元へ)戻す，返品する; (売った側が)引き取る <V+名・代+*back* / V+*back*+名>: I have to ～ these books *back to* the library. 私はこの本を図書館に返却しなければならない．

2 〈人・動物〉を連れ戻す; 送り返す; 〈家出人など〉を再び迎え[受け]入れる <V+名・代+*back* / V+*back*+名>: He *took* us *back* (home) in his car. 彼は私たちを車で(家まで)送り返してくれた． **3** (物事が)〈人〉を(過去に)連れ戻す，〈人〉に昔を思い出させる (*to*)． **4** 〈前言〉を取り消す: "Liar!" "I'm not a liar! You ～ that *back*!" 「うそつき!」「うそつきじゃないぞ! そのことば取り消せ!」

táke … befòre — [動] [他] **1** 〈…〉を—(の前)に出頭させる． **2** 〈問題など〉を—(の前)に提示する．

***táke dówn** [動] [他] **1** 〈…〉を書きつける，書き留める (write down) <V+名・代+*down* / V+*down*+名>: Will you ～ *down* what I'm going to say? 私がこれから言うことを書き取ってくれますか．

2 〈…〉を(取って)降ろす，下げる; 〈上方にある物〉を取りはずす; 《略式》〈…〉を撃ち落とす <V+名・代+*down* / V+*down*+名>: Please ～ the sugar bowl *down from* the upper shelf. 上の棚から砂糖つぼを降ろしてください．

3 〈木〉を切り倒す; 〈結った髪〉をほどく; 〈機械など〉を分解する． **4** 〈スカート・ズボンなど〉をおろす． **5** 《英》〈被告人〉を退廷させる．

***táke … for —** [動] [他] [進行形なし] **1** 〈…〉を—だと思う，〈…〉を—とみなす: What do you ～ me *for*? Ⓢ 私を何[だれ]だと思っているのか《私はそんなことはしない》．

2 間違って〈…〉を—だと思い込む: He *took* Connie *for* my sister. 彼はコニーを私の姉[妹]だと誤解した．

táke from … [動] [他] …の効果[価値]を減じる，(名声)を損ねる．

***táke ín** [動] [他] **1** 〈…〉を理解する，のみ込む (understand); ひと目で見てとる，すぐ悟る <V+名・代+*in* / V+*in*+名>: She *took in* the situation at a glance. 彼女はその場の情勢をひと目で見てとった．

2 [普通は受身で] 〈…〉をだます <V+名・代+*in* / V+*in*+名>: I *was taken in* by Bob [what he said]. 私はボブに[彼のことばに]だまされた．

3 〈衣服など〉の幅を詰める ([反] let out); 〈帆〉をたたむ <V+名・代+*in* / V+*in*+名>: She has to ～ *in* the waist of her pants a bit. 彼女はズボンのウエストを少し詰めなければならない． [関連] take up, shorten 丈を詰める．

4 〈水・空気など〉を吸収する <V+*in*+名>: The boat began to ～ *in* water and soon sank. そのボートは浸水し始めて間もなく沈んだ．

5 [受身なし] 《古風，主に米》〈名所・博物館など〉を(ふと)訪ねる; 〈映画・演劇など〉を見に行く <V+*in*+名>: Tonight we plan to ～ *in* a concert. 今夜は音楽会に行くつもりだ．

6 〈…〉を(内部に)取り入れる; 〈機器など〉を(修理に)持ち込む; 連れて入る，連れ込む; 〈犯人〉を連行する <V+名・代+*in* / V+*in*+名>: She *took in* the washing when it began to rain. 彼女は雨が降りだすと洗濯物を取り込んだ．

7 〈…〉を(家などに)受け入れる，泊める; 〈下宿人〉を置く <V+名・代+*in* / V+*in*+名>: We are to ～ *in* five refugees until the fighting stops. 戦闘が止むまで 5 人の難民を迎えることになっている．

8 [受身なし] (物事が)〈…〉を含んでいる，取り入れている (include) <V+*in*+名>: This tour ～*s in* each of the five main islands. この旅行には主な5つの島がどれも含まれている． **9** 〈仕事〉を自宅で引き受ける，自宅で〈…の〉賃仕事をする． **10** 《主に米》〈金額など〉を稼ぐ，もうける．

*táke óff [T1] 【動】 ⦿

1 〈衣類・靴など〉を脱ぐ,〈帽子〉を取る,〈眼鏡・指輪など〉をはずす《⇔put on》<V+名・代+off / V+off+名>: What (kind of) person does everyone ~ off his hat to? だれもが脱帽する方はどなた《⇨ riddle¹》. ★ Answer: A barber. 答：床屋．

take off	〈衣類・靴など〉を脱ぐ
	〈帽子など〉を取る
	〈眼鏡・指輪など〉をはずす

2 〈…〉を(値段などから)差し引く，まける《⇨ take ... off — 2》: Can't you ~ another ¥ 500 off? あと500円まけてくれませんか．
3 [受身なし]〈ある期間〉を仕事の休みとして取る <V+名+off>: I'm taking tomorrow afternoon off ((from) work). 私はあしたの午後仕事を休みます．
4 〈…〉を取り除く，はずす <V+名・代+off / V+off+名>《⇔put on》；〈ブレーキ〉を緩める；〈髪〉を切る,〈ひげ〉をそる,〈手足〉を切断する: Please help me ~ this lid off. このふたを取るのを手伝ってください． **5** 〈…〉を(ある所へ)連れていく(to). **6** 《略式》〈…〉のまねをする，(まねして)〈…〉をばかにする． **7** 〈…〉の上演[放送]を打ち切る．
8 [しばしば受身で]〈列車・バスなど〉の運行をやめる． **9** 〈体重〉を減らす．
― ⦾ **1** 〈飛行機が[で]〉離陸する，出発する《名 táke-òff; ⇨ land》; 〈跳躍者が〉踏み切る: Flight 002 took off at 9:00 hours for Los Angeles. 002便は9時にロサンゼルスに向けて離陸した(002は double o /óu/ two と読み，9:00は nine hundred と読む). **2** 《略式》〈…へ急に〉行く，出かける；走り去る(to). **3** 突然人気が出る(売れ出す)；(売上げなどが)急に上昇する． **táke onesèlf óff** 【動】 ⦾ 《略式》(急に)去る(to).

táke ... òff ― 【動】 ⦿ **1** 〈…〉から〈…〉を取り除く[はずす，離す]《⇨ take 2)》; 〈人〉を…からほかへ移す；〈人〉を(難破船など)から救い出す: T~ your hands off me! 手を離してくれ / She never took her eyes off her child. 彼女は子供から目を離さなかった． **2** 〈…〉を(値段などから)引く，まける《⇨ take off 2)》: ~ ten dollars off the price 値段を10ドルまける． **3** [しばしば受身で]〈人〉を(勤務など)からはずす；〈…〉に(薬など)の使用を控える《⇨ off 前 6)》. **4** 〈料理〉を(メニュー)からはずす．

*táke ón 【動】 ⦿ **1** 〈仕事・責任など〉を引き受ける(undertake) <V+名・代+on / V+on+名>: I don't want to ~ on any extra work. 余分な仕事は一切引き受けたくない． **2** [受身なし]〈争い・競技などで〉〈…〉を相手にする，〈…〉に挑戦する: Bill will ~ you on at tennis. ビルがあなたのテニスの相手をする． **3** 〈…〉を雇う(employ). **4** [受身なし]〈外観・意味・性質など〉をもつようになる，帯びる: Their skin gradually took on a healthier look. 彼らの肌がだんだん健康化な色になった． **5** 〈乗り物など〉に乗せる，積み込む． ― ⦾ **1** 人気を得る． **2** 《古風，主に英》感情的になる．

*táke óut 【動】 ⦿

1 〈…〉を(外に)取り出す，持ち出す，借り出す；〈金〉を引き出す；〈人・動物〉を連れ出す <V+名・代+out / V+out+名>: He took out his handkerchief. 彼はハンカチを取り出した / He took Jane out for [to] dinner. 彼はジェーンを食事に連れ出しておごった．
2 〈…〉を取り除く；〈歯・しみなど〉を抜く: I've had a bad tooth taken out. 私は虫歯を抜いた．
3 《米》〈買った食べ物〉を持ち帰る《《英》take away》; takeout, 形 táke-òut》: I'd like some sandwiches to ~ out. 形 持ち帰り(用)のサンドイッチがほしいのですが． **4** 〈免許証・特許権など〉を得る，取得する；〈予約購読〉をする；〈保険〉を(...につける)，〈広告など〉を出す: I've taken out insurance on my life [car]. 私は生命保険に入った[車に保険をかけた]． **5** 《略式》〈…〉を破壊する；殺す；〈…〉の効力を奪う． **6** 〈召喚状など〉を発行する，〈…〉に(against)．**7** 《英》=let out 4《⇨ let² 句動詞》. ― ⦾ 出かける，出発する． **táke it óut on ...** 【動】 ⦿ 〈…〉に八つ当たりする． **táke ... óut on** ― 【動】 ⦿ 〈怒りなど〉を晴らすために…に当たり散らす．

*táke ... òut of ― 【動】 ⦿ **1** 〈…〉を―から取り出す,〈…〉を―から除く；〈…〉を―から連れ[運び]出す: He took something out of his pocket. 彼はポケットから何かを取り出した / I have to take some money out of the bank. 銀行から少し金を引き出さなければならない． **2** 〈…〉を(ある出所から)借りてくる，引用する《⇨ take ⦿ 18》. **táke it [a lót] óut of ...** 【動】 ⦿ Ⓢ 〈物事が〉…をへとへとに疲れさせる． **táke ... óut of ...sèlf** 【動】 ⦿ 〈物事が〉…の気を紛(ま)れさせる．

*táke óver《名 tákeòver》【動】 ⦿ **1** 〈仕事など〉を(…から)引き継ぐ，〈責任・借金など〉の肩代わりをする <V+名・代+over / V+over+名>: He took over the business (from his father). 彼は(父から)その商売を引き継いだ / Can you ~ over the driving for a while? 少し運転を代わってくれないか．
2 〈…〉を(近くの家などへ)持って[連れて]いく；(向こう側に)運ぶ，渡す <V+名・代+over / V+over+名>: Please ~ this cake over to your mother's house. このお菓子をお母さんのところへ持っていって．
3 〈…〉を支配する，〈会社など〉を乗っ取る；〈場所〉を占拠する <V+名・代+over / V+over+名>: The army took over the government. 軍が政府を乗っ取った / Tourists have ~ over this island in the summer. 夏にはこの島は観光客に完全に占領される． ― ⦾〈…〉から引き継ぐ,〈…〉と交代する(from); (…の)代わりをする(for); (前のものに代わって)優勢[重要]になる，支配する．

táke ... òver ― 【動】 ⦿ **1** 〈人〉に―を見せて回る,〈…〉を連れて―を案内する． **2** 〈仕事など〉に〈時間〉をかける．

táke róund 【動】 ⦿ =take around.
táke ... ròund ― 【動】 ⦿ =take ... around ―.
táke ... thróugh ― 【動】 ⦿ 〈…〉が―するのを手伝う,〈…〉と一緒に―を見て[して]やる．

*táke to ... 【動】 ⦿ **1** …の癖がつく；(習慣的に)…し始める，…に熱中しだす: He has since taken to drinking [drink] at lunch. 彼はそれ以来昼食(のとき)に酒を飲む癖がついた．
2 (すぐに)〈人・場所・考えなど〉が好きになる，…になつく；(《英》反 take against ...); 〈事〉を楽にこなす[覚える]，…になじむ《受身 be taken to》: Every child in the school took to the new teacher. その学校の児童はみんな(すぐ)にその新しい先生になついた． **3** 〈隠れ[避難，休息]場所など〉を求めて)…へ行く，…をおもむく． **4** 〈暴力など〉に訴える，頼る．

*táke úp 【動】 ⦿

1 〈…〉を(上方へ)連れて[持って]いく <V+名・代+up / V+up+名>: This elevator will ~ you up to the tenth floor. このエレベーターで10階まで行ける．
2 〈時間・場所など〉をとる，占める <V+名・代+up / V+up+名>: This work will ~ up most of my time [energy]. この仕事に私の時間[精力]の大半は食われそうだ / The table ~s up a lot of space in this room. この部屋でそのテーブルは大きな場所をとっている．
3 〈趣味・職業など〉〈…〉に着手する，〈…〉の勉強[けいこ]を始める；〈仕事など〉につく <V+up+名・代+名>: He took up golf [the violin, French, teaching] this spring. 彼はこの春からゴルフ[バイオリン, フランス語の

4 〈中断した話・授業などを〉また始める，続ける <V+*up*+名>: We're going to ~ *up* our lesson where we 「left off [finished] yesterday. 授業はきのうやめたところから始めます. **5** 〈問題などを〉取り上げる，〈取り上げて〉〈人と〉検討[相談]する <V+名・代+*up*／V+*up*+名>: I'll have to ~ this problem *up with* my boss. この問題は上役と相談しなければならないだろう. **6** 〈物を〉取り上げる; 持ち上げる; 〈液体・ほこりを〉吸い上げる〈取る〉; 〈乗り物に〉乗せる, 〈客を〉拾う. **7** 〈衣服の丈を〉縮める，短くする (shorten) 《米》 反 let down》; 〈たるみなどを〉引き締める. *take in* 幅を詰める. **8** 〈相手の〉ことばをさえぎる，〈…〉に文句をつける. **9** 〈挑戦などを〉受け入れる，〈人の申し出[賭(か)け]に〉応じる. **10** 〈歌・スローガンなどに〉加わる，唱和する. **11** 〈ある位置・態度などを〉とる. **12** 〈人・主義・運動を〉後援[応援，支持]する. ― 自 〈中断したことを〉また始める, 続く. **be tàken úp with** ... [動] 他 (1) 心[注意]を〈人・物に〉奪われている，…に没頭している: He *is* very [really, too (much)] *taken up with* building model airplanes. 彼は模型飛行機作りに夢中だ. (2) …に時間などを取られる. **tàke ... úp on** ― [動] 他 (1) 〈相手の言動〉のことで〈相手に〉文句をつける. (2) 《略式》〈人〉の〈申し出・賭けなど〉に応じる. **tàke úp with** ... [動] 他 〈特に好ましくない人〉と付き合い出す.

― 名 **C 1** [普通は単数形で] 捕獲高, 漁獲高; 《略式》売り上げ高, 上がり: a large ~ of fish 大漁. **2** 〈映画などの〉ワンシーンの撮影; 一撮影シーン. **3** [しばしば所有格の後で] 《略式》(…に対する)反応, 見解 (*on*). **on the táke** [形] 《略式》わいろを求めて.

【類義語】 **take** 最も一般的な語で，「取る」という動作を表わす場合は，単に物を取ることを意味する: I *took* a book from the shelf. 私は棚から本を取った. **seize** いきなりつかみ取ること: The robber *seized* the bag from his hand. 強盗はそのかばんを彼の手から奪い取った. **grasp** しっかりと握ること: He tried to *grasp* the rail. 彼は手すりにつかまろうとした. **grab** 乱暴につかむこと: The child *grabbed* the candy. その子供はお菓子をつかんだ. **snatch** すばやくつかんで持ち去る意味を強調する: The thief *snatched* the old man's wallet and ran. どろぼうは老人の札入れをひったくって逃げた. ★ catch 類義語.

táke·awày 《英》 名 C =takeout. ― 形 =takeout.

táke-chárge 形 A 《主に米》強い指導者としての資質をもつ，自分で何でも取り仕切る，親分肌の.

táke·dòwn 名 C **1** 《略式》(警察の)手入れ, 逮捕. **2** 《レス》テイクダウン.

táke-hòme pày 名 U 手取り(の給料).

__taken__ /téɪk(ə)n/ 動 take の過去分詞.

táke-nò-prísoners 形 A とことんまでやる覚悟の.

__take-off__ /téɪkɔːf, -ɔf/ 名 (~s /~s/) **1** (動 táke óff 自 1) U,C (飛行機の)離陸, 出発 (☞ STOL) : Japan Airlines Flight 171, ready for ~. 日航機 171 便離陸準備完了. **2** C (跳躍などの)踏み切り(点). **3** C 《略式》物まね; 風刺(漫画) (*of*).

táke-òut 名 C (動 táke óut 3) 《米》持ち帰り食品; 持ち帰り食品店 《英》 takeaway.

táke-òut 形 C (動 táke óut 3) A 《米》(食べ物が)持ち帰り(用)の 《英》 takeaway.

__take·o·ver__ /téɪkoʊvər, -və/ 名 (~s /~z/; 動 táke óver) C **1** (会社などの)乗っ取り, 買収; 支配(すること): attempt a ~ of a company 会社の乗っ取りを企てる. **2** (事業などの)引き継ぎ; 接収.

tákeover bìd 名 C (株式の)公開買い付け, 横取りをねらうこと (*for*).

†**ták·er** /téɪkər/ 名 C 取る人, 受取人; 捕獲者; 購読者; 申し込み[賭(か)け]に応じる人 (*for*) 《略式》利己的な人.

talk　1805

táke-úp 名 U または a ~ 《主に英》(政府・会社などの提供する給付金・株式などの)受け取り[請求, 応募](率).

ták·ing 名 **1** [複数形で] 所得, 収入; 売り上げ(高). **2** U 獲得; C 漁獲高. ― 形 《古風》魅力のある, 《古風》(…の)ある (attractive).

talc /tælk/ 名 U **1** 〖鉱石〗滑石, タルク. **2** 《略式》=talcum powder.

tál·cum pòwder /tǽlkəm-/ 名 U タルカムパウダー, 化粧用打ち粉 (入浴後などに肌につける粉) (talc).

__tale__ /téɪl/ (同音 tail) **12** 名 (~s /~z/; 動 tell) C **1** (事実・伝説・仮定の)話, 物語 (*of*) (☞ *story*[1] 類義語): a fairy ~ おとぎ話, 童話 / a ~ *about* a little girl and an old woman 少女とお婆さんのお話 / *T~ from the Vienna Woods*「ウィーンの森の物語」《ヨハン シュトラウス (Strauss) 作のワルツの曲名》. 関連 folktale 民話. うわさ話 (rumor); 作り話, うそ (lie): A ~ never loses in the telling. 《ことわざ》話は語っても全然減らない《話にはたいてい尾ひれがつく》. **3** 悪口, 陰口; 告げ口. **(and) thereby [therein] hàngs a tále** 《英・豪》[滑稽] 《そして》それには少しわけ[いわく]がある. **a tále of wóe** 名 つらい身の上話; 不運, 不幸. **líve [survíve] to téll the tále** [動] 自 [滑稽] (そのことの)生き証人となる. **téll a [the] tále** [動] 自 [滑稽] 説明を要しない，自明である. **téll tales** [動] 自 (1) 告げ口をする, 秘密を漏らす; 中傷する (*about*) (☞ telltale): Dead men ~ no *tales*. 《ことわざ》死人に口なし. (2) 作り話をする, うそをつく. **téll tales òut of schóol** [動] 自 [動] (古風) =tell tales (1).

tále-bèarer 名 C 《古風》告げ口をする人.

__tal·ent__ /tǽlənt/ **12** 名 (tal·ents /-lənts/) **1** U,C (生まれつきの)才能 (gift); (特殊な)能力, 手腕 (ability 類義語): a person of 「great ~ [many ~s] 有能[多才]な人 / develop [cultivate] a ~ 才能をのばす / He has an outstanding ~ *for* music. 彼には傑出した音楽の才能がある.

2 U [単数または複数扱い] 才能のある人たち(全体), 人材(特に文学者・芸術家・俳優たち): A lot of our scientific ~ have emigrated. 多くの有能な科学者が海外へ出てしまった.

日英比較 日本でいう「タレント」は「芸能人」の意味に用いるが，英語の talent は「優れた能力(のある人たち)」を指す．またテレビなどの常連出演者を日本では「テレビタレント」というが，英語では TV personality, TV star, star on TV のようにいう．

---

3 C 才能のある人. **4** U [単数または複数扱い] 《英俗》性的魅力のある異性(全体). **5** C タラント 《古代ギリシャ・ローマなどの貨幣および衡量の単位》. 語源 元来はギリシャ語で「はかり」の意で, それから貨幣の単位(タラント)の意となった.

tálent competìtion [còntest] 名 C =talent show.

__tal·ent·ed__ /tǽləntɪd/ 形 才能のある, 有能な: a ~ writer 有能な作家.

tálent·less 形 才能のない, 無能な.

tálent scòut 名 C 《タレント》スカウト.

tálent shòw 名 C タレントショー 《アマチュアが歌や演技・演奏を披露するショーやコンテスト》.

tálent spòtter 名 C =talent scout.

Tal·i·ban /tǽləbɑːn/ 名 [the ~; 複数扱い] タリバ(ー)ン 《アフガニスタンのイスラム原理主義武装勢力》.

tal·is·man /tǽlɪsmən, -lɪz-/ 名 C お守り, 魔よけ; 不思議な力のあるもの.

__talk__ /tɔːk/ (同音 《英》 torque) 動 (**talks** /~s/; **talked** /~t/; **talk·ing**) 自 **1 話をする, しゃべ**

る《[☞ talk to ...（句動詞）, speak 類義語》; 講演[演説]をする; 口をきく, 物を言う;（おうむ・九官鳥などが人のことばをまねて）しゃべる《[☞ cry 表 parrot》: Yesterday evening we heard the President ~ on television. 昨晩大統領がテレビで話をするのを聞いた / Our baby cannot ~ yet. うちの子はまだ物が言えない.

2 話し合う, 語り合う, 談話する; **相談する**《[☞ talk about ..., talk to ..., talk with ...（句動詞）》. 語法 動詞型は ＜V＋前＋名・代＞. **3 おしゃべりする, ぺちゃくちゃしゃべる**; うわさ話をする;（秘密などを）しゃべってしまう, 口を割る: Meg ~s too much. メグはおしゃべりだ / The less people think, the more they ~. 考えごとの少ない人ほど多くしゃべる / The suspect wouldn't ~. 容疑者はどうしても口を割ろうとしなかった. **4**（身振りなどで）気持を[意思]を表わす, 語る: ~ in sign language 身振り[手話]で話す. **5**（物が）効力[威力]を発揮する: Money ~s.（ことわざ）金が物を言う（地獄の沙汰(さた)も金次第） / Experience ~s in these cases. こういう場合には経験が物を言う.

— 他 **1**《...のことを話す, ...を語る; ...をことばで表わす; [進行形で] Ⓢ（略式）...のことを問題にしている; ...の必要になる: Women did not use(d) to ~ politics in this country. この国では昔は女性は政治の話をしなかった. 語法 受身に用いられることはまれ // We're ~ing serious money here. これは大金の（からむ）話だ. **2**《外国語など》を話す, 使う. 語法 speak のほうが普通. **be nót tálking**《動 自》（二人（以上）が）（けんかをして）口もきかない. **gét (onesèlf) tálked abóut**《動》うわさの種になる. **It is (jùst) the drínk [drúgs, ...] tálking.**《略式》そんな話をするのは酒[ドラッグ, ...]のせいだ. **Lóok who's tálking!** Ⓢ（略式）君だって大きなこと[人のこと]は言えないよ, 君だって同じようなものさ. **Nów you're tálking.** Ⓢ（略式）そいつは話せる, そうこなくちゃ. **Péople「will tálk [are tálking].** Ⓢ 世間は口がうるさいものだ. **tálking of [abóut] ...** ∴ ［前］Ⓢ ...の話と言えば（speaking of ...）. **tálk onesèlf ...**《動》しゃべりすぎて...になる: I ~ed myself hoarse. しゃべりすぎて声がかれてしまった. **tálk one's wáy óut of ...**《動 他》（略式）（困難など）をことばで切り抜ける, ...を口でうまく処理する. **tálk the hínd lég(s) óff a dónkey**《動》［しばしば can を伴って］（英略式）べらべらしゃべりまくる. **tálk tóugh**《動》（略式）強硬に要求する, 強気に出る. **Whát are yóu tálking abóut?** Ⓢ (1) 何について話しているのですか. (2)（相手に反発して）いったい何のつもりだ: "If anything should happen to me ..." "*What are you ~ing about?*" 「私に万一のことがあったら」「何を言っているのですか（変なことを言わないでくださいよ）」 **Yóu can [càn't] tálk!** = **You're a fíne óne to tálk!** Ⓢ（略式）=Look who's talking! **Yóu should tálk!** = **Whò are yóu to tálk?** Ⓢ（米略式）（そんなこと）よく言えるよ.

---

talk の句動詞

*****tálk abóut ...**《動 他》**1** ...**について話す**; 講演する（[☞ 自 2]）《受身》be talked about): Let's ~ *about* our school days. 学校時代のことを語り合う. **2** [しばしば受身で] ...のうわさをする. **3** [命令文で] Ⓢ（略式）...とはまさにこのことだ, ...とはとんでもない: T~ *about* rich! He's got a mansion. 金持ちだって. あいつは豪邸持ちだ.

tálk aróund ...《動 他》...のことを回りくどく[肝心なことに触れないであれこれと]論じる.

tálk ... aróund《動 他》〈人〉を説得する (*to*).

tálk at ...《動 他》...に一方的にしゃべりまくる.

tálk awáy《動》① しゃべり続ける. — 自〈時など〉を話をして過ごす;〈恐怖など〉をしゃべってまぎらす.

*****tálk báck**《動 自》口答えをする, 言い返す: You mustn't ~ *back to* your parents. 両親に口答えをしてはいけない.

tálk dówn《動 他》**1**〈人〉を説得して値引きさせる. **2**〈操縦士・飛行機〉を無線誘導で着陸させる. **3**〈人〉を言い負かす. **4**《...》をけなす. **5**〈人〉を説得して気を鎮めさせる.（高所から）降ろす.

tálk dówn to ...《動 他》...を見下してしゃべる, ...に合わせて話の程度を落とす.

*****tálk ... into —**《動 他》〈人〉を説きふせて—させる[—にする]（反 talk ... out of —): He ~ed his father *into* buying another car. 彼は父親を説きふせて車をもう1台買わせた.

tálk of ...《動 他》...について話す; ...のうわさをする（[☞ devil 1 例文］.）. 語法 この意味では talk about ... のほうが普通.

tálk of dóing《動》...するつもりだと言う.

tálk ón《動》話し続ける.

tálk on ...《動 他》=talk about ... 1.

tálk óut《動 他》**1**（略式）〈人〉を話し合いで解決する;〈問題など〉を徹底的に検討する (*with*). **2**（英）閉会時まで討議を引き延ばして〈議案〉を廃案にする.

tálk onesèlf óut《動 自》語り尽くす.

*****tálk ... óut of —**《動 他》〈人〉を説きふせて—を思いとどまらせる（反 talk ... into —): We must ~ her *out of* (*attempting*) *this foolish plan*. 彼女を説得してこのばかな計画を（試みるのを）思いとどまらせねばならない.

tálk óver《動》**1**（くつろいで）...のことを語り合う; ...について相談する[話し合う] (*with*): They ~ed *over* the plan for hours. 彼らはその計画について長時間話し合った. **2**（電話など）で話をする（[☞ *over* 前 9]）.

*****tálk ... óver**《動 他》**1**《...》を相談する, ...をじっくり話し合う (*discuss*) (*with*): We ~ed the matter *over* but didn't reach an agreement. 我々はそのことを話し合ったが意見の一致を見なかった.

2 =talk ... around.

tálk róund ...《動 他》（主に英）=talk around ....

tálk ... róund《動 他》=talk ... around.

tálk thróugh《動 他》《...》を徹底的に議論[検討]する (*with*).

tálk ... thróugh —《動》《...》に教示しながら—させる.

*****tálk to ...**《動 他》...**と話をする**, 話し合う（[☞ 自 1, 2]）《受身》be talked to) (*about*): I sometimes ~ *to* my neighbor across the fence. 私は時々隣の家の人と垣根越しに話をする / "Hello. May [Can] I ~ *to* Miss White?" "Speaking." 「もしもし, ホワイトさんをお願いしたいのですが」「私です」（電話口で） / I'm ~*ing to* you! Ⓢ 私の話を聞きなさい（怒って）. **tálk to onesélf**《動》ひとりごとを言う（[☞ *say to oneself* (say 成句)]）.

tálk úp《動 他》...をほめる, 熱心にすすめる; オーバーに言う. — 自 大声で言う; はっきり[思い切って]言う.

*****tálk with ...**《動 他》（[☞ 自 2]) **1** ...と相談する: You must ~ *with* him about the matter. あなたはそのことについて彼と話し合う必要がある.

2 ...と話をする: Who were you ~*ing with*? だれと話していたのですか.

— 名 (~s /~s/) **1** Ⓒ **話, 談話, 座談**《[☞ speech 類義語］》: We had a good ~ *about* it. 私たちはそのことについてじっくりと話し合った / We had several ~*s with* them *about* it. 私たちはそれについて彼らと数回話し合った.

2 Ⓒ（非公式の）講話, 講演 (speech); 講義: give a ~ *to* the students *on* [*about*] reading 学生に読書について（くだけた）話をする.

3 ［複数形で］会談; 相談; 協議: preliminary「peace ~s [~s *on* peace]」和平交渉の予備会談[折衝]

summit ～s 首脳会談 / I had many ～s *with* the doctor *about* my boy. 息子のことで医者と何度も相談した.
4 [the ～] 話の種, 話題; うわさの種; Ⓤ うわさ: "He is [They are] *the* ～ *of* the town. 彼[彼ら]は町中のうわさの的だ〔言い換え〕There is a lot of ～ *of* her go*ing* to France next month. <N+*of*+動名>=There is a lot of ～ *that* she is going to France next month. <N+*that* 節> 彼女が来月フランスへ行くといううわさでもちきりだ. **5** Ⓤ [普通は all [just] ～] Ⓢ 意味のない話, 口先の話: That's *just* (a lot of) ～. それは単なる話の上のことにすぎない / She's *all* ～ (and [but] no *action*). 彼女は口先ばかりだ. **6** Ⓤ [主に合成語で] 話し方, 口調: ☞ baby talk.
Tálk is cheáp. 《略式》どうせ口先だけだ. **tálk the tálk** [動] ⓘ 《米略式》言うべきことを言う (*of*).
talk·a·thon /tɔ́ːkəθɑn | -θɔn/ 名 Ⓒ 《略式》長時間討論[演説]; 長演説.
talk·a·tive /tɔ́ːkəṭɪv/ 形 話好きな, おしゃべりな.
～·ly 副 ぺらぺらと. **～·ness** 名 Ⓤ 話好き.
tálk·báck 名 Ⓒ **1** 《テレビ・ラジオ》トークバック (指令室とスタジオ内のディレクターなどとの通話システム). **2** 《豪》= call-in.
tálk·er 名 Ⓒ 《略式》**1** 話す人; [前に形容詞をつけて] 話し方の...な人: a good [poor] ～ 話の上手な[下手な]人. **2** 口先だけで実行しない人.
talk·fest /tɔ́ːkfèst/ 名 Ⓒ 《形式ばらない》討論会.
talk·ie /tɔ́ːki/ 名 Ⓒ 《古風》 (無声映画に対して)発声映画, トーキー (☞ silent movie).
talk·ing /tɔ́ːkɪŋ/ 名 Ⓤ 話すこと: do (all) the ～ 《略式》話をする, 説得役に回る.
tálking bóok 名 Ⓒ 話す本 (書物などの朗読を録音した盲人用の CD・テープなど).
tálking héad 名 Ⓒ 《略式》テレビカメラに向かって話す人 (ニュースキャスターなど).
tálking póint 名 Ⓒ 論点, 論拠; 話題.
tálking shòp 名 Ⓒ 《主に英》《けなして》議論だけで結論の出ない会議[委員会], おしゃべりの場.
tálking-tò 名 (～s) Ⓒ [普通は a ～]《略式》小言 (ｺﾞﾄ), お目玉: give Maggie *a* good ～ *about* ... ...のことでマギーをうんとしかる.
tálk jòckey 名 Ⓒ 《米》(ラジオの)トークジョッキー.
tálk plàn 名 Ⓒ (携帯電話の)通話プラン.
tálk ràdio 名 Ⓤ 《米》トークラジオ (話中心でリスナーも参加するラジオ番組).
†**tálk shòw** 名 Ⓒ 《主に米》(有名人との)インタビュー番組, トークショー (《英》chat show).
tálk tìme 名 Ⓤ (携帯電話の)通話可能時間 (⇔ standby time).
talk·y /tɔ́ːki/ 形 《米略式》おしゃべりの多い.
***tall** /tɔ́ːl/ (類音 toll) 形 (**tall·er; tall·est**) **1** 背[丈]の高い, (細くて)高い (⇔ short) (⇒ high 表, 類義語): a ～ *man* 背の高い男性 / a ～ *building* (細くて)高い建物 / She wears high heels to make herself look ～*er*. 彼女は背を高く見せるためにハイヒールをはいている.

2 Ⓟ 背の高さが…で: "How ～ are you?" "I am six feet [foot] (～)." 「あなたの身長はどのくらいありますか」「6 フィートです」 語法 普通は高さを表す語の後につける. **3** 《略式》大げさな, 信じられない; 途方もない: a ～ *story* [《米》*tale*] とても信じられない話, ほら話 / a ～ *order* 途方もない注文; 困難な仕事, できない相談.
a táll drínk of wáter [名] 《古風, 米》背の高い人. **táll, dárk, and hándsome** [形] (男性が)とても魅力的な.
—— 副 ⇒ stand tall (stand 動 成句), walk tall (walk 動 成句).

Tal·la·has·see /tæ̀ləhǽsi/ 名 ⓟ タラハシー《米国 Florida 州の州都》.

táll·bòy 名 Ⓒ **1** 《米》16 オンスの缶ビール. **2** 《英》= highboy.
Tal·linn /tǽlɪn/ 名 ⓟ タリン《Estonia の首都》.
tall·ish /tɔ́ːlɪʃ/ 形 (背が)やや高い.
táll·ness 名 Ⓤ 高いこと, 高さ.
táll·low /tǽloʊ/ 名 Ⓤ 獣脂《牛・羊などの脂; ろうそく・せっけんなどの原料》.
táll póppy sỳndrome 名 Ⓒ 《豪》名声や富を得た人を非難する傾向.
táll shíp 名 Ⓒ 《マストの高い》大型帆船.
***tal·ly** /tǽli/ 名 (**tal·lies**) Ⓒ **1** [普通は単数形で] 勘定, 計算; 記録; 得点: Keep a ～ *of* what you owe. いくら借りているかの記録をつけておきなさい. **2** 計算の単位《挿絵のように書き, 日本の「正」に相当する》.

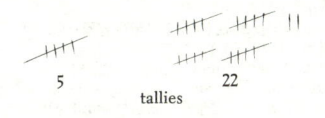

5　　　　22
tallies

3 割り符, 合い札. —— 動 (**tal·lies; tal·lied; -ly·ing**) ⓣ〈得点など〉を集計する, 計算する (*up*). —— ⓘ 符合する, 一致する (*with*).
tal·ly·ho /tælihóʊ/ 間 《英》タリホー!《猟師が狐を認めて犬にかける掛け声》.
tálly shèet 名 Ⓒ 計数[点数]記録用紙.
Tal·mud /tɑ́ːlmʊd | tǽl-/ 名 [the ～] タルムード 《ユダヤ教の律法とその注解》.
Tal·mud·ic /tɑːlmʊ́dɪk | tǽl-/ 形 タルムードの.
tal·on /tǽlən/ 名 Ⓒ (わしのような猛禽の)かぎつめ.
tam /tǽm/ 名 Ⓒ = tam-o'-shanter.
tam·a·ble /téɪməbl/ 形 飼いならせる.
ta·ma·le /təmɑ́ːli/ 名 Ⓒ タマーレ 《ひき肉や赤とうがらしをとうもろこしの皮に包んで料理したメキシコ料理》.
tam·a·rack /tǽməræ̀k/ 名 **1** Ⓒ アメリカからまつ. **2** Ⓤ アメリカからまつ材.
tam·a·rind /tǽmərɪnd/ 名 Ⓒ タマリンド《まめ科の常緑高木》; Ⓒ,Ⓤ タマリンドの果実《飲用・薬用》.
tam·a·risk /tǽmərɪsk/ 名 Ⓒ ぎょりゅう《熱帯産の常緑植物》.
tam·bour /tǽmbʊə | -bʊə/ 名 Ⓒ (円形の)刺繡 (ｼｭｳ)わく.
tam·bou·ra /tæmbúːrə/ 名 Ⓒ タンブーラ《リュートに似たインドの楽器》.
tam·bou·rine /tæ̀mbərí:n/ 名 Ⓒ タンバリン.
†**tame** /téɪm/ 形 (**tam·er; tam·est**) **1** 《動物などが人に》飼いならされた, 人を恐れなくなった (⇔ wild): a ～ *monkey* 人になれた猿. **2** Ⓐ 《滑稽または軽蔑》 (人が)おとなしい, 人の言いなりになる, 柔順な; 意気地のない: the ～ *citizens* of our modern society 現代社会の無気力な市民. **3** 《略式》(物事が)単調な, 退屈な, つまらない: a ～ *party* 退屈なパーティー. **4** 《米》栽培の; 耕された. —— 動 ⓣ **1** 〈野生の動物〉を飼いならす. **2** 〈…〉をおとなしくさせる, 従わせる;〈自然の力など〉を制御する;〈勇気・情熱など〉を抑える, くじく. **3** 《米》〈土地〉を耕作する.
tame·a·ble /téɪməbl/ 形 = tamable.
táme·ly 副 よくなれて; おとなしく; 意気地なく.
táme·ness 名 Ⓤ 人になれていること; 柔順; 無気力.
tám·er /téɪmə | -mə/ 名 [普通は合成語で]《猛獣などの》調教師: a lion ～ ライオン使い.
Tam·il /tǽmɪl/ 名 **1** Ⓒ タミール人 《インド南部やセイロン島北部に住む人種》. **2** Ⓤ タミール語.
tam·my /tǽmi/ 名 (**tam·mies**) Ⓒ = tam-o'-shanter.
tam-o'-shan·ter /tǽməʃæ̀ntə | -məʃæ̀ntə/ 名

[C] タモシャンター《Scotland 人の帽子》.

ta·mox·i·fen /təmάksəfèn | -mɔ́k-/ [名] [U] タモキシフェン《乳がんの治療薬》.

tamp /tǽmp/ [動] [他] 〈土など〉を突き固める; 〈タバコなど〉を詰める (*down*).

Tam·pa /tǽmpə/ [名] [固] タンパ《米国 Florida 州中西部の港湾都市》.

Tam·pax /tǽmpæks/ [名] (複 ～) [C] タンパックス《生理用タンポン; 商標》.

tam·per /tǽmpə | -pə/ [動] (**-per·ing** /-p(ə)rɪŋ/) [次の成句で] **támper with ...** [動] [他] (1) …を勝手にいじる[変更する]. (2) (人)に不正な圧力を加える, …を買収する.

támper-èvident [形]《英》=tamper-resistant.

támper·pròof [形] (容器・包みなどが)いたずら[不正]を防止するようになっている.

támper-resìstant [形]《米》(容器・包みなどが)いたずら[不正]がわかるようになっている.

⁺**tam·pon** /tǽmpɑn | -pɔn/ [名] [C] タンポン.

***tan**[1] /tǽn/ ([類音] tank, ten, ton) [名] (～**s** /~z/) **1** [C] [普通は a ～] (健康的な)日焼け (suntan): "You've got quite *a* ～, John." "Yes, I've been to Hawaii." 「ジョン, ずいぶん日に焼けたね」「うん. ハワイに行ってきたんだ」 [関連] burn ひりひり痛い日焼け. **2** [U] 日焼けした色; 黄褐色.

— [動] (**tans** /~z/; **tanned** /~d/; **tan·ning**) [他] **1** 〈肌〉をこんがりと焼く, 日焼けさせる: I *tanned* myself on the beach. 私は浜辺で肌を焼いた. **2** 〈革〉をなめす: *tanned* leather なめし革. **3** 《略式》〈人〉をひっぱたく, ぶん殴る.

— [自] (肌が)日に焼ける: I ～ easily. <V+副> 私は日焼けしやすい. **tán ...'s híde** [動] [will を伴って] Ⓢ 《古風, 略式》 [滑稽] (罰として)…をうんとひっぱたく.

— [形] 黄褐色の; 《米》日に焼けた (tanned).

tan[2] [略] =tangent.

tán·bàrk [名] [U] タン皮《皮なめし用樹皮》.

⁺**tan·dem** /tǽndəm/ [名] [C] **1** (二人(以上)が縦に乗る)タンデム式自転車. **2** (息の合った)二人組, 名コンビ. **—** [副] 縦 1 列で[に]; (自転車などに)二人(以上)で乗って. **in tándem** [副] 縦列で; (…と)協力[連動]して, (…と)同時に (*with*).

tándem bícycle [名] [C] =tandem 1.

tan·door·i /tɑːndú(ə)ri | tæn-/ [名] [U,C] タンドゥーリ料理《炭火で調理するインド料理》.

tang /tǽŋ/ [名] [C] [普通は単数形で] ぴりっとする味, 特有の香り; (…の)気味, 風味 (*of*).

Tang /tάːŋ | tǽŋ/ [名] [固] 唐《中国の王朝 (618–907)》.

tan·ga /tǽŋgə/ [名] [C] タンガ《短いひも状のビキニ》.

Tan·gan·yi·ka /tæ̀ŋgənjíːkə/ [名] [固] **Lake ～** タンガニーカ湖《Tanzania と Zaire の間にある淡水湖》.

tan·ge·lo /tǽndʒəlòʊ/ [名] (～**s**) [C] タンジェロ《tangerine と grapefruit の交配種》.

tan·gent /tǽndʒənt/ [名] [C] 〔数〕接線; 正接, タンジェント (〔略〕tan). **gó [flý] óff at [on] a tángent** [動] [自]《略式》(人が)話題[考え, 方針]を突然変える, 急に脱線する. **—** [形] **1** 接している. **2** 〔数〕 正接[タンジェント]の.

tan·gen·tial /tændʒénʃəl/ [形] **1** 《格式》わずかに触れる程度の, 付随的な; (本題から)それた (*to*). **2** 〔数〕接線[正接]の (*to*). **-tial·ly** /-ʃəli/ [副] わずかに触れる程度に; 横道にそれて; 接線として.

tan·ge·rine /tǽndʒərìːn, tæ̀ndʒəríːn/ [名] **1** [C] タンジェリン《日本のみかんに似ていて, 米国で広く栽培される》. **2** [U] みかん色, 濃いオレンジ色.

— [形] みかん色の, 濃いオレンジ色の.

tan·gi·bil·i·ty /tæ̀ndʒəbíləṭi/ [名] [U] 明白なこと, 確実; 《格式》触れられること.

⁺**tan·gi·ble** /tǽndʒəbl/ [形] ([反] intangible) **1** [普通は [A]] (見たり触ったりして)明白な, 確実な; 実質的な: ～ benefits (会社などの)実質的な利益. **2** 《格式》(物体などが)触れられる, 有形の: ～ assets 有形資産. **—** [名] [複数形で] 有形資産. **-gi·bly** /-dʒəbli/ [副] 明白に; 触れてわかるほどに.

Tan·gier /tændʒíə | -dʒíə/ [名] [固] タンジール《モロッコ北部の港町》.

***tan·gle** /tǽŋgl/ [名] [C] **1** (髪・糸などの)もつれ; [しばしば a～] 混乱, ごたごた: unravel a ～ *of* thread 糸のもつれをほぐす. **2** 《略式》口論, けんか (*with*). **in a tángle** [副・形] もつれて[た]; 混乱して[た].

— [動] (**tan·gles** /~z/; **tan·gled** /~d/; **tan·gling**) [自] **1** もつれる, 絡(か)まる: This thread ～*s* easily. この糸はすぐもつれる. **2** 《略式》口論[けんか]をする (*with*).

— [他] 〈…〉をもつれさせる, 絡(か)ませる (*up*) ([反] untangle): The baby ～*d* the ball of yarn. 赤ん坊が毛糸の玉をもつれさせた.

tán·gled [形] もつれた, 絡(か)まった; 混乱した, 錯綜(さくそう)した.

Tan·gle·wood /tǽŋglwʊ̀d/ [名] [固] タングルウッド《毎年音楽祭が開かれる Massachusetts 州西部の地》.

⁺**tan·go** /tǽŋgoʊ/ [名] (～**s**) [C] [普通は the ～] タンゴ《南米の踊り》; [U,C] タンゴの曲[音楽]: do [dance] *the* ～ タンゴを踊る. **—** [動] (**tan·gos**; **tan·goed**; **-go·ing**) [自] タンゴを踊る. **It tákes twó to tángo.** Ⓢ 《略式》タンゴは一人じゃ踊れない, 両方に責任がある.

tan·gram /tǽŋgræm/ [名] [C] 知恵の板, タングラム《正方形を 7 片の三[四]角形に切り, そのさまざまな組合わせを楽しむ中国のパズル》.

⁺**tang·y** /tǽŋi/ [形] (**tang·i·er**; **-i·est**) (味が)ぴりっとする; 強いにおいのある, つーんとする.

***tank** /tǽŋk/ [名] (～**s** /~s/) [C] **1** (水・油・ガスなどを入れる)タンク (☞ bathroom 挿絵); 水槽, 油槽; タンク 1 杯(の量) (tankful) (*of*): a gas [《英》petrol] ～ ガソリンタンク / store water in a ～ タンクに水を蓄える.
2 戦車, タンク: *T*～*s* and planes may defeat the troops but they cannot conquer (the minds of) the people. 戦車や飛行機は軍隊を打ち破ることはできようが, 国民(の心)を征服することはできない. **3** ため池, 貯水池. **4** 《米略式》留置場. **5** 《米》=tank top 1.

— [動] [次の成句で] **be [gèt] tánked (úp)** [動] [自] 《略式》 酔っぱらっている[酔っぱらう] (*on*). **tánk úp** [動] [自] 《略式, 主に米》(車に)ガソリンを満タンにする; (酒を)いっぱい飲む, あおる (*on*).

tank·age /tǽŋkɪdʒ/ [名] [U] タンク使用料; タンク貯蔵(量).

tan·kard /tǽŋkəd | -kəd/ [名] [C] タンカード《取っ手(やふた)のついた主に金属製のビール用大ジョッキ; ☞ mug[1]》(《米》stein); タンカード 1 杯の量 (*of*).

tankard

tánk càr [名] [C] 《主に米》〔鉄〕タンク車.

***tank·er** /tǽŋkə | -kə/ [名] (～**s** /~z/) [C] **タンカー**, 油輸送船; (油・牛乳などを運ぶ)**タンク車**, タンクローリー; 給油飛行機 (oil tanker). [日英比較] 日本でいう「タンカー」は船に限るが, 英語の tanker は石油などを輸送する交通機関全てに用いる. 日本でいう「タンクローリー」に相当するのは tanker または《米》tank truck, oil tanker.

tank·ful /tǽŋkfʊ̀l/ [名] [C] タンク 1 杯(の量) (*of*).

tánk tòp [名] [C] **1** 《米》タンクトップ《そでなしの T シャツ》. **2** 《英》そでなしのセーター.

tánk trùck [名] [C] 《米》タンクローリー.

tánned [形]《英》=suntanned.

tán·ner [名] [C] なめし革業者.

tan·ner·y /tǽn(ə)ri/ 名 (**-ner·ies**) C 製革場, なめし革工場.

tán·nic ácid /tǽnɪk-/ 名 U《化》タンニン酸 (tannin の正式名称; 皮なめしなどに用いる).

tan·nin /tǽnɪn/ 名 U《化》タンニン.

tan·ning /tǽnɪŋ/ 名 **1** U 製革(法). **2** U 日焼け. **3** C むち打ち.

tánning bèd 名 C《米》(太陽灯のついた)日焼け用ベッド, 日焼けマシーン.

Tan·noy /tǽnɔɪ/ 名 C《普通は単数形で》《英》タンノイ《公共施設などのスピーカーシステム〔装置〕; 商標》.

†**tan·ta·lize** /tǽntəlàɪz/ 動 他《...を》(見せびらかして)じらす, じらして苦しめる.

tán·ta·lìz·ing 形 じらすような, じれったい. ~**·ly** 副 じらすように.

Tan·ta·lus /tǽntələs/ 名 **1**《ギ神》タンタロス《ゼウス (Zeus) の息子; 神々の秘密を漏らしたために地獄の水にあごまでつかり, 水を飲もうとすると水が退き, 頭上の果実を取ろうとするとそれも退いて苦しめられた》. **2** [t-] タンタロススタンド《外から中のびんがとれそうに見えるが鍵がないとられない酒びん台》.

†**tan·ta·mount** /tǽntəmàʊnt/ 形 P《格式》(特に好ましくないものと)同等で, (...も)同然で: His request was ~ to a threat. 彼の要求は脅しに等しかった.

†**tan·trum** /tǽntrəm/ 名 C (特に子どもの)不機嫌, かんしゃく (temper tantrum). **hàve [thrów] a tántrum** [動] 自 かんしゃくを起こす.

Tan·za·ni·a /tæ̀nzəní:ə/ 名 タンザニア《アフリカ東部の共和国》.

Tan·za·ni·an /tæ̀nzəní:ən-/ 名 C, 形 タンザニアの(人).

Tao /táʊ/ 名 U 道教の道.

Taoi·seach /tí:ʃək/ 名 [the ~]《アイルランドの》首相《称号》.

Tao·is·m /táʊɪzm/ 名 U 道教《老子の教え》.

Tao·ist /táʊɪst/ 名 C 道教の信者, 道教徒.
—— 形 道教の; 道教徒の.

*__tap__¹ /tǽp/ /タップ/ 名 C 動 ⑬ (**taps** /~s/; **tapped** /~t/; **tap·ping**) 他 **1**《...を》軽くたたく: He *tapped* me *on the shoulder*. <V+O+on+名·代> 彼は私の肩をぽんとたたいた (☞ the¹ 2 (1)) / She *tapped* the box *with* her forefinger. <V+O+with+名·代> 彼女はその箱を人さし指でとんとんたたいた.

2《手足·指·鉛筆など》(物に)こつこつと音を立てて打ちつける, (...を)こつこつ[ぼんぼん]と打つ: Don't ~ *your pencil on the desk*. <V+O+on+名·代> 鉛筆で机をこつこつたたくな. **3** 軽くたたいて(リズムなどを)作り出す; (キーボードを)打ち出す (out).

—— 自 こつこつたたく, 軽くたたく (*against*): Someone is *tapping* at the door. <V+at+名·代> だれかがドアをこつこつたたいている. **táp in** [動] (1)《びょうなどを》軽くたたいて入れる[打ち込む]. (2)《文字·数字などを》打ち込む, 入力する. (3)《スポ》《ボールを》(近距離から)ホール[ゴール]にはたき入れる《ゴルフ·サッカーなど》.

—— 名 (~**s** /~s/) **1** C こつこつたたく音: There was a ~ *at* the door. ドアをこつこつたたく音がした / He gave me a gentle ~ *on* the shoulder. 彼は私の肩を軽くたたいた. **2** [複数形で単数扱い]《米》《軍》消灯らっぱ. **3** U = tap dancing.

*__tap__² /tǽp/ 名 C **1**《主に英》蛇口, 栓, コック《《米》faucet》: the cold [hot] ~ 水[湯]の出る蛇口 / turn the ~ on [off] 蛇口を開ける[締める]. **2**(たるの)飲み口, 栓. **3** 盗聴(器) (wiretap). **on táp** [形] (1)(たるの)飲み口がついて: beer *on* ~ たる入り[生]ビール. (2)《略式》(いつでも)すぐに使える. (3)《米式》予定されていて. —— 動 (**taps**; **tapped**; **tap·ping**) 他 **1**《資金·資源などを》調達する; 利用する, 開発する. **2**《能力·知識·経験などを》活用する. **3**《電話などを》盗聴する; 〈電話線に〉盗聴器を取りつける (wiretap). **4**《人を》選ぶ. **5**(幹に刻み目をつけて) 〈...〉の樹液を採る. **6** 〈たるに〉栓をつける, 〈たる〉の口を開ける 〈酒をたるの飲み口から出す (off; from). **7**《英略式》〈人〉に〈金·情報など〉をせびる (for). **táp into ...** [動] 他 (1) = 動 1. (2) = 動 2. (3)《長所など》を〈くみとって〉表現する. **táp óut** [動]《米略式》(1) 〈あり金〉をはたく. (2) 〈人〉をくたくたにする.

ta·pas /tá:pɑ:s/ /tá:p-/《スペイン語から》名 [複] 《スペイン料理の》前菜.

táp dànce 名 C,U タップダンス.

táp-dànce 動 自 タップダンスを踊る.

táp dàncer 名 C タップダンサー.

táp dàncing 名 U タップダンス (tap).

*__tape__ /téɪp/ 名 (~**s** /~s/) **1** U (録音·録画用の) (磁気)テープ; C カセット[ビデオ]テープ, 録音[録画]しているテープ: a reel of ~ テープ 1 巻 / (a) magnetic ~ 磁気録音テープ / a blank ~ 未使用のテープ / play a ~ テープをかける [言い換え] We put [recorded] the program *on* ~. = We *made a* ~ *of* the program. 私たちはその番組をテープに録音[録画]した. 関連 videotape ビデオテープ.

2 C,U テープ, (平たい)ひも(結んだり, 縛ったり, 飾りしたりするもの): The governor cut the ~ and opened the new bridge. 知事は新しい橋のテープカットをした. [日英比較]「テープカット」は和製英語. 関連 insulating tape 絶縁テープ.

3 U,C セロテープ《《米》Scotch tape, 《英》Sellotape》; ばんそうこう (adhesive tape): seal a parcel with ~ 《セロ》テープで包みに封をする. sticky tape 粘着テープ. **4** [the ~] (レースの決勝地点の)テープ: break [breast] *the* ~ ゴールのテープを切る, 1 着でゴールインする. **5** C = tape measure. **6** C《電算》穿孔(さん)[磁気, 印字]テープ. **hàve ... on tápe** [動] 他《...》を(テープに)録音[録画]してある.

—— 動 (**tapes** /~s/; **taped** /~t/; **tap·ing**) 他 **1**《...》をテープに録音[録画]する (tape-record): Did you ~ that concert? 君はそのコンサートをテープにとったか.

2《...》をテープでくくる[縛る, 貼りつける], 《...》にテープを巻く (up): Your name is ~**d on** the case. <V+O+前·代の受身> あなたの名前がテープでケースに貼ってある. **3** 《主に米》[普通は受身で] 〈傷口に〉包帯を巻く (up) 《《英》strap》. —— 自 テープで録音[録画]する. **hàve [gót] ... tàped** [動]《英略式》《人·事態》を十分把握している; 《...》の扱いを心得ている.

tápe dèck 名 C テープデッキ《アンプとスピーカーを内蔵していないテープレコーダー》.

tápe drive 名 C《電算》テープドライブ.

tápe mèasure 名 C 巻き尺 (measuring tape).

tápe plàyer 名 C テーププレーヤー《再生専用機》.

ta·per /téɪpə/ /-pə/ 動 (**-per·ing** /-p(ə)rɪŋ/) 自 次第に細くなる, 先細りになる; 次第に少なく[弱く]なる. —— 他 《...》の先を次第に細くする; 次第に減らす. **táper óff** [動] 自 次第に細くなる; 次第に減る[弱くなる], 《量》が徐々に量を減らす: He ~**ed off** to one cigarette a day. 彼はたばこを 1 日 1 本に減らしていった. —— 他 《...》を次第に細く[少なく]する. —— 名 [普通は単数形で] 先細になること; 先細のもの. **2** 細いろうそく. **3** ろう引きの灯心《昔ランプやろうそくに用いた》.

tápe-recòrd 動 他 《...》をテープに録音[録画]する.

*__tápe recòrder__ 名 C テープレコーダー: play a (cassette) ~ (カセット)テープレコーダーをかける.

tápe recòrding 名 **1** U テープ録音[録画]. **2** C 録音[録画]したテープ (of).

tá·pered 形 先が細くなった.

tá·per·ing 形 先細りの.

tap·es·tried /tǽpɪstrɪd/ 形 つづれ織りで飾った.

tap·es·try /tǽpɪstri/ 名 (**-es·tries**) **1** U,C つづれ

tapeworm

織り, タペストリー《壁掛けなどに用いる》. **2** [単数形で]《文》(人生などの)絵(模)模様 (*of*): (It's all part of) life's rich ~(.) (それも)多彩な人生模様の一部分.

tápe・wòrm 名 C さなだむし《寄生虫》.

tap・i・o・ca /tæpióukə/ 名 U タピオカ《カッサバ (cassava) の根からとる食用でんぷん; 菓子などの材料》.

ta・pir /téipər | -pə/ 名 (複 ~s) C ばく《動物》.

tápped óut /tǽpt-/ 形《米略式》金が尽きて, 一文無しの; 疲れきった, くたくたの.

tap・pet /tǽpɪt/ 名 C《機》凸子(と), タペット《内燃機関でカム (cam) の運動を弁に伝える部品》.

táp・ròom 名 C =barroom.

táp・ròot 名 C《植》主根, 直根.

táp wàter 名 U (蛇口から出る)水道水.

taq・ue・ri・a /tàːkəríːə/ 名 C《主に米国南西部の》メキシコ料理店レストラン, タコス料理店.

†**tar** /táə | táː/ 名 U タール《石炭・木材を乾留して得る黒色の油状物質》; (たばこの)やに: a low-[high-]~ cigarette タール分の少ない[多い]紙巻きたばこ. 関連 coal tar コールタール. ── (**tars**; **tarred**; **tar・ring** /táːrɪŋ/) 他 **1**《道路など》にタールを塗る. **2**《人》の名を汚す. **tár and féather** 動《以前罰として》《…》の体一面にタールを塗り羽毛をつける (2)《人》を厳しく非難する[罰する]. **tárred with the sáme brúsh (as ...)** 形 (…)と同罪で, 同様の欠点があって. 由来 本来は同じブラシでタールを塗られた, の意.

ta・ra・ma・sa・la・ta /tàːrəmə(sə)láːtə | tærəmə-/ 名 U タラモサラタ《鱈子(こ)から作るギリシア料理》.

tar・an・tel・la /tæ̀rəntélə/ 名 C タランテラ《南イタリアの踊り》; タランテラの曲.

ta・ran・tu・la /tərǽntʃ(ə)lə/ 名 C タランチュラ《毒ぐもの一種》.

tár bàby 名 C《略式》抜き差しならぬ羽目, 脱け出すのが厄介な事柄, (はまり込んだ)泥沼.

tar・boosh /taə(r)búːʃ | taː-/ 名 C トルコ帽, タルブーシュ《イスラム教徒男子のふちなしのフェルト帽》.

tar・di・ly /táə(r)dəli | táː-/ 副《格式》のろのろと.

tar・di・ness /táə(r)dinəs | táː-/ 名 U《格式》遅いこと, 緩慢 (*in*); 遅刻.

tar・dy /táə(r)di | táː-/ 形 (**tar・di・er**; **-di・est**)《格式》**1** (不注意で)遅刻した, 遅れた (late) (*for*). **2** のろい, ぐずぐずした (slow) (*in doing*): ~ progress 遅々とした進歩. **3**《米》(学校に)遅刻の.

tare[1] /téə | téə/ 名 C [普通は単数形で] 風袋(ふうたい)《貨物の容器・包装などの重さ》; (積み荷・乗客などを除いた)車体重量, 自重.

tare[2] /téə | téə/ 名 [複数形で]《聖》毒麦, 雑草.

***tar・get** /táə(r)gɪt | táː-/ 名 (**tar・gets** /-gɪts/) **1** C (射撃・弓矢などの)標的, 的(まと) (☞ bow[1] 挿絵): ~s for attack 攻撃目標.

─── コロケーション ───
aim at a *target* 的をねらう
hit a *target* 的に当たる
miss a *target* 的をはずれる
shoot at a *target* 的をねらって撃つ

2 C (仕事などの)(達成)目標: a sales ~ 売上げ目標額.

─── コロケーション ───
achieve [**meet, reach**] a *target* 目標に達する
exceed a *target* 目標を越える
fall short of a *target* 目標に達しない
set a *target* 目標を定める[設定する]

3 C (批判・もの笑いの)的, 種; (調査などの)対象: an easy ~ だまされやすい人, カモ / ~s of [for] investigation 調査の対象. **4** [形容詞的に] 目標となる, 対象

とする: a ~ date (計画達成の)目標日時. **òff tárget** [形・副] 目標をはずれて. **on tárget** [形・副] 正確な; 目標にそって順調で (*for*). ── 動 他 (標的・目標に)武器・資金・運動などを向ける; 《物》のねらいを(…に)つける: books ~ed at young ladies 若い女性をねらった本. 語源 中期フランス語で「小さな盾」の意.

tárget lánguage 名 C [普通は単数形で]《言》目標言語 ((1)(原文に対して)翻訳の訳文の言語; ☞ source language (2) 学習の対象となる外国語).

tár・get pràc・tice 名 U 射撃訓練[演習].

Tar・heel /táə(r)hìːl | táː-/ 名 C《略式》タールヒール《North Carolina 州の住民[出身者]の俗称》.

Tárheel Státe 名 [the ~] タールヒール州《米国 North Carolina 州の俗称》.

***tar・iff** /tǽrɪf/ 名 (~**s** /-s/) C **1** 関税 (☞ tax 類義語); 関税表: a protective ~ 保護関税 / a ~ on foreign watches 外国製の時計にかかる関税 / a ~ barrier 関税障壁. **2**《英》(ホテルなどの)料金表.

***tar・mac** /táə(r)mæk | táː-/ 名 **1** U [ときに T-]《英》ターマック《道路舗装用の砕石入りのアスファルト》, 商標. **2** [the ~] ターマック舗装路《ターマックで舗装した道路・滑走路》(《米》blacktop). ── 動 (**tar・macs**; **tar・macked**; **tar・mack・ing**) 他《英》《…》をターマックで舗装する.

tar・mac・ad・am /tàə(r)məkǽdəm | tàː-/ 名 U = tarmac 1.

tarn /táə(r)n | táːn/ 名 C [しばしば地名の一部として T-] (北イングランドなどの山中の)小さい湖, 小池.

tar・na・tion /tɑə(r)néɪʃən | taː-/ 名 [次の成句で] **in tarnátion** [副][疑問詞を強めて]《米》一体全体.

***tar・nish** /táə(r)nɪʃ | táː-/ 動 他 **1** 《金属》の表面の光沢を曇らせる, 《…》を変色[退色]させる. **2** 《名誉など》を汚(けが)す, だいなしにする. ── 自 (金属などが)曇る, 色褪(あ)せる. ── 名 U または s **1** (金属の)曇り, よごれ, 変色. **2** 汚点, 名声の失墜.

ta・ro /táːroʊ/ 名 (~**s**) C,U タロいも《熱帯産のさといも》.

***tar・ot** /tǽroʊ/ 名 U [普通は the ~] タロットカード《22枚ひと組で占い用》; タロット《タロットカードの占い》.

tarp /táə(r)p | táːp/ 名 C《米略式》= tarpaulin.

tár pàper 名 U タール紙《屋根の下張り用》.

tar・pau・lin /taə(r)pɔ́ːlɪn | taː-/ 名 C,U《主に英》タール塗り防水布, 防水シート.

tar・pon /táə(r)pən | táː-/ 名 (複 ~**s**) C ターポン《カリブ海沿岸産の大魚; 釣り魚》.

tar・ra・gon /tǽrəgən/ 名 C,U タラゴン《よもぎの一種》; タラゴンの葉.

tar・ry[1] /táː(r)ri/ 形 (**tar・ri・er**; **-ri・est**) タールを塗った, タールでよごれた; タールのような.

tar・ry[2] /tǽri/ 動 (**tar・ries**; **tar・ried**; **-ry・ing**) 自 **1** [副詞(句)を伴って]《文》長居する, とどまる (stay). **2** 遅れる, 手間取る (delay).

tar・sal /táə(r)s(ə)l | táː-/ 名 C, 形《解》足根骨(の).

tar・sus /táə(r)səs | táː-/ 名 (複 **tar・si** /táə(r)saɪ | táː-/)《解》足根(部)《足首にある 7 つの足根骨》.

†**tart**[1] /táə(r)t | táːt/ 名 **1** C,U タルト《果物などが入った小型の》(~ **pie** 参照). **2** C《略式》ふしだらな(感じの)女; 売春婦. ── 動 [次の成句で] **tárt úp** 動 他《略式, 主に英》安っぽく飾り立てる: ~ oneself *up* (主に女性が)けばけばしく着飾る, めかしこむ.

tart[2] /táə(r)t | táːt/ 形 (**tart・er**; **tart・est**) **1** 酸(す)っぱい, ぴりっとした. **2** (発言などが)しんらつな.

†**tar・tan** /táə(r)tn | táː-/ 名 U タータン《Scotland 高地人の格子じまの毛織物》; C 格子じま, タータンチェック. 日英比較「タータンチェック」は和製英語.
── 形 A タータン(チェック)の.

tar・tar[1] /táə(r)tə | táːtə/ 名 U **1** 歯石. **2** (ぶどうの汁につく)酒石. **3** =cream of tartar (cream

tar・tar[2] /tάːtə | tάːtə/ 名 (略式) 凶暴[粗暴]な人.

Tar・tar /tάːtə | tάːtə/ 名 **1** C タタール族の人《もとアジア北東部に遊牧したツングース族》; [the ~s] タタール族《全体》. **2** C,U =Tatar.

tar・tár・ic ácid /tɑətǽrɪk- | tɑː-/ 名 U《化》酒石(酸).

tar・tar [tár・tare] sáuce /tάːtə- | tάːtə-/ 名 U タルタルソース《ピクルス・たまねぎ・パセリなどを刻んでマヨネーズに加えたもの; 魚料理などにつける》.

tártar stèak 名 U タルタルステーキ《牛肉のひき肉を普通は卵黄などを添えて生で食べる料理》.

tárt・ly 副 酸っぱく; しんらつに.

tárt・ness 名 U 酸味; しんらつさ.

tart・y /tάːti | tάː-/ 形 (略式) [軽蔑] (服装などが)売春婦のような.

Tar・zan /tάːz(ə)n | tάː-/ 名 固 ターザン《ジャングルの冒険物語の主人公》.

Tash・kent /tæʃként/ 名 固 タシケント《Uzbekistan 共和国の首都》.

*task /tǽsk | tάːsk/ (類音 tusk) 活用 名 (~s /~s/) C (課せられたきつい[いやな]) 仕事, 作業課題, 務め《⇨work 表および類義語》; 勉強: a difficult ~ 困難な仕事 / a thankless ~ 報われない仕事 / routine ~s 毎日の仕事, 日課 / My first ~ was to screen out unqualified applicants. 私の最初の務めは資格のない志願者をふるいにおとすことだった. 語源 ラテン語で「税金」の意から「税金の代りに課せられた仕事」の意になった; tax と同語源. **sét [gíve]... the tásk of dóing** 動 他《...に》―する仕事を課す: My father set me the ~ of weeding the garden. 父は私に庭の草取りをさせた. **táke [bríng]... to tásk** 動 他《...を》しかる, 責める (about, for, over): Her mother took her to ~ for being late for supper. 母親は彼女が夕食に遅れたことをしかった.
— 動 他 [普通は受身で] 《格式》《...に》(重い負担[仕事]を)課す (with; to do).

tásk・bàr 名 C 《電算》タスクバー《画面上部や下部のアイコンなどが帯状に並んだ領域》.

*tásk fòrce 名 C [単数形でもときに複数扱い] **1** (特殊任務をもつ) 機動部隊. **2** 特別作業班, 特別調査団, 対策本部.

task・mas・ter /tǽskmæstə | tάːskmɑːstə/ 名 C (従業員・生徒などに) 困難な仕事[勉強]を課す人: a hard [stern, tough] ~ びしびしと仕事をさせる人.

Tas・ma・ni・a /tæzméɪniə/ 名 固 タスマニア《オーストラリア南東方の島[州]; ⇨ 裏地図 L 5》.

Tas・ma・ni・an /tæzméɪniən/ 形 タスマニアの, タスマニア人[語]の. — 名 C タスマニア人; U タスマニア語.

Tasmánian dévil 名 C タスマニアデビル, ふくろあなぐま《袋猫(ふくろねこ)科の猛獣》.

tas・sel /tǽs(ə)l/ 名 C 房(ふさ); 飾り房.

tás・seled, (英) **tás・selled** 形 房のついた.

*taste /téɪst/ 活用 名 (**tastes** /téɪsts/); 形 tásteful, tásty) **1** C,U 味, 風味: This fruit has a sweet ~. この果物は甘い味がする / This orange doesn't have much ~. このオレンジは風味が少ない. 関連 smell におい.

2 U [しばしば the ~] 味覚: A cold dulled his sense of ~. かぜで彼の味覚は鈍くなっていた / I'm delightful to the ~. それは口当たりがいい. 関連 smell 嗅覚.

3 U 美的感覚, 審美眼; センス; 見識, たしなみ: My wife showed excellent ~ **in** decorating the room. <N+in+動名> 妻は部屋を飾るとき優れた美的感覚を発揮した / Mrs. White has good ~ **in** clothes. ホワイト夫人は服装のセンス[趣味]がよい (⇨ sense 名 3 日英比較) / He has more money than ~. 彼は金持ちだがたしなみがない.

4 C,U (反 distaste) 趣味, 好み: have a ~ **for** modern painting 現代絵画を好む / develop [acquire] a ~ **for** classical music クラシック音楽が好きになる / What is your ~ **in** sports? どんなスポーツが好きですか / She has expensive ~s **in** cars. 彼女は高級車好みだ / There is no accounting for ~s. ⓈⒸ ことわざ人の好みには一々説明がつけられぬもの (蓼(たで)食う虫も好き好き) (普通は皮肉) / It's a matter of ~. それは好みの問題だ. **5** C [普通は a ~] ひと口, ひとなめ; 少量, 気味; 試食, 試飲, 味見, ちょっとした経験: a ~ **of** spring 春の兆し / Would you like a ~ **of** this brandy? このブランデーを一口いかが / The people enjoyed a ~ **of** freedom. 国民は (つかのまの) 自由を味わった.

in the bést [wórst] of [póssible] táste [形・副] 非常に趣味がよく[悪く]て, とても上品[下品]で.

in (véry) góod [bád, póor] táste [形・副] (とても) 上品[下品]で, 趣味がよく[悪く]て.

léave a bád [bítter, násty, sour] táste in ...'s [the] móuth [動] (飲食物が)あと味[口]が悪い; (事件などが)...にとって悪い印象を残す.

to ...'s táste [形・副] ...の好みに合って: Modern jazz is not to my ~. モダンジャズは私の趣味に合わない.

to táste [副] 好みに応じて, 適宜(てきぎ)で《料理法の説明などで用いる句》: Add salt and pepper to ~. お好みに応じて塩とこしょうを加えてください.

— 動 (**tastes** /téɪsts/; **tast・ed** /-ɪd/; **tast・ing**) 自 [進行形なし] **1** (物が...の)味がする: This milk ~s sour. <V+C 形> この牛乳はすっぱい味がする (腐っている) / This salad ~s **of** lemon. <V+of+名・代> このサラダはレモンの風味がある / The fish ~d **like** salmon. <V+like+名・代> その魚はさけのような味だった / 言い換え How does it ~? = What does it ~ **like**? どんな味ですか. **2** 味を感じる: People with colds can't ~. かぜをひいている人は味がわからない.

— 他 **1** 〈飲食物の〉味見をする, 〈...を〉試食[試飲]する: My mother ~d the soup and added a little more salt. 母はスープの味をみてもう少し塩を入れた / T~ this wine to see if you like it. このワインがお口にあうかどうか試しに飲んでみてください. **2** [進行形・受け身なし; しばしば can とともに] 〈...の〉味がわかる, 〈...の〉味を感じ取る: I have a terrible cold, so I can't ~ what I'm eating. かぜがひどくて食べているものの味がわからない / I ~d pepper in the soup. スープはこしょうの味がした. **3** [普通は否定文で; 進行形なし] 〈飲食物を〉食する, 飲む: The victims of the hurricane have not ~d food for three days. ハリケーンの被災者たちは3日も食べ物を口にしていない. **4** [進行形なし] 〈喜び・悲しみなどを〉(多少)味わう[経験する] (experience): ~ the bitter side of life 人生の厳しさを知る.

táste bùd 名 C [普通は複数形で] 味蕾(みらい), 味覚芽《舌の上皮にある味覚器官》.

⁺taste・ful /téɪstf(ə)l/ 形 (名 taste; 反 tasteless) **1** 趣味のよい, 上品な, 渋った, 渋い. **2** 風流な; 審美眼のある, 目の高い. **-ful・ly** /-fəli/ 副 趣味よく, 上品に. **~・ness** 名 U 趣味のよさ.

táste・less 形 (反 tasteful) **1** 味のない, まずい; 無味乾燥な. **2** (人・服装・家具などが)趣味の悪い, (冗談などが)下品な; 無風流な. **~・ly** 副 味気(あじけ)なく; 無風流に. **~・ness** 名 U 無気味さ; 悪趣味.

táste・màker 名 C (米) 人気[流行]を作る人[もの].

⁺tást・er /téɪstə/ 名 C **1** 味見をする人, (味の)鑑定人. **2** (略式, 主に英) 試食[飲]品, 見本 (of).

táste tèst 名 C (味の)好みテスト《同じような食品をメーカー名などをかくして比較させるテスト》.

tast・i・ness /téɪstinəs/ 名 U おいしさ, うまさ.

tást・ing /téɪstɪŋ/ 名 C 試食[飲]会.

tast・y /téɪsti/ 形 (**tast・i・er**, **-i・est**) 名 taste) **1** おいしい, 風味のきいた. **2** 《略式》(ニュースなどが)おもしろい, きわどい. **3** 《英略式》(主に女性が性的に)魅力的な.

tat[1] /tǽt/ 名 U 《英略式》安物(グッズ).

tat[2] /tǽt/ 名 U 軽打 (**☞** (a) tit for tat (tit[1] 成句)).

ta-ta /tɑ:tɑ́:/ 間 《英略式》バイバイ (good-bye).

ta・ta・mi /tɑ:tɑ́:mi/ 《日本語から》名 (〜(s)) C 畳.

Ta・tar /tɑ́:tə/ 名 **1** C タタール人, 韃靼(だったん)人《ロシアのトルコ系住民》. **2** U タタール語.

ta・ter /téɪtə/ -tə/ 名 C S 《略式》= potato.

Ta・ter Tots, tater tots /téɪtətɑ̀ts | -tɔ̀ts/ 名 [複] テイタートッツ《冷凍フライドポテト; 商標》.

tat・tered /tǽtəd/ -təd/ 形 **1** (着物などが)ぼろぼろの; (夢などが)ずたずたの. **2** (人が)ぼろを着た.

tat・ters /tǽtəz/ -təz/ 名 [複] ぼろ(切れ), ぼろの服. **in tátters** [形] ぼろぼろになって; (名声・計画・自信などが)ひどく損なわれて, ずたずたになって.

tat・ting /tǽtɪŋ/ 名 U **1** タッチング《レース風の編み糸細工》; タッチングで作ったレース.

tat・tle /tǽtl/ 動 自 **1** 《主に米》(主に子供が)告げ口をする (on). **2** 《古風》おしゃべりをする; うわさ話をする. ─ 名 U 告げ口; むだ口, おしゃべり.

tat・tler /tǽtlə/ -lə/ 名 C 告げ口屋, おしゃべり(人).

táttle・tàle 名 C 《米》(主に子供の)告げ口屋 (telltale); おしゃべり(人).

tat・too[1] /tætú:/ 名 (〜s) 入れ墨(ずみ). ─ 動 他 〈...〉に入れ墨をする; 〈...〉の入れ墨を彫る.

tat・too[2] /tætú:/ 名 (〜s) C **1** 《主に英》軍楽行進《主に夜間の野外パレード》; [単数形で] 帰営太鼓(らっぱ). **2** [普通は a 〜] トントン[コツコツ]とたたく音.

tattoo àrtist 名 C = tattooist.

tat・tóoed 形 入れ墨をした.

tat・too・ist /tætú:ɪst/ 名 C 入れ墨師.

tattóo pàrlor 名 C 入れ墨屋.

tat・ty /tǽti/ 形 (**tat・ti・er**, **-ti・est**) 《略式, 主に英》みすぼらしい, 薄汚ない.

tau /táʊ/ 名 C タウ《ギリシャ語アルファベットの第 19 文字 τ, T; ☞ Greek alphabet 表》.

taught /tɔ́:t/ 同音 taut, 《英》tort) 動 teach の過去形および過去分詞

taunt /tɔ́:nt/ 動 他 〈...〉をあざける, 冷やかす; あざけって怒らせる (about, with): They *taunted* him *for* being fat. 彼らは彼をでぶだと言ってあざけった. ─ 名 [しばしば複数形で] あざけり[冷やかし](のことば).

taunt・ing・ly /tɔ́:ntɪŋli/ 副 あざけって.

taupe /tóʊp/ 名 U 形 灰褐色(の), もぐら色(の).

Tau・re・an /tɔ́:riən/ 名 C = Taurus 2. ─ 形 牡牛座生まれの.

Tau・rus /tɔ́:rəs/ 名 **1** 牡牛(おうし)座《星座》; 金牛宮 (the Bull) (☞ zodiac 挿絵). **2** C 牡牛座生まれの人.

taut /tɔ́:t/ 形 (**taut・er**; **taut・est**) **1** (綱などが)ぴんと張った (tight). (反 slack) **2** (筋肉・神経・表情などが)緊張した, こわばった; (人が)ひどく不安的な. **3** (文章・映画・劇などが)引き締まった, 無駄のない.

taut・en /tɔ́:tn/ 動 自 (綱などが)ぴんと張る. ─ 他 〈綱など〉をぴんと張る.

táut・ly ぴんと張って; 緊張して.

táut・ness 名 U ゆるみのないこと; 緊張.

tau・to・log・i・cal /tɔ̀:təlɑ́dʒɪk(ə)l | -lɔ́dʒ-/ 形 類語[同語]反復の. **-cal・ly** /-kəli/ 副 類語[同語]反復的に.

tau・tol・o・gous /tɔ:tɑ́ləgəs | -tɔ́l-/ 形 = tautological.

tau・tol・o・gy /tɔ:tɑ́lədʒi | -tɔ́l-/ 名 (**-o・gies**) **1** U 《修辞》類語反復, 同語反復, 冗語 (pleonasm)《例えば an empty box with nothing in it 《中に何も入っていない空(から)の箱》における empty と with nothing in it など》. **2** C 重複表現, 重複語句; 《論》恒真式.

tav・ern /tǽvən/ -vən/ 名 C 《米》バー, 居酒屋; 《古風》宿屋, はたご.

ta・ver・na /tɑ:véːnə, tə- | təvéː-/ 《ギリシャ語から》名 C タベルナ《ギリシャの小料理屋》.

taw・dri・ness /tɔ́:drinəs/ 名 U けばけばしさ.

taw・dry /tɔ́:dri/ 形 (**taw・dri・er**; **-dri・est**) **1** 恥ずべき, 不道徳な. **2** けばけばしい, 安っぽい.

taw・ny /tɔ́:ni/ 形 (**taw・ni・er**; **-ni・est**) (毛皮などが)黄褐色の.

***tax** /tǽks/ 🔢 名 (〜・es /-ɪz/) **1** C,U 税, 税金 (☞ 類義語, task 語義); 《米》売上税 (sales tax): I paid $100 in 〜. 私は税金に 100 ドル払った / Does the price include 〜 and service charge? 税金とサービス料込みの値段ですか / There is a heavy 〜 *on* cigarettes. たばこには重い税金がかかっている.

─ コロケーション ─
avoid *tax* 節税する
collect *taxes* 税金を徴収する
cut [lower, reduce] *taxes* 減税する
dodge [evade] *taxes* 脱税する
increase [raise, put up] a *tax* 増税する
pay (a) *tax* (*on* ...) (...に対する)税金を払う
put [levy, impose] a *tax on* ... ...に税金を課す, ...に課税する

─ tax のいろいろ ─
consúmption tàx《日本の》消費税 / corporátion tàx《主に英》法人税 / déath tàx《米》遺産相続税 / dírect tàx 直接税 / íncome tàx 所得税 / índirect tàx 間接税 / inhéritance tàx《米》相続税 / próperty tàx 財産税 / sáles tàx《米》売上税 / válue-àdded tàx 付加価値税

2 [単数形で]《格式》重い負担 (burden); 苛酷(かこく)な要求: a 〜 *on* ...'s health ...の健康を害するような負担.
àfter táx [副・形] 税引き(後)で[の]. **befòre táx** [副・形] 税込みで[の].

─ 動 (**tax・es** /-ɪz/; **taxed** /-t/; **tax・ing**; 名 taxátion) 他 **1** 〈人・物〉に税金をかける, 課税する: All these goods *are* heavily 〜*ed*. <V+O の受身> これらの商品にはみな重い税金がかかっている.
2 (物事が)〈人・能力など〉を重くかける, 〈...〉を酷使する (strain): Driving a car 〜*es* the nerves. 車の運転は神経が疲れる. **3** 《英》〈車〉の税金を納める.
táx ... with ─ [動 他] 《格式》─ のことで〈...〉をとがめる, ─ のかどで〈...〉を責める (accuse ... of ─).

【類義語】 **tax** 税金を表わす最も一般的な語. **tariff** 輸入・輸出品にかけられる関税を言う. **duty [duties]** 物品・相続などにかけられる税金. **dues** 会費や使用料として支払われる税.

***tax・a・ble** /tǽksəbl/ 形 課税できる, 課税対象となる.

***tax・a・tion** /tæksérʃən/ 名 (動 tax) U **1** 課税, 徴税; 税制: direct [indirect] 〜 直接[間接]課税. **2** (課税された)税金, 租税, 租税収入: increase [reduce] 〜 増税[減税]する.

táx avòidance 名 U (合法的な)節税.

táx brácket 名 C 税率区分.

***táx bréak** 名 C 特別減税.

táx búrden 名 C 税負担, 税支払い額.

táx collèctor 名 C 税務官員, 収税吏.

táx crédit 名 C 税額控除.

táx cùt 名 C 減税.

táx-dedúctible 形 (経費が)控除可能な, 課税除外対象の.

táx-defèrred /-dɪfə́:d | -fə́:d←/ 形 《米》課税猶予の.

táx dìsc 名 C 《英》(車・バイクの)納税証明票《フロントガラスなどに貼る》.

táx dòdge 名 C《略式》節税(法); 脱税(法).
táx dòdger 名 C《略式》節税をする人; 脱税者.
†**táx evásion** 名 U 脱税.
táx-exémpt 形 免税の; 非課税の.
táx èxile 名 C 税金逃れに国外に脱出した人.
†**táx-frée** 形 税金のかからない, 免税の; 非課税の.
— 副 免税で; 非課税で.
táx háven 名 C 避税地, 税金逃れの場所《税金逃れに利用する税の安い国・地域》.

*__tax·i__ /tǽksi/ 名 (~s, ~es /-z/) C タクシー(taxicabを短縮した形》(cab): He took a ~ to the hotel. 彼はタクシーでホテルへ行った / Would you call a ~ for me, please? タクシーを呼んでいただけますか.

--- コロケーション ---
call (for) a *taxi* （電話で)タクシーを呼ぶ
get [catch] a *taxi* タクシーを拾う
get in [into] a *taxi* タクシーに乗る（☞ get on (get 句動詞) 表)
get out of a *taxi* タクシーから降りる（☞ get off (get 句動詞) 表)
hail [flag (down)] a *taxi* タクシーを呼び止める
「take a [go by] a *taxi* タクシーを使う

by táxi＝**in a táxi** 副 タクシーで: Let's go by ~. タクシーで行こう（☞ by 前 2 語法).
— 動 (tax·is, tax·ies; tax·ied; tax·i·ing, tax·y·ing) 自 1 《飛行機が離着陸の前後に誘導路[水上]を》滑走する, 移動する (along, down): The jet taxied out on the runway. ジェット機は滑走路へと移動して行った. 2 タクシーで行く. — 他 1 〈飛行機〉を滑走させる. 2 〈…〉をタクシーで送る.
táxi·càb 名 C タクシー. 語源 *taximeter cab* を短縮したもの.
tax·i·der·mist /tǽksɪdəːmɪst | -də-/ 名 C 剥製《はく》師.
tax·i·der·my /tǽksɪdəːmi | -də-/ 名 U 剥製術.
táxi·mèter 名 C《タクシーの》料金メーター.
táx incéntive 名 C 政策減税.
táx·ing 形 《仕事・問題などが》疲れさせる, きつい, 困難な (demanding).
táx inspèctor 名 C《英》課税査定官.
táxi ránk 名 C《英》=taxi stand.
táxi stànd 名 C《主に米》タクシー乗り場《《米》cab-stand, 《英》cab rank》.
táxi·wày 名 C《空港の》誘導路.
táx·man /-mən/ 名 (-men /-mən/) 1 C 収税吏. 2 [the ~] 《略式》国税庁 (Inland Revenue).
táx òffice 名 C 税務署.
TAX·OL, tax·ol /tǽksɔːl | -sɔl/ 名 U タクソール《いちいの樹皮から得られる抗癌剤; 商標》.
tax·o·nomic /tæksənámɪk | -nɔ́m-/, **-nom·i·cal** /-námɪk(ə)l | -nɔ́m-/ 形《格式》分類学(上)の.
tax·on·o·mist /tæksánəmɪst | -sɔ́n-/ 名 C 分類学者.
tax·on·o·my /tæksánəmi | -sɔ́n-/ 名 (-o·mies) U《格式》分類学[法]《特に動植物の》; C《個々の》分類(法) (of).

*__tax·pay·er__ /tǽkspèɪə | -pèɪə/ 名 (~s /-z/) C 納税者.
†**táx relíef** 名 U《所得税の》減免.
†**táx retúrn** 名 C 納税[所得]申告(書).
táx shèlter 名 C 税金逃れの手段, 節税法.
táx yèar 名 C 課税年度《米国では1月1日, 英国では4月6日から》.
Tay·lor /téɪlə | -lə/ 名 固 1 テーラー《英米人に多い姓; ☞ name 表》. 2 **Elizabeth ~** テーラー(1932-)《米国の映画女優》.
†**TB** /tíː·bíː/ 略 1 =tuberculosis. 2 =tailback 2.

TBA, tba /tíː·biː·éɪ/ 略 =to be announced 《詳細》未定《につき追って発表》.
T-ball /tíː·bɔːl/ 名 U Tボール《棒の上に載せたボールを打つ野球のような子供の遊び; 商標》.
Tbi·li·si /təbɪlíːsi | təbəlíːsi/ 名 固 トビリシ《グルジア (Georgia) の首都》.
T-bill /tíː·bìl/ 名 C《米略式》=Treasury bill.
T-bone (stéak) /tíː·bòun-/ 名 U.C（T字型の)骨付きステーキ.
tbs, tbsp. 略 =tablespoon(ful)(s).
T cell /tíː·sèl/ 名 C《医》T細胞《胸腺依存性のリンパ球》.
Tchai·kov·sky /tʃaɪkɔ́ːfski | -kɔ́f-/ 名 固 **Pyotr** /pjóʊtr(ə)/ **I·lich** /ɪ́lɪtʃ/ ~ チャイコフスキー(1840-93)《ロシアの作曲家》.
TCP /tíː·síː·píː/ 名 C TCP《傷口などの消毒液; 商標》.
TCP/IP 略 =Transmission Control Protocol / Internet Protocol インターネットの通信プロトコル.
TD /tíː·díː/ 略《アメフト》=touchdown.
TDD /tíː·díː·díː/ 略 =telecommunications device for the deaf 聴覚障害者用通信機器.
TE /tíː·íː/ 略 =tight end.

*__tea__ /tíː/ 名 (同音 tee, ti) 名 (~s /-z/) 1 U お茶, ティー. 日英比較 英米では tea といえば black tea (紅茶) のこと. 緑茶は green tea という: strong [weak] ~ 濃い[薄い]茶 / 「a cup [two cups] of ~ お茶1杯[2杯] / ice(d) ~ アイスティー / drink ~ お茶を飲む / make (the) ~ 茶を入れる / "How would you like your ~, ↘ with milk ↗ or with lemon? ↘" "With lemon, please." 「紅茶はどのようにしましょうか, ミルクを入れますか, それともレモンを入れますか」《☞ or 1 発音》「レモンでください」/ T~ for two, please. お茶を2人分ください. 語法 種類をいうときには C: Several ~s are sold here. ここでは何種類かのお茶を売っている. 関連 coffee コーヒー / chocolate ココア. 2 C 1 杯のお茶: Waiter, three ~s, please. ボーイさん, お茶を3つください. 3 U.C《英》ティー, 午後のお茶(の時間) (afternoon tea)《午後3時から5時ごろとる紅茶つき軽食》; ハイティー, 早めの夕食 (high tea): have [《古風》take] ~ at four 4時にティーにする.

会話 "What would you like for ~?" "English muffins and some ~ with milk, please." 「ティーには何を召し上がりますか」「イングリッシュ・マフィンとミルクティーをお願いします」

4 C =tea party. 5 U《乾燥・加工した》茶の葉; 茶の木. 6 U《茶に類した》飲み物, …茶; 《薬用の煎汁, 薬用茶: jasmine [mint] ~ ジャスミン[ハッカ]茶 / ☞ beef tea. 関連 herb tea ハーブ茶. 語源 中国語の「茶」の方言の形から.
be at téa 動 《英》ティーの最中である（☞ 3).
for áll the téa in Chína 副 [would not とともに]《古風, 略式》[しばしば滑稽]《どんな見返りがあっても》絶対に（…しない）. **nót ‥'s cùp of téa** ☞ cup 名 成句. **téa and sýmpathy** 名《古風, 英》《困っている人への》慰安[同情]のことば》.
téa bàg 名 C ティーバッグ.
téa bàll 名 C《米》《金属製の》球形茶こし器.
téa brèad 名 U《英》ティーの時に出す軽い甘いパン.
téa brèak 名 C《英》《仕事の》休憩, お茶の時間（☞ coffee break》.
téa càddy 名 C《主に英》茶筒, 茶缶.
téa càke 名 C《英》ティーケーキ《お茶といっしょに出す干しぶどうなどの入った平たい小さな菓子》.
téa càrt 名 C《米》=tea wagon.
téa cèremony 名 C《日本の》茶の湯, 茶道.

teach

teach /tíːtʃ/ 動 (teach·es /~ɪz/; 過去・過分 taught /tɔ́ːt/; teach·ing) 他 1 〈学科など〉を**教える**; 〈人に〉〈物事〉を教える, 教授する; 〈人に〉〈物事について〉教える ((⇒ show 他 3 語法)) (反 learn): I ~ English at this school. 私はこの学校で英語を教えている / What does Jane Ford ~? ジェーン・フォードは何の先生ですか 〔言い換え〕 Mr. Long ~es us history. <V+O+O> = Mr. Long ~es history to us. <V+O+O+名・代> ロング先生は私たちに歴史を教えている ((⇒ to¹ 3 語法)) / We were taught by Mr. White last semester. <V+O の受身> 先学期はホワイト先生に習った / He taught us about AIDS. <V+O+about+名・代> 彼は私たちにエイズのことを教えてくれた.

teach	
instruct	
tell	教える
show	案内する
	示す

2 〈...のしかた〉を**教える**, 〈芸など〉を仕込む (train); 慣らす: She taught children to swim. <V+O+O (to 不定詞)> 彼女は子供に水泳を教えた. 語法 She taught children swimming. <V+O+O (動名)> とすると「彼女は子供に(教科としての)水泳を教えた」の意になる // Parents must ~ their children not to tell lies. 親は子供たちにうそをつかないように教えなければいけない / My father is ~ing my brother how to write the English alphabet. <V+O+O (wh 句)> 父は弟に英語のアルファベットの書き方を教えている. 3 〈人・宗教などが〉教えさとす, 説く; 〈経験などが〉教える, 悟らせる: The experience taught (me) that the problem was too much for me to handle. 経験からその問題はとても私の手には負えないとわかった. 4 [受身なし] 〔略式〕〈...にするとうるさがる〉思い知らせる, 痛い目にあわせる: That will ~ him (a lesson)! ⓢ それであいつも少しはこりる[身にしみる]だろう / I'll ~ you to talk back! ⓢ 口答えすると承知しないぞ (to 不定詞の部分は否定の含みをもつ反語的用法).

— 自 教える; 教師をする: Where does he ~? <V+副> 彼はどこの先生ですか / My mother ~es at a high school in Utah. <V+at+名・代> 母はユタ州で高校教師をしている / He who can, does; he who cannot, ~es. 有能な者は実行し, 無能な者は教師となる 《Shaw のことば》.

― リスニング ―
teach の後に母音で始まる語が続くと, その母音と語末の /tʃ/ とが結合して「チャ」行の音のように聞こえる. teach English /tíːtʃɪŋglɪʃ/ は「ティーチングリッシュ」のように, teach at a high school /tíːtʃətəháɪskùː/ は「ティーチャタハイスクーウ」のように聞こえる. 「ティーチ・イングリッシュ」「ティーチ・アト・ア・ハイ・スクール」のようには発音しない.

語源 古(期)英語で「示す」が原義. **téach onesélf** 動 独学[独習]する. 関連 self-taught 独学の. **téach schóol** 動 自 《米》教師をしている.

teach·a·ble /tíːtʃəbl/ 形 1 〈人が〉教えられば分かる, よく学ぶ; 素直な. 2 〈学科などが〉教えやすい, 教授可能な.

teach·er /tíːtʃɚ | ‑tʃə/ 名 (~s /~z/) © 師, 先生, 教える人; [前に形容詞をつけて] 教えるのが...の人: a ~ of history 歴史の先生 / Fred Green is a ~ at Down High School. フレッドグリーンはダウン高校の先生だ / "Who is your favorite ~?" "Mr. Brown, our biology ~." 「あなたはどの先生がいちばん好きですか」「生物のブラウン先生です」

関連 schoolteacher 小学校・中学校の教師.

語法 (1) **代名詞は she**
特に米国の初等中等教育では女性の教師が多いので, 特定の人を指すのではなく一般的な言い方をするときには she で受けることが多い.
(2) 次のようなアクセントの違いに注意: an Énglish [a Frénch] ~ = a ~ of Énglish [Frénch] 英語[フランス語]の先生 (English, French は名詞) / an Énglish [a Frénch] ~ イギリス人[フランス人]の先生 (English, French は形容詞).

日英比較 「先生」と呼びかけるとき
「グリーン先生」と呼びかけるときには "Mr. [Mrs., Miss, Ms.] Green" と言い, "Teacher Green" とか "Green teacher" とは言わない. 日本語でただ「先生」と呼びかけるときも, 英語では Mr. [Mrs., Miss, Ms.] Green! のように名前で呼ぶ.

téachers còllege 名 © (米) (普通は 4 年制の) 教員養成大学 (《英》 college of education).
téacher's pèt 名 [単数形で] 〔略式〕 [けなして] 先生のお気に入り(生徒).
téa chèst 名 © (木製で大型の)茶箱.
teach-in 名 © ティーチ·イン《大学の学生や教職員による政治・社会問題などに関する学内討論集会; ⇒ -in》.
teach·ing /tíːtʃɪŋ/ 名 (~s /~z/) 1 Ⓤ 教えること, 教授, 授業; 教職; 教授法: English language ~ (英)英語教育[教授法] ((略 ELT)) / Linda will go into ~. リンダは教職につくだろう. 2 © [しばしば複数形で] (偉人などの)教え, 教訓, 教義: the ~s of Christ キリストの教え.
téaching àid 名 © 教具, 補助教具[教材].
téaching assístant 名 © ティーチングアシスタント《学部生の授業の補佐をする大学院生; 略 TA》.
téaching hóspital 名 © 医科大学付属病院, 教育研究病院.
téaching práctice 名 Ⓤ (英) = student teaching.
téa clòth 名 © 〔古風, 英〕 = tea towel.
téa còzy 名 © (ティーポットなどの)保温カバー.
téa·cùp 名 © ティーカップ, (紅茶)茶わん ((⇒ cup 挿絵)): drink tea from [out of, in] a ~ ティーカップで紅茶を飲む.
téa gàrden 名 © 1 茶所のある庭園. 2 茶畑.
téa·hòuse 名 (-hous·es /-háʊzɪz/) © (日本・中国の)茶店, 喫茶店; (茶道の)茶室.
teak /tíːk/ 名 © チークの木; Ⓤ チーク材《家具・船用》.
téa·kèttle 名 © 《主に米》湯わかし, やかん.
teal /tíːl/ 名 (複 ~(s)) 1 © こがも(鳥). 2 Ⓤ = teal blue.
téal blúe 名 Ⓤ 暗い灰色[緑色]がかった青.
téa lèaf 名 © 1 [普通は複数形で] 茶の葉; 茶がら, 茶かす. 2 〔古風, 英略式〕 泥棒. **read the téa leaves** [動] 茶わんに残った茶がらで運勢を占う.

tea cozy

team /tíːm/ (同音 teem¹,²) 名 (~s /~z/)

元来は「引く」の意味で tow, tug と同語源.
「ひと組のけん引牛[馬]」 3 → 「ひと組の人」 2 → 「チーム」 1

1 © (競技などの)**チーム**, (一方の)組: a baseball ~ 野球チーム / organize a ~ チームを作る / He is **on** [《英》**in**] our soccer ~. 彼は私たちのサッカーチームにいる

Nakata *plays for* the national ～. 中田は(国の)代表選手だ / Sam **made the** school basketball ～. 《米》サムは学校のバスケットチームに選ばれた. [語法] 特に《英》ではチームの一人一人を指すときは形は単数形でも複数扱いとすることがある (☞ collective noun [文法]): The ～ *was* [*were*] at *its* [*their*] best then. チームはそのとき絶好調だった.
2 [C] (いっしょに仕事をする)ひと組の仲間, 班: a medical ～ 医療班 / form a project ～ to build a new city 新都市建設のためのプロジェクトチームをつくる. **3** [C] (車・そりなどを引く)ひと組の牛[馬, 犬など] (*of*).
— [動] [他] [普通は受身で] **1** 〈...〉と組む, チームにする. **2** 〈...〉と(色などを)合わせる (*with*). **téam (úp)** [動] [自] (...と)チームを組む, (...と)協同作業をする (*with*).

téam gàme [名] [C] チーム[団体]競技.

***team·mate** /tíːmmèɪt/ [名] (**-mates** /-mèɪts/) [C] チーム仲間, チームメイト.

téam plàyer [名] [C] 《略式》チームのことを優先する人[選手], 協調性のある人.

téam spírit [名] [U] [ほめて] チームワークの精神, 共同精神, 団結心.

team·ster /tíːmstə | -stə/ [名] [C] 《米》 **1** トラック運転手. **2** (以前のひと組の牛・馬が引く荷車の)御者.

Team·sters /tíːmstəz | -stəz/ [名] [固] [the ～] 全米トラック運転手組合.

téam téaching [名] [U] ティームティーチング《2人以上の教師が協同で教える教授組織[形態]》.

téam·wòrk [名] [U] チームワーク, 協同作業.

téa pàrty [名] [C] 《古風》お茶の会, ティーパーティー《軽い食事を出す午後のパーティー》 (tea). **be nó téa pàrty** [動] [自] 《米略式》たやすい[楽しい]ことではない.

⁺**téa·pòt** [名] [C] ティーポット, きゅうす (☞ pot 挿絵).

***tear**[1] /téə | téə/ ★ tear[2] との発音の違いに注意. ([同音] tare[1,2]; [類音] tear[2], terror) [T1] [動] (**tears** /~z/; 過去 **tore** /tɔ́ə | tɔ́ː/; 過分 **torn** /tɔ́ən | tɔ́ːn/; **tear·ing** /té(ə)rɪŋ/)

[自] [他] の転換
[他] **1** 裂く (to cause (something) to be pulled apart)
[自] **1** 裂ける (to be pulled apart)

— [他] **1** 〈...〉を**裂く**, 破る, 裂いて[破って]...にする: He *tore* the cloth [handkerchief]. 彼はそのきれ[ハンカチ]を裂いた / Who has *torn* the envelope open? <V+O+C (形)> だれがこの封筒を破って開けたのか / He *tore* the newspaper ***in*** half [two]. <V+O+*in*+名> 彼はその新聞を半分[2つ]に裂いた.
2 〈...〉を**無理に引き離す**, 引きちぎる, もぎ[むしり]取る; 〈髪など〉をかきむしる: The policeman ***tore*** the signboard ***off*** the house [***from*** his hands]. <V+O+*off* [*from*]+名・代> 警官は看板を家からはがした[彼の手からもぎ取った] / Someone has ***torn*** two pages ***out of*** this book. <V+O+*out of*+名・代> だれかがこの本から2ページ破り取った.
3 引き裂いて〈...〉に**傷をつける**, 〈筋など〉を切る; (裂いて)〈穴など〉をあける: I've ***torn*** my coat ***on*** a nail. <V+O+*on*+名・代> くぎにひっかけて上着を破ってしまった / She ***tore*** a hole ***in*** her blouse. <V+O+*in*+名・代> 彼女はブラウスに穴をあけた. **4** [普通は受身で] [主に新聞で] 〈...〉を分裂させる; 《主に文》〈心〉を悩ます, 乱す: England *was* once *torn by* (a) civil war. イングランドはかつて内乱で分裂したことがあった.
— [自] **1 裂ける**, 破れる; (筋などが)切れる: This cloth ～*s* easily. この布は破れやすい. **2** [副詞(句)を伴って] 突進する (rush), 大急ぎで[あわてて]走る: He *tore along* [*down*] the street. 彼は通りを突っ走った.

be tórn betwèen ... and — [動] ...と—の板ばさみになっている.

téar ... límb from límb [動] [他] 《略式, 文》[しばしば滑稽] 〈人〉をばらばらに引き裂く; 打ちのめす.

téar the héart òut of ... [動] [他] =rip the heart out of ... (rip [動] 成句).

téar ... to píeces [shréds, bíts] [動] [他] (1) 〈...〉をずたずたに引き裂く. (2) 〈人・作品など〉を酷評する. (3) 〈望みなど〉を打ちくだく; 〈人など〉を打ちのめす.

Thàt's tórn it! [S] 《古風, 英》(計画・望みなどが)すっかりだめになった, それでおじゃんだ; 何てついていないんだ.

tear の句動詞

téar apárt [動] [他] **1** 〈...〉を(ずたずたに)引き裂く; ばらばらにする; 〈国家など〉を分断する, 〈人など〉を引き離す; 〈人など〉をひどく苦しめる: The poor dog was literally *torn apart* by the lion. かわいそうにその犬は文字通りライオンに引き裂かれてしまった. **2** 〈人・作品など〉をけなす, こきおろす, 酷評する. **3** (捜し物などのために)〈場所〉をひっかきまわす.

téar at ... [動] [他] ...を引き裂こうとする, 引き[かき]むしる; (心など)を引き裂く.

téar awáy [動] [他] 〈...〉を引きちぎる; 引き離す (*from*). — [自] (突然)走り去る. **téar onesèlf awáy from ...** [動] [他] (離れたくない場所・人)からいやいや去る, しぶしぶ離れる.

***téar dówn** [動] [他] 〈建物〉を取り壊す <V+名・代+*down* / V+*down*+名>: The old houses were *torn down* to make room for a supermarket. スーパーの敷地をとるために古い家は取り壊された.

téar ínto ... [動] [他] [受身なし] 《略式》 **1** 〈...〉を激しく攻撃する, 〈人〉に食ってかかる; 〈...〉を猛烈に非難する. **2** 〈...〉を猛然と始める, 〈食物〉にがつがつ食いつく.

***téar óff** [動] [他] **1** 〈...〉を引きはがす, 切り離す; 〈服〉をぱっと脱ぐ <V+名・代+*off* / V+*off*+名>: The wind *tore off* the poster. 風でポスターがはがれた. **2** 《英略式》〈手紙など〉を手早く仕上げる, さっさと書き上げる. — [自] 大急ぎで走(り去)る.

***téar úp** [動] [他] **1** 〈紙など〉を細かく引き裂く; 根こそぎにする; 〈道路など〉を掘りおこす <V+名・代+*up* / V+*up*+名>: The baby *tore up* a ten-dollar bill. 赤ちゃんが10ドル札をずたずたにしてしまった. **2** 〈約束など〉を破棄する **3** 〈人の心など〉を引き裂く. **4** 〈会場など〉をめちゃくちゃにする.

— [名] [C] 裂け目, 破れた個所, ほころび (*in*): ☞ (normal [everyday]) wear and tear (wear [名] 成句).

***tear**[2] /tíə | tíə/ ★ tear[1] との発音の違いに注意. ([同音] tier; [類音] tear[1], terror) [名] (～**s** /~z/; [形] téarful) [C] [普通は複数形で] **涙**: ～*s* of joy [regret] うれし[くやし]涙 / A ～ rolled [ran] down her cheek. ひとしずくの涙が彼女のほおを伝って落ちた.

コロケーション
bring *tears* to ...'s eyes 涙ぐませる[泣かせる]
fight [hold, choke] back one's *tears* 涙をこらえる
shed *tears* 涙を流す
wipe away *tears* 涙をふく

be clóse [néar] to téars [動] [自] (今にも)泣き出しそうである.

bóre ... to téars ☞ bore[2] 成句.

búrst ìnto téars [動] [自] わっと泣きだす.

in téars [形・副] 泣いて, 涙を浮かべて (*over*).

It'll (áll) énd in téars. [S] 《主に英》あとで泣くことになるよ《警告》.

redúce [móve] ... to téars [動] [他] 〈...〉を泣かせる; (物事などが)〈...〉の(心を動かして)涙を誘う (★ move のほうは後の意味).

— [動] [自] 涙を浮かべる, 涙ぐむ (*up*).

tear·a·way /té(ə)rəwèɪ/ [名] [C] 《英略式》乱暴者, チ

téar·dròp /tíɚ-|tíɚ-/ 名 C (主に文)涙のしずく；涙の形をしたもの.

†tear·ful /tíɚfəl|tíɚ-/ 形 (tear²) 1 涙ぐんだ，涙ながらの. 2 悲しい，涙をさそう (sad). **-ful·ly** /-fəli/ 副 涙ぐんで，涙ながらに.

téar·gàs /tíɚ-|tíɚ-/ 動 他〈…〉に催涙ガスを浴びせる. —名 U 催涙ガス.

tear·ing /téərɪŋ/ 形 [次の成句で] **be in a téaring húrry [rúsh]** 動 (古風, 英略式) 猛烈に急いでいる，大あわてである.

tear·jerk·er /tíɚdʒɚːkɚ|tíɚdʒɚːkə/ 名 C (略式) お涙ちょうだいもの(映画・劇・小説・歌など).

tear·less /tíɚ-|tíɚ-/ 形 涙を流さない，涙の出ない.

tear-off /tíɚ(ː)ɔːf|-ɔːf/ 形 切り取り式の.

téa·ròom 名 C 喫茶室，軽食堂.

téa ròse 名 C ティーローズ(中国原産のばら).

téar shèet /tíɚ-|tíɚ-/ 名 C (雑誌などの)切取り広告ページ(広告掲載の証拠として広告主に送る).

téar·stàined /tíɚ-|tíɚ-/ 形 涙にぬれた，涙の跡のある.

***tease** /tíːz/ 13 動 (teas·es /-ɪz/; teased /-d/; teas·ing) 他 1〈人・動物〉をからかう，いじめる，悩ます；性的にじらす: Don't ~ him *about* [*because of*] his accent. <V+O+*about*+名・代> なまりがあるからといって彼をからかってはいけない. 2〈毛織物などをけば立てる. 3 (米)〈髪〉に逆毛を立てる (英) backcomb).
téase óut 動 他 (1)〈秘密・情報など〉を(人から)何とか引き出す (*of*). (2)〈羊毛・髪など〉をすく，とかす.
—名 C (略式) 1 からかう人; 人を悩ます者; (性的に)じらす人. 2 からかい; いじめ. 3 好奇心をそそるもの.

tea·sel /tíːz(ə)l/ 名 C 1 おにあざみ，らしゃかきぐさ(植物); らしゃかきぐさの乾燥した花(毛織物のけば立てに用いた).

teas·er /tíːzɚ|-zə/ 名 C 1 (略式) 難題，難問. 2 からかう人，いじめる人，じらす人. 3 (略式) ティーザー(好奇心をあおる広告など).

téa sèrvice [sèt] 名 C ティーセット，茶器一式.

téa shòp 名 C (英) = tearoom.

tea·sing·ly /tíːzɪŋli/ 副 からかう[じらす]ように.

***tea·spoon** /tíːspùːn/ 名 C 1 小さじ，茶さじ (☞ spoon 挿絵). 2 茶さじ 1 杯分 (略 t., tsp.) (teaspoonful): a ~ *of* salt 茶さじ 1 杯分の塩.

tea·spoon·ful /tíːspuːnfʊl/ 名 (複 ~s, tea·spoons·ful /tíːspuːnzfʊl/) C 茶さじ 1 杯分(大さじの約 1/3; 略 tsp., tsps) (*of*). 関連 tablespoonful 大さじ 1 杯分.

téa stràiner 名 C 茶こし.

teat /tíːt/ 名 C (動物の)乳首; (主に英)(哺乳びんの)乳首 ((米) nipple). 関連 nipple 人の乳首.

téa tàble 名 C (喫茶用の)小型テーブル，茶卓.

téa·tìme 名 U (午後の)ティーの時間 (☞ afternoon tea).

téa tòwel 名 C (英)(食器用)ふきん ((米) dish towel).

téa trày 名 C 茶盆.

téa trèe 名 C (植)ティーツリー(ネズモドキ属の低木; 以前葉を煎じて飲んだ); U tea tree から採れる油(薬用).

téa tròlley 名 C (主に英) = tea wagon.

téa ùrn 名 C (大型の)湯沸かし器，茶沸し.

téa wàgon 名 C (主に米)ティーワゴン(茶道具や軽い飲食物を運ぶ; ☞ 右上挿絵).

tea·zel, tea·zle /tíːz(ə)l/ 名 C = teasel.

***tech** /ték/ 名 (~s /-s/) C (略式) 1 (米)(特に T- で大学名で) 工科大学. 2 (英) 実業専門学校

(technical college).

tech. = technical, technology.

tech·ie /téki/ 名 (略式) C 1 技術屋, (コンピューター)技術者. 2 (米) 工科大学の学生. —形 A 技術[屋]の.

***tech·ni·cal** /téknɪk(ə)l/ 形 (名 tèchnicálity, tecnníque) 1 専門の, (ある学問・専門に)特殊の (略 tech.); (本など)が専門的な(知識)を要する): ~ knowledge 専門的知識 / ~ terms 専門用語, 術語 / a ~ matter 専門的の問題.
2 [普通は A] (専門)技術上の，技術的な；工業[機械]技術の，応用科学の: ~ cooperation 技術提携 / ~ difficulties 技術上の困難. 3 A 規則上の，規定による；厳密な法解釈[規定]に従った(場合の).

tea wagon

téchnical còllege 名 C 1 工科[工業]大学(校). 2 (英) (義務教育修了者のための)実業専門学校.

téchnical dráwing 名 U (特に科目としての)製図.

tech·ni·cal·i·ty /tèknɪkǽləti/ 名 (-i·ties; 形 téchnical) [複数形で] 専門的なこと, (細かな)専門的事項 (*of*); 専門語; C 瑣末な(まったく)事項[問題]. **on a technicálity** 副 (規定などの厳密な解釈による)細かい点で, 専門的な点で.

téchnical knóckout 名 C [ボク] テクニカルノックアウト(略 TKO).

†**tech·ni·cal·ly** /téknɪkəli/ 副 1 [しばしば文修飾節] 規定[定義]上は, 厳密には, たてまえでは: *T~* he is still a student. 規則の上では彼はまだ学生だ. 2 専門的に; 技術的には: These operations are ~ impossible. これらの作業は技術的に不可能である.

téchnical schòol 名 C (英) テクニカルスクール, 実業中等学校(実業習得を目的とする者のための 5 年制中等学校; ☞ school¹ 表).

téchnical suppórt 名 U [電算] テクニカルサポート(普通電話で提供される技術的なアドバイスなどのサービスまたはその担当部門.

***tech·ni·cian** /teknɪ́ʃən/ 名 12 名 (~s /-z/) C 1 技術家, 技師, 専門家: a laboratory ~ 実験技師. 2 (絵画・音楽などの)技巧家, テクニシャン.

Tech·ni·col·or /téknɪkʌlɚ|-lə/ 名 U 1 テクニカラー(色彩映画方式の一種; 商標). 2 [t-; 時に形容詞的に] (略式) 鮮明な[けばい]色彩(の).

***tech·nique** /teknɪ́ːk/ 13 名 (~s /-s/; 形 téchnical) U.C 1 (専門的)技術 (☞ 類義語); 方法 (*for*); new ~*s in* surgery 外科の新しい技術. 2 (芸術上の)手法, 技巧, テクニック; (スポーツなどの)腕前: painting ~*s* 絵画の手法.
類義語 **technique** 科学・機械・芸術などの専門的技術. **skill** 経験によって得られた特殊な技能. **craft** 手で物を作る職業上の技術. **art** 物事を表現したり行なったりする「こつ」. **technology** 科学知識を実用化する技術.

tech·no /téknoʊ/ 名 U テクノ音楽(シンセサイザーなどを用いる).

tech·no- /téknoʊ/ 接頭「技術, 工芸, 応用」の意: *technology* 科学技術.

téchno·bábble 名 U テクノバブル(わけのわからない専門用語・業界用語).

tech·noc·ra·cy /teknɑ́krəsi|-nɔ́k-/ 名 (-ra·cies) 1 U.C テクノクラシー(専門技術家による産業・社会の支配); 技術主義. 2 C (技術者支配の)技術主義国[社会]; テクノクラート集団.

†**tech·no·crat** /téknəkræt/ 名 C テクノクラート(政治力をもった専門技術者); 技術家支配主義者.

tech·no·cratic /tèknəkrǽtɪk/ 形 テクノクラシー

の; 技術者支配主義(者)の.

*tech·no·log·i·cal /tèknəládʒɪk(ə)l | -lɔ́dʒ-⁻/ 形 (名 technólogy) A 科学技術の, 技術的な; 工学(上)の; 技術革新による: a great ~ revolution 科学技術上の大変革. **-cal·ly** /-kəli/ 副 科学技術的に.

tech·nol·o·gist /teknálədʒɪst | -nɔ́l-/ 名 C 科学技術者.

‡**tech·nol·o·gy** /teknálədʒi | -nɔ́l-/ T 名 (-**o·gies** /-z/; 形 technológical) 1 U 科学技術, 工学, テクノロジー《生活に必要な物を供給する一切の科学的方法》(略 tech.); 応用科学: high ~ 先端技術, ハイテク / an institute of ~ (理)工科大学, 工業大学. 2 C,U (個々の)技術, (科学技術的な)方法 ⇒ **technique** 類義語; U 科学技術を用いた機械(装置): (a) ~ for extracting gold from ore 鉱石から金を取り出す技術. **blínd ... with technólogy** 動 他 = blind ... with science (⇒ **science** 成句).

technólogy tràns·fer 名 U 技術移転.

tech·no·phobe /téknoufòub/ 名 C 技術嫌い(人).

tech·no·pho·bi·a /tèknoufóubiə/ 名 U 《コンピューター・携帯などの》科学技術恐怖症, 機械嫌い.

téchno·stréss 名 U テクノストレス《コンピューター業務による神経症的状態》.

téch suppórt 名 U = technical support.

tec·ton·ic /tektánɪk | -tɔ́n-/ 形 《地質》地質構造の; 地殻変動の: a ~ plate 構造プレート.

tec·ton·ics /tektánɪks | -tɔ́n-/ 名 U = plate tectonics.

ted /téd/ 名 C 《英略式》= Teddy boy.

Ted /téd/, **Ted·dy** /tédi/ 名 個 テッド, テディー《男性の名; Edward または Theodore の愛称》.

*ted·dy /tédi/ 名 (**ted·dies**) C 1 = teddy bear. 2 テディー《シュミーズとパンティーをつなぎにした女性用下着》.

*téddy bèar 名 C 縫いぐるみのくま.

Téddy boy 名 C《英》テディーボーイ《1950 年代の英国で Edward 7 世時代風の服装をした若者》.

*te·di·ous /tí:diəs/ 形 退屈な (boring), 長たらしい: a ~ lecture 退屈な講義. **~·ly** 副 退屈なほど; 長たらしく. **~·ness** 名 U 退屈.

te·di·um /tí:diəm/ 名 U 退屈, 単調 (of).

*tee /tí:/ 名 C 1 《ゴルフ》ティー, 球座《打つときにボールをのせる台》; ティーグラウンド《各ホールの第一打を打つ場所》. 2 (カーリングなどの)標的. 3《米略式》= T-shirt. **to a tée** 副 = to a T (⇒ T 成句). — 動《次の応用で》. **tée óff** 動 (1) ティーからボールを打つ; (略式)新しく始まる[始める] (with). (2)《米略式》(人)に腹を立てる (on) — 他 (1)《略式》〈...〉を始める. (2)《米略式》〈人〉を怒らせる. **tée úp** 動 自 (打つために)〈ボール〉をティーにのせる — 他 ボールをティーにのせる.

Tee-ball /tí:bɔ̀:l/ 名 U = T-ball.

téed óff /tí:d-/ 形《米略式》怒った, 苛立った.

tee hee /tí:hí:/ 間 いひひ, ひっひ, くふふ, おほほ《特に

TEFL 1817

嘲笑的な忍び笑い》.

*teem¹ /tí:m/ 動 自 《普通は進行形で, 副詞(句)を伴って》(場所などが)《生物などに》富む (abound) (with): This lake is ~ing with trout. この湖にはますが多い.

teem² /tí:m/ 動 自 《しばしば it を主語にして, 普通は進行形で》《英》(雨が)どしゃ降りに降る (down; with).

téem·ing 形 A (場所が)人[生き物]の多い.

teen /tí:n/ 名 C = teenager. — 形 A = teenage.

-teen /tí:n⁻/ 接尾「十...」の意で thirteen (13) から nineteen (19) までの数詞をつくる (⇒ **teens**). 関連 -ty² ... 十.

―――――リスニング―――――
-teen で終わる thirteen から nineteen までの語の後に母音で始まる語が続くと, 後続の /n/ が後の母音といっしょになって「ナ」行の音のようになる. このため thirteen eggs /θə́:ti:négz/, sixteen inches /síkstí:níntʃɪz/ などは「サーティーネッグズ」「スィックスティーンインチェズ」のように聞こえる.「サーティーエッグズ」,「スィックスティーン・インチェズ」とは発音しない. なお -teen で終わる語のアクセントの移動については ⇒ つづり字と発音解説 89.

*teen·age /tí:nèɪdʒ/ 形 A ティーンエイジャーの, 10 代の (13-19 歳の, ⇒ -teen, teens): ~ fashions 10 代のファッション.

teen·aged /tí:nèɪdʒd/ 形 A = teenage.

*teen·ag·er /tí:nèɪdʒə | -dʒə/ 名 (~s /-z/) C ティーンエイジャー (13-19 歳の少年[少女]); ⇒ -teen, teens): A ~ sometimes acts like a baby. ティーンエイジャーは時に赤ん坊のような行動をとる.

*teens /tí:nz/ 名 [複] 10 代 (13-19 歳の年齢[時代]). **in one's téens** 形 10 歳代で: They are in their early [late] ~. 彼らは 10 代前半[後半]である.

teen·sy /tí:nzi/ 形 (**teens·i·er**; **-i·est**) 《略式》= teeny-weeny.

teen·sy-ween·sy /tí:nsiwí:nsi | tí:nziwí:nzi⁻/ 形《略式》= teeny-weeny.

tee·ny /tí:ni/ 形 (**tee·ni·er**; **-ni·est**)《略式》1 ちっちゃな (tiny). 2 = teenage.

teen·y·bop·per /tí:nibàpə | -bɔ̀pə/ 名 C《古風》ティーニーボッパー《ロックや流行に凝った 10 代前半の少女》.

tee·ny-wee·ny /tí:niwí:ni⁻/ 形《略式, しばしば小児》ちっちゃな.

tee·pee /tí:pi:/ 名 C = tepee.

tée shirt 名 C = T-shirt.

*tee·ter /tí:tə | -tə/ 動 自 (**-ter·ing** /-t̬ərɪŋ, -trɪŋ/) (人・物が)ふらつく, よろめく (along); 《米》drunkenly 酔ってふらつく. **téeter on the brínk [édge] of ...** 動 他 ... の縁でふらつく;《危機などの》瀬戸際にいる.

tee·ter-tot·ter /tí:tətàt̬ə | -tɔ̀tə/ 名 C《米小児》シーソー (seesaw).

*teeth /tí:θ/ 名 tooth の複数形.

teethe /tí:ð/ 動 自 [進行形で] (赤ん坊が)歯が生える.

teeth·ing /tí:ðɪŋ/ 名 U 乳歯が生えること.

téething pàins [pròblems] 名 [複] 乳歯が生える時のむずかり; 《物事における》当初の困難[苦労].

téething rìng 名 C (幼児の)おしゃぶり.

téething tròubles 名 [複] = teething pains.

tee·to·tal /tí:tóʊt̬l⁻/ 形 絶対禁酒(主義)の.

tee·to·tal·er,《英》**-tal·ler** /tí:tóʊt̬ələ | -lə/ 名 C 絶対禁酒(主義)者.

tee·to·tal·is·m /tí:tóʊt̬əlɪzm/ 名 U 絶対禁酒主義.

TEFL /téfl/ 名 U 外国語としての英語教育《teaching

English as a foreign language の略; ☞ TESOL).

Tef·lon /téflɑn | -lɔn/ 名 U テフロン《フライパンなどのこげつき防止に用いる耐熱性の合成樹脂; 商標》.

Te·gu·ci·gal·pa /təgù:səgǽlpə/ 名 固 テグシガルパ《ホンジュラスの首都》.

Teh·ran, Te·he·ran /tèɪrǽn | teɪrɑ́:n/ 名 固 テヘラン《イラン北部にある同国の首都》.

Te·ja·no /teɪhɑ́:nou, -hǽ-/ 名 U テハーノ, テックスメックス《メキシコ(系テキサス)民謡から発展したポップ音楽》.

tek·tite /téktaɪt/ 名 C テクタイト《ガラス状鉱物》.

*__tel.__ 略 電話(番号) (telephone (number)).

Tel A·viv /tèlə'vi:v/ 名 固 テルアビブ《イスラエル第2の都市; 地中海に臨む》.

tel·e- /télə/ 接頭 1「遠い」の意: telephone 電話 / telescope 望遠鏡. 2「テレビの」の意: telecast テレビ放送. 3「電話による」の意: telemarketing テレマーケティング.

téle·bànking 名 U テレバンキング《電話やインターネットを利用しての銀行取引引き》.

téle·càmera 名 C テレビカメラ.

tel·e·cast /téləkæ̀st | -kà:st/ 名 C テレビ放送(番組). 語源 television と broadcast の混成語; ☞ blend 名 2. ── (-casts; 過去·過分 -cast; -cast·ing) 他〈...〉をテレビ放送する.

tel·e·com /téləkɑ̀m | -kɔ̀m/ 名 U [しばしば複数形で] = telecommunications

*__tel·e·com·mu·ni·ca·tion__ /tèləkəmjù:nəkéɪʃənz/ 名 U [しばしば複数形で] 電気通信《電信·電話·テレビ·衛星などによる通信に関する科学技術》.

tèle·commúte 動 自 遠距離通信(コンピューター端末など)による在宅勤務する (telework).

tèle·commúter 名 =teleworker.

téle·commùting 名 U =teleworking.

téle·conference 名 C 《電話·テレビなどを利用した》遠隔会議. ── 動 自 遠隔会議を行う.

téle·conferencing 名 U 遠隔会議(システム).

téle·còurse 名 C (米) テレビ課程《大学などのテレビによる講義課程》.

téle·fìlm 名 C テレビ映画.

tel·e·gen·ic /tèlədʒénɪk⁻/ 形 テレビ映りのよい.

⁺**tel·e·gram** /téləɡræ̀m/ 名 C 電文《単語の記億》: a ~ of condolence(s) [congratulations] 弔[祝]電 / ~ charges 電報料金 / TELEGRAMS ACCEPTED 電報受付《掲示》. 語源 ☞ tele-1, -gram. **by télegram** 副 電報で.

⁺**tel·e·graph** /téləɡræ̀f | -ɡrà:f/ 中3 名 (形 tèle·gráphic) 1 U 電信, 電報(制度, 設備): Nippon T~ and Telephone Corporation 日本電信電話株式会社 (NTT). 2 C 電信機. 語源 ☞ tele-1; graph《単語の記憶》. **by télegraph** 副 電報で. ── 動 他 1〈人〉に電報を打つ;〈物事〉を電報で伝える: He ~ed ˈhis congratulations *to* me [me his congratulations]. 彼は私に祝電を打ってきた《☞ to¹ 3 語法》. 2〈意図など〉を読まれる[伝える]. ── 自 電報を打つ.

te·leg·ra·pher /təléɡrəfə | -fə/ 名 C 電信技手.

tel·e·graph·ese /tèləɡrəfí:z/ 名 U (略式) (簡潔な)電文体, 電報文体.

tel·e·graph·ic /tèləɡrǽfɪk⁻/ 形 (名 télegràph) 電信の, 電報の;《電文体の》簡潔な.

-graph·i·cal·ly /-kəli/ 副 電信[電報]で; 簡潔に.

te·leg·ra·phist /təléɡrəfɪst/ 名 C 電信技手.

télegraph pòle [pòst] 名 C (英) =telephone pole.

télegraph wìre 名 U 電(信)線.

te·leg·ra·phy /təléɡrəfi/ 名 U 電信(術).

tel·e·ki·ne·sis /tèləkɪní:sɪs, -kaɪ-/ 名 U 【心】念動《念力で物を動かすこと》.

tel·e·ki·net·ic /tèlɪkɪnétɪk, -kaɪ-⁻/ 形 【心】念動の.

tel·e·mark /téləmàək | -mà:k/ 名 C 《スキー》テレマーク《回転法の一種》.

tèle·márket·er 名 C 電話での販売員.

tèle·márket·ing 名 U テレマーケティング《電話による商品販売》(《英》telesales).

téle·mèdicine 名 U 遠隔医療《遠隔測定機器·電話·テレビなどによって行なう医療》.

téle·mèssage 名 C [しばしば T-]《英》テレメッセージ《英国の郵便局で扱っている電報》.

tel·e·me·ter /téləmi:tə | -tə/ 名 C 遠隔計測器《測定データを遠隔距離に電送する; ☞ -meter》.

te·lem·e·try /təlémətri/ 名 U 遠隔測定法.

tel·e·o·log·i·cal /tèliəlɑ́dʒɪk(ə)l⁻ | -lɔ́dʒ-/ 形 【哲】目的論的.

-cal·ly /-kəli/ 副 目的論的に.

te·le·ol·o·gy /tèliɑ́lədʒi | -ɔ́l-/ 名 U 【哲】目的論.

tèle·óperator 名 C 遠隔操作(で作動する)装置.

tel·e·path /téləpæ̀θ/ 名 C テレパシー能力者.

tel·e·path·ic /tèləpǽθɪk⁻/ 形 テレパシーの[による]; (人が)テレパシー能力がある, 以心伝心(いしんでんしん)的にわかる.

-path·i·cal·ly /-kəli/ 副 テレパシーによって.

te·lep·a·thy /təlépəθi/ 名 U 【心】テレパシー, 精神感応(力);(テレパシーのような)鋭い勘.

*__tel·e·phone__ /téləfòʊn/ 名 (~s /-z/) 1 U [しばしば the ~] 電話《略 tel.》 (phone); [形容詞的に] 電話(の)による]: Who invented *the* ~? 電話を発明したのは誰ですか / I spoke to him about it *over* [*on*] *the* ~. 私はそのことについて彼と電話(口)で話した / 《言い換え》You're wanted *on the* ~. =There's someone *on the* ~ for you. お電話です / Do you ever get ~ *calls* from him? 彼から電話がかかってくることがありますか.

2 C 電話(機) (phone); 受話器: a public [pay] ~ 公衆電話 / 《金解》 "May I use your ~?" "Sure. It's in the kitchen."「電話をお借りしてもいいですか」「どうぞ. 台所にあります」/ I called him *to the* ~. 彼を電話口に呼び出した. 語法 この文は誰かに彼を電話口まで呼び出してもらうか, すぐ近くにいる彼を自分で呼ぶ場合; I called him *on the* ~. は「彼に電話をかけた」の意で, I got him *on the* ~. は「(彼に電話をかけて)彼が出た」の意(☞ 成句). 語源 ☞ tele-1, -phone. 関連 cellular [mobile] telephone 携帯電話. 3《米》伝言ゲーム.

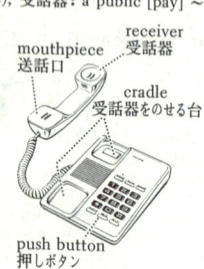

mouthpiece 送話口
receiver 受話器
cradle 受話器をのせる台
push button 押しボタン
telephone 2

ミニ語彙欄

コロケーション

動+telephone

answer the *telephone* 電話に出る
dial a *telephone* 電話のダイヤルを回す[押す]
disconnect a *telephone* 電話回線を切る
hang up [**put down**] the *telephone* 受話器を置く
install [**put in**] a *telephone* 電話を引く
pick up the *telephone* 電話[受話器]を取る
slam down the *telephone* 電話をがちゃんと切る
tap a *telephone* 盗聴する

telephone+動
a *telephone* **is off** the hook 受話器が外れている
a *telephone* **rings** 電話が鳴る
a *telephone* **shrills** 電話がけたたましく鳴る

前+telephone
by *telephone* 電話で
on the *telephone* 電話で; 電話に出て; 電話を引いて
over the *telephone* 電話で

―――― telephone のいろいろ ――――
cár télephone 自動車電話 / céllphone, céllular télephone [phóne] 《米》携帯電話 / córdless télephone コードレス電話 / móbile télephone [phóne]《英》携帯電話 / páy [públic] télephone 公衆電話

【関連表現】
Can I speak to Mary, please? メアリーさんはいらっしゃいますか
Can I take a message? 何かご伝言は
He hung up on me. 彼に(突然)電話を切られた
Hello. もしもし
I can't get to the *phone* right now. Please leave a message after the beep. ただ今電話に出られません. ぴーっと鳴った後にお話しください
I'd like to make [place] an overseas call to Japan. 日本へ国際電話をかけたいのですが
I'm afraid you have the wrong number. 電話番号が違っているようです
Is this the Bell residence? ベルさんのお宅ですか
She is not here right now. 彼女は今おりません
Speaking.=This is she [he]. 私ですが
The *telephone* has been ringing off the hook. 電話が鳴りっぱなしだ
What number are you calling? 何番におかけですか
Who is this [calling], please? どちら様でしょうか

be on the télephone [動] 自 (1) 電話に出ている. (2) 電話を引いている.
by télephone [副] 電話で: He sent me the message by ~. 彼はその連絡事項を電話で伝えてくれた.
gét ... on the télephone [動] 他〈...を〉電話(口)に呼び出す; 〈...と〉電話する.
gèt on the télephone to ... [動] 他 (頼み事などがあって)...に電話をかける.
―― 他 (**-e·phones** /~z/; **-e·phoned** /~d/; **-e·phon·ing**) 他〈人・場所〉に**電話をかける**; 〈事〉を電話で伝える (phone). 【語法】 telephone はやや格式ばった語で, 一般には call, 《主に英》ring (up) を用いる: I'll ~ you this evening. 今夜電話します / Can I ~ London *from* here? <V+O+*from*+名・代> ここからロンドンへ電話できますか /【言い換え】 I ~d him the news. <V+O+O>=I ~d the news *to* him. <V+O+*to*+名・代> 私は彼にそのニュースを電話で知らせた (☞ to¹ 3 【語法】) / I ~d him *that* I didn't want to do it. <V+O+O (*that* 節)> 私は彼にそうしたくないと電話した / She ~d her husband *to* return home at once. <V+O+C (*to* 不定詞)> 彼女は夫にすぐ帰るように電話した / She ~d (her husband) *to* say she'd be late. <V (+O)+*to* 不定詞> 彼女は夫(に)遅くなると電話した(★ 目的語がないときは 自 となる).
―― 自 (やや格式) **電話をかける**, 電話で話す (phone): He ~d *to* say that he would be there by four. <V+*to* 不定詞> 彼は電話をそこに 4 時までに行くと伝えた / She ~d *for* a taxi. <V+*for*+名・代> 彼女は電話をしてタクシーを呼んだ.
télephone bànking 名 U =telebanking.

télephone bòok 名 C 電話帳 (phone book).
télephone bòoth 名 C 《米》=phone booth.
télephone bòx 名 C 《英》=telephone booth.
télephone càll 名 C =phone call.
télephone diréctory 名 C 電話帳.
télephone exchànge 名 C 電話交換局[機].
télephone kìosk 名 C 《古風, 英》=telephone booth.
+**télephone nùmber** 名 C 電話番号 (phone number) (略 tel.): 【金言】 "What's your ~?" "(It's) 03-3288-7711." 「あなたの電話番号は何ですか」 「03-3288-7711 です」. ★ 電話番号の読み方については ☞ cardinal number 文法 (2).
télephone òperator 名 C 電話交換手.
télephone pòle 名 C 《米》電柱 (《英》telegraph pole).
télephone tàg 名 U =phone tag.
télephone tàpping 名 U =phone-tapping.
télephone wìre 名 C 電話線.
tel·e·phon·ic /tèləfánɪk | -fɔ́n-‐/ 形 電話による.
te·leph·o·nist /təléfənɪst/ 名 C 《英》電話交換手 ((telephone) operator).
te·leph·o·ny /təléfəni/ 名 U 電話通信(技術).
tel·e·pho·to /tèləfóʊṭoʊ‐/ 形 A 望遠写真の.
―― (~**s**) C =telephoto lens.
tèle·photógraphy 名 U 望遠写真術.
télephoto léns 名 C 望遠レンズ.
tel·e·play /téləplèɪ/ 名 C テレビドラマ.
tel·e·port /téləpɔ̀ːrt/ 動 他 (特に SF で)〈物体・人〉を念力で動かす[移動する].
tel·e·por·ta·tion /tèləpɔːrtéɪʃən | -pɔː-/ 名 U 念力移動.
téle·printer 名 C 《英》=teletypewriter.
tel·e·proc·ess·ing /téləprásesɪŋ, -próʊ- | -próʊ-/ 名 C 《コンピュータ用語》遠隔データ処理.
Tel·e·PromptTer /téləprɑ̀m(p)tə | -prɔ̀m(p)tə-/ 名 C テレプロンプター (テレビ出演者に原稿・台本を写し出すもの; 商標; ☞ Autocue).
téle·sàles /-sèɪlz/ 名 C 《英》=telemarketing.
*****tel·e·scope** /téləskòʊp/ 名 (~**s** /-s/; 形 tèlescópic) C 望遠鏡: an astronomical ~ 天体望遠鏡 / I can't see that star through [with] my ~. 私の望遠鏡ではその星は見えない / ☞ reflecting [radio] telescope. 関連 binoculars 双眼鏡. 語源 ☞ tele-1, -scope. ―― 動 他 (望遠鏡の筒のように)〈...〉をはめ込む; (蛇腹式に)収縮させる; 圧縮する (*into*). ―― 自 (望遠鏡の筒のように)はまり込む; 収縮する; (車が衝突して)めり込む: This fishing rod ~s (*into* its handle). この釣りざおは(取っ手の中に収まる)伸縮式だ.

telescoping

tel·e·scop·ic /tèləskápɪk | -skɔ́p-‐/ 形 (名 téléscope) **1** (景色などが)望遠鏡で見た[見える]: ~ stars 肉眼では見えない星. **2** 伸縮自在の, 入れ子式の: a ~ antenna 伸縮式アンテナ. **-scop·i·cal·ly** /-kəli/ 副 望遠鏡で; 望遠鏡的に.
telescópic síght 名 C (銃などの)望遠照準器.
téle·sèlling 名 U =telemarketing.
tel·e·shop·ping /téləʃɑ̀pɪŋ | -ʃɔ̀p-/ 名 U テレショッピング (電話・テレビによる通信販売).
tel·e·text /téləṭèkst/ 名 U (テレビの)文字放送.
tel·e·thon /téləθɑ̀n | -θɔ̀n/ 名 C テレソン 《慈善など寄金集めのための長時間テレビ番組》.
Tel·e·type /téləṭàɪp/ 名 C **1** =teletypewriter

《商標》. **2** テレタイプで送受信されるメッセージ.

tèle·týpewriter [名] [C] 《米》 テレタイプ (《英》 teleprinter).

tel·e·van·ge·lis·m /tèləvǽndʒəlìzm/ [名] [U] テレビ伝道.

tel·e·van·ge·list /tèlɪvǽndʒəlɪst/ [名] [C] テレビ伝道師 《米国の宗教テレビ放送に出演する》.

***tel·e·vise** /téləvàɪz/ [動] (**-e·vis·es** /~ɪz/; **-e·vised** /~d/; **-e·vis·ing**) [他] [普通は受身で] 〈…〉をテレビ放送する: The game *was* **~d** (*live*) all over the world. <V+O(+副)の受身> その試合は世界中で(生)放映された.

****tel·e·vi·sion** /téləvìʒən/ [名] (~s /~z/) **1** [C] **テレビ受像機**, テレビ (TV, 《格式》 television set); (☞ living room 挿絵): buy a color [50-inch] ~ カラー[50 インチ]テレビを買う / The ~ was on when I entered the room. 部屋に入ったらテレビがついていた.

ミニ語彙欄

[コロケーション]

[動]+television

turn down a *television* テレビの音を小さくする

turn [**switch**] **off** a *television* テレビを消す

turn [**switch, put**] **on** a *television* テレビをつける

turn up a *television* テレビの音を大きくする

watch *television* テレビを見る

[形]+television

a **black-and-white** *television* 白黒テレビ

a **color** *television* カラーテレビ

a **digital** *television* デジタルテレビ

ʻa **liquid crystal** [an **LCD**] *television* 液晶テレビ

a **plasma** *television* プラズマテレビ

a **portable** *television* ポータブルテレビ //

commercial *television* 民間テレビ放送

educational *television* 教育テレビ

live *television* テレビの生放送

local *television* 地元のテレビ放送

national *television* 全国テレビ放送

public *television* 公共テレビ放送

state-run *television* 国営テレビ放送

television のいろいろ

cáble télevision ケーブルテレビ / **hígh-dèfinítion télevision** ハイビジョン / **páy télevision** 有料テレビ / **sátellite télevision** 衛星テレビ

[関連表現]

change [**switch**] **channels** チャンネルを変える

It was shown on **prime-time** [(《英》) **peak-time**] *television*. それはゴールデンアワーに放映された

This *television* (set) **has** [**gives**] **a clear picture**. このテレビは映像が鮮明だ

ʻ**tune in** [**turn, switch**] a *television* to channel 5 テレビのチャンネルを 5 に合わせる

watch [**see**] **a baseball game on** *television* [*TV*] 野球の試合をテレビで見る

2 [U] **テレビ(放送)**, テレビ番組 (TV): go on ~ テレビに出る / [会話] "What's *on* (the) ~ now?" "The weather report." 「今テレビでは何をやっていますか」「天気予報です」 **3** [U] テレビ産業, テレビ放送事業, テレビ業界: go into ~ テレビ業界に入る / work in ~ テレビ関係の仕事をする. **4** [形容詞的に] テレビ(放送)の: ~ pictures テレビの映像. [語源] ☞ tele- 1, vision.

télevision lìcence [名] [C] 《英》 テレビ受信許可証.

télevision sèt [名] [C] 《格式》 テレビ(受像機).

tèle·vísual [形] [A] 《英》 テレビ(放送)の.

téle·wòrk [動] [自] =telecommute.

tele·wòrker [名] [C] (コンピューター・電話などを使った)在宅勤務者.

téle·wòrking [名] [U] (コンピューター・電話などを使った)在宅勤務.

***tel·ex** /téleks/ [名] **1** [U] テレックス 《加入電信・電話で相手を呼び出し, テレタイプを用いて直接交信する印刷電信方式》. **2** [C] テレックス通信文. **3** [C] テレックス通信機. **by télex** [副] テレックスで. ― [動] [他] 〈人に〉〈通信〉をテレックスで送る (*to*). ― [自] テレックスで交信する.

****tell** /tél/ ([類音] till) [動] (**tells** /~z/; 過去・過分 **told** /tóʊld/; **tell·ing**; [名] tale) [他]

元来は「数える」**6** の意 (☞ teller) から「順序立てて言う」→「言う」**1**

→「告げる」**2** → (人以外のものが告げている) →「表わす」**4**

　　　　　　　→ (区別などを告げることができる) →「知る」**5**

→ (…せよと言う) →「命じる」**3**

1 〈…〉を**言う**; 〈人に〉〈…〉を**話す**, 語る, 述べる (☞ say 類義語): Please ~ the truth. どうか本当のことを話してください / [言い換え] The teacher ***told*** the following story ***to*** the pupils. <V+O+*to*+名・代> =The teacher *told* the pupils the following story. <V+O+O> 先生は生徒に次の話をした (☞ dative verb [文法], indirect object [文法] (1), to¹ 3 [語法]).

[語法] 上の文を受身の文にすると次のようになる: The following story *was told* (*to*) the pupils *by* the teacher. (直接目的語を主語としたとき) / The pupils *were told* the following story *by* the teacher. (間接目的語を主語としたとき) (☞ be² B [文法] (2) (i)).

"Do you love me?" "If I said I didn't, I'd be ~*ing* (you) a lie." 「私を愛してますか」「愛していないと言ったらうそになるでしょう」 / My uncle ***told*** us ***about*** [***of***] his experiences in the Sahara. <V+O+*about* [*of*] +名・代> おじは私たちにサハラ砂漠の体験について話をしてくれた (★ of のほうが格式ばった言い方) / I can't ~ you ***how*** sorry I was to hear the (sad) news! <V+O+O (*wh* 節)> Ⓢ その(悲しい)知らせを聞いて私がどんなに気の毒に思ったかとても口では言えない(程だ).

[語法] (1) 次の例文のように間接話法の伝達動詞として用いられる: [言い換え] He ***told*** me (***that***) he had been ill. <V+O+O ((*that*) 節)> 《間接話法》 (=He said to me, "I was [have been] ill." 《直接話法》) 彼は私に病気だったと言った / [言い換え] Meg *told* me (*that*) she was going to visit me. 《間接話法》 (=Meg said to me, "I am going to visit you." 《直接話法》) メグは僕に「あなたのところを訪ねるつもりよ」と言った.
(2) 次のように直接話法の前後に用いることがある: [言い換え] "I'm very tired," I *told* them. =I *told* them, "I'm very tired." 「とても疲れた」と私は彼らに言った.

2 (口頭または文書で)〈…〉に**告げる**; 〈…〉を**知らせる**, **教える** (☞ 類義語; teach 表); [普通は過去形で] 注意[警告]する: If she asks, ~ her. もし彼女が尋ねたら教えてあげなさい / He ***told*** me ***about*** the rumor. <V+O+前+名・代> 彼は私にそのうわさを知らせてくれた / Jim

won't ～ (us) ***where*** he hid the money. <V(+O)+O (*wh* 節)> ジムは(我々に)どこに金を隠したか言おうとしない / Will you please ～ me the way to the station? <V+O+O> 駅へ行く道を教えてくれませんか (☞ show [他] 3 [語法]) / Don't ～ the news ***to*** anybody in our class. <V+O+*to*+名・代> そのニュースをクラスのだれにも言うな / The kind old man ***told*** him ***how to*** make the toy. <V+O+O (*wh* 句)> その親切な老人は彼にどうやってそのおもちゃを作るのか教えた / Tom ～***s*** me (***that***) you were ill. <V+O+O ((*that*)節)> Ⓢ トムの話ではご病気だったそうで / You can ～ him ***from*** me ***that*** everything is going well. <V+O+*from*+代+*that* 節> Ⓢ 彼にはすべてうまくいっていると私が言っていると告げて / What did I ～ you? Ⓢ だから言ったでしょ.
3 〈人〉に(...せよと)言う, 命じる: Do as you *are told*. 言われたとおりにしろ.

[語法] 次のように命令文を間接話法にするときの伝達動詞として用いられ, ask や require より命令の感じが強い: [言い換え] I ***told*** him ***to*** go away. <V+O+C (*to* 不定詞)> ((間接話法)) (=I said to him, "Go away." ((直接話法))) 私は彼に立ち去れと言った / [言い換え] The mother *told* her son not *to* play with the boy. ((間接話法)) (=The mother said to her son, "Don't play with the boy." ((直接話法))) 母親は息子にその男の子とは遊ばないようにと言った.

4 [進行形・受身なし] (顔つきなどが)〈...〉を**表わす**, 示す (show); 〈人〉に(...について)教える (*about*): This signpost ～*s* the way to the airport. この道標に空港への道筋が書いてある / His face ***told*** us ˹a tale of hardship [***that*** he had undergone hardship]. <V+O+O [*that* 節]> 彼の顔は(それまでの)苦労を物語っていた.
5 [進行形なし; 特に can ～, be able to ～ として]〈...〉を**知る**, 〈物事〉が(...で)わかる (know) (*by, from*); 〈...〉を(他と)**見分ける**: He *can*not ～ the true ***from*** the false. <V+O+*from*+名・代> 彼には本物と偽物との区別がつかない / Who *can* ～ ***what*** will become of the poor little girl? <V+O (*wh* 節)> そのかわいそうな少女がどうなるかだれにわかろうか(だれにもわかるまい) (☞ rhetorical question [文法]) / I can't ～ ***if*** it's correct. <V+O (*if* 節)> 私はそれが正しいのかどうか分からない. **6** ((格式)) 〈得票数や動物〉を数える.
— [自] **1** ((略式)) (人に)**知らせる**, 告げ口する: Will you promise not to ～? 口外しないと約束してくれるかい. **2** [進行形なし] (効き目などが)表われる, 物を言う, 影響する: Experience ～*s*. 経験が物を言う / My age is beginning to ～ (*on* me). 私も年には勝てなくなってきている. **3** [can ～, be able to ～ として] わかる: How *can* I ～ (*about* that)? (そのことが)どうして私にわかろうか(わからない) / You *néver càn* ～.=You *can* never ～. Ⓢ=Nobody *can* ～.=Who *can* ～? だれにもわからない (☞ rhetorical question [文法]). **4** 話す, 語る: He *told about* [((主に文)) *of*] the strange animal he had seen. 彼は目撃した不思議な動物について語った. [語法] 今は He *told us about* [*of*] ...のように目的語を伴うのが普通.
áll tóld [副] 全部で (in all): We were fifteen *all told*. 我々は全部で 15 人だった.
Dídn't I téll you sò? [!] =I told you (so)!
Dòn't téll me ... ～ Ⓢ まさか...ではないよね: *Don't* ～ *me* you left the key in the car! まさか鍵を車の中に置き忘れたわけじゃないでしょうね.
I (can) téll you.=I'm télling you. Ⓢ 本当に, 確かに (I assure you): It won't be easy, *I can* ～ *you*. 簡単にはいかないよ, 本当に.
I cán't téll you. Ⓢ (1) (秘密なので)言えない. (2) 口ではうまく言えない程だ (☞ [他] 1).
I cóuldn't téll you. Ⓢ 私にはわかりませんねえ.
˹I'll [Lèt me] téll you sòmething [óne thíng, anóther thìng]. Ⓢ (はっきり)言っとくけどね ((異論を唱えるときなどの前置き)).
I'll [I] téll you whát. Ⓢ (1) あのねえ(話があるんだが); こうしたらどうか. (2) ((米)) 実のところ, 本当に.
I'm nót télling (you). Ⓢ 言わ[教え]ないよ.
I tóld you (sò)! Ⓢ だから言ったでしょう, それごらん.
Lèt me téll you. =I (can) tell you.
Nów ... tèll me! Ⓢ 今頃...に(それを)言われても.
Sò ˹I've been [I'm] tóld. 私はそう聞いている (☞ so[1] 6).
téll agàinst ... [動] [他] ((英格式)) (事が)(人・計画など)に不利に働く.
téll it lìke it ís [動] [自] ((略式)) ありのまま話す.
Téll me. Ⓢ それでね ((質問の前置き)).
Téll me abòut it! =You're telling me!
Téll me anóther ((米)) one)! Ⓢ ((略式)) それは信じられないね, まさか.
téll of ... [動] [他] ((主に文)) ...の話をする (☞ [自] 4); (物などが)...を示す: His wrinkled face *told of* his worries. しわの多い顔は彼の苦労を物語っていた.
téll óff [動] [他] (1) ((略式)) 〈...〉をしかりつける, 〈...〉に小言を言う (☞ scold [類義語]): Her boss *told* Betty *off for* being late. 主任は遅刻してきたことでベティーをしかった / Did you get *told off* again? またしかられたの. ([名] télling-óff) (2) ((格式)) 〈...〉を(仕事に)振り当てる (*for; to* do).
téll on ... [動] [他] (1) ((略式)) ...のことを告げ口する. [語法] 主に子供が使う語. (2) (過労などが)(健康など)にこたえる (☞ [自] 2).
téll onesèlf ˹(that) ... [to dó] [動] [他] ...であると[...するように]自分に言い聞かせる.
Téll you whát. =I'll [I] tell you what.
téll ... whère to gó [動] [他] ((略式)) (相手の言葉に怒って)〈人〉にうせろ[うるさい]と言う.
téll ... whère to pút [stíck] —=téll ... whàt to dó with — [動] [他] ((略式)) (怒って)〈人〉に—のことなど知ったことかと言う.
Thát would be télling. Ⓢ それは言う[教える]わけにはいかない, 内緒だ.
there is nó télling ... ☞ there is no doing (there[1] 成句).
You're télling mé! Ⓢ そんなことは百も承知だ; 全くその通りだ.
【類義語】**tell**「知らせる, 伝える」の意で最も((略式))的な語. **inform**「知らせる, 通知する」の意で一般的な語であるが, *tell* よりは改まった感じの語: Please *inform* me of your latest activities. 最近の活動についてお知らせください. **report** 自分が目撃したり調査したことなどを報告する: I *reported* the results of the election. 選挙結果を報告した.

Tell [名] [固] ☞ William Tell.
téll-áll [形] (本などが)(しばしば暴露的な)告白の.
⁺téll·er [名] [C] **1** ((主に米)) (銀行の)金銭出納係 (☞ automated-teller machine). **2** 投票計算係. **3** [主に合成語で] 話し[語り]手 (☞ storyteller).
⁺téll·ing [名] [U,C] 話す[語る]こと. — [形] **1** 有効な, 手ごたえのある; 重大な. **2** (外見などが)雄弁に物語っている. **～·ly** [副] 有効に; 雄弁に物語るように.
télling-óff [名] (複 **tell·ings-off** /télɪŋz-/; [動] téll óff) [C] ((略式)) しかること, 小言(こごと): get a ～ *from* a teacher 先生にしかられる / give ... a ～ ...をしかる.
téll·tàle [形] [A] 隠そうとしても事を明らかにする[自然と現われる], 内情を暴露する: a ～ blush 問わず語りに顔を赤くすること. — [名] [C] **1** ((英略式)) [軽蔑] 告げ口屋 ((特に子供)) (((米)) tattle tale). **2** 表示器.
⁺tel·ly /téli/ [名] (**tel·lies**) ((英略式)) **1** [U] テレビ(放送)

T

(television). **2** ⓒ テレビ受像機 (television set).
tel·net /télnèt/ 图 ᴜᴄ 〖電算〗テルネット《遠方のコンピューターにログインして、手元にある感覚で利用できるようにするプロトコル(を実現するシステム)》.
tem·blor /témblə｜-blə/ 图 ⓒ (米格式)地震.
te·mer·i·ty /təmérəṭi/ 图 ᴜ (格式)向こう見ず, 無鉄砲: He had the ~ to ask for more money. 彼は厚かましくもさらに金を要求した.
temp /témp/ 图 ⓒ 臨時雇い (temporary). ━ 動 ⓐ 臨時雇いとして働く.
temp. =temperature.
***tem·per** /témpə/ -pə/ 《類音 tamper》 图 (~s /-z/)

元来は「調和」の意 (☞ temperature 囲み) →「心の調和」→「気質」→「(一時的な精神状態)」→「気分」**3** →「(特に悪い状態)」→「かんしゃく」**1**

1 ᴜᴄ [普通は a ~] かんしゃく, 腹立ち (rage); 短気: be in a ~ 怒っている / He has quite a ~. 彼は大変なかんしゃく持ちだ / T~s flared during the meeting. 集会では人々が怒りの叫び声をあげた. **2** ⓒ [普通は単数形で] 気性, 気質 (特に怒りっぽいかどうかという観点で); ☞ temperament: a quick [short, hot, fiery, violent] ~ 怒りっぽい気性 / learn to control one's ~ かんしゃくを起こさないようにする / She has an even [a sweet] ~. 彼女は穏やかな人だ. **3** ⓒ 気分 (mood), 機嫌 《☞ mood¹ 類義語》: be in a good [bad, foul, rotten] ~ 機嫌がいい[悪い]. **4** ⓤ (格式)(特定の時代の)傾向, 風潮 (of). **5** ᴜ (鉄・鋼などの)鍛え; 硬度, 弾性. **flý into a témper** [動] ⓐ =lose one's temper. **gèt ìn [ìnto] a témper** [動] ⓐ =lose one's temper. **kéep òne's témper** [動] ⓐ 怒らないでいる. **lóse òne's témper** [動] ⓐ かんしゃくを起こす. **òut of témper** [形] (古風) 怒った (angry). **Témper! Témper!** ⓢ [滑稽] まあまあ, そう怒らないで.
━ 動 (-per·ing /-p(ə)rɪŋ/) ⓗ **1** (格式)〈…〉を調節する, かげんする; やわらげる: Justice should be ~ed with mercy. 正義には慈悲の心を加味しなければだめだ. **2** 〈鉄・鋼〉などを鍛える;〈粘土〉などをよくこねる.
tem·per·a /témpərə/ 图 **1** ⓤ テンペラ画法[絵の具].
tem·per·a·ment /témp(ə)rəmənt/ 图 ᴜᴄ 気質, 気性 (特に考え方や行動を支配する;☞ temper; character 類義語); 体質 (言い換え) He has a nervous ~. =He is nervous by ~. =He is of a nervous ~. 彼は神経質だ. **2** ⓤ 激しい気性.
tem·per·a·men·tal /tèmp(ə)rəménṭl/ 形 **1** [普通は軽蔑] 気まぐれな, 怒りっぽい; (滑稽)〈車・機械などが〉調子が一定でない. **2** 気質上の, 性分による. **-tal·ly** /-ṭəli/ 副 気質上, 性分で.
tem·per·ance /témp(ə)rəns/ 图 (格式) **1** (言動・飲食などの)節制, 自制, 節度: ~ in eating and drinking 飲食の節制. **2** 禁酒: a ~ society 禁酒の会.
†**tem·per·ate** /témp(ə)rət/ 形 **1** 〈気候・地域などが〉温暖な《暑くも寒くもない》, 温和な; 〈動植物が〉温帯の: a ~ climate 温暖な気候. **2** 《格式》〈人・言動が〉節度のある, 自制した; 穏健な, 節酒の: a ~ disposition 穏やかな性質 / He is ~ in eating and drinking. 彼は飲食に節制している. **~·ly** 副 節度をもって.
témperate zòne 图 [the ~, the T- Z-] 温帯 (☞ zone 挿絵).

‡**tem·per·a·ture** /témp(ə)rətʃùə, -tʃə-｜-tʃə/ 🔂 图 (~s /-z/)

temper と同語源で (☞ temper 囲み),「調和のある

状態」→(寒暖の状態)→「温度」

1 ᴜᴄ **温度, 気温** (略 t., temp.): the average ~ 平均気温 / a (sudden) change [rise] in ~ =a (sudden) change [rise] 温度の(急変な)変化[上昇] / keep the room *at a* low ~ [*of* 5°] 室温を低温[5度]に保つ (5° は five degrees と読む) / (金格) "What's the ~ now?" "It's about 25 degrees centigrade." 「いま何度ですか」「摂氏 25 度ぐらいです」/ The ~ is rising [going up]. 気温が上がりつつある / The ~ will fall [drop, go down] toward evening. 夕方になると気温は下がるだろう / There are two common ~ scales: Celsius [centigrade] and Fahrenheit. 普通に使われる温度の目盛りには 2 種類, すなわち摂氏と華氏がある (☞ Fahrenheit 参考).
2 ⓒ,ᴜ **体温** (☞ heat 表); 熱: A person's normal ~ is about 98.6°F. 人の正常な体温[平熱]は華氏で98.6 度ぐらいだ / A nurse took his ~. 看護師が彼の体温を測った / He has a ~ of 39°C. 彼は摂氏 39 度の熱がある / (金格) "What's your ~ now?" "37.5 degrees." 「熱は何度あるの?」「37.5 度です」**3** ⓒ [普通は単数形で] 感情の高まり, 熱気: raise [lower, reduce] the ~ of … (議論など)の緊張を高める[緩和する]. **hàve [be rúnning] a témperature** [動] ⓐ 熱がある: My son *had* [*was running*] *a* ~ for a week. うちの息子は 1 週間ほど熱が続いた.
témperature-humídity ìndex 图 ⓒ [普通 the ~] 温湿指数 (もとは discomfort index (不快指数)とよばれた).
tem·pered /témpəd｜-pəd/ 形 〈鋼鉄が〉鍛えられた. **-tem·pered** /témpəd｜-pəd/ 形 [形容詞がつく合成語で] 気性が…の: hot-tempered 短気な.
témper tántrum 图 ⓒ =tantrum.
tem·pest /témpəst/ 图 ⓒ **1** (文)大あらし, 暴風雨[雪]. **2** 大騒ぎ, 騒動. **a tèmpest in a téapot** [名] (米) つまらぬことに大騒ぎすること,「コップの中のあらし」《英》a storm in a teacup.
tem·pes·tu·ous /tempéstʃuəs/ 形 **1** (文)大あらしの, 暴風雨[雪]の. **2** Ⓦ (関係・時期などが)大荒れの, 激動の;〈議論などが〉激しい, 荒々しい. **~·ly** 副 大あらしのように; 激しく. **~·ness** ᴜ 激しさ.
tempi /témpi/ tempo の複数形.
tem·plate /témplət/ 图 ⓒ **1** 型板, 型取り板. Ⓦ 枠組, ひな型 (for). **2** 〖電算〗(コンピューターソフトの)テンプレート(サンプル用フォーム集).
‡**tem·ple¹** /témpl/ 🔂 图 (~s /-z/) **1** ⓒ (キリスト教以外の宗教の)神殿; (仏教の)寺院, 寺; (モルモン教の)教会堂; ᴄ,ᴜ (米) =synagogue: the Horyuji T~ 法隆寺 / a Greek ~ ギリシャの神殿 (☞ Parthenon 写真). 関連 shrine 聖堂, 日本の神社. **2** [the T-] (エルサレムに古代ユダヤ人が建てたエホバの神 (Jehovah) を祭る聖殿. 語源 ラテン語で「(占いのために)仕切られた所」の意.
‡**tem·ple²** /témpl/ 图 (~s /-z/) **1** ⓒ こめかみ(額と耳の間の部分). Ⓦ head 挿絵: The ball hit him on the right ~. ボールは彼の右のこめかみに当たった. **2** (米) (眼鏡の)つる.
tem·plet /témplət/ 图 ⓒ =template.
***tem·po** /témpou/ 图 (~s, 1 ではまた **tem·pi** /témpi:/) **1** ⓒ,ᴜ 〖楽〗テンポ, 速度. **2** ⓒ [普通は単数形で] (仕事・生活などの)速さ, テンポ, 調子.
tem·po·ral¹ /témp(ə)rəl/ 形 (格式) **1** 世俗の; 現世の, 世間の. **2** 時の, 時間の;〖文法〗時制の. **~·ly** 副 時間的に.
tem·po·ral² /témp(ə)rəl/ 形 〖解〗側頭の.
témporal lóbe 图 ⓒ 〖解〗側頭葉 (聴覚野や言語野がある).
*‡**tem·po·rar·i·ly** /tèmpərérəli｜témp(ə)rərəli/ 副 一時的に, 仮に, 間に合わせに: The theater was ~

closed for repairs. 劇場は修理のため一時閉鎖された.

tem·po·rar·i·ness /témpərèri(ə)nəs ｜ -p(ə)-rəri-/ 名 U 一時的なこと, 臨時.

*tem·po·rar·y /témpərèri ｜ -p(ə)rəri/ 12 形 1 一時の, しばらくの; 仮の; 臨時の(雇い)の (反 permanent): a ~ building 間に合わせの建物 / The improvement in the patient's condition was only ~. 患者の病状がよくなったのはほんの一時的なものだった. 2 [電算] (ファイル・フォルダーが)一時的保存のための.
— 名 (-rar·ies) C 臨時雇い.

témporary restráining òrder 名 C [米法] 一時的差止命令 (訴訟の最終的決着まで現状維持をはかるために裁判所が発する命令).

tem·po·rize /témpəràɪz/ 動 自《格式》一時しのぎをする, その場を繕う, (決定を遅らせる)時を稼ぐ.

*tempt /tém(p)t/ (同音 tent) 動 (tempts /tém(p)ts/; tempt·ed /-ɪd/; tempt·ing; 名 temptátion) 他 1 〈人〉を**誘惑する**; 〈人〉をそそのかして…させる: They ~*ed* the clerk *with* money. <V+O+*with*+名・代> 彼らはその職員を金で誘惑した / What ~*ed* the boy *to* steal? <V+O+C (*to* 不定詞)> 何でその少年は盗みを働く気になったのか.

2 (特に物事が)〈人〉を(ふと)…する気にならせる, 誘う; 〈人〉の心をかき立てる, 食欲をそそる: The [A] gentle breeze ~*ed* us *to* go out for a walk. <V+O+C (*to* 不定詞)> 心地よい風に誘われて我々は散歩に出かけた / Jenny's words ~*ed* him *into* kiss*ing* her. <V+O+*into*+動名> ジェニーのことばに誘われて彼は思わず彼女にキスをしてしまった. 語源 ラテン語で「力を試す」の意. **be [féel] témpted to** dó 動 …してみたくなる, 危険を冒す, 無茶をする[言う].

témpt fáte [próvidence] 動 自 神意に逆らう, 危険を冒す, 無茶をする[言う].

*temp·ta·tion /tem(p)téɪʃən/ 13 名 (~s /-z/; tempt) 1 U 誘惑: fall into ~ 誘惑に陥る / give way [in] to ~ 誘惑に負ける / Meg couldn't overcome [resist] the ~ to eat the cake. <N+*to* 不定詞> メグはその菓子を食べたいという誘惑に勝てなかった.

2 C 心を引きつけるもの, 誘惑物: Big cities present a number of ~s to young people. 大都会には若者の興味をそそるようなものがなにかとある. **pút [pláce] temptátion in …'s wáy** [動] …を誘惑する.

tempt·er /tém(p)tə ｜ -tə/ 名 1 C 誘惑者 (☞ temptress). 2 [the T-] 悪魔.

†témpt·ing 形 誘惑するような, 魅力的な; 心[味覚]をそそる, うまそうな. **~·ly** 副 誘惑するように; 魅力的なほど.

tempt·ress /tém(p)trəs/ 名 C 《古風》または《戯言》誘惑する女, 妖婦 (¹つ) (☞ tempter).

tem·pu·ra /témpərə, tempú(ə)rə/ 《日本語から》名 U てんぷら.

tem·pus fu·git /témpəsfjú:dʒɪt/ 《ラテン語から》《文》時は逃げ去る, 光陰矢のごとし.

*ten /tén/ (同音 tan, tend, tent) 代 《数詞》 [複数扱い] **十(ぅ)**, 10人, 10個; 10ドル[ポンド, センﾄ, ペンスなど] (☞ number 表, -teen, -ty²): T~ were found. 10人[10個]が発見された. 関連 tenth 10番目の.

tén òut of tén 名《英》(10点)満点; 《戯言》完璧 (ネぎ) (for).

tén to óne 副《略式》十中八九, きっと, 多分: T~ *to* one she will forget it. きっと彼女はそれを忘れるよ.
— 名 (~s /-z/) 1 C (数としての)10: Lesson T~ 第10課 / Two hundred (and) ~ divided by ~ equals twenty-one. 210を10で割ると21 (210÷10 =21) / T~ times twenty is two hundred. 20の10倍は 200 (10×20=200) (☞ time 11 [日英比較]).

2 U **10時**, 10分; 10歳: a boy of ~ 10歳の少年 / at ~ past ~ 10時10分過ぎに. **3** C 10の数字; 10ドル[ポンド]紙幣. **4** C 10人, 10個ひと組のもの. **5** C [トランプ] 10の札. **6** [a ~] 《略式》最高点, 満点;

---

tendency 1823

[戯言] 称賛 (*for*).

— 名 1 10 の, 10人の, 10個の: ~ Americans 10人のアメリカ人.
2 P 10歳で: Meg is ~. メグは10歳だ.

ten·a·bil·i·ty /tènəbíləti/ 名 U (議論などが)筋道の立つこと; (地位・資格が)維持できること.

ten·a·ble /ténəbl/ 形 (反 untenable) 1 (議論などが)主張[擁護]できる, 筋道の立った. 2 P (地位・資格が) (…の間)維持[継続]できる (*for*).

*te·na·cious /tənéɪʃəs/ 形 1 固執する, 頑強な; しっかりつかんで離さない: He is ~ *in* defense of his rights. =〈やや古風〉He is very ~ *of* his rights. 彼は自分の権利を頑強に守る. 2 (伝統などが)深く根づいた, 執拗(し̸ぅ)な. 3 (記憶力が)すぐれた. **~·ly** 副 粘り強く, 頑強に. **~·ness** 名 U =tenacity.

te·nac·i·ty /tənǽsəti/ 名 U 粘り強さ, 不屈.

*ten·an·cy /ténənsi/ 名 (-an·cies)《格式》 1 C,U (土地・家屋などの)借用(の権利). 2 C 借用期間.

*ten·ant /ténənt/ 名 (ten·ants /-nənts/) C 1 (土地・家屋などの)借用者; 借家人, (アパートなどの)入居者; 借地人, 小作人: I don't have a house of my own; I'm a ~. 私は持ち家はなく, 借りている. 関連 landlord 家主. 2 [法] 不動産保有者. 語源 ラテン語で「保持する」の意. — 動 他 〈土地・家屋〉を借用する.

ténant fàrmer 名 C 小作人.

ten·ant·ry /ténəntri/ 名 [the ~] 《古風》借地人, 小作人, 借家人《全体》.

tench /téntʃ/ 名 (複 ~) C テンチ (ヨーロッパ産の鯉).

Tén Commándments 名 [複] [the ~] [聖] モーセの十戒 (Jehovah が Sinai 山頂で Moses を通じてイスラエル人に与えた10か条の戒律).

*tend¹ /ténd/ 13 動 (tends /téndz/; tend·ed /-ɪd/; tend·ing) 名 tendency) 自 1 …する**傾向がある**, …しがちである (incline); (ある性質などに)向かいがちである: I ~ *to* put on weight these days. <V+*to* 不定詞> 私はこのところ太り気味だ / His opinions ~ *toward* [*to*] anarchism. <V+*toward* [*to*]+名・代> 彼の考えは無政府主義の傾向がある. **2** [副詞(句)を伴って] 《格式》 (物価などが)(…へ)向かう, 向かって進む. 語源 ラテン語で「…の方へ広がる, 引っぱる」の意. **I ténd to** dó 私としては…するのですが《発言を控えめにするいい方》: I ~ *to* think that's not a good idea. それはよい案ではないという気がします.

単語の記憶	《TEND》(広げる)
tend¹	(…のほうへ広がる) → …の傾向がある
tender²	差し出す
tense¹	(引っ張った) → ぴんと張った
tent	(引っ張ったもの) → テント
attend	(…に心を向ける) → 注意する
contend	(共に張り出す) → 争う
extend	(外へ広げる) → 延長する
intend	(…のへ注意を向ける) → …しようと思う
pretend	(前に張り出す) → 主張する

tend² /ténd/ 動 他〈病人・子供など〉を世話する, 看護する; 〈店・家畜など〉の番をする; 〈植物など〉の手入れをする (look after): Robots will ~ machines instead of workers. 労働者の代わりにロボットが機械を扱うだろう. **ténd to …** [動] …の世話をする, …に注意する (attend to): Betty, ~ *to* the baby, please. ベティー, 赤ちゃんをみていてね.

*ten·den·cy /téndənsi/ 12 名 (-den·cies /~z/; tend¹, tendéntious) C 1 傾向, 風潮, 趨勢(ぎ): Traffic accidents show a ~ *to* increase. <N+*to* 不定詞> 交通事故は増加する傾向を示している / The ~ is *toward* [*to have*] higher prices. 物価は上昇傾向

にある. **2** 癖, 性向; 素質: a ~ *to* smoke too much <N+不定詞> やたらにたばこを吸う癖 / He has a strong ~ *toward* [*to*] violence. 彼はすぐに暴力に訴える癖がある. **3** [単数形でも時に複数扱い] (英) (党内の)反対勢力, 急進派.

ten·den·tious /tendénʃəs/ 形 (名 téndency) 《格式》 [普通は軽蔑] (文書・発言などが) ある立場を支持する傾向のある, 偏向的な.
~·**ly** 副 偏向して. ~·**ness** 名 Ⓤ 偏向.

*__ten·der__¹ /téndə | -də/ 形 (-der·er -dərə, -drə | -dərə, -drə/; -der·est -drɪst/, -drɪst/; 動 tenderize) **1** (心の) 優しい, 愛情のこもった, 思いやりのある, 親切な (kind): ~ loving care Ⓢ [しばしば滑稽] 愛情たっぷりの扱い (☞ TLC) / Tom was very ~ *with* [*to*, *toward*] Jane. <A+*with* [*to*, *toward*]+名・代> トムはジェーンに大変優しかった.
2 (肉などが) 柔らかい, 柔軟な (反 tough): a ~ steak 柔らかいステーキ. **3** 感じやすい; 触ると痛い: a ~ spot 痛いところ; 弱点. **4** (植物などが) 傷つきやすい; (体などが) きゃしゃな, 弱い. **5** (問題などが) 微妙な, 取り扱いにくい. **6** 名 Ⓒ 若い, いたいけな: at the ~ age of 10 10 歳という幼い時に.

*__ten·der__² /téndə | -də/ 動 (ten·ders /-z/; ten·dered /-d/; -der·ing /-dərɪŋ, -drɪŋ/) 他 《格式》 **1** (…) を差し出す, 申し出る (offer) (☞ to¹ 単語の記憶): Mr. Long ~ed his resignation *to* the chairman. ロング氏は会長に辞表を提出した (☞ to¹ 語法). **2** 《古風》 <金> を差し出す, 支払う. ― 自 (工事などに) 入札をする (*for*). ― 名 **1** = bid¹. **2** Ⓤ = legal tender. **pùt ... óut to ténder** 動 他 <…>の入札を募る.

ténd·er³ 名 Ⓒ **1** (親船の) 付属船, はしけ. **2** [しばしば合成語で] 看護人, 番人 (☞ bartender). **3** (機関車の) 炭水車, テンダー.

ténder·fòot 名 (複 ~s, -feet /-fi:t/) Ⓒ (米略式) **1** (未開地などの) 新参者. **2** 新米, 未経験者.

ténder·héarted 形 心の優しい, 思いやりのある.
~·**ly** 副 思いやり深く. ~·**ness** 名 Ⓤ 思いやり.

ten·der·ize /téndəràɪz/ 動 他 《料理》 <肉> を柔らかくする.

tén·der·ìz·er 名 Ⓒ 肉たたき; Ⓒ,Ⓤ 食肉軟化剤.

ténder·lòin 名 **1** Ⓤ 牛[豚]の腰部の柔らかい肉, テンダーロイン. **2** [the T-] (米略式) (都市の) 犯罪多発地帯.

ténder·ly 副 優しく, 愛情をこめて.

ténder·ness 名 Ⓤ **1** 優しさ, 親切さ. **2** 痛み.

ténder òffer 名 Ⓒ (株) 株式公開買付け.

ten·di·ni·tis /tèndənáɪtɪs/ 名 Ⓤ 《医》 腱(けん)炎.

⁺**ten·don** /téndən/ 名 Ⓒ 《解》腱(けん) (☞ Achilles' tendon.

ten·do·ni·tis /tèndənáɪtɪs/ 名 = tendinitis.

ten·dril /téndrəl/ 名 Ⓒ **1** 《植》 巻きひげ, つる (☞ vine 挿絵). **2** 巻き毛, ほつれ毛.

ten·e·ment /ténəmənt/ 名 Ⓒ **1** = tenement house; (安アパートの) 一部屋. **2** 《法》 保有財産.

ténement hòuse 名 Ⓒ スラム街の安アパート.

ten·et /ténɪt/ 名 Ⓒ (宗教・哲学などの) 主義, 教義 (*of*).

tén·fòld 形 副 **1** 10 倍の[に], 10 重の[に]. **2** 10 重からなる.

tén-fóur, **10-4** 間 《主に米》 《無線などで》 了解.

tén-gàllon hát 名 Ⓒ カウボーイのつばの広い帽子 (☞ 右上写真).

Teng Hsiao-p'ing /dʌŋʃàupíŋ/ 名 固 = Deng Xiaoping.

Tenn. = Tennessee.

ten·ner /ténə | -nə/ 名 Ⓒ (英略式) **1** (英) 10 ポンド(札). **2** 《古風, 米》 10 ドル(紙幣).

Ten·nes·se·an /tènəsí:ən/ 形 テネシー州(人)の. ― 名 Ⓒ テネシー州人.

Ten·nes·see /tènəsí:/ 名 固 **1** テネシー (米国中南部の州; 俗称 the Volunteer State; 略 Tenn., (郵)では TN; ☞ America 表, 表地図 H 4). **2** [the ~] テネシー川 (Tennessee, Alabama, Kentucky の各州を流れて Ohio 川に合流; ☞ 表地図 H 4).

ten-gallon hat

Tennessee Válley Authòrity 名 固 [the ~] テネシー川流域開発公社 (1933 年に設立され, Tennessee 川にダムを建設して発電・治水・用水を営む).

ten·nies /téniz/ 名 [複] Ⓢ (米) テニスシューズ.

*__ten·nis__ /ténɪs/ 名 Ⓤ テニス, 庭球 (☞ love²): a ~ player テニスの選手 / a ~ match テニスの試合 (☞ game¹ 3 参考) / "Let's play ~." "I'd rather not. I'm tired." 「テニスしようよ」「遠慮するわ. 疲れてるの」 関連 table tennis 卓球. 語源 アングロフランス語で「受け止めよ」の意; サーブする人の呼びかけから.

ténnis bàll 名 Ⓒ テニスボール.

ténnis bràcelet 名 Ⓒ テニスブレスレット (ダイヤなどの小粒の宝石をつないだ腕輪).

ténnis còurt 名 Ⓒ テニスコート.

ténnis èlbow 名 Ⓤ テニスひじ (テニスなどが原因の炎症).

ténnis ràcket 名 Ⓒ テニスラケット.

ténnis shòe 名 [普通は複数形で] テニスシューズ.

Ten·ny·son /ténəs(ə)n/ 名 固 **Alfred** ~ テニソン (1809-92) (英国の桂冠詩人).

ten·on /ténən/ 名 Ⓒ 《木工》 ほぞ. 関連 mortise 穴.

*__ten·or__¹ /ténə | -nə/ 名 《楽》 **1** Ⓤ テノール, テナー (男声の最高音域; ☞ register 表). **2** Ⓒ テノール歌手; テナー楽器. ― 形 Ⓐ テノールの: a ~ saxophone テナーサクソフォン.

ten·or² /ténə | -nə/ 名 Ⓒ [普通は the ~] 《格式》 (演説などの) 趣旨, 大意 (*of*); 方向, 進路, 行路 (*of*).

tén pénce 名 Ⓒ 10 ペンスの(価) (☞ p²); Ⓒ 10 ペンス貨.

tén·pin 名 **1** [~s として単数扱い] (米) テンピンズ, 十柱戯 (米 10 本ピンのボウリング; ☞ bowling 日英比較) ((英) tenpin bowling). **2** Ⓒ テンピンズのピン.

ténpin bówling 名 Ⓤ (英) = tenpin 1.

*__tense__¹ /téns/ 名 (原級 tenth) 形 (tens·er; tens·est; 名 tension) **1** (神経・感情などが) 緊張した, 張りつめた (反 lax); (事態などが) 緊迫した: a ~ silence 張りつめた沈黙 / speak in a ~ voice 緊張した声で話す / We were all ~ *with* worry. <A+*with*+名・代> 私たちはみな心配でぴりぴりしていた.
2 (綱・筋肉などが) ぴんと張った (反 loose): a ~ rope ぴんと張った綱. 語源 ラテン語で「引っ張った」の意; tend¹ と同語源 (☞ tend¹ 単語の記憶).
― 動 他 <筋肉など> を緊張させる (*up*) (反 relax). ― 自 緊張する. **be [gèt] ténsed úp** 動 自 (心配などで) 緊張している[する].

tense² /téns/ 名 Ⓤ,Ⓒ 《文法》 時制. 語源 ラテン語で「時」の意.

文法 時制
時間的関係を示す動詞の語形上の変化をいう. 時間は普遍的なものであるが, 文法上の動詞の語形の違いを示すものであるから, 各言語によって種々の相違がある. 英語の場合には, 現在時制・過去時制・未来時制の 3 つの基本時制があり, これにそれぞれ完了形と進行形が組み合わさって次のような合計 12 の動詞の形がつくられる.

(1) 現在時制: He writes.
(2) 過去時制: He wrote.
(3) 未来時制: He will write.
(4) 現在進行形: He is writing.
(5) 過去進行形: He was writing.
(6) 未来進行形: He will be writing.
(7) 現在完了形: He has written.
(8) 過去完了形: He had written.
(9) 未来完了形: He will have written.
(10) 現在完了進行形: He has been writing.
(11) 過去完了進行形: He had been writing.
(12) 未来完了進行形: He will have been writing.

ténse・ly 副 緊張して; ぴんと張って.
ténse・ness 名 U 緊張していること.
ten・sile /ténsəl | -sail/ 形 引き伸ばせる; A 張力の.
ténsile stréngth 名 U 《物理》引っ張り強さ《強度》, 抗張力.
*ten・sion /ténʃən/ 13 名 (~s /-z/; 形 tense¹) 1 U (精神・神経などの)緊張: ease [heighten] ~ 緊張を和らげる[高める] / nervous ~ 心労.
 2 [U または複数形で](情勢・関係などの)緊張状態: C,U (利害などの)対立, 拮抗 (between): T~ in Iraq remains high. イラクの緊張状態は依然としてきびしい.
 3 U 張っていること, 緊張: relax the ~ of the muscles 筋肉の緊張をほぐす. 4 U 《物理》張力; 電圧: ☞ surface tension.
ùnder ténsion [形・副] 緊張して.
ten・sor /ténsə | -sə/ 名 C 《解》張筋; 《数》テンソル.
tén・spèed 名 C 《主に米》10段変速の自転車.
*tent /tént/ (類音 tint, tend) 名 (tents /ténts/) C
 1 テント, 天幕 ⇒ tend¹ 単語の記憶: live in a ~ テントで暮らす / pitch [put up] a ~ テントを張る / strike [take down] a ~ テントをたたむ. 2 医療用テント 《oxygen tent》. 3 [しばしば滑稽] (テント型の)ゆったりしたドレス[ブラウス]. 語源 ラテン語で「引っ張ったもの」の意; tense¹と同語源.
ten・ta・cle /téntəkl/ 名 C 1 《動》触手, 触腕; 《植》触毛. 2 [複数形で] [けなして] (組織などの)拘束(力).
*ten・ta・tive /téntətɪv/ 形 1 (取り決め・結論などが)仮の, 暫定的な, 試みの, 一応の: a ~ plan 試案 / a ~ date 仮の日付. 2 (人・言動などが)自信なげな, 控えめな.
tén・ta・tive・ly /téntətɪvli/ 副 1 仮に, 一応: The government ~ decided to acknowledge the report. 政府は一応その報告を認めることに決めた. 2 自信なげに, 控えめに.
tén・ta・tive・ness 名 U 暫定的なこと; 自信なげなこと.
ténted 形 テントを張った[でおおわれた]; テント型の.
ten・ter・hooks /téntəhʊks | -tə-/ 名 [次の成句で] **be on ténterhooks** [動] 自 気をもんでいる, やきもきしている. 由来 **tenterhooks** は織物の張り枠のくぎ. 転じて気がぴんと張った状態.
*tenth /ténθ/ (類音 tense) 形 1 [普通は the ~; ☞ the¹ (4)] **10番目の, 第10の**, 10位の《10th とも書く; ☞ number 表, ordinal number 文法》: the ~ lesson 第10課 / the ~ floor (米) 10階, (英) 11階《☞ floor 語法》 / the one hundred (and) ~ person 110番目の人. 2 10分の1の: a ~ part 10分の1の部分.
— 名 (**tenths** /tén(θ)s/) 1 [単数形で普通は the ~] **10番目の人[もの]**, 10位の人[もの], 第10号.
2 [the ~] (月の)**10日**, とおか(10th とも書く): on the ~ of May=on May 10 5月10日に(May 10 は May the tenth と読む; ☞ ordinal number 文法 (2)).
3 C 10分の1, 1/10 《☞ cardinal number 文法 (6)》: a [one] ~ = 1/9 / nine ~s 9/10. — 副 =tenthly.

term 1825

ténth・ly 副 つなぎ語 10番目に[として].
tént pèg 名 C テントの留めぐい (peg).
tént tràiler 名 C (米) テントトレーラー《自動車に引かせるテント用二輪トレーラー》.
ten・u・ous /ténjuəs/ 形 1 (関係・根拠などが)不確実な, 貧弱な, (差異などが)わずかな. 2 《文》極(?)薄い[細い]. **~・ly** 副 弱く. **~・ness** 名 U 貧弱さ.
*ten・ure /ténjə | -njuə/ 名 U 1 在職期間, 任期; (大学教員の)終身身分保障(権). 2 《法》不動産保有権.
ten・ured /ténjuəd | -njuəd/ 形 (大学教員が)終身の地位のある; (地位が)終身身分保障のある.
ténure-tràck 形 A いずれ終身の地位が認められる教職身分の, 終身の身分につながるコースにある.
Ten・zing Nor・gay /ténzɪŋnɔ́əgeɪ, -nɔ́ː-/ 名 テンジン ノルゲイ(1914-86)《ネパールの登山家; Sir Edmund Hillary とともに Everest 初登頂に成功 (1953)》.
te・pee /tíːpiː/ 名 C (アメリカ先住民の)テント小屋 (☞ wigwam).
*tep・id /tépɪd/ 形 1 (液体が)なまぬるい, 微温の (lukewarm): ~ water ぬるま湯. 2 (関係・態度などが)何となく冷たい, 熱意のない (lukewarm).
te・pid・i・ty /təpídəti, te-/ 名 U 《格式》なまぬるいこと; 熱意のないこと.
tépid・ly 副 なまぬるく; 不熱心に.
tépid・ness 名 U =tepidity.
te・qui・la /təkíːlə/ 名 U,C テキーラ《メキシコ産の蒸留酒》.
tequíla súnrise 名 C テキーラサンライズ《テキーラ・オレンジジュース・グレナディンのカクテル》.
Ter. 略 =terrace 4.
ter・a・byte /térəbàɪt/ 名 C 《電算》テラバイト《記憶容量単位; 約1兆バイト》.
ter・cen・ten・a・ry /tə̀ːsenténəri, tə̀ː-sentíː-, -́-/ 名 (**-a・ries**) C [しばしば the ~], 形 300年(祭)(の) (of).
ter・cen・ten・ni・al /tə̀ːsenténiəl, tə̀ː-, -́-/ 名 C 《主に米》=tercentenary.
Ter・ence /térəns/ 名 テレンス《男性の名; 愛称は Terry》.
Te・re・sa¹ /tərí:sə, -zə/ 名 テレサ《女性の名; 愛称は Tess または Tessa》.
Te・re・sa² /tərí:zə, -rí:sə, -rí:zə/ 名 **Mother ~** マザー テレサ(1910-97)《アルバニア生まれのインドの修道女》.
te・ri・ya・ki /tèriɑ́ːki | -riǽki/ 《日本語から》 名 U, 形 照り焼きの.
*term /tə́ːm | tə́ːm/ (類音 turn) 11 名 (~s /-z/)

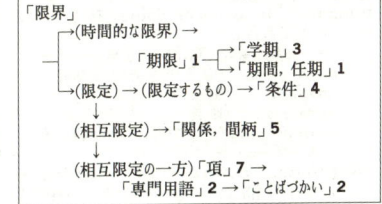

```
「限界」
│
├─(時間的な限界)──→「学期」3
│          ┌→「期間, 任期」1
│    「期限」1─┤
│          └→「期間, 任期」1
│
├─(限定)──→(限定するもの)──→「条件」4
│
├─(相互限定)──→「関係, 間柄」5
│
└─(相互限定の一方)「項」7─→
           「専門用語」2 ─→「ことばづかい」2
```

1 C (一定の)**期間, 任期**, 期限 (period); (裁判所の)開廷期間, (議会などの)会期; 刑期: the President's second ~ (of [in] office) 大統領の2回目の任期 / a ten-year prison ~ 10年の刑期.
2 C **専門用語** (for); [しばしば複数形で] ことばづかい, 言い回し: a technical ~ 術語 / medical [legal] ~s 医学[法律]用語 / a ~ of abuse 悪態 / in the strong-

termagant

est possible ~s 最高に激しい口調で / He talked of his marriage in vague ~s. 彼は結婚についてはっきりしたことは言わなかった.

3 C,U 《主に米》(2学期制の)**学期**; 《主に英》(3学期制の)学期 (semester): the spring [fall, autumn] ~ 春[秋]学期 / We will have an exam at the end of (the) ~. 学期の終わりには試験がある. 関連 semester 2学期制の学期 / trimester 3学期期制の学期.

4 [複数形で](支払いなどの)**条件** (condition); 要求額, 言い値, 料金: on equal [the same] ~s 対等の[同じ]条件で / I won't take it on such ~s. そんな条件[言い値]ではいただけません / He inquired about the ~s for staying at the hotel. 彼はそのホテルの宿泊料を問い合わせた // ☞ on easy terms (easy 形 成句). **5** [複数形で](交際の)間柄, 親しい関係(☞ be on ... terms (成句)). **6** C [普通は単数形で]《格式》期間の終わり, 満期; U 妊娠期間(の終わり), 出産予定日. **7** C 〖数〗項. 語源 ラテン語で「限界, 終わり」の意.

be néar the térm [動] (自)(契約・支払いなどの)期限が迫っている; (女性が)出産予定日が近い.

be on ∴ térms [動] (自)(人と)…の間柄[関係]である: My father is on good [bad] ~s with my uncle. 父ははじと仲がよい[悪い]. 語法 …には good, bad, friendly, nodding, speaking, visiting などの形容詞がくる(☞ be on nodding terms (nod 成句), be not on speaking terms (speaking 成句)).

còme to térms with ... [動] (他) (1) (病気などを)甘受する, 慣れる. (2) …と話[折り合い]がつく.

in nó uncértain térms [副] きっぱりと.

in ∴'s térms [副] …の考え方[言い方]では.

in ∴ térms [副] [時に 文修飾語] …面では(は), …の点から(見て): in economic [real, practical] ~s 経済的[実質的, 実際]には(は).

in térms of ∴ [前] (1) …の立場から, …の点から(見て)(from the standpoint of ...); …に関して; …に換算して: The paper discusses the problem in ~s of economics. 論文はその問題を経済学の面から論じている. (2) …のことばで, …に特有の表現で: I explained in ~s of mathematics. 数学を使って説明した.

in the lóng [shórt] térm＝**òver the lóng [shórt] térm** [副] 文修飾語 長期[短]期的には, 長い[短]い目で見れば.

nòt ... on ány térms＝**on nó térms** [副] どうしても[決して]…しない[でない].

on ˈone's (ówn) [...'s] térms [副] 自分で[…の]決めた条件で, 自分の[…の]望み通りに.

térms of réference [名][複]《格式》(委員会などの)委任事項, 調査範囲.

thínk [tálk] in térms of (dóing) [動] ⓢ (…することを)考慮[計画]する.

単語の記憶 **《TERM》(限界)**

term	(限界 → 区切り) → 期限
terminal	終点(の)
terminus	終点
de**term**ine	(区切りをつける) → 決心する

— 動 (terms /~z/; termed /~d/; term·ing) 他 [しばしば受身で]《格式》(物)を…と名づける, 命名する, 呼ぶ (name, call): This kind of airplane is ~ed a biplane. この種の飛行機は複葉機と呼ばれる / This painting cannot be ~ed beautiful. この絵は美しいとはいえない. **be térmed óut of óffice** [動] (自)《米》(議員などが)任期切れになる.

ter·ma·gant /tə́ːməɡənt | tə́ː-/ 名 C 《文》《軽蔑》がみがみ女.

ter·mi·na·ble /tə́ːm(ə)nəbl | tə́ː-/ 形 《契約 などが)終わらせることのできる.

*ter·mi·nal /tə́ːmən(ə)l | tə́ː-/ 🔞 名 (~s /~z/) C (☞ term 単語の記憶)

1 (鉄道・バスなどの)**終点**, 終着駅, 始発駅, ターミナル駅: We got off the train at the ~. 私たちは終点で列車を降りた.

2 (エア)ターミナル (air terminal) (空港内にあって旅客の出入りロとなる建物または市の中心にあって専用バスなどで空港と直結する所). **3** 〖電算〗末端装置, 端末. 〖電気〗電極, (電池の)端子.

— 形 (terminate) **1** (病状・病人が)**末期の**; 末期的な; (滑稽) 極度の: ~ cancer 末期の癌 / a ~ patient [case] 末期患者 / in a ~ decline 末期的な状態で / ~ boredom 退屈の極み. **2** 終点の, ターミナルの: a ~ station 終点駅. **3** ⒶⒶ 末端の(にある); 〖植〗(芽などが)頂生の. **4** Ⓐ 毎期の; 学期末の: a ~ examination 学期末試験. **~·ly** /-nəli/ 副 (病状が)末期的に.

términal adápter 名 C 〖電算〗ターミナルアダプター 《ISDN 回線に接続するための端末装置》.

términal velócity 名 C 〖物理〗終端速度.

términal wárd 名 C 末期患者病棟.

*ter·mi·nate /tə́ːmənèɪt | tə́ː-/ 動 (**-nates** /-nèɪts/; **-mi·nat·ed** /-ṭɪd/; **-mi·nat·ing** /-ṭɪŋ/) 形 terminal, 名 termination) 他 **1** 《格式》…を終わらせる, やめる; 〈…の〉終わりに来る (☞ end 類義語): They ~d their discussion. 彼らは話し合いをやめた. **2** 《格式, 主に米》〈人〉を解雇する; 《略式》殺す.

— 自 [副詞(句)を伴って]《略式》**1** 終わる, 終了する: This contract will ~ in June. <V+前+名・代> この契約は6月で切れる. **2** 《主に英》(列車・バスなどが) (…に)着く, 行き止まる (at).

ter·mi·na·tion /tə̀ːmənéɪʃən | tə̀ː-/ 名 (動 términate) **1** U,C 《格式》終わらせること, 終了 (of); 〖医〗妊娠中絶 (abortion). **2** C 〖文法〗語末.

ter·mi·ni /tə́ːmənài/ terminus の複数形.

ter·mi·no·log·i·cal /tə̀ːmənəládʒɪk(ə)l | tə̀ː-mɪnəlɔ́dʒ-/ 形 術語の, 用語上の. **-cal·ly** /-kəli/ 副 用語上では.

*ter·mi·nol·o·gy /tə̀ːmənálədʒi | tə̀ːmɪnɔ́l-/ 名 (**-o·gies**) U,C 術語, (専門)用語(全体); U 用語法.

térm insúrance 名 U 定期保険.

ter·mi·nus /tə́ːmənəs | tə́ː-/ 名 (複 **ter·mi·ni** /-nàɪ/, ~·**es**) C (鉄道・バスなどの)終点, 終着駅, 折り返し駅 (terminal) (☞ term 単語の記憶).

ter·mite /tə́ːmaɪt | tə́ː-/ 名 C 白あり (white ant).

térm límit [limitàtion] 名 C 《米》(議員などの)任期制限.

térm·ly 《英》形 学期ごとの: ~ exams 定期試験. — 副 学期ごとに.

térm páper 名 C 《米》学期ごとに提出する論文[レポート], 学期末レポート (☞ paper 名 5 日英比較).

térm-tìme 名 U 学期[開廷]中の時期.

tern /tə́ːn | tə́ːn/ 名 C あじさし(川岸・沼地・海岸などに住む, 尾が二またに分かれたかもめ科の鳥).

ter·na·ry /tə́ːnəri | tə́ː-/ 形 3つから成る; 〖数〗三進の.

Terp·sich·o·re /tə̀ːpsíkəri: , -rɪ | tə̀ː psíkəri/ 名 〖ギ神〗テルプシコラー (歌舞をつかさどる Muse).

*ter·race /térəs/ 名 (**ter·rac·es** /~ɪz/) **1** C テラス (部屋から出られるようになっている石またはれんがを敷いた庭, 日光浴・食事などに使う; ☞ patio): get some sun on the ~ テラスで日に当たる.

2 C 段丘; 台地, 高台; 段々畑. **3** C 段丘の家並み, 高台の町. **4** C 《英》(何軒かつながった)長屋式住宅, 連続住宅

terrace 2

建は3–4階建て); [T-] (街路名として)テラス (略 Ter.). **5** [the ~s] (英) (サッカー場の)立ち見席. **6** 〘C〙(生活空間として使う)平屋根; バルコニー. —— 動 他 [しばしば受身で]〈土地〉を段々にする[ひな壇式にする].

†tér·raced 形 [普通は A] (土地などが)ひな壇式の, テラス式の: ~ fields [paddies] 段々畑[棚田].

térraced hóuse 名 C (英) =row house.

ter·rac·ing /térəsɪŋ/ 名 U **1** 段丘, 台地. **2** (英)(サッカー場の)立ち見席.

ter·ra-cot·ta /térəkɑ́tə | -kɔ́tə/ 名 U **1** テラコッタ(イタリアの赤粘土の素焼き). **2** 赤褐色.

ter·ra fir·ma /térəfə́ːmə | -fə́ː-/ 〘ラテン語から〙 名 U [普通は滑稽] 大地, 陸地 (水・空中に対して).

†ter·rain /təréɪn, te-/ 名 C,U 地形, 地勢.

ter·ra in·cog·ni·ta /térəɪnkɑgníːtə | -kɔg-/ 〘ラテン語から〙 名 U 未開拓[未知]の分野[領域].

ter·ra·pin /térəpɪn/ 名 C テラピン(北米産の淡水または入り江に住む小型のかめ; 食用).

ter·rar·i·um /tərɛ́(ə)riəm/ 名 (複 ~s, terrar·i·a /-riə/) C テラリウム(植物用ガラス容器); 陸生小動物飼育器.

ter·raz·zo /tərǽzou | -rǽtsou/ 〘イタリア語から〙 名 U テラゾ(砕石をちりばめたコンクリートの一種).

†ter·res·tri·al /təréstriəl/ 形 [普通は A] (格式) **1** 地球(上)の: a ~ globe 地球儀. **2** 陸(上)の, 陸生の, 陸から成る. **3** (主に英) (テレビが通信衛星でなく)地上放送による. 関連 celestial 天の.

ter·res·tri·al·ly /təréstriəli/ 副 (格式) 地球(上)で; 陸(上)で.

★ter·ri·ble /térəbl/ T1 形 (名 térror) **1** (略式) ひどい, すごい, 非常にひどく悪い; (…が)ひどく下手な (at): The heat was ~ last month. 先月の暑さはひどかった / The scene was ~ to see. <V+to 不定詞> その光景は目も当てられないほどひどいものだった / 言い換え I feel ~ about forgetting your birthday. <V+about+動名> =I feel ~ that I forgot your birthday. <V+that 節> 君の誕生日を忘れたのは本当に悪かったと思っている.

2 恐ろしい, 怖い, 悲惨な, 悲痛な: A ~ accident happened there. そこで恐ろしい事故が起こった.

térrible twós 名 [複] [the ~] 恐るべき二歳(子供の成長のうちでいちばん世話がやける年ごろ).

ter·ri·bly /térəbli/ 副 **1** (略式) ひどく, すごく, 非常に (☞ very¹ 囲み): I'm ~ sorry. 全くすまない / I'm not ~ busy today. きょうはそう忙しくない. **2** ひどく悪く[下手に, 不快に]; 恐ろしく: He said he'd suffered ~ from a cold. 彼はかぜでひどい目にあったと言った.

ter·ri·er /téria/ 名 C テリア(狩猟または愛玩(あいがん)用の犬): a fox ~ フォックステリア (☞ dog 挿絵).

★ter·rif·ic /tərífɪk/ 形 (名 térror) **1** (略式) すばらしい: That party was ~. そのパーティーはとてもよかった. **2** ものすごい: He was driving his car at a ~ speed. 彼は猛烈なスピードで車を運転していた.

ter·rif·i·cal·ly /tərífɪkəli/ 副 **1** (略式) すばらしく. **2** ものすごく.

ter·ri·fied /térəfàɪd/ 形 怖がった, おびえた (at): You look ~. あなたはおびえているようだ / He was ~ of being bitten by the dog. 彼はその犬にかまれないかとおびえていた. **2** (…しないかと)ひどく恐れて, 不安がって (to do) (☞ terrify): They were ~ (that) the tower would collapse. 彼らは塔が倒れないかと恐れた.

ter·ri·fy /térəfàɪ/ 動 (-ri·fies /~z/; -ri·fied /~d/; -fy·ing; 名 térror) 他 〈…〉を恐れさせ, 怖がらせ, おびえさせる; 脅して…させる (☞ frighten 類義語): The people at the hotel *were terrified by* the earthquake. <V+O の受身> ホテルにいた人たちはその地震で胆(きも)をつぶした / They **terrified** her *into* telling them the secret. <V+O+into+動名> 彼らは彼女を脅して秘密を明かさせた.

tér·ri·fy·ing 形 ぞっとするような, 恐ろしい. **~·ly** 副 恐ろしいほどに; 非常に.

ter·rine /təríːn/ 名 C,U テリーヌ(肉・魚をペースト状にして調味し蒸し焼きにしてさました料理).

†ter·ri·to·ri·al /tèrətɔ́ːriəl⁺/ 形 (名 térritòry) **1** [比較なし] 領土の; 土地の: ~ disputes 領土紛争. **2** (動物などが)縄張り行動をする.
—— 名 C [T-] (英) 国防義勇兵.

Territórial Ármy 名 [the ~] (英) 国防義勇軍.

ter·ri·to·ri·al·i·ty /tèrətɔ̀ːriǽləti/ 名 U **1** 領土であること. **2** (動物などの)縄張り行動.

ter·ri·to·ri·al·ly /tèrətɔ́ːriəli/ 副 領土上は.

territórial wáters 名 [複] 領海.

★ter·ri·to·ry /térətɔ̀ːri | -təri, -tri/ T2 名 (-to·ries /~z/; 形 tèrritórial) **1** C,U 領土, 領地: Japanese ~ 日本の領土 / trust territory.

2 C,U (広い)地域, 地方 (region): In the past, there were many uninhabited *territories* in the world. 昔は無人の地域が世界にはたくさんあった.

3 U,C 受け持ち[担当]地区, (セールスマンなどの)受け持ち区域; 縄張り, 勢力範囲; (動物などの)テリトリー: Most baseball teams play better on (their) home ~. たいていの野球チームはホームグラウンドのほうがよい試合をする. **4** U,C (学問・活動などの)分野, 領域 (field): the ~ of physics 物理学の分野 / outside ...'s ~ (人)の専門外. **5** [T-] (米国・カナダ・オーストラリアの)準州. 語源 ラテン語で元来は「町の周りの土地」の意. **cóme [gó] with the térritory** 動 自 (危険などが)(当然)避けられない.

★ter·ror /téra | -rə/ (同音 tear¹,², teller) T3 名 (~s /~z/; 形 térrible, terrífic, 動 térrify, térrorìze) **1** U,C (非常な)恐怖, 怖さ (☞ fear 類義語): I was frozen with (sheer) ~. 私は(全くの)恐怖で身が凍った / The little girl fixed her eyes on the snake *in* mute ~. 少女は声も出せないほど怖(こわ)がって蛇を見つめていた / suffer many ~s さまざまな恐怖を味わう.

2 C 恐怖の種, 恐ろしいこと, 恐ろしい人[物]: That criminal was ³a ~ to⁵ the ~ of⁶ everyone in the country. その犯人は国中の人々の恐怖の種[的]だった. **3** U テロ行為. **4** C (略式)大変やっかいな子供[動物], うるさいやつ (holy terror). **hàve a térror of ...** 動 他 〈…(すること)〉をひどく恐れる (doing). **hóld nò térrors for ...** 動 他 (格式)…を怖がらせない. **in térror of one's lífe** 形,副 殺されはしないかと恐れて. **líve in térror of ...** 動 他 …(すること)をひどく恐れる[心配する] (doing). **stríke térror ìnto ...** 動 他 …を恐怖に陥れる.

★ter·ror·ism /térərìzm/ 名 U テロ行為; 恐怖政治: fight ~ テロと闘う.

★ter·ror·ist /térərɪst/ 名 (-ror·ists /-rɪsts/) C テロリスト, (政治的な)暴力主義者: arrest armed ~s 武装テロリストを逮捕する.

ter·ror·i·za·tion /tèrərɪzéɪʃən | -raɪz-/ 名 U 威嚇, 弾圧.

ter·ror·ize /térəràɪz/ 動 (名 térror) 他 (脅迫・暴力などにより)〈…〉を恐ろしがらせる, 脅(おど)す: He *was* ~*d into* leaving office. 彼は脅されて辞職した.

térror-strìcken, -strùck 形 恐怖におびえた.

ter·ry /téri/, **térry clòth** 名 U テリー布(両面のけばを切らずに残した布地; タオルなどに用いる).

Ter·ry /téri/ 名 固 テリー《男性の名; Terence の愛称》.

terse /tə́ːs | tə́ːs/ 形 (térs·er; térs·est) [しばしばけなして] (文体・表現が)簡潔な; そっけない. **～·ly** 簡潔に; そっけなく. **～·ness** 名 簡潔さ; そっけなさ.

ter·ti·ar·y /tə́ːʃièri | tə́ːʃ(i)əri/ 形 1 《格式》第三(番)の, 第 3 位[次]の: ～ industry 第三次産業. 関連 primary 第一番の / secondary 第二の. 2 《医》第三度[期]の.

tértiary càre 名 U 三次医療《高度な専門的医療》.

tértiary educátion 名 U 《英》高等教育(higher education).

Ter·y·lene /térəlìːn/ 名 U 《英》テリレン《合成繊維の一種; 商標》《米》Dacron》.

TESL /tésl/ 名 U 第二言語としての英語教授《teaching English as a second language の略; ⇨ acronym》.

TESOL /tíːsɔːl | -sɔl/ 名 U 他言語話者の英語教育《teaching English to speakers of other languages の略; ⇨ acronym》.

Tess /tés/, **Tes·sa** /tésə/ 名 固 テス, テサ《女性の名; Teresa または Theresa の愛称》.

tes·sel·lat·ed /tésəlèiṭɪd/ 形 《床・舗道などを》切りばめ細工になった, モザイク[インターロッキング]の.

tes·sel·la·tion /tèsəléiʃən/ 名 C モザイク模様.

＊**test** /tést/ 名 (tests /tésts/) C 1 テスト, 試験, 検査, 《～ examination 表》; 試し: an English ～ 英語のテスト / an oral ～ 口述試験, 面接 / a written ～ 筆記試験《ペーパーテスト》. 日英比較 「ペーパーテスト」は和製英語 / ～ results 試験の結果 / He passed [failed] the history ～ [the ～ *in* [*on*] history]. 彼は歴史の試験に通った[落ちた] / fail 語法 / We are going to do [carry out] a ～ *of* the engine tomorrow. あすエンジンのテストをする予定だ. / "How did you do *on* [《英》*in*] the math ～?" "I got 80%." 「数学の出来はどうだった」「8 割できたよ」

──コロケーション──
do [**run, carry out**] **a test** テスト[学校以外で検査]をする
fail a test テストで不合格になる, テストに落ちる
give (...) **a test** (人に)…のテストを行なう
have a ... test (...の)テストがある
pass a test テストに合格する
prepare [**make up**, 《英》**set**] **a test** テスト[問題]を作成する
take [《英》**sit (for)**] **a test** 学校でテストを受ける

2 《医療などでの》検査, 調査; 分析: a ～ *on* a new material 新素材の検査 / ～ results 検査の結果 / The doctor did [ran, carried out] 「a ～ *for* AIDS [an AIDS ～]. 医者はエイズ検査をした.

──test 1, 2 のいろいろ──
achíevement tèst 学力検査 / **áptitude tèst** 適性検査 / **blóod tèst** 血液検査 / **endúrance tèst** 耐久力テスト / **héaring tèst** 聴力検査 / **intélligence tèst** 知能検査 / **róad tèst** 路上テスト, 《米》運動免許試験

3 試すための手段, 試金石, 標準: Teaching is the best ～ *of* one's scholarship. 人にものを教えることが自分の学力のいちばんの試金石となる. **4** 《英》 =test match.

pút ... to the tést [動] 他 〈...〉を試験する, 試す.
stánd the tést [動] 自 試練に耐える: *stand the* ～ *of time* 時の試練に耐える.

── 動 (tests /tésts/; test·ed /-ɪd/; test·ing) 他 1 〈...〉を**テストする**, 〈...〉の試験[検査, 実験]をする; 〈...〉を試す, 〈...〉の試練になる: The driver ～*ed* the engine. 運転手はエンジンをテストした / The teacher ～*ed* us *on* [*in*] spelling. ＜V+O+*on* [*in*]+名・代＞ 先生は私たちにつづりのテストをした / New drugs *are* often ～*ed on* animals. ＜V+O+*on*+名・代の受身＞ 新薬はしばしば動物実験にかけられる / Misfortunes ～ a person's character. 不幸にあって初めて人の人格[性格]がわかる.
2 〈...〉を**検査する**; 〈...〉の分析をする: He ～*ed* the tires *for* holes. ＜V+O+*for*+名・代＞ 彼は穴がないかタイヤを調べてみた / I had my eyes ～*ed*. 私は検眼してもらった. ── 自 1 検査する, テストをする; (石油などの)有無を調べる: They ～*ed* 'for pollution in the water. 彼らは水の汚れを検査した / T～ing. One, two, three. How am I coming through? ただ今マイクの試験中, 本日は晴天なり. 声の通りはどうですか. 日英比較 マイクの試験の下で日本語の「本日は晴天なり」に相当するのが "One, two, three." **2** 検査の結果が…となる: He ～*ed* negative [positive] *for* HIV. 彼は HIV 検査の結果陰性[陽性]と出た. **Just tésting.** S (1) (知っているかどうか)ちょっときいただけさ. (2) ためしに言ってみただけさ(指摘された自分の誤りをごまかして).

test·a·ble /téstəbl/ 形 テスト[検査, 検証]できる.
＊**tes·ta·ment** /téstəmənt/ 名 1 C U 《格式》証拠 (to). **2** C 《法》遺言, 遺書《普通は one's last will and ～ という》. **3** [T-] 聖書: the New [Old] T～ 新[旧]約聖書.

tes·ta·men·ta·ry /tèstəménṭəri, -tri/ 形 《法》遺言の; 遺言書による.

tes·tate /tésteɪt/ 形 《法》(人が)遺言を残した.
tes·ta·tor /tésteɪtə | testéɪtə/ 名 C 《法》遺言者.
tes·ta·trix /testéɪtrɪks, testéɪ- | testéɪ-/ 名 (複 **tes·ta·tri·ces** /testéɪtrəsìːz/) C 《法》遺言者(女性).

tést bàn 名 C 核実験禁止(協定).
tést càrd 名 C 《英》= test pattern.
＊**tést càse** 名 C 1 《法》試訴. 2 先例となる事例, テストケース (for).

tést certíficate 名 C 《英》車検証.
tést-drìve 動 (**-drives**; 過去 **-drove** /-dróov/; 過分 **-driv·en** /-drív(ə)n/; **-driv·ing**) 他 〈車〉を試運転する. ── 名 C 《車の》試乗 (road test).

test·ee /testíː/ 名 C 受験者.
＊**test·er** /téstə | -tə/ 名 C 1 試験者; 試験器[装置], テスター. **2** 《香水などの》試供品.
testes 名 testis の複数形.
tést flìght 名 C 試験飛行.
tést-flý 動 (**-flies**; 過去 **-flew**; 過分 **-flown**) 他 〈飛行機〉を試験飛行する.
＊**tes·ti·cle** /téstɪkl/ 名 C 睾丸(こうがん).
tes·tic·u·lar /testíkjʊlə | -lə/ 形 睾丸の.
＊**tes·ti·fy** /téstəfàɪ/ 動 (**-ti·fies** /-z/; **-ti·fied** /-d/; **-fy·ing**) 自 1 証言する(特に法廷で) (about); 《格式》証明する: The neighbors *testified against* [*for*] me. ＜V+*against* [*for*]+名・代＞ 近所の人々は私に不利な[有利な]証言をした / The teacher *testified* to his ability. ＜V+*to*+名・代＞ 先生は彼に能力があることを保証した.
2 《格式》(物事が)(…の)証拠となる, 示す: The beauty of this garden *testifies to* the designer's love of nature. ＜V+*to*+名・代＞ この庭園の美しさは設計者の自然への愛情を示すものである. **3** 《米》 証(あかし)する《神に救われた経験を人前で語る》.

── 他 1 〈...〉を証言する; 《格式》〈...であること〉を証明する: The waitress *testified* (*that*) the man had paid the bill in cash. ＜V+O (*that* 節)＞ ウェートレスはその男が現金で勘定を払ったと証言した. **2** 《格式》(物事が)〈...〉という証拠となる, 〈...であること〉を示す: Her behavior *testified that* she was anxious. 彼女の様子から不安な気持ちでいることがわかった. 用法注意 Her behavior testified her anxiety. とは言わない.

tes・ti・ly /téstəli/ 副 怒りっぽく, つっけんどんに.

†tes・ti・mo・ni・al¹ /tèstəmóuniəl←/ 名 C (人物・資格などの)証明書, 推薦状[文], 推薦のことば (to) (☞ reference 3 [日英比較]). **2** 感謝[表彰]状, 賞状; 功労表彰の贈り物 (to); = testimonial game [match].

tes・ti・mo・ni・al² /tèstəmóuniəl←/ 形 (法定での)証言の.

testimónial gàme [màtch] 名 C (引退)表彰試合 (選手の功績をたたえて収益金の一部を贈る).

*tes・ti・mo・ny /téstəmòuni | -məni/ 13 名 (-mo-nies /~z/) **1** U.C (法廷で宣誓の上で行なう)証言 (☞ protest [類義]): She gave [offered] ~ *that* her husband had been at home all that day. <N+*that* 節> 夫はその日一日中家にいたと彼女は証言した / He gave ~ *against* [*for*] the defendant. 彼は被告に不利[有利]な証言をした. **2** [U または ~] 証明, 現われ; 証拠 [言換え] Her smile was (a) testimony of [to] her consent. =Her smile was testimony that she consented. 彼女のほほえみは同意の現われだった.

tes・ti・ness /téstinəs/ 名 U 短気, 怒りっぽいこと.

*test・ing /téstɪŋ/ 形 非常に難しい, (状況・問題などが)能力を試されるような: This is a very ~ time for the industry. 今は業界にとり大変厳しい時だ.
— 名 (~s /~z/) U.C テスト(すること); 試験, 実験, 検査: the ~ of an engine エンジンのテスト.

tésting gròund 名 C **1** (車などの性能を見る)試験場. **2** (新しい物事の)実験の場.

tes・tis /téstɪs/ 名 (複 **tes・tes** /téstiːz/) C 【解】= testicle.

tést màrket 名 C テストマーケット (新製品を試験的に販売する限定地域).

tést-màrket 他 (商品の受け止められ方を見るために)<新製品など>を試験的に市場導入する.

†tést mátch 名 C (英) (ラグビー・クリケットなどの)国際選手権試合, テストマッチ.

†tes・tos・ter・one /testástəròun | -tós-/ 名 U (生化)テストステロン(男性ホルモン).

tést pàper 名 **1** C 試験問題用紙; 試験答案. **2** U (化) 試験紙.

tést pàttern 名 C (米) テストパターン (テレビの映像調整のために送られる固定した画面) ((英) test card).

†tést pílot 名 C テストパイロット.

tést rún 名 C =trial run.

†tést tùbe 名 C 試験管.

tést-tùbe bàby 名 C 試験管ベビー, 体外受精児.

tes・ty /tésti/ 形 (**tes・ti・er; -ti・est**) (人が)短気な; (ことばが)つっけんどんな.

tet・a・nus /tétənəs, tétnəs/ 名 U (医) 破傷風 ((略式) lockjaw).

tetch・i・ly /tétʃɪli/ 副 気難しく.

tetch・i・ness /tétʃinəs/ 名 U 怒りっぽさ, 気難しさ.

tetch・y /tétʃi/ 形 (**tetch・i・er; -i・est**) 怒りっぽい, 気難しい (with).

tête-à-tête /tèɪtətéɪt, tèɪtɑːtéɪt←/ 《フランス語から》 (格式) 副, 形 A 二人だけで[の], 内密に[の]. — 名 C 対談, 密談.

†teth・er /téðɚ | -ðə/ 名 C **1** (牛・馬などをつなぐ)つなぎ縄[鎖]. **2** 限界, 範囲. 「**be at [cóme to] the énd of one's téther** [動] (主に英) =be at the end of one's rope (☞ rope 成句). — 他 <…> をつなぎ縄[鎖]でつなぐ; 束縛する (to).

téth・er・bàll /téðɚ- | -ðə-/ 名 U テザーボール(球技).

Té・ton Ránge /tíːtɑn-, -t(ə)n- | -tɔn-/ 名 固 [the ~] ティートン山脈 (米国 Wyoming 州北西部の山脈).

tet・ra /tétrə/ 名 (複 ~, ~s) C テトラ (南米淡水産の小型で明るく輝く熱帯魚).

texting 1829

tet・ra- /tétrə/, **tetr-** /tétr-/ 接頭 「4」の意: *tetra*syllable 4音節語.

tet・ra・cy・cline /tètrəsáɪkliːn/ 名 U テトラサイクリン(抗生物質の一種).

tet・ra・he・dron /tètrəhíːdrən/ 名 (複 ~**s, tet・ra・he・dra** /-híːdrə/) C (幾) 四面体.

tet・ram・e・ter /tetrǽmətə | -tə/ 名 C (韻) 4歩格(の詩行).

tet・ra・pod /tétrəpɑd | -pɔd/ 名 C (4脚の)消波ブロック (日本語の「テトラポッド」は商標).

Teu・ton /t(j)úːtn | tjúː-/ 名 **1** C チュートン人; [the ~s] チュートン族《ゲルマン民族の一派; ドイツ・オランダ・スカンジナビアなどの北欧民族》. **2** C ドイツ人.

Teu・ton・ic /t(j)uːtánɪk | tjuːtɔ́n-/ 形 **1** チュートン人[民族]の, ゲルマン人[民族]の; ゲルマン語の. **2** [普通は A] (滑稽) (性質などが)ドイツ人(特有)の: ~ thoroughness ドイツ的な徹底さ.

Tex. 略 =Texas.

Tex・a・co /téksəkòu/ 名 固 テキサコ (米国の石油会社).

Tex・an /téks(ə)n/ 形 テキサス州(人)の. — 名 C テキサス州人.

Tex・as /téksəs/ 名 固 テキサス (米国南部の州; 略 Tex., (郵) TX; 俗称 the Lone Star State; ☞ America 表, 表地図 F 4; その広さからテキサスの物はなんでも大きいというイメージがある).

Téxas léaguer 名 C (野) テキサスヒット.

Téxas Rángers 名 [the ~] テキサスレンジャー(1835年にテキサスで組織された騎馬警備隊).

Téxas tòast 名 U テキサストースト(大きくて厚いトースト).

Tex-Mex /téksméks←/ 形 (米略式) (文化・料理などが)アメリカとメキシコの要素がまじり合った.

*text /tékst/ 名 (**texts** /téksts/; 形 **téxtual**)

「練った文」(☞ 語源) → 「原文」**2** → 「本文」**1**

1 U **本文** (序文・注釈・解説などに対して; ☞ text-book [日英比較]); 文書, テキスト (画像・音声などに対して): This book contains too much ~ and not enough pictures. この本は文字が多すぎて挿絵が十分に入っていない / The whole ~ *of* his speech will be published. 彼の演説の全文が出版されるだろう.

2 C 原文, 原典 (翻訳などに対して); (校訂された)版本: the original ~ *of* The Arabian Nights' Entertainments 『千夜一夜物語』の原典. **3** C (試験問題などの)本文. **4** C (討論などの)題目, 主題 (topic); (説教の題目などとなる)聖書の引用句 (*for*). **5** C (米) = textbook. [語源] ラテン語で「織られた物」の意; textile, texture, tissue と同語源.
— 他 (携帯電話で)<人>にメールを送る.

*text・book /téks(t)bùk/ 名 (~**s** /~s/) C **教科書**, テキスト ((英) coursebook): Open your ~s to [((英) at] page ten. テキストの 10 ページを開きなさい. [日英比較] text は普通は「本文」の意味で日本語の「テキスト」に相当するのは textbook. ただし text が「教科書」の意味で使われることもある. — 形 A 教科書的な, 模範的な; 典型的な: a ~ case [example] 典型的な例.

téxt èditor 名 C (電算) 文書編集プログラム, テキストエディター.

téxt fìle 名 C (電算) テキストファイル (文字データを収めたファイル).

*tex・tile /tékstaɪl/ 13 名 (~**s** /~z/) **1** C 織物 (cloth), 繊維 (☞ text 語源): woolen ~s 毛織物 / a ~ factory 織物工場. **2** [複数形で] 織物[繊維]業.

text・ing /tékstɪŋ/ 名 U (携帯電話による)メールの送

受信.

téxt mèssage 名C (携帯電話で送受信する)通信内容.

téxt mèssaging 名U =texting.

téxt prócessing 名U (電算) テキスト処理.

tex·tu·al /tékstʃuəl/ 形 (名 text) [普通は A] 本文の; 原文(上)の, 原文どおりの.

tex·tur·al /tékstʃərəl/ 形 きめの, 織地の; 組織上の.
-al·ly /-rəli/ 副 きめの点で; 組織上は.

***tex·ture** /tékstʃə/ -tʃə/ 名 (~s /-z/) C,U **1** (織物の)手ざわり, (織物の)織り具合; 生地 (☞ text 語源). **2** (皮膚・木材などの)きめ, (飲食物の)舌ざわり, 歯ごたえ. **3** (作品などの)特質, 質感.

†**téx·tured** 形 **1** (表面が)ざらざらの, 粗い. **2** [主に合成語で] (…な)織りの, 織り方[きめ]が…の, …織りの: fine-textured 細かく織った.

téxtured végetable prótein 名U 植物性たんぱく質 (大豆から搾る肉の代用品; 略 TVP).

TGIF 略 =Thank God it's Friday. (☞ Thank God! (thank 成句)の例文).

TGV /tí:dʒi:ví:/ フランス国鉄の超高速列車.

Th. 略 =Thursday.

-th[1] /θ/ 接尾 **1** four 以上の基数につけて序数をつくる ((☞ number 表)): four (4) → fourth (第4の) / eleven (11) → eleventh (11番目の). 語法 4th (= fourth), 20th (=twentieth) のように数字にもつけて序数を表わす. **2** [形容詞・動詞につく抽象名詞語尾] 「…の性質・状態・動作」の意: truth 真実 / warmth 暖かさ / growth 生長.

-th[2] /θ/ 接尾 (古語) または (聖) =-eth.

Thack·er·ay /θǽk(ə)ri/ 名 固 William Makepeace /mérkpi:s/ ~ サッカレー (1811-63) (英国の小説家; ☞ Vanity Fair).

Thai /táɪ/ 名 **1** C タイ人. **2** U タイ語. — 形 タイの; タイ人の, タイ語の.

Thai·land /táɪlænd/ 名 固 タイ (アジア南東部の王国; 首都 Bangkok).

thal·a·mus /θǽləməs/ 名 (複 thal·a·mi /-màɪ/) C (解) 視床 (間脳にあり知覚の伝達に関与).

Tha·les /θéɪli:z/ 名 固 タレス (625?-?547 B.C.) (ギリシアの哲学者・幾何学者・天文学者).

Tha·li·a /θəláɪə/ 名 固 (ギ神) タレイア (牧歌・喜劇の女神; the Muses の一人).

tha·lid·o·mide /θəlídəmàɪd/ 名 U サリドマイド (胎児に悪影響を与える鎮静(催眠)薬).

thal·li·um /θǽliəm/ 名 U (化) タリウム (元素記号 Tl).

Thames /témz/ 名 固 [the ~] テムズ川 (英国 England 南部の川, London を流れて北海 (North Sea) に注ぐ; ☞ 裏地図 G 6). 語源 元来はケルト語で「黒い」川の意. **sét the Thámes on fíre** [動] @ (普通は否定文で) (英略式) =set the world on fire ((☞ world 成句)).

***than** /(弱) ðən/; (強) ðǽn/; (無音 Zen) 接 (従位接続詞) **1** [比較級の後に続けて] …よりも, …に比べて: Bill is taller ~ Mary (is). ビルはメアリーよりも背が高い. / This flower is more beautiful ~ that one (is). この花はあの花よりも美しい.

--- リスニング ---
than の後に母音で始まる語が続くと than の /n/ とその母音とがいっしょになって「ナ」行の音のように聞こえる. than all /ðənɔ́:l/, heavier than it /ðənɪt/ は「ザノーウ」「ザニット」のように聞こえる. 「ザン・オール」, 「ザン・イット」のように発音しない. (語末の /l/ の発音については ☞ つづり字と発音解説 63 参考).

語法 **than+主格の代名詞+(助)動詞**
比較の従属節の動詞はよく省略されるが, than の後に人称代名詞がくる場合は, 次のように be動詞や助動詞などをつける形が好まれる (☞ 前): He is five years older ~ I am. 彼は私より5歳年上だ / She can run faster ~ I can. 彼女は私よりも足が速い.

The sum was much larger ~ he (had) expected. 金額は彼が予想していたよりもはるかに大きかった / He is more brave ~ wise. 彼は賢いというより勇敢である ((☞ more[1] 2 語法)).

2 [other, more, else などの後に続けて] …よりほかの, …よりほかに: Don't you have any pens other ~ these? これらのほかにペンはないのですか / He did nothing more ~ laugh. 彼はただ笑うばかりであった. 語法 次のように except (…を除いて)の意で用いるのは (格式): I had no alternative [option] other ~ (=but) to leave home. 私は家を出るよりほかにしようがなかった.

3 [関係代名詞的に用いて] …よりは: My aunt gave me more ~ I wanted. おばは私が欲しかった以上のものをくれた / Her assistance was more valuable ~ had been expected. 彼女の助力は期待していた以上に貴重だった. **4** [hardly, scarcely の後に] 語法 no sooner … than — との混同によるもので誤用とされる: Scarcely had I left home ~ (=when) it began to rain. 家を出るとすぐに雨が降り出した ((scarcely … when [before] … (scarcely 成句))).

nò sòoner … than — ☞ soon 成句. **nòne óther than …** ☞ none 代, other 形. **nòt (…) óther than —** ☞ other 形 成句. **ráther (…) than —** ☞ rather[1] 2.

— 前 **1** [比較級の後に続けて] (略式) …よりも, …に比べて: He is five years older ~ me. 彼は私より 5 歳年上だ / She can run faster ~ me. 彼女は私よりも足が速い.

--- 語法 **than+目的格の代名詞** ---
(1) than に続く代名詞は後に動詞を伴わないとき, 特に (略式) では主格よりも目的格のほうが普通, このときの than は 前.
(2) しかし次のように後に続く代名詞は主格と目的格とでは意味が違うことがあるので注意: He likes me better ~ she (does) (= ~ she likes me). 彼女(が私を好いている)よりも彼が私を好いている / He likes me better ~ her (= ~ he likes her). 彼は彼女(を好いている)よりも私のほうを好いている (後者の目的格を用いた形で前者の意味 (=than she likes me) を表わすことも (略式) では可能だがその際 than は 前.

---

2 [more, less, fewer などの後に続けて] (ある数量)より(も): It cost me more ~ $ 200. それは 200 ドル以上かかった / It takes less ~ an hour to get there. そこに行くには 1 時間もかからない.

thane /θéɪn/ 名 C (英国アングロサクソン時代の)王の近侍の武士.

thang /θǽŋ/ 名 C [普通は単数形で] (S) (米俗) 「滑稽」 =thing.

***thank** /θǽŋk/ (類音 sank, sunk) 動 (**thanks** /~s/; **thanked** /-t/; **thank·ing**) 他 **1** ⟨…⟩に(親切・好意などの) 礼を言う, ⟨…⟩に感謝する 言い換え I can't ~ you enough.=I don't know how to ~ you. (S) (格式) お礼の申しようもありません / I ~ed my uncle for the present. <V+O+for+名・代> 私はおじにその贈り物のお礼を言った / She ~ed me for coming. <V+O+for+動名> 彼女は私が来たことに感謝した. **2** [皮肉に] ⟨人⟩に(…の)責任があると考える, 責める (blame): You can ~ the government for the latest rise in prices. 最近の物価上昇は

政府のせいだ // ☞ have ... to thank for ―(成句).
hàve (ònly) onesélf to thánk for ... [動] [他] [皮肉] …は自分の責任だ. **hàve ... to thánk for ―** [動] [他] [しばしば皮肉] ―は〈…〉の責任[おかげ]だ.
I'll thánk you for [to dó] **...** [S] 《格式》…をお願いしたい; …してもらいたい. [語法] 傲慢で横柄な響きを持つ. **Nó, thánk you.** ☞ Thank you. の項目の成句. **Thánk Gód!**＝**Thánk góodness!**＝**Thánk héaven(s)!** [感] [S] ありがたい, やれやれ助かった (*for*): *T～ God* it's Friday. ああうれしい, 金曜日だ《明日からは週末(の休み)だ; [略] TGIF》. **Thánk you.** ☞ Thank you. の項目. **wón't thánk ... for dóing** [動] [他] [皮肉]〈…〉が―した[する]ことをよく思わないだろう. **Yóu'll thánk me.** [S] そのうち感謝する日が来るさ, いつかわかるよ.
― [名] [複数形で] ☞ thanks.

⁺**thank·ful** /θǽŋkf(ə)l/ [T1] [形] ([名] thanks) 感謝の気持ちでいっぱいの, 感謝の; ありがたく思う《☞ grateful 類義語》: with a ～ heart 感謝の気持ちで / You should be ～ *to* [(that) you] have been rescued. 救助されたのを感謝しなければいけない / They were ～ *for* her hard work. 彼らは彼女の頑張りに感謝した.

thánk·ful·ly /-fəli/ [副] **1** 感謝して, ありがたく思って. **2** [文修飾語] ありがたいことに, 幸いにも.

thánk·ful·ness [名] [U] 謝意.

thánk·less [形] [A] **1** (仕事などが)ありがたく思われない; 報われない: a ～ task 割の悪い仕事. **2** 《文》(人が)恩知らずの. **～·ly** [副] 恩知らずにも; ありがたく思われずに. **～·ness** [名] [U] 感謝されないこと; 恩知らず.

‡**thanks** /θǽŋks/ [感] 《略式》 ありがとう《Thank you. よりくだけた言い方》: *T～* very much.＝*T～* a lot.＝《やや格式》Many ～. どうもありがとう. [語法] Many thanks. は商業通信文などでしばしば用いる // ***T～ for*** the suggestion. いい考えを教えてくれてありがとう / *T～ for* lend*ing* me your dictionary. 辞書を貸してくれてありがとう.
Nó, thànks. 《略式》いや結構《No, thank you. よりくだけた言い方》: [会話] "Would you like another cup of coffee?" "*No,* ～."「もう 1 杯コーヒーをいかが」「いやもう結構」
― [名] [複] ([形] thánkful) 感謝(の気持ち), 謝意; お礼: She returned the book with ～. 彼女はありがとうと言ってその本を返した / He expressed [extended] his ***～ to*** Mr. Black ***for*** his guidance. 《格式》彼はブラック先生の指導に対してお礼を述べた.

> **コロケーション**
> **bow** one's *thanks* おじぎをして謝意を表わす
> **earn** ...'s *thanks* (人に)感謝される
> **expect** *thanks* お礼を言われることを期待する
> **express** one's [《略式》**say, give**] *thanks* (to ...) (for ―) (人に)(―に対する)感謝を述べる, 謝意を表する
> **smile** one's *thanks* 謝意を笑顔で示す

nó thánks to ... [前] [S] …のおかげではなくて: We finally made it, *no* ～ *to* you. やっとうまくいったよ, 君のおかげじゃないけどね.
thànks to ... [前] …のおかげで, …のせいで (owing to ..., because of ...): *T～ to* her help, I was able to finish it in time. 彼女のおかげでそれを時間までに終えられた. [日英比較] 日本語と同様に, 皮肉な意味にも用いる: We had to stay there for two days, ～ *to* the heavy rain. 大雨のせいで 2 日もそこで足どめをくらった.

⁺**thanks·giv·ing** /θæ̀ŋksgívɪŋ←/ [名] **1** [U] 神への謝恩; [C] 感謝の祈り. **2** [T-] 《米》＝Thanksgiving Day.

⁺**Thanksgíving Dày** [名] [U,C] 感謝祭《米国では 11 月の第 4 木曜日の法定休日 (legal holiday), カナダでは 10 月の第 2 月曜日; ☞ holiday 表》.

‡**Thank you.** /θǽŋkju:/ [感] **1** ありがとう. [語法] 最も普通に感謝の意を表わすことば. 特に格式ばったときは I thank you. ともいう: *Thank you* very [so] much. 大変ありがとうございました. ★ so を使うのは女性の言い方 / ***Thank you*** very much ***for*** invit***ing*** me. お招きいただいてどうもありがとうございます / *Thànk yóu.* どういたしまして(こちらこそありがたいと思っています)《相手が先に Thánk you. と言ったときに言う》/ [会話] "How are you today?" "I feel a little better, *thank you.*"「きょうは具合はいかがですか」「おかげさまで少しよくなりました」/ *Thank you* just the same.＝*Thank you* anyway. とにかくありがとう《相手の努力にもかかわらず, 自分の依頼・要求・希望がかなえられなかったときに言う》.
2 終わり, 以上. [語法] 演説やアナウンスの後で, Thank you for listening. の意味で付ける. **3** [文末で] (せっかくですが)結構です《不承知・不満を表わす》: I can handle it, *thank you.* 自分でやれるので結構です.
Nó, thánk you. 《丁寧》 いいえ, 結構です: [会話] "Won't you have another piece of cake?" "*No, thank you.* I've had enough."「お菓子をもう一ついかがですか」「いいえ, もう結構です, たくさんいただきました」[語法] No と thank you. の間を切らずに続けて発音する.

thánk-yòu [形] [A] 感謝の: a ～ letter *for* a gift 贈り物に対する礼状. **―** [名] [C] 感謝のことば[行為] (*for*).

‡**that**[1] /ðǽt/

> 基本的には「それ」の意《☞ the[1] 囲み》.
> ① あれ, それ [代] **1, 2**
> ② あの, その [形] **1, 2**
> ③ そんなに [副]

― [代] 《指示代名詞》(複 **those** /ðóʊz/) **1** あれ, あの人, それ, その人《話し手から少し離れている物・人, 少し前に見た[聞いた]物・人, 少し前に述べたことなどを指す; ☞ this [代]; it[1] A [日英比較]》: *T～* is my house. あれが私の家だ / I like this better than ～. あれ[それ]よりもこのほうが好きだ / "What's ～ over there?" "It's a hospital." 「あそこのあれは何ですか」「病院です」/ "What was ～?" "Oh, just a door banging, I think."「あの音は何だ」「ああ, ドアがばたんと閉まっただけでしょう」/ "Who's ～ at the gate?" "*T～*'s [It's] Pat, I suppose."「門の所にいるあれは誰だい?」「あれはパットだと思うよ」/ "Who's ～?" "It's (only) me."《物音をたてたりドアをノックしたのに対して》「そこにいるのはだれ[どなたですか]」「私です」/ I cannot agree to ～. 私はそれには同意できない / She became a famous actress, but before ～ she was only a poor salesgirl. 彼女は有名な女優になったが, その前は貧しい店員にすぎなかった / Well, ～*'s* all for today. それでは今日はここまで / *T～'s* right. それでよし, その通り.

this (話し手の近くのもの)	これ, この (話し手の近くのもの)
that (話し手から離れたもの)	それ, その (話し手から離れているが相手の近くのもの)
	あれ, あの (話し手からも相手からも離れたもの)

☞ there[2] 表.

[語法] [代] の that を人に用いる場合は普通 be 動詞の

主語の時に限られる：Look at *that* man over there.（あそこの人をごらん）とは言うが，人を指して Look at *that* over there. とは言わない.

2 [同じ単数形の名詞を繰り返す代わりに用いて]《格式》(…の)それ (☞ those [代] 2).

[語法] しばしば that of …の形をとる：The *population* of Germany is larger than ～ (＝the population) *of* France. ドイツの人口はフランスのそれ[人口]よりも多い / The *climate* in my country is like ～ (＝the climate) *of* Italy. 私の国の気候はイタリアのそれ[気候]と似ている.

3 [関係代名詞 which の先行詞として]《格式》(…である)もの[こと]，(…する)もの[こと]：*T*～ *which* is most important in life is not money but love. 人生で最も大切なものは金ではなく愛である. [語法] これは堅苦しい言い方で，普通は that which の代わりに what を用いる.

áll thát [代] 全部(の数[量]).

and áll thát Ⓢ《英略式》そのほか何やかやと.

and thát (1)《文》しかも《前文を受け，それを強調する》：He'll give you nothing but advice, *and* ～ very seldom. 彼は助言しかしてくれまい. それもごくたまに. (2) Ⓢ《英非標準》＝and all that.

at thát [副] (1) その点で，そのままで. (2) Ⓢ それも(また)，しかも：He has bought a car, and a Cadillac *at* ～. 彼は車を買った，それもなんとキャデラックを. (3) もしかすると. (4) ＝with that.

thàt ìs [副] [つなぎ語] [普通は文頭・文中に用いて] (1) つまり，すなわち《例・説明を示すための表現で学術書・専門書などでは i.e. と略されることがある》：It happened three years later, ～ *is* in 2005. それは 3 年後，すなわち 2005 年に起こった. (2) より正確に言えば.

… thàt ìs, Ⓢ (…ではなくて)…《ニュースなどで前の語句を訂正するときに用いられる》：Mr. Hart—Mr. Heath, ～ *is*. ハート氏，失礼，ヒース氏です.

thàt is to sày ＝that is.

Thát's abòut ít.《略式》まあそんなところだ.

Thàt's … for you. Ⓢ [相手の注意を引いて] ほら…ですよ；[しばしば皮肉やあきらめの気持ちで] そういうことが…にはよくあることだ[…の困ったところだ]，…とは恐れ入る：*T*～*'s* life [John] *for you*! それが人生というものですよ[ジョンらしいところだ].

Thàt's ít. Ⓢ (1) それです，そのとおり；それが問題[理由]だ. (2) それが望みのものだ；(それ)その調子. (3) これ[それ]でおしまいだ；もうたくさんだ.

thàt's thát Ⓢ [特に決意を示して] それでおしまいだ[決まった]：I'm not doing it, and ～*'s* ～! 私はやらない，それで決まり.

with thát [副] そう言って；そこで，それから："I must be going now." *With* ～ she left the room.「もう行かなくっちゃ」彼女はそう言って部屋を出た.

— [形]《指示形容詞》(複 **those** /ðóʊz/) **1** あの，その《話し手から少し離れている物・人，少し前に見た[聞いた]物・人，少し前に述べたことなどを指す；☞ this [形]》

[日英比較] the よりも指す力が強いので，日本語の「その」に相当するのは the よりも that であることがしばしばある (☞ the[1] 1 [日英比較]).

T～ car is mine. あの[その]車は私のだ / Shall we buy this book or ～ one? この本を買いましょうか，それともあの[その]本にしましょうか.

[語法] **that＋名詞＋of＋所有代名詞**
(1) that を所有格と並べて *that my* dog, *my that* dog などとすることはなく，***that*** dog ***of mine*** [***yours, ours, his, hers, theirs***] のようにいう. 複数形の those も同じ (☞ mine[1] 成句).
(2) この言い方には軽蔑・怒りなどの感情が含まれることがある：I hate to see ～ long nose *of his*. あいつのあの大きい鼻は見るのもいやだ.

2 [that … which [who] — として関係代名詞の先行詞を修飾して]《格式》(—である)その…，(—する)その…，(—する)例の….

[語法] **that＋名詞＋(which [who])**
(1) the よりも意味が強い：He ruled only ～ small part of France *which* is [was] called Normandy. 彼はフランスのうちでノルマンディーと呼ばれる小さな地域を支配しただけだった. (2) 関係代名詞が省略される場合もある：Who was ～ woman (who) you were talking with? あなたが話をしていた女性はだれですか.

— /ðǽt/ [副] Ⓢ《略式》**1** [しばしば疑問文・否定文で] そんなに，それほど，あんなに，その程度 (so) (☞ this [副])；あまり (…でない)：I can*'t* walk ～ fár. そんなに遠くへは歩けない / Actually the problem is *not* (all) ～ símple. 実際には問題はそれほど簡単ではない (☞ not all that … (all [副] 成句)) / The boy was about ～ táll. その子はあのくらいの背丈(せたけ)だった《身ぶりと共に用いる》. **2**《英》とても…なので (so … that)：I was ～ sleepy I couldn't read. ひどく眠くて本を読んでいられなかった.

(àll) thát mùch [名]《略式》それほど多く(のこと)：I haven't got (*all*) ～ *much* left to do. やるべきことはそれほど残ってない.

(áll) thàt mùch … [形]《略式》そんなに多くの(量の)…：I had never seen ～ *much* ice. そんなに大量の氷を見たことがなかった. — [副]《略式》それだけ[ほど]…：She was not (*all*) ～ *much* taller than me. 彼女は私よりそれほど背が高くなかった.

thàt màny ☞ many 成句.

that[2]

/(弱) ðət/ ([類音] the[1,2], #their, #there[1], #they're) [接]《従位接続詞》

A [名詞節を導いて] (…である，…する)**ということ**. **1** [文中で他動詞の目的語となる名詞節を導く]：(1) I believe (～) he is a great scholar. 私は彼が偉大な学者であると信じている / I suspected (～) there had been an accident. 私は事故があったのではないかと思った.

[語法] (1) **that の省略**
《略式》では that はよく省略される (☞ ellipsis [文法] (1) (vi)). ただし that に導かれる名詞節が 2 つ以上並ぶときには 2 番目以下の that は文意を明瞭(めいりょう)にするために省略しないのが普通. 次の例を比較：Tom said (～) there was urgent business and ～ he had to call on them. トムは急用があって彼らを訪問しなければならぬと言った / Tom said (～) there was urgent business and he had to call on them. トムは急用があると言ったが，彼らを訪問しなければならなかったのだ.
(2) 形式目的語の it が先に立つ場合は that 節は他動詞の意味上の目的語となる (☞ it[1] B 3)：I think *it* natural ～ he should say so. 彼がそう言うのはもっともだと私は思う.

(2) [間接話法で] [語法] 平叙文を間接話法で表わすときに用いられ，《略式》では省略されることが多い (☞ A 1 (1) [語法] (1))：[言い換え] John told me (～) he was going to call on me in a few days.《間接話法》(＝John said to me, "I'm going to call on you in a few days."《直接話法》) ジョンは私を 2, 3 日中に訪ねるつもりだと言った.

2 [文中で主語となる名詞節を導く]：*T*～ she once

lived in Utah is true. 彼女が昔ユタに住んでいたというのは事実だ. [語法] このように that を文中で主語となる名詞節を導くのに用いるのは《格式》; 普通は形式主語の it を先頭にする: *It* is true *that* she once lived in Utah.

[構文]「It is＋形容詞＋that 節」をとる形容詞

[例] *It is* almost *certain that* they will sign the contract. 彼らが契約にサインするのはほぼ確実だ.
clear (…であるのは)明白である / **important** (…することが)重要である / **likely** …しそうである / **natural** (…することは)当然である / **necessary** (…することが)必要である / **possible** (…ということは)起こりうる, …かもしれない / **proper** (…するのは)適当である / **sad** (…であるのは)悲しい / **strange** (…であるのは)奇妙である / **surprising** (…であるのは)驚くべきことである

3 [文中で主格補語となる名詞節を導く]: The trouble is ～ we are short of money. 困ったことに金が足りない // ☞ The fact is (that) … (fact 成句).

[構文]「the [one's]＋名詞＋is＋that 節」をとる名詞

[例] *The problem is that* I can't drive. 問題は私が車を運転できないことだ.
aim 目的 / **belief** 信念 / **conclusion** 結論/ **difficulty** 困難なこと / **fear** 不安 / **guess** 推測 / **hope** 望み / **idea** 考え/ **point** 要点, 主張 / **result** 結果 / **thing** 重要なこと / **truth** 事実 / **view** 見方

4 [名詞と同格になる節を導く]: The *news* ～ his son had been killed was a great shock to him. 息子が殺されたという知らせは彼にはすごいショックだった / The actress hid the *fact* ～ she was married. 女優は結婚していることを隠していた / Nothing can change my *belief* ～ he is right. 何があっても彼が正しいという私の信念は変わらない.

[構文]「名詞＋that 節」をとる名詞

[例] The *report that* a plane had crashed worried us. 飛行機が墜落したという報道に我々は心配した.
explanation (…するという)説明 / **evidence** (…だという)証拠 / **fear** (…ではないかという)不安 / **feeling** (…だという)感じ / **hope** (…する)望み / **idea** (…だという)考え / **information** (…だという)情報 / **opinion** (…だという)見解 / **promise** (…するという)約束 / **proposal** (…しようという)提案 / **rumor** (…だという)うわさ / **sense** (…だという)感じ / **suggestion** (…すべきだという)提言 / **thought** (…だという)考え / **view** (…だという)見解 / **warning** (…だという)警告

5 [except, in などの前置詞の目的語となる節を導く《☞ in that … (成句)》]: Her room is very nice *except* ～ it is rather too small. 彼女の部屋は少し狭すぎる点を除いてはとてもいい.

B [副詞節を導いて] **1** [so that … can [may, will] —, in order that … may — などとして目的を示して] (…が)—できるように, —するように, —するために: You should work hard (*so*) ～ you *can* pass the exam. 試験に受かるように一生懸命勉強しなさい / He hurried to the station *so* ～ he *would* not miss the last train. 彼は最終列車に遅れないように駅へ急いだ.

[語法] 上の例文で so を省略するのは《格式》.《略式》では that の方を略すことが多い《☞ so that … can do (so[1] 成句)》// She went out of the room *so* ～ they *could* talk freely among themselves. 彼女は彼らだけで自由に話ができるように部屋から出た.

2 [so … that —, such … that — として結果・程度を示す] (とても)…なので—する[である]; —なほど(とても)…である: I'm *so* tired (～) I can't walk any further. 私はとても疲れたのでもうこれ以上歩けない. [語法] この表現の that を省略するのは主に《略式》// He was *so* moved by the lecture ～ he made up his mind to become a doctor. 彼はその講演にとても感動して医者になる決心をした / You are not *so* sick ～ you can't go to school. あなたは学校に行けないほどの病気ではない / She was *such* a good girl ～ she was loved by everybody. 彼女はとてもよい子だったので皆にかわいがられた. [語法] so の次には形容詞・副詞・過去分詞が来るだけだが, such のあとには形容詞だけでなく必ず名詞を伴う.

3 [形容詞に続く節を導いて] (…である)ことを, (…である)ことについて, …なので.

[語法] この場合 that はしばしば省略される: I am afraid (～) she will not come. 彼女は来ないのではないかと思う / We are sorry (～) you cannot stay here any longer. もっと長くここにいていただけないのは残念です / I am very happy (～) you have agreed to my proposal. あなたが私の提案に同意してくれてとてもうれしい.

[構文]「be＋形容詞＋(that) 節」をとる形容詞

[例] *Are* you *sure* (*that*) you turned the gas off? ガスは確かに消しましたか.
aware (…であることに)気づいている / **careful** (…するように)注意している / **confident** (…であると)確信している / **disappointed** (…であるので)がっかりしている / **glad** (…であるので)喜んでいる / **proud** (…であることを)誇りに思う / **sad** (…であるので)悲しい / **surprised** (…であるので)驚いている

4 [it is [was] … that — で副詞(句)を強調する; ☞ it[1] A 6, emphasis [文法] (4)]: *It was* on Friday ～ I bought the book. 私がその本を買ったのは金曜日でした《I bought the book on Friday. の on Friday を強調》. **5** [判断の根拠となる節を導いて, 驚き・意外・残念などの気持ちを表わす] (…である, …する)とは: Are you mad ～ you *should* say such a thing? そんなことを言うなんて気でも狂ったの《☞ should A 7》/ *T*～ he *should* behave like this! 彼がこんなふるまいをするとは. **6** [否定語の後で] …する限りでは: He *never* came ～ I know of. 彼は私の知る限りでは来なかった《☞ Not that I know of (know 成句)》. **7** [願い・祈りなどを表わす節を導いて]《文》…だとよいのに《☞ Oh that …! (oh[1] 成句)》.

in that … [接]《文》(1) …という点で: Men differ from animals *in* ～ they can think and speak. 人は考えて話せるという点で動物と違う. (2) …であるから (because). **it's jùst thàt …** Ⓢ ただ…なだけだ《理由を述べる》: I want to go, but *it's just* ～ I'm a little tired. 行きたいけどちょっと疲れてるもんで(失礼させてもらうよ). **nót that …** ☞ not 成句.

***that**[3] /(弱) ðət/ ([類音] the[1, 2], #their, #there[1], #they're) [代]《関係代名詞》**1**

[語法] 関係代名詞としての使い方
(1) 人および物・事柄を表わす語を受け, 制限用法だけに用いられる. which よりはやや《略式》的な言い方《☞ which[2] 1 [語法] (1)》.
(2) 先行詞に all, every, any, only, no または形容詞の最上級, 序数詞などがつくとき, また先行詞自体が all, 形容詞の最上級, 序数詞であるときは通例 that が用いられる. ただ先行詞が人を表わす語であるときは who が普通《☞ who[2] 1 (1) の最後の 2 つの例文および (3) の最後の例文》.

(1) [関係詞節 (that に続く節)の中で主語となる]…である—, …する—: *The hand* ～ *rocks* the cradle rules the world. 《ことわざ》揺りかごを揺らす手は世界を支配

する(母親の力は偉大である) [述語動詞は rocks] / All the books ~ are listed here ここに記載されている本はすべてこの店で買える [述語動詞は are] / This accident is the first ~ has occurred in this plant. この事故はこの工場で発生した最初のものだ [述語動詞は has occurred].
(2) [関係代名詞の中で他動詞の目的語となる] (…が)—である…, (…が)—する…: This is the picture (~) Sue painted. これがスーのかいた絵だ [painted の目的語] / Kyoto is the most beautiful city (~) I have ever visited. 京都は私が訪れた中で最も美しい都市である [visited の目的語]. 語法 《略式》では that を省くことが多い (☞ whom¹ 2 (1) 囲み; contact clause 文法).
(3) [関係代名詞の中で前置詞の目的語となる]: Is this the house (~) he lives in? これは彼の住んでいる家ですか [in の目的語]. 語法 前置詞は関係代名詞の最後に来る; 《略式》では that を省くことが多い (☞ whom¹ 2 (2) 囲み; contact clause 文法).
(4) [関係代名詞の中で補語となる]: Lynn is no longer the noisy child (~) she used to be. リンはもう前のような騒がしい子ではない. 語法 この場合は先行詞が人を表わしても who を用いない.
(5) [it is [was] … that — で強調を表わす; ☞ it¹ A 6; emphasis 文法 (4)]: Older men declare war. But it is youth ~ must fight and die. 年寄りが宣戦布告をする. だが戦って死ななければならないのは若者なのだ / It is yóur decísion ~ matters. 大切なのは君の決意だ.

語法 上の文はそれぞれ Youth must fight and die. および Your decision matters. を強調したもの. that に続く動詞の人称や数は直前の先行詞 (youth および decision) に一致する.

2 [関係副詞のように用いて] …する[である] (ときの)—, …する[である] (ところの)— (at [on, in] which, when): This is the first time (~) I have been here. ここに来るのはこれが初めてだ.

語法 関係副詞的な使い方
(1) 普通は時や方法を表わす語を受け, 関係代名詞節の中で副詞の働きをする. 制限用法だけに用いられる. (2) 《略式》では that を省くこともある: The last time (~) I saw her, she was quite well. 私がこの前会ったときは彼女は全く元気だった / I do not like the way (~) he did it. 彼がそれをやったやり方が気に入らない.

thát·awày 副 《略式, 主に米》 その方向へ; そういう具合に.
thatch /θætʃ/ 名 **1** Ⓤ 屋根ふき材料《わら・かや・あしなど》. **2** Ⓒ わら[かや, 草]屋根 **3** [単数形で] [滑稽] もじゃもじゃの頭髪 (of). ― 動 他 《屋根》をわらでふく; 〈建物〉の屋根をわらでふく.
⁺**thátched** 形 わら[かや, 草]ぶきの.
thátch·er /θætʃə | -tʃə/ 名 Ⓒ 屋根ふき屋.
Thatch·er /θætʃə | -tʃə/ 名 **Margaret Hilda ~** サッチャー (1925–) 《英国の保守党政治家; 首相 (1979–90)》.
***that'd**¹ /ðətəd/ 《略式》**that¹ would** の短縮形: T~ take a long time. それには長い時間がかかるだろう.
***that'd**² /ðətəd/ 《略式》**that³ would** の短縮形: Do you know of a book ~ be interesting to my daughter? 私の娘が面白がりそうな本を知りませんか.
***that'd**³ /ðətəd/ 《略式》**that¹ had²** の短縮形: Tom said (that) ~ already ended. トムはそれはもう終わったと言った.

***that'd**⁴ /ðətəd/ 《略式》**that³ had²** の短縮形: She arrived on a plane ~ landed a few minutes earlier. 彼女は数分前に着陸した飛行機で到着した.
☆**that'll**¹ /ðətl/ 《略式》**that¹ will¹** の短縮形:
金言 "How about ten o'clock?" "T~ be fine."「10時ではどうですか」「結構です」
***that'll**² /ðətl/ 《略式》**that³ will¹** の短縮形: Do you have anything ~ please my wife? 妻が喜ぶようなものがありますか.
☆**that's**¹ /ðæts/ 《略式》**1 that¹ is¹** の短縮形: T~ fine! それで結構です.
2 that¹ is² の短縮形: T~ called a sea gull. あれはかもめと呼ばれている.
☆**that's**² /ðæts/ 《略式》**1 that³ is¹** の短縮形: Take all ~ necessary. 必要なものはすべて取りなさい.
2 that³ is² の短縮形: This is all ~ required by law. 法律に規定されているのはこれだけだ.
☆**that's**³ /ðæts/ 《略式》**that¹ has²** の短縮形: T~ already happened. それはもう起きてしまった.
***that's**⁴ /ðæts/ 《略式》**that³ has²** の短縮形: Have you seen the cat ~ been prowling around here? このあたりをうろついていた猫を見たか.
⁺**thaw** /θɔː/ 動 ⓘ **1** 〈氷・雪などが〉解ける (☞ melt 類義語); 〈冷凍品が〉解けて戻る; 〈冷えた体が〉暖まる (out): The snow on the street began to ~. 道路の雪が解けはじめた. 関連 freeze 凍る. **2** [it を主語として; ☞ it¹ A 2] 〈雪・氷が〉解ける, 雪解けの陽気になる. **3** 〈態度・関係などが〉和らぐ, 〈人が〉打ち解ける. ― 他 〈雪・氷などが〉解かす (melt); 〈冷凍品を〉解凍する; 〈冷えた体を〉暖める (out). ― 名 Ⓒ [普通は単数形で] **1** 雪解け, 解氷; 雪解けの季節, 解氷期. **2** 《国際関係などの》緊張緩和 (in).
☆**the**¹ /ðə (子音の前では), ði (母音の前では); (強) ðiː/ 《定冠詞》 ★ The United States のように /juː/ の前では /ði/ と発音されることもある. (同音 (英) ‡**there**¹, (英) ‡**their**, (英) ‡**they're**; [類音] **that²,³**, (米) ‡**there**¹, (米) ‡**they're**)

元来は that¹ の弱くなったもので, 基本的には「その」の意.

① その   **1, 2**
② …の人たち   **3**

1 その, あの, 例の. 語法 this や that より意味が弱く, 日本語に訳す必要のないことが多い.

日英比較 the は定冠詞で, 単に前に出た物を受けるだけで, 指示形容詞の that のように物を指し示す働きはない. 従って日本語の「その…」に相当する語は英語では the ではなく that であることがしばしばある (☞ that¹ 形 日英比較).

(1) 前に出た名詞を繰り返すとき: He keeps a cat and a dog. T~ cat is black and ~ dog is white. 彼は猫と犬を飼っている. 猫は黒で犬は白だ / Once there lived a queen. T~ queen had three daughters, and a knight loved one of ~ daughters. 昔女王がいた. 女王には娘が3人いて, ある騎士がその娘の1人に恋をした.
(2) 初めての名詞でも前後の関係で指す物がはっきりわかるとき: Mr. Black bought a house. T~ garden is large and ~ rooms are comfortable. ブラックさんは家を買った. 庭は広くて部屋は住み心地がよい [買ったその家の庭や部屋] / Mother went out to ~ station to meet Uncle John. お母さんはジョンおじさんを迎えに駅に出かけました [いつも利用している近くの駅]. 語法 定冠詞の有無で次のように違いが生じることがある: Someone stole ~ watches from the drawer. だれかが引出しか

ら時計を(全部)盗んだ《*all the* watches の意》/ Someone stole watches from the drawer. だれかが引出しから時計を(一部)盗んだ《*some* watches の意》.
(3) 説明の語句がついて限定されている名詞: ～ day *before yesterday* おととい / ～ 9:15 train 9 時 15 分発の列車《the nine fifteen train と読む》/ ～ topic *of conversation* 会話の話題 / *T*～ boy *I saw yesterday* was not wearing a coat. きのう私が会った少年はコートを着ていなかった / He is not ～ man *to betray a friend*. 彼は友人を裏切るような人ではない.
(4) 限定用法の形容詞の最上級や序数詞《☞ ordinal number [文法]》がついた名詞: Shakespeare is ～ *greatest* dramatist England has ever produced. シェークスピアは英国が生んだ最高の劇作家だ / What is ～ *fifth* letter of the English alphabet? 英語のアルファベットの 5 番目の文字は何ですか.

> [語法] (1) 同一のものの比較のときには形容詞の最上級に the を付けないのが普通だが,《米》ではつけることもある: The view from here is (～) *most* beautiful at dawn. ここからの眺めは明け方がいちばん美しい.
> (2) 副詞の最上級の場合には the をつけることもつけないこともあるが,「…の中でいちばん」という限定が続くときには the をつけることが多い: In our class John can jump (～) highest. 私達のクラスではジョンがいちばん高く跳べる.

(5) 我々の周(まわ)りにただ一つしかないと考えられる物の名につけて: ～ sky 空 / ～ world 世界 / *T*～ earth revolves around ～ sun, and ～ moon revolves around ～ earth. 地球は太陽の周りを回り, 月は地球の周りを回る. [語法] 形容詞を伴うと不定冠詞がつくことがある: *a* full moon 満月 / *a* cloudy sky 曇り空.
(6) 普通名詞につけて, 話し手や聞き手にとって関係の深い特定の物を指し, その結果固有名詞のように取り扱う: ～ East 東洋;《米》米国東部 / ～ Queen 現女王.
2 [所有代名詞の代用] (1) (特に直前の人・動物などの)身体の部分などを指す: He hit me on ～ head. 彼は私の頭を殴(な)った / The policeman held him by ～ arm. 警官は彼の腕をつかまえた. [語法] この言い方はつかまえられた人に重点を置くもので, 従って親愛・憎悪などの感情を含むことがある. これに対して The policeman held *his* arm. はつかまえられた体の部分に重点を置く // How's ～ leg today? きょうの脚の具合はどうですか.
(2)《略式》[しばしば滑稽または差別] 家族の一員を指す =my [our], your: *T*～ wife likes jazz. Ⓢ《英》うちのかみさんはジャズが好きだ.
3 [形容詞・過去分詞・現在分詞につけて] **…の人たち**《その形容詞・過去分詞・現在分詞の表わす性質をもつ人人全体を表わし複数名詞のように扱われる》: ～ *young* (=young people) 若い人たち / ～ *living* and ～ *dead* 生者と死者 / Try to be kind to ～ *elderly*. お年寄りには親切にするようにしなさい / *T*～ *unemployed* are losing hope. 失業者は希望を失いかけている. [語法] *the* accused (被告人)や *the* deceased (故人)のように単数扱いになることもある.
4 [単位を表わす語につけて] …単位で《☞ a[2] 4; by [前] 13》: Butter is sold by ～ pound. バターは 1 ポンドいくらで売っている / I rented this car by ～ day. 私はこの車を日極めで借りた.
5 [複数形の固有名詞につけて一家・国民・種族・階級全体を表わす]: ～ Browns Ⓢ ブラウン夫妻[一家]《☞ 10》/ ～ Italians イタリア人 / ～ Americans and ～ Japanese アメリカ国民と日本国民.

> [語法] (1) English, French, Dutch, Japanese のように元来は国名の形容詞が /ʃ/, /tʃ/, /z/ で終わるときにはそれに the をつけて複数扱いとして, 国民[種族]全体を表わす: *T*～ English (=English people) *are* said to love dogs. 英国人は犬好きだといわれる.
> (2) 定冠詞と固有名詞の関係については ☞ proper noun [文法] (2).

6 [形容詞・過去分詞につけて抽象名詞として単数扱い] [主に Ⓢ]: ～ *known* and ～ *unknown* 既知のことと未知のこと / He is a lover of ～ *beautiful* (=beauty). 彼は美を愛する人だ / She is trying to do ～ *impossible*. 彼女は不可能なことをやろうとしている.
7 [数えられる名詞《☞ countable [文法]》の単数形につけて] (一般に)…というもの《同類のもの全体を指すとき; ☞ a[2] 3, generic use [文法] (1)》: *T*～ computer is changing our lives. コンピューターは私たちの生活を変えている.

> [語法] (1)「the＋単数形」はやや格式ばった言い方で, 次のように the をつけないで複数形を使うほうが普通: Computers are changing our lives.
> (2)「…というもの」の意味を表わすときでも man と woman とには the をつけない《☞ man 1 [語法], woman 1 [語法]》.

8 [演奏・好みなどの対象としての楽器名につけて]: He plays ～ guitar. 彼はギターを弾く. [語法] 競技・勝負事などの名は無冠詞: He plays tennis. 彼はテニスをする《☞ play [動] [他] 1, 2 の [語法]》. **9** [単数形の普通名詞につけて, 比喩的・抽象的にその物の機能・属性などを表わす]: *T*～ pen is mightier than ～ sword.《ことわざ》ペンは剣よりも強い(言論・文筆の力は武力に勝る). **10** /ðíː/ [次の名詞を強調して] Ⓢ 卓越した; 最も重要な, 真の; あの有名な: Napoleon was ～ general. ナポレオンこそは無二の[典型的な]将軍であった / They are ～ Kennedys. あの人たちがあの(有名な)ケネディ家の人たちよ《☞ 5》. [参考] この用法の the は普通はイタリック体で印刷される《☞ emphasis [文法] (1)》. **11** [年代などを示す twenties, thirties, forties などの複数形につけて]: In ～ sixties there was remarkable economic growth in Japan. 1960 年代に日本は著しく経済成長した. **12** [主に否定文・疑問文で; 抽象名詞につけて] (…に)十分な, 必要な: I do*n't* have ～ time *to* talk to you now. 今お話をする暇がありません. **13** [軽い病気の名につけて]: come down with ～ flu [measles, mumps] インフルエンザ[はしか, おたふくかぜ]にかかる. **14** [罵倒(ばとう)・差別などの意味をもつ名詞につけて怒り・驚きなどの強い感情を表わす] Ⓢ: He did it, ～ jerk. あいつがやったんだ, あのばかが.

*__the__[2] /(弱) (子音の前では) ðə, (母音の前では) ði/ ([同音]《英》#there[1],《英》#their,《英》#they're; [類音] that[2,3],《米》#their,《米》#there[1],《米》#they're) [副] **1** [比較級の前につけて] (1) [the＋比較級(…), the＋比較級(…)として] **…すれば[…であれば]それだけ—**, …すればするほど[であればあるほど]ますます—: *T*～ *more* [*sooner*] ～ *better*. 多ければ[早ければ]多い[早い]ほどよい / *T*～ *more* I see of her, ～ *more* I like her. 彼女に会えば会うほど好きになる / *T*～ *more* you have, ～ *more* you want.《ことわざ》手に入れれば入れるほどますます欲しくなる.
(2) [the＋比較級が単独で] **それだけ(ますます)**, それだけいっそう: If you start now, you will be back all ～ *sooner*. 今お出かけになればそれだけ早く帰れます / She isn't any ～ *happier for* her beauty. 彼女は美人だがそのため特に幸福ということはない. ★ all the＋比較級＋for …, none the＋比較級＋for … などについては ☞ all [副] 成句, none [副] 成句. **2** [副詞の最上級の前につけて]《☞ the[1] 1 (4) の [語法] (2)》: I like summer ～ *best* of all. 私は夏が一番好きだ.

the- /θi/ [接頭] =theo-.

T

the・a・ter, 《英》the・a・tre /θíːətɚ | θíətə, θiːétə/ **①名** (~s /-z/; 形 theátrical) **1** C 劇場. 語法《米》でも劇場名としては theatre のつづりが多い: go to the ~ 芝居を見に行く / We met Mrs. Brown *at* the ~. 私たちは劇場でブラウン夫人に会った / How many people can this ~ accommodate? この劇場は何人入れますか. 関連 arena theater 円形劇場.

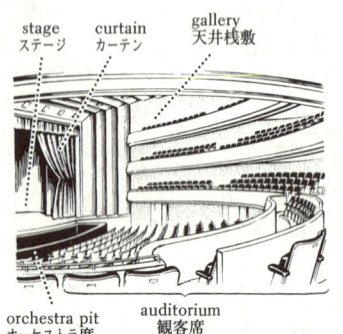

stage ステージ
curtain カーテン
gallery 天井桟敷
orchestra pit オーケストラ席
auditorium 観客席

theater 1

2 C《米・豪》映画館 (movie theater). **3** C [階段席のある]講堂, 階段教室 (lecture theater); [時に U]《英》手術室 (《米》operating room). **4** U [しばしば the ~] 劇, 演劇; 劇作品 [全体]; [the ~] 演劇界. **5** C [普通は単数形]《格式》(活動・事件などの)舞台, 現場 (scene); 戦域, 戦(闘)場 (*of*). 語源 ギリシャ語で「見る」の意. **be [màke] góod théater** [動] (劇・物語が)上演向きである, (上演して)効果的である.

théater-gòer 名 C 芝居の常連, 芝居好きの人.

théater-in-the-róund 名 **1** C 円形劇場. **2** U 円形劇場用の演劇(形式).

théater wéapons 名 [複] 戦域兵器 (特に(核兵器搭載の)ミサイル).

the・a・tre /θíːətə | θíətə, θiːétə/ 名《英》= theater.

théatre nùrse [sìster] 名 C《英》手術室付きの看護師.

the・at・ri・cal /θiǽtrɪk(ə)l/ 形 (名 théater) **1** [普通は A] 劇場の; 劇の, 演劇的な (☞ production 日英比較): a ~ company 劇団 / ~ costumes 劇の衣装. **2**《米》映画館上映用の. **3** (人・態度などが)芝居じみた, 大仰な, わざとらしい. ― 名 [複数形で] [素人]芝居; 芝居じみた言動.

the・at・ri・cal・i・ty /θiætrɪkǽləti/ 名 U 芝居じみていること, わざとらしさ.

the・at・ri・cal・ly /-kəli/ 副 演劇的に; 芝居がかって.

the・at・rics /θiǽtrɪks/ 名 [複] 芝居じみた[大げさな]言動, 振る舞い.

Thebes /θíːbz/ 名 **1** テーベ《古代エジプトの首都》. **2** テーベ《古代ギリシャの都市国家》.

thee /(弱) ði; (強) ðíː/ 代《人称代名詞 thou の目的格》《古語》あなたを[に], なんじを[に].

theft /θéft/ **⑬名** C 盗み, 窃盗 (*of*); U 窃盗罪: commit ~ 盗みを働く. 関連 thief どろぼう.

their /(弱) ðə(r), ðə; (強) ðéə | ðéə, ðéə/ (同音 there[1], there[2], they're, 《英》the[1,2]; 類音 that[2,3], 《米》the[1,2]) 代《人称代名詞 they の所有格; ☞ one's》 語法 ★詳しい用法については ☞ they.
(1) [名詞で限定的に] 彼ら[彼女ら]の, それらの, あの人たちの: Robert and Helen lost ~ (=Robert's and Helen's) mother. ロバートとヘレンは母親を失った / I memorized the names of the states and ~ capitals. 私は州とその州都の名前を覚えた. 関連 theirs 彼ら[彼女ら]のもの. 語法 特に《略式》では everybody, somebody, anybody などの不定代名詞や性別が不明の単数名詞を受けることがある: Has *anyone* here lost ~ umbrella? 誰か傘をなくされた方はいませんか.
(2) [動名詞の意味上の主語として]《やや格式》彼ら[彼女ら]の (☞ sense subject 文法 (2) (iii) (c)): I'm in an embarrassing position because of ~ *forgetting* to pay. 私は彼らが支払いを忘れているので困った立場にいる.

theirs /ðéəz | ðéəz/ (同音 *there's*[1,2]) 代《所有代名詞》possessive pronoun 文法 彼ら[彼女ら]のもの, あの人たちのもの. 語法 指すものが単数ならば単数扱い, 複数ならば複数扱い: This book is ~, not mine. この本は彼らの(もの)だ, 私の(もの)ではない / My car is old, but ~ (=their cars) are all new. 私の車は古いが彼らの(もの)はみんな新しい. 関連 their 彼ら[彼女ら]の. 語法 特に《略式》では, everybody, somebody, anybody などの不定代名詞や性別が不明の単数名詞を受けることがある: Nobody said that it was ~. それが自分のものだと言った人はいなかった. **... of théirs** 彼ら[彼女ら]の...: He is no friend *of* ~. 彼は彼らの友人などではない (☞ mine[1] 成句 語法, of 2, this [1] 語法, that[1] 語法).

the・is・m /θíːɪzm/ 名 U [反 atheism] 有神論.

the・ist /θíːɪst/ 名 U [反 atheist] C 有神論者.

the・is・tic /θiːístɪk/ 形 有神論の.

Thel・ma /θélmə/ 名 セルマ《女性の名》.

them /(弱) ðəm; (強) ðém/ (類音 then) 代《人称代名詞 they の目的格》★(1) 詳しい用法については ☞ they. (2) S《略式・方言》ではしばしば代わりに 'em /əm/ を用いる.

1 [他動詞の直接目的語として] 彼ら[彼女ら]を, それらを, あの人たちを: He has two daughters and he loves ~ (=the daughters) very much. 彼には娘が2人いてその娘たちをとてもかわいがっている / She lent me three interesting books, and I read ~ (=the books) through in a week. 彼女は私におもしろい本を3冊貸してくれたが私はそれを1週間で読み終えた.
2 [他動詞の間接目的語として] 彼ら[彼女ら]に, それらに, あの人たちに: I will give ~ these dictionaries. 彼らにこれらの辞書をあげよう / Those questions may be very important ones, but he will not give ~ (=those questions) serious consideration. それらの問題はとても重大かもしれないが, 彼はそれらを少しも真剣に考えないだろう. **3** [前置詞の目的語として]: You must not go there *with* ~. 彼らといっしょにそこへ行ってはいけない / These little boxes are very rare old ones; take good care *of* ~. これらの小箱はとても珍しい古いものだから, 大切にしなさい. 語法 場所を表わす前置詞の目的語となる場合には themselves の意味になることがある: They looked *about* ~. 彼らは周りを見回した. **4** [不定の単数(代)名詞を受けて]《略式》=him, her (they (1) 語法): If anybody [a visitor] comes in before I get back, ask ~ to wait. 私が戻る前に誰か[客]が来たら待たせておいてくれ. **5** /ðém/ [主格補語として]《略式》彼ら[彼女ら](だ, です), あの人たち(だ, です): "It's ~!" cried the man. 「やつらだ」とその男は叫んだ (☞ me[1] 4 語法). **6** /ðém/ [they の代わりとして]《略式》(1) [独立的に用いて]: "Who did it?" "T~ (=They did it)." 「だれがやったのか」「彼らだ」(2) [比較表現の (as ...) as, than の後で; ☞ than 前 語法]: I ran faster *than* ~ (=they did). 私は彼らより速く走った. **7** [動名詞の意味上の主語として, their の代わりに]《略式》: I'm annoyed

about ~ forgetting to pay. 彼らが支払いを忘れているのに腹を立てている. **thém and ús** [名] 連中と我々《支配[上流]階層と一般庶民, 経営者側と労働者側の関係など》.

— [代] Ⓢ《非標準》=those.

the·mat·ic /θɪmǽtɪk/ [形] [格式] 主題(として)の.

*__theme__ /θíːm/ (発音 seam, seem) Ⓣ❶ [名] (~s /-z/) [C] **1** 題目, テーマ; 話題 (☞ subject¹ 類義語): the ~ of his book 彼の本の主題[テーマ] / Write an essay *on the* ~ of friendship. 友情というテーマで作文を書きなさい. **2**《古風, 米》(学校の)課題作文, 小論文: the weekly ~s 毎週の課題作文. **3** [楽] 主題, テーマ, 主旋律. **4** =theme song. **5**(特定の時代・場所などの)特徴. 語源 ギリシャ語で「(論ずる)題目として)下に置かれたもの」の意.

— [動] [他] [しばしば過去分詞で形容詞的に] ⟨…⟩を特定のテーマにそって構成する[デザインする, まとめる].

-themed /θíːmd/ [形] [合成語で] …のテーマにした, (特定の時代・場所・集団などの)雰囲気を持った.

théme mùsic [名] Ⓤ 主題曲; テーマ音楽.

†**théme pàrk** [名] Ⓒ テーマパーク《統一テーマを持つ遊園地; 野生動物園・アスレチック・おとぎの国など》.

théme pàrty [名] Ⓒ《英》(統一テーマの)仮装パーティー.

théme sòng [名] Ⓒ **1**(映画などの)主題歌[曲]. **2**(テレビ・ラジオ番組の)テーマ音楽 (signature).

théme tùne [名] Ⓒ **1** 主題曲. **2** テーマ音楽.

them·self /ðəmsélf, ðem-/ [代] Ⓢ 自分自身を[に]. 語法 不定の単数代名詞 everybody, somebody, anybody などを受けて themselves の代わりにいる (☞ themselves 1 語法).

*__them·selves__ /ðəmsélvz, ðem-/ [代] 再帰代名詞; ☞ -self 文法 (単 **him·self** /(h)ɪmsélf/, **her·self** /(h)əˑsélf/, **it·self** /ɪtsélf/) **1** [再帰用法; 主語が they および複数の名詞・代名詞のときに用いる] (彼ら[彼女ら]が)**自分たち自身を[に]**, (あの人たちが)自分たちを[に]; (それらが)それら自体を[に]: The children hid ~ behind the door. 子供たちはドアの陰に身を隠した / *Some suspicions presented* ~ *in her mind.* いくつかの疑惑が彼女の心に浮かんできた. 語法 特に《略式》では everybody, somebody, anybody などの不定代名詞や性別が不明の単数名詞を受けることがある: I'm sorry for *anyone* who finds ~ in this position. 私はこの立場にいる人に同情する.

2 [強調用法] ~ emphasis 文法 (6)](彼ら[彼女ら]が)**自分たち自身で**, (あの人たちが)自分たちで; 彼ら[彼女ら]自身を[に]: The pupils ~ did the work.＝The pupils *did* the work ~. 生徒たちは自分たちでその仕事をした. ★ 詳しい用法および by themselves, for themselves, to themselves などの成句については ☞ one-self.

*__then__ /ðen, ðén/ (発音 them, Zen)

① その時(の)	[副] **1**; [形] **7**; [形]
② それから	[副] **2**
③ それなら	[副] **3**

― リスニング ―
then の後に母音で始まる語が続くと then の /n/ とその母音とがいっしょになって「ナ」行の音のように聞こえる. then again (/ðenəgén/, then you must /ðenjuːmʌst/ は「ゼナゲン」, 「ゼニューマスト」のように聞こえる. 「ゼン・アゲン」「ゼン・ユー・マスト」のように発音しない.

― [副] **1 その[あの]時**, そのころ, 当時《過去にも未来にも用いる; ☞ now [副] 1): I was still young ~. 当時私はまだ若かった / Just ~ I heard a strange noise. ちょうどその時妙な音がした / It'll be too late ~. その時では遅すぎるだろう.

2 [順序を示して] **それから**, その次に (next): First the bridge broke down and ~ the river flooded. まず橋が崩れ落ち, それから川があふれ出した / We arrived in New York, and ~ flew to Boston. 私たちはニューヨークに着き, それからボストンへ飛んだ.

3 つなぎ語 Ⓢ **それなら**, それでは《相手や自分が述べたことを受けて, 賛意を示したり, それに基づいて推測したり, 新たに質問するときに用いる》: "I left my bag here." "T~ it must still be here. (=It must still be here, ~.)" 「私はここにかばんを置いていったんだ」「それなら今もここにあるはずだ」/ "Is this Mr. Brown?" "No." "Who is it ~?" 「もしもしブラウンさんですか」「違います」「ではどなたですか」《電話口で》/ Until next week ~, good-bye. じゃあ来週までさようなら / So that's agreed ~. じゃあそういうことで.

4 [if 節や条件を表わす節に続けて] **そうすれば**, その場合, その時には: *If* you go there, ~ I'll go, too. あなたがそこへ行くのなら(それなら)私も行く《★ 時にはこの例のように if [when] 節の後に相関的に用いる》/ Run as fast as you can; ~ you'll catch the train. できるだけ速く走りなさい. そうすれば汽車に間に合う. **5** つなぎ語《主に Ⓢ》**だから**, 従って (therefore)《自分が述べたことを受け, そこから導き出される結論を述べるときに用いる》: The best way to cope with stress, ~, is to do what you like to do. だから, ストレスに対処するには自分の好きなことをするのが一番よい. **6 そのうえ, さらにまた** (☞ and then (成句)). **7** [前置詞の目的語に用いて, 名詞的に] *その*[あの]**時**: From ~ on, he has kept silent about it. それ以来彼はそのことについて黙っている ∥ ☞ before then, by then, since then, till then (成句).

8 [now, sometimes などと相関的に用いて] **またある時には**, 次には:

and thén [接] それから (☞ **2**). — [副] つなぎ語 そのうえ, さらにまた (also): I have to finish reading this book today. *And* ~, on top of that I have a term paper to hand in tomorrow. この本を今日読み終えなくてはならない. さらにそのうえ明日提出のレポートもある.

… and thén sòme [副]《略式, 主に米》それよりもっと, それ以上の(もの): He shouted all the dirty words he knew *and* ~ *some*. 彼は知っている限りの汚いことば, いやそれ以上のことばを浴びせた.

bàck thén [副]《ずっとさかのぼって》**当時**(は).

befòre thén [副] **それより前に, それ以前に**: Friday would be all right, but couldn't you have it ready *before* ~? 金曜日でもよろしいのですがそれより前に用意できませんか.

but thén (agáin) [副] つなぎ語 Ⓢ (1) だがしかし, しかし, でも《直前に述べたことと少し矛盾することやそれが間違いかもしれないということを示すときに用いる》: John must have brought it yesterday. *But* ~ he was not here yesterday. ジョンが昨日持って来たに違いない. だがしかし, 彼は昨日はここに来てないぞ. (2) しかしまた, でも《直前に述べたことがそれ程驚くべきことではないという見解をつけ加えるときに用いる》: She is so selfish. *But* ~, who isn't? 彼女はとても身勝手だ. でも, そうでない人がいるだろうか(みんなそうだ). — [接] Ⓢ だって, なんといっても: I think she's beautiful, *but* ~ (*again*) she's my girlfriend. 彼女は美人だと思うよ, なんといっても私のガールフレンドだから.

by thén [副] **その時までに**: Don't worry—he will have retired *by* ~. 心配するな. その頃までには彼は引退してしまっているよ.

èven thén [副] (1) それでもなお, そうなっても. (2) [進行形の動詞とともに用いて]《格式》ちょうどその時.

1838 thence

(èvery) nów and thén ☞ now 成句.
okáy [ríght] thèn [副]〖話題の転換を表わして〗それでは, では.
since thén [副] その時以来, それ以来: I have not seen her since ~. その時以来彼女には会っていない.
thèn agáin [副] (1) その上に, さらにまた(besides). (2) しかしまたその一方で, 他方では.
thén and ónly thén [副] その時〖そうして〗はじめて.
thén and thére=thére and thén [副] その場で, 直ちに.
till [until] thén [副] その時まで: I waited for him till [until] ~. 私はそれまで彼を待った.
— 厖 [the ~ C]その時の, 当時の: the ~ President of the USA 米国の当時の大統領

thence /ðéns/ [副]《格式》**1** そこから (from there). **2** つなぎ語として (therefore).

thence·forth /ðénsfɔ̀ːθ | ðènsfɔ́ːθ/, **thence·fórward** [副]《格式》その時から, それ以後.

The·o /θíːou/ [名] 固 シーオ《Theodore の愛称》.

the·o- /θíːə/, 〖母音の前で〗**the-** /θi/ [接頭]「神の, 神に関する」の意: theology 神学.

the·o·cen·tric /θìːəséntrɪk/ [形] 神中心の.

the·oc·ra·cy /θiːɑ́krəsi | -ɔ́k-/ [名] (**-ra·cies**) **1** U 神政《神託による政治》. **2** C 神政国家.

the·o·crat·ic /θìːəkrǽtɪk/ [形] 神政(主義)の.

the·od·o·lite /θiːɑ́dəlàɪt | -ɔ́d-/ [名] C《測量》経緯儀, セオドライト《鉛直・水平角を測定する器械》.

The·o·dore /θíːədɔ̀ː | -dɔ̀ː/ [名] 固 セオドア《男性の名; 愛称は Ted, Teddy, または Theo》.

the·o·lo·gian /θìːəlóudʒən/ [名] C 神学者.

the·o·log·i·cal /θìːəlɑ́dʒɪk(ə)l | -lɔ́dʒ-/ [形] 神学(上)の: ~ college《英》神学大学, 神学校.

thè·o·lóg·i·cal·ly /-kəli/ [副] 神学上.

theológical séminary [名] C《米》神学大学, 神学校.

†**the·ol·o·gy** /θiːɑ́lədʒi | -ɔ́l-/ [名] (**-o·gies**) **1** U 〖特にキリスト教の〗神学. **2** C,U 〖ある宗教の〗教義, 神学体系: Muslim ~ イスラムの教義.

the·oph·yl·line /θiːɑ́fəlɪn | -ɔ́f-/ [名] U テオフィリン《喘息や心臓疾患の治療に用いる》.

the·o·rem /θíːərəm | θíə-/ [名] C **1**《数》定理. [関連] axiom 公理. **2** 一般原理, 法則.

*the·o·ret·i·cal /θìːərétɪk(ə)l | θìə-ˈ-/, **-ret·ic** /-rétɪk/ [形]([名] théory) **1** 理論的な, 理論(上)の: physics 理論物理学 / There is a ~ possibility of life on Mars. 火星に生物がいる理論的な可能性はある. **2** 非実際的な; 理屈の上だけの. [関連] practical 実用的な.

*the·o·ret·i·cal·ly /θìːərétɪkəli | θìə-ˈ-/ [副] **1** 理論的に(は). **2**〖文修飾〗理論的に言うと, 理論上は, 理屈の上では.

the·o·re·ti·cian /θìːərətíʃən | θìə-/ [名] C =theorist.

*the·o·rist /θíːərɪst | θíə-/ [名] C 理論家.

*the·o·rize /θíːəràɪz | θíə-/ [動]([名] théory) 自 理論づける, 理論化する (about, on); 理屈だけで考える. — 他〖理論的に〗〈…〉と考える, 推論する (that).

*the·o·ry /θíːəri, θí(ə)ri | θíəri/ [名] ❶ (**-o·ries** /-z/) [形] thèorétic(al), [動] théorìze) **1** U,C 理論; 理屈 ⦅反⦆ practice: music [musical] ~ 音楽理論 / put ~ into practice 理論を実践する. **2** C 学説, …説; U《数》…論: Newton's ~ ニュートンの学説 / Einstein's ~ *of* relativity アインシュタインの相対性理論 / the ~ *of* the survival of the fittest 適者生存の理論 / He advocated the ~ *that* the universe began with an explosion. <N+*that* 節> 彼は宇宙の始まりに爆発があったという説を唱えた. **3** C 推

論; 考え; 〖(根拠のない)説 (*about*)〗: My ~ is that he is guilty. 彼は有罪だというのが私の考えだ.
[語源] ギリシャ語で「見る, 見て考える」の意.

in théory [副]《文修飾》理論的には, 理屈の上では(反) in practice): His plan looks promising *in* ~, but it won't work. 彼の計画は理屈の上では見込みがありそうだがうまく行くまい.

the·o·soph·i·cal /θìːəsɑ́fɪk(ə)l | -sɔ́f-ˈ-/ [形]《哲》神智学的な.

the·os·o·phist /θiːɑ́səfɪst | -ɔ́s-/ [名] C《哲》神智論者.

the·os·o·phy /θiːɑ́səfi | -ɔ́s-/ [名] U《哲》神智学《黙想・祈りなどによって神に触れようとする》.

†**ther·a·peu·tic** /θèrəpjúːtɪk/ [形] **1** 治療上の, 治療法の: ~ exercises (手術後などの)健康[機能]回復訓練, リハビリ / ~ drugs 治療薬. **2** (心身の)健康に良い: I find gardening ~. 私は庭をいじるとリラックスできる. **-peu·ti·cal·ly** /-kəli/ [副] 治療学.

ther·a·peu·tics /θèrəpjúːtɪks/ [名] U 治療学.

†**ther·a·pist** /θérəpɪst/ [名] C **1** 治療士, セラピスト. **2** =psychotherapist.

*ther·a·py /θérəpi/ ❸ [名] (**-a·pies** /-z/) **1** U,C 療法, 治療《特に薬や手術によらないもの》: He is having [undergoing] ~ *for* a neck injury. 彼は首のけがの治療を受けている / Take a day *for* you would be a day off. あなたにとっていちばんいいのは一日休みをとることだ. **2** U 精神療法 (psychotherapy): be in ~ 精神療法を受けている.

✱there[1] /〖強〗ðéə; 〖弱〗ðə | 〖強〗ðéə; 〖弱〗ðə/ 〖同音〗their, *they're,《英》*the[1,2], 〖類音〗*that[2,3],《米》*the[1,2]〗[副] **1** [there+be 動詞+主語の順で; ☞ [£] A **2**, there's, inversion〖文法〗(1) (iii)〗 …がある, …がいる〖存在を表わす〗: T~ *is* a book on the desk. 机の上に本が(1冊)ある / T~ *was* someone there. そこに誰かがいた《最後の there は☞ there[2]》 / T~ *has* never *been* a war between the two nations. これまでの 2 国間で戦争があったことはない / T~ seems to be something wrong. どこかおかしいようだ.

[語法] **there is 構文の疑問文**
この構文の疑問形は be 動詞+there+主語の順となる: "*Is* ~ a phone in the room?" "Yes, there is [No, there isn't]."「部屋に電話はありますか」「はい, あります[いいえ, ありません]」/ How many pupils *are* ~ in your class? あなたのクラスに生徒は何人いますか / T~ *is* nothing new in today's paper, *is* ~? きょうの新聞には何も新しいことはないですね. ★ただし現在完了形では have [has] が there の前にくる: *Have* ~ *been* any complaints about it? その件で何か苦情が来ていませんか.

[語法] **there is 構文の使い方**
(1) この構文は不特定のものの存在を示し, 特定のものの存在を示すときには用いない: *T~ is my book on the table*. とは言わずに My book is on the table. と言う. ただし「ほら…がある[いる]よ」のように相手が既に知っている物や人に新たに注意を向けるときなどには可能: And ~ are *the children* (to consider). それに(考えるべきことに)子供のことがある / "Who can we ask for help?" "Well, ~ 's always *John*."「だれに助けを求めたらいいかな」「いつでもジョンがいますよ」
(2) 不定詞の to be や動名詞・分詞の being の前に用いることもある: I don't want ~ *to be* any more mistakes. これ以上の誤りがあるのを望まない(☞ for 前 B 1 の 2 つ目の [語法]) / What's the chance of ~ *being* another earthquake? もう一度地震が起こる可能性はどれくらいか.

(3) ときに there＋be 動詞＋主語の次に現在分詞・過去分詞・一時的状態を表わす形容詞がくる: *T～ is* someone *waiting* outside. 外で待っている人がいる / *T～ is* some milk *left* in the bottle. びんにいくらか牛乳が残っている / *T～ won't be* any stores still *open*. もう開いている店はないだろう.

2 [there＋be 動詞以外の自動詞＋主語の順で] [語法] 普通この構文の自動詞は存在・生起・出現・到達などを表わし, やや文語的な言い方: *T～* once *lived* a rich merchant in this town. 昔この町に金持ちの商人が住んでいた / *T～* remain many problems to solve. 解決すべき問題がまだたくさん残っている / *T～ will come* a time when we can travel to distant planets. 遠い惑星へ旅行できる時が来るだろう.
There is [are] ∴ and ∴＝There is [are] ∴ and there is [are] ∴ […に同じ名詞を繰り返して] …にもいろいろある: *T～ are* books *and* books.＝*T～ are* books *and ～ are* books. 本といってもピンからキリまである. [語法] 時に and を /ǽnd/ と強調する.
There is nó dóing Ⓢ《略式》とても…することはできない: *T～ is no* know*ing* [tell*ing*] what will happen. 何が起こるかわかったものではない.

***there**[2] /ðéɚ | ðéə/ ★ ere は例外的に /eɚ | eə/ と発音する. ([同音] #their) [副] **1** [多少とも離れた場所を示して] **そこに, そこで, そこへ, あそこに,** あそこで, あそこへ: Sit ～. そこに座りなさい / When will you go ～? あなたはいつそこへ行くのか / We'll get ～ before dark. そこへは暗くなる前に着くでしょう / There was nobody ～. そこにはだれもいなかった / Is John ～? もしもしジョンですか《電話口で親しい人へ》 / Are you ～, Tom? ちょっと, トムいるの《隣の部屋などに向かって》.

here (話し手の近く)	ここ, こちら (話し手の近く)
there (話し手から離れて)	そこ, そちら (話し手から離れているが相手の近く)
	あそこ, あちら (話し手からも相手からも離れて)

☞ that[1] 表.
2 [文頭で相手の注意を促して] **ほらそこ[あそこ]に;** ほら, そら: *T～* it is: by the window. ほらあそこにある, 窓のそばに / *T～* he goes! ほら彼があそこを行く / *T～* he is! ほらやっと彼が来たぞ / *T～* goes the whistle! ほらホイッスルが鳴ったよ / *T～*'s the school bell ringing. We have to run. ほら学校の鐘が鳴っている. 走らなきゃ. [語法] 主語が名詞のときは <V＋S> の語順となる. **3** [名詞の後につけて] **そこの,** あそこの: The man ～ is my uncle. あそこの男の人は私のおじだ / Turn at that corner ～. あそこの角を曲がって下さい. [語法] that＋名詞の後につけるのは《略式》. 形容詞的に名詞の前につけて that ～ corner のように用いるのは《非標準》(☞ here [副] 3 [語法]). **4** [問題点などを示して] Ⓢ **その点で(は), その点に;** そこ(のところ)で; その時点で: *T～* I can't agree with you. その点では私はあなたに同意できない / He read the first chapter, and ～ he stopped. 彼は最初の章を読んだ, そしてそこでやめた. **5** [前置詞・他動詞の目的語として, 名詞的に] そこ, あそこ: They live near ～. 彼らはそこの近くに住んでいる / He left ～ an hour ago. 彼は1時間前にそこを発った // ☞ along there, from there, in there, over there (成句).
alòng thére [副] そちら[あちら](の方向)へ.
be thére [動] [自] (1) 存在している, 利用可能である. (2)《略式》目的を達している.
be thére 「**for** ... [**to** dó] Ⓢ (人)のために[…するために]ある, (人)に[…するのに]役立つ: She has always *been ～ for* me. 彼女はいつも私の助けになってくれた / Police *are ～ to* make sure people live in safety. 警察は人々が安全に暮らせるようにするためにある.
but thère agáin [副] [つなぎ語] Ⓢ しかしまた, でも.
dòwn thére [副] (1) そこでは; あそこの低い所で: Do they have a lot of snow *down* ～? そのあたりでは大雪が降りますか. (2)《米》南の方で.
from thére [副] そこから: We returned *from* ～. 私たちはそこから引き返した.
gét thère [動] [自]《略式》目的を達する.
in thére [副] **そこの中に[で];** そこに[で], あそこに[で]: Put it *in* ～. それをそこの中に入れなさい / "Where is she working?" "*In* ～." 「彼女はどこで働いてますか」「あそこですよ」
òut thére [副] 外[あそこ]に[で, は]; (陸上でなくて)海上に[で, は]; (地上でなくて)宇宙に[で, は].
òver thére [副] **向こうに, 向こうでは,** あそこに[では]: Do you see the white building *over* ～? 向こうのあの白い建物が見えますか.
thére and báck [副] 往復で, 往復して.
Thére gò [gòes] ∴ Ⓢ《略式》ほら, あそこを…が行くよ; (ああ残念ながら)(チャンスなど)がなくなった.
Thére ... gó again. Ⓢ《略式》ほらまた(いつものことが)始まった[始まる]: *T～ he goes again,* complaining about his family. ほらまた彼のいつもの家族への不満が始まった.
thère 「**I wás [we wére],** Ⓢ (話の要点などを示して)つまりね, 要するに.
Thére you áre. Ⓢ (1) ほらこれですよ, さあどうぞ《相手の欲しいものを渡すとき》. (2) ほらごらん, だから言ったでしょう. (3) あなたはそこにいたんですね(気がつきませんでした). (4) (…すれば)それでもう大丈夫[でき上がり], これで終わりです《説明などの終わりに用いる》. (5) ＝There you go. (2).
Thére you gó. Ⓢ《略式》(1) ＝There ... go again. (2) (事態を受け入れて)仕方がないさ. (3) ＝There you are. (1).
Thére you gò! それでこそ正しい, その通りだ.
Thére you háve it. まさにその通り; ほらね, 言った通りでしょう.
ùp thére [副] (1) あそこで, あそこの上のところで. (2)《米》北の方で.
— [感] Ⓢ **そら!, それ!**《激励・慰め・満足・失望・反抗などを表わす》; よしよし; やれやれ: *T～*, ～, don't cry. さあ, さあ, 泣くんじゃないよ / *T～*, I told you so. そら見ろ, 私の言ったとおりだ / Hello [Hi], ～! やあ《親しい者どうしが出会ったときのあいさつ》. **thére nòw** [感] さあさあ《慰めなどで》; そら見ろ.

there·a·bouts /ðèəəbáuts | ðèərəbáuts/, **there·a·bout** /ðèəəbáut | ðèərəbáut/ [副] [普通は or の後で] **1** その辺に, 近所に: in Boston *or* (somewhere) ～ ボストンかどこかその辺りに. **2** その時分に, そのころに; およそ, そこら: at 3 o'clock *or* ～ 3時ごろ.

***there·af·ter** /ðèəǽftɚ | ðèə(r)ɑ́:ftə/ [副]《格式》**その後は** (afterward), それ以来 (after that): shortly ～ その後間もなく / *T～* we heard no more from him. その後彼からは便りがなかった.

***there·by** /ðèəbáɪ | ðèə-/ [副]《格式》**それによって:** He traveled at night, ～ avoiding much of the rush. 彼は夜移動してラッシュを避けた.

***there'd**[1] /ðeəd, ðəd | ðeəd, ðəd/《略式》**there[1] would の短縮形:** He said ～ surely be a terrible row. きっと大騒ぎになるだろうと彼は言った.

***there'd**[2] /ðeəd, ðəd | ðeəd, ðəd/《略式》**there[1] had[2] の短縮形:** She said ～ been a quarrel before I

T

arrived. 私が着く前にけんかがあったと彼女は言った.

＊there・fore /ðéɚfɔɚ | ðéəfɔː/ **T1** 副 つなぎ語 それゆえに, 従って, その結果; [論理的証明に用いて] ゆえに. 語法 so などに比べやや(格式)的: It was a stormy day; ~ our party could not start. その日はあらしであった. それゆえ我々一行は出発できなかった / Everyone disagreed with him, and ~ he gave up. だれも彼に同意しなかった. それで彼は断念した / I think, ~ I am. 我思う, ゆえに我あり(Descartes のことば).

thère・fróm 副 (格式) または(法) そこ[それ]から.

†**thère・ín** 副 (格式) または(法) その中に, そこに; その点 に[で]: T~ lies the contradiction. 矛盾の(原因)はそこにある.

thèrein・áfter 副 (法) 後文に, 以下に.

＊**there'll** /ðɚl | ðeəl/ (略式) there¹ will¹ の短縮形: I don't think ~ be much noise. 音はあまりしないと私は思う.

thère・óf 副 (格式) または(法) それ(について)の; それ[そこ]から.

thère・ón 副 (格式) または(法) **1** その上に. **2** それについて; その結果, そこで (thereupon).

＊**there're** /ðeəɚ, ðəɚ | ðeə, ðəɚ/ (略式) there¹ are¹ の短縮形: T~ some children at the door. 玄関に何人か子供たちが来ている.

＊**there's¹** /ðeəz, ðəz | ðeəz, ðəz/ (同音) #theirs) (略式) there¹ is¹ の短縮形: T~ a table in the room. 部屋にはテーブルが1つある / T~ no persuading him. あの男の説得はとても無理だ(☞ There is no doing (there¹ 成句)). 語法(略式)では there's のあとに複数形の名詞が続くことがある: T~ [a lot [lots] of *children* waiting for you. 大勢の子供たちがあなたを待っています.

Thère's ∴ for you. [相手の注意を引いて] ほら…ですよ; [皮肉] …とは恐れ入る[そんなものだ]: T~ a fine rose *for you*. ほら見事なばらですね / T~ courage *for you*. 何とそれが勇気というものですかね.

＊**there's²** /ðeəz, ðəz | ðeəz, ðəz/ (同音) #theirs) (略式) there¹ has² の短縮形: T~ been a lot of rain since May. 5月以来雨が多い.

The・re・sa /tərí:sə | -zə-/ 名 固 テレサ(女性の名; 愛称は Tess または Tessa).

thère・tó 副 (格式) それに, そこへ.

there・to・fore /ðèəɚtəfɔɚ | ðèətufɔː/ 副 (格式) その時まで.

thère・únder 副 (格式) その下に; それに従って.

thère・upón 副 (格式) **1** それについて; その結果, そこで (thereon). **2** そこでただちに.

＊**there've** /ðeəv, ðəv | ðeəv, ðəv/ (略式) there¹ have² の短縮形: T~ been a lot of problems since then. それ以来いざこざが多い.

thère・wíth 副 (格式) それとともに, そこで直ちに.

therm /θə́ːm | θə́ːm/ 名 C **1** (物理) サーム(熱量の単位; 大カロリーの千倍). **2** サーム(ガスの使用量の単位).

therm- /θəːm | θəːm/ 接頭 =thermo-.

†**ther・mal** /θə́ːm(ə)l | θə́ː-/ 形 **1** A 熱の[による], 熱を出す: ~ energy 熱エネルギー. **2** 暖かい, 熱い: a ~ spring 温泉. **3** (下着が)保温性のよい: ~ underwear 防寒用下着. ── 名 **1** C (グライダー滑空の)上昇気流. **2** [複数形で] (英式) 防寒用下着.

thérmal capácity 名 U C (物理) 熱容量.

thérmal conductívity 名 C (物理) 熱伝導率.

thérmal efficiency 名 C (熱力学) 熱効率.

thérmal ím・ag・ing /-ímɪdʒɪŋ/ 名 U サーマルイメージング(熱を感知して像を写す技術).

thérmal páper 名 U 感熱紙.

ther・mi・on・ic /θə̀ːmaɪɑ́nɪk | θə̀ːmɪɔ́n-/ 形 熱イオン[電子]の.

ther・mi・on・ics /θə̀ːmaɪɑ́nɪks | θə̀ːmɪɔ́n-/ 名 U 熱イオン[電子]学.

thérmionic túbe 名 C (米) (物理) 熱電子管.

thérmionic válve 名 C (英) (物理) 熱電子管.

therm・is・tor /θə́ːmɪstə | θə́ːmɪstə/ 名 C (電) サーミスター(温度の変化で抵抗値が変わる半導体電気抵抗器).

ther・mo- /θə́ːmou | θə́ː-/, [母音の前で] **therm-** /θəːm | θəːm/ 接頭 「熱の」意.

thérmo・couple 名 C (電) 熱電対(%).

thèrmo・dynámic 形 A 熱力学の.

thèrmo・dynámics 名 U 熱力学.

thèrmo・eléctric 形 熱電気の.

†**ther・mom・e・ter** /θɚmɑ́mətə | θəmɔ́mətə/ **T2** 名 C **1** 温度計, 寒暖計: The ~ is at [reads] 60°F. 温度計は華氏 60 度を指している (60°F は sixty degrees Fahrenheit と読む; ☞ Fahrenheit 表, (参考)) / The ~ dropped below 10°C. 温度計は摂氏 10 度以下に下がった (10°C は ten degrees centigrade [Celsius] と読む; ☞ centigrade (参考)). **2** 体温計 (clinical thermometer): He took his temperature by putting the ~ under his arm [tongue]. 彼は脇[舌]の下に体温計を入れて体温を計った. 語源 ギリシャ語で「熱(thermo-) を計るもの」の意.

†**thèrmo・núclear** 形 A (物理) 熱核反応の: a ~ bomb 水素爆弾.

thèrmo・plástic 形 熱可塑性の. ── 名 U,C 熱可塑性物質(ポリエチレンなど).

thèrmo・regulátion 名 U 体温[温度]調節.

Thér・mos (bòttle) /θə́ːməs- | θə́ː-/ 名 C (米) 魔法びん(商標). ── 名 jar! (日英比較).

thérmo・sètting 形 (化) 熱硬化性の.

Thérmos flàsk 名 C (英) =Thermos (bottle).

thèrmo・stáble 形 (物理) 耐熱性の, 熱安定性の.

ther・mo・stat /θə́ːməstæt | θə́ː-/ 名 C サーモスタット, 自動調温装置.

ther・mo・stat・ic /θə̀ːməstǽtɪk | θə̀ː-/ 形 サーモスタット(で)の. **-stat・i・cal・ly** /-tɪkəli/ 副 サーモスタットで.

the・sau・rus /θɪsɔ́ːrəs | θɪsɔ́ː-/ 名 C (複 ~・es; the・sau・ri /θɪsɔ́ːraɪ/) **1** 分類語彙(ξ)辞典; (事項別)語彙集, シソーラス.

＊**these** /ðí:z/ 代 (this 代の複数形) これら, これ (近くの2つ以上のもの・人を指す; この): T~ are all my books. これはみんな私の本だ / All (of) ~ are really sad stories. これはみんな本当に悲しい物語だ / I prefer ~. 私はこれらのほうがよい / T~ are my cousins. こちらは私のいとこです (☞ 語法). 語法 次を比較: This is 「Mr. and Mrs. Lee [my mother and father]. こちらはリーさん夫妻[父と母]です. ── 形 (this 形の複数形) **1** これらの, この(それら): T~ people are all my friends. この人たちはみんな私の友達だ / Most of ~ traffic accidents were because of careless driving. これらの交通事故の大部分は不注意な運転が原因だった / I have been studying English literature ~ five years. 私はここ5年間ずっと英文学を勉強している. 語法 these five years はやや古風な言い方で現在では it's for the past [last] five years のほうが普通 // T~ trousers of yours are nearly worn out. 君のこのズボンはすり切れそうだね (☞ this 形 1 語法). 語法 指示話法では these が those となることがある (☞ narration 文法 (1) (v)). **2** (物語・説明などで初めて話題に出る人・物を指す複数名詞につけて) (S) (略式) ある (☞ this 形 4): We were just sitting there quietly, and suddenly ~ boys started a fight. 私たちが静かにそこに座っていると突然男の子たちが

がけんかを始めた. **thése dáys** [副] ☞ day 成句.

*these'll /ðíːzl/ 《略式》 **these will** の短縮形: *T~ suit you.* これならあなたに似合うでしょう.

theses /θíːsiːz/ 《複 these の複数形》.

The·seus /θíːsuːs ǀ -sjuːs/ [名] 固 《ギリシャ》 テセウス《アテネの王で怪物ミノタウロスを退治した英雄》.

*the·sis /θíːsɪs/ 《複 the·ses /θíːsiːz/》 [C] **1** (長い)論文《学位論文・卒業論文など》: a master's ~《主に米》修士論文 / a doctoral ~《主に英》博士論文(☞ dissertation) / *She wrote a ~ on [about] the eruption of Mt. Mihara.* 彼女は三原山の噴火に関する論文を書いた. **2** 《格式》(論理的な)主張, 説, 見解, テーゼ; 論題: the central ~ 中心的な主張.

thésis státement [名] C 主張の陳述.

Thes·pi·an /θéspiən/ [形], [名] C [時に t~] 《古風》《誇張または滑稽》演劇の(俳優).

Thes·sa·lo·ni·ans /θèsəlóuniənz/ [名] 《複》《聖》テサロニケ書, テサロニケ人への手紙《新約聖書中の一書; 第一の手紙または第二の手紙》.

the·ta /θéɪtə ǀ θíː-/ [名] C シータ《ギリシャ語アルファベットの第8文字 θ, Θ; ☞ Greek alphabet 表》.

thews /θ(j)úːz ǀ θjúːz/ [名] 《複》《文》筋肉; 体力.

*they /ðeɪ, ðéɪ/ [代] 人称代名詞, 三人称・複数・主格; ☞ personal pronoun 文法》(所有格 **their** /(弱) ðə, (強) ðeə, ðéə/, 目的格 **them** /(弱) ðəm, (強) ðém/; 単 **he** /(弱) (h)i, (強) híː/, **she** /(弱) ʃi, (強) ʃíː/, **it** /ɪt, ít/) ★ (1) 所有格および目的格の用法については ☞ their, them. (2) 人称代名詞と並ぶときの語順については ☞ I² 語法 (2), we 最initial 語法 (3).

1 [前に出た複数形を受けて, またはその場の状況で何を指しているのかが聞き手[読み手]にわかる複数の人・動植物・物・事柄を示して] (1) [主語として] 彼らは[が], 彼女らは[が], それらは[が], あの人たちは[が], それらのもの[こと]は[が]: "*Do your brothers like baseball?*" "*Yes, ~*(=my brothers) *like it very much.*" 「あなたの兄弟は野球が好きですか」「はい, とても好きです」/ "*Whose are those shoes?*" "*T~ are mine.*" 「あの靴はだれのですか」「私のです」/ *Once there lived a boy and a wolf. T~*(=the boy and the wolf) *were friends.* 昔少年とおおかみが住んでいた. その少年とおおかみは友達だった / "*Who are ~?*" "*T~ are tourists from the United States.*" 「あの人たちはだれですか」「米国からの観光客です」

> **語法 they** が受ける不定代名詞と集合名詞
> (1) 特に《略式》では everybody, somebody, anybody などの不定代名詞の不明の単数名詞を受けることがある《☞ every¹ 語法 (1)》: *Anybody can do it if ~ try.* だれでもやってみればそれができる.
> (2) 特に《英》で単数の集合名詞を受けることが多い: *The government* has [have] *become unpopular since ~ were* (=it was) *elected.* 政府は選挙されて以来人気が落ちてきた.

(2) /ðeɪ/ [主格補語として]《格式》彼ら(だ, です), 彼女ら(だ, です), あの人たち(だ, です). **語法** (1) 普通は強調構文でitの後に用いる場合に限られる《☞ it¹ A 6》: *I think it is ~ who is to blame.* 悪いのは彼らだと私は思う. (2)《略式》では It's *them* who ... 《☞ me¹⁴ 語法 (2)》.

2 [1 (1) の世の中の人たちを漠然と表わして] 人々は, 世間の人たちは, みんなは 《☞ they say (that)...(say 動 成句), one² プ 3 語法 (1), generic use 文法 (2)》: *T~ will laugh at you if you say so.* そんなことを言うとみんな[世間]が笑いますよ. (2) [話し手や書き手を含まない, ある地域・場所にいる人たちを漠然と指して; ☞ we 2 (2), you¹ A 2 (2)] [主に S] *What languages do ~ speak in Switzerland?* スイスでは何語を話しますか /

T~ sell things cheap at that store. あの店は品が安い. **語法** この意味の they が主語の文を受身に変えるときには by them を加える必要はない《☞ be² B 文法 (2)(iv)》. (3) [政府・自治体当局者を指して] [主に S] おかみ, 当局, 当方: *T~'re putting up oil prices again.* 政府はまた原油価格を上げようとしている.

*they'd¹ /ðeɪd/ 《略式》 **they would** の短縮形: *Jo said ~ help you.* ジョーは彼女らは君の手伝いをすると言った.

*they'd² /ðeɪd/ 《略式》 **they had²** の短縮形: *T~ already gone abroad when I heard the news.* 私がその知らせを聞いたときには彼らはもう外国へ行っていた.

*they'll /ðeɪl/ 《略式》 **they will¹** の短縮形: *T~ help me.* 彼らは私を助けてくれるだろう.

*they're /ðeɪə, ðə ǀ ðeɪə, ðə/ 《同音》 #their, #there¹,《英》 #the¹,²;《類音》 #that²,³,《米》 #the¹,²/ 《略式》 **1 they are¹** の短縮形《☞ be 表》: *T~ sailors.* 彼らは船員だ / *T~ not right, are they?* 彼らは間違ってるね.

2 they are² の短縮形: *T~ talking with Bob.* 彼らはボブと話している / *T~ quite surprised, aren't they?* 彼らはすっかり驚いているね.

*they've /ðeɪv/ 《略式》 **they have²** の短縮形: *T~ just run a race.* 彼らはちょうど競走をしたところだ / *T~ already started, haven't they?* 彼らはもう出発してしまったんだな.

thi·a·mine, thi·a·min /θáɪəmɪn/ [名] U 《生化》チアミン《ビタミン B₁ の化学名》.

*thick /θík/ 《類音》 sick》 🔞 [形] (**thick·er**; **thick·est**; 動 **thícken**)

「厚い」1	→ (厚みのある) → 「太い」3
	→ (物が間に詰まっている) → 「密な」,「濃い」4

1 厚い《反 thin》: *a ~ board* 厚い板 / *a ~ slice of bread* 厚切りのパン / *This coat is too ~.* このコートは厚すぎる.

2 厚さが...で, ...の厚さの:
thick	厚い
	太い
	密な, 濃い

"*How ~ was the steak?*" "*It seemed to be about an inch ~.*" 「ステーキはどのくらいの厚さだった?」「1 インチもあるように見えた」

3 太い; ずんぐりした《反 thin》: *a ~ neck* 太い首 / *a tree with a ~ trunk* 太い幹の木.

4 密な, (木などが)茂った; (液体・気体が)濃い, どろどろした;(霧などが)深い《反 dense 類義語》《反 thin》: *a ~ wood* 木が密生した森 / *~ soup* こってりしたスープ / *When he was young, he had ~ hair.* 彼は若いころには髪がふさふさしていた / *The fog is very ~ here.* ここは霧がとても深い. **5** [+*with*] (…が)いっぱいの, ぎっしり詰まった, (いやなもので)覆(ホホ)われた: *The air in the room was ~ with smoke.* 部屋は煙でいっぱいだった / *The table was ~ with dust.* テーブルはほこりをいっぱいかぶっていた. **6** どんよりした, 曇った, (川などが)濁った: *The lake looked ~ and muddy after the heavy rain.* 大雨の後でその湖は濁った泥水に見えた. **7** 《略式》(頭などが)重い, ぼんやりした;《英》(人が)鈍い (dull), ばかな: *have a thick head* (head [名] 成句). **8** (声・話が)不明瞭な, かすれた, だみ声の;(なまりが)ひどい: *His voice was ~ with fear.* 彼の声は恐怖でかすれていた. **9** [+*with*] 《古風, 略式》親しい, 仲のよい (*with*). **a bit thíck** = **ràther [a little] tòo thíck** [形] 《古風, 略式, 主に英》(物事が)少々ひどすぎる. **the thíck énd of ...** 《英略式》(ある金額・時間などの)ほとんど...: *the ~*

end of half an hour かれこれ 30 分. **thick on the gróund** [形] 《英》(人・物事が)多い, たくさんある.
— [名] [the ～] 最も太い部分; 最も密な所; 最中.
in the thíck of ... [前] (1) …のいちばん茂った[込んだ]所に: in the ～ of a forest 森のいちばん茂った所で. (2) …のまっ最中に, …のまったむ中に: in the ～ of the fight 戦いのまっ最中に. **through thíck and thín** [副] どんなときでも, 終始一貫して. 由来 森の中で通るのが困難な茂みも, 木がまばらで楽な所も, の意.
— [副] (**thíck·er; thíck·est**) 厚く, 濃く; 深く; しきりに: Slice the bread ～. そのパンを厚く切りなさい / The grass grew ～ in the garden. 庭には草がいっぱい茂った. **thíck and fást** [副] どんどん, ひっきりなしに.

†**thick·en** /θíkən/ [動] [形] thick; [反] thin) [自] **1** 濃くなる, 密集する: The mist ～ed as we climbed. 登るにつれて霧は濃くなった. **2** 厚くなる; 太くなる: The clouds are ～ing. 雲が厚くなってきている. **3** 複雑になる. — [他] **1** 〈…〉を濃くする (with): You'd better ～ this soup. このスープはもっと濃くしなさい. **2** 〈…〉を厚くする; 太くする. **3** 〈…〉を不明瞭にする.

thíck·en·er [名] [反] thinner) [C|U] (液体を)濃厚にする[とろみをつける]もの.

thíck·en·ing [名] **1** [U] (濃厚, 太)くなる[する]こと. **2** [C|U] =thickener.

†**thick·et** /θíkɪt/ [名] [C] **1** 茂み, やぶ, 雑木林: The hare hid in the ～. 野うさぎは茂みの中に隠れた. **2** 複雑に入り組んだもの: a ～ of rules 込み入った規則.

thíck·héad [名] [C] 《略式》頭の鈍い人.
thíck·héaded [形] 《略式》頭の鈍い, 愚鈍な.
thíck·ly [副] **1** 厚く; 濃く; 密に; こんもりと. **2** 不明瞭(めいりょう)に; だみ声で.

thick·ness /θíknəs/ [名] **1** [U|C] 厚さ; 太さ; (壁などの)厚い部分: a board with a ～ of 2 cm 2 センチの厚さの板. **2** [U] 濃いこと, 濃厚, 濃度; 濃密; 密集, 繁茂. **3** [C] 重ね, 層: two ～es of cardboard 2 枚重ねたボール紙.

thick·o /θíkou/ [名] [C] 《英略式》ばか, あほ.
thíck·sét [形] **1** ずんぐりした; がっしりした. **2** (生け垣などが)密に茂った.
thíck·skínned [形] 皮膚[皮]の厚い; 面(つら)の皮の厚い, 無神経な.

***thief** /θíːf/ [13] [名] (複 **thieves** /θíːvz/) [C] (こっそり物をとる)どろぼう, 盗人: Stop, ～! 待て(追いかけるときの叫び声) / Set a ～ to catch a ～. 《ことわざ》どろぼうはどろぼうに捕らえさせよ(蛇(じゃ)の道は蛇(へび)). 関連 theft 盗み. **(as) thíck as thíeves** [形] 《略式》とても親密で, 大の仲よしで. **like a thíef in the níght** [副] こっそりと.

thieve /θíːv/ [動] [U] 《普通は進行形で》《略式》盗む.
thiev·er·y /θíːv(ə)ri/ [名] [U] 《格式》盗み, 窃盗.
***thieves** /θíːvz/ [名] thief の複数形.
thíev·ing /θíːvɪŋ/ [名] [U] 《古風, 英》盗み, 窃盗. — [形] [A] 《略式》盗むような.
thiev·ish /θíːvɪʃ/ [形] 《文》盗癖のある; どろぼうのような, こそどろする.

***thigh** /θáɪ/ [類音 sign] [名] (～**s** /～z/) [C] 太もも, また(しり (hip) からひざ (knee) まで; ☞ leg 挿絵); (動物の(後)脚の)もも, 腿(たい), 股(こ)部: Bob pinched me on the ～. ボブは私の太ももをつねった (☞ the¹ 2 [語法])

thígh·bone [名] [C] 大腿骨(だいたいこつ).
thígh-hígh [形], [名] [C] ひざまでの(ストッキング[ブーツ]).
thim·ble /θímbl/ [名] [C] 指ぬき(裁縫用).
thim·ble·ful /θímblfùl/ [名] [C]

thimble

[滑稽] (酒などの)ごく少量 (of) (指ぬき 1 杯の量から).

***thin** /θín/ [類音 fin, sin, think, thing) [12] [形] (**thin·ner; thin·nest**) **1** 薄い ([反] thick): a ～ board 薄手の板 / a ～ slice of ham ハムの薄いひと切れ.

thin	薄い
	細い
	まばらな

2 細い, やせた 《☞ 類義語》([反] thick, fat): He is ～ in the face. 彼は顔がほっそりしている / He has a long, ～ body. 彼はひょろっとした体つきだ / ～ lips 薄いくちびる.

3 (液体・飲み物などが)薄い, 水っぽい ([反] thick): ～ milk 水っぽい牛乳 / This soup is a little too ～. このスープは少々薄すぎる.

4 まばらな, (気体が)希薄な, 薄い; (量が)乏しい ([反] thick, dense): a ～ forest 木の少ない森 / a ～ mist 薄いもや / His hair became *thinner*. 彼の髪は薄くなった / The air is ～ at high altitudes. 高地では空気が薄い. **5** (声・音などが)か細い: a ～ voice か細い声 / a ～ smile 薄笑い. **6** 浅薄な; 見え透(す)いた, 中味のない: a ～ argument 説得力に乏しい議論 / a ～ excuse 見え透いた言いわけ. **7** (事業・貿易などが)不景気の, ふるわない. **hàve a thín tíme (of it)** [動] [S] 《英略式》 (金銭的に)苦しむ, いやな思いをする. **thín on the gróund** [形] 《英》(人・物事が)少ない, 乏しい. **thín on tóp** [形] 髪の毛が薄くなって. — [動] (**thins; thinned; thin·ning**) ([反] thicken) [他] **1** 〈…〉を薄くする, まばらにする; 細くする: T～ the soup, please. スープを薄めてください. **2** 減少させる; 〈家畜・苗を間引く (out): ～ the herd 動物の群れから何頭か間引く. — [自] まばらになる (out), 薄くなる. **thín dówn** [動] [自] 薄まる; (人が)やせる. — [他] 〈液体など〉を薄める.
— [副] (**thín·ner; thín·nest**) 薄く; 細く.

[類義語] **thin** 人が肉付きが少なくやせていることを表わす最も一般的な語だが, 過労や病気などでやせたことを意味することも多い: He looked *thin* after his illness. 彼は病気をしてからやせたようだった. **lean** 生まれつき肉がしまってやせ形であることを意味する. **slim** ほっそりした, の意で slender と同じ意味で用いるが, *slim* は形のよさよりも細さ, しなやかさなどに重きを置いて用いることが多い: He is a very *slim* athlete. 彼はとてもほっそりした選手だ. **slender** 体つきが細くすらっとして上品で均整がとれていること. *slim* より一般的ではない.

thine /ðáɪn/ [代] 《古語》 **1** 《所有代名詞; ☞ possessive pronoun [文法]》 あなたのもの, きみのもの, お前のもの. **2** 《人称代名詞 thou の所有格》《母音またはhで始まる名詞の前につけて》 あなたの, なんじの, お前の (thy).

***thing** /θíŋ/ [類音 sing, thin, think) [名] (～**s** /～z/)
1 [C] **物, ある物**: This is a very useful ～. これはとても役に立つ物だ / There are lots of ～s on the table. テーブルの上にはいろいろな物がある / Do you like sweet ～s? あなたは甘い物が好きですか / You can't get a ～ to eat there. そこでは食べる物がひとつも手に入らない / What is that ～ on the desk? 机の上のあれは何かね / Put that ～ away. (怒って)そんなものはさっさと片づけなさい.

2 [C] **事柄, 事項, 事件, 問題**: say the right [wrong] ～ 当を得た[得ない]ことを言う / That's a fine [nice] ～ to say. いいことを言いますね; [反語] とんでもないことを言うものだ / I've got a lot of ～s to do this week. 今週はしなければならないことでいっぱいだ / It's a good ～ to praise children when they do something good. 子供たちが何かよいことをしたときにはほめてあげるのはよいことだ / That's the sort of ～ that you must not say to a woman. それは女性には言ってはいけないことだよ.

3 《複数形で》**持ち物, 身の回りの物, 所持品, 所有物; 衣類; 器具; 《法》財産**: tea ～s 茶道具 / Where are your ～s? 持ち物はどこにありますか / My mother is washing the breakfast ～s. 母は朝食のあと片付けをしている / I'll wear my best ～s to the party. そのパー

4 [複数形で] (漠然と)物事, 文物, 風物; **事情, 事態, 状態** (affairs, matters): Don't take ～s so seriously. あまり物事を難しく考えすぎるな / How are ～s (with you)? Ⓢ《略式》景気はどう / T～s don't look good. 事態はよくないようだ / T～s in the country have improved since then. その後その国の情勢は好転した.

語法 この意味の things を修飾する形容詞は後につけるが, これはやや古風・滑稽な表現 (☞ attributive use 文法(2)(i), something の1 語法(2)): This film will help (to) introduce ～s Japanese to foreign countries. この映画は日本の文物を外国に紹介するのに役立つだろう.

5 /θiŋ/ Ⓒ [形容詞を伴って] **人, やつ**《人・動物への親しみや軽蔑を表わす》: 生き物, 動物: a lovely little ～ かわいい子 / Poor ～! まあかわいそうな人だ. 語法 呼びかけのときには冠詞がつかない. **6** [the ～; この場合のはしばしば /ðíː/ と発音する] **必要な物, うってつけの物, 重要なこと**(☞ the thing to do 成句); 当面の問題: That's just *the* [*the* very] ～ I had in mind! Ⓢ それこそ私が考えていたことだ / *The* ～ *about* him is his reliability. Ⓢ 彼について大事なことは信頼できるということだ / *The* ～ is whether we can do it. 問題は我々にそれができるかどうかだ. **7** [the ～]《略式》**流行のもの** (in). 語源 古государ英語で「会議」の意: そこから「(討議される)もの」の意味になった.

... and things Ⓢ《略式》**...など. as things áre [stánd]** 副 《略式》現状では. **a thing or twó** 名 《略式》多少, 少し. **be áll things to áll péople [mén]** 動 自 八方美人になる. **be ón to a góod thíng** 動 自 《略式》うまい仕事[もうけ口]にありついている. **dó one's (ówn) thíng** 動 自 《略式》(自分の)やりたいことをする, 気ままにふるまう. **dó the [that] ... thíng** 動 Ⓢ《米》...(関係関連)のことをする. **for óne thing** 13 副 つなぎ語 一つには, まず一つ理由[根拠]をあげるならば. 語法 多くの場合 for another が続いて理由などの説明に用いる: *For one* ～ I don't love her; *for another* she is the wrong age for me. 一つには私は彼女を愛してないし, もう一つは年齢が私には合わない. **háve a thíng abòut [for] ...** 動 他 Ⓢ《略式》...に特別な感情をもっている, ...が大嫌い[大好き]である: He *has a* ～ *about* snakes [hygiene]. 彼はへびが苦手だ[衛生にこだわっている]. **Hòw're thíngs?** Ⓢ《略式》やあ, 元気かね, お元気. **in áll things** 副 《文》どんな事柄に関しても. **It is a góod thing (that) ....** ...とは幸いだ, 運がいい, ついている. **It's a ... thíng.** Ⓢ それは...だけがわるものだ. **It's (just) óne (dámned) thíng àfter anóther.** Ⓢ 悪いこと[不運]の連続だ, 踏んだりけったりけっだ. **(just) óne of those thíngs** 名 Ⓢ 仕方のないこと, あきらめなくてはならないこと. **màke a (bíg) thíng (òut) of ...** 動 《略式》...を騒ぎ立てる, ...を問題にする. **màke the bést of things** = make the best of a bad job (☞ job 成句). **màke things éasy [difficult, hard]** 動 自 (わざと)事を簡単[面倒]にする: John's arrest *made* ～s *hard* for his family. ジョンが逮捕されて家族は大変な思いをした. **nót fèel [knòw, sèe] a thíng** 動 自 何も感じない[知らない, 見えない]. **óne thìng léd to anóther** Ⓢ いろいろあって, 結局. **(quíte) the (dóne) thíng** 名 [しばしば否定文で]《略式, 主に米》 の, ７. も必. **quíte the thíng** 名 流行のもの, 人気の集中しているもの; [否定文で] そのものずばりとは異なる. **sée [héar] thìngs** 動 自 [普通は進行形で]《略式》実際存在しない[聞こえない]物を見る[聞く]. **tàking óne thíng with anóther** 副 《英》あれこれ考えて. **The gréat thíng abòut ... is that** ― = The great advantage of ... is that ― (☞ advantage 成句). **the réal thíng** 名 《略式》本物; 究極の経験. **There is nó sùch thíng as ....** ...などあるはずがない, ...のようなものはない: *There is no such* ～ *as* perfect marriage. 完璧な結婚などあるはずがない. **There is ónly òne thíng for it.** Ⓢ 他に方法はない. **The thíng abòut [with] ... is that ―.** Ⓢ《米》...の困ったところ[問題点]は―だ: *The* ～ *with* her *is that* she is very particular about what she eats. 彼女の困ったところは食べ物にうるさいということだ. **The thìng is, ...** [前の文を受けて] Ⓢ《略式》その理由は, 実は; 問題は(何と言っても)...ということだ: "Why didn't you do your homework?" "I was going to. *The* ～ *is*, I had a terrible headache." 「どうして宿題をしなかったのですか」「するつもりだったんですが, 実は頭痛がひどかったんです」 **the thíng to dó** [しばしば否定文で]《略式, 主に米》**やるべき事, 礼儀にかなった事. the wáy things áre [stánd]** 副 Ⓢ = as things are [stand]. **to máke things wórse [béter]**《文修飾語》さらに事態を悪く[よく]したことに (☞ to make matters worse (worse 形 成句)). **(wéll,) of áll thíngs** 副 Ⓢ こともあろうに, よりによって, [感嘆詞的に] これはまあなんと(驚いた).

thing·am·a·bob /θíŋəməbàb/, -bɔ̀b/, **thing-am·a·jig, thing·um·a·jig** /θíŋəmədʒìg/, **thing·um·my** /θíŋəmi/, **thing·y** /θíŋi/ 名 Ⓒ 《略式》何とかさん, 何とかいう物 《名前を知らなかったり, 忘れたときなど》.

***think** /θíŋk/ 〖類音 sink〗 動 (**thinks** /～s/; 過去・過分 **thought** /θɔ́ːt/; **think·ing**; 名 **thought**²)

「(心の中で)考える」
→「思う」**1** →「信じる」**1**
　　　　　→「(考えを心に抱く)」**6** → 「...しようと思う」**7**
(思い巡らす) → 「よく考える」**3** →「わかる」**4**
　　　　　　　　　　→「思い出す」**5**

1 [進行形まれ] ⟨...⟩**と思う, 考える, 信じる**《☞ 類義語》: I ～ *(that)* he is a doctor. <V+O*((that)* 節)> 彼はお医者さんだと思う (that はしばしば省略される; ☞ I think ...(成句)) / Do you ～ he will come to our party? <V+O(節)> Ⓢ 彼が私たちのパーティーに来ると思いますか / He thought, "I'm lucky." <V+O(引用節)> 彼は「ついている」と思った / I don't ～ she is a good singer. Ⓢ 私は彼女は歌がうまいとは思わない. 語法 この言い方のほうが I ～ she is *not* a good singer. と言うより普通 // I *don't* ～ you've been here before, *have* you? きっと今までここに来たことはないですよね. 語法 付加疑問が haven't you? でなく have you? になる点に注意 // It is generally thought that Mr. Brown will accept the position. <V+O(*that* 節)の受身> ブラウン氏はその職を引き受けるだろうと一般に思われている (☞ it¹ A4 文法).

語法 「私はペギーは踊りがうまいと思う」 に対する最も普通の英語は I ～ Peggy is a good dancer. で, 次の文は《格式》: I ～ Peggy a good dancer. <V+O+C(名)> (☞ 他 2).

2 [進行形なし]《格式》⟨人・物を⟩**(...だと)思う, 考える, みなす**: We ～ him one of the leading statesmen of our country. <V+O+C(名)> 私たちは彼をわが国の指導的な政治家の一人だと思っている / Every horse ～s his own pack the heaviest. <V+O+C(形)>《ことわざ》どの馬も自分の荷がいちばん重いと思っている(自分の仕事はつらく思うもの)／[言い換え] They all *thought* her *to* be a genius. <V+O+C(*to* 不定詞)>＝They all *thought* (*that*) she was a genius. <V+O+C(*that* 節)> 彼らはみな彼女は天才だと思った((*that*) 節を使う方が普通). [語法] <V+O+C(*to* 不定詞)> の場合は次のようにしばしば受身で用いる: She *was thought to* be a genius. これは次のようにも言える: It *was thought that* she was a genius. <V+O((*that*) 節)の受身>(☞ it¹ A4 [文法]) ★ 前の文のほうが《格式》的／I ~ *it* probable *that* he lied. 多分彼がうそをついたのだと思う (☞ it¹ B3 [文法]).

3 [受身なし; しばしば進行形] 〈どうしようか〉とよく**考える**, 思いめぐらす, 熟考する; 〈...か〉と考える. [語法] 目的語として wh 句, wh 節または疑問文の引用節を伴う: [言い換え] T~ *what to* do next. <V+O(wh 句)>＝T~ *what* you should do next. <V+O(wh 節)> 次に何をすべきかよく考えなさい／She *was* ~*ing how* happy married life would be. 彼女は結婚生活はどんなに楽しいことだろうと考えていた／I *thought* (to myself), "Can I do anything to help?" <V+O(引用節)> 私は「何か役に立つことができるだろうか」と思った. [語法] 間接話法にすると wonder が用いられる: I *wondered if* I could do anything to help.

4 [受身なし; 普通は cannot, could not の後で] わかる, 考えつく (imagine). [語法] 目的語として wh 句または wh 節を伴う: You *can't* ~ *how* nasty Helen is. <V+O(wh 節)> ヘレンがどんなに意地悪かあなたにはわからないだろう (★ imagine のほうが普通)／He couldn't ~ *where* to hide it. <V+O(wh 節)> 彼はそれをどこに隠すべきかを見当がつかなかった. **5** [cannot, could not または try [want] to の後で] 思い出す (remember); [普通は否定文・疑問文で, to 不定詞を伴って] 〈...することを〉思いつく, 気づく; 覚えている: I *can't* ~ (now) *what* his name is. ⓈⓈ 彼の名前は何というのか(今は)思い出せない／He *tried to* ~ *how* long it was since he had last seen Jane. 彼はジェーンにこの前会ってからどれくらい経ったか思い出そうとした／I'm sorry; I *just didn't* ~ *to* tell you. すみません, (うっかりして)お話することは思いつきませんでした. **6** 〈ある考え〉を心に抱く, 考える: Never ~ evil thoughts. 悪い考えを持ってはいけない (☞ cognate object [文法]). **7** 〈...しよう〉と思う, 〈...する〉つもりである. [語法] 普通は目的語として (*that*) 節内に will [would], be going to を用いる: I ~ I'll go skiing. Ⓢ スキーに行こうと思う／He *thought* (*that*) he *would* be home by six o'clock. 彼は 6 時までに家に帰るつもりだった. **8** [進行形・受身なし; 普通は否定文・疑問文で] 〈...を〉予期する, 期待する (expect): Nobody *thought* to receive support from them. 《格式》彼らから支持を受けるとはだれも思わなかった／*Little* did she ~ [She *little thought*] *that* her father would get so angry with her. 彼女は父親が自分に対してそんなに腹を立てるとは夢にも思わなかった (☞ little¹ 副 2, inversion [文法](1)(vi)). **9** [~ one-self] 考えて...(の状態)になる (*into*): Don't worry too much, or you'll ~ *yourself* sick. あまり心配するな, 考えすぎると病気になるよ. **10** 《略式》〈...のこと〉を考え(てばかりいる): He is always ~*ing* money. 彼はいつもお金のことばかり考えている.

— 自 **1** 考える, 思う; 想像する: ~ *deeply* じっくり考える／~ *in English* 英語で考える／I *don't* ~ *in the same way as* you (do). 私の考えはあなたと同じではない. **2** よく考える, 熟考する: Let me ~ (for) a moment. ちょっと考えさせてください／T~ before you give an answer. 答える前に考えるように／I (just) *wasn't* ~*ing*.＝I didn't ~. Ⓢ よく考えていませんでした, 考え

が足りませんでした《謝罪》. **3** 《略式》〈...な〉考え方をする: ~ straight 筋道を立てて考える／~ *positive* [*positively*] プラス思考をする // ☞ think big (big 副 成句).

thinking

dòn't you thínk ...? [挿入語句として] ...と思いませんか, ...ではありませんか: It will be better, *don't you ~*, to stay here a little longer? もう少しここにいたほうがよくはありませんか.

∴ do you thínk — Ⓢ (1) [疑問詞の直後に挿入語句として] ...と思いますか: *What do you ~ has* happened? 何が起こったと思いますか. (2) [依頼の疑問文につけてためらいの気持ちを強調する]: Might I have my video camera back, *do you ~*? あのう, ビデオカメラを返していただいてもよろしいでしょうか.

Do you thínk you could ...? Ⓢ 《丁寧》...していただけませんか: *Do you ~ you could* copy these pages for me? これらのページをコピーしていただけませんか (☞ politeness 囲み).

..., I dòn't thínk 《略式》全く...だよ《本心ではそう思っていないことを皮肉に言う》.

I should [would] thínk ... 多分...と思いますが. [語法] (1) I think よりも丁寧な言い方 (☞ should A 3): *I should ~* it would be better to accept their proposal. 彼らの提案を受け入れたほうがよいのではないかと思いますが. (2) 文の終わりでも用いる.

I should [would] thínk sò [nót]. Ⓢ [相手のことばを受けて] 多分そうだと思います; そうでしょうとも. [語法] so は相手のことばが肯定文のときに, not は否定文のときに用いる (☞ so¹ 6, not (5)).

I thínk ... Ⓢ ...と思う, ...らしい, ...のようだ (☞ hope 囲み): *I ~* you are making a serious mistake. あなたは大きな間違いをしているようだ／"Isn't this box too small?" "*I* ~ *sò*." 「この箱は少し小さすぎませんか」「そう思います」／"Do you ~ it's going to rain tomorrow?" "I *dòn't* ~ *sò*."＝《格式》"*I* ~ *nòt*." 「あすは雨になるでしょうか」「ならないでしょう」 (☞ not (5)). [語法] 文の終わりで, または挿入語句として用いることもある: It's going to snow, *I ~*. 雪になりそうだ／This tráin, *I* ~, will be for Boston. この列車は多分ボストン行きです.

I thóught as mùch. ☞ as much (much 代 成句).

I thóught (that) .... Ⓢ (1) [丁寧な提案・勧誘などを表わして] ...してはどうかと思っていたのですが. (2) (真偽は別にして)...と思っていました.

jùst thínk ... [動] 他 Ⓢ ...を考えてみてもごらんよ(てきじゃないか).

Thát's what 「yóu thìnk [hé thìnks]! Ⓢ《略式》それはあくまであなた[彼]の考えにすぎない(そうはならない).

thìnk agáin [動] 自 考え直す, 考えを変える (*about*).

thìnk ahéad [動] 自 先を読む, 前もって(...のことを)考える (*to*).

thínk (àll) the bétter of ... [動] [他] (人)をいっそう高く評価する (*for*).
thínk「a lót [a grèat déal] of ... [動] [他] [進行形なし] ...を大いに重んじる, ...が大好きである.
thínk alóud＝thínk òut lóud [動] [自] 考えごとをそのまま口に出す, 考えながらひとり言を言う.
thínk bádly [《格式》 íll] of ... [動] [他] ...のことを悪く思う ([反] think well of ...).
thínk bétter of ... [動] [他] (1) ...を考え直す, (物事)をよく考えてやめる: I was going to ask him to help, but I *thought better of* it. 彼に手を貸してもらうつもりだったが, 思い直してやめた. (2) (人)をもっと高く評価する, 見直す; ...をもっと分別ある者と思う: Now I ～ *better of* you *for* having done it. それをしたのであなたを見直した.
thínk for onesélf [動] [自] 自分で考える.
thínk léss of ... [動] [他] ...のことを(以前よりも)悪く思う.
thínk líttle [póorly] of ... [動] [他] [進行形なし] ...を軽視する, 取るに足りないと思う; 好まない ([反] think much [highly] of ...).
thínk múch [híghly] of ... [動] [他] [進行形なし] ...を重んじる, 尊重する; ...を高く評価する ([反] think little [poorly] of ...).

> [語法] (1) think much of ...のほうは普通は否定文で用いる: I do*n't* ～ *much of* him. 私はあの男を偉いとは思っていない.
> (2) be thought much [highly] of か be highly thought of の形で受身にできる: Creativity *is not*「*highly thought* [*thought much* [*highly*]] *of* in this country. この国では創造性が重んじられていない.

thínk nóthing [líttle] of ... [動] [他] [しばしば動名詞を伴って] Ⓢ ...を何とも思わない, ...に困難[心のとがめ]を感じない: He seems to ～ *nothing of*「work*ing* all night [tell*ing* lies]. 彼は徹夜で働く[うそをつく]のを何とも思っていないようだ.
Thínk nóthing óf it. Ⓢ 気にしないで下さい; どういたしまして《相手のおわび・お礼への丁寧な応答》.
thínk one is ít [動] [自] 《略式》 自分がえらいと思っている (☞ one² [代] 3 [語法] (4)).
thínk one's wáy òut of ... [動] [他] 考えて(困難など)を切り抜ける.
thínk the bést [wórst] of ... [動] [他] (人)のよい[悪い]ところだけを見る, (人)の行動を善意に[悪意を持って]解釈する.
thínk to onesèlf ... [動] [他] (心の中で)ひそかに...と考える.
thínk wéll of ... [動] [他] ...のことをよく思う, ...を尊重する ([受身] be well thought of; [反] think badly [ill] of ...).
To thínk that ...! Ⓢ ...だと思うと, ...だとは《驚いた, 悲しい, 情けないなど》.
What do you thínk? 《略式》 あのね; 知ってるかい《意外な事を切り出すときの前置きの文句》.
What do you thínk (of [abóut] ...)? あなたは(...を)どう思いますか: "*What do you* ～ *of* this book?" "「In my opinion [As I see it], it's not very interesting." 「この本をどう思いますか」「私の考え[見るところ]ではそれほどおもしろくない」
Whò would have thóught (that) ...? Ⓢ ...するなんて誰が考えたろう《意外な事に対する驚きを表わす》.
You would「have thóught [thínk] (that) ... Ⓢ (当然)...かと思った[思う]でしょうが《驚き・非難などを表わす》.

think の句動詞

****thínk abòut ...** [動] [他]
1 [しばしば進行形で] **...のことを考える;** ...を思い起こす (recall): When you phoned me yesterday, I *was* just ～*ing about* you. あなたがきのう私に電話をかけてきたとき, 私はちょうどあなたのことを考えていました.
2 (決定を下す前に)**...についてよく考えてみる** (consider); ...を検討する ([受身] be thought about): We must ～ *about* the matter in a quieter room. 私たちはその問題をもっと静かな部屋でじっくり考えてみる必要がある / I'll ～ *about* it. 考えておきましょう《やんわりと断わるときに用いる》. **3** ＝think of ... 2, 4. **thínking abòut it** [副] Ⓢ そう言えば, 考えてみると. **when [if] you thínk abòut it** [副] Ⓢ よくよく考えてみると.
thínk awáy [動] [他] 考えごとをして〈...〉を紛(まぎ)らす.
thínk báck [動] [自] (昔のことを)思い出す (*on, to*).
***thínk of ...** [動] [他] **1** ...を考えつく, 思いつく ([受身] be thought of); [cannot, could not, try [want] to などの後で] ...を思い出す (remember): I *can't* ～ *of* any good plan(s). いい案が全然思いつかない / I *tried to* ～ *of* her name, but I just couldn't. 彼女の名前を思い出そうとしたがどうしてもだめだった.
2 [普通は進行形, 動名詞を伴って] **(...しようかと)考える:** I'*m* ～*ing of* buy*ing* a new car. 私は新車を買おうかと考えている.
3 **...のことを(よく)考える** ([受身] be thought of): *T*～ *of* what she has told you. 彼女があなたに言ったことをよく考えてみなさい.
4 **...を考慮に入れる, 思いやる** ([受身] be thought of): [言い換え] She ～*s of* nobody but herself. ＝She only ～*s of* herself. 彼女は自分のことしか考えない. **5** ...のことを想像する: Just ～ *of* the cost of sending a rocket to the moon! 月へロケットを飛ばす費用のことをちょっと想像してごらん. **6** [would not, could not などの後で] ...(の可能性)を考える, 夢想する: I *wouldn't* ～ *of* let*ting* a child go out after dark. 私には暗くなってから子供を外に出すなど考えられない.
thínk of ... as ― [動] [他] ...(のこと)を―だと思う, ...を―とみなす (regard ... as ―): She ～*s of* him *as* wise [a friend]. 彼女は彼を賢い[友人だ]と思っている.
thínk óut [動] [他] **1** 〈問題など〉をよく考える; 〈案・策・答えなど〉を(細部にわたって)慎重[十分]に検討する: We have to ～ *out* what we are going to do. 我々はやろうとしていることをよく検討した上で実行せねばならない.
2 〈案・方法など〉を考え出す.
***thínk óver** [動] [他] 〈提案など〉をよく考えてみる, 熟考する; 反省する <V+名・代+*over* / V+*over*+名>: I'll ～ *over* your suggestions. あなたの提案をじっくり考えてみます / Please let me ～ it *over*. それについてはよく考えさせてください.
thínk thróugh [動] [他] ＝think out 1.
thínk úp [動] [他] 《略式》 〈口実・方法など〉を考え出す, 考えつく, 思いつく: They *thought up* a clever method. 彼らはうまい方法を考え出した.

― [名] [a ～] 《英略式》 (難題などについて)考えること, 一考, ひと思案: Let's have *a* good ～ *about* the plan. その計画についてよく考えてみよう.
have (gòt) anóther thínk cóming [動] [自] Ⓢ 《略式》 (...と思うなら)大間違いだ.
【類義語】 日本語の「私は...と思う」に当たる言い方には次のような表現がある. **think** 最も一般的な語で, 頭脳を働かせて考える意味を含む: I *think* it will rain tomorrow. あすは雨が降ると思う. **suppose** 推測して思うことで, *think* よりも根拠が弱い場合が多く, 意味が軽い: I *suppose* he will come. 彼は来ると思う. **guess** *suppose* とほぼ同じ意味だが《略式》的: I *guess* he can do it. 彼はそれができると思う. なお ☞ hope 囲み.

think·a·ble /θíŋkəbl/ [形] ([反] unthinkable) [P] [普通は否定語とともに] 考えられる, 想像がつく; 実現の可

能性のある.

+**think·er** /θíŋkɚ | -kə/ [名] [C] 考える人, 思想家, 思索家; [前に形容詞をつけて] 考えるのが…の人: a *great* ～ 偉大な思想家, 深くものを考える人 / an *original* ～ 独創的な考え方をする人 / The *T*～「考える人」《Rodin の彫刻》.

The Thinker
(by Rodin)

think·ing** /θíŋkɪŋ/ [名] [U] **1** 判断, 意見, 考え; 思想: That's good ～. それはいい考えだ / What is your ～ ***on this problem? この問題に対するあなたの考えはどうですか.
2 思考, 考えること; 思索: positive [negative] ～ 積極的[消極的]な考え方 / She did a lot of (hard) ～ about it. 彼女はそれについていろいろと(よく)考えた / This ˹calls for [requires] some quick ～. これは少々急いで考えることが必要だ.
to ...'s (wày of) thìnking [副] [文修飾語] [S] …の考えでは: This drama is, *to mý* (*wày of*) ～, the best that has ever been written in English. 私の考えではこの戯曲は英語で書かれたものの最高傑作だ.
— [形] ([反] unthinking) [A] **1** (明晰な)思考力のある; 思索する: Man is but a reed, the weakest in nature, but he is a ～ reed. 人間は 1 本の葦(あし)にすぎない. 自然の中でいちばん弱い. しかし人間は考える葦である《Pascal のことば》. **2** 思慮のある, 分別のある: the ～ people of the world 世の中の良識ある人々.
pùt ón a thínking càp [動] [自] 《略式》 熟考する, とっくり考える. **thínking pèrson's [màn's, wòman's]** ... [名] (1) (有名人の名前の前につけて, その人に似た人を指して)…をより知性派にした人物. (2) 知性派向きの(商品など).

thínk pìece [名] [C] 《米》(新聞などの)解説記事.

+**thínk tànk** [名] [C] [《英》単数形でも時に複数扱い] 頭脳集団, 政策研究機関, シンクタンク.

thín·ly [副] [時に合成語で] 薄く, 細く; 希薄に, まばらに; (株などの)売れ行きがにぶく: ～-sliced ham 薄く切ったハム / a ～ populated area 人口のまばらな地域 / smile ～ 薄笑いをする.

thín·ner [名] ([反] thickener) [U] (液体を)薄くするもの, 希釈剤; シンナー.

thín·ness [名] [U] 希薄; 細さ; 貧弱.

thin·ning /θínɪŋ/ [形] 髪の毛が薄くなりかかった.

thín-skínned [形] (批判などに)敏感な; 怒りっぽい.

‡third /θɚ́:d | θə́:d/ [形] **1** [普通は the ～; ☞ the¹ 1 (4)] **3 番目の**, 第 3 の, 3 位の《3rd とも書く; ☞ number 表, three, ordinal number [文法]》: *the* ～ lesson 第 3 課 / *the* ～ floor 《米》3 階, 《英》4 階《☞ floor 挿絵および [語法]》/ *the* two hundred (and) ～ person 203 番目の人 / Henry *the T*～ ヘンリー 3 世《Henry III と書く》/ in *the* ～ place 第 3 に (thirdly) / Liz was ～ in the contest. リズはコンクールで 3 位だった. **2** 3 分の 1 の: a ～ part of the earth 地球の 3 分の 1 の部分. **3** 〘車〙(ギヤが)サードの.
— [名] (**thirds** /θɚ́:dz | θə́:dz/) **1** [単数形で普通は the ～] **3 番目の人[もの]**, 3 位の人[もの], 第 3 号《☞ former¹ [語法] (1)》; [a～] (任意の 3 番目の)もう 1 人の人, もう 1 つのもの《a ～となる場合については ☞ ordinal number [文法] (1)》.
2 [単数形で普通は the ～] (月の) **3 日**, みっか《3rd とも書く》: The baby was born on *the* ～ of February [on February 3]. その赤ちゃんは 2 月 3 日に生まれた《February 3 は February (*the*) *third* と読む; ☞ ordinal number [文法] (2)》.
3 [C] 3 分の 1, 1/3《☞ cardinal number [文法] (6)》: a [one] ～ 1/3 / two ～*s* of a liter 2/3 リットル. [語法] two-thirds と綴ることもある. **4** [U] 〘野〙 三塁 (third base). **5** [U] (自動車のギヤの)第 3 速, サード. **6** [C] 《英》 第 3 級(の優等学位)《大学卒業の優等 (honors) 試験で最下位の成績》: get a ～ *in* physics 物理学で(優等試験) 3 級に合格する. — [副] **1** 3 番目に, 3 位で: Tom started ～. トムは 3 番目に出発した / Bill ˹came (in) [finished] ～ in a marathon. ビルはマラソンで 3 着に入った. **2** [つなぎ語] 第 3 に, 3 番目に (thirdly)《理由などを列挙するときに用いる》. **3** [最上級につけて] 3 番目に…: *the* ～ largest city 3 番目の都市.

thírd báse [名] [U] 〘野〙 三塁《☞ base¹ [名] 4 [語法], infield》.

thírd básemạn [名] [C] 〘野〙 三塁手《☞ infielder》.

thírd cláss [名] **1** [U] 《米》 第 3 種郵便物《定期刊行物を除く印刷物など》. **2** [U] 三流[級]; 《古風》(乗り物の) 3 等. **3** [C] 《英》 ＝third [名] 6.

thírd-cláss [形] **1** [軽蔑] 三流[級]の; 《古風》 3 等の. [関連] first-class 一流の / second-class 二流の. **2** 《米》 第 3 種(郵便)の. **3** 《英》(優等学位が)第 3 級の. — [副] **1** 《古風》 3 等で. **2** 《米》 第 3 種郵便で.

thírd degrée [名] [the ～] (警察などの)過酷な取り調べ, 拷問. **gíve ... the thírd degrée** [動] [他] 《略式》〈人に〉根掘り葉掘り質問する.

thírd-degrée [形] **1** 《米》(犯罪が)第 3 級の《過失などによる軽度のもの》. **2** [A] 第 3 度の: ～ burns 第 3 度火傷《最重症のやけど》.

thírd diménsion [名] **1** [the ～] 第 3 次元. **2** [a ～] (話などの)現実感, 真実味.

thírd fórce [名] [the ～, a ～] 第三勢力《対立する政治勢力の中間にある勢力》.

+**thírd·ly** [副] [つなぎ語] 第 3 に《☞ firstly [語法]》.

+**thírd párty** [名] [C] **1** 〘法〙 第三者《当事者でない者》. **2** 〘保〙 (被保険者以外の)第三者. **3** (2 大政党制下の)第 3 党, 小数党.

thírd-párty [形] **1** (2 大政党制下の)第 3 党の; 《米》(民主党・共和党以外の)第 3 党の. **2** (当事者でない)第三者の.

thírd pérson [名] [the ～] 〘文法〙 (第)三人称《☞ person [文法]》; (小説などの)三人称文体.

thírd-pérson [形] [A] 〘文法〙 第三人称の.

thírd pérson síngular présent fòrm [名] [C] [普通は the ～] 〘文法〙 (第)三人称単数現在形《☞ -s² [文法]》.

thírd-ráte [形] [軽蔑] 三流[級]の; 劣った, 劣等の. [関連] first-rate 一流の / second-rate 二流の.

thírd wáy, Thírd Wáy [名] [単数形で] 第三の道《両極端に代わる第三の選択肢》.

***thírd wórld, Thírd Wórld** [名] [the ～] [差別] 第三世界《アジア・アフリカ・南米などの発展途上諸国》. — [形] 第三世界の: ～ countries 第三世界の国々《★ 現在では developing countries を用いるのが普通; ☞ developing 1》.

+**thirst** /θɚ́:st | θə́:st/ [T2] [名] **1** [[U] または a ～] のどの渇き, 渇(かつ); 脱水状態: get *a* terrible ～ とてものどが渇く / die of ～ 脱水状態で死ぬ / They satisfied [quenched, 《文》 slaked] their ～ at the spring. 彼らはその泉で渇きをいやした. [関連] hunger 飢え. **2** [単数形で] 《文》 渇望, 激しい欲望 (desire): a ～ *for* knowledge 知識欲. — [動] [自] **1** 《文》 渇望する, 熱望する (*for, after; to* do). **2** 《古語》 のどが渇く.

thirst·i·ly /θɚ́:stəli | θə́:st-/ [副] のどが渇いて; 《文》 渇望して.

+**thirst·y** /θɚ́:sti | θə́:s-/ [形] (**thirst·i·er**; **thirst·i·est**) **1** のどが渇いた: I'm really ～. ああ, のどが渇いた /

T

Do you feel ~?のどが渇きましたか. 関連 hungry 空腹の. **2** A (仕事・食べ物などの)のどを渇かせる: ~ work のどの渇く仕事. **3** P (文)渇望している, 強く求めている (for) (eager). **4** (土地・草木などが)乾燥した (dry); (水分を)必要とする (for). **5** (略式)(車が)大量の燃料を消費する.

☆**thir·teen** /θə̀ːtíːn | θə̀ː-ˊ/ (強音)thirty 代 (数詞)[複数扱い]**13**, 13 人, 13 個; 13 ドル[ポンド, セント, ペンスなど] (number 表, -teen, teens): Only ~ have been made. 13 個しかできていない. 欧米では一般に不吉な (unlucky) 数字とされ, ホテル・病院などでは 13 号室がなかったり, 12 階から 13 階をとばして 14 階とするところが多い.

― 名 (~s /-z/) **1** C (数としての)**13**: Lesson T~ 13 課. **2** U (24 時間制で)13 時, 13 分; 13 歳: a girl of ~ 13 歳の少女. **3** C 13 の数字[記号]. **4** C 13[13 人, 13 個]ひと組のもの.
― 形 **1** 13 の, 13 人の, 13 個の. **2** P 13 歳で: I'm ~. 私は 13 歳.

☆**thir·teenth** /θə̀ːtíːnθ | θə̀ː-ˊ/ 形 **1** (普通 the ~; 略式 the¹ (4)) **13 番目の**, 第 13 の (13th とも書く; number 表, ordinal number 文法): the ~ lesson 第 13 課. **2** 13 分の 1 の.

― 名 (~s /-s/) **1** [単数形で普通は the ~] **13 番目の人[もの]**; (月の)**13 日** (13th とも書く; Friday 参考 (2), ordinal number 文法 (2)). **2** C 13 分の 1; 1/13 (cardinal number 文法 (6)).
― 副 つなぎ語 13 番に[として].

☆**thir·ti·eth** /θə̀ːtiəθ | θə̀ː-/ 形 **1** (普通は the ~; 略式 the¹ (4)) **30 番目の**, 第 30 の (30th とも書く; number 表, ordinal number 文法): the ~ lesson 第 30 課. **2** 30 分の 1 の.

― 名 (~s /-s/) **1** [単数形で普通は the ~] **30 番目の人[もの]**; (月の)**30 日** (30th とも書く): on the ~ of April = on April 30 4 月 30 日に (April 30 は April (the) thirtieth と読む; ordinal number 文法 (2)). **2** C 30 分の 1, 1/30 (cardinal number 文法 (6)).
― 副 つなぎ語 30 番に[として].

☆**thir·ty** /θə̀ːti | θə̀ː-/ (強音 thirteen) 代 (数詞)[複数扱い] **30**, 30 人, 30 個; 30 ドル[ポンド, セント, ペンスなど] (number 表, -ty²).

― 名 (thir·ties /-z/) **1** C (数としての)**30**. **2** U 30 分; 30 歳. **3** [複数形で the または所有格の後で] 30 年代; 30 歳代; (速度・温度・点数などで)30 番台[度台, 点台] (しばしば the 30's [30s] とも書く): in the (nineteen) thirties [1930's, 1930s] 1930 年代に (-s¹ 文法 (1) (ii)) / in one's (early [late]) thirties 30 歳代(前半[後半])で. **4** C 30 の数字. **5** C 30 [30 人, 30 個]ひと組のもの. **6** U (テニス)サーティー, 「30」(2 つ目のポイント).
― 形 **1** 30 の, 30 人[個]の. **2** P 30 歳で.

thírty-sécond nòte 名 C (米)(楽)32 分音符.
thírty-sécond rèst 名 C (米)(楽)32 分休符.
thírty-sòmething 形 名 C (略式) (特にヤッピー (yuppie) など仕事に成功した)30 代の(人).

☆**this** /ðís/

① この	形
② これ	代
③ これだけ, こんなに	副
④ 今; 現在の	形 3; 代 3

― 形 (指示形容詞)(複 these /ðíːz/) **1** この《話し手の近くにある物・人を指す; that¹ 形): ~ country この国 / T~ book is mine. この本は私の物だ.

語法 (1) this を所有格と並べて this my hat, my

---

this 1847

this hat などとすることはなく, this hat of mine [yours, ours, his, hers, theirs] のようにいう. 複数形の these も同じ (mine¹ 成句).
(2) 間接話法では this が that に変わることがある (narration 文法 (1) (v)).

2 [発言の前後のことをさして] [主に S] **今述べた, この; 次に述べる**: That summer she took three weeks of work. At the beginning of ~ holiday she began to experience pain in her chest. その夏彼女は 3 週間の休みをとった. この休暇の始めに胸の痛みを感じ始めた / Wait till you hear ~ story of what happened. 何が起こったか話してあげるから(まあ聞いてごらんよ).
3 /ðís/ (時間的に)**現在の, 今(え)…, この** (next 形 1, last¹ 形 2, have² 1 (1) 語法 (3)): ~ week [month] 今週[月] / ~ (coming [past]) Wednesday (今週の)(来たる[去る])水曜日(に) / ~ morning けさ / ~ time 今度 / ~ minute [second] 今すぐ / about ~ time yesterday きのうの今ごろ / by ~ time 今ごろまでに, もう / He 'will be [was] fifteen ~ year. 彼は今年 15 歳になる[なった]. **4** [物語などで初めて話題に出る人・物を指す単数名詞について] S (略式) **ある 1 人の[1 つの]** (a certain). 語法 不定冠詞よりもいっそう聞き手に臨場感を与えるための用法: Then ~ old man came along and asked me for a dime. すると 1 人の老人がやって来て私に 10 セント貨を恵んでくれと言った. **thís … and thát** S (略式) この…やあの…, あれやこれやの…: I read this book and that. あれこれといろいろな本を読んだ.

― 代 (指示代名詞)(複 **these** /ðíːz/) **1 これ**, この人(話し手の近くの物・人・事柄を指す; that¹ 代): Who did ~? だれがこれをしたのか / It was something like ~. それはこんなようなものだった / T~ is for you. これはあなたに差し上げるものです / Mary, ~ is Ben [Mr. and Mrs. Baker]. S (略式) メアリー, この方が[こちらは]ベンさん[ベーカー夫妻]です(★人を紹介するときの言い方; 2 人以上にも用いる). 語法 代 の this を人に用いるのは普通 be 動詞の主語の時に限られる; Do you know this man [child]? (この人[子]を知っていますか)とは言うが, 人を指して Do you know this? とは言わない // T~ is Tom here [speaking]. Is ~ (主に英) that) you, Mary? トムだけど, 君かい, メアリー? (電話口で) / Who is ~ [(主に英) that), please? どちら様ですか (電話口で; 用法注意 Who are you? とは言わない).

参考 **電話口での答え方**
"Is ~ [(主に英) that) Mr. Thomas Long?"
"Yes, it is."「トマス ロングさんですか」「はい, そうです」(普通の言い方)
"Yes, ~ is Thomas Long." (やや改まった言い方)
"Yes, ~ is he." (かなり改まった言い方)
"Is ~ [(主に英) that) Sue?" "Yes, speaking [Speaking]." 「スー?」「そうよ」(くだけた言い方)

What's all ~ I hear about you [your] getting engaged? S あなたが婚約するといううわさをいろいろ聞いているけれどどういうことなの.
2 [発言の前後のことをさして] [主に S] (1) すぐ前で [今]述べたこと, このこと, これ: He told me to call on Mr. Brown. I did ~ the next day. 彼にブラウンさんを訪ねるようにと言われ, 私はこのことを翌日実行した / Man is by nature a selfish animal; ~ needs to be taken to heart. 人間は本質的に身勝手な動物である. このことはよく心にとめる必要がある.
(2) これから[次に]述べること, こういうこと: You might not believe ~, but he doesn't drink at all. これは信じられないかもしれないが, 彼は全然酒をのまないよ / T~ is how you solve the question. その問題はこうやれば解

this'll

ける / The conclusion is ～: Eternal love is not possible. 結論はこうだ.不滅の愛などありえないのだ《★この意味では that は用いられない》/ T～ will be interesting. これは面白くなるぞ. ★既に起こったことは that を用いる：That was interesting. あれは面白かった.
3 今, この時; きょう, この日; ここ: I have heard of it before ～ (=before this time). 今までにそれを聞いたことがある / You must be more careful. 今後はもっと注意しなければいけない / What day of the week [month] is ～ (=it today)? きょうは何曜日[何日]ですか / T～ is the first time (that) I've heard him sing. 彼が歌うのを聞いたのはこれが初めてだ / T～ is where I live. ここが私の住んでいるところだ / T～ is the age of atomic energy. 現在は原子力の時代だ.
at thís [副] ここで, これを聞いて.
like thís ⇨like¹ 副 成句.
thís and thát=this, that(,) and the óther [代] 《S》《略式》あれこれ, あれやこれや: We sat around the campfire talking of ～ and that. 私たちはキャンプファイアーを囲んでいろいろな話をした.
This is it. 《S》《略式》(1) これだ, これこそ求めていたものだ; その通りです(2) これが問題理由だ. (3) 《略式》これがお待ちかねの[お見せしたい]ものです. (3)《略式》これでおしまいだ; 今(こそその時)だ.
What's (àll) thís? 《S》これは一体どうしたというのだ. 一体何事ですか(⇨1 最後の例).
with thís [副] こう言って, こう言いながら.
── /ðìs/ 副 《S》《略式》これだけ, この程度まで; こんなに, これほど《⇨ that¹ 副》: I didn't realize it was ～ late (=as late as this). こんなに遅いとは知らなかった / It's about ～ bíg. それはこれぐらいの大きさです《身ぶりと共に用いる》/ I know ～ múch. 私は(ほかはいざ知らず)これだけは知っている.

this'll /ðísl/ 《略式》**this will**¹ の短縮形: T～ be enough for now. とりあえずこれで十分だろう.

this.tle /θísl/ 名 ⓒ あざみ《Scotland の国花; ⇨ rose² 表》.

thístle-dòwn 名 Ⓤ あざみの冠毛.

thís-wórldly 形 世事[俗務]に対する関心[執着]の強い, 世俗的な.

thith·er /θíðə, ðíðə/ 副《反 hither》《古語》あちら[そちら]へ.

THNQ 略 [E メールで] = thank you.

tho', tho /ðou, ðóu/ 接 副《略式》=though.

thole /θóul/, **thóle·pin** 名 ⓒ (ボートの)オール受け.

Thom·as /táməs | tɔ́m-/ 名 固 **1** トマス《男性の名; 愛称は Tom または Tommy》. **2** トマス《英米人に多い姓》. **3** Saint ～ 《聖》聖トマス《キリスト十二使徒の一人; ⇨ doubting Thomas》. **4** Dyl·an /dílən/ ～ トマス(1914-53) 《英国ウェールズ出身の詩人》.

Thómas Cóok 名 固 トマス クック《英国の旅行会社》.

Thómas the Tánk Èngine 名 固 きかんしゃトーマス《イギリスの絵本の主人公の機関車》.

thong /θɔ́ːŋ | θɔ́ŋ/ 名 **1** ⓒ ひも状の水着, T バック. **2** ⓒ 革ひも《物を縛ったりむちにしたりする》. **3** 《複数形で》 《米》サンダル, ゴムぞうり《《英》flip-flop》.

Thor /θɔ́ː | θɔ́ː/ 名 固 《北欧神話》トール, 雷神《雷・戦争・農業の神; ⇨ week 表, 木曜日》.

thoraces 名 thorax の複数形.

tho·rac·ic /θəréɪsɪk/ 形《解》胸郭の, 胸部の.

tho·rax /θɔ́ːræks/ 名 《複 ～·es, tho·ra·ces** /θɔ́ːrəsiːz/》ⓒ 《解》胸郭, 胸部; (昆虫の)胸部.

Tho·reau /θɔ́ːroʊ | θɔː.róʊ/ 名 固 **Henry David** ～ ソーロー(1817-62) 《米国の思想家・随筆家》.

⁺thorn /θɔ́ːn | θɔ́ːn/ 名 **1** ⓒ とげ, 針: remove [pull out] a ～ とげを抜く / Roses have ～s. =No rose without a ～. 《ことわざ》 ばらにとげありと(楽あれば苦あり). **2** Ⓒ,Ⓤ いばら; [普通は合成語で] とげのある植物: ⇨ hawthorn. **3** ⓒ 苦痛[悩み]の種. **a thórn in ...'s síde [flésh]** [名] ...の心配のもと, 苦労の種.

thorn·i·ness /θɔ́ːninəs | θɔ́ː-/ 名 Ⓤ やっかいさ; とげの多さ.

⁺thorn·y /θɔ́ːni | θɔ́ː-/ 形 (**thorn·i·er; -i·est**) **1** (問題など)やっかいな(difficult). **2** とげの多い.

⁺thor·ough /θɔ́ːroʊ, θʌ́r- | θʌ́rə/ 形 **1** 徹底的な; 完璧(%なの)な, (人が)きちょうめんな(meticulous): a ～ inquiry 十分な調査 / a ～ analysis of the problem 問題の徹底的な分析 / He is ～ *in* his work. <A+*in*+名・代> 彼は仕事がきちっとしている. **2** A [悪い面を強調して] 全くの, 完全な(complete): a ～ fool 全くのばか者 / a ～ failure 完全な失敗. 語源 元来は(中期)英語の through の強調用.

⁺thor·ough·bred /θɔ́ːrəbrèd, θʌ́r- | θʌ́rə-/ 名 ⓒ **1** [しばしば T-] 純血種の馬, サラブレッド. **2** 《主に英》優秀な[一流の]人[もの]. — 形 **1** 《主に英》(人が)優秀な, 一流の. **2** 純血種の, 純血の(purebred).

thor·ough·fare /θɔ́ːrəfèə, θʌ́r- | θʌ́rəfèə/ 名 ⓒ **1** 賑やかな通り; 主要道路. **2** Ⓤ《英》通行: NO THOROUGHFARE 通行[通り抜け]禁止《掲示》.

thor·ough·go·ing /θɔ́ːroʊgóʊɪŋ, θʌ́r- | θʌ́rə-◂/ 形 《普通は A》 **1** 徹底的な. **2** 全くの, 完全な(utter).

⁺thor·ough·ly /θɔ́ːroʊli, θʌ́r-, -rə- | θʌ́rə-/ 副 **1** 徹底的に, すっかり, 全く(completely); 大変に, 大いに: Did you examine it ～? それを徹底的に調べましたか. **2** [否定文で] 全く...であるというわけではない《部分否定を表わす》: We are *not* ～ prepared. 我々は完全に準備ができているというわけではない《⇨ partial negation 文法》.

thórough·ness 名 Ⓤ 徹底, 完全.

⁎those /ðóʊz/ 代 《that¹ 代 の複数形》 **1** それら, それ, あれら, あれ《⇨ these》: T～ are all my books. それはみな私の本だ / All (of) ～ are sold. あれは全部売れた. ★those は複数形だが訳例のように「それ」「あれ」と訳すほうが自然.
2 [先行する複数形の名詞を繰り返す代わりに用いて]《格式》(...の)それ(ら)《⇨ that¹ 代 2》.

語法 しばしば those of ... の形をとる: Her *children* are all boys, while ～ (=the children) *of* her younger sister are all girls. 彼女の子供たちはみんな男の子だが彼女の妹の子供たちはみんな女の子だ.

3 [普通は those who ...として] (...である, ...する)人たち, ...の人たちはだれも. 語法 これに対応する単数形は he who ..., one who ... であるが, ともに文語的で: ⇨ help oneself (help 動 成句) (1) の例文.
áll thóse [代] 全部の(数[量]). **There are thóse who ...** ...する人たちもいる.
── 形 《that¹ 形 の複数形》 **1** それらの, その; あれらの, あの《⇨ these》: T～ apples are sweeter than these. あの[その]りんごの方がこれより甘い / Don't come into the house in ～ muddy shoes. そんな泥靴で家に入っちゃめ / Look at ～ long boots of hers! 彼女のあの長いブーツを見て《⇨ that¹ 形 1 語法》. ★those は複数形だが訳例のように「その」「あの」と訳すほうが自然.
2 [those ... who [which] — として] 関係代名詞の先行詞を修飾して](—である)その..., (—する)その....
語法 the よりも指示の意味が強くなる: Only ～ people *who* know nothing about it talk about it. そのことについて何も知らない人たちだけがその話をしている.

in thóse dáys ☞ day 成句.

thou¹ /ðaʊ, ðáʊ/ 代 《人称代名詞, 二人称・単数・主格》《古語》《所有格 **thy** /ðaɪ, ðáɪ/, (母音・h の前で) **thine** /ðaɪn, ðáɪn/; 目的格 **thee** /(弱) ði; (強) ðíː/; (複) **ye** /(弱) ji; (強) jíː/, **you** /(子音の前では) (弱) jə; (強) júː/, (母音の前では (弱) ju; (強形) juː/》あなたは[が], なんじは[が], お前は[が]: T~ shalt love thy neighbor as thyself. おのれのごとくなんじの隣人を愛すべし《新約聖書のことば; ☞ shalt》.

thou² /ðáʊ/ 名 (複 **~s**, (数詞の後では) **~**) C《略式》＝thousand.

✽**though** /ðoʊ, ðóʊ/

① …だけれども	接 1
② たとえ…でも	接 2
③ とは言っても…ではあるが	接 3
④ でも, やはり	副

── 接《従位接続詞》**1**（実際に）**…だけれども,** …であるが《口語》では略して tho' とも書く; ☞ yet 接 語法: He didn't light the fire, ~ it was cold. 寒かったけれども彼は火をおこさなかった / T~ he lived in France, he does not speak French well. 彼はフランスにいたのだがフランス語はうまく話せない.

語法 though の使い方
(1) although よりもやや《略式》.
(2) 上の例文(複文)を but を使って言い替えると次のような文(重文)になる: It was cold, *but* he didn't light the fire. / He lived in France, *but* he does not speak French well.
(3) 主語＋be の省略
though の従属節内で特に「主語＋be 動詞」がしばしば省かれる: T~ (I was) invited, I didn't go. 私は招待されたが行かなかった.
(4) 形＋though＋形 や 副＋though＋副 の場合の though は but や yet とほぼ同じ意味で用いる: The old man sat in an old ~ (=but [and yet]) comfortable armchair. 老人は古いが座り心地のよいいすに座っていた / The patient is recovering steadily ~ (=「and yet [but])" slowly. 患者はゆっくりではあるが着実に回復に向かっている.
(5) 補語の形容詞・名詞, または副詞などが強調されて though の前に出ることがあるが, この用法は文語的 (☞ as 接 7)》: Child ~ he was (＝T~ he was a child), he showed great courage. 彼は子供が非常な勇気を示した《★冠詞の省略に注意》.

2 たとえ…でも, …であるかもしれないが (even if): He must go, ~ he doesn't want to. 行きたくなくても彼は行かなくてはならない / 'T~ it may appear strange [Strange ~ it may appear], the story he told me is true. 不思議に思えるかもしれないが, 彼が私に話してくれた話は本当なのです (☞ 1 語法(5)). ★1, 2 の意味の though で始まる従属節は主節の前でも後でもいいが, 前の方が《格式》的. (☞ although 語法(1)》.

3 [追加・補足的に] とは言っても…ではあるが: She might be in time, ~ I doubt it. 彼女は間に合うかもしれない. 怪しいとは思うけど (☞ 副 最初の用例). 語法 though の節にはしばしば否定の表現が用いられる.

as thòugh ☞ as if の項目.

èven thóugh ... 助 [接] (1) …であるのは, …ではっても: *Even* ~ I told her not to order meat, she did it anyway. 私が肉を注文しないように言ったのに彼女は肉を注文してしまった / Mike didn't marry Peggie *even* ~ he said he would. マイクはペギーと結婚すると言っていたのにしなかった. (2) たとえ…であっても, …としても (even if): I'm planning to go,

even ~ it might rain. たとえ雨でも私は行くつもりだ.
thòugh I sáy it [sò] mysélf 副 Ⓢ《自慢するようで》私が言うのも変だが.

── /ðoʊ/ 副 **つなぎ語** Ⓢ でも, けれども, しかしながら, もっとも (however): She might be in time; I doubt it, ~. 彼女はもしかしたら間に合うかもしれない. 怪しいとは思うけどね (☞ 接 3 の用例). 語法 (1) この though は文尾(ときに挿入的に文中)で用いられ, 普通は文頭には置かない. (2) 副 の though は although に代えることはできない.

✽**thought**¹ /θɔ́ːt/ 動 **think** の過去形および過去分詞.

✽**thought**² /θɔ́ːt/ 名 (**thoughts** /θɔ́ːts/; 動 think, 形 thoughtful) **1** C 考え, 思い, 思いつき (☞ idea 類義語; ☞ that² A 4 類義); [普通は複数形で] 意見 (opinions): A ~ came [occurred] to Lucy. ルーシーにある考えが浮かんだ / My ~s began to wander [race]. 考えが散漫になり始めた [駆け巡り始めた] / Tell me your ~s *on* [*about*] the matter. この問題についてのあなたの意見を聞かせてください / The ~ crossed my mind *that* he might not return the money. ＜N＋*that* 節＞ 彼は金を返さないかもしれないという考えが私の心をよぎった.

コロケーション
collect [**compose, gather**] one's *thoughts*
考えをまとめる
give some [no] *thought* to ...＝**give** ... some [no] *thought* …について考える[考えない]
have a *thought* 考えが浮かぶ
read ...'s *thoughts* …の考え[心の内]を読む

2 U 思考, 考えること; 思案; 思考力: after much ~ じっくり考えた末に / be lost [deep] in ~ じっともの思いにふける / The very ~ *of* mee*ting* her made him happy. ＜N＋*of*＋動名＞ 彼女に会えると思うと彼はうれしかった.

3 U.C [しばしば否定文・疑問文で] (…する)考え, 意向 (intention): He had **no** ~(*s*) *of* beco*ming* a doctor. 彼には医者になる気など全くなかった / She gave up all ~(*s*) *of* marriage [*getting* married]. 彼女は結婚しようという考えをすっかり捨てた.

4 U.C 思いやり, 心づかい, 配慮, 注意 (*of, about*): a car designed with no ~ *for* safety 安全性に対する配慮なしに設計された車 / It's the ~ that counts. Ⓢ 大事なのは(行動・金額などより)その気持ちだ(気は心) / You are always *in* my ~s. あなたのことはいつも気にかけております.

5 U (ある社会・人・時代などの)思想, 思潮: modern scientific ~ 近代科学思想 / Much of Western civilization originates in Greek ~. 西欧文明の多くはギリシャ思想に由来する. **6** [a ~ として副詞的に]《古風》少し, ちょっと.

at the thóught of ... 前 …のことを考えて[考えると].
Dón't give it anóther thóught. Ⓢ 全然気にしないでください《謝罪に対して》. **Hóld that thóught.** Ⓢ 《主に米》その思いを忘れるな(よ). **It's jùst a thóught.** Ⓢ ふと思っただけですが《提案などで》. **spáre a thóught for ...** 動 他《より立場の弱い人など》のことを思いやる. **...'s thóughts túrn to ―** [動] (…が)―に考えを向ける. ―のことを考え出す. **Thát's a thóught!** Ⓢ《略式》それはよい考えだ; うん, それはそうだね. **with nó thóught for ...** 前 …のことなど気にも留めずに.

✽**thought·ful** /θɔ́ːtf(ə)l/ 形 (名 thought²; 反 thoughtless) **1** 思いやりのある, (…に)親切な (kind); 親切にする, 思いやる (*about, of*): a ~ and caring person 思いやりがあり面倒見のよい人 / *It is* very ~ *of*

you *to* say so. そう言ってくださるのは本当にご親切なことです(⇒ of 12).
2 考え込んでいる,思いにふけった (pensive): a ~ expression 考え込んだ表情 / She looked ~ for a moment before starting her speech. 彼女は演説を始めるまでしばし思いにふけっているように見えた.
3 《人・本などが》思慮深い;思想のある: a ~ person 思慮深い人 / a ~ essay on religion 宗教を扱った思想豊かな随筆.

†**thought·ful·ly** /θɔ́ːtfəli/ 副 **1** 思いやりをこめて,親切に: My husband ~ offered to take the children to a movie. 夫は気を使って子供を映画に連れていこうと言ってくれた. **2** 考え込んで,思いにふけって. **3** 思慮深く,思慮豊かに.

thóughtful·ness 名 Ⓤ 思いやりのあること,心づかい; 思慮深さ.

thóught·less 形 (反 thoughtful) 思慮のない,軽率な, 不注意な;(…に対して)思いやりのない (of, about): It's ~ of him to say such things. そんなことを言うとはあの人も思いやりのない人だ(⇒ of 12). **~·ly** 副 軽率に; 不親切に. **~·ness** 名 Ⓤ 軽率さ; 不親切.

thóught-óut 形 Ⓐ 考え抜いたうえの: a well ~ plan よく考えた案.

thóught pàttern 名 Ⓒ 思考の傾向(パターン).

thóught políce 名 [the ~ として複数扱い] 思想警察;人の思想を操作しようとする団体.

thóught pròcess 名 Ⓒ 思考過程[プロセス].

thóught-provòking 形 考えさせる,示唆に富む.

*★**thou·sand** /θáuz(ə)nd/ 名 (1 では複 ~, 2 では 複 thousands /-z(ə)ndz/) Ⓒ 千, 千人, 千個〔ドル〕ポンド〕(⇒ number 表).

> **語法** (1) 前に数詞または数量形容詞がくるときは複数語尾 -s をつけない: a [one] ~ 1 千 / two [eight] ~ 2 千 [8 千] / several ~ of these people この人たちの中の数千人 (⇒ 2) / ten ~ / fourteen ~ 1 万 4 千 / a [one] hundred ~ 10 万.
> (2) 1000 位と 100 位の間には and を入れない. ただし 100 位が欠けるときは 10 位または 1 位の前に and が入るが, 《米》 では略されることが多い (⇒ hundred 語法 (2)): a [one] ~ one hundred 1100《★ a [one] ~ a hundred とは言わない》 / four ~ five hundred (and) twenty-one 4521《★ forty-five hundred (and) twenty-one とも言う》 / eight hundred ~ (and) ten 800, 010.
> (3) 3 けた以上の年号は普通後ろから 2 けたずつ区切って読む (⇒ cardinal number 語法 (5)). ただし次のような場合もある: one [two] ~ B.C. 紀元前 1 千[2千]年. 2001-2009 年は two thousand and [two …], 2010 年以降は 2 けたずつ twenty ten [eleven …] と読むことが多い.

These T-shirts sell by the ~ [hundred ~]. この種の T シャツは千 [10 万] 着単位で売られる. 関連 thousandth 千番目の.
2 [~s] 何千, 幾千, 多数, 何千人 [個, ドル, ポンド]: T~s [Several ~s] of people were killed in the earthquake. 何千人もの人がその地震で死んだ / in their ~s 《英》 何千という数で, 大勢で.
by the thóusand(s) 副 幾千となく, 無数に.
óne in a thóusand 名 千に一つのもの [人]; めったにないほどすばらしいもの [人]. **téns of thóusands of …** [句] **1** 何万もの…; きわめて多数の.
— 形 **1** 千の, 千人の, 千個の: a [one] ~ people 1千人の人たち / three ~ years 3 千年 / There are a ~ meters in a kilometer. 1 キロは千メートルである.
2 Ⓐ [誇張] 無数の, 多数の: A ~ thanks. 本当にありがとう. **a thóusand and óne …** [形] (略式) 非常に多くの… (特に女性のことば).

Thóusand and Óne Níghts 名 [The ~] =Arabian Nights' Entertainments.

thóusand-fóld 形 副 [a ~ または数詞を伴って] (格式) (…)千倍の [に].

Thóusand Ísland dréssing 名 Ⓤ サウザンドアイランドドレッシング (マヨネーズにケチャップ・刻んだピクルス・ピーマンなどを加えたサラダドレッシング).

thou·sandth /θáuz(ə)n(t)θ/ 形 **1** [普通は the ~; ⇒ the[1] (4)] 千番目の (⇒ number 表, ordinal number 語法). **2** 千分の 1 の. **for the thóusandth tíme** [副] [誇張] 百万回[百万遍]も.
— 名 **1** [単数形で普通は the ~] 千番目の人 [物]. **2** Ⓒ 千分の 1 (⇒ cardinal number 語法 (6)).

thral·dom /θrɔ́ːldəm/ 名 (英文) =thralldom.

thrall /θrɔ́ːl/ 名 (文) **1** Ⓒ 奴隷; 農奴. **2** Ⓒ 奴隷の状態 (of). **háve [hóld] … in thráll** 名 (文) 《人》をとりこにする. **in …'s thráll** = **in thráll to …** [副] (文) …にとらわれて, …のとりこになって.

thrall·dom /θrɔ́ːldəm/ 名 Ⓤ (米文) 奴隷の身分 [状態], 束縛.

†**thrash** /θrǽʃ/ 動 他 **1** (特に罰として) 《棒・むちなどで》 〈…〉 を何度もたたく, むち打つ. **2** (略式) (競技で) 〈相手〉 を打ち負かす, こてんぱんにやっつける. **3** 〈体の一部など〉 を激しく [めちゃくちゃに] 動かす. **4** =thresh. — 自 **1** [副詞 (句) を伴って] 転げ回る, のたうち回る (about, around); 激しく動く [打つ]. **2** =thresh. **thrásh óut** [動] 他 〈問題など〉 を徹底的に議論[検討]する, 議論の末に解決する; 〈計画など〉 を練り上げる. — 名 **1** [単数形で] 転げ[打ち]回り. **2** Ⓤ (略式) (楽) スラッシュメタル (激しいロックの一種).

thrash·er /θrǽʃə/ -ʃəɹ/ 名 Ⓒ つぐみもどき (北米産の鳴鳥).

†**thrásh·ing** 名 Ⓒ (主に英) **1** [普通は a ~] (特に罰として) 何度もたたくこと, むち打ち. **2** (略式) 打ち負かすこと, 大勝; 打ち負かされること, 惨敗: get a ~ 大敗する / give the Tigers a ~ タイガースに大勝する.

‡**thread** /θréd/ 名 (threads /θrédz/) **1** Ⓤ.Ⓒ 糸, 縫い糸 (裁縫用; ⇒ string 類義語): a ~ of silk 絹糸 1 本 / a spool of ~ 〈米〉 糸ひと巻き / a needle and ~ 糸を通した針 (単数扱い; ⇒ and 語法 (1)). 関連 yarn 織物・編み物用の糸.
2 Ⓒ (話などの) 筋, 筋道 (course), 一貫した考え方 (特徴): a common ~ (物語などの) 共通した筋 / lose the ~ of an argument 議論の筋がわからなくなる. **3** Ⓒ (文) 糸のように細いもの, (色・光などの) 線: a ~ of smoke ひと筋の煙. **4** Ⓒ ねじ山, ねじの溝. **5** Ⓒ (電算) スレッド. **6** [複数形で] (古風, 米) 衣服, 服.
a thréad of … [形] (文) 少しの, わずかな, 少量の: a ~ of hope 一縷の望み. **pick [take] úp the thréads** [動] (中断した後で) 再開する, (もとの生活・仕事などを) 再び続ける (of).
— 動 (threads /θrédz/; thread·ed /-dɪd/; thread·ing /-dɪŋ/) 他 **1** 〈針など〉 に糸を通す; 〈(じゅ) 玉など〉 を糸に通してつなぐ: T~ this needle (with black thread) (for me), please. <V+O (+with+名)> (私に代わって) この針に (黒い) 糸を通してください / Jane ~ed the beads together on a string. <V+O+副 [on+名・代]> ジェーンはビーズを糸に通してつないだ. **2** 〈糸など〉 を (…) に通す; 〈フィルム・録音テープなど〉 を入れる (onto): a wire through the hole 穴に針金を通す / ~ a film into the camera カメラにフィルムを入れる.
thréad one's wáy thróugh … [動] 他 …の間を縫うようにして進む (⇒ way[1] コーパスの窓).

thréad·bàre 形 [比較なし] **1** すれて糸の見える, すり切れた; 着古した. **2** (人が) ぼろを着た, みすぼらしい. **3** (議論・冗談などが) 古くさい, 陳腐な.

thread·ed /θrédɪd/ 形 (ビーズなどが) 糸を通した; ねじ

thréad vèin 图C(顔に浮き出た)非常に細い血管.

threat /θrét/ ([顔音] fret) 12 图 (threats /θréts/)

1 [C|U] **脅迫**, 脅し(☞): 1) an empty [idle] ～ こけおどし / a death ～ 殺すぞという脅し / a phone ～ 電話による脅迫 / They made [issued] (veiled) ～s *against* us. 彼らは我々を(それとなく)いろいろと脅した / The man carried out his ～ to kill the hostage. <N+*to* 不定詞> 男は人質を殺すという脅しを実行した[脅迫していた通り人質を殺した].

2 [C] [普通は単数形で] **脅威**, おびやかすもの[人]: The new law can be [pose] a serious ～ *to* democracy. この新法は民主主義にとって重大な脅威となり得る / The kidnapper was a ～ *to* every child in the town. 誘拐犯は町の子供たちには怖い存在だった.

3 [C] [普通は単数形で] (悪いことの)**前兆**, 兆し, 恐れ: There was a ～ *of* rain in the air. 雨の気配が感じられた. **ùnder thréat of ...** [前] ...の脅しを受けて; (閉鎖・攻撃などの)恐れ[可能性]があって, ...の危険のもとに: He confessed *under* ～ *of* imprisonment. 彼は刑務所にぶちこむぞと脅されて自白した.

threat·en /θrétn/ 動 (**threatens** /～z/; **threat·ened** /～d/; **-en·ing** /-tnɪŋ/; 图 threat) ⑲ 1 (人が)⟨...⟩を**脅迫**する, 脅(㍕)す; ⟨...するぞ⟩と脅迫する: ～ a strike スト(ライキ)をすると脅す / He took out a gun and ～ed me. 彼はピストルを出して私を脅した / [言い換え] They ～ed him *with* death. <V+O+*with*+名・代>(=They ～*ed* his life.) 彼らは彼を殺すぞと言って脅した / [言い換え] He ～*ed to* fire her. <V+O(*to*不定詞)>=He ～*ed that* he would fire her. <V+O(*that*節)>彼は彼女を首にすると言って脅した.

2 (物事が)⟨...⟩をおびやかす, ⟨...⟩に脅威を与える: [言い換え] The drought ～ed the farmers' crops. =The drought ～*ed to* ruin the farmers' crops. <V+O(*to* 不定詞)> 干ばつでその農民たちの作物がだめになりそうだった / That bird *is* ～*ed with* extinction. <V+O+*with*+名・代の受け身> その鳥は絶滅の危険に瀕(㍐)している. 3 (物が)⟨...⟩の恐れがある, ⟨...⟩の兆候を示す: The sky ～ed rain. 雨になりそうな空模様だった.

— ⓐ 1 (危険・嫌なことが)迫ってくる, ...しそうである: A storm ～ed. あらしが近い感じだった / It *is* ～*ing to* snow. 雪が降りそうだ / There ～*ed to* be a revolution in the country then. 当時その国では革命が起こりそうな気配だった. 2 脅迫する, 脅(㍕)す: It's no use ～*ing*. 脅しはきかないよ.

thréatened spécies 图 (複 ～) [C] (endangered species ほどではないが)絶滅の恐れのある種(㌠).

*threat·en·ing /θrétnɪŋ/ 形 1 脅迫する, 脅(㍕)す: a ～ call [letter] 脅迫電話[状]. 2 (天気などが)険悪な, 荒れ模様の: The sky looks ～. 空模様が怪しい. **～·ly** 副 脅迫するように; (天気などが)険悪に.

*three /θríː/ ([顔音] free) 代 (数詞) [複数扱い] 三つ, 3人, 3個; 3ドル[ポンド, セント, ペンスなど](☞ number 表): We want only ～. 私たちには3つ[3人, 3個]だけ必要だ / T～ of our class *were* absent. クラスの3人が欠席だった. [関連] third 3番目の.

— 图 (～s /～z/) 1 [C] (数としての)**3**: Book T～, Chapter T～ 第3巻, 第3章 / T～ and ～ is [makes, equals, are, make] six. 3と3では6(3+3=6) / T～ from seven is [leaves] four. 7から3を引くと4(7-3=4). 2 [U] **3時**, 3分; 3歳: a boy of only ～ まだ3歳の男の子 / The game began at ～ past ～. 試合は3時3分過ぎに始まった. 3 [C] 3の数字. 4 [C] 3つ[3人, 3個]で組のもの. 5 [トラ] 3の札.

in thrées [副] 3人[3つ](一組)で.
— 形 1 **3つの**, 3人, 3個の: ～ times 3回, 3倍 / We are ～ sisters. 私たちは3人姉妹です. 2 P 3歳

で: When will your daughter be ～? お嬢さんはいつ3つになりますか.

three- /θríː/ [接頭] 「3つ[3人]だけ...がある[いる]」の意: a *three*-lane road 三車線の道路.

thrée-bágger 图 [C] 《俗》 三塁打.

thrée-báse hít 图 [C] 《野》 三塁打 (triple).

thrée-chórd 形 (音楽が)3つのコードから成る; 単調な.

thrée-cólor 形 三色を用いた; 【印】 三色刷りの; 【写】 三色写真法の.

thrée-córnered 形 [普通は Ⓐ] 1 三角の. 2 三つどもえの.

three-D, 3-D /θríːdíː/ 图 [U] 3次元(の形), 立体: watch a film in ～ 3-D [立体]映画を見る. — 形 = three-dimensional 1.

thrée-dày evént 图 [C] 《英》(3日連続の)総合馬術競技会.

thrée-dày wéek 图 [C] 週3日勤務(の週).

thrée-décker 图 [C] 3層構造をもつもの; 《略式》3枚重ねのサンドイッチ[ケーキ].

*thrée-diménsional 形 1 3次元の, (写真・映画などが)立体の. 2 (描写などが)真に迫った, リアルな.

thrée-fóld 《格式》 形 3倍の, 3重の (triple). — 副 3倍に, 3重に.

thrée-légged 形 (椅子などが)三脚の.

thrée-légged ráce 图 [C] 二人三脚(競走).

thrée-line whíp 图 [C] 《英》(議会への)登院厳重命令(書)(採決の際などに党幹事が自党議員に出す; ☞ whip 图 4).

thrée-martìni lúnch 图 [U.C] [時に the ～] (米略式) マティーニを3杯飲むような昼食(企業管理職などの豪華な昼食).

Three Míle Ísland 图 個 スリーマイル島(米国 Pennsylvania 州中部の川にある島; 1979年ここの原子力発電所が大事故を起こした).

thrée-òn-óne 图 [C] 《バスケ・ホッケー》3対1の攻撃.

thrée-òn-thrée 图 [U] 《バスケ》3対3で1つのゴールでやるゲーム.

three-peat /θríːpìːt/ 《略式》 图 [C] (スポーツの)3連勝, 3連覇. — 動 ⓐ (⟨...に⟩)3連勝[連覇]する.

three-pence /θrépəns, θríːpéns/ 图 [U] 《英》《旧》3ペンス(の金額)(☞ pⁿ).

thrée-phàse 形 【電】 三相の.

thrée-píece 形 Ⓐ 三つぞろいの; (家具などが)3点セットの: a ～ suit 三つぞろいの紳士服(☞ suit [参考]). [関連] two-piece ツーピースの.

thrée-píece súite 图 [C] 《主に英》 (ソファーとひじ掛けいす2脚の)3点セット.

thrée-plý 形 3重の, (毛織物などが)三重織りの, (板が)3枚張りの. — 图 [C] 三重織りセーター; 3枚張り合板.

thrée póinter 图 [C] 《バスケ》3点シュート.

thrée-póint lánding 图 [C] 【空】 三点着陸(2個の主車輪と前車輪[尾車輪, 尾そり]とが同時に接地する着陸法).

thrée-póint túrn 图 [C] (自動車の)3点方向転換 (狭い場所での前進・後退・前進のターン).

*thrée-quárter 形 Ⓐ 4分の3の. — 图 [C] 【ラグ】スリークォーター.

*thrée quárters, thrée-quárters 图 [複], 副 **4分の3**(の量[数])で: ～ of the students 4分の3の学生. (～ の後に単数形の名詞が来れば単数扱い, 複数形の名詞が来れば複数扱い (☞ half 图 1 [語法] (1)). (2) 《米》 では three-fourths ともいう // The bottle is *three-quarters* empty. そのびんは4分の3空いている (★ は three-quarters とつづる).

thrée-rìng círcus 名 C 《主に米》 1 同時に3つのリングで演技するサーカス. 2 《略式》騒々しい[めまぐるしい]もの.

thrée R's [Ŕs] /-áəz/ -ɑ́:z/ ☞ R¹ 成句.

thrée-score 《古語》形 A 60 の (sixty): ~ years and ten 70年. — 名 C 60, 60歳.

360 /θríːsíksti/ 名 C 《スケートボード》360度のターン.

thrée-some /θríːsəm/ 名 C [普通は単数形で] 3人組《特にゲーム・競技などの》; 3人1組でするゲーム, 3人競技; 3人で行なう性交. 関連 twosome 2人組 / foursome 4人組.

thrée-stàr 形 A 《ホテル・レストランなどの》3つ星の, 一流の.

thrée-strìkes(-and-you're-óut) làw 名 C '三振アウト'法《米国の一部の州で重罪を3度犯すと自動的に終身刑とする法律》.

thrée-wày 形 A 三様の; 三方向の; 三者間の.

thrée-whèeler 名 C 三輪自動車.

Thrée Wíse Mén 名 [複] [the ~]=Magi.

thren·o·dy /θrénədi/ 名 (-o·dies) C 《文》葬送歌, 挽歌(ばんか).

thresh /θréʃ, θrǽʃ/ θréʃ/ 動 他《穀物を》脱穀する; 繰り返したたく. — 自 脱穀する.

thrésh·er 名 C 脱穀機; 脱穀する人.

thrésh·ing 名 U 脱穀《をすること》.

thréshing machìne 名 C 脱穀機.

***thresh·old** /θréʃ(h)òʊld/ 名 (thresh·olds /-(h)ʊldz/) C 1 敷居; 入り口 (entrance): on [at] the ~ 戸口に/ cross the ~ 敷居をまたぐ, 家に入る/ carry ... over the ~ ...を抱えて敷居をまたぐ《新郎が新婦を抱えて新居に入る習慣を表わす》. 2 [普通は単数形で] 始め, 発端 (beginning): You are on the ~ of a new life. 皆さんは新しい人生の入口に立っています. 3 《心・生理》閾(いき)《刺激が反応を起こす限界点》; (一般に)《それを越えるとある事が起こる》限界, レベル: have a high「~ of pain [pain ~] 痛みを感じにくい / have a low boredom ~ すぐ退屈する.

***threw** /θrúː/ 動《同音 through》動 throw の過去形.

thrice /θráɪs/ 副《古語》3度, 3回, 3倍 (three times).

***thrift** /θríft/ 名 (thrifts /θrífts/) 1 形 thrifty U《古風》[ほめて] 倹約, 節約 (thriftiness): practice ~ 倹約を実行する. 2 C はまかんざし, アルメリア《植物》(sea pink). 3 C《米》=thrift institution.

thrift·i·ly /θríftəli/ 副 倹約して, つましく.

thrift·i·ness /θríftinəs/ 名 U =thrift 1.

thrift institùtion 名 C《米》貯蓄貸付け組合.

thrift shòp [stòre] 名 C《米》中古品特売店《特に慈善の目的で古衣料を割安で売る》.

thrift·y /θrífti/ 形 (thrift·i·er; -i·est) 名 thrift 1) 倹約な, つましい (economical) (in).

***thrill** /θríl/ 名(頭韻 frill)13 名 (~s /-z/) C《快感・恐怖などで》ぞくぞくする感じ, スリル, 身震い; 性的快感: the ~ of driving at high speed 高速運転のスリル / get a ~ of terror [excitement] from [out of] the movie その映画を見て戦りつを覚える[興奮する]/ give everyone a ~ 皆をぞくぞくさせる[感動させる] / do ... for the ~ of it スリルを求めに...する / A ~ ran down his back. 彼は背筋がぞくっとした / It was a ~ seeing [to see] her again. 彼女に再び会えて本当にうれしかった / Last night I read a ghost story full of ~s. ゆうべとても怖(こわ)い怪談を読んだ. 語源 古(期)英語で"突き刺す"の意.

(the) thrills and spills [chílls] 名 はらはら[どきどき]するようなスリル (of). **the thríll of the cháse [húnt]** 名 欲しいもの《特に性的対象》を追い求めることで得られる快感と興奮.

— 動 (thrills /~z/; thrilled /~d/; thrill·ing) 他《快感・恐怖などで》《人...》をぞくぞくさせる, わくわくさせる, 感動させる: His home run ~ed the crowd. 彼のホームランで観客は熱狂した. — 自《格式》《快感・恐怖などで》ぞくぞくする, わくわくする, 感動する: ~ with horror 恐ろしさに身震いする/ The children ~ed to [[まれ] at] his tales. 子供たちは彼の話に心をときめかせた.

***thrilled** /θríld/ 形《快感・恐怖などで》ぞくぞくした, わくわくした, 感動した: She was ~ with the necklace. <A+with+名・代>=She was ~ to see the necklace. <A+to 不定詞> 彼女はそのネックレスを見てわくわくした《★ 前者では"ネックレスを入手して"の含みが強い》[言い換え] I'm ~ (that) you are visiting us. <A+(that) 節>=I'm ~ about you(r) visiting us. <A+about+動名> あなたが私たちを訪ねてくれるのを大変喜んでいます. **be thrilled to déath [bits, pieces]** 動《略式》大喜びする (about).

***thrill·er** /θrílə/ -lə/ 名 (~s /~z/) C スリルに富む映画[劇, 小説], 《殺人・スパイなどの絡む》サスペンスもの: a ~ writer スリラー作家.

***thrill·ing** 形 ぞくぞく[わくわく]させる, スリル満点の. **~·ly** 副 ぞくぞく[わくわく]するほどに, スリル満点に.

thríll-sèeker 名 C 危険なスリルを求める人.

***thrive** /θráɪv/ 動 (thrives /~z/; 過去 thrived /~d/, 《古風》 throve /θróʊv/; 過分 thrived, thriv·en /θrív(ə)n/; thriv·ing) 自 1 栄える, 繁栄する (prosper), 成功する: Industry is now thriving in this country. この国では今産業が発展している. 2《動物・植物など》が育つ, 生い茂る, 成長する: Children ~ on good food. <V+on+名・代> 子供は良い食べ物をとって育つ. **thrive on ...** 動 他 ...で栄える; 《悪い条件》をばねにする: He seems to ~ on criticism. 彼は批判されると かえって元気になるようだ.

***thriv·en** /θrív(ə)n/ 動 thrive の過去分詞.

thriv·ing 形 繁栄している, 繁盛する: ~ industries 景気のいい産業.

thro, thro' /θruː, θrúː/ 前 副 接 =through.

***throat** /θróʊt/ 13 名 (throats /θróʊts/) C 1 咽喉(いんこう)《口から胃または肺に通ずる通路》, のど: I have a sore ~. のどが痛い / ☞ have a lump in one's throat (lump¹ 名 成句).

2 のど, のどくび《首の前部分》(☞ neck 挿絵): The collar is too tight around my ~. カラーがのどもとできつすぎる. 3 (のどのように)狭い部分; (びんなどの)狭い口. **at éach òther's thróats** 副 激しく争って, ひどくいがみ合って. **cléar one's thróat** 動 自 (1) せき払いをする. (2) 人の注意を引くため軽いせき[払い]をする. **clútch one's thróat** 動 自 首に手をあてて息をのみ込む《女性の驚きのしぐさ》.

cút one's ówn thróat 動 他 自滅する, 墓穴を掘る. **fórce [púsh, thrúst, rám] ... dòwn —'s thróat** 動 他《略式》《意見・考えなど》を(人に)無理やり押しつける. **gó for the thróat** 動 自《略式》人の泣き所を襲う. **júmp dòwn —'s thróat** 動 他《略式》(突然)(人)をどなりつける. **stick in ...'s thróat** 動 (1) (骨などが)のどにひっかかる. (2)《略式》(ことばなどが)なかなか出ない, 言えない. (3)《略式》(提案などが)受け入れがたい, のみ込めない, しゃくにさわる. **táke [séize] ... by the thróat** 動 他 ...ののどを絞(し)める.

throat·i·ly /θróʊtəli/ 副 しわがれ声で.

throat·i·ness /θróʊtinəs/ 名 U しわがれ声であること.

throat·y /θróʊti/ 形 (throat·i·er; -i·est) 《声などが》

clutch one's throat

のどの奥から出た; (人が)しわがれ声の (hoarse).

+**throb** /θráb | θrɔ́b/ [動] (**throbs; throbbed; throbbing**) [自] **1** (心臓が)鼓動する; (脈が)どきどき打つ; どきどきする; ずきずきする; ぴくぴくする; (機械・ドラムなどが)振動する: Bob's heart was *throbbing with* expectation. ボブの心は期待に高鳴っていた. **2** 《やや文》(興奮などで)うち震える; (場所が)活気にあふれる: The city was *throbbing with* life [people]. 町は活気に満ちて[人の波であふれて]いた. — [名] [C] 動悸(どうき), 鼓動; 興奮, 感動; (機械などの)振動: a ~ of the heart 心臓の動悸 / the ~ of an engine エンジンの振動.

+**throes** /θróuz/ [名] [複] 《格式》 激痛, ひどい苦しみ: the ~ of childbirth 陣痛 // ☞ death throes. **in the thróes of ...** [前] 《格式》 [ときに滑稽] …で苦闘中の[で]; …の真っ最中の[で]: *in the* ~ *of* passion [love] 性交[恋愛]中で.

throm·bo·sis /θrambóusɪs | θrɔm-/ [名] (**throm·bo·ses** /-siːz/) [U,C] 〘医〙 血栓症.

throm·bus /θrámbəs | θrɔ́m-/ [名] (複 **throm·bi** /θrámbaɪ | θrɔ́m-/) [C] 〘医〙 血栓.

*__throne__ /θróun/ ([同音] thrown) [名] (**~s** /~z/) **1** [C] 王座, 玉座 《儀式用の座席》. **2** [the ~] 王位, 帝位, 王権: be on *the* ~ 王位にある / be first [second] in line to *the* ~ 王位継承権が第1位[2位]である. **3** [the ~] 《略式》 [滑稽] 便座. **ascénd [assúme, cóme to] the thróne** [動] [自] 王位につく.

+**throng** /θrɔ́ːŋ | θrɔ́ŋ/ [名] [C] [W] 群衆, 人だかり; 一群, 多数 (☞ crowd 類義語). [語法] 《英》では群衆を一団[一群]と考えるときには単数扱い, 群衆のなかの一人一人に重点を置くときには複数扱いとすることがある (☞ collective noun [文法]): ~*s of* shoppers ごった返している買い物客 / The sky was filled with ~*s of* birds. 空は鳥の群でいっぱいだった. — [動] [自] [副詞(句)を伴って] 群がる, (…に)殺到する: The passengers ~*ed toward* the doors. 乗客はドアへと殺到した / The audience ~*ed around* the singer. 聴衆はその歌手の周りにわっと集まった. — [他] (人が)〈場所・物〉に群がる, 殺到する; [普通は受身で] (人だかりで)〈…〉を満たす: Young people ~*ed* the station. 若者たちはその駅の周りに群がった / The entrance *was* ~*ed with* newspaper reporters. 入り口は新聞記者でごった返していた.

+**throt·tle** /θrátl | θrɔ́tl/ [名] [C] スロットル, 絞り弁 《エンジンへ入る燃料の量を調節する装置; ☞ motorcycle 挿絵》. **at fúll thróttle** [副] 全(速)力で. — [動] [他] 〈…〉ののどを絞める, 窒息させる; 〈自由・発展など〉を抑圧[阻害]する. **thróttle báck [dówn]** [動] [他] 〈エンジン〉を減速させる. — [自] (エンジンを)減速させる (*on*).

through /θruː, θrúː/ ([同音] threw) (《米略式》では thru とも綴る)

基本的には「通して, 貫いて」の意.

① (…を)通して	[前] 1; [副] 1
② (…の)初め[始め]から終わりまで	[前] 2; [副] 2
③ …まで	[前] 3
④ …によって, …のために	[前] 4
⑤ (…を)終わって	[前] 5; [形] 1
⑥ すっかり	[副] 3

— [前] **1** [場所を示して] …を通して, …を突き抜けて; (戸口・経路など)を通って, …から; …の端から端まで; …の間を(通り抜けて); …の至る所に[を], …中(に); …の間を(あちこち): The river flows ~ our city. その川は私たちの町を流れている / He made a hole ~ the board. 彼はその板に穴をあけた / He came in ~ that door. 彼はあのドアから入ってきた / The boy made his way ~ the traffic to the other side of the road. 少年は走る車の間をつっきって道路の反対側へ進んだ / I traveled ~ Europe. ヨーロッパ中をあちこちと旅した / I searched ~ the directory for her number. 電話帳をあちこちめくって彼女の番号を捜した.

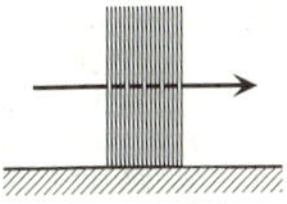

through 1

2 [期間・過程を示して] …の初めから終わりまで, …中. [語法] 意味を強めるために all through ということがある: He will stay here (*all*) ~ the summer. 彼は夏中(ずっと)ここにいるだろう / The rain lasted (*all*) ~ the night. 雨は夜通し降り続いた / [言い換え] I've read (halfway) ~ her long letter. = I'm (halfway) ~ (reading) her long letter. 私は彼女の長い手紙を(半分)読み終えた.

3 [期間・範囲の終わりを示して] ([反] from) 《米》 (起点から)…まで 《through の後の語まで含む; ☞ to¹ 5 [語法] (1)》: We go to school (*from*) Monday ~ Friday. 学校へは月曜から金曜まで行く / The teens are the numbers (*from*) 13 ~ 19. teens とは 13 から 19 までの数だ. [語法] 次のように through の句が始まりを表わす部分を伴わないときは《英》でも用いる (☞ inclusive 2): He will be working ~ May. 彼は 5 月末まで勤める (「5 月中ずっと」の意にもなる; ☞ 2).

4 [手段・原因などを示して] …によって; …のために, …のおかげで: I heard of you ~ Mr. White. あなたのことはホワイトさんを通して聞いています / It was ~ her that I got the job. 私が就職できたのは彼女のおかげだ / The business failed ~ his idleness. その事業は彼が怠けたために失敗した.

5 [経験・合格・完了・(議案)通過を示して] …を経て; …を終えて; …を首尾よく通って, 切り抜けて: We won't have to go ~ that again. 私たちはあんなことを 2 度と経験しなくてもよいだろう / You have to go ~ a security check before boarding the plane. 飛行機に乗り込む前に手荷物検査を受け(て通)る必要がある / Will you make it ~ the exam? 試験は何とか通りそう? / She was just ~ high school when her father died. 彼女が高校を卒業したばかりのときに父親が亡くなった. **6** (信号など)を突破[無視]して, …で止まらずに; …(の音)を突き通して, (騒音など)にかき消されないで: She drove (straight) ~ a red light. 彼女は赤信号を無視して(そのまま)車で走り抜けた / Can you talk ~ the noise of this heavy traffic? この激しい車の騒音の中でも話ができますか.

— /θrúː/ [副] **1** 通して, 貫いて; 端から端まで; (…まで)ずっと通しで: I don't think they will let us ~. 彼らは我々を通してくれないと思う / The target was pierced ~ by his arrow. その的は彼の矢に貫かれた / This log measures 80 centimeters ~. この丸太は差し渡しが 80 センチある / This train goes (right [straight]) ~ ***to*** Paris. この列車はパリまで直通だ.

2 始めから終わりまで, 最後まで: the whole night ~ 一晩中 / You must read the book (all (the way)) ~ by the end of this week. 今週中にその本を始めから終わりまで(全部)読まなければいけない / Please hear me ~. どうか私の言うことを最後まで聞いてください.

3 《略式》 すっかり, 全く (completely); 徹底的に (☞ thorough [語源]): He was soaked ~ by the rain. 彼はその雨でずぶぬれだった / The meat is cooked ~. 肉は中まで火が通っている. **4** 首尾よく通って[終えて] (☞ get through (...) (get 句動詞)). **5** (信号などを)突破して, 規制を受けずに: The light was red but the ambulance drove (straight) ~. 信号は赤だったが救急車はそのまま走り抜けた. **6** 《主に英》(通話相手と)つながって (*to*): Will you put me ~ *to* Mr. Green? 電話をグリーンさんにつないでください (☞ [形] 1, 3). **gèt thróugh (...)** ☞ get 句動詞. **gó thróugh (...)** ☞ go 句動詞. **hálfway [pártway] thróugh**

throughout

[副] 途中[半分](のところ)で (⇨ 前 2 最後の例文と 形 1 囲み): He suddenly stopped the tape *halfway* ~. 彼は突然テープを途中で止めた. **thróugh and thróugh** [副] 全く; 徹底的に: I know her ~ *and* ~. 彼女のことなら何から何まで知っている.

— 形 /θrú:/ 1 《略式》終わって; 《米》(通話が)終わって, お話し済みで; 縁を切って; 見込みがなくなって: Are you ~? もう済みましたか. 語法 《英》では「通話相手と)つながりました」の意にもなる (⇨ 3, 副 6).

会話 "Have you finished your homework?" "I'm almost [halfway, two thirds] ~." 「宿題は終わりましたか」「ほとんど[半分, 3分の2]終わりました」

They say she's ~ as a singer. 彼女は歌手としては終わりだそうだ. **2** A 通しの, 直通の, 通過の: a ~ ticket 通し切符 / a ~ train 直通列車 / NO THROUGH TRAFFIC 《米》(行き止まりで)通行できません (掲示; ⇨ NO THOROUGHFARE (thoroughfare 2)). **3** 《主に英》(通話相手と)つながって: You are ~. つながりました (⇨ 1, 副 6).

be through with ... [動] 他 《略式》(1) ...を終えている: Are you ~ *with* your work? 仕事は終わりましたか. (2) ...と縁を切(ってい)る: I'm ~ *with* alcohol. 酒はもうやめた. 彼女とはもう切れている.

***through·out** /θru:áut/ 中 前 1 ...の隅から隅まで, ...の至る所に[で]: The pianist is famous ~ the world. そのピアニストは世界中で有名だ.

2 ...中(ずっと), ...の間中(ずっと) (⇨ during 1 語法 (1)): He was bored ~ the performance. 演奏[公演]中ずっと彼は退屈していた.

— 副 《普通は文尾に置く》 **1** どこもかしこも (everywhere); あらゆる点で, すっかり: The house was dusty ~. その家は至る所はこりだらけだった / He followed my plan ~. 彼は何もかも私の計画に従ってくれた. **2** 始めから終わりまで, ずっと, 終始: She has been my best friend ~. 彼女は一貫して私の一番の親友だ.

thróugh·pùt 名 U **1** 《一定時間内の》原料処理量, 労働量. **2** 《電算》《一定時間内の》情報処理量.

thróugh·wày 名 C 《米》=thruway.

***throve** /θróuv/ 《古風》thrive の過去形.

***throw** /θróu/ 《類義 slow, throat》 動 (**throws** /~z/; 過去 **threw** /θrú:/; 過分 **thrown** /θróun/; **throw·ing**) 他

```
「投げる」1, 「投げとばす」2
  →「素早い動作をする」→「さっと着る[脱ぐ]」3
                       →「さっと動かす」4
  →(投げるように送る)→「投げかける」5
  →(投げ入れる)→「投入する」「陥らせる」6
```

1 ⟨...⟩を投げる, ほうる, ⟨物⟩を(...に)投げつける 《⇨ 類義語》: She *threw* the dirty towel *into* [*in*] the trash can. ⟨V+O+前+名・代⟩ 彼女はよごれたタオルをごみ箱に投げ入れた / 言い換え He *threw* the apple *to* me. ⟨V+O+to+名・代⟩=He *threw* me an apple. ⟨V+O+O⟩ 彼は私にりんごを投げてよこした (⇨ to¹ 3 語法) / The boy *threw* the stone *at* the dog. ⟨V+O+at+名・代⟩ その少年は犬を目がけて石を投げつけた 《⇨ at 3 語法》 / A rope was *thrown to* the drowning girl. ⟨V+O+to+名・代の受身⟩ 1本の綱がおぼれかかっている少女に投げられた.

2 ⟨人⟩を投げとばす, 投げ出す[倒す]; ⟨馬が⟩⟨人⟩を振り落とす: The boy wrestled with his older brother and *threw* him (*down*). ⟨V+O(+down)⟩ その少年は兄と相撲をとって兄を投げ倒した / I *was thrown from* my seat when the bus stopped suddenly. ⟨V+O+from+名・代の受身⟩ バスが急停車して私は座席からほうり出された.

3 ⟨服など⟩をさっと着る[脱ぐ]; ⟨...に⟩さっとのせる (*on, over, around*); ⟨橋⟩を(川に)急いで架ける (*across, over*) 《⇨ throw on (句動詞)》: Helen *threw* a shawl *over* her shoulders. ⟨V+O+前+名・代⟩ ヘレンは肩にショールをさっとひっかけた / The soldiers *threw* a bridge *across* the river. 兵隊たちは川に急ぎしらえの橋を架けた.

4 ⟨手足・体など⟩をさっと動かす, (ある方向へ)急に向ける: Hearing a strange sound above him, he *threw* his head *back* to see what it was. ⟨V+O+副⟩ 上で変な音がしたので, 彼は頭をそらせて何だろうと思って見た / The girl *threw* her arms *around* her mother's neck. ⟨V+O+前+名・代⟩ 娘は母の首に抱きついた.

5 ⟨光・影・視線など⟩を投げかける; ⟨質問・悪口・非難など⟩を浴びせる; ⟨疑い⟩をかける; ⟨打撃など⟩を(人に)加える: ~ a punch at ...... をなぐる / The trees *threw* long shadows in the moonlight. 木々は月の光を受けて長い影を落としていた / 言い換え He *threw* a threatening look *at* me. ⟨V+O+前+名・代⟩=He *threw* me a threatening look. ⟨V+O+O⟩ 彼は私を脅すように見た.

6 ⟨人・金・精力など⟩を(...に)投入する; [しばしば受身で] (突然ある状態に)陥らせる, ⟨...⟩を(—に)する: Do they think they can solve that problem just by ~*ing* money *at* it? ⟨V+O+前+名・代⟩ 《略式》彼らはお金をつぎこむだけでその問題が解決できると考えているのだろうか / They decided to ~ him *into* [*in*] prison [jail]. 彼らは彼を投獄することに決めた / The meeting *was thrown into* utter confusion. ⟨V+O+前+名の受身⟩ 会は大混乱に陥った / Bob *was thrown out of* work [office]. ボブは失業した[公職を追放された] / 言い換え He *threw* the door open. ⟨V+O+C(形)⟩=He *threw* open the door. 彼はドアをさっと開けた (⇨ throw open (open 形) 成句). ★上の文の受身は The door *was thrown* open.). **7** 《略式》⟨パーティー・晩餐会など⟩を催す: ~ a party パーティーを開く. **8** ⟨大きなスイッチ・レバーなど⟩を動かす《入れたり切ったりするため》. **9** ⟨さいころ⟩を振る; ⟨さいころを振って⟩⟨ある数・目⟩を出す. **10** ⟨声⟩を響かせる; 《腹話術で》⟨声⟩を口以外のところから聞こえるように出す. **11** ⟨陶器⟩をろくろにかけて⟨形⟩作る, ろくろでひねる. **12** 《略式》⟨試合⟩にわざと[八百長で]負ける. **13** 《略式》⟨...⟩を当惑させる, 呆然とさせる. **14** ⟨短気・発作など⟩を起こす: ~ a scene [fit] かんしゃくを起こす.

thrów onesèlf at ... [動] 他 (1) ⟨相手・ドアなど⟩に向かってぶつかっていく. (2) 《略式》《軽蔑》あからさまに(性的に)...の気を引こうとする.

thrów onesèlf ínto ... [動] 他 (1) ...に身を投げ出す (⇨ 他 4). (2) ⟨仕事など⟩に打ち込む: He *threw* himself *into* his work. 彼は仕事に打ち込んだ.

thrów onesèlf on ... [動] 他 《格式》⟨人・慈悲など⟩にすがる.

——throw の句動詞——

thrów asíde [動] 他 ⟨...⟩を放棄[却下]する.

thrów aróund [abóut] [動] 他 **1** 《軽蔑》⟨金⟩をむだ使いする; ⟨名前など⟩をむやみに出す: ~ one's money *around* [*about*] (見えで)金を湯水のように使う. **2** ⟨...⟩を投げ散らかす; ⟨腕など⟩を振り回す. **3** ⟨ボールなど⟩を(投げて)回す.

***thrów awáy** [動] 他 **1** ⟨...⟩を捨て去る, 捨ててしまう ⟨V+名・代+*away* / V+*away*+名⟩: I must ~ all this rubbish *away*. このがらくたはみんな捨ててしまわなければならない. **2** ⟨金など⟩を(...に)浪費する (waste); ⟨忠告・一生など⟩を(不相応な相手に)むだに使う, むだに与える: Her advice was *thrown away on* Tom. 彼女の忠

告はトムにはむだだった. **3** (不注意で)〈機会・試合など〉を逸する, ふいにする. **4** 〈せりふなど〉をさりげなく言う.

***thrów báck** 動 (名 thrówbàck) 1) 他 **1** 〈…〉を投げ返す; 〈光〉を反射する <V+名+back / V+back+名>; [言い換え] I threw the ball back to the boy. = I threw the boy back the ball. 私はボールをその少年に投げ返した. **2** (略式)〈酒など〉を勢いよく[ぐいと]飲む. **thrów ... báck at ...** 他 〈相手の(非難される人)〉〈過去の失敗など〉を…に思い起こさせる. **thrów ... báck on [upòn]** — 動 [普通は受身で]〈物事が〉〈人〉にやむなく…に頼らせる.

thrów dówn 動 他 **1** 〈…〉を投げ降ろす; 投げ倒す (☞ 他 2). **2** 〈…〉を投げ捨てる. **3** 〈挑戦〉をつきつける. **thrów onesèlf dówn** 動 自 身を投げ出す, 大の字に横になる.

thrów ín 動 他 **1** 〈売り物など〉に〈物〉をおまけ[付属品]として添える. **2** 〈ことば〉を差し挟(はさ)む. **3** 〈…〉を投げ入れる[込む]: ~ in the towel in the towel (towel 成句). **4** (サッカー)〈…〉をスローインする. **thrów ín with ...** [動] 他 (略式) …と組む, 仲間になる.

thrów óff 動 他 **1** 〈…〉を(さっと)脱ぎ捨てる; さっと取りはずす; 〈考えなど〉を捨てる: He threw off his suit. 彼は背広をさっと脱いだ / It's time to ~ off your illusions and face the truth. 幻想を捨てて真実を直視する時だ. **2** 〈やっかいな人・追っ手・習慣など〉を振り捨てる, まく; 〈ほうり出し〉(馬など)〈人〉を振り落とす: She found it hard to ~ off her former boyfriend. 彼女は前のボーイフレンドとの縁が切りにくいことを知った. **3** 〈病・頭痛など〉から逃れる[抜け出す]. **4** 〈作品など〉をさっと作り出す[書き上げる], 〈冗談など〉を飛ばす. **5** 〈熱・光・におい〉を発する, 放つ. **6** 〈…〉を失敗[混乱]させる, 間違わせる.

thrów ón 動 他 〈…〉をさっと着る[はく] (☞ 他 3).

thrów ópen 動 他 **1** 〈ドアなど〉をぱっとあける (☞ 他 6). **2** 〈場所〉を(一般に)開放する (to).

***thrów óut** 動 他 **1** 〈…〉を外へ投げ出す; 不要なもの〉を捨てる <V+名・代+out / V+out+名>: She threw out all the bad apples. 彼女は傷(きず)んだりんごをみな捨てた. **2** 〈…〉をほうり出す, 追い出す. **3** 〈申し出・提案など〉をはねつける, 拒否する. **4** 〈提案・考えなど〉を持ち出す; さりげなく[うっかり]言う. **5** 〈熱・光・煙・においなど〉を放つ, 発する. **6** 〈人・計算など〉を混乱させる. **7** (野)(送球して)〈走者〉をアウトにする.

***thrów ... òut of** — 動 他 〈…〉を—からほうり出す, 追い出す: The drunk was thrown out of the pub. その酔っ払いはパブから追い出された.

thrów óver 動 他 **1** 〈…〉を向こう側へ投げる, 投げ返す (to). **2** (古風)〈恋人・友人など〉と縁を切(って別の人に乗り換え)る (for); 〈計画など〉を放棄する.

thrów togéther 動 他 **1** [しばしば受身で] 〈…〉を急いでかき集める[まとめる], 〈料理など〉をさっと作る. **2** 〈2 人(以上)〉を偶然に会わせる: Chance has thrown them together. 彼らは偶然出会った.

***thrów úp** 動 他 **1** 〈…〉を投げ上げる; さっと[急に]上げる <V+名・代+up / V+up+名>: The boy stood ~ing up a ball and catching it again. その少年は立ったままボールを投げ上げては受けていた. **2** 〈胃の中の物〉を吐く, 戻す (vomit) <V+名・代+up / V+up+名>: He threw up his breakfast. 彼は朝食を戻した. **3** 〈ほこりなど〉を舞い上がらせる. **4** 〈…〉を急いで作る[建てる]: ~ up a tent 急いでテントを張る. **5** (略式)〈職など〉をやめる, 〈計画など〉を断念する (give up). **6** (主に英)〈物・問題・考えなど〉を引き出して, もたらす, 〈事実など〉を明らかにする; 〈偉人など〉を生み出す, 輩出する. **7** 〈…〉を映し出す, 〈…〉を画面に出す.

— 自 食物を吐く: I'm afraid I'm going to ~ up. 吐きそうだ.

— 名 (~s /-z/) **1** C 投げること; 投げ技; (野球) an overhand [underhand] ~ 上手[下手]投げ / the discus [hammer, javelin] ~ 円盤[ハンマー, やり]投げ / The catcher made a good ~ to second. 捕手は二塁へ好送球を放った. **2** C 投げて届く距離: achieve a ~ of seventy meters 70 メートル投げる // ☞ a stone's throw (stone 成句). **3** C 〈ダーツなど〉を投げる)こと; 振り出した[投げた]結果. **4** C (ソファー・ベッドなどの)上掛け, カバー. **5** [a ~] (略式)めいめい (each), 1 個[回]: at two bucks a ~ 1 個 2 ドル

【類義語】throw 最も一般的な語で, 腕と手を使って投げること: Don't throw stones. 石を投げるな. **fling** 力を入れていきなり乱暴に投げ捨てること: He flung his coat off. 彼はコートをぱっと脱ぎ捨てた. **toss** 上方に向けて, 軽く無造作に投げること: He tossed a coin. 彼は(何かを決めるために)硬貨を投げ上げた. **hurl** かなり乱暴に遠くまで投げること: He hurled stones at the dog. 彼は犬に石を投げつけた. **pitch** ある目標に向かって投げること: John pitched a fast ball. ジョンは速球を投げ込んだ.

thrów·awày 形 A **1** 使い捨ての (disposable): a ~ paper cup 使い捨ての紙コップ / a ~ society 今日の使い捨て社会. **2** (ことばなどが)ふと出た. — 名 C 使い捨ての物; ちらし; すぐに忘れられる流行歌.

thrów·báck 名 C (動 thrów báck)こと. **1** [普通は単数形で] 後戻り; 先祖返り (to).

thrów·dòwn 名 C (俗)(音楽やダンスつきの)パーティー.

thrów·er 名 C 投げる人[物]: a discus [hammer, javelin] ~ 円盤[ハンマー, やり投げ選手.

***thrów·in** 名 C (球)スローイン《ラインを割ったボールをフィールド[コート]内へ投げ入れること》.

***thrówn** /θróun/ (同音 throne) 動 throw の過去分詞.

thrów pìllow 名 C (米)(いすなどに飾りに置く)小さなまくら (クッション).

thrów rùg 名 C (米) 小型のじゅうたん[カーペット].

thru /θru:, θrú/ 前 副 形 (米略式)= through.

thrum /θrʌ́m/ 動 (**thrums**; **thrummed**; **thrum·ming**) 自 (機械など)が低い音を立てる. — 他 〈テーブルなど〉をこつこつたたく. — 名 C (機械の立てる)低い音; つまびき.

***thrush**[1] /θrʌ́ʃ/ 名 C つぐみ (鳴き声の美しいつぐみ科の各種の鳥). ★ 鳴き声については ☞ cry 表.

thrush[2] /θrʌ́ʃ/ 名 U (医)鵞口瘡(がこうそう)(子供の口・のどなどの炎症); 膣カンジダ症.

***thrust** /θrʌ́st/ 動 (**thrusts** /θrʌ́sts/; 過去・過分 **thrust**; **thrust·ing**) 他 **1** 〈…〉を強く押す, 突っ込む; 押しつける: The boy ~ the coin into his pocket. <V+O+前+名・代> その少年はお金をポケットの中へ突っ込んだ. **2** 〈…〉を突き刺す, 刺す (pierce): Don't ~ your knife into the cheese. チーズの中へナイフを突き刺したりするな. **3** 〈…〉を突きつける; 〈枝など〉を伸ばす: Please don't ~ that umbrella at me. その傘を私のほうに向けないで. **4** 〈名・仕事・考えなど〉を〈人〉に無理に押しつける. [言い換え] Fame was ~ upon [on] him. = He had fame ~ upon him. = He was ~ into fame. いやおうなしに彼は有名人にまつり上げられた. — 自 **1** 強く押す, 突っ込む; 突く, 刺す: He ~ at me with a knife. 彼はナイフで私を突こうとした (☞ at 3 語法). **2** [副詞(句)を伴って] 突進する, 押し分けて進む: The actress ~ through the audience toward the stage. その女優は観客を押し分けて舞台の方へ行った. **3** (主に文)(物が)突き出る (upward, out of, through).

thrúst asíde 動 他 (1) 〈人〉をわきへ押しのける. (2) 〈異論など〉を退ける, 無視する. **thrúst onesèlf** [動]

自 無理に割り込む (into); (…に)押しつけがましい態度をとる (on, upon). **thrúst onesèlf fórward** [動] 自 でしゃばる. **thrúst one's wáy** [動] 自 (かき分けて)無理やり通る (☞ way¹ コーパス・キーワード).

— 名 (thrusts /θrʌ́sts/) 1 [C] 押し, 突き: She gave me a ~ with her elbow. 彼女はひじで私をぐいと押した. 2 [the ~] (活動・発言などの)大事な点, 要点, 趣旨; (政策などの)方向; 目標: the ~ of his argument 彼の議論の要点. 3 [C] 攻撃, 侵攻 (attack); 進出 (into); ことばによる攻撃. 4 [U] (ジェット機などの)推進力; 〖建〗(押)圧力.

thrúst·er /θrʌ́stər/ 名 [C] 1 宇宙船制御用ロケット. 2 でしゃばる人.

thrust·ing /θrʌ́stɪŋ/ 形 1 (人が)押しの強い, 強引な. 2 (物が)突き出た.

thrú·wày 名 [C] (米)(有料の)高速道路 (throughway) (☞ highway 日英比較).

Thu. 略 = Thursday.

Thu·cyd·i·des /θuːsídədìːz/ 名 個 トゥキディデス (460?–400? B.C.) (古代ギリシャの歴史家).

*__thud__ /θʌ́d/ 名 [C] どしん, どさっ, どたん, ばたん (重い物が落ちたときなどの鈍い音). **with a thúd** [副] どしんと, どさっと. — 動 (thuds; thud·ded; thud·ding) 自 1 (副詞(句)を伴って) どさっと落ちる, どしんと鳴る (当たる). 2 (心臓が)(恐怖・喜びで)どきどきする.

*__thug__ /θʌ́ɡ/ 名 [C] 暴漢, 殺し屋.

thug·ger·y /θʌ́ɡ(ə)ri/ 名 [U] 暴力行為.

thug·gish /θʌ́ɡɪʃ/ 形 暴漢の, 暴行の.

*__thumb__ /θʌ́m/ 名 (頭字 some, sum) 13 [C] (手の)親指 (☞ hand 挿絵, finger 表, 日英比較); (手袋などの)親指の部分:「My fingers are [I am] all ~s today. きょうは私の指はみな親指だ(指が思うように動かない; ☞ be all thumbs (成句)). **(a) rúle of thúmb** [名] 大ざっぱ(だが便利)なやり方; 経験による方法; 概算: by (a) rule of ~ 大ざっぱな方法で, 経験で. **be áll thúmbs** (米) = **be áll fíngers and thúmbs** (英) [動] (略式) 指が思うように動かない; 全く無器用である. **gét the thúmbs dówn [úp]** [動] (略式) (提案・演技などが)受け入れられない [承認される] (from). **gíve ... the thúmbs dówn [úp]** [動] 他 (略式) 〈提案など〉を受け入れない [入れる], 承認しない [する]. **jérk [jáb, cóck] one's thúmb** [動] 〈…〉を親指で指す, 親指を向ける (話題の対象を指すしぐさ). **ráise [hóld úp] one's thúmb(s)** = **túrn [pút] one's thúmb(s) úp** [動] 自 親指を立てる(勝利・成功・是認などのしぐさ). **stíck [stánd] óut like a sóre thúmb** [動] (略式) 場違い[ぶざま]だ. **Thúmbs dówn!** [感] だめだ!(不同意・不賛成・不満足を表わす; ☞ turn [put] one's thumb(s) down). **Thúmbs úp!** [感] いいぞ!, がんばれ!(同意・賛成・満足を表わす; ☞ raise one's thumb(s)). **túrn [pút] one's thúmb(s) dówn** [動] 自 親指を下に伸ばす(不同意・不満足の合図).

twíddle one's thúmbs [動] 自 (1) 親指どうしをくるくる回す(手持ちぶさたやいらいらしたときのしぐさ). (2) (略式) (時間を)無為に[だらだら]過ごす. **ùnder ... 's thúmb** = **ùnder the thúmb of ...** [形・副] ...の言いなりになって. — 動 他 〈…〉を親指で扱う; 〈ページなど〉を親指でめくる [汚す] (☞ well-thumbed). **thúmb a ríde** [英] [動] 他 (略式) (親指で合図して)車に便乗を頼む, ヒッチハイクする (to, into). **thúmb one's nóse at ...** [動] 他 ... をあざける, せせら笑う (親指を鼻先に立て, 他の指を広げる) (snook 挿絵). **thúmb thróugh** [動] 他 (本など)にざっと目を通す. **thúmb thróugh ...** [動] 他 (本など)にざっと目を通す. 由来 ページを親指でめくることから.

thúmb ìndex 名 [C] (辞書などの)切りこみ索引.

thúmb·nàil 名 [C] 親指のつめ. — 形 A 短い; (描写などが)簡略な: a ~ sketch 概略.

thúmb·prìnt 名 [C] 拇印(ぼいん) (親指の指紋).

thúmb·scrèw 名 [C] 1 親指締め(昔の拷問具). 2 〖機〗つまみねじ.

thúmbs-dówn [the ~] 拒絶, 不賛成.

thúmb·sùcker 名 [C] 1 いつも親指をくわえている子供. 2 (米略式) (政治記者の書く)分析記事.

thúmbs-úp [the ~] 承認, 賛成: give ... a ~ sign ...に賛成の合図をする.

thúmb·tàck 名 [C] (米) 画びょう (英) drawing pin).

*__thump__ /θʌ́mp/ 動 1 〈…〉を(…に)(音をたてて)打つ, たたきつける, 〈物〉をどしんと置く (on, onto, into). 2 (こぶしなどで)〈…〉をごつん[どん]と打つ: He ~ed 「the table with his fist [his fist on the table]. 彼はこぶしでテーブルをどんとたたいた. 3 (略式) 〈人〉をげんこつでなぐる. 4 (略式) 〈…〉を打ち負かす, 惨敗させる. — 自 1 (副詞(句)を伴って) ごつん[どしん, どん]と突き当たる (against, on, into); ごつんと打つ (on). 2 (心臓・脈が)どきんどきん打つ; (頭がずきずき痛む. 3 どしんどしんと歩く. — 名 [C] ごつん(と打つこと[音]); 強打 (on): give ... a ~ on the back ...の背中を(ごつんと)たたく.

*__thúmp·ing__ 形 1 どしんと打つ[響く]. 2 A (英略式) 巨大な, 途方もない; (頭痛が)ひどい. — 副 (英略式) (略式) 圧勝.

*__thun·der__ /θʌ́ndər/ — də/ 13 名 (~s /~z/; 形 thún·derous, thún·dery) 1 [U] 雷鳴, 雷: a crash [clap, peal, roll] of ~ 雷鳴 / There's ~ in the air. 雷になりそうだ.

| thunderbolt | thunder | 雷鳴 | 雷 |
| | lightning | 稲妻 | |

2 [U] または a ~] 雷のような音[声, とどろき], 怒号; 威嚇(いかく), 非難: a ~ of applause 万雷の拍手. **hàve a fáce like thúnder** = **lóok like thúnder** [動] 自 (英略式) かんかんに怒っている. **stéal ... 's thúnder** [動] ...の考え[アイデア]を横取りして出し抜く. **thúnder and líghtning** [名] 雷電, 雷鳴と稲光. 語法 この語順で用いる.

— 動 (thun·ders /~z/; thun·dered /~d/; -der·ing /-dərɪŋ, -drɪŋ/) 自 1 [it を主語として; It ~s A 2] 雷が鳴る: It was ~ing and lightening. 雷が鳴り稲光が光っていた / "Do you hear it ~ing?" "Yes. It sounds threatening, doesn't it?"「雷が鳴ってるの聞こえますか」「ええ, こわい音ですねえ」 2 (雷のような)大き

な音を立てる[出す], がんがん響く (*against, onto*); [副詞(句)を伴って] 轟音(ごう)を立てて走る (*along, by, past; through, into, down*): His loud voice ~ed in my ears. 彼の大声は私の耳にがんがん響いた. **3** (人に)どなる (*at*); (事柄を)非難する (*against*). ― 他 ⓦ 〈...〉を大声で言う, どなる (*out*): He ~ed his reply. 彼は大声で返事した.

thúnder・bìrd 名 1 © 雷神鳥, サンダーバード《一部の北米先住民の間で雷電・雷雨を招くと考えられている巨鳥》. **2** [the T~s]「サンダーバード」《英国のテレビ SF シリーズ (1965–69); 子供向けの人形劇》.

thúnder・bòlt 名 © 1 雷電, 落雷 (thunder (雷鳴) と lightning (稲妻) が同時に起こるもの; ☞ thunder 表). **2** (略式)〈事件・知らせなどが〉(全く)思いがけないこと, 青天の霹靂(へきれき): like a ~ 寝耳に水のように. **3** (神が放つとされる)稲妻の矢.

thúnder・clàp 名 © 雷鳴.

thúnder・clòud 名 © 雷雲.

thúnder・hèad 名 © 入道雲.

thún・der・ing /-dərɪŋ, -drɪŋ/ 形 **A** **1** (音が)雷のように大きい; 雷がおうにとどろく. **2** (古風, 英)途方もない, ひどい. ― 副 (古風, 英)途方もなく, ひどく.

+**thun・der・ous** /θʌ́ndərəs, -drəs/ 形 (名 thúnder) (雷のように)とどろき渡る: ~ applause 万雷の拍手. **~・ly 副** とどろき渡って.

thúnder・shòwer 名 © (短い)雷雨.

+**thúnder・stòrm 名** © 激しい雷雨.

thúnder・strùck 形 (普通は P) (格式)びっくり仰天した (*at, by; to do*).

thúnder-thíghs 名 [複] (俗) (滑稽)または(軽蔑)太い腿(もも).

thun・der・y /θʌ́ndəri, -dri/ 形 (名 thúnder) (空模様・天候などが)雷が来そうな; 雷の多い; 険悪な.

thunk /θʌ́ŋk/ 名 © 鈍い音をたてる. ― 自 〈鈍い音〉を立てる.

Thur. 略 =Thursday.

Thur・ber /θə́ːbə/ | θə́ːbə/ 名 ⓖ James ~ サーバー (1894–1961)《米国の作家・風刺漫画家》.

+**Thurs. 略** 木曜日 (Thursday).

*****Thurs・day** /θə́ːzdèɪ, -di | θə́ːz-/ 名 (~s Sunday 語法) **1 木曜日** ★ 詳しい説明は Thurs., Thur., Thu., Th.; ☞ week 表; proper noun 文法 (4): Today is ~ (a cool ~). 今日は木曜日 (涼しい木曜日)です / *on* ~ (いつも[大抵])木曜日[に(は)](この前[次]の)木曜日に / *on* ~*s*=*every* ~ いつも木曜日に / *last* [*next*] ~ この前[次]の木曜日に.

2 [形容詞的に] 木曜日の: *on* ~ *morning* (この前[次]の)木曜日の朝に (☞ on 前 3 語法). **3** [副詞的に] (米)(英略式)木曜日に (on Thursday); [~s として] (いつも)木曜日に (every Thursday).

*****thus** /ðʌ́s/ 副 **1** つなぎ語 (格式) [文頭で] 従って, そのようなわけで: *T~,* he lost all the money that he had earned. こうして彼は稼いだ金を全部失った.

2 このように, こんな風に (in this way): He spoke ~ *before* the audience. 彼は聴衆を前にしてこういう風に話した. **3** [主に形容詞・副詞を修飾して] これほど, その程度まで; そこまでは: He's done well ~ *far.* これまでは彼もうまくやった. **4** 例えば.

thus・ly /ðʌ́sli/ 副 (略式) =thus 2.

thwack /θwǽk/ 名 © ぴしゃり[ばしっ]と打つこと[音]. ― 他 (略式)〈...〉をぴしゃり[ばしっ]と打つ.

+**thwart** /θwɔ́ːt | θwɔ́ːt/ 動 他 [しばしば受身で] (格式)〈計画・目的・意志など〉を妨げる, 〈(計画の)主)の〉裏をかく: They have ~ed (him *in*) all his plans. 彼らは彼の計画をすっかりだめにした. ― 名 © (海) ボートの腰掛け, こぎ手, 艇座.

thx 略 [E メールで] =thanks.

---

thy /ðáɪ, ðái/ 代 (人称代名詞 thou の所有格) [名詞の前につけて限定的に] (古語)あなたの, なんじの, お前の.

+**thyme** /táɪm/ 名 U たちじゃこうそう《しそ科の植物》; (香料の)タイム.

thy・mine /θáɪmiːn, -mən/ 名 U (生化) チミン (DNA の構成塩基の一つ).

thy・mus /θáɪməs/ 名 (複 ~・es, -mi /-maɪ/) © (解剖) 胸腺.

thýmus glànd 名 © =thymus.

+**thy・roid** /θáɪrɔɪd/ 名 **1** © (解) 甲状腺. **2** U (薬) 甲状腺剤.

thýroid glànd 名 © (解) =thyroid 1.

thy・self /ðaɪsélf/ 代 (再帰代名詞) (複 yourselves /jəsélvz, jʊə- | jɔː-/) (古語) **1** /ðaɪsélf/ [再帰用法] (あなたが, なんじが, お前が)自分自身を[に] (☞ thou¹ 例文). **2** [強調用法] (あなたが, なんじが, お前が)自分自身で.

ti /tíː/ 名 [単数形で] (楽) シ (si) 《全音階の第 7 音》.

Ti・án・an・men Squáre /tiǽnəmən-/ 名 ⓖ 天安門広場《北京の旧紫禁城正門前の広場》.

Tiānjīn /tjáːndʒín/ 名 ⓖ テンシン (天津)《中国北部の都市》.

ti・a・ra /tiérə -áːrə/ 名 © **1** (宝石をちりばめた女性用の)頭飾り, ティアラ. **2** ローマ法王の三重冠.

Ti・ber /táɪbə | -bə/ 名 ⓖ [the ~] テーベレ川, タイバー川《イタリア中部の川; Rome を流れて地中海に注ぐ》.

Ti・bet /tɪbét/ 名 ⓖ チベット《中国南西部の自治区》.

Ti・bet・an /tɪbétn/ 形 チベットの; チベット人の; チベット語の. ― 名 © チベット人; U チベット語.

tiara 1

tib・i・a /tíbiə/ 名 (複 **tib・i・ae** /-bɪiː/, ~**s**) © (解) 脛骨(けいこつ)(★ 日常語は shinbone).

tic /tík/ 名 © 顔面けいれん.

*****tick¹** /tík/ 名 (~**s** /~s/) © **1** (英)照合の印, チェック印《注意を引いたり照合などに用いる √ の記号》《(米) check): put a ~ in the box 四角(のますに) √ をつける. **2** (時計などの)かちかちという音. **3** [普通は単数形で](英略式)=moment 1. **4** (株価などの)小さな変動. 関連 cross ×や+の印. *in (hálf a) tíck = in twó [a cóuple of] tícks* (副)(英略式)すぐに. ― 他 (英)〈...〉に照合の印(√)をつける, 〈...〉をチェックする (米) check). ― 自 **1** (時計などが)かちかちいう. **2** (略式) (機械などが)動く. *make ... tíck* (動) 他 (略式)〈人・物〉を動かす, 〈...〉を作動させる: What *makes* Sue ~? スーはどういう考え[気持ち, 動機]で(今のように)行動しているのだろうか. *tíck awáy* (動) 自 (時計が)(時が)(刻まれて)過ぎていく. ― 他 (時計が)かちかちと時を刻む. *tíck bý* (動) 自 =tick away. *tíck óff* (動) 他 (1) (英) 〈...〉に照合済みの印をつける, チェックする (check off). (2) (米略式) 〈人〉を怒らせる. (3) (英略式) 〈人〉をしかりつける (*for*). (4) (米) (指を使って)1 つずつ言う. *tíck óver* (動) 自 (普通は進行形で) (英) (エンジンなどが)アイドリングをする (idle); (仕事・組織などが)(停滞しない程度に)ぼちぼちやる (続ける).

tick² /tík/ 名 © **1** だに, だに (人・家畜に寄生吸血する虫). **2** (英略式) (だにのような)嫌なやつ.

tick³ /tík/ 名 **1** © (マットレス・まくらの)カバー. **2** U =ticking.

tick⁴ /tík/ 名 U (古風, 英略式) 掛け, つけ (credit): *on* ~ つけで.

ticked /tíkt/ 形 **1** (照合のしるし[点]の付いた. **2** [普通は ~ òff として] (米) 怒った, 立腹した (*with*).

tíck・er /tíkə | -kə/ 名 © **1** (米) 受信印字機, チッカー. **2** (古

風, 略式》心臓. **3**《古風, 略式》時計.

tícker tàpe 名 U **1** チッカーから自動的に出てくるテープ《刻々の通信・相場が印字される》. **2**《米》《歓迎のためにビルの窓などから投げる》テープ, 色紙片.

***tick·et** /tíkɪt/ 名 (**tick·ets** /-kɪts/) **1** C 切符, 入場券, 乗車券: a railroad [theater] ~ 鉄道[劇場]の切符 / a ~ to Disneyland ディズニーランドの切符 / reserve ~s *for* the concert ticket コンサートのチケットを予約する / 言い換え May I see your ~, please? = T~ please. 切符を拝見いたします《車内で車掌が》.

会話 "A ~ to [for] Boston, please." "One-way or round-trip?" 「ボストンまで切符を1枚ください」「片道ですか往復ですか」

──── ticket のいろいろ ────
admíssion tícket 入場券 / commutátion tìcket《米》定期乗車券 / cómplimentary tícket 招待券 / retúrn tícket《米》帰りの切符,《英》往復切符 / róund-trip tícket《米》往復切符 / séason tìcket《英》定期乗車[入場]券

2 C《商品につける》正札;《サイズなどを示す》ラベル, 付け札 (tag); 宝くじの券;《クローク係にもらう》預かり証. **3** C 交通違反の切符 (*for*): I got a (traffic [parking, speeding]) ~. 交通[駐車, スピード]違反の切符を渡された. **4** C《普通は単数形で, 主に on the ~》《米》《政党の》公認候補者の名簿[名簿];《成句》;《候補者が主張・所属する》政策《公約, 政党. **5**《普通は the ~》《古風, 略式》必要なもの[こと]: That's (just) the ~. それはおあつらえむきだ; その通り. **6**《主に米》《成功・名声などへの》手段, 切符 (*to*);《窮地などから脱する》手段 (*out of*). 語源 「付け札」の意で, etiquette と同語源《☞ etiquette 語源》, -et).

by tícket [副] 切符で: ADMISSION BY TICKET ONLY 入場券のない方はお断り《掲示》. **on the tícket** [形]《米》公認候補に指名されて. **séll tíckets on onesèlf** [動] 自《豪鬱式》うぬぼれる. **split the tícket** [動] 自《米》分割投票をする《☞ split ticket).

── 動 他 **1**《普通は受身で》《商品に札をつける (tag), 正札をつける;《普通は受身で》《米》《物を…に用に》指定する (*for*). **2**《普通は受身で》《主に米》《交通違反者・車に》切符を切る (*for*). **3**《…に》切符を発売する.

tícket àgency 名 C《乗り物券・観覧券などの》切符取次販売所, プレイガイド. 日英比較 「プレイガイド」は和製英語.

tícket àgent 名 C チケット販売業者.
tícket bòoth 名 C 入場券[チケット]売場.
tick·et·ed /tíkɪtɪd/ 形 A 《乗客など》発券済みの, 切符を購入した.
tícket gàte 名 C《主に米》改札口.
tícket hòlder 名 C 入場券[チケット]を買った人; 切符を持っている人.
tíck·et·ing /-tɪŋ/ 名 U チケット発行, 券売.
tícket machìne 名 C 切符自動販売機.
tícket òffice 名 C 出札所, 切符売り場《英》 booking office).
tícket tòut 名 C《英》= scalper.
tick·et·y-boo /tíkɪtibúː/ 形《古風, 英》順調な.
tick·ing /tíkɪŋ/ 名 U ふとんがわ地 (tick).
tícking-òff 名 (複 **tickings-off**) C《英略式》= telling-off.

†**tick·le** /tíkl/ 動 (形 **tícklish**) 他 **1**《…を》くすぐる, むずがゆくさせる: She ~d her baby's toes. 彼女は赤ん坊の足の指をくすぐる / This feather boa ~s my neck. この羽毛のボアは首がちくちくする. **2**《…を》喜ばせる (*with*); おもしろがらせる;《想像・虚栄心など》を刺激する, くすぐる: The story really ~d him [his curiosity],《古風, 略式》his fancy]. その話は実に彼を楽しませた. ── 自 **1**《体が》くすぐったい, むずむずする: My nose ~s. 鼻がむずむずしい. **2**《物が》むずがゆい. **be tíckled pínk [to déath]** [動] 自《略式》大喜びをしている; とてもおもしろがっている (*at, with*).
── 名 [a ~] くすぐり; くすぐったい感じ; むずがゆさ.
gíve ... a tíckle [動] 他《人》をくすぐる.

tick·lish /tíklɪʃ/ 形 (名 **tickle**) **1**《略式》くすぐったがる, くすぐりやすい. **2**《普通は A》《略式》《問題・事態・仕事など》扱いにくい, 微妙な. **~·ly** 副 くすぐったそうに; 扱いにくく. **~·ness** 名 U くすぐったさ; 扱いにくさ.

tick-tack /tíktæk/ 名 C《時計などの》かちかち.
tick-tac(k)-toe /tíktæktóʊ/ 名 U《米》三目並べ, ○×《話》《ゲーム》《9つの升目に×を3つ並べるゲーム》《《英》noughts and crosses).
tick-tock /tíktɒk, -tàk/ 名 C [普通は単数形で]《大きな時計の》かちかち, チックタック.
tick·y-tack·y /tíkitæki/ 《略式》形 U 安材料の《建物》. ── 名 安材料の, みすぼらしい.

†**tid·al** /táɪdl/ 形 (名 **tide**) [普通は A] 潮の; 潮の差す, 潮の影響を受ける: a ~ current 潮流.
†**tídal wáve** 名 C **1**《地震などによる》高波; 津波 (tsunami). **2**《世論などの》大きな動き, 潮流 (*of*).

tid·bit /tídbɪt/ 名 C《米》**1**《少量の》おいしい食べ物, ひと口 (《英》titbit). **2** ちょっとした興味を引くニュース[情報] (*about, of*).《《英》titbit).

tid·dler /tídlɚ/ -lə/ 名 C《英略式》**1** ちっちゃな魚. **2** 小さな子; ちっぽけなもの.

tid·dly /tídli/ 形 (**tid·dli·er; -dli·est**)《英略式》**1** ほろ酔いの. **2** ごく小さい.

tid·dly·wink /tídliwɪŋk/ 名 **1**《複数形で単数扱い》円盤飛ばし《おはじきのような小さな円盤をより大きな円盤ではね上げてカップに入れる遊戯》. **2** C《円盤飛ばし用の》小円盤.

***tide** /táɪd/ 名 (**tides** /táɪdz/; 形 **tídal**)

元来は「時」4 の意《☞ tidy 語源》.《「海の潮」時》から「潮」1 の意となった.

1 C, U《しばしば the ~》潮, 潮の満ち干; 潮流 (current): the turn of the ~ 潮《流》の変わり目 / at high [low] ~ 満[干]潮時に / The ~ is 'coming in [going out]. 潮が満ち始めている[引き始めている]. 関連 ebb 引き潮 / flow 満ち潮.
2 C [普通は単数形で]《世論などの》風潮, 傾向, 形勢: the ~ *of* international affairs 国際情勢 / The ~ turned 「against me [in my favor]. 形勢は私に不利[有利]になった. **3** C [普通は単数形で] 勢い, 気配 (*of*): a (rising) ~ *of* protest《高まる》抗議の波. **4** U [普通は合成語で]《古語》時, 季節: Christmas~ クリスマスの季節 / Time and ~ wait for no man.《ことわざ》歳月人を待たず. **gó [swím] with [agàinst] the tíde** [動] 自 時勢に順応する[逆らう]. **tùrn the tíde** [動] 自 形勢を逆転させる, 流れを変える. 《成句》 **tìde ... óver (─)** [動] 他《…に》《困難など》を乗り切らせる: He sold his car to himself *over* his financial difficulties. 彼は経済的困難をしのぐために車を売った.

tíde·lìne 名 C《英》= tidemark 1.
tíde·màrk 名 C **1** 最高潮位点. **2**《英略式》《滑稽》《浴槽に残った》湯の高さの跡.
tíde pòol 名 C 潮だまり《《英》rock pool).
tíde tàble 名 C 潮汐《ちょうせき》表.
tíde·wàter 名 **1** U 潮水《海岸などに差す水》;《潮の影響を受ける》河口の水. **2** C《米》海岸地方.
tíde·wày 名 C **1** 潮路《河川の》潮の影響を受ける

部分. **2** (潮路の)潮流.

ti・di・ly /táidəli/ 副 きちんと, こぎれいに.

ti・di・ness /táidinəs/ 名 U こぎれいさ.

tid・ings /táidiŋz/ 名 複《古風》または《滑稽》便り, 消息 (*of*): glad [good] ~ 吉報 / bad ~ 悲報.

*__**ti・dy**__ /táidi/ 13 形 (**ti・di・er** /-diə・ -diə/; **ti・di・est** /-diɪst/) **1** (人・場所が)きちんと片づいた, 整頓(ᵗ)した, (行動・性格が)整然とした; (人が)きれい好きな (反 untidy): a ~ room きちんとした部屋 / a ~ woman きれい好きな女性 / Always keep your office ~. いつも仕事場をきちんとしておきなさい. **2** [普通は A] 《略式》(量などが)かなりの: a ~ sum [profit] 相当の金額[利益]. **3** (解決策などが)満足のゆく. 語源 tide と同語源. 「時にかなった」から「好ましい」→「きちんとした」となった (⇒ tide 囲み).

── 動 (**ti・dies**; **ti・died**; **-dy・ing**) 他 (部屋)を片づける; 〈…の服装・髪など〉を整える (*up*). — 自 片づける (*up*). **tídy awáy** [動] 他 《英》〈出した物〉を片づける, しまう. **tídy óut** [動] 他 (不要物を除いて)〈部屋・戸棚・引き出しなど〉を整理する; 〈…〉の中を片づける. **tídy onesèlf úp** [動] 自 身づくろいする. **tídy úp áfter …** [動] …がちらかした物の後片づけをする.

── 名 (**ti・dies**) C 《英》(流しの)三角コーナー; 小物入れ: a desk ~ (ペン・クリップなどを入れる)机上用具入れ.

*__**tie**__ /tái/ 同音 Thai; 類音 tide, tight, type) 11

┌─「結ぶもの, 結ぶ」名 6, 動 他
├→(ひも)→「ネクタイ」名 1
├→(結び付き)─┬→「きずな」名 2
│   └→「束縛(する)」名 4, 動 他
└→(対等の結び付き)
   └→「同点(になる)」名 3, 動 他 3

── 動 (**ties** /~z/; **tied** /~d/; **ty・ing** /táiiŋ/) 他 ❶ 〈ひも・ネクタイなど〉を結ぶ, 〈靴などの〉ひもを結ぶ, 〈結び目〉を作る; (ひもなどで)〈物〉を縛(ʰ)る, くく(りつけ)る, つなぐ (⇒ 類義語) (反 untie): ~ a knot 結び目を作る / She ~d a ribbon *around* [*round*] her neck. <V+O+*around* [*round*]+名・代> 彼女は首にリボンを結んだ / She ~d her hair *back* in a ponytail. <V+O+*back*> 彼女は髪をうしろでポニーテールにして結んだ / You have to ~ this parcel *with* string. <V+O+*with*+名・代> この小包はひもで縛る必要がある / I ~d the box *on* the car with a rope. <V+O+*on*+名・代> 私はロープで車に箱を縛りつけた / T~ your dog *to* the tree. <V+O+*to*+名・代> あなたの犬を木につなぎなさい / His arms [hands] were ~d *behind* his back. <V+O+*behind*+名・代> 彼は後ろ手に縛られていた / T~ the bundle tight. <V+O+C (形)> その包みをしっかり縛りなさい.

2 (用事・天候などが)〈人〉などを束縛する, 〈…〉を(仕事・場所などに)拘束する: Illness ~d her *to* her bed. <V+O+*to*+名・代> 彼女は病気で寝たきりだった / I've been ~d *to* my desk all day. <V+O+*to*+名・代の受身> 一日中机に釘づけられた.

3 [しばしば受身で]《スポ》〈…〉とタイになる, 同点[同記録]になる; (試合・競技)を同点にする[で終える], 引き分ける; 〈得点〉を同点にする: Waseda *was* ~d *with* Keio in the sixth inning. <V+O の受身> 6回の早稲田は慶応と同点だった / The game *was* ~d (*at*) 9-9 [9 all] with one inning to play. 試合はあと1回を残して9対9で同点だった. **4** [普通は受身で] (…に)依存させる, 連関[関係]させる; 結びつける; 愛着を覚えさせる: Our salary scale *is* ~d *to* that of civil servants. 我々の給与体系は公務員に準拠している (⇒ that¹ 代 2). **5** 《楽》〈同じ高さの音〉をタイでつなぐ.

── 自 **1** 結べる, (服などが)(ひもなどで)結べる, 締まる (*up*): This ribbon won't ~ in a bow. このリボンはどうしてもちょうちょ結びにはならない / Her dress ~s *in* (the) front [at [in] the back]. 彼女のドレスは前[うしろ]で(結んで)留まる(ようになっている).

2 《スポ》 タイになる, 同点になる: In the competition Meg ~d *with* Sue *for* "second place" (sharing the lead). <V+*with*+名・代+*for*+名・代> 競技ではメグはスーと同点で2位[首位]だった.

tíe one ón [動] 自 《米俗》酔っ払う.

──── **tie** の句動詞 ────

tíe dówn [動] 他 **1** 〈人〉を束縛[拘束]する; 〈人〉を(責任・仕事などに)縛りつける, 従わせる, 〈人〉の言質(ᵍ)をとる (〈人〉に〈約束などを〉守らせる (*on, to*). **2** 〈人〉を縛って下へ押さえつける [縛りつける]. **tíe onesèlf dówn** [動] 自 自分の行動を縛る[控える], 自制する.

tíe ín [動] 自 **1** (事実・情報などが)(別の事実などと)適切につく, 合致する (*with*). **2** (人)に協力する (*with*). **3** (…と)同時に起こる (*with*). ── 他 [しばしば受身で] 〈…〉を(他と)結びつける (*with*).

*__**tíe úp**__ [動] 他 **1** [しばしば受身で] 〈…〉をしっかり縛る, 包装する; 〈人〉を縛り上げる; 〈動物〉をつなぐ; 〈…〉に包帯をする <V+名・代+*up* / V+*up*+名>: Shall I ~ *up* these books *in* a bundle? これらの本を縛ってひとまとめにしましょうか / Papers were ~d up on the desk. 書類は縛って机の上に置いてあった.

2 [普通は受身で] (時間的に)〈…〉を拘束する, 忙しくさせる; 〈電話・浴室など〉を独占的に使用する: I'm ~d *up* (*with* other things) and can't go tomorrow. 私は(ほかのことで)予定が詰まっていてあすは行けない / He's ~d *up* *at* the office (*on* the telephone). 彼は会社[電話]で忙しくて動きがとれない. **3** [しばしば受身で] 〈営業など〉を停止させる; 〈交通など〉を不通にする; 〈裁判など〉を停滞させる; (事故などが)(…)を不通にする. **4** [しばしば受身で] 〈資金・財産など〉を(株・不動産などに投資して)固定する, 流用できないようにする (*in*). **5** [しばしば受身で] 〈…〉を(他と)結びつける, 関連させる (*with*). **6** (船)を係留する. **7** 〈計画・取引など〉をまとめ上げる, 〈詳細〉をつめる. ── 自 停泊する (*at, alongside*).

*__**tíe úp with …**__ [動] 他 **1** …と提携する, …とタイアップする (⇒ tie-up 1): We have ~d *up* *with* a big European company. 当社はヨーロッパの大会社と提携した. **2** …と結びつく, 合致する.

──名 (~**s** /~z/) C **1** ネクタイ 《主に米》necktie): 「put on [wear] a ~ ネクタイをしめる (⇒ put on (put 句動詞)表, wear 表) / take off [loosen] one's ~ ネクタイをはずす[ゆるめる] / choose a ~ that goes with one's suit スーツに合うネクタイを選ぶ / wear a jacket and ~ 上着とネクタイを着用(してきちんと)する.

会話 "How about this ~?" "I'm afraid it's too loud for me." 「このネクタイはどう?」「私には派手すぎるんじゃないかな」

2 [普通は複数形で] きずな, つながり: family ~s 家族のきずな / the ~s of friendship 友情のきずな / establish closer ~s *with* other nations 他の国とより密接な関係を打ち立てる / The ~s *between* Japan and the US became stronger. 日米間のきずなは強まった.

3 [普通は単数形で] (競技などの)同点, 互角; 引き分け(試合) (《英》 draw); 《英》勝ち抜き戦 (*against*): end in a ~ 引き分けに終わる / That home run in the 8th inning broke the ~. 8回のあのホームランが均衡(ᵏ)を破った. // cup-tie. **4** [普通は単数形で] 自由を束縛する物, やっかい物, 足手まとい; しがらみ (*to*): Pets can be a ~. ペットは足手まといになることがある. **5** 《米》(鉄道の)まくら木 (《英》sleeper); 《建》つなぎ材[梁],

tie 1859

タイロッド． **6** 結ぶもの，ひも． **7** 〘楽〙タイ（⌒または⌣の記号；同じ高さの2音符を結ぶ弧線）．
【類義語】tie と bind はほぼ同じ意味に用いられることも多いが，tie はしばしばひもやロープを使って，固定した物に縛りつけること：He tied one end of the rope to the tree. 彼はロープの一方の端を木に結びつけた． **bind** ひもや布きれでぐるぐる巻きに縛ること：Bind the papers into a bundle. 書類を縛って束にしてくれ． **fasten** ねじ・くぎ・のりなどいろいろの方法を使って固定すること：He fastened the sign to the wall. 彼は看板を壁に取り付けた．

tie·báck 名 © 留め飾り《カーテンを片側に寄せて留めるひもや帯》．
tie béam 名 © 〘建〙つなぎ梁(¾)．
tie·bréak(er) 名 © 〘スポ〙同点決勝[延長]戦，タイブレーク；《クイズなどの》決勝問題．
tie cláps [clíp] 名 © =tie tack.
tied cóttage /táɪd/ 名 ©《英》小作人用貸家．
tied hóuse 名 ©《英》 **1** 特約酒場《特定の醸造会社の酒のみを売る；⇒ free house》． **2** 契約住宅《雇われている間だけ住める》．
tie-dówn 名 © 固定用具，取り付けひも；縛りつけること，取り付け．
tie-dýe 動 (-dyes; -dyed; -dye·ing) 他 《普通は受身で》《布・服を》しぼり染めにする． ― 形 Ⓐ しぼり染めの． ― 名 Ⓤ しぼり染め(した服).
tie-in 名 © **1** 関連，つながり (between, with). **2** 《映画・本などの》抱き合わせ販売[商品]，関連商品 (with). ― 形 Ⓐ 抱き合わせ販売の．
Tien·tsin /tíɛntsín/ 名 固 =Tianjin.
tie-òn 名《札などに》結んで付け(られ)る．
tie·pìn 名 ©《英》ネクタイピン(《米》tie tack).
日英比較 「ネクタイピン」は和製英語．
tier /tíɚ | tíə/ 名 © **1** 《階段式観覧席などの》階段，層；《組織などの》階層 (of): in ~s 段々になって．
tiered /tíɚd | tíəd/ 形 《しばしば合成語で》段になった；…層の：a two-~ box 2段になった箱．
Ti·er·ra del Fue·go /tiéɚədelfwéɪgou/ 名 固 ティエラデルフエゴ《南米南端の諸島，チリ領とアルゼンチン領とに分かれる》．
tie táck 名 ©《米》ネクタイピン[留め]．
tie-ùp 名 ©《略式》 **1** 提携，タイアップ (with);《英》つながり，関係 (between). **2**《米》《一時的》活動停止，行き詰まり；交通渋滞．
tiff /tíf/ 名 (~s) ©《恋人・友人間などの》小さいけんか，いさかい：have a ~ with …. …といさかいをする．
TIFF /tíf/ 名 Ⓤ 〘電算〙ティフ《画像ファイルの一形式；tagged image file format の略》．
Tif·fa·ny¹ /tífəni/ 名 固 Louis Comfort ~ ティファニー (1848-1933)《米国の画家・ガラス工芸家》．
Tif·fa·ny² /tífəni/ 名 固 ティファニー《米国 New York 市にある高級宝飾店》．
tif·fin /tífɪn/ 名 Ⓤ《インド》《昼の》軽食；《英》《滑稽》食事．
tíffin càrrier 名 ©《インド》食事を運ぶ金属容器．
tig /tíg/ 名 Ⓤ《英》=tag¹ 1.
ti·ger /táɪgɚ | -gə/ 名 © **1** とら，雄のとら． ★鳴き声については ⇒ cry 表． 関連語 tigress 雌のとら． **2** 狂暴な人． **fight like a tíger** 動 自 《自己防衛などのために》猛烈に攻撃する．
Tíger Bálm 名 Ⓤ© タイガーバーム《マレーシア製のメントール入り万能軟膏(ﾅﾝﾅﾝ)；商標》．
tiger ecònomy 名 © タイガーエコノミー《東アジアの小国の強力な経済；特にシンガポール・韓国など》．
ti·ger·ish /táɪg(ə)rɪʃ/ 形 とらのような；どうもう，残忍な；猛烈に精力的な．
tíger lìly 名 © おにゆり《植物》．
tíger mòth 名 © ひとりが《昆虫》．
tíger shrìmp 名 © ブラックタイガー《日本のくるまえ

びの近縁種》．

*tight /táɪt/ Ⓡ 形 (tight·er /-tɚ | -tə/; tight·est /-tɪst/; 動 tíghten)) **1** 《衣服・靴などが》きつい，窮屈な (close;反 loose)，《胸・寝ぐつなどが》締めつけられるような：~ socks きつい靴下 / My shirt is a little (too) ~. 私のシャツは少し窮屈すぎる / These pants are **a ~ fit**. このズボンはきつい《置い換え》 She had **a ~ feeling** in her chest. 彼女は胸が締めつけられるように感じた．

2 《ひも・皮膚などが》ぴんと張った，張り切った (反 slack)：a ~ wire ぴんと張った針金[ロープ] / Pull the thread till it is ~. ぴんと張るまで糸を引っ張れ．

3 《ふた・ねじなどが》締まった，きっちりした，堅く結んだ (反 loose)；《しっかりと》とらえた：a ~ knot 堅い結び目 / a ~ hold [grip] しっかり握ること / The door was shut ~. 戸はきちっと閉まっていた / This cap is too ~. このふたはなかなか《固くて》開かない / Her fingers were ~ **on** the rope. ＜A+on+名・代＞彼女は指でロープをしっかり握っていた． **4** 《態度・ことばが》厳しい，厳格な (strict, severe);《統制・規則などが》厳重な，整然とした：~ discipline 厳しい訓練 / There was ~ security at the airport. 空港は警備が厳重だった． **5** Ⓟ 《金銭などが》苦しい，逼迫(ﾋｯﾊﾟｸ)して：Money is ~ now. 今は金詰まりだ． **6** 《時間・予算・状況などが》厳しい，《日程が》ぎっしりと詰まった：a ~ deadline きつい締め切り． **7** すき間のない，目の詰まった；《スペースが》きちきちの，漏らない；〘合成語で〙…の通らない，防…：a ~ roof 雨の漏らない屋根 / a ~ ship 水が入らない船 (⇒ 成句) / water ~ 防水の． **8** 《普通は Ⓐ》密集した，まとまった，《集団などが》一枚岩の，仲よしの． **9** 《表情・微笑などが》こわばった，《声が》うわずった． **10** 《カーブなどが》急角度の：make a ~ turn 急旋回をする． **11** 《略式》難しい，困難な (difficult)：in a ~ corner [spot, situation] 窮地に陥って． **12** 《演奏・演技などが》息の合った． **13** Ⓐ《試合が》互角[接戦]の． **14** 《普通は Ⓟ》《略式》《軽蔑》けちな，しまり屋で (with). **15** 《普通は Ⓟ》《古風，略式》酔って (on).

rún a tíght shíp 動 ⓢ 《船・組織などを》しっかり保つ(⇒ 7 用例)．

― 副 (tight·er; tight·est) しっかりと，きつく；ぴんと；ぎっしりと：Pull it ~er. もう少しぴんと引っ張れ． 《この意味では過去分詞の前には tightly を用いる．次を比較》：The cap was tightly screwed on.=The cap was screwed (on) ~ [tightly]. ふたはきつく締まっていた． **hóld tíght** 動 《人・物などを》しっかりと[握って]いる：He held the baby ~. 彼は赤ちゃんをしっかり抱えた． ― 自 〘しばしば命令文で〙 しっかりつかまる (⇒ hóld¹ 動)；じっとしている． **sít tíght** 動 自 《略式》(1) 〘しばしば命令文で〙 ⓢ その場を動かない． (2) じっと待つ；主張をまげない．

tight-áss 《米俗》，**-árse** 《英俗》名 ©《軽蔑》堅物；けち(なやつ)，しみったれ．
tight-ássed 《米俗》，**-ársed** 《英俗》形《軽蔑》堅物の，けちな．
*tight·en /táɪtn/ Ⓡ 動 (tight·ens /~z/; tight·ened /-d/; -en·ing) 形 tight) 他 **1** 《ねじなどを》しっかりと締める，堅くする；《綱などを》ぴんと張る；《筋肉などを》こわばらせる (反 loosen)：T~ up the bolt. ボルトをしっかり締めろ / He ~ed his grip [hold] on the steering wheel. 彼はハンドルをさらにしっかり握った． **2** 《規制・法律などを》強化する (up).
― 自 しっかり締まる，堅くなる；ぴんと張る；こわばる (up)：The skin ~ed as it dried. 皮膚は乾くにつれて堅くなった． **tíghten úp** 動 自 (1) 《規制などが》厳しくなる． (2) 《違反者などを》しっかりと取り締まる (on).
tíght énd 名 ©〘アフト〙タイトエンド《ブロックとパスのレシーバーの2役をこなすポジション》．
tíght-físt·ed 形《略式》けちな，しまり屋の．
~·ness 名 Ⓤ けち．

tight-fitting 形 (反 loose-fitting) (衣服などが)体にぴったりした (close-fitting).

tight-knit 形 A 1 (家族・地域社会などが)緊密な. 2 (米)(計画などが)綿密に練られた.

tight-lipped 形 [普通は P] 口を堅く閉じて(決意・怒りなどを表わす); 口を閉ざして (about).

tight·ly 副 しっかりと, きつくぴんと; 厳しく; ぎっしりと.

tightly-knit 形 A =tight-knit.

tight·ness 名 U 堅固; 緊張; 窮屈.

*__tight·rope__ 名 C (綱渡りの)張り綱.
walk [tread] a tightrope 動 自 綱渡りをする; きわどいことをする.

tightrope walker 名 C 綱渡り師.

*__tights__ /táɪts/ 名 [複] 1 タイツ(《ダンサーなどがはく》). 2 (英) =pantyhose.

tight·wad /táɪtwɑ̀d | -wɔ̀d/ 名 C (略式, 主に米) けちん坊.

ti·gress /táɪgrəs/ 名 C 雌のとら; 狂暴な女.

Ti·gris /táɪgrɪs/ 名 固 [the ~] チグリス川《トルコとイラクを流れる川; Euphrates 川と合流してペルシャ湾に注ぐ; その流域は古代文明の発祥の地》.

Ti·jua·na /tì:əwá:nə/ 名 固 ティファナ《メキシコ北西部, 米国との国境に近い観光都市》.

tike /táɪk/ 名 = tyke.

til, 'til /t(ɪ)l/ 前 接 = till¹.

til·de /tíldə/ 名 C ティルデ《~の記号; スペイン語ではnの上につけ /ɲ/ の音を表わし, ポルトガル語及び国際音声字母では a, o の上につける鼻母音を示す》.

*__tile__ /táɪl/ 名 (~s /-z/) C 1 タイル, かわら: cover a roof with ~s 屋根にかわらをのせる. 2 (ゲームで使う)こま[札], (マージャンの)牌. **(out) on the tiles** [形・副] (英略式) 派手に夜遊びして. — 動 他 〈屋根などをかわらでふく; 〈床・壁などに〉タイルを張る.

tiled 形 かわらを張ってある.

til·er 名 C かわら職人; タイル職人.

til·ing 名 U かわら[タイル]張り; [集合的に] かわら[タイル]類.

*__till¹__ /(弱) t(ɪ)l; (強) tíl/ 前 接 (覆音 tell, tilt) ★ until との比較については ☞ until 最後の 語法.

① (...)まで ... 前 1; 接 1
② [否定文の後で] ...まで(―しない) ... 前 2; 接 3
③ とうとう ... 接 2

— 前 [主に (S)] 1 [時間の終わりを示して] ...まで(ずっと) (反 from). 語法 普通は stay, wait, walk のように動作の継続を表わす動詞とともに用いる; by 「...までに」との違いについては ☞ by 前 6 語法: ~ now 今まで / Good-bye ~ tomorrow. ではまたあした / It is ten ~ eight. 8 時 10 分前だ / It's [We have] only one week ~ the final exam. 期末試験まで 1 週間しかない / He studies from morning ~ evening [from nine ~ five]. 彼は朝から晩まで[9 時から 5 時まで]勉強する.

語法 (1) **from ... till ―** と **from ... to ―**
上の最後の例文は from morning [nine] to evening [five] ともいえる. ただし普通 from ... がないときには till [until] しか用いない: He works ~ [until] evening [five].
(2) **till + 副詞的な語句**
本来副詞的な語句が目的語になることがある: My uncle was here ~ (quite) recently. おじさんは(ごく)最近までここにいた / She was busy ~ after her exams. 彼女は試験が終わるまで忙しかった / T~ when are you going to stay here? ここにいつまで滞在しますか.

CLOSED TILL MONDAY (揭示) 日曜日まで閉店 《月曜日から》. 日英比較 (1) 日本語の「まで」と違いその

日を含まない (☞ to¹ 5 語法). (2) 場所の「...まで」は as far as (☞ far 成句) または to で表わす.

2 [否定文で] ...まで(―しない), (...になって)初めて(―する[である]). 語法 begin, come, go, return, stop のような, ある時に 1 度だけ起こる出来事を表わす動詞とともに用いる: She did *not* return [come back] ~ six. 彼女は 6 時までに帰ってこなかった(6 時になって帰ってきた) (☞ before 前 1 語法) / He did*n't* tell his parents ~ after that. 彼は後になるまで親に話さなかった(後になって初めて話した) (☞ 1 語法 (2)).

— 接 [主に (S)] 1 (...するとき)まで, ...までずっと.

語法 普通は主節の動詞がそれ自身で動作の継続を表わす場合に用いる: Walk on ~ you come to a bridge. 橋に行き着くまでどんどん歩いて行きなさい / She stayed there ~ she was called for. 彼女は呼ばれるまでずっとそこにいた.

2 (...して)とうとう, (...して)ついに[やがて].

語法 この意味では主節を先に訳すほうがわかりやすい. till の前にコンマが用いられることが多い: He ran and ran(,) ~ he could run no more. 彼は走りに走ってついにもうそれ以上は走れなくなった / The noise grew fainter and fainter, ~ (at last) it was heard no more. その音はだんだんかすかになって(とうとう)もはや聞こえなくなった.

3 [否定文の主節の後で] ...まで(―しない), (...して)初めて(―する[である]): People do *not* know the value of health ~ they lose it. 人々は健康を失うまでその価値がわからない(健康を失って初めてその価値がわかる) / He (had) *never* thought of his future career ~ he went to college. 彼は大学へ行って初めて将来の職業のことを考えた. **It is nót till ... that ―.** ...になって[...して]やっと[初めて]―する[である―]: *It was not* ~ yesterday *that* I got the news. きのうになって初めてその知らせを受けた. 語法 I did *not* get the news ~ yesterday. を強調した文 (☞ it¹ A 6).

till² /tíl/ 名 C (商店・銀行などの)現金入れ[レジ]の引き出し; = register 2. **have one's fingers [hand] in the till** 動 [自] 勤め先の金を盗む. **with one's fingers [hand] in the till** 副 (略式) 勤め先の金に手をつけて(いるところを).

till³ /tíl/ 動 他 (古風) 〈...〉を耕作する (cultivate).

till·age /tílɪdʒ/ 名 U (古風) 耕作; 耕地.

til·ler¹ /tílə | -lə/ 名 C 舵柄(かじ), (かじの柄).

till·er² 名 C (古風) 耕作者, 農夫.

*__tilt__ /tílt/ 動 (tilts /tílts/; tilt·ed /-ɪd/; tilt·ing) 他 1 〈椅子・頭など〉を傾ける, かしげる: She ~ed the chair backward. <V+O+副> 彼女はいすを後ろに傾けた. 2 〈意見・情勢など〉を(一方に)向ける.
— 自 1 傾く, かしぐ: The pillar ~ed to the right and toppled over. <V+to+名> 柱は右へ傾いて倒れた. 2 (人を)非難[攻撃]する; (優勝などを)ねらう; (古語) (馬に乗って)やりでつきかかる (at). 3 (意見・情勢などが)傾く (away; toward, from). — 名 1 C.U 傾き, かしぎ (of): Give the box a slight ~ to your left. 箱を左へ少し傾けなさい. 2 C (意見などの)偏り, 傾向 (toward). 3 C 非難, 攻撃; やりの突き; (英) 挑戦 (at). **at [on] a tílt** [副・形] 傾いて. **(at) fúll tílt** [副] (略式) 全速力で; 全力を出して.

tilth /tílθ/ 名 U 耕される土壌の状態[深さ].

Tim /tím/ 名 固 ティム《男性の名; Timothy の愛称》.

*__tim·ber__ /tímbə | -bə/ 名 (同音 ‡timbre) 13 名 (~s /-z/) 1 U (主に英) (製材した)材木, 木材 (米) lumber): deal in ~ 材木商を営む. 2 U (用材としての)

1862 timbered

樹木, 立ち木; 森: grow 〜 木を育てる / cut down [fell] 〜 立ち木を伐採する / put a piece of land under 〜 ある土地に造林する.　**3** C [普通は複数形で] 横木, 梁(はり)(beam).　**4** U (人の)器(うつわ).
　── S (木が倒れるぞ!《きこりの警告》).

tím·bered 形 **1** (建物が)木で作った, 木造の.　**2** 樹木の生い茂った.

tímber·land 名 U.C (米) 森林地.

tímber·line 名 [the 〜] 樹木限界線《高地・極地など》.

tímber wòlf 名 C しんりんおおかみ《北米産》.

tímber yàrd 名 C (英) =lumberyard.

tim·bre /témbə, tím-|-də/ 名 U.C (格式) (声・楽器の)音色, 音質 (of).

tim·brel /tímbrəl/ 名 C (古語) =tambourine.

Tim·buk·tu /tìmbʌktúː/ 名 固 ティンブクトゥ《アフリカ西部 Mali の町》; (略式) 遠い所の代名詞).

＊time /táim/ (同音 thyme) 名 (〜s /-z/) **1** U 時, 時間《空間 (space) に対して》: 〜 and space 時(間)と空(間) / waste 〜 時間をむだにする / This machine will save you a lot of 〜. この機械を使うとうんと時間の節約になる / T〜 is money. 《ことわざ》時は金なり《時間は貴重なもの》.

2 U.C 時刻《略 t.》; (時計の)時間; [しばしば合成語で] (計時法上の)...時: the 〜s of the trains to Tokyo 東京行き列車の(発車)時刻 / Is that the (right) 〜? 《時計を見たり人に言われて》もうそんな時間ですか / The 〜 of the traffic accident [The 〜 when the traffic accident happened] was 7:30 p.m. その交通事故の起こった時間は午後 7 時半だった / It is 1400 hours Greenwich (Mean) T〜. グリニッジ標準時で 14 時だ 《fourteen hundred hours と読む》 / There is nine hours' difference in 〜 [〜 difference] between Tokyo and London. 東京とロンドンの間には 9 時間の時差がある / T〜 in London is nine hours behind Tokyo. ロンドンの時刻は東京より 9 時間遅い. 関連 daylight saving time (米) 夏時間 / local time 現地時間 / standard time 標準時 / summer time (英) 夏時間.

会話 "What 〜 is it?" "What's the 〜?"＝(米) "What 〜 do you have?"《主に米》"Do you have the 〜?"＝(英) "Have you got the 〜 (on you)?" "It's ten thirty by my watch."「今何時ですか」「私の時計で 10 時半です」

3 U (...するための) 時間, 期限; (自由にできる)時間, 暇, (時間の)余裕: free 〜 あき時間 / Do we have 〜 **to** catch the last train? <N+to不定詞> 終電に間に合うだろうか / There's no 〜 **to** lose. 一刻の猶予(ゆうよ)もない / I'm sorry, but we have no more 〜 **for** questions. 残念ながら質問の時間はもうありません / The 〜 **for** pay**ing** the debt is almost up. 借金の支払い期限が迫ってきた / The 〜 is [S] (略式) T〜's] up. 時間ですよ, はいそこまで / T〜, please! もう看板だ《閉店の時など》.

会話 "Do you have (the [any]) 〜?" "I'm sorry, but I'm a little too busy now. Can I talk to you later?" 「今お時間ありますか」「申し訳ありませんが, 今忙しいので, 後でもよろしいですか」 語法 have (got) the time には「(...する)時間がある」と「(正しい)時刻を知っている」の二つの意味がある. 2 の Do you have the 〜? と比較.

4 [the 〜] (...する[した])時, ころ, 折: It was the only 〜 (that) I ever visited Spain. 私がスペインを訪ねたのはその時だけだった.

語法 **time** の接続詞的な使い方
前に at, by, last, next, only などを伴い, 後に節を続いて接続詞的に用いることが多い: At the 〜 he called on me, I was just taking a shower. 彼が訪ねてきたとき, 私はちょうどシャワーを浴びていた / By the 〜 you arrive, I will have finished it. あなたが着くころには私はそれを終えているだろう / She was looking much better (the) last 〜 I saw her. この前彼女に会ったとき彼女は大分よくなったようだった《★ 冠詞が省略されることがある》 / Do you remember the 〜 when [that] I rescued your kitten? 私があなたの子猫を助けたときのことを覚えていますか.

5 [a (...) 〜 または U] (...の)時間, 期間; (個人の特定の)時期, 時, 体験, 経験: after a 〜 しばらくして / in ⌈an hour's [a day's] 〜 1 時間[1 日]で[したら] / I'll be back in a short 〜. ちょっとしたら戻ってきます / This all happened ⌈some 〜 [a long 〜, a short 〜] ago. これはすべてしばらく[ずっと, 少し]前に起こった / What a (long) 〜 you've been! ずいぶん時間がかかったね《★ be 動詞と共に用いて「時間をとる」の意; ☞ long' 副 1 語法》 / It rained ⌈all (of) [most of, half (of), some of] the 〜. 雨がその間ずっと[ほとんどずっと, 半分くらい, いくらか]降った《☞ all the time, half the time (成句)》 / Have a nice ⌈wonderful] 〜. 楽しんで来てください, いってらっしゃい《遊びに出かける人などに》 / I've had a good [great, fantastic] 〜 this evening. 今晩はとても楽しんだ.

6 U.C (特定の)時期 (period); 時節, 季節 (season): a 〜 **of** trouble 苦難の時 / This 〜 last year I was in Paris. 去年の今頃私はパリにいた / At this 〜 of (the) year the cold north wind blows down across the lake. 一年のこの時期には冷たい北風が湖を吹き下ろしてくる / The 〜 will soon come **when** we('ll) have a world without war. <N+wh節> 戦争のない世界がじきに来よう.

7 U.C (...すべき)時, (...するのに適した)時期, 時機, 好機: He gave me a call at a good [bad] 〜. 彼はいい[まずい]時に電話してきた / This is ⌈not the [hardly the, no] 〜 **to** change our policy. <N+to不定詞> 今は方針を変えるべき時ではない / Now is the (right) 〜 **to** act. 今こそ行動すべき時だ / It is 〜 **(for you) to** go to school. <N+for+名・代+to不定詞> もう(あなたが)学校へ行く時間だ《☞ for B 1》 / There's a 〜 (and a place) **for** everything. 《ことわざ》何事にも潮時(しおどき)というものがある《時と場所をわきまえよ》 / ⌈There's no 〜 [No 〜] like the present. S 《ことわざ》(思い立ったら)今ほどよい時はない《今しなさい》 / There's always (a) next 〜. 《ことわざ》常にまたの機会がある《いつでもまたチャンスは来る》 / There's a first 〜 for everything. S 何にでも初めてということがあるものさ《驚くこと

```
「時」1
├─→ 「時刻」2 →(ある時点)──→ 「時, ころ」4
│                          └─(ある事柄の起きる時)→(回数)─┬→ 「回, 度」10
│                                                         └→(繰り返される回数)→「倍」11
└─→ 「時の経過」12 ┬→(特定の)「時間」3, 5
                   ├→(特定の)「時間」6, 7 ─→ 「時代」8 →「時世」「情勢」9
                   └→(人の一時期)→「一生」13
```

はない) / [言い換え] It is ([主に Ⓢ]《略式》about) ~ *for* you *to* marry someone. =It is ([主に Ⓢ]《略式》about) ~ (that) you *got* [*were* getting] married. あなたもそろそろ結婚していい頃だ《☞ about time (成句)》. [語法] 従属節の時制は直説法過去時制となる: It's about ~ I *was* leaving. [主に Ⓢ]《略式》そろそろおいとましないと / It's ~ (that) you *were* in bed. もう寝る時間ですよ. [関連] high time 機が熟した時.

8 [C] [しばしば複数形で] (…の)**時代** (age): *in* ancient [medieval, modern] ~*s* 古代[中世, 近代]に / *in* the ~ of Queen Victoria ビクトリア女王時代に / the good old ~*s* 古きよき時代 / I can't understand the music *of* our ~(*s*). 私は今の音楽が理解できない.

9 [C] [しばしば複数形で] (世の中の)**情勢**, 時勢; 景気 (*of*): *T*~*s* have changed. 時代が変わった / In [During] hard ~*s* people find it difficult to make a living. 不景気の時は暮らしにくい.

10 /tàɪm/ [C] …**回**, …度《☞ twice [語法]》; …回目: this ~ 今回[今度]は / next ~ 次回は, 今度 / several ~*s* 何回[何度]か / She used to write to me three ~*s* a month. 彼女は以前は月に 3 回私に手紙をくれたものだ / How many ~*s* do I have to tell you not to be late? 何度遅刻しないようにと言えばいいの / 「The third [Third] ~'s the charm.《ことわざ》3 度目の正直. [関連] once 1 回 / twice 2 回.

> [会話] "Is this the first ~ you've been here?" "No, I've been here once before."「ここは初めてですか」「いいえ, 以前一度来たことがあります」

11 [複数形で] /tàɪmz/ …**倍**《☞ twice [語法]》: Four ~*s* eight is [makes, equals] thirty-two. 8 の 4 倍は 32 (4×8=32) / This box is three ~*s* 「heavier than [as heavy as] that one. この箱はそれより 3 倍重い《☞ … times as — as … (成句)》/ Prices have increased 1.7 ~*s*. 物価が 1.7 倍になった《one point seven times と読む》/ "How many ~*s* larger than Japan is China?" "It's 26 ~*s* larger [as large]."「中国は日本の何倍の大きさですか」「26 倍です」 [関連] twice 2 倍.

> [日英比較] **… times と「…倍」のとらえ方**
> times は「…倍」の意味だが日本語の場合と比べると使い方が違う.「1 個 15 セントのりんごを 6 個買うと全部でいくらか」という問題について式を立てると, 英語では 6×15 となり six ~*s* fifteen と読む. つまり英語では 6×15 は「15 が 6 だけ集まった場合」を指す. 日本語では 6×15 は「6 が 15 だけ集まった場合」を指すから, 立式にあたっての考え方が逆になる. 上の例で, four ~*s* eight に対して ( ) 内に示した 4×8 はこの英語に対応する立式である. 一方, 訳文の「8 の 4 倍」というのはそれに対する日本語式の考え方を当てたものである.

12 [U] **時の経過**, **時の流れ**, **歳月**: Things will change as ~ passes [goes by [on]]. 物事は時がたつにつれて変わるものだ / *T*~ flies (when you're having fun). =Doesn't ~ fly?《ことわざ》《時がたつ速さへの驚き・夢中になったときの楽しさを表して》時は飛ぶように過ぎ去って行く(光陰矢のごとし) / *T*~ waits for no one. 時は待ってくれない(すぐにやりなさい) / *T*~ heals (all (wounds)).《ことわざ》時がすべてをいやしてくれる《☞ Time is a (great) healer. (healer 用例)》/ *T*~ [Only ~] will [can] tell [show] (which is right). Ⓢ 時がたてば(どちらが正しいか)わかるだろう. **13** [U] [普通は所有格の後で] (…の)一生, 生涯; (…の)若いころ; 現役時代; 死期; (妊娠の)出産期; 兵役; (奉公の)年季;《略式》刑期: *Her* ~ is drawing near. 彼女の死期[出産]が近づいている. **14** [U,C]〘スポ〙所要時間, タイム (*of*): The winner's ~ was 8 minutes 35 seconds. 優勝タイムは 8 分 35 秒だった. **15** [U] 労働[勤務]時間; 余暇[休暇]: workers (put) on short ~《英》勤務時間が短縮された労働者. **16** [U] (音楽などの)拍子, 調子; 速度, テンポ: double [triple, quadruple] ~ 2[3, 4]拍子 / *in* three-four ~ 3/4 拍で ‖ ☞ beat time (成句), keep time (成句) (1). **17** [U] =time-out.

abòut tíme Ⓢ《略式》(そろそろ…しても)よいころで, 潮時で; (…したが)遅いくらいで, ようやくだ《☞ (and) about time (too)》. [語法] ときに次の形で用いる: (It's) *about* ~ (that) you got up, Bill. ビル, そろそろ起きてもいいころだよ[やっと起きてきたね(もっと早く起きなさいよ)]《★ 文脈で 2 通りの意味になる点に注意; ☞ 7》

agàinst tíme [副] 時間と競争で, 大急ぎで.

ahéad of one's tíme [形] (人・機械などが)時勢より先に進んで.

ahéad of tíme [副] (規定の)**時間より早く**;《主に米》前もって ([反] behind time): The building was completed *ahead of* ~. 建物は予定より早く完成した.

áll the tíme [副] (1) **いつも**, **常に**; しょっちゅう (always): Mom complains about Dad's late hours *all the* ~. ママはパパの帰りが遅いといつもこぼしている. (2) **その間ずっと**: He kept silent *all the* ~. 彼はその間ずっと黙ったままだった.

a lót of tìmes [副] =many times.

(and) abòut tíme (tóo) Ⓢ《略式》もうそろそろだとは思っていた(が, 遅いくらいだ).

(and) nót befòre tíme Ⓢ《英》=(and) about time (too).

Ány tìme.《略式》どういたしまして.

at áll tímes [副] **いつでも**, いつも (always): No one is wise *at all* ~*s*.《ことわざ》人はだれも常に賢明であるとは限らない《☞ partial negation [文法]》.

at àny óne [gíven] tíme [副] (1) いつの時点でも. (2) =at one time (3).

(at) àny tíme [副] (1) **いつ(で)も**: You may use my car (*at*) *any* ~. 私の車はいつでも使ってください. (2) いつなんどき: That patient may die (*at*) *any* ~. その患者はいつ死ぬかわからない.

at a tíme [副] **一度に**: He went up the steps two *at a* ~. 彼は階段を 2 段ずつ上った.

at nó tíme [副] [否定を強めて] 決して…でない: *At no* ~ did I tell you that you could use my motorcycle. 私のオートバイを使っていいなどと一度たりとも言ったことはないよ.

at óne tìme [副] (1) **かつては** (once), 昔は: *At one* ~ women didn't have the right to vote. かつては女性には選挙権がなかった. (2) いっせいに, 同時に. (3) 一度に.

at one's tíme of lífe [副] この[その]年齢で(は), 年を考えたら《普通は年配者が[に]用いる》.

(at) óther tìmes [副] [しばしば sometimes (あるときには…)と相関的に用いて] (また)ほかの時に(は).

at thát tíme=at the tíme [副] **その時**(には), そのころ (then): There were no railroads in Japan *at that* [*the*] ~. 当時日本には鉄道がなかった.

at the bést of tìmes [副] =even at the best of times.

at the sáme tíme ☞ same 成句.

at the tíme … [接] …のころには, …の時には《☞ 4 [語法]》.

at the tíme of … [前] …の(起きた[ている])時点で.

at thís tìme [副] 今の時点で.

at tímes [T3] [副] 時折, たまに.

be a lóng tìme óff [動] [自] ずっと先のことである.

béat tìme [動] [自] (たたいたり指揮棒を振って)拍子をとる (*to*).

befóre one's tíme [副] 時[寿命, 出産日]が来ないうちに; 年齢とは不相応に: die *before one's* ~ 早死に

time

する. ― [形] =ahead of one's time.
befóre ...'s tíme [副・形] …が生まれる前に[で], …の記憶にある[...が関係した]ころよりも前に.
behind the tímes [形] 時代遅れで; 時勢に遅れて: Japan must not get *behind* the ~s in science. 日本は科学の面で時勢に遅れてはならない.
behínd tíme [形・副] (規定の)時間に遅れて (反 ahead of time)(★ late や behind schedule のほうが普通).
be òut of tíme [動] (自) (S) (番組で)時間切れである.
bórn befòre one's tíme [形] =ahead of one's time.
búy tíme [動] (自) 時間を稼ぐ
by the tíme ... [接] …する時までに (⇨ 4 語法)
by thís tíme [副] (もう)今ごろは: I'm sure she has got to the village *by this* ~. きっと彼女はもう今ごろはその村に着いているでしょう.
cóme at the ríght [wróng] tíme [動] (自) (物事が)タイミングよく[折悪しく]生じる.
dó tíme [動] (自) (略式) =serve time.
éach [évery] tíme (that) ... [接] …するたび(ごと)に: *Each [Every]* ~ he comes to see me, he complains about something or other. 彼は私を訪ねてくるといつも何か不平を漏(も)らす.
(èven) at the bést of tìmes [副] 状況が最もよい時でも.
évery tíme [副] (可能な限り)いつでも, 常に.
fáll on hárd [bád] tímes 落ちぶれる.
fínd (the) tíme [動] (自) =make time (1).
for áll tíme [副] いつも; いつまでも.
for a lóng tìme [副] [普通は肯定文で] **長い間**: I have known him *for a long* ~. 彼とは長い付き合いだ (⇨ for long (long¹ [形] 成句)).
for a [sóme] tíme [副] しばらくの間: There was dead silence *for a [some]* ~. しばらくの間しんと静まり返っていた. 語法 かなり長い期間にもかなり短い期間にも用いる.
for hóurs [dáys, wéeks, ...] at a tíme 何時間[何日, 何週間, ...]連続で.
for sóme tíme to cóme [副] (これから先)しばらくの間.
for the tíme béing [副] 当分の間, 差し当たり: *For the* ~ *being* you will have to come to (the) hospital every other day. 当分の間は1日おきに通院する必要があります.
(from) tíme òut of mínd [副] (古風)(誇張) 大昔から, ずっと前から.
from tíme to tíme [副] 時折, 時々: I visited him *from* ~ *to* ~. 時々彼を訪ねた.
gáin tíme [動] (自) (1) 時間を稼ぐ(わざとぐずぐずしたりして). (2) (時計が)進む. (反 lose time)
gíve ... a hárd [róugh] tíme [動] (他) (略式) 〈...〉をひどい[つらい]目にあわす; 〈...〉を非難する.
gíven tíme [副] やがて, そのうち.
gó with the tímes [動] (自) 時勢に従う.
hálf the tíme [名] その半分の時間, (思ったより)短い時間; (かなり)長い時間. ― [副] [主に (S)] (略式) その間半分ぐらい; たいてい, よく.
hàve a hárd [róugh, bád, dífficult, tóugh] tíme (of it) [動] (自) ひどい[つらい]目にあう.
hàve áll the tíme in the wórld [動] (自) (あることに)好きなだけ時間をかけることができる.
hàve a lót of tíme for ... [動] (他) (略式) 〈人・物事〉を大いに尊敬[称賛]する, …に熱中している.
hàve an éasy tíme (of it) [動] (自) 苦労なく過ごす, 楽な仕事[生活]をする.
hàve nó tíme for ... [動] (他) (略式) 〈時間をとらない; ...を軽視する; 嫌う.
hàve séen bétter tímes [動] (自) =have seen better days (⇨ day 成句).
hàve the tíme of one's lífe [動] (自) (略式) すてきな経験をする, とても楽しむ.
hàve tíme on one's hánds=**hàve tíme to kíll** [動] (自) (略式) 暇をもてあます.
hàve tíme on one's síde [動] (自) 時を味方にしている (⇨ time is on ...'s side).
in góod tíme ⇨ good [形] 成句.
in nó tíme (at áll [flát])=**in léss than nó tìme (at áll)**=**in néxt to nó tìme (at áll)** [副] たちまち, あっという間に, すぐに.
in one's ówn gòod tíme [副] (略式) [しばしば滑稽] 都合のよい時に.
in one's ówn (swéet) tíme [副] マイペースで.
in one's ówn tíme [副] (英) =on one's own time.
in one's tíme [副] 盛んなころに(は), 若いころに(は): *In mý* ~ I used to run a mile every morning. 私は若いころ毎朝1マイル走ったものだ.
in plénty of tíme (所定の時間より)早目に.
in ...'s tíme [副] …の一生に(は), …の生きているうちに(は); …の(関係していた)頃には: There were no jet planes *in* my grandfather's ~. 私の祖父の(生きている)時代にはジェット機はなかった.
in tíme [副・形] (1) 間に合って; 時間どおりに: A policeman arrived just *in* ~ to catch the thief. 警官はぎりぎり間に合ってどろぼうを捕らえることができた / I was just *in* ~ *for* the last train. 私は終列車にぎりぎり間に合った. (2) そのうちに, やがては: You will succeed *in* ~. あなたはそのうち成功するだろう. (3) 調子を合わせて (to, with) (反 out of time).
It is abòut tíme. ⇨ about time.
It is hígh tíme .... ⇨ high time の項目.
kèep góod [bád] tíme [動] (自) (時計がいつも)時間が正確である[でない]: My watch *keeps good [bad]* ~. 私の腕時計は正確だ[でない]. 語法 good の代わりに perfect, excellent なども用いられる.
keep tíme [動] (自) (1) 拍子を取る; 調子を合わせる. (2) 時間を記録する (⇨ timekeeper).
kèep úp with the tímes [動] (自) 時勢に遅れないようにしてゆく, 時代[流行]とともに進む.
kíll tíme [動] (自) 暇をつぶす.
Lóok at the tíme. (S) (予想外に遅くなっていることに気がついて)もうこんな時間だ.
lóse nò tíme (in) dóing [動] (自) すぐに...する.
lóse tíme [動] (自) (時計が)遅れる; (移動などが)遅れる. (反 gain time)
màke góod [éxcellent] tíme [動] (自) (移動などが)予想外に早く済む.
màke tíme [動] (自) (1) (必要な)時間を作る (for; to do). (2) 〈列車などが〉遅れを取り戻す, 急ぐ. (3) (米略式) 〈異性と〉つき合う, とする (with).
mány a tíme [副] (古風, 文) =many times.
mány tímes [副] **何度も**, しばしば (often): I wrote to him *many* ~s while I was in Paris. 私はパリに滞在中彼に何回も手紙を出した.
márk tíme [動] [普通進行形で] (1) (兵士などが)足踏みをする. (2) (状況が好転するまで)現状にとどまる, 時機を待つ (商売などが)足踏み状態である.
mòst of the tíme [副] ほとんどいつも.
móve [márch] with the tímes [動] (自) =keep up with the times.
néxt tíme ... [接] =(the) next time ....
nínety-nìne [99] tìmes òut of「a húndred [100] [副] まず決まって, ほとんどいつも.
nót gìve ... the tíme of dáy [動] (仲が悪くて)〈...と〉口をきかない, 〈...を〉相手にしない.

nót hàve (múch) tíme for … [動] [他] 《略式》 = have no time for….
nó tíme (at áll) [名] ごく短時間.
nót knòw the tíme of dáy [動] [自] 《略式》 全然何も知らない.
of áll tíme [副] 今までで(…の): the greatest composer *of all* ～. 今までで最も偉大な作曲家.
… of the tíme [形] 現代[当時]の….
ónce upòn a tíme ☞ once [副] 成句.
óne tìme [副] =at one time (1).
on one's ówn tíme [副] 《米》 自由時間[勤務時間外]に.
on tíme [T3] [副・形] (1) **時間どおりに**, 定刻に: The train arrived (bang [dead, exactly, right]) *on* ～. 列車は(きっかり)定刻に着いた. (2) 分割払いで.
óther tímes [副] =at other times.
òut of tíme [副・形] 調子をはずして. ([反] in time (3))
òver tíme [副] ある期間の間に; 時がたつにつれて; 徐徐に (with time).
páss the tíme [動] [自] (退屈凌(しの)ぎに)時間をつぶす.
páss the tíme of dáy [動] [自] (…と)ちょっとことばを交わす (*with*).
pláy for tíme [動] [自] 時間稼ぎをする.
quíte a [sòme] tíme [名] かなりの時間: *quite some* ～ ago だいぶ前に.
sérve tíme [動] [自] 《略式》 刑期を務める.
some óther tìme [副] いつかまた.
sóme tìme or óther [副] いつか(そのうち) 《未来の漠然とした時を表わす》.
…'s tíme is úp [dráwing néar] …の死期が近づいている[いまわの際だ] 《☞ 13 の例文》.
tàke one's tíme [動] [自] ゆっくり[のんびり]とやる (*over, about; to do,* (in) *doing*); [皮肉に] やたらと時間をかける, 途方もなく遅い[のろい]: [会話] "Could you give me a minute?" "Don't worry. *Take your* ～." 「ちょっとお待ちください」「どうぞご心配なく, ごゆっくり」
tàke tíme [動] [自] **時間がかかる**: I'm afraid this task will *take* ～. この仕事は時間がかかるぞ.
tàke tíme óff [動] [自] 仕事を休む.
téll tíme 《米》 =**téll the tíme** 《英》 [動] [自] (子供が)(時間を見て)時刻を言う, 時計を読む: Have you learned how to *tell* (*the*) ～ in English? 英語での時刻の言い方を習いましたか.
that tíme of the mónth [名] [S] 生理(の時期).
(the) néxt tíme … [接] **今度…するときに(は)**: *The next* ～ I come here, I'll bring you a doll. 今度来るときには人形を持ってきてあげよう 《☞ 4 [語法]》.
The tíme is rípe for … [(for …) to dó —]. …の[(…が)—する]機が熟している 《☞ ripe 2》.
the tíme of dáy [名] 時刻 《☞ not know the time of day》.
the whóle tíme [副] =all the time.
tíme àfter tíme=tíme and (tìme) agáin [副] (いやというほど)何度も何度も.
tíme and a hálf [名] 5 割増の時間給 《残業手当など》.
Tíme hàngs [lìes] héavy (on …'s hánds). 《格式》 (…が)(退屈で)時間を持て余す.
tíme is on …'s síde 時が…に味方している, 時が経てば…に有利に事が運ぶ.
tíme òut of mínd [副] 《古風》 ずっと長い間, 昔から; 何度も.
… tìmes as — as … …倍だけ—. [語法] times の前に基数詞がくる 《☞ 11》: She has about five ～*s as* much jewelry *as* I do [have]. 彼女は私の約 5 倍の宝石を持っている.
tíme(s) withòut númber [副] 何度も.
Tíme was (when) …. [S] 《古風》 …という時代があった.
wátch the tíme [動] [自] (遅れないようにするために)時間をいつも気にしている.
whát tíme [副] **いつ** (when); **何時に**: *What* ～ will this bus leave? このバスはいつ出ますか.
whèn the tíme cómes [副] いざとなったら.
with tíme [副] 時がたつにつれて, やがて.
with tíme to spáre [副] (予定より)早く, 時間の余裕をもって.

— [動] **(times** /~z/; **timed** /~d/; **tim·ing)** [他] **1** [しばしば受身で] 〈日程・発言など〉の**時機を選ぶ**, 〈…〉によいころあいを見計る; 〈列車・時計など〉の時間を定める[調節する, タイマーをかける] (*for*): Her remarks *were* well [badly] ～*d*. <V+O+副の受身> 彼女の発言のタイミングはよかった[悪かった] / The bomb was **～*d to*** go off at 4:30 p.m. <V+O+C (*to* 不定詞)の受身> 爆弾は午後 4 時半に爆発することになっていた. **2** 〈…〉の速度[タイム]を計る: Will you please ～ me [the race]? 私[レース]のタイムを計ってください / *T*～ *how long* it takes me to swim across the river. 川を泳いで渡るのにどのくらいかかるか計って / She *was* ～*d at* 17 seconds for the 100 meters. 彼女は 100 メートルでのタイムは 17 秒だった. **3** (音楽などに)〈…〉の調子を合わせる (*to*); 〘スポ〙 〈ショットなど〉をタイミングよく打つ.

— [形] [A] **1** 時間の; 時限装置つきの. **2** 分割(払い)の.

Time /táɪm/ [名] [固] 『タイム』《米国のニュース週刊誌》.
tíme-and-mótion [形] [A] (研究が)(生産効率向上のための)時間と作業に関する.
tíme bòmb [名] [C] **1** 時限爆弾. **2** (特に政治的に)大問題になりかねない事態.
tíme càpsule [名] [C] タイムカプセル 《時代を代表する文書・物品を入れて地中などに埋める容器》.
tíme càrd [名] [C] タイムカード, 勤務時間記録票: punch a ～ タイムカードを押す.
tíme clòck [名] [C] タイムレコーダー 《出勤時・退出時を記録する記録時計》.
tíme còde [名] [C] タイムコード 《編集用に時間を記録するビデオ[オーディオ]テープ上のトラック》.
tíme-consùming [形] 時間がかかる; 時間浪費の.
tíme dìfference [名] [C] 時差: The ～ *between* Tokyo and New York is 14 hours. 東京とニューヨークの時差は 14 時間だ. [参考] 英米などの時差については ☞ 表および裏の地図の脚注.
tíme expòsure [名] [U,C] 〘写〙 タイム露出 《瞬間露出に対して 2 分の 1 秒以上の露出》; [C] タイム露出による写真.
tíme fràme [名] [C] 時間枠, 期間 (*of*).
tíme-hònored [形] [A] (慣習・方法などが)昔ながらの, 由緒ある.
tíme·kèeper [名] [C] (競技・作業などの)時間記録係, 計時係; 時間記録器; [前に形容詞をつけて] 時を計るのが…のもの; 時間を守るのが…の人: a *good* [*bad*] ～ 正確[不正確]な時計; 《英》 時間を守る[守らない]人.
tíme·kèeping [名] [U] 時間の記録, 計時; 《英》 出勤時間の厳守の度合い.
tíme kìller [名] [C] 暇つぶしをする人[になるもの].
tíme làg [làpse] [名] [C] 時間差; ずれ.
tíme-làpse [形] [A] 〘映〙 低速度撮影の, こま抜きの.
⁺**tíme·less** [形] (時を経ても価値・美などが)不変の; 《文》 永久の, 無限の. **～·ly** [副] 時を超えて; 永久に. **～·ness** [名] [U] 不滅; 永久.
⁺**tíme lìmit** [名] [C] 時間制限, 期限, タイムリミット (*for, of, on*).
tíme·lìne [名] [C] **1** 予定表, スケジュール表. **2** (ある時代に関する)歴史年表.
tíme·li·ness /táɪmlinəs/ [名] [U] 時宜を得たこと, 好時機, ちょうどよいこと.
tíme lòck [名] [C] 時計錠 《時間が来るまで開かない》.

T

time‧ly /táɪmli/ 形 (**time‧li‧er**; **-li‧est**) (反 untimely) 時機がちょうどいい，タイムリーな，タイミングのいい；時間に間に合う: a ~ reminder of ... (英)タイミングよく…を思い出させてくれる物[事].

time machine 名 Ⓒ タイムマシン．

time óff 名 Ⓤ (職場・学校などの)休み: take [have, get] ~ 休暇をとる．

†**time(-)óut** 名 1 ⓊⒸ (スポ)タイムアウト(選手交代や作戦会議のための休止時間) (time). 2 Ⓤ (略式)休憩時間 (from, to do). 3 Ⓒ (電算)タイムアウト(一定時間入力がないとプログラムを停止させる). 4 Ⓒ タイムアウト(罰として子供を1人にして何もさせない).

time‧piece 名 Ⓒ (古語)時計．

†**tim‧er** 名 Ⓒ 1 タイマー: set the ~ for [to] ten minutes ~ を10分にセットする． 2 (競技などの)時間記録係，計時係． 3 ストップウォッチ．

Times /táɪmz/ 名 Ⓒ 1 [The ~]『タイムズ』(London で発行される権威のある新聞). 2 [... Times として]…新聞，…タイムズ(新聞名)．

time‧sav‧er 名 Ⓒ 時間の節約となるもの．

time‧sav‧ing 形 時間節約の．

time‧scale 名 Ⓒ 時間の枠，(ある事に)当てられる時間量[期間] (for, of).

time‧serv‧er 名 Ⓒ (略式)[軽蔑] 時勢に便乗する人，日和見(ひょり)主義者；(定年など)なるべく楽をして待っている人．

time‧serv‧ing 形 名 Ⓤ 日和見主義的(な)，ご都合主義(の)．

time‧share 名 Ⓒ 共同所有の別荘など，Ⓤ 共同所有． — 形 共同所有(方式)の．

time‧shar‧ing 名 Ⓤ 1 タイムシェアリング(一台のコンピューターを同時に複数の利用者が使うこと). 2 (時期をずらして利用する別荘などの)共同所有(方式)．

time sheet 名 Ⓒ =time card.

time signal 名 Ⓒ (ラジオ・テレビの)時報．

time signature 名 Ⓒ (楽)拍子記号．

time span 名 Ⓒ (一定の)時間，期間．

times sign 名 Ⓒ 乗法記号(掛算の ×).

Times Square 名 Ⓒ タイムズスクェア(米国 New York 市の中央部の広場；付近には劇場が多い)．

times table 名 Ⓒ [普通は複数形で] Ⓢ (略式) = multiplication table.

time switch 名 Ⓒ (主に英)タイムスイッチ(設定した時刻に自動的に作動する) (timer).

*****time‧ta‧ble** /táɪmtèɪbl/ 名 (~s /~z/) Ⓒ 1 (乗物の)時刻表: read a ~ 時刻表を見る / Check [Consult] the ~ before you buy a ticket. 切符を買う前に時刻表を調べなさい． 2 予定表，計画表 (for, of) (schedule). 3 Ⓒ (主に英)(学校の)時間割 (for) ((米) schedule). — 他 [普通は受身で](主に英)(会合などに)(…の時刻に)予定する (for), (人などが…するように)予定表を作る (to do); 予定表通りに(事)を手配する: (…の)時間割を編成する．

time‧ta‧bling 名 Ⓤ 予定表作成．

time‧test‧ed 形 時の試練を経た．

time travel 名 Ⓤ (SF の)タイムトラベル，時間旅行．

time trial 名 Ⓒ タイムトライアル(スタートをずらして個人のタイムを測る競輪などのレース).

time warp 名 Ⓒ (SF での)時間のゆがみ，タイムスリップ: in a ~ 昔のままで．

time‧wast‧ing /-wèɪstɪŋ/ 名 Ⓤ (スポ)時間稼ぎ．

time‧worn 形 古くなった，(方法など)使い古した；(文句・言いわけなど)陳腐な．

†**time zone** 名 Ⓒ 時間帯(同じ標準時を用いる地帯) 🔗 standard time.

†**tim‧id** /tímɪd/ 13 形 (名 timidity) 1 おくびょうな，小心の；おずおずした(🔗 shy¹ 類義語): a ~ young girl 内気な少女． 2 (態度などが)びくびくしている，(…を)怖がっている (of, about, with).

ti‧mid‧i‧ty /təmídəti/ 名 形 timid Ⓤ おくびょう，小心；内気．

tímid‧ly 副 おくびょうに，おずおずと．

tímid‧ness 名 Ⓤ =timidity.

*****tim‧ing** /táɪmɪŋ/ 名 1 Ⓤ タイミング(のとり方[よさ])；予定の立て方): bad [good, perfect] ~ まずい[うまい，申し分のない]タイミング． 2 ⓊⒸ (予定の)日時，(事の起こる)時期；(機)(エンジンの)点火時期調整．

Ti‧mor /tíːmɔːr | -mɔː/ 名 固 ティモール《インドネシアの島；東半部は1999年独立を決定》．

tim‧or‧ous /tímərəs/ 形 (格式)おくびょうな，気の弱い；(行動・決断などの)慎重すぎる． **~‧ly** 副 おくびょうに． **~‧ness** 名 Ⓤ おくびょう；気の弱さ．

tim‧o‧thy /tíməθi/ 名 Ⓤ おおあわがえり(牧草)．

Tim‧o‧thy /tíməθi/ 名 1 固 ティモシー(男性の名；愛称は Tim). 2 (聖)テモテへの手紙(新約聖書中の一書)．

tim‧pa‧ni /tímpəni/ 《イタリア語から》 名 Ⓤ [しばしば the ~ として複数は単数扱い] ティンパニ(打楽器；数個の kettledrum から成る)．

tim‧pa‧nist /tímpənɪst/ 名 Ⓒ ティンパニ奏者．

*****tin** /tín/ (🔗 同音 ten, tint) 13 名 (~s /~z/; tínny) 1 Ⓤ すず(元素記号 Sn). 2 Ⓤ ブリキ(tinplate). 3 Ⓒ (英)すず[ブリキ]の缶，缶詰(一缶分) ((米) can): a ~ of beans 豆の缶詰 / open a ~ 缶詰を開ける． 4 Ⓒ すず[ブリキ]製品，(主に英)(ペンキ・ビスケットなどの)すず[ブリキ]製の入れ物，缶，ブリキ製の(ケーキ・パンなどの)焼型，一缶分の量． 5 [形容詞的に] すず[ブリキ]製の: a ~ mine すずの鉱山 / a ~ box ブリキの箱． **hàve a tín éar** [動] 自 (米略式)音痴である． — 動 (**tins** /~z/; **tinned** /~d/; **tin‧ning**) 他 1 [普通は受身で] (英)(…を)缶詰めにする． 2 (米)(…)にすずめっきをする．

Ti‧na /tíːnə/ 名 固 ティーナ《女性の名；Christina の愛称》．

tin cán 名 Ⓒ (缶詰の)缶；ブリキ缶，空き缶．

tinc‧ture /tíŋ(k)tʃər | -tʃə/ 名 1 ⓊⒸ (古風)チンキ: ~ of iodine ヨードチンキ． 2 Ⓤ (英)(滑稽)飲み物，アルコール． 3 ⓊⒸ 着色剤，色合い． 4 [a ~] (格式)(…の)気味，(少々…な)ところ (of). — 動 (**-tur‧ing** /-tʃ(ə)rɪŋ/) 他 [しばしば受身で]〈物〉(…の)気味(におい，色)を帯びさせる (with).

tin‧der /tíndər | -də/ 名 Ⓤ 火口(ほくち)(火打ち石の火花から火を取るのに使う燃えやすい物)；たき付け．

tinder‧box 名 Ⓒ 1 [普通は単数形で] (紛争などの起こりやすい)危険な場所[状況]． 2 火口(ほくち)箱(昔火を起こすのに使った)．

tin‧der‧dry 形 (火がつきやすいほど)からからに乾いた．

tine /táɪn/ 名 Ⓒ (フォークなどの)歯，(しかの角の)枝．

tin‧foil 名 Ⓤ すずはく，(アルミ)ホイル．

†**ting** /tíŋ/ 名 Ⓒ ちーん[ちりん]と鳴る音． — 動 自 ちーん[ちりん]と鳴る． — 他 (…)をちーん[ちりん]と鳴らす．

ting‧a‧ling /tíŋəlɪŋ/ 名 Ⓒ (略式)ちりんちりん(鈴の音)．

tinge /tíndʒ/ 名 [a ~] 1 色合い(🔗 color 類義語): There is a ~ of red in the eastern sky. 東の空が赤みを帯びている． 2 気味，(…じみた)ところ (of). — 動 (**ting‧es**, **tinged**; **ting(e)‧ing**) 他 [普通は受身で] 1 〈…〉に薄く色を着ける；(…に)染める: Her cheeks were ~d with pink. 彼女のほおは薄く桃色に染まっていた． 2 〈…〉に(…)の気味を添える: remarks ~d with irony 皮肉まじりの発言．

tinged 形 (色・気味の)混じった (with).

†**tin‧gle** /tíŋgl/ 動 自 1 (体が)ひりひりする，ちくちく痛む，うずく (with). 2 (興奮・怒りなどで)ぞくぞくする，うずうずする (with). — 名 [a ~] ひりひりする痛み，うずき，

ほてり; ぞくぞくする感じ (of).

tin·gly /tíngli/ 形 (**tin·gli·er**; **-gli·est**) ひりひりする (ような), ちくちく痛む; ぞくぞくさせる.

tín gód 名 C **1** 偉ぶる人. **2** 不当に尊敬[尊重]されている人[物].

tín hát 名 C 《略式, 主に英》鉄かぶと《兵士がかぶる》.

tí·ni·ness /táininəs/ 名 U 小ささ.

†tin·ker /tíŋkɚ | -kə/ 名 動 (**-ker·ing** /-k(ə)riŋ/) (副詞(句)を伴って)下手に手を加える, いじくり回す (about, around, at, with). — 名 **1** C 《昔の旅回りの鋳(い)掛け屋》, よろず屋. **2** [a ~] いじり回すこと (at, with). **3** C 《古風, 英略式》《軽蔑》いたずらっ子, きかん坊. **4** C 《差別》放浪者, ジプシー. **be nót wòrth a tínker's dámn [dám]** 動 Ⓢ 《略式》何の値打ちもない. **nót gìve a tínker's dámn** 《米》=**nót gìve a tínker's cúrse [cúss]** 《英》動 Ⓢ 全然気にかけない.

Tin·ker·toy /tíŋkɚtɔi | -kə-/ 名 C 《主に米》ティンカートイ《組み立て式米国製おもちゃ; 商標》.

tin·kle /tíŋkl/ 動 (主に単数形で) **1** ちりんちりん(音); 《主に英略式, 古風》電話: I will give you a ~ tonight. 今夜電話をします. **2** Ⓢ 《小児語》おしっこ. — 動 **1** 〈鈴などが〉ちりんちりんと鳴る. **2** Ⓢ 《小児語》おしっこする. — 他 〈…〉をちりんちりんと鳴らす; 鳴らして知らせる.

†tinned /tínd/ 形 《主に英》缶詰にした (canned).

tin·ni·ness /tíninəs/ 名 U 《けなして》ブリキのようであること, 安っぽさ.

tin·ni·tus /tínətəs/ 名 U 《医》耳鳴り.

tin·ny /tíni/ 形 (**tin·ni·er**, **-ni·est**; -est) **1** すず(のような); すずを含む. **2** 《けなして》《楽器などが》ブリキのような音のする; 〈声・音などが〉薄っぺらでかん高い; 〈金属製の物が〉丈夫でない; 安っぽい.

tín ópener 名 C 《英》=can opener.

Tín Pàn Álley 名 U [しばしば T- P- A-]《略式》[ときに軽蔑] ポピュラー音楽業界(人の生き方).

tín pláte 名 U ブリキ.

tín-pòt 形 A 《英》《独裁者などが》偉ぶっているがお粗末な, 取るに足りない.

tin·sel /tíns(ə)l/ 名 U **1** ぴかぴか光る金属片, 金銀糸《クリスマスの装飾用など》. **2** 《略式》安っぽい物; 《芸能界・生き方などの》うわべのきらびやかさ, 虚飾.

tin·sel·ly /tínsəli/ 形 **1** 金属片[金銀糸]で飾った. **2** うわべだけきらびやかな, 安っぽい.

Tin·sel·town /tíns(ə)ltàun/ 名 固 《軽蔑》または《滑稽》金ぴかの町(Hollywood の俗称).

tín shèars 名 《複》缶切りばさみ.

tín·smith 名 C ブリキ屋, 板金職人.

tín sóldier 名 C 《おもちゃの》鉛[ブリキ]の兵隊.

†tint /tínt/ 名 C **1** 色合い; ほのかな色 (ぼ color 類義語). **2** 色彩の配合, 濃淡: in all ~ of red 濃淡さまざまな赤で. **3** (淡い)毛髪用染料(で染めること). — 動 他 《普通は受身で》〈髪の毛など〉に(薄く)色をつける; 〈…〉に陰影をつける.

tín·tàck 名 C 《英》すずめっきのびょうぎ.

tínt·ed /-ţɪd/ 形 《眼鏡などが》色つきの; 薄く着色された.

T-intersèction /tí:-/ 名 C 《米》T 字路《《英》T-junction》.

tin·tin·nab·u·la·tion /tìntənæbjuléiʃən/ 名 CU 《文》《鈴の》チリンチリンと鳴る音(こと).

Tin·to·ret·to /tìntɚétou/ 名 固 ティントレット (1518-94)《イタリアの画家》.

tín·wàre 名 U ブリキ製品.

tín whístle 名 C =pennywhistle.

****ti·ny** /táini/ 12 形 (**ti·ni·er** /-niɚ | -niə/; **ti·ni·est** /-niɪst/) ちっちゃな, ちっぽけな, ごくごく小さい (⇔ huge) (ぼ small 類義語): a ~ little boy ちっちゃな坊や / The amount was ~. 量はごくわずかだった.

---

tipi 1867

-tion /ʃən/; /s/ の後では tʃən/ 接尾 [動詞につく名詞語尾]「動作・状態・結果」などを示す: corréction 訂正, revolútion 革命 / suggéstion 提案. 語法 直前の音節に第一アクセントがくる.

****tip**[1] /típ/ 名 (~s /~s/) C **1** 《とがった》先, 《尖塔などの》先端 (end): the ~ of the finger [nose, tongue] 指[鼻, 舌]の先 / There are two houses on [at] the southern ~ of the island. その島の南端に2軒家がある. 関連 fingertip 指先. **2** 先端につけるもの《傘, つえの石突き, 靴の先革, たばこのフィルターなど》: the ~ of a stick ステッキの石突き.

— 動 (**tips**; **tipped**; **tip·ping**) 他 《普通は受身で》〈…〉に先端をつける; 〈物の先端〉に(…と)つける (with): This stick is tipped with a rubber cap. このステッキは端にゴムのキャップがついている.

****tip**[2] /típ/ 名 (~s /~s/) C **1** チップ, 祝儀, 心付け: get a 10-percent ~ 1割のチップをもらう / give a good ~ チップをはずむ / Here's a ~ for you. これはチップです《相手に渡すときのことば》/ NO TIPS ACCEPTED チップはいただきません《掲示》. 金額 "How much did you leave as a ~ in London?" "Two pounds, about fifteen percent of the bill." 「ロンドンではチップはいくら置きましたか」「勘定の約1割5分で2ポンドです」
2 《ちょっとした有益な》助言 (advice) (about, for, on); 《略式》(内々の)情報《特に競馬・株相場・犯罪などの》, 耳打ち: a hót ~ 耳よりな情報 / Take a ~ from me. 私の言うとおりにしなさい.

— 動 (**tips**; **tipped** /~t/; **tip·ping**) 他 **1** 〈人〉に(…だけの)チップをやる, 〈人〉に〈ある額〉をチップとして渡す: You don't have to ~ the waiter here. ここでは給仕にチップをやる必要はありません / He tipped me a dollar. 〈V+O+O〉 彼は私に1ドルのチップをくれた. **2** 〈…〉に内報する (on); 《主に英》〈勝馬〉などを予想する; 《普通は受身で》〈…〉を《勝者・候補などとして》挙げる, 〈人〉が…すると予想する: She is widely tipped *as* Mr. Lee's successor [*to* succeed Mr. Lee]. 彼女はリー氏の後継者と広く目されている / He has been tipped *for* the chairmanship. 彼が議長になると言われてきた.

— 名 チップをやる.

típ óff 動 他 《警察などに》内報[密告]する, 〈人〉にこっそり教える (about).

típ … the wínk=**típ the wínk to …** 動 他 《英略式》…にこっそり教える (about, that).

tip[3] /típ/ 動 (**tips**; **tipped**; **tip·ping**) 他 **1** 〈椅子・コップなど〉を傾ける (up; toward); 〈…〉を傾ける (over, up): She tipped her bowl away from herself to get out the last few drops of soup. 彼女はスープの最後の数滴をすくい取るためにわんを向こう側に傾けた. **2** 傾けて《中身》を空ける, 注ぐ; 《英》〈ごみ〉を捨てる (out; onto): ~ the milk into a bowl ミルクをボウルに注ぐ / No tipping.=No rubbish to be tipped. ごみ捨て禁止《掲示》. **3** 〈帽子など〉をちょっと傾ける〈あいさつのため〉: The boy tipped his cap *to* the teacher. 少年はちょっと帽子に手をやって先生にあいさつをした. **4** 〈物〉を(…に)変える[陥らせる] (from, into). — 動 **1** 傾く, 倒れる (up, back, forward); ひっくり返る (over, up). **2** 《別のものに》なる, 変わる (over; from, into). **3** 《英》ごみを捨てる. **It is típping (it) dówn.** 《英略式》雨が降っている. **típ … to the édge [brínk]** 動 〈人〉を破滅間際まで追いつめる.

— 名 **1** C 傾く[傾ける]こと. **2** C 《英》ごみ捨て場 (dump). **3** [単数形で] 《略式》汚ない場所.

tip[4] /típ/ 名 C 軽くたたくこと, 軽打 (pat); 《野》チップ: a foul ~ ファウルチップ. — 動 (**tips**; **tipped**; **tip·ping**) 他 〈…〉を軽くたたく, 〈…〉に軽く触る, かする; 《野》〈ボール〉をチップする.

ti·pi /tí:pi:/ 名 C =tepee.

tip-in 名 C 《バスケ》ティップイン《リバウンドのボールを指先で触れて入れるゴール》.

tip-òff 名 (~s) C **1** 《米略式》ヒント, 手掛かり, こぼれ話. **2** 《バスケ》ティップオフ《ジャンプボールで試合を開始すること》. **3** 《略式》たれこみ, 内報 (about); 警告, 助言.

tipped 形 [しばしば合成語で] (…の)先端についた; 先のかぶさった; …の付いた矢.

tip-per 名 C 《略式》[前に形容詞をつけて]チップを出すのが…人: a good ~ 気前よくチップを払う人.

tipper lòrry [trùck] /tápə/ | /típə/ 名 C 《英》=dump truck.

tip-pet /típit/ 名 C ティペット《両端を前に下げる女性用の肩掛け》; 《裁判官・聖職者などの》肩掛け.

Tip-pex /típeks/ 動 他 《時に t-》《英》《修正液で》《誤字などを》修正する (out).

Tipp-Ex /típeks/ 名 U 《英》ティペックス《修正液; 商標; ☞ Wite-Out》.

tip-ple /típl/ 名 C 《普通は単数形で》《略式》酒.
— 動 《略式》 自 いつも酒を飲んでいる, 酒びたりになる. — 他 《酒》をちびりちびり飲む.

tip-pler 名 C 《主に英》酒飲み.

tip-py /típi/ 形 《米略式》ぐらぐらする, 不安定な.

típpy-tòe 名 動 副 《小児語》=tiptoe.

típ shèet 名 C 《証券関係などの》業界紙.

tip-si-ly /típsəli/ 副 《略式》ほろ酔いで, 千鳥足で.

tip-si-ness /típsinəs/ 名 U ほろ酔い.

tip-ster /típstə/ -tə/ 名 C 《競馬の》予想屋, 競馬評論家; たれこみ屋.

tip-sy /típsi/ 形 (**tip·si·er**, **-si·est**) 《略式》ほろ酔いの, 千鳥足の.

†**tip-toe** /típtòu/ 名 《次の成句で》 **on típtoe(s)** 副 形 つま先で; そっと: walk on ~ つま先で歩く.
— 動 自 つま先でそっと歩く (across, down). **típ-toe (a)róund ...** 動 他 …を注意して避ける.
— 副 つま先で.

tip-tóp 名 **1** C 頂点. **2** [the ~] 《古風, 略式》極上. — 形 A 《古風, 略式》とびきり上等の: in ~ condition [shape] 申し分のない状態で.

ti-rade /tairéid/ 名 C 長広舌; 長い攻撃演説 (about, against, of).

Ti-ra-na /tirá:nə/ 名 固 ティラナ《Albaniaの首都》.

*****tire**[1], (英) **tyre** /táiə/ | /táiə/ 名 C (~s /~z/) タイヤ《☞ car 挿絵, bicycle 挿絵, motorcycle 挿絵; 《車輪の》輪金《☞ wheel 挿絵》: ~ pressure タイヤの空気圧 / put a spare ~ on the wheel 車輪に予備のタイヤを取り付ける / pump up [inflate] a ~ タイヤに空気を入れる / The front ~ blew out. 前のタイヤがパンクした // ⇨ flat tire.

*****tire**[2] /táiə/ | /táiə/ 動 (**tires** /~z/; **tired** /~d/; **tir·ing** /táiə(ə)riŋ/; 形 tíresome)

自 他 の転換
他 **1** 疲れさせる (to make (someone) tired)
自 **1** 疲れる (to become tired)

— 他 **1** 《…》を疲れさせる, くたびれさせる (《通例 tired》): The long talk ~d me. 長話で私は疲れた.
2 《…》をあきあき[うんざり]させる: His stories always ~ me. 彼の話を聞くといつもうんざりする.
— 自 **1** 疲れる, くたびれる: He ~d and gave up the race before he reached the goal. 彼は決勝点に着く前に疲れて競走を棄権した. 語法 get [be] tired という言い方が普通.
2 飽きる, 退屈する: He never ~s of talking about baseball. <V+of+動名> 彼は野球の話をするのをもまさせない / She never ~s of gossip. <V+of+名> 彼女はゴシップ好きだ.

tire onesèlf óut 動 自 へとへとに疲れる. **tire**

óut 動 他 《…》をへとへとに疲れさせる: The long walk ~d him out. 長く歩いたので彼はへとへとに疲れた.

tire chàin 名 C タイヤチェーン.

*****tired** /táiəd/ | /táiəd/ 形 (**more ~, tired·er** /-də/ | -də/; **most ~, tired·est** /-dist/) **1** [普通は P] **疲れて**, 《手足・目などが》くたびれた《☞ 類義語》: I feel too ~ to walk home. 疲れたので家まで歩けません / She sat down with a ~ look. 彼女は疲れた様子をしていた / The walk made me ~. 歩いたので疲れた / They're ~ /from working so hard all day. <A+from+動名> 彼らは1日中とてもよく働いたので疲れていた.

疲れた時のしぐさ

2 P (…に)飽きて, (…に)うんざりして: T1 I'm ~ of reading books. <A+of+動名> 私は本を読むのがいやになった / He got [grew] ~ of Ann's cooking. <A+of+名・代> 彼はアンの料理にうんざりした / You make me ~. 君にはうんざりだ[腹が立つ]. **3** A 《話題・冗談などが》ありふれた, 《顔ぶれなどが》いつも同じ: a ~ (old) joke 陳腐な冗談.

tired óut 形 (…で)すっかり疲れて (from, with): He looked ~ out. 彼は疲れている様子だった.

~·ly 副 **1** 疲れて. **2** あきあきして. **~·ness** 名 U 疲れ, 疲労; 飽き, 嫌気《*of*》.

【類義語】**tired** 最も一般的な語で, 疲れの程度の大小にかかわらず用いられる. **weary** 長時間続く労働などで非常に疲れること. **exhausted** もう何もできないほどに疲れ果てること. **fatigued** 病気や過労による精神的な疲れを強調する改まった感じの語. **worn-out** exhausted とほぼ同じ意味を持つややくだけた言い方.

tíre ìron 名 C 《米》タイヤ着脱用レバー.

†**tire·less** 形 **1** 《人が》疲れを知らない; 精力的な (*in*). **2** 《努力などの》疲れの見えない; たゆみのない: ~ efforts 不断の努力. **~·ly** 副 疲れずに, たゆみなく. **~·ness** 名 U 不撓(ふとう)不屈.

†**tire·some** /táiəsəm/ | /táiə-/ 形 (動 tire[2]) **1** 《人が》やっかいな, 面倒な, うるさい (annoying): a ~ person やっかいな人. **2** 《物事が》あきあきする; 疲れさせる: a ~ game 退屈な試合. **~·ly** 副 うんざりするほど. **~·ness** 名 U やっかいさ; 退屈さ.

tir·ing /táiə(ə)riŋ/ 形 《仕事などが》疲れさせる, 骨の折れる: a ~ day つかれる1日 / Looking after small children is very ~. 小さい子供の世話をするととても疲れる.

ti·ro /táiə(ə)rou/ | /táiə-/ 名 C =tyro.

Tir·ol /tiróul/ 名 固 [the ~] チロル《オーストリア西部とイタリア北部のアルプス山脈地方》.

Ti·ro·le·an /tiróuliən/ 形, 名 C チロルの(人).

'tis /tíz/ 《詩》it[1] is[1, 2] の短縮形.

*****tis·sue** /tíʃu:/ 名 (~s /~z/) **1** C ティッシュペーパー, ちり紙, 鼻紙《☞ tissue paper 日英比較》: a box of ~s ティッシュペーパーひと箱.
2 U,C 《筋肉などの》組織: nerve ~ 神経組織. **3** U =tissue paper. **4** U,C 《薄い》織物; 薄絹《☞ text 語源》. **5** C 《うそなどの》織り交ぜ, 連続: a ~ of lies うそのかたまり.

tíssue pàper 名 U 薄葉紙《包装用など》. 日英比較 日本語でいう「ティッシュペーパー」に相当するのは tissue.

tit[1] /tít/ 名 C 《次の成句で》 **(a) tít for tát** 名 《略式》仕返し, しっぺ返し; [tit-for-tat として形容詞的に] 仕返しの.

tit[2] /tít/ 名 C **1** 《略式》乳首; [主に複数形で]《卑》おっぱい. **2** 《英俗》《差別》まぬけ, うすのろ. **gét on ...'s títs** 動 《英俗》…をひどくいらいらさせる.

tit[3] /tít/ 名 C **1** =titmouse. **2** 《一般に》小鳥.

Ti·tan /táitn/ 名 C **1** 《ギ神》ティターン《Olympusの

神々以前に世界を支配した巨人族の 1 人). **2** [時に t-] 巨人; 大知恵者, 傑物, 大物; 大手企業.

Ti·ta·nia /tɪtéɪnjə, -tɑ́ːnjə/ [名] [固] ティタニア《妖精国の女王; Shakespeare の *A Midsummer Night's Dream* にも登場する》.

ti·tan·ic /taɪtǽnɪk/ [形] 巨大な, 大力無双の: a ～ struggle 大闘争.

Ti·tan·ic /taɪtǽnɪk/ [名] [固] [the ～] タイタニック号《1912 年処女航海中北大西洋で氷山と衝突して沈没した英国の豪華客船》.

+**ti·ta·ni·um** /taɪtéɪniəm, tɪ-/ [名] [U] チタン《元素記号 Ti》.

tit·bit /títbìt/ [名] [C] 《英》 =tidbit.

titch /títʃ/ [名] [C] [単数形で] 《英》 [差別] または [滑稽] ちび.

titch·y /títʃi/ [形] (**titch·i·er**; **-i·est**) 《英略式》 とても小さい, ちっぽけな.

ti·ter, 《英》 **ti·tre** /táɪṭɚ | -tə/ [名] [U] 〖化〗 滴定濃度; 力価.

tit·fer /títfɚ | -fə/ [名] [C] 《英古風, 俗》 帽子 (hat).

tithe /táɪð/ [名] [C] **1** (教会への)献金, 寄進. **2** 十分の一税 《昔教会に納めた; 収入の十分の一にあたる》. **—** [動] [他] 〈収入〉の十分の一を納める[徴収する]. — [自] 十分の一税を納める.

ti·tian /tíʃən/ [名] [C], [形] 《文》 赤褐色(の).

Ti·tian /tíʃən/ [名] [固] ティツィアーノ (1488/90–1576) 《イタリアの Venice の画家》.

Ti·ti·ca·ca /tìṭɪkɑ́ːkɑː, -kə/ [名] [固] **Lake** ～ チチカカ湖 《Andes 山脈中にある南米最大の湖》.

+**tit·il·late** /títəlèɪt/ [動] [他] 〈想像など〉を快く刺激する; (写真・話などが)(特に性的に)刺激する; くすぐる.

tit·il·lat·ing /títəlèɪṭɪŋ/ [形] (性的に)刺激的な.

tit·il·la·tion /tìṭəléɪʃən/ [名] [U] (性的)刺激.

tit·i·vate /títəvèɪt/ [動] 《英略式》 [自] めかす, 着飾る. — [他] [特に ～ oneself として] 着飾る.

tit·i·va·tion /tìṭəvéɪʃən/ [名] [U] 《英略式》 おめかし.

‡ti·tle /táɪṭl/ ([類音] tidal) [名] (～**s** /～z/; [形] títular) **1** [C] **題目, 題名**, 表題; [普通は複数形で] 本, 雑誌: the ～ of a book 書名 / new ～*s* 新刊書. **2** [C] **肩書き**, 役職名; 称号, 敬称; 爵位, 学位 《king, queen, major, judge; Mr., Mrs., Miss, Ms.; duke, earl; M.A., Ph.D. など》: *the* ～ of professor [colonel] 教授[大佐]という肩書き. **3** [C] [普通は複数形で] (映画・テレビの)字幕, スーパー (subtitles). [日英比較] 出演者・製作者・監督などを示すテレビや映画の「タイトル」は credit titles という. **4** [[U] または a ～] 〖法〗 (…に対する)権利 (right), 資格; 財産所有権; 権利書: Japan holds [claims] ～ *to* these islands. 日本はこれらの島の領有権を持って[主張して]いる. **5** [C] 〖スポ〗 選手権 (championship): She won [lost] the skiing ～. 彼女はスキーの選手権を取った[失った].
ùnder the títle of ... [前] …という題目[表題]で; …の[という]肩書きで. **—** [動] [他] [普通は受身で] 〈書物・映画など〉に(…という)表題をつける.

títle bàr [名] [C] 〖電算〗 タイトルバー.

***ti·tled** /táɪṭld/ [形] 肩書きのある; 爵位を持っている: a ～ lady 貴族の女性.

títle dèed [名] [C] [普通は複数形で] 不動産権利証書.

títle·hòlder [名] [C] **1** 〖スポ〗 選手権保持者[チーム]. **2** 権利証書の持ち主.

títle pàge [名] [C] (書物の)扉, 表題紙.

títle ròle [名] [C] (題名の人物を演ずる)主役.

+**títle tràck** [名] [C] (アルバムの)タイトル曲.

ti·tlist /táɪtlɪst/ [名] [C] 《米》 =titleholder 1.

tit·mouse /títmàus/ [名] (複 **-mice** /-màɪs/) [C] しじゅうから科の各種の小鳥 《しじゅうから, あおがらなど》.

ti·trate /táɪtreɪt/ [動] [自] [他] 〖化〗 滴定する.

ti·tra·tion /taɪtréɪʃən/ [名] [U] 〖化〗 滴定.

tit·ter /títɚ | -tə/ [動] (**-ter·ing** /-ṭərɪŋ, -trɪŋ/) [自] (神経質に)くすくす笑う, 忍び笑いをする (☞ laugh 類義語). **—** [名] [C] くすくす笑い, 忍び笑い.

tit·tle /títl/ [名] **1** [a ～ として否定文・疑問文で] 《古風, 略式》 ごくわずか, みじん. **2** [C] (文字などの)点.

tit·tle-tat·tle /títltæ̀tl/ [名] [U] 《略式》 おしゃべり, うわさ話 (*about*). **—** [動] [自] おしゃべり[うわさ話]をする.

tit·ty /títi/ [名] (**tit·ties**) [C] 《卑》 =tit² 1.

tit·u·lar /títʃulɚ | -lə/ [形] ([名] títle) [A] 《格式》 **1** (元首などが)名[肩書き]だけの. **2** 称号に伴う; 題名の.

Ti·tus /táɪṭəs/ [名] [固] 〖聖〗 テトスへの手紙, テトス書 《新約聖書中の一書》.

tiz·zy /tízi/, **tizz** /tíz/ [名] [C] [普通は a ～] 《略式》 興奮[取り乱した]状態: get in *a* ～ うろたえる.

T́-jòint /tíː-/ [名] [C] 〖建〗 T 継手.

T́-jùnction [名] [C] 《英》 =T-intersection.

TKO /tíːkèɪóu/ [略] =technical knockout.

TLC /tíːèlsíː/ [略] =tender loving care (☞ tender¹ [形] 1 最初の例文).

Tlin·git /tlíŋgɪt/ [名] [C] トリンギット族 《Alaska に住む北米先住民》. **—** [形] トリンギット族[語]の.

TM [略] =trademark, transcendental meditation.

TMT /tíːèmtíː/ [略] 〖株〗 =technology, media, and telecommunications 科学技術・マスコミ・電気通信 (分野).

TN 〖米郵〗 =Tennessee.

tn. [略] =ton, town.

TNT /tíːèntíː/ [略] =trinitrotoluene.

‡to¹ /(弱)(子音の前) tu, tə, (母音の前) tu, (文や節の終わり) tuː; (強) túː/ ([同音] #too¹·², #two; [類音] #tube) [前]

基本的には「…の方へ」の意.

① [方向を示して] …の方へ, …へ	1
② [到達点・結果・程度を示して] …へ, …(になる)まで; …したことには	2, 5, 8, 11; 12
③ [対象・対比を示して] …に, …に対して	3, 4, 9
④ [接触・所属を示して] …に; …についている, …の	6; 7
⑤ [目的を示して] …のために	13
⑥ [一致を示して] …に合わせて	14

1 [方向・方角・傾向を示して] **…の方へ**, …へ; …の方[方向]に(向かって), …に向かい合って: He threw the ball *to* first (base). 彼は一塁へ球を投げた (☞ at 3 [語法]) / The teacher pointed *to* the blackboard. 先生は黒板の方を指した / He stood with his back *to* the wall. 彼は壁に背を向けて立っていた / Sit here *to* my right. 私の右に座りなさい / France is [lies] *to* the south of England. フランスは英国の南(の方)にある / sit face *to* face 向かい合って座る.

> [語 法] **to と方角**
> (1) 「…の東[西, 南, 北]に隣接している」という場合も用いる: Canada is [lies] *to* the north of the United States. カナダは米国の北隣りにある. この場合 A is *on* the north of B. のように on を用いることは普通でない. ただし A が B に付属しているようなときは可能: The annex is *on* the north of the original building. 別館は本館の北側にある.
> (2) to the north [south, east, west] では次のように to the がしばしば省かれる: Canada is [lies] *north* of the United States. 《この場合の north は副詞》.

I am prone [liable] *to* colds even in summer. 私は

T

1870 **to**

夏でもかぜをひきやすい.

2 [運動などの到着点を示して] …へ, …に; …まで(反 from) 《□『 for A 8 語法; toward 語法: a trip *to* Egypt エジプトへの旅行 / I walk *to* school every day. 私は毎日歩いて学校へ行く / A dry leaf fell *to* the ground. 1枚の枯れ葉が地面に落ちた / Is this the bus *to* Oxford? これはオックスフォードへ行くバスですか / We flew *from* London *to* New York. 私たちはロンドンからニューヨークへ飛行機で行った / It's fifty kilometers (*from* here) *to* Paris. (ここから)パリまで50キロです.

3 [行為などの対象・相手を示して] …に, …へ; …に対して[対する]; …を祝って, …のために[の]: Listen *to* me carefully. 私の言うことをよく聞きなさい / She gave some money *to* her niece. 彼女はめいにお金をあげた / Will you lend your dictionary *to* me? あなたの辞書を私に貸してくれませんか.

> 語法 <to+名・代>と間接目的語
> 上の2つの文は<V+O+to+名・代>の文型であるが, 動詞を授与動詞として扱い, 間接目的語を用いて書き直すと次のようになる: She gave *her niece* some money. <V+O+O> / Will you lend *me* your dictionary? <V+O+O> (□『 dative verb 文法, indirect object 文法, for 前 A 1 語法).

Let's drink *to* the happy pair! 幸せな2人のために乾杯しよう / *To* your health [success]! あなたの健康[成功]を祝して 〖乾杯のかけ声〗; □『 toast² 前 参考].

4 [適用・反応・関連などを示して] …に対して[対する], …に, …にとって(の), …には: You must be kind *to* others. 他人に親切にしなければいけない / There must be a solution *to* this problem. この問題には解決策があるにちがいない / Dogs' ears react *to* the slightest sound. 犬の耳はわずかな音にも反応する / His explanation was too difficult. 私には彼の説明は難しかった / His death was a great loss *to* our country. 彼の死はわが国にとって大きな損失であった.

5 [時間や順序の終わり・終点を示して] …まで (反 from): fight *to* the last 最後まで戦う / It is (a) quarter *to* eight. 8時15分前です / How long is it *to* (=till) dinner? 夕食までどれくらいありますか / He worked *from* morning *to* night. 彼は朝から晩まで働いた (★*from* morning *till* [*until*] night ともいう; □『 till¹ 前 1 語法 囲み) / Tell us the story *from* beginning *to* end. その話を始めから終わりまで話してください.

> 語法 from ... to ―
> (1) I will be here *from* Monday *to* Thursday. (月曜から木曜までここにいる)のような言い方では to の後の Thursday が含まれるか否かあいまいであるが, to Thursday inclusive と言えば含まれることがはっきりする. また《米》では from Monday through Thursday という言い方があり, この場合は Thursday が含まれる.
> (2) 《…(ある数)から(ある数)まで(の間)》から from が落ちた形もある: There were (*from*) 50 *to* 60 people. 50人から60人の人がいた / Normal human body temperature is 35 *to* 37 degrees. 人の平熱は35度から37度の間である.

6 [接触・付加・付着などを示して] …に, …へ: add sugar *to* the coffee コーヒーに砂糖を加える / The woman pressed the baby *to* her. その女性は赤ちゃんを抱きしめた / Please stick this notice *to* (=on) the door. この掲示をドアに貼ってください / They danced cheek *to* cheek. 彼らはほおをすり寄せて踊った.

7 [所属・付属・関与などを示して] …に(付)属して, …の, …: the key *to* the door そのドアの鍵 / This doll belongs *to* me. この人形は私のです / She is (the) secretary *to* Mr. Smith. 彼女はスミス氏の秘書です / There is more *to* his talk than that. 彼の話はそれだけにとどまらない / That's all there is *to* it. 《□『 all 代 成句》.

8 [到達した結果・状態・数量などを示して] …になるまで, …ほど: be frozen *to* death 凍死する / His savings amount *to* a million dollars. 彼の預金は100万ドルになる / I read my son *to* sleep. 私は本を読んでやって子供を寝かせつけた / What is the world coming *to* /tùː/? 世の中はいったいどうなっていくのだ / tear a letter *to* pieces 手紙をずたずたに破る.

9 [対比・比例・比較を示して] …に対して; …に比べると: We won the game (by a score of) six (*to*) three [nothing]. 我々は6対3[0]のスコアで試合に勝った 《しばしば 6–3 [6–0] と書く》/ 2 is *to* 6 as 5 is *to* 15. 2対6は5対15 《2:6 = 5:15 と書く; □『 as 接 6》/ It's 100 [a hundred] *to* 1 he'll lose. 九分九厘彼の負けだ / Mr. White is four years senior (junior) *to* Mr. Black. ホワイト氏はブラック氏よりも4歳年上[年下]です. **10** [主に《S》][対応・割合を示して] …に対応して; …につき (per): There are 100 cents *to* the dollar. 100セントで1ドルになる / There are about sixty people *to* the square kilometer in this region. この地方は1平方キロにつき人口約60人である. **11** [及ぶ範囲・程度を示して] …の(及ぶ)限り; …に対して, …まで to a certain extent ある程度(まで) / *to* (the best of) my knowledge 私の知る限り. **12** [喜怒哀楽などを示す語とともに] …したことに(は), …にも: *To* my *surprise* [*disappointment*], Tom failed the entrance examination. 驚いた[がっかりした]ことに, トムが入学試験に落ちた. 語法 強意形 (「とても…したことには」) は *Much to* my *surprise* あるいは *To* my *great* surprise のようになる.

> 構文 **to one's +〈感情を表す〉名詞** 「をとる名詞
> 〖例〗*To* my *delight*, he said he would accompany me as far as Osaka. とてもうれしいことに, 彼が大阪までいっしょに行くといってくれた.
> to one's amazement びっくりしたことには / to one's amusement おもしろかったことには / to one's astonishment 驚いたことには / to one's chagrin 残念なことには / to one's disgust うんざりしたことには / to one's dismay うろたえたことには / to one's horror ぞっとしたことには / to one's joy 喜んだことには / to one's relief ほっとしたことには / to one's regret 残念なことには / to one's satisfaction 満足したことには / to one's shame 恥ずかしには / to one's sorrow 悲しいことには

13 [目的を示して] …のために: *to* this end この目的のために / We sat down *to* dinner. 私たちはディナーの席に着席した / They went *to* her rescue. 彼らは彼女の救助におもむいた. **14** [随伴・一致・適合を示して] …に合わせて[合って]: made *to* order 注文製の / awake *to* the sound of the rain 雨の音で目覚める / She sang *to* (the accompaniment of) the violin. 彼女はバイオリンの伴奏で歌った / The dress is not *to* my taste. そのドレスは私の好みに合わない.

to² /túː/ 副 **1** 正常な状態へ; 意識を取り戻して《□『 bring to (bring 句動詞), come to (come 句動詞)》. **2**《英》[戸などが]閉まった状態に, 停止の状態に, ぴったりと: Pull the door *to*. ドアをきちんと引いて[閉めて]おきなさい. **3** 活動状態に《□『 set to (set 句動詞)》. **4** [名詞の後に置いて] (特定の時刻より)(…)分前〖金耳〗"Is it six o'clock yet?" "No, it's five *to*." 「もう6時になりましたか」「いいえ, 5分前です」《to の後ろの特定時刻を略した形; □『 to¹ 5》.

tó and fró fro, to-and-fro.

***to³** /(弱)(子音の前)tʊ, tə, (母音の前)tu/ [to 不定詞で]

[文法] **to 不定詞** (to-infinitive)
(1) to不定詞 は動詞の原形の前に to をつけてつくる. 助動詞 can, may, will, must などにはつけられない《☞ bare infinitive [文法]》.
(2) to 不定詞は次の表のような形をとる.
(3) 否定形は to の直前に否定を表わす語 not, never などをつける《☞ not (3)》: *not to* do / *never to* be done.

	能動	受身
単純形	to do	to be done
*完了形	to have done	to have been done
進行形	to be doing	†to be being done
完了進行形	to have been doing	†to have been being done

*完了形不定詞《☞ G》と呼ばれる. †あまり用いない.

① [名詞的用法] …すること	A, F
② [副詞的用法] …するために	B
③ [形容詞的用法] …するための	C
④ [V+to 不定詞で]	E
⑤ [to+have+過去分詞で]	G

A [名詞的に用いて]
1 [他動詞の目的語として; <V+O (*to*不定詞)>の動詞型で] **…することを,** …するのを, …であることを[のを]: John likes *to play* baseball. ジョンは野球をするのが好きだ / I prefer *not to ask* him. 私は彼に頼まないほうがいいと思う / I didn't expect *to be invited*. 私は招待されると思っていなかった.

[語法] **<to+do>の do の省略**
(1) 同じ動詞を繰り返さず to だけにすることがある《☞ ellipsis [文法] (1) (iii)》: You can *speak* if you want to (*speak*). 話したければ話してもいいよ. この場合の to の発音は /tuː/.
(2)「動詞+名詞」で他動詞のような働きをし to 不定詞を目的語とすることがある: [言い換え] He made up his mind *to leave* her. (=He *decided* to leave her.) 彼は彼女と別れる決心をした.
(3) 間接目的語を伴う用法については ☞ F.

2 [形式目的語の it の後で] **…することを:** I felt *it* difficult *to stay* up late at night. 夜遅くまで起きているのは困難だと思った / You will find *it* impossible ˹*to beat* [*not to love*]˺ him. 彼を負かす[愛さないでいる]のは無理だということがわかるでしょう.
3 [主語として] **…することは,** …するのは, …であることは[のは]: *To play* the part of Juliet was her ambition. ジュリエットの役を演ずることが彼女の大望であった / *Not to speak* Japanese was the rule. 日本語を使わないことが決まりだった.
4 [形式主語の it の後で] **…することは,** …であることは: *It* is impossible *to love* and *to be* wise. 恋をしてしかも賢いということは不可能である《ベーコン (Bacon) のことば》/ *It* was decided *to have* a new high school in this city. この市に新しく高校を作ることが決められた / *It*'s dishonorable *not to keep* your word. 約束を守らないのは恥だ.
5 [主格補語として; <V+C (*to* 不定詞)>の動詞型で; ☞ E] (…は)**—することで(ある),** (…は)—であることで(ある): To see her is *to love* her. 彼女を見ることは彼女を愛することだ《彼女を見ればだれでも彼女を愛してしまう》/ He seems *to be* ill. 彼は病気らしい《☞ E, G 1》/ The most important thing in the Olympic Games is *not to win* but *to take* part. オリンピック競技で最も大切なのは勝つことではなく参加することだ / All you have to do is *to open* the door. 戸を開きさえすればよいのだ. [語法] 特に《略式》では All … is *open* the door. のように to を用いないことが多い《☞ bare infinitive [文法] (4); do¹ [代動詞] 6》.
6 [疑問詞や whether に続けて]: I don't know *what to do* now. 今何をしていいかわからない [他動詞 know の目的語; ☞ A 1] [語法] 同じ動詞以下を繰り返さず疑問詞+to だけにすることがある: I want to make it but I don't know *how to*. それを作りたいんだが作り方がわからない // We found *it* perplexing *whether to accept* or not. 引き受けるかどうかはやっかいな問題だった [形式目的語の it に続く; ☞ A 2] / *How to persuade* the students is the question. いかにして学生たちを説得するかが問題だ [主語; ☞ A 3].

[語法]「不定詞の意味上の主語」について《☞ sense subject [文法] (2) (i) (c)》.「for+名詞・代名詞+to 不定詞」または「of+名詞・代名詞+to 不定詞」の語順で for または of に続く語が不定詞の表わす行為や状態の主体を表わすことがある; ☞ for [前] B 1, of 12.

B [副詞的に用いて]
1 [目的を表わして] **…するために,** …するように, …であるため[よう]に; …しようと, …であろうと《☞ in order to … (order [名] 成句), so as to … (so¹ 成句)》: I came here *to see* you. 私はあなたに会いに来たのだ / We eat *to live*; we don't live *to eat*. 我々は生きるために食べるのだ. 食べるために生きるのではない. [語法] 否定の「…しないように」は so as *not* to …, in order *not* to …; so that … would *not* —などで表わし, (文頭に来る場合を除いて)単に *not* to … とはしない: I wrote the number down *so* ˹*as not to* [*that* I *would not*]˺ forget it. 私はその番号を忘れないように書き留めた.
2 [原因・理由・判断の根拠などを表わして] **…して;** …する[である]とは: I'm very glad *to see* you again. またお会いできてうれしい / I am surprised *to hear* of his failure. 私は彼が失敗したと聞いて驚いている / You were foolish [a fool] *to spend* so much. そんなに金を使うなんて愚かだった. [語法] この文は次のようにも言える《☞ of 12》: It was foolish *of* you *to spend* so much.
3 [条件を表わして] **…するとすれば,** …であるとすれば, …した[だった]とすれば《☞ if¹ 2 [文法] (3) (i), if¹ 3 [文法] (3) (iii)》: He would be glad *to hear* that. 彼はそれを知れば喜ぶだろう / She'd be stupid *not to accept* this offer. この提案を受け入れないとしたら彼女はどうかしている.
4 [結果を表わして] (そして)**…となる,** (それから)…する: The rocket went up into space, *never to return*. 《格式》ロケットは宇宙空間へ行ったきり二度と帰ってこなかった / I awoke *to find* him gone. 目をさましたら彼がいなくなっていた / She lived *to be* eighty. 彼女は 80 歳まで生きた // ☞ only to do (2) (only [副] 成句).
5 [形容詞・副詞を修飾して] **…するほど,** …であるほど; …するには, …であるには: I am too busy *to engage* in idle conversation with you. 私は大変忙しくてあなたとむだ話をしている暇はない《☞ too … to — (too² 成句)》/ He is not famous enough *to be* invited to this party. 彼はこの会に招かれるほど有名ではない.
6 [形容詞(+名詞)に続いて] **…するのに(—で):** ˹That question is easy [That is an easy question]˺ *to answer*. その質問は答えるのが易しい / She is hard *to please*. 彼女は気難しい《☞ 巻末動詞型解説 IV》.

T

to

語法 <easy [difficult] to do> 型
(1) 上の文の to 不定詞の動詞は他動詞で前の名詞や代名詞はその意味上の目的語になり,それぞれ It is easy to *answer* that question. / It is hard to *please* her. という文と同じような意味を持つ《☞ A 4)》.
(2) 名詞に続くこともある: Sue is fun [a pleasure] *to be* with. (=It is fun [a pleasure] to be with Sue.) スーと一緒にいるとおもしろい[楽しい](相手だ).

Bob is slow *to react*. ボブは反応がのろい. 語法 この文は次のようにも言える: Bob is slow in reacting. // I'm eager *to meet* her. 私は彼女に会いたい.

7 [独立用法] …すれば, …すると, to 不定詞が文中の他の要素と文法上の関係が直接なく,文全体を修飾するような用法で, 普通は決まった言い方に限られる: *To tell* the truth, she was a disappointment to me. 正直に言うと私は彼女にがっかりした / *To make* a long story short, we agreed to go. かいつまんで言えば我々は行くことに同意した / *to begin* with (☞ begin 成句) / (☞ put 成句).

C [形容詞的に, 限定的に用いて] …**するための,** …**すべき[するような]**. (1) [to 不定詞が他動詞の場合]

語法 <something to do> 型
名詞または代名詞がそれに続く to 不定詞の意味上の目的語の関係にある: I want something *to eat*. 何か食べるものが欲しい / He has a large family *to support*. 彼は養っていかねばならない大家族がある / There is nothing *to discuss* at today's meeting. きょうの会議では何も討議することはない.

(2) [自動詞の to 不定詞+前置詞, または前置詞を伴う3語以上から成る句動詞の to 不定詞の場合]

語法 <a house to live in> 型
名詞または代名詞は後の前置詞の目的語的な関係になる: a house *to live in* 住む家 / There is nothing *to be afraid of*. 何も恐れることはない / I have no friends *to talk with*. 私には共に語るべき友はいない.

(3) [to 不定詞が自動詞または他動詞の受身の場合]

語法 <the first person to climb Everest> 型
名詞または代名詞がそれに続く to 不定詞の意味上の主語の関係になる: the days *to come* 来たるべき時代, 将来 / the first man *to go out* 最初に立ち去る男 / the next thing *to be considered* 次に考えられるべき事柄. 新聞の見出しではしばしば be が省略された 名+to 不定詞の形が用いられる: Japan *to send* relief 日本, 救援物資送ることに(☞ be to 1).

(4) [その他の場合]: They failed in their attempt *to climb* the mountain. 彼らはその登山に失敗した / It's time *to go* to bed. 寝る時間だ / I have no words *to express* my gratitude. お礼のことばもございません.

構文 「名詞+to 不定詞」をとる名詞
[例] He had a chance *to visit* his family. 彼は家族を訪ねる機会があった.
ability …できること / **arrangement** (…する)手配 / **decision** (…する)決定 / **effort** (…する)努力 / **freedom** (…できる)自由 / **need** (…する)必要 / **offer** (…するという)申し出 / **opportunity** (…する)機会 / **plan** (…する)計画 / **promise** (…するという)約束 / **threat** (…するという)脅し / **willingness** (…しようという)気持ち / **wish** (…したいという)願い 語法 この場合対応する動詞・形容詞などは to 不定詞と結びつくものが多い: arrange, decide, need, offer, plan, promise, threaten, wish / able, free, willing.

D (1) [going の後で] ☞ going to の項目. (2) [have または have got の後で] ☞ have to の項目; have got to の項目. (3) [ought の後で] ☞ ought[1]. (4) [used の後で] ☞ used to[1] の項目.

E [<V+C (to 不定詞)>の動詞型で; ☞ A 5, 動詞型解説 II 2.6 (巻末)] 語法 動詞 (V) が be, seem, appear のような不完全自動詞かまたは受身の場合, V が be の場合についてはなお ☞ be to の項目. …することになって, …のようで, …であって: The house is *to let*. この家は貸し家だ / The meeting is *to be held* next Tuesday. 会は次の火曜日に開かれる / She seemed *to be surprised* at the news. 彼女はその知らせでびっくりしたようだった / She was soon *to go out* of the room with him. 彼女はすぐその部屋から彼といっしょに出ていくところを見られた (☞ see 他 1 の 2 番目の 語法).

F (1) [<V+O+O (to 不定詞)>, <V+O+C (to 不定詞)>の動詞型で; ☞ A 4. 2 および 5. 7 (巻末)] (…に) **—することを**, (…に) —であることを; (…が)—する[である]ことを: I promised my friend *to keep* it secret. 私はそれを秘密にしておくことを友人に約束した / The policeman ordered the crowd *not to stay* there. 警官は群衆にそこに立ち止まらないように命じた / I believe this *to be* a mistake. 私はこれは間違いだと思う / The rumor was found *to be* true. そのうわさは事実だと判明した. (2) [<V+O+O (wh句)>の動詞型で; ☞ A 6; 動詞型解説 II 4.4 (巻末)]: Can you tell me *how to get* to the station? 駅へどう行けばよいか教えてくれませんか.

G [to+have+過去分詞で完了不定詞 (perfect infinitive) をつくる] **1** …であった, …であったようで: 言い換え He seems *to have been* ill. (=It seems that he *was* [*has been*] ill.) 彼は病気だったようだ / 言い換え He seemed *to have been* ill. (=It seemed that he *had been* ill.) 彼は(その時まで[その時以前に])病気だったようだった / I'm sorry *to have troubled* you. ご迷惑をおかけして申しわけありませんでした.

語法 以上の文を, 単純形の不定詞を用いた以下の文と比較: 言い換え He seems *to be* ill. (=It *seems* that he *is* ill.) 彼は病気のようだ / 言い換え He seemed *to be* ill. (=It seemed that he *was* ill.) 彼は(その時)病気のようだった / I'm sorry *to trouble* you. ご迷惑をおかけして申しわけありません《これから物を頼むとき》.

言い換え He *was believed to have taken* part in the fighting. (=It *was believed* that he *had taken* part in the fighting.) 彼はその戦いに加わっていたと思われていた.

文法 完了不定詞
不定詞は「時」については特に何も表わさないか, または述語動詞と同じ「時」を表わすのに対して, 完了不定詞は述語動詞の表わす「時」より以前の「時」におけることかまたはその時までに完了したことを示す.
完了不定詞は次にあげるような動詞の過去形とともに使われると, 実現しなかった意図・希望などを示す. このような動詞は expect, hope, mean, promise, want, wish などである: I *expected to have recovered* by now. 私は今までに回復すると思っていた(がしなかった) / I wanted *to have finished* by then. 私はそれまでに仕上げたいと思っていた(ができなかった) / I meant *to have written* to him. 私は(その時までに)彼に手紙を書くつもりだった(が書かなかった).

2 (1) [ought の後で] ☞ ought¹ 3 (2).
(2) [was または were の後で] ☞ 項目 be to の 7.
t.o. 裏面をごらんください (turn over) (☞ PTO¹) (《米》Over).

†**toad** /tóud/ 名 C **1** ひきがえる. 関連 frog (一般に) かえる. **2** いやな(みにくい)やつ[もの] (主にののしり).

tóad-in-the-hóle 名 U.C 《英》衣をつけて揚げた ソーセージ.

tóad·stòol 名 きのこ; 毒きのこ.

toad·y /tóudi/ 名 (**toad·ies**) C (《略式》 《軽蔑》おべっ か使い, ごますり(屋). ― 動 (**toad·ies**; **toad·ied**; **-y·ing**) 自 [軽蔑] おべっかを使う, へつらう (to).

toad·y·is·m /tóudiìzm/ 名 U おべっか(を使うこと).

tó-and-fró 形 A あちこちに動く, 行ったりきたりの (☞ fro). ― 名 U [しばしば the ~] 《略式》あちこち に動くこと, 往来, 行きかい (of).

*****toast¹** /tóust/ 名 U トースト (☞ bread 表): two pieces [slices] of ~ トースト 2 枚 / buttered [dry] ~ バターをつけた[つけない]トースト / make ~ トースターでパン を焼く.

(as) wárm as tóast [形] 《英》(人の体・部屋などが) 暖かい, 心地よく暖かい. **hàve ... on tóast** [動] 《英略式》〈人を〉こちらの思いどおりにする.

― 動 (**toasts** /tóusts/; **toast·ed** /~ɪd/; **toast·ing**) 他 **1** 〈...〉をこんがり焼く, トーストにする; 火であぶる (☞ roast 表): T~ two slices (of bread), please. パンを 2枚焼いてください. **2** 《略式》〈体・足など〉を火でよく温 める. ― 自 こんがり焼ける.

toast² /tóust/ 名 **1** C 乾杯 (to); 乾杯のあいさつ: He thanked them for the ~. 彼は自分の受けた祝杯に謝 辞を述べた. 参考「乾杯!」の発声には "Cheers!" の ほかに "Here's to the happy couple!" "To your health!" "To our happiness!" などがある. **2** [the ~] 乾杯を受ける人[事柄]. **3** [普通は the ~] (地域 の)称賛の的〈人・物〉, 人気の的〈芸人など〉 (of). 語源 昔ワインに香料入りのトーストをひと切れ入れて飲む習慣が あり, 祝杯を上げる人もまたそのワインに風味を添えるもの だと考えられていたので. **drínk [propóse] a tóast (to ...)** [動] (...のために乾杯する[乾杯の音頭をとる]. ― 動 他 〈主賓(ﾋﾝ)など〉のために祝杯をあげる, 〈成功など〉に 対して祝杯する (in, with): ~ the bride and bride-groom 新郎新婦のために乾杯する / We ~ed his health in wine. 彼の健康を祝して[願って]ワインで乾杯し た. ― 名 S 《米略式》やばいことになった[なりそうな]: I'm ~. 俺はもうだめ[おしまい]だ.

tóast·er 名 C トースター (☞ kitchen 挿絵).

tóaster òven 名 C オーブントースター.

toast·ie /tóusti/ 名 C 《英》トーストしたサンドイッチ.

tóast·ing fòrk 名 C (パンを焼くときに用いる)柄の 長いフォーク.

tóast·màster 名 C 乾杯の音頭をとる人; (宴会の) 司会者.

tóast·mìstress 名 C 乾杯の音頭をとる人《女性》; (宴会の)司会者《女性》.

tóast ràck 名 C 《英》(食卓用の)トースト立て.

toast·y /tóusti/ 形 《略式, 主に米》暖かく心地良い.

*****to·bac·co** /təbǽkou/ 名 (~**s** /~z/) U **1** 《刻み》たば こ《特にパイプ・きせるに詰める刻みたばこ; たばこ製品の総 称として用いることもある; ☞ cigarette 表》: Give me a pipe of ~, please. パイプ一服分のたばこをくださ い. 語法 Thís is a special blend of the finest ~s. これはいちばんいいたばこを特別 な方法で混ぜたもの // the ~ industry たばこ産業.
2 たばこ(なす科の植物). **3** 喫煙 (smoking). 語源 西インド諸島の原住民おさむらいを吸っていたパイプの名をス ペイン人が刻みたばこと誤解したことから.

tobácco mosàic vìrus 名 C たばこモザイク病 ウイルス《実験によく使われる》.

to·bac·co·nist /təbǽkənɪst/ 名 C たばこ屋《人》; たばこ店 (tobacconist's).

toe 1873

tobácco plànt 名 C =tobacco 2.

-to-be /təbí:/ [名詞の後に置いて] これから...となる (人): his bride-to-be 彼の将来の花嫁 / the world-to-be きたるべき世界.

to·bog·gan /təbágən | -bóg-/ 名 C トボガン, リュー ジュ《小型のそり》. ― 動 自 トボガンで滑り降りる, ト ボガンに乗る (down). **gò tobógganing** [動] ト ボガン滑りに行く.

to·bóg·gan·ing 名 U トボガン競技.

To·by /tóubi/ 名 個 トー ビー《男性[犬]の名》.

Tó·by (jùg) /tóubi-/ (**tobies**) C 翁(おきな)形ジョッ キ《肥った老人をかたどった ジョッキで, 三角帽の隅からビールなどを飲む》.

toboggan

toc·ca·ta /təká:tə/ 名 C 《楽》トッカータ《鍵盤楽器 のための技巧的な曲》.

toc·sin /táksɪn | tók-/ 名 C 《文》警鐘(の鐘).

tod /tád | tód/ 名 [次の成句で] **on one's tód** [副] 《英古風, 略式》一人で, 自分だけで.

*****to·day** /tudéɪ, tə-/ 副 **1 きょう(は)**, 本日(は), きょう中に: I'm busy ~. 私はきょうは忙し い / I've been busy ~. きょうは忙しかった (☞ have¹ 1 (1) 語法 (3)) / I met Mr. Black ~. きょうブラックさんに 会った / I'll do it ~. それはきょう中にしよう. 語法 間 接話法では today が that day などに変わることがある (☞ narration 文法 (1) (v)). 関連 yesterday きのう / tomorrow あす.

2 今日(Cb)では, 現在では (nowadays); [名 の後で形容 詞的に用いて] 現在の, 最近の: Traveling by plane is quite commonplace ~. 飛行機の旅は今ではごく当た り前だ / People ~ think differently. 今の人は考え方 が違う. 語法 to¹+day.

a mónth [wéek, yéar] agò [fróm] todáy [副・名] [] month [week, year] 成句. **A yéar [mónth, wéek] todáy** [副・名] 《英》来年[来月, 来 週]のきょう (a year [month, week] from today).

todáy wéek [副・名] 《英》来週[先週]のきょう《来週か 先週かは前後関係で判断する》.

― 名 U **1** きょう, 本日: T~ is Sunday [my birth-day]. きょうは日曜日[私の誕生日]だ / I read it in ~'s newspaper. それはきょうの新聞で読んだ.
2 今日(ニネム), 現代, 現在: ~'s world 今日の世界 / the students *of* ~ 現代の学生たち.

tod·dle /tádl | tódl/ 動 自 **1** (赤ん坊が)よちよち歩く (about). **2** [副詞(句)を伴って] 《略式, 主に英》《ぶらっ と》出かける (round); 去る (along, off). ― 名 C よ ちよち歩き; 散歩, ぶらぶら歩き.

†**tód·dler** 名 C 歩き始めの幼児.

tod·dy /tádi | tódi/ 名 (**tod·dies**) U.C トディー《ウイ スキーなどに湯・砂糖(・香料)を加えた飲み物》.

to-do /tudú:/ 名 (~**s**) C 《略式》[普通は単数形で] 大騒ぎ.

to-dó list 名 C するべきことのリスト.

*****toe** /tóu/ 《同音 tow》《類音 toad, tore》 名 (~**s** /~z/) C 《☞ leg 挿絵; finger 表》, つま先: the big [《古風》 great] ~ 足の親指 / the third [little] ~ 足の中[小]指 // ☞ tiptoe. **2** (靴・靴下の)足指に当たる部分; 足 指型のもの. **díg one's tòes ìn** [動] 自 =dig one's heels in (☞ heel¹ 成句). **díp a [one's] tóe ìnto [ín] (the wáter's of)...** [動] 他 《略式》 (新しいこと)を慎重にやってみる. **gét [hàve, kéep] a [one, one's] tóe in the dóor** [動] 自 〈組織など〉

に)入り込む[する]. **máke ...'s tóes cùrl** [動] …に気まずい思いをさせる，…を当惑させる. **on one's tóes** [形] (1) (いつでも応じられるように)準備を整えて，油断しないで; (仕事などに)集中して: He sometimes gives a test without warning and that keeps his students *on their* ~s. 彼は時々不意打ちでテストをするので学生は気がぬけない. (2) つま先立って: The boy stood *on his* ~s to look out of the window. その少年はつま先で立って窓の外を見た. **stép [(英) tréad] on ...'s tóes** [動] (口出しをして)…の感情[気分]を害する. **tóuch one's tóes** [動] ⾃ 前かがみになって両手で両つま先にさわる.

— [動] (toes, toed; toe·ing) 他 足の指で触れる[ける]. **tóe the líne [(米) márk]** [動] ⾃ 規則[命令]に従う，慣習に従って言う.

tóe·càp [名] Ⓒ 靴の先革(端革(はし)).

tóe clíp [名] Ⓒ (自転車の)トウクリップ《ペダル上に足を固定するバンド》.

toed /tóud/ [形] 足指のある; [合成語で] …な足指[つま先]を有する.

tóe dànce [名] Ⓒ (バレエなどの)トウダンス.

TOEFL /tóufl/ [名] トーフル《主に米国への留学を希望する外国人対象の英語学力テスト; 商標; *T*est *o*f *E*nglish as a *F*oreign *L*anguage の略; ☞ Cambridge Certificate, acronym》.

tóe·hóld [名] Ⓒ 1 [普通は単数形で] 足がかり，よりどころ《☞ foothold》: gain [get] a ~ *in the market* 市場に足場を得る. 2 《登山》足指かかり.

TOEIC /tóuɪk/ [名] トーイック《英語によるコミュニケーション能力を測る学力テスト; 商標; *T*est *o*f *E*nglish *f*or *I*nternational *C*ommunication の略; ☞ acronym》.

tóe lòop [名] Ⓒ 《スケート》トウループ《ジャンプの一種》.

tóe·nàil [名] Ⓒ [普通は複数形で] 足のつめ.

tóe pìck [名] Ⓒ トウピック《フィギュアスケートの刃先のぎざぎざした部分》.

tóe·ràg [名] Ⓒ Ⓢ (英) いやなやつ，ばか者.

tóe·shòe [名] Ⓒ [普通は複数形で] (バレエ用の)トウシューズ.

tóe-to-tóe (米) [副] (戦い・議論などで)一歩もひかず: go [stand, fight] ~ (with ...) (…と)と真正面から対峙(たいじ)する. — [形] 一歩もひかない.

toff /tɔ́ːf | tɔ́f/ [名] Ⓒ (古風, 英略式) [軽蔑] 上流階級(風)の[裕福(ゆうふく)な]人.

tof·fee /tɔ́ːfi | tɔ́fi/ [名] Ⓒ Ⓤ トフィー《砂糖とバターを煮つめて中に落花生などを入れたキャンディ》. **cán't ... for tóffee** (英略式) へたくそで…なんてとてもできない.

tóffee àpple [名] Ⓒ (英) =candy apple.

tóffee-nósed [形] (英略式) お高くとまった.

to·fu /tóufuː/ 《日本語から》[名] Ⓤ 豆腐 (bean curd).

tog /tɑ́g, tɔ́ːg | tɔ́g/ [名] 1 [togs で] (古風, 略式) (特にスポーツの)衣服 (clothes): riding ~s 乗馬服. 2 Ⓒ (英) トグ《毛布・キルトなどの暖かさを計る単位》. — [動] (togs, togged; tog·ging) [次の成句で] **tóg úp [óut]** [動] 他 [普通は受身で] (英略式) 《…に(い)服を)着せる (*in*). **tóg onesélf úp [óut]** [動] (英略式) 着飾る (*in*).

to·ga /tóugə/ [名] Ⓒ トーガ《古代ローマ市民が着た緩やかな外衣》.

‡**to·geth·er** /tugéðə, tə- | -ðə/ 《類語》to gather (gather の to 不定詞)) [副] 1 いっしょに，共に，一か所に: live ~ いっしょに暮らす / keep the important documents ~ 重要書類を1か所にまとめておく / Shall we have dinner ~ tomorrow? あすいっしょに夕食を食べませんか. 2 合わせて，いっしょにして; 互いに: rub one's hands ~ 両手をこすり合わせる / add the numbers ~ 数字を合計する / Tie the ends of the rope ~ and make a loop. このロープの両端をつないで輪を作りなさい / How much is it all ~? みんなでいくらですか / This is more valuable than all the others (put) ~. これは他のもの全部を合わせたよりも価値がある. 3 同時に，いっせいに: They cried out ~. 彼らはいっせいにわめき声をあげた / Misfortunes will happen ~. 不幸は一時に起こるものだ. 4 協力[一致]して: We stand ~ in abolishing the law [on this issue]. 私たちはその法律を廃止する点で[この問題について]一致している. 5 まとめて，緊密に: He can't even put a simple sentence ~. 彼は簡単な文章ひとつ満足に書けない. 6 結婚して; 性的関係を持って: get (it) ~ — 男と女の関係になる / get back ~ よりを戻す. 7 (古語) 続けて，絶え間なく.

áll togéther (nòw) [副] Ⓢ さあみんないっしょに，せーの《人々に呼びかけて言う》.

tàken togéther [副] ひとまとめに考え[数えて]みると.

togéther with ... [前] …と共に，…に加えて; …もまた: A textbook, ~ with a workbook, was given to each one of us. 練習帳と教科書が私たち一人一人に与えられた.

— [形] Ⓢ (略式) [ほめて] (人が)落ちついた，しっかりした: a ~ person よくできた人. **gèt it (áll) togéther** [動] (略式) しっかりやる，うまくやりこなす; 気を取り直す《☞ get one's act together (act [名] 成句)》.

togéther·ness [名] Ⓤ 連帯感，一体感，親しみ.

tog·gle /tɑ́gl | tɔ́gl/ [名] Ⓒ 1 トグル《ボタンの代わりに衣服の合わせ目を留める留め木》; 留め棒. 2 《電算》操作の切り換えをする画面上のキー，ボタン. — [動] 《主に電算》⾃ (新しいフォーマットの切り換えのために)キー，ボタンをおす. — 他 (フォーマットの切り換えのために)〈キー，ボタンを〉おす.

tóggle switch [名] Ⓒ トグルスイッチ《つまみを上げ下げするスイッチ》.

To·go /tóugou/ [名] ⾃ トーゴ《アフリカ西部の共和国》.

To·go·lese /tòugəlíːz⁻/ [形] トーゴ(人)の. — (~) Ⓒ トーゴ人.

‡**toil** /tɔ́ɪl/ (文) [動] ⾃ [普通副詞(句)を伴って] 1 骨を折って働く，一生懸命に仕事をする (labor): She ~*ed at* the country. 彼女はいなかで暮らしていた(?). ※ She ~*ed away* all morning *over* her homework. 彼女は午前中ずっと宿題に精を出した. 2 苦労して進む: ~ *up* a 坂 苦労して坂道を登る. — [名] Ⓤ 苦労; (長く)つらい仕事，疲れる仕事《☞ work 類義語》: a life of hardship and ~ 艱難(かんなん)辛苦の人生.

tóil·er [名] Ⓒ (長時間)精を出して働く人.

‡**toi·let** /tɔ́ɪlət/ [名] (toi·lets /-ləts/) 1 Ⓒ 便器 (bathroom 挿絵): I was on the ~ when the phone rang. 電話が鳴ったとき私は便器にすわっていた. 2 Ⓒ (主に英) 洗面所，(水洗)便所，トイレ，(お)手洗い ((米) bathroom); [複数形で] 公衆便所《☞ bathroom 語法》: flush the ~ トイレの水を流す. 日英比較 日本語では「便所」より「トイレ(レット)」のほうが上品に響くが，米国では toilet は直接的な表現なので，個人の家のものには bathroom，公共の場のものには rest room, lavatory, men's room, washroom, women's [ladies', powder] room などを用いるほうが好む人がいる. 3 Ⓤ (格式) 身じたく; 化粧: ~ articles 化粧用品《ヘアブラシ・くし・鏡など》. 語源 中(期)フランス語で元来は，ひげをそったり調髪の際に体を覆った布．それから「化粧着」，「化粧をする所」の意となった.

gó into [dòwn] the tóilet [動] 自《米俗》(質が)急に悪くなる; むだになる. **「gó to [néed] the tóilet** [動] 自 トイレに行く[行きたくなる], 用をたす[たしたくなる].

tóilet bàg 名 C (旅行用)洗面用具入れ.

tóilet pàper 名 U トイレットペーパー, ちり紙 (⇨ bathroom 挿絵).

toi·let·ries /tɔ́ɪlətriz/ 名 [複] (歯みがきやせっけんなどの)洗面用品.

tóilet ròll 名 C, U 《英》トイレットペーパーのひと巻き (⇨ bathroom 挿絵).

tóilet sòap 名 U, C 化粧せっけん.

toi·lette /twɑːlét/ 《フランス語から》名 U《格式》= toilet 3.

tóilet tìssue 名 U =toilet paper.

tóilet-tràin 動 他 〈幼児〉に用便のしつけをする.

tóilet-tràined 形 (幼児が)用便のしつけができた (potty-trained).

tóilet tràining 名 U (幼児への)用便のしつけ. 関連 training pants 用便しつけ用パンツ.

tóilet wàter 名 U 化粧水.

toils /tɔ́ɪlz/ 名 [複] [the 〜] 《文》わな, 網; 困難 (of).

toil·some /tɔ́ɪlsəm/ 形 骨の折れる, 苦しい.

tóil·wòrn 形 疲れきった, 労苦にやつれた.

tó-infinitive 名 C《文法》to 不定詞 (⇨ infinitive 文法).

to-ing and fro-ing /túːɪŋənfróʊɪŋ/ 名 U 行ったり来たり, 右往左往; 同じようなことの繰り返し: After much 〜 we reached some agreement. 紆余(うよ)曲折の末, 一応の合意に達した (⇨ fro).

toke /tóʊk/《俗式》名 C マリファナたばこ(一服).
— 動 自 マリファナたばこを吸う. — 他 〈マリファナたばこ〉を吸う.

*__to·ken__ /tóʊk(ə)n/ 名 (〜s /-z/) **1** C 代用硬貨(メダル状の)のバス・地下鉄などの乗車券, ゲーム機械のメダル・チップなど): a bus 〜 バスのトークン / insert a 〜 into the slot machine スロットマシーンに1枚メダルを入れる.
2 C《格式》印(しる), 証拠, 象徴; 証拠の品物 (⇨ sign 類義語): A black ribbon is a 〜 of mourning. 黒いリボンは喪[お悔やみ]の印だ.
3 C《格式》記念の品, 形見 (keepsake): a love 〜 愛の印(贈り物). She gave me a fan as a 〜 of my visit to Japan. 彼女は私に日本を訪れた記念にと扇子をくれた. **4** C《英》(あいさつ状などにそえられる)商品(引換え)券《米》gift certificate) [= booktoken.

as a tóken of ...《格式》**in tóken of ...** [前] ... の印に, ... の記念に: They wore ribbons of the same color *in* 〜 *of* (their) friendship. 彼らは友情の印として同じ色のリボンをつけた.

by the sáme tóken [副] [つなぎ語] [前に述べたことを受けて] 《格式》 (それと)同様の理由 [論法]で, 同様に: We have the right to pursue happiness. *By the same* 〜 they can claim that right. 私たちに幸福を追求する権利があるように彼らもその権利を主張できる.

— 形 A **1** [けなして] 名目だけの; [ほめて] ささやかだが意味のある: the 〜 woman on the committee (性差別がないことを示すための)名目だけの女性委員 / a 〜 strike (形だけの)警告的スト. **2** ささやかな, 申し程度の: a 〜 resistance ささやかな抵抗. **3** 保証としての; 内金としての: ⇨ token payment.

to·ken·is·m /tóʊk(ə)nɪzm/ 名 U 《公正に見せかける》表面的な取りつくろい, 名ばかりの人種[性]差別撤廃.

to·ken·is·tic /tòʊkənístɪk⁻/ 形 名目だけの, おざなりな.

tóken páyment 名 U (借金返済の)一部払い; 手付金, 内金.

To·kyo·ite /tóʊkiɔʊàɪt/ 名 C 東京人[都民].

*__told__ /tóʊld/ 動 tell の過去形および過去分詞.

tole /tóʊl/ 名 U トール(家具製造用の金属板).

---

tollhouse 1875

*__tol·er·a·ble__ /tɑ́l(ə)rəbl | tɔ́l-/ 形《格式》 **1** (状況などが)(それほど)悪くはない, まあまあの: 〜 weather まずまずの天気 / Meg has a 〜 knowledge of Japanese literature. メグは日本文学について一応の知識を持っている. **2** (不快ながら)我慢のできる, 許される (bearable) (反 intolerable): Do you feel this much noise is 〜? これぐらいの騒音ならば我慢できると思いますか.

tol·er·a·bly /tɑ́l(ə)rəbli | tɔ́l-/ 副《格式》我慢できるほどに; 一応, まあまあ (fairly).

*__tol·er·ance__ /tɑ́l(ə)rəns | tɔ́l-/ 名 (**-er·anc·es** /-ɪz/; 動 **tólerate**, 形 **tólerant**) **1** U (他人の意見や行動に対する)寛容, 寛大さ (for, of, toward): religious 〜 宗教的寛容さ / have 〜 寛容である. **2** C, U (苦痛・苦難などに対する)我慢(強さ), 忍耐力 (for, of, to). **3** C, U《機》公差, 許容誤差. **4** U, C《生態》(環境に対する生物の)耐性 (for, of); 《医》(薬・毒物などに対する)耐性, 許容度 (for, of, to).

*__tol·er·ant__ /tɑ́l(ə)rənt | tɔ́l-/ 形 (動 **tólerate**, 名 **tólerance**, 反 **intolerant**) (他人の意見や行動に対して)寛容な, 寛大な; (動植物が)耐性がある (of); (機械が)許容できる (toward): He was 〜 of the faults of others. 彼は他人の欠点については寛容だった. **〜·ly** 寛容に, 寛大に.

*__tol·er·ate__ /tɑ́lərèɪt | tɔ́l-/ 動 他 (**-er·ates** /-rèɪts/; **-er·at·ed** /-tɪd/; **-er·at·ing** /-tɪŋ/) (名 **tólerance**, **tòlerátion**, 形 **tólerant**) **1**〈異なる意見・嫌悪するものなど〉を大目に見る, 許容する, 寛大に取り扱う: 言い換え I cannot 〜 your carelessness. = I cannot 〜 your be*ing* careless. <V+O (動名)> 私はあなたが不注意なのを許すわけにはいかない.

2 [普通は否定文で] 〈...〉を我慢する, 〈...〉に我慢してつき合う: The people could no longer 〜 the dictator. 国民はもうその独裁者に我慢がならなくなった. **3** (動植物が)〈ある環境〉に耐えられる;《医》〈毒物・薬物など〉に耐性を有する.

tol·er·a·tion /tɑ̀lərέɪʃən | tɔ̀l-/ 名 (動 **tólerate**) U **1** 大目に見ること, 許容, 寛容; 我慢すること. **2** (国家が許す)信教の自由.

*__toll¹__ /tóʊl | tə́ʊl/《頭音 tall, told》名 (**2** (〜s /-z/) C **1** [普通は単数形で] [主に新聞で] 死傷者数, 犠牲者数; 犠牲, 損害: The death 〜 in the accident was fifty. その事故での死者の数は50人だった. **2** 使用料金(道路・橋などの通行料金);《米》長距離電話料: pay a 〜 to cross the bridge その橋を渡るために料金を払う. 語源 ギリシャ語で「税金」の意.

táke its [their] tóll=táke [exáct] a (héavy) tóll [動] 自 (物事が長期間にわたって)被害[損失]をもたらす, (人命などを)大量に奪う (on, of): The gas explosion *took its* 〜 *of* [on] the passersby. そのガス爆発で通行人に多数の死傷者が出た.

*__toll²__ /tóʊl/ 動 他〈晩鐘・弔(ちょう)の鐘など〉をゆっくり一定の調子でつく, 鳴らす (for). 〈鐘・時計が〉〈時刻〉を打つ, 告げる; 〈人の死など〉を鐘で報せる (for). — 自 〈鐘が〉ゆっくり一定の調子で鳴る (for). — 名 [普通は単数形で] (〜ing で) ゆっくり鳴る) 鐘の音.

tóll·bòoth 名 C 料金(徴収)所〈有料の道路・橋などで徴収員のいるボックス〉: TOLLBOOTH AHEAD まもなく料金所(標識).

tóll bridge 名 C 通行料金を取る[有料]橋.

tóll càll 名 C《米》長距離電話[通話].

tóll-frée 形《米》(電話が)料金不要の, 受信者払いの; 無料の: a 〜 number フリーダイヤルの(電話番号) /《英》Freephone /《米では 1-800 で始まる). — 副《米》(電話の)料金不要で; 無料で. 日英比較「フリーダイヤル」は和製英語.

tóll·gàte 名 C (有料道路などの)料金所.

tóll·hòuse 名 (**-hous·es** /-hàʊzɪz/) C (昔の)料金

toll plaza 徴収員詰所.
tóll plàza 名 C (米) (高速道路の)料金所.
tóll ròad 名 C 有料道路.
tóll·wày 名 C (米) 長距離有料道路.
Tol·stoy, Tol·stoi /tálstɔɪ, tóʊl-/ | tɔ́l-/ 名 固 **Le·o** /líːoʊ/ ~ トルストイ (1828-1910) 《ロシアの作家》.
tol·u·ene /táljuːn/ | tɔ́l-/ 名 U 《化》トルエン《爆薬・染料に使われる, 無色で毒性のある液体》.
tom /tám/ tóm/ 名 (略式)=tomcat. ── 形 雄の: a ~ turkey 雄の七面鳥.
Tom /tám/ tóm/ 名 固 トム 《男性の名; Thomas の愛称》. **èvery [àny] Tóm, Díck and [or] Hárry** 名 S (略式) 《普通は軽蔑》だれもかれも, 猫もしゃくしも.
tom·a·hawk /táməhɔːk/ tɔ́m-/ 名 C 《アメリカ先住民の》戦(いくさ)おの, まさかり. ── 動 他 まさかりで攻撃する[殺す].
Tóm & Jérry トムとジェリー《テレビアニメの猫とねずみ》.

tomahawk

*__to·ma·to__ /təméɪtoʊ/ | -máː-/ 名 (~es /-z/) 1 C,U トマト, トマトの実. 2 C トマトの木. 語源 メキシコのインディアン語から.
tomáto jùice 名 U トマトジュース 《□ juice 日英比較》.
tomáto kètchup 名 U 《主に英》トマトケチャップ.
†**tomb** /túːm/ 13 名 (~s /-z/) C 墓 《普通は墓石のある大きなもの;⇨ grave¹ 表》, 墓穴; 納骨堂: visit the president's ~ 大統領の墓に詣でる / the T~ of the Unknown Soldier 無名戦士の墓.
tom·bo·la /tambóʊlə/ tɔ́m-/ 名 U,C (英) トンボーラ 《札をひき当てて賞品がもらえるくじ》.
tom·boy /támbɔɪ/ tɔ́m-/ 名 C おてんば娘.
tom·boy·ish /támbɔɪɪʃ/ tɔ́m-/ 形 おてんばな.
†**tómb·stòne** /túːm-/ 名 C 墓石, 墓碑《⇨ gravestone 写真》.
tóm·càt 名 C 雄猫 《(略式) tom》.
Tóm Cól·lins /-kálɪnz/ | -kɔ́l-/ 名 U,C (米) トムコリンズ 《ジンをベースにしたカクテル》.
tome /tóʊm/ 名 C 《文》または《滑稽》大きな本, 大冊.

tombstones

tom·fóol 形 A (古風) ばかな, 愚かな.
tom·fool·er·y /támfúːl(ə)ri/ tɔ́m-/ 名 (-er·ies) (古風) 1 U ばかなまね. 2 C 《普通は複数形で》ばかげた行為, くだらない冗談.
Tom·my /támi/ tɔ́mi/ 名 固 トミー 《男性の名; Thomas の愛称》.
tómmy gùn 名 C [時に T-] (古風, 略式) =submachine gun.
tom·my·rot /támɪrɑt/ tɔ́mɪrɔt/ 名 U (古風, 略式) たわごと.
to·mo·gram /tóʊməɡræm/ 名 C 《医》断層写真.
to·mog·ra·phy /təmɑ́ɡrəfi/ -mɔ́ɡ-/ 名 U 《医》X 線断層撮影(法) 《⇨ CAT scan》.

*‡**to·mor·row** /təmɔ́roʊ, tə-, -mɔ́ːr-/ | -mɔ́r-/ 13 副 1 あす(は), 明日(は): I'll be free ~. あすは暇です / We are going to leave ~. 私たちはあす出発するつもりだ. 語法 間接話法では tomorrow がthe day after, the next [following] day などに変わることがある 《⇨ narration 文法 (1) (v)》. 語法 to¹+morrow. 日本語の「あした」(朝→

明日)を参照. 関連 today きょう / yesterday きのう. 2 (近い)将来に(は).
a wéek (from) tomórrow [副・名] 来週のあす.
tomórrow wéek [副・名] (英) 来週[先週]のあす《来週なか先週かは前後関係で判断する》.
── 名 1 U あす, 明日: T~ is Monday. あすは月曜日だ / Don't put it off till ~. あすはすまで延ばすな / T~ never comes. 《ことわざ》あすは決して来ない《きょうしなければならないことはきょうのうちにせよ》/ T~ is another day. 《ことわざ》あすという日もある 《明日は明日の風が吹く, だから希望を捨てるな》/ You will read the news in ~'s paper. それはあすの新聞に出るだろう.
2 [形容詞的に] あすの, 明日の: Our ship will set sail ~ morning [afternoon, evening, night] from San Francisco. 私たちの船はあす朝[午後, 晩, 夜]サンフランシスコを出帆する. 3 U,C (近い)将来, 未来: a bright [rosy] ~ 明るい将来[ばら色の未来] / the Japan of ~ ~'s Japan 将来[明日]の日本《⇨ proper noun 文法 (2) (v)》.
like [as if] there is [was, were] nó tomórrow [副] (略式) 《出費などの点であすのことなど考えもせずに》ぱっぱと, やみくもに.
the dáy àfter tomórrow [副・名] あさって, 明後日: School begins [will begin] the day after ~. 学校はあさってから始まる. 語法 副詞的に用いられるときは《米》では the が省略されることがある.
Tom Saw·yer /támsɔ́ːjə/ 名 固 トムソーヤー 《マークトウェイン (Mark Twain) の小説に登場する正義感の強いいたずらっ子》.
Tóm Thúmb /-θʌ́m/ 名 固 親指トム 《英国の童話の一寸法師》.
tom-tom /támtàm/ tɔ́mtɔ̀m/ 名 C トムトム(の音) 《アメリカ先住民やインド・アフリカの原住民が使う平手で打つ胴長の太鼓》.

*__ton__ /tán/ (同音 tonne, tun; 類音 tan, tongue) 名 (~s /-z/) 1 C トン 《重量の単位, 20 ハンドレッドウェート (hundredweight); 米国では約 907 キロ (short ton), 英国では約 1016 キロ (long ton), 略 t., tn. 《⇨ pound¹ 表》 言い換え The elephant weighs about a ~. =The elephant is about a ~ in weight. その象は約 1 トンの重さがある. 2 C (メートル)トン (metric ton) (1000 キログラム). 3 C 容積トン 《容積の単位; 木材については 40 立方フィート》. 4 C トン 《船の大きさ・積載量を示す; 100 立方フィート》: gross ~ 《海》総トン. 5 [~s として副詞的に] (略式) とても, ずっと.
dó a [the] tón [動] 自 (英略式) 《オートバイなどで》時速100 マイル (以上)で飛ばす. **tóns [a tón] of ...** [形] (略式) たくさんの…: I have ~ of homework. 宿題が山ほどある. **wéigh a tón** [動] 自 (略式) ひどく重い.
ton·al /tóʊn(ə)l/ 形 《tone》 《普通は A; 比較なし》調子の, 音色の; 《楽》 調性のある, 調的な; 音調の.
to·nal·i·ty /toʊnǽləti/ 名 (-i·ties) U,C 《楽》 調性《長短の調《長調など》; 色調.
*__tone__ /tóʊn/ tɔːn/ 名 (~s /-z/; 形 tónal) 1 C,U 口調, 語気, 《演説などの》格調, 《文などの》論調: in a disbelieving ~ of voice 信じられないという口調で / He spoke in a commanding ~. 彼の話し方は命令口調だった / The ~ of the press was favorable to the new policy. 新聞の論調は新政策に好意的だった / Don't take that ~ with me. S そんな口のきき方をするな.
2 C,U 《音・声・楽器の》調子, 音色, 音質《⇨ sound¹ 類義語》; tune 語源: She spoke in a low ~ [low ~s]. 彼女は低い調子でしゃべった / I like the clear ~s of a violin. 私はバイオリンの澄んだ音色が好きだ / His voice was shrill in ~. 彼の声は調子がかん高かった.
3 U,C [普通は単数形で] (一般的な)傾向, 風潮, 気風; (全体の)雰囲気; 品位, 気品: lower [raise] the ~ of the conversation 会話の品位を落とす[上げる] /

The ～ *of* the conference is hopeful. 会議の雰囲気は希望が持てるものだ. **4** [C] 色調, 色合い (shade); 濃淡: a light ～ of pink ピンクの薄い色 / a picture in warm ～*s* 暖かい色調の絵. **5** [U]〘生理〙(体の)正常な状態; (筋肉・肌などの)しまり具合: good muscle [muscular] ～ 筋肉がよく引き締まっていること. **6** [C]《米》〘楽〙楽音. **7** [C]〘楽〙全音, 全音程 (《主に米》step). **8** [C] (電話などの)合図の音《ツー, ピーといった音》: Please leave a message after the ～. ピーという音に続いてメッセージをお願いします. [関連]《米》dial [《英》dialling] ～ 電話の発信音 /《米》busy [《英》engaged] ～ 話し中の発信音. **9** [C]〘音声〙音の高低; 音調, 声調. **sét the tóne** [動] [自] (会などの)基調[性格]を定める, 雰囲気を作る (*for, of*).

― [動] [他] 〈肌・筋肉など〉を引き締める (*with*). ― [自]《英》(色彩などが)調和する (*with*).

tóne dówn [動] [他] **1** 〈ことば・演説など〉の調子を抑える. **2** 〈音調・色調〉を下げる. **tóne ín (wéll)** [動] [自]《英》(色などが) (…と)(よく)調和する (*with*). **tóne úp** [動] [他] 〈音調・色調〉を上げる; 〈肌・筋肉など〉を引き締める; 改善する.

tóne contròl [名] [U,C] 音質調節(装置).

-toned /tóʊnd/ [形] [合成語で] …な調子[音色]の; …な色調の: shrill-*toned* かん高い.

tóne-déaf [形] 音痴の.

tóne lànguage [名] [C]〘言〙音調[声調]言語《声調によって語義を区別する言語; 中国語など》.

tóne·less [形] [W] 抑揚のない; 単調な; 生気のない; 色(調)のない. **～·ly** [副] 調子[抑揚]をつけずに; 単調に.

tóne pòem [名] [C]〘楽〙音詩《詩的内容・情景などを音楽で表現しようとする器楽曲》.

⁺**ton·er** /tóʊnə | -nə/ [名] **1** [U] (コピー機などの)トナー. **2** [U,C] (肌を引き締める)化粧水.

tong /tάŋ, tɔ́ːŋ | tɔ́ŋ/ 《中国語から》[名] [C] (中国の)党, 団体; (中国系の)秘密結社.

Ton·ga /tάŋgə | tɔ́ŋ-/ [名] [固] トンガ《南太平洋にある諸島・王国》.

Ton·gan /tάŋgən | tɔ́ŋ-/ [形] トンガ(人[語])の. ― [名] [C] トンガ人; [U] トンガ語.

tongs /tάŋz, tɔ́ːŋz | tɔ́ŋz/ [名] [複] **1** 物をつまむ[つまみ上げる]道具《やっとこ・火ばし・砂糖ばさみなど》; …ばさみ: a pair of ～ 火ばし1丁 / ice [sugar] ～ 氷[角砂糖]ばさみ. **2**《英》(頭髪カール用の)こて.

tongs 1

*⁎***tongue** /tʌ́ŋ/ ([類音] ton) [T2] [名] (～s /～z/)

「舌」**1** がしゃべる上で重要な役を持つことから「言語」**2** や「ことば」**3** の意となった

1 [C] 舌: the tip of the ～ 舌先 / click one's ～ 舌打ちする / run one's ～ over [around] one's lips 唇をなめる / Linda burned her ～ on the hot coffee. リンダは熱いコーヒーで舌をやけどした. **2** [C]《文語》国語, 言語 (language): His native ～ is English. 彼の母語は英語だ. [関連] mother tongue 母語. **3** [C] [普通は単数形で] ことば; ことばづかい; 話しぶり, 弁舌: No ～ could tell of the wonders I saw. 私が見たすばらしさはことばでは言い表わせない / He has a sharp [silver] ～. 彼は毒舌[雄弁]家だ. **4** [U,C]〘料理〙タン《牛・羊などの舌》: ～ stew タンシチュー. **5** [C] 舌の形をした物《鈴・管楽器・炎など》; (靴の)舌革; (ベルトのバックルの)留めピン: a ～ *of* land 細長く突き出た陸地, 岬.

a slíp of the tóngue [名] 言い損(そこ)ない, 失言. **bíte one's tóngue** [動] [自] (1) 言いたいことを我慢する, 本音を言わないようにする: *Bite your* ～! 口を慎め. (2) 言ってしまってから後悔する. **find one's tóngue** [動] [自] (驚いたりした後で)やっと口がきけるようになる. **gèt one's tóngue aròund ...** [動] [他] [普通は否定文で]《略式》(発音しにくい名前など)をうまく言う. **gíve ... the róugh síde [édge] of one's tóngue** [動] [他]《古風, 英》〈…を〉ひどくしかる. **hàve a fórked tóngue** [動] [自] ＝speak with (a) forked tongue. **hóld one's tóngue** [動] [自] [普通は命令文で] [S]《古風》黙っている, 口を慎む. **lóse one's tóngue** [動] [自] [普通は完了形で] [S] (恥ずかしさ・驚きで)口がきけなくなる: *Lost your* ～? なぜ黙っているの. **on [at] the típ of one's [the] tóngue** [形・副] (人の名前などが)口先まで出かかって(いるのに出ない); もう少しで言ってしまいそうで. **sét [stárt] tóngues wàgging** [動] [自]《略式》うわさ話の種になる, あれこれ話題[評判]になる. **spéak in tóngues** [動] [自] (神秘体験について)わけのわからないことを言う. **spéak with (a) fórked tóngue** [動] [自] [滑稽] うそをつく. **stíck one's tóngue òut** [動] [自] (…に向かって)舌を出す《軽蔑・おどけのしぐさ》(*at*); 舌を見せる《診察のときなど》. **tríp [róll, slíp] óff the tóngue** [動] [自] [滑稽] (名前・ことばが)言いやすい, すらすら出る.

stick one's tongue out

wátch [mínd] one's tóngue [動] [自] [S] [普通は命令文で] ことば[口のきき方]に気をつける. **with one's tóngue in one's chéek**＝**(with) tóngue in chéek** [副] 心にもなく, 口とは裏腹に; 冗談で, 皮肉っぽく. [由来] ほおを舌でふくらませる昔の軽蔑のしぐさから.

― [動] [他] **1** (楽器で)舌を使って〈音〉を区切る. **2** 〈…〉を舌でなめる[触れる]. ― [自] 舌を使って音を区切る, タンギングする.

tóngue and gróove (jòint) [名] [U]〘木工〙さねはぎ[目違い]継ぎ.

-tongued /tʌ́ŋd/ [形] [合成語で] 舌[ことばづかい]が…の: sharp-*tongued* 毒舌の / silver-*tongued* 雄弁の.

tóngue de·près·sor /-dɪprèsə | -sə/ [名] [C]《米》(医師が舌を押さえる)へら (《英》spatula).

tóngue-in-chéek [形] 本心からではない; からかい半分の, 皮肉をこめた. ― [副] 冗談半分で.

tóngue-làshing [名] [C] [普通は a ～]《略式》厳しい叱責(しっせき), 大目玉.

tóngue-tìed [形] [普通は [P]] 口がきけない, 物も言えない《当惑・はにかみ・驚きなどで》.

tóngue twìster [名] [C] 早口ことば.

Peter Piper picked a peck of pickled peppers. (ピーター パイパーは漬物のとうがらしを1ペック取った)
She sells seashells on [by] the seashore. (彼女は海辺で貝殻を売っている)

tóngue-twìst·ing /-twìstɪŋ/ [形] 早口ことばの.

tongu·ing /tʌ́ŋɪŋ/ [名] [U]〘楽〙タンギング《舌先を用いる管楽器の断奏(法)》.

To·ni /tóʊni/ [名] [固] トーニー《女性の名》.

⁺**ton·ic** /tάnɪk | tɔ́n-/ [名] **1** [U,C] ＝tonic water: sip a gin and ～ ジントニックをちびちび飲む. **2** [C] [普通は単数形で]元気づけるもの (*for*). **3** [C,U] 強壮剤; ヘアトニック. **4** [C]〘楽〙主音. ― [形] [A] **1**《格式》元気づける. **2**〘楽〙主音の.

tónic wàter [名] [U,C] トニックウォーター, (炭酸)キ

T

ニーネ水, 炭酸飲料《ジン (gin) などを割る》.

to·night /tənáɪt, tə-/ 今夜(は), 今晩(は): I am [will be] free ~. 今夜は暇だ / I hope you sleep better ~ than last night. 今夜はゆうべよりよく眠れるといいですね. 語法 間接話法では to-night が that night などに変わることがある《☞ narration 文法 (1) (v)》. 語源 to¹+night.
— 名 今夜, 今晩: ~'s TV programs 今夜のテレビ番組 / Do you have any plans for ~? 今晩何か予定ある?

Tonight Show 名 固 [the ~]「トゥナイト ショー」《米国のテレビ番組》.

ton·nage /tʌ́nɪdʒ/ 名 U.C 《海》(船の) トン数; (積み荷などの) トン数; (一国の商船の) 総トン数: gross ~ (船舶の) 総トン数.

tonne /tʌ́n/ 名 (同音 ton, tun) 名 (複 ~(s)) C メートル トン (1000 キログラム; 略 t.).

ton·sil /tɑ́ns(ə)l | tɔ́n-/ 名 C [普通は複数形で] へんとうせん.

ton·sil·lec·to·my /tɑ̀nsəléktəmi | tɔ̀n-/ (-to·mies) C 《医》へんとうせん摘出(手術).

ton·sil·li·tis /tɑ̀nsəláɪṭɪs | tɔ̀n-/ 名 U へんとうせん炎.

ton·so·ri·al /tɑnsɔ́ːriəl | tɔn-/ 形 《格式》または《滑稽》理髪師の, 理髪の.

ton·sure /tɑ́nʃə | tɔ́n-/ 名 1 U 剃髪(ほつ); 《宗》剃髪式. 2 C (剃髪式で)頭髪をそった部分.

tón·sured 形 剃髪した.

ton·y /tóʊni/ 形 (**ton·i·er**; **-i·est**) 《米略式》ハイカラな, 高級な, しゃれた.

To·ny /tóʊni/ 名 固 1 トニー《男性の名; Anthony または Antony の愛称》. 2 [しばしば Tóny Awàrd] (複 ~**s**) トニー賞(の大メダル)《米国で毎年演劇界のすぐれた業績に対して与えられる》.

too¹ /túː/ 副 1 (同音 to², two, #to¹; 類音 #tube) 副 1 (...も)また (also): Are yóu going, ~? あなたも行くのですか / "I'm húngry." "I'm húngry, ~." = 《略式》"Me ~." 「おなかすいたな」「私もすいた」/ She sings, and dánces, ~. 彼女は歌も歌うし踊りも踊る.

語法 (1) also と同じ意味だが too のほうがくだけた感じの語.
(2) too の位置
too は普通文尾に置くが, 意味があいまいにならないよう修飾する語の直後に置くこともある: Í like singing, ~. =《格式》I(~), ~. (,) like singing. 歌も歌を歌うのは好きだ / I like sínging, ~. 私は歌を歌うのも好きだ. 注意 too とともに「...もまた」の意味がかかる語が強く発音される《☞ also 語法 (3), either 副 語法 (2), neither 副 語法 (3)》.
(3) 否定文での表現
否定文に続く否定文では too や also ではなく not ... either または neither を用いる: 言い換え He didn't go to China, and Í didn't go, éither. = He didn't go to China, and néither did Í. 彼は中国へ行かなかった. 私もまた行かなかった《☞ either 副 1, neither 副》.

2 しかも, おまけに (moreover) 《驚き・憤り・同意などを表わす》: Ben called me up late at night. And he was drunk ~! ベンが真夜中に電話をかけてきた. しかも酔っぱらって. 3 《否定文の受けて》《S》《略式, 主に米》(そりどころか) 本当に, 実際は (indeed): 会話 "I dídn't prómise to help you!" "You díd ~!"「私はきみを援助する約束なんてしなかったよ」「いや確かにしましたよ」

too² /túː/ 副 (同音 to², two, #to¹; 類音 #tube) [形容詞・副詞を強めて] 1 (...には)あまりにも, ...すぎる 語法「あまりに...なのでよくない, 役に立たない」などを意味することが多い: The box is ~ small. その箱は小さすぎる / This hat is much [rather] ~ large *for* me. この帽子は私にはあまりにも大きすぎる (much [rather] it too を修飾する) / He was a little [bit] ~ old *for* hunting. 彼は狩りをするには少し年を取りすぎている / There are ~ many mistakes in your essay. あなたの作文には間違いが多すぎる / You are making far ~ much noise. 君の(たてる音)はいくらなんでもうるさすぎる / She has given me one tomato ~ many. 彼女はトマトを 1 個よけいにくれた / It's ~ difficult a book for beginners. それは初心者には難しすぎる本だ《☞ a² 最初の 語法 (2)》.

語法 (1) 動詞を強める too much
動詞を強めて 「...しすぎる」の意を表わすには too much を用いる: You're worrying ~ much — it'll be all right. あなたは心配のしすぎだ — 大丈夫だよ.
(2) It's ~ *much of* a nuisance for us. (それは私たちにはやっかいすぎる)は普通の表現であるが, It's ~ *hot* a day for tennis. (テニスには暑すぎる日だ)の代わりに It's ~ *hot of* a day for tennis. のように形容詞の後に of を入れるのは《米俗》で, やや非標準的.

2 非常に, とても, すごく (very); [否定文で] 《S》 あまり (...ではない)《しばしば反対の意味合を含めて控えめな表現として》: 言い換え It's ~ kind *of* you. (=You're ~ kind.) 《本当に》どうもありがとうございます《☞ *of* 12》/ I am *not* ~ glad about this. 私はこのことをあまりうれしく思っていない(少々不満だ) / The book was none ~ easy. その本は少しもやさしくなかった / This painting is *not* ~ bad. この絵は悪くない(なかなかのものだ) // ☞ only too ... (1) (only 副 成句).

会話 "You look pale this morning, Bob." "I'm not (feeling) ~ well today."「ボブ, けさは顔色が悪いね」「きょうは気分があまりよくないんだ《実はかなり気分が悪い》」

語源 元来は to¹ の強調形.

àll tòo ... [副] (残念ながら)あまりにも...で: The party ended *all* ~ soon. パーティーはあっけなく終了した.

be tóo múch (of ...) ☞ much 代 成句.

cánnot dó tòo ☞ can¹ 成句.

nóne tòo ... ☞ none 副 成句.

ònly tóo ... ☞ only 副 成句.

tòo ... for — to dó —が...するには...すぎる, あまりにも...なので—できない: This skirt is ~ small *for* you to wear. (=This skirt is *so* small *that* you *cannot* wear it.) このスカートはあなたがはくには小さすぎる(はきすぎてあなたにははけない) 語法 too ... to 構文では不定詞の動詞の目的語(自動詞+前置詞の場合は前置詞の目的語)と文の主語が同一の場合, 目的語は省かれるが, so that の構文では省けないことに注意 // 言い換え It is ~ hot *for* me *to* work. (=It is *so* hot *that* I *can't* work.) 暑くてとても私には仕事ができない.

tòo múch sò [前述の状況をうけて] あまりにもその度合いが大きいので, それがあまりにひどくて [極端で].

tòo ... nòt to dó —しないには...すぎる, ...なので—できないことはない: He is ~ wise *not to* understand her motives. 彼は彼女の動機がわからないほどばかではない[賢いので動機がわからないことはない].

tòo ... to dó —するには...すぎる, あまりにも...なので—できない: 言い換え This rock is ~ heavy *to* move. (=This rock is *so* heavy *that* I *cannot* move it.) この石は重すぎて動かせない / 言い換え He was ~ tired *to* walk anymore. (=He was *so* tired *that* he *could not* walk anymore.) 彼はひどく疲れていてそれ以上歩けなかった.

***took** /túk/ 動 take の過去形.

***tool** /túːl/ 12 名 (~s /-z/) C **1** 道具, 工具 (for) (《類義語》: carpenter's ~s 大工道具 / garden ~s 園芸用具〔シャベル・くま手など〕). **2** 仕事上の必要なもの; 手段: These reference books are the ~s of my trade. この参考図書〔事典・辞書類〕が私の商売道具だ. **3** (悪者・主義などの)手先, お先棒 (of). **4** 《卑》ペニス (penis). ── 動 他 《革の表紙などに》押型で模様をつける; 〈...〉を道具で作る[細工する]. ── 自 《米略式》ドライブする (along, around). **tóol úp** 動 〈工場などに〉機械工具を備え付ける《生産開始のため》. ── 自 機械工具を備え付ける.

【類義語】tool 仕事を容易にするために手に持って使う小さい道具. 普通 台所用具には用いない. **instrument** 細かい正確な仕事をするための精巧な機具. **implement** 簡単な道具. 特に農耕具や園芸用品. **utensil** 持ち運びできる家庭用品, 特に台所用具. **device** 小さくて有益な装置. **gadget** 特殊な用途の小道具.

tóol bàr 名 C 《電算》ツールバー《アプリケーションウインドー上部に表示される, よく使う機能をボタンアイコンにして並べた部分》.
tóol·bòx 名 C 道具箱.
tooled /túːld/ 形 《革製品など》装飾を施された.
tóol kìt 名 C 工具一式.
tóol shèd 名 C 道具[工具]小屋.
toon /túːn/ 名 C 《略式》アニメ (cartoon).
too·nie /túːni/ 名 C 《カナダ略式》2ドル硬貨.

⁺**toot** /túːt/ 動 他 **1** 〈らっぱ・笛〉を吹く, 鳴らす;〈車の警笛〉を鳴らす《短く》. **2** 《米俗》〈コカイン〉をかぐ. ── 自 **1** 〈らっぱ・笛などが〉鳴る; 警笛が鳴る. **2** 《米俗》コカインをかぐ. **3** 《略式》おならをする. ── 名 **1** C 〈らっぱ・笛の〉短い音; 警笛. **2** U 《米俗》コカイン.

***tooth** /túːθ/ 名 (複 teeth /tíːθ/) **1** C 歯: a bad [decayed] ~ 虫歯 / a false ~ 入れ歯 / a front [back] ~ 前[奥]歯 / I had a ʳpulled (out) [《英》out]. 私は歯を1本抜いてもらった / Brush [Clean] your teeth and wash your face. 歯を磨いて顔を洗いなさい《寝る前のしつけ》.

─── コロケーション ───
cut a tooth 歯が生える
drill ...'s tooth 《歯科医が》...の歯を削る
extract [pull out, take out] a tooth 歯を抜く
fill a tooth 歯に詰め物をする
pick one's teeth 《指やつまようじで》歯をほじくる

2 C 〔普通は複数形で〕歯の形をした物《歯車・くし・くま手・のこぎりの歯など》. **3** C 《食べ物の》好み, 嗜好 (taste). **4** 〔複数形で〕威力, 強制力: have teeth 《法律・組織などが》強制力がある.

a tóoth for a tóoth 《聖書》for A 6 最後の例文. **báre one's téeth** 動 自 《怒って》歯をむき出す. **be like púlling téeth** 動 自 骨が折れる, 困難だ. **cást [thrów, flíng] ... in ─'s téeth** 動 他 《文》...のことで─を責める. **clénch [grít] one's téeth** 動 自 歯を食いしばる《怒りや苦痛を抑えるしぐさ》; 頑張る. **cút one's téeth on ...** 動 他 《で》《最初の経験として》...を手始めにする. **gét [sínk] one's téeth ínto ...** 動 他 (1) ...に食いつく. (2) 《略式》《やりがいのあることに》精力的に取り組む. **grínd one's téeth** 動 自 歯ぎしりする. (2) くやしい思いをする (over). **hàve a swéet tòoth** 動 自 《略式》甘いものが好き[甘党]だ. **in the téeth of ...** 前 (1) ...にもかかわらず; ...を物ともして. (2) 《風に》さからって. (3) 《嵐などの》威力にさらされて. **lóng in the tóoth** 形 《略式》年を取って, 古い. **sét [pút] ...'s téeth on édge** 動 他 ...をひどくいらだたせる;《ガラスをひっかく音などが》歯が浮くような感じを与える. **shów one's téeth** 動 自 歯をむき出す; 敵意を示す, 脅かす, 断固とした態度である. **súck one's téeth** 動 自 《英》上下の唇を吸い込むようにして合わせる《考えたり疑ったりするときのしぐさ》. **to the téeth** 副 寸分のすきもなく, 完全に. **tóoth and náil** 副 必死になって《☞ fight tooth and nail (fight 動 成句)》.

tóoth·àche 名 C,U 〔普通は単数形で〕歯の痛み, 歯痛: I have a bad ~. 歯が痛い / 関連 earache 耳の痛み / headache 頭痛 / stomachache 胃痛.
⁺**tóoth·brùsh** 名 C 歯ブラシ《☞ bathroom 挿絵》.
tóoth·còmb 名 C 《英》=fine-tooth comb.
toothed /túːθt, túːðd/ 形 **1** 歯のある. **2** 〔合成語で〕歯が...の: sharp-~ 鋭い歯の.
tóothed whále 名 C 歯鯨(くじら)《歯鯨亜目の鯨の総称》.
tóoth fàiry 名 C 歯の妖精《子供が抜けた乳歯を枕の下に入れておくと夜中に来てお金に換えてくれるという》.
tooth·i·ly /túːθɪli/ 副 歯を見せて.
tóoth·less 形 **1** 〔普通は A〕歯のない. **2** 《法律など》無力な.
⁺**tóoth·pàste** 名 U 練り歯磨き.
tóoth·pìck 名 C つまようじ.
tóoth pòwder 名 U,C 歯磨き粉.
tóoth·some /túːθsəm/ 形 **1** 《古風》おいしい. **2** 〔滑稽〕《人が》魅力的な.
tóoth·y /túːθi/ 形 (tooth·i·er, -i·est) 《笑いなどが》歯を見せた: a ~ smile [grin] 歯を見せた笑い.
too·tle /túːtl/ 動 《英略式》 **1** 《笛などを》緩やかに吹く (on). **2** 〔副詞(句)を伴って〕《古風》のんびりドライブする[行く].
too-too /túːtúː/ 《古風, 略式》形 副 行きすぎた[て], 度を超した[て].
toots /túts/ 名 C 《古風, 米》〔呼びかけで〕ねえちゃん.
toot·sie, toot·sy /tútsi/ 名 (toot·sies) C **1** S 《米》〔主に呼びかけで〕ねえちゃん. **2** 〔複数形で〕《小児・略式》あんよ《の指》.

***top**¹ /táp | tóp/ 《類音 tap》名 (~s /-s/) **1** C 〔普通は the ~〕《物の》**最上部**《反 bottom》; 頂上; 上段;《頁・地図などの》上部: We stood on the ~ of the mountain. 我々は山頂に立った / Your name is at the ~ (of the list). あなたの名前は《名簿の》一番上にある. 関連 mountaintop 山頂.
2 C 〔普通は the ~〕《食卓などの》**上面**, 表面; 表層(部), 《英》《牛乳の》クリーム状の上層;《米》《車・馬車などの》**屋根**, ほろ《英》hood): We put the skis on the ~ of our car. 私たちはスキーを車の屋根の上にのせた.
3 C 〔普通は the ~〕《草木などの》先端部, 《木のこずえ (treetop); 〔普通は複数形で〕《かぶ・にんじんなどの》葉の部分: The tree was so high that we could not get to the ~ of. 木は高いのでこずえまでは行けなかった.
4 C 〔普通は the ~〕最高位, 《地位などの》頂点;《クラスなどの》首位, トップ《反 bottom》: rise to the ~ トップになる / Helen is always the ~ of her class. ヘレンはいつもクラスでは首席だ. 日英比較 日本語では競走などの一番も「トップ」というが, 英語では first という. **5** C 《びんなどの》ふた, 《ペンなどの》キャップ, 栓: Please loosen the ~ of this thermos bottle. このポットの栓をゆるめてください. **6** C 《特に女性の》上半身に着る衣服《シャツ・ブラウスなど》; ツーピースの上部分. 《反 bottom》 **7** 〔単数形で〕《野》《回の表(おもて)》《反 bottom): the ~ of the sixth inning 6回の表. **8** U 《英》=top gear. **9** 〔(the) ~s〕《古風, 略式》最高の人物, 最上のもの《☞ tops》. **10** 〔the ~〕《主に英》《通り・庭・ベッドなどの》向こうの端 (of).

at the tóp of ... 前 (1) ...の最高の地位に[で], ...のいちばん上に[で]《☞ 1, 4》. (2) ...の最高で, ...を限りと: The boys were shouting [yelling] at the ~(s)

of their lungs [*voices*]. 子供たちはありったけの声を張り上げて叫んでいた.
be in tóp fórm 《米》=**be on tóp fórm** 《英》[動] 自 絶好調である.
be the tóps [動] 自 《古風, 略式》最高[一流]である.
blów one's tóp [動] 自 《略式》かんかんに怒る.
còme óut ˹on tóp [tóps] [動] 自 《略式》(人・組織・国などが戦い・論争などで)勝利を収める.
from the tóp [副] Ⓢ《歌・台本などの)最初から.
(from) tóp to bóttom [副] (場所・組織などの清掃・調査などを)上から下まで, 徹底的に.
gèt on tóp of ... [動] 他 《略式》(1) (仕事・問題などが)…の手に負えない. (2) (敵対者などを)なんとか支配[制圧]する; (仕事など)をうまくさばく[こなす].
nót hàve múch ùp tóp [動] Ⓢ《英》あまり頭がよくない.
òff the tóp of one's héad [副] 《略式》(事実を確認せず)その場で思いつきで, 即座に.
óne on tóp of the óther = **on tóp of òne anóther** [副] 次々と重ねて.
on tóp [副] (1) 上に (above). 《英》バスの2階部に. (2) 成功して, 他に抜きん出て; 支配して; 主導権を握って. (3) さらに, さらに. (4) 頭のてっぺんで[が].
on tóp of ... [13] [前] (1) …の上(部)に: pile the books *on ~ of* each other 本を次々と積み上げる. (2) …に加えて, (悪いことが)おまけに (besides). (3) …を管理して, うまくこなして: He is *on ~ of* his work. 彼は自分の仕事をやりこなしている. (4) (危険なもの・建物などが)…に非常に接近して, 迫って.
on tóp of the wórld [形] 《略式》(be, feel の後で)《略式》とても幸福[元気]で, ひどく得意になって.
òver the tóp [副・形] 《略式》目標[規定量]を超えて; 《略式, 主に米)度を越して (☞ over-the-top): go *over the ~* 目標[ノルマ]以上の成果をあげる, 遠慮なくやる, やりすぎる; 向こうみずなことをする.
púsh [pút] ... òver the tóp [動] 他《米》(試合などで)(人)を有利にする.
Thát's the tóp and bóttom of it. Ⓢ《英》それがすべてだ, 要するにそれだけのことだ.
the tóp of the táble [名] (食卓の)上座.
the tóp of the trée [名] 《英略式》最高の地位, 第一人者: be at the *~* of the tree 最高位にある.
—— [形] (highest), (最) 上位の, トップの (反 bottom): the *~* floor 最上階 / the *~* 20% 上位 20% / *~* left 左上 / at *~* speed 全速力で / Put the book on the *~* shelf. その本はいちばん上の棚に置いてください / This disc ˹is in [has made] the *~* ten. このレコードは(売り上げ)上位 10 位に入っている.
—— [動] (tops /~s/; topped /~t/; top·ping) 他 1 ⟨…⟩より優れる; ⟨…⟩を越える, 上回る: He topped all the others *in* mathematics. 数学ではだれも彼にかなわなかった / You can't ~ that! Ⓢ あれにはかなうまい / A rival company *topped* their offer [bid] by a million dollars. ライバル会社が彼らよりも百万ドル高い値をつけた.
2 [普通は受身で] ⟨…⟩の頂上を覆う; ⟨…⟩の上に振りかける: The mountain *is topped with* [*by*] snow. ＜V+O+受身＞山は雪におおわれている / The cake *was topped with* cream and pieces of fruit. ケーキにはクリームやフルーツのトッピングがしてあった.
3 (リスト・ヒットチャートなどの)トップとなる: The presidential election *~s* today's news. 大統領選挙がきょうのトップニュースだ / Her CD *topped* the charts for six weeks. 彼女の CD は6週間チャートのトップだった. 4 《文》⟨…⟩の頂上に達する; ⟨…⟩の頂にある. 5 ⟨木・果物などの)上部を切り取る: *~ and tail* 《英》(果物・野菜の)両端を切り落とす. 6 《英俗》⟨…⟩を縛り首にする; 殺す: *~ oneself* 自殺する.

to tóp it áll (óff) 【つなぎ語】Ⓢ あげくのはてに.
tóp óff [動] 他 (1) 仕上げる, (…で)首尾よく終える (*with*). (2) 《主に米》⟨タンクなどの)いっぱいにする; ⟨人⟩のグラスに(ビールなどを)なみなみつぎ足す (*with*).
tóp óut [動] 自 ⟨建物の)落成式をする. —— (数量的に)最高点に達する, 頭打ちになる (*at*). **tóp úp** [動] 他 《主に米》(1) …を十分に満たす (*with*). (2) = top off (3). (3) (必要な額まで)⟨…⟩に追加[補てん]する.

top² /táp | tɔ́p/ [名] Ⓒ こま: spin a ~ こまを回す.
sleep like a tóp [動] 自 《英》ぐっすり眠る. **spín like a tóp** [動] 自 急激に回転する; 目がまわる.
to·paz /tóʊpæz/ [名] Ⓤ,Ⓒ トパーズ, 黄玉(*おうぎょく*) (11 月の誕生石).
tóp banána [名] Ⓒ《俗》(組織・グループなどの)第一人者, 親玉; 主役.
tóp bráss [名] [the ~; 単数または複数扱い] 《略式》高級将校たち; 最高幹部, 高官 (全体).
†**tóp-cláss** [形] トップクラスの, 一流の.
tóp·còat [名] 1 Ⓒ,Ⓤ (仕上げの)上塗り. 関連 undercoat 下塗り. 2 Ⓒ《米》軽いオーバー; 《古風, 英》オーバー (overcoat).
tóp cópy [名] Ⓒ (複写に対して)原本.
tóp dóg [名] Ⓒ [普通は単数形で] 《略式》実力者, リーダー, 勝者(人・会社・国など).
tóp dóllar [名] Ⓤ《米》(支払われる)最高額.
tóp-dówn [形] 1 上意下達式の. 2 《英》全体から細部にいたる, すべてをカバーする.
tóp dráwer /-drɔ́ː|-drɔ́ː/ [名] [the ~] (社会の)トップクラス: be out of *the ~* 上流の出である.
tóp-dráwer /tápdrɔ́ː|tɔ́pdrɔ́ː˺/ [形] 《略式》トップクラス(の人)に属する).
tóp-dréssing [名] Ⓤ 表面に肥料を施すこと; Ⓒ (表面に施される)肥料, 石灰, 砂利 (*of*).
to·pee, to·pi /toʊpíː/ [名] Ⓒ (熱帯地用の)日よけ帽, 防熱ヘルメット (pith helmet).
To·pe·ka /təpíːkə/ [名] 固 トピーカ《米国 Kansas 州の州都》.
Tóp Énd [名] 固 [the ~] 《豪略式》Northern Territory の北部地方.
Tóp Énd·er [名] Ⓒ《豪略式》Top End に住む人.
Tóp 40 /-fɔ́ːti|-fɔ́ː-/ [名] 1 [the ~] トップフォーティー 《一定期間中の好売り上げポップス CD [レコード]40 曲》. 2 Ⓤ ポップス.
tóp géar [名] Ⓤ (車の)最高速ギヤ (top). **be in tóp géar** [動] 自 最高潮に達している.
tóp-gròss·ing [形] (映画が)一定期間内で興行収入トップの.
tóp gún [名] Ⓒ《米略式》第一人者.
tóp hát [名] Ⓒ シルクハット (《略式》topper).
tóp-héavy [形] 1 頭でっかちの; 不安定な. 2 (組織が)管理職が多すぎる.
to·pi /toʊpíː|toʊpí:/ [名] Ⓒ =topee.
to·pi·ar·y /tóʊpièri|-piəri/ [名] Ⓤ トピアリー《樹木を鳥・動物などの形に装飾的に刈り込む技術》; Ⓒ トピアリーした樹木[庭]; [形容詞的に] 装飾的に刈りこんだ.
***top·ic** /tápɪk|tɔ́p-/ [名] (~s /~s/; [形] tópical) Ⓒ 話題, 論題, トピック (☞ subject¹ 類義語): the *~ for* class discussion クラスでの討論会の題目 / Politics was the main ~ of their conversation. 政治が彼らの会話の主な話題だった.
***top·i·cal** /tápɪk(ə)l|tɔ́p-/ [形] ([名] topic) 1 今話題の, 問題の, 今関心を集めている: *~* issues like drug abuse, AIDS, and brain death 薬物乱用, エイズ, 脳死といった時事問題. 2 《医》(薬などが)局所用外の.
top·i·cal·i·ty /tàpɪkǽləti, tɔ̀p-/ [名] (-i·ties) 1 Ⓤ

話題性. **2** ⓒ [普通は複数形で] 時事的話題.
top·i·cal·ly /tápɪkəli | tɔ́p-/ 副 話題として.
tópic séntence 名 ⓒ 主題文《段落各単位中の中心となる考えを表わす文; しばしば第一文》.
tóp·knòt 名 ⓒ 1 (頭の頂の)毛の房, 束; (鳥の)冠毛; (人の)まげ; (女性の頭の)ちょう結びのリボン.
†**tóp·less** 形 (女性の(水着・衣服)が)胸を露出した, トップレスの; (ショーなどが)トップレスの女性が出る: a ~ bar トップレスバー. ── 副 胸をあらわにした状態で.
tóp-lével 形 A 最高首脳の, トップレベルの.
tóp·lòfty 形 《米俗式》《態度などが》高慢な.
tóp·màst 名 ⓒ 《海》トップマスト.
tóp·mòst 形 A (位置・地位などが)いちばん上の, 最上の, 最高の.
tóp-nótch 形 《略式》第一級の, 最上の, 最優秀の.
tóp-of-the-líne, 《主に英》**-the-ránge** 形 A 《略式》(同種製品の中で)最高品質の.
to·pog·ra·pher /təpágrəfə | -pɔ́grəfə/ 名 ⓒ 地形学者; 地誌作者.
to·po·graph·i·cal /tàpəgrǽfɪk(ə)l | tɔ̀p-⎯/ 形 地形(学)上の. **~·cal·ly** /-kəli/ 副 地形(学)的に.
to·pog·ra·phy /təpágrəfi | -pɔ́g-/ 名 (**-ra·phies** /~z/) ⓒ [普通は単数形で] 地勢 (of); ⓤ 地形学; 《国や社会の》情勢.
top·o·log·i·cal /tàpəládʒɪk(ə)l | tɔ̀pəlɔ́dʒ-⎯/ 形 《数》位相的な, トポロジーの.
to·pol·o·gy /təpáləʤi | -pɔ́l-/ 名 ⓤ **1** 《数》位相, 位相数学(幾何学), トポロジー. **2** 《電算》トポロジー《ネットワークのケーブル接続の形態》.
top·per /tápə | tɔ́pə/ 名 ⓒ 《略式》=top hat.
†**tóp·ping** 名 ⓤⓒ 《食べ物の上にかける[のせる]もの, トッピング《ソースなど》. ── 形 《古風, 英略式》すばらしい.
top·ple /tápl | tɔ́pl/ 動 自 ぐらつく; 倒れる (over). ── 他 **1** ぐらつかせる. **2** 《政府など》を倒す.
tóp-ránking, -ránked 形 A 最高位の, 一流の.
tóp-rated 形 《略式》(非常に人気のある); 最高級の.
tóp rònd 名 ⓤ 《米》牛のもも肉 《英》topside).
tops /táps | tɔ́ps/ 形 P 《略式》一流の, 最高の. ── 副 [数量の後につけて] Ⓢ 《英》最高で…: £200 ~ 最高で200ポンド.
top·sail /tápseɪl, -s(ə)l | tɔ́p-/ 名 ⓒ 《海》トップスル《トップマスト (topmast) の帆》.
tóp-sécret 形 《情報・活動が》極秘の: a ~ mission 極秘任務.
tóp·side 名 **1** ⓤ 《英》牛のもも肉の上部《上等な肉とされる》《《米》top round). **2** ⓒ [普通は複数形で] 《海》《喫水線より上の》上部船側(側); 《船の》デッキ. ── 副 [時に ~s] 《海》デッキ上で[へ].
tóp·sòil 名 ⓤ 表土《土壌の表面または上部》. 関連 subsoil 下層土.
tóp·spìn 名 ⓤ トップスピン, 順回転《打球に与える前進回転》.
top·sy-tur·vy /tápsitə́ːvi | tɔ́psitə́ːvi⎯/ 《略式》形 めちゃくちゃで[さかさまに]: fall ~ 頭から落ちる. ── 形 めちゃくちゃの; 良い点も悪い点もある.
tóp táble 名 ⓒ 《英》《宴会などの》メインテーブル《《米》head table》.
tóp tén 名 [the ~; 複] トップテン《CDなどの売り上げ上位10位》.
†**tóp-ùp** 名 ⓒ **1** 《英》《飲み物の》お代わり. **2** 上積み, 付加.
toque /tóʊk | tɔ́ʊk/ 名 ⓒ 《カナダ》=stocking cap.
tor /tɔ́ə | tɔ́ː/ 名 ⓒ 岩山の頂.
To·rah /tɔ́ːrə/ 名 [the ~] (ときに The t-] **1** 《ユダヤ教》トーラ(全律法). **2** 《聖》モーセの五書.
*****torch** /tɔ́ətʃ | tɔ́ːtʃ/ 名 (**~·es** /~ɪz/) ⓒ **1** 《主に英》懐中電灯《《米》flashlight》: turn on a ~ 懐中電灯をつける / shine a ~ on … 懐中電灯で…を照らす.

torsion 1881

2 トーチ, 聖火; たいまつ《☞ statue 写真》: carry the Olympic ~ オリンピックの聖火を持ち運ぶ / kindle a ~ トーチに火をつける. **3** 《知識・文化の》光: the ~ of learning 学問の光. **4** 《主に米》=blowtorch. 語源 ラテン語で「ねじれたもの」の意; torsion, torture と同語源. **cárry a [the] tórch for …** 動 他 《古風》…に片思いをしている. **cárry the tórch** 動 自 《主義・運動などを》擁護する《*for*, *of*》. **páss (òn) the tórch to …** 動 他 《職・思想などを》《人》に引き継ぐ, 託す. **pút … to the tórch** 動 他 《…》に火をつける, 放火する.
── 動 他 《略式》[主に新聞で] 《建物・車などに》放火する.
tórch·bèarer 名 ⓒ たいまつ持ち; 啓蒙家.
tórch·lìght 名 ⓤ たいまつ[《英》懐中電灯]の明かり.
tórch sìnger 名 ⓒ torch song の歌い手.
tórch sòng 名 ⓒ 片思いの歌.

*****tore** /tɔ́ə | tɔ́ː/ 《類音 toe》動 **tear¹** の過去形.

tor·e·a·dor /tɔ́ːriədɔ̀ə | tɔ́ːriədɔ̀ː/ 《スペイン語から》名 ⓒ (特に馬に乗る)闘牛士《☞ picador》.
†**tor·ment¹** /tɔ́ːment | tɔ́ː-/ ★ 動詞の torment² とのアクセントの違いに注意. 名 (**tor·ments** /-ments/) **1** ⓤ また複数形で] (激しい精神的または肉体的)苦痛, 苦悩: suffer mental ~ 精神的な苦痛をこうむる. **2** ⓒ [普通は単数形で] 苦痛の種, やっかい者. **in tórment** 形・副 苦しんで.
†**tor·ment²** /tɔːmént | tɔː-/ ★ 名詞の torment¹ とのアクセントの違いに注意. 動 他 **1** 《…》を激しく苦しめる: The soldiers *were* ~*ed* *by* [*with*] hunger and thirst. 兵士たちは飢えと渇きで苦しんだ. **2** 《…》を悩ます, いじめる; 《人》を《…で》困らせる《*with*》: Stop ~*ing* your mother for new dresses! 新しい服をねだってお母さんを困らせるのはやめなさい.
tor·men·tor /tɔːméntə | tɔː-méntə/ 名 ⓒ 苦しめる人; 悩ます物.

*****torn** /tɔ́ən | tɔ́ːn/ 《類音 tone》動 **tear¹** の過去分詞.

tor·na·do /tɔːnéɪdoʊ | tɔː-/ 名 (**~(e)s**) ⓒ 大竜巻《特に米国中部に起こるもの》《twister》; 暴風.
To·ron·to /təránṭoʊ | -rɔ́n-/ 名 トロント《カナダ Ontario 州の州都; ☞ 表地図 I 3》.
†**tor·pe·do** /tɔːpíːdoʊ | tɔː-/ 名 (**~es**) ⓒ 水雷, 魚雷, 機雷. ── (**-does**; **-doed**; **-do·ing**) 他 **1** 水雷[魚]雷で《…》を攻撃[破壊]する; 《…》に水雷を発射する. **2** 《計画・交渉などを》挫折($\frac{z\cdot}{\rightarrow}$)させる.
torpédo bòat 名 ⓒ 魚雷艇.
tor·pid /tɔ́ːpɪd | tɔ́ː-/ 形 《格式》**1** 不活発な, 無気力な, ものうい. **2** (動物が)冬眠状態の.
tor·pid·i·ty /tɔːpíḍəṭi | tɔː-/ 名 ⓤ =torpor.
tórpid·ly 副 《格式》不活発に, 無気力に.
tor·por /tɔ́ːpə | tɔ́ːpə/ 名 ⓤ [または a ~] 《格式》不活発, 無気力; 無感覚, 冬眠状態.
torque /tɔ́ək | tɔ́ːk/ 名 ⓤ 《物理》トルク, 回転力.
†**tor·rent** /tɔ́ːrənt | tɔ́r-/ 名 ⓒ **1** 急流, 激流; ほとばしる水; [複] 土砂降りの雨 ~*s*. a rushing ~ 怒り狂った流れ / The rain is falling *in* ~*s*. 雨は滝のように降っている. **2** (批判・抗議などの)連発, (感情などの)ほとばしり: a ~ of abuse 口をついて出る悪口. 語源 ラテン語で「激しい暑さ」の意味から一般に「激しいもの[流れ]」の意味になった.
tor·ren·tial /tɔːrénʃəl | tər-/ 形 急流[激流]のような; 激しい, 激しい: a ~ downpour 豪雨.
tor·rid /tɔ́ːrɪd | tɔ́r-/ 形 **1** 《文》《焼けるように》暑い, 酷暑の. **2** 《情事が》熱烈な, 官能的な. **3** 《英》多難な: a ~ time 難局. **~·ly** 副 暑く (情熱的に).
tórrid zòne 名 [the ~] 熱帯《☞ zone 挿絵》.
tor·sion /tɔ́əʃən | tɔ́ː-/ 名 ⓤ 《機》ねじり, ねじれ, ねじ

り力, トーション《☞ torch 語源, torture 語源》.

†**tor·so** /tɔ́ːrsou | tɔ́ː-/ 名 (~s) C **1** トルソー《頭や手足のない裸身の彫像》. **2** 《人の》胴体.

tort /tɔ́ːrt | tɔ́ːt/ 名 C,U 《法》《民事訴訟の対象になる》不正行為, 権利侵害.

tor·te /tɔ́ːrtə, tɔ́ːrt | tɔ́ːt/ 名 (~s, tor·ten /tɔ́ːrtn | tɔ́ː-/) C トルテ《パン粉に卵, 砂糖, クルミなどを加えて作るケーキ》.

tor·tel·li·ni /ˌtɔːrtəlíːni | ˌtɔː-/ 《イタリア語から》名 U トルテッリーニ《詰めものにした三日月形の生地をねじって両端を合わせたリング形のパスタ》.

tor·til·la /tɔːrtíːjə | tɔː-/ 名 C,U トルティーヤ《薄くて丸いうちろこしパン》《メキシコ人の主食》.

tortilla chips 名[複] トルティーヤチップス《トルティーヤをポテトチップスのように揚げたもの》.

†**tor·toise** /tɔ́ːrtəs | tɔ́ː-/ 名 C **1** かめ《特に陸生《淡水》のもの, ☞ turtle》. **2** のろまな人[物].

Tórtoise and the Háre 名 [The ~] 「うさぎとかめ」《イソップ寓話》.

tor·toise·shell /tɔ́ːrtəs(ʃ)èl | tɔ́ː-/ 名 **1** U べっこう《に似せた素材》. **2** U べっこう色; [形容詞的に] べっこう(色)の. **3** C 三毛猫. **4** C ひおどしちょう.

tor·tu·ous /tɔ́ːrtʃuəs | tɔ́ː-/ 形 **1** 〈道·流れなど〉曲がりくねった. **2** 《普通は軽蔑》率直でない;〈議論·政策など〉回りくどい, 手の込んだ. **~·ly** 副 曲がりくねって; 回りくどく. **~·ness** 名 U 曲がりくねり; 回りくどさ.

tor·ture /tɔ́ːrtʃər | tɔ́ː-/ 13 名 (~s | -z/) **1** U,C 拷問《の方法》; [形容詞的に] 拷問の: The prisoner was subjected to ~. その囚人は拷問にかけられた / The prisoner confessed under ~. その囚人は拷問にかけられて自白した / a ~ chamber 拷問部屋. **2** U,C ひどい苦しみ, 苦痛, 苦悩 (of): This work was ~ for all of us. この仕事は私たちのすべてにとって大変つらいものだった. 語源 ラテン語で「ねじること」の意; torch, torsion と同語源.

— 動 (tor·tures /tɔ́ːrtʃərz/, tor·tured /-d/, tor·tur·ing /-tʃ(ə)rɪŋ/) 他 《感情などが》〈人〉をひどく苦しめる, 〈人〉を(…で)さいなむ (by, with); 〈人〉を拷問にかける: The problem ~d the chief. その問題は主任をひどく苦しめた / Some prisoners were ~d 'to death [into confessing]. <V+O+to+名 [into+動名]の受身> 捕虜の中には拷問にあって死んだ[自白した]者もいた.

tor·tured /tɔ́ːrtʃəd | -tʃəd/ 形 **1** 苦痛[苦悩]に満ちた. **2** ねじまげられた. **3** =tortuous 2.

tor·tur·er /tɔ́ːrtʃərə | tɔ́ːtʃərə/ 名 C ひどい苦しみを与える人; 拷問にかける人.

tor·tur·ous /tɔ́ːrtʃ(ə)rəs | tɔ́ː-/ 形 拷問のような, ひどく苦しい, 苦痛の.

***To·ry** /tɔ́ːri/ 名 (To·ries /~z/) C **1** 《現在の》英国の保守党員. 【英史】トーリー党員, 王党員; [the Tories] 保守党, トーリー党, 王党《☞ Whig》. **2** 《米史》《独立戦争当時の》英国派. **3** [しばしば t-] 保守主義者.
— 形 保守党の; 保守主義の.

To·ry·is·m /tɔ́ːriɪzm/ 名 U 保守[トーリー]主義.

Tóry Pàrty 名 [単数形で] 英国保守党《の別名》.

Tos·ca·ni·ni /ˌtɔːskəníːni | ˌtɔs-/ 名 **Ar·tu·ro** /ɑːrtʊ́ərou | ɑːtʊ́ərə/ ~ トスカニーニ (1867-1957)《イタリア人の指揮者》.

tosh /tɑ́ʃ | tɔ́ʃ/ 名 U 《古風, 英略式》たわごと.

***toss** /tɔ́ːs | tɔ́s/ 動 (toss·es /~ɪz/; tossed /~t/; toss·ing) 他 **1** 〈…を〉《軽く》投げ上げる, ひょいと投げる《上または横に軽く投げる; ☞ throw 類義語》;〈雄牛が角で〉〈人〉を突き上げる [言い換え] Tom ~ed a ball to his dog.<V+O+to+名·代>=Tom ~ed his dog a ball. <V+O+O> トムは犬にボールをぽいと投げてやった (☞ to¹ 3 語法).

2《枝·花などを》上下[左右, 前後]に揺らす, 激しく揺らす: The boat was ~ed up and down by the waves.<V+O+副の受身> ボートは波のためにもみくちゃに揺れた. **3**〈硬貨〉を投げて《決める》《表か裏かで物事を決める; ☞ 自 3, Heads or tails? (head 名 成句)》. **4**《球》《ドレッシングをかけて》〈サラダなど〉を軽くかき混ぜる (with);《英》〈ホットケーキなど〉を《フライパンで》裏返す,《米》〈材料〉を放り込む: ~ a salad (in dressing) サラダにドレッシングがよく混ざるようにかき混ぜる. **6**〈頭〉を急に起こす;〈髪〉をはねのける: Helen ~ed her head [hair] (back) and walked off. ヘレンは頭をぐいと後ろへそらして[髪を振り払って]出ていった《怒り·敵意などのしぐさ》. **7**《略式》〈不要な物〉を捨てる, 処分する.

— 自 **1** 転げ回る, 寝返りを打つ, のたうち回る: The patient was ~**ing about** in his sleep. <V+about> 病人は就寝中盛んに寝返りを打った.

2 上下[左右, 前後]に揺れる, 動揺する: We saw the boat ~ing on the stormy sea. その船が荒れた海で揺れているのが見えた. **3** 硬貨を投げて表か裏かで決める: There was only one ticket left, so they ~ed (up) for it. 切符は1枚しか残っていなかったので彼らはそれをとるのに硬貨を投げて決めた.

toss and túrn [動] 寝返りをうつ.

---
toss の句動詞

tóss abóut [動] = toss around.

tóss aróund [動] 他 **1**〈…〉をほうり投げる: ~ a ball around ボールをほうり投げる. **2**〈…〉を《上下に》揺さぶる. **3**〈考えなど〉を口に出す. — 自 《上下に》揺れる; 寝返りを打つ.

tóss báck [動] 他 《略式》〈酒〉をぐいと飲む, あおる.

tóss ... for — [動] 他 —をどちらが取るか〈…〉と硬貨を投げて決める (☞ 自 3).

tóss ín [動] 他 《略式》《他の物といっしょに》〈…〉を入れる, 追加する.

tóss óff [動] 他 **1** 《略式》〈記事など〉をさっと書き上げる. **2** 《略式》〈人〉を追い出す. **3** 《古風》〈…〉をひと息に飲み干す. **4** 《英卑》〈…〉に手淫《しゅ》をしてやる. — 自 《英卑》自慰《しゅ》をする.

tóss óut [動] 他 《略式》 **1** 〈不要な物〉を捨てる. **2** 〈人〉を追放する. **3** 〈計画など〉を提案する.

— 名 (~·es /~ɪz/) **1** C [普通は単数形で] ほうり上げること, 揺れ, 動揺;《頭などを》ぐいと後ろへそらすこと. **2** [the ~] 硬貨を投げて決めること: decide by the ~ of a coin 硬貨を投げて決める / We won [lost] the ~. 硬貨を投げての賭けに勝った[負けた]. **3** C 落馬: take a ~ 落馬する. **árgue the tóss** [動] 《英略式》決着したことに文句をつける. **nót gíve [cáre] a tóss** [動] 《英略式》ちっとも気にしない (about, for).

tóssed sálad 名 C,U トスサラダ《ドレッシングをかけて混ぜ合わせた野菜サラダ》.

toss·er /tɔ́ːsə | tɔ́sə/ 名 C S 《英卑》[差別] まぬけ, いやなやつ.

tóss-ùp 名 C **1** [普通は単数形で] コインを投げて決めること. **2** [a ~] 《略式》どちらにするか迷う選択; 五分五分, 互角の勝負[形勢] (between).

tos·ta·da /toʊstɑ́ːdə/, **-do** /-doʊ/ 《スペイン語から》名 (複 ~s) C トスターダ《パリパリに揚げた tortilla に肉や具を載せたもの》.

†**tot¹** /tɑ́t | tɔ́t/ 名 C **1** 《略式》小児: a tiny ~ ちび助. **2** 《主に英》《特に酒の》1杯, ひと口.

tot² /tɑ́t | tɔ́t/ 動 (tots; tot·ted; tot·ting) [次の成句で] **tót úp** [動] 《略式, 主に英》〈…〉を合計する. — 自 合計して…となる (to).

****to·tal** /tóuṭl/ [T1] [名] (~s /~z/) [C] **総計, 合計; 総額:** The ~ of the dead and the missing is seventy. 死者と行方不明者の合計は 70 名だ《☞ the[1] 3》/ They offered to pay half, but I paid the ~. 彼らは半分払うといったが, 私が全部払った.

a (gránd) tótal of ... [複数扱い] (最終)合計…の: *A ~ of* 50,000 people visited the fair yesterday. 昨日は合計 50,000 人がその博覧会に訪れた. [語法] a grand total of …は滑稽な言い方では合計額[数]の少ない場合にも用いる. **in tótal** [副] 全部で, 合計で: *In ~*, 118 people attended the meeting. 集会への参加者は合計 118 名だった.

— [形] ([名] totálity) **1** [A] **全体の, 総計の, 総…** (反 partial)《☞ whole 類義語》: the ~ cost 総生産原価 / Our ~ sales for this year are up twenty percent from [over] last year. 今年の総販売量は昨年より 20 パーセント増だ. [関連] sum total 合計.

2 [普通は [A]] **全くの, 完全な** (complete): ~ darkness 真っ暗やみ / a ~ failure 完全な失敗 / The man was a ~ stranger. その男は赤の他人だった.

— [動] (to·tals /~z/; to·taled, 《英》 to·talled /~d/; -tal·ing, 《英》 -tal·ling) [自] **合計…となる, 総計…となる:** The cost *~ed up to* a month's salary. <V+*up to*+名·代> 費用は 1 か月の給料分にも及んだ.

— [他] **1** 〈…〉を**合計する:** He *~ed* (*up*) all the expenses. 彼はすべての費用を合計した.

2 合計〈…〉と**なる:** Our losses *~ed* 230 men. 死傷者は合計 230 名となった. **3** 《米略式》〈車など〉をめちゃめちゃにこわす.

+to·tal·i·tar·i·an /toutæ̀lətéə(ə)riən←/ [形] 全体主義の. — [名] [C] 全体主義者.

to·tal·i·tar·i·an·is·m /toutæ̀lətéə(ə)riənìzm/ [名] [U] 全体主義.

to·tal·i·ty /toutǽləṭi/ [名] (-i·ties; [形] tótal) [U,C] 《格式》 **1** (全体の)完備, 完全: accept a plan in its ~ 計画をそっくり受け入れる. **2** [しばしば the ~] 総計, 総額 (*of*).

to·tal·i·za·tor /tóuṭələzèɪṭə | -tə/ [名] [C] 《英格式》〘競馬〙賭(か)け率標示器 (《略式》 tote).

***to·tal·ly** /tóuṭəli/ [副] **1 全く**, すっかり (completely)《☞ very[1] 囲み》: We were ~ defeated. 我々は完敗した. **2** [否定文で] 全く…であるというわけではない《部分否定を表わす》: My aunt is *not* ~ blind. 私のおばは全く目が見えないというわけではない. **3** [感嘆詞的に] Ⓢ《俗》全く(同感)だ, そのとおり.

tótal negátion [名] [U,C] 〘文法〙 全部否定《☞ partial negation [文法]》.

tote bag

Tótal Quálity Mànagement [名] [U] 総合的品質管理 (《略》 TQM).

+tote[1] /tóut/ 《略式》 [動] [他] 《主に米》〈…〉を持ち運ぶ[歩く], 背負う (*along, around*); 〈けん銃など〉を携行する. — [名] [C] 《米》 =tote bag.

tote[2] /tóut/ [名] 《略式》 **1** [C] =totalizator. **2** [the ~] totalizator に基づく賭け. — [動] [他] 《米》 =total 1.

tóte bàg [名] [C] 《米》 大型(手さげ)バッグ.

+to·tem /tóuṭəm/ [名] [C] **1** 〘文化人類学〙 トーテム《主に北米の氏族が守護神として世襲的に礼拝する自然物や動物》. **2** トーテム像; 崇拝の対象.

to·tem·ic /toutémɪk/ [形] トーテム(信仰)の.

tótem pòle [名] [C] トーテムポール.

totem pole

a lów mán on the tótem pòle [名] 《米》 下っ端.

t'oth·er /tʌ́ðə | -ðə/ [形] [代] 《方言》 または [滑稽] =the other.

toto ☞ in toto.

+tot·ter /táṭə | tɔ́tə/ [動] (-ter·ing /-ṭərɪŋ, -trɪŋ/) [自] **1** [副詞(句)を伴って] よろめく, よちよち歩く. **2** (建物·組織·経済などが)ぐらつく. — [名] [C] ぐらつき, よちよち歩き.

tot·ter·y /táṭəri | tɔ́t-/ [形] よろよろの; 不安定な.

tot·tie, -ty /táṭi | tɔ́ti/ [名] [U,C] 《英略式》 [性差別] 女(の子)(たち), いい女.

tou·can /túːkæn/ [名] [C] おおはし《巨大なくちばしをもち羽が美しい鳥; 南米熱帯産》.

****touch** /tʌ́tʃ/ [動] (touch·es /~ɪz/; touched /~t/; touch·ing) [他]

「触れる」1 →(軽く触れる)→「軽くたたく」2 / →「手をつける」6
→(届く) →「達する」3
→(触れて影響を及ぼす) →「害を及ぼす」4 / →「気持ちを動かす」5

1 〈…〉を**触(さわ)る,** (欲情·親愛を込めて)触(ふ)れる; 〈…〉に接触する, 〈…〉を(他に)接触させる (*to*): I *~ed* his hand. 私は彼の手に触った / Please do not ~ the exhibits. 展示品に手を触れないでください《展示会などの注意書き》/ [言い換え] Jane *~ed* me *on the* shoulder. <V+O+*on*+名> =Jane *~ed* my shoulder. ジェーンは私の肩に手を軽く触れた《☞ the[1] 2 [語法]》/ The boy *~ed* the bug *with* the tip of his pencil. <V+O+*with*+名·代> 少年は鉛筆の先でその虫に触れた.

2 〈…〉を**軽くたたく** (pat), 軽く押す; 軽い筆づかいで描く: The girl *~ed* a key of the computer *with* her finger. <V+O+*with*+名·代> その少女は指でコンピューターのキーを軽くたたいた.

3 《主に英》〈ある水準·数値など〉に**達する**, 届く (reach); [普通は否定文·疑問文で] 〈…〉に**匹敵する**, かなう: The tower seems to ~ the clouds. その塔は雲に届くかと思われるほどだ / *No* one can ~ her for [in] elegance. 優雅さで彼女にかなうものはいない.

4 〈作物など〉に**害を及ぼす**, 傷(いた)める (harm); 〈人〉に手を出す《殴るなど》, つかまえる, 〈物〉をいじくる: The apple blossoms *were ~ed by* frost. <V+O の受身> りんごの花が霜で傷んだ / This tax increase won't ~ the rich. この増税は金持ちにはこたえないだろう.

5 〈…〉の**気持ちを動かす**, 感動させる (move), 心を痛める; 〈…〉の感情を害する, 怒らせる: His sad story *~ed* her heart. 彼の悲しい話は彼女の心を動かした / We *were* greatly [very] *~ed by* his words. <V+O の受身> 私たちは彼のことばに非常に感動した.

6 [普通は否定文で]〈飲食物〉に**手をつける**, 〈金など〉に手をつける: I *never* ~ beer. 私はビールは全然飲まない / She felt so sad that she did *not* ~ her supper. 彼女はひどく悲しんで夕食に手をつけなかった.

7 [否定文·疑問文で] 〈事業·問題など〉に手を出す, 手をつける; 手入れをする; 《格式》〈人·物事〉に**関係する**, 係わる: How does this problem ~ me? この問題は私にどう関係があるのか.

8 〈…〉と(境を)**接する:** The two countries ~ each other at one point. その 2 国は 1 か所で隣接している.

9 〈…〉に**影響する:** The depression *~ed* almost everyone. 不況はほとんど全ての人に影響があった.

10 [普通は受身で] 〈…〉に(性質を)**帯びさせる:** Her hair *is ~ed with* gray. 彼女の髪はしらがまじりだ.

11 (表情が)〈顔〉に浮かぶ.

— [自] **触れる, 触る, 接触する; 境を接する:** Please

T

don't ~. 触れないでください《注意書きなど》/ Be careful that these two wires don't ~. この2本の電線が接触しないように注意しなさい.

I wóuldn't tóuch ... with a 'tén-foot póle [《英》bárge póle] 《略式》私は〈人・物事〉に全く関わりたくない,〈…〉はまっぴらだ.

――― **touch の句動詞** ―――
tóuch at [動] 自〈船に〉立ち寄る.
tóuch dówn [動] 自 **1** 〈飛行機・宇宙船が〉着陸する. **2**《アメフト・ラグ》タッチダウンする《⇨ touchdown》.
tóuch ... for ― [動] 他《英略式》〈…〉から―を借りる〈巻き上げる〉.
tóuch ín [動] 他〈細部などを〉書き入れる, 加筆する.
*__tóuch óff__ [動] 他 **1**〈小さな事件が〉〈大きな事件〉を引き起こす: A small incident can ~ off a war. 小さな事件が戦争を誘発することがある. **2**〈銃砲〉を発射する, 撃つ,〈爆発物〉を爆発させる.
*__tóuch on [upón] ...__ [動] 他〈ことばで〉〈…〉に(簡単に)触れる, 言及する《受身 be touched on [upon]》: Incidentally, I should like to ~ on [upon] the problem of world peace. ついでながら世界平和の問題にちょっと触れてみたいと思う.
tóuch úp [動] 他 **1**〈絵・写真・化粧など〉を修正する, 直す,〈作品など〉に最後の手を加えて仕上げる.〈作品〉に最後の手を加えて仕上げる. **2**《英略式》〈特に女性〉の体に無作法にさわる, 痴漢行為をする.

―― 名 (~・es /-ɪz/) **1** C [普通は単数形で] 触れること, 接触; 軽くたたく[押す]こと: at [with] the (slightest) ~ of a button ボタンに(ちょっと)触れるだけで/ I felt a light ~ on my shoulder. 私の肩にだれかがちょっと触ったのを感じた.

2 [U] または a ~] 手触り, 感触; 触覚: the sense of ~ 触覚 / the smooth ~ of leather 革の滑らかな手触り.
3 [単数形で] 筆法, 筆致; 演奏ぶり, (楽器の)タッチ;〈芸術家などの〉手法, 独自の能力, 腕前 (for);〈物事の〉やり方, 手際: This painting really shows the ~ of a master. この絵には巨匠の腕が見える / The Pianist has an excellent ~. そのピアニストのタッチは見事だ / She seems to be regaining her ~. 彼女は(以前の)腕前が戻ってきたようだ // ⇨ common touch.

4 C (追加の)仕上げ, 一筆, ちょっと手を加えること; 加筆: He's put [added] the final [finishing] ~(es) to his work. 彼は作品に最後の[仕上げの]筆を入れた / Your book needs a few more humorous ~es. あなたの本にはもう少しユーモアが必要だ.

5 [a ~] (…の)気味, ごく少量(の…) (bit); (…の)気配; (病気の)軽い発病, 症状: This salad needs a ~ of pepper. このサラダはちょっとこしょうが足りない / have a ~ of the sun (=have slight sunstroke) 軽い日射病にかかる / 《会話》"How are you?" "Not so well. I have a ~ of the flu."「いかがですか」「あまり調子よくありません. かぜぎみです」.

6 [a ~] [形容詞・副詞の前で副詞的に用いて] 少し, ちょっと: This soup needs a ~ more salt. このスープはもう少々塩が必要だ.

7 U 連絡, 交渉 (主に成句で用いる).
8《ラグ・サッカー》タッチ(ピッチの外).
9 C 《俗》金を無心すること: ⇨ soft touch.

at a tóuch [副] ちょっと触れるだけで.
be in tóuch [動] 自(手紙・電話などで)連絡している[する]: I must be going now. I'll *be in* ~. もう行かなくちゃ. また連絡します.
be in tóuch with ... [動] 他〈…の事情〉に通じている; …と接触している, ~連絡している; …と付き合っている: They are not *in* ~ *with* public opinion. 彼らは世論の動向を知らない.

be òut of tóuch [動] 自事情[世情]に通じていない, 連絡しないでいる.
be òut of tóuch with ... [動] 他〈…の事情〉に通じていない; …と接触[連絡]しないでいる: The government *was out of* ~ *with* popular sentiment. 政府は国民感情にうとくなっていた.
gèt in tóuch with ... [動] 他 (1) 〈手紙・電話などで〉…に連絡する, …と連絡をとる [言い換え] I'll *get in* ~ *with* you by telephone. (=I'll contact you by telephone.) 君に電話で連絡しよう. (2)《主に米》〈自分[他人]〉に気づく, …を理解する.
in tóuch [形・副] 〈人と〉接触している; 〈物事に〉通じている (with).
kéep in tóuch [動] 自(手紙・電話・訪問などで)(…と)接触[連絡]を保つ; (…の)事情に通じている (with): Keep in ~! また連絡[お便り]をください.
lóse one's tóuch [動] 自[普通は進行形で] 上手でなくなる, 腕が落ちる.
lóse tóuch with ... [動] 他〈…との連絡が(次第に)途切れる, …の事情に疎(2)くなる.
pút ... in tóuch with ― [動] 他〈…〉に―と連絡をとらせる, (接触できるように)〈…〉に―を紹介する.
to the [...'s] tóuch [副] 触れてみて: This cloth is soft *to the* ~. この布は手触りが柔らかい.

tóuch and gó [名] 不確かなこと; きわどい状態.
tóuch-and-gó [形] 《略式》不確かな, 不安定な; 一触即発の, きわどい, 微妙な: a ~ situation 一触即発の情勢. ――[C]《空》タッチアンドゴー (一瞬着地してすぐに上昇する発着訓練).
tóuch・báck [名] C 《アメフト》タッチバック《自陣エンドゾーンでボールをダウンすること》.
†**tóuch・dòwn** [名] C **1** 《飛行機・宇宙船の》着陸. **2** 《アメフト》タッチダウン《ボールキャリアが敵陣のゴールラインを越えること; 6点の得点となる》;《ラグ》タッチダウン.
tou・ché /tuːˈʃeɪ; tuːʃeɪ/ 間《フランス語から》**1** 〔滑稽に〕〈議論に〉その通り, 参った. **2** 《フェン》突きあり.
touched /tʌtʃt/ 形 **1** 心を打たれた (by; to do; that). **2**《略式, 古風》少々気がふれた.
tóuch fóotball [名] U 《米》タッチフットボール《アメフトの一種でタックルの代わりに触れを用いるもの》.
touch・i・ly /ˈtʌtʃəli/ 副 短気[神経質]に.
touch・i・ness /ˈtʌtʃinəs/ [名] 短気, 神経質.
*__tóuch・ing__ [形] 人を感動させる, 痛ましい, いじらしい. ――前 …に関して (concerning). **~・ly** 副 感動的に, いじらしく.
tóuch jùdge [名] C 《ラグ》線審.
†**tóuch・lìne** [名] C 《主に英》(サッカーなどの)タッチライン, 側線 (sideline) (⇨ goal line).
tóuch-me-nòt [名] C 鳳仙花(ほうせんか).
tóuch・pàd [名] C タッチパッド《触れるだけで電子機器を遠隔制御できる携帯用操作盤》.
tóuch・pàper [名] C (花火などの)導火紙.
tóuch scrèen [名] C 《電算》タッチスクリーン《指で触れて操作する表示画面》.
tóuch-sénsitive 形 《電算》〈入力装置などが〉指でさわると働く.
tóuch・stòne [名] C **1** 試金石. **2** (判断の)基準, 尺度, 標準, (人や物の)真価を試す方法 (of).
Touch-Tone /ˈtʌtʃtoʊn, -tòʊn/ [名] C 《米》タッチトーン, プッシュホン式電話 (商標).
tóuch-týpe [動] 自キーを見ないでタイプを打つ.
tóuch-ùp [名] C ちょっとした手直し.
touch・y /ˈtʌtʃi/ 形 (**touch・i・er**, **-i・est**) **1** 怒りっぽい, 短気な; 神経過敏な: She is ~ *about* her appearance. 彼女は容姿のことを気にしすぎる. **2** 〈事態・話題が〉微妙な, 慎重な扱いを要する.
tóuchy-féel・y /-ˈfiːli/ 形 《略式》[けなして] 触れ合って感じ合う, あけすけな, 感傷的な.

tough /tʌf/ 🔳 形 (tough・er; tough・est; 動 tóughen)

```
「(中身が詰まって)堅い」4 →(心が堅い)→「頑固な」3
   →(苦難に耐えられる)→「たくましい, 強い」2
   →(手強い)→「困難な, 難しい」1
```

1 困難な, 難しい, 骨の折れる (difficult): a ~ problem 難しい問題 / a ~ job 苦しい仕事 / We've had a ~ time. 私たちは辛い思いをしてきた / The competition was ~er than we (had) expected. 予想していたより競争は厳しかった / He is ~ to work with. <A+to不定詞> 彼と一緒に仕事をするのは骨が折れる.
2 たくましい, 強い, 頑丈な (strong): a ~ enemy 強敵 / ~ shoes 丈夫な靴 / ☞ tough guy.
3 頑固な, 不屈の, 強硬な; 厳しい (severe); 非情な, 冷酷な (on): a ~ rival 手ごわい相手 / a ~ foreign policy 強硬な対外政策 / ~ measures 厳しい措置 / The judge has been pretty ~ lately. あの裁判官は最近厳しい.
4 (肉などが)堅い, こわい (反 tender); (曲げても)折れない: ~ meat 堅い肉 / ~ leather 堅い革 / This steak is so ~ that I can hardly cut it. このステーキは堅くて切れない. **5** Ⓢ (略式) ひどい, しょうがない; (主に英) 不運な (on): That's ~.＝T~ luck [(卑) shit]! 自業自得[いい気味]だ; 運が悪いね, ついてないね / "I'm going to fail a couple of classes this semester." "T~! You should've worked harder." 「今学期は授業をいくつか落としそうだ」「おおいにくさま. ちゃんと勉強しないからよ」**6** ⦅主に米⦆ (人が)乱暴な, 粗暴な; ⦅普通は Ａ⦆ (地域が)物騒な.
(as) tóugh as óld bóots [形](略式)(特に肉が)ひどく[かみ切れないほど]堅い; とても頑丈[非情]な. gèt tóugh with [on] ... [動] ...を容赦しない, ...に対して強く出る.
── 名 Ⓒ (古風) 乱暴者, ごろつき.
── 動 Ⓒ (次の成句で) tóugh óut [thróugh] [動] (略式)(強い意志で)〈困難〉を耐え抜く〈しばしば tough it out として用いる〉; はったりで切り抜ける.
── 副 乱暴に.

tough・en /tʌfən/ 動 (形 tough) 他 〈...〉を強く[堅く, 厳しく]する; きたえる (up); 困難にする. ── 自 強く[堅く, 厳しく]なる (up); 困難になる.

tóugh gúy 名 Ⓒ (略式) 腕っぷしの強い男; 強靱な[不屈の, 動じない]男.

tough・ie /tʌfi/ 名 Ⓒ (略式) **1** 手ごわい状況[問題]. **2** 頑強な人, 頑固者.

tóugh lóve 名 Ⓤ (米) (特に麻薬中毒者・犯罪者更生のための)厳しい指導, 愛のむち.

tóugh・ly 副 堅く, 強く; 頑丈に; 厳しく.

tough-mínded 形 (考え方・気質などが)現実的な, 感情に流れない; 意志の強い.

tóugh・ness 名 Ⓤ 強さ, 堅さ; 難しさ.

Tou・louse-Lau・trec /tuːluːzloutrék | tuːluːz-/ 名 Hen・ri /ɑːnriː/ de /d/ — (トゥールーズ=)ロートレック (1864-1901) 《フランスの画家》.

tou・pee /tuːpéɪ/ 名 Ⓒ (はげを隠す男性用かつら).

tour /tʊɚ | tʊə/ 名 (~s /~z/) Ⓒ **1** 旅行 (観光・視察・商用・出張などの), 周遊旅行, ツアー (⇨ travel 表); 一巡, 一周 (around, round); [形容詞的に] 旅行の: a ~ of the islands 島巡り / a world ~ 世界一周旅行 / a walking ~ 徒歩旅行.
2 (ひと回り見て歩く)見物, 見学 (around, round): on a guided [conducted] ~ of the castle ガイド付きの城の見物をして / a ~ guide 見学のガイド. **3** (劇団などの)巡業; (スポーツチームの)遠征(旅行), 転戦 (of): (プロゴルフなどの)ツアー. **4** (海外での)勤務期間 (in) (＝a ~ of duty). 語源 古(期)フランス語で「回る」の意; turn と同語源.

gó on [màke] a tóur [動] 🅐 (1) 旅行に出かける, 周遊する: go on a ~ of inspection 視察旅行に出かける. (2) 見物して回る, 見学する (round): Our class went on a ~ of historical sites. うちのクラスは史跡巡りをした. **on tóur** [副・形] (劇団などが)巡業(中); (人が)旅行中で: go on ~ 巡業に出る / The London Symphony Orchestra is on ~ in France. ロンドン交響楽団はフランスに巡業中だ.
── 動 (tours /~z/; toured /~d/; tour・ing /tʊ(ə)rɪŋ/) 🅐 **1** 〈...〉を(観光)旅行する: My sister must be ~ing Australia now. 姉は今ごろはオーストラリアを旅行しているだろう. **2** (ひと回り)〈...〉を見て歩く, 見学する. **3** (劇団・芝居が)〈...〉を巡業する.
── 自 **1** [副詞(句)を伴って] (観光)旅行する, 周遊する (in, through): ~ around [round] the world 世界中を旅行する. **2** (劇団が)巡業する.

tour de force /tʊɚdəfɔ́ɚs | tʊədəfɔ́ːs/ ⦅フランス語より⦆ (複 tours de force /tʊɚdə- | tʊə-/) Ⓒ (普通は単数形で) 離れ業(技); 偉業.

Tour de France /tʊɚdəfrǽns | tʊədəfrɑ́ːns/ 名 🅐 — トゥール・ド・フランス《毎年フランスで開かれる長距離自転車レース》.

tour・is・m /tʊ́(ə)rɪzm/ 名 Ⓤ 観光(事業), 旅行業: T~ is Nikko's major industry. 観光が日光の主要な産業である.

tour・ist /tʊ́(ə)rɪst/ 名 (tour・ists /-rɪsts/) **1** Ⓒ 観光旅行者, 観光客, 旅行家. **2** [形容詞的に] 観光客用[向け]の: a ~ attraction 観光名所 / a (information) office 観光案内所 / the ~ industry 観光業界. **3** Ⓒ (英) 遠征中のスポーツ選手. **4** Ⓤ ＝tourist class. ── 副 ツーリストクラスで.

tóurist clàss 名 Ⓤ (旅客機の)普通席, ツーリストクラス; (船の)3 等. 関連 first class 1 等 / cabin class 2 等. ── 形 副 ツーリストクラスの[で].

tóurist hòme 名 Ⓒ (米) (観光客向けの)民宿.

tóurist tràp 名 Ⓒ (略式) 料金の高い観光地.

tour・ist・y /tʊ́(ə)rɪsti/ 形 (略式) [軽蔑] (場所が)観光客であふれている; (行事などが)観光客目当ての.

tour・ma・line /tʊ́əmələn | tʊ́əməliːn/ 名 Ⓒ 《鉱物》 電気石(せき) (10月の誕生石).

tour・na・ment /tɚ́ːnəmənt, tʊ́ɚ- | tʊ́ə-, tɔ́ː-/ 名 Ⓒ **1** トーナメント, 選手権争奪戦; (ゴルフなどの)試合: hold a tennis [chess] ~ テニス[チェス]のトーナメントを行なう / in the first round of the ~ トーナメントの第 1 回戦で / "Who won the golf ~?" "Bill Smith did, as expected." 「ゴルフのトーナメントに勝ったのはだれですか」「予想通りビル スミスでした」
2 馬上試合 (昔の騎士たちが行なった).

tour・ney /tʊ́ɚni | tʊ́ə-/ 名 Ⓒ (主に米) ＝tournament 1.

tour・ni・quet /tɚ́ːnɪkɪt | tʊ́ənɪkèɪ/ 名 (-ni・quets /-kɪts | -kèɪz/) Ⓒ 止血帯.

tóur òperator 名 Ⓒ (英) 旅行斡旋(あっせん)会社.

tou・sle /táʊzl/ 動 他 〈髪〉を乱す.

tóu・sled 形 〈髪が〉乱れた.

tout /taʊt/ 動 🅐 **1** 押し売りする, うるさく勧誘する: ~ for business [custom] 客引きする. **2** (米) (予想屋が)レース情報[予想]を流す. ── 他 **1** 〈商品など〉にしつこく勧める; 〈人〉にうるさく勧誘する. **2** <...>をほめちぎる, 盛んに宣伝をする (as, for). **3** (英)(ダフ屋が)〈チケット〉を高く売りつける (for) / (米) scalp). **4** (米) 〈競走馬〉の情報を流す. ── 名 Ⓒ (英)ダフ屋 (米) scalper); 押し売り.

tow /toʊ/ (同音 toe) 動 (tows /~z/; towed /~d/; tow・ing) 他 〈船・車など〉を綱やロープで引く, 〈駐車違反車〉をレッカー移動する; 牽引(けんいん)する (away, off) (⇨

towaway zone, pull 類義語). ― 名 C 1 [普通は単数形で] 綱[ロープ]で引くこと; 牽引(撤去). 2 引かれる車[船], 牽引車, 引き船. **in [under] tów** [形・副] (1) (略式) 引き連れて. (2) (主に米) 牽引されて. **on tów** [形・副] (英) in tow (2). **take ... in tów** [動] 他 (船・車などを)引いて行く.

*to·ward /t(w)ɔ́ərd, tuwɔ́ərd | tuwɔ́ːd, tɔ́ːd/ T1 前

基本的には「...の方へ」の意 (語源).
① ...の方へ ... 1
② ...に向かって(の) ... 2
③ ...に対して(の) ... 3
④ ...に近く ... 4

1 [方向を示して] **...の方へ[に]**, ...に向かって, ...を指して. 語法 to は到着することを示すが toward は到着するしないに関係なく単に方向を示す (挿図): Go ~ the door. ドアの方へ行け / Our plane is flying ~ the south. この飛行機は南に向かって飛んでいる / His back was (turned) ~ me. 彼は私の方に背を向けていた.

2 [傾向・目的・寄与などを示して] **...に向かって(の)**; **...のために[の]**, **...の助け[足し]に**: a tendency ~ democracy 民主主義への傾向 / save $200 a month ~ a new car 新車を買うため月に200ドルためる / This is the first step ~ world peace. これは世界平和への第一歩だ / We have made much progress ~ abolishing nuclear weapons. 私たちは核兵器の全廃に向かって大きく前進した.

3 [行為・感情の対象を示して] **...に対して(の)**, **...について**: The government is reviewing its policy ~ China. 政府は中国に対する政策を再検討している / He was friendly ~ me. 彼は私に対して好意的だった.

4 [時間・数量に関して] **...に近く** (near), ...のころ(に); [場所に関して] **...の近くに**: ~ midnight 真夜中近く(に) / It occurred ~ the end of the war. それは戦争も終わりに近いころ起こった. 語源 to¹, -ward.

*to·wards /t(w)ɔ́ərdz, tuwɔ́ərdz | tuwɔ́ːdz, tɔ́ːdz/ 前 (主に英) =toward.

tów·awày zòne 名 C (米) 〈違反すると〉レッカー移動される(制限)区域.
tów bàr 名 C (車の後部の)牽引棒.
tów·bòat 名 C 引き船.

*tow·el /táu(ə)l/ 名 (~s /~z/) C [しばしば合成語で] タオル; 手ぬぐい, (布・紙などの)手ふき布: bath [hand, dish] towel. **thrów [chúck] in the tówel** [動] 自 (ボク) タオルを投げ入れる; (略式) 敗北を認める.
― 動 (tow·els; tow·eled, tow·elled; -el·ing, (英) -el·ling) 他 (人・動物など)をタオルでふく (down, off).
tówel bàr 名 C =towel rack.
tow·el·ette /tàuəlét/ 名 C ぬれナプキン.
tow·el·ing, (英) **-el·ling** /táu(ə)lɪŋ/ 名 U タオル地.
tówel ràck 名 C (主に米) (浴室の)タオル掛け; (台所の)タオル掛け (kitchen 挿図).
tówel ràil 名 C (英・豪) =towel rack.

*tow·er /táuər/ 名 (~s /~z/) C 1 塔, やぐら: a church ― 教会の塔 / a bell ― 鐘楼. 関連 steeple 尖塔. 2 =tower block.

──── tower のいろいろ ────
clóck tòwer 時計台 / contról tòwer 航空管制塔 / cóoling tòwer 冷却塔 / wátchtòwer 物見や

ぐら / wáter tòwer 給水塔

a tówer of stréngth [名] 頼りになる人.
Tówer (of Lóndon) [名] 固 ロンドン塔 (London の Thames 川の岸辺にある建物; 古くは宮殿・監獄として使われていたが現在は博物館).
── 動 (tow·ers /~z/; tow·ered /~d/; -er·ing /táu(ə)rɪŋ/) 自 [副詞(句)を伴って] 1 高くそびえ立つ, (...より)ずっと高い: The building ~s over [above] our town. その建物は私たちの町に高くそびえ立っている. 2 (才能・質・名声などが)他を一段と引き離している (about, over): He ~s above all the rest in creative ability. 彼は創造的な能力の点では他の人とは比べものにならない.

tówer blòck 名 C (主に英) 高層建築.
Tówer Brídge 名 固 [しばしば the ~] タワーブリッジ (London の Thames 川にかかる開閉橋).
tówer compúter [módel] 名 C (本体が縦長の)タワーコンピューター.
tow·er·ing /táu(ə)rɪŋ/ 形 A 1 高くそびえる. 2 傑出した, 抜きん出た: ~ intellects 傑出した知識人たち. 3 (怒りなどが)激しい: in a ~ rage 激怒して.
tów·hèad 名 C 亜麻色[淡黄褐色]の髪(の人).
tów·hèaded 形 亜麻色[淡黄褐色]の髪の.
tów·lìne 名 C (船・自動車などを引く)引き綱.

*town /táun/ 名 (~s /~z/) 1 C [しばしば冠詞をつけずに] 都市, 町, 町 (略 tn.). 反 country. 日英比較 village よりは大きいが city の資格ないのをいうか, (略式) では city の資格があっても town ということがある. 日本語の「市」に相当することも多い (city 表, 参考): an industrial ― 産業[工業]都市 / Do you live in (the) ― or in the country? あなたは都会にお住まいですかそれともいなかですか. 2 [形容詞的に] 都会の, 町の: ~ life 都会生活. 3 U (主に米) 都市, 町 (特に今住んでいる町や名前を言わなくてもわかる町を指す); 首都 (例えば England ならば London): I'm leaving ~ next week. 私は来週町を出発します / I'm from out of ~. 私はよそ者なんです / I went to ~ to do some shopping. 買い物のために町に出た. 4 U [時には the ~] 都心部, 商業地区: He has his office in town. 彼は町の中心部に事務所を持っている. 関連 suburb 郊外. 5 [the ~] 市民, 町民 (全体): The whole ~ knows about it. 町の人はみな(それに対して)知っている. 6 [the ~] (英) (いなかに対して)都会生活, 都会の暮らし.
語源 古(期)英語で「(城壁で)囲まれた場所」の意.
be in tówn [動] 自 町にいる: I hear he is in ~ now. 彼は今町に来ているそうだ.
be óut of tówn [動] 自 町にいない; 町(の中心部)から離れている (out-of-town).
gò to tówn [動] 自 (1) 町(の中心部)へ行く. (2) S (略式) (大金を使って)気前よくやる (on); 思う存分 [徹底して]やる[扱う], てきぱきとやる (on). (3) (略式) うまく行く, 成功する.
on the tówn [形・副] (略式) 夜遊びして: 「go out [go for a night, have a night] on the ~ 夜の町で遊ぶ.
tówn and gówn [名] (英) 町の人々と学生(たちとの溝).
tówn céntre 名 C (英) 市の商業地区 ((米) downtown).
tówn clérk 名 C 市役所[町役場]書記 (市[町]の公式な記録を扱う).
tówn cóuncil 名 C (英) 市[町]議会.
tówn cóuncillor 名 C (英) 市[町]議会議員.
tówn crìer 名 C (昔, 布告などをふれまわった)町のふれ役.
town·ee /taʊníː/ 名 C (略式) (軽蔑) (いなかの人に無知な)町の住人.
*tówn háll 名 C 市庁舎, 市役所, 町役場; 公会堂,

町[市]議会. **tówn (háll) mèeting** 图C《米》1 町民大会. 2 (テレビ・ラジオなど)市民参加公開討論会.

tówn hòuse 图C 1 タウン[テラス]ハウス《二階建て長屋式の集合住宅》. 2 (いなかに本邸のある人の)都会の別邸. 3 (都心の)高級住宅.

town·ie /táuni/ 图C =townee.

tówn plánner 图C《英》都市計画立案者《米》city planner.

tówn plánning 图U《英》都市計画 (planning) 《米》city planning.

tówn·scàpe 图C 都市の風景.

tówns·fòlk 图［複] =townspeople.

†**tówn·shìp** 图C 1《米・カナダ》郡区《郡 (county) の下の行政区分》 (of); タウンシップ《6マイル平方の広さの土地》. 2 《南ア》(都市の中の)非白人指定地区 (of). 3 小さな町(の共同社会.

towns·man /táunzmən/ 图 (-men /-mən/) C 《主に文》都会人; 町民 (反 countryman).

tówns·pèople 图［複] 1 [the 〜] (ある特定の町の)市民, 町民. 2 都会人(たち).

tówns·wòman 图 (-wom·en /-wìmən/) C 《主に文》都会の女性; 女性の町民 (反 countrywoman).

tów·pàth 图 (-paths /-pæ̀ðz | -pà:ðz/) C 《川沿いの》引き船道.

tów·ròpe 图C 引き綱(な)《船・自動車などを引く》.

tów trùck 图C《米》レッカー車 (wrecker).

tox·e·mi·a, 《英》**tox·ae-** /taksí:miə | tɔk-/ 图U 〘医〙(細菌毒素による)毒血症.

*****tox·ic** /táksɪk | tɔ́k-/ 肥 有毒な (poisonous); 毒(素)の[による], 中毒性の; 有害な (to): 〜 waste(s) 有害廃棄物.

tox·i·cant /táksɪk(ə)nt | tɔ́k-/ 肥 有毒な. — 图 C 有毒物, 特に殺虫剤.

tox·ic·i·ty /taksísəti | tɔk-/ 图U 毒性(の強さ).

tox·i·col·o·gist /tàksəkáləʤɪst | tɔ̀ksɪkɔ́l-/ 图C 毒物学者.

tox·i·col·o·gy /tàksəkáləʤi | tɔ̀ksɪkɔ́l-/ 图U 毒物学.

tóxic shóck (sỳndrome) 图 U 《中》毒性ショック症候群.

†**tox·in** /táksɪn | tɔ́k-/ 图C 毒素.

*****toy** /tɔ́ɪ/ 13 图 (〜s /〜z/) 1 C おもちゃ, 玩具(な): play with 〜s おもちゃで遊ぶ. 2 C おもちゃのようなもの, 慰みもの, 遊び道具. 3 [形容詞的に] おもちゃのような, 《犬など》愛玩用の, 小型の: a 〜 car おもちゃの自動車. — 動 [次の成句で] **tóy with ...** [動] 他 (1)〈考えなど〉を軽い気持ちで抱く, …でもしようかと思う: He often 〜ed with the idea of a novel. 彼はよく小説でも書いてみようかという気持ちになった. (2) …をいじくる, おもちゃにする, 〈感情など〉をもてあそぶ: 〜 with a pencil 鉛筆をいじくる. (3)〈食べ物〉を気がなさそうにつっつく, 〈飲物〉をちびりちびりする.

tóy bòy 图C《略式》《年上の女性の》若い恋人, 「つばめ」.

tóy·màker 图C おもちゃを作る人, おもちゃメーカー.

tóy·shòp 图C おもちゃ屋.

Toys "R" Us /tɔ́ɪzáəs | -zá:(r)-/ 图 国 トイ "ざ" らス《米国の玩具小売りチェーン店》.

tóy·tòwn 图A《英》ささいな, 小さな.

tpk., Tpke. 图 =turnpike.

TQM 图 =total quality management.

tr. 图 =transitive.

*****trace**[1] /tréɪs/ 《発音 chase》12 動 (**trac·es** /〜ɪz/; **traced** /〜t/; **trac·ing**) 他 1〈…の〉跡をたどる, 捜し出す; 〈由来・原因など〉を突き止める (*back*), 〈…〉までさかのぼって調べる; 〈…の〉発展[歴史]をたどる[描く]: They 〜*d* the river *to* its source. 彼らはその川をさかのぼって水源地を突き止めた. 2 (指などで)〈線・地図・輪郭など〉を描く, 引く (*on*, *across*): 〜 a rough map 略(地)図を描く. 3〈図など〉を写す, 透(複)写する, なぞって描く;〈文字など〉をていねいに書く. 4〈電話など〉を逆探知する.

tráce bàck to ... [動] 他 …にさかのぼる, …に由来する. **tráce óut** [動] 他 (1)〈線を引いて〉描く,〈文字などを〉なぞって書く. (2)〈政策など〉を立案する.

— 图 (**trac·es** /〜ɪz/) 1 C《人・動物・車などの通過した》跡, 足跡《☞ track 囲み》: The thief fled without leaving any 〜s. どろぼうは何の跡も残さずに逃げた. 2 CU 形跡; 名残(ξ); (…に残っている)影響, 結果: We could *not* find *any* 〜 *of* the king's tomb. その王の墓は跡形もなかった. 3 C ほんの少し, わずか: a 〜 *of* poison わずかな毒 / She showed not a 〜 *of* fear. 彼女は恐怖の色は少しも見せなかった. 4 C 線, 図形, 波形; (線で示した)記録. 5 C (電話の)逆探知. **lóse (áll) tráce of ...** [動] 他〈人・物〉の行方[消息]が(まったく)わからなくなる, 跡形もなく失せる. **withòut (a) tráce** [副] 跡形もなく.

trace[2] /tréɪs/ 图C [普通は複数形で] 引き革[馬具]. **kíck òver the tráces** [動] 自 (人が)手に負えなくなる, 好きをうだいにする.

trace·a·ble /tréɪsəbl/ 肥 跡をたどること[逆探知]のできる, 由来のわかる; (...に)起因する (*to*).

tráce èlement 图C〘生化〙(動植物の成長に不可欠な)微量元素.

trác·er 图C 1 曳光(な)弾. 2 追跡者;〘医〙トレーサー《体内での物質の動きを知るために使う放射性元素》. 3 (紛失物などの)照会状.

trac·er·y /tréɪs(ə)ri/ 图 (**-er·ies**) UC 1〘建〙はざま飾り《ゴシック式窓上方の装飾的骨組み》. 2〘文〙網目模様.

tra·che·a /tréɪkiə | trəkí:ə/ 图 (複 〜s, **tra·che·ae** /tréɪkiì: | trəkí:i:/) C〘解〙気管.

tra·che·ot·o·my /trèɪkiátəmi | -ɔ́t-/ 图 (**-o·mies**) C〘医〙気管切開(術).

trác·ing 图 U 透写, 複写; C 透写物.

trácing pàper 图 U トレーシングペーパー.

*****track** /trǽk/《原音 trek》13 图 (〜s /〜s/)

「通った跡」4《「trace[1]」と同源》
→「小道」1 →「通路」 ┌「軌道」3
                     └「トラック」2

1 C 小道, 通路, (未舗装の)でこぼこ道; けもの道; 航路; 進路 (*of*); 人生行路, 常道: a narrow 〜 through the fields 野原の細い道.

2 C (競技場の)トラック (racetrack); U《米》トラック競技, 陸上競技; (競輪や競馬などの)競走路; [形容詞的に] トラックの: a four hundred meter 〜 400 メートルのトラック / 〜 racing トラックレース. 関連 field フィールド / track and field 陸上競技.

3 C 軌道, 鉄道線路; U《米》プラットホーム: a single [double] 〜 ≠ railroad 〜 s 鉄道線路 / jump [leave] the 〜s 脱線する / The train leaves from 〜 no. 3. その列車は3番線から出る.

4 C [普通は複数形で] (動物・車などの)通った跡; 航跡; 足跡; 形跡; 手がかり, (思考の)道筋: follow the 〜s *of* a fox きつねの足跡をたどる. 5 C (CDなど)録音帯; (1つの)録音帯の曲, 収録曲; (コンピューターディスクの)トラック《情報を記録する部》. 6 C (ブルドーザーなどの)無限軌道, キャタピラー. 7 C (カーテン・戸棚などの)レール. 8 [複数形で]《米俗》麻薬常用者の注射の跡. 9 C《米》習熟度[能力]別学級《英》stream). **cóver [híde] one's trácks** [動] 自 足跡をくらます; 自分の行動を隠す. **hót on ...'s tráck** =**hót**

on the tráck of ... [形・副]《略式》=hot on ...'s trail《☞ trail [名] 成句》. **in one's trácks** [副]《略式》(本人の)いる所で, その場で; (驚き・恐怖などで)突然: He fell (dead) *in his* ~*s.* 彼はその場に[突然]倒れ(て亡くなっ)た《☞ stop in one's tracks (stop [動] 成句)》. **kèep tráck of ...** [T2] [動] [他] ...の跡をたどる, ...と接触を保っている; ...を覚えている: I *kept* close ~ *of* expenses. 私は出費を丹念に記録した. **lóse tráck of ...** [動] [他] ...の跡を見失う, ...を忘れる, ...との連絡を絶つ. **màke trácks** [動] [自]《略式》急ぐ (hurry), (去りがたいのに)急いで立ち去る (*for*): I'd better *make* ~*s* (*for* home). [S] もうおいとましなくてはなりません. **òff (the) tráck** [形・副] (話が)本題を離れて; 目標からそれて. **on the ríght tráck** [形・副] ちゃんと追跡して; 正しい道筋をたどって. **on the tráck of ...** =**on ...'s tráck** [形] ...を追跡して. **on the wróng tráck** [形・副] 追跡しそこなって; 間違った道筋をたどって. **on tráck** [形] (話が)本題から離れずに; (...を)達成しそうで, 順調で (*for*; *to* do). **the wróng [ríght] sìde of the trácks** [名]《米》(都市などの)貧民(地区)[高級な地区]: on [from] *the wrong side of the* ~*s* 貧しい人々の住む地区に[から]. **thrów ... òff the tráck** [動] [他] 〈人・犬など〉の追跡[追及]をそらす, 〈...〉をまく; わけがわからなくさせる.

— [動] [他] **1** 〈人・動物〉を追跡する; 突き止める; 〈発展の跡など〉をたどる; (カメラ・レーダーなどで)〈航跡〉を追跡する: The hunters ~*ed* the bear *to* its den. ハンターたちはくまの跡をつけて巣穴まで行った. **2**《米》〈...〉を習熟度[能力]別学級に分ける (《英》 stream). **3**《米》〈(泥などの)足跡〉を残す. — [自] **1**〘映画・テレビ〙(カメラが)移動撮影する (*in*, *out*). **2** (針が)レコードの溝を走る. **3** (低気圧などが)進む.

tráck dówn [動] [他] (苦労して)〈...〉を捜し出す[あてる], 突き止める.

tráck and fíeld [名] [U]《主に米》陸上競技.
tráck·bàll [名] [C]〘電算〙トラックボール.
tracked [形] 無限軌道式の.
tráck·er [名] [C] (犯人・獲物などを)追跡する人[動物]; 動き・発展の跡などを記録する機械[人].
trácker dòg [名] [C] (犯人などを捜す)追跡犬.
trácker fùnd [名] [C] インデックス投信.
tráck evènts [名] [複]〘スポ〙トラック種目《競走》. [関連] field event フィールド種目.
tráck·ing [名] [U] **1** 追跡. **2** 習熟度[能力]別学級編成. **3** トラッキング《プレーヤーやビデオのヘッドがディスクなどのトラックを正しくたどること》.
trácking stàtion [名] [C] (人工衛星やミサイルなどの)追跡基地.
tráck·làyer [名] [C]《米》(鉄道の)保線係 (《英》 platelayer).
tráck líghting [名] [U] 移動照明.
tráck mèet [名] [C]《米》陸上競技大会 (《英》 athletics).
+**tráck rècord** [名] [C] **1** (会社などの)実績, 業績. **2** 陸上競技の記録.
+**tráck·sùit** [名] [C]《英》=sweat suit.
+**tract**[1] /trǽkt/ [名] [C] **1**〘解〙管, ...系: the digestive ~ 消化管. **2** (土地・海などの)広がり; 広い面積; 地域, 区域: large ~*s of* desert 広大な砂漠.
tract[2] /trǽkt/ [名] [C]《格式》(宗教・倫理・政治上の問題を扱った)小冊子, パンフレット (*against*, *on*).
trac·ta·bil·i·ty /trӕ̀ktəbílət̬i/ [名] [U]《格式》**1** 扱いやすさ, 細工しやすさ. **2** 従順.
trac·ta·ble /trǽktəbl/ [形] **1** (問題などが)扱いやすい, 細工しやすい. **2**《格式》従順な, 素直な.
tráct hòuse [hòme] [名] [C]《米》トラクトハウス《ひとまとまりの区画に建っている同一規格の住宅》.

+**trac·tion** /trǽkʃən/ [名] [U] **1** 牽引(けんいん), 牽引力; 〘医〙牽引: His leg is *in* ~. 彼は脚を牽引治療中である. **2** (道路に対するタイヤや車輪などの)静止摩擦, 路面への食いつき: ~ control トラクションコントロール《路面状態にあわせ出力を制御するしくみ》.
tráction èngine [名] [C] (昔の)牽引車.
+**trac·tor** /trǽktɚ | -tə/ [名] [C] **1** トラクター《☞ attract [単語の記憶]》. **2**《米》(運転席部分だけで荷台[荷物部]のない)トレーラー, 牽引車.
tráctor-tràiler [名] [C]《米》トレーラートラック.
Tra·cy /tréɪsi/ [名] [固] トレーシー《女性の名》.
trad /trǽd/ [名] [U]《略式》トラッド, 旧式ジャズ《1920 年代のニューオーリンズに端を発するジャズのスタイル》.

trade /tréɪd/ [T1] [名] (**trades** /tréɪdz/)

> 元来は tread と同じで「踏み固められた所」→(手慣れたもの)の意味から,
> 「職業」**2** →「商業」**1** ─┬→「商う」[動] [自] **1**
> 　　　　　　　　　　　　 └→「交換する」[動] [他] **1**

1 [U] **商業, 貿易;** 取り引き, 商売 (*between*, *in*); 小売業; 売上(高): foreign ~ 外国貿易 / free ~ 自由貿易 / protective ~ 保護貿易 / promote international ~ 国際貿易を促進する / the arms ~ 武器の売買 / Japan is doing a great deal of ~ ***with*** European countries. 日本はヨーロッパ諸国と多くの取り引きをしている / the Board of *T*~ 商工会議所 / the Ministry of Economy, *T*~ and Industry (日本の)経済産業省.
2 [C] **職業,** 職《特に商業, または手を用いる技術的な職業を指す; ☞ occupation [類義語]》: the tools of one's ~ 商売道具《大工道具など》/ What's your ~? あなたはどんな仕事をしているのですか. [語法] これは昔 carpenter や mason など手を用いる技術的な職業の人に対して尋ねる質問で, 一般的に職業をきく場合には What do you do? を用いるのが普通 // He is ***in*** the tóurist ~. 彼の仕事は観光業です. **3** [C] 交換 (exchange); 〘野〙(プロ選手の)トレード: make a ~ 交換する. **4** [the ~; 単数または複数扱い] 同業者仲間, 業界; 小売商連中; 顧客, お得意先. **5** [the ~s] = trade wind. **6** [U] 客層.
be ... by tráde [動] [自] 商売[職業]は...である: He *is* a carpenter *by* ~. 彼の職業は大工です. **dò a róaring tráde** [動] [自]《英略式》商売が大繁盛する (*in*).
— [動] (**trades** /tréɪdz/; **trad·ed** /-ḍɪd/; **trad·ing** /-ḍɪŋ/) [自] **1** (...を)商う, (商品を)売買する, 取り引きする; 貿易をする: He ~***s in*** building materials. <V+*in*+名・代> 彼は建築材料の商売をしている / Japan ~***s with*** nearly every country in the world. <V+*with*+名・代> 日本は世界中のほとんどの国と貿易をしている. **2**《米》いつも買い物をする, お得意客である (*at*, *with*). **3** (人と)交換する (*with*).
— [他] **1** (物と)〈物〉を**交換する,** 取り替える (exchange); 〈場所など〉を交換し合う: The Native Americans ~***d*** furs ***for*** rifles. <V+O+*for*+名・代> アメリカ先住民たちは毛皮とライフル銃を交換した / John likes to ~ stamps ***with*** his friends. <V+O+*with*+名・代> ジョンは友人と切手を交換するのが好きだ / I'll ~ you (my sandwich ***for*** your hot dog). <V+O(+O+*for*+名・代)> (このサンドイッチと君のホットドッグとを)とりかえっこしよう. [語法] 更に省略されて Trade you. ともいう. **2** 〈選手〉をトレードする. **3** 〈...〉を売買[取り引き, 貿易]する. **4**《略式, 主に米》〈...〉を交わし合う: ~ insults [blows] ののしり[なぐり]合う. **5** [普通は受身で] 〈会社(の株)〉を売買[公開]する.
tráde dówn [動] [他]《主に米》〈...〉を売ってより安いものに買いかえる (*for*, *to*). — [自] より安いものに買いかえる. **tráde ín** [動] [他] 〈...〉を下取りしてもらう: She

~*d* in her car *for* a new one. 彼女は車を下取りに出して新車を買った。関連 trade-in 下取り品。**tráde óff** [動] 他 (妥協として)〈…〉を(他と)交換する, (他と交換に)捨てる (*against*, *for*); (より望ましい結果を得るために)〈…〉を(他と)釣り合わせる, うまく調整する (*against*). 関連 trade-off 交換, 調整。**tráde on [upòn]** … [動] …につけ込む; …を売り物にする。**tráde úp** [動] 他 〈…〉をより高価なものに買いかえる (*for*). ― 自 より高価なものに買いかえる。
― [形] A 1 商業の, 貿易の: a ~ 'agreement [imbalance] 貿易協定[不均衡]。2 同業者の: a ~ journal 業界誌。

tráde bàlance [名] U 貿易収支。
tráde dèficit [名] C 貿易赤字。
Tráde Description Àct [名] [the ~] (英) 取引表示法。
tráde dìscount [名] C,U 同業者割引き。
tráde fàir [名] C 産業[貿易]見本市。
tráde gàp [名] C =trade deficit.
*__trade-in__ /tréɪdɪn/ [名] (~s /-z/) C (米) 下取り(品); [形容詞的に] 下取りの ((英) part exchange).
tráde jòurnal [名] C 業界誌。
†**tráde·màrk** [名] C 1 トレードマーク, 商標 (略 TM). 2 (人や言動の)特徴。
tráde nàme [名] C 1 商品名; 商標名 (brand name). 2 商号, 屋号。
†**tráde-òff** [名] C (同時に達成できない目標の間の)妥協, 調整 (*between*, *for*).
tráde príce [名] C 卸値。
*__trad·er__ /tréɪdə | -də/ (同音 traitor) [名] (~s /-z/) C 1 貿易業者, 商人 (*in*). 2 (外国貿易用)商船。
tráde ròute [名] C 通商[交易]路。
tráde schóol [名] C (主に米) 実業学校。
tráde sécret [名] C 企業秘密; (略式)(個人的な)秘密。
tráde shów [1] C (業界向けの)展示会。
trades·man /tréɪdzmən/ [名] (**-men** /-mən/) C (主に米) 職人; (主に英) 小売商人, (商店の)御用聞き。
trádes·pèople [名] [複] 職人(たち); 商人, 小売商人(たち)。
trádes únion [名] C (英) =trade union.
Trádes Ùnion Cóngress [名] [the ~] (英国)労働組合会議 (略 TUC).
tráde sùrplus [名] C 貿易黒字。
*__tráde únion__ [名] C (英) 労働組合 ((米) labor union). 参考 英国は一般に職能制.
tráde únionism [名] U 労働組合主義。
*__tráde únionist__ [名] C 労働組合員。
tráde wìnd /-wìnd/ [名] C 貿易風 (the trades) (赤道に向かっていつも吹く北東[南東]風).
trad·ing /tréɪdɪŋ/ [名] U 商い, 売買。
tráding càrd [名] C 交換カード, トレーディングカード (プロスポーツ選手の写真などが印刷されたカードで, 特に集めたり交換したりするもの).
tráding estáte [名] C (英) =industrial park.
tráding pàrtner [名] C 取り引き先, 貿易相手国。
tráding pòst [名] C (辺境地などの)交易所。
tráding stàmp [名] C (商店の)景品引換券。
*__tra·di·tion__ /trədɪʃ(ə)n/ [1] [名] (~s /-z/; 形 traditional) 1 U,C 伝統; 慣例, しきたり (*of*): by ~ 慣例で[に従って] / family ~s 家のしきたり / maintain old ~s 古い伝統を守る / the ~ *that* we exchange New-Year cards at New Year <N+*that* 節> 新年に年賀状をとりかわす習慣 / His novels are *in the* ~ *of* Edgar Allan Poe. 彼の小説はエドガー・アラン・ポーの作風を受け継いでいる。2 C,U 伝説, 伝承: popular ~s 民間伝承。語源 ラテン語で「(先祖から)引き渡されたもの」の意; ☞ betray 語源.
bréak with tradítion [動] 自 慣例を破る, 伝統を

---

traffic warden 1889

打破する (*of*).

*__tra·di·tion·al__ /trədɪʃ(ə)nəl/ [形] (名 tradition) 1 伝統的な, 慣例となった: one of the ~ festivals of Kyoto 京都の伝統的なお祭りのひとつ / *It is* ~ *to* wear black to a funeral. 葬式には黒い服を着て行くのが習慣です。2 伝説の, 伝承による, 言い伝えの: ~ folk songs 民謡。
tra·di·tion·al·ism /trədɪʃ(ə)nəlɪzm/ [名] U 伝統主義, 伝統固執。
†**tra·di·tion·al·ist** /trədɪʃ(ə)nəlɪst/ [名] C 伝統主義者, 伝統に固執する人; [形容詞的に] 伝統主義者の。
tra·di·tion·al·ly /trədɪʃ(ə)nəli/ [副] 文修飾節 1 伝統的に…だ, …するのが慣例だ: T~, the markets here are run by women. 当地のマーケットは女性が経営するのが慣習だ。2 伝統的に, 伝承によって。
trád jàzz [名] C =trad.
tra·duce /trədjúːs | -djúːs/ [動] 他 (普通は受身で) (格式) 〈人〉を中傷する。
tra·dúc·er /-ə/ [名] C (格式) 中傷する人。
Tra·fal·gar /trəfælɡə | -ɡə/ [名] 固 トラファルガル (スペイン南西端の Gibraltar 海峡に面する岬): the Battle of ~ トラファルガルの海戦 (☞ Nelson).
Trafálgar Squáre [名] 固 トラファルガー広場 (London の中心にある広場; Nelson の像がある).

*__traf·fic__ /træfɪk/ [1] [名] U 1 (鉄道・航空機などの)交通; (人・車の)往来, 通行; 交通[輸送, 通話]量; 渋滞: control ~ at a corner 街角で交通整理をする / T~ is heavy [light] on this street. この通りは交通量が多い[少ない] / The ~ stopped moving. 車の流れが止まった。2 (格式) 運輸, 輸送の: passenger ~ 旅客輸送。3 (不正な)取り引き: illegal ~ in drugs 麻薬の取り引き。4 (悪い意味の)交換 (*in*).
― [動] (**traf·fics**; **traf·ficked**; **traf·fick·ing**) 自 (特に麻薬などを)売買[取り引き]する (*in*).

tráffic càlming [名] U (主に英) (道幅縮小や sleeping policeman などによる)車の速度規制。
tráffic cìrcle [名] C (米) 円形の交差点, ロータリー (rotary) ((英) roundabout).
tráffic cóne [名] C (セーフティ)コーン (道路工事区間に置く円錐形の道路標識).
tráffic contról [名] U 交通整理。
tráffic còp [名] C (米略式) 交通巡査。
tráffic cóurt [名] C (米) 交通裁判所。
tráffic ìsland [名] C (街路の中央にある)安全地帯 ((英) refuge, (米) safety island [zone]).
†**tráffic jám** [名] C 交通渋滞。
†**traf·fick·er** /træfɪkə | -kə/ [名] C (悪徳)商人, (特に麻薬の)密輸[密売]人 (*in*).
traf·fick·ing /træfɪkɪŋ/ [名] U 不正な取り引き[商売], (特に麻薬の)密売[買].
†**tráffic líght** [名] C 交通信号(灯) ((主に米) stoplight, traffic signal) (赤 (red), 黄 (yellow (英) amber)), 青 (green) の3種): a set of ~s 1組の交通信号灯. 語法 普通は (米) では単数形で, (英) では複数形で用いる.: The traffic was controlled by (米) a ~ [((英) (*traffic*) *lights*)]. 交通は信号灯で規制されていた.

参考 交通信号の色の順序は米国では日本と同じく red → green → yellow → red だが, 英国では red → red with amber (同時点灯) → green → amber → red が普通.

tráffic schóol [名] C (米) 交通違反者の講習。
†**tráffic sìgnal** [名] C =traffic light.
tráffic sìgns [名] [複] 交通標識 (☞ 次頁写真).
tráffic wàrden [名] C (英) 駐車違反取締官。

tragedian

(行き止まり)　(進入禁止)

(制限時速45マイル)　(一時停止)

traffic signs

tra‧ge‧di‧an /trədʒíːdiən/ 名 C《格式》悲劇作家; 悲劇役者.

tra‧ge‧di‧enne /trədʒiːdién/ 名 C《古風》または《誇張》悲劇女優.

*__trag‧e‧dy__ /trǽdʒədi/ 中12 名 (-e‧dies /~z/;形 trágic) **1** CU 悲しい[悲惨な, 不幸な]出来事, 惨事 (of); 《略式》非常に残念なこと: Suddenly, ~ struck. 突然惨事が襲った.
2 C 悲劇《作品》(反 comedy): *Hamlet* is a famous ~. 「ハムレット」は有名な悲劇だ.
3 U 悲劇《演劇の部門》(反 comedy).

***trag‧ic** /trǽdʒɪk/ 形 (名 trágedy) **1** 悲劇な; 悲惨な, 痛ましい (sorrowful): a ~ accident 悲惨な事故.
2 A [比較なし] 悲劇の, 悲劇的な (反 comic): a ~ actor 悲劇俳優 / a ~ hero 悲劇の主人公 / a ~ flaw 悲劇的弱点《悲劇の主人公の破滅のもとになる性格的欠陥; Othello のしっと心など》.

trag‧i‧cal‧ly /trǽdʒɪkəli/ 副 **1** 悲劇的に, 悲惨に.
2 文修飾 悲劇的にも, 悲惨なことに: T~, many people were killed in the accident. 痛ましいことに大勢の人たちがその事故で死んだ.

trag‧i‧com‧e‧dy /trædʒɪkάmədi | -kɔ́m-/ 名 (-e‧dies) CU 悲喜劇; 悲喜劇的な出来事.

trag‧i‧com‧ic /trædʒɪkάmɪk | -kɔ́m-/ 形 悲喜劇的な.

***trail** /tréɪl/ 中13 名 (~s /~z/) C **1** (踏みならされてできた)道; (山間の)小道 (path); 遊歩道, (ハイキングなどの)コース: a winding forest ~ まがりくねった森の小道 // ☞ nature trail.
2 引きずった跡; 引きずっているもの; 一筋になって続いているもの《流星の尾・衣服のすそなど》; (物事の)なごり, 余波: rocket ~s ロケットの航跡 / a ~ of smoke ひとすじの煙 / The typhoon left a ~ of destruction (behind it). 台風は破壊のつめ跡を残していった.
3 (人・動物の)跡 (track), (動物の)におい《狩りなどで獲物を追跡する手がかりとなる》; 手がかり: a ~ of blood 血の跡 / follow [lose] the ~ of an animal 動物の跡を追う[見失う]. **4** (遊説・見物などの)行程.
a tráil of... [形]《滑稽》数々の...《1人の人間によってつくられた好ましくないものについて言う》. **be on ...'s tráil** [動] 自 《略式, 主に米》旅に出る. **hót the tráil** [動] 自 《略式, 主に米》旅に出る. **hót [hárd] on ...'s tráil**=**hót [hárd] on the tráil of ...**. [形・副]《略式》...をしきりとあと1歩のところで. **while the tráil is still hót** [副] (逃げた跡を)すぐ追って.
—動 (trails /~z/; trailed /~d/; trail‧ing)

--- 他自 の転換 ---

他 **1** 引きずる (to cause (something) to be dragged along behind)

自 **1** 引きずられる (to be dragged along behind)

—他 **1** [副詞(句)を伴って] 〈...〉を引きずる, (地面・空[水]中を)引きずっていく (*across*, *in*, *on*, *through*); 後ろに引き連れていく: The boy walked away ~*ing* a fishing rod *after* him. <V+O+前+名・代> その少年は釣りざおを後ろに引きずって歩いていった / Women in those days ~*ed* their long skirts *along* the floor. 当時の女性は長いスカートのすそを床に引きずって歩いた.
2 〈人・動物〉の後についていく (follow), 後をついていく, を追跡する (track): A detective ~*ed* the suspect *to* this hotel. <V+O+to+名・代> ひとりの刑事が容疑者をこのホテルまで尾行した. **3** 〈競走相手〉に(...だけ)リードされる, 遅れをとる (by). **4** 〈映画・番組〉などを予告編 (trailer) で宣伝[広告]する.
—自 **1** [副詞(句)を伴って] (衣服のすそなどが)引きずられる; たれ下がる; 尾を引く, たなびく: The bride's long skirt ~*ed along* behind her. <V+along> 花嫁の長いスカートはすそを引きずっていた. **2**《略式》(疲れて)足を引きずって歩く; のろのろと行く (*along*, *around*); 後についていく (*behind*). **3** (つる草などが)はう, たれさがる (*over*). **4** [普通は進行形で] (競走・試合などで...だけ)リードされる (by, in).

tráil óff [awáy] [動] 自 (声が)次第に弱くなる.

tráil bìke 名 C トレールバイク《悪路用の小型バイク》.

tráil‧blàz‧er 名 C 山林を切り開いて道の目印をつける人; 草分け, 先駆者.

tráil‧blàz‧ing 形 先駆的な, 草分けの.

***trail‧er** /tréɪlə | -lə/ 名 (~s /~z/) C **1** トレーラー, (ボート・荷物などを運ぶ自動車の)付随車.
2《米》移動住宅, トレーラーハウス《車で引いて移動できる住宅; 旅行や行楽用》(《英》caravan). **3** (映画・テレビの)予告編 (for). **4** つる草.

trailer 2

tráiler hòme 名 C = trailer 2.

tráiler pàrk [còurt] 名 C《米》《森林公園などの》トレーラーハウスの指定駐車区域.

tráiler tràsh 名 U《米》《差別》trailer park に住んでいる貧しい人々.

tráil‧hèad 名 C《米》トレールの起点, 登山口.

tráil‧ing 形 (植物が)地をはってのびる, つる性の.

tráil mìx 名 UC (ハイキング用の)ナッツやフルーツのつめあわせ.

Tráil of Téars /-tíəz | -tíəz/ 名 自 [the ~]《米史》涙の旅路《政府の移動命令に抗しきれず Cherokee 族が Georgia の故郷から Oklahoma に移動した苦難に満ちた旅 (1838-39); 途中約4分の1が命を落とした》.

***train**¹ /tréɪn/ 《顕音》 名 (~s /~z/) C

元来はラテン語の「引く, 引きずる」の意.

「引く」→「引き続くもの」→「列を成して続くもの」→「列車」**1**
　　　　　　　　　　　　　　　　　　　　　　「列」**2**
　　　　　　　　　　　　　　　　　　　　　　「つながり」**3**

1 列車; (何台も連なった)電車, 汽車.

語法 何台か連なった電車や汽車全体をさす. 列車を構成する一台一台の車両は《米》では car, 《英》では carriage または coach という.

a passenger ~ 旅客列車 / a down [up] ~《英》下り[上り]列車 / an eight-car ~ 8両編成の列車[電車] / a ~ journey 列車の旅 / a ~ driver 列車運転士 / He will go home *on the* 10 A.M. ~. 彼は午前10時の列車で家へ帰る / I'm *on* the wrong ~. 電車を間違えた.

―――コロケーション―――
catch [get] a *train* 列車に乗る
change *trains* (at ...) (...で)列車を乗り換える
get off a *train* 列車から降りる《☞ get off (get 句動詞) 表》
get on a *train*＝**board** a *train* 列車に乗り込む《☞ get on (get 句動詞) 表》
make a *train* 列車に間に合う
miss a *train* 列車に乗りそこねる
take a *train* (to ...) (...まで)列車で行く

―――train¹ のいろいろ―――
bóat tràin 臨港列車 / commúter tràin 通勤列車 / expréss [fást] tràin 急行列車 / fréight tràin《米》, góods tràin《英》貨物列車 / lócal tràin 普通[各駅]列車 / shúttle tràin 近距離往復[折り返し]列車 / slów [《英》stópping] tràin 各駅停車の列車 / véstibule tràin《米》, córridor tràin《英》連節式列車

2 (移動している人・動物・車・物などの)列: a long ~ *of* cars heading south 南に向かっている車の長い列 / a funeral ~ 葬式の列. **3** [普通は単数形で] (考えなどの)つながり, (関連したものの)連続 (series): a ~ *of* event 一連の出来事 / The sound interrupted my ~ *of* thought. その物音で私の思考の流れが中断された. **4** 後に尾のように引きずり物《着物のすそなど》. **5** (王様などの)お供, 従者.
bríng ... **in its tráin**《格式》(ある事が)〈問題・困難など〉を(結果として)もたらす.
by tráin＝on a tráin [副] 列車で: I went to Boston *by* ~. 私は列車でボストンへ行った《☞ by 前 2 語法》.

語法 (1) by train では「列車を使って」, on a train では「列車に乗って」の感じが強い. (2) by train は by plane, by car, by bus などに対して用いられる言い方で, 普通は take a train to Boston と言う.

pút [sét] ... **in tráin＝pút** [sét] **in tráin** ... [動] 他《格式》...の手はずをよく整える, (順序[計画]通りに)始める[進める].

‡**train**² /tréin/ 類音 chain) 動 (**trains** /~z/; **trained** /~d/; **train·ing**) 他 **1** 〈人・動物〉を訓練[教育]する, 鍛える, 仕込む (drill), ならす, トレーニングする *(for)*; 養成する: Jane was ~*ed as* a nurse at this school. <V+O+C *(as+*名)の受身> ジェーンはこの学校で看護師として養成された / He ~*ed* lions *for* a circus. <V+O+*for*+名・代> 彼はライオンをサーカス用に調教した / We ~ our students *to* be good engineers. <V+O+C *(to*不定詞)> わが校では学生が立派な技師になるように訓練する / Parents should ~ their children *in* table manners. <V+O+*in*+名・代> 親は子供にテーブルマナーを教育しなければならない. **2** 〈カメラ・銃・ホースなど〉を向ける (aim), 照準する *(on, upon, at)*. **3**〈園〉〈枝など〉を好みの形に仕立てる. ― 自 **1** 訓練[教育]を受ける *(as, in)*: I ~*ed to* be a doctor. 私は医者となる教育を受けた. **2** (運動選手などが)トレーニングする *(for)*. 語源 train¹の元の意味は「引く」(☞ train¹ 最初の囲み)から「引っぱっていく」「従わせる, しつける」の意となった.

train·a·ble /tréinəbl/ 形 訓練[教育]できる.
tráin·bèarer 名 C (花嫁などの)もすそ持ち《人》.
trained 形 訓練を受けた, 熟練した.

trammel 1891

†**train·ee** /treiní:/ 名 C 訓練を受ける人; 実習[研修]生: a ~ nurse 見習い看護師.

†**train·er** /tréinɚ | -nə/ 名 C **1** 調教師, 調馬師; トレーナー, コーチ.日英比較 衣服で日本語の「トレーナー」にあたるのは sweatshirt. **2** [普通は複数形で]《英》スニーカー, 厚いゴム底の運動靴 (training shoe,《米》sneaker). **3** (飛行士の)訓練機[装置].

‡**train·ing** /tréiniŋ/ 名 **1** U または a ~] 訓練, トレーニング; 養成, 練習 *(in)*《☞ practice 類語語》: football ~ フットボールの練習 / The players went into ~. 選手たちはトレーニングに入った / They are *in* ~ *for* the game. 彼らはその試合のため訓練を受けている.

―――training のいろいろ―――
mánual tráining (学校教科の)工作 / ón-the-jòb tráining 実地研修 / tóilet tráining (幼児に対する)用便のしつけ / vocátional tráining 職業訓練

2 U (競技に対しての)体調, コンディション *(for)*: be in [out of] ~ コンディションがよい[悪い].
†**tráining càmp** 名 C 強化合宿.
tráining cèntre 名 C《英》(職務)訓練所.
tráining còllege 名 C,U《英》専門家養成学校[大学]: a teacher ~ 教員養成大学《☞ teachers college》.
tráining pànts 名 [複] 用便しつけ用パンツ《おしめが取れたばかりの幼児にはかせる厚手のあてのついたパンツ》. 関連 toilet training 用便のしつけ.
tráining schòol 名 C 養成所, 訓練所.
tráining shìp 名 C 練習船[艦].
tráining shòe 名 C ＝trainer 2.
tráining whèels 名 [複] (自転車の)補助輪.
tráin·lòad 名 C 一列車分の客[貨]物.
train·man /tréinmən/ 名 (-men /-mən/) C 列車乗務員, 車掌助手.
tráin sèrvice 名 C,U 列車の便.
tráin sèt 名 C 鉄道模型のセット.
tráin spòtter 名 C《英》**1** 機関車の型式やナンバーを当てる[覚え込む]人, 鉄道マニア. **2** [しばしば軽蔑] 変わった趣味の持ち主, マニア.
tráin spòtting 名 U《英》機関車の型式やナンバーを当てる[覚え込む]趣味.
tráin stàtion 名 C (主に米)鉄道の駅.
traipse /tréips/ 動 [略式] **1** (主に米)ぶらぶら歩く, うろつく. **2** (主に英)とぼとぼ歩く *(around)*.
†**trait** /tréit/ 名 C《格式》(性格・習慣などの)特性, 特色, 特徴: national ~s 国民性.
†**trai·tor** /tréitɚ | -tə/ 名 C 反逆者, 裏切り者: He was a ~ *to* his country. 彼は自分の国を裏切った / The soldiers turned ~. その兵士たちは裏切った《☞ turn 自 5 語法》.
trai·tor·ous /tréitərəs, -trəs/ 形 (主に文) 反逆の, 裏切りの; 不実な. **~·ly** 副 反逆して.
†**tra·jec·to·ry** /trədʒéktəri, -tri/ 名 (-to·ries) C (弾丸などの)弾道, 軌道[跡]; 過程, 経路.
†**tram** /trǽm/ 名 C **1**《主に英》路面電車, 市街電車 (tramcar, car)《米》streetcar, trolley): get on [off] a ~ 路面電車に乗る[から降りる]. **2**《主に米》(スキー場などの)ゴンドラ, ロープウェイ. **by trám** [副] 路面電車で: I go to school *by* ~. 私は路面電車で通学している《☞ by 前 2 語法》.
trám·càr 名 C ＝tram.
trám·lìnes 名 [複]《英》**1** 路面電車の路線[軌道]. **2** 《略式》(テニス・バドミントンのコートの)側線《ダブルスのときに使う》.
tram·mel /trǽm(ə)l/ 動 (**trammels**; **tram-**

trammels

meled, (英) tram·melled; -mel·ing, (英) -mel·ling 他 [しばしば受身で]《格式》⟨…⟩の自由を妨げる. ⟨…⟩を拘束する.

tram·mels /trǽm(ə)lz/ 名 [複]《格式》自由を束縛するもの, 拘束.

⁺tramp /trǽmp/ 名 1 ⓒ 浮浪者, 放浪者. 2 [the ~] 重い足音, どしんどしんと歩く音: the rhythmic ~ of marching soldiers 行進している兵士たちのリズミカルな足音. 3 ⓒ [普通は単数形で] 長距離の歩行, 徒歩旅行 (hike). 4 ⓒ =tramp steamer. 5 ⓒ《古風, 主に米》ふしだらな女 (特に売春婦). ─ 自 1 どしんどしん[重い足取りで]歩く; 踏みつける: He ~ed along the corridor. 彼は廊下をどしんどしんと歩いた / Don't ~ down on the grass. 芝生を踏みつけてはいけない. 関連 trample 踏みつぶす. 2 てくてくと[とぼとぼと]歩く; 徒歩で旅をする: He spent his holiday ~ing in the woods. 彼は森を歩き回って休みを過ごした. ─ 他 1 ⟨…⟩をてくてくと歩く; ⟨…⟩を徒歩で行く, 歩いて旅行する. 2 ⟨…⟩を踏みつける (down).

⁺tram·ple /trǽmpl/ 動 他 1 ⟨…⟩を踏みつける, 踏みつぶす, 踏みにじる: The children ~d the flowers (down). 子供たちが花を踏みつけた. 関連 tramp 踏む. 2 ⟨権利・感情など⟩を踏みつけ, 無視する (down). ─ 自 1 どしんどしんと歩く: I heard someone trampling around upstairs. だれかが2階でどしんどしんと歩いているのが聞こえた. 2 踏みつける; (人の感情など)を踏みつけにする: Big nations should not ~ on small ones. 大国は小国を踏みにじるべきでない / Don't ~ on her feelings like that. そんな風に彼女の気持ちを踏みつけるものではない. **trámple ... to déath** [動] 他 ⟨人・動物⟩を踏み殺す, 圧死させる. **trámple ... únderfóot** [動] 他 (1) ⟨…⟩を踏みつける. (2) ⟨権利・感情など⟩を踏みにじる.

tram·po·line /trǽmpəlìːn, trǽmpəlíːn/ 名 ⓒ トランポリン (運動用具). ─ 自 トランポリンを使う.

tram·po·lin·ing /trǽmpəlìːnɪŋ, trǽmpəlíːn-/ 名 Ⓤ トランポリン競技.

trámp stèamer 名 ⓒ 不定期貨物船.

trám·wày /trǽmwèɪ/ 名 ⓒ (英) 市街電車の軌道, 市街鉄道.

⁺trance /trǽns | trάːns/ 名 ⓒ 1 恍惚, 夢中, 有頂天 (ecstasy), 忘我: in a ~ うっとりとして. 2 失神, 人事不省, 昏睡状態. **fáll [gó] into a tránce** [動] 自 失神する, 夢心地になる. **sénd [pút] ... into a tránce** [動] 他 ⟨…⟩を失神させる, 夢心地にさせる.

tranche /trάːnʃ/ 《フランス語から》名 ⓒ 《主に経》(株などの)一部分, 一回(分) (of).

trank /trǽŋk/ 名 ⓒ《略式》=tranquil(l)izer.

tran·ny /trǽni/ 名 (tran·nies) ⓒ《英略式》性転換者 (transsexual); 服装倒錯者 (transvestite).

⁺tran·quil /trǽŋkwəl/ 形 穏やかな, 静かな, 平穏な (calm): a ~ village 静かな村.

tran·quil·(l)i·ty /trǽŋkwíləti/ 名 Ⓤ 静穏; 落ち着き.

tran·quil·(l)ize /trǽŋkwəlàɪz/ 動 他 (特に薬で) ⟨…⟩を静める, ⟨心⟩を落ち着かせる.

⁺trán·quil·(l)iz·er /-zə |-zə/ 名 ⓒ 鎮静剤, 精神安定剤.

tran·quil·ly /trǽŋkwəli/ 副 静かに, 落ち着いて.

trans- /trǽns, trǽnz/ 接頭「…を横切って, …を越えて; 貫き通して; 別の場所[状態]へ」などの意: transcontinental 大陸横断の / transparent 透明な / transform 一変させる.

trans. 略 =transitive, translated (☞ translate), translation.

trans·act /trǽnzǽkt, -sǽkt/ 動《格式》他 ⟨業務・取り引きなど⟩を行なう (with). ─ 自 業務[交渉, 取り引き]を行なう.

⁺trans·ac·tion /trǽnzǽkʃən, -sǽk-/ 13 名 (~s /-z/)《格式》1 [the ~]《業務》の処理, 取り扱い: the ~ of business 商取り引き. 2 ⓒ (個々の)業務; 取り引き, 売買: stock ~s 証券取引. 3 [複数形で] (学会などの)会報, 紀要; 議事録.

trans·ác·tion·al análysis /trǽnzǽkʃ(ə)n-əl-, -sǽk-/ 名 Ⓤ 交流分析 (仮定した自我の状態を扱う心理療法).

trans·am·i·nase /trǽnzǽməneɪs/ 名 ⓒ《生化》アミノ基転移酵素.

⁺trans·at·lan·tic /trǽnsətlǽntɪk, trǽnz-/ 形 1 大西洋横断の. 2 大西洋の向こう側の; ヨーロッパの (アメリカ側から見て); アメリカの (ヨーロッパ側から見て). 3 大西洋沿岸諸国の.

trans·cei·ver /trǽnsíːvə |-və/ 名 ⓒ トランシーバー.

⁺tran·scend /trǽnsénd/ 動《格式》1 ⟨経験・理解力の範囲⟩を越える, 超越する: Love can ~ (the boundaries of) language and nationality. 愛はことばや国の壁を越える. 2 (強さ・大きさ・質などで) ⟨…⟩をしのぐ, ⟨…⟩より勝る (in).

tran·scen·dence /trǽnséndəns/, **-den·cy** /-dənsi/ 名 Ⓤ《格式》超越, 卓越, 優越.

⁺tran·scen·dent /trǽnséndənt/ 形《才能など》が卓絶した, 抜群の, 並はずれた.

tran·scen·den·tal /trǽnsendéntl/ 形 [普通は A]《格式》1 (考えなどが)超越的な, 先験的な. 2 (経験などが)超自然的な; 深遠な, 抽象的な.

tran·scen·den·tal·ism /trǽnsendéntəl-ìzm/ 名 Ⓤ《哲》(Kant の)先験主義; (Emerson らの)超絶主義.

tran·scen·den·tal·ist /trǽnsendéntəlɪst/ 名 ⓒ 先験主義者, 超絶主義者.

tran·scen·den·tal·ly /trǽnsendéntəli/ 副《格式》先験的に; 超自然的に.

transcendéntal meditátion 名 Ⓤ 超越瞑想法 (略 TM).

transcéndent·ly 副《格式》抜群に.

trans·con·ti·nen·tal /trǽnskòntənéntl |-kòn-/ 形 A 大陸横断の.

⁺tran·scribe /trǽnskráɪb/ 動 他 1 (略 tránscript 1)《格式》⟨…⟩を書き写す, 複写[謄写]する (into, from); ⟨録音など⟩を文字に移す; ⟨速記など⟩を普通の文字に直す; ⟨演説など⟩を文字化する. 2 ⟨外国の文字⟩を自国の文字[発音記号など]に書き換える, 転写する, 翻訳する (as, into). 3 《楽》⟨…⟩を(他の楽器用に)編曲する (for); 《放送》⟨番組など⟩を録音[録画]する. 4《格式》⟨録音・録画など⟩を(他の媒体に)移し替える, 再録する (transfer) (on, onto).

⁺tran·script /trǽnskrɪpt/ 名 (tran·scripts /-skrɪpts/) ⓒ 1 (動 transcribe 1) 写し, 転写; a ~ of a manuscript 原稿の写し. 2《主に米》(学校の)成績証明書.

tran·scrip·tion /trǽnskrípʃən/ 名 1 Ⓤ 筆写, 転写写し, 複写 (transcript); (特別な形に)書き換えられたもの (of): phonetic ~s 発音表記 (発音記号に書き直したもの). 2 U/C 《楽》編曲(作品); 《放送》録音[録画](放送).

trans·cul·tur·al /trǽnskʌ́ltʃ(ə)rəl/ 形 2つ(以上)の文化にまたがる[及ぶ], 通文化的な, 異文化間の.

trans·der·mal /trǽnsdə́ːm(ə)l |-dəː-/ 形《医》経皮的な (皮膚に貼って[塗って]血流に浸透させる薬の投与についていう).

trans·duce /trǽnsd(j)úːs, trǽnz- |-djúːs/ 動 他《エネルギー・メッセージ》を変換する.

trans·dúc·er /trǽnsd(j)úːsə, trǽnz- |-djúːsə/ 名 ⓒ (エネルギーなどの)変換器.

tran·sect /trǽnsékt/ 動 他《格式》⟨…⟩を横切る, 横断する; 横に切開する.

tran·sept /trǽnsept/ 图C《建》(教会の)翼廊.

＊trans·fer¹ /trænsfə́ː | -fə́ː/ ★名詞の transfer² とのアクセントの違いに注意. ❶動 (trans·fers /~z/; trans·ferred /~d/; -fer·ring /-fə́ːrɪŋ | -fə́ːr-/ 图 tránsfer², trans·férence) 他 **1**〈物や人〉を〈…から他へ〉**移す**, 乗り換えさせる; 転任[異動, 転校]させる;〈電話〉を転送する; 《主に英》〈プロの選手〉を移籍させる (⇨ confer [単語の記憶]); translate [類題];〈金〉を振り込む, 送金する (out of, into);〈愛情・忠誠・非難の矛先など〉を他に移す: Mr. Clark has been transferred from the Chicago branch to the main office in New York. <V+O+from+名・代+to+名・代> クラーク氏はシカゴ支社からニューヨークの本社へ転任になった.
2《法》〈権利など〉を**譲る**, 譲渡する;〈権利〉を移す: He refused to ~ his property to his son. <V+O+to+名・代> 彼は財産を息子に譲るのを拒んだ. **3**〈絵・模様など〉を写す, 転写する;〈録音・情報など〉を(他の媒体に)移し替える, コピー[再録]する (from, to).
― 自 **1**(乗り物を)**乗り換える**, 移動する (change): T~ here for Cambridge. <V+副+for+名・代> ケンブリッジ行きは当駅で乗り換え〈掲示〉/ Take this bus and ~ to the subway at Ueno. <V+to+名・代> このバスに乗って上野で地下鉄に乗り換えなさい.
2(所属などが)**移る**, 転任[転校]する;(権限などが)移る: She transferred from a public school to a private one. <V+from+名・代+to+名・代> 彼女は公立の学校から私立へ移りました. **3**[副詞(句)を伴って] 移し[書き]換えられる.

＊trans·fer² /trǽnsfə | -fə/ ★動詞の transfer¹ とのアクセントの違いに注意. 图 (~s /~z/; 動 tránsfer¹) **1** C.U **移動**, 異動, 移転; 転任(先), 転校;(情報などの)移し替え;《主に英》(プロの選手の)移籍: He arranged my ~ to this department. 彼は私のこの課への異動を取り決めた / There have been a lot of personnel ~s in our company recently. 最近我が社では人事異動が多い.
2 C.U (交通機関の)**乗り換え(地点)**: a ~ from a train to a bus 列車からバスへの乗り換え / a ~ passenger 乗り継ぎ客. **3** C《主に米》乗り換え切符(路線を変えても使える). **4** C.U (権利などの)移転, 譲渡; 振り替え: (the) ~ of power 権力[権限]の委譲 / bank ~ 銀行振込. **5** C 移る人[物]; 転校生, 転任者. **6** C《主に米》decal. **7** C《心》転移(以前の学習がその後の学習に影響すること).

trans·fer·a·bil·i·ty /trænsfəːrəbíləti | -fəːr-/ 图 U 移し得ること, 譲渡可能であること.

trans·fer·a·ble /trænsfə́ːrəbl | -fə́ːr-/ 形 移すことができる [貸し借り, 譲渡]のできる; 転写する.

trans·fer·ence /trænsfə́ːrəns | trǽnsf(ə)r-/ 图 (動 tránsfer¹) **1**《格式》移転, 移動; 転任, 転勤, 異動; 譲渡, 売り渡し (of). **2**《心》感情転移.

tránsfer fèe 图 C《英》(プロの選手の)移籍料.

tránsfer lìst 图 C《英》移籍可能な(プロの)選手の名簿.

tránsfer RNA /-áːenéɪ | -áː(r)-/ 图 U《生化》転移(運搬, 受容)RNA.

tránsfer stùdent 图 C《米》大学の転校生.

trans·fig·u·ra·tion /trænsfɪɡjʊréɪʃən | -ɡər-/ 图 **1** C《文》変形, 変身; 変容. **2** [the T-]《聖》キリストの変容;《キ教》変容の祝日 (8月6日).

trans·fig·ure /trænsfíɡjə | -ɡə/ 動 (-fig·ur·ing /-ɡjərɪŋ | -ɡər-/) 他《文》(特に美しくするために)〈…〉の外観[表情]を変える,〈…〉を変容させる (into, with).

trans·fix /trænsfíks/ 動 他《文》**1**〈…〉を突き刺す (with, on). **2** [普通は受身で] (恐怖などで)〈人〉を立ちすくませる.

trans·fixed /trænsfíkst/ 形 P《格式》(恐怖などで)立ちすくむ: 頭がまっ白になって: stand ~ 立ちすくむ.

---

transitional 1893

＊trans·form /trænsfɔ́əm | -fɔ́ːm/ **T2** 動 (trans·forms /~z/; trans·formed /~d/; -form·ing; 图 trànsformátion) 他 **1**〈…の外見・性質など〉を**一変させる**,〈…から…〉と大きく変える;変形[身]させる (⇨ change [類義語]; form [単語の記憶]): The discovery of hot springs ~ed this place from a fishing village to [into] a tourist resort. <V+O+from+名・代+to [into]+名・代> 温泉の発見は当地を漁村から観光地へと変えた. **2**《物理》〈エネルギー〉を変換する;《電》変圧する;《生》変態させる. [語源] trans-+form.

trans·form·a·ble /trænsfɔ́əməbl | -fɔ́ːm-/ 形 変形[変換]できる (from, into).

trans·for·ma·tion /trænsfəméɪʃən | -fə-/ 图 (動 transfórm) C.U **1** 変形, 変質 (change) (from, into). **2**《物理》変換, 転移;《電気》変圧;《言》変形;《生》変態.

trans·for·ma·tion·al gràmmar /trænsfəméɪʃ(ə)nəl | -fə-/ 图《言》変形文法.

trans·form·er /trænsfɔ́əmə | -fɔ́ːmə/ 图 C **1**《電》変圧器, トランス. **2** 変形させる人[物].

trans·fuse /trænsfjúːz/ 動 他《格式》**1**〈血液〉を〈…に〉輸血する (into). **2**〈…〉にあふれる.

trans·fu·sion /trænsfjúːʒən/ 图 U.C《格式》**1** 輸血 (blood transfusion). **2** [比喩] 緊急融資.

trans·gen·der /trænsdʒéndə, trænz- | -də/ C 性転換願望者. ― 形 =transgendered.

trans·gén·dered 形 性転換願望の.

trans·gen·der·is·m /trænsdʒéndərɪzm, trænz-/ 图 U 性転換願望.

trans·gen·ic /trænsdʒénɪk, trænz-/ 形《生》(動植物が)移植遺伝子をもつ[による].

trans·gress /trænsɡrés/ 動《格式》他〈制限・範囲〉を逸脱する;〈法律・規範など〉を破る,〈…〉にそむく. ― 自 違反をする; 罪を犯す (against, on).

trans·gres·sion /trænsɡréʃən/ 图 U.C《格式》違反, 犯則 (of);《宗教・道徳上の》罪.

trans·gres·sor /trænsɡrésə | -sə/ 图 C《格式》違反者;《宗教・道徳上の》罪人.

tran·sience /trǽnʃəns/, **-sience**, **tran·sien·cy** /-ʃənsi/ -ziən- 图 U《格式》(状況・名声などの)一時的なこと; はかなさ.

tran·sient /trǽnʃənt/ -ziənt/ 形《格式》一時の, つかの間の; はかない, 無常の; 短期滞在の. ― 图 C《格式》短期滞在者, 季節労働者;《米》放浪者.

＊tran·sis·tor /trænzístə, -sís- | -tə/ 图 C (~s /~z/) C **1** トランジスター; =transistor radio. [語源] transfer と resistor の混成語. (⇨ blend 图 2.

tran·sis·tor·ize /trænzístərʌɪz/ 動 他〈ラジオなど〉にトランジスターを使用する.

tran·sís·tor rádio 图 C トランジスターラジオ.

＊tran·sit /trǽnsɪt, -zɪt/ 图 U **1**《人や物資の》**輸送**, 運送;《米》輸送機関: Japan's mass ~ system 日本の大量輸送機関. **2** U.C 通過, 通行; 乗り継ぎ. **3** C.U《天》(天体の)子午線通過. **in tránsit (from … to 一)** [副・形]〈…〉輸送[移動]中に[で]: My baggage was lost in ~. 私の手荷物は輸送中に紛失した. ― 動 (天体が)〈…〉を通過する.

tránsit càmp 图 C (難民・兵士などの)一時滞在キャンプ[収容所].

＊tran·si·tion /trænzíʃən, -síʃən/ **T3** 图 (~s /~z/; 形 transítional) C.U **1**《格式》**移行**, 移り変わり, 変遷, 変化 (between): a ~ period 過渡期の日本経済 nese economy in ~ 過渡期にある日本経済 / a peaceful ~ from military to civilian government 軍政から民政への平和的な移行. **2**(話題を変える時の)前後を接続する語[句, 文], つなぎ部[表現].

＊tran·si·tion·al /trænzíʃ(ə)nəl, -síʃ-/ 形 (图 tran-

transitional relief

sítion) A〖格式〗**1** 移り変わる; 過渡的な; 過渡期の: a ~ government 暫定政権. **2** 〈語・句・文が〉話題を転換する, つなぎの. **-al·ly** /-ʃ(ə)nəli/ 副 過渡的に.

transitional relief 名 U (英) (新税導入時の)暫定的優遇措置.

tran·si·tive /trǽnsətɪv/ 形 名 〖文法〗他動詞(の) (略 t., tr., trans.);〖数・論〗推移的な〈a>b, b>c のときa>c となるような関係〉. **~·ly** 副 〖文法〗他動詞として.

tránsitive vérb 名 C 〖文法〗他動詞 (略 v.t.).

文法 他動詞

目的語をとる動詞をいう. この辞書では 他 と示す. 自動詞 (☞ intransitive verb 文法) に対する. 他動詞のうちで目的格補語をとらないものを完全他動詞 (complete transitive verb), 目的格補語をとるものを不完全他動詞と呼ぶ. 英語の動詞には他動詞・自動詞両方の用法があるものが多い. 不完全他動詞については ☞ incomplete transitive verb 文法.

完全他動詞は <(S+)V+O> の動詞型をとるものである. 詳しくは ☞ 動詞型解説 II 3.

Won't you *have* a cup of coffee? <V+O (名詞)> コーヒーを1杯お飲みになりませんか / I *love* you. <V+O (代名詞)> あなたを愛しています / *Remember* to post the letter. <V+O (to 不定詞句)> その手紙を出すのを忘れないように / They never *stopped* talking. <V+O (動名詞)> 彼らは少しも話をやめなかった / He *promised* that he would marry her. <V+O (*that* 節)> 彼は彼女と結婚すると約束した.

他動詞には目的語を2つ持ち, <(S+)V+O (間接目的語)+O (直接目的語)> の動詞型をとるものがある. これを授与動詞という (☞ dative verb 文法).

---

tran·si·tiv·i·ty /trænsətívəti/ 名 U 〖文法〗他動性.

tránsit lòunge 名 C (空港の)乗り換え[通過]客用待合室 (外部へは出られない).

tran·si·to·ri·ness /trǽnsətɔ̀ːrinəs | -təri-, -tri-/ 名 U 一時的なこと, はかなさ.

tran·si·to·ry /trǽnsətɔ̀ːri | -təri, -tri/ 形 一時的な, つかの間の; はかない, 無常の (transient).

tránsit pàssenger 名 C (旅客機の)乗り継ぎ客.

tránsit shèlter 名 C (バス停などの)雨よけ.

tránsit vìsa 名 C 通過ビザ (滞在はできない).

transl. =translated (☞ translate), translation, translator.

trans·lat·a·ble /trænsléɪṭəbl, trænz-/ 形 訳すことができる, 翻訳可能な.

*__trans·late__ /trænsléɪt, trænz-/ 🔤 動 (**trans·lates** /-léɪts/; **trans·lat·ed** /-ṭɪd/; **trans·lat·ing** /-ṭɪŋ/; 名 translátion) 他 **1** <...>を訳す, <文などを>(…語から他国語へと)翻訳する (*from, into*, transl.): We cannot ~ this poem (*from* English) *into* Japanese. <V+O (+*from*+名)+*into*+名> この詩は(英語から)日本語に訳せない. **2** <ことば・行動を>(…と)解釈[説明, 理解]する (interpret) (*as*). **3** <考え・感情などを>(具体的な形に)移す, 直す (*into*). **4** 〖電算〗<プログラムなどを>変換する. **5** 〖格式〗<人を>(他の場所・仕事などへ)移す, 転任させる (transfer). — 自 **1** 翻[通]訳する: She ~s for *The New York Times*. 彼女はニューヨークタイムズ社で翻訳をしている. **2** (ことば・詩などが)訳せる (*as*): This phrase does not ~ well. この句はうまく訳せない. **3** (違う)形をとる, (…に)至る, つながる (*into*). **4** 応用ible[転用]される (*to*). 語源 ラテン語で「移された」の意; transfer¹ と同語源.

*__trans·la·tion__ /trænsléɪʃən, trænz-/ 名 (~s /-z/;

他 translate) **1** U 翻訳 (*from, into, of*) (略 trans., transl.): free ~ 自由訳, 意訳 / mistakes [errors] in ~ 誤訳. 他 interpretation 通訳.

2 C 翻訳したもの, 翻訳物, 訳: an English ~ of Soseki Natsume's *I Am a Cat* 夏目漱石の「吾輩は猫である」の英訳 / a rough ~ 大ざっぱな訳, 粗訳. **3** U 〖格式〗(考えなどの実践への)移し換え.

be lóst in translátion 動 自 (翻訳などで)原作のよさが失われる. **in translátion** 副 翻訳で: I read Shakespeare ~. 私はシェークスピアを翻訳で読む.

*__trans·la·tor__ /trænsléɪṭɚ, trænz- | -tə/ 名 (~s /-z/) C **1** 訳者, 翻訳家; 通訳 (略 transl.): T~s, traitors. 翻訳者は裏切り者 (翻訳は原作とは別のもの). **2** 〖電算〗翻訳ルーチン.

trans·lit·er·ate /trænslíṭərèɪt, trænz-/ 動 他 <...>を(他国語の文字に)書き直す, 字訳する (*from, into, as*).

trans·lit·er·a·tion /trænslìṭərέɪʃən, trænz-/ 名 C U (他国語の文字に)書き直すこと, 字訳(したもの).

trans·lu·cence /trænslúːs(ə)ns, trænz-/, **-lu·cen·cy** /-s(ə)nsi/ 名 U 半透明.

†**trans·lu·cent** /trænslúːs(ə)nt, trænz-/ 形 (ガラスなどが)半透明の, (肌などが)透き通るような.

trans·lu·nar /trænslúːnɚ | -nə/ 形 月より向こうの; 月へ向けての.

tràns·maríne 形 海の向こう(から)の; 海を越えての.

trans·mi·grate /trænsmáɪgreɪt, trænz-/ 動 自 〈霊魂が肉体の死後他に〉生まれ変わる, 転生する.

trans·mi·gra·tion /trænsmaɪgréɪʃən, trænz-/ 名 U **1** (仏教などの)転生, 輪廻(ˈʳⁿ). **2** 移住 (migration).

trans·mis·si·ble /trænsmísəbl, trænz-/ 形 〖格式〗(病気などが)伝染する.

*__trans·mis·sion__ /trænsmíʃən, trænz-/ 🔤 名 (~s /-z/; 動 transmit) **1** U 〖格式〗伝達, 伝送; 伝[感染]: the ~ *of* information 情報の伝達 / the ~ *of* a disease 病気の伝染.

2 U 放送, 送信, 送電: the ~ of a TV program テレビ番組の放送. **3** C 〖格式〗放送されたもの (画面・番組など). **4** C U (自動車の)トランスミッション, 変速装置; 変速装置 (ギヤ): (an) automatic ~ 自動変速装置, ノークラッチ (英比喩 「ノークラッチ」は和製英語) / (a) standard [manual] ~ 標準[手動式]変換装置.

transmíssion líne 名 C 〖電〗伝送線路 (電力輸送のための送電線; 通信用の伝送線).

*__trans·mit__ /trænsmít, trænz-/ 🔤 動 (**trans·mits** /-míts/; **-mit·ted** /-ṭɪd/; **-mit·ting** /-ṭɪŋ/; 名 transmíssion) 他 **1** (普通は受身で) 〖格式〗<知識・報道・感情などを>伝達する, 告げる; <病気などを>伝染させる (*through*); <物を>送る, 届ける (☞ permit¹ 単語の記憶): The Olympic Games are *being transmitted* live *to* over sixty countries. <V+O+副詞+前+名・代の受身> オリンピックは60以上の国々に生放送されている / The disease *is transmitted from* person *to* person. <V+O+*from*+名・代+*to*+名・代の受身> その病気は人から人へ感染する. **2** <熱・光・電流などを>伝導する. **3** (テレビ局などで)<番組を>放送する (*to*). — 自 (テレビ局などが)送信する (*on*).

transmít onesèlf 動 自 (感情などが)伝わる: The tension soon *transmitted itself* to all the members of the team. 緊張感がチーム全員にすぐに伝わった.

trans·mit·tal /trænsmíṭl, trænz-/ 名 U 伝達; 送信 (transmission).

†**trans·mit·ter** /trænsmíṭɚ, trænz- | -tə/ 名 C 伝達者[器] (*of*); (電話の)送話器, 送信器; 感染源.

trans·mog·ri·fi·ca·tion /trænsmàgrəfɪkέɪʃən, trænz- | -mɔ̀g-/ 名 U C 〖滑稽〗(姿などの)一変.

trans·mog·ri·fy /trænsmágrəfàɪ, trænz- | -mɔ́g-/ 動 (**-ri·fies**; **-ri·fied**; **-fy·ing**) 他 (普通は受

身に) [滑稽] 〈人・物の姿[性格]〉を一変させる (into).
trans·mut·a·ble /trænsmjúːtəbl, trænz-/ 形
《格式》変形できる, 変質可能な.
trans·mu·ta·tion /trænsmjuːtéɪʃən, trænz-/
名 U.C 《格式》変化, 変形, 変質, 変性.
trans·mute /trænsmjúːt, trænz-/ 動 他《格式》
〈…〉を変える, 変質させる (into).
trans·na·tion·al /trænsnǽʃ(ə)nəl, trænz-/ 形
国家[民族]を越えた; 多国籍の. ── 名 多国籍企業.
trans·o·ce·an·ic /trænsòʊʃiǽnɪk, trænz-/ 形
A 大洋横断の; 大洋の向こう側の.
tran·som /trǽnsəm/ 名 C 1《主に米》明かり取り窓《ドアの上部など》《英》fanlight. 2 窓の仕切りの横桟; 無目(む)《ドアと明かり窓の間の横木》.
trans·pa·cif·ic /trænspəsífɪk/ 形 A 太平洋横断の; 太平洋の向こう側の.
***trans·par·en·cy** /trænspǽrənsi, -péə)r-/ 名 (-en·cies) 1 C OHP シート; (写真の)スライド. 2 U 透明(さ), 透明度. 3 U (過程・状況などの)透明性; (発言などの)明瞭さ.
***trans·par·ent** /trænspǽrənt, -péə)r-/ 形 1 透(す)き通っている, 透明な (反 opaque); 〈服など〉がすけすけの: ~ glass 透明なガラス. 2《格式》[ほめて]〈文体などが〉明快な (clear): a ~ style 平明な文体. 3 (組織・過程など)包み隠しのない, 率直な: ~ sincerity うそいつわりのない誠実さ. 4 [けなして] 〈言動が〉見え透(す)いた: a ~ lie あからさまなうそ. 語源 ラテン語で「通して(☞ trans-)見える(☞ appear 語源)」の意. **~·ly** 副 透き通って, 透明に; 明白なほどに, 見え透いて.
tran·spi·ra·tion /trænspəréɪʃən/ 名 U《動植物が》水分などを発散すること, 発汗, 蒸散.
tran·spire /trænspáɪə | -spáɪə/ 動 (**tran·spir·ing** /-spáɪ(ə)rɪŋ/) 自 1《格式》起こる, 生じる. 2 [普通は進行形で]《格式》〈秘密など〉が漏れる, (事件など)明るみに出る: It ~d that the professor had taken bribes. 教授がわいろをとっていたことが明るみに出た. 3 (動植物の体表から水分などが)発散[蒸発]する. ── 他《動植物》〈水分など〉を発散[蒸発]させる.
***trans·plant**[1] /trǽnsplænt | -plàːnt/ ★ 動詞の transplant[2] とのアクセントの違いに注意. T3 名 〈~s /-plǽnts/; transplànt[1]〉 1 U.C《格式》移植: a hair ~ 植毛 / have a kidney ~ 腎臓の移植(手術)を受ける. 2 C 移植されるもの《臓器・皮膚など》. 3 C《格式》転入[移住]者. 4 [形容詞的に] 移植の: a ~ operation 移植手術.
***trans·plant**[2] /trænsplǽnt | -plàːnt/ ★ 名詞の transplant[1] とのアクセントの違いに注意. 動 〈~s /-plǽnts/; ~·ed /-ɪd/; ~·ing /-ɪŋ/; transplànt[1]〉他 1〈臓器など〉を**移植する** (from, to, into); 〈植物など〉を移植させる (in, into): ~ a heart 心臓を移植する. 2《格式》〈文化・制度〉をよその場所へ持って行く; 〈人〉を移住させる: The family was ~ed from their native Germany to Chicago around 1830. 一家は 1830 年頃故国のドイツからシカゴに移住した. ── 自 [副詞(句)を伴って] 移植ができる (from, to).
trans·plan·ta·tion /trænsplæntéɪʃən | -plɑːn-/ 名 U 臓器移植; 移植, 移住, 移民.
trans·po·lar /trænspóʊlə | -lə-/ 形 [主に A] 極地横断の; 北[南]極越えの.
trans·pon·der /trænspándə | -póndə/ 名 C トランスポンダー《特定の信号に応答する無線装置》.
***trans·port**[1] /trǽnspɔːt | -pɔːt/ ★ 動詞の transport[2] とのアクセントの違いに注意. 名 〈**trans·ports** /-pɔːts | -pɔːts/; 動 tránsport[1] 1, 2, 4〉 1 U《主に英》**輸送**, 運送, 輸送機関, 輸送手段, 乗り物の便《自分で利用できる車などを指す; ☞ export[1] 単語の記憶》 (transportation): the ~ of oil by large tankers 大型タンカーによる石油輸送. 2 C 輸送船; 輸送機《主に軍用》.

Transylvania 1895

in (a) tránsport of ... [前]《文》…でわれを忘れて.
***trans·port**[2] /trænspɔ́ːt | -pɔ́ːt/ ★ 名詞の transport[1] とのアクセントの違いに注意. T1 動 〈**trans·ports** /-pɔ́ːts | -pɔ́ːts/; **-port·ed** /-tɪd/; **-port·ing** /-tɪŋ/〉他 1 〈…〉を**輸送**する, 運送する;《風・海流などが》運ぶ; 〈制度など〉を移す (from)《☞ export[1] 単語の記憶》: A large amount of building material *is* ~*ed to* the site *by* truck. <V+O+to+名・代の受身> 莫大(ばく)な量の建材がトラックで現場へ輸送された. 2 [受身で]〈人に(別の時・所にいるように)錯覚させる (back; to). 3〈罪人〉を流刑に処す (to). 4 [普通は受身で]《文》〈人〉を興奮させる (with). 語源 trans-＋port (☞ export[1] 単語の記憶). (名 1, 2, 4 では tránsport[1] 1, 3 では trànsportátion)
trans·port·a·ble /trænspɔ́ːtəbl, -pɔ́ːt-/ 形 輸送できる, 運送可能な.
***trans·por·ta·tion** /trænspəːtéɪʃən, -pɔː-/ 名 T1 (動 transpórt[2] 1, 3) 1 U《主に米》**輸送**, 運送, **輸送機関**, 輸送手段, 乗り物の便 (transport): the ~ of furniture 家具の運送 / railroad ~ 鉄道輸送 / a mode [means, method] of ~ 交通手段 / the Department [Secretary] of T~《米》運輸省[長官]《☞ department 表》. 2 U《米》輸送料, 運賃; 交通費. 3 C [形容詞的に]輸送の, 運送の: a public ~ system 公共輸送網. 4 U《古語》流刑, (罪人)の追放.
tránsport ca·fé /-kæfeɪ | -kǽfeɪ/ 名 C《英》= truck stop.
trans·port·er /trænspɔ́ːtə | -pɔ́ːtə/ 名 C 陸送車《自動車運搬用の大型トラック》; 大型輸送機.
tránsport pláne 名 C《軍用》輸送機.
tránsport shíp 名 C《軍用》輸送船.
trans·pose /trænspóʊz/ 動 他 1《格式》〈位置・順序など〉を置き[入れ]換える; 〈文字・語句〉を移動する (shift); 〈…〉を翻案する (from, to, into). 2《楽》〈…〉を移調する (up, down; from, into, to).
trans·po·si·tion /trænspəzíʃən/ 名 C.U《格式》置き換え, 転位; 《楽》移調.
trans·put·er /trænspjúːtə | -tə/ 名 C《電算》トランスピューター《大量の情報を高速で処理することができる強力なコンピューターマイクロチップ》.
trans·sex·u·al /træn(s)sékʃuəl/ 名 C, 形 性同一障害者の; 性転換者の.
trans·sex·u·al·is·m /træn(s)sékʃuəlɪzm/ 名 U 性同一性障害; 性転換.
trans·sex·u·al·i·ty /træn(s)sèkʃuǽləti/ 名 U =transsexualism.
trans·ship /træn(s)ʃíp/ 動 (**-ships**; **-shipped**; **-ship·ping**) 他 〈貨物など〉を別の船[列車など]に移す. ── 自 積み替えられる, 乗り換える.
trans·ship·ment /træn(s)ʃípmənt/ 名 U.C (荷物の)積み替え, (乗客の)乗り換え.
Tráns-Si·be·ri·an Ráilway /trænssaɪbí(ə)riən-/ 名 [the ~]シベリア横断鉄道.
tran·sub·stan·ti·a·tion /trænsəbstæntʃiéɪʃən/ 名 U《宗教》全聖変化《ミサのパンとぶどう酒がキリストの肉と血になるという説》; 変質.
Trans·vaal /trænsvɑ́ːl, trænz-/ 名 固 トランスバール《南アフリカ共和国の旧州; 金の産地》.
trans·verse /trænsvə́ːs, trænz- | -vəs/ 形 [普通は A] (真)横の; 横断する.
tránsverse wáve 名 C《物理》横波.
trans·ves·tis·m /trænsvéstɪzm/ 名 U《格式》服装倒錯《異性の服装をすること・したいという欲望》.
+**trans·ves·tite** /trænsvéstaɪt/ 名 C 服装倒錯者. ── 形 服装倒錯(者)の.
Tran·syl·va·nia /trænsɪlvéɪnjə/ 名 固 トランシル

バニア《ルーマニア西部の地方; Dracula の故郷とされる》.

*trap /trǽp/ /~s/ 图 C 1 〖獲物を取る〗わな, 落とし穴: We set [baited] a ~ for the fox. 私たちはきつねにわなを仕掛けた / A rat was caught in a ~. ねずみが1匹わなにかかった. 関連 mousetrap ねずみ取り / speed trap スピード違反監視区間.

2 計略, 策略, わな; 〖普通は伏線形で〗困難な状況, 危険, 間違い (of): The enemy fell [walked] into our ~. 敵軍は私たちの計略にひっかかった. 3 防臭弁, トラップ〖排水管などの U 字型の部分〗. 4 〖2輪・ばね仕掛の〗軽馬車. 5 《俗》口 (mouth): Shut your ~. 黙れ. 6 =trapdoor. 7 《米》=sand trap. 8 〖ドッグレースの〗飛び出し口. fáll into the tráp of dóing …する罠にうかうかと…する. kéep one's tráp shút 動 自 S 〖しばしば命令文で〗口を割らずに黙っている. spríng a tráp 動 自 (1) 〖動物が〗わなにかかる. (2) 〖人が〗だます.

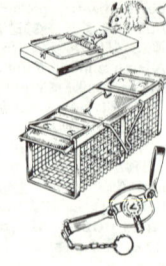

— 動 (traps /~s/; trapped /~t/; trap·ping) 他 1 〖人を〗出られなくする, とじこめる; 〖獲物を〗わなで捕える, 〖…に〗かかる; 〖犯人などを捕える〗〖catch 類義語〗: They were trapped in the cave.<V+O の受身> 彼らはほら穴から出られなくなった / We tried to ~ the fox. 私たちはわなでそのきつねを捕らえようとした. 2 〖人を計略にかける, だまして…させる〗(into). 3 〖物を〗〖偶然に〗引っ掛ける, はさむ. 4 〖ガス・水・熱などを〗ためて〖のがさないで〗おく.

tráp·dóor 图 C 〖天井などの〗跳ね上げ戸; 〖床・舞台などの〗上げぶた (into).
tra·peze /træpíːz | trə-/ 图 C 〖曲芸・体操用〗ぶらんこ: a ~ artist ぶらんこ曲芸師, 空中ぶらんこ乗り.
tra·pe·zi·um /trəpíːziəm/ 图 (複 ~s, tra·pe·zi·a /trəpíːziə/) C 《米》不等辺4辺形; 《英》台形.
tra·pe·zi·us /trəpíːziəs/ 图 〖解〗僧帽筋(きんぼう)筋.
trap·e·zoid /trǽpəzɔ̀id/ 图 C 《米》台形; 《英》不等辺4辺形.
trap·e·zoi·dal /trǽpəzɔ́idl/ 形 台形(状)の.

*trapped /trǽpt/ 形 〖現状から〗逃がれられない, 追いつめられて, 八方ふさがりで: The idea of marriage made her feel ~. 結婚を考えただけで彼女は束縛感を覚えた.
trap·per /trǽpɚ | -pə/ 图 C 〖毛皮を取るために〗わなで鳥獣を捕らえる猟師.
trap·pings /trǽpɪŋz/ 图 〖複〗〖しばしば軽蔑〗〖官位などを示す〗装い, 飾り; 〖権力・富などを示す〗象徴するもの (of).
Trap·pist 图 C トラピスト会修道士.
tráp·shòoting 图 U トラップ〖クレー〗射撃.

*trash /trǽʃ/ 图 U 1 《米》ごみ, くず, 廃物 (garbage, 《英》rubbish): take out the ~ ごみを出す / dispose of the ~ ごみを処分する / I swept up the ~ in the backyard. 私は裏庭のごみを掃いた / One man's ~ is another man's treasure. がらくたもよそへ行けば宝物(十人十色). 2 《略式》つまらないもの, 駄作〖本・絵画・映画など〗. 3 〖時に複数扱い〗《主に米略式》くだらない人間, 能なし. on the trásh héap (of …) 副 〖…に相手にされず〗お払い箱で. tálk trásh 《米略式》人をほろくそにする. — 動 他 《略式》1 〖建物・車などを〗ぶち壊し, めちゃくちゃにする. 2 〖主に米〗〖人・考えなどを〗こき下ろす. 3 《米》〖…を〗捨てる.

trásh bàg 图 C 《米》ごみ袋.
trásh càn [bìn] 图 C 《米》ごみ入れ缶, くず缶 (《英》dustbin).
trásh compàctor 图 C 《米》ごみ圧縮機.
trashed /trǽʃt/ 形 S 《米》1 ぐでんぐでんに酔っぱらった. 2 めちゃめちゃになった.
trash·i·ness /trǽʃinəs/ 图 U くだらなさ.
trash·màn /-mæ̀n/ 图 (複 -men /-mèn/) C 《米略式》ごみ〖廃品〗収集人.
trásh tàlk(ìng) 图 U 《米略式》〖相手をおじけづかせるための〗嘲罵のことば, 挑発的な侮辱, こきおろし.
trash·y /trǽʃi/ 形 (trash·i·er, -i·est) 《略式》1 〖小説・番組など〗くだらない. 2 《米》〖人が〗下品な, 下劣な.
trat·to·ri·a /trɑ̀ːtəríːə | træt-/ 《イタリア語から》 图 C (複 -ri·as, -ri·e /-ríːeɪ/) 〖大衆的な〗イタリア料理店.

*trau·ma /trɔ́ːmə, trάʊ-/ 图 (複 ~s, trau·ma·ta /trɔ́ːməṭə, trάʊ-/) 形 traumátic, 動 tráumatize U.C 1 〖心〗精神的外傷, 心の傷, トラウマ〖精神に永続的な影響を与えるもの〗; 《略式》〖しばしば複数形で〗つらい経験, ショック: He experienced the ~ of being abused when little. 彼は幼い頃虐待され心に傷を受けた. 2 〖医〗外傷.

*trau·mat·ic /trɔːmǽṭɪk, trάʊ-/ 形 图 tráuma 1 〖心〗精神的外傷〖心の傷〗となるような; 〖経験が〗悲惨な, とても嫌な. 2 〖医〗外傷(性)の. -mat·i·cal·ly /-kəli/ 副 〖心〗精神的外傷〖心の傷〗となって, 衝撃的に.
*trau·ma·tize /trɔ́ːməṭàɪz, trάʊ-/ 動 图 tráuma 〖普通は受身で〗〖人に〗精神的な外傷を与える, 心の傷を負わせる (with).
tráu·ma·tìzed 精神的外傷〖心の傷〗を受けた.
tra·vail /trəvéɪl/ 图 U または複数形で 《古語・文》骨折り, 労苦; 苦難; 苦痛. in trávail 形・副 陣痛で苦しんでいる.

*trav·el /trǽv(ə)l/ 《類音 trouble》 動 (trav·els /~z/; trav·eled, 《英》trav·elled /~d/; -el·ing, 《英》-el·ling) 自 1 〖副詞(句)を伴って〗旅行する, 旅をする; 〖遠方へ〗旅をする: He ~ed in many countries. <V+前+名・代> 彼は多くの国を旅行した / Mr. and Mrs. White ~ed around [round] the world. ホワイト夫妻は世界一周旅行をした / He ~s fastest who ~s alone. <V+副> 《ことわざ》ひとり旅がいちばん速い(成功しようと思えば単独行動をとれ) / ~ to work by train 列車で通勤する.

2 〖副詞(句)を伴って〗進む, 動いていく; 移動する; 〖光・音などが〗伝わる; 〖情報が〗伝わる: Sound ~s through the air at about 330 meters per second. <V+前+名・代> 音は空中を1秒に約330メートル伝わる / Bad news ~s fast. <V+副> 《ことわざ》悪いうわさは伝わるのが速い(悪事千里を走る). 3 〖会社などの〗外交をして回る, 注文を取りに出る （for); 〖…を〗セールスをして回る (in). 4 〖普通は副詞(句)を伴って〗〖食品・ワインなどが〗輸送に耐える, 送っても傷(いた)まない. 5 《略式》疾走する, 速く動く. 6 〖バスケットトラベリングする. — 他 〖…を〗旅行する, 旅する; 〖距離を〗移動する: He has ~ed the whole length of Japan several times. 彼は日本中を隅から隅まで数回旅行した / Such a rough road can't be ~ed at night. こんなひどい道路は夜には旅行できない. 語源 元来はラテン語で「拷問台」の意; それから「苦しみ」「つらいこと」を経て「旅行」の意になった.

trável líght 動 身軽に旅する.
— 图 (~s /~z/) 1 U 旅行, 旅: ~ by air=air ~ 空の旅 / space ~ 宇宙旅行 / ~ to a distant country 遠く離れた国への旅.

2 〖複数形で常に所有格を伴って〗長い旅行, 外国〖海外〗旅行: He set out on his ~s again. 彼はまた旅行に出かけました / "Did you enjoy your ~s in Europe?" "Yes, I was lucky enough to have good weather." 「ヨーロッパ旅行は楽しかったですか」「はい, 天

候に恵まれまして」

| travel (各地をめぐり歩く旅行) |
| journey (目的地までの比較的長い旅行) |
| trip (比較的短い観光・出張の旅行) |
| tour (観光や視察などの周遊旅行) |
| excursion (短期間の団体観光旅行) |

旅行

3 [複数形で] 旅行記, 紀行: *Gulliver's T*~s ガリバー旅行記. 4 Ⓤ 《機》(往復運動の)行程, 衝程.
be óff on one's trável s [動] 倉 (略式)(観光)旅行にいく. **on [in] one's trável s** [副](観光)旅行中に.
— 形 A 旅行用の((主に米)) travelling).
trável àgency 名 Ⓒ 旅行代理店, 観光案内所, 旅行社 (travel agent(s), travel bureau).
⁺**trável àgent** 名 Ⓒ 1 旅行案内業者. 2 = travel agency.
trav·e·la·tor /trǽvəlèɪṭə | -tə/ 名 Ⓒ = travolator.
trável bùreau 名 Ⓒ = travel agency.
tráv·eled, (英) **-elled** 形 [普通は複合語で] 1 [しばしば much, well, widely] を伴って] (人が)広く旅をした, (旅行して)見聞の広い. 2 [しばしば much [well, heavily] を伴って] (場所・道などが)旅行者[車]の多い.
***trav·el·er**, (英) **-el·ler** /trǽv(ə)lə | -lə/ 名 (~s /~z/) Ⓒ 1 旅行者, 旅人; [前に形容詞をつけて]旅をするのが…の人: *a* ~ *'s tale* 旅行者談(しばしばほら話の意味に用いられる) / *My father is a great* ~. 私の父は大の旅行好きです (☞ *fellow traveler*. 2 (主に英)浮浪者(ジプシー); (会社の)外交員, 巡回販売員 (traveling salesman).
tráveler's chèck 名 Ⓒ 旅行者用小切手, トラベラーズチェック ポンド建てのトラベラーズチェック / *cash a* ~ トラベラーズチェックを現金に換える.
tráv·el·ing, (英) **-el·ling** /-v(ə)lɪŋ/ 名 Ⓤ 1 旅行; 巡業: *do a lot of* ~ 方々へ旅行する. 2 《バスケ》 トラベリング. — 形 A 旅行(用)の: *a* ~ *companion* 旅の道連れ.
tráveling péople [fólk] 名 覆 (英) 旅する人びと(ジプシーなど漂泊民の自称).
tráveling públic 名 [the ~] 種々の交通手段で移動する人々.
tráveling sálesman 名 Ⓒ (会社の)外交員, 巡回販売員 (traveler): *the* ~ *problem* 複数の町をセールスマンが巡回するとして、その旅程を最少にするにはどんな経路をとればよいかを決定する問題(町の数が増えると組み合わせが増え最適解を見つけるのが困難になる).
tráv·elled 形 (英) = traveled.
***trav·el·ler** /trǽv(ə)lə/ 名 (英) = traveler.
tráv·el·ler's chèque /trǽv(ə)ləz- | -ləz-/ 名 Ⓒ (英) = traveler's check.
tráv·el·ling 名, 形 A (英) = traveling.
trav·el·ogue, -el·og /trǽvəlɔ̀ːg | -lɔ̀g/ 名 Ⓒ (スライド・映画を用いてする)旅行談; 紀行映画.
trável-sìck 形 (英) 乗り物に酔った. ~**·ness** 名 Ⓤ (英) 乗り物酔い (motion sickness).
trável tìme 名 Ⓤ 移動(にかかる)時間.
⁺**tra·verse**¹ /trəvə́ːs | -və́ːs/ 動 他 (格式)(人・乗り物などが)〈…を〉横断する, 渡る; 〈川・道など〉〈…を〉横切る.
tra·verse² /trəvə́ːs | -/ -vɜ́ːs/ 名 Ⓒ 1 《登山》 トラバース(急斜面を横に移動すること); トラバースする場所. 2 Ⓒ 横木, 横げた.
trav·es·ty /trǽvəsti/ 名 (**-es·ties**) Ⓒ (やや格式)滑稽化したもの, (全く逆の)ひどい例, 茶番: *a* ~ *of justice* 見せかけの正義. — 動 (**-es·ties; -es·tied; -ty·ing**) 他 〈…を〉滑稽化する, へたにまねる.
trav·o·la·tor /trǽvəlèɪṭə | -tə/ 名 Ⓒ (英) (空港など

の)動く歩道.
⁺**trawl** /trɔ́ːl/ 動 他 1 〈ある海域〉をトロール網でさらう (*for*). 2 (情報を求めて)〈記録など〉を調べる, (人・物を求めて)〈場所〉をさがし回る (*for*). — 倉 1 トロール漁業をする (*for*). 2 (記録などを)調べる, さがし回る (*through, for*). 3 トロール網 (trawl net). 2 (米)はえなわ (trawl line). 3 (書類・リストなどを)調べること, (人・物を求めて)さがし回ること.
⁺**trawl·er** /trɔ́ːlə | -lə/ 名 Ⓒ トロール船.
trawl·er·man /trɔ́ːləmən | -lə-/ 名 (**-men** /-mən, -mèn/) Ⓒ トロール漁船員.
tráwl lìne 名 Ⓒ (米) = trawl 2.
tráwl nèt 名 Ⓒ (米) = trawl 1.
⁺**tray** /tréɪ/ 〈顔音異語〉 trade, trait〉 **13** 名 (~s /~z/) Ⓒ 1 盆, トレー, (食べ物などの)盛り合せ; 盆[盛り皿]1杯分: *a* ~ *of sandwiches* 皿と皿のサンドイッチ / *put a cake on a* ~ 菓子を盆の上にのせる / *a tea* ~ 茶盆. 関連 *ashtray* 灰皿. 2 (主に英) 整理箱(机の上で書類などを入れる) [☞ *in-tray, out-tray*).
⁺**treach·er·ous** /trétʃ(ə)rəs/ 形 1 裏切る(ような), 不実な (false): *He is* ~ *to his friends.* 彼は友人には不実な男だ. 2 (道路・海などが安全そうに見えて実は)危険な, 油断できない. ~**·ly** 副 裏切って, 不実に.
⁺**treach·er·y** /trétʃ(ə)ri/ 名 (**-er·ies**) 1 Ⓤ 裏切り, 反逆. 2 Ⓒ [普通は複数形で] 背信行為, 違約. 騒源 古仏語で「だます」の意; trick と同語源.
trea·cle /tríːkl/ 名 1 Ⓤ (英) 糖みつ(砂糖精製時にとれる)((米) molasses). 2 いやに感傷的なもの.
trea·cly /tríːkli/ 形 (**trea·cli·er; -cli·est**) 1 (英) 糖みつのような, べとべとした. 2 (声・態度などが)いやに甘ったるい[感傷的な].
⁺**tread** /tréd/ 動 (**treads** /trédz/; 過去 **trod** /trɔ́d | trɔ́d/; 過分 **trod·den** /trɑ́dn | trɔ́dn/, **trod**, **tread·ing** /-dɪŋ/) 倉 1 踏む, 踏みつける, (上に)のる (☞ trade 囲み); (足が)踏みおろされる: *Don't* ~ *on my toes*. 〈V+on+名・代〉 足を踏まないで. 2 (格式, 主に英)歩く, 行く (walk): ~ *carefully* [*softly*] そっと歩く(☞ 成句). — 他 1 〈…〉を踏む, 踏みつぶす, 踏みつけて(泥などの)跡[汚れ, 砕片]を〈…に〉つける[残す] (*into, onto, over*); 〈道〉を踏んで作る: *They* ~ *grapes.* 彼らはぶどうを踏みつぶす(ワインを作るため). 2 (主に英, 文)〈…〉の上を歩く, 〈…〉を行く: *This forest has never been trodden by human feet.* この森はまだ人間がだれも通ったことがない.
tréad a … páth [動] 倉 Ⓦ (英) [比喩] …な道を行く, …な(一連の)行動をとる. **tréad cárefully** [**cáutiously, líghtly, sóftly, wárily**] [動] 倉 (難しい状況で)慎重に発言[行動]する (☞ 倉 2). **tréad on dángerous** [**sácred**] **gróund** [動] 倉 危険な[侵すべからざる]領域に足を踏み入れる. **tréad on …'s héels** [動] …のすぐあとに続く. **tréad the bóards** [動] 倉 (滑稽) (役者として)舞台を踏む. **tréad wáter** [動] 倉 (1) 立ち泳ぎする. (2) (ある状況で)進まずに足踏みする, 現状を維持する.
— 名 1 Ⓒ·Ⓤ (タイヤなどの)トレッド, 接地面. 2 Ⓒ·Ⓤ 靴底のトレッド. 3 [単数形で] 歩き方; 足音: *John walks with a heavy* ~. ジョンはどたどたと歩く. 4 Ⓒ (階段などの)踏み板 (☞ *flight*¹ 挿絵).

trea·dle /trédl/ 名 Ⓒ (旋盤・ミシン・といし車などの)ペダル, 踏み板.
tréad·mill 名 1 Ⓒ トレッドミル(ランニングマシーンの一種). 2 [単数形で] (踏み車のように)単調な仕事[暮らし]. 3 Ⓒ 踏み車(平らに置いた円盤の周囲を人や牛馬に踏ませ, 回転させる装置; 昔は囚人の懲罰用).
tréadmill tèst 名 Ⓒ トレッドミルテスト(トレッドミルの上を歩きながら心電図を測定する検査).
treas. 略 = treasurer, treasury.

treason /tríːz(ə)n/ 名 (形 tréasonable, tréasonous) ⓤ 反逆, 謀反(ﾎﾞ): He committed ～ against his native land. 彼は祖国に対する反逆罪を犯した // ☞ high treason.

trea·sona·ble /tríːz(ə)nəbl/, **-son·ous** /tríːz(ə)nəs/ 形 反逆の, 謀反の; 裏切りの.

trea·sure /tréʒə | -ʒə/ 12 名 (～s /~z/) 1 ⓤⓒ 宝物, 財宝: hidden ～ 隠された宝.

2 ⓒ [通例複数形で] 貴重品, 重要品: national ～s 国宝 / the art ～s in the possession of the museum その博物館所蔵の貴重な美術品. 3 ⓒ [普通は単数形で] 《略式》重宝な人; 大切な人, 最愛の人.

— 動 (trea·sur·ing /-ʒ(ə)rɪŋ/) 他 1 ⟨…⟩を宝として蓄える; ⟨品物⟩を大切にする, 秘[愛]蔵する: It's really nice of you to give me such a wonderful present. I'll always ～ it. こんなすばらしい贈り物をくださってどうもありがとうございます. ずっと大切にします. 2 ⟨思い出など⟩を心に秘める, 心に銘記する (up).

tréasure chèst 名 ⓒ 宝箱.

trea·sured /tréʒəd | -ʒəd/ 形 ⚠ 大切な, 秘蔵の.

tréasure-hòuse 名 ⓒ 宝(物)庫.

tréasure hùnt 名 ⓒ 宝さがし遊び; 宝さがし.

trea·sur·er /tréʒ(ə)rə | -rə/ 名 ⓒ 会計係, 出納[財務]官, 収入役; 宝物管理係 (略 treas.).

Tréasure Stàte 名 [the ～] 宝州 (米国の Montana 州の俗称).

tréasure tròve 名 1 ⓒ (貴重なものの)詰まっているもの[場所, 本], 宝庫 (of). 2 ⓤⓒ 埋蔵物[金] (所有者不明の貴重品の金).

trea·sur·y /tréʒ(ə)ri | -ʒ(ə)ri/ 名 (**-sur·ies** /~z/) 1 [the T- として複数扱い] (米)財務省 (正式名は the Department of the Treasury; ☞ department 表); (英)財務省 (Exchequer): the Secretary of the T～ (米)財務長官 (英国の the Chancellor of the Exchequer に相当する; ☞ secretary 2).

2 ⓒ (公共団体の)公庫, 国庫; 資金, 基金 (fund) (略 treas.). 3 ⓒ 宝物庫; (知識などの)宝庫: a ～ in an old castle 古城の宝物庫.

Tréasury bìll 名 ⓒ (米)財務省短期証券 (T-bill); (英)財務省証券.

Tréasury bònd 名 ⓒ (米)財務省長期証券.

tréasury nòte 名 ⓒ (米)財務省中期証券.

treat /tríːt/ (類語 cheat) 11 動 (**treats** /tríːts/; **treat·ed** /-tɪd/; **treat·ing** /-tɪŋ/; 名 tréatment) 他

```
ラテン語で「引く」の意.「取り引きする」→「交渉する」→（話し合いをする）→「論じる」 4 →（対象として取り上げる）→「扱う」 1
（取り扱う）
       →「治療する」3
       →（親切に取り扱う）→「おごる」5
```

1 (…の仕方で)〈人・動物〉を扱う, 〈物〉を取り扱う, 〈人〉を(…の地位・身分として)待遇する: You should ～ the girl kindly. <V+O+副> その少女に優しくしてあげなさい / [言い換え] He ～ed me like [as] his own son. <V+O+C (like[as]+名・代)>=He ～ed me as if I were his own son. 彼は私を実の息子のように扱ってくれた / T～ it with care. <V+O+with+名> 注意して扱いなさい.

2 〈物事〉を(…として)扱う, (…と)見なす (consider): He ～ed my protest as a joke. <V+O+C (as+名)> 彼は私の抗議を冗談扱いした / Don't ～ this as unimportant. <V+O+C (as+形)> このことを取るに足らないと考えるな.

3 〈傷病・人〉を治療する, 手当てする (with): [言い換え] Dr. Smith ～ed my father for cancer. <V+O+for +名・代>=Dr. Smith ～ed my father's cancer. スミス先生が父の癌(ﾈﾞ)を治療した. [語法] cure と違い必ずしも病気が治ったことを意味しない.

4 〈問題など〉を論じる, 述べる, 扱う: This problem has been ～ed by many economists. <V+O の受身> この問題は多くの経済学者によって論じられてきた.

5 〈人〉に(飲食物や催し物を)おごる, 〈人〉に(…を)ごちそうする: I'll ～ you. 君におごってやるよ / John ～ed me to a good dinner. <V+O+to+名・代> ジョンは私に豪華な食事をおごってくれた. 6 [しばしば受身で] 〈保護・保存・浄化のため化学薬品などで〉…を処理する (with): How much waste can you ～ here a day? ここでは1日にどのくらいの下水を浄化できるのですか.

— 自 1 〈書物・記事・論文・談話など〉論ずる, 扱う (of). 2 《格式》交渉する (with).

tréat … like dírt [**like a dóg**] 動 他 《略式》〈人〉を粗末に扱う. **tréat onesélf to …** 動 他 《略式》奮発して…を買う[食べる, 楽しむ]: He ～ed himself to a new car. 彼は奮発して新車を買った.

— 名 (**treats** /tríːts/) 1 [a ～] (たまにしかない)楽しいこと, (思わぬうれしいこと; とてもいいもの (for)): I've got a ～ for you. We're going on a trip. 皆さんにすばらしいお知らせがあります. 旅行に出かけるんですよ.

2 ⓒ [所有格または所有代名詞とともに] おごり; おごる番: Give me a ～. ごちそうしてください.

会話 "This is my ～." "Thank you very much. I'll treat you next time." 「これは私がおごろう」「どうもありがとう. 次は僕がおごります」.

3 ⓒ ごちそう. **a tréat** [副] 《英式》 すばらしく: work a ～ とてもうまくいく. **be ín for a tréat** [動] 自 楽しみを期待できる.

treat·a·ble /tríːtəbl/ 形 治療[処理]できる.

trea·tise /tríːtɪs, -tɪz/ 名 ⓒ 専門書, (学術)論文 (on).

treat·ment /tríːtmənt/ 11 名 (**treat·ments** /-mənts/; 動 treat) 1 ⓤⓒ 治療, 治療法, 処置 (for, of): medical ～ 医療 / try a new ～ for polio 小児まひに対する新しい治療法を試みる / My wife is under ～ in (the) hospital. 私の妻は入院して治療中です.

2 ⓤ (人や物に対する)取り扱い, 待遇, 処遇 (of): He has received very friendly ～. 彼はとても好意的な取り扱いを受けた.

3 ⓤⓒ (問題の)論じ方, 扱い方, 取り上げ方; 論述: scientific ～ of the data 資料を科学的に取り上げること / The problem needs more detailed ～. 問題はもっと詳しく論じられなければいけない. 4 ⓤⓒ (保護・保存・浄化などの)処理; (髪の)トリートメント.

gíve … the sílent tréatment [動] 他 〈人〉を無視する. **respónd to tréatment** [動] 自 治療で快方に向かう. **the fúll tréatment** [名] [ほめて] 特別待遇; [けなして] 悲惨な目.

trea·ty /tríːti/ 12 名 (**trea·ties** /~z/) 1 ⓒ 条約, 協定 (on, to do): a peace ～ 平和条約 / America concluded a commercial ～ with Japan in 1858. アメリカは1858年に日本と通商条約を結んだ. 2 ⓤ (特に家の売買についての個人間の)取り決め: by private ～ 個人間の取り引きで. [語源] treat と同語源で「交渉で決めたこと」の意 (☞ treat 囲み).

tre·ble /trébl/ 形 1 [普通は ⚠] 3倍の; 3重の: She earns ～ my salary. 彼女は私の給料の3倍稼ぐ. 2 ⚠ 【楽】高音(部)の; かん高い. — 副 3倍[重]に; 高音で[に]. — 名 1 ⓤ 《英式》最高音部(オーディオの)高音; ⓒ 高音部の声[楽器]; ボーイソプラノ. 2 [単数形で] 〈主に英〉3連勝. — 動 他 〈…〉を3倍にする. — 自 3倍になる.

tréble cléf 名 ⓒ 【楽】ト音記号.

*tree /tríː/ (類音 treat) 名 (~s /-z/) C 1 木, 樹木, 高木, 喬木(ぎょうぼく) 《地面から多少離れた所で1本の幹から枝が出ているもの, ただしバナナのような枝のないものも tree と呼ぶ》: climb (up) a ~ 木に登る / cut [chop] down a ~ 木を切り倒す / Don't damage the ~. 木を傷(きず)めるな / Pears grow on ~s. なしは木になります. 関連 bush, shrub 低木 / grass 草. 2 木の枝状のもの; 枝分かれ図, 系統図, 家系図 (family tree).

twig 小枝
bough 大枝
branch 枝
trunk 幹
roots 根

tree 1

| tree (樹木) | 木 |
| wood (木材) | |

be óut of one's trée 動 自 《略式》愚かな; 正気でない. be úp a trée =be up a gum tree (⇒ gum tree 成句).

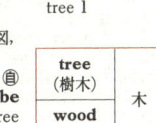

— 動 他 《獣など》を木に追い上げる.

trée diagram 名 C 〔言〕樹形図, 枝分かれ図.
trée fèrn 名 C 木生しだ, へご (へご科の各種のしだ).
trée fròg 名 C 青蛙; 雨蛙.
trée hòuse 名 C 樹上の家 (子供の遊び場).
trée hùgger /-hʌ̀gər | -gə/ 名 C 《略式》《けなして》環境保護運動家.
trée-hùg·ging /-hʌ̀gɪŋ/ 形 《略式》《けなして》環境保護(運動)の.
trée·less 形 (場所が)樹木のない.
trée line 名 [the ~] =timberline.
trée-lined 形 《普通は A》 (道など)並木の.
trée of knówledge (of góod and évil) 名 [the ~]〔聖〕善悪を知るの木, 知識の木.
trée rìng 名 C〔植〕年輪.
trée sùrgeon 名 C (傷(きず)んだ樹木を治す)樹木医, 樹医; 樹木剪定(せんてい)師.
trée sùrgery 名 U (傷んだ樹木を治す)樹木外科術, 樹木剪定.
trée·tòp 名 C [普通は複数形で] こずえ.
trée-trùnk 名 C 木の幹.
tre·foil /tríːfɔɪl/ 名 C 1 しゃじくそう属の三つ葉を持つ植物 (クローバーなど). 2 〔建〕三つ葉飾り.
*trek /trék/ 名 (treks /-s/; trekked /-t/; trek·king) 自 《副詞(句)を伴って》 1 (徒歩で)(骨の折れる)長い旅をする, のろのろと歩く. 2 山歩きをする, トレッキングをする (in, across). gò trékking 動 自 トレッキングに行く.

— 名 (~s /-s/) C 1 (骨の折れる)長旅; (徒歩による)旅行, トレッキング: go on [for] a ~ トレッキングに行く. 2 《略式》歩くには長い距離.

Trek·kie /tréki/ 名 C 《略式》(テレビ・映画の)「スタートレック」(Star Trek)のファン.
trel·lis /trélɪs/ 名 C,U (つる植物をはわせる)格子棚.
*trem·ble /trémbl/ 動 (trem·bles /-z/; trem·bled /-d/; trem·bling) 自 1 (主に恐怖・怒り・寒さ・病気などで)(体・声などが)震える, 身震いする 《⇒ shake 類義語》: Her hands were trembling with cold [anger]. <V+with+名> 彼女の手は寒さ[怒り]でぶるぶる震えていた.

2 《文》 揺れる, 震動する; (木の葉などが)そよぐ: The tower ~d but did not fall. その塔は揺れたが倒れはしなかった. 3 心配する, 気をもむ: I ~ to think of it. そのことを考えると心配だ / I ~ at the thought of seeing him again. 彼に再び会うと考えただけでぞっとする.

— 名 [単数形で] 震え, 身震い; 振動, 揺れ (of): There was a ~ in her voice. 彼女の声は震えていた.

trem·bling·ly 副 震えながら; 気をもんで.
trem·bly /trémbli/ 形 《略式》震えている.
*tre·men·dous /trɪméndəs/ 12 形 《略式》 1 《普通は A》 巨大な, ばかでかい (⇒ huge 類義語); 途方もない, すごい; 恐ろしい, すさまじい: a ~ watermelon ばかでかいすいか / a ~ talker すごくおしゃべりな人.

2 すばらしい; すごい: a ~ performance すばらしい演奏.

~·ly 副 非常に, 大変; 途方もなく.

trem·o·lo /tréməlòʊ/ 名 (~s /-z/) C〔楽〕トレモロ.
†trem·or /trémər | -mə/ 名 C 1 (小さな)地震; 微震, 余震. 2 (恐怖・快感・興奮による)ぞくぞくする思い, 身震い (of). 3 震え, 震動, 身震い; (組織などの)動揺.
trem·u·lous /trémjʊləs/ 形 《文》 1 (体・声などが)震える, 震えおののく. 2 (表情・笑みなどが)そわそわした; びくびくした. ~·ly 副 震えて; 恐れおののいて.

†trench /tréntʃ/ 名 C 1 (深い)溝, 堀, 掘り割り, 壕(ごう); 〔海〕海溝: dig a ~ 溝を掘る.

2 [しばしば複数形で] ざんごう; 現場.

in the trénches 副 [困難な状況の]真っただ中で.

tren·chan·cy /tréntʃənsi/ 名 U W (批判・発言などの)痛烈さ, しんらつさ.
tren·chant /tréntʃənt/ 形 W 1 (批判・発言などが)鋭い, しんらつな. 2 (方針などが)大胆な, 強力な. 3 明確な. ~·ly 副 鋭く, しんらつに.

trénch còat 名 C トレンチコート.
trénch mòuth 名 U 《古風》ざんごう熱口内炎.
trénch wárfare 名 U ざんごう戦.

*trend /trénd/ 11 名 (trends /tréndz/; 形 tréndy) C 1 傾向, 成り行き, 動向, 趨勢(すうせい), 趨勢; (グラフなどの)線: a ~ toward [away from] unity 統一へと向かう[から遠ざかる]傾向 / modern ~s in psychology 心理学の最近の動向 / Prices are following [on] an upward ~. 物価は上昇傾向にある. 2 はやり, 流行.

revérse a trénd 動 自 流れを一変させる. sét the [a] trénd 動 自 流行を作る[生む]. únder·lying trénd 動 自 長く続く傾向, 底流. — 動 自 《副詞(句)を伴って》 (事態・世論などが)(…に)傾向を示す.

trend·i·ly /tréndəli/ 副 《略式》流行を追って.
trend·i·ness /tréndɪnəs/ 名 U 《略式》流行の先端を行くこと.
tren·doid /tréndɔɪd/ 形 名 C 《略式》[しばしば軽蔑] 流行を追いかける(人).
trénd·sètter 名 C 流行を作る人[会社, 物].
trénd·sètting 形 A 流行を作り出す.
trénd·spòtter 名 C 流行[新動向]に目ざとい人, 流行評論家.
*trend·y /tréndi/ 形 (trend·i·er; -i·est; 名 trend) [普通は A] 流行の先端を行く, はやりの: a ~ dress 最新流行の服. — 名 (trend·ies) C 《英略式》[主にけなして] 流行を追う人.

Tren·ton /tréntən/ 名 固 トレントン (米国 New Jersey 州の州都; Delaware 川に臨む).
tre·pan /trɪpǽn/ 動 (tre·pans; tre·panned; tre·pan·ning) 他〔医〕(頭蓋骨)を丸く切り取る.
tre·phine /trɪfíːn/ 〔外科〕 名 C 冠状鋸(のこ), トレフィン. — 動 他 《…》を冠状のこぎりで手術する.
trep·i·da·tion /trèpədéɪʃən/ 名 U 《格式》おののき, 恐怖, ろうばい.

†tres·pass[1] /tréspəs, -pəs | -pəs/ 動 自 1 (他人の土地・家)に侵入する (on) 〈⇒ pass [単語の記憶]〉: NO TRESPASSING 立ち入り禁止 (掲示). 2 《古語》または《聖》罪を犯す (against). 語源 ラテン語で「横切って渡る」の意. trespass on the pans; tre·panned; tre·pan·ning) 他〔医〕(頭蓋骨)を丸く切り取る. tréspass on [upon] ... 動 自 《格式》 (権利)を侵害する; (人の時間など)をとる, じゃまする; (人の好意など)に甘える: ~ on [upon] others' privacy 他人のプライバシーを侵害する.

tres·pass[2] /tréspəs/ 名 1 C,U〔法〕不法侵入, 侵

害. 2 [C]《古語》または【聖】(道徳上の)あやまち, 罪.
tres·pass·er /tréspæsɚ, -pə- | -pəsə/ [名] [C] 侵入[侵害]者.
trés·pass·ing [名] [U] 不法侵入.
tress /trés/ [名] [C]《普通は複数形で》《文》(女性の)ふさふさした長髪.
tres·tle /trésl/ [名] [C] **1** うま, 架台(2つ並べて板をのせてテーブルにする). **2** 構脚橋 (trestle bridge).
tréstle brìdge [名] [C] =trestle 2.
tréstle tàble [名] [C] 架台テーブル.
Trev·or /trévɚ | -və/ [名] 固 トレバー(男性の名).
trews /trú:z/ [名] 《古風》(格子柄の)ズボン.
T. Rex /tí:réks/ [名] [C] =tyrannosaur.
trey /tréɪ/ [名] [C]《略式》**1** [バスケ] 3点シュート. **2** (トランプの3の札), (さいころの) 3.
tri- /traɪ, traɪ/ [接頭]《名詞・形容詞につけて》「3, 3倍, 3重」の意(☞ mono- 表): triangle 三角形 / tripod 三脚台 / trilingual 3言語の.
†tri·ad /tráɪæd/ [名] [C]《格式》三人組, 三つ組 (of). **2** [単数形で] (中国の)犯罪秘密結社.
tri·age /trí:ɑ:ʒ/ [名] [U] (緊急時医療などの)生存可能性にもとづく優先順位(づけ).
tri·al /tráɪəl/ ⑬ [名] (~s /-z/; [動] try) **1** [U,C] 裁判, 審理, 公判 (for, on): a criminal ~ 刑事裁判 / hold a murder ~ 殺人事件の審理をする / a ~ by jury 陪審による裁判.
2 [U,C] 試み, 試験(人の能力・物の質・性能などについての実際に使う前の), 試み; 試用期間: We should perform more ~s on the brake system. ブレーキ装置をもっとテストした方がよい.
3 [形容詞的に] 試みの, 試験的な; 裁判の: a ~ flight 試験飛行 / a ~ period 試用期間 // ☞ trial run.
4 [U,C] 《普通は複数形で》試練 (of); 災害: ~s and tribulations 試練 / This is a time of ~ for me. 今は私にとって試練の時だ. **5** [単数形で] うるさい人[物], (...にとっての)頭痛の種. **6** [C]《英》(陸上などの)予選[選抜]試合, 選手選考会; (乗馬などの)競技会, コンテスト.
còme to tríal [動] 自 (事件が)裁判にかけられる.
on tríal [副・形] (1) (...で)審理中で, 公判中で: The man is on ~ for murder. その男は目下殺人罪で裁判にかけられている / He went on ~ for robbery. 彼は強盗のかどで裁判にかかった. (2) 試験的に; 試験の結果, 試練にさらされて: The company agreed to take the photocopying machine on ~. 会社はそのコピー機を試用してみることに同意した.
pút ... on tríal [動] 他 (...)を裁判にかける.
stánd tríal [動] 自 裁判を受ける (for).
tríal and érror [名] 試行錯誤: find an answer by [through] ~ and error 試行錯誤で答えを見つける.
— [動] 他 《英》(...)を徹底的に試験する.
tríal ballóon [名] [C] 観測気球(新たな行動に対する反応を見るための声明など).
tríal cóurt [名] [C] 【法】第1審裁判所.
tríal láwyer [名] [C]《米》法廷(専門)弁護士.
tríal rún [名] [C] 試運転, 試験 (test run).
tríal sèparátion [名] [C] (離婚するかしないかを決めるため期限を定めて行なう)試験的別居.
†tri·an·gle /tráɪæŋgl/ [名] [C] **1** 三角形: one side of a ~ 三角形の1辺 / a right ~ 直角三角形. **2** 三角形をしたもの (of). **3** 《普通は the ~》トライアングル(打楽器). **4** 《米》三角定規(《英》setsquare). **5** 三人組, 三人組; (異性間の)三角関係: a love ~ 異性間の

triangle	三角形
square	四角形
pentagon	五角形
hexagon	六角形
heptagon	七角形
octagon	八角形

三角関係. [語源] ☞ tri-, angle¹.
†tri·an·gu·lar /traɪæŋgjʊlɚ | -lə/ [形] **1** 三角の; 三角形の. **2** 三者[チーム](間)の, 三角関係の.
tri·an·gu·late /traɪæŋgjʊlèɪt/ [動] 他 (土地などを)三角測量する.
tri·an·gu·la·tion /traɪæŋgjʊléɪʃən/ [名] [U] 三角測量; ~ station 三角点.
Tri·as·sic /traɪæsɪk/ [形]《the ~》三畳紀.
tri·ath·lete /traɪæθli:t/ [名] [C] トライアスロン選手.
tri·ath·lon /traɪæθlən/ [名] [C]《普通は単数形で》トライアスロン, 三種競技(遠泳・サイクリング・マラソンの3種目を連続して行なう競技).
*trib·al /tráɪb(ə)l/ [形] [名] (tribe) [主に [A]] 部[種]族の, 仲間の: ~ loyalty 仲間への忠誠心. **-al·ly** /-(ə)li/ [副] 部[種]族で.
trib·al·is·m /tráɪbəlɪzm/ [名] [U] **1** 部[種]族の構成. **2** 部[種]族意識, 部[種]族感情, 同族意識.
tribe /traɪb/ ⑬ [名] (~s /-z/; [形] tríbal). **1** [C] 《英》単数形でも時に複数扱い》部族, 種族(☞ race² 類義語); (動植物の)族, 類: Indian ~s in North America 北米のインディアン部族. **2** 《普通は軽蔑》 ... 連中, 仲間 (of); (しばしば複数形で)《略式》(人の)大集団; 大家族: whole ~s of schoolchildren 大勢の生徒たち. [語源] 元来はラテン語でローマ人を分けた「3つの(☞ tri-)種族」の意; ☞ tribute [語源].
tribes·man /tráɪbzmən/ [名] (-men /-mən/) [C] 種族の一員, 部族民(男性).
tríbes·péople [名] 《複》種族民, 部族民.
tríbes·wòman [名] (-wom·en /-wìmən/) [C] 種族の一員, 部族民(女性).
trib·u·la·tion /trìbjʊléɪʃən/ [名] [C,U]《格式》苦難, 試練(の原因).
*tri·bu·nal /traɪbjú:n(ə)l/ [形] [名] (~s /-z/) [C] 《英》単数形でも時に複数扱い》特別裁判所, 法廷; 判事席.
tri·bune /tríbju:n/ [名] [C] **1** 【ロ史】護民官; 軍団司令官 **2** 人権擁護者(しばしば T- で新聞名).
trib·u·tar·y /tríbjʊtèri | -təri, -tri/ [名] (-tar·ies) [C] **1** (川の)支流 (of). **2** 朝貢国家; 属国. — [形] (名 tribute) **1** [A]《格式》貢ぎ物を納める, 貢ぎ物として納められた; (...の)属国の (to). **2** (川・道が)支流の[支流をなす (to).
*trib·ute /tríbju:t/ [名] (**tribùtes** /tríbju:ts/; [形] tributàry) **1** [C,U] 尊敬[賞賛]のことば, 賛辞, 謝辞; (感謝の)贈り物: a floral ~ 献花 / We bowed our heads in silent ~ **to** her memory. 私たちは静かに彼女の冥福(ミミ)を祈って頭を下げた. **2** [U,C] 貢ぎ物. **3** [a ~] (...の)名誉となるもの; (優れた性質などの)表われ, あかし (to): The achievements of our graduates are a ~ to the school's effectiveness. 本校の卒業生の業績は本校の教育効果の表われである. [語源] ラテン語で「種族 (☞ tribe [語源])」に当てがわれたもの」の意.
páy tríbute to ... [動] 他 (1) ...に敬意を表する, ...をほめたたえる: In his speech he *paid* frequent ~s *to* the prime minister. 演説の中で彼はしばしば首相をほめそやした. (2) ...に貢ぎ物を納める.
tríbute bànd [名] [C]《主に英》トリビュートバンド(本物そっくりに歌い演奏するバンド).
trice /tráɪs/ [名]《次の成句で》**in a tríce** [副]《文》またたく間に.
tri·cen·ten·ni·al /tràɪsenténiəl/ [形]《主に米》[A] 300年目の, 300年祭[記念]の. — [名] [C] 300年(祭)祭.
tri·ceps /tráɪseps/ [名] (複 ~, ~·es) [C] 三頭筋.
tri·cer·a·tops /traɪsérətɒps | -təps/ [名] [C] トリケラトプス, 三角竜(白亜紀後期の恐竜).
trich·i·no·sis /trìkɪnóʊsɪs/ [名] [U] 旋毛虫寄生; 【医】旋毛虫症.
tri·chlo·ro·eth·ane /tràɪklɔ:rouéθeɪn | -í:θeɪn/ [名] [U] 【化】トリクロロエタン(シンナーなどの溶剤用).

tri・chot・o・my /traɪkátəmi | -kɔ́t-/ 名 U.C 三分(法).
tri・chro・mat・ic /tràɪkroʊmǽtɪk | -krə-/ 形 3色(使用)の;〔眼などが〕三色型色覚の.
tri・chro・ma・tism /traɪkroʊmətɪzm/ 名 U 3色使用,〔医〕三色型色覚《3原色が弁別できる》.
*__trick__ /trík/ （類音 chick） 名 (~s /-s/; 形 trícky)

「人の目をごまかすこと」（☞ treachery 語源）から
「たくらみ」1 → 「いたずら」2
       → 「早業」→「こつ」4
              →「手品」3

C 1 たくらみ,策略;ごまかし,いんちき,卑劣な行為;（映画などの）トリック,からくり;迷い,幻覚:catch by a ~ 策略を使ってつかまえる / ~s of the memory 思い違い / That's an old ~. それはよくある手だ / None of your dirty [mean, nasty, rotten] ~s! 汚ない手を使うのはやめろ / I thought I saw someone standing at the gate, but it was only a ~ of the light. 誰かが門の所に立っているような気がしたが光による錯覚だった.
2 いたずら:an amusing ~ おもしろいいたずら / The letter was a ~ to surprise the teacher. その手紙は先生を驚かせるためのいたずらだった / It's just a ~ of the wind. ただの風のいたずらさ.
3 手品,妙技;早業:card ~s トランプ手品 / You can't teach an old dog new ~s.（ことわざ）年取った犬に新しい芸は仕込めない（老人に改革は無理）.
4（主に単数形で）（商売・芸・技術などの）こつ,要領,秘訣(ひけつ):learn the ~s of the trade 商売の秘訣［うまいやり方］を覚える / There is a ~ to opening this box. この箱にはあけるこつがある. **5**（態度などの）癖,特徴(of). **6**（トランプのひと巡りに出された札）,トリック;1回の勝ち［得点］. **7**（米俗）売春婦の客;売春行為.
a bág [bóx] of trícks 名（略式）（目的達成のための）ありとあらゆる手段.
be ùp to one's (óld) trícks 動 自（略式）（例によって）ずる［不正, いたずら］をしている.
dò the tríck 動 自 Ｓ（略式）目的にかなう,うまく行く;（薬などが）効く.
évery tríck in the bóok 名（尽くせる限りの）ありとあらゆる手,あらゆる手段（to do）.
Hòw's trícks? 名（略式）どうだい調子は.
nót [néver] míss a tríck 動 自 Ｓ（略式）万事見通している,だまされない;チャンスをのがさない.
pláy「a tríck [trícks] on ... 動 他（略式）(1) ...にいたずらをする:John played a dirty ~ on Meg. ジョンはメグにいやがらせをした. (2) ...をだます.
téach [shów] ... a tríck or twò 動 他（略式）（知恵が）ＳＶＯに...よりー枚うわてである,心得ている.
Trick or treat! 名（主に米）お菓子をくれないといたずらするぞ《Halloween で子供たちが家々の玄関先で言うことば;☞ trick-or-treat》.
túrn a tríck 動 自（米略式）（売春婦が）客と寝る.
—— 動 (tricks /-s/; tricked /-t/; trick・ing; ~e・ry /tríckəry/) 他（策略で）だます,かつぐ,だまして...させる（☞ cheat 類義語）:The young man ~ed me **into** consent**ing** [consent]. ＜V+O+into+動名［名］＞その若い男はまんまと私をだまして承知させた / My brother ~ed me **out of** my money. ＜V+O+out of+名・代＞ 兄はだまして私のお金を巻き上げた.
tríck óut [úp] 動 他（普通は受身で）〔文〕〈人・物〉を飾り立てる (in, with).
—— 形 A 1（撮影などが）トリックを使う;奇術の,手品の. 2（問題などが）意外に手ごわい:a ~ question 落とし穴のある質問. 3（体の関節・骨などが）あまり当てにならない（突然動かなくなるひざ）:a ~ knee がくっとなるひざ.
trick・er・y /tríkəri/ 名（動 trick）U ぺてん,詐欺.
trick・i・ly /tríkɪli/ 副 こうかつに.

trigger 1901

trick・i・ness /tríkinəs/ 名 U 1（仕事・問題などの）扱いにくさ. 2 こうかつさ.
*__trick・le__ /tríkl/ 動 自 1 (副詞(句)を伴って) したたる,ぽたぽた落ちる;ちょろちょろ流れる:Tears ~d down her cheeks. 涙が彼女のほおからしたたり落ちた. **2**（人・車などが）ぽつぽつ来る［行く］;次第に消えてゆく. —— 他〈...〉をしたたらせる;少しずつ流す. **tríckle dówn** 動 自（金などが）階層の上から下へと徐々に流れる;徐々に影響を与える (to). —— 名 C（普通は a ~）したたり,しずく;（人・車の）まばらな往来 (of).
trickle chàrger 名 C（電）細流充電器.
trickle-dòwn 形 A（経）トリクルダウン理論の［による］:a ~ effect トリクルダウン効果.
tríckle-down thèory 名 U（時に the ~）（経）トリクルダウン理論《政府資金の大企業への流入が中小企業と消費者に及び景気を刺激するという理論》.
trick-or-tréat 動 自（米）（Halloween で）"Trick or treat!" と言って歩く（☞ Trick or treat! (trick 名 成句)）.
trick・ster /tríkstə | -stə/ 名 C 詐欺（ぺてん）師.
tricks・y /tríksi/ 形（略式）いたずら好きな.
*__trick・y__ /tríki/ 形 (trick・i・er; trick・i・est; 名 trick) **1**（仕事・問題などが）慎重な扱いを要する,扱いにくい:a ~ situation 微妙な事態. **2**（人・行動が）こうかつな（☞ sly 類義語）:a ~ customer 油断のならない奴.
tri・col・or,（英）**tri・col・our** /tráɪklʌə | tríkələ/ 名 1 [the T-] 三色旗《特にフランス［アイルランド］国旗》. **2** C 三色旗. —— 形 三色の.
tri・cy・cle /tráɪsɪkl/ 名 C（子供の）三輪車《略式 trike》:on a ~ 三輪車に乗って.
tri・dent /tráɪdnt/ 名 C 三つ又の武器［道具］,やす.
Tri・dent /tráɪdnt/ 名 C.U トライデント《米国の原潜ミサイル》.
*__tried__ /tráɪd/ 動 try の過去形および過去分詞. —— 形 A 試験済みの;（友達などが）当てになる:a ~ and true friend 信頼のおける友達 / a ~ and tested [trusted,（米）true] method 確実な方法.
tri・en・ni・al /traɪéniəl/ 形 3年に1回の, 3年ごとの; 3年間の. —— 名 C 3周年; 3年ごとのもの; 3年間. **-al・ly** /-əli/ 副 3年ごとに.
tri・er /tráɪə | tráɪə/ 名 C 努力家,がんばり屋.
*__tries__ /tráɪz/ 動 try の三人称単数現在形.
—— 動 try の複数形.
*__tri・fle__ /tráɪfl/ 13 名 1 C（古風,格式）つまらない物,ささいなこと:I have no time for ~s. くだらないことに時間はさけない. **2** C 少量;少しの金額:It will cost you only a ~. ほんのわずかしかお金はかからないでしょう. **3** U（英）トライフル《ワインに浸したスポンジケーキにジャム・生クリームなどをのせたデザート》. **a trífle** 副（格式）少し,やや (a little):I was a ~ annoyed by [at] her behavior. 私は彼女の態度を少しばかり不愉快に感じた. —— 動（格式）もてあそぶ,（特に否定文で）いいかげんに扱う,軽くあしらう (with):Don't ~ with her feelings. 彼女の気持ちをもてあそんではいけない.
tri・fler /tráɪflə | -lə/ 名 C ふざける人,軽薄な人.
tri・fling 形 A（格式）くだらない,取るに足らない (trivial); わずかな,ささいな:a ~ error [matter] 取るに足らない瑣(ささ)事柄.
tri・fo・cals /traɪfóʊk(ə)lz/ 名（複）三焦点眼鏡《近・中・遠距離が見える》.
trig /tríg/ 名 U Ｓ =trigonometry.
trig. /tríg/ 略 =trigonometry.
*__trig・ger__ /trígə | -gə/ 13 名 (~s /-z/) C 1（銃砲の）引き金:The two men pulled [squeezed] the ~ at almost the same time. 二人の男はほぼ同時に引き金を

trigger finger

引いた. **2** (ある事件などの起こる)きっかけ (for).
— 動 (**trig・gers** /~z/; **trig・gered** /~d/; **-ger・ing** /-g(ə)rɪŋ/) 他 (小さな事が)<大きな[一連の]事件・反応など>のきっかけとなる, <…>を誘発する (off);<思い出しなどを突然よみがえらせる;<爆弾など>を作動させる: This wage hike will ~ inflation. この賃上げはインフレの引き金になるだろう.

trígger fìnger 名 C 引金を引く指;〔利き手の〕人差し指.

trígger-hàppy 形《略式》[軽蔑] やたらにピストル[銃]を撃ちたがる;好戦的な.

trígger màn 名 C《米略式》(銃を使う)殺し屋.

trig・o・no・met・ric /trɪ̀ɡənəmétrɪk/, **-ri・cal** /-k(ə)l/ 形《数》三角法の[による].

trig・o・nom・e・try /trɪ̀ɡənɑ́mətri | -nɔ́m-/ 名 U《数》三角法 (略 trig.).

tri・hal・o・meth・ane /trɑ̀ɪhæloʊméθeɪn/ 名 U《化》トリハロメタン.

trike /tráɪk/ 名 C《略式》=tricycle.

tri・lat・er・al /trɑ̀ɪlǽtərəl, -trəl/ 形 普通は A 3者[国]間の.

tril・by (**hàt**) /trɪ́lbi-/ 名 C《主に英》中折れ帽.

tri・lin・e・ar /trɑ̀ɪlíniə | -niə/ 形 3つの線の;3つの線に囲まれた.

tri・lin・gual /trɑ̀ɪlíŋɡwəl/ 形 3言語を話す;3言語(併用)の. monolingual 1言語を話す / bilingual 2言語を話す / multilingual 数種の言語を話す. **-gual・ly** /-ɡwəli/ 副 3言語(併用)で.

trill /trɪ́l/ 名 C 震え声で歌う[発音する];トレモロ[トリル]で演奏する;〈鳥が〉さえずる. — 他 ⟨…⟩を声を震わせて歌う[発音する];⟨…⟩をトレモロ[トリル]で演奏する;〈女性が〉高い明るい声で言う. — 名 C **1** 震え声;《楽》ビブラート, トレモロ, トリル;《音声》顫動(せんどう)音. **2** 〈鳥の〉さえずり.

*****tril・lion** /trɪ́ljən/ 中1 名 (複 **~(s)** /~z/) **1** C《米》兆 (10¹²) (☞ cardinal number 文法);《英》百京(けい) (10¹⁸). 関連 million 100万 / billion 10億. **2** [a ~ または ~s]《略式》無数 (of).
— 形《米》兆の;《英》百京の.

tril・lionth /trɪ́ljənθ/ 形 **1** 普通は the ~; ☞ the¹ (4) 《米》1兆番目の;《英》百京(けい)番目の. **2** 1兆分の1の;《英》百京分の1の. — 名 **1** [単数形で普通は the ~]《米》1兆番目の人[もの];《英》百京番目の人[もの]. **2** C 1兆分の1;《英》百京分の1.

tri・lo・bite /trɑ̀ɪləbɑ̀ɪt/ 名 U《古生》三葉虫.

*****tril・o・gy** /trɪ́lədʒi/ 名 (**-o・gies** /~z/) C 3部作〔劇・小説・オペラなど〕.

*****trim** /trɪ́m/ 中2 動 (**trims** /~z/; **trimmed** /~d/; **trim・ming**) 他 **1** <木など>を刈り込む, 刈り取る (clip); <髪など>を整える: The gardeners are trimming the hedge(s). 庭師たちが生け垣の手入れをしています / I'd like to have my hair trimmed. 調髪したいのですが / T~ the dead leaves off. <V+O+off> 枯れた葉を刈り込みなさい.
2 〈余分なもの〉を切り取る;〈計画・方針・量など〉を削減する (away): ~ the budget 予算を削減する / T~ the fat off the meat. <V+O+off+名・代> 肉から脂身を取りなさい. **3** [しばしば受身で]〈衣類など〉にふち飾りをつける, 〈…〉の飾り付けをする (decorate): Nancy trimmed the sleeve with lace. <V+O+with+名・代> ナンシーは袖のふちをレースで飾った. **4** 〈帆〉を調節する;〈船・飛行機のつり合いをとる. — 自 (政治家など)時流に迎合する, 日和見(ひよりみ)の政策をとる.

trìm ónè's sáils [動] 自 状況に合わせた対応をする (to);《略式》(特に)支出をひかえる.

— 形 (**trim・mer**; **trim・mest**) [ほめて] **1**《服装・様子など》きちんとした, 手入れのよい (neat);よく整備さ

れている: a ~ garden こぎれいな庭園. **2** (容姿が)均整のとれた, ほっそりした.
— 名 **1** U 整頓(せいとん), きちんとした状態;(健康などの)状態. **2** C [普通は a ~] 刈り込み, 整髪;調髪: The hedge needs a ~. 生け垣は刈り込む必要がある. **3** U 航空機[船]の傾き具合. **4** U または単数形で]装飾;(建物の)木造部分, 装飾品;(自動車などの)内装;(服・家具などの)ふち飾り. **5** [普通は単数形で](服などの)調飾. **in [into] (góod) trím** [形・副]《略式》調子がよい[よく] (☞ 1): You must get into ~ for the race. レースに備えて調子を整えなければいけません.

tri・ma・ran /trɑ́ɪmərӕn/ 名 C 三胴船.

tri・mes・ter /trɑɪméstə | -tə/ 名 C **1** 3か月(間), 妊娠の各段階. **2**《米》(3学期制の)学期 (term).

trim・mer /trɪ́mə | -mə/ 名 C **1** 整髪[手入れ, 装飾など]する人. **2** はさみ, 小刀, しん切り(具);刈り込み用具. **3**《略式》日和見(ひよりみ)主義者.

*****trim・ming** /trɪ́mɪŋ/ 名 **1** C [普通は the ~sとして]《略式》(すべての)付属品;〔料理の〕つま, 付け合わせ. **2** [複数形で] 切り取られた部分, 切りくず. **3** C,U [普通は複数形で](服の)縁飾り, レース. **4** C 敗北.

trím・ness 名 U こぎれいさ, 整頓.

Trin・i・dad and To・ba・go /trɪ́nɪdǽdəntəbéɪɡoʊ/ 名 固 トリニダードトバゴ《西インド諸島にある英連邦内の自治領共和国》.

tri・ni・tro・tol・u・ene /trɑ̀ɪnɑɪtroʊtɔ́ljuːn | -tɔ́l-/ 名 U《化》トリニトロトルエン《爆薬;略 TNT》.

*****trin・i・ty** /trɪ́nəti/ 名 (**-i・ties**) **1** [the T~]《キ教》三位一体《父なる神, その子キリスト, 聖霊を一体と見る》;三位一体説. **2** C《文》三部〔三人〕から成るもの, 三つぞろい. **3** [T~] =Trinity Sunday.

Trínity Hóuse 名 固 水先案内協会《英国の灯台・航路標識の建設維持や水先案内の試験を実施》.

Trínity Sùnday 名 U 三位一体の祝日《Whitsunday の次の日曜日》.

Trínity tèrm 名 C,U《英大学》4月中旬から6月終わりまでの第三学期.

trin・ket /trɪ́ŋkɪt/ 名 C **1** 小さな[安物の]装身具. **2** つまらぬ物.

tri・no・mi・al /trɑɪnóʊmiəl/ 形《数》3項から成る.
— 名 C《数》三項式.

*****tri・o** /trɪ́ːoʊ/ 名 (**~s** /~z/) C **1**《英》単数形でも時に複数扱い 三人組, 三人組 (of). **2**《楽》三重奏[唱]曲;《英》単数形でも時に複数扱い 三重奏[唱]者 (☞ solo 表): a string ~ 弦楽三重奏[団].

*****trip** /trɪ́p/ (類語 chip) 名 (**~s** /~s/) C

元来は「軽快に歩く」の意 →「軽快な足どり」**3** →(ひとっぱしり) →「旅」**1**

1 旅行, 旅 (☞ travel 表): a boat [bus] ~ 船旅[バス旅行] / a day ~ 日帰り旅行 / **take** a ~ **to** France (観光で)フランスへ出かける / **make** a business ~ **to** Europe 仕事でヨーロッパへ出かける / Have a nice [pleasant] ~! どうぞ楽しいご旅行を, いってらっしゃい / "Did you enjoy your weekend ~ **to** Hawaii?" "Yes, the scenery was splendid."「ハワイの週末旅行はよかったです」「はい, 景色はすばらしかったです」
2 (用事のための)出向くこと, 通うこと: the daily ~ **to** work 職場への毎日の通勤. **3** 軽快な足どり. **4** 踏みはずし, つまずき;(まれ)過失 (error). **5** 《俗》(幻覚剤服用後の)幻覚体験[期間];[普通は単数形で]《米》(一般に)刺激的な経験[人].

gó on a tríp [動] 自 旅行に出かける: They went on a ~ yesterday. 彼らは昨日旅行に出かけた.
— 動 (**trips**; **tripped**; **trip・ping**) 自 **1** つまずく, つまずいて倒れそうになる;踏みはずす: The little child

tripped (*up*) *on* the flagstone. その小さい子供は敷石につまずいた / The old man *tripped over* his own feet. その老人は足がもつれてよろけた. **2** 過ちをする, 間違える (err); 言いそこなう; とちる: She always ~*s* (*up*) *over* [when it comes to] my name. 彼女はいつも私の名前をとちる. **3** 〖副詞(句)を伴って〗〘文〙軽い足どりで歩く〔走る, 踊る〕. **4** 〖普通は進行形で〗(LSDなどで)幻覚体験をする (*out*, *on*). **5** 〖進行形で〗〘米俗〙(人が)どうかしている.
―― 他 **1** 〈…〉をつまずかせる: The rope *tripped* him (*up*). ロープで彼はつまずいた. **2** 〈人〉を失敗させる; 〈人のことばなど〉の間違いを見つける, 揚げ足をとる, ぼろを出させる: I was *tripped up* ˈin the final exam [on the last question]. 私は最終試験[最後の問題]でへまをやらかした. **3** 〈歯止めなど〉をはずす, はずして[スイッチで]〈機械など〉を作動[停止]させる.

tríp óut 〘動〙〘米俗〙 自 とてもおもしろがる. ―― 他〈人〉をとてもおもしろがらせる.

tri·par·tite /tràɪpάːtaɪt | -pάː-⁻/ 形 〖普通は A〗〘格式〙**1** 3部(分)から成る, (協定などが)3者間の.

tripe /tráɪp/ 名 U **1** 牛[豚, 羊]の胃の食用となる部分. **2** 〘略式〙つまらないもの; たわごと, 駄作(なぎ).

tríp-hàmmer 名 C 〖機〗はねハンマー.

tríp hòp 名 U 〘楽〙トリップホップ《hip hop の要素をもったダンス音楽》.

trí·plane 名 C 〖空〗三葉機.

*tri·ple /tríp(ə)l/ 形 〖普通は A〗**1** 3重の, 3者間の, 3成分から成る, **2** 3倍の: a ~ mirror 三面鏡 / a ~ bill of French movies フランス映画の三本立て. 関連 single 単式の / double 2重の. **3** 3倍の. 関連 double 2倍の / quadruple 4倍の.
―― 名 **1** C 3倍の(量[数]). **2** C 〖野〗三塁打. 関連 single 単打 / double 二塁打. **3** C 〖スポ〗3回転. ―― 他〈…〉を3倍にする. ―― 自 **1** 3倍になる. **2** 〖野〗三塁打を打つ.

Tríple Á /-éɪ/ 名 固 アメリカ自動車協会.

Tríple Crówn 名 〖the ~〗〖野・競馬〗3冠.

tríple héader 名 C 〘主に米〙〖スポ〗3連戦.

tríple júmp 名 〖the ~〗〖スポ〗三段跳び (hop, step, and jump).

tríple pláy 名 C 〖野〗三重殺, トリプルプレー.

trip·let /tríplət/ 名 **1** 〖複数形で〗三つ子(全体); [a ~] 三つ子の1人 (☞ twin 表). **2** C 三つ組[そろい]. **3** C 〖楽〗3連符; 〖詩〗三行連句.

tríple tíme 名 C 〖楽〗3拍子.

trip·lex /trípleks/ 形 **1** 3重(式)の. **2** 3層式[階建]の. ―― 名 **1** C 〘米〙3層式アパート(一戸が3階まで使用する). **2** U 〖しばしば T-〗〘英〙(自動車用の)三重ガラス《商標》.

trip·li·cate¹ /tríplɪkət/ 形 A (同じ文書を)3通作った(正本1通, 副本2通); 3通目の同一文書の3通目の. 関連 duplicate 2通作った. ―― 名 C 〖3つ組の1つ, (正)副〗3通文書の1通. **in tríplicate** [副・形] (正副)3通にして[から成る].

trip·li·cate² /tríplɪkèɪt/ 他〈…〉を3通作成する.

trip·loid /tríplɔɪd/ 形 名 C 〖生〗三倍性(の), 三倍体(の).

tri·ply /tríplɪ/ 副 3重[3倍]に.

tríp·mèter 名 C トリップメーター《簡単にゼロに目盛りを戻せる自動車の走行距離計》.

+**tri·pod** /tráɪpɒd | -pɒd/ 名 C **1** 〖写〗三脚. **2** 三脚[器, 床几(しょうぎ)]; 三脚架.

Trip·o·li /trípəli/ 名 固 トリポリ《Libya の首都》.

trip·per /trípə | -pə/ 名 C 〘主に英〙(特に日帰りの)旅行者, 行楽客, 団体観光客.

tríp·ping 形 〖主に A〗〘文〙足どりの軽やかな, 軽快な. ―― 名 U 〘サッカー・ホッケー〙トリッピング《相手をつまずかせる反則》.

tríp·ping·ly 副 〘主に文〙飛ぶように, 軽い足どりで.

trip·py /trípi/ 形 〘略式〙(薬物による)幻覚体験の[を思わせる], ドラッグカルチャーの.

trip·tych /tríptɪk/ 名 C 《祭壇などの》3枚続きの絵.

tríp wìre 名 C (わな・警報・爆発物・カメラなどと連動する)仕掛け線.

tri·reme /tráɪriːm/ 名 C 〖古代ギリシャ・ローマの〗3段オールのガレー船.

tri·sect /tráɪsekt, traɪsékt/ 他 〖数〗3(等)分する.

tri·sec·tion /tráɪsekʃən, traɪsék-/ 名 U 〖数〗3等分.

tri·state /tráɪstèɪt/ 形 〘米〙3州から成る[にまたがる].

Tris·tram and I·sol·de /trístrəmənd-izóʊldə | -zɔ́l-/ 名 固 トリストラム[トリスタン]とイゾルデ《アーサー王伝説に登場する騎士と王妃; 悲恋の主人公; Tristan and Iseult ともいう》.

tri·syl·lab·ic /tràɪsɪlǽbɪk⁻/ 形 三音節語の; 3音節から成る.

trite /tráɪt/ 形 (**tríter; trítest**) (ことば・考えなどが)陳腐な, 使い古された. **~·ly** 副 陳腐に, ありふれて. **~·ness** 名 U 陳腐.

Tri·ton /tráɪtn/ 名 固 〖ギ神〗トリトーン《Poseidon の息子で海神》.

*tri·umph /tráɪəmf/ 中学 名 (~s /-s/; 形 triúmphal, triúmphant) **1** C 大勝利, 大成功, 大手柄 (for): our military ~ わが国の軍事的な大勝利 / win [score] a ~ *over* the enemy 敵に対して勝利を勝ち取る. **2** U 勝利感, 得意, 歓喜: a cry of ~ 勝利の叫び / There was ~ on her face. 彼女の顔には得意げな様子が見えた. **3** C 〖古代ローマの〗凱旋(がいせん)式.

in tríumph [副] 勝ち誇って, 意気揚々と.
―― 動 (~s /-s/; ~ed /-t/; ~·ing) 自 (長い戦いの末)勝利を収める, 成功する; 打ち負かす: They ~*ed over* their opponents. 〈V+*over*+名・代〉彼らは敵に打ち勝った / ~ *over* adversity 逆境を乗り越える.

tri·um·phal /traɪʌ́mf(ə)l/ 形 (名 tríumph) 〖普通は A〗(門・パレードなどが)凱旋の, (笑みなどが)勝利の.

tri·um·phal·is·m /traɪʌ́mfəlɪzm/ 名 U (けなして)勝ち誇ること.

+**tri·um·phant** /traɪʌ́mf(ə)nt/ 形 (名 tríumph) **1** 勝利を得た; 成功した. **2** 勝ち誇った, 得意の, 得意揚々とした. **~·ly** 副 勝ち誇って, 得意揚々と.

tri·um·vi·rate /traɪʌ́mv(ə)rət/ 名 C **1** 〖単数形でもときに複数扱い〗〖古代ローマの〗三頭政治, 三人執政. **2** 〘格式〙三つ組, (権力のある)三人組.

tri·va·lent /tráɪvəlnt/ 形 〖化〗3価の.

triv·et /trívɪt/ 名 C 三脚台, 五徳(なべなどを火にかけたり, テーブルに置いたりするときに用いる).

+**triv·i·a** /trívɪə/ 名 U または 〖複〗ささいなこと, くだらない[情報], つまらないこと.

+**triv·i·al** /trívɪəl/ 中学 形 (名 triviálity) **1** ささいな, くだらない, つまらない: ~ matters [mistakes] ささいな事柄[誤り]. **2** ありふれた, 平凡な: the ~ round of everyday life 平凡な日常生活. 語源 ラテン語で元来は「3本の(☞ tri-) 道(☞ via) が合する所」の意; それから「ありふれた場所[(つまらぬ)こと]」の意味になった.

triv·i·al·i·ty /trìvɪǽlətɪ/ 名 (-i·ties) (形 trívial) **1** U つまらなさ, 平凡. **2** C つまらないもの.

triv·i·al·i·za·tion /trìvɪəlɪzéɪʃən | -laɪz-/ 名 U,C 平凡化(したもの).

triv·i·al·ize /trívɪəlaɪz/ 他〈問題など〉を平凡なものにする, つまらなく〖矮小化〗する.

triv·i·al·ly /trívɪəli/ 副 〈くだらなく; 平凡に.

Trívial Pursúit 名 U クイズ形式のすごろくゲーム《商標》.

tro·cha·ic /troʊkéɪɪk/ 形 〖詩学〗強弱格の.

tro·chee /tróʊkiː/ 名 C 〖詩学〗強弱格 (-×).

trod /trɒ́d | trɔ́d/ 動 tread の過去形および過去分詞.

trod·den /trádn | trɔ́dn/ [動] tread の過去分詞.
trog·lo·dyte /trágləd àɪt | trɔ́g-/ [名] [C] **1** (有史以前の)穴居人. **2** 無知で粗野な人. **3** 時代遅れの人.
troi·ka /trɔ́ɪkə/ [名] [C] **1** トロイカ《ロシアの3頭立ての馬ぞり》. **2** [《英》単数形でも時に複数扱い] (集団指導体制をとる) 3人組, 三頭体制.
Tro·jan /tróuʤən/ [形] トロイ(ア) (Troy) の; トロイ人の. ━[名] [C] **1** トロイ人. **2** 勇士; 勤勉家. **3** ☞ Trojans. **wórk lìke a Trójan** [動] [自] 《古風》一生懸命に働く.
Trójan hórse [名] **1** [the ~] トロイの木馬《トロイ戦争でギリシャ軍がトロイ人をあざむくために用いたもの》. **2** [C] (相手をあざむいて)内部からの崩壊を図るためのもの, 破壊工作員[団]. **3** [C] 〖電算〗トロイの木馬《システムに不正に侵入するプログラム》.
Tro·jans /tróuʤənz/ [名] [U] トロージャン(ズ)《米国製のコンドーム; 商標》.
Trójan Wár [名] [the ~] 〖ギ伝〗トロイ戦争《Troy を舞台としてギリシャ人とトロイ人との間で10年間続いたといわれる戦争》.
troll[1] /tróul/ [名] [C] 〖北欧伝〗トロール《山や地中に住むといわれている巨人や小人》.
troll[2] /tróul/ [動] [自] **1** 輪唱する; 朗々と歌う. **2** (湖などで)流し釣りをする (*for*). **3** 《主に英》ぶらぶら歩く. ━[他] 〈…〉で流し釣りをする. ━[名] [C] **1** 輪唱歌. **2** 流し釣り.
⁺**trol·ley** /tráli | trɔ́li/ [名] (~s, **trol·lies**) [C] **1** 《米》路面電車, 市街電車 (trolley car, streetcar, 《英》tram); トロリーバス (trolleybus). **2** 触輪, トロリー《電車・バスのポールの先にあって架線に接する輪》. **3** 《英》手押し車 (cart): ☞ shopping trolley. **4** トロッコ. **5** 《英》= tea wagon. **be òff one's trólley** [動] [自] 《英略式》[滑稽] 気が狂っている.

trolley
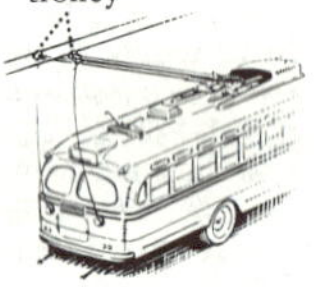

trólley·bùs [名] [C] トロリーバス.
trólley càr [名] [C] 《米》(路面)電車 (《英》tram).
trol·lop /tráləp | trɔ́l-/ [名] [C] 《古風》**1** だらしない女. **2** 自堕落な女; 売春婦.
trom·bone /trɑmbóun | trɔm-/ [名] [C] トロンボーン《大型の金管楽器; ☞ trumpet 挿絵》.
trom·bon·ist /trɑmbóunɪst | trɔm-/ [名] [C] トロンボーン奏者.
tromp /trámp | trɔ́mp/ [動] [自] =tramp. ━[他] **1** =tramp. **2** 《米略式》〈…〉を徹底的にやっつける.
⁑**troop** /trúːp/ ([同音] troupe) [名] (~s /~z/) **1** [複数形で] **軍隊**, 軍勢; 兵隊たち: regular ~s 常備軍 / 5000 ~s 5千人の軍隊 / victorious ~s 勝利軍.
2 [C] [《英》単数形でも時に複数扱い] **群れ**《移動している人・動物などの》, 一群[団, 隊]; (鳥などの)大群: a ~ *of* demonstrators デモ隊 / a ~ *of* rats 一群れのねずみ.
3 [C] [《英》単数形でも時に複数扱い] (ボーイスカウトなどの)隊《約32名からなる》. **4** [C] [《英》単数形でも時に複数扱い] 〖軍〗騎兵[装甲, 砲兵]中隊.
━[動] [自] [複数扱いの主語・副詞(句)を伴って] (人々が)集まる, 群がる (crowd), 群がって行く[動く]: Our class *~ed into* [*out of*] the auditorium. 私たちのクラスはみんなぞろぞろと講堂へ入っていった[講堂から出てきた].
tróop the cólour [動] [自] 《英》軍旗敬礼分列式を行なう《国王・女王の誕生日に行われる》.
━[形] [A] 軍隊の: ~ movements [concentrations] 軍の移動[集結].
tróop càrrier [名] [C] 兵員輸送機[船, 車].

⁺**troop·er** /trúːpɚ | -pə/ [名] [C] **1** 《米》州警察の警官; 騎馬巡査. **2** 騎兵, 戦車兵. **3** 不撓(ふとう)不屈の人. **swéar lìke a tróoper** [動] [自] 激しくののしる.
tróop·shìp [名] [C] (軍隊の)輸送船.
trope /tróup/ [名] [C] 《格式》〖修辞〗ことばの比喩的用法; ことばのあや (figure of speech).
⁎**tro·phy** /tróufi/ [名] (**tro·phies** /~z/) [C] **1** トロフィー《旗・カップ・盾(たて)など》, 記念品, 賞品《競技会の名称としても用いる》: a golf ~ ゴルフの賞品 / win the [a] ~ トロフィーを獲得する, 優勝する. **2** 戦利品; 戦勝[成功]記念物《敵の連隊旗・しかの角・獣の頭など》. [語源] ギリシャ語で「敗退させること」の意.
tróphy wìfe [名] [C] 《略式》若い美人妻《金持ちが社会的地位を誇るために結婚する》.
⁺**trop·ic** /trápɪk | trɔ́p-/ [名] ([形] trópical) **1** [C] [普通は単数形で] 〖天文・地理〗回帰線. **2** [the ~s] 熱帯地方. **the Trópic of Cáncer [Cápricorn]** [名] 北[南]回帰線 (☞ zone 挿絵). ━[形] 熱帯の, 熱帯地方の.
⁎**trop·i·cal** /trápɪk(ə)l | trɔ́p-/ [T3] [形] ([名] trópic) **1** 熱帯の, 熱帯地方の (☞ subtropical): ~ plants [fish] 熱帯植物[魚] / ~ medicine 熱帯医学《熱帯地方の病気の研究をする》/ Taiwan has a ~ climate. 台湾の気候は熱帯性だ. **2** とても暑い, 酷暑の.
-cal·ly /-kəli/ [副] 熱帯の特徴を示して, 熱帯性で.
trópical cýclone [名] [C] 熱帯低気圧.
trópical ràin fórest [名] [C] 熱帯雨林.
trópical stórm [名] [C] トロピカルストーム《風力8–11の台風》.
trópical yéar [名] [C] 〖天〗太陽年《365日5時間48分26秒》.
Trop·i·ca·na /tràpɪkáːnə | trɔ̀p-/ [名] [C,U] トロピカーナ《米国のフルーツジュース; 商標》.
tro·pis·m /tróupɪzm/ [名] [U] 〖生〗屈性, 向性.
tro·po·sphere /tróupəsfɪɚ | trɔ́pəsfɪə/ [名] [the ~] 対流圏《大気圏 (atmosphere) の最下層; ☞ stratosphere》.
⁺**trot** /trát | trɔ́t/ [動] (**trots**; **trot·ted**; **trot·ting**) [自] **1** (馬などが)早足[だく足]で進む; (乗り手が)馬をだく足を踏ませて進む. **2** [副詞(句)を伴って] 《略式》(人が)小走りで行く (*off*); [S] 歩く, 行く. ━[他] 〈…〉を早足で駆けさせる[行かせる]. **trót óut** [動] [他] 《略式》〈同じ言い訳・説明など〉を繰り返す; 〈人・物〉を披露[紹介]する; 釈明のため〈人〉を送る. ━[名] **1** [a ~] (馬などの)早足, だく足, トロット; [C] 早足での騎乗; 早足の音. **2** [a ~] (人の)急ぎ足, 小走り; 早足の散歩: at *a* ~ 早足で. **3** [C] 《米略式》とらの巻, カンニングペーパー (crib). **4** [the ~s として単数または複数扱い] 《略式》[普通は滑稽] 下痢: have [get] *the* ~*s* 腹が下っている[下る]. **bréak ìnto a trót** [動] [自] 早足で進み出す. **on the trót** [副] 《略式, 英・豪》連続して, 続けざまに. ━[形] 《略式》休む暇もなく働いて, 駆けずり回って.
Trot /trát | trɔ́t/ [名] [C] 《略式, 主に英》[普通は軽蔑] = Trotskyist.
troth /tráθ, trɔ́ːθ | tróuθ/ [名] [次の成句で] **by my tróth** [副] 《古語》誓って. **in tróth** [副] 《古語》本当に. **plíght one's tróth** [動] [自] 《古語》婚約する.
Trots·ky /trátski | trɔ́ts-/ [名] [固] **Le·on** /líːɑn | -ɔn/ ~ トロツキー (1879–1940)《ロシアの革命家》.
Trots·ky·is·m /trátskiìzm | trɔ́ts-/ [名] [U] トロツキズム, トロツキー主義《Trotsky が唱えた世界革命を目指す共産主義理論》.
Trots·ky·ist /trátskiɪst | trɔ́ts-/, **-ky·ite** /-kiàɪt/ [名] [C], [形] トロツキー主義者(の).
trot·ter /trɑ́ṭɚ | trɔ́tə/ [名] [C] **1** 早足の調教を受けた馬. **2** [普通は複数形で] (豚などの食用の)足.
trou·ba·dour /trúːbədɔ̀ɚ | -dɔ̀ː/ 《フランス語から》[名] [C] **1** トルバドゥール《11–13世紀ごろフランス・イタリアなどで活躍した叙情詩人》. **2** 吟遊詩人.

trou·ble /trʌ́bl/ (発音 travel) 名 (~s /-z/; 形 tróublesome) **1** ⓤ **困難; 苦心, 骨折り**: We *had* a lot of ~ *with* these girls. この女の子たちにはずいぶん手こずった / He *has* little [a little] ~ *reading* English. 彼は英語を読むのにあまり苦労しない[少々苦労する] / She was able to solve the problem without any ~. 彼女はその問題を難無く解くことができた.

2 ⓤ **迷惑, 手数**: I'm sorry I've given you so much ~. あなたに大変ご迷惑をおかけしてすみません / I don't want to be any ~ *to* him. わたしは彼にご面倒をかけたくありません / Thank you so much for all the ~ you've taken for my brother. 弟がすっかりごやっかいになりまして本当にありがとうございました / This machine will *save* us *the ~ of* hir*ing* more people. この機械があれば私たちは人手を増やす手間が省ける / "Will it be much ~ for you to do it for me?" "(It's) no ~ (at all)." 「私のためにそうしていただいてはご迷惑でしょうか」「いいえ, お安いご用です」

3 ⓤⓒ **心配(事), 悩み(事)**; ⓒ [普通は単数形で] **苦労[悩み]の種, 困りもの, やっかい[面倒]な事**; 災難; [普通は the ~, one's ~] ⓢ **困った点, 欠点**: Tell me all your ~s. 心配事があったらみんな私に打ち明けなさい / There was a look of ~ on his face. 彼の顔には悩みを抱えている表情が浮かんでいた / That's the least of my ~s. それは私の悩み事の中で一番ささいなものだ / He is a great ~ *to* us. 彼は我々の大きな悩みの種だ /「*The* ~ *with* Bob [Bob's ~] is that he has never known the hardships of life. ボブの欠点は人生の苦労を知らない事だ (☞ The trouble is that ... (成句)) / A ~ shared is a ~ halved. (ことわざ) 心配事は人に話せば楽になる / Never trouble ~ till ~ troubles you. (ことわざ) 面倒な事があなたを煩わすまでは, 決して面倒な事を思いわずらってはならない(取り越し苦労をするな)《最初と 4 番目の trouble は 動》.

会話 "What's the ~?" "I can't get along with people." 「どうしたの(悩んでいたり心配事のあるような人へのことば)」「私は人とうまくやっていけないのです」

4 [ⓤ または複数形で] **ごたごた, いざこざ, 紛争, トラブル** (between); 労働争議 / There has been a lot of ~ in the Middle East since that war. あの戦争以来中東ではひんぱんに紛争が起きている / the T~s 北アイルランド紛争.

5 [ⓤ または複数形で] **(機械などの)故障**: We are having ~(s) *with* the oven. オーブンが故障しています / My car developed engine ~. 車のエンジンが故障した.

6 ⓤⓒ **病気, ...病, 不調**: heart [liver] ~ 心臓[肝臓]病 / stomach ~ 胃の不調 / *have ~ with* one's knee ひざの具合が悪い. 語法 単独で使われることはまれ. 語源 ラテン語で「無秩序な集団」の意.

ásk for tróuble [動] ⓐ [進行形で] (略式) 自分で災難を招くような無謀[軽はずみ]なことをする.

be in tróuble [動] ⓐ (1) **困っている**: She doesn't have the money to pay back the loan. She *is in* (serious [deep, big]) ~. 彼女はローンの返済をする金がなくて(大変)困っている. (2) しかられる; 問題[犯罪]を起こしている, 掛かり合いになっている: He *is in* ~ *with* the police. 彼は警察の取り調べを受けている. (3) 《古風》[婉曲] (未婚女性が)妊娠している.

be mòre tróuble than it is [they are] wórth [動] ⓢ 利益よりもやっかい[手間]のほうが大きい.

be nó tróuble [動] ⓐ (略式) (人が)迷惑[心配]をかけない.

bórrow tróuble [動] ⓐ (米略式) 余計な心配をする.

cáuse tróuble [動] ⓐ =make trouble.

gèt into tróuble [動] ⓐ 困った[面倒な]事になる; (警察などと)ごたごたを起こす (with): You will *get into* ~ if Dad learns the truth. お父さんが本当のことを知ったら大変なことになるわよ.

gét ... into tróuble [動] ⓗ (1) ⟨...⟩を面倒な事に巻き込む, ...に迷惑をかける: Your behavior will *get* him *into* ~. あなたの行動は彼に迷惑をかけることになるでしょう. (2) 《古風》[婉曲] ⟨未婚の女性⟩を妊娠させる.

gó to (a lót of) tróuble [動] ⓐ (大変)手間をかける, 骨を折る. 会話 "How about some tea or coffee?" "Oh, no! Please don't *go to* any ~." 「お茶かコーヒーなどいかがですか」「いや, どうぞおかまいなく」

gó to「a lót of [considerable, múch] tróuble to dó=go to the tróuble of dó*ing* [動] わざわざ...する.

hàve tróuble dó*ing* [動] ...するのに苦労する: I *had* a lot of ~ finding a place to park. 車を止める場所を捜すのにとても苦労した.

lóok for tróuble [動] ⓐ (略式) =ask for trouble.

màke tróuble [動] ⓐ 騒ぎを起こす; 世間を騒がす.

màke tróuble for ... [動] ⓗ ...を困らせる, ...に迷惑をかける.

méan tróuble [動] ⓐ (1) (後で)やっかいなことになる. (2) 紛争をたくらむ.

pút ... to the tróuble of dó*ing* [動] ⓗ ⟨...⟩に一す面倒をかける.

pút ... to tróuble [動] ⓗ ⟨...⟩に骨を折らせる, ⟨...⟩に面倒[迷惑]をかける: I'm sorry I've *put* you *to* so much ~. 大変ご面倒をおかけしてすみません. 日英比較 英語の put ... to trouble は日本語の「迷惑をかける」よりもっと具体的に実害を与えることを意味することが多い.

rùn into tróuble [動] ⓐ 困難に陥る.

stáy [kèep] óut of tróuble [動] ⓐ 面倒を起こさない.

tàke the tróuble to dó [動] 労を惜しまず...する: He *took the* ~ to show me around the town. 彼はわざわざ私に町を案内してくれた.

tàke tróuble òver [abòut, with, to dó, dó*ing*] ... [動] ...(すること)で骨を折る: She *took* a lot of ~ *over* [*writing*] her report. 彼女はリポート(を書く)のにとても手間をかけた.

The tróuble is that ... . =The tróuble is, ... =Tróuble is, ... 問題は...である, 困った事に...である: *The* ~ *was that* there was no suitable place for the experiment. 問題は実験に都合のよい場所がなかったことだ.

(**trou·bles** /-z/; **trou·bled** /-d/; **trou·bling**) ⓗ **1** ⟨...⟩を**心配させる**; ⟨心⟩を悩ます, (心配などで)⟨...⟩を苦しめる: Her sad look ~*d* her mother. 彼女の悲しそうな様子を見て母親は心配した / He was greatly ~*d by* [*about*] the rumor. <V+O の受身> 彼はそのうわさでとても心配した.

2 《やや格式》⟨...⟩に**迷惑[やっかい, 手数]をかける**; ⟨人⟩に⟨...を⟩お願いする《相手にとってやっかいなことを頼むときの丁寧な言い方》: [*I'm sorry* [*Sorry*] *to* ~ *you*, but could you translate this paragraph into French? 《丁寧》ご面倒でしょうがこの一節をフランス語に翻訳してくださいませんか / Don't ~ me *with* any more questions. <V+O+with+名・代> これ以上私に質問をしないでくれたまえ / *May* [*Might, Can, Could*] *I* ~ *you for* the salt? <V+O+for+名・代> ⓢ 《丁寧》その塩を取ってくださいませんか《食卓でのことば》/ May I ~ you *to* move? <V+O+C (to 不定詞)> ちょっとどいて[通して]いただけませんか / I'll ~ you *to* be quiet. 《古風》静かにしてくれないか《乱暴な言い方》. **3** (病気・痛みが)⟨人⟩を苦しめる, 悩ます: He has been ~*d* by a bad headache. 彼はひどい頭痛に悩まされてきた / What's *troubling* you? どこが悪いのですか

《医者などのことば》. **4** 《主に文》〈水面などを〉騒がせる, 波風を立たせる. ― 圓 [普通は否定文・疑問文で] (やや格式) 心配する; 骨を折る, わざわざ...する: Oh, *don't* ~, thanks. 結構ですから[せっかくですが]どうかおかまいなく / *Don't* ~ *about* me. 私のことは心配しないでください. / *Don't* ~ *to* come all the way to the office. わざわざ事務所へおいでになるには及びません.

tróuble onesèlf [one's héad] abòut [òver] ... [動] 他 Ⓢ [主に否定文で] ...のことを心配する.
tróuble onesèlf to dó [動] 労[骨]を惜しまず...する.

*trou·bled /trʌ́bld/ 形 **1** (顔つきなどが)困った(ような)悩みのありそうな: a ~ look 困ったような顔つき. **2** (時代・地域・事態・関係などが)問題の多い, 騒然とした. **3** (水面が)波立った.

tróuble-frée 形 問題[故障, 心配]のない.
tróuble-màker 名 Ⓒ いざこざ[悶着]を起こす人.
tróuble-màking 名 Ⓤ いざこざ[悶着]を起こすこと. ― 形 いざこざ[悶着]を起こす[起こしかねる].
tróuble-shòot (-shoot; 過去・過分 -shot, -shooting) 動 自 問題[紛争]を解決する; 修理する.
tróuble-shòoter 名 Ⓒ **1** 紛争解決者; 調停者. **2** (機械の)故障をみつける修理専門家.
tróuble-shòoting 名 Ⓤ 紛争解決; 調停; (機械の)修理.

*trou·ble·some /trʌ́blsəm/ 形 (trouble より) **1** やっかいな, 困難な, 面倒な (⇒ difficult 類義語): a ~ job [problem] やっかいな仕事[問題]. **2** 迷惑な, うるさい, わずらわしい: a ~ backache いやな腰の痛み.
tróuble spòt 名 Ⓒ **1** 紛争多発地域. **2** 渋滞地点.

trou·bling /trʌ́blɪŋ/ 形 やっかいな.

†trough /trɔ́ːf/ 名 Ⓒ **1** かいばおけ. **2** (波・山あいの)谷の部分; (景気などの)底: peaks and ~s (景気の)山と谷. **3** [気] 気圧の谷; [海] トラフ, 海盆. **4** (屋根の)雨どい; 溝.

trounce /tráʊns/ 動 他 (略式) **1** (試合で)〈...〉を完全に負かす, (大差で)敗る. **2** 〈...〉をうんと殴る, 罰する.

*troupe /trúːp/ 名 Ⓒ [単数形でもときに複数扱い](俳優などの)一座, 一団 (*of*). ― 動 自 《米》(座員として) 巡業する.

troup·er /trúːpə | -pə/ 名 Ⓒ (略式) **1** (年季の入った)芸人[劇団員]. **2** 頼りになる[仕事に忠実な]仲間: a real ~ 本当に頼りになる人.

trou·ser[1] /tráʊzə | -zə/ 形 A ズボンの (⇒ trousers): a ~ leg ズボンの脚の部分.
trou·ser[2] /tráʊzə | -zə/ 動 他 《英略式》〈大金〉を手にする.

tróuser prèss 名 Ⓒ 《英》ズボンプレッサー.

*trou·sers /tráʊzəz | -zəz/ 名 [複] T2 名 ⓅⓁ 《主に英》ズボン《主に米》pants (⇒ suit 参考). 語法 数えるときは a pair of ~, two [three, four] pairs of ~ のようにいう: short ~ 半ズボン / put on [wear] ~ ズボンをはく[はいている] (⇒ put on 句動詞 表, wear 表) / Your ~ are unzipped. ズボンのジッパーが開いています. 関連 slacks スラックス / jeans ジーンズ.
be in shórt tróusers [動] 自 《英》少年である.
cátch ... with ...'s tróusers dòwn [動] 他 = catch ... with ...'s pants down (⇒ pants 成句).
wéar the tróusers [動] 自 《英》= wear the pants (⇒ pants 成句).

tróuser sùit 名 Ⓒ 《英》= pantsuit.

trous·seau /trúːsoʊ/ 名 (複 **trous·seaux** /trúː souz/, ~s) Ⓒ (古風) 嫁入り道具[衣裳].

†trout /tráʊt/ 名 (複 ~(s)) Ⓒ **1** 《特ににじますなど》各種の魚で, 主に淡水に住む》: ⇒ rainbow trout. **2** Ⓤ ますの肉. **3** (複 trouts) Ⓒ [普通は old ~ として] Ⓢ 《英略式》いやな人, 老いぼれ人《特に老女》.

trove /tróʊv/ 名 Ⓤ = treasure trove.
trow·el /tráʊ(ə)l/ 名 Ⓒ (左官が使う)こて; 移植ごて.
láy it ón with a trówel [動] 自 《略式》誇張する.

Troy /trɔ́ɪ/ 名 固 トロイ(ア)《Asia Minor 北西部の古都; Trojan War の舞台》.

tróy wèight /trɔ́ɪ-/ 名 Ⓤ トロイ衡, 金衡《金銀・宝石などに用いる衡量; 今は使用はまれ》.

tru·an·cy /trúːənsi/ 名 (**-an·cies**) Ⓤ,Ⓒ 無断欠席, ずる休み.

tru·ant /trúːənt/ 名 Ⓒ 無断欠席者; 怠け者. ― 形 ずる休みの: ~ habits ずる休みの癖.
pláy trúant [動] 自 《英》学校をサボる 《米》play hooky.

*truce /trúːs/ 名 (**truc·es** /~ɪz/) Ⓒ,Ⓤ **1** 休戦, 休戦協定[期間] (*between*): call a ~ 休戦する / break a ~ 休戦を破る. **2** (困難・苦痛などの)一時的休止.

***truck**[1] /trʌ́k/ 名 (~s /~s/) Ⓒ **1** トラック 《(英) lorry 語法》; car 表, 類義語》: drive a ~ トラックを運転する / a pickup ~ 小型無蓋(がい)トラック. **2** 《英》無蓋貨車《《米》open freight car》. 関連 van[1] 有蓋貨車. **3** 運搬車; 手押し車, トロッコ. **4** (鉄道車道などの)台車. 語源 ギリシャ語で「車輪」の意.
by trúck =in a trúck [副] トラックで: transport goods *by* ~ [*in a* ~] トラックで荷物を輸送する《《英》by 前 語法》.
― 動 他 《主に米》〈...〉をトラックで運ぶ (*in*). ― 自 《略式》行く, 進む (*along, down*): get ~*ing* 立ち去る.
kéep ón trúcking [動] 自 Ⓢ 《略式》(つまらないことを)がんばって続ける.

truck[2] /trʌ́k/ 名 Ⓤ **1** 《米》市場向け野菜. **2** こまごまとした物, 雑貨. **3** 《略式》くず, がらくた. **4** 《略式》取り引き, 交際. **hàve [wànt] nó trúck with ...** [動] 他 《故意に》...と取り引きしない, 付き合わない; ...を受け入れない.
― 動 他 〈...〉を交換[交易]する. ― 自 取り引きする.

trúck drìver 名 Ⓒ トラック運転手.
***truck·er** /trʌ́kə | -kə/ 名 Ⓒ 《主に米》トラック運転手; トラック運送業者.
trúck fàrm 名 Ⓒ 《米》市場向け野菜・果物園《《英》market garden》.
trúck fàrmer 名 Ⓒ 《米》市場向け野菜・果物栽培業者《《英》market gardener》.
trúck fàrming 名 Ⓤ 《米》市場向け野菜・果物栽培《《英》market gardening》.
trúck·ing 名 Ⓤ 《米》トラック輸送(業).
truck·le /trʌ́kl/ 動 自 《古風》屈従する (*to*).
trúckle bèd 名 Ⓒ 《主に英》= trundle bed.
trúck·lòad 名 Ⓒ トラック1台分(の荷) (*of*).
truck·man /trʌ́kmən/ 名 (**-men** /-mən/) Ⓒ 《米》= trucker.
trúck stòp 名 Ⓒ 《米》ドライブイン《トラックの運転手などが利用する; ⇒ drive-in 日英比較》.

truc·u·lence /trʌ́kjʊləns/ 名 Ⓤ 《軽蔑》獰猛(どう), 残忍さ; 好戦性, けんか腰.
truc·u·lent /trʌ́kjʊlənt/ 形 《軽蔑》獰猛(どう)な, 残忍な; 攻撃的な, けんかっぱやい; 怒りっぽい. **~·ly** 副 獰猛に; けんか腰で.

*trudge /trʌ́ʤ/ 動 自 とぼとぼ歩く (*along, through*). ― 他 〈ある距離〉をとぼとぼ歩く. ― 名 Ⓒ [普通は単数形で] とぼとぼ歩き, 長くて苦しい歩行.

***true** 形 /trúː/ (**tru·er**; **tru·est**; ⇒ truth) **1** 本当の, 事実の, (略式)真の 《反 false, untrue》: *the* ~ [単数扱い] 真実であること, 真理 (truth) 《⇒ the[6]》/ That's very ~. 全くそのとおり 《相づちを打つときと》/ It is ~. なるほどそうだが 《しばしば上昇調で話される; ⇒ つづり字と発音解説 94; It is true (that) ..., but ―. (成

句)》/ Is it ~ that he was killed in an accident? 彼が事故で亡くなったというのは本当ですか / The TV program is based on a ~ story. そのテレビ番組は実話に基づいている.

2 A **本物の**, 正真正銘の, 正当な, (事実に照らして)適当[妥当]な; 純粋の; (生)純種の, 典型的な: ~ gold 純金 / ~ feelings 真情 / friendship 真の友情 / ~ love 真実の愛 / the ~ nature of urban life 都会生活の実態 / the ~ heir 正当な後継者 / a ~ judgment 妥当[適確]な判断 / What were his ~ motives in [for] inviting me? 私を招いた彼の本当の動機は何だったろうか.

3 正確な, 間違いのない (correct): a ~ copy 正確な写し, 正本 / The machine is truer than the hand. 機械は手よりも正確だ / Her aim was ~. 《文》彼女のねらいは正確だった.

4 P (事実・議論・規則などが)(...に)当てはまって, 妥当で: The same is ~ of [for] whales. <A+of [for]+名・代> 同じことが鯨にも当てはまる.

5 P **誠実な**, 忠実な (faithful): You should be ~ to your word [promise]. <A+to+名・代> 自分の約束は誠意をもって守らなければならない. **6** P (物が)適合して, あるべき状態にある; (道具などが)狂っていない: Make sure the wheel is ~. 車輪がちゃんと合っているか確かめなさい.

còme trúe [動] (国) (希望・夢などが)**実現する**, 本当になる: Marrying her is like a dream (that has) come ~. 彼女と結婚するなんてまるで夢見ていた通りだ.

hòld trúe [動] (国) (説明・規則などが)(...に)当てはまる, 該当する: This explanation does not hold ~ in every case. この説明はすべての場合に当てはまるというわけではない / Jim is a hard worker, and that holds ~ of [for] Tom, too. ジムは勉強家だが, トムもそうだ.

It is trúe (...), but ~. = Ⓢ **Trúe, ..., but ~.** なるほど...だがしかし~: It is ~ (that) he is clever, but he lacks dedication. なるほど彼は利口だ, しかし奉仕の精神に欠けている.

Tóo trúe! (略式) (残念ながら)まったくその通り.

trúe to fórm [type] [形・副] 典型的な[に]; (特によくないふるまいなどについて)よくあるような[に], 予想されるような[に]: T~ to form, she arrived late. いつものとおり彼女は遅刻した.

trúe to lífe [形] (物語などが)真に迫った.

—— 副 (tru·er; tru·est) 1 正確に, ぴったりに: The arrow flew straight and ~ to its target. 矢は的に真っすぐ正確に飛んでいった. 2 (古語) 正しく; 真実に. 3 (生)(雑種でなく)純粋に.

—— U 正確であること(位置). **in trúe** [形・副] (位置・形による)正確で[に]. **òut of trúe** [形・副] (位置・形による)ずれて, 狂って.

—— 他 〈...〉のずれなどを調整する (up).

trúe believer 名 C 献身的[盲目的]な信者; 狂信的な支持者.

trúe bíll 名 C (法) 原案適正《大陪審が適正と認め, 陪審長が裏書きした起訴状(の文句)》.

trúe blúe 名 C 忠実な人.

trúe-blúe 形 **1** (米・豪) (友人・主義などに)忠実な. **2** (英)忠実な保守派の.

trúe·bórn 形 (文) 生粋(きっすい)の.

trúe-fálse tèst 名 C 正誤記入テスト《記述が正しければ T, 正しくなければ F と記入する方式の筆記試験》.

trúe·héarted 形 (文) 誠実な, 忠実な.

trúe-lífe 形 A 事実に基づいた.

trúe·lòve 名 C (文・詩) 恋人.

trúe nórth 名 U 真北《磁北ではなく地軸を基にした北極の方向》.

truf·fle /trʌ́fl/ 名 C **1** トリュフ, フランスしょうろ《地中に生える風味のよい食用きのこ》. **2** トリュフ《ココアをまぶしたチョコレート菓子》.

trug /trʌ́g/ 名 C (英) (園芸用の)浅いかご 《運搬用》.

tru·ism /trúːɪzm/ 名 C わかりきったこと.

*tru·ly /trúːli/ 副 **1** 真実に, 偽りなく: speak ~ 真実を語る / It is ~ said that honesty is the best policy. 正直こそ最善の策とはまさにその通りだ. **2** 本当に, 全く, 実に (really): Are you ~ happy with her? 君は彼女といっしょにいて本当に幸福ですか / T~, what is your opinion? 本当のところ, あなたの意見はどうなの. **3** 正確に, 精密に. **4** (格式) 心から: I am ~ sorry for my error. 間違いをしでかしまして誠に申し訳ありません.

Trúly yóurs, = Yóurs (vèry) trúly, (主に米)敬具《格式ばった手紙の結び; complimentary close》.

yóurs trúly [名] (略式) (滑稽) 私自身, 小生: She fell ill, so yours ~ had to attend the meeting for her. 彼女が病気になったので小生が代わりに会議に出るはめになった.

Tru·man /trúːmən/ 名 個 Harry S ~ トルーマン (1884-1972) 《米国の政治家; 第 33 代大統領 (1945-53); president 表》.

trump /trʌ́mp/ 名 C **1** (トラ) 切り札 (trump card); [しばしば ~s] [複数形でもときに単数扱い] 切り札の組. 日英比較 日本語の「トランプ」に当たる英語は cards. **2** (略式) いいやつ. **decláre trúmps** [動] ⑧ (トラ) 切り札を宣言する. **dráw trúmps** [動] ⑧ (トラ) 相手の切り札を(なくなるまで)出させる. **tùrn [còme] úp trúmps** [動] ⑧ (英・豪略式) **(1)** (特に土壇場で)気前よく振舞う, 助けになる. **(2)** 思いがけなくよい結果になる[を出す], ついている. —— 動 **1** (...という切り札で)(場札)を取る (with). **2** <...>を負かす, <...>に勝る. —— ⑧ 切り札を出す, 切り札で勝つ.

trúmp úp [動] 他 (人を陥れるために)(話)をでっちあげる, ねつ造する.

trúmp càrd 名 C **1** 切り札 (master card). **2** 奥の手: have [hold] a ~ 切り札をもっている, 明らかに優位な立場にある. **pláy one's trúmp càrd** [動] ⑧ (自分が持っている)最強の札を出す; 奥の手を使う.

trúmped-úp 形 [普通は A] (罪・証拠などが)でっちあげられた.

trump·er·y /trʌ́mp(ə)ri/ 形 (古風) (装飾品などが)見かけ倒しの; (意見・行動などが)くだらない.

*trum·pet /trʌ́mpɪt/ 名 (trum·pets /-pɪts/) **1** C,U トランペット, らっぱ (の音): blow [sound] a ~ トランペットを鳴らす. **2** C らっぱ状の物. **3** C [普通は単数形で] 象の大きな鳴き声. **4** C らっぱ《らっぱずいせんの花の中心の突出した部分; daffodil 挿絵》. **blow one's ówn trúmpet** [動] ⑧ (英略式) = blow one's own horn (horn 成句).

—— 動 ⑧ **1** トランペットを吹く. **2** (象などが)大きな鳴き声を出す (cry 表 elephant). **3** [しばしば軽蔑] 吹聴(ふいちょう)する (about).

—— 他 **1** [主に軽蔑] <...>を大声で言いふらす,

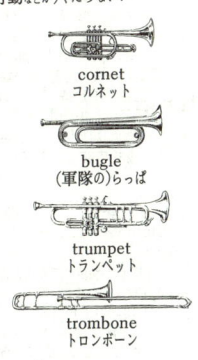

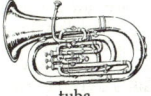

cornet
コルネット

bugle
(軍隊の)らっぱ

trumpet
トランペット

trombone
トロンボーン

tuba
チューバ

trumpeter

吹聴する (as). **2** 《曲》をトランペットで吹く.

✝trum·pet·er /trʌ́mpɪṭɚ | -tə/ 名 © トランペット奏者; らっぱ手.

trun·cate /trʌ́ŋkeɪt/ 動 他 〔普通は受身で〕《格式》〈樹木・円錐(鈴)など〉の頭〔端〕を切る; 〈長文など〉を切り詰める, 短くする.

trún·cat·ed /-ṭɪd/ 形 〔普通は Ⓐ〕《格式》以前〔通常〕より短い, 切り詰められた.

trun·ca·tion /trʌŋkéɪʃən/ 名 © 切断; 短縮.

trun·cheon /trʌ́ntʃən/ 名 © 《主に英》=nightstick.

✝trun·dle /trʌ́ndl/ 動 他 〈脚輪付きの台・荷車など〉をころがす, 押して〔引いて〕行く, 〈荷車など〉を運ぶ. ― 自 〔副詞(句)を伴って〕〈荷車など〉がゆっくり動く〔ころがる〕; 〈重たげに〉とぼとぼと進む〔歩く〕 (along, off).

trúndle ... óff to— 〔動〕 〈…〉を一行かせる.
trúndle óut 〔動〕 他 《以前と同じ理由など》を繰り返す.
trúndle bèd 名 © 《米・豪》脚輪付きの低いベッド 《他のベッドの下に収納できる》 (《英》truckle bed).

trun·dler /trʌ́ndlɚ | -dlə/ 名 © ころがす人; 手押し車.

✝trunk /trʌ́ŋk/ 類義 chunk ⓫ 名 (~s /~s/)

「(枝をとり払った木の)幹」1
→ (木箱) → 「トランク」3 → 「荷物入れ」2
→ (幹の姿の連想から) → 「象の鼻」4
→ 「胴体」6 → (それを覆う物) → 「パンツ」5

1 © (木の)幹(☞ tree 挿絵): Moss had grown on the ~ of the tree. 木の幹の表面にはこけが生えていた. **2** © (米) (乗用車の)荷物入れ, トランク (《英》boot) (☞ car 挿絵). **3** © (大型)トランク (☞ suitcase 表). **4** © 象の鼻 (☞ nose 名 1 関連). **5** 〔複数形で〕水泳パンツ (swimming trunks), (ボクシング用の)パンツ, トランクス: a pair of ~s 水泳パンツ1枚. **6** © 〔普通は単数形で〕〔解〕(人間の)胴体〔頭や手足を除いた〕: the ~ of the body 胴体.

trúnk càll 名 © 《古風, 主に英》長距離電話 (long-distance call).

trúnk ròad 名 © 《英》幹線道路.

truss /trʌ́s/ 名 © **1** 〔医〕脱腸帯; 添え木. **2** 〔建〕トラス 《三角形を単位とした構造; 橋・屋根などを支える》. ― 動 他 **1** ⓦ (ロープなどで)〈…〉を縛る (up; with). **2** (料理の前に)〈鳥〉の手羽〔足〕を胴体に縛りくくりつける. **3** 〔普通は受身で〕〈屋根・橋など〉をトラスで支える. **4** 〈負傷者〉に添え木をして装着する (up).

✱trust /trʌ́st/ 反 distrust ⓬ 名 (trusts /trʌ́sts/; 形 trústful) **1** Ⓤ **信頼**, 信用; 確信 (in) (☞ 類義語): betray a person's ~ 〈人〉の信頼を裏切る / He is a man worthy of ~. 彼は信頼するに足る人物です / Her ~ in me is absolute. 彼女は私を絶対に信用しています.

2 Ⓤ 〔法〕委託, 保管; 世話: The baby was left in the ~ of a girl of 18. 赤ちゃんは18才の娘に預けられた.

3 Ⓤ (信頼・委託にこたえる)**責任** (responsibility), 義務: a position of great ~ 非常に責任の重い立場. **4** © 委託物; 〔法〕信託財産, 信託物件. **5** Ⓤ 〔商〕信用販売, 信用貸し. **6** © (主に米) トラスト, 企業合同; 談合企業. **7** © 〔普通は単数形で〕受託団体〔財団〕: a charitable ~ 慈善団体. **8** © 〔普通は単数形で〕〔法〕(史跡保存・文化活動の奨励のための)保存〔保護〕団体: ☞ National Trust.

háve [pláce, pùt] trúst in ... 〔動〕 他 …を信用〔確信〕する: I don't put any ~ in her promises. 私は彼女の約束など全然信用しない.

hóld [pút, pláce] ... in trúst (for—) 〔動〕 他 (—に代わって)〈…〉を預かる, 〈…〉の受託者となる.
on trúst 〔副〕 掛けで.

táke ... on trúst 〔動〕 他 〈人のことばなど〉をそのまま信用する.

― 動 (trusts /trʌ́sts/; trust·ed /~ɪd/; trust·ing) 他 **1** 〈人・情報・判断・助言〉を**信頼する, 信用する**(☞ 類義語): I believe [implicitly] ~ him [what he says]. 私は彼の言うことを全面的に信用しています. ★この〔 〕の文の動詞型は <V+O (wh 節)> // Never ~ the advice of a man in difficulties. 困っている人の忠告は信用するな《イソップ物語のことば》.

2 〈人〉を信頼〔信用〕して…させる, 〈人に自由に〔安心して〕…させておく; 〈物事〉が…するのをあてにする: I cannot ~ Meg to go swimming alone in the pool. <V+O+C (to 不定詞)> メグを一人でプールに泳ぎに行かせることはできない / She may be ~ed to take my place. <V+O+C (to 不定詞)の受身> 彼女は十分私の代わりができるでしょう.

3 Ⓢ 《格式》〈…〉と期待する (expect), 確信する (believe): I ~ (that) I will see her again. また彼女に会えると思います / He can do it, I ~. 彼にはきっとできます. **4** 〈人〉を信頼して〈…〉を預ける, 〈人に安心して〈…〉を任せる; 〈人に〉〈品物など〉を預ける, 委託する (entrust): 言い換え I can't ~ him with my new car.＝I can't entrust my new car to him. 彼には私の新車の運転を任せることはできない.

― 自 《格式》信頼する, 信用する: In God we ~. <V+in+名・代> 我々は神を信ずる(1956年から米国の貨幣の多くに刻まれている標語).

I wòuldn't trúst ... an ínch.＝**I wòuldn't trúst ... ány fárther than [an ínch [I can thrów ...].**＝**I wòuldn't trúst ... as fár as I can thrów ...**. Ⓢ 《略式》〈人〉は全く信用できない.

trúst to ... 〔動〕 他 〈…〉を当てにする, …に頼る: ~ to luck [chance, fate] 運に任せる.

Trúst ... (to dó!) Ⓢ 〔普通は皮肉〕…ならいかにも(特に具合の悪いこと)をする〔してくれる〕: T~ you to come home late! いつも〔決まって〕帰りが遅いんだから! / T~ you to ruin a happy evening. 案の定君は楽しい夕べを台なしにしてくれたね.   語法 for 句が続くこともある: T~ her for that. 彼女ならやりかねないね.

〔類義語〕**trust** 直感的・本能的な全幅の信頼. **faith** 根拠があるとは限らない心情的な信頼. **confidence** 確実な証拠やもっともな理由による信頼.

trúst·bùster 名 © (米) トラスト解消をはかる人; 反トラスト法違反取締官.

trúst còmpany 名 © (主に米) 信託会社.

✝trust·ee /trʌstíː/ 名 (~s /~z/) © **1** 受託者(他人の財産や事業の管理などを委託された人), 保管〔管財〕人 (of, for). **2** (大学などの)評議員, 理事. **3** (trust territory を統治する)信託統治国.

trustée·shìp 名 **1** Ⓤ.© 受託者〔評議員〕の職〔地位〕. **2** Ⓤ (国連の)信託統治. **3** © (国連の)信託統治領.

trust·ful /trʌ́stf(ə)l/ 形 (名 trust; 反 distrustful) (人を)すぐ信用〔信頼〕する (of). **-ful·ly** /-fəli/ 副 信用して. **~·ness** 名 Ⓤ 信用すること.

✝trúst fùnd 名 © 信託基金.

✝trust·ing 形 (人を)すぐ信用する.

trúst tèrritory 名 © (国連の)信託統治領.

trúst·wòrthiness 名 Ⓤ 信頼できること; 頼もしさ.

✝trust·wor·thy /trʌ́stwɚ̀·ði | -wɚ̀·/ 形 信頼〔信用〕できる, 当てになる.

trust·y /trʌ́sti/ 形 (trust·i·er; -i·est) Ⓐ 《古風》または《滑稽》(人・武器・乗り物など)信頼できる, 当てになる. ― 名 (trust·ies) © 模範囚.

✱truth /trúː θ/ 類義 truce) 名 (truths /trúː ðz, trúː θs/; 形 true, trúthful; 反 untruth) **1** [the ~] **真実**, 本当のこと, 事実, 真相 (of) (反 lie):

know the whole ~ 真相の全貌(ぜんぼう)を知る / get to the ~ about that rumor そのうわさについての真相を解明する / She doesn't always tell the ~. 彼女はいつも本当のことを言うとは限らない.
2 ⓤ 真実性: There is some [little] ~ in what you say. あなたの言うことはある程度は本当だ[ほとんど間違いだ] / I doubt the ~ of his report. 彼の報告の真偽のほどは疑わしい.
3 ⓤ 真理(反 falsehood); ⓒ 真理とされるもの, 立証された事実[原理]: a lover of ~ 真理を愛する人 / scientific ~s 科学上の真理 / a universal ~ ゆるぎない事実 / to seek (the) ~ 真理を探究する.

be económical with the trúth [動] 自 (英) [滑稽・皮肉] 本当のことを言ってない.

if (the) trúth be knówn [tóld] [副] 文修飾語 実のところ.

in (áll) trúth [副] 文修飾語 [格式] 本当に; 実は (actually).

Nóthing could be fúrther from the trúth. これほどのうそっぱちはない, 全くのでたらめだ.

The trúth (of the mátter) is that .... =The (pláin) trúth is, ... 実は…は: The ~ is that we cannot afford to buy a new car. 実を言うと新車を買えないのです.

to téll (you) the trúth [副] 文修飾語 ⓢ 実はね, 実を言うと. 語法 言いわけなどの場合に文頭, 文中, 文尾に用いる (⇨ to³ B 7): Well, to tell the ~, I don't quite understand what you mean. 実はあなたの言おうとしていることがよくわからないのです.

trúth drùg 名 ⓤⓒ (英) =truth serum.

*†**truth・ful** /trúːθf(ə)l/ 形 [truth] **1** (人が)うそを言わない, 誠実な, 正直な. **2** (話などが)真実の, 本当の.

truth・ful・ly /trúːθfəli/ 副 **1** 誠実に, 正直に: answer ~ まじめに答える. **2** 文修飾語 真に, 正しく; 正直なところ: T~, I don't know anything about him. 正直言って, 彼の事は何も知らんよ.

trúthful・ness 名 ⓤ 誠実, 真実.

****truths** /trúːðz, trúːθs/ 名 **truth** の複数形.

trúth sèrum 名 ⓤⓒ (米) 自白薬 ((英) truth drug).

****try** /trái/ (類音) tribe) 動 (**tries** /~z/; **tried** /~d/; **try・ing**; 名 trial) 他

① 努める	1
② 試す	2
③ 審理する	3

1 (…しようと)努める, 努力する (《類義語》): T~ your best [hardest] in everything. 何事にせよ全力を尽くしてみなさい / A wise man does not ~ to hurry history. <V+O(to不定詞)> 賢い人は歴史をせきたてようとはしない / ~ and do (成句) 語法 / T~ not to be late next time. 今度は遅れないようにしなさい / T~ reading that book. <V+O(動名詞)> その本を読んでみなさい. 語法 try to do は「…しようとする」という意味で, try doing は「実際に…してみる」の意味で使われる. しかし try doing が try to do の意味で使われることもある.

2 <…>を試す, 試してみる, 試みる (test); やってみる, 試しに…してみる, 使って[食べて, 飲んで, 着て]みる; <戸・窓など>を開けようとする, (開けようと)<掛けがね・錠・ボタンなど>をいじくってみる, <人>に聞いてみる, 電話をかけてみる; <人>に与えてみる; <場所>に行ってみる: ~ something new [different] 何か新しい[違う]ことをやってみる / ~ anything once 何でも一度はやってみる / ~ a new medicine **on** rats <V+O+on+名・代> ねずみに新薬を試してみる / ~ one's own strength 自分の力を試してみる / She tried the door, but it was firmly locked. 彼女はその戸を試しに開けようとしたが, 戸はしっかりと錠がかかっていた / T~ to see how far you can throw the ball. <V+O (to 不定詞)> そのボールをどこまで投げられるかやってみなさい / ~ them **on** fast food 彼らにファーストフードを食べさせてみる / Have you tried that store? あの店は行ってみましたか.

3 [普通は受身で] <事件>を審理する, <人>を裁く, 公判に付する: ~ the case その事件を審理する / He is going to be tried **for** theft. <V+O+for+名・代の受身> 彼は窃盗(せっとう)罪で裁判にかけられることになっています. **4** <神経など>をいらだたせる, 苦しめる (with); <人>に無理をさせる: Don't ~ my patience. (私を)あまりいらいらさせるなよ.

— 自 やってみる; 努める, 努力する: T~ hard. You'll like it. がんばってやってごらん. おもしろいよ / T~ again in half an hour. 30分したらもう一度やってごらんなさい (電話が話し中のときなど) / I tried and tried, but I couldn't break his record. 躍起になってがんばったが, 彼の記録は破れなかった / You never know what you can do till you ~. (ことわざ) やってみるまではできるかどうかはわからない / You couldn't do it if you tried. ⓢ どうがんばっても君にゃ無理だよ, 君にその才能はないよ / He failed the exam, but it wasn't for want [lack] of ~ing. 彼は試験には落ちたが, やるだけのことはやったのだ.

trý and dó [動] [略式] …するように努める (try to do) (⇨ and 9): I'll ~ and swim against the current. 流れに逆らって泳いでみます.

語法 (1) [略式] では try to do というよりも普通の言い方. また命令文では Try to be ... というよりも Try and be ... のようにいうのが普通.
(2) try は原形で用い, 過去形や進行形は用いない.

trý as ... míght, …がどんなに努力しても.

trý ... (ón) for síze [動] 他 [略式] <…>を試しに使って[着て, はいて, やって]みる.

━━━ **try の句動詞** ━━━

trý for ... [動] 他 (英) =try out for ....

****trý ón** [動] (名 trý-òn) 他 **1** <衣服・靴・帽子・眼鏡・指輪など>を試しに着て[はいて, かけて, はめて]みる (⇨ put on (put 句動詞) 表); 試着する; 仮縫いしてみる <V+名・代+on / V+on+名>: Would you like to ~ it on? 着て[はいて, かぶって, かけて, はめて]ごらんになりますか / Can I ~ on this skirt? このスカートをはいてみていいですか. **2** ⓢ [略式, 英・豪] (通用するかどうかをみるため)(人)に<ごまかしなど>をやってみる (with): Don't ~ it on. (無作法にふるまう・言い寄るなどして)人を試すようなことはするな.

****trý óut** [動] 他 (効果をみるため)<方法・用具・人など>を実際に使ってみる, (…に対して)試してみる (on; doing); 実際によく検討してみる <V+名・代+out / V+out+名>: I think this idea will work. Let's ~ it out. このアイデアはうまくいくと思う. 実際にやってみよう. **trý óut for ...** [動] (米・豪) (地位・賞・役など)を獲得しようとする, …を目ざして(テスト・オーディションなどで)競う, 手に入れようと努力する: ~ out for the team [leading role] チームの選抜試験[主役のオーディション]を受ける.

━━━ 名 (tries /~z/) ⓒ **1** [普通は a ~] 試み; 努力 (at): have another ~ もう一度やってみる / It's worth a ~. やってみる価値はある. **2** [ラグ] トライ.

gíve ... a trý [動] 他 <…>をやってみる; <人>に聞いてみる; <場所>に行ってみる. **hàve [(米) màke] a trý at ...** [動] <…>を(試しに)...をやってみる, …を試みる, …をやってみる: I want to have a ~ at many things while still young. 私は若いうちにいろいろなことに挑戦してみたい (⇨ challenge 動 日英比較). **Níce [Góod] trý.** 惜しいね.
【類義語】 try「試みる」という意味では最も普通の語で, 成功

trying

try·ing 形 骨の折れる, つらい; しゃくにさわる, 腹が立つ: a ~ time つらい時.

try-òn 名 C [普通は単数形で]《略式, 英豪》(通用するかどうかみようと)だまそうとすること, 無作法にふるまうこと.

try·out 名 1 [a ~] 予行, テスト (trial); [普通は複数形で]《米》(チーム選抜などのための)予選, オーディション. 2 C (機械・芝居などの)試験的使用[興行] (for).

trý squàre 名 C 直角定規, スコヤ.

tryst /tríst/ 名 C 《文》恋人との密会; 逢引きの場所.

tsar /zá:r | zá:/ 名 C =czar.

tsa·ri·na /za:rí:nə/ 名 C =czarina.

tsar·is·m /zá:rɪzm/ 名 U =czarism.

tsar·ist /zá:rɪst/ 名 C, 形 =czarist.

tsét·se flỳ /tsétsi/ 名 C,U ツェツェばえ《アフリカ産のいえばえの一種; 吸血性で眠り病を媒介する》.

***T-shirt** /tí:ʃə̀:t | -ʃə̀:t/ 名 (**-shirts** /-ʃə̀:ts | -ʃə̀:ts/) C T シャツ (tee shirt). 由来 形が T の字型で.

tsk tsk 参考 舌先を /t/ のように歯茎につけ, 口から息を吸い込むときにその舌先を急速に離して出す音. 単語としてこの話を読むときには /tísk/ と発音する. 感 ちぇっ(あせり・軽蔑・非難・困難・不満などを表わす舌打ちの音).

tsp. 略 =teaspoon(s), teaspoonful.

tsps 略 =teaspoonfuls (☞ teaspoonful).

T-square /tí:-/ 名 C T 定規.

tsu·na·mi /tsuná:mi, su-/《日本語から》 名 (複 ~(s)) C 津波《地震による高波; ☞ tidal wave》.

Tu. 略 =Tuesday.

+**tub** /tʌ́b/ 名 C 1 [しばしば合成語で] おけ, たらい《洗濯・貯水用》, (植木用の)おけ, 大鉢; 《アイスクリーム・バターなどの》丸いふたつきの容器《プラスチックまたは紙製》: wash clothes in a ~ おけで衣服を洗濯する. 関連 washtub 洗濯だらい. 2《英略式》浴槽(よくそう), 湯ぶね (《米》bathtub《英略式》bath): have a bath in a ~ 湯ぶねでひとふろ浴びる / fill [empty] the ~ 浴槽に[の]お湯を満たす[抜く]. 3 おけ[たらい2杯]1 杯の量 (tubful): a ~ of water おけ 1 杯の水. 4《略式》[主に徒(いたずら)] ぼろ船. 5《米略式》《軽蔑》ずんぐりした人.

tu·ba /t(j)ú:bə | tjú:-/ 名 C チューバ《☞ trumpet 挿絵》.

tub·al /t(j)ú:b(ə)l | tjú:-/ 形 管(状)の.

tub·by /tʌ́bi/ 形 (**tub·bi·er**, **-bi·est**) 《略式》(人などが)ずんぐりした; ☞ fat 類義語.

*****tube** /t(j)ú:b | tjú:-/ 名 (~s /-z/; túbular) 1 C (金属・ガラス・ゴムなどの)管, 筒《☞ pipe 類義語》: a glass ~ ガラス管 / a toilet paper ~ トイレットペーパーの芯(しん) / insert a ~ in [into] the sick man's nose 病人の鼻に管を通す.

2 C (絵の具・歯磨きなどの)チューブ: a ~ of paint 絵の具のチューブ / Always put the cap back on the ~ of toothpaste. キャップは必ず元の歯磨きのチューブにはめておきなさい.

3 C [普通は複数形で] [生] 管状の器官: bronchial ~s 気管支 / fallopian ~ 卵管.

4 [the ~] S《米略式》テレビ《英》box); C 《電》(テレビの)ブラウン管 (picture tube); 《主に米》真空管《《米》vacuum tube,《英》valve). 5 [the ~, 時に T-]《英略式》(London の)地下鉄: a ~ station [train] 地下鉄の駅[列車] / take *the* ~ to Piccadilly ピカデリーへ地下鉄で行く. 6 C 《タイヤの》チューブ (inner tube). 7 C 《豪式》缶ビール (of).

— **by túbe**=**on the túbe** 副 《英式》地下鉄で. **gò dówn the túbe(s)** 動 自 《略式》(事業・経済・制度などが)だめになる, つぶれる;(人が)失敗する.

—— 動 《米》(タイヤのチューブに乗って)川下りをする.

túbe·less 形 [普通は A] 《タイヤ》がチューブのない.

+**tu·ber** /t(j)ú:bə | tjú:bə/ 名 C (じゃがいも・ダリアなどの)塊茎(かいけい).

tu·ber·cle /t(j)ú:bə:kl | tjú:bə-/ 名 1 《解》小結節, (小)瘤(こぶ). 2 《医》結核結節. 3 《植》小塊茎, 塊根.

túbercle bacíllus 名 C 《医》結核菌.

tu·ber·cu·lar /t(j)u:bə́:kjʊlə | tjubə́:kjʊlə/ 形 結核(性)の, 結核を起こす; 肺結核にかかっている.

tu·ber·cu·lin /t(j)u:bə́:kjʊlɪn | tjubə́:-/ 名 U 《医》ツベルクリン《結核の診断用の注射液》.

túbercu·lin tèst [**reáction**] 名 C ツベルクリン検査[反応].

+**tu·ber·cu·lo·sis** /t(j)ʊbə̀:kjʊlóʊsɪs | tjubə̀:-/ 名 U 結核; 肺結核 (略 TB).

tu·ber·cu·lous /t(j)u:bə́:kjʊləs | tjubə́:-/ 形 =tubercular.

tu·ber·ous /t(j)ú:b(ə)rəs | tjú:-/ 形 塊茎(状)の.

túbe sòck 名 C [普通は複数形で] チューブソックス《かかとのない伸縮性に富んだソックス》.

túbe tòp 名 C チューブトップ《女性用の胸回りをおおう衣服》(《英》boob tube).

tub·ful /tʌ́bfʊl/ 名 C おけ 1 杯の量 (tub).

+**túb·ing** 名 U 1 管材料; 管類. 2《米》(タイヤチューブに乗った)川下り, 雪滑り.

Tub·man /tʌ́bmən/ 名 固 Harriet ~ タブマン (1820?-1913)《米国の奴隷解放運動家》.

tub-thump·er /tʌ́bθʌ̀mpə | -pə/ 名 C《英略式》《軽蔑》(大声で)熱弁をふるう演説家.

túb-thùmping 形 A, 名 U《英略式》[けなして] 熱弁をふるう, 大げさな(熱弁).

+**tu·bu·lar** /t(j)ú:bjʊlə | tjú:bjʊlə/ 形 (名 tube) 1 A 管状の; 管式の. 2《米略式》すばらしい(若者語).

tu·bule /t(j)ú:bju:l | tjú:-/ 名 C 小管, 細管.

TUC /tí:jù:sí:/ 略 [the ~]《英》=Trades Union Congress.

*****tuck** /tʌ́k/《類義 tack》名 (**tucks** /~s/; **tucked** /~t/; **tuck·ing**) 他 1 《衣服・シーツなどの》端をきちんと入れ込む, 〈...〉をたくし込む; 〈そで〉をまくり上げる (*into*, *under*);〈服〉に縫いひだをつける: Mary, ~ your blouse *in*. <V+O+*in*> メアリー, ブラウスをスカートの中に入れなさい / She ~*ed up* her sleeves. <V+*up*+O> 彼女はそでをまくり上げた.

2 〈特に平たいもの〉をはさみ込む, 押し込む;〈脚など〉を(折り曲げて)引っ込める[体につける]: ~ a handkerchief *into* a purse <V+O+*into*+名・代> ハンカチをハンドバッグの中へ入れる / She sat with her legs ~*ed* (*up*) *under* her. <V+O+(*up*)+*under*+名・代の受身> 彼女は脚を折り曲げて座っていた《横座りの場合》. 3 〈寝具など〉で〈...〉をくるむ (fold); 〈脚・ひざなどのまわりに〉〈毛布〉を(ぴったり)巻きつける, 掛ける (*around*, *round*): She ~*ed* the baby *into* bed. 彼女はその赤ん坊を寝具でくるんで寝かせた. 4 〈家など〉を人目のつかないところに建てる[置く]; 〈安全な所に〉〈物〉などを隠す (*behind*, *under*). 5《略式》〈...〉の脂肪除去手術をする.

túck awáy [動] 《略式》(1) [普通は受身でまたは再帰代名詞とともに] (安全な場所に)〈金など〉をしまい込む; 隠す,〈身を〉隠す. (2) [受身で] 〈家など〉を人目につかない場所に建てる. (3) 《主に英》〈...〉をたらふく食う.

túck ín [動] 自《略式, 主に英》がつがつ(たらふく)食う. — 他 〈毛布など〉で〈子など〉をくるむ; 〈衣服・紙など〉をたくし込む, 〈身体の一部〉を引っ込める. **túck into ...**

[動] 他 《略式, 主に英》…をがっつく. **túck úp** [動] 他 (1) ☞ 1, 2. (2) 〔しばしば受身で〕《英》〈子供など〉に毛布をかけてやる.
— 名 1 C 縫い上げ, (すその)ひだ, タック. 2 C 《古風, 英略式》〈子供向きの〉菓子, 甘い物《主に児童用語》. 3 C 〈顔・腹などの〉脂肪除去手術.

tuck·er[1] /tʌ́kɚ | -kə/ 動 **-er·ing** /-k(ə)rɪŋ/ 〔普通は受身で〕《米略式》〈…〉を疲れさせる (out).

tuck·er[2] /tʌ́kɚ | -kə/ 名 U 《豪略式》食物: ~-**bag** 食糧携帯袋.

túck-in /-ɪ̀n/ 名 《古風, 英略式》ごちそう.

Tuc·son /túːsɑn | -sɔn/ 名 圖 ツーソン《米国 Arizona 州南部の都市》.

'tude /t(j)úːd | tjúːd/ 名 C,U 《米俗》＝attitude《特に悪い[否定的な, 横柄な]態度》.

-tude /t(j)ùːd | tjùːd/ 接尾 [名詞語尾]「性質」,「状態」を示す: áltitùde 高度 / mágnitùde 大きさ. 語法 2つ前の音節に第一アクセントがある.

Tu·dor /t(j)úːdɚ | tjúːdə/ 名 圖 **the House of ~** チューダー家《England の王家 (1485-1603)》. — 形 〈建築が〉チューダー様式の.

Tue. 略 ＝Tuesday.

*****Tues.** 略 火曜日 (Tuesday).

*****Tues·day** /t(j)úːzdèɪ, -di | tjúːz-/ 名 (~s /-z/) ▶詳しい説明は ☞ Sunday. 1 **火曜日** 《略 Tues., Tue., Tu., T.; ☞ week 表; proper noun 文法 (4)》: Today is ~ [a cool ~]. 今日は火曜日 [涼しい火曜日] だ / **on ~** 《いつも [大抵]》火曜日に(は); (この前[次]の)火曜日に / **on ~s** ＝**every ~** いつも火曜日に / **last [next] ~** この前[次]の火曜日に.
2 [形容詞的に] **火曜日の**: on ~ morning (この前[次]の)火曜日の朝に (☞ on 前 3 語法). 3 [副詞的に] 《米》《英略式》火曜日に (on Tuesday); [~**s** として](いつも)火曜日に(は) (every Tuesday).

tuf·fet /tʌ́fɪt/ 名 C 《文》 1 茂み. 2 低い腰掛け.

tuft /tʌ́ft/ 名 C 1 房《髪・糸・羽毛などの》(of). 2 やぶ, 木立ち, 茂み.

túft·ed 形 房をつけた, 〈ソファーなどが〉飾りボタンがついた; 房状の; 群生した.

*****tug** /tʌ́g/ 動 (屢読 **tag**) 動 (**tugs** /~z/; **tugged** /~d/; **tug·ging**) 他 〈…〉を(強く)引く, ぐいと引っ張る《pull 類義語; team 囲み》; 〈船〉を引き船で引く, 引きずって行く: We *tugged* the boat *into* a small bay. 〈V＋O＋*into*＋名・代〉 私たちはそのボートを小さな入り江に引っ張り込んだ. — 自 (強く)引く, ぐいと引っ張る (on): Tom *tugged at* his mother's sleeve. トムは母親のそでをぐいと引っ張った. — 名 C 1 〔普通は a ~〕 強く引くこと: 言い換え She gave a ~ at her sister's hair. ＝ She gave her sister's hair a ~. 彼女は妹の髪の毛を引っ張った. 2 ＝tugboat. 3 〔普通は a ~〕 急にわきあがる感情 (of). **a túg of wár** 名 綱引き; 主導権争い.

túg·bòat 名 C 引き船, タグボート.

túg-of-lóve 名 〔a ~〕《英略式》〔特に新聞で〕〈子供の〉養育権争い.

⁺**tu·i·tion** /t(j)uíʃən | tju-/ 名 U 1 《格式》〈個人や少人数の〉教授, 授業 (in). 2 《主に大学の》授業料.

tu·la·re·mi·a /t(j)ùːləríːmiə | tjùː-/ 名 U 野兎(う)病《うさぎなどの伝染病; 人にも感染する》.

⁺**tu·lip** /t(j)úːlɪp | tjúː-/ 名 C チューリップ. 語源 トルコ語で「ターバン」(turban) の意; 形が似ていることから.

túlip trèe 名 U ゆりの木《もくれん科の高木》.

tulle /túːl | tjúːl/ 名 U チュール《ベールなどに用いる薄い網状の絹・ナイロン》.

tum /tʌ́m/ 名 C 《英略式》おなか.

*****tum·ble** /tʌ́mbl/ 動 (**tum·bles** /~z/; **tum·bled** /~d/; **tum·bling**) 自 1 〔副詞(句)を伴って〕 (特に突然または激しく)**倒れる**, 転ぶ (fall); 転落する; 崩れる (権力の座から)失墜する: The drunk ~*d over* and didn't move. ＜V＋副＞ 酔っぱらいは転がって動かなくなった / The old man ~*d down* the stairs. ＜V＋前＋名・代＞ その老人は階段から転げ落ちた / She ~*d off* her bicycle. 彼女は自転車から転げ落ちた. 2 〔副詞(句)を伴って〕 転がるように[ぶざまに]動く〈出る, 入る〉 (*into*, *through*): ~ *out of* bed ベッドから転がり出る. 3 〔新聞で〕〈価格などが〉急落する (*by*, *from*, *to*). 4 〔副詞(句)を伴って〕 転げ回る, のたうち回る (toss), 左右に揺れる; 〈髪が〉垂れている (*down*); 宙返りをする: The hurricane caused all the cars to ~ *about* like toys. 大あらしで車は全部おもちゃのように転がった. 5 〈建物などが〉崩れ落ちる (*down*). 6 《略式》〈…〉にはっと気がつく, 〈…〉がわかる (*to*). 7 〈水が〉しぶきを立てて流れる.
— 他 〈…〉をひっくり返す (*over*); 投げ倒す; 失墜させる: The flood waters ~*d* my house *into* the river. 洪水が私の家を川に押し流した.
còme túmbling dówn [動] 自 (1) 〈建物が〉崩れ落ちる. (2) 〈組織・制度など〉が崩壊する. **túmble … drý** [動] 他 〈衣類〉を回転式乾燥機で乾燥する.
— 名 (~s /~z/) C 〔普通は単数形で〕転倒, 転落 (fall); 失墜; 〈価格などの〉急落; 宙返り: have [take] a (nasty) ~ (ひどく)転ぶ. 2 [a ~] 混乱 (confusion): (all) in a ~ 混乱して.

tum·ble-dòwn 形 A 〈建物が〉〈老朽化して〉今にも倒れそうな, 荒れ果てた.

tum·ble-drý 動 他 回転式乾燥機で乾かす.

túmble drỳer [**drìer**] 名 C 《英》回転式乾燥機.

tum·bler /tʌ́mblɚ | -blə/ 名 C 1 大コップ, タンブラー《足する平底の大型コップ》. 2 タンブラー 1杯分 (tumblerful): a ~ *of milk* タンブラー 1杯のミルク. 3 〈錠の〉てこ〈錠の中の回転する金具〉. 4 《古風》〈宙返りをする〉曲芸師.

tum·bler·ful /tʌ́mblɚfùl | -blə-/ 名 C ＝tumbler 2.

tum·ble·wèed 名 U タンブルウィード《北米西部・オーストラリアの植物; 枯れると丸まって転がる》.

tumbler 1

túm·bling 名 U タンブリング, 宙返り.

tu·mes·cence /t(j)uːmés(ə)ns | tjuː-/ 名 U 《医》はれ, ふくらみ, 勃起.

tu·mes·cent /t(j)uːmés(ə)nt | tjuː-/ 形 《医》はれた (swollen), はれている, ふくらんだ, 勃起した.

tu·mid /t(j)úːmɪd | tjúː-/ 形 《医》はれ上がった.

tu·mid·i·ty /t(j)uːmídəti | tjuː-/ 名 U 《医》はれ(上がり).

tum·my /tʌ́mi/ 名 (**tum·mies**) C 〈小児〉おなか, ぽんぽん: a ~ upset ぽんぽんの痛み.

⁺**tu·mor**, 《英》**tu·mour** /t(j)úːmɚ | tjúːmə/ 名 C 腫瘍(しゅ): a malignant [benign] ~ 悪性 [良性] 腫瘍.

tu·mor·ous /t(j)úːm(ə)rəs | tjúː-/ 形 腫瘍(しゅ)の(ような).

tumuli tumulus の複数形.

tu·mult /t(j)úːmʌlt | tjúː-/ 名 U,C 《格式》騒ぎ, がやがや; 騒動, 暴動; 〈心の〉混乱[興奮]状態 (of).

⁺**tu·mul·tu·ous** /t(j)uːmʌ́ltʃuəs | tjuː-/ 形 《格式》〈反応が〉ひどく大きい, 騒がしい; 〈出来事・時などが〉混乱した. **~·ly** 副 騒然と.

tu·mu·lus /t(j)úːmjələs | tjúː-/ 名 (複 **tu·mu·li** /-làɪ/) C (墳墓の上の)塚, 墳丘.

tun /tʌ́n/ 名 C 1 大酒だる, 醸造おけ《☞ tunnel 語源》. 2 トン《酒などの容量単位; 252 ガロン》.

⁺**tu·na** /t(j)úːnə/ 名 C (複 (~**s**)) 1 C まぐろ (tunny). 2 U まぐろの肉, ツナ: slices of uncooked

[raw] ～ まぐろの刺し身.

túna fìsh [名] [U] ＝tuna 2.

tun·dra /tʌ́ndrə/ [名] [U,C] ツンドラ, 凍土帯.

*__tune__ /t(j)úːn | tjúːn/ ([類音] #tomb) [T2] [名] (～s /~z/; [形] túneful) [C,U] 曲; 旋律, 節(ふし) (melody), メロディー: play a sweet ～ on the piano ピアノで甘い曲を弾く / a catchy theme ～ 覚えやすい主題曲 / hum a ～ メロディーを口ずさむ / carry a ～ (調子・音程を)はずさずに歌う. [語源] 中(期)英語で tone の変形.

cáll the túne [動] [自] 《略式》 音頭をとる, 指図する (立場にある): He who pays the piper *calls the* ～. 《ことわざ》笛吹きに金を払う者が曲を指定する(金を出す者に権利がある).

chánge one's túne [動] [自] 《略式》 がらりと意見[態度]を変える. [由来] 曲[音]を変える, の意.

dánce to ...'s túne [動] 人の言いなりになる.

in túne [形・副] (1) 《略式》 (…と)調和して, (気持ちが)一致して, 共鳴して: His views are not *in* ～ *with* the times. 彼の意見は時勢に合っていない. (2) 調子が合って (*with*).

òut of túne [形・副] (1) 《略式》 (…と)調和しないで, 合わないで (*with*). (2) 調子がはずれて (*with*).

síng「a dífferent [anóther] túne [動] [自] 態度ががらりと変わる, おとなしくなる.

to the túne of ... [前] (1) 《略式》 …もの金を出して: I was fined *to the* ～ *of* £2000. 私は 2000 ポンドも罰金を取られた. (2) …の曲に合わせて.

— [動] (**tunes** /~z/; **tuned** /~d/; **tun·ing**) [他] **1** 〈楽器〉を**調律する**; 〈エンジンなど〉を調整する: ～ a piano ピアノを調律する.

2 〈テレビ・ラジオなど〉を(局や番組に)**合わせる**: *T*～ the television *to* Channel 3. <V+O+*to*+名・代> テレビを 3 チャンネルに合わせなさい. **3** [普通は受身で] 〈…〉を(他に)適合[調和]させる (*to*).

túned (ín) to ... [形] (1) …に波長[ダイヤル]が合っている: Stay ～*d* (*in*) *to* AFN. Ⓢ このまま AFN の番組をお聞き下さい. (2) 《略式》 (人の意見など)に耳を傾けている, (状況など)をよくくみ取っている. **túne onesèlf to ...** [動] [他] (周囲の環境など)に調子を合わせる.

tune の句動詞

túne ín [動] [自] **1** (ラジオなどの)波長[ダイヤル]を合わせる: Will you ～ *in to* a music program? 音楽番組にダイヤルを合わせてくれますか. **2** (状況・人の考えなどが)わかる (*to*). — [他] 《米》 (…に)〈ラジオなど〉の波長[ダイヤル]を合わせる, 〈放送局〉に合わせる (*to*).

túne óut [動] [他] **1** 〈ラジオなど〉を消す, 〈ある番組〉を消す[他局へ変える]. **2** 《略式》 〈助言など〉を無視する. — [自] 《略式》 耳を傾けない, 無視する.

túne úp [動] [自] **1** (楽団などが)音合わせをする. **2** 《米》 (…に備えて)準備を整える (*for*). — [他] 〈楽器など〉の調子を合わせる; 〈機械・エンジンなど〉の調子を整える.

tune·ful /t(j)úːnf(ə)l | tjúːn-/ [形] ([名] tune) 美しい調べの, 音楽的な. **-ful·ly** /-fəli/ [副] 美しい調べで. **～·ness** [名] [U] 調べの美しさ.

túne·less [形] [普通は [A]] (曲・声などが)音楽的でない; 耳ざわりな. **～·ly** [副] 調子をはずして, 耳ざわりに. **～·ness** [名] [U] 調子はずれ; 耳ざわり.

tun·er /t(j)úːnə | tjúːnə/ [名] [C] **1** (ラジオ・テレビ・ステレオの)チューナー, 同調器. **2** (ピアノなどの)調律師.

túne·smìth [名] [C] 《略式》 (ポピュラー音楽の)作曲家.

túne-ùp [名] [C] (エンジンの)調整, チューンアップ.

tung·sten /tʌ́ŋstən/ [名] [U] タングステン 《元素記号 W》 (wolfram).

túngsten cárbide [名] [U] タングステンカーバイド 《タングステンと炭素の超硬合金》.

+**tu·nic** /t(j)úːnɪk | tjúː-/ [名] [C] **1** 短い上着 《警官・軍人の制服など》. **2** (古代ギリシャ・ローマ人の)ひざまでの上衣 《しばしばそでなし》. **3** チュニック 《長い女性用上着》.

tún·ing [名] [U] 調律, チューニング; 〔電〕 同調.

túning fòrk [名] [C] 音叉(おんさ).

túning pèg [pìn] [名] [C] (弦楽器の)糸巻き.

Tu·nis /t(j)úːnɪs | tjúː-/ [名] [固] チュニス 《チュニジアの首都》.

Tu·ni·si·a /t(j)uːníːʒ(i)ə | tjuːníziə/ [名] [固] チュニジア 《アフリカ北部の共和国; 首都 Tunis》.

Tu·ni·si·an /t(j)uːníːʒ(i)ən | tjuːníziən/ [形] チュニジア(人)の. — [名] [C] チュニジア人.

*__tun·nel__ /tʌ́n(ə)l/ ★ ☞ channel リスニング(囲み). [T3] [名] (～s /~z/) [C] トンネル, 地下道; 坑道; (動物が掘った)穴: build a ～ *through* a mountain 山の下にトンネルを掘る / drive *through* a ～ 車でトンネルを走り抜ける. [語源] 古(期)フランス語で「小さな tun (酒だる)」の意; うずら捕りに用いた網の形が筒状をしていて酒だるに似ていたので.

— [動] (**tun·nels**; **tun·neled**, 《英》 **tun·nelled**; **-nel·ing**, 《英》 **-nel·ling**) [他] 〈…〉にトンネルを掘る; 掘って〈…〉を作る. — [自] [副詞(句)を伴って] トンネルを掘る[掘って進む] (*into, through, under*).

túnnel one's wáy [動] [自] トンネルを掘って進む (*into, through, under*).

túnnel dìode [名] [C] 〔電工〕 トンネルダイオード (Esaki diode).

tun·nel·er, 《英》 **-nel·ler** /tʌ́n(ə)lə | -lə/ [名] [C] トンネルを掘る人.

túnnel vísion [名] [U] **1** 〔医〕 視野狭窄(きょうさく)症. **2** [軽蔑] 考えの狭いこと, 狭量.

tun·ny /tʌ́ni/ [名] (複 **tun·nies**, ～) [C,U] ＝《英》 tuna.

tu·pik /t(j)úːpɪk | tjúː-/ [名] [C] (イヌイットの)夏の住居.

tup·pence /tʌ́p(ə)ns/ [名] [C,U] 《英略式》 ＝twopence.

tup·pe·ny /tʌ́p(ə)ni/ [形] [A] 《英略式》 ＝twopenny.

Tup·per·ware /tʌ́pəwèə | -pəwèə/ [名] [U] タッパーウェア 《合成樹脂の食品保存用容器; 商標》.

Túpperware pàrty [名] [C] タッパーウェア販売促進ホームパーティー.

tuque /t(j)úːk | tjúːk/ [名] [C] 《カナダ》 チューク 《毛編みの冬帽》.

tur·ban /tə́ːb(ə)n | tə́ː-/ [名] [C] **1** ターバン 《中近東・南アジアなどの男性が頭に巻く布; ☞ tulip [語源]》. **2** (女性の)ターバン風の帽子.

turban 1

túr·baned [形] ターバンをした.

tur·bid /tə́ːbɪd | tə́ː-/ [形] 《格式》 **1** (液体・色などが)濁った, 濃密な; (煙・雲が)厚い, 濃い. **2** (考え・文体などが)混乱した, 混濁した. **～·ness** [名] [U] ＝turbidity.

tur·bid·i·ty /təːbídəti | təː-/ [名] [U] 《格式》 濁り, 混濁; 混乱.

+**tur·bine** /tə́ːbɪn, -baɪn | tə́ː-/ [名] [C] タービン 《空気・水・蒸気などで回す原動機の一種》.

+**tur·bo** /tə́ːbou | tə́ː-/ [名] (～s) [C] **1** ＝turbocharger. **2** ＝turbine. **3** ターボ車.

túrbo·chàrge [動] [他] 〈…〉にターボチャージャーを付ける.

túrbo·chàrged [形] **1** (エンジンが)ターボチャージャー付きの. **2** 《略式》 [ほめて] 強力な.

túrbo·chàrger [名] [C] ターボチャージャー (turbo) 《内燃機関の排気で駆動されるタービンによって回転する過給装置》.

túrbo·fàn [名] [C] ターボファンエンジン; ターボファン機.

túrbo·jèt [名] [C] **1** ターボジェット 《タービンと空気圧縮

機などから成るジェットエンジン). **2** ターボジェット機.

túrbo·pròp [名] [C] **1** ターボプロップ《プロペラとターボジェットから成るエンジン》. **2** ターボプロップ機.

tur·bot /tə́:bət | tə́:-/ [名] (複 ~, ~s) **1** [C] ターボット《ヨーロッパ産のひらめ》. **2** [U] ターボットの肉.

+**tur·bu·lence** /tə́:bjʊləns | tə́:-/ [名] [U] **1** 大荒れ; (社会的な)不穏, 混乱. **2** 乱気流, 乱流.

+**tur·bu·lent** /tə́:bjʊlənt | tə́:-/ [形] **1** (風波・流れが)荒れ狂う. **2** 騒々しい, 乱暴な; (群衆が)不穏な, (時代・状況などが)動乱の, 激動の. **~·ly** [副] 荒れ狂って.

turd /tə́:d | tə́:d/ [名] [C] 《略式》ふん, くそ(の塊); 《卑》いやなやつ (☞ taboo word).

tu·reen /tərí:n/ [名] [C] ふた付きの深皿《そこからスープなどを各自の皿にとる》.

+**turf** /tə́:f | tə́:f/ [名] (複 ~s, 《主に英》**turves** /tə́:vz | tə́:vz/) **1** [U] 芝, 芝地 (☞ lawn[1]); 人工芝. **2** [C] 《英》芝《lawn を作るため四角にはいだもの》. **3** [the ~] 競馬場(の走路); 競馬(界). **4** [U] 《略式》(不良グループなどの)勢力範囲, 縄張り; 得意な分野, 専門: a ~ war 縄張り争い. **5** [U,C] 《米・アイル》(燃料用の)泥炭(の塊) (peat). — [動] [他] 〈…〉を芝で覆(おお)う, 〈…〉に芝をはる. **túrf óut** [óff] [動] [他] 《略式, 主に英》〈…〉をほうり出す, 投げ出す, 追い出す (*of*).

túrf accòuntant [名] [C] 《英格式》=bookmaker.

Tur·ge·nev /tʊəgéɪnjəf | təːgéɪnjef/ [名] [固] **Ivan** ~ トゥルゲーネフ (1818–83)《ロシアの小説家》.

tur·gid /tə́:dʒɪd | tə́:-/ [形] 《格式》 **1** [軽蔑] (言葉・文体などが)もったいぶった, おおげさな; 退屈な. **2** (臓器・組織などが)はれ上がった, ふくれた (swollen).

tur·gid·i·ty /təːdʒídəti | təː-/ [名] [U] **1** [軽蔑] 尊大, 大げさ. **2** 《格式》はれ, ふくれ.

túrgid·ly [副] [軽蔑] おおげさに; 《格式》はれ上がって.

Tu·rin /t(j)ʊ(ə)rín | tjʊər-/ [名] [固] トリノ《イタリア北西部の都市》.

Túring machìne /t(j)ʊ́ərɪŋ-/ [名] [C] 〘電算〙 チューリング機械《英国の数学者 Turing が提案した仮想上の計算機》.

Turk /tə́:k | tə́:k/ [名] ([形] Túrkish) [C] トルコ人.

+**tur·key** /tə́:ki | tə́:-/ [名] **1** [C] 七面鳥: *T~s* are raised for their meat. 七面鳥は肉を取るために飼われる. ★ 鳴き声については ☞ cry 表. **2** [U] 七面鳥の肉. [参考] 特にクリスマスや感謝祭の料理として食べる. **3** [C] 《米略式》(映画・芝居などの)失敗(作); だめな奴, 間抜け. [語源] 元来は昔 Turkey から輸入された guinea fowl をさした.

turkey 1

tálk túrkey [動] [自] [S] 《略式, 主に米》(商談などで)まじめに[率直に]話す.

+**Tur·key** /tə́:ki | tə́:-/ [名] ([形] Túrkish) [固] トルコ《小アジア (Asia Minor) から Balkan 半島東部を占める共和国; 首都 Ankara; [略] Turk.》.

túrkey bàster [名] [C] ターキーバスター《七面鳥を焼きながらたれをかけるスポイト式器具》.

+**Túrkey in the Stráw** [名] [固] 「わらの中の七面鳥」《米国の民謡; 「オクラホマ・ミキサー」のこと》.

túrkey shòot [名] [C] 《米》 **1** 《略式》わけないこと, 楽勝の戦闘. **2** 動く標的を撃つ射撃会.

túrkey vùlture [名] [C] ひめコンドル《南米・中米産》.

+**Turk·ish** /tə́:kɪʃ | tə́:-/ [形] ([名] Túrkey, Turk) トルコの; トルコ人の; トルコ語の; トルコ風の《[略] Turk.》: the ~ language トルコ語 / a ~ march トルコ行進曲. — [名] **1** [U] トルコ語《[略] Turk.》. **2** [the ~として複数扱い] トルコ人《全体》; トルコ国民 (☞ the[1] 5 [語法]).

Túrkish báth [名] [C] 蒸し[トルコ]ぶろ(の浴場).

Túrkish cóffee [名] [U,C] トルココーヒー《細かくひいた豆で出す濃いコーヒー》.

Túrkish delíght [名] [U] 砂糖がけゼリー菓子.

Túrkish tówel [名] [C] トルコタオル《けばが長く輪になっているタオル》.

Turk·men /tə́:kmən, -men | tə́:k-/ [名] (~(s)) **1** [C] トルクメン人《Turkmenistan を中心に住む民族》. **2** [U] トルクメン語. — [形] トルクメン人[語]の, トルクメニスタンの.

Turk·me·ni·stan /tə:kmènəstǽn | tə̀:kmenɪstá:n/ [名] [固] トルクメニスタン《中央アジアの共和国; 旧ソ連邦の1つ》.

tur·mer·ic /tə́:mərɪk | tə́:-/ [名] [U] うこん, ターメリック《インド産の植物で, その根はカレーの原料》.

+**tur·moil** /tə́:mɔɪl | tə́:-/ [名] [[U] または a ~] 騒ぎ, 騒動, 混乱: in (*a*) ~ 大騒ぎで.

‡turn /tə́:n | tə́:n/ ([同音] tern; [類音] term)

リスニング

turn の後に母音で始まる語が続くと語末の /n/ とその母音とが結合して「ナ」行の音ように聞こえる. turn off the lights /tə́:nɔ́:fðəláɪts/ は「ターノーフザライツ」, a turn of a river /ətə́:nəvərívə/ は「ターナヴァリヴァー」のように聞こえる. 「ターン・オーフ・ザ・ライツ」, 「ア・ターン・アヴ・ア・リヴァー」とは発音しない.

[動] 基本的には「回す, 回る」の意.

① 回す; 回る	[他] **1**; [自] **1**
② ひっくり返す	[他] **2**
③ 曲がる; 向きを変える	[他] **3**; [自] **2**
④ 向ける; 向かう	[他] **4**, **5**; [自] **3**
⑤ 変える; 変わる, …になる	[他] **6**; [自] **4**, **5**

[名] 「回ること」**1**

→「方向を変えること」**2** →「曲がり角」**3** / →「変化」**5**

→(巡ること)→(巡ってくるもの)→「順番」**4**

[自] [他] の転換

[他] **1** 回す (make (something) go around)
[自] **1** 回る (to go around)

— [動] (**turns** /~z/; **turned** /~d/; **turn·ing**) [他] **1** 〈…〉を**回す**, **回転させる** (☞ 類義語; tour [語源]); 〈取っ手・栓・鍵(かぎ)・ねじなど〉をひねる: ***T~*** the wheel *slowly* [***to*** the right]. <V+O+副[*to*+名・代]> ハンドルをゆっくり[右へ]回しなさい / A windmill *is* **~*ed by*** the wind. <V+O の受身> 風車は風で回る / She ~*ed* the washer *to* WASH. 彼女は洗濯機のダイヤルを「洗濯」に合わせた.

2 〈…〉を**ひっくり返す**, 逆さにする; 裏返す, 〈畑〉をすき返す; 〈ページ〉をめくる; 折り返す, 曲げる: ~ the steak (over) ステーキを裏返す / ~ the soil 地面を掘り起こす / He ~*ed* the trunk on its side. 彼はトランクを横にした / She was ~*ing* the pages of a book at her desk. 彼女は机で本のページをめくっていた.

3 〈角など〉を**曲がる**, 回る; 迂回(うかい)する; [受身なし] 〈回転運動など〉を行なう: The car was just ~*ing* the corner at full speed. その車は全速力でその角を曲がろうとしていた / The ship ~*ed* the cape. その船は岬を回った / ~ a somersault とんぼ返りをする.

4 〈…〉を(ある方へ)**向ける**, 方向[進路]を変える, 引き返させる; 〈顔など〉を(…から)そらす; (ねらって…に)〈銃・カメラなど〉を向ける: ~ one's head 振り向く / He **~*ed*** the car ***into*** [***onto***] a side street. <V+O+前+名・代> 彼はわき道に車を入れた / She ~*ed* her face ***from*** the sight. 彼女はその光景から顔をそむけた / The fireman

T

turn

~ed the hose *on* the blaze. 消防士は炎にホースを向けた.
5 〈注意・思考・話題など〉を(…に)向ける;〈物〉を(…の用途に)向ける;〈考えなど〉を(…から)そらす: *T*~ more of your attention *to* your work. <V+O+*to*+名・代> 自分の仕事にもっと注意を向けなさい / Nothing could ~ her *from* her purpose. <V+O+*from*+名・代> どうしても彼女の意思は変わらないだろう.
6〈性質・状態・形などの点で〉〈物〉を(…に)変える(change)(to);変質させる;〈物〉を(変えて)…にする: The hot weather ~ed the milk (sour). <V+O(+C(形))> 暑い天気で牛乳が腐って(すっぱくなった). / Heat ~s ice *into* water. <V+O+*into*+名> 熱は氷を水に変える. **7**〈進行形なし〉〈年齢・時刻・額〉などを越す, 過ぎる(pass);(…)になる(become): It has [It's] just ~ed five (o'clock). 5時を回ったばかりです. 語法「…になる」の意では 自 と見ることもできる(☞ 自 5):The twins will ~ six on their next birthday. その双子が次の誕生日が来ると6歳になる. 8〈胃〉をむかつかせる,〈頭〉をくらくらさせる;〈足首〉をねじる, くじく(sprain):The sight of the auto accident ~ed my stomach. その自動車事故のありさまを見て胸が悪くなった. **9**〈…〉をろくろ[旋盤]で[丸い形に]作る[削る]. **10**〈ことばなど〉をうまく表現する: ~ a phrase うまい言い回しをする. **11**〈利益〉を上げる: ~ a huge profit 大きな利益を上げる. **12**〈状況など〉を一変させる;〈試合などの流れを変える: ~ the tide of war 戦況を一変させる. **13**〈パン生地〉を取り出す, 広げる(out).

— 自 **1** 回る, 回転する(☞ 類義語);転がる, 転覆する, 寝返りを打つ;(ページを)めくれる: The wheel [faucet] did not ~ easily. その車輪[栓]はなかなか回らなかった / She ~*ed on* her heel and walked away. <V+*on*+名・代> 彼女はきびすを返すと歩き去った / The earth ~s on its axis. 地球は地軸を中心に自転している / My son often tosses and ~s in his sleep. 息子はよく寝返りを打つ.
2(進路などの)向きを変える, 曲がる;引き返す;振り向く,(…の方を)向く;〈道・川など〉が向きを変える: The boat ~ed and headed back to port. 船は向きを変えて港に向かって引き返した / The car ~*ed into* [*onto*] the highway. <V+前+名・代> 車は幹線道路へ向きを変えて入った / She ~ed (*to* the) right at the next corner. 次の角を右へ曲がりなさい / She ~ed (to look back at me) when I called her. 私が呼ぶと彼女は振り返って私を見た / He ~*ed toward* the window. 彼は窓の方に体を向けた.
3(風向き・流れなど)変わる;(思考・話題・関心などが)向かう;(試合の流れ・形勢などが)変わる: The wind [tide] has ~ed. 風向きが[潮の流れが]変わった / Fortune ~ed *against* me [*in* my favor]. <V+前+名・代> 運命が私に背を向けた[ほほえんだ] / His thoughts ~ed *to* his dead son. 彼は死んだ息子に思いをはせた.
4〈性質・状態・形など〉が変わる: Traffic lights ~ *from* green *to* yellow and then *to* red. <V+*from*+名+*to*+名> 交通信号は緑から黄, それから赤に変わる.
5〔普通は補語を伴って〕(変わって)…になる(become)(☞ 他 7);(木の葉・髪などが)変色する;(牛乳などが)腐る: Her face ~ed pale at the news. <V+C(形)> その知らせを聞いて彼女の顔は真っ青になった / I hear they have ~ed terrorist. <V+C(名)> 彼らはテロリストになったそうだ.

語法 (1) しばしば nasty, mean, violent, grim, sour など悪い意味の語と用いる.
(2) 補語となる名詞には職業・政治・宗教に関する語を表わす語がしばしば用いられるが, それには C でも冠詞をつけず, また複数形にもしない.

(3)「turned (=過去分詞)+補語 (=無冠詞の名詞)」の形で前の名詞を修飾することがある: He is a Christian ~ed Buddhist. 彼はキリスト教徒から仏教徒に転向した人だ(turned =who has turned と考えればよい).

6(足首が)捻挫する. **7**(胃が)むかむかする;(頭が)くらくらする, めまいがする. **8** 旋盤を回す, ろくろ[ひけ]をひける.

as it [things] tùrned óut [副] つなぎ語 結局のところ: ~ tùrn óut (句動詞) 自 1. **nót knòw 「which wáy [whére] to túrn** [動] どうしたらよいかわからない. **túrn ... ínside óut** [動] 〈…〉を裏返す,〈ポケット・机など〉の中身をあける, ひっくり返す;〈捜し物などの〉〈部屋など〉を大改革する(☞ inside out (inside 名 成句)): The wind ~ed my umbrella *inside out*. 風で傘が裏返しになった. **túrn ... úpside dówn** [動] 他〈…〉をひっくり返す, 上下を逆にする;〈捜し物などのために〉〈部屋など〉を乱雑にする;(混乱を起こすなど)〈…〉を大変革する(☞ upside down).

turn の句動詞

túrn abóut [動] ぐるっと向きを変える, 回れ右をする(☞ About turn! (about 副 成句)).
— 他〈…〉をぐるっと回す;回れ右[方向転換]させる.

túrn agàinst ... [動] 他(今までと態度を変えて)…に敵対する, 背く;…を攻撃する.
túrn ... agàinst— [動] 他〈…〉を—に反抗させる,〈人〉に—を嫌いにさせる.

*túrn aróund [動] 自 1 くるっと向きを変える;振り向く: He ~ed around and went back home. 彼はくるっと向き直って家へ戻った.
2 回転する: Even after all the songs had been played, the record went on ~*ing around and around*. 歌の演奏が全部終った後でもレコードはぐるぐる回り続けていた. **3**(計画などが)うまくいき出す;(事業・経済などが)好転する.
— 他 **1**〈…〉の向きを変えさせる;〈…〉を振り向かせる;〈事・意見など〉を変える[違った角度から見る],〈ことば(の意味)〉をねじまげる: I cannot ~ my car *around* in [on] this narrow road. この狭い道では車の向きを変えることはできない. **2**〈作業など〉を完了する. **3**〈商売・状況など〉を好転させる. **évery tíme ... túrn aróund** [副] S (…が)振り返って見るといつも. **túrn aróund and dó** [動] S (略式)驚いた[あきれた]ことに, …する, 不意に…する.

*túrn aróund ... [動] 他 …の周(まわ)りを回る;(角など)を曲がる: The earth ~s *around* the sun and the moon ~s *around* the earth. 地球は太陽の周りを回り, 月は地球の周りを回る.

túrn awáy [動] 自 **1**(…から)顔をそむける(from). **2**(…から)離れる, (…を)捨てる[やめる]: You shouldn't ~ *away from* your old friends. あなたは古い友達を捨てるべきじゃない. — 他 **1**〈顔など〉をそむける,〈視線など〉をそらす: He ~ed his gaze *away from* me. 彼は私から視線をそらした. **2**〈人〉を追い払う;(…に)入らせない,〈人〉に対して〔劇場などへの〕入場を断わる(*from*). **3**〈人〉に対して支援を拒む, はねつける.

*túrn báck [動] 自 引き返す(return);(元の状態に)戻る: At the gate he ~ed *back* and went home. 門のところで彼は引き返して家に帰った / There is no ~*ing back*. もう後には引けない. — 他 **1**〈人〉を追い返す, 退却させる. **2**〈時計〉の針を逆戻りさせる. **3**〈ページ・シーツなど〉を折り返す.

*túrn dówn [動] 他 **1**〈栓を回してガス・オーブンなど〉を弱くする;〈テレビ・ラジオなど〉の音を小さくする;〈明かり〉を薄暗くする <V+名・代+*down* / V+*down*+名> (反 turn up): He ~ed *down* the radio when the phone rang. 彼は電話が鳴るとラジオの音を小さくした.
2〈提案・候補者など〉をはねつける, 拒否する, 断わる <V

+名・代+*down* / V+*down*+名>: She ~ed down every man who proposed to her. 彼女は自分に求婚した男をすべてはねつけた. **3** 《寝具・襟など》を折り返す; 《端》を下へ折り曲げる; 裏返す: ~ *down* the bed 寝具の襟を折り返す《寝る準備》/ ~ *down* the corner of the page ページの隅を折る. ― 🈩 下へ曲がる, 下がる: His mouth ~ed *down* (at the corners) when he heard the news. その知らせを聞いて彼の口はへの字になった.

túrn dòwn ... 動他 角を曲がって...に入って行く: ~ *down* a street 角を曲がって通りに入る.

túrn from ... 動他 **1** ...から目をそらす. **2** 《今までの生活など》を放棄する.

***túrn ín** 動他 **1** 《不要物など》を返す, 返却する; 《主に米》《書類・宿題》を提出する <V+名・代+*in* / V+*in*+名>(*to*): *T*~ *in* your papers *to* the committee on Monday. 書類[レポート]を月曜日に委員会に提出しなさい. **2** 《犯人》を《警察などに》引き渡す; 《犯人の居場所》を密告する(*to*): ~ oneself *in* 自首する. **3** 《利益》を得る. **4** 《演技など》をやり遂げる, 《得点など》を記録する. **5** 《...》を折り込む, 内側に曲げる[折る]. **6** 《仕事など》をやめる. ― 🈩 **1** 《向きを変えて》中へ入る, 立ち寄る: ~ *in* at a filling station ガソリンスタンドに立ち寄る. **2** 《古風, 略式》ベッドに入る, 眠る (反 turn out). **3** 《足指など》内側へ向く (反 turn out). **túrn ín on onesélf** [動] 🈩 内向的になる.

***túrn ínto ...** 動他 (変化して)...になる (☞ turn to... 4 《語法》): Water ~*s into* steam when (it is) boiled. 水は煮沸すると蒸気になる / The days ~ed *into* weeks and the weeks *into* months. 歳月が着実に過ぎた.

***túrn ... ìnto** ― 動他 **1** 《...》を―に変える, 《人》を―にする (☞ 6): It is harder to ~ words *into* deeds than deeds *into* words. 行動をことばにするよりもことばを行動にするほうが難しい / The witch ~ed *him into* a frog. 魔法使いは彼をかえるの姿に変えてしまった. **2** 《...》を―に訳す (put ... into ―): ~ English *into* Japanese 英語を日本語に訳す.

***túrn óff** T1 動他 **1** 《栓をひねって》《ガス・水などを止める, 《スイッチをひねって》《明かり・テレビ・ラジオなど》を消す; 《栓・スイッチなど》を止める[消す]ためにひねる, しめる <V+名・代+*off* / V+*off*+名> (反 turn on): *T*~ *off* the lights [radio, television] before you go to bed. 寝る前に明かり[ラジオ, テレビ]を消しなさい / He ~ed *off* his CD player. 彼はCDプレーヤーを止めた / *T*~ *off* the alarm clock. 目覚まし時計を止めて. **2** 《表情など》を急に消す. **3** 《事・人が》《人の》興味を失わせる, うんざりさせる, 《異性に》性的関心をなくさせる: His long, boring talk ~ed *me off*. 彼のつまらない長話に私はいや気がさした. **4** 《英略式》《人》を解雇する.

― 🈩 **1** 《わき道などへ》それる, 《道が》分かれる(*from*); 方向を変える: We ~ed *off* [*at* exit 5 [*on* [*onto*] a side road, *for* New York]. 私たちは(車でそれまで走っていた道からそれて)5番出口からわき道へ, ニューヨークへ向かう道へ]出た. **2** 《略式, 主に英》興味を失う, 耳を傾けなくなる.

túrn òff ... 動🈩 《幹線など》からわき道へそれる.

***túrn ón** T1 動他 **1** 《栓をひねって》《ガス・水などを出す, 《スイッチをひねって》《明かり・テレビ・ラジオなど》をつける; 《水を出したり明かりをつけたりするために》《栓・スイッチなど》をひねる, ゆるめる <V+名・代+*on* / V+*on*+名> (反 turn off): Now that the pipe is fixed, we can ~ the water *on*. もう水道管が直ったのだから水が出せますよ / Please ~ the television *on to* Channel 4. テレビの4チャンネルをつけてください. **2** 《態度・表情など》を急に見せる: ~ *on* the charm 急に愛想よくする. **3** 《人》に《...に対する》興味を起こさせる[持たせる](*to*); 《人を》(性的に)興奮させる, うっとりさせる; 《米》《人》に麻薬に手を出させる. ― 🈩 **1** 《ヒーターなどが》つく. **2** 《略式》(...に対して)興味をもつ (*to*); (性的に)興奮する; 《米》麻薬に手を出す.

***túrn on [upòn] ...** 動他 **1** (急に)...を襲う, 攻撃する, (怒りを見せて)...の方に向き直る; ...に敵対[非難]する (受身 be turned on [upon]): Don't tease the dog; it may ~ *on* [*upon*] you. その犬をいじめてはいけません, あなたに襲いかかるかもしれませんから. **2** ...を軸[中心]として回転する (☞ 🈩 1). **3** ...次第である, ...にかかっている (depend on ...) (*doing*): The success of a party ~*s on* its atmosphere. パーティーが成功するかどうかはその場の雰囲気次第です. **4** (話など)...を主題とする: Our talk ~ed mainly *on* [*upon*] the recent rise in prices. 私たちの話は主として最近の物価上昇をめぐって展開した. **Whatéver túrns you ón.** (略式) (私は気に入らないが)あなたがいいならどうぞご自由に.

túrn ... on [upòn] ― 動他 《武器・怒りなど》を―に向ける: She ~ed her angry eyes *on* [*upon*] me. 彼女は私に怒りの目を向けた.

***túrn óut** ― (名 túrnout) 動他 **1** 《スイッチや栓を動かして》《明かり・ガスストーブなど》を消す <V+名・代+*out* / V+*out*+名>: *T*~ *out* the lights before you go to bed. 寝る前に明かりを消しなさい. **2** 《...》を《大量に》[急いで]作り出す (produce); 《人》を養成する, 卒業させる <V+*out*+名>: The factory ~*s out* 350 cars a day. その工場は1日に350台の車を製造する. **3** 《...》を外へ出す, 追い払う <V+名・代+*out* / V+*out*+名>: If you don't pay the rent, you'll be ~ed *out* into the street. 部屋代を払わないと(部屋から)外へほうり出されますよ. **4** [普通は受身で] 《人》に服を着せる (dress): Betty *was* well [badly] ~ed *out* for the ceremony. ベティーは式に出るにあたっていい[粗末な]服を着ていた. **5** 《英》《容器など》を空にする, 《中身》を(すっかり)出す; 《部屋》をきれいにする. **6** 《足指など》を外側に向ける. **7** 《人々》を集める.

― 🈩 **1** [to 不定詞・that 節・補語・副詞を伴って] 《物事が結局》...であることがわかる, 判明する, 《結局》...となる: 《言い換え》The rumor ~ed *out* to be true.=It ~ed *out* (*that*) the rumor was true.=As it ~ed *out*, the rumor was true. そのうわさは結局事実だった (☞ it¹ A 5) / "How did your experiment ~ *out*?" "Oh, it ~ed *out* pretty well." 「実験の結果はどうだったかね」「ああ, なかなかうまく行ったよ」 **2** 《人々が》ある目的で外に出かける, 集まってくる (*for*): A crowd ~ed *out* for [to watch] the procession. 大勢の人がその行列を見に集まった. **3** 《略式》ベッドから出る, 起きる (反 turn in). **4** 《足指などが》外側に向く (反 turn in). **túrn ... òut of** ― [動] 《人》を―から追い出す[除名する].

***túrn óver** T1 動他 **1** 《...》をひっくり返す; 寝返りさせる; 《英》《ページ》をめくる; 《テレビのチャンネル》を変える <V+名・代+*over* / V+*over*+名> (略 t.o.; ☞ PTO¹): *T*~ the card *over*, please. カードを裏返して下さい / ~ *over* the pages of a book 本のページをめくる. **2** 《書類など》をひっくり返して調べる, 《捜し物など》で《ある場所》をひっかきまわす; 《問題・懸案など》をじっくり考える: He ~ed the problem *over* in his mind. 彼はその問題をよく考えてみた. **3** 《ある金額》の取り引き[売り上げ]がある. **4** 《人》に《警察などに》引き渡す (to); 《仕事・責任》を《人に》引き継ぐ, 譲る; 《米》《発言(順)》を《人》に回す (to). **5** 《エンジン》を始動させる. **6** 《店》が《仕入品》をさばく, 回転させる. **7** 《英略式》《場所》に盗みに入る. **8** 《場所》を《別の用途に》当てる (to).

turn

— ⓐ **1** ひっくり返る，寝返りを打つ：His car ~*ed over* (*and over*) *in* the crash. 彼の車はその衝突で(何度も)転がった / He ~*ed over on* his back. 彼は寝返りを打ってあおむけになった． **2** (エンジンが)始動する，かかる． **3** 《英》ページをめくる；(テレビの)チャンネルを変える(*to*).

túrn róund [動] =turn around.
túrn aróund...
túrn tó /túː/ [動] ⓐ 《古風》(本気で)仕事に取りかかる(⟹ *to* 3).

túrn to ... [動] ⓐ **1** ...の方へ向く，...に向かう；(本の中のあるページ)を開ける：She ~*ed to* her husband and smiled. 彼女は夫の方を向いてほほえんだ． **2** (関心など)に向く，(仕事など)に取りかかる，(新しい話題)に移る；(新しい職業)につく：Now let's ~ *to* our work. さあ仕事にかかろう． **3** (助けなどを求めて)...を頼っていく；(辞書など)を参照する：~ *to* drink [drugs] 酒[麻薬]におぼれる / T~ *to* me for help if you are in difficulties. 困ったら私に助けを求めなさい / He ~*ed to* his pocket calculator to figure out the price. 彼は値段を計算するのに電卓を使った / T~ *to* page 10 for details. 詳細は 10 ページを参照のこと． **4** (格式)...に変わる． 語法 turn into ... は「変化した結果...になる」と結果に重きを置くが，turn to ...にはそのような含みはない：The weather looks as though it may ~ *to* rain before long. 天候はまもなく雨になりそうだ．

túrn úp [動] (⟹ *túrnúp*) ⓣ **1** (栓を回して)ガスなどを強くする；⟨テレビ・ラジオの⟩音を大きくする ⟨V＋名・代＋*up* / V＋*up*＋名⟩ (⟺ *turn* down)：~ *up* the radio. I can't hear what they're saying. ラジオ(の音)を大きくして．言っていることがよく聞こえない． **2** ⟨...⟩を上に向ける；⟨...⟩を折り返す；⟨衣服⟩を折り返して短くする，⟨襟など⟩を立てる． **3** ⟨...⟩をひっくり返す⟨表が上になるように⟩；掘り返す⟨起こす⟩． **4** ⟨...⟩を発掘する；⟨物・事実⟩を発見する，見つける． **5** 《英》⟨...⟩を調べる．
— ⓐ **1** (なくなった物などが)ひょっこり現われる，見つかる，(珍しい人が)やって来る：Only ten people ~*ed up at* the party. そのパーティーに姿を見せたのは 10 人だけだった． **2** (思いがけない事が)起こる(happen)，(機会など)到来する，(仕事が)見つかる． **3** 上に向く，(商)(市場・株価などが)上向きになる． **Túrn it úp**. 《略式》(そんなまねは)やめろ，よせ．

túrn upòn ... ⟹ turn on ....

— 名 (~s /-z/) **1** © 回ること，回すこと，回転，ひねり：A ~ of the knob opened the door. 取っ手を回すとドアが開いた / He gave the screw a few more ~s to the right. 彼はねじを右へさらに数回回した / At a ~ of the knob, all the lights in the hall went out. スイッチをひねると広間の明かりは全部消えた．

2 © 方向を変えること，方向転換；転[旋]回；折り返し，カーブ：make a left ~ 左へ曲がる / NO LEFT [RIGHT] TURN 左[右]折禁止《道路標識》／The skater made many beautiful ~s around the rink. そのスケート選手はリンクで何度もきれいなターンをした． 関連 U-turn Uターン.

3 © 曲がり角，曲がり目，分岐点；(トラックなどの)コーナー (⟹ corner 日英比較)：a sharp ~ in the road 道路の急カーブ / Take the second ~ on the right. 右側の 2 番目の曲がり角を曲がりなさい．

4 © [しばしば所有格とともに普通は単数形で] 順番，番；(交替の)勤務時間：It's my ~. 私の番だ / Now it's yóur ~ *to* sing. ⟨N＋to 不定詞⟩ さあ今度はあなたが歌う番です / Mý ~ will come. (そのうち)私の番になる《時に「私が成功[仕返し]する時が来る」などの意味になる》/ He waited [missed] his ~. 彼は自分の順番を待った[逸した].

5 [a ~] (情勢の)変化，展開 (change)；動向，傾向；[しばしば the ~] 変わり目 (turning point)；(人生などの)転機，変わり角 (in)：at the ~ of the century [year] 世紀[年]の変わり目 / The political situation took a serious ~. 政局に重大な転換が起こった． **6** [a ~] 《古風》散歩：go for a ~ ちょっと散歩に出かける / We took a ~ around the town. 我々はその市内をちょっと歩いた． **7** © [前に形容詞をつけて] 《古風》行為，仕打ち：do ... a good [bad] ~ ...に親切にする[ひどい仕打ちをする] / One good ~ deserves another. (ことわざ) 親切を施せば親切を受けるに値する(情けは人のためならず). **8** [a ~] 《文》(目立つ)性向，性質；能力，特徴；言い回し：a person with [of] a practical ~ of mind 実際的な性質の人 / a happy ~ of phrase うまい言い回し(の才能). **9** © 《古風》驚き；《古風，英略式》(病気などの)発作：The explosion gave us quite a ~. その爆発に私たちはびっくりした． **10** © (短い演芸の)出し物；演技(者).

at èvery túrn [副] 至る所で；いつも．

a túrn of spéed [名] 《英》(一時的な)加速(能力)，進歩の速度：put on a ~ of speed ぐぐっとスピードを上げる．

by túrns [副] (1) 代わる代わる，交替で：They drove the car by ~s. 彼らは交替で車を運転した． (2) ...であったり—であったり，次々に：He was by ~s a farmer, a teacher, *and* a novelist. 彼は農場主，教師，小説家と次々に編わった．

in ...'s túrn [副] (1) ...の順番になって：Each of us *in his* ~ expressed some opinion. 我々の一人一人が順番に何らかの意見を述べた． (2) 今度は自分が，自分もまた：The boy stared at Dolly, who then stared back *in her* ~. 少年はドリーを見つめるとそれに彼女が彼を見つめ(返し)た．

in túrn [副] (1) (3 人以上の間で)順々に，次々に (one after another)；(2 人の間で)交互に (one after the other)：I listened to each of the girls sing *in* ~. 私はその少女たちの一人一人が順々に歌うのに耳を傾けた． (2) (立ち代わって)今度は(...が)；その結果，その反動で：People who were maltreated as children often maltreat their own children *in* ~. 子供の時に虐待された人はしばしば自分の子供を虐待するようになる．

on the túrn [形] 《英》(1) 転機[変わり目]になって，(潮など)変わりかけて． (2) (牛乳などが)腐りかけて．

òut of túrn [副] 順番が来ないのに，順番を狂わせて；不適当なときに：You must not speak [talk] *out of* ~. 不適切[馬鹿，不穏]な発言をしてはいけません．

take a túrn for the bétter [wórse] [動] ⓐ (病人・関係などが)好転[悪化]する．

take it in túrns to dó [動] 《主に英》交替で...する：They *took it in* ~s *to* drive the car. 彼らは交替で車を運転した．

take túrns [動] ⓐ 交替する，交替して (...の仕事を)引き受ける (*to do*)：Mike and Lynn *took* ~s *at* the wheel. マイクとリンは交替で(車の)ハンドルを握った／The children *took* ~s *on* the swing. 子供たちは交替でぶらんこに乗った．

take túrns [a túrn] (at [in]) dóing [動] 交替で...をする：We *took* ~s (*at* [*in*]) *washing* the dishes. 私たちは交替で皿を洗った．

to a túrn [副] 《英》申し分なく《料理で用いる》：The meat is done [cooked] *to a* ~. 肉はほどよく焼けている．

túrn (and túrn) abóut [副] 《主に英》=by turns (1).

【類義語】**turn** ぐるぐる回るという意味では最も一般的な語で，1 回または半回だけ回転することも何回も回転することも意味する：The wheel is *turning*. 輪がぐるぐる回っている／*Turn* left. 左へ曲がれ． **rotate** 軸を中心としてぐるぐる回転すること． **revolve** rotate と同義の場合もあるが，特に中心点の周りの軌道

を回ること: The earth *rotates* on its axis and *revolves* around the sun. 地球は地軸を中心に自転し, 太陽の周りを回る. **spin** 軸を中心に高速で回転すること: *spin* a top こまを回す.

turn·about 名C **1** 方向転換; 変化(in). **2** [普通は単数形で]《英》(主義・主張などの)転向, 変節, (態度・方法などの)変化(in). **3** 《米》[主に (S)] 仕返し: T~ is fair play. 仕返しは正当である.

†**turn·around** 名C **1** [普通は単数形で](よい方への)転換, 転回, 業績回復. **2** [普通は単数形で](飛行機や船の)折返し準備(乗降・積み降ろし・整備など); 折返し準備の時間, 注文品が届くまでの時間, 所用時間. **3** 《米》(自動車の)Uターン場所. **4** [普通は単数形で](主義・主張などの)転向, 変節.

turn·buckle 名C 《ロープなどの》締め金具.

turn·coat 名C 変節者, 裏切り者.

turn·cock 名C《英》=stopcock.

turn·down 名C《stand-up》 折り襟.

turned úp 形 P《米略式》(卵が)両面焼きの. 関連 sunny-side up 片面焼きの.

turn·er /tə́ːnə | tə́ːnə/ 名C ろくろ師; 旋盤工;《料理用の》返しべら.

Tur·ner /tə́ːnə | tə́ːnə/ 名 固 ターナー **Joseph Mallord** /mǽləd | -ləd/ **William** ~ (1775-1851)《英国の風景画家》.

†**turn·ing** /tə́ːnɪŋ | tə́ːn-/ 名 **1** C《主に英》曲がり角[目] (turn); 転換点: Take the second ~ on the [your] left. 左側の2番目の曲がり角を曲がりなさい. **2** U 方向転換; 旋回, 回転.

túrning cìrcle 名C《英》=turning radius.

†**túrning pòint** 名C 転換地点; 転換期, 転機, 変わり目(*for*): This year will mark a major ~ *in* Japanese history. 今年は日本の歴史の大きな転換点となるだろう.

túrning rádius 名C《主に米》(自動車などの)最小回転半径.

†**tur·nip** /tə́ːnɪp | tə́ː-/ 名C,U かぶ《野菜》.

túrn·kèy 形 A《特にコンピューターが》すぐに使える[住める]状態で[に作られた], 完成品として引き渡された. — 名C《古語》牢(ろう)番.

túrn·òff 名《~s》C **1** (幹線道路からの)分岐, わき道(*for*). **2** [普通は単数形で]《略式》(特に性的な)興味を失わせるもの[人].

túrn-of-the-céntury 形 A 世紀の変わり目の《特に20世紀初頭》.

túrn·òn 名C [普通は単数形で]《略式》(特に性的に)興奮させるもの, (性的)刺激(*to*).

†**túrn·òut** 名C **1** 人出; (集会の)参加者《全体》, 投票者総数: a good [high] ~《有権者》のよい人出. **2** [普通は単数形で] 身支度, 着こなし. **3**《米》(狭い道の)待避車線.

†**turn·o·ver** /tə́ːnòʊvə | tə́ːnòʊvə/ 名《~s/-z/》 C,U **1** 一定期間の取引き高, 総売り上げ高(*of*). **2** C,U (労働者の)転職率, (一定期間内の)補充労働者数; (資金・商品の)回転率(*of*). **3** C 折り重ねパイ《中にジャムなどが入っている》. **4** C《米》《アメフト・バスケ》ターンオーバー《攻撃権・ボールがミスなどにより相手にうつること》.

túrn·pike 名C **1**《米》高速有料道路, ハイウエー《略 tpk., Tpke.; [☞]highway 英米比較》. **2**《昔のイギリスで》旅人の通行料を払って通った道(の入口の門).

túrn·ròund 名C《英》=turnaround.

túrn sìgnal 名C《米》ウィンカー《車の点滅式方向指示器》(《英》indicator).

turn·stile 名C 回転木戸, 回転式改札《劇場や駅の入口に一人ずつ入を通すために設ける; [☞] 右上挿絵》.

turn·table 名C (レコードプレーヤーの)ターンテーブル; 転車台《機関車の方向を変える》; (電子レンジ・食卓の)回転台.

túrn·ùp 名C **1** [しばしば複数形で]《ズボンなどの》折り返し《米 cuff》. **2** [しばしば a ~ for the book(s) として]《略式》思いがけないこと.

turnstile

tur·pen·tine /tə́ːpəntaɪn | tə́ː-/ 名U テレビン(油)《松などから採れるペンキなどの溶剤》《英略式》turps).

tur·pi·tude /tə́ːpət(j)ùːd | tə́ːpɪtjùːd/ 名U《格式》卑劣, 堕落: acts of ~ 卑劣な行為.

turps /tə́ːps | tə́ːps/ 名U《英略式》=turpentine.

†**tur·quoise** /tə́ːkwɔɪz | tə́ː-/ 名 **1** C,U トルコ石《青緑色の宝石; 12月の誕生石》. **2** U 空色, 青緑色. — 形 青緑色の.

tur·ret /tə́ːrət | tʌ́r-/ 名C **1**《戦車・軍艦などの》旋回砲塔. **2** (城壁の)小塔《とりでの角の》やぐら. **3** 【機】タレット《旋盤の刃物を取り付ける台》.

tur·ret·ed /tə́ːrətɪd | tʌ́r-/ 形 **1** 砲塔を備えた. **2** 小塔でかざられた.

†**tur·tle** /tə́ːṭl | tə́ː-/ 名 (複 ~(s)) C《主に米》かめ《[☞] tortoise》;《主に英》海がめ. **túrn túrtle** 動 自 《船などが》転覆する.

túrtle·dòve 名C こきじばと《雌雄互いにむつまじいことで知られる》.

túrtle·nèck 名C《主に米》《特に折り返しのある》タートルネック《とっくり襟》《のセーター・シャツ》《英》polo neck); =mock turtleneck.

túrtle shèll 名 =tortoiseshell.

turves /tə́ːvz/ 名 turfの複数形.

Tus·ca·ny /tʌ́skəni/ 名 固 トスカナ《イタリア中部の州; 州都 Florence》.

tush[1] /tʊʃ/ 名C《米略式》しり (bottom).

tush[2] /tʌʃ/ 間《古風》《軽蔑などを表わして》ちぇっ!

tusk /tʌ́sk/ 名C きば《象・せいうち・いのししなどの長くて曲がったもの》. 関連 fang 肉食獣の鋭いきば.

tusk·er /tʌ́skə | -kə/ 名C《きばのある》象.

†**tus·sle** /tʌ́sl/ 名C **1**《略式》言い合い, もみ合い. **2** [主に新聞で](両者の)確執. — 動 自 **1** 言い合う; (物を奪い取ろうとして)もみ合う, 取っ組み合う (*for, over, with*). **2**《難問などに》取り組む(*with*).

tus·sock /tʌ́sək/ 名C 草むら, 茂み.

tut [参考] 舌先を下の歯ぐきにつけ, 口から息を吸い込むときこの舌を急速に離してはす出す音. 単語としてこの語を読むときには /tʌ́t/ と発音する. 注 ちぇっ!《あせり・軽蔑・非難・困惑・不満などを表わす舌打ちの音; 普通は Tut, tut! と 2 つ重ねる》. — /tʌ́t/ 動 (**tuts**; **tut·ted**; **tut·ting**) 自 舌打ちをする, ちぇっと言う (tut-tut).

Tut·ankh·a·men, -mon /tùːtəŋkάːmən, -tæŋ-/ 名 固 ツタンカーメン《紀元前14世紀のエジプト王》.

tu·te·lage /t(j)úːtəlɪdʒ | tjúː-/ 名U《格式》指導, 教育; 保護, 監督; 保護を受ける期間. **ùnder...'s tútelage**=**ùnder the tútelage of ...** …の指導[保護]のもとで.

tu·te·lar·y /t(j)úːtəlèri | tjúːtɪləri/ 形《格式》守護の; 後見の, 保護者the.

*****tu·tor** /t(j)úːṭə | tjúːtə/ 名《~s/-z/; 形 tutórial》 C **1** 家庭教師《家庭に住み込みの場合もある》. **2** 《英》(大学の)講師 (instructor の下);《英》(大学の)個別指導教官, 指導教授. **3**《バイオリンなどの》教本. [語源] ラテン語で「世話をする」の意. — 動 (**-tor·ing** /-ṭərɪŋ/)《格式》他 《家庭教師として》《人》に教える,《教科》を個人的に指導する (*in*). — 自 家庭教師[個人指導]をする.

tu‧to‧ri‧al /t(j)uːtɔ́ːriəl | tjuː-/ 名 C **1**《ソフトウェアーの》説明書, 説明プログラム. **2**《特に英国の大学の》指導教官による個別指導(時間). ── 形 (名 tútor) A 個人指導の; 家庭教師の.

tut‧ti /túːti | túti/《イタリア語から》《楽》形 [名] 全楽員の[で]. ── 名 C トゥッティ《総奏(楽句)》.

tut‧ti-frut‧ti /túːtifrúːti | -tí/ U.C 果物入りアイスクリーム.

tút-tút 感 動 ☞ tut.

tu‧tu /túːtuː/ 名 C チュチュ《短いバレエ用スカート》.

Tu‧va‧lu /tuːváːluː/ 名 圕 ツバル《太平洋中南部の島国》.

tu-whit tu-whoo /tə(h)wítta(h)wúː | təwíttəwúː/ 名 C《英》ほーほー《ふくろうの鳴き声》.

tux /tʌks/ 名 C《略式, 主に米》=tuxedo.

tux‧e‧do /tʌksíːdou/ 名 (~s, ~es) C《主に米》タキシード《男子用の略式夜会服一式 または その上着》《《米略式》tux, 《主に英》dinner jacket》.

✶**TV** /tíːvíː⁻/ 名 (~s /-z/) **1** U テレビ(放送)(television の略): watch ~ テレビを見る / a star on ~ テレビタレント(☞ talent 日英比較) / I watched the game on ~. 私はその試合をテレビで見た. 関連 pay-TV 有料テレビ.

2 C テレビ受像機: buy [a liquid crystal [an LCD] ~ 液晶テレビを買う.

3 [形容詞的に] テレビの: a ~ set テレビ受像機 / a ~ star [personality] テレビスター, テレビタレント《☞ talent 日英比較》/ a ~ station テレビ局.

参考 テレビ番組表 (TV schedule) の Parental Guideline(保護者向け格付け表示)
TV-14	14歳未満には不適当.
TV-G	一般 (general) 向け.
TV-M	17歳未満には不適当, 成人 (mature audiences) 向け.
TV-PG	親の指導 (parental guidance) が望ましい.
TV-Y	子供・幼児 (young) 向け.
TV-Y7	7歳以上向け.

TVA /tíːvíːéɪ/ 略 =Tennessee Valley Authority.

TV dínner 名 C インスタント料理《アルミフォイルの皿に食事一式をのせた冷凍食品; テレビを見ながらでも作って食べたりできることから; 商標》.

TV eván‧gel‧ist 名 C テレビ伝導師 (televangelist).

TV Guíde 名 圕『TV ガイド』《米国の週刊テレビ番組雑誌》.

TV dinner

TVP /tíːvíːpíː/ 略 =textured vegetable protein.

twad‧dle /twádl/ 名 U《英略式》《古風》むだ口, くだらない話[書き物], たわごと. ── 動 自 くだらないことを言う[書く].

twain /twéɪn/ 形《古語》=two: East is East, and West is West, and never the ~ shall meet 東は東, 西は西, 両者まみゆることはなし《英国の作家 Kipling の詩》.

Twain ☞ Mark Twain.

†**twang** /twǽŋ/ 名 C **1** [普通は単数形で] 鼻声, 鼻にかかる発音. **2**《楽器・弓などの弦が》ぶーんと鳴る音. ── 動 自《楽器・弓などの弦が》ぶーんと鳴る. ── 他《…》をぶーんと鳴らす.

'**twas** /(弱) twəz; (強) twáz, twǽz | twɔ́z/《文》it was² の短縮形.

twat /twǽt | twɔ́t/ 名 C **1** 女性性器. **2** ばかな[いやな]奴.

tweak /twíːk/ 他 **1**《…》をひねる, つねる, つまむ; ぐいと引く. **2**《略式》《機械などを》微調整する, 少し手直しする. ── 名 C [普通は単数形で] ひねり, つねり; 引っ張り; 《略式》微調整.

twee /twíː/ 形《英》《軽蔑》いやに小さすぎる, 優美すぎる, ことさらにすました.

†**tweed** /twíːd/ 名 **1** U《織》ツイード: a ~ coat ツイードの上着. **2** [複数形で] ツイード地の服.

Twee‧dle‧dum and Twee‧dle‧dee /twíːdldʌm ən(d) twíːdldíː/ 名 圕 トゥィードルダムとウィードルディー《伝承童謡などに登場するうりふたつの男たち》; 似たり寄ったりの二人[二物].

tweed‧y /twíːdi/ 形 (**tweed·i·er**, **-i·est**) **1** ツイード風の, ツイード製の. **2**《英略式》《上流階級のように》よくツイードの服を着ている.

tween¹, 'tween /twíːn/ 前《文》=between.

tween², twee‧nie /twíːni/ 名 C《幼少期とティーンエージャー期との中間の》10歳前後の子供.

tweet /twíːt/ 動 自《小鳥が》ちゅっちゅっと鳴く, さえずる. ── 名 C《ちゅっちゅっという》さえずり.

tweet‧er /twíːtɚ | -tə/ 名 C 高音用(小)スピーカー《☞ woofer》.

tweeze /twíːz/ 他《…》をピンセットで抜く.

twee‧zers /twíːzɚz | -zəz/ 名 [複] ピンセット, 毛抜き: a pair of ~ ピンセット1丁.

✶**twelfth** /twélfθ/ 形 **1** [普通は the ~; ~th とも書く; ☞ number 表, twelve, ordinal number 文法] **(4)** 12番目の, 第 12の《12th と の略》: the ~ lesson 第 12 課 / the ~ floor《米》12階, 《英》13階《語法》 / the ~ floor《語法》/ the four hundred (and) ~ person 412 番目の人 / The ~ month of the year is December. 1年の12番目の月は12月です. **2** 12分の1.
── 名 (~s /-z/) **1** [単数形で普通は the ~] 12 番目の人[もの]; (月の) 12日 (12th とも書く): on the ~ of March=on March 12 3月12日に《March 12 は March (the) twelfth と読む; ☞ ordinal number 文法 (2)》.

2 C 12分の1, 1/12: seven ~s 7/12 《☞ 巻末文法 cardinal number 2》

Twélfth Dáy 名 U 顕現日 (Epiphany)《クリスマスから12日目の1月6日》.

Twélfth Níght 名 U 顕現日 (Epiphany) の(前)夜《1月6日の前夜(ときに当夜)》.

✶**twelve** /twélv/ 代《数詞》[複数扱い] **12**, 12人, 12個: 12 ドル[ポンド, セント, ペンスなど]《☞ number 表》: T~ were present. 12人が出席していた. 関連 twelfth 12 番目の.
── 名 (~s /-z/) **1** C《数としての》12: Lesson T~ 第 12 課 / Twelve ~ equals five. 60を12で割ると5 (60÷12=5)/ T~ times ten is one hundred (and) twenty. 10の12倍は 120 (12×10=120)《☞ time 名 11 日英比較》.

2 U 12時, 12歳: The game will begin at ~. 試合は12時に始まる / a boy of ~ 12歳の少年. 語法 昼の12時と夜の12時を区別するときにはそれぞれ twelve noon, twelve midnight という. ただし《略式》では夜の12時は twelve o'clock at night という. **3** C 12の数字. **4** C 12 [12人, 12個ひと組] のもの. **5** [the T~; 複数扱い]《キリストの》12使徒《☞ apostle 1》. 語源 ゲルマン祖語で原義は「《指で10数えて》残り 2つ」の意; ☞ eleven 語源.
── 形 **1** 12の, 12人の, 12個の: T~ things make (up) a dozen. 12個で1ダースになる / Christ had ~ disciples. キリストには12人の弟子がいた. **2** ℙ 12

歳で: My sister is ~. 私の妹は12歳です.
twélve·mònth 名 [a ~]《古風》1年(year).
Twélve Stép prògram 名 C《米》(12段階から成る)薬物[アルコール]依存脱却プログラム(商標).
twelve-tóne 名《楽》12音の, 12音組織の.

★twen·ti·eth /twéntiəθ/ 形 1 [普通は the ~; ☞ the¹ 1 (4)] **20番目の**, 第20の(20th とも書く); ☞ number 表, ordinal number 文法): the ~ lesson 第20課. **2** 20分の1の.
— 名 (~s /-s/) **1** [単数形で普通は the ~] **20番目の人[もの]**; (月の) **20日**, はつか(20th とも書く): on the ~ of June = on June 20 6月20日に(June 20 is June (the) twentieth と読む; ☞ ordinal number 文法 (2)).
2 C 20分の1, 1/20(☞ cardinal number 文法 (6)).
Twéntieth Céntury-Fóx Fìlm 名 固 20世紀フォックス映画(アメリカの映画会社).

★twen·ty /twénti/ 代(数詞)[複数扱い] 20, 20人, 20個; 20ドル[ポンド, セント, ペンス など](☞ number 表, -ty²): T~ were found. 20人[20個]が見つかった.
— 名 (twen·ties /-z/) **1** C (数としての) 20.
2 U 20分, (24時間制で)20時; 20人: a man [woman]の ~ 20歳の男[女]. **3** [複数形で The または所有格の後で] 20年代; 20歳代; (速度・温度・点数などの) 20番台[度台・点台] (しばしば the 20's [20s] とも書く): in the nineteen-twenties [1920's, 1920 s] 1920年代に(☞ -s¹ 文法 (1) (ii)) / in one's (early [mid, late]) twenties 20歳代(前半[半ば, 後半])で. **4** C 20の数字. **5** C 20 [20人, 20個]ひと組のもの. **6** C 20ドル[ポンド]札.
— 形 **1** 20の, 20人の, 20個の: It cost ~ dollars. それは20ドルだった. **2** P 20歳で: He's ~. 彼は20歳です.

── リスニング ──
米国人はくだけた会話ではよく /twéni/ と発音する. 真似する必要はないが, 知らないと聴き取れない.

twénty-fírst 名 C [単数形で]《英》21歳の誕生日(のお祝い) 参考 昔英国では21歳が成人とされた(現在は18歳).
24 hòur clóck /twéntifɔ̀ː- | -fɔ̀ː-/ 名 C 24時間時計[時刻表示](鉄道の時刻表示など).
twénty-fòur-séven, 24-7, 24/7 副《略式》1日24時間週7日の割で, いつも, 始終.
twénty-óne 名 U《米》トゥエンティーワン(トランプのゲーム; またエースと絵札1枚ずつの組み合わせの21点)(blackjack,《英》pontoon).
twénty p [pénce píece], 20p /-péns, -píː/ 名 C《英》20ペンス貨.
twenty·sòmething 形 A [普通は複数形で]《略式》20代(の人).
twénty-twénty [20/20] híndsight 名 U あと知恵, 結果論(あとからならなんでもよくわかる).
twénty-twenty [20/20] vísion 名 U 正常視力(20フィート離れて物がよく見えることから; 20/20 vision とも書く; 日本の1.0に相当する).
twénty-twó, 22 名 C 22口径の猟銃(小動物用).
'twere /(弱) twə | twə;(強) twə́ː | twə́ː/《古語》it¹ were¹,² (=it would be) の短縮形.
twerp, twirp /twə́ːp | twə́ːp/ 名 C《略式》いやなやつ, ばか者.

★twice /twáis/ 副 **1 2度**, 2回: I have visited Kyoto ~. 私は京都へは2回行ったことがある / He attends the meeting(s) ~ a month. 彼は月に2回会議に出席する / Opportunity seldom knocks ~.《ことわざ》好機というものは2度訪れてくることはめったにない. 関連 once 1度, 1回.

2 [他の語(句)の前に用いて] (…の) **2倍**: T~ three is [makes, equals, are, make] six. 3の2倍は6(2×3=6)(☞ time 名 11 日英比較).

語法 (1) twice + the + 名詞
定冠詞や所有格があるときは twice はその前に置かれる(☞ double 形 2; half 形 1): He gave back ~ 「the amount of money [what he owed]. 彼は金[借金]を2倍にして返した / The jet can fly at about ~ the speed of sound. ジェット機は音速の約2倍の速さで飛べる.
(2) 3度[回・倍]以上は three times, four times のようにいう(☞ time 10, 11). ただし3度, 4度などの他の回数と対比して使われるときには two times ということもある.

語源 元来は two の所有格の副詞的用法; ☞ once 語源.

be twíce the mán [wóman, pérson] one wás [úsed to bé](以前と比べて)はるかに元気[上手などになっている](☞ one² 形 3 語法 (4)): He is ~ the man he was. 彼は見違えるほど元気になった[成長している]. **thínk twíce** 動 自 (ある行動をする前に)もう一度よく考える(about). **twíce as ... as** ─ ─ の2倍だけ…: The new tunnel is ~ as long as the old one. 新トンネルは旧トンネルの2倍の長さがある. **twíce óver** 副 1度ならず[繰り返し] 2度も. **will [would] nót lòok twíce at ...** 動 他 …には目もくれない(☞ look at ... (look 句動詞) 5).

twíce-tóld 形 A《文》すでに話された; 言い古された.
twid·dle /twídl/ 動 他 〈…を〉いじり回す; 〈…のスイッチを〉入れる[ひねる]; いじる, もてあそぶ(with, at). **2** くるくる回る. ─ 名 C **1** ひねり回す, もてあそぶ(こと); くるくる回すこと. **2** くるくるひねった装飾; 楽音の装飾的な連なり.
twid·dly /twídli/ 形 (twid·dli·er; -dli·est) ひねり回した,《S》《英略式》(特に不必要なほど)入り組んだ, 扱いにくい.
✝twig¹ /twíg/ 名 C (木の)小枝, 細枝(☞ tree 挿絵).
twig² /twíg/《英略式》動 (twigs; twigged; twig·ging) 他 〈…を〉(はっと)理解する, 〈…が〉わかる. ─ 自 わかる(to).
twig·gy /twígi/ 形 (twig·gi·er; -gi·est) 小枝のような; ほっそりした; 小枝の多い.
twi·light /twáilàit/ 13 名 U **1** (日没後[ときに日の出前]の)薄明かり; たそがれ[薄暮](時); in the [at] ~ たそがれ時に / a ~ game 薄暮試合. 関連 dusk 夕やみ / dawn 夜明け. **2** [普通は the ~]《W》(最盛期の後の)下り坂, 衰退, 終末: in the ~ of one's life 晩年. 語源 古(期)英語で元来は「中間の(☞ between 語源) 光」の意. ─ 形 A **1** たそがれの, 薄明かりの, ぼんやりした. **2** 晩年の: one's ~ years 晩年. **the [a] twílight wórld** 名《文》不透明な[やみの]世界(of).
twílight zòne 名 **1** [the ~] どちらともはっきりしないもの[状態], 中間領域(between). **2** C (都市の)老朽化地区.
twi·lit /twáilìt/ 形《文》薄明かりの, 薄暗い.
twill /twíl/ 名 U あや織りの布地.
'twill /(弱) twəl;(強) twíl/《古語》it¹ will¹ の短縮形.

★twin /twín/ 13 名 (~s /-z/) **1** [複数形で] 双生児, 双子(全体); [a] C 双子のうちの1人: George is one of the ~s. ジョージは双子の1人です / give birth to a ~ を産む // identical [fraternal] twin. **2** C 対になったものの1つ;(互いに)似た人[物]; [複数形で] 対. **3** [the Twins] ふたご座《星座》(Gemini). 語源 two と同語源.

	…つ子《全体》	…つ子《そのうちの 1 人》
三つ子	triplets	triplet
四つ子	quadruplets	quadruplet
五つ子	quintuplets	quintuplet
六つ子	sextuplets	sextuplet

[語法]「…つ子の 1 人[2 人]」というときには a quadruplet / two quintuplets のようには言わず, one of the quadruplets / two of the quintuplets と言うのが普通.

— [形] [しばしば [A]] **1** 双子の: ～ sisters 双子の姉妹 / his ～ brother 彼の双子の兄[弟]. **2** (目標・問題などが)対になった; 相似[相関]の, 全くよく似た, 表裏一体の / ～ problems (同時に発生する表裏一体の)2 つの問題: ～ volumes 上下 2 巻本.

— [動] (twins; twinned; twin·ning) [他] [普通は受身で] 〈人・物〉を(…と)対にする, 関連づける (*with*); 《英》〈都市〉を(…と)姉妹関係にする (*with*).

twín béd [名] **1** [C] ツインベッドの片方; 《米》一人用ベッド. **2** [普通は複数形で] ツインベッド《同じ型のシングルベッドが対になったもの》.

twín-bédded [形] [A] (部屋が)ツインの.

twín bédroom [名] [C] ＝twin room.

Twín Cíties [名] [固] [the ～; 複] ふたご都市《Minnesota 州の Minneapolis と St. Paul のこと; Mississippi 川の両岸に相対して位置する》.

twine /twáɪn/ [動] [他] **1** [副詞(句)を伴って] 〈…〉をからませる, 巻きつける (*into, through*): Liz ～*d* her arms *around* [*round*] Bob's neck. リズはボブの首に抱きついた. **2** 〈糸〉をよる, より合わせて…にする: ～ threads *together* 糸をより合わせる / He tried to ～ the strings *into* a rope. 彼はそのひもをより合わせてロープを作ろうとした. **3** 〈花輪・織物など〉を編む, 〈…〉を織る, 編んで作る (*into*). — [自] [副詞(句)を伴って] (植物が)巻きつく, からまる (*around, round*). — [名] [U] より糸; 麻糸《包装用など》, 麻ひも.

twín-éngine(d) [形] [普通は [A]] (飛行機が)双発の.

twinge /twíndʒ/ [名] [C] 刺すような痛み; (しっと・恐怖などの)うずき (*of*): feel a ～ *of* toothache [conscience] 歯の痛み[良心のかしゃく]を覚える.

twí-nìght /twáɪ-/ [形] 〔野〕(ダブルヘッダーが)薄暮から夜にかけての.

Twi·nings /twáɪnɪŋz/ [名] [固] トワイニング《英国の紅茶会社》.

⁺**twin·kle** /twíŋkl/ [動] [自] **1** (星・光・ダイヤなどが)ぴかぴか光る, きらめく: Stars ～*d* in the sky. 星は空に輝いていた // ☞ rhyme 囲み. **2** (目が喜びなどで)きらりと光る, 輝く (*at*): Her eyes ～*d with* curiosity. 彼女の目は好奇心で輝いていた. **3** (足などが)軽やかに動く.

— [名] **1** [単数形で] きらめき, ひらめき: the ～ of the stars 星のきらめき / a ～ of light 灯火の輝き. **2** [C] [普通は単数形で] (目の)きらめき, 目の輝き: with a mischievous ～ in one's eye(s) いたずらっぽく目を輝かせて. **3** [単数形で] (足などの)軽快な動き. **in a twínkle** [副] あっという間に, 一瞬のうちに. **when you were (jùst) a twínkle in your fáther's éye** [副] [滑稽] お前の生まれる前に.

twín·kling [名] [U] 光を点滅させること; きらめき. **in the twínkling of an éye＝in a twínkling** [副] 《古風》またたく間に, 一瞬のうちに.

twín róom [名] [C] ツインルーム《twin beds があるホテルの二人用の部屋》.

twín-scréw [形] 〔海〕(船が)ツインスクリューの.

twín·sèt [名] [C] 《英》(女性用の)ツインセット《セーターとカーディガンの組み合わせ》.

twín-sìze(d) [形] (ベッドが)ツインサイズの.

twín tówn [名] [C] 《英》＝sister city.

twín túb [名] [C] 《英》2 槽式洗濯機.

⁺**twirl** /twə́ːl | twə́ːl/ [動] [他] **1** 〈人・物〉をくるくる回す (*around, round*): ～ a baton バトンをくるくる回す. **2** 〈ひげ・毛など〉を指でひねる, ひねり回す; 巻きつける. — [自] (人がダンスなどで)くるくる回る; (バトンなどが)回転する; ふり向く (*around, round*). — [名] [C] 回転, ひねり回すこと: do a ～ (1, 2 度)くるっと回転する / give one's mustache a ～ 口ひげをひねる.

twirl·er /twə́ːlɚ | twə́ːlə/ [名] [C] 《米》＝baton twirler.

twirl·y /twə́ːli | twə́ː-/ [形] (twirl·i·er; -i·est) くるくる回る[巻いた], カールした, くねくねした.

twirp /twə́ːp | twə́ːp/ [名] [C] ＝twerp.

*__twist__ /twíst/ [T3] [動] (twists /twísts/; twist·ed /~ɪd/; twist·ing)

> **[自] [他] の転換**
> [他] **1** ねじ曲げる (to cause (something) to form into a winding or distorted shape)
> [自] **1** 曲がる (to form into a winding or distorted shape)

— [他] **1** 〈…〉を(無理に)ねじる, ねじ曲げる, ひねる: ～ the wet towel ぬれたタオルを絞る / ～ a wire to make a circle 針金を曲げて丸くする / ～ a handkerchief *into* a knot <V+O+*into*+名> ハンカチをひねって結ぶ.
2 〈糸など〉をよる, より合わせて…にする (*into*); 編む, 〈おさげなど〉を編む: She ～*ed* some threads *together* to make a string. <V+O+*together*> 彼女は何本かの糸をより合わせてひもを作った.
3 〈…〉を巻く, 巻きつける, からませる (*together*): He ～*ed* a cord *around* [*round*] the package. <V+O+*around* [*round*]+名・代> 彼は包みにひもを巻きつけた. **4** 〈…〉をひねって回す, 回転させる, 回す (*around*); (ビリヤードで)〈球〉にひねりをかける, カーブさせる: ～ a cap *off* the bottle びんのキャップを回してはずす. **5** 〈体の一部〉をねじる, 曲げる; 〈手首・足首・ひざなど〉をくじく, ねんざする, 〈顔など〉をゆがめる: ～ one's neck 首の筋をちがえる / His face was ～*ed* with pain. 彼の顔は苦痛でゆがんでいた. **6** 〈ことば・意味など〉を曲げる, 曲解する, こじつける; 〈事実など〉をゆがめる, (…に)でっちあげる (*into*): You are ～ing my words. 君は僕のことばを曲解している.

— [自] **1** よれる, ねじれる; ゆがむ; 曲がる; (顔などが)ゆがむ; (足首などが)ねじれる: The road ～*s* sharply there. 道路はそこで急に曲がっている. **2** 体をひねる; 身をよじる (*around, round*). **3** 巻きつく, からみつく (*around, round*). **4** (道・川などが)曲がりくねる, 蛇行する; 縫うようにして進む (*into, through*). **5** 回転する; (ビリヤードで球が)カーブする. **6** ツイストを踊る.

léave … twísting in the wínd [動] [他] 〈人〉に重要問題の決断をさせないでおく. **twíst and túrn** [動] [自] (1) (道・川などが)曲がりくねっている. (2) (人・動物が)身をよじる[くねらせる]. **Twíst my árm!** Ⓢ [滑稽] ありがたくお受け[ちょうだい]いたします. **twíst óff** [動] [他] 〈…〉をひねって取る, ねじり取る; もぎ取る. **twíst …'s árm** [動] (1) 《略式》…に無理に頼み込む, …に無理強いする (*into*). (2) …の腕をねじ上げる.

— [名] (twists /twísts/) **1** [C] ねじれ, より, ひねり, ゆがみ, もつれ: The policeman gave a ～ to the thief's arm. 警官はどろぼうの腕をねじり上げた.
2 [C] (道・川などの)曲がり (bend): The road has a lot of ～*s* (*in* it). その道はカーブが多い. **3** [C] よったもの《より糸・ねじりパン・ひねりたばこなど》, (髪の)縮れ (*of*). **4** [C] 意外な展開[成り行き] (*in, to*); 新機軸, 新工夫; (物事の)複雑なもつれ: There is an unusual ～ at the end of the story. その物語の結末は意外な展開になる /

by a ～ of fate [fortune] 運命の巡り合わせで. **5** [単数形で][普通は軽蔑]性向, 癖; 奇癖. **6** [the ～] ツイスト《体を激しくひねるダンス》. **7** C 《飲み物に味を添える》柑橘(乳)類の小片.

róund the twíst [形] Ⓢ《英略式》頭がおかしくなって; かっとなって: drive [send] ... round the ～《人をいらだたせる / go round the ～ かんかんに怒る. **twists and túrns** [名]曲がりくねり, 曲折; 紆余(½)曲折.

twíst·ed 形 **1** ねじれた, よじれた, ぐちゃぐちゃになった. **2**《略式》(心が)ゆがんだ, (性格が)ひねくれた.

twíst·er /twístɚ | -tə/ 名 C **1**《米》旋風, つむじ風, 竜巻(tornado, whirlwind). **2**《英》信用できない人, ぺてん師.

twíst tìe 名 C (袋などの口に巻き, ひねって締めるための)短い針金, ビニ(ール)タイ.

twist·y /twísti/ 形 (**twist·i·er**; **-i·est**) **1** (道・川などが)曲がりくねった. **2** (話の筋などが)意外な展開をする.

twit /twít/ 動 (**twits**; **twit·ted**; **twit·ting**) 他《やや古風》〈人〉をからかう, ひやかす; なじる (*about*, *on*, *with*). ― 名 C《略式, 主に英》ばか者, まぬけ.

†**twitch** /twítʃ/ 動 他 **1**〈…〉をぐいと引く, ぐいと引っ張る. ― 自 **1** (筋肉などが)ぴくぴく動く, 引きつる. **2** ぐいと引く (*at*). ― 名 C **1** (筋肉などの)引きつり, ひきつけ, ぴくっと動くこと; ぐいと引くこと. **2** (痛み・良心などの)うずき.

twitch·er /twítʃɚ | -tʃə/ 名 C《英略式》(熱心な)野鳥観察者.

twitch·y /twítʃi/ 形 (**twitch·i·er**; **-i·est**)《略式》心配そうな, 不安な, そわそわした (*about*); ぴくぴく動く.

twit·ter /twítɚ | -tə/ 動 (**-ter·ing** /-tərɪŋ, -trɪŋ/) 自 **1** (小鳥などが)[cry 表 bird および small bird]. **2**《略式》(興奮したりして)ぺらぺらしゃべる (*on*; *about*). **3** くすくす笑う. ― 他《略式》〈…〉と興奮して言う. ― 名 U (小鳥の)さえずり: the ～ of sparrows すずめのさえずり. **2** [普通は a ～]《略式》興奮, 身震い. **áll of [in] a twítter** [形]《英》非常に興奮して, 全くそわそわして.

twit·ter·y /twítəri, -tri/ 形《略式》神経質な.

twixt, **'twixt** /twíkst, twíkst/ 前《古語》=betwixt.

‡**two** /tú:/ (同音 to², too¹ ², †to¹; 類音 #tube) 代《数詞》[複数扱い] **2つ**, 2人, 2個; 2ドル[ポンド, セント, ペンスなど](☞ number 表; twice 語義; twin 語源): T～ *are* not enough. 2つ[2人, 2個]では足りない / T～ of a trade never agree.《ことわざ》同じ職業の2人は仲が悪いものだ. ☞ second 2番目の.

a ... or twò 1, 2の; 少数の: We have *a* minute *or* ～ [=one or two minutes] left for questions. 質問の時間が少ない(☞ one or two ... (one¹ 形) 成句).

in twó [副] 2つに: Cut the apple *in* ～. りんごを2つに切りなさい.

It tàkes twó to dó ...《ことわざ》(けんか・結婚・休戦などを)するにはひとりではできない(双方が係わる)(☞ quarrel 名 1 の例文, tango 成句).

Thát màkes twó of us. Ⓢ《略式》私もそうです.

Twó can pláy at thát gàme. Ⓢ《ずるい人間に対して》そっちがその手で来るならこっちもその手でいくぞ, このままではおかないぞ.

― 形 **1 2つの**, 2人の, 2個の: It cost me ～ dollars. それは2ドルの費用がかかった / I'll be ready ⌈in a day or ～ [in a week or ～]. 一両日中に[1, 2週間のうちに]準備ができます. **2** P 2歳で. **óne or twó**... ☞ one¹ 形 成句.

― 名 (～s /-z/) **1** C (数としての) **2**: Book T～ 第2巻 / Lesson T～ 第2課 / T～ *makes* ～ [*makes*, equals, are, make] four. 2と2は4 (2+2=4) / ⌈T～ from twelve [Twelve minus ～] *is* [leaves] ten. 12から2を引くと10 (12-2=10). **2** U **2時**, 2分; 2歳; I'll be back at ～. 2時に帰ってきます / It's ～ to [before] ～. 2時2分前です / a baby of ～ 2歳の赤ん坊. **3** C 2の数字. **4** C 2つ[2人, 2個]ひと組のもの, 対. **5** C《トランプ》2の札.

by [in] twós and thrées [副] 2人3人と, 三々五々, ちらほら.

pùt twó and twó togéther (and gèt fóur [fíve]) [動] 自 (ときに滑稽)見聞きしたことから[正しい[誤った]]推測をする, 考え合わせてみる. 由来 2と2をたして[それを4[5]と出)り, の意.

two- /tú:/[接頭]「2つ[2人]だけ...がある[いる]」の: a *two*-room apartment 2部屋のマンション.

twó-bág·ger /-bǽɡɚ | -bǽɡə/ 名 C《俗》二塁打.

twó-bàse hít 名 C《野》二塁打 (double).

twó-bít 形 A《略式, 主に米》(物・人が)安物の, くだらない, 3流の. 由来 25セント(☞ bit¹ 7)で買える, の意.

twó bíts 名 [複][ときに単数扱い]《古風, 米略式》25セント.

twó-by-fóur 名 C《建》ツーバイフォー材《厚さ2インチ, 幅4インチの米国・カナダの規格木材》.

twó cénts 名 U **1** Ⓢ《米》つまらないもの[こと]: for ～ ちょっとしたことで. **2** 〈one's 〜 (worth)〉《米略式》自分の意見. **For twó cénts, I'd ...**. Ⓢ (怒って)どうあっても…したい.

twó-cỳcle 形《米》《機》(内燃機関が) 2サイクルの《米》two-stroke》.

twó-diménsional 形 二次元の, 平らな; (作品・登場人物などが)深みのない, 平面的な.

twó-èdged 形 **1** (刃物の)両刃の. **2** (相反する)二つの面に意味, 効果をもつ, (議論などが)有利とも不利とも思える: a ～ sword もろ刃の剣(½).

twó-fáced 形 **1** 二面のある, 両面の. **2** 二心[裏表]のある, 偽善的な.

two·fer /túː·fɚ | -fə/ 名 C《米略式》1個分の値段で2個買える品;《劇場などの》1枚分の値段で2枚買える切符;《1回分の値段で2つ買える[2回使える]》半額優待券. 語源 two for (the price of one)「(1個の値段で) 2個」から.

twó-fìsted 形 **1** 両手で扱う. **2** 力強い, 精力的な. **3** (けんかなどで)身構えた.

twó-fòld 形 2倍の, 2重の (double); 二つの(重要な)部分[面, 相]を有する. ― 副 2倍に, 2重に.

twó-fóur 名 C《カナダ略式》1箱24本入りビール.

twó-hánded 形 (刀・ラケット・ストロークなどが)両手で扱う; (のこぎりなどが) 2人用の.

twó-hánd·er 名 C《英》二人劇(芝居).

twó-lìne whíp 名 C《英》(議会での投票時に)議員に与えられる指令書.

twó-mìnute sílence 名 [the ～] 2分間黙禱《第1次, 第2次の大戦の死者を弔って Remembrance Sunday に全英でなされる午前11時の黙禱》.

twó-òne, **2-1** 名 C《英》(優等学位の) 2級上位.

twoo·nie /túː·ni/ 名 C = toonie.

twó-pàrty 形 2大政党(制)の.

twó·pence /tʌ́p(ə)ns, túː·péns/《英》**1** C 2ペンス(の価) **2** U《古風》少し, わずか: not care ～ (*about* ...) = not give ～ (*for* ...)(...)を少しも気にしない[欲しくない].

two·pen·ny /tʌ́p(ə)ni, túː·péni/ 形 A《古風, 英》2ペンスの; 安っぽい, つまらない: a ～ piece 2ペンス貨.

twó·pen·ny-hálf·pen·ny /tʌ́p(ə)nihéɪp(ə)ni/ 形《古風, 英》安物の, くだらない.

twó-percènt mìlk 名 U《米》低脂肪牛乳《英 semi-skimmed》.

†**twó-pìece** 形 A ツーピースの, 上下揃いの: a ～ suit 上下揃いの服(☞ suit 参考). 関連 three-piece 三つ揃いの. ― 名 (**-piec·es**) C [普通は単数形で]《古

風》ツーピース(の服・水着).

twó-plý [形] [普通は [A]] (板・トイレットペーパーなどが) 2 枚重ねの; (織物が)二重織りの; (より糸が)2本よりの. **—** [名] [U] 2枚重ねの合板; 重ね織りの毛織物.

twó-séat·er [名] [C] 2人乗り自動車[飛行機など]; 2人用ソファー.

twó-síded [形] **1** (紙などが)表裏のある, 両面に印刷された. **2** (問題などが)二面性を持つ; (両者が)対立する.

two·some /tú:səm/ [名] [C] [普通は単数形で] 2人組, (仲の良い)カップル; 〘ゴルフ〙 2人で(ラウンド)する試合. [関連] threesome 3人組 / foursome 4人組.

twó-stàr [形] [A] (ホテル・レストランなどが) 2つ星の, 並の上の, 二流の.

twó-stèp[1] [形] 2段階の.

twó-stèp[2] [名] [C] [the ~] ツーステップ《社交ダンスの一種》; ツーステップの舞曲.

twó-stròke [形] 《英》 =two-cycle.

twó-tìme 《略式》 [動] [他] 〈恋人・夫・妻など〉を裏切って陰で浮気する. — [自] 浮気をする.

twó-tìm·er [名] [C] 《略式》 浮気者, 裏切者.

twó-tóne [形] [A] **1** 《古風, 略式》 (衣服・家具などが) ツートンカラーの, 2色の. **2** (警笛などが) 2音から成る.

twó-twó, 2–2 [名] [C] 《英》 (優等学位の) 2級下位 (☞ two-one).

'twould /(弱) twəd; (強) twʊ́d/ 《古語》 it[1] would の短縮形.

+twó-wáy [形] [普通は [A]] **1** (道路が)両方向通行の; (交通・交信などが)両方向に動く[作用する]; (活動・関係などが)相互の: a ~ street 両面交通道路. [関連] one-way 一方通行の. **2** (ラジオなどが)送信受信両用の; (スイッチが) 2箇所で点滅ができる, 2路の.

twó-wày mírror [名] [C] マジックミラー《気づかれずに相手を観察する裏側から素通しで見える鏡》.

twó-way stréet [名] [C] [普通は単数形で] 《略式》 双務[互恵]的な関係[状況]; 《米》 双方が協力し合う関係: Marriage is *a* ~. 結婚は2人で協力し合う関係だ.

twó-whéeler [名] [C] 二輪馬車; 自転車.

TX 〘米郵〙 =Texas.

-ty[1] /ti/ [接尾] [形容詞につく抽象名詞語尾]「状態・性質」を示す: cruel*ty* 残酷さ / safe*ty* 安全.

-ty[2] /ti/ [接尾]「…十」の意で twenty (20) から ninety (90) までの数詞をつくる. [関連] -teen 十….

+ty·coon /taɪkú:n/ [名] [C] (実業界の)巨頭, 大立者. [語源] 日本語の「大君」から.

‡ty·ing /táɪɪŋ/ [動] **tie の現在分詞および動名詞.**

tyke /táɪk/ [名] [C] 《略式》 **1** 《米》 小さな子供; [S] 《英》 やんちゃ坊主. **2** 雑種犬, 野良犬. **3** 《英略式》 ヨークシャー出身者.

Ty·le·nol /táɪlənɔ̀:l | -nɔ̀l/ [名] [C,U] タイレノール《米国の鎮痛解熱剤; 商標》.

Ty·ler /táɪlə | -lə/ [名] [固] **Wat** /wát | wɔ́t/ ~ タイラー (?–1381) 《英国の農民一揆指導者》.

tympana [名] tympanum の複数形.

tym·pa·ni /tímpəni/ [名] [U] =timpani.

tym·pán·ic mémbrane /tɪmpǽnɪk-/ [名] [C] 〘解〙 鼓膜.

tym·pa·num /tímpənəm/ [名] (複 **tym·pa·na** /-nə/, ~**s**) [C] 〘解〙 中耳; 鼓膜.

Tyn·dale /tíndl/ [名] [固] **William** ~ ティンダル (1494?–1536) 《イングランドの聖書翻訳者》.

‡type[1] /táɪp/ [名] (~**s** /~s/; [形] týpical, [動] týpifỳ) **1** [C] **型,** 型式, タイプ, 種類 (☞ kind[1] 類義語); 様式; …のタイプの人: cars ***of*** the same **~** 同じ型の車 / this **~** ***of*** car=a car *of* this ~ この型の車 / these ~*s of* car(s)=cars of these ~*s* これらの型の車. [語法] type of に続く名詞に普通冠詞がつかない // a new ~ *of* automobile engine 新型の自動車エンジン《★ of が省略されることがある; ☞ 3》 / This is just the ~ *of* house I want. これがちょうど私の欲しい型の家です / the artistic ~ 芸術家肌の人 / He is not the ~ to kill someone. 彼は人を殺せるようなタイプではない / He's my ~. [S] 彼は私の好みのタイプだ.

2 [U] 活字《全体》; 字体; [C] (個々の)活字: set (up) ~ 活字を組む / wooden ~ 木版 / printed *in* small ~ 細かい活字で印刷された / *in* italic ~ イタリック体の.

> [参考] 書籍や雑誌の本文に用いられる活字は普通は roman であるが, *italic* や **boldface** も用いられる. それぞれに CAPITAL LETTER, small letter がある. また次のような書体 (style) もある.
>
> | | |
> |---|---|
> | Printing Type | Gothic |
> | Printing Type | sans serif |
> | *Printing Type* | script |

3 [形容詞的に] …タイプの: a new ~ car 新しいタイプの車 / Italian-~ beef stew イタリア風ビーフシチュー. [語法] type の後に of を省略するこの用法は非標準用法とされることがある. **4** [C] 典型, 手本, 代表的なもの (model), 模範 (*of*). [語源] ギリシャ語で元来は「打ってできた跡」の意.

a bád týpe [名] 《英古風》 ろくでなし, あてにならないやつ.

— [動] [他] 〈…〉を(型別に)分類する (*as*) (classify), 〈血液・病原菌など〉の型を調べる[検出する].

‡type[2] /táɪp/ [動] (**types** /~s/; **typed** /~t/; **typ·ing**) [他] 〈…〉を**キーボード[ワープロ, タイプライター]で打つ,** タイプする (*away*); (ワープロ・コンピューターに)〈語句など〉を打ち込む (*in, into*): Would you **~** this letter ***for*** me, please? <V+O+*for*+名・代> この手紙をタイプして頂けませんか / I **~*d*** these letters ***on*** my word processor. <V+O+*on*+名・代> 私はこれらの手紙をワープロで打った / She **~*d*** the information ***into*** her computer. <V+O+*into*+名・代> 彼女はその情報をコンピューターに入力した. — [自] キーボード[ワープロ, タイプライター]を打つ, タイプする.

týpe ín [動] [他] 〈…〉をキーボードで入力する[打ち込む].

týpe óut [動] [他] 〈…〉をキーボードで打ち出す.

týpe úp [動] [他] 〈メモ・手書きのものなど〉をキーボードで打って仕上げる[清書する]: I have to ~ this *up* in two days. 2日のうちにこれを打って仕上げなければならない.

-type /tàɪp/ [接尾] 《主に英》「…タイプ, …型, …式, …版」の意: proto*type* 原型.

Týpe Á /-éɪ/ [形] (人が) A型行動様式の《緊張し性急で競争的なことを特徴とする》.

Týpe B́ /-bí:/ [形] (人が) B型行動様式の《A型の反対でのんびりでゆったりしている》.

týpe·càst [動] (**-casts**; 過去・過分 **-cast**; **-cast·ing**) [他] [普通は受身で] 〈俳優〉に合った役を割り振る; 〈人〉にふさわしい仕事を割り振る; 〈人〉に(続けて)はまり役をやらせる (*in*): He always gets ~ *as* a comedy actor. 彼はいつも喜劇俳優の役を与えられる.

týpe·càsting [名] [U] いつも同じ役を割り当て(られ)ること; (人に対する)固定観念.

týpe·fàce [名] [C] (活字の)字面(じづら), (印刷)字体.

týpe·scrìpt [名] [C,U] タイプライター[ワープロ, コンピューター]で打った原稿; タイプライター印刷物.

týpe·sèt [動] (**-sets**; 過去・過分 **-set**; **-set·ting**) [他] 〈原稿〉を活字に組む. — [自] 植字する.

týpe·sèt·ter [名] [C] 植字工; 植字機.

týpe·sèt·ting [名] [U] 活字組み, 植字.

týpe spècimen [名] [C] 〘生〙 (種の)基準[模式]標本.

týpe·wrìte [動] (**-writes**; 過去 **-wrote** /-ròʊt/; 過分 **-writ·ten** /-rìtn/; **-writ·ing**) [他] 〈…〉をタイプライ

type・writ・er /táɪpràɪṭɚ | -tə/ 名 C タイプライター: write [do] a letter on a ~ タイプライターで手紙を書く / a ~ ribbon タイプライターのリボン.

type・writ・ing 名 U タイプライターで打つこと; タイプライター技術; タイプライター印刷物.

type・writ・ten 形 タイプライター[ワープロ]で打った.

type・wrote 動 typewrite の過去形.

ty・phoid /táɪfɔɪd/ 名 U 腸チフス: a ~ epidemic 腸チフスの流行.

typhoid féver 名 U =typhoid.

Typhoid Máry 名 C 《差別》チフスのメアリー《悪疫・悪習をまきちらす者》. 語源 アイルランド生まれの19世紀の米国の調理人 Mary Mallon /mǽlən/ は保菌者であったためチフスを広めてしまったといわれる.

ty・phoon /taɪfúːn/ 名 **13** 名 C 台風, 大あらし《特にシナ海方面のものにいう》; → storm 参考》: the eye of a ~ 台風の目 / A ~ hit [struck] our town. 台風は私たちの町を襲った. 語源 中国語の「大風」の方言の形または「台風(台湾からの風)」のなまったものという.

ty・phus /táɪfəs/ 名 U 発疹(ほっしん)チフス.

*__typ・i・cal__ /típɪk(ə)l/ **T1** 形 (名 type¹; 反 atypical) **1** 典型的な, 代表的な; (...を)代表する, 象徴する; 通常の, 普通の: a ~ Japanese dish 代表的な日本料理 / His family *is* ~ *of* those living in an apartment house. <A+*of*+名・代> 彼の家族は典型的なアパート住まいの一家だ / On a ~ day we have about ten visitors from abroad. 普通の日で外国から10人ぐらいの人が来ます / The whale is a true but not a ~ animal. 鯨はたしかに哺乳類だが典型的なものではない. **2** (行動・特徴などが)(...に)特有の, 独特の; (...の)特徴をよく示す, いかにもそれらしい; (困ったことに...の)やりそうな[...しがちな]: her ~ way of speaking いかにも彼女らしいしゃべり方 / *It was* ~ *of* him *to* do that. そんなことをするとはいかにも彼らしかった (→ *of* 12) / 会話 "I'm afraid I'm late again." "T~ [How ~]!" ⓢ 「僕はまた遅れてしまったようだ」「君はいつもそうだね[例によって例のごとくだ]ね」

*__typ・i・cal・ly__ /típɪkəli/ 副 1 文修飾 一般的に(言って), 概して; 例によって: T~, winter in Japan is mild. 概して言えば日本の冬は温暖である / T~, he forgot his umbrella again. 例によって彼はまた傘を忘れた. **2** 典型的に; 特徴的に, いかにも: a ~ American restaurant いかにもアメリカ風なレストラン / That's ~ Japanese. それはいかにも日本的だ《★時に軽蔑的になる言い方》.

*__typ・i・fy__ /típəfàɪ/ 動 (-fies, -fied, -fy・ing; → type¹) 他 **1** 《普通は進行形なし》〈...〉を代表する, 〈...〉の典型[標本]となる: Lincoln *typifies* the great statesman. リンカーンは偉大な政治家の典型である. **2** 《普通は進行形なし》(性質などが)〈...〉の特徴を表す; 〈...〉を象徴する.

*__typ・ing__ /táɪpɪŋ/ 名 U **1** =typewriting. **2** 分類.

týping pòol 名 C (会社の)タイピスト要員《全体》.

typ・ist /táɪpɪst/ 名 C タイピスト; キーボードを打つ人; 《前に形容詞をつけて》タイプを打つのが...の人: She is a good [poor] ~. 彼女はタイプがうまい[下手だ].

ty・po /táɪpoʊ/ 名 (~s) C 《略式》=typographical error.

ty・pog・ra・pher /taɪpɑ́grəfɚ | -pɔ́grəfə/ 名 C 印刷工, 活版[印刷]技術者; 植字工.

ty・po・graph・i・cal /tàɪpəgrǽfɪk(ə)l←/, **-graph・ic** /-fɪk←/ 形 印刷上の.

typográphical érror 名 C 誤植《《略式》typo》.

ty・po・graph・i・cal・ly /tàɪpəgrǽfɪkəli/ 副 印刷の上で.

ty・pog・ra・phy /taɪpɑ́grəfi | -pɔ́g-/ 名 U 活版印刷(術); 印刷の体裁, 印刷の具合.

ty・po・log・i・cal /tàɪpəlɑ́dʒɪk(ə)l | -lɔ́dʒ-←/ 形 《格式》類型論[学]の[的な].

ty・pol・o・gy /taɪpɑ́lədʒi | -pɔ́l-/ 名 U,C 《格式》類型論[学].

ty・ran・ni・cal /tɪrǽnɪk(ə)l/ 形 専制君主的な, 暴君のような; (法などが)圧制的な; 非道な. **-cal・ly** /-kəli/ 副 勝手気ままに, 思いのままに, 乱暴に.

tyr・an・nize /tírənàɪz/ 動 他 〈...〉に対して権力をほしいままにする, しいたげる. ― 自 権力をほしいままにする (over).

ty・ran・no・saur /tərǽnəsɔ̀ɚ | -sɔ̀ː/, **ty・ran・no・sau・rus (rex)** /tərǽnəsɔ́ːrəs(-réks)/ 名 C ティラノサウルス(肉食恐竜).

tyr・an・nous /tírənəs/ 形 (名 týranny)《古風》圧制的な, 非道な, 暴虐な.

*__tyr・an・ny__ /tírəni/ 名 (-an・nies; 形 týrannous) **1** U 《ときに a ~》専制政治; 圧制; 横暴: live under (*a*) ~ 圧制の下(もと)で暮らす. **2** C 《しばしば複数形で》(権力者による)暴虐行為. **3** U 古代ギリシャの僭主(せんしゅ)政治; 僭主[専制]政治団. **4** U (物事の)抵抗しがたい力, (人の行動を規制する)容易ならぬ影響力: the ~ of public opinion 抗しがたい世論の力.

*__ty・rant__ /táɪ(ə)rənt/ 名 C **1** 専制君主; 圧制者; 暴君, 勝手気ままにひどい行為をする人. **2** (古代ギリシャの)僭王(せんおう), 僭主.

*__tyre__ /táɪɚ | táɪə/ 名 (~s /~z/) C 《英》=tire¹.

ty・ro /táɪ(ə)roʊ/ 名 (~s) C 初心者, 初学者.

Tyr・ol /tɪróʊl/ 名 固 =Tirol.

tzar /záɚ | záː/ 名 C =czar.

tza・ri・na /zɑːríːnə, tsɑː-/ 名 C =czarina.

tzar・is・m /záːrɪzm, tsáː-/ 名 U =czarism.

tzar・ist /záːrɪst, tsáː-/ 名 C =czarist.

tza・tzi・ki /sɑːzíːki | tsætziː-/ 名 U ザジキ《ヨーグルト・きゅうり・にんにく・はっかなどで作るギリシャ料理》.

tzét・ze flỳ /tsétsi-/ 名 C =tsetse fly.

u U

u, U¹ /júː/ 图 (複 u's, us, U's, Us /~z/) ©Ⓤ ユー《英語アルファベットの第 21 文字》.

U² /júː/ 厖 (古風, 英略式) [滑稽] (ことばづかいなどが)上流階級的な (☞ non-U).

U³ /júː/ ©Ⓤ, 厖 (英) (映) 一般向きの(の)(universal の略)((米) G).

U⁴ /júː/ (英) 成績不良, (学業成績の) U 評価 (unsatisfactory の略).

U⁵ /júː/ 略 [E メールで用いて] =you¹ (you の発音を示すつづり).

u., U. 略 =unit, union, university.

UA 略 =United Airlines.

U.A.E. /júːèɪ/ 略 =United Arab Emirates.

UAW /júːèɪdʌ́bljuː/ 略 =United Automobile Workers 全米自動車労働組合.

†**u·biq·ui·tous** /juːbíkwətəs/ 厖 [主に Ⓐ] (格式) また [滑稽] 同時に至る所に存在する[起こる], 遍在する; どこにでもある. **― ly** 副 至る所に, 遍在的に.

u·biq·ui·ty /juːbíkwəti/ 图 Ⓤ (格式) 至る所に存在すること, 遍在.

Ú·bòat 图 Ⓒ U ボート《第一次・第二次世界大戦中のドイツの潜水艦》.

UCAS /júːkæs/ 略 (英) =Universities and Colleges Admissions Service 大学入学志願受付機関.

UCLA /júːsìːèlér/ 略 =University of California, Los Angeles カリフォルニア大学ロサンゼルス校.

ud·der /Ádə/ | Ádə/ 图 Ⓒ (牛・羊・やぎなどの)乳房.

UEFA /juːéɪfə, juːíːfə/ 图 圃 =Union of European Football Associations ヨーロッパサッカー連合.

UFO /júːèfóʊ, júːfoʊ/ 图 (複 ~'s, ~s) Ⓒ ユーフォー, 未確認飛行物体(空飛ぶ円盤など; unidentified flying object の略; ☞ acronym).

u·fol·o·gy /juːfɑ́lədʒi/ -fɔ́l-/ 图 Ⓤ UFO 研究.

U·gan·da /juːgǽndə | juː-/ 图 圃 ウガンダ《アフリカ中東部の共和国》.

U·gan·dan /(j)uːgǽndən | juː-/ 厖 ウガンダ(人)の. **― 图** Ⓒ ウガンダ人.

†**ugh** /úh, ʌh, Ág/ 圃 うぐっ!, うっ!, わっ!《嫌悪感・軽蔑・恐怖などを表わす》.

ug·li·ness /Áglinəs/ 图 Ⓤ 醜い[見苦しい]こと.

*†**ug·ly** /Ágli/ 厖 (**ug·li·er** /-liə | -liə/; **ug·li·est** /-liɪst/) **1** 醜い (反 beautiful); 見苦しい: an ~ car かっこうな車 / A smiling face is never ~. 笑顔の醜いということはありえない. 語法 普通は女性について遠回しに plain や (米) homely を用いる. **2** 不快な, 醜悪な: an ~ rumor いやなうわさ / an ~ temper いやな性格(暴力的な傾向など). **3** 物騒な, 険悪な; (天候などが)荒れ模様の, 古(期)スカンジナビア語で「恐ろしい」の意. **(as) úgly as sín** [形] Ⓢ ひどく醜い.

Úgly Américan 图 Ⓒ (米略式) 醜いアメリカ人《横柄で, 現地人やその文化に無神経な在外米人》.

úgly dúckling 图 Ⓒ 醜いあひるの子《無能[醜い]と思われているが, のちに優秀で[美しく]なる子供; アンデルセン(Andersen)の童話から》.

*†**uh** /ə, ʌ/ 圃 **1** (主に米) えー, あー《何を言おうか考えたりするときの無意味な発声》(um): Uh, it's a fine day today. えー, 今日はいいお天気ですね. **2** =huh.

UHF /júːèɪtʃɛ́f/ 略 =ultrahigh frequency.

uh-huh /mhm, əhʌ́/ (鼻にかけて発音し, 前が低く後が高い)/ 圃 (略式) うんうん(相づち・肯定・賛成など).

uh-oh /Ádʊ/ 圃 (略式) しまった, まずい[やばい]ぞ.

UHT /júːèɪtʃtíː/ 略 (英) =ultra heat treated (乳製品が)超高温滅菌処理された.

uh-uh /ÁÁ/ (鼻にかけて発音し, 前が高く後が低い)/ 圃 (略式) ううん (否定・不賛成などを表わす).

U-ie /júːi/ 图 Ⓒ (略式) U ターン: pull [do] a ~ U ターンする.

*†**UK, U.K.** /júːkéɪ/ [the ~] 略 **連合王国, 英国** (the United Kingdom) 《特にあて名用に用いる》.

u·ke·le·le /jùːkəléɪli/ 图 Ⓒ =ukulele.

U·kraine /juːkréɪn/ 图 圃 [しばしば the ~] ウクライナ《ロシア南西部の共和国; 首都 Kiev》.

U·krai·ni·an /juːkréɪniən/ 厖 ウクライナ(人[語])の. **― 图** Ⓒ ウクライナ人; Ⓤ ウクライナ語.

u·ku·le·le /jùːkəléɪli/ 图 Ⓒ ウクレレ.

U·laan·baa·tar, U·lan Ba·tor /úːlɑːnbɑ́ːtə | -tɔː/ 图 圃 ウランバートル《モンゴルの首都》.

-u·lar /(j)ʊlə | -lə/ 接尾 [形容詞語尾]「…に関係のある, …に似た, …の」の意: cellular 細胞の / vernacular その土地の. ★ 直前の音節に第一アクセントがくる.

*†**ul·cer** /Álsə | -sə/ 图 Ⓒ (医) 潰瘍: a stomach ~ 胃潰瘍.

ul·cer·ate /Álsərèɪt/ 動 他 〈…〉に潰瘍を生じさせる. **― 自** 潰瘍が生ずる.

úl·cer·àt·ed /-tɪd/ 厖 潰瘍になった.

ul·cer·a·tion /Àlsəréɪʃən/ 图 Ⓤ 潰瘍化.

ul·cer·ous /Áls(ə)rəs/ 厖 潰瘍性の.

-ule /juːl/ 接尾 [名詞語尾]「小さなもの」の意: capsule カプセル / granule 小粒.

ul·na /Álnə/ 图 (複 ~s, **ul·nae** /Álniː/) Ⓒ (解) 尺骨.

Ul·ster /Álstə | -stə/ 图 圃 **1** アルスター地方《アイルランド島北部; 英国領の北アイルランドとアイルランド領にまたがる》. **2** アルスター《英国領北アイルランドの別称》.

ult. 略 =ultimate(ly).

ul·te·ri·or /Áltí(ə)riə | -riə/ 厖 Ⓐ (格式) (気持ち・目的などが) (特によくない理由で)隠れた, 秘めた: an ~ motive 隠れた動機.

ultimata ultimatum の複数形.

*†**ul·ti·mate** /Áltəmət/ 12 厖 Ⓐ **1** [比較なし] 究極の, 最後の (last), 最終の (final): Complete disarmament is our ~ goal. 完全な軍備縮小が私達の最終目標だ. **2** 最大(限)の, この上ない, 最良[最悪]の: the ~ abuse of human rights 最悪の人権侵害. **3** 根本的な, 根源的な: the ~ cause of the trouble 争いの根本的な原因. **― 图** [the ~] 最大[最高]のもの, 究極: the ~ in luxury 究極のぜいたく.

últimate frísbee 图 Ⓤ アルティメットフリスビー《フリスビーを使うフットボールに似たスポーツ》.

*†**ul·ti·mate·ly** /Áltəmətli/ 副 文修飾 最後には, 結局は; 究極的には; 根本では, 根源的には: U~, the President will have to decide. 最終的には大統領が決断しなければなるまい.

ul·ti·ma·tum /Àltəméɪtəm/ 图 (複 ~s, **ul·ti·ma·ta** /Àltəméɪtə/) Ⓒ 最後のことば, 最後通牒(ちょう): deliver [give, issue] an ~ 最後通牒を出す.

ul·tra /Áltrə/ 厖 極端な, 過度の.

ul·tra- /Áltrə/ 接頭 「超…, 過…; 極端に…」の意: ultraviolet 紫外線の / ultrasonic 超音波の.

ùltra·céntrifuge 图 Ⓒ (物理) 超遠心(分離)機.

ùltra·consérvative 厖 Ⓒ 超保守的な(人).

ùltra·hìgh fréquency 图 Ⓤ (無線) 極超短波《周波数 300-3000 メガヘルツ; 短距離通信・テレビ・レー

ukulele

ul·tra·ism /ʌltraɪzm/ 名 U 過激主義.

últra·líght 名 C 超軽量飛行機. ― 形 A 超軽量の.

ul·tra·ma·rine /ʌltrəmərí:n/ 形 ウルトラマリンの, 群青色の. ― 名 U ウルトラマリン, 群青色.

ùltra·módern 形 超現代的な.

ùltra·sónic 形 超音波の.

†**ùltra·sóund** 名 U 超音波; U.C 超音波診断: an ~ scanner 超音波検査装置.

†**ul·tra·vi·o·let** /ʌltrəváɪələt/ 13 形 紫外線の 《略 UV》. A 紫外線を用いる: an ~ lamp 紫外線ランプ / ~ rays 紫外線 (☞ infrared). ― 名 U 紫外線 《略 UV》.

ul·u·late /ʌljʊleɪt, jú:l-/ 動 自 《文》号泣する.

ul·u·la·tion /ʌljʊléɪʃən, jù:l-/ 名 U.C 《文》号泣.

U·lu·ru /u:lú:ru:, ʊlʊrʊ/ 名 ウルル (オーストラリアの Ayers Rock に対する先住民の呼び名).

U·lys·ses /ju:lísi:z/ 名 《ギリシャ》ユリシーズ (Odysseus のラテン語名; ☞ Odysseus).

†**um** /ʌm, əm/ 感 えー, あー, うーんと 《次に何を言うかちゅうちょしているときなどの発声》 (uh).

úm and áh 動 自 S ためらう.

um·ber /ʌmbər/ 名 U, 形 こげ茶色(の).

um·bil·i·cal cord /ʌmbílɪk(ə)l-/ 名 C 1 [解] 臍帯(さいたい), へその緒(お). 2 つながり, きずな. 3 《宇宙飛行士の》命綱 《酸素供給・通信用のケーブル》; 《発射前のロケットの燃料などの》供給管. **cút [séver] the umbílical córd** [動] (…の)《略式》自立する.

um·bi·li·cus /ʌmbílɪkəs/ 名 《複 **um·bi·li·ci** /-lɪkàɪ/, ~·es》 C [解] へそ (navel).

um·brage /ʌmbrɪdʒ/ 名 [次の成句で] **táke úmbrage** [動] 自 (…に)立腹する (at, against).

*†**um·brel·la** /ʌmbrélə/ 名 (~s /-z/) C 1 傘, 雨傘, 日傘: a collapsible [folding] ~ 折りたたみ傘 / a beach ~ ビーチパラソル / I held an ~ over my brother. 私は弟を傘に入れた / "You'd better take an ~ with you. It looks like rain." "Don't you remember? I always carry a folding ~ in my shoulder bag." 「傘を持っていきなさい. 雨が降りそうだから」 「忘れたの? 折りたたみ傘をショルダーバッグに入れているよ」 関連 sunshade, parasol 女性用日傘.

― コロケーション ―
close an *umbrella* 傘をたたむ
「**get under** [**share**] ...'s *umbrella* …の傘に入る
open [**put up**] an *umbrella* 傘を開く[さす]
put up a beach *umbrella* ビーチパラソルをさす
take down a beach *umbrella* ビーチパラソルを(取り外(はず)して)たたむ

2 《政治的・軍事的》保護, 庇護(ひご): under the US nuclear ~ 米国の核の傘に入って. 3 [形容詞的に] 総括的な, 包括的な: an ~ organization 総括的組織 / an ~ term 包括的用語, 総称. 語法 元来はラテン語で「小さな陰」の意.

umbrélla stànd 名 C 傘立て.

um·laut /ʊmlàʊt, ʊ́m- | ʊ́ml-/ 名 1 C ウムラウト符号 《ä, ö, ü の ¨》 diaeresis. 2 U [言] ウムラウト, 母音変異 《後続の高母音による母音の変化; 英語では foot → feet などのものをいう》.

ump /ʌmp/ 名 動 S 《略式》 =umpire.

*†**um·pire** /ʌmpaɪə | -paɪə/ 名 (~s /-z/) C 1 [スポ] アンパイア, 審判員 《野球・クリケット・テニス・バドミントン・卓球などの; ☞ judge 表》: the chief ~ 主審 / The ~ called him safe [out]. アンパイアは彼にセーフ[アウト]を宣した. 2 (紛争などの)審判人, 調停者. 語源 中期フランス語で「第三者」の意. ― 動 (**um·pir·ing** /-paɪ(ə)rɪŋ/) 他 《…の》審判をする. ― 自 審判をする (for).

ump·teen /ʌm(p)tí:n/ 《略式》形 A たくさんの. ― 代 多数の(人・物).

ump·teenth /ʌm(p)tí:nθ/ 《普通は the ~》《略式》形 A (十)何番目もの: I've begged my husband not to smoke for *the* ~ time. 私は夫にたばこを吸わないように何度となく頼んだ. ― 代 十何番目の人もの.

★**UN, U.N.** /jú:én/ [the ~] 略 国連, 国際連合 (the United Nations).

†**un-** /ʌn/ 接頭 1 [形容詞・副詞・名詞につく] 「…ではない(否定)」の意: uncertain 確信のない / unhappy 不幸な / unwillingly いやいやながら / unfortunately 不運にも // unemployment 失業 / unrest 不安. 2 [動詞につく] 「反対の動作, 元へ戻す」の意: unfold 広げる. 3 [名詞につく] 「取り去る, 奪う」の意の動詞を作る: unmask …の仮面をはぐ.

― リスニング ―
否定または反対の意味の un- に母音で始まる語が続くと un- の /n/ と次の母音とが合体して「ナ」行の音のようになる. unable /ʌnéɪbl/ は「アネイブー」, uneasy /ʌníːzi/ は「アニーズィー」のように聞こえる. 「アン・エイブル」「アン・イージー」のようには発音しない.

語法 否定または反対の意味の un- の語を肯定的な意味の語と対照させて用いるときには un- のほうを強く発音するのが普通: We are never so háppy or so únhàppy as we think. 私たちは自分で思っているほど幸福でも, また不幸でもないので 《フランスの作家モーパッサン (Maupassant) のことば》.

'**un** /ən/ 代 《不定代名詞》 S 《英略式》もの, やつ (one): That's a good '*un*! しゃれ・訳などが うまいね.

un·a·bashed /ʌnəbǽʃt/ 形 恥じ入らない, 厚かましい, 平気な. **~·ly** 厚かましく, 平気で.

un·a·bat·ed /ʌnəbéɪtɪd/ 形 副 《格式》 (力などが)衰えない(で), 弱らない(で).

*†**un·a·ble** /ʌnéɪbl/ 形 [主に次の成句で] **be unáble to dó** [動詞の原形の前につけて助動詞のように用いる]《やや格式》…することができない (cannot) 《反 be able to》: 言い換え She *was* ~ to finish the paper by the deadline. (=She could not finish the paper by the deadline.) 彼女は締切までに論文を書き終えることができなかった / You may *be* ~ to persuade him. あなたを説得できないかもしれない / I've *been* ~ to attend the meetings because of illness. 私は病気のためその会議にはずっと出席できないでいる. 語法 be 以外の動詞を伴うこともある: He seems ~ to walk yet. 彼はまだ歩けないようである.

un·a·bridged /ʌnəbrídʒd/ 形 (本・記事・話などが)省略[縮約]してない, 抜粋でない, 完全な; (辞書が)簡略化されていない, 親版の.

un·ac·cent·ed /ʌnǽksɛntɪd/ 形 アクセント[強勢]のない; なまりのない.

*†**un·ac·cept·a·ble** /ʌnəkséptəbl, -ǽk-/ 形 受け入れられない; 認められない: Mass unemployment is the ~ face of capitalism. 大量失業は資本主義に伴う歓迎しがたい側面だ / Such a proposal is totally ~ to our side. そのような提案は我々には全く受け入れられないものだ. **-a·bly** /-əbli/ 副 容認できないほどに.

un·ac·com·pa·nied /ʌnəkʌ́mp(ə)nid/ 形 《格式》同伴者のない, (…に)伴われない (by); (荷物などが)本人が携行しない, 別送の. 2 〔楽〕無伴奏の.

un·ac·count·a·ble /ʌnəkáʊntəbl/ 形 1 説明のできない; わけのわからない, 不思議な. 2 《けなして》(説明)責任のない, 責任を負わない (to).

un·ac·count·a·bly /ʌnəkáʊntəbli/ 副 文修飾語 (格式)不思議なことに, 奇妙なことに: U~, he didn't say anything about it. 奇妙なことに彼はそれについては

何も言わなかった.

un·ac·count·ed /ʌ̀nəkáʊntɪd/ 形 [次の成句で] **be unaccounted for** [動] 自 (金などが)計算[勘定]に含まれていない, 使途不明である; (人が)行方不明である (出来事などが)原因不明である.

un·ac·cus·tomed /ʌ̀nəkʌ́stəmd/ 形《格式》**1** P 慣れていない (to): U~ as I am to public speaking, … S《格式》人前で話すことには慣れていませんが…. **2** W 普通でない, 異常な; 意外な.

un·ac·knowl·edged /ʌ̀nəknɑ́lɪdʒd | -nɔ́l-‿/ 形 **1** (人·業績などが)十分に認められて[評価されて]いない (事実などが)知られていない. **2** 存在に気づかれていない.

un·ac·quaint·ed /ʌ̀nəkwéɪntɪd/ 形 P《格式》(…に)精通していない, 不案内な (with).

un·a·dopt·ed /ʌ̀nədɑ́ptɪd | -dɔ́pt-/ 形《英》私道の, (道路が)自治体管理でない.

un·a·dorned /ʌ̀nədɔ́ənd | -dɔ́:nd‿/ 形《格式》飾りのない, 簡素な.

un·a·dul·ter·at·ed /ʌ̀nədʌ́ltərèɪtɪd‿/ 形 **1** A《略式》完全な, 全くの. **2** (食物が)混ぜ物のない.

un·ad·ven·tur·ous /ʌ̀nədvéntʃ(ə)rəs‿/ 形 **1** 冒険心のない, 冒険的でない. **2** 平凡な.

un·ad·vised /ʌ̀nədváɪzd‿/ 形 軽率な; 助言のない.

⁺**un·af·fect·ed** /ʌ̀nəféktɪd‿/ 形 **1** 影響を受けない (by). **2** ありのままの, 気取らない; 心からの. ~·**ly** 副 **1** 影響を受けずに. **2** 気取らずに.

un·a·fraid /ʌ̀nəfréɪd/ 形 P (…を)恐れない (of; to do).

un·aid·ed /ʌ̀néɪdɪd‿/ 形 援助[助け]なしの: with the ~ eye 肉眼で.

u·na·lien·a·ble /ʌ̀néɪljənəbl‿/ 形 =inalienable.

un·al·loyed /ʌ̀nəlɔ́ɪd/ 形《文》(感情などが)純粋な; 完全な, 真の.

un·al·ter·a·ble /ʌ̀nɔ́:ltərəbl, -trə-‿/ 形《格式》変更できない. -**a·bly** /-bli/ 副《格式》変更できない[ほどに], 決まって, 変わらずに.

un·al·tered /ʌ̀nɔ́:ltəd | -təd‿/ 形 変更のない.

un·am·big·u·ous /ʌ̀næmbɪ́gjuəs‿/ 形 明瞭な; あいまいでない. ~·**ly** 副 明瞭に.

un·am·bi·tious /ʌ̀næmbɪ́ʃəs‿/ 形 **1** (人が)野心のない. **2** 計画などが)抱え目な, 地味な.

un-A·mer·i·can /ʌ̀nəmérɪk(ə)n‿/ 形 (風俗·習慣·主義など)米国風に合わない, 非アメリカ的な; 反米的な: ~ activities 反米活動.

⁺**u·na·nim·i·ty** /jù:nənɪ́məṭi, -nænɪ-/ 名《格式》unánimous) U《格式》全員異議のないこと: with ~ 満場一致で.

*⁺**u·nan·i·mous** /ju:nǽnəməs/ 13 形 (名 unànímity) (決定·賛成などの)満場一致の; (人々·委員会などが)(全員が同意見で, 異議のない: a ~ decision [verdict] 満場一致の決定[評決] / They were *~ in* demand*ing* his resignation. <A+in+動名> 彼らは全会一致で彼の辞職を要求した / We were ~ *that* the man should be released. <A+*that* 節> その男が放免されるべきだとの意見が一致した. 語源 元来はラテン語で「1つの心の」の意 (☞ unite 単語の記憶). ~·**ly** 副 満場一致で, (全員が)異議なく.

⁺**un·an·nounced** /ʌ̀nənáʊnst‿/ 形 予告[前ぶれ]なしの[に]: Her ~ arrival surprised all of us. 彼女がひょっこり現われてみんなが驚いた.

un·an·swer·a·ble /ʌ̀néns(ə)rəbl | -á:n-‿/ 形 **1** 答えられない. **2**《格式》反論[反駁(笑き)]できない.

⁺**un·an·swered** /ʌ̀néansəd | -á:nsəd‿/ 形 答え[返事]のない: My letter to her remains ~. 私の彼女に出した手紙には返事が来ていない.

un·an·tic·i·pat·ed /ʌ̀næntɪ́səpèɪtɪd‿/ 形 予期しない, 思いがけない.

un·a·pol·o·get·ic /ʌ̀nəpɑ̀lədʒétɪk | -pɔ̀l-‿/ 形 弁解をしない, 謝罪の気持ちがない (about, for).

un·ap·peal·ing /ʌ̀nəpí:lɪŋ‿/ 形 魅力のない.

un·ap·pe·tiz·ing /ʌ̀nəpətàɪzɪŋ‿/ 形 食欲をそそらない, まずそうな; つまらない.

un·ap·proach·a·ble /ʌ̀nəpróʊtʃəbl‿/ 形 (人が)近寄りがたい.

un·ar·gu·a·ble /ʌ̀náəgjuəbl | -á:-‿/ 形 議論の余地のない. -**bly** 副 疑いなく, 明白に.

⁺**un·armed** /ʌ̀náəmd | -á:md‿/ 形 非武装の, 武器を持たない, 無防備の: an ~ country 非武装国家 / ~ neutrality 非武装中立 / ~ combat 素手の戦い.

⁺**un·a·shamed** /ʌ̀nəʃéɪmd/ 形 恥じ入らない, あつかましい; 恥ずかしがらない (of).

un·a·sham·ed·ly /ʌ̀nəʃéɪmɪdli/ 副 恥ずかしげもなく, 臆面もなく, 平然と.

un·asked /ʌ̀næskt | -á:skt‿/ 形 **1** (質問が)問われない(で). **2** P [しばしば副詞的に] (…するよう)頼まれないで: He helped her ~. 彼は頼まれなかったのに彼女の手伝いをした. **3** 要求されない, 求められない (for).

un·as·sail·a·ble /ʌ̀nəséɪləbl‿/ 形《格式》攻撃できない, 難攻不落の; (主張·権利などが)疑問の余地のない, 論破できない.

un·as·sist·ed /ʌ̀nəsɪ́stɪd‿/ 形 自力の[で], だれの助けも借りないで).

un·as·sum·ing /ʌ̀nəsú:mɪŋ | -əs(j)ú:m-‿/ 形 [ほめて] でしゃばらない, 謙虚な.

un·at·tached /ʌ̀nətǽtʃt‿/ 形 結婚していない, 恋人のいない; (組織などに)結び付いて[所属して]いない (to).

un·at·tain·a·ble /ʌ̀nətéɪnəbl‿/ 形 達成できない: an ~ dream かなわぬ夢.

un·at·tend·ed /ʌ̀nəténdɪd‿/ 形 **1** 付き添いのない. **2** [時に ~ to として] 持ち主のいない, 放置された, 世話を[注意]されていない: Don't leave your luggage ~. 荷物をほったらかしにするな.

⁺**un·at·trac·tive** /ʌ̀nətrǽktɪv‿/ 形 人目を引かない, 魅力のない, さえない; 好ましくない. ~·**ly** 副 魅力なく.

⁺**un·au·tho·rized** /ʌ̀nɔ́:θəràɪzd/ 13 形 権限のない, 無認可の, 非公認の.

un·a·vail·a·bil·i·ty /ʌ̀nəvèɪləbɪ́ləṭi/ 名 U 入手[使用]できないこと.

⁺**un·a·vail·a·ble** /ʌ̀nəvéɪləbl‿/ 形 P **1** 入手[利用]できない. **2** (人が)面会できない, 手があいていない: be ~ *for* comment コメントに応じない.

un·a·vail·ing /ʌ̀nəvéɪlɪŋ‿/ 形《格式》無効な; 無益の, むなしい (useless).

⁺**un·a·void·a·ble** /ʌ̀nəvɔ́ɪdəbl‿/ 形 避けられない, やむをえない. -**a·bly** /-əbli/ 副 やむをえず.

⁺**un·a·ware** /ʌ̀nəwéə | -əwéə‿/ 形 P (…を)知らないで, (…に)気づかないで: He was ~ *of* his mother's illness. <A+*of*+名·代> =He was *that* his mother was ill. <A+*that* 節> 彼は母が病気であることを知らなかった. ~·**ness** 名 U 知らないこと, 気づかないこと.

un·a·wares /ʌ̀nəwéəz | -əwéəz/ 副《格式》気づかずに, うっかり; 不意に. **táke** [**cátch**] ... *una·wáres* [動] 他 に不意打ちを食わせる.

un·bal·ance /ʌ̀nbǽləns/ 他 …の均衡を失わせる; …を動揺させる. 日英比較 日本語の「アンバランス」に相当する語は imbalance.

⁺**un·bal·anced** /ʌ̀nbǽlənst‿/ 形 **1** [主に P] (心の平衡[落ち着き]を失った, 錯乱した. **2** (意見·報道などが)かたよった. **3** 不均衡な: an ~ budget 不均衡予算.

un·bar /ʌ̀nbáə | -bá:/ 動 (**un·bars**; **un·barred**; -**bar·ring** /-bá:rɪŋ/) 他《戸·門などの)かんぬきを外す.

⁺**un·bear·a·ble** /ʌ̀nbé(ə)rəbl‿/ 形 我慢できない[耐えられない]ほどひどい. -**a·bly** /-əbli/ 副 我慢できない

†**un·beat·a·ble** /ʌnbíːtəbl⁻/ 形 抜群[無敵]の.

*__un·beat·en__ /ʌnbíːtn⁻/ 形 無敗の, 負け知らずの: His world record remained ~ for ten years. 彼の世界記録は 10 年間破られなかった.

un·be·com·ing /ʌnbɪkʌ́mɪŋ⁻/ 形 **1**《格式》(人に)ふさわしくない (to, for). **2**《古風》似合わない.

un·be·known(st) /ʌnbɪnóun(st)/ 形 [次の成句で] **unbeknówn to ...** [前](人に)気づかれずに.

un·be·lief /ʌnbəlíːf, -bɪ-/ 名 U 《格式》**1** 不信仰, 不信心, 疑念.

*__un·be·liev·a·ble__ /ʌnbəlíːvəbl, -bɪ-⁻/ 形《考え・ことばなどが》信じられない;《略式》《物事が》信じがたい(ほどすばらしい[ひどい]), 途方もない (incredible): That's ~! うそー, 信じられない!
-a·bly /-əbli/ 副 信じられないほど(に).

un·be·liev·er /ʌnbəlíːvɚ, -bɪ- | -və/ 名 C《格式》不信心[不信仰]者, 異教徒.

un·be·liev·ing /ʌnbəlíːvɪŋ, -bɪ-⁻/ 形 (人の言うことを)信じない, 懐疑的な; 不信心な.

un·bend /ʌnbénd/ 動 (**un·bends**; 過去・過分 **un·bent** /-bént/; **-bend·ing**)自《曲がったものが》まっすぐになる;くつろぐ,打ち解ける;柔軟になる. ― 他《曲がったものを》まっすぐにする.

un·bend·ing /ʌnbéndɪŋ⁻/ 形 [しばしば軽蔑]《人が》考えを変えない,強情な;《考え・態度などが》強硬な.

unbent 動 unbend の過去形および過去分詞.

un·bi·ased, un·bi·assed /ʌnbáɪəst⁻/ 形 先入観を持たない, 偏見のない, 公平な.

un·bid·den /ʌnbídn⁻/ 形《文》求められない(で), 自発的な(に).

un·bind /ʌnbáɪnd/ 動 (**un·binds**; 過去・過分 **un·bound** /-báund/; **-bind·ing**)他 **1**《人を》(義務・責任などから)解放する. **2**《...を》解く, ほどく.

un·bleached /ʌnblíːtʃt⁻/ 形 無漂白の.

un·blem·ished /ʌnblémɪʃt⁻/ 形 傷[欠点, 汚点]のない.

un·blink·ing /ʌnblíŋkɪŋ⁻/ 形《文》まばたきしない;(現実から)目をそむけない. **~·ly** 副 まばたきせずに.

un·block /ʌnblák | -blɔ́k/ 動 他 **1**《...の》障害物[詰まり]を取り除く. **2**《...を》再開させる.

un·blush·ing /ʌnblʌ́ʃɪŋ⁻/ 形《格式》恥知らずの.

†**un·born** /ʌnbɔ́ɚn | -bɔ́ːn⁻/ 形 [普通は A] まだ生まれない;これから現れる,将来の: *the ~* 胎児《複数名詞のように扱われる; ⇨ the¹ 3》.

un·bos·om /ʌnbúzəm/ 動 他 [次の成句で] **unbósom onesélf to ...** 動 他《文》(人)に悩みを打ち明ける.

un·bound /ʌnbáund/ 動 unbind の過去形および過去分詞.

un·bound·ed /ʌnbáundɪd⁻/ 形《格式》限界のない,無限の; 際限のない(ように思える).

un·bowed /ʌnbáud⁻/ 形《文》くじけない,不屈の.

un·break·a·ble /ʌnbréɪkəbl⁻/ 形 破る[折る, 壊す]ことのできない;不屈の.

un·bridge·a·ble /ʌnbrídʒəbl⁻/ 形《溝・隔たりなどが》埋められない.

un·bri·dled /ʌnbráɪdld⁻/ 形《文》無拘束の, 無制限の; 奔放な, 《感情が》激しい.

†**un·bro·ken** /ʌnbróuk(ə)n⁻/ 形 **1** とぎれない, 引き続く. **2**《記録などが》破られない;《物が》壊(ふ)れていない. **3** 挑戦されない, 敵のいない.

un·buck·le /ʌnbʌ́kl/ 動 他《...の》バックル[締め金]を(ゆるめて)はずす.

un·bur·den /ʌnbɚ́ːdn | -bɚ́ː-/ 動 他《格式》**1**《心の重荷を降ろす,《本心などを》打ち明ける: He *~ed* his heart *to* his friend. 彼は友人に気持ちを打ち明けた. **2**《文》《...から》(荷物を)降ろす (*of*). **unbúrden onesélf** [動]自《格式》心の中を打ち明ける (*to*).

uncharacteristic 1927

unbúrden onesélf of ... [動]他《格式》...を人に打ち明ける; U~ *yourself of* the truth. 真相を打ち明けて楽になりなさい.

un·but·ton /ʌnbʌ́tn/ 動 他《服》のボタンをはずす.

un·cal·cu·lat·ed /ʌnkælkjʊléɪtɪd/ 形 計算[予定]していない.

un·called-for /ʌnkɔ́ːldfɚ | -fɔ́ː/ 形《略式》不必要な, よけいな, 差し出がましい; いわれのない.

un·can·ni·ly /ʌnkǽnəli/ 副 薄気味悪く[悪いほど]: ~ accurate 不気味なほどに正確な.

†**un·can·ny** /ʌnkǽni/ 形 (**-can·ni·er**, **-ni·est**) 薄気味悪い, 不気味な; 神秘的な, 驚異的な.

un·cared-for /ʌnkéɚdfɚ | -kéədfɔː/ 形 面倒を見てもらえない, ほったらかしの.

un·car·ing /ʌnkéərɪŋ⁻/ 形 思いやりのない.

un·ceas·ing /ʌnsíːsɪŋ⁻/ 形 絶え間[間断]のない, 打ち続く. **~·ly** 副 絶え間なく, 立て続けに.

un·cer·e·mo·ni·ous /ʌnsèrəmóuniəs⁻/ 形《格式》**1** 失礼な, ぶしつけな. **2** 儀式ばらない, 打ち解けた. **~·ly** 副 ぶっきらぼうに, 無造作に. **~·ness** 名 U 無造作; 儀式ばらないこと.

*__un·cer·tain__ /ʌnsɚ́ːtn | -sɚ́ː-/ 形 (名 **uncértainty**) **1** P [比較なし](人が)確信のない, 断言できない: He is [feels] ~ *about* [*of*] his prospects. <A+*about* [*of*]+名・代> 彼は自分の前途について自信がない / I am ~ *whether* [*if*] she will be present. <A+*whether* [*if*] 節> 私は彼女が出席するかどうかはっきりわからない / John is ~ *where to* go. <A+*wh* 句> ジョンはどこへ行けばよいのか自信がない.

2 [比較なし]《物が》**不確実な**, 不確定の, 不定の; 未知の: an ~ report 不確実な報告 / an ~ quantity 不定量 / The date of their departure is ~. 彼らの出発の日取りは不確定だ.

3 不安定な, 変わりやすい; 当てにならない: We had ~ weather last month. 先月は変わりやすい天気だった. **~·ly** 副 確信なく; ためらいがちに.

*__un·cer·tain·ty__ /ʌnsɚ́ːtnti | -sɚ́ː-/ 名 (**-tain·ties** /-z/; 形 **úncertain**) **1** U **不確実(性)**, 不確定, 不安定; 当てにならないこと: The trip was postponed because of the ~ of the weather. 天気がはっきりしないので旅行は延期された / I was worried by the ~ of her answer. 私は彼女の答えがはっきりしないので心配だった / There is still some ~ *about* [*as to*] what happened. 何が起こったについてはまだ不確定だ.

2 C [主に複数形で] **不確実なこと**, 不安定な状態: There are many *uncertainties* in life. 人生には不確実なことが多い.

uncértainty prínciple 名 [the ~]《物理》不確定性原理.

un·chal·len·ge·a·ble /ʌntʃælɪndʒəbl⁻/ 形 議論[反論]の余地がない, 動かしがたい.

†**un·chal·lenged** /ʌntʃǽlɪndʒd⁻/ 形 **1** 異議のない; 《人が》物議をかもさずにはすむ: His remarks couldn't go ~. 彼の発言は物議をかもさずにはすまなかった. **2** [副詞的に]検問をうけずに. **3** 挑戦されない, 敵のいない.

un·chal·leng·ing /ʌntʃǽlɪndʒɪŋ⁻/ 形《簡単すぎて》張り合い[やりがい]のない, つまらない.

un·change·a·ble /ʌntʃéɪndʒəbl⁻/ 形 変えられない, 不変の, 安定した.

*__un·changed__ /ʌntʃéɪndʒd⁻/ 形 変わらない, 変化していない, 不変の: an ~ plural《文法》不変化複数形《deer, sheep など; ⇨ irregular plural form《文法》(d)》/ The price of eggs has remained ~ for a long time. 卵の値段は長い間変わっていない.

un·chang·ing /ʌntʃéɪndʒɪŋ⁻/ 形 変わらない(でいる), 不変の, 安定した.

†**un·char·ac·ter·is·tic** /ʌnkæ̀rəktərístɪk⁻/ 形

特徴を示していない, (…)らしくない (*of*). **-is·ti·cal·ly** /-kəli/ [副] 特徴を示さずに, (…)らしくなく.

un·char·i·ta·ble /ʌ̀ntʃǽrəṭəbl←/ [形] 無慈悲な, 無情の, 厳しい. **-ta·bly** [副] 無慈悲に, 無情に.

un·chart·ed /ʌ̀ntʃɑ́əṭɪd | -tʃɑ́:t-←/ [形] [普通は [A]] 《文》(場所が)海図[地図]に載ってない; 未踏の, 未知の.

+**un·checked** /ʌ̀ntʃékt←/ [形] **1** 食い止められ(てい)ない; 野放しの: go ～ 野放しになる. **2** 照合していない; 未点検[検査]の.

un·chris·tian /ʌ̀nkrístʃən/ [形] 《格式》 キリスト教徒にふさわしくない; 野蛮な, 下品な.

un·civ·il /ʌ̀nsív(ə)l←/ [形] 《格式》 無礼な, 不作法な.

un·civ·i·lized /ʌ̀nsívəlàɪzd/ [形] [けなして] 未開の, 野蛮な, 文明的でない.

un·claimed /ʌ̀nkléɪmd←/ [形] (物が)持ち主不明の.

un·clasp /ʌ̀nklǽsp | -klɑ́:sp/ [動] [他] 〈…〉の留め金をはずす; 〈握っていたものなど〉を放す.

un·clas·si·fied /ʌ̀nklǽsəfàɪd/ [形] (書類などが)機密扱いでない.

‡**un·cle** /ʌ́ŋkl/ ([類音] ankle) [名] (～s /～z/) [C] **1** [しばしば U-] **おじ** (伯父, 叔父) (☞ family tree 図): He has three ～*s* on his mother's side. 彼には母方のおじが 3 人いる / I am going to stay at my ～'s. おじの家に泊まるつもりです / How are you, *U*～ John? ジョンおじさん, お元気ですか. **2** 《略式》 (よその)おじさん 《年輩の男の人に用いる》: There goes *U*～ Richard. ほら, リチャードおじさんが通るよ. [語源] 元来はラテン語で「母の兄弟」に限られていた. **sày** [**crỳ**] **úncle** [動] [自] [S] 《米》 参ったと言う.

un·clean /ʌ̀nklí:n←/ [形] **1** よごれた, 不潔な. **2** (道徳的に)汚(けが)れた, (人が)汚らわしい. **3** 〔聖〕 (宗教的に)不浄な; (食物が)(宗教・道徳上)食べられない. **～·ness** [名] [U] よごれ[汚(けが)れ]ていること; 不浄.

***un·clear** /ʌ̀nklíə | -klíə/ [形] **1** [P] (物事が)**不確かな**, はっきりしない (*to*); (人が)**確信がない** (*about, as to*). **2** 不明瞭な, わかりづらい. **3** 澄んでいない, 曇った.

Úncle Sám [名] [固] 《略式》 米国(政府); 米国人 《全体》. [参考] アメリカ合衆国の略語の US をもじったもので, 漫画などでは星の模様のついたシルクハットをかぶり燕尾(えんび)服を着て, 赤と白のしまのズボンをはいた白いあごひげのやせた長身の男として描かれる (☞ John Bull).

Uncle Sam

Úncle Tóm [名] [C] 《米略式》 [軽蔑] 白人に迎合する黒人.

un·cloak /ʌ̀nklóʊk/ [動] [他] 〈…〉の外套(がいとう)を脱がせる; 〈偽善などの仮面をはぐ, 暴露する. ― [自] 外套を脱ぐ.

un·clog /ʌ̀nklɑ́g | -klɔ́g/ [動] [他] 〈…〉の障害物[じゃま]を取り除く.

un·clothed /ʌ̀nklóʊðd/ [形] 《格式》 衣服を脱いだ, 裸の.

un·clut·tered /ʌ̀nklʌ́ṭəd | -təd←/ [形] 散らかっていない, 余分な物のない, すっきりした.

un·coil /ʌ̀nkɔ́ɪl/ [動] [他] 〈巻いた物〉を伸ばす, 解く. ― [自] 解ける, 伸びる; (蛇が)とぐろを解く.

un·col·ored, 《英》 **un·col·oured** /ʌ̀nkʌ́ləd | -ləd←/ [形] **1** 色をつけていない. **2** 誇張されていない.

***un·com·fort·a·ble** /ʌ̀nkʌ́mfəṭəbl | -fət-/ [形] **1** (物が)**心地のよくない**: an ～ chair 座り心地のよくないいす / She found the shoes ～. 彼女はその靴のはき心地がよくないと思った. **2** (人が)**気持ちの落ち着かない**, 不安な (uneasy); 窮屈な思いの (*about, with*): I felt ～ in front of the teacher. 私は先生の前でどうも気詰まりだった. **3** (物事が)やっかい[不愉快]な. **-a·bly** /-əbli/ [副] 心地悪く, 気詰まりで; 落ち着かずに.

un·com·mit·ted /ʌ̀nkəmíṭɪd←/ [形] (深く)関与していない; 中立の, 特定の立場[信条]をとらない (*to*).

+**un·com·mon** /ʌ̀nkɑ́mən | -kɔ́m-←/ [形] **1** 珍しい, まれな: Common sense is very ～. 常識とは非常にまれなものだ. **2** 《格式》 異常な; 著しい: ～ ability 非凡な才能. **～·ly** [副] 《古風》 並はずれて, 著しく, 非常に (very).

un·com·mu·ni·ca·tive /ʌ̀nkəmjú:nəkèɪṭɪv, -kəṭ-←/ [形] [けなして] 話したがらない, 無口な.

un·com·pet·i·tive /ʌ̀nkəmpéṭəṭɪv←/ [形] 〔商〕 競合しない, 競争力のない.

un·com·plain·ing /ʌ̀nkəmpléɪnɪŋ←/ [形] 不平を言わない. **～·ly** [副] 不平を言わないで.

un·com·plet·ed /ʌ̀nkəmplí:ṭɪd←/ [形] 未完成の, 未完結の.

+**un·com·pli·cat·ed** /ʌ̀nkɑ́mpləkèɪṭɪd | -kɔ́m-/ [形] 複雑でない, わかりやすい, 単純な.

un·com·pre·hend·ing /ʌ̀nkɑ̀mprɪhéndɪŋ | -kɔ̀m-←/ [形] 《格式》 理解していない, 当惑した. **～·ly** [副] わけがわからずに.

un·com·pro·mis·ing /ʌ̀nkɑ́mprəmàɪzɪŋ | -kɔ́m-/ [形] 妥協しない, 譲歩しない, 断固とした, 頑固な; 強硬な. **～·ly** [副] 妥協しないで; 強硬に.

un·con·cealed /ʌ̀nkənsí:ld←/ [形] [普通は [A]] (感情など)包み隠さない, あからさまな.

un·con·cern /ʌ̀nkənsə́:n | -sə́:n/ [名] [U] 平気, のん気; 無関心, むとんちゃく (*about*).

un·con·cerned /ʌ̀nkənsə́:nd | -sə́:nd←/ [形] **1** 気にしない, 平気な, むとんちゃくな (*about, by*). **2** 関心を示さない, 興味を持たない (*with*).

un·con·cern·ed·ly /ʌ̀nkənsə́:nɪdli | -sə́:n-/ [副] 平気で; 無関心で.

***un·con·di·tion·al** /ʌ̀nkəndíʃ(ə)nəl←/ [形] **無条件の**; 無制限の; 絶対的な: (an) ～ surrender 無条件降伏. **-al·ly** /-əli/ [副] 無条件で; 無制限に.

un·con·di·tioned /ʌ̀nkəndíʃənd←/ [形] 無条件の: ～ reflex 〔心〕 無条件反射.

+**un·con·firmed** /ʌ̀nkənfə́:md | -fə́:md←/ [形] 確認されていない, 未確認の: ～ reports from Paris パリからの未確認情報.

un·con·ge·ni·al /ʌ̀nkəndʒí:niəl←/ [形] 《格式》 性分[好み]に合わない, 不快な.

un·con·nect·ed /ʌ̀nkənéktɪd←/ [形] **1** 関係のない, 無関係の (*to, with*). **2** 未接続の, 接続されていない. **3** 縁故のない.

un·con·quer·a·ble /ʌ̀nkɑ́ŋk(ə)rəbl | -kɔ́ŋ-←/ [形] 征服し難い, 克服できない.

un·con·scio·na·ble /ʌ̀nkɑ́nʃ(ə)nəbl | -kɔ́n-←/ [形] [A] 《格式》 または [滑稽] 不合理な, 法外な, 途方もない: She took an ～ time getting dressed. 彼女は服を着るのにばかに手間どった. **-na·bly** /-nəbli/ [副] 法外に, 途方もなく.

***un·con·scious** /ʌ̀nkɑ́nʃəs | -kɔ́n-←/ [形] **1** [比較なし] **意識を失った**, 意識不明の: He was ～ for several days. 彼は数日間意識不明であった. **2** [比較なし] [P] (…に)**気づかない**, (…を)**意識していない**: He is quite ～ *of* any difference. <A+*of*+名・代> 彼は違いに全く気づいていない / Peggy is ～ *of* hav*ing* done something wrong. <A+*of*+動名> ペギーは自分が間違ったことをしたのに気づいていない. **3** 無意識の(うちにする), なにげなく(口に)した: an ～ habit 無意識にする癖. ― [名] [the ～ または所有格と共に] 〔心〕 無意識. [関連] subconscious 潜在意識.

***un·con·scious·ly** /ʌ̀nkɑ́nʃəsli | -kɔ́n-/ [副] **無意識に**, 知らず知らずに: People who are enjoying a daydream often smile ～. 空想にふけっている人はよく無意識に笑う.

un·con·scious·ness /名/ 無意識; 意識不明.
un·con·sid·ered /ʌ̀nkənsídəd | -dəd⁻/ /形/ **1** 思慮に欠けた. **2** 《格式》考慮された(ていない)、無視された.
†**un·con·sti·tu·tion·al** /ʌ̀nkànstətjúːʃ(ə)nəl | -kɔ̀nstɪtjúː-⁻/ /形/ 憲法違反の、違憲の.
un·con·sti·tu·tion·al·i·ty /ʌ̀nkànstətjùːʃənǽləti | -kɔ̀nstɪtjùːʃ-/ /名/ /U/ 憲法違反.
un·con·tam·i·nat·ed /ʌ̀nkəntǽmənèɪtɪd/ /形/ 汚染されていない (clean).
un·con·test·ed /ʌ̀nkəntéstɪd⁻/ /形/ 争う者のない, 無競争の; 議論の余地のない.
†**un·con·trol·la·ble** /ʌ̀nkəntróʊləbl⁻/ /形/ 制御できない, 手に負えない. **-la·bly** /副/ 抑えきれずに.
†**un·con·trolled** /ʌ̀nkəntróʊld⁻/ /形/ 制御(抑制)されていない, 野放しの; (法的)規制のない.
un·con·tro·ver·sial /ʌ̀nkàntrəvə́ːʃəl | -kɔ̀ntrəvə́ː-⁻/ /形/ 議論(論争)にならない.
†**un·con·ven·tion·al** /ʌ̀nkənvénʃ(ə)nəl⁻/ /形/ 慣例に従わない, 因襲にとらわれない; 型にはまらない. **-tion·al·ly** /-nəli/ /副/ 慣例に従わずに.
†**un·con·vinced** /ʌ̀nkənvínst/ /形/ /P/ 納得していない, 確信が持てない (of; that).
†**un·con·vinc·ing** /ʌ̀nkənvínsɪŋ⁻/ /形/ 納得のいかない, 説得力のない. **~·ly** /副/ 説得力なく.
un·cooked /ʌ̀nkʊ́kt⁻/ /形/ 火の(十分)通っていない, 生(なま)の.
un·cool /ʌ̀nkʊ́ːl⁻/ /形/ 《略式》かっこ悪い, さえない.
un·co·op·er·a·tive /ʌ̀nkoʊáp(ə)rətɪv | -ɔ́p-/ /形/ 非協力的な.
un·co·or·di·nat·ed /ʌ̀nkoʊɔ́ːdənèɪtɪd | -ɔ́ː-/ /形/ **1** (身体の各部が)調和していない、(動きが)ぎこちない、不器用な. **2** (計画などが)調整(組織力)不足の.
un·cork /ʌ̀nkɔ́ək | -kɔ́ːk/ /他/ ⟨…⟩のコルク栓を抜く.
un·cor·rob·o·rat·ed /ʌ̀nkərábərèɪtɪd | -rɔ́b-/ /形/ (陳述・考えなどが)確証(裏付け)されていない.
un·count·a·ble /ʌ̀nkáʊntəbl⁻/ /形/ 数えられない(ほど多い), 無数の. ── /C/ 《文法》不可算名詞, 数えられない名詞.

文法 不可算名詞

数えられない名詞ともいう. 名詞の中で, 決まった形や限界がなく, 1つ2つと数えられず, 従って不定冠詞がつかず, 複数形も用いられないものをいう. 物質名詞と抽象名詞がこれに属する. これに対して数えられる名詞を「可算名詞」または「数えられる名詞」(countable)と呼ぶ.

数えられない名詞を何らかの単位で数える場合には次のような語句を用いる: *two glasses of* water コップに2杯の水 / *three cups of* coffee [tea] コーヒー[茶]3杯 / *a lump of* sugar 角砂糖1個 / *a slice of* bread パン1切れ / *three sheets of* paper 紙3枚 / *a cake of* soap せっけん1個 / *a piece of* advice [news] 1つの忠告[ニュース] / *an act of* kindness [charity] 1つの親切な[慈悲深い]行為.

なお数えられない名詞は不定冠詞をつけないのが原則であるが, 形容詞を伴ったりする場合には不定冠詞がつくことがある: He has *a good knowledge* of fishing. 彼は釣りについてはかなりの知識を持っている / There was *a deadly silence* in the cave. ほら穴の中は恐ろしいほど静まり返っていた.

同一の語でも意味によって数えられない名詞として扱われたり, また数えられる名詞として扱われたりすることがある(例えば ☞ coffee 語法, tea 語法, kindness).

参考 この辞書では数えられない名詞を /U/ で, 数えられる名詞を /C/ で示し, さらに両方に用いられる名詞を /U,C/, /C,U/ で示している.

úncòuntable [úncòunt] nóun /名/ /C/ 《文法》 =uncountable.

---

undelivered 1929

un·count·ed /ʌ̀nkáʊntɪd/ /形/ 数えられていない; 無数の, 大量の.
un·cou·ple /ʌ̀nkʌ́pl/ /他/ 《車両などの》連結を解く (from).
un·couth /ʌ̀nkúːθ/ /形/ [軽蔑] (人・言動などが)粗野な, 洗練されていない; 不作法な. **~·ly** /副/ 粗野に. **~·ness** /名/ /U/ 粗野.
*†**un·cov·er** /ʌ̀nkʌ́və | -və/ /動/ (**-cov·ers** /-z/; **-cov·ered** /-d/; **-er·ing** /-v(ə)rɪŋ/) /他/ **1** 陰謀・秘密などを**暴露する**, 明らかにする; ⟨…⟩を**発見する**: The plot *was ~ed by* the press. ⟨V+O の受身⟩ その陰謀は新聞によって暴露された. **2** 〈容器などの〉ふた(覆い)を取る; 〈中身〉をむき出しにする: Please ~ the tray of cakes. ケーキの盛り皿の覆いをとってください.
un·crit·i·cal /ʌ̀nkrítɪk(ə)l⁻/ /形/ [しばしば軽蔑] 批判(批評)的でない, 無批判の (of); 批判力のない. **-cal·ly** /-kəli/ /副/ 無批判に.
un·cross /ʌ̀nkrɔ́ːs | -krɔ́s/ /他/ ⟨交差している物を⟩解く, はずす: He was cróssing and úncróssing his legs [arms]. 彼は脚[腕]を組んだりほどいたりしていた 《☞ un- 語法》.
un·crossed /ʌ̀nkrɔ́ːst | -krɔ́st⁻/ /形/ 《英》 (小切手が)線引きでない.
un·crowd·ed /ʌ̀nkráʊdɪd⁻/ /形/ 混雑していない.
un·crowned /ʌ̀nkráʊnd⁻/ /形/ (王や女王が)まだ王冠を頂かない; 無冠の: the ~ king [queen] (of …) (…の)無冠の帝王[女王] 《実質的には最高の実力者と見なされている人》.
un·crush·a·ble /ʌ̀nkrʌ́ʃəbl⁻/ /形/ (人・意志などが)不屈な, 無敵の.
UNCTAD /ʌ́ŋktæd/ /名/ /固/ 国連貿易開発会議 (United Nations Conference on Trade *a*nd Development の略; ☞ acronym).
unc·tion /ʌ́ŋ(k)ʃən/ /名/ /U/ (カトリックの儀式としての)塗油.
unc·tu·ous /ʌ́ŋ(k)tʃuəs/ /形/ 《格式》 **1** 口先[うわべ]だけの, さも感動したような. **2** (食物が)油っこい, こってり[とろり]した, なめらかな. **~·ly** /副/ 口先だけで. **~·ness** /名/ /U/ 口先だけであること.
un·cul·ti·vat·ed /ʌ̀nkʌ́ltəvèɪtɪd/ /形/ **1** 未墾の, 未耕作の. **2** 教養のない, 粗野な.
un·curl /ʌ̀nkə́ːl | -kə́ː-l/ /自/ (巻いたものなどが)解ける, まっすぐになる. ── /他/ 〈巻き毛などを〉まっすぐにする.
un·cut /ʌ̀nkʌ́t⁻/ /形/ **1** (物語・映画などが)カットされていない, ノーカットの, 完全版の. **2** (宝石などが)原石のままの, 未カットの. **3** (草木などが)切られて[刈られて]いない; (本が)へりを断ちそろえてない.
un·dam·aged /ʌ̀ndǽmɪdʒd⁻/ /形/ 損害(損傷)を受けていない, 破損していない.
un·dat·ed /ʌ̀ndéɪtɪd⁻/ /形/ **1** (手紙・写真などが)日付けのない. **2** 年代不明の.
un·daunt·ed /ʌ̀ndɔ́ːntɪd⁻/ /形/ [主に /P/] 《格式》 ひるまない (by), 恐れない, 勇敢な.
un·de·ceive /ʌ̀ndɪsíːv/ /他/ [しばしば受身で]《格式》⟨…⟩の迷いをとく, ⟨…⟩に真実を悟らせる.
*†**un·de·cid·ed** /ʌ̀ndɪsáɪdɪd⁻/ /形/ (人が)決心のついていない (about, as to); (物事が)決定されていない, (勝負などが)未決着の. **~·ly** /副/ 決心がついていなくて.
un·de·clared /ʌ̀ndɪkléəd | -kléəd⁻/ /形/ [普通は /A/] **1** (品物が)税関に申告していない, (収入が)無申告の. **2** 宣言[公表, 布告]されていない.
un·de·feat·ed /ʌ̀ndɪfíːtɪd⁻/ /形/ 不敗の.
un·de·fend·ed /ʌ̀ndɪféndɪd⁻/ /形/ 無防備な; (訴訟で)弁護人のいない.
un·de·fined /ʌ̀ndɪfáɪnd/ /形/ あいまいな, 不明確な.
un·de·liv·ered /ʌ̀ndɪlívəd | -vəd⁻/ /形/ 配達されない.

un·de·mand·ing /ʌndɪmǽndɪŋ, -máːnd-/ 形 (仕事・人などが)多くを要求しない, きつくない.

†**un·dem·o·crat·ic** /ʌndèməkrǽtɪk/ 形 民主的でない, 非民主的な.

un·de·mon·stra·tive /ʌndɪmɑ́nstrətɪv, -mɔ́n-/ 形 (行動に)感情を表わさ[示さ]ない; 控えめな.

†**un·de·ni·a·ble** /ʌndɪnáɪəbl/ 形 否定できない, 紛れもない.

un·de·ni·a·bly /ʌndɪnáɪəbli/ 副 紛れもなく; 文修飾語 明白なことだが, 確かに.

‡**un·der** /ʌ́ndə | -də/

基本的には「…に覆われて下に」の意.
① …の下に; …に覆われて; …の下を通って; 下へ[に] 前 1, 2; 副 1
② 未満で 前 3; 副 2
③ …の支配を受けて; …を受けて, …中で 前 4, 5, 6, 7
④ …のもとに, …所属して 前 8, 9

─ リスニング ─
under の前に子音で終わる語があると under の /ʌ/ はその子音と結合して, sink under /sɪ́ŋkʌ̀ndə/, went under /wéntʌ̀ndə/ は「スィンカンダー」「ウェンタンダー」(米)では「ウェナンダー」)のように聞こえることがある.「スィンク・アンダー」「ウェント・アンダー」のように発音しない.

─ /ʌndə | -də/ 前 **1** [位置を示して] (1) …の(真)下に, …の下の方に (反 over): There is a cat ~ the table. 1 匹の猫がテーブルの下にいる. 語法 below では位置が低いことを示すだけで, 真下とは限らない; *below the bridge* といえば「橋の下流」の意味にもなる (☞ below 前 2) // Come and stand ~ my umbrella. さあ私の傘の下に入りなさい / A rat ran out *from* ~ the desk. 机の下からねずみが 1 匹走り出た / The village lies ~ the hill. その村は丘のふもとにある.
(2) …に覆(おお)われて, …の中に: The new car was ~ a cover. 新車には覆いがしてあった / You'd better wear a sweater ~ your jacket. 上着の下にセーターを着たほうがよい / The part of an iceberg ~ the water is much larger than what is above the water. 氷山の水に隠されている部分は水面上に現われている部分よりもはるかに大きい.

語法 under は over に対する語で, 上から覆いかぶせられている感じを表わす最も一般的な語 (☞ underneath 前 語法); below については ☞ (1) 語法. この場合 (1) のように上のものと接触していないことも, 接触していることもある. (☞ over 前 1 挿絵).

2 [動作を示して] …の下を(通って), …をくぐる (反 over): Our boat passed ~ several bridges. 私たちの船は橋をいくつかくぐった / The cat crawled ~ the fence. 猫は垣根の下を腹ばいになって通り抜けた.

3 (年齢・時間・距離・数量など)…未満で (less than) (反 over): He is still ~ twenty. 彼はまだ 20 歳にならない / Children ~ thirteen (years of age) are not admitted to this swimming pool. このプールには 13 歳未満の子供は入場できない (13 歳は含まない) / Don't sell it for ~ 1000 yen. それを千円より安く売るな.

4 (支配・従属・監督・保護など)…の下で, …の支配を受けて, …に監督されて, …に指揮[指導]されて (反 over): the men ~ Colonel King キング大佐の部下/ *a man below me* は単に「地位が自分より下の男性」, *a man under me* は「自分の下役で自分が指揮または指導している男性」を示す (☞ over 前 4 語法) // We cannot bear being ~ the rule of a dictator. 我々は独裁者の支配には耐えられない / She is studying medicine ~ Dr. White. 彼女はホワイト博士のもとで医学を勉強している.

5 (圧迫・苦しみ・影響など)を受けて, (重荷)を負って, …のために: He is ~ sentence of death. 彼は死刑の宣告を受けている / The nation is ~ the economic influence of Japan. その国は日本の経済的影響を受けている / He was walking ~ a heavy load. 彼は重荷を負って歩いていた / The rowboat sank ~ the weight of the weapons. ボートはその武器の重量で沈んだ.

6 …中で(ある), …されていて, …を受けて 《種々の状態・状況の下にあることを表わす》: a road ~ repair [construction] 修理[建設]中の道路 / The issue is now ~ discussion. その問題は今討議中だ.

7 (規則・規定など)に従って, …に基づいて: *U*~ the rules, you must pay a fine. 規則に従って罰金を払わなくてはならない.

8 (分類・所属など)…のもとに(属して), …の項目下に: In this dictionary, the phrase "make up one's mind" is listed ~ "mind," not ~ "make." この辞書では成句 make up one's mind は make ではなく mind の項目に載っている.

9 …のもとに, …に託して, …に隠れて: ~ a false name 偽名で // ☞ under cover of ... (cover 名 成句).
10 (畑などが)…が植えられて[生育中で]: That field is ~ wheat. あの畑には小麦が植えられている.

── 副 **1** 下へ[に]; 水中に: The ship went ~. 船は沈んだ.
2 未満で[で]: Children of 10 (years) or ~ must be accompanied by their parents. 10 歳以下の子供は親の付添いが必要である. **3** (麻酔など)で無意識状態に[で]. **... and under** …以下で, …かそれ未満では: We will sell them for seven dollars *and* ~. 当店ではそれらを 7 ドル以下で売ります. ── 形 Ａ 下の(部分の) (lower); その下の. ─ the layer下の層.

un·der- /ʌndə, ʌ́ndə | -də/ 接頭 **1**「不足して, 少なすぎて, より小さく」の意 (反 over-): *under*estimate 安く見積もる / *under*production 生産不足. **2** [名詞について]「下方の[に, から], 下部の[に, から], 下位の」の意 (反 over-): *under*ground 地下 / *under*line 下に線を引く / *under*secretary 次官.

ùnder·achíeve 動 自 〔婉曲〕(特に成績に関して)期待ほど成績をあげない.

ùnder·achíevement 名 Ｕ 〔婉曲〕成績不振.
ùnder·achíever 名 Ｃ 〔婉曲〕成績不振者.

ùnder·áct (反 overact) 動 他〔劇の役を〕控えめに演ずる. ── 自 控えめに演ずる.

ùnder·áge 形 Ｕ (overage) 未成年の.

ùnder·árm[1] 形 Ａ **1** わきの下 (armpit) (用)の: an ~ deodorant わきの下用防臭剤. **2** (英) =underhand 形 1. ─ 名 Ｃ わきの下 (armpit).
ùnder·árm[2] 副 (英) =underhand 副.

ùnder·bèlly 名 (-bel·lies) 〔文〕 **1** Ｃ (動物の)下腹部; (車・船などの)下部. **2** [単数形でしばしば the soft ~] (場所・計画・事業などの)弱点, 急所 (*of*). **3** Ｃ (社会の)暗黒面.

ùnder·bíd 動 (-der·bids; 過去・過分 -bid; -bid·ding) 他〔相手より安く値をつける[入札する]; 〔トランプ〕〈手札〉の実力より控えめに賭ける.

únder·brùsh 名 Ｕ (主に米) =undergrowth.

un·der·cap·i·tal·ize /ʌndəkǽpətəlàɪz | -də-/ 動 他 [普通は受身で] 〈企業〉に不十分な資金を供給する, 資本が不足する.

ùnder·cápitalìzed 形 (企業などが)資本不足の.

ùnder·cárriage 名 Ｃ =landing gear.

ùnder·chárge (反 overcharge) 動 他〈人〉に(間違って)代価以下の請求をする: 言い換え They ~*d* him *for* the radio *by* ten cents.=They ~*d* him ten cents *for* the radio. 彼らは彼にラジオ代を 10 セント少なく請求した. ── 自 代価以下の請求をする (*for*).

únder·clàss 名 C [単数形で] 社会の下層階級.

un·der·class·man /ˌʌndərˈklæsmən/ 名 (複 **-men** /-mən/) C (米) (大学, 高校の)下級生 (1, 2年生を指す; ☞ upperclassman).

únder·clòthes 名 [複] 下着, 肌着 (underwear).

únder·clòthing 名 U (格式) 下着; 肌着(類).

únder·còat 名 1 C,U (仕上げ前の)下塗り. 関連 topcoat 上塗り. 2 U (米) (自動車の底部の)アンダーコーティング用塗料 ((英) underseal).

un·der·cóoked /ˌʌndəˈkʊkt | -dəˈ-/ 形 火の十分通っていない, 生焼け[煮え]の.

un·der·count /ˌʌndərˈkaʊnt | -də-/ 動 〈…〉を実際より少なく数える. —— 名 数え落とすこと.

†**under·cóver** 形 [普通は A] 内密の, (スパイ活動などで)秘密に行なわれる[行動する]: ~ payments 秘密裡(り)の支払い(わいろなど) / an ~ operation おとり捜査. —— 副 秘密に: go ~ 内偵を行なう.

†**únder·cùrrent** 名 C 下層流, 底流; (世論・意見・感情の)底流 (of).

†**under·cút** /ˌʌndərˈkʌt/ (**-der·cuts**, 過去・過分 **-cut**; **-cut·ting**) 他 1 〈相手〉より安い値段で売る[賃金で働く]. 2 〈人・試みなど〉の力[効果]を弱める (undermine).

†**under·devéloped** 形 1 (国・地域などが)低開発の(この意味では developing を用いることが多い): ~ countries 低開発国. 2 発育不全の.

ùnder·devélopment 名 U 低開発; 発育不全.

†**únder·dòg** 名 C [the ~] 勝ち目のない[負けそうな]選手[チーム]; (社会的な)弱者, 敗残者, 負け犬.

ùnder·dóne 形 (肉などが)生焼けの, 生煮えの (rare, 反 overdone) (☞ steak 参考).

ùnder·dréssed 形 (場所にそぐわない)簡素な服装をした; (寒いほど)薄着の.

ùnder·emplóyed 形 常時雇用でない; (技能が)十分活かされていない.

ùnder·emplóyment 名 U 不完全就業 (常時雇用でない, あるいは能力が活かされない雇用状態).

†**un·der·es·ti·mate**[1] /ˌʌndərˈestəmeɪt | -dəˈr(es)-/ 動 (**-ti·mates** /-məts/; **-ti·mat·ed** /-tɪd/; **-ti·mat·ing** /-tɪŋ/; 反 overestimate[1]) 他 〈…〉を安く[低く]見積もる, 見くびる: He ~d the construction cost and ran out of money. 彼は建築費を安く見積もり過ぎて資金不足となった. —— 自 安く[低く]見積もる.

ùnder·éstimate[2] 名 (反 overestimate[2]) C 安すぎる[低すぎる]見積もり; 過小評価; 軽視.

ùnder·estimátion 名 U,C =underestimate[2].

ùnder·expóse 動 他 (反 overexpose) [普通は受身で] 〈写真〉を露出不足にする.

ùnder·expósure 名 (反 overexposure) U 露出不足.

ùnder·féd 形 食物[栄養]不足の.

únder·fèlt 名 U (英) 床とじゅうたんの間に敷くフェルト地.

únder·flòor 形 A (暖房装置が)床下式の: ~ heating 床下暖房.

ùnder·fóot 副 1 足の下に[は], 足場に; 踏みつけ(ら)れて, 地面に[で]. 2 (足元で)じゃまになって. **trámple [crúsh] ... underfóot** 動 他 (1) 〈…〉を踏みつぶす[にじる]. (2) 〈…〉を徹底的にやっつける[壊す]. (3) 〈…〉をないがしろにする.

ùnder·fúnd 動 他 [受身で] 〈…〉に十分な資金を提供しない.

ùnder·fúnding 名 U 不十分な資金提供.

únder·gàrment 名 C (古風) または (格式) 下着, 肌着.

un·der·go /ˌʌndərˈɡoʊ | -də-/ 動 (**-der·goes** /-z/; 過去 **-der·went** /-ˈwent/; 過分 **-der·gone** /-ˈɡɔːn | -ˈɡɒn/; **-go·ing**) 他 [受身なし] 1 〈苦しいこと〉を経験する (experience); 〈…〉の目にあう: ~ a rapid change 急激な変化を被る / We have *undergone* many hardships since the war. 私たちは戦後多くの困難を経てきた.

2 〈試験・検査・手術など〉を受ける: The new engine *underwent* all the necessary tests. 新しいエンジンは必要なテストをすべて受けた / He *underwent* an operation for a stomach ulcer last week. 彼は先週胃潰瘍(かいよう)の手術を受けた. 3 〈苦しみ〉に耐える, 忍ぶ (endure): ~ many trials 多くの試練に耐える.

*****under·góne** /ˌʌndərˈɡɔːn | -dəˈɡɒn/ 動 undergo の過去分詞.

únder·gràd 名 C (略式) =undergraduate.

†**un·der·grad·u·ate** /ˌʌndərˈɡrædʒuət | -dəˈ-/ 名 (主に英) 1 C 学部学生, 大学生 (大学院生・研究員などと区別していう): an ~ at Waseda University=a Waseda University ~ 早稲田大学の(学部)学生 / a lecture for ~s 学部学生のための講義. 関連 (米) graduate[1], (英) postgraduate 大学院生. 2 [形容詞的に] 大学生の, 学部(生)の: an ~ student 学部の学生.

*****un·der·ground**[1] /ˌʌndərˈɡraʊnd | -də-/ ★副詞の underground[2] とのアクセントの違いに注意. 13 形 A 1 [比較なし] 地下の, 地下にある: an ~ passage 地下の通路 / an ~ railway (英) 地下鉄 / ~ nuclear testing 地下核実験. 2 公認[認可]されていない, 秘密の (secret); 反体制の; 前衛的な, アングラの: an ~ movement [organization] 地下[秘密]運動[組織].

—— 名 (**-grounds** /-ˈɡraʊndz/) 1 [単数形で] (英) 地下鉄 ((米) subway, (英略式) tube); [the U-] ロンドンの地下鉄. 2 [the ~; (英) 単数または複数扱い] 地下組織(運動) (特に 1960–70年代の前衛組織, アングラグループ). **by [on the] únderground** 副 (英) 地下鉄で (☞ by 名[2] 語法).

*****un·der·ground**[2] /ˌʌndərˈɡraʊnd | -də-/ ★形容詞や名詞の underground[1] とのアクセントの違いに注意. 副 1 地下に[で]; 地下にもぐって: work ~ 地下で働く. 2 秘密に, 隠れて: go ~ 地下に潜る.

ùnderground ecónomy 名 U (米) 地下経済(活動) (納税申告漏れなどで統計に現われない経済活動).

Únderground Ráilroad 名 [the ~] (米) (南北戦争以前の)奴隷解放秘密結社.

únder·gròwth 名 U 下生え, やぶ (全体).

únder·hànd 形 1 (球) 下手投げの, アンダースローの ((米) underarm, (英) overhand): an ~ throw 下手投げ, アンダースロー. 2 =underhanded. —— 副 (米) 下手投げで, アンダースローで ((英) underarm, (英) overhand): pitch ~ (野) アンダースローで投球する.

ùnder·hánded 形 (軽蔑) 内密の, 不正の.
~·ly 副 内密に, 不正に. **~·ness** 名 U 不正.

ùnder·láin 動 underlie の過去分詞.
únder·làid 動 underlay[1] の過去形.
únder·lày[2] 名 U,C (じゅうたんなどの)下敷き.

ùnder·líe 動 (**-der·lies** /-z/; 過去 **-der·lay** /-ˈleɪ/; 過分 **-der·lain** /-ˈleɪn/; **-der·ly·ing** /-ˈlaɪɪŋ/) 他 (格式) 1 [受身なし] 〈理論・行動など〉の基礎[根本]となる, 〈感情〉の底にある, 裏にある: What ~s his theory is cheap hero worship. 彼の理論の底にあるものは安っぽい英雄崇拝だ. 2 〈物〉の下にある[横たわる].

*****un·der·line**[1] /ˌʌndərˈlaɪn, ˈʌndərlàɪn | ˌʌndəˈlaɪn/ ★名詞の underline[2] とアクセントが違うことがあるに注意. 動 (**-der·lines** /-z/; **-der·lined** /-d/; **-der·lin·ing**) 名 únderline[2]) 他 1 〈語など〉の下に線を引く, 〈…〉下線を施す (underscore): U~ the right words. 正しい語の下に線を引け / Put the ~d part into Japanese. 下線部を日本語に訳せ. 2 〈…〉

の重要性を示す, 強調する (emphasize, underscore): A recent series of incidents ~s the problems of the health care system. 最近の一連の出来事は医療制度の問題をはっきりと示している.

*un・der・line² /ÀndəláIn | -də-/ ★動詞の underline¹ とアクセントが違うことがあることに注意. 名 (~s /~z/; 動 underline¹) C アンダーライン, 下線.

un・der・ling 名 C 手下, 部下.

*un・der・ly・ing /ÀndəláIIŋ | -də-´/ 形 A 1 基礎を成す; 底にある, 裏にある: the ~ principles 基礎となる原則 / the ~ motive for the murder 殺人の基になった動機. 2 〈物の〉下にある.

ùnder・mánned 形 (反 overmanned) 人手[従業員]不足の (understaffed).

ùnder・méntioned 形 A (格式) 下記の, 後述の. the undermentioned 名 [単数または複数扱い] (格式) 下記の人[もの].

*un・der・mine /Àndəmáin | -də-/ 動 他 1 〈名声・地位・健康など〉を徐々に弱める[害する], ひそかに傷つける, むしばむ: ~ efforts for a peaceful solution 平和的解決の努力を無にする / Poor food was undermining his health. 粗末な食物が彼の健康をむしばんでいた. 2 〈…の土台を侵食する; 〈…の〉下を掘る, 〈…の〉下に坑道を掘る.

*un・der・neath /Àndəní:θ | -də-/ 13 前 〈…の〉(すぐ)下に[へ]: I found this important letter ~ a pile of newspapers. 私はこの重要な手紙を新聞の山の下から見つけた.

語法 (1) underneath は under の代わりになる語であるが, 挿絵 (A) のほかに挿絵 (B) のように上から覆いかぶさるものとの接触を強調するときに用いられる. beneath も under と同じように用いられるが, これは《格式》で, (A) のように離れることを示唆することがある. (☞ 副): I wore a blue coat with a pink dress ~. 私はブルーのコートの下にピンクの服を着ていた. (2) underneath は文末で目的語が省かれることがある.

— 副 (すぐ)下に[へ]; (表面はともあれ)根底には: He may look hardhearted, but he is very kind ~. 彼は冷酷に見えるかもしれないが根はとてもやさしい.

— 名 [the ~] (英) 低[下]部, 低面, 底.
ùnder・nóurished 形 栄養不良の.
ùnder・nóurishment 名 U 栄養不良.
ùnder・páid 動 underpay の過去形および過去分詞. — 形 十分な賃金を支払われていない.

*un・der・pants /ÀndəpÆnts | -də-/ 名 [複] パンツ, ショーツ (下着) (英) では通例男性用) ((英) pants): be in one's ~ パンツ 1 枚になっている.

ùnder・pàss 名 C 1 (立体交差の)下の道路, 陸橋[ガード]下の道路 (反 (米) overpass, (英) flyover). 2 (米) (横断用の)地下道 (英) subway).

ùnder・páy 動 (-der・pays; 過去・過分 -der・paid /-péId/; -pay・ing; 反 overpay) 他 [しばしば受身で] 〈…〉に給料[賃金]を十分に払わない; 〈税金など〉を(不当に)少なく払う: He underpaid me for the job. その仕事に対して彼は私に十分な支払いをしてくれなかった.

ùnder・perfórm 動 他 (出来が)〈…〉に及ばない, 下回る. — 自 期待[平均]に満たない.

⁺under・pín 動 (-der・pins; -der・pinned; -pin・ning) 他 1 〈…の〉土台を支える, 〈議論など〉を支持する. 2 〈壁など〉を下から支える.

ùnder・pinning 名 C 支柱; [複数形で] 基礎, 基盤.

ùnder・pláy 動 他 (反 overplay) 〈事実・関心など〉を小さく[重要でないように]見せる; 〈役など〉を控えめに[抑えて]演じる. underplay one's hánd [動] 自 手の内を見せない, 控えめに行動する.

ùnder・pópulated 形 (反 overpopulated) 人口が少ない, 過疎の.

ùnder・prívileged 形 社会的・経済的に恵まれていない: the ~ 恵まれない人たち (☞ the¹ 3). 語法 しばしば「貧しい」の意味で【婉曲】に用いる.

ùnder・prodúction 名 U (反 overproduction) 生産不足.

*un・der・ràte /Àndəréit | -də-/ 動 他 (反 overrate) [しばしば受身で] 〈人・能力など〉を低く見積もりすぎる, 過小評価する.

un・der・rát・ed /Àndəréitid | -də-´/ 形 (反 overrated) 過小評価された.

ùnder・representátion 名 U 代表不足.

ùnder・rep・re・sént・ed /Àndərèprizéntid | -də-´/ 形 十分に代表されていない.

ùnder・resóurced 形 資金[財力, 資源]不足の; 設備が不十分な.

*un・der・score /Àndəskɔ́ə | -dəskɔ́:/ 動 (-der・scor・ing /-skɔ́:rIŋ | -skɔ̀:-/) 他 (主に米) 〈…〉に下線を施す (underline); 強調する.

ùnder・séa 形 A 海底の, 海中の: an ~ cable 海底ケーブル. — 副 海底[中]で.

ùnder・sèal 名 (英) =undercoat.

ùnder・séas 副 =undersea.

ⁱùnder・sécretary 名 (-tar・ies) C [しばしば U-] 次官: a parliamentary [permanent] ~ (英) 政務[事務]次官.

ùnder・séll (-der・sells; 過去・過分 -der・sold /-sóuld/; -sell・ing) 他 1 〈相手〉より安値で売る; 〈物〉を他より安値で売る: We will not be undersold. うちの値段がどこよりも安い. 2 〈自分(のもの)〉を安売りする, 控え目に売り込む.

ùnder・sérved 形 (米) 行政の援助[サービス]が不十分な.

ùnder・séxed 形 (反 oversexed) 性欲[性的関心]が弱い.

ùnder・shírt 名 C (米) (アンダー)シャツ (特に男性用の肌着) ((英) vest).

ùnder・shóot 動 他 〈目標・的〉に届かない.

ùnder・shórts 名 [複] (米) パンツ (男性用) (underpants).

ùnder・shòt 形 下あごの出た; 〈水車など〉が下射式の.

⁺under・síde 名 [単数形で普通は the ~] 下側, 下面; 裏面, 暗黒面 (of).

ùnder・signed 形 A (格式) 下に署名した. — 名 [the ~ として単数または複数扱い] (格式) (下記の)署名人: I, the ~ 私儀, 署名者(は) (誓約書などで).

ùnder・síze(d) 形 普通より小さい, 小型の.

ùnder・skírt 名 C アンダースカート (ペチコートなど).

ùnder・slúng 形 吊り下げ式の; (自動車の車台が)懸下式の; 底部の方が大きい [重い].

ùnder・sóld 動 undersell の過去形および過去分詞.

ùnder・spénd 動 予定より少なく出費する. — 他 (予算など)を下回る出費となる.

ùnder・stáffed 形 (反 overstaffed) (病院・会社などが)職員[人手]不足の.

*un・der・stand /Àndəstǽnd | -də-/ (-der・stands /-stǽndz/; 過去・過分 -der・stood /-stúd/; -stand・ing) 他

① 理解する	1
② 〈…〉と推察する	2
③ 聞いて知っている	3

[普通は進行形なし] 1 〈人・物事〉を理解する, 〈…の〉言う

こと[気持ち, 考え]を理解する; 〈ことばなど〉がわかる, 了解する; 〈事柄〉の重要性[意義]を認識する (⇒ know 類義語): I can't [don't] ~ you. あなたの言うことがわからない / I just can't ~ modern music. 私には現代音楽はまったくわからない / The pupils didn't fully ~ why it snows. <V+O(wh 節)> 生徒たちはなぜ雪が降るのかが完全にわかったというわけではなかった / We ~ how to drive a car. <V+O(wh 句)> 私たちは自動車の運転のしかたを(頭では)わかっている / I can't ~ him [[他動]his] behaving like that. <V+O(動名)> 彼がなぜそのようにふるまったのかわからない.

2 《格式》〈…〉と**推察する**, 思う; 〈物〉を〈…と〉解する; と了解する《[普通は受身で] …を当然のことと了解する (⇒ I understand ... (成句)(1)): Am I to ~ *that* you intend to refuse? <V+O(*that* 節)> 君は断わるつもりだと考えていいんだね / I *understood* him *to* mean that he could not go with me. <V+O+C (*to* 不定詞)> 彼はいっしょに行けないと言いたいのだと私は思った / I thought it *was* understood (*that*) my expenses would be paid. 私の経費は当然支払われると思っていた.

3 《格式》〈…〉を**聞いて知っている**, 聞き及ぶ (know) (⇒ I understand ... (成句)(2)): We ~ (*that*) she is returning next month. <V+O(*that* 節)> 私たちは彼女が来月帰ってくると聞いている / He *is* *understood* to be in favor of the idea. <V+O+C (*to* 不定詞)の受身> 彼はその考えに賛成だと聞いている. **4** [普通は受身で]『文法』〈…〉を省略する.

— 圓 **理解する, わかる**, 了解する (*about*): "Do you ~?" "No, I don't (~)." 「わかりましたか」「いいえ, わかりません」/ Now, I ~! ああわかった.

as Í understànd it [副] [文修飾副] 私の理解するところでは.

Do you understánd (me)? ⓈⒶ わかったかね, いいね (忠告・警告などの後に用いられ, しばしば怒りを表わす).

gíve ... to understánd (that) — [動] 他 [しばしば受身で] 〈…〉にそれとなく…をわからせる; …と理解させる: We were *given to* ~ (*that*) he would start on June 5. 彼は 6 月 5 日に出発すると思っていた.

Is that understóod? Ⓢ =Do you understand?

I understand ... Ⓢ 《格式》(1) 〈…〉と**考える**, 〈…〉と思う: I ~ (*that*) you have no objection. あなたには異議がないと考えますが. (2) …だそうですね, …ですね.): I ~ your country is very beautiful. あなたのお国は大変美しいそうですね / Your application, I ~, is still current. あなたの申し込みはまだ有効なわけですね.

màke onesèlf understóod (外国語などで) 自分の意志を伝える, こちらの気持ちをわからせる: I am afraid I cannot *make myself understood in* English. 私は英語では自分の意志を伝えることができないのではないかと思う.

Sò I understánd. 《格式》そのように聞いている: 《会話》"He's coming to study here." "*So I* ~." 「彼はここに勉強に来るよ」「そうですってね」

Understánd? =Do you understand?

understánd each òther [one anòther] [動] 圓 お互いの気持ちがわかっている.

Understóod? =Is that understood?

***un·der·stand·a·ble** /ʌ̀ndəstǽndəbl | -də-*-/ 形 もっともな; 理解できる, 納得できる: It's ~ that he refused to comment on it. 彼が論評を拒否したのはもっともだ. **-bly** /-bli/ 副 [文修飾副] 理解できるように, …はもっともと思われる: *Understandably* (enough), he was shocked. 彼がショックを受けたのも〈全く〉道理だ.

***un·der·stand·ing** /ʌ̀ndəstǽndɪŋ | -də-/ 名 **1** Ⓤ [形容詞を伴ってしばしば an ~] 理解, 会得; わかること; [普通は所有格に](個人的な)解釈, 判断: gain a better ~ *of* the problem その問題がよりよく理解できる / I don't have *a* clear ~ *of* the causes. 私

はその原因についてははっきりわからない. **2** Ⓒ [普通は単数形で] (非公式な)取り決め, 内諾, (暗黙の)了解, 申し合わせ (*with*): an ~ *between* the two nations 2 国間の申し合わせ / There is an ~ that we don't use this hall after nine at night. このホールは夜 9 時以降は使用しないという申し合わせがある. **3** [Ⓤ または an ~] (相手の気持ち・考え方などに対する)理解, 察し; 共感: Exchange students will promote ~ *between* nations. 交換留学生は国同士の理解を深めるだろう. **4** Ⓤ 理解力, 知力, 分別: It is beyond a child's ~. それは子供の頭では理解できない無理だ. **còme to [réach] an understánding** [動] 圓 〈…と〉意志疎通する, 折り合いがつく (*with, about*). **My [Our] understánding (of—) is that ...** (…について) 私[私たち]は …と理解している. **on the understánding that ...** [接]《格式》…という条件で.   — 形 ものがわかる; 思いやりのある, 話せる: an ~ person ものわかりのいい人 / Be ~: she is a newlywed. 気をきかしてやれよ, 彼女は新婚なんだ.

⁺**ùnder·státe** 動 (反 overstate) 他 〈…〉を控えめに言う; 〈数量など〉を(実際より)少なく言う.

⁺**ùnder·státed** 形 Ⓐ [ほめて] (表現・装飾などが)控えめな, 地味な.

⁺**ùnder·státement** 名 Ⓒ 控えめなことば[表現]; Ⓤ 控えめに言うこと (very good の代わりに not bad を用いるなど). **the understátement of the yéar** [名] ごく控えめな言い方.

únder·stèer 名 Ⓤ アンダーステア (ハンドルをきった角度に比して車体がカーブでふくらむ操縦特性).

***un·der·stood** /ʌ̀ndəstʊ́d | -də-/ 動 **understand** の過去形および過去分詞.

únder·stùdy 名 (-stud·ies) Ⓒ (けいこ中の)臨時代役俳優; 代役, 代理 (*to*).   — 動 (-stud·ies; -stud·ied; -y·ing) 他 〈俳優〉の臨時代役をする; 〈役〉の代役のけいこをする.

ùnder·subscríbed 形 購読者[予約者]が少ない.

***un·der·take** /ʌ̀ndətéɪk | -də-/ 動 (**~s** /~s/; 過去 **-der·took** /-tʊ́k/; 過分 **-der·tak·en** /-téɪk(ə)n/; **-der·tak·ing**) 他《格式》**1** 〈難しい仕事・役目など〉を**引き受ける**, 請け負う, 〈…すること〉を約束する; 〈重責〉を担う: Did he ~ the mission? 彼はその役目を引き受けたか / Nobody would ~ *to* discuss debts with the company president. <V+O (*to* 不定詞)> 負債について社長と話し合おうとするものはだれもいなかった. **2** 〈…〉を企てる; 〈…〉に着手する.

***un·der·tak·en** /ʌ̀ndətéɪk(ə)n | -də-/ 動 **undertake** の過去分詞.

únder·tàker 名 Ⓒ 《古風, 英》葬儀屋《米 mortician》.

⁺**ùnder·táking**¹ 名 Ⓒ **1** [普通は単数形で] 企業, 事業, 努力の要る事; 引き受けた事; 計画: a Government ~ 国営事業 / enter a joint ~ 合併事業を始める. **2** 《格式》約束, 保証, 請け合い: 言い換え She gave him an ~ *to* follow his instructions. =She gave him an ~ *that* she would follow his instructions. 彼女は彼の指示に従うと約束した.

únder·tàking² 名 Ⓤ 《格式》葬儀業.

únder-the-cóunter 形 Ⓐ 《略式》こっそり取り引きされる, 不正な, 不法な.

únder·tòne 名 Ⓒ **1** (感情などの)底流, 潜在的要素: an ~ of hostility どことない敵意. **2** 《文》低音, 小声: speak in an ~ [~s] 小声で話す.

***un·der·took** /ʌ̀ndətʊ́k | -də-/ 動 **undertake** の過去形.

únder·tòw 名 Ⓒ [普通は単数形で] 引き波; (感情などの)底流 (*of*).

ùnder·úsed 形 十分に利用[活用]されてない.
ùnder·útilized 形 《格式》=underused.
†**ùnder·válue** 動 他 (反 overvalue) [しばしば受身で]〈…〉を過小評価する；軽視する，〈…〉を値を安く踏む.
ùnder·válued 形 過少評価された；安値の.
†**ùnder·wáter** 形 A 水面下の，水中(用)の. ━ 副 水面下[水中]で.
ùnder·wáy 形 P [活動が]進行中の；〈船が〉航行中の，〈列車が〉動いて. **be underwáy** [動] 自 =be under way 《⇒ way¹ 成句》. **gèt underwáy** [動] 自 =get under way 《⇒ way¹ 成句》. ━ 副 進行中で.
†**únder·wèar** 名 U 下着(類)，肌着《⇒ undies》：change one's ~ 下着を取り換える.
ùnder·wéight 形 (反 overweight) 重量不足の：You are [~ by two kilos [two kilos ~]. あなたは(基準などより) 2 キロ少ない.
***ùnder·wént** /ʌ̀ndəwént | -də-/ 動 undergo の過去形.
ùnder·whélm 動 他 《滑稽》〈…〉をしらけさせる.
ùnder·whélmed 形 《滑稽》しらけた.
ùnder·whélming 形 《滑稽》しらけさせるような.
únder·wìre [《英》**únder·wìred**] **(brá)** 名 C ワイヤー(入り)ブラ.
únder·wòrld 名 1 C [普通は the ~] 犯罪社会，暗黒街，やくざ[悪]の世界：the Paris ~ パリの暗黒街／leading ~ figures 暗黒街の大物たち. 2 [the ~] (ギリシャ・ローマ神話の)下界，あの世，黄泉(よみ)の国.
***ùn·der·wríte** /ʌ̀ndərάɪt | -də-/ 動 **(-der·writes** /-ráɪts/; 過去 **-der·wrote** /-róʊt/; 過分 **-der·writ·ten** /-rítn/; **-der·writ·ing** 他)《格式》〈事業・出費など〉を(資金などで)支援[負担]する (with)，《経》〈株式・社債など〉を(一括して)引き受ける：~ a bond issue 社債[公債]の発行を引き受ける. 2 《商》〈…〉の保険を引き受ける.
†**únder·wrìter** 名 C (海上)保険業者；(株式などの)引受業者.
***ùn·der·wrít·ten** /ʌ̀ndərítn | -də-/ 動 **underwrite** の過去分詞.
***ùn·der·wróte** /ʌ̀ndəróʊt | -də-/ 動 **underwrite** の過去形.
un·de·served /ʌ̀ndɪzə́ːvd | -zə́ːvd⁻/ 形 受けるに値しない，不相応の，不当な.
un·de·serv·ed·ly /ʌ̀ndɪzə́ːvɪdli | -zə́ːv-/ 副 [文修飾語]《…》にも，不当にも.
un·de·serv·ing /ʌ̀ndɪzə́ːvɪŋ | -zə́ːv-/ 形 《格式》(…に)値しない (of).
†**un·de·sír·a·ble** /ʌ̀ndɪzάɪ(ə)rəbl⁻/ 形 《格式》望ま[好ま]しくない；有害な. ━ 名 C [普通は複数形で](社会にとって)好ましくない人物. **-a·bly** /-bli/ 副 望ま[好ま]しくなく.
un·de·tect·a·ble /ʌ̀ndɪtéktəbl⁻/ 形 気づかれない，検知できない.
un·de·tect·ed /ʌ̀ndɪtéktɪd⁻/ 形 (よくない物・人が)気づかれない，看破されていない.
un·de·ter·mined /ʌ̀ndɪtə́ːmɪnd | -tə́ː-⁻/ 形 未決定の，はっきりしない.
un·de·terred /ʌ̀ndɪtə́ːd | -tə́ːd⁻/ 形 (困難などに)妨げられない，阻止されていない：He tried it again, ~ by failure. 彼は失敗にもくじけずにそれに再度挑戦した.
†**un·de·vel·oped** /ʌ̀ndɪvéləpt⁻/ 形 (土地が)未開発の，(国などが)未発展の；未発達の.
†**un·díd** /ʌ̀ndíd/ 動 undo の過去形.
un·dies /ʌ́ndiz/ 名 [複] S 《略式》(特に女性の)下着(類)《⇒ underwear》.
un·dif·fer·en·ti·at·ed /ʌ̀ndìfərénʃièɪṭɪd/ 形 区別のできない，未分化の.

un·dig·ni·fied /ʌ̀ndígnəfάɪd/ 形 威厳のない，みっともない.
un·di·lut·ed /ʌ̀ndaɪlúːṭɪd⁻/ 形 1 (液体が)薄めない. 2 [普通は A]《文》(感情などが)純粋な.
un·di·min·ished /ʌ̀ndɪmínɪʃt⁻/ 形 (力・質などが)衰えていない，弱まっていない.
un·di·plo·mat·ic /ʌ̀ndɪpləmǽṭɪk⁻/ 形 外交的手腕のない，気のきかない. **-i·cal·ly** 副 気をきかずに.
un·dis·charged /ʌ̀ndɪstʃάːdʒd | -tʃάːdʒd⁻/ 形 (勘定・借金が)未払いの；《法》(債務者が)(法的に)免責されていない.
un·dis·ci·plined /ʌ̀ndísəplɪnd⁻/ 形 規律のない，しつけの悪い.
un·dis·closed /ʌ̀ndɪsklóʊzd⁻/ 形 [普通は A] 公表されていない，秘密の.
un·dis·cov·ered /ʌ̀ndɪskʌ́vəd | -vəd⁻/ 形 発見されていない，未知の.
un·dis·crim·i·nat·ing /ʌ̀ndɪskrímɪnèɪṭɪŋ/ 形 識別力のない.
un·dis·guised /ʌ̀ndɪsgάɪzd⁻/ 形 [普通は A](感情などが)隠されていない，あからさまな.
un·dis·mayed /ʌ̀ndɪsméɪd⁻/ 形 《格式》(よくないことに)うろたえない，臆することのない.
†**un·dis·put·ed** /ʌ̀ndɪspjúːṭɪd⁻/ 形 1 異議のない，明白な. 2 (勝者などが)文句なしの.
un·dis·tin·guished /ʌ̀ndɪstíŋgwɪʃt⁻/ 形 他と区別する特徴のない；平凡な，並みの.
†**un·dis·turbed** /ʌ̀ndɪstə́ːbd | -tə́ːbd⁻/ 形 1 [普通は P] 触れられていない，手つかずの；静かな. 2 じゃまの入らない，乱されない. 3 [普通は P] 悩まされない.
un·di·vid·ed /ʌ̀ndɪvάɪdɪd⁻/ 形 1 A 完全な，わき目もふらない：She gave Tom her ~ attention. 彼女はひたすらトムに注意を払った. 2 分割されていない.
un·do /ʌ̀ndúː/ 動 (三単現 **un·does** /-dʌ́z/; 過去 **un·did** /-díd/; 過分 **un·done** /-dʌ́n/; **-do·ing**)
1 〈包み・ひもなど〉をほどく，ゆるめる，〈ボタン〉をはずす，〈衣服〉を脱ぐ，〈封筒など〉を開く：~ the package 小包を解く. 2 〈…〉を元の状態に戻す[戻す]，元どおりにする；〈努力などの結果〉をむだにする，取り消す：What's done cannot be undone.《ことわざ》一度してしまったことは戻せない. 3 《電算》〈…〉を取り消す，元に戻す(直前の操作をキャンセルする). 4 [普通は受身で]《格式》〈人など〉を破滅させる. ━ 自《電算》取り消される，元に戻る.
un·doc·u·ment·ed /ʌ̀ndάkjumèntəd | -dɔ́k-/ 形 《米》有効な査証を所持していない，不法入国[滞在]の；(情報などが)公式記録されていない.
†**un·does** /ʌ́ndʌz/ 動 undo の三人称単数現在形.
un·do·ing /ʌ̀ndúːɪŋ/ 名 U [所有格とともにまたは the ~ で]《格式》破滅の(原因)，没落：Heavy drinking was his ~. 酒の飲みすぎで彼は身をもちくずした.
†**un·done¹** /ʌ̀ndʌ́n/ 形 undo の過去分詞. ━ 形 [普通は P] 1 解けた，ほどいた，はずした，ゆるめた：One of my buttons has come ~. ボタンがひとつはずれてしまった. 2 《古語》破滅の[零落した].
un·done² /ʌ̀ndʌ́n/ 形 P なされていない，でき上がらない，未完成の. **léave ... undóne** [動] 他 〈…〉を未完成にしておく，〈…〉を中途でやめる.
***un·doubt·ed** /ʌ̀ndάʊṭɪd/ 形 [普通は A] 疑う余地のない；本物の，確実な：an ~ talent for music まぎれもない音楽的才能.
***un·doubt·ed·ly** /ʌ̀ndάʊṭɪdli/ 副 [文修飾語] 疑う余地なく，確かに《⇒ without (a) doubt (doubt 名 成句)》[語法]：She is ~ an able student. 彼女は確かによくできる学生だ.
un·dreamed-of /ʌ̀ndríːmtàv, -drémd-, -ὰv -ɔ̀v/, **un·dreamt-of** /ʌ̀ndrémtὰv, -ὰv | -ɔ̀v/ 夢にも思わない，全く意外な；思いもかけぬほどよい[悪い].
†**un·dress** /ʌ̀ndrés/ 動 他 〈…〉の服を脱がせる，〈…〉を裸にする. ━ 自 服を脱ぐ，裸になる. ━ 名 U《格

式)裸(の状態): in a state of ~ 裸(同然の身なり)で.
un·dressed /ʌndrést⁻/ 形 **1** P 服を脱いだ, 裸の; 寝間着で. **2** (傷が)包帯をしていない.   **gèt un·dréssed** [動] 衣服を脱ぐ.
un·drink·a·ble /ʌndríŋkəbl⁻/ 形 飲めない, 飲むには適さない[まずい].
†**un·due** /ʌnd(j)úː|-djúː⁻/ 形 A《格式》**1** 過度の, 非常な: ~ expenses 過度の支出 / without ~ delay あまり遅れないで. **2** 不当な, 不適当な: exert ~ influence 不当な影響力を行使する.
†**un·du·late** /ʌ́ndʒulèɪt|-djυ-/ 動 自 W《格式》(地表・土地が)起伏している; うねるように動く.
un·du·lat·ing /ʌ́ndʒυleɪtɪŋ|-djυ-/ 形 A W《格式》(ゆるやかな)起伏のある; うねるように動く.
un·du·la·tion /ʌ̀ndʒυléɪʃən|-djυ-/ 名 U《格式》波立ち, 波動, 起伏, うねり; C 起伏個所.
†**un·du·ly** /ʌnd(j)úːli|-djúː-/ 副《格式》過度に, はなはだしく.
un·dy·ing /ʌndáɪɪŋ/ 形 A《文》(名声・感情などが)不滅の, 不朽の; 絶えない, 尽きない.
un·earned /ʌnə́ːnd|-ə́ːnd⁻/ 形 **1** (所得などが)労せずして得た: ~ income 不労所得. **2** 不相応な, 不当. **3**《野》(得点が)相手のミスで得た.
†**un·earth** /ʌnə́ːθ|-ə́ːθ/ 動 他 **1** (事実などを)発見する, 明るみに出す. **2** (...)を掘り出す, 発掘する.
un·earth·li·ness /ʌnə́ːθlɪnəs|-ə́ːθ-/ 名 U この世の物とも思われないこと; 気味悪さ.
un·earth·ly /ʌnə́ːθli|-ə́ːθ-⁻/ 形 **1** 普通は A この世の物とも思われない; 気味の悪い. **2** A《略式》(時間が)とんでもない(非常識に早すぎるか遅すぎるかして): Why did you call me at this ~ hour? どうしてこんなとんでもない時間に電話してくるんだ.
un·ease /ʌníːz/ 名 U《主に文》=uneasiness.
un·eas·i·ly /ʌníːzɪli/ 副 不安そうに, 心配して; 窮屈そうに; 不安定に, 心もとなく: His plan sits ~ with his ideal. 彼の計画は理想とそぐわない.
un·eas·i·ness /ʌníːzɪnəs/ 名 U 不安, 心配.
*__un·eas·y__ /ʌníːzi⁻/ 形 (**-eas·i·er** /-ziə|-ziə/; **-eas·i·est** /-ziɪst/) **1** 不安な, 心配な, 気にかかる (anxious): in ~ silence 心配しながら沈黙して / She felt ~ *about* her future.〈A+*about*+名·代〉彼女は将来が不安だった. ★ easy 1 の反対の意味ではない(☞ ア). **2** 普通は A [新聞で] (状態·関係などが)不安定な, 心もとない: an ~ truce 不安定な休戦. **3** 心地のよくない, 窮屈な, 堅苦しい (uncomfortable), 落ち着かない: an ~ sleep 心地よくない眠り / He gave an ~ laugh. 彼はぎこちなく笑った. **4** (本·音楽などが)簡単でない, むずかしい; [新聞で] (複数のものが)うまくかみあわない, 落ちつかない.
un·eat·a·ble /ʌníːtəbl⁻/ 形 (食べ物などが)食べられない (古くなったりして; ☞ inedible).
un·eat·en /ʌníːtn⁻/ 形 W 食べられていない.
un·ec·o·nom·ic /ʌ̀nekənámɪk, -ìːk-|-nɔ́m-⁻/ 形 **1** (産業・工場などが)利益の上がらない, 非経済的な. **2** =uneconomical.
un·ec·o·nom·i·cal /ʌ̀nekənámɪk(ə)l, -ìːk-|-nɔ́m-⁻/ 形 (方法などが)不経済な, むだの多い. **-cal·ly** /-kəli/ 副 不経済に, むだに.
un·ed·i·fy·ing /ʌnédəfàɪɪŋ/ 形《格式》啓発的でない, 不道徳な, けしからぬ.
un·ed·u·cat·ed /ʌnédʒυkèɪtɪd/ 形 教育を受けていない, 無学の.
un·e·lect·ed /ʌ̀nɪléktɪd⁻/ 形 (役人が)選挙で選ばれていない.
un·e·mo·tion·al /ʌ̀nɪmóυʃ(ə)nəl⁻/ 形 感情を表わさない, 無感情の. **~·ly** 副 無感情で.
un·em·ploy·a·ble /ʌ̀nɪmplɔ́ɪəbl, -em-⁻/ 形 (職員・使用人として)雇えない, 雇用に向かない.
*__un·em·ployed__ /ʌ̀nɪmplɔ́ɪd, -em-⁻/ 形 失業した,

uneventful 1935

仕事のない: *the* (long-term) ~ (長期)失業者たち(複数名詞のように扱われる; ☞ the¹ 3) / The government should create jobs for ~ young people. 政府は若い失業者のための雇用を創出すべきだ.
*__un·em·ploy·ment__ /ʌ̀nɪmplɔ́ɪmənt, -em-/ **U1** 名 U **1** 失業率, 失業者数: high [low] ~ 高[低]失業率 / U~ rose to 5.2%. 失業率が 5.2% に上昇した. **2** 失業; 失業状態: the ~ problem 失業問題 / A construction slump caused mass ~. 建設業の不振が大量失業を招いた. **3**《米略式》=unemployment benefits.
†**unemployment bènefits** [[英] bènefit] 名 U《古風》失業手当: claim [receive, live off] ~ 失業手当を請求する[を受ける, で生活する].
unemplóyment compensàtion 名 U《米》=unemployment benefits.
unemplóyment insùrance 名 U 失業保険.
unemplóyment lìne 名 C《米》=dole queue (☞ dole 成句).
unemplóyment ràte 名 C 失業率.
un·en·cum·bered /ʌ̀nɪnkʌ́mbəd, -en-|-bəd⁻/ 形 じゃまのない, 妨げのない (by).
un·end·ing /ʌnéndɪŋ/ 形 [普通は A] (よくないことが)終わることのない, いつまでも続く: I'm tired of her ~ complaints. 彼女の不平にはもううんざりだ.
un·en·dur·a·ble /ʌ̀nɪnd(j)ύ(ə)rəbl, -en-|-djυər-⁻/ 形《格式》我慢できない, 耐えられない.
un·en·force·a·ble /ʌ̀nɪnfɔ́əsəbl, -en-|-fɔ́ːs-⁻/ 形 施行できない, 強制しえない.
un·en·thu·si·as·tic /ʌ̀nɪnθ(j)ùːziǽstɪk, -en-⁻/ 形 熱心でない, 熱の入ってない. **-ti·cal·ly** 副 熱心でなく.
un·en·vi·a·ble /ʌnénvɪəbl⁻/ 形 [普通は A] うらやむほどのことはない; (仕事・状況などが)嫌な, やっかいな.
†**un·e·qual** /ʌníːkwəl⁻/ 形 **1** [普通は A] つり合いな, 不平等な, 一方的な; ふぞろいの, 一様でない: ~ pay 格差のある賃金 / an ~ contest 互角でない競技. **2** (格式) (数・量・価値などが)等しくない, 同等でない: These ropes are '~ *in* length [*of* ~ length]. これらのロープは長さが同じではない. **3** P《格式》(人が仕事などに)適さない, (...に)耐えられない: Meg is ~ *to* the task. メグにはその仕事をこなす力はない.
un·e·qualed,《英》**un·e·qualled** /ʌníːkwəld⁻/ 形 匹敵するもののない, 無敵の, 無比の.
un·e·qual·ly /ʌníːkwəli/ 副 不平等に; 不均一で.
†**un·e·quiv·o·cal** /ʌ̀nɪkwívək(ə)l⁻/ 形《格式》あいまいでない, 紛らわしくない; 明白な. **-cal·ly** /-kəli/ 副 あいまいでなく, はっきりと.
un·err·ing /ʌnə́ːrɪŋ, ʌné(ə)r-, -ə́ːr-⁻/ 形 [普通は A] 誤らない, 間違わない (判断などが)的確な. **~·ly** 副 誤らないで, 間違わずに; 的確に.
UNESCO, U·nes·co /juːnéskoυ/ 名 圏 ユネスコ, 国際連合教育科学文化機関(the United Nations Educational, Scientific, and Cultural Organization の略; acronym).
un·eth·i·cal /ʌnéθɪk(ə)l⁻/ 形 (職業などの)倫理[道義, ルール]に反する, (やり方が)きたない. **-cal·ly** /-kəli/ 道義に反して.
†**un·e·ven** /ʌníːv(ə)n⁻/ 形 **1** 平らでない, でこぼこの: ~ ground でこぼこの地面. **2** (質・量などが)一様でない, むらのある; 不規則な. **3** (試合などが)互角でない, つり合わない. **~·ly** 副 でこぼこに; 平等[互角]でなく, つり合わずに, 一様でなく. **~·ness** 名 U でこぼこ(状態); 不つり合い; むら(のあること).
un·e·vent·ful /ʌ̀nɪvéntf(ə)l⁻/ 形 (年・生涯などが)事件のない, 波乱のない, 平穏無事な. **-ful·ly** /-fəli/

un・ex・am・ined /ʌ̀nɪgzémɪnd, -eg-|-zǽm-⁻/ 形 検討[吟味]されていない.

un・ex・cep・tion・a・ble /ʌ̀nɪksépʃ(ə)nəbl, -ek-⁻/ 形《格式》非の打ち所のない; 平凡な.

un・ex・cep・tion・al /ʌ̀nɪksépʃ(ə)nəl, -ek-⁻/ 形 例外でない, 普通の, 平凡な.

un・ex・cit・ing /ʌ̀nɪksáɪtɪŋ⁻/ 形 興奮させない, つまらない.

un・ex・cused /ʌ̀nɪkskjúːzd, -eks-⁻/ 形 許されていない: an ~ absence 無断欠席.

*__un・ex・pect・ed__ /ʌ̀nɪkspéktɪd, -eks-⁻/ 形 1 予期しない, 思いがけない, 意外な: an ~ event 予期せぬ出来事 / an ~ shower 突然の雨 / That's totally ~. それは全く意外だ. 2 [the ~ として名詞的に] 単数扱い] 予期せぬこと. **~・ly** 副 思いがけず, 意外にも; 不意に: I met him quite *unexpectedly*. 私は全く偶然に彼と出会った.

un・ex・pect・ed・ness /ʌ̀nɪkspéktɪdnəs, -eks-/ 名 U 思いがけないこと, 意外(さ).

un・ex・pired /ʌ̀nɪkspáɪəd, -eks-|-páɪəd-/ 形《普通は A》(協定・期間などが)有効の, 期限が来ていない.

*__un・ex・plained__ /ʌ̀nɪkspléɪnd, -eks-⁻/ 形 説明[解明]されていない; なぞの.

un・ex・plod・ed /ʌ̀nɪksplóʊḍɪd, -eks-⁻/ 形 A (爆弾などが)不発の.

un・ex・plored /ʌ̀nɪksplɔ́əd, -eks-|-plɔ́ːd-⁻/ 形 1 (場所が)探検[調査]されていない. 2 (考えが)検討[吟味]されていない.

un・ex・pressed /ʌ̀nɪksprést, -eks-⁻/ 形 (考えなどが)表現されていない.

un・ex・pur・gat・ed /ʌ̀nékspəgèɪtɪd|-pə-/ 形《格式》(書物・映画などが)(いかがわしいところを)削除されていない, 無削除の.

un・fail・ing /ʌ̀nféɪlɪŋ⁻/ 形 [ほめて] (支援などが)尽きることのない, 絶えない;《普通は A》確かな, 信頼できる. **~・ly** 副 常に, 絶えることなく.

*__un・fair__ /ʌ̀nféə|-féə⁻/ 形 (**-fair・er** /-féə(ə)rə|-rə/; **-fair・est** /-féə(ə)rɪst/) 1 不公平な; 公正でない; 不当な: ~ competition 不公平な競争 / ~ tax systems 不公平税制 / ~ dismissal 不当解雇 / an ~ advantage 不当に有利な立場 / The new company rule was ~ *to* [*on*] older workers. <A+*to* [*on*]+名・代> 新しい社則は年配の労働者たちには不公平だった. 2 不正な, 不正直な, ずるい. **~・ly** 副 不公平に; 公正でなく; 不当に. **~・ness** 名 U 不公平さ; 不当さ.

un・faith・ful /ʌ̀nféɪθf(ə)l⁻/ 形 1 (夫または妻・恋人に)不貞な (to). 2《文》忠実[誠実]でない. **-ful・ly** /-fəli/ 副 不貞に; 不忠実に. **~・ness** 名 U 不貞.

un・fal・ter・ing /ʌ̀nfɔ́ːltərɪŋ, -trɪŋ⁻/ 形《格式》ちゅうちょしない, 断固とした. **~・ly** 副 ちゅうちょしないで.

*__un・fa・mil・iar__ /ʌ̀nfəmíljə|-liə-⁻/ 形 1 (物事が人に)よく知られていない, なじみのない: The voice on the phone was ~ *to* me. 電話の声は私には聞き覚えのないものだった. 2 P (人が)よく知らない, (...に)なじみがない: I am ~ *with* this issue. この件はよく知らない.

un・fa・mil・i・ar・i・ty /ʌ̀nfəmìliǽrəti/ 名 U よく知られ(てい)ないこと (to); 不案内.

*__un・fash・ion・a・ble__ /ʌ̀nfǽʃ(ə)nəbl⁻/ 形 流行遅れの, はやらない; 流行に従わない, 評判のよくない. **-a・bly** /-əbli/ 副 流行遅れに; 流行に従わないで.

un・fas・ten /ʌ̀nfǽsn|-fɑ́ːsn/ 動 他 (...を)ほどく, ゆるめる. — 自 ほどける, はずれる, ゆるむ.

un・fath・om・a・ble /ʌ̀nfǽðəməbl⁻/ 形《文》不可解な, 解決できない. **-a・bly** /-əbli/ 副 不可解に(も).

un・fa・vor・a・ble, 《英》**-fa・vour・a・ble** /ʌ̀nféɪv(ə)rəbl⁻/ 形 1 不運な, 不利な, 逆の; (...にとって)都合の悪い (to, for): ~ weather あいにくの天気 / an ~ wind 逆風. 2 好意的でない, 反対の. **-a・bly** /-əbli/ 副 不利に; 好意的でなく.

un・fazed /ʌ̀nféɪzd⁻/ 形《略式》動じない, 平然とした (by).

un・fea・si・ble /ʌ̀nfíːzəbl⁻/ 形 実行できない; もっともらしくない.

un・fea・si・bly /ʌ̀nfíːzəbli/ 副 [しばしば滑稽に] とてつもなく, 非常に.

un・feel・ing /ʌ̀nfíːlɪŋ⁻/ 形 W 冷酷な, 無情の; 感覚のない. **~・ly** 副 冷酷に, 無情に; 無感覚に.

un・feigned /ʌ̀nféɪnd⁻/ 形《格式》偽りのない, 真実の, 誠実な.

un・fenced /ʌ̀nfénst⁻/ 形 (道路などが)柵のない, 囲いのない.

un・fet・tered /ʌ̀nfétəd|-təd⁻/ 形《格式》制限されていない, 自由な.

un・filled /ʌ̀nfíld⁻/ 形 1 (欠員が)補充されていない. 2 (注文が)未発送の. 3 (会話で)間があいた. 4 (ケーキが)中が詰まっていない.

*__un・fin・ished__ /ʌ̀nfínɪʃt⁻/ 形 1 でき上がっていない, 未完成の: ~ business 未解決の問題. 2 荒削りの, 仕上げがされていない.

*__un・fit__ /ʌ̀nfít⁻/ 形 (**-fit・ter**; **-fit・test**) [普通は P] 1 (人・物が)不適当な, 不適格な, 不向きな; (...の)能力[適性]に欠ける: food ~ *for* human consumption 食用には向かない食品 / He is ~ *to* be a teacher. 彼は (人間的に)教師の資格がない. 2 体調の不十分な.

un・fit・ted /ʌ̀nfítɪd⁻/ 形《格式》不適格の, 不向きな (for; to do).

un・flag・ging /ʌ̀nflǽgɪŋ⁻/ 形《普通は A》衰えることのない, 疲れを知らぬ. **~・ly** 副 衰えることなく.

un・flap・pa・ble /ʌ̀nflǽpəbl⁻/ 形《略式》(危機に臨んでも)動じない, 冷静な, 泰然とした. **-pa・bly** /-pəbli/ 副 冷静に.

un・flat・ter・ing /ʌ̀nflǽtərɪŋ, -trɪŋ⁻/ 形 実物以下に見せる; 好意的でない.

un・flinch・ing /ʌ̀nflíntʃɪŋ⁻/ 形 A ひるまない; 断固たる. **~・ly** 副 ひるまずに; 断固として.

un・fo・cused, 《英》**un・fo・cussed** /ʌ̀nfóʊkəst⁻/ 形 1 (計画・考えなどが)目標の定まっていない. 2 (目の焦点があっていない.

*__un・fold__ /ʌ̀nfóʊld/ 動 (**un・folds** /-fóʊldz/; **-fold・ed** /-ɪd/; **-fold・ing**) 他 1 〈折りたたんだものを〉広げる, 開く (open): ~ the map 地図を広げる / The man was fólding and *unfólding* his arms. その男は腕を組んだり広げたりしていた (⇨ un- 語法). 2 〈物語〉を語る;《格式》〈計画など〉を打ち明ける, 表明する. — 自 1 〈物語・事態・景色などが〉明らかになる, 展開する. 2 〈折りたたみ式のものなどが〉開く, 広がる.

un・forced /ʌ̀nfɔ́əst|-fɔ́ːst⁻/ 形 1 〖主にスポ〗(エラーが)自ら招いた. 2 不自然でない, 無理ではない.

un・fore・see・a・ble /ʌ̀nfɔəsíːəbl|-fɔː-⁻/ 形 予期[予見]できない.

*__un・fore・seen__ /ʌ̀nfɔəsíːn|-fɔː-⁻/ 形 予期せぬ, 思いがけない: ~ circumstances 不測の事態.

*__un・for・get・ta・ble__ /ʌ̀nfəgétəbl|-fə-⁻/ 形《普通はほめて》忘れられない, いつまでも記憶に残る. **-ta・bly** /-əbli/ 副 忘れられないほどに.

un・for・giv・a・ble /ʌ̀nfəgívəbl|-fə-⁻/ 形 許せない, 容赦できない. **-a・bly** /-əbli/ 副 許せないほどに.

un・for・giv・ing /ʌ̀nfəgívɪŋ|-fə-⁻/ 形 W《格式》(人が)許そうとしない, 容赦ない; (事態が)厳しい; (場所が)住みにくい.

un・formed /ʌ̀nfɔ́əmd|-fɔ́ːmd⁻/ 形《格式》まだ形を成していない, 未成熟の.

un・forth・com・ing /ʌ̀nfɔəθkʌ́mɪŋ|-fɔː-θ-⁻/ 形 口の重い[堅い], 愛想のない.

*un·for·tu·nate /ʌnfɔ́ətʃ(ʊ)nət | -fɔ́:-/ 形 1 不運な, 不幸な, 不幸せな: ~ lovers 不幸な恋人たち / the fórtunate and the unfórtunate 幸運な人たちと不運な人たち《複数名詞のように扱われる; ☞ the¹ 3》. 語法 言い換え He was ~ (enough) to get involved in the incident. <A+to 不定詞>=It was ~ for him that he got involved in the incident. 彼にもその事件に巻き込まれた / It was ~ that she was out when her uncle called. おじさんが電話してきたときに彼女は不運にも外出していた. 語法 (1) unlucky よりも unfortunate ばった語. (2) unlucky よりも偶然性が薄く重大な結果を表わすことがある. 2 《格式》遺憾な, 残念な: It is most ~ that you (should have) behaved like that. あなたがそんなふるまいをしたとはまことに残念だ. 3 《格式》不適当な, 無礼な: an ~ choice of words 不適当な[避けるべき]ことばを使うこと.
── 名 C 《文》(滑稽) 不運な[恵まれない] 人, 不幸な人.

*un·for·tu·nate·ly /ʌnfɔ́ətʃ(ʊ)nətli | -fɔ́:-/ 文修飾語 不運にも, 不幸にも, あいにく; 運悪く: U~, I was not there. あいにく私はそこにいなかった / U~ for us, it began to rain. 我々にとって運の悪いことに雨が降りだした / I can't see you, ~. 残念ですが会えません.

⁺un·found·ed /ʌnfáʊndɪd⁻/ 形 W 根拠のない, 事実無根の, 理由のない: ~ rumors 事実無根のうわさ.

un·freeze /ʌnfrí:z/ 動 (un·freez·es; un·froze /ʌnfróʊz/; un·fro·zen /ʌnfróʊzn/; un·freez·ing) 他 1 〈雪・氷など〉を解かす; 〈冷凍した物〉を解凍する. 2 《経》〈予算・資産など〉の凍結を解除する. ── 自 〈雪・氷などが〉解ける.

un·fre·quent·ed /ʌnfrì:kwéntɪd⁻/ 形 《格式》(めったに)人の行かない, 人跡まれな.

⁺un·friend·ly /ʌnfréndli⁻/ 形 (-friend·li·er, -li·est) 不親切な, やさしくない, 冷たい, 敵意のある (to, toward); 都合の悪い (to); 使いにくい, 操作しにくい.

un·frock /ʌnfrɑ́k | -frɔ́k/ 動 他 《普通は受身で》〈...〉の聖職を剥奪(ばくだつ)する (defrock).

un·frocked /ʌnfrɑ́kt | -frɔ́kt⁻/ 形 聖職をとかれた.

un·fruit·ful /ʌnfrú:fl⁻/ 形 《格式》1 むだな, むなしい. 2 実を結ばない, 実らない; 不毛の.

⁺un·ful·filled /ʌnfʊlfíld⁻/ 形 1 〈願い・約束など〉が果たされていない. 2 〈人が〉満足していない.

un·fund·ed /ʌnfʌ́ndəd⁻/ 形 《計画など》資金[財源]のない.

⁺un·fun·ny /ʌnfʌ́ni⁻/ 形 《格式》〈冗談など〉が全然おもしろくない, つまらない.

⁺un·furl /ʌnfɚ́:l | -fɔ́:l/ 動 他 〈帆・旗など〉を広げる.
── 自 〈帆・旗などが〉広がる; 《文》〈物語などが〉展開する.

un·fur·nished /ʌnfɚ́:nɪʃt | -fɔ́:-/ 形 《部屋など》家具を備えてない, 備品[造作]のない.

un·gain·li·ness /ʌngéɪnlinəs/ 名 U 不格好.

un·gain·ly /ʌngéɪnli⁻/ 形 不格好な, 見苦しい.

un·gen·er·ous /ʌndʒén(ə)rəs⁻/ 形 《格式》1 寛大ではない, 度量の狭い; けちな. 2 〈批評・態度など〉が好意的でない, 思いやりのない. -·ly 副 度量が狭く; けちに; 思いやりがなく.

un·gen·tle·man·ly /ʌndʒéntlmənli⁻/ 形 紳士的でない, 無作法な.

un·glam·or·ous /ʌnglǽm(ə)rəs⁻/ 形 魅力のない, つまらない.

un·glued /ʌnglú:d/ 形 《次の成句で》 còme un·glúed [動] 《米格式》(1) 失敗する; ばらばらになる. (2) 気が動転する, かっとなる.

un·god·li·ness /ʌngɑ́dlinəs | -gɔ́d-/ 名 U 1 《略式》とんでもないこと. 2 《文》不信心.

un·god·ly /ʌngɑ́dli | -gɔ́d-/ 形 (-god·li·er, -li·est) 1 A 《略式》〈時間・数量など〉がとんでもなく, ひどい, むちゃな: at an ~ hour 非常識な時間に. 2 《文》神を敬わない, 不信心の.

un·gov·ern·a·ble /ʌngʌ́vənəbl | -vən-⁻/ 形 《国などが》統治できない; 《格式》抑制できない, 手に負えない.

un·gra·cious /ʌngréɪʃəs⁻/ 形 《格式》礼儀知らずの, 無礼な. -·ly 副 無礼にも, ぶしつけに. ~·ness 名 U 無礼.

un·gram·mat·i·cal /ʌngrəmǽtɪk(ə)l⁻/ 形 文法にかなっていない, 文法的に正しくない. -cal·ly /-kəli/ 副 文法に反して.

un·grate·ful /ʌngréɪtfl⁻/ 形 感謝をしていない, 恩知らずの (for, to). -ful·ly /-fəli/ 副 ありがたいとも思わずに, 恩知らずに. ~·ness 名 U 恩知らず.

un·guard·ed /ʌngɑ́ədɪd | -gɑ́:d-⁻/ 形 無防備の; 〈ことばなどが〉不用意な, 気を緩(ゆる)めた. in an un·gúarded móment [副] ついうっかりして.

un·guent /ʌ́ŋgwənt/ 名 C 《文》軟膏(なんこう) (ointment).

un·ham·pered /ʌnhǽmpəd | -pəd⁻/ 形 W じゃまされない, 妨げられない.

un·hand /ʌnhǽnd/ 動 他 《古語》〈...〉を手を離す.

un·hap·pi·ly /ʌnhǽpɪli/ 副 1 不幸に, 不運に. 2 文修飾語 W 《古風》運悪く, 不幸にも, あいにく. 語法 この意味では unfortunately のほうが普通.

un·hap·pi·ness /ʌnhǽpɪnəs/ 名 U 不幸; 不満.

*un·hap·py /ʌnhǽpi⁻/ 形 (-hap·pi·er /-pɪə | -pɪə/; -hap·pi·est /-pɪɪst/) 1 不幸な, 不運な, 悲しい, みじめな: live an ~ life 不幸な生涯を送る / Both háppy and únháppy people gathered at the church. 幸せな人たちも不幸せな人たちも教会に集まった《☞ un- 語法》.
2 不満な, 不満に思って, おもしろくない: The pitchers are ~ about [at, with] the way the manager uses them. <A+前+名・代> 投手たちは監督の自分たちの起用法に不満である. 3 《格式》運の悪い, あいにくの; 不吉な: By (an) ~ chance she had gotten the last seat on the plane that crashed. 不運なことに彼女は墜落した飛行機の最後の座席を買っていた. 4 《普通は A》《格式》〈ことばなどが〉適切でない, まずい: an ~ remark まずい発言.

⁺un·harmed /ʌnhɑ́əmd | -hɑ́:md⁻/ 形 W 傷を受けていない, 無傷で, 無事に: The hostages were released ~. 人質たちは無事に解放された.

UNHCR /jú:ènèɪtʃsí:ɑ́ə | -ɑ́:/ 略 =United Nations High Commissioner [Commission] for Refugees 国連難民高等弁務官(事務所).

un·health·i·ly /ʌnhélθɪli/ 副 不健康[不健全]に.

un·health·i·ness /ʌnhélθinəs/ 名 U 不健康(な状態); 不健全.

⁺un·health·y /ʌnhélθi⁻/ 形 (-health·i·er; -i·est) 1 《環境・気候など》が健康に悪い. 2 《経済状況など》が健全でない, 弱い. 3 《精神的・道徳的に》不健全な. 4 《人・動物が》不健康な, 病身の; 〈顔色・皮膚など〉が不健康そうな.

un·heard /ʌnhɚ́:d | -hɚ́:d⁻/ 形 1 聞いたことのない, 聞き慣れない; 聞いてもらえない, 弁明を許されない. gò unhéard [動] 自 W 無視される; 聞き流される.

⁺un·heard-of /ʌnhɚ́:dɑ̀v, -ʌ̀v | -hɚ́:dɔ̀v/ 形 前例のない, 前代未聞の.

un·heed·ed /ʌnhí:dɪd⁻/ 形 W 《文》〈警告などが〉気に留められない, 無視された. gò unhéeded [動] 自 W 《文》無視される.

⁺un·help·ful /ʌnhélpfl⁻/ 形 役に立たない, 助けにならない. -ful·ly /-fəli/ 副 役に立たずに. ~·ness 名 U 役に立たないこと.

un·her·ald·ed /ʌnhérəldɪd⁻/ 形 1 《新聞で》世に知られていない, 無名の. 2 思いがけない.

un·hes·i·tat·ing /ʌnhézətèɪtɪŋ⁻/ 形 ちゅうちょしない, ためらわない. ~·ly 副 ちゅうちょせずに, すぐさま.

un·hin·dered /ʌnhíndəd | -dəd⁻/ 形 妨害されて

un·hinge /ʌnhíndʒ/ 動 他 **1** [普通は受身で]〈人・精神〉を狂わせる. **2**〈…〉のちょうつがいを外す; 揺らがす.

un·hinged /ʌnhíndʒd/ 形 **1** [普通は滑稽]精神的におかしい. **2** [新聞で](行動などが)手に負えない.

un·hip /ʌnhíp/ 形《俗》流行遅れの, 野暮な.

un·hitch /ʌnhítʃ/ 動 他 〈…〉を解き放す. **get un·hitched** 動《米略式》離婚する.

un·ho·ly /ʌnhóuli/ 形 [比較なし] A **1** 不信心な, 邪悪な; 神聖でない, 不浄な: an ~ alliance (よからぬ目的のための)けしからん[いかがわしい]同盟. **2**《略式》ひどい, とんでもない: make an ~ row どんちゃん騒ぎをする.

un·hook /ʌnhúk/ 動 他 〈…〉をかぎからはずす (from);〈衣類など〉のホックをはずす.

un·hoped-for /ʌnhóuptfɔː | -fɔː/ 形 思いがけない, 望外の: an ~ success 望外の成功.

un·hur·ried /ʌnhə́ːrɪd | -hʌ́r-/ 形 [ほめて]急がない, ゆっくりとした. **~·ly** 副 急がずに.

un·hurt /ʌnhə́ːt | -hə́ːt/ 形 無傷で.

un·hy·gien·ic /ʌnhaɪdʒíːnɪk/ 形 非衛生的な, 不潔な. **-i·cal·ly** /-kəli/ 副 非衛生的に.

u·ni /júːni/ 名 C《英·豪》大学 (university).

u·ni- /júːni/ 接頭「1, 単」の意《☞ unite 単語の記憶》: *unicycle* 一輪車 / *uniform* 制服.

u·ni·cam·er·al /jùːnɪkǽm(ə)rəl/ 形 A《政》(議会が)一院(制)の. 関連 bicameral 二院(制)の.

UNICEF /júːnəsèf/ 名 固 ユニセフ, 国連児童基金 (United Nations International Children's Emergency Fund の略.《☞ acronym; 現在の名称は United Nations Children's Fund).

u·ni·corn /júːnəkɔ̀ən | -kɔ̀ːn/ 名 C 一角獣(頭に角がある馬に似た想像上の動物).

u·ni·cy·cle /júːnɪsàɪkl/ 名 C 一輪車(曲芸用).

un·i·den·ti·fi·a·ble /ʌnaɪdéntəfàɪəbl/ 形 身元[正体]が確認できない.

***un·i·den·ti·fied** /ʌnaɪdéntəfàɪd/ 形 身元[国籍]不明の, 正体不明の; 未確認の: news from ~ sources 出所不明のニュース / Four bodies were ~. 4遺体が身元不明であった.

unicorn

unidéntified flýing óbject 名 C =UFO.

***u·ni·fi·ca·tion** /jùːnəfɪkéɪʃən/ 名 U (動 únify) 統一, 単一化: U~ of currency is now being discussed at the conference. 通貨の統一について現在会議で話し合われている.

Unificátion Chùrch 名 固 [the ~] 統一教会(1954年に韓国の文鮮明が始めた宗教団体).

u·ni·fied /júːnəfàɪd/ 形 [普通は A] 統一[統合]された, 一様の.

***u·ni·form** /júːnəfɔ̀əm | -fɔ̀ːm/ (アクセント) 名 (~s /-z/) C, U 制服, ユニフォーム; 軍服《☞ unite, form 単語の記憶》: (a) school ~ 学校の制服 / (a) combat ~ 戦闘服 / All the students at this school wear blue ~(s). この学校の生徒はみな紺地の制服を着る. 語源 ラテン語で「1つの形」の意;《☞ uni-, form.

in úniform [形·副] 制服を着た[て]; 軍服を着た[て]; 軍隊に所属する: a policeman *in* ~ 制服を着た警官.
── 形 (名 ùnifórmity) [比較なし] **1** 一様の, 一定の, 不変の: keep a room at a ~ temperature 室内を一定の温度に保つ / turn at a ~ rate 一定の速度で回る. **2** 同一の, 同形の; 均一の, むらのない: buildings of [in] a ~ style 同一様式の建物 / These sticks are of ~ length. これらの棒はみな同じ長さだ.

***u·ni·formed** /júːnəfɔ̀əmd | -fɔ̀ːmd/ 形 [普通は A] 制服を着た.

***u·ni·form·i·ty** /jùːnəfɔ́əməṭi | -fɔ́ː-/ 名 (形 úni·fòrm) U 一様, 均一, 一律 (in).

ú·ni·fòrm·ly 副 一様に, 一定して, 均等に.

***u·ni·fy** /júːnəfàɪ/ 動 (**u·ni·fies** /~z/; **u·ni·fied** /~d/; **-fy·ing**) 他 (名 ùnificátion) 〈…〉を統一する, 統合する, 一つにする (with);〈…〉を一様にする: West and East Germany *were unified* in 1990.〈V+Oの受身〉東西両ドイツは1990年に統一された.
── 自 一つになる, 一体となる (with).

-u·ni·fy·ing /júːnəfàɪɪŋ/ 形 統一させる, 一つにまとめる.

†**u·ni·lat·er·al** /jùːnɪlǽṭərəl, -trəl/ 形 [普通は A]《格式》**1** 面の; (行動·決定などの)一方(的)の, 片側のみの: ~ disarmament 一方的軍縮. 関連 bilateral 2面の / multilateral 多面的の.

u·ni·lat·er·al·ism /jùːnɪlǽṭərəlìzm, -trə-/ 名 U 一方的軍備廃棄[軍縮]論, 一方的政策.

u·ni·lat·er·al·ly /jùːnɪlǽṭərəli, -trə-/ 副 一方的に.

†**un·i·mag·in·a·ble** /ʌnɪmǽdʒ(ə)nəbl/ 形 W 想像できない; 思いもつかない. **-a·bly** 副 想像ができないように, 思いもよらないほど.

un·i·mag·i·na·tive /ʌnɪmǽdʒ(ə)nəṭɪv/ 形 (人などが)想像力のない; (ものが)おもしろくない, 退屈な; 目新しくない. **~·ly** 副 想像力がなく; おもしろくなく.

un·i·mag·ined /ʌnɪmǽdʒɪnd/ 形 [普通は A]《文》信じられない.

un·im·paired /ʌnɪmpéəd | -péəd/ 形 W 損なわれていない.

un·im·peach·a·ble /ʌnɪmpíːtʃəbl/ 形《格式》非難できない, 申し分のない; 信頼できる: ~ character 申し分のない性格 / from an ~ source [authority] 確実な筋から. **-a·bly** /-əbli/ 副 申し分なく.

un·im·ped·ed /ʌnɪmpíːdɪd/ 形《格式》妨げられていない, じゃまされない.

†**un·im·por·tant** /ʌnɪmpɔ́ətnt | -pɔ́ː-/ 形 重要でない, ささいな, つまらない.

†**un·im·pressed** /ʌnɪmprést/ 形 P (人が)感銘を受けて(いない) (by, with).

un·im·pres·sive /ʌnɪmprésɪv/ 形 印象的でない, 感銘を与えない.

un·im·proved /ʌnɪmprúːvd/ 形《主に米》(土地が)耕作されていない, (敷地として)利用されていない.

un·in·cor·po·rat·ed /ʌnɪnkɔ́əpərèɪṭɪd | -kɔ́ː-/ 形 (土地などが)自治体として認可されていない.

un·in·for·ma·tive /ʌnɪnfɔ́əməṭɪv | -fɔ́ː-/ 形 情報価値が(少)なく役立たない.

un·in·formed /ʌnɪnfɔ́əmd | -fɔ́ːmd/ 形 **1** 情報を与えられていない, 事情を知らされていない (about). **2** 無知な, 無学な.

un·in·hab·it·a·ble /ʌnɪnhǽbɪṭəbl/ 形 居住に適さない, 人が住めない.

un·in·hab·it·ed /ʌnɪnhǽbɪṭɪd/ 形 人の住まない, 住民のいない, (島などが)無人の.

un·in·hib·it·ed /ʌnɪnhíbɪṭɪd/ 形 [ほめて] (言動·人が)抑制されない, おおっぴらの, のびのびした, 自然な. **~·ly** 副 抑制されずに, おおっぴらに, のびのびと.

un·i·ni·ti·at·ed /ʌnɪníʃièɪṭɪd/ 形 手ほどきを受けていない, 未経験の. ── 名 [the ~; 複数扱い] [普通は滑稽] 未経験者, 初心者.

un·in·jured /ʌnɪ́ndʒəd | -dʒəd/ 形 [普通は P] 損なわれていない, 傷[害]を受けていない.

un·in·spired /ʌnɪnspáɪəd | -spáɪəd/ 形 ひらめきのない; 平凡な; 興味のない.

un·in·spir·ing /ʌnɪnspáɪ(ə)rɪŋ/ 形 興味を起こさない, つまらない.

un·in·stall /ʌnɪnstɔ́ːl/ 動 他《電算》〈ソフト〉をアンイ

un・in・sured /ʌnɪnʃʊəd | -ʃʊəd, -ʃɔːd/ 形 保険を付けられていない. ― 名 (the ～; 複数扱い) 無保険者.

un・in・tel・li・gent /ʌnɪntélədʒənt/ 形 知能の足りない, 聡明(そうめい)でない, 愚鈍な;〖電算〗(ソフトなどが)情報処理機能の鈍い[遅い].

*__un・in・tel・li・gi・ble__ /ʌnɪntélədʒəbl/ 形 理解できない, わかりにくい (to). **-gi・bly** /-dʒəbli/ 副 理解できないように, わかりにくく.

un・in・tend・ed /ʌnɪnténdɪd/ 形《格式》意図しない.

⁺**un・in・ten・tion・al** /ʌnɪntén(ʃ)ənəl/ 形 故意でない, 何気(なにげ)なくなされた. **-al・ly** /-əli/ 副 何気なく.

un・in・ter・est・ed /ʌnɪ́ntrɪstɪd, -tərəst-/ 形 無関心な; 興味のない (in).

un・in・ter・est・ing /ʌnɪ́ntrɪstɪŋ, -tərəst-/ 形 おもしろくない, つまらない.

un・in・ter・rupt・ed /ʌnɪntəráptɪd/ 形 とぎれない, 連続した; [普通 A] 邪魔の入らない, さえぎるものない. **～・ly** 副 とぎれなく; 邪魔されずに.

un・in・vit・ed /ʌnɪnváɪtɪd/ 形 **1** 招かれない, 押しかけの. **2** 差し出がましい, よけいな.

un・in・vit・ing /ʌnɪnváɪtɪŋ/ 形 (場所が)魅力のない, 嫌な.

‡**u・nion** /júːnjən/ 名 (～s /-z/; 動 uníte) **1** ⓒ [しばしば U-] **組合**, 労働組合 (略 u., U.) ((米) labor union, (英) trade(s) union); 同盟, 連合; 協会 (☞ collective noun 文法): join the ～ 組合に加入する.

2 [U] または a ～ 《格式》結合, 合同, 合併, 統一; 連結: the ～ of two elements 2つの元素の結合 / The ～ *of* Scotland *with* England took place in 1707. スコットランドとイングランドの統一は1707年に行なわれた.

3 [U] 連合した状態, 連合体;連邦, 連合国家: The little countries formed a more solid ～ against the foreign powers. 小国群は外国の勢力に対してより強い連合国家を形成した. **4** [the U-]《米》アメリカ合衆国 (the United States of America) (南北戦争当時の北部の州; ☞ State of the Union Message (state 名句)). **5** ⓒⓤ 《古風, 格式》結婚 (marriage). **6** ⓒ [普通は U-;《英》単数形でも時に複数扱い](大学の)クラブ, サークル; 学生会館. **7** ⓒⓤ 《格式》セックス. 語源 ラテン語で「1つのもの」の意. ☞ uni-.

Únion Flág 名 固 [the ～] =Union Jack.

⁺**u・nion・is・m** /júːnjənɪzm/ 名 ⓤ **1** 労働組合主義 (trade unionism). **2** [U-]《米史》連邦主義(南北戦争当時に南北分離に反対した). **3**《英政治》統一主義(北アイルランドが英国に留まることを主張する立場).

u・nion・ist /júːnjənɪst/ 名 ⓒ **1** 労働組合主義者, 組合員. **2** [U-]《米史》(南北戦争中分離に反対した)連邦主義者;《英政治》(英国と北アイルランドの統一を支持する)統一主義者, (北アイルランドの)統一主義政党員. ― 形 [U-] 連邦[統一]主義者の.

u・nion・i・za・tion /jùːnjənɪzéɪʃən | -naɪz-/ 名 ⓤ 労働組合化, 労働組合の結成.

u・nion・ize /júːnjənàɪz/ 動 他 (…)を労働組合に組織する; 労働組合に加入させる. ― 自 労働組合に加入する.

u・nion・ized /júːnjənàɪzd/ 形 労働組合員の.

⁺**Únion Jáck** 名 固 [the ～] ユニオンジャック 《英国の国旗; ☞ 裏地図》.

参考 船に付けた小さな国旗 (jack) を組み合わせて作った旗という意味で, 1801年にイングランドの St. George's cross, スコットランドの St. Andrew's cross, アイルランドの St. Patrick's cross の3つの十字架を合わせてできた.

únion lábel 名 ⓒ 組合員の作成した品物であることを示すラベル.

Únion of Sóviet Sócialist Repúblics 名 固 [the ～] ソビエト社会主義共和国連邦(旧ソ連邦の正式名; 1991年崩壊). USSR. CIS.

únion shóp 名 ⓒ ユニオンショップ《労働者は採用された後一定期間内に組合に加入しなければならない事業所》. ☞ open shop, closed shop.

únion stéward 名 ⓒ 職場の組合委員.

únion sùit 名 ⓒ《米》ユニオンスーツ《英》combinations(上下が続いている肌着).

*__u・nique__ /juːníːk/ 形 **1**《略式》珍しい, 特別な: have a (very) ～ opportunity to see the interior of the palace 宮殿の内部を見る(とても)珍しい機会に恵まれる. **2**《略式》比類のない, すばらしい: ～ talent すばらしい才能. **3** 類のない, 独特の, ユニークな; ほかにない, 唯一の (☞ unite 単語の記憶): a ～ event 他に例を見ない出来事 / This problem is ～ to Japan. この問題は日本独特のものである. 語法 意味上[比較なし]であり, absolutely, almost, quite, really, totally などの副詞と共に用いることができる.《略式》では比較級・最上級も使われ, また fairly, rather, somewhat, very などで修飾することもあるが, 誤りとする人もいる. 語源 ラテン語で「1つの」の意. **～・ly** 副 **1** 比較なく; すばらしく: *uniquely* qualified すばらしい資格のある. **2** 独特に, ユニークに: *uniquely* Japanese manners 日本独特の作法. **～・ness** 名 ⓤ 独特さ.

u・ni・sex /júːnəsèks/ 形 Ⓐ (服装・仕事・世代などが)男女差のない, (店などが)男女両用のものを扱う, 男女共用の.

⁺**u・ni・son** /júːnəs(ə)n, -z(ə)n/ 名 [次の成句で] **in únison** [副][形] (1) 一斉に; 声をそろえて. (2) (…)と一致して, 調和して (*with*). (3)〖楽〗(一つの旋律を)同音で, 斉唱[奏]で, ユニゾンで.

*__u・nit__ /júːnɪt/ 名 (**u・nits** /-nɪts/; 形 únitary) ⓒ **1** (構成)単位; 1個, 1人; [《英》単数形でも時に複数扱い] (ある目的で協同する)一団の人, (病院の)部門, 病棟; (組織などの)部門, 課, (軍隊などの)部隊 (☞ unite 単語の記憶): the ～s *of* a sentence 文の構成単位.

2 (度量衡などの)単位,《英》アルコール摂取量測定の単位 (略 u., U.): a monetary ～ 通貨単位 / A foot is a ～ of length. フィートは長さの単位だ / The dollar is the ～ of American currency. ドルはアメリカの通貨の単位だ. **3** 単元《学習内容の区切り》,《米》〖教育〗(学科目の)単位. **4** (器具などの)ひとそろい, 一式, (そろいの器具の)一部, 部品, (ユニット家具などの)一点, 〖経〗一点[式]の製品,《米》(集合住宅の)一戸: a kitchen ～ キッチンユニット / the basic ～s *of* a stereo set ステレオの基本的な部品. **5** 〖数〗1の数; 1の位の数.

U・ni・tar・i・an /jùːnətéə(ə)riən/ 名 ⓒ ユニテリアン派(キリスト教プロテスタントの一派)の人, 唯一教徒. ― 形 ユニテリアンの, 唯一教徒の.

U・ni・tar・i・an・is・m /jùːnətéə(ə)riənɪzm/ 名 ⓤ ユニテリアン派の教義.

⁺**u・ni・tar・y** /júːnətèri | -tɑri, -tri/ 形 (名 únit)《格式》**1** ～の; まとまった; 単位の. **2** 中央集権制の.

únit cóst 名 ⓒ (商品の)単位原価.

*__u・nite__ /juːnáɪt/ 動 (**u・nites** /-náɪts/; **u・nit・ed** /-tɪd/; **u・nit・ing** /-tɪŋ/; 名 únion) 他 **1** 〈2つ以上の物を〉結合する, 合体[合併]させる (☞ join 類義語): The treaty ～d all the nations in [of] Asia. その条約はアジアのすべての国を結び付けた / This town was ～d *with* the neighboring larger town. <V+O+前+名・代の受身> この町は隣の大きい町に合併された / England and Scotland were ～d *into* one kingdom in 1707. イングランドとスコットランドは1707年に合併され1つの王国になった.

united

---リスニング---
unite の後に母音で始まる語が続くと、その語末の /t/ とが結合して「タ」行(《米》では「ラ」行)のつづり字と発音解説 67)の音のように聞こえる。Let us unite in creating a new world. /létəsjuːnáɪtɪŋkriéɪtɪŋən júːwə́ːld/「レタスーユーナイティンクリエイティンガニューワード」《米》ではまた「レラスーユーナイリンクリエイリンガヌーワード」のようにも聞こえる。「レット・アス・ユーナイト・イン・クリエイティング・ア・ニュー・ワールド」とは発音しない (☞ 67).

2 〈…〉を**団結させる**, 結集する: Common interests ~*d* all the opposition parties. 共通の利害が全野党を結集させた / We should be ~*d in* our efforts. 〈V+O+前+名・代〉我々は一致団結して努力すべきだ。
3 [普通は受身で]《格式》(結婚によって)結ぶ, 結婚させる: They were ~*d* in church. 彼らは教会で結婚した。
4 〈性質〉を併(あわ)せ持つ, 兼備している: He ~*s* tenderness *with* severity. 彼は優しいながらも厳しさがある。

— ⦿ **1** **結合する**, 一つになる, 合併する; 化合する, 合体して…となる (*into*): The two clubs ~*d to* form an association. 〈V+to 不定詞〉 2 つのクラブは合併して1 つの協会となった。
2 **団結する**, 一致する, 協力する (*behind*): Let us ~ *in* creat*ing* a new world. 〈V+*in*+動名〉力を合わせて新しい世界を作ろう / The opposing factions ~*d for* a series of appeals for peace. 〈V+前+名・代〉対立している党派が和平への一連の呼びかけで協力した / The local people ~*d against* plans for an air base. 地元の人たちは空軍基地の計画に反対団結した。 語源 ラテン語で「1 つにする」の意 (単語の記憶).

---単語の記憶---
《**UNI**-》(1 つの)
unite   (1 つにする) → 結合する
unanimous (1 つの心の) → 満場一致の
uniform   (1 つの形) → 制服
unique   (1 つの) → 類のない, 珍しい
unit   (1 つのもの) → (構成)単位
unity   (1 つであること) → 単一性
universe   (1 つにまとまったもの) → 宇宙, 領域
university (1 つにまとまった社会) → 総合大学

*u·nit·ed /juːnáɪtɪd/ 形 **1 団結した**, 結束した, 一致協力した; 和合した: ~ efforts 共同の努力 / present a ~ front against the terrorism テロリズムに対し共同戦線をはる / We should be ~ *in* our opposition to the plan. 〈A+前+名・代〉我々は一致団結してその計画に反対すべきだ。
2 [比較なし] (特に政治的目的で)**連合した**, 統合した: ~ forces 連合軍. **3** [U-]《社名や《英》ではサッカーのチーム名に用いて》…ユナイテッド.

United Airlines 名 ⦿ ユナイテッド航空 (米国の航空会社; 略 UA).

United Arab Emirates 名 ⦿ [the ~] アラブ首長国連邦 (ペルシャ湾 (Persian Gulf) に臨む 7 つの首長国から成る連邦; 略 U.A.E.).

United Artists 名 ⦿ ユナイテッドアーティスツ (米国の映画会社).

United Farm Workers 名 ⦿ (米国)農業労働者組合 (主に移民労働者を対象).

*U·nit·ed King·dom /juːnáɪtɪdkíŋdəm/ 名 ⦿ [the ~] **連合王国**, **英国** 《Great Britain 島の England, Wales, Scotland と Northern Ireland, 及び付近の島々から成る王国; 英連邦 (the Commonwealth) の中心を成す; 首都 London; 略 UK, U.K.; ☞ 裏地図》. 参考 正式名は the United Kingdom of Great Britain and Northern Ireland (グレートブリテンおよび北部アイルランド連合王国) という.

unít·ed·ly 副 団結して, 一致して; 連合[合併]して.

*U·nit·ed Na·tions /juːnáɪtɪdnéɪʃənz/ 名 ⦿ [the ~ として普通は単数扱い] **国際連合**, 国連 (略 UN, U.N.): ~ Headquarters 国連本部 / Japan became a member of the ~ in 1956. 日本は 1956 年に国連の一員となった[国連に加入した].

the Flag of the United Nations (☞ olive branch)

United Nations Headquarters

*U·nit·ed States /juːnáɪtɪdstéɪts/ 名 **1** ⦿ [the ~ として普通は単数扱い] **アメリカ合衆国**, **米国** (正式には the United States of America という; 略 US, U.S.; ☞ the¹).
2 [形容詞的に] アメリカ合衆国の, 米国の (略 US, U.S.): the ~ Army [Navy, Air Force] 米国陸軍[海軍, 空軍] (それぞれ 略 USA, USN, USAF) / a ~ Ship 米国船 (略 USS).

*U·nit·ed States of A·mer·i·ca /juːnáɪtɪdstéɪtsəvəmérɪkə/ 名 ⦿ [the ~ として普通は単数扱い] **アメリカ合衆国**, **米国** (北米の合衆国; 50 の州と首都 Washington, D.C. から成る; 米国人は単に the United States または情熱をこめて America ともいう; 略 USA, U.S.A.; ☞ America 表, 裏地図).

United Way 名 ⦿ [the ~] ユナイテッドウェイ (米国の慈善募金団体).

únit prìce 名 C 単価.
únit prìcing 名 U《商》単位価格表示.
únit trùst 名 C =mutual fund.

*u·ni·ty /júːnəti/ 名 (u·ni·ties /~z/) **1** U 単一性, 統一(性), 調和, まとまり: the ethnic ~ *of* a nation 国家の民族的統一性.
2 U 協調, 一致; (行動や目的の)一貫性: ~ *of* purpose 目的の一貫性. **3** [単数形で]《格式》個体, 単一体, 統一体. **4** C《劇》三統一, 三一致(戯曲の構成法で, 一日のうちに同一の場所で一つのテーマが進行するという原則). 語源 ラテン語で「1 つであること」の意 (☞ unite 単語の記憶).

+**Univ.** 略 =university.

u·ni·va·lent /jùːnɪvéɪlənt/ 形《化》1 価の.
u·ni·valve /júːnɪvælv/ 名 C 単殻軟体動物 (かたつむりなど).

*u·ni·ver·sal /jùːnəvə́ːs(ə)l | -və́ː-/ 形 (*uni·vèrse*) [比較なし] **1 全世界の**; 人類に共通の, すべての人々の: ~ peace 世界平和 / Music is the ~ language of mankind. 音楽は人類の共通のことばである (Longfellow のことば).
2 普遍的な, 全般的な, 一般的な (general): a ~ truth 一般的な真理 / ~ gravitation 万有引力.
— 名 C 普遍的[一般的]な原理[特質].

un·i·ver·sal·i·ty /jùːnəvəsǽləti | -və:-/ 名 U《格式》一般性, 普遍性.
úniversal jóint 名 C《機》自在継手.

+**u·ni·ver·sal·ly** /jùːnəvə́ːsəli | -və́ː-/ 副 全世界に, すべての人に; 例外なく; 至る所(に), 普遍的に.

Úniversal Pród·uct Còde 名 ⦿ (米)統一商品コード (バーコードと数字の組み合わせ; 略 UPC).

únivarsal súffrage 名 U (普通)選挙権.

*u·ni·verse /júːnəvɚːs | -vɚːs/ 変化 名 (**u·ni·vers·es** /~ɪz/; 形 ùnivérsal) C **1** [普通は the ~, the U-] (天体を含む)宇宙(全体); 天地万物, 森羅万象(☞ space 表; unite 単語の記憶). **2** [しばしば所有格とともに用いて] (特定の人・ものが存在する)世界; 領域, 分野: My daughter is the center of my ~. 私にとっては娘が何よりも大切. 語源 ラテン語で「1つにまとまったもの」の意(☞ space 表; unite 単語の記憶).

in the úniverse 副 [最上級とともに用いて意味を強めて] (格式) およそ世にある: *the funniest joke in the* ~ この世で最もおかしなジョーク.

*u·ni·ver·si·ty /jùːnəvɚːsəṭi | -vɚː-/ 名 (**-si·ties** /~z/) **1** C U 大学, 総合大学(いくつかの学部が集まって形成される大学, 略 U., Univ.; ☞ unite 単語の記憶): My brother is studying physics *at* Harvard *U~*. 私の兄はハーバード大学で物理を勉強している. 語法「大学へ行く」は一般に (米) では go to *the [a] university*, (英) では go to (*a*) *university* という. ただし特定の大学へ進むときには (米) でも (英) でも the をつける.

university (総合大学)
college (単科大学)	大学
institute (理工科系の大学)

会話 "What [Which] ~ do you want to apply to?" "The *U~* of Chicago." 「あなたはどこの大学を志望していますか」「シカゴ大学です」

2 [形容詞的に] 大学の, 大学に関係のある: a ~ student [professor] 大学生[教授]. 語源 ラテン語で「1つにまとまった社会」の意(☞ unite 単語の記憶).

be at the [a] univérsity 動 自 大学に在学している. 語法 冠詞を略すのは (英).

univérsity exténsion 名 C =extension 6.

UNIX /júːnɪks/ 名 U ユニックス(米国 AT & T 社の開発したコンピューターソフト; 商標).

*un·just /ʌndʒʌ́st/ 形 (**more ~; most ~**) (格式) 不公平な, 不当な; 不正な: an ~ judge 不公平な裁判官 / a decision ~ *to us* <A+*to*+名・代> 我々にとって不公平な決定.

un·jus·ti·fi·a·ble /ʌndʒʌ́stəfaɪəbl/ 形 正当と認められない, 道理に合わない; 弁解のできない.

-a·bly /-əbli/ 副 道理に反して.

un·jus·ti·fied /ʌndʒʌ́stəfaɪd/ 形 不当な.

un·just·ly /ʌndʒʌ́stli/ 副 (格式) 不公平に, 不当に.

un·kempt /ʌnkémp(p)t/ 形 (髪がくしを入れないで, もじゃもじゃの; (庭・服装などが)手入れのされていない, だらしない.

*un·kind /ʌnkáɪnd/ 形 (格式) 不親切な, 人情ない; ⓦ (天候・運命などが)きびしい: He was ~ *to* the old woman. <A+*to*+名・代> 彼はそのおばあさんに不親切だった / *It's* very ~ *of* you *to* say that. あなたがそんなことを言うのはあまりにもひどい(☞ of 12) / Some people were kínd and others were ùnkínd. 親切な人もいたし不親切な人もいた(☞ un- 語法).

un·kind·ly /ʌnkáɪndli/ 文章体 形 不親切(なこと)に, 無情に(も); 思いやりがなく: I didn't mean it ~. 私は悪気があって[意地悪で]そうしたわけではなかった.

un·kind·ness /ʌnkáɪndnəs/ 名 U 不親切, 不人情.

un·know·a·ble /ʌnnóʊəbl/ 形 ⓦ (格式) 知ることのできない.

un·know·ing /ʌnnóʊɪŋ/ 形 (格式) 知らない, 気がつかない. **~·ly** 副 知らずに, 気がつかないで.

*un·known /ʌnnóʊn/ 形 [比較なし] 知られていない, 未知の, 不明の; 無名な: an ~ place 未知の場所 / for some ~ reason よくわからない理由で / His purpose remained ~ *to* us. <A+*to*+名・代> 彼の目的は我々にはわからずじまいだった. **unknown to ...** [副] ...に知られずに: *U~ to* me, my wife had already repaid the money. 私の知らないうちに妻はすでに金を返済していた. ── 名 **1** C 知られていない人; 無名の人. **2** 知られていないこと, 未知の要素; [the ~] 未知のもの[世界・場所]. **3** 数 未知数.

únknown quántity 名 C 数 未知数; [an ~] (能力などが)未知数の人, (性能などが)未知の物.

Únknown Sóldier 名 [the ~] (米) 無名戦士((英) Unknown Warrior)(戦没した無名兵士の代表として葬られた者; ☞ Arlington National Cemetery).

Únknown Wárrior 名 [the ~] (英) 無名戦士((米) Unknown Soldier)(☞ Westminster Abbey).

un·lace /ʌnléɪs/ 動 他 (靴などの)ひもを解く[ゆるめる].

un·lad·en /ʌnléɪdn/ 形 (格式) 積荷のない(状態の): ~ weight 空荷での重量.

*un·law·ful /ʌnlɔ́ːf(ə)l/ 形 法 不法な, 非合法的な: ~ measures 不正手段. **-ful·ly** /-fəli/ 副 不法に, 非合法に.

*un·lead·ed /ʌnlédɪd/ 形 (ガソリンが)無鉛の.
── 名 U 無鉛ガソリン.

un·learn /ʌnlɚːn | -lɚːn/ 動 (**un·learns**; 過去・過分 **un·learned** /-lɚːnd, -lɚːnt | -lɚːnd, -lɚːnt/, (主に英) **un·learnt** /-lɚːnt | -lɚːnt/; **-learn·ing**) 他 (格式) (学んだこと)を自分から忘れる; (悪い習慣)を捨てる.

*un·leash /ʌnlíːʃ/ 動 (**un·leash·es** /~ɪz/; **un·leashed** /~t/; **-leash·ing**) 他 **1** (破壊力・感情など)を解き放つ, 爆発させる(*on, upon*). **2** (犬などの)皮ひもをはずす; 束縛を解く, 解放する.

un·leav·ened /ʌnlév(ə)nd/ 形 パン種(を入れてない; (文) それほど変化していない.

*un·less /ənlés/ 接 **1** もし...でなければ, もしでなければ, ...でない限り, ...しない限り (if ... not)(☞ conditional clause 文法): We will go on a picnic ~ it rains. 雨が降らない限りピクニックに行きます / *U~* she is too busy, she will accept the offer. あまり忙しくなければ彼女はその申し出を受け入れるだろう / You must not leave the room ~ (you are) instructed to do so. 指示がない限り部屋を出るな / "Can I call you at the office?" "Not ~ it is absolutely necessary." 「会社に電話してもいいですか」「どうしてもやむを得ない時だけにしてください」

語法 **unless** と **if ... not** の使い分け
(1) **unless** は「...しない場合にのみ」(only if ... not) という除外の唯一の条件を強調する. これに対し, I will (certainly) go *if* it does *not* rain. (雨が降らなければ(もちろん)行きます)では雨が降っても行く可能性もある.
(2) 主節が否定を表わすときは仮定法でも用いる:
言い換え I would *not* have come ~ I loved you. (=I would not have come *if* I did *not* love you.) もし私があなたを愛していなければ来なかったでしょう. しかしそれ以外の場合, 特に事実に反する仮定を表わす仮定法では普通は用いない: I would have gone *if* I had not been so ill. (私があんなに具合が悪くなければ行ったでしょう)で *if* ... *not* の代わりに ... *unless* I had been so ill. とは言えない.
(3) be amazed [angry, glad, pleased, surprised, upset] など感情を表わす語の後に if ... not が続くときは普通 unless を代わりに用いない: I am sorry *if* (=that) you can*not* tell the difference. 君にその違いがわからないなら残念だ.

2 [主節の後で追加表現として] ただし[もっとも]...でなけ

れぱということだが: He doesn't have any specialties — ~ you call having a good sleep in any place a specialty. 彼には特技がありません—もっともどこでも良く眠れるのを特技と言わなければ話は別ですが. 語法 この場合 if ... not は用いない.

un·let·tered /ʌnlétəd | -tad←/ 形《格式》無学の, 読み書きのできない;(墓石などが)文字の刻まれていない.

un·li·censed /ʌnláɪsnst←/ 形 許可[認可]されていない, 酒類販売免許のない, 無免許の;(行動が)抑制のない, 放縦な.

*__un·like__ /ʌnláɪk/ 前 1 …に似ていない(で), …とは違う[違って]: He is quite ~ his brothers in many ways. 彼はいろいろな点で兄弟とは全然違う / He is, ~ other old people, sensitive to changes in fashion. 彼は他の老人とは違い流行の変化に敏感だ / She bought a sweater not ~ the one she had lost before. 彼女は前になくしたのとそう違わないセーターを買った.
2 …にふさわしくない, …に似つかわしくない: It is quite [altogether] ~ her to say so. そんなことを言うなんて全く彼女らしくない.
— /ʌnláɪk/ 形 P《文》似ていない, 違った: The two sisters are quite [completely] ~ in disposition. その2人の姉妹は気質が全く似ていない.

un·like·li·hood /ʌnláɪklihʊd/, **-li·ness** /-lɪnəs/ 名 U ありそうにないこと, 見込みなさ.

*__un·like·ly__ /ʌnláɪkli←/ T1 形 (**more** ~, **un·like·li·er** /-liə | -liə/; **most** ~, **un·like·li·est** /-liɪst/) 1 ありそうにない, …しそうにない: 言い換え Meg is **to** succeed. <A+*to* 不定詞> = *It is* ~ *that* Meg will succeed. メグは成功しそうもない.
2 考えられない, 予想もしない: an ~ story まゆつばものの話 / an ~ couple あまり似合いではない二人 / in the ~ event of a fire 万一火事の場合には / The jewel was found in an ~ place. 宝石は思わぬ所で見つかった.

†**un·lim·it·ed** /ʌnlímɪtɪd←/ 形 限りのない, 制限のない, 莫大な: ~ freedom 無制限の自由.

un·lined¹ /ʌnláɪnd←/ 形 裏地のない.
un·lined² /ʌnláɪnd←/ 形 線の引いてない, 罫(ਖ਼)のない; しわの寄っていない.

un·list·ed /ʌnlístɪd←/ 形 1 (米)(電話番号が)電話帳に出てない. 2 (証券が)上場されていない.

un·lit /ʌnlít←/ 形 明かり[火]のついていない.

†**un·load** /ʌnlóʊd/ 動 他 1 〈車・船などの〉荷を降ろす; 〈荷を〉降ろす; 〈乗り物から〉〈客を〉降ろす: The ship *was* ~*ed* at the port. 船の荷は港で降ろされた / The bus is ~*ing* its passengers. バスが客を降ろしている. 2 〈銃〉から弾丸を抜く;〈カメラ〉からフィルムを出す. 3 《略式》〈負担になる物・人を〉片づける, 押しつける;〈商品・株などを〉(大量に)処分する, 売り払う;〈悩み・怒りなどを〉打ち明ける[ぶちまける] (*on, onto*). ― 自 1 〈車・船が〉荷降ろしをする: NO LOADING OR UNLOADING 荷物の積み込み積み降ろし禁止(掲示; ☞ un-[語法]). 2 〈銃〉から弾丸を抜く;〈カメラから〉フィルムを出す.

†**un·lock** /ʌnlɑ́k | -lɔ́k/ 動 他 1 …の錠(ਝ਼)[鍵(ਖ਼)]をあける: She ~*ed* the door and opened it. 彼女は錠をあけドアを開いた. 2 〈なぞなどを〉解き明かす;〈潜在能力などを〉引き出す,〈利用されていなかった物などを〉使えるようにする.

un·locked /ʌnlɑ́kt | -lɔ́kt←/ 形 (戸などに)鍵をかけていない.

un·looked-for /ʌnlʊ́ktfɔə | -fɔː/ 形《略式》予期しない, 思いがけない, 意外な.

un·loose /ʌnlúːs/ 動《格式》〈…を〉ゆるめる, ほどく;〈…を〉解放する.

un·loos·en /ʌnlúːsn/ 動 他 =unloose.

un·lov·a·ble /ʌnlʌ́vəbl←/ 形 (人が)好かれない.

un·loved /ʌnlʌ́vd←/ 形 愛されていない.

un·love·ly /ʌnlʌ́vli←/ 形《文》魅力のない, 醜い.

un·luck·i·ly /ʌnlʌ́kɪli/ 副 文修飾 不運にも, あいにく, 折あしく (unfortunately).

†**un·luck·y** /ʌnlʌ́ki←/ 形 (**-luck·i·er**; **-luck·i·est**) 1 運の悪い, あいにくの (☞ unfortunate[語法]): It was ~ (*for* them) *that* the accident happened on the very day of their concert. 彼らのコンサートのまさに当日の事故が起きるとは不運だった / She was ~ *in* love. 彼女は失恋していた / We were ~ *with* the weather this summer. 今年の夏は天気が悪くついていなかった. 2 不吉な, 縁起の悪い: 13 is an ~ number. 13 は縁起の悪い数である.

un·made /ʌnméɪd←/ 形 (ベッドが)整えられていない;《英》(道路が)舗装をしていない.

un·man·age·a·ble /ʌnmǽnɪdʒəbl←/ 形 手に負えない, 扱いにくい.

un·man·ly /ʌnmǽnli←/ 形 (**-man·li·er**; **-li·est**) (行動が)男らしくない, めめしい.

un·manned /ʌnmǽnd←/ 形 乗組員のいない, 無人の: an ~ spacecraft 無人宇宙船.

un·man·ner·ly /ʌnmǽnəli | -nə-/ 形《格式》不作法な, しつけのない.

†**un·marked** /ʌnmɑ́ːkt | -mɑ́ːkt←/ 形 印[標示]のない; 傷のない; 採点していない;《主に英》〈選手などが〉マークされていない;《言》無標の: an ~ police car 覆面パトカー.

†**un·mar·ried** /ʌnmǽrid←/ 形 未婚の, 独身の: an ~ mother 未婚の母.

un·mask /ʌnmǽsk | -mɑ́ːsk/ 動 他〈…の〉仮面をはぐ;〈…の〉正体を暴露する.

un·matched /ʌnmǽtʃt←/ 形《文》匹敵するものがない, 無比の (matchless).

un·me·di·at·ed /ʌnmíːdiːeɪtɪd/ 形 間に何もない, 直接の.

un·mem·o·ra·ble /ʌnmém(ə)rəbl←/ 形 記憶に残らない, ありふれた, 退屈な.

un·men·tion·a·ble /ʌnménʃ(ə)nəbl←/ 形 普通 A 口にすべきでない. ― 名 [複数形で]《古風》下着; 口にすべきでない物(性器など).

un·mer·ci·ful /ʌnməːsɪf(ə)l | -məːs-←/ 形 1 無慈悲な, 冷酷な. 2 途方もない.

un·met /ʌnmét←/ 形〈要求などが〉満たされていない.

un·mind·ful /ʌnmáɪndf(ə)l←/ 形 P《格式》心に留めない, 気にかけない, むとんちゃくな (*of*).

un·miss·a·ble /ʌnmísəbl←/ 形《英略式》〈劇・映画などが〉(すばらしくて)見逃せない.

un·mis·tak·a·ble, **-take·a·ble** /ʌnmɪstéɪkəbl←/ 形 間違えようのない, 紛れのない, 明白な. **-a·bly** /-əbli/ 副 紛れもなく, 明らかに.

un·mit·i·gat·ed /ʌnmítɪɡeɪtɪd/ 形 [普通 A]〈災難などが〉ひどい, 全くの.

un·mo·lest·ed /ʌnməléstɪd/ 形 [普通 P] 妨げられていない, 邪魔されない.

un·mor·al /ʌnmɔ́ːrəl | -mɔ́r-←/ 形 =amoral.

un·moved /ʌnmúːvd←/ 形 P 1 心を動かされない, 哀れと感じない; 冷徹な. 2 (位置などが)変わらない.

†**un·named** /ʌnnéɪmd←/ 形 名前のない; 名前を伏せた; 無名の.

†**un·nat·u·ral** /ʌnnǽtʃ(ə)rəl←/ 形 1 不自然な; 異常な: die an ~ death 変死する / *It is not* ~ *that* you *should* feel anxious about your first flight. 初めて飛行機に乗ることを不安に思うのは不自然ではない (☞ should A 8). 2 人為的な, わざとらしい, 気取った. 3 〈人道にもとる〉, 道義に反する. 4 (性欲などが)異常な, 変態の. **~·ly** /-əli/ 副 不自然に; 異常に; わざとらしく: an ~ large hand 異常に大きな手. **nót unnátu·rally**文修飾副 無理もない[当然の]ことだが.

un·nec·es·sar·i·ly /ʌnnèsəsérəli | ʌnnésəs(ə)rəli/ 副 不必要に, むだに.

*un·nec·es·sar·y /ʌnnésəsèri/ | -s(ə)ri/ 形 [比較なし] 不必要な, 無用の, よけいな, (発言などが)その場にふさわしくない: ~ expenses よけいな支出 / an ~ remark よけいな一言 / It is ~ ˈthat you (should) [ˈfor you to] join us. 君が加わる必要はない (☞ should A 8).

un·need·ed /ʌnníːdɪd/ 形 必要とされていない.

⁺un·nerve /ʌnnə́ːv | -nə́ːv/ 他 〈…〉をおじけづかせる, 不安にさせる.

⁺un·nerv·ing /ʌnnə́ːvɪŋ | -nə́ːv-/ 形 不気味な, 不安にさせるような. ~·ly 副 不気味なほど.

⁺un·no·ticed /ʌnnóʊtɪst/ 形 注意を引かない (で), 人目につかない(で): go [pass] ~ 見逃される.

un·num·bered /ʌnnʌ́mbəd | -bəd/ 形 1 番号のついていない, 数えていない. 2 《文》数えきれない.

UNO, U.N.O. /júːnoʊ/ 略 =United Nations Organization 国際連合(機構), 国連.

un·ob·served /ʌnəbzə́ːvd | -zə́ːvd/ 形 副 気づかれない(で), 観察されない(で).

un·ob·struct·ed /ʌnəbstrʌ́ktɪd/ 形 妨げられていない, さえぎるものがない.

un·ob·tain·a·ble /ʌnəbtéɪnəbl/ 形 手に入らない; 電話がつながらない.

⁺un·ob·tru·sive /ʌnəbtrúːsɪv/ 形 [普通ほめて] 押しつけがましくない, 控えめな. 目立たない. ~·ly 副 控えめに, 目立たないように.

un·oc·cu·pied /ʌnɑ́kjʊpàɪd | -ɔ́k-/ 形 (反 occupied) 1 〈家・土地・座席など〉が占有されていない, 人の住んでいない; 〈国・領土など〉が占領されていない: an ~ seat 空席. 2 〈人〉が用事のない, ぶらぶらしている.

⁺un·of·fi·cial /ʌnəfíʃəl/ 形 非公式の, 私的な; 非公認の: an ~ strike 非公認スト, 山猫スト / The foreign ministers of the three countries had an ~ talk during their stay in London. その三か国の外務大臣はロンドン滞在中に非公式に会談をした. -cial·ly /-ʃəli/ 非公式に(は); 非公認で.

un·o·pened /ʌnóʊp(ə)nd/ 形 開かれていない, 栓を空けていない; 手紙などが開封されていない.

un·op·posed /ʌnəpóʊzd/ 形 反対[妨害]されない(で), 反対者のいない(ままで).

un·or·ga·nized /ʌnɔ́ːgənàɪzd | -ɔ́ː-/ 形 組織(化)されていない, 混乱した; 労働組合に加入していない.

⁺un·or·tho·dox /ʌnɔ́ːθədɑ̀ks | -ɔ́ː.θədɔ̀ks/ 形 正統(的)でない, 伝統的でない, 非合法的な; 異端の.

⁺un·pack /ʌnpǽk/ 他 1 〈包み・荷〉を解いて中身を出す: ~ a bag バッグをあけて中身を出す; 〈中身〉を(包み・荷から) 取り出す. 2 〈語句・考え・問題など〉を明確にする, 説明[解明]する. 3 《電算》〈…〉をアンパックする 《〈記憶装置の圧縮されたデータをわかりやすい形にすること〉. ―― 自 包み[荷]を解く.

⁺un·paid /ʌnpéɪd/ 形 1 未払いの: an ~ bill 未払いの請求書. 2 〈人・仕事など〉が無給の, 無報酬の.

⁺un·pal·at·a·ble /ʌnpǽlətəbl/ 形 《格式》 1 〈事実・提案など〉いやな, 受け入れがたい (to). 2 〈食物が〉おいしくない. -a·bly /-əbli/ 副 不快[気難しく].

⁺un·par·al·leled /ʌnpǽrəlèld/ 形 《格式》並ぶものがない, 無比の.

un·par·don·a·ble /ʌnpɑ́ːdnəbl | -pɑ́ː-/ 形 《格式》許しがたい. -a·bly /-əbli/ 副 許しがたく.

un·par·lia·men·ta·ry /ʌnpɑ̀ːləméntəri, -tri | -pɑ̀ː-/ 形 〈ことばが〉議院内で許されない, 議院の慣例に反する.

⁺un·pa·tri·ot·ic /ʌnpèɪtriɑ́tɪk | -pætriɔ́t-, -pèɪtri-/ 形 非愛国的な, 愛国心のない.

un·paved /ʌnpéɪvd/ 形 舗装されていない.

ÚN péace-kèeping fòrce 名 © 国連平和維持軍.

un·peeled /ʌnpíːld/ 形 皮をむいていない.

un·per·son /ʌnpə́ːs(ə)n | -pə́ː-/ 名 © (政治的・思想的)存在を無視された人, 失脚した人.

un·per·turbed /ʌnpətə́ːbd | -pətə́ːbd/ 形 心を乱されない, 平静な, 落ち着いた.

un·pick /ʌnpík/ 他 〈縫い目など〉をほどく; 〈…〉の縫い目をほどく.

un·pin /ʌnpín/ 他 (un·pins; un·pinned; -pin·ning) 〈…〉からピンを抜く.

un·placed /ʌnpléɪst/ 形 《英》 (主に競馬で3位までに) 入賞しない, 等外の.

un·planned /ʌnplǽnd/ 形 予定外の, 無計画の.

un·play·a·ble /ʌnpléɪəbl/ 形 1 〈競技場が〉競技できない, 使用できない; 〈ボールが〉打ち返せない, 打てない. 2 〈楽器・曲が〉演奏不可能な.

⁺un·pleas·ant /ʌnplézənt/ 形 〈人・物・事柄など〉が不愉快な, 感じの悪い, いやな, 気に入らない: ~ noises 不快な騒音 / Mrs. Jones is often ~ to her husband's secretary over the phone. <A+to+名・代> ジョーンズ夫人は電話口でよく夫の秘書につっけんどんになる. ~·ly 副 不愉快に, 感じが悪く[悪いほどに]. ~·ness 名 1 ⓤ 不愉快, 感じの悪さ, 不快さ. 2 © 不愉快なこと[もの]; 争い.

un·plug /ʌnplʌ́g/ 12 動 (un·plugs; un·plugged; -plug·ging) 1 〈…〉のプラグを抜く. 2 〈…〉の障害物を取り除く.

un·plugged /ʌnplʌ́gd/ 形 〈演奏・レコーディングが〉アコースティックの.

un·plumbed /ʌnplʌ́md/ 形 計り知れない, 未知の部分を持った: ~ depths 底知れない深み.

un·pol·ished /ʌnpɑ́lɪʃt | -pɔ́l-/ 形 よく磨かれていない; 洗練されていない.

⁺un·pop·u·lar /ʌnpɑ́pjʊlə | -pɔ́pjʊlə/ 形 人気のない, 評判の悪い, はやらない: The tax reform was deeply ~ with the people. <A+with+名・代> 税制改革は大いに国民の不評を買った.

un·pop·u·lar·i·ty /ʌnpɑ̀pjʊlǽrəti | -pɔ̀p-/ 名 ⓤ 人望のないこと, 不評判, 不人気.

un·prac·ticed, 《英》 -tised /ʌnprǽktɪst/ 形 1 経験に乏しい, 未熟な. 2 慣例となって[実践されて]いない.

⁺un·prec·e·dent·ed /ʌnprésədèntɪd/ 形 先例[前例]のない, 〈量・質が〉空前の: The long-term depression caused an ~ increase in the crime rate. 長期間の不況が空前の犯罪発生率の増加をもたらした.

un·pre·dict·a·bil·i·ty /ʌnprɪdìktəbíləti/ 名 ⓤ 予想できないこと, 予測不可能性.

⁺un·pre·dict·a·ble /ʌnprɪdíktəbl/ 形 1 予言[予想]できない: ~ weather 予想できない天気 / The influence of this accident is ~. この事件の影響は予測不可能だ. 2 お天気屋の, 気まぐれな. -a·bly /-əbli/ 副 予想できないほどの, 予想できずに.

un·prej·u·diced /ʌnprédʒʊdɪst/ 形 偏見のない, 先入観を持たない; 公平な.

un·pre·med·i·tat·ed /ʌnprìːmédətèɪtɪd/ 形 前もって計画したのではない; 意図的でない.

⁺un·pre·pared /ʌnprɪpéəd | -péəd/ 形 準備のない, 即席の; 準備[覚悟]のできていない (for; to do): You've caught me ~. 君に不意を打たれた.

un·pre·pos·sess·ing /ʌnprìːpəzésɪŋ/ 形 《格式》魅力のない, 何の変てつもない.

⁺un·pre·ten·tious /ʌnprɪténʃəs/ 形 [ほめて] 見えを張らない, 飾らない, 控えめの, けんそんな.

un·prin·ci·pled /ʌnprínsəpld/ 形 《格式》節操のない, 破廉恥な, 不道徳な.

un·print·a·ble /ʌnprɪ́ntəbl/ 形 〈わいせつなどのため〉印刷物に適しない, 印刷をはばかる.

un·prob·lem·at·ic /ʌnprɑ̀bləmǽtɪk | -prɔ̀b-/ 形 問題のない.

⁺un·pro·duc·tive /ʌnprədʌ́ktɪv/ 形 成果をあげ

ない, 非生産的な: ～ land やせた土地.

un·pro·fes·sion·al /ʌ̀nprəféʃ(ə)nəl←/ [形] **1** (行為などがその人の)職業にふさわしくない, 職業倫理に反する. **2** (仕事などが)専門家らしくない, 素人の. **-al·ly** /-əli/ [副] 職業倫理に反して; 専門家らしくなく.

⁺**un·prof·it·a·ble** /ʌ̀nprɑ́fɪṭəbl | -prɔ́f-←/ [形] **1** (会社・製品などが)利益のない. **2** 《格式》 無益の, むだな. **-a·bly** /-əbli/ [副] 利益なく; むだに.

un·prom·is·ing /ʌ̀nprɑ́mɪsɪŋ | -prɔ́m-←/ [形] (天候・状況などが)よくなる見込みがない, (前途)有望でない. **～·ly** [副] 好転の見込みがなく, 有望でなく.

un·prompt·ed /ʌ̀nprɑ́m(p)tɪd | -prɔ́m(p)t-←/ [形] 《格式》 (言動が)自発的な, 自由意志による.

un·pro·nounce·a·ble /ʌ̀nprənáʊnsəbl←/ [形] (語や名前が)発音しづらい, 難しくて発音できない.

un·pro·pi·tious /ʌ̀nprəpíʃəs←/ [形] 《格式》 不都合な, 不吉な.

⁺**un·pro·tect·ed** /ʌ̀nprətéktɪd←/ [形] 無防備の; 覆われていない: ～ sex コンドームをつけないセックス.

un·prov·en /ʌ̀nprú:v(ə)n←/ [形] 立証[証明]されていない.

un·pro·voked /ʌ̀nprəvóʊkt←/ [形] (怒り・攻撃などが)他から挑発されたものでない; 正当な理由のない: an ～ attack いわれのない攻撃.

⁺**un·pub·lished** /ʌ̀npʌ́blɪʃt←/ [形] 未刊の, 未出版の; 未発表の.

un·pun·ished /ʌ̀npʌ́nɪʃt←/ [形] [P] 罰せられないで: go ～ (人・犯罪などが)処罰なしである.

un·put·down·a·ble /ʌ̀npʊ̀tdáʊnəbl←/ [形] 《略式》 (本などが)おもしろくて途中でやめられない.

⁺**un·qual·i·fied** /ʌ̀nkwɑ́ləfàɪd | -kwɔ́l-/ [形] **1** 無資格の; 適任でない (*for*; *to* do). **2** [普通は [A]] 限りない, 無条件の, 全くの: an ～ success 文句なしの大成功.

un·quench·a·ble /ʌ̀nkwéntʃəbl←/ [形] 消すことのできない; 抑えられない, 飽くことのない.

⁺**un·ques·tion·a·ble** /ʌ̀nkwéstʃ(ə)nəbl/ [形] 疑いのない; 議論の余地のない, 確かな.

un·ques·tion·a·bly /ʌ̀nkwéstʃ(ə)nəbli/ [副] [文修飾語] 疑いなく, 確かに.

un·ques·tioned /ʌ̀nkwéstʃənd←/ [形] **1** 問題にされ(てい)ない, だれもが認める. **2** 調べられていない.

un·ques·tion·ing /ʌ̀nkwéstʃ(ə)nɪŋ←/ [形] (服従・容認などが)疑うことのない, 無条件の. **～·ly** [副] 疑わずに; 無条件で.

un·qui·et /ʌ̀nkwáɪət←/ [形] [普通は [A]] 《文》 落ち着きのない, そわそわした; (世の中が)不穏な.

un·quote /ʌ̀nkwóʊt/ [動] [自] [S] 引用(文)を終わる. [語法] quote と対で用いる: The hijackers said *quote* "We will never surrender" ～. ハイジャック犯たちは「我々は決して降伏しない」と語った.

un·rat·ed /ʌ̀nréɪṭɪd←/ [形] (映画が)(準)成人向けなどの指定を受けていない.

⁺**un·rav·el** /ʌ̀nrǽv(ə)l/ [動] (**-rav·els**; **-rav·eled**, 《英》 **-rav·elled**; **-el·ing**, 《英》 **-el·ling**) [他] **1** 〈もつれた糸など〉を解く, ほぐす. **2** 〈なぞなど〉を解明する, 解く. **3** 〈事〉をこわす, だめにする. — [自] **1** ほどける; 解ける, ほぐれる. **2** (事が)悪化する, だめになる.

un·read /ʌ̀nréd←/ [形] **1** 読まれ(てい)ない. **2** (人が)本を読んでいない, 無学の.

un·read·a·ble /ʌ̀nrí:ḍəbl←/ [形] **1** (本などが)読んで退屈[難解]な. **2** (筆跡などが)判読できない. **3** (人の表情などが)読めない.

⁺**un·re·al** /ʌ̀nrí:(ə)l, -ríəl | -ríəl, -rí:(ə)l←/ [形] **1** 実在しない; 架空の; 実感のない, 非現実的な. **2** [S] (信じられないほど)すばらしい, 驚くべき.

⁺**un·re·al·is·tic** /ʌ̀nrì:əlístɪk | -rìə-, -rì:ə-←/ [形] 非現実的な. **-is·ti·cal·ly** /-kəli/ [副] 非現実的に.

un·re·al·i·ty /ʌ̀nriǽləṭi/ [名] [U] 非現実性.

un·re·al·ized /ʌ̀nrí:əlàɪzd | -ríəlaɪzd/ [形] **1** まだ実現されていない. **2** (利益などが)現金化されていない.

⁺**un·rea·son·a·ble** /ʌ̀nrí:z(ə)nəbl←/ [形] **1** 道理に合わない, 筋の通らない; 分別を欠く; 思慮のない: It is ～ to expect him to be punctual. 彼に時間厳守を求めるのは無理な注文だ / What he says is not ～. 彼が言うこともわからないわけではない. **2** (値段・料金などが)不当な, むちゃな: ～ demands 不当な要求 / an ～ sum of money 途方もない金額. **～·ness** [名] [U] 不合理; 不当. **-a·bly** /-əbli/ [副] 不合理に, 無分別に(も); 不当に, とんでもなく.

un·rea·son·ing /ʌ̀nrí:z(ə)nɪŋ←/ [形] 《格式》 理性を用いない, 思慮のない; 不合理な.

un·rec·og·niz·a·ble /ʌ̀nrékəgnàɪzəbl/ [形] (変わってしまって)見分けのつかない. **-a·bly** [副] 見分けのつかないほど.

un·rec·og·nized /ʌ̀nrékəgnàɪzd/ [形] **1** (...だと)見分けられない(で), 気づかれない(で). **2** (十分に)評価されない(で). **3** (正式に)認められていない.

un·re·con·struct·ed /ʌ̀nrì:kənstrʌ́ktɪd←/ [形] **1** 再建されていない. **2** 古い考え方にこだわる.

un·re·cord·ed /ʌ̀nrɪkɔ́əḍɪd | -kɔ́:d-←/ [形] 記録[登録]されていない: go ～ 記録[登録]されずにいる.

un·re·cov·er·a·ble /ʌ̀nrɪkʌ́v(ə)rəbl←/ [形] (負債などが)回収不能の.

un·reel /ʌ̀nrí:l/ [動] [他] 〈巻いた物など〉を巻き戻す. — [自] 巻き戻される.

un·re·fined /ʌ̀nrɪfáɪnd←/ [形] **1** 精製されていない. **2** 《格式》 洗練されていない, 上品でない.

un·re·gen·er·ate /ʌ̀nrɪdʒén(ə)rət←/ [形] 《格式》 改心しない, かたくなな.

un·reg·is·tered /ʌ̀nrédʒɪstəd | -təd←/ [形] 登録されていない.

un·reg·u·lat·ed /ʌ̀nrégjʊlèɪṭɪd/ 規制されてない.

⁺**un·re·lat·ed** /ʌ̀nrɪléɪṭɪd←/ [形] **1** 関係のない, 関連しない (*to*). **2** 親類でない, 縁故でない (*to*).

⁺**un·re·lent·ing** /ʌ̀nrɪlénṭɪŋ←/ [形] 《格式》 **1** (力・勢いなどが)ゆるむことのない: ～ efforts たゆみない努力. **2** 容赦しない, きびしい, 断固とした (relentless).

un·re·li·a·bil·i·ty /ʌ̀nrɪlàɪəbíləṭi/ [名] [U] 頼りなさ; 不確かさ.

⁺**un·re·li·a·ble** /ʌ̀nrɪláɪəbl←/ [形] 頼りにならない, 当てにならない; 不確かな.

un·re·lieved /ʌ̀nrɪlí:vd←/ [形] (よくないことが)いつまでも続く, あい変わらずの.

un·re·liev·ed·ly /ʌ̀nrɪlí:vɪdli/ [副] あい変わらず, 一貫して.

un·re·mark·a·ble /ʌ̀nrɪmɑ́əkəbl | -mɑ́:k-←/ [形] 《格式》 人の注意を引かない, 平凡な.

un·re·marked /ʌ̀nrɪmɑ́rkt | -mɑ́:kt←/ [形] [普通は [P]] 《格式》 気づかれない.

un·re·mit·ting /ʌ̀nrɪmíṭɪŋ←/ [形] 《格式》 絶え間のない, 飽くことのない; 根気強い, 不断の. **～·ly** [副] 絶え間なく; 根気強く.

un·re·peat·a·ble /ʌ̀nrɪpí:ṭəbl←/ [形] **1** 繰り返すことが不可能な, 二度とない. **2** (下品なために)二度と口にできない.

un·re·pen·tant /ʌ̀nrɪpénṭənt←/ [形] 後悔することのない; 頑固な: an ～ racist 筋金入りの人種差別主義者.

un·re·port·ed /ʌ̀nrɪpɔ́əṭɪd | -pɔ́:t-←/ [形] 報告されていない.

un·rep·re·sen·ta·tive /ʌ̀nrèprɪzénṭəṭɪv←/ [形] 典型的でない; 代表していない (*of*).

un·re·quit·ed /ʌ̀nrɪkwáɪṭɪd←/ [形] 《格式》 (愛が)報われない: ～ love 片思い.

un·re·served /ʌ̀nrɪzə́:vd | -zə́:vd←/ [形] **1** (座

un·re·serv·ed·ly /ʌnrɪzə́:vɪdli | -zɔ́:v-/ 副 《格式》 1 遠慮なく, 率直に. 2 無条件で[に].

un·re·solved /ʌnrɪzɑ́lvd | -zɔ́lvd/ 形 未解決の.

un·re·spon·sive /ʌnrɪspɑ́nsɪv | -spɔ́n-/ 形 反応しない, 反応の鈍い, 影響されない (to); 〈人が〉意識を失った, 死んだ;〈病気が〉治療に対して反応しない, 治らない;〈組織などが〉人に対して冷たい.

*****un·rest** /ʌnrést/ 名 U 〈社会的な〉不穏, 不安, 騒乱; 〈心の〉不安, 心配: political ~ 政情不安.

un·re·strained /ʌnrɪstréɪnd/ 形 抑制されない; 遠慮のない. **~·ly** /-nɪdli/ 副 抑制なしに.

un·re·strict·ed /ʌnrɪstríktɪd/ 形 制限のない;〈視界がさえぎるもののない.

un·re·ward·ing /ʌnrɪwɔ́:dɪŋ | -wɔ́:d-/ 形 やりがいのない.

un·ripe /ʌnráɪp/ 形 (**un·rip·er**; **-rip·est**) 熟していない; 未熟な; 機の熟さない.

un·ri·valed, (英) **un·ri·valled** /ʌnráɪv(ə)ld/ 形 《格式》無比の, 抜群の (in).

un·road·wor·thy /ʌnróʊdwə̀:θi | -wə̀-/ 形 〈車が〉道路での使用に適していない, 運転すると危険な.

un·roll /ʌnróʊl/ 動 他 〈巻いた物を開く, 広げる. ─ 自 1 〈巻いた物が〉開く, 広がる. 2 〈出来事などが〉展開する, 繰り広げられる.

un·ruf·fled /ʌnrʌ́fld/ 形 [ほめて] 騒ぎたてない; 静かな, 冷静な.

un·rul·i·ness /ʌnrúː·linəs/ 名 U 言うことを聞かないこと, 手に負えないこと.

*****un·rul·y** /ʌnrúː·li/ 形 (**un·rul·i·er**, **more ~**; **un·rul·i·est**, **most ~**) 1 言うことを聞かない, 手に負えない. 2 〈髪などが〉まとまりにくい.

UNRWA /ʌ́nrə/ 名 国 国連(パレスチナ)難民救済機関 (United Nations Relief and Works Agency の略; ☞ acronym).

un·sad·dle /ʌnsǽdl/ 動 他 1 〈馬〉から鞍をはずす. 2 〈馬〉が〈人〉を振り落とす. ─ 自 馬の鞍をはずす.

*****un·safe** /ʌnséɪf/ 形 (**un·saf·er**; **-saf·est**) 安全でない, 危険な, 物騒な: ~ sex (エイズ防止などのためコンドームを使わない)危険なセックス.

un·said /ʌnséd/ 動 unsay の過去形および過去分詞. ─ 形 P 口に出さない: It's better left ~. それは言わずにおくほうがいい (言わぬが花).

un·sal(e)·a·ble /ʌnséɪləbl/ 形 売り物にならない, 売れない.

un·salt·ed /ʌnsɔ́ːltɪd/ 形 塩抜きの: ~ butter 無塩バター.

un·san·i·tar·y /ʌnsǽnətèri | -təri, -tri/ 形 《主に米》不衛生な, 不潔な (insanitary).

*****un·sat·is·fac·to·ry** /ʌnsæ̀tɪsfǽktəri, -tri/ 形 不満足な, 不十分な (to).

un·sat·is·fied /ʌnsǽtɪsfàɪd/ 形 満足していない, 〈需要などが〉十分に満たされていない, 不満足な (with); 〈賃金などが〉支払われていない.

un·sat·is·fy·ing /ʌnsǽtɪsfàɪɪŋ/ 形 物足りない.

un·sat·u·rat·ed /ʌnsǽtʃərèɪtɪd/ 形 1 飽和していない. 2 《化》〈有機化合物が〉不飽和の: an ~ fat 不飽和脂肪〈健康によいとされる〉.

un·sa·vor·y, 《英》**-vour** /ʌnséɪv(ə)ri/ 形 不快な, いやな;〈道徳的に〉好ましくない: an ~ character 性格のよくない人, いかがわしい人 / an ~ taste いやな味.

un·say /ʌnséɪ/ 動 (**un·says** /-séz/; 過去・過分 **un·said** /-séd/; **-say·ing**) 他〈前言〉を取り消す.

*****un·scathed** /ʌnskéɪðd/ 形 P 無傷の.

un·sched·uled /ʌnskédʒu:ld | -fédʒu:ld/ 形 予定外の.

un·schooled /ʌnskúːld/ 形 《文》学校教育を受けていない; 教育で得ないで, 生来の.

un·sci·en·tif·ic /ʌ̀nsàɪəntífɪk/ 形 非科学的な; 系統立っていない.

un·scram·ble /ʌnskrǽmbl/ 動 1 〈混線した通信〉をわかるようにする; 〈考えなど〉を整理する;〈暗号〉を解読する. 2 〈混乱したもの〉を元どおりにする.

un·screw /ʌnskrúː/ 動 他 〈…〉を回してはずす, 〈…〉のねじをはずす: ~ a lid ふたをねじってはずす.

un·script·ed /ʌnskríptɪd/ 形 〈放送・談話などが〉台本なしの, 原稿なしの.

*****un·scru·pu·lous** /ʌnskrúːpjʊləs/ 形 平気で悪事をする, 非良心的な; 恥知らずな. **~·ly** 副 良心のとがめなしに, 恥知らずにも. **~·ness** 名 U 無節操なこと, 恥知らず.

un·seal /ʌnsíːl/ 動 他 開封する, 〈閉じていたもの〉を開ける; 〈閉ざされていた記録など〉を公開する.

un·sealed /ʌnsíːld/ 形 開封された, 封がされていない; 公開された.

unsealed róad 名 C 《豪》未舗装の道路.

un·sea·son·a·ble /ʌnsíːz(ə)nəbl/ 形 季節はずれの, 不順な. **-a·bly** /-əbli/ 副 季節はずれに.

*****un·seat** /ʌnsíːt/ 動 他 1 〈…〉を免職する;〈議員〉の議席を奪う. 2 〈馬〉が人を振り落とす.

un·se·cured /ʌnsɪkjúːəd | -kjúəd, kjə́:d/ 形 〈ローンなどが〉無担保の;〈戸などが〉しっかり締められていない.

ÚN Secúrity Còuncil 名 [the ~] 国連安全保障理事会.

*****un·seed·ed** /ʌnsíːdɪd/ 形 〈トーナメントで〉ノーシードの.

un·see·ing /ʌnsíːɪŋ/ 形 《主に文》〈注意せずに〉見ていない, 気づかない; 見えない.

un·seem·li·ness /ʌnsíːmlɪnəs/ 名 U 《古風》不適当さ.

un·seem·ly /ʌnsíːmli/ 形 《古風》〈行動が〉適当でない, 時と場所をわきまえない.

*****un·seen** /ʌnsíːn/ 形 1 目に見えない. 2 予見できない. 3 《英》〈翻訳問題が〉その場で[予習なしに]やる[出される]. ─ 副 気づかれずに. ─ 名 C 《英》即席翻訳の問題.

un·self·con·scious /ʌ̀nsélfkɑ́nʃəs | -kɔ́n-/ 形 自己を意識しない; 人目を気にかけない. **~·ly** 副 人目を気にかけないで.

un·self·ish /ʌnsélfɪʃ/ 形 利他的な. **~·ly** 副 利他的に. **~·ness** 名 U 利他的なこと.

un·sen·ti·men·tal /ʌ̀nsèntəméntl/ 形 感傷的でない, 感情に動かされない.

un·ser·vice·a·ble /ʌnsə́:vɪsəbl | -sə́:-/ 形 《格式》使いものにならぬ, 役立たない (顔 US, u/s).

*****un·set·tle** /ʌnsétl/ 動 他 〈市場など〉を乱す;〈…〉の落ち着きを失わせる, 不安にする.

*****un·set·tled** /ʌnsétld/ 形 1 未解決の, 決定[決着]していない, 未払いの. 2 〈物事が〉落ち着いていない, 不安定な, 〈人・心が〉動揺した;〈天候が〉定まらない. 3 〈胃が〉調子が悪い. 4 人が住んでいない.

*****un·set·tling** /ʌnsétlɪŋ/ 形 〈人・心などを〉動揺させる, 不安にさせる.

un·shak·a·ble, un·shake·a·ble /ʌnʃéɪkəbl/ 形 〈信念などが〉揺るぎない, 堅固な.

un·shak·en /ʌnʃéɪk(ə)n/ 形 揺るぎない, 不動の, 確固たる.

un·shav·en /ʌnʃéɪv(ə)n/ 形 ひげをそっていない.

un·sheathe /ʌnʃíːð/ 動 他 〈剣など〉をさやから抜く.

un·sight·li·ness /ʌnsáɪtlɪnəs/ 名 U 見苦しさ, 不体裁.

*****un·sight·ly** /ʌnsáɪtli/ 形 (**more ~**, **un·sight·li·er**; **most ~**, **un·sight·li·est**) 見苦しい, 不体裁な, 目ざわりな, 醜い.

un·signed /ʌnsáɪnd/ 形 無署名の;〈音楽家・ス

un·skilled /ʌnskíld/ 形 未熟な, (専門的)熟練を要しない: ~ labor 不熟練労働(者).

un·skill·ful /ʌnskílf(ə)l/ 形 不器用な, 未熟な.

un·smil·ing /ʌnsmáɪlɪŋ/ 形 無愛想な.

un·snap /ʌnsnǽp/ 動 (un·snaps; un·snapped; -snap·ping) 他 〈…の〉留め金[スナップ, ホック]をはずす.

un·snarl /ʌnsnάːl | -snάːl/ 動 〈…の〉もつれを解く.

un·so·cia·ble /ʌnsóʊʃəbl/ 形 1 非社交的な, 無愛想な; 内気な. 2 =unsocial 1.

un·so·cial /ʌnsóʊʃəl/ 形 1 非社交的な. 2 《英》勤務時間外の: ~ work ~ hours 勤務時間外に働く.

un·sold /ʌnsóʊld/ 形 売れていない, 売れ残りの.

un·so·lic·it·ed /ʌnsəlísɪtɪd/ 形 (助言・手紙などが)頼まないのに与えられる[送られてくる], 求められていない: ~ advice 頼まれもしないのにする助言.

un·solved /ʌnsάlvd/ 形 未解決の.

un·so·phis·ti·cat·ed /ʌnsəfístəkèɪtɪd/ 形 1 高度の教養に欠けた, (知的に)洗練されていない. 2 単純[素朴]な; 世慣れていない, うぶな. 3 (機械などが)精巧[複雑]でない, 単純な.

un·sound /ʌnsáʊnd/ 形 (-sound·er; -sound·est) 1 (心身が)健全でない, 不健康な; (建物などが)ぐらぐらした. 2 (学説などの)根拠の薄弱な, 不合理な, 欠陥のある. 3 不安定で信用できない.

un·sourced /ʌnsɔ́ːst | -sɔ́ːst/ 形 (情報などが)信頼できない, 出所が不確かな.

un·spar·ing /ʌnspéər(ə)rɪŋ/ 形 1 けちけちしない, 気前のよい, (…を)惜しまない (of, in). 2 容赦しない, きびしい (in). 3 (話などが)包み隠しのない. **~·ly** 副 気前よく; 容赦なく.

un·speak·a·ble /ʌnspíːkəbl/ 形 1 お話にならない, ひどく悪い. 2 《文》 (感情などが)言語に絶する. **-a·bly** /-əbli/ 副 口では言えないほど; ひどく.

un·spec·i·fied /ʌnspésəfàɪd/ 形 明示していない, 不特定の.

un·spec·tac·u·lar /ʌnspektǽkjʊlə | -lə/ 形 めざましくない, ぱっとしない.

un·spoiled /ʌnspɔ́ɪld/ 形 1 そこなわれていない; (ほめて)(場所が)自然のままの. 2 (人が)甘やかされて[増長して]いない.

un·spoilt /ʌnspɔ́ɪlt/ 形 《主に英》 =unspoiled.

un·spo·ken /ʌnspóʊk(ə)n/ 形 (感情などが)口にされない; (了解などが)暗黙の.

un·sport·ing /ʌnspɔ́ːtɪŋ | -spɔ́ːt-/ 形 =unsportsmanlike.

un·sports·man·like /ʌnspɔ́ːtsmənlàɪk | -spɔ́ːts-/ 形 スポーツマンらしくない, スポーツマン精神に反する.

un·sta·ble /ʌnstéɪbl/ 形 1 不安定な, すわりの悪い; 変わりやすい. 2 情緒不安定な. 3 《化》 (化合物が)不安定な, 分解しやすい.

un·stat·ed /ʌnstéɪtɪd/ 形 述べられていない, 公表されていない.

un·stead·i·ly /ʌnstédəli/ 副 不安定に, ぐらついて, 一定しないで.

un·stead·i·ness /ʌnstédinəs/ 名 U 不安定; 変わりやすさ.

un·stead·y /ʌnstédi/ 形 (-stead·i·er; -i·est) 1 不安定な, ぐらつく: He is ~ on his feet. 彼は足もとがおぼつかない. 2 変わりやすい, 頼りない, 定まらない; (気持ちが)動揺する.

un·stint·ing /ʌnstíntɪŋ/ 形 (援助・称賛が)惜しまない, 惜しまない (in): ~ devotion 惜しみない献身.

un·stop /ʌnstάp | -stɔ́p/ 動 (un·stops; un·stopped; -stop·ping) 他 〈…の〉栓を抜く, 〈…の〉口をあける; 〈…の〉から障害物を除く.

un·stop·pa·ble /ʌnstάpəbl | -stɔ́p-/ 形 止められない, 制止できない.

un·stressed /ʌnstrést/ 形 《音声》 (音節が)強勢のない.

un·struc·tured /ʌnstrʌ́ktʃəd | -tʃəd/ 形 組織[体系]化されていない, 一定の体系[組織, 構造]を持たない, 正式でない.

un·strung /ʌnstrʌ́ŋ/ 形 1 (楽器などの)弦のゆるんだ[はずれた]. 2 (心を)取り乱した.

un·stuck /ʌnstʌ́k/ 形 P くっついていない, 留められていない, はずれた. **còme unstúck** 動 自 (1) (ついていたものが)とれる, はがれる. (2) 《英略式》 (人・計画などが)失敗する, だめになる.

un·stud·ied /ʌnstʌ́did/ 形 《格式》 自然に会得した, 自ら備わった; わざとらしくない, 巧まない.

un·sub·scribe /ʌnsəbskrάɪb/ 《電算》 他 〈メーリングリストなどの〉登録を取り消す. ─ 自 (メーリングリストとの)登録を取り消す.

un·sub·stan·ti·at·ed /ʌnsəbstǽnʃièɪtɪd/ 形 《格式》 (主張などが)実証されていない, 根拠のない.

un·suc·cess·ful /ʌnsəksésf(ə)l/ 形 不成功に終わった; (試験などに)落第した, (選挙などで)落選した; 不出来な: an ~ candidate 落選した候補者 / They were ~ in their attempt to reach the mountain peak. 彼らはその山の登頂を果たせなかった. **-ful·ly** /-fəli/ 副 失敗して.

un·suit·a·bil·i·ty /ʌnsùːtəbíləti | -s(j)ùːt-/ 名 U 不適当, 不適任.

un·suit·a·ble /ʌnsúːtəbl | -s(j)úːt-/ 形 不適当な, 不適任な, 不似合いの (for). **-a·bly** 副 不適当に.

un·suit·ed /ʌnsúːtɪd | -s(j)úːt-/ 形 1 適さない, 不適当な (to, for). 2 相性が合わない (to).

un·sul·lied /ʌnsʌ́lid/ 形 《文》 汚(け)されていない.

un·sung /ʌnsʌ́ŋ/ 形 [普通は A] 詩歌に歌われていない; 世人に称賛されない: an ~ hero of the era その時代の無名の英雄[陰の功労者].

un·sup·port·ed /ʌnsəpɔ́ːtɪd | -pɔ́ːt-/ 形 1 支えのない; 支援[援助]のない. 2 実証されていない.

un·sure /ʌnʃʊ́ə, -ʃɔ́ə | -ʃɔ́ː, -ʃúə/ 形 P 1 自信のない: ~ of oneself 自信がない. 2 確信のない (about, of): He was ~ whether the story was true (or not). 彼はその話が本当かどうか確信が持てなかった.

un·sur·passed /ʌnsəpǽst | səpάːst/ 形 上回るものがない, 卓絶した, 無比の.

un·sur·prised /ʌnsəpráɪzd | -sə-/ 形 P 驚いていない.

un·sur·pris·ing /ʌnsəpráɪzɪŋ | -sə-/ 形 意外ではない. **~·ly** 文修飾副 案の定.

un·sus·pect·ed /ʌnsəspéktɪd/ 形 1 疑われていない; 怪しまれていない. 2 思いも寄らない, 予期しない.

un·sus·pect·ing /ʌnsəspéktɪŋ/ 形 疑わない, 怪しまない; (危険などに)気がつかない.

un·sus·tain·a·ble /ʌnsəstéɪnəbl/ 形 持続可能でない, (農業などが)環境を破壊する.

un·swayed /ʌnswéɪd/ 形 P (他人の意見に)影響されない, 動かされない.

un·sweet·ened /ʌnswíːtnd/ 形 (飲食物が)砂糖[甘味料]を加えていない.

un·swerv·ing /ʌnswə́ːvɪŋ | -swə́ːv-/ 形 (信念・決心などが)ぐらつかない, 確固とした (in): ~ loyalty 揺るぎない忠誠心.

un·sym·pa·thet·ic /ʌnsìmpəθétɪk/ 形 1 思いやりのない, 冷淡な (to, toward). 2 共鳴しない (to, toward). **-i·cal·ly** 副 冷淡に.

un·taint·ed /ʌntéɪntɪd/ 形 汚されていない, 汚点のない (by).

un·tamed /ʌntéɪmd/ 形 1 (土地が)自然のままの, 荒れている. 2 (動物が)飼いならされていない. 3

un・tan・gle /ʌntǽŋgl/ 動 他 1 〈もつれたもの〉を解く, ほどく. 2 〈問題〉を解明する.

un・tapped /ʌntǽpt⁻/ 形 (資源・市場・才能などが) 未利用の, 未開発の.

un・taught /ʌntɔ́ːt⁻/ 形 1 教育を受けていない, 無学の. 2 教わらずに身につけた.

+**un・ten・a・ble** /ʌnténəbl⁻/ 形 《格式》1 (攻撃などに対して)守りきれない, 支えられない. 2 (理論・議論・立場などが)批判[攻撃]に耐えられない.

un・test・ed /ʌntéstɪd/ 形 試されていない; (薬品などが)試験されていない.

+**un・think・a・ble** /ʌnθíŋkəbl⁻/ 形 考えられない, とんでもない; [the 〜; 名詞的に] 思いも寄らないこと.

un・think・ing /ʌnθíŋkɪŋ/ 形 考え[思慮]のない, 軽率な. 〜**・ly** 副 軽率に.

un・ti・di・ly /ʌntáɪdɪli/ 副 だらしなく, 乱雑に.

un・ti・di・ness /ʌntáɪdinəs/ 名 U だらしなさ.

+**un・ti・dy** /ʌntáɪdi⁻/ 形 (**un・ti・di・er; un・ti・di・est**) (人・服装が)だらしのない; (部屋などが)取り散らかした (messy); (仕事・計画などが)雑な: an 〜 appearance だらしのない身なり.

+**un・tie** /ʌntáɪ/ 動 (**un・ties; un・tied; un・ty・ing**) 他 1 解く, ほどく: 〜 one's shoelaces 靴ひもを解く. 2 解放する, 自由にする.

un・tied /ʌntáɪd⁻/ 形 (靴ひもなどが)ほどけた.

***un・til** /əntíl/

語法 till と until は同じ意味で, 一般に until のほうがやや改まった感じであるが, 「文」の初めや長い「節」の前では until が好まれる.

① (…)まで　　　　　　　　　　　　　前 1, 接 1
② [否定文で] …まで(—しない)　　　前 2, 接 3
③ とうとう　　　　　　　　　　　　　　 接 2

—— 前 1 [時間の終わりを示して] …まで(ずっと) (反 from).

語法 (1) until と継続の意味を表わす動詞
普通 stay, wait, walk のようにそれ自身で動作の継続を表わす動詞とともに用いる; by 「…までに」との違いについては ☞ by 前 6 語法: U〜 my marriage, I lived in the country. 結婚するまでは私は(ずっと)いなかで暮らしていた / He will be waiting for you 〜 five o'clock. 彼は 5 時まで(ずっと)あなたを待っているでしょう // up until (☞ up 副 成句).
(2) **until**+副詞的な語句
名詞だけでなく副詞的な語句を目的語にすることもある (☞ till¹ 前 1 語法 (2)): U〜「what time [when] will the meeting last? 会議は何時まで続くのだろう / U〜 now [recently] she has always been very nice to me. 今[最近]まで彼女は私にとてもよくしてくれた / He wasn't free 〜 after his exams. 彼は試験が終わるまで暇がなかった.

2 [否定文で] …まで(—しない), (…になって)初めて—する[である].

語法 come, go, begin, stop, return のような, ある時に 1 度だけ起きる出来事を表わす動詞とともに用いることが多い: He did not start 〜 one o'clock. 彼は 1 時まで出発しなかった(1 時になって〜出発した) (☞ before 前 1 語法) / The show does not begin 〜 six. そのショーは 6 時まで始まらない / The cherry blossoms on the Potomac will not be in full bloom 〜 about the beginning of April. ポトマック河畔の桜は 4 月の初めごろまでは満開になるまい.

3 [到着点を示して] …(に着く)まで (as far as): Keep going straight 〜 the second (set of traffic) lights. 2 番目の信号までまっすぐ進みなさい.

—— 接 1 (…するとき)まで, …までずっと.

語法 (1) 普通は主節の動詞がそれ自身で動作の継続を表わす場合に用いる: Let's stay here 〜 it stops raining. 雨がやむまで(ずっと)ここにいよう / Go straight down this street 〜 you come to a crossing. 交差点までこの道を真っすぐ行きなさい.
(2) until 節内の主語と be 動詞を省略することがある: Leave the meat in the oven 〜 (it is) thoroughly cooked. 完全に火が通るまでオーブンから肉を取り出さないように.

2 (…して)とうとう, (…して)ついに[やがて] 《★ この意味では主節を先に訳すほうがわかりやすい》: He walked on and on 〜 he found himself in a strange place. 彼はどんどん歩いて行くうちにやがて知らない所へ来ていた.

3 [主節が否定文のときに] (…しない)まで, (…して)初めて—する[である]: She did *not* arrive 〜 the concert was over. 彼女は音楽会が終わるまでやって来なかった(音楽会が終わってからやっと来た) / Do *not* stop 〜 (you are) told to do so. 指示があるまでやめるな (☞ 接 1 語法 (2)) / U〜 he comes, I can*not* go away. 彼が来るまで私は行けない.

It is nót until … that —…になって[…して]やっと[初めて]—する[である]: *It was not* 〜 she finished reading the book *that* she noticed that it was past midnight. 彼女はその本を読み終わって初めて午前 0 時を過ぎていることに気がついた.

un・time・li・ness /ʌntáɪmlinəs/ 名 U 時期尚早; 時期はずれ.

un・time・ly /ʌntáɪmli⁻/ 形 1 時期尚早の, 早すぎた. 2 時宜を得ない, 折の悪い, 時機を失した. **còme to an úntimely énd** [**death**] [動] 自 早死にする.

un・tir・ing /ʌntáɪ(ə)rɪŋ⁻/ 形 [ほめて] 飽きることのない, たゆまない; 不屈の (in). 〜**・ly** 副 飽きることなく, うまずたゆまず.

un・ti・tled /ʌntáɪtld⁻/ 形 題名[表題]のない.

+**un・to** /[子音の前では] ʌ́ntu, [母音の前では] -tu, [文の終わりでは] -tuː/ 前 《古語》…に; …まで (to).

+**un・told** /ʌntóʊld⁻/ 形 1 話されていない. 2 A 数えきれないほどの; 多大な; はなはだしい: 〜 numbers of people 無数の人々 / 〜 damage 莫大な損害.

+**un・touch・a・ble** /ʌntʌ́tʃəbl⁻/ 形 1 (インドの)不可触賤民の. 2 触れてはならない; 汚(ヶ))らわしい. 3 手の届かない; 無敵の; 攻撃[非難]できない; 罰せられない. —— 名 C (インドの)不可触賤民.

+**un・touched** /ʌntʌ́tʃt⁻/ 形 1 手をつけてない, 元のままの, (土地が)自然のままの: She left her lunch 〜 彼女は昼食に手をつけなかった. 2 P 影響[被害]を受けていない; 心を動かされない: 〜 by the flood. 私の家は洪水の被害にあっていなかった.

un・to・ward /ʌntóʊəd | -əd/ 形 《格式》運[都合]の悪い, 困った: I will go if nothing 〜 happens. 何か特別な不都合がない限り私は行きます.

un・trained /ʌntréɪnd⁻/ 形 訓練を受けていない: to the 〜 eye 素人(ホヘに)目には.

un・tram・meled, 《英》**-melled** /ʌntrǽm(ə)ld/ 形 《格式》拘束[妨害]のない, 自由な.

un・treat・ed /ʌntríːtɪd⁻/ 形 1 (人・傷などが)手当てを受けていない. 2 (廃液などが)未処理の. 3 (木材などが)防腐[防虫]加工されていない, 未加工の.

un·tried /ʌntráɪd/ 形 1 試されていない, 確かめられていない; 未経験の. 2 未審理の.

un·trou·bled /ʌntrʌ́bld/ 形 心を乱されていない, 安らかな.

†**un·true** /ʌntrúː/ 形 1 真実でない, 虚偽の. 2 《文》忠実でない, 不貞な (to).

un·trust·wor·thy /ʌntrʌ́stwɜ̀ːði | -wə̀ː-/ 形 (人が)信頼されない.

un·truth /ʌntrúːθ/ 名 (un·truths -trúːðz, -trúːθs/) 《格式》1 C 《婉曲》偽り, うそ (lie): tell an ~ うそをつく. 2 U 虚偽.

un·truth·ful /ʌntrúːθf(ə)l/ 形 (いつも)うそを言う; 本当でない, うその. **-ful·ly** /-fəli/ 副 うそを言って, 不正直に.

un·tucked /ʌntʌ́kt/ 形 (シャツの)すそが出してある.

un·turned /ʌntɜ́ːnd | -tɜ́ːnd/ 形 [次の成句で] **léave nó stóne untúrned** ☞ stone 名 成句.

un·tu·tored /ʌnt(j)úːtəd | -tjúːtəd/ 形 《格式》教育[訓練]を受けていない, 無知な.

untying 動 untie の現在分詞および動名詞.

un·typ·i·cal /ʌntípɪk(ə)l/ 形 典型的でない; いつもと異なる (of). **-cal·ly** /-kəli/ 副 例外的に.

un·us·a·ble /ʌnjúːzəbl/ 形 使用できない, 使いものにならない.

†**un·used** /ʌnjúːzd/ 形 使用されていない, 未使用の: an ~ room 空き部屋.

un·used to /(子音の前では) ʌnjúːstu, (母音の前では) -tu/ 形 […]に慣れていない.

*__un·u·su·al__ /ʌnjúːʒuəl, -ʒəl/ 形 1 [比較なし] 普通でない, 異常な; まれな, 珍しい: a person of ~ ability 並はずれた才能の持ち主 / *It is* ~ *for* it to snow at this time of year この時期に雪が降るのは珍しい / There was nothing ~ about him this morning. 今朝の彼の様子にはいつもと変わったところはありませんでした. 2 [主にほめて] (変わっていて)目立つ[面白い], 独特の: an ~ color 特徴のある色.

*__un·u·su·al·ly__ /ʌnjúːʒuəli, -ʒəli/ 副 1 異常に, めったにないほど; 一風変わって, 文修飾語 珍しいことに, いつもと違って: It was an ~ warm night for the fall. 秋としてはめったにないくらい暖かい夜だった / *U*~ (*for* her), she was late. 彼女は珍しく遅刻した. 2 非常に, ひどく.

un·ut·ter·a·ble /ʌnʌ́tərəbl, -trə-/ 形 《格式》言いようのない, 言語に絶した; 全くの, ひどい. **-a·bly** /-əbli/ 副 言いようなく, ひどく.

un·var·nished /ʌnváːnɪʃt | -váː-/ 形 A 1 飾りのない: the ~ truth ありのままの事実. 2 ニスを塗ってない.

un·var·y·ing /ʌnvé(ə)riɪŋ/ 形 変わらない, 不変の.

*__un·veil__ /ʌnvéɪl/ 動 (un·veils /~z/; un·veiled /~d/; -veil·ing) 他 1 〈秘密など〉を明かす; 〈新製品など〉を初公開[新発売]する: The new facts of the war *were* ~*ed*. 戦争の新事実が明かされた. 2 〈...の〉ベール[覆い]を取る; 〈...の〉除幕式を行なう.

un·veil·ing /ʌnvéɪlɪŋ/ 名 C,U 暴露, 公表; 除幕.

un·versed /ʌnvɜ́ːst | -vɜ́ːst/ 形 P 《格式》よく知らない, 精通していない (in).

un·voiced /ʌnvɔ́ɪst/ 形 1 (考え・感情などが)口に出さない, 表現されない. 2 【音声】無声の.

un·waged /ʌnwéɪdʒd/ 形 《英》《婉曲》職のない: the ~ 失業者たち.

†**un·war·rant·ed** /ʌnwɔ́ːrəntɪd | -wɔ́r-/ 形 《格式》正しいと認められない, 是認されない, 不当.

un·war·y /ʌnwé(ə)ri/ 形 用心していない, 不注意な, 油断した: the ~ 不注意な人々.

un·washed /ʌnwɑ́ʃt, -wɔ́ʃt | -wɔ́ʃt/ 形 洗っていない, 汚(き)れた. **the (great) unwashed** 名 《略式》下層民たち.

un·wa·ver·ing /ʌnwéɪv(ə)rɪŋ/ 形 揺るぎない, 確固とした. **～·ly** 副 確固として.

un·wed /ʌnwéd/ 形 結婚していない, 未婚の: an ~ mother 未婚の母.

†**un·wel·come** /ʌnwélkəm/ 形 歓迎されない, うれしくない, ありがたくない: an ~ visitor 招かれざる客.

un·wel·com·ing /ʌnwélkəmɪŋ/ 形 1 (人が)非友好的な, 冷たい. 2 (場所が)居心地の悪そうな.

†**un·well** /ʌnwél/ 形 P 《格式》(一時的に)具合が悪い, 気分がすぐれない.

un·whole·some /ʌnhóʊlsəm/ 形 1 健康に悪い; (顔色などが)不健康そうな. 2 不健全な, 不愉快な.

un·wield·i·ness /ʌnwíːldinəs/ 名 U 扱いにくさ, やっかいさ.

*__un·wield·y__ /ʌnwíːldi/ 形 1 (形・大きさ・重さなどの点で)扱いにくい, かさばった; 重すぎる. 2 (組織などが)うまく機能しない.

*__un·will·ing__ /ʌnwílɪŋ/ 形 いやいやながらの, しぶしぶの; (...する)気が進まない (reluctant): ~ consent しぶしぶの承諾 / ~ participants いやいや参加する人たち / He was ~ *to* go. <A+to 不定詞> 彼は行きたくなかった / I was ~ *that* the story should get around. <A+that 節> 私はその話が広まるのは気に入らなかった / Was he willing ♪ or *únwilling*? ↘ 彼は乗り気だった? 乗り気で薄だった? [⇨ un- 語法, or 語法, つづり字と発音解説 97]. **～·ly** 副 いやいやながら, しぶしぶ. **～·ness** 名 U 気乗り薄 (to do).

†**un·wind** /ʌnwáɪnd/ 動 (un·winds; 過去・過分 un·wound /-wáʊnd/; -wind·ing) 他 〈巻いた物〉を解く, 戻す (from). ― 自 1 (巻いた物が)解ける, 巻き戻る. 2 (人が)緊張が解ける, くつろぐ (relax). 3 (話)が進む, 展開する.

†**un·wise** /ʌnwáɪz/ 形 (un·wis·er; -wis·est) 思慮のない, 分別の足りない, 愚かな: It was ~ (*of you*) *to* believe her. 彼女のことばを信じたのは(君の)浅はかだった [⇨ of 12]. **～·ly** 副 愚かに(も).

†**un·wit·ting** /ʌnwítɪŋ/ 形 A 《格式》意識しない, 気づかない, 知らず知らずの: an accomplice 無意識の共犯. **～·ly** 副 意識[意図]しないで.

un·wont·ed /ʌnwɔ́ːntɪd, -wóʊnt- | -wóʊnt-/ 形 A 《格式》普通でない, めったにない.

*__un·work·a·ble__ /ʌnwɜ́ːkəbl | -wɜ́ːk-/ 形 実用的でない, (計画などが)実行不可能な.

un·world·li·ness /ʌnwɜ́ːldlinəs | -wɜ́ːld-/ 名 U 超俗; 素朴さ.

un·world·ly /ʌnwɜ́ːldli | -wɜ́ːld-/ 形 超俗の, 浮き世離れした; 世慣れない, うぶな, だまされやすい; この世のものと思えない.

un·wor·ried /ʌnwɜ́ːrid | -wʌ́rid/ 形 心配していない, 悩んでいない.

un·wor·thi·ness /ʌnwɜ́ːðinəs | -wɜ́ː-/ 名 U ふさわしくなさ.

†**un·wor·thy** /ʌnwɜ́ːði | -wɜ́ː-/ 形 (**-wor·thi·er**; **-thi·est**) 《格式》1 P (...に)値しない (to do); (人などに)ふさわしくない, (...らしく)あるまじき: conduct ~ of praise 称賛に値しない行為 / Such conduct is ~ *of* a teacher. そのような行為は教師にあるまじきものだ. 2 A 価値のない, 尊敬に値しない.

un·wound /ʌnwáʊnd/ 動 unwind の過去形および過去分詞.

†**un·wrap** /ʌnrǽp/ 動 (un·wraps; un·wrapped; -wrap·ping) 他 〈包みなど〉をあける, 〈...の〉包装を解く: ~ a gift 贈り物をあける.

⁺**un·writ·ten** /ʌ̀nrítn←/ [形] 書かれていない，成文化してない，暗黙の; 口伝の: an ～ law [rule] 不文律.

un·yield·ing /ʌ̀njí:ldɪŋ←/ [形] 頑固な，断固とした (*in*); 曲がらない; (ベッドなどが)堅い.

un·zip /ʌnzíp/ [動] (**un·zips**; **un·zipped**; **-zip·ping**) [他] **1** 〈…〉のジッパー[ファスナー]をあける. **2** 〘電算〙〈圧縮されたファイル〉を解凍する.

⁑up /ʌ́p/ ([反] down)

> 基本的には「高い方へ」の意.
> ① 高い方へ[に]，(…を)上って; 上(流)へ[に] [副] **1, 2, 3, 4**; [前] **1, 2**; [形] **1, 2**
> ② 近く[中心]へ，話し手の方へ [副] **5**; [前] **3**
> ③ 大きい[多い]ものへ [副] **6**
> ④ 活気づいて [副] **7**
> ⑤ すっかり; すっかり終わって [副] **8**; [形] **3**

> **リスニング**
> up の前に子音で終わる語があると up の始めの /ʌ/ はその子音と結合して，stand up /stæ̀ndʌ́p/ は「スタンダップ」，speak up /spí:kʌ́p/ は「スピーカップ」のように聞こえる.「スタンド・アップ」,「スピーク・アップ」のように発音しない.

― [副] [比較なし] **1** (低い所から)高い方へ，上(の方)へ，登って; (座っているもの・横になっているものを)立てて，起こして《移動や運動を表わす》: Some sparks flew *up*. 火花が飛び散った / We went ***up to*** the top of the hill. 私たちは山の頂上まで登った / He jumped ***up from*** the chair. 彼はいすから跳ねるように立ち上がった / Everybody stood *up* to applaud. 誰もが拍手するために立ち上がった / *Up* you come. Ⓢ 高い，高い《子供をだっこする時に》.

2 高い所に[で]，上方に《位置を表わす; ☞ [形] 1》，(ある面を)上向きに(して): She lives five floors *up*. 彼女は5階上に住んでいる / What can you see *up* there? あの高い所に何が見えますか / Put the cards face *up* on the desk. カードを机の上に表を上にして置きなさい.

3 (流れの)上流へ[に]，上手(かみて)へ[に]; (過去へ)さかのぼって: The current grew swifter and we could not go *up* any further. 流れが急になってもうそれ以上は上流に行けなかった.

4 Ⓢ (地理的に見て)高い方へ[に]，(南から)北へ[に]; 《英》(いなかから)都会[ロンドン]へ[に]，(特にオックスフォード・ケンブリッジ)大学へ[に]: We are spending the summer *up* in the mountains. 私たちは夏を山で過ごす予定だ / They live *up* north. 彼らは北の方に住んでいる / The party explored as far *up* as Alaska. 一行は北はアラスカまで探検した / When are you going *up* to London? いつロンドンへ行くのですか.

5 (遠くから)近く[中心]へ; 話し手の方へ，話し手が注意を向けている方へ: He came right ***up to*** me. 彼は私の方へやって来た / Dr. Long drove *up*. ロング先生が車で(私たちの家へ)やって来た / I'll meet you ***up at*** the station in an hour. 1時間したら駅で会いましょう《☞ down¹ [副] 5 最後の例文》.

6 (小さい[少ない]ものから)大きい[多い]ものへ; (値段・地位などが)上がって: My daughter can count ***up to*** thirty. 私の娘は30まで数えられます / Prices are going *up*. 物価が上がっている.

7 活気づいて; (力が)強く，(勢いが)盛んで; (発達などが)進んで: Speak *up*! 大きな声で言ってくれ / They keep *up* on the latest developments. 彼らは最近の展開によくついていっている / The campfire flared *up* and the kids cheered. キャンプファイアーが燃え上がって子供たちが歓声を上げた.

8 すっかり，完全に; …し尽くして，…し終わって; しっかりと，密集するように; 閉じた状態に; ばらばらに(なるように): The pond dried *up*. 池が干上がってしまった / That cup of coffee really woke me *up*. その1杯のコーヒーですっかり目がさめた / He tied *up* the parcel. 彼は包みをしっかり縛った / split the money *up* evenly 金を平等に分割する. [語法] しばしば強意のために用いるが，ほとんど意味のない付加語になっている場合もある: The party ended *up* with a song. 宴会は歌を歌って終わった.

> **コーパス・キーワード**
> 「動詞＋up」のいろいろ (☞ corpus)
> (1) [up を7の意味で用いて] **bráce úp** 元気を出す / **chéer úp** 元気を出す / **gáther úp** 〈力〉を奮い起こす / **héat úp** 熱する / **húrry úp** 急ぐ / **pláy úp** 強調する / **síng úp** 《英》声を大きくして歌う / **spéed úp** スピードを上げる / **túrn úp** 音を大きくする / **wárm úp** 熱中してくる / **wórk úp** 興奮させる
> (2) [up を8の意味で用いて] **ádd úp** 合計する / **bréak úp** ばらばらにする / **búy úp** 買い占める / **cléan úp** きれいに片づける / **cléar úp** 晴れ上がる / **cóver úp** すっかり覆う / **drínk úp** 飲み干す / **éat úp** 食べ尽くす / **fínish úp** 仕上げる / **fóllow úp** 最後まで追求する / **lóck úp** 閉じ込める / **míx úp** よく混ぜ合わせる / **páck úp** 荷物をまとめる / **pólish úp** 磨き上げる / **swállow úp** 吸い込む / **téar úp** 細かく引き裂く / **úse úp** 使い尽くす / **wríte úp** 詳しく書く

9 (議論・更新などの)対象になって，話題にのぼって; 目立つように; (犯罪で)呼び出されて (*for*): bring *up* the issue of unemployment 失業問題を持ち出す / The proposal came *up* last week. その提案は先週持ち出された.

from ... úp [副] (数量など)…から以上へ[の]; (時間的に)…から以後(ずっと): There was a power failure *from* the tenth floor *up*. 10階以上の階で停電が起きた / Boys *from* ˹ten years [the fourth grade]˺ *up* gathered there. 10歳[4年生]以上の少年がそこに集まった.

úp agàinst ... [前] (1) (人・物)に接して，…にぶつかって: stand *up against* the window 窓にもたれて立つ. (2) 《略式》(問題・困難など)にぶつかって，直面して: be *up against* it 苦労[苦戦，困窮]する.

úp and dówn [副] (1) 上がったり下がったり: look ... *up and down* …の全身をくまなく見る / The guests went *up and down* in the elevators. 宿泊客はエレベーターで昇降した. (2) 行ったり来たり，あちらこちらと: He was strolling *up and down* in the large garden. 彼はその広い庭園をあちらこちらとぶらついた. (3) (事態などが)よかったり悪かったりで，浮き沈みして.

ùp befòre ... [前] (裁判・審議などのために)…の前に(出て)，(法廷など)に出頭して (☞ 9).

ùp thére ☞ there² 成句.

úp to ☞ up to の項目.

ùp untìl [tìll] ... [前] 《略式》(時間的に)…まで (up to): She was here *up until* [*till*] last month. 彼女は先月までここにいた.

Úp (with) ...! Ⓢ 《古風》…よ起きろ!; (我々は)…を支持する!，…をもり立てろ!: *Up with* you! 起き[立ち]なさい / *Up* the workers! 労働者よ奮起せよ!

― /ʌ̀p/ [前] **1** …を上って，…の上(の方)へ，…を登って，…の上流へ《移動や運動を表わす》: go *up* a mountain 山を登る / We sailed *up* the river in a small boat. 私たちは小舟で川をさかのぼった.

2 …の上(の方)に，…の上手(かみて)に《状態を表わす》: He lives *up* the road from me. 彼は私より道の上の方に住んでいる《3の意味で「この道の先に住んでいる」ともとれる》/ A castle stands a little way(s) *up* the hill. 丘の上の方に城があります.

3 (道など)に沿って，…を(通って) (along); …を行った所に: They walked *up* the road. 彼らはその道をずっと進んできた《坂道とは関係ない》/ There is a gas station further *up* the road. この道をずっと行ったところにガソリンスタンドがある．4 [S]《英非標準》…へ (to); …まで (up to); …で (at): go *up* the shops お店に行く．

úp and dówn … [前] (1) …を上り下り: We had to go *up and down* the slope. 我々はその坂道を上り下りしなければならなかった．(2) …を行ったり来たり，…をあちらこちらと: He was walking *up and down* the station platform. 彼はプラットホームを行ったり来たりしていた．(3) …のあちこちで，…の至る所に: There was great damage *up and down* the country. 国中の至る所で被害があった．

Úp yóurs! [S]《卑》何言って[し]やがるんだ!《怒り・嫌悪・軽蔑を表わす》.

— [形] [比較なし] **1** [P] 高い所で[に]，上(の方)に，登って; 起きて: The sun is already *up*. 日はすでに昇っている / I was *up* late last night. 夕べ遅くまで起きていた． **2** [A] 上方への，上向きの，上り坂の: an *up* elevator 上りのエレベーター / an *up* slope 上り坂．
3 [P]《略式》終わって，(時間が)尽きて: Time's [The time is] *up*. 時間です《割り当て時間の終了を告げる言い方》. **4** [A]《米》(交通機関が)北行きの; 住宅地域行きの;《英》上りの: the *up* train《米》北行きの列車,《英》上り列車． **5** [P] (数量・程度が)上がって (*on*), (状態が)よくなって: Vegetables are *up*. 野菜の値段が上がった / The temperature is *up* five degrees. 温度が 5 度上がった． **6** [P]〖野〗(打者が)打席に立って; (チームが)攻撃中で． **7** [P]《略式》士気さかんで，気合が入って，元気がよく: The team is *up* for the game. チームは試合に向けて気合が入っている． **8** (試合で)(…点)リードして: That home run put the Yankees two runs *up*. あのホームランでヤンキースは 2 点リードした． **9** [P] (コンピューターが)立ち上がって． **10** [P] [S] (悪いことが)起こって (*with*): Something is *up*. 何かが起こっている． **11** [P]《英》(道路が)工事中で: ROAD UP 道路工事中《掲示》. **12** [P]〖テニス〗(ボールが)有効で，ワンバウンドで． **13** [P]《略式》(食事などが)用意のできた．

be úp and abóut [aróund] [動] [自]《略式》(病人が元気になって)起きて歩き回っている． **be úp and dóing** [動] [自]《やや古風》立ち働いている《特に病後に》. **be úp and rúnning** [動] [自] (機械・装置などが)作動[稼働]している，機能している． **be ùp for …** [動] [他] (1) …の対象となっている，…が考慮されている，…の必要な時になっている: The house *is up for* sale. 家は売りに出ている． (2) (容疑など)で出廷して[裁かれて]いる． **be úp thére with …** [動] [他]《略式》(能力などで)…と同等である，…に匹敵する． **be úp to hére** [動] [自] [S] (…に)うんざりしている，憤慨している: I'*m up to here with* your lies. もうお前のうそにはうんざりだ． **be (wéll) úp on [in, with] …** [動] [他]《略式》…についてよく知っている，精通している． **have hád it up to hére** [動] [自] [S] (…)にうんざりした，憤慨している (*with*). **It's áll úp (with …)**《略式》(…は)もうだめだ，(…は)万事休すだ． **Whát have you been úp tò?** [S] このところどうしていましたか． **Whát's úp (with …)?**《略式》(…は)どうしたの?

— [動] (**ups** /~s/; **upped** /~t/; **up·ping**) [他]《略式》**1** 〈値段・要求など〉を上げる，アップする: *up* the rent 賃貸料を上げる． **2** 〈…〉を持ち[取り]上げる． **úp and dó** [進行形なし] [S]《略式》いきなり[突然]…する: She *upped and* left the room. 彼女はさっさと部屋から出ていってしまった．

— [名] **1** [C] (道などの)上り，上り坂; 高台; 上昇，向上． **2** [複数形で] 幸運，出世． **3** [the ~] (ボールがバウンドして)はね上がっているところ．

be ón an úp [動] [自] [S] 機嫌がいい[なおっている].
on the úp and úp [形] ☞ up-and-up.
úps and dówns [名] (1) (道などの)上り下り，起伏: a road full of *ups and downs* 起伏の多い道． (2)《略式》(人生の)浮き沈み; (上下の)変動: I have gone through the *ups and downs* of life. 私は人生の浮き沈みを経験してきた．

up- /ʌp, ʌ́p/ [接頭] [動詞・副詞・形容詞をつくる] **1**「上に，より高く，よりよい所に，上流に」の意: *up*grade 質を高める / *up*hill 坂の上へ / *up*market 上流向けの． **2**「抜く; 逆さまに，徹底的に」の意: *up*root 根こそぎにする / *up*end 上下逆さまにする．

úp-and-cómer [名] [C]《略式》将来有望な人[物].

+**úp-and-cóming** [形] [普通は [A]]《略式》将来性のある，有望な: an ~ young scholar 有望な若い学者．

úp-and-úp [名] [次の成句で] **be on the úp-and-up** [動] [自]《略式》(1) [S]《米》正直である; 信頼できる． (2)《英》うまくいっている; (商売が)上向いている．

+**úp·bèat** [形]《略式》陽気な，楽天的な (*about*) ([反] downbeat). — [名] [C]〖楽〗アップビート，上拍《特に小節の最終のアクセントのないビート; それを示す指揮棒の振り上げ; ☞ downbeat》.

up·braid /ʌpbréɪd/ [動] [他]《格式》〈人〉をきびしくしかる，とがめる (*for*).

+**úp·brìnging** [T3] [名] [[U] または an ~] (親から受ける)教育，しつけ(方)，養育．

UPC /júːpìːsíː/ [略]《米》=Universal Product Code.

úp·chùck [動]《米略式》[自] げろを吐く． — [他] 〈…〉を吐く．

+**úp·còming** [形] [A]《主に米》近いうちに行なわれる，まもなくやって来る[出版・発売される] (forthcoming).

úp-cóuntry《古風》[形] [A] 内陸(から)の; 奥地の． — [副] 内陸(の方)へ，奥地に．

up·date**[1] /ʌ̀pdéɪt/ [T1] [動] (**up·dates** /-déɪts/; **up·dat·ed** /-ṭɪd/; **up·dat·ing** /-ṭɪŋ/) [他] **1** 最新のものにする，改訂する: The law needs *updating*. その法律は新しくする必要がある． **2** [S] 〈…〉に最新情報を与える: We'll ~ you ***on today's news. <V+O+*on*+名> 今日のニュースをお伝えします．
— [自] 最新のものにする，改訂する．

up·date[2] /ʌ́pdèɪt/ [名] [C] **1** 最新情報[ニュース]; 改訂 (*on*). **2**〖電算〗更新されたソフト．

Up·dike /ʌ́pdaɪk/ [名] [固] **John** ~ アップダイク (1932–)《米国の小説家》.

úp·dràft [名] [C] **1** 気体の上昇; 上昇気流． **2** (価格・相場などの)上昇．

ùp·énd [動] [他]《略式》〈…〉を上下逆さまにする．

ùp·fíeld [形] [副]〖スポ〗相手陣内の[で，へ].

up-front /ʌ̀pfrʌ́nt←/ [形] **1** [P]《略式》率直で，開けっぴろげで (*about*). **2** [A] 前払いの． — [副]《略式》**1** 前金で． **2** 率直に． **3** 一番前に;〖球〗前衛で．

up·grade**[1] /ʌ́pgrèɪd, ʌ̀pgréɪd/ [T2] [動] (**up·grades** /-grèɪdz, -gréɪdz/; **up·grad·ed** /-ḍɪd/; **up·grad·ing** /-ḍɪŋ/; [反] downgrade) [他] **1** [しばしば受身で] 〈…〉の性能[質]を高める; (ソフトを)バージョンアップする; 改善する，向上させる: ~ the software ***from version 1.1 ***to*** 1.2. <V+O+*from*+名+*to*+名> ソフトを 1.1 から 1.2 にバージョンアップする《★「バージョンアップ」は和製英語》/ ~ one's skills スキルアップする． **2** 〈人〉に(飛行機・ホテルで)料金より上の座席[部屋]を提供する (*to*). **3** [しばしば受身で] 〈職員など〉を昇格させる (*to*). **4** 〈…〉が向上したと正式に認める (*to*). — [自] バージョンアップする; 上の座席[部屋]を提供する (*to*).
— [名] [C] バージョンアップ(用機器・ソフト)，格上げ，グレードアップ; 昇格．

up·grade[2] /ʌ́pgrèɪd/ [名] [C] [次の成句で] **on the úpgrade** [形・副] 上り調子で，好転して．

úp·gròwth [名] [U] 成長; 発達．

†**up·heav·al** /ˌʌphíːv(ə)l/ 名 C|U **1** 大変動, 激変, 動乱; 大騒動. **2** 〖地質〗隆起.

*__up·held__ /ʌphéld/ 動 uphold の過去形および過去分詞.

*__up·hill__ /ʌphíl←/ (反 downhill) 形 **1** 上り(坂)の. **2** 骨の折れる, 困難な: an ~ struggle 苦闘. ― 副 坂[丘]の上へ, 上って. ― /ʌphíl/ 名 上り坂.

*__up·hold__ /ʌphóuld/ 13 動 (**up·holds** /-hóuldz/; 過去・過分 **up·held** /-héld/; **-hold·ing**) 他 〈判決〉を支持する (support); 〈格式〉〈法律・制度・原則など〉を擁護(よう)する; 確認する: The court *upheld* their right to merge. 法廷は彼らが合併する権利を認めた.

up·hold·er 名 C〈格式〉支持者, 擁護者 (*of*).

up·hol·ster /ʌphóulstər/ 動 (**-ster·ing** /-stərɪŋ, -strɪŋ/) 他 **1** 〈普通は受身で〉〈いすなどに〉詰め物をする, スプリングを取り付ける, 布張りする (*in*). **2** 〈家・部屋など〉をじゅうたん[カーテン, 家具類]で装飾する.

†**up·hólstered** 形 〈いすなどが〉布[革]張りの (*in*).

up·hól·ster·er 名 C いす張り職人, 家具装飾人, 家具屋.

†**up·hol·ster·y** /ʌphóulstəri, -stri/ 名 U **1** いすなどをふんわりさせるための材料〈詰め物・スプリング・布など〉. **2** 〈いすなどの〉布張り; 家具製造業.

UPI /júːpìːái/ 名 UPI 通信〈米国の通信社; United Press International の略〉.

†**úp·kèep** 名 U (土地・家屋などの)維持, 保存; 維持費; 養育(費): the ~ *of a car* 車の維持.

†**up·land** /ʌplənd/ 名 〈複数形で〉高地, 高台; 高原(地方). ― 形 A 高地の, 高台の.

up·lift¹ 動 〈格式〉**1** 〈…〉の意気を高める. **2** 持ち上げる.

úp·lìft² 名 U または an ~] **1** 〈格式〉精神的高揚; [主に新聞で]〈価格・価値などの〉上昇 (*in*). **2** 持ち上げること. **3** 〖地質〗隆起.

up·lift·ed /ʌplíftɪd←/ 形 **1** P (精神が)高揚した. **2** 〈文〉〈手などが〉挙げ(られ)た; 持ち上げた.

úp·lìft·ing 形 精神を高揚させる.

up·light·er /ʌplàɪtə, -tə/, **up·light** /ʌplàɪt/ 名 C アップライト〈上方に光を放つ照明〉.

úp·lòad 動 他〖電算〗〈プログラム・データなど〉をアップロードする〈(小さい[自分の]コンピューターから大きい[他の]コンピューターに移す)〉. ― 自 アップロードされる. ― 名 C アップロード(した情報・プログラム).

ùp·márket (反 down-market) 形 〈主に英〉〈普通は A〉上流階級向けの, 高級な; 高級品を扱う (《米》 upscale). ― 副 高級品市場へ.

úp·mòst 形 副 =uppermost.

*__up·on__ /əpán, əpɔ́ːn/ /əpɔ́n/ 前 〈格式〉= on.

―――リスニング―――

upon の後に母音で始まる語が続くと upon /n/ とその母音とがいっしょになって「ナ」行の音のように聞こえる. また upon の前に子音で終る語があると upon の始めの /ʌ/ はその子音と結合する. 従って上の once upon a time /wʌ́nsəpənətáɪm/ は「ワンサパナタイム」, depend upon it /dɪpéndəpɑ̀nɪt/ は「デペンダパニット」のように聞こえる. 「ワンス・アパン・ア・タイム」, 「デペンド・アパン・イット」のように発音しない.

―――語法 **on** と **upon**―――

on と upon は意味がほぼ同じでどちらも使える場合が多い: The building is built *on* [~] firm ground. (その建物はしっかりした地盤の上に建っている.) ただし, upon のほうが〈格式〉で, 普通は on を用いる. また, 慣用で決まっている場合もある: *on* foot 歩いて / *on* demand 要求のあり次第 / not *on* your [my] life 決して…でない / once ~ a time 昔々〈物語の始めで〉/ depend ~ it 大丈夫 / The New Year is almost ~ us. お正月はもうすぐそこだ.

*__up·per__ /ʌ́pə | ʌ́pə/ 11 形 (反 lower) 〈比較なし〉A **1** (位置が)上の方の, 高い所にある, 高地の; (川の)上流の; 奥地の; 北部の: the ~ Mississippi ミシシッピー川の上流(地域) / ~ Manhattan マンハッタン北部(☞ lower¹ 2) / The temperature is in the ~ twenties. 気温は 20 度台後半である (26–29 度の間). 語源 元来は up の比較級.

2 上級の, 上位の, 高等な (☞ upper class, Upper House) 関連 higher 高等な.

― 名 **1** C 〈普通は複数形で〉靴の甲革〈靴の底革から上の部分〉. **2** 〈複数形で〉《俗》覚醒剤 (☞ downer).

on one's úppers [形] 〈古風, 英略式〉文無しで.

úpper árm 名 C 上腕〈肩からひじまでの間〉; ☞ arm¹ 挿絵.

úpper cáse 名 U, 形 A 〖印〗大文字(活字)(の) (☞ lowercase).

Úpper Chámber 名 [the ~]=Upper House.

†**úpper cláss** 名 [the ~, 《英》単数または複数扱い; 時に the ~s] 上流階級 (☞ collective noun 文法).

úpper-cláss 形 A 上流階級の. 関連 middle-class 中流階級の / lower-class 下層階級の.

up·per·class·man /ʌ̀pəklǽsmən | ʌ̀pəklɑ́ːs-/ 名 (**-men** /-mən/) C 《米》(大学・高校の)上級生〈4年制の場合は senior および junior を指す; ☞ lowerclassman, underclassman〉.

úpper-cláss·wòman 名 (**-wom·en** /-wìmən/) C 《米》(高校・大学の)女子上級生.

úpper crúst 名 [the ~; 《英》単数または複数扱い] 〈略式〉上流階級, 貴族階級.

úpper-crúst 形 A 〈略式〉上流階級の.

úpper·cùt 名 C 〖ボク〗アッパーカット〈下あごを突き上げる打撃〉.

úpper déck 名 上甲板; (2階付きバスの)2階席; 〖野〗スタンド最上階.

úpper hánd 名 [the ~] 優位, 支配. **gáin** [**gét, táke, háve, hóld**] **the úpper hánd** 動 (…より)優位に立つ, (…を)支配する (*over*).

uppercut

†**Úpper Hóuse** 名 (反 Lower House) [the ~] 上院〈正式には米国では the Senate, 英国では the House of Lords という; ☞ congress 表〉.

†**úpper líp** 名 C 上唇(じょうしん) (☞ lip 日英比較). **kéep** [**háve**] **a stíff úpper líp** 動 自 ☞ lip 成句.

úpper míddle cláss 名 [the ~] 上位中流階級.

†**úpper·mòst** 形 (反 lowermost) [普通は A] W いちばん上の; 最高の, 最高位の; 最も重要な, 目立った (upmost): the ~ position 最高の地位. ― 副 W いちばん上に; 最高位に; 真っ先に (upmost). **be** [**cóme**] **úppermost** (**in** …'s **mínd** [**thóughts**]) 動 (…にとって)真っ先に思い浮かぶ大切なことである[になる].

úpper schòol 名 C (中等学校の)上級学年; 《英》上級学校(クラス)〈14才から18才まで通う〉.

up·pish /ʌ́pɪʃ/ 形 〈英略式〉=uppity.

up·pi·ty /ʌ́pəti/ 形 〈古風, 略式〉〈軽蔑〉思い上がっ

た, 生意気な, でしょげた.

ùp·ráise 動 他 〈…〉を(持ち)上げる.

ùp·ráised 形《文》高く(持ち)上げた.

***up·right** /ápràɪt/ **13** 形 [比較なし] **1**（背筋をのばして）真っすぐに立っている[座っている], 姿勢のよい;（柱・家具などが）直立な, 垂直な: an ~ vacuum cleaner たて型掃除機 / sit (bolt) ~ in bed 背筋を(ぴんと)のばして座る / Keep the pole ~. その棒は真っすぐに立てておきなさい. **2**《格式》[普通は A] 正直な (honest), 高潔な; 公正な: an ~ citizen 真っ正直な市民.
— 副 真っすぐに, 直立して: pull [draw] oneself ~ 背すじをぴんと伸ばして立つ.
— 名 **1** 真っすぐな物, 支柱,（サッカーなどの）ゴールポスト. **2** =upright piano. **~·ly** 副 正直に. **~·ness** 名 U 直立; 正直.

úpright piáno 名 C アップライトピアノ, たて型ピアノ. 関連 grand piano グランドピアノ.

***up·ris·ing** /ápràɪzɪŋ/ 名 (~s /-z/) C 反乱, 暴動 (against): an armed ~ 武装蜂起.

úp·ríver /áprívɚ | -vǝ+/ 副, 形, 名 川を上って[さかのぼる]; 川上に[の], 上流に[の].

†**úp·ròar** 名 [an ~]《文》騒ぎ, 騒動; 抗議 (about, over): in (an) ~ 大騒ぎで.

up·roar·i·ous /ʌpróːriəs/ 形 [普通は A] W（笑い声・パーティーなどが）騒々しい, 騒がしい, にぎやかな; ひどくおかしい. **~·ly** 副 騒々しく; ひどく.

†**ùp·róot** 動 他 **1**〈木など〉を根こそぎにする;〈因習など〉を根絶する. **2**（住み慣れたところから）〈…〉を立ち退かせる (from). **upróot onesélf** 動 自 (定住地から)立ち去る (from).

úp·rùsh 名 [an ~]《文》(喜怒哀楽の)ほとばしり.

UPS /júːpíːés/ 名 ユナイテッド・パーセル・サービス《米国の運送会社; United Parcel Service の略》.

ups-a-dai·sy /ápsədèɪzi/ 間 =oops-a-daisy.

úp·scàle 形《米》=upmarket.

***up·set¹** /ʌpsét/ ★ 名詞の upset² とのアクセントの違いに注意. **12** 動 (**up·sets** /-séts/; 過去・過分 **-set** /-sét/; **-set·ting** /-tɪŋ/; 名 úpsèt²) 他 **1**〈人〉をろうばいさせる, あわてさせる;〈人〉を悲しませる, 怒らせる: ~ oneself 取り乱す, 怒る / The news ~ her. 彼女はその知らせで取り乱した / They were ~ by the accident. ＜V+O の受身＞ 彼らはその事故で動転した. **2**〈計画など〉をだめにする, 台なしにする: Our plans were ~ by her sudden visit. ＜V+O の受身＞ 我々の計画は彼女の突然の訪問でだめになった.
3〈…〉をひっくり返す, ぶつかってこぼす, 転覆させる: The boy ~ a cup. 少年は茶わんをひっくり返した. **4**（競技などで）番狂わせに破る. **5**〈胃など〉の具合を悪くする.
— /ʌpsét/ 形 **1** 悩んで, 悲しんで, 怒って; 気が転倒して (by, over); 腹を立てて (with): Ann was ~ *about* her mistake. ＜A+about+名・代＞ アンは間違ったことでくよくよしていた / He's terribly ~ *that* she's left him. 彼は彼女に捨てられてひどく落ち込んでいる / Don't get ~. 気にするな. **2** A（胃など）具合が悪い: have an ~ stomach [tummy] 胃の調子が悪い. **3** ひっくり返った, 転覆した; 番狂わせの.

***up·set²** /ápsèt/ ★ 動詞の upset¹ とのアクセントの違いに注意. 名 (**up·sets** /-sèts/; 動 ʌpsét¹) **1** C（競技などでの）予想外の敗北[勝利]: the biggest ~ in boxing history ボクシング史上最大の番狂わせ / Our team scored an ~ *over* the champions. 我がチームは優勝チームに番狂わせで勝った.
2 C,U（心・計画などの）混乱, 乱れ, ろうばい;《主に英》悲しみ, 不安, 怒り: His sudden death caused a serious ~ in the office. 彼の急死で社内は大騒ぎになった. **3** C（胃の）不調: a stomach [tummy] ~ 胃[おなか]の不調.

úpset príce 名 C《米》最低競売価格（《英》reserve price）.

ùp·sétting 形 動揺させるような.

úp·shòt 名 [the ~]（最後の）結果, 結論.

úp·sìde 名 [単数形で] 上側, 上部;（物事の良い[明るい]面;（物価などの）上昇傾向 (of). — 前 S《米俗》…の上 [側面]に[を].

†**úpsìde dówn** 副 逆さまに, 転倒して, ひっくり返って: I turned the table ~ to fix it. 私は修理するためにテーブルを逆さまにした. **túrn ... úpsìde dówn** [動] **1**〈場所〉をめちゃくちゃにする. **2**〈人生・事態などを激変させる.

úpside-dówn 形 A 逆さまの, ひっくり返った; 混乱した, めちゃくちゃの.

up·si·lon /júːpsəlɑn | juːpsáɪlən/ 名 C ユプシロン《ギリシャ語アルファベットの第20文字 υ Υ; ☞ Greek alphabet 表》.

up·skill·ing /ápskɪlɪŋ/ 名 U（労働者の）技能向上.

†**úp·stáge¹** 動〈人〉の人気をさらう; 舞台後方に行くことで共演者に観客に背を向けさせる.

úp·stáge² (反 downstage) 副 **1** 舞台後方で[に]. **2**《古風, 略式》高慢に. — 形 **1** 舞台後方の. **2**《古風, 略式》お高くとまった, 高慢な.

***up·stáirs** /ápstéɚz | -stéəz⁻/ (反 downstairs) **12** 副 上の階へ[に, で]; (1 階からみて) 2 階へ[に, で]: She went ~ to bed [to her bedroom]. 彼女は 2 階に寝に行った (☞ bedroom 语法) / My room is ~. 私の部屋は上にある / not have much ~ S あまり利口ではない / the man ~ S（略式）神 (God). **kíck ... upstáirs** [動] 他《略式》〈人〉を閑職にまつり上げる.
— 形 A 上の階の, 2 階の: the ~ rooms 上の階の部屋. — 名 [the ~ として単数扱い] 上の階; 2 階.

ùp·stánding 形 [普通は A]《格式》**1**（人物が）立派な, 正直な. **2**《古風》（姿勢が）直立した, 背が高くがっしりした. **3**《英》（法廷などで）起立した.

†**úp·stárt** 名 C（軽蔑）成り上がり者, 成り金 [形容詞的に [主に新聞で] 成り上がりの.

úp·stàte (反 downstate)《米》形 A 州の北部の[に, へ]; いなかで[の]. — 副 U,C（州内の）北部, いなか（特に New York City から見て北部の地方）.

†**úp·stréam** (反 downstream) 上流に[の]; 流れを上って[さかのぼる] (of, from).

†**úp·sùrge** 名 [単数形で] W《格式》**1** 急騰; 急増 (in). **2**（感情などの）高まり, わき上がり (of).

úp·swing 名 [単数形で] [主に新聞で] W（景気などの）上昇, 拡大; 躍進 (in): on the ~ 上昇[発展]して.

up·sy-dai·sy /ápsidéɪzi/ 感 ヨイショ, ホウレー《ころんだ子供を助け起こしたり子供を抱き上げたりするときの掛け声》.

úp·tàke 名 **1** U または an ~] 生（生体への）摂取, 吸収 (of). **2** [単数形で]《英》希望者数, 志願者数. **be quíck [slów] on the úptake** [動] 自《略式》のみ込み[頭の回転]が速い[遅い].

up-tempo /áptémpoʊ/ 形, 副 速いテンポの[で].

úp·tick 名 C（価格・相場などの）上昇 (upswing) (in).

ùp·tíght 形《略式》**1** 緊張した, 神経質な; いらだった, 怒った (about). **2** 保守的な, 堅苦しい.

úp·tìme 名 U 電算 コンピューターの稼働時.

***up to** /（子音の前では）áptu, -tə,（母音の前では）-tuː/（過去形 apt to 〔☞ apt〕） **T1** 前 **1**（上方・地点・上限・水準）…のところまで, …に達するまで（☞ up 別 1, 4, 5）: We climbed ~ the top of the hill. 我々は山頂まで登った / He stood ~ his knees in the water. 彼はひざまで水につかっていた / I read ~ page 120 last night. 昨夜 120 ページまで読んだ.
2（時間的に）…まで, …に至るまで ((up) until, up till): It's the best score ~ now. それが今まででいちばんよいスコアだ / We are all geniuses ~ the age of ten. 我々は 10 歳になるまではみな天才だ (Huxley のこと

ば》. **be úp to ...** [動] [他] (1) Ⓢ …がすべきものだ; …の責任である: It's ～ you to tell him. 彼に話すのは君の役だ / It's ～ you whether I stay or go. 私が留まるか行くかは君次第だ / That decision *is* ～ the President. その決断は大統領がすべきだ. (2) Ⓢ《略式》(よくないこと)をしている最中である, …を計画している: He's ～ something [no good]. 彼は何か[よからぬこと]を企んでいる. (3) [普通は疑問文・否定文で] …と匹敵している, …に近似している: This new play *is not* ～ his earlier standards. この新しい劇は彼の以前の水準には及ばない. (4) [普通は疑問文・否定文で] …の任に耐えている, …ができる: They *are not* ～ this challenge. この難局に対処できない / My English *is not* ～ translat*ing* your essay. 私の英語力はあなたの論文を翻訳できるほどではない. **nót be ùp to múch** [動] [自] Ⓢ《英略式》あまりよくない.

***up-to-date** /ʌ́ptʊdéɪt←/ [T1] [形] ([反] out-of-date) [A] 最新(式)の, 最新流行の; 最新情報を載せた: an ～ method 最新式の方法 / ～ technology 最新の技術. [語法] [P] の用法では up to date とつづるのが原則 (☞ date[1] 成句). **bríng [kéep] ... ùp to dáte** [動] [他] 〈人〉に最新情報を知らせる[知らせておく] (*with, on*); 〈…〉を最新のものにする.

úp-to-the-mínute [形] [A] 最新の, 最新流行の; 最新情報を載せた. [語法] [P] の用法では up to the minute とつづるのが原則.

⁺**up·town** /ʌ́ptáʊn←/ ([反] downtown) 《米》 [副] 町の周辺部へ[で], (北部の高級)住宅地区へ[で]. **—** [形] [A] 町の周辺部の, 住宅地区の. **—** [名] [C,U] 町の周辺地, 住宅地区, 山の手.

úp·trènd [名] [単数形で] [主に新聞で] (景気の)上昇傾向.

⁺**úp·tùrn** [名] ([反] downturn) [単数形で] [主に新聞で] (物価などの)上昇; (景気・運などの)好転: expect a sharp ～ *in* the economy 経済の急な好転を予想する / Business is on the ～. 景気が上向いている.

ùp·túrned [形] [普通は [A]] **1** (先が)上を向いた. **2** ひっくり返された.

***up·ward** /ʌ́pwəd | -wəd/ ([反] downward) [T2] [副] **1** 上の方へ, 上向きに; 高い水準へ, 上昇して: look ～ to the sky 空を見上げる. **2** …以上; (時間的に)後年へ, …以後: prices *from* $50 ～ 50 ドル以上の値段. **... and úpward** …およびその上, …以上: children of ten years *and* ～ 10 歳以上の子供. **úpward of ...** [前] …を超える: ～ *of* one thousand refugees 千人以上の難民.
— [形] [普通は [A]] [比較なし] **上方への, 上向きの**: an ～ slope 上り坂 / an ～ glance 上目づかい / He is taking an ～ course in life. 彼は出世しつつある.

úpward·ly-móbile [形] (社会的)上層階層へのしあがる力[野心]のある, 向上[上昇]志向の.

úpward mobílity [名] [U] (社会的・経済的)上層階層への移動, 向上[上昇]志向.

***up·wards** /ʌ́pwədz | -wədz/ [副] 《英》 =upward.

up·wind /ʌ̀pwínd/ [形] [副] 風上の[に, へ] (*of*).

u·ra·cil /júː(ə)rəsìl/ [名] [U] 〖生・化〗 ウラシル《リボ核酸に含まれる結晶性の塩基》.

U·ral /jʊ́(ə)rəl/ [名] [固] **1** [the ～] ウラル川《カスピ海に注ぐ》. **2** [the ～s] =Ural Mountains.

Úral Móuntains [名] [固] [the ～] ウラル山脈《ヨーロッパとアジアの境を成す山脈》.

U·ra·ni·a /jʊ(ə)réɪniə/ [名] [固] 〖ギ神〗 ウーラニア《天文の女神; the Muses の一人》.

***u·ra·ni·um** /jʊ(ə)réɪniəm/ [名] [U] **ウラン**《元素記号 U; 放射性元素で, 原子力に利用される》: enriched ～ 濃縮ウラン.

U·ra·nus /jʊ́(ə)rənəs/ [名] [固] **1** 天王星 (☞ planet 挿絵). **2** 〖ギ神〗 ウラノス《天の人格化で宇宙を支配した神》.

***ur·ban** /ə́ːb(ə)n | ə́ː-/ [T1] [形] ([動] úrbanìze; [反] rural, rustic) [A] [比較なし] **都市の, 都市特有の; 都会にある[住む]** (☞ suburb [語源]): ～ life 都会生活 / an ～ guerrilla 都市ゲリラ.

úrban blíght [名] [U] 都会の荒廃.

ur·bane /əːbéɪn | əː-/ [形] ([反] rustic) Ⓦ [ほめて] あか抜けした, 洗練された; 礼儀正しい, いんぎんな. **～·ly** [副] 都会風に; あか抜けして, 洗練されて.

ur·ban·i·ty /əːbǽnəṭi | əː-/ [名] [U] Ⓦ [ほめて] 都会風; あか抜け, 洗練.

⁺**ur·ban·i·za·tion** /ə̀ːbənɪzéɪʃən | ə̀ːbənaɪz-/ [名] [U] 都市化, 都会化.

ur·ban·ize /ə́ːbənàɪz | ə́ː-/ [動] ([形] úrban) [他] [普通は受身で] 都市化する, 都会風にする.

úr·ban·ìzed [形] (社会・地域が)都市化した; (人が)都会暮らしをするようになった.

úrban mýth [légend] [名] [C] 都市神話《現代の都会生活に関連して語り伝えられる異常な話・怪談》.

úrban renéwal [名] [U] 都市再開発.

úrban spráwl [名] [U] 都市の膨張, スプロール現象《(都市周辺への)無秩序な発展》.

úrban wárrior [名] [C] **1** 政治的主義[主張]を持った都会の人. **2** 敵と武力で戦う都会の人.

ur·chin /ə́ːtʃɪn | ə́ː-/ [名] [C] **1** 《古風》 宿無し子, 浮浪児 (street urchin); わんぱく小僧. **2** =sea urchin.

Ur·du /ʊ́ədu: | ʊ́ə-/ [名] [U] ウルドゥー語《パキスタンの公用語》. **—** [形] ウルドゥー語の.

-ure /jə | jə/ [接尾] **1** [動詞につく名詞語尾] 「動作(の結果)・過程」などの意: censure 非難 / failure 失敗. **2** [動詞・名詞につく名詞語尾] 「機能(集団)」の意: judicature 裁判(権) / legislature 立法府. ★ /t/ の後では /tʃə | tʃə/, /d/ の後では /dʒə | dʒə/, /s/ の後では /ʃə | ʃə/, /z/ の後では /ʒə | ʒə/ となる: pic*ture*, ver*dure*, pres*sure*, plea*sure*.

u·re·a /jʊ(ə)ríːə/ [名] [U] 〖化〗 尿素.

u·re·mi·a /jʊ(ə)ríːmiə/ [名] [U] 〖医〗 尿毒症.

u·re·ter /jʊ́(ə)rəṭə | -tə/ [名] [U] 〖解〗 (輸)尿管.

u·re·thane /jʊ́(ə)rəθèɪn/ [名] [U] 〖化〗 ウレタン.

u·re·thra /jʊ(ə)ríːθrə/ [名] (複 **～s, u·re·thrae** /jʊ(ə)ríːθriː/) [C] 〖解〗 尿道.

u·re·thral /jʊ(ə)ríːθrəl/ [形] [A] 〖解〗 尿道の.

u·re·thri·tis /jʊ̀(ə)rəθráɪṭɪs/ [名] [U] 〖医〗 尿道炎.

urge** /ə́ːdʒ | ə́ːdʒ/ [T3] [動] (**urg·es** /～ɪz/; **urged** /～d/; **urg·ing**) [他] **1** 〈人〉に(…するように)しきりに勧める[促す], 迫る, 催促する; 〈…〉を勧告する: All members *are* (strongly) **～*d to attend the meeting. <V+O+C (*to* 不定詞)の受身> 会員は全員ぜひその会に出席していただきたい. **2** 主張する, 強く唱える; (人に)〈重要性など〉を力説する: They keep trying to ～ this plan of theirs *on* [*upon*] us. 彼らはこの計画を我々に実行させようと唱え続けている / The committee ～*d that* something (*should*) *be* done to stop air pollution. 委員会は大気汚染を抑止するため何らかの処置をとる必要があると主張した (☞ should A 8). **3** 《文》 せきたてる, 駆り立てる (*into, toward*) (☞ urgent [語源]): He ～*d* his horse *on* [*forward*]. 彼は馬を駆り立てた / Their cheers ～*d* him (*on*) *to* greater efforts. 彼らの声援を受けて彼はいっそうがんばった.
— [名] (**urg·es** /～ɪz/) [C] (…したい)**強い衝動**, 欲望; 熱望: Tom had an **～ *to*** see Meg. <N+*to* 不定詞> トムはメグに無性に会いたかった.

ur·gen·cy /ə́ːdʒənsi | ə́ː-/ [名] ([形] úrgent) [U] **1** 緊急; 切迫. **2** 《格式》 しつこさ, 強要; 力説.

***ur·gent** /ə́ːdʒənt | ə́ː-/ [T2] [形] ([名] úrgency) **1 緊急の, 差し迫った, 切迫した**: in ～ need of ... …を緊急に必要として / an ～ telegram 至急電報 / on ～ business 急用で / *It is* very *~ that* we (*should*) *send food to the starving people.* まず飢えている人々に食べ物を送ることが第一だ (☞ should A 8). **2** Ⓦ《格式》うるさくせがむ, しきりに催促をする; しつこい: an ~ whisper うるさくせがむささやき. 語源 ラテン語で「せきたてている」の意; urge と同語源. **~・ly** 差し迫って, 緊急に; しつこく.

urgh /ə́:g, ə́:x/ 間 ああ痛い〜!; うっいやだ!, よっこらしょ《突然の痛みを感じたときや, 不快なものを見聞きしたときや, 力を入れるときの叫び》.

u・ric /júə)rik/ 形 尿の: ~ acid 〖生化〗尿酸.

u・ri・nal /júə)rən(ə)l/ 名 C (男性用の)小便所[器].

u・ri・nal・y・sis /jùə)rɪnǽləsɪs/ 名《複 **u・ri・nal・y・ses** /jùə)rɪnǽləsìːz/》Ⓤ 尿検査.

†u・ri・nar・y /júə)rəneri | -n(ə)ri/ 形 普通は A 〖医〗泌尿器の.

†u・ri・nate /júə)rɪneɪt/ 動 自 《格式》排尿[小便を]する.

u・ri・na・tion /jùə)rɪnéɪʃən/ 名 Ⓤ 《格式》排尿, 小便.

*u・rine /júə)rɪn/ 名 Ⓤ 尿, 小便.

URL /júː.àːì | -ì.(r)-/ 名 〖電算〗=Uniform Resource Locator《インターネット上で情報の場所を指定する書式》.

†urn /ə́:n/ 名 C **1** (骨)つぼ, かめ. **2** (大型コーヒー[紅茶]沸かし. **3** 大型花びん.

u・ro・gen・i・tal /jùə)rouʤénətl⁻/ 形 泌尿生殖器の.

u・ro・log・i・cal /jùə)rəláʤɪk(ə)l | -lóʤ-⁻/ 形 〖医〗泌尿器の.

u・rol・o・gist /jʊ(ə)rɑ́ləʤɪst | -rɔ́l-/ 名 C 〖医〗泌尿器科医.

u・rol・o・gy /jʊ(ə)rɑ́ləʤi | -rɔ́l-/ 名 Ⓤ 〖医〗泌尿器学.

Úr・sa Májor /ə́:sə- | ə́:-/ 名 固 〖天〗大ぐま座 (Great Bear)《☞ polestar 挿絵》.

Úrsa Mínor 名 固 〖天〗小ぐま座 (Little Bear) 《☞ polestar 挿絵》.

ur・sine /ə́:sain | ə́:-/ 形 熊の(ような).

ur・ti・car・i・a /ə̀:təkéə)riə | ə̀:-/ 名 Ⓤ 〖医〗じんましん (hives).

U・ru・guay /(j)ʊ́(ə)rəgwài | -/ 名 固 ウルグアイ《南米南東部の共和国》.

U・ru・guay・an /(j)ʊ̀(ə)rəgwáiən⁻/ 形 ウルグアイ(人)の. — 名 C ウルグアイ人.

urn 1 urn 2

*us /(弱) əs; (強) ʌ́s/ 代《人称代名詞 we の目的格》
★ (1) 詳しい用法については ☞ we. (2) let us ..., let's ... については ☞ let's, let¹ 〖語法〗.

━━ リスニング ━━
us は文中では普通弱く /əs/ と発音されるが, その前に子音で終る語があると /ə/ がその子音と結合する. たとえば Give us apples. は /gívəsǽplz/「ギヴァサプルズ」, Stay here with us. /stéihíəwɪðəs/ は「ステイヒアウィザス」と聞こえる.「ギヴ・アス・アップルズ」,「ステイ・ヒア・ウィズ・アス」と発音しない /pl/ の発音については ☞ people リスニング(囲み).

1 [他動詞の直接目的語として] 我々を, 私たちを: We love her, and she loves *us*, too. 私たちは彼女が好きだ, 彼女も私たちが好きだ / Our grandparents want *us* to visit them. 祖父母が私たちに訪れてほしがっている / They kept *us* waiting. 彼らは私たちを待たせた.
2 [他動詞の間接目的語として] 我々に, 私たちに: She gave *us* a basketful of apples. 彼女は私たちにかご 1 杯のりんごをくれた《☞ to¹ 3 〖語法〗》/ Our father bought *us* some interesting books. 父は私たちにおもしろい本を買ってくれた《☞ for 前 A 1 〖語法〗》.
3 [前置詞の目的語として]: Stay here with *us*. 我々といっしょにここにいなさい / Each of *us* has his [her,《略式》 our] own hobby. 私たちの一人一人に自分の趣味がある / He has been with *us* for more than five years. 彼は私たちの会社に5年以上(勤めて)います《 we 2 (2)》. 場所を表わす前置詞の目的語となる場合には ourselves の意味となることがある: We looked *about us*. 我々は(自分たちの)周りを見回した.
4 /ʌ́s/ [主格補語として]《略式》我々(だ, です), 私たち(だ, です): It's not *us* who dumped garbage into the river. ごみを川に捨てたのは私たちではない《☞ me¹ 4 〖語法〗(2)》. **5** /ʌ́s/ [we の代わりとして]《略式》(1) [独立的に用いて]: "Who won the game?" "*Us* (=We did)."「試合に勝ったのはだれ?」「ぼくたちだよ」 (2) [比較表現の (as ...) as, than の後で; ☞ me¹ 5 〖語法〗]: They had started earlier *than us* (=we did). 彼らは私たちより先に出発していた. **6** [動名詞の意味上の主語として, our の代わりに]《略式》: He insisted on *us going*. 彼は私たちが行くように強く言った. **7** [主に間接目的語として] Ⓢ《英俗》=me¹: Give *us* a lift [kiss]. 乗っけて[キスして]. **óne of ús** 名 Ⓢ 《我々の》仲間の(一人).

*US¹, U.S. /júː.és/ 略 アメリカ合衆国, 米国; アメリカ合衆国の, 米国の (United States).

US², u/s /júː.és/ 略《略式, 主に英》=unserviceable.

*USA¹, U.S.A. /júː.éséɪ/ 略 アメリカ合衆国, 米国 (United States of America).

USA² /júː.éséɪ/ 略 =the United States Army 《☞ army; United States》.

*us・a・ble /júːzəbl/ 形 使用可能な; 使用に向く.

USAF /júː.èséf/ 略 =the United States Air Force 《☞ air force; United States》.

*us・age /júːsɪʤ, júːz-/ 語形 名《複 use¹》 **1** Ⓤ.C (ことばの)慣用法, 語法: a word in common ~ 慣用語 / American ~ アメリカ語法. **2** Ⓤ 使用度[量]; 使用 (use);《格式》(人の)処遇: This machine can stand rough ~. この機械は乱暴に扱っても平気だ. **3** Ⓤ 慣習, 慣例.

ÚSA Todáy 名 固 USA トゥデイ《米国唯一の日刊全国紙》.

USB /júː.èsbíː/ 名 C 〖電算〗USB《パソコンと周辺機器をつなぐバス規格; universal serial *b*us の略》.

USDA /júː.èsdíː.éɪ/ 略 =United States Department of Agriculture 米農務省.

*use¹ /júːz/ ★ 名詞の use² との発音の違いに注意. 動 (**us・es** /-ɪz/; **used** /-d/; **us・ing**) 名 use², úsage) 他 **1** 〈道具など〉を使う, 用いる, 利用する, 活用する《☞ borrow 表》《□ 英比較》: The baby cannot ~ a spoon yet. この赤ん坊はまだスプーンが使えない / May I ~ your telephone? 電話を貸していただけますか / This word shouldn't *be* ~*d* in formal situations. <V+O の受身> この語は格式ばった場合には使ってはならない / This *is* ~*d for* grilling fish. <V+O+*for*+動名の受身> これは魚を焼くのに使う / He ~*d* a knife [*to* open the bottle [*as* a bottle opener]. 彼はナイフをびんをあけるのに[せん抜きとして]使った.
2 〈頭・能力など〉を働かせる: U~ your brains before you ask me. 私に尋ねる前に自分の頭をよく働かせなさい / He ~*d* all his strength to crawl out of the wrecked car. 彼は全力をふりしぼってつぶれた車からはい出した. **3** 〈食物など〉を消費する, 使う, 消耗する: You ~ too much salt *in* your cooking. あなたは料理に塩を使い過ぎる. **4** [けなして] 〈人・機会など〉を利用する (*a*

do): She's just *using* you *for* her own ends. 彼女はあなたを自分の目的のために利用しているだけだ. **5** 〈麻薬など〉を常用する. **6** 〈言葉・表現〉を用いる (*to* do). **7** 〈偽名など〉を用いる. — [自] 《俗》麻薬を常用する.

could [can] úse ... [動] [他] Ⓢ 《略式》〈...〉が欲しい, 〈...〉があるとよい: I *could* ~ a cup of coffee right now! ああ今コーヒーが 1 杯飲みたい.

Úse by [包装などに記されて]賞味[使用]期限は(...まで) (☞ Best before (end) (best [形] 成句), use-by date): *U~ by* Mar.5, '06. 賞味[使用]期限: 2006 年 3 月 5 日.

úse úp [動] [他] 〈...〉を使い尽くす <V+名・代+*up* / V+*up*+名> They soon ~*d up* their food supplies. 彼らは買っておいた食料品をまもなく使い果たしてしまった.

‡use[2] /júːs/ ★ 動詞の use[1] との発音の違いに注意. ([類音] youth, youths) [名] (**us·es** /~ɪz/; [動] use[1], [形] úseful; [反] disuse) **1** [U または a ~] **使用, 利用, 使うこと**; (偽名などの)使用; [C,U] 使い方: The ~ *of* guns is not allowed in Japan. 拳銃の使用は日本では許されていない / Muscles develop through ~. 筋肉は使えば発達する / This library is ***for*** the ~ ***of*** children only. 当図書館は子供専用です.

2 [C,U] **用途, 使用目的** (*for, of*): for official ~ only 公用のためだけに / a tool with many ~*s* 使いみちの多い道具 / This machine has several ~*s.* この機械はいろいろなことに使える.

3 [U] **効用, 役に立つこと, 利益**: What is the ~ ***of*** a book without pictures or conversations? Ⓢ 絵や会話のない本なんてなんの役に立つのかしら (Lewis Carroll の *Alice's Adventures in Wonderland*「不思議の国のアリス」の中のことば; ☞ rhetorical question [文法]).

4 [U] **使用の自由, 使用権; 使用する能力; 使用の必要[機会]**: He gave me the ~ ***of*** his car whenever I wanted it. 彼はいつでも私の望むときに彼の車を使わせてくれた / She offered me the ~ *of* the boat for the summer. 彼女は夏の間ボートをお使いくださいと私に言った / The man lost the ~ *of* his legs. その男は脚が使えなくなった / Do you have any ~ ***for*** this old camera? この古いカメラをまだ使う(気な)のかい. **5** [C] (語の)用法, 語法: This is a new ~ of the word. これがその語の新しい用い方です. **6** [U] 麻薬の常用. **7** [U] 《格式》習慣, 慣例.

be nó úse [動] [自] 役に立たない (*to*); へたである (*at*).

bríng ... ìnto úse [動] [他] 〈...〉を用いるようになる.

còme ìnto úse [動] [自] 用いられるようになる.

gò òut of úse [動] [自] **使用されなくなる**: This word has *gone out of* ~. この語は今では用いられない.

hàve nó úse for ... [動] [他] (1) ...の必要がない. (2) 《略式》(人)には我慢がならない, ...が大嫌いだ.

hàve one's úses Ⓢ [しばしば滑稽]《略式》それなりの利用[存在]価値がある.

in úse [形] **用いられて; 行なわれて**: The new computer is already *in* general ~ among businessmen. その新しいコンピューターはすでにビジネスマンの間で広く用いられている.

It is nó úse dóing Ⓢ =**It ísn't àny úse dóing** =**It is nó úse to dó**=**There is nó úse (in) dóing** Ⓢ ...してもむだである (☞ it[1] A 4): *It* [*There*] *is no* ~ cry*ing* over spilled [spilt] milk. 《ことわざ》こぼれた牛乳を嘆いてもしかたがない(覆水盆に帰らず) / *There is no* ~ (*in*) complain*ing*. ぶつぶつ言ったってなんにもならないよ. [語法] 《略式》では in が省略されることがある // [言い換え] *It is no* ~ (your [you]) try*ing* to deny it. =*It is no* ~ (for you) *to* try to deny it. =*There is no* ~ (*in*) (your) try*ing* to deny it. あなたがそれを否定しようとしてもむだですよ. [語法] 主語をはっきりさせたいときには ( ) の中のように入れる.

It's nó úse! Ⓢ (やっても)むだ[だめ]だ, もうやめた; ☞ of use.

màke úse of ... [T1] [動] [他] Ⓦ ...を利用する, ...を使用する: Try to *make* good [the best] ~ *of* your time. 時間をうまく[最大限]利用するようにしなさい / People *make* ~ *of* iron in various ways. 人は鉄をいろいろな方面に利用する. [語法] ... is made ~ of の形で受身になることもある.

of úse [形] 《格式》**役に立って, 利用価値のある** (☞ 3): things *of* no [little] practical ~ 実用にはならない物 / It is「*of* great ~ [(*of*) no ~]. それは大いに役に立つ[全然役に立たない] / Is this magazine *of* any ~ *to* you? この雑誌は何か君の役に立つのかい.

òut of úse [形] **用いられていない, 廃(すた)れている**: The method is long *out of* ~. その方法はもうだいぶ前から用いられなくなっている.

pút ... to úse [動] [他] 〈...〉を使う, 利用する ([受身] be put to use): He *put* his knowledge *to* good ~. 彼は自分の知識を十分に使った.

use·a·ble /júːzəbl/ [形] =usable.

úse-bỳ dáte [名] [C] 《主に英》(食品の)賞味期限 (☞ pull date; Use by (use[1] 成句)).

+used /júːzd/ [形] ([反] unused) [A] **1** 使った, 使用済みの, 中古の (secondhand): a ~ car [book] 中古車[古本]. **2** (人が使ったので)汚い, よごれた: ~ sheets よごれたシーツ. [関連] brand-new 新品の.

used·n't /júːs(ə)n(t)/ ★ d は発音しない. 《英》used not の短縮形 (☞ used to[1] 1 [語法] (1); not (1) (i) [語法]).

‡used to[1] /(子音の前では) júːstʊ, -tə; (母音の前では) -tu/ ★ d は発音しない. **1** [意志を表わす動詞とともに] (今はしないが)**以前[昔]は...した**: I ~ *swim* in this river. この川でよく泳いだものだ(今は泳がない) / I ~ drink coffee, but I don't like it any more. 私は昔はコーヒーをよく飲んだが今はもう好きではない / He「*didn't use to* [*never* ~] drink. 彼は以前は酒を飲まなかった(今は飲む) (☞ [語法] (1)).

> [語法] (1) **疑問文や否定文での used to の形**
> 普通は一般動詞的に扱い, 過去形の did と共に用いる. その場合 use to の形が正しいとされる(ただし used to と書かれることもある).
> 否定文: You *didn't use to* ... (...していなかった)
> 疑問文: *Did* you *use to* ...? (...していたの?)
> 否定疑問文: *Didn't* you *use to* ...? (...していなかったの?)
> このほかに特に《英格式》では used not to, usedn't to などの形もある. ([用法注意!] used to を否定文や疑問文で用いるのはあまり一般的ではない).
> (2) **used to の意味と期間を表わす語句**
> 普通, 期間を表わす副詞句とは用いない (☞ 2 の [語法]). 次を比較: I ~ live there. 私はそこに以前住んでいた / I lived there *for five years*. 私はそこに 5 年間住んでいた.
> (3) **used to と would**
> used to が過去の相当の期間の常習的行為や状態を表わすのに対して, would は過去の不規則な反復行為または主語の特徴や性格を示すような行動を表わす. また used to は現在と比較して「以前は...した」と過去の事実を客観的に述べるのに対して, would は主語の意志や関心, 昔を回想する気持ちが強く, 文語的な言い方. ただし物語の始めでは used to を用いる.

2 [意志を示さない動詞とともに] (今はそうではないが)**以前[昔]は...であった**: John ~ *be* a nice boy. ジョンは前はいい子だった(今はそうではない) / You are much taller than you ~ *be*. 以前よりずっと背が高くなったね / There ~ *be* a church over there. 昔はあそこに教会があった(今はない) / "I like classical music." "Really?

U

You never ～ (*like* it)."「私はクラシック音楽が好きです」「ほんとですか. 前は好きじゃなかったのに」

[語法] 上の例文の used to … を単なる過去形にしても意味はほぼ同じだが, used to … の方が「現在と違って以前は…だった」という気持ちが強い.

‡used to[2] /(子音の前では) júːstʊ, -tə; (母音の前では) -tu/ ★d は発音しない. [形] ([反] unused to) [P] …に慣れている (accustomed): I am not ～ hard work. 私はきつい仕事には慣れていない / He is ～ driv***ing*** a car. 彼は車の運転には慣れている. **gèt [be] úsed to …** [動] [他] …に慣れる: Couldn't you *get* ～ American food? あなたはアメリカの食べ物に慣れなかったの.

‡use·ful /júːsf(ə)l/ ([類音] youthful) [形] ([名] use[2]) **1** 役に立つ, 有用な, 有益な ([反] useless): The horse is a ～ animal. 馬は役に立つ動物だ / This guidebook is very **～** ʳ***for*** train travel [***to*** tourists]. <A＋前＋名·代> この案内書は列車での旅行[観光客]に大変役に立つ / His advice was **～ *for*** remind***ing*** me of my duty. <A＋*for*＋動名> 私が自分の責任を思い出すのに彼の忠告は役に立った. **2** 《英略式》有能な, りっぱな; 申し分のない: a ～ player 力のある選手. **còme ín úseful** [動] [自] 《英》(必要なとき)役に立つ, 便利である (come in handy). **máke onesèlf úseful** [動] [自] Ⓢ 人の役に立つ, 手伝う. **próve úseful** [動] [自] 役に立つ(ことがわかる).

úseful lífe [名] [C] [滑稽] (機械の)使用可能な寿命.

use·ful·ly /júːsfəli/ [副] 役に立つように, 有益に.

úseful·ness [名] [U] 役に立つこと, 有用, 有効 (*of*). **outlíve one's úsefulness** [動] [自] (人·物が)役に立たなくなってもまだ生きて[残って]いる.

use·less** /júːsləs/ [形] **1** [比較なし] ([反] useful) (人·物が)役に立たない, 無用な: prove ～ 役に立たない(とわかる) / This vehicle is **～ *to me. <A＋前＋名·代> この車は私には役に立たない.
2 [比較なし] 無益な, むだな: [言い換え] ***It's* ～ *to*** try again. ＝***It's* ～** try***ing*** again. もう一度やったってむだだ / My advice will be ～. 私が言ってもむだだろう. **3** 《略式》[軽蔑] 無能な, 何もできない; (身体の一部などが)不自由な: a ～ player 力のない選手 / You're absolutely ～ *at* math! 君は数学が全くだめだな. **be wórse than úseless** [動] [自] 全く役立たずでどうしようもない. **～·ly** [副] 無益に, むだに. **～·ness** [名] [U] 役に立たないこと, 無用; 無益; 無能.

Use·net /júːznèt/ [名] [U] 〖電算〗ユーズネット《ネットの掲示板, Unix のネットワーク》.

use·n't /júːs(ə)n(t)/ 《古風, 英格式》used not の短縮形 (☞ used to[1] 1 [語法] (1); not (1) (i) [語法]).

***us·er** /júːzə | -zə/ [名] (～s /~z/) [C] **1** 使用者, 利用者, ユーザー; (電気などを)使う物: road ～*s* 道路使用者 / a great ～ *of* libraries 図書館をよく利用する人. **2** 《略式》麻薬常習者.

úser bàse [名] [C] 〖商〗ユーザーベース《特にネットによる商品·サービス利用者数》.

úser fèe [名] [C] 《米》(公共サービスの)使用料金; (オンラインサービスの)使用料金.

úser-fríendliness [名] [U] 使いやすさ; 利用者本位.

⁺úser-fríendly [形] (コンピューターなどが)使いやすい, 使い勝手のよい; 使用[利用]者本位の[に親切な].

úser gròup [名] [C] 〖電算〗ユーザーグループ《特定の商品などの利用者や, ネットで情報交換する人の集まり》.

úser guìde [名] [C] 〖電算〗ユーザーガイド《パソコンなどの使用手引き書》.

úser ÍD [名] ＝user name.

úser ínterface [名] [C] 〖電算〗ユーザーインターフェース《使用者が直接接する部分》.

úser nàme [名] [C] 〖電算〗ユーザー名.

use to /(子音の前では) júːstʊ, -tə, (母音の前では) -tu/ ☞ used to[1] 1 [語法] (1).

⁺ush·er /ʌ́ʃə | ʌ́ʃə/ [名] [C] **1** (劇場·教会などの)案内係; 新郎に付き添う男性. **2** 《英》(法廷の)廷吏 (《米》bailiff). **━** [動] (**-er·ing** /-ʃ(ə)rɪŋ/) [他] 《格式》案内する, 先導する: be ～*ed* ʳ*into* the room [*to* the seat] 自分の部屋[席]まで案内してもらう. **úsher ín** [動] [他] 〈…〉を案内して通す; 《格式》[主に新聞で] 〈…〉の先触れとなる: ～ *in* a new age 新しい時代の到来を告げる.

ush·er·ette /ʌ̀ʃərét/ [名] [C] 《古風, 主に英》(劇場の)案内嬢. [語法] 性を示す必要がないので現在では男女の区別なく usher を用いるのが普通.

USIA /júːèsàɪéɪ/ [略] ＝United States Information Agency 米国文化情報局.

ÚS Másters Tòurnament [名] [the ～] ＝Masters Tournament.

USMC /júːèsèmsíː/ [略] ＝United States Marine Corps 米国海兵隊.

USN /júːèsén/ [略] ＝United States Navy (☞ navy; United States).

USO /júːèsóʊ/ [略] ＝United Service Organizations (米軍)慰問協会.

U.S. of A. /júːèsəvéɪ/ [名] [the (good ol') ～で] Ⓢ [滑稽] アメリカ合衆国.

ÚS Ópen [名] [the ～] US オープン《ゴルフ[テニス]の全米選手権》.

USP /júːèspíː/ [名] [C] 〖商〗セールスポイント《*u*nique *s*elling *p*roposition の略》.

U.S.P. [略] ＝United States Pharmacopoeia 米国薬局方.

USS /júːèsés/ [略] ＝United States ship (☞ United States).

USSR /júːèsèsáə | -áː/ [略] ＝Union of Soviet Socialist Republics.

us·tad /ʊstáːd/ [名] [C] 《インド》(特に音楽の)達人.

USTR /júːèstìːáə | -áː/ [略] ＝United States Trade Representative 米国通商代表.

usu. [略] ＝usually.

‡u·su·al /júːʒuəl, -ʒəl/ [形] ([反] unusual) **1** いつもの, 通常の, 普通の (☞ common [類義語]): the ～ supper いつもの夕食 / ～ practice 普通のこと / He sat in his ～ chair. 彼はいつもの椅子に座った / [言い換え] ***It's* ～ *for*** her ***to*** be late. (＝She is usually late.) 彼女が遅れるのはいつものことだ. [語法] 次の形では用いない: *It is* ～ *that* she is late. **2** [the ～ または所有格の後で名詞的に] Ⓢ 《略式》いつものもの, お決まり: I'll have *the* [*my*] ～, please. いつものやつをください《いつも注文する飲みものなど》. [語源] 元来は「習慣の」という意.
as is úsual with … [副] …にはいつものことだが, …は決まってそうであるが.
as per úsual [副] Ⓢ 《略式》(よくないことに用いて)例のごとく: be late *as per* ～ 例のごとく遅刻する.
as úsual [副] いつものとおりに, 例によって: He got up early *as* ～. 彼はいつものとおりに早起きをした / *As* ～, she watched television for an hour after supper. いつものように彼女は夕食後 1 時間ほどテレビを見た.
… than úsual [副] [比較級の後につけて] いつもより…: I went to bed lat*er than* ～. 私はふだんより遅く床についた.

‡u·su·al·ly /júːʒuəli, -ʒəli/ [副] **1** 普通は, いつもは, 通常, 一般に (《略》usu.; ☞ always 囲み): I ～ go to bed at ten. 私は普通は 10 時に寝る / What do you ～ do after dinner? あなたは夕食後にはいつも何をしますか. **2** [複数名詞とともに] たいてい: Children ～ like chocolate. 子供はたいていチョ

about what had happened. 彼は何が起きたのかをはっきり言わなかった. **3** [普通は A] (形・色などが)ぼんやりした, ぼやけた; (感じなどが)漠然とした, かすかな: a ~ outline ぼんやりした輪郭. 語源 ラテン語で「さまよい歩く」の意. **nòt the vàguest ∴** (略式) 少しの…もない.

*vague·ly /véigli/ 副 ぼんやりと, 漠然と, あいまいに; およそ, 何となく, 少し(ばかり); ぼかんと, 興味なさげに: I ~ remember how the accident happened. その事故がどのように起こったかちょっとか覚えている.

vágue·ness 名 U あいまいさ, 漠然; うつろな状態.

*vain /véin/ (同音 vane, vein) 12 形 (vain·er, vain·est; 名 vánity) **1** (軽蔑) 虚栄心の強い, うぬぼれの強い; (…を)ひどく得意がる, かすかな: a ~ actor 虚栄心の強い俳優 / He is ~ *about* his knowledge. <A+*about*+名・代> 彼は知識のあることをうぬぼれている.
2 [普通は A] むだな, 無益な, 骨折り損の: I made several ~ attempts to persuade her. 彼女を説得しようと数回試みたがむだだった / The doctor gave her more powerful drugs in the ~ hope of her recovering. 医者は彼女が回復するかもしれないというはかない望みをかけてより強力な薬を投与した. **3** A (文) 空虚な, つまらない, 見かけ倒しの: ~ promises から約束.

in váin [副・形] (1) むだに, 無益に, むなしく: I tried *in* ~ to open the door. ドアを開けようとしたがだめだった / All our efforts were *in* ~. 我々の努力はすべて水泡に帰した. (2) [しばしば滑稽] 軽々しく, みだりに: take the Lord's name *in* ~ (古語) みだりに神の名を口にする (⇨ **name** 名 成句).

vain·glo·ri·ous /vèinglɔ́ːriəs⁻/ 形 A (文) うぬぼれの強い. **-ly** 副 ひどくうぬぼれて.

vain·glo·ry /véinglɔ̀ːri/ 名 U (文) ひどいうぬぼれ.

vain·ly /véinli/ 副 **1** むだに, 無益に, むなしく (in vain): V~ I tried [did I try] to reconcile myself with him. 私は彼と和解しようとしたがだめだった (⇨ inversion 文法 (1) (vi)). **2** (軽蔑) うぬぼれて.

val·ance /vǽləns/ 名 C **1** (米) (窓のカーテンの)上飾り, 金具飾い (英) pelmet). **2** 垂れ飾り (ベッドの上部・棚・寝台の周囲などにある; ⇨ **canopy** 挿絵).

vale /véil/ 名 C [V- として地名で用いる以外は (文)] 谷 (valley), 盆地, 流域: the ~ of tears (文) 涙の谷間, 憂き世.

val·e·dic·tion /væ̀lədíkʃən/ 名 (格式) U 告別, 別れに; C 告別の辞, 別れのことば.

val·e·dic·to·ri·an /væ̀lədiktɔ́ːriən/ 名 C (米) (告別演説をする)卒業生総代.

val·e·dic·to·ry /væ̀lədíktəri, -tri⁻/ 名 (格式) 形 [普通は A] 告別の, 別れの. — 名 C 告別演説.

va·lence /véiləns/ 名 C,U (主に米) (化) 原子価; (文法) 結合価 (動詞などが文中でどのような要素と結合するかなど).

Va·len·ci·a /vəlénʃ(i)ə/ 名 固 バレンシア (スペイン東部の州およびその州都).

va·len·cy /véilənsi/ 名 (-len·cies) C,U (主に英) =valence.

val·en·tine /vǽləntàin/ 名 C **1** バレンタインカード (聖 Valentine's Day) に恋人や親しい人にしばしば匿名で送るカード). **2** バレンタインカードを送る相手, バレンタインデーの恋人: Be My V~! 私のバレンタイン[恋人]になって (バレンタインカードの文句).

Valentine 名 ⇨ St. Valentine's Day.

Va·lé·ry /væləri | væleəri/ 名 固 Paul ~ バレリー (1871-1945) (フランスの詩人).

val·et /vǽlət, véilei/ 名 C **1** (英) (ホテルなどで衣服の世話をする)ボーイ. **2** 従者, 世話係, 付き人 (gentleman's gentleman) (主人の身の回りを世話する男). **3** (米) (ホテル・レストランの)駐車係. — 動 他 (英) (車内を)そうじする.

válet pàrker 名 C =valet 3.
válet pàrking [sèrvice] 名 U (ホテルやレストランなどで従業員がやる)客の車の駐車場出し入れサービス.

Val·hal·la /vælhǽlə/ 名 固 (北欧神話) ヴァルハラ (Odin の殿堂; 戦死した英雄の魂を招いて祀(ま)る所).

⁺val·iant /vǽljənt/ 形 [普通は A] (文) 雄々しい, 勇敢な (勇ましい中に気品のあることを表わす) (brave): a ~ hero 雄々しい英雄. **-ly** 副 雄々しく, 勇敢に.

⁺val·id /vǽlid/ (類音 ballad, varied) 11 形 (validity, 副 válidàte; 反 invalid²) **1** (書類などが)有効な, (法) (契約などが)法的に効力のある, 合法的な: a ~ passport 有効な[期限の切れていない]パスポート / This ticket is ~ for seven days. この切符は 7 日間有効だ.
2 (理由・議論などが)妥当な, 確実[正当]な根拠のある: a ~ reason [excuse, argument] もっともな理由[言い訳, 議論]. 語源 ラテン語で「強い」の意; ⇨ 語源, invalid¹ 語源.

⁺val·i·date /vǽlədèit/ 動 (形 válid; 反 invalidate) 他 **1** (格式) (…)を法的に有効とする; (…)の正当性を立証する, (…)を正当と認める; 批准(ひじゅん)する. **2** (米) (チケットなど)を有効にする.

val·i·dat·ed párking /-tid-/ 名 U (オフィスビルなどの)無料駐車システム.

val·i·da·tion /væ̀lədéiʃən/ 名 U,C (格式) 有効にすること; 承認; 批准.

⁺va·lid·i·ty /vəlídəti/ 名 (形 válid) U **1** (議論などの)正当(性), 妥当(性) (of): There is no ~ in what he says. 彼の言うことには正当性がない. **2** (法) 効力, 合法性, 有効性.

vál·id·ly 副 妥当に; 合法的に.

va·lise /vəlíːs/ 名 C (古風) 旅行用手さげかばん.

⁺Val·i·um /vǽliəm/ 名 (複 ~, ~s) U バリウム (精神安定剤; 商標); C バリウムの錠剤.

Val·kyr·ie /vælkí(ə)ri/ 名 固 (北欧神話) ワルキューレ (Odin の侍女である武装した乙女たちの一人).

Val·let·ta /vəlétə/ 名 固 バレッタ (マルタ (Malta) の首都).

*val·ley /vǽli/ (類音 berry, bury, vary, very) 名 (~s /-z/) C **1** 谷, 谷間, 渓谷 (⇨ **mountain** 挿絵).
2 (大河の)流域; (流域の)盆地[平野]: the Mississippi V~ ミシシッピ流域.

a líly of the válley ⇨ lily of the valley の項目.

【類義語】 valley 山に囲まれた比較的なだらかで広い平地. **gorge, ravine** valley よりも深くて狭く両側が絶壁となったもの. **canyon, ravine** canyon, 小さなもの **gully** など.

Válley Fórge /-fɔ́ədʒ, -fɔ́ːdʒ/ 名 固 バリーフォージ (米国 Pennsylvania 州の村; 独立戦争時 George Washington 率いる独立軍が越冬した野営地で, 寒さと食糧不足から約 2500 人が死亡).

Va·lois /vælwɑ́ː | vælwɑ́ː/ 名 固 バロア朝 (フランス王家 (1328-1589)).

val·or, (英) val·our /vǽlə | -lə/ 名 U (文) (戦闘での)勇気, 武勇, 剛勇.

*val·u·a·ble /vǽljuəbl, -ljubl/ 11 形 (名 válue; 反 valueless) **1** 価値のある, 大切な, 大切な, 有益な (⇨ 類義語): ~ information *to* [*for*] me 私にとって有益な情報 / a ~ contribution 貴重な貢献 / It is ~ to know Spanish if you work in this country. この国で働くならスペイン語を知っていると有利だ.

2 (宝石・絵画などが)高価な (costly), 値打ちのある: a ~ jewel 高価な宝石 / a ~ collection of paintings 高価な絵画のコレクション.

— 名 [複数形で] 貴重品: Put your ~s in the safe. 貴重品は金庫にしまっておきなさい.

【類義語】 valuable 品物に用いられる場合には金額に換算すれば高価であることを表わす. また品物以外に用いる場合にはその

valuation

有用性・効果などの点で価値が高いことをいう: *valuable* antiques 高価な骨董品 / A *valuable* suggestion 貴重な提案. **precious** 金銭では計れない貴重さを表わす: Health is the most *precious* thing we have. 健康は我々の持っている最も大切なものだ. **priceless** *valuable* より金額的に高く, 本来なら金銭に換算できるはずのものについて用いる: a *priceless* jewel 非常に高価な宝石. **invaluable** 物事の質を表わし,「大変有益な」の意味: Your help has been *invaluable*. 君の援助はとても有益であった. (🔁 expensive 表)

val·u·a·tion /væljuéɪʃən/ 名 ① 評価, 査定; 人物評価, 価値判断; ⓒ 評価額, 見積もり[査定]価格: make a ~ of the land その土地の価値を査定する / put [set] a high ~ on the house その家に高い査定額をつける.

‡val·ue /vælju:/ T1 名 (~s /-z/; 形 váluable. 動 eváluàte) 1 ①,ⓒ (金銭的な)**価値**, 価格, 値段: the ~ of the dollar [pound] ドルポンドの価値 / market ~ 市場価値 / a house with a ~ of £10,000 1 万ポンドの価格の家 / gain [increase, go up] in ~ 価値が上がる / drop [fall, go down] in ~ 価値が下がる / What would the ~ of this book be on the second-hand market? この本の古本市場での価格はどのくらいでしょうか. 2 ① (金銭・努力などに相当する)**値打ち**, 報い, 対価: You always get ~ *for* money at that store. あの店では払った金に見あうだけのものが手に入る / This new razor will give [offer] you good ~ *for* (your) money. この新しいかみそりは支払った金に相当するだけの価値があるでしょう. 3 ① (物や人の)**価値**, 値打ち (🔁 類義語); 真価: the ~ of sunlight *to* young children 幼い子供にとっての日光の価値 / literary ~ 文学的価値 / sentimental ~ 個人的思い出がある価値 / novelty ~ 目新しさ(という価値). 4 [複数形で] (個人・社会などが持つ)**価値観**: middle-class ~s 中産階級的価値観 / family ~s 家族を大切にするような価値観, 家族主義. 5 ① (語などの)意味, 意義. 6 ⓒ [数] 値(*ね*), 数値; [楽] (音符などの)長さ. 語源 ラテン語で「強い」の意; *valid* と同語源; 🔁 *equivalent* 語源.

attách válue to ... 動 他 ...を重んじる.

be (a) góod [póor] válue (for móney) 動 値段に見合っている[いない], 買い得[損]だ.

of válue 形 価値がある, 貴重な: This data is of great [little] ~ *to* our researches. このデータは我々の研究にとって非常に価値がある[ほとんど価値がない].

— 動 他 1 [進行形なし] 〈...〉を尊重する, 大切にする; 〈...〉の価値を評価する (*for, as*): I ~ your friendship more than anything. 私には何より君の友情が大切だ. 2 [普通は受身で] 〈金銭的に〉...を評価する, 〈...〉の値段を見積もる: The land *was* ~*d at* $30,000. その土地は 3 万ドルと評価された.

類義語 **value, worth** ともに「金銭に換算できる価値」という意味ではほとんど同じに用いられる: the *value* [*worth*] of the land その土地の価値. しかし *value* はどの程度役に立つのか, 重要性があるのかなどの点から見た価値をいうことが多く, 評価が人によって異なる相対的価値を意味するのに対し, *worth* はそのもの自体の知的, 精神的, 道徳的価値をいう: The true *worth* of Shakespeare's plays cannot be measured by their *value* to the commercial theater. シェークスピア劇の真価はその商業演劇に対する(興行的な)価値では計れない.

válue-ádded 形 [経] 付加価値の[をつけた].
válue-ádded reséller 名 ⓒ 付加価値再販業者(コンピューターなどで付加価値をつけて売る). 略 VAR.
válue-ádded táx 名 ① 付加価値税 (略 VAT).
vál·ued 形 [格式] 尊重されている, 貴重な; 評価された: a ~ friend 大切な友達.
válue jùdgment 名 ⓒ (主観的な)価値判断:

make a ~ *about* [*of*] ... ...に関する価値判断をする.
válue·less 形 (反 *valuable*) 価値のない; 値打ちのない (🔁 *priceless* 語法).
val·u·er /vælju:ə | -lju:ə/ 名 ⓒ (主に英) (不動産などの)鑑定士[人], 価格査定官.

‡valve /vælv/ (類音 *bulb*) 名 (~s /-z/) ⓒ 1 (機械・管楽器などの)**弁**, バルブ: a safety ~ 安全弁 / shut the ~ バルブを閉める / keep the ~ open バルブを開けておく. 2 (血管・心臓などの)弁, 弁膜. 3 (英) 真空管 (米) (vacuum tube).

val·vu·lar /vælvjulə | -lə/ 形 弁の; 弁をそなえた; 心臓弁膜の.

va·moose /væmú:s/ 感 [古風, 米] (消えろ)うせろ.
vamp¹ /væmp/ **vámp úp** 動 [動] (略式) (古い材料に何かを付け加えて)〈作品など〉を仕立てあげる, おもしろくする; 〈口実など〉をうまくでっちあげる.
vamp² /væmp/ 名 (古風, 略式) [軽蔑] 妖婦 (vamp).
— 動 妖婦のようにふるまう.
vam·pire /væmpaɪə | -paɪə/ 名 ⓒ 1 吸血鬼. 参考 死体からよみがえって夜間眠っている人を襲い, 生き血を吸い, 十字架とにんにくを恐れるといわれる. 2 = vampire bat.
vámpire bàt 名 ⓒ 吸血[血吸(゛ホャ)]こうもり(南米の熱帯地方産).
‡van¹ /væn/ (類音 *ban*) 名 (~s /-z/) ⓒ 1 有蓋(゛ネム)トラック, バン, ほろ付きトラック (家具・動物などの運搬用); (米) ワンボックスカー: a police ~ 囚人護送車, 警官輸送車 / a delivery ~ ライトバン. 🔁 moving van. 関連 truck¹ トラック. 2 (主に英) 有蓋貨車 ((米) boxcar, enclosed freight car). 関連 truck¹ 無蓋貨車. 🔁 caravan を短縮した形.
van² /væn/ 名 [the ~] = vanguard.
Van·cou·ver /vænkú:və | -və/ 名 固 1 バンクーバー (カナダ南西部の港市; 🔁 表地図 D 3). 2 バンクーバー島.
van·dal /vændl/ 名 ⓒ 1 (公共物・建物・芸術品・自然などの)心ない破壊者, 野蛮人. 2 [V—] バンダル人(ローマを略奪した古代ゲルマンの一部族).
van·dal·is·m /vændəlɪz(ə)m/ 名 ① (公共物・建物・芸術品などの)心ない破壊, 汚損; 蛮行.
van·dal·ize /vændəlàɪz/ 動 他 [しばしば受身で] 〈公共物・建物など〉を心ない破壊をする, 汚損する.
Van Dyck, Van·dyke¹ /vændáɪk/ 名 固 Sir Anthony ~ ヴァンダイク (1599-1641) (英国で活躍したフランドル (Flanders) 生まれの肖像画家).
Van·dyke² /vændáɪk/, **Vándyke béard** 名 ⓒ (先を細くとがらした)ヴァンダイクひげ.
vane /veɪn/ 名 ⓒ 1 = weather vane. 2 (風車・プロペラ・タービンなどの)翼, 翼板, 羽根.
van Gogh /væŋgóʊ | -gɒf/ 名 固 Vincent ~ (ヴァン)ゴッホ (1853-90) (オランダの画家).
‡van·guard /vængʊɑːd | -gɑːd/ 名 [the ~] (やや格式) 1 [軍] 前衛, 先陣 (反 *rear guard*). 2 (社会運動・芸術などの)先駆者たち, 前衛. **in [at] the vánguard of ...** [前] (やや格式) ...の先頭に立って, ...の先陣をきって; ...の先駆として.
‡va·nil·la /vəníla/ 名 1 ① バニラ(エッセンス) (バニラの実からとった香料): ~ ice cream バニラアイスクリーム. 2 ①,ⓒ バニラアイスクリーム. — 形 1 バニラ味の. 2 [時に軽蔑] ありきたりの.
‡van·ish /vænɪʃ/ (同音 *banish*) 動 (~·es /-ɪz/; ~·ed /-t/; ~·ing) (自) 1 (突然)消える, 見えなくなる (🔁 *disappear* 類義語): The ghost ~*ed* suddenly. 突然その幽霊は消えた / The moon ~*ed behind* a cloud. <V+前+名・代> 月が雲に隠れてしまった.
2 消滅する, なくなる: Many kinds of animals have ~*ed off* the face of the earth. いろいろな動物が地球上から姿を消した / All her hopes have ~*ed*. 彼女の希

望はすべて消えた. **dò a vánishing àct** [動] (自)《略式》(肝心な時に)姿をくらます, いなくなる (☞ disappear 成句). **vánish into thín áir** [動] (自) 完全に消える.

ván·ish·ing pòint [名] C 1 [普通は単数形で]《美》(透視画法の)消点; 物の見えなくなる点, 消滅点.

ván·i·ty /vǽnəṭi/ [名] (**-i·ties**; [形] vain) 1 U [軽蔑] 虚栄心, うぬぼれ: tickle a person's ~ 人の虚栄心をくすぐる. 2 C 《米》= vanity table. 3 [the ~]《文》 むなしさ, はかなさ, つまらなさ; 無益 (*of*). 4 [複数形で] 無益なこと[もの]; くだらない行為. 語源 ラテン語で「空($\frac{<5}{9}$)」の意.

vánity càse [名] C (女性の携帯用)化粧道具入れ.

Vánity Fáir [名] 1 (自) 虚栄の市(J. Bunyan 作の *The Pilgrim's Progress* の中に出てくる市場の名; Thackeray 作の小説の題名). 2 [単数形で] [しばしば v- f-]《格式》[軽蔑](虚栄に満ちた)この世の中.

vánity mìrror [名] C (自動車内の)化粧用小鏡.

vánity plàte [名] C 《米》(数字とアルファベットを自由に組み合わせた)お好みナンバープレート.

vánity prèss [públisher] [名] [普通は単数形で] 自費出版専門出版社.

vánity tàble [名] C 《米》化粧テーブル, 鏡台 (vanity)《英》dressing table).

vánity ùnit [名] C 《英》(下に棚のついた)洗面台.

van·quish /vǽŋkwɪʃ/ [動] 他《文》(敵・相手などを)圧倒する, 破る, 負かす (*in, at*); 〈感情などを〉克服する.

ván·tage pòint /vǽntɪdʒ-, vάːn-/ [名] C 1 見晴らしのきく地点. 2 見解, 立場 (*of*).

Van·u·a·tu /vǽnwɑːtúː, vǽnwɑːtuː | vænuάː-tuː/ [名] バヌアツ(太平洋南西部の共和国).

vap·id /vǽpɪd/ [形]《格式》活気のない, つまらない.

va·pid·i·ty /væpídəṭi/ [名] U《格式》活気のなさ, 退屈.

váp·id·ly [副]《格式》活気なく, つまらなく.

va·por,《英》**va·pour** /véɪpɚ | -pə/ [名] ([動] váporize, evápórate, [形] vápórous) 1 U.C 蒸気(大気中の湯気・霧・かすみ・煙霧など); 水蒸気 (water vapor); 気体: turn into ~ 蒸気になる. 関連 steam 水蒸気. 2 [the ~s]《古語》または《滑稽》めまい; 気絶.

va·por·i·za·tion /vèɪpərɪzéɪʃən | -raɪz-/ [名] U 蒸発(作用), 気化.

va·por·ize /véɪpəràɪz/ [動] 他〈…〉を蒸発させる, 気化させる. ── (自) 蒸発する, 気化する.

va·por·iz·er /véɪpəràɪzɚ | -zə/ [名] C 加湿器.

va·por·ous /véɪp(ə)rəs/ [形] ([名] vápor)《格式》蒸気のような, 蒸気が充満した.

vápor tràil [名] C 飛行機雲 (contrail).

va·pour /véɪpɚ | -pə/ [名] 《英》 = vapor.

VAR /víːèɪάɚ | -άː/ [名] C = value-added reseller.

var. [略] = variant.

var·i·a·bil·i·ty /vè(ə)riəbíləṭi/ [名] U 変わりやすさ, 変動[異]性, 可変性.

var·i·a·ble /vé(ə)riəbl/ [形] ([動] váry; [反] invariable) 1 変わりやすい, 変化しやすい; 定まらない, むらのある (uneven) [反] constant): ~ weather 変わりやすい天候 / Her working hours are ~. 彼女の勤務時間は一定していない.
2 変えられる, 変更[調整]できる; 変動しうる, 可変(性)の: The playback speed of this tape recorder is ~. このテープレコーダーの再生のスピードは変えられる. ── [名] C 1 [しばしば複数形で] 変化する[変わりやすい]もの. 2 《数》変数. 関連 constant 定数.

var·i·a·bly /vé(ə)riəbli/ [副] ([反] invariably) 変わりやすく, 不定に; 変わりうるほど.

var·i·ance /vé(ə)riəns/ [名] U.C 1《格式》(意見・状態などの)相違. 2《統計》分散. 3《法》適用除外措置. **be at váriance** [動] (自) 対立している; 食い違う, 矛盾している (*with*).

varnish 1961

var·i·ant /vé(ə)riənt/ [形] ([動] váry) 異なる, 相違した: a ~ spelling (同じ語の)異なったつづり (honor と honour など). ── [名] C 変異体, 変種, 変形 (*on*);《言》(発音・つづり字などの)異形 (*of*) ([略] var.).

váriant ĆJD /-síːdʒeɪdíː/ [名] U《医》変異型クロイツフェルトヤコブ病.

var·i·a·tion /vè(ə)riéɪʃən/ [名] (**~s** /~z/; [動] váry) 1 U.C 変化, 変動, 変異; 変化量, 変化の度合い (*of*): a **~ in** temperature 気温の変動 / The prices of vegetables are subject to ~. 野菜の値段は変動しやすい. 2 C 変わったもの; 変種;《楽》変奏曲: V~s *on a Theme by Mozart* モーツァルトの主題による変奏曲(ギターの曲名).

vár·i·cose véins /vǽrəkòʊs-/ [名] [複]《医》(特に足の)静脈瘤($_{りゅう}$).

var·ied /vé(ə)rid/ [形] さまざまな, 種々の, 雑多な; 変化に富んだ: a ~ menu 品数の多いメニュー / She led a full and ~ life. 彼女は波乱に富む人生を送った.

var·i·e·gat·ed /vé(ə)riəgèɪṭɪd, -rɪg-/ [形] 1 (花・葉などが)さまざまな色の, まだらの. 2《格式》多様な.

var·i·e·ga·tion /vè(ə)riəgéɪʃən, -rɪg-/ [名] U (植物の)色どり, 雑色, まだら.

va·ri·e·tal /vəráɪəṭl/ [形] (ワインが)単一品種で作られた. ── [名] C 単一品種のもののワイン, バライエタルワイン.

va·ri·e·ty /vəráɪəṭi/ [名] (**-e·ties** /~z/; [形] várious) 1 [a ~] **多種多様**, さまざま, いろいろ: for *a* (whole) **~ of** reasons (全く)いろいろな理由から / A nurse has *a* wide **~ of** duties. 看護師はさまざまな仕事をこなさねばならない.
2 U 変化に富むこと; 多様性: a life full of ~ 変化に富んだ人生 / I am tired of a job that lacks ~. 私は変化の乏しい仕事にあきた / They **added ~ to** the program. 彼らはその番組に変化をつけていっそう面白いものにした / V~ *is* the spice of life. (S) (ことわざ)変化こそ人生の薬味(いろいろ多様であってこそ生活に面白味が出る). 3 C 種類 (kind);《生》品種; 変種: dogs of the smaller ~ 小型(種)の犬 / a new ~ of tulip チューリップの新種. 語法 variety of の後の名詞は単数形でも無冠詞. 4 バラエティー(ショー), ボードビル (《米》 vaudeville). **of the ... variety** [形] [滑稽] (人・物)…の種類[タイプ]の.

variety shòw [名] C バラエティーショー(歌・踊り・曲芸・寸劇などを出し物にする寄席($_{せ}$)演芸).

variety stòre [名] C 《米》雑貨店.

var·i·ous /vé(ə)riəs/ [形] ([名] váry; [名] variety) 1 **いろいろな, さまざまな**, 種々の; 多彩な: A rainbow has ~ colors. にじにはいろいろな色がある / Opinions on this issue are many and ~. この問題についての見解は種々さまざまである. 語法 ある程度は似ているか同じような種類のなかでいろいろ違っていることを表わし, 複数名詞を伴う. 2 A (不定数を示していくつかの); 多くの: I could not attend the meeting for ~ reasons. 私はいろいろな理由でその会に出席できなかった. **várious and súndry** 《米》= **mány and várious** 《英》 さまざまな種類の.

vár·i·ous·ly [副]《格式》いろいろに, さまざまに, 種々に: People reacted ~ to the news. そのニュースに対する人びとの反応はさまざまだった.

var·let /vάːlət | vάː-/ [名] C 《古語》悪漢.

var·mint /vάːmɪnt | vάː-/ [名] C 《古風》有害動物, 厄介もの; いたずらっ子.

var·nish /vάːnɪʃ | vάː-/ [名] 1 U ニス, ワニス: put ~ on the floor = apply ~ to the floor 床にニスを塗る. 語法 種類をいうときには C: mix several ~*es* 何種類かのニスを混ぜる. 2 [the ~] ワニス塗りの表面[光沢面]. 3 U.C (主に英) = nail polish. ── [動] 他

varsity

var·si·ty /vάːrsəṭi, -sti /vάːsə-/ 名 (**-si·ties**) C 1 《米》[新聞で](大学などの)代表チーム: the ~ football team 大学代表のフットボールチーム. 2《古風,英略式》大学 (university): the V~ Match Oxford 大学対 Cambridge 大学のラグビー試合. 語源 university から派生.

***var·y** /véəri/《同音 #very1,2; 類音 berry, bury, valley》(**var·ies** /-z/; **var·ied** /-d/; **-y·ing**) 形 várious, váriable, váriant, 名 vàriátion)

他 の転換
自 2 変わる (to change)
他 2 変える (make (something) change)

— 自 1 (それぞれに)異なる, 違う: The leaves of the tree ~ *in* color from green to yellow. <V+in+名・代> その木の葉の色は緑から黄色までさまざまである / The prices of these bags ~ *with* the size. <V+with+名・代> このかばんの値段はサイズによって違います / Marriage customs ~ *from* country *to* country. <V+from+名+to+名> 結婚の慣習は国によって違う(☞ from 1 語法(3)). 語法 differ は本質的に違うこと, vary は同じ種類のものが部分的に違うことを表わす. 2 (いろいろに)変わる, 変化する, 変動する(☞ change 類義語): The weather *varies* from day to day these days. 最近天候が毎日のように変わる(☞ from 1 語法(3)) / The temperature *varies between* 20 *and* 30 degrees. 温度は20度と30度の間を変動する / "How often do you play tennis?" "Well, it *varies*." 「どのくらいテニスをしますか」「そうですね, 特に決まっていません」.
— 他 1 (…)に変化をつける, (…)を多種多様にする(☞ change 類義語): The speed of revolution can *be varied*. <V+Oの受身> 回転のスピードはいろいろに変えられます. 2 (…)を変える, 変更する.

var·y·ing /véəriɪŋ/ 形 さまざまな: with ~ degrees of success さまざまな成功の度合いで.

Vásco da Gáma 名 固 ~ Gama.

vas·cu·lar /vǽskjulər | -lə-/ 形《生・解》(血液・樹液などを導く)管の, 導管の.

***vase** /véɪs, véɪz | vάːz/ 名 C 花びん, (装飾用の)びん, つぼ (陶磁器・ガラス・金属製). 語源 ラテン語で「容器」の意; vessel と同語源.

va·sec·to·my /vəséktəmi/ 名 (**-mies**) U,C《医》精管切除(手術), パイプカット.

Vas·e·line /vǽsəlìːn/ 名 U ワセリン《商標》.

va·so·con·stric·tion /vèɪzoʊkənstríkʃən/ 名 U《医》血管収縮.

va·so·dil·a·ta·tion /vèɪzoʊdìlətéɪʃən/, **-di·la·tion** /-daɪléɪʃən/ 名 《医》血管拡張.

vas·sal /vǽs(ə)l/ 名 C 1 (封建時代の)家臣, 臣下. 2《格式》《軽蔑》隷属国;~ a state 属国.

***vast** /vǽst | vάːst/《類音 best, bust, vest》Ⅱ 形 (**vast·er; vast·est**) [普通は A] 1 広大な, 巨大な, 果てしなく広い(☞ huge 類義語): a ~ expanse of ocean [desert] 果てしなく広い海[砂漠] / Texas is a ~ state. テキサスは広大な州です.
2 《格式》(数・量が)非常に大きな, 膨大な, 莫大 (ばくだい) な (程度が)非常な, 多大な (great); 膨講: a ~ scheme 膨大な計画 / ~ sums of money 巨額の金 / a matter of ~ importance 非常に重大な事.

***vast·ly** 副 1 非常に, とても: The situation has been ~ improved. 事態は大いに改善された. 2 [形容詞の比較級を強めて] ずっと, はるかに.

vast·ness 名 1 U 広大さ, 膨大, 莫大. 2 U,C [しばしば複数形で] 広大な[果てしない]空間. 3 U 博識.

vat /vǽt/ 名 C (醸造用・染物用・皮なめし用などの)大桶.

+**VAT** /víːèɪtíː, vǽt/ 略 =value-added tax.

***Vat·i·can** /vǽtɪk(ə)n/ 名 固 [the ~] 1 バチカン宮殿.
2 [単数または複数扱い] ローマ法王庁, 教皇庁.

Vátican Cíty 名 固 [the ~] バチカン市国《イタリアの Rome 市内にあるローマ法王庁の支配する独立国》.

vat·man /vǽtmæn/ 名 [the ~]《英略式》付加価値税担当職員.

vaude·ville /vɔ́ːdvɪl, vάː- | vɔ́ːdəvìl/ 名 U《主に米》バラエティーショー, ボードビル《歌・踊り・寸劇・アクロバットなどを見せた(特に昔の)寄席》;《演芸》《英》variety》: a ~ theater 寄席, 演芸館.

vaude·vil·lian /vɔːdvíljən/ 名 C ボードビル作家; ボードビル芸人.

Vaughan Wil·liams /vɔ́ːnwíljəmz/ 名 固 **Ralph** ~ ボーンウィリアムズ (1872-1958)《英国の作曲家》.

+**vault**¹ /vɔ́ːlt/ 名 C 1 [しばしば複数形で] (銀行などの)金庫室; (教会・墓地などの)地下納体堂[納骨所]. 2 (石・れんがなどで築いた)アーチ形の天井, 丸天井, 丸屋根; 丸天井のようなもの: the ~ of heaven《文》大空, 蒼穹 (そうきゅう). 3 地下貯蔵室(食料品・酒類などを蓄える): a wine ~ ワイン貯蔵室.

vault² /vɔ́ːlt/ 自 動 [副詞(句)を伴って] (手・棒などを使って)跳ぶ, 跳躍する (over) [☞ jump 類義語]; 一気に到達する (to, into). — 他 (手・棒などを使って)を跳び越す. — 名 C 跳び越え, 跳躍: the pole ~ 棒高跳び.

vault·ed 形 (屋根・天井が)アーチ形の; (建物・通路などが)アーチ形の屋根のついた.

vault·er /vɔ́ːltər | -tə/ 名 C [主に合成語で] 飛び越える人, 跳躍者: a pole-vaulter 棒高跳び選手.

váult·ing¹ 名 U 丸天井建築.

váult·ing² 形《文》《軽蔑》(望みなどが)大きれた, 思い上がった: ~ ambition はやりすぎた野心《Shakespeare の Macbeth から》.

váulting hòrse 名 C (体操用の)鞍馬 (あんば), 跳馬.

vaunt /vɔ́ːnt/《格式》動 他 (…)を自慢する, 誇示する. — 名 C 自慢, 自負, ほら, 広言.

vaunt·ed /vɔ́ːntɪd/ 形 [主に A]《格式》《軽蔑》自慢の: the college's much-*vaunted* gym 大学ご自慢の体育館.

vb. 略 =verb.

VC 略 =Victoria Cross.

V.C. 略 =vice-chancellor.

VCE /víːsìːíː/ 名 C (オーストラリアの)教育免状《Victorian Certificate of Education の略》.

V-chip /víː-/ 名 C V チップ《テレビ受像機に取り付けて, 暴力・セックスなど子供に見せたくない番組の受信を自動的に妨げるようにする素子》.

v-CJD /víːsìːdʒéɪdíː/ 名 U《医》変異型クロイツフェルトヤコブ病.

+**VCR** /víːsìːάːr | -άː/ 名 C ビデオ(録画装置)《videocassette recorder の略; 米国ではビデオ再生・録画装置の最も一般的な名称; ☞ video 2》.

VD /víːdíː/ 略《古風》=venereal disease.

VDT /víːdìːtíː/ 名 C《米》画像端末表示装置, モニター, ディスプレイ《video display terminal の略》.

VDU /víːdìːjúː/ 名 C《英》=VDT《visual [video] display unit の略》.

*-**'ve** /v/《略》have² の短縮形《☞ I've, you've, we've, they've, who've1,2》.   ★ 've got については ☞ have got の項目.

+**veal** /víːl/ 名 U 子牛の肉《子牛 (calf) の肉; ☞ meat 表》: a breaded ~ cutlet パン粉をまぶして揚げた子牛の(もも肉の)カツレツ.

vec·tor /vékṭər | -tə/ 名 C 1《数》ベクトル, 方向量

(☞ scalar). **2** 《格式》(航空機などの)進路, 方向. **3** 〖生〗病原媒介生物(はえ・蚊など)(of).

Ve・da /véɪdə/ 名 [複] ヴェーダ《ヒンズー教の最古の聖典》.

V(-)É dày /víːíː-/ 名 Ⓤ (第2次大戦の)ヨーロッパ戦勝記念日《1945年5月8日》.

vee・jay /víːdʒèɪ/ 名 Ⓒ =video jockey.

veep /víːp/ 名 Ⓒ 《米略式》(米国の)副大統領(vice president).

†**veer** /víə | víə/ 動 (**veer・ing** /víə(r)ɪŋ/) ⓘ **1** [副詞句(句)を伴って] (乗り物などが)急に向きが変わる; (道路が)方向が変わる (to): The car ~ed from [off] its course. 車はコースをはずれた. **2** [副詞(句)を伴って] (意見・話題などが)変わる, 変心する, 転向する: The topic ~ed away from politics (around) to health. 話題は政治のことから健康の話になった. **3** 《格式》(風が)(右回りに)向きを変える《北→東→南→西の順》 (⇔ back). — 他〈…の〉方向[方針]を変える.

†**veg** /védʒ/ 名 (複 ~s) Ⓒ|Ⓤ《略式, 主に英》野菜, 野菜料理: ~ soup 野菜スープ / meat and three ~ 肉と野菜料理3品. — 動 [次の成句で] **vég out** 動 ⓘ《略式》=vegetate.

Ve・ga /víːɡə/ 名 圄 〖天〗ベガ, 織女《琴座の1等星》. 関連語 Altair 牽牛.

†**ve・gan** /víːɡən/ 名 Ⓒ 完全菜食主義者《牛乳・チーズ・卵もとらない; ☞ vegetarian》. — 形 完全菜食主義の.

Veg・e・bur・ger /védʒəbə̀ːɡə | -bə̀ːɡə/ 名 Ⓒ《英》野菜ハンバーガー《商標》.

Veg・e・mite /védʒəmàɪt/ 名 Ⓤ《豪》ベジマイト《野菜エキスで作ったペースト; 商標》.

*__veg・e・ta・ble__ /védʒtəbl, -dʒətə-/ 名 (~s /-z/) Ⓒ **1** 野菜, 青物《キャベツ・レタス・豆類・じゃがいもなど》: green ~s 青野菜類 / organic ~s 有機野菜 / live on ~s 菜食する. **2** [普通は単数形で][差別]《略式》(意識を失った)植物人間; 単調な暮らしをしている人, 無気力な人 語源 ラテン語で「生き生きとした」の意. — 形 [普通は Ⓐ] 《格式》植物の, 植物性の; 野菜の: ~ life 植物(全体) / ~ oils 植物(性)油 / ~ soup 野菜スープ. 関連 animal 動物性の / mineral 鉱物性の.

végetable márrow 名 Ⓒ =squash².

*__veg・e・tar・i・an__ /vèdʒətéə(r)iən/ 名 (~s /-z/) Ⓒ 菜食主義者, ベジタリアン《牛乳・チーズ・卵の摂取は人によって異なる; ☞ vegan》. — 形 菜食(主義)の;(食事が)菜食だけの: a ~ diet 菜食[精進]料理.

veg・e・tar・i・an・is・m /vèdʒətéə(r)iənìzm/ 名 Ⓤ 菜食(主義).

veg・e・tate /védʒətèɪt/ 動 ⓘ 草木に等しい(単調な)生活を送る, 無為に[ぼんやりと]暮らす.

†**veg・e・ta・tion** /vèdʒətéɪʃən/ 名 Ⓤ《格式》草木(全体), 一地方(特有)の植物, 植生: tropical ~ 熱帯植物 / a ~ zone 植物帯.

veg・e・ta・tive /védʒətèɪtɪv/ 形 《普通は Ⓐ》**1**《格式》植物の生長する. **2** (意識を失い)植物状態の: be in a ~ state 植物状態にある.

veg・gie /védʒi/ 名 Ⓒ **1** [普通は単数形で]《主に米》野菜 (vegetable). **2**《英》菜食主義者 (vegetarian). — 形 野菜の: a ~ burger 野菜ハンバーグ.

ve・he・mence /víːəməns/ 名 Ⓤ 熱烈さ, 激情.

†**ve・he・ment** /víːəmənt/ 形 (感情・態度が)熱烈な, 熱心な: a ~ protest [opposition] 猛烈な抗議[反対]. ~**・ly** 熱烈に[熱心に]; 激しく.

*__**ve・hi・cle**__ /víː(h)ɪkl, víːəkl | víːɪkl/ ① 名 (~s /-z/) Ⓒ《主に格式》**1** (車輪のある陸上の)乗り物, 車《☞ car 類義語》: 運搬具: NO THOROUGHFARE FOR VEHICLES 車両通行禁止《掲示》 / a space ~ 宇宙船 / ~

velocipede 1963

emissions 自動車の排ガス. 語法 広くは car, bus, truck, wagon, bicycle, cart, train, airplane, ship, rocket, spacecraft, sled なぜすべて vehicle に入る. 関連 aircraft 航空機. **2** (思想・感情などの)表現手段, 伝達の(手段[方法]), 媒体 (medium); 見せ場: Music is a ~ of human feeling. 音楽は人間の感情を伝える手段である / Television is an important ~ for advertising. テレビは重要な広告手段である. 語源 ラテン語で「運ぶ」の意味.

ve・hic・u・lar /viːhíkjʊlə | -lə/ 形 《名 véhicle》《格式》(陸上の)乗り物の, 乗り物に関する[よる].

V-8 /víːéɪt/ 名 Ⓒ Ⅴ 型8気筒エンジン

†**veil** /véɪl/ 名 **1** Ⓒ (女性の)ベール《装飾・宗教用の女性のかぶり物; ☞ re-veal 語源》: a bridal ~ 花嫁のかぶり物 / Her face was covered with a ~. 彼女の顔はベールで覆われていた. **2** Ⓒ [普通は単数形で] 覆い, 覆って隠す[見えなくするもの]: a ~ of mist《文》霧のとばり / The facts are hidden behind [under] a ~ of secrecy. 事実は秘密のベールに包まれている. **3** [the ~] (公の場で顔をベールで覆う)イスラム圏の女性の慣習. **dráw a véil òver ...** 動《格式》...を口に出さずにおく, 秘密にする. **táke the véil** 動 ⓘ《古風》(女性が)修道院に入る. **ùnder the véil of ...** 《前》...の仮面の下に, ...を口実として. (⇔ unveil) — 他 〈…〉にベールをかける, 〈…〉をベールで覆う: ~ one's face ベールをかぶる. **2** 〈…〉を覆う, 隠す (conceal): Her past was ~ed in secrecy. 《格式》彼女の過去は秘密に包まれていた.

veils 1

†**veiled** /véɪld/ 形 **1** ベールをかけた[まとった]. **2** Ⓐ 隠された, 間接的な形で表わされた, それとはなしの: a thinly-veiled threat (間接的ながら)それとすぐわかる脅迫.

*__**vein**__ /véɪn/ (同音 vain, vane) 名 (~s /-z/; 形 vé・nous) **1** Ⓒ [普通は複数形で] 静脈; 血管: Blood flows through the ~s to the heart. 血液は静脈を通って心臓へ行く. 関連 artery 動脈. **2** Ⓒ (昆虫の)翅脈(しみゃく); (植物の)葉脈; 鉱脈 (of); 筋, 木目, 石目. **3** [a ~] 性質, 傾向, 気味: a ~ of madness 狂気を思わせるもの. **4** Ⓒ [普通は単数形で] 調子; 気分, 気持ち: in this [the same, a similar] ~ この[同じ, 同じような]調子で / in a serious [lighter, light-hearted] ~ まじめな[気楽な]調子で.

veined /véɪnd/ 形 静脈のある, 葉脈[翅脈]のある, 石目のある.

véin・ing 名 Ⓤ 脈模様.

ve・lar /víːlə | -lə/ 形 〖音声〗軟口蓋(の)(音の). — 名 Ⓒ 軟口蓋音(/k/, /g/ など).

Ve・láz・quez /vəláːskəs | -kwɪz/ 名 圄 Di・e・go Ro・drig・uez de Sil・va y /diːéɪɡouroudríːɡəzdəsílvaɪ | -rodríːɡ-/ ~ ベラスケス《1599-1660》《スペインの画家》.

Vel・cro /vélkroʊ/ 名 Ⓤ ベルクロ《衣類などを留めるために用いるマジックテープ; 商標》.

veld, veldt /vélt/ 名 [the ~] ベルト《南アフリカの草原(地帯); ☞ savanna 関連》.

vel・lum /véləm/ 名 Ⓤ (子牛・子羊などの皮で作った)上等皮紙, 上質紙.

ve・loc・i・pede /vəlάsəpìːd | -lɔ́s-/ 名 Ⓒ《古語》速

歩機《初期の自転車》.
ve·loc·i·rap·tor /vəlàsərǽptə | -lɔ̀:sirǽptə/ 名 C ベロキラプトル《小型の肉食恐竜》.
†ve·loc·i·ty /vəlásəti | -lɔ́s-/ 名 (**-i·ties**) U.C **1** 《物理》（ある方向への）速度, 速力 ((in)) v, (())): the ~ of light 光の速度. **2** 《格式》速度 (speed); 高速度: at a ~ of 100 kilometers an hour 時速100キロメートルの速度で.
ve·lo·drome /ví:lədròum/ 名 C 競輪場.
ve·lour, ve·lours /vəlúə | -lúə/ 名 U ベロア《けば立った生地でソファー・帽子用など》.
*vel·vet /vélvit/ 名 U ビロード, ベルベット: a dress made of ~ ビロード製の服 / a ~ carpet ベルベットのじゅうたん. **an iron fist [hand] in a velvet glove** (☞ iron 名 成句). **(as) smooth [soft] as vélvet** 形 ビロードのようになめらかな[柔らかい].
vel·vet·een /vèlvətí:n/ 名 U 綿ビロード, 別珍 (ベッ).
vel·vet·y /vélvəti/ 形 (**vel·vet·i·er**, **-i·est**) ほめて) ビロードのような; 手触りの滑らかな, 柔らかい; （色が）しっとりとした; （ワイン・酒が）口当たりのよい.
ve·nal /ví:n(ə)l/ 形 《格式》《軽蔑》**1** (人が)金で自由になる, 買収できる. **2** （行為・動機が）打算的な.
ve·nal·i·ty /vi:nǽləti/ 名 U 《格式》《軽蔑》金で自由になること; 金銭ずくで動くこと.
vend /vénd/ 動 他 **1** 《法》（土地などを）売却する. **2** 《格式》《小さな商品を）売り歩く, 行商する.
vend·ee /vendí:/ 名 （反 vendor）《法》買い手.
vend·er /véndə | -də/ 名 《米》= vendor.
†ven·det·ta /vendétə/ 名 C **1** （家族間などで何代も続く）激しい血の抗争[復讐(しゅう)] (feud). **2** 長年にわたる根深い憎しみ, 反目 (against).
vénd·ing machìne 名 C 自動販売機 (vendor)（英）slot machine).
†ven·dor /véndə/ 名 C **1** 《主に合成語で》売る人, 物売り; 《法》（土地・家屋などの）売り主; 《格式》納入業者《反 vendee》: ☞ news-vendor. **2** = vending machine.
†ve·neer /vəníə | -níə/ 名 **1** U.C 化粧張り; （ベニヤ板を作るための）薄板. 日英比較 ベニヤ板のいちばん表に張る上質の薄板; 日本語の「ベニヤ板」は plywood という. **2** [a ~] 《格式》《普通は軽蔑》うわべの similarly, 付け焼き刃: a ~ of education うわべだけの教育. —— 動 (**-neer·ing** /-ní(ə)riŋ/) 他 (...に薄板を張る, 化粧張りをする (with, in).
ven·er·a·bil·i·ty /vèn(ə)rəbíləti/ 名 U 《格式》尊敬するに足ること, 尊さ.
†ven·er·a·ble /vén(ə)rəbl/ 形 **1** 《普通は A》《格式》または《滑稽》（年齢・人格などから）尊敬するに足る, 敬うべき, 尊い. **2** 《普通は A》《格式》または《滑稽》古い, 由緒ある. **3** A [the V-] 《英国国教会》...師《大執事 (archdeacon)の尊称）; 《カトリック》尊者: the V~ Archdeacon Green 大執事グリーン師.
†ven·er·ate /vénərèit/ 動 他 《格式》(...を)尊ぶ, 崇拝する, 敬慕する (respect) (as).
ven·er·a·tion /vènəréiʃən/ 名 U 《格式》尊敬, 崇拝 (respect) (for).
ve·ne·re·al /vəní(ə)riəl/ 形 A 《医》性病の, 性病にかかった.
venéreal disèase 名 U.C 《古風》性病(略 VD; 現在は sexually transmitted disease と言う).
Ve·ne·tian /vəní:ʃən/ 形 ベネチア［ベニス］の, ベネチア［ベニス］風の. —— 名 C ベネチア［ベニス］人.
Venétian blínd 名 C （日よけ用）ブラインド.
Venétian gláss 名 C しばしば v-] ベネチアガラス《高級品》.
Ven·e·zue·la /vènəzwéilə/ 名 固 ベネズエラ《南米北部の共和国》.

Ven·e·zue·lan /vènəzwéilən ← / 形 ベネズエラ(人)の. —— 名 C ベネズエラ人.
†ven·geance /vén(d)ʒəns/ 名 U 復讐(しゅう) (for) (☞ avenge 語法): swear ~ on one's ... ...に復讐することを誓う. **tàke véngeance on** ...〈動 他〉... に復讐する. **with a véngeance** 副 徹底的に, ひどく: It snowed with a ~. ひどい雪だった.
venge·ful /vén(d)ʒf(ə)l/ 形 《文》復讐心のある, 恨みを持った; 執念深い. **-ful·ly** /-fəli/ 副 恨みをもって.
ve·ni·al /ví:niəl/ 形 《格式》《過失などが》許される, 許すべき, 軽い, ささいな.
Ven·ice /vénis/ 名 固 ベネチア, ベニス《イタリア北東部の都市》.
†ven·i·son /vénəs(ə)n, -z(ə)n/ 名 U 鹿(しか)の肉 (☞ meat 表).
Vénn diàgram /vén-/ 名 C 《数》ベン図《重なりを円で示した集合図》.
†ven·om /vénəm/ 名 U **1** 悪意, 憎悪; 毒舌. **2** （毒蛇・さそり・はちなどの）毒液.
ven·om·ous /vénəməs/ 形 **1** 《普通は A》悪意［憎悪］に満ちた: a ~ speech 悪意に満ちた演説. **2** 毒液を分泌する, 有毒な. **~·ly** 副 悪意に満ちて.
ve·nous /ví:nəs/ 形 《名 vein》**1** 《医》静脈の. **2** 《植》葉脈のある.
†vent /vént/ 名 C **1** （空気・液体などの）はけ口, 穴; 通気孔; 《煙突の》煙道: an air ~ 通風孔. **2** ベンツ, スリット《上着・コートなどの後部中央や両わきの切れ目》. **3** 《鳥・魚・爬虫類などの》肛門(こう). **gìve vént to** ... 動 《格式》（感情などに）はけ口を与える, …をぶちまける; （声）を発する. —— 動 **1** 《略式》《感情などを》発散させる, ぶちまける: He ~ed his anger on the child. 彼は腹を立ててその子に当たり散らした. **2** 〈煙などを〉吐き出す. —— 動 《煙などを〉発散する.
†ven·ti·late /véntəlèit/ 動 **1** 《部屋・建物などに》空気［風］を通す, 〈...〉を換気する. **2** 《格式》《問題などを自由に検討する, 論じ合う, 話し問う.
ven·ti·lat·ed /véntəlèitid/ 形 **1** 《部屋などが》換気された: a well-[poorly-]~ kitchen 換気のいい［悪い］台所. **2** 換気孔のある.
ven·ti·la·tion /vèntəléiʃən/ 名 U 風通し, 空気の流通, 換気.
ven·ti·la·tor /véntəlèitə | -tə/ 名 C **1** 通風[換気]装置; 通風孔［管]; 換気窓. **2** 人工呼吸器.
ven·tral /véntrəl/ 形 腹の, 腹部の.
ven·tri·cle /véntrikl/ 名 C 《解》（脳髄・喉(のど)頭などの)空隙, 室; 《心臓の》心室.
ven·tril·o·quism /ventríləkwìzm/ 名 U 腹話術.
ven·tril·o·quist /ventríləkwist/ 名 C 腹話術師.
†ven·ture /vén(t)ʃə | -tʃə/ 名 (**~s** /~z/; 複 ven·turesome) C **1** 冒険; （冒険的な）事業, 新興企業, ベンチャービジネス; 賭(か)け《生命や財産にかかわるもの》: ☞ event 《単語の記憶》: Production of a new-model car will be quite a ~. 新型車の生産は大変な冒険であろう // ☞ joint venture. **2** 投機, やま: a profitable ~ 有利な投機. 語源 adventure の語頭音の脱落.
—— 動 (**~s** /~z/; **ven·tured** /~d/; **ven·tur·ing** /-tʃ(ə)riŋ/) 他 《格式》**1** W (...)を思い切って言う, （危険を冒(おか)して)(...)をする: If I may ~ an opinion, we should leave right away. あえて言わせてもらえば, すぐ出発した方が良いでしょう / May I ~ to ask why?＜V+O (to 不定詞)＞ 失礼ですが理由を伺ってもよろしいですか / Nothing ~d, nothing gained. = Nothing ~, nothing gain [win]. S 《ことわざ》思い切ってやるのでなければ何ものも得られない(虎穴(こけつ)に入らずんば虎児(こじ)を得ず).
2 《命などを》危険にさらす, 賭(か)ける (☞ adventure 語源): He ~d his life to save the drowning girl. 彼

はおぼれかけている少女を救おうと命を賭けた《救えたかどうかは問わない》 / He ~d all his fortune *on* the enterprise. <V+O+*on*+名・代> 彼はその事業に全財産を賭けた.
— 自 [副詞(句)を伴って]《格式》危険を冒(ﾎﾟ)して行く[進む]; 思い切ってする: The boy ~d deep *into* the jungle. <V+前+名・代> 少年は無鉄砲にもジャングルの奥深く(へ入っていった) / They ~d on [*upon*] a voyage. 彼らは思い切って船出した.

vénture càpital 名 U 冒険資本《リスクの大きい新事業に投下される資本》.
ven·tur·er /véntʃərə | -rə/ 名 C 冒険者, 投機家.
Vénture Scòut 名 C 《英》ベンチャースカウト《ボーイスカウトの年長団員, 16–20 歳》.
ven·ture·some /véntʃəsəm | -tʃə-/ 形 (名 vénture)《格式》冒険好きな, 向こう見ずな; 大胆な; (行動などが)危険な (dangerous). **~·ness** 名 U 冒険好き, 向こう見ず; 危険性.
***ven·ue** /vénju:/ 13 名 (~s /~z/) C (競技・演奏会などの)開催予定地; 法 裁判地: the ~ *for* the next Olympic Games 次のオリンピック開催予定地 / change the ~ 裁判地を変える《裁判の公平や秩序維持のために》.
Ve·nus /ví:nəs/ 名 1 ロ神 ヴィーナス, ウェヌス《愛と美の女神; ☞ goddess 表》: The Birth of ~「ヴィーナスの誕生」(Botticelli の絵(下図)).

The Birth of Venus
(by Botticelli)

2 金星《☞ planet 挿絵, evening star, morning star》. **the Vénus of Mí·lo** /mí:lou/ 名 ミロのヴィーナス《ギリシャの Milo 島で発見されたヴィーナス像》.
Vénus flýtrap 名 C 蝿(ﾊｴ)地獄《食虫植物》.
ve·ra·cious /vəréiʃəs/ 形《格式》真実を話す, 正直な; (話・申し立てが)本当の, 真実の.
ve·rac·i·ty /vəræsəti/ 名 U《格式》確実, 正直; 真実(性), 正確さ (*of*).
ve·ran·da, ve·ran·dah /vərǽndə/ 名 C ベランダ, 縁側 (《米》porch).
***verb** /və́:b | và:b/ 名 (形 vérbal 3) C 文法 動詞《略 v., vb., V》. 語源 ラテン語で「ことば」の意で word と同じ語源. ことばの中で最も重要なものということで「動詞」という意味になった.

文法 動詞
8品詞の1つで, 動作・状態を述べたり, 主語と述語を結び付ける働きを持つ. この辞書では 動, [動] と示す. また動詞の中には can, may, must, shall, will などのように本動詞(main verb)の働きを助けるものがあり, これらは助動詞と呼ばれる. 本動詞には主語の人称・数や時制などによって現在形・過去形・過去分詞の語形変化があり, この語形変化を活用と呼ぶ.
動詞は文中で単独で述語動詞として用いられる場合と, 不定詞・分詞・動名詞として用いられる場合がある. 前者の場合は He writes a letter. / I write a letter. のように主語の人称・数によって, あるいは時制によって形が決まってしまうので定形と呼び, 後者の場合は He wants *to* write a letter. / I want *to* write a letter. / I am writing a letter. / They were writing letters. のように主語の人称・数や時制などによって形が左右されないので非定形と呼ぶ.
動詞はまた目的語をとるかとらないかによって他動詞と自動詞とに分かれ, さらに補語の有無によって不完全動詞と完全動詞とに分けられ, 意味用法によって状態動詞と動作動詞とに分けられる.
参考 この辞書の動詞型の指示では動詞は V で表わされる《☞ 動詞型解説 I》.

***ver·bal** /və́:b(ə)l | và:-/ 形(畳音 bubble) 13 形 1 口頭の (spoken, oral): a ~ promise 口約束 / a ~ message 伝言. 関連 written 書面の. 2 ことばの, ことばから成る (反 nonverbal); (意味に関わりなく)ことば[語句]の上だけの: ~ mistakes ことばの誤り. 3 (名 verb) [普通は A] 文法 動詞の, 動詞の働きをする, 動詞的な. — 名 1 C 文法 準動詞.

文法 準動詞
不定詞・分詞・動名詞の総称. 定形に対して非定形とも呼ばれる. これらは文中で単独では述語動詞としては用いられず, 主語の人称・数や文の時制が変わっても形が変わることがない.

2 C,U《英略式》悪態, 罵声.
ver·bal·is·m /vá:bəlìzm | và:-/ 名 C ことばによる表現, 語句; U 字句拘泥; 空疎なことば.
ver·bal·i·za·tion /và:bəlizéiʃən | và:bəlaiz-/ 名 U ことばで表現すること.
ver·bal·ize /vá:bəlàiz | và:-/ 《格式》動《考えなど》をことばで表現する. — 自 ことばで表現する.
ver·bal·ly /vá:bəli | và:-/ 副 1 口頭で, 口で. 2〖言〗動詞として.
vérbal nóun 名 C 文法 動詞的名詞; 動名詞 (gerund).
ver·ba·tim /və:béitim | və:-/ 副《格式》一言一句そのままに, 逐語的に. — 形 A《格式》逐語的な.
ver·bi·age /vá:biidʒ | và:-/ 名 U《軽蔑》むだなことばの多いこと, 冗長.
vérb of percéption 名 C 文法 知覚動詞.

文法 知覚動詞
feel, hear, see のように感覚を表わす動詞をいう. これらの動詞は目的語の後に原形不定詞《☞ bare infinitive 文法》をとり, <V+O+C>の構文となることがある. C には原形不定詞, 現在分詞, 過去分詞がくる: I saw him *go* out. 私は彼が外へ出るのを見た(原形不定詞) / I felt Mary's hands *shaking* with excitement. 私はメアリーの手が興奮して震えているのを感じた(現在分詞) / I heard my name *called*. 私は自分の名が呼ばれるのが聞こえた(過去分詞).
語法 C として原形不定詞が来る場合と現在分詞が来る場合とでは次のような違いがある: I saw her *cross* the road. 私は彼女が道路を横切しきったのを見た(完了) / I saw her *crossing* the road. 私は彼女が道路を横断している途中を見た(進行中).

ver·bose /və:bóus | və:-/ 形《格式》[軽蔑] 口数の多い, くどい; 冗長な, 冗漫な. **~·ly** 副 くどく; 冗長に. **~·ness** 名 U 多弁; 冗長.
ver·bos·i·ty /və:bɑ́səti | və:bɔ́s-/ 名 U《格式》[軽蔑] 口数の多いこと, くどいこと; 冗長, 冗漫.
ver·bo·ten /vəbóutn | və-/《ドイツ語から》禁じられた (forbidden).
vérb pàttern 名 C 動詞型《☞ 動詞型・形容詞型・名詞型の解説(巻末)》.
vérb phràse 名 C 文法 動詞句; 句動詞《☞

phrasal verb 文法).

ver·dant /vˈɚːdnt | vˈɑː-/ 形 〔文〕青々とした, 新緑の, 緑に覆われた.

Ver·di /vέərdi, véə-/ 名 固 **Giu·sep·pe** /dʒuːsépi/ 〜 ヴェルディ (1813-1901) 《イタリアのオペラ作曲家》.

*ver·dict /vˈɚːdɪkt | vˈɑː-/ 名 (**ver·dicts** /-dɪkts/) C 1 〖法〗(陪審の)評決, 裁断, 答申: reach a 〜 評決に達する / The jury returned a 〜 of guilty [not guilty]. 《略式》陪審は有罪[無罪]の評決を下した. 2 《略式》判断, 意見: the popular 〜 on brain death 脳死に対する世間の判断. 3 (権限を持つ人・団体による)決定, 決議.

ver·di·gris /vˈɚːdəɡriː(s) | vˈɑː-/ 名 U 緑青(ろくしょう).

ver·dure /vˈɚːdʒɚ | vˈɑːdʒə/ 名 U 〔文〕 (草木の)新緑, 新緑の若葉.

†**verge** /vˈɚːdʒ | vˈɑːdʒ/ 名 1 C 端, 縁, へり; 境(目): the 〜 of a cliff がけの縁. 2 C (主に英) (道・花壇などの)草[芝生]の生えたみどり縁, 草縁(くさべり); 軟路肩 (soft shoulder). 3 [the 〜] (...の)間際, 瀬戸際; 限界: the 〜 of despair 絶望の瀬戸際. **be on the vérge of ...** [動] (他) ...の瀬戸際にある; 今にも...しようとしている: She was on the 〜 of tears [crying]. 彼女は今にも泣きだしそうだった. —— 動 〔次の成句で〕 **vérge on** [**upòn**] **...** [動] (他) ...に近い, ...に隣接している; ...になろうとする: His behavior 〜s on madness. 彼の行動は狂気に近い.

verg·er /vˈɚːdʒɚ | vˈɑːdʒə/ 名 C 〔主に英〕(教会の)世話係, 聖堂管.

Ver·gil /vˈɚːdʒəl | vˈɑː-/ 名 固 ヴェルギリウス, ヴァージル (70-19 B.C.) 《ローマの詩人》.

ver·i·fi·a·ble /vérəfàɪəbl/ 形 《格式》確認できる; 証明できる.

ver·i·fi·ca·tion /vèrəfɪkéɪʃən/ 名 C,U 《格式》確認, 照合; 立証, 検証, 証明.

†**ver·i·fy** /vérəfàɪ/ 動 (**-i·fies**; **-i·fied**; **-fy·ing**) (他) 《格式》 1 〈事実〉を確かめる, 検証する (with): We had to 〜 the date of the poet's death. 我々は詩人の死んだ日を確かめる必要があった / My calculations 〜 that the comet will hit the Earth. 私の計算では, この彗星(すいせい)は地球に衝突することが確かめられる. 2 〈人・事実・出来事など〉が〈...の正しさ〉を実証する, 立証する, 裏付ける: Further research has verified his assertion. さらなる研究で彼の主張の正しさが立証された.

ver·i·ly /vérəli/ 副 〔聖〕まさしく, まことに.

ver·i·si·mil·i·tude /vèrəsɪmílət(j)ùːd | -tjùːd/ 名 U 《格式》真実らしさ, 真実味.

†**ver·i·ta·ble** /vérətəbl/ 形 A 《格式》[しばしば滑稽] 本当の, 真実の; 全くの, まぎれもない. **-ta·bly** /-təbli/ 副 本当に, 全く.

ver·i·ty /vérəti/ 名 (**-i·ties**) 1 C 〔普通は複数形で〕 《格式》真実であるもの, 真理: the eternal verities 永遠の真理, 神の教え. 2 U 〔古語〕真実.

Ver·laine /vəlén, veə-/ 名 固 **Paul** 〜 ベルレーヌ (1844-96) 《フランスの詩人》.

Ver·meer /vəmíə, veə-/ 名 固 **Jan** 〜 フェルメール (1632-75) 《オランダの画家》.

ver·mi·cel·li /vˌɚːməʧéli, -séli | vˈɚː-/ 名 U バーミチェリ 《スパゲッティより細いパスタ》.

ver·mic·u·lite /vəmíkjulàɪt/ 名 U バーミキュライト 《断熱・防音材にする鉱物》.

vér·mi·form appéndix /vˈɚːməfɔːm- | vˈɚːmɪfɔːm-/ 名 〖解〗虫垂.

ver·mil·ion /vəmíljən, və-/ 形 朱の, 朱色の.
—— 名 U 〔文〕朱(色).

ver·min /vˈɚːmɪn | vˈɑː-/ 名 [複数扱い] 1 害獣, 害鳥 《きつね・いたち・ねずみ・もぐらなど》. 語法 普通は複数として扱われ複数形はつけない. 2 害虫. 3 社会の害虫, 人間のくず.

ver·min·ous /vˈɚːmənəs | vˈɑː-/ 形 《格式》 1 のみやしらみなどのたかった, のみやしらみの多い. 2 (人が)いやな, 不愉快な; 害毒を流すような.

Ver·mont /vəmάnt | vəmɔ́nt/ 名 固 バーモント 《米国 New England 地方の州; 略 Vt., 〔郵〕 では VT; 俗称 the Green Mountain State; ☞ America 表, 表地図 I 3》.

Ver·mont·er /vəmάntə | vəmɔ́ntə/ 名 C バーモント州人.

ver·mouth /vəmúːθ | vˈɚːməθ/ 名 U ベルモット 《薬草で味をつけたワイン》.

ver·nac·u·lar /vənǽkjulə | vənǽkjulə/ 名 C 1 [しばしば the 〜] (話しことばとしての)自国語; 土地のことば, 方言, お国なまり: lapse into the 〜 お国なまりが出る. 2 (その土地)固有の建築様式. —— 形 自国語の; (語法などが)自国語の; 《格式》 (建築様式などが)その土地固有の: a 〜 poem 土地ことばの詩.

ver·nal /vˈɚːn(ə)l | vˈɑː-/ 形 A 《格式》春の, 春らしい; 〔雅〕春咲きの. autumnal 秋の.

vérnal équinox /[the 〜] 春分, 春の彼岸の中日. 関連 autumnal equinox 秋分.

Verne /vˈɚːn, véən | vˈɚːn, véən/ 名 固 **Jules** /ʒúːl(z)/ 〜 ベルヌ (1828-1905) 《フランスの科学冒険小説家》.

ver·ni·er /vˈɚːniə | vˈɚːniə/ 名 C 〖物理〗副尺, バーニヤ.

vérnier cáliper 名 C 〖機〗ノギス 《副尺付きカリパス》.

ver·ru·ca /vərúːkə | vˈɚː-/ 名 (複 〜**s**, **ver·ru·cae** /vərúːkiː/) C 〔英〕 (足などにできる)いぼ (wart).

versa ☞ vice versa

Ver·sailles /və(ː)sάɪ, veə- | veə-/ 名 固 ベルサイユ 《フランス北部, Paris 南西方の都市》: the Treaty of 〜 ベルサイユ条約 《第 1 次大戦の講和条約 (1919)》.

*ver·sa·tile /vˈɚːsətl | vˈɚːsətàɪl/ 形 (名 vèrsatílity) [ほめて] 多才の, 何でもこなす; (物が)用途の広い: He is 〜 at sports. 彼はスポーツ万能だ.

ver·sa·til·i·ty /vˌɚːsətíləti | vˈɚː-/ 名 (形 vérsatile) U 多才, 多芸, 万能; 用途の広さ.

*verse /vˈɚːs | vˈɑːs/ 〔原義 birth〕 名 (**vers·es** /〜ɪz/) 1 U 韻文 (韻 (rhyme) や一定の韻律 (meter) をもつ詩文); 詩歌, 詩 (poetry); [複数形で] 《古風》詩: The work is written in 〜. 作品は韻文で書かれている. 関連 prose 散文 / poetry 詩.
2 C (歌の)節; 詩節, (詩の)連 (stanza) (略 v., 複数形は vv.). 3 C (聖書などの)節 (略 v., 複数形は vv.): Matthew, Chapter 5, V〜 9 マタイ伝 5 章 9 節.
語源 ラテン語で「列, 行」の意味.

give [quóte] chápter and vérse for ... [動] ...の出典を明らかにする, 出所を示す.

versed /vˈɚːst | vˈɑːst/ 形 〔次の成句で〕 **vérsed in ...** 形 《格式》...に熟達[精通]して: He is well 〜 in American literature. 彼はアメリカ文学に精通している.

ver·si·fi·ca·tion /vˌɚːsəfɪkéɪʃən | vˈɚː-/ 名 U 《格式》作詩, 作詩法; 詩形; 韻律.

ver·si·fy /vˈɚːsəfàɪ | vˈɚː-/ 動 (**-si·fies**; **-si·fied**; **-fy·ing**) (他) 《格式》〈散文〉を韻文に直す; 〈...〉を詩にする.

*ver·sion /vˈɚːʒən | vˈɑːʃən/ 〔原義 virgin〕 12 名 (〜**s** /〜z/) C 1 (原作に対する)改作, (原型に対して)改造型, ...版, ...形; (ソフトウェアの) バージョン, 版: the screen [stage] 〜 of a novel 小説の映画[劇]化作品 / an upgraded 〜 新しいバージョンのソフト 〔日英比較〕 version は名詞なので「バージョンアップする」の意で version up という表現はない; かわりに upgrade を使う》 / She sent me an updated 〜 of her book. 彼女は自分の本の最新版を私に送ってくれた / This camera is a cheaper 〜 of our best model. このカメラはわが社の最高機種の廉価版です / Bob is like a

younger ～ *of* his father. ボブは父親の若い頃にそっくりだ.
2 (物事に対する)説明, 見解, 解釈《ある特定の立場からの》: The police gave a different ～ ***of*** that incident. 警察はその事件について違った説明をした.
3 [しばしば the … ～ of— として] (—に)相当するもの: *the* Japanese ～ *of* Thatcher 日本のサッチャー / Power tools are *the* adult ～ *of* toys. 電動工具は大人が遊ぶおもちゃである.
4 翻訳書, 訳書; 訳文; [V-] (聖書の)…訳, …版: compare the original Japanese text with the English ～ 日本語の原文と英訳を比較する.

ver·so /vɚ́:sou | vɜ́:-/ 〖印〗[名] (複 ～**s**; [反] recto) [C] (本の)左ページ《欧米で一般的な左開きの本では偶数ページ《[略] v.》; (紙・コインの)裏面. ━[形] 左ページの.

*__ver·sus__ /vɚ́:səs | vɜ́:-/ [前]《格式》**1** (訴訟・競技などで)…対—《[略] v., vs.》: A ～ B A対B / Smith ～ Brown 〖法〗スミス(原告)対ブラウン(被告)の訴訟事件 / the England ～ Wales rugby match ラグビーのイングランド対ウェールズ戦. **2** (二者択一で)…に対(比)して: the problem of development ～ environment 開発か環境かという問題.

⁺**ver·te·bra** /vɚ́:ṭəbrə | vɜ́:-/ [名] (複 **ver·te·brae** /vɚ́:ṭəbrì: | vɜ́:-/, ～**s**) [C] 〖解〗脊椎(せきつい)骨; [複数形で] 脊椎, 背骨.

ver·te·bral /vɚ́:ṭəbrəl | vɜ́:tɪ-/ [形] [A] 〖解〗脊椎の; 脊椎骨から成る: the ～ column 脊柱.

ver·te·brate /vɚ́:ṭəbrət | vɜ́:-/ 〖動〗[形] 脊椎のある: a ～ animal 脊椎動物. ━[名] [C] 脊椎動物. [関連] invertebrate 無脊椎動物.

ver·tex /vɚ́:teks | vɜ́:-/ [名] (複 ～**·es**, **ver·ti·ces** /vɚ́:ṭəsì:z | vɜ́:-/) [C] 〖幾〗頂点, 角頂; 《格式》最高点, 頂上 (*of*).

*__ver·ti·cal__ /vɚ́:ṭɪk(ə)l | vɜ́:-/ [形] **1** 垂直の, 縦の: a ～ line 垂直線, 縦の線 / a ～ section 縦断面 / a ～ takeoff aircraft 垂直離陸機 / This cliff is almost ～. この崖はほとんど垂直だ. [関連] horizontal 水平な.
2 (身分関係などが)縦の: ～ relationships (身分の)上下関係 / a ～ society 縦割り社会. **3** 〖経〗(生産・販売の全過程が)垂直的な: ～ integration [expansion] 垂直的統合[拡張]. ━[名] [the ～] 垂直線; 垂直面; 垂直位. [関連] horizontal 水平線.

ver·ti·cal·ly /vɚ́:ṭɪkəli | vɜ́:-/ [副] 垂直に, 縦に.

vertices [名] vertex の複数形.

ver·tig·i·nous /vəːtíʤənəs | vəː-/ [形]《格式》(高い所が)目がくらむような; めまいがする.

ver·ti·go /vɚ́:ṭɪgòu | vɜ́:-/ [名] [U] (高所などでの)めまい (dizziness): suffer from ～ めまいがする.

⁺**verve** /vɚ́:v | vɜ́:v/ [名] [U] [W] 気迫《特に芸術作品の》, 熱情; 活気, 気力: with great ～ 大変情熱的に.

ver·y[1] /véri/ ([同音]《米》#vary; [類音] berry, bury, valley) [副] **1** [形容詞・副詞を強めて] **非常に, とても, 大変, たいそう**《[略] v.》: a ～ hot day とても暑い日 / Your story is ～ interesting (*indeed*). あなたの話は(本当に)大変おもしろい / I am ～ glad to see you. お目にかかれてとてもうれしい / It's ～ kind *of* you to do so. ご親切にそうしていただいてどうもありがとうございました (☞ of 12) / The wind blew ～ hard. 風がとても強く吹いた / Thank you ～ much. どうもありがとうございます.

> [語法] (1) **very と very much**
> very は形容詞・副詞・現在分詞に由来する形容詞の意味を強めるが, very much は動詞の意味を強める: I am ～ fond of it. =I like it ～ *much*. 私はそれがとても好きだ / ～ easily いともたやすく / a ～ interesting story とてもおもしろい話.
> (2) **過去分詞と (very) much**
> 過去分詞を強めるには (very) much を用いるのが原則. ただし, amused, excited, interested, pleased, surprised, worried のように感情や心理状態を表わして, しばしば受身で用いられる過去分詞は形容詞になったと感じられ, very を用いることが多い: I was ～ (*much*) *interested* [*surprised*]. 私はとても興味を持った[驚いた]. しかし, 特に書きことばでは, 後に動作の主体を示す by の句が続くときは (very) much を用いることが多い: Meg was (～) *much interested by* his lecture. メグは彼の講演にとても興味を持った.
> (3) complicated, crowded, tired のように純粋に形容詞となったと考えられる場合は very を用いる: I am ～ *tired* now. 私は今とても疲れています.
> (4) 形容詞・副詞自体に「非常に」の意味が含まれている場合は very を用いないで, absolutely, completely などを用いる: He was *absolutely* furious. 彼は全く怒り狂っていた / She looked *completely* exhausted. 彼女はすっかり疲れ切っている様子だった.

> **1→5 の順序で意味が強くなる**
> 1. fairly, quite, rather, pretty (かなり)
> 2. **very** (非常に)
> 3. amazingly, remarkably, surprisingly (びっくりするほど, 驚くほど)
> 4. awfully, extremely, terribly (きわめて)
> 5. completely, absolutely, entirely, totally, utterly (全く, すっかり)

2 [否定文で] (1) **あまり…ではない, それほど…ではない**: It's *not* ～ hot today. 今日はそれほど暑くはない / He is *not* a ～ good swimmer. 彼は泳ぎはあまりうまくない / "Are you busy?" "*Not* ～." 「お忙しいですか」「それほどでもありません」 (2) 少しも…(で)ない《逆の意味を控え目に表わす》: His wife was *not* ～ pleased (=was angry) when she discovered the secret. 彼の妻は秘密を知ったとき不愉快に思った.
3 [形容詞の最上級や own, same などを強めて] **全く, 本当に**: His was the ～ *best* speech of all the ones I heard. 私が聴いた中では彼のスピーチが最高でした / He would be the ～ *last* man to do such a thing. 彼は絶対にそんなことをする人ではない.

> [語法] **very と最上級**
> 形容詞・副詞の比較級は much で強める. 形容詞の最上級は by far か very で強める (☞ much [副] 2, far [副] 2 [語法] (1)): This book is *much better* than that. この本はあの本よりもずっとよい / He drove his car *much more carefully* than before. 彼は前よりもずっと慎重に車を運転した / This is ｢*by far the best* [*the very best*] of all. これがすべてのうちでずばぬけてよい《by far と very の位置の違いに注意》.

The fault is your ～ *own*. その誤りはまさにあなた自身が犯したものだ / He is the ～ *same* man I saw yesterday. 彼は私がきのうに見かけた人と全く同じ人だ. **4** [形容詞を強めて]《略式》いかにも, 目立って《顕著なまたは特徴的な性質について用いる》: Her reaction was ～ Japanese. 彼女の反応はいかにも日本的であった. [語源] 元来は very² の副詞的用法で「真に, まことに」の意.
cánnot vèry wèll dó [助] とうてい…できない.
Vèry góod. [S] (1) とてもよい; よくできた, でかした. (2) 《古風》わかりました《丁寧な承諾などを表わす》.
Vèry múch sò. [応答に用いて] まさにその通りです.
Vèry wéll. [S]《格式》いいです(よ), わかった《しぶしぶ同意[承諾]する気持ちを表わす》: "You'd better give up smoking." "Oh, ～ *well*, doctor, if you say so." 「たばこはやめなさい」「わかりましたよ, 先生, そうおっしゃるならやめます」

ver·y[2] /véri/ (同音(米)# vary; 類似 berry, bury, valley) 形 A 1 [比較なし] [限定用法] まさにその, まさしくその, …そのもの(exact); 全く同じ…: this ~ minute ちょうど今 / He was killed on this ~ spot. 彼はまさにこの場所で殺された / This is the ~ thing I have been looking for. これこそ私が探していた物だ. 2 [the ~ として end, beginning, top, back などにつけて] 全くの (extreme), 最も…の(位置[時]): at the ~ bottom of …….のどん底に / [一番下に] 3 [the ~] (格式) ただ…だけで (mere); …でさえ (even): She began to weep at the ~ mention of his name. 彼女は彼の名をあげただけで泣きだした / The ~ thought of it makes me feel sick. それを考えただけで気分が悪くなる.

véry hígh fréquency 名 U (無線) 超短波 (周波数 30–300 メガヘルツ; テレビ・FM 用; 略 VHF).

Vér·y light /véri-, ví(ə)ri-/ 名 C ベリー式信号 (夜間, 救難信号などに用いる色彩閃光).

véry lòw fréquency 名 U (無線) 超長波 (周波数 3–30 キロヘルツ; 略 VLF).

Véry pìstol 名 C ベリー式信号用のピストル.

Ve·sak /vésæk, víːsæk/ 名 C ヴェサック (仏陀の生誕を祝う祭日; 日本では 4 月 8 日).

ves·i·cle /vésɪkl/ 名 C (医) 小水疱(ほう); 小嚢(のう).

ve·sic·u·lar /vəsíkjulə | -lə/ 形 小嚢[小胞](性)の.

ves·pers /véspəz | -pəz/ 名 C [しばしば V-] [時に複数扱い] (教会での)夕べの祈り(の時刻).

Ves·puc·ci /vespúːtʃi/ 名 A·me·ri·go /àːməríːgou/ ~ ヴェスプッチ (1451–1512)(イタリアの航海家). 参考 America という名は彼の名 Amerigo のラテン語式の名 Americus にちなむもの.

ves·sel /vésl/ 名 T2 名 [~s /-z/] C 1 (格式) 船 (普通は小型のこぐ動やヨットを除く) 語法: a fleet of twelve ~s 12 隻より成る船隊[艦隊] / launch a ~ 船を進水させる. 2 (古語) (液体を入れる)容器, うつわ; (文) (比喩的に)人. 3 [解] 導管, 脈管; 管; ((~) blood vessel. 語源 ラテン語で「小さな容器」の意; ☞ vase 語源.

vest[1] /vést/ 名 [vests /vésts/] C 1 (米) チョッキ, ベスト (英) waistcoat): jacket, ~ and trousers 三つぞろい《上着, チョッキ, ズボン》/ put on [take off] a ~ チョッキを着る[脱ぐ] // ☞ suit 参考. 2 (英) シャツ, アンダーシャツ ((米) undershirt). 3 (身を守るためなどに)上半身につける衣服, …チョッキ: a bulletproof ~ 防弾チョッキ.

vest[2] /vést/ 動 [次の句で] **be vésted in …** 動 (格式) (権利・財産などが)(人・団体)に与えられている: The right to make laws is ~ed in the Diet. 立法権は国会に与えられている. **be vésted with …** 動 (格式) (人・団体)が(権利・権力)を与えられている: The Senate is ~ed with the power to declare war. 上院は宣戦布告をする権限を与えられている.

Ves·ta /véstə/ 名 (ロ神) ウェスタ (火と炉の女神).

vést·ed 形 1 (権利などが) (所有の)確定した, 既得の; (人などの)(…に対する)権限を有する: rights ~ in the people 人々の既得権. 2 祭服をまとった.

+vésted ínterest T2 名 1 C 既得権利, 利権 (in); 利益からに強い関心[理由], 利害関係 (in). 2 [複数形で] 既得権益にあずかっている人々, 利権屋.

ves·ti·bule /véstəbjuːl/ 名 C 1 (格式) 玄関, 入り口ホール. 2 (米) (鉄) (客車の車端の)連絡通路, デッキ. 3 [解] 前庭; (内耳の)迷路前庭.

+ves·tige /véstɪdʒ/ 名 C 1 (消滅した)形跡, 痕跡(えい); 名残(ぞり) (of). 2 [普通は否定語とともに] ほんの少し, ごくわずか: His testimony contains not a ~ of truth. 彼の証言には真実のかけらもなかった.

ves·ti·gi·al /vestídʒɪəl/ 形 (格式) 痕跡の, 名残の

の; [生] 退化した.

vest·ment /véstmənt/ 名 C [普通は複数形で] 衣服 (特に聖職者が礼拝の際に着る祭服・法衣など).

vést-pócket 形 A (米) ベストのポケットに入るような, ごく小規模な: a ~ park 小公園.

ves·try /véstri/ 名 (**ves·tries**) C (教会の)祭服室, 聖具室.

ves·ture /véstʃə | -tʃə/ 名 U (文) 衣服, 衣類.

Ve·su·vi·us /vəsúːviəs/ 名 固 **Mount** ~ ベスビオ山 (イタリア南部, Naples 近くの活火山).

*vet[1] /vét/ 名 /véts/ C (略式) 獣医 ((米) veterinarian, (英) veterinary surgeon); [時に vet's として] 動物診療所. — 動 (vets; vet·ted; vet·ting) 他 (人々経歴・身元などについて)詳しく調べる (for); (報告書など)を審査する.

vet[2] /vét/ 名 C (米略式) =veteran 1.

vetch /vétʃ/ 名 U.C そらまめ属のつる性植物 (家畜の飼料・緑肥にする).

*vet·er·an /vétərən, -trən/ T3 名 [~s /-z/] C 1 退役[復員]軍人, 元軍人 ((米略式) vet[2], (主に英) ex-serviceman); 古参兵: He is a ~ of the Second World War. 彼は第二次大戦に参戦している. 2 (ある部署・活動などでの)経歴の古い人, 老練な人, ベテラン: a ~ of the stage 舞台経験の豊かな役者. 日英比較 日本語の「ベテラン」は軍隊とは無関係に一般にその道の熟練者を指すが, 英語の veteran は単独では 2 のように何かの「熟練者」の意味には普通は使われず, 普通は 2 の意味で用いられる. 日本語の「ベテラン」に当たる英語は expert や experienced person [doctor, teacher など]. 3 長年使っている物. — 形 A 1 (長年の)実戦経験ある, 歴戦の: a ~ officer 歴戦の将校. 2 老練な, ベテランの: a ~ golfer [politician] 老練なゴルファー[政治家]. 語源 ラテン語で「年老いた」の意.

véteran càr 名 C (英) ベテランカー (特に 1905 年以前製造のクラシックカー).

Véterans Dày 名 U.C (米) 復員軍人の日, 終戦記念日 (11 月 11 日; legal holiday の一つ; 元来第一次大戦の終結を記念した; ☞ holiday 表).

Véterans of Fóreign Wárs 名 固 [the ~] (米) 海外戦争復員兵協会 (略 VFW).

*vet·er·i·nar·i·an /vètərənéəriən, -trə-/ 名 C (米) 獣医 ((略式) vet[1], (英) veterinary surgeon).

*vet·er·i·nar·y /vétərənèri, -trə- | -n(ə)ri/ 形 A 家畜病治療の, 獣医の: a ~ hospital 家畜病院.

véterinary súrgeon 名 C (英格式) 獣医 (略 V.S.) ((略式) vet, (米) veterinarian).

*ve·to /víːtou/ 名 (~es /~z/) 1 U.C 拒否権 (大統領・州知事などが議案などに対して有する権限) (on, over); 拒否権の行使: power [right] of ~ 拒否権 / The President exercised his ~. 大統領は拒否権を行使した. 2 C (…に対する)拒否, 禁止 (on). — 動 (vetoes /~z/; vetoed /~d/; -toeing) 他 (提案・議案など)を拒否する, (…)に拒否権を行使する; (計画など)を認めない; (行為など)を差し止める, 厳禁する.

vex /véks/ 動 他 (古風) (…)をいらだたせる, 悩ます, (…)の心を騒がせる (特にささいなことで): be ~ed at [with] …… に悩む.

vex·a·tion /vekséɪʃən/ 名 (古風) 1 U 心痛, 悔しさ, 無念. 2 C [しばしば複数形で] 悩み[しゃく]の種.

vex·a·tious /vekséɪʃəs/ 形 (古風) やっかいな, 腹立たしい. **-ly** 副 腹立たしく.

vexed /vékst/ 形 (問題などが)厄介な, 困った ((≒) vex): a ~ question [issue] 難問[難題].

véx·ing 形 悩ませる, やっかいな, いらいらさせる.

V-formation /víːfɔːméɪʃən | -fɔː-/ 名 C V 字編隊飛行の) V 字隊形.

VFW /víːèfdʌ́bljuː/ 略 =Veterans of Foreign Wars.

vg 略 =very good (学生の成績評価に用いる).

VGA /víːdʒìːéi/ [略] =video graphics array パソコンのビデオアダプター.
VHF /víːèɪtʃéf/ [略] =very high frequency.
VHS /víːèɪtʃés/ [名] [U] ブイ・エイチ・エス《家庭用ビデオシステム; video *h*ome *s*ystem の略; 商標》.
VI [略] =Virgin Islands.
v.i. [略] =intransitive verb.

***vi·a** /váɪə, víː-/ [前] **1** …経由で, …を経て: I went to Europe ~ America. 私はアメリカ経由でヨーロッパへ行った. **2** …を通して: ~ airmail 航空便で / The news about him reached me ~ his wife. 彼のことは奥さんを通して聞きました. [語源] ラテン語で「道」の意; ☞ street [語源], obvious [語源], previous, trivial [語源].

vi·a·bil·i·ty /vàɪəbíləṭi/ [名] [U] 実行[実現]可能性; (胎児・種子などの)生存[生育]能力.

***vi·a·ble** /váɪəbl/ [形] **1** (計画などが)実行[実現]可能な, うまくいく (feasible): economically ~ 経済的に可能で / The plan doesn't seem ~. その計画は実行可能とは思えない. **2** [名] 生存[生育]できる. **-bly** /-bli/ [副] 実行可能な形で; 生存できて.

vi·a·duct /váɪədʌkt/ [名] [C] 大陸橋, 高架橋.

Vi·a·gra /vaɪǽɡrə/ [名] バイアグラ《男性の性的不能治療薬; 商標》.

vi·al /váɪəl/ [名] [C] (格式) 小型ガラスびん, 薬[香水]びん (phial).

vi·ands /váɪəndz/ [名] [複] (古語) 食物 (food).

viaduct

***vibe** /váɪb/ [名] (略式) **1** [C] [普通は複数形で] (人・物などから受ける)感じ, 雰囲気: I got *good* [*bad*] ~*s* from him. 彼からいい[いやな]感じを受けた. **2** [複数形で] =vibraphone.

vi·bran·cy /váɪbrənsi/ [名] [U] 活力に満ちていること.

***vi·brant** /váɪbrənt/ [形] **1** 活力に満ちた, 生き生きした; (音・声が)響き渡る, よく通る: Our town is ~ *with* commercial activity. 私たちの町は商業活動で活況を呈している. **2** (色・光などが)鮮やかな, 強い. ~**·ly** [副] 活力に満ちて; 響き渡って; 鮮やかに.

vi·bra·phone /váɪbrəfòʊn/ [名] [C] ビブラホン《電気共鳴装置つきの鉄琴楽器》((略式) vibes).

vi·bra·phon·ist /váɪbrəfòʊnɪst/ [名] [C] ビブラホン奏者.

***vi·brate** /váɪbreɪt | vaɪbréɪt/ [動] [自] **1** 振動する, 揺れ動く: The whole house ~*d with* [*to*] each passing bus. 家中がバスが通るたびに振動した. **2** (声などが)震える; (音などが)反響する, 響き渡る: Her voice ~*d with* emotion. 彼女の声は強い感情で震えていた.
— [他] 〈…を〉振動させる, 揺り動かす.

vi·bra·tion /vaɪbréɪʃən/ [名] **1** [U,C] 振動 (*from*); 震え. **2** [普通は複数形で] =vibe 1.

vi·bra·to /vɪbrάːtoʊ/ [名] (~s) [C,U] (楽) ビブラート.

vi·bra·tor /váɪbreɪṭər | vaɪbréɪtə/ [名] [C] 電気マッサージ器, (性具の)バイブレーター; 振動する物.

***vic·ar** /víkə | -kə/ [名] (~s /-z/) [C] 《英国国教会》教区牧師《教区 (parish) を受け持ち, 俸給だけを受ける; ☞ rector, curate》; 《監督教会の》会堂牧師, 伝道牧師; 《カトリック》代理: the ~ of Christ キリストの代理《ローマ法王》.

***vic·ar·age** /víkərɪdʒ/ [名] [C] 教区牧師の住宅.

vi·car·i·ous /vaɪké(ə)riəs, vɪ-/ [形] **1** 代理経験の, (想像によって)自分も同じ経験をしているような, 相手の身になって感ずる: He got a ~ thrill *from* the movie. 彼はその映画あらすじ登場人物になったスリルを感じた. **2** (格式) 身代わりの. ~**·ly** [副] 自分も同じ経験をしているように, 間接的な形で.

***vice**[1] /váɪs/ 《同音 vise》 [13] [名] (**vic·es** /-ɪz/; [形] ví·cious) **1** [U] 非行, 犯罪(行為)《麻薬・売春・ギャンブルなど》: a campaign against ~ 非行防止キャンペーン. **2** [C] 悪習, 悪癖《堕落》行為; [しばしば滑稽] 悪癖, 弱点: the ~ of smoking 喫煙の悪習. **3** [U,C] (格式) 悪, 悪徳, 不道徳 (⇔virtue): a life of ~ 悪に染まった生活 / virtue and ~ 美徳と悪徳.

vice[2] /váɪs/ [名] (英) =vise.

vice- /váɪs/ [接頭] 「副…, …代理」の意: *vice*-chairman 副議長.

více-ádmiral [名] [C] 《海軍》中将.

více-cháirman [名] (**-chair·men** /-mən/) [C] 副議長, 副委員長, 副会長.

více-cháncellor [名] [C] (英) 大学副総長《実質上の最高責任者》; (米) 大学副学長《学長に次ぐ地位; [略] V.C.; ☞ chancellor》.

více·like [形] (英) =viselike.

více présidency [名] [U] vice president の地位[任期].

více prés·i·dent /váɪsprézədənt/ [名] (**-i·dents** /-dənts/) [C] **1** 副大統領《(米略式) **VP**, V.Pres.》. **2** (米) 副総裁, 副会[社]長; 副学長. **3** (米) (会社の)担当重役 (*for*, *of*).

vice·re·gal /vàɪsríːɡ(ə)l/ [形] 総督の, 太守の.

vice·roy /váɪsrɔɪ/ [名] [C] 総督, 太守.

více squàd [名] [C] (英) 単数形でも時に複数扱い《警察の》風俗犯罪取締隊.

***vi·ce ver·sa** /vàɪs(i)vəːsə | -váː-/ [副] 逆に, 反対に, 逆もまた同じ (v.v.): She dislikes me, *and* ~ (= I dislike her). 彼女は僕を嫌いだし僕も彼女が嫌いだ. [語法] 前に *and* や (but) *not* がくることが多い.

Vi·chy /víːʃi, víːʃi/ [名] ビシー《フランス中部の町; 親ナチス政府の臨時首都 (1940-44)》.

***vi·cin·i·ty** /vəsínəṭi/ [名] **1** [しばしば the ~] 近所, 付近 (neighborhood): Is there a good hospital *in the* ~ *of* your house [*in this* ~]? あなたの家の近く[この近く]にはよい病院がありますか. **2** (格式) 近いこと, 近接 (*of*, *to*). **in the vicinity of** … [前] (1) …の付近に (☞ 1). (2) (格式) [おおげさに] おおよそ…, 約…: He is somewhere *in the* ~ *of* forty. 彼は40歳前後というところだろう.

***vi·cious** /víʃəs/ [形] vice[1]) **1** 凶暴な, 残忍な; 危険な; (動物が)どう猛な: a ~ attack [killer] 残忍な攻撃[殺人者]. **2** 悪意のある, 意地の悪い: a ~ rumor 悪意のあるうわさ / a ~ look 憎々しそうな目つき / *It was* ~ *of* him *to* make such remarks. 彼がそんな事を言ったとは意地が悪い (☞[7] of 12). **3** (略式) ひどい: a ~ headache ひどい頭痛.

***vícious círcle** [**cýcle**] [名] [a ~] 悪循環.

vícious·ly [副] 凶暴に; 意地悪そうに, 邪険に.

vícious·ness [名] [U] 凶暴さ; 意地悪さ.

vícious spíral [名] [C] 両者が互いの後を追うように悪化していく過程, いたちごっこ, 悪循環.

vi·cis·si·tudes /vɪsísət(j)ùːdz, və- | -tjùːd/ [名] [複] (格式) (人生などの)浮き沈み, 栄枯盛衰 (*of*).

Vick·ie, **Vick·y** /víki/ [名] ビッキー《女性の名; Victoria[1] の愛称》.

Vicks /víks/ [名] [U] ヴィックス《米国製のせき止めドロップ; 商標》.

Vicks·burg /víksbəːɡ | -bəːɡ/ [名] ヴィックスバーグ《米国 Mississippi 州西部の都市; 南北戦争の激戦地》.

Vick·y /víki/ [名] =Vickie.

***vic·tim** /víktɪm/ [T1] [名] (~s /-z/; **víctim·ize**) [C] **1** (虐待・迫害・詐欺などの)犠牲

者, 被災者, 被害者; (難病などの)患者: ~s of war 戦争の犠牲者 / a ~ of circumstances 境遇の犠牲者 / earthquake ~s 地震の被災者たち / an AIDS ~ エイズ患者 / The company has become a ~ of its own success because it has attracted too many speculators. その会社は投機家たちをひきつけすぎたため, 成功しすぎてかえって困った事態に陥っている. **2** 《宗教上の》いけにえ, 犠牲生: a sacrificial ~ 犠牲となるいけにえ. **fáll víctim to ...** [動] 他 ...の犠牲[えじき]になる: Many children *fell* ~ *to* the disease. 多くの子供達がその病気の犠牲となった.

vic·tim·hood /víktɪmhùd/ [名] [U] (特に不当な扱いの)犠牲[被害]者であること.

vic·tim·i·za·tion /vìktəmɪzéɪʃən/ | -maɪz-/ [名] (動 víctimize) [U] 〈...〉を不当に苦しめること.

*__**vic·tim·ize**__ /víktəmàɪz/ [動] (名 víctim, victimizátion) 他 [しばしば受身で] 〈...〉を不当に苦しめる, いじめる, 犠牲にする (*for*): The movie star felt that he *was ~d* by the media. その映画スターはマスコミにいじめられているような気がしていた.

vic·tim·less /víktɪmləs/ [形] 犠牲(被害)者のない: a ~ crime 犠牲者なき犯罪(売春・賭博など).

*__**vic·tor**__ /víktɚ | -tə/ [名] (~s /~z/) [C] (格式)(戦争などの)勝利者, 征服者; (競技などの)優勝者 (winner) (*of, in*): To the ~ go [belong] the spoils. 戦利品は勝者のもの(勝利を得たものが権力・利益などを手にする, の意).

Vic·tor /víktɚ | -tə/ [名] (動) ビクター(男性の名).

Vic·to·ri·a[1] /vɪktɔ́:riə/ [名] (動) **1** ヴィクトリア(女性の名; 愛称は Vickie または Vicky). **2** Queen ~ ヴィクトリア女王 (1819-1901) 《英国女王 (1837-1901)》.

Vic·to·ri·a[2] /vɪktɔ́:riə/ [名] (動) **1** ヴィクトリア(オーストラリア南東部の州; 州都 Melbourne; [地図] L 4). **2** ヴィクトリア(カナダ南西部 British Columbia 州の州都). **3** ヴィクトリア (Seychelles の首都). **4** Lake ~ ヴィクトリア湖(アフリカ中東部にあるアフリカ最大の湖).

Victoria[1] 2

Victória Cróss [名] [the ~] (英) ヴィクトリア十字勲章(英国の軍人に与えられる最高の勲章; 略 VC).

Victória Fálls [名] (動) [the ~; 複] ヴィクトリア滝(ザンビア・ジンバブウェ国境にかかる大滝).

⁺**Vic·to·ri·an** /vɪktɔ́:riən/ [形] **1** ヴィクトリア朝[女王時代]の. **2** (考え方などが)ヴィクトリア朝の中流階級のように)堅苦しい, お上品ぶった. ――[名] [C] **1** ヴィクトリア朝(風)の建築物. **2** ヴィクトリア時代の人.

Vic·to·ri·an·a /vɪktɔ̀:riǽnə | -á:nə/ [名] [U] [時に複数扱い] ヴィクトリア朝の事物[装飾品](のコレクション).

⁺**vic·to·ri·ous** /vɪktɔ́:riəs/ [形] (名 víctory) 勝利を得た, 勝った; (戦いなどが)勝利の: a ~ army 勝利軍 / emerge ~ 勝利を得る / We were ~ *over* the enemy (*in the war*). 我々は(戦争で)敵に勝った. **~·ly** [副] 勝利を得て.

*__**vic·to·ry**__ /víktəri, -tri/ [T1] [名] (*-to·ries* /~z/; 形 victórious) **1** [U|C] 勝利, 戦勝 (略 v, V) ((反) defeat, loss): an easy [a narrow] ~ 楽勝[辛勝] / He won [gained] a ~ *over* [*against*] his rivals *in* the golf tournament. 彼はゴルフのトーナメントで競争相手に勝った / The Lions had a string of *victories* last week. ライオンズは先週は連戦連勝だった / The decision of the government was a ~ *for* common sense. 政府の決定は良識の勝利であった //

⇒ Pyrrhic victory. **2** [形容的に] 勝利の: a ~ parade [rally] 勝利のパレード[集会].

léad [cárry] ... to víctory [動] 〈...〉に勝利をもたらす. **snátch víctory from the jáws of deféat** [動] 他 瀬戸際で勝利をものにする. **swéep [rómp, stórm, crúise] to víctory** [動] 他 楽勝[圧勝]する.

vict·uals /víṭlz/ [名] [複] (古語)飲食物.

vi·cu·ña, vi·cu·na /vɪkú:njə | -kjú:nə/ [名] [C] ビクーニャ(南米産のラマに似た野生の動物) / [U] ビクーニャの毛で織ったラシャ.

vid /víd/ [名] [C] (略式) =videocassette.

vi·de /víːdeɪ/ [動] (格式) 〈...〉を見よ, 参照 (略 v.): ⇒ p. 20 20 ページ参照.

vi·de·li·cet /vɪdélɪsèt | -diː-lɪ-/ 《ラテン語から》[副] つなぎ節 (格式) すなわち, 換言すれば(普通は viz. と略して namely /néɪmli/ または /víz/ と読む).

*__**vid·e·o**__ /vídiòʊ/ [名] (~*s* /~z/) **1** [U|C] ビデオ(テープ) (videotape); [C] ビデオカセット (videocassette); ビデオ録画: I recorded the play *on* ~. 私はその芝居をビデオに録画した / Is that film *on* ~? その映画はビデオになっていますか.

ミニ語彙欄

コロケーション

動 +video

copy a *video*	ビデオをダビングする
erase a *video*	ビデオを消す
fast-forward a *video*	ビデオを早送りする
make a *video*	ビデオを撮る
pause a *video*	ビデオを一時的に止める
put in a *video*	ビデオを(デッキに)入れる
rent [(英) **hire**] a *video*	ビデオを借りる
return a *video*	ビデオを返す
rewind a *video*	ビデオを巻き戻す
show a *video*	ビデオを見せる
start [**play, turn on**] a *video*	ビデオを再生する
stop [**turn off**] a *video*	ビデオを止める
take out a *video*	ビデオを(デッキから)取り出す
watch [**see**] a *video*	ビデオを見る

形 +video

a **blank** *video*	何も録画されていないビデオテープ
a **hi-fi** [**high-fidelity**] *video*	ハイファイビデオ
an **educational** *video*	教育用ビデオ
an **ʼhour-long** [**thirty-minute**] *video*	1 時間 [30 分]もののビデオ
a **porn** [**pornographic**] *video*	ポルノビデオ
a **promo** [**promotional**] *video*	プロモーションビデオ

---

video のいろいろ

désktop vídeo 卓上ビデオ / **fítness vídeo** フィットネスビデオ / **hóme vídeo** ホームビデオ / **móvie vídeo** 映画ビデオ / **músic vídeo** 音楽ビデオ / **VHS vídeo** VHSのビデオ

関連表現

I got a *video* of *Harry Potter*. ハリーポッターのビデオを手に入れた

I made [recorded] a *video* of the program. その番組をビデオに録画した

I recorded the program on *videotape*. その番組をビデオに録画した

I saw the movie on *video*. その映画はビデオで見た

It hasn't been released on *video* yet. それはまだビデオになっていない

set a *video* for the show その番組用にビデオをセットする

The movie is out on DVD. その映画は DVD で

2 C《英》ビデオ(録画装置) (videocassette recorder) (☞ living room 挿絵): set the ~ to record at ten p.m. 午後 10 時にビデオが作動するようにセットする. **3** U 映像, 画面《audio (音声部分)に対して》; テレビ; C =music video. 語源 ラテン語で「見る」の意 (☞ provide 囲み).

── 形 A **1** ビデオ(テープ)の; ビデオ(テープ)を用いた: a ~ shop ビデオショップ / a ~ recording ビデオ録画 / ~ equipment ビデオ機材[装置]. **2** テレビの; 映像の《audio (音声)の に対して》: a ~ drama テレビドラマ.
── 動 (-e·os; -e·oed; -o·ing) 他《主に英》〈…〉をビデオに録画する (videotape).

vídeo arcàde 名 C《米》ゲームセンター.
vídeo càmera 名 C ビデオカメラ.
vídeo cárd 名 C《電算》ビデオカード(動画処理用拡張カード).
vídeo·cassétte 名 C ビデオカセット; ビデオ(のカセット)テープ.
videocassétte recòrder 名 C 《格式》= video 2 (略 VCR).
vídeo cònference 名 C テレビ会議.
vídeo cònferenc·ing 名 U テレビ会議(システム).
vídeo díary 名 C ビデオ日記.
vídeo·dísk, -dìsc 名 C ビデオディスク(テレビで画像・音声を再生する円盤; laser disc など).
vídeo displáy tèrminal 名 C =VDT.
vídeo displáy ùnit 名 C =VDU.
⁺**vídeo gàme** 名 C テレビゲーム: play a ~ テレビゲームをする.
vid·e·og·ra·pher /vìdiágrəfə | -ɔ́grəfə/ 名 C 《格式》ビデオ撮影家, ビデオアーチスト.
vid·e·og·ra·phy /vìdiágrəfi | -ɔ́g-/ 名 U《格式》ビデオ撮影(法), ビデオアート.
vídeo jòckey 名 C ビデオジョッキー(特に音楽のビデオをテレビで紹介する人; ☞ VJ).
vídeo násty 名 (vid·e·o nas·ties) C《英略式》(不快感を与える)ホラー[ポルノ], 暴力ビデオ.
vídeo on demánd 名 U《テレビ》ビデオオンデマンド(サーバーに蓄えておいた番組を, 利用者からの要求に応じてネットワークを通じて配信するテレビ形態).
vídeo·phòne 名 C テレビ電話.
⁺**vídeo plàyer** 名 C ビデオプレーヤー(再生装置).
⁺**vídeo recòrder** 名 C =video 2.
vídeo sígnal 名 C《テレビ》映像信号.
***vid·e·o·tape** /vídioutèɪp/ 名 (~s /-s/) **1** U,C ビデオ(テープ): play a ~ ビデオを再生する. **2** C =videocassette. ── 動 他〈…〉をビデオテープに録画する.
vídeo tèx /-tèks/ 名 U ビデオテックス(テレビ回線を利用して加入者に情報を提供するシステム).
vídeo·tèxt 名 U =videotex.
⁺**vie** /vái/ 動 (vies; vied; vy·ing) 自《格式》優劣を争う, 競争する, 張り合う: Ten teams ~d with [against] one another for [to win] the championship. 10 チームが互いに選手権を目指して競い合った.
Vi·en·na /viénə/ 名 ウィーン(オーストリアの首都).
Viénna Convéntion 名 [the ~] ウィーン条約(オゾン層保護のための国際的な対策の枠組みとなる).
Viénna sáusage 名 C,U ウィンナーソーセージ.
Vi·en·nese /vìːəníːz/ 形 ウィーンの; ウィーン市民の; ウィーン風の: a ~ waltz ウィーン(風)のワルツ.
── 名 (複 ~) C ウィーン市民.
Vien·tiane /vjèntjáːn/ 名 ビエンチャン(ラオスの首都).
Vi·et·cong /vìetkáŋ | vjètkɔ́ŋ←/ 名 (複 ~) ベトコン(ベトナム戦争中の南ベトナム民族解放戦線(の兵士)).

Vi·et·nam /vjètnáːm | vjètnǽm←/ 名 ベトナム(Indochina 東部の共和国; 首都 Hanoi).
Vi·et·nam·ese /vìetnəmíːz, vjèt-←/ 形 ベトナムの; ベトナム人の, ベトナム語の. ── 名 (複 ~) C ベトナム人; [the ~ として複数扱い] ベトナム人(全体), ベトナム国民[民族] (☞ the⁵ 5); U ベトナム語.
Viétnam Véterans Memórial 名 [the ~] ベトナム戦没者慰霊碑(Washington, D.C. にある).
Viétnam Wár 名 [the ~] ベトナム戦争 (1954-75).

***view** /vjúː/ 🔔 名 (~s /-z/)

ラテン語で「見る」の意から (☞ visit 語源)

「見ること」┬→「意見」**1**
 │ └→「見方」**2**
 └→「眺め」→「景色」**3**
「見えるもの」┬→「視界」**5**

1 C [しばしば複数形で] (特に個人の)**意見**, 見解, 考え (opinion): the general ~ 一般の考え / impose one's ~s on others 自分の意見を他人に押しつける / I have no clear ~s on the matter. 私はその件に関してははっきりとした意見をもっていない / She fell in with my ~s at once. 彼女はただちに私の考えに同調した / Do you take [share] the ~ *that* the death penalty should be kept? <N+*that*節> あなたは死刑は存続すべきだというご意見ですか.

会話 "May I hear your ~s on [*about*] the matter?" "Personally I'm strongly opposed to it." 「この件についてお考えを聞かせていただけませんか」「個人的には絶対反対です」

2 C [普通は単数形で] 見方, 考え[感じ]方, 理解(のし方), 評価: a general [an overall] ~ (*of* the problem) (問題の)概観 (☞ 名 1) / an inside [insider's] ~ (体験した)内幕 / She has [an optimistic [a gloomy] ~ *of* life. 彼女は人生を楽観的[悲観的]に見ている.

3 C (特によい)眺め, 眺望, 見晴らし, 景色 (☞ 類義語): a distant ~ 遠景 / command a fine ~ 見晴らしがよい / have a good [bad] ~ 眺めがよい[悪い] / 言い換え From the window you get a ~ *of* the lake. =The window affords a ~ *of* the lake. その窓から湖が眺められる / The building has spoiled the ~ *of* the coastline. その建物のために海岸線の景色が台なしになった / It is a nice ~ *from* here. ここから見るとよい眺めで / I'd like to reserve a room with a (good) ~. 眺めのよい部屋を予約したいのですが.

4 [単数形で] 見ること, 眺めること; 視察, 見物; 検分 (☞ review 囲み): She had a good [bad, poor] ~ *of* the stage. 彼女は舞台がよく見えた[見えなかった] / We had a private ~ *of* the exhibition yesterday. きのう展覧会の内覧をした. **5** U 見えること; 視界, 視野: a field of ~ 視野 / The tall building blocked our ~ completely. その高いビルは私たちの視野を完全にさえぎった / There was no house within ~. 見渡す限り家は一軒もなかった / The rocket 'disappeared from [was lost to (our)] ~ in ten seconds. ロケットは 10 秒で視界から消えた / The island was hidden from (our) ~ in the dark. 闇(ʏ゙)にかくれてその島は見えなかった. **6** C 風景画[写真]; 展望図: five ~s of the Alps (絵はがきなどの)アルプスの 5 つの風景 / a back [front] ~ 背[正]面図 // ☞ bird's-eye view. **7** C 《格式》目的 (aim), 意図; 見込み.

a point of view [名] 観点, 見地 (viewpoint), (物語における語り手の)視点; 見解: an academic *point of* ~ 学問的見地 / *From* this *point of* ~, we can say his proposal is unreasonable. この観点からすれば彼の提案は不合理と言える / What's your *point of* ~ *on* sex education? 性教育についてあなたはどう考えますか.

còme in view of … [動] 他 (人が)…を見ることができるようになる, …が見える所に来る.

còme into view [動] 自 (物が)視野に入る, 見えてくる: His plane *came into* ~. 彼の乗った飛行機が見えてきた.

in fúll view of … [前] …から丸見えの所で: They kissed *in full* ~ *of* the crowd. 彼らは人々が見ているまん前でキスをした.

in …'s view [副] 文修飾語 …の考えでは: *In* my ~ this plan won't work well. 私の考えではこの計画はうまくいかないだろう.

in view [形・副] (1) 見える所に: Not a person was *in* ~. 人ひとり見えなかった. (2) 《格式》考慮に入れて, もくろんで; 予定[期待]して: I didn't know what he had *in* ~. 彼が何をもくろんでいるのかわからなかった.

in view of … [前] 《格式》…を考慮して, …の点から見て: *In* ~ *of* the circumstances, it is best to wait until next month. 諸般の事情から考えて来月まで待つのがいちばんいい.

on view [形] 展示して, 展覧中で.

tàke a póor [dím] view of … [動] 他 …を悪く考える, 評価しない.

tàke the lóng view [動] 自 先の事まで考える, 将来を見通す (*of*).

with a víew to dóing [副]《格式》…するつもりで; …を期待して: He has started to save money *with a* ~ *to* buying a house. 彼は家を買うつもりで貯金を始めた. 語法 to の後に名詞が続くこともある.

—— 動 他 **1** (ある見方で), 見る (consider), 判断[考察]する: They ~ed her *as* a nuisance. 彼らは彼女をやっかい者と考えていた / We ~ the Japan–US trade friction *with* anxiety. 我々は日米貿易摩擦を憂慮している. **2** 〈…〉を眺める, 目を凝らして見る; 検分する, 詳しく調べる (inspect): ~ an exhibition 展覧会を見学する / 'a house [an apartment] for sale' 売り物の家[マンション]の下見をする. **3**《格式》〈テレビなど〉を見る (★ watch のほうが普通).

—— 自 《格式》テレビなどを見る: the ~*ing* figures [public] 視聴率[視聴者層].

【類義語】 **view** 一定の場所で目に入る快い眺め・景色・光景などを表わす最も一般的な語: the *view* from the bridge 橋からの眺め. **sight** 視覚によって見えたそのままの光景をいう: It was a cheerful *sight*. それは楽しい光景だった. **scene** ある特定の場所から見える限られた範囲の景色で, 特に美しい眺めなどに用いることが多い: country *scenes* 田園の風景. **scenery** 一地方の自然の風景全体を指す (☞ -ery 2): mountain *scenery* 山の風景 / the *scenery* of the Lake District 湖水地方の景色.

víew·dàta /-ˌdèɪtə/ 名 U ビューデータ《電話回線を用いてテレビに情報を映し出すシステム》.

*****víew·er** /vjúːɚ | vjúːə/ 名 T1 (~s /-z/) C **1** (テレビの)視聴者: She is a regular ~ of the show. 彼女はその番組をいつも見ている. 関連語 listener ラジオの聴取者. **2** (絵などを)見る人, 見物人. **3** (スライドの)ビューアー.

víewer·shìp 名 C (テレビの)視聴者(層)《全体》.

*+**víew·fìnder** 名 C (カメラの)ファインダー.

víew·ing /vjúːɪŋ/ 名 1 (テレビ・映画などを)見ること;(展示品の)見物 (*of*). **2** (米)(故人との)最後の対面(時間).

*****víew·point** /vjúːˌpɔɪnt/ 名 C (-points /-ˌpɔɪnts/) **1** 観点, 見地 (point of view): From the 'consumers' ~ [~ *of* consumers], this charge should be abolished. 消費者の立場から言えばこの手数料は廃止すべきだ / He expressed the ~ *that* taxes were too heavy. <N+*that* 節> 彼は税金が重すぎるという見解を表明した. **2** 展望点; 観察場所.

*+**víg·il** /víʤəl/ 名 CU 寝ずの番, 徹夜《特に看病・祈りのための》: She kept an all-night ~ over her sick child. 彼女は病気の子供を徹夜で看病した. **2** CU (特に夜間の)無言の抗議運動: hold a candle-lit ~ ろうそくをともして徹夜のすわり込みをする. **3** [複数形で] (祝日前夜の)祈禱(きとう).

vig·i·lance /víʤələns/ 名 U 《格式》警戒, 用心.

+**vig·i·lant** /víʤələnt/ 形 《格式》(危険・ごたごたなどに対して)警戒する, 油断のない, 用心深い.

vig·i·lan·te /vìʤəlǽnti/ 名 C [時にけなして] (非公式の)自警団員.

vig·i·lan·tis·m /vìʤəlǽntɪzm/ 名 U 自警(行為).

vígilant·ly 副 《格式》油断なく, 気を配って.

vi·gnette /vɪnjét/ 名《フランス語から》 **1** (人物・情景の)短い描写, 小品;(映画の中の)短い場面. **2** (書物の扉・章頭・章尾などの)小さな飾り模様 [カット]. **3** ビネット《背景をぼかした半身の写真・肖像画》.

vig·or,《英》**-our** /víɡɚ | -gə/ T2 名 [形 vígorous, 動 invígoràte] U **1** 活力, 精力 (energy), 元気, 気力 (vitality); 体力;(植物の)生長力; 精力旺盛(おうせい)な男 / She does her work *with* great ~. 彼女は非常に精力的に仕事をする / He doesn't have the ~ to get the job done. 彼はその仕事を片付けるだけの気力がない. **2** (ことばなどの)迫力.

*****vig·or·ous** /víɡ(ə)rəs/ 形 [名 vígor] **1** 活発な, 勢いのある, 強健な, 体力の要る: a ~ protest 強硬な抗議 / We had a very ~ argument about the matter. 我々はその問題について活発に議論し合った.

2 精力旺盛(おうせい)な, 活気に満ちた;(植物が)丈夫な, よく育つ: a ~ youth 元気にはつらつとした若者 / My grandmother is still ~ both in body and mind. 私の祖母はまだ心身ともに壮健です.

~·ly 副 活発に, 強硬に; 精力的に, 元気よく.

*+**vig·our** /víɡɚ | -gə/ 名《英》= vigor.

Vi·king /váɪkɪŋ/ 名 C バイキング《8–10 世紀に欧州北岸及び西岸を略奪したり, 交易をした北欧人》.
日英比較 料理の「バイキング」は和製英語で, これに相当する英語は smorgasbord か buffet.

vile /váɪl/ 形 (**víl·er**; **víl·est**) **1**《略式》ひどい, いやな: What '~ behavior [a ~ smell]! ひどいことをする[においだ]なあ! / This coffee tastes ~! ひどい味だなこのコーヒー. **2** 下劣な, 卑しい, 恥ずべき; 不道徳な: ~ language 下品なことば / the ~ practice of bribery 贈収賄という不道徳なしきたり. **~·ly** /váɪl-li/ 副 下劣に, 卑しく. **~·ness** 名 U 下劣さ, 卑しさ.

vil·i·fi·ca·tion /vìləfɪkéɪʃən/ 名 UC 《格式》中傷, 悪口.

vil·i·fy /víləfàɪ/ 動 (**-i·fies**; **-i·fied**; **-fy·ing**) 他 《格式》〈…〉をけなす, そしる, 中傷する (*as*, *for*).

*+**vil·la** /vílə/ 名 C (~s /-z/) **1**《英》(いなかの)大邸宅;《豪華な》別荘《☞ village 類語, villain 類語》: a ~ in Spain スペインの別荘. **2** [普通は住所の一部として V-]《英》郊外住宅. **3** (古代ローマの)荘園.

*****víl·lage** /víliʤ/ 名 C (**vil·lag·es** /-ɪz/) **1** 村, 村落《hamlet よりも大きく town よりも小さく, 普通は教会と学校がある; ☞ city 表》;《米》(自治体としての)村: I visited the ~ where my father was born. 私は父の生まれた村を訪れた. 参考《米》では一般に米国・カナダ以外の国の村を指すのに用いる.
2 [普通冠詞с] the ~ church [school] 村の教会[学校]. **3** [the ~] 村人たち 《全体》: *The* whole ~ was in church. 村中の人が教会に集まっていた.

語源 ラテン語で「いなかの大邸宅 (villa) に属する」の意.
víllage gréen 名 C (村の中心部の)公共緑地.
víllage ídiot 名 C [差別] (村の)あほう, まぬけ.
*__vil·lag·er__ /vílidʒɚ | -dʒə/ 名 (~s /-z/) C 村人.
Víllage Vóice 名 [the ~]『ヴィレッジヴォイス』 《週刊のニューヨーク市のタウン情報誌》.
vílla hóme 名 C 《豪》ヴィラホーム 《3 軒以上が連なるテラスハウスの 1 軒》.
+__vil·lain__ /vílən/ 名 (形 villainous) C **1** (芝居・小説の)悪役, かたき役. **2** (略式)悪者, (悪い)やつ, 悪漢, 犯人. **the villain (of the piece)** [名] [しばしばこっけいに] (厄介事などの)張本人, 元凶(人, 物).
語源 ラテン語で「いなかの大邸宅 (villa) の召し使い」の意.
vil·lain·ous /vílənəs/ 形 (名 villain) A **1** (文)悪党の, 悪らつな. **2** (略式)ひどく悪い, 不快な.
vil·lain·y /víləni/ (-lain·ies) (格式) U 極悪(非道); C 悪事, 悪行.
-ville /vìl/ 接尾 [形容詞[名詞]+s に付く名詞語尾] (略式, 主に米)[滑稽]「…な場所[もの, 人]」の意: squares*ville* お堅い社会 / dulls*ville* 退屈なもの. 語源 Nash*ville* のように米国の町名・市名に多い接尾語から.
vil·lein /vílən/ 名 C (封建時代の)農奴.
Vil·ni·us /vílniəs/ 名 固 ヴィリニュス 《リトアニアの首都》.
vim /vím/ 名 U (古風)精力, 活力.
vin·ai·grette /vìnigrét/ 名 U,C ビネグレットソース 《酢・油などで作ったドレッシング》.
Vin·cent /vínsənt/ 名 固 ビンセント 《男性の名》.
Vinci 名 固 ☞ Leonardo da Vinci.
vin·da·loo /vìndəlú/ 名 U,C ビンダルー 《にんにくとワインか酢で調味した肉や魚のカレー料理》.
+__vin·di·cate__ /víndəkèıt/ 動 (格式) **1** 〈…の正当さ〉を立証する, 〈…が〉正しいことを示す: ~ an idea [a decision] ある考え[決定]の正しさを立証する. **2** 〈人〉の嫌疑を晴らす, 〈人〉に罪がないことを示す.
vin·di·ca·tion /vìndəkéıʃən/ 名 [a ~ または U] (格式)正当化(するもの); 嫌疑が晴れること; 弁明.
+__vin·dic·tive__ /vındíktıv/ 形 復讐(¿°.,)心のある, 執念深い (*toward*). **~·ly** 復讐心に燃えて, 執念深く. **~·ness** U 執念深さ, 復讐心.
*__vine__ /váın/ 名 (~s /-z/) C **1** ぶどうの木(つる) (grapevine): Our ~s produce sweet grapes. うちのぶどうの木には甘いぶどうがなる.
2 つる性植物; つる: cucumber ~s きゅうりのつる / The wall of the school building was covered with ~s. 校舎の壁はつる草で覆われていた. 語源 ラテン語で「ぶどう酒の」の意; wine と同語源.

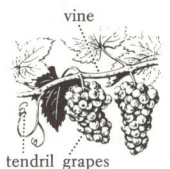

vine
tendril grapes
vine 1

díe on the víne [動] 自 実を結ばずに終わる.
*__vin·e·gar__ /vínıgɚ | -gə/ 名 (~s /-z/) U 酢. 語源 vin-+-egar で, それぞれ中(期)フランス語で「ぶどう酒」(☞ vine 語源) および「(舌に)鋭い」 つまり「酸っぱい」(☞ eager 語源)の意.
vin·e·gar·y /vínıg(ə)ri/ 形 **1** (名 vinegar) 酢(のような), 酸っぱい. **2** 不機嫌な, 気難しい, 辛らつな.
víne-rípened [-rípe] 形 (果物・野菜が)つる付きのままで熟した, 完熟した 《味がよい》: ~ tomatoes 完熟トマト.
*__vine·yard__ /vínjəd | -jəd/ 名 (**vine·yards** /-njədz | -jədz/) C ぶどう園[畑].
vingt-et-un /vǽentəɚ:n/ 《フランス語から》 名 U = twenty-one.
vi·no /ví:noʊ/ 《スペイン語・イタリア語から》 名 (~s

violent 1973

/U,C/) [略式][滑稽] (安)ワイン (wine).
vi·nous /váınəs/ 形 (格式) または [滑稽] ワインの(ような); ワイン色の; ワインに酔った.
*__vin·tage__ /víntıdʒ/ 形 A **1** (ワインが)上等の, 年代物の, 銘柄の: ~ wine 銘柄ワイン 《秀作年のぶどうで作った優良ワイン》. **2** (文芸活動などが)最盛期の, 黄金時代の; [固有名詞の前につけて] (作品などが)代表的な: This opera is ~ Mozart. このオペラはモーツァルトの神髄を示している. **3** (車・飛行機が)製造年代の古い, クラシックな: a ~ car クラシック[ビンテージ]カー 《特に 1919-30 年に製造されたもの》. (☞ veteran car).
―名 (~s /-ız/) **1** C,U (ある年に作られた)ワイン; (ワインなどの作られた)年: a claret of a rare ~ 極上ものクラレット / "What ~ is this wine?" "It's a 1997." 「このワインは何年ものですか」「1997 年ものです」 / words of recent ~ 近年の造語. **2** C [普通は単数形で] (ワインの原料となる)ぶどうの収穫年).
víntage yéar 名 C ぶどうの秀作年[当たり年]; 大当たりの年 (*for*).
vint·ner /víntnə | -nə/ 名 C (格式)ワイン商人; ワイン醸造家.
*__vi·nyl__ /váın(ə)l/ 名 U,C **1** ビニール 《☞ plastic 日英比較》: a ~ chair 合成皮革[ビニール]張りのいす. **2** (CD に対して)レコード: on ~ レコードで.
vi·ol /váı(ə)l/ 名 C ビオール 《16-17 世紀の弦楽器; 初期のバイオリン》.
+__vi·o·la__[1] /vióʊlə/ 名 C [楽] ビオラ (☞ violin 語源).
vi·o·la[2] /varóʊlə | várələ/ 名 C すみれ(の類).
*__vi·o·late__ /váıəlèıt/ 動 (-o·lates /-lèıts/; -o·lat·ed /-tıd/; -o·lat·ing /-tıŋ/) (形 violent)
他 (格式) 〈誓い・条約・法律など〉を破る (break), 犯す, 無視する; 〈良心など〉に背(?)く: Both countries ~d the agreement. 両国ともその協定を破った.
2 (格式) 〈権利〉を侵害する, 〈安眠など〉を妨げる, 邪魔する: This law will ~ the right of free speech. この法律は言論の自由を侵すであろう. **3** (格式) 〈…の神聖〉を汚(¿°)す, 〈神聖な場所〉を冒瀆(¿°)する; 〈…〉に侵入する. **4** (文) 〈女性〉を犯す, 暴行する (rape).
*__vi·o·la·tion__ /vàıəléıʃən/ 名 (動 víolàte) **1** U (法律・約束などの)違反, 無視: ~ *of* the law 法律違反. **2** C 違反行為: V~*s of* traffic regulations are increasing. 交通違反が増えている. **3** U,C (格式) (権利などの)侵害; 冒瀆(¿°); 侵入, 侵犯. **4** U (文) (女性への)暴行 (rape).
in violation of ... [前] …に違反して.
vi·o·la·tor /váıəlèıtə | -tə/ 名 C 違反者; 侵害者.
*__vi·o·lence__ /váıələns/ 名 (形 víolent) U **1** 暴力, 乱暴, 暴行: an act of ~ 暴力行為 / ~ *against* women 女性に対する暴力 / a TV program with too much ~ 暴力(場面)の多すぎるテレビ番組 / use ~ 暴力を用いる / resort to ~ 腕力に訴える. **2** (自然現象・感情などの)激しさ, 猛烈, すさまじさ: the ~ *of* an earthquake 地震の猛威 / with ~ 激しく. **dò víolence to ...** [動] 他 (格式) …に暴行を加える; …を損なう, 〈主義など〉に反する.
*__vi·o·lent__ /váıələnt/ 形 (名 víolence, 動 víolate) **1** 乱暴な, 暴力的な (wild); 乱暴にふるまう; (映画・テレビ番組などが)暴力(場面)の多い: resort to ~ means 暴力的な手段に訴える.
2 (感情・ことばなどが)激しい, 激した, 激情的な (passionate); (色が)どぎつい: ~ language [abuse] 激しいことば[悪口] / a man ˈof ~ temper [with a ~ temper] 激しい気性の人.
3 激しい, 猛烈な, 激烈な; (痛みなどが)ひどい, 急激な: a ~ earthquake [headache] 激しい地震[頭痛]. **4** [普通は A] (死が)暴力による: He died a ~ death. 彼

は(人手にかかって)非業の死をとげた.
tùrn [gèt] víolent [動] [自] 突然暴れだす, (行動などが)暴力的になる.

⁺**víolent·ly** [副] **1** 激しく, 猛烈に; ひどく: blow ～ (風が)激しく吹く / be ～ sick ひどく吐く. **2** (感情などが)激しく, 激情的に. **3** 乱暴に; 暴力によって: die ～ 人手にかかって死ぬ.

⁺**vi·o·let** /váɪələt/ [名] **1** [C] すみれ; すみれの花《米国 Rhode Island 州の州花》. **2** [U] すみれ色, 青紫色《☞ spectrum 挿絵; purple 表》.
― [形] すみれ色の.

violet 1

Vi·o·let /váɪələt/ [名] [固] バイオレット《女性の名》.

⁺**vi·o·lin** /vàɪəlín/ [名] [C] バイオリン: He played the ～ for us. 彼は私たちのためにバイオリンを弾いてくれた《☞ play [動] [他] 2 の 2 番目の [語法]》/ Can you play this sonata on the ～? このソナタをバイオリンで弾けますか.
[語源] イタリア語で「小さなビオラ (viola)」の意.

⁺**vi·o·lin·ist** /vàɪəlínɪst/ [名] [C] バイオリニスト, バイオリン奏者; [前に形容詞をつけて] バイオリンを弾くのが…の人: Jim is a *good* [*poor*] ～. ジムはバイオリンが上手[下手]だ.

vi·o·list /vióʊlɪst/ [名] [C] ビオラ奏者.

vi·o·lon·cel·lo /vàɪələntʃéloʊ/ [名] (～s) [C]《格式》＝cello.

⁺**VIP** /víːàɪpíː/ [名] [C] 重要人物, 要人《*v*ery *i*mportant *p*erson の略; ☞ important 2》: get (the) ～ treatment 要人待遇を受ける.

vi·per /váɪpə | -pə/ [名] [C] **1** くさりへび科の毒へび《くさりへび・まむし・がらがらへびなど》. **2**《文》意地の悪い[腹黒い]人間.

vi·ra·go /vərάːgoʊ/ [名] (～(e)s) [C] **1**《古風》口やかましい女, がみがみ女. **2**《古語》男まさりの女.

⁺**vi·ral** /váɪ(ə)rəl/ [形] ([名] vírus) ビールス[ウイルス]性の[による]: a ～ infection ウイルス感染(症).

víral lóad [名] [C] (血液中の)ウイルス量.

víral màrketing [名] [U] 〔商〕バイラルマーケティング《インターネット会社の用いる宣伝方法; E メールでユーザーが気づかぬうちに次々に広告を伝える》.

Vir·gil /vɚ́ːdʒəl | vɜ́ː-/ [名] [固] ＝Vergil.

*__vir·gin__ /vɚ́ːdʒɪn | vɜ́ː-/ [名] (～s /～z/; [形] vírginal) **1** [C] 処女; 童貞の男性. **2** [C] [S] [滑稽] (あること・場所の)未体験者: a computer ～ コンピューターを使ったことのない人. **3** [the (Blessed) V-] 聖母マリア (the Virgin Mary). **4** [the V-] 乙女座《星座》(Virgo).
― [形] **1** [普通は [A]] 元の状態の, 未使用の; 未踏破の; (物事が)未経験の, 初めての: a ～ peak 処女峰 / a ～ forest 原生林 / ～ snow 処女雪, 新雪 / perform before a ～ audience 初めての聴衆の前で演奏する. **2** [A] 処女の; 乙女らしい, 純潔な: ～ modesty 乙女らしい慎しみ. **3** [A] (飲み物が)ノンアルコールの; (オリーブ油が)一番搾りで上質の《☞ extra virgin》.

vir·gin·al /vɚ́ːdʒɪn(ə)l | vɜ́ː-/ [形] ([名] vírgin) 処女の, 乙女らしい; 清純な; 未使用の, 汚れていない.

vir·gin·als /vɚ́ːdʒɪn(ə)lz | vɜ́ː-/ [名] [複] ヴァージナル《16–17 世紀の脚のないハープシコード》.

Vírgin Atlántic Áirways [名] [固] バージンアトランティック航空《英国の航空会社》.

vírgin bírth [名] [the ～]〔キ教〕処女降誕(説)《キリストは処女マリア (Virgin Mary) から生まれたとする説》.

Vir·gin·ia[1] /vədʒínjə | və-/ [名] **1** [固] バージニア《米国南東部の州; [略] Va.,〔郵〕では VA; 俗称 the Old Dominion; ☞ America 表, 表地図 I 4》. **2** [U] バージニアたばこ.

Vir·gin·ia[2] /vədʒínjə | və-/ [名] [固] ヴァージニア《女性の名》.

Virgínia créeper [名] [U,C] アメリカづた《《米》woodbine》.

Vir·gin·ian /vədʒínjən | və-/ [形] バージニア州(人)の.
― [名] [C] バージニア州人.

Virgínia réel [名] [C] バージニアリール《米国のフォークダンスの一種》.

Vírgin Íslands [名] [複] [the ～] バージン諸島《西インド諸島北東部の Puerto Rico 東方の小群島; 米領と英領に分れる; [略] VI》.

vir·gin·i·ty /və(ː)dʒínəṭi, vəː- | və-, vəː-/ [名] [U] 処女であること, 処女性, 純潔, 童貞. **lóse [kéep] one's virgínity** [動] [自] 処女[童貞]を失う[守る].

Vírgin Máry [名] [the ～] 聖母[処女]マリア (Blessed Virgin, Mary)《キリストの母》.

Vírgin Quéen [名] [the ～] 処女王《Elizabeth I のこと》.

vírgin térritory [名] [U] 未踏の土地; 未知の領域, 初めて経験すること (*for*).

⁺**Vir·go** /vɚ́ːgoʊ | vɜ́ː-/ [名] (～s) **1** [固] 乙女座《星座》; 処女宮 (the Virgin)《☞ zodiac 挿絵》. **2** [C] 乙女座生まれの人.

Vir·go·an /vəːgóʊən | vəː-/ [名] [C] 乙女座生まれの人. **―** [形] 乙女座生まれの.

vir·gule /vɚ́ːgjuːl | vɜ́ː-/ [名] [C] 斜線 (slash).

⁺**vir·ile** /vírəl | -raɪl/ [形] [ほめて] **1** (男性が)男性的な, 男らしい; 性的に強壮な. **2** (物事が)力強い, 活力のある.

vi·ril·i·ty /vərílәṭi/ [名] [U] **1** 男らしさ; (男性の強壮な)性的能力 (potency). **2** 力強さ, 活力.

vi·ro·log·i·cal /vàɪrəlάdʒɪk(ə)l | -lɔ́dʒ-←/ [形] ウイルス学の.

vi·rol·o·gy /vaɪrάlədʒi | -rɔ́l-/ [名] [U] ウイルス学.

*__vir·tu·al__ /vɚ́ːtʃuəl, -tʃəl | vɜ́ː-/ [形] [A] **1** (名目はともかく)事実上の, 実質上の, 実際(上)の: a ～ impossibility 事実上不可能なこと / He is the ～ president of the company. 彼は会社の事実上の社長である.
2〔電算〕(コンピューターによって作り出された)仮想の, インターネット上の, バーチャルな: ～ space 仮想空間 / ～ shopping インターネットショッピング / a ～ office 仮想オフィス.

*__vir·tu·al·ly__ /vɚ́ːtʃuəli, -tʃəli | vɜ́ː-/ [T2] [副] **1** (名目はともかく)事実上は, 実質的には; ほとんど…といってもよい: That company is ～ bankrupt. その会社は事実上は倒産している.
2〔電算〕コンピューター上で, 仮想的に.

vírtual mémory [名] [C]〔電算〕仮想記憶《内部記憶として用いられる外部記憶》.

⁺**vírtual reálity** [名] [U] 仮想現実, ヴァーチャルリアリティ《コンピューターの映像や音などによって実際に体験しているかのように感じる世界》.

*__vir·tue__ /vɚ́ːtʃuː | vɜ́ː-/ [T3] [名] (～s /～z/; [形] vírtuous)
1 [U]《格式》徳, 善, 美徳 ([反] vice): V～ is its own reward.《ことわざ》徳はそれ自体が報いである(徳はそれを行なうことで得られる満足感で十分報いられる).
2 [C] (個々の)徳, 徳目, 美徳, 徳行 ([反] vice): Are modesty and patience ～*s*? 謙譲と忍耐とは美徳なのだろうか.
3 [C,U] 長所, 美点 (merit): He ***has the ～ of*** knowing his weaknesses. 彼には自分の欠点を認識できる長所がある / She extolled [preached] the ～*s of* online dictionaries. 彼女はオンライン辞書のよさをほめたたえた. **4** [U]《古風》(女性の)貞操: a woman of easy ～ ふしだらな女. [語源] ラテン語で「男らしさ」の意.
by [in] vírtue of ... [前]《格式》…の力[おかげ]で. **màke a vírtue of ...** [動] [他] (不快でも厄介な事態)に潔く対処する. **màke a vírtue of necéssity** [動] [自] しなければならないことを(いやいやでなく)積極

~ pills ビタミン剤[錠剤] / ~ deficiency ビタミン不足 / Eggs are rich in ~s. 卵はビタミンが豊富である. 語源 vita-(ラテン語で「生命」の意; ☞ vital)＋-amine (これらの物質は以前はアミノ酸 (amino acid) を含んでいると考えられたので).

vi·ti·ate /víʃièit/ 動 [しばしば受身で] (まれ, 格式) ⟨…の価値[質]⟩を損なう; ⟨…の力⟩を弱める, 無効にする.

vi·ti·a·tion /vìʃiéiʃən/ 名 U (まれ, 格式) 価値[質]を損なうこと, 無効化.

vit·i·cul·ture /vítəkʌltʃə | -tʃə/ 名 U (ワイン用の)ぶどう栽培(学).

vit·re·ous /vítrias/ 形 A (格式) (焼き物などが)ガラスの(ような), ガラス質(状)の; ガラス製の.

vit·ri·fi·ca·tion /vìtrəfikéiʃən/ 名 U (格式) ガラス化.

vit·ri·form /vítrifɔ̀əm | -fɔ̀:m/ 形 (格式) ガラス状の.

vit·ri·fy /vítrifài/ 動 (**-ri·fies**; **-ri·fied**; **-fy·ing**) (格式) 他 ⟨…⟩をガラスに変える, ガラス(状)にする. ― 自 ガラス(状)になる.

vit·ri·ol /vítriəl/ 名 **1** (文) [けなして] しんらつなことば[批評], 痛烈な皮肉. **2** (古風) (化) 硫酸(塩).

vit·ri·ol·ic /vìtriɑ́lɪk | -ɔ́l-/ 形 (格式) [けなして] (ことばなどが)しんらつな, 痛烈な. **-ol·i·cal·ly** /-kəli/ 副 しんらつに.

vi·tro ☞ in vitro の項目.

vit·tles /vítlz/ 名 [複] (古風, 米略式) 食物.

vi·tu·per·a·tion /vait(j)ù:pəréiʃən | vitjù:-/ 名 U (まれ, 格式) ののしり, 毒舌.

vi·tu·per·a·tive /vait(j)ú:pərətɪv | vitjù:-/ 形 (まれ, 格式) ののしる, 悪口を言う; 毒舌を振るう.

⁺vi·va¹ /ví:və, -va:/ 間 ≪イタリア語・スペイン語から≫ …万歳!

vi·va² /ví:və, -va:/ 名 C (英略式) = viva voce.

vi·va·ce /vivá:tʃei, -tʃi/ ≪イタリア語から≫ (楽) 副 元気[活発]に. ― 形 元気[活発]な.

vi·va·cious /vivéiʃəs, vai-/ 形 W (ほめて) (特に女性が)元気のある, はつらつとした, 快活な. **~·ly** 副 元気に, はつらつと, 快活に. **~·ness** 名 U=vivacity.

vi·vac·i·ty /vivǽsəti/ 名 U (ほめて) (文) 元気, 活発, 陽気.

Vi·val·di /vivá:ldi | -vǽl-/ 名 **An·to·ni·o** /ǽntóuniòu/ ~ ヴィヴァルディ (1675?-1741) (イタリアの作曲家).

vi·var·i·um /vaivé(ə)riəm/ 名 (複 **vi·var·i·a** /vaivé(ə)riə/, **~s**) 飼育容器; 生態動物園 (自然の生息状態に近づけたもの).

vi·va vo·ce /váivəvóusi/ ≪ラテン語から≫ 名 C (英格式) (大学の)口頭[口述]試験 (英略式) viva²).

vive¹ /ví:v/ ≪フランス語から≫ 間 …万歳!

vive² ☞ qui vive の項目.

Viv·i·an /vívian/ 名 ヴィヴィアン (男性または女性の名).

***viv·id** /vívid/ 形 B **1** (印象・記憶などが)生々しい, 鮮烈な; (描写が)生き生きとした, 真に迫った; (想像力などが)旺盛な, 活発な: a ~ description of the battle 戦闘の真に迫った描写 / a ~ impression 鮮烈な印象 / have a ~ memory of the event その出来事を生々しく記憶している.

2 (色・光などが)鮮やかな, 鮮明な, 目の覚めるような: Her dress was ~ scarlet. 彼女の服は鮮やかな緋(ʰ)色だった. 語源 ラテン語で「生きている」の意 (☞ revive 語源, survive 語源). **~·ly** 副 鮮やかに; 生き生きと. **~·ness** 名 U 生き生きとしていること; 鮮明さ.

vi·vip·a·rous /vaivípə(r)əs/ 形 (動) 胎生の (☞ oviparous).

viv·i·sec·tion /vìvəsékʃən/ 名 U (動物実験のための)生体解剖[手術], (外科的手段による)動物実験.

viv·i·sec·tion·ist /vìvəsékʃ(ə)nist/ 名 C 生体解

剖[手術]を行なう[支持する]人.

vivo ☞ in vivo の項目.

vix·en /víks(ə)n/ 名 C **1** 雌ぎつね. 関連 fox きつね. **2** (古風) がみがみ女, 意地悪女.

vix·en·ish /víks(ə)nɪʃ/ 形 (古風) (女の)意地悪な.

viz. /néimli, víz/ 副 W (古風, 格式) すなわち, 換言すれば (videlicet の略). 語法 公文書や学術書などに限って使用され, 普通は namely を用いる.

vi·zier /vizíə | -zíə/ 名 C (昔のイスラム教国の)高官, 大臣.

vi·zor /váizə | -zə/ 名 C = visor.

VJ /ví:dʒéi/ 名 C (略式) ビデオジョッキー (video jockey の略).

V-J day, VJ day /ví:dʒéi-/ 名 U (第 2 次大戦の)対日戦勝記念日 (9 月 2 日(日本側の降服文書調印の日)か 8 月 15 日; Victory over Japan の略).

Vlad·i·vos·tok /vlǽdɪvɑstɑ́k | -vɔ́stɔk/ 名 ウラジオストック (ロシア東部の日本海に臨む海港).

VLF, vlf /ví:èléf/ 形 =very low frequency (無線) 超長波.

v-mail /ví:-/ 名 =voice mail.

V neck /ví:-/ 名 C V 字形の襟; V ネック.

V-necked 形 V 字形の襟をした; V ネックの.

VOA /ví:òuéi/ 略 =Voice of America.

vo·cab /vóukæb/ 名 C (略式) =vocabulary 2.

⁺vo·cab·u·lar·y /voukǽbjulèri | -ləri/ **B** 名 (**-lar·ies**) **1** U.C 語彙(ˢ) (ある言語・個人・書物・階層・専門分野などにおいて使用される語の総体(数); 1 つ 1 つの語 (word) ではない), 用語数, 用語範囲 (*of*): 1つ の語 (word) ではない), 用語数, 用語範囲 (*of*): 'an active [a passive] ~ 活用[理解]語彙 / build up [develop, extend, increase] one's ~ 語彙をふやす / He has a large ~. 彼の語彙は豊富である / The word "impossible" is not in my ~. 「不可能」という語は私の辞書にはない(どんなに困難でもやりとげる). **2** C (古風) 単語表[集], 用語集 ((略式) vocab). **3** C,U (芸術などの)表現技法 (*of*).

― 名 C [普通は複数形で] ボーカル, 歌唱(の担当) (ポピュラー音楽でバンドの伴奏で歌うもの).

vó·cal córds [chórds] 名 [複] (解) 声帯.

vo·cal·ic /voukǽlɪk, və-/ 形 (音声) 母音(性)の; 母音を含む.

⁺vo·cal·ist /vóukəlist/ 名 C (ポピュラーソングの)歌手, ボーカル (特にバンドといっしょに歌う歌手).

vo·cal·i·za·tion /vòukəlizéiʃən | -laiz-/ 名 (格式) **1** C (声に出された)ことば, 音声. **2** U 声に出すこと.

vo·cal·ize /vóukəlàiz/ 動 (格式) 他 ⟨感情・考えなど⟩をことばで表す; ⟨音・語など⟩を声に出す, 歌う. ― 自 歌う.

vo·cal·ly /vóukəli/ 副 **1** 声で, 口頭で, 声に出して. **2** 口やかましく, 声高に, 遠慮なく.

⁺vo·ca·tion /voukéiʃən/ 名 C,U (古風) (意識), (聖職への)使命(感) (*to*); 適した職業, 仕事, 商売 (☞ occupation 類義語): follow one's ~ *to* become a nurse 使命感に従って看護師になる / have a ~ *for* teaching 教職に向いている. **find [miss] one's vocátion** 動 自 自分に向いた[不向きな]仕事につく.

⁺vo·ca·tion·al /voukéiʃ(ə)nəl/ 形 [普通は A] 職業 (上)の; 職業指導の: ~ education 職業教育 / ~ training 職業訓練.

vocátional schòol [名] [C] 職業訓練学校.

voc·a·tive /vákəṭɪv | vɔ́k-/ 〘文法〙[名] [C] 呼格; 呼びかけの語. — [形] 呼格の: the ~ case 呼格《呼びかけに用いられる名詞の形》.

vo·cif·er·ate /vousífərèɪt/ 《格式》[動] [自] 大声でどなる[文句を言う], わめく. — [他] 〈...〉とわめく.

vo·cif·er·a·tion /vousìfəréɪʃən/ [名] [U,C] 《格式》わめくこと, 怒号.

+**vo·cif·er·ous** /vousíf(ə)rəs/ [形]《格式》大声で叫ぶ, やかましい; うるさく言い立てる (*in*); (要求などが)声高になされる, うるさい. **~·ly** [副] やかましく, うるさく. **~·ness** [名] [U] やかましさ.

+**vod·ka** /vádkə | vɔ́d-/ [名] [U] ウオッカ《ロシアの強い酒》; [C] コップ1杯[一口]のウオッカ.

***vogue** /vóʊg/ [名] [単数形で] **1** [しばしば the ~] (一時的な)流行, はやり (fashion): [言い換え] Miniskirts are again *the* ~. = There is a ~ *for* miniskirts again. ミニスカートが再び流行している. **2** [しばしば a ~] 人気, 世間の受け (popularity). [語源] フランス語で「舟をこぐこと」の意から, 舟が波に揺れ動くこと, 流行の一定しないことの意味になった.

be in vógue [動] [自] 流行している. **còme ìnto vógue** [動] [自] 流行し始める.

— [形] [A] 流行の, はやりの. **vógue wòrd** 流行語.

Vogue /vóʊg/ [名] [固]『ヴォーグ』《米国の月刊ファッション雑誌》.

vogu·ish /vóʊgɪʃ/ [形] 流行の; 一時的に人気のある.

‡**voice**[1] /vɔ́ɪs/ [名] (**voic·es** /~ɪz/; [形] **vócal**) **1** [U,C] (人の)**声**, 音声: have (got) a lovely ~ すてきな声をしている / Keep your ~ down. [S]《略式》大声を出すな / He spoke *in* a deep [loud, rough] ~. 彼は低く響く[大きな, 荒々しい]声で話した / The boy's ~ is breaking. その少年は声がわりし始めている.

コロケーション
- (can) **hear** a *voice* 声が聞こえ(てく)る
- **lower** [**drop**] one's *voice* 声を小さくする
- **raise** one's *voice* 声を大きくする《☞ 成句》
- **recognize** ...'s *voice* (人の)声を聞き分ける

2 [U] **声を出す力, 物を言う力**: He had a bad cold and lost his ~. 彼はひどいかぜをひいて声が出なくなった. **3** [C,U] (声楽の)声; [C] (クラシックなどの)歌手: a male ~ 男声. **4** [[U] または a ~] **発言権, 投票権**: I have *a* [no] ~ *in* the matter. 私はその事に対しては発言権がある[ない]. **5** [C] (発表された)意見; (主義・主張などを)訴える声, (理性などの)呼びかける声; [単数形で] (意見などの)代弁者, 表明者; (神の)お告げ; [C]《格式》(作家などの)表現スタイル: ~s 「*for* peace [*against* war] 平和を求める[戦争反対の]声 / one's inner ~ 心の内なる声 / the ~ *of* the majority [minority] 大多数[少数]の意見 / The ~ *of* the people is the ~ of God. 《ことわざ》民の声は神の声(政治家は国民の意志を尊重せよ)《☞ vox populi 成句》. **6** [U] 〘音声〙 有声音《/b/, /d/, /z/, /l/ など》.

ádd one's vóice to ... [動] [他] ...に賛同する. **at the tóp of one's vóice** [副] 声を限りに, 声を張り上げて《☞ at the top of ... (top 成句)》. **be in góod [fíne] vóice** [動] [自] (歌手などが)声がよく出ている, 声の調子がよい. **find one's vóice** [動] [自] (気を取り直して)口がきけるようになる; 効果的な表現を考え出す. **gìve vóice to ...** [動] [他] ...を口に出す, 漏らす, 表明する (express). **jóin vóices** [動] [自] いっしょに歌う[言う]. **máke one's vóice hèard** [動] [自] 考えを聞いてもらう, 気持ちをわかってもらう. **ráise one's vóice** [動] [自] (...に対して)大声を出す, 声を荒げる (*to*)《☞ 1 囲み》; (物事に対して)強く抗議する (*against*). **spéak wìth óne vóice** [動] [自] 異口同音である. **thrów one's vóice** [動] [自] (腹話術師のように)どこから声が出ているかわからないように話す.

— [動] [他] **1** 《格式》〈異論など〉をことばに表わす, 表明する: The bankers ~*d* their concern about the project. 銀行経営者たちはその計画に懸念を表明した. **2** 〘音声〙〈...〉を有声音で発音する.

voice[2] /vɔ́ɪs/ [名] [C] [普通は the ~] 〘文法〙 態.

> [文法] 態
> 文における主語と動詞の関係を表わす動詞の形のこと. 主語が働きかける場合の動詞の形を能動態《☞ active voice [文法]》, 文の主語が他のものから働きを受ける場合の形を受動態, または受身と呼ぶ《☞ passive voice [文法]》. 例えば Tom *loves* Mary. (トムはメアリーを愛している)は Tom が主語でしかも動作主であるから能動態であり, 同じ内容を Mary *is loved by* Tom. (メアリーはトムに愛されている)という場合には, 主語の Mary が Tom に働きかけられている意味を持つから is loved は受動態である. 受動態にできるのは他動詞および他動詞と同じ働きをする laugh at, look up to などの句動詞《phrasal verb [文法]》に限られる.

vòice-ác·ti·vat·ed /vɔ́ɪsǽktəvèɪṭɪd/ [形] (機械などが)人の声で作動する.

vóice bòx [名] [C]《略式》喉頭(こうとう) (larynx).

voiced /vɔ́ɪst/ [形] ([反] voiceless, unvoiced) [A] 〘音声〙 有声の, 声の《☞ つづり字と発音解説 3, 42》.

-voiced /vɔ́ɪst←/ [形] [合成語で] ...の声をした: sweet-*voiced* 美しい声をした.

vóice·less [形] **1** 〘音声〙 無声の, 息の ([反] voiced)《☞ つづり字と発音解説 3, 42》. **2** 《文》 発言力[権]のない.

vóice màil [名] [U] ボイスメール《コンピューターを使って送信する音声伝言システム》.

vóice mèssage [名] [C] ボイスメッセージ《voice mail のメッセージ》.

Vóice of América [名] [固] [the ~] アメリカの声《米国情報局の一部門で海外向け短波放送を行なう; [略] VOA》.

vóice-òver [名] [C] 〘映・テレビ〙 (画面に出ない)ナレーター[解説]の声, ナレーション.

vóice·prìnt [名] [C] 声紋.

+**void** /vɔ́ɪd/ [T2] [名] [単数形で]《格式》**1** (心の中の)空虚な感じ, むなしさ. **2** 空間; すき間, ぽっかり空いた穴. **3** 《文》 虚空, 無限. — [形] **1** 〘法〙 無効の (invalid[2])《☞ null 成句》. **2** [P]《格式》(...を)欠いている, (...が)ない (lacking, devoid): He is ~ *of* common sense. 彼には常識がない. **3** 《格式》 空虚な (empty). — [動] [他] **1** 〘法〙 〈...〉を無効にする. **2** 〘医〙〈...〉を空にする: ~ the bladder [bowels] 排尿[便]する.

voi·là, voi·la /vwɑːlɑ́ː | vwælɑ́ː/ 《フランス語から》 [感] [S] ほら, 見てごらん; どうです!《満足を示す》.

voile /vɔ́ɪl/ [名] [U] ボイル《木綿・羊毛・絹製の半透明の薄織物》.

***vol.** [略] (2巻以上から成る著作・刊行物などの)冊, 巻《複数形は vols.; ☞ volume 3》: ~ 3 第3巻.

***vol·a·tile** /vɑ́ləṭl | vɔ́lətàɪl/ [形] ([名] vòlatílity) **1** (情勢などが)不安定な, 一触即発の, 危険な: The political situation in the country is still ~. その国の政治情勢は依然不安定である. **2** [しばしばけなして] (人が)気まぐれな, (気分に)むらのある. **3** 〘物理〙 揮発性の.

vol·a·til·i·ty /vɑ̀lətíləṭi | vɔ̀l-/ [名] ([形] vólatile) [U] 不安定.

vol-au-vent /vɔ̀ːlouvɑ́ːŋ | vɔ́ləvɑ̀ːŋ/ 《フランス語から》 [名] [C] 《英》 ボローバン《肉・魚などを詰めた小さいパイ》.

+**vol·can·ic** /vɑlkǽnɪk | vɔl-/ [形] ([名] volcáno) [普通は [A]] 火山の, 火山性の, 火山の多い; 《文》 爆発性の, 激しい: ~ activity 火山活動 / ~ ash [rocks] 火山灰

[岩] / a ~ eruption 火山噴火 / a ~ temper 激しい気質.

***vol·ca·no** /vɑlkéɪnoʊ | vɔl-/ [13] [名] (~es, ~s /-z/; [形] volcánic) [C] 火山: an active ~ 活火山 / a dormant ~ 休火山 / [an extinct [a dead] ~ 死火山. [語源] Vulcan から.

vole /vóʊl/ [名] [C] はたねずみ《尾が短く体が丸い》.

Vol·ga /vɑ́lɡə | vɔ́l-/ [名] [固] [the ~] ボルガ川《ロシア西部を流れカスピ海 (Caspian Sea) に注ぐ; ヨーロッパで最長の川》.

Vol·go·grad /vɑ́lɡəɡræd, vɔ́:l-/ [名] [固] ボルゴグラード《ロシア南西部の都市; 旧称 Stalingrad》.

vo·li·tion /voʊlíʃən, və-/ [名] [U] (格式) 意志作用, 意欲; 意志(の力), 決断力. **of one's ówn volition** [副] (格式) 自分の自由意志で, 自分から進んで.

vo·li·tion·al /voʊlíʃ(ə)nəl, və-/ [形] (格式) 意志の, 意志による.

Volks·wag·en /fóʊlkswɑ̀:ɡən, vóʊlks- | fóʊlksvɑ̀:ɡən/ [名] [C] フォルクスワーゲン《ドイツ製の大衆車; 商標》.

†**vol·ley** /vɑ́li | vɔ́li/ [名] [C] **1** 一斉射撃; (石・矢などを) 雨あられと見舞うこと (*of*). **2** (質問・悪口などの) 連発 (*of*). **3** [球] ボレー(ボールが地にこないうちに打ち[け]り)返すこと). ── [動] [他] **1** [球] 〈球〉をボレーで返す. **2** 〈弾丸・質問など〉を連発する. ── [自] **1** [球] ボレーをする. **2** (銃が) 一斉射撃される.

†**vólley·bàll** [名] **1** [U] バレーボール: a ~ game バレーボールの試合 (☞ game! [語源]) / play ~ バレーボールをする. **2** [C] バレーボール用ボール.

vols. [略] =volumes (☞ vol.).

†**volt** /vóʊlt/ [名] [C] [電] ボルト《電圧の単位; [略] V》. [関連] ampere アンペア / watt ワット.

†**volt·age** /vóʊltɪdʒ/ [名] [U,C] [電] 電圧, ボルト数.

vol·ta·ic /vɑlteɪɪk | vɔl-/ [形] [電] 流電気の.

Vol·taire /vɑlteə | vɔlteə/ [名] [固] ヴォルテール (1694-1778) 《フランスの啓蒙思想家・作家・哲学者》.

volte-face /vɑ̀:ltfæs | vɔ̀lt-/ [名] [C] (普通は単数形で)《格式》(意見・方針などの) 急変, (態度などの) 豹変(ひょうへん).

vólt·mèter [名] [C] [電] 電圧計, ボルト計《[略] -meter》.

vol·u·bil·i·ty /vɑ̀ljubɪ́ləti | vɔ̀l-/ [名] [U]《格式》《しばしば軽蔑》弁舌のよどみないこと; 多弁.

vol·u·ble /vɑ́ljubl | vɔ́l-/ [形]《格式》《しばしば軽蔑》弁舌さわやかな, 能弁の; 〈話し方などが〉多弁な; 〈言いかけ・抗議などが〉よどみのない, 一方的にまくしたてる. **-u·bly** /-bli/ [副] 能弁に, ぺらぺらと.

✱**vol·ume** /vɑ́ljum, -ljuːm | vɔ́l-/ [12] [名] (~s /-z/; [形] volúminous)

ラテン語で「巻物」の意.「書物(の大きさ)」→「(物の)大きさ, 体積, 量」**2**→「音量」**1**

1 [U] 音量, ボリューム; [C] (ラジオなどの)音量調整つまみ; [形容詞的に] 音量(調整用)の: turn up [down] the ~ on the radio ラジオの音量を上げる[下げる] / Don't play your radio *at* full ~. ラジオのボリュームをいっぱいにしないでください.

2 [U,C] かさ, 量 (bulk), (取引などの)額, 売上高; **体積**, **容積**《[略] V》; [複数形で] 大量; (煙・雲などの)大きなかたまり: sales ~s 販売額 / the ~ *of* a bucket バケツの容積 / the ~ *of* traffic 交通量.

3 [C] [しばしば V-] (2巻以上から成る著作・刊行物・雑誌などの)**冊**, 巻《[略] v., vol.》; (複数形は vols.; ☞ book [名] [語義]》; 《格式》本, 書物 (book): a dictionary *in* 3 ~s 3巻から成る辞書.

spéak vólumes [動] [自] (...を)証明して余りある, (...を)雄弁に物語る (*for, about*).

vol·u·met·ric /vɑ̀ljuːmétrɪk | vɔ̀l-/ [形] 容量[体積]測定の.

vo·lu·mi·nous /vəlúːmənəs/ [形] [名] vólume) 《格式》**1** [しばしば滑稽]〈着物などが〉ゆったりした, だぶだぶの. **2** 巻数の多い; 言葉数の多い,〈作家が〉多作の; 多量の. **3**〈容器などが〉大きい, 物がたくさん入る.
~·ly [副] たっぷりと; 多量に, おびただしく.

vol·un·tar·i·ly /vɑ̀ləntérəli | vɔ́ləntərəli, -trə-/ [副] **1** 自由意志で, 自発的に, 自分から進んで (反 involuntarily). **2** 無償で, ただで.

vol·un·ta·ris·m /vɑ́ləntərɪzm | vɔ́l-/ [名] [U] = volunteerism.

*✱**vol·un·tar·y** /vɑ́ləntèri | vɔ́ləntəri, -tri/ [12] [形] ([名] vòluntéer) **1** [比較なし] 〈人や行動が〉**自由意志による**, **自発的な**, **志願の** (反 compulsory, involuntary); [普通は [A]] 善意による, 無償の: ~ helpers 自発的な援助者 / do ~ work at a local hospital 地元の病院でボランティア活動をする.

2 〈病院や学校が〉任意の寄付によって維持される, 任意寄付制の. **3** [生理] 随意の (反 involuntary): ~ muscles 随意筋. **4** [法] 任意の; 故意の. [語源] ラテン語の「欲する, 望む」より.

── (**-tar·ies**) [C] [楽] (普通はオルガンによる)独奏(曲)《教会で礼拝前後や途中で演奏されるもの》.

*✱**vol·un·teer** /vɑ̀ləntíə | vɔ̀ləntíə/ [名] (~s /-z/; [形] voluntàry) **1** [C] **志願者**, **ボランティア(の人)**, **志願兵**, **義勇兵**: invite [collect] ~s 志願者を募る[集める] / There were no ~s *for* [*to* do] the job. その仕事をすすんで引き受けてくれる人はいなかった.

2 [形容詞的に] 有志の, 篤志家の(による); 志願(兵)の; 自発的な: a ~ worker 奉仕活動をする人.

── [動] (**-un·teers** /-z/; **-un·teered** /-d/; **-teer·ing** /-tí(ə)rɪŋ/) [自] 進んで事に当たる, 志願する; 徴兵に応募する (*for*): Who will ~? だれかやってみようという人はいませんか / ~ *for* the night shift <V+*for*+名・代> 進んで夜に回る / She ~*ed as* a messenger. <V+*as*+名> 彼女は使いに立とうと申し出た.
── [他] **1** 〈...〉を自発的に申し出る;《格式》〈助言・情報などを〉進んで提供する;〈話などを〉進んで述べる[する] (*that*): He ~*ed* his services as a driver. 彼は運転手をすると申し出た / She ~*ed to* do the job. <V+O (*to* 不定詞)> 彼女は自発的にその仕事をしようと申し出た / **2** 〈人〉を勝手に〈仕事などに〉推薦する, 志願者まつり上げる: He ~*ed* me *for* cleaning the room! あいつが勝手に僕の名前を出して部屋の掃除を押しつけたんだよ.

vol·un·teer·is·m /vɑ̀ləntí(ə)rɪzm | vɔ̀l-/ [名] [U] ボランティア活動.

Volunteer Stàte [名] [the ~] 義勇軍州《米国 Tennessee 州の俗称》.

vo·lup·tu·ar·y /vəlʌ́ptʃuèri | -tʃuəri/ [名] (**-ar·ies**) [C] 《文》酒色におぼれる人, 快楽にふける人.

†**vo·lup·tu·ous** /vəlʌ́ptʃuəs/ [形] ① ⓦ〈女性が〉豊満な, 色っぽい;〈しぐさなどが〉官能的な. **2**《文》〈感覚的に〉心地よい; うっとりした気分にさせる, 満ち足りた. **~·ly** [副] 官能的に; 心地よく. **~·ness** [名] [U] なめやかさ, 心地よさ.

Vol·vo /vɑ́lvoʊ | vɔ́l-/ [名] (~s) [C] ボルボ《スウェーデン製の自動車; 商標》.

†**vom·it** /vɑ́mɪt | vɔ́m-/ [動] [他] **1** 〈食べた物など〉を吐く, 戻す (*up*) (throw up). [関連] retch 吐き気を催す. **2**〈煙・悪口など〉を吐き出す, 吐く (*out, forth*). ── [自] **1** へどを吐く, 戻す (throw up). **2** 噴出する, 噴火する. ── [名] [U] へど, 吐物(とぶつ).

V-1 /víːwʌ́n/ [名] [C] V-1号《ドイツが第2次大戦で用いたロケット爆弾》.

Von·ne·gut /vɑ́nɪɡət | vɔ́n-/ [名] [固] **Kurt** /kə́ːt | kə́:t/ ~, **Jr.** ヴォネガット (1922-)《米国の作家》.

voo·doo /vúːduː/ [名] [U] [しばしば V-] ブードゥー教

《西インド諸島のハイチおよび米国南部の黒人間に行なわれる魔術的民間信仰》; 黒魔術; 《略式》不運 (*on*).

vóodoo dòll [名] [C] ブードゥー人形《ブードゥー教で使われる呪(のろ)いの人形》.

vóodoo económics [名] [U] 《米》よさそうに見えて効果の現われない経済政策.

voo·doo·is·m /vúːduːìzm/ [名] [U] ブードゥー教(の魔法).

vo·ra·cious /vɔːréɪʃəs | və-/ [形] [W] [普通は [A]] 《格式》食欲の旺盛な, 食いしんぼうな; 極めて熱心な, 貪欲(どんよく)な: a ～ reader of novels 小説をむさぼり読む人. **～·ly** [副] 食欲旺盛に; 貪欲に. **～·ness** [名] [U] 食欲旺盛; 貪欲.

vo·rac·i·ty /vɔːrǽsəṭi | və-/ [名] [U] 《格式》食欲旺盛, 大食; 貪欲.

⁺**vor·tex** /vɔ́əteks | vɔ́ː-/ [名] (複 **vor·ti·ces** /vɔ́əṭəsìːz | vɔ́ː-/, **～·es**) 《文》 **1** [C] 渦, 渦巻き; 旋風. **2** [単数形で] (感情などの)渦, 旋風 (*of*).

vo·ta·ry /vóuṭəri/ [名] (**-ta·ries**) [C] 《古風, 格式》信心家; (理想・主義の)信奉者, 心酔者 (*of*).

‡**vote** /vóut/ ([類音] boat, bought) [T1] [動] (**votes** /vóuts/; **vot·ed** /-ṭɪd/; **vot·ing** /-ṭɪŋ/) [自] **投票する**, 票決する; [S] 《略式》提案する (*for*): They **～d on** the question. <V+前+名・代> 彼らはその問題について投票[票決]した / We **～d fór** /fɔ́ə | fɔ́ː/ the bill, not ***agáinst*** it. 我々はその議案に賛成投票したのであって, 反対投票したのではない.

— [他] **1** 〈…〉を**投票して決する**, 票決する; 〈権限・資金など〉を投票[票決]で認める[与える] (*for*): We **～d to** postpone the meeting. <V+O (*to* 不定詞)> 我々は投票で会議の延期を決定した / Mr. Black was ～*d* (as) president of the club. <V+O+C ((*as*+)名)の受身> 投票でブラック氏はクラブの会長に決まった / *Congress* ～*d* the President emergency powers. <V+O+O> 議会は大統領に非常権限を与えることを可決した. **2** 〈…〉に投票する, 〈…〉を選挙で選ぶ: V～ Brown! ブラウンに1票を / ～ the Democratic ticket 民主党候補に投票する. **3** [普通は受身で] (皆が)…と認める, …とみなす: Our class reunion *was* ～*d* a great success. 我々の同窓会は大成功だとされた. **4** [受身なし] [S] 《略式》〈…してはどうか〉と提案する (suggest), 〈…〉をしましょう: I ～ (*that*) we (*should*) go to see a night game this evening. 今夜ナイターを見に行こうじゃないか (☞ should A 8).

vóte dówn [動] [他] 〈…〉を否決する. **vóte … ín [óut]** [動] [他] [しばしば受身で] 選挙で〈…〉を当選させる[落選させる], (政権など)につける[から追放する]. **vóte … ínto [ónto]** — [動] [他] [しばしば受身で] 投票で〈…〉を(委員など)に選出する. **vóte … óff** (—) [動] [他] =vote … out of —. **vóte … óut of** — [動] [他] [しばしば受身で] 選挙で〈…〉を(政権など)から追放する. **vóte thróugh** [動] [他] 〈…〉を投票で可決する. **vóte with one's** 《米》 **pócketbook** [《英》 **wállet**] [動] [自] **1** 金銭上の損得を考え投票する. **2** (購入などにより)支持の意志を示す.

— [名] (**votes** /vóuts/) **1** [C] **投票**, 票決《挙手・発言・投票用紙などによる》; 票, 投票札[紙] (☞ 類義語): an open ～ 記名投票 / a secret ～ 無記名投票 / a ～ by show of hands 挙手による採決 / He cast his ～ ***against*** [***for, in favor of***] the proposal. 彼はその提案に反対[賛成]の1票を投じた / Parliament passed the bill by 「73 ～s [a ～ of 73] to 39, with 8 abstentions. 議会はその議案を賛成73, 反対39, 棄権8の投票で可決した.

コロケーション
cast a *vote* 票を投じる
count (the) *votes* 票を数える
get [**receive, poll**] 2,000 *votes* 2000票獲得する
take [**have, hold**] a *vote* (on …) (…について)決を採る

2 [the ～] 投票総数, 得票数; (特定集団の)票; 投票結果: *the* black ～ 黒人票 / get [win] 10% of *the* ～ 得票数の10%を得る. **3** [the ～] **投票権, 選挙権**: have [get] *the* ～ 選挙権がある[を得る]. [語源] ラテン語で「誓う」の意; vow と同語源.

a vóte of cénsure [名] 譴責(けんせき)決議(案).

a vóte of cónfidence [名] **信任投票**, 信任決議(案); 信任を示すもの (*in*).

a vóte of nó cónfidence [名] **不信任投票**, 不信任決議案; 不信任を示すもの (*in*).

a vóte of thánks [名] (拍手で感謝を表わす)感謝決議[表明] (*to*): propose *a* ～ *of thanks* 感謝決議を提案する, 公式の場で謝辞を述べる.

gét …'s vóte [動] [S] …の支持を得る.

óne mán [pérson] óne vóte [名] 一人一票(の原則).

pút … to the [a] vóte [動] [他] 〈…〉を票決に付する.

【類義語】**vote** 一般にあるグループの人々の意見を挙手・起立・投票その他の方法で決定することで選挙の投票についても用いる. **poll** 特に選挙の投票, あるいは意見の調査などの投票(数)をいう. **ballot** 無記名投票などの秘密投票, または投票用紙.

vóte-gèt·ter /-gèṭə | -tə/ [名] [C] [普通は単数形で] 《米略式》票集めに成功した人, 人気候補者.

***vot·er** /vóuṭə | -tə/ ([類音] border) [名] (～s /-z/) [C] **1** 投票人, 投票者, 選挙人: an absentee ～ 不在投票者 / a floating ～ 浮動投票者. **2** 有権者.

vot·ing /vóuṭɪŋ/ [名] [U] 投票.

vóting bòoth [名] [C] 《主に米》投票用紙記入所 (《主に英》 polling booth).

vóting machìne [名] [C] (自動式)投票計算機.

vo·tive /vóuṭɪv/ [形] [A] 《格式》奉納した, 願掛けの: a ～ candle 奉納ろうそく.

vouch /váutʃ/ [動] [次の成句で] **vóuch for …** [動] [他] (人柄など)を保証する, 請け合う; …の保証人となる.

***vouch·er** /váutʃə | -tʃə/ [名] [T2] (～s /-z/) [C] **1** 《主に英》 (食事・買い物などの)引換券, クーポン, 割引券 (*for*): a luncheon ～ 昼食(引換)券. **2** (特に金銭の)領収証, 〘法〙 証拠書類, 受領書 (*for*). **3** 学校の授業料の代わりの公的な支払証書.

vouch·safe /vautʃséɪf/ [動] [他] 《古風, 格式》 **1** (特権として)〈…〉を与える, 授ける (*to*). **2** 〈…〉を打ち明ける (*to*). — [自] 与える (*for*).

***vow** /váu/ [T3] [名] (～s /-z/) [C] (特に宗教的性格の)誓い, 誓約; 誓いの趣意, 誓約行為 (☞ vote [語源]): marriage ～*s* 結婚の誓約 / make a ～ 誓いを立てる / take a ～ of silence 沈黙を守るという誓いを立てる / keep [break] a ～ 誓いを守る[破る].

tàke vóws [動] [自] 修道会[院]に入る.

— [動] (**vows** /-z/; **vowed** /-d/; **vow·ing**) [他] 《格式》 **1** 〈…〉を誓う, 誓約する; 誓って…すると言う: He **～*ed to*** [***that*** he would] avenge the insult. <V+O (*to* 不定詞 [*that* 節])> 侮辱のお返しは必ずしてやると彼は明言した. **2** (神に)〈…〉を献上すると誓う (*to*).

⁺**vow·el** /váuəl/ [名] [C] **1** 〘音声〙 母音 (☞ つづり字と発音解説 3). **2** =vowel letter.

vówel létter [名] [C] 母音字《a, e, i, o および u, ときには y も含む; ☞ つづり字と発音解説 1》.

vox pop /vákspáp | vɔ́kspɔ́p/ [名] **1** 「the ～=vox populi. **2** [C,U] 《英略式》 [主に新聞で] 街頭インタビュー, 街の声.

vox po·pu·li /vákspápjʊlàɪ | vɔ́kspɔ́p-/ [名] [the ～] 《格式》民衆の声, 世論. [語源] ラテン語で people's voice の意. **Vóx pópuli, vóx Dé·i**

/-díːaɪ/. 民の声は神の声《ラテン語で The voice of the people is the voice of God. の意; ☞ voice¹ 名 5 の例文》.

*voy·age /vɔ́ɪɪdʒ/ 13 名 (voyag·es /-ɪz/) C Ⓦ 航海, 船の旅; 空の旅, 宇宙旅行《船または航空機による比較的長い旅行》: a ~ to the island その島への航海 / She made a ~ across the Atlantic Ocean. 彼女は大西洋の船旅をした / a ~ of self-discovery 自己発見の旅. bòn vóyage ☞ bon voyage の項目.
— 動 自 [副詞(句)を伴って]《文》航海する, 船[空]の旅をする.

vóy·ag·er /vɔ́ɪɪdʒɚ/ -dʒə/ 名 1 C《文》(昔の)冒険的な航海者. 2 [V-]《米国の》宇宙探査機.

voy·eur /vɔɪjə́ː, vwɑː-/ -jə́ː/《フランス語から》名 C《軽蔑》のぞき趣味の人.

voy·eur·is·m /vɔɪjə́ːrɪzm, vwɑː-/ -jə́ː-/ 名 U《けなして》のぞき趣味.

voy·eur·is·tic /vɔɪjəːrístɪk, vwɑː-/ -jəː-ˊ/ 形《けなして》のぞき好きな. -is·ti·cal·ly /-kəli/ 副 のぞき趣味で.

VP, V. Pres.《略式》= vice president.

VR = virtual reality.

vroom /vrúːm, vrúm/ 感《略式》ブルーン, ブロロロ…《エンジン音》.

*vs. 13《競技・訴訟などで》…対一《☞ versus》.

V.S. 略 = veterinary surgeon.

V-shàpe /víː-/ 名 V 字型.

V-shàped /víː-/ 形 V 字型の.

V sign 名 C 1 V サイン《勝利・平和を示す指印; 手のひらを外へ向け中指と人さし指とで V (victory の頭文字)の形をつくる》.

V-sign
勝利を表わす身ぶり

2《英》ファックサイン《手の甲を外に向けた形の V サイン; 強い軽べつ・嫌悪・怒りを示す; ☞ give ... the finger (finger 成句)挿絵》.

VSO /víːèsóu/ 名 略《青年》海外奉仕協力隊《開発途上国で支援のために働く青年を送る英国の制度[組織]; Voluntary Service Overseas の略》.

VSOP /víːèsòupíː/ 略 = very superior [special] old pale《ブランデーの等級》.

V/STOL /víːstɔːl/ -stɒl/ 名 C V/STOL 機《VTOL 機と STOL 機の総称》.

VT【米郵】= Vermont.

Vt. 略 = Vermont.

v.t. 略 = transitive verb.

VTOL /víːtɔːl/ -tɒl/ 名 C [しばしば形容詞的に]垂直離着陸機《vertical takeoff and landing の略; ☞ acronym; STOL》.

Vul·can /vʌ́lk(ə)n/ 名 固【ローマ神】バルカン《火と鍛冶(かじ)の神; ☞ god 表; volcano 語源》.

vul·ca·ni·za·tion /vʌ̀lkənɪzéɪʃən | -naɪz-/ 名《化》(ゴムの)硬化, 加硫.

vul·can·ize /vʌ́lkənàɪz/ 動 他《化》〈ゴム〉を硬化[加硫]する.

vul·can·ized /vʌ́lkənàɪzd/ 形《化》(ゴムが)硬化[加硫]された.

⁺vul·gar /vʌ́lɡɚ | -ɡə/ 形 (vul·gar·er /-ɡərɚ | -rə/; -gar·est /-ɡ(ə)rɪst/) 1《けなして》みだらな, 卑猥(わい)な: a ~ joke 卑猥な冗談. 2《けなして》俗悪な, 低級な; 下品な, 粗野な; 悪趣味の: ~ TV programs 低俗なテレビ番組. 3《格式》一般大衆の, 通俗の: the ~ tongue(ラテン語に対する)民衆の言語. 語源 ラテン語で「民衆の」の意味.

vúlgar fráction 名 C《古風, 英》= common fraction.

vul·gar·i·an /vʌlɡé(ə)riən/ 名 C《軽蔑》無教養な俗物; 低俗な成り上がり者.

vul·gar·is·m /vʌ́lɡərɪzm/ 名 1 C 卑俗な語(句), 卑語; 下品なことば使い. 2 U = vulgarity 2.

vul·gar·i·ty /vʌlɡǽrəti/ 名 (-i·ties) 1 U 俗悪さ, 下品さ, 野卑. 2 [複数形で]下品な言動.

vul·gar·i·za·tion /vʌ̀lɡərɪzéɪʃən | -raɪz-/ 名《格式》《けなして》俗悪[低俗]化; 通俗化.

vul·gar·ize /vʌ́lɡəràɪz/ 動 他《格式》《けなして》〈…〉を俗悪[下品]にする, 卑俗にする; 通俗化する.

Vúlgar Látin 名 U 俗ラテン語, 口語ラテン語《文語としての古典ラテン語に対していう; イタリア語・フランス語・スペイン語などの源》.

vúlgar·ly 副《まれ》俗悪に, 下品に.

Vul·gate /vʌ́lɡeɪt, -ɡət/ 名 [the ~] ラテン語訳聖書, ウルガタ聖書《4 世紀末に訳され, 以来ローマカトリック教会の公認聖書》.

vul·ner·a·bil·i·ty /vʌ̀ln(ə)rəbíləti/ 名 形 vúlnerable. U (人や感情などの)傷つきやすさ, もろさ; 弱み(のあること); (…の)害をこうむりやすいこと (to): the ~ of older people to diseases 老人が病気にかかりやすいこと.

*vul·ner·a·ble /vʌ́ln(ə)rəbl/ 形 名 vùlneràbílity; 反 invulnerable.(人や感情が)傷つきやすい;《非難・攻撃などに対して》弱みのある; (…の)害をこうむりやすい: a ~ young girl 傷つきやすい少女 / Our position is ~ to an enemy attack. <A+to+名·代> わが方の位置は敵の攻撃を受けやすい. -a·bly /-əbli/ 副 もろく[攻められ]やすく, 害をこうむりやすく.

vul·pine /vʌ́lpaɪn/ 形《格式》きつねの(ような); こうかつな, ずるい.

⁺vul·ture /vʌ́ltʃɚ | -tʃə/ 名 C 1 コンドル (condor), はげたか, はげわし. ★鳴き声については ☞ cry 表. 2《略式》《軽蔑》《新聞で》他人を食い物にする人, 強欲な人.

vul·va /vʌ́lvə/ 名 (複 (~s, vul·vae /vʌ́lviː/)【解】(女性の)陰門, 外陰.

vv. = verses《☞ verse 2, 3》.

v.v. = vice versa.

vulture 1

vy·ing /váɪɪŋ/ 動 vie の現在分詞および動名詞.
— 形《格式》競い合う, 互いに競争する.

w W

w, W[1] /dʌ́blju:/ [名] (複 **w's, ws, W's, Ws** /~z/) [C,U] ダブリュー《英語アルファベットの第 23 文字》.

***W**[2] [略] **1** 西 (west). **2** =watt(s), western. **3** = women's (size) (衣類などの)女性サイズ.

w. [略] =week, weight, wide, width, wife, with.

W. [略] =Wednesday, weight, wide, width.

w/ [略] =with《classified ad などで》.

WA[1] 〘米郵〙=Washington[2].

WA[2] [略] =Western Australia.

Wac /wǽk/ [名] [C] 米国陸軍婦人部隊員.

WAC /wǽk/ [略] =the Women's Army Corps 米国陸軍婦人部隊.

wack /wǽk/ [形]《米略式》=whacked 2.

wack·i·ness /wǽkinəs/ [名] [U]《略式》風変わりなこと; 狂気のさた.

wack·o /wǽkoʊ/《主に米》[名] (~**s**) [C]《略式》狂気じみた人, 奇人, 変人. ── [形] =wacky.

⁺**wack·y** /wǽki/ [形] (**wack·i·er**; **-i·est**)《略式》(人や言動が)狂気じみた; おどけた (offbeat).

⁺**wad** /wɑ́d | wɔ́d/ [名] [C] **1** (紙幣・書類などの)束: a ~ *of* bills 札束. **2** (紙・綿・ぼろきれなどを丸めた)固まり; 詰め物[綿] (*of*). **3** 大量; 大金. **4** (口の中の)ひと塊のかみたばこ. **5**《英俗》ロールパン, サンドイッチ.

blów one's wád [動] [自]《米略式》有り金を全部はたく. **shóot one's wád** [動] [自]《米略式》有り金をはたく; 力[精力]を使い果たす, できることはすべてやる.

── [動] (**wads**; **wad·ded**; **wad·ding**) [他] **1**《米》〈紙など〉を丸める (*up*). **2** 〈…〉に詰め物をする (*with*).

wád·ding [名] [U] 詰め物[綿].

wad·dle /wɑ́dl | wɔ́dl/ [動] [自] (あひる・足の短い太った人などが)よたよた[よちよち]歩く (*along, around*). ── [名] [C] [普通は a ~] よたよた[よちよち]歩き.

⁺**wade** /wéɪd/ [動] [自] **1** (水中を)歩いて進む[渡る], (ぬかるみ・雪道などを)苦労して歩く (*through*): ~ *across* a stream 流れを歩いて渡る / ~ *into* the middle of the river 川の真ん中まで歩いて入って行く. **2** 苦労して進む; やっと切り抜ける: I ~*d through* fifty pages last night. 昨夜はやっと 50 ページを読み終えた. ── [他] 〈川など〉を歩いて渡る. **wáde ín** [動] [自] (1) 浅い水の中に入る. (2)《略式》勢いよく始める; 激しく攻撃する; 干渉する; (討論・議論などに)意気込んで加わる. **wáde ínto ...** [動] [他]《略式》...を勢いよく始める; ...を激しく攻撃する.

wád·er /-ḍɚ | -də/ [名] **1** [C] (水中などを)歩いて進む人. **2** [C] =wading bird. **3** [複数形で] (釣り人などがはく)防水長靴[ズボン].

wa·di /wɑ́ḍi | wɔ́di/ [名] [C] ワジ《中東・北アフリカなどの砂漠地帯にある雨期にだけ水が流れる川》.

wád·ing bìrd /-ḍɪŋ-/ [名] [C] 涉禽(しょうきん)類の鳥《つる・さぎなど》.

wáding pòol [名] [C]《米》(子供の水遊び用の浅い)プール (《英》paddling pool).

Waf /wǽf/ [名] [C] 米国空軍女性部隊員《Women in the Air Force の略》.

⁺**wa·fer** /wéɪfɚ | -fə/ [名] [C] **1** ウェファース《薄い軽焼きの菓子》. **2** 聖餅(せい)《聖餐(せいさん)用の薄い丸パン》. **3** 封かん紙. **4**〘電工〙ウェーハ《半導体基盤》. **5** とても薄くて平たいもの (*of*).

wáfer-thín [形] とても薄い.

⁺**waf·fle**[1] /wɑ́fl | wɔ́fl/ [名] [C] ワッフル《小麦粉・牛乳・卵などを混ぜ合わせて焼いた菓子; 米国ではしばしば朝食用》. [日英比較] 日本でいう「ワッフル」は中にクリームやジャムを詰めた柔らかいケーキだが, 英語の waffle は生地だけを焼いたものでぱりぱりしている.

waf·fle[2] /wɑ́fl | wɔ́fl/《略式》[動] [自] **1**《米》あいまいな[どっちつかずの]態度を取る (*on, about, over*). **2**《主に英》むだ口をきく, つまらないことをしゃべる[書く] (*on; about*). ── [名] [U]《主に英》むだ口, 駄文.

wáffle ìron [名] [C] ワッフル焼き型.

⁺**waft** /wɑ́:ft, wǽft | wɔ́ft, wɑ́:ft/ [動] [自] [副詞(句)を伴って] ふわふわと飛ぶ, 浮動する; (煙・においなどが)漂う, (音などが)流れてくる (*along, down, off, up*) (drift). ── [他] (風などが)〈物・音・においなど〉をふわりと運ぶ, (空中に)漂わせる (drift). ── [名] [C] **1** 漂う香り (*of*). **2** ひと吹きの風. **3** 漂うこと.

⁺**wag**[1] /wǽg/ [動] (**wags**; **wagged**; **wag·ging**) [他] (人・動物が)〈指・頭・尾など〉を振る, 振り動かす (waggle): The dog was *wagging* its tail. その犬は尾を振っていた / ~ one's head 頭[首]を振る《不信・不快などのしぐさ》/ He *wagged* his finger *at* me. 彼は私の鼻先で(人さし)指を左右に振った《非難・注意などのしぐさ》. ── [自] **1** (尾などが)振れる, 揺れ動く. **2**《略式》(舌などがうわさ話で)ぺらぺら動く. ── [名] [C] [普通は単数形で] 振ること, 揺り動かす[揺れ動く]こと.

wag[2] /wǽg/ [名] [C]《古風》ひょうきん者, おどけ者.

***wage**[1] /wéɪʤ/ ([類音] rage) [T1] [名] (**wag·es** /~ɪz/) [C] [しばしば複数形で] (特に肉体労働による)賃金, 給料 (☞ pay 類義語); [単数形で形容詞的に] 賃金の: high [low] ~*s* 高[低]賃金. [用法注意!] many [few] wages とは言わない // a ~ increase [rise] of 5% 5% の賃上げ.

コロケーション

cut [lower, reduce] *wages* 賃金を下げる
earn *wages* 賃金を稼ぐ
freeze *wages* 賃金を凍結する
get *wages* 賃金を受け取る
pay *wages* 賃金を払う
raise *wages* 賃金を上げる

the wáges of sín [名] [単数扱い]《文》罪の報い.

wage[2] /wéɪʤ/ [動] [他] 〈戦いなど〉を遂行する, 行なう (engage in): ~ a campaign キャンペーンを行なう. **wáge (a) wár agàinst [on, upòn] ...** [動] [他] ...と戦う.

wáge clàim [名] [C] (労働者の)賃上げ要求.

wáge contròl [名] [U] 賃金統制.

wáge èarner [名] [C] **1** 賃金労働者, 給料生活者. **2** 一家の稼ぎ手[大黒柱].

wáge frèeze [名] [C] (政府の)賃金凍結(政策).

wáge hìke [名] [C]《略式》賃上げ, ベースアップ. [日英比較]「ベースアップ」は和製英語. 英語では wage hike [rise],《米》raise,《英》rise という.

wáge lèvels [名] [複] 賃金水準.

wáge pàcket [名] [C]《英》=pay envelope.

⁺**wa·ger** /wéɪʤɚ | -ʤə/《古風》[名] [C] 賭(か)け, 賭け事 (bet): place [put, have, make, lay] a ~ *on* a horse 馬に賭ける. ── [動] (**-ger·ing** /-ʤ(ə)rɪŋ/) [他] 〈…〉を賭ける; 請け合う, 保証する (bet): ~ ten dollars *on* a race レースに 10 ドル賭ける / I'll [I'd] ~ (*that*) he is innocent. Ⓢ 彼は潔白だと請け合うよ. ── [自] 賭け事をする; 請け合う, 保証する (*on*).

wáge scàle [名] [C] 賃金スケール, 賃金表.

wáges frèeze [名] [C]《主に英》=wage freeze.

wáge slàve [名] [C]《略式》[滑稽または軽蔑] 賃金の奴隷《賃金生活者のこと》.

wáge·wòrker [名] [C]《米》=wage earner.

wag·gish /wǽgɪʃ/ [形]《古風, 英》滑稽な, ひょうきんな, おどけた; いたずらな. **~·ly** [副] 滑稽に, おどけ

て. ～·ness [名][U] 滑稽, ひょうきんさ.

wag·gle /wǽgl/ [動]《略式》[他]〈...〉を振る, 振り動かす (wag). ― [自] 振れる, 揺れ動く. **―** [名][C] 振り, 揺り動かす[揺れ動く]こと.

*__wag·gon__ /wǽgən/ [名][C]《英》＝wagon.

wag·gon·er /wǽgənə | -nə/ [名]《英》＝wagoner.

Wag·ner /vάːgnə | -nə/ [名][固] (**Wil·helm** /vílhelm/) **Rich·ard** /ríkɑət | -kɑːt/ ～ ワグナー (1813–83)《ドイツの作曲家》.

Wag·ne·ri·an /vɑːgní(ə)riən/ [形] ワグナー(風)の. **―** [名][C] ワグナー(音楽)の崇拝者.

*__wag·on__ /wǽgən/ [T3] [名] (～s /～z/) [C] **1** 荷馬車《4 輪で普通 2 頭以上の馬が引く》; (4 輪の)運搬車: ☞ covered wagon. [関連] cart 2 輪[《英》4 輪]の荷馬車. **2**《主に米》(脚輪付きの)食事運搬台, ワゴン (《英》trolley): ☞ tea wagon. **3**《英》(鉄道の)無蓋(むがい)貨車 (《米》open freight car). [関連] van[1] 有蓋貨車. **4**《米略式》＝station wagon. **5** (子供の遊び用の)四輪車. **be [fáll, gó] óff the wágon** [動][自]《略式》酒をまた飲むようになっている[なる], 禁酒をやめる. **be [gó] on the wágon** [動][自]《略式》禁酒している[する]. [由来] wagon とは water wagon (給水車)のこと, 酒の代わりに水を飲んでいる, の意から.

wagon 1

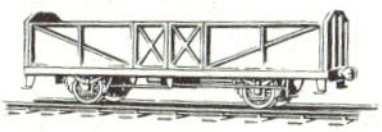

wagon 3

wag·on·er /wǽgənə | -nə/ [名][C] (荷馬車の)御者.

wa·gon-lit /vὰːgɔːnlíː | vǽgɔn-/《フランス語から》[名] (複 **wa·gons-lits** /vὰːgɔːnlíː(z) | vǽgɔn-/) [C] (ヨーロッパ大陸の)寝台車.

wágon·lòad [名][C] 荷馬車 1 台分の積荷.

wágon tràin [名][C]《米》(西部開拓時代の)ほろ馬車隊.

wág·tàil [名][C] せきれい《鳥》.

wa·hi·ne /wəhíːni/ [名][C] (ニュージーランドの)マオリ人の女性[妻].

wah-wah /wάːwὰː/ [名][U] (特にエレキギターの)ワウワウ音効果.

waif /wéɪf/ [名] (～s) [C]《文》**1** 宿なし, 浮浪児; (まるで浮浪児のように)青白い顔をしてやせた子供[少女]; 野良犬. **2** 持ち主不明の物. **wáifs and stráys** [名]《英・豪》浮浪児[宿なし(の動物)]たち.

Wai·ki·ki /wὰɪkɪkíː/ [名][固] ワイキキ《米国 Hawaii 州 Oahu 島の海浜地帯》.

+**wail** /wéɪl/ [動][自] **1** (悲しみ・痛みのために)声を上げて泣く; 嘆き悲しむ (*for, over, about*). **2** ぐちをこぼす, 不平を言う (*over, about*). **3** (風・サイレンなどが)悲しげな音を立てる. ― [他]〈...〉を[と]嘆き悲しむ; 〈...〉とぐちをこぼす. **―** [名][C] **1** 嘆き悲しむこと; 泣き叫ぶ声 (*of*). **2** (風・サイレンなどの)泣き叫ぶような音.

Wáiling Wáll [名][固] [the ～] 嘆きの壁《エルサレムにある高い壁; ユダヤ人が礼拝・巡礼のときにここで祈る》.

wain·scot /wéɪnskət/ [名][U,C]〔建〕(昔の建物の)羽目板, 腰板; (壁下の)幅木, すそ板. **―** [動] (**-scots; -scot·ed, -scot·ted; -scot·ing, -scot·ting**) [他]〈...〉に羽目板[腰板]を張る.

wáin·scot·(t)ed /-ṭɪd/ [形] 羽目板[腰板]を張った.

wáin·scot·(t)ing /-ṭɪŋ/ [名][U] 羽目板(材).

wáin·wrìght [名][C] 荷車大工[修理人].

*__waist__ /wéɪst/ ([同音] waste) [T3] [名] (**waists** /wéɪsts/) [C] **1** ウエスト, 腰: Mary has a slender ～. メアリーはほっそりしたウエストをしている / She has no ～. 彼女はずん胴だ / Tom placed his hand around Meg's ～. トムは片手をメグの腰に回した / stripped ˹to the ～ [from the ～ up]˺ 上半身裸で / paralyzed from the ～ down 下半身まひして.

waist (胴のくびれた部分)	腰
hip(s) (左右に張り出した部分)	
lower back (背中の下の部分)	

(☞ back [名] 1 [語法] および挿絵)

2 (服の)胴部, ウエスト: Take in the ～ a little on this skirt. このスカートのウエストを少し詰めてください. **3** ウエストのサイズ: [言い換え] What size ～ do you have?＝What is your ～ measurement? あなたのウエストはいくつですか. **4** (弦楽器などの)中央部のくびれ. **5** (船の)上甲板中央部, (航空機の)中央部, 胴体.

[語源] 中(期)英語で wax[2] (大きくなる)と同語源; 「(体の)大きくなった所」が原義.

wáist·bànd [名][C] ウエストバンド《スカート・ズボンなどの》, 腰帯, 腰ひも.

+**waist·coat** /wéskət, wéɪs(t)kòʊt | wéɪs(t)kòʊt/ [名][C]《英》ベスト, チョッキ (《米》vest).

wáist-déep [形][副] 腰までの深さの[に].

waist·ed /wéɪstɪd/ [形] **1** (衣服が)ウエストをしぼった; 中央部がくびれた. **2** [合成語で] ...なウエストをした: a slim-*waisted* girl ウエストがほっそりした女の子.

wáist-hígh [形][副] 腰までの高さの[に].

wáist·lìne [名][C] **1** (体の)腰部のくびれ, 腰線. **2** (衣服の)胴回り, ウエストライン; ウエストの寸法. **wátch one's wáistline** [動][自] ウエストの線を気にする《太らないように注意する》.

__wait__ /wéɪt/ ([同音] weight; [類音] rate) [動] (waits** /wéɪts/; **wait·ed** /-ṭɪd/; **wait·ing** /-ṭɪŋ/)

[自] **1 待つ:** ～ in the right [wrong] place 待ち合わせ場所で待つ[を間違える] / W～ a minute [second, moment]. Ⓢ ちょっと待って《人を引き止めたり, 人の話をさえぎったり, 話し手が突然何かを思い出したり何かに気づいたりした時に用いる》/ Thank you for ～*ing*. お待たせしました / All right. I'll be ***～ing for*** you, then. <V+*for*+名・代> わかりました. それではお待ちしています / I ～*ed* (*for*) two hours. 私は 2 時間待った (☞ for [前] A 5 [語法] (1)) / Are you ***～ing to*** use the phone? <V+*to* 不定詞> 電話をかける順番をお待ちですか / I'm ***～ing for*** my sister ***to*** come home. <V+*for*+名・代+*to* 不定詞> 私は姉が帰るのを待っているのです / Just ～ ***until*** [***till***] the rain stops. Ⓢ 雨がやむまで待ちましょう (☞ (just) wait until [till] ... (成句)).
2 [普通は進行形で] **待ち受ける, 待ち望む, 期待する:** The farmers are ***～ing for*** rain. <V+*for*+名・代> 農家の人たちは雨が降るのを待ち受けている / I'm ***～ing to*** hear your opinion. <V+*to* 不定詞> ご意見をお待ちしています. **3** [しばしば can とともに; 進行形なし] (物事が)延ばせる, 延期できる: This *can* ～ *till* tomorrow. これはあしたまで延ばせます / The decision will have to ～ till he comes back. 彼が帰るまで決定は延期せざるを得ないだろう. **4** [普通は進行形で]《略式》(物事が)用意ができている; ...しそうである: Supper *is* ～*ing* (*for* you). 夕食のしたくができています / This is a disaster just ～*ing to* happen. これはいつ起きてもおかしくないような災害だ. **5**《英》(道路脇で)一時停車する: NO WAITING 停車禁止 (《米》NO STANDING [STOPPING])《掲示》.

― [他] **1**〈順番・機会・命令など〉を待つ: He ～*ed* his turn at the ticket office. 彼は出札口で順番を待った. **2**《略式, 主に米》〈食事など〉を遅らせる, 延ばす: Don't ～ supper *for* me. 私のために夕食を遅らせないでください.

be (wéll) wórth wáiting fòr [動][自] Ⓢ (待たされても)待つだけのこと[価値]はある.

cánnot [can hárdly] wáit (˹to dó [for ...]˺)

wait-and-see

[動] Ⓢ (略式)(…が)待ちきれない;[滑稽](…が)待ち遠しいね(ひどく退屈そうな事柄を皮肉る).
(just) wáit until [till] ... (1) …するまで待つ(⇨ 圓 1 最後の例). (2) Ⓢ [命令文で]まあ…するのを(楽しみに)待ってな《相手が感心しそうなことについて言う》: W~ till you see my report card. 僕の成績表を見て驚くなよ.
keep ... wáiting [動] 他〈…〉を待たせておく: I'm sorry to have *kept* you ~*ing*. お待たせしてすみません.
There's nó tíme to wáit. Ⓢ 一刻の猶予もない.
wáit and sée [動] 圓 他[主に Ⓢ] (1) 成り行きを見守る,静観する(⇨ wait-and-see). (2) We'll have to ~ *and see* if the new medicine has a good effect on him. その新薬が彼によく効くかどうか様子を見なければならない. (2) [命令文で]すぐにわかります.
Wáit for it. Ⓢ (1) ちょっと待った. (2) [英略式]いいかい,まあ聞いて(滑稽な[驚くべき]ことを述べるときに用いる).
Whát are we wáiting fòr? Ⓢ (略式)(それじゃ)ぐずぐずしている場合じゃない, さっさとやろう.
Whát are you wáiting fòr? Ⓢ (略式)[皮肉]何をぐずぐずしているの, さっさとやったら.
You (just) wáit (until [till] ...)! = Júst (you) wáit (until [till] ...)! 今に(…するから)見てろよ[覚えていろ]!(脅し・予告など).

wait の句動詞

wáit aróund [[英]**about**] [動] 圓 ぶらぶらして待つ (hang around) (*for*).
wáit behínd [動] 圓(主に英)(人が去った後)残っていて待つ, 後に残る.
wáit ín [動] 圓[英]家にいて待つ (stay in).
*****wáit on ...** [動] 圓 他 **1** (店員が)〈客〉の用を聞く: Have you been ~*ed on* [*upon*]? だれかがご用を伺っているでしょうか(店員が客に向かって). **2** (人)に食事の給仕をする; (人)に仕える: She is one of the ladies who ~ *on* the princess. 彼女は王女に仕える女性のひとりです. **3** = wait upon ...; (米略式)…を待つ (wait for; ⇨ 圓 1). **wáit on ... hánd and fóot** [動] [しばしば滑稽](やたらに)あれこれと…の身の回りの世話を焼く.
wáit óut [動] 他〈あらし・災難など〉が終わるまで待つ.
*****wáit úp** [動] 圓 **1** 寝ないで待つ (stay up): Don't ~ *up for* me; I'll be late. 寝ないで待っていないでくれよ, 遅くなるから. **2** [普通は命令文で] Ⓢ (米略式)(後の人が)追いつくまで待つ (*for*): W~ *up*! You walk too fast. 待ってくれ! 歩くのが速すぎるよ.
wáit upón ... [動] 他(結果など)を待つ: Our decision has to ~ *upon* the outcome of the election. 我々の決定は選挙の結果待ちだ.

—— [名][a ~] 待つこと, 待ち時間: We had *a* long ~ before the airplane took off. 飛行機が離陸するまで長いこと待った. **líe in wáit** [動] 圓 (1) 待ち伏せする (*for*). (2) (災難など)が待ちかまえている.
wait-and-see /wéɪnsíː/ [形] 他(態度や政策などの)成り行きを見守る, 静観した(⇨ wait and see (wait [動] 成句)): a ~ attitude 静観する態度.
*****wáit·er** /wéɪṭɚ/ -ṭə/ [名] (~s /-z/) [C] (レストランの)ボーイ, 給仕, ウエーター(⇨ wait (on) table (table 句動詞)): call the ~ ウェーター[ボーイ]を呼ぶ / Jim got a job as a ~. ジムはボーイの仕事にありついた. [関連] waitress ウエートレス.
wáit·ing /-ṭɪŋ/ [名] [U] **1** 待つこと; 待ち時間. **2** 給仕すること, 仕えること. —— [形] 待っている; 仕えている: a ~ period 待期期間.
wáiting gàme [名] [次の成句で] **pláy a [the] wáiting gàme** [動] 圓 引き延ばし作戦をとる.

*****wáiting lìst** [名] [C] 順番[欠員, キャンセル]待ち名簿; (病院の)受付名簿 (*for*; *to* do).
*****wáiting ròom** [名] [C] (駅・病院などの)待合室.
wáiting stáff [名] [U] (レストランなどの)給仕スタッフ, 接客係(全体).
wáit-lìst [名] [C] (米) = waiting list.
wáit-lìst·ed [形] (米) 順番[欠員, キャンセル]待ち名簿にのっている.
wáit-pèrson [名] [C] (米)給仕人. [語法] (1) waiter, waitress の代わりに用いられる(⇨ gender [文法]). (2) [語法] (2) 複数形は waitpersons か waitpeople.
*****wait·ress** /wéɪtrəs/ [名] (~·es /-ɪz/) [C] (レストランの)ウエートレス(⇨ wait (on) table (table 句動詞)), 給仕(女性): work as a ~ at a restaurant レストランでウエートレスとして働く. [関連] waiter ボーイ.
wáit-stáff [名] [U] (米) = waiting staff.
waive /wéɪv/ [動] 他(格式)〈権利・主張など〉を放棄する, 撤回する; 〈要求など〉を差し控える: She ~*d* her right to inheritance. 彼女は相続権を放棄した.
waiv·er /wéɪvɚ/ -və/ [名] [C] [法](権利・主張などの)放棄, 棄権; 棄権証書.
*****wake¹** /wéɪk/ [頭音] rake) **12** [動] (**wakes** /~s/; 過去 **woke** /wóʊk/, **waked** /-t/; 過分 **wo·ken** /wóʊk(ə)n/, **waked**, **woke**; **wak·ing**; [形] wákeful)

圓 他 の転換
圓 **1** 目がさめる (to stop sleeping)
他 **1** 目をさまさせる (to make (someone) stop sleeping)

—— 圓 **1** 目がさめる, 起きる(⇨ 類義語; watch [語源]): My grandmother ~*s* (*up*) early. <V(+*up*)> 私の祖母は朝早く目がさめる / She *woke* suddenly *from* a deep sleep. <V+*from*+名> Ⓦ 彼女は深い眠りから突然目ざめた / I *woke* to birdsong. <V+*to*+名> 私は小鳥の鳴き声で目がさめた / I *woke to* find that it was snowing. <V+*to* 不定詞> 起きたら雪が降っていた. / I *woke* (*up*) feeling terrible this morning. <V(+*up*)+現分> 今朝目ざめた時はひどく気分が悪かった. **2** (精神的に)目ざめる; 奮起する; (物が)活気づく, よみがえる: At his words I *woke* (*up*) *to* the importance of the situation. 彼のことばを聞いて私は事態の重大性を悟った.

—— 他 **1** 〈…〉の目をさまさせる, 起こす(⇨ 類義語): Please ~ me *up* at six. 6時に起こしてください / I'm sorry to have ~*d* [*woken*] you *up*. <V+O+*up*> 起こしてしまってすみません / The noise *woke* me *from* [*out of*] my afternoon nap. <V+O+*from* [*out of*]+名・代> 物音で私は昼寝からさめた. **2** (精神的に)〈人〉を目ざめさせる, 気づかせる; 奮起させる; よみがえらせる: The incident *woke* him (*up*) *to* the value of true friendship. その事件によって彼は真の友情の価値を悟った. **3** (格式)(音)が〈…〉の静寂を破る.
Wáke úp! [圓] (1) 起きなさい. (2) よく聞け, 気をつけて!. **Wáke úp and smèll the cóffee!** Ⓢ (米略式)目を覚まして現実を見なさい.

—— [名] [C] (特にアイルランドなどの)通夜.

[類義語] **wake, waken, awake, awaken** はいずれも「目をさます」「目をさまさせる」という共通の意味を持っているが, *wake* と *waken* は文字どおり睡眠の状態からさめる[さます]という意味に多く用いられ, *awake*, *awaken* は比喩的に目ざめる[目ざめさせる]という意味に用いられることが多い. また *wake* と *waken* は自動詞の用法также, *waken* と *awaken* は他動詞の用法のほうが普通だ: What time do you usually *wake* (*up*)? あなたはいつも何時に目をさましますか / She was *wakened* [*woken* (*up*)] *by* a knocking sound. 彼女はノックの音で目がさめた / At last they *awoke* [*woke* (*up*)] *to* their danger. やっと彼らは自分たちの危険に気づいた / The event *awakened* a sense of sin in him. その事件によって彼は罪の意識に目ざめた.

wake² /wéɪk/ [名] [C] 船の通った跡, 航跡; 通った跡,

跡. **in the wáke of ... = in ...'s wáke** [前] (1) ...の跡を追って, ...に引き続いて, ...の通った後に. (2) ...の結果として. (3) ...にならって.

wáke·bòard·ing [名] [U] ウェイクボード《サーフボードに似た短く広いボードを使う水上スポーツ》.

wake·ful /wéɪkf(ə)l/ [形] ([動] wake¹) (人・夜などが)眠れない, 目ざめがちな; 目ざめている; 《格式》 油断のない: a ~ baby なかなか寝ない子 / a ~ night 眠れぬ夜. **~·ness** [名] [U] 眠れないこと; 目ざめた状態.

Wáke Ísland /wéɪk-/ [名] [固] ウェーク島《太平洋にある米国領の環礁》.

wak·en /wéɪk(ə)n/ [動] 《格式》 [他] **1** 〈...〉の目をさまさせる, 〈...〉を起こす (*up*) 《☞ wake¹ 類義語》: We *were ~ed by* noises outside. 私たちは外の物音で起こされた. **2** (精神的に)〈...〉を目ざめさせる (awaken).
— [自] 目をさます, 起きる (*up*).

wáke-ùp càll [名] [C] **1** モーニングコール《ホテルで客を起こすために早朝にかける電話》: ask for a six o'clock ~ 6時のモーニングコールを頼む. [日英比較] 「モーニングコール」のことを英語で morning call とは普通いわない. **2** (反省を促す)警告, 警鐘.

wak·ey-wak·ey /wéɪkiwéɪki/ [感] [S] 《英略式》 [滑稽] 起きて!

wák·ing [形] [A] 目ざめて(いる): one's ~ hours 目が覚めている間 / a ~ dream 白日夢, 空想. **wáking or sléeping** [副] 寝てもさめても.

Wál·dorf sálad /wɔ́ːldɔəf- | -dɔːf-/ [名] [U,C] 〔料理〕 ウォルドーフサラダ《さいの目に切ったりんご・セロリ・くるみにマヨネーズをあえて作る》.

wale /wéɪl/ [名] [C] **1** むちの跡, みみずばれ. **2** (織物の)うね《コーデュロイなど》.

⁺**Wales** /wéɪlz/ [名] ([形] Welsh) [固] ウェールズ《Great Britain 島南西部の地方; ☞ 裏地図 E 5》. [語源] 古(期)英語で「(Anglo-Saxon 人から見て)外国人」の意; 土着の Briton 人を呼んだもの.

⁑walk /wɔ́ːk/ ([類音] woke, work) [動] (**walks** /~s/; **walked** /~t/; **walk·ing**) [自] **1 歩く; 歩いていく**; 散歩をする, 徒歩旅行する: Don't run — ~ (slowly). 走らないで(ゆっくり)歩きなさい / ~ home 歩いて家に帰る / ~ on 歩き続ける / He **~ed away** [**off**], saying, "So long." <V+副> 彼は「さようなら」と言いながら立ち去った / They *~ed* (*for*) ten miles. 彼らは 10 マイル歩いた《☞ for [前] A 5 [語法] (1)》/ Tom usually **~s to** school. <V+前+名・代> トムはいつもは歩いて通学している《☞ on foot (foot 成句) [語法]》/ I was just **~ing down** the street. 私はちょうど通りを歩いているところだった / The policeman was **~ing up and down** the street. 警官はその通りを行ったり来たりしていた. [関連] run 走る. **2** 《米》〔野〕 歩く《四球で一塁に進むこと》. **3** 《古風》 (幽霊が)うろつく, 出る. **4** 《略式》 =walk free (☞ [動] 成句). **5** 《略式》 辞職する. **6** 《英略式》 (物が)なくなる; 盗まれる. **7** 〔バスケ〕 トラベリングする.
— [他] **1** 〈道など〉を歩く, 歩いていく; 〈場所〉を歩いて見回る: I *~ed* the beach alone for hours. 私は何時間もひとりで海辺を歩いていった.
2 〈人〉を連れて歩く, 〈...〉に付き添っていく: I will ~ her **home**. <V+O+副> 私が彼女を家まで送ります / We will ~ you **to** the station. <V+O+前+名・代> 駅までお供しましょう. **3** 〈犬など〉を散歩させる; 〈馬〉をゆっくり歩かせる: Mary *~ed* her dog. メアリーは犬を散歩させた. **4** 《米》 〔野〕 〈打者〉を四球で歩かせる. **5** 〈重い物〉を(ゆっくり歩かせるように)運ぶ. **6** 《英略式》 〈試験など〉に簡単に合格する.
gò wálking [動] [自] 散歩に行く; 《主に英》 徒歩旅行に行く《☞ go doing (go 成句)》. **wálk befòre one can rún** [動] [自] 難しいことに取り組む前に基礎的なことを学ぶ《☞ one² [代] 3 [語法] (4); run before one can walk (run [動] 成句)》. **wálk frée** [動] [自] 《略式》 (裁判所で)嫌疑が晴れる, 無罪放免になる. **wálk it** [動] [自] [S] 《英略式》 (1) 歩いていく. (2) 楽勝する, 簡単に成功する. **wálk ... óff ...'s féet [légs]** [動] [他] 《英略式》 〈人〉を足が棒になるほど歩かせる. **wálk one's légs [féet] òff** [動] [自] 《米略式》 足が棒になるほど歩く. **wálk ...'s légs [féet] òff** [動] 《米略式》 ...を足が棒になるほど歩かせる. **wálk táll** [動] [自] 胸を張って歩く, 自分に誇り[自信]を持つ. **Wálk úp!** 《略式》 さあいらっしゃい! 《呼び込みの声》.

walk の句動詞

wálk abóut [動] [自] 歩き回る.

wálk aróund [動] [自] 《略式》 (特に奇妙な格好で)歩き回る: Don't ~ *around* in that hat. そんな帽子をかぶって歩き回らないでくれ.

***wálk awáy from ...** [動] [他] **1** ...から歩いて立ち去る; (問題・責任など)から逃れる, ...に関わらないようにする: They *~ed away from* each other without even saying good-bye. 彼らはお互いにさよならとも言わずに別れて行ってしまった.
2 (事故)を(ほとんど)無傷で切り抜ける: Mike *~ed away from* the accident without a scratch. マイクは事故にあったがかすり傷ひとつ負わずに助かった. **3** 《米略式》 ...をやすやすと引き離す; (相手)に楽勝する.

wálk awáy with ... [動] [他] =walk off with ....

***wálk ín** [動] [自] 入る (enter): W~ right *in*. どうぞお入りください. **wálk ín òff the stréet** [動] [自] (医者などに)予約なしにかかる.

wálk in ... [動] [他] **1** (建物・部屋の中)に(不意に)入る: ~ *in* the door 扉の中に入る. **2** (泥・葉など)をつけた靴で歩いて床を汚す: ~ *in* dirt 泥靴で(室内を)歩く.

wálk ín on ... [動] [他] (間の悪い時に)(部屋などに)突然入って...に気まずい思いをさせる.

***wálk ínto ...** [動] [他] **1** ...に入る (enter): The manager *~ed into* the office. 支配人は事務室に入ってきた. **2** ...にぶつかる. **3** 《略式》 (わななど)にうっかり陥る. **4** 《英》 (仕事など)をやすやすと手に入れる.

***wálk óff** [動] [自] **1 歩いて立ち去る**: Mrs. Hill *~ed off* angrily. ヒル夫人は怒って出ていった. **2** 《米》 ストライキをする. — [他] **1** 〈痛みや不快な感情など〉を歩いて取り除く[静める]: ~ *off* dinner [a meal] ディナー[食事]の後で腹ごなしに散歩する / I will ~ *off* my anger. 散歩をして怒りを静めよう. **2** 《米》 (抗議して)〈仕事など〉を放棄する: ~ *off* the job ストライキをする.

wálk óff with ... [動] [他] **1** ...といっしょに歩いて立ち去る. **2** (間違えて)...を持っていってしまう; ...を盗む. **3** [新聞で] (賞など)をさらっていく, (試合など)に楽に勝つ: ~ *off with* first prize 1 等賞をさらう.

***wálk óut** [動] [自] **1 立ち去る**, (不満で)出て行く (*into*). **2** ストライキをする. **wálk óut on ...** [動] [他] (1) (人)を見捨てる (desert): His wife *~ed out on* him. 彼は女房に逃げられた. (2) (仕事・責任など)を放棄する.

***wálk óut of ...** [動] [他] ...から立ち去る, (不満で)...から出ていく: He *~ed out of* the meeting in a fit of anger. 彼はかっとなって会議の席を立った.

wálk óver ... [動] [他] 《略式》 (相手)に楽勝する; ...をしいたげる, こき使う. [語法] しばしば walk all over ... の形で用いる.

wálk óver to ... [動] [他] ...に近寄る.

wálk thróugh ... [動] [他] **1** ...を歩いて通り抜ける. **2** (劇の一部など)を立ちげいこする, 練習する.

wálk ... thròugh — [動] [他] 〈人〉に—を丹念[順々]に教える, —の手ほどきをする.

wálk úp to ... [動] [他] ...に近寄る, 近づく.

W

walkable

—名 (~s /-s/)

1 C 散歩; 徒歩旅行; [a ~] 歩行, 歩み (to, across): Every evening I take my daughter for *a* ~. 毎日夕方には娘を散歩に連れ出します / a short ~ *through* the forest 森の中の短い散歩 / He set off *at* a brisk [leisurely] ~. 彼は元気な[ゆっくりとした]足どりで出かけていった.

2 C [普通は単数形で] (歩いて行く)道のり, 歩く距離[時間]: It is a ten-minute ~ *from* here to the station. ここから駅までは歩いて10分です (☞ -s' 文法 (2) 語法) / The school is a half-mile ~ *from* my house. その学校は私の家から半マイル歩いた所にあります. 関連 drive 車に乗って行く道のり / ride 馬・自転車・バス・列車などの乗り物に乗って行く道のり.

3 C 歩道; (公園などの)散歩道, 遊歩道; 歩く道筋: a graveled ~ in a garden 庭園の砂利道. 関連 crosswalk (米) 横断歩道 / sidewalk (米) 歩道.

4 U 歩き方, 歩きぶり: His ~ is just like his father's. 彼の歩き方はお父さんとそっくりだ. **5** C (米) 『野』四球による出塁: an intentional ~ 敬遠の四球. 日英比較 「フォアボール」は和製英語. **6** C (慈善募金集めなどの)ウォーク, 長距離行進. **7** C (馬の)並足; 平常歩: He slowed the horse *to* a ~. 彼はその馬の歩調を並足に落とした.

a wálk of lífe 名 社会的地位, 階層, 職業: people from [all ~s of life [every ~ of life] あらゆる階層[職種]の人たち.

gó for [on] a wálk 動 ⓐ 散歩に出かける.

háve a wálk 動 ⓐ (英) =take a walk (1).

táke a wálk 動 ⓐ (1) 散歩をする: My father *takes* a ~ every morning. 私の父は毎朝散歩をする. (2) [命令文で] ⓢ (主に米) 立ち去る; くだらないことを言うのをやめる.

wálk the wálk 動 ⓐ 人々が(必要と)期待することをする, やるべきことをする.

wálk·a·ble /wɔ́ːkəbl/ 形 歩いて行ける.

wálk·a·bóut 名 ⓒ.ⓤ **1** (特にオーストラリア先住民の)森林の放浪(期間). **2** (略式, 主に英) (王族・要人などの)民情視察: go (on a) ~ 民情視察[おしのびで]人混みの中を歩き回る. **gò wálkabout** 動 ⓐ ⓢ (英略式) [滑稽] 消える, なくなる (disappear).

walk·a·thon /wɔ́ːkəθɑ̀n | -θɔ̀n/ 名 ⓒ ウォーカソン (慈善募金集めなどの長距離行進) [-athon-].

wálk·a·wáy 名 ⓒ (米略式) 楽勝.

†wálk·er 名 ⓒ **1** (主に英) (健康のために)歩く人, 散歩愛好者; [前に形容詞をつけて] 歩く(の)...人: a fast [slow] ~ 歩くのが速い[遅い]人. **2** (主に米) (幼児・身体障害者用の)歩行器.

walk·ies /wɔ́ːkiz/ 名 [複] ⓢ (英) (犬の)散歩. **gò wálkies** 動 ⓐ ⓢ (英) (犬の)散歩に行く.

walk·ie-talk·ie /wɔ́ːkitɔ́ːki/ 名 ⓒ 携帯用無線電話器 (送信受信両用).

wálk-ín 形 Ⓐ **1** (押し入れなどが)人が立って入れるほど大きい: a ~ closet 立って入れる納戸, ウォークインクローゼット. **2** (主に米) (ホテル・病院などが)予約不要の; 予約なしの. **3** (主に米) 楽な人; 勝ち目の薄い人.

†wálk·ing 名 ⓤ 歩くこと, 歩行; 散歩; (主に英) ハイキング, 徒歩旅行 (☞ go walking (walk 動 成句)). [ス ポ] 競歩. —形 Ⓐ **1** 歩く, 歩行する; 移動する; 歩行用の: a ~ tour 徒歩旅行. **2** 生きている, 人間の: a ~ dictionary [encyclopedia] [滑稽] 生き字引. **a wálking disáster (àrea)** 名 [滑稽] (いつも失敗ばかりしている)どうしようもない人, 負け犬.

wálking bùs 名 ⓒ (英) 集団登下校の集団.

wálking dístance 名 [次の成句で] **withìn (éasy) wálking distance of ...** 前 ... へ(すぐに)歩いていける所に, ...の(すぐ)近くに: My house is within ~ of our school. 私の家は学校に歩いていける所にあります.

wálking fràme 名 ⓒ (老人や身体障害者用の)歩行補助器 (walker).

wálking pàce 名 ⓒ 普通に歩く速さ.

wálking pàpers 名 [複] (米略式) 解雇(通知) ((英) marching orders): give a ... ...'s ~ (人)を解雇する.

wálking shòe 名 ⓒ [普通は複数形で] (丈夫な)散歩靴.

wálking stìck 名 ⓒ **1** つえ, ステッキ (cane). **2** (米) ななふし (昆虫) (stick insect).

⁺Walk·man /wɔ́ːkmən/ 名 ⓒ 携帯用のステレオカセットプレーヤー, ウォークマン (商標). ☞ personal stereo).

⁺wálk-ón 名 ⓒ **1** (せりふのない)端役, 通行人役; 端役の俳優. **2** (米) 奨学金をもらえない大学スポーツ選手. —形 (役が)せりふのない, 端役の: a ~ part 端役.

⁺wálk·óut 名 ⓒ (抗議・不満を示す)退場, 退席; ストライキ [争議]; ~ 退席する; ストを行なう.

wálk·óver 名 ⓒ (略式, 主に英) **1** 楽勝. **2** 不戦勝; 『競馬』 単走.

walk-through 名 ⓒ **1** [劇] 立ち稽古. **2** [劇] 端役. **3** テレビゲームなどの)使用説明書.

⁺wálk-úp (米略式) 名 ⓒ エレベーターのないアパート[建物](の一室). —形 Ⓐ (アパートなどが)エレベーターのない.

⁺wálk·wày 名 ⓒ 歩道; (高い階で建物をつなぐ)通路.

⁕wall /wɔ́ːl/ 名 (~s /-z/) **1** ⓒ (部屋などの) 壁: hang a picture *on* the ~ 壁に絵をかける / W~s have ears. (ことわざ) 壁に耳あり.

2 ⓒ (石・れんが・板などの) 塀; 防壁, 城壁; 堤防, 防潮壁: a stone ~ 石塀 / surround a house with a ~ 家に塀を巡らす / I leaned a ladder against the ~. 私は塀にはしごをかけた. // ☞ seawall, Great Wall of China. **3** ⓒ (容器・器官などの) 内壁, 内側: the ~ of the stomach 胃の内壁. **4** ⓒ 壁に似たもの; (相互理解などの) 壁, 障壁, 障害: a ~ of water [fire] 壁のような水[火] / a ~ of silence 沈黙の壁 / hit [run into, come up against] a (brick) ~ (進歩などの)壁[限界]にぶつかる / break down the ~(s) of prejudice 偏見の壁を壊す. **5** [形容詞的に] 壁の, 壁面の[につけられる]: a ~ clock 壁掛け時計. 語源 ラテン語で「柵(*)」の意; ☞ interval 語源.

báng [béat] one's héad agáinst [on] a (brìck) wáll 動 ⓐ (略式) 成功の見込みのないことを試みる. **be bóuncing óff the wálls** 動 ⓢ (略式) すごく元気である, とても興奮している. **be clímbing [cráwling] (úp) the wáll(s)** 動 ⓐ ⓢ (略式) 大変いらいら[そわそわ]している, 気が狂いそうである. **be like tálking to a (brick) wáll** 動 ⓐ ⓢ 壁に向かって話しているようだ (相手の反応がないことを表す). **drìve [púsh, sénd] ... to the wáll** 動 ⓗ (略式) 〈人〉を窮地に追い込む. **drìve ... úp the wáll** 動 ⓗ ⓢ (略式) 〈...〉をひどく怒らせる, たまらないほどいやにさせる. **gó to the wáll** 動 ⓐ ⓢ (略式) (1) 窮地に陥る, (競争などに)負ける; (事業などが)失敗する; 倒産する. (2) (人のために)どんなことでもする (for). **gò úp the wáll** 動 ⓐ ⓢ (英略式) 腹を立てる (about). **hít the [a] wáll** 動 ⓐ (スポーツをして)疲労でくたくたになる, (肉体的)限界に達する [を越える]. **if thòse wálls could tálk** 副 もしこの壁が口をきければ(ここであったいろいろなおもしろいことを詳しく聞けるのに). **òff the wáll** 形 ☞ off-the-wall.

thèse fóur wálls 名 ⓢ この私的な[秘密の]部屋.

—動 ⓗ (普通は受身で) **1** 〈...〉を壁[塀]で囲う; 〈...〉に城壁を巡らす (in). **2** 〈...〉を壁[塀]でふさぐ (up, off). **3** 〈...〉を刑務所に入れる (up).

wáll óff /動/ 他 《...》を壁で仕切る[隔てる] (from).
wáll úp [ín] /動/ 他 《...》を壁の中に閉じ込める.
wal・la・by /wάləbi | wɔ́l-/ 名 (複 -la・bies, ~) C ワラビー《小型のカンガルー》.
Wal・lace /wάləs | wɔ́l-/ 名 ウォレス《男性の名; 愛称は Wally》.
wal・lah /wάlə | wɔ́lə/ 名 C 《インド・パキスタン》《...》係, 関係者.
wáll・bòard 名 U 壁張り用材.
wáll・chàrt 名 C ウォールチャート《特に教室の壁にはる大きな図表》.
wáll・còvering 名 U.C 内壁装飾材《壁紙など》.
⁺walled /wɔ́:ld/ 形 A 塀[壁]に囲まれた; [合成語で] 塀[壁]が…の: a ~ garden 塀のある庭.
⁺wal・let /wάlət | wɔ́l-/ 名 C (wal・lets /-ləts/) 1 財布, 札(さつ)入れ《主に男性用; 《米》では小銭を入れる部分がついているものにも用いる; 《米》billfold, 《米》pocketbook》: I had my ~ stolen. 私は札入れを盗まれた / WATCH YOUR WALLET 財布に注意《すり防止の注意書き》. 2 《英》《革製の大きな》書類入れ;《古語》《旅行用》ずだ袋.

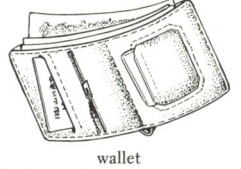

(米) coin purse
(英) purse
wallet

wáll・èye 名 C 1《角膜の濁りによる》白目(しろめ), 外斜視. 2 かわかます (pike) に似た北米淡水魚の釣魚.
wáll・èyed 形 《米》外斜視の.
wálleyed píke 名 =walleye 2.
wáll・flòwer 名 C 1 《略式》壁の花《舞踏会で相手のいない人; 主に女性》. 2 においあらせいとう《植物》.
wáll hànging 名 C 装飾用壁掛け布.
wáll・ing 名 U 1 壁材. 2 壁造り.
wáll・móunted 形 壁に取りつけた.
Wal・loon /wɑlú:n | wɔl-/ 名 1 C ワロン人《ベルギー南東部に住む》. 2 U ワロン語《ワロン人が話すフランス語の方言》.
wal・lop /wάləp | wɔ́l-/《略式》動 他 《...》をぶんなぐる;《試合などで》《...》をボロ勝ちする, 負かす (at). ― 名 1 C 強打(力). 2 C 訴える力, 迫力. 3 U 《英》ビール. **páck a wállop** [動] 自 《略式》=pack a (hard) punch《☞ punch¹ 名句》.
wál・lop・ing 《略式》《滑稽》形 A S 途方もない, でっかい. ― 名 [a ~] S 強打; 大敗; 大勝: get [give] a ~ ひどくなぐられる[なぐる].
⁺wal・low /wάlou | wɔ́l-/ 動 自 1 《《好ましくない》感情・快楽などに》ふける, おぼれる: ~ in self-pity 自己憐憫(れんびん)にふける. 2 《泥・水の中で》《楽しんで》転げ回る, 寝そべる;《船が》荒波にもまれる (around, about, in). **be wállowing in móney [it]** [動]《略式》金をうなるほど持っている. ― 名 1 C 《感情などに》ふける[おぼれる]こと. 2 転げ回ること;《水牛などの》転げ回る泥地.
wáll pàinting 名 C 壁画.
⁺wall・pa・per /wɔ́:lpèɪpɚ | -pə/ 名 (~s /-z/) 1 U.C 壁紙: hang ~ 壁紙をはる. 2 U.C 《電算》壁紙《ディスプレー画面上の背景模様》. 3 U [しばしば形容

wan 1987

詞的に] 目立たないもの. ― 動 (-per・ing /-p(ə)rɪŋ/) 他 《...》に壁紙をはる. ― 自 壁紙をはる.
⁺Wáll Strèet /wɔ́:l-/ 名 1 固 ウォール街 (the Street)《New York 市 Manhattan 南部の一画; New York Stock Exchange や大銀行の所在地で, 米国の金融市場の中心地;☞ Lombard Street》. 2 U 米国金融界, 米国金融市場: on ~《特に New York Stock Exchange を中心とする》米国金融界[市場]で.

Wall Street 1

Wáll Strèet Jóurnal 名 固 [the ~]『ウォールストリート・ジャーナル』《米国の経済専門新聞》.
wáll-to-wáll 形 [普通は A] 1《敷物が》壁から壁にしきつめられた, 床一面の. 2《略式》《空間的・時間的に》びっしりの, ひっきりなしの, 全面的な.
wáll ùnit 名 C 壁に固定するタイプの家具《本棚・食器棚など》.
wal・ly /wάli | wɔ́li/ 名 (wal・lies) C 《英略式》ばか者, 役立たず《主に男性》.
Wal・ly /wάli | wɔ́li/ 名 固 ウォリー《男性の名; Wallace, Walter の愛称》.
Wal-Mart /wɔ́:lmὰːt | wɔ́lmɑ̀:t/ 名 固 ウォールマート《米国のディスカウントのチェーン店》.
⁺wal・nut /wɔ́:lnʌt/ 名 1 C くるみ(の実); くるみの木 (walnut tree). 2 U くるみ材: W~ is used for making furniture. くるみ材は家具を作るのに用いられる. 3 U くるみ色, 茶色. [語源] 古(期)英語で「外国の《《Wales [語源]》nut」の意.
wálnut trèe 名 C くるみの木 (walnut).
wal・rus /wɔ́:lrəs/ 名 (複 ~・es, ~) C せいうち《海獣》.
wálrus mústache 名 C 《略式》せいうちひげ《口の両側にたれ下がる長い口ひげ》.
Walt /wɔ́:lt | wɔ́lt, wɔ́:lt/ 名 固 ウォールト《男性の名; Walter の愛称》.
Wált Dísney 名 固 ウォルトディズニー《Disney が設立した米国のアニメ映画製作・遊園地運営会社》.
Wal・ter /wɔ́:ltɚ | wɔ́ltə, wɔ́:l-/ 名 固 ウォールター《男性の名; 愛称は Wally, Walt, Wat》.
⁺waltz /wɔ́:lts, wɔ́lts, wɔ́:ls/ 名 1 [C または the ~] ワルツ《2 人で踊る 3 拍子の舞踊》: I danced a ~ with John. 私はジョンとワルツを踊った. 2 C ワルツ曲, 円舞曲. ― 動 自 1 ワルツを踊る (round). 2《略式》[しばしばなして] 軽やかに[すいすいと]歩く《動く, 回る》; 事もなげな態度で歩く (in, into, around). 3《略式》楽にやってのける. ― 他 1《ダンスの相手》をワルツでリードする. 2《略式》《人》を急に[乱暴に] 連れていく (to). **wáltz óff [awáy] with ...** [動] 他《略式》 1 walk off with ... 1《☞ walk 動句解》. 2《略式》《試験など》にやすやすと合格する. **wáltz úp to ...** [動] 自《略式》...に《厚かましく》つかつかと近づく.
wáltz・er 名 C ワルツを踊る人.
Wáltz・ing Matílda 名 固 ウォールツィングマチルダ《オーストラリアの愛唱歌》.
wam・pum /wάmpəm | wɔ́m-/ 名 U 貝殻玉《昔北米先住民が貨幣・装飾に用いた》.
⁺wan /wάn | wɔ́n/ 形 (wan・ner; wan・nest) W 《病気・心配などで》血の気のない, 青ざめた; 病弱な, やつれた, 力のない;《光が》かすかな, ほの暗い.

WAN /wǽn/ [名] [C] =wide area network.

⁺wand /wάnd | wɔ́nd/ [名] [C] **1** 魔法のつえ (magic wand) 《魔法使いや手品師が使う》. **2** (身分・職種を示す)職杖(しょくじょう), 官杖; 棒状の道具 《マスカラのブラシなど》. **3** 〔電算〕ライトペン.

wan·der** /wάndɚ | wɔ́ndə/ ([類音] wonder) [T3] [動] (**wan·ders** /~z/; **wan·dered** /~d/; **-der·ing** /-dərɪŋ, -drɪŋ/) [自] **1** ぶらぶら歩き回る, ぶらつく, さまよう, 放浪する: He is always ***~ing about [***around***]. <V+*about* [*around*]> 彼はいつもさまよい歩いている / He ***~ed along*** the brook. <V+前+名・代> 彼は小川に沿ってぶらぶらと歩いた / She ***~ed through*** the store. 彼女は店内をぶらぶら歩いた.
2 (いるべき場所から)ふらりと立ち去る; (道に)迷う: Our dog has ***~ed away*** [***off***]. <V+副> うちの犬が迷子になってしまった. **3** (考えなどが…へと)及ぶ; (話・論点などが)横道へそれる. (行動などが)逸脱する: The speaker often *~ed from* [*off*] the subject. その講演者はしばしば話が横道へそれた / My thoughts *~ed* back *to* my youth. 私はいつしか子供の頃に思いをはせていた. **4** (考えなどが)集中できなくなる, とりとめがなくなる: His mind is *~ing*. (老齢のため)彼はきちんと考えられなくなっている. **5** (川や道が)曲がりくねる (*across, along, through*). **6** (目・視線が)とりとめなく動く. ― [他] 〈場所〉を歩き回る; さまよう, 放浪する. ― [名] [a ~] ぶらぶら歩くこと: 「go for [take, have] *a* ~ ぶらつく.

wan·der·er /wάndərɚ | wɔ́ndərə/ [名] [C] 歩き回る人[動物]; さまよう人, 放浪者, さすらい人.

wan·der·ing /wάndərɪŋ, -drɪŋ | wɔ́n-/ [名] [複数形で; 通例所有格と共に] 《文》 放浪の旅.

wan·der·lust /wάndəlʌ̀st | wɔ́ndə-/ [名] [U] [しばしば a ~] 旅行熱, 放浪癖.

⁺wane /wéɪn/ [動] [自] **1** [W] (光・力・熱意などが)弱くなる, 衰える. **2** (月が)欠ける (☞ phase 挿絵) ([反] wax²). ― [名] [次の成句で] **on the wáne** [形] (1) 衰えかけて, 落ち目になって. (2) (月が)欠け始めて.

wan·gle /wǽŋgl/ 《略式》 [動] [他] (策略などで)〈…〉をうまく手に入れる, (人から)〈金品〉をだまし取る (*out of*); 〈人〉をだまして…させる (*into*). **wángle it** 「**for … to dó** [**sò that … can dó**] [動] 《略式》 うまく…が―するようにする. **wángle** 「**one's wáy** [**onesèlf**] **ìnto …** [動] [他] 《略式》 …へうまく入り込む (do*ing*). **wángle** (「**one's wáy** [**onesèlf**]) **òut of …** [動] [他] 《略式》 (困難など)からうまく切り抜ける, …を巧妙に逃れる (do*ing*). ― [名] [C] うまく手に入れること; 策略.

wank /wǽŋk/ 《英卑》 [動] [自] 自慰をする (masturbate). ― [名] [a ~] 自慰(行為).

wánk·er [名] [C] 《英卑》 (男の)ろくでなし, ばか者.

wán·ly [副] [W] 弱々しく; かすかに, ほの暗く.

wan·na /wὰnə, wɔ̀:nə | wɔ̀nə/ [S] 《略式》 **1** = want to (☞ want [動] [他] 2 リスニング(囲み)). **2** = want a.

wan·na·be /wάnəbi | wɔ́n-/ [名] [C], [形] 《略式》 [軽蔑] (アイドルをまねる)熱狂的ファン(の).

wán·ness [名] [U] [W] 青ざめていること; 弱々しさ.

‡want /wάnt, wɔ́:nt | wɔ́nt/ ([同音] 《米》 ⁺wont; [類音] won't)

「〈…を〉欠いている」[動] **7**, 「欠乏」[名] **1**
→「〈…が〉必要である」[動] **5**, 「必要」[名] **2**
→(生活物資の欠乏) →「困窮」[名] **3**
→「欲する」[動] **1** →「…したい」[動] **2**
→「〈人〉が…することを望む」[動] **3** →「用がある」[動] **4**

― [動] (**wants** /wάnts, wɔ́:nts | wɔ́nts/; **want·ed** /-ṭɪd/; **want·ing** /-ṭɪŋ/) [他] [普通は進行形なし] **1** 〈…〉が**欲しい**, 〈欠けているもの〉を欲する, 望む, 欲しがる (☞ 類義語): What do you ~? [S] 何が欲しいのか, 何の用だ (What would you like? のぶっきらぼうな言い方) / I ~ a doll ***for*** my birthday. [S] <V+O+*for*+名・代> 誕生日にはお人形が欲しい / What do they ~ ***of*** [***from***] me? <V+O+*of* [*from*]+名・代> 《格式》 彼らは私に何を(して欲しいと)望んでいるのですか / What do you ~ ***with*** this tool? <V+O+*with*+名・代> この道具をどうする[何に使う]つもりかね.

> [語法] その場の一時的な欲求や必要を表わしたり, 表現をやわらげたりするときに例外的に進行形が用いられることがある: What *were* you *~ing*, sir? 何をお求めですか (☞ past tense [文法] (5)) / I've *been ~ing* to talk to you. かねがねお話ししたいと存じておりました (☞ be² A 1 (4)).

2 …**したい**, …したがる (☞ to³ A 1): I ~ ***to*** go home. <V+O(*to* 不定詞)> [S] 私は家へ帰りたい / What do you ~ *to* buy? あなたは何を買いたいのですか / Drop in on me whenever you ~ (*to*). 気が向いたらいつでも私の家に寄っていらっしゃい (☞ to³ A 1 [語法] (1), ellipsis [文法] (1) (iii)).

> **リスニング**
> くだけた会話では want to … では /t/ が 1 つ落ちて /wὰnṭə, wɔ̀:nṭə | wɔ̀ntə/ となり, 《米》ではさらにその /t/ も落ちて /wὰnə, wɔ̀:nə/ となることが多い (☞ wanna, 67).

3 〈人〉が…**することを望む**, 〈物・人〉が…であって欲しいと思う, 〈人〉に…させたい: I ~ you ***to*** give an explanation. <V+O+C (*to* 不定詞)> [S] あなたに釈明してもらいたい / [言い換え] I don't ~ it *to* be done so carelessly. = I don't ~ it *done* so carelessly. <V+O+C (過分)> それをそんなにいいかげんにやってもらいたくない / I ~ everything (***to*** be) *ready* by seven. <V+O+C (*to* 不定詞+)形> 何もかも 7 時までに用意してもらいたい / I don't ~ you visit***ing*** her so often. <V+O+C (現分)> そんなにしょっちゅう彼女に会いに行ってほしくない / I ~ my money ***back***. <V+O+C (副)> お金を返してもらいたい.
4 [しばしば受身で] 〈人〉に用がある, (用事があって)〈人〉を呼ぶ; 〈人〉にいて欲しいと望む; [普通は受身で] (警察が)〈…〉を捜している; 《略式》 〈人〉を(性的に)求める: I'll come if you ~ me. ご用があればお伺いします / He *is* ***~ed by*** the police *for* murder. <V+O の受身> 彼は殺人で警察のお尋ね者になっている (☞ wanted) / You *are* ***~ed on*** the phone. <V+O+*on*+名・代の受身> あなたにお電話です / W~*ed*: a typist. =Typist *~ed*. タイピスト求む 《求人広告文; A typist is *~ed*. の省略表現》 / SITUATIONS WANTED 求職 《新聞広告欄の 1 つ》. **5** 《略式, 主に英》 〈…〉が必要である, 〈…〉が要る (need); 〈罰など〉を受けるに足る: Children ~ plenty of sleep. 子供というものは十分な睡眠が必要である / This work ~*s* some do*ing*. この仕事はかなり骨が折れる / His hair ~*s* cutt*ing*. 彼は髪を刈る必要がある. [語法] 目的語が動名詞のときには受身の意味になる. **6** [二・三 人称の主語が *to* 不定詞を伴って] [S] 《略式》 …しなければならない (should), …したほうがよい: You ~ *to* see a doctor. 医者に行ったほうがいいよ. **7** 《格式》 〈…〉を欠いている, 〈…〉が欠けている, 足りない (lack); 〈…〉に満たない: Earthquake victims still ~ basic food and shelter. 地震被災者はまだ基本的な食糧や宿泊所が不足している.
― [自] [普通は疑問文・否定文で] 《格式》 事欠く, 不自由する; 困窮する: [言い換え] He ~*s for nothing*. =He does*n't* ~ *for* anything. 彼は何一つ不自由しない // ☞ Waste not, want not. (waste [動] [自] 1).

áll ... wánt [名] Ⓢ (人が)必要とする最小限の物[こと]: *All* I ～ is the truth. 私はただ真実を知りたいだけだ. **be [hàve] éverything ... wánt** [動] [自] (...が)(人に)求めているあらゆるものを持っている, 完璧(かんぺき)である: He *has everything* I ～ in a husband. 彼は夫としては完璧だ. **Do [《丁寧》 Did] you wánt ...?** Ⓢ (1) 〈...〉が欲しいですか (☞ past tense [文法] (5); = Want ...? (1)). (2) [脅して] 〈平手打ちなど〉が欲しいのか. **Do you wànt a píece of me?** Ⓢ 何か用か《けんかを売るときのことば》. **Do [《丁寧》 Did] you wánt to dó?** (1) ...しませんか《相手に勧めるときに》: *Do* [*Did*] *you* ～ *to* sit here? こちらにお座りになりませんか. (2) [脅して] ...して欲しいのか. **hàve ... júst where one wánts** him [動] [他] 〈人〉を意のままに従える. (☞ one² [代] 3 [語法] (4)). **I dón't wánt to dó** Ⓢ ...したくはないのですが, ...してしまうかも知れませんが. **if you wánt** Ⓢ 《略式》 (1) もしよろしければ: I'll make some tea *if you* ～. もしよろしければお茶を入れますが. (2) (私はそれほどでもないが)(あなたが)お望みでしたら. **if you wànt my advíce [opínion]** [副] Ⓢ (差し出がましいようですが)率直に申しますと. **I (just) wánted to dó** Ⓢ 《丁寧》 ...したいのですが. **It's [That's] júst whàt I (have álways) wánted.** Ⓢ [贈り物をもらって](これこそ)私の欲しかった物です. **I wànt to sáy [téll, thánk] ...** Ⓢ [あいさつの初めに] 最初に一言...を申し上げます. **nót wànt to knów** [動] [自] Ⓢ 《英》(自分にとって不都合なことなどを)知りたがらない, 避けている (*about*). **Wánt ...?** Ⓢ (1) [飲食物などを勧めて] ...はいかがですか. (2) ...しませんか (*to* do). **wánt ín** [動] [自] 《略式, 主に米》 (1) 入りたがる. (2) (企てなどに)かかわりたがる (*on*). **wánt ínto ...** [動] [他] 《略式, 主に米》(企てなど)にかかわりたがる. **wànt nóthing móre than ...** [動] [他] 《主に文》ただ...を望んでいるだけだ. **wánt óut** [動] [自] 《略式, 主に米》 (1) 出たがる. (2) (企てなどから)手を引きたがる (*of*). **whàt ... wánt** [名] Ⓢ (人)の欲しい物[要求すること]. **Whó wànts ...?** Ⓢ (1) だれが...するもんか(私はそんなことはしない) (*to* do) (☞ rhetorical question [文法]). (2) ...の欲しい方は(どなたですか)? **You dón't wánt to dó** Ⓢ ...しないほうがいい(です)よ (☞ [他] 6).

── [名] (**wants** /wánts, wɔ́:nts | wɔ́nts/) **1** [U] [時に a ～] 《格式》 **欠けていること, 欠乏, 不足** (lack): suffer from ～ *of* water [sleep] 水[睡眠]不足に苦しむ.
2 [U] **必要**, 入用 (need): I feel the ～ *of* a good friend to advise me. 私に忠告をしてくれるようなよい友人が欲しい(と痛切に思う). **3** [U] 《格式》 困窮, 貧困: people living *in* ～ 貧しい暮らしの人たち. **4** [C] [普通は複数形で] 《格式》 必要な物[人], 欲しい物; 欲望: meet the ～*s* and needs of the consumers 消費者の要望にこたえる / I'm afraid your ～*s* will not be satisfied. あなたの望みはちょっとかなえられないでしょう.
be in wánt of ... [動] [他] 《格式》 ...が必要である.
for [from] (the) wánt of ... [前] ...が不足のために, ...がなくて: *for* ～ *of* a better word [term, phrase] 他にいい言い方がないので / I'll take this hat *for* ～ *of* a better (one). ほかにいいのがないからこの帽子を買うとしよう / I feel sick *from* ～ *of* fresh air. 新鮮な空気が足りなくて気分が悪い. **nót for (the) wánt of dóing** [副] ...するのが足りなかったからではない.

【類義語】**want**「欲する」,「望む」という意味の語の中では, 最も一般的で《略式》的な語である: I *want* money. 私は金が欲しい. **desire** *want* とほぼ同じ意味の格式ばった語: He *desires* a promotion. 彼は昇進を望んでいる. **hope** 多少とも可能性のあることを望む場合に用いる: Mary *hopes* to become a nurse. メアリーは看護師になることを望んでいる. **wish** しばしば実現しそうもないことを願う気持ちを表わす多少格式ばった語: I *wish* I could speak Chinese. 中国語が話せたらなあ.

wánt àd [名] [C] 《米》 =classified ad.

want·ed /wántɪd, wɔ́:nt- | wɔ́nt-/ [形] [普通は [P]] (警察から)容疑をかけられている, お尋ね者の; (人・子供が)必要とされている, 愛されている (☞ want [動] [他] 4): WANTED FOR MURDER 手配中の殺人犯《警察の掲示など》.

*__want·ing__ /wántɪŋ, wɔ́:nt- | wɔ́nt-/ [形] [P] [比較なし] 《格式》(...が)欠けている, 足りない, ない; (目標・標準・必要などに)達しない: A few pages are ～. 2, 3 ページ落丁がある / She is ～ ***in*** courtesy. <A+*in*+名・代> 彼女は礼儀に欠けている. **be fóund (to be) wánting** [動] [自] 《格式》(力・能力などに)欠けている[十分でない]と判明する (*in*).

⁺**wan·ton** /wántn | wɔ́ntən/ [形] **1** [A] 正当な理由[いわれ]のない, 不当な; 悪意のある. **2** 《格式》 気まぐれな; 奔放な; (雑草などが)伸びほうだいの. **3** 《古風》 (特に女性が)みだらな; 浮気な. **～·ly** [副] **1** 理由なく, 不当に. **2** 気まぐれに; 奔放に. **3** みだらに. **～·ness** [名] [U] 不当なこと; 気まぐれ; 繁茂.

WAP /wǽp/ [名] [U] 【電算】 携帯電話からインターネットを利用する規格 (*w*ireless *a*pplication *p*rotocol の略).

wa·pi·ti /wápəṭi | wɔ́p-/ [名] (複 ～(s)) [C] ワピチ《北米産の大しか》.

__war__** /wɔ́ɚ | wɔ́:/ ([同音] wore; [類音] roar, ward, warp, were[1, 2]) [名] (～s /~z/) **1** [U] **戦争**, 戦争状態 ([反] peace): an act of ～ 戦争行為 / Japan once made [waged] ～ ***against [***on***] China. 日本はかつて中国と戦争をした / The Japanese people forever renounce ～ as a sovereign right of the nation. 日本国民は国権の発動たる戦争は, 永久にこれを放棄する《日本国憲法第 9 条の一部》.
2 [C] (個々の) **戦争**, 戦役 (*with, against*) (☞ 類義語): a ～ ***between*** France and Russia フランスとロシアの戦争 / fight a ～ 戦争をする / win [lose] a ～ 戦争に勝つ[負ける] / A ～ broke out between the two nations. その 2 国の間に戦争が起こった // ☞ nuclear war, world war. [関連] the Revolutionary War 米国独立戦争 / the Civil War 南北戦争. **3** [U] 軍事, 戦術: Napoleon was skilled in ～. ナポレオンは戦術にたけていた. **4** [U,C] 戦い, 争い, 闘争 (*for*): a trade ～ 貿易戦争 / a ～ *of* nerves 神経戦 / a ～ *of* words [主に新聞で] 舌戦, 論争 / We must win the ～ *on* [*against*] drugs. 我々は麻薬との戦いに勝たねばならぬ.
at wár [形] 戦争中で; 不和で ([反] at peace): At that time the United States was ***at*** ～ ***with*** Mexico. 当時米国はメキシコと戦争をしていた.
betwèen the wárs [形・副] 《主に英》 第一次世界大戦と第二次世界大戦の間の[に].
decláre wár on ... [動] [他] (1) ...に対し宣戦を布告する. (2) 《略式》 ...の撲滅運動を展開する.
gò to wár [動] [自] (国が)戦争を始める (*against, with, over*); (人が)戦場に行く, 出征する.
have béen in the wárs Ⓢ 《英略式》 または [滑稽] 負傷[損傷]している.
the wár [名] 《主に英》 第二次世界大戦.
Thís mèans wár! Ⓢ [滑稽] こうなれば徹底的に戦うぞ.
── [形] 戦争の[に関する], 戦争による.
── [動] (**wars**; **warred**; **war·ring** /wɔ́:rɪŋ/) [自] (病気・悪などと)戦う; 戦争をする (*against*).

【類義語】**war** 国家間の大規模な戦争をいう. **battle** ある特定の地域での戦闘を意味する: France has lost the *battle* but she has not lost the *war*. フランスは戦闘には負けたが戦争には負けていない《フランスの将軍ドゴール (de Gaulle) のことば》. **warfare** 戦争をすること, 戦争状態の意味であるが, 特に特定の戦争様式を示す形容詞・名詞を伴うことが多い: germ *warfare* 細菌戦.

Wár betwèen the Státes [名] [固] [the ～] 《米

史)南北戦争(特に南軍からみた呼称).

war·ble /wɔ́ːbl | wɔ́ː-/ 動 自 1 (鳥が)さえずる(⇨ cry 表 lark, nightingale). 2 (滑稽)(声を震わせて)歌う. — (鳥が)(歌)をさえずる; (滑稽)(声を震わせて)歌う. — 名 C (普通は単数形で)(鳥の)さえずり; 震え声; 歌.

war·bler /wɔ́ːblə | wɔ́ːblə/ 名 C さえずる鳥, 鳴き声の美しい鳥(特にうぐいす科の小鳥; うぐいす・むしくいよしきりなど). (滑稽)(声を震わせて歌うへたな)歌手.

wár·bònnet 名 C (北米先住民の)羽で飾った帽子(出陣のときにかぶる).

wár bríde 名 C 戦争花嫁(出征してきた外国兵と結婚した女性).

wár càbinet 名 C (英)戦争内閣(戦時に重要事項の決定を下す有力政治家集団).

wár chèst 名 C (略式)戦費, 戦争資金; (主に新聞で)(選挙運動などの)運動資金, 軍資金.

wár clòuds 名 複 (戦雲), 戦争になりそうな状況.

wár cóuncil 名 [a ~] (米)作戦[対策]会議((英) a council of war).

wár críme 名 C 戦争犯罪(虐殺など).

wár críminal 名 C 戦争犯罪人, 戦犯.

wár crý 名 C ときの声; (政党などの)標語, スローガン.

*__ward__ /wɔ́əd | wɔ́ːd/ 名 (wards /wɔ́ədz | wɔ́ːdz/) C 1 (特定患者を収容する)病棟; (大部屋の)病室; (刑務所の)監房: a children's ~ 子供専用病棟 / a maternity ~ 産科病棟 / a four-bed ~ 4人部屋の病室. 2 区 (都市や町の下位区画); (主に英)選挙区. 3 (法)被後見人 (特に未成年の人), 被保護者: a ~ of court 法廷被後見人. 関連 guardian 後見人. 語源 古(期)フランス語で guard と同語源(⇨ steward). (次の成句で) — 動 他 《...》を撃退する; 防ぐ (defend), 避ける.

-ward /wəd | wəd/ 接尾 (副詞・形容詞語尾)「...の方へ, ...の方に向かう」の意: backward 後方に / northward 北の方へ. 語源 副詞の場合は (英)では -wards のつづりが普通.

wár dánce 名 C 出陣(戦勝)の踊り.

*__war·den__ /wɔ́ədn | wɔ́ː-/ 名 C 1 (米)刑務所長((英) prison governor); (英)刑務官, 看守. 2 番人, 監視員; (英)(老人ホームなどの)管理人: a wildlife ~ 野生動物監視員. 3 (英)学長, 校長.

wárd·er /-də | -də/ 名 C (古風)(英)(刑務所の)看守((米) guard).

wárd hèel·er /-hìːlə | -lə/ 名 C (米略式)(政党の実力者のために雑用をする)下っ端(政治家).

ward·ress /wɔ́ədrəs | wɔ́ː-/ 名 C (古風, 英)(刑務所の)看守(女性).

*__ward·robe__ /wɔ́ədròub | wɔ́ː-/ 名 (~s /-z/) C 1 (主に英)洋服だんす, 衣装だんす(⇨ bedroom 挿絵). 2 (普通は単数形で)(個人や劇団の)衣類, 持ち衣装; 古衣装(全体; 古典劇などで用いる). 3 U (劇場・テレビ局などの)衣装部.

wárdrobe màster 名 C (劇団の)衣装係.

wárdrobe mìstress 名 C (劇団の)女衣装係.

wárdrobe trùnk 名 C 大型衣装トランク.

wárd·ròom 名 C (軍艦内の艦長以外の)上級士官室.

wárd ròund 名 C (医師・看護師による)病室回診.

-wards /wədz | wədz/ 接尾 (副詞語尾) =-ward.

wárd·shìp 名 U 後見(人であること).

*__ware__ /wéə | wéə/ 名 1 (普通は合成語で) U 製品, 用品; (産地名をつけて)陶器, ...焼き: Imari ~ 伊万里焼き.

chínawàre 陶磁器 / glásswàre ガラス製品類 / hárdwàre 金物類; (コンピュ)ハードウェア / kítchenwàre 台所用品 / óvenwàre 耐熱皿 / sílverwàre 銀製[銀めっき]の食器類 / sóftwàre (電算)ソフト(ウェア) / táblewàre 食器類

2 (複数形で)(格式)(行商人などの)商品, 売り物.

wár èffort 名 (単数形で)戦争(遂行)の努力, (戦時の)挙国一致(総動員)(体制).

*__ware·house__[1] /wéəhàus | wéə-/ 発音 名 (-hous·es /-hàuzɪz/) C 倉庫, 貯蔵所.

ware·house[2] /wéəhàus | wéə-/ 動 他 1 (...)を倉庫に保管する. 2 (米略式)(精神病者・老人など)を大きな公共施設に収容する[閉じ込める].

wárehouse clùb [stòre] 名 C 会員制大幅割引(チェーン)店.

wáre·hòusing /-hàuzɪŋ, -sɪŋ/ 名 U 1 倉庫保管. 2 (商)株の買い集め. 3 (精神病者・老人などの)大型施設への収容.

*__war·fare__ /wɔ́əfèə | wɔ́ːfèə/ 発音 名 U 1 戦争, 戦争(交戦)状態; 戦闘, 戦闘行為(⇨ war 類義語): nuclear ~ 核戦争 / guerrilla ~ ゲリラ戦 / psychological ~ 心理戦争. 2 闘争, 争い.

war·fa·rin /wɔ́əfərın | wɔ́ː-/ 名 U (薬)ワーファリン(血液凝固阻止剤).

wár féver 名 U 戦争熱.

wár gàme 名 C 1 机上作戦(演習); (普通は複数形で)(実際の)機動演習. 2 戦争ゲーム.

*__wár·hèad__ 名 C (魚雷・ミサイルの)弾頭.

War·hol /wɔ́əhɔːl | wɔ́ːhoul/ 名 個 **Andy ~** ウォーホル(1928-87)(米国のポップアートの代表者).

wár·hòrse 名 C 1 (略式) 古つわもの, (特に軍などの)老練な人, 古だぬき. 2 (昔の)軍馬. 3 (略式)(しばしば軽蔑)見あきた[聞きあきた, 使い古された]もの.

war·i·ly /wé(ə)rəli/ 副 用心深く.

war·i·ness /wé(ə)rinəs/ 名 U 用心深さ.

war·like /wɔ́əlàık | wɔ́ː-/ 形 (普通は A) 1 好戦 [挑戦]的な, 戦争にたけた. 2 戦争[軍事]の.

war·lock /wɔ́əlɔ̀k | wɔ́ːlɔ̀k/ 名 C 魔法使い, 魔術師(男性)(⇨ witch).

*__wár·lòrd__ 名 C 軍事的指導者, 指揮官(政府や王に対して攻撃的な非公認のリーダー).

*__warm__ /wɔ́əm | wɔ́ːm/ 発音 (類音) warn, worm, worn) 形 (warm·er; warm·est) 名 warmth) 1 暖かい, 温暖な(cool と hot の中間; ⇨ hot 表); (人が)暖かく感じる, 寒さ[冷たさ]を感じない: ~ milk [weather] 暖かい牛乳[気候] / Are you ~ enough? 寒くありませんか / It's getting ~er every day. 日増しに暖かくなってくる / You ought to wear ~er clothes. もっと暖かい服を着なさい / The baby must be kept ~. 赤ちゃんは暖かくしておきなさい.

2 やや暑い, 暑い (hot); (体が運動などで)ほてって: I found the room very ~. その部屋はとても暑かった (⇨ hot 表) / After jogging thirty minutes, he felt ~. 30分ジョギングした後で彼は体が熱くなった.

3 (人・態度が)温かい, 思いやりのある, 心からの (反 cold, cool): We should have ~ hearts but cool heads. 我々は温かい心を持ちながらも頭脳は冷徹でなければならない / They gave me a ~ welcome. 彼らは私を心から歓迎してくれた. 4 熱心な, 活発な; 熱しやすい; (米)興奮した, 怒った (反 cool): a ~ exchange of views 活発な意見交換. 5 (A)(色が)暖かい, 暖色の (反 cool): ~ colors 暖色(赤・オレンジ・黄など). 6 (獲物の臭跡が)新しい, 獲物に近い: a ~ trail (獲物の)新しい跡. 7 (P)(S)(略式)(隠れんぼうで)近づいている, (正解や目標に)近い(クイズ・捜し物などで; ⇨ hot 11): You are getting ~er. だんだん正解に近づいてきている.

kéep onesèlf wárm 動 自 着物を着て暖かくしている. **máke it [thìngs] wárm for ...** 動 他 = make it [things] (too) hot for ... (⇨ hot 成句).

wárm and fúzzy 形 ⇨ warm fuzzy の項目.